DICCIONARIO DE USO DEL ESPAÑOL

MARÍA MOLINER

DICCIONARIO DE USO DEL ESPAÑOL

SEGUNDA EDICIÓN

A-H

SEGUNDA EDICIÓN

TERCERA REIMPRESIÓN

Diseño gráfico: Manuel Janeiro.

Depósito Legal: M. 18820-2001.

ISBN 84-249-1973-4. Obra completa.
ISBN 84-249-1974-2. Tomo I.

Impreso en España. Printed in Spain.
Gráficas Cóndor, S. A. Esteban Terradas, 12.
Polígono Industrial. Leganés (Madrid), 2001.

A mi marido y a nuestros hijos les dedico esta obra terminada en restitución de la atención que por ella les he robado.

ÍNDICE

Vol. I

Vol. II

PRESENTACIÓN

En un cuarto de siglo exacto, entre 1942 y 1967, se produjo el nacimiento de tres grandes diccionarios que, con muy distinta personalidad, hay que inscribir, por sus novedosas aportaciones, como hitos memorables en la historia de la lexicografía española: el Diccionario ideológico *de Julio Casares, el* Diccionario general ilustrado *dirigido por Samuel Gili Gaya y el* Diccionario de uso *de María Moliner. El primero no tardó en revisarse en una segunda edición. El segundo, más afortunado, alcanzó tres ediciones en vida de su director, y una cuarta bajo el mando de Manuel Alvar Ezquerra. El tercero, «el Moliner», es el único que había quedado varado en su edición primera, a pesar de los treinta y un años transcurridos desde su aparición. Bien es verdad que esta obra, como la de Casares, ha acreditado de sobra su vitalidad en la buena acogida de que han disfrutado hasta ahora mismo sus numerosas reimpresiones.*

Pero todo en este mundo envejece desde la cuna. Y los diccionarios, por excelentes que sean, empiezan a mostrar sus arrugas mucho antes y más deprisa que las catedrales y los palacios. Como referencia en el caso del Diccionario de Moliner podemos tomar el dato de que, desde 1966-1967, fecha de su primera edición, hasta este momento, se han publicado tres nuevas ediciones del de la Academia. Si muchos opinan que las apariciones académicas van demasiado espaciadas, ¿qué podrán decir de la larga inmovilidad del Diccionario de uso? *Es muy buena señal que el paso del tiempo no haya quebrantado la fidelidad de sus amigos ni ahuyentado a lectores nuevos. Pero también es cierto que cada año se hace un poco más visible la grieta entre las vigencias de la lengua hace tres decenios y las del momento presente.*

La irrupción del Diccionario de uso *en el paisaje lexicográfico español supuso una revolución. Era algo auténticamente nuevo y original. No porque fuesen enteramente inéditas todas sus características, sino porque por primera vez aparecían algunas de ellas conjugadas en una organización unitaria, junto con otras que sí constituían verdadera novedad. Ya un pequeño detalle era una muestra externa de su índole pionera: el anticiparse en casi treinta años a todos los demás diccionarios españoles en la adopción, o más bien restauración, del orden alfabético universal (no inclusión de* ch *y* ll *como unidades alfabéticas) que había usado la Academia Española hasta 1803 y que sólo en 1994 sería restablecido por el X Congreso de Academias de la Lengua Española.*

El propósito central, vertebrador del libro, era hacer del diccionario no sólo una «herramienta» (esta es la palabra de María Moliner) para descifrar, *sino una herramienta para* cifrar; *esto es, no ya para interpretar las palabras recibidas, sino para conmutar la comunicación seleccionando las palabras adecuadas para su emisión en mensaje. Este objetivo ya estaba presente, ampliamente desarrollado con otro método, en la obra de Casares. Los «catálogos de sinónimos y palabras afines» que ahora integraba Moliner como parte de numerosas entradas parecería que convertían su texto en un diccionario analógico al estilo del francés de Paul Robert. Pero María Moliner iba más lejos; sabía que la función codificadora no se llena simplemente brindando palabras, porque el mensaje no se construye sólo con léxico, sino con sintaxis. Y así, se esforzó por presentar, en los casos precisos, los mecanismos de la construcción y el régimen preposicional que convienen a cada unidad. Más aún, Moliner ofrecía con frecuencia orientaciones relativas a la situación o al contexto de la comunicación: cuando nadie entre nosotros hablaba de pragmática, este diccionario, casi* avant la lettre, *ya se ocupaba de ella.*

Otra gran innovación del Diccionario de uso *estaba en la vertiente descifradora o descodificadora. Aunque esta es la común con todos los diccionarios tradicionales, la autora se impuso el trabajo de revisar las definiciones heredadas, una por una, en todas las unidades léxicas, con la mira puesta en la claridad del lenguaje expositivo, en la precisión de los matices y en la evitación de los habituales círculos viciosos. Esta información se enriquecía con el complemento de numerosos ejemplos, creados para redondear en la mente del lector el concepto descrito en el enunciado definitorio y para exhibir la voz en un contexto: abundancia ilustradora que contrasta con la parquedad observable en la mayoría de los diccionarios corrientes.*

María Moliner murió en Madrid, a los ochenta años, en 1981. La enfermedad y la muerte no le permitieron realizar, como deseaba, la revisión de su obra. La que ahora ha llevado a cabo la Editorial Gredos, respetuosa y enriquecedora a la vez, es ejemplar. Su santo y seña ha sido mantener en todo su vigor las características que acabo de comentar (y muchas otras de menor calado) y que han sido el fundamento del amplio prestigio ganado por el Diccionario. *Es digno de elogio el escrupuloso respeto con que se ha preparado esta nueva edición, tanto guardando su orientación, sus contenidos y en gran medida sus definiciones y sus ejemplos, como poniendo en práctica modificaciones que la propia autora había proyectado. Esa delicadeza no ha sido incompatible con la introducción de cambios discretos en la estructura general de la obra y en la organización de los artículos, con vistas a mejorar la comodidad y la eficacia de la consulta.*

Pero, al mismo tiempo, no se ha descuidado la amplia actualización que los años transcurridos desde la primera edición hacían indispensable. La Editorial ha atendido con el máximo esmero a la incorporación de numerosas voces y acepciones hoy vivas, tanto de nivel formal como informal, tanto de España como de América. Se ha realizado además la revisión sistemática de las etimologías, así como la de muchas definiciones, entre ellas las de las voces pertenecientes a distintos ámbitos especiales de la actividad humana o del saber, cuya presencia en la lengua estándar se hace cada día más patente. Se ha perfeccionado, al mismo tiempo, la información gramatical dentro de las entradas.

Yo creo que, en definitiva, los editores han acertado a lograr lo más parecido posible a un equilibrio entre esos dos antagonistas que son la conservación y la renovación, y que la vida de este Diccionario, *uno de los más importantes de nuestra lengua, queda con ello felizmente asegurada para los tiempos venideros inmediatos. Era un diccionario nuevo y original cuando nació; nuevo y original sigue siendo hoy en esta segunda salida remozada.*

Manuel Seco
de la Real Academia Española

LA NUEVA EDICIÓN DEL *DUE*

La primera edición del *Diccionario de uso del español* en 1967 fue acogida con entusiasmo por la crítica especializada. Colin Smith escribe: «Es un gran diccionario y, con mucho, el mejor en su género de los que yo conozco [...] es completamente nuevo como obra de lexicografía». Para Emilio Lorenzo «constituye sin duda alguna el inventario más logrado de los usos y formas del español del siglo xx» y José M.ª Viqueira lo considera «un libro extraordinario en su género, de ésos que pueden aparecer uno por siglo cuando mucho».

Recibió alabanzas sin número de grandes escritores: «María Moliner —para decirlo del modo más corto— hizo una proeza con muy pocos precedentes: escribió sola, en su casa, con su propia mano, el diccionario más completo, más útil, más acucioso y más divertido de la lengua castellana. Se llama *Diccionario de uso del español*, tiene dos tomos de casi 3.000 páginas en total, que pesan tres kilos, y viene a ser, en consecuencia, más de dos veces más largo que el de la Real Academia de la Lengua, y —a mi juicio— más de dos veces mejor» (Gabriel García Márquez). «Una obra que justifica toda una vida» (Miguel Delibes). «Una obra singular poética, que el poeta puede consultar sin verse fosilizado ni recluido» (Francisco Umbral).

Pero sobre todo «el Moliner», como se lo conoce popularmente, conquistó al público. Numerosos periodistas, escritores, traductores y personas cultas de diversa formación convirtieron rápidamente y por muchos años «el Moliner» en «su» Moliner.

Tras la publicación del *Diccionario de uso del español*, María Moliner comenzó a preparar la segunda edición. Declaraba en 1972: «Después de publicado, yo sigo trabajando en él. En un diccionario no se puede dejar de trabajar. Constantemente estoy viendo en los periódicos o en las novelas expresiones que anoto para incluirlas. Ya tengo una gran colección de adiciones. Si no me muriera, seguiría siempre haciendo adiciones al diccionario» (ABC, 25 de junio de 1972).

En esos años el trabajo en colaboración con la Editorial fue avanzando, con la ayuda de su hijo Pedro Ramón Moliner y su esposa. Tras la muerte de Doña María, en 1981, y de su hijo, la viuda de éste, con un trabajo constante y el apoyo de diferentes colaboradores, se ha encargado de mantener viva la obra de María Moliner.

Se ha continuado su labor, con un especial cuidado en mantener la peculiar entidad del diccionario, que permite ir no sólo de la palabra a la idea (vertiente descodificadora), sino también de la idea a la palabra (vertiente codificadora). Las nuevas definiciones siguen criterios de claridad y sencillez, y evitan la circularidad y los estereotipos vacíos, tan habituales en otros diccionarios. El mismo cuidado se ha puesto en la vertiente codificadora, en la renovación y construcción de catálogos de sinónimos y palabras afines.

Explicación de las palabras

Siguiendo las directrices previstas por la autora para esta segunda edición, se ha prescindido del sistema de agrupación de las entradas, dentro de cada letra, por familias etimológicas. Este sistema causaba al lector algunas incomodidades en la consulta. Ahora cada palabra ocupa su propio lugar alfabético. Todas las entradas tienen la misma categoría y el mismo cuerpo de letra. Las voces que en la primera edición aparecían como de significado deducible, tienen entradas propias con su correspondiente definición. Por el contrario, no figuran como entradas las raíces léxicas ya que, al desaparecer las familias, carecerían de sentido. Se han revisado y completado las marcas gramaticales, que se dan ahora de manera sistemática en todas las entradas.

Una ingente tarea de actualización se refleja en las entradas nuevas, que suponen un crecimiento superior al diez por ciento, así como en la gran cantidad de acepciones nuevas con sus ejemplos. Esta edición también ha incrementado sensiblemente el número de americanismos a partir de diversas fuentes lexicográficas. Los nombres científicos de botánica y zoología pasan a formar un apéndice (Apénd. I) al final del diccionario, en el que aparecen por orden alfabético acompañados de los nombres correspondientes en español.

Se han revisado todas las definiciones, corriendo a cargo de especialistas aquellas materias científicas cuya competencia excede a la lexicografía, entre ellas: medicina, psicología, biología, botánica, zoología e informática. En todas las entradas se han reconsiderado las etimologías y se han revisado las marcas geográficas y los registros o niveles de uso.

Instrumentos para el uso de las palabras

Los catálogos de sinónimos e ideas afines se han repasado cuidadosamente. La inclusión de nuevos lemas ha llevado en muchos casos a la creación de catálogos también nuevos o a una reestructuración y renovación importante de los ya existentes. Cuando los catálogos eran especialmente largos —algunos ocupan varias páginas— interrumpían la lectura y, en muchos casos, el consultante se perdía en ellos antes de llegar a las acepciones siguientes. Se ha optado por resolver este problema desplazando los que tienen más de diez líneas al final de la entrada y manteniendo en su ubicación original únicamente los catálogos breves.

También, y con el mismo objetivo de agilizar y simplificar la consulta, se trasladan al final de la entrada las notas de uso, las formas de expresión y las indicaciones de conjugación, introducidas mediante la etiqueta correspondiente.

En cuanto a los desarrollos gramaticales, que en la primera edición formaban parte del cuerpo del diccionario, estorbando en cierto modo la consulta de las voces, pasan ahora a constituir un apéndice (Apénd. II) al que se remite en cada caso al lector. Aunque algunas de las ideas gramaticales expuestas en ellos han evolucionado considerablemente, se ha respetado el contenido que apareció en la primera edición, corrigiendo lo imprescindible —erratas, normas ortográficas, etc.—, y reestructurando los contenidos para mayor claridad.

* *
*

Numerosas personas han colaborado en esta obra. En la documentación y redacción, Annie Jarraud, Ana M.ª Sánchez Mora, M.ª José González, Jorge Luis Agenjo, José M.ª Goicochea y Cristina Vallarino.

En la tarea de revisar y completar las etimologías han trabajado, entre otros, Javier Herrero Ruiz de Loizaga y Jorge Bergua. Para los arabismos, Federico Corriente ha facilitado la utilización de sus materiales y ha estado siempre disponible para resolver nuestras dudas. Los americanismos se han visto enriquecidos con los trabajos de Hiroto Ueda.

Debemos agradecer su colaboración a Carlos Bitaubé, que revisó la informática; Antonio Jover Gallego, Marqués de San Juan de Puerto Rico, la terminología militar; Eduardo de Miguel García-Palencia, la medicina y Carlos Rodríguez Sutil, la psicología.

Especialmente costosa ha sido la profunda revisión en las materias de biología, zoología y botánica que, a lo largo de más de año y medio de intenso trabajo, han llevado a cabo Ignacio García Mas, Benito Muñoz Araujo y Arturo Almodóvar Manzanares.

Otras muchas personas han intervenido también en la producción de esta obra. Queremos destacar especialmente la lectura concienzuda de Segundo Álvarez, M.ª Ángeles de la Rosa (que colaboraron también con María Moliner en la primera edición), Paloma Ortiz, M.ª Luisa López Guerra y Mercedes Esteban. Y sin Antonio Hurtado esta obra, como tantas otras, no habría visto la luz en el tiempo previsto.

En los últimos cinco años la responsabilidad del trabajo en el Seminario de Lexicografía de la Editorial Gredos ha recaído sobre Joaquín Dacosta, que ha coordinado y dirigido con eficacia y rigor la redacción actual en su forma definitiva. Agradecimiento especial merece la generosidad de Manuel Seco por la paciencia y la sabiduría con las que siempre atendió las consultas del Seminario.

PRESENTACIÓN [A LA PRIMERA EDICIÓN]*

Características generales

La denominación «de uso» aplicada a este diccionario significa que constituye un instrumento para guiar en el uso del español tanto a los que lo tienen como idioma propio como a aquellos que lo aprenden y han llegado en el conocimiento de él a ese punto en que el diccionario bilingüe puede y debe ser substituido por un diccionario en el propio idioma que se aprende. [...]

[Los objetivos del diccionario se persiguen fundamentalmente con dos de sus características]: 1.° Con un sistema de sinónimos, palabras afines y referencias que constituye una clave superpuesta al diccionario de definiciones para conducir al lector desde la palabra que conoce al modo de decir que desconoce o que no acude a su mente en el momento preciso: de la idea a la expresión. 2.° Con ciertas indicaciones gramaticales en cada artículo y el desarrollo de los que son propiamente gramaticales, que resuelven las dudas sobre construcción; así como con los ejemplos que acompañan a las definiciones, los cuales ponen ante el lector el valor «de uso» de las palabras, no siempre claro aun conociendo exactamente su valor lógico.

Modos de decir

Sinónimos

[...] El sistema está planeado para que, cualquiera que sea la palabra que al lector le sugiera su conocimiento del idioma como más próxima a la que busca, para hacer su entrada en el

* Estas páginas son una síntesis de la «Presentación» que María Moliner antepuso a la primera edición del *Diccionario*, en 1966.

diccionario, esa palabra le conduzca al descubrimiento de todos los recursos que éste encierra y pueden serle útiles. Encontrará en primer lugar las palabras usuales que, en esa acepción, pueden substituir correctamente a la que encabeza el artículo; el hecho de estar tales palabras en ese primer lugar significa que cualquiera de ellas expresa la misma idea que la del encabezamiento y que, con el régimen que le corresponda, puede ser usada sin reparo en lugar de ella. Naturalmente, como apenas puede decirse en algún caso que dos palabras son exactamente equivalentes, y en eso estriba la riqueza y flexibilidad del idioma, para aquilatar el valor «de uso» de cada una de ellas, con sus matices afectivos, sociales, amplitud de uso, construcción, etcétera, habrá que consultar los artículos correspondientes. Ahora bien: como, en cambio, la sinonimia está desterrada del diccionario como método definitorio y la definición de cada palabra se ha redactado colocándose ante ella sola, encuadrada en frases genuinas y con especial cuidado de evitar la influencia de cualquier sinónimo por muy dominante que aparezca en su papel de cabeza de un grupo sinonímico, el diccionario resulta así un diccionario completísimo de sinónimos explicados.

Catálogos de palabras afines

Por otro lado, al final de ciertos artículos se incluye un catálogo de referencias en que figuran: 1.° La forma afija de la palabra del encabezamiento, así como los afijos o raíces cultas con que se construyen palabras relacionadas con la idea expresada con ella. 2.° Las palabras del mismo significado. 3.° Los equivalentes pluriverbales, en multitud de casos de uso más frecuente y más expresivos que la expresión monoverbal específica («hacer alusión» por «aludir»; «hacer reír» por «divertir»; «dar por bueno» por «aprobar»; «dar la enhorabuena» por «felicitar»; «dar vueltas» por «girar»; «estar rabioso» por «rabiar»; «de ahora», en vez de «actual»...). 4.° Las palabras casi equivalentes y aquellas cuyo significado abarca el de la palabra del encabezamiento o está comprendido en él. 5.° Los modismos, frases proverbiales, etcétera, relacionados con la idea contenida en la palabra del encabezamiento (en «atención», «sin pestañear»; en «credulidad», «a pie juntillas»...) y las interjecciones o exclamaciones pertinentes, si, por ejemplo, se trata de un sentimiento o estado de ánimo. 6. En casos en que ello es oportuno, el antónimo o antónimos fundamentales. 7.° Y, por fin, una lista de otros catálogos relacionados.

Expresiones pluriverbales

[...] En muchos casos, se dan los adjetivos o adverbios con los que tiene una especial afinidad cierto nombre, adjetivo o verbo: «*sueño* ligero, profundo, reparador; *cariño* entrañable, sincero; nutridos *aplausos*; fatal *resolución*; *empleo*, *pérdida*, *uso* lastimoso; viva *preocupación*; profunda *simpatía*, *antipatía*; *gloria*, *laurel* inmarcesible; *fe* ciega; *ruido* infernal; *caer* pesadamente; *referir* punto por punto, con pelos y señales; *honrado* a carta cabal». [...]

Reglas Gramaticales

Sin perder un momento de vista la finalidad práctica del diccionario, se dan en todos los casos en que ha parecido necesario o conveniente indicaciones gramaticales que sirven a esa finalidad, y sólo las que la sirven. Por ejemplo, se indican para los verbos y adjetivos las preposiciones con que se construyen; para los nombres, los verbos que se unen a ellos para formar la frase: «Asentir (a), Consentir (en), Proveerse (de), útil (a, para), Agradecido (a; por), Desagradecido (con)»; «actividad (Desplegar), alarma (Cundir; Sembrar), cólera (Deponer), conducta (Observar), suspiro (Dar, Exhalar), derrota (Infligir), incendio (Declararse, Estallar; Sofocar), desaliento (Cundir; Sembrar), velocidad (Imprimir), sueño (Conciliar), vigilancia (Ejercer; Montar; Extremar; Burlar)». En algunos casos, las indicaciones son más extensas que esas encerradas entre paréntesis: por ejemplo, se dice de «olvidar» que se construye de estas tres maneras: «he olvidado su nombre, me he olvidado de su nombre, se me ha olvidado su nombre». [...]

Neologismos

En cuanto a neologismos de lenguaje general, teniendo en cuenta que la Academia acaba por dar entrada en el léxico oficial a todos los que, sometidos a la prueba de una espera más o menos larga, a veces excesivamente larga, se acreditan de adiciones estables al habla, ha parecido que no debían excluirse de un diccionario «de uso» los que ya llevan en esa espera un tiempo prudencial. [...]

Desdoblamiento de «ch» y «ll»

Otra innovación consiste en considerar los signos «ch» y «ll» como dobles, como se consideran en los diccionarios extranjeros; aparte de que tal innovación ha sido ya recomendada por tan alta autoridad como la de Menéndez Pidal, pesadas, de un lado la sólida razón a favor del sistema español de que representan sonidos simples, y, de otro, la ventaja que representa la uniformidad con los diccionarios de otros idiomas, se ha decidido la duda a favor de ésta, apoyada por la consideración de que también dentro del mismo español supone el cambio una uniformación con el trato recibido de siempre por el signo «rr», a pesar de que tiene como aquellos otros su sonido propio y distinto.

* *
*

Por fin, he aquí una confesión: La autora siente la necesidad de declarar que ha trabajado honradamente; que, conscientemente, no ha descuidado nada; que, incluso en detalles nimios en los cuales, sin menoscabo aparente, se podía haber cortado por lo sano, ha dedicado a resolver la dificultad que presentaban un esfuerzo y un tiempo desproporcionados con su interés, por obediencia al imperativo irresistible de la escrupulosidad; y que, en fin, esta obra, a la que, por su ambición, dadas su novedad y su complejidad, le está negada como a la que más la perfección, se aproxima a ella tanto como las fuerzas de su autora lo han permitido.

Colaboraciones

En la redacción de la obra:

Carmina Ramón Moliner ha realizado la organización de los «catálogos» de palabras afines.

María Angeles de la Rosa y Trinidad Sanz han llevado a cabo durante muchos años la preparación diaria del trabajo, poniendo en ella una gran devoción y extraordinario sentido de responsabilidad. La última, además, ha realizado el trabajo minucioso de descubrir discrepancias entre la forma de las palabras y expresiones en las citas de los catálogos y en su sitio alfabético; ayudada en esta última tarea por M.ª Angeles García Fernández, con iguales devoción y sentido de responsabilidad.

En la publicación de la obra:

La Editorial Gredos ha dedicado al Diccionario los mejores elementos, tanto personales como materiales, de que ha dispuesto. La corrección de las pruebas ha resultado de enorme dificultad y ha puesto a prueba la competencia, la paciencia y la buena voluntad de los que en ella han intervenido.

Agustín del Campo, director de correctores de excepcional categoría de la Editorial Gredos, ajustó, en primer lugar, la traducción, nada fácil, del original a signos y equivalencias tipográficas; ha dado la pauta y el ejemplo para la corrección realizando por sí mismo la de más de la mitad del primer tomo y ha reservado para sí hasta el final la delicada decisión del «imprímase».

La Editorial Gredos ha encargado la lectura de la obra a María Josefa Canellada de Zamora Vicente y a Amalia Sarriá, las cuales han anotado en ella observaciones de interés.

En el segundo tomo se ha sumado como corrector a las tareas del diccionario Segundo Álvarez. La excelencia de su trabajo, de revisor más que de corrector, dada la complejidad de la obra exigente de inteligencia, competencia y atención sostenida, a sus múltiples aspectos, hace indispensable que su nombre no falte entre los de las personas a quienes la autora testimonia su agradecimiento.

Mención especialísima merecen en este capítulo de gracias Alberto Collantes, linotipista, y Pablo del Río, jefe de cajistas de la imprenta de la Editorial, que han llevado a cabo un trabajo de dificultad excepcional con gran inteligencia y generoso espíritu de colaboración.

Doy las gracias, no sólo a los mencionados, sino, también, a los demás colaboradores que, no por no figurar aquí con sus nombres, dejan de estar en el recuerdo agradecido de la autora, y deseo que sepan que no considero cancelada mi deuda de gratitud con esta simple mención.

Madrid, abril de 1966.

María Moliner

USO DEL DICCIONARIO

Búsqueda de una palabra

El consultante debe buscar el lema correspondiente siguiendo el orden alfabético. Habrá de tener en cuenta, sin embargo, las siguientes precisiones:

1. Las palabras iguales con distinta etimología (homónimos) aparecen en entradas independientes, diferenciadas con un número:

> **canto**[1] (del lat. «cantus») **1** m. Nombre genérico de la actividad o del arte de cantar: 'Se dedica al canto'. ⊙ Acción de cantar una cosa determinada: 'Durante el canto del himno'. ⊙ Lo que se canta: 'Se oían unos cantos tristes'. [...]
>
> **canto**[2] (del lat. «canthus», del gr. «kanthós», esquina) **1** m. En un objeto delgado, superficie estrecha o filo que limita su forma: 'El canto de una peseta [o de un papel]'. ≃ *Borde. ⇒ Acantilado, decantar. [...]

2. Los sustantivos y los adjetivos de dos terminaciones se ordenan por la forma masculina singular con indicación de la variación genérica. Así, por ejemplo, la forma «asustadizas» deberá buscarse bajo el lema «asustadizo, -a».

3. Los sustantivos terminados en «–a» que por etimología podrían estar bajo un lema de dos terminaciones tienen entrada independiente, pues no siempre es evidente la relación etimológica. Por ejemplo «clara» 'parte del huevo' aparece en entrada diferente de «claro, -a».

4. Si un sustantivo o un adjetivo sólo se usa en plural, se encabeza por esta forma; por ejemplo, «comicios».

5. Las entradas que contienen acepciones que se usan tanto en singular como en plural y acepciones que se usan sólo en plural, se encabezan por la forma singular y se especifica en anotación gramatical cuando una acepción se usa sólo en plural:

> **corporal 1** adj. Del cuerpo: 'Trabajo corporal'. ⇒ Físico, manual, material. **2** m. pl. Paño que se extiende sobre el altar para colocar sobre él la hostia y el cáliz en la celebración de la *misa.

6. Los usos pronominales de un verbo se incluyen generalmente dentro de la forma no pronominal. Únicamente se encabezan en forma pronominal aquellos que sólo se utilizan en esta forma:

> **civilizar** (de «civil») **1** tr. Introducir en un ↘país la civilización de otros más adelantados. ⊙ prnl. Adoptar un pueblo la civilización de otro más adelantado. **2** tr. Convertir a una ↘persona tosca o insociable en educada o sociable. ⇒ Afinar, desasnar, desbastar, descortezar, *educar, *enseñar, quitar el PELO de la dehesa, pulir. ⊙ prnl. Hacerse una persona más educada y sociable.
>
> **vanagloriarse** (de «vanagloria»; «de, por») prnl. Alabarse o mostrarse orgulloso por cierta cualidad o cierta acción, aunque éstas no lo merezcan: 'Se vanagloria de aprobar por recomendación'. ≃ *Jactarse, presumir.

Búsqueda de una expresión pluriverbal

Las expresiones formadas por más de una palabra están definidas, en la mayor parte de los casos, bajo una de ellas (palabra ordenatriz). Sólo las expresiones constituidas por palabras no castellanas se incluyen completas como lema y se buscan por orden alfabético prescindiendo de espacios y de signos de puntuación.

Para saber cuál es la palabra ordenatriz de una expresión castellana deben tenerse en cuenta los siguientes criterios:

1. Si la expresión contiene un sustantivo, estará incluida bajo el sustantivo. Cuando hay más de uno, habrá que buscar por el primero de ellos: «abrir la mano» se encontrará en «mano» y «cabello de ángel» en «cabello».

2. Cuando no hay sustantivo, en el verbo si lo tiene. Se exceptúan verbos como «haber, estar, ir, venir, dar, dejar», que, con mucha frecuencia, forman parte de expresiones pluriverbales.

3. De no haber tampoco verbo, se da preferencia al adjetivo sobre el adverbio, menos cuando éste determina a aquél: «muy mucho» se incluye en «mucho»; «tanto más», en «más».

4. En el resto de los casos, se buscará por la palabra más significativa.

5. Además, las frases no figuran solamente en el artículo correspondiente a la palabra ordenatriz, sino que están como remisión en el resto de las palabras significantes que las componen, con lo cual se llega de modo indirecto a la expresión que se desea encontrar.

Una vez en la entrada correspondiente, no será difícil localizarla a continuación del bloque de acepciones. Sin embargo, en entradas con un gran número de expresiones pluriverbales deberán tenerse en cuenta los siguientes criterios de ordenación alfabética:

1. En las expresiones cuya palabra ordenatriz es un sustantivo, se establecen dos bloques ordenados independientemente: uno con los sintagmas nominales en los que esta palabra ordenatriz es núcleo, y otro con el resto de las expresiones (adjetivas, adverbiales, verbales, oraciones completas, etc.):

> **oveja** (del lat. «ovicŭla») f. Hembra del carnero. Se emplea más que «carnero» como nombre de la especie.

OVEJA DESCARRIADA. Persona cuya conducta se aparta censurablemente de la de los suyos.
O. NEGRA. OVEJA descarriada.
O. RENIL. *Oveja castrada.*
CADA OVEJA CON SU PAREJA. Recomendación para que cada uno se asocie o tenga trato con los de su misma clase. ⇒ *Igual.
OVEJA QUE BALA BOCADO QUE PIERDE [O PIERDE BOCADO]. Refrán que significa que no conviene *distraerse de lo que se está haciendo.

2. Cuando una serie de expresiones empiezan por la misma palabra se tienen en cuenta sólo las palabras significantes para el orden alfabético, prescindiendo de preposiciones, artículos, etc.:

disco (del lat. «discus», del gr. «dískos») **1** m. Lámina circular de cualquier materia.
[...]
DISCO COMPACTO. Disco de materia plástica con información acústica o visual que se graba y reproduce mediante láser. ≃ CD, COMPACT disc, compacto. ⇒ CD-ROM.
D. DURO. INFORM. Disco magnético fijo de un ordenador personal.
D. DE LARGA DURACIÓN. Disco fonográfico de mayor duración que el sencillo. ≃ Long play, LP.
D. MAGNÉTICO. El recubierto de una capa de material magnético, capaz de almacenar información.
D. ÓPTICO. Cualquier disco que se graba y se lee mediante láser; por ejemplo, el disco compacto.
D. RAYADO (inf.). Expresión calificativa o usada en comparaciones con que se hace referencia a una persona *pesada y reiterativa: '¡Ya está otra vez con la misma canción! Parece un disco rayado'.
D. DE SEÑALES. El que se coloca en las líneas de *ferrocarril sobre un poste, con señales indicadoras del estado de la vía.

LOCALIZACIÓN DE PALABRAS Y EXPRESIONES A PARTIR DE OTRAS DE SIGNIFICADO AFÍN O RELACIONADO

Otra de las posibilidades de búsqueda que ofrece el DUE es la que permite localizar, a partir de otra conocida, una palabra o frase que no se recuerda o que se desconoce; por ejemplo, el nombre de determinado objeto, la fórmula más ajustada para expresar una acción o situación o la calificación más precisa para una cosa. Con este fin se utilizan los «catálogos».

Los catálogos son listas de voces y frases relacionadas con una palabra o expresión pluriverbal. Aparecen en gran número de entradas y están introducidos por el signo ⇒, cuando son breves, o bajo el epígrafe □ CATÁLOGO, cuando son largos (v. pág. XXXIII).

Si alguien quisiera saber cómo se llama cada una de las piezas que forman una cruz de la guarnición de una espada, podría buscar en «espada», y en el bloque correspondiente a piezas o partes de la espada, encontraría, junto a «cazoleta, empuñadura, filo», etc., la palabra deseada: «gavilán».

Elementos e interpretación de un artículo lexicográfico

A continuación se enumeran a modo de índice los elementos que pueden integrar una entrada del DUE y, más adelante, se hacen algunas observaciones sobre su sentido preciso en el diccionario:

1. Lema.
2. Anotaciones del paréntesis inicial: a) Etimología; b) Variantes del lema; c) Pronunciación; d) Indicación de plural; e) Otras anotaciones; f) Anotaciones propias del «paréntesis de acepción».
3. Acepciones y subacepciones:
   - 3.1. Anotaciones del paréntesis de acepción: a) Marca cronológica; b) Marca de localización geográfica; c) Marca de registro, valoración y otras; d) Anotación de uso pronominal; e) Indicaciones de construcción; f) Anotaciones morfosintácticas; g) Indicación ortográfica de mayúscula; h) Nombre científico; i) Otras anotaciones.
   - 3.2. Categoría gramatical.
   - 3.3. Marca de especialidad.
   - 3.4. Definición.
   - 3.5. Anotaciones de uso pronominal.
   - 3.6. Ejemplos.
   - 3.7. Sinónimos y variantes.
   - 3.8. Catálogos.
4. Expresiones pluriverbales.
5. Notas de uso.
6. Formas de expresión.
7. Conjugación.

1. Lema

El primer elemento que aparece en el artículo es el lema, encabezamiento que indica las palabras y otras expresiones que van a ser tratadas en la entrada.

a) Se incluyen en un lema las expresiones con el mismo significado, generalmente variantes de una misma palabra, y que van seguidas en orden alfabético:

> **periodo** o **período** (del lat. «periŏdus», del gr. «períodos») **1** m. Porción de *tiempo: 'Durante el periodo de vacaciones'. [...]

La mayor o menor frecuencia de estas formas se indica normalmente, cuando procede, mediante las marcas «menos frec.» (menos frecuente) o «no frec.» (no frecuente):

> **celtíbero, -a** o, menos frec., **celtibero, -a** (del lat. «Celtĭber, -ēri») adj. y, aplicado a personas, también n. Se apli-

ca a los individuos de un *pueblo primitivo que ocupaba gran parte de las actuales provincias de Zaragoza, Teruel, Cuenca, Guadalajara y Soria, y a sus cosas. ≃ Celtibérico, celtiberio. [...]

cacahuete o, no frec., **cacahuet** (del nahua «cacahuatl», cacao de tierra; *Arachis hypogaea)* m. *Planta leguminosa que produce un fruto cuyos pedúnculos se prolongan hacia abajo hasta quedar el fruto enterrado; el fruto, llamado del mismo modo, tiene una cáscara coriácea y semillas oleaginosas que se comen tostadas como golosina o aperitivo y se emplean también para la obtención de aceite. [...]

2. Anotaciones del paréntesis inicial

Las notas incluidas dentro de este paréntesis afectan al lema como tal o a todas las acepciones y subacepciones de la entrada. Cuando una entrada tiene una sola acepción, aparecen también en este paréntesis las anotaciones propias del «paréntesis de acepción».

a) Etimología

Para facilitar la lectura de las voces latinas, se marca la cantidad vocálica de la penúltima sílaba en las palabras que tienen más de dos, excepto cuando la sílaba acaba en consonante (larga por posición). Así, cuando la penúltima sílaba es larga, el acento recae sobre ella y, cuando es breve, sobre la anterior. Se dan siempre en transliteración las voces etimológicas que no utilizan el alfabeto latino (v., para el griego y el árabe, las «Tablas de transliteración» en las págs. XXXVII-XXXVIII). En los extranjerismos no adaptados se hace indicación escueta de la lengua de origen sin explicitar el étimo, que coincide íntegramente con el lema. Los signos de interrogación en una etimología expresan que ésta es dudosa. No se indica el origen de una voz cuando es obvio, por ejemplo en los derivados regulares formados a partir de una palabra utilizada en la definición.

b) Variantes del lema

Abreviatura: «var.».

Se incluyen sistemáticamente en las entradas correspondientes a afijos cuando las diferentes formas que adopta un elemento prefijo o sufijo no van seguidas en el orden alfabético. En el resto de los lemas sólo aparecen cuando la diferencia formal entre el lema y la variante es mínima. En el resto de los casos, las variantes se incluyen en el bloque de sinónimos, introducido por el signo ≃ tras la definición.

c) Pronunciación

Abreviatura: «pronunc.».

Se indica sólo cuando la pronunciación de una expresión no es directamente deducible de su forma gráfica (generalmente en extranjerismos no adaptados y en siglas o en acrónimos). Para la representación de los sonidos se han utilizado, siempre que ha sido posible, las letras del alfabeto español. Como excepción, se ha introducido la grafía «sh» para transcribir el sonido prepalatal fricativo sordo que aparece, por ejemplo, en la palabra inglesa «aftershave». Un paréntesis que encierra dos vocales indica que éstas se pronuncian en diptongo, y un guión, que se pronuncian en hiato; por ejemplo, en «ión» o «ion», que admite la pronunciación en hiato [i-ón] o en diptongo [(io)n].

d) Indicación de plural

Abreviatura: «pl.».

Se incluye en los sustantivos o adjetivos de plural dudoso o mal normalizado, atendiendo en todo caso a las variantes más consolidadas en el uso culto. Cuando se dan dos o más posibles plurales para una voz, se ordenan por frecuencia de uso. Si la pronunciación del plural de una palabra no se deduce de la forma singular, se añade indicación de pronunciación.

e) Otras anotaciones

El paréntesis inicial puede contener otras indicaciones, más o menos formalizadas, que afectan a un número limitado de entradas, como el superlativo de algunos adjetivos y ciertas peculiaridades morfosintácticas de los pronombres.

f) Anotaciones propias del «paréntesis de acepción»

En las entradas con una sola acepción se incluyen en el paréntesis inicial las anotaciones de acepción que en el resto de los casos van entre paréntesis tras el número de acepción o el signo introductor de subacepción (v. el apartado 3.1.).

3. Acepciones y subacepciones

Los sentidos de una palabra (o de una expresión pluriverbal) que se distinguen en una entrada son las acepciones. Éstas, a su vez, pueden dividirse en subacepciones, que expresan matices diferenciales dentro de una misma acepción. Respecto a la disposición de las anotaciones, las subacepciones funcionan como acepciones independientes.

3.1. Anotaciones del paréntesis de acepción

Las anotaciones incluidas en el paréntesis de acepción afectan sólo a una acepción o subacepción y, por lo tanto, se repiten si son comunes a otras acepciones o subacepciones.

a) *Marca cronológica*

Se incluye la marca «ant.» (antiguo) en las acepciones que no han sobrepasado el siglo XVIII. Los usos no vigentes o con escasa vigencia en la actualidad pero que se dan en época contemporánea carecen de marca cronológica, pero aparecen en cursiva para indicar que no son usuales.

b) *Marca de localización geográfica*

Se marcan con la indicación geográfica correspondiente las acepciones que no tienen uso general en España: dialectalismos españoles y expresiones utilizadas fuera de España en el resto de los países hispanohablantes (especialmente hispanoamericanos).

c) *Marca de registro, valoración y otras*

Las indicaciones que se dan a continuación son las más generalizadas y con sentido en mayor o menor medida formalizado. No enumeramos aquí otras anotaciones de significado claro que pueden haberse incluido en determinadas acepciones.

Las anotaciones de registro expresan la adecuación de determinada palabra o expresión a una situación de comunicación dada. Las principales son: «lit.» (literario), exclusivo del lenguaje literario; «culto»: propio del lenguaje elevado de escritos o discursos, no adecuado para la conversación corriente; «form.» (formal): característico de textos expositivos, del lenguaje administrativo, etc., menos elevado que el culto; «inf.» (informal): propio, aunque no exclusivo, para la conversación entre personas de confianza; «vulg.» (vulgar): sólo adecuado en situaciones de mucha confianza; se utiliza esta etiqueta, por ejemplo, para caracterizar las expresiones malsonantes relativas al sexo o las utilizadas como insulto.

Además de las marcas de registro, el diccionario incluye otras muchas caracterizaciones determinadas por diversos criterios, como la distribución por grupos sociales de una expresión, la valoración general de los hablantes ante las realidades designadas, o matices expresivos no deducibles de la escueta definición. Las más frecuentes son: «argot», aplicado a expresiones utilizadas exclusiva o preferentemente por determinados grupos sociales, generalmente marginales (delincuentes, traficantes o consumidores de drogas, etc.); «pop.» (popular), para usos propios de zonas rurales o característicos de las clases populares de las ciudades; «desp.» (despectivo), aplicado a expresiones que denotan desprecio hacia la realidad que designan; «pond.» (ponderativo), expresa ponderación, positiva o negativa, sobre lo designado; «hum.» (humorístico); «irón.» (irónico).

d) *Anotación de uso pronominal*

Las anotaciones referidas al uso pronominal de un verbo que pueden aparecer en el paréntesis de acepción son las siguientes:

— «con un pron. reflex.» (con un pronombre reflexivo). Se incluye delante de la definición de un uso transitivo de un verbo al que el pronombre añade ciertos matices expresivos, generalmente una mayor implicación del sujeto en el desarrollo de la acción que realiza:

> **comer** (del lat. «comedĕre») **1** tr. o abs. En sentido amplio, tomar alimentos por la boca: 'Sin comer no se puede vivir. No ha comido más que unas galletas y una taza de caldo'. Se puede usar con un partitivo: 'No comas de esa carne' ⊙ (con un pron. reflex.) tr. Comer una cosa determinada, particularmente cuando se trata de un manjar sabroso o cuando se quiere sugerir cierta glotonería: 'Se comió él solo un pollo'. [...]

— «en forma pronominal pasiva o impersonal con 'se'». Se utiliza para indicar que en determinada acepción un verbo admite esta doble construcción y se utiliza habitualmente en esta forma:

> **declinar** (del lat. «declināre») [...] **6** tr. GRAM. Poner una ↘palabra declinable en los distintos *casos. ⊙ (en forma pronominal pasiva o impersonal con «se») Ser declinable una palabra. Puede llevar un complemento con «por»: 'Se declina por la tercera declinación'.

— «reflex.» (reflexivo). Para acepciones reflexivas de un verbo transitivo.

— «recípr.» (recíproco). Para acepciones recíprocas de un verbo transitivo.

e) *Indicaciones de construcción*

En muchas entradas el DUE informa sobre las palabras con las que se combina habitualmente determinada voz. Las combinaciones que se suelen señalar son las de verbos y adjetivos con su régimen preposicional y la de los sustantivos con los verbos con los que se construyen normalmente. Se incluyen en mayúscula las palabras que en la frase aparecen delante de la voz estudiada (verbos con respecto a sustantivos) y, en minúscula, cuando van detrás (preposición con respecto a adjetivos y verbos):

> **acuerdo 1** («Adoptar, Establecer, Llegar a, Tomar, Firmar») m. Cosa acordada o *decidida por dos o más personas después de hablar o discutir sobre el asunto de que se trata. [...]
>
> **abogar** (del lat. «advocāre»; «por, a favor, en favor de») intr. Hablar en favor de algo o de alguien: 'No necesita que nadie abogue por él. El orador abogó por un reparto más equitativo de las cargas'. [...]

f) *Anotaciones morfosintácticas*

Se incluye aquí la información morfosintáctica que afecta a una sola acepción y que no se da en la marca de categoría gramatical. Las principales son: «pl.» (plural), para las acepciones que sólo se usan en plural, por ejemplo «gachas»; «sing. o pl.» (singular o plural), para las acepciones que en singular y en plural hacen referencia a una misma realidad singular, como en «barba[s]»; «forma pl.» (forma plural), para casos como «bocazas» 'indiscreto' que, aunque por la forma son plurales (de «bocaza» en este ejemplo), funcionan en singular o plural como cualquier otro sustantivo: «un[a] bocazas / unos [o unas] bocazas».

g) *Indicación ortográfica de mayúscula*

Si una palabra en determinada acepción no tiene categoría gramatical de nombre propio (n. p.), pero por tradición ortográfica se escribe con mayúscula, se señala mediante las marcas «con mayúsc.» (siempre con mayúscula), «gralm. con mayúsc.» (generalmente con mayúscula), «con mayúsc. o minúsc.» (con mayúscula o minúscula sin diferencia de frecuencia de uso apreciable entre ambas formas), «a veces con mayúsc.» (de manera ocasional con mayúscula). En cualquier caso, el lema aparece en minúscula.

h) *Nombre científico*

Se da en la denominación más general de un animal o de una planta. Esta indicación permite conocer el nombre científico de un animal o de una planta de nombre común conocido por el consultante. Si, por el contrario, lo que se desea es llegar al nombre vulgar a partir de un nombre científico, se deberá consultar el índice de nombres científicos incluido en el apéndice final del diccionario.

i) *Otras anotaciones*

«n. calif.» (nombre calificativo). Se incluye en nombres que se aplican a cosas distintas de las que designan propiamente para denotar en ellas ciertas cualidades; como «alcornoque» para calificar a una persona torpe o «Demóstenes» para decir de alguien que es elocuente. Si estos nombres se utilizan además en construcciones comparativas, se indica mediante la fórmula «n. calif. o en comparaciones».

«numerable». Se utiliza para distinguir acepciones en que un sustantivo puede usarse en singular y en plural para designar cosas que se pueden numerar.

«colectivo genérico». Se aplica a sustantivos que designan en singular todo un género de cosas múltiples, como «trigo» o «café».

«acep. causativa» (acepción causativa). Aparece en las acepciones de ciertos verbos que indican hacer realizar a alguien o algo determinada acción. Con frecuencia se trata de verbos propiamente intransitivos que en la acepción causativa se usan como transitivos; como en «subir los precios» en el sentido de «hacer subir los precios».

3.2. Categoría gramatical

La marca de categoría gramatical está situada inmediatamente después del paréntesis de acepción y afecta a todas las acepciones que la siguen hasta que no haya un cambio de categoría. Una misma marca puede reunir dos o más categorías y permite indicaciones de frecuencia de uso y otras. La mayor parte de estas marcas no planteará dificultades al consultante con una mínima formación gramatical. Únicamente las correspondientes a nombres y verbos merecen algunas aclaraciones.

Marcas gramaticales de nombre:

«n.» (nombre masculino y femenino). Se aplica a los nombres en que la distinción de género se corresponde con diferencia de sexo. Cuando un nombre presenta variación formal de género (que queda expresada en el lema), debe entenderse que a cada género le corresponde la forma con la terminación característica de éste; por ejemplo, para el lema «perro, -a», «perro» corresponde al masculino y «perra», al femenino.

«m. o f. / f. o m.» (nombre masculino o femenino / nombre femenino o masculino). Se utiliza en los casos en que un lema presenta dos voces alternativas, separadas también por la disyuntiva «o». El orden de las marcas depende del orden en que las formas aparezcan en el lema; por ejemplo:

> **aladierna** o **aladierno** (de «alaterno»; *Rhamnus alaternus*) f. o m. Arbusto ramnáceo de hojas coriáceas y flores olorosas y que tiene por fruto una pequeña baya negra, empleado en medicina y en tintorería.

«m.» (nombre masculino).

«n. m.» (nombre masculino). Se emplea cuando la marca gramatical de nombre va precedida de la de adjetivo:

> **abductor, -a** adj. y n. m. ANAT. Se aplica a los *músculos que producen la abducción.

«f.» (nombre femenino).

«n. f.» (nombre femenino). Se emplea cuando la marca gramatical de nombre va precedida de la de adjetivo:

> **atenuante** adj. Se aplica a lo que atenúa. ⊙ adj. y n. f. DER. Se aplica específicamente a las circunstancias que aminoran la gravedad de un *delito; por ejemplo, la «legítima defensa». ⇒ Agravante.

«amb.» (nombre ambiguo). Se aplica a los nombres que pueden ser indistintamente masculinos y femeninos; como «testuz» (el testuz / la testuz).

Marcas gramaticales de verbo:

«tr.» (verbo transitivo).

«tr. o abs.» (verbo transitivo o absoluto). Se aplica a los verbos transitivos que pueden usarse sin complemento directo sin cambiar de significado. Por ejemplo:

> **acabar** (de «a-[2]» y «cabo») **1** (con «de» y un verbo en infinitivo) tr. o abs. Dejar ˘algo completamente hecho: 'Ya he acabado el cuadro. Ya he acabado por hoy de escribir a máquina'. Se omite con mucha frecuencia el complemento, sobreentendiéndose que es la cosa que se está haciendo: 'Cuando acabes, avísame'. Particularmente cuando es el verbo «hablar»: 'Una salva de aplausos le impidió acabar [la frase]'. [...]

«intr.» (verbo intransitivo).

«prnl.» (verbo pronominal). Se utiliza para caracterizar a los verbos que siempre o en determinadas acepciones se utilizan con un pronombre reflexivo, dando lugar a estructuras intransitivas en las que el pronombre no es complemento directo ni indirecto. Con frecuencia la marca «prnl.» va asociada a «tr.» y, en ese caso, la definición admite dos lecturas, una como transitiva y otra como pronominal, indicada mediante elementos opcionales o alternativos entre corchetes. Por ejemplo, la primera acepción de la entrada «fortalecer» admite las lecturas: a) como verbo transitivo: «hacer fuerte o más fuerte una cosa»; b) como verbo pronominal: «hacerse fuerte o más fuerte una cosa»:

> **fortalecer** (de «fortaleza») **1** tr. y prnl. Hacer[se] fuerte o más fuerte una ˘cosa. ≃ *Fortificar, reforzar, robustecer, vigorizar. **2** tr. Poner más fuerte a ˘alguien. ≃ Fortificar, vigorizar. ⊙ Comunicar a ˘alguien fortaleza espiritual. ≃ *Animar.

«prnl. recípr.» (pronominal recíproco). Se utiliza en acepciones de un verbo que expresan una acción recíproca y que admiten dos construcciones: una preposicional y otra sin preposición con sujeto múltiple; por ejemplo, «casarse»: 'Juan se ha casado con María / Juan y María se han casado'.

3.3. Marca de especialidad

Aparece inmediatamente después de la indicación de categoría gramatical y afecta únicamente a la acepción o subacepción a la que precede. Se aplica a las expresiones, o significados de expresiones, correspondientes a determinada ciencia, profesión, oficio, etc., que son usados preferentemente en el ámbito al que pertenecen. Es la caracterización que distingue, por ejemplo, a «amigdalitis» (de uso médico) frente a «anginas» (de uso corriente).

3.4. Definición

Una definición puede presentar los siguientes recursos tipográficos y signos especiales:

a) Texto en redonda o en cursiva.

Una definición en redonda corresponde a un significado usual de la expresión que se define. Una definición en cursiva corresponde a un significado no usual. Una acepción es considerada no usual por diferentes motivos: por tratarse de un sentido antiguo o dialectal, por estar muy restringido a un ámbito científico o profesional, etc.:

> **insulto** **1** m. Palabra o expresión que se emplea para *insultar. **2** Acción que ofende o humilla a alguien: 'Si le ofreces dinero puede tomarlo como un insulto'. **3** (ant.) **Ataque repentino.* **4** (ant.) **Desmayo.*

b) Palabras en versalitas.

Si una acepción contiene una expresión pluriverbal incluida en el diccionario, la palabra ordenatriz de esa expresión aparecerá en versalitas:

> **IPC** (pronunc. [í pé cé]) m. Econ. Sigla de «ÍNDICE de precios al consumo».

c) Flechita en las definiciones de verbos.

La flechita se coloca sobre la palabra que representa el complemento directo del verbo que se define:

> **justificar** (del lat. «iustificāre») **1** tr. Ser una cosa la causa, motivo o explicación que hace que *otra no sea o parezca extraña, inadecuada, inoportuna, censurable o culpable: 'Eso justifica su presencia aquí. [...]

d) Asteriscos.

Un asterisco sobre una palabra de una definición indica que ésta contiene en su propia entrada uno o más catálogos o bloques de sinónimos. Por ejemplo, en la palabra «atril» dentro de la entrada «facistol»:

> **facistol** (del germ. «faldistol», sillón plegable) **1** m. *Atril grande donde se ponen los libros para el canto en los coros de las iglesias. [...]

> **atril** (del sup. lat. «lectorīle», de «lector, -ōris», lector) m. Soporte en donde se coloca un libro, partitura, etc., para poder leer con comodidad. ⇒ Evangelistero, facistelo, facistol, faldistorio, latril, retril.

e) Elementos opcionales y elementos alternativos.

Los elementos opcionales o alternativos aparecen en la definición entre corchetes y permiten que determinada definición admita más de una lectura. En la entrada siguiente «[los]» es un elemento opcional que permite la doble lectura: a) «de fantasmas» y b) «de los fantasmas»:

fantasmal 1 adj. De [los] fantasmas. **2** Tal que no parece real. ≃ *Irreal.

En «incinerable» el elemento alternativo «[o destinado a]» puede sustituir a un elemento anterior, con lo que es posible leer la definición siguiente como a) «apto para ser incinerado» y b) «destinado a ser incinerado»:

incinerable adj. *Apto para [o destinado a] ser incinerado.*

f) Especificaciones entre paréntesis dentro de la definición.

Se utilizan para aclarar o especificar la acepción a la que se refiere una palabra de una definición cuando puede haber duda:

gavieta f. MAR. *Gavia (cofa) a modo de garita que se pone sobre la mesana o el bauprés.*

gavia[1] (del lat. «cavĕa», jaula) **1** (ant.) f. **Jaula; especialmente, la que se empleaba para encerrar a los locos.* ⇒ Engaviar. **2** (inf.; pl.) **Manicomio:* 'Está como para llevarlo a las gavias'. **3** **Zanja que se abre en el suelo para desagüe o para deslindar dos fincas.* **4** **Hoyo hecho para *plantar árboles, cepas, etc.* **5** MAR. *Vela que va en el mastelero mayor de una nave. Por extensión, cada una de las *velas de los otros dos masteleros. ⊙ (pl.) MAR. Conjunto de todas. **6** MAR. **Cofa de las *galeras.*

3.5. ANOTACIONES DE USO PRONOMINAL

Aparecen a continuación de la definición y coinciden con las anotaciones de uso pronominal del paréntesis de acepción. A diferencia de éstas, indican que una voz definida en determinada acepción como no pronominal admite también uso en forma pronominal. Pueden incluir indicaciones de frecuencia de uso:

descalzar 1 tr. Quitar el *calzado a ↘alguien. También reflex.: 'Se descalzó porque le dolían los pies'.

encontrar [...] ⊙ tr. Llegar a donde está una ↘persona o una cosa y verla de la manera que se expresa: 'La encontré deshecha en lágrimas. Encontré mi pueblo transformado. También con un pron. reflex.: 'Me he encontrado la casa abandonada'.

emperejilar (de «en-» y «perejil»; inf. y gralm. burlesco o desp.) tr. Arreglar o adornar mucho a una ↘persona o una cosa: 'Emperejilar las mulas [o el carro] para la romería'. Más frec. reflex.: 'Se está emperejilando para ir al baile'. ≃ *Acicalar[se].

3.6. EJEMPLOS

Se incluyen inmediatamente después de la definición, tras dos puntos y entre comillas.

3.7. Sinónimos y variantes

Signo introductor: ≃

Este bloque incluye variantes, voces o frases con el mismo significado o con un significado muy similar al del encabezamiento. Cuando alguna de estas palabras contiene a su vez sinónimos o catálogos se indica mediante el asterisco. Cuando es necesario, las expresiones pluriverbales llevan destacada la palabra ordenatriz en versalitas.

3.8. Catálogos

Los catálogos puede ser de dos tipos: breves (introducidos por el signo ⇒) y largos (encabezados por la etiqueta □ CATÁLOGO). Este bloque contiene, por un lado, las remisiones al apéndice II del diccionario, al final del segundo volumen, donde se incluye una serie de notas y artículos gramaticales que completan la información de las entradas, y, por otro, listas de palabras o expresiones pluriverbales afines o relacionadas con las del lema. Al igual que en el bloque de sinónimos y variantes, en los catálogos puede haber palabras con asterisco (remisión a otro catálogo) y aparece en versalitas la palabra ordenatriz de las expresiones pluriverbales citadas. Las divisiones dentro de un catálogo se marcan con el signo ≻.

> **entonación** f. [...] ⊙ LING. Secuencia de los tonos con que se emite un mensaje oral. ≃ Tonalidad. ⇒ Acento, cadencia, inflexión, modulación, tonalidad, tonema, tono. ≻ Deje, dejo, sonsonete, tonillo. ≻ Recitado. ≻ COMA alta, COMA baja. ≻ Apénd. II, ENTONACIÓN.

4. Expresiones pluriverbales

Aparecen a continuación del bloque principal de acepciones y están constituidas por un encabezamiento y una o varias acepciones o subacepciones. El encabezamiento consta de elementos fijos, destacados en versalitas y elementos variables, en redonda. Se indican entre corchetes las variantes formales de una expresión y la diferencia de frecuencias de uso utilizando las mismas fórmulas que en el resto de los elementos de la entrada. Respecto a su ordenación, véase el apartado «Búsqueda de una expresión pluriverbal» (pág. XXII). Dentro de este bloque puede haber remisiones a otras expresiones pluriverbales cuya palabra ordenatriz está destacada en versalitas. Las acepciones y subacepciones de una expresión pluriverbal pueden incluir la mayor parte de las anotaciones propias del cuerpo principal de la entrada: indicaciones de localización geográfica, de registro, de especialidad, de construcción, etc.

> **dedo** (del lat. «digĭtus») **1** m. Cada una de las partes en que se dividen en su extremo la *mano, el *pie, o la *pezuña de los animales. Los dedos de la mano reciben los nombres que se verán a continuación; los del pie no tienen nombres particulares, pero, a veces, se llama «pulgar» y «meñique» a los semejantes a los de la mano que llevan esos nombres.
>
> [...]
>
> D. GORDO. DEDO pulgar.
>
> D. ÍNDICE. El segundo de la mano.
>
> D. MEDIO. El que ocupa el lugar central en la mano.
>
> D. MEÑIQUE. El quinto, o sea el más delgado y corto, que está en el extremo opuesto al pulgar, en la mano y, por Extensión, en el pie.
>
> D. PULGAR. El más grueso y que se opone a los otros para agarrar, en la mano y, por extensión, el semejante en el pie.

ENCABEZAMIENTO → D. ÍNDICE ← DEFINICIÓN

A DEDO. **1** (inf.; «Nombrar, Elegir») Refiriéndose a la forma en que se realiza un nombramiento o elección, por influencia o enchufe. **2** (inf.; «Ir») Haciendo autostop.

A DOS DEDOS DE... Muy cerca de hacer o de que ocurra cierta cosa, o de cierto estado: 'Estuvo a dos dedos de perder los estribos. Ha estado a dos dedos de la muerte'. ≃ A *punto de.

V. «como ANILLO al dedo, dar ATOLE con el dedo». ← REMISIONES

CHUPARSE EL DEDO. Ser *tonto o *ingenuo. Se emplea más en frases negativas o de sentido negativo: 'Que no crea que me chupo el dedo'.

CHUPARSE LOS DEDOS [DE GUSTO]. Sentir gran *placer con el *sabor de algo, con lo que se oye, se ve, etc. A veces con malignidad: '¡Cómo se chuparía los dedos de gusto si yo fracasara!' ⇒ De chuparse los DEDOS. ← ELEMENTO OPCIONAL

ELEMENTO ALTERNATIVO →

COGERSE [o PILLARSE] LOS DEDOS. (inf.) Resultar perjudicado alguien en un asunto por un error de cálculo en las previsiones.

CONTAR CON LOS DEDOS. Servirse de ellos para contar. Se usa también hiperbólicamente.

CONTARSE CON LOS DEDOS DE LA MANO. Ser muy *pocos: 'Se pueden contar con los dedos de la mano las veces que ha venido a visitarnos'.

CUATRO DEDOS. Expresión muy usada como medida aproximada. ⊙ *Palmo menor.*

PARTE FIJA DE LA EXPRESIÓN →

DARÍA UN DEDO DE LA MANO POR cierta cosa. *Desear mucho la cosa de que se trata. ← PARTE VARIABLE DE LA EXPRESIÓN

DE CHUPARSE LOS DEDOS. Se aplica como expresión calificativa a una cosa que está muy *buena o que causa gran *placer o *gusta mucho.

DOS DEDOS DE FRENTE. V. «no tener dos DEDOS de frente».

HACER DEDO (inf.). Hacer *autostop.

HACER DEDOS (inf.). Hacer ejercicios con los dedos en un instrumento musical para adquirir soltura.

[...]

5. NOTAS DE USO

Etiqueta: ☐ NOTAS DE USO

Matizan o desarrollan la información de uso dada en el cuerpo principal de la entrada. Contienen diversos tipos de indicaciones: de construcción, ortográficas, normativas, etc.

6. FORMAS DE EXPRESIÓN

Etiqueta: ☐ FORMAS DE EXPRESIÓN

Aquí se encontrarán frases, tipos de construcción y otros procedimientos para formular lingüísticamente determinada idea o acto expresivo.

desear (de «deseo») **1** tr. Tender con el pensamiento al logro de la posesión o realización de ↘algo que proporcionaría alegría o pondría fin a un padecimiento o malestar: 'El niño desea una bicicleta. El pueblo desea libertad. Lo que más deseo es recobrar la salud'.

[...]

☐ FORMAS DE EXPRESIÓN

Además de con el verbo «desear» se expresa también un deseo en relación con otra persona con el imperativo de verbos como «ser» o «ir»: '¡Sé feliz! ¡Id con Dios!' También con el subjuntivo: '¡Que os vaya bien! ¡Que tengáis suerte!' Se expresa deseo con sentido retrospectivo con «¡ojalá!» y el verbo en pretérito perfecto o pluscuamperfecto de subjuntivo; y también con «si» en frases afirmativas y «nunca» en frases negativas y el verbo en la misma forma: '¡Ojalá no hubiera venido! ¡Si hubiera nacido hombre! ¡Nunca lo dijera! ¡Nunca hubiera dicho tal cosa!'.

7. CONJUGACIÓN

Etiqueta: □ CONJUG.

Se incluye en los verbos irregulares o en los que presentan algún tipo de anomalía o dificultad ortográfica relevante. Sólo se da la conjugación en los modelos y se remite a éstos desde el resto de los verbos. Pueden contener referencias al apéndice gramatical, introducidas por el signo ⇒:

> **desviar** (del lat. «deviāre») **1** tr. y prnl. *Apartar[se] del camino o dirección seguidos o de su destino, en sentido material o figurado: 'El viento desvió la flecha. [...]
>
> □ CONJUG. La «i» de la raíz es tónica en los presentes de indicativo y subjuntivo y en el imperativo, salvo en la 1.ª y 2.ª personas del plural: 'desvío, desvías, desvía, desvían; desvíe, desvíes, desvíe, desvíen; desvía, desvíe, desvíen'. En el resto de las formas la «i» es átona, y se pronuncia generalmente sin formar diptongo con la vocal que le sigue. ⇒ Apénd. II, PRONUNCIACIÓN (verbos en «-iar»).
>
> **mecanografiar** tr. Escribir una ↘cosa a máquina.
> □ CONJUG. como «desviar».

TABLAS DE TRANSLITERACIÓN

GRIEGO

LETRA	NOMBRE	TRANSLITERACIÓN	EQUIVALENCIA
α	alfa	a	a
β	beta	b	b
γ	gamma	g	g (ante a, o, u)
δ	delta	d	d
ε	épsilon	e	e breve
ζ	zeta	z	ds (con s sonora)
η	eta	ē	e larga
ϑ	theta	th	z
ι	iota	i	i
κ	kappa	k	k
λ	lambda	l	l
μ	my	m	m
ν	ny	n	n
ξ	xi	x	x
ο	ómicron	o	o breve
π	pi	p	p
ρ	rho	r, rh (inicial)	r
σ, ς	sigma	s	s
τ	tau	t	t
υ	ípsilon	y, u (en diptongo)	u francesa, u española (en diptongo)
φ	fi	ph	f
χ	ji	ch	j
ψ	psi	ps	ps
ω	omega	ō	o larga

Acentos

´ (agudo): ´
` (grave): `
~ (circunflejo): ^

Espíritus

᾿ (suave): no se transcribe.
῾ (áspero): h

Notas

1. La iota suscrita no se transcribe.
2. La γ se transcribe como *n* ante gutural (γ, κ, ξ, χ).
3. Siguiendo la norma ortográfica griega se ha colocado la tilde en los diptongos, sobre la vocal débil (i, u), aunque, como en castellano, el acento recae siempre sobre la fuerte (a, e, o).
4. No se indica la cantidad vocálica en las vocales o diptongos con acento circunflejo, ya que necesariamente son largos.

ÁRABE

LETRA	NOMBRE	TRANSLITERACIÓN	EQUIVALENCIA
ء	hamza	’	oclusiva glotal
ب	bā’	b	b
ت	tā’	t	t
ث	ṯā’	ṯ	z
ج	ğīm	ğ	j inglesa
ح	ḥā’	ḥ	h espirante faringal sorda
خ	ẖā’	ẖ	j
د	dāl	d	d
ذ	ḏāl	ḏ	th inglesa en the
ر	rā’	r	r
ز	zāy	z	z francesa
س	sīn	s	s
ش	šīn	š	sh inglesa
ص	ṣād	ṣ	s velarizada
ض	ḍād	ḍ	d velarizada
ط	ṭā’	ṭ	t velarizada
ظ	ẓā’	ẓ	ḏ velarizada
ع	ayn	‘	espirante faringal sonora
غ	gayn	ḡ	r parisina
ف	fā’	f	f
ق	qāf	q	k uvular
ك	kāf	k	k
ل	lām	l	l
م	mīn	m	m
ن	nūn	n	n
ه	hā’	h	h inglesa
و	wāw	w	u semiconsonante
ي	yā’	y	i semiconsonante

NOTAS

La tā’ marbūṭah se representa por *a* en estado absoluto, y por *at* delante de un genitivo.

Las vocales son: a, i, u (breves) y ā, ī, ū (largas).

La alif maqṣūra se transcribe como *à*.

Los diptongos se representan como *ay, aw*.

ABREVIATURAS, SÍMBOLOS Y TIPOS DE LETRA

abrev.	abreviatura
abs.	absoluto
acep.	acepción
acrón.	acrónimo
adj.	adjetivo
adv.	adverbio
Aero.	aeronáutica
afér.	aféresis
Agr.	agricultura
AGráf.	artes gráficas
al.	alemán
Ál.	Álava
Alb.	Albacete
Alic.	Alicante
Alm.	Almería
amb.	ambiguo
Am. C.	América Central
Am. S.	América del Sur
Anat.	anatomía
and.	andalusí
And.	Andalucía
ant.	antiguo
Antill.	Antillas
Apénd.	apéndice
Apic.	apicultura
apóc.	apócope
Ar.	Aragón
ár.	árabe
arag.	aragonés
Arg.	Argentina
Arq.	arquitectura
Artill.	artillería
Ast.	Asturias
Astrol.	astrología
Astron.	astronomía
atrib.	verbo atributivo
aum.	aumentativo
aux.	verbo auxiliar
Áv.	Ávila
b.	bajo
Bad.	Badajoz
Barc.	Barcelona
Biol.	biología
Bioquím.	bioquímica
Bol.	Bolivia
Bot.	botánica
Burg.	Burgos
Các.	Cáceres
Cád.	Cádiz
Can.	Canarias
Cant.	cantería
Cantb.	Cantabria
Carp.	carpintería
Cast.	Castilla
cat.	catalán
Cat.	Cataluña
célt.	céltico
celtolat.	celtolatín
Cetr.	cetrería
Chi.	Chile
cient.	científico
Cine.	cinematografía
Cir.	cirugía
cl.	clásico
Col.	Colombia
comp.	comparativo
conj.	conjunción
Conjug.	conjugación / conjugado
Constr.	construcción
Córd.	Córdoba
C. Real	Ciudad Real
C. Rica	Costa Rica
Cuen.	Cuenca
dem.	demostrativo
Dep.	deportes
Der.	derecho
deriv.	derivado
desp.	despectivo
dial.	dialectal
Dib.	dibujo
dim.	diminutivo
DRAE	Diccionario de la Real Academia Española
Ec.	Ecuador
Econ.	economía
Electr.	electricidad /electrónica
Equit.	equitación
Escult.	escultura
Esgr.	esgrima
euf.	eufemismo

excl.	exclamativo
Extr.	Extremadura
f.	[nombre] femenino
Farm.	farmacia
Fil.	filosofía
Filip.	Filipinas
Fís.	física
Fisiol.	fisiología
Fon.	fonética / fonología
form.	formal
Fort.	fortificación
Fot.	fotografía
fr.	francés
fránc.	fráncico
frec.	frecuente[mente]
frecuent.	frecuentativo
fut.	futuro
Gal.	Galicia
gall.	gallego
gall. port.	gallego portugués
Geol.	geología
Geom.	geometría
germ.	germánico
gót.	gótico
gr.	griego
GRAE	Gramática de la Real Academia Española
gralm.	generalmente
Gram.	gramática
Gran.	Granada
grecolat.	grecolatino
Guad.	Guadalajara
Guat.	Guatemala
Guip.	Guipúzcoa
hebr.	hebreo
Heráld.	heráldica
hiperb.	hiperbólico
Hispam.	Hispanoamérica
hispanoár.	hispanoárabe
hispanolat.	hispanolatín
Hond.	Honduras
Hues.	Huesca
hum.	humorístico
imperat.	imperativo
imperf.	imperfecto
impers.	verbo impersonal
ind.	indicativo
indef.	indefinido
inf.	informal
Inform.	informática
ingl.	inglés
intens.	intensivo
interj.	interjección
interr.	interrogativo
intr.	verbo intransitivo
irón.	irónico
irreg.	irregular
it.	italiano
jap.	japonés
lat.	latín
lat. cient.	latín científico
lat. vulg.	latín vulgar
laud.	laudatorio
leon.	leonés
Ling.	lingüística
lit.	literario
Liter.	literatura
Lóg.	lógica
m.	[nombre] masculino
Madr.	Madrid
Mál.	Málaga
Man.	La Mancha
Mar.	marina
Mat.	matemáticas
mayúsc.	mayúscula
Med.	medicina
Méj.	Méjico
Metal.	metalurgia
Meteor.	meteorología
Métr.	métrica
Mil.	milicia
Miner.	minería
Mineral.	mineralogía
minúsc.	minúscula
Mit.	mitología
mozár.	mozárabe
Mur.	Murcia
Mús.	música
n.	nombre [masculino y femenino]
Nav.	Navarra
n. calif.	nombre calificativo
neerl.	neerlandés
Nic.	Nicaragua
n. p.	nombre propio
occit.	occitano
Ópt.	óptica
or.	origen
Pal.	Palencia
Pan.	Panamá
Par.	Paraguay
part. pas.	participio de pasado
part. pres.	participio de presente
pers.	personal
Pint.	pintura
pl.	plural
pond.	ponderativo
pop.	popular
port.	portugués
pos.	posesivo
pot.	potencial
prep.	preposición
pres.	presente
pret.	pretérito
P. Rico	Puerto Rico
prnl.	verbo pronominal
prob.	probablemente
pron.	pronombre
pronunc.	pronunciación
Psi.	psicología / psiquiatría
P. Vasco	País Vasco
Quím.	química
Rad.	radiodifusión
R. Dom.	República Dominicana
relac.	relacionado
recípr.	recíproco
reflex.	reflexivo
regres.	regresivo
rel.	relativo
relac.	relacionado
Rioj.	La Rioja
rom.	romance
R. Pl.	Río de la Plata
Sal.	Salamanca
Salv.	El Salvador
Seg.	Segovia
Sev.	Sevilla
Símb.	símbolo
sing.	singular
Sor.	Soria
spp.	especies
subj.	subjuntivo
sup.	supuesto
superl.	superlativo
Taurom.	tauromaquia
Telev.	televisión
Teol.	teología
Ter.	Teruel
terciop.	terciopersonal

Tol.	Toledo	Vall.	Valladolid	Vizc.	Vizcaya
Topogr.	topografía	var.	variante	vulg.	vulgar
tr.	verbo transitivo	vasc.	vascuence	Zam.	Zamora
Ur.	Uruguay	Ven.	Venezuela	Zar.	Zaragoza
V.	véase / véanse	Vet.	veterinaria	Zool.	zoología
Val.	Valencia	Vit.	Vitoria		

SÍMBOLOS:

≃	introduce sinónimos y variantes
⇒	introduce catálogos breves
*	va sobre una palabra con sinónimos o catálogos
↘	indica la palabra que representa el complemento directo del verbo que se define
[...]	encierra un elemento opcional
[o...]	encierra un elemento alternativo
⊙	introduce una subacepción
➤	separa bloques homogéneos dentro de un catálogo
□	introduce etiquetas de notas de uso, formas de expresión, conjugación y catálogos largos

TIPOS DE LETRA:

VERSALITA	destaca la palabra bajo la cual está definida una expresión pluriverbal
cursiva	acepción no usual

A

a[1] **1** f. Primera letra del alfabeto. Se pronuncia con los labios muy abiertos, y los dientes separados aproximadamente 1 cm; la lengua, con el dorso elevado hacia la línea de separación entre el paladar duro y el velo del paladar, y rozando con la punta los dientes inferiores, mientras los bordes siguen los molares inferiores. En la escala de altura, la «a» ocupa el lugar medio, después de la «i» y la «e» y antes de la «o» y la «u». Su nombre es su propio sonido. Letra griega correspondiente, «alfa». **2** MÚS. En la notación alfabética representa la *nota «la».

a[2] (del lat. «ad») **1** prep. Se emplea fundamentalmente para formar el complemento indirecto, y a veces el directo, y para expresar dirección. ⇒ Complemento, dirección. **2** Expresa también comparación: 'De uno a otro hay mucha diferencia'. **3** Distancia: 'A 10 Km de Madrid'. **4** Distribución: 'A tres por cabeza. Cinco pesetas a la peseta'. **5** Estilo: 'A la española. A la jineta'. **6** Instrumento: 'A lazo. A mano'. **7** Lugar: 'A la puerta de su casa'. **8** Tiempo: 'A las tres. Al principio. A 12 de agosto'. **9** Simultaneidad con un suceso: 'Al paso de la procesión. A la salida del Sol'. **10** Medida: 'A palmos. A kilos'. **11** Medio: 'A martillazos [o a golpes de martillo]'. **12** Número: 'A docenas. A millares'. **13** Precio: 'A cien pesetas el kilo'. **14** Forma o dibujo: 'A rodajas. A cuadros. A listas. A lunares. A motas. A pintas'. **15** (con el verbo «ir») También expresa otras relaciones, como acción inminente: 'Voy a trabajar. Va a llover'. **16** Orden: '¡A trabajar!'. **17** Finalidad: 'Salió a despedirme'. **18** Simultaneidad de acciones expresable con un gerundio: 'Le vi al pasar, me lo tropecé al venir'. **19** (en la contracción «al» y con un infinitivo) Causa o consecuencia: 'Al no encontrarle, le dejé un recado. Al no verme, se marcharía'. V. más adelante otro tipo de expresiones causales o consecutivas en que el empleo de «a» no es general. **20** Tiene valor condicional en algunas frases en que precede a un infinitivo: 'A juzgar por sus palabras, el acuerdo parece inminente'. **21** Delante de un adjetivo calificativo, equivale a «en cuanto a, en el aspecto de»: 'A listo no hay quien le gane'. **22** Hay un grupo de relaciones expresables con «a» que, aunque no tienen carácter de generalidad, pues se forman con unas palabras y no se forman con otras (se dice 'al contacto de', pero no 'a la proximidad de'; 'al influjo de', pero no 'a la influencia de'; 'al amparo de', pero no 'a la protección de', etc.), son consideradas normales y nadie pone en duda su legitimidad. Pueden agruparse en la denominación general «influencia». ⊙ Contacto: 'al contacto de, al roce de'. ⊙ Determinación: 'al compás de, al conjuro de, al influjo de, a una seña de, al son de, al toque de'. ⊙ Exposición: 'al aire, al humo, a la luz, al sol, a todos los vientos'. ⊙ Protección: 'al amparo de, al arrimo de, al calor de, a la sombra de'. **23** Aparte de esas relaciones, hay verbos que exigen «a» en su régimen como su preposición propia: 'Echarse a volar. Jugar a la baraja. Oler a chamusquina. Saber a limón'. **24** Y hay infinidad de modismos de los más netamente modismos, es decir, de aquellos en cuya construcción hay una irregularidad gramatical o de lógica, formados con «a»: 'a banderas desplegadas (aquí «a» desplaza a «con»), a campo traviesa, a cuenta, a buena cuenta y a mala, a las duras y a las maduras, a escondidas, a mano (cerca), a pie juntillas, a pierna suelta, a partir un piñón, a puerta cerrada, a sabiendas'.

¡A QUE...! [o ¿A QUE...?]. Expresión (probablemente elipsis de «qué te apuestas a que...») con que se muestra *convencimiento, que se opone a la duda o negativa de otros, de que ocurrirá lo que se expresa a continuación: '¡A que llueve esta tarde!', '¡A que te caes!'. A veces envuelve temor: '¡A que no le encontramos en casa!'. Y otras veces, sobre todo en frases negativas, incitación o *desafío: '¡A que no se lo dices a él!'.

¡A QUE SÍ [O NO]! Exclamación del mismo sentido que las anteriores, empleada como respuesta.

¿A QUÉ [VIENE]...? Expresa censura hacia la cosa que se dice a continuación, que se encuentra improcedente: '¿A qué tantas protestas?'. ⇒ *Censurar.

□ NOTAS DE USO

Puede decirse de «a» con respecto a las preposiciones lo mismo que de «que» con respecto a las conjunciones; esto es, que tiene cierto poder absorbente, por el que sustituye en muchos casos a otras preposiciones y hasta a expresiones complejas.

Además de las relaciones en que el empleo de «a» constituye regla general o de las otras que, aun no ocurriendo así, son tenidas como normales y no discutidas, existen relaciones modales de diversas clases en que, de los nombres susceptibles de expresarlas, unos forman con «a» la expresión correspondiente y otros no admiten esta construcción: se dice 'a su gusto, a su sabor', pero no 'a su bienestar' o 'a su conformidad'; se dice 'a juicio de, al parecer de' (donde «a» desplaza a «según»), pero no se dice 'a opinión de'; se dice 'a contrahílo, a contrapaso, a contrapelo, a destiempo', pero no se dice 'tabla hecha a contrachapado, bailar a contradanza' o 'encolado a contrapeado'. Y lo mismo puede decirse de algunas expresiones causales o consecutivas: se dice 'a consecuencia de', pero no 'a resultado de'.

La dificultad respecto de tales grupos de expresiones está en que las formables con «a» son demasiado numerosas para tenerlas todas en cuenta para incluirlas como modismos. Así resulta que hay desorientación respecto a la legitimidad del uso de infinidad de expresiones con «a» de uso general y frecuentísimo; algunos autores condenan, por ejemplo, expresiones como 'a causa de, a condición de' o 'a pretexto de' sin más razón que la de parecerse a otras expresiones francesas, a pesar de que hay otras aceptadas como 'a calidad de, a consecuencia de, a fuer de, a fuerza de, a puro de, a razón de', etc., que son enteramente semejantes (compárese particularmente «a calidad de» con «a condición de»).

Hay particularmente un grupo de expresiones cuya legitimidad es muy discutida; son aquellas que están formadas con un nombre seguido de «a» más infinitivo, que equivalen a una oración con «que hay que» o con «destinado a»: 'otra cosa a tener en cuenta, plazas a extinguir, efectos a pagar, un ejemplo a seguir, cinco libros a elegir'. Se trata de un galicismo sintáctico de creciente auge debido sobre todo a su brevedad.

A continuación se da una serie de expresiones que se construyen con «a»: «a base de, a caballo, a la cabeza (delante), a calidad de, a CAMPO traviesa, a causa de, a consecuencia de, al contrario de, a costa de, a cuenta de, a diferencia de, a discreción, a [las] espaldas [de], a favor de, a fuerza de, a gusto, a horcajadas, a lomo[s], a PALO seco, a PASO de buey [de carga o de tortuga], a PIEDRA y lodo, a partir un PIÑÓN, a placer, a PLANA y renglón, a puro, a raíz de, a razón de, a reserva de, al revés de, a saber, a SALTO de mata, a salvo, a su entera SATISFACCIÓN, a voluntad».

a-[1] (del gr. «a-», partícula privativa) Prefijo que indica negación o *falta de aquello que expresa la palabra a la cual se une. Para unirse a palabras que empiezan por vocal, se transforma en «an-»: 'apirexia, apolítico, anormal, analgésico'.

a-[2] (del lat. «ad-») **1** Forma con nombres o adjetivos infinidad de *verbos, transformando en acción el significado de aquéllos: 'amontonar, abreviar'. ⊙ Otras veces, significa «*poner» lo que la palabra primitiva expresa: 'abanderar, acristalar, anotar'. ⊙ También, hacer o hacerse *semejante: 'abizcochado, aterciopelado'. ⊙ Otras, dar la *forma de lo que el adjetivo o nombre primitivos significan: 'abarquillar, ahorquillar'. Tiende a usarse cada vez menos, ocupando el lugar del verbo con prefijo el mismo verbo sin él y quedando relegadas las formas con prefijo al uso popular: '[a]serrar, [a]sentarse, [a]prensar'. **2** Forma también adjetivos con el significado de «semejante a»: 'atigrado, afelpado'.

-a **1** Sufijo átono que forma nombres de acción, unido al radical de los verbos, especialmente los de la 1.ª conjugación: 'alza, baja' (de la 1.ª conjug.), 'contienda' (de la 2.ª), 'riña' (de la 3.ª). **2** Es también la terminación femenina de los nombres y adjetivos, los cuales figuran en el diccionario con la forma masculina seguida de una coma y «-a».

aarónico, -a adj. *De Aarón.*

aaronita adj. y n. Se aplica a los descendientes de Aarón, personaje bíblico, y a sus cosas.

ab- Elemento prefijo que significa *separación: 'abducción, abscisión'.

aba[1] f. *Antigua medida de *longitud de Aragón, Valencia y Cataluña, equivalente a dos anas.*

¡aba[2]**!** (del lat. «apăge», aparta, del gr. «ápage»; ant. y dialect.) interj. *¡Aparta!*

ababa (deriv. regres. de «ababol») f. **Amapola.* ≃ Ababol.

ababillarse (Chi.) prnl. VET. *Enfermar un animal de la babilla.*

ababol (del ár. y rom. and. «ḥappapáwra») m. *Amapola.

abacá (de or. tagalo; *Musa textilis*) m. *Planta musácea tropical, variedad de plátano, de cuya fibra, llamada del mismo modo y también «cáñamo de Manila», se hacen *telas llamadas también «nipa», y, en Filipinas, «sina may», que se emplean como esteras y para cubrir las techumbres, y las más finas para tejer el «nipis». ≃ Nipa. ⇒ Medriñaque, pácul, saja.

abacería (de «abacero») f. *Tienda de comestibles.*

abacero, -a (del sup. ár. and. «ṣaḥb azzád», el de los víveres) n. *Persona que tiene una abacería.*

abacial (del b. lat. «abbaciālis») adj. Del abad o de la abadía.

ábaco (del lat. «abăcus», del gr. «ábax») **1** m. Marco de madera que sostiene diez cables, en cada uno de los cuales hay pasadas diez bolas, que se emplea en las escuelas para enseñar a *contar. ≃ TABLERO contador. **2** Por extensión, cualquier tabla o cuadro que se emplea para efectuar algún cómputo o cálculo. **3** Pieza de forma de tablero que corona el *capitel de la columna. **4** Cualquier tablero o plancha empleado como elemento decorativo en techos, muebles, etc. **5** MINER. *Artesa que se emplea para lavar los minerales, especialmente los de oro.*

abacora (Antill., Ven.) f. *Albacora (pez).*

abacorar (de «abacora») **1** (Antill., Ven.) tr. *Acosar, *perseguir.* **2** (Hispam.) *Acaparar.*

abad (del lat. «abbas, -ātis», del gr. «abbâ», y éste del siriaco «abbā», padre) m. *Superior de un *monasterio o de algunas colegiatas.

V. «OREJA de abad».

abada (del port. «abada», del malayo «badaq»; ant.) f. **Rinoceronte.* ≃ Bada.

abadejo (¿dim. de «abad»?) **1** m. *Bacalao salado y prensado. **2** **Reyezuelo (pájaro).* **3** **Carraleja (insecto).* **4** **Cantárida (insecto).* **5** (*Mycteroperca bonaci*) *Cierto *pez perciforme de las Antillas, de carne delicada, de color oscuro y con escamas pequeñas y rectangulares.*

abadengo, -a adj. Perteneciente a la dignidad de abad: 'Bienes abadengos'.

abadernar tr. MAR. *Sujetar con badernas.*

abadesa (del b. lat. «abbatissa») f. Superiora de ciertos *conventos de religiosas. ≃ MADRE abadesa.

abadí (del ár. «'abbādī», del n. p. «'abbād») adj. y n. *Se aplica a la dinastía fundada en Sevilla a la caída del califato de Córdoba, por Ismail ben Abbad, y a sus miembros.* ⇒ *Musulmán.

abadía **1** f. Dignidad de abad o de abadesa. **2** Iglesia o *monasterio regido por un abad o abadesa. **3** En algunos sitios, casa del cura *párroco. **4** *En algunos sitios, especialmente en Galicia, especie de luctuosa que se paga al párroco a la *muerte de un feligrés.*

abadiado o **abadiato** m. *Abadía (dignidad, etc., de abad).* ⊙ *Iglesia o *monasterio regido por abad.*

ab aeterno Expresión latina usada en lenguaje culto, que significa «desde la eternidad» o «desde siempre». ⇒ *Antiguo.

abajadero (de «abajar») m. *Cuesta: *pendiente en el terreno.*

abajamiento 1 m. *Acción y efecto de abajar.* **2** (ant.) *Bajeza o humillación.*

abajar (pop.) tr. e intr. *Bajar.*

abajeño, -a (de «abajo») **1** (Hispam.) adj. y n. *Se aplica al natural de las regiones más bajas, y a sus cosas.* **2** *De El Bajío (región de Méjico).* **3** (Arg.) *Sureño.*

abajera (de «bajero»; Arg.) f. *Elemento de la montura que se aplica directamente sobre el lomo de la cabalgadura para absorber el sudor y evitar las mataduras.*

abajo (de «a-[2]» y «bajo») **1** adv. Designa un lugar más bajo que aquel en que está el que habla o que otro que se considera, o dirección hacia él: 'Yo subiré y tú quédate abajo'. La preposición «a» que debería llevar para expresar dirección se suprime: 'De arriba abajo'. ⇒ Abajote, ayuso, yuso. ➤ *Bajo. **2** En frases como 'echar [irse, tirar, venirse] abajo', representa el *suelo. **3** Pospuesto a un nombre de lugar, significa «en dirección a la parte más baja de él»: 'Calle [escaleras, río] abajo'. ⊙ En la frase «de ESCALERAS abajo» designa también lo que está después de bajar las escaleras. Y en «de TEJAS abajo», lo que está debajo de las tejas.

¡ABAJO! Interjección de *protesta o desaprobación en una reunión de gente.

ABAJO DE (más frec. en Hispam.). Debajo de, al pie de.

V. «AGUAS abajo, ARRIBA y abajo, de ARRIBA abajo, que si ARRIBA que si abajo, BOCA abajo, ECHAR abajo, IRSE abajo».

MÁS ABAJO. Como referencia en un escrito, significa «más adelante»: 'Como se detallará más abajo'.

V. «UÑAS abajo, VENIRSE abajo, VOLVER lo de arriba abajo».

abajor (ant.) m. *Bajura.*

abajote (inf.) adv. Muy abajo.

abalanzar 1 (ant.) tr. *Poner la *balanza en el fiel.* **2** *Equilibrar o igualar una ↘cosa.* **3** **Lanzar violentamente una ↘cosa.* **4** («a, hacia, sobre») prnl. Dirigirse alguien o algo violentamente hacia un sitio. ≃ Arrojarse, echarse, *lanzarse, precipitarse. **5** («a») *Decir o hacer una cosa con precipitación, sin considerarla debidamente.* ≃ *Precipitarse. **6** (Arg.) *Encabritarse un caballo.*

□ NOTAS DE USO

Con «hacia», «abalanzarse» expresa más bien la iniciación del movimiento: 'Todos se abalanzaron hacia la salida'. Con «a», más bien la llegada al objeto: 'Me abalancé a la ventana'. Se usa con «sobre» cuando el movimiento tiene por objeto atacar o coger el objeto: 'Se abalanzó sobre el ladrón. Se abalanzaron sobre las armas'.

abalar (de «aballar[1]»; Gal., León, Sal.) tr. **Agitar.*

abaldonadamente adv. *Con osadía o valor.*

abaldonamiento (de «abaldonar») m. *Atrevimiento, osadía o *valor.*

abaldonar (de «baldonar», quizá con influjo del fr. ant. «abandonner») **1** (ant.) tr. **Ofender o *deshonrar.* **2** (ant.) *Abandonar o entregar.*

abalear[1] (de «a-[2]» y «baleo[1]») tr. *Separar con una escoba adecuada del ↘*grano ya aventado los granzones y paja gruesa que han caído con él.* ≃ Balear. ⇒ *Recolección.

abalear[2] (Hispam.) tr. *Balear (disparar, etc.).*

abaleo[1] 1 m. *Acción de abalear (separar con una escoba).* **2** **Escoba de abalear.* ⊙ Se aplica también a varias *plantas de ramas duras y espinosas con que se hacen esas escobas.

abaleo[2] (Col.) m. *Acción de abalear (disparar, etc.).*

abalizar 1 tr. MAR. *Señalar algún ↘lugar con balizas.* **2** Señalar con balizas la ↘pista de un aeropuerto o aeródromo, o una carretera. **3** prnl. MAR. *Marcarse.*

aballar[1] (¿del lat. «ballāre», bailar, o «ad vallem», hacia el valle?) **1** (ant.) tr. **Mover.* **2** (ant. y Sal.) *Acarrear o *transportar.* **3** (ant.) *Conducir ↘*ganado.* **4** (ant.) *Mullir la ↘tierra.* **5** (ant.) *Echar abajo.* ≃ *Derribar.

aballar[2] (del it. «abbagliare», deslumbrar) tr. PINT. *Debilitar, desvanecer o esfumar los ↘*colores de una ↘pintura.*

aballestar (de «a-[2]» y «ballesta») tr. MAR. *Estirar por el centro de un cabo ya tenso para recoger luego lo que presta y *atirantarlo así todavía más.*

abalorio (del ár. and. «alballúri», el de vidrio, cl. «billawr», relac. con el gr. «bḗryllos») **1** m., gralm. pl. *Cuenta de vidrio. ⇒ Mostacilla, mullo. ➤ *Cuenta. **2** (inf.) Bisutería o adorno de poco valor.

abaluartar (de «a-[2]» y «baluarte») tr. FORT. *Abastionar: *fortificar con bastiones.*

abanador (de «abanar»; And., Can.) m. *Soplillo (utensilio para abanicar el fuego).*

abanar (de «abano») **1** tr. *Abanicar.* **2** (And., Can.) *Avivar la ↘lumbre con el soplillo.*

abancalar (Mur.) tr. **Rozar o *roturar un ↘terreno y dedicarlo al cultivo, haciendo bancales en él.* ⇒ *Labrar.

abandalizar tr. *Abanderizar.*

abanderado, -a 1 Participio de abanderar[se]. ⊙ n. Encargado de llevar una bandera, por ejemplo en una procesión o desfile. ⊙ m. Particularmente, oficial que tiene ese destino en un regimiento. ⇒ *Milicia. **2** n. Persona que va delante en la defensa de una causa.

abanderamiento m. Acción de abanderar[se].

abanderar 1 tr. MAR. Matricular bajo la bandera de un estado un ↘*barco de otro país. **2** MAR. Proveer a un ↘barco de los documentos que acreditan su bandera. ⇒ PATENTE de navegación. ⊙ MAR. prnl. Proveerse un barco de los documentos que acreditan su bandera. **3** tr. Ponerse al frente de un ↘movimiento o causa.

abanderizar tr. *Dividir a una ↘comunidad en banderías o partidos.* ⇒ *Discordia.

abandonado, -a 1 Participio adjetivo de «abandonar»: 'Un campamento [o un edificio] abandonado. Un niño abandonado'. Puede llevar el sujeto activo con «de» en vez de con «por» cuando tiene sentido figurado o se emplea con tono patético: 'Se ve abandonado de todos'. **2** Aplicado a personas, a su aspecto o a sus cosas, se aplica al que no atiende debidamente la limpieza o el arreglo de su persona o de sus cosas. ≃ Dejado, desastrado, descuidado, desidioso.

TENER algo ABANDONADO. Tenerlo desatendido, descuidado; no ocuparse de ello debidamente: 'Tiene abandonado su despacho'.

abandonar (del fr. «abandonner», del germ. «bann», orden de castigo) **1** tr. Dejar alguien sin cuidado una ↘cosa que tiene obligación de cuidar o atender, apartándose o no de ella: 'Ha abandonado a sus hijos. Abandonó su puesto'. El complemento puede ser también una palabra que exprese cuidado o atención: 'No abandones la vigilancia'. ⊙ («a») *Confiar o *entregar: dejar el cuidado de cierta ↘cosa a algo o alguien que se expresa: 'Los abandonaron a su suerte. Abandonó la decisión al azar'. **2** Dejar de tener asida o sujeta cierta ↘cosa: 'Abandonar el timón. Abandonó la cuerda y el globo se escapó'. ≃ *Soltar. ⊙ Con ↘«idea, pretensión, propósito» y palabras semejantes, *desistir o *renunciar; dejar de tenerlos: 'Ha abandonado

su idea de marcharse a América'. ⊙ Dejar de llevar o utilizar cierta ↘cosa: 'Este año hemos abandonado pronto los abrigos. Allí abandonamos la carretera y seguimos por un camino'. Es muy corriente en frases negativas: 'No abandona nunca su sonrisa. No abandona la pipa ni para dormir'. Puede llevar como complemento con «por» la cosa con que se sustituye la abandonada: 'En aquel punto abandonamos los coches por las caballerías'. ⊙ Dejar cierta ↘actividad: 'Ha abandonado la carrera'. ⊙ Dejar caer ↘algo desde cierta altura: 'Se sujetó el paracaídas y abandonó su cuerpo al espacio'. **3** *Marcharse de cierto ↘sitio: 'Abandonaremos el campamento antes de las cinco. No abandona nunca el lecho antes de las once'. ≃ Dejar. ⊙ Apartarse de ↘alguien cierta cosa que tiene habitualmente: 'Le ha abandonado la suerte. No le abandona nunca el buen humor'. **4** prnl. Dejar de mantener un esfuerzo. **5** Dejar de tener consigo los cuidados habituales de limpieza, de arreglo personal o de otra clase: 'No debes abandonarte'. **6** («a») Confiar la suerte de sí mismo a algo que se expresa: 'Abandonarse al azar'. ≃ Entregarse. ⊙ («a») Dejarse caer en un estado de ánimo depresivo o dejarse llevar por un estado de exaltación: 'No te abandones a la desesperación. Se abandonaron a la alegría del triunfo. Si te abandonas a la pereza, estás perdido'.
V. «abandonar el CAMPO, abandonar la LUCHA».

□ CATÁLOGO

Abaldonar, aborrecer, aburrir, aislar, *apartar, apostatar, *dejar, derelinquir [o derrelinquir], desamparar, desasistir, desatender, *descuidar, *desentenderse, desertar, deshabitar, desmamparar, exponer, huir de, jaquir, plantar, renegar, dejar en las ASTAS del toro, dejar EMPANTANADO, dar la ESPALDA, volver la ESPALDA, dejar en la ESTACADA, dejado de la MANO de Dios, dejar en MANOS de, dejar PLANTADO. ➤ Aflojar, aplatanarse, apoltronarse, tumbarse a la BARTOLA, echarse en BRAZOS de, dejarse CAER, dejarse, *descuidarse, echarse a DORMIR, echarse, emperezarse, dormir sobre los LAURELES, dejarse LLEVAR, dejarse en MANOS de, relajarse, echarse al SURCO, tenderse, tumbarse. ➤ Defección, deserción, deslealtad, echamiento, infidelidad. ➤ *Desertor, tornillero, tránsfuga. ➤ Abandonado, desmadrado, desvalido, huérfano, *solo. ➤ Abandono, *desamparo, desarrimo, *desvalimiento, soledad. ➤ No tener a donde volver la CABEZA, no tener a quien volver la CARA; unos por otros, la CASA por barrer; no tener a donde volver la MIRADA [o los OJOS]; sin PADRE, ni madre ni perro que le ladre; cerrarse todas las PUERTAS, no tener a quien RECURRIR, no tener a donde volver la VISTA, no tener a donde VOLVERSE. ➤ Alerta, *vigilar. ➤ A DIOS rogando y con el mazo dando. ➤ *Abatirse. *Abjurar. *Arrumbar. *Ceder. *Confiar. *Dejar. *Desatender. *Descuidar. *Desentenderse. *Desistir. *Despreocuparse. *Encargar.

abandonismo m. Actitud de abandonar algo que uno tiene o le corresponde, sin luchar por ello.

abandonista adj. Del abandonismo. ⊙ adj. y n. Partidario del abandonismo.

abandono m. Acción de abandonar. ⊙ Acción de abandonarse. ⊙ Estado de abandonado. ⊙ Cualidad de las actitudes, posturas, etc., en que se prescinde de todo esfuerzo o cuidado: 'Sentada [o vestida] con abandono'.
ABANDONO DE DESTINO. Falta administrativa cometida por un empleado cuando abandona su destino.

abanear (de «abano»; Gal.) tr. **Mover o *sacudir.*

abanero, -a (de un sup. «amanero», de «mano»; ant.) adj. CETR. *Aplicado a las aves de *cetrería, amaestrado.*

abangar tr. y prnl. **Curvar[se] la madera.*

abanicar **1** tr. o abs. Mover o impulsar el aire con el *abanico o con otra cosa semejante hacia una ↘cosa. También reflex. **2** tr. TAUROM. Mover el capote de un lado a otro para incitar al *toro.

abanicazo **1** m. Golpe dado con el *abanico. **2** Cada movimiento enérgico del *abanico, hecho para abanicar.

abanico (dim. de «abano») **1** m. Utensilio para abanicar formado por varias varillas que salen radialmente de un punto, unidas en la parte más abierta por una banda de papel o de tela de forma de corona circular, llamada «paisaje» o «país», que puede plegarse a la vez que las varillas para que el abanico quede cerrado. ⇒ Forma prefija, «flabel-»: flabelado, flabelífero, flabeliforme, flabelo. ➤ Aventador, baleo, calaña, esportilla, paipai, panca, pantalla, perantón, perico, pericón, soplador, soplillo, ventalle. ➤ Ripidio. ➤ Clavillo, guardas, guía, país, paisaje, varilla, varillaje. **2** Puede utilizarse este nombre para designar o describir cualquier objeto que se utiliza como abanico o una disposición de cosas en *forma de abanico; por ejemplo, un sector de rueda de boquerones. **3** Conjunto de cosas entre las que se puede elegir: 'Las agencias de viajes ofrecen un amplio abanico de posibilidades a los veraneantes'. **4** **Cola del *pavo real, abierta.* **5** (inf.) *Sable (arma).* **6** (Cuba) *Cierto dispositivo que consta de una pieza de madera en forma de abanico, empleado para señalar una desviación en las líneas de *ferrocarril.* **7** *Pieza de la rodillera o el codal de algunas *armaduras antiguas, en forma de abanico.* **8** MAR. *Especie de *grúa improvisada.*

abanillo (dim. de «abano») **1** (ant.) m. *Abanico.* **2** *Adorno plisado en que consistían algunos *cuellos alechugados.*

abanino (dim. de «abano»; ant.) m. **Adorno de gasa u otra tela blanca con que se adornaban el cuello del jubón algunas damas de la corte.*

abaniqueo m. Acción de mover repetidamente el abanico.

abaniquería f. *Tienda o fábrica de abanicos.*

abaniquero, -a n. *Persona que hace o vende abanicos.*

abano (del port. «abano») **1** m. *Abanico.* **2** *Utensilio para abanicar que se pone colgado del techo.*

abantar intr. *Salirse un líquido, al hervir, del recipiente en que está contenido.*

abanto **1** *(Neophron percnopterus)* m. *Ave rapaz semejante al buitre, de plumaje blanco con las remeras negras; vive habitualmente en África del Norte y pasa en verano a Europa. ≃ Alimoche, boñiguero. **2** *(Aegypius monachus)* *BUITRE negro. ≃ Alimoche. **3** Cualquier *ave de la familia de los buitres. ≃ Alimoche. **4** (n. calif.; inf.) adj. y n. m. Se aplica a la persona aturdida, *torpe o irreflexiva. **5** («Estar») adj. TAUROM. *Se aplica al *toro que parece aturdido al empezar la lidia.*

abañador, -a n. *Persona que abaña.*

abañadura f. *Acción de abañar.*

abañar (del sup. lat. «evannāre», de «vannus», criba) tr. *Seleccionar la ↘simiente con un cribado especial.*

abarajar (de «a²-» y «barajar») **1** (Arg., Par., Ur.) tr. *Coger una ↘cosa en el aire.* **2** (Arg., Par., Ur.) *Parar un ↘golpe.* **3** (Arg., Par., Ur.) *Captar la intención con que ha sido dicho o hecho ↘algo.*

abarañar (Sal.) tr. *Recoger y colocar en orden los ↘baraños (heno cortado).*

abaratamiento m. Acción de abaratar: 'Campaña para el abaratamiento de las subsistencias'.

abaratar (de «barato») tr. y prnl. Poner[se] más bajo el *precio de ↘algo que se vende: 'Se han abaratado las televisiones'. ≃ Rebajar. ⊙ tr. Hacer que baje el precio de alguna ↘mercancía: 'La baja de aranceles abaratará los coches'.

abarbar (de «a-²» y «barba») intr. APIC. *Criar las *abejas.*

abarbechar tr. *Barbechar: dejar *barbecho un ↘campo.*

abarbetar tr. FORT. **Fortificar con barbetas.*

abarca (de or. prerromano) **1** f. Cierto *calzado toscamente adaptado al pie, sin ajustarse exactamente a su forma, destinado a proteger especialmente la planta. Se hace de cuero fuerte y de cubiertas de automóvil desechadas. ⇒ Albarca, coriza, corval, estórdiga, jostra, pergal, pihua, pilma, zarria. **2** (n. calif.) Se aplica a un calzado demasiado holgado o mal ajustado.

abarcable adj. Susceptible de ser abarcado.

abarcador, -a adj. y n. Que abarca.

abarcadura f. *Acción de abarcar.*

abarcamiento m. *Abarcadura.*

abarcar (del sup. lat. «abbracchicāre», deriv. de «brachĭum», brazo) **1** tr. Rodear o poder rodear con los brazos o con la mano la ↘cosa que se expresa. ≃ Abrazar. **2** *Comprender una cosa dentro de sí a ↘otra que se expresa, o extenderse a lo que se expresa: 'El paréntesis abarca desde la línea cuarta hasta la octava. Desde allí se abarca con la mirada todo el lago. Sus atribuciones abarcan todo lo relacionado con la gestión de los recursos'. ⇒ Abarcuzar, abrazar, alcanzar, acoger, *encerrar, englobar, extenderse, IR de... a. ➤ Descubrir, divisar, otear. ➤ *Comprender. **3** Ocuparse de varias ↘cosas a la vez: 'Necesita un ayudante porque no puede abarcar tantos asuntos'. **4** CAZA. *Rodear un ↘trozo de monte.* **5** (Hispam.) *Acaparar.* **6** (Ec.) *Incubar la gallina sus ↘huevos.*

ABARCAR MUCHO [O DEMASIADO]. Ocuparse de muchas o demasiadas cosas.

QUIEN MUCHO ABARCA POCO APRIETA. Refrán con que se comenta que una persona no puede realizar bien muchas actividades a la vez.

abarcón (de «abarcar») m. *Aro de hierro que sujetaba la lanza dentro de la punta de la tijera en los *carruajes antiguos.*

abarcuzar **1** (Sal.) tr. *Abarcar.* **2** (Sal.) **Ansiar, codiciar.*

abaritonado, -a adj. Aplicado a las voces de personas o instrumentos, semejante a la voz de barítono.

abarloar (de «a-²» y «barloa») tr. MAR. *Situar un ↘*barco con el costado casi pegado al de otro o a un muelle.*

abarquillado, -a **1** Participio de «abarquillar[se]». **2** adj. Se aplica a lo que tiene figura de barquillo.

abarquillamiento m. Acción y efecto de abarquillar[se].

abarquillar (de «a²-» y «barquillo») tr. y prnl. Deformar[se] una ↘lámina, particularmente de madera, *curvándola [o curvándose].

abarracar intr. y prnl. MIL. *Acampar en barracas.*

abarrado, -a adj. *Aplicado a *telas, con barras (defecto en el teñido de las telas).*

abarraganamiento m. *Acción de abarraganarse.* ⊙ *Situación de abarraganados.*

abarraganarse (de «a-²» y «barragana») prnl. recípr. *Ponerse a vivir juntos un hombre y una mujer como si estuvieran casados, sin estarlo.* ≃ *Amancebarse. ⇒ Barragán.

abarrajado, -a **1** *Participio de «abarrajar[se]».* **2** (Chi., Perú) adj. y n. *Pendenciero.*

abarrajar (de «abarrar») **1** tr. *Arrojar.* ≃ Abarrar. **2** (Perú) prnl. **Envilecerse.* ≃ Tirarse.

abarrancadero m. **Atascadero.*

abarrancamiento m. *Acción y efecto de abarrancar[se].* ⇒ *Apuro.

abarrancar **1** tr. y prnl. MAR. *Embarrancar[se]: *varar violentamente un barco.* **2** **Atascar[se] o meter[se] en un atolladero, en sentido material o figurado.* ⇒ *Barranco.

abarrar (¿relac. con «abarrer»?) **1** (ant.) tr. *Arrojar.* **2** (ant.) *Varear o *sacudir.*

abarraz (del ár. and. «ḥább arrás», granos de la cabeza, por utilizarse para combatir los piojos; ant.) m. **HIERBA piojera.* ≃ Albarraz.

abarredera (de «abarrer») **1** f. **Escoba.* **2** *Cosa que barre, arrastra o limpia.*

abarrenar (ant.) tr. *Barrenar.*

abarrer (de «a-²» y el lat. «verrĕre», barrer, saquear; ant.) tr. **Llevarse todo lo que hay de cierta ↘cosa en un sitio.* ≃ Barrer. ⇒ *Apoderarse.

abarrera f. **Revendedora.*

abarrisco (del ár. and. «barrízq», según lo que depare la Providencia) adv. *A barrisco: todo mezclado.*

abarrotado, -a Participio de «abarrotar». ⊙ («Estar») adj. Lleno por completo.

abarrotamiento m. Acción de abarrotar.

abarrotar **1** tr. *Asegurar ↘algo con barrotes.* **2** MAR. *Rellenar con abarrotes los huecos que quedan entre los bultos grandes para aprovechar todo el espacio en la *carga de un ↘barco.* **3** *Llenar una ↘cosa hasta que no cabe más; en general, se usa hiperbólicamente: 'Ha abarrotado el baúl de libros. El muelle está abarrotado de mercancías. Tiene la cabeza abarrotada de ciencia'. ≃ Atiborrar. ⇒ Atestar, atrabancar, embarrotar. ➤ *Recalcar. **4** (Hispam.) *Saturar el ↘mercado de productos para que bajen de precio.*

abarrote (de «abarrotar») **1** m. MAR. *Paquete pequeño de los que se emplean para rellenar huecos en la *carga de un barco.* **2** (Hispam.; pl.) *Conjunto de artículos de *comercio de venta corriente; principalmente, comestibles.* **3** (Col., Ec., Perú) *Tienda donde se venden.*

abarrotero, -a (Col., Ec.) n. *Persona que vende abarrotes.*

abarse (de «¡aba²!») prnl. **Apartarse.*

□ CONJUG. Es verbo defectivo, se usaba solamente en infinitivo y en la 2.ª pers. sing. y pl. de imperativo.

abasí (del ár. «'abbāsī», del n. p. «'abbās») adj. y n. *Se aplica a la *dinastía fundada por Abú-l-Abbás, que destronó al califa omeya de Damasco y estableció la corte en Bagdad, y a los miembros de ella.* ⇒ *Musulmán.

abastadamente (de «abastar»; ant.) adv. *Abundantemente o suficientemente.*

abastamiento (ant.) m. *Acción y efecto de abastar[se].*

abastante (de «abastar»; ant.) adj. **Bastante.*

abastanza (de «abastar»; ant.) adv. *Suficientemente.*

abastar (de «a-²» y «bastar²») **1** (ant.) tr. **Bastar.* **2** **Abastecer.* **3** (ant.) prnl. **Satisfacerse o contentarse.*

abastecedor, -a adj. y n. Se aplica al que abastece.

abastecer (de «a-²» y «bastecer») tr. Dar o vender a ↘alguien lo que necesita de una cosa. También reflex. ≃ *Aprovisionar, proveer, *suministrar, surtir.

□ NOTAS DE USO

Se construye con «con» o «de» cuando significa dar o vender algo de una cosa, generalmente entre otras; y con «de» cuando significa dar o vender todo lo que se necesita de la cosa de que se trata: 'Abastecieron el barco con [o de] víveres para una semana. Me abastece de comestibles la tienda de enfrente'.

□ CONJUG. como «agradecer».

abastecimiento m. Acción y efecto de abastecer[se].

abastero (de «abastar»; Chi.) m. *Hombre que se dedica a matar reses y vender la *carne al por mayor.*

abastimiento (ant.) m. *Abastecimiento.*

abastionar tr. Fort. **Fortificar un ↘sitio con bastiones.* ≃ Bastionar, abaluartar.

abasto (de «abastar») **1** m. Abastecimiento. ⊙ (pl.) Organización del abastecimiento de artículos de primera necesidad, por ejemplo, en una población: 'Policía de abastos'. **2** *Abundancia.* **3** *Parte o partes secundarias en una obra de bordado.*

Dar abasto. Tener, hacer o producir todo lo necesario para cierta cosa: 'La pobre mujer no da abasto a todo lo que tiene que hacer. La fábrica no da abasto para atender la creciente demanda'. ⇒ *Bastar, *rendir.

V. «mercado de abastos, plaza de abastos».

abatanar **1** tr. *Golpear el ↘*paño en los *batanes.* ≃ Batanar. **2** *Golpear a ↘alguien.* **3** (Arg., Bol., Méj.) prnl. *Desgastarse o amazacotarse un tejido.*

abatatamiento (Arg., Par., Ur.) m. *Acción y efecto de abatatar[se].*

abatatar (de «a-²» y «batata»; Arg., Par., Ur.) tr. y prnl. *Turbar[se].*

abate (del it. «abate») **1** m. *Se aplicaba a los clérigos con órdenes menores.* **2** Nombre aplicado a los clérigos en Francia e Italia. **3** Clérigo frívolo y cortesano del siglo XVIII.

abatí (del guaraní «abattí») **1** (Arg., Par.) m. **Maíz.* **2** (Arg., Par.) *Bebida alcohólica destilada del *maíz.*

abatible (de «abatir») adj. Aplicado a algunos objetos, que puede pasar de la posición vertical a la horizontal, y viceversa: 'Asientos abatibles'.

abatida (de «abatir») f. Fort. *Defensa construida con árboles cortados.* ≃ Tala.

abatidamente adv. *Con abatimiento.*

abatidero (de «abatir») m. **Canal de desagüe.*

abatido, -a **1** Participio adjetivo de «abatir[se]». **2** *Humilde.* **3** *Despreciable.* **4** *Depreciado (aplicado a las mercancías).* **5** m. **Manojo de *tablas o duelas.*

abatidura f. *Acción de abatirse el ave de rapiña.*

abatimiento **1** m. Acción de *abatir[se]. ⊙ Estado de abatido. **2** Mar. Ángulo que forma la quilla de la nave con la dirección realmente seguida por ella. **3** (ant.) *Cosa o persona que constituye una deshonra.*

abatir (de «a²-» y «batir») **1** intr. **Bajar.* **2** («a») tr. Hacer bajar ↘algo que estaba izado: 'Abatir las velas'. ≃ *Bajar. ⊙ Derribar o derruir. ⊙ Poner echado ↘algo que estaba derecho o enhiesto: 'Abatir un árbol [los palos de un buque o los asientos del coche]'. ≃ Tumbar. ⊙ Hacer caer ↘algo destruyéndolo: 'Abatir una fortaleza'. ≃ Derribar, derrocar. ⊙ *Desmontar una tienda de campaña u otra cosa semejante. ⊙ Con «soberbia, orgullo» o palabras semejantes, *humillar. **3** intr. Mar. Desviarse el *barco de su rumbo. ≃ Derivar. **4** tr. En ciertos juegos de naipes, poner un jugador sus cartas boca arriba sobre la mesa para mostrar que ha ganado la jugada. **5** Geom. *Hacer girar un plano secante a otro en torno a su traza hasta hacerlo coincidir con él.* **6** («sobre») prnl. Descender una cosa que está en el aire; por ejemplo, un *ave o un avión: 'El águila se abatió sobre su presa'. **7** («a, ante») Cesar en una actitud de ataque o de resistencia: 'Sólo se abatió ante los ruegos de su madre'. ≃ *Ceder, *doblegarse, *rendirse. **8** tr. y, más frec., prnl. Poner[se] desanimado o triste.

V. «abatir el rumbo».

□ Catálogo

*Abandonarse, *abrumar[se], *achicar[se], achucuyar[se], acobardarse, acochinar[se], acoquinar[se], acuitar[se], afligir[se], agobiar[se], amachinarse, amilanar[se], angustiar[se], aniquilar[se], *anonadar[se], *apabullar[se], apenar[se], aplanar[se], aplastar, apocar[se], *ceder, chafar, *debilitar[se], decaer, dejarse, deprimir[se], derribar[se], desalentar[se], *desanimar[se], desaquellar[se], desconhortar[se], descorazonar[se], descuajar, desesperanzar, desfallecer, deshincharse, desinflar[se], desmayar, desmoralizar[se], desnervar[se], desnerviar[se], encoger[se], enervar[se], enflaquecer, flaquear, hundir[se], jarretar[se], postrar; sentirse agobiado, caerse el alma a los pies, dejarse caer, caérsele [o venírsele] el mundo encima, hundírsele el mundo, ver negro, estar por los suelos, echarse al surco, venirse abajo. ➤ Abatido, abollado, alicaído, aliquebrado, hecho añicos, apocado, avefría [o ave fría], hecho una braga, cabizbajo, caído, hecho cisco, decaído, demergido, derribado, desanimado, desconsolado, *deshecho, desmadejado, desmalazado, desmayado, desmazalado, hecho fosfatina, hecho un guiñapo, hundido, laido, lánguido, melancólico, hecho una mierda, hecho migas, miserable, muerto, mustio, pachucho, hecho picadillo, pobre, pobrete, pobreto, hecho polvo, hecho puré, sombrío, hecho un trapo, trasojado, *triste, hecho trizas, hecho unos zorros. ➤ Abajamiento, abatimiento, bajotraer, cancamurria, demisión, depresión, desaliento, desánimo, desengaño, desesperanza, flaqueza, melancolía, morriña, murria, postración, tristeza, zangarriana. ➤ *Animar. ➤ *Débil. *Triste.

abatojar (del sup. lat. vulg. «battuculāre», de «battuculum», mazo, y éste del lat. «battuĕre», golpear; Ar.) tr. *Golpear las ↘judías u otras *legumbres para separar el grano.* ⇒ *Desgranar.

abaz (del lat. «abax»; ant.) m. *Aparador.* ⇒ Abacería.

abazón m. Zool. Buche o bolsa de los dos que tienen dentro de la boca algunos mamíferos, particularmente algunos *monos, en los que depositan los alimentos antes de masticarlos, para comerlos más tarde.

abbevillense (de «Abbeville», ciudad francesa) adj. y n. m. Se aplica al periodo prehistórico del Paleolítico inferior en que aparecen las primeras hachas talladas por las dos caras, y a sus cosas.

A.B.C. V. «carta partida por A.B.C.».

abderitano, -a **1** adj. y, aplicado a personas, también n. *De Abdera, nombre de dos ciudades antiguas, una española, hoy Adra, y otra de Tracia, hoy Balastra.* **2** *De Adra, población de la provincia de Almería.*

abdicación f. Acción de abdicar.

abdicar (del lat. «abdicāre») **1** tr. o abs. Renunciar a una alta ↘dignidad o empleo; particularmente, a la dignidad de soberano. **2** («en») Traspasar la ↘dignidad de soberano a otra persona: 'Abdicó el reino [el trono, la corona] en su hijo'. **3** tr. e intr. *Abandonar cierta ↘cosa como «ideas, ideales, principios»: 'No puede abdicar [de] los ideales de toda su vida'. **4** No hacer uso de cierto ↘derecho. ≃ *Renunciar. **5** (ant.) **Despojar a ↘alguien de un derecho, privilegio o poder.*

abdicativamente adv. *Por *delegación.*

abdicativo, -a adj. *De [la] abdicación.*

abdomen (del lat. «abdōmen») m. Cavidad del *cuerpo de los animales en donde están las vísceras. ≃ Vientre. ⊙ Región del cuerpo que corresponde a esa cavidad. ⊙ *Región posterior de las tres en que está dividido el cuerpo de los *insectos, *arácnidos y *crustáceos.

abdominal **1** adj. Del *vientre o del abdomen. ⇒ Celiaco. **2** m., gralm. pl. Ejercicio de *gimnasia para fortalecer los músculos del abdomen.

V. «recto abdominal».

abducción (del lat. «abductĭo, -ōnis», separación) **1** f. Lóg. *Silogismo en que la menor no es evidente, pero sí más creíble que la conclusión.* **2** Anat. *Movimiento por el que un miembro se aparta del eje del cuerpo; como el de levantar el brazo. ⇒ Aducción. **3** Der. *Rapto.* **4** Supuesto secuestro perpetrado por extraterrestres.

abductor, -a adj. y n. m. Anat. Se aplica a los *músculos que producen la abducción.

abeaca f. *Orejera del *arado.*

abeador m. *Lizo de los del telar de terciopelo.*

abebrar (del sup. lat. «abbiberāre», de «bibĕre», beber) **1** (ant.) tr. *Abrevar.* ⇒ *Beber. **2** (ant.) *Remojar.* ⇒ *Mojar. **3** (ant.) **Saciar.*

abecé (de «a, b, c») **1** (inf.) m. *Abecedario. **2** Lo más *fácil y rudimentario de cualquier conocimiento, o lo que tiene que saber necesariamente el que se dedica a cierta cosa: 'El abecé de las matemáticas. El abecé del mecánico'. ⇒ *Nociones.

abecedario (del lat. tardío «abecedarĭus») **1** m. Serie de las letras en el orden establecido. ≃ Alfabeto. ⇒ Abecé, cristus. **2** Cualquier conjunto de signos que sirve para comunicarse: 'Abecedario de las manos [Morse, Braille, telegráfico]'. ≃ Alfabeto.

abedul (del sup. lat. «betūle», var. de «betulla», quizá con influjo de «abeto» en la «a» inicial; *Betula pendula)* m. Árbol betuláceo de las montañas altas, de corteza plateada y ramas colgantes.

abeja (del lat. «apicŭla») **1** *(Apis mellifera)* f. Insecto *himenóptero que produce la *cera y la miel. **2** Persona laboriosa y económica o que *administra bien sus bienes. ≃ Hormiguita.

Abeja albañila. Insecto *himenóptero del género *Chalicodoma,* que vive en agujeros abiertos horizontalmente en las tapias y terrenos duros.

A. carpintera (*Xylocopa brasilianorum,* la de América; *Xylocopa violacea,* la de Europa). Insecto *himenóptero semejante al abejorro, de color negro amoratado; hace sus panales en los troncos de los árboles secos.

A. machiega [maesa o maestra]. *Abeja reina.*

A. obrera [o, menos frec., neutra]. Abeja de las no aptas para procrear, que producen la cera y la miel.

A. reina. Hembra fecunda de las abejas. ≃ Abeja machiega [maesa o maestra], reina.

□ Catálogo

Forma prefija, «api-»: 'apicultura'. ➤ Abejón, enjambradera, laminera, machiega, obrera, pollo, príncipe, reina, zángano. ➤ Cresa, moscarda, queresa, querocha. ➤ Aguijón, aguja, rejo. ➤ Alvéolo, arna, barba, capirote de colmena, casquilla, castillo, celda, celdilla, *colmena, corcho, destiño, enjambre, escarzo, ganado, hatijo, horno, jabardo, jeto, macón, maesil, maestral, maestril, malagaña, panal, peón, piquera, potro, realera, sabañón, secón, sobrepuesto, tártano, témpano, teta de maestra, tojo, trenca, vasillo. ➤ Borra, cerón, espejuelo, fosquera, suciedad, tarro. ➤ Ámago, betón, bresca, *cera, hámago, *miel, propóleos, reseco, tanque. ➤ Calcañuelo, favo, flaquera, tiña. ➤ Abejar, abejera, asiento de colmenas, banquera, colmenar, enjambradero, posada de colmenas. ➤ Pecorear. ➤ Abarbar, ajabardar, hacer alarde, amelar, arrebozarse, barbar, blanquear, desahijarse, empollar, empotrar, encastillar, engomadura, enjambrarse, enmelar, escamochear, jabardear, jambrar, melar, melificar, moscardear, pavordear, querochar, regar, roer, triar. ➤ Abejero, colmenero. ➤ Brescar, castrar, catar, cortar, desabejar, desagitar, descerar, descorchar, deshaldo, deshilar, desmelar, despuente, despuntar, encorchar, enculatar, enhatijar, enjambrar, ensolerar, entrencar, envirar, escarzar, frezar, marcear, partir, robar, tempanar. ➤ Batidera, *careta, carilla, castradera, cogedera, cortadera, cruz, desagitadera, malagaña, máscara, tempanador. ➤ Abejaruco. ➤ Argumentoso. Florada.

abejar (de «abeja») m. *Colmenar.*

abejarrón (aum. de «abeja») m. *Abejorro.*

abejaruco (de «abeja»; *Merops apiaster)* m. *Ave coraciforme, con el cuello amarillo, el lomo rojo y las alas azules y verdes. Se come las *abejas. ≃ Abejero, azulejo.

abejera (de «abeja») **1** f. *Colmenar.* **2** **Toronjil (planta labiada).*

abejero, -a (de «abeja») **1** n. Apic. *Colmenero.* **2** m. *Abejaruco (pájaro).*

abejón (aum. de «abeja») **1** m. Zángano de colmena. **2** Abejorro (himenóptero). **3** (C. Rica) *Cualquier insecto coleóptero.* **4** (ant.) *Juego de chicos en que uno de ellos, imitando con las manos puestas en la boca el zumbido del abejorro, procura coger desprevenidos a los otros para darles una bofetada esquivando la que ellos procuran darle en respuesta.*

abejonear (R. Dom.) intr. *Zumbar como el abejón.*

abejoneo (R. Dom.) m. *Acción y efecto de abejonear.*

abejorrear (de « abejorro») intr. *Zumbar las abejas e insectos semejantes.*

abejorreo (de «abejorrear») **1** m. *Zumbido de las abejas e insectos semejantes.* **2** *Rumor confuso de voces.*

abejorro (de «abeja») **1** m. Insecto *himenóptero de hasta 3 cm de largo, velludo y con una trompa muy larga; vive en enjambres poco numerosos y construye el nido debajo del musgo o de las piedras; zumba mucho al volar. ≃ Abejón. ⇒ Catzo, mangangá. **2** Insecto *coleóptero de hasta 3 cm de largo, de cuerpo negro, élitros pardos y patas y antenas rojizas; causa estragos, especialmente en los olmos y pinos, pues el insecto adulto roe las hojas y la larva las raíces; zumba mucho al volar. **3** *Persona pesada y molesta.* ≃ *Moscardón.

abejuno, -a (ant.) adj. *De [la] abeja.*

abeldar tr. Beldar.

abellacado, -a *Participio de «abellacar».* ⊙ adj. *Envilecido.*

abellacar (de «a^2-» y «bellaco») tr. **Envilecer.*

abellar (ant.) m. *Abejar.*

abellero (ant.) m. *Abejero.*

abellota (ant.) f. *Bellota.*

abellotado, -a adj. *De forma semejante a la de la bellota.*

abelmosco (del ár. and. «ḥább almúsk», semilla de almizcle; *Hibiscus abelmoschus)* m. *Planta malvácea procedente de la India, cuyas semillas se emplean en medicina y perfumería. ≃ Ambarina.

abemolar (de «a^2-» y «bemol») tr. *Dulcificar la* ↘**voz.* ⇒ Suavizar.

abencerraje (del ár. and. «aban assarrá̌ǧ», hijo del guarnicionero, nombre de un antepasado de esta familia granadina de origen árabe; gralm. con mayúsc.) n. Individuo de cierta familia del reino musulmán de Granada, célebre por sus *discordias con la de los Cegríes. ⊙ m. pl. Esa familia.

abental (ant.) m. **Delantal.*

abenuz (del ár. and. «abanúz», cl. «abanūs», y éste del gr. «ébenos») m. **Ébano (árbol ebenáceo).*

abéñola o **abéñula** (del lat. «pinnŭla», dim. de «pinna», pluma) **1** (ant.) f. **Pestaña.* **2** *Cosmético para las pestañas.*

aberenjenado, -a adj. *De color *morado, como el de la berenjena.*

aberración (del lat. cient. «aberratĭo, -ōnis») **1** f. *Extravío: *apartamiento del camino conveniente.* **2** **Apartamiento de la conducta conveniente.* **3** Fís. **Desviación de una radiación del camino recto.* **4** Ópt. Defecto en una lente o espejo que produce una imagen alterada. **5** Astron. Diferencia entre la posición real de un astro y aquella en que se le ve, por la intervención de factores en relación con la velocidad de la luz y el movimiento de la Tierra. **6** Biol. Anomalía o *anormalidad. **7** *Disparate: 'Eso que tú supones [o pretendes] es una aberración'.

Aberración cromática. Coloración de los bordes de la imagen dada por una lente, debida a la no coincidencia de las imágenes de las distintas radiaciones, por causa de la dispersión. ⇒ *Óptica.

A. de esfericidad. Alteración de la imagen dada por una lente o un espejo esférico, debida a imperfecta esfericidad. ⇒ Aplanético. *Óptica.

aberrante (de «aberrar») adj. Se aplica a aquello que se aparta de lo natural o normal: 'Un comportamiento aberrante'.

aberrar (del lat. «aberrāre») intr. **Desviarse, *perderse o andar errante.*

abertal (del lat. «apĕrtus») **1** adj. *Se aplica al *campo o terreno de cultivo no cerrado por valla.* **2** *Se aplica al terreno propenso a agrietarse con la sequía.*

abertura (del lat. «apertūra») **1** f. Acción de abrir. ≃ Apertura. ⊙ Particularmente, un testamento. **2** Cualquier separación entre dos partes de una cosa o entre dos cosas próximas, o *agujero que permite el paso a través de ellas: 'Entre las dos hojas de la ventana queda una abertura'. **3** *Hueco (ventana, puerta, etc.). **4** **Grieta de la tierra.* **5** **Valle ancho entre dos montañas.* **6** **Ensenada.* **7** Ópt. Diámetro útil de un anteojo, telescopio u objetivo. **8** Fon. Anchura concedida al aire por los órganos articulatorios cuando se emite un sonido. ⊙ Cualidad del sonido según sea la amplitud del paso del aire: 'Una vocal de abertura media'.

□ Catálogo

Abierta, *agujero, alcribís, aspillera, boca, boquera, boquerón, *boquete, boquilla, bravera, brecha, cala, cebadero, clavijera, comunicación, *corte, desembocadura, entrada, escalo, *escotadura, escotera, *espacio, estoma, farda, fogonadura, gatera, *grieta, *hendidura, hiato, hueco, lobera, lucerna, lumbrera, meato, mirilla, *muesca, ojal, ojo, *orificio, poro, porosidad, porta, portillo, *puerta, rafa, rasa, registro, respiradero, resquicio, rotura, salida, sangrador, sopladero, taladro, tobera, toma, trampa, *tronera, vano, ventana, ventosa, vía de agua. ➤ Alegría, luz. ➤ *Abrir. *Cavidad. *Comunicación.

abertzale (vasc.; pronunc. [aberchále]) adj. Del nacionalismo vasco radical. ⊙ adj. y n. Adepto a él.

aberzale adj. y n. Forma castellanizada de «abertzale».

abés (de «avés»; ant.) adv. *Difícilmente.* ≃ Avés.

abesana (ant.) f. *Besana: labor hecha en la tierra en surcos paralelos.* ⇒ *Labrar.

abesón (de «veza») m. **Eneldo (planta umbelífera).*

abestiado, -a o **abestializado, -a** adj. *Bestial o brutal.*

abestionar (ant.) tr. Fort. *Abastionar.*

abéstola (de «béstola») f. **Aguijada.*

abetal o **abetar** m. Sitio poblado de abetos.

abete[1] m. *Pieza de hierro con un gancho en cada extremo con que se sujetaba al tablero la parte de tela de *paño que se tundía de una vez.*

abete[2] (del lat. «abĭes, -ĕtis») m. *Abeto.* ⇒ Pinabete.

abetinote (relac. con el lat. «abĭes, -ĕtis») m. *Resina que fluye del abeto.

abeto (de «abete[2]») m. Nombre dado comúnmente a varios árboles pináceos del género *Abies,* propios de la montaña alta, de tronco recto y ramas que crecen horizontalmente. Es el árbol típico de las decoraciones de *Navidad. ≃ Abete, abiete, pinabete, sapino. ⇒ Pícea, jácena. ➤ *Planta.

Abeto blanco. *Abeto.*

A. falso [del norte o rojo]. *Pícea.*

abetuna (de «abete[2]»; Hues.) f. *Brote del abeto.*

abetunado, -a **1** (ant.) *Participio de «abetunar».* **2** (inf.) adj. *Aplicado a personas, muy moreno.*

abetunar (ant.) tr. *Embetunar: aplicar *betún a ↘algo.*

abeurrea (Vizc.) f. **Señal que se pone en un terreno público para *adquirir derecho a edificar en él.*

abey (de or. taíno) m. Árbol bignoniáceo de las Antillas, del género *Jacaranda,* cuyas hojas se dan como *pienso al ganado y cuya madera, fuerte y compacta, se usa en carpintería. Las especies más corrientes son la *Jacaranda sagraeana* y la *Jacaranda brasiliana.*

Abey hembra. *Tengue (árbol leguminoso).*

A. macho. *Árbol bignoniáceo tropical, del género Jacaranda, cuya madera se aprecia mucho para obras de tornería.*

abia (del vasc. ant. «anabia»; Ál.) f. **Arándano (planta ericácea).*

abiar m. Manzanilla loca (planta compuesta).

abibollo (relac. con «ababol»; Ál.) m. **Amapola (planta papaverácea).*

abicharse (de «a[2]-» y «bicho») **1** (And., Arg., Ur.) prnl. *Agusanarse la fruta.* **2** (And., Arg., Ur.) *Criar gusanos una herida.*

abieldar tr. *Bieldar.*

abierta (ant.) f. *Abertura.*

abiertamente adv. Aplicado a la manera de hablar o proceder, sin rodeos o reservas. ≃ Claramente, francamente, paladinamente. ⊙ *Ostensiblemente: sin recatarse.

□ Catálogo

Sin ambages, a banderas desplegadas, a boca llena, a cara descubierta, cara a cara, en la cara, sin circunloquios, claramente, a las claras, con claridad, claro, coram populo, en cristiano, crudamente, declaradamente, delante, derechamente, desarrebozadamente, descaradamente, descarnadamente, desengañadamente, desenmascaradamente, desenvueltamente, desnudamente, *directamente, sin disimulo, escuetamente, exentamente, explícitamente, francamente, de frente, frente a frente, lisa y llanamente; lisamente, a la luz del día, en las narices, sin ocultarse, palmariamente; al pan, pan y al vino, vino; de par en par, no tener pelos en la lengua, de plano, en plata, en presencia, públicamente, en puridad, rasamente, sin rebozo, sin recatarse, sin reservas, sin restricciones, sin *rodeos, rotundamente, rudamente, sin vacilaciones, sin vaguedad, a la vista de todo el mundo. ➤ Redondo, rotundo, terminante. ➤ Claras, claridades, *verdades, verdades del barquero. ➤ *Rebozo, *rodeo, sinuoso, tortuoso. ➤ *Claro. *Descaro. *Franco. *Sincero.

abierto, -a (del lat. «apĕrtus») Participio de «*abrir[se]», con muchas acepciones como adjetivo. **1** adj. No *cerrado: 'La ventana abierta. Una herida abierta'. **2** («de») Separado o *extendido: 'Con los brazos abiertos'. En esta acepción se emplea también en composición: «corniabierto», abierto de cuernos. **3** Aplicado a «*campo», sin edificios, árboles o accidentes que limiten la visión. ⇒ *Ancho, *descubierto, desembarazado. **4** Aplicado a «ciudad» o «plaza», no fortificada. **5** Mar. Se aplica al *barco que no tiene cubierta. **6** Vet. *Se aplica a la *caballería que sufre*

distensión de los músculos o de los tejidos fibrosos de la parte superior de los miembros torácicos. **7** FON. Se aplica a los sonidos que, en comparación con otros llamados «cerrados», se pronuncian con mayor anchura concedida al paso del aire por los órganos de la articulación. Especialmente, a las vocales «a, o, e», por oposición a las llamadas cerradas, «i, u». **8** Aplicado a personas y a su actitud y manera de hablar u obrar, *franco, espontáneo o expansivo: que expresa con claridad lo que piensa; que manifiesta abiertamente sus sentimientos afectuosos o de alegría: 'Es un muchacho abierto y simpático'. **9** m. Open: competición de tenis o de golf en la que pueden participar a la vez profesionales y aficionados.
V. «con la BOCA abierta, con los BRAZOS abiertos, CARTA abierta, CARTELA abierta, CASA abierta, ver el CIELO abierto, abierto de PECHOS, una PUERTA abierta, RESTO abierto, VACA abierta».

abietáceo, -a (de «Abies», género de plantas) adj. y n. f. BOT. Pináceo.

abiete (del lat. «abĭes, -ĕtis»; ant.) m. **Abeto (árbol pináceo).*

abietíneo, -a adj. y n. f. BOT. *Abietáceo.*

abietino, -a 1 adj. *Se aplica a la resina del abeto.* **2** m. **Goma o resina del abeto.* ≃ Abetinote.

abigarradamente adv. De manera abigarrada.

abigarrado, -a 1 Participio de «abigarrar[se]». **2** adj. De muchos colores. ≃ Multicolor, polícromo. **3** Compuesto de elementos muy diversos o inconexos: 'Una indumentaria [o una muchedumbre] abigarrada'. ≃ Heterogéneo, mezclado.
V. «COBRE abigarrado».

abigarramiento 1 m. Cualidad o situación de abigarrado. **2** Conjunto abigarrado: 'Allí hay un abigarramiento de razas'.

abigarrar (relac. con el fr. «bigarré») **1** tr. Colorear una ↘cosa con muchos *colores, mal combinados. **2** prnl. Amontonarse cosas heterogéneas.

abigeato (del lat. «abigeātus») m. DER. Hurto de *ganado. ⇒ Arreada, arreo, cuatrería. ➤ Cuatrero.

abigeo (del lat. «abigĕus») m. *Ladrón de ganado.*

abinar (Burg., León, Sal.) tr. *Binar (arar o cavar por segunda vez las tierras).*

ab initio *Expresión latina que significa «desde el *principio», usada en lenguaje culto.*

ab intestato Expresión latina que significa «sin *testamento», usada también en el lenguaje corriente.

abintestato (de «ab intestato») m. DER. Procedimiento judicial para la adjudicación de los bienes de quien muere sin testar.

abiogénesis (de «a-[1]», «bio-» y «-génesis») f. BIOL. GENERACIÓN espontánea.

abiótico, -a (de «a-[1]» y «biótico») **1** adj. BIOL. Se aplica al medio en que no puede desarrollarse la vida. **2** BIOL. *Se aplica a cada uno de los factores físicos o químicos del ecosistema.*

abipón, -a adj. y n. *Se aplica a los individuos de cierta raza de *indios que habitaba cerca del Paraná, y a sus cosas.* ⊙ (pl.) m. *Esa raza o *pueblo.* ⊙ *Lengua que hablaban.*

abirritante adj. y n. m. Se aplica al medicamento que quita la irritación.

abirritar tr. MED. *Quitar la irritación.*

abisal (del lat. «abyssus») adj. Abismal (del abismo). Particularmente, del abismo oceánico y, concretamente, de las profundidades de más de 2.000 m, más allá de la plataforma continental: 'Fauna abisal'.

abisinio, -a adj. y, aplicado a personas, también n. De Abisinia o Etiopía. ⊙ m. Lengua abisinia.

abismado, -a 1 Participio de «abismar[se]». ⊙ adj. Abstraído, concentrado. **2** HERÁLD. *Se aplica a la pieza del escudo puesta en el abismo.*

abismal[1] (del ár. and. «almismár», del cl. «mismār») **1** m. *Clavo de los que se empleaban para fijar en el asta el hierro de la lanza.* **2** *Clavija maestra de un vehículo.*

abismal[2] 1 adj. De [o del] abismo. ⇒ Abisal. **2** Profundo, insondable. Suele usarse en sentido hiperbólico con el significado de «muy grande»: 'Entre los dos proyectos hay una diferencia abismal'.

abismar 1 tr. Sumir ↘algo en un abismo. **2** («en») prnl. Llegar a tener una persona tan absorbida su atención por la cosa que se expresa que permanece ajena a todo lo demás: 'Abismarse en la lectura [en sus meditaciones, en su dolor]'. ≃ Sumergirse, sumirse. ⇒ *Abstraerse.

abismático, -a adj. *Abismal.* ⊙ *Como un abismo.* ⊙ *Insondable.*

abismo (del sup. lat. vulg. «abyssĭmus», superl. del lat. «abyssus», y éste del gr. «ábyssos», sin fondo) **1** m. Profundidad grande, imponente y peligrosa, como la del mar o la de una sima. ⇒ Precipicio, ENTRAÑAS de la tierra. ➤ Abiso. ➤ Abismal, abismático, insondable. ➤ *Cavidad. *Depresión. *Despeñadero. *Sima. **2** En la frase «estar al borde del abismo», *peligro muy grave que amenaza. **3** Parte del alma, del pensamiento, etc., de alguien, que no es posible descubrir: 'Los abismos insondables del alma humana'. **4** **Infierno.* **5** Se aplica a una persona, situación, etc., en que hay *mucho de la cosa mala o vil que se expresa: 'Es un abismo de maldad [de ruindad, de bajeza]'. ≃ Pozo, sima. **6** («Abrir[se], Existir, Mediar») *Diferencia muy grande u *oposición entre cosas, personas o ideas: 'Entre lo que promete y lo que hace hay un abismo. De sus ideas a las mías hay un abismo. La guerra civil abrió un abismo entre ellos'. **7** HERÁLD. Punto o parte central del escudo.

abiso (del lat. «abyssus»; ant.) m. **Abismo.*

abita (ant.) f. MAR. *En un *barco, bita: poste al que se amarran los cables.*

abitadura f. MAR. *Acción y efecto de abitar.*

abitaque (del ár. and. «aṭṭibáq», pl. de «ṭabáqa», del cl. «ṭabaqah», capa o cámara intermedia) m. *Cuartón (*madero) de ciertas medidas.*

abitar tr. MAR. *Amarrar a las bitas el ↘cable del *ancla fondeada.*

abitón (de «abita») **1** m. MAR. *Cualquier madero de un *barco que se coloca verticalmente para *atar a él una cuerda.* **2** (pl.) MAR. *Muñón de *madera de los dos a que se sujeta el *ancla después de aferrada.*

abizcochado, -a adj. Aplicado a cosas de comer, *esponjoso como bizcocho.

abjuración f. Acción de abjurar.

abjurar (del lat. «abiurāre»; «de») tr. e intr. *Abandonar solemne o públicamente una ↘creencia, particularmente religiosa: 'Abjurar el [o del] catolicismo'. ≃ Apostatar, renegar. ⊙ («de») Apartarse con juramento de un error o herejía. ≃ Retractarse.

ablación (del lat. «ablatĭo, -ōnis») **1** f. GEOL. Acción geológica de separar y arrastrar materiales de un sitio. ⇒ *Disgregar. **2** CIR. Extirpación o separación de un tejido. ⇒ *Cortar.

ablactación (cient.) f. *Cesación de la *lactancia.* ⇒ *Destetar.

ablandabrevas (de «ablandar» y «breva») n. *Persona inútil.* ≃ Ablandahígos. ⇒ *Holgazán.

ablandador, -a adj. *Que ablanda.*

ablandadura f. *Ablandamiento.*

ablandahígos (de «ablandar» e «higo») n. *Ablandabrevas.*

ablandamiento m. Acción y efecto de ablandar.

ablandante adj. *Que ablanda.*

ablandar 1 tr. y prnl. Poner[se] *blanda una ↘cosa. ≃ Reblandecer[se]. ⇒ Amelcocharse, blandear, brandecer, emolir, enllentecer, enternecer, lentecer, macerar, maznar, modorrarse, molificar, mollescer, mullir, reblandecer, relentecer. ➤ *Blando. **2** tr. Hacer que se madure, supurando, un ↘tumor. ≃ Madurar. ⊙ prnl. Madurarse un tumor. **3** tr. *Moderar la oposición o la severidad de ↘alguien o algo, o quitarle a ↘alguien el *enfado, la indignación, etc. ⊙ prnl. Moderarse la severidad, el enfado, la indignación, etc., de alguien o algo. ⇒ *Convencer, *desenfadar, *domar, suavizar. **4** tr. *Conmover a ↘alguien; hacer que se *compadezca. ⊙ prnl. Conmoverse alguien. **5** intr. Disminuir el frío y empezar a derretirse la nieve. **6** (inf.) tr. Golpear a ↘alguien.

V. «ablandar las PIEDRAS».

ablandativo, -a adj. y n. m. *Se aplica a las sustancias aptas para ablandar los tumores.*

ablande (de «ablandar»; Arg., Ur.) m. *Rodaje de un automóvil.*

ablandecer tr. *Ablandar.*

ablandir (ant.) tr. *Lisonjear.* ≃ Blandir.

ablanedo (del lat. «abellanētum»; Ast.) m. *Avellanedo.*

ablano (del lat. «abellāna», avellana; Ast.) m. **Avellano.*

ablaquear intr. AGR. *Cavar alrededor de un *árbol.*

ablaqueo m. *Acción de ablaquear.*

ablativo (del lat. «ablatīvus») m. GRAM. Se aplica a uno de los casos de la declinación. En las lenguas que tienen propiamente declinación, como el latín, es el caso que expresa fundamentalmente procedencia, separación, lugar e instrumento. Por semejanza, en español se consideran en ese caso los nombres que llevan una preposición cualquiera que no sea «a» o «para» (en sus funciones propias, pues en algunos giros sustituyen a otras preposiciones, como «en» o «hacia»), o «de» de genitivo.

ABLATIVO ABSOLUTO. GRAM. Por influencia de la gramática latina, sigue llamándose así a veces a la «cláusula absoluta», o sea a la frase de sentido completo incrustada en una oración sin depender gramaticalmente de ninguno de los términos de ella. ⇒ CLÁUSULA absoluta.

-able V. «-ble».

ablegación f. *Destierro impuesto por el padre al hijo en el derecho romano.*

ablegado (del lat. «ablegātus») m. *Enviado apostólico encargado de entregar el birrete a los nuevos cardenales.*

ablentador (de «ablentar»; ant.) m. *Bieldo.* ≃ Aventador.

ablentar (del lat. «eventilāre»; Ál., Ar.) tr. **Aventar.*

ablución (del lat. «ablutĭo, -ōnis») **1** (gralm. pl.) f. Acción de lavarse: 'Hizo sus abluciones matinales'. ≃ Lavado, lavatorio. **2** Purificación por medio del agua, que constituye un rito en algunas religiones; por ejemplo, en el judaísmo. ⊙ En la misa, purificación del cáliz. ⊙ También acto de lavarse el sacerdote los dedos después de consumir. ⊙ (pl.) El agua y el vino con que se verifica esa ceremonia.

ablusado, -a 1 Participio de «ablusar». **2** adj. Aplicado al cuerpo o parte superior de los vestidos, ahuecado de modo semejante a como queda una blusa. ⇒ Abolsar.

ablusar tr. Poner ablusada una ↘prenda de vestir.

abnegación (del lat. «abnegatĭo, -ōnis») f. Cualidad o actitud del que arrostra peligros, sufre privaciones o realiza cualquier clase de sacrificios por otras personas, por un ideal, etc. Enlace usual: «Acto de abnegación». ⇒ *Altruismo.

abnegadamente adv. Con abnegación.

abnegado, -a 1 *Participio de «abnegar».* **2** adj. Se aplica al que obra con abnegación. ⇒ *Bueno.

abnegar (del lat. «abnegāre») tr. *Renunciar alguien a sus ↘gustos, deseos, comodidades, etc.*

□ CONJUG. como «acertar».

abobado, -a 1 Participio de «abobar[se]». **2** («Estar, Ser») adj. Se aplica al que no se entera de las cosas, no entiende o no discurre. ≃ *Bobo, *tonto.

abobamiento m. Acción y efecto de abobarse.

abobar tr. Hacer *bobo a ↘alguien. ≃ Atontar. ⊙ Dejar bobo o tener bobo (*suspenso, deslumbrado o admirado) a ↘alguien. ≃ Embobar. ⊙ prnl. Ponerse bobo.

abobra (del hispanolat. «apopĕres», calabaza; *Lagenaria siceraria, Cucurbita pepo* y *Cucurbita maxima* y otras especies) f. Nombre aplicado a varias *plantas cucurbitáceas trepadoras de jardín.

abocadear 1 (ant.) tr. **Morder.* **2** (ant.) *Tomar bocados de una ↘cosa.*

abocado, -a («a») Participio de «abocar»: expuesto a un peligro inminente: 'Estamos abocados a una catástrofe'.

V. «VINO abocado».

abocar 1 tr. Aproximar la boca de una ↘vasija, saco, etc., a la de otro recipiente, a la vez que se inclina para *trasvasar su contenido. ⇒ Embrocar. **2** *Aproximar:* 'Abocar la artillería [o las tropas]'. **3** intr. MAR. *Comenzar a entrar en un canal, puerto, estrecho, etc.* ≃ Embocar. **4** (ant.) tr. *Coger ↘algo con la boca.* **5** («a»; más frec. el participio) intr. y prnl. *Exponer a algo, particularmente a un peligro.* **6** («con») prnl. *Reunirse varias personas para *tratar un negocio.*

abocardado, -a *Participio de «abocardar».* ⊙ adj. *Abocinado: de boca semejante a la de la trompeta; se aplica particularmente a las *armas.*

abocardar (de «a²-» y «bocarda») tr. *Ensanchar la *boca de un ↘tubo o de un *agujero.* ⇒ Abocinar. ➤ Trompo.

abocardo (del fr. «bocard», bocarte²) m. MINER. *Alegra: *barrena con que se perforan los maderos que se emplean como tubos de bomba.*

abocelado, -a adj. *De forma de bocel (moldura).*

abocetado, -a Participio de «abocetar». ⊙ adj. Hecho en forma de boceto.

abocetar tr. Ejecutar un boceto. ⊙ Dar carácter de boceto a un ↘dibujo o una obra de pintura o escultura, etc. ⇒ *Bosquejo.

abochornado, -a Participio adjetivo de «abochornar[se]».

abochornante adj. Que abochorna.

abochornar 1 tr. Causar bochorno a ↘alguien el *calor excesivo del ambiente o el procedente de algún sitio. ⇒ *Ahogar, *sofocar. **2** Causar vergüenza a ↘alguien o hacerle ponerse rojo de vergüenza. ≃ *Avergonzar. ⊙ («de» algo, «por» alguien) prnl. Sentir alguien vergüenza, particularmente por algo de lo que no es culpable pero le afecta por su relación con quien lo es. ≃ Sentirse abochornado. **3** AGR. Aplicado a las plantas, estropearse por exceso de calor. ≃ Fogarearse.

abocinado, -a *Participio de «abocinar».* ⊙ adj. Aplicado particularmente a las *armas, con forma de bocina. ≃ Abocardado, atrompetado.

abocinar tr. *Dar a ↘algo forma de bocina.* ⇒ Abocardar, aboquillar, embocinado.

abofado, -a (And., Cuba, R. Dom.) *Participio de «abofarse».* ⊙ adj. *Hinchado, abotagado o fofo.*

abofarse (And., Cuba, R. Dom.) prnl. *Ponerse hinchado, abotagado o fofo.*

abofetear tr. Pegar *bofetadas a ↘alguien. ≃ Dar de BOFETADAS. ⇒ *Golpe.

abogacía f. Profesión de abogado y ejercicio de ella.

abogaderas (Am. S.) f. pl. *Argumentos expuestos con habilidad para hacer caer al contrario en una trampa.*

abogadete m. Desp. de «abogado».

abogadil (desp. excepto en C. Rica) adj. Como de abogado.

abogadillo m. Desp. frec. de «abogado».

abogado, -a (del lat. «advocātus») **1** n. Se aplica al que influye en favor de alguien o le defiende. ≃ Defensor. **2** Santo al que se tiene como protector de ciertas cosas, personas o colectividades: 'Santa Lucía es abogada de la vista. San José es abogado de los carpinteros'. ≃ Patrón, patrono. **3** Persona que tiene la carrera de *derecho. ⊙ Persona con esa carrera que aconseja en asuntos de derecho o interviene en los juicios y procesos representando a una de las partes. ⇒ Abogadete, abogadillo, catarribera, causídico, jurisconsulto, jurista, legista, leguleyo, letrado, micer, picapleitos, rábula, tinterillo. ➤ Bufete, pasante. ➤ SIGILO profesional.

ABOGADO DEL DIABLO **1** PROMOTOR de la fe. **2** («Hacer de»). Persona que suscita dudas y objeciones respecto a cierta cosa.

A. DEL ESTADO. Abogado al servicio del Estado para defender sus derechos en juicio, asesorar a los organismos oficiales y liquidar en las oficinas de Hacienda el impuesto de derechos reales.

A. DE OFICIO. Abogado que asigna la ley en determinadas circunstancias, generalmente para defender a personas que no tienen recursos económicos suficientes.

abogador, -a **1** adj. y n. *Se aplica al que aboga.* **2** m. *Criado de las *cofradías, que avisa a los cofrades.* ≃ Muñidor.

abogar (del lat. «advocāre»; «por, a favor, en favor de») intr. Hablar en favor de algo o de alguien: 'No necesita que nadie abogue por él. El orador abogó por un reparto más equitativo de las cargas'. Se emplea el mismo verbo para realizar la acción que expresa: 'Yo abogo por un cambio en la ejecutiva'. ≃ Defender. ⊙ DER. *Defender en un juicio a una de las partes.

abohetado, -a (de «a-[2]» y «bofe») adj. *Abuhado (hinchado).*

abolaga f. **Aulaga (planta leguminosa).*

abolengo (de «abuelo») **1** m. Conjunto de los *antepasados de una persona. ⊙ Corrientemente, ascendencia ilustre. ⇒ Abolongo, abolorio, alcurnia, ascendencia, calidad, casta, condición, estirpe, familia, linaje, prosapia, raza, sangre. ➤ *Antepasado. *Genealogía. *Noble. **2** DER. Patrimonio o herencia de los abuelos o de los antepasados. ⇒ *Heredar.

ANTIGUO [O RANCIO] ABOLENGO. Enlaces frecuentes.

abolición f. Acción y efecto de abolir.

abolicionismo m. Doctrina o actitud en favor de la abolición de algo; particularmente, en cierto tiempo, de la esclavitud.

abolicionista adj. y n. Adicto al abolicionismo.

abolir (del lat. «abolēre») tr. Declarar mediante una disposición legal que se suspende cierta ↘costumbre o práctica o el uso de cierta ↘cosa: 'Abolir el racionamiento de víveres. Abolir el servicio militar'. ⊙ En lenguaje informal se aplica también a cosas de la vida corriente: 'En esta casa hemos abolido el periódico'. ⇒ Abrogar, *anular, cancelar, derogar, invalidar, rescindir, revocar, romper, suprimir. ➤ *Suspender.

□ CONJUG. Verbo defectivo que se conjuga sólo en las formas cuya desinencia empieza por «i»; o sea, «abolimos, abolís»; pretérito imperfecto, pretérito indefinido y futuro imperfecto de indicativo completos; pretérito imperfecto y futuro imperfecto de subjuntivo; infinitivo, participio y gerundio.

abollado, -a **1** Participio adjetivo de «abollar[se]». **2** (inf.) *Abatido o desanimado.* **3** (ant.) m. **Adorno de bollos, bollones o bullones.*

abolladura f. Acción y efecto de abollar. ⇒ Bollo.

abollar[1] (del lat. «bŭlla», burbuja) **1** tr. Hacerle a una ↘cosa uno o varios bollos o hundimientos en su superficie; como se hace, por ejemplo, con un golpe en un cacharro de aluminio u otro metal. ⇒ *Golpe. ➤ Desabollar. ⊙ prnl. Sufrir algo un bollo o hundimiento en su superficie. **2** (Burg.) tr. *Hollar.*

abollar[2] (de «bollo[2]») tr. Adornar una ↘cosa, por ejemplo metales o telas, con bollos, bollones o bullones. ⇒ Abollonar, abullonar. ➤ *Bulto.

abollón m. Abolladura grande.

abollonar **1** tr. *Repujar una ↘pieza de metal haciendo bollones o *bultos en ella.* **2** (Ar.) intr. *Echar bollones (yemas) las plantas.* ≃ *Brotar.

abolongo o **abolorio** (de «abuelo»; ant.) m. *Abolengo.*

abolsado, -a Participio adjetivo de «abolsar[se]».

abolsar **1** tr. y prnl. Poner[se] ↘algo en forma de *bolsa, o sea flojo y hueco en vez de tirante y ceñido: 'Abolsar una blusa'. ≃ *Ahuecar[se]. ⇒ Ablusado. **2** prnl. CONSTR. *Ahuecarse las paredes.*

abomaso (del lat. medieval «abomāsum», de «ab» y «omāsum», tripas de buey) m. ZOOL. **Cuajar de los rumiantes.*

abombado[1], -a **1** *Participio de «abombar[se]».* **2** (Hispam.) adj. y n. *Tonto, falto de inteligencia.* **3** (Hispam.) adj. *Aturdido, atontado.*

abombado[2], -a Participio de «abombar[se]». ⊙ adj. De forma redondeada convexa.

abombamiento m. Acción y efecto de abombar[se]. ⇒ *Tumbado.*

abombar[1] (de «a-[2]» y «bombo») **1** (inf.) tr. *Ensordecer o *aturdir.* **2** (inf.) prnl. **Emborracharse.* **3** (Hispam.) **Pudrirse.*

abombar[2] (de «a-[2]» y «bomba») **1** tr. y prnl. Ahuecar[se], combar[se], hinchar[se] una ↘cosa dándole [o tomando] forma redondeada convexa. **2** intr. *Hacer funcionar una *bomba de extracción.*

abominable adj. Digno de ser abominado.

abominación f. Acción de abominar. ⊙ Cosa abominable: 'Lo que ha ocurrido es una abominación'.

abominar (del lat. «abomināri»; «de») tr. e intr. *Condenar ↘algo muy enérgicamente, mostrando repugnancia hacia ello. ⊙ («de») Como se emplea el mismo verbo para realizar esa condenación ('yo abomino la hipocresía'), en realidad equivale también a «*aborrecer», o sea sentir repugnancia moral por ↘algo: 'Abomina la injusticia. Abomina de las costumbres modernas'. ⊙ («de») Mostrarse o estar descontento de algo: 'Sólo habla para abominar de su suerte'. ≃ Maldecir, renegar. ⇒ Condenar, echar PESTES, execrar, imprecar, *maldecir, *rechazar, renegar, REVOL-

VERSE contra. ➤ Execrable, horrible, incalificable, infando, monstruoso, nefando, ominoso, vitando. ➤ *Malo.

abonable adj. Susceptible de ser abonado.

abonado, -a **1** Participio adjetivo de «abonar». **2** m. Acción de abonar la tierra. **3** n. Persona que disfruta cierta cosa mediante el pago del abono correspondiente. ⊙ Persona que recibe mediante pago cierto suministro regular de cosas que se consumen, como el gas, el agua o la electricidad.

V. «TERRENO abonado».

abonador, -a **1** adj. y n. *Aplicable al que abona.* **2** m. **Barrena de mango largo que usan los toneleros.*

abonadora f. Máquina para abonar la tierra.

abonanzar (de «a-^{2}» y «bonanza»; terciop.) intr. Cesar una tormenta. ⊙ Mejorar o serenarse el tiempo. ⇒ Apaciguarse, asegurarse, calmarse, *despejarse, sentarse, sosegarse. ➤ *Meteorología.

abonar (del lat. «bonus», bueno) **1** tr. *Calificar una ↘cosa de buena.* ⊙ Particularmente, acreditar: ser cierta cosa garantía de que ↘algo o alguien es bueno: 'Le abona su pasado'. **2** Asegurar alguien, comprometiendo su palabra o su prestigio, que cierta ↘cosa es verdad o cierta ↘persona se comportará bien o pagará cierta cosa: 'Su antiguo jefe le abona'. El complemento puede ser también «certeza, verdad» o una palabra semejante: 'Yo abono la veracidad de la anterior declaración'. ≃ Garantizar. **3** Poner abono en la ↘tierra. ⇒ *Abono. **4** *Pagar: dar la cantidad que corresponde como pago de cierta ↘cosa. El complemento puede ser la cosa, la cantidad o el recibo o factura: 'Abonar unos trabajos. Abonar el recibo del gas. Abonar veinte mil pesetas por el arreglo del coche'. **5** *Descontar cierta ↘cantidad en una cuenta. **6** Asentar en una *cuenta corriente ↘partidas correspondientes al haber. ⊙ Anotarle o tomarle a alguien en consideración alguna ↘cantidad entregada como pago parcial de algo. **7** Inscribir a ↘alguien para que, mediante el pago de una cuota, reciba o pueda disfrutar cierta cosa, particularmente un periódico: 'Abonar a una revista'. Más frec. reflex.: 'Abonarse a un boletín, a la temporada de ópera, a un restaurante, a un servicio de limpieza'. ⇒ Conducirse, igualarse, suscribir[se]. ➤ Desabonarse. ➤ *Contrato. **8** (Bol.) prnl. recípr. *Reconciliarse.*

abonaré (de la 1.ª pers. del fut. ind. de «abonar») m. Pagaré: documento de crédito expedido en equivalencia de una partida de cargo sentada en cuenta. ⇒ *Negocio.

abondar (del lat. «abundāre») **1** (ant.; León, Sal.) intr. **Abundar.* **2** (ant.) **Bastar.* **3** (ant.) tr. **Aprovisionar.* **4** (ant.) **Agradar, *complacer o *convenir.*

abondo (del lat. «abunde», en abundacia) **1** (Burg., León) m. *Abundancia.* ≃ Abundo. **2** adv. *Abundantemente.* ≃ Abundo.

abonero, -a (de «abono»; Méj.) n. *Vendedor ambulante de cosas a plazos.*

abono **1** m. *Fianza o *garantía.* **2** Acción de abonarse a un servicio o al disfrute de una cosa. ⊙ («Tener un») Derecho de abonado. ⊙ Documento que lo justifica. ⊙ Lote de entradas que permiten el uso limitado de cierto servicio, instalación, etc. **3** Sustancia que, añadida a la tierra, aumenta su fertilidad. ≃ Fertilizante. **4** Acción de abonar las tierras.

ABONO EN VERDE. El consistente en enterrar en verde ciertas plantas como habas, nabo silvestre o mostaza.

DE ABONO. Abonable.

☐ CATÁLOGO

Acoto, basura, borrón, cucho, enmienda, estiércol, fosforita, gario, guano, hormiguero, humus, letame, majada, mantillo, marga, nitrato, pajuz, superfosfato, tarquín, vicio. ➤ Aciemar, alegamar, amajadar, arcillar, aviciar, cuchar, embostar, encrasar, engrasar, enlegamar, entarquinar, estercolar, femar, fertilizar, majadear, margar, meteorizar, viciar. ➤ Arder. ➤ Covadera, esquilmo, estercolero, esterquero, femera, guanera, pajucero. ➤ Almajara.

aboquillar (de «a-^{2}-» y «boquilla») **1** tr. ARQ. *Abocinar.* **2** ARQ. *Achaflanar.*

aboral adj. ZOOL. *Se aplica a la región del cuerpo de un animal opuesta a la boca.*

abordable adj. Susceptible de ser abordado: 'Una cosa [o un asunto] abordable'. ⇒ Inabordable.

abordador, -a adj. Que aborda.

abordaje m. Acción de abordar un barco a otro.

AL ABORDAJE. Con «entrar, pasar, saltar», etc., pasar la gente del buque abordador al abordado.

abordar (de «a-^{2}» y «bordo») **1** («a») tr. e intr. Acercarse un *barco a ↘otro hasta tocarlo, intencionadamente o por accidente. También recípr. con «con». ⇒ *Chocar. **2** intr. Arrimarse un *barco al muelle. ≃ *Atracar. ⊙ Llegar a puerto. ≃ *Arribar. **3** tr. Dirigirse a ↘alguien para *hablarle de un asunto o pedirle algo: 'No me pareció momento oportuno para abordarle'. ⇒ *Decir, *hablar. **4** *Empezar la exposición de un ↘asunto o la ejecución o resolución de algo, particularmente si ello ofrece alguna dificultad: 'Abordó el tema valientemente'. ≃ Acometer, entrar, atacar.

aborigen (del lat. «aborigīnes») **1** adj. Originario del país en que vive. ⇒ *Indígena, natural. **2** adj. y n., gralm. pl. Primitivo habitante de un país: 'Los aborígenes de Europa'.

aborlonado, -a (de «a-^{2}» y «borlón»; Chi., Col., Ec.) adj. *Se aplica a la *tela en que hay desigualdades causadas por trozos de hilo más gruesos.*

aborrachado, -a (de «a-^{2}» y «borracho») adj. *De *color *rojo vivo.*

aborrajarse (de «a-^{2}» y «borrajo») prnl. AGR. **Agostarse las mieses antes de granar por completo.*

aborrascarse (de «a-^{2}» y «borrasca») **1** prnl. Ponerse tempestuoso el tiempo. **2** (inf.) *Ponerse una persona enfadada, de mal humor o disgustada.*

aborrecedor, -a adj. y n. Que aborrece.

aborrecer (del lat. «abhorrescĕre») **1** tr. Experimentar hacia ↘algo o alguien un sentimiento que impulsa a apartarse de la persona o cosa de que se trata y a desear su desaparición o que no exista. Es menos violento que «odiar» y más apto para aplicarlo a cosas. ≃ Sentir [o tener] aversión. ⇒ Aborrir, aburrir, desamar. **2** (pop.) Dejar de querer a una ↘persona. ⊙ (pop.) *Abandonar una persona a otra de quien es novio o novia:* 'Si mi novio me ve con gafas es capaz de aborrecerme'. **3** Abandonar un animal a sus ↘crías. **4** (inf.; «con») Poner nervioso e impaciente a ↘alguien: 'Este chiquillo me aborrece cada vez que tengo que darle de comer. Me aborreces con tu testarudez'. ≃ Aburrir, *exasperar. **5** (inf.) prnl. *Desesperarse o impacientarse:* 'Me aborrezco haciendo sumas'.

☐ CONJUG. como «agradecer».

aborrecible adj. Digno de ser aborrecido.

aborrecido, -a Participio adjetivo de «aborrecer». ⇒ *Antipatía.

aborrecimiento m. Sentimiento del que aborrece. ⇒ *Antipatía, *aversión, *fastidio. ⊙ Cosa que *fastidia o *exaspera.

aborregado, -a Participio de «aborregarse». ⊙ adj. Se aplica al cielo cuando está cubierto con pequeñas *nubes blanquecinas amontonadas. ⊙ Aplicado a personas, dócil o gregario.

aborregarse (de «a-²» y «borrego») **1** prnl. Ponerse el cielo aborregado. **2** Volverse una persona dócil y gregaria.

aborrible (de «aborrir»; ant.) adj. *Aborrecible.*

aborrío (de «aborrir»; ant.) m. *Aborrecimiento.*

aborrir (del lat. «abhorrēre») **1** (ant.; Sal.) tr. *Aborrecer.* **2** (ant.) prnl. *Entregarse a alguna acción o pasión con despecho.*

aborronar (Ast.) intr. *Hacer borrones u hormigueros para *quemar las *hierbas.*

aborso (del lat. «aborsus»; ant.) m. *Aborto.*

abortar (del lat. «abortāre») **1** intr. y, menos frec., tr. Parir un ↘feto muerto o que no está todavía en condiciones de poder vivir separado de la madre. ⊙ Interrumpir una mujer su embarazo de forma voluntaria. **2** intr. Interrumpirse antes de llegar a completo desarrollo el crecimiento de algún órgano de una planta: 'Las flores abortan sin llegar a dar fruto'. ≃ *Malograrse. ⊙ tr. y, no frec., intr. *Interrumpir[se] el desarrollo de una acción o movimiento: 'La policía hizo abortar el complot'. ≃ Fracasar. ⊙ intr. **Interrumpirse el curso de una enfermedad antes de llegar a declararse por completo.* **3** tr. *Producir alguna ↘cosa deforme, fea o repugnante.*

abortista adj. y n. Partidario de que el aborto voluntario no sea penado por la ley.

abortivo, -a 1 adj. y n. m. Se aplica a lo que hace abortar. **2** Se aplica a lo que procede de aborto.

aborto 1 m. Acción de abortar. ⇒ Eflujo, efluxión, movedura, mal PARTO. ➤ Feto, muévedo. ➤ Feticida. **2** Cosa abortada. **3** Cosa deforme, *fea y repugnante: 'Un aborto de la naturaleza'. ≃ Engendro, monstruo.

abortón (de «abortar») **1** m. *Cría de res nacida antes de tiempo.* **2** **Piel de cordero nacido antes de tiempo.*

aborujar 1 tr. *Hacer que algo forme borujos.* ≃ Aburujar. ⊙ prnl. *Formar borujos una masa.* **2** **Arrebujarse.*

abotagado, -a Participio adjetivo de «abotagarse».

abotagamiento m. Acción y efecto de abotagarse.

abotagarse (relac. con «buétago») prnl. Desfigurarse el cuerpo o una parte de él por hinchazón o por gordura excesiva. ≃ *Hincharse.

abotargado, -a Participio adjetivo de «abotargarse».

abotargamiento m. Abotagamiento.

abotargarse (de «abotagarse», con influencia de «botarga») prnl. Abotagarse.

abotinado, -a (de «a²-» y «botín») **1** adj. Se aplica a los zapatos que tienen una parte que cubre el empeine, generalmente en dos piezas sujetas por delante con cordones. **2** Se aplica también a los pantalones cuyas bocas se ajustan al tobillo por encima del calzado.

abotonador m. *Abrochador de zapatos.*

abotonadura f. Botonadura.

abotonar 1 tr. Pasar un ↘botón por su ojal para que quede cerrada la ↘prenda de que ambos forman parte: 'Llevaba sin abotonar el cuello de la camisa'. ⇒ *Abrochar. ➤ Desabotonar. **2** intr. *Echar botones o *yemas las plantas.* ≃ *Brotar.

abovedado, -a Participio adjetivo de «abovedar». Construido o cubierto con bóveda: 'Arquitectura abovedada'.

abovedar tr. CONSTR. *Cubrir una ↘construcción con *bóveda.

aboyado, -a *Participio adjetivo de «aboyar». Se aplica a la finca arrendada con bueyes.*

aboyar¹ (ant.) tr. *Arrendar una ↘finca junto con los *bueyes para labrarla.*

aboyar² 1 tr. MAR. *Poner *boyas en un ↘lugar.* **2** intr. *Flotar.* ≃ Boyar.

abra (del fr. «havre», del neerl. medieval «havene», puerto) **1** f. *Ensenada no muy extensa. **2** *Abertura amplia entre dos montañas.* ≃ *Paso. **3** **Grieta producida en el terreno por un movimiento sísmico.* **4** (And.) *Espacio en las *bodegas entre dos filas de cubas de la misma serie.* **5** (Hispam.) *Claro en un bosque.* **6** (Nic., R. Dom.) *Camino abierto entre la maleza.* **7** MAR. *Distancia entre los *palos de la arboladura de un *barco.* ⊙ MAR. *Abertura angular de las jarcias, de la obencadura, etc.*

abracadabra (relac. con «abraxas») m. Palabra cabalística a la que se atribuían cualidades mágicas; se escribía en once renglones, suprimiendo sucesivamente en cada uno la última letra del anterior, de modo que el conjunto formaba un triángulo. ⇒ *Hechicería. ⊙ interj. La usan los prestidigitadores como palabra mágica al realizar sus trucos.

abracadabrante (de «abracadabra») **1** adj. Pasmoso. **2** Aterrador.

abracar (del sup. lat. «abbrachicāre», de «brachĭum», brazo; Hispam.) tr. *Abarcar (rodear con los brazos).*

Abraham V. «SENO de Abraham».

abrasador, -a adj. Que abrasa: 'Un sol abrasador. Una pasión abrasadora'.

abrasante adj. *Que abrasa.*

abrasar (de «a-²» y «brasa») tr. Destruir parcialmente, estropear o causar heridas con fuego o con algo muy caliente. ⇒ Brasar. ⊙ Destruir o estropear una ↘cosa con un ácido u otra sustancia corrosiva: 'La lejía abrasa la ropa'. Se emplea hiperbólicamente: 'El sol abrasa'. ≃ *Quemar. ⊙ *Estar muy caliente: 'La sopa está abrasando'. ⊙ prnl. Quemarse algo: 'Se olvidó del guiso y se le abrasó'. Se usa hiperbólicamente: 'Con este calor me abraso'. ⊙ tr. y prnl. También se emplea en sentido figurado, como *consumir[se]: 'La impaciencia le abrasa. Abrasarse en deseos de libertad'.

abrasilado, -a (ant.) adj. *De color rojo, como el palo brasil.*

abrasión (del lat. «abradĕre», raer) **1** f. GEOL. Acción y efecto de quitar o arrancar trozos de una cosa por fricción o raspado. Por ejemplo, la acción del mar sobre las rocas. ≃ *Erosión. **2** MED. *Desgaste de una sustancia o estructura, como la piel o los dientes, a causa de un proceso anormal.*

abrasivo, -a adj. y n. m. Se aplica a lo que produce abrasión y, particularmente, a los materiales que sirven para *raspar, *afilar, *alisar o *pulir. ⇒ Asperón, búfalo, carborundo, CARBURO de silicio, carey, corindón, esmeril, lija, magnetita, PIEDRA de afilar, PIEDRA pómez, SILICIURO de carbono, trípoli, zapa. ➤ *Afilar.

abraxas (del gr. «ábraxas») m. *En el gnosticismo, palabra simbólica del curso anual del Sol, porque sus letras en griego suman 365 (los días del *año).* ⊙ amb. *Talismán o *amuleto en que estaba grabada esa palabra.* ⇒ *Hechicería.

abrazada f. *Acción de abrazar.*

abrazadera f. Cualquier pieza que rodea algo para *ceñirlo o *sujetarlo. ⇒ *Anillo, *aro, ceño, cerco, cincho, cinto, correa, cuchillero, fleje, manguito, rumo, sotalugo, vencejo, vilorta, virola, zarcillo, zuncho.

abrazador, -a 1 adj. Se aplica a lo que abraza. ⊙ BOT. Se aplica a la *hoja que abraza el tallo. **2** m. *Pieza combada de hierro o madera con que se asegura el peón al puente de la noria.* **3** **Almohada larga y estrecha usada en Fili-*

*pinas que se mantiene abrazada en la cama o se pone entre las piernas para aliviarse el *calor.* **4** (ant.) *Hombre que llevaba a otros a las casas de juego.* ≃ Gancho.

abrazamiento m. *Acción de abrazar[se].*

abrazante adj. Que *abraza.*

abrazar 1 tr. *Rodear una ↘cosa o a ↘alguien con los brazos. Muy frec. recípr. ⇒ *Acariciar. ⊙ («a») prnl. Abrazar algo *sujetándose fuertemente a ello: 'El niño se abrazó a su madre. Se abrazó al árbol para que no le arrastrara la corriente'. **2** tr. *Encerrar ↘algo entre ciertos límites: 'Abrazar con un paréntesis'. ⊙ Comprender una cosa dentro de sí a ↘otra determinada, o ser aplicable a toda ella: 'Este título abraza todo el contenido de la obra'. ≃ *Abarcar. **3** (lit.) *Rodear: 'La yedra abraza el viejo tronco'. ⇒ *Ceñir. **4** *Adherirse a unas ↘ideas o a una ↘religión: 'Abrazó el socialismo [o el budismo]'.

abrazo («Dar») m. Acción de abrazar (rodear con los brazos). ⇒ Acolada.

abreboca (de «abrir» y «boca») m. Aperitivo.

abrebotellas m. Utensilio para abrir las botellas.

abrecartas m. Plegadera u otro utensilio empleado para abrir los sobres de las cartas.

abregancias (de «pregancias», del leon. «pregar»; León) f. pl. **Llares (cadena pendiente en la chimenea del *hogar para colgar la caldera).*

ábrego (del lat. «Afrĭcus») m. *Viento sur o sudoeste. ⇒ Ábrigo, áfrico.

abrelatas m. Utensilio para abrir las latas o botes de *conservas. ⇒ *Cocina.

abrenunciar (del lat. «abrenuntiāre»; ant.) tr. *Renunciar.*

abrenuncio (del lat. «abrenuntĭo», de «abrenuntiāre», rechazar) *Palabra empleada para *rechazar una cosa que es ofrecida o propuesta.*

abreojos (de «abre» y «ojos») **1** m. **Gatuña (planta leguminosa).* **2** (Ar.) *Abrojo (planta zigofilácea).*

abrepuño (de «abre» y «puño») **1** m. **Arzolla (planta compuesta).* **2** (*Ranunculus arvensis* y *Ranunculus muricatus;* pl.) Planta ranunculácea de flores amarillas, cuyos frutos en carpelo son espinosos.

abretonar (de «a-[2]» y «bretón[1]») tr. MAR. *Amarrar los ↘*cañones en dirección de popa a proa.*

abrevadero (de «abrevar») m. Sitio natural con agua, o pila, donde *beben los animales. ⇒ Abrevador, aguadero, brevador, pilón.

abrevador, -a 1 adj. y n. *Aplicable al que abreva.* **2** m. *Abrevadero.*

abrevar (de «abebrar») **1** tr. Dar de *beber a las ↘caballerías o a las reses. ⊙ Llevarlas al abrevadero. ⊙ intr. *Beber los animales. ⊙ tr. *Dar de beber a una ↘persona, particularmente un brebaje.* ⊙ **2** *Remojar las ↘*pieles para adobarlas.*

abreviación f. Acción de abreviar. ⊙ Texto abreviado. ≃ *Compendio.

abreviado, -a Participio adjetivo de «abreviar».

abreviador m. *Oficial de la Cancillería romana o de la Nunciatura Apostólica que tiene a su cargo extractar los documentos.* ⇒ *Vaticano.

abreviaduría f. *Cargo de abreviador.*

abreviamiento m. *Abreviación.*

abreviar (del lat. «abbreviāre») tr. Hacer ↘algo más *breve, es decir, hacer que dure menos o se diga con menos palabras o letras: 'Abrevió su estancia en Madrid para poder visitar Barcelona. Abreviar los razonamientos [o los trámites]'. ⇒ Acortar, apoquecer. ➤ Abreviatura, apócope, elipsis, sigla, síncopa. ➤ *Disminuir. *Pequeño. *Resumir. ⊙ intr. Hacer la cosa de que se trata en menos tiempo del que se invertiría de otra manera: 'Para abreviar, tomé un taxi'. ≃ Adelantar. ⇒ *Apresurarse. *Prisa. *Pronto. ⊙ (C. Rica, Nic.) prnl. *Darse prisa.*

□ CONJUG. como «cambiar».

abreviatura (del lat. «abbreviatūra») f. Representación abreviada de una palabra. ⇒ *Abreviar.

abreviaturía f. *Abreviaduría.*

abriboca 1 (Arg., Ur.) adj. y n. *Distraído: que no se da cuenta de lo que pasa a su alrededor o no pone atención en lo que hace.* **2** (Arg.) f. *Cierta planta tintórea.*

abribonado, -a *Participio adjetivo de «abribonarse».*

abribonarse prnl. *Volverse bribón.*

abricotina f. **Ciruela de cierta variedad.*

abridero, -a 1 adj. Se aplica a las frutas que se abren espontáneamente o con facilidad en dos mitades, como algunas variedades de melocotones o ciruelas. ⇒ Mollar. **2** m. Variedad de albaricoque que tiene esa cualidad.

abridor, -a 1 adj. y n. *Se aplica al que abre.* **2** m. *Utensilio que se empleaba antiguamente para abrir los cuellos alechugados.* **3** (ant.) adj. MED. *Aperitivo.* **4** m. *Arete de los que se les ponen en las orejas a las niñas en seguida de abrirles el agujero para los pendientes, a fin de que no se les cierre.* **5** Abrelatas o abrebotellas. **6** adj. y n. m. Aplicado a frutas, abridero.

abrigadero m. Abrigo (lugar abrigado). ⊙ MAR. *Abrigo.*

abrigado, -a («Estar, Ser; de») Participio adjetivo de «abrigar[se]». ⊙ Aplicado a lugares, defendido de los vientos fríos. ⊙ Con tal situación, exposición, etc., que no se siente frío en él: 'Un valle abrigado. Esta casa es [o está] muy abrigada'. ⊙ («Estar, Ir») Aplicado a personas, tener o llevar más o menos ropa encima para no sentir el frío: 'Ese niño va demasiado abrigado. En la cama estarás más abrigado'.

abrigador, -a 1 adj. *Que abriga (usual en Perú, aplicado a los vestidos).* **2** (Méj.) *Encubridor de un *delito.*

abrigaño m. *Abrigo (lugar abrigado).*

abrigar (del lat. «apricāre») **1** tr. Evitar una cosa que ↘otra se enfríe, cubriéndola o envolviéndola: 'Este gorro me abriga la cabeza'. Admite grados: 'Un edredón abriga más que una manta'. También puede llevar un complemento con «de»: 'Las montañas abrigan el valle de los vientos del norte'. ⊙ («con») *Cubrir una ↘cosa con algo para que no se enfríe: 'Nos abrigamos con prendas de lana. La masa del pan se abriga para que fermente'. También reflex. ≃ Tapar[se]. **2** Con una palabra que exprese un ↘estado de ánimo o un pensamiento duraderos, *tenerlos: 'Ese hombre abriga malas intenciones'. **3** MAR. Defender a la ↘embarcación del viento o del oleaje. **4** *Proteger o *cuidar a ↘alguien. **5** EQUIT. *Oprimir con las piernas el vientre del ↘caballo para ayudarle.*

□ CATÁLOGO

Aborujarse, acuchar, acurrucarse, aforrarse, amantar, arrebozarse, arrebujarse, arropar[se], guardar el CALOR, cubrir[se], enfoscarse, tapar[se]. ➤ Engabanado, enmantado, enzamarrado. ➤ Abrigo, aljuba, anguarina, anorak, argayo, barragán, brandís, cabaza, cachera, *capote, capuchón, caracalla, carric, carrique, chamarra, chubasquero, folgo, FORRO polar, gabán, gabardina, gallaruza, gambeto, guardapolvo, impermeable, juba, levitón, loden, macfarlán [o macferlán], *manta, paletó, paletoque, parka, pellica, pellico, pelliza, pello, plumas, plumífero, polonesa, poncho, raglán, redingote, ropón, ruso, saco, SACO de piel, SALIDA de teatro, sobrerropa, sobretodo, sobrevesta, tabardo, tapado, trenca, visón, zamarra, zamarro. ➤ Escalfarote, mantaterilla, mantón, piel, toquilla. *Capa. *Capote. *Manto. *Vestir. ➤ A cuerpo.

abrigo (del lat. «aprīcus») **1** m. Prenda que sirve para *abrigar. ⊙ Particularmente, prenda de vestir que se pone en invierno sobre el resto de la ropa para ir a la calle. **2** (Chi., Cuba) **Cazadora (prenda de vestir).* **3** MAR. Lugar defendido de los vientos o lugar en la costa donde se pueden refugiar las naves. ⇒ Escudaño. Protección. *Puerto. *Refugio. **4** Pequeño edificio para guarecerse en el campo. ≃ *Refugio. **5** En arqueología, *cueva con restos prehistóricos.

AL ABRIGO DE. Abrigado o protegido por la cosa que se expresa. ≃ Al amparo de. ⇒ Al SOCAIRE de.

DE ABRIGO (inf.). Se aplica como frase calificativa a una persona de la que hay que guardarse. ≃ De cuidado. ⇒ *Indeseable, *maligno. ⊙ (inf.) Se aplica, en general, para ponderar algo: 'Cogió una borrachera de abrigo. Le echó una regañina de abrigo'.

ábrigo (del lat. «Afrĭcus»; ant.) m. *Ábrego.*

abril (del lat. «aprīlis») **1** m. Cuarto *mes del año, que sigue a marzo. **2** (inf.) Se emplea para expresar la *edad de una jovencita: 'Tiene quince abriles'.

abrileño, -a adj. De abril.

abrillantador, -a adj. y n. Que abrillanta.

abrillantar **1** tr. Hacer que *brille ↘algo, por ejemplo, frotándolo. **2** *Labrar en facetas como las de los brillantes otras ↘piedras preciosas o de adorno.* **3** *Dar más valor o aspecto de tenerlo a una ↘cosa.*

abrir (del lat. «aperīre») **1** tr. Separar una ↘cosa que está tapando una abertura, para que ésta quede libre: 'Abrir la puerta, la tapa'. ⊙ prnl. Separarse una cosa que está tapando una abertura: 'Se ha abierto la puerta'. ⊙ tr. Separar dos partes de una ↘cosa; el complemento puede ser la cosa, las partes o la abertura hecha: 'Abrir un libro. Abrir las conchas de un molusco. Abrir un surco en la tierra'. ⊙ Separar las partes de una ↘cosa, de modo que ocupe más espacio: 'Abrir el paraguas, la mano, un abanico'. ≃ *Extender. ⇒ *Desplegar. ⊙ FON. Ampliar el canal de paso del aire por separación de los órganos fonadores. ⊙ prnl. Separarse las partes de una cosa. ⊙ Dividirse algo en varias partes: 'El río se abre en varios brazos en la desembocadura'. ⊙ tr. Hacer en una ↘cosa algo por lo que su interior queda al *descubierto o se puede entrar en él; como agujerear lo que lo tapa o cierra, quitarle la tapa, desenvolverla o moverla en cierto sentido: 'Abrir los ojos, un bote, una caja. Abrirse la blusa, el abrigo. Abrir una botella, un paquete, una carta, el cajón de una mesa. Abrir la casa, una habitación'. ⊙ prnl. Romperse o separarse las partes de algo de forma que quede al descubierto su interior: El grano se ha abierto solo'. ⊙ tr. También en sentido figurado: 'Abrir un testamento'. ⊙ Hacer un ↘*agujero o raja en una ↘superficie: 'Abrir un muro. Abrir una ventana en un muro'. ⊙ tr. y prnl. *Agrietar[se]: 'La madera se abre con el calor'. ⊙ tr. *Cortar, por ejemplo un melón. ⊙ Hacer un ↘paso por un sitio: 'Abrir una carretera en la montaña'. ⊙ También en sentido figurado: 'Abrirse paso en la vida'. ⊙ intr. y, más frec., prnl. Particularmente, separar sus pétalos las *flores al llegar al desarrollo completo. ≃ Desabotonar. ⊙ Aplicado al tiempo, *despejarse. **2** tr. Permitir el ↘*paso por un ↘sitio: 'Abrir la frontera. Abrir una carretera al tránsito'. **3** Mover un ↘artificio o ↘mecanismo que sirve para mantener cerrado un conducto, de modo que puede *pasar por él el fluido de que se trate: 'Abrir un grifo'. ⊙ El complemento puede ser también la cosa que pasa: 'Abrir el agua [o el gas]'. ≃ Dar. **4** Mover un ↘dispositivo que impide que se pueda abrir algo, para permitir la apertura: 'Abrir el cerrojo [o la llave], los sellos, los precintos'. **5** *Cortar los dobleces de las hojas de un ↘*libro para poder separarlas. **6** Empezar el funcionamiento de ↘algo: 'Abrir un establecimiento, un banco, una tienda'. ⇒ Inaugurar. ⊙ prnl. Iniciarse algo: 'La comedia se abre con una fiesta'. ⊙ tr. Ir delante o el primero en una ↘marcha o en una acción: 'Abrir la danza, el desfile, la procesión'. ⊙ Hacer las diligencias con que queda empezado un ↘expediente, una negociación, un proceso, etc.: 'Se han abierto las negociaciones para un tratado comercial'. ≃ Incoar. ⊙ Ingresar una cantidad de dinero en un banco y hacer los trámites necesarios para que el depositante pueda disponer de ella: 'Abrir una libreta de ahorros'. ⊙ Comenzar de nuevo la ↘actividad en algún ↘centro en que estaba temporalmente suspendida: 'Abrir las cortes, la universidad, los tribunales. Abrir el curso [o las clases]'. ⊙ Comenzar una ↘sesión. ⊙ Comenzar una ↘campaña. ⊙ Iniciar una ↘inscripción o alistamiento: 'Abrir la matrícula'. ⊙ Iniciar un ↘plazo. ⊙ Iniciar el ↘fuego. ⊙ Iniciar o promover una ↘suscripción benéfica. ⊙ *Despertar el ↘apetito, hambre, etc. ⇒ *Principiar. **7** **Grabar o esculpir:* 'Abrir una lámina [o un troquel], un molde'. **8** TAUROM. Colocar al ↘*toro en suerte, separándolo de la barrera. **9** prnl. Lesionarse un miembro o articulación por *distensión de los ligamentos. **10** («a, con») Dejar conocer a alguien los propios sentimientos o pensamientos íntimos. ≃ *Franquearse. **11** *Ofrecerse a la vista: 'Un paisaje maravilloso se abría ante nosotros. Ante ti se abren innumerables perspectivas'. ≃ *Desplegarse, extenderse. **12** («a, sobre») Aplicado a «ventana, balcón», etc., o al recinto que está tras ellos, tener cierta *orientación o comunicar con cierto lugar: 'Mi habitación se abre a un patio. El balcón se abre a mediodía. Todas las puertas se abren a un pasillo'. ≃ Dar, recaer. **13** Seguir un vehículo o su conductor una curva del camino por el lado exterior. **14** (inf.) *Marcharse: 'A las ocho me abro'. **15** (Hispam.) *En las carreras de caballos, desviarse éstos de su trayectoria.* **16** (Arg., Ven.) *Apartarse, desviarse.* **17** (Hispam.) *Abandonar un proyecto, retirarse de un negocio o empresa.*

ABRIR DE ARRIBA ABAJO. Expresión frecuente de significado claro.

ABRIR DESMESURADAMENTE. Enlace frecuente, aplicado a la *boca o a los *ojos.

V. «no abrir la BOCA [o el PICO], abrir BRECHA, abrir la CABEZA, abrirse CAMINO, abrir en CANAL, abrir CRÉDITO, abrir CUENTA, abrir la MANO, abrir los OJOS, en un abrir y cerrar de OJOS, abrir[se] PASO, abrir el PECHO, abrir PLAZA, abrir un PLAZO, abrir la SESIÓN, abrir el TIRO».

□ CATÁLOGO

*Agrietar[se], alegrar, cuartearse, desabotonar, *desabrochar, desatar, *desatrancar, descerrajar, descerrar, descoser[se], desellar, desembalar, desempaquetar, desencerrar, desenrollar, desenvolver, desplegar, *destapar, encentar, ensanchar, entreabrir, *estallar, franquear, fresar, ganzuar, hender[se], *partir, *perforar, *rajar, reventar, *romper, *separar, taladrar, hacer CALLE. ➤ Aperción, apertura, dehiscencia, eclosión. ➤ Abierto, franco, libre. ➤ En canal, de PAR en par. ➤ Abrelatas, ganzúa, *llave, manivela. ➤ *Abertura. *Cerrar.

□ CONJUG. IRREG. PART.: abierto.

abrochador, -a (de «abrochar») **1** m. Utensilio que sirve para abotonar el calzado. ≃ Abotonador. **2** (Arg.) m. o f. *Grapadora.*

abrochadura **1** f. Acción de abrochar. **2** *Sitio por donde se abrocha algo.* ⊙ *Dispositivo o procedimiento con que se abrocha algo.*

abrochamiento m. Abrochadura.

abrochar (de «a-[2]» y «broche») tr. *Sujetar una con otra dos partes de una ↘prenda de vestir, particularmente con botones. ⇒ Abotonar, *cerrar, encorchetar, engafetar, enhebillar, *sujetar. ➤ Desabrochar. ➤ *Broche.

abrogar (del lat. «abrogāre») tr. DER. *Abolir o derogar una ↘ley.

abrojal m. *Sitio poblado de abrojos.*

abrojillo (dim. de «abrojo»; Arg.; *Spergula arvensis)* m. *Hierba cariofilácea de tallos en rama, espinas en la base de las hojas, e involucro fructífero con espinas que se adhieren a la ropa.*

abrojín (dim. de «abrojo») m. **Cañadilla (molusco).*

abrojo (del lat. «apĕri ocŭlum», ¡abre el ojo!, advertencia por lo pinchoso de esta planta) **1** m. Nombre dado a varias especies de plantas zigofiláceas del género *Tribulus*, de fruto espinoso llamado del mismo modo, perjudiciales para los sembrados. ≃ Abreojos, tríbulo. **2** CARDO estrellado (planta compuesta). **3** FORT. *Nombre dado a ciertas piezas de hierro formadas por cuatro puntas o cuchillas dispuestas en tal forma que siempre presentan una hacia arriba; se esparcen por el terreno para dificultar el paso del enemigo, especialmente de la caballería.* **4** Pieza con puntas, de plata u otro metal, que ponían los disciplinantes en el azote para herirse las espaldas. ⇒ *Penitencia.

abroma (del lat. cient. «Abrōma», del gr. «a-», partícula privativa, y «brôma», alimento; *Abroma augusta)* m. Planta esterculiácea tropical, de flores rojas en grupos colgantes, con cuyas fibras se hacen *cuerdas muy resistentes.

abromado, -a *Participio de «abromar[se]».* ⊙ adj. MAR. *Aplicado a *barcos, con broma.* ⊙ *Abrumado.*

abromar 1 (ant.) tr. *Abrumar.* **2** prnl. MAR. *Llenarse de broma los fondos de un *barco.*

abroncado, -a Participio adjetivo de «abroncar».

abroncar 1 tr. Echar una bronca a ↘alguien. ⇒ *Reprender. **2** Mostrar desagrado o desacuerdo con ↘alguien que habla o aparece en público con silbidos, gritos, risas, etc. ≃ *Abuchear, armar una bronca. ⇒ *Protestar. **3** (inf.) *Avergonzar a ↘alguien con bromas, burlas o censuras dirigidas delante de otros. ⊙ (inf.) prnl. *Avergonzarse. ⊙ (inf.) tr. Ser causa de que ↘alguien sienta vergüenza: 'Va vestida tan estrafalariamente que me abronca ir con ella por la calle'. **4** (inf.) prnl. *Amostazarse, *enfadarse u *ofenderse alguien por lo que le dicen o hacen.

abroquelado, -a 1 Participio de «abroquelar[se]». **2** adj. BOT. De figura semejante a un escudo.

abroquelar 1 tr. MAR. *Tirar de los penoles de las ↘vergas hacia popa por la parte de barlovento, dando un salto a las bolinas de esta banda para que el viento hiera en las velas por la cara de proa.* **2** *Proteger.* **3** («con») prnl. Cubrirse con el broquel o escudo para *defenderse. **4** («con, en, tras»; menos frec. con «de»: «abroquelarse de su inocencia») Valerse de cierta cosa o cierta circunstancia para no sufrir un ataque o para eludir una obligación: 'Se abroquela en su condición de extranjero para no pagar'. ≃ Escudarse. ⊙ Mantenerse alguien firme en su posición, sus principios, etc. ≃ Encastillarse.

abrótano (del lat. vulg. «abrotănum», del lat. «abrotŏnum», y éste del gr. «abrótonon»; *Artemisia abrotanum)* m. *Planta herbácea compuesta que se emplea en medicina. ≃ ABRÓTANO macho, boja, brótano, HIERBA guardarropa, HIERBA lombriguera, ulaguiño.

ABRÓTANO HEMBRA *(Santolina chamaecyparissus)*. Planta compuesta, herbácea, con flores amarillas en cabezuela, muy aromáticas, cuya infusión se ha empleado como *antiespasmódico y *antihelmíntico. ≃ Cipresillo. ⇒ *Medicina.

A. MACHO. Abrótano.

abrotoñar (de «a-[2]» y «brotar», con influjo de «retoñar») intr. *Brotar o retoñar las plantas.

abrumado, -a Participio adjetivo de «abrumar».

abrumador, -a 1 adj. Que abruma. **2** Aplastante: 'Una victoria abrumadora'.

abrumadoramente adv. De forma abrumadora.

abrumar (de «a-[2]» y «brumar») tr. Constituir una *carga penosa para ↘alguien; pueden abrumar las preocupaciones, el trabajo, los años, el peso físico de una carga, el exceso de ropa, etc. ≃ *Abatir, *agobiar. ⊙ *Confundir a ↘alguien en una discusión. ⊙ *Confundir a ↘alguien con exceso de alabanzas o amabilidad. ⊙ Hacer que ↘alguien se sienta insignificante o impotente de cualquier manera. ≃ *Apabullar. ⇒ *Achicar, *anonadar, *aplastar, *confundir, *derrotar, *dominar, *humillar, *intimidar, *vencer. ⊙ prnl. Sentirse confundido o agobiado por algo.

abrumarse prnl. *Llenarse de bruma la atmósfera.*

abruño (de «de a-[2]» y «bruño»; Ast., León) m. *Endrino.*

abrupto, -a (del lat. «abruptus», part. pas. de «abrumpĕre», romper) **1** adj. Se aplica a los terrenos o caminos con rocas, cortes o pendientes muy pronunciadas, lo que los hace difíciles para andar por ellos. ≃ Escabroso, escarpado. ⇒ Accidentado, agrio, arduo, *áspero, bravo, breñoso, cebrero, cerril, desigual, difícil, doblado, encarrujado, escabroso, escarpado, fragoso, fuerte, montañoso, quebrado, rocoso, *salvaje. ➤ Aspereza, breña, breñal, breñar, calada, cuchilla, fraga, fragosidad, fragura, guájar, guájara, reventadero, riscos, vericueto. ➤ *Peñasco. **2** Áspero, brusco, falto de amabilidad: 'Un carácter abrupto'.

abrutado, -a adj. Aplicado a personas, y correspondientemente a sus ademanes, manera de hablar, etc., bruto.

abruzarse prnl. *Ponerse de bruces.*

abruzo, -a adj. y, aplicado a personas, también n. *De los Abruzos, región de Italia.* ≃ Brucio.

absceso (del lat. «abscessus», tumor) m. MED. Acumulación de pus en una cavidad o en un tejido orgánicos. ⇒ Bolsa, empiema, *flemón, talpa, talparia, topinaria. ➤ *Forúnculo. *Grano. *Tumor.

abscisa (del lat. «abscissa», part. pas. de «abscindĕre», cortar) f. MAT. Distancia de un punto en un plano a la coordenada vertical, llamada eje «de ordenadas» o «de las íes», medida en la dirección del eje horizontal, llamado «de abscisas» o «de las equis».

abscisión (del lat. «abscissĭo, -ōnis», corte; culto) f. *Separación de una porción de algo hecha con un instrumento cortante. ≃ *Corte.

absconder (del lat. «abscondĕre»; ant.) tr. *Esconder.*

abscuro, -a (ant.) adj. *Oscuro.*

absencia (del lat. «absentĭa»; ant.) f. *Ausencia.*

absenta (del cat. «absenta») f. Ajenjo (bebida alcohólica).

absentarse (del lat. «absentāre»; ant.) prnl. *Ausentarse.*

absente (del lat. «absens, -entis»; ant.) adj. *Ausente.*

absentina f. Principio amargo del ajenjo.

absentismo (del ingl. «absenteeism», del lat. «absens, -entis», ausente) **1** m. Circunstancia o fenómeno social de vivir lejos de las tierras los propietarios de ellas. **2** Falta de un empleado al trabajo. ⊙ Estadística o medida de ella.

absentista adj. Del absentismo. ⊙ adj. y n. Que practica el absentismo.

ábsida f. *Ábside.*

absidal adj. *De [del o de forma de] ábside.*

ábside (del lat. «absis, -īdis», del gr. «apsís», nudo, bóveda) **1** amb. Parte exterior saliente, generalmente en forma circular, de la parte posterior del altar mayor de una iglesia. **2** m. ASTRON. *Apside.*

absidiolo o, menos frec., **absidiola** m. o f. Capilla situada en la parte anterior del ábside de una iglesia.

absintio (del lat. «absinthĭum») m. Ajenjo (planta).

absit (pronunc. [ábsit]) *Palabra latina usada en lenguaje culto para *rechazar algún objeto o a alguien que repugna.*

absolución f. Acción de absolver. Particularmente, un juez o tribunal en un juicio, o el confesor en la *confesión.

absoluta (de «absoluto»; «La») f. MIL. Abreviación de «LICENCIA absoluta».

absolutamente 1 adv. Completamente: 'Está absolutamente de acuerdo con nosotros'. **2** (más frec. en Hispam.) *No, de ninguna manera.*

absolutismo m. Cualidad del gobierno absoluto. ⊙ Sistema de gobierno absoluto. ⊙ Doctrina favorable a ese sistema.

absolutista adj. De [o del] absolutismo: 'Etapa absolutista'. ⊙ adj. y n. Adicto al absolutismo. ⇒ Realista.

absoluto, -a (del lat. «absolūtus») **1** adj. Por oposición a «relativo», denota que el concepto expresado por el nombre a que afecta se considera existente en la cosa de que se trata, no con relación a otra cosa o por comparación con algo, sino con independencia de cualquier relación o comparación: 'El valor absoluto de las cifras'. La masa de un cuerpo, por ejemplo, es, a diferencia de su peso, un valor absoluto, que no depende del lugar en que el cuerpo esté situado. **2** FIL. Se aplica a los conceptos adjetivos considerados como existentes por sí mismos y no realizados en una cosa concreta, con determinación de espacio y tiempo: 'La belleza [o la verdad] absoluta'. ⊙ m. Con el artículo neutro, «lo», designa el mundo de tales conceptos: 'El agnosticismo afirma la imposibilidad de conocer lo absoluto'. ⇒ *Abstracto, *eterno, *ideal, infinito. **3** adj. En lenguaje corriente, *completo, total. Sin atenuación o limitación: 'Tengo la certeza absoluta de que es así. Lo que ha hecho es de una insensatez absoluta'. **4** Aplicado a «rey» o a un sistema de gobierno o a su poder, con poder no limitado por una constitución. ⇒ Despótico, omnímodo. ⊙ Se aplica a cualquier persona que ordena y dispone sin admitir oposición u objeción. **5** GRAM. Se aplica al empleo de las palabras cuando, pudiendo llevar o llevando generalmente un complemento, no lo llevan; por ejemplo, «saquear», que es un verbo transitivo, puede también usarse como absoluto, o sea sin complemento; como en 'se dedicaban a saquear'. **6** GRAM. Se aplica a cualquier elemento incrustado en una oración sin dependencia gramatical respecto del verbo o de otro elemento de ella. ⇒ ABLATIVO absoluto, CLÁUSULA absoluta. **7** FÍS. Se aplica a una magnitud medida a partir de un valor cero que indica la ausencia de la magnitud en cuestión. **8** QUÍM. Se aplica a las sustancias que se encuentran en estado puro y sin agua, como el alcohol o el éter.

V. «CERO absoluto».

EN ABSOLUTO. **1** De manera absoluta: sin relación con otra cosa. ⇒ En sí MISMO, por sí MISMO, de por sí, DE SÍ, DE SUYO. **2** En frases afirmativas, significa también «completamente, del todo, sin reservas o restricciones»: 'Estoy decidido en absoluto'. ⊙ Más frecuentemente, tiene sentido negativo, equivaliendo a «de ninguna manera»: '¿No te arrepentirás? —En absoluto. No estoy dispuesto a consentirlo en absoluto'.

V. «REPOSO absoluto».

absolutorio, -a (del lat. «absolutorĭus») adj. Se aplica a la sentencia, juicio, etc., que absuelve.

absolvederas (de «absolver»; inf.) f. pl. *Benevolencia excesiva de un confesor.*

absolvedor, -a adj. y n. *Que absuelve.*

absolvente adj. *Que absuelve.*

absolver (del lat. «absolvĕre», desatar) **1** («de») tr. Declarar a ↘alguien descargado o libre de una culpa u obligación. ≃ *Perdonar. ⊙ («de») Particularmente, declarar el confesor a un ↘penitente perdonado de sus pecados, después de la confesión. ⊙ («de») Declarar no culpable a un ↘procesado. ⇒ Descargar, desligar, exculpar. ➤ Descargo. ➤ Sacramental. **2** **Resolver una ↘duda o contestar a una ↘pregunta.* **3** (ant.) *Resolver o ejecutar del todo una ↘cosa.* ≃ Despachar.

☐ CONJUG. como «volver».

absolviente (ant.) adj. *Que absuelve.*

absolvimiento (ant.) m. *Absolución.*

absorbencia f. *Absorción.*

absorbente 1 adj. Apto para absorber o capaz de absorber. **2** Aplicado a personas, que no deja *participar a los otros en una conversación, en la dirección de un asunto, etc. ≃ Dominante. **3** m. Sustancia con una gran capacidad de absorción. **4** (Cuba, R. Dom.) **Pajita: tubo delgado para sorber líquidos.*

absorber (del lat. «absorbēre») **1** tr. *Coger y retener un cuerpo en su masa a ↘otro en estado líquido o gaseoso: 'La esponja absorbe el agua. Las plantas absorben el oxígeno del aire'. ⊙ Atraer una cosa hacia sí o a su interior a ↘otra, provocando una corriente de aire: 'La aspiradora absorbe el polvo'. ≃ *Sorber. ⇒ *Arrastrar, *atraer. ⊙ Recoger y retener una cosa en sus intersticios el ↘polvo o cosa semejante: 'El terciopelo absorbe mucho polvo'. ≃ Coger. ⇒ Adsorber, calarse, *chupar, embeber, empapar, impregnarse, tragar. *Recibir, *Retener. *Sacar. **2** FÍS. Captar total o parcialmente un cuerpo las radiaciones que lo atraviesan. **3** Emplear para sí cierta ↘cosa: 'El mercado nacional absorbe toda la producción de hierro. El estudio absorbe todo su tiempo'. ≃ Consumir, embeber, *gastar. **4** Ocupar o retener la ↘atención de ↘alguien: 'La lectura le absorbe de tal manera que se olvida de comer'. ≃ *Embargar. ⇒ *Abstraerse. ⊙ Atraer algo o alguien las ↘miradas o la atención de la gente más que otras cosas entre las que está. ⇒ *Acaparar, monopolizar. **5** Anexionar una entidad comercial, política, etc. a otra de menor importancia. **6** Se aplica a la acción de sufrir algún dispositivo de un mecanismo cierto ↘efecto impidiendo que sea notado en otro lugar; se dice, por ejemplo, que 'la suspensión de un coche o una moto absorbe más o menos los baches'.

absorbible adj. Susceptible de ser absorbido.

absorbimiento m. Estado de absorto.

absorciómetro m. QUÍM. *Instrumento para medir el gas absorbido por un líquido.*

absorción (del lat. «absorptĭo, -ōnis») f. Acción de absorber. ⊙ QUÍM. Penetración de una sustancia en otra.

absortar tr. *Dejar absorto.* ⊙ prnl. **Quedarse absorto.*

absorto, -a (del lat. «absorptus»; «Estar, Quedarse») adj. Con la atención puesta intensamente en lo que se piensa o hace, de modo que no se atiende a ninguna otra cosa. ≃ *Abstraído. ⊙ Con la atención puesta exclusivamente en cierta cosa que se contempla y olvidado de todo lo demás.

abstemio, -a (del lat. «abstemĭus», de la raíz de «temum», vino) adj. y n. Se aplica a la persona que se abstiene de tomar bebidas alcohólicas. ⇒ *Sobrio.

abstención («de, en») f. Acción de abstenerse.

abstencionismo m. Actitud o criterio de los que propugnan la abstención o no participación en cierta cosa; por ejemplo, en unas elecciones.

abstencionista adj. y n. Partidario de la abstención en determinada cosa.

abstener (del lat. «abstinēre»; «de») tr. Hacer que ↘alguien se contenga de hacer cierta cosa: 'El temor de irritarle más me abstuvo de intervenir'. ≃ *Contener. ⊙ («de») prnl. Impedirse a sí mismo hacer o tomar algo o intervenir en cierta cosa: 'Tiene que abstenerse del tabaco. ¡Absténte de intervenir en mis asuntos!'. ⇒ Castigarse, contenerse, guardarse, *inhibirse, retenerse; cuidar [tener CUIDADO con o MIRAR] lo que se hace, no ENTRAR ni salir, *MIRAR[SE] mucho, andar con OJO, tentarse la ROPA. ➤ *Desentenderse.

☐ NOTAS DE USO

Como transitivo no se usa con sujeto de persona.

☐ CONJUG. como «tener».

abstergente adj. *Que absterge.*

absterger (del lat. «abstergēre») tr. MED. **Limpiar las ↘llagas.*

abstersión (del lat. «abstersĭo, -ōnis») f. *Acción de absterger.*

abstersivo, -a adj. MED. *Se aplica a la sustancia o medicamento que sirve para absterger.*

abstinencia (del lat. «abstinentĭa») **1** f. Acción de abstenerse de algo por motivos religiosos o morales. ⊙ Específicamente, de *comer *carne en ciertos días, por precepto de la Iglesia. ⇒ Vigilia. **2** Acción de abstenerse de consumir una sustancia de la que se tiene dependencia.

V. «SÍNDROME de abstinencia».

abstinente adj. y n. Se aplica al que guarda abstinencia.

abstracción 1 f. Acción de abstraer[se]. ⊙ Estado de abstraído. ≃ Suspensión. **2** Idea abstracta.

abstract (ingl.; pronunc. [ábstrat]) m. Resumen de un artículo de revista, tesis doctoral, etc.

abstracto, -a (del lat. «abstractus») **1** adj. Se aplica a las cosas designadas con un nombre precedido de artículo, como si tuviesen existencia propia e independiente, pero que corresponden a ideas que sólo se realizan en otras cosas: 'El bien, la belleza, son entes abstractos'. ⊙ Se aplica también a las ideas y nombres que representan esas cosas: 'Blancura, alegría, justicia, son nombres abstractos'. ⊙ Se aplica también a «cualidad» y a los nombres de cualidades, para significar que se consideran con separación de cualquier objeto en que se hallen realizados; para este caso, además del adjetivo «abstracto», se usa la expresión adjetiva «en abstracto»: 'Todos los adjetivos tienen un nombre correspondiente que expresa la misma cualidad en abstracto'. ⊙ Se dice también que son abstractas las ideas de las cosas, a diferencia de las cosas mismas, existentes en la realidad concretadas y particularizadas como individuos de la especie a que la idea corresponde. ⇒ *Absoluto, *eterno, *ideal, infinito. ➤ Sustancia. **2** Se aplica al arte que no pretende representar cosas de la realidad, y a los artistas que lo cultivan.

V. «*ARTE abstracto, NÚMERO abstracto».

abstraer (del lat. «abstrahĕre») **1** («de») tr. Separar mentalmente. ⊙ («de») Considerar una ↘cualidad, estado, acción o fenómeno con independencia del objeto en que existe o por el que existe. ⊙ («de») Formar la ↘idea de un objeto separada de cualquier individuo en que se encuentra realizada. **2** («de») prnl. Apartar alguien su atención de lo que le rodea para concentrarla en su pensamiento: 'Procuré abstraerme de lo que me rodeaba'.

☐ CATÁLOGO

Abismarse, absortarse, ausentarse, no levantar CABEZA, cebarse, concentrarse, distraerse, *embelesarse, *enfrascarse, engolfarse, ensimismarse, *entregarse, meditar, recogerse, sumergirse, sumirse, suspender. ➤ Abriboca, abstraído, ausente, distraído, enfrascado, ensimismado, meditabundo, pensativo, preocupado, reconcentrado. ➤ Intraversión, introversión. ➤ MIRADA perdida.

☐ CONJUG. como «traer».

abstraído, -a 1 Participio adjetivo de «abstraer[se]». **2** («Estar, Ser») adj. Se aplica a quien está en cierto momento con el pensamiento fijo en algo, por lo que no se da cuenta de lo que le rodea, o al que tiende a estar de ordinario en ese estado: 'Estaba abstraído en sus meditaciones. Es un hombre abstraído'. ≃ *Absorto.

abstruso, -a (del lat. «abstrūsus», oculto) adj. Se aplica a las cosas que exigen gran esfuerzo de inteligencia para comprenderlas. ⇒ *Difícil.

absuelto, -a Participio adjetivo de «absolver».

absurdez f. Cualidad de absurdo. ⊙ Cosa absurda. ⇒ -ez.

absurdidad f. Absurdo (n.).

absurdo, -a (del lat. «absurdus») **1** adj. Contrario a la lógica o a la razón: 'Es absurdo intentar clavar un clavo con la cabeza hacia la pared'. Se usa mucho en exclamaciones: '¡Eso es absurdo! ¡Qué absurdo!'. ⇒ Delirante, descabellado, disparatado, inadmisible, incomprensible, inconcebible, inexplicable; que no cabe en la CABEZA, sin PIES ni cabeza, surrealista. ➤ Aberración, absurdez, absurdidad, abusión, atrocidad, barbaridad, desatino, despropósito, dislate, *disparate, enormidad, sinsentido. ➤ Bien, bueno, gracioso, grande. ➤ *Disparate. *Raro. **2** m. Cosa absurda.

REDUCIR AL ABSURDO. Llevar un argumento hasta deducir una consecuencia absurda para demostrar que la afirmación de que se ha partido es falsa. Se usa también el nombre: «REDUCCIÓN al absurdo».

abubilla (del sup. lat. «upupella», dim. de «upŭpa»; *Upupa epops*) f. *Pájaro coraciforme que tiene un penacho de plumas eréctiles sobre la cabeza. ≃ Upupa.

abubo (Ar.) m. *Cermeña (variedad de *pera).*

abucates m. pl. *Ciertas piezas del telar de *terciopelo.*

abuchear (de «ahuchear») tr. *Protestar o mostrar desagrado la gente contra ↘alguien que habla, actúa o aparece en público, pateando, con silbidos o con voces. ≃ Abroncar.

abucheo m. Acción de abuchear. ≃ *Bronca.

abuelastro, -a (de «abuelo») n. Con respecto a alguien, padre o madre de su padrastro o madrastra. O bien, marido o mujer de un abuelo o abuela, que no son abuelos ellos mismos.

abuelo, -a (del sup. lat. vulg. «aviŏlus») **1** n. Con relación a una persona, el padre o la madre de su madre o de su padre. ⇒ Agüelo, yayo. ➤ Bisabuelo. ➤ Abolengo, abolongo, abolorio. ➤ Parentesco. **2** (pl.) m. El abuelo y la abuela juntos. ⊙ Por extensión, *antepasado. **3** (inf.) n. Persona anciana: 'Está hecho un abuelo'. ≃ Viejo. ⊙ (inf.) Se usa como vocativo dirigido a una persona anciana: ¡Abuelo... No cruce por ahí!'. **4** (inf.) m. En la *lotería de cartones, número *noventa. **5** (Ál.) *Vilano.* **6** (gralm. pl.) *Pelos cortos que forman pequeños mechones en la nuca, en el nacimiento del pelo. ≃ Tolanos. ⇒ Cogotera, viejos. ➤ Recogeabuelos.

¡CUÉNTASELO A TU ABUELA! [¡QUE SE LO CUENTE A SU ABUELA!, etc.]. Expresión informal de incredulidad.

¡ÉRAMOS POCOS Y PARIÓ LA ABUELA! (inf.). Exclamación de disgusto o sorpresa con que se comenta el hecho

de que aumente inoportunamente el número de personas en un lugar. ≃ Éramos pocos y parió la BURRA.
HABÉRSELE MUERTO a alguien SU ABUELA [NO NECESITAR ABUELA O NO TENER ABUELA]. Se dice irónicamente de la persona que se alaba a sí misma. ⇒ *Presumir.
¡MI ABUELA! Exclamación de asombro o sorpresa.
V. «TÍA abuela, TÍO abuelo».
abuhado, -a (de «a-^{2}» y «bufado», hinchado) **1** adj. **Hinchado.* **2** *Pálido, con mal color.*
abuhamiento m. *Hinchazón.*
abuhardillado, -a adj. Con el *techo en pendiente, como las buhardillas.
abuje (de or. antillano) m. Cierto *ácaro que se cría en las hierbas y puede pasarse a las personas, a las que produce intenso picor.
abulaga f. **Aulaga (planta leguminosa).*
abulagar m. Aulagar.
abulandro DE ABULANDRO **1** (R. Dom.) *Aplicado al juego, sin arriesgar dinero.* **2** (R. Dom.) *De mentirijillas.*
abulense (del lat. «Abulensis», de «Abŭla», Ávila) adj. y, aplicado a personas, también n. De Ávila, ciudad y provincia españolas.
abulia (del gr. «aboulía») f. Falta de voluntad o de energía para emprender algo o para moverse. ≃ *Apatía. ⇒ *Holgazán, *pereza.
abúlico, -a adj. y n. Se aplica al que tiene abulia.
abullonar tr. Formar bullones o *bultos o ahuecamientos redondeados en una ↘cosa, como adorno; por ejemplo, en las ropas.
abulón *(Haliotis rufescens)* m. Cierto *molusco del género llamado «oreja marina», de California.
abultado, -a Participio de «abultar», de uso muy frecuente como adjetivo. ⇒ Convexo, grande, grueso, hinchado, hueco, papujado, voluminoso. ➤ *Bulto.
abultamiento m. Bulto.
abultar (de «a-^{2}» y «bulto») **1** intr. Hacer una cosa efecto de más o menos voluminosa: 'Este paquete abulta demasiado. Un colchón que casi no abulta'. ≃ Hacer *bulto. ⊙ Formar un *bulto: 'El pañuelo me abulta en el bolsillo. Está tan delgado que apenas abulta en la cama'. ⊙ tr. Hacer que una ↘cosa forme bulto: 'Abultar las mejillas llenándolas de aire'. ⇒ *Hinchar. *Sobresalir. ⊙ prnl. Formar bulto una cosa. **2** tr. Hacer aparecer una ↘cosa más grande o importante de lo que realmente es al hablar de ella: 'Abultaron la importancia del accidente'. ≃ *Exagerar. ⇒ *Aumentar.
abuna m. **Obispo de la Iglesia abisinia.*
abundadamente (ant.) adv. *Abundantemente.*
abundado, -a 1 (ant.) adj. *Abundante.* **2** (ant.) *Rico.*
abundamiento (ant.) m. *Abundancia.*
A MAYOR ABUNDAMIENTO. Por si acaso, además de lo que se considera necesario: 'Le di, a mayor abundamiento, una carta de presentación para otro amigo mío'. ⇒ *Añadir.
abundancia (del lat. «abundantĭa»; «Con, En, Haber abundancia de, Estar en») f. Cualidad o situación de abundante. ⊙ Gran cantidad o número de cierta cosa: 'Hay abundancia de dinero [de restaurantes, de pesca, de comida]'. ⊙ Riqueza o *bienestar: 'Viven en la abundancia'.
V. «CUERNO de la abundancia».
EN ABUNDANCIA. Abundante.
EN LA ABUNDANCIA. Con «vivir» o verbo semejante, lo mismo que «nadar en la abundancia».
NADAR EN LA ABUNDANCIA. Disfrutar gran bienestar económico.
abundancial adj. GRAM. *Se aplica a la palabra que denota abundancia:* 'Adjetivo abundancial'.
abundante adj. Se aplica a lo que abunda. ≃ En abundancia.
abundantemente adv. Con abundancia.
abundantísimo, -a adj. Superl. frec. de «abundante».
abundar (del lat. «abundāre», rebosar) **1** intr. Existir una cosa en mucho número o mucha cantidad: 'En el Mediterráneo abunda la sardina. Los consejeros abundan en todas partes'. **2** («en») Tener abundancia de la cosa que se expresa: 'España abunda en frutos de todas clases'. **3** («en») Insistir o estar de acuerdo en una idea u opinión: 'Abundar en el mismo parecer [criterio, deseo] que otro'.
□ CATÁLOGO
Sufijos: «-ada, -al, -ambre, -ambrera, -areda, -ería»: 'gentada; dineral; pelambre; pelambrera; polvareda; palabrería'. ➤ Dominar, hervir, predominar, rebosar, sobreabundar, superabundar, verbenear. ➤ Apalear, estar BIEN de, COMER a dos carrillos, ECHAR de largo, nadar en. ➤ Abondo, abundancia, abundo, acumulación, adunia, afluencia, una BENDICIÓN [de Dios], copia, copiosidad, desahogo, grosedad, guilla, hartura, hermosura, jauja, lujo, lujuria, montantada, plaga, plétora, profusión, superabundancia, superfluencia. ➤ Abundado, abundante, abundoso, copioso, cuantioso, cumplido, exuberante, *fértil, largo, lujuriante, numeroso, nutrido, opimo, opíparo, opulento, pingüe, pródigo, profuso, próvido, rico, sobreabundante, superabundante, tirado, ubérrimo, vicioso; metido en. ➤ Abondo, abundantemente, abundo, bien, colmadamente, copiosamente, con esplendidez, a granel, a MANOS llenas, a patadas, a porrillo, a PUNTA pala, a raudales, ricamente. ➤ ...Que es una DELICIA. ➤ Por mucho PAN nunca es mal año. ➤ Cornucopia, CUERNO de la abundancia. ➤ *Mucho.
abundo (del lat. «abundo», en abundancia) **1** (ant.) m. *Abundancia.* ≃ Abondo. **2** (ant.) adv. *Abundantemente.* ≃ Abondo.
abundoso, -a 1 (lit.) adj. Abundante. **2** (lit.) Fértil.
abuñolado, -a 1 *Participio de «abuñuelar».* **2** adj. *Con forma de buñuelo.*
abuñolar tr. *Abuñuelar.*
abuñuelado, -a 1 *Participio de «abuñuelar».* **2** adj. *Con forma de buñuelo.*
abuñuelar tr. *Freír los huevos u otro alimento de modo que queden como un buñuelo.*
¡abur! (del vasc. «agur»; inf.) interj. *¡Adiós! ≃ ¡Agur!
aburar (de «a-^{2}» y el lat. vulg. «burāre») **1** tr. **Quemar.* **2** (R. Dom.) *Escocer las picaduras de los insectos.*
aburelado, -a adj. *Burielado: parecido al paño buriel.*
aburguesado, -a Participio de «aburguesar[se]» ⊙ adj. Se aplica al que ha tomado costumbres; especialmente comodidades, de burgués.
aburguesamiento m. Acción y efecto de aburguesar[se].
aburguesar tr. Hacer que ↘alguien adquiera costumbres de burgués. ⊙ prnl. Tomar costumbres de burgués: acostumbrarse a las comodidades y la vida tranquila.
aburrado, -a 1 *Participio de «aburrarse».* ⊙ adj. *Embrutecido.* ⊙ *Tosco o *bruto.* **2** (Méj.) *Se aplica a la *yegua destinada a la cría de *mulas.*
aburrarse (de «a-^{2}» y «burro») prnl. **Embrutecerse.*
aburrido, -a 1 («Estar, Tener») Participio adjetivo de «aburrir[se]»: 'Está aburrido sin nada que hacer. La enfermedad del niño les tiene aburridos'. **2** («Ser, Resultar») Se aplica a las cosas que aburren por *pesadas o por *sosas. **3** («Ser [un]») adj. y n. Se aplica al que no sabe

divertirse o resulta una compañía aburrida: 'Es un aburrido: se pasa toda la tarde del domingo en casa. No me gusta ir con él porque es muy aburrido'. ⇒ *Soso.

aburrimiento **1** m. Estado de aburrido: 'Se le notaba el aburrimiento en la cara'. **2** Cosa *pesada o aburrida.

aburrir (del lat. «abhorrēre») **1** tr. *Cansar una cosa a ↘alguien que la oye o ve, porque no le divierte o no le interesa: 'La película me aburría. Me aburre este trabajo. Me aburren sus conferencias'. El sujeto puede ser también la persona que dice o hace la cosa que aburre: 'Aburre a cualquiera con sus historias'. ≃ Hastiar. ⊙ («con, de, en») prnl. Sufrir fastidio con algo que no divierte o interesa: 'Me aburrí en el fútbol'. **2** tr. *Fastidiar mucho a ↘alguien una cosa o una persona con su insistencia o persistencia: 'Me aburre con sus quejas [o con su obstinación]. Acaba por aburrir tanta lluvia'. ⊙ prnl. *Consumirse o *exasperarse. Sufrir fastidio con cierta cosa que resulta pesada: 'Me aburro explicándole las matemáticas a este chico'. ⇒ *Cansar, *consumir, *exasperar, *molestar. **3** tr. *Desperdiciar, malemplear una ↘cosa o no estimarla debidamente.* **4** (ant.) *Aborrecer una ↘cosa (tenerle odio o *antipatía).* **5** **Abandonar un animal a sus ↘crías.* ≃ Aborrecer.

□ CATÁLOGO

Aborrecer[se], amuermar[se], atediar[se], *cansar[se], dormir[se], *desesperar[se], enhastiar[se], hartar[se], hastiar[se], heder, *molestar; caerse de las MANOS. ➤ Aburrido, apestoso, árido, cansado, dormitivo, fastidioso, ininteresante, molesto, monótono, *pesado, seco, soporífero, soso; siempre IGUAL, sin NADA de particular. ➤ Aburrimiento, coñazo, lata, latazo, monserga, muermo, pesadez, peñazo, pestiño, plomo, rollo, tabarra, tostón. ➤ Como una OSTRA. ➤ Esplín, tedio. ➤ *Bostezar. ➤ Matar [o pasar] el TIEMPO.

aburujar tr. y prnl. *Aborujar[se].*

abusado, -a (Guat., Méj.) adj. *Alerta, atento.*

abusador, -a adj. Abusón.

abusante, -a (inf.) adj. *Abusón.*

abusar (de «abuso») **1** («de») intr. Hacer uso excesivo de una cosa en perjuicio propio o ajeno: 'Abusa de la bebida. Estás abusando de tus fuerzas. Abusa de su superioridad'. ⊙ («de») Aprovecharse con exceso del trabajo, la atención o la benevolencia de alguien: 'Todos abusan de él'. **2** («de») Someter un hombre por la fuerza a una mujer a su apetito sexual. ≃ *Violar. ⇒ *Seducir. *Sexo. ⊙ («de») Tener trato deshonesto una persona con otra aprovechando su falta de experiencia, fuerza o poder: 'Fue denunciado por abusar de un menor'. **3** (Guat.) prnl. *Estar ojo avizor a cualquier circunstancia.*

□ NOTAS DE USO

El complemento de «abusar» puede ser alguna facultad o cosa de que dispone la persona de quien se abusa: 'Estoy abusando de su tiempo [o de su atención]. No abuses de mi paciencia'. Puede haber también un complemento con «en» que exprese la cuestión que es materia del abuso: 'Abusa del personal en el horario de trabajo'. En este caso, pueden quedar indeterminadas la persona o personas de quien se abusa: 'Trabaja bien, pero abusa en los precios'.

□ CATÁLOGO

*Aprovecharse, calmar, clavar, estezar, *exagerar, *excederse, explotar, extralimitarse, hundir, *propasarse. ➤ Abuso, alcaldada, *arbitrariedad, atentado, atrocidad, atropello, cabildada, demasía, desafuero, desmán, desvergüenza, escándalo, exceso, extralimitación, ilegalidad, injusticia, polacada, principada, sinrazón, tiranía, tropelía, violencia. ➤ Del ÁRBOL caído todos hacen [o todo el mundo hace] leña, ¡BUENO está lo bueno!, ser mucho CUENTO, de JUZGADO de guardia, ser mucha HISTORIA. ➤ Abusón, *aprovechado, aprovechón, *déspota, explotador. ➤ Poner COTO. ➤ *Arbitrario. *Injusto. *Malo. *Pesado.

abusión (del lat. «abusĭo, -ōnis») **1** f. *Abuso.* **2** *Absurdo o *disparate.* **3** *Augurio, presagio.* **4** **Superstición.* **5** *Catacresis (*figura retórica).*

abusionero, -a (de «abusión») adj. y n. *Supersticioso o agorero.*

abusivamente adv. Con abuso.

abusivo, -a adj. Se aplica a lo que constituye un abuso: 'Precios abusivos'.

abuso (del lat. «abūsus») **1** («Cometer, Cortar, Impedir») m. Acción de *abusar. **2** Cosa abusiva: 'Es un abuso cobrar dos mil pesetas por ese arreglo'.

ABUSO DE CONFIANZA. Se aplica a esa circunstancia, que, cuando existe en un *delito, constituye una «circunstancia agravante».

A. DEL DERECHO. Realizar una acción legítima en sí con la finalidad de infligir daño a un tercero.

A. DESHONESTO. Satisfacción de un apetito sexual forzando a otra persona. ⊙ Es el nombre específico de ese *delito.

A. DE SUPERIORIDAD. Se aplica a esa circunstancia, que, cuando existe en un *delito, constituye una «circunstancia agravante».

abusón, -a (inf.) adj. y n. Se aplica a la persona que abusa en perjuicio de otros.

abutilón m. Nombre dado a varias especies de *plantas del género *Abutilon,* de la familia de las malváceas.

ABUTILÓN COMÚN *(Abutilon theophrasti).* Especie de abutilón de cuyas fibras se hacen cuerdas.

abuzarse (de «a-[2]» y «buz», labio) prnl. Echarse de bruces, por ejemplo, a *beber.

abyección (del lat. «abiectĭo, -ōnis») **1** («Caer, etc., en la abyección») f. Cualidad de abyecto. ≃ Vileza. ⊙ Conducta o vida abyecta. ⇒ *Deshonra, *vergüenza. **2** *Situación de abatimiento, humildad o humillación.*

abyecto, -a (del lat. «abiectus», part. pas. de «abiicĕre», envilecer) **1** adj. Aplicado a personas y, correspondientemente, a sus acciones y cualidades, se dice del que comete o es capaz de cometer acciones en que hay falsedad o traición y cobardía o bajeza. ≃ Bajo, despreciable, innoble, mezquino, rastrero, ruin, *vil. **2** Se aplica al que vive robando o cometiendo otros actos condenables. ⊙ Y también a sus acciones y a su vida misma. ⇒ *Hampa. **3** **Humilde, *miserable o *vulgar.*

Ac Símbolo químico del actinio.

aca (del quechua «aka»; Arg.) f. *Excremento.*

acá (del lat. «eccum hac», he aquí) **1** adv. Designa el lugar en que está el que habla, con más indeterminación que «aquí». Admite grados: 'No tan acá. Más acá. Muy acá'. ⇒ Cis. ➤ Aquende. ➤ Dacá. **2** Precedido de «de» o «desde» y una expresión de tiempo, equivale a «hasta ahora»: 'De tres días acá'. **3** En esta vida, en contraposición a la de ultratumba o a la sobrenatural. **4** (pop.) pron. Se emplea para referirse a una persona que está cercana al que habla: 'Acá tiene toda la razón'. **5** (inf.) adv. También, designa a la persona que habla o al grupo en que ésta se incluye.

ACÁ Y ALLÁ. De manera dispersa; uno en un sitio, otro en otro: 'Acá y allá se veían algunos árboles'. ≃ Aquí y allí.

DE ACÁ PARA ALLÁ. De aquí para allí. De un sitio para otro.

V. «hacer IR de acá para allá; VEN acá...».

acabable adj. Que tiene fin.

acabadamente adv. Entera o perfectamente.

acabado, -a 1 Participio de «acabar[se]». **2** adj. Terminado de hacer o de arreglar con todos los detalles. Admite «muy», que equivale a «muy bien». ≃ Completo, consumado, *perfecto. **3** Aplicado a personas, muy *viejo o con poca salud o energías. ≃ Agotado, consumido, gastado. ⊙ *Delgado o *flaco. **4** («Dar»; particularmente en técnica) m. Cualquier operación que se ejecuta en un objeto ya terminado para darle buen aspecto; particularmente, la pintura. Suele calificarse a veces con nombres en aposición: 'Acabado mate'. ⇒ Afinado, perfilado, remate, repaso, última MANO.

acabalar (de «a-[2]» y «cabal») tr. *Hacer cabal; *completar.*

acaballadero 1 m. Sitio destinado a que cubran a las yeguas los *caballos o burros. ≃ *Remonta. **2** Temporada en que se hace.

acaballado, -a 1 Participio de «acaballar[se]». **2** adj. *Semejante al perfil de la cabeza del caballo.*

acaballar 1 tr. *Cubrir el caballo o el burro a la ↘yegua. **2** tr. y prnl. *Encaballar[se]: poner[se] una cosa cubriendo parcialmente a otra.*

acaballerado, -a 1 *Participio de «acaballerar[se]».* **2** adj. *Que parece caballero o se precia de serlo.*

acaballerar tr. *Dar a ↘alguien la consideración de caballero.* ⊙ prnl. *Adquirir la consideración de caballero.*

acaballonar tr. AGR. Hacer caballones en la ↘tierra. ⇒ *Labrar.

acabamiento 1 m. Acción de acabar. ≃ Fin, término. **2** Estado de acabado.

acabañar intr. *Construir cabañas los *pastores para guarecerse mientras cuidan los rebaños.*

acabar (de «a-[2]» y «cabo») **1** (con «de» y un verbo en infinitivo) tr. o abs. Dejar ↘algo completamente hecho: 'Ya he acabado el cuadro. Ya he acabado por hoy de escribir a máquina'. Se omite con mucha frecuencia el complemento, sobreentendiéndose que es la cosa que se está haciendo: 'Cuando acabes, avísame'. Particularmente cuando es el verbo «hablar»: 'Una salva de aplausos le impidió acabar [la frase]'. ≃ *Terminar. ⊙ Hacer en un trabajo las operaciones finales, que lo dejan perfecto. ⇒ Acabado. ⊙ tr. y prnl. Consumir[se] totalmente una ↘cosa: 'El niño no ha acabado la leche. Se ha acabado el carbón'. ≃ Terminar[se]. ⇒ *Agotar. **2** intr. y prnl. Extinguirse una cosa. ⊙ intr. Con un complemento, tener una cosa el final en la forma que expresa éste: 'El hierro del hacha acaba recto por un lado y en punta por otro'. ⊙ intr. y prnl. *Morirse. **3** intr. *Resultar algo al final de la manera que se expresa: 'El asunto acabó como había empezado'. **4** («con») *Destruir o hacer desaparecer la cosa de que se trata: 'Si tratas así la pluma acabarás con ella en poco tiempo. Vas a acabar con mi paciencia'. ≃ Terminar. ⊙ («con») *Matar a alguien, por ejemplo a fuerza de disgustos. **5** (con «por» y un verbo en infinitivo) *Terminar: hacer, después o a consecuencia de cierta cosa, lo que ese verbo expresa: 'Ha acabado por cogerle rabia. Acabará por ceder'. Algunos autores consideran galicismo este uso. **6** (con «de» y un verbo en infinitivo) Se usa muy frecuentemente en frases negativas como expresión eufemística, en sustitución de una negación rotunda: 'No acaba de gustarme [o de llenarme] esa proposición'. **7** (con «de» y un verbo en infinitivo) Haber ocurrido lo que este verbo expresa *inmediatamente *antes del momento en que se está hablando: 'Acabo de recibir un telegrama suyo'.

ACABAR [EN] BIEN [o MAL] una cosa. Tener final *favorable o *desgraciado.

¡ACABÁRAMOS...! Exclamación con que se expresa que, por fin, se *comprende una cosa que antes no se comprendía.

V. «acabarse la CANDELA, el CUENTO de nunca acabar».

¡SE ACABÓ! [o ¡HEMOS ACABADO!]. Expresiones con que alguien pone fin bruscamente a una discusión o a una argumentación de otro. ≃ ¡Se terminó! [o ¡Hemos terminado!].

V. «acabar de mala MANERA, acabar[se] la PACIENCIA».

PARA ACABAR DE ARREGLARLO [o PARA ACABARLO DE ARREGLAR]. Para *COLMO.

V. «muerto el PERRO se acabó la rabia».

SAN SE ACABÓ (inf.). *Sanseacabó.*

SE ACABÓ LO QUE SE DABA (inf.). Frase, generalmente jocosa, con que alguien da por terminado algo.

acabdar (ant.) tr. **Conseguir.* ≃ Acabtar.

acabdellar o **acabdillar** (ant.) tr. **Acaudillar.*

acabdilladamente (ant.) adv. *Con orden o disciplina militar.*

acabdillador, -a (ant.) n. *Acaudillador.*

acabdillamiento (ant.) m. *Acaudillamiento.*

acabe 1 (Col.) m. *Acabamiento.* **2** (P. Rico) *Fiesta que celebran los trabajadores de la recolección del café al terminar la recogida del grano.*

acabellado, -a (de «a-[2]» y «cabello») adj. **Pardo claro.*

acabestrillar intr. CAZA. **Cazar con buey de cabestrillo.*

acabijo (de «acabar»; ant., inf.) m. *Término, *fin o cabo.*

acabildar (de «a-[2]» y «cabildo») tr. **Aunar los pareceres de distintas ↘personas.*

acabose (de «acabóse») m. SER EL ACABOSE (inf.). Frase informal que significa ser un *desastre, una *calamidad o un abuso. ⇒ *Colmo.

acabtar (ant.) tr. **Conseguir.* ≃ Acabdar.

acachetar tr. TAUROM. *Apuntillar: rematar al ↘*toro con el cachete o puntilla.*

acachetear tr. *Pegar a ↘alguien muchos cachetes.* ⇒ *Golpe.

acachorrar (ant.) tr. *Acogotar.*

acacia (del lat. «acacĭa») f. Nombre de varias especies de *plantas, árboles y arbustos, leguminosas, con flores aromáticas en racimos colgantes. La más corriente en España es la «falsa acacia, acacia blanca» o «acacia bastarda» *(Robinia pseudoacacia)*, llamada también «robinia», de flores blancas que se llaman «pan y quesillo». De algunas especies de acacia fluye la *goma arábiga. ≃ Guacia, robinia. ⇒ Gatillo, PAN y quesillo.

acaciano, -a adj. y n. *Se aplica a los *herejes arrianos partidarios de Acacio, obispo de Cesarea, y a sus cosas.*

academia (del lat. «academĭa», del gr. «Akadēmía», lugar próximo a Atenas donde enseñaba Platón) **1** f. Escuela filosófica fundada por Platón. **2** Establecimiento privado en que se dan enseñanzas de cualquier clase, superiores a la primera enseñanza: 'Academia de contabilidad, de dibujo, de corte y confección; de preparación para ingreso en la universidad'. ⇒ *Colegio. **3** (en España, con la denominación «Real» antepuesta) Cada una de ciertas *corporaciones oficiales formadas por un determinado número de hombres eminentes en los correspondientes campos de la ciencia y del arte, que realizan colectivamente determinadas actividades en relación con su respectiva especialidad. Como la «Real Academia Española». ⊙ Reunión de los académicos: 'Los jueves hay academia'. **4** *Reunión o tertulia de literatos o artistas.* **5** ESCULT., PINT. *Estudio de una figura desnuda y sola.*

ACADEMIA MILITAR. Centro de instrucción donde se forman los oficiales de los distintos cuerpos del Ejército. ⇒ Galonista.

académicamente adv. De manera académica.

academicismo m. Cualidad de académico (aplicado al arte o al estilo).

académico, -a **1** adj. De [la] academia. **2** n. Miembro de una real academia. **3** adj. Se aplica a los estudios o títulos cursados u obtenidos en centros de enseñanza oficial superior. **4** Aplicado a las obras de arte o al estilo, *correcto y frío. ⊙ Aplicado al estilo de hablar o escribir y a quien habla o escribe, *correcto y con expresiones no corrientes en el lenguaje ordinario.

ACADÉMICO CORRESPONDIENTE. Miembro no «de número» de una real academia, residente en lugar distinto del en que ésta celebra sus sesiones.

A. DE NÚMERO. Miembro de una real academia de los que ocupan las plazas que las constituyen en número fijo y que se reúnen regularmente en sesiones.

academizar (gralm. desp.) tr. Dar carácter académico a una ↘obra.

acadio, -a adj. y, aplicado a personas, también n. De Akkad, antigua región y ciudad de Mesopotamia. ⊙ m. Lengua de los acadios.

acaecedero, -a adj. Tal que puede acaecer. ≃ *Posible.

acaecer (del sup. lat. «accadiscĕre», del sup. «accadĕre» por «accidĕre») **1** (terciop.) intr. Producirse una acción o un suceso de manera espontánea. ≃ Ocurrir, *suceder. **2** (ant.) *Concurrir o estar presente.*

□ CONJUG. como «agradecer».

acaecimiento m. Cosa que acaece. ≃ Suceso.

acafresna f. **Serbal (árbol rosáceo).*

acaguasarse (de «a-²» y «caguaso»; Cuba) prnl. *Crecer poco el tallo de la caña de azúcar y multiplicarse en cambio sus hojas.*

acahual (del nahua «acahualli») **1** (Méj.; *Helianthus annuus)* m. *Especie de girasol.* **2** (Méj.) *Nombre aplicado a cualquier *hierba alta y de tallo algo grueso de las que crecen en los sembrados.*

acajoiba o **acajú de nueces** m. **Anacardo (árbol anacardiáceo).* ⇒ CAOBA de acajú, LEÑO de acajú.

acal (del nahua «acalli»; ant.) amb. *Entre los antiguos mejicanos, *canoa o cualquier otra embarcación.*

acalabrotar (de «a-²» y «calabrote») tr. MAR. *Formar un ↘*cabo con tres cordones, formado cada uno por otros tres.*

acalambrarse prnl. *Ponerse con calambres.*

acaldar (del sup. lat. «accapitāre», recoger; Cantb.) tr. *Arreglar u ordenar.*

acalefo (del gr. «akalḗphē», ortiga de mar) adj. y n. m. Se aplica a los *celentéreos de forma de medusa con fases muy distintas en su desarrollo. ≃ Cnidario, escifozoario, escifozoo, ORTIGA de mar.

acalia f. **Malvavisco (planta malvácea).*

acallantar tr. *Acallar.*

acallar **1** tr. Hacer cesar ↘ruidos, gritos, voces, etc.: 'Acallar el ruido de la fábrica. Acallar a los alborotadores'. ⊙ Particularmente, hacer que ↘alguien que llora o se queja, por ejemplo un niño, calle. ⊙ prnl. Cesar ruidos, gritos, voces, etc. **2** tr. *Apaciguar a ↘alguien que protesta, se queja, está enfadado, etc. ⊙ También, 'acallar las protestas [o la voz de la conciencia]'. ⊙ prnl. Apaciguarse alguien o algo. **3** tr. y prnl. *Aliviar[se] o *moderar[se] un ↘dolor.

acaloñar (de «a-²» y «caloña») **1** (ant.) tr. *Calumniar.* ≃ Caloñar. **2** (ant.) *Exigir responsabilidades.* ≃ Caloñar.

acaloradamente adv. Con acaloro o excitación: 'Discutir acaloradamente'.

acalorado, -a Participio de «acalorar[se]». ⊙ adj. Con calor. ⊙ Muy excitado o enfadado. ⊙ Se aplica también a «riña, disputa», etc.

acaloramiento («Tomar[se]») m. Acción y efecto de acalorar[se].

acalorar **1** tr. Dar o causar *calor a ↘alguien. **2** *Sofocar: poner rojo o congestionado a ↘alguien el exceso de calor. ⊙ («con, en, por») prnl. Ponerse rojo por el calor que se desarrolla en un ejercicio o trabajo violento. ≃ *Sofocarse. **3** tr. *Enfadar o *excitar a ↘alguien. ⊙ prnl. Hablar de algo con mucha pasión. ≃ Apasionarse. ⊙ Perder la calma y mostrar con mucha vehemencia enfado por algo. ≃ *Excitarse, *irritarse, sofocarse.

acaloro **1** (inf. o pop.) m. Acaloramiento. **2** (inf. o pop.) *Disgusto o *enfado violento.

acalote (del nahua «acalohtli», canal por donde navegan las canoas; Méj.) m. *Parte de una laguna o corriente de agua que se limpia de hierbas flotantes para dejar paso a las embarcaciones remeras.*

acalugar **1** (Gal., Sal.) tr. **Acariciar.* **2** (Gal., Sal.) **Calmar.*

acalumniador, -a (ant.) adj. *Calumniador.*

acalumniar (ant.) tr. *Calumniar.*

acamado, -a adj. HERÁLD. *Se aplica a la pieza apoyada en el lado derecho del escudo.*

acamar (de «a²-» y «cama») **1** tr. *Tumbar la lluvia o el viento las ↘mieses o plantas semejantes.* **2** (Sal.) prnl. *Echarse el ganado, para pasar la noche.* **3** (Mur.) *Estropearse los frutos en la planta.*

acambrayado, -a adj. *Como el cambray.*

acampada **1** f. Acción de acampar. **2** *Campamento.

acampado, -a Participio adjetivo de «acampar».

acampamento m. *Campamento.*

acampamiento **1** m. Acción de acampar. **2** *Campamento.

acampanado, -a adj. De forma de *campana. ⇒ Encampanado.

acampar (del it. «accampare») intr. *Instalarse en el campo, por ejemplo con tiendas de campaña. ⊙ Particularmente, un ejército. ⇒ Asentar los [o sus] REALES.

acampo (de «acampar») m. **Dehesa.*

ácana (¿de or. arahuaco?; *Labourdonnaisia albescens)* f. Árbol sapotáceo de América, de buena madera para la construcción, llamada del mismo modo. ⇒ *Planta.

DE ÁCANA (And.). *De mucho valor o de buena calidad.*

acanalado, -a **1** Participio de «acanalar». **2** adj. Formando un canal. ⊙ Con canales o estrías. **3** *Se aplica a la prenda, por ejemplo un cuello, planchada formando canalones.* ≃ *Alechugado.

acanalador m. *Instrumento de *carpintero usado para acanalar.*

acanaladura (particularmente en técnica) f. Canal o *ranura. ⊙ ARQ. *Adorno en forma de canal o ranura.*

acanalar **1** tr. Hacer un *canal o una *estría profunda en un ↘objeto. ⇒ Buir. **2** Dar a una ↘cosa forma de canal o teja. ⊙ *Por ejemplo, hacerlo así al planchar un cuello o prenda de los llamados alechugados.*

acanallado, -a *Participio de «acanallar».* ⊙ adj. *Encanallado.*

acanallar tr. *Encanallar.*

acanchar tr. MAR. **Aprovisionar o armar un ↘*barco.*

acandilado, -a 1 adj. *De forma de *candil.* **2** *Erguido.* ≃ Encandilado.

acanelado, -a adj. *De *color o *sabor de canela.*

acanelonar (de «a-[2]» y «canelón[1]», extremo de las cuerdas del azote; ant.) tr. *Golpear a ↘alguien con disciplinas.*

acanillado, -a adj. *Aplicado a *telas, con canillas.*

acanilladura f. *Defecto de la *tela que tiene canillas.*

acantáceo, -a adj. y n. f. BOT. *Se aplica a las plantas de la misma familia que el acanto.* ⊙ f. pl. BOT. *Esa familia.*

acantalear (de «a-[2]» y «cantal»; Ar.; terciop.) intr. *Llover a cántaros.*

acantarar tr. *Medir o vender una ↘mercancía por cántaras.*

acantilado, -a 1 Participio de «acantilar». ⊙ adj. Se aplica a la *costa formada por una roca cortada vertical o casi verticalmente. **2** Se aplica al fondo del *mar formado por cantiles o escalones. **3** m. Corte vertical en el terreno, particularmente en la *costa.

acantilar 1 tr. MAR. *Encallar un ↘*barco en un cantil por mala maniobra.* **2** MAR. **Dragar un ↘fondo para que quede acantilado.*

acantio (del lat. «acanthium») m. **Cardo borriquero (planta compuesta).*

acantita f. *Sulfuro de plata (*mineral).*

acanto (del lat. «acanthus», espina, del gr. «ákanthos»; *Acanthus mollis*) m. *Planta acantácea, de hojas rizadas y espinosas. Se le llama vulgarmente «cardo». ≃ HIERBA giganta. ⇒ BRANCA ursina. ⊙ ARQ. Se les da el mismo nombre a las hojas de cardo empleadas como motivo ornamental, por ejemplo en los *capiteles corintios.

acantocéfalo (del gr. «ákantha», espina, y «-céfalo») adj. y n. m. ZOOL. *Se aplica a los gusanos parásitos que carecen de aparato digestivo y tienen en el extremo anterior de su cuerpo una trompa armada de ganchos, con los que el animal se fija a las paredes del intestino de su huésped.* ⊙ m. pl. ZOOL. *Grupo zoológico que forman.*

acantonado, -a Participio de «acantonar[se]». ⊙ adj. Puesto o dispuesto en un acantonamiento.

acantonamiento 1 m. Acción y efecto de acantonar. **2** Cada cuerpo de tropa apostado o colocado en determinado sitio. ≃ Cantón.

acantonar (de «a-[2]» y «cantón») tr. MIL. Distribuir y alojar ↘*tropas en grupos dispuestos para el servicio.

acantopterigio, -a (del gr. «ákantha», espina, y «pterýgion», aleta) adj. y n. m. ZOOL. Se aplica a los *peces teleósteos caracterizados por tener al menos las aletas impares con radios espinosos sin articular. Son acantopterigios el atún, la chocha de mar, el pez espada o el besugo. ⊙ m. pl. ZOOL. Orden formado por estos peces, hoy sin valor taxonómico.

acañaverear (de «a-[2]» y «cañavera») tr. *Herir o matar con cañas aguzadas.*

acañonear tr. *Disparar tiros de cañón contra ↘algo.* ≃ Cañonear.

acaparador, -a adj. y n. Que acapara.

acaparamiento m. Acción de acaparar.

acaparar (del fr. «accaparer») tr. Adquirir y *acumular ↘cosas en más cantidad de la que se necesita para las necesidades ordinarias; por ejemplo, ante una amenaza de escasez, o para especular. ⊙ Disfrutar o llevarse todo o la mayor parte de una ↘cosa: 'Ella acapara las miradas de todos. Él ha acaparado casi toda la herencia'. ⇒ Abarcar, almacenar, atravesar, cargar. ➤ Centrar, concentrar, monopolizar, polarizar. ➤ *Absorber. *Acopiar. *Amontonar. *Atesorar. *Juntar.

acaparrarse (del it. «accaparrare»; ant.) prnl. *Cerrar un *trato con alguien.*

acapillar (de «capillo») tr. **Apresar.*

acápite (del lat. «a capĭte», desde la cabeza; Hispam.) m. *Párrafo.*

acapizarse (del arag. «capeza», cabeza; Ar.) prnl. **Reñir agarrándose y dándose golpes y cabezadas.*

acaponado, -a (de «a-[2]» y «capón») adj. *Como de hombre castrado:* 'Cara [o voz] acaponada'.

acaptar (del lat. «ad», a, y «captāre», solicitar; ant.) tr. *Mendigar.*

acapullado, -a adj. Se aplica a las *flores que no están completamente abiertas o que, aun completamente desarrolladas, conservan forma de capullo.

acapulqueño, -a adj. y, aplicado a personas, también n. *De Acapulco, ciudad de Méjico.*

acaracolado, -a adj. De forma de *caracol.

acaramelado, -a Participio de «acaramelar[se]». ⊙ («Estar, Ponerse») adj. Muy cariñoso con una persona. Se aplica particularmente a los novios cuando están en actitud muy cariñosa uno con otro. ⇒ *Amor.

acaramelar 1 tr. Cubrir ↘algo con *caramelo; por ejemplo, las yemas de dulce. ⊙ Convertir ↘algo en caramelo; por ejemplo, el *almíbar o un jugo dulce. **2** prnl. Ponerse acaramelado (muy cariñoso).

acarar (de «a[2]-» y «cara») tr. *Acarear.*

acarbarse (Sal.) prnl. *Ocultar las *vacas la cabeza entre los carbizos para resguardarse del sol.*

acardenalar tr. *Producir cardenales en la ↘piel a ↘alguien.*

acareamiento m. *Acción y efecto de acarear[se].*

acarear 1 tr. *Carear.* **2** **Afrontar.* **3** prnl. **Corresponderse una cosa con otra.*

acariciador, -a adj. y n. Que acaricia.

acariciante adj. Se aplica a lo que roza o impresiona suave y gratamente: 'El sol acariciante de otoño'.

acariciar 1 tr. Hacer *caricias a ↘alguien. También recípr. ⊙ Rozar o *tocar suavemente con los dedos una ↘cosa o a ↘alguien. ⊙ Rozar o *tocar suavemente una cosa a ↘otra: 'La brisa acaricia su pelo'. ⇒ Abrazar, acalugar, besar, hacer CARICIAS [o CARANTOÑAS], chiquear, cocar, hacer COCOS, lagotear, darse [o pegarse] el LOTE, magrear, hacer MANITAS, meter MANO, hacer MIMOS, darse la PALIZA, papachar, popar, sobar. ➤ *Amor. *Caricia. *Cariño. *Halagar. *Zalamería. **2** tr. Con «proyectos, ideas, planes» o palabras semejantes, *pensar en realizar la ↘cosa a que se refieren: 'Acaricia la idea de marcharse a América'. ⇒ *Tener.
□ CONJUG. como «cambiar».

acárido adj. y n. m. *Ácaro.*

acario o **acarión** (de «a-[1]» y el gr. «káryon», núcleo) adj. BIOL. *Aplicado a las células, sin núcleo.*

acarnerado, -a adj. *Se aplica al caballo o yegua que tiene abombada la parte delantera de la cabeza, como el carnero.*

ácaro (del lat. moderno «acărus», del gr. «ákari») adj. y n. m. ZOOL. Se aplica a ciertos *arácnidos, muchos de ellos parásitos, como las garrapatas y coloradillas, o el arador de la sarna. ⊙ m. pl. ZOOL. Orden de esos animales. ⇒ Talaje [o telepate].

ÁCARO DEL QUESO [o DOMÉSTICO]. El que se desarrolla en el queso seco y rancio.

Á. DE LA SARNA. ARADOR de la sarna.

acaronar (de «a carona»; Ar.) tr. *Acercarse la persona que tiene en brazos a un ↘niño el cuerpo o la cara de éste a la suya, arrullándole para dormirle.*

acarralar (de «a-[2]» y «carral[2]») **1** tr. y prnl. *Encoger[se] un ↘hilo o producir[se] un claro entre dos en una *tela.* **2** prnl. *Estropearse las uvas a consecuencia de las heladas tardías.*

acarrarse 1 prnl. *Resguardarse el ganado del sol en verano juntándose unas reses con otras.* **2** (Sal.) *Ir las ovejas con el hocico pegado a tierra en las horas del calor.*

acarrascado, -a (de «a[2]-» y «carrasca[1]») adj. BOT. *Parecido a la *encina o a alguna de sus partes.*

acarrazarse (¿de «agarrafar»?; Ar.) prnl. *Echarse alguien sobre una ↘persona y sujetarla fuertemente contra sí.*

acarreador, -a adj. y n. Que acarrea.

acarreamiento m. Acarreo.

acarrear 1 tr. *Transportar ↘algo en carro. ⊙ Por extensión, transportar ↘mercancías, particularmente materiales de construcción, a determinado sitio, por cualquier procedimiento: 'Es cuenta del proveedor acarrear los materiales hasta la obra'. ⇒ Carrear, carrejar, carricar. **2** Con ↘«desgracias, disgustos, molestias» o palabras semejantes, *producir lo que esas palabras expresan: 'Aquella imprevisión nos acarreó muchos disgustos'.

acarreo m. Acción de acarrear. ≃ *Transporte. ⊙ Coste del acarreo: 'Los acarreos hacen subir mucho el precio de los materiales'.

DE ACARREO. **1** Aplicado a los materiales del *terreno, de arrastre: traído de otra parte por las aguas o el viento. **2** Se aplica a los datos tomados de diferentes fuentes y no sometidos a una elaboración personal.

acartonado, -a Participio adjetivo de «acartonarse».

acartonarse 1 prnl. Ponerse rígido como cartón; por ejemplo, la ropa mojada al helarse. **2** Ponerse una persona, particularmente al hacerse vieja, delgada y seca. ⇒ Acecinarse, amojamarse, apergaminarse.

acasamatado, -a 1 adj. *De forma de casamata.* **2** FORT. *Se aplica a la batería protegida por casamata.* ⊙ FORT. *También a la fortificación que tiene casamatas.*

acaserarse (de «a-[2]» y «casero»; Chi., Perú) prnl. *Hacerse *parroquiano de una tienda.*

acaso (de «a-[2]» y «caso[1]») **1** m. Causa o fuerza hipotética a la que se atribuyen los sucesos y particularmente las coincidencias que no obedecen a un motivo o una ley y no son ni intencionadas ni previsibles: 'Fue el acaso el que nos reunió en aquella conferencia'. ≃ *Casualidad. ⇒ *Suerte. **2** adv. *Quizá: sirve para expresar la posibilidad de que ocurra cierta cosa: 'Acaso llegue mañana'. **3** En frases interrogativas equivale a '¿es que...?', y sirve para introducir una pregunta que es más bien la expresión de una duda: '¿Acaso estabas tú allí para oírlo?'.

AL ACASO. A la *casualidad. Sin *plan o previsión: 'No se debe dejar al acaso una resolución tan importante'.

POR ACASO. Por *casualidad.

POR SI ACASO. En *previsión de que ocurra la cosa que se expresa a continuación o que se deja sobrentendida: 'Por si acaso, me llevaré el abrigo'. ⇒ *Eventualidad. *Precaución. ➤ *Prevenir (expresiones preventivas).

SI ACASO. **1** Si: 'Si acaso viene antes que yo, que me espere'. ⇒ Expresiones *hipotéticas. **2** Significa que, de haber, ocurrir o hacerse algo de lo que se ha dicho antes, es solamente lo que se expresa a continuación: 'No sé si tendré algo de todo eso; si acaso, algún libro antiguo'. ≃ En todo caso. ⇒ *Transigir (expresiones transactivas). **3** Equivaliendo igualmente a «en todo caso», expresa una concesión o salvedad que desvirtúa en parte una negación anterior: 'No podré venir esta tarde...; si acaso, a última hora'. ⇒ *Corregir (expresiones correctivas).

acastañado, -a adj. *De color que tira al de la castaña.*

acastillado, -a adj. *De forma de castillo.*

acastorado, -a adj. *Aplicado a *telas, semejante a la piel del castor.*

acatable adj. Susceptible de ser acatado.

acatadamente adv. *Con acatamiento o respeto.*

acatadura (ant.) f. *Catadura.*

acataléctico (del lat. «acatalectĭcus», del gr. «akatalēktikós») adj. y n. m. V. «VERSO acataléctico».

acatalecto (del lat. «acatalectus», del gr. akatálēktos, no acortado) adj. y n. m. V. «VERSO acatalecto».

acatamiento m. Acción o actitud de acatar.

acatanca (del quechua «akatanca»; Arg., Bol.) f. *ESCARABAJO pelotero.* ≃ Catanga.

acatar (de «a-[2]» y «catar») **1** tr. Tributar sumisión o *respeto a una ↘persona o a las ↘órdenes, consejos, etc., que provienen de ella: 'Acato la orden del rey, pero no la cumplo'. ⇒ *Respetar. **2** Cumplir o estar dispuesto a cumplir ↘órdenes, disposiciones, leyes, etc.: 'Un buen ciudadano acata las leyes'. ≃ *Obedecer, *someterse. ⇒ Desacatar.

acatarrar tr. *Constipar.* ⊙ prnl. Coger un catarro [constipado, enfriamiento, resfriado]: 'Me acatarré ayer, al salir del cine'. ≃ Arromadizarse, coger FRÍO, constiparse, enfriarse, resfriarse, romadizarse.

acatéchili *(Spiza americana)* m. **Pájaro mejicano muy parecido al verderón.*

acates[1] (del lat. «achātes», del gr. «achátēs»; ant.) f. *Ágata.*

acates[2] (de «Acates», fiel compañero de Eneas) m. *Persona muy fiel.*

acato m. *Acatamiento.*

acaudalado, -a 1 *Participio de «acaudalar».* **2** adj. Rico. Poseedor de mucho dinero o bienes; suele preceder al nombre: 'Un acaudalado propietario'.

acaudalador, -a adj. y n. *Se aplica al que acaudala.*

acaudalar tr. *Reunir un caudal.*

acaudillador, -a adj. y n. *Que acaudilla.*

acaudillamiento m. *Acción de acaudillar.*

acaudillar tr. *Dirigir ↘algo o a alguien como *caudillo o jefe: 'Acaudillar a los sediciosos [una sublevación, una expedición]'. ≃ Capitanear.

acaule o, menos frec., **acaulo** (de «a-[1]» y el lat. «caulis», tallo) adj. BOT. *Se aplica a la planta de tallo tan corto que parece que no lo tiene.*

acautelarse prnl. *Precaverse o *prevenirse.* ≃ Cautelarse.

acayaz (del ár. and. «alqáyid»; ant.) m. *Alcaide.*

acayo, -a adj. y n. *Aqueo.*

accedente (del lat. «accēdens, -entis») adj. *Con referencia a tratado entre soberanos, hecho accediendo.*

acceder (del lat. «accedĕre», acercarse) **1** («a») intr. Mostrarse alguien conforme con hacer o que se haga cierta cosa, a petición de otros o por imposición de otros: 'Accedió a venir con nosotros'. **2** *Ceder alguien en su opinión, adhiriéndose a la de otros.* **3** («a») Tener acceso a un lugar: 'Por el pasillo se accede a todas las habitaciones de la casa'. **4** («a») Alcanzar una situación o condición superiores: 'No le resultó difícil acceder a la cátedra de literatura'.

□ CATÁLOGO

Acomedirse, conceder, condescender, consentir, contemporizar, deferir, dignarse, doblegarse, escuchar, malcriar, mimar, oír, otorgar, prestarse, servirse, temporizar, *transigir, decir AMÉN, amén, venirse a BUENAS, DECIR que sí. ➤ Accesible, *amable, complaciente, deferente, dúctil, flexible, maridazo, obsequioso, *propicio. ➤ Accesibilidad, aquiescencia, condescendencia, contemplaciones, gurrumina. ➤ Está BIEN, con mucho GUSTO, ¡hecho! ➤ *Aceptar. *Aprobar. *Asentir. *Benévolo. *Ceder. *Conceder. *Condescender. *Conformarse.

accender (del lat. «accendĕre»; ant.) tr. *Encender.*

accenso[1]**, -a** (del lat. «accensus»; ant.) adj. *Encendido.*

accenso[2] m. *Cierto *magistrado romano que tenía derecho a llamar a juicio a algunas personas.*

accesibilidad f. Cualidad de accesible.

accesible (del lat. «accesibĭlis») adj. Susceptible de ser alcanzado. ≃ *Alcanzable, asequible. ⊙ Aplicado a lugares, tal que se puede llegar hasta él. ⊙ Aplicado a personas, llano o *amable. ⊙ Aplicado a nociones, *comprensible.

accesión (del lat. «accessĭo, -ōnis») 1 f. *Acción de acceder.* 2 DER. *Modo de *adquirir, en virtud del cual el propietario de una cosa es propietario también de las que se le unen inseparablemente de manera natural o por obra del hombre, ya que lo accesorio sigue a lo principal.* ⇒ Adjunción. 3 *Cosa adquirida por ese medio.* 4 **Cópula sexual.* ≃ Acceso. 5 MED. *Acceso de *fiebre en las fiebres intermitentes.* 6 *Cosa accesoria.*

accesional (de «accesión») adj. *Se aplica a lo que se produce por accesos; como ciertas fiebres.*

accésit (del lat. «accessit», se acercó, llegó cerca; pl. «accésit» o «accésits») m. Recompensa inferior al *premio, que se concede en los concursos o certámenes.

acceso (del lat. «accessus») 1 («a») m. Acción de llegar a un sitio o situación: 'Su acceso al poder'. ≃ Llegada. 2 («a, de») Lugar contiguo a un sitio, por donde se llega a éste: 'Los accesos de Madrid'. ≃ *Entrada. 3 («Tener; a») Posibilidad de llegar a un sitio o de entrar en él: 'Tiene acceso a palacio'. ⊙ («Tener; a») Posibilidad de ser recibido por cierta persona o de relacionarse con ella. 4 Aparición súbita de cierto estado físico o moral: 'Un acceso de fiebre [o de celos]'. ≃ Acometida, *ataque. ⊙ Se usa específicamente en medicina, como «ataque»; por ejemplo, de epilepsia. 5 ACCESO carnal.

ACCESO CARNAL (form.). *Cópula sexual.

accesoria (de «accesorio») 1 (gralm. pl.) f. *Edificio contiguo a otro principal y dependiente de él.* 2 (pl.) *Habitaciones bajas que tienen entrada y uso distinto que el resto del edificio.*

accesoriamente 1 adv. De manera accesoria. 2 *Por accesión.*

accesorio, -a (de «acceso») 1 adj. *Dependiente de una cosa principal o agregado a ella. 2 No necesario. ⇒ Complementario, episódico, secundario, subalterno. ➤ Accesión, adherente, adición, aditamento, ajilimójili, anexidad, anexo, apéndice, arreos, complemento, conexidades, dependencias, divagación, episodio, *hojarasca, incidencia, paja, pertenencias, rama, zarandajas. ➤ Andarse por las RAMAS. ➤ *Accidental. *Auxiliar. *Circunstancial. *Ocasional. *Posible. *Suplementario. *Añadir. 3 m. Elemento o pieza de algo, que, aun siendo esencial, no constituye el cuerpo de la cosa de que se trata y se puede recambiar; como las cuerdas de un instrumento o una pieza de un coche. ⇒ Complemento. ➤ Recambio. 4 (gralm. pl.) Cosa no esencial en otra determinada, pero que la completa o mejora: 'La corbata, el cinturón y otros accesorios del vestido'. 5 Cosas de las que se utilizan en cierto menester: 'Accesorios de tocador [o de escritorio]'. ≃ Enseres, objetos. ⇒ *Utensilio.

accidentadamente adv. De manera accidentada.

accidentado, -a 1 Participio de «accidentarse». ⊙ adj. Aplicado a sucesos, con muchos accidentes o incidentes: 'Un viaje accidentado'. ≃ Agitado. ⊙ adj. y n. Se aplica a la persona que ha sufrido un accidente o *desmayo. 2 adj. Aplicado al terreno, con desniveles o desigualdades. ⇒ *Abrupto.

accidental (del lat. «accidentālis») 1 adj. No esencial o sustancial: tal que puede faltar de la cosa de que se trata sin que ésta deje de ser lo que es. ⇒ *Accidente. 2 Se dice de lo que ocurre fuera de lo acostumbrado, establecido o previsto: 'Fui a Madrid en un viaje accidental'. ≃ *Circunstancial. ⇒ *Casual. 3 No fijo: 'Un empleo [o sueldo] accidental'. ≃ *Eventual. 4 TEOL. *Se aplica a los bienes que gozan los *bienaventurados en el cielo, además de la vista y posesión de Dios.* 5 m. MÚS. *Accidente.*

accidentalidad f. Cualidad de accidental (no esencial): 'La accidentalidad de las formas de gobierno'.

accidentalmente adv. De manera accidental (en cualquier acepción).

accidentarse (de «accidente») prnl. Sufrir un *ataque o *desmayo.

accidente (del lat. «accĭdens, -entis») 1 («Ocurrir, Sobrevenir, Sufrir, Tener») m. Suceso imprevisto que causa un trastorno en la marcha normal o prevista de las cosas: 'La hora de llegada, salvo accidente, es las ocho de la mañana'. ⊙ Particularmente, suceso que causa alguna *desgracia: 'Accidentes de la circulación'. ⇒ CASO fortuito [o imprevisto], contingencia, *contratiempo, emergencia, evento, eventualidad, percance, *suceso, trastorno, tropiezo. 2 («Dar, Sobrevenir») *Desmayo o *ataque: pérdida o disminución grave momentánea de la actividad vital. 3 MED. *Síntoma grave que se presenta en una enfermedad sin ser específico de ella, o en una operación. 4 Cualidad o circunstancia de una cosa que puede existir o dejar de existir en ella. ⊙ Aspecto de un género de cosas que puede variar en los distintos ejemplares del género: 'El color de la piel es un accidente en la especie humana'. ⇒ Circunstancia, contingencia. ➤ Adjetivo, contingente, fenoménico. ➤ Carácter, categoría, cualidad. 5 GRAM. Cada una de ciertas posibilidades de variación en su forma que tienen algunas clases de palabras, por las que pueden expresar determinadas circunstancias de la idea fundamental. ⇒ *Aspecto, *caso, género, modo, número, persona, tiempo, voz. ➤ Conjugación, declinación, flexión, inflexión. ➤ Concordancia, rección, régimen. 6 TEOL. Figura, color, sabor y olor del pan y el vino de la *Eucaristía. 7 MÚS. Cada una de las variaciones («becuadro, bemol, sostenido») con que se altera el tono de una nota. ≃ Accidental. ⊙ Signo con que se representa. 8 ACCIDENTE geográfico. 9 *Pasión, alteración o perturbación del ánimo.*

ACCIDENTE GEOGRÁFICO. Cada uno de los elementos de un lugar geográfico que le dan su configuración: ríos, montañas, cabos, etc. ⇒ *Geografía.

A. GRAMATICAL. Accidente (5.ª acep.).

A. DEL TRABAJO. Enlace frecuente.

POR ACCIDENTE. Accidentalmente.

acción (del lat. «actĭo, -ōnis») 1 («Realizar») f. Nombre correspondiente al verbo hacer. Por tanto, nombre genérico aplicable al contenido sustantivado, esto es, en forma apta para ser sujeto u objeto, de cualquier verbo: 'Corrección es la acción de corregir'; lingüísticamente, incluso de verbos que no expresan acción o hasta que significan negación de acción: 'Sufrimiento, acción de sufrir. Abstención, acción de abstenerse'. ⊙ Se emplea con preferencia a «acto» para las acciones calificables moralmente: 'Buena, mala acción. Una acción fea, baja, indigna, innoble, laudable, censurable, grande', etc. ≃ Acto, hecho. **2** («Ejercer, Extender, Hacer llegar, Exponer [o Someter] a la, Sustraer a la; en, sobre») *Influencia o *efecto producido por la actividad de una cosa en otra: 'La acción de España en Marruecos. La acción beneficiosa de los rayos del Sol'. ⊙ Se emplea específicamente en física y en química: 'La acción de un ácido sobre un metal. La acción de una corriente sobre un imán'. **3** Acción de armas. ⊙ En sentido restringido, *combate entre fuerzas poco numerosas. **4** Liter. Serie de los acontecimientos narrados en una obra. ⇒ *Argumento. **5** Posibilidad o libertad de actuar: 'Así, coartas mi acción'. **6** («Ejercer, Ejercitar») Der. Derecho a pedir una cosa en juicio. ⊙ Der. Ejercicio de este derecho. ⇒ *Tribunales. **7** *Accionado de los oradores, actores, etc.* **8** *Postura, ademán.* **9** Escult., Pint. **Postura o *actitud del modelo.* **10** (ant.) *Acta.* **11** Cada participación indivisible en el *capital de una empresa. ⊙ Título que acredita esa participación. ⇒ Obligación. ➤ Cupón. ➤ Dividendo. ➤ Emitir. ➤ Liberada, nominal, nominativa, al portador. ➤ Suscribir. ➤ *Bolsa. *Capital. *Negocio.

Acción de armas. Batalla o cualquier episodio de lucha en una *guerra. ≃ Acción de guerra, *combate, operación.

A. directa. Se llama así la acción de recurrir a medios violentos para conseguir algún fin social o político, o el poder. Se manifiesta, por ejemplo, en atentados y huelgas.

A. dramática. Acción o marcha de los acontecimientos en un drama.

A. de gracias. Expresión de agradecimiento; se usa corrientemente sólo en la frase en acción de gracias, que se aplica a cualquier acto devoto que se realiza para dar gracias a Dios por algo.

A. de guerra. Acción de armas.

A. indigna. Expresión frecuente para calificar una acción que rebaja o hace despreciable al que la realiza.

A. de presencia. Quím. *Catálisis.*

V. «¡Cámara, acción!».

Ejercitar una acción contra alguien. Der. Reclamar algo a la persona de que se trata haciendo intervenir a un *tribunal de justicia.

En acción («Entrar, Ponerse»). Realizando cierta *actividad.

V. «hombre de acción, libertad de acción».

Mala acción. Acción intencionada con la que se causa daño a alguien. ⇒ Canallada, ignominia, indignidad, infamia, injusticia, vergüenza. ➤ *Jugada.

Medir alguien sus acciones. Obrar con cautela, *prudencia o reflexión.

Poner en acción. Hacer *actuar o funcionar una cosa.

V. «unidad de acción».

□ Catálogo

Sufijos: -a: poda; -ada: cornada, alcaldada; -ado: cribado; -aje: aprendizaje; -ancia: resonancia; -anda: propaganda; -anza: andanza; -ción o -sión: dejación, atención, remisión; -dura: soldadura, barredura, partidura; -e: cierre; -ela: corruptela; -encia: afluencia, audiencia; -enda: componenda; -ía: tropelía, tontería; -icia: caricia; -icio: bullicio; -ida: acometida; -ido: cernido; -mento: salvamento; -miento: corrimiento; -o: toreo, meneo, paseo; -sco: pedrisco, mordisco; -ucio: estrapalucio. ➤ -Achín: espadachín; -ante: comediante; -dor: trabajador, roedor, reidor; -in: bailarín: -tivo: formativo, receptivo, paliativo. Prefijos: a-: acobardar; en-: ensartar; em-: emparedar. ➤ *Actividad, acto, *actuación, *deporte, *ejercicio, estudio, faena, *función, funcionamiento, *gestión, *gimnasia, hecho, *juego, labor, maniobra, *movimiento, obra, *ocupación, operación, paso, práctica, realización, trabajo. ➤ Arranque, *arrebato, *rasgo, *reacción, viaraza. ➤ Débil, enérgica, intensa, lenta. ➤ Actual. ➤ Actor, agente, *autor, ejecutor, operador. ➤ *Ágil, expeditivo. ➤ En actividad. ➤ Empíricamente. ➤ *Decisión, diligencia, energía, esfuerzo, *fuerza, poder, viveza. ➤ Mano. ➤ Pasión. ➤ *Coacción, inacción, *reacción. ➤ *Actividad. *Actuar. *Afán. *Ánimo. *Brío. *Entusiasmo. *Formalidad. *Función. *Gestión. *Hacer.

□ Formas de expresión

En muchos casos son aplicables más de un sufijo para formar nombres de acción: «repartición o repartimiento». En otros, el oído acepta uno y rechaza los otros: «seguimiento», pero no «seguición»; «derivación», pero no «derivamiento». Además, el gusto cambia en este aspecto; por ejemplo, ahora es mucho más frecuente oír «endulzamiento» que «endulzadura».

accionado, -a **1** Participio de «accionar». **2** m. Acción o manera de accionar.

accionar (de «acción») **1** intr. Acompañar la dicción con gestos y movimientos, particularmente de las manos. ⇒ *Ademán. *Hablar. **2** tr. Producir el movimiento o funcionamiento de un ↘mecanismo: 'Una palanca que acciona el freno'. ⇒ *Actividad.

accionariado (de «accionario») m. Conjunto de accionistas.

accionario, -a **1** adj. De [las] acciones financieras. **2** n. *Accionista.*

accionista n. Poseedor de acciones de cierta empresa comercial o industrial. ⇒ *Sociedad.

accitano, -a adj. y, aplicado a personas, también n. *De Guadix, población de la provincia de Granada, antigua Acci.*

ace (ingl.; pronunc. [eis]; pl. «aces», pronunc. [eis]) m. Dep. En *tenis, punto que obtiene un jugador con un saque directo al que no llega su adversario.

acebadamiento m. *Encebadamiento.*

acebadar tr. *Encebadar.*

acebal m. *Acebedo.*

acebeda o **acebedo** f. o m. *Sitio poblado de acebos.*

acebibe (del ár. and. «azzabíb», del cl. «zabīb», uva o ciruela pasa; ant.) amb. **Uva pasa.*

acebo (del lat. «acifolium»; *Ilex aquifolium*) m. Árbol aquifoliáceo de hojas coriáceas, brillantes y con espinas en los bordes, y pequeños frutos en forma de bolitas rojas. Se usa en las decoraciones de *Navidad. ≃ Agrifolio, aquifolio, asa, crébol. ⇒ *Planta.

acebollado, -a adj. *Se aplica a lo que tiene acebolladura.*

acebolladura (de «a-[2]» y «cebolla», por su composición en forma de capas) f. *Defecto que tienen a veces las *maderas consistente en estar separadas dos capas contiguas del tejido leñoso.* ≃ Colaina.

acebrado, -a adj. Con listas semejantes a las de la piel de la cebra; se aplica especialmente a los *caballos. ≃ Cebrado.

acebuchal **1** m. *Terreno poblado de acebuches.* **2** adj. *De [del o de los] acebuche[s].*

acebuche (del ár. and. «azzabbúǧ») m. *Olivo silvestre. ≃ Oleastro.

acebuchina f. *Fruto del acebuche, más pequeño y menos carnoso que el del olivo.*

acechadera o **acechadero** f. o m. *Sitio desde donde se puede acechar.*

acechamiento m. Acecho.

acechar (del lat. «assectāri», perseguir) tr. Observar cautelosamente a ↘alguien o ↘algo con un propósito. ≃ Espiar. ⊙ Particularmente, en la *caza. ⇒ Aciguatar, aguaitar, amaitinar, asechar, avizorar, catear, *espiar; estar al ACECHO, estar al HUSMO [o al OLOR], seguir los PASOS, estar a la que SALTA, vichar [o vichear], estar a la VISTA. ➤ Apostarse. ➤ Cechero. ➤ Rececahr. ➤ *Curiosear. *Escudriñar. *Mirar. *Observar. *Vigilar.

aceche (del ár. and. «azzáǧ», del cl. «zāǧ», de or. persa) m. **Caparrosa (sulfato de cobre o hierro).* ≃ Aciche, acije.

acecho m. Acción de acechar.

AL ACECHO. Vigilando en espera de algo.

acecido (de «acezo»; inf.) m. **Asma (dificultad para respirar).* ≃ Acezo.

acecinado, -a Participio adjetivo de «acecinar[se]».

acecinar 1 tr. Convertir la ˋcarne en cecina. **2** prnl. Ponerse una persona delgada y seca al hacerse vieja. ≃ *Acartonarse.

acedar (de «acedo») **1** tr. *Poner ácida una ˋcosa.* **2** (ant.) *Alterar con acidez el estómago o los humores.* **3** **Apenar o *disgustar.* **4** prnl. *Ponerse las plantas amarillentas por exceso de humedad.*

acedera (del lat. «acetarĭa», de «acētum», vinagre; *Rumex acetosa*) f. *Planta poligonácea que se come en ensalada por su agradable sabor ácido. ≃ Acetosa, agreta, agrilla, vinagrera, zarrampín.

V. «SAL de acederas».

acederaque (del fr. «azédarac», del persa «āzād deraht», árbol de lilas) m. **Cinamomo (planta meliácea).*

acederilla 1 (*Rumex acetosella*) f. *Planta poligonácea muy parecida a la acedera. ≃ Acetosilla. **2** **Aleluya (planta oxalidácea).*

acederón (*Rumex patientia*; gralm. pl.) m. *Planta poligonácea muy parecida a la acedera, pero de hojas más anchas.

acedia (ant. y Chi.) f. **Pereza.* ≃ Acidia.

acedía[1] (*Buglossidium luteum*) f. *Pez pleuronectiforme parecido al lenguado, de hasta 12 cm de longitud, que vive en los fondos arenosos del Atlántico y del Mediterráneo.

acedía[2] **1** f. *Cualidad de acedo.* ⊙ *Estado de las plantas que se han acedado.* **2** Acidez de *estómago. **3** Flujo repentino en la boca de una secreción acuosa que es síntoma frecuente de la úlcera duodenal.

acedo, -a (del lat. «acētum», vinagre) **1** adj. *Ácido.* **2** *Aplicado a personas, brusco.* **3** *Aplicado a cosas, áspero o desapacible.* **4** m. *Zumo de un fruto ácido.*

acéfalo, -a (del lat. «acephălus», del gr. «aképhalos») **1** (culto) adj. Falto de *cabeza. **2** Se aplica a la comunidad donde no existe jefe o *autoridad. **3** adj. y n. *Se aplica a los herejes seguidores de Eutiques, que no aceptaban jefe.* **4** m. ZOOL. *Lamelibranquio (clase de *moluscos).*

aceguero (¿de «haz[1]», gavilla?) m. **Leñador que recoge leña seca o la que se puede recoger sin cortar con herramientas.*

aceifa (del ár. and. «ṣáyfa», del cl. «ṣā'ifah», cosecha o expedición estival) f. *Expedición militar que realizaban los moros en verano.

aceitada 1 f. *Cantidad de aceite, por ejemplo derramado o puesto en la comida, que se considera grande o excesiva.* **2** **Torta o *bollo de aceite.*

aceitar tr. Untar ˋalgo con aceite. ≃ Enaceitar. ⊙ Poner aceite en alguna ˋcosa como condimento.

aceitazo 1 m. Aum. desp. de «aceite». **2** *Aceitón.*

aceite (del ár. and. «azzáyt», cl. «azzayt», de or. arameo) **1** m. *Grasa extraída de algún vegetal. ⊙ Específicamente, la que se emplea para guisar. **2** Por extensión, cualquier otra *grasa líquida, particularmente las que se emplean como lubrificantes o combustibles.

ACEITE DE ABETO. Abetinote.

A. AISLANTE. El de origen mineral que se emplea como aislante en ciertas instalaciones eléctricas.

A. DE ANÍS. *Aguardiente anisado, espeso por la gran cantidad de azúcar que se le pone.

A. DE APARICIO. *Bálsamo inventado en el siglo XVI por Aparicio de Zubia, cuyo principal ingrediente es el hipérico.*

A. ESENCIAL. ACEITE volátil.

A. DE HÍGADO DE BACALAO. Grasa extraída de donde su nombre indica, usada como *tónico.

A. DE HOJUELA. *El que se saca de las balsas donde se recoge el alpechín de la aceituna.*

A. DE NANDIROBA [O DE SECUA]. *Sustancia grasa obtenida de las semillas de nandiroba, a la que se atribuyen propiedades *purgantes.*

A. ONFACINO. *El extraído de aceitunas sin madurar, que se emplea en medicina.*

A. DE PALO. El que se extrae del copayero. ≃ BÁLSAMO de copaiba.

A. DE PARAFINA. Cierto producto de la destilación fraccionada del petróleo. ≃ PARAFINA líquida, VASELINA líquida.

A. DE RICINO. Aceite extraído de las semillas de esta planta, de uso industrial y medicinal, sobre todo como purgante. ≃ Carapato.

A. SECANTE. Producto, especialmente aceite de linaza cocido con litargirio, que se emplea en pintura para que ésta se seque pronto.

A. DE SECUA. *ACEITE de nandiroba.*

A. DE VITRIOLO ÁCIDO. sulfúrico. ≃ Vitriolo.

A. VOLÁTIL [O ESENCIAL]. *Esencia (sustancia aromática de aspecto semejante a las grasas, extraída de alguna planta).

□ CATÁLOGO

Otra raíz, «elai-, eleo-, ol-, ole-»: 'elaiotecnia, elayómetro; alioli, oleada, oleaginoso, olear, oleario, oleaza, oleína, óleo, oleoso, olio'. ➤ Caldo, crisma. ➤ Abetinote, cayeputi, cedreleón, cedróleo, estacte, macasar, miera, mirra, nabina. ➤ *Planta (grupo de las que producen aceite). ➤ Arroba, cabañería, cachucho, candilada, cuartán, cundido, libra, panilla, torcida. ➤ Aceitera, aceitero, alcuza, belez, escaza, escullador, metreta, *odre, puñera, taceta, vinagreras, vinajeras, zafra. ➤ Almazara, molino, prensa, trujal. ➤ Enranciarse. ➤ Maquila, obradura, pisa, tarea. ➤ Alazana, alforín, algorín, alquerque. ➤ Azaquefa, balsa, bolsón, bomba, capacho, capaza, chivo, fuelle, lagar, mortero, pocillo, pozal, pozuelo, troj. ➤ Cargo, encapachadura, noque. ➤ Aderra, alfargo, alfarje, calamón, cuello, empergue, galga, guiadera, horambre, horcajo, marrano, mayal, pilón, regaifa, tenaza, trabón, ventril, viga. ➤ Empergar, estrujón. ➤ Aguacha, alpechín, bagazo, bejina, borujo, cospillo, cuesco, jámila, morca, morga, murga, *orujo, terrón, tinaco, turbios. ➤ *Grasa. *Olivo. ➤ Aceitar, enaceitar.

aceitera f. Frasco o recipiente destinado a contener una pequeña cantidad de aceite. Por ejemplo, el que se emplea para servirse aceite en la mesa, el que se tiene con el aceite en la cocina o el utensilio de engrasar las máquinas. ⇒ Alcuza, ruciadera. ⊙ (pl.) *Vinagreras.

aceitero, -a 1 adj. De [o del] aceite: 'Industria aceitera'. **2** n. Persona que fabrica o vende aceite. **3** m. *Cuerno en que llevan el aceite los pastores.* **4** *Árbol de las Antillas, de madera amarilla y muy compacta que admite hermoso pulimento.*

aceitón 1 m. **Aceite con impurezas que se obtiene del fondo de las vasijas utilizadas en la obtención del aceite a partir de la aceituna.* **2** *Líquido pegajoso que segregan algunos insectos encima de ciertas plantas, en el cual se desarrolla la negrilla.*

aceitoso, -a adj. Se aplica a lo que tiene aceite, tiene demasiado aceite o es grasiento.

aceituna (del ár. and. «azzaytúna», del cl. «zaytūnah», de or. arameo) f. Fruto del *olivo, ovalado, de 1 a 2 cm de longitud, negruzco cuando está maduro, que se conserva verde o negro para comerlo como entremés, y del que se extrae el *aceite. Se usa como nombre genérico en singular y en plural: 'Este año hemos cogido mucha[s] aceituna[s]'. ≃ Oliva. ⇒ Cornatillo, cornezuelo, cornicabra, morcal. ➤ Aceitunero, arriscador. ➤ Verdeo.

ACEITUNA ARBEQUINA. *La pequeña, negra, semiesférica y con la pulpa adherida al hueso.*

A. CELDRANA. *Variedad más gorda que la común.*

A. CORVAL. *Variedad más alargada que la común.*

A. DOÑAGUIL (Sal.). *Variedad pequeña y casi esférica.*

A. DULZAL. *Variedad redondeada, muy fina, que se come en verde una vez curada.*

A. GORDAL. *Variedad más gruesa que la común.*

A. JUDIEGA. *Variedad buena para aceite, pero mala para comer.*

A. MANZANILLA. Variedad pequeña, de color verde claro. ≃ Manzanilla.

A. PICUDILLA [O PICUDA]. *Variedad de forma picuda.*

A. DE LA REINA. *Cierta variedad andaluza de calidad superior y de mayor tamaño que las otras.*

A. TETUDA. *Variedad acabada en un pezoncillo.*

A. DE VERDEO. *Variedad que se coge en verde y se aliña para consumirla como fruto.*

A. VERDIAL (And.). *Variedad que conserva color verde aun de madura.*

A. ZAPATERA. *La que ha perdido su color y buen sabor por deterioro.*

A. ZORZALEÑA. *Variedad muy pequeña y redonda, llamada así porque es comida por los zorzales.*

aceitunado, -a adj. Aplicado particularmente al color de las personas, verdoso, del color de la aceituna antes de madurar.

aceitunera f. *Época de la recolección de la aceituna.*

aceitunero, -a 1 adj. De [la] aceituna. **2** m. *Sitio donde se almacena la aceituna hasta que se lleva a moler* **3** adj. y n. Se aplica a la persona que recoge, acarrea o vende aceitunas.

aceituní (del ár. «azzaytūnī», gentilicio de «zaytūn», adaptación del nombre de la ciudad china de Tsö-Thung) **1** m. *Cierta *tela rica muy usada en la Edad Media, que se traía de Oriente.* ≃ Setuní. **2** *Cierta decoración usada en los edificios árabes.* ≃ Setuní.

aceitunil adj. *Aceitunado.*

aceitunillo (dim. de «aceituno»; *Capparis flexuosa)* m. Árbol capáraceo de las Antillas, de fruto comestible y hojas, corteza y raíces de propiedades medicinales. ≃ ACEITUNO silvestre. ⇒ *Planta.

aceituno m. Olivo.

ACEITUNO SILVESTRE. Aceitunillo.

acelajado, -a adj. *Con celajes.*

aceleración 1 f. Acción y efecto de acelerar. ≃ Aceleramiento. **2** FÍS. Aumento de la velocidad en una unidad de tiempo. **3** *Prisa: 'Se marchó con tanta aceleración que se olvidó de su cartera'. **4** ASTRON. *Intervalo, variable a lo largo del año, en que se adelanta diariamente el paso de una estrella al del Sol por el mismo meridiano; la aceleración media es de 3 minutos y 56 segundos.*

aceleradamente 1 adv. Con aceleración. **2** Con *prisa.

acelerado, -a 1 Participio adjetivo de «acelerar[se]»: 'Movimiento acelerado'. **2** (Méj.) *Acelerón.*

acelerador, -a 1 adj. Se aplica a lo que acelera o sirve para acelerar. **2** m. Mecanismo con el que se acelera la marcha de los automóviles. ⊙ Pedal con el que se pone en acción ese mecanismo.

ACELERADOR DE PARTÍCULAS. Dispositivo usado para comunicar una gran energía cinética a partículas cargadas eléctricamente.

aceleramiento 1 m. Aceleración. **2** *Prisa: 'Con tanto aceleramiento salen mal las cosas'

acelerar (del lat. «accelerāre») **1** tr. Aumentar gradualmente la velocidad de un ↘movimiento o de una acción cualquiera: 'El conductor aceleró la marcha del coche. La fábrica acelera la producción. Acelerar el paso'. ⊙ tr. o abs. Particularmente, accionar el acelerador de un ↘vehículo o motor para incrementar su velocidad. ⇒ Activar, *adelantar, aguijar, aligerar, apretar, *apresurar, arrebatar, atropellar, avivar, embalarse, festinar, precipitar, alargar [apretar o avivar] el PASO. **2** tr. *Anticipar: 'En vista de las noticias aceleramos la marcha'. **3** prnl. *Apresurarse. **4** (inf.) Ponerse alguien muy nervioso, generalmente por tener muchas cosas pendientes: 'No te aceleres y haz las cosas con más calma'.

aceleratriz f. Femenino de «acelerador», aplicado a la *fuerza que produce aceleración.

acelerómetro m. Instrumento usado para medir la aceleración, especialmente en una aeronave.

acelerón m. Acción de acelerar repentina y bruscamente un motor: 'El coche pegó un acelerón y se salió de la calzada'

acelga (del ár. and. «assílqa», del cl. «silqah», y éste del gr. «sikelḗ»; *Beta vulgaris)* f. *Planta quenopodiácea de huerta, de hojas radicales muy anchas y con el nervio central muy desarrollado, que se comen como verdura. Como artículo comestible, se nombra siempre en plural. ≃ Bleda.

acemar tr. *Sentar o *alisar una ↘cosa.* ≃ Azemar.

acémila (del ár. and. «azzámila», del cl. «zāmilah») **1** f. Mula o macho de carga. ⇒ *Caballería. **2** (n. calif.) Se emplea como insulto significando muy *bruto o *torpe.

acemilería 1 f. Sitio donde se guardan las acémilas y sus sillas o aparejos. ⇒ *Cuadra. **2** Oficio del que cuidaba las acémilas en el palacio real.

acemilero, -a 1 adj. De las acémilas o de la acemilería. **2** m. Hombre que cuida o conduce las acémilas.

ACEMILERO MAYOR. *Jefe de la acemilería de palacio.*

acemita f. *Pan hecho de acemite (salvado y harina).* ≃ Cemita.

acemite (del ár. and. «assamíd», del cl. «samīd», de or. arameo) **1** m. **Salvado con una pequeña porción de harina.* ≃ Rollón. **2** **Guiso, especie de sopa, papilla o potaje, hecho cociendo trigo tostado y molido gruesamente.* **3** (ant.) *Flor de la *harina.*

acender (del lat. «accendĕre»; ant.) tr. *Encender.*

acendradamente adv. De manera acendrada.

acendrado, -a Participio adjetivo de «acendrar[se]». Aplicado a palabras como «amor, cariño, fidelidad, honradez» y semejantes, *puro o purificado por las pruebas: 'Su acendrado fervor religioso'. ⇒ Cendrado.

acendramiento m. Acción de acendrar. ⊙ Cualidad de acendrado.

acendrar 1 tr. *Purificar los ↘metales en la cendra. ⇒ Cendrar. **2** («con, en») tr. y prnl. *Purificar[se] o perfeccionar[se]: 'La virtud se acendra en el sufrimiento'. ≃ Acrisolar[se].

acenefa (ant.) f. *Cenefa.*

acenia f. *Aceña.*

acensar tr. Imponer un *censo sobre ↘algo.

acensuador (de «acensuar») m. *Censualista.*

acensuar (de «a²-» y el lat. «census», censo) tr. Acensar.

acento (del lat. «accentus») **1** m. En el sentido más amplio y en lenguaje corriente, conjunto de todas las modalidades fónicas del lenguaje, o sea la intensidad, el tono, la cantidad o duración y el timbre de los sonidos, las variaciones de todas las cuales, conjuntamente, caracterizan, no sólo a los distintos idiomas, sino a la manera de hablar uno mismo en las distintas regiones, al habla de cada persona o a la expresión de distintas situaciones de ánimo: 'Al pasar, me ha parecido que hablaban con acento francés. Tiene acento americano. El acento andaluz es muy pronunciado. Lo dijo con un acento tan conmovedor...'. **2** Mayor relieve en la pronunciación que se da a una sílaba y que la distingue de las que están próximas a ella. ≃ ACENTO fonético, ACENTO de intensidad, ACENTO prosódico, ACENTO tónico. **3** ACENTO ortográfico. **4** ACENTO métrico o rítmico. **5** (lit.) Voz, *canto o poesía: '¡Escucha mis acentos...!'. **6** Por influencia de otros idiomas se emplea «acento» con el significado de «énfasis», en frases como «poner el acento en, poner especial acento en».

ACENTO DE CANTIDAD. FON. Mayor o menor duración relativa de una sílaba. Este acento recae, como el de intensidad, sobre las vocales y, aunque no es forzoso que coincida con él, en español, como en otras lenguas modernas, depende de él en gran parte. En español, la diferencia entre vocales largas y breves es muy pequeña y como, por otro lado, las reglas no son fáciles de resumir, se prescinde aquí de ellas.

A. FONÉTICO. FON. Acento (2.ª acep.).

A. DE INTENSIDAD. FON. Acento (2.ª acep.). ⇒ Apénd. II, ACENTO DE INTENSIDAD. ➤ Átono, débil, inacentuado, tónico. ➤ Protónico, postónico. ➤ Agudo, circunflejo, grave.

A. MÉTRICO. FON., MÉTR. ACENTO rítmico.

A. ORTOGRÁFICO. GRAM. *Tilde que representa en la escritura el acento de intensidad. En español hay una sola clase de acento ortográfico, escrito de arriba abajo y de derecha a izquierda (´); o sea el que se llama «agudo» en otros idiomas en que lo hay además «grave» (`) y «circunflejo» (^). ⇒ Apénd. II, ACENTO ORTOGRÁFICO. ➤ Ápice, *tilde, virgulilla. ➤ Cadencia, ritmo.

A. PROSÓDICO. FON. Acento (2.ª acep.).

A. RÍTMICO. FON., MÉTR. Cada uno de los acentos relevantes para marcar el ritmo de un verso. ≃ ACENTO métrico. ⇒ Cadencia, ritmo.

A. TÓNICO. FON. Acento (2.ª acep.).

acentuación f. Acción y efecto de acentuar. ⊙ Distribución de los acentos.

acentuadamente adv. De manera acentuada o que se acentúa. Se aplica especialmente a verbos o adjetivos de cambio de estado o de dirección o tendencia: 'Se desvía acentuadamente hacia la izquierda. Una política acentuadamente social'.

acentuado, -a **1** Participio adjetivo de «acentuar[se]»: 'La vocal acentuada'. **2** Muy *perceptible y predominando sobre otros componentes o aspectos de la cosa de que se trata: 'Un acentuado sabor a naranja'. ≃ Acusado, claro, marcado, notorio. ⊙ O haciéndose cada vez más perceptible: 'El tiempo muestra una acentuada tendencia a mejorar'.

acentual adj. GRAM. De [o del] acento.

acentuar (del lat. «accentuāre») **1** tr. Poner acento sobre alguna ↘palabra o letra o pronunciarlas con acento. **2** Hacer que una ↘cosa sea muy perceptible: 'En el retrato está acentuado el prognatismo'. ⇒ *Subrayar. ⊙ prnl. Con nombres o verbos de cambio o de progreso, hacerse cada vez más perceptible la cosa de que se trata: 'Se acentúa la tendencia a la baja en la bolsa'. ⇒ *Crecer.

□ CONJUG. como «actuar».

aceña (del ár. and. «assánya», del cl. «sāniyah», elevadora) **1** f. Molino harinero situado en el cauce de un río cuya agua lo mueve. ≃ Acenia. **2** (Ast., Gal.) *Molino instalado en la orilla de una ría, movido por el flujo y reflujo de la marea.* **3** *Máquina con que saca agua de los ríos para regar.* ≃ Azud.

-áceo, -a *Sufijo de formación de adjetivos que expresan semejanza con el nombre primitivo: 'farináceo, grisáceo'. ⊙ Se emplea, generalmente en femenino, para la formación de nombres-adjetivos de familias de plantas: 'rosáceas, acantáceas'.

acepar (de «a²-» y «cepa») intr. *Encepar: echar las plantas raíces que penetran bien en tierra.* ⇒ *Arraigar.

acepción (del lat. «acceptĭo, -ōnis») **1** f. Cada *significado de una palabra cuando tiene más de uno. En este diccionario se separan las distintas acepciones con números. Y los distintos matices de una misma acepción con el signo ⊙. **2** (ant.) *Aceptación.*

ACEPCIÓN DE PERSONAS. *Preferencia mostrada arbitrariamente hacia una o más personas entre otras.* ≃ ACEPTACIÓN de personas.

acepillar **1** (pop.) tr. *Cepillar.* **2** (pop.) **Acicalar o *pulir.*

aceptabilidad f. Cualidad de aceptable.

aceptable **1** adj. Susceptible de ser aceptado. ⊙ Susceptible de ser creído. ⇒ Inaceptable. **2** No demasiado malo. ≃ Pasable. ⇒ *Mediano.

aceptablemente adv. De manera aceptable.

aceptación **1** f. Acción de aceptar. **2** («Encontrar, Tener») Circunstancia de tener una cosa buena acogida entre la gente: 'Este nuevo modelo ha tenido general aceptación. La moda del talle largo no ha tenido aceptación'. ≃ Éxito. ⇒ *Partidario. ➤ *Aprobar.

ACEPTACIÓN DE PERSONA [O PERSONAS]. *ACEPCIÓN de personas.*

aceptante n. Se aplica al que acepta. Particularmente, al que acepta una letra.

aceptar (del lat. «acceptāre», recibir) **1** tr. *Recibir alguien voluntariamente ↘algo que le dan: 'Aceptar un regalo, un cargo'. ≃ *Admitir, coger, tomar. ⊙ Recibir alguien, considerándolo bueno, un ↘trabajo u otra cosa que le presentan: 'No me han aceptado el artículo en el periódico'. ≃ *Admitir. ⊙ *Admitir a una ↘persona como la cosa que se expresa: 'Aceptar como novio [o como secretario]'. ⊙ Mostrarse conforme con una ↘idea de otro: 'Aceptar una solución. Acepto la primera parte de tu argumento'. ≃ *Admitir. ⊙ Considerar alguien satisfactorio ↘algo como «excusas» o «explicaciones» que le dan o presentan: 'Por esta vez he aceptado su justificación'. ≃ *Conformarse. ⊙ Tomar uno como suya una ↘cosa o reconocer que tiene cierta ↘obligación o responsabilidad: 'No acepto ninguna responsabilidad por lo que ocurra'. ≃ *Admitir, asumir, TOMAR sobre sí. ⊙ Mostrarse conforme con una ↘cosa propuesta por otro y hacer la cosa de que se trata: 'Aceptar un desafío, una invitación'. ≃ *Acceder. ⊙ Recibir sin protesta ↘castigos, padecimientos, etc.: 'Aceptar la voluntad divina. Aceptó el castigo como justo'. ≃ *Conformarse. ⇒ *Ceder. **2** Obligarse por escrito a pagar una ↘letra. **3** Recibir nuevos elementos un sistema biológico o físico sin alterar su equilibrio.

acepto, -a (del lat. «acceptus»; «Ser; en, a» y, más raramente, «de, para»; referido particularmente a personas y cosas como sacrificio, oración o servicio) adj. *Grato o bien *acogido.*

aceptor (del lat. «acceptor, -ōris») **1** m. Fís. *Impureza que se introduce en un cristal semiconductor para que acepte electrones en exceso.* **2** QUÍM. **Átomo que interviene en la formación de moléculas y que no suministra electrones en los enlaces.*

acequia (del ár. and. «assáqya», del cl. «sāqiyah», irrigadora) f. Zanja para *conducir el agua. ⇒ Albañal, alfagra, almenara, cequeta, cequia, cicoleta, cieca. ➤ Boquera, boquilla, brazal, cajero, fortacán, gallipuente, ladrón, madre, pitarque, pontana, presero, quijero, riba, venora. ➤ *Canal. *Cauce. *Reguera.

acequiaje (Mur.) m. *Tributo que pagan los propietarios para la conservación de las acequias.*

acequiar tr. o abs. *Hacer acequias en un ↘lugar.*

acequiero m. *Hombre que tiene cuidado de las acequias.*

acera (de «hacera», del sup. lat. «faciarĭa», de «facĭes», cara; designaría primero la fachada de una casa y, después, la serie continua de las fachadas de cada lado de la calle, acepción de la que pasaría a la actual) **1** f. Orilla pavimentada algo más alta que el piso de la calle, destinada al paso de peatones. ⊙ Por extensión, cada uno de los lados de la calle: 'La acera de los pares'. ⇒ Alar, andén, ándito, badén, banqueta, calzada, facera, hacera, vereda. ➤ Bordillo, encintado, sardinel. ➤ Acerar, embanquetar, encintar. **2** ARQ. *Piedra de las que constituyen el paramento de un *muro.* **3** ARQ. *Paramento de un muro.*

DE LA OTRA ACERA [o DE LA ACERA DE ENFRENTE]. **1** (inf.) Se aplica a la persona que pertenece al *partido o ideología *contrarios del que se considera. **2** (inf.) Se aplica al hombre homosexual.

aceráceo, -a (del lat. «acer, -ĕris», arce) adj. y n. f. BOT. *Se aplica a las *plantas de la familia a la que pertenece el arce, que tienen flores actinomorfas y el fruto formado por dos sámaras; de la savia de algunas de ellas, como Acer saccharum, se puede extraer azúcar.* ⊙ f. pl. BOT. *Familia que forman.*

acerado, -a 1 *Participio de «acerar».* **2** adj. Aplicado particularmente a las *armas blancas o a sus *hojas, de acero. **3** Con algo de acero. **4** Del aspecto o las cualidades del acero. **5** Aplicado a las palabras, el lenguaje, el ingenio, el humor, la intención, etc., y a las personas por ellos, de intención agresiva y hábilmente dirigido para este objeto, aunque sin violencia en la forma. ≃ Incisivo, *mordaz. **6** m. Acción y efecto de acerar el hierro.

acerar[1] tr. *Hacer las aceras de una ↘calle.*

acerar[2] **1** tr. *Dar a una ↘cosa cualidades de acero.* **2** *Convertir ↘algo en acero; por ejemplo, las puntas de las herramientas.* ⊙ *Recubrir de acero; por ejemplo, las ↘planchas de grabar.* **3** **Fortalecer moralmente a ↘alguien.* ⊙ prnl. *Adquirir fortaleza moral.*

acerbamente adv. De manera acerba.

acerbo, -a (del lat. «acerbus») **1** adj. *Áspero al paladar. ⇒ *Acre. **2** (lit.) Aplicado a un sufrimiento, particularmente moral, muy intenso: 'La ingratitud de su hijo le causó acerbo dolor'. ≃ Amargo, cruel. ⇒ Exacerbar.

acerca de (del lat. «ad cĭrca») prep. Sirve para enlazar un verbo o un nombre de expresión con la cosa tratada: 'Hablamos acerca de su próximo viaje. Ha dado una conferencia acerca de Felipe II'. ≃ De, sobre. ⇒ *Asunto, *relación.

acercamiento m. Acción y efecto de acercar[se], en sentido espacial o figurado: 'El acercamiento franco-alemán'.

acercar 1 («a») tr. Poner una ↘cosa *cerca o más cerca de quien habla o de algo que se expresa. ≃ *Aproximar. ⊙ («a») También en sentido espiritual: 'La desgracia les ha acercado'. ⊙ («a») tr. y prnl. Y en sentido figurado: 'Esto nos acerca a la solución. Su obra se acerca a la de los poetas clásicos'. ⊙ («a») prnl. Estar próxima una fecha o estar próximo a una fecha: 'Las Navidades se acercan. Nos acercamos a la fecha de la boda'. ≃ Aproximarse. **2** (inf.; «a») Ir a un lugar para hacer cierta cosa: 'Me acercaré al estanco a comprar unos sellos'. **3** (inf.; «a») Dirigirse hacia una persona: 'Se acercó un chico a preguntarnos la hora'. **4** (inf.; «a») tr. Llevar a ↘alguien en un vehículo a algún sitio: 'Luego te acerco a tu casa en mi coche'.

ácere (del lat. «acer, -ĕris»; en especial *Acer campestre* y *Acer monspessulanum*) m. **Arce.*

acerería o **acería 1** f. Fábrica de fundición, de acero y de perfiles laminados. **2** Parte de esa fábrica en que están instalados los hornos y convertidores para transformar la fundición en acero.

acerico o **acerillo** (del sup. lat. «faciarĭus», de «facĭes», cara, porque sería primero una almohadilla pequeña donde se apoyaba la cara) m. Almohadilla, a veces de forma caprichosa, donde se clavan los alfileres o *agujas que se quieren tener a mano. ⇒ Aceruelo, faceruelo.

aceríneo, -a (del lat. «acer, -ĕris», arce) adj. y n. f. BOT. *Aceráceo.*

acero (del lat. «aciarĭum», de «acĭes», filo) **1** («El, Un») m. Aleación de hierro y pequeñas cantidades de carbono. Se diferencia de la fundición de hierro por ser mucho más resistente y por admitir tratamientos térmicos para mejorar determinadas cualidades. Se obtiene con la fundición, eliminando en hornos especiales o en convertidores parte del carbono que aquélla contiene.⇒ Alfinde, alhinde, alinde. ➤ Acerar, cementar, destemplar, templar, TRATAMIENTO térmico. ➤ Convertidor, horno, TREN de laminación. ➤ *Barra, chapa, fleje, palastro. ➤ *Hierro. **2** *Arma blanca, particularmente *espada. **3** *Medicamento hecho con acero, contra la *opilación.* **4** (pl.) *Temple de las *armas blancas:* 'Buenos aceros'. **5** (ant.; pl.) *Hambre o buena gana de comer.* **6** (pl.) **Brío o *valor.*

ACERO INOXIDABLE. Acero con un elevado porcentaje de cromo, y con otros cuerpos, que no se oxida ni se mancha y del que se fabrican las hojas de los cuchillos y los objetos en que interesan esas cualidades.

A. MAGNÉTICO. Acero con gran proporción de tungsteno, con el que se fabrican los imanes.

A. RÁPIDO. Acero con un elevado porcentaje de volframio utilizado en la fabricación de herramientas sometidas en su uso a elevadas velocidades.

ACEROS ESPECIALES. Aceros aleados con pequeñas cantidades de otros metales para darles características especiales. Reciben denominaciones particulares según cuál sea el metal aleado más abundante: 'aceros al cromo, al manganeso, etc.'.

DE ACERO. Aplicado a palabras como «nervios» o «músculos», duro o muy resistente: 'En el interrogatorio demostró tener unos nervios de acero'.

acerola (del ár. and. «azza'rúra», cl. «zu'zūrah») f. Pequeño fruto del acerolo, amarillo, rojo, o mezclado de ambos colores, de sabor agridulce. ≃ Azarola [o azarolla], MANZANITA de dama.

acerolo *(Crataegus azarolus)* m. Árbol rosáceo que da las acerolas. ≃ Azarollo, MANZANITA de dama.

aceroso, -a adj. *Áspero o picante.*

acérrimamente adv. De modo acérrimo.

acérrimo, -a (del lat. «acerrĭmus») adj. Superl. de «acre». ⊙ En lenguaje corriente se usa sólo en sentido figurado, aplicado a un nombre-adjetivo, como «creyente, *partidario, defensor, enemigo», a los que da significado superlativo.

acerrojar tr. *Encerrar ↘algo o a ↘alguien bajo cerrojo.*

acertadamente adv. Con acierto.

acertado, -a 1 Participio adjetivo de «acertar». 2 (adj.). Hecho con acierto o sensatez: tal que resulta conveniente u *oportuno: 'Una medida acertada. Una contestación muy acertada'. ⊙ Tal que resulta bien o hace buen *efecto: 'Un color acertado'. ⇒ *Adecuado, conveniente.

POCO ACERTADO. Desacertado.

acertajo m. *Acertijo.*

acertajón, -a (de «acertar»; ant.) adj. y n. *Adivino.*

acertante adj. y n. Que acierta en un juego de azar o de preguntas: 'Ha habido un único boleto acertante de seis aciertos en la lotería primitiva'.

acertar (del lat. «ad», a, y «certum», cosa cierta) 1 («a») tr. o abs. Pegar, al lanzar o *disparar algo, en el blanco o sitio en que se desea dar. ≃ Atinar, dar. ⊙ («con») tr. e intr. Encontrar algo que se busca sin datos seguros o suficientes: 'Acertó [con] la casa. No aciertan con la enfermedad. Has acertado con el color que yo quería'. ≃ Atinar, DAR con. ⊙ («con, en») Elegir una cosa, un camino o una línea de conducta que resultan buenos. Se puede construir con un gerundio: 'Acertaste marchándote el domingo'. O con las preposiciones «con», delante de un nombre, o «con» o «en», delante de un infinitivo o un nombre de acción: 'Acerté con el camino por casualidad. Acertaste con [o en] ponerte el abrigo. Ha acertado con [o en] la elección de carrera'. ≃ Atinar, tener acierto. ⊙ («con, en») Encontrar por intuición o por suerte la solución de un ↘enigma o una ↘cosa que no puede ser conocida racionalmente; como el porvenir o un resultado dependiente del azar: 'Acertar un jeroglífico. Acertar los resultados de las quinielas. No acierto con el verdadero significado de esta frase. Si aciertas en la respuesta a estas tres preguntas, te darán un premio'. ≃ *Adivinar. 2 («a») intr. *Suceder la cosa que se expresa, por casualidad: 'Acertó a pasar por allí un guardia'. 3 AGRIC. **Desarrollarse bien las plantas o semillas.* 4 tr. *En *sastrería, recortar e igualar las piezas cortadas.*

□ CATÁLOGO

Achuntar, atinar, dar en el BLANCO, dar en el BUSILIS, caer en, ir por buen CAMINO, estar en lo CIERTO, dar en el CLAVO, DAR con, poner el DEDO en la llaga, descubrir, encertar, estar en lo FIRME, herir, entrar con buen PIE, entrar con [o con el] PIE derecho, quemarse, dar en el QUID [o en la TECLA], ir los TIROS por... ➤ Acertado, certero, clavado, conseguido, feliz, luminoso, *oportuno. ➤ Habilidad, mano, buena MANO, ojo, buen OJO, OJO clínico, pulso, tacto, tiento, tino, vista. ➤ A ojo, a tientas. ➤ Bambarria, *chamba, chiripa, churro. ➤ *Acertijo. ➤ Verde y con ASAS, ¡caliente!, sonar la FLAUTA [por casualidad], PIENSA mal y acertarás. ➤ Desacertado, equivocado. ➤ *Adivinar. *Averiguar.

□ CONJUG. IRREG. PRES. IND.: acierto, aciertas, acierta, acertamos, acertáis, aciertan; PRES. SUBJ.: acierte, aciertes, acierte, acertemos, acertéis, acierten; IMPERAT: acierta, acierte, acertad, acierten.

acertero (de «acertar»; ant.) m. **Blanco de tiro.*

acertijo (de «acertar») m. Frase, versos, dibujo, etc., en que se describe indirectamente algo cuya adivinación se propone como *pasatiempo. ≃ Adivinanza. ⇒ Acertajo, adivinanza, charada, crucigrama, enigma, jeroglífico, logogrifo, mote, quincena, quisicosa, rompecabezas.

aceruelo (del lat. medieval «faciariolus») 1 m. *Albardilla para cabalgar.* 2 **Acerico (almohadilla para alfileres).* ≃ Faceruelo.

acervar (del lat. «acervāre»; ant.) tr. *Amontonar.* ≃ Coacervar.

acervo (del lat. «acervus») 1 m. **Montón de cosas menudas, como simientes o legumbres.* 2 Conjunto de *bienes poseídos en común por una colectividad o por varias personas: 'El acervo familiar'. 3 Conjunto de *bienes no materiales: 'Forma parte de nuestro acervo espiritual'. ≃ Caudal, patrimonio.

acescencia f. *Propensión a acedarse (agriarse).*

acescente (del lat. «acescens, -entis», part. pres. de «acescĕre») adj. *Se aplica a lo que empieza a agriarse.*

acetábulo (del lat. «acetabŭlum», vasija para vinagre o similar) 1 m. *Medida antigua para líquidos, equivalente a la cuarta parte de la hemina.* 2 ANAT. *Cavidad de un hueso en que encaja otro; particularmente, la del isquion en que entra la cabeza del fémur.* 3 ZOOL. *Cavidad que en parásitos como las tenias y en otras especies animales actúa como ventosa.*

acetal m. QUÍM. *Cuerpo que resulta de la reacción entre un aldehído y un alcohol.*

acetato (del lat. «acētum», vinagre) 1 m. QUÍM. Sal o éster del ácido acético. 2 Material transparente utilizado en la fabricación de película fotográfica y en artes gráficas.

ACETATO DE COBRE. *Acetite.*

A. DE PLOMO. *Azúcar de plomo o de Saturno.* ⇒ ÁRBOL de Saturno.

acético, -a (del lat. «acētum», vinagre) adj. QUÍM. De [o del] vinagre o de su ácido.

V. «ÁCIDO acético».

acetificación f. QUÍM. *Acción de acetificarse.*

acetificador m. QUÍM. *Utensilio que se emplea para acelerar la acetificación de los líquidos fermentados por oxidación atmosférica.*

acetificar (del lat. «acētum», vinagre) tr. y prnl. QUÍM. *Convertir[se] en ácido acético.*

acetileno (de «acetilo» y «-eno») m. Gas inflamable, que se desprende al ponerse en contacto el agua con el carburo, que arde con llama muy brillante y se emplea como combustible para dar luz. ⇒ *Química.

acetilo (del lat. «acētum», vinagre) m. QUÍM. *Radical del ácido acético.*

acetilsalicílico adj. V. «ÁCIDO acetilsalicílico».

acetímetro (del lat. «acētum», vinagre, y «-metro») m. QUÍM. *Utensilio con que se mide la acidez del vinagre.*

acetín (del lat. «acētum») m. **Agracejo (arbusto berberidáceo).*

acetite (de «aceto») 1 (ant.) m. *Cualquier combinación del vinagre con un óxido.* 2 *En algunas comarcas españolas, acetato de cobre.*

aceto (del lat. «acētum»; ant.) m. *Vinagre.*

acetona (de «aceto») f. Líquido incoloro, inflamable y volátil, de olor etéreo, que se obtiene del líquido que se produce en la combustión de la madera; es base para muchas síntesis industriales y se emplea también en otros usos; por ejemplo, para disolver el esmalte con que se pintan las uñas. En el organismo animal se produce por la combustión incompleta de las grasas y se elimina por la orina. ⇒ *Química.

acetosa (del lat. «acetōsa») f. **Acedera (planta poligonácea).*

acetosilla 1 f. *Acederilla (planta poligonácea).* 2 *Aleluya (planta oxalidácea).*

acetoso, -a (del lat. «acetōsus») adj. QUÍM. *Ácido.* ⊙ *De [o del] vinagre.* ⊙ QUÍM. *De sabor de vinagre.*

acetre (del ár. and. «assáṭl», del cl. «saṭl», y éste del lat. «sitŭla») m. *Pequeña vasija de forma de caldero.* ⇒ Celtre. ⊙ *Particularmente la que se emplea para sacar agua de las tinajas o pozos o la que se usa en las iglesias para llevar el agua bendita con que se hacen las aspersiones.* ≃ Cetre.

acetrería (ant.) f. *Cetrería.*

acetrero (del sup. lat. «acceptor, -oris», por «accipĭter», azor; ant.) m. *Cetrero.*

acetrinar tr. *Poner a ↘alguien de color cetrino.*

acevilar (ant.) tr. **Envilecer.* ≃ Acivilar.

acezar (del sup. lat. «oscitiāre», de «oscitāre», bostezar) 1 intr. **Jadear.* 2 *Sentir anhelo, deseo o codicia de algo.*

acezo m. *Acción de acezar.*

acezoso, -a adj. *Afectado de acezo.*

achabacanamiento m. Acción y efecto de achabacanar[se].

achabacanar tr. y prnl. Hacer[se] una ↘cosa chabacana.

achacadizo, -a (ant.) adj. *Simulado con malicia.*

achacar (del ár. and. «aččakká», del cl. «tašakkà», quejarse, denunciar) tr. *Atribuir, especialmente una ↘cosa censurable o punible. El complemento puede ser un infinitivo, el nombre de la cosa dicha o hecha o las palabras «culpa, responsabilidad, delito, falta» y semejantes: 'Me achacan unas frases que nunca he dicho. Le achacan la responsabilidad del accidente'. ⇒ Asacar.

achachairú (Bol.) m. *Arbusto silvestre cuyo fruto es una drupa con dos semillas de mesocarpio de color blanco; tiene sabor agridulce y cáscara amarilla.*

achachay (de or. quechua; Col.) m. *Cierto *juego de chicos que se acompaña con un cantar que empieza por esa palabra.*

¡ACHACHAY! 1 (Chi., Col., Ec., Perú) *Exclamación con que se expresa sensación de frío o calor.* 2 (Chi., Col., Ec., Perú) *También, exclamación admirativa que equivale a ¡muy bien!*

achacoso, -a adj. Se aplica al que padece algún achaque o los padece con frecuencia o continuamente. ⇒ Achaque, viejo.

achaflanado, -a Participio de «achaflanar». ⊙ adj. Se aplica a lo que forma chaflán. ≃ Ochavado.

achaflanar tr. Hacer un *chaflán en una ↘cosa cortando un ↘ángulo o esquina. ≃ Chaflanar. ⇒ Aboquillar, despalmar.

achajuanarse (de «a-²» y «chajuán»; Col.) prnl. **Sofocarse las caballerías.*

-achal V. «-al».

¡achalay! (del quechua «achallay», qué bueno; Arg., Ec., Perú) *Interjección con que se expresa admiración o ponderación.*

achampanado, -a o **achampañado, -a** adj. Se aplica a la bebida que imita al champán: 'Sidra achampañada'.

achancar (de «a-²» y «chancar») 1 (And.) tr. *Triturar, aplastar, estrujar.* 2 (Sal.) *Pisar charcos, barro, etc.* 3 (Sal.) *Encajar, encasquetar.* 4 (And.) *Dejar cortada a una persona, sin saber qué hacer o qué decir.* 5 (And.) prnl. *Sentarse, agacharse.* 6 (And.) *Aguantarse, achantarse.*

achantado, -a («Estar, Quedarse, Tener») Participio adjetivo de «achantar[se]».

achantar (de «chantar») 1 (inf.) tr. *Intimidar. Quitar la presunción a ↘alguien o hacer callar o detenerse de actuar a ↘alguien haciéndole sentir la propia superioridad o fuerza: '¡A ése no hay quien le achante!'. ⊙ prnl. Abandonar la actitud arrogante: 'Si se las tienes tiesas, se achantará'. ⇒ *Achicarse, *intimidarse. 2 Esconderse o agazaparse mientras dura un peligro.

achaparrado, -a 1 adj. De forma de chaparro. ⇒ Acarrascado. 2 *Rechoncho. 3 (Hond.) *Se aplica a la persona apocada.*

achaparrarse 1 prnl. Tomar un *árbol la forma de chaparro. ⇒ Aparragarse, aparrarse. 2 Quedarse cosas o personas *rechonchas o de forma achaparrada.

achaque (de «achacar») 1 (ant.) m. *Denuncia hecha con intención de obtener dinero del denunciado a cambio de no proseguirla.* 2 (ant.) **Multa.* 3 *Pretexto. 4 *Enfermedad crónica no grave o cualquier alteración no grave en la salud. ⇒ Aj, aje, dolama, dolencia, gotera, mal, maleza, padecimiento, trastorno. ➤ *Reliquia. ➤ *Cataplasma, *chanca, plepa. 5 (ant.) **Menstruación de la mujer.* 6 (ant.) **Embarazo de la mujer.* 7 (C. Rica; pl.) *Indisposiciones propias de las embarazadas.*

CON ACHAQUE DE. Con *apariencia o *pretexto de: 'Entró en mi habitación con achaque de pedirme un libro'.

EN ACHAQUE DE. En *asunto de: 'Tiene poca experiencia en achaque de amores'.

achaquero m. *Juez que imponía los achaques o multas en el *Concejo de la Mesta.*

achaquiento, -a adj. *Achacoso.*

acharar (del caló «jacharar», calentar, con influencia de «azarar») 1 tr. y prnl. *Avergonzar[se].* 2 (And.) *Enojar[se], disgustar[se].* 3 (And.) tr. *Dar achares.*

achares (del caló «jachare», tormento; inf.) m. pl. *Celos; se usa corrientemente sólo en la frase «dar achares».

acharolado, -a Participio adjetivo de «acharolar». Charolado.

acharolar tr. Charolar (con charol: barniz que se da a las *pieles).

achatado, -a Participio adjetivo de «achatar[se]»: 'La Tierra es achatada por los polos'.

achatamiento m. Acción y efecto de achatar[se].

achatar tr. y prnl. Poner[se] chata o aplastada una ↘cosa.

achelense (de «Saint-Acheul», ciudad francesa») adj. y n. m. Se aplica al periodo prehistórico del paleolítico inferior posterior al abbevillense, caracterizado por el uso de utensilios de piedra tallados por las dos caras, y a sus cosas.

achicado, -a Participio adjetivo de «achicar[se]»: 'Le tiene achicado su hermano mayor'.

achicador m. MAR. *Utensilio empleado para achicar el agua.*

achicadura f. *Achicamiento.*

achicamiento m. *Acción y efecto de achicar[se].*

achicar (de «a-²» y «chico») 1 tr. y prnl. Hacer[se] una ↘cosa más pequeña: 'Mi abrigo viejo lo han achicado para mi hermano'. ⇒ *Disminuir, *empequeñecer[se]. 2 (inf.) tr. Hacer una persona que ↘otra no se atreva a hablar, a actuar o a oponérsele, infundiéndole temor. ≃ *Intimidar. ⊙ Hacer que ↘alguien se sienta inferior o insignificante. ≃ Empequeñecer, encoger. ⊙ prnl. *Intimidarse o *humillarse. ⇒ Achantar[se], acobardar[se], acoquinar[se], ahuevar[se], amansar[se], amedrentar[se], apabullar[se], apocar[se], atemorizar[se], desinflar[se], disminuir[se], empequeñecer[se], encoger[se], estar ACHICADO, hacerse poca COSA, bajar el GALLO, hacerse MENOS, hacerse PEQUEÑITO.

➤ *Abatir[se]. *Agobiar[se]. *Asustar[se]. *Ceder. *Humillar[se]. **3** tr. Extraer el ↘agua encharcada o acumulada en un ↘sitio; particularmente, en una mina o en un barco. ⇒ Escotar, jamurar. ➤ *Agotar. *Desaguar.

achicharradero (de «achicharrar») m. Sitio muy caluroso.

achicharrado, -a Participio adjetivo de «achicharrar[se]».

achicharramiento m. Acción y efecto de achicharrar[se].

achicharrante adj. Que achicharra.

achicharrar (de «a^{2}-» y «chicharrar») **1** tr. Quemar ↘algo, particularmente una ↘comida, sin llegar a destruirlo completamente. Por ejemplo, asar o freír una vianda hasta que se queda completamente sin jugo y se empieza a carbonizar. Se aplica hiperbólicamente: 'El sol nos achicharraba'. ⊙ prnl. Quemarse algo, por ejemplo un alimento. ⊙ Sentir mucho calor. **2** (inf.; «a, con») tr. *Molestar mucho a ↘alguien, intencionadamente o insistiendo pesadamente en una cosa: 'Le están achicharrando entre todos con sus pullas. Me achicharraron a preguntas'. ≃ Asar, freír. ⇒ *Mortificar.

achichinque (del nahua «achichincle», de «atl», agua, y «chichinqui», chupador) **1** m. *Obrero que traslada a las piletas el agua que sale de los manantiales subterráneos en las *minas.* **2** (Méj.) *Hombre que acompaña a un superior obedeciendo ciegamente sus órdenes.* ⇒ *Acólito.

achicoria (de «chicoria»; *Cichorium intybus*) f. *Planta compuesta, de raíces y hojas amargas, una de cuyas variedades se emplea como sucedáneo del *café. ≃ Chicoria, usillo.

achiguar (de «a-^{2}» y «chigua») **1** (Arg., Chi.) tr. *Combar; por ejemplo, dando la forma de un paraguas.* ⊙ (Arg., Chi.) prnl. *Combarse una cosa.* **2** (inf.; Arg., Chi.) *Echar panza una persona.*

-achín V. «-ín».

achinado, -a 1 adj. y, menos frec., n. De rasgos faciales semejantes a los de los chinos. **2** Por extensión, se aplica a todo lo que se asemeja a los caracteres, rasgos o usos chinos.

achinar tr. **Matar a ↘alguien impidiéndole defenderse; por ejemplo, sujetándole entre varios.* ≃ Acochinar.

achinelado, -a adj. *Aplicado al calzado, de forma de chinela.*

achiote (del nahua «achiyotetl», almagre) m. *Bija. ≃ Achote.

achiotero, -a 1 adj. Del achiote. **2** m. *Achiote.* **3** (Ec.) *Sartén de barro provista de un cernidor.* **4** (P. Rico) f. *Vasija para el achiote.*

achique m. Acción de achicar.

achiquitar (de «a-^{2}» y «chiquito»; Col., Guat., Méj., R. Dom.) tr. y prnl. *Empequeñecer[se].*

achira (de or. quechua) **1** (Arg.) f. **Planta de flor roja y semillas negras muy duras en forma de bolita.* **2** (*Canna edulis*) *Planta cannácea del Perú, de raíz comestible. ≃ Capacho. **3** (Chi.) **Cañacoro (planta cannácea).*

¡achís! Onomatopeya con que se representa o se imita el sonido que se hace al *estornudar.

achispado, -a Participio adjetivo de «achispar[se]». Ligeramente *borracho.

achispar (de «a-^{2}» y «chispa») tr. y prnl. *Emborrachar[se] ligeramente.

achitabla (del lat. «acetabŭla», pl. de «acetabŭlum», vinagrera; Ál.) f. *Variedad de *romaza (planta poligonácea).*

acho m. *Hacho: *elevación en el terreno.*

-acho, -a Sufijo *despectivo aplicado a nombres y adjetivos: 'ricacho'.

achocadura (de «achocar») f. *Herida causada con palo, piedra, etc.*

achocar (de «a-^{2}» y «choque») **1** tr. *Arrojar a una ↘persona contra una superficie dura.* **2** **Herir a una ↘persona con palo, piedra, etc.* **3** (ant., inf.) *Guardar ↘*dinero apilando una moneda contra otra de canto.* ⊙ (ant., inf.) *Guardar mucho dinero.*

achocolatado, -a adj. De color de chocolate.

acholado, -a (Hispam.) adj. *Con la tez del mismo color que la del cholo (*mestizo).*

acholar (de «a-^{2}» y «cholo»; Chi., Perú) tr. **Avergonzar[se] o *humillar[se].* ⊙ (Chi., Perú) prnl. *Avergonzarse.*

-achón, -a V. «-ón».

achote (del nahua «achiyotetl», almagre) m. **Bija (árbol bixáceo).* ≃ Achiote.

achubascarse prnl. *Tomar el cielo aspecto como de amenazar chubascos.*

achuchado, -a Participio de «achuchar» (incitar, estrujar, etc.). ⊙ (inf.; «Estar») adj. Difícil o peliagudo: 'La vida está muy achuchada'. ⊙ (inf.; «Estar») Particularmente, por estar escaso de dinero.

achuchar^{1} (de or. expresivo) **1** tr. Incitar a una ↘persona o un animal, particularmente un perro, contra otro. ≃ *Azuzar. **2** *Estrujar una ↘cosa. ⊙ Dar estrujones o achuchones a una ↘cosa o una persona, o manosearlas. **3** (inf.) Apremiar, atosigar.

achuchar^{2} (de «chucho^{2}»; Arg., Ur.) intr. y prnl. *Temblar por el frío o la fiebre.*

achucharrar 1 (Hispam.) tr. **Estrujar.* ≃ Achuchar. **2** (Hispam.) prnl. **Intimidarse.*

achuchón (de «achuchar») **1** («Dar») m. Embestida o empujón dado intencionadamente a alguien. **2** (inf.; «Dar») Abrazo muy efusivo.

achucuyar (Hispam.) tr. **Intimidar.*

achuela (R. Dom.) f. *Azuela.*

-achuelo, -a Sufijo formado con el despectivo «-acho» y el diminutivo «-uelo»: 'riachuelo'.

achulado, -a o **achulapado, -a** («Ser») adj. Aplicado a personas o a sus modales, acento o lenguaje, como [de] chulo. ≃ *Chulo, flamenco.

achuma (Bol.) f. *Planta cactácea de brazos acanalados.*

achunchar (de «a^{2}-» y «chuncho»; Bol., Chi.) tr. y prnl. *Avergonzar[se], turbar[se].*

achune (del vasc. «asuna»; Ál., Nav.) f. **Ortiga (planta urticácea).*

achuntar (de «a^{2}-» y «chonta», porque con la madera de este árbol se hacían flechas; Bol., Chi.; inf.) tr. o abs. *Dar en el blanco.* ≃ Acertar.

achupalla (del quechua «achupalla»; *Puya chilensis*) f. **Planta bromeliácea de América del Sur, con las hojas espinosas por los bordes, de la que se obtiene fibra textil.*

achura (del quechua «achúray», repartir, porque se repartía entre los que ayudaban a matar la res; Am. S.; sing. o pl.) f. **Despojos: conjunto de las vísceras y partes menos estimadas de la res, que se venden aparte.*

achurador (Arg.) m. *Hombre que achura.*

achurar 1 (Arg.) tr. *Quitar las achuras a la res.* **2** (Arg.; inf.) **Matar a ↘alguien a cuchilladas.*

aciago, -a (del lat. «aegyptiăcus», egipcio, aplicado en la Edad Media a ciertos días considerados infaustos) adj. Se aplica a lo que presagia desgracias, las acompaña o va acompañado de ellas: 'Un día aciago'. ≃ *Desgraciado.

acial (de «aciar») **1** m. *Utensilio con que se oprime un labio, una oreja, o el tabique nasal de las caballerías para que se estén quietas mientras las *hierran.* ≃ Torcedor. ⇒ Aciar. **2** (Am. C., Ec.) *Látigo para estimular el trote de una caballería.*

aciano (del lat. «cyănus», del gr. «kyanós», azul) **1** *(Centaurea centaurium)* m. *Planta compuesta medicinal de tallo lanudo y flores de color azul en cabezuela de cáliz escamoso. ≃ ACIANO mayor, aldiza. **2** *(Centaurea cyanus)* *Planta compuesta, de grandes flores orbiculares, generalmente de color azul claro. ≃ ACIANO menor, azulejo.

ACIANO MAYOR. Aciano.

A. MENOR. Aciano.

acianos m. **Escobilla (planta ericácea).*

aciar (del ár. and. «azziyár», del cl. «ziyār»; ant.) m. *Acial.*

acíbar (del ár. and. «aṣṣíbr», del cl. «ṣabir») **1** m. Sustancia resinosa muy amarga, de uso medicinal, obtenida por maceración del jugo de las hojas de varias especies de áloe. ≃ Áloe. **2** Áloe (planta liliácea). **3** *Pena o *sinsabor. ≃ Amargura.

acibarar **1** tr. Poner acíbar en una ↘cosa. **2** *Amargar ↘algo o a alguien: 'Este desengaño acibaró sus últimos días'.

acibarrar (inf.) tr. *Arrojar violentamente una ↘cosa.* ≃ Abarrar.

aciberar (de «a-[2]» y «cibera»; ant.) tr. **Moler una ↘cosa.*

acicalado, -a Participio adjetivo de «acicalar[se]». ⊙ m. Acción de acicalar[se].

acicalamiento m. Acción y efecto de acicalar[se].

acicalar (del sup. ár. and. «ṣiqál» o «siqál», del cl. «ṣiqāl», instrumento para pulir o dar brillo) **1** tr. *Bruñir una ↘cosa; particularmente, las *armas blancas.* **2** *Dar a una ↘pared el último pulimento.* **3** Adornar o *arreglar mucho a ↘alguien o ↘algo. Tiene frecuentemente sentido peyorativo, implicando exageración, afectación o excesivo prurito de hacer parecer bien a la cosa de que se trata: 'La están acicalando como si fuese una novia. Acicalaron el burro para llevarlo a la feria. Han acicalado la casa para recibir a los huéspedes'. Muy frec. reflex.: 'Se acicaló para ir al baile'. **4** **Avivar o aguzar el ↘espíritu.*

□ CATÁLOGO

Acepillar, afiligranar, alifar, alindongarse, apirularse, atildar[se], componer[se], empapirotar, empaquetar, emperejilar[se], emperifollar[se], endomingar[se], engalanar[se], entarascar, prenderse, recomponer[se], repulir. ➤ Acicalado, aljimifrado, almidonado, arreglado, atildado, barbilindo, chatre, compuesto, currutaco, encolado, engomado, enguedejado, gomoso, lechuguino, paquete, peripuesto, *petimetre, pisaverde, recompuesto, refitolero, relamido. ➤ De veinticinco ALFILERES, hecho un BRAZO de mar, hecho un BRINQUIÑO, más galán que MINGO, de PUNTA en blanco. ➤ *Adorno. *Arreglar. *Embellecer. *Pulido.

acicate (¿del ár. and. «muzíl assiqáṭ», quitador de flaquezas de la caballería remisa?) **1** m. *Espuela con sólo una punta de hierro. ⊙ Esa punta. **2** («Ser, Servir de») Algo que mueve a hacer cierta cosa o a obrar de cierto modo: 'Las ganas de casarse son el acicate que le hace estudiar'. ≃ *Estímulo.

acicatear tr. Servir de acicate o estímulo. ≃ *Estimular.

aciche[1] (del ár. y rom. and. «ačílč», del lat. «aciscŭlus») m. *Utensilio de *solador con dos bocas, en forma de azuela.*

aciche[2] m. **Caparrosa.* ≃ Aceche.

acícula (del lat. «acicŭla», aguja pequeña) f. BOT. Hoja de las coníferas, en forma de aguja.

acicular (de «acícula»; cient.) adj. De *forma de *aguja: 'Hoja acicular' (en botánica). 'Estructura acicular' (en mineralogía).

acidalio, -a (del lat. «Acidalĭus») adj. *De la diosa Venus.*

acidaque (del ár. and. «aṣṣidáq») m. *Arras que entre los *musulmanes entrega el hombre a la mujer con quien se casa.* ⇒ *Dote.

acidar tr. y prnl. Volver[se] ácido. ≃ Acidificarse.

acidez **1** f. Cualidad de ácido. **2** Sensación ácida. **3** ACIDEZ de estómago.

ACIDEZ DE ESTÓMAGO. *Hiperclorhidria.

acidia (del lat. «acedĭa») f. *Flojedad, *holgazanería o *pereza.* ≃ Acedia.

acidificación f. Acción de acidificar[se].

acidificar tr. y prnl. Acidar[se].

acidioso, -a (de «acidia») adj. *Holgazán.*

ácido, -a (del lat. «acĭdus») **1** adj. *Agrio. Se aplica a lo que produce en la lengua o el paladar la sensación que produce, por ejemplo, el vinagre. **2** De ácido o que tiene cualidades de ácido. **3** m. Cuerpo químico en cuya composición entra el hidrógeno, que es capaz de atacar o corroer a otros, formando al atacar a los metales cuerpos llamados sales. **4** (argot) Droga de efectos alucinógenos derivada del ácido lisérgico que se consume en forma de pastilla.

ÁCIDO ACÉTICO. El del vinagre.

Á. ACETILSALICÍLICO. El usado en medicina como analgésico y antipirético que se comercializa con el nombre de «aspirina».

Á. ACRÍLICO. Líquido incoloro y corrosivo que se emplea para la fabricación de materiales plásticos.

Á. ASCÓRBICO. Vitamina C, cuya carencia produce el escorbuto.

Á. BARBITÚRICO. Cierto ácido orgánico, base de importantes productos farmacéuticos de propiedades *soporíferas.

Á. BÓRICO. Ácido del boro, que se presenta en escamas blancas, untuosas al tacto, en las proximidades de las fumarolas; se emplea como *antiséptico.

Á. CARBÓLICO. *Fenol.*

Á. CARBÓNICO. ANHÍDRIDO carbónico.

Á. CATÁRTICO. *Catartina.*

Á. CELIDÓNICO. *El contenido en la celidonia.*

Á. CÉTICO. *El extraído de la cetina.*

Á. CIANHÍDRICO. Cierto ácido orgánico, líquido, de olor de almendras amargas, muy venenoso.

Á. CÍTRICO. El del *limón, sólido, muy soluble en el agua, que forma, al evaporarse ésta, cristales incoloros.

Á. CLORHÍDRICO [O HIDROCLÓRICO]. Ácido muy usado en la industria, por ejemplo para la obtención del cloro, y, por su poder disolvente de muchas suciedades, en usos domésticos. ≃ ÁCIDO muriático, ESPÍRITU de sal, SAL fumante. ⇒ AGUA regia.

Á. CLÓRICO. *Ácido del que se derivan los cloratos.*

Á. DESOXIRRIBONUCLEICO («ADN»). Principal componente de los cromosomas de las células que tiene un importante papel en la transmisión de los caracteres hereditarios.

Á. FLUORHÍDRICO. Disolución acuosa de fluoruro de hidrógeno, que disuelve muchos metales y se emplea para grabar el cristal.

Á. FOSFÓRICO. Cualquiera de los obtenidos por la acción del agua sobre el fósforo.

Á. FULMÍNICO. *Ácido volátil muy venenoso que forma sales explosivas.*

Á. GÁLICO [O GALOTÁNICO]. *ÁCIDO tánico.*

Á. GRASO. ÁCIDO orgánico compuesto de dos átomos de oxígeno y doble número de átomos de hidrógeno que de carbono.

Á. HIDROCLÓRICO. *ÁCIDO clorhídrico.*

Á. HIPOCLOROSO. *Ácido compuesto de oxígeno, hidrógeno y cloro.*

Á. HIPOSULFÚRICO. *Ácido inestable compuesto de azufre y oxígeno.*

Á. HIPOSULFUROSO. *El menos oxigenado de los ácidos compuestos de azufre y oxígeno.*

Á. LÁCTICO. Ácido que se produce por fermentación del azúcar de leche.

Á. LISÉRGICO. Ácido de efecto alucinógeno derivado de los alcaloides contenidos en el cornezuelo de centeno.

Á. MURIÁTICO. *ÁCIDO clorhídrico.*

Á. NICOTÍNICO. Vitamina del grupo B cuya carencia causa la pelagra.

Á. NÍTRICO. Ácido muy enérgico, que ataca a los metales y se emplea en el grabado al agua fuerte.

Á. NUCLEICO. Grupo de sustancias que constituyen el núcleo y el citoplasma de las células vivas. Intervienen en la síntesis de las proteínas y en la transmisión de los genes.

A. OLEICO. Ácido que se forma en la saponificación de los cuerpos grasos.

Á. PÍCRICO. Ácido orgánico enérgico, que se emplea en la fabricación de explosivos; se aplica también a las quemaduras recién producidas, para evitar la ulceración.

Á. PRÚSICO. Solución de ácido cianhídrico en agua.

Á. RIBONUCLEICO («ARN»). Uno de los ácidos que componen las células vivas, situado en el citoplasma y en el nucléolo, que desempeña un papel importante en la síntesis de las proteínas.

Á. SALICÍLICO. Ácido muy importante en medicina, con el que se prepara la aspirina.

Á. SULFHÍDRICO. Gas compuesto de azufre e hidrógeno, de olor desagradable, que se origina en la descomposición de las albúminas.

Á. SULFÚRICO. Líquido oleoso muy cáustico, compuesto de azufre, hidrógeno y oxígeno, de mucha aplicación industrial, particularmente en las industrias de colorantes y de explosivos. ≃ Vitriolo, ACEITE de vitriolo.

Á. SULFUROSO. Líquido incoloro, compuesto de azufre, hidrógeno y oxígeno, que se emplea como blanqueador.

Á. TÁNICO. *Tanino. ≃ ÁCIDO gálico [o galotánico].

Á. TARTÁRICO [o, menos frec., TÁRTRICO]. Ácido obtenido a partir del tártaro del mosto; tiene diversos usos industriales, entre ellos, en tintorería y en la elaboración de bebidas refrescantes.

Á. ÚRICO. Compuesto orgánico, menos oxidado que la urea, que existe en la orina, el cual, cuando se acumula en el organismo, produce el reumatismo y la gota.

Á. VALERIÁNICO. *Ácido orgánico existente en la raíz de la valeriana, del que se deriva el valerianato, usado en medicina.*

□ CATÁLOGO

Acedo, acescente, acetoso, acídulo, acre, agrete, agridulce, agrio, agro, austero, avinagrado, casquite, suche, vinagroso. ➤ Asperete, asperillo, punta, rabanillo, rábano. ➤ Acedar[se], acidificar[se], acidular, agrazar, agriar[se], apuntarse, atufarse, avinagrarse, picarse, repuntarse, revenirse, torcerse. ➤ Desacidificar. ➤ Dar DENTERA, alargar los DIENTES, rechinar, dar REPELUZNO. ➤ Hidrácido, oxácido. ➤ Anhídrido. ➤ Tornasol. ➤ Álcali.

acidorresistente adj. BIOL. *Se aplica a los microorganismos que, después de coloreados en las tinciones microscópicas, no se decoloran por la acción del ácido nítrico o sulfúrico; como el de la tuberculosis.*

acidosis f. MED. *Estado anormal consistente en exceso de ácidos en los tejidos y en la sangre, que se observa en la fase final de la diabetes y de otras perturbaciones del metabolismo.*

acidulante adj. y n. m. Se aplica a la sustancia que se emplea para acidular otra.

acidular tr. Poner acídula una ↘sustancia.

acídulo, -a (del lat. «acidŭlus») adj. Ligeramente ácido.

aciemar (de «a²-» y «ciemo»; Ál., Rioj., Sor.) tr. *Abonar con estiércol.*

acientífico, -a adj. Contrario a los principios científicos.

acierto 1 m. Acción y efecto de acertar. **2** (n. calif.) Cosa acertada: 'Ese adorno es un acierto'.

ácigos (del gr. «ázygos», impar) **1** adj. ANAT. *Impar: sin pareja.* **2** adj. y n. f. ANAT. *Se aplica a la *vena impar situada en la parte anterior derecha de la porción torácica del raquis, que pone en comunicación la cava superior con la inferior.*

aciguatar (de «acechar», con influencia de «aguaitar»; And.) tr. **Atisbar, *acechar o *escudriñar.*

acijado, -a (de «acije») adj. *Del color de la caparrosa azul.*

acije (de «aciche») m. **Caparrosa.* ⇒ Enaciyar.

acilo (de «ácido» e «-ilo») m. QUÍM. *Radical formado a partir de un ácido orgánico.*

acimboga (relac. con «azamboa») f. **NARANJO amargo (árbol rutáceo).*

acimentarse (de «a-²» y «cimentar»; ant.) prnl. **Establecerse o arraigarse en un pueblo.*

ácimo (del lat. «azȳmus», del gr. «ázymos») adj. Aplicado al *pan, particularmente al de la consagración, sin levadura. ≃ Ázimo.

acimut (del ár. «assumūt», pl. de «samt», a través del b. lat.; pl. «acimutes» o «acimuts») m. ASTRON. En el sistema de coordenadas astronómicas, ángulo medido sobre el horizonte, que forma el círculo vertical o de altura de un astro con el meridiano del lugar de observación. ≃ Azimut.

acimutal adj. ASTRON. Del acimut. ≃ Azimutal.

V. «ÁNGULO acimutal».

ación (del sup. ár. and. «assiyúr», del cl. «suyūr», pl. de «sayr», correa, con influencia del sufijo aum. «-ón») f. Correa de que pende el estribo en la silla de montar. ≃ Estribera.

-ación V. «-ción».

acionera (Arg., Chi.) f. *Pieza de metal o de cuero, fija en la *silla de montar, de la que cuelga la ación.*

acipado, -a (¿del lat. «stipātus», tupido?) adj. *Se aplica al *paño que está bien tupido cuando se saca de la percha.*

acipenseriforme adj. y n. m. ZOOL. *Se aplica a los *peces del orden al que pertenece el esturión, que tienen el cuerpo fusiforme, con escamas reducidas a filas de placas laterales, vejiga natatoria bien desarrollada y cola asimétrica; viven en los ríos y aguas costeras de regiones templadas y frías.* ⊙ m. pl. ZOOL. *Orden que forman.*

aciprés m. **Ciprés (árbol cupresáceo).*

acirate (del ár. and. «assiráṭ», del cl. «sirāṭ» o «ṣirāṭ», del lat. «strāta», a través del arameo) **1** m. *Loma o *caballón en el terreno; por ejemplo, el que marca el límite de una finca o campo.* **2** *Senda que queda entre dos hileras de árboles.*

acirón (del lat. «acer»; Ar.; en especial *Acer monspessulanum* y *Acer platanoides*) m. **Arce (árbol aceráceo).*

acitara (del ár. and. «assitára», del cl. «sitārah», parapeto) **1** f. **Muro que tiene de espesor el ancho de un ladrillo.* ≃ Citara. **2** *En algunos sitios de Castilla se aplica a las paredes de los costados de una casa.* **3** *Pretil de *puente.* **4** *Tela con que se cubrían las *sillas de estrado.* **5** (ant.) *Tela de cubrir la *silla de montar.*

acitrón (de «a-²» y «citrón») **1** m. Cidra confitada. ⇒ *FRUTA seca. **2** *Tallo de la biznaga mejicana, confitado.*

acivilar (de «a-²» y «civil», grosero, mezquino; ant.) tr. **Envilecer o *humillar.* ≃ Acevilar.

aclamación f. Acción de aclamar.

POR ACLAMACIÓN. Se aplica a «elegir, aprobar, tomar un *acuerdo» o verbos semejantes, y significa que se hace mostrando su opinión favorable los presentes de manera ostensible, sin necesidad de recurrir a votación.

aclamar (del lat. «acclamāre») **1** tr. Mostrar una multitud su aprobación a ↘alguien por lo que hace o dice, con aplausos, voces, etc.: 'Aclamar a un orador, a un torero'. ≃ Vitorear, dar VIVAS. ⇒ *Aplaudir, *aprobar, convocar, ovacionar, vitorear, dar VÍTORES, vivar. ➤ Aclamación, ovación. ➤ ¡Bravo!, ¡víctor!, ¡victoria!, ¡vítor!, ¡viva! ➤ En OLOR de multitudes, en triunfo. **2** («por») Designar la multitud a ↘alguien, con voces, para un cargo, o mostrar su conformidad con el nombramiento: 'Le aclamaron rey. La aclamaron reina de la belleza. Le aclamaron por su jefe'. ≃ Proclamar. **3** *Llamar a las ↘aves.*

aclamídeo, -a (de «a-¹» y el gr. «chlamýs», clámide) adj. BOT. *Se aplica a la *flor sin periantio y a las plantas con este tipo de flor.* ≃ Desnudo.

aclaración **1** f. Acción de aclarar. **2** Palabras o texto que aclaran algo. ≃ Explicación. ⇒ Comentario, escolio, exégesis, interpretación, nota. ⊙ DER. *Enmienda del texto de una sentencia por el mismo que la ha dado, inmediatamente después de comunicarla.*

aclarado, -a **1** Participio adjetivo de «aclarar[se]». **2** m. Acción de aclarar la ropa. **3** adj. HERÁLD. *Se aplica a la figura rodeada de un campo de cierto color.*

aclarar (del lat. «acclarāre») **1** tr. y prnl. Hacer[se] ↘algo más claro, en sentido material o figurado: 'Aclarar el tono del pelo. Aclarar el chocolate añadiéndole leche. Aclarar un bosque arrancando algunos árboles, o una plantación, por ejemplo de maíz, arrancando algunas plantas. Aclarar una actitud, una situación, las ideas de alguien. El tiempo aclara las cosas. Las ideas se aclaran durmiendo'. ⇒ Clarar, clarear, desambiguar, desembotar, desembrollar, desenlazar, desenmarañar, desentrañar, desenvolver, desligar, determinar, dilucidar, discantar, esclarecer, arrojar [o echar] LUZ, matizar, redefinir. ➤ Acuchillar, *castrar, desembarazar, enralecer, entresacar, expurgar. ➤ *Claro. *Comentar. *Desarrollar. *Desenredar. *Explicar. *Precisar. ➤ *Espaciar. *Limpiar. **2** tr. Lavar la ↘ropa u otra cosa con agua sola después de haberlo hecho con jabón, para quitar éste. ≃ *Enjuagar. ⊙ MINER. *Lavar por segunda vez los minerales.* **3** prnl. Quedar transparente un líquido al posarse lo que lo enturbia. **4** (terciop.) intr. y prnl. Desaparecer las nubes después de llover o después de una tormenta: 'Si se aclara el tiempo, saldremos a dar un paseo' ≃ Despejarse. **5** (terciop.) intr. *Amanecer. ≃ Clarear. **6** tr. *Desfruncir el ceño.* **7** MAR. *Desliar o *desenredar.* **8** *Hacer ilustre a ↘alguien.* **9** prnl. **Franquearse con alguien.*

aclarativo, -a adj. Aclaratorio. ⊙ En este diccionario se aplica a las expresiones conjuntivas que introducen una oración que es aclaración de otra. ⇒ Es DECIR, por DECIRLO así, por así DECIR[lo], ESTO es, o lo que es lo MISMO, o, a saber, es a SABER, O SEA.

aclaratorio, -a adj. Se aplica a lo que aclara o sirve para aclarar. ≃ Aclarativo.

acle (de or. malayo) **1** (*Mimosa acle*) m. *Árbol leguminoso de Filipinas, de color pardo rojizo, que proporciona buena *madera para la construcción y para la fabricación de barcos.* ⇒ *Planta. **2** (*Xylia xylocarpa*) *Árbol leguminoso de Asia tropical, de madera dura.*

acleido, -a (de «a-¹» y el gr. «kleís, kleidós», clavícula) adj. y n. ZOOL. *Se aplica al animal mamífero que no tiene clavículas o las tiene muy rudimentarias.*

aclimatable adj. Susceptible de aclimatarse.

aclimatación f. Acción y efecto de aclimatar[se].

aclimatar (del fr. «acclimater») tr. *Acostumbrar a un ↘ser orgánico a un clima o ambiente que no son los en que se ha criado. ⊙ prnl. *Acostumbrarse gradualmente a una situación o un ambiente extraños o que en un principio resultan desagradables: 'Es cuestión de aclimatarse'. ⊙ tr. y prnl. En sentido figurado se aplica a ↘cosas no orgánicas: 'Aclimatar una moda, una costumbre'. ⇒ *Establecer, *introducir.

aclocar (de «a-²» y «clueca») **1** intr. y, más frec., prnl. *Hacerse cluecas las gallinas.* ≃ Enclocar. **2** prnl. **Arrellanarse.*

acmé (del gr. «akmḗ», punta) **1** (cient.) amb., más frec. m. *Periodo de vigor máximo en la vida de un individuo, raza o especie.* ⊙ (cient.) *Periodo adulto.* ⇒ *Desarrollar. **2** MED. *Periodo de máxima intensidad de una enfermedad.*

acné o, no frec., **acne** (del gr. «áchnē», película) m. y, menos frec., f. Enfermedad de la piel consistente en *granitos y asperezas producidos por la obstrucción de los folículos sebáceos.

-aco, -a **1** Sufijo *despectivo, equivalente a «-ajo» o «-ucho», pero menos usado: 'pajarraco, monicaco'. **2** Forma rara vez nombres de *naturaleza: 'polaco, austriaco'. **3** También forma, como sufijo átono, adjetivos cultos que significan «como de»: 'paradisiaco, demoniaco'. ⊙ O «afectado de»: 'cardiaco, maniaco'.

acobardado, -a Participio adjetivo de «acobardar[se]».

acobardamiento m. Pérdida del valor, del ánimo o la energía.

acobardar (de «a-²» y «cobarde») tr. y prnl. *Asustar[se] o *intimidar[se]. ⊙ tr. Inspirar temor: 'Acobarda a los niños con sus gritos'. ⊙ («ante, con, frente a, por», con un nombre; «de», con un verbo) prnl. Sentir temor ante cierta cosa: 'Se acobarda de verse tan sola'. ⊙ tr. Quitar a ↘alguien los ánimos o las energías: 'Le acobarda verse enfermo'. ≃ Abatir. ⊙ prnl. Perder los ánimos o las energías. ⊙ tr. Producir cierta cosa temor de realizarla: 'Me acobarda salir a la calle con este frío'.

acobrado, -a adj. *Semejante al *cobre.* ≃ Cobrizo.

acocarse (de «a-²» y «coco⁴») prnl. *Agusanarse la fruta.*

acocear **1** tr. *Cocear.* **2** **Insultar.*

acocharse (de «a-²» y el lat. «coactāre», de «coactus», apretado) prnl. **Agacharse o *agazaparse.*

acochinar (de «a-²» y «cochino») **1** tr. **Matar a ↘alguien sujetándole previamente.* ≃ Achinar. **2** **Intimidar.* ≃ Acoquinar, achicar. **3** *En el juego de *damas, encerrar e inmovilizar un ↘peón.* **4** prnl. *Abandonarse en la limpieza corporal.* **5** *Degenerar moralmente.*

acocil (del nahua «acuitzilli», de «atl», agua, y «cuitzilli», que se retuerce; Méj.) m. *Especie de *camarón de agua dulce.*

acoclarse (de «a-^{2}» y «clueca»; Ar.) prnl. *Ponerse en *cuclillas.*

acocotar (de «a-^{2}» y «cocote») tr. *Acogotar.*

acocote (del nahua «acocohtli», de «atl», agua, y «cocohtli», garguero) m. *Calabaza larga, agujereada por ambos extremos, que se usa en Méjico para extraer por succión el *aguamiel del maguey.

acocullado, -a adj. *Algo *borracho.*

acodado, -a Participio adjetivo de «acodar[se]». ⊙ Doblado en forma de codo.

acodadura f. Acción y efecto de acodar.

acodamiento m. Acodadura.

acodar (del lat. «accubitāre») **1** tr. *Doblar en ángulo una ↘varilla, una ↘tubería o cosa semejante. **2** tr. y, más frec., prnl. *Apoyar[se] sobre los *codos. **3** tr. AGRIC. Enterrar una ↘rama de una planta, sin separarla de ésta, para que eche raíces y se produzca una nueva planta. ⇒ Acodillar, amorgonar, amugronar, ataquizar, cerchar, ensarmentar. ➤ Desvezar.

acoderar tr. MAR. *Presentar en determinada dirección el costado de un ↘*barco, valiéndose de coderas.*

acodillado, -a 1 Participio adjetivo de «acodillar». **2** (Arg.) adj. *Se aplica al caballo con manchas blancas en los codillos.*

acodillar 1 tr. Acodar. **2** *En los juegos de *baraja, dar codillo.*

acodo 1 m. AGRIC. Operación de acodar un vástago. ⊙ AGRIC. Vástago acodado. **2** ARQ. **Moldura que rodea un vano.*

acogedor, -a 1 adj. y n. Aplicado a personas, inclinado a acoger. ≃ Hospitalario. ⊙ adj. Aplicado a lugares, grato para estar en él. **2** Aplicado a personas, *amable. ≃ Afable.

acoger (del sup. lat. «accolligĕre», de «colligĕre», recoger) **1** tr. *Admitir una persona a ↘otra en su casa o en su compañía, para hospedarla, o para protegerla o ayudarla. ⊙ El sujeto puede ser un refugio material: 'El asilo acoge a los ancianos'. ⊙ En lenguaje piadoso o patético tiene puramente el sentido de «*ayudar» o «*proteger»: '¡Acógenos, Señor, en este trance!'. **2** («a») prnl. Meterse en un refugio: 'Se acogieron a las naves'. ≃ Refugiarse. **3** (ant.) tr. *Dar entrada o admitir en la dehesa a un ↘ganado para que paste en ella.* **4** *Recibir ↘algo o a alguien de cierta manera: 'Le acogieron con aplausos [o con una pita estrepitosa]. Me acogieron como a una persona de la familia. Hay que acoger la noticia con reservas'. **5** («a») prnl. Ponerse bajo la protección de alguien: 'Se acogió a la protección del rey'. ≃ Ampararse. **6** («a») Fundar una petición en cierta disposición legal: 'Se acogió a una disposición reciente'. ≃ Ampararse, *apoyarse. ⇒ *Alegar, coger. ⊙ («a») Utilizar cierta cosa como *pretexto.

□ CATÁLOGO

Admitir, *albergar[se], amadrigar, amparar[se], anidar, arrimarse a, asilar[se], asubiarse, cobijar[se], coger, encomendarse, escudarse, favorecer, guarecer[se], invocar, proteger, receptar, recibir, recoger[se], *recurrir a, refugiar[se], remontarse, retraerse, valerse de, dar AMPARO, dar ASILO, recibir con los BRAZOS abiertos, poner buena CARA, dar COBIJO, ponerse en COBRO, recibir con PALIO, dar PROTECCIÓN, franquear las PUERTAS, tomar PUERTO. ➤ Acepto, cabido. ➤ Acogeta, albergue, alberguería, amparo, asilo, cobijo, defensa, dextro, escudaño, guarida, hospicio, hospital, puerto, recepto, *refugio, regazo, remedio, sagrado. ➤ Afabilidad, amabilidad, hospitalidad. ➤ Inhospitalidad. ➤ *Admitir. *Asilo. *Proteger. *Recibir.

acogeta (de «acoger») f. *Refugio.*

acogida f. Acción de acoger. ≃ Acogimiento. ⊙ Particularmente, acción de acoger de cierta manera: 'Buena [o mala] acogida. Una acogida calurosa [cordial, fría]'.

acogido, -a 1 Participio adjetivo de «acoger»; se emplea muy frecuentemente con «bien» o «mal»: 'No ha sido bien acogido'. **2** n. Persona acogida en un establecimiento de beneficencia. **3** m. *Conjunto de reses que un ganadero entrega al dueño de un *ganado más importante para que se las cuide por determinado precio.* ≃ Acollido. **4** *En el «*Concejo de la Mesta», ganado que el dueño de una dehesa admitía en ella.* ⊙ *Precio pagado por esta admisión.*

acogimiento m. *Recibimiento. ≃ Acogida.

acogollar[1] (de «a-^{2}» y «cogolla») tr. *Cubrir las ↘plantas delicadas con esteras u otra cosa para defenderlas de la lluvia o el frío.*

acogollar[2] intr. y prnl. Formar *cogollo las hojas de ciertas plantas, como la lechuga o la col.

acogombrar (de «a-^{2}» y «cogombro») tr. AGRIC. **Aporcar.* ≃ Acohombrar.

acogotado, -a (de «acogotar»; «Tener») Participio adjetivo de «acogotar». Sometido por la fuerza y privado de toda libertad. ⊙ Intimidado.

acogotar 1 tr. **Matar con herida o golpe en el cogote.* **2** **Derribar a ↘alguien sujetándole por el cogote.* ⇒ Acachorrar. **3** *Oprimir o dominar a ↘alguien tiránicamente. Más frecuente, «tener acogotado». ⊙ Tener a ↘alguien intimidado. ⇒ *Intimidar. **4** (Sal.; reflex.) *Herirse el buey en el cogote.*

acohombrar (de «a-^{2}» y «cohombro») tr. AGRIC. *Cubrir ciertas ↘plantas como el apio, el cardo o la escarola, con tierra, para que se hagan blancas y tiernas.* ≃ Acogombrar, *aporcar.

acoita (ant.) f. *Cuita.*

acoitar (ant.) tr. **Entristecer.*

acojinamiento m. *Entorpecimiento causado en las *máquinas de vapor por la interposición de éste entre el émbolo y la tapa del cilindro.*

acojinar (de «a-^{2}» y «cojín») tr. **Enguatar.*

acojonado, -a (vulg.; «Estar») Participio adjetivo de «acojonar[se]». ⊙ (vulg.; «Ser) adj. y n. Cobarde.

acojonante (de «acojonar») **1** (vulg.) adj. Que causa gran miedo, susto o impresión. **2** (vulg.) Magnífico, estupendo: 'El equipo hizo un partido acojonante'.

acojonar (de «a-^{2}» y «cojón») **1** (vulg.) tr. y prnl. Intimidar[se]. **2** (vulg.) Causar [o sentir] gran impresión.

acojone o **acojono** (de «acojonar»; vulg.) m. Miedo.

acolada (del fr. «accolée, accolade») f. *Abrazo que, acompañado de un espaldarazo, se daba al neófito después de ser armado *caballero.* ⊙ *En la *masonería, beso ritual.*

acolar (del fr. «accoler», juntar) **1** tr. HERÁLD. *Unir dos ↘escudos por sus costados, en señal de la alianza de dos familias.* **2** HERÁLD. *Poner formando aspa detrás del escudo o alrededor de él ciertas ↘señales de distinción, como llaves, banderas o cadenas.*

acólcetra (del ár. y rom. and. «alkúsitra», del lat. «culcĭtra»; ant.) f. **Colchón o *colcha.* ≃ Cólcedra.

acolchado, -a 1 Participio adjetivo de «acolchar». **2** m. Obra que se hace poniendo una manta de guata entre dos telas y pespunteando el conjunto. **3** *Revestimiento consistente en paja o cañas delgadas entretejidas con cuerdas, con que se refuerzan a veces los diques.* **4** (Arg.) *Cobertor relleno con plumón u otros materiales blandos.*

acolchar[1] (de «a-[2]» y «colchar[1]») tr. Hacer o poner un acolchado en una ↘prenda de ropa o en cualquier ↘sitio. ⇒ *Enguatar.

acolchar[2] (de «a-[2]» y «corchar») tr. MAR. *Unir filásticas para formar un cordón, o cordones para formar un *cabo.* ≃ Colchar, corchar.

acolchonar (de «a-[2]» y «colchón»; Hispam.) tr. *Acolchar.*

acolgar (ant.) intr. **Colgar o *inclinarse una cosa por o hacia un lado.*

acolia f. MED. *Falta de pigmentos biliares en las heces.*

acolitado (de «acólito») m. Orden sagrada, la superior entre las menores, que faculta al que la tiene para servir al sacerdote en el altar.

acolitar (Hispam.) tr. o abs. *Desempeñar las funciones de acólito en la ↘misa.*

acólito (del lat. «acolȳtus», del gr. «akólouthos», compañero de camino, de «kéleuthos», camino) **1** m. Eclesiástico que tiene el acolitado. ⇒ Ceroferario. **2** Niño que ayuda a misa con sobrepelliz. ≃ *Monaguillo. **3** (desp.) Persona que acompaña asiduamente a otro en actitud de adhesión o subordinación. ⇒ Achichinque. ➤ *Partidario. ➤ Servidor.

acollador (de «acollar») m. MAR. **Cabo que pasa por los ojos de las vigotas, que sirve para tensar el cabo más grueso.*

acollar (de «a-[2]» y «cuello») **1** tr. AGRIC. Cubrir con tierra el pie de los ↘*árboles o plantas, particularmente de las vides. ⇒ *Aporcar. **2** MAR. Tirar de los acolladores.
□ CONJUG. como «contar».

acollarado, -a **1** Participio de «acollarar[se]». **2** *Se aplica a los animales, particularmente a los *pájaros, que tienen el cuello de distinto color que el resto del cuerpo.*

acollarar **1** tr. *Poner collar a un ↘animal; por ejemplo, a un ↘perro.* **2** *Poner las colleras a las ↘caballerías.* **3** *Unir unos ↘perros a otros por sus collares.* **4** (Hispam.) *Unir un ↘animal a otro por el cuello para que formen *pareja.* **5** (Chi.; recípr.) *Cogerse por el cuello; por ejemplo, *riñendo.* ≃ Apercollarse. **6** (Arg.) prnl. recípr. *Ponerse a vivir juntos un hombre y una mujer como si estuvieran casados, sin estarlo.* ⇒ **Amancebarse.*

acollido m. *Conjunto de reses que entrega un pegujalero al dueño de un *ganado para que las alimente, por un precio estipulado.* ≃ Acogido.

acollonar (de «a-[2]» y «collón») tr. y prnl. **Intimidar[se]*.

acomedido, -a *Participio adjetivo de «acomedirse».* ⊙ **Servicial.* ⊙ **Oficioso.*

acomedirse (de «a-[2]» y «comedir»; Hispam.) prnl. *Prestarse o no poner inconveniente a hacer un servicio o trabajo.*
□ CONJUG. como «pedir».

acomendador, -a (ant.) adj. *Que acomienda.*

acomendamiento (ant.) m. *Encomendamiento.*

acomendante (ant.) adj. *Que acomienda.*

acomendar (ant.) tr. y prnl. *Encomendar[se].*

acometedor, -a (de «acometer») adj. y n. Predispuesto a atacar: 'Un perro acometedor'. ≃ *Agresivo. ⊙ Decidido para emprender cosas. ≃ Emprendedor.

acometer (de «a-[2]» y «cometer») **1** tr. *Atacar físicamente a ↘alguien, o atacar un ↘sitio donde hay alguien: 'Acometieron nuestras posiciones de madrugada'. ⊙ («contra») Dirigirse violentamente o con furia contra una cosa inanimada: 'El toro acometió contra la barrera'. **2** Intentar conquistar la voluntad de alguien para algo. ≃ *Atacar. **3** Comenzar una ↘empresa o trabajo: 'Acometieron la travesía del Pacífico en una balsa'. ≃ *Emprender. **4** Empezarle a ↘alguien repentinamente cierto estado físico o moral: 'Le acometieron ganas de reír. Me acometió una gran tristeza'. ⇒ Atacar, coger, dar, entrar, tomar, venir. **5** CONSTR., MINER. **Desembocar una cañería o una galería en otra.* **6** (ant.) **Proponer.*

acometida **1** f. *Agresión o *ataque. Acción de acometer (embestir). ⊙ Acción de acometer o empezar a alguien cierto estado. ≃ *Acceso, *ataque. **2** Instalación de un ramal secundario en un conducto: 'Hacer una acometida en una tubería [o en una instalación de luz]'. ≃ *Derivación. ⇒ Boquera, boquilla.

acometido, -a («de, por») Participio adjetivo de «acometer». Atacado: 'Acometido de rabia [por los perros, por los cuatro costados]'.

acometiente adj. Aplicable al que acomete.

acometimiento m. *Acometida.* ⊙ *Particularmente, ramal de un desagüe o alcantarilla.*

acometividad (de «acometer») **1** f. Agresividad. **2** *Brío o *decisión para emprender cosas.

acomodable adj. Que se puede acomodar.

acomodación f. Acción y efecto de acomodar[se].

acomodadizo, -a adj. Acomodaticio.

acomodado, -a **1** Participio de «acomodar[se]». ⊙ adj. Colocado. ⊙ Colocado cómodamente. ⇒ Desacomodado. **2** En buena posición económica. ⇒ Desahogado, holgado. ➤ Burgués. ➤ Abundancia, bienestar, HOLGURA económica, buena POSICIÓN [o SITUACIÓN] económica. ➤ *Rico. **3** Conveniente. **4** Comodón: amigo de la comodidad. **5** De *precio moderado.

acomodador, -a **1** adj. Aplicable al que acomoda. **2** n. Persona que guía a sus sitios a los asistentes a un *espectáculo.

acomodamiento **1** m. Acción de acomodar. ≃ Acomodación. **2** *Convenio.* **3** *Comodidad o conveniencia.*

acomodar (del lat. «accommodāre») **1** tr. *Poner ↘cosas o personas en el sitio o la postura convenientes: 'Acomodó el equipaje en la red. Acomodó a la enferma en un sillón'. ⊙ Poner ↘algo o a alguien o poner varias ↘cosas o personas de modo que quepan en cierto espacio: 'Les acomodamos a los dos en la misma habitación. Este aparato no se puede acomodar en este estuche'. ⊙ Poner una ↘cosa de *acuerdo con otra: 'Acomoda las noticias a su deseo'. ⊙ *Preparar o disponer una ↘cosa para algo. ⊙ Hacer que un ↘objeto se ajuste a la forma o tamaño de otro. ≃ *Adaptar, ajustar, amoldar. ⊙ Combinar ↘cosas armónicamente. ⊙ Hacer que dos ↘cosas, por ejemplo dos doctrinas o dos teorías, sean compatibles y no estén en oposición. ≃ *Coordinar. **2** («para») Hacer que un ↘objeto sirva para cierta cosa a la que no estaba originariamente destinado. ≃ *Adaptar. **3** («a») prnl. Colocarse bien, adaptarse, concordar, avenirse, ponerse de *acuerdo, etc. ⊙ («a») A veces tiene sentido peyorativo, significando *contemporizar con falta de consecuencia o de escrúpulos con ideologías opuestas o situaciones ideológicamente opuestas: 'Sabe acomodarse a la situación que impera'. ⇒ *Acomodaticio. **4** («a») Vivir alguien o hacer cierta cosa en determinadas circunstancias, aunque sean desacostumbradas o inadecuadas. ≃ Adaptarse. ⊙ («a») Particularmente, arreglarse para vivir con los medios de que se dispone, aunque sean escasos: 'Se acomoda a sus ingresos'. ⇒ Acomedirse, adaptarse, ajustarse, allanarse, amoldarse, arreglarse, atenerse, avenirse, ceñirse, concretarse, contentarse, doblegarse, plegarse; darse por CONTENTO [o SATISFECHO]. ➤ *Ceder. *Conformarse. *Prescindir. **5** («con, en, de») tr. y prnl. Proporcionar [o entrar en un] *empleo: 'La acomodó de doncella con [o en casa de] unos amigos'. **6** intr. *Convenir: 'Te

enviaré una señorita que tal vez te acomode para secretaria'. **7** Venir bien: no resultar inconveniente o molesto: 'Si te acomoda, puedes venir mañana'. **8** («de») tr. **Aprovisionar a ˘alguien de cierta cosa.*
V. «acomodarse al TIEMPO».

□ CATÁLOGO
Acondicionar, acoplar, acordar, adaptar, adecuar, afiblar, *ajustar, amoldar, aplicar, apropiar, *armonizar, *arreglar, asimilar, atemperar, avenir[se], concertar, conciliar, concordar, condecir, *conformar[se], confrontar[se], congeniar, contemperar, contestar, convenir, *coordinar, *corresponder, cuadrar, encajar, encontrarse, *ensamblar, flexibilizar, frisar, harmonizar, hermanar, juntar, pegar, proceder, readaptar, responder, sentar, *servir, sincronizar, sintonizar, terciar, venir como ANILLO al dedo, estar [o hacer, venir] BIEN, hacer al [ser del o venir al] CASO, hacer COINCIDIR, hallar la HORMA de su zapato, IR con, hacer JUEGO, hacer buenas MIGAS. ➤ Acomodación, acomodamiento, acomodo, concierto, maridaje, mimetismo. ➤ Según. ➤ *Adecuado. *Ajustar. *Aplicar. *Armonía. *Arreglar. *Colocar. *Coordinar. *Orden. *Relación.

acomodaticiamente adv. De manera acomodaticia.

acomodaticio, -a 1 adj. Se aplica a lo que se puede acomodar a cierta cosa o a cosas a las que no corresponde específicamente: 'Un mueble acomodaticio. Una palabra acomodaticia'. Se dice también 'uso [empleo, etc.] acomodaticio'. ≃ Acomodadizo. ⇒ Accidental, *arbitrario, circunstancial, eventual, facticio, improvisado, ocasional. **2** Aplicado a personas, sin ideales o principios que le impidan acomodarse a circunstancias ideológicamente opuestas. ≃ Acomodadizo, adaptable. ⇒ Acomodadizo, adaptable, camaleón, chaquetero, convenenciero, ecléctico, pancista, vividor. ➤ Bandearse, estar [o mantenerse] a CABALLO en la tapia, cambiar de CAMISA [o de CHAQUETA], *contemporizar, bailar en la CUERDA floja, hacer EQUILIBRIOS, no tomar PARTIDO, no significarse, arrimarse al SOL que más calienta, encender una VELA a San Miguel [o a Dios] y otra al diablo. ➤ Cabriola, equilibrio, mimetismo, pasteleo. ➤ *Transigir.

acomodo 1 m. Acción de acomodar[se]. **2** *Empleo, colocación, ocupación. **3** Alojamiento, sitio donde vivir. **4** (Arg.) *Enchufe (cargo o empleo conseguido por influencias).*

acompañado, -a 1 («Estar, Ir») Participio adjetivo de «acompañar»; se emplea generalmente con «bien, mal» o adverbios semejantes: 'Más vale estar solo que mal acompañado'. **2** (ant.; inf.) *Se aplica al lugar donde hay gente, que no está solitario.* ≃ *Concurrido. **3** adj. y n. *Se aplica a la persona que acompaña a otra para realizar alguna comisión.* **4** (Ec.) m. *Guarnición, generalmente de hortalizas, con que se acompaña la carne o el pescado.*

acompañamiento 1 m. Acción de acompañar. **2** Persona, conjunto de personas o cosas que acompañan. ⊙ Particularmente, cuando es con solemnidad. **3** En el *teatro, conjunto de personas que figuran en una representación sin desempeñar ningún papel particular. ≃ Comparsa. **4** MÚS. Conjunto de notas musicales que acompañan armónicamente a una melodía. ⇒ Segunda voz. **5** Conjunto de alimentos que sirven de complemento a un plato principal.

acompañante, -a 1 adj. y n. Se aplica al que acompaña. **2** m. ASTRON. **Reloj usado en las observaciones astronómicas, que bate segundos.*

acompañar (de «a-²» y «compaña») **1** («a») tr. Ir con ˘alguien: 'Tiene que acompañar a su mujer a casa del médico'. ⊙ Tiene, a veces, el sentido de acompañar para *cortejar. ⊙ Estar con ˘alguien: 'Los amigos me han acompañado mucho durante mi enfermedad'. ≃ Hacer compañía. ⊙ Ir o estar con ˘algo: 'A cada aparato acompaña un certificado de garantía'. A veces, con esta acepción, el verbo toma cierto carácter intransitivo y el sujeto se pone al final: 'A la circular acompaña un prospecto'. ⊙ Existir en una persona cierta cualidad o circunstancia. ⊙ Poner una ˘cosa con otra, particularmente para enviarla por correo: 'Acompañamos a esta carta una lista de precios'. O bien: 'Acompañar la denuncia con [o de] pruebas'. ≃ Adjuntar. ⊙ Comer o beber cierta ˘cosa con otra: 'Acompaña el almuerzo con una botella de vino. Los españoles acostumbran acompañar la comida con abundante pan'. ⇒ Adherirse, alumbrar, asistir, concomitar, convoyar, coserse, despedir, escoltar, pegarse, seguir, tomar. ➤ Achichinque, acólito, acompañado, acompañamiento, acompañante, adlátere, apéndice, comitiva, *compañía, convoy, corte, cortejo, edecán, escolta, otáñez, pacota, pareja, paseo, rastra, rodrigón, satélite, séquito, zaguanete. ➤ Macero. **2** *Participar en un sentimiento o alegría de ˘otro. Se emplea en la fórmula de pésame por la muerte de alguien: 'Le (te, etc.) acompaño en el sentimiento'. ≃ Compartir, tomar PARTE. **3** («con, de») Tocar el acompañamiento de una ˘melodía o tocar para que un ˘cantante o solista ejecuten su parte. También reflex.: 'El cantaor se acompañó de la guitarra'. **4** HERÁLD. Adornar el ˘escudo o la figura principal con otros. **5** (ant.) prnl. *Actuar juntos dos o más peritos en un asunto.*

acompasadamente adv. De manera acompasada.

acompasado, -a Participio adjetivo de «acompasar». **1** Aplicado, por ejemplo, a la manera de *andar, *rítmico: 'El tic-tac acompasado del reloj'. ⊙ Se aplica en plural a cosas que se acompasan una con otra: 'La melodía y el acompañamiento acompasados'. **2** Aplicado a las personas por sus movimientos o manera de hablar u obrar, y a estos movimientos y manera, lento y tranquilo. ≃ Pausado, reposado.

acompasar 1 («a, con») tr. Sujetar ˘algo, por ejemplo un movimiento, a compás o al mismo compás que otro. ≃ *Acomodar. ⇒ Compasar. **2** («a, con») Sujetar la cantidad o la marcha de una ˘cosa a otra determinada: 'Acompasar los gastos a los ingresos'.

acomplejado, -a Participio de «acomplejar[se]». ⊙ adj. y n. Se aplica a la persona que tiene algún complejo psicológico.

acomplejar tr. Hacer que ˘alguien tenga un complejo o se sienta inferior a los demás. ⊙ prnl. Empezar a sufrir un complejo.

acomunalar (de «a-²» y «comunal»; ant.) intr. y prnl. **Tratarse una persona con otra.*

acomunarse (de «a-²» y «común»; ant.) prnl. **Asociarse con otros.* ≃ Coligarse.

aconcagüino, -a adj. y, aplicado a personas, también n. *De Aconcagua, provincia de Chile.*

aconchabarse prnl. *Conchabarse:*asociarse con un fin censurable o delictivo.*

aconchadillo (del it. «acconciato», preparación) m. *Cierto *guiso antiguo de carne.*

aconchar (del it. «acconciare») **1** (ant.) tr. **Condimentar.* **2** *Arrimar ˘algo o a alguien a un sitio para defenderlo de un riesgo o acometida.* ⊙ prnl. *Arrimarse a algo para *protegerse.* ⊙ TAUROM. *Arrimarse el *toro a la barrera para defenderse de los toreros.* **3** tr. MAR. *Impeler el viento o una corriente a una ˘embarcación hacia la costa u otro lugar, con peligro.* ⊙ prnl. MAR. *Arrimarse una embarcación, impelida por el viento, a un lugar peligroso.* **4** MAR. *Abordarse sin violencia dos embarcaciones.* **5** MAR. *Acostarse completamente sobre una banda el buque *varado.*

aconcharse (de «a-[2]» y «concho[3]», residuo, sedimento) **1** (Chi., Perú) prnl. *Posarse un líquido.* **2** (Chi., Perú; inf.) *Volver a la normalidad un asunto o situación.*

acondicionado, -a 1 Participio adjetivo de «acondicionar». Se usa siempre con un adverbio o con un complemento con «para»: 'Un hospital bien acondicionado. Una escuela acondicionada para capilla'. **2** *Con «bien» o «mal», de buena o mala condición; *bueno o *malo.*
V. «AIRE acondicionado».

acondicionador, -a 1 adj. Se aplica al aparato o dispositivo empleado para acondicionar. **2** m. Particularmente, aparato para climatizar un espacio cerrado. Se dice también «acondicionador de aire». **3** Cosmético que se usa al lavarse el pelo para facilitar su peinado.

acondicionamiento m. Acción y efecto de acondicionar.

acondicionar 1 tr. *Arreglar o *preparar. Poner una ↘cosa en las condiciones convenientes: 'Acondicionar un local para salón de baile. Acondicionar la fruta en las cajas para su transporte'. **2** Climatizar un ↘lugar cerrado.

aconduchar (ant.) tr. **Aprovisionar.* ⇒ Conducho.

aconfesional adj. Aplicado a instituciones, no confesional: 'Un Estado aconfesional'.

acongojado, -a Participio adjetivo de «acongojar[se]».

acongojante adj. Que acongoja.

acongojar (de «a-[2]» y «congojar») tr. Angustiar o *abrumar: hacer sentir a ↘alguien *angustia, ansiedad o congoja. ⊙ *Apenar mucho. ≃ Congojar. ⊙ prnl. Angustiarse o entristecerse.

aconhortar (ant.) tr. **Consolar.* ≃ Conhortar.

aconitina f. Principio activo del acónito, muy venenoso.

acónito (del gr. «akóniton») m. Nombre dado a varias especies de plantas ranunculáceas del género *Aconitum*, principalmente *Aconitum napellus, Aconitum ferox* y *Aconitum lycoctonum*, que alcanzan hasta 1,5 m de altura, con hojas palmeadas, flores azules, rara vez blancas, y raíz fusiforme; crecen en las montañas altas y también se cultivan en los jardines; todas las especies son venenosas debido a la presencia del alcaloide «aconitina». En algunas regiones se utiliza con fines medicinales. ≃ Anapelo, matalobos, napelo, UVA lupina, UVA verga.

aconsejable adj. Conveniente.

aconsejado, -a Participio adjetivo de «aconsejar». Con «bien» o «mal» o adverbios equivalentes, significa «acertado» o «desacertado», no necesariamente por consejo de otro: 'Me parece que anda mal aconsejado en este asunto'.

aconsejar 1 tr. o abs. Decir a ↘alguien que haga cierta ↘cosa o actúe de cierta manera: 'Le he aconsejado que dimita. Los que te aconsejan no entienden de eso'. ≃ Recomendar. Puede llevar indistintamente como complemento directo el de persona o el de cosa: 'Le fue aconsejada la dimisión. Fue mal aconsejado'. ⊙ Se emplea el mismo verbo para realizar la acción que expresa: 'Te aconsejo que te calles'. ⇒ *Advertir, amonestar, apercibir, asesorar[se], avisar, dehortar, exhortar, *indicar, preconizar, *predicar, recomendar. ➤ Dar PARECER. ➤ Contraindicar, desaconsejar. ➤ *Disuadir. ➤ *Avisar. *Consejo. *Enseñar. *Guiar. *Reprender. *Sugerir. **2** («con, de») prnl. Tomar consejo: 'Debes aconsejarte de [o con] un buen abogado'. ≃ *Consultar.

aconsonantar tr. e intr. LITER. Hacer que rimen [o rimar] con consonancia una ↘palabra o verso con otro u otros. ≃ Consonar.

acontar (del lat. «ad», y «contus», puntal; ant.) tr. *Apuntalar.*

acontecedero, -a adj. Se aplica a lo que puede acontecer.

acontecer (de «a-[2]» y «contecer»; terciop.) intr. Producirse un hecho espontáneamente: 'Aconteció que en aquel momento se pusieron a ladrar los perros'. ≃ Acaecer, ocurrir, pasar, *suceder.
V. «HACER y acontecer».

□ CONJUG. como «agradecer».

acontecido, -a 1 Participio adjetivo de «acontecer». **2** (ant.) *Triste.* ⇒ Cariacontecido.

acontecimiento 1 («Mediar, Ocurrir, Suceder») m. Cosa que acontece: 'Acontecimiento casual, feliz, desgraciado'. ≃ Hecho, ocurrencia, *suceso. **2** Suceso importante o de gran resonancia: 'La boda fue un acontecimiento en la ciudad. La firma del tratado ha sido un acontecimiento histórico. Esta temporada se anuncian varios acontecimientos artísticos'.
ADELANTARSE [o ANTICIPARSE] A LOS ACONTECIMIENTOS. Precipitarse a hacer algo antes de que suceda o sea seguro lo que lo justifica.

acontentar (ant.) tr. **Agradar.* ≃ Contentar.

acontiado, -a (de «a-[2]» y «contía»; ant.) adj. *Rico.*

aconvido (ant.) m. *Convidado.*

acopado, -a adj. *De forma de copa.* ⊙ VET. *Se aplica particularmente al *casco de caballería redondo y hueco.*

acopar 1 intr. BOT. *Formar copa las plantas.* **2** tr. *Formar bien la copa de los ↘*árboles.* ⇒ *Podar. **3** MAR. *Hacer en un ↘tablón la concavidad necesaria para acomodarlo a una pieza o un sitio.*

acopiamiento m. *Acopio.*

acopiar (de «a-[2]» y «copia») tr. Reunir y guardar cierta ↘cosa de que se tiene o se puede tener necesidad: 'Acopiar trigo para hacer frente a las cosechas escasas'. ≃ Almacenar, hacer ACOPIO.

□ CONJUG. como «cambiar».

acopio («Hacer») m. Acción y efecto de acopiar: 'Ya puedes hacer acopio de paciencia'. ⇒ *Proveer.

acoplado, -a 1 Participio adjetivo de «acoplar[se]». **2** (Am. S.) m. *Vehículo destinado a ser remolcado.*

acoplamiento, o menos frec., **acopladura** m. Acción y efecto de acoplar[se].

acoplar (de «a-[2]» y el lat. «copulāre», juntar) **1** («a, en») tr. Juntar una ↘cosa con otra colocándolas de modo que no quede espacio entre ellas o que ocupen el menor espacio posible: 'Acoplar una rueda a su eje. Acoplar un traje a la persona que ha de usarlo. Acoplar varios utensilios en un estuche'. ≃ *Ajustar. ⊙ («a») prnl. recípr. Ponerse o estar una cosa junto a otra, alrededor de otra o por encima de otra, de modo que no quedan huecos entre ellas o de modo que cada una entre en el lugar correspondiente de la otra: 'Los zapatos se acoplan perfectamente en la caja'. ≃ *Ajustar[se]. **2** tr. y prnl. Colocar[se] en un lugar: 'Los niños se acoplaron en el asiento trasero del coche'. ⊙ tr. Encontrar trabajo, ocupación o alojamiento a una ↘persona. **3** Aplicar una ↘cosa a un uso para el cual no estaba específicamente hecha: 'Acoplar un motor de coche a una barca'. ≃ *Adaptar. **4** *Unir dos ↘*caballerías para formar una yunta.* **5** (Am. S.) *Enganchar uno o varios ↘remolques a un vehículo tractor.* **6** Hacer que copulen los ↘animales. ⊙ prnl. recípr. Unirse sexualmente los animales. **7** Adaptarse a otras personas o a otras condiciones: 'Se ha acoplado muy bien a sus nuevos compañeros. **8** Producirse un pitido al interferir dos sistemas acústicos electrónicos.

acople m. *Acoplamiento.*

acoquinado, -a Participio adjetivo de «acoquinar[se]».

acoquinamiento m. Acción y efecto de acoquinar[se].

acoquinar (del fr. «acoquiner», acurrucar; inf.) tr. Hacer que ↘alguien tenga miedo o esté paralizado o sometido por el miedo: 'No consiste ser buen maestro en tener acoquinados a los niños'. ≃ *Intimidar. ⊙ (inf.) prnl. Amilanarse, acobardarse.

acorar (de «a-²» y «cor²») **1** (ant.) tr. *Afligir.* **2** (Mur.) *Rematar, descabellar, atronar.* **3** prnl. *Estropearse las *plantas por algún accidente atmosférico.*

acorazado, -a 1 Participio adjetivo de «acorazar[se]». **2** Fortalecido o insensibilizado contra el dolor propio o ajeno. **3** V. «DIVISIÓN acorazada» **4** m. *Barco de guerra de grandes dimensiones, blindado.

acorazamiento m. Acción y efecto de acorazar[se].

acorazar (de «a-²» y «coraza») **1** tr. Revestir una ↘cosa, particularmente un barco, con planchas de hierro, para protegerlo. ≃ *Blindar. **2** prnl. *Defenderse o *escudarse contra algo. ⊙ Hacerse insensible, con un esfuerzo de voluntad, para no padecer por cierta cosa; particularmente por el sufrimiento ajeno. ≃ Hacerse FUERTE.

acorazonado, -a adj. De *forma de *corazón: 'Hoja acorazonada'. ⇒ Cordiforme.

acorchado, -a Participio adjetivo de «acorchar[se]».

acorchamiento m. Acción y efecto de «acorchar[se]».

acorchar 1 tr. Recubrir con corcho. **2** prnl. Ponerse algo, por ejemplo la madera, como el corcho. ⊙ Particularmente, ponerse algunos alimentos resecos, fofos y correosos como el corcho: por ejemplo, las patatas cuando llevan algún tiempo cocidas o fritas. ⇒ *Correoso. **3** *Insensibilizarse alguna parte del cuerpo. ⊙ Perder alguien la sensibilidad afectiva: 'Con el espectáculo constante del sufrimiento, acaban por acorcharse'. ≃ *Insensibilizarse.

acordablemente (ant.) adv. *Acordadamente.*

acordación (de «acordar») **1** (ant.) f. **Noticia.* **2** (ant.) **Recuerdo.* **3** (ant.) **Memoria.*

acordada (de «acordar») **1** f. DER. **Orden o despacho de un tribunal superior a otro inferior.* **2** **Documento devuelto por una oficina a la expedidora para comprobar algo.* **3** *Especie de Santa Hermandad que existió en Méjico.* ⊙ **Cárcel de ella.*

acordadamente 1 adv. *De acuerdo.* **2** *Sensatamente.*

acordado, -a Participio de «acordar[se]». ⊙ *Justificado, *prudente o *razonable.*

acordamiento m. *Acuerdo o *armonía.*

acordante (de «acordar»; ant.) adj. *Acorde.*

acordanza 1 (ant.) f. *Acuerdo.* **2** (ant.) *Recuerdo.*

acordar (del sup. lat. «accordāre», de «cor, cordis», corazón) **1** tr. Llegar dos o más personas, después de tratar sobre cierta cosa, a estar conformes y determinar ↘lo que se va a hacer o cómo se va a hacer: 'Después de dos horas de deliberación acordaron volver a reunirse'. ⊙ prnl. *Ponerse o estar de *acuerdo dos o más cosas o personas.* ⊙ tr. *Decidir alguien una ↘cosa después de pensar sobre ella: 'He acordado no decirle nada'. **2** **Armonizar o *concertar una ↘cosa con otra.* ⊙ intr. *Estar en armonía una cosa con otra.* ⊙ tr. MÚS. *Afinar ↘voces o instrumentos.* ⊙ DIB., PINT. *Disponer armónicamente los ↘tonos en una ↘obra.* **3** **Recordar una cosa a ↘alguien.* ⊙ *Recordar una ↘cosa uno mismo.* ⊙ *Caer en la *cuenta de cierta ↘cosa.* ⊙ («de») prnl. Tener una cosa en la *memoria: 'Se acuerda de los nombres de todos sus alumnos'. ≃ *Recordar. ⊙ («de») Evocar una cosa en la memoria: 'Acuérdate de venir mañana. Ahora me acuerdo de que tenía una cita a las cinco'. **4** intr. *Entrar en *razón.* ⊙ tr. *Hacer entrar en razón a ↘alguien.* **5** intr. **Despertarse.*
V. «si te he VISTO no me acuerdo».

¡YA TE ACORDARÁS! Exclamación que contiene una amenaza de castigo o represalia. ⇒ *Amenazar.

□ CATÁLOGO

Acabildar, acaparrarse, *acomodar[se], acoplar[se], acotejar, llegar a un [o ponerse de] ACUERDO, adobar, adunar[se], ajustar[se], aliar[se], amarrar, amistar, *apaciguar, *armonizar, *arreglar[se], asociar[se], avenirse, averiguarse, meter el BASTÓN, bienquistar, *coincidir, combinar[se], compadecerse, compaginarse, compenetrarse, compincharse, componerse, *comprenderse, *concertar[se], conchabarse, conciliar[se], *concluir, concordar, concurrir, confabular[se], conformar[se], confrontar, consensuar, contratar, convenir, *coordinar, devisar, dirimir, encontrarse, entenderse, frisar, hermanar[se], IR a una [o al unísono], MARCHAR a una [o al unísono], mediar, pacificar, pactar, poner en PAZ, quedar en, terciar, trabar, cerrar un TRATO, *unir[se]. ➤ Adherirse, decir AMÉN, *aprobar, atemperar[se], abundar en la misma OPINIÓN, prohijar, dar la RAZÓN, seguir, SER con. ➤ Acordanza, acuerdo, ACUERDO marco, ajuste, *alianza. ➤ Apostura, arreglo, avenencia, *chanchullo, compostura, compromiso, concierto, contrato, convenio, *decisión, departimiento, ligamiento, pacción, pacto, parimiento, *paz, *solución, transacción, *tratado, trato. ➤ Suscribir, tomar. ➤ Por aclamación, nemine discrepante, por unanimidad, a una VOZ. ➤ Consenso, inteligencia, modus vivendi, quórum, reciprocidad, unanimidad, unidad, *unión. ➤ De [común] ACUERDO, de concierto, en *connivencia, de consuno, desuno. ➤ *Según. ➤ Árbitro, amigable COMPONEDOR, conciliador, tercero en DISCORDIA, HOMBRE bueno, *mediador. ➤ Eclecticismo, sincretismo. ➤ No se HABLE más. ➤ *Desacuerdo. ➤ *Acceder. *Amistad. *Armonía. *Asentir. *Contrato. *Corresponder. *Decidir. *Reconciliar. *Relación. *Tratar.

□ CONJUG. como «contar».

acorde (de «acordar») **1** («Estar; con») adj. Se aplica a lo que coincide con otra cosa determinada: 'Los informes de distintas procedencias están acordes'. ≃ Coincidente, concorde, conforme, de *acuerdo. ⊙ («Estar; con») Se aplica a las personas que piensan lo mismo. **2** En *música, pintura, etc., se aplica a lo que *armoniza o no disuena o desentona de otra cosa. **3** m. MÚS. Conjunto de tres o más notas musicales que armonizan.

acordelar 1 tr. *Medir un ↘terreno con cuerda o cordel.* **2** *Señalar *límites, etc., en un ↘terreno, con cuerdas.*

acordeón (de «G. Accordion», músico vienés que inventó este instrumento en 1829) **1** m. Instrumento musical de viento, consistente en un fuelle que se pliega y extiende entre dos tablillas provistas de unas válvulas y un pequeño teclado que se maneja con los dedos a la vez que, con las manos, se juntan y separan las tablillas para accionar el fuelle. ⇒ Concertina, filarmónica. **2** (inf.) Se usa como término de comparación aplicado a una cosa estrujada o aplastada: 'El coche quedó hecho [o como] un acordeón'. **3** (R. Dom.) **Armónica.*

acordeonista n. Persona que toca el acordeón.

acordonado, -a 1 Participio adjetivo de «acordonar». **2** (Méj.) *Aplicado a personas y cosas, *delgado.*

acordonamiento m. Acción de acordonar.

acordonar 1 tr. Pasar un *cordón por algún sitio, para cerrar o ajustar con él dos partes de una ↘prenda; particularmente, por los ojetes de las ↘botas o zapatos. **2** Rodear un ↘sitio para *aislarlo, por ejemplo con fuerzas de policía. **3** *Formar el cordoncillo en el ↘canto de las ↘monedas.*

acores (del lat. «achōres», del gr. «achṓr») m. pl. MED. *Cierta *erupción semejante a la tiña, propia especialmente de los niños, que sale en la cabeza y la cara.*

acornado, -a **1** *Participio de «acornar».* **2** adj. HERÁLD. *Se aplica al animal que tiene cuernos de distinto esmalte que el resto del cuerpo.*

acornar (de «a-²» y «cuerno») tr. *Acornear.*
□ CONJUG. como «contar».

acorneador, -a (ant.) adj. *Aplicable al que acornea.*

acornear tr. **Cornear. Dar cornadas a ↘algo o alguien.* ≃ Acornar.

ácoro (del lat. «acŏros», del gr. «ákoros»; *Acorus calamus)* m. *Planta arácea de hojas estrechas y puntiagudas, flores verdosas y raíces blanquecinas, aromáticas, que forman una maraña a flor de tierra. La *raíz es comestible y se emplea como estomacal, aperitiva y vermífuga.

ÁCORO BASTARDO [FALSO ÁCORO o ÁCORO PALUSTRE] *(Iris pseudoacorus)*. **Planta iridácea con cuya raíz se falsifica la del ácoro.*

acorralado, -a Participio adjetivo de «acorralar».

acorralamiento m. Acción y efecto de acorralar.

acorralar **1** tr. Encerrar el ↘ganado en el *corral. ⇒ Desacorralar. **2** Colocar a ↘alguien, por ejemplo a un animal en una cacería o a una persona a quien se persigue, en un sitio del que no puede escapar. ⇒ Acosar, arrinconar, cercar, embarrar, encerrar, estrechar, *rodear, sitiar. **3** Poner a ↘alguien en una situación tal que no tiene más remedio que acceder a lo que se exige o pide de él. ⇒ *Miedo. *Obligar. **4** En una *discusión, poner al ↘contrario en tal situación que ya no puede defender su posición. ≃ *Confundir.

acorrer (del lat. «accurrĕre», acudir) tr. **Ayudar, *auxiliar o *proteger a ↘alguien.* ≃ Socorrer.

acorrimiento m. *Acción de acorrer.*

acorro m. *Acorrimiento.*

acorrucarse prnl. *Acurrucarse.*

acortadizo (de «acortar»; Ar.) m. **Retal o desperdicio de tela, piel, etc.*

acortamiento **1** m. Acción de acortar[se]. **2** ASTRON. *Diferencia entre la distancia real de un astro al Sol o a la Tierra y la misma proyectada sobre el plano de la Eclíptica.*

acortar (de «a-²» y «cortar») **1** tr. *Disminuir la longitud de cierta ↘cosa: 'Acortar un cable, un vestido'. ⇒ Abreviar, acorzar, alcorzar, *atajar, atrochar, contraer, cortar, encoger, *menoscabar, meter, reducir, truncar. ➤ *Corto. *Disminuir. **2** tr. y prnl. Hacer[se] más corta o *breve una ↘cosa, en sentido no espacial: 'Acortar un artículo de periódico. La distancia que separa a los dos equipos se acorta'. ≃ Abreviar. ⊙ tr. o abs. y prnl. Referido a camino, hacerlo [o hacerse] más corto: 'Por esta senda acortaremos'. ⊙ También en sentido figurado: 'Una entrevista personal nos acortará el camino'. ⊙ tr. *Disminuir la ↘ración: 'Han acortado las raciones de la tropa'. **3** intr. y prnl. Aplicado a «día[s]», hacerse más corto. **4** tr. Con referencia a prendas de vestir, cortear. **5** prnl. *Quedarse corto en *pedir.* **6** EQUIT. *Encogerse el caballo.*

acorullar (de «a-²» y «corulla») tr. MAR. *Meter los ↘remos sin desarmarlos, de modo que los guiones queden bajo crujía.*

acorzar (del sup. lat. «accurtiāre», de «curtāre», cortar; Ar.) tr. **Acortar.* ≃ Alcorzar.

acosado, -a («por»; rara vez «de») Participio adjetivo de «acosar».

acosador, -a adj. y n. Que acosa.

acosamiento m. *Acoso.*

acosar (del ant. «cosso», carrera, del lat. «cursus») **1** tr. *Perseguir a una ↘persona o un ↘animal sin permitirle descanso, para cogerlo o *cazarlo. ⊙ Empujarlos con el mismo objeto hacia un sitio determinado. ⇒ Manguear. ⊙ No permitirles descanso, para ahuyentarlos o con cualquier fin. **2** («a») Dirigir o hacer a ↘alguien repetidas peticiones, preguntas u otra cosa pesada o molesta: 'Le acosan los acreedores. Nos acosaron a preguntas'. ≃ *Asediar. **3** Hacer objeto a ↘alguien de persecuciones o malos tratos. ≃ *Perseguir. **4** *Hacer correr al ↘*caballo.*

acosijar (de «a-²» y «cosijo»; Méj.) tr. *Acosar.*

acoso m. Acción de acosar. ⊙ TAUROM. Acción de acosar a caballo al *toro en campo abierto antes de la tienta o el derribo.

ACOSO Y DERRIBO. **1** TAUROM. Acción de acosar y derribar a caballo al *toro en campo abierto. **2** Acoso que pretende destruir al adversario: 'Una campaña periodística de acoso y derribo'.

acostada f. *Acción de dormir cierto tiempo; particularmente, durante la noche.* ≃ Dormida.

acostado, -a **1** Participio adjetivo de «acostar[se]». ⇒ *Echado. **2** adj. y n. f. HERÁLD. *Se aplica a la pieza alargada que, teniendo como propia la posición vertical, se coloca horizontalmente.*
V. «CARTELA acostada».

acostamiento[1] (de «a-²» y «costa²»; ant.) m. *Estipendio.* ⇒ Costar.

acostamiento[2] m. *Acción y efecto de acostar[se].*

acostar (de «a-²» y «costa¹») **1** tr. Poner a ↘alguien tumbado, para que repose: 'Es hora de acostar a los niños'. ⊙ prnl. Ponerse con el cuerpo descansando en posición *horizontal. ≃ Echarse. ⊙ Particularmente, en la cama. ⊙ Echarse para dormir por la noche: 'Es hora de acostarse'. ⇒ Alechigarse, dejarse CAER, meterse en CAMA, echarse, encamarse, encovilarse, coger la HORIZONTAL, joguer, recogerse, retirarse, tenderse, *tumbarse. ➤ *Yacer. ➤ BOCA abajo, BOCA arriba, DECÚBITO lateral [prono o supino]. ➤ Trasnochar. ⊙ Se dice también «acostarse el viento». **2** («con») Tener relaciones sexuales con cierta persona. **3** (ant.) tr. *Acercar una ↘cosa.* **4** intr. MAR. Llegar a la costa. ⊙ tr. Acercar a algún sitio el costado de la ↘nave. ≃ Atracar. ⊙ prnl. Pegarse el *barco a algún sitio o a otro barco, por el costado. **5** intr. y prnl. *Inclinarse una cosa, ladearse.* **6** *Inclinarse: mostrar una persona inclinación por algo o ser *partidaria de ello.* **7** intr. *Pararse el fiel de la balanza en sitio distinto del marcado como de equilibrio.* ⇒ *Pesar.

ACOSTARSE JUNTOS. *Cohabitar.
□ CONJUG. como «contar», excepto en la 4.ª acep., que es regular.

acostumbradamente adv. *Por costumbre.*

acostumbrado, -a Participio adjetivo de «acostumbrar[se]». ⊙ («Estar, Tener; a») Aplicado a personas, se dice del que tiene, por sí mismo o porque se le ha hecho adquirirla, cierta costumbre: 'Está acostumbrado a acostarse temprano. Tiene a sus hijos acostumbrados a obedecer'. ⊙ («Estar; a») Se aplica al que sabe hacer cierta cosa porque la ha hecho mucho: 'Está acostumbrado a despachar'. ≃ Ducho, práctico. ⊙ («Estar; a») Se aplica al que ha hecho o aguantado mucho cierta cosa y puede por ello hacerlo sin esfuerzo: 'Está acostumbrado a trabajar [o a las rarezas de su jefe]'. ⊙ Aplicado a acciones o cosas, como se hace u ocurre ordinariamente: 'El tren llegó con el retraso acostumbrado'.

acostumbrar **1** («a») tr. Hacer que ↘alguien adquiera cierta costumbre: 'Acostumbrar a los niños a lavarse los dientes'. Cuando la costumbre se refiere al uso de algo, el nombre de esta cosa puede ser el complemento: 'Allí me acostumbraron al mate'. ≃ Habituar. ⊙ («a») prnl. Adquirir cierta costumbre. ≃ Habituarse. ⊙ («a») tr. Hacer que ↘alguien deje de encontrar repugnante, molesta o extraña cierta cosa: 'Acostumbrar a un niño al olor del aceite de hígado de bacalao'. ≃ Habituar. ⊙ («a») prnl. Llegar a no encontrar extraña cierta cosa. ≃ Familiarizarse. ⊙ («a») Llegar a no encontrar molesta o penosa cierta cosa. ≃ Acomodarse, hacerse. **2** («a» o sin prep.) tr. e intr. Tener por costumbre hacer cierta cosa: 'Acostumbra venir los sábados. Acostumbra a ir al cine dos veces por semana'. ≃ *Soler. ⊙ (en forma impersonal con «se») Estilarse, usarse: 'Ahora se acostumbra cenar fuera en la Noche Vieja'.

□ CATÁLOGO

Aclimatar[se], *acomodarse, *adiestrar[se], aguerrir, ambientar[se], avezar[se], criar [o hacer] CALLOS, costumbrar, costumnar, *curtir[se], darse a, domar, encallecerse, *enseñar, entrar en, familiarizar[se], foguear[se], habituar[se], hacer[se], malvezar, coger la MARCHA, saber, coger [o tomar] la SEGUIDA, soler, coger el TRANQUILLO, vezar. ➤ Acostumbrado, actuado, afecho, asueto, avezado, cansado de, cursado, ducho, enseñado, curado de ESPANTO, hallado, harto de, hecho, mostrado, práctico, usado. ➤ De cajón, común, consabido, consueto, consuetudinario, *corriente, CORRIENTE y moliente, establecido, familiarizado, habitual, inveterado, *normal, ordinario, *regular, de ritual, rutinario, de siempre, sólito, al uso, usual. ➤ ...Al CANTO, ...que te PEGO. ➤ Desacostumbrado, *extraordinario, *insólito. ➤ *Aficionarse. *Aprender. *Costumbre. *Experimentado. *Frecuente.

acotación[1] (de «acotar[1]») f. Advertencia o comentario puesto en un escrito, particularmente en el margen. ≃ *Nota. ⊙ Especialmente, en las obras *teatrales, las aclaraciones relativas al juego escénico. ⇒ Cota.

acotación[2] (de «acotar[2]») f. TOPOGR. Cota.

acotada (de «acotar[1]») f. *Terreno comunal destinado a vivero o criadero de plantas para los vecinos.*

acotado, -a Participio adjetivo de «acotar». Se aplica particularmente al terreno donde se prohíbe la caza a los extraños. ≃ Vedado.

V. «TERRENO acotado».

acotar[1] (de «a-[2]» y «coto[1]», límite) **1** tr. Marcar *límites en un ↘terreno, con cotos o cualquier otra señal, para reservar la caza u otro aprovechamiento de él. ⇒ Cotear. ➤ Desacotar. ➤ Derrota. ➤ *Cercar. **2** Marcar límites en cualquier otra ↘cosa. **3** Poner anotaciones en un ↘escrito. ≃ *Anotar. **4** **Reservar o limitar el uso de cualquier ↘cosa.* **5** **Elegir o tomar para sí una ↘cosa o *aceptarla.* **6** **Atestiguar una ↘cosa con testigos o documentos.* **7** prnl. *Ponerse a salvo refugiándose en los límites de otra jurisdicción.* **8** *Apoyarse o ampararse en cierta cosa.*

acotar[2] tr. Poner números o cotas en un ↘*plano.

acotar[3] (del cat. o gall. «acotar», del sup. germ. «skot», retoño) tr. AGRIC. **Podarle a un ↘árbol todas las *ramas por la cruz.*

acotejar 1 (ant.) tr. *Cotejar.* **2** (Can., Col., Cuba, Ec., R. Dom.) *Colocar objetos ordenadamente.* **3** (Col.) *Estimular, incitar.* **4** (Cuba, Ec.) prnl. *Arreglarse con alguien, ponerse de acuerdo sobre cierta cosa.* **5** (Cuba, Ec.) *Cohabitar.* **6** (Cuba, Ec.) *Conseguir un empleo.* **7** (Can., Cuba, Ec., R. Dom.) *Ponerse cómodo.*

acotiledón (del lat. cient. «acotylēdon») adj. y n. m. BOT. *Acotiledóneo.*

acotiledóneo, -a (de «acotiledón») adj. y n. f. BOT. Se aplica a las plantas que no tienen cotiledones. ⊙ f. pl. BOT. *En una de las clasificaciones antiguas, criptógamo.*

acotillo (de «a-[2]» y «cotillo») m. **Martillo grueso que usan los herreros.* ≃ Cotillo.

acoto m. **Abono animal que se pone en terreno sembrado.*

acotolar (Ar.) tr. **Devastar.*

acoyundar (de «a-[2]» y «coyunda») tr. **Uncir los ↘bueyes o caballerías.*

acoyuntar (de «a-[2]» y el lat. «coniunctus», unido) tr. *Juntar dos labradores sus ↘caballerías para formar una yunta y *labrar a medias.*

acoyuntero m. *Cada uno de los labradores que acoyuntan.*

acquisito, -a adj. *Adquirido.*

acracia (del gr. «akráteia», falta de dominio de sí mismo) f. *Anarquismo.

ácrata (de «a-[1]» y «-crata») adj. y n. Partidario de una sociedad sin gobierno. ≃ *Anarquista, libertario.

acrático, -a adj. *De [la] acracia o de [los] ácratas.*

acre[1] (del ingl. «acre», relac. con el lat. «ager») m. Medida inglesa de *superficie, equivalente a 40 áreas y 47 centiáreas.

acre[2] (del lat. «acer, acris») **1** adj. Aplicado a sabores y olores y a las cosas que los tienen, fuerte y *picante (por ejemplo, tratándose de olores, que hace toser); como el sabor de los rábanos o el apio o el olor del amoniaco o del azufre quemado. **2** Se aplica también a las cosas que *corroen, como los ácidos. ⇒ Acerbo, aceroso, acérrimo, rascón. **3** *Aplicado a «crítica, humor, tono» o palabras semejantes o a las personas por ellos, falto de amabilidad.* ≃ Agrio, *áspero, *crudo. ⇒ *Adusto, *agresivo, *brusco, *malhumorado, *mordaz, *violento. **4** MED. *Se aplica al calor de *fiebre acompañado de sensación de picor.* **5** MED. *Se aplicaba antiguamente a ciertos principios a los que se atribuía acción irritante, y a los humores contaminados por ellos.*

acrebite (del ár. and. «alkibrít»; ant.) m. **Azufre.* ≃ Alcrebite.

acrecencia 1 f. *Acrecentamiento.* **2** DER. *Derecho de acrecer.* **3** DER. *Cosa adquirida por ese derecho.*

acrecentador, -a adj. Que acrecienta.

acrecentamiento m. Acción y efecto de acrecentar[se].

acrecentante adj. Que acrecienta.

acrecentar (del lat. «accrescens, -entis») tr. Hacer crecer la cantidad o importancia de una ↘cosa: 'Acrecentó su patrimonio. Esta gestión ha acrecentado su influencia'. ≃ *Aumentar. ⊙ prnl. Crecer la cantidad o importancia de una cosa. ≃ Aumentar.

□ CONJUG. como «acertar».

acrecer (del lat. «accrescĕre») intr. DER. Aumentar la parte correspondiente a alguien en un *reparto, por renuncia o pérdida de derecho de otro participante. ⇒ *Adquirir.

V. «DERECHO de acrecer».

□ CONJUG. como «agradecer».

acrecimiento m. Acción y efecto de acrecer.

acreditación 1 f. Acción y efecto de acreditar[se]. **2** Documento que acredita a alguien.

acreditado, -a 1 Participio adjetivo de «acreditar[se]». Se aplica al que tiene crédito (fama de bueno): 'Un abogado acreditado. Una marca acreditada'. ⇒ *Acreditar. **2** Se aplica a los representantes diplomáticos destinados en cierto sitio: 'El representante de España acreditado en la Santa Sede'.

acreditar (de «a-[2]» y «crédito») **1** tr. *Demostrar la ↘verdad de cierta ↘cosa: 'Estas heridas acreditan su valor'. ≃ *Atestiguar. ⊙ Demostrar alguien que tiene cierto ↘derecho. ⊙ Asegurar o demostrar la ↘autenticidad de una ↘cosa: 'Acreditar la firma. Un documento que acredite la personalidad del solicitante'. ≃ Garantizar. ⊙ («como», delante de un nombre; «para», delante de un verbo) Servir para demostrar que ↘alguien tiene cierto derecho, título o cualidad: 'Este documento me acredita como propietario indiscutible de la finca. Este título no le acredita para ejercer la medicina en España'. **2** Proveer a la ↘persona que ha de desempeñar una misión, particularmente de representante diplomático, de los documentos que demuestran que es la designada. ⊙ Por extensión, designar a ↘alguien para ↘representante diplomático: 'El gobierno ha acreditado un representante en Méjico. El gobierno ha acreditado a un antiguo ministro como embajador en el Vaticano. El gobierno le ha acreditado para representar a España en la conferencia de Londres'. **3** («de, en, como, con, por») Dar un acto o el comportamiento de una ↘persona motivo para que sea tenida por lo que se expresa: 'Esa medida le acredita de buen gobernante. Esa respuesta le acredita de imprudente'. Sin complemento con «de» equivale a dar buena fama o prestigio: 'Este producto acredita la marca'. ⇒ Afamar, consagrar, DECIR bien de, decir [o hablar] en FAVOR, favorecer, dar PATENTE de, popularizarse. ➤ Acreditado, afamado, conocido, famoso, nombrado, de nombre, de nota, notable, probado, renombrado, reputado. ➤ Desacreditar. ➤ *Crédito. *Destacado. **4** prnl. Adquirir crédito o fama un producto comercial, un establecimiento, alguien en cierta actividad, etc.: 'Se ha acreditado como uno de los más destacados especialistas en biología molecular del mundo'. **5** tr. Tomar en cuenta, asentándola en el haber, una ↘partida. ≃ *Abonar.

acreditativo, -a adj. Se aplica a lo que acredita o sirve para acreditar.

acreedor, -a (de «acreer») **1** adj. y n. Una persona con respecto a quien le debe dinero. Se usa generalmente con adjetivo posesivo o con «tener»: 'Sus acreedores no le dejan vivir. Tiene acreedores por todas partes'. ⇒ Adeuda. **2** («Ser, Hacerse; a») adj. Merecedor de cierta cosa: 'Es acreedor al agradecimiento de todos. Se ha hecho acreedor a una recompensa'. ≃ Digno.

V. «CONCURSO de acreedores».

acreencia (Hispam.) f. *Deuda que reclama el acreedor.*

acreer (de «a-[2]» y el lat. «credĕre», prestar; ant.) intr. *Prestar.*

acremente adv. Con acritud.

acrescente (del lat. «accrescens, -entis», que aumenta) adj. BOT. *Se aplica al órgano o cualquier parte de la planta que sigue creciendo después de formado.*

acrianzado, -a *Participio de «acrianzar».*

acrianzar (de «a-[2]» y «crianza») tr. **Criar o *educar.*

acribador, -a adj. y n. *Que acriba.*

acribadura f. *Acción y efecto de acribar.*

acribar 1 tr. **Cribar.* **2** *Acribillar.*

acribillado, -a Participio adjetivo de «acribillar».

acribillar (de «a-[2]» y el lat. «cribellāre», cribar) **1** («a») tr. Llenar una ↘cosa de *agujeros, por ejemplo con cosas como «balazos, puñaladas, picotazos»: 'Me están acribillando los mosquitos'. ⇒ Coser a. **2** («a») *Importunar grandemente a ↘alguien haciéndole o diciéndole gran número de cosas molestas: 'Me acribillaron a pellizcos [o a preguntas]'. ≃ Freír.

acrídido (del gr. «akrís, -ídos», saltamontes) adj. y n. m. ZOOL. *Se aplica a los insectos *ortópteros de la misma familia a la que pertenece el saltamontes.* ⊙ m. pl. ZOOL. *Esa familia.*

acrilato m. QUÍM. *Cada una de las sales o ésteres del ácido acrílico.*

acrílico, -a (de «acr[oleína]» e «-ilo») adj. Se aplica a las fibras plásticas producidas a partir de la polimerización del ácido acrílico o de sus derivados.

V. «ÁCIDO acrílico».

acriminar (de «a-[2]» y el lat. «crimināri», acusar) **1** tr. **Acusar a ↘alguien.* **2** *Imputar una culpa o delito a ↘alguien.* **3** *Atribuir gravedad exagerada a un ↘delito o culpa.*

acrimonia (del lat. «acrimonĭa») f. Acritud.

acriollado, -a *Participio adjetivo de «acriollarse».* ⊙ *Como de criollo.*

acriollarse (de «a-[2]» y «criollo»; Hispam.) prnl. *Contraer un forastero las costumbres del país.*

acrisolado, -a Participio adjetivo de «acrisolar[se]»: 'Una virtud [o una honradez] acrisolada. Un cariño [o un amor] acrisolado'.

acrisolamiento m. Acción y efecto de «acrisolar[se]».

acrisolar 1 tr. *Purificar un ↘metal en el crisol. **2** (particularmente, el participio) Confirmar la solidez de ↘cosas como la verdad, la virtud o el amor, sometiéndolas a pruebas o padecimientos. ≃ Aquilatar. ⊙ prnl. Purificarse o perfeccionarse cosas como la verdad, la virtud o el amor.

acristalado, -a Participio adjetivo de «acristalar». Aplicado a puertas, ventanas, etc., con cristales: 'Un balcón acristalado'.

acristalamiento m. Acción y efecto de acristalar: 'Una terraza con doble acristalamiento'.

acristalar tr. Cerrar ↘algo con cristales: 'Acristalar una terraza'.

acristianado, -a 1 *Participio de «acristianar».* **2** adj. *Se aplicaba al que, sin serlo, obraba en cierto aspecto como cristiano.*

acristianar tr. **Bautizar.* ≃ Cristianar.

acritud (del lat. «acritūdo») **1** f. Cualidad de acre o agrio. ≃ Acrimonia. ⊙ Actitud acre: 'Me respondió con acritud' ≃ Acrimonia. **2** *Fragilidad de los *metales originada por su trabajo mecánico en frío.*

acríviola f. **Capuchina (planta tropeolácea).*

acro- Elemento prefijo del gr. «ákros», *altura, *cima, extremo, punta: 'acrofobia, acromegalia'.

acroamático, -a (del lat. «acroamatĭcus», del gr. «akroamatikós») adj. *Se aplica a la enseñanza que se da por medio de narraciones o discursos.*

acrobacia 1 f. Arte del acróbata. ⊙ Cualquier ejercicio de la clase de los realizados por los acróbatas: 'Acrobacias aéreas'. **2** (gralm. pl.) *Habilidad con que una persona elude comprometerse o tomar partido en un asunto. ≃ Equilibrios, malabarismos.

acróbata (del gr. «akrobátēs», el que anda sobre la punta de los pies) n. Persona que hace con su cuerpo ejercicios de agilidad y de equilibrio con habilidad extraordinaria, por ejemplo en el *circo. ≃ Equilibrista.

□ CATÁLOGO

Contorsionista, *equilibrista, funámbulo, histrión, maromero, montambanco, portor, saltabanco[s], saltador, saltaembanco, saltatriz, saltimbanqui, titerero, titerista, titiritero, volatinero, volteador. ➤ Acrobacia, batuda, *cabriola, capitón, contorsión, maroma, pirueta, *salto, títeres, trepa, tumba, vela, volatín, volteleta, voltereta, volteta, SALTO mortal, VUELTA de campana. ➤ Anillas, balancín, chorizo, contrapeso, tiento, trapecio, CUERDA floja. ➤ *Gimnasia.

acrobático, -a adj. De [la] acrobacia.

acrobatismo m. Profesión y ejercicio del acróbata.

acroe (ant.) m. *Acroy.*

acrofobia (de «acro-» y «-fobia») f. Horror o vértigo a las alturas.

acroleína (del lat. «acer, acris», acre, y «oleína») f. *Líquido amarillento que entra en la composición de las grasas, mantecas y aceites.*

acromático, -a (de «a-[1]» y el gr. «chrōmatikós») adj. ÓPT. Se aplica a las lentes e instrumentos ópticos que no descomponen la luz en colores.

acromatismo m. ÓPT. Cualidad de acromático.

acromatizar tr. Hacer acromático un instrumento óptico o una lente.

acromatopsia (de «a-[1]» y el gr. «chrôma», color, y «ópsis», vista) f. MED. **Daltonismo (defecto de la vista consistente en confundir o no percibir ciertos colores).*

acromegalia (de «acro-» y el gr. «mégas, megálē», grande) f. MED. *Enfermedad debida a la excesiva producción de hormona del crecimiento en la hipófisis, que se caracteriza por un desarrollo extraordinario de las extremidades y engrosamiento de la nariz, mejillas, orejas y sienes.

acromio o **acromion** (del gr. «akrṓmion») m. ANAT. Parte saliente del omóplato que se articula con la extremidad externa de la clavícula.

acrónico, -a (del gr. «akrónychos», vespertino) adj. ASTRON. *Se aplica al astro cuya salida y puesta se producen inversamente a las del Sol, así como a esa salida o puesta.*

acronimia f. GRAM. Procedimiento de formación de los acrónimos.

acrónimo (de «acro-» y «-ónimo») m. GRAM. Palabra formada por las iniciales, y a veces por más letras, de varias palabras.

acrópolis (del gr. «akrópolis») f. Lugar fortificado en la parte más alta de las *ciudades griegas. ⇒ Capitolio. ➤ *Fortificar.

acróstico (del gr. «akrostíchion», final de un verso) m. LITER. Composición literaria en que ciertas letras que tienen determinada colocación, por ejemplo las iniciales de los versos, forman un nombre o una frase.

acrostolio (del gr. «akrostólion») m. MAR. **Tajamar de los barcos antiguos.* ⊙ MAR. *Adorno en la proa de las naves antiguas.*

acrotera (del fr. «acrotère», del mismo or. que «acroteria») f. ARQ. *Remate colocado sobre cada ángulo del frontón en los edificios clásicos.*

acroteria (del lat. «acroterĭa», del gr. «akrōtḗria», pl. de «akrōtḗrion») f. ARQ. *Acroteria.*

acroterio (del gr. «akrōtḗrion») m. ARQ. *Pretil o pequeño muro que se hace sobre la cornisa de un edificio para ocultar el tejado o las bóvedas.*

acroy m. *Gentilhombre de la casa de Borgoña que acompañaba al soberano en ciertos actos públicos y le seguía a la guerra.* ≃ Acroe.

acta (del lat. «acta», pl. de «actum», acto) **1** f. Relación oficial escrita de lo tratado o acordado en una junta o reunión, o de algo que ocurre. ⊙ Relación de un suceso o atestiguamiento de un hecho autorizado por un notario (acta notarial), un juez u otra autoridad. ⊙ Certificado que se extiende del resultado de unas elecciones al terminar éstas. ⊙ Certificación que acredita la elección de cada candidato. ⊙ Se aplica por extensión al nombramiento de diputado o senador por elección: 'Obtuvo el acta de diputado a los treinta años'. ⊙ Relación del fallo de un tribunal o de las calificaciones dadas por un tribunal de exámenes o de otra clase. **2** (pl.) *Relato de los hechos de un mártir o santo, hecho en su tiempo y con garantías de veracidad.*

CONSTAR EN ACTA. Expresión de significado claro.

LEVANTAR ACTA. Redactarla.

actea (del lat. «actaea») f. **Yezgo (planta caprifoliácea).*

actinia (del gr. «aktís, -înos», rayo) f. Se aplica a varias especies de *pólipos de forma cilíndrica, con numerosos tentáculos alrededor de la boca, y de colores vivos que les dan apariencia de flor. ≃ Anémona.

actínico, -a adj. *De [o del] actinismo.*

actínido, -a (de «actinio») adj. y n. m. Se aplica a los elementos químicos de número atómico comprendido entre el 89 y el 103. ⊙ m. pl. Grupo que forman.

actinio (del gr. «aktís, -înos», rayo) m. Cuerpo radiactivo, n.º atómico 89, que se encuentra en algunos compuestos de uranio. Simb.: «Ac».

actinismo m. QUÍM. *Acción química de las radiaciones luminosas.*

actino- Elemento prefijo del gr. «aktís, -înos», rayo.

actinógrafo (de «actino-» y «-grafo») m. FÍS., QUÍM. *Actinómetro registrador.*

actinometría (de «actino-» y «-metría») f. FÍS., QUÍM. *Medida de la intensidad de las radiaciones; particularmente, de las solares.*

actinométrico, -a adj. *De [la] actinometría.*

actinómetro (de «actino-» y «-metro») m. FÍS., QUÍM. *Instrumento para medir la intensidad de las radiaciones; especialmente, de las solares.*

actinomices o **actinomiceto** (de «actino-» y «-mices» o «-miceto») m. BIOL. **Bacteria del género Actinomyces entre otros, que se caracteriza por formar filamentos ramificados que se parecen al *micelio de los *hongos.*

actinomicosis (de «actino-» y «micosis») f. MED. *Enfermedad infecciosa que ataca especialmente a los bóvidos; produce en diversos tejidos unos tumores que segregan un líquido purulento en el que se encuentran unos granos amarillos que contienen el parásito.*

actinomorfo, -a (de «actino-» y «-morfo») adj. y n. f. BOT. *Aplicado especialmente a una *flor, que resulta cortada en dos partes simétricas por cualquier plano que pase por su eje.*

actinota (del gr. «aktinōtós», radiado) f. Anfíbol de color verde claro que suele presentarse en masas de estructura fibrosa. ⇒ Esmeraldita. ➤ *Mineral.

actitar (del lat. «actitāre») **1** (Ar.) intr. *Actuar como notario en un proceso.* **2** (Ar.) tr. **Gestionar.*

actitud (del sup. lat. «actitūdo») **1** («Adoptar, Colocarse en, Ponerse en, Tomar, Estar en, Guardar, Manifestar, Mantener, Mostrar, Mostrarse en, Observar, Tener, Abandonar, Cambiar de; En, de») f. Manera de estar alguien dispuesto a comportarse u obrar: 'Parece que está en actitud benévola. Nos recibieron en actitud hostil. Ha adoptado una actitud displicente'. ≃ Disposición. **2** *Postura del cuerpo que revela cierto estado de ánimo. Se califica con adjetivos o expresiones que hacen referencia a ese estado: 'Actitud pensativa, provocativa, de cansancio'.

EN ACTITUD DE. Mostrando *intención de hacer lo que expresa el verbo que se dice a continuación: 'Vino hacia mí en actitud de agredirme'.

□ CATÁLOGO
Sufijo, «-ismo»: 'negativismo, pesimismo, altruismo...'. ➤ Continencia, continente, disposición, posición, postura, ESTADO de ánimo. ➤ Ademán, gesto. ➤ Abierta, absurda, amistosa, arrogante, benévola, clara, comprensiva, confiada, contemplativa, desconfiada, desdeñosa, despectiva, displicente, estúpida, gallarda, hostil, humilde, improcedente, incomprensible, inconveniente, insolente, levantisca, *prudente, *rebelde, reservada, *soberbia, sospechosa, *sumisa... ➤ En ademán de, de buenas, [no] estar para, en su lugar, de malas, en plan de, en su puesto, salir por... REGISTRO. ➤ Plantarse, guardar su PUESTO. ➤ *Afectación. *Aspecto. *Postura.

activación f. Acción y efecto de activar[se].

activamente adv. De manera activa: 'Colabora activamente en la lucha contra la marginación'.

activar (de «activo») **1** tr. Hacer que una ↘cosa se haga, se mueva o funcione con más rapidez, intensidad o energía: 'Activar la circulación de la sangre [el comercio, una reacción química]'. ⇒ *Actividad. ⊙ prnl. Moverse o funcionar algo con más rapidez, intensidad o energía. **2** tr. y prnl. Fís. Hacer[se] radiactiva una ↘sustancia. **3** tr. Hacer que un ↘mecanismo se ponga en funcionamiento: 'Activar la alarma de un establecimiento'. ⊙ prnl. Ponerse en funcionamiento un mecanismo.

actividad (del lat. «activĭtas, -ātis») **1** («Con, En, Dedicar, Desarrollar, Desplegar, Centrar, Concentrar, Polarizar, Desparramar, Desperdigar») f. Estado de lo que se mueve, obra, funciona, trabaja o ejerce una acción cualquiera: 'Un volcán en actividad'. ⊙ *Capacidad para realizar esas acciones: 'La actividad de un ácido'. ⊙ Medida de ella. ⊙ Conjunto de las acciones y movimientos de una cosa, especialmente si son regulares o coordinados: 'La actividad en una fábrica [o en un ministerio]'. ⊙ Particularmente, conjunto de las acciones que realizan las personas: 'Actividad humana'. ⊙ Cada clase de esas acciones. ⊙ (sing. o pl.) *Ocupación a que se dedica habitualmente una persona: 'Cada uno de sus hijos tiene una actividad distinta'. ⊙ Conjunto de acciones en un cierto campo: 'La actividad bursátil. Las actividades artísticas de la temporada'. ⊙ Cualidad de activo: 'Tiene una actividad pasmosa'. **2** Fís. *En una sustancia radiactiva, número de átomos que se desintegran en cada unidad de tiempo.*

ACTIVIDAD PROFESIONAL. Expresión frecuente, de significado claro.

V. «CENTRO de actividad».

EN ACTIVIDAD. Se aplica a las cosas que tienen actividad en el momento de que se trata: 'Un volcán en actividad'.

□ CATÁLOGO
Sufijos, «-azgo, -ía, -icia»: 'padrinazgo, abogacía, milicia...'. *Arte, *deporte, *ejercicio, *estudio, *juego, *movimiento, *profesión, *trabajo. ➤ Diligencia, función, *gestión, papel. ➤ *Ajetreo, jaleo, tejemaneje, trasiego, trotes. ➤ Apretón, arrebato, empujón. ➤ Campaña, temporada. ➤ *Afán, *brío, diligencia, *entusiasmo, hiperactividad, laboriosidad, manejo, nervio, ESPÍRITU de trabajo. ➤ Diligente, dinámico, dispuesto, *eficaz, enérgico, incansable. ➤ *Ajetrearse, atizar, atosigarse, atrafagar, azacanarse, azacanear, ir de CABEZA, romper el HIELO, IR de acá para allá, ir de un LADO para otro, moverse, trajinar, *zarandear. ➤ Activo, actuoso, *diligente, dinámico, dispuesto, emprendedor, hiperactivo, oficioso, solícito, trabajador. ➤ Ocupacional. ➤ A toda VELA, a VELAS desplegadas, a lo VIVO. ➤ Febril. ➤ En danza, en movimiento. ➤ *Inacción, inactividad, menopausia. ➤ Abúlico, apático, *holgazán, parado, *pasivo, platónico, sedentario. ➤ *Acción. *Accionar. *Adelantar. *Apremiar. *Apresurar. *Estimular. *Hacer. *Impulsar. *Intensificar. *Obrar.

activismo m. Actitud y doctrina de los activistas.

activista n. Miembro activo de una organización, generalmente política, que recurre a la acción directa para conseguir sus fines.

activo, -a (del lat. «actīvus») **1** adj. Se aplica a lo que obra o tiene facultad de obrar: 'Principio activo'. ⊙ A lo que es el elemento que actúa y no el que permanece pasivo o recibe la acción. ⊙ GRAM. Se aplica, por oposición a «pasivo», al sujeto que realiza la acción expresada por el verbo y a la forma de éste en que es el sujeto gramatical el que realiza la acción. ⊙ Se aplica a los funcionarios que realizan su función, por ejemplo por no haber sido retirados o jubilados, y a los cuerpos o escalas formados por ellos. **2** Se aplica a lo que obra con mucha energía o actividad; por ejemplo, a sustancias o medicamentos: 'Un veneno muy activo'. ⊙ Se aplica a la persona que hace con prontitud y sin economizar trabajo lo que se le encarga o tiene que hacer. ⊙ A la que se ocupa en muchos asuntos, trabaja mucho desarrollando sus propias iniciativas, etc. **3** Fís. Se aplica al material de radiactividad media o baja. **4** m. Importe total del patrimonio de una persona o entidad.

EN ACTIVO. Aplicado a los funcionarios y militares, en servicio activo; no jubilado o retirado.

POR ACTIVA O [O Y] POR PASIVA (inf.). De todos modos: 'He intentado por activa y por pasiva que atienda a razones, pero no he conseguido nada'.

V. «SITUACIÓN activa».

acto (del lat. «actus») **1** m. *Acción momentánea: 'Un acto reflejo'. ⊙ Se emplea, lo mismo que «acción», para oponerla a «palabras, intenciones, promesas», etc.: 'Sus ideas son buenas, pero sus actos malos'. ⊙ Puede también este nombre calificarse o especificarse con adjetivos o expresiones calificativas que contienen una apreciación moral: 'Un acto bueno, humanitario'; pero es más frecuente en este caso el empleo de «acción». En cambio, se emplea «acto» con expresiones especificativas: 'Acto de hostilidad, de terrorismo, de violencia, de barbarie, de soberbia, de solidaridad, de humanitarismo'. **2** ACTO público. **3** Cada una de las partes de una obra teatral separadas en la representación por un descanso. ⇒ Entreacto. *Teatro. **4** DER. *ACTO jurídico.* **5** *Se aplicaba antiguamente a los ejercicios literarios realizados en las *universidades.* **6** (pl.) *Actas de un concilio.* **7** DER. *Disposición legal.* **8** *Medida romana de *longitud equivalente a casi 36 m.*

ACTO CARNAL. *Cópula.

A. DE CONCILIACIÓN. Acto en que comparecen las partes ante el juez para ver si pueden avenirse y evitar el pleito.

A. CONTINUO. ACTO seguido.

A. DE CONTRICIÓN. **1** Hecho de sentir arrepentimiento por haber ofendido a Dios. ⇒ *Arrepentirse. **2** Oración que comienza con las palabras «Señor mío Jesucristo», con la que se expresa aquel arrepentimiento. ≃ SEÑOR mío Jesucristo.

A. DE CORTESÍA. Acción con que se cumplen las normas de comportamiento social. ⊙ Acción con que se demuestra *estimación o respeto hacia alguien. ≃ Atención.

A. CUADRADO. *Medida romana de *superficie equivalente a 30 actos mínimos.*

A. INSTINTIVO. El que se realiza conscientemente, pero sin intervención de la voluntad.

A. JURÍDICO. DER. Acto realizado por alguien voluntariamente, del que se derivan derechos y obligaciones.

A. MÍNIMO. *Medida romana de *superficie que tenía 1 acto de largo y 4 pies de ancho.*

A. PÚBLICO («Celebrar»). Acción celebrada públicamente, con solemnidad o con un motivo cultural o político: 'Un acto público académico [universitario, de propaganda]'. ⇒ *Ceremonia. *Función. *Reunión.
A. REFLEJO. El que obedece a excitaciones no conscientes.
A. SEGUIDO. A continuación o *enseguida. ≃ ACTO continuo.
A. SEXUAL. Coito.
A. DE ÚLTIMA VOLUNTAD. Testamento.
EN ACTO. FIL. Por oposición a «en potencia», estado de los seres que existen realmente y no sólo como posibilidad.
EN EL ACTO. *Enseguida.
HACER ACTO DE PRESENCIA. *Presentarse o estar presente.
V. «SALÓN de actos».

actor[1], **-a** (del lat. «auctor, -ōris») adj. y n. m. DER. Se aplica a la parte demandante en un juicio.

actor[2], **-triz** (del lat. «actor, -ōris» y «actrix, -īcis») **1** adj. y n. m. Se aplica al que hace la cosa de que se trata. ⇒ Sufijos: -achín: espadachín; -ante: comediante; -bundo: vagabundo; -dor: trabajador, roedor, reidor; -ín: bailarín; -tor: corrector. **2** n. Persona que representa en el *teatro, en el *cine, en la *televisión, etc. ⊙ (n. calif.) Se aplica, junto con un adjetivo que lo intensifica, a una persona que sabe *simular sentimientos u otra cosa: 'Es un actor consumado'.
ACTOR BUFO. El que representa papeles destinados a hacer reír.
A. DE CARÁCTER. El que representa personajes de edad madura.
A. CÓMICO. El que representa papeles propios de comedia.
A. DRAMÁTICO [O TRÁGICO]. El que representa los papeles principales en el drama o la tragedia.
A. SECUNDARIO [O DE REPARTO]. El que no actúa como protagonista.
PRIMER ACTOR. El que desempeña el papel principal.
□ CATÁLOGO
ACTOR de carácter, ACTOR de reparto, primer ACTOR, *barba, bobo, bolo, bufo, bufón, *cantante, característica, característico, caricato, comediante, comedo, comicastro, cómico, CÓMICO de la legua, comparsa, comprimario, contrafigura, corista, dama, DAMA joven, dramático, estrella, extra, farandulero, faraute, farsante, figura, figurante, galán, gracioso, histrión, histrionisa, homarrache, humorista, intérprete, maldito, metemuertos, metesillas y sacamuertos, mimo, moharrache [o moharracho], morcillero, pantomimo, PARTE de por medio, protagonista, racionista, recitante, representante, sacasillas, secundario, sobresaliente,-a, starlet, starlette, suripanta, trágico, transformista, truhán. ➤ Debut, morcilla, mutis, papel, parte. ➤ Actuar, doblar, representar, trabajar. ➤ *Compañía. *Teatro.

actuación 1 («Realizar») f. *Acción y efecto de actuar: 'Su actuación como gerente'. Suele implicar una valoración o calificación: 'Su actuación no ha satisfecho a nadie'. ⊙ Se emplea particularmente con referencia a los artistas. **2** (gralm. pl.) DER. Cada acción del juez en un procedimiento, distinguible por separado. ≃ Diligencia.

actuado, -a 1 Participio de «actuar». **2** adj. **Acostumbrado.*

actual (del lat. «actuālis») **1** adj. De ahora. ⇒ *Moderno. *Nuevo. ⊙ Se aplica a lo que está de moda: 'El coche tiene una línea muy actual'. **2** FIL. Real, por oposición a «potencial». ⇒ En acto.
V. «GRACIA actual, en los MOMENTOS actuales, TIEMPO[s] actual[es]».

actualidad 1 f. Cualidad de actual. **2** Momento o tiempo en que estamos: 'En la actualidad no existe ese problema'. ⇒ *Ahora.
DE ACTUALIDAD. Actual. Se aplica a aquello que interesa o de lo que se habla ahora: 'Un asunto de actualidad'.
EN LA ACTUALIDAD. *Ahora. ≃ Actualmente.

actualización f. Acción de actualizar[se].

actualizador, -a adj. y n. m. GRAM. Se aplica al elemento lingüístico que sirve para actualizar.

actualizar 1 (culto) tr. Hacer actual o de actualidad una cosa. **2** FIL. Convertir en *real una ↘cosa potencial. ⊙ FIL. Representar con un caso concreto una ↘idea abstracta. ≃ Concretar, individualizar. **3** tr. y prnl. Poner[se] de acuerdo con los últimos adelantos, modas o noticias: 'Un buen profesional necesita actualizar sus conocimientos'. **4** tr. GRAM. Hacer que un elemento de la lengua haga referencia a una realidad concreta. Por ejemplo, el nombre «libro» se actualiza con el demostrativo «ese», que pasa a aludir a un libro concreto. ⊙ prnl. GRAM. Pasar un elemento de la lengua a referirse a una realidad concreta.

actualmente adv. En el tiempo en que se está viviendo mientras se habla. ≃ *Ahora, en la actualidad.

actuante adj. y n. Se aplica al que actúa.

actuar (del lat. medieval «actuāre») intr. *Conducirse u *obrar de cierta manera. ⊙ («como, de») Realizar alguien o algo su función o la que es propia del cargo que se expresa, o producir su efecto propio: 'Una medicina que actúa como calmante. Él actúa de secretario del tribunal. Actuar de mediador'. ⇒ *Hacer. ⊙ Trabajar un actor o una compañía en determinado sitio o tiempo: 'Ella no actúa en esta función. La compañía que está actuando en el Teatro Español'. ⇒ Impresionar. ⊙ («en») Realizar un ejercicio en una oposición o examen: 'Hoy me toca actuar en el ejercicio oral'. ⊙ Realizar actuaciones judiciales. ⇒ Actitar, baratar, comportarse, *conducirse, gastarlas, intervenir, manejarse, moverse, negociar, *obrar, ocuparse, pajear, portarse, proceder, *tramar, HACER por hacer. ➤ De bulto. ➤ *Acción. *Actividad. *Hacer. *Trabajar.
□ CONJUG. La «u» de la raíz es tónica en los presentes de indicativo y subjuntivo y en el imperativo, salvo en la 1.ª y 2.ª personas del plural: 'actúo, actúas, actúa, actúan; actúe, actúes, actúe, actúen; actúa, actúe, actúen'. En el resto de las formas la «u» es átona y se pronuncia generalmente sin formar diptongo con la vocal que le sigue. ⇒ Apénd. II, PRONUNCIACIÓN (verbos en «-uar»).

actuaria (del lat. «actuarĭa», ligera) adj. *Se aplica a cierto *barco ligero de remo y vela, usado por los antiguos *romanos.*

actuario (del lat. «actuarĭus») m. DER. Funcionario que da fe en los actos judiciales.
ACTUARIO DE SEGUROS. Persona que se dedica a las matemáticas relacionadas con los *seguros.

actuosidad f. *Cualidad de actuoso.*

actuoso, -a (del lat. «actuōsus»; ant.) adj. *Activo, diligente, solícito o cuidadoso.*

acuadrillar 1 tr. y prnl. recípr. *Reunir*[se] *↘gente en cuadrilla.* **2** *Mandar una cuadrilla.*

acuantiar tr. *Fijar la cuantía de una cosa.*

acuarela (del it. «acquarella», deriv. de «acqua», agua) f. Pintura realizada con colores que se diluyen en agua. ≃ Aguada. ⊙ (pl.) Pinturas que se emplean para ella. ⇒ Aguazo.

acuarelista n. Pintor de acuarelas.

acuarelístico, -a adj. *De* [*la*] *acuarela.*

acuario[1] (del lat. «aquarĭum») **1** m. Depósito de agua de paredes transparentes, en el que se conservan vivos animales y vegetales acuáticos. **2** Edificio destinado a la exhibición de animales y plantas acuáticos.

acuario[2] (del lat. «Aquarĭus») adj. y n. Se aplica a la persona nacida bajo el signo de Acuario (zona del *Zodiaco en la que se encuentra el Sol a mediados de invierno).

acuariofilia f. Afición al mantenimiento y cría en acuarios de animales y plantas acuáticos.

acuariófilo, -a adj. De [la] acuariofilia. ⊙ n. Aficionado a la acuariofilia.

acuárium m. Acuario.

acuartar (de «a-[2]» y «cuarto»; León) tr. *Encuartar (enganchar el encuarte).*

acuartelado, -a Participio adjetivo de «acuartelar[se]». ⊙ HERÁLD. *Se aplica al escudo dividido en cuarteles.*

acuartelamiento m. Acción de acuartelar[se]. ⊙ Situación de las tropas acuarteladas. ⊙ Lugar donde se acuartelan.

acuartelar 1 tr. *Alojar a la ↘tropa en cuarteles. ⊙ Mantener a la ↘tropa en sus cuarteles, en previsión de algún *disturbio. ⊙ prnl. Meterse las tropas en sus cuarteles. **2** tr. Dividir un ↘terreno en cuarteles. **3** MAR. *Presentar lo más posible la superficie de las ↘velas al viento.*

acuartillar intr. *Doblar excesivamente las cuartillas las *caballerías, por exceso de carga o por debilidad.* ⊙ *Andar las caballerías con las cuartillas en esa forma.*

acuático, -a (del lat. «aquatĭcus») **1** adj. De [o del] *agua. ⊙ Se aplica al organismo que vive en el agua. **2** Que funciona o se realiza en el agua: 'Esquí acuático'. ⊙ Particularmente, se aplica al reloj que puede sumergirse en el agua. V. «SALAMANDRA acuática».

acuátil (del lat. «aquatĭlis») adj. *Acuático.*

acuatizar intr. Posarse en el agua un hidroavión.

acuchar tr. *Abrigar o proteger.*

acuchilladizo (de «acuchillar») m. *Esgrimidor o *gladiador.*

acuchillado, -a 1 Participio adjetivo de «acuchillar». **2** Se aplica a los vestidos o parte de ellos que llevaban como adorno rajas debajo de las cuales se veía tela de otro color. **3** **Adiestrado o *curtido por una vida dura.* **4** m. Acción de acuchillar la madera.

acuchillador, -a 1 adj. y n. *Se aplica al que acuchilla.* **2** adj. y n. m. Se aplica al que tiene por oficio acuchillar los pisos de madera.

acuchillar 1 tr. Dar cuchilladas. *Herir o *matar a cuchilladas a ↘alguien. ⇒ Achurar. ⊙ *Surcar el ↘aire.* **2** *Hacer aberturas en los ↘vestidos o mangas llamados «acuchillados».* **3** Raspar o alisar con cuchilla u otro utensilio los ↘muebles o el piso de madera para pulirlos o para quitar la cera vieja y volver a encerarlos. **4** *Aclarar las ↘plantas en los semilleros.*

acucia (del b. lat. «acutĭa», astucia, de «acūtus», agudo) **1** f. **Prisa.* **2** *Deseo vehemente.*

acuciadamente adv. De manera acuciante.

acuciado, -a Participio adjetivo de «acuciar».

acuciador, -a adj. y n. Que acucia.

acuciamiento m. Acción de acuciar.

acuciante adj. Que acucia.

acuciantemente adv. De manera acuciante.

acuciar (del sup. lat. «acutiāre», de «acūtus», agudo) **1** tr. Incitar a ↘alguien a hacer una ↘cosa con prisa. ≃ *Apremiar. ⊙ (terciop.) Ser necesaria para alguien la realización inmediata de cierta cosa: 'Es muy joven y no le acucia resolver su porvenir'. ≃ Urgir, ser acuciante. ⇒ *Agobiar. *Apurar. *Angustia. **2** *Desear con vehemencia.* **3** (ant.) **Cuidar una ↘cosa con interés.*

☐ CONJUG. como «cambiar».

acuciosamente 1 adv. Con urgencia o prisa. **2** *Con deseo vehemente.*

acuciosidad f. *Cualidad de acucioso.*

acucioso, -a (de «acucia») **1** adj. Urgente. **2** *Apresurado.* **3** **Ansioso.* **4** **Diligente o solícito.*

acudiciarse («por») prnl. *Concebir *deseo vehemente de alguna cosa.*

acudidero (de «acudir»; Ar.) m. **Ocupación o *atención a la que hay que atender:* 'Tiene demasiados acudideros'.

acudiente (Col., Pan.) n. *Tutor de uno o varios estudiantes.*

acudimiento m. *Acción de acudir.*

acudir (de «recudir», con influencia de «acorrer») **1** («a») intr. *Ir alguien a cierto sitio donde es esperado o llamado o tiene que hacer: 'Aquel día no acudió a la oficina. El perro acude cuando le llaman'. El complemento puede ser también «cita, llamamiento» o palabra semejante: 'Las perdices acuden al reclamo'. ⊙ («a») También, 'acudir a la mente, a la memoria', etc. ⊙ («a») *Ir o *venir personas o animales a cierto sitio en que hay algo que los atrae: 'Empezó a acudir gente al lugar del suceso. Las moscas acuden a la miel. Los peces acuden al cebo. Le acuden los mosquitos'. ⊙ («a») *Sobrevenirle a alguien cosas como «desgracias, enfermedades», etc.: 'A él le acuden todas las desdichas'. ≃ Venir. ⇒ Asistir, comparecer, concurrir, convenir, personarse, presentarse. *Afluir. *Venir. ➤ Dejar PLANTADO. ➤ Recudir. **2** («a») Dedicar alguien su atención, su cuidado o su trabajo a cierta cosa: 'No sé cómo acudir a todo lo que tengo que hacer'. ≃ *Atender. **3** («con») Llevar o aplicar a una persona o una situación un remedio, un auxilio, una solución, etc.: 'La situación era grave, pero acudieron a tiempo con el remedio'. Se emplea también sin complemento con «con»: 'Él pide ayuda, pero nadie le acude'. ⇒ *Ayudar. **4** («a») Utilizar a alguien o algo para cierto fin, particularmente cuando otros medios o procedimientos han fallado: 'Si es necesario, acudiré al ministro. Todo antes que acudir a las armas'. ≃ *Recurrir. **5** («con») **Producir la tierra o las plantas frutos de los que satisfacen necesidades.* **6** («con») *Dar una respuesta o presentar una objeción.* **7** *Corresponder, pagar u obsequiar.* **8** EQUIT. *Obedecer el caballo.* V. «acudir al NAIPE».

acueducto (del lat. «aquaeductus») m. Construcción para transportar *agua, particularmente para el abastecimiento de una población. Suele aplicarse este nombre a las antiguas. ⊙ Construcción en forma de puente para transportar el agua de un lado a otro de una depresión del terreno. ⇒ Conducir.

ácueo, -a (del lat. «aquĕus») adj. *Acuoso.* V. «HUMOR ácueo».

acuerdado, -a adj. **Recto.* ≃ A cuerda.

acuerdo 1 («Adoptar, Establecer, Llegar a, Tomar, Firmar») m. Cosa acordada o *decidida por dos o más personas después de hablar o discutir sobre el asunto de que se trata. ≃ Arreglo, concierto, convenio. ⊙ Cosa que se decide en un consejo, un tribunal u otra reunión semejante. ⊙ Cosa que una persona decide por sí misma después de pensar sobre ella. ≃ Decisión, determinación, resolución. ⇒ *Acordar. **2** *Antiguamente, reunión de un *tribunal para tratar asuntos de carácter general.* **3** («Haber, Estar, Ir, Marchar de [común] acuerdo») Conformidad de pareceres entre dos o más personas. ⇒ *Armonía. ⊙ Relación entre las cosas cuando no se contradicen u oponen. ≃ *Conformidad. ⊙ PINT. *Armonía del colorido de una pintura.* **4** En frases como «estar en su acuerdo, volver a su acuerdo», *juicio o conocimiento: capacidad para discernir. ⊙ *Reflexión o madurez en la decisión de algo.* ⊙ *Conocimiento* *o sentido de alguna cosa.* **5** **Recuerdo.* **6** (Col., Méj.) *Reunión de una autoridad gubernativa con alguno de sus subordinados o colaboradores para tomar una decisión sobre algo.*

ACUERDO MARCO. Acuerdo normativo de carácter general, que se desarrolla con otros más concretos.

DE ACUERDO («Ir, Marchar, Mostrarse, Obrar, Ponerse»). Con conformidad de pareceres. ⇒ *Armonía.

¡DE ACUERDO! Exclamación de conformidad con algo expresado por otro.

DE ACUERDO CON. *Según.

DE COMÚN ACUERDO. Estando conformes en la resolución tomada las partes a quien interesa.

PONER DE ACUERDO a dos o más personas. Hacer que se pongan de acuerdo.

PONERSE DE ACUERDO. *Concertarse. Acordar dos o más personas entre sí la manera de obrar juntas en cierta cosa.

VOLVER DE SU ACUERDO. **Rectificar una resolución o volverse atrás en ella.* ⇒ *Desdecirse.

VOLVER EN SU ACUERDO. *Recobrar el conocimiento después de un *desmayo.*

acuesto (de «acostar»; ant.) m. *Declive.*

acuicultura (del lat. «aqua», agua, y «-cultura») f. Cría o cultivo de especies animales y vegetales acuáticas.

acuidad (del lat. moderno «acuĭtas, -ātis») f. Grado de *agudeza. Se aplica, por ejemplo, a la vista y, también, a los sonidos, para expresar la cualidad por la que se dividen en agudos y graves. La escala de acuidad de las vocales españolas es «i, e, a, o, u».

acuífero, -a (del lat. «aqua» y «-fero») **1** adj. BIOL. *Se aplica a los conductos de algunos organismos por los que discurren líquidos, particularmente agua.* **2** adj. y n. m. GEOL. Se aplica a la zona del subsuelo que contiene agua.

acuitar (de «a-[2]» y «cuita») tr. **Apenar o dar *preocupaciones.* ≃ Acoitar. ⊙ prnl. *Apenarse.*

ácula (del lat. «acŭla», dim. de «acus», aguja) f. **Quijones (planta umbelífera).*

aculado, -a (de «acular») adj. HERÁLD. *Se aplica al caballo sentado con las patas encogidas y las de delante levantadas.* ⊙ HERÁLD. *También a otros muebles heráldicos en posición semejante.*

acular (de «a-[2]» y «culo») **1** tr. *Arrimar un ↘*carro, una caballería, etc., a algún sitio, por la parte trasera.* ≃ Arrecular. ⇒ *Retroceder. **2** prnl. MAR. *Tocar un *barco en un bajo con el codaste en un movimiento de retroceso.*

aculebrar tr. MAR. *Sujetar la ↘*vela al palo.*

aculebrinado, -a adj. ARTILL. *Se aplica al *cañón parecido por su mucha longitud a la culebrina.*

acúleo (del lat. «aculĕus») m. *Aguijón.*

acullá (del lat. «eccum» e «illāc») adv. Allá: 'Acá y acullá'.

acullicar (Bol., Perú) intr. *Mascar el acullico.*

acullico (del quechua «akulliku»; Arg., Bol., Perú) m. *Bola que se masca hecha con hojas de coca y otros ingredientes.*

aculturación f. Adopción de elementos culturales de un grupo social por parte de otro.

acumen (del lat. «acūmen, -ĭnis») m. *Agudeza de la punta o corte de un utensilio o arma.* ⊙ *Intensidad de un dolor.* ⊙ *Perspicacia de la vista o el oído.*

acuminado, -a (del lat. «acuminātus») adj. *Acabado en punta.*

acuminoso, -a (del lat. «acūmen, -ĭnis») **1** (ant.) adj. *Agudo.* **2** (ant.) *Ácido.*

acumulación **1** f. Acción y efecto de acumular[se]. **2** Conjunto de cosas acumuladas. ⊙ Porción de una cosa disgregable que se acumula en un sitio: 'Una acumulación de arena [de humo, de pus]'. ≃ Cúmulo. ⇒ *Acumular.

acumulador, -a adj. y n. m. Se aplica a lo que o el que acumula. ⊙ m. Aparato o dispositivo que sirve para acumular energía. ⊙ Específicamente, el que sirve para acumular energía eléctrica y tenerla dispuesta para ser utilizada en cualquier sitio o momento.

acumulamiento m. Acumulación.

acumular (del lat. «accumulāre») **1** tr. Ir aumentando la cantidad o el número de ciertas ↘cosas reunidas en un sitio o que se tienen: 'El río acumula arena en su desembocadura. Acumular riquezas, títulos, honores'. A veces, con «sobre»: 'Acumular preocupaciones [o cargos] sobre alguien'. ⊙ («a») Juntar una ↘cosa a otra de modo que se suma a ella o contribuye al mismo efecto: 'Acumular los intereses al capital'. ⊙ prnl. Juntarse ciertas cosas: 'Los asuntos se acumulan en su despacho'. ⇒ Sufijo de acumulación, «-areda»: 'humareda, polvareda'. ➤ Abacorar, acaparar, acopiar, allegar, almacenar, amasar, amontonar, apilar, atesorar, coacervar, cumular, juntar, reunir. ➤ Acumulación, acumulamiento, cúmulo, montón. ➤ *Ristra, sarta. ➤ Sobre, tras. **2** tr. DER. **Atribuir a alguien un ↘delito o ↘culpa.*

acumulativamente adv. Como resultado de acumular.

acumulativo, -a adj. Originado por acumulación.

acunado V. «PIEZA de acunado».

acunar tr. Mover a un ↘niño en la cuna o, por extensión, en los brazos o de otra manera, para dormirlo o acallarlo. ≃ Balancear, cunar, *mecer.

acundangarse (de «a-[2]» y «cundango»; Cuba) prnl. *Afeminarse.*

acuntir (de «a-[2]» y «cuntir»; ant.) intr. *Acontecer.*

acuñación f. Acción y efecto de acuñar.

acuñar[1] tr. Imprimir ↘*monedas o ↘*medallas por medio de un cuño o troquel. ≃ Batir. ⊙ Fabricar ↘moneda o mandar fabricarla: 'El emperador acuñó moneda con su efigie'. ⊙ Poner en circulación una ↘palabra o expresión nueva: 'Una frase recién acuñada'. Se dice también «de nuevo cuño».

acuñar[2] **1** tr. Meter *cuñas para sujetar una ↘cosa. **2** (Gal.) *Hacer recomendaciones a favor de alguien.*

acuosidad f. Cualidad o estado de acuoso.

acuoso, -a (del lat. «aquōsus») **1** adj. Líquido y semejante al *agua: 'Un humor acuoso'. ⇒ Agoso. **2** Se aplica a lo que tiene agua o tiene más agua de la debida o que parece agua: 'Una fruta acuosa e insípida'. ⇒ Aguanoso.

acupuntor, -a n. Especialista en acupuntura.

acupuntura (del lat. «acus», aguja, y «punctūra», punción) f. Práctica médica, empleada desde antiguo por los chinos y japoneses, que consiste en clavar una o más agujas en determinados puntos del cuerpo para tratar ciertas enfermedades.

acurado, -a (del lat. «accurātus»; ant.) adj. *Cuidadoso o esmerado.*

acure (del caribe «curi») m. **CONEJILLO de Indias.*

acurrucarse (¿de «a-[2]» y el lat. «corrugāre», arrugar?) prnl. Aplicado a personas, ponerse doblado y encogido, ocupando el menos espacio posible, para esconderse, para librarse del frío, etc.: 'Se acurrucó en el hueco de una puerta para pasar la noche'. ⊙ Aplicado a cosas o personas, *encogerse y *arrugarse, por hacerse viejo, ponerse seco, etc. ⇒ Acorrucarse, adujarse, aovillarse, consumirse, contraerse, engurruñarse, ensobinarse, ovillarse, hacerse un OVILLO, *secarse, sunsirse. ➤ *Arrugarse. *Encogerse.

acurrullar (de «a-[2]» y «corrulla») tr. MAR. *Desenvergar las ↘*velas y recogerlas.*

acusación 1 f. Acción de acusar. ⊙ Cosa de que se acusa a alguien. ≃ Cargo, imputación, inculpación. ⊙ Escrito o palabras con que se acusa: 'Lo que ha dicho es una acusación contra su hermano'. **2** DER. Fiscal.

acusadamente adv. De manera acusada.

acusado, -a 1 Participio adjetivo de «acusar». ⊙ n. Particularmente, reo; persona contra quien se tramita un proceso. **2** adj. Aplicado a «rasgos, perfiles, personalidad» o palabras semejantes, tal que se distingue bien de otros o de lo que le rodea, en sentido material o espiritual: 'Ha realizado una obra de perfiles acusados'. ≃ *Claro, *definido, *destacado. ⊙ Tal que se ve o aprecia con facilidad y seguridad: 'Estos versos tienen una acusada semejanza con otros de Garcilaso'. ≃ *Claro, *evidente, *perceptible.

acusador, -a adj. y n. Se aplica al que acusa.

acusar (del lat. «accusāre») **1** («de») tr. *Atribuir a ↘alguien, diciéndolo a él mismo o a otros, un delito o falta: 'Yo no acuso a nadie en particular'. También reflex.: 'Me acusó de egoísta'. ⊙ («de») DER. Exponer en un juicio los cargos y las pruebas contra el ↘acusado: 'Lo acusó de complicidad en el delito'. ⊙ («ante»: 'ante el juez') Hacer saber, a alguien que puede castigarlo, un delito o falta de ↘otro. ⊙ Particularmente, hacerlo así los chicos, por ejemplo al maestro. **2** tr. Tratándose de aparatos o dispositivos, hacer ver o notar cierta ↘cosa: 'Un aparato que acusa la presencia de gas. Los sismógrafos acusan las sacudidas sísmicas'. ≃ Denunciar, *mostrar, revelar. ⊙ Ser la expresión, actitud, palabras, etc., de alguien de tal manera que permiten apreciar cierto ↘sentimiento, estado de ánimo u otra circunstancia: 'Su cara acusa cansancio. El equipo acusó su falta de preparación física'. ≃ Indicar, manifestar, mostrar, revelar, traslucir. ⊙ (en forma pronominal pasiva o impersonal con «se») Ser perceptible. ≃ Notarse, *percibirse. **3** tr. *En algunos juegos de *baraja, manifestar que se tienen ciertas ↘cartas con las que se gana un número de tantos.*

V. «acusar la CONCIENCIA, acusar el GOLPE, acusar RECIBO».

□ CATÁLOGO

Achacar, acriminar, aponer, argüir, *atribuir, calumniar, dar el CANTE, capitular, cargar, chivarse, chivatear, colgar, condenar, criminar, culpar, *delatar, *denunciar, empapelar, encartar, expedientar, imputar, incriminar, inculpar, incusar, insimular, motejar, murmurar, procesar, querellarse, recargar, recriminar, *reprochar, residenciar, retar, sindicar, soplar, tachar, tildar. ➤ Llamar a CAPÍTULO, hacer CARGOS, echar las CULPAS, tirar la primera PIEDRA, responsabilizar, hacer RESPONSABLE, llevar a los TRIBUNALES. ➤ Acusación, capítulo, cargo, criminación, delación, denuncia, incriminación, inculpación, insinuación, murmuración, *queja, querella, reto, sambenito, soplo, tacha. ➤ Acusador, acusetas, acusete, acusica, acusón, cañuto, chivato, delator, denunciador, denunciante, fuelle, soplón, TESTIGO de cargo. ➤ *Reo. ➤ Coacusado, recusar. ➤ *Censurar.

acusativo (del lat. «accusatīvus») m. GRAM. Caso del complemento directo en las palabras que tienen declinación. ⇒ Apénd. II, PRONOMBRE PERSONAL (uso del dativo y el acusativo del pronombre de 3.ª persona).

acusatorio, -a (del lat. «accusatorĭus») adj. Se aplica a lo que contiene una acusación.

acuse 1 m. Acción de acusar. **2** *Carta con la que se acusa en el juego de baraja.*

ACUSE DE RECIBO. Acción de acusar recibo, o escrito con que se acusa.

acusetas (Hispam.) m. *Acusete.*

acusete (Hispam.) adj. y n. *Acusón.*

acusica (inf.) adj. y n. Acusón.

acusón, -a adj. y n. Persona, particularmente chico, que tiene el vicio de acusar. ≃ Acusica, soplón. ⇒ *Acusar.

acústica (del gr. «akoustikḗ», f. de «akoustikós», acústico) **1** f. Parte de la física que se ocupa del *sonido. ⇒ Diacústica. **2** Características sonoras de un lugar que favorecen o no la propagación del sonido.

acústico, -a (del gr. «akoustikós») adj. De [o del] sonido, de [la] acústica o del sentido del oído.

V. «CORNETA acústica».

acutángulo (del lat. «acūtus», agudo, y «angŭlus», ángulo) adj. V. «TRIÁNGULO acutángulo».

acutí (de or. guaraní; Arg.) m. *Agutí (animal semejante al *conejillo de Indias).*

acuto, -a (del lat. «acūtus»; ant.) adj. *Agudo.*

ad- Preposición latina que ha quedado en español como prefijo, con el valor de «*junto a»: 'adjunto, adyacente'.

ad (del lat. «ad»; ant.) prep. *A.*

ad. Abrev. que significa «añadir», utilizada en las recetas médicas.

-ada[1] 1 Sufijo con que se forman nombres de acción derivados de verbos o nombres: 'llamada, cornada'. A veces, con significado *despectivo: 'alcaldada, judiada, trastada'. **2** Nombres con la idea de *conjunto, composición o ampliación: 'vacada, llamarada'. **3** Nombres de abundancia o de contenido con plenitud o exageración: 'cucharada, panzada, riada'. **4** De *golpe: 'manotada, palmada, pedrada'. **5** De comida o bebida hecha con lo que expresa el nombre primitivo: 'ensalada, fritada, limonada'. **6** De *periodo: 'temporada, otoñada, invernada'.

-ada[2] V. «-ado, -a».

adacilla (dim. de «adaza») f. *Variedad de adaza más pequeña que la corriente.*

adafina (del ár. and. «addafína», del cl. «dafīnah», enterrada, pues este guiso se cubría con rescoldos) f. *Cierto guiso de los antiguos *judíos españoles.* ≃ Adefina.

adagial adj. *De [o del] adagio.*

adagio[1] (del lat. «adagĭum») m. Frase hecha en que se expresa un conocimiento o consejo útil para la conducta, de sabiduría popular o de algún autor. ≃ *Sentencia.

adagio[2] (del it. «adagio»; pronunc. [adáyo]) m. MÚS. Movimiento musical lento, pero menos que el «largo». ⊙ MÚS. Composición o parte de ella en este movimiento.

adaguar (del lat. «adaquāre», abrevar) intr. *Beber el *ganado.*

adahala (ant.) f. *Adehala (*propina o gaje).*

adala f. MAR. *Dala (canal para *achicar).*

adalid (del ár. and. «addalíl», del cl. «dalīl») **1** m. Persona que guía gente de guerra. ≃ *Caudillo. ⊙ Por extensión, persona que tiene la dirección suprema en una comunidad que se propone alguna empresa trascendental. ⊙ Persona que se distingue en la *defensa o sostenimiento de cierta cosa. **2** MIL. *En la antigua *milicia española, cargo semejante al de jefe de estado mayor.*

adamado, -a 1 adj. *Se aplica a la mujer que, sin serlo, tiene aspecto o modales de dama o señora.* **2** *Fino o delicado.* **3** *Se aplica al hombre delicado como una mujer.*

adamante (del lat. «adămas, -antis», del gr. «adámas, -antos», acero, diamante) m. *Diamante.*

adamantino, -a adj. Diamantino: como de diamante. ⊙ Como el diamante. ⊙ Particularmente, duro como el diamante.

adamar[1] (del lat. «adamāre») **1** (ant.) tr. *Amar con vehemencia.* **2** (ant.) **Cortejar o requebrar.*

adamar[2] (ant.) m. **Prenda o muestra de amor.*

adamarse (de «a-[2]» y «dama[1]») prnl. *Adelgazar un hombre o hacerse delicado como una mujer.*

adamascado, -a *Participio de «adamascar».* ⊙ adj. Aplicado a *telas, de aspecto como el del damasco.

adamascar tr. *Dar a las ↘telas el aspecto del damasco.*

adamasco (ant.) m. *Damasco.*

-adamente V. «-mente».

adamidos (de «ad» y «amidos»; ant.) adv. *Con repugnancia, a *disgusto.*

adamismo m. *Doctrina y secta de ciertos herejes que celebraban sus reuniones desnudos y tenían por lícita la poligamia.* ≃ Adanismo.

adamita adj y n. m., gralm. pl. *Adepto al adamismo.*

adán (de «Adán», el primer hombre según la Biblia; n. calif.) m. Se aplica a un hombre descuidado en su arreglo personal.

V. «BOCADO de Adán» o «NUEZ de Adán».

adanismo (de «Adán») **1** m. *Adamismo.* **2** *Costumbre de iniciar una actividad cualquiera ignorando los logros anteriores en la materia.* **3** *Nudismo: práctica de la desnudez.*

adaponer (ant.) tr. **Declarar una ↘cosa en un juicio.* ≃ Deponer.

adaptabilidad f. Cualidad de adaptable.

adaptable adj. Susceptible de ser adaptado. ⇒ Inadaptable.

adaptación f. Acción y efecto de adaptar[se]. ⇒ Inadaptación.

adaptado, -a Participio adjetivo de «adaptar[se]».

adaptador, -a adj. Que adapta. ⊙ m. Dispositivo o aparato para acoplar elementos de distintos tamaño, forma o finalidad.

adaptar (del lat. «adaptāre»; «a») tr. Unir una ↘cosa a otra de modo que forme con ella el conjunto debido. ≃ *Acomodar. ⊙ («a») *Acomodar, *ajustar o *amoldar: hacer que una ↘cosa colocada sobre otra tome exactamente su forma o su tamaño: 'Adaptar un sombrero a la cabeza de alguien'. ⊙ («a») Hacer que un ↘objeto destinado a una cosa sirva para otra determinada. ≃ *Acomodar, aplicar, habilitar. ⊙ («a») Modificar una obra literaria, musical, etc., para que pueda ser difundida entre otro tipo de público o para que pueda ser transmitida por un medio distinto del pensado originariamente: 'Su próximo proyecto es adaptar una novela policiaca al cine'. ⊙ («a») prnl. Acomodarse, ajustarse o amoldarse una cosa a otra: 'El guante se adapta a la mano'. ⊙ («a») *Acomodarse a cierta situación o *conformarse con ella: 'Sabe adaptarse a las circunstancias'.

adapuesto, -a *Participio de «adaponer».*

adáraga (ant.) f. *Adarga.*

adaraja (del ár. and. «addaráğa», peldaño, del ár. cl. «darağah») f. CONSTR. *Nombre aplicado a las piedras salientes que se dejan en una obra para que sirvan de enlace en una posible continuación de ella.* ≃ *Diente.

adárame (ant.) m. *Adarme.*

adarce (del lat. «adarce», del gr. «adárkē») m. *Costra salina que las aguas del mar dejan sobre los objetos que mojan.* ⇒ Albina, alhurreca, ESPUMA de la sal, espumero, lama. ➤ *Sal.

adardear tr. **Disparar dardos contra ↘algo o alguien.* ⊙ *Herir con dardo o flecha.*

adarga (del ár. and. «addárqa», del cl. «daraqah») f. *Escudo de cuero, de forma ovalada o acorazonada. ⇒ Mira, pelta.

adárgama (del ár. and. «addármaka», del cl. «darmakah», de or. persa; ant.) f. *Harina de flor.*

adargar tr. **Proteger con adarga. También reflex.*

adarguero m. *Hombre que hacía adargas.* ⊙ *Soldado que llevaba adarga.*

adarme (del ár. and. «addárham», del cl. «dirham», y éste del gr. «drachmḗ») **1** m. **Peso antiguo equivalente a algo menos de dos gramos.* **2** (en frases negativas) Cantidad insignificante de algo material o inmaterial: 'No tiene un adarme de sentido común'. ≃ *Pizca.

adarvar[1] (del ár. and. «aḍḍárb», del cl. «ḍarb», acción de golpear) tr. y prnl. **Asombrar[se] o *aturdir[se].*

adarvar[2] (ant.) tr. FORT. *Proteger con adarves. También reflex.*

adarve (del ár. and. «addárb», del cl. «darb», y éste del persa «dar», puerta) **1** m. FORT. Camino situado detrás del parapeto y en lo alto de una fortificación. ⇒ *Fortificar. **2** (ant.) FORT. *Muro de una fortaleza.* **3** *Protección.*

adatar tr. *Datar.*

adaza (del ár. and. «'adása»; *Sorghum halepense*) f. *Planta gramínea.

ad calendas graecas Expresión latina con que en lenguaje culto informal se alude a un plazo que no ha de cumplirse.

addenda (lat.) amb., más frec. f. Adenda.

ADDENDA ET CORRIGENDA. Adiciones y correcciones.

adecenamiento m. *Acción de adecenar.*

adecenar tr. *Distribuir en decenas.*

adecentamiento m. Acción y efecto de adecentar.

adecentar tr. Poner ↘algo decente, *limpio y en *orden: 'Tengo que adecentar la casa antes de que vengan los huéspedes'. ⇒ *Arreglar. También reflex.: 'Se adecentó antes de salir a la calle'.

adecuación f. Acción y efecto de adecuar[se].

adecuadamente adv. De manera adecuada.

adecuado, -a 1 Participio de «adecuar[se]». **2** («a, para») adj. Tal que resulta conveniente para unirlo con otra cosa o para cierto uso o acción: 'Este traje no es adecuado a las circunstancias. Este libro no es adecuado para niños'. ≃ Apropiado, propio.

□ CATÁLOGO

*Acertado, adaptado, ajustado, apañado, aparejado, aparente, apropiado, *bueno, ceñido, clavado, cómodo, compañero, competente, condecente, condicionado, condigno, conducente, conforme, conveniente, *correcto, políticamente CORRECTO, correspondiente, cortado, digno, ductivo, enderezado, especial, exacto, *flexible, gemelo, idóneo, igual, indicado, nacido, natural, *oportuno, paralelo, pertinente, pintiparado, preciso, propio, proporcionado; ad hoc, con arreglo, ni buscado con CANDIL, hacer al CASO, ser del CASO, venir al CASO, como llovido del CIELO, de [o en] conformidad, ni hecho de ENCARGO, la HORMA de su zapato, hacer buena LIGA con, hacer buenas MIGAS, de molde, como PEDRADA en ojo de boticario, al pelo, de perilla, de perlas, como [o que ni] PINTADO, a propósito. ➤ Lo mío, lo nuestro, lo suyo, lo tuyo, lo vuestro. ➤ La HORMA de su zapato, media NARANJA. ➤ Apropiar, atalantar, condecir, conformar[se], *convenir, *corresponder, cuadrar, cumplir, pegar, proceder, responder, satisfacer, sentar, servir. ➤ Venir como ANILLO al dedo, CAER [DECIR, ESTAR o IR] bien, IR con, hacer JUEGO, hacer buen PAPEL, hacer PLAN, hacer buen TERCIO, VENIR bien. ➤ Cada COSA para su cosa, cada uno a su OFICIO, bailar al SON que le tocan, cada UNO a lo suyo; ZAPATERO, a tus zapatos. ➤ Pedir a GRITOS. ➤ Impropio, inadecuado. ➤ *Acomodar. *Apto. *Armonizar. *Relación.

adecuar (del lat. «adaequāre», de «aequus», igual; «a») tr. Hacer una ↘cosa adecuada a otra. ≃ Adaptar. ⊙ («a») prnl. Adaptarse una cosa a otra.

□ CONJUG. como «averiguar», aunque a veces se acentúa como «actuar».

adecuja (del ár. norteafricano «dakkūğah» o «dakkūšah»; ant.) f. *Especie de *jarra usada por los moriscos de Andalucía.*

adefagia f. ZOOL. *Voracidad.*

adéfago, -a adj. ZOOL. **Voraz.*

adefera (del ár. and. «aḍḍafíra», del cl. «ḍafīrah», trenza; ant.) f. **Azulejo pequeño cuadrado que se usaba en frisos y pavimentos.*

adefesio (del lat. «ad Ephesĭos», título de una epístola de San Pablo, alusiva a su predicación a los habitantes de Éfeso) **1** (gralm. pl.) m. *Despropósito o extravagancia.* **2** Prenda de vestir ridícula. ≃ *Mamarracho. **3** Persona de aspecto *ridículo, especialmente por llevar vestidos que lo son. ≃ Mamarracho.

adefina 1 f. *Adafina (guiso de los judíos).* **2** (ant.) *Secreto.*

adefuera 1 (ant.) adv. *Por fuera.* **2** (ant.) amb. pl. *Afueras.*

adegaño, -a (ant.) adj. y n. **Lindante.* ≃ Aledaño.

adehala (del sup. rom. and. «ad iḥála» o «et iḥála») **1** f. *Añadidura que se da sobre lo estipulado.* ≃ *Propina. **2** *Cantidad añadida a sueldo.* ≃ *Gaje.

adelantado, -a Participio adjetivo de «adelantar[se]. **1** Con referencia a un trabajo, con una parte considerable ya hecha: 'Tengo [o llevo] bastante adelantado el libro'. ≃ Avanzado. **2** Aplicado a pagos, hecho antes de recibir el servicio o la cosa a que corresponde: 'Se exige el pago adelantado'. ≃ Anticipado. **3** («Estar; en, para») Más desarrollado, física o intelectualmente, de lo que le corresponde por su edad, por la época, etc.: 'Este niño está muy adelantado para su edad. Los trigos están muy adelantados'. **4** **Superior o *excelente.* **5** *Descarado o *insolente.* **6** m. *Se ha aplicado en la antigüedad a distintos cargos de *autoridad.* ⊙ *Gobernador militar y político de una provincia fronteriza.* ⊙ **Juez superior del reino o de un distrito al que estaban subordinados todos los otros jueces o merinos.*

LLEVAR [o TENER] ADELANTADO (gralm. con «eso» o «todo eso»). Modismo muy frecuente con que se expresa que cierta acción o suceso es, en cualquier caso, una ventaja ya conseguida para la persona de que se trata: 'Si nos dejan tranquilos por ahora, todo eso llevamos adelantado'.

POR ADELANTADO. Refiriéndose a la forma de *pagar algo, haciendo el pago adelantado.

adelantamiento 1 m. Acción de adelantar[se]. ⊙ Particularmente, de adelantar un vehículo a otro: 'El camión realizó un adelantamiento indebido'. **2** *Adelanto.* **3** *Cargo de adelantado.*

adelantar 1 («a, en») intr. y prnl. Ir hacia delante: 'Las tropas adelantan lentamente. Yo me adelanté unos pasos para no oír lo que decían'. ≃ *Avanzar. ⊙ prnl. Salir al encuentro de alguien, por ejemplo para saludarle. ⊙ («en») intr. Progresar, ir hacia delante en sentido no espacial: 'El niño ha adelantado mucho en matemáticas. Hoy las ciencias adelantan a pasos agigantados. El enfermo adelanta lentamente'. ⊙ («con») Obtener ventaja con cierta cosa; se usa particularmente en frases negativas o interrogativas: 'No adelantamos nada con decírselo. ¿Qué adelantas con disgustarte?'. ≃ *Conseguir. **2** tr. Llevar o mover una ↘cosa hacia delante: 'Adelanté mi silla hacia el escenario'. **3** Pasar delante de ↘otro en una *carrera o en otra cosa: 'Adelanté a su coche en el kilómetro cuarenta'. ≃ Alcanzar, aventajar, dejar ATRÁS. **4** prnl. Separarse de otros para ir o llegar antes que ellos a algún sitio: 'Yo me adelanté para poner el coche en marcha. Ella suele adelantarse unos días para preparar la casa'. **5** Hacer algo antes de que lo haga otro: 'Él se adelantó a pagar el café'. Particularmente, tratándose de una acción recíproca: 'Yo me adelanto siempre a saludarle'. **6** intr. Recorrer una distancia o hacer otra cosa en menos tiempo yendo por cierto camino más corto o por otro procedimiento. ≃ Abreviar. **7** intr. y prnl. Tratándose del reloj, marchar más rápidamente de lo debido: 'El reloj [se] adelanta cinco minutos diarios'. ⊙ intr. *Tratándose de un caballo, ir más de prisa de lo que se propone el jinete.* **8** tr. Tratándose del ↘reloj, hacer girar las manecillas para que señalen hora más avanzada o regular el registro para que el reloj marche más rápidamente. **9** Hacer una ↘cosa antes de lo que estaba señalado o señalar para antes su ejecución: 'En vista de las noticias he adelantado el viaje'. ≃ *Anticipar. ⇒ *Apresurar. ⊙ Dar una ↘noticia antes de lo previsto. ⊙ prnl. Ocurrir algo antes de lo que es normal o se espera: 'El calor se ha adelantado este año'. ≃ *Anticiparse. **10** tr. Aplicado a pagos, dar ↘algo antes de lo que corresponde: 'Siempre tienen que adelantarle la paga'. ≃ *Anticipar. ⊙ Dar ↘algo a alguien, contando con recuperarlo cuando el que lo recibe lo obtenga por otro lado: 'Me ha pedido que le adelantara cinco mil pesetas hasta que cobre el sábado'. Puede llevar un complemento con «sobre»: 'El habilitado le tiene ya adelantadas veinticinco mil pesetas sobre su sueldo de abril'. ≃ Anticipar, prestar. **11** **Añadir o *inventar en un relato.* **12** prnl. Aplicado a cosas o partes de cosa, *sobresalir, estar situado delante de lo que se expresa, y pegado a ello o sobresaliendo de ello: 'La torre se adelanta a un lado de la fachada. La cornisa se adelanta un metro'.

V. «adelantar los ACONTECIMIENTOS [o las COSAS], adelantarse a los ACONTECIMIENTOS».

□ CATÁLOGO

Alcanzar, anticiparse, aventajar, *ganar, rebasar, sacar, trompicar. ➤ Dejar ATRÁS, coger [o tomar] la DELANTERA, parar el GOLPE, ganar por la MANO, ganar [o llevarse] la PALMA, PASAR delante. ➤ Avanzar, quemar ETAPAS, progresar, hacer PROGRESOS, ganar TERRENO. ➤ Alargar. ➤ PALMO a palmo. ➤ Antuviar, atajar; ganar TERRENO, ganar TIEMPO. ➤ Aprovechar. ➤ Civilización, cultura, evolución, proceso, progreso. ➤ Adelanto, avance, desarrollo, empujón, paso, salto. ➤ Aínde, avante, al FRENTE. ➤ HACER y deshacer, *retrasar, TEJER y destejer. ➤ Detenerse, estacionarse, pararse. ➤ *Acelerar. *Actividad. *Ascender. *Mejorar. *Seguir.

adelante (de «a-^{2}» y «delante») adv. En relación con una marcha o progreso hacia cierta cosa, expresa dirección hacia un lugar, situación, grado, etc., más próximo al fin u objeto de esa marcha o progreso: 'Sigamos adelante'. ⊙ Se usa muy frecuentemente con «más»: 'Más adelante, el camino se ensanchaba'. ⊙ Avanzando, progresando o marchando: 'Así no podemos ir adelante'. ⊙ Pospuesto al nombre de un sitio por donde se puede marchar, significa avanzando o marchando por él: 'Íbamos carretera adelante...'. Tiene también significado temporal en algunas de las expresiones que figuran a continuación.

¡ADELANTE! **1** Voz con que se incita a seguir marchando, hablando o haciendo otra cosa. **2** Voz con que se autoriza la entrada cuando alguien pide permiso para entrar en un sitio.

EN ADELANTE. En el tiempo que siga al momento presente. ⇒ *Futuro.

V. «de AHORA [o de HOY] en adelante, adelante con los FAROLES, IR adelante, LLEVAR adelante».

MÁS ADELANTE. **1** *Después de que pase algún tiempo. **2** En un escrito, más abajo: referencia a algo que se dice después: 'Véase más adelante, página tal'.

V. «PASAR adelante, SACAR adelante, SALIR adelante».

adelanto **1** m. Acción y efecto de adelantar. ≃ Avance, progreso. ⊙ Cosa que mejora las condiciones de vida. Se usa mucho en plural: 'La luz eléctrica fue un gran adelanto. Los adelantos científicos'. ≃ *Progreso. ⇒ *Inventar. **2** Cantidad que se adelanta. ≃ Anticipo.

adelfa (del ár. and. «addífla», del cl. «diflà», y éste del gr. «dáphnē»; *Nerium oleander*) f. Arbusto apocináceo de hojas lanceoladas coriáceas y flores grandes en racimos, de diversos colores. ≃ Baladre, LAUREL rosa, ROSA francesa. ⇒ *Planta.

adelfilla (dim. de «adelfa») **1** (*Daphne laureola*) f. *Planta timeleácea de flores verdosas o amarillas en grupos axilares. ≃ Lauréola, LAURÉOLA macho. **2** (*Epilobium hirsutum*) *Planta onagrácea. **3** También se da el mismo nombre a varias especies de umbelíferas del género *Bupleurum*, como *Bupleurum fruticosum*.

adelgazado, -a Participio de «adelgazar[se]».

adelgazador, -a adj. Que adelgaza o sirve para adelgazar.

adelgazamiento m. Acción y efecto de adelgazar[se].

adelgazante adj. Que adelgaza o sirve para adelgazar.

adelgazar (de «a-[2]» y el ant. «delgazar», del sup. lat. «delicatiāre», de «delicātus», delgado) **1** tr. Poner una ˋcosa más delgada. ≃ Afinar. ⇒ *Afilar. **2** intr. y, menos frec., prnl. Hacerse o ponerse delgado o más delgado. **3** tr. **Depurar una ˋsustancia.* **4** **Escatimar, por ejemplo al medir una mercancia.* **5** tr. e intr. *Sutilizar.*

☐ CATÁLOGO

Afilarse, ahilar[se], alfeñicar[se], *amojamar[se], apergaminar[se], arguellar[se], asutilar[se], atenuar[se], avellanar[se], chupar[se], demacrar[se], desbuchar, descriarse, desengordar[se], desengrasar, desengrosar[se], deslardarse, desmedrarse, desnutrirse, desvaírse, *encanijarse, endelgadecer, enflacar[se], enflaquecer[se], enjugar[se], enmagrecer, escaecer, espigarse, espiritualizarse, guardar la LÍNEA, secar[se], sutilizar[se]. ➤ *Débil. *Delgado. ➤ SECRECIONES colicuativas.

adeliñar (de «a-[2]» y el lat. «delineāre») **1** (ant.) tr. **Enderezar, *arreglar o aliñar.* ⊙ (ant.; reflex.) **Arreglarse.* **2** (ant.) intr. **Dirigirse a cierto sitio.*

adeliño (ant.) m. *Aliño.*

adema (del sup. ár. and. «addí'ma», del cl. «di'mah») f. MINER. *Ademe.*

ademán (del ár. and. «aḍḍíman» o «aḍḍamán», del cl. «ḍammān») m. Movimiento del cuerpo, particularmente de la cabeza o las manos, que revela una *actitud o una intención que se expresan, bien con un adjetivo, bien con un infinitivo con la preposición «de»: 'Con un ademán amenazador. Hizo ademán de sacar algo del bolsillo'. ⊙ Postura que revela una intención o un estado de ánimo: 'Estaba en ademán pensativo'. ≃ *Actitud. ⊙ (pl.) Con un calificativo, movimientos o gestos peculiares de una persona: 'Tener ademanes suaves [o groseros]'. ≃ Maneras, modales.

EN ADEMÁN DE. Con postura o actitud que expresa intención de hacer la cosa que se dice.

☐ CATÁLOGO

Alharaca, *aspaviento, contorsión, desgaire, desguince, esbronce, esguince, esparajismo, figurería, finta, garambaina, higa, jeribeque, manoteo, marro, *melindre, milagrón, monada, monería, parajismo, pasmarota, pasmarotada, quiebro, quite, regate, remilgo, respingo. ➤ Accionado, formas, *maneras, modales, modos, porte. ➤ Ceremonia, muestra, neuma, pantomima. ➤ Dactilología, mimesis, mímica. ➤ Accionar, HACER figuras, tocar MADERA, echar [la] MANO a, hablar por SEÑAS. ➤ Garabato. ➤ Tic. ➤ *Actitud. *Gesto. *Postura. *Seña.

ademar tr. MINER. *Poner ademes para reforzar ˋalgo.*

además (de «a-[2]» y «demás») adv. Expresa que la acción del verbo a que afecta ocurre añadida a otra ya expresada. ⇒ Expresiones *aditivas.

ADEMÁS DE. Expresión prepositiva con el significado de «además»: 'Tiene mucho dinero, además de fincas'.

ADEMÁS DE QUE. Expresión conjuntiva de las agrupadas en este diccionario con el nombre de «aditivas», de significado semejante al de las copulativas.

☐ NOTAS DE USO

Puede ir delante o detrás del verbo al que afecta; en el segundo caso, siempre entre comas; en el primero, pueden, en una ortografía meticulosa, ponerse las comas y pueden suprimirse: 'Nos ha dado dinero y, además, nos ha ayudado. Viene, además, acompañado de su hija'. A veces, se sobreentiende el verbo a que afecta «además» por ser el mismo de la oración anterior, y, entonces, «además» va invariablemente entre comas: 'Llegué tarde y, además, cansado'.

ademe (del sup. ár. and. «addí'ma», del cl. «di'mah») **1** m. MINER. *Madero que se emplea para entibar.* ≃ Adema, estemple. **2** *Cubierta de madera con que se protegen o aseguran los pilares y otras partes en los trabajos subterráneos.*

adempribio o **ademprio** (del lat. medieval «adempriuium», del cat. «ademprar» y «empriu»; Ar.) m. *Terreno comunal de *pastos que pertenece a dos o más pueblos.*

aden- (var. «adeno-») Elemento prefijo del gr. «adén» con que se forman palabras científicas, que significa «glándula».

adenda (del lat. «addenda») amb., más frec. f. Addenda: cosas que se *añaden después de terminada una obra escrita. Se emplea generalmente como encabezamiento para esas cosas.

adenia (del gr. «adḗn», glándula) f. MED. *Hipertrofia de los ganglios linfáticos.*

adenina f. BIOQUÍM. *Compuesto que forma parte de los ácidos nucleicos.*

adenitis (de «aden-» e «-itis») f. *Inflamación de los ganglios linfáticos.*

adeno- V. «aden-».

adenoideo, -a (de «aden-» y «-oideo») adj. MED. *De los ganglios linfáticos.*

V. «VEGETACIONES adenoideas».

adenoides (de «aden-» y «-oides») f. pl. MED. *Desarrollo excesivo del tejido ganglionar situado en la porción de la faringe contigua a las fosas nasales.*

adenología (de «adeno-» y «-logía») f. *Parte de la anatomía que trata de las glándulas.*

adenoma (de «aden-» y «-oma») m. MED. *Tumor de estructura semejante a la de las glándulas.*

adenopatía (de «adeno-» y «-patía») f. MED. *Enfermedad de las glándulas.* ⊙ MED. Específicamente, inflamación de los ganglios linfáticos.

adenopático, -a adj. MED. De [la] adenopatía.

adenoso, -a (del gr. «adḗn», glándula; ant.) adj. MED. *Glanduloso.*

adensar (del lat. «addensāre») tr. y prnl. Condensar[se]. ⊙ Hacer[se] denso o más denso.

adentrarse (de «adentro») prnl. Ir hacia la parte más interna o más oculta de algo: 'Nos adentramos en el bosque. Hoy es peligroso adentrarse en el mar'. ≃ *Entrar. ⊙ *Estudiar con profundidad cierta cosa: 'Quiere adentrarse en la teología'.

adentro (de «a-²» y «dentro») **1** adv. Hacia la parte interior: 'Vamos adentro'. ⊙ También puede usarse en vez de «dentro» para expresar situación: 'Mi padre está durmiendo adentro. La espina está tan adentro que es difícil sacarla'. ⊙ Se emplea pospuesto a nombres con el significado de «en el interior» o «hacia el interior de»: 'Los que viven tierra adentro. El viento les empujaba mar adentro'. **2** (inf.) m. pl. La mente de alguien, mantenida reservada: 'En sus adentros, está arrepentido. Decir para sus adentros'. ≃ Fondo, interior, interioridad, intimidad, FUERO interno. ⇒ *Alma.

V. «UÑAS adentro».

□ NOTAS DE USO

En España, «adentro» se usa preferentemente con el significado de «hacia lo interior», mientras que para el significado de «en lo interior» es más frecuente «dentro». Sin embargo, esta distinción tiende a neutralizarse en Hispanoamérica, donde el término generalizado es «adentro».

adepto, -a (del lat. «adeptus») **1** adj. y n. *Iniciado en los secretos de la alquimia.* **2** («a») Perteneciente a algún partido o asociación, particularmente si es clandestina: 'Adepto a la masonería'. ≃ Afiliado. **3** («a, de») Conforme con cierta ideología. ≃ *Partidario. ⊙ («a») Se aplica al que admira respeta, sigue o acata a cierta persona. ≃ *Adicto.

aderar (del lat. «adaerāre»; ant.) tr. *Tasar.*

-aderas V. «-deras».

aderezado, -a 1 Participio adjetivo de «aderezar». **2** (ant.) **Favorable o *propicio.*

aderezar (de «a-²» y «derezar») **1** tr. **Preparar cualquier ↘cosa para cierto servicio o cierta operación.* ⊙ Particularmente cuando la preparación consiste en aplicar alguna sustancia: 'Aderezar las pieles'. ⇒ Herbar. **2** Añadir algún ingrediente a las ↘bebidas, para mejorarlas o para darles semejanza con otras. **3** **Guisar.* **4** Añadir a las ↘comidas condimentos para darles sabor: 'Aderezar la ensalada con aceite, vinagre y sal'. ≃ *Condimentar. **5** **Acicalar o *arreglar ↘cosas o ↘personas.* **6** *Hacer alguien con habilidad que una ↘cuestión que expone tenga el aspecto que a él le conviene.* ≃ *Amañar. **7** Dar consistencia rígida a los ↘tejidos con ciertas sustancias, como cal, goma o almidón. ≃ *Aprestar. **8** **Guiar o encaminar.*

aderezo 1 m. Acción y efecto de aderezar. **2** Cosa con que se adereza o condimenta algo. ≃ *Condimento. **3** Juego de *joyas, consistente generalmente en collar, pendientes, imperdible y pulsera. **4** **Guarnición de adorno para caballo.* **5** *Guarnición de algunas *armas blancas y de la boca y contera de su vaina.*

MEDIO ADEREZO. Juego de joyas que sólo se compone de pendientes e imperdible.

adermar (del sup. rom. «adṭalmár», formado sobre la raíz ár. «ṭlm», mellar; Ar.) tr. *Mellar el ↘hacha.* ⇒ *Desportillar.

-adero, -a V. «-dero».

aderra (del ár. and. «addírra», de cl. «dirrah», soguilla, en especial la que usaba el almotacén como látigo para castigar a los defraudadores) f. *Cuerda de esparto o de junco con que se aprieta el orujo de la *aceituna.*

adestrado, -a (de «adestrar») adj. HERÁLD. *Se aplica al escudo que tiene en el lado derecho alguna partición o blasón, o a la figura o blasón principal a cuya derecha hay otro.*

adestrador, -a adj. y n. *Adiestrador.*

adestramiento m. *Adiestramiento.*

adestranza (ant.) f. *Adiestramiento.*

adestrar tr. *Adiestrar.*

□ CONJUG. como «acertar».

adestría f. *Destreza.*

adeudar¹ (de «a-²» y «deuda») **1** tr. No haber pagado todavía cierta ↘cantidad que se tiene que pagar por una obligación contraída. El complemento puede ser también el concepto a que corresponde la deuda: 'Adeuda los alquileres de varios meses'. ≃ *Deber. **2** Aplicado a las cosas, estar gravado con cierta ↘cantidad por un impuesto; particularmente, el de *aduanas. **3** Anotar una ↘partida en el «debe» de la *cuenta de alguien. ≃ Cargar.

adeudar² (de «a-²» y «deudo»; ant.) intr. **Emparentar con alguien.*

adeudo 1 m. *Deuda.* **2** Acción de adeudar en una *cuenta. **3** Cantidad que hay que pagar por una mercancía en la aduana. ≃ Derechos.

adherencia 1 f. Acción y efecto de adherir[se]. **2** MED. Fenómeno de *pegarse unas partes del organismo a otras, a veces mediante bridas, debido a una *lesión o alteración patológica de los tejidos. **3** (pl.) MED. Bridas o tejidos que forman esa unión. **4** *Adherente (complemento o añadidura).*

adherente (del lat. «adhaerens, -entis») **1** adj. Se aplica a las sustancias capaces de quedar pegadas a otras o de mantenerse unidas a otras entre las que se interponen. ⇒ Adhesivo, aglutinante, aglutinativo, coherente, cohesivo, coloide, conglutinante, conglutinativo, conglutinoso, emplástico, gelatinoso, glutinoso, lento, mucilaginoso, pastoso, pegadizo, pegajoso, pegante, peguntoso, untuoso, viscoso. ➤ Compacto, tenaz. ➤ Cemento. ➤ *Pegar. *Reunir. **2** m. **Complemento, añadidura, componente o cosa cualquiera que se une a otra u otras.* ≃ Adherencia.

adherido, -a Participio adjetivo de «adherir[se]».

adherir (del lat. «adhaerēre») **1** («a») tr. y prnl. Unir[se] una ↘cosa a otra mediante una sustancia aglutinante: 'Adherir una póliza a una instancia. El esparadrapo no se adhiere si está la piel húmeda'. ≃ *Pegar. **2** («a») prnl. y, no frec., intr. Mostrar alguien su conformidad con la opinión de otro. ≃ Suscribir, sumarse. ⊙ («a») Mostrar alguien su conformidad con cierta cosa y ayudar a su realización. ⇒ Allegarse. *Apoyar. *Ayudar. **3** («a») Entrar a formar parte de un partido o asociación. ≃ *Afiliarse.

□ CONJUG. como «hervir».

adhesión (del lat. «adhaesĭo, -ōnis») **1** f. Acción y efecto de adherirse: 'Un mensaje de adhesión'. ⇒ Sufijo de nombres de adhesión, «-ismo»: 'anarquismo, luteranismo'. **2** Cualidad de *adicto. **3** FÍS. Fuerza de atracción entre las moléculas de dos cuerpos heterogéneos.

adhesividad f. Cualidad de adhesivo.

adhesivo, -a (del lat. «adhaesus», part. pas. de «adhaerēre», adherir) **1** adj. y n. m. *Adherente o *aglutinante; capaz de pegarse o que se pega: 'Una sustancia adhesiva'. **2** m. Trozo de papel, cartulina o material análogo con algún rótulo, ilustración, etc., engomado por una de sus caras para poder pegarlo en una superficie. ⇒ Pegatina.

adhibir (del lat. «adhibēre»; Ar.) tr. *Añadir.*

ad hoc Expresión latina de uso frecuente en lenguaje culto, que significa «a propósito»: no hecho ya o aplicable a cualquier caso, sino hecho precisamente para el caso de que se trata. ⇒ *Adecuado, facticio.

ad hominem V. «ARGUMENTO ad hominem».

adhortar (del lat. «adhortāri»; ant.) tr. **Exhortar.*

adiabático, -a (de «a-[1]» y «diabático») adj. Fís. *Se aplica a los fenómenos, por ejemplo explosiones, que se verifican sin pérdida ni aumento de calor.*

adiado, -a *Participio adjetivo de «adiar».*

adiafa (del ár. and. «addiyáfa», hospitalidad) f. MAR. *Regalo que se daba a los marineros al llegar a puerto después de un viaje.*

adiaforesis (de «a-[1]» y «diaforesis») f. MED. *Falta de transpiración cutánea.* ⇒ Diaforesis. ➤ *Sudar.

adiamantado, -a adj. *Semejante en la dureza al diamante.*

adiamiento m. *Acción de adiar.*

adiano, -a (ant.) adj. **Viejo, anciano o *antiguo.* ⊙ (ant.) *Desarrollado o crecido.*

adiar tr. *Señalar día o fecha para ↘algo.*

□ CONJUG. como «desviar».

adicción (del lat. «addictĭo, -ōnis») f. Dependencia física o psíquica a una sustancia, particularmente al alcohol, al tabaco o a las drogas, o a ciertas actividades, como el juego.

ADICCIÓN A DIE [O IN DIEM]. DER. *Acuerdo por el cual el comprador de una cosa acepta la condición de que la venta quede anulada si, en el plazo convenido, el vendedor encuentra una mejor oferta.*

adición[1] (del lat. «additĭo, -ōnis») **1** f. Acción de *añadir. **2** Cosa añadida: 'Esta parte es una adición reciente'. ≃ Ampliación, *añadidura. **3** MAT. Operación de sumar. ≃ *Suma.

adición[2] (de «adir») f. ADICIÓN DE LA HERENCIA. DER. *Aceptación de ella.*

adicional adj. *Añadido o complementario: 'Capítulo [o cláusula] adicional'.

adicionar tr. Poner una ↘cosa como adición a algo. ≃ *Añadir.

adicto, -a (del lat. «addictus», part. pas. de «addicĕre», adjudicar) **1** («Ser»; «a») adj. y n. Conforme con cierta idea o doctrina. ⊙ Se aplica al que admira, respeta, sigue o acata a alguien determinado: 'Su secretario le es muy adicto'. ≃ *Partidario. ⇒ Adepto, afecto, devoto. ➤ Adhesión, devoción. **2** *Se aplica a la persona agregada a otra para desempeñar algún cargo o misión.* ≃ *Adjunto. **3** Se aplica a la persona que sufre alguna adicción.

a die V. «ADICCIÓN a die».

adieso (ant.) adv. **Enseguida.*

adiestrado, -a **1** Participio adjetivo de «adiestrar». **2** HERÁLD. *Se aplica a la pieza a cuya derecha hay otra.* ≃ Adestrado.

adiestrador, -a adj. y n. Que adiestra.

adiestramiento m. Acción de adiestrar.

adiestrar («en») tr. Hacer a ↘alguien practicar cierta cosa para hacerse diestro en ella: 'Adiestraban a los niños en el manejo de las armas'. ≃ Ejercitar. ⊙ Se aplica también a animales. ⊙ prnl. Hacerse diestro en una cosa. ⇒ Aleccionar, amaestrar, desentorpecer, *disciplinar, *educar, ejercitar, *ensayar, entrenar, imponer, industriar, iniciar, preparar. ➤ Gimnasia, progimnasma. ➤ Acuchillado, adiestrado, ducho, enseñado, práctico. ➤ Training. ➤ *Acostumbrar. *Curtir. *Enseñar.

adietar tr. y prnl. *Poner[se] a dieta.*

adifés (relac. con «adefesio»; Hispam.) adv. *Adrede.*

adimplemento m. DER. *Cumplimiento de una *condición.*

adinamia (del gr. «adynamía», falta de fuerza) f. MED. **Debilidad.*

adinámico, -a **1** adj. MED. *De [la] adinamia.* **2** MED. *Afectado de adinamia.*

adinerado, -a *Participio de «adinerar[se]».* ⊙ adj. *Rico.

adinerar **1** (Ar.) tr. *Reducir a dinero otras ↘cosas.* **2** (inf.) prnl. *Enriquecerse.*

adintelado, -a adj. ARQ. Construido con dinteles y no con arcos.

¡adiós! (de «a Dios seas [seáis, etc.]») **1** interj. Expresión de despedida. ⇒ Abur, agur. ➤ *Saludar. *Despedir. **2** Se usa como nombre: 'El último adiós. Los adioses'. **3** interj. Expresa *impresión por un accidente súbito: '¡Adiós!..., se nos apagó la luz'. ⊙ Puede también expresar *disgusto.

DECIR ADIÓS a algo (inf.). Despedirse de ello: no tener esperanzas de recobrarlo o conseguirlo. ⇒ *Renunciar.

V. «adiós mi DINERO; adiós, MADRID, que te quedas sin gente».

¡adiosito! interj. Dim. de «adiós».

adipocira (del fr. «adipocire») f. *Sustancia de naturaleza jabonosa producida en la descomposición de los cadáveres sumergidos o enterrados en terreno húmedo.* ≃ Grasa cadavérica.

adiposidad f. Cualidad de adiposo. ≃ Gordura. ⊙ Grasa superflua.

adiposis (del lat. «adeps, adĭpis», grasa, y «-osis») f. MED. *Obesidad.*

adiposo, -a (del lat. «adeps, adĭpis», grasa) **1** (cient.) adj. ANAT. Aplicado al cuerpo animal, de *grasa: 'Tejido adiposo'. **2** MED. Con exceso de tejido adiposo. ≃ *Gordo, obeso.

adir (del lat. «adīre»; usado sólo con referencia a «herencia») tr. DER. *Aceptar.*

aditamento (del lat. «additamentum») m. Cosa añadida para completar algo. ≃ Adición, añadido, *añadidura. ⊙ Cosa accesoria que va unida a otra. ≃ *Complemento.

aditicio, -a (del lat. «additicĭus») adj. *Añadido.*

aditivo, -a **1** adj. Que puede o debe añadirse. **2** MAT. *Se aplica a los términos de un polinomio precedidos del signo más.* **3** GRAM. Se aplica en este diccionario a las expresiones conjuntivas que, con el mismo valor de las conjunciones llamadas «copulativas», sirven para expresar la adición de una acción, una circunstancia, etc., a otra. ⇒ Así, ASÍ como, ASÍ también, como, sin CONTAR con que, etc., IGUAL que, lo MISMO que, QUE NO, TANTO como; además, ADEMÁS de eso, ADEMÁS de que, aparte de, APARTE de eso, aparte de que, encima, FUERA de que, por otro LADO, otrosí, por otra PARTE. **4** m. Sustancia que se añade a otras para potenciar las cualidades de éstas o añadir otras propiedades; particularmente, las que se utilizan en los productos alimenticios.

adiva f. *Adive.*

adivas (del ár. «addībah», loba) f. pl. VET. *Cierta inflamación de garganta de las caballerías.*

adive (del ár. and. «addíb», del cl. «di'b»; *Thos lupaster*) m. *Mamífero carnívoro de Asia, parecido a la zorra; en el siglo XVI era costumbre en Europa tenerlos como animales domésticos. ≃ Adiva.

adivinación f. Acción de adivinar.

adivinador, -a adj. y n. Que adivina.

adivinaja (del lat. «ad» y «divinacŭla», pl. de «divinăculum») f. *Adivinanza.*

adivinanza f. Frase, dibujo, versos, etc., en que, de una manera envuelta, se describe algo para que sea adivinado por *pasatiempo. ≃ *Acertijo.

adivinar (del lat. «addivināre») **1** tr. Conocer una ↘cosa presente, pasada o futura por arte de magia. ⊙ Conocer, descubrir o *anunciar una ↘cosa por conjeturas o por intuición. ≃ Acertar. **2** *Atisbar: 'Adivino allá lejos unas casas'. ⊙ (en forma pronominal pasiva o impersonal con «se») Ser perceptible una cosa, aunque no con claridad o seguridad: 'Se adivinan las formas bajo la túnica. Se adivina lo que quiere decir'.

ADIVINA QUIÉN TE DIO. Juego de chicos en que el que paga está colocado de manera que no ve quién le pega y tiene que adivinarlo. ⊙ (inf.) Se aplica, con significado deducible, en casos de la vida ordinaria.

DEJAR ADIVINAR. Insinuar o *sugerir una cosa.

□ CATÁLOGO

Afijos, «-mancia» o «-mancía». ➤ Descubrir, *predecir, *prever, vaticinar; echar la BUENAVENTURA, echar las CARTAS, leer el PORVENIR. ➤ Aeromancia, alectomancia, aruspicina, cábala, capnomancia, cartomancia, catoptromancia, ceraunomancia, ceromancia, demonomancia, espatulomancia, genetliaca, geomancia, heteromancia, hidromancia, hieroscopia, lecanomancia, metoposcopia, necromancia, nigromancia, numerología, onicomancia, oniromancia, onomancia, piromancia, presciencia, quiromancia, rabdomancia, sortiaria, suerte, tarot, uromancia. ➤ Adivinación, agüero, anuncio, augurio, auspicio, horóscopo, oráculo, predicción, *presagio, profecía, sortilegio, vaticinio. ➤ *Acertijo, adivinaja, adivinanza, charada, crucigrama, enigma, jeroglífico, logogrifo, mote, quisicosa, rompecabezas. ➤ Radiestesia. ➤ Adivinador, adivino, agorador, agorero, anabí, arúspice, augur, aurúspice, brujo, clarividente, cohen, divino, geneático, genetliaco, hechicero, mago, nabí, pitonisa, prodigiador, provicero, radiestesista, sibila, sortero, vate, vidente, zahorí. ➤ Iniciación. ➤ DOBLE vista, te VEO, te VEO venir. ➤ *Acertar. *Atisbar. *Hechicería.

adivinatorio, -a adj. De [la] adivinación.

adivino, -a n. Persona dotada del don de adivinación. ⇒ *Adivinar.

-adizo, -a V. «-dizo».

adjetivación 1 f. Acción de adjetivar. **2** Conjunto de adjetivos o modo de utilizarse los adjetivos en un texto, en un autor, etc.

adjetivado, -a Participio adjetivo de «adjetivar».

adjetival adj. De [o del] adjetivo: 'Función adjetival'.

adjetivar 1 tr. Aplicar adjetivos a ↘algo o alguien. ≃ *Calificar. **2** GRAM. Dar valor de adjetivo a una ↘palabra o expresión que pertenece a otra categoría gramatical. ⊙ prnl. GRAM. Adquirir valor de adjetivo una palabra o expresión que no lo es.

adjetivo, -a (del lat. «adiectīvus») **1** adj. Por oposición a «sustantivo». Se aplica a las cosas que existen sólo en o por otras y no independientes; son, pues, adjetivos las cualidades, las acciones, los estados, los fenómenos, etc. **2** GRAM. De adjetivo. ≃ Adjetival. **3** («Adjuntar, Aplicar, afectar») m. Se designa así a las palabras que se aplican al nombre para expresar alguna cualidad del objeto designado por él o alguna determinación sobre él; por ejemplo, a cuáles o cuántos de los designados con el mismo nombre se refiere el que habla. ⇒ Apénd. II, ADJETIVO.

□ CATÁLOGO

Sufijos: «-aco: macaco, monicaco; -adero, -edero, -idero: pagadero, hacedero, venidero; -aico: algebraico; -án, -ano: haragán, pagano; -ante, -iente: rasante, caliente; -ario: estrafalario; -ático: errático; -cola: agrícola; -culo: ridículo; -dizo: espantadizo, caedizo, huidizo; -ego, -iego: mujeriego; -engo: realengo; -ense: escurialense; -ento, -iento: amarillento, polvoriento; -eño: marfileño, risueño; -eo: espontáneo, momentáneo; -estre: campestre; -í: tetuaní, marroquí; -iaco o, menos usado, -íaco: cardiaco o cardíaco; -ico: científico; -ido: cálido, escuálido, sórdido; -ído: dolorido; -íneo: sanguíneo, apolíneo, curvilíneo; -ístico: periodístico, estadístico; -ivo, -ativo, -itivo: activo, educativo, punitivo; -nco (-anco, desp. -enco): burranco, cojitranco, ibicenco, mostrenco; -ncón (desp.): vejancón; -ndo: hediondo, orondo; -orio: irrisorio; -oso, -uoso: roñoso, luctuoso». ➤ -co. ➤ Apelativo, calificativo, denuesto, dictado, dicterio, epíteto, improperio, insulto, remoquete, sobrenombre. ➤ Cumplido, flor, halago, *lisonja, piropo, *requiebro. ➤ Aplicar, decir, llamar, plantar, bautizar. ➤ Calificativo, demostrativo, determinativo, epíteto, especificativo, indefinido, numeral, ordinal, partitivo, posesivo. ➤ Grado: comparativo, positivo, superlativo. ➤ *Calificar, determinar, especificar. ➤ Adjetivar. ➤ *Cualidad. *Palabra.

adjudicación f. Acción de adjudicar.

adjudicador, -a adj. y n. Que adjudica.

adjudicar (del lat. «adiudicāre») **1** tr. *Darle o concederle a alguien cierta ↘cosa a la que aspiraba compitiendo con otros; por ejemplo, en un concurso, en una subasta, en virtud de un juicio, etc.: 'Le han adjudicado el premio sin merecerlo. Después de un largo pleito le han adjudicado a él la finca'. ⇒ *Asignar, *atribuir, conceder, conferir, discernir, rematar, tranzar. ➤ *Dar. *Repartir. *Sortear. **2** (con un pron. reflex.) *Ganar en una ↘competición; particularmente, deportiva.

adjudicatario, -a adj. y n. Se aplica a la persona o entidad a la que se adjudica algo.

adjunción (del lat. «adiunctĭo, -ōnis», enlace) **1** f. Agregación. **2** DER. *Modo de *adquirir semejante a la accesión, pero en que la cosa agregada puede ser separada de la principal subsistiendo ambas.* **3** *Ceugma.*

adjuntar 1 tr. Remitir adjunto. ≃ Acompañar. **2** GRAM. Colocar una ↘palabra inmediatamente junto a otra.

adjunto, -a (del lat. «adiunctus») **1** adj. Se aplica a lo que está o va con otra cosa. ≃ Junto, *unido. **2** adj. y n. Se aplica a la persona que comparte como auxiliar de otra un cargo o función. Generalmente forma parte del nombre que oficialmente se da al cargo: 'Secretario [o profesor] adjunto'. ⇒ Adicto, administro, agregado.

□ NOTAS DE USO

En lenguaje comercial o administrativo, suele ponerse al principio de la oración o detrás del verbo, con valor adverbial: 'Adjunto le remito la información sobre el nuevo producto'.

adjuración (del lat. «adiuratĭo, -ōnis»; ant.) f. *Conjuro o imprecación.*

adjurador (del lat. «adiurātor, -ōris»; ant.) adj. y n. *Conjurador o exorcista.*

adjurar (del lat. «adiurāre»; ant.) tr. **Conjurar.*

adjutor, -a (del lat. «adiūtor, -ōris»; ant.) adj. y n. *Que ayuda*

adjutorio (del lat. «adiutorĭum»; ant.) m. *Ayuda o auxilio.*

adlátere (del lat. «a latěre», por confusión de las prep. latinas «a» y «ad»; desp.) n. Persona que trabaja o desempeña su función al lado de otra determinada.

ad líbitum Expresión latina usada en lenguaje culto con el significado de «a *voluntad». ⊙ MÚS. Significa que el pasaje puede tocarse con el movimiento que se crea conveniente.

adminicular (de «adminículo») tr. DER. *Juntar una ↘cosa a otra para ayudarla o reforzarla.*

adminículo (del lat. «adminicŭlum») m. *Cosa pequeña y simple que se utiliza para algo o que forma parte de otra con alguna función; por ejemplo, un palillo de dientes, un imperdible, un clavo, un broche, una hebilla. ⇒ *Complemento, *utensilio.

administración **1** f. Acción de administrar. ⊙ Conjunto de funciones que se ejecutan para administrar. ⊙ Cargo de administrador. ⊙ Despacho u oficina en que está instalado. **2** Procedimiento de contratar y ejecutar obras en las que, a diferencia de en el de «contrata», lleva la administración el interesado. **3** ADMINISTRACIÓN pública. **4** ADMINISTRACIÓN de lotería.

ADMINISTRACIÓN DE CORREOS. Oficina en que se ejecutan las operaciones necesarias para la distribución de la correspondencia.

A. DE LOTERÍA. Establecimiento de venta de *lotería.

A. PÚBLICA. Función del Estado que consiste en aplicar las leyes y cuidar de los intereses y el bienestar públicos. ≃ Administración. ⊙ (gralm. con mayúsc.) Conjunto de todos los organismos que desempeñan estas funciones. ≃ Administración. ⇒ *Gobierno, *política.

V. «CONSEJO de administración, JEFE de administración».

administrador, -a adj. y n. Empleado que tiene a su cargo la administración de un establecimiento o de los intereses de un particular. ⇒ *Administrar.

administrar (del lat. «administrāre») **1** tr. Dirigir la ↘economía de una ↘persona o de una ↘entidad cualquiera. ⊙ Cuidar los ↘intereses de una ↘comunidad, como hacen el *gobierno, el *ayuntamiento, etc. ⇒ *Dirigir, regir. ➤ Aliñador, amín, degano, ecónomo, encargado, estadista, *gerente, gestor, intendente, mayordomo, ministra, nádir, subintendente, superintendente; AMA de llaves. ➤ Corruptela. ➤ *Economía. *Gobierno. **2** (reflex.) Conducir alguien bien sus propios asuntos. ≃ *Manejarse. ⇒ *Aprovechado. *Arreglado. ⊙ (reflex.) Administrar con prudencia su dinero o sus bienes. **3** Hacer tomar, aplicar o inyectar una ↘medicina. ⊙ Es el verbo específico para «sacramentos». ⊙ (inf.) Aplicado a «paliza» y quizás a alguna otra palabra semejante, *dar. ≃ *Propinar.

administrativamente adv. Desde el punto de vista de la administración. ⊙ Por procedimiento administrativo.

administrativista adj. y n. Especialista en *derecho administrativo.

administrativo, -a adj. De [la] administración. ⊙ De [la] administración pública. ⊙ adj. y n. Se aplica particularmente a los funcionarios que desempeñan cargos de oficina y no técnicos: 'El personal administrativo. Un administrativo. Auxiliar administrativo'.

V. «DERECHO administrativo, RECURSO contencioso administrativo, SILENCIO administrativo».

administratorio, -a adj. *Administrativo.*

administro (del lat. «administer, -tri»; ant.) m. **Ayudante o *adjunto de otro en un cargo u oficio.*

admirabilísimo, -a adj. Superl. de «admirable».

admirable adj. Digno de admiración.

admirablemente adv. Muy *bien.

admiración **1** («Dispensar, Profesar, Sentir, Tener, Tributar, Causar, Despertar, Producir, Provocar») f. Acción o actitud de *admirar o admirarse. ⇒ *Admirar. ➤ Exclamación. **2** Frase admirativa. **3** Signo de admiración (¡...!). ≃ Exclamación. **4** (n. calif.) Cosa que causa admiración: 'Es la admiración del barrio'.

NO SALIR alguien DE SU ADMIRACIÓN. Quedarse muy asombrado y permanecer así: 'No salgo de mi admiración de verla tan elegante'.

□ FORMAS DE EXPRESIÓN

La admiración se expresa especialmente con el pronombre «qué» antepuesto a un adjetivo o a un adverbio que expresan la causa de la admiración, o simplemente al nombre de la cosa admirada: '¡Qué bonito! ¡Qué maravillosamente baila! ¡Qué casa!'. Se puede anteponer a «qué» un «pero» enfático: '¡Pero qué magnífica casa tienes!'.

En la escritura se expresa la admiración con los signos ¡! colocados respectivamente delante y detrás de la frase admirativa. Este empleo del doble signo es una particularidad del español que, además de estar conforme con la entonación de la frase admirativa, que comienza con elevación del tono desde la primera sílaba acentuada, beneficia la claridad y permite además combinar el signo admirativo con el interrogativo poniendo uno cualquiera de ellos, según los casos, delante y el otro detrás. Modernamente hay cierta tendencia antienfática a suprimir la admiración en los casos más claros: 'Qué hermoso es esto'. También se escriben con signos de admiración los vocativos empleados propiamente para llamar: '¡Mozo!'.

admirado, -a **1** («Ser») Participio adjetivo de «admirar[se]»: 'La obra es admirada por todos'. Generalmente va acompañado de «muy, bastante», etc.: 'Este cuadro está siendo muy admirado'. **2** («Estar, Quedar[se], Sentirse, Dejar, Tener») Impresionado admirativamente por algo. ⊙ Extrañado: 'Estoy admirado de que todavía dure'.

admirador, -a adj. y n. Se aplica a la persona que admira la cosa o a la persona que se expresa: 'Ferviente [o rendido] admirador'.

admirar (del lat. «admirāri») **1** tr. Experimentar hacia ↘algo o alguien un sentimiento de gran estimación, considerando la rareza o dificultad que envuelve la cosa admirada o sintiéndose uno mismo incapaz de hacer o ser lo mismo: 'Admirar la sabiduría, la virtud. Admiro la paciencia de la que ha hecho este bordado. Sus compañeros de clase le admiran'. **2** Causar admiración a alguien: 'Admira a los ignorantes. Con sus descubrimientos admiró al mundo. Me admira su desvergüenza'. En esta acepción se usa como intransitivo y no admite, por tanto, la pasiva; no se puede decir 'yo soy admirado por su desvergüenza'. ≃ Asombrar, maravillar, pasmar. ⊙ Extrañar mucho un suceso que ocurre contra todas las probabilidades: 'Me admira que no le hayan metido ya en la cárcel'. ≃ *Asombrar. ⊙ («de») prnl. *Extrañarse mucho de algo: 'Me admiro de que no te haya contado ya sus hazañas'. ≃ *Asombrarse, pasmarse.

SER DE ADMIRAR. Ser digno de admiración o de causar asombro: 'No es de admirar que haya llegado antes que yo, habiendo venido en taxi'.

□ CATÁLOGO

Dejar [o quedarse] ABSORTO [o ATÓNITO], caerse la BABA, dejar [o quedarse] con la BOCA abierta, estar pendiente de la BOCA de, dejar [o quedarse] BOQUIABIERTO, llevarse de CALLE, cautivar, estar CHOCHO por, hacer[se] CRUCES, embazar, embelesar[se], embobar[se], enajenar[se], encandilar[se], *entusiasmar[se], tirar [o caerse] de ESPALDAS, dejar ESPATARRADO, mirarse como en un ESPEJO, estar por, dejar [o quedarse] ESTÁTICO, *estupefacto, *extasiar, fascinar, dar el GOLPE, hacerse con, quitar el HIPO, maravillar, mirificar, dejar [o quedarse] PASMADO [PATIDIFUSO o PATITIESO], causar SENSACIÓN, suspender, dejar [o quedarse] SUSPENSO, ser de VER. ➤ Culto, éxtasis, fanatismo. ➤ Aureola, halo, nimbo. ➤ COSA de ver, COSA no [o nunca] vista, maravilla, pasmo, portento, prodigio, sensación. ➤ ¡Achalay!, ¡ah!, ¡alalá!, ¡anda!, ¿así...?, ¡atiza!, ¡cáscaras!, ¡diablo!, ¡gua!, ¡ha!, ¡o!, ¡oh!, ¡la órdiga!, ¿es POSIBLE?, ¡sopla!, ¡to!, ¡VIVIR para ver!, ¡zapateta[s]! ➤ *Aspaviento, persignarse, santiguarse. ➤ Papamoscas, papanatas, páparo, pasmado, pasmarote, *pazguato. ➤ *Amor. *Asombrar. *Deslumbrar. *Extrañar. *Fascinar. *Ofuscar. *Partidario. *Pasmar. *Requiebro. *Sorprender.

admirativamente adv. Con admiración.

admirativo, -a adj. Que implica admiración: 'Tono admirativo'. ⊙ A lo que expresa admiración: 'Una mirada admirativa'.

admisibilidad f. Cualidad de admisible.

admisible adj. Susceptible de ser admitido.

admisión (del lat. «admissĭo, -ōnis») **1** f. Acción de admitir. **2** DER. *Trámite previo en que se decide si hay lugar a la tramitación de la querella o recurso presentado.* **3** FÍS. Primera fase del funcionamiento de los *motores de combustión interna, en que la mezcla explosiva entra en el cilindro.

admitido, -a Participio adjetivo de «admitir», en cualquier acepción: 'Admitido en la buena sociedad. Admitido como válido'. ⊙ Particularmente, aceptado como verdadero o como correcto: 'Es cosa admitida que...'.

admitir (del lat. «admittĕre») **1** («en») tr. Permitir a ˘alguien que entre en el lugar que se expresa: 'No le admitieron en el salón con el traje que llevaba'. ⊙ Permitir a ˘alguien entrar en cierta asociación o comunidad: 'No le han admitido en el ejército'. ⊙ El complemento puede ser «compañía, sociedad», etc.: 'Le admite en su compañía para que le cuente chismes'. ⊙ A veces se sobrentiende «compañía», etc.: 'No admite más que gente cultivada'. ⊙ Estar algo o alguien en condiciones de recibir cierto ˘trato: 'Este asunto no admite dilación [o discusión]. Estos zapatos admiten todavía compostura'. ≃ Consentir, permitir. **2** Tener cierta cabida. Tener *capacidad para el ˘contenido que se expresa: 'El coche admite cincuenta viajeros'. **3** Tomar alguien una ˘cosa que le dan: 'No se admiten propinas'. ≃ Aceptar. ⊙ Puede llevar un complemento con «como» o «en»: 'Lo admitió como regalo. Admitir en cuenta'. **4** Considerar válida o satisfactoria una ˘cosa, por ejemplo un trabajo, y, si hay lugar a ello, tomarlo: 'Me han admitido en el ejercicio'. ≃ Aceptar. ⊙ Puede llevar un atributo con «como» o «por»: 'Admitir como legítimo. Admitir por válido'. ⊙ Tomar como buenos o verdaderos un ˘razonamiento, una explicación, una excusa, etc.: 'No admito excusas. No admitió mi explicación'. ≃ Aceptar. ⊙ Considerar provisionalmente como buena o verdadera una ˘explicación, tesis, etc.: 'Si admitimos que a + b = c...'. ≃ Aceptar. ⊙ («como, por») *Reconocer a ˘alguien como lo que se expresa: 'Le admitieron por su jefe indiscutible'.

□ CATÁLOGO

Aceptar, mostrarse de ACUERDO, *asentir, coger, conceder, *confesar, mostrarse CONFORME, consentir, convenir, estar por la LABOR, no doler PRENDAS, dar la RAZÓN, reconocer, hacer a TODO, tomar. ➤ *Acceder, *ceder, conformarse, *permitir, *transigir. ➤ Acoger, albergar, coger, *recibir, *dar la ALTERNATIVA, dar [o permitir la] ENTRADA, dar el ESPALDARAZO. ➤ Acepto. ➤ Asumir, TOMAR sobre sí. ➤ Ser ADMITIDO, tener ENTRADA. ➤ Readmitir. ➤ *Aprobar.

□ FORMAS DE EXPRESIÓN

Se expresa la admisibilidad con «si» u otra expresión hipotética; y la inadmisibilidad con «aun, aun cuando, aun suponiendo» u otra expresión *concesiva: 'Aun suponiendo que estuviese enfermo, debió avisar'. A veces, las frases de esta clase tienen sentido irónico: 'Si ese es inglés... yo soy chino'.

admonición (del lat. «admonitĭo, -ōnis»; culto) f. Palabras con que se hace ver a alguien que ha obrado mal, y se le invita a enmendarse: 'Severa admonición'. ≃ Amonestación, *reprensión.

admonitor (del lat. «admonĭtor, -ōris») m. *Monitor (persona que amonesta).* ⊙ *En algunas órdenes religiosas, monje encargado de amonestar a la observancia de la regla.*

admonitorio, -a (culto) adj. Se aplica a lo que contiene admonición.

ADN (pronunc. [á dé éne]) m. BIOQUÍM. Acrón. de «ÁCIDO desoxirribonucleico».

adnado, -a (del lat. «ante natus», nacido antes; ant.) n. *Hijastro.*

adnata (de «adnato») f. ANAT. *Conjuntiva.*

adnato, -a (del lat. «adnātus») adj. BIOL. *Se aplica a lo que nace o crece junto con otra cosa a la que está adherido.*

adó (de «a-²» y «do²»; ant.) adv. *Adonde.*

-ado, -a **1** Sufijo con que se forman los participios de la primera conjugación: 'pintado, casado'. Esta terminación «-ado» se pronuncia con «d» muy relajada e incluso llega a convertirse en «ao»: 'Ya hemos llegao'; pero hay que tener cuidado de pronunciarla diptongada y también de no convertirla en «au», pues el hacerlo así es propio del lenguaje tosco de algunas regiones. ⊙ Añadido a nombres, forma adjetivos derivados (de significado semejante al de los participios) que expresan la presencia de la cosa designada por esos nombres: 'barbado' (= «con barba»), o bien la ausencia de dicha cosa, cuando se combinan con los prefijos «des-» o «in-»: 'descamisado' (= «sin camisa») ⊙ Igualmente, adjetivos de *aspecto: 'aterciopelado, nacarado, perlado'. ⊙ También, con terminación «o», nombres de *acción y efecto: 'pegado, cribado, revelado'. ⊙ Y nombres de conjunto: 'arbolado, alcantarillado'. **2** Forma nombres de *situación, *cargo, *dignidad, *empleo o *jurisdicción, que son a la vez, según los casos, de duración de esos cargos y del local en que están instalados, etc.: 'papado, rectorado, noviciado, obispado'. **3** Es sufijo átono en algunas, raras, palabras: 'nuégado'.

adoba (Ar.) f. *Adobe (hierro que ponían en los pies a los criminales).*

adobado, -a Participio adjetivo de «adobar». ⊙ m. *Carne, especialmente la de cerdo, adobada.* ⊙ (ant.) *Cualquier vianda condimentada o guisada.*

adobador, -a n. Que adoba.

adobar (del fr. ant. «adober», armar caballero) **1** tr. Poner una ˘vianda en adobo. ⊙ Aplicar a las ˘pieles las sustancias convenientes para *curtirlas. **2** **Guisar.* **3** *Atarragar: dar la forma conveniente a la ˘herradura y los clavos.* **4** (ant.) **Pactar o *acordar.* **5** Arreglar las ˘cosas o referirlas con maña o con trampa o falsedad, para producir cierto efecto interesado. ≃ *Amañar.

adobasillas (de «adobar» y «silla») m. **Sillero.*

adobe (del ár. and. «aṭṭúb») **1** m. Ladrillo sin cocer o conglomerado de barro y paja de forma de ladrillo, que se emplean para construir. ⇒ Atoba, tabicón. ➤ Turba. ➤ Cangagua. ➤ Empajar. ➤ Adobera, gabera, gavera, gradilla.

➤ Lanzada. ➤ Gallón. **2** *Hierro que ponían en los pies a los criminales.* ⇒ *Grillo.

DESCANSAR HACIENDO ADOBES (Méj.). *Frase que se dice del que trabaja en el tiempo destinado al descanso.*

adobera 1 f. Molde para hacer adobes. ⇒ Adobe. **2** (Chi.) *Molde para hacer *quesos en forma de adobe.* **3** (Méj.) *Queso así hecho.* **4** *Adobería.* **5** (ant.) *Obra hecha de adobes.*

adobería 1 f. *Lugar donde se hacen adobes.* ⇒ *Tejar. **2** *Tenería.*

adobío 1 m. *Acción y efecto de adobar.* ≃ Adobo. **2** *Pacto o acuerdo.* ≃ Adobo. **3** *Parte delantera del *horno de manga.*

adobo 1 m. Acción y efecto de adobar. **2** Jugo que se hace con diversos *condimentos, como aceite, vinagre, sal, orégano u otras hierbas aromáticas, ajo, pimentón, etc., en el cual se sumergen ciertas viandas para *conservarlas y darles sabor. ⊙ Vianda así preparada. ⇒ Escabeche. ⊙ Mezcla de ingredientes para *curtir las pieles, *aprestar las telas, etc. **3** *Afeite o arreglo de la cara.* **4** (ant.) *Pacto o acuerdo.* **5** **Chanchullo.*

adocenado, -a Participio de «adocenar[se]». ⊙ adj. Vulgar o mediocre: 'Un escritor adocenado'.

adocenamiento m. Acción y efecto de adocenarse.

adocenar 1 tr. *Repartir una ↘cosa en docenas.* **2** prnl. Caer o permanecer alguien en estado de mediocridad.

adocilar (de «a-²» y «dócil»; Vall.) tr. *Poner esponjosa la ↘tierra de cultivo.* ⇒ *Labrar.

adocir (ant.) tr. *Aducir.*

adoctrinador, -a adj. y n. Que adoctrina.

adoctrinamiento m. Acción de adoctrinar.

adoctrinar tr. Decirle a ↘alguien cómo tiene que comportarse u obrar en un asunto determinado o en general. ≃ *Instruir.

adolecer[1] (de «a-²» y el lat. «dolescĕre») **1** («de») intr. *Caer enfermo.* **2** («de») Padecer una *enfermedad crónica. **3** («de») Tener cierta *imperfección que se expresa con un nombre o con «ser» y un adjetivo: 'La novela adolece de falta de originalidad. Ese chico adolece de ser apático'. **4** (ant.) tr. *Causar a ↘alguien una dolencia o enfermedad.* **5** prnl. *Condolerse.*

☐ CONJUG. como «agradecer».

adolecer[2] (del lat. «adolescĕre», desarrollarse) intr. **Crecer.*

☐ CONJUG. como «agradecer».

adolescencia (del lat. «adolescentĭa») f. Edad del tránsito de la niñez a la edad adulta. ⇒ *Joven.

adolescente adj. y n. Persona que está en la adolescencia. ⇒ *Joven.

adonado -a adj. *Colmado de dones.*

adonarse (del sup. lat. «addonāre», de «donum», regalo; ant.) prnl. *Adornarse.*

adonde (de «a-²» y «donde») **1** (sin acento ortográfico) adv. rel. Referido a un nombre de lugar, equivale a «al que»: 'Vive en un lugar adonde no llegan periódicos'. **2** (con acento ortográfico) adv. interr. A qué lugar: '¿Adónde te diriges?'. **3** (pop.) adv. rel. e interr. Donde o dónde.

☐ NOTAS DE USO

Se utiliza el relativo «adonde» cuando el antecedente está expreso: 'El pueblo adonde nos dirigimos está detrás de aquel monte'; y «a donde», en dos palabras, cuando queda implícito: 'Vamos a donde dijiste'.

adondequiera 1 adv. A cualquier parte: 'Adondequiera que vayas encontrarás los mismos inconvenientes'. **2** (pop.) Dondequiera.

adonecer (del lat. «adolescĕre», desarrollarse, con influencia de «don²»; Ál.) intr. *Estirarse: dar de sí.*

adónico o **adonio** (del lat. «adonĭus») adj. y n. m. V. «VERSO adónico».

adonis (de «Adonis», joven muy hermoso de la mitología griega; n. calif.) m. Hombre de gran belleza. ≃ Apolo.

adopción f. Acción de adoptar.

adopcionismo m. *Herejía española del siglo VIII, cuyos adeptos sostenían que Jesucristo era hijo de Dios, no por naturaleza, sino por adopción.

adopcionista adj. y n., gralm. pl. Adepto al adopcionismo.

adoptante adj. y n. Se aplica al que adopta.

adoptar (del lat. «adoptāre») **1** tr. Tomar alguien como hijo a una ↘persona que no lo es naturalmente, con los requisitos legales. *Ahijar, prohijar. ⊙ Pasar alguien a considerar a otra ↘persona como si ésta tuviera con él cierta relación que naturalmente no tiene. ⊙ Se emplea también refiriéndose a animales. ⇒ *Acoger, adrogar, ahijar, arrogar, coger, prohijar. ➤ HIJO adoptivo, PADRE adoptivo. **2** Tomar como propia (sin quitarla a otro) cualquier ↘cosa: 'Adoptó la nacionalidad americana'. ⊙ Tomar una ↘cosa, como costumbre, indumentaria, comidas, régimen alimenticio, ideas, religión, etc., para usarla o tenerla en adelante: 'Ha adoptado la costumbre de no cenar. Adoptaron la indumentaria occidental'. ⇒ *Adquirir, afectar, coger. ⊙ También, 'adoptar una actitud'. ⊙ Con «acuerdo, medidas, resolución» o palabras equivalentes, *tomar: 'No se adoptó ningún acuerdo importante'. **3** Adquirir una ↘forma determinada.

adoptivo, -a adj. Se aplica al hijo, padre, etc., que lo es por adopción. También a cualquier cosa que se adopta como propia no siéndolo naturalmente: 'Patria adoptiva. Hijo adoptivo de Cuenca'.

adoquín (del ár. and. «addukkán» o «addukkín») **1** m. *Piedra tallada en forma de prisma rectangular que se emplea para pavimentar calles o carreteras. **2** (n. calif.) Persona muy *torpe. **3** Caramelo grande en forma de prisma rectangular.

adoquinado, -a 1 Participio adjetivo de «adoquinar». **2** m. Pavimento adoquinado. **3** Acción de adoquinar.

adoquinador, -a n. Persona que se dedica a adoquinar.

adoquinar tr. Empedrar con adoquines.

ador (del ár. and. «addáwr») m. *Tiempo señalado para *regar a cada regante de una comunidad.* ≃ Adula.

-ador, -a V. «-dor».

adorable adj. Se aplica a la persona que inspira cariño y simpatía, así como a sus gestos, expresión, etc. ≃ Encantador.

adoración («Profesar, Rendir, Tener, Tributar, Sentir») f. Acción de adorar o de rendir culto.

ADORACIÓN DE LOS REYES. La de los Reyes Magos al Niño Jesús.

adorador, -a 1 adj. y n. Se aplica al que adora. **2** Con respecto a una persona, otra del otro sexo que se muestra *enamorada de ella. ⇒ Cortejador, galán, galanteador, garzón, pretendiente.

adorar (del lat. «adorāre», deriv. de «orāre», orar) **1** tr. Rendir *culto a ↘Dios o a cosas o personas santas. ⊙ Puede llevar un complemento con «en»: 'Adorar a Dios en sus criaturas. Adorar a la Virgen en su advocación de...'. ⇒ Otra raíz, «latr-»: 'idolatrar'. ➤ Rendir ADORACIÓN, alabar, rendir CULTO, glorificar, orar, *rezar, servir, velar, venerar. ➤ Fetichismo, idolatría. ➤ *Culto. **2** *Postrarse los cardenales ante el ↘papa recién elegido en señal de* *reconocimiento.* **3** **Rezar.* **4** *Amar apasionadamente a ↘alguien. ≃ Idolatrar. ⊙ Se emplea también como intransitivo con «en»: 'Adora en su maestro'. ⊙ *Gustar mucho de algo.

adoratorio 1 m. Retablo portátil. **2** **Templo de los indios americanos.*

adoratriz (del lat. «adorātrix, -īcis») adj. y n. f. Femenino de adorador, aplicado solamente a las monjas de cierta comunidad. ⊙ f. pl. Esa comunidad.

adormecedor, -a adj. Que adormece.

adormecer (del lat. «addormiscĕre») **1** tr. Hacer caer a ↘alguien en estado de somnolencia. ⊙ prnl. Quedarse alguien dormido o adormecido. **2** Quedarse entumecido o insensible un miembro. ≃ *Dormirse. ⇒ Adormentar, adormilarse, adormir[se], adormitarse, aletargar[se], amodorrar[se], azorrar[se], cebarse. ➤ Amodorramiento, somnolencia, sopor. ➤ *Dormir. **3** tr. y prnl. *Calmar[se] un ↘dolor o una pena. **4** («en») prnl. *Encebarse en un vicio o deleite.*

□ CONJUG. como «agradecer».

adormecido, -a Participio adjetivo de «adormecer[se]».

adormecimiento m. Acción y efecto de adormecer[se].

adormentar (de un deriv. del lat. «addormīre», quizá a través del it. «addormentare»; ant.) tr. *Adormecer.*

adormidera (de «adormir»; *Papaver somniferum*) f. *Planta papaverácea de la que se extrae el opio. ≃ Dormidera. ⊙ Fruto de ella. ⇒ Diacodión, meconio, opio.

adormilado, -a Participio adjetivo de «adormilarse». Con mucho sueño, sin poder espabilarse. ≃ Amodorrado.

adormilarse prnl. *Quedarse medio dormido. ≃ Adormecerse.

adormir (del lat. «addormīre») **1** tr. y prnl. *Adormecer[se].* **2** (ant.) prnl. *Dormirse.*

adormitarse (de «a-[2]» y «dormitar») prnl. **Adormecerse.*

adornación f. *Acción de adornar.*

adornado, -a Participio adjetivo de «adornar».

adornador, -a adj. y n. *Que adorna.*

adornamiento m. *Acción de adornar.*

adornante adj. *Que adorna.*

adornar (del lat. «adornāre», deriv. de «ornāre», ornar) tr. Servir una cosa para dar aspecto más *bello o agradable a ↘otra en que está: 'Los cuadros adornan la casa'. ⊙ Se aplica también a cualidades, físicas o morales: 'Las virtudes [o las gracias] que le adornan'. ⊙ («con, de») Poner adornos en una ↘cosa: 'Adornar un altar con flores'. También reflex. ≃ Engalanar[se].

adornista n. **Decorador.*

adorno 1 m. Cosa que adorna. **2** (pl.) **Balsamina (planta).*

DE ADORNO. Sin más utilidad que la de servir de adorno: 'Árbol de adorno'. ⊙ Se emplea mucho jocosamente: 'Ése está en la oficina de adorno'.

□ CATÁLOGO

Abalorio, aderezo, adobo, alamar, andariveles, angaripola, apatusco, arandelas, arreo, *arrequive, capricho, decoración, decorado, fantasía, floritura, gaitería, *gala, galanura, garambaina, guara, guilindujes, motivo decorativo, muñequería, ornamentación, ornamento, ornato, paramento, parergon, pelendengue, pelitrique, perejiles, perendengue, perfil, perifollo, perigallo, quillotro, requilorio, ribete, ringorrango, sainete. ➤ Ábaco, airón, ánfora, ataujía, bisutería, *boliche, bollo, bollón, bordado, borla, búcaro, cachirulo, calabacilla, calamón, caracolillos, cartón, centro de mesa, clavo, colgadura, cornucopia, cortina, cuadro, CUERNO de la abundancia, damasquinado, *dibujo, *embutido, empavesada, encaje, enramada, esmalte, estofado, estrellón, farolillo, festón, flor, florero, floripondio, follaje, franja, grabado, grabazón, grafila, greca, grotesco, grutesco, guarnición, guarnimiento, guirnalda, herraje, hojarasca, iluminación, labor, laca, lacería, lámpara, luneta, móvil, niel, orla, penacho, perilla, perinola, pintura, *pluma, plumero, pompón, randa, repostero, tachón, tapicería, tapiz, taracea, visillos. ➤ Almirante, chapa, chapería, chiqueadores, *cinta, cintillo, corona, crespín, filis, flor, guadameco, hurraco, jaulilla, peina, peineta, pino de oro, piocha, prendido, rostrillo, tocado. ➤ Aderezo, agujeta, ajorca, alfarda, alfiler, *alhaja, anillo, apatusco, arete, argolla, aro, bobo, brazalete, broche, cabestrillo, cabestro, cadena, camafeo, cintillo, collar, dije, embustes, gargantilla, *joya, muelle, pendientes, pinjante, *pulsera, relicario, *sortija, vincos. ➤ Abanillo, abanino, abollado, bicos, bordado, bullón, cairel, cendal, cinta, cintajo, cinturón, cogido, frunce, galón, lazada, lazo, lentejuelas, *pliegue, prendido, ruche. ➤ Talco. ➤ Rasgo. ➤ *Aparejos, arnés, bozal, collera, enjaezado, *guarnición. ➤ DECORACIÓN arquitectónica, escaparatismo, interiorismo, ornamentación: acanaladura, acanto, aceituní, acodo, ajaraca, alboaire, alegoría, alfiz, alicatado, alizar, almendra, almocárabe [o almocarbe], almohadillado, alveolar, antema, aplicación, arabesco, arción, archivolta, arimez, arquivolta, arrabá, arrocabe, artesón, *artesonado, ataurique, atlante, atributo, azanefa, baqueta, baquetón, bejuquillo, bestión, bicha, blasón, bocel, brutesco, canal, canecillo, canéfora, cardina, cariátide, cartón, casetón, cenefa, chambrana, cinta, colgante, contravoluta, cornisa, cornisamento, cornucopia, crestería, CUERNO de la abundancia, dentelete, dentellón, dentículo, DIENTE de perro, encanamento, encaracolado, encostradura, escamado, escayola, escudo, escultura, esgrafiado, espejo, estatua, estría, faja, festón, festoneado, florón, follaje, friso, funículo, gallón, gárgola, gota, goterón, greca, grifo, grutesco, imbricación, imposta, incrustación, jambaje, jarrón, junquillo, lágrima, lambrequín, lazo, mandorla, mascarón, meandro, medallón, *ménsula, mocárabe, modillón, *moldura, MOTIVO ornamental, orla, ornamento, ovo, óvolo, panel, perilla, pinjante, pintura, portada, punta de diamante, quimera, rocalla, *remate, símbolo, tablero, tarja, tarjeta, telamón, tondo, tracería, tríglifo, trofeo, voluta, zócalo. ➤ Agallonado, anaglífico, angrelado, denticulado, pinjante. ➤ *Acicalar, adecentar, aderezar, adobar, adornar, afeitar, afiligranar, alcorzar, alhajar, alindar, aliñar, arrear, arreglar, ataracear, ataviar, atildar, clavetear, cintar, colgar, componer, cuajar, decorar, embellecer, empaliar, empaquetar, emparamentar, empavesar, emperifollar, encintar, enflorar, engalanar, enguirlandar, enjaezar, enjoyar, entarascar, exornar, florear, gayar, guarnecer, guarnir, hermosear, imaginar, lacear, ornar, paramentar, prenderse, quillotrar, recomponer, sembrar, vestir, zafar. ➤ Agramilar, *alicatar, azulejar, chapar, chapear, empapelar, vestir. ➤ Pintadera. ➤ Amazacotado, *barroco, churrigueresco, enjoyelado, habillado, historiado, jarifo, majo, plateresco, recargado, rococó, vistoso, de veinticinco ALFILERES, hecho un BRAZO de mar, de PUNTA en blanco. ➤ Camalote, conchas, paja, plumas, rafia. ➤ Desadornar, desguarnecer, *desnudo, *escueto. ➤ *Acicalar. *Arreglar. *Bordar. *Borde. *Cabeza. *Forma. *Lenguaje. *Moldura. *Mueble. *Pasamanería. *Piedras. *Remate. *Vestir. ➤ *Planta (grupo de las de adorno).

adosado, -a 1 Participio adjetivo de «adosar». **2** m. CHALÉ adosado.

adosar (del fr. «adosser», de «dos», espalda) tr. Poner una ↘*cosa junto a otra que le sirve de respaldo o apoyo:

'Adosar un armario a una pared [o una columna a un muro]'. ≃ *Pegar.

ad pedem litterae (pronunc. [ad pédem lítere]) *Expresión latina, al* PIE *de la letra.*

ad quem Expresión latina que significa «hacia el cual, hasta el cual». Suele emplearse, por oposición a «a quo», referida a fechas.

adquirente (del lat. «acquīrens, adquīrens, -entis») adj. y n. Adquiriente.

adquirible adj. Susceptible de ser adquirido.

adquirido, -a Participio adjetivo de «adquirir». ⊙ No innato.

adquiridor, -a adj. y n. *Que adquiere.*

adquiriente adj. y n. Se aplica al que adquiere (compra) cierta cosa.

adquirir (del lat. «adquirěre», deriv. de «quaerěre», buscar) tr. Llegar a tener ↘cosas, buenas o malas; como un hábito, fama, honores, influencia sobre alguien, vicios, enfermedades. Si se trata de una cosa material, se entiende, si no se dice otra cosa, por compra: 'He adquirido un coche de segunda mano'.

□ CATÁLOGO

Acrecer, adjudicarse, adueñarse, *afanar, afincar, agarrar, agenciarse, alcanzar, alzarse, amelgar, *apoderarse, aprehender, apropiarse, arramblar, arrogarse, atrapar, atribuirse, cargar con, cazar, cobrar, *comprar, conciliarse, *confiscar, *conquistar, decomisar, *desbancar, *desplazar, *despojar, devengar, embargar, enseñorearse, *estafar, *fincar, *ganar, hacendarse, hacerse con, *heredar, *hurtar, incautarse, levantarse con, llevarse, lograr, *obtener, ocupar, pescar, pillar, procurarse, proporcionarse, *quitar, readquirir, *recuperar, requisar, probar, sacar, señorear[se], tomar, usucapir, *usurpar; hacerse el AMO, hincar el DIENTE, hacerse el DUEÑO, echar el GANCHO, alzarse [o levantarse] con el SANTO y la limosna, sacar TAJADA. ➤ *Adoptar, afectar, *contraer. ➤ Caer, corresponder, IR a parar, caer en MANOS de, ir a MANOS de, pegarse, recaer. ➤ Accesión, acrecencia, adjunción, conquista, especificación, ganancia, prescripción, usucapión, volatería. ➤ Botín, conquista, despojos, presa, trofeo. ➤ Abeurrea. ➤ Adquisito. ➤ Avaricia. ➤ Coadquirir. *Coger. *Conseguir. *Poseer.

□ CONJUG. IRREG. PRES. IND.: adquiero, adquieres, adquiere, adquirimos, adquirís, adquieren; PRES. SUBJ.: adquiera, adquieras, adquiera, adquiramos, adquiráis, adquieran; IMPERAT.: adquiere, adquiera, adquirid, adquieran.

adquisición 1 f. Acción de adquirir. **2** Cosa adquirida: 'Éstas son mis últimas adquisiciones'. **3** (n. calif.; inf.) Cosa que se adquiere muy ventajosamente o cosa muy conveniente que se ha conseguido: 'Esta finca por ese precio es una verdadera adquisición. Esta secretaria es una adquisición'. ≃ *Ganga.

adquisitivo, -a adj. Se aplica a lo que sirve para adquirir. ⊙ Aplicado a «poder, valor», etc., para adquirir: 'El poder adquisitivo de la peseta'.

adquisito, -a (ant.) adj. *Adquirido.*

adra (de «adrar») **1** f. *Turno.* **2** *Cada una de ciertas divisiones del vecindario de un pueblo.* **3** (Ál.) **Prestación personal.*

adrado, -a 1 (Sal.) *Participio de «adrar».* **2** (ant.) adj. **Claro (ralo).*

adragante adj. V. «GOMA adragante».

adraganto m. *Tragacanto (planta leguminosa).*

adral (de «ladral») m. Tabla o zarzo que se pone a cada lado del *carro. ⇒ Cartolas, estirpia, ladral, lladral, tablar, tapial, telerín. ➤ Gobén.

adrar (del sup. «adorar», de «ador»; Sal.) tr. *Repartir las ↘aguas para el riego.*

adrede (¿del lat. «ad directum», a través del cat. «adret»?) adv. No casualmente o por distracción, sino con intención de causar el efecto de que se trata: 'No se le ha caído el vaso: lo ha tirado adrede'. ≃ Deliberadamente. ⊙ Con el exclusivo objeto de hacer lo que se expresa: 'He venido adrede para hablar del asunto'. ≃ Ex profeso.

ad referendum (pronunc. [ad referéndum]) Expresión latina con el significado de «para que sea aprobado por un superior». Se emplea en derecho internacional cuando un acta es firmada por un diplomático cuyos poderes no abarcan todos los puntos de la misma.

adrenal (del lat. «ad», junto a, y «renālis», renal) adj. MED. Situado junto al *riñón.

adrenalina (del ingl. «adrenaline», del lat. «ad», junto a, y «renālis», del riñón) f. BIOQUÍM. *Hormona segregada por las cápsulas suprarrenales que produce aumento del riego sanguíneo, dilatación de la pupila, etc.

adrián (del n. p. «Adrián») **1** m. *Nido de *urracas.* **2** **Juanete del pie.*

adriático, -a adj. Del mar Adriático o de las regiones situadas en su proximidad.

adrizado, -a MAR. *Participio de «adrizar».* ⊙ adj. MAR. *No escorado.*

adrizamiento m. MAR. *Acción de adrizar.*

adrizar (del it. «addrizzare», enderezar) tr. MAR. **Levantar: poner de pie una ↘cosa.* ⊙ MAR. *Enderezar o levantar el ↘barco.* ⇒ Drizar.

adrogación f. *Acción de adrogar.*

adrogar tr. *En la antigua Roma, *adoptar a una ↘persona libre.*

adrolla (del sup. rom. and. «ḥatról̤a») f. **Engaño.*

adrollero, -a (de «adrolla») n. *Persona que compra o vende con engaño.*

adrubado, -a (del ant. «hadruba», del ár. and. «ḥadúbba»; ant.) adj. **Jorobado o deforme.*

adscribir (del lat. «adscribĕre») tr. Considerar una ↘cosa como perteneciente a otra o a una persona. ≃ *Asignar, atribuir. ⊙ Poner a ↘alguien en cierto departamento o trabajo: 'Te pueden adscribir al laboratorio. Le adscribieron al reparto de correspondencia'. ≃ Afectar, asignar, *destinar. ⊙ prnl. Adherirse o *afiliarse, por ejemplo a un partido político.

□ CONJUG. IRREG. PART.: adscrito.

adscripción f. Acción de adscribir.

adscripto, -a *Participio irregular de «adscribir».*

adscrito, -a Participio irregular de «adscribir».

ad sensum V. «CONCORDANCIA ad sensum».

adsorbente adj. Que adsorbe.

adsorber (del lat. «ad» y «sorbēre», sorber) tr. FÍS. *Absorber la parte superficial de un cuerpo sólido a un gas o un líquido; por ejemplo, el carbón a ciertos gases, circunstancia que se aprovecha en las caretas de defensa contra los gases tóxicos.

adsorción f. Acción de adsorber.

adstrato (del lat. «adstratus», part. pas. de «adsterněre») m. LING. **Lengua que ejerce influencia sobre otra, generalmente porque se extiende sobre un territorio contiguo o* *lo comparte.* ⊙ LING. *Esa influencia, y el conjunto de rasgos lingüísticos en que se manifiesta.*

adstricción f. *Astricción.*

adstringente adj. *Astringente*

adstringir tr. *Astringir.*

adtor (del lat. «acceptor, -ōris»; ant.) m. *Azor.*

aduana (del ár. and. «addiwán», cl. «dīwān», y éste del persa «dēwān», archivo) **1** f. Oficina situada junto a la frontera entre dos países o en los puertos, para el cobro del impuesto del mismo nombre, que se paga por la introducción de ciertos artículos. **2** Juego de sobremesa semejante a la oca, que se juega con cinco cartones y ocho dados.
V. «AGENTE [u OFICIAL] de aduanas».

□ CATÁLOGO
Diguana, general. ➤ Derechos, generalidad. ➤ Tabla. ➤ Arancel, columna. ➤ Aduanar, adeudar, aforar, alijar, aprehender, clauquillar, comisar, confiscar, decomisar, descaminar, fondear, marchamar, reconocer, *registrar, sellar, visitar. ➤ Aduanero, carabinero, consumero, generalero, matrona, miñón, vista; AGENTE de aduanas. ➤ Aguja, calador, pincho. ➤ Adeudo, aforo, comiso, decomiso. ➤ Declaración, manifiesto. ➤ Guía, marchamo, póliza, precinta. ➤ Almojarifadgo, almojarifalgo, almojarifazgo, consumos, jea, puertas, tránsito, RENTA de sacas. ➤ Librecambio, proteccionismo, PUERTA abierta, PUERTO franco. ➤ *Contrabando. *Derechos.

aduanal (Arg., Cuba, Guat., Méj.) adj. *Aduanero.*

aduanar tr. *Registrar ↘cosas en la aduana.*

aduanero, -a **1** adj. De [las] aduanas. **2** n. Empleado de aduanas.

aduanilla f. *Tienda de comestibles.*

aduar (del ár. beduino norteafricano «duwwār», poblado que rodea los corrales) m. Conjunto de cabañas, tiendas de campaña o barracones que forman un poblado. Se aplica a los de beduinos, de gitanos y de indios americanos. ⇒ Alijar.

adúcar (¿del sup. ár. and. «ḥaṭrúka»?) **1** m. **Seda exterior y más basta del capullo.* ≃ Atanquía. **2** *Capullo ocal.* **3** *Seda ocal.* **4** *Tela de adúcar.*

aducción **1** f. *Acción de aducir (dar una razón o motivo).* **2** ANAT. *Movimiento de acercamiento de un miembro al eje del cuerpo.* ⇒ Aferente. ➤ Abducción.

aducho[1]**, -a** (ant.) adj. **Entendido en cierta cosa.* ≃ Ducho.

aducho[2]**, -a** (del lat. «adductus», aducido) *Participio antiguo de «aducir».*

aducir (del lat. «adducĕre») **1** (ant.) tr. **Traer, *llevar o *enviar.* **2** Dar una ↘razón o motivo como prueba o justificación de algo: 'Aduce como atenuante que estaba borracho'. ≃ *Alegar.

□ CONJUG. como «conducir».

aductor adj. y n. m. ANAT. Se aplica a los músculos que producen la aducción.

aduendado, -a adj. *Con las características de los duendes.*

adueñarse («de») prnl. Hacerse dueño de cierta cosa o disponer de ella por la violencia o sin derecho: 'Se adueñó del volante'. ≃ Apoderarse. ⊙ («de») También, aplicado a cosas no materiales: 'Se ha adueñado de tu voluntad'. ⊙ («de») El sujeto puede ser también una pasión o estado de ánimo: 'No dejes que se adueñe de ti el pesimismo [el resentimiento]'.

adufa (del ár. and. «addúffah», hoja de la puerta; Val.) f. **Compuerta de presa.*

adufe o **adufre** (del ár. and. «addúff») m. *Pandero morisco.* ⊙ (ant.; inf.) *Persona estúpida.* ≃ Pandero.

adufero, -a n. *Persona que toca el adufe.*

aduja (¿del genovés «duggia»?) f. MAR. *Cada *vuelta de una cosa, cabo, cadena, vela, etc., enrollada o recogida amontonada formando vueltas.*

adujar (de «aduja») **1** tr. MAR. *Recoger una ↘cosa *enrollándola.* **2** prnl. MAR. *Encogerse para ocupar menos espacio.*

adul (del ár. «'udūl», pl. de «'adl», persona fehaciente) m. *En Marruecos, asesor del *cadí, o persona que merece *confianza.* ⊙ *También, *notario.*

adula (de «dula») **1** f. *Ganado formado por reses de todos los vecinos de un pueblo.* ≃ *Dula. **2** f. *Ador.*

adulación f. Acción de adular. ⊙ Palabras con las que se adula.

adulador, -a adj. y n. Que adula o acostumbra a adular.

adulante adj. *Que adula.*

adular (del lat. «adulāri») tr. *Alabar a ↘alguien con exageración, insinceramente o por servilismo. ≃ Halagar, lisonjear.

□ CATÁLOGO
Barbear, camelar, corear, enjabonar, *halagar, incensar, jonjabar, *lisonjear, bailar el AGUA, dar BOMBO, dar COBA, hacer CORO, lamer el CULO, reír las GRACIAS, guataquear, dar JABÓN, regalar el OÍDO, hacer la PELOTA [o la PELOTILLA], hacer la RUEDA. ➤ Adulador, adulón, alabancero, alzafuelles, barbero, chicharrón, cobista, jonjabero, labioso, lambiscón, lambón, lameculos, lamedor, lavacaras, lisonjeador, patero, pelota, pelotero, pelotillero, quitamotas, quitapelillos, tiralevitas [o estiralevitas]. ➤ Adulación, adulonería, blandicia, cirigaña, garatusa, gitanada, guataquería, halago, jabón, lisonja, peloteo, pelotilla, pelotilleo. ➤ *Alabanza. *Halagar. *Humillarse. *Mentira. *Simular. *Zalamería.

adularia (de «Adula», nombre de una montaña suiza) f. *Variedad de feldespato, transparente y generalmente incolora.*

adulatorio, -a adj. De [la] adulación. ⊙ Que la contiene.

adulear (Ar.) intr. *Vocear o *gritar.*

adulero m. *Dulero.*

adulón, -a (inf.) adj. y n. m. *Adulador.*

adulonería f. *Adulación servil.*

adulteración f. Acción de adulterar una cosa.

adulterador, -a adj. y n. m. Que adultera.

adulteramiento m. Adulteración.

adulterante adj. Que adultera. ⊙ adj. y n. m. Particularmente, se aplica a las sustancias con que se adultera un alimento.

adulterar (del lat. «adulterāre») **1** (ant.) intr. *Cometer adulterio.* **2** tr. Quitarle a una ↘cosa material o inmaterial su pureza o autenticidad cambiándole, *mezclándole o añadiéndole algo: 'Adulterar la leche. Adulterar la verdad'. ≃ *Falsificar.

adulterinamente adv. Con adulterio.

adulterino, -a adj. De [o del] adulterio. ⊙ Se aplica particularmente al hijo que procede de adulterio.

adulterio (del lat. «adulterĭum») m. Acción de sostener una persona casada relaciones sexuales con persona distinta de su cónyuge.

□ CATÁLOGO
Adulterar, encornudar, engañar, faltar, poner [los] CUERNOS, faltar a la FIDELIDAD conyugal, poner el GORRO, pegársela. ➤ Cornamenta, cuernos, infidelidad. ➤ Cabrito, cabrón, comblezado, *consentido, *cornudo, cuclillo, gurrumino, novillo, paciente, predestinado, sufrido, MARIDO

complaciente. ➤ Gorrera, infiel, malmaridada. ➤ Adulterino, fornecino. ➤ *Sexo.

adúltero, -a (del lat. «adulter, -ĕri») **1** (ant.) adj. *Adulterado.* **2** De [o del] adulterio. **3** adj. y n. Se aplica al que comete adulterio.

adultez f. Condición de adulto.

adulto, -a (del lat. «adultus», part. pas. de «adolescĕre», crecer) adj. y n. Se aplica a la persona o animal que ha llegado a su pleno desarrollo o edad en que es apto para la procreación. ⊙ Se aplica también, en sentido figurado, a cosas no orgánicas: 'Una lengua [o una nación] adulta'. ⇒ Hecho. ➤ Adultez, hombre, mujer, EDAD adulta, mayor de EDAD. ➤ Acmé, climaterio, desarrollo, pubertad; EDAD crítica.

adulzar 1 tr. **Endulzar.* **2** *Hacer dulce el ↘hierro u otro metal.*

adulzorar (de «a-[2]» y «dulzor») prnl. *Endulzar[se] o suavizar[se].*

adumbración (del lat. «adumbratĭo») f. DIB., PINT. *Parte menos iluminada de un objeto.*

adumbrar (del lat. «adumbrāre») tr. DIB., PINT. *Sombrear.*

adunar (del lat. «adunāre»; lit.) tr. y prnl. recípr. Unificar[se] o poner[se] de *acuerdo. ≃ Aunar[se], *unir[se].

adunco, -a (del lat. «aduncus») adj. *Encorvado.*

adunia (del ár. and. «addúnya», mucho; ant.) adv. *En abundancia.*

adur (ant.) adv. *Aduras.*

-adura V. «-dura».

adurar 1 (ant.) intr. **Durar.* **2** (ant.) **Aguantar.*

aduras (ant.) adv. **Apenas.* ≃ Adur, aduro.

-aduría V. «-duría».

adurir (del lat. «adurĕre»; ant.) tr. *Quemar.*

aduro (del lat. «ad durum»; ant.) adv. *Aduras.*

adustez f. Cualidad de adusto.

adustible (de «adusto»; ant.) adj. *Que se puede adurir.*

adustión (del lat. «adustĭo, -ōnis»; ant.) f. *Acción de adurir.*

adustivo, -a (de «adusto»; ant.) adj. *Que puede adurir.*

adusto, -a (del lat. «adustus», part. pas. de «adurĕre», quemar) **1** *Participio adjetivo de «adurir».* **2** adj. *Ardiente.* **3** Aplicado a las personas y a su gesto, aspecto o *carácter, serio y severo: no inclinado a reír, a tomar parte en bromas o alegrías o a ser amable. ⊙ Se aplica también a cosas; por ejemplo, a un paisaje.

☐ CATÁLOGO

Acre, agrio, áspero, cariacedo, cejijunto, ceñudo, cetrino, hosco, seco, *serio; poco ACOGEDOR, poco AMABLE, CARA de pocos amigos. ➤ *Brusco. *Desabrido. *Insociable. *Irritar. *Malhumorado. De mal *CARÁCTER. De mal *GENIO. ➤ *Amable.

adutaque (del sup. ár. and. «adduqáq», cl. «duqāq», harina fina; ant.) f. **Harina de flor.* ≃ Adárgama.

advección (del lat. «advectĭo, -ōnis», conducción) **1** f. *Acción de llevar o arrastrar algo.* **2** METEOR. *Penetración de un masa de aire frío o caliente en un lugar.*

advenedizo, -a (de «advenir») **1** adj. y n. Se aplica al que llega a un lugar o posición que no le corresponden o en donde los que ya están le consideran extraño. ⇒ Extraño, *forastero, intruso, venedizo. **2** (ant.) *Pagano o musulmán convertido al *cristianismo.*

advenidero, -a (ant.) adj. *Venidero.*

advenimiento (de «advenir») **1** («El, Al») m. Llegada de un acontecimiento o de una época: 'El advenimiento de la república. El advenimiento de la primavera'. ⊙ («El, Al») Subida al trono de un soberano o de un papa: 'Al advenimiento al trono de Alfonso XIII...'. **2** (ant.) **Suceso.*

SANTO ADVENIMIENTO. El de Jesucristo.

ESPERAR EL [O AL] SANTO ADVENIMIENTO. Quedarse alguien distraído, *inactivo o parado, sin hacer lo que se espera de él: 'No te quedes ahí esperando el santo advenimiento'.

ESPERAR COMO EL [O AL] SANTO ADVENIMIENTO. Esperar con mucha impaciencia algo que se retrasa o algo que no se sabe si llegará: 'Estábamos esperándote como al santo advenimiento y resulta que no traes nada'. ⇒ *Ansiar.

advenir (del lat. «advenīre») **1** (culto) intr. Llegar un tiempo o un acontecimiento: 'Advino el buen tiempo y se acabaron los sufrimientos. Cuando estaba empezando la carrera, advino la guerra'. ⇒ *Suceder. **2** (culto) Subir al trono un monarca.

☐ CONJUG. como «venir». Usado corrientemente sólo en el pretérito indefinido.

adventajas (de «aventaja») f. pl. *En derecho foral aragonés, porción de los *bienes muebles del matrimonio que puede retirar para sí el cónyuge superviviente antes de que se haga la partición.*

adventicio, -a (del lat. «adventicĭus») adj. Se aplica a lo que *sucede accidentalmente. ⊙ BIOL. *Se aplica a los órganos que aparecen ocasionalmente.* ⊙ BIOL. *También, a los que se desarrollan en sitio distinto del normal:* 'Raíces adventicias'

adventismo (de «adventista») m. Doctrina religiosa protestante originaria de Estados Unidos, cuyos seguidores esperan un segundo y próximo advenimiento de Jesucristo.

adventista (del ingl. «adventist») adj. De [o del] adventismo. ⊙ adj. y n. Adicto a él.

adveración f. *Acción de adverar.*

adverado, -a *Participio adjetivo de «adverar».*

adverador, -a adj. y n. *Que advera.*

adverar (del b. lat. «adverāre») tr. *Certificar o declarar la autenticidad o validez de un ↘documento, una firma, etc.* ≃ Garantizar.

adverbial adj. GRAM. De [o del] adverbio. ⊙ GRAM. Con funciones de adverbio: 'Locución adverbial'.

adverbializar tr. GRAM. Dar valor de adverbio a una ↘palabra o expresión que no lo es. ⊙ prnl. GRAM. Adquirir valor adverbial una palabra o expresión.

adverbialmente adv. A modo de adverbio.

adverbio (del lat. «adverbĭum») m. Palabra que desempeña respecto del verbo, del adjetivo, de otro adverbio o de una oración papel semejante al que el adjetivo desempeña con respecto al nombre: 'Regresaremos pronto. Está rematadamente loco. Dictas demasiado deprisa'. ⇒ Apénd. II, ADVERBIO.

adversador, -a (del lat. «adversātor, -ōris»; ant.) m. *Adversario.*

adversamente adv. De manera adversa.

adversar (del lat. «adversāri»; ant.) tr. *Oponerse a ↘otro.*

adversario, -a (del lat. «adversarĭus») **1** adj. y n. Con respecto a una persona, otra que lucha contra ella: 'Tratar con nobleza al adversario'. Se emplea también como adjetivo, pero menos que los sinónimos. ≃ *Contendiente, contrario, enemigo. ⊙ n. Se aplica al que se opone a cierta cosa o no es partidario de cierta cosa: 'Los adversarios de la reforma'. ≃ *Contendiente, contrario, enemigo. ⇒ Refractario. **2** m. pl. *Repertorio de *notas que se tiene a mano para consultarlas para un escrito.*

adversativo, -a (del lat. «adversatīvus») adj. Que implica oposición. ⊙ Se emplea casi exclusivamente en gramática, aplicado a ciertas conjunciones y expresiones conjuntivas que sirven para expresar oposición o contradicción entre el contenido de las oraciones que unen, así como a estas oraciones.

□ CATÁLOGO

Ahora bien, ahora que, antes bien, si así como, siendo así que, el asunto es que, más bien, en cambio, el caso es que, lo cierto es que, si como, por contra, al [o muy al] contrario, antes por el [o lo] contrario, por el [o lo] contrario, la cosa es que, cuando, la cuestión es [o está en] que, empero, el hecho es que, el inconveniente es [o está en] que, por otro lado, lejos de eso, si en lugar de que [o de eso], lo malo es que, si a mano viene, mas, a lo mejor, mientras que, si lo mismo que, lo que ocurre es que, lo que pasa es que, pero, al revés de lo que [o de eso], es que, sensu contrario, sino, siendo así que, sino que, solamente que, lo que sucede es que, así y todo, con todo, con todo y con eso, todo lo contrario, la verdad es que, si en vez de eso [o de que].

□ FORMAS DE EXPRESIÓN

Las dos conjunciones adversativas típicas son «pero» y «sino»; la primera se aplica a las oraciones que expresan un inconveniente para que se realice lo expresado por la oración principal: 'Me gustaría ir, pero estoy cansado'; la segunda expresa que lo que dice la oración afectada por ella contradice o excluye lo expresado por una principal negativa: 'No ayuda, sino que estorba. No me refiero a ti, sino a tu hermano'. «Pero» expresa a veces, más que una oposición, la desvirtuación de una consecuencia que parece natural, y la oración compuesta puede reemplazarse por otra construida con «aunque» u otra de las conjunciones llamadas «concesivas»: 'Es español, pero no le gustan los toros', equivale a 'aunque es español, no le gustan los toros'.

«Sino» tiene a veces sentido restrictivo más que propiamente adversativo, equivaliendo a «más que»: 'No tienes otra cosa que hacer sino esperar'.

El mismo significado que «pero» tienen «mas» y «empero». «Sino» no tiene ninguna expresión exactamente equivalente.

Tienen también sentido adversativo ciertas oraciones con gerundio: 'Él nos acusa, no habiendo hecho nosotros más que obedecer sus órdenes'. Así como otras con la conjunción «si»: 'Si te advertí a tiempo, ¿qué me reprochas?'.

adversidad 1 f. Cualidad de adverso: 'La adversidad del clima'. ⇒ Las malas CONDICIONES, lo inadecuado, los inconvenientes de. 2 («Sufrir») Suceso adverso de importancia; por ejemplo, persecuciones o reveses de fortuna: 'Ha sufrido muchas adversidades'. ≃ Desdicha, *desgracia, infortunio. 3 Situación adversa: 'Se conoce a los amigos en la adversidad'.

adversión (del lat. «adversĭo, -ōnis») 1 (ant.) f. *Aversión.* 2 (ant.) *Acción de advertir.* ≃ Advertencia.

adverso, -a (del lat. «adversus»; «a», pero no suele usarse con régimen) adj. Se aplica a lo que causa daño moral o va contra lo que se desea o se intenta: 'Sucesos adversos. Suerte adversa. Vientos adversos'. ≃ *Contrario, desfavorable.

advertencia f. Acción de *advertir. ⊙ Cualidad de advertido. ⊙ Situación de advertido. ⊙ Palabras con que se advierte. ⊙ *Nota. ⊙ Cosa que se advierte: 'Ha sido una advertencia muy prudente'.

SERVIR DE ADVERTENCIA. Servir de aviso.

advertidamente adv. Estando advertido. Es más frecuente «inadvertidamente».

advertido, -a Participio adjetivo de «advertir». ⊙ («Ser») Se aplica al que sabe lo que le conviene o lo que conviene hacer. ≃ Avisado. ⊙ («Estar») Se aplica al que no ignora las circunstancias o peligros de algo. ⇒ Inadvertido. ➤ *Experimentado.

advertir (del lat. «advertĕre») 1 tr. Hacerle ver a alguien cierta ˎcircunstancia que le conviene tener en cuenta; particularmente, un peligro o una dificultad: 'Le he advertido que le pondrán muchos inconvenientes'. El mismo verbo en primera persona sirve para realizar la acción que expresa: 'Te advierto que llegaré un poco tarde. Te advierto que esta noche hará frío'. ≃ *Avisar, prevenir. ⊙ («de») Hacer que la ˎgente se fije en cierta ˎcosa: 'Una señal en la carretera [nos] advierte [de] la proximidad de un cruce'. ≃ Indicar, hacer NOTAR, llamar la ATENCIÓN. ⊙ Se emplea en primera persona para decirle a alguien una ˎcosa que está o se supone en contradicción con lo que parece natural o con lo que esa persona cree: 'Te advierto que si no me dan ese empleo me quedaré tan tranquilo. Te advierto que no soy yo quien se va a beneficiar de que hagas ese trabajo'. ≃ Participar. ⊙ Decirle a alguien que haga cierta ˎcosa que le conviene: 'Adviértele que se lleve el abrigo'. Dirigido a alguien en segunda persona envuelve, generalmente, una amenaza: 'Por última vez te advierto que no te acerques más por aquí'. ≃ Recomendar. 2 *Notar: adquirir alguien conocimiento de cierta ˎcosa que ocurre en su presencia y que despierta su atención.

□ CATÁLOGO

Amonestar, apercibir, avisar, despertar, prevenir, llamar la ATENCIÓN, poner sobre AVISO, poner en GUARDIA, hacer NOTAR, hacer OBSERVAR, abrir los OJOS. ➤ Adversión, animadvertencia, catamiento, llamamiento, monitorio, observación, toque, TOQUE de atención. ➤ Monitorio, -a. ➤ CUIDA [que cuide, etc.], ¡cuidadito!, ¡cuidado!; CUIDATE [que se cuide, etc.] muy bien [muy mucho]; ¿eh?, ¡eh!, ¡mira...! [¡mire!, etc.], MIRA lo que haces [que mire lo que hace, etc.], ¡ojito!, ¡ojo!, ¡OJO con...! ➤ Desadvertir. ➤ *Aconsejar. *Consejo. *Enseñar. *Explicación. *Indicar. *Nota.

□ CONJUG. como «hervir».

adviento (del lat. «adventus», llegada) m. *Tiempo del año litúrgico que comprende las cuatro semanas que preceden al día de Navidad.

advocación (del lat. «advocatĭo, -ōnis», deriv. de «advocāre», convocar, llamar en calidad de abogado) 1 («Poner, Estar bajo la») f. Dedicación de un templo a un santo o hecho sagrado cuyo nombre se le da. ⊙ Nombre (de un santo o hecho sagrado) que tiene un templo, ermita, etc. ⇒ *Consagrar. 2 Cada uno de los nombres con que se rinde culto a la Virgen: 'La Virgen en su advocación de Nuestra Señora del Pilar'. ≃ Vocación.

advocado (del lat. «advocātus»; ant.) m. *Abogado.*

advocar (del lat. «advocāre») 1 (ant.) tr. *Abogar.* 2 (ant.) DER. *Avocar.*

adyacencia f. Relación entre cosas adyacentes.

adyacente (del lat. «adiăcens, -entis»; «a») adj. Se aplica a lo que está tocando con otra cosa. Se emplea particularmente en geometría: 'Ángulos adyacentes' (los que tienen un lado común). ⊙ Con respecto a una calle, otra que está próxima a ella: 'En una de las calles adyacentes a la Gran Vía'. ⇒ *Contiguo.

adyuntivo, -a (del lat. «adiunctīvus»; ant.) adj. *Conjuntivo.*

adyutorio (del lat. «adiutorĭum»; ant.) m. *Ayuda.*

adyuvante (del lat. «adiŭvans, -antis») adj. *Ayudante o ayudador.*

aechaduras f. pl. *Ahechaduras.*

aedo (del gr. «aoidós», cantor) m. Poeta épico de la Grecia antigua.

aeración (del lat. «aer», aire) **1** (cient.) f. Suministro de aire a una cosa. ⊙ (cient.) Introducción de aire en la tierra vegetal. ⊙ (cient.) Acción de disolver aire en el agua. **2** (cient.) Sometimiento de una cosa a la acción del aire.

aéreo, -a (del lat. «aerĕus») **1** adj. Se aplica a lo que está en el aire o se hace en él o desde él: 'Navegación aérea. Fotografía aérea'. ⇒ Antiaéreo. **2** De poco peso o poca materia; con la materia que constituye la cosa de que se trata muy extendida, en masas pequeñas, transparente o flotante: 'Un velo aéreo. Follaje aéreo. Aparición aérea'. ≃ *Ligero.

V. «BASE aérea».

aeri- V. «aero-».

aerífero, -a (del lat. «aerĭfer») adj. *Portador o transportador de aire.* ≃ Aeróforo.

aeriforme (de «aeri-» y «-forme») adj. FÍS. *Parecido al aire:* 'Fluidos aeriformes'.

aero- (var. «aeri-») Elemento prefijo del lat. «aer», aire.

aerobic o **aeróbic** (del ingl. «aerobics») m. *Gimnasia basada en el control del ritmo de la respiración, generalmente con acompañamiento musical, que produce un aumento de la actividad respiratoria y el fortalecimiento del corazón y los pulmones.

aeróbico, -a adj. *De la aerobiosis o de los organismos aerobios.*

aerobio, -a (de «aero-» y «-bio»; cient.) adj. y n. m. BIOL. Se aplica al organismo que necesita el aire para vivir. ⊙ BIOL. Particularmente a ciertos microorganismos. ⇒ Anaerobio.

aerobiosis f. BIOL. *Vida en presencia de oxígeno libre.* ⊙ BIOL. *Se aplica también a cualquier proceso biológico que pueda ocurrir en presencia de oxígeno libre.*

aerobús (del ingl. o fr. «airbus») m. *Avión de pasajeros de gran capacidad, para viajes de corto y medio recorrido.

aeroclub (de «aero-» y «club»; pl. «aeroclubes» o «aeroclubs») m. Centro de formación de pilotos civiles.

aerocriptografía (de «aero-» y «criptografía») f. AERO. Representación gráfica de las figuras del vuelo acrobático mediante un código de signos.

aerocriptográfico, -a adj. AERO. De [la] aerocriptografía.

aerodeslizador m. *Vehículo que se desplaza sobre un colchón de aire que él mismo genera mediante unas hélices. ≃ Hovercraft. ⇒ Aerotrén.

aerodeslizante adj. Se aplica al vehículo que se desplaza sobre un colchón de aire producido por él mismo.

aerodinámica f. FÍS. Parte de la mecánica que se refiere al movimiento de los gases.

aerodinámico, -a 1 adj. FÍS. Relacionado con el movimiento del aire o con la aerodinámica. **2** Aplicado a los vehículos y a su forma, dispuesto de modo que la resistencia del aire al avance del vehículo sea mínima.

aerodino m. AERO. Aparato volador más pesado que el aire.

aeródromo (de «aero-» y «-dromo») m. Terreno e instalaciones dispuestos para la llegada y salida de *aviones. ⇒ Aeropuerto, BASE aérea. ➤ Finger, hangar, PISTA de aterrizaje, TORRE de control. ➤ Aerofaro.

aeroespacial adj. De [la] navegación aérea y espacial.

aerofagia (de «aero-» y «-fagia») f. MED. Ingestión de aire que es causa de flatulencia.

aerófano, -a adj. *Transparente.*

aerofaro (de «aero-» y «faro») m. Faro de *aeródromo.

aeróforo, -a adj. *Aerífero.*

aerofotografía (de «aero-» y «fotografía») f. *Fotografía tomada desde un *avión u otro vehículo aéreo.

aerogenerador m. Generador de energía eléctrica que aprovecha la fuerza del viento mediante una turbina.

aerografía f. AGRÁF. Técnica de aplicar pintura en fotografía, diseño gráfico, etc., mediante el aerógrafo.

aerógrafo (de «aero-» y «-grafo») m. AGRÁF. Instrumento utilizado en fotografía, diseño gráfico, etc., consistente en una pequeña pistola que pulveriza pintura. ⇒ *Dibujo.

aerolínea (del ingl. «airline»; gralm. pl., sin variación de significado) f. Compañía aérea.

aerolito (de «aero-» y «-lito») m. Cuerpo procedente del espacio que penetra en la atmósfera terrestre, se pone incandescente por el roce con ella y, generalmente, se disgrega o deja de ser visible antes de caer al suelo. ⇒ Asteroide, astrolito, cometa, escudo, exhalación, leónidas, meteorito, uranolito; ESTRELLA fugaz, PIEDRA meteórica. ➤ *Astronomía. *Bólido. *Planeta.

aeromancia o **aeromancía** (del lat. «aeromantīa», del gr. «aḗr», aire, y «manteía», adivinación) f. *Supuesta adivinación por las señales e impresiones del aire.*

aerómetro (de «aero-» y «-metro») m. Instrumento con que se mide la densidad del aire y otros gases.

aeromodelismo (de «aero-» y «modelismo») m. Afición consistente en construir y hacer volar maquetas de *aviones.

aeromodelista 1 adj. De [o del] aeromodelismo. **2** adj. y n. Aficionado al aeromodelismo.

aeromodelo m. Avión a escala reducida para vuelos deportivos o experimentales.

aeromotor m. Motor accionado por la fuerza del aire.

aeromóvil (de «aero-» y «móvil») m. **Avión.*

aeromoza (de «aero-» y «moza»; Hispam.) f. *Azafata de avión.*

aeronato, -a (de «aero-» y «nato») adj. y n. Se aplica a la persona nacida en un avión.

aeronauta (de «aero-» y «nauta»; lit.) n. Se aplica al que navega en una aeronave. ⇒ Aerostero.

aeronáutica (de «aero-» y «náutica») f. Navegación aérea. ≃ Aviación. ⊙ Conjunto de medios empleados en la navegación aérea. ⇒ *Avión.

aeronáutico, -a adj. Relacionado con la navegación aérea.

aeronaval adj. De la aviación y la marina al mismo tiempo: 'Fuerzas aeronavales'.

aeronave (de «aero-» y «nave») **1** f. Vehículo que se desplaza por el aire. **2** *Globo dirigido.* ≃ Aeróstato, dirigible.

aeronavegación f. Navegación aérea.

aeroparque (Arg.) m. *Aeropuerto pequeño, especialmente el instalado en zona urbana.*

aeroplano (del fr. «aéroplane») m. *Avión: aparato más pesado que el aire, que vuela y sirve para transportar viajeros o mercancías.

aeroportuario, -a adj. De [o del] aeropuerto.

aeropostal (de «aero-» y «postal») adj. De [o del] correo aéreo.

aeropuerto (de «aero-» y «puerto») m. Terreno e instalaciones que sirven de estación para el tráfico aéreo. ≃ *Aeródromo.

aerosfera f. *Masa de aire que envuelve el globo terrestre.*

aerosol (del fr. «aérosol») **1** m. Suspensión de partículas ultramicroscópicas sólidas o líquidas en el aire u otro gas. **2** Recipiente con un pulverizador que administra el líquido que contiene en forma de aerosol; por ejemplo, el que se utiliza para echarse la laca en el pelo o para aplicarse ciertos medicamentos. 3 *Aplicación de un medicamento en inhalaciones.* ⇒ *Medicina.

aerostación (de «aero-» y el lat. «statĭo, -ōnis», estado de inmovilidad) f. Aero. Navegación aérea con *globos.

aerostática (de «aero-» y el gr. «statikḗ») f. Fís. Parte de la *mecánica que estudia el equilibrio de los gases.

aerostático, -a adj. Fís. De la aerostática o de su objeto. ⇒ Globo aerostático».

aeróstato (de «aero-» y el gr. «statós», en equilibrio; culto) m. *Globo grande, capaz de elevarse en el aire, empleado para viajes o exploraciones. ≃ Globo [aerostático].

aerostero (del fr. «aérostier») 1 m. *Aeronauta.* 2 *Soldado de aviación.*

aerotaxi (de «aero-» y «taxi») m. *Avión de alquiler, destinado a vuelos no regulares.

aerotecnia (de «aero-» y «-tecnia») f. *Técnica de las aplicaciones industriales del aire.*

aerotécnico, -a 1 adj. *De [la] aerotecnia o de su objeto.* 2 adj. y n. Especialista en aerotecnia.

aeroterapia (de «aero-» y «-terapia») f. Med. *Aplicación del aire, mediante aparatos adecuados, como remedio médico.*

aeroterrestre adj. Se aplica a las operaciones militares en las que intervienen al mismo tiempo fuerzas aéreas y terrestres. ⊙ Y a las unidades que se constituyen al actuar combinadamente fuerzas aéreas y terrestres.

aerotransportar tr. Transportar por vía aérea.

aerotrén (de «aero-» y «tren») m. Aerodeslizador que se desplaza por una vía.

aerovía (de «aero-» y «vía») f. Ruta aérea comercial.

aeta (del tagalo «ayta», negro del monte) adj. y, aplicado a personas, también n. *Se aplica a los indígenas de las montañas de Filipinas, de piel de color oscuro, así como a sus cosas.* ⊙ m. *Lengua aeta.*

afabilidad f. Cualidad de afable.

afabilísimo, -a adj. Superl. de «afable».

afable (del lat. «affabĭlis», accesible para ser hablado, deriv. de «fari», hablar; «Estar, Ser; con, para, para con, en») adj. Aplicado a personas y a su carácter o trato, se dice de la persona que trata o habla a otras mostrándoles interés o afecto: 'Afable con [para, para con] los humildes. Afable en su trato'. ≃ Afectuoso, *amable.

afablemente adv. De modo afable.

afabulación (del lat. «affabulatĭo, -ōnis») f. *Explicación o moraleja de una *fábula.*

áfaca o **afaca** (del lat. «aphăca», del gr. «aphákē», almorta; *Lathyrus aphaca)* f. Cierta *planta leguminosa anual, herbácea, mediterránea, que se cultiva para forraje. ≃ Arveja silvestre.

afacer (del sup. lat. «affacĕre» por «afficĕre», hacer; ant.) intr. *Tener *trato con alguien.*

afalagar (ant.) tr. *Halagar.*

afamado[1], -a (de «afamar») Participio adjetivo de «afamar[se]». Conocido como distinguido en cierta actividad o, aplicado a cosas, como bueno, ⇒ Acreditado, *conocido, nombrado, renombrado, reputado. ➤ *Destacado. *Fama.

afamado[2], -a (de «a-[2]» y «fame»; ant.) adj. *Hambriento.*

afamar tr. Dar a ↘alguien fama en cierta actividad o dar a una cosa, por ejemplo a un producto industrial, fama de buena. ⊙ prnl. Adquirir fama en cierta actividad.

afán (¿de «afanar»?) 1 m. Actitud de alguien que se entrega a una actividad con todas sus energías e interés: 'Estudia con mucho afán'. ≃ Ahínco, ardor, empeño, fervor. ⊙ («de, por; Sentir, Tener, Saciar, Satisfacer») *Anhelo que impulsa a obrar: 'Le sostiene el afán de ver a sus hijos colocados. Tiene mucho afán por aprender. Atesora riquezas con afán'. 2 (pl.) Esfuerzos que se realizan para hacer algo o para vivir: '¿Y cuál es el premio a tantos afanes?'. ≃ Trabajos, penalidades.

Afán insaciable, afán de superación. Enlaces frecuentes.

□ Catálogo

Afaño, ahínco, *anhelo, *ansia, ardor, coraje, *fervor, gana, pujo, rabanillo, vehemencia. ➤ Ahincarse, *ajetrearse, *atarearse, atosigarse, batallar, cuitarse, descornarse, despezuñarse, *desvivirse, insudar, *luchar, pelear, sudar. ➤ Ganoso. ➤ Como un descosido, a destajo, con empeño, de firme, con interés, de lo lindo. ➤ *Acción, *Ambición. *Ánimo. *Ansia. *Brío. *Codicia. *Decisión. *Deseo. *Empeño. *Entusiasmo. *Interés.

afanado, -a Participio adjetivo de afanar[se].

afanador, -a (de «afanar»; Méj.) n. *Persona a la que se emplea en los trabajos más penosos en las *cárceles.*

afanar (deriv. del ár. and. «faná») 1 intr. *Trabajar o hacer diligencias con afán.* 2 *Trabajar corporalmente.* 3 tr. **Acosar o cansar mucho a ↘alguien.* 4 (inf.) *Hurtar ↘algo a alguien o *despojarle de ello con habilidad, sin violencia. ≃ Apandar, apañar. 5 («en, por») prnl. Perseguir algo con afán. ⊙ *Atarearse.

afaniptero (del gr. «aphanḗs», invisible, y «-ptero») adj. y n. m. Zool. *Sifonáptero.*

afanita (del gr. «aphanḗs», oscuro) f. *Anfibolita (roca compuesta de anfíbol, feldespato, cuarzo y mica).*

afanoso, -a 1 («Estar») adj. Que se afana por algo. 2 Penoso, muy trabajoso.

afañarse (ant.) prnl. *Afanarse.*

afaño (ant.) m. *Afán.*

afarolado, -a (de «farol», lance de capa) 1 adj. Aplicado a la manga de una prenda de vestir, abombada y hueca por la parte superior. 2 Taurom. Se aplica a la suerte del toreo en que el diestro se pasa el capote o la muleta por encima de la cabeza. ⇒ *Toro.

afascalar (Ar.) tr. *Hacer fascales (*haces) con la ↘mies.*

afasia (del gr. «aphasía», de «phemí», hablar) f. Med. Pérdida de la facultad de comprender o emitir lenguaje a causa de una lesión cerebral.

afásico, -a 1 adj. De [la] afasia. 2 adj. y n. Que padece afasia.

afatar (de «fato[2]»; Ast., Gal.) tr. **Aparejar una ↘caballería.*

afate (Am. C., Méj.) m. *Ahuate.*

afé (de «a[2]» y «fe[2]»; ant.) adv. *He aquí.* ≃ Ahé.

afeamiento m. Acción y efecto de afear.

afear 1 tr. Ser causa de que ↘algo o alguien sea o parezca feo o más feo: 'Ese lazo todavía afea más el traje. Le afea el rostro una cicatriz'. ⊙ prnl. Ponerse feo. ⇒ Desfavorecer, desfear, desfigurar, deslaidar, *deslucir, *estropear, manchar, perjudicar; ir mal, quedar [o sentar] como un tiro. 2 tr. **Deslucir:* 'El exceso de citas afeó la conferencia'. 3 *Censurar o reprochar a alguien una ↘cosa: 'Le afeó su conducta'.

afeblecerse (de «a-[2]» y «feble») prnl. *Adelgazar o debilitarse.*

afebril adj. Med. Sin fiebre.

afección (del lat. «affectĭo, -ōnis») **1** f. Alteración en la salud de cierto órgano o sistema del cuerpo. Lleva siempre como complemento el órgano o sistema o el adjetivo correspondiente: 'Una afección del riñón. Una afección circulatoria'. ≃ *Enfermedad. **2** *Abatimiento o alteración del ánimo.* **3** *Afición o inclinación.* **4** *En los beneficios eclesiásticos, reserva de su provisión, y comúnmente se entiende por la correspondiente al Papa.*

afecho, -a (del lat. «affectus», hecho) **1** (ant.) *Participio irregular de «afacer».* **2** (ant.) *Hecho o *acostumbrado a cierta cosa.*

afectable adj. Susceptible de ser afectado. ⊙ Se dice de la persona que se afecta con facilidad. ⇒ *Sensible.

afectación f. Acción de afectar (simular). ≃ Amaneramiento, artificio, estudio. ⊙ Actitud afectada. Falta de naturalidad en la manera de hablar o comportarse.

□ CATÁLOGO

*Aspaviento, atildamiento, azanahoriate, campaneo, contoneo, cernidillo, contoneo, coquetería, dengue, *empaque, esnobismo, estudio, figura, figurería, *melindre, mirlo, mojigatería, monada, patarata, preciosismo, prosopopeya, remilgo. ➤ Afectado, alambicado, amanerado, ampuloso, artificial, artificioso, campanudo, chango, comto, crítico, currutaco, cursi, dandi, dengoso, dengue, denguero, empachoso, empalagoso, encolado, enflautado, engolado, engolillado, esnob, esquilimoso, estirado, estudiado, fifiriche, figurín, finolis, finústico, físico, forzado, gazmoño, gomoso, gravedoso, hipócrita, huachafo, *insincero, lamido, lechuguino, lindo, melifluo, melindrero, melindroso, menino, mesingo, mogato, *mojigato, narciso, ninfo, niquitoso, ñoño, pamplinero, pamplinoso, paquete, *petimetre, pinturero, pisaverde, pudibundo, puritano, rebuscado, redicho, refitolero, relamido, remilgado, repulgado, repulido, retorcido, roto, saltacharquillos, sentencioso, siútico, soplado, superferolítico, terminista, tieso, virote. ➤ A lo jácaro. ➤ *Petimetre, PRECIOSA ridícula. ➤ Anadear, cantonearse, cernerse, columpiarse, *contonearse, mirlarse, pintarla, revestirse, vestirse; dárselas de, echárselas de, afectar GRAVEDAD, darse aires de PERSONA importante, ahuecar la VOZ. ➤ *Actitud. *Ampuloso. *Convencional. *Énfasis. *Engaño. *Falso. *Fingir. *Forzado. *Pedante. *Postura. *Pulido, *Simular. ➤ Espontáneo, *llano, *natural, sencillo.

afectadamente adv. Con afectación.

afectado, -a 1 Participio adjetivo de «afectar», en cualquier acepción: 'Una ignorancia afectada. Está afectado de una grave dolencia. No parece afectado por la noticia'. **2** Aplicado a las personas, a su manera de hablar, gestos, actitudes, etc., falto de naturalidad; tal que busca producir efecto de cierta cosa, especialmente de distinguido, refinado o delicado: 'No me gusta su tono afectado'. ≃ Amanerado, estudiado.

afectar (del lat. «affectāre», dedicarse a, frecuent. de «afficĕre», afectar) **1** tr. Mostrar un ↘sentimiento, una actitud o una manera de ser que no se tienen o no se tienen en la medida en que se muestran. ≃ Aparentar, *simular. **2** Tomar o tener ↘forma o apariencia de cierta cosa: 'La nube afecta la forma de una columna. La plaza afecta la forma de una estrella'. ≃ *Adoptar. **3** («a») Producir efecto en una ↘cosa determinada: 'La sequía no ha afectado a esta región'. ≃ *Influir. ⊙ («a») Ser aplicable a la ↘persona o personas que se expresan: 'La disposición no afecta a los menores de veintiún años'. ≃ Atañer, concernir, *referirse. **4** («a») Producir un efecto perjudicial en ↘algo: 'Estas discusiones no afectan para nada a nuestra amistad'. ≃ Dañar, perjudicar. ⊙ («a») Producir un perjuicio en el ↘organismo: 'Este medicamento afecta al riñón'. ≃ Dañar, perjudicar. ⇒ *Disminuir, *estropear, *manchar, *menoscabar, *perjudicar. **5** Emocionar o *impresionar dolorosamente a ↘alguien: 'Su desgracia nos ha afectado a todos'. ⊙ prnl. Emocionarse o impresionarse dolorosamente una persona: 'Está débil y se afecta por cualquier cosa'. **6** («a») tr. Estar una cosa *aplicada a ↘otra sobre la que influye de cierta manera: 'Afectar de lleno [o de plano]'. ⊙ («a») Particularmente, tratándose de palabras u oraciones: 'El verbo al que afecta el adverbio. La oración afectada por la conjunción'. **7** («a»...«de») *Aplicar una cosa a otra sobre la que hace cierto efecto: 'Afectar a la «u» de una diéresis'. **8** («a») *Unir una ↘cosa a otra de la cual pasa a formar parte: 'Afectar un municipio a otro'. ⊙ Destinar ↘algo o a alguien a cierta función o servicio. ≃ Adscribir. **9** *Apetecer y procurar alguna cosa con ansia y ahínco.*

AFECTAR DE LLENO [O DE PLANO]. Enlaces frecuentes.

□ NOTAS DE USO

El complemento de «afectar» en su primera acepción es un nombre con preferencia a un verbo: 'Afecta seriedad delante de sus alumnos'. Puede decirse también 'Afecta que no le importa'; pero es preferible con esta construcción emplear otro verbo; se dice especialmente 'hace como que no le importa'.

afectividad 1 f. Cualidad de afectivo. **2** Conjunto de los fenómenos afectivos.

afectivo, -a (del lat. «affectīvus») **1** adj. Relacionado con los afectos: 'Sensibilidad afectiva'. **2** Se dice de la persona que se afecta o emociona con facilidad. ≃ *Sensible. ⊙ Inclinado a sentir afecto o *cariño.

V. «SENSIBILIDAD afectiva».

afecto[1] (del lat. «affectus», part. pas. de «afficĕre», poner en cierto estado) **1** m. En sentido amplio, sentimiento o *pasión. Cualquier estado de ánimo que consiste en alegrarse o entristecerse, amar u odiar: 'Los afectos que mueven el ánimo'. ⇒ *Sentir. **2** («Sentir, Tener, Cobrar, Coger, Tomar») En sentido restringido y en lenguaje corriente, sentimiento intermedio entre la simpatía y el cariño, por el cual el que lo experimenta desea la comunicación con la persona que es objeto de él y se alegra de lo que es bueno para ella, pero sin apasionamiento o inquietud. ⊙ En lenguaje literario, se usa por «*cariño»: 'El afecto filial'. ⇒ *Cariño, inclinación, *simpatía, voluntad. ➤ Estimar. ➤ CARNE y uña. ➤ Con los BRAZOS abiertos. ➤ *Atraerse, captarse, conciliarse, concitar, conquistar[se], cosechar, despertar, ganarse, granjearse, *provocar, suscitar. ➤ Hacerse con. ➤ Bienquistar. ➤ Inquebrantable, sincero, verdadero. ➤ Aséptico, desafección, descastado, despegado, frío, *indiferente. ➤ Aversión. ➤ *Amor. *Armonía. ➤ Desafecto. **3** (ant.) PINT. *Expresión en las figuras de un sentimiento intenso.*

afecto[2], **-a** (del lat. «affectus, -a, -um») **1** («a») adj. *Adicto. ⊙ («a») Con respecto a una persona, alguien que tiene por ella gran estimación y, por ejemplo, la defiende o toma su partido: 'Un secretario muy afecto a la persona del ministro'. ⊙ («a») Con respecto a cosas como ideas, sistemas o doctrinas, se aplica al que las sigue, acepta o defiende. ⇒ Desafecto. **2** («a») Destinado a prestar servicio en cierta dependencia: 'Un funcionario afecto a la secretaría del ministro'. ≃ Adscrito. **3** («a») Aplicado a fincas, rentas, etc., *sujeto a cierta obligación, como un censo o una pensión: 'Esta casa está afecta al pago de una pensión a la viuda'. **4** («de») MED. *Afectado:* 'Afecto de pulmonía'.

afectuosamente adv. Con afecto.

afectuosidad f. Cualidad de afectuoso.

afectuoso, -a (del lat. «affectuōsus») **1** («Ser») adj. Propenso a sentir afecto. ≃ Afable, cariñoso, cordial, efusivo. ⊙ («Estar») Se dice del que muestra afecto a alguien en cierta ocasión, y de sus cosas. ≃ Afable, *amable, cariñoso, cordial, efusivo. **2** PINT. *Con expresión de un sentimiento intenso.*

afeitada f. Acción de afeitar[se] la barba.

afeitadera (de «afeitar»; ant.) f. *Peine.*

afeitado, -a 1 Participio adjetivo de «afeitar[se]». **2** m. Acción de afeitar[se].

afeitadora 1 (ant.) f. *Mujer que se dedicaba a quitar el vello.* ≃ Vellera. **2** Máquina de afeitar eléctrica.

afeitar (del arag. o leon. «afeitar», del lat. «affectāre», arreglar) **1** tr. *Adornar o *arreglar.* ⊙ (ant.) **Arreglar con afeites o cosméticos.* **2** Quitar a ↘alguien, cortándolo a ras de la piel, el pelo de la *barba o bigote o de cualquier otro sitio del cuerpo. Muy frec. reflex. ≃ Rapar[se], rasurar[se]. **3** **Esquilar a una ↘caballería las crines y la punta de la cola.* **4** *Recortar e igualar el follaje de las ↘plantas, el césped, etc.* **5** TAUROM. Cortar la punta de los ↘cuernos a los ↘toros de lidia.

□ CATÁLOGO

Desbarbar, descañonar, despatillar, rapar, rasurar; hacer la BARBA. ➤ Jabonar. ➤ Afeitadora, alfajeme, barbero, desuellacaras, fígaro, peluquero, rapabarbas, rapador, rapista, vellera. ➤ Afeitado, rasión, rasura, rasuración. ➤ Asentar. ➤ Afeitadora, afilador, asentador, bacía, brocha, correa, cuchilla, escalfador, gargantil, hisopo, hoja, maquinilla, NAVAJA de afeitar, navajero, percha, rastrillo, rasuradora, suavizador, verduguillo. ➤ Semanario. ➤ Barbihecho, barbirrapado. ➤ Cañón. ➤ A contrapelo, a redopelo. ➤ *Arreglarse.

afeite (de «afeitar») **1** m. Cualquier arreglo con que se pone algo más hermoso. ⊙ Particularmente, sustancia para embellecerse la *cara. Ahora se usa sólo aplicado a las antiguas o despectivamente. La palabra moderna es «*cosmético». **2** Cualquier artificio, adorno o retoque exagerado en cualquier clase de cosas.

afelio (del gr. «apó», lejos de, y «hḗlios», Sol) m. ASTRON. *Punto más distante del Sol en la órbita de un planeta.*

afelpado, -a Participio adjetivo de «afelpar». ⊙ Semejante a la felpa. ⊙ Tejido en forma de felpa.

afelpar 1 tr. Hacer una ↘cosa semejante a la felpa. **2** MAR. *Reforzar una ↘*vela con estopa o pallete.* **3** Recubrir con felpa.

afemia f. MED. *Pérdida de la facultad de *hablar sin que el paciente pierda la noción del significado de las palabras.*

afeminación f. Acción y efecto de afeminar[se].

afeminadamente adv. *De modo afeminado.*

afeminado, -a Participio adjetivo de «afeminar[se]». ⊙ adj. y n. Se aplica a los hombres que tienen aspecto, modales, etc., femeninos, así como a los mismos gestos, voz, etc.

□ CATÁLOGO

Acaponado, adamado, ahembrado, amanerado, amaricado, amariconado, amariposado, ambiguo, andrógino, amujerado, barbilindo, barbilucio, blando, cacorro, carininfo, cazolero, cazoletero, cocinilla, cominero, cundango, débil, defeminado, enerve, equívoco, fileno, joto, lindo, loca, marica, maricón, marimarica, mariol, marioso, mariposa, mariposón, mariquita, mujer, muñeco, neutro, ninfo, palabrimujer, pato, sarasa, sospechoso. ➤ *Homosexual. ➤ Pluma, ramalazo. ➤ Acundangarse, amariconarse. ➤ *Cobarde. *Débil. *Delicado.

afeminamiento m. Acción y efecto de afeminar[se].

afeminar (del ant. «efeminar», del lat. «effemināre») tr. Hacer perder a ↘alguien la energía varonil. ⊙ Dar a un ↘hombre aspecto de mujer. ⊙ prnl. Hacerse afeminado.

afer (de «a-²» y «fer»; ant.) m. *Negocio o quehacer.*

aferencia f. FISIOL. Transmisión aferente.

aferente (del lat. «affĕrens, -entis»; cient.) adj. ANAT. Se aplica a los elementos anatómicos que transmiten una sustancia o un impulso desde un punto del organismo hasta otro considerado central respecto a él, y a la sustancia o impulso así transmitido: 'Vaso [o nervio] aferente'. ⇒ Aducción.

aféresis (del gr. «aphaíresis», acción de llevarse) f. GRAM. Supresión de una o más *letras al principio de una palabra. Como «chacha» por «muchacha».

aferidor, -a (ant.) adj. y n. *Se aplicaba al que afería.*

aferir (de «a-²» y «ferir»; ant.) tr. **Contrastar los ↘pesos y medidas.*

afermosear (ant.) tr. *Hermosear.*

aferradamente adv. *Aplicado a «sujetarse, adherirse», etc., con tenacidad o fuerza.*

aferramiento m. Acción y efecto de aferrar[se].

aferrar (de «a-²» y «ferro») **1** tr. Coger una ↘cosa y sujetarla con fuerza. ≃ *Agarrar. ⊙ («a») prnl. Cogerse con fuerza a algún sitio con las manos. **2** MAR. **Enganchar en un sitio el ↘bichero, el *ancla u otro utensilio semejante.* ⊙ MAR. *Asegurar la ↘embarcación en un sitio con las anclas.* ⊙ prnl. recípr. MAR. *Agarrarse unas embarcaciones a otras con ganchos.* ⊙ tr. MAR. *Agarrar el ancla en el fondo.* ⊙ MAR. *Plegar y sujetar las ↘*velas.* **3** («a») prnl. Insistir tenazmente en el mantenimiento de una idea u opinión. ≃ Obstinarse.

aferravelas (ant.) m. MAR. *Tomador de sujetar las velas a las vergas.*

aferrojar (de «a-²» y el ant. «ferrojo», del lat. «verucŭlum», influido por «ferrum», hierro; ant.) tr. *Aherrojar.*

aferruzado, -a (del lat. «ad» y «fĕrus», fiero; ant.) adj. *Con gesto de *enfado.* ≃ Ceñudo.

aferventar (de «a-²» y «fervіente»; ant.; Ast.) tr. **Hervir una ↘cosa.* ≃ Herventar.

afervorar o **afervorizar** (ant.) tr. *Enfervorizar.*

afestonado, -a adj. *Festonado.*

affaire (fr.; pronunc. [afér]; pl. «affaires», pronunc. [aférs]) **1** m. Asunto ilícito o escandaloso. **2** Aventura amorosa.

affmo., -a. (var. «afmo.») Abrev. de «afectísimo, -a», usado en las despedidas de las cartas.

afgano, -a adj. y, aplicado a personas, también n. Del Afganistán, estado asiático.

afianzamiento m. Acción y efecto de afianzar[se].

afianzar 1 tr. *Dar fianza por ↘alguien.* **2** («a, con») Poner ↘algo más seguro o fuerte, en sentido material o inmaterial: 'Afianzar las patas de la mesa con unos travesaños. Tienes que afianzar tu salud antes de emprender el viaje'. ≃ *Asegurar, *reforzar. ⊙ prnl. («con, sobre, en») Sujetarse, asegurarse. ⊙ Hacerse más segura o tender a hacerse definitiva una tendencia. ≃ *Confirmarse. ⊙ («en») Adquirir más seguridad de la verdad de cierta cosa: 'Cada vez me afianzo más en mi diagnóstico'. ≃ *Convencerse.

afiar (de «a-²» y «fiar») tr. *Dar seguridad a ↘alguien de no hacerle daño, en forma solemne, como se practicaba antiguamente.* ⇒ Garantizar.

afiblar (del lat. «affibulāre», de «fibŭla», broche; ant.) tr. **Ceñir o *apretar.*

aficar (ant.) tr. *Ahincar.*

afice (ant.) m. *Hafiz.*

afiche o **affiche** (del fr. «affiche»; más frec. en Hispam.) m. *Cartel.* ⇒ *Letrero.

afición (del lat. «affectĭo, -ōnis», afección) **1** («Sentir, Tener, Cobrar, Coger, Tomar, Pegarse; a, hacia, por») f. Disposición permanente del ánimo de alguien por la que una cosa, particularmente una actividad, un motivo de interés o un esparcimiento, le gusta: 'Tiene afición al estudio [a la numismática, a los toros]'. Se usa frecuentemente en plural: 'La abogacía está de acuerdo con sus aficiones'. **2** Actividad que se realiza por afición y no por obligación. ≃ Hobby. **3** Simpatía o afecto hacia las personas o las cosas: 'Nos ha tomado afición y viene mucho por casa. Le tengo afición a este reloj porque es regalo de mi madre'. **4** Conjunto de los aficionados a un deporte como espectáculo; particularmente, a los toros o el fútbol: 'La actuación del árbitro defraudó a la afición madrileña'. **5** **Afán.*

DE AFICIÓN. Aplicado a un nombre que designa al que realiza cierta acción, significa que lo hace por *entretenimiento y no como profesión: 'Relojero de afición'.

POR AFICIÓN. Por gusto y no por obligación: 'Hace vestidos para sus amigas por afición'.

□ CATÁLOGO

Comidilla, debilidad, filia, flaco, gusto, inclinación, manía, PUNTO flaco. ➤ Acudiciarse, arregostarse, coger [o tomar] CARIÑO, chiflarse, deshacerse, despepitarse, desvivirse, empicarse, encariñarse, engalgarse, engolosinarse, engreír[se], enlaminarse, entusiasmarse, enviciarse, coger [o tomar el] GUSTO, morirse, paladear, perecerse, picarse, pirrarse. ➤ Admirador, aficionado, amateur, amigo, entusiasta, inclinado. ➤ Aburrirse, cansarse, desencarnar, hastiarse. ➤ *Gustar.

aficionado, -a 1 Participio adjetivo de «aficionar[se]». **2** («a») adj. y n. Se aplica al que tiene afición por cierta cosa: 'Los aficionados a los deportes de nieve'. **3** n. Se aplica al que, por gusto y no como profesión, se dedica a un *arte, al *deporte, etc.: 'Teatro de aficionados. Un equipo de fútbol de aficionados'. ⊙ Se usa a veces despectivamente: 'No es más que un aficionado'.

aficionar 1 («a») tr. Hacer que ˋalguien adquiera cierta afición. ⊙ («a») prnl. Adquirir cierta afición o hábito: 'No te aficiones demasiado a trasnochar. Te estás aficionando a hacerte servir'. **2** («a») *Coger cariño a algo o alguien.* ≃ *Encariñarse.

afiebrarse (Hispam.) prnl. *Ponerse con *fiebre.* ⊙ **Sofocarse.*

afielar tr. *Enfielar una ˋbalanza.*

afijado, -a (del lat. «affiliātus»; ant.) n. *Ahijado.*

afijar (ant.) tr. *Fijar.* ⇒ Desafijar.

afijo, -a (del lat. «affixus») adj. y n. m. GRAM. Se aplica a las partículas que se unen a las palabras, bien antepuestas o bien pospuestas, para formar otras palabras de significación afín. ⇒ Apénd. II, AFIJO. ⊙ adj. GRAM. También a los pronombres que se unen, pospuestos, a los verbos de que son complemento.

□ CATÁLOGO

Se consideran aquí «formas afijas», al objeto de incluirlas en el catálogo que sigue, de voces usadas sólo en compuestos o en derivados, las raíces tomadas de un idioma culto, griego o latín, de las cuales no ha pasado al español el verbo o nombre correspondiente y se usan solamente en derivados, generalmente cultos o científicos; como «hidr-» en «hidráulico» o «toc-» en «atocia»; así como también las variantes cultas de las raíces genuinas, con la forma de la raíz originaria, existentes sólo en voces derivadas; como «porqu-», de «puerco», en «porquería»; «sol-», de «suelo», en «solar» o «asolar»; «aud-», de «oír», en «audible»; o «vit-», de «vid», en «vitícola».

No se incluye como raíz la de palabras que, aunque de uso raro o con significado en que hay alguna variación con respecto al original, existen en español; como «silva, soma» o «agir».

El catálogo de afijos que sigue está dividido en dos partes; la primera, de los afijos propiamente dichos o partículas despojadas de significado autónomo; y la segunda, de las raíces cultas que intervienen en la formación de palabras contenidas en el diccionario. En él, a fin de evitar repeticiones, se da la equivalencia y los ejemplos solamente en el lugar correspondiente a la parte invariable del afijo; y se remite a esta parte desde las formas completas con la vocal temática correspondiente; por ejemplo, de «-ador, -edor, -idor» a «-dor». También, por la misma razón, se prescinde de la vocal temática de los afijos cultos cuando no es constante en las voces españolas formadas con ellos; por ejemplo, se da la equivalencia y ejemplos en «ot-», porque es la forma constante en las palabras españolas «otalgia, otitis, otorrea»; etc. También, por considerar que la forma del afijo en cuestión que interesa a los usuarios del español es la que toma en español, más que su forma original, es aquella la que se incluye en el catálogo; por ejemplo, «ec-» y no «oiko», como forma de la raíz de «oikos», casa; «ser-» y no «xer-», forma de la de «xerós», seco.

AFIJOS PROPIAMENTE DICHOS

A-: falta («ápodo»); semejanza de aspecto («aterciopelar, adamascado»); verbos («apedazar»).

-A (átono): acción («poda»); estado («duda»); nombres de origen griego usados en forma invariable para el masculino y el femenino («autócrata, autodidacta, déspota, egoísta, ególatra»).

AB-: separación («abscisión»).

-ABLE: V. «-ble».

-ÁCEO: adjetivos de aproximación o semejanza («grisáceo, rosáceo»); familia botánica («gramínácea»).

-ACHÍN: V. «-chín».

-ACHO: V. «-ch-».

-ACHÓN: V. «-ch-».

-ACIÓN: V. «-ción».

-ACO: adjetivos («cardiaco, demoniaco»); diminutivo-despectivo («currutaco, libraco, monicaco, retaco»); naturaleza («polaco»).

-ADA: afluencia, cantidad exagerada, conjunto abundante, contenido («granizada, riada; panzada; pollada, lechigada; goleada; cucharada, carretada»); bebida, comida hecha con («ensalada, fritada, limonada»); golpe («guantada, pedrada»); hecho de («alambrada, plomada, cotonada»); propio de («granujada, guarrada, francesada, payasada»).

-ADERAS: V. «-deras».

-ADERO: V. «-dero».

-ADO: aspecto («aviejado»); con («arbolado, barbado, carbonatado»); dignidad, empleo, jurisdicción («condado, consulado, patriarcado»); lugar («noviciado»); semejanza («aterciopelado»). V. «-do».

-ADOR: V. «-dor».

-ADURA: V. «-dura».

-AGO (átono, raro): nombres («muérdago, ciénaga»).

-AICO: adjetivos («farisaico»); geografía («pirenaico»); naturaleza («galaico»).

-AINA: multitud («azotaina»).

-AJE: acción («aprendizaje»); conjunto («correaje»); derechos («corretaje»); importancia («personaje»).

-AJO: V. «-j-».

-AL: abundancia, acumulación, conjunto («dineral, arenal, instrumental»): adjetivos, propio de («floral, sideral, provincial»); árbol, planta de («peral, rosal»); lugar de («ca-

ñaveral»); nombres, relacionado con («portal»); nombres, variante del objeto designado por el nombre primitivo («pañal»). V. «-azal, -ial».
-ALLA: despectivo («antigualla»).
-ALO (átono): nombres («óvalo»).
AMB- (latino): alrededor («ambages, ambiente, ámbito»).
-AMBRE: V. «-mbre».
-AMBRERA: síntesis de «-ambre» y «-era» («pelambrera»).
-AMEN: conjunto («velamen»).
-AMENTA: V. «-menta».
-AMENTO: V. «-mento».
-AMIENTO: V. «-miento».
AN-: «a-», delante de vocal («analfabeto»).
-ÁN: adjetivos («haragán, pelafustán»); naturaleza («alemán»); profesión («cachicán, guardián»).
ANA-: conformidad («analogía»); hacia arriba o en alto («anagoge, anáglifo, anatema» —en esta última, también apartadamente—); intensificación («anadipsia»); negación («anacrónico»); vuelta o hacia atrás («anapesto, anabiosis»).
-ANCHÍN: V. «-nchín».
-ANCHO: V. «-nch-».
-ANCIA: V. «-ncia».
-ANCO: V. «-nco».
-ANCÓN: V. «-ncón».
-ANDA: V. «-ndo».
-ÁNEO: adjetivos («coterráneo, instantáneo»).
-ANGO: despectivo («fritanga, bullanga, zanguango»).
-ANO: adjetivos; de, propio de... («campechano, cortesano, humano, pagano, rayano, serrano, temprano»); nombres de agente («pagano»); adjetivos-nombres de naturaleza («asturiano»); adhesión, partidario («arriano, luterano»); profesión («hortelano»).
-ANTE: V. «-nte».
ANTI-: oposición («anticatarral, antípoda, antimilitarista»).
-ANZA: acción, efecto, estado («cobranza, mudanza, holganza»); (= -ancia): conjunto («mezcolanza»).
-AÑA: nombres («hazaña, montaña»).
-AÑO: = -áneo («aledaño»). V. «-ño».
APO-: fuera de («apostatar»).
-AR: adjetivos («regular»); lugar de, con plantas de («yesar, judiar, pinar»); numeral colectivo («centenar, millar»); adjetivos, propio de, relacionado con («auricular, caballar»). V. «-r» primera conjugación («arar»). V. «-azar, -izar».
-ARASCA: V. «-sco».
-ARAZ: V. «-az».
ARCHI-: intensificación («archimillonario»).
-ARDÍA: V «-ia».
-ARDO: adjetivos («bastardo, bigardo, gallardo»).
-AREDA: acumulación («humareda, polvareda»).
-ARIO: adjetivos («gregario, ordinario»); a veces, de tono despectivo («estrafalario, perdulario»); nombres de conjunto («binario, novenario, ternario, rosario, vestuario»); nombres de («campanario, devocionario, horario»); nombres de agente, empleo, receptor de la acción («propietario, funcionario, bibliotecario, beneficiario, cesionario»); lugar («acuario, relicario, santuario»).
-ARO (átono): nombres («arísaro, cáscara»).
-ARRACHO (-rr + «-acho»): V. «-rr-».
-ARRADA (-rr + «-ada»): V. «-rr-».
-ARRO y –ARRÓN: V. «-rr-».
-ASCA: V. «-sco».
-ASCO: V. «-sco».
-ASTRO: V. «-str-».
-ATA (átono): V. «-ta».
-ATARIO: receptor de la acción («arrendatario, feudatario»).
-ATE: bebida, comida («avenate, calabazate»); en «gaznate» puede ser sufijo o final etimológico.
-ATICIO: aptitud («acomodaticio»).
-ÁTICO (raro): adjetivos («fanático, lunático»).
-ATIVO: V. «-tivo».
-ATO: cría («jabato»); empleo, jurisdicción («califato, cardenalato»).
-ATORIO: V. «-torio».
-ATURA: empleo, jurisdicción («magistratura»); nombres abstractos («candidatura, licenciatura»). V. «turo».
-AVO: parte («octavo»).
-AZ: adjetivos («fugaz; lenguaraz»).
-AZA: restos («gallinaza, linaza»).
-AZAL: = -al («lodazal»).
-AZAR: verbos de la primera conjugación. V. «-ar, -izar».
-AZGO: acción («hartazgo»); dignidad («padrinazgo»); jurisdicción («almirantazgo»).
-AZO: aumentativos («perrazo»); (de uso acomodaticio): golpe («porrazo»); (raro): hecho de («terraza, terrazo»).
-AZÓN: V. «-azo: -ón».
-BILIDAD (de uso acomodaticio): merecimiento, nombres («respetabilidad»); posibilidad, nombres («compatibilidad, audibilidad»); propensión, nombres («irritabilidad, susceptibilidad»).
-BLE (de uso acomodaticio): adjetivos, merecimiento («venerable, adorable»); posibilidad («pasable, creíble»); propensión («irritable, irascible»).
-BUNDO: agente («meditabundo»).
-CH-: nombres despectivos («corpachón, picacho; boliche; pitoche, tienducha»).
CHAP-: sonido imitativo de golpe en el agua («chapalear, chapaleta, chapotear, guachapear»).
-CHÍN: despectivo, actor («espadachín, parlanchín»).
-CIA (átono): cualidad («eficacia, pericia, audacia»).
-CICO: V. «-ico».
-CILLO: V. «-illo».
-CIO (átono): nombres despectivos («estrapalucio»).
-CIÓN: acción («propagación, preterición, devolución, retención»); estado («desesperación, inanición»).
-CO: V. «-aico, -iaco, -ico, -nco».
CO- [COM-, CON-]: compañía («cooperar, compinche, consocio»); juntar o adjuntar («coacervar, combinar, componer»); participación («coadyuvar, compadecer, condolencia»).
CONTRA-: oposición («contrariar, contracorriente»); duplicidad («contrarroda, contraventana»).
-CULO (átono): adjetivos («mayúsculo, ridículo»); nombres («músculo»).
-DAD: cualidad («singularidad, parvedad, afinidad, bondad»).
DE-: extracción («deducir, defecar»).
-DERA: utensilio («tapadera, corredera, escurridera»).
-DERAS: facilidad («tragaderas, absolvederas»); facultad o poder («entendederas»).
-DERO: agente («recadero, barrendero»); = -torio; susceptible de («llevadero, abridero»); utensilio («agarradero»); v. «-ero».
DES-: acción inversa («descoser, desensillar»); = es- («descoger»); = ex- («desplanar»); carencia o privación («desconfianza, desabrigar, desfondado»); intensificación («descocho, desinquieto»); mal («desconceptuar»); desarrollo del significado de la raíz («descambiar, descascar»).
DI-: dos («dimorfo»); separación («disentir»).
DIA-: compuesto medicinal («diapalma, diaquilón, diascordio, diasén»); interposición («diatónico»); separación («diátesis»); a través («diámetro»).
DICO-: en dos partes (solamente en «dicótomo», etc.).
DIS-: acción contraria («distorsión»); cualidad opuesta («discontinuo»); mal, trastorno («disartria»).
DISCR-: distinción, separación («discernir, discriminar»).
-DIZO: susceptible de («caedizo, rompedizo»).
-DO: acción («cribado, cernido»); efecto («acabado»).
-DOR (= -tor); agente, empleo, profesión («valedor, veedor, tejedor»); lugar («cenador, corredor»); utensilio («colador, batidora, cogedor»).

-DURA: util[izable] para («cerradura»); acción, efecto, cosa hecha, señal, etc. («rozadura, añadidura, hendedura, restregadura, cortadura»); conjunto («botonadura»); desperdicios, restos («peladura, raeduras»).
-DURÍA: acción («habladuría, teneduría»); lugar («pagaduría»).
E- (= ex-): separación («eliminar, emasculación, erradicar»).
-E (átono): acción («saque»); efecto («toque»); estado («insomne»); miembro colectividad («cofrade»); (popular) nombres («despiece, llene, tape, tueste»); utensilio («cierre»).
-ECER: verbos («palidecer»).
-ECICO, -ECILLO: = -ico, -illo («campecico, panecillo»).
-ECINO: adjetivos («mortecino»); aproximación («blanquecino»).
-ECITO: = -ito («piececito, piedrecita, callecita, esecita»).
-ECO: despectivo («muñeco»).
-EDA (acentuado): abundancia («polvareda»); conjunto («arboleda»).
-EDA (átono): acción («búsqueda»).
-EDAD: V. «-dad».
-EDAL: lugar («robledal»).
-EDERAS: V. «-deras».
-EDERO: V. «-dero».
-EDO, -A: lugar de árboles o plantas («alameda, viñedo»).
-EDOR: V. «-dor».
-EDUMBRE: cualidad («mansedumbre»).
-EDURA: V. «-dura».
-EGA (átono, raro): nombres («alhábega»).
-EGO: adjetivos, cualidad («albarraniego, asperiego, rebañego, nocherniego»).
-EJAR (= -izar): verbos («cotejar, motejar»). V. «-jar».
-EJO: V. «-j-».
-EL: variante semántica («mantel, pastel»).
-ELA: acción («corruptela»); conjunto («parentela»); actitud («cautela»).
-ELO: nombres diminutivos que han pasado formados del latín o el italiano («libelo, novela, pasarela, pimpinela»). V. «-uelo».
EM- [O EN-]: encierro o inclusión («emparedar, enclaustrar»).
-EMENTO: V. «-mento».
-EN (átono): conjunto («velamen»); ant., por «-eno» («centén, catorcén»); popular jocoso de algunos nombres («despiporren»).
-ENA: numerales colectivos («decena, docena»).
-ENCHO: V. «-nch-».
-ENCIA: V. «-ncia».
-ENCO: V. «-nco».
-ENDA: V. «-ndo».
-ENDERO: V. «-ndero».
-ENDO: V. «-ndo».
-ENGO: adjetivos («abadengo, realengo»).
-ENO: adjetivos («sarraceno, moreno»); hidrocarburos («acetileno, benceno»); nombres: de, hecho con («terreno»); naturaleza («chileno, agareno»); numerales ordinales («noveno, catorceno»); semejanza («moreno»).
-ENSE: naturaleza («almeriense»); propio de («castrense, hortense»).
-ENTE: V. «-nte».
-ENTO: adjetivos («amarillento, sediento»).
ENTRE-: incompletamente («entrecano, entrefino»); en sitio intermedio («entretela»).
-EÑO: V. «-ño».
-EO: acción («sondeo»); estado («mareo»); (átono): adjetivos («momentáneo, espontáneo»); aspecto, naturaleza, propio de, semejanza («níveo, grisáceo, férreo, broncíneo»).
EPI-: sobre («epigrafía»).
EQUI-: igual («equivalencia»).
-ER: = -ero («mercader»). V. «-r».
-ERA: lugar («cantera»); recipiente («lechera»).
-ERAL: lugar («cañaveral»).
-ERÍA: V. «-ría».
-ERIO: nombres («cautiverio, hemisferio, sahumerio»).
-ERIZO: oficio («cabrerizo»).
-ERO: agente («barrendero»); cosa utilizable para («adormidera»); árbol de («limonero»); causa («gotera»); lugar («pudridero, vertedero, estercolero»); oficio («bombero»); posibilidad («abridero, llevadero»); utensilio («candelero, fregadero, mosquitero»).
ES-: = ex- («escoger»).
-ÉS: naturaleza («inglés»).
-ESA: empleo, dignidad, profesión femenina («abadesa, alcaldesa»).
-ESCA: conjunto, despectivo («soldadesca»).
-ESCO: aspecto, naturaleza, propio de o semejanza («carnavalesco, oficinesco, principesco, quijotesco, burlesco»).
-ESTRE: adjetivos, aspecto, semejanza, propio de, naturaleza («campestre, rupestre, ecuestre, silvestre»).
-ETE (de uso acomodaticio): diminutivos despectivos o jocosos («mozalbete, regordete»).
-ETIVO: V. «-TIVO».
-ETO: diminutivos («boleto, papeleta»).
EX-: separación, sacar («exceptuar, exponer»).
EX (de uso acomodaticio): que fue («ex alumno»).
EXTRA-: fuera de («extraordinario»).
-EZ: cualidad («pesadez»); (ant.) = -eza («asperez»).
-EZA: cualidad («rudeza»).
-EZNO: diminutivos, animal joven («rodezno, osezno»).
-Í: naturaleza («marroquí, tetuaní»).
I-: = in- («irregular»).
-IA: = -ía («vigilancia, soberbia, regencia, estancia, Arabia»).
-ÍA: nombres de abundancia, acción, conjunto, cualidad, dignidad, empleo, jurisdicción, lugar de trabajo, país, profesión, reunión («habladuría; alevosía; coadjutoría; conserjería; capitanía; secretaría; algarabía; Normandía; carpintería; burguesía»).
-IACO: adjetivos, aspecto, cualidad («demoniaco, monomaniaco»).
-IAL: V. «-al».
-IANO: naturaleza («asturiano»).
-IANTE: V. «-nte».
-IBLE: V. «-ble»: desfiguración jocosa (en «deshonrible» y «voquible».
-ICA (átono): nombres («fábrica, música»).
-ICIA (= -eza): cualidad («malicia»).
-ICIO: acción («juicio, servicio»); calidad, dignidad («novicio, patricio»).
-ICIÓN: V. «-ción».
-ICO (átono): adjetivos de aspecto, cualidad, propio de, etc. («famélico, atmosférica, atlántico, rústico»); (tónico) diminutivo («casica»). También, «-ececico, -ecico».
-IDAD: V. «-dad».
-IDERAS: V. «-deras».
-IDERO: V. «-dero».
-IDO (átono): adjetivos («cálido, sórdido»).
-IDO (tónico cuando no forma diptongo con la vocal anterior): familia zoológica («cérvido, suido»); sonido («balido, chirrido, gruñido»). V. «-do».
-IDOR: V. «-dor».
-IDURA: V. «-dura».
-IEGO: V. «-ego».
-IENTE: V. «-nte».
-IENTO: adjetivos, con («sediento, calenturiento»).
-IGO (átono, raro): nombres («alhóndiga»).
-IJO: V. «-j-».
-IL: adjetivos despectivos, aspecto, propio de («abogadil, porteril, ratonil»); nombres («fogaril, pretil»).
-ILLO: diminutivo, a veces despectivo («pajarillo, panecillo, cuadrilla»).
IM-: = in- («impropio»).

-IMBRE: nombres (sólo en «urdimbre» y «escurrimbres»).
-IMENTA: V. «-menta».
-IMIENTO: V. «-miento».
IN-: antítesis, imposibilidad («incapaz, increíble»).
IN-: inclusión, introducción («incorporado, inducir»).
-ÍN: agente («andarín, bailarín»); diminutivos («angelín»).
-INA: nombres, propio de («marina»); nombres, acción, actitud, intensidad, repetición, despectivos o jocosos («calorina, regañina, cachetina, pamplina, rutina, degollina, sarracina»).
-INCHO: V. «-nch-».
-INCO: V. «-nco».
-ÍNEO: V. «-neo».
-INO, -A: nombres, naturaleza («argentino»).
INTER-: entre («interlocución, interponer»).
INTRA-: dentro («intradós»).
INTRO-: hacia dentro («introducir, introversión»).
-IÑO: diminutivo («corpiño»).
-IÑO: variante semántica del nombre primitivo («campiña»).
-IO (átono): nombres y adjetivos («congrio, rabia, patio, radio, solio, uranio»); nombres, naturaleza («canario, cario, jonio»).
-ÍO: nombres aptitud («labrantío»); nombres conjunto («averío, caserío, gentío»); nombres cualidad («señorío»); adjetivos («bravío, sombrío, tardío»).
-IÓN: acción, actitud, efecto, estado, relación («rebelión, disposición, desfiguración, postración, sucesión»).
-IONDO: V. «-ndo».
IR-: = in- («irregular»).
-IR: V. «-r».
-IRRIA: V. «-rr-».
-ISA: = -esa («poetisa, sacerdotisa»).
-ISCO: V. «-sco».
-ISMO: actividad («ciclismo»); adhesión («liberalismo, aislacionismo»); cualidad («abstencionismo»).
-ISTA: adicto («carlista, autonomista, aislacionista»); agente, empleo, profesión («ciclista, humanista, oficinista, ebanista»).
-ÍSTICO: adjetivos («humanístico, propagandístico»).
-ISTRAJO: = -ajo («comistrajo»).
-ITA: naturaleza («israelita, moscovita»).
-ITÍN: = -ito, -ín («chiquitín»).
-ITIS: inflamación («flebitis»).
-ITIVO: V. «-tivo».
-ITO (de uso acomodaticio): diminutivo («casita, bajito, solito»).
-ITORIO: V. «-torio».
-ITUD: V. «-tud».
-IVA: facultad («estimativa, inventiva»).
-IVO: adjetivos («abusivo, pasivo»).
-IZ: agente («aprendiz, -a; actriz, motriz»).
-IZA: lugar («caballeriza, pedriza»).
-IZAL (= -al): lugar («barrizal, cardizal»).
-IZAR (= -ejar): verbos («patentizar»).
-IZO: adjetivos; acción convertida en cualidad, fácil o susceptible de («saledizo, caedizo, robadizo»); adjetivos aproximación, atenuación («rojizo, enfermizo»); hecho de, con («cañizo, paliza»); lugar («caballeriza, cobertizo, pasadizo»).
-J-: adjetivos, nombres, verbos despectivos («espantajo, pingajo; caballejo, candilejas; enredijo, manojo, revoltijo, tapujo; arrebujar, apretujar, entrapajar». V. «-sco».
-JAR: verbos, generalmente despectivos («sobajar, apretujar, arrebujar, cortejar, batojar, tapujar»).
-LENTO O -LIENTO: adjetivos («fraudulento, somnoliento»).
-MBRE: acumulación, conjunto («corambre, fiambre, herrumbre, pelambre, podredumbre, techumbre»).
-MENTA: conjunto («cornamenta, impedimenta»).
-MENTE (de uso acomodaticio): adverbios de modo («locamente»).
-MENTO: acción, efecto («acampamento, incremento, sedimento»).
META-: cambio («metástasis»); después, más allá («metafísica»).
-MIENTO: acción, efecto, estado («alistamiento, corrimiento, apagamiento, estancamiento»).
-NCA: nombres colectivos («binca, trinca»).
-NCH-: despectivo («corpancho, rechoncho, cardencha, currinche»).
-NCHÍN: nombres agente, despectivos («parlanchín»).
-NCIA: acción, actitud, cualidad, empleo o dignidad, estado («afluencia, tolerancia, prudencia, presidencia, indigencia»).
-NCO: adjetivos, despectivos («burranco, cojitranco, mestenco, mostrenco, zopenco»); en «ibicenco», de nombre de naturaleza.
-NCÓN: adjetivos despectivos («vejancón»).
-NDERO: agente («barrendero, lavandera»); capaz de realizar la acción («volandero»).
-NDO: adjetivos («hediondo, oronda»); nombres despectivos («cuchipanda, parranda, zarabanda, componenda»); nombres, que ha de ser («examinando, propaganda, reverendo, agenda»).
-NEO (átono): adjetivos («apolíneo, pedáneo, sanguíneo»).
-NGO: despectivos («bullanga, morrongo»).
-NTE: nombres y adjetivos verbales de actor («parlante, negociante, corriente»).
-ÑO (= -neo): adjetivos, aspecto de, hecho con, naturaleza («paredaño, abrileño, barreño, cereño»).
-O: nombres verbales («acarreo, franqueo, retiro»); nombres-adjetivos de naturaleza («sueco»).
OB-: verbos, por («obcecar, obtener»).
OCHE: V. «-ch-».
-OIDE: forma («geoide»).
-OJAR: V. «-jar».
-OJO: V. «-j-».
-OL: nombres («facistol, farol»); a veces de origen no castellano («estoperol, banderola»); nombres de naturaleza («español, mogol»).
-OLO (átono): = -ol («cabríolo, lancéola»).
-OLENTO u –OLIENTO: V. «-lento» o «-liento».
OMN-: todo («omnívoro»).
-ÓN: nombres de acción brusca y rápida («apretón, bajón, empujón»); (raro): nombres de utensilio («podón»); adjetivos y nombres aumentativos despectivos («caserón, pepona»). Generalmente se adjunta a otro sufijo («bonachón, frescotona, grandullón, guapetón, mozancón, santurrón, vejancón»); nombres despectivos de gente («guasón, tragona»).
-ONCHO: V. «-nch-».
-ONDO: V. «-ndo».
-ONGO: V. «-ngo».
-OR: nombres de agente, empleo, profesión («actor, cobrador, flexor, pastora, tractor»); nombres de acción, cualidad, efecto, estado («amargor, espesor, frescor; temblor, sopor»).
-ORIA: nombres («divisoria, ejecutoria, trayectoria»).
-ORÍA: V. «-ría».
-ORIO: adjetivos («mortuorio, transitorio»); generalmente de aplicación («absolutorio, cobratorio, probatorio»). V. «-rio».
-ORRIO: V. «-rr-».
-ORRO, -A: V. «-rr-».
-OSIS: enfermedad crónica («neurosis, cirrosis»).
-OSO: adjetivos de aspecto, cualidad, estado, semejanza («gelatinoso, lechoso, verdoso, sudoroso, orgulloso»); a veces se combina con otros («quejicoso»).

-Ote: aumentativo despectivo («brutote, grandote»); a veces, afectuoso («infelizote, noblote»); a veces, diminutivo («camarote, islote»).
-Otear: verbos despectivos («gimotear»).
Per-: intensificación («perdurar»); desviación peyorativa («perjudicar, pervertir»).
Poster-: después («posterior»).
Pre-: antes («predecir, prever»).
Preter-: más allá («preternatural»).
Pro-: hacia delante («prognato, progresar»); (= pre-): antes («profetizar»); sustitución («pronombre»).
Proto-: primero, superioridad («protocolo, protomártir, protonotario»).
-R: final, precedido de «a, e» o «i», del infinitivo de los verbos («amar, torear, paliar, temer, partir»).
Re- (= requete-, rete-): insistencia, intensificación, inversión («recalcar, reunir, retroceder, repetición, repasar»).
-Reda: V. «-areda».
Requete- (= re-): intensificación («requetepreciosa»).
Res-: atenuación («resquebrajar, resquemar»).
Rete- (= re-): intensificación («retebueno»).
Retro-: hacia atrás, inversión («retrógrado, retrovender»).
-Ría: abundancia, conjunto («gritería, sillería, chiquillería»); nombres de acción, efecto, cualidad, empleo, lugar («tontería, galantería, freiduría, secretaría, conserjería»).
-Rio: nombres, adjetivos despectivos («vejestorio, papelorio, estrafalario, perdulario»). V. «-orio»; y «-rr-».
-Rr-: nombres y adjetivos despectivos («birria, cacharro, ceporro, fanfarria, mamandurria, mamarracho, moharracho, bodorrio, murria, pequeñarro, purrela, purria, purriela, soñarra, toparra, villorrio»); a veces, combinado con «-aco» u «-ón» («viejarrón, pajarraco, tiparraco»).
-Rse: infinitivo pronominal de los verbos («marcharse, tenderse, salirse»).
-Sco: nombres, adjetivos, de, propio de, semejanza («pedrisco, marisco, chulesco»); nombres, adjetivos despectivos («hojarasca, pedrusco, dueñesco, libresco»).
Sim-: = sin- («simpatía»).
Sin-: simultaneidad, unión («sincretismo, sintonizar»).
-Sión: = -ción («pasión, comprensión, visión»).
So- [sor-, sos-]: debajo («sofaldar, sojuzgar, sorprender, sostener»).
Sobre-: sobre («sobreponer, sobrellevar»).
Sor-: V. «so-».
Sos-: V. «so-».
Sota-: debajo («sotabanco, sotabarba, sotaministro»).
Soto-: = sota- («sotoministro»).
-Str-: despectivo («camastro, madrastra, pollastre»).
Su-: = sub- («sufrir, sumisión, suponer»).
Sub-: debajo («subconsciente, subíndice»).
Supr-: encima, exceso, más allá («superior, supervivencia, suprarrenal, suprasensible»).
Sus-: = su- («sustentar»).
-Ta (átono, raro): nombres («demócrata, políglota»).
-Tad (= -dad): nombres cualidad, facultad, situación («deslealtad, voluntad, enemistad»).
-Tario: V. «-atario».
-Ticio: capaz de, susceptible de («alimenticio, acomodaticio»); hecho con la acción expresada por el verbo («colecticio»).
-Tico (átono): adjetivos cualidad, estado («herético, reumático»).
-Tivo: apto para, constitutivo de, destinado a, susceptible de («paliativo, delictivo, punitivo, adjetivo»).
-To: despectivo («mojigato, cañuto»).
-Tor (= -dor): agente («coadjutor, factor, lector»).
-Torio (= -dero): adjetivos, capaz de, constitutivo de, relacionado con, util[izado] para («rotatorio, meritorio, aleatorio, amatorio, escritorio»); nombres acción («velatorio»); conjunto («repertorio»); lugar («ambulatorio, locutorio»).
Tra-, trans-, tras-: paso («tradición, transportar, trasladar»).
Tr...c [q]: (v. «t...c»).
-Triz: agente, profesión, femeninos («motriz, generatriz, actriz, fregatriz»).
-Tud («-itud»): nombres de actitud, cualidad, estado («gratitud, juventud, senectud»).
-Turo: nombres («colegiatura, escritura»).
-Uar, -ucar: verbos («redituar, acurrucar»).
-Ucho: V. «-ch-».
-Ucio: V. «-cio».
-Uco: diminutivos, despectivos («almendruco, casuca»).
-Udo: adjetivos, abundante en («barrigudo, bigotudo, personudo»).
-Uelo: diminutivos («bestezuela, picaruelo»).
-Ugio: = -ujo («artilugio»).
-Ujar, -ujo: V. «-j-».
-Ullar: verbos («barbullar, mascullar»).
-Ulento: V. «-lento».
Ultra- (de uso acomodaticio): más allá, muy («ultramarino, ultrafamoso»).
-Umbre: V. «-mbre».
-Uncho: V. «-nch-».
-Uno: adjetivos, aspecto, propio de, clase de animales («cerduno, lacayuno; boyuno, vacuno»).
-Uoso: = -oso («untuoso»).
-Ura: acción, efecto, cualidad, estado, desperdicios o restos («coladura, añadidura, blandura, raeduras»).
-Uría: V. «-ría».
-Urr-, -urría: V. «-rr-».
-Uscar: verbo despectivo («apañuscar»).
-Usco: V. «-sco».
-Uto: despectivo («cañuto, langaruto»).
-Uzco: (= -usco) («blancuzco»).
-Uzo: despectivo («gentuza»).
Vers-: hacia («introversión, retroversión»).
Vice-: suplente («vicesecretario»).
Yuxta-: junto a («yuxtalineal, yuxtaponer»).
-Zón: = -ción («arribazón, cargazón»). V. «t...c».

Raíces cultas

Acesc-: V. «acet-».
Acet-: vinagre («acetificar»).
Acic-: aguja («acicular»).
Acr-: altura («acrofobia»); punta, extremo («acromegalia»).
-Adelf-: hermano («diadelfo»).
Aden-: ganglio, glándula («adenitis, adenopatía»).
Agam-: sin sexo («ágamo»).
Algi-: dolor («otalgia»).
Alo-: otro («alopatía, alotropía, alotrópico»).
Alv-: vientre («alvino»).
Amigdal-: almendra («amigdaláceo»).
Amil-: almidón («amiláceo»).
Amni-: río («amnícola»).
Ampel-: vid («ampelidáceo»).
An- [en-]: año («anual, anata, aniversario»).
Andr-: hombre («poliandria»).
Anemo-: viento («anemómetro»).
Anfi-: ambos («anfibio»).
Angio-: vena («angioma»).
Angl-: inglés («anglófilo»).
Angui-: serpiente («anguiforme»).
Anim-: alma («animal»).
Anis-: desigualdad («anisótropo»).
Ant-: flor («periantio»).
Antrac-: carbón («antracosis»).
Antrop-: hombre («antropología»).

APIC-: abeja («apícola, apicultor, apicultura»).
ARACN-: araña («aracnoides»).
ARC-: V. «arqu-».
ARGENT-: plata («argentífero»).
ARISTO-: mejor («aristocracia»); excelente («aristoloquia»).
ARQU- [o ARC-]: gobierno («monarquía, arquisinagogo, arquitecto»).
ARQUEO-: antiguo («arqueología»).
ART-: pan («artófago»).
ARTR-: articulación («artritismo»).
ARUND-: caña («arundíneo»).
ARV-: campo («arvense»).
AST-: ciudad, urbanidad («asteísmo»).
ATR-: negro («atrabiliario, atrípedo, atrirrostro»).
AUTO-: por [de] sí mismo («automóvil, autonomía»).
AUX-: crecimiento («auxología»).
BACIL-: báculo («bacilo, bacilar»).
BAR-: peso («baricentro, barómetro»).
BAT-: profundidad («batimetría, batimétrico, batómetro»).
BELI-: guerra («bélico»).
BENC- [o BENZ-]: benjuí («benceno, benzol»).
BENTO-: fondo o profundidad («béntico, bentos»).
BENZ-: V. «benc-».
B...F (f...f, p...f): grupo imitativo, soplar, hinchado («bofe, bofetada, bufanda, bufar, bufo; fofo; piff...»).
BI-: dos o dos veces («bimano, bisanual»).
BIBLIO-: libro («bibliómano»).
BIO-: vida («microbio, biología»).
BIS-: V. «bi-».
BLEFAR-: párpado («blefaritis»).
BLEN-: moco («blenorrea»).
BOV- [o BOY-]: buey («bovino, boyal»).
BRADI-: lento («bradicardia»).
BRAQU-: brazo («braquial, braquiocefálico»).
BRAQUI-: corto («braquicéfalo, braquícero»).
BRIO-: musgo («briofita, briozoo»).
CAL- [o CALI-]: belleza («caligrafía, calistenia»).
CAP- [CAPIL-, CIP-]: cabeza («capital, capilar, príncipe»).
CAPN-: humo («capnomancia»).
CAPR-: cabra («capricante»).
CARCIN-: cáncer («carcinógeno, carcinología, carcinoma»).
CARDI-: corazón («cardiopatía, carditis»).
CARIO-: núcleo, nuez o hueso de las frutas («acario, cariocarpo»).
CARP-: fruto, puño, muñeca («endocarpio, metacarpo»).
CATA-: hacia abajo («cataplasma»).
CATEN-: cadena («catenaria, concatenación»).
CATOPTR-: espejo («catóptrica, catoptromancia»).
CAUD-: cola («caudatario»).
CAUL-: tallo («multicaule»).
CAUST-: quemar («cáustico»).
CEFAL-: cabeza («cefalalgia, macrocéfalo»).
CEL-: cavidad («celentéreo, celíaco»).
-CELE: tumor («sarcocele»).
CELEUST-: mandar («celéustica»).
CEN-: nuevo («oligoceno, pleistoceno»).
CER- [CERAT-, QUERAT-]: cuerno («ceratoideo»).
CET-: ballena («cetina, cetáceo»).
CIAN-: azul («antocianina, cianofícea»).
CIBA-: alimento («cibal»).
CICL-: círculo, rueda («cíclico, biciclo»).
-CID- [-CIS-]: cortar, matar («conciso, incisión, occidente, occiso, regicida, tiranicidio»).
CIL-: ceja («superciliar»).
CINAM-: canela («cinámico»).
CINE-: movimiento («cinemática, cariocinesis»).
CINER-: ceniza («cinerario»).
CIN-: perro («cínico»).
CIP-: V. «cap-».
CIRCUM- [o CIRCUN-]: alrededor («circumpolar, circunvalación»).
CIS-: del lado de acá («cismontano»). V. «-cid-».
CIST-: vejiga («colecistitis»).
CIT-: célula («citoplasma, leucocito»).
CITRA-: del lado de acá («citramontano»).
CIV-: ciudad («cívico, civismo»).
CLA- [CLADO-, CLAST-]: romper, rama, tallo («cladócero, cladodio, clástico, panclastita»).
CLEID-: clavícula («acleido»).
COCL-: caracol, concha, cuchara («cóclea, coclearia»).
CLU- [o CLUS-]: encerrar («concluir, excluir, incluir, ocluir, recluir, exclusivista»).
-COL-: cultivo («oleícola»).
-COLA: habitante («cavernícola»).
COLOMB- [o COLUMB-]: paloma («colombófilo, columbino»).
COLP-: vagina («colporragia»).
CONDR-: cartílago («condritis, condrografía»).
CONQUI- [o CONQUIL-]: concha («conquiliología»).
COPR-: excrementos («coprófago, coprolito»).
COSMO-: mundo («microcosmos»).
-CRACIA: gobierno («tecnocracia»).
CREMATIS-: negocio («crematística»).
-CRIMO: frío («hemacrimo»).
CRIN-: separar, segregar («crinología»).
CRIPT-: oculto («criptografía»).
CRISO-: oro («crisopeya»).
CROC-: azafrán («crocino»).
CROM- [o CROMAT-]: color («cromo, policromo, cromatografía»).
CRON-: tiempo («cronometría»).
CUADR-: cuatro («cuadrienal»).
CUB- (= cumb-): echarse sobre («incubar, incumbir, súcubo»).
-CULTOR: agricultor, criador («viticultor»).
-CULTURA: agricultura, cría («silvicultura»).
DACR-: lágrima («dacriocistitis»).
-DACTIL-: dedo («dactilografía, pterodáctilo»).
DAFN-: laurel («rododafne»).
DASO-: bosque («dasonomía»).
DEC-: diez («decalitro, decimal»).
DEI-: Dios («deicida»).
DEMO-: pueblo («democracia»).
DENDR-: árbol («dendrita»).
DERM- [o DERMAT-]: piel («epidermis, dermatología»).
DESIDER-: deseo («desiderativo»).
DEUT-: segundo («deuterio»).
DEXIO-: derecho («dexiocardia»).
DEXTR-: derecho («dextrina, ambidextro»).
DIGIT-: dedo («digitación»).
DINAM-: fuerza («dinamita»).
DIPS-: sed («dipsacáceo, dipsomanía»).
DIV.: dios («divino»).
DO-: dar («antídoto, dosimetría, dosis»).
DOCIMAS-: examen, prueba («docimasia»).
DODECA-: doce («dodecaedro»).
DOM-: casa («domesticar, doméstico, domicilio»).
DOX-: doctrina («heterodoxia, ortodoxo»).
-DROMO: lugar de carreras («canódromo, velódromo»).
DROS-: rocío («drosera, drosómetro»).
DU-: dos («dual»).
-DUL-: servicio («dulía, dulosis»).
EBULL-: hervir («ebullición, ebullómetro»).
ECO-: casa («ecología»).
ECO- (forma prefija de «eco»): imitación («ecolalia, ecopraxia»).
ECT-: exterior, fuera de su sitio («ectodermo, ectópago»).
EDAF-: suelo («edafología»).
-EDRO: cara («poliedro»).
EGO-: yo («egocéntrico, egoísta, ególatra»).

ELAIO- [o ELEO]: aceite («elaiotecnia, eleómetro»).
ELI-: = heli- («afelio»).
ELMIN-: V. «helmin-».
EM-: = hem- («hiperemia»).
EMES- [EMET-, EMIS-]: vómito («emético, antiemético»).
EMIS-: V. «emes-».
-EN-: = an- («bienio, cuadrienal, decemnovenal»).
ENDECA-: once («endecasílabo»).
ENEA-: nueve («eneágono»).
ENO-: = oeno- («enología»).
ENTER-: intestino («enterocolitis»).
ENTOM-: insecto («entomólogo»).
EO-: aurora, principio («eoceno»).
EPISCOP-: obispo («episcopal»).
EQU-: caballo («équido, équite, equitación»).
EQUINO-: erizo («equinodermo»).
ERIO-: lana («eriotecnia»).
ERITR-: rojo («eritrofobia»).
ESCAF-: V. «scaf-».
ESCAT-: excrementos («escatología»).
ESCI-: V. «sci-».
ESCLER-: duro («esclerótica»).
ESCUT-: escudo («escutiforme»).
ESFENO-: cuña («esfenoides»).
ESPEL-: cueva («espeleología»).
ESPLACN-: víscera («esplacnografía, esplacnología»).
ESPLEN-: bazo («esplenitis»).
EST-: calor («estío, estival, estuoso»).
FA-: V. «fem-».
FAG-: comer («antófago»).
FALC-: hoz («falcirrostro»).
FANERO-: visible («fanerógama»).
FEBR-: fiebre («febril»).
FEM- [o FA-]: hablar («afemia, eufemismo, fasto, fatuo, nefando, nefario»).
FEM...N: mujer («femenino, feminismo»).
FER-: llevar, traer («aferente»).
FERR-: hierro («aferrar»).
F...F V. B...F.
FI- (FIS-, FIT-, FITO-): crecimiento, vegetación («apófisis, física, fitología, neófito, talofita»).
FIL-: afición, partidario, tendencia («filomela, cervantófilo, hemofilia»).
FIM-: tubérculo («fimatosis, fimosis»).
FLABEL-: abanico («flabeliforme»).
FLEB-: llanto («flébil»); vena («flebotomía»).
FON-: sonido («micrófono»).
FOREST-: bosque («forestal»).
FOTO-: luz («fotofobia»).
FRAT...R-: hermano («fraternidad, fratricida»).
FREN-: inteligencia («oligofrénico»).
FRONT-: frente («bifronte»).
FUN-: cuerda («funámbulo, funicular»).
FUR- [o HUR-]: ladrón, furtivo («furgón, furtivo, furúnculo»).
FURFUR-: salvado («furfuráceo»).
GAMO-: unión, unión sexual («gamosépala, gameto»).
GE-: tierra («hipogeo»).
GEN-: engendrar («generación, embriogenia, orogenia»).
GIMN-: desnudo («gimnosperma»).
GIN-: mujer («andrógino»).
GINGIV-: encía («gingivitis»).
GLUC-: dulce («glucosa, glucosuria»).
GNOS-: conocimiento («agnosia, gnóstico»).
GON-: ángulo («goniómetro, polígono»).
GONO- (del mismo origen que «gen-»): semen («gonorrea»).
GRAF- [o GRAM-]: escritura («criptográfico, anagrama»).
HAL-: sal («halógeno»).
HAPLO-: sencillo, simple («haplología»).
HEBDOM-: siete («hebdómada, hebdomadario»).
HECT-: ciento («hectógrafo, hectogramo»).
HELI-: sol («helioterapia, parhelio»).
HELMIN-: gusano («helmintiasis, helmintología»).
HEM-: medio («hemiplejía»); sangre («hemorragia»).
HEMER-: día («hemeroteca, efímero»).
HEPAT-: hígado («hepatitis»).
HEPT-: siete («heptacordo»).
HER-: unión («adherir, coherente, incoherente, inherente»).
HETER-: distinto («heterogéneo»).
HEXA-: seis («hexágono»).
HIDR-: agua («anhidro»).
HIER- [o JER-]: sagrado, secreto («hierático, hierofante, jerarca, jeroglífico»).
HIL-: materia («hilomorfismo»).
HIPN-: sueño («hipnótico»).
HODO-: V. «ODO-».
HOLO-: todo («holocausto»).
HOMO- [HOMEO-]: igual, el mismo («homogéneo, homógrafo, homónimo, homeopatía»).
HUR- (= fur-): ladrón, furtivo («hurgar, hurón, huronear, hurto»).
ICONO-: imagen («iconoclasta»).
ICOS-: veinte («icosaedro»).
ICT-: pez («ictiófago»).
ICTER-: amarillo («ictericia»).
IDIO-: peculiar, propio («idioma, idiota, idiosincrasia, idiotismo»).
IGN-: fuego («ígneo»).
IMBR-: teja («imbricado»).
INTEL-: entender («inteligencia»).
IREN-: paz («irenarca»).
IRRIS-: risa («irrisión»).
ISO-: igual («isobara, isópodo, anisodonte, anisopétala»).
JEC- [JET-, YEC-, YET-]: arrojar («interjección, objetar, inyección, proyectil»).
JU- [JUD-, JUR-, JUS-, JUZ-]: derecho («juez, judicial, jurídico, justicia, juzgar»).
KILO-: mil («kilogramo»).
LACRIM-: lágrima («lacrimación»).
LATER-: lado («equilátero»).
LE- [LEC-, LEG-]: coger, elegir («aleccionar, elector, electuario, elegir, inteligencia, lector, selección, selecto; ecléctico, égloga»).
LEP-: pelar («lepidio, lepidóptero, lepisma, lepra, leptorrino»).
LEPS- [o LEPT-]: coger («analepsia, epanalepsis, epilepsia, epiléptico, prolepsis, silepsis»).
LEPT-: delgado («leptorrino»). V. «leps-».
LES-: daño («lesión, ileso»).
LEUC-: blanco («leucocito»).
LIC-: lobo («licantropía»).
LIGN-: madera («lignito»).
LIP-: grasa («lipoma»); tristeza (lipemanía»).
LIT-: piedra («coprolito»).
LOC-: lugar («dislocación»).
LOG-: palabra («logomaquia, perisología»); tratado («hidrología»).
-LOGO (átono): tratadista («musicólogo»).
LUMB-: lomo, riñones («lumbago»).
LUMIN-: luz («iluminar»).
LUP-: lobo («lupia, lupino»).
MAL-: manzana («málico, malgranada»). V. «mel-».
MAN-: permanecer («inmanencia, manido, manso»).
-MANCIA [o -MANCÍA]: adivinación («quiromancia, onicomancia»).
MAT...R-: madre («materno, matriarcado, matrona»).
MATIN-: mañana («matinal»).
MEGA-: grande («megalomanía, megaterio»).
MEL- (gr.) manzana («melapia, melolonta, melón»); v. «mal-».

MELAN-: negro («melanosis»).
MEN-: mes («amenorrea, emenagogo, menologio, menopausia»).
MERCANT-: comercio («mercantil»).
MI-: músculo («mialgia, miodinia»).
MICE-: hongo («micelio»).
MICRO-: pequeño («microcéfalo»); millonésima parte («micrón»).
MIEL-: médula («mielitis»).
MILI-: milésima parte («milímetro»).
MIRIA-: diez mil («miriámetro»).
MIT-: hilo («polímita»).
MIX-: moco («mixedema, mixomiceto»).
MN-: mente («amnistía, mnemónica, mnemotecnia»).
MONIT-: amonestar («mónita, monitor, premonitorio»).
MONO-: uno solo («monocotiledónea»).
MORF-: forma («polimorfo»).
MORT-: muerte («mortal»).
MULT-: muchos, varios («múltiple»).
NECRO-: muerte, muerto («necrópolis»).
NEFEL-: nube («nefelismo»).
NEFR-: riñón («nefrítico»).
NEMAT-: hilo («nematelminto, nematodo»).
NEMO-: bosque («nemoroso»).
NEO-: nuevo («neologismo»).
NEUM- [PNE-, PNEUM-]: aire, respirar («neumático, neumonía [pneu-], neumococo [pneu-], apnea»).
NOCT-: noche («nocturno»).
NOMIN-: nombre («nominal, denominar, pronominal»).
NOSO-: enfermedad («nosocomio, nosogenia, nosografía»).
NOV-: nueve («novecientos»).
NU-: afirmar con la cabeza («anuencia, numen, nutual»).
NUB-: matrimonio («núbil, bínubo»).
OCL-: gente, multitud («oclocracia»).
OCT-: ocho («octogonal»).
OD-: canto («melodía»).
ODIN-: dolor («miodinia»).
ODO- [u HODO-]: camino, viaje («odómetro»).
OENO- (= eno-): vino («oenoteráceo»).
OFI-: serpiente («ofidio, ofiolatría»).
OFTALM-: ojo («oftálmico, oftalmología»).
OL-: aceite («oleico»); crecer («adolecer, adolescente, adulto, índole, prole»).
-OMA: tumor («fibroma»).
OMN-: todo («omnívoro»).
ON-: = oner- («onusto»); = oeno- («onagra»).
ONER-: peso («oneroso»).
ONFAC-: agraz («onfacomeli»).
ONFAL-: ombligo («onfalópago»).
ONIC-: uña («onicomancia»).
ONIM-: = onom- («homónimo, heterónimo, sinónimo»).
ONIR-: sueño («onírico, oniromancia»).
ONOM- (= onim-): nombre («antonomasia, onomatopeya»).
ONTO-: ser («ontología»).
OO-: huevo («oosfera»).
OP- = ops-: riqueza («copia, inopia, opulencia»);
OPL-: arma («anopluro, oploteca, panoplia»).
OPO-: savia («opoterapia»).
OPS- (= op-): ojo, vista, aspecto («miope, autopsia, heterópsido»).
OR-: boca («oral»).
ORNIT-: ave («ornitología»).
ORQU-: testículo («orquídea»).
ORTO-: correcto, recto («ortografía, ortogonal»).
OT-: oído («otalgia»).
PAIDO- (= ped-): niño («paidología»).
PALEO-: antiguo («paleografía»).
PAN-: todo («panacea»).
PARA-: al lado de («paráfrasis, paralelo, parámetro»).
PATO-: padecer («patología»).
PAUPER-: pobre («depauperar»).
PECT-: pecho («pectoral»).
PECTIN-: peine («pectiniforme»).
PED-: niño («pedagogía»).
PEDR-: piedra («apedrear»).
PEPS- [O PEPT-]: digerir («dispepsia, dispéptico»).
PERI-: alrededor, vuelta, cerca («periferia, perífrasis, perigeo»).
PENT-: cinco («pentámetro»).
PETR-: piedra («pétreo»).
P...F: V. «B...F».
PICN-: compacto, espeso, denso («picnemia, picnómetro»).
PIEZ-: presión («piezómetro»).
PIR-: fuego («apirético, pirosis»).
PISC-: pez («piscicultura»).
PLE: abundancia, sobreabundancia, multitud («pleistoceno, pleófago, pleonasmo»).
PLEJ- [O PLEX-]: golpear, herir («apoplejía, cataplexia»).
PLIO-: más («plioceno»).
PLUR-: varios («plural, plurivalente»).
PNE- [PNEUM-, NEUM-]: aire, soplar, respirar («apnea, pneumonía, pneumotórax»).
POD-: pie («podagra»).
POLI-: varios («poligamia»).
POPUL-: poblar, pueblo («popular, populoso»).
PORQU-: puerco («porquerizo»).
PTIAL-: V. «tial-».
POTAM-: río («hipopótamo»).
PRAX-: práctica, acción («ecopraxia»).
PROCT-: ano («proctalgia»).
PROSOP-: aspecto («prosopopeya»).
PSEUDO- (= seudo-): pretendido («pseudofilósofo»). Es de uso acomodaticio.
PSICO- [O PSIQU-] (= sico-, siqu-): alma («psicoanálisis, psicología, psiquiatría»).
PSITAC-: papagayo («psitácidos»).
PTER-: ala («afaníptero, áptero, neuróptero, quiróptero»).
PTOM-: cadáver («ptomaína»).
PUER-: niño («puericultura»).
PUN-: castigo («impune»).
QUERAT-: = cerat- («queratina»).
QUIRO- (= quir): mano («quiromancia»).
QUIS- [QUIR-, QUER-, CUES-]: buscar («exquisito, pesquisa; adquirir, inquirir; requerir; encuesta»).
-RRAGIA: brote, flujo («hemorragia»).
RE-: corriente, flujo («reófilo»).
REN-: riñón («renal»).
RIN-: nariz («platirrino, rinoceronte»).
ROD-: rosa («rododafne»).
-RREA: brote, flujo («diarrea, leucorrea, seborrea»).
SACAR-: azúcar («sacarina»).
SAPON-: jabón («saponáceo»).
SAPR-: podrido («saprófito»).
SARC-: carne, molla, músculo («sarcófago, sarcocarpio, sarcolema»).
SAX-: piedra («saxátil»).
SCAF-: barco («piróscafo»).
SCI-: sombra («anfiscio»); saber («esciente, consciente»).
SCOP-: ver («caleidoscopio, telescopio»).
SEC-: cortar («disección»).
SEISM-: agitación («seísmo»).
SELEN-: luna («selenógrafo»).
SEMI-: medio («semidiámetro, semidormido»).
SEMIO-: signo («semiótica»).
SEN-: viejo («senil»).
SEPS- [O SEPT-]: podrir («asepsia, septicemia»).
SEPT-: siete («séptimo»).
SER-: seco («serófilo»); tarde («serano, serondo»).
SERO-: suero («seroso»).

SESQUI-: y medio más («sesquiáltero»).
SET-: siete («setena»).
SEUDO- V. «pseudo-»: («seudónimo»).
SEX-: seis («sexteto, sexagonal»).
SEXAG-: sesenta («sexagesimal»).
SIDER-: hierro («siderurgia»); estrella («sideral»).
SIST-: V. «st-» («desistir, existir»).
SOLEN-: canal, tubo («solenoide»).
SOLV- [SOLT-, SOLU-, SUELT-]: desatar, soltar («absolver, disolver, resolver; soltar; soluble; suelto»).
SOMN-: sueño («insomne»).
SPECT- [SPEC-, SPIC-]: mirar («espectáculo, inspección, conspicuo»).
SPERM-: simiente («dispermo, polispermo»).
SPIR-: respirar («aspirar, conspirar»).
SPLEN-: bazo («esplenitis»).
ST- [SIST-, STAT-, STIT-]: estar, colocar («estar, estatuir, estela, hipóstasis, instaurar, instituir»).
STEN-: fuerza («astenia, neurastenia»).
STR-: construir («estructura, instrumento, obstruir»).
STREF-: V. «strof-».
STROF- (propiamente, «stref-»): volver («bustrófedon»).
SULF-: azufre («sulfato, sulfúrico»).
SUR-: pantorrilla («arteria sural»).
SUT-: costura («sutura»).
TAC- [O TAQU-]: rápido («tacómetro, taquicardia»).
TALASO-: mar («talasocracia»).
-TECA: cubierta, protección, depósito («quiroteca, biblioteca»).
TELE-: lejos («telecomunicación»).
TEO-: Dios («ateo, teología»).
TER-: tres («ternario»).
-TERAP-: cuidar («hidroterapia, terapéutica»).
TERM-: calor («térmico»).
TEST-: testigo («detestar, protestar, testículo»).
TETR- (latino): negro («tétrico»); (griego) cuatro («tetrágono»).
TIAL- [O PTIAL-]: saliva («tialina, tialismo»).
-TOC-: parto («tocología, distocia»).
TOPO-: lugar («isótopo, topografía»).
TOM-: cortar («dicotomía»).
TREM-: orificio («monotremas»).
TREPS-, TREPT-: nutrición («atrépsico, atréptico»).
TRES-: orificio («atresia»).
TRI-: tres («triciclo»).
TRIC- [O TRINC-]: enredo («inextricable, intrincado»).
TROC-: rueda («trocoide, trócola»).
TROF-: nutrición («trófico, atrofia»).
TROP-: volver («heliotropo»).
TUR-: incienso («turiferario»).
ULM-: olmo («ulmáceo»).
UND-: onda («undísono, undívago, undoso»).
UNDEC-: once («undécimo, undécuplo»).
UR-: orina («úrico»).
URB-: ciudad («urbano, suburbio»).
URO-: cola («anuro, macruro»).
VERM-: gusano («vermiforme»).
VERT- [O VERS-]: volver («convertir, vértebra, inversión»).
VOR-: comer («devorar»).
XANT-: amarillo («xantoma»).

afiladera (de «afilar») adj. y n. f. V. «PIEDRA afiladera».

afilado, -a 1 Participio adjetivo de «afilar»: 'Nariz afilada. Dedos afilados'. ⊙ *Aplicado a personas, *delgado.* **2** Aplicado a «lengua» o «pluma», *mordaz.
V. «LENGUA afilada, UÑAS afiladas».

afilador, -a 1 n. Persona que tiene por oficio afilar. **2** m. Utensilio para afilar. **3** *Afilón.* **4** (Arg., Ur.; inf.) adj. y n. *Se aplica a la persona muy dada a flirtear.*

afiladura o **afilamiento** f. o m. Acción y efecto de afilar.

afilalápices m. Utensilio que se emplea para afilar la mina de los lápices.

afilar 1 («con»: 'con el cuchillo'; «en»: 'en una piedra') tr. Hacer filo en ↘algo o afinar el que tiene. ⊙ Hacer punta en una ↘cosa o hacer más fina la que ya tiene. ≃ Aguzar, sacar PUNTA. ⊙ prnl. Ponerse afilado. **2** Ponerse delgado o flaco: 'En una semana de enfermedad se le ha afilado la cara'. ≃ Adelgazar. **3** (Bol., Ur.) **Prepararse concienzudamente para realizar una tarea.* **4** (Arg., Par., Ur.) tr. **Cortejar.*

□ CATÁLOGO

Acicalar, *adelgazar, afinar, aguzar, amolar, apuntar, asentar, cabruñar, encabruñar, reseguir, suavizar, vaciar; dar un FILO, sacar FILO, sacar PUNTA. ➤ Afilador, amolador, amolanchín, vaciador. ➤ Afilón, asperón, callón, carborundo, chaira, correa, eslabón, esmeril, esmoladera, mollejón, muela, suavizador, tibe; PIEDRA de afilar. ➤ Carretón. ➤ Colodra, gachapo. ➤ Acerado, afilado, agudo, aguzado, anguloso, buido, desvaído, filoso, filudo, picudo, pinchoso, puntiagudo. ➤ *Arista, contrafilo, corte, *filo, hilo, punta, tajo; FILO rabioso. ➤ Aceros, temple. ➤ Filván, releje. ➤ Desafilar[se], *embotar[se], mellar[se]. ➤ *Abrasivo.

afiliación f. Acción de afiliar[se].

afiliado, -a («a»; raramente «en») Participio adjetivo de afiliar[se]. ⊙ («a»; raramente «en») n. Persona afiliada a una asociación o partido.

afiliar (del sup. lat. «affiliāre»; «a») tr. Hacer a ↘alguien miembro de una asociación o un *partido. También reflex. ⇒ Adherirse, agruparse, *alistarse, asociarse, encuadrarse, entrar, incorporarse, ingresar, inscribirse, hacerse MIEMBRO [O SOCIO]. ➤ Adherido, *adicto, afecto, asociado, correligionario, miembro, *partidario.

□ CONJUG. como «cambiar».

afiligranado, -a 1 Participio adjetivo de «afiligranar». De filigrana o semejante a ella. **2** Menudo y *delicado o detallado, como el trabajo de la filigrana.

afiligranar tr. Adornar una ↘cosa con filigrana. ⊙ *Pulir, *acicalar o *embellecer ↘algo.

áfilo, -a (del gr. «áphyllos») adj. BOT. *Sin *hojas.*

afilón m. *Correa untada de grasa que sirve para suavizar el filo de las herramientas.* ≃ Afilador.

afilosofado, -a adj. *Que adopta actitud de sabio o filósofo.*

afín (del lat. «affīnis», limítrofe, de «finis», límite) **1** («a, de») adj. Se aplica, con relación a una cosa o una persona, a otra que tiene comunes con ella algunos aspectos o caracteres: 'Temperamentos, gustos, tendencias, especies, vegetales, lenguas afines'. ⊙ Se aplica también a las palabras por su significado. ⇒ Afine, *cercano, conexo, congénere, contiguo, pariente, próximo. *Relacionado. *Semejante. **2** n. **Pariente por afinidad.*

afinación f. Acción y efecto de afinar, particularmente en *música.

afinadamente 1 adv. Con afinación. **2** *Delicadamente.*

afinado, -a 1 Participio adjetivo de afinar[se]. **2** Acción de afinar.

afinador, -a 1 adj. y n. Persona que se dedica a afinar instrumentos musicales, particularmente pianos. **2** m. Utensilio o aparato para afinar instrumentos musicales.

afinadura f. *Acción de afinar[se].*

afinamiento m. Acción de afinar.

afinar[1] 1 tr. y prnl. Poner[se] ↘algo fino (*suave). ≃ *Alisar, suavizar. **2** Hacer[se] ↘algo fino o más fino; por ejemplo, la punta de un lápiz. ≃ *Adelgazar. **3** tr. Hacer en una ↘cosa las últimas operaciones de detalle para que quede perfecta. ≃ *Acabar. **4** AGRÁF. *Igualar las ↘tapas de un libro al *encuadernarlo para que sobresalgan igual por todo alrededor.* **5** *Purificar los ↘*metales. **6** Volver fina (educada) a una ↘persona. ≃ *Educar. ⊙ prnl. Hacerse fina o más fina una persona: 'Se ha afinado mucho desde que vino del pueblo'. **7** tr. Llegar en una ↘cosa a la mayor exactitud posible, por ejemplo en un dibujo, en la descripción de algo o en el peso. ≃ *Aquilatar, *precisar. ⇒ Afinar la PUNTERÍA. **8** Poner los ↘instrumentos musicales en el tono justo. ⊙ intr. Cantar o tocar en el tono debido. ⇒ Acordar, concertar, entonar, organizar, templar. ➤ Consonante. ➤ Afinador, diapasón, martillo, templador, tocador. ➤ Tiento. ➤ Punto, temperamento, *tono. ➤ Acorde. ➤ *Desafinar. ➤ *Música.

afinar² (del lat. «ad», a, y «finis», fin; Chi.) tr. *Finalizar.*

afincable (ant.) adj. *Deseado con ahínco.*

afincadamente (ant.) adv. *Con ahínco.*

afincado, -a Participio adjetivo de «afincar[se]».

afincamiento **1** (ant.) m. *Ahínco.* **2** (ant.) *Acto de fuerza con que se *ofende o *perjudica a alguien.* ≃ Violencia. **3** (ant.) *Aflicción o *pena.*

afincar (de «a-²» y «fincar») **1** intr. y prnl. *Adquirir fincas en un sitio. ⊙ Por extensión, arraigar, *establecerse, radicarse, echar raíces; ponerse a vivir en un sitio de manera estable, creándose en él motivos de permanencia. **2** (ant.) *Ahincar.*

afinco (ant.) m. **Afán.* ≃ Ahínco.

afine adj. *Afín.*

afinidad (del lat. «affinĭtas, -ātis») **1** f. Cualidad de afín. ⊙ *Relación entre cosas afines. ⊙ Semejanza, especialmente por parentesco. **2** Parentesco entre una persona y los parientes de su cónyuge. ⊙ Se aplica en derecho al impedimento *matrimonial que deriva de ese parentesco. **3** FÍS., QUÍM. Fuerza que une los *átomos para formar las *moléculas.

afino m. *Afinación de los metales.*

afirmación f. Acción y efecto de afirmar. ⊙ Palabras con que se afirma.

afirmado, -a **1** Participio de afirmar[se]. **2** m. *Firme de carretera.*

afirmamiento **1** (ant.) m. *Afirmación.* **2** (Ar.) *Contrato o ajuste de un criado.*

afirmar (del lat. «affirmāre») **1** tr. Hacer que una ↘cosa quede firme (bien apoyada). ≃ Asentar. ⇒ *Apoyar, *asegurar, *reforzar. ⊙ prnl. Quedar firme una cosa. ≃ Asentarse. ⊙ Apoyarse y sujetarse bien para no caerse: 'Afirmarse en los estribos'. **2** tr. Decir que sí o decir que una ↘cosa es verdad: 'Yo no afirmo ni niego'. ≃ Asentir. ⊙ *Decir ↘algo dándolo como cierto: 'Afirma que ha visto un platillo volante'. Se emplea el mismo verbo para realizar la acción que expresa: 'Afirmo que es así'. ⊙ prnl. *Confirmar algo dicho o declarado anteriormente. **3** *Asegurarse: adquirir más seguridad en cierta creencia. **4** (Ar.) *Contratar o ajustar a una ↘persona para un trabajo o servicio, generalmente por un año.* ≃ Firmar. **5** (ant., Ar.) intr. **Habitar o residir en un sitio.*

☐ CATÁLOGO

*Asegurar, asentar, aseverar, *atestiguar, certificar, confirmar, *decir, dogmatizar, garantizar, hacer HINCAPIÉ, inculcarse, *insistir, mantener, prometer, protestar de, segurar, sostener, sustentar. ➤ Afirmación, afirmativa, aserción, aserto, aseveración, juramento, tesis. ➤ Contraprincipio. ➤ Absoluta, categórica, gratuita, rotunda. ➤ Cabalmente, sí por CIERTO, por de contado, convéncete [convenceos, etc.] de que...; no CREAS [crea, etc.]; lo dicho, dicho; ni que DECIR tiene que..., no hay que DECIR que..., te DIGO [os digo, etc.] que, no DEJA de, por descontado, desengáñate [desengañaos, etc.] de que..., como que ahora es de DÍA, bien sabe DIOS que, como hay DIOS, que venga DIOS y lo vea, no hay DUDA de que, no te... [la menor] DUDA de que, no DUDES que, en efecto, evidentemente, a FE mía, por mi FE, de fijo, ¡guala!, te JURO que, justamente, como me LLAMO..., desde LUEGO, NO que no, no OTRO que, seguramente, con seguridad, ¡pues [que] sí SEÑOR!, como el SOL que nos alumbra, por supuesto, ciertos son los TOROS, a la [o en] VERDAD. ➤ *Asentir. *decir.

☐ FORMAS DE EXPRESIÓN

La expresión usual para afirmar en frases de respuesta es «sí» (V. «respuesta»); a veces se completa con la repetición del verbo de la pregunta: '¿Lo has visto tú mismo? —Sí, lo he visto'; también se afirma con sólo la repetición del verbo: 'Lo he visto'. Las mismas formas se emplean en una respuesta indirecta o un relato: 'Le pregunté si llevaba las llaves, y me dijo que sí [que sí las llevaba, que las llevaba]'.

afirmativa f. *Proposición, opinión o respuesta afirmativa.*

afirmativamente adv. Con afirmación: 'Respondió afirmativamente'.

afirmativo, -a (del lat. «affirmatīvus») adj. Que incluye afirmación. ⇒ Positivo.

afistolar (ant.) tr. y prnl. *Afistular[se].*

afistular tr. y prnl. *Convertir[se] una llaga en fístula.*

afiuciar (del lat. «fiduciāre», avalar; ant.) tr. *Garantizar.*

aflacar (de «a-²» y «flaco») **1** (ant.) tr. *Enflaquecer.* **2** (ant.) intr. **Flaquear.*

aflamar (de «a-²» y «flama»; ant.) tr. *Inflamar.*

aflaquecer (ant.) tr. y prnl. *Enflaquecer.*

aflato (del lat. «afflātus») **1** m. **Soplo.* **2** **Viento.* **3** **Inspiración.*

aflautado, -a adj. De sonido semejante al de la flauta: 'Voz aflautada'.

aflechado, -a adj. De forma de *flecha.

aflechate (ant.) m. MAR. *Flechaste (cuerda escalón).*

afletamiento (ant.) m. *Flete.*

afletar (ant.) tr. *Fletar.*

aflicción (del lat. «afflictĭo, -ōnis») f. Estado de afligido.

aflictivo, -a adj. *Se aplica a lo que aflige.* V. «PENA aflictiva».

aflicto, -a (del lat. «afflictus»; ant.) adj. *Afligido.*

afligible (de «afligir»; ant.) adj. *Aflictivo.*

afligidamente adv. Con aflicción.

afligido, -a adj. Apenado, triste.

afligimiento (ant.) m. *Aflicción.*

afligir (del lat. «affligĕre», golpear) **1** («con») tr. Causar a ↘alguien una molestia o padecimiento físico. ⊙ («con») Imponer a ↘alguien una cosa que le causa sufrimiento o molestia. **2** *Apenar[se] profundamente. ≃ *Atormentar. ⇒ Acongojar[se], apenar[se], compungir[se], desconsolar[se], deshacerse en LÁGRIMAS [O LLANTO], hacer LLORAR. ➤ Aflicción, afligimiento, amargura, congoja, desconsuelo, *pena. ➤ Acongojado, aflicto, afligido, desconsolado, inconsolable, deshecho en LÁGRIMAS [O LLANTO], hecho un MAR de lágrimas.

aflojamiento m. Acción y efecto de aflojar.

aflojar **1** tr. y prnl. Poner[se] ↘algo flojo o más flojo: 'Aflojar un nudo [o un tornillo]. Aflojarse el cinturón'. ≃ *Soltar[se]. **2** tr. Perder intensidad: 'Ya afloja la tormenta. A

ciertas horas afloja la intensidad de la corriente eléctrica'. ≃ *Ceder, disminuir. ⇒ *Debilitarse. *Moderarse. ⊙ («en») intr. Hacer una cosa con menos afán: 'Hace una temporada que el niño afloja en el estudio'. ≃ *Decaer. ⊙ Hacer menos tenaz la resistencia u oposición a algo. ≃ *Ceder. **3** (inf. y hum.) tr. Entregar ↘dinero: 'Tendrás que aflojar cincuenta pesetas. Le cuesta trabajo aflojar la pasta'.
V. «aflojar la BOLSA, aflojar las RIENDAS, TIRA y afloja».

afloramiento m. Acción de aflorar. ⊙ Cosa, particularmente *mineral, que aflora. ⇒ *Crestón, teja.

aflorar (de «a-²» y «flor»; «a») intr. Verse sobre la *superficie del terreno algo que, en su mayor parte, está oculto bajo él; particularmente, un filón o un depósito de mineral. ≃ *Aparecer, asomar. ⊙ Aparecer en un sitio el agua subterránea. ≃ *Brotar. ⊙ Ser ligeramente perceptible una cosa que se mantiene o se procura mantener oculta: 'Empiezan a aflorar las disensiones dentro del partido'. ⊙ Mostrar su presencia débilmente cierta idea, cualidad, etc., en una obra: 'En algunos sitios de la obra aflora un pensamiento original'. ≃ Apuntar.

afluencia 1 f. Acción de afluir. **2** Abundancia de algo. **3** Facilidad para *hablar. ≃ Facundia.

afluente 1 adj. Se aplica a lo que afluye. ⊙ m. Con respecto a un río, otro que afluye a él: 'Los afluentes del Ebro'. ⇒ Subafluente. ⊙ adj. También se aplica a la calle que desemboca en otra. **2** **Fluido de palabra.*

afluir (del lat. «afflŭĕre»; «a») intr. Llegar a un sitio una corriente o algo en forma semejante: 'La sangre afluye al rostro. La gente afluye a la feria'. ⊙ («a») Terminar un río en otro, en un lago o en un mar determinados: 'El lugar en que el Pisuerga afluye al Duero'. ≃ *Desembocar. ⊙ («a») Terminar una calle en otra.

□ CATÁLOGO
*Acudir, aglomerarse, agolparse, allegar, arremolinarse, concurrir, confluir, congregarse, convenir, *llegar, ir [o venir] a PARAR, remolinarse, *reunirse, *venir. ➤ Desaguar, desbocar, descargar, desembocar, verter. ➤ Acceso, afluencia, aflujo, alud, *aluvión, balumba, chaparrón, chorroborro, concurrencia, concurso, congestión, diluvio, entrada, flujo, granizada, hiperemia, hormiguero, jubileo, llega, llegada, lluvia, ola, oleada, procesión, racha, ráfaga, río, riolada, romería, torrente, tropel. ➤ A PERRO flaco, todo son pulgas. ➤ *Acumular. *Aglomeración.

□ CONJUG. como «huir».

aflujo (del lat. «affluxus»; cient.) m. Afluencia de un líquido. ⊙ En medicina se aplica a la anormalmente abundante.

afmo., -a (var. «affmo.») Abrev. de «afectísimo, -a».

afogamiento (de «afogar»; ant.) m. *Ahogo.*

afogar (del lat. «offocāre», apretar la garganta; ant.) tr. **Ahogar.*

afogarar (de «a-²» y «fogar») tr. **Quemar con fuego.*

afollado¹ m. *Acción y efecto de afollar (plegar una cosa).*

afollado², -a adj. *Participio adjetivo de «afollar».*

afollador, -a adj. y n. *Se aplica al hombre que mueve el fuelle en una fragua.* ≃ Follador.

afollar¹ (de «a-²» y «follar²») **1** tr. *Soplar con los fuelles.* ≃ Follar. **2** *Plegar una ↘cosa como un fuelle.* **3** CONSTR. *Hacer mal la ↘obra de fábrica.* **4** prnl. CONSTR. **Ahuecarse o avejigarse una pared.*

afollar² (de «a-²» y «follar³») **1** (ant.) tr. **Estropear o viciar.* **2** (ant.) *Herir u *ofender.*

afondar (de «a-²» y «fondo») **1** (ant.) tr. *Ahondar.* **2** intr. y prnl. *Hundir[se].*

afonía (del gr. «aphōnía») f. Falta de voz; estado de afónico.

afónico, -a (de «afonía») adj. Aplicado particularmente a personas, accidentalmente sin voz, por ejemplo por una afección de garganta.

áfono, -a (del gr. «áphōnos», sin voz; cient. o culto) adj. Falto de *sonido o sonoridad.

aforadar (ant.) tr. *Horadar.*

aforado, -a Participio adjetivo de «aforar». ⊙ adj. y n. Aplicado a personas, que goza de fuero.

aforador m. *Hombre que afora.* ≃ Mojonero.

aforamiento m. *Acción de aforar.*

aforar (de «a-²» y «foro») **1** tr. o abs. *Cubrir bien los lados del ↘escenario del *teatro o las partes que deben ocultarse al público.* **2** tr. Calcular la cantidad de agua que lleva una ↘corriente. **3** Calcular la cantidad y valor de los géneros existentes en un ↘depósito. **4** Calcular la *capacidad de un ↘receptáculo o local. **5** En *aduanas, reconocer y valorar los ↘géneros. **6** *Dar o tomar aforo o *censo una ↘finca.* **7** *Conceder fueros a un ↘lugar.*

□ CONJUG. regular salvo en la 7.ª acep., en la cual se conjuga como «contar».

aforcar (de «a-²» y «forca»; ant.) tr. **Ahorcar.*

aforisma (de «aporisma») f. VET. **Tumor de las caballerías, formado por relajación o por rotura de una arteria.* ≃ Aporisma.

aforismo (del lat. «aphorismus», del gr. «aphorismós»; culto) m. *Máxima que se da como guía en una ciencia o arte: 'Los aforismos de Hipócrates'.

aforística 1 f. Estudio de los aforismos. **2** Colección de aforismos.

aforístico, -a (del gr. «aphoristikós») adj. De carácter de aforismo.

aforo 1 m. Acción de aforar. ≃ Aforamiento. **2** Cantidad que resulta al aforar. **3** Número total de localidades de un recinto de espectáculos: 'El aforo de un teatro'.

aforra (ant.) f. *Aforramiento (ahorramiento).*

aforrado, -a (ant.) *Participio adjetivo de «aforrar».* ⊙ (ant.) adj. y n. *Manumiso o liberto.*

aforrador¹, -a (Ast.) adj. y n. *Ahorrador, que ahorra.*

aforrador², -a (ant.) adj. y n. *Que pone forros.*

aforramiento¹ m. *Ahorramiento.*

aforramiento² (ant.) m. *Acción y efecto de aforrar¹ (forrar).*

aforrar¹ 1 (pop.) tr. *Forrar.* **2** MAR. **Recubrir parte de un ↘cabo grueso con otro delgado, arrollando éste alrededor de aquél.* **3** (pop.; reflex.) *Ponerse mucha ropa de abrigo.* **4** (pop.; reflex.) *Comer o beber mucho.*

aforrar² (ant.) tr. *Ahorrar (hacer horro).*

aforrecho, -a (de «aforrar²»; ant.) adj. *Horro, libre o desembarazado.*

aforro m. *Acción y efecto de aforrar.* ⊙ *Trozo de *cabo con que se aforra.*

afortalar (ant.) tr. **Fortificar.*

a fortiori Frase latina frecuentemente usada en lenguaje culto, que significa «con mayor motivo». Es frecuente usarla, por ignorancia, con el significado de «por fuerza mayor».

afortunadamente adv. De manera afortunada. ⊙ Se emplea mucho delante de la expresión de algo de lo que se considera que hay que alegrarse: 'Afortunadamente, no me encontró en casa'. ≃ Por fortuna. ⇒ Por fortuna, GRACIAS a Dios, por suerte.

afortunado, -a (de «afortunar») **1** adj. Dichoso, *feliz, venturoso. ⊙ Se dice del que tiene buena suerte o tiene lo que desea: 'Un hombre afortunado'. ⊙ También, de lo que constituye buena suerte o la da: 'Una coincidencia afortunada. Un casamiento afortunado'. ⊙ O de lo que va acompañado de felicidad o sucede con suerte o felicidad: 'Un viaje afortunado'. ⇒ Adonado, *beneficiado, bienafortunado, bienandante, bienaventurado, bienhadado, chambón, chiripero, favorecido, favorito, *feliz, potroso, privilegiado, suertero, suertudo, tiñoso, venturado, venturero, venturoso; bien DOTADO, con suerte. ➤ Desafortunado. ➤ *Suerte. **2** *Acertado u *oportuno. **3** *Borrascoso o tempestuoso.*

V. «desgraciado en el JUEGO, afortunado en amores».

afortunar (de «a-^{2}» y «fortuna»; ant.) tr. *Hacer afortunado o dichoso a ↘alguien.*

aforzarse (de «a-^{2}» y «forzar»; ant.) prnl. *Esforzarse.*

afosarse prnl. FORT. *Defenderse con *fosos.*

afoscarse (de «a-^{2}» y «fosco») prnl. MAR. *Cargarse de *niebla la atmósfera.*

afótico, -a (de «a-^{1}» y el gr. «phôs, phōtós», luz) adj. Sin luz. ⊙ Particularmente en oceanografía, se aplica a las profundidades submarinas en las que no penetra la luz del Sol.

afoyar (de «a-^{2}» y «foya»; ant.) tr. *Ahoyar.*

afrailado, -a 1 AGRIC. *Participio de «afrailar».* **2** adj. AGRÁF. *Con fraile (fallo en la impresión).*

afrailar (de «a-^{2}» y «fraile») tr. AGRIC. *Podar las ramas de un ↘árbol por junto a la cruz.*

afrancesado[1], -a (de «franco», exento, libre, porque las fincas no cultivadas no pagaban contribución; Al.) adj. *Se aplica a la finca inculta.*

afrancesado[2], -a 1 Participio de «afrancesar[se]». **2** adj. y n. Se aplica a los españoles que, en tiempos de Napoleón, tomaban el partido de éste.

afrancesamiento m. Acción y efecto de afrancesar[se].

afrancesar 1 tr. Dar a una ↘cosa o una ↘persona semejanza con lo francés. ⊙ prnl. Tomar semejanza con lo francés. **2** tr. Hacer afrancesado a ↘alguien. ⊙ prnl. Hacerse afrancesado.

afrechero, -a 1 (Arg.) adj. *Se aplica al animal que come afrecho.* **2** (Hispam.; *Lophospingus griseocristatus*, el afrechero gris) m. *Pájaro paseriforme, de pequeño tamaño, de plumaje pardo o vivamente coloreado de rojo y azul y, en algunas especies, con cresta.*

afrecho (del lat. «affractum», roto) m. **Salvado de la molienda.*

afrenillar tr. **Atar ↘algo con frenillos.*

afrenta (de «afruenta»; «Hacer, Inferir, Ser una afrenta») f. Ofensa. Cosa que se dice o hace a alguien en que se le muestra poca estimación o duda sobre su honradez u honor: 'Le hicieron la afrenta de exigirle cuentas'. ⊙ («Ser») Acción propia, circunstancia o suceso que hace a una persona ser o sentirse menos digna de respeto o estimación: 'Ese muchacho es la afrenta de la familia. Permitir eso sería una afrenta para todos nosotros'. ≃ *Vergüenza. ⊙ **Castigo consistente en algo que causa vergüenza.*

afrentador, -a adj. y n. *Que afrenta.*

afrentar tr. Causar afrenta. ⊙ («de») prnl. Sentirse ofendido por una afrenta.

afrentosamente adv. *Con afrenta.*

afrentoso, -a adj. *Se aplica a lo que causa afrenta.*

V. «CASTIGO afrentoso».

afretado, -a (de «a-^{2}» y «frete») adj. *En forma de franja.*

afretar tr. MAR. *Fregar un ↘*barco y quitarle la broma.*

afreza (de «frezar»; ant.) f. **Cebo con que se atolondraba a los peces para cogerlos.*

africado, -a (del lat. «affricāre», frotar) adj. y n. f. FON. Se aplica al sonido que resulta de combinar una oclusión con una fricación en el mismo punto de articulación y con los mismos órganos; por ejemplo, el de la «ch», o el de la «y» en «cónyuge».

africanismo m. Afición en otros países a las cosas propias de África o cultivo de ellas.

africanista n. Se aplica a la persona que se dedica a estudios relacionados con África.

africano, -a adj. y, aplicado a personas, también n. De África.

V. «ALERCE africano».

□ CATÁLOGO

Afrikáner, áfrico, afro, beduino, berberisco, bereber, bóer, bosquimán, bubi, cafre, cenete, cenhegí, cirenaico, cireneo, cirineo, garamanta [o garamante], gelfe, getulo, gomer, hutu, havar [o havara], hotentote, lotófago, magrebí, masai, masamuda, masilio [o masilo], moro, negroafricano, nilótico, nubiense, nubio, númida, pamue, tutsi, uticense, yoruba, zulú.

áfrico, -a (del lat. «Afrĭcus») **1** adj. *Africano.* **2** m. *Ábrego (*viento).*

afrijolar (de «a-^{2}» y «fríjol») tr. **Matar a tiros a ↘alguien.*

afrikaans m. Variedad de neerlandés que se habla en Sudáfrica.

afrikáner adj. y n. Se aplica a los habitantes de Sudáfrica de raza blanca cuya lengua es el afrikaans.

afrisonado, -a adj. *Aplicado a *caballos, parecido al caballo frisón en lo grande y peludo.*

afro, -a (del lat. «Afer, Afra»; ant.) adj. y n. *Africano.* ⊙ (invariable) adj. Se aplica a algunos usos y costumbres africanas: 'Peinado afro'.

afro- Elemento prefijo correspondiente a «africano»: 'afroamericano, afrocubano'.

afroamericano, -a adj. y n. De los negros africanos llevados a América.

afrocubano, -a adj. y n. De los cubanos de raza negra y origen africano; se aplica particularmente a su música y a su arte.

afrodisiaco, -a o **afrodisíaco, -a** (del lat. «aphrodisiăcus», del gr. «aphrodisiakós», de Afrodita o Venus) adj. y n. m. Se aplica a las cosas, y particularmente a las sustancias, que excitan el apetito sexual. ⇒ Estinco, yohimbina. ➤ Antiafrodisiaco.

afrodita (de «Afrodita», diosa griega del amor) adj. y n. BOT. *Se aplicaba a cualquier planta criptógama sin reproducción sexual conocida.*

afronitro (del lat. «aphronĭtrum», del gr. «aphrónitron») m. *Espuma de nitro (salitre).*

afrontación (de «afrontar»; ant.) f. *Parte de una cosa que queda frente a la que se considera, o que limita con ella.*

afrontadamente (ant.) adv. *De frente: sin ocultarse.*

afrontado, -a 1 Participio de «afrontar». **2** (ant.) adj. **Expuesto a un peligro.* **3** HERÁLD. *Se aplica al escudo en que las figuras están mirándose.*

afrontador, -a (ant.) adj. y n. *Que afronta.*

afrontamiento m. Acción y efecto de afrontar.

afrontar (del sup. lat. «affrontāre», de «frons, -ntis», frente) **1** (ant.) tr. e intr. *Poner una ↘cosa frente a otra.* ≃ *Enfrentar. **2** tr. *Carear.* **3** Esperar sin eludirlo a un ↘enemigo, un peligro, una responsabilidad, etc. ≃ Arrostrar, enfrentar[se], hacer FRENTE. ⇒ Acarear, *atreverse, confrontar, *desafiar, emprender, enfrentar; dar la CARA, poner el CASCABEL al gato, llevar el GATO al agua, dar el PECHO, *resistir, TENERLAS tiesas, agarrar [o coger] el TORO por los cuernos. ⊙ A veces tiene sentido más activo, como *arriesgarse o exponerse voluntariamente a ↘peligros, dificultades, etc. **4** (ant.) *Afrentar.* **5** (ant.) **Reprochar.* **6** (ant.) **Reprender.*

afrontilar (de «a-²» y «frontil»; Méj.) tr. *Atar una ↘res vacuna por los cuernos al bramadero o a un poste, para domarla o para matarla.*

afruenta o **afruento** (de «afrontar»; ant.) f. o m. *Afrenta.*

afrutado, -a adj. Con olor o sabor a frutas: 'Un vino afrutado'.

afta (del lat. «aphta», del gr. «áphtha») f. MED. Se aplica a ciertas *úlceras pequeñas, generalmente blancuzcas, producidas posiblemente por un virus, que aparecen en las mucosas que están en comunicación con el exterior; por ejemplo, de la *boca y del aparato digestivo. ⇒ Sapillo.

aftershave (ingl.; pronunc. [aftershéif]; pl. «aftershaves») m. Loción para después del afeitado de la barba.

aftersun (ingl.; pronunc. [aftersún]; pl. «aftersun») m. Crema o loción para aplicarla sobre la piel después de tomar el sol.

aftoso, -a adj. Afectado de aftas. ⊙ Relacionado con ellas. V. «FIEBRE aftosa».

afuciado, -a (ant.) adj. *Obligado por un pacto o ajuste al cumplimiento de cierta cosa.*

afuciar (ant.) tr. *Afiuciar.* ⇒ Desafuciar.

afuera (de «a²» y «fuera») **1** adv. Hacia la parte exterior: 'Voy afuera'. ⊙ Se utiliza también con el sentido de «en la parte exterior», pero en este caso se prefiere «fuera». ⊙ Con este último significado es muy frecuente pospuesto a un nombre que expresa una cosa que separa el interior y el exterior de algo: 'De puertas afuera'. ⇒ De DIENTES afuera. ⊙ También se emplea para expresar gradación en la proximidad al exterior de una cosa: 'Esta piedra hay que ponerla más afuera'. **2** f. pl. FORT. *Terreno despejado en el exterior de una plaza, dispuesto para que el enemigo quede al descubierto si se acerca.* **3** Parte de una *población alejada del centro, tocando ya con el campo. ≃ *Alrededores. ⊙ También, campo que rodea inmediatamente la ciudad: 'Tiene un hotel en las afueras de Madrid'.

¡AFUERA! Interjección que se emplea para *ahuyentar o *echar violentamente a alguien de un sitio. ≃ ¡Fuera! ⊙ También, para demostrar *disconformidad con alguien que habla o actúa en público. ≃ ¡Fuera!

V. «CARPINTERO de obras de afuera».

□ NOTAS DE USO

En España «afuera» se usa preferentemente con el significado de «hacia lo exterior», mientras que para el significado de «en lo exterior» es más frecuente «fuera». Sin embargo, esta distinción tiende a neutralizarse en Hispanoamérica, donde el término más generalizado es «afuera».

afuereño, -a (de «afuera»; Hispam.) adj. y n. **Forastero.*

afuero (ant.) m. *Aforo.*

afufa (de «afufar»; inf.) f. **Fuga.*

afufar o **afufarlas** (de «a-²» y «fufar»; inf.) intr. **Huir.*

afufón (inf.) m. *Afufa.*

afumado, -a (de «afumar»; ant.) adj. *Aplicado a lugares, habitado.*

afumar (de «a-²» y «fumo»; ant.) tr. *Ahumar.*

afusado, -a (de «a-²» y «fuso»; ant.) adj. *Ahusado.*

afusión (del lat. «affusĭo, -ōnis») f. MED. *Acción de verter *agua, generalmente fría, desde cierta altura, sobre el cuerpo o una parte de él, como medio curativo.*

afuste (de «a-²» y «fuste») m. ARTILL. **Cureña o armazón parecida a ella en la artillería antigua.*

afuyentar (ant.) tr. *Ahuyentar.*

Ag Símbolo químico de la plata.

-aga Elemento sufijo de origen prerromano: 'ciénaga, luciérnaga'.

agá (del turco «ağa», señor, a través del fr.) m. *Oficial del Ejército turco.* ⇒ Cayá.

agachadera (de «agachar»; Sal.) f. **Cogujada (pájaro semejante a la alondra).*

agachadiza (de «agachar»; *Gallinago gallinago*) f. *Ave limícola pequeña que vuela muy bajo y se esconde en los lugares pantanosos. ≃ Becardón, rayuelo, sorda.

agachado, -a Participio adjetivo de «agachar[se]».

agachaparse (And.) prnl. *Agazaparse.*

agachar (¿del lat. «coactāre», frecuent. de «cogĕre», concentrar, reunir?) tr. o abs. Inclinar hacia abajo la ↘*cabeza o la parte superior del ↘cuerpo. ≃ Bajar. ⇒ Achancar, acocharse, agarbarse, *agazaparse, encacharse. ➤ Agachado, cabizbajo, en *cuclillas, encorvado. ➤ Gacho. ⊙ prnl. Inclinar hacia abajo la parte superior del cuerpo, por ejemplo para coger algo del suelo. ≃ Bajarse, *inclinarse. ⊙ A veces, encogiéndose al mismo tiempo, por ejemplo para ocultarse detrás de algo.

agachona (de «agachar») **1** f. *Cierta *ave acuática que abunda en las lagunas próximas a la ciudad de Méjico.* **2** (And.) **Agachadiza.*

agadón 1 (Sal.) m. **Hondonada estrecha entre montañas.* **2** (Sal.) *Manantial.*

agafar (de «gafa»; Ar.) tr. **Agarrar.*

agalaxia (del fr. «agalaxie») f. *Falta de leche en las mamas.*

agalbanado, -a adj. *Abandonado o *perezoso.* ≃ Galbanoso.

agalerar (de «a-²» y «galera») tr. MAR. *Dar a los ↘*toldos la inclinación conveniente para que despidan el agua de lluvia.*

agalibar tr. MAR. *Colocar a escuadra una ↘pieza de carpintería.*

agalla (de «a-²» y el lat. «galla») **1** f. BOT. Cecidio globuloso que suele formarse en los *robles y otras especies del género Quercus. Las del roble (llamadas también «cacarro, cecidia, gállara, gargal, tora, zonzorro») tienen abundante tanino, por lo que se emplean para curtir, en tintorería y también en medicina. ⊙ BOT. Por extensión, cecidio en cualquier *planta. **2** (pl.) **Amigdalas.* ⊙ **Anginas.* **3** (frec. pl.) Cada uno de los dos órganos respiratorios de los *peces, situados a uno y otro lado de la cabeza. ≃ Branquia. ⇒ Galla, gañiles. ➤ Opérculo. **4** Se aplica a los costados de la cabeza de las *aves. **5** («Tener»; pl.) Se emplea para significar «*valentía» o «ánimo». **6** (Hispam.) **Codicia, ruindad o *astucia.* **7** VET. **Ampolla incipiente.* **8** (pl.) *Roscas que tiene la *tientaguja (barra para explorar el terreno en que se va a edificar) en su extremo inferior.* **9** (Ec.) *Guizque (palo con un gancho, para *alcanzar cosas).* **10** *Arbusto de Cuba.* ⇒ *Planta.

AGALLA DE CIPRÉS. Piña de ciprés.

agallado, -a adj. *Aplicado a las prendas o telas, metido en agua teñida con agallas molidas para prepararlo para darle *tinte negro.*

agalladura f. *Galladura.*

agallo m. ARQ. *Gallón (*adorno).*

agallón (aum. de «agalla») **1** m. **Cuenta de plata hueca de las que forman las sartas y collares de las aldeanas.* **2** *Cuenta gruesa de rosario, de madera.* **3** ARQ. *Gallón (*adorno).* **4** (Hispam.; pl.) *Inflamación de las amigdalas.* **5** (Arg.) *Paperas.*

agallonado, -a adj. ARQ. *Adornado con gallones o agallones.*

agalludo, -a (algunos países de Hispam.) adj. *Atrevido, ambicioso, *astuto, desaprensivo.*

agáloco (*Aquilaria agallocha*) m. Árbol timeleáceo, de hojas parecidas a las del laurel, cuya madera, el «palo áloe», se emplea en ebanistería y para sahumerios. ≃ Áloe, calambac. ⇒ *Planta.

agamí (de or. caribe; *Psophia crepitans*) m. Ave gruiforme de la América tropical, del tamaño de una gallina, fácilmente domesticable y hasta utilizada como guardiana de otras aves domésticas.

agamitar (de «a-[2]» y «gamito», dim. de «gamo») intr. CAZA. *Imitar la voz del *gamo pequeño.*

ágamo (de «a-[1]» y «-gamo») **1** adj. BIOL. *Carente de órganos sexuales.* **2** *Soltero.*

agamuzado, -a adj. *Gamuzado.*

aganar tr. *Despertar ganas en ↘alguien; particularmente, de comer.*

agapanto (del lat. cient. «Agapanthus», del gr. «agápē», amor, y «ánthos», flor; Hispam.; *Agapanthus africanus*) m. *Planta liliácea, originaria de Sudáfrica, de flores azules o blancas.*

ágape (del lat. «agăpe», del gr. «agápē», amor) m. Entre los primeros cristianos, *banquete o *convite de caridad. ⊙ (ahora, gralm., con sentido irónicamente culto) Por extensión comida con que se celebra algo: 'Hay que festejar esto con un ágape'.

agar-agar o **agaragar** (del malayo «agar-agar», a través del ingl.) m. Sustancia muy apta para formar *gelatina, que se obtiene de ciertas algas marinas de Oriente desprovistas de nitrógeno, la cual se emplea como sustitutivo de las colas, en los *cultivos de bacterias, y, en medicina, como *laxante.

agarbanzado, -a 1 *Participio de «agarbanzar».* **2** adj. *De aspecto semejante al del garbanzo.* **3** Particularmente aplicado al estilo literario o las costumbres, vulgar.

agarbanzar (de «a-[2]» y «garbanzo»; Mur.) intr. *Echar *yemas las plantas.*

agarbarse (¿del sup. rom. and. «ad-ḡaráb-árse», del ár. «ḡaraba», ocultarse un astro?) prnl. **Agacharse.*

agarbillar (de «a-[2]» y «garbilla», dim. de «garba») tr. AGRIC. *Formar garbas (*haces de mies).*

agardamarse (de «a-[2]» y «gardama»; Ál.) prnl. **Apolillarse la madera.*

agareno, -a adj. y n. Descendiente de Agar, mujer bíblica, y, por extensión, *musulmán; particularmente, refiriéndose a los que ocuparon España durante la Edad Media.

agarical adj. y n. m. BIOL. *Se aplica a los *hongos del mismo orden que el champiñón y el *níscalo, que se caracterizan por poseer láminas o, raramente, poros en la cara inferior del *sombrero; son las llamadas corrientemente *setas, que están incluidas dentro de los hongos basidiomicetos.* ⊙ m. pl. BIOL. *Orden que forman.*

agárico (del lat. «agarĭcum», del gr. «agarikón», cierto hongo) m. Nombre que se da a varios *hongos del orden de los agaricales. ≃ Garzo.

AGÁRICO MINERAL. *Sustancia blanca, esponjosa, que es un silicato de alúmina y magnesia, con la que se fabrican ladrillos que flotan en el agua.*

agarrada (de «agarrar») f. *Discusión violenta o *riña.

agarradera 1 f. Agarradero (parte de un objeto para cogerlo por él). **2** (inf.; «Tener [buenas]»; pl.) Agarradero: *influencia o recomendación.

agarradero 1 m. Parte de un objeto que sirve para cogerlo por él, como un «mango» o una «asa». ≃ Agarrador, agarre, asidero. ⇒ *Agarrar. **2** MAR. *Sitio donde puede agarrar el *ancla.* ≃ Tenedero. **3** (inf.; «Tener [buenos]»; gralm. pl.) *Influencia o recomendación. ≃ Agarraderas, asidero, enchufe. **4** *Excusa que sirve para justificarse de algo.

agarrado, -a 1 Participio adjetivo de «agarrar[se]». Sujeto con la mano o de otra manera: 'Está [o lo tengo] bien agarrado'. **2** (inf.) adj. Se dice de la danza que se baila cogiéndose en parejas. **3** (inf.; «Estar, Ir») Se dice del que tiene buenos agarraderos (influencias). **4** *Se aplica al *terreno muy compacto y duro de labrar.* **5** (inf.) *Tacaño.

agarrador 1 m. Utensilio que sirve para agarrar; por ejemplo, para agarrar la plancha o cosas que queman o ensucian. ≃ *Agarradero. ⇒ *Agarrar. **2** (ant.) **Alguacil o corchete.*

agarrafador, -a 1 adj. y n. *Se aplica al que [se] agarrafa.* **2** m. *Obrero de los que, en los molinos de *aceite, manejan los capachos de la aceituna molida.*

agarrafar (de «agarrar», con influencia de «garfa») tr. *Agarrar con fuerza al *reñir. También recípr.*

agarrante 1 adj. y n. *Aplicable al que agarra.* **2** (inf.) **Tacaño.* ≃ Agarrado. **3** (inf.) **Alguacil o corchete.*

agarrar (de «a-[2]» y «garra») **1** («de, por») tr. *Coger una ↘cosa con una mano o con las dos, apretándola: 'Agarra esa cuerda y no la dejes escapar'. ⊙ En algunos países de América abarca también el sentido general de «coger». ⊙ («a, de») prnl. Agarrar algo con las manos para sostenerse: '¡Agárrate a la barandilla!'. ≃ Asirse, cogerse, *sujetarse. ⇒ Aferrar, agafar, apuñar, asir, engarrafar, gafar, echar la MANO, pillar, *sujetar, trincar. ➤ Agarradera, agarradero, agarrador, agarre, albardilla, almohadilla, anilla, *asa, asidero, empuñadura, *mango, manillar, *manivela, picaporte, pomo, puño, *tirador, tomadero. ➤ *Apéndice. ➤ Escurridizo. ➤ Puñal. ➤ ¡Ya es MÍO [NUESTRO, etc.]!, ¡lo PILLÉ!, ¡ya lo TENGO! [tenemos, etc.]. ➤ *Coger. **2** tr. *Coger, retener o sujetar cualquier ↘cosa, aunque no sea materialmente. ⊙ (inf.) *Capturar a un ↘delincuente. ⊙ (inf.) No dejar pasar sin obtener provecho de ellas una ↘oportunidad, una promesa, etc. ≃ Coger. ⊙ (inf.) *Conseguir una ↘cosa que se pretende o persigue. ⇒ *Adquirir. **3** (inf.; recípr.) *Reñir físicamente una persona con otra. **4** (inf.) Empezar a tener cosas tales como una ↘enfermedad, una borrachera o una rabieta. ≃ Coger, pescar, pillar. **5** Puede también sustituir a «coger» o «captar» en el significado figurado de «aprender» o de «comprender». **6** intr. Echar raíces una planta o un esqueje o plantón en el sitio donde se *planta. ≃ *Arraigar, prender, tomar. ⊙ Vivir y prosperar un *injerto. ≃ Prender, tomar. ⊙ *Sujetarse una cosa en el sitio donde se introduce; por ejemplo, un tornillo. **7** (inf.) prnl. **Situarse o conseguir una posición en la vida:* 'Ese chico se agarrará'. **8** Pegarse la comida a la vasija en que se *guisa al quemarse ligeramente. **9** (inf.; «a») Tomar alguien una cosa que otro dice o hace o que sucede, como motivo o justificación de algo que él mismo hace o dice: 'Se agarró a que yo dije que estaba cansado para levantar la sesión'. ≃ Cogerse. ⇒ *Aprovechar.

AGARRAR Y... Expresión popular expletiva con que se inicia el relato de una acción que alguien ha realizado súbitamente o en que se encuentra algo chocante o notable: 'Agarró y se bebió la botella entera'. ≃ Coger y..., ir y...
¡AGÁRRATE [o AGÁRRENSE USTEDES]! (inf.). Exclamación con que se avisa al interlocutor de que se prepare para lo que va a oír.
V. «agarrarse a un CLAVO ardiendo, agarrar [o estar que agarra] el CIELO con las manos».
NO HABER POR DONDE AGARRAR a alguien o algo. No haber por donde COGERLO.
NO TENER alguien o algo POR DONDE AGARRARLO. No tener por donde COGERLO.
V. «agarrarse a las PAREDES, agarrarse a [o de] un PELO, agarrar el PUERTO».

agarre m. Agarradero. ⊙ Particularmente, en sentido figurado: influencia o recomendación, o excusa.

agarro (ant.) m. *Acción de agarrar.*

agarrochar 1 tr. TAUROM. Herir a los ↘*toros con garrocha o cosa semejante. 2 MAR. *Forzar el giro de las ↘vergas para que el viento forme con la dirección de la embarcación un ángulo menor de 90º.*

agarrón 1 m. Acción de agarrar y tirar con fuerza. 2 (Hispam.) *Agarrada (discusión violenta o riña).*

agarrotado, -a Participio adjetivo de «agarrotar[se]».

agarrotamiento m. Acción y efecto de agarrotar[se].

agarrotar (de «a-²» y «garrote») 1 tr. *Apretar las ↘ligaduras de un ↘fardo retorciéndolas con un palo. ⊙ *Apretar ↘algo en forma semejante por cualquier procedimiento. 2 *Sujetar o tener sujeto a ↘alguien de modo que se le impide todo movimiento, por ejemplo como *tormento o *castigo. ⊙ También en sentido no material: 'Nos tienen agarrotados con tantas restricciones'. ⊙ Poner rígida; el frío u otra causa, alguna ↘parte del cuerpo. ⇒ *Cohibir. ⊙ prnl. *Entumecerse. 3 Quedar una pieza mecánica privada del movimiento deslizante que debe tener dentro de otra o en contacto con otra, por falta de engrase o por otra causa. ≃ Encasquillarse. ⇒ *Atascarse. 4 tr. *Ejecutar a ↘alguien en el garrote.

agarrotear (de «a-²» y «garrote»; And.) tr. *Varear los ↘árboles para hacer caer los frutos.*

agasajado, -a Participio adjetivo de «agasajar». Se aplica a la persona a quien se agasaja mucho.

agasajador, -a adj. y n. *Aplicable al que agasaja.*

agasajar (de «a²-» y «gasajo») tr. Prodigar atenciones o hacer regalos a ↘alguien. ≃ *Obsequiar.

agasajo m. Acción o cosa con que se agasaja. ≃ Obsequio.

ágata (del lat. «achates», del gr. «achátēs») f. Nombre aplicado en sentido amplio a las variedades de sílice que por la belleza de su colorido se emplean como piedras de adorno. ⊙ Particularmente, a las formadas por bandas o círculos de distintos colores. ⇒ Acates, alaqueca [o alaqueque], calcedonia, cepita, ceracate, cornalina [cornelina o cornerina], corniola, crisopacio, crisoprasa, diaspro sanguino, heliotropo, hidrófana, leontodera, menfita, nicle, ojo de gato, ónice [ónique], ónix, plasma [o prasma], restañasangre, sanguinaria, sardio [o sardo], sardónica, *sardónice, sardonio, zafirina. ➤ *PIEDRA preciosa. *Sílice.

agauchado, -a (Arg., Chi., Par., Ur.) *Participio adjetivo de agauchar[se]. Parecido a los gauchos o a sus cosas.*

agauchar (Arg., Chi., Par., Ur.) tr. y prnl. *Hacer tomar [o adquirir] el porte, los modales o las costumbres de los gauchos.*

agauja (León) f. **Gayuba (planta ericácea).*

agaváceo, -a adj. y n. f. BOT. *Se aplica a las *plantas de la familia de la *pita, que son plantas rizomatosas, leñosas, a veces trepadoras, de zonas áridas o semiáridas de regiones tropicales y subtropicales, con *hojas largas, estrechas, carnosas y puntiagudas, agrupadas en la base, *flores en racimos y *fruto en cápsula o baya; de algunas especies se obtienen fibras y de otras bebidas.* ⊙ f. pl. BOT. *Familia que forman.*

agavanza (de «agavanzo») f. *Escaramujo (fruto).*

agavanzo (¿de or. prerromano?) m. *Escaramujo (rosal silvestre y fruto de él).

agave (del gr. «agauḗ», admirable) amb. Pita (planta).

agavilladora f. Máquina para agavillar.

agavillar 1 tr. o abs. Hacer gavillas o poner la ↘mies en *haces. ≃ Gavillar, engavillar. ⇒ Agarbillar, atropar. 2 tr. *Reunir ↘gente en cuadrilla.* ≃ Acuadrillar.

agazapada f. CAZA. *Sitio donde se esconde la *caza.*

agazapar (de «a-²» y «gazapo») 1 tr. *Agarrar o *prender a ↘alguien.* 2 prnl. Encogerse y pegarse al suelo, o ponerse detrás de algo, para ocultarse. ⇒ Acocharse, agachaparse, alastrarse, alebrarse, alebrastarse, alebrestarse, alebronarse, arranarse, encamarse. ➤ *Acurrucarse. *Agacharse. *Esconderse. 3 Situarse o mantenerse alguien en un sitio donde no es advertida su presencia o donde no son conocidas su verdadera naturaleza o intenciones. ⇒ *Emboscarse.

agencia (del lat. «agentĭa») 1 f. *Diligencia (actividad o solicitud).* 2 Cosa que se hace, generalmente para otra persona. ≃ Diligencia. 3 *Oficina o despacho en donde se *gestionan para los clientes ciertos asuntos que se especifican: 'Agencia de viajes, de publicidad, de transportes'. ⇒ Gestoría, mensajería. ➤ Corredor, gestor. 4 Sucursal de una empresa. 5 (Chi.) *Casa de empeños.*

agenciar (de «agencia») 1 tr. Buscar y encontrar cierta ↘cosa para alguien: 'Yo te agenciaré una buena secretaria'. ≃ *Proporcionar. 2 (con un pron. reflex.) Obtener ↘algo buscándolo o con gestiones o habilidad: 'Me he agenciado una moto por poco dinero. Se ha agenciado un empleo no sé cómo'. ≃ *Procurarse. 3 («para») prnl. Agenciárselas: 'Yo me agenciaré para llegar hasta allí'.
AGENCIÁRSELAS. Obrar de manera hábil para conseguir algo: 'No sé cómo se las agencia, que siempre consigue lo que quiere'. ≃ Agenciarse, *manejarse.
☐ CONJUG. como «cambiar».

agenciero, -a 1 (Guat., Perú) adj. *Agencioso.* 2 (Cuba, Méj.) n. *Agente de mudanzas.* 3 (Arg.) *Lotero.* 4 (inf.; Chi.) *Prestamista.*

agencioso, -a (de «agencia») adj. *Diligente u oficioso.*

agenda (del lat. «agenda», cosas que deben hacerse, neutro pl. del gerundivo de «agĕre») 1 f. Libro o *cuaderno en que se *anotan las cosas que hay que hacer o que hay que recordar. 2 Relación de los asuntos que han de ser tratados en una reunión o de las actividades que han de realizarse.

agenesia (del fr. «agénésie», del gr. «agennēsía») 1 f. MED. *Incapacidad para engendrar.* ⇒ Gen-. 2 MED. Falta congénita de una estructura u órgano.

agente (del lat. «agens, -entis», part. pres. de «agĕre», hacer) 1 (culto o cient.) adj. y n. m. Se aplica a lo que obra o tiene capacidad para obrar: 'Causa agente'. O, a diferencia de «paciente», a lo que realiza la *acción en vez de sufrirla: 'Sujeto agente'. ⊙ m. GRAM. Complemento del verbo en voz pasiva, introducido generalmente por la preposición «por», que expresa la persona o cosa que realiza la acción. ⊙ Cosa que produce cierto efecto: 'Agentes físicos [económicos, patógenos]'. ⇒ Sufijos: «-adero: recadero; -ador: solador; -edor: tejedor; -ano: pagano; -endero:

barrendero; -ero: sombrerero; -ante: comerciante; -iente: sapiente, escribiente; -ista: masajista; -tor: corrector». **2** n. Persona que realiza ciertas gestiones por cuenta de otra: 'Agente de *bolsa'. ⊙ Persona que tiene montada una *agencia: 'Agente de seguros [o de negocios]'. **3** Empleado de la administración pública, municipal, etc., que vela por la seguridad de los ciudadanos o por el cumplimiento de las leyes. ⊙ Particularmente, AGENTE de policía.

AGENTE DE ADUANAS. Funcionario de aduanas.

A. DE BOLSA [DE CAMBIO O DE CAMBIO Y BOLSA]. El que interviene en las negociaciones de valores cotizables en bolsa y da fe de ellas.

A. COMERCIAL. El que gestiona operaciones de venta, mediante comisión, ateniéndose a las condiciones estipuladas por la empresa a la que representa.

A. DE POLICÍA. Agente de la autoridad gubernativa encargado de vigilar el orden público. ≃ Agente, *policía.

A. SECRETO. El que trabaja en los servicios de espionaje de un país.

A. SOCIAL (gralm. pl.). Representante de los grupos sociales; particularmente, los que constituyen los empresarios, por un lado, y los trabajadores, por otro: 'El gobierno se reunió con los agentes sociales'.

agerasia (del gr. «agērasía») f. MED. *Vejez libre de los achaques propios de ella.*

agérato (del lat. «agerăton», del gr. «agératon», escorzonera; *Achillea ageratum*) m. *Planta compuesta de jardín, de flores amarillas.

agermanarse prnl. *Adherirse a una germanía.*

agestado, -a (con «bien» o «mal») adj. *Con gesto propicio o agradable, o lo contrario.*

agestarse (ant.) prnl. *Poner algún gesto.*

ageste (ant.) m. *Cierto *viento de Galicia.*

agestión (del lat. «aggestĭo, -ōnis») f. *Agregación de materia.* ⇒ *Añadir.

agibílibus (del b. lat. «agibĭlis», diestro; inf.) m. *Habilidad para *manejarse.* ⊙ (inf.) *Persona que la tiene.*

agible (del b. lat. «agibĭlis», diestro) adj. *Factible.*

agigantado, -a Participio adjetivo de «agigantar[se]». V. «a PASOS agigantados».

agigantar (de «a-²» y «gigante») tr. *Agrandar mucho una ↘cosa, en sentido propio o figurado, o presentarla como muy grande. ⊙ prnl. Tomar algo proporciones gigantescas.

ágil (del lat. «agĭlis»; «de, en») adj. Capaz de moverse con facilidad y rapidez: 'Ágil de piernas. Ágil en la escalada'. ≃ Expedito, ligero. ⊙ Se aplica a cualidades no físicas: 'Inteligencia ágil. Ágil de pensamiento'. ⊙ También al lenguaje o estilo. ⇒ Desenvuelto, adiestro, *rápido, suelto, vivo. ➤ Chambón, *desgarbado, patoso, pesado, *torpe. ➤ *Acción.

agilidad 1 f. Cualidad de ágil. **2** TEOL. *Una de las cuatro dotes de los *bienaventurados, que consiste en poder trasladarse instantáneamente a cualquier lugar.* ⇒ Claridad, impasibilidad, sutileza.

agilipollado, -a (vulg.; «Estar») Participio adjetivo de «agilipollar[se]». Atontado.

agilipollar (vulg.) tr. y prnl. Volver[se] gilipollas.

agilitar (del lat. «agilĭtas», agilidad) tr. y prnl. *Agilizar[se].*

agilización f. Acción y efecto de agilizar[se].

agilizar 1 tr. Hacer ágil a ↘alguien. ⊙ prnl. Hacerse ágil alguien. **2** tr. Facilitar la ejecución de ↘algo. ⊙ prnl. Hacerse más rápida y fácil la ejecución de algo.

ágilmente adv. Con agilidad.

agina f. *Agobio, *angustia o *prisa por hacer cosas.*

aginarse prnl. **Apresurarse o *ajetrearse.*

agio (del it. «aggio») m. Actividad que consiste en *negociar con el cambio de moneda o con valores en la *bolsa. En general, se aplica peyorativamente. ≃ Especulación. ⇒ Alcista, bajista.

agiotaje (del fr. «agiotage») m. Agio, en particular tomado peyorativamente.

agiotista n. Persona que se dedica al agiotaje.

agir (del lat. «agĕre», hacer, llevar, del gr. «agō», conducir; ant.) tr. DER. *Demandar en juicio.*

agitable adj. Susceptible de agitarse o ser agitado.

agitación 1 f. Conjunto de movimientos rápidos y violentos de algo. **2** Estado de la gente que bulle o habla mucho, impulsada por una emoción o por el descontento contra alguien. ≃ Excitación, inquietud, intranquilidad, revuelo. ⊙ Estado del espíritu dominado por un sentimiento o emoción muy intensos. ≃ Intranquilidad.

agitado, -a Participio adjetivo de «agitar[se]» con los significados correspondientes a todas las acepciones.

agitador, -a 1 adj. Se aplica a lo que agita o sirve para agitar. ⊙ m. Cualquier aparato o dispositivo para agitar líquidos. **2** n. Persona que incita a otras a *sublevarse. ≃ *Revoltoso.

agitanado, -a Participio adjetivo de «agitanar[se]». Parecido a los gitanos o a sus cosas. ⇒ Chulo, flamenco.

agitanar tr. Dar a una ↘persona o cosa aspecto o carácter gitano. ⊙ prnl. Adquirir aspecto o carácter gitano.

agitante adj. *Aplicable a lo que agita.* V. «PARÁLISIS agitante».

agitar (del lat. «agitāre», frecuent. de «agĕre», hacer, mover) **1** tr. y prnl. Mover[se] ↘algo repetidamente a un lado y a otro: 'El viento agita los árboles. Agitaba un pañuelo en el aire. Los trigales empiezan a agitarse'. ⊙ tr. Mover ↘algo a un lado y a otro para que sus partes o lo que contiene dentro se mezclen o cambien de posición: 'Agitar una coctelera'. **2** Producir agitación en la gente. ⊙ prnl. Mostrar descontento provocando alteraciones sociales: 'La población empezaba a agitarse'. ⊙ tr. Impedir algo, por ejemplo una pasión, que una ↘persona esté tranquila. ≃ Intranquilizar. ⊙ prnl. Turbarse, inquietarse.

□ CATÁLOGO

Abalar, abatir, arrevolver, bastonear, blandir, cacear, conmover[se], convelerse, desasosegar[se], desatar[se], desazonar[se], desencadenar[se], desenfrenar[se], encrespar[se], enfurecerse, *excitar[se], inquietar[se], levantar[se], *mecer, mejer, *mover, remecer, remover, revolver, *sacudir, solmenar, traquear, *traquetear, zabucar, zalear, zamarrear, zangolotear, zangotear, zarandear. ➤ Dar BASTÓN. ➤ Batidera, batidor, mecedero, mecedor, mejedor, zarandillo. ➤ Bailar, bregar, bullir, danzar, escarabajear, hervir, ondear, oscilar, palpitar, picarse, pulular, rodearse, temblar, travesear, tremolar, triscar, verbenear, *vibrar, zascandilear. ➤ Estar que ARDE, parecer que tiene HORMIGUILLO. ➤ Accidentado, activo, alborotado, argadijo, argadillo, atarantado, azogado, bullebulle, bullidor, desasosegado, *enredador, exagitado, impaciente, *inquieto, *intranquilo, locuelo, molinillo, molino, movido, nervioso, revuelto, atravieso, tumultuoso, turbulento, con incidentes. ➤ Agitación, ajetreo, bationdeo, conmoción, concusión, convulsión, efervescencia, excitación, furia, irritación, *jaleo, marejada, maremoto, MAR de fondo, mareta, oleada, oleaje, revoloteo, revolución, revuelo, sacudida, trastejo, trotes. ➤ *Tranquilo. ➤ *Mover.

aglactación f. BIOL. *Cese de la producción de *leche en las mamas.*

aglayarse (del cat. «esglaiar»; ant.) prnl. *Quedarse *absorto.*

aglayo (de «aglayase»; ant.) m. *Asombro o *pasmo.*

aglomeración **1** f. Acción de aglomerarse. **2** Conjunto de cosas aglomeradas. Si no se especifica de qué, se entiende de gente. ≃ *Montón. ⇒ Aglomerarse. **3** *Figura retórica consistente en una cadena de oraciones o miembros que reiteran un mismo efecto:* 'Quedó pasmado don Quijote, absorto Sancho, suspenso el primo, atónito el paje...'.

aglomerado, -a **1** Participio adjetivo de «aglomerar[se]». **2** m. *Combustible hecho con *carbón menudo aglutinado con alquitrán y moldeado en prismas. **3** Material usado en carpintería que se obtiene aglomerando fragmentos de madera: 'Una mesa de aglomerado'.

aglomerante adj. Que aglomera. ⊙ adj. y n. m. Particularmente, se aplica a la sustancia capaz de dar cohesión a los fragmentos de uno o varios materiales. Son aglomerantes el betún o la cola.

aglomerar (del lat. «agglomerāre») **1** tr. *Acumular o *reunir sin orden ciertas ↘cosas, particularmente no materiales: 'Aglomerar datos [o noticias]'. ⊙ prnl. *Reunirse apretada o desordenadamente personas o cosas: 'La gente se aglomeró alrededor del pregonero'. **2** tr. Unir fragmentos de uno o varios ↘materiales con una sustancia que les dé cohesión.

□ CATÁLOGO

Agolpar[se], apelotonarse, apeñuscarse, apiñarse, arracimarse, arrebozarse, arremolinarse, embotellarse, hacinar[se], racimarse. ➤ Aglomeración, apretura, avispero, barullo, concentración, embotellamiento, enjambre, garbullo, garulla, gentío, hervidero, hormiguero, jabardillo, jabardo, *muchedumbre, multitud, pelotón, piña, remolino, sinnúmero, torbellino, tropel, vorágine. ➤ *Afluir. *Amontonar. *Apelotonarse. *Desorden. *Montón.

aglutinación **1** f. Acción y efecto de aglutinar. ⇒ *Cohesión, *compacidad. **2** BIOL. *Aglomeración de *células por la reacción entre antígenos y anticuerpos.*

aglutinante **1** adj. y n. m. Se aplica a las sustancias que sirven para aglutinar; por ejemplo, el cemento, la cal o el yeso. ≃ *Adherente, adhesivo. ⊙ CIR. *Se aplica a las sustancias que sirven para unir los tejidos.* **2** adj. LING. Se aplica a las lenguas en que el procedimiento principal para formar palabras que expresen ideas compuestas es la unión de las que expresan las ideas simples, conservando éstas su significado sin alteración. Como el finés, los idiomas malayo-polinesios, el turco, y otros asiáticos, africanos y americanos primitivos. **3** m. Sustancia de una pintura en que se diluyen los pigmentos que contiene.

aglutinar (del lat. «agglutināre») **1** tr. y prnl. *Unir[se] ↘cosas con una sustancia viscosa, de modo que resulte una masa compacta. ≃ *Pegar[se]. ⇒ Conglutinar. **2** tr. CIR. *Mantener en contacto, mediante un apósito adecuado, los ↘tejidos que tienen que unirse.* **3** tr. y prnl. Aunar[se] o *reunir[se]: 'Aglutinar voluntades'.

aglutinativo, -a adj. *Apto para aglutinar.* ≃ Aglutinante.

agnación (del lat. «agnatĭo, -ōnis») f. *Parentesco entre agnados.*

agnado, -a (del lat. «agnātus», de «natus», nacido) adj. y n. *Con respecto a una persona, otra que desciende del mismo tronco por línea masculina.* ⇒ *Genealogía.

agnaticio, -a (del lat. «agnaticĭus») adj. *De agnación.*

agnición (del lat. «agnitĭo, -ōnis», de «agnoscĕre», reconocer) f. LITER. *En las obras épicas o dramáticas, reconocimiento de una persona cuya identidad se ignoraba.* ≃ Anagnórisis.

agnocasto (del lat. moderno «agnus castus») m. **Sauzgatillo (planta verbenácea).*

agnombre (del lat. «agnōmen, -ĭnis»; ant.) m. *Agnomento.*

agnomento (del lat. «agnomentum»; ant.) m. *Sobrenombre.*

agnominación (del lat. «agnominatĭo, -ōnis») f. LING., LITER. **Paronomasia.*

agnosia (del gr. «agnōsía», de la raíz de «gignṓskō», conocer) f. *Ignorancia.*

agnosticismo (de «agnóstico») m. Doctrina o actitud filosófica que considera inalcanzable para el entendimiento humano todo lo que trasciende la experiencia, particularmente Dios.

agnóstico, -a (del gr. «ágnōstos», desconocido) adj. De [o del] agnosticismo. ⊙ adj. y n. Partidario del agnosticismo.

agnus o **agnusdéi** (del lat. «Agnus Dei», Cordero de Dios) **1** m. Oración que comienza con esta palabra, que se dice en la *misa entre el paternóster y la comunión. **2** Objeto de devoción consistente en una lámina gruesa de cera con la imagen del cordero o de algún santo, bendecida por el Papa.

agobiado, -a («de» con un nombre sin artículo; «bajo, por» con un nombre con artículo) Participio adjetivo de «agobiar[se]: 'Agobiado de deudas, por los años, bajo el peso de un enorme fardo'.

agobiador, -a adj. *Que agobia.*

agobiante adj. Que agobia.

agobiar (del lat. «gibbus», joroba) **1** tr. y prnl. Doblar o inclinar el ↘cuerpo hacia el suelo. ≃ Encorvar[se]. **2** tr. *Pesar excesivamente una cosa sobre ↘alguien o sobre algo, obligándolo a doblarse. ≃ *Encorvar. **3** Causar abatimiento o sensación de impotencia el exceso de trabajo u otra cosa a la que hay que hacer frente o que hay que soportar: 'Le agobia el trabajo de la casa. Le agobia la tremenda responsabilidad del gobierno'. ≃ *Abrumar. ⊙ prnl. Sentir abatimiento o impotencia ante algo a lo que hay que hacer frente o que hay que soportar. ⊙ Atarearse demasiado. ⊙ tr. Producir una cosa a ↘alguien sensación de no poder moverse o respirar, o no poder desenvolverse, por excesiva o por otra causa: 'Me agobia este abrigo tan gordo. Me agobia estar siempre entre cuatro paredes. Me agobia ver la casa toda revuelta'. ≃ *Abrumar, angustiar. ⊙ prnl. Tener la sensación de no poder moverse, respirar o desenvolverse por algo. ⊙ tr. Producir desasosiego a ↘alguien, por sentirse embarazado o imposibilitado para corresponder, con alabanzas o atenciones excesivas. ≃ *Confundir. ⊙ prnl. Sentir desasosiego por un exceso de alabanzas o atenciones. **4** (ant.) tr. **Humillar.*

□ CONJUG. como «cambiar».

agobio m. Sensación causada por algo que agobia.

agogía (del gr. «-agōgía») f. MINER. *Canal o reguero por donde sale el agua de las minas.* ≃ Agojía.

-agogia o **-agogía** Elemento sufijo del gr. «agōgḗ», que significa «conducción, dirección»: 'demagogia, pedagogía'.

-agogo, -a Elemento sufijo del gr. «agōgós», el que conduce: 'pedagogo'.

agojía f. *Agogía.*

agolpamiento m. Acción y efecto de agolpar[se].

agolpar (de «a-[2]» y el ant. «golpar») **1** tr. *Juntar muchas ↘cosas en un lugar. ⊙ prnl. Reunirse muchas personas, animales o cosas en un lugar: 'La gente se agolpaba frente a las pizarras'. ≃ *Aglomerarse. ⊙ Ocurrir muchas cosas en un corto intervalo de tiempo. **2** *Acumularse en un sitio mucha cantidad de una cosa que afluye de otros: 'Se le agolpó la sangre a las mejillas'.

agonal (del lat. «agonālis») **1** (culto) adj. *Agonístico.* **2** (culto; gralm. pl.) adj. y n. *Se aplica a las fiestas que se dedicaban al dios Jano o a un dios agonio.*

agonía (del lat. «agonĭa», del gr. «agōnía», lucha, combate) **1** (culto) f. Lucha o combate. **2** En lenguaje corriente, ansia del moribundo. ⇒ *Agonizar. **3** Toque de *campanas por un moribundo. **4** Agotamiento que presagia el final de algo como una civilización o una sociedad humana. **5** Padecimiento e inquietud muy intensos, físicos o morales, con sensación de no poder respirar o de estar próximo a morir. ≃ *Angustia. **6** (inf.; n. calif.; forma pl.) n. Se aplica a una persona encogida, temerosa o que se apura con poco motivo.

agónico, -a 1 adj. De [la] agonía: 'Periodo agónico'. **2** *Agonizante.*

agonio m. *Sobrenombre aplicado en Grecia a Zeus, Poseidón, Hermes o cualquier dios de los que presidían los juegos gimnásticos.*

agonioso, -a (de «agonía») **1** (inf.; n. calif.) adj. y n. Se aplica a la persona que, en cierta ocasión o por temperamento, se muestra infundada o exageradamente apurada o angustiada. **2** También a la que angustia o *exaspera a otros.

agonista (del lat. «agonista», del gr. «agōnistḗs») **1** (culto) adj. y n. *Luchador.* ⇒ Antagonista, protagonista. **2** adj. ANAT. *Se aplica al músculo que realiza un movimiento, por oposición al *músculo antagonista que hace el movimiento contrario.*

agonística (del lat. «agonistĭca», del gr. «agōnistikḗ»; culto) f. *Ciencia de los combates.* ⊙ (culto) *Arte de los atletas.*

agonístico, -a (del lat. «agonistĭcus», del gr. «agōnistikós»; culto) adj. *Relacionado con los certámenes, luchas y juegos públicos.*

agonizante 1 adj. y n. Se aplica al que está agonizando. **2** *Se aplica a los miembros de una orden religiosa, que se dedican a asistir a los moribundos.* **3** m. *En algunas universidades, se llamaba así al que apadrinaba a los graduandos.*

agonizar (del lat. «agonizāre», del gr. «agōnízomai») **1** intr. Estar muriéndose. ⇒ Boquear, candirse, consumirse, entremorir, estar a la MUERTE, luchar con la MUERTE, estar a las PUERTAS de la muerte. ➤ Carfología, estertor, sarrillo. ➤ *Morir. *Muerte. **2** Estar una cosa a punto de *terminarse o *desaparecer. **3** («por») *Padecer por algo.* **4** («por»; ant.) **Ansiar algo.* **5** tr. *Ayudar a un ↘agonizante a bien morir.* **6** **Apresurar a ↘alguien insistentemente.*

agora (del lat. «hac hora», en esta hora; ant., y también rural) adv. **Ahora.*

ágora (del gr. «agorá») f. *Plaza en donde se reunían las asambleas públicas en las ciudades de la antigua Grecia. ⊙ La misma *asamblea.

agorador, -a (del lat. «augurātor, -ōris»; ant.) adj. y n. *Adivino.*

agorafobia (del gr. «agorá» y «-fobia»; culto) f. PSI. Sensación anormal de angustia ante los espacios abiertos y, especialmente, en calles y plazas amplias. ⇒ *Manía.

agorar (del lat. «augurāre») tr. *Predecir ↘desgracias.
□ CONJUG. como «contar», aunque es desusado en las formas que no son el infinitivo.

agorería (ant.) f. *Agüero.*

agorero, -a (de «agüero») adj. y n. Se aplica al que o lo que presagia desgracias: 'Ave agorera'.

agorgojarse prnl. Criar gorgojos las semillas. ≃ Apaularse, apaulillarse, gorgojarse.

agoso, -a (del lat. «aquōsus»; ant.) adj. *Acuoso.*

agostadero m. *Sitio donde agosta el *ganado.*

agostado, -a Participio adjetivo de «agostar[se]».

agostador, -a adj. y n. m. Que agosta.

agostamiento m. Acción y efecto de agostar[se].

agostar (de «agosto») **1** tr. Secar el calor excesivo las ↘plantas. ⊙ prnl. Secarse las plantas por el exceso de calor. ⇒ Aborrajarse, ahornagarse, azurronarse. **2** tr. AGRIC. Arar o cavar la ↘tierra en el mes de agosto para limpiarla de hierbas. **3** (And.) AGRIC. *Cavar muy profundamente la ↘tierra para plantar viña.* **4** intr. **Pastar el *ganado durante la época de sequía en dehesas o rastrojeras.* **5** tr. Hacer perder lozanía o vigor a una ↘cosa o acabar por extinguirla: 'Aquel amor desgraciado agostó su juventud. Los desengaños agostan las ilusiones'. ≃ Marchitar. ⊙ prnl. Perder algo lozanía o extinguirse. ≃ Marchitarse.

agostero, -a (de «agosto») **1** m. Jornalero del campo que se contrata para las faenas de recolección de los cereales. **2** adj. *Se aplica al ganado que entra a pacer en los rastrojos.* **3** m. *Religioso que iba recogiendo en agosto las limosnas en trigo y otros granos para la comunidad.*

agostía f. *Empleo de agostero y tiempo durante el cual sirve.*

agostizo, -a 1 adj. *Propio de agosto.* **2** *Propenso a agostarse o *desmedrarse.* **3** *Se aplica al animal nacido en agosto implicando que, por ello, es *raquítico.*

agosto (del lat. «Augustus», nombre puesto en memoria del emperador Octavio Augusto) **1** m. Octavo mes del año, que sigue a julio. ⇒ Sextil. **2** Época de la *recolección. **3** *Cosecha (frutos recogidos).

HACER alguien SU AGOSTO. Sacar provecho, obtener muchas ganancias de ciertas circunstancias: 'Algunos hicieron su agosto en la guerra'.

agostón, -a adj. *Se aplica al cerdo nacido en el mes de agosto.*

agotable adj. Susceptible de ser agotado. ⇒ Inagotable.

agotado, -a («Dejar, Quedar, Estar») Participio adjetivo de «agotar[se]». ⊙ Particularmente, sin fuerzas o energías, físicas o espirituales, a consecuencia del cansancio, de una enfermedad, etc. ⇒ Acabado, consumido, exhausto, extenuado, gastado. ➤ *Débil. *Cansar.

agotador, -a adj. Capaz de agotar las fuerzas o la resistencia de alguien: 'Un trabajo agotador. Una espera agotadora'.

agotamiento m. Acción de agotar[se]. ⊙ Estado de agotado.

agotar (del sup. lat. «eguttāre», de «gutta», gota) **1** tr. Extraer totalmente el agua de algún ↘sitio. ⇒ *Desaguar, *desecar. **2** tr. y prnl. Por extensión, *terminar[se]. *Gastar[se] completamente cualquier ↘cosa. ⊙ También cosas no materiales: 'Agotar la paciencia de alguien. Agotar un tema'. **3** tr. *Debilitar a ↘alguien extremadamente. ⊙ prnl. Llegar a debilidad extrema. ⊙ tr. *Cansar a ↘alguien extremadamente. ⊙ prnl. Cansarse mucho.

agote adj. y n. *Se aplica a los individuos de cierto *pueblo que habita el valle de Baztán (Navarra) y a este pueblo.*

agovía f. *Alborga (calzado semejante a la alpargata).*

agrá (de «agraz»; *Vitis caribaea*) m. *Planta vitácea americana que se cultiva por sus frutos, con los que se obtiene vino.*

agracejina f. *Fruto del agracejo.*

agracejo (dim. de «agraz») **1** m. **Uva que se queda muy pequeña y no llega a madurar.* **2** (And.) *Conjunto de* *aceitunas que caen del árbol antes de madurar.* **3** *(«Berberis vulgaris»)* *Planta berberidácea que se cría silvestre y también se cultiva en los jardines, cuyos frutos son pequeñas bayas rojas. ≃ Acetín, agracillo, agraz, agrazón, agrecillo, alarguez, alguese, arlo, aspálato, berberís, bérbero[s], garbanzón, retamilla. **4** *Cierto árbol anacardiáceo de Cuba, cuyo fruto comen los animales.*

agraceño, -a adj. *De sabor agrio, como el agraz.*

agracera f. *Vasija que se destinaba a guardar el zumo del agraz.*

agracero, -a adj. *Se aplica a la cepa cuyo fruto no llega a ponerse dulce.*

agraciado, -a 1 Participio adjetivo de «agraciar». ⊙ n. Persona agraciada con un premio, merced, etc.: 'Los agraciados con el premio mayor de la lotería'. **2** adj. Se aplica a personas, particularmente a mujeres, para expresar que tienen cierta *belleza o atractivo, sin llegar a ser realmente hermosas.

agraciar (de «a-[2]» y «gracia») **1** tr. Hacer cierta cosa, por ejemplo un vestido, un adorno o cierta particularidad, que una ↘cosa o una persona, particularmente una mujer, parezca más bonita o agradable: 'Le agracia el lunar que tiene en la mejilla'. ≃ *Favorecer. ⇒ Desagraciar. **2** *Premiar a ↘alguien con una merced, condecoración, etc. ⊙ (corrientemente, sólo el participio) También, con un premio de la lotería o de otro sorteo.

□ CONJUG. como «cambiar».

agracillo m. **Agracejo (arbusto berberidáceo).* ≃ Agrecillo.

agradabilísimo, -a adj. Superl. frec. de «agradable».

agradable 1 («a, para, de») adj. Se dice de lo que agrada. ≃ Grato. **2** Se aplica a la persona afable.

agradablemente adv. De manera agradable.

agradamiento (ant.) m. *Agrado.*

agradar (de «a-[2]» y «grado[2]», gusto) intr. Causar en el ánimo o los sentidos una impresión tal que el sujeto se siente bien con ella y desea que continúe. ≃ *Gustar. ⊙ En el uso corriente se emplea cuando esa impresión es moderada o producida por cosas de no mucha importancia: 'Me agrada oír un rato música ligera. Me agrada ver a la gente alegre'. No se diría, en general, 'me agrada la Sexta Sinfonía' o 'me agradaría ver felices a mis hijos'.

□ CATÁLOGO

Acontentar, animar, aplacer, atalantar, *atraer, camelar, *complacer, contentar, cosquillear, cuadrar, cuajar, deleitar, demulcir, *distraer, *divertir, encantar, *entretener, gratificar, gustar, halagar, hechizar, ilusionar, lisonjear, llenar, pegarse, petar, placer, privar, regalar, resultar, sainetear, *satisfacer, solazar, hacer COSQUILLAS, caer en [o hacer] GRACIA, dar GUSTO, llevarse los OJOS, hacer TILÍN, ser la VIDA, ser media VIDA. ➤ Acepto, adorable, agradable, ameno, *apacible, apetecible, apetitoso, aplaciente, de buen *ASPECTO, atractivo, atrayente, brujo, celestial, cómodo, confortable, coquetón, cuco, delectable, deleitable, deleitante, deleitoso, *delicado, *delicioso, deseable, desenojoso, dulce, embriagador, encantador, fácil, fascinador, fruitivo, gachón, gayo, genial, glamouroso, godible, *gracioso, grato, gustoso, hechicero, idílico, jarifo, lene, lindo, lisonjero, mágico, placentero, placible, plácido, placiente, regalado, risueño, rufo, sabroso, sangriligero, seductor, simpático, solazoso, suave, vistoso; de buen ASPECTO, de COLOR de rosa. ➤ Bien. ➤ Ángel, aquél, duende, encanto, glamour, gracia, hechizo, poesía, un no SÉ qué, sainete, sal, salero, seducción, *simpatía. ➤ Bendición, delicia, diversión, edén, encanto, golosina, hermosura, paraíso. ➤ Agrado, agradamiento, complacencia, gusto, huelga, regosto, satisfacción. ➤ Aplauso, aprobación, ovación. ➤ Boga, moda. ➤ Estar a las DURAS y a las maduras. ➤ Desagradar. ➤ *Aguafiestas. ➤ *Bueno. *Placer.

agradecer (de «a-[2]» y «gradecer») tr. *Estimar un ↘beneficio o una atención recibidos: 'Agradezco mucho su visita'. ⊙ Portarse con una persona como corresponde por un ↘beneficio o atención recibidos de ella: 'No sabe agradecer lo que has hecho por él'. ≃ *Corresponder. ⊙ («con») Dar cierta cosa a cambio de un ↘favor o una atención recibidos: 'Me lo agradeció con una sonrisa'. ≃ Corresponder, pagar, responder. ⊙ Mostrar una cosa el buen efecto de los ↘cuidados o el trabajo puestos en ella o de algo que la beneficia: 'Las plantas agradecen la atención constante. El campo ha agradecido la lluvia'. En futuro o potencial se emplea en tono irónico, como «necesitar»: 'Esa blusa agradecería una jabonada'. ≃ Corresponder, responder.

□ CATÁLOGO

*Corresponder, endeudarse, gracir, gradecer, pagar, reconocer, regraciar, regradecer, responder, dar [las] GRACIAS, estar a la RECÍPROCA, pagar con USURA. ➤ Agradecimiento, bendición, gratitud, reconocimiento, tedéum, ACCIÓN de gracias, HACIMIENTO de gracias. ➤ Exvoto, ofrenda. ➤ Eucarístico. ➤ Agradecido, obligado. ➤ Antidoral. ➤ En pago de. ➤ MERECER bien de. ➤ ¡Gracias!; DIOS te [le, etc.] bendiga, DIOS te [se, etc.] lo pague. ➤ Desagradecimiento, ingratitud.

□ CONJUG. IRREG. PRES. IND.: agradezco, agradeces, agradece, agradecemos, agradecéis, agradecen; PRES. SUBJ.: agradezca, agradezcas, agradezca, agradezcamos, agradezcáis, agradezcan; IMPERAT.: agradece, agradezca, agradeced, agradezcan.

agradecido, -a 1 Participio adjetivo de «agradecer». ⊙ («Estar, Ser; a, por») adj. Se aplica al que muestra o siente agradecimiento por los favores que recibe. **2** (inf.) Se emplea en tono exclamativo con el significado de «¡gracias!».

agradecimiento («a, por») m. Acción de agradecer. ≃ Gratitud, reconocimiento. ⊙ Sentimiento del que agradece. ≃ Gratitud, reconocimiento.

agrado 1 m. Efecto producido en el ánimo por lo que agrada: 'He recibido con agrado sus noticias'. ≃ *Gusto. **2** (inf.) Amabilidad y *simpatía. Cualidad de las personas que son agradables y amables en el trato con otras: 'Esta dependienta tiene un agrado especial para despachar'.

agrafia (del gr. «a-[1]» y «-grafía») f. MED. Incapacidad para expresar las ideas por escrito, debida a lesión cerebral. ⇒ Graf-.

ágrafo, -a adj. Que no sabe escribir. ⊙ MED. Afectado de agrafia.

agramadera f. *Instrumento para agramar.*

agramado, -a *Participio adjetivo de «agramar».* ⊙ m. *Acción y efecto de agramar.*

agramador, -a adj. y n. *Que agrama.* ⊙ m. *Agramadera.*

Agramante V. «CAMPO de Agramante».

agramar (de «a-[2]» y «gramar») tr. Machacar los tallos de ↘*lino o *cáñamo para separar la fibra. ⇒ Gramilla.

agramatical adj. GRAM. Se aplica a la secuencia que no se ajusta a las reglas gramaticales.

agramaticalidad f. GRAM. Cualidad de agramatical.

agramilar (de «a-[2]» y «gramil») **1** tr. CONSTR. *Cortar o raspar los ↘*ladrillos, *baldosas o *azulejos para igualarlos y que la obra resulte perfecta.* **2** CONSTR. *Figurar con pintura hiladas de *ladrillos en un ↘muro.*

agramiza (de «agramar») f. *Residuos que quedan, en las fibras del cáñamo o lino después del espadillado, que se eliminan con el rastrillado y peinado.* ≃ Cañamiza.

agramontés, -a adj. y n. Se aplica a los individuos de cierta facción de Navarra favorable al rey D. Juan II en su lucha con su hijo el Príncipe de Viana, enemigos, por tanto, de los beamonteses, que defendían al último.

agrandamiento m. Acción y efecto de agrandar.

agrandar tr. Hacer que ˘algo sea más grande o hacerlo parecer más grande, en sentido espacial o no espacial: 'Agrandar una casa. Agrandar la importancia de una cosa'. ⊙ prnl. Hacerse algo más grande, en sentido espacial o no espacial. ⇒ Abultar, agigantar, alargar, *ampliar, amplificar, *aumentar, desorbitar, dilatar, enaltecer, engrandar, engrandecer, *ensanchar, expandir[se], extender[se], grander, grandifacer; sacar las COSAS de quicio. ➤ *Añadir. *Exagerar. ➤ *Crecer. *Grande.

agranujado[1], -a (de «a-²» y «granujo») adj. *Granujiento.*

agranujado[2], -a adj. Con aspecto o modales de granuja.

agrario, -a (del lat. «agrarĭus») adj. Relativo al campo. ≃ Rural.

V. «MEDIDA agraria».

agravamento (ant.) m. *Agravio o *perjuicio.*

agravamiento m. Acción de agravar[se].

agravante adj. y n. Se aplica a lo que agrava.

V. «*CIRCUNSTANCIA agravante».

agravar (del lat. «aggravāre») tr. Hacer el estado de una ˘cosa más grave o peor: 'La emoción puede agravar al enfermo. Este incidente ha agravado la situación'. ⊙ prnl. Ponerse más grave o peor. ⇒ Agriar, agudizar, *empeorar, enconar, gravescer, reagravar, recargar, recrudecer. ➤ Recaer. ➤ *Grave.

agravatorio, -a 1 adj. *Se aplica a lo que agrava.* **2** DER. *Se aplica específicamente al despacho de un juez o *tribunal en que reitera otro anterior y compele a su ejecución.*

agravecer (del lat. «aggravescĕre»; ant.) tr. y prnl. *Agravar[se].*

agraviado, -a adj. Participio adjetivo de «agraviar».

agraviador, -a adj. y n. Que agravia.

agraviante adj. Que agravia.

agraviar (del sup. lat. vulg. «aggraviāre») **1** tr. Expresar un concepto contrario a la dignidad o el honor de ˘alguien o mostrarle de cualquier manera, con palabras o actos, falta de consideración o respeto. ≃ *Ofender. ⊙ («de»: 'de alguien'; «por»: 'por algo') prnl. Sentirse o mostrarse agraviado. **2** tr. DER. *Perjudicar a ˘alguien: 'Los que se consideren agraviados por esta disposición pueden reclamar'.

☐ CONJUG. como «cambiar».

agravio 1 («Causar, Hacer, Inferir, Ser», etc.) m. Ofensa o insulto. Dicho o hecho con el que se agravia: 'Si no le confías ese trabajo, lo tomará como un agravio'. El objeto del agravio puede ser también un nombre como «dignidad, honor, honradez», y también «amistad»: 'Esa falta de confianza es un agravio a nuestra antigua amistad'. **2** DER. *Perjuicio. ⊙ DER. *Perjuicio que el apelante alega ante el juez superior por causa de la sentencia del inferior.* **3** (ant.) DER. **Apelación.*

AGRAVIO COMPARATIVO. El que se comete al dar un trato diferente a personas o cosas en situaciones comparables. ⇒ *Injusto.

V. «ESCRITO de agravios».

agravioso, -a (ant.) adj. *Agraviante.*

agraz (de «agro²») **1** adj. Se aplica a la uva sin madurar. ⊙ m. Zumo de ella, empleado para hacer la agrazada. ⊙ Agrazada. **2** Sinsabor, penalidad o disgusto. **3** **Grosellero común.*

EN AGRAZ. Se aplica a algo que está todavía en preparación. ⊙ También a alguien, particularmente representado por un nombre de profesión, que todavía está preparándose para ser lo que ese nombre indica: 'Un ingeniero en agraz'. ⇒ *Inmaduro.

agrazada f. *Refresco hecho de agraz, agua y azúcar.* ≃ Agraz.

agrazar 1 intr. *Saber ácido, como el agraz.* **2** tr. *Desagradar.*

agrazón (de «agraz») **1** m. *Uva silvestre.* **2** *Conjunto de racimillos que quedan en las cepas y no llegan a madurar.* **3** *Grosellero común. **4** (Ál.) **Agracejo (arbusto berberidáceo).* **5** *Agraz (sinsabor).*

agre (del lat. «acer, acris»; ant.) adj. *Agrio.*

agrearse (de «agre»; ant.) prnl. *Agriarse.*

agrecillo m. **Agracejo (arbusto berberidáceo).* ≃ Agracillo.

agredido, -a adj. y n. Se aplica, por oposición a «agresor», al que es víctima de la agresión.

agredir (del lat. «aggrĕdi») **1** tr. Lanzarse contra ˘alguien para herirle, golpearle o causarle cualquier daño: 'Un desconocido le agredió en la calle'. ≃ *Atacar. **2** Hacer algo contrario al derecho de otro. **3** *Insultar. Se emplea corrientemente sólo en la expresión «agredir de palabra».

agregación f. Acción de agregar.

agregado, -a 1 Participio adjetivo de «agregar». **2** m. *Conjunto de cosas unidas unas a otras sin llegar a confundirse: 'El hormigón es un agregado de piedras, cal y arena'. ≃ Conglomerado. **3** Cosa agregada. ≃ *Aditamento. **4** n. AGREGADO diplomático. **5** Cada uno de ciertos funcionarios diplomáticos que desempeñan funciones especiales en las embajadas: 'Agregado comercial, cultural, militar, naval'. **6** (Arg., Col.) **Colono que cultiva una finca ajena, gratis o pagando arrendamiento.* **7** m. Municipio unido a otro más importante. ≃ Anejo. **8** n. Persona agregada a otra para ayudarle en el desempeño de un cargo. ≃ *Adjunto. **9** adj. y n. Se aplica al *profesor universitario o de bachillerato de rango inmediatamente inferior al de catedrático. **10** m. QUÍM. *Grupo de átomos, iones o moléculas que interaccionan.*

AGREGADO DIPLOMÁTICO. Título de los representantes diplomáticos de última categoría.

agregaduría f. Cargo y oficina del agregado.

agregar (del lat. «aggregāre») **1** tr. *Unir una ˘cosa a otra con la que queda formando un todo: 'Agregar un municipio a otro. Agregar los huevos a la masa'. ≃ Adicionar, *añadir, incorporar, juntar. **2** (usualmente «a», menos frec. «con») prnl. Entrar a formar parte de una reunión de personas o de una cosa o conjunto de cosas. ≃ Incorporarse, *unirse. **3** tr. Refiriéndose a empleados, *destinar a ˘alguien accidentalmente a cierto puesto o servicio. **4** Añadir algo a lo ya expresado.

agremán (del fr. «agrément», agrado, atractivo) m. Adorno de *pasamanería en forma de *cinta. ⊙ *Tejido de pasamanería en que se incrustan vidrio y esmaltes.*

agremiación f. Acción y efecto de agremiar[se].

agremiado, -a Participio adjetivo de «agremiar[se]».

agremiar tr. Reunir u organizar en gremio a ˘personas o profesiones. ⊙ prnl. recípr. Reunirse u organizarse en gremio.

☐ CONJUG. como «cambiar».

agresión f. Acción de agredir. ⇒ *Ataque. ⊙ Acto contrario al derecho de otro. ⊙ Particularmente, ataque militar de un país contra otro.

agresivamente adv. Con agresividad.

agresividad f. Cualidad de agresivo.

agresivo, -a (del lat. «aggressus», part. pas. de «agrĕdi», atacar) **1** («Ser») adj. Aplicado a personas y animales, propenso a agredir o *atacar físicamente. ⇒ Acometedor, acre, agrio, áspero, crudo, violento. ➤ Alzar el GALLO. ➤ *Atacar. *Bravucón. *Pendenciero. *Riña. ➤ *Manso. ⊙ («Ser») Aplicado a palabras o actitudes, se dice de lo que contiene violencia o ataque. ⊙ («Ser, Estar») Aplicado a personas, se dice de quien usa palabras o actitudes de esa clase. **2** Se aplica a la persona que realiza su trabajo con audacia y decisión: 'Un hombre de negocios agresivo'. **3** Aplicado a sustancias, tratamientos, etc., que daña o perjudica: 'Un producto agresivo para el cabello'.

agresor, -a adj. y n. Se aplica al que comete una agresión.

agreste (del lat. «agrestis») **1** adj. Campestre. **2** Aplicado a terrenos o caminos, inculto, con desigualdades o vegetación salvaje que hace difícil el paso por él. ≃ *Escabroso. **3** Aplicado a la vegetación o los animales, *silvestre o *salvaje. No cultivado o no domesticado. **4** Aplicado a personas o sus maneras, *tosco.

agreta (de «agre») f. **Acedera (planta poligonácea).*

agreza (de «agre»; ant.) f. *Agrura.*

agri- o **agro-** Elementos prefijos del lat. «ager, agri» o el gr. «agrós» con el significado de «campo»: 'agricultura, agrimensor, agroalimentario, agronomía'

agriado, -a Participio adjetivo de «agriar[se]». ⊙ («Estar» o sin cópula) adj. Se aplica a la persona (y, correspondientemente, a su carácter o humor) a quien los desengaños, etc., han hecho *malhumorada, de mal *carácter o *pesimista: 'Está agriado. Es un hombre agriado'.

agriamente adv. De manera agria.

agriar tr. y prnl. Volver[se] una ↘cosa agria, en sentido propio o figurado: 'Agriarse la leche. Con la enfermedad se le ha agriado el *carácter'. ≃ Avinagrar[se]. ⇒ Acidarse, acidificarse, apuntarse, rehervirse, repuntarse, revenirse. ➤ Acescente.

☐ CONJUG. como «cambiar», aunque es muy frecuente la acentuación como «desviar».

agriaz (de «agrio») m. **Cinamomo (árbol meliáceo).*

agrícola (del lat. «agricŏla») adj. De la agricultura.

agricultor, -a n. Persona que se dedica al cultivo de la tierra por sí misma o por medio de obreros.

agricultura (del lat. «agricultūra») f. Arte de cultivar la tierra. ⊙ Conjunto de actividades aplicadas a ese cultivo.

☐ CATÁLOGO

Formas afijas, «col-, cult-: oleícola, arboricultura», etc. ➤ Cultivo, geoponía, geopónica, granjería, laboreo, labranza. ➤ Bioagricultura. ➤ Agrimensura, agrología, agronomía. ➤ Sativo. ➤ Geórgica. ➤ Arboricultura, arvicultura, floricultura, horticultura, hortofruticultura, jardinería, oleicultura, praticultura, silvicultura, viticultura. ➤ Agroalimentario, agropecuario. ➤ Acoyuntar, aparcería, arriendo, comuña, latifundio, medianería, mediería, minifundio, senara. ➤ Latifundismo. ➤ Abancalar, abeldar, abieldar, abinar, ablaquear, *abonar, acaballonar, acodar, acohombrar, acollar, aladrar, alomar, alombar, alumbrar, alzar, amelgar, amorillar, amurillar, apalear, aparar, aparvar, *aporcar, arar, aricar, arrancar, arrancasiega, arrejacar, arromper, artigar, asurcar, atablar, atetillar, *aventar, barbechar, bieldar, binar, cabecear, calzar, caponar, *cavar, chapear, chorra, cohechar, colmatar, conrear, corar, cortar, cosechar, criar, *cribar, cruzar, cultivar, culturar, curiar, dallar, desacollar, desaporcar, desbarbillar, desborrar, desboscar, desbotonar, desbragar, *deschuponar, descogollar, desencapar, desfollonar, desfondar, desganchar, desgatar, deshijar, deslechugar, desmarojar, desmatar, desortijar, despalmar, despampanar, despampanillar, despamplonar, despancar, despimpollar, despinochar, despleguetear, desquejar, desrastrojar, desroñar, destallar, desterronar, destetillar, destusar, desuñar, desvaretar, desvezar, desvolver, desyemar, desyerbar, doblar, encañar, encapachar, enfaldar, entrapar, entrecavar, erar, escabuchar, escamondar, escamujar, *escardar, escardillar, escarificar, escavanar, escocar, escotorrar, espergurar, espigar, excavar, forcatear, gradar, guiar, *injertar, jadiar, jirpear, laborear, *labrar, lampear, layar, *limpiar, rajar los LOMOS, mantornar, milpear, naturalizar, panificar, *plantar, *podar, porcar, postura, quintar, rastillar, rastrear, rastrillar, rearar, rebinar, rebuscar, recalzar, recavar, recoger, *recolectar, *regar, replantar, *reproducir, resallar, romper, *roturar, rozar, sachar [o sallar], segar, *sembrar, sobrearar, soguear, solmenar, surcar, tablear, terciar, terrear, trabajar, traillar, trasplantar, *trillar, tronquear, volver. ➤ Meteorización. ➤ Borrón, hormiguero. ➤ Acudir, arraigar, darse, entrecriarse, producir, trabajar. ➤ Aladrería, aliño, aperos. ➤ Allegadera, allegador, almocafre, alpatana, andaraje, angazo, aparvadera, aparvadero, aparvador, *arado, arrancadora, atabladera, aventadora, *azada, azadilla, azadón, bidente, bieldo, binador, bodollo, calabozo, calla, cambiza, carpidor, cazcorvo, chope, címbara, coa, cosechadora, desplantador, echona, escardadera, escardilla, escardillo, escarificador, forcate, forqueta, golde, *grada, guadaña, guadañadora, guataca, herrón, hocino, horca, horquilla, *hoz, lampa, laya, legón, márcola, motocultivador [o motocultor], pala, plantador, podadera, podón, rastillo, rastra, rastrilladora, rastrillo [rastro], robadera, rozón, segadora, sembradora, tractor, traílla, trilladora, trillo, volvedera. ➤ Arandela, hierro, reja. ➤ Goluba. ➤ Calcímetro. ➤ Abesana, acirate, amelga, besana, *caballón, emelga, entrevuelta, loba, *surco. ➤ *Bancal, era, tabla, *terraza. ➤ Acoyuntero, agregado, agricultor, agrónomo, ahoyador, alijarero, aperador, arador, arboricultor, arrendatario, arvicultor, bracero, cachicán, camilucho, campesino, campirano, *capataz, caporal, casero, cavaril, cavero, chacarero, chinampero, collazo, *colono, conde, cortijero, cosechero, costero, coyuntero, cultivador, degano, degañero, destripaterrones, floricultor, gañán, granjero, guillote, hortelano, horticultor, huebrero, huertano, jornalero, labradero, labrador, labrantín, labriego, manigero [o manijero], mayoral, mediero, mercenario, mozo, pegujalero, pelantrín, praticultor, propietario, quintero, quiñonero, rahalí, ranchero, rehalí, rentero, rústico, silvicultor, sobrancero, temporal, temporil, terrajero, terrazguero, torrero, veguero, vílico, viticultor, yacedor, yanacón, yanacona, yuguero, yuntero, HOMBRE del campo, INGENIERO agrónomo, PERITO agrónomo. ➤ Sudra. ➤ Cuadrilla, negrería, varada, GENTE de capa parda, GENTE de gallaruza. ➤ Cabero. ➤ Faenas, laboreo, labores, labranza, obrada. ➤ Aborrajarse, abortar, acamarse, acertar, acudir, agostarse, darse, encaparse, enzurronarse, granizada, griseta, helada, *plaga, sequía, temporal. ➤ *Caballería, *ganado, mancuerna, par, revezo, yunta, yuntería. ➤ *Era. ➤ Beneficiar, esquilmo, granjería. ➤ Alparcería, aparcería, arriendo, colonato, medias, rabassa morta. ➤ Acoyuntar, cainge, mujalata, tornapeón. ➤ Alijarar. ➤ Barbecho, rotación. ➤ Rastrojo. ➤ *Sazón. ➤ *Abono. *Acequia. *Animal. *Árbol. *Botánica. *Campo. *Finca. *Labrar. *Plagas. *Planta. *Plantar. *Recolección. *Regar. *Reproducción. *Roturar. *Sembrar. *Tierra. ➤ V. para particularidades del cultivo y recolección de distintas plantas, «*maíz, *mies, *olivo, *vid», etc.

agridulce adj. De sabor mezclado de agrio y dulce.

agriera (de «agrio»; Hispam.) f. *Acidez de *estómago.*

agrietamiento m. Acción y efecto de agrietar[se].

agrietar tr. Hacer una grieta o grietas en una ↘cosa: 'El sol agrieta la pintura'. También, en la piel: 'El frío agrieta las manos'. ⊙ prnl. Empezar a tener algo una o varias grietas. ⇒ *Abrir[se], aquebrazarse, cascar[se], consentirse, cortar[se], cuartear[se], escachar[se], escarearse, espachurrar[se], esquebrajar[se], exfoliar[se], frañer, grietarse, grietearse, henderse, quebrajar[se], quebrantar[se], quebrar[se], rajar[se], resquebrajar[se], resquebrar[se], saltar, sentirse, ventearse. ➤ *Grieta. *Partir. *Romper.

agrifada adj. V. «ÁGUILA agrifada, LETRA agrifada».

agrifolio (del lat. «agrifolĭum» y «aquifolĭum», de «acus», aguja, y «folĭum», hoja) m. **Acebo (árbol aquifoliáceo).*

agrija (ant.) f. *Grieta o fístula.*

agrilla (dim. de «agria») f. **Acedera (planta poligonácea).*

agrillarse prnl. *Producir grillos o brotes las semillas, patatas, etc., guardadas.* ≃ Grillarse.

agrimensor, -a (del lat. «agrimensor») n. Persona que se dedica a la agrimensura. ⇒ Apeador, deslindador, estadero, topógrafo.

V. «ESCUADRA de agrimensor».

agrimensura (del lat. «agrimensūra») f. Arte de medir terrenos. ⇒ *Topografía.

agrimonia (del lat. «agrimonĭa»; *Agrimonia eupatoria)* f. *Planta rosácea de la cual se emplean las hojas en medicina como *astringente y las flores como curtiente. ≃ Eupatorio, gafetí.

agrimoña f. *Agrimonia.*

agringado, -a (Hispam.) *Participio adjetivo de «agringarse». Que tiene aspecto o costumbres de «gringo».*

agringarse (Hispam.) prnl. *Adoptar el aspecto o las costumbres de los gringos.*

agrio, -a (de «agro²», con influencia de «agriar») **1** («a»: 'al paladar'; «de»: 'de sabor') adj. De sabor como el del limón o el vinagre. ≃ *Ácido. ⊙ Se aplica también a la fruta que, por no estar madura, tiene ese sabor. **2** Aplicado a «tono, humor, crítica, discusión» y expresiones semejantes, violento y agresivo. ≃ *Acre. ⊙ Aplicado a personas o a su carácter, *adusto o *malhumorado: 'Agrio de carácter'. **3** **Abrupto: de difícil acceso o tránsito.* **4** Aplicado a castigos o sufrimientos, cruel o duro. **5** *Aplicado a los metales, frágil.* **6** adj. y n. PINT. *Se aplica al colorido falto de entonación o armonía.* **7** m. *Zumo de una fruta ácida.* **8** (pl.) Conjunto de frutas agrias (naranja, limón y semejantes).

V. «CAÑA agria».

agrión (de «agrio») **1** m. VET. **Tumor que se les forma a las caballerías en la punta del corvejón.* **2** m. **Cinamomo (árbol meliáceo).*

agripalma (del lat. «acer, acris», punzante y «palma», palma; *Leonurus cardiaca)* f. *Planta labiada silvestre, de tallo cuadrangular y hojas de tres lóbulos lanceolados, verdinegras por encima y blanquecinas por el envés, y flores purpúreas. ≃ Cardiaca.

agrisado, -a Participio de «agrisar». ⊙ adj. De color algo gris o blanco sucio. ≃ Grisáceo, gríseo.

agrisar tr. Dar color gris a ↘algo.

agro¹ (del lat. «ager, agri», campo) **1** (culto) m. *Campo, considerado como tierra con plantas cultivadas: 'Los problemas del agro'. **2** (Gal.) *Extensión de terreno cercada, perteneciente a varios dueños.* ⇒ Ería, llosa, mies. **3** (ant.) *Territorio jurisdiccional de ciertas ciudades.*

agro², -a (del lat. «acrus» por «acer, acris»; ant.) adj. *Agrio.*

agro- V. «agri-».

agroalimentario, -a adj. De los productos agrícolas transformados por procedimientos industriales.

agrología (de «agro-» y «-logía») f. Parte de la agronomía que se ocupa del estudio del *campo en relación con la vegetación.

agronometría f. *Parte de la agronomía que se ocupa de la medición de la fertilidad de las tierras y de su aumento y disminución con los abonos, con cada cosecha, etc.*

agronomía (de «agrónomo») f. Conjunto de conocimientos teóricos relacionados con el cultivo de la tierra. ⇒ *Agricultura.

agronómico, -a adj. Relacionado con la agronomía o con su objeto.

agrónomo, -a (del gr. «agronómos») adj. y n. Persona que se dedica a la agronomía. Se usa como adjetivo en «INGENIERO [O PERITO] agrónomo».

agropecuario, -a (de «agro-» y «pecuario») adj. Relacionado con la *agricultura y la ganadería.

agror (ant.) m. *Sabor agrio.* ≃ Acidez.

agruador (ant.) adj. y n. *Agorero.*

agrupable adj. Susceptible de ser agrupado.

agrupación **1** f. Acción y efecto de agrupar. **2** Grupo, conjunto o *reunión de cosas: 'Una agrupación de municipios'. ⊙ Se aplica particularmente a una reunión de personas que se asocian con un propósito o por una característica comunes. Alternando con «asociación» y «sociedad», forma parte muchas veces del nombre propio de esas asociaciones: 'Agrupación filarmónica'. **3** MIL. Unidad equivalente al regimiento.

agrupado, -a Participio adjetivo de «agrupar[se]».

agrupador, -a adj. Que agrupa.

agrupamiento m. Acción y efecto de agrupar[se].

agrupar («con, en, por») tr. Formar un grupo o grupos con ciertas ↘cosas: 'Agrupar los libros por tamaños'. ⇒ *Reunir. ⊙ prnl. recípr. *Reunirse en un grupo. ⊙ Distribuirse en grupos.

agrura (de «agro²») **1** f. *Cualidad de agrio.* ⊙ *Estado de agrio.* ⊙ *Acidez.* ≃ Agror. **2** *Conjunto de *árboles frutales de fruto agrio.*

agua (del lat. «aqua») **1** f. Líquido que forma el mar, los ríos, etc. ⊙ Lluvia: 'Esta noche ha caído mucha agua'. **2** Seguido de una determinación, se aplica a muchas bebidas y a otros líquidos hechos principalmente con agua, y a infusiones y productos de destilación: 'Agua de naranja, de limón, de arroz, de anís... Agua de cal. Agua de rosas. Agua de azahar'. **3** *Lágrimas (secreción de los ojos).* **4** *Orina.* ⇒ Hacer AGUAS. **5** (ant.; pl.) *Río o arroyo.* **6** En plural se emplea a veces para nombrar un manantial o todo un establecimiento de aguas minerales: 'Las aguas de Alhama'. **7** MAR. Marea. **8** MAR. Agujero o grieta por donde un barco hace agua. **9** (pl.) AGUAS jurisdiccionales. **10** (pl.) MAR. Corriente en el mar. **11** (pl.) MAR. Refiriéndose a un buque en movimiento, ruta que va dejando atrás: 'Seguir las aguas de un buque pirata'. **12** (pl.) Se usa como equivalente a «vertiente» para expresar las que tiene una cubierta de edificio: 'Tejado a dos aguas'. **13** (pl.) Brillos cambiantes en forma de ondas en ciertos materiales, por ejemplo en la tela moaré. ≃ Cambiantes, visos. ⇒ *Reflejo. ⊙ (pl.) Desigualdades en el color de alguna cosa. ⇒ *Mancha. **14** (pl.) Transparencia y luminosidad de las piedras preciosas: 'Un diamante de hermosas aguas'.

AGUA DEL AMNIOS. *LÍQUIDO amniótico: líquido contenido en la cavidad del amnios.*

A. DE AZAHAR. Bebida preparada con flor de naranjo, que se emplea como sedante. ⇒ AGUA de nafa, aguanafa.

A. BENDITA. La bendecida por un sacerdote para usos religiosos; particularmente, para bautizar y para ponerla en las pilas que hay a la entrada de las *iglesias, destinada a que se purifiquen los fieles haciendo con ella la señal de la cruz. ⇒ Hisopo, pila.
A. BLANDA. La potable que tiene pocas sales en disolución. ≃ AGUA delgada.
A. CARBONATADA. Agua con ácido carbónico disuelto en ella a presión.
A. DE COLONIA. Perfume y producto de higiene fabricado con alcohol y esencias aromáticas. ≃ Colonia.
A. CORRIENTE. La que sale del grifo: 'Una casa sin agua corriente'.
A. DE CRISTALIZACIÓN. La que conservan en su masa los cuerpos que han cristalizado partiendo de una solución acuosa.
A. DELGADA. AGUA blanda.
A. DULCE. La que no es salada.
A. DURA. La que, sin dejar de ser potable, tiene muchas sales en disolución. ≃ AGUA gorda.
A. DE FREGAR (inf.). *Caldo desustanciado o malo.
A. FUERTE. Ácido nítrico diluido en una pequeña cantidad de agua, que se emplea en el grabado. ≃ AGUAFUERTE.
A. GORDA. AGUA dura.
A. LUSTRAL. Agua sagrada con que los paganos rociaban las víctimas de los *sacrificios.
A. MEDICINAL. La mineral que tiene propiedades curativas.
A. DE MESA. Agua envasada que se toma como bebida.
A. MINERAL. La de manantial que tiene sustancias minerales disueltas. ⊙ Cualquier agua envasada que se toma como bebida. ≃ AGUA de mesa.
A . MINEROMEDICINAL. AGUA medicinal.
A . MUERTA. V. «AGUAS muertas».
A . DE NAFA (Mur.). *AGUA de azahar.*
A. NATURAL. Por oposición a «mineral», la de beber, procedente de manantiales ordinarios, sin composición especialmente mineral.
A. NIEVE. Aguanieve.
A. DE OLOR. AGUA de colonia.
A. OXIGENADA. Disolución en agua destilada de bióxido de hidrógeno, que se emplea como desinfectante.
A. PESADA. Agua cuyas moléculas están formadas por deuterio o hidrógeno pesado, cuyas propiedades físicas difieren de las del agua normal o ligera.
A. PLUVIAL. La de lluvia.
A. POTABLE. La apta para ser bebida.
A. REGIA. Sustancia química, mezcla de una parte de ácido nítrico con cuatro de clorhídrico, más fuerte que los ácidos simples, que ataca al *oro.
A. SALADA. La de mar y de algunos lagos, muy cargada de sales y no apta para beber.
A. DE SELTZ. Agua carbónica natural o preparada y servida en sifones. ≃ Seltz. ⇒ Carbógeno.
A. DE SOCORRO. **Bautismo administrado sin solemnidades, en caso de urgencia.*
A. SUCIA. Se aplica como expresión calificativa al caldo o cualquier bebida desustanciado o de mala calidad.
A. TERMAL. La que brota caliente de un manantial. ≃ AGUAS termales.
A. TOFANA. **Veneno muy activo que se usó en Italia.*
A. TÓNICA. Bebida gaseosa, ligeramente amarga, que contiene quinina. ≃ Tónica.
A. VIVA. La que brota de un manantial.
AGUAS ARTESIANAS. Las que alimentan los pozos artesianos.
A. BAUTISMALES. 1 Agua con que se bautiza. 2 Bautismo.
A. INMUNDAS. AGUAS residuales.
A. JURISDICCIONALES. Zona marítima que rodea a una nación, sometida a la jurisdicción de ésta con arreglo al derecho internacional. ≃ AGUAS territoriales.
A. LLENAS. Pleamar.
A. MADRES. Solución que queda después de *cristalizar una sal.
A. MAYORES. 1 Las *mareas más intensas, correspondientes a los equinoccios. 2 Con «hacer», eufemismo empleado por «hacer de *vientre», por oposición a «hacer aguas menores» u «orinar».
A. DE MENGUANTE. Reflujo de la marea.
A. MENORES. 1 A diferencia de las «mayores», mareas corrientes. 2 Con «hacer», eufemismo para «orinar», por oposición a «hacer aguas mayores» o hacer de vientre.
A. MUERTAS. 1 Las estancadas. 2 *Marea muerta.
A. RESIDUALES. Las que proceden de las viviendas y poblaciones después de haber servido para los distintos usos, y que arrastran los residuos y detritos. ≃ AGUAS inmundas.
A. TERMALES. V. «AGUA termal».
A. TERRITORIALES. AGUAS jurisdiccionales.
A. VIVAS. Las que manan y corren naturalmente.
AGUA ABAJO. Expresando dirección con relación a un río o corriente de agua, en la dirección de la corriente.
AGUA ARRIBA. Lo contrario de «agua abajo».
AGUA PASADA, NO MUEVE [O NO MUELE] MOLINO. Refrán con que se expresa que una oportunidad pasada ya no se puede aprovechar o que una situación pasada ya no tiene eficacia.
AGUAS ARRIBA. *Contra la corriente, en sentido propio o figurado.
¡AL AGUA, PATOS! (inf.). Expresión con que se acompaña la acción de meterse en el agua o se anima a alguien a que lo haga.
V. «al cabo de los AÑOS mil vuelven las aguas por do[nde] solían ir; ARAÑA de agua, ARCA de agua».
BAILAR EL AGUA a alguien. Tratar de serle grato *adulándole, halagándole, lisonjeándole o dándole en todo la razón.
BAÑARSE EN AGUA DE ROSAS. Alegrarse de algún mal ajeno porque se obtiene con él alguna satisfacción de amor propio o alguna ventaja.
V. «hacerse la BOCA agua, BUEY de agua, CAMELOTE de aguas».
CLARO COMO EL AGUA. Más claro que el AGUA.
V. «CORTINA de agua».
CUBRIR AGUAS. Poner la cubierta en un edificio en construcción.
V. «CURA de aguas».
DE ESTA AGUA NO BEBERÉ. Precedido de «no digas, no se puede decir», etc., expresa que nadie puede asegurar que no hará cierta cosa o no incurrirá en cierto error en que otros han incurrido.
ECHAR AGUA AL VINO. *Moderar o *atenuar alguna cosa.
ECHARSE AL AGUA. Lanzarse a correr un riesgo. ⇒ *Arriesgarse.
ENTRE DOS AGUAS. V. «nadar entre dos AGUAS».
V. «ESCRIBANILLO de agua, ESQUILA de agua».
ESTAR CON EL AGUA AL CUELLO. Estar muy *apurado, por falta de dinero, por demasiado trabajo, etc.
ESTAR ENTRE DOS AGUAS. Nadar entre dos AGUAS.
V. «a FLOR de agua, el GATO escaldado del agua fría huye, llevar el GATO al agua, como dos GOTAS de agua, la GOTA de agua».
HACER AGUA. 1 Permitir la entrada al agua una embarcación, por alguna grieta o agujero o por las costuras del casco o de la cubierta. 2 Empezar alguna cosa a decaer, amenazando con arruinarse.
HACER AGUAS [MENORES O MAYORES]. Orinar o hacer de *vientre.

V. «¡HOMBRE al agua!, ser HOMBRE al agua, HUEVO pasado por agua, echar un JARRO de agua fría, JUEGOS de aguas, LÍNEA de agua, LIRIO de agua, LLANTÉN de agua».

LLEVAR uno EL AGUA A SU MOLINO. *Aprovechar alguna circunstancia en provecho propio.

MÁS CLARO QUE EL AGUA. Evidentísimo.

METERSE EN AGUA el tiempo. Ponerse persistentemente lluvioso.

NADAR ENTRE DOS AGUAS. Mantener una actitud equívoca tratando de satisfacer simultáneamente a dos partidos opuestos. ⇒ *Contemporizar.

V. «NIVEL de agua, a PAN y agua, como el PEZ en el agua, PLANCHA de agua, POLLA de agua».

QUEDAR una cosa EN AGUA DE BORRAJAS [O DE CERRAJAS]. No resultar nada de ella en definitiva.

V. «RATA de agua, cuando el RÍO suena agua lleva».

ROMPER AGUAS. Ocurrir la ruptura de la bolsa de aguas en la parturienta.

SACAR AGUA DE LAS PIEDRAS. Obtener provecho de lo que no promete ninguno. Se dice generalmente de alguien significando que es muy *hábil para sacar provecho de cualquier sitio.

SIN DECIR AGUA VA. Sin avisar. ⊙ *Repentinamente.

V. «TABLA de agua».

TAN CLARO COMO EL AGUA. Más claro que el AGUA.

TOMAR EL AGUA [O LAS AGUAS]. *Cerrar los agujeros por donde penetra en el *barco.*

TOMAR LAS AGUAS. Estar en un balneario para hacer cura de agua mineral.

V. «TORDO de agua, VAPOR de agua, ahogarse en un VASO de agua, VÍA de agua».

VOLVER LAS AGUAS A SU CAUCE. Marchar las cosas de nuevo como lo hacían antes de un cambio o trastorno. ⇒ *Normal.

VOLVER LAS AGUAS POR DONDE [O POR DO] SOLÍAN IR. Volver las AGUAS a su cauce.

□ NOTAS DE USO

«Agua» es usable como nombre unitario: 'meter en el agua'. Se pone en singular cuando se toma en general o como cuerpo químico. Se emplea siempre en plural en ciertas expresiones que se refieren a las del mar o a las de cierta zona o región: 'En aguas de Cuba. Las aguas del océano. Las aguas de la vertiente sur afluyen al Mediterráneo'. También, cuando se trata de la de un balneario: 'Tomar las aguas'. Y, en general, cuando se quiere dotar a la frase de expresividad literaria: 'Las aguas del Tajo bañan Toledo. Las aguas de Madrid son excelentes'.

□ CATÁLOGO

Formas prefijas, «acu-, hidr-»: 'acuario, acuariofilia, acuariófilo, acuátil, ácueo, acuífero, acuosidad, acuoso, anhidro, hidratar, hidráulica, hidrobiología, hidrodinámica, hidrofilacio, hidrófilo, hidrófobo, hidrognosia, hidrogogía, hidrografía, hidrología, hidromancia [o hidromancía], hidromasaje, hidrometría, hidroscopio, hidrosoluble, hidrostática, hidrotermal'. ➤ Cristal, líquido ELEMENTO, humedad, linfa. ➤ Azoada, clara, cristalina, ferruginosa, fusentes, inmundas, límpida, pura, residuales, *transparente, turbia, undísono, zarco. ➤Bahorrina, lavazas. ➤*Caldo, *jugo. ➤ *Acequia, afusión, *arroyo, atarjea, *balsa, BALSA de sangre, *barranco, burga, cachón, caída, *canal, *cascada, catarata, caudal, charca, *charco, chiflón, *chorro, correntío, *corriente, cuenca, *curso, derrame, *fuente, *lago, laguna, libón, manantial, *mar, pimplón, regato, *reguera, reguero, reguerón, *río, robadizo, tajea, torrente, vena, venero, zubia. ➤ *Gota. ➤ Escarcha, granizo, *hielo, lluvia, niebla, nieve, nube, precipitación, *rocío, vapor. ➤ Resurgencia. ➤ Freático. ➤ Anegar, borbollar, borbollear, borbollonear, borboritar, borbotar, borbotear, correr, cubrir, derrubiar, encharcarse, estancarse, gorgotear, *inundar, manar, *mojar, rebalsarse, refluir, *regar, remansarse, remojar, verberar. ➤ Cabrillear, rielar. ➤ Asperger, asperjar, bautizar, chapalear, chapotear, escaldar, espurrear, espurriar, espurrir, flotar, hisopear, lavar, mojar, nadar, navegar, *regar, remojar, poner a REMOJO, rociar, sumergir[se]. ➤ Alumbrar, beber, captar, desembalsar, embalsar, empantanar, empozar, encambijar, encañar, encañonar, escotar, iluminar, mineralizar, represar, sangrar, sondar, verter. ➤ Contracorriente, coz, *estela, grupada, guacharrada, hilero, hostigo, oleaje, rebalaje, recejo, *remolino, *tromba, vorágine. ➤ Alcubilla, aljibe, ARCA de agua, *botijo, bototo, cacimba, cántaro, cantimplora, cisterna, *depósito, embalse, *pantano, pila, pileta, rebalsa, tanque. ➤ Botamen, botería, cantina, cava. ➤ *Alcantarilla, letrina. ➤ *Dique, malecón, murallón, *presa, sifón. ➤ Trasvase. ➤ *Cañería, caño, ducha, espita, *grifo, llave. ➤ Bomba, cigoñal, cóclea, manga, manguera, *noria, ROSCA de Arquímedes. ➤ Zahorí. ➤ *Aguador, aguatero, azacán. ➤ Buey, ejarbe, fila, teja, viaje. ➤ Clavijera, desagüe, golpeadero, sobradero. ➤ Reómetro. ➤ Voltámetro. ➤ Impermeable, permeable. ➤ Árido, seco. ➤ Estiaje, menguante, sed. ➤ Desaguar, enaguachar, enaguar, enaguazar, enguachinar, guachapear, vierteaguas. ➤ *Llover. *Meteorología. *Recipiente. *Regar. *Vasija.

aguabenditera **1** f. *Pila de agua bendita.* **2** (Ál.) **Cardencha (planta dipsacácea).*

aguacal (de «agua» y «cal») m. *Lechada de *cal con algo de yeso, que se emplea para enjalbegar.*

aguacate (del nahua «ahuacatl») **1** *(Persea americana)* m. Árbol lauráceo de América que da un fruto comestible de forma ovalada, con corteza verde como tallada en pequeñas caras, el cual se llama del mismo modo. ≃ Aguacatillo. ⇒ Palta. **2** *Esmeralda de forma semejante a la del fruto del aguacate.* **3** (Guat.) *Persona poco animosa.*

aguacatillo (dim. de «aguacate») **1** (Ven.) m. **Aguacate (árbol lauráceo).* **2** (P. Rico) *Árbol lauráceo cuyo fruto comen los *cerdos.* ≃ Bauyúa. ⇒ *Planta.

AGUACATILLO BLANCO (Am. C.; *Phoebe tonduzii*). *Planta laurácea.*

A. HEDIONDO (Méj.). *El aguacatillo Nectandra sinuata.*

aguacella (Ar.) f. *Aguanieve.*

aguacero (de «aguaza») m. Lluvia repentina, violenta y de poca duración. ≃ Chaparrón, chubascada, chubasco. ⇒ Aguaje, aguarrada, aluvión, andalocio, andalogio, argavieso, rujiada, turbión. ➤ Inundación. ➤ Lluvia.

aguacha **1** f. *Agua encharcada, sucia o corrompida.* **2** (Mur.; pl.) **Alpechín: jugo que sueltan las aceitunas almacenadas.*

aguachar[1] (de «aguacha») m. **Charco.*

aguachar[2] (de «aguacha») **1** tr. *Enaguachar: *estropear cualquier ↘cosa con exceso de agua.* ⊙ prnl. *Enaguacharse.* **2** (Arg.) *Engordar excesivamente un *caballo por haber estado pastando y ocioso.*

aguacharnar tr. *Echar exceso de agua en las ↘tierras.* ≃ Enaguazar.

aguachento, -a (de «aguacha»; Hispam.) adj. *Aplicado especialmente a los frutos, aguanoso.*

aguachinar (de «aguachar²») **1** (Ar., Sal.) tr. *Echar exceso de agua en las ↘tierras.* ≃ Aguacharnar, enaguazar. **2** Estropear ↘algo con exceso de agua; particularmente, un alimento. ≃ Enguachinar.

aguachirle (de «agua» y «chirle») f. Bebida desustanciada o floja, y de mala calidad. ⊙ *Caldo o sopa sin sustancia. ⇒ Agüetas, bahorrina, *brebaje, calducho.

aguacibera (de «agua» y «cibera») f. *Riego que se da a una tierra sembrada en seco.*

aguacil (pop.) m. **Alguacil.*

aguada 1 f. Sitio, por ejemplo en un desierto, en donde hay agua para poder aprovisionarse de ella. **2** MAR. Provisión de agua potable en las embarcaciones. **3** Color para pintar disuelto o que se disuelve en agua. ⊙ Pintura ejecutada con colores en esta forma. **4** (Ar.) **Rocío.* **5** MINER. *Inundación del lugar donde se trabaja en una mina.* **6** *Tinte que se da a una pared para quitar la excesiva blancura del *yeso.*

A LA AGUADA. Ejecutado con aguadas. ≃ A la acuarela.

aguadera 1 (pl.) f. Armazón de madera con divisiones, o cualquier otro dispositivo, que se coloca sobre las caballerías para acomodar en él cántaros o barriles en que se transporta agua. ⇒ Arginas. **2** (Sal.) *Zanja de desagüe hecha en las tierras de labranza.* **3** CETR. **Pluma de las cuatro que siguen a la remera del ala.* ≃ Corva.

aguadero, -a 1 adj. *Aplicado a prendas de *vestir, propio para el agua.* **2** m. **Abrevadero.* **3** *Lugar a donde tienen costumbre de acudir a *beber los animales salvajes o las aves.* **4** *Sitio de un río en donde se lanzan las *maderas para conducirlas flotando.*

aguadija (de «agua») f. **Humor segregado por las *llagas.*

aguadillo m. **Gazpacho con mucha agua.*

aguado, -a 1 Participio adjetivo de «aguar[se]». **2** (inf.) **Abstemio.* **3** (Méj., Perú) adj. y n. *Aplicado a personas, *soso.* **4** (C. Rica, Guat., Méj., Pan., Ven.) adj. **Débil, flojo.* **5** (Col., Guat., Méj., Nic., Pan., Ven.) *Aplicado a cosas, *blando, sin consistencia.*

aguador, -a (del lat. «aquātor, -ōris») **1** n. Persona dedicada a repartir o vender agua. ⇒ Aguatero, ayuda, azacán. ➤ Cubeta. ➤ Albardilla. **2** m. *Travesaño de los que, colocados paralelamente, unen entre sí los dos aros que forman la rueda vertical de la *noria y sirven de apoyo a la cadena o maroma y los cangilones.*

aguaduchar (ant.) tr. **Encharcar las ➤tierras al regarlas.*

aguaducho (del lat. «aquaeductus») m. Puestecillo o *quiosco donde se vendía agua, y refrescos y otras bebidas.

aguadulce (C. Rica) f. **Aguamiel.*

aguadura 1 f. **Infosura de las caballerías.* **2** **Absceso en el interior del casco de las caballerías.*

aguafiestas (de «aguar» y «fiesta») n. Persona que, con su actitud o palabras, perturba la *alegría de los otros o *estropea las diversiones. ⇒ Atajasolaces, derramaplaceres, derramasolaces, espantagustos. ➤ *Amargar.

aguafuerte 1 f. *ÁCIDO nítrico. ≃ AGUA fuerte. **2** m. *Grabado al agua fuerte.

aguafuertista n. Persona que practica el grabado al agua fuerte.

aguagoma f. *Disolución de goma en agua que usan los *pintores para dar consistencia y viveza a los colores.*

aguagriero, -a (Man.) adj. y n. *Se aplica a la persona que va a tomar las aguas ácidas medicinales de Puertollano u otro sitio.*

aguaí (del guaraní «aguá», achatado, e «í», pequeño) m. *Aguay.*

aguaitacaimán (de «aguaitar» y «caimán»; *Butorides virescens*) m. **Ave ciconiforme de Cuba, con la garganta y el pecho blancos con manchas oscuras, y la cabeza adornada de plumas de un verde metálico.*

aguaitacamino (Am. C.; *Caprimulgus vociferus* y *Caprimulgus carolinensis*) m. *Cierto *pájaro fisirrostro parecido al chotacabras.*

aguaitar (del cat. «guaita», vigía) **1** (Ar., Navarra, Hispam.) tr. **Acechar.* ≃ Guaitar. **2** (Hispam.) *Esperar, aguardar.*

aguajaque (del sup. ár. and. «alwuššáq», con influencia de «agua») m. **Resina de color blancuzco que destila el hinojo.*

aguaje 1 m. En general, movimiento o agitación del agua del *mar. **2** MAR. Subida fuerte de la *marea. **3** MAR. Agua que entra en un puerto o sale de él en la marea. **4** MAR. Corriente periódica en el mar. ⊙ MAR. Corriente impetuosa en el mar. **5** **Estela que deja un barco.* **6** MAR. *Sitio en que hay agua potable.* ≃ Aguada. **7** MAR. *Aguada: provisión de agua en un buque.* **8** *Aguadero: lugar donde beben los animales salvajes.* **9** (Col., Ec., Guat., Nic.) **Aguacero.* **10** (Chi., Perú) *Variación de la tonalidad de las aguas marinas.* **11** (R. Dom., Ven.) **Aspaviento.* **12** (R. Dom.) **Mentira.* **13** *Planta palmácea de fruto comestible que crece en los pantanos de la selva amazónica.

AGUAJE DEL TIMÓN. *Remolinos que forma el agua por causa del choque de las dos corrientes que proceden de los costados de la embarcación.*

HACER AGUAJE. *Correr las aguas del mar con mucha violencia.*

aguají 1 (*Serranus tigrinus*) m. **Pez perciforme de las Antillas, rojizo con manchas oscuras.* **2** (Cuba, R. Dom.) *Salsa picante hecha con ají, cebolla, ajo, zumo de limón y agua.*

aguajinoso, -a (ant.) adj. *Aguanoso.*

aguallevado (de «agua» y «llevar»; Ar.) m. *Procedimiento de limpieza de los *canales que consiste en dejar una pequeña corriente de agua que se va llevando el barro, etc., removido por los operarios.*

agualoja f. *Aloja.*

agualotal (C. Rica, Hond., Nic.) m. *Aguazal, pantano.*

aguamala f. *Medusa. ≃ Aguamar.

aguamanil (del lat. medieval «aquamanīle») **1** m. Jarro con pico para dar aguamanos o para echar agua en el recipiente destinado a lavarse las manos. ⇒ Aguatocho. **2** Palangana o pila destinada a lavarse las manos. ⇒ Aguatocho. **3** Palanganero: utensilio consistente en un soporte con una palangana para lavarse. ⇒ Aguatocho.

aguamanos (del lat. «aqua in manus») **1** m. *Agua servida en un recipiente para lavarse las manos.* **2** *Aguamanil (jarro, palangana o pila para lavarse las manos).*

DAR AGUAMANOS. *Servir agua a alguien con el aguamanil, etc., para que se lave las manos.*

aguamar m. *Aguamala.*

aguamarina f. Variedad de berilo, azul, transparente, muy apreciada como *piedra preciosa.

aguamiel 1 f. Agua mezclada con miel. ≃ Aguadulce, hidromiel. **2** (Hispam.) *Bebida semejante, preparada con la caña de azúcar o papelón.* **3** (Méj.) *Jugo del maguey, del que, fermentado, se hace el pulque.*

aguanafa (semitraducido del ár. and. «má annáfḥ», agua de aroma; Mur.) f. **AGUA de azahar.* ≃ AGUA de nafa.

aguanal (del lat. «aquānus», de «aqua», agua; Ál.) m. *Surco profundo abierto de trecho en trecho en los sembrados para que desagüen.*

aguanés, -a (Chi.) adj. *Se aplica a la *res que tiene los costados de color distinto del del lomo y el vientre.*

aguanieve f. Lluvia menuda mezclada con *nieve también muy menuda. ≃ Aguacella, AGUA nieve.

aguanieves f. **Aguzanieves (pájaro).*

aguanosidad 1 f. *Cualidad de aguanoso.* **2** (ant.) *Humor acuoso.*

aguanoso, -a (del lat. «aquānus», de «aqua», agua) adj. Con exceso de agua y, por ello, insípido: 'Patatas aguanosas'.

aguantable adj. Susceptible de ser aguantado. ≃ Soportable. ⇒ Inaguantable.

aguantaderas (inf.) f. pl. Aguante.

aguantar (¿del it. «agguantare», de «guanto», guantelete?) **1** tr. Servir una cosa para evitar que se caiga, hunda o doble ↘otra, estando debajo de ella o tirando de ella: 'Los pilares aguantan la bóveda. El cable aguanta el poste'. ≃ Sostener. ⊙ No doblarse, caerse o hundirse con el peso de ↘algo. ≃ *Resistir. ⊙ No dejarlo caer: 'Este clavo no aguantará el espejo. Tú aguanta el cuadro mientras yo lo cuelgo'. ≃ Resistir, sostener. ⊙ *Frenar o *sujetar ↘algo para que se mueva más lentamente: 'Aguantar la cuerda de una polea para que no baje la carga demasiado de prisa'. **2** Sufrir cosas como ↘trabajos, padecimientos, molestias, malos tratos, impulsos o deseos sin oponerse a ellos, reaccionar contra ellos, quejarse o sucumbir o ceder a ellos: 'El niño puede aguantar cuatro horas diarias de estudio. Aguantó una cura muy dolorosa sin proferir una queja. Sabe aguantar bromas. Es capaz de aguantar que le abofeteen. No podía aguantar las ganas de reír'. ⊙ («con») prnl. No responder o reaccionar a un insulto o mal trato, o soportar un sufrimiento o daño, sin quejarse, protestar o molestar a otros: 'Le pagan muy mal, pero se aguanta'. ⊙ (con un pron. reflex.) tr. Resistir un ↘impulso o deseo sin obedecerlo: 'Aguantaos la sed hasta que lleguemos a la cima. Me aguanté las ganas de decirle cuatro cosas'. ⊙ prnl. Particularmente, *conformarse con un daño o sinsabor o soportarlo, puesto que no hay otro remedio: 'Si no me lo dan, ¡qué le vamos a hacer!, me aguantaré'. Se emplea mucho en imperativo en tono brusco o desconsiderado: 'Si eres tonto y no has sido capaz de conseguirlo, aguántate' o, muy frecuentemente, 'te aguantas'. **3** tr. No huir de la compañía o el trato con cierta ↘persona de mal carácter o molesta: 'Su mujer le aguanta porque no tiene otro remedio'. **4** Estar algo o alguien todavía en condiciones de realizar su trabajo o servicio: 'Este abrigo aguantará otra temporada'. ≃ *Durar. ⇒ *Continuar. **5** TAUROM. Resistir el torero la embestida del ↘*toro y matarle sin cambiar de postura.

V. «aguantar MECHA, cada PALO aguante su vela, aguantar a PIE firme».

□ CATÁLOGO

*Admitir, tener AGUANTE, apechar, *apechugar, apencar, arrastrar, sentarse en el BANCO de la paciencia, callar, cargar, ceder, chincharse, comportar, conformarse, conllevar, consentir, *contenerse, tener CORREA, llevar su CRUZ, dejarse, endurar, tener buenas ESPALDAS, tener buen ESTÓMAGO, *fastidiarse, jeringarse, jorobarse, llevar, aguantar MECHA, armarse [o revestirse] de PACIENCIA, tener más PACIENCIA que un santo, pasar, pasar por, permitir, tragar QUINA, cargarse de RAZÓN, *resignarse, *resistir, rustir, tragar saliva, seguir, sobrellevar, soplar, soportar, *sostener, sufrir, sufrirse, ir TIRANDO, tirar, *tolerar, tener buenas TRAGADERAS, tragar. ➤ Aguantaderas, aguante. ➤ *Paciencia.

aguante m. Capacidad para aguantar[se].

aguañón (de «agua») adj. V. «MAESTRO aguañón».

aguapé o **aguapey** (del guaraní «aguapeí») m. **Camalote (planta acuática).*

aguapié m. Vino muy flojo sacado echando agua en el orujo después de haberlo exprimido. ≃ VINO de cabeza. ⇒ Estrujón.

aguar 1 tr. *Falsificar ↘algo, como el vino o la leche, con agua. ⇒ Bautizar. **2** *Estropear alguien con su presencia o su intervención una ↘fiesta o cosa semejante. ⊙ prnl. *Frustrarse: 'Con el mal tiempo se nos ha aguado el viaje'.

V. «aguar[se] la FIESTA».

□ CONJUG. como «averiguar».

aguará (de or. guaraní) m. *Especie de *zorro de la Argentina, de pelo ondulado y rojizo y crin negra.* ⇒ Eirá.

aguardar (de «a-[2]» y «guardar») **1** («a, para») tr. o abs. *Esperar. ⊙ Estar en un sitio con intención de permanecer en él hasta que llegue cierta ↘persona o cierta ↘cosa: 'Estaba aguardando el autobús. El avión no aguarda'. También con un pron. reflex.: 'Si te aguardas un poco, te ayudaré'. ⊙ («que, a que») tr. Estar inactivo o sin hacer cierta cosa para hacerla o tomar una determinación cuando ocurra ↘lo que se expresa: 'Aguardamos a que venga ella para decidir la fecha'. ⊙ En sentido figurado, puede también aplicarse a una cosa como sujeto, generalmente pospuesto: 'Allí me aguardaban las noticias. Nos aguarda una mala noche'. ⊙ Conceder cierto plazo a ↘alguien para pagar o cumplir otra obligación: 'Te aguardaré unos días más'. **2** *Creer [o tener esperanza de] que llegará o sucederá ↘algo.* **3** (ant.) *Observar ↘lo que hace otro.* ≃ Guardar. **4** (ant.) *Tener respeto o consideración a cierta ↘persona o cierta ↘cosa.*

aguardentoso, -a (desp.) adj. De aguardiente o como de aguardiente: 'Aliento aguardentoso. Voz aguardentosa'.

aguardiente (de «agua» y «ardiente») m. Bebida fuertemente alcohólica obtenida por destilación del vino y de otras sustancias fermentables. ⇒ Anisado. ➤ Balarrasa, bingarrote, cachaza, cachirulo, calaguasca, calamaco, cañazo, caritán, chinguirito, coñac, cususa, grapa, harapo, matarratas, mezcal, mosolina, noyó, ojén, orujo, pisco, ratafía, rosoli, tafia, VINO de coco, vino de nipa, vodka, whisky; ACEITE de anís. ➤ Mistela, mixtela. ➤ Cortado, sosiega. ➤ Tuba, yatay [o yataí]. ➤ Cañero. ➤ *Licor.

AGUARDIENTE DE CABEZA. El primero que sale de la destilación de cada calderada.

A. DE CAÑA. El obtenido directamente de la destilación de la melaza de caña de azúcar. ≃ Tafia.

aguardillado, -a adj. Abuhardillado: con el techo en pendiente, como el de las guardillas.

aguardo 1 (Sal.) m. **Espera.* **2** CAZA. *Lugar en que se coloca el cazador para acechar la *caza.* ⊙ *Acecho.*

aguaribá o **aguaribay** (de or. guaraní) **1** (Arg.) m. **Turbinto (árbol anacardiáceo).* ≃ Aguaraibá. **2** (Arg.) **Molle (árbol anacardiáceo).*

aguarrada (Pal.) f. **Aguacero.*

aguarrás (del lat. «aqua», agua, y el sup. «ras», de «rasis», la pez) m. Producto de la destilación de la trementina, que se emplea como disolvente de pinturas y *barnices. ≃ Esencia de trementina.

aguatado, -a Participio adjetivo de «aguatar». ⊙ m. Operación de aguatar.

aguatar tr. *Enguatar.

aguate m. **Sopa o *guiso con exceso de agua o caldo.*

aguatero (Arg.) n. **Aguador.*

aguatiello m. *Abertura de desagüe.*

aguatinta (del it. «acqua tinta», agua teñida) f. Cierta variedad de grabado al aguafuerte. ⊙ Estampa que se obtiene con esta técnica de grabado.

aguatocha f. **Bomba de elevar agua.*

aguatocho 1 (Mur.) m.**Balsa o *charco.* **2** (ant.) **Aguamanil.*

aguaturma (de «agua» y «turma», turma de tierra; *Helianthus tuberosus)* f. *Planta compuesta, de raíz tuberculosa y feculenta que se llama del mismo modo y también «pataca». ≃ Pataca, PATATA de caña, tupinambo, topinambur.

aguaverde f. *Medusa verde.

aguavientos *(Phlomis herba-venti)* m. *Planta labiada, de hojas gruesas y felpudas y flores terminales rojas. ≃ Matagallos.

aguavilla (del sup. célt. «ajauga») f. **Gayuba (planta ericácea).*

aguay *(Chrysophylum lucumifolium)* m. Árbol sapotáceo de la Argentina, que da un fruto del tamaño de un higo, muy empalagoso. ≃ Aguaí, AGUAY guazú, mataojos, mini, saiyú. ⇒ *Planta.

AGUAY GUAZÚ. *Aguay.*

aguayo (de or. aimara; Am. S.) m. *Lienzo fuerte.*

aguaza (del sup. lat. «aquacĕa», de «aqua», agua) f. *Agüilla.*

aguazal m. Sitio bajo donde se detiene el agua de lluvia. ≃ Aguazar. ⇒ *Charco.

aguazar[1] m. *Aguazal.*

aguazar[2] (de «agua») tr. **Encharcar.* ⇒ Desaguazar, enaguazar.

aguazo (del it. «a guazzo») m. *Procedimiento de *pintar semejante a la acuarela, pero en que el blanco se pone con el pincel.*

aguazoso, -a adj. *Aguanoso.*

aguazul o **aguazur** m. **Algazul (planta aizoácea).*

aguciar (del sup. lat. «acutiāre», de «acūtus», agudo; ant.) tr. *Acuciar*

aguciosamente (ant.) adv. *Acuciosamente.*

agucioso, -a (ant.) adj. *Acucioso.*

agudamente adv. De manera aguda.

agudeza 1 f. Cualidad de agudo o afilado. **2** Perspicacia. **3** *Ingenio. **4** Dicho ingenioso. ⇒ Chiste, concepto, discreción, donaire, facecia, golpe, gracia, ingeniosidad, juego de palabras, lindeza, *ocurrencia, pensamiento, salida. ➤ *Decir.

agudización f. Acción y efecto de agudizar[se].

agudizar 1 tr. y prnl. Hacer[se] aguda cierta ˋcosa: 'Agudizarse los sentidos. **2** Aumentar la gravedad de ˋalgo: 'La crisis se agudiza'. ⇒ *Agravar[se], exacerbar[se], recrudecer[se].

agudo, -a (del lat. «acūtus») **1** adj. Aplicado al filo, la punta o los objetos que los tienen, fino y penetrante. ≃ Afilado. ⇒ Afilado, aguzado, anguloso, fino, penetrador, penetrante, picudo, pinchoso, puntiagudo, *sutil, vivo. ➤ Acuidad, agudeza. **2** GEOM. Se aplica al *ángulo que tiene menos de 90º. **3** Aplicado a personas y, correspondientemente, a sus sentidos o *inteligencia o a sus ideas o dichos, *sagaz o *sutil. Que percibe las cosas con rapidez, con todos sus detalles y llegando hasta lo más oculto de ellas: 'Un escritor agudo. Una inteligencia [o una crítica] aguda. Vista aguda'. **4** Aplicado a personas y a sus dichos, inteligencia, etc., ingenioso u *ocurrente: 'Un hombre agudo de ingenio'. **5** Aplicado a sensaciones, intenso y breve; particularmente, 'un dolor agudo'. ≃ Vivo. ⊙ Se aplica, por oposición a «crónico», a la enfermedad que aparece bruscamente y con violencia y no se prolonga indefinidamente. **6** Aplicado a sonidos, de mucho número de vibraciones por segundo y tal que impresiona violentamente el oído. Con el mismo significado se puede aplicar a otras cosas que impresionan los otros sentidos: 'Olor [sabor, resplandor] agudo'. ≃ Alto, penetrante. **7** GRAM. Se aplica a la sílaba o vocal acentuada y a la palabra acentuada en la última sílaba. ≃ Oxítono. ⊙ GRAM. Así como al signo de acentuación dirigido, en sentido descendente, de derecha a izquierda (´).

V. «MOMENTO agudo».

aguedal m. **Jardín marroquí con pabellones.*

aguedita *(Picramnia pentandra)* f. Árbol simarubáceo de América cuyas hojas y corteza son amargas y se emplean como febrífugas. ≃ QUINA de la tierra. ⇒ *Planta.

AGUEDITA BLANCA *(Casearia sylvestris).* *Planta flacurtiácea.

agüelo, -a (pop.) n. *Abuelo.*

agüera f. *Zanja abierta para encaminar el agua de lluvia a los campos.*

agüerar (ant.) tr. *Agorar.*

agüero (del lat. «augurĭum») m. Cosa que anuncia buena o mala suerte. Se emplea con los adjetivos «buen» o «mal» antepuestos, significando «favorable» o «desfavorable». ≃ Augurio, *presagio. ⇒ *Adivinar.

SER cierta cosa DE BUEN [o MAL] AGÜERO. *Presagiar sucesos favorables [o adversos]. ⊙ Dar buena [o mala] *suerte.

aguerrido, -a Participio adjetivo de «aguerrir»: ejercitado en la guerra: 'Soldado aguerrido'. En lenguaje corriente suele emplearse como epíteto laudatorio aplicado a «militar» o cualquier nombre de militar: 'Un aguerrido capitán'.

aguerrir tr. Acostumbrar a los ˋsoldados bisoños a los peligros y ejercicios de la guerra. ⊙ prnl. *Acostumbrarse los soldados bisoños a los peligros y ejercicios de la guerra.*

□ CONJUG. Verbo defectivo que se conjuga sólo en las formas que tienen «i» en la desinencia, y se usa, de hecho, solamente en el infinitivo y participio.

agüetas (de «agua»; Mur.) f. pl. *Aguachirle.*

aguiero (del port. «aguieiro»; And., Extr.) m. *Rollo de madera de castaño de 4,60 m de largo, destinado a la construcción.* ⇒ *Madero.

aguija (ant.) f. *Guija.*

aguijada (del sup lat. vulg. «aquileāta», elipsis de «pertĭca aquileāta» o «aculeāta», bastón con aguijón, de «aculĕus», aguijón) f. Vara larga con una punta de hierro en un extremo, que se emplea para incitar a andar a los *bueyes u otros animales. ⊙ Vara larga con un hierro de forma de áncora o de paleta en un extremo, que emplean los labradores mientras aran para apoyarse y para separar la tierra que se pega al *arado. ⇒ Abéstola, aguijadera, aguijón, aijada, arrejada, béstola, bístola, focino, llamadera, picana. ➤ Gavilán. ➤ Limpiadera. ➤ Aguijar, aguijonear, picar, pinchar. ➤ *Pica. *Pincho.

aguijadera f. *Aguijada.

aguijar 1 tr. *Estimular a los ˋbueyes o *caballerías con la aguijada o de cualquier otro modo. ≃ *Aguijonear, picar. **2** Aguijonear (*estimular o *apremiar). **3** intr. *Acelerar el paso.* ⇒ *Andar.

aguijatorio, -a (de «aguijar») adj. *Se aplicaba al despacho en que un juez superior ordenaba a otro inferior el cumplimiento de algo mandado anteriormente.* ⇒ *Tribunales.

aguijón (del lat. «aculĕus», de «acus», aguja) **1** m. Punta de hierro de la aguijada o utensilio semejante. ⇒ Acúleo, estoque, fizón, guincho, puya, rejo. *Pincho. *Punta. **2** Órgano con punta con el que pinchan e inyectan veneno algunos animales, como los insectos o los escorpiones. ⇒ Rés-

ped. ➤ Guizque. ➤ *Picar. 3 Espina rígida de las *plantas. ≃ Púa. 4 *Acicate: cierta *espuela.* 5 *Estímulo.
V. «dar COCES contra el aguijón».
SERVIR una cosa DE AGUIJÓN. Servir de *estímulo.

aguijonada f. *Aguijonazo.*

aguijonar (ant.) tr. *Aguijonear.*

aguijonazo 1 m. Golpe o pinchazo dado con el aguijón. 2 Estímulo. 3 *Burla o reproche con que se zahiere a alguien.

aguijoneador, -a adj. y n. *Aplicable al que aguijonea.*

aguijonear (de «aguijón») 1 tr. *Estimular a los ↘animales con la aguijada, la espuela, etc. ⇒ Aguijar, aguijonar, aguiscar, aguizgar, agujar, azuzar, espolear, picar. 2 *Estimular a ↘alguien a obrar con prontitud o rapidez: 'El capataz aguijonea a los obreros. El hambre aguijonea al burro para llegar pronto a casa'. 3 Manifestarse en ↘alguien una necesidad o un deseo de manera violenta: 'Nos aguijoneaba la sed. Me aguijoneaba la risa. Me aguijoneaban las ganas de decirle algo'. ≃ *Apremiar, apurar.

águila (del lat. «aquĭla») 1 f. *Ave rapaz falcónida del género *Aquila,* de gran tamaño, color leonado, cola redondeada y vuelo rapidísimo con el que se remonta a gran altura. ⊙ El nombre se aplica también corrientemente a otras aves rapaces semejantes. ⇒ Forma prefija, «aqui-»: 'aquilino'. ➤ Aleto, calquín, culebrera, guarrilla. ➤ AVE de presa [rapaz, rapiega o de rapiña]. 2 (n. calif.) Se aplica a las personas para expresar gran perspicacia y también gran elevación o gran amplitud de *pensamiento. 3 Enseña de las *legiones romanas y de algunos regimientos modernos, que tiene forma de águila. 4 **Moneda de oro del emperador Carlos V.* 5 *Moneda de oro de Méjico.* 6 *Moneda de oro de los Estados Unidos.* 7 *(Myliobatis aquila)* m. **Pez, especie de raya, de la que se distingue por tener la cola muy larga y con una espina larga y aguda.*
ÁGUILA AGRIFADA. HERÁLD. *La estilizada en forma de grifo.*
Á. DE LOS ANDES. *Calquín.*
Á. CULEBRERA. Especie de color castaño por el dorso y región inferior blanca con manchas castañas, que se alimenta de reptiles.
Á. EXPLAYADA. HERÁLD. *La representada con las alas extendidas.*
Á. IMPERIAL. La especie *Aquila heliaca.*
Á. PASMADA. HERÁLD. *Águila con las alas plegadas.*
Á. PESCADORA *(Pandion haliaetus).* Especie de gran tamaño que vive cerca del mar o de los ríos o lagos y se alimenta de peces. ≃ ÁGUILA de río. ⇒ Pigargo.
Á. RATONERA [o RATERA]. Especie de color pardo con bandas transversales blanquecinas, que se alimenta de roedores. ≃ Mileón.
Á. REAL. La especie *Aquila chrisaetos.*
Á. DE RÍO. ÁGUILA pescadora.
MEDIA ÁGUILA. **Moneda de oro de Méjico.*
V. «PALO del águila, PIEDRA del águila, VISTA de águila».

aguilando (¿del lat. «hoc in anno», en este año?; pop.) m. *Aguinaldo.*

aguileña (del lat. «aquilegĭum», estanque; *Aquilegia vulgaris)* f. *Planta ranunculácea medicinal, de jardín. ≃ Guileña, pajarilla, pelícano.

aguileño, -a adj. De águila o como de águila. ⊙ Se emplea corrientemente aplicado a la *cara o a la *nariz afiladas y también a la persona que tiene afilado el rostro. ≃ Aquilino.

aguilera f. Peña en que hacen el nido las águilas.

aguililla (dim. de «águila») f. V. «CABALLO aguililla».
AGUILILLA DE LAGUNA. **Arpella (*ave rapaz).*

agüilla (dim. de «agua») f. Se aplica en lenguaje corriente, generalmente con «una», a cualquier líquido no espeso que no tiene nombre particular: 'Una ampolla llena de una agüilla'. ⊙ También, a un líquido de aspecto sucio.

aguilón 1 m. HERÁLD. *Águila sin pico ni garras.* 2 *Brazo de una grúa.* 3 *Caño cuadrado de barro.* 4 CONSTR. *Teja o pizarra cortada oblicuamente para ajustarla a la lima tesa o arista del *tejado.* 5 CONSTR. *Madero de las *armaduras de tejado de faldón, que va diagonalmente desde el ángulo del edificio hasta el cuadral.*

aguilonia (del lat. «aquilegĭum», estanque) f. *Nueza (planta cucurbitácea).

aguilucho 1 m. Pollo de águila. ⇒ Alerión. 2 *(Circus aeroginosus)* Ave rapaz falcónida de tamaño menor que el águila, con el plumaje pardo o grisáceo y la cola larga.

aguín (del vasc. «hagin»; Ál.) m. **Tejo (árbol taxáceo).*

aguinaldo (de «aguilando»; sing. o pl.) m. Regalo o propina que se da, generalmente en dinero, por las fiestas de *Navidad. ≃ Aguilando, colación.

agüío (C. Rica; *Euphonia hirundinacea)* m. **Pájaro de canto muy agradable.*

aguisado, -a (de «aguisar»; ant.) adj. *Razonable, acomodado o conveniente.*

aguisamiento (de «aguisar»; ant.) m. *Arreglo.*

aguisar (de «a-[2]» y «guisa»; ant.) tr. *Arreglar o preparar.*

aguiscar (Can.) tr. *Aguijar o azuzar.*

agüista n. Persona que está en un balneario tomando las aguas.

aguizgar (de «a-[2]» y «guizgar») tr. *Aguijar o azuzar.*

aguja (del sup. lat. «acucŭla», dim. de «acus», aguja) 1 f. Utensilio de acero, consistente en una varilla fina y larga, con punta en un extremo, y un ojo por donde se pasa el hilo en el otro, que se emplea para *coser. ⊙ Se llama también agujas a los utensilios de la misma función, aunque tengan forma curva y su sección no sea circular: como las que se emplean en cirugía o la que emplean los encuadernadores para pasar los hilos que sujetan los pliegos por los del lomo. ⊙ Cualquier instrumento semejante que se utiliza para alguna labor; por ejemplo, «aguja de gancho» (con la punta en forma de gancho, para hacer labores de ganchillo); «aguja de malla» (con los extremos abiertos en forma de horquilla); «aguja de media» o «molde» (muy larga y con una cabeza en el extremo opuesto a la punta, para hacer labores de punto). ⊙ Objeto metálico hueco, de forma alargada y con punta, con que se introducen las inyecciones en el organismo. ⊙ Se aplica acomodaticiamente a cualquier objeto alargado y con punta. ⊙ Y específicamente, a muchos utensilios y piezas de la misma forma; por ejemplo, a las que en los tocadiscos se deslizan sobre el surco del disco, a las *manecillas del reloj, o al fiel de la balanza. ⇒ Forma afija, «acic-»: 'acicular'. ➤ Almarada, chucho. ➤ Hondón, ojo, punta. ➤ Acerico, alfiletero. ➤ Enhebrar. ➤ Alfiler, ganchillo, *horquilla, molde, *pasador. 2 APIC. *Varilla con que se aseguran los panales de las *colmenas unos con otros.* 3 *Varilla de hierro o cobre que forma el oído en el taco de un *barreno.* 4 *Punzón de acero que tienen algunas *armas para que choque al disparar con la parte posterior del cartucho y produzca la detonación.* 5 *Alambre con que se limpiaba el oído del *fusil.* 6 *Punzón con que se dibuja para *grabar al aguafuerte.* 7 *Barra de hierro o de madera con que se sujetan los tableros del *tapial.* ≃ Codal. 8 *Pieza de madera empleada para *apuntalar un puente.* 9 AGRIC. *Vástago de un árbol que se introduce como *injerto en otro.* ≃ Púa. 10 MAR. *Brújula. 11 Cada uno de los dos rieles movibles que en los cruces del *ferrocarril sirven para dar paso al vehículo en una u otra dirección. ⇒ Chucho. **12** Remate fino y apuntado de las *torres, particularmente de las iglesias *góticas. **13** **Obelisco.* **14** *Pastel largo y estrecho de pasta de hojaldre, relleno de carne, jamón, etc. **15** En una *res, región del cuarto delantero; se emplea con «de» para designar la *carne o costillas pertenecientes a esa región. **16** AGRAF. *Arruga que se hace a veces en el papel al imprimir.* **17** (Hispam.) *Madero de los que se ponen verticales para formar una *valla.* **18** *Pieza de hierro sujeta en el codaste, sobre la que gira el *timón.* **19** *Cierta enfermedad de los *caballos que les ataca a las piernas, cuello y garganta.* **20** (*Scandix pecten-veneris*) *Planta umbelífera silvestre cuyo fruto tiene forma de aguja. ≃ AGUJA de pastor, AGUJA de Venus. **21** AGUJA paladar.

AGUJA DE ARRIA. *AGUJA espartera.*

A. ASTÁTICA. *La que forma parte de un sistema astático.*

A. DE BITÁCORA. AGUJA de marear.

A. COLCHONERA. La utilizada para coser los colchones.

A. ESPARTERA. La que se emplea para coser esteras, serones y cosas semejantes.

A. DE FOGÓN. ARTILL. *Punzón de acero con que se abría el cartucho con cuya pólvora se cebaba el cañón.*

A. GIROSCÓPICA. *Giroscopio utilizado como referencia direccional en ciertos vehículos y naves.* ≃ Brújula giroscópica.

A. MAGNÉTICA. **1** La de la *brújula. ⇒ Cebar. **2** *Brújula.

A. DE MAREAR. Instrumento náutico consistente en una caja de bronce en la que hay dos círculos concéntricos que pueden girar uno sobre otro; uno de ellos tiene dibujada la rosa de los vientos y lleva fija a él una aguja magnética que lo arrastra en su giro; el otro está fijo y lleva marcada con una línea la dirección de la quilla de la nave; por tanto, la dirección del barco es la señalada por esa línea en la rosa de los vientos dibujada en el otro círculo. ≃ AGUJA de bitácora, *brújula.

A. DE MECHAR [o MECHERA]. Utensilio de forma de aguja grande, que se utiliza para mechar la carne. ⇒ *Cocina.

A. PALADAR (género *Belone*, como el *Belone belone*). Cierto *pez teleósteo, largo, delgado, con las mandíbulas en forma de pico, azul verdoso por encima y plateado por los costados.

A. DE PASTOR [o DE VENUS]. *Aguja (planta umbelífera).

A. DE TOQUE. *Cada una de las puntas de *plata u *oro de distintas leyes que constituyen un utensilio de forma de estrella utilizado por los joyeros para, por comparación sobre la piedra de toque, conocer el grado de pureza de la plata u oro de los objetos.*

BUSCAR UNA AGUJA EN UN PAJAR. Comentario que se hace en forma de comparación cuando se busca algo en un sitio donde, por la gran cantidad de cosas que hay o por otra circunstancia, es dificilísimo encontrarlo.

CONOCER [o SABER MANEJAR] LA AGUJA DE MAREAR. Saber manejarse.

V. «meterse por el OJO de una aguja, VINO de agujas».

agujadera (de «agujar») f. *Mujer que hacía bonetes, gorros y otras prendas de *vestir, de punto.*

agujal m. *Agujero que queda en las paredes al sacar las agujas del tapial.*

agujar[1] (de «aguja») **1** (ant.) tr. *Herir o pinchar con aguja.* **2** (ant.) *Hacer punto.*

agujar[2] (del sup. lat. «aculeāre», de «aculeātus», que tiene aguijón; ant.) *Aguijar.*

agujerear o, no frec., **agujerar** tr. Hacer uno o más agujeros en un ↘sitio. ⊙ prnl. Quedar con uno o más agujeros una cosa: 'Agujerearse una prenda por la polilla'.

agujero, -a **1** adj. *De [las] agujas.* **2** m. *Alfiletero: utensilio para guardar agujas y alfileres.* **3** *Abertura que atraviesa alguna cosa; particularmente, si es redondeada o, por lo menos, no estrecha y larga. **4** *Deuda: 'Con el dinero de la paga extraordinaria tapó algunos agujeros. ⊙ Déficit o falta injustificada de dinero en la administración de una empresa.

AGUJERO NEGRO. ASTRON. Lugar hipotético del espacio que, según la teoría de la relatividad, absorbe cualquier materia o energía situada en su campo gravitatorio.

□ CATÁLOGO

Otra raíz, «-trem-»: 'monotrema'. ➤ *Abertura, agujal, boca, boquete, brecha, brújula, bufarda, buzón, cala, *cavidad, clavijera, coladero, coquera, cripta, data, embocadero, encajadura, entrada, escobén, escopleadura, *escotadura, *espacio, estaquero, fogonadura, forambre, forambrera, foramen, forado, furo, gatera, *grieta, groera, hondón, horaco, horado, horambrera, hoyo, *hueco, hura, huraco, hurera, imbornal, mechinal, ojal, ojete, ojo, oquedad, *orificio, perforación, piquera, poro, *puerta, puntada, puntizón, punto, ratonera, respiradero, salida, silbato, taladro, trepa, *tronera, vacío. ➤ Holgura, huelgo, huida, vagación. ➤ Colador, criba, malla, rallo. ➤ Abocardar, acribillar, agujerar, agujerear, alegrar, avellanar, barrenar, escariar, fresar, furacar, horacar, horadar, ojalar, ojetear, *perforar, picar[se], taladrar, trepanar, trepar. ➤ Abrir, cerrar, practicar, tapar. ➤ *Barrena, barreno, berbiquí, escariador, formón, fresa, lengüeta, parahúso, punzón, rompedera, sacabocados, trincaesquinas, villabarquín.

agujeta (de «aguja») **1** f. *Cabo con herretes, para *atarse alguna prenda, por ejemplo los zapatos o los pantalones.* ≃ Tireta. **2** (pl.) *Dolor que se siente en alguna parte del cuerpo después de haber realizado un ejercicio muy violento o muy seguido. **3** **Propina que se daba al postillón.* ≃ Botijuela. **4** (And., Ven.) *Alfiler largo que se colocan las mujeres en el sombrero para sujetarlo.* **5** (Ec., R. Dom.) *Aguja de tejer o de hacer punto.* **6** AGRAF. *Arruga del papel que desluce la impresión.* ≃ Aguja.

agujetilla f. *Muelle de las *armas de fuego antiguas.*

agujón (aum. de «aguja») **1** m. Utensilio para cualquier cosa, de forma de aguja grande. **2** Alfiler grande que se emplea para sujetar el pelo, el sombrero, etc. ≃ *Pasador.

agujuela (dim. de «aguja») f. *Clavo algo mayor que la tachuela.*

aguosidad (del lat. «aquosĭtas, -ātis») f. *Humor orgánico fluido como el agua.*

aguoso, -a (del lat. «aquōsus») adj. *Acuoso.*

agur (del vasc. «agur»; inf.) interj. *Adiós. ≃ Abur.

agusanado, -a Participio adjetivo de «agusanarse».

agusanamiento m. Acción de agusanarse.

agusanarse prnl. Criar gusanos una sustancia. ≃ Gusanarse. ⇒ Podrirse.

agustinianismo m. *Doctrina teológica de San Agustín.*

agustiniano, -a adj. Agustino.

agustino, -a adj. y, aplicado a personas, también n. Se aplica a los religiosos de la orden de San Agustín, a esa orden y a sus cosas. ⊙ m. pl. Esa *orden.

agutí (Hispam.) m. *Roedor parecido al *conejillo de Indias.*

aguzadero, -a **1** adj. *Utilizable para aguzar.* **2** f. *Piedra aguzadera.* **3** m. CAZA. *Sitio a donde los jabalíes acuden a hozar y aguzar los colmillos.*

aguzado, -a Participio adjetivo de «aguzar[se]». ⊙ Agudo (en sentido material y figurado).

aguzador, -a 1 adj. y n. *Aplicable a lo que aguza.* **2** f. *Piedra aguzadera.*

aguzadura 1 f. *Aguzamiento.* **2** *Hierro o acero que se emplea para reparar la punta del *arado.*

aguzamiento m. Acción y efecto de aguzar[se]. ≃ Aguzadura.

aguzanieves (de «auce de nieves»; del ant. «auce», del lat. «avicella», avecilla y «nieves»; *Motacilla alba)* f. Pájaro insectívoro abundante en España durante el invierno, de plumaje blanco, negro y ceniciento, que vive en parajes húmedos. ≃ Aguanieves, andarríos, caudatrémula, motacila, motolita, nevatilla, nevereta, pezpita, pezpítalo, pimpín, pipita, pispa, pispita, pizpita, sanantona, AVECILLA de las nieves.

aguzar (del sup. lat. «acutiāre», de «acūtus», agudo) **1** tr. *Afilar: hacer punta a una ↘cosa o hacer más aguda la punta de una ↘cosa. **2** Aplicado a ↘«entendimiento, inteligencia, atención, oído, vista», etc., aplicarlos con intensidad para percibir con ellos lo más posible. ≃ Avivar. ⊙ prnl. Hacerse más agudo el entendimiento, la inteligencia, etc.: 'La inteligencia se aguza con el hambre'. ≃ Avivarse. **3** tr. **Incitar.* **4** (ant.) *Hacer *aguda una ↘sílaba.*

V. «aguzar las OREJAS, aguzar el SENTIDO».

¡ah! 1 interj. Exclamación provocada por cualquier impresión o emoción: *admiración, sorpresa, *susto, *pena... y, también, *satisfacción o *alegría: '¡Ah..., no esperaba encontrarte aquí! ¡ Ah..., qué ganas tenía de sentarme!'. Su empleo específico es para mostrar el que habla que acaba de caer en la *cuenta de cierta cosa: '¡Ah..., yo no sabía eso! ¡Ah..., entonces estamos de acuerdo!'. **2** (Hispam.) *Se emplea para interrogar.*

ahacado (de «haca») adj. *Se aplica al caballo que, por la cabeza o la alzada, se parece a la jaca.*

ahajar tr. *Ajar.*

ahé (de «a²» y «he²»; ant.) interj. *He o he aquí [o ahí]; se usaba con un pronombre sufijo:* 'Ahelos por do vienen'.

ahechadura (sing. o pl.) f. Residuos que quedan después de ahechar el grano. ≃ *Granzas.

ahechar (del lat. «affectāre», arreglar, preparar) tr. Limpiar con criba o utensilio semejante el ↘trigo u otras semillas. ≃ *Cribar.

ahelear (de «helear»; ant.) tr. **Amargar, en sentido propio y figurado.* ⇒ Rehelear.

ahelgado, -a adj. *Helgado (de dentadura irregular).*

ahembrado, -a (de «a-²» y «hembra») adj. **Afeminado.*

aherir (de «aferir»; ant.) tr. **Contrastar las ↘pesas y medidas.*

aherrojamiento m. Acción y efecto de aherrojar.

aherrojar (de «ferrojar») **1** tr. Aprisionar a ↘alguien con hierros. ⇒ Aferrojar, ferrojar. **2** *Someter u *oprimir a ↘alguien.

aherrumbrar 1 tr. *Dar a una ↘cosa color o sabor de herrumbre u *óxido de hierro.* ⊙ prnl. *Tomar color o sabor de herrumbre.* **2** *Cubrirse de herrumbre.*

aherventar (ant.) tr. **Hervir una ↘cosa en agua.* ≃ Herventar.

ahervoradamente (ant.) adv. *Fervorosamente.*

ahervorarse (de «a-²» y «hervor») prnl. *Calentarse el trigo u otras semillas al estar apiladas, y fermentar.*

ahí (de «a²» y el ant. «hi», y³) **1** adv. Designa un lugar próximo a la vez a quien habla y a la persona a quien se habla, o el lugar en que está esta última, expresando tanto situación como dirección: 'Ahí está la casa que buscamos. Creo que ahí no os llegan periódicos'. ⊙ A veces, lo mismo que «aquí», sirve para mostrar: 'Ahí lo tienes. Ahí está. Ahí viene'; y, a veces, equivale a «en esto» o «en eso»: 'Ahí está la dificultad del problema'. **2** Muchas veces no tiene más valor que el de introducir algo que se somete a la consideración del interlocutor: 'Ahí tienes las consecuencias de ser rebelde'. **3** Otras veces, con «mandar, enviar», etc., equivale a «a la vez que esta carta»: 'Ahí te mando unas manzanas de mi huerto'.

AHÍ ES NADA. Expresión ponderativa y, generalmente, admirativa, con que se manifiesta que se atribuye importancia a algo que otro ha dicho o que se dice a continuación: '¡Ahí es nada! Una subida de sueldo del cincuenta por ciento'.

AHÍ MISMO. Expresión con que se pondera lo *cerca que está una cosa.

V. «ALTO ahí, ahí me las DEN todas, DAR por ahí».

DE AHÍ. **1** De ese lugar: 'De ahí no nos llega nada bueno'. **2** De eso: 'De ahí se deduce que no piensa dimitir'.

DE AHÍ QUE. Expresión *consecutiva que sirve para enunciar una consecuencia de algo que se ha dicho antes. Entre el antecedente y la consecuencia se hace una pausa, representada en la escritura por punto y coma: 'El clima es seco; de ahí que no haya prados naturales'.

V. «ahí le DUELE, ¡ahí VA!, HE ahí».

POR AHÍ. **1** Se emplea mucho para expresar un lugar indeterminado: 'Se ha ido por ahí a no sé qué sitio del extranjero. Me voy a dar una vuelta por ahí. Búscame las tijeras, que deben de estar por ahí, en cualquier parte'. **2** Generalmente repetido, equivale a «aproximadamente eso» o «así»: 'Debe de tener unos cincuenta años. —Sí, por ahí, por ahí' (pronunc. [porái porái]).

V. «QUITA de ahí».

☐ NOTAS DE USO

«Ahí» precede a cualquier adverbio con que se una: 'Ahí cerquita. Ahí abajo. Ahí a la vuelta de la esquina'.

Admite las preposiciones «de», «desde», «hacia», «hasta» y «por».

ahidalgadamente adv. *Con hidalguía.*

ahidalgado, -a 1 adj. *Aplicado a personas, que se comporta como hidalgo.* **2** *Se aplica a las costumbres, acciones, etc., nobles y caballerosas.*

ahidalgar tr. *Hacer que ↘alguien parezca un hidalgo.* ⊙ prnl. *Adquirir el porte o las costumbres de un hidalgo.*

ahigadado, -a 1 adj. *De color de hígado.* **2** **Valiente.*

ahijadera (de «ahijar»; Sor.) f. *Conjunto de crías de un rebaño.* ⊙ (Sor.) *Época de la cría de las ovejas.* ⇒ *Reproducción.

ahijadero (de «ahijar»; Sal.) m. *Prado reservado a las ovejas que crían.* ⊙ (Extr.) **Dehesa.*

ahijado, -a 1 n. Hijo adoptivo. **2** Una persona respecto de su padrino o madrina. ⇒ Alevo, criado.

ahijador m. **Pastor encargado de las ovejas que crían y de sus crías.*

ahijamiento (ant.) m. *Adopción de una persona como hijo.* ≃ Prohijamiento.

ahijar (del sup. lat. «affiliāre», de «filĭus», hijo) **1** (gralm. con un pron. reflex.) tr. *Adoptar: tomar como hijo a ↘uno que no lo es naturalmente: 'Se ha ahijado a un sobrino suyo'. ≃ Prohijar. ⊙ Se aplica también a animales. ⇒ Desahijar. **2** *Poner a cada ↘cordero con su madre o con otra oveja para que lo críe.* **3** intr. *Procrear.* **4** *Echar retoños una planta.* **5** tr. **Imputar ↘algo a alguien.*

☐ CONJUG. como «enraizar».

ahilado, -a 1 Participio adjetivo de «ahilar». **2** adj. *Se aplica a la *voz tenue y aguda.* **3** *También al *viento suave y continuo.*

ahilamiento m. Acción de ahilarse. ⊙ Estado de ahilado.

ahilar (del sup. lat. «affilāre», de «filum», hilo) **1** intr. *Ponerse formando hilera.* **2** prnl. Aplicado a plantas, crecer excesivamente alargadas. ⊙ Crecer los *árboles altos y derechos por estar muy juntos o por faltarles luz, o por otra causa. ⊙ Aplicado a personas, ponerse *flacas, por ejemplo por causa de una enfermedad o por un rápido crecimiento. **3** *Sufrir desfallecimiento por falta de alimento.* ⇒ *Débil.

□ CONJUG. como «enraizar».

ahína 1 (ant.) adv. *Fácilmente.* ≃ Aína **2** (ant.) **Pronto.* ≃ Aína. **3** (ant.) **Casi.* ≃ Aína, por poco.

ahincadamente adv. *Con ahínco.*

ahincado, -a *Participio de «ahincar[se]».* ⊙ adj. **Eficaz o vehemente.*

ahincar (de «a-²» e «hincar») **1** tr. *Instar a ˘alguien.* **2** prnl. **Apresurarse.*

□ CONJUG. como «enraizar».

ahínco (de «ahincar») m. Actitud del que hace algo poniendo en ello todo el esfuerzo o interés de que es capaz: 'Se dedica con ahínco a aprender chino'. ≃ *Afán. ⇒ Afinco. ⊙ Insistencia o intensidad con que se pide o se desea algo: 'Me pidió con ahínco que le dejase venir conmigo'. ≃ *Empeño.

ahinojar (de «hinojo²», rodilla) tr., intr. y prnl. **Arrodillar[se].*

ahirmar (ant.) tr. **Afirmar.*

ahitar (de «a-²» e «hito») **1** tr. *Señalar los límites de un ˘terreno con hitos o mojones.* **2** tr. e intr. *Causar ahíto.* **3** («de») tr. y, más frec., prnl. **Hartar[se] o *indigestar[se].*

□ CONJUG. como «enraizar».

ahíto, -a (del lat. «infictus», part. pas. de «infigĕre», clavar) **1** («Estar») adj. *Harto. ⊙ Se dice del que ha comido hasta no poder más. ⊙ Se emplea en sentido figurado para expresar sobra de riqueza o bienestar. **2** **Indigesto.* **3** (ant.) *Quieto o estable.* **4** m. *Indigestión.*

¡aho! *Interjección usada para llamarse de lejos.*

ahobachonado, -a (de «a-²» y «hobachón»; inf.) adj. *Holgazán.*

ahocicar (de «a-²» y «hocico») **1** tr. **Confundir o vencer a ˘alguien en una disputa.* **2** intr. *Rendirse en una disputa.*

ahocinarse (de «a-²» y «hocino²», paso de un río) prnl. *Meterse un río en una hoz.*

ahogadero, -a 1 adj. *Aplicable a lo que ahoga o sofoca.* **2** m. *Cuerda que se ponía al cuello de los que iban a ser *ahorcados.* **3** *Cuerda o correa de la *guarnición de las caballerías que oprime el pescuezo.* **4** *Ahogador (*collar).* **5** *Sitio donde hay mucho concurso o *aglomeración de gente.* **6** *Caldero de agua caliente donde se ahogan los capullos de *seda.*

ahogadilla f. *Broma que consiste en sumergir a una persona durante unos instantes en el agua.

ahogadizo, -a 1 adj. *Fácil de ahogar.* **2** *Se aplica a la *fruta áspera y difícil de tragar.* **3** *Se aplica a la *madera que, por ser muy pesada, se hunde en el agua.*

ahogado, -a 1 («Estar, Verse») Participio adjetivo de «ahogar[se]. ⊙ n. Persona ahogada: 'Entre los ahogados estaba un niño de corta edad'. ⊙ adj. Aplicado a «respiración, voz, sonido», que se emite con dificultad. ⊙ Agobiado o *apurado: 'Estoy ahogado de quehacer'. **2** Se aplica a una habitación o recinto excesivamente pequeño para el uso que tiene, o excesivamente lleno de objetos que hacen difícil moverse en él.

ahogadora (C. Rica, Nic.) f. *Ahorcadora.*

ahogamiento m. Acción y efecto de ahogar[se]. ⊙ Ahogo.

ahogar¹ (del lat. «offocāre», apretar la garganta) **1** tr. *Matar a ˘alguien sumergiéndole en agua o impidiéndole respirar de cualquier manera. ≃ Asfixiar. ⊙ prnl. Morir alguien por no poder respirar. ⇒ Afogar, *ahorcar, anegar, asfixiar, encarcavinar, enfogar, estrangular, dar GARROTE, sofocar, sufocar. ➤ Escañarse. ➤ *Jadear. ➤ Acecido, acezo, agonía, ahogamiento, ahogo, ahoguijo, ahoguío, angustia, anhélito, anhelo, ansiedad, apnea, asfixia, pasma, congoja, disnea, estertor, fatiga, jadeo, opresión, puna, sarrillo, sobrealiento, sofocación, soroche. ➤ Asfíctico, asfíxico. ➤ Mordaza. ➤ Irrespirable. ➤ Desahogar. **2** tr. Causar el calor o una atmósfera cargada sensación de ahogo: 'Me ahoga la atmósfera del café'. ≃ Asfixiar, *sofocar. ⊙ Causar sensación semejante otra cosa, como, por ejemplo, el exceso de abrigo. ⊙ prnl. Sentir sofocación o ahogo. **3** tr. y prnl. Angustiar[se] o *apurar[se]. **4** tr. Impedir que siga desarrollándose una ˘acción: 'Ahogar un incendio. Ahogar las protestas'. ≃ *Dominar. ⊙ O que se manifieste o exteriorice cierta ˘cosa: 'Ahogar el dolor'. ⇒ *Reprimir. **5** *Perjudicar a las ˘plantas, simientes, etc., el exceso de agua.* **6** tr. y prnl. Inundar[se] de combustible el ˘carburador de un automóvil de modo que no puede funcionar el motor. **7** tr. *Sumergir ciertas ˘cosas en el agua con determinado fin; por ejemplo, los capullos de seda. **8** *Apagar la ˘cal. **9** *En el juego de *ajedrez, poner al ˘rey contrario en tal situación que no puede moverse sin quedar en jaque.* **10** prnl. MAR. *Anegarse un *barco por la proa por exceso de escora.*

V. «hasta ahogar al DIABLO; DIOS aprieta, pero no ahoga; ahogar con un PELO, ahogar las PENAS, ahogarse en un VASO de agua».

ahogar² (de «a-²» y el lat. «focus», fuego; ant.) tr. *Estofar o *rehogar una ˘vianda.*

ahogaviejas (de «ahogar¹» y «vieja») f. **Quijones (planta umbelífera).*

ahogo 1 m. Dificultad para respirar por causa fisiológica. ≃ *Asma, fatiga. ⇒ Ahoguijo, ahoguío. ⊙ Sensación de ahogarse por cualquier causa, por ejemplo en una atmósfera cargada. **2** *Angustia o agobio. **3** Situación difícil por falta de dinero, exceso de trabajo u otra causa semejante. ≃ *Apuro.

ahoguijo 1 m. *Ahogo.* **2** VET. *Angina.*

ahoguío m. *Ahogo (opresión).*

ahojar (Ar.) intr. **Ramonear (pacer el ganado las hojas y las puntas de las ramas de los árboles).*

ahondamiento m. Acción de ahondar.

ahondar 1 (de «a-²» y «hondo»; «en») intr. Penetrar hasta muy dentro en un sitio; particularmente, en la tierra: 'Las raíces ahondan en el suelo'. ≃ Hundirse, *profundizar. ⇒ Zahondar. ⊙ Cavar hasta una profundidad considerable. ≃ Profundizar. ⊙ tr. Hacer un ˘hoyo o cosa semejante más profundo: 'Hemos ahondado la zanja medio metro'. ⊙ tr. y prnl. Hacer[se] más hondo o profundo ˘algo no material. **2** («con») tr., intr. y prnl. Introducir[se] una cosa profundamente o más profundamente en algún sitio. **3** («en») intr. Estudiar o examinar seriamente una cosa: 'Pica en muchas cosas, pero no ahonda en ninguna'. ≃ *Profundizar.

ahonde m. Ahondamiento.

ahora (de «agora», del lat. «hac hora», en esta hora) **1** adv. Designa el momento mismo en que estamos o el tiempo, tomado con más o menos extensión, en que vivimos: 'Ahora no me duele la herida. Ahora se arrepiente de no haber hecho una carrera. Ahora no creemos en fantasmas'.

⊙ Inmediatamente antes o después del momento en que se habla: 'Ahora ha entrado el presidente. Ahora te lo diré'. **2** Después de lo ocurrido o después de eso: 'Ahora ya no me importa nada lo que pueda ocurrir. Ahora yo no sé qué hacer'.

¡AHORA! **1** Exclamación con que se acompaña el hecho de hacerse u ocurrir una cosa que se intentaba o esperaba. Es también muy frecuente para indicar el momento de ejecutar algo previsto. **2** Equivale también a «ahora caigo» o «ahora lo entiendo». ⇒ *Percatarse.

AHORA... AHORA... Expresión disyuntivo-distributiva: 'Ahora llore, ahora ría...'

AHORA BIEN. Equivale a «pero» en expresiones como «haz lo que quieras; ahora bien, atente a las consecuencias».

AHORA MISMO. Forma enfática de «ahora», con que se acentúa más la proximidad al instante en que se habla: 'Ahora mismo ha salido de casa. Ahora mismo te lo voy a decir'.

AHORA QUE. **1** *Pero: 'Es verdad lo que dices; ahora que eso no es todo'. **2** Se emplea con verbos como «ocurrirse» o «acordarse» en frases que inician la exposición del pensamiento que se *ocurre o se *recuerda: 'Ahora que me acuerdo: me dio un recado para ti. Ahora que pienso, será mejor que dejemos la visita para mañana'.

AHORA SÍ QUE... Expresión con que se muestra seguridad de que ahora ocurre o va a *ocurrir cierta cosa que antes había fallado: 'Ahora sí que no te me escapas'. ⊙ Se emplea mucho en expresiones de *disgusto: '¡Ahora sí que estamos bien!'.

V. «ahora CAIGO».

DE AHORA. *Actual.

DE AHORA EN ADELANTE [O DESDE AHORA]. En adelante.

V. «como que ahora es de DÍA».

HASTA AHORA. **1** Hasta hoy, hasta el presente. **2** Expresión de despedida usada cuando se piensa volver a ver al interlocutor en un espacio muy corto de tiempo.

V. «a la HORA de ahora».

POR AHORA. Frase con que se expresa cierta cosa que tiene aplicación ahora y que tal vez más adelante no la tenga: 'Por ahora tenemos existencias para atender todos los pedidos. No vengas por ahora'. ≃ HOY por hoy, en este MOMENTO, por el MOMENTO, por el PRESENTE». ⇒ *Provisional.

☐ CATÁLOGO

Actualidad, agora, ahorita, el DÍA de hoy, hoy DÍA, a estas FECHAS, hogañazo, hogaño, hora, a la HORA de ahora, hoy, HOY por hoy, al presente, por el presente, presentemente. ➤ Actual, contemporáneo, corriente, *moderno, novedad, presente. ➤ De AHORA en adelante, hasta AHORA, de AQUÍ a, hasta AQUÍ, de ENTONCES acá, de esta FECHA, hasta la FECHA, de algún TIEMPO a esta parte.

ahorcable adj. *Que merece ser ahorcado.*

ahorcadizo, -a 1 adj. *Ahorcable.* **2** CAZA. *Se aplicaba a la *caza muerta a lazo.*

ahorcado, -a 1 Participio adjetivo de «ahorcar[se]». **2** n. Persona que ha sido ahorcada. **3** *Persona condenada a morir en la horca, desde que entra en capilla.* **4** m., gralm. pl. **Calzado semejante a los borceguíes.*

V. «nombrar [o mentar] la SOGA en casa del ahorcado».

ahorcadora (de «ahorcar»; Guat., Hond.; género *Polistes*) f. *Especie de avispa grande, cuya picadura, según creencia del vulgo, produce, si es en el cuello, la asfixia.*

ahorcadura f. *Ahorcamiento.*

ahorcajarse («en») prnl. *Ponerse a horcajadas.*

ahorcamiento m. Acción de «ahorcar[se]».

ahorcaperros (de «ahorcar» y «perro») m. MAR. **Cabo con un nudo corredizo que se emplea para coger objetos caídos al mar.*

ahorcar (de «a-^{2}» y «horca») **1** tr. *Matar a ↘alguien suspendiéndole de una cuerda o cosa semejante con un nudo corredizo pasado alrededor del cuello. ⇒ *Colgar, empicar, enforcar, enhorcar, guindar. ➤ *Horca. ➤ *Ahogar. *Ejecutar. **2** (inf.) Se aplica a ↘«hábitos, libros» y quizás a alguna otra cosa semejante, con el significado de *abandonarlos.

V. «a la FUERZA ahorcan».

ahorita (más frec. en Hispam.; inf.) Dim. frec. de «ahora».; especialmente, «ahorita mismo».

ahormar 1 tr. *Ajustar una ↘cosa a su horma.* **2** **Convencer a ↘alguien de que adopte cierta actitud razonable.* **3** TAUROM. *Colocar al ↘*toro con pases de muleta en situación conveniente para darle la estocada.* **4** EQUIT. *Estimular a una caballería suavemente con el freno y la falsa rienda para que coloque la cabeza en posición correcta.*

ahornagarse (del lat. «ad» y «fornax, -ācis», horno) prnl. **Agostarse las plantas por calor excesivo.*

ahornarse prnl. *Quemarse o tostarse el *pan por fuera, mientras queda crudo por dentro, por estar demasiado fuerte el horno.* ≃ *Arrebatarse.

ahorquillar 1 tr. Dar a ↘algo forma de horquilla. ≃ Horquillar. **2** *Apuntalar con horquillas las ↘ramas de los *árboles.* **3** prnl. *Bifurcarse formando una horquilla.

ahorradamente adv. *Libre o desembarazadamente.*

ahorrado, -a 1 Participio adjetivo de «ahorrar». **2** adj. *Horro (libre).* **3** *Ahorrador.*

ahorrador, -a adj. y n. Que ahorra.

ahorramiento m. *Acción de ahorrar[se].*

ahorrar (de «a-^{2}» y «horro») **1** tr. *Dar libertad al ↘esclavo.* ≃ Libertar. **2** *Conceder el dueño del *ganado a los mayorales y pastores cierto número de ↘reses, libres de todo gasto.* **3** tr. o abs. Guardar una ↘parte del dinero de que se dispone: 'La gente ha perdido el afán de ahorrar. Ahorrando solamente el diez por ciento de lo que gana, se ha comprado un coche en un año'. ≃ Economizar. ⊙ (con un pron. reflex.) Gastar cierta ↘cantidad de menos en alguna cosa: 'Comprándolo de segunda mano te ahorras la mitad de dinero'. ⊙ Gastar de una ↘cosa menos de lo que se gastaría no teniendo cuidado: 'Ahorrar carbón, fluido, aceite'. ≃ Economizar. ⊙ Se aplica también a ↘cosas que no se consumen, pero se estropean: 'Ahorra el traje de vestir'. ≃ Economizar, reservar. **4** Librar a alguien de hacer cierto ↘trabajo, tomarse cierta molestia, hacer cierto gasto, etc.: 'Si le telefoneas, le ahorras el viaje. ≃ Economizar, *evitar, excusar: 'No te lo dije, por ahorrarte ese disgusto'. También con un pron. reflex.: 'Así te ahorras preocupaciones'. **5** (Ar., Sal.; reflex.) *Aligerarse de ropa.*

NO AHORRAR. Con «esfuerzos, medios, sacrificios» o palabras semejantes, no *eludir ninguno de los posibles para cierta cosa: 'No ahorraremos sacrificios para mantener la paz'.

☐ CATÁLOGO

Achocar, ahuchar, apretarse el CINTURÓN, condesar, economizar, enguerar, entalegar, escasear, escatimar, excusar, juntar, mirar la PESETA, recoger, reunir. ➤ Alcancía, CAJA de ahorros, gato, *hucha, hurtadineros, ladronera, reserva, tesoro, trapillo, vidriola. ➤ Economía, parsimonia. ➤ Un GRANO no hace granero, pero ayuda a su compañero. ➤ *Gastar. ➤ *Aprovechado. *Arreglado. *Avaro. *Precaución. *Previsión. *Tacaño.

ahorrativo, -a adj. Inclinado a ahorrar.

ahorría (de «alhorría»; ant.) f. *Cualidad o situación de horro.*

ahorro 1 m. Acción de no gastar todo lo que se tiene o gana y guardar una parte. **2** (sing. o pl.) Cantidad ahorrada: 'El ahorro nacional. Se ha comprado un reloj con sus ahorros'.

V. «CAJA de ahorros».

ahotado, -a (de «a-[2]» y «hoto») adj. **Seguro, confiado o asegurado.*

ahotas (de «a-[2]» y «hoto»; ant.) adv. *Seguramente.*

ahoyador (And.) m. *Obrero que hace *hoyos para plantar.*

ahuate (del nahua «auatl», espina; Hond., Méj.) m. **Espinilla de las que, como un vello, cubren algunas plantas, como la caña de azúcar.* ≃ Afate, ajuate.

ahuchar[1] tr. *Guardar ↘dinero en la hucha.* ⊙ *Guardar en cualquier forma el ↘producto del ahorro.*

ahuchar[2] (ant.) tr. *Llamar al ↘halcón con el grito repetido de «¡hucho!».*

ahuchear (And.) tr. *Abuchear.*

ahuciar (de «afiuciar»; ant.) tr. *Esperanzar o dar confianza.* ⇒ Desahuciar.

ahuecado, -a Participio adjetivo de «ahuecar[se]». ⊙ m. Acción de ahuecar.

ahuecador, -a 1 adj. Que ahueca. **2** m. Herramienta semejante al formón usada por los torneros para ahuecar las piezas de madera.

ahuecamiento m. Acción y efecto de ahuecar[se].

ahuecar 1 tr. Dejar ↘algo hueco o cóncavo quitándole la materia de dentro: 'Ahuecar una calabaza. Ahuecar un tronco de árbol para hacer una barca'. ≃ Vaciar. ⊙ Hacer que una ↘cosa se ponga hueca o se avejigue. **2** prnl. Formar una ampolla o ampollas una cosa: 'El enlucido de la pared se ha ahuecado'. ⇒ Afollarse, ampollar[se], avejigarse, bufarse, *hincharse. ➤ *Ampolla. **3** tr. Hacer una ↘cosa menos compacta o quitarle el aplastamiento; por ejemplo, los colchones golpeándolos o la tierra arándola. ≃ Esponjar. ⊙ prnl. Ponerse hueco (esponjado o fofo); por ejemplo, las aves ahuecando las plumas. **4** (inf.) intr. *Marcharse. Se usa mucho en imperativo: '¡Ahueca de ahí!'. ≃ Ahuecar el ALA. **5** prnl. *Envanecerse. ≃ Ponerse HUECO.

V. «ahuecar el ALA, ahuecar la VOZ».

ahuehué o **ahuehuete** (del nahua «ahuehuetl»; *Taxodium mucronatum* o *Taxodium mexicanum*) m. Árbol conífero taxáceo mejicano, aprovechado por su madera, elástica, y cultivado como árbol de jardín. ⇒ *Planta.

ahuesado, -a adj. Semejante al *hueso en el color.

ahuesarse 1 (Hispam.) prnl. *Perder una persona prestigio y estima.* **2** (Hispam.) *Perder una cosa su valor, volverse inservible.* **3** (Hispam.) *Quedarse sin vender una mercancía.*

ahuevado, -a (de «ahuevar») **1** Participio de «ahuevar[se]». ⊙ adj. Con forma de huevo. **2** (Col., Nic., Pan., Perú) adj y n. *Acobardado o atontado.*

ahuevar 1 tr. *Clarificar el ↘*vino con claras de huevo* **2** Dar forma de huevo a ↘algo. ⊙ prnl. Tomar algo forma de huevo. **3** (Col., Nic., Pan., Perú) tr. y prnl. *Atontar[se], acobardar[se].*

ahuizote (de «Ahuitzotl», nombre de un soberano azteca) **1** m. *Cierto batracio de Méjico tenido por maléfico.* **2** (C. Rica) **Brujería o *maleficio.* **3** (Méj.) *Persona *pesada o molesta.*

ahulado, -a (Hispam.) adj. y n. m. *Impermeabilizado mediante una capa de hule o caucho.*

ahumada f. Señal que se hace con humo en un lugar alto. ⇒ Alimara, humada. ➤ *Almenara.

ahumado, -a 1 Participio adjetivo de «ahumar[se]»: 'Cristal [o jamón] ahumado'. ⊙ m. Acción de ahumar; particularmente, un alimento. **2** adj. De color semejante al del humo, aplicado particularmente a cuerpos transparentes; como el cuarzo o el topacio. **3** (inf.) *Borracho. ≃ Ajumado.

V. «TOPACIO ahumado».

ahumar (del sup. lat. «affumāre», de «fumāre», echar humo) **1** tr. Llenar ↘algo de *humo; por ejemplo, una colmena. ⊙ prnl. Llenarse de *humo, por ejemplo, una habitación. **2** tr. Exponer ↘algo al humo; por ejemplo, una vianda para conservarla. ⊙ prnl. Tomar los guisos sabor de humo. **3** Tomar color de humo. **4** (inf.) *Emborracharse. ≃ Ajumarse.

□ CONJUG. como «aullar».

ahumear (Sal.) intr. *Humear (echar humo).*

ahurragado, -a adj. AGRIC. *Se aplica a la tierra mal *labrada.* ≃ Aurragado.

ahusado, -a adj. De *forma de huso. ⇒ Afusado.

ahusar 1 tr. *Dar a una ↘cosa *forma de huso.* **2** prnl. *Adelgazar y tomar forma de huso.*

□ CONJUG. como «aullar».

ahuyentar (del sup. lat. «effugientāre», de «fugiens, -entis», el que huye) tr. Hacer huir o marcharse a ↘alguien o ↘algo o no dejar que se acerque: 'Ese monigote ahuyenta los pájaros'. ≃ Alejar, asustar, espantar. ⊙ También en sentido figurado: 'Con ese genio ahuyenta a los pretendientes. Para ahuyentar los pensamientos tristes'. ⊙ prnl. *Alejarse de un sitio o asunto o no acercarse a él, por miedo.*

□ CATÁLOGO

Alejar, *apartar, arrincar, asustar, ausentar, aventar, barrer, carear, cucar, espantar, mosquear, ojear, osear, oxear, zacear, zalear, zapear. ➤ ¡Afuera!, ¡chucho!, ¡fuera!, ¡hala!, ¡HALA de ahí!, ¡hopo!, ¡hospa[o]!, ¡huichí!, ¡huichó!, ¡jopo!, ¡largo!, ¡LARGO de aquí!, ¡moste!, ¡moxte!, ¡muste!, ¡os!, ¡oste!, ¡ox!, ¡oxte!, ¡a la porra!, ¡sus!, ¡uste!, ¡za!, ¡zape!, ¡zuzo! ➤ Avisparse.

-aico, -a 1 Elemento sufijo con el que están formados algunos *adjetivos geográficos: 'galaico, pirenaico'. **2** Equivale también al sufijo átono «-ico» en *adjetivos de cualidad: 'farisaico, judaico, algebraico'. ⇒ -co.

aijada f. **Aguijada.*

aikido (de or. jap.) m. Técnica de lucha cuerpo a cuerpo, de origen japonés, practicada como deporte, cuyos principios son similares a los del yudo.

ailanto (de or. malayo; *Ailanthus glandulosa*) m. Árbol simarubáceo, originario de las Molucas, de *madera dura y compacta. ≃ ÁRBOL del cielo, BARNIZ del Japón, maque, ZUMAQUE falso, ZUMAQUE del Japón.

aíllo (del quechua «ayllu», parentesco; Chi., Ec.) m. *Cada uno de los grupos en que se divide una comunidad indígena, cuyos miembros suelen ser del mismo linaje.*

aimara o **aimará** adj. y, aplicado a personas, también n. Se aplica a ciertos *indios que habitan en la región del lago Titicaca, y a sus cosas. ⊙ m. Lengua que hablan.

aína o **aínas** (del lat. vulg. «agina», de «agĕre», conducir, empujar) **1** adv. *Pronto.* **2** *Fácilmente.* **3** *Por poco.*

-aina 1 Sufijo que tiene el mismo valor que «-ina» en algunos nombres que significan «tanda de»: 'azotaina'. **2** También constituye, raramente, la terminación de algunos nombres con significado despectivo por sí mismos: 'garambaina, tontaina'. ⇒ -aino, -a.

aindamáis (del gall. o port. «ainda mais»; se usa en tono festivo) adv. *Además.*

aínde (del lat. «ad» e «inde», después; ant.) *Adelante.*

aindiado, -a Participio de «aindiarse». ⊙ adj. De aspecto de indio, por el color o las facciones.

aindiarse prnl. Tomar el aspecto o la forma de vida de los indios.

□ CONJUG. como «cambiar».

-aino, -a Sufijo raro de adjetivo, de significado despectivo: 'dulzaino, tontaina'. ⇒ -aina.

-aíno, -a Sufijo de algunos, pocos, nombres de naturaleza: 'bilbaíno, vizcaíno'.

airadamente adv. De manera airada.

airado, -a Participio adjetivo de «airar[se]». Aplicado a personas, palabras y actitudes, con enfado, que se manifiesta en el tono, el gesto o la actitud: 'Salió airado de la habitación dando un portazo'. ⇒ *Cólera.

V. «a MANO airada, VIDA airada».

airamiento m. *Acción y efecto de airarse.*

airampo (de or. quechua; Perú) m. **Planta cactácea cuya semilla proporciona un bonito color carmín que se utiliza, por ejemplo, para colorear los helados.*

airar (de «a-²» e «ira»; «con, contra, por») tr. y prnl. **Irritar[se] o *encolerizar[se].*

□ CONJUG. como «enraizar». Sólo es corriente el participio pasado.

airbag (ingl.; pronunc. [érbag] o [airbág]; pl. «airbags») m. Dispositivo de seguridad de un vehículo que consiste en una bolsa de aire que se hincha instantáneamente cuando se produce un choque violento.

aire¹ (del lat. «aer, -ĕris») **1** («El») m. Sustancia gaseosa que envuelve la Tierra. ⊙ («El») Capa formada por esa sustancia. ≃ *Atmósfera. **2** Viento: 'Sopla un aire fresco'. ≃ Hacer, moverse, soplar. **3** Se emplea como símbolo de vaciedad o de inconsistencia: 'Tiene la cabeza llena de aire. Todas esas promesas no son más que aire'. ≃ Viento. **4** («Darse»; pl.) *Afectación de importancia: '¡Se da unos aires...! Con esos aires, cualquiera diría que es un gran señor'. ⊙ Generalmente, lleva una especificación: 'Se da aires de intelectual'. **5** («Tener»; «de») *Aspecto general, formado por los rasgos característicos o que se perciben en la primera impresión, de alguien o de una cosa hecha; orientación de una obra empezada; corte de un vestido: 'No me gusta el aire de ese hombre. Me gusta el aire del abrigo que llevas. El cuadro que has empezado tiene buen aire. Aire de extranjero. Aire misterioso'. ⊙ («Darse un, Tener un») Semejanza vaga con algo o alguien: 'Tiene un aire con un amigo mío'. **6** *Garbo o *brío. Viveza y decisión en los movimientos: 'Anda [limpia, se mueve] con un aire que da gusto verla'. ⇒ Buen AIRE. **7** Cada manera de andar las caballerías según la velocidad. ≃ *Paso. **8** MÚS. Cada uno de los distintos grados de velocidad con que se tocan las obras. ⇒ Cadencia, compás, ritmo. **9** Música popular que se canta: 'Aires montañeses'. ≃ *Canción. ⊙ Danza popular. **10** *Salida de dos cartas iguales en el juego del *monte.* **11** (pl.) Moda, corrientes, tendencias, etc., que vienen de fuera y suelen ser innovadoras. **12** Ambiente que rodea algo: 'El rumor está en el aire'. **13** interj. Se emplea para incitar a las otras personas a que se marchen.

AIRE ACONDICIONADO. Instalación que permite controlar la temperatura de un espacio cerrado mediante la emisión de aire. ⊙ Aire climatizado por este sistema.

A. COMPRIMIDO. Aire que se comprime para aprovechar su presión en ciertos mecanismos: 'Una escopeta de aire comprimido'.

A. LIBRE. La atmósfera fuera de cualquier local. ⇒ *Exterior.

A. POPULAR. *Canto o baile regional.

A. DE SUFICIENCIA. Actitud del que pretende saber más o tener mejor criterio que otros. ≃ Pedantería.

AL AIRE. Se dice de la situación de las cosas que están en gran parte sin apoyo: 'Gafas montadas al aire'.

AL AIRE LIBRE. *Fuera de cualquier local. ⇒ A CIELO descubierto, a la intemperie, al raso.

V. «BAUTISMO del aire».

BUEN AIRE («Darse, Tener»). *Agilidad, *destreza o *habilidad para ejecutar algún trabajo o actividad: 'Se da buen aire para tocar el violín'. ≃ Aire.

V. «llenar la CABEZA de aire».

CAMBIAR DE AIRES. Mudar de AIRES.

V. «echar una CANA al aire».

COGER AIRE. Enfriarse o *acatarrarse una persona.

DAR AIRE a algo (inf.). *Gastarlo rápidamente.

DAR AIRE. a una persona Moverlo delante de ella, por ejemplo con un abanico, para refrescarla o reanimarla. ≃ Hacer AIRE.

DAR UN AIRE (pop.). Dar un ataque de parálisis.

DARLE a alguien EL AIRE de cierta cosa. *Sospecharla.

DARSE AIRE. Apresurarse.

DARSE AIRES. *Presumir. ≃ Darse IMPORTANCIA.

DARSE AIRES de cierta cosa. *Presumir como si uno fuera esa cosa, sin serlo realmente: 'Se da aires de capitalista'.

DARSE UN AIRE a alguien. Tener semejanza con él. ≃ Tener un AIRE.

DE BUEN [O MAL] AIRE. Mostrando *gusto o *disgusto al hacer una cosa, generalmente impuesta u ordenada por otro.

DEJAR EN EL AIRE una pregunta, una cuestión, etc. No satisfacerlas o resolverlas.

DISPARAR AL AIRE. Hacerlo así con un arma de fuego.

ECHAR AL AIRE una parte del cuerpo. **Desnudarla.*

ECHAR [LANZAR O TIRAR] AL AIRE una cosa. Echarla hacia lo alto.

EN EL AIRE. *Inseguro: 'El proyecto está todavía en el aire'. ⊙ Con «sostener» o «tener», a *pulso: sin apoyar el brazo en el cuerpo o en otro sitio.

V. «ESPÍRITU del aire».

ESTAR alguien EN EL AIRE. Estar *intranquilo o con temor con respecto a cierta cosa.

ESTAR EN EL AIRE. **1** V. «en el aire». **2** Hablando de emisiones radiofónicas, estar radiándose.

ESTAR LLENO DE AIRE. Aplicado a personas, ser *ligero, no tener contenido espiritual.

V. «GOLPE de aire».

HACER AIRE. **1** Hacer viento. **2** (puede implicar queja) Mover el aire, por ejemplo al ir de un lado para otro o al abrir una puerta: 'Estáte quieto; me estás haciendo aire'. **3** Dar AIRE.

LANZAR AL AIRE. una cosa Lanzarla hacia arriba. ≃ Tirar al AIRE.

LLENO DE AIRE. Vanidoso o insustancial.

LLEVARLE a alguien EL AIRE. *Conllevarle. Acomodarse a su carácter o humor. ≃ Llevarle la CORRIENTE.

V. «MADERA de aire».

MANTENERSE DE AIRE. Comer muy poco. Se dice también aplicado a quien no tiene con qué mantenerse: 'Van a casarse: pensarán mantenerse de aire'. ≃ Sustentarse de AIRE, vivir del AIRE.

V. «ni una MOTA de aire».

MUDAR [O CAMBIAR] DE AIRES. Cambiar de lugar buscando otro mejor para la salud o, en tono jocoso, huyendo de algún peligro.

MUDARSE EL AIRE. Cambiar la *suerte.

V. «NIVEL de aire, cortar un PELO en el aire, ni un PELO de aire, con un PIE en el aire».

QUEDAR[SE] EN EL AIRE una pregunta, una cuestión, etc. Quedar *pendiente, sin contestar o resolver.

V. «SERPIENTE de aire».

SUSTENTARSE DE AIRE. Mantenerse de AIRE.
TENER AIRE para algo. Darse AIRE.
TENER UN AIRE con alguien. Darse un AIRE a alguien.
TIRAR algo AL AIRE. Lanzar al AIRE.
TOMAR EL AIRE. **1** Airearse. **2** *Entre cazadores, tomar el viento.*
VIVIR DEL AIRE. Mantenerse de AIRE.

□ CATÁLOGO
Forma de la raíz en derivados y compuestos, «aer-»: 'aéreo, aerífero, aeriforme, aerobio, aeróforo, aeromancia, aeronauta, aeroterapia, anaerobio'. ➤ Ambiente, *atmósfera, elementos, éter, la GRACIA de Dios. ➤ Airearse, orearse, resudar, *ventilarse. ➤ Contaminar, enrarecer, viciar. ➤ Corriente, *presión, tiro. ➤ *Aliento. ➤ Vapor. ➤ En calma, cargado, colado, cortante, embalsamado, encañonado, enrarecido, como el FILO de un cuchillo, hediondo, helado, impuro, irrespirable, limpio, maloliente, mefítico, puro, sosegado, tranquilo, *transparente. ➤ Correr, no hacer una MOTA [o un PELO] de aire, refrescar[se], *soplar, templarse. ➤ Desinflar, desventar, inflar, meteorizar, orear. ➤ Blandura, enrarecimiento, rarefacción. ➤ ÁCIDO carbónico, ANHÍDRIDO carbónico, argón, criptón, DIÓXIDO de carbono, helio, neón, nitrógeno, oxígeno, ozono, xenón. ➤ Miasma. ➤ Neumático. ➤ Vacío. ➤ Sílfide, silfo. ➤ Abanico, abano, bomba, fuelle, manga, MÁQUINA neumática, *molinillo. ➤ Burlete. ➤ A VISTA de pájaro. ➤ Fff... ➤ Desairar. ➤ *Cielo. *Meteorología. *Ventilar. *Viento.

aire[2] *(Solenodon paradoxus)* m. *Cierto mamífero insectívoro de Cuba, de pequeño tamaño.* ≃ Almiquí.

aireación f. Aireamiento.

aireado, -a **1** Participio adjetivo de «airear[se]». **2** Aplicado a lugares, muy expuesto al aire. ⇒ *Ventilado.

aireamiento m. Acción de airear. ≃ Aireación. ⇒ Aeración.

airear **1** tr. Poner ˋalgo a que le dé el aire ≃ Orear. ⊙ prnl. Secarse, desenmohecerse, etc., al aire. **2** tr. Hacer que se renueve el aire en un ˋrecinto. ≃ *Ventilar. ⊙ prnl. Renovarse el aire en un recinto. ≃ *Ventilarse. **3** tr. Contar una ˋcosa o hacer que la sepa la gente. ≃ *Publicar. **4** prnl. *Pasear al aire libre, por ejemplo después de una reclusión prolongada: 'Voy a dar una vuelta para airearme'. ≃ *Ventilarse. ⇒ *Descansar, *salir. **5** Exponerse al aire con peligro para la salud: 'Que se meta en la cama y no se airee'.

airecillo m. Dim. frec. de «aire». Aplicado tanto a un viento suave y agradable, como, irónicamente, a un viento frío. ⇒ *Brisa.

airón[1] (del fr. ant. «hairon», del alto al. ant. «heigaro») **1** m. GARZA real (*ave zancuda). **2** Grupo de plumas que tienen en la cabeza algunas aves. ≃ *Penacho. **3** *Adorno formado por un grupo de plumas ondulantes que se ponía en la cabeza o en el sombrero y, particularmente, en el casco. **4** (lit.) *Cosa o *cualidad que constituye un adorno moral.*

airón[2] V. «POZO airón».

airosamente adv. De manera airosa.

airosidad f. Cualidad de airoso.

airoso, -a **1** («Ser») adj. Aplicado a personas, *garboso; con aire (garbo). ⊙ Aplicado a cosas, esbelto y flexible: 'Los airosos chopos'. **2** («Quedar, Salir») Habiendo hecho un buen papel. ≃ *Lucido. **3** Se aplica al tiempo o al lugar en que hace mucho aire.

aisa (del quechua «aisa», tirón; Arg., Bol., Perú) f. *Derrumbe en el interior de una mina.*

aislacionismo (de «aislar», con influjo del ingl. «isolationism») m. Tendencia *política a mantener al país apartado de ciertas alianzas, conflictos, etc.

aislacionista **1** De [o del] aislacionismo. **2** adj. y n. Adepto al aislacionismo.

aisladamente adv. De manera aislada.

aislado, -a («Dejar, Estar, Quedar») Participio adjetivo de «aislar[se]». ⊙ Tal que no puede convertirse en regla general; que no forma parte de un conjunto, de una organización o de un plan: 'Un esfuerzo aislado. Ha habido casos aislados de tifus'. ≃ Separado, suelto.

aislador m. Utensilio o dispositivo de material aislante que sirve de soporte a los conductores eléctricos, evitando su contacto con otras cosas. ⇒ Atravesador, atraviesamuros, borne.

aislamiento m. Acción y efecto de aislar[se].

aislante adj. y n. m. Se aplica a lo que sirve para aislar, particularmente de la electricidad, el calor o el frío, o el sonido: 'Aislantes eléctricos, térmicos, acústicos'. ⇒ Amianto, asbesto, bakelita [o baquelita], caseína, dieléctrico, ebonita, esteatita, flogopita, parafina, porcelana, resinas, teflón, vermiculita. ➤ Pasamuros.

aislar (de «a-[2]» e «isla») **1** tr. Poner o dejar ˋalgo separado de todo lo demás: 'Aislar un edificio donde hay un incendio. Aislar un componente químico'. ⊙ Específicamente, separar mediante cuerpos especiales un ˋconductor eléctrico. **2** Acondicionar un ˋespacio cerrado para impedir que entre el frío, el calor o el ruido del exterior. **3** *Rehuir el trato con una ˋpersona las que están relacionadas con ella. ⊙ prnl. Rehuir el trato con la gente. ≃ *Apartarse, arrinconarse, retirarse.

□ CATÁLOGO
*Abandonar, acordonar, dejar AISLADO, amadrigarse, *apartar[se], arrimar, arrinconar[se], bloquear, boicotear, meterse en su CONCHA, cortar, desconectar, desglosar, emparedar, encerrar[se], enconcharse, engorronarse, enterrarse, huir de la GENTE, incomunicar[se], dar de LADO, *limitar, localizar, METERSE en sí mismo, recluirse, recogerse, retirarse, retraerse, segregar, *separar, dejar SOLO, hacer el VACÍO, enterrarse en VIDA. ➤ Aislado, apartado, descoligado, desconversable, descuadrillado, destacado, desvinculado, esparrancado, exento, extraordinario, huerco, huraño, inconexo, individual, particular, privado, recoleto, señero, *separado, *simple, singular, soledoso, solitario, suelto. ➤ Como ALMA en pena, *anacoreta, anacorita, búho, cartujo, cenobita, ermitaño, estilita, misántropo, monje, oso, troglodita. ➤ Aislamiento, clausura, desconexión. ➤ Aparte, entre cuatro PAREDES. ➤ En particular, por separado, a solas, de UNO en UNO, UNO a [o por] UNO. ➤ *Isla. *Separar. *Solo. ➤ *Apartar. *Cerrar. *Conjunto.

□ CONJUG. como «enraizar».

aitinal (Hispam.) m. *Columna de madera.*

aizcolari (del vasc. «aitzcolari») m. Hombre que practica el deporte tradicional vasco de cortar troncos con un hacha.

aizoáceo, -a (de «Aizoon», género de plantas) adj. y n. f. BOT. *Se aplica a las *plantas herbáceas o pequeños arbustos de hojas carnosas y flores vistosas, de la familia del algazul.* ≃ Ficoidáceo. ⊙ f. pl. BOT. *Esa familia.*

aj (de «ax») m., gralm. pl. *Achaque.* ≃ Aje.

aja (del lat. «ascĭa») f. *Azuela: *azada pequeña.*
V. «MAESTRO de aja».

¡ajá! interj. Expresa aprobación o satisfacción: '¡Ajá, ya sé cómo resolver el problema!'. ≃ ¡Ajajá!

ajabardar intr. *Formar jabardos las *abejas.*

ajabeba (del ár. and. «aššabbába») f. *Flauta morisca.* ≃ Jabeba, jabega.

ajada f. *Cierta *salsa hecha con pan y ajos machacados.*

ajado, -a Participio adjetivo de «ajar[se]». ⇒ *Ajar.

¡ajajá! interj. ¡Ajá!

¡ajajay! interj. ¡Jajay!

ajamiento m. Acción y efecto de ajar[se].

ajamonarse prnl. Ponerse jamona una mujer.

aján (Ál.) m. **Clemátide*.

ajaqueca (ant.) f. *Jaqueca.*

ajaquefa (del ár. and. «assaqífa», pórtico; ant.) f. **Tejado.*

ajar (de «ahajar») tr. Quitar a una ↘cosa la lozanía o el aspecto de nueva, con el uso, manoseándola o maltratándola de cualquier modo. ≃ Deslucir. ⊙ prnl. Perder una cosa la lozanía o el aspecto de nueva. ⊙ tr. Quitar a una ↘persona la juventud o la belleza: 'Los sufrimientos la han ajado prematuramente'. ≃ Aviejar, estropear. ⊙ prnl. Perder la juventud o la belleza una persona. ≃ Aviejarse, estropearse. ⇒ Ahajar, apañuscar, arrugar, cagar, chafar, desaderezar, desaliñar, desflorar, *deslucir, deslustrar, *desmerecer, deteriorar, enlaciar, escarapelar, machucar, manosear, marchitar, mustiar, percudir, rabosear, rozar, sobajar, sobar, tazar, violar. ➤ Ajado, chafado, *deslucido, fané, *lacio, manido, marchito, *mustio, pálido, pocho, raído, rozado, usado, *viejo. ➤ Paño. ➤ *Arrugar. *Estropear.

ajaraca (del ár. and. «aššaráka», lazo) f. **Lazo.* ⊙ ARQ. Particularmente, en la ornamentación árabe.

ajarafe (del ár. and. «aššaráf») **1** m. **Elevación extensa de terreno.* ≃ Aljarafe. **2** **Terraza de un edificio.*

ajardinado, -a Participio adjetivo de «ajardinar».

ajardinamiento m. Acción y efecto de ajardinar.

ajardinar 1 tr. *Disponer un ↘terreno en forma de *jardín.* **2** Dotar de jardines o de zonas verdes un ↘lugar.

ajaspajas (de «ajo[1]» y «paja») **1** (Sal.; pl.) f. *Tallos de los ajos y las cebollas que quedan en una *ristra después de quitar las cabezas.* **2** (Sal.) *Tallo seco de la cebolla.* **3** (n. calif.; pl.) *Cosa de poca importancia.* ≃ *Pequeñez.

aje[1] (de «aj») m., gralm. pl. **Achaque.* ≃ Aj.

aje[2] (de or. caribe; *Dioscorea trifida*) m. **Ñame: planta tropical dioscoreácea de *raíces tuberculosas feculentas y comestibles.* ⇒ Camareto.

aje[3] (del nahua «axin») m. *Especie de *cochinilla de Honduras de la que se obtiene color *amarillo.*

-aje Sufijo que forma *nombres derivados de otros nombres o de verbos. **1** De *acción: 'aprendizaje'. **2** De *conjunto, formado por pluralidad de cosas o por una considerada en toda su amplitud: 'correaje, herraje, celaje'. **3** De *lugar: 'hospedaje, paraje, paisaje, pasaje'. **4** A veces da a la palabra sentido ponderativo: 'cortinaje, personaje, solaje'. **5** Forma los nombres de muchos *derechos o *tributos: 'almacenaje, corretaje, pontaje'. **6** En el adjetivo «salvaje» es la forma vulgar del sufijo culto «-ático».

ajea (*Chenopodium album*) f. Planta quenopodiácea.

AJEA PEGAJOSA. ARTEMISA pegajosa.

ajear[1] intr. *Emitir la *perdiz un sonido semejante a «aj, aj, aj», lo cual hace cuando se ve perseguida.* ≃ Serrar.

ajear[2] (Bol., Cantb., Ec., Perú) intr. *Decir ajos o palabrotas.*

ajebe (del ár. and. «aššább»; ant.) m. **Alumbre.* ≃ Jebe.

ajedrea (del ár. y rom. and. «aššaṭríyya» o «aššiṭríyya», del lat. «saturēia») **1** (*Satureja montana*) f. *Planta labiada de hojas vellosas alargadas y flores blancas o rosadas muy olorosas; se emplea en infusión como estomacal. ≃ Hisopillo, jedrea, TOMILLO real. **2** (*Satureja hortensis*) Planta del mismo género que la anterior, cultivada. ≃ AJEDREA de jardín.

A. BLANCA (*Micromeria fruticosa*). *Otra especie de *planta labiada.*

A. HEDIONDA (Tol.; *Chenopodium vulvaria*). **Planta quenopodiácea.*

A. DE JARDÍN (*Satureja hortensis*). *Ajedrea.*

ajedrecista n. Jugador de ajedrez.

ajedrecístico, -a adj. Del ajedrez.

ajedrez (del ár. and. «aššaṭranǧ» o «aššiṭranǧ», cl. «šiṭranǧ», de or. sánscrito, a través del persa) **1** m. Juego que se practica entre dos personas, cada una de las cuales maneja dieciséis figuras, sobre un tablero con sesenta y cuatro escaques alternativamente blancos y negros, moviendo las figuras y comiendo cada jugador las del contrario según ciertas reglas. ⇒ Ahogar, comer, coronar, encerrar, enrocar, entablar, gambito, jaque, jugar, mate, mover, coger al PASO, salir, saltar, soplar, hacer TABLAS. ➤ Alfil, arfil, caballo, figura, peón, pieza, reina, rey, roque, torre, trebejo. ➤ Chancho. ➤ Arcidriche, calle, casa, casilla, escaque, tablero. ➤ *Damas. *TABLAS reales. **2** MAR. *Jareta (enrejado o red que cubre el alcázar) de madera.*

ajedrezado, -a adj. Se aplica a lo que forma cuadros, como el tablero de ajedrez. ⇒ *Dibujo, *tela.

ajenabe (del sup. ár. y rom. and. «aššináb», del lat. «sināpi», y éste del gr. «sínapi») m. *Jenabe (planta crucífera).*

ajenable (de «alienable»; ant.) adj. *Enajenable.*

ajenabo (de «ajenabe») m. *Jenabe (planta crucífera).*

ajenación (del lat. «alienatĭo, -ōnis»; ant.) f. *Enajenación.*

ajenador, -a (del lat. «alienātor, -ōris»; ant.) adj. y n. *Enajenador.*

ajenamiento (de «ajenar»; ant.) m. *Enajenamiento.*

ajenar (del lat. «alienāre»; ant.) tr. *Enajenar.*

ajengibre m. **Jengibre (planta cingiberácea).*

ajenjo (del lat. «absinthĭum», del gr. «apsínthion») **1** (*Artemisia absinthium* y *Artemisia campestris*) m. Planta compuesta, amarga y aromática, que se emplea como medicinal. ≃ Absintio, alosna. **2** Bebida alcohólica preparada con esencia de ajenjo y otras hierbas.

ajeno, -a (del lat. «aliēnus», deriv. de «alĭus», otro) **1** («Ser») adj. Por oposición a «propio», de *otro: de alguien que no es el que se considera. Generalmente, se emplea con valor absoluto: 'La felicidad [o la opinión] ajena'. Pero puede llevar un complemento con «a», equivaliendo a *extraño: 'Ajeno a nosotros [o a nuestra familia]'. **2** («a», menos frec. «de») Impropio o extraño: 'Eso es ajeno a mi especialidad. Ese asunto me es completamente ajeno. Ajeno de su estado [o de su condición]'. **3** («a», menos frec. «de») Aplicado a personas, se dice del que no sospecha o no tiene noticia de cierta cosa: 'Yo estaba leyendo ajeno a lo que pasaba a mi alrededor. Ella está tan tranquila ajena a lo que le espera'. ≃ *Ignorante. **4** («a») Aplicado a personas, se dice del que no tiene intervención en la cosa de que se trata: 'Él es ajeno a todas esas intrigas'. **5** («de») Aplicado a cosas o personas, carente de la cosa que se expresa: 'Una persona ajena de piedad. Un plan ajeno de sentido común'. ⊙ («de») Aplicado a personas, sin la cosa que se expresa: 'Ajeno de preocupaciones'. ≃ Libre. **6** **Distinto.*

V. «escarmentar en CABEZA ajena, FRUTA del cercado ajeno, como GALLINA en corral ajeno, quien da PAN a perro ajeno..., meterse en VIDAS ajenas, ajeno a mi (tu, etc.) VOLUNTAD».

ajenuz (del ár. and. «aššanúz», cl. «šūnīz», de or. persa) m. **Arañuela (planta ranunculácea).*

ajete (dim. de «ajo[1]») **1** m. **Salsa hecha con ajo.* **2** *Ajo tierno que aún no ha echado cabeza. **3** **Puerro silvestre.* ≃ Ajipuerro.

ajetreado, -a Participio adjetivo de «ajetrear[se]».

ajetrear (del ant. «ahetrar», de «hetría», enredo) tr. Ser causa de que ↘alguien se ajetree. ⊙ prnl. Trabajar mucho físicamente, moverse mucho, ir a muchos sitios o realizar cualquier actividad física intensa.

□ CATÁLOGO

Ir [o andar] de ACÁ para allá, afanarse, aginarse, agitarse, aperrearse, aporrearse, ir [o andar] de AQUÍ para allí, atosigarse, atrafagarse, azacanarse, azacanear, ir [o andar] de CABEZA, ir [o andar] de CECA en meca, ir de la CECA a la meca, perder el HATO, ir de HERODES a Pilatos, echar los HÍGADOS, ir de un LADO para otro, ir [o andar] al RETORTERO, trajinar. ➤ *Actividad. *Apresurarse. *Atarearse. *Cansar. *Moverse. *Trabajar.

ajetreo («Haber, Tener»; «de, en») m. Acción de *ajetrearse; actividad muy intensa de alguien o en algún sitio: 'Todavía estoy cansada del ajetreo del cambio de casa. El ajetreo de [o en] una estación de ferrocarril'. ≃ Agitación, jaleo, tráfago, trajín.

ají (de or. taíno) **1** (Hispam.) m. **Pimiento, muy usado como condimento y picante en algunas de sus variedades.* ≃ Chile. **2** (Hispam.) *Pimentón.* **3** (Hispam.) *Ajiaco.*

PONERSE COMO UN AJÍ (Chi.). *Ponerse muy rojo.*

aji- Elemento prefijo que entra como componente, alternando con «ajo-», en muchos nombres de platos o condimentos hechos con ajo y otra cosa que se nombra en la segunda parte de la palabra: 'ajiaceite'.

ajiaceite (de «aji-» y «aceite») m. *Salsa hecha con aceite y ajos machacados. ≃ Ajoaceite. ⇒ Ajolio. ⊙ En algunos sitios, salsa mayonesa con ajos. ≃ Ajoaceite.

ajiaco 1 (Hispam.) m. *Salsa hecha con ají.* **2** (Hispam.) *Guiso de legumbres y carne en trozos pequeños, sazonado con ají.*

ESTAR [O PONERSE] COMO AJIACO (Chi.). **Encolerizarse.*

ajicola (de «aji-» y «cola») f. **Cola hecha con retazos de piel cocida con ajos, que se empleaba para la pintura al temple y para el dorado.*

ajicuervo (Ál.; *Allium pallens*) m. **Planta liliácea bulbosa silvestre que huele mucho a ajo.*

ajilimójili o, no frec., **ajilimoje** (de «ajo[1]» y «moje») **1** m. Cualquier *salsa picante hecha con ajos. **2** (inf.: gralm. pl.) Aditamentos: 'Con todos sus ajilimójilis'.

ajillo m. Dim. de «ajo».

AL AJILLO. Se aplica al alimento que se prepara frito con ajos.

ajimez (del ár. and. «aššamís») **1** m. Ventana arqueada dividida en el centro por una columnilla llamada «parteluz» o «montante». **2** (ant.) **Balcón saliente cerrado con celosías.*

ajipuerro (de «aji-» y «puerro») m. **Puerro silvestre.* ≃ Ajotrino.

ajo[1] (del lat. «alĭum») **1** (*Allium sativum*) m. *Planta liliácea cuyo bulbo tiene olor muy característico y se emplea como condimento. ≃ Rocambola. ⊙ El bulbo solo. ≃ CABEZA de ajo. ⊙ Cada uno de los sectores o gajos en que el bulbo está dividido. ≃ DIENTE de ajo. ⇒ Ajete. ➤ Cuello. ➤ Ristra. **2** Salsa hecha con ajo. Muchas veces se le junta el nombre de otro ingrediente que entre en ella, formando una sola palabra o en aposición: como «ajoaceite» o «ajo comino». **3** (inf.; «Decir, Soltar») Expresión considerada como grosera que se intercala en la conversación o se dice con enfado: 'Suelta ajos como un carretero'. ≃ *Terno. **4** Con «meterse, andar metido, estar» o expresiones equivalentes, intriga o *chanchullo en que intervienen varias personas: 'Andan metidos en el ajo algunos personajes'. **5** *Afeite.*

AJO BLANCO. Condimento que se hace con ajos crudos machacados, miga de pan, aceite, vinagre y otros ingredientes. ⇒ *Salsa. ⊙ *Sopa fría hecha con este condimento.

A. CAÑETE [CASTAÑETE O CASTAÑUELO]. Variedad que tiene las túnicas rojizas.

A. CHALOTE. **Chalote (planta liliácea).*

A. PUERRO [O PORRO]. *Puerro (planta liliácea).

¡AJO Y AGUA! (inf.) Expresión usada generalmente en tono brusco para decirle a otro que se conforme o se resigne con algo.

EL QUE SE PICA AJOS COME. Quien se pica AJOS come.

ESTAR EN EL AJO. Figurar entre los que intervienen en cierto asunto o están enterados de él. ⇒ *Saber.

MÁS TIESO QUE UN AJO. Presumido y muy *estirado, física o moralmente. ⇒ Tieso como un AJO.

QUIEN SE PICA AJOS COME. Refrán con que se expresa que alguien que se resiente por una cosa que se dice en general debe de tener motivos para creerse *aludido. ≃ El que se pica AJOS come.

TIESO COMO UN AJO. Aplicado a personas, muy erguido. ⇒ Más tieso que un AJO.

ajo[2] o **ajó** interj. Imitación de los primeros balbuceos de los niños, que suele decírseles a la vez que se les acaricia la barbilla, tratando de hacerles reír o entablar comunicación con ellos, junto con otros sonidos igualmente desprovistos de significado, como «taitá, lalá», etc.

HACER AJO. Decirles «ajo» a los niños a la vez que se les acaricia la barbilla, etc. ⊙ Repetir «ajo» o un sonido semejante los propios niños.

-ajo, -a Sufijo empleado lo mismo que «-aco» y «-acho» como diminutivo de la importancia de la cosa: 'cascajo, sombrajo'. Y, a veces, igual que «-ejo» o «-ijo», como francamente *despectivo: 'cintajo, pingajo'. A veces toma las formas «arajo, arrajo» o «istrajo»: 'espumarajo, comistrajo'.

ajo- V. «aji-».

ajoaceite m. Ajiaceite.

ajoarriero (de «ajo-» y «arriero»)

AL AJOARRIERO. Se aplica al bacalao en cierto guiso que se prepara con huevos y ajos.

ajobar 1 (ant.) tr. *Llevar a *cuestas a una ↘persona o una cosa.* **2** (ant.) prnl. recípr. **Amancebarse.*

ajobero, -a (de «ajobar») adj. y n. **Cargador.*

ajobilla f. Cierto molusco *lamelibranquio de los géneros *Tellina* y *Donax*, común en los mares de España, de valvas casi triangulares, blancas enteramente o manchadas de rojo, azul o amarillo.

ajobo 1 (ant.) m. *Acción de ajobar.* **2** (ant.) **Carga.* **3** (ant.) **Pesadumbre moral.*

ajofaina f. **Palangana.* ≃ Jofaina.

ajolín m. Cierto insecto *hemíptero del género *Lygaeus*, semejante a una chinche, pero de color negro.

ajolio 1 (Ar.) m. *Ajiaceite.* ≃ Alioli. **2** (Ar.) **Salsa mayonesa con ajo.* ≃ Alioli.

ajolote (del nahua «axolotl») m. Batracio del género *Ambystoma;* especialmente, el *Ambystoma tigrinum,* de los lagos de Méjico y los Estados Unidos.

ajomate (del ár. and. «ağğummát», cabelleras; *Rhizoclonium rivulare)* m. *Alga verde de agua dulce, formada por filamentos delgados. ≃ Ova de río.

ajonje m. Sustancia grasa y viscosa que se saca de la raíz de la ajonjera y se ha empleado como liga para *cazar pájaros. ≃ Ajonjo, aljonje.

ajonjera o **ajonjero** *(Chondrilla juncea)* f. o m. *Planta compuesta de cuya *raíz, fusiforme, se saca el ajonje. ≃ Cardo ajonjero, cepa caballo.

Ajonjera juncal. **Condrila (planta compuesta).*

V. «cardo ajonjero».

ajonjo m. Ajonje.

ajonjolí (del ár. and. «ağğulgulín») **1** *(Sesamum indicum)* m. *Planta pedaliácea, cuyas semillas, llamadas del mismo modo, son oleaginosas y comestibles. ≃ Alegría, jonjolí, sésamo. **2** (Ven.) *Larva de cierta tenia del *cerdo.*

ajonuez m. **Salsa de ajo y nuez moscada.*

ajoqueso m. *Cierto *guiso en que entran el ajo y el queso.*

ajorar tr. *Llevar por fuerza ˃gente o ganado de un sitio a otro.* ≃ Ajorrar, arrastrar.

ajorca (del ár. and. «aššúrka», correa) f. Aro con que se adornan los tobillos, las muñecas o los brazos. ≃ Carcax. ⇒ Añazme.

ajordar (del lat. «exsurdāre»; Ar.) intr. *Gritar hasta enronquecer.*

ajornalar tr. *Contratar a ˃alguien por cierto jornal.* ≃ Jornalar.

ajorrar (del ár. and. «ğúrr», imperat. de «ğárr», arrastrar) **1** tr. *Llevar por fuerza ˃gente o ganado de un sitio a otro.* ⇒ Ajorar, jorrar. **2** (Mur.) *Llevar *arrastrando hasta el cargadero los ˃troncos cortados.*

ajorro (de «ajorrar») adv. *A jorro.*

ajotar (de «ahotar», de «a-²» y «hoto»; León, Sal., Am. C., P. Rico) tr. **Incitar.*

ajote (de «ajo¹») m. *Escordio (planta labiada).*

ajotrino m. **Ajipuerro (puerro silvestre).*

ajovar (ant.) m. *Ajuar.*

ajuagas (del ár. and. «aššuqáq») f. pl. Vet. *Especie de úlceras que se forman en los cascos de las caballerías.*

ajuar (del ár. and. «aššiwár» o «aššuwár», del cl. «šawār» o «šiwār») **1** m. Conjunto de *ropas y también *muebles, alhajas, etc., que lleva la mujer al casarse. ≃ Equipo. ⇒ Ajovar, atalaje, belez [o belezo], equipo, hostilla. **2** Conjunto de ropas, muebles y demás enseres de una casa. ≃ Menaje. **3** Equipo de ropa para un niño recién nacido. ≃ Canastilla.

ajuarar tr. *Proveer de ajuar una ˃vivienda.*

ajuate (Salv.) m. *Ahuate.*

ajudiado, -a adj. *Parecido a los judíos o como de judío.*

ajuglarado, -a adj. Parecido a un juglar, o como de juglar.

ajuiciado, -a *Participio de «ajuiciar».* ⊙ adj. Juicioso.

ajuiciar 1 tr. *Hacer *cuerdo o juicioso a ˃alguien.* **2** (ant.) *Enjuiciar.*

ajumado, -a (inf.) Participio adjetivo de «ajumarse». *Borracho.

ajumarse (inf.) prnl. Ahumarse, pronunciado a la andaluza. *Emborracharse.

ajuntar 1 (pop.) tr. Juntar. **2** (pop.) prnl. recípr. Juntarse o reunirse. **3** (pop., inf. y hum.; «con») Establecer un hombre y una mujer relaciones de pareja sin estar casados. **4** («con») Entre niños, ser *amigos. ⊙ También se usa como transitivo con un pronombre complemento: '¡No te ajunto!'.

ajustable adj. Que se puede ajustar: 'Sábanas ajustables'.

ajustado, -a 1 Participio adjetivo de «ajustar[se]». ⊙ *Ceñido o *apretado. **2** En correspondencia exacta con la cosa que se expresa, sin partes sobrantes o superfluas: 'Un presupuesto ajustado a nuestras disponibilidades. Una conferencia ajustada al tema'. ≃ Ceñido.

ajustador, -a 1 adj. y n. Se aplica a lo que sirve para ajustar. **2** m. Obrero que termina las piezas de una máquina para ajustarlas. **3** Prenda de vestir que ciñe o ajusta el busto. ⇒ *Justillo. **4** (Cuba) **Sostén (prenda femenina).*

ajustamiento m. Ajuste.

ajustar (del lat. «ad», a, y «iustus», justo) **1** tr. Poner una ˃cosa junto a otra, alrededor de otra o por encima de otra, de modo que no queden huecos entre ellas o de modo que cada una o cada parte de una entre en el lugar correspondiente de la otra: 'Ajustar la cincha al caballo. Ajustar un traje al cuerpo de quien lo ha de usar, las ruedas de un reloj'. ⇒ *Apretar, *ceñir, *justo. **2** Poner una ˃cosa en armonía, en correspondencia o en la relación conveniente con otra: 'Ajustar alguien sus pasos a los de otro. Ajustar un receptor a determinada longitud de onda'. ≃ *Acomodar, adaptar, ceñir. ⊙ Hacer que cualquier ˃cosa que tiene relación con otra sea exactamente de la extensión, magnitud, etc., necesarias, sin nada sobrante o excesivo: 'Ajustar los gastos a los ingresos. Ajustar una exposición al tema'. ⊙ prnl. Ponerse o estar una cosa en relación conveniente con otra: 'La exposición es brillante, pero no se ajusta al tema'. ⊙ Mantenerse alguien dentro de los límites que convienen a cierta cosa: 'Se ha ajustado en todo momento al presupuesto acordado'. ⇒ *Acomodar[se], adaptar[se], afiblar, atenerse, *concertar, concretarse, limitar[se], reglar, sujetarse. ➤ Adaptado, *adecuado, ajustado, apropiado, *ceñido, concreto, justo, preciso, propio. **3** tr. Tratar y llegar a un acuerdo una persona con otra, o varias personas, sobre cierta ˃cosa: 'Ajustar un tratado comercial. Ajustar una tregua'. ≃ *Acordar. ⊙ Acordar el ˃precio de un trabajo u otra cosa. ≃ Contratar. ⊙ («en») El complemento puede ser la ˃cosa comprada, vendida o contratada: 'Hemos ajustado el alquiler en ochenta mil pesetas. Ajustar obreros. Ajustar una clase de música'. ≃ *Contrato. **4** (Hispam.) *Contratar a destajo.* **5** Con ˃cuentas, *contar las diferentes partidas del haber y el debe y hallar el resultado final. ⊙ Con ˃cuentas o deudas, saldarlas; dejarlas pagadas. **6** («a») intr. y prnl. Quedar una cosa ajustada a otra: 'El corcho [se] ajusta al cuello de la botella'. **7** tr. o abs. Agráf. Disponer las ˃galeradas para formar las planas.

V. «ajustar las cuentas».

ajuste 1 m. Acción de ajustar. ≃ Ajustamiento. ⊙ También, tratándose de un texto impreso. **2** *Acuerdo.

Ajuste de cuentas. Venganza.

ajusticiado, -a Participio adjetivo de «ajusticiar». ⊙ n. Persona ajusticiada.

ajusticiamiento m. Acción de ajusticiar.

ajusticiar (de «a-²» y «justicia») tr. Aplicar a un ˃reo la pena de muerte. ≃ *Ejecutar.

□ Conjug. como «cambiar».

al 1 Contracción de la preposición «a» y el artículo «el»: 'Nos vamos al campo'. **2** Se usa mucho delante de un verbo en infinitivo para expresar simultaneidad momentánea con la acción expresada por éste, de otra acción: 'Al salir de casa me tropecé con él'. **3** En otras expresiones de la misma forma, tiene significado *causal o consecutivo, según que el verbo esté en indicativo o potencial: 'Al no tener dinero, se puso a trabajar. Al no tener dinero, se pondría a trabajar'.

ál (del lat. «alid» por «alĭud»; ant.) pron. *Otra cosa.*

LO ÁL (ant.). *Lo *otro o lo demás.*

-al Sufijo muy corriente de nombres y adjetivos. **1** De nombres de lugar en que hay cierta cosa, o de plantación: 'arenal, maizal, pedregal, robledal'. También, 'erial'. ⊙ De conjunto: 'instrumental, matorral'. ⊙ De abundancia: 'dineral'. ⊙ De aplicación a: 'bozal, memorial'. ⊙ De objeto más importante o grande que el designado por el nombre primitivo, o para un uso especial: 'portal, pañal'. **2** De adjetivos que expresan cualidad relacionada con el nombre primitivo: 'esferoidal, estatal, laboral, palatal, sindical'. Este es el sufijo español formativo de estos nombres, pues los de esta clase en «-ar», como «anular», han pasado todos del latín. **3** A veces se combina con los sufijos despectivos «-acho», «azo» o «-arrio» dando «-achal», «-azal», «-arrial»: 'aguazal, lodazal, andurrial'.

Al Símbolo químico del aluminio.

¡ala! o **¡alá!** interj. *Variante ortográfica de «¡hala!».*

ala[1] (del lat. «ala») **1** («Agitar, Batir, Mover») f. Cada una de las extremidades torácicas de las *aves, que les sirven para volar. ⊙ Cada uno de los apéndices laterales de los insectos, que les sirven igualmente para volar. ⊙ Miembros semejantes con que se representan imaginativamente algunos seres, por ejemplo los ángeles. ⇒ Forma de la raíz en compuestos, «ali-»: 'aliabierto, alicaído, alicortar, alígero, alípede, aliquebrar, alirrojo'. Otra raíz, «ptero-»: 'pterodáctilo'. ➤ Élitro, remo. ➤ Cuento, encuentros, grumo, piñón. ➤ Alado, penígero. ➤ Brevipenne, mantón, mantudo. ➤ Talar. ➤ Abierta, explayada, extendida. ➤ Envergadura. ➤ *Pluma. ➤ Alar, alear, alero, aleta, aletear, alón, desalar, desalado. **2** Se aplica a muchas cosas que se extienden a los lados o alrededor de algo, en forma más o menos semejante a un ala. ⊙ En un *avión, expansión lateral o plano de sustentación, de los que le dan estabilidad en el aire. ⊙ En un *sombrero, la parte que rodea la copa, aproximadamente plana y horizontal. ⊙ En un edificio, cada una de las partes que se separan lateralmente del cuerpo principal. ⊙ MIL. En una *formación, tropa situada en los extremos de la formación. ≃ Cuerno. ⊙ De una *tuerca de mariposa, expansión de las dos laterales donde se apoyan los dedos para darle vuelta. ⊙ De la *nariz, los dos ensanchamientos que tiene a ambos lados en la parte inferior. ⊙ En una pieza mecánica, por ejemplo una *barra de hierro, cualquiera de los elementos cortos de su perfil, para diferenciarlos del central, que se llama «alma». ⊙ El alero del *tejado. ⊙ Pieza abatible de las que tienen a los lados algunas *mesas. ⊙ Adelgazamiento de los que forman los bordes del *hígado ⇒ Empeña. ⊙ Membrana situada a lo largo de algunas partes de las *plantas. ⊙ *Pétalo de los laterales de la corola amariposada. ⊙ FORT. *Cortina. ⊙ FORT. Flanco. ⊙ Paleta de hélice. **3** MIL. Unidad del Ejército del Aire equivalente al regimiento en el Ejército de Tierra. **4** MAR. **Vela pequeña suplementaria que se usa en tiempos bonancibles.* ≃ Balón, *FOQUE volante. **5** **Fila.* **6** (pl.) Se emplea con el significado de «atrevimiento, aspiraciones» o «impulso» para elevarse espiritualmente o para hacer algo elevado: 'Tiene mucho talento, pero le faltan alas para hacer algo genial'. **7** (pl.) También se emplea con el significado de «atrevimiento» en sentido peyorativo, o insolencia: 'Tiene demasiadas alas'. **8** Corriente de *opinión dentro de un partido político u otra organización: 'El ala liberal del partido'. **9** n. DEP. En *fútbol, extremo.

ALA DELTA. Aparato de vuelo sin motor formado por un armazón triangular recubierto de una tela, que permite planear aprovechando las corrientes de aire.

AHUECAR EL ALA (inf.). *Marcharse de un sitio.

CORTAR LAS ALAS a alguien. Ponerle dificultades o ser un obstáculo para que desarrolle sus iniciativas. ⇒ *Cohibir, *estorbar, *impedir.

DAR ALAS a alguien. **1** Darle ocasión o pretexto para que se *insolente o se *engría. ≃ Dar PIE. **2** *Estimular o propiciar que alguien haga algo.

TOCADO DEL ALA (inf.). Chiflado o *loco. ≃ Mal de la CABEZA.

ala[2] (del lat. tardío «ala») f. **Helenio (planta compuesta).*

alabable adj. Merecedor de alabanza. ≃ *Laudable. ⇒ Bueno.

alabado, -a **1** Participio adjetivo de «alabar»: 'Una obra muy alabada'. **2** m. Motete que se canta en alabanza del Santísimo Sacramento, que comienza con las palabras «Alabado sea». ⇒ *Eucaristía. **3** *Canto que entonaban antiguamente los *serenos de Chile al llegar el día y retirarse al cuartel.* **4** **Canto devoto que entonan los trabajadores de Chile al comenzar y al abandonar la tarea diaria.*

AL ALABADO (Chi.). *Al amanecer.*

V. «alabado sea DIOS».

alabador, -a adj. y n. Inclinado a alabar.

alabancero, -a (de «alabanza») adj. *Adulador.*

alabancia f. *Alabanza o jactancia.*

alabancioso, -a (de «alabancia») adj. Se dice del que se alaba a sí mismo. ≃ *Jactancioso.

alabandina (del lat. «Alabandīna gemma», piedra preciosa de Alabanda) f. *Mineral (sulfuro de manganeso) negro, de brillo metálico.*

alabanza («Dedicar, Dirigir, Cubrir, Llenar de, Envolver en, Volcar») **1** f. Acción de alabar. ⊙ Cosa que se dice para alabar. El adjetivo intensivo «grande» se aplica usualmente al plural: 'Hacer grandes alabanzas'. ≃ Elogio, encomio. **2** (ant.) **Excelencia o calidad superior de una cosa.*

EN ALABANZA. Con «decir», equivale a «alabando» o «para alabar»; el complemento se construye en genitivo: 'Lo dijo en alabanza de tu prudencia [en alabanza tuya]'.

alabar (del lat. tardío «alapāri», jactarse) **1** tr. Decir de ↘algo o ↘alguien cosas que significan aprobación, dirigiéndose al mismo que es alabado o a otro. El complemento directo puede ser también la cualidad: 'Todos alaban su belleza'. Puede llevar un complemento constituido por un adjetivo con «de»: 'Le alaban de prudente'; o, más frecuentemente, por un nombre con «por»: 'le alaban por su prudencia'. ≃ Elogiar. **2** («de») prnl. *Jactarse o *presumir de la cosa que se expresa.

□ CATÁLOGO

Otra forma, «laud-»: 'laudatorio'. ➤ Altivar, aplaudir, *aprobar, hacer el ARTÍCULO, bendecir, dar BOMBO, cacarear, canonizar, celebrar, colaudar, CONTAR y no acabar, levantar hasta los CUERNOS de la Luna, poner en [o por] los CUERNOS de la Luna, subir hasta los CUERNOS de la Luna, decantar, DECIR bien, deificar, echar, elogiar, hacer el ELOGIO, hacer ELOGIOS, enaltecer, encarecer, encomiar, engrandecer, ensalzar, escopetearse, exaltar, glorificar, HABLAR bien, honorar, incensar, dar JABÓN, jalear, hacerse LENGUAS, lisonjear, loar, magnificar, contar [o decir] MARAVILLAS, levantar [o subir] hasta las NUBES, poner por las NUBES, meter por los OJOS, faltar PALABRAS, hacer el PANEGÍRICO, ponderar, preconizar, predicar, pregonar, *recomendar, solemnizar, tamborilear, trasloar, vocear. ➤ Alabancia, alabanza, apología, asteísmo, buenas AUSENCIAS, blandura, cumplido, ditirambo, elogio, encomio, epicedio, epiceyo, flor, himno, jactancia, lauro, lisonja, loa, loor, *necrología, nenia, panegírico, piropo, recomendación, *requiebro. ➤ Cortesía, cumplido, cumplimiento. ➤ Apologético, encomiástico, encomioso, laudatorio. ➤ Estimable, loable, plausible. ➤ Prodigar. ➤ MEJORANDO lo presente. ➤ *Censurar, *denigrar, desalabar. ➤ *Adular. *Aprobar. *Calificar. *Halagar. *Lisonjear.

alabarda (del germ. «helmbart», a través del fr. «hallebarde» o del it. «alabarda») **1** f. Arma, especie de *lanza, cuya punta está cruzada en su base por otra que remata en una media luna por detrás. ⇒ Bisarma. **2** **Insignia que usaban los sargentos de infantería.* **3** *Empleo de *sargento.*

alabardero 1 m. Soldado con alabarda. Específicamente, soldado de cierto cuerpo que daba escolta a los reyes de España. **2** (inf.) Persona que pertenece a la claque de un teatro, o sea que entra gratis para *aplaudir.

alabastrina f. *Lámina delgada de alabastro yesoso que se emplea a veces en las vidrieras de las iglesias.*

alabastrino, -a adj. De alabastro. ⊙ De aspecto de alabastro. Se aplica como alabanza al cutis o la *piel femeninos.

alabastrita (del lat. «alabastrītes», del gr. «alabastrítēs») f. *Alabastro yesoso.*

alabastro (del lat. «alabaster, -tri», del gr. «alábastros») m. *Piedra blanca, variedad de yeso, traslúcida, bastante blanda y fácil de tallar, que se emplea en escultura. ⇒ Tecali. ➤ *Mármol.

ALABASTRO ORIENTAL. Variedad muy fina de alabastro.

A. YESOSO. *Mineral de yeso traslúcido que se emplea en algunos sitios para baldosas y, las variedades más puras, para objetos de adorno.* ≃ Alabastrita.

álabe 1 m. Cada una de las paletas de una *rueda hidráulica. **2** Cada uno de los dientes de una rueda dispuestos de manera que, al pasar, van levantando y dejando caer después una lengüeta, varilla, mazo, por ejemplo los de los batanes, etc. ⇒ Leva, levador, sobarbo. **3** (ant.) *Alero de tejado.* **4** **Rama de árbol inclinada hacia el suelo.* **5** *Estera que se pone en los costados del *carro para que no se caiga la carga.* ≃ Estora.

alabeado, -a Participio adjetivo de «alabear[se]». Con alabeo. ≃ Abarquillado, combado.

alabear (de «álabe») tr. Dar forma alabeada a una ˋcosa. ⊙ prnl. Tomar forma alabeada: 'Con el sol se ha alabeado el tablero de la mesa.

alabeo (de «alabear») m. Curvatura de un tablero o placa como la de una hélice, o sea, tal que presenta perfil curvo en cualquier sección y no se le puede aplicar una regla recta en ninguna posición. ≃ Viciarse. ⇒ Codal. ➤ Reglado.

alabiado, -a (de «a-[2]» y «labio») adj. *Se aplica a la *moneda que sale con rebabas.*

alacayo (ant.) m. *Lacayo.*

alacayuela *(Halimium ocymoides)* f. *Planta cistácea con las hojas inferiores pecioladas y las superiores sentadas, y flores amarillas, que se encuentra silvestre en los montes de Castilla, Andalucía y Extremadura.

alacena (del ár. and. «alhazána») f. Pequeño *armario empotrado en la pared, donde generalmente se guardan cosas de comer. En algunos sitios, se llama así aunque no esté empotrado. ⇒ Alhacena, alhanía, lacena.

alacet (de un sup. «alacez», del ár. and. «alasás»; Ar.) m. **Cimientos de un edificio.*

alacha o **alache** (de «haleche») f. o m. **Boquerón.*

alaco 1 (Hispam.) m. **Andrajo.* **2** (Hispam.) *Persona degenerada.*

alacrán (del ár. and. «al'aqráb») **1** *(Bulhus occitanus)* m. Arácnido que tiene el abdomen acabado en una uña envenenada con la que causa picaduras dolorosas y, según las variedades, peligrosas. ≃ Arraclán, escorpión, sanapudio. ⇒ Uña. **2** Se aplica a algunos objetos de forma de *gancho; por ejemplo, un alambrito en esa forma que sujeta un botón, o la pieza del *freno que sujeta la barbada al bocado.

ALACRÁN CEBOLLERO. *Cortón (insecto ortóptero).

alacrancillo (dim. de «alacrán»; varias especies del género *Heliotropium;* particularmente, el *Heliotropium indicum* y el *Heliotropium fructicosum)* m. *Planta borraginácea americana que tiene las flores en espiga encorvada que recuerda la cola del alacrán.

alacranera *(Coronilla scorpioides)* f. *Planta leguminosa de flores amarillas, cuyo fruto es muy encorvado y semejante a la cola del alacrán. ≃ Escorpioide.

alacre (del lat. «alăcer»; lit.) adj. **Alegre, animado.*

alacridad (del lat. «alacrĭtas, -ātis»; lit.) f. Estado de ánimo en que se mezclan la *alegría y la *animación. ⇒ *Felicidad.

aladar (del sup. ár. and. «al'aḏár», cl. «'iḏār») m., gralm. pl. **Mechón de pelo a cada lado de la cabeza, que cae sobre la *sien.*

aladierna o **aladierno** (de «alaterno»; *Rhamnus alaternus)* f. o m. Arbusto ramnáceo de hojas coriáceas y flores olorosas y que tiene por fruto una pequeña baya negra, empleado en medicina y en tintorería. ≃ Alaterno, alitierno, carrasquilla, ladierno, lanterno, mesto, PALO de bañón, sangredo, sangricio, sanguino. ⇒ *Planta.

alado, -a (del lat. «alātus») **1** adj. Con alas. ⇒ Penígero. **2** Veloz. ⇒ Desalado.

aladrar (del lat. «aratrāre», binar) tr. **Labrar con el arado.*

aladrería (de «aladrero»; And.) f. *Conjunto de útiles de *labranza.*

aladrero (de «aladro») **1** m. *Carpintero que hace maderos para la entibación de las minas.* **2** *Carpintero que hace o repara arados y otros útiles de labranza.*

aladro (del lat. «arātrum») m. **Arado.*

aladroque (del sup. ár. and. «alhaṭrúk») m. **Boquerón.*

alafa (del ár. «'alafah», dietas; ant.) f. **Salario o *sueldo.*

alafia (del ár. and. «al'áfya», del cl. «afiyah», salud; «Pedir») f. *Benevolencia, gracia o *perdón.*

álaga (del lat. «alica», escanda) f. *Variedad de *trigo de grano alargado, llamado del mismo modo, con el que se hace un pan amarillento, dulce y de poca corteza.*

alagadizo, -a (de «alagar»; ant.) adj. *Susceptible de *encharcarse.*

alagar (de «a-[2]» y «lago») **1** tr. y prnl. *Llenar[se] un lugar de *charcos.* **2** (Arg., Bol.) prnl. *Hacer agua una embarcación.*

alagartado, -a (Am. C.) *Participio adjetivo de «alagartar[se]».* ⊙ **Tacaño, *avaro.*

alagartarse (de «a-[2]» y «lagarto») **1** (Méj.) prnl. *Ponerse una *caballería con las cuatro patas muy apartadas.* **2** (Am. C.) *Hacerse *tacaño o *avaro.*

alagotería (ant.) f. *Lagotería.*

alaguna (ant.) f. *Laguna.*

alahílca (del sup. «alailaca», del ár. and. «al'iláqa»; ant.) f. **Colgadura para adornar las paredes.*

alajor (¿del ár. and. «'ašúr», periodo en que se pagaban deudas y hacían limosnas?) m. *Tributo que se pagaba al dueño del suelo en que estaba edificada una casa.* ≃ Alejor.

alajú (del ár. and. «alhašú») m. Dulce hecho con almendras y nueces molidas, y, a veces, piñones, pan rallado y tostado y miel. ⇒ Alejur, alfajor, alhajú. ➤ Nuégado. ➤ Alegría.

alalá m. *Cierto *canto popular de algunas provincias del norte de España.*

¡alalá! (Guat., Ur.) interj. *Expresa asombro o admiración.*

alalia (del gr. «alalía») f. MED. *Privación del *habla debida a trastornos orgánicos del cerebro o de los órganos vocales.*

alalimón m. Juego de niñas que consiste en acercarse alternativamente unas a otras cogidas de las manos y saltando, mientras sostienen un diálogo cantado en que se repite esa palabra. ⇒ Alimón.

álalo, -a (del gr. «álalos») **1** adj. *Mudo.* **2** adj. y n. *Que padece alalia.*

alama[1] *(Cytisus scoparius)* f. Arbusto leguminoso de flores amarillas, que sirve de pasto al ganado. ⇒ *Planta.

alama[2] (Ar.) f. **Tejido en que se pone oro o plata.* ≃ Lama.

alamar (del ár. and. «ʻalám», adorno en la ropa) **1** m. Presilla y botón hechos de trabajo de *pasamanería, que se ponen como *adorno y como *cierre, por ejemplo en las *capas. **2** Fleco de *pasamanería. ≃ Cairel.

alámbar (ant.) m. *Ámbar.*

alambicado, -a Participio de «alambicar», usado como adjetivo en todas las acepciones figuradas de «alambicar». ⇒ *Afectado, *exquisito, *justo, *preciso, *sutil.

alambicamiento m. Acción de alambicar. ⊙ Cualidad de alambicado.

alambicar **1** tr. *Destilar con alambique. **2** tr. o abs. Llegar a la mayor exactitud posible en la percepción o en la expresión de algo. ≃ *Precisar. **3** tr. Buscar la exquisitez en la ↘expresión, el lenguaje o las palabras. ⊙ Hacerlos rebuscados. ⊙ Sutilizar la ↘expresión, el lenguaje, etc. **4** Reducir ↘algo a lo indispensable: 'alambicar las raciones'. ≃ Aquilatar. ⊙ Particularmente, reducir la ↘ganancia o los ↘precios al mínimo en la venta de artículos.

alambique (del ár. and. «alanbíq» o «alinbīq», del gr. «ámbix») **1** m. Vasija que se emplea para *destilar, compuesta fundamentalmente de un cuerpo donde se pone el líquido, que es el que recibe el calor, y un conducto que arranca de su parte superior y se continúa por un serpentín por el que cae el producto de la destilación, refrigerándose por el camino. ≃ Alquitara, destilador, retorta. ⇒ Alcatara, cornamusa, cucúrbita, destiladera, destilador, destilatorio. ➤ Corbato, culebra, montera, nariz, recipiente, refrigerante, resfriante, serpentín. ➤ Alambicar, alquitarar, cohobar, *destilar, lambicar, sublimar. **2** (And., Hispam.) *Destilería de aguardiente.*

alambiquero, -a (And., Hispam.) n. *Persona que posee un alambique (destilería) o trabaja en él.*

alambor[1] (del ár. and. «ḥarabúl», borde, revuelta) m. CONSTR. *Desviación de la vertical de la cara frontal de una piedra u otro elemento de construcción.* ≃ Falseo. ⊙ FORT. **Escarpa.*

alambor[2] (del ár. and. «azzanbúʻ») m. Azamboa.

alambrada f. *Valla hecha de tela metálica o de alambre; por ejemplo, de alambre de espinas. ⊙ Particularmente, las que se hacen en la guerra para dificultar el avance del enemigo. ⇒ *Arma (grupo de las defensivas).

alambrado **1** m. *Alambrera.* **2** *Alambrada.*

alambrar[1] (de «horambre», agujero; Ar., Sal.; terciop.) intr. *Despejarse el cielo.*

alambrar[2] tr. Cercar ↘algo con alambre o alambradas.

alambre (de «arambre») **1** m. *Bronce.* **2** *Latón.* **3** *Conjunto de cencerros y campanillas de una recua o un rebaño.* **4** Hilo metálico. ⇒ Arambre, cable, doradillo, HILO metálico. ➤ Bobina, carrete, solenoide. ➤ Enderezar, tirar. ➤ Hilera. ➤ Alambrada, alambrado, alambrera, ESPINO artificial, filigrana, *grapa, gusanillo, jaula, red, sobrevidriera, TELA metálica. ➤ Inalámbrico. **5** Alambre colocado a cierta altura sobre el suelo en el que se realizan ejercicios acrobáticos. ⇒ *Circo. **6** (R. Dom.) *Tendedero: dispositivo de alambres, cuerdas, etc., donde se tiende la ropa.*

ALAMBRE CONEJO. *Alambre especial para hacer trampas para *cazar conejos.*

alambrear intr. *Tocar la *perdiz repetidamente con el pico los alambres de la jaula.*

alambrera f. Cualquier tapadera hecha de alambre. ⊙ Específicamente, la que se pone sobre el *brasero para evitar quemaduras. ⊙ Red de alambre que se pone, por ejemplo, en las ventanas. ≃ *TELA metálica.

alambrilla (de «horambre») f. **Azulejo.* ≃ Olambrilla.

alambrista n. Acróbata que realiza ejercicios sobre el alambre. ⇒ *Circo.

alameda **1** f. Sitio poblado de álamos. **2** Paseo con álamos. ⊙ Por extensión, muchos paseos llevan ese nombre como nombre propio, aunque tengan otra clase de árboles. ⇒ *Avenida.

alamín (del ár. and. «alamín») **1** m. *Antiguamente, funcionario que *contrastaba las pesas y medidas y tasaba los víveres.* **2** *Alarife que se designaba antiguamente para inspeccionar las obras de *arquitectura.* **3** *Juez de los riegos.*

alamina (de «alamín») f. *Multa que antiguamente pagaban los alfareros por excederse en la carga del horno al cocer las vasijas.*

alamir (ant.) m. *Emir.*

alamirré (de las notas musicales «la, mi, re») m. MÚS. *Indicación del tono que empieza en el sexto grado de la escala diatónica de «do», y se desarrolla según los preceptos del canto llano y del canto figurado.*

álamo (¿del lat. «alnus», con influencia de «ulmus», olmo?; género *Populus)* m. Nombre de varias especies de árboles salicáceos de gran altura, de hojas anchas con largo peciolo, y de madera blanca y ligera que resiste mucho el agua. ≃ Chopo. ➤ Espiguilla, panela. ➤ Escarzo. ➤ Alameda. ➤ *Planta.

ÁLAMO BLANCO *(Populus alba)*. Especie que tiene las hojas blanquecinas por el envés y la corteza gris. ≃ Pobo, povo.

Á. NEGRO [o, no frec., DE ITALIA, LÍBICO O LOMBARDO] *(Populus nigra)*. Especie de copa extendida y poco espesa, con la corteza rugosa. ≃ CHOPO negro.

Á. TEMBLÓN *(Populus tremula)*. Especie de hojas especialmente tersas y de peciolos largos, por lo que se mueven continuamente lanzando destellos. ≃ Lamparilla, tiemblo, trémol, tremolín.

alampar **1** (de «a-[2]» y «lampar»; Ál.) intr. **Picar en el paladar ciertas cosas como la guindilla o la pimienta.* ≃ Lampar. **2** prnl. *Concebir vivo *deseo de cierta cosa.* ≃ Lamparse, picarse.

alamud (del ár. and. «alʻamúd») m. **Barra de atrancar puertas, de sección cuadrada.*

alán (ant.) m. **Perro alano.*

alancear tr. Dar lanzadas a ↘alguien. ⊙ Herir a ↘alguien con lanza. ⊙ TAUROM. Herir al ↘toro con la pica.

alancel (del ár. and. «alinzál»; ant.) m. *Arancel.*

alandrearse (de «landre») prnl. *Ponerse los gusanos de *seda secos, tiesos y blancos.*

alangiáceo, -a (de «Alangium», género de plantas) adj. y n. f. BOT. *Se aplica a las plantas leñosas de la familia del angolán, propias de las regiones tropicales, que tienen fruto en drupa aovada.* ⊙ f. pl. BOT. *Esa familia.*

alangieo, -a adj. y n. f. BOT. *Alangiáceo.*

alano, -a (del lat. «Alānus») **1** adj. y, aplicado a personas, también n. De un pueblo germánico que invadió España a principios del siglo v. **2** adj. y n. m. Se aplica a cierto perro, probablemente cruzado de dogo y lebrel, corpulento, de cabeza grande, orejas caídas, con el hocico romo y arremangado, cola larga y pelo corto y fino.

alantoides (del gr. «allantoeidḗs», en forma de salchichón) adj. y n. m. Se aplica a la *bolsa o membrana, provista de numerosos vasos sanguíneos, que comunica con la cavidad intestinal del feto de los reptiles, aves y mamíferos y actúa como órgano respiratorio. ⇒ *Embriología.

alanzar 1 tr. *Alancear.* **2** intr. *Tirar lanzas a una armazón de tablas, en lo que consistía cierto juego caballeresco antiguo.* **3** tr. *Lanzar.*

alaqueca o **alaqueque** (del ár. and. «al'aqíq») f. o m. *Cornalina (ágata).*

alar (de «ala[1]») **1** m. **Alero del tejado.* **2** **Acera de la calle.* **3** (gralm. pl.) CAZA. **Lazo de cerdas para cazar *perdices.*

alara adv. EN ALARA (ant.). *En fárfara.*

alárabe o **alarbe** (del ár. norteafricano «al'arbi») **1** adj. y, aplicado a personas, también n. *Árabe.* **2** m. *Hombre brutal.*

alarde (del ár. and. «al'árḍ») **1** m. MIL. *Antiguamente, *formación en que se pasaba revista a los soldados y sus armas.* **2** MIL. *Antiguamente, lista de los nombres de los *soldados.* ≃ Alcamiz. **3** *Desfile, especialmente militar.* **4** **Revista de inspección.* **5** DER. *Visita del juez a los presos.* **6** DER. *Examen periódico por los *tribunales de los asuntos pendientes.* **7** DER. *Relación de las causas dispuestas para ser sometidas al jurado en cada cuatrimestre.* **8** («Hacer») Acción de mostrar mucha cantidad de cierta cosa y en forma llamativa: 'Un alarde de riqueza [de buen gusto, de cinismo]'. ≃ Ostentación.

HACER ALARDE. **1** V. «alarde» (8.ª acep.). **2** *Hacer inspección las *abejas al salir y entrar en su colmena.*

alardear (de «alarde»; «de») intr. Exhibir con vanidad cierta cualidad o circunstancia, aunque no constituya un mérito: 'Alardea de conquistador [de perspicaz, de tener influencia con el ministro]'. ≃ Jactarse, *presumir.

alardeo m. Acción de alardear.

alardo (ant.) m. *Alarde.*

alardoso, -a (de «alarde») adj. *Ostentoso.*

alargadamente (ant.) adv. *Extensamente.*

alargadera 1 f. Varilla, pieza o trozo de cualquier cosa que sirve para alargar un utensilio. ⇒ Alargador. ⊙ Se aplica específicamente a la del compás. **2** (Ar.) **Sarmiento que se deja sin podar.* ≃ Guía. **3** QUÍM. *Tubo de vidrio que se adapta al cuello del *alambique.*

alargado, -a Participio de «alargar[se]». ⊙ adj. Con la dimensión llamada longitud considerablemente mayor que las otras. ⇒ Largo, oblongo, prolongado.

alargador, -a adj. y n. m. Cualquier pieza o dispositivo que sirve para alargar algo. ≃ Alargadera.

alárgama f. **Alharma (planta zigofilácea).*

alargamiento m. Acción y efecto de alargar[se].

alargar 1 tr. Hacer más larga una ↘cosa: 'Alargar un vestido'. ⇒ Alongar, alueñar, dilatar, estirajar, estirar, estirazar, *prolongar, tirar. ➤ *Largo. *Longitud. ➤ *Agrandar. *Crecer. *Durar. *Prorrogar. *Retrasar. *Rodear. *Tardar. **2** Hacer que una ↘acción o situación *dure más: 'Hemos decidido alargar nuestra estancia aquí'. ⊙ («en») prnl. Explicar algo muy extensamente: 'Se alargó en la explicación y no dio tiempo a acabar'. ≃ *Extenderse. ⊙ Durar más de lo previsto: 'La cosa se alargó, y al final llegamos tarde al cine'. **3** tr. Hacer llegar una ↘cosa, por ejemplo el dinero, a más atenciones: 'No puede alargar más su paga'. **4** **Aumentar la cantidad de ciertas ↘cosas, como la ración o el sueldo.* **5** Estirar para algo un ↘miembro que estaba doblado: 'Alarga el brazo y coge aquel vaso'. **6** Alcanzar o coger una ↘cosa y darla a otra persona que está algo apartada. ⇒ Poner al ALCANCE, alcanzar, apurrir, estirar, pasar. ➤ *Dar. **7** (inf.; «a, hasta») prnl. Ir a cierto sitio que está próximo: 'Alárgate ahí al estanco de la esquina y cómprame una cajetilla'. ≃ Llegarse. ⊙ prnl. *Exagerar en algo. **8** tr. *Llevar más lejos los ↘*límites de algo.* **9** *Hacer que adelante o *avance alguien.* **10** (inf.) *Aplicar con interés o atención la ↘*vista o el *oído.* **11** **Soltar poco a poco una ↘cuerda, cable, etc.* ≃ Largar. **12** **Alejar, desviar o apartar una ↘cosa.* **13** **Ceder o prestar una ↘cosa a otro.* **14** prnl. MAR. *Mudar de dirección el viento, inclinándose a popa.*

V. «alargar los DIENTES, alargar la MANO, alargar el PASO».

alargas (de «alargar»; Sal.; «Dar, Tomarse») f. pl. **Confianza excesiva.*

alargue 1 m. Pieza puesta para alargar algo, particularmente una prenda de ropa. **2** («Dejar, Tener»; sing. o pl.) Parte sobrante que se deja en una pieza de ropa para poder alargarla cuando sea necesario. ⊙ (pl.) Circunstancia de tener esa parte o de poder ser alargado de alguna manera: 'El abrigo del niño tiene alargues'.

alarguez (del ár. and. «alargís») m. Nombre aplicado a distintas *plantas espinosas; entre ellas, el agracejo y el aspálato. ≃ PALO de la rosa.

alaria (del ár. and. «al'áriḍa») f. *Utensilio empleado por los alfareros para pulir y adornar en el torno las vasijas, consistente en una varilla de hierro con los extremos apuntados y doblados en sentido inverso.*

alarida f. *Conjunto de alaridos o gritos.* ≃ *Gritería.

alarido 1 m. **Grito de guerra de los moros.* **2** Grito muy fuerte, de terror, de dolor, de rabia, etc. ⊙ (ant.) *Grito de alegría.*

alarifadgo o **alarifalgo** (ant.) m. *Alarifazgo.*

alarifazgo m. *Oficio de alarife.*

alarife (del ár. and. «al'aríf») **1** m. *Arquitecto o maestro de obras.* ⇒ Alamín. **2** MINER. *Albañil.* **3** (Arg.) *Persona lista.*

alarije (del ár. and. «al'aríš») adj. V. «UVA alarije».

alarma (del it. «allarme») **1** («Dar, Sonar la») f. Voz o señal con que se *avisa un *peligro. ⊙ Estado en el tiempo durante el cual se mantiene la validez del aviso: 'Todavía no ha pasado la alarma'. ⊙ («Llevar, Sembrar, Cundir») Sensación, menos violenta que el «sobresalto» o «*susto», que se experimenta por la aparición de un peligro o la posibilidad de un suceso desgraciado o desagradable: 'La alarma fue producida por el estallido de un neumático'. ⇒ *Asustar. ⊙ Estado de quien teme algo. ≃ Intranquilidad. ⇒ *Miedo. **2** MIL. *Aviso para que los soldados tomen las *armas y se dispongan a la defensa o a la lucha.*

alarmado, -a Participio de «alarmar[se]». ⊙ («Estar») adj. Asustado, desconfiado, *intranquilo o receloso. Con alarma o intranquilidad.

alarmante adj. Se aplica a lo que produce alarma: 'Noticias [o impresiones] alarmantes'.

alarmar tr. Producir alarma en ↘alguien: 'Me alarma verle preocupado'. ≃ *Asustar. ⊙ prnl. Empezar a estar alarmado: 'No te alarmes si oyes un estallido'.

alármega f. **Alharma (planta zigofilácea).*

alarmismo m. Tendencia a sembrar la alarma.

alarmista adj. y, aplicado a personas, también n. Que siembra la alarma: 'Noticias alarmistas'. ⊙ O es inclinado a alarmar o alarmarse.

alaroz (del sup. ár. and. «al'arúḍ», cl. «'arūḍ», objeto colocado en el centro para cerrar el paso) **1** m. *Larguero fijo que divide el hueco de una puerta o ventana.* ≃ *Parteluz. **2** *Armazón de madera con que se reduce el hueco de una *puerta para poner una mampara.*

alaroza (del ár. and. «al'arúsa»; ant.) f. **Esposa o recién casada entre los *musulmanes.*

alasita f. **Mercado artesanal del norte de Argentina y Bolivia.*

alaste (C. Rica, Nic.) adj. *Resbaladizo o viscoso.*

alastrar (de «a-²» y «lastra») **1** tr. *Amusgar (echar hacia atrás las ↘orejas un *caballo o un *toro, como señal de que se dispone a morder, tirar coces o embestir).* **2** prnl. CAZA. *Agazaparse o pegarse al suelo un ave u otro animal para no ser descubierto.*

alatar (del ár. and. «al'aṭṭár»; ant.) m. *Vendedor de perfumes o de drogas y especias.*

a latere (lat.; pronunc. [a látere]) **1** adj. V. «LEGADO a latere». **2** n. *Adlátere.*

alaterno (del lat. «alaternus») m. **Aladierna (planta ramnácea).*

alatinado, -a 1 adj. *Asemejado al latín.* **2** **Afectado o *pedante.*

alatón¹ (ant.) m. *Latón (aleación de cobre y zinc).*

alatón² (de «latón²»; Ar.) m. *Almeza (fruto del almez, árbol ulmáceo).*

alatrón (del ár. and. «annaṭrún», cl. «naṭrūn», y éste del gr. «nítron»; ant.) m. *Salitre.*

alauda o **alaude** (del lat. «alauda»; ant.) f. **Alondra.*

alauí o **alauita** adj. Se aplica a la dinastía reinante en Marruecos desde mediados del siglo XVII. ⊙ De esta dinastía.

alavanco m. Ave palmípeda silvestre. ≃ Lavanco.

alavense adj. y n. *Alavés.*

alavés, -a adj. y, aplicado a personas, también n. De Álava, provincia española. ⇒ Babazorro.

alavesa (de «alavés») f. *Cierta *lanza corta.*

alazán, -a (del sup. ár. and. «alaṣháb», cl. «aṣhab») adj. y n. Aplicado a *caballos y yeguas, de color canela. ⇒ *Ocre.

alazana f. *Lagar del molino de *aceite.*

alazano, -a adj. y n. *Alazán.*

alazor (del ár. and. «al'aṣfúr»; *Carthamus tinctorius*) m. Planta compuesta cuyas flores, de color azafrán, se emplean para teñir de *amarillo, y cuyas semillas se dan de comer a las aves. ≃ AZAFRÁN bastardo, AZAFRÁN romí, cártama, cártamo, SIMIENTE de papagayos.

alba (del lat. «alba», f. de «albus», blanco) **1** f. Tiempo que transcurre desde que empieza a aparecer la luz del día hasta que aparece el Sol. ≃ *Amanecer, aurora. ⊙ Luz o claridad de ese momento. ≃ Aurora. **2** Toque de campanas de la hora del alba. **3** MIL. *Último de los cuartos en que se dividía la noche para las *guardias.* **4** Vestidura de lienzo blanco que llega hasta los pies, que se ponen los sacerdotes para decir *misa. ⇒ Camisa.

RAYAR EL ALBA. *Amanecer.

Alba V. «DUQUE de Alba».

albacara¹ (del sup. ár. and. «báb albaqqára», puerta de los boyeros, cl. «baqqār», el que cuida bueyes) **1** f. *Recinto amurallado en la parte exterior de una fortaleza, en comunicación con ella, en donde se solía guardar ganado.* **2** *Cubo o torreón salientes en las fortalezas antiguas.*

albacara² (del ár. and. «albakkára»; ant.) f. *Rodaja o *rueda pequeña.*

albacea (del sup. ár. and. «ṣáḥb alwaṣíyya») n. Persona que, por voluntad del testador o por designación del juez, interviene en la ejecución de un *testamento. ⇒ Cabecera [o cabecero], mansesor.

albaceazgo m. Cargo o funciones del albacea.

albacetense o **albaceteño, -a** adj. y, aplicado a personas, también n. De Albacete, provincia española y su capital.

albacora¹ (del ár. and. «albakúra») f. **Breva (higo de la primera cosecha).*

albacora² (¿de «albacora¹»?; *Tunnus alalunga*) f. *Pez semejante al bonito, de tamaño intermedio entre el de éste y el del atún, corriente en las costas españolas.

albacorón (Mur.) m. **Alboquerón (planta crucífera).*

albada¹ (del lat. «albāta», de «albāre», blanquear) **1** f. *Alborada (composición poética o musical).* **2** (Ar.) *Alborada (*música con que se festeja a alguien al amanecer).*

albada² (de «albaida»; Ar.) f. **Jabonera (planta cariofilácea).*

albadena (del ár. and. «albadán») f. *Cierta túnica o vestido de seda antiguo.*

albahaca (del ár. and. «alḥabáqa») f. Nombre aplicado a distintas especies de *plantas labiadas del género *Ocimum,* de hojas muy pequeñas, que se cultivan por su agradable olor. ⇒ Alfábega, alhábega.

ALBAHACA ANISADA (Cuba; *Ocimum basilicum anisatum*). *Cierta variedad de albahaca.*

albahaquero (de «albahaca») **1** m. **Tiesto para plantas.* **2** (And.) *Gradilla para colocar tiestos.*

albahaquilla f. Dim. de «albahaca», aplicado como nombre a algunas plantas.

ALBAHAQUILLA DE CHILE [O DEL CAMPO]. **1** (*Psoralea glandulosa*) *Arbusto leguminoso de Chile, cuyas flores, hojas y tallo se emplean como estomacales.* ⇒ Culén. **2** (Arg.; *Acalypha cordubensis*) *Planta euforbiácea.*

ALBAHAQUILLA DE RÍO. *Parietaria (planta urticácea).

albahío (del ár. and. «albahí») adj. *Se aplica al color de las reses vacunas blanco amarillento.*

albaicín m. Barrio en *pendiente.

albaida (del ár. and. «albáyḍa», blanca; *Anthyllis vulneraria*) f. *Planta leguminosa con los tallos y las hojas cubiertos de tomento blanco, y flores amarillas.

albainar (Ál.) tr. **Cribar el ↘grano.* ≃ Ahechar.

albalá (del ár. and. «albará») amb. *Antiguamente, cualquier *documento público o privado.* ⊙ *Particularmente, cédula real en que se concedía una *merced o se ordenaba algo.*

albalaero m. *Hombre que extendía albalaes.*

albalastrilla f. *Utensilio para apreciar la distancia del blanco a que se *dispara.*

albanar (ant.) intr. *Estribar.*

albanecar (del ár. and. «albaníqa») m. CONSTR. *Triángulo formado por el par, la lima tesa y la solera en la *armadura de tejado.*

albanega (del ár. and. «albaníqa», cl. «banīqah», y éste del lat. «paganĭca», por ser indumentaria rústica, a través del arameo) **1** f. *Antiguamente, especie de cofia o red para cubrir la cabeza o recoger el pelo.* **2** *Manga de red para cazar conejos.* **3** ARQ. **Pechina de arco o bóveda.*

albanés, -a adj. y, aplicado a personas, también n. De Albania. ≃ Albano. ⇒ Arnaúte, estradiota.

albaní (del ár. and. «albanní»; ant.) m. *Albañil.*

albano, -a adj. y n. Albanés.

albañal (del ár. and. «alballá'a», tragona) **1** m. *Cauce o *conducto por donde *desaguan aguas sucias o residuales. ⇒ Albañar, albollón, arbellón, atarjea, cloaca, husillo, val. ➤ *Alcantarilla. Desagüe. **2** (n. calif.) Se aplica a cualquier sitio *sucio o *indecente, en sentido propio o figurado.

albañar m. *Albañal.*

albañear (de «albañí») intr. *Trabajar en albañilería.*

albañería (de «albañí»; ant.) f. *Albañilería.*

albañí (de «albaní»; ant.) m. *Albañil.*

albañil (del ár. and. «albanní») m. Obrero que trabaja en hacer paredes y otros elementos de construcción en que se unen piedras, ladrillos, etc., con un material aglomerante. ⇒ Alarife, albaní, albañí, albañir, añacalero, blanqueador, cañista, enlucidor, escayolista, estucador, estuquista, fijador, jalbegador, jornalero, manobre, mazonero, oficial, media paleta, peón, revocador, solador, tabiquero, tapagujeros, tapiador; GENTE del polvillo. ➤ Hormiguillo. ➤ Construcción. V. «NIVEL de albañil».

albañila (de «albañil») adj. V. «ABEJA albañila».

albañilería **1** f. Oficio de albañil. **2** Trabajo de albañil en general: 'Una pared de albañilería'. ≃ Fábrica, obra.

albañir (ant.) m. *Albañil.*

albaquía (del ár. and. «albaqíyya») **1** f. *Resto que queda sin pagar de una cuenta o *deuda.* **2** *Antiguamente, en algunos obispados, residuo de cabezas de ganado que, en el prorrateo para el pago de *diezmos, no se podía dividir fácilmente.*

albar (de «albo») **1** adj. Aplicado a los nombres de algunas cosas, especialmente de plantas, blanco. ≃ Albero. **2** m. **Terreno de secano o tierra blanquecina, en alturas o lomas.* ≃ Albariza.

V. «CONEJO [ESPINO, GRANADA, PINO, ROBLE O SABINA] albar».

albarán (del ár. and. «albará») **1** m. *Antiguamente, documento.* ≃ Albalá. **2** *En algunos sitios, papel que se pone en balcones, puertas o ventanas de una casa o un piso, como señal de que están por alquilar.* **3** Nota que hace constar la entrega de una mercancía y que firma el que la *recibe.

albarazado, -a (de «albarazo») **1** adj. *De color mezclado de negro y rojo.* ⊙ *Abigarrado.* **2** (Méj.) **Mestizo de chino (mestizo a su vez de indio y zambo) y de jenízaro (mestizo a su vez de chino y cambujo).* **3** *Enfermo de albarazo.*

albarazo (del ár. and. «albaráṣ»; ant.) m. *Especie de *lepra o herpes.* ≃ Albarraz, BLANCA morfea, LEPRA blanca.

albarca f. *Abarca.*

albarda (del ár. and. «albárda'ah») **1** f. Utensilio que se pone sobre el lomo de las *caballerías para acomodar la *carga. ⇒ Aceruelo, albardón, basto, cangalla, enjalma, jalma. ➤ Baste, basto, carona, lomillo, palomilla. ➤ Encañadura. ➤ Ataharre, cincha, debajero, sobrejalma, sobrenjalma. ➤ Barras. ➤ Albardero, albardonero, bastero, enjalmero, guarnicionero, jalmero. ➤ Lomillería. ➤ Albardar, desalbardar, desenalbardar, desenjalmar, embastar, enalbardar, enjalmar. ➤ *Guarnición. *Silla. **2** (Hispam.) *Cierto tipo de silla de montar.*

ALBARDA SOBRE ALBARDA. Frase con que se comenta el empleo de dos o más expresiones juntas que tienen el mismo significado. ⇒ *Redundancia. V. «un BURRO con dos albardas».

albardado, -a **1** Participio de «albardar». **2** adj. *Se aplica al *animal que tiene el lomo de distinto color que el resto del cuerpo.* **3** (Ál.) *Aplicado a la carne u otras viandas, rebozado.*

albardán (del sup. ár. and. «albardán», descarado, cl. «bardān», friolero) m. **Bufón o persona que hace reír con chocarrerías.*

albardanería (de «albardán») f. *Bufonada.*

albardanía (de «albardán»; ant.) f. *Albardanería.*

albardar tr. Colocar la albarda y, por extensión, los *aparejos, a las ↘bestias de carga. ≃ Enalbardar.

albardear (Am. C.) tr. **Domar caballos salvajes.*

albardela f. *Albardilla (silla).*

albardera f. V. «ROSA albardera».

albardería **1** f. Establecimiento donde se hacen o venden albardas. **2** Oficio del albardero.

albardero m. El que se dedica a hacer o vender albardas.

albardilla (dim. de «albarda») **1** f. *Silla para domar potros. **2** Lana muy tupida y apretada que, a veces, crían en el lomo las reses lanares. **3** Caballete o tejadillo que se pone sobre los *muros para despedir el agua de lluvia. ≃ Mojinete. ⊙ Hilera de piedras o baldosas que se ponen en el mismo sitio con igual objeto. **4** (ant.) **Caballón que se hace para separar los cuadros o bancales en las huertas.* **5** *Caballete o lomo de barro que se hace por el tránsito en un camino después de haber llovido.* **6** *Masa de barro que queda pegada al dental del *arado cuando se ara tierra mojada.* **7** *Especie de *almohadilla que ponen los esquiladores en los ojos de las tijeras para no hacerse daño.* ⊙ *Almohadilla que se ponen los aguadores sobre el hombro para apoyar la cuba.* ⊙ **Agarrador de plancha o semejante.* **8** *Loncha de *tocino que se pone encima de las aves para *asarlas.* **9** *Pasta hecha de harina en que se rebozan a veces algunas viandas para freírlas.* **10** **Trampa en el juego de baraja que consiste en combar alguna carta para cortar por ella.*

albardín (del ár. and. «albardí»; *Lygeum spartum*) m. Mata gramínea muy parecida al *esparto y con las mismas aplicaciones.

albardón (aum. de «albarda») **1** m. Albarda alta que sirve para montar sobre ella. **2** *Especie de *silla jineta con el borde de delante y el de detrás muy salientes, que usan por ejemplo los vaqueros y los campesinos andaluces.* **3** (Arg.) *Faja de *tierra que sobresale, por ejemplo entre lagunas.* **4** (Hond.) *Albardilla (tejadillo sobre un muro).*

albardonería (de «albardonero») f. *Albardería.*

albardonero (de «albardón») m. *Albardero.*

albarejo (de «albar») adj. y n. Aplicado al *pan o el *trigo, candeal.

albarelo (del it. «albarello») m. Bote de cerámica usado en las *farmacias, ancho por la boca y estrecho en la parte central.

albareque m. *Red de pescar parecida al sardinal.*

albarico o **albarigo** (de «albar») adj. *Albarejo.*

albaricoque (del ár. and. «albarqúq», cl. «burqūq», y éste del lat. «persĭca praecŏcia», a través del gr. «praikókion») m. Fruta de hueso, de forma algo ovalada, de unos 4 cm de larga, de carne blanda y jugosa, de color amarillo, rosado o rosado y rojo, según las variedades. ⇒ Albarillo, albérchigo, alberge, damasco, damasquillo, damasquino, durazno, prisco. ➤ Blanquillo, briñón, *peladillo. ➤ Orejón. ➤ Güito.

albaricoquero (*Prunus armeniaca*) m. Árbol rosáceo que produce los albaricoques.

albarillo (de «albar») **1** m. *Variedad de *albaricoques de carne muy blanca.* **2** *Tañido muy rápido de la *guitarra, con que se acompañan ciertas danzas y canciones.*

albarino (de «albar») m. *Cierto afeite usado antiguamente por las mujeres para blanquearse el rostro.*

albariño m. Cierto *vino gallego, generalmente blanco.

albariza (de «albar») **1** (And.) f. **Terreno de secano blanquecino, en una loma.* ≃ Albar. **2** *Laguna salobre.*

albarizo, -a (de «albar») **1** adj. *Aplicado al terreno, blanquecino.* **2** m. *Albero (*paño de secar).*

albarrada[1] (del lat. «parăta», a través del ár. and.) **1** f. **Muro hecho de piedras superpuestas sin cemento.* **2** **Terraza arrellanada en una pendiente sostenida por una paredilla hecha en esa forma.* **3** **Cerca de tierra hecha para impedir la entrada en un campo.* **4** **Defensa levantada en la guerra.*

albarrada[2] (del ár. and. «albarráda») f. **Alcarraza.*

albarrán (del ár. and. «albarráni», forastero) **1** (ant.) adj. y n. m. **Mozo o criado soltero de una casa de labranza.* **2** (ant.; usado todavía en Sal.) m. **Mayoral.* **3** (ant.) adj. y n. *Se aplicaba al que no tenía domicilio en ningún pueblo.*

albarrana (de «albarrán») **1** f. *Planta semejante a la cebolla albarrana, con flores azules en umbela. **2** adj. V. «CEBOLLA albarrana». **3** V. «TORRE albarrana».

albarráneo, -a o **albarraniego, -a** (de «albarrán»; ant.) adj. **Forastero.*

V. «PERRO albarraniego».

albarranilla f. *Albarrana (*planta).*

albarraz[1] (de «abarraz») m. **Estafisagria (planta ranunculácea).*

albarraz[2] f. *Albarazo (especie de lepra).*

albarrazado, -a adj. *Albarazado.*

albarsa (de or. prerromano) f. **Cesta en que lleva el pescador su ropa y utensilios.*

albatoza (¿del sup. ár. and. «alḡaṭṭúsa», cl. «ḡaṭṭāsah», somorgujo?) f. MAR. **Barco pequeño cubierto.*

albatros (del ingl. «albatross»; *Diomedea exulans)* m. *Ave palmípeda del océano Pacífico, de plumaje blanco, mayor que un pato, con las alas y la cola muy largas, y buena voladora.

albayalde (del ár. and. «albayáḍ», blancura) m. Carbonato de plomo, de color blanco que se emplea en pintura. ⇒ BLANCO de plomo, blanquíbolo.

albazano, -a adj. *Aplicado a los *caballos, de color castaño oscuro.*

albazo (de «alba») **1** (Col., Ec., Méj.) m. *Alborada (acción de *guerra).* **2** (Bol., Chi., Ec., Perú) *Alborada (*música con que se festeja a alguien al amanecer).* **3** (Méj.) **Robo al amanecer.* **4** (Arg., Ur.) *Madrugón.*

albear (de «alba») **1** intr. *Blanquear.* ⊙ *Ser un poco blanco.* ⊙ *Mostrar blancura.* **2** (Arg.) **Madrugar.*

albedo (del lat. «albēdo», blancura) m. ASTRON. *Intensidad de la luz reflejada por un astro.* ⊙ FÍS. *Se aplica, por extensión, a la potencia reflectora de una superficie.*

albedriador (ant.) adj. *Arbitrador.*

albedriar (de «albedrío»; ant.) tr. *Arbitrar.*

albedrío (del lat. «arbitrĭum») m. Facultad del hombre de obrar por propia determinación. ≃ Arbitrio, voluntad.

LIBRE ALBEDRÍO. Designación frecuente del albedrío humano, particularmente en lenguaje filosófico o teológico. ⇒ *Predestinación.

A MI [TU, SU, etc.] ALBEDRÍO. Según la voluntad de la persona de que se trata, sin sujeción a otra. ⊙ Frecuentemente, tiene sentido peyorativo, como «a su capricho».

albedro (del lat. «arbitŭlus», dim. de «arbĭtus», «arbŭtus»; Ast.) m. *Madroño (arbusto ericáceo).*

albegar (del lat. «albicāre», de «albus», blanco; ant.) tr. *Blanquear.* ≃ Enjalbegar.

albéitar (del ár. and. «albáyṭar», cl. «bayṭār», y éste del gr. «hippiatrós») m. Veterinario.

albeldadero m. *Sitio destinado para albeldar.*

albeldar tr. *Beldar: *aventar con el bieldo.*

albellanino (Gran.) m. *Cornejo (arbusto cornáceo).*

albellón m. *Albollón: *albañal o desagüe.*

albenda (del ár. and. «albánd», cl. «band», de or. persa) f. **Colgadura usada antiguamente, de lienzo blanco con adornos de malla o de encaje.*

albendera **1** f. *Mujer que tejía albendas.* **2** *Mujer ociosa y *callejera.*

albengala (del persa «bangāle», nombre del país de Bengala, a través del port.) f. *Tela muy fina que usaban algunos musulmanes como adorno en los turbantes.*

albéntola (de «albenda») f. **Red de hilo muy delgado usada para pescar peces pequeños.*

alberca (del ár. and. «albírka») **1** f. Depósito artificial de agua. ≃ Alberque, *balsa. ⊙ *Particularmente, poza en que se pone a remojo el *cáñamo o el *lino.* **2** (técnico) *Ensanchamiento de la sección de un canal o esclusa.* **3** (Méj.) *Piscina.*

EN ALBERCA. *Aplicado a edificios, todavía sin techo, o despojado de él.*

albérchiga f. *Albérchigo.*

albérchigo (del sup. ár. y rom. and. «albéršiq», del lat. «mālum persĭcum») **1** m. En algunos sitios, variedad de melocotón. ⇒ Prisco. **2** En otros, variedad de albaricoque.

alberchiguero m. Árbol de albérchigos.

albergaje m. *Derecho que tenían los *señores feudales de albergarse en casa de cualquiera de sus vasallos.*

albergar (del sup. gót. «haribaírgon», alojamiento) **1** tr. Servir un local de vivienda a ↘alguien: 'El bloque de viviendas albergará a doscientas familias'. ≃ *Alojar, cobijar, dar albergue, servir de albergue. ⊙ Tener un edificio instalado en su interior algún ↘organismo u oficina: 'El nuevo edificio albergará todos los ministerios'. ⊙ Tratándose de personas, «*acoger, cobijar», «dar albergue», «dar asilo». Permitir una persona a ↘otra que viva en su propia casa: 'Cada familia alberga a otra de las que se han quedado sin vivienda'. ⊙ Colocar a ↘alguien a vivir en cierto sitio: 'La compañía alberga a los obreros en barracas'. ≃ Alojar, aposentar. **2** Tener ciertos ↘sentimientos, ideas o intenciones en la mente, el alma, el corazón, etc.: 'Es incapaz de albergar odio en su alma. Me pareció que albergaba malas intenciones'. ⊙ prnl. y, no frec., intr. Tomar albergue o estar albergado en cierto sitio.

□ CATÁLOGO

*Acoger, *admitir, dar ALBERGUE, *alojar, amparar, dar AMPARO, aposentar, asilar, dar ASILO, cobijar, dar COBIJO, coger, guarecer, *hospedar, sentar a su MESA, receptar, recibir, recoger. ➤ *Mantener. ➤ Anidar, parar, pernoctar, posar, refugiarse. ➤ Hostelería. ➤ Acogeta, albergo, albergue, alberguería, alberguero, alojamiento, aposentamiento, asilo, barraca, barracón, *cabaña, campamento, CASA de dormir, CASA de huéspedes, CASA de pupilos, caserna, *cobertizo, cobijamiento, cobijo, cotarro, falansterio, figón, fonda, fondac, *guarida, hospedaje, hospedería, hospicio, hospital, hostal, hostería, *hotel, mesón, parador, pensión, pensionado, *posada, puerto, pupilaje, *refugio, residencia, tambo, tienda, venta, ventorrillo, ventorro. ➤ Alberguero, *anfitrión, aposentador, camero, figonero, fondista, hospedero, hostelero, hosterero, mesonero, patrón, posadero, pupilero, tambero, ventero. ➤ *Huésped, pupilo. ➤ Inhospitalario. ➤ *Alojar. *Ayudar. *Proteger. *Vivienda.

alberge (del cat. «alberge», del lat. «persĭcum», de Persia; Ar.) m. *Albaricoque.*

albergero (de «alberge»; Ar.) m. *Albaricoquero.*

albergo (de «albergar»; ant.) m. *Albergue.*

albergue (de «albergar») **1** m. Lugar donde se resguardan de la intemperie personas o animales. ≃ Cobijo, *refugio. ⊙ Específicamente, pequeña construcción en descampado donde pueden detenerse viajeros o excursionistas. ⊙ Local en donde alguien está alojado; se entiende un alojamiento provisional o sin lujo o comodidades: 'Tengo un albergue en un barrio apartado'. ≃ Alojamiento. ⊙ Establecimiento donde reciben temporalmente alojamiento gratuito las personas necesitadas. **2** *Alojamiento de los caballeros de la orden de San Juan en Malta, donde vivían separadamente los de cada nacionalidad.* **3** (ant.) *Asilo de niños huérfanos o desamparados.*

alberguería (de «alberguero») **1** (ant.) f. **Posada.* **2** (ant.) *Refugio donde se acogía a los pobres.*

alberguero, -a **1** (ant.) n. *Posadero.* **2** (ant.) m. *Albergue.*

alberguista n. Excursionista o viajero que se aloja en un albergue.

albero, -a (del lat. «albarĭus», de «albus», blanco) **1** (ant.) adj. *Albar (*blanco).* **2** m. **Terreno albarizo.* **3** *Tierra amarillenta utilizada para jardines y plazas de toros. ⊙ Ruedo de la plaza de *toros. **4** **Paño para secar la vajilla.* ≃ Albarizo. ⊙ (Sal.) *Paño que se pone sobre la ropa de la colada para colar por él la lejía.* **5** (Sal.) *Sitio destinado en las *cocinas para guardar la *ceniza que se quita del hogar.*

alberque m. *Alberca (balsa).*

albicante (del lat. «albĭcans, -antis», part. pres. de «albicāre», blanquear) **1** adj. *Blanquecino.* **2** *Notable por su blancura.*

albigense (del lat. «Albigensis») **1** adj. y, aplicado a personas, también n. De Albí, ciudad de Francia. **2** Se aplica a ciertos *herejes que se extendieron por la Francia meridional en los siglos XII y XIII, los cuales rechazaban los sacramentos, el culto externo y la jerarquía eclesiástica; así como a esa herejía y a sus cosas.

albihar (del ár. and. «albihár») m. **Manzanilla loca (planta compuesta).*

albillo, -a (dim. de «albo») adj. y n. Cierta variedad de *uva blanca de grano menudo y dorado, muy dulce.

albín **1** m. *Hematites (mineral).* **2** **Color carmesí oscuro que se obtiene de ese mineral.*

albina (de «albo») **1** f. **Laguna de agua salada formada a orillas del mar.* **2** **Sal depositada en esas lagunas.*

albinismo m. Cualidad de albino.

albino, -a (del lat. medieval «albinus») **1** adj. y, aplicado a personas, también n. Falto del pigmento que da color a ciertas partes del organismo (pelo, cejas, piel) y, por tanto, con estas partes anormalmente *blancas: 'Persona albina. Conejo albino. Pelo albino'. ⊙ Se aplica, por extensión, a las plantas de color más blanquecino que otras variedades de la misma especie. **2** (Méj.) **Mestizo de morisco (mestizo a su vez de mulato y blanco) y de blanco.*

albita (de «albo») f. **Feldespato, generalmente blanco, que entra, por ejemplo, en la composición del granito.* ⇒ Barbierita.

albitana (del ár. and. «albiṭána») **1** f. **Cerca que se les pone a las plantas en los jardines para resguardarlas.* **2** *Contrarroda o contracodaste de una embarcación pequeña.*

albo, -a (del lat. «albus»; lit.) adj. Blanco.

alboaire (del ár. and. «albuḥáyra», laguna) m. *Adorno de *azulejos en las bóvedas y capillas.*

albogón (aum. de «albogue») **1** m. *Instrumento musical antiguo de madera, de sonidos graves, parecido a una flauta.* **2** *Instrumento parecido a la *gaita gallega.*

albogue (del ár. and. «albúq») **1** m. *Especie de dulzaina.* **2** *Instrumento musical rústico, compuesto de dos cañas con agujeros puestas juntas.* **3** (ant.) *Cada uno de los dos platillos de latón con que se marcaba el ritmo en los bailes.*

albohera (ant.) f. **Albufera.* ≃ Albuhera.

alboheza (del ár. and. «alḫubbáyza»; ant.) f. **Malva (planta malvácea).*

albohol (del ár. and. «alḥubúl») **1** m. **Correhuela (planta convolvulácea).* **2** *(Frankenia pulverulenta)* *Planta franqueniácea de tallos tendidos, toda ella cubierta de un polvillo salado, empleado para hacer *barrilla.

albolga (ant.; Ar.) f. **Alholva (planta leguminosa).*

albollón (del sup. ár. and. «alballá'a») m. **Albañal.* ≃ Albellón.

albóndiga (del ár. and. «albúnduqa», cl. «bunduqah», y éste del gr. «káryon pontikón», a través del arameo) f. Nombre que reciben unas bolas de carne o pescado picados muy menudamente, a las que se añaden diversos ingredientes, como huevo, pan rallado y especias, que pueden *guisarse de diversas maneras, generalmente en salsa. ≃ Albondiguilla, almóndiga, almondiguilla.

albondiguilla **1** f. Albóndiga. **2** (inf.) Pelotilla de *moco.

alboquerón (¿del ár. and. «abulqurún», cornudo?; *Malcolmia africana)* m. Planta crucífera parecida al alhelí. ≃ Albacorón, arbelcorán.

albor (del lat. «albor, -ōris») **1** m. Alba: 'Levantarse al albor'. **2** (lit.) Blancura. ≃ Albura. **3** (lit.; gralm. pl.) Comienzo de la vida de una cosa, cuando todavía no ha llegado a su plenitud, particularmente hablando de sucesos históricos: 'En los albores del Renacimiento. En los albores de la libertad'.

ALBOR[ES] DE LA VIDA. Infancia o juventud.

alborada (de «albor») **1** f. Alba. **2** *Música o composición *poética para saludar al alba. ⊙ Cantos y música con que, en los pueblos, *festejan los mozos a las mozas al amanecer. ⊙ *Toque o música militar que se toca al amanecer. ⇒ Albada, albazo, maitinada. **3** *Acción de *guerra al amanecer.*

albórbola (del ár. and. «alwálwala») f. **Algazara o *jaleo.* ≃ Albuérbola.

alboreada (de «alborear») f. Cante y baile populares andaluces.

alborear (de «albor») **1** (terciop. de sujeto interno o con «el día» como sujeto) intr. Asomar en el horizonte la primera luz de la mañana. ≃ *Amanecer, clarear. **2** (con el sujeto gralm. pospuesto) Aparecer las primeras señales, manifestaciones o síntomas de un acontecimiento: 'Alboreaba la paz'.

alborecer (ant.) intr. *Alborear.*

alboreo m. Acción de alborear. ⇒ *Amanecer.

alborga (del ár. and. «albúlḡa», del sup. or. prerromano de «abarca») f. *Calzado rústico parecido a la *alpargata, usado en algunas regiones.* ≃ Agovía.

albornía (del sup. ár. and. «alburníyya», cl. «barniyyah», de or. persa) f. *Vasija de barro vidriado, como una *taza grande.*

alborno (del lat. «alburnum») m. *Alburno (albura de las plantas).*

albornoz (del ár. and. «burnús» o «barnús», cl. «burnus», y éste del gr. «bírros») **1** m. *Capote con capucha usado por los moros. **2** Bata amplia, generalmente de tela de toalla, que se emplea para cubrirse al salir del *baño o mientras dura el aseo personal. ⇒ BATA de baño, SALIDA de baño. **3** **Tela de lana antigua, de hilos muy retorcidos y sin teñir.*

alborocera (de «alborzo»; Ar.) f. *Madroño (árbol ericáceo).*

alboronía (del ár. and. «alburaníyya») f. **Fritada de berenjena, tomate, calabaza y pimiento, todo picado y revuelto.* ≃ Almoronía, moronía.

alboroque (del sup. ár. y rom. and. «alborók», cl. «'arbūn», con el sufijo desp. rom. «-ók») **1** m. *Convite que hacen el comprador o el vendedor a los que intervienen en una venta.* ⇒ Corrobra, juanillo, robla, robra. **2** *Regalo o convite para recompensar por algo.*

alborotadizo, -a adj. Excitable: se aplica a la persona que se alborota, enfada, etc., con facilidad.

alborotado, -a Participio adjetivo de «alborotar[se]». ⊙ Aplicado a personas y cosas, excitado: 'Los ánimos están alborotados'. ⊙ Aplicado a personas, se dice del que obra con excesiva viveza y precipitación. ≃ *Aturdido.

alborotador, -a **1** adj. y n. Se dice del que alborota o es propenso a alborotar. ⇒ Boruquiento, bullanguero, bullicioso, escandaloso, gamberro, vocinglero. **2** Dispuesto a promover disturbios.

alborotar (¿del lat. «volutāre», agitar, con influencia de «alborozar»?) **1** tr. o abs. *Agitar o *excitar. Causar movimiento, *desorden o agitación: 'El viento le alborota los pelos'. ⊙ prnl. Desordenarse, agitarse. **2** tr. Causar excitación: 'Cuando ella pasa alborota a los estudiantes que están a la puerta de la universidad'. ⊙ prnl. Inquietarse, excitarse. ⊙ tr. o abs. Hacer que ↘alguien conciba *deseo de una cosa o *ilusiones vanas. ≃ *Cascabelear. **3** Hacer ruido con gritos, voces, cantos, etc.: 'Los chiquillos no paran de alborotar'.

V. «alborotar el COTARRO».

alboroto **1** («Armar, Levantar, Mover, Promover») m. Ruido producido por gente que grita, se ríe o habla estridentemente. ≃ Algarabía, *bulla, escándalo, greguería, guirigay, jaleo, vocerío. ⊙ Ruido promovido por gente que riñe o discute violentamente. ≃ *Riña. ⊙ Voces, pataleo, etc., de gente que protesta. ≃ *Bronca. ⊙ Alteración del orden público por gente que protesta. ≃ *Disturbio. **2** **Susto o sobresalto.* **3** (Méj.) *Alegría, regocijo.* **4** (Am. C.; pl.) *Palomitas de *maíz, o maicillo con azúcar o miel.*

alborotoso, -a (Hispam.) adj. *Alborotador.*

alborozadamente adv. Con alborozo.

alborozado, -a Participio adjetivo de alborozar[se].

alborozador, -a adj. y n. Que causa alborozo.

alborozar (de «alborozo») tr. Regocijar. Hacer reír ruidosamente a ↘alguien, por tener gracia o por ser ridículo: 'Los payasos alborozan a la chiquillería'. ⊙ prnl. Divertirse ruidosamente.

alborozo (del ár. and. «alburúz») m. Demostración muy ruidosa u ostensible de *alegría. ≃ *Algazara, regocijo.

alborto o **alborzo** (del lat. «arbūtus») m. **Madroño (arbusto ericáceo).*

albotín (del sup. ár. and. «albúṭm», cl. «buṭm») m. **Terebinto (árbol anacardiáceo).*

alboyo (Gal.) m. **Cobertizo.*

albriciar tr. *Dar una noticia agradable a ↘alguien.*

albricias (del ár. and. «albúšra») **1** f. pl. **Regalo que se da a la persona que trae una buena noticia.* **2** *Regalo que se da con motivo de un suceso feliz.* **3** (Méj.) *Agujeros dejados en la parte superior del molde de *fundición para que salga el aire al entrar en él el metal.*

¡ALBRICIAS! Exclamación de júbilo por un suceso feliz. Se usa poco y, generalmente, en tono irónicamente solemne.

albudeca (del ár. and. «albaṭṭíẖa») f. **Sandía o *melón de mala calidad.* ≃ Badea.

albuérbola f. **Algazara.* ≃ Albórbola.

albufera (del ár. and. «albuḥáyra», cl. «buḥayrah», dim. de «baḥr», mar) f. *Laguna formada en tierras bajas contiguas al mar. Se aplica como nombre propio, por ejemplo a las de Valencia y Mallorca. ⇒ Albohera, albuhera.

albugíneo, -a (del lat. «albūgo, -ĭnis», blancura) **1** adj. *Completamente blanco.* **2** adj. y n. ANAT. *Se aplica a la membrana fibrosa, blanca y brillante que envuelve el *testículo.*

albugo (del lat. «albūgo») **1** m. *Nombre aplicado a ciertas manchas blancas de la *córnea debidas a gránulos de grasa depositados en ella.* **2** Se aplica también a las manchas blancas de las *uñas. ⇒ *Mentira.

albuhera **1** f. **Albufera.* ≃ Albohera. **2** **Balsa o estanque.*

álbum (del lat. «album», a través del fr.; pl. «álbumes») **1** m. Conjunto de hojas encuadernadas, generalmente con pastas decoradas, destinado a coleccionar fotografías, sellos y también autógrafos, composiciones breves, etc. ⇒ Porfolio, portfolio. ➤ *Cuaderno. **2** Carpeta con uno o más *discos fonográficos.

albumen (del lat. «albūmen, -ĭnis», clara de huevo) **1** m. Sustancia que acompaña al *embrión de las semillas y le sirve de alimento en la primera fase de su desarrollo. **2** *Clara del *huevo.*

albúmina (del lat. «albūmen, -ĭnis», clara de huevo) f. BIOQUÍM. Proteína compuesta exclusivamente por cadenas de aminoácidos, soluble en el agua, cuya función es la de actuar como reserva; es el componente principal de la clara de huevo y se encuentra en la sangre, entre otros tejidos.

albuminado, -a adj. Con albúmina. ⊙ Tratado con albúmina.

albuminoide (de «albúmina» y «-oide») m. BIOQUÍM. Nombre que se aplica a las sustancias orgánicas nitrogenadas coloidales que son constituyentes esenciales de la materia viva. ⇒ Proteína. ➤ Caseína, fibrina. ➤ Peptona. ➤ Coagularse.

albuminoideo, -a adj. BIOQUÍM. De carácter de albuminoide.

albuminómetro m. BIOQUÍM. Instrumento para determinar el contenido en albúmina de un líquido orgánico.

albuminoso, -a adj. BIOQUÍM. Se aplica a lo que contiene albúmina.

albuminuria (de «albúmina» y «-uria») f. MED. Presencia de albúmina en la orina.

albur (del ár. and. «albúri», del cl. «būrī», de or. egipcio; *Alburnus alburnus, Alburnus bipunctatus* y otras especies del mismo género) **1** m. Pez teleósteo de río, de carne sabrosa llena de espinas ahorquilladas. **2** (por comparación de las cartas que se sacan con el pez sacado del río) *Las dos primeras cartas que saca el banquero en el juego del *monte.* **3** (usado sólo en las frases que siguen) *Contingencia.

AL ALBUR. Al azar.

CORRER UN [O EL] ALBUR. *Aventurarse en una empresa corriendo un riesgo.

albura (del lat. «albūra») **1** (lit.) f. Blancura. **2** *Clara de huevo.* **3** BOT. *Capa blanda blanquecina situada inmediatamente debajo de la corteza de los troncos de los *árboles o de los tallos leñosos.*

DOBLE ALBURA. Defecto de la *madera debido a que alguna de las capas del crecimiento anual es más floja.

alburente (de «albura») adj. *Se aplica a la *madera fofa y mala.*

albures (de «albur[2]») m. pl. *Parar (juego de baraja).*

alburno (del lat. «alburnum») **1** m. BOT. *Albura de las plantas.* ≃ Alborno. **2** (varias especies del género *Alburnus)* Pez teleósteo de río.

alca (del sueco «alka»; *Alca torda)* f. *Ave marina parecida al pájaro bobo, de cabeza y dorso negros y vientre blanco, que vive en zonas próximas al océano Glacial Ártico.

alcabala[1] (del ár. and. «alqabála») **1** f. Antiguo tributo impuesto sobre las compraventas. **2** (Col., Ven.) *Puesto de *policía situado a la salida de las ciudades y en las carreteras.*

ALCABALA DEL VIENTO. *Tributo que pagaba el forastero por los géneros que vendía.*

alcabala[2] (¿del ár. and. «ḥabála», red de pescar, con influencia de «alcabala[1]»?; ant.) f. *Jábega (red de pesca).*

alcabalero m. *Recaudador de las alcabalas.

alcabor (del ár. and. «alqabú»; Mur.) m. *Hueco de la campana del *horno o de la *chimenea.*

alcabota (¿del sup. ár. y rom. and. «alqabbúṭa», de un derivado rom. del lat. «caput»?; And.) f. *Escoba de cabezuela.*

alcabtea (del ár. and. «alqabṭíyya», cl. «qubṭiyyah» o «qibṭiyyah», y éste del gr. «aigýptios», a través del copto; ant.) f. *Cierta *tela fina de lino.*

alcabuz (ant.) m. *Arcabuz.*

alcacel (del ár. and. «alqaṣíl») m. *Alcacer.*

alcaceña adj. V. «TABLA alcaceña».

alcacer (de «alcacel») m. *Cebada todavía verde. ≃ Alcacel.

alcacería (ant.) f. *Alcaicería.*

alcachofa (del ár. and. «alḫaršúfa») **1** *(Cynara scolymus* y *Cynara cardunculus)* f. *Planta compuesta, de huerta, de hojas anchas algo espinosas, con una cabezuela en forma de piña, formada por brácteas carnosas que son tiernas y comestibles antes de desarrollarse la flor; esta cabezuela también se llama alcachofa. ⊙ El nombre se emplea a veces para designar o describir una pieza u objeto de esa *forma. ⇒ Alcaci, alcacil, alcarchofa, alcarcil, alcaucí, alcaucil, arcacil. ➤ Escamochar. **2** Pieza redondeada y con orificios que se pone en el extremo sumergido de los *tubos que sirven para elevar agua. **3** Pieza semejante que *dispersa el agua en las regaderas, las duchas, etc.

alcachofera f. Planta de la alcachofa.

alcací o **alcacil** (de «alcaucil») m. *(Cynara cardunculus)* **Alcachofa silvestre.* ⊙ *En algunos sitios, alcachofa.*

alcadafe (del ár. and. «alqadáḥ», vaso) m. **Barreño que ponen los vinateros debajo de la espita de las cubas para recoger lo que escurre al sacar *vino.*

alcaduz (del ár. and. «alqadús», cl. «qādūs», y éste del gr. «kádos»; ant.) m. *Arcaduz.*

alcaecería (ant.) f. *Alcaicería.*

alcafar (del ár. and. «alkafál», grupa; ant.) m. *Cubierta, jaez o adorno del caballo.* ⇒ *Guarnición.

alcahaz (del ár. and. «alqafáṣ», cl. «qafaṣ», y éste del lat. «capsa», a través del arameo) m. **Jaula grande para aves.*

alcahazada (ant.) f. *Conjunto de aves encerradas en un alcahaz.*

alcahazar (ant.) tr. *Enjaular.*

alcahotar (ant.) tr. *Alcahuetear.*

alcahuete, -a (del ár. and. «alqawwád») **1** n. Mediador en relaciones amorosas irregulares o encubridor de ellas. ≃ Tercero. **2** (inf.) *Encubridor de cualquier maquinación. **3** (inf.) Persona que va enterándose de las intimidades ajenas y va contando las de unos a otros. ≃ Chismoso. **4** m. **Telón que se emplea en el teatro en vez del de boca cuando el entreacto va a ser muy corto, o por otra razón.*

□ CATÁLOGO

Burladero, celestina, cobejera, cobertera, cohen, comadre, corredera, echacuervos, encandiladera, encandiladora, encubridor, enflautador, lena, lenón, madama, madrina, proxeneta, tercero, trotaconventos, zurcidor. ➤ Alcahuetería, lenocinio, tercería, trata. ➤ Alcahotar, alcahuetear, echacorvear, encubrir, enflautar, zurcir VOLUNTADES. ➤ Emplumar. ➤ *Prostitución. *Rufián. *Sexo.

alcahuetear **1** intr. Hacer papel de alcahuete (tercero). **2** (inf.) Ir contando las cosas de unas personas a otras. ≃ *Chismorrear.

alcahuetería **1** f. Actividad de alcahuete. ≃ Tercería. **2** (Ar.) **Chisme (cuento).* **3** (inf.) *Encubrimiento de los actos reprobables de alguien.* **4** (inf.) *Medio hábil con que se induce a alguien a hacer una cosa reprobable.*

alcaicería (del ár. and. «alqaysaríyya», del gr. «kaisáreia», y éste del lat. «Caesărēa») **1** f. *En el reino de Granada, aduana donde los cosecheros de *seda la presentaban para pagar los derechos establecidos.* ≃ Alcacería, alcaecería. **2** *Antiguamente, sitio con tiendas donde se vendía seda cruda y otras mercaderías.*

alcaico (del lat. «alcaĭcus», y éste del gr. «alkaikós», de Alceo, poeta griego) adj. y n. m. V. «VERSO alcaico».

alcaide (del ár. and. «alqáyid») **1** m. Hombre que tenía a su cargo la guardia de una fortaleza. ⇒ Acayaz. ➤ Subalcaide. **2** Encargado de una *prisión. **3** *Encargado del gobierno de una alhóndiga o establecimiento semejante.*

ALCAIDE DE LOS DONCELES. *Capitán o instructor del cuerpo de donceles.*

alcaidesa f. Mujer del alcaide.

alcaidía **1** f. *Cargo, despacho, etc., del alcaide.* ⊙ *Territorio de su jurisdicción.* **2** *Derechos que se pagaban en algunas alcaidías por el paso de ganados.*

alcairía (Sal.) f. *Alquería.*

alcala (del ár. and. «alkálla»; Ar.) f. *Cortinaje de *cama o *mosquitera.*

alcaladino, -a (ant.) adj. y n. *Alcalaíno.*

alcalaíno, -a adj. y, aplicado a personas, también n. De alguna de las localidades españolas denominadas «Alcalá».

alcaldada f. Acto inconsiderado realizado por un alcalde abusando de su autoridad. ≃ *Atropello. ⊙ Por extensión, cualquier acto realizado por una persona con autoridad, con desconsideración para la opinión, intereses, etc. de las personas afectadas por él.

alcalde, -esa (del ár. and. «alqáḍi») **1** n. Presidente del *ayuntamiento y primera autoridad gubernativa en un municipio. ⇒ Alcall, almocadén, burgomaestre, corregidor, monterilla. ⊙ f. Mujer del alcalde. **2** *ALCALDESA de Zamarramala.* **3** m. *Juez ordinario de un pueblo, que, a la vez, era alcalde.* **4** *En algunas danzas, bailarín principal, que la guía.* **5** *Cierto juego de cartas entre seis personas.* ⊙ *Otro juego de cartas, jugado entre tres personas.* **6** *En el tresillo y otros juegos de cartas, jugador que da las cartas y no juega.*

ALCALDE DE BARRIO. En las poblaciones importantes, persona que ejerce en un barrio ciertas funciones que delega en él el alcalde.
A. DE CASA Y CORTE [O DE CORTE]. *Juez de los que constituían la quinta sala del Consejo de Castilla.*
A . DE LA MESTA. *Juez del Concejo de la Mesta.*
A. DE MONTERILLA. *Alcalde rústico, de un lugar pequeño.*
A. PEDÁNEO. **1** Alcalde de un ayuntamiento agregado a otro. **2** *Antiguamente, alcalde juez de una aldea, que entendía sólo en asuntos de poca importancia y en castigar faltas leves, y que auxiliaba en las cosas más graves al juez letrado.*
ALCALDESA DE ZAMARRAMALA. *Mujer nombrada para presidir las fiestas de Santa Águeda, en Segovia.*
V. «tener el PADRE alcalde, TENIENTE de alcalde».

alcaldía f. Dignidad de alcalde. ⊙ Edificio o local donde tiene su despacho o ejerce sus funciones. ⇒ *Ayuntamiento.

alcalescencia **1** f. QUÍM. Fenómeno de volverse alcalino un líquido. **2** QUÍM. *Estado de las sustancias orgánicas en que desprenden amoniaco.*

álcali (del sup. ár. and. «alqalí», cl. «qily», sosa, a través del b. lat.) m. QUÍM. En sentido amplio, base química. ⊙ QUÍM. En sentido restringido, sustancia, particularmente la *cal, la potasa o la *sosa, que, disuelta en agua, da una solución alcalina. ⇒ Cali.

alcalifa (ant.) m. *Califa.*

alcalifaje (ant.) m. *Califato.*

alcalimetría f. QUÍM. *Método de análisis para determinar la cantidad de álcali que contiene una sustancia.*

alcalímetro m. QUÍM. *Aparato para medir la cantidad de álcali de los carbonatos de sosa y de potasa.*

alcalinidad f. QUÍM. Cualidad de alcalino.

alcalinización f. QUÍM. Acción de alcalinizar.

alcalinizar tr. QUÍM. Dar carácter alcalino.

alcalino, -a adj. QUÍM. Se aplica a las sustancias que tienen las propiedades de los álcalis, o sea que contrarrestan a los ácidos: 'Aguas alcalinas'. ⊙ adj. y n. m. QUÍM. Particularmente, a un grupo de metales del sistema periódico formado por el litio, sodio, potasio, rubidio, cesio y francio.

alcalinotérreo, -a adj. y n. m. QUÍM. Se aplica al grupo de elementos metálicos del sistema periódico formado por el berilio, magnesio, calcio, estroncio, bario y radio.

alcalización f. QUÍM. *Alcalinización.*

alcalizar tr. QUÍM. *Alcalinizar.*

alcall (ant.) m. *Alcalde.*

alcaller (del ár. and. «alqallál») **1** m. *Alfarero.* **2** *Alfar.*

alcallería (de «alcaller») f. *Conjunto de vasijas de barro.*

alcallía (ant.) f. *Alcaldía.*

alcaloide (de «álcali» y «-oide») m. QUÍM. Nombre que se da a unas sustancias alcalinas extraídas de ciertos vegetales, algunas de las cuales se emplean en medicina y también como estupefaciente.

□ CATÁLOGO

Dormitivo, droga, estupefaciente, hipnótico, *narcótico, somnífero, soporífero. ➤ Afrodisiaco, analgésico, anestésico, calmante, sedante, sedativo, tranquilizante. ➤ Atropina, ayahuasca, beleño, belladona, boldina, cafeína, carapucho, cinconina, cocaína, codeína, curarina, daturina, digitalina, ditaína, ergotina, esparteína, estramonio, estricnina, guayacol, hachís, heroína, mariguana, morfina, muscarina, narceína, narcotina, nicotina, opio, pilocarpina, quinina, tebaína, teína, teobromina, teofilina, tiroidina, yohimbina. ➤ Alcalometría.

alcaloideo, -a (de «álcali» y «-oideo») adj. QUÍM. *Se aplica a los cuerpos orgánicos que pueden combinarse con los ácidos para formar sales.*

alcalometría f. QUÍM. *Análisis que permite determinar el contenido en *alcaloides de una solución.*

alcalosis f. MED. *Alcalinidad excesiva de la *sangre, que ocurre en distintas enfermedades.*

alcamar (del aimara «alcamari»; *Calhartes burrovianus)* m. **Ave rapaz del Perú.*

alcamiz (voz fantasma por «atamiz», del ár. and. «attamyíz», revista de soldados; ant.) m. **Alarde (lista de los nombres de los soldados).*

alcamonías (del ár. and. «kammuníyya», cl. «kammūniyyah», electuario de cominos, y éste del gr. «kýminon», a través del arameo) **1** f. pl. *Nombre genérico aplicado a todas las semillas que se emplean como *condimento; como anises, alcaravea o cominos.* **2** (ant.; inf.) **Chismes.* ≃ Alcahueterías.

alcana (del ár. and. «alhínna», cl. «ḥinnā'», a través del lat. cient.) f. **Alheña (arbusto oleáceo).*

alcaná (¿del ár. and. «alqaná»?) f. *Antiguamente, calle o sitio en donde estaban las *tiendas de los mercaderes.*

alcance **1** m. *Distancia mayor o menor que alcanza la acción, eficacia o influencia de cierta cosa: 'El alcance de un telescopio, de un *arma de fuego, de una emisora de radio'. ⇒ Echadura, tiro. **2** *Correo enviado para alcanzar a otro que ha salido antes. ⊙ En los *periódicos, noticia o sección de noticias recibidas a última hora. **3** *Alcanzadura (herida que se hace una *caballería).* **4** *Importancia, trascendencia o valor de algo que se dice o hace, o sucede: 'La noticia no tiene el alcance que creímos al principio. El alcance de la reforma dependerá del dinero de que dispongamos. No sé qué alcance debo dar a tus palabras'. **5** Cantidad de que alguien resulta deudor, o que le falta en una *cuenta, o sale perdiendo en un *negocio. ≃ *Déficit. **6** MIL. *Cantidad que resultaba a favor del *soldado al ajustarle las cuentas.* **7** (pl.) *Inteligencia. Se usa sólo en frases de sentido negativo: 'Es persona de pocos [o no muchos] alcances'. **8** AGRÁF. *Parte del original que se da a cada cajista.*
AL ALCANCE DE [O A MI, TU, etc., ALCANCE] («Estar, Poner, Tener», etc.). En situación o de manera que puede ser alcanzado, material o no materialmente, por la persona o cosa que se expresa: 'Al alcance de la vista [de la voz, de nuestra inteligencia, de su voluntad]'.
AL ALCANCE DE LA MANO. Además del significado que le corresponde por el modismo anterior, significa «muy cerca» o «muy fácilmente asequible», en sentido espacial o no espacial.
DAR ALCANCE a alguien. Alcanzarle.
IRLE a alguien A LOS ALCANCES [O IR A LOS ALCANCES de alguien]. Seguirle de cerca; estar a punto de alcanzarle.

alcancía (del sup. ár. and. «alkanzíyya», cl. «kanz», tesoro) **1** f. *Hucha: recipiente, generalmente de barro, con una ranura por la que se introducen, para guardarlas, monedas, que, una vez introducidas, no pueden sacarse fácilmente. **2** Bola hueca de barro que se lanzaban unos a otros los jinetes en el juego llamado «correr alcancías». **3** Olla llena de alquitrán u otra materia inflamable, que se usaba como *arma arrojadiza lanzándola encendida contra el enemigo.
CORRER [O JUGAR] ALCANCÍAS. *Jugar los caballeros al juego que consistía en lanzárselas unos a otros y detenerlas con los escudos en los que se rompían.

alcándara (del ár. and. «alkándara») **1** f. CETR. Percha donde se ponían las aves de *cetrería. ⇒ Alcándora, cetro, palo, percha. **2** **Percha de colgar la ropa.*

V. «VARA alcándara».

alcandía o **alcandiga** (del ár. and. «qaṭníyya») f. **Sorgo (planta gramínea).*

alcandor (¿del lat. «candor», blancura, a través del mozár.?) m. *Cierto afeite usado por las mujeres.*

alcandora (del ár. and. «alqandúra»; ant.) f. *Prenda de *vestir semejante a la *camisa.*

alcándora (ant.) f. **Alcándara: percha de ave.*

alcanería (del ár. and. «alqannaríyya», del gr. «kinára», a través del sup. b. lat. «cannaria»; ant.) f. *Especie de alcachofa.*

alcanfor (del ár. and. «alkafúr», cl. «kāfūr», de or. sánscrito) **1** Sustancia sólida, blanca, cristalina, de olor muy fuerte y característico, que se extrae del alcanforero. Se emplea en la fabricación del celuloide, de las pólvoras sin humo y tiene aplicaciones en medicina y farmacia. También se usa mucho en las casas para preservar la ropa de la polilla. ⇒ Canfor, canfora. **2** Alcanforero.

alcanforado, -a **1** Participio adjetivo de «alcanforar». ⊙ Aplicado particularmente a «alcohol». **2** *(Camphorosma monspeliaca* y otras especies del mismo género) f. Planta quenopodiácea cuyas hojas tienen olor de alcanfor. ≃ Rebollo.

alcanforar tr. Añadir alcanfor a alguna ↘cosa.

alcanforero *(Cinnamomum camphora)* m. Árbol lauráceo de Oriente, de cuyas ramas y raíces se extrae el alcanfor.

alcántara (del ár. and. «alqánṭara», puente) f. *En los telares antiguos de *terciopelo, arca que, con la tapa entreabierta, se colocaba sobre las cárcolas para ir guardando la tela tejida.*

Alcántara V. «CRUZ de Alcántara».

alcantarilla (dim. de «alcántara») **1** f. Paso dejado transversalmente por debajo de los *caminos o *carreteras para que pueda pasar de un lado al otro el agua de algún pequeño barranco o de la lluvia. ⇒ Tajea. **2** *Canal de los que llevan subterráneamente las aguas residuales de las poblaciones. ⇒ Cloaca. ➤ Madre, madrona. ➤ Banqueta. ➤ *Albañal. **3** Cada uno de los huecos, situados a los lados de las calles junto al borde de las aceras, por donde se sumen las aguas de lluvia que van a las cloacas. ≃ Sumidero, BOCA de alcantarilla.

V. «RATA de alcantarilla».

alcantarillado, -a **1** Participio adjetivo de «alcantarillar». **2** m. Sistema de alcantarillas de una ciudad.

alcantarillar tr. Construir alcantarillas en un ↘sitio.

alcanzable adj. *Asequible: susceptible de ser alcanzado o conseguido. ⇒ Inalcanzable. ➤ *Posible.

alcanzado, -a **1** Participio adjetivo de «alcanzar»: 'Los resultados alcanzados hasta ahora'. **2** («Quedar, Resultar, Salir») Se aplica a la persona que resulta con una *deuda o una pérdida después de un *negocio, una operación financiera o una *cuenta: 'No sólo no he ganado nada, sino que aún he salido alcanzado'. ⊙ («Ir») O a la que anda mal de *dinero o tiene más necesidades o deudas de las que puede satisfacer con el dinero que tiene: 'Voy muy alcanzado esta temporada'. Puede llevar un complemento con «de»: 'Alcanzado de recursos'. ⇒ *Empeñado, *retrasado, mal de *DINERO.

alcanzadura (de «alcanzar») f. VET. *Contusión causada en las manos o patas de una *caballería por sus propias patas, por las de otro animal que va detrás, por el arado, etc.*

alcanzar (del sup. lat. «incalciare», con cambio de prefijo) **1** tr. Llegar al punto en que está ↘algo o alguien que va delante en una marcha o progreso hacia cierta cosa: 'Apresuré el paso para alcanzarle. He empezado después que tú y te he alcanzado. El niño ha alcanzado a los más adelantados de la clase'. ⇒ Adelantar[se], dar ALCANCE, dejar ATRÁS, aventajar, coger la DELANTERA, pasar, PASAR delante. ⊙ («a», «hasta») tr. o abs. *Llegar a cierto ↘punto en cualquier cosa: 'Alcanzaron las fuentes del Nilo. Alcanzar la meta [o el blanco]. El termómetro alcanzó ayer los 10º bajo cero'. ⊙ Tener, por ejemplo un *arma, capacidad para llegar a cierto sitio. ⊙ («a») Poder tocar o coger cierta cosa a la distancia o altura a que está: 'El niño no alcanza al timbre'. ≃ *Llegar. ⊙ tr. Llegar a *coger ↘algo que se *persigue: '¡A que no me alcanzas!'. ≃ Coger, pillar. ⇒ *Apresar. ➤ ¡Échale un GALGO! ⊙ Coger ↘algo que está alto: 'Un palo para alcanzar las cajas altas'. ⇒ Agalla, guizque. **2** Coger ↘algo que está a cierta distancia, particularmente para *darlo a otra persona: 'Alcánzame esa botella del estante alto'. ⇒ *Alargar. **3** («en») *Tener en cierta *cosa más que ↘otro:* 'Te alcanzo en edad'. ≃ *Aventajar. **4** («con, a fuerza de») Llegar a tener ↘algo que se desea, o deseable: 'Ha alcanzado la recompensa que merece a fuerza de trabajo'. ≃ *Conseguir. **5** (sin prep. o con «a, hasta») intr. *Llegar una cosa con su acción o llegar el efecto de una cosa a cierto sitio: 'Un cañón que alcanza 20 Km. Alcanza con el disco a 50 m. El sonido de la sirena alcanza a 10 Km. Hasta donde alcanza la vista'. ⊙ Llegar una suma, el precio de algo, etc., a la cantidad que se expresa. ≃ Ascender, *elevarse. **6** tr. Haber nacido a tiempo o vivir bastante tiempo para llegar a coexistir con cierto ↘suceso o cierta persona: 'Mi abuelo alcanzó a Napoleón [o la guerra de la Independencia]'. ⇒ *Coetáneo. ⊙ Llegar a un sitio antes que se vaya o acabe cierta ↘persona o cierta cosa: 'Voy a ver si le alcanzo antes de que salga de casa. No sé si alcanzaré el autobús de las nueve'. ≃ Coger, pillar. **7** («a, para») intr. Haber *bastante para todos en un reparto o haber bastante para repartir a cada uno el número de cosas que se expresa: 'Estos caramelos no alcanzan para todos los niños del colegio. Las naranjas alcanzan a dos por cabeza [o para cada uno]'. ≃ Bastar, llegar, ser suficiente. ⊙ Ser bastante una cosa para cierto servicio: 'Esta cuerda alcanza para atar el paquete'. En lenguaje informal se usa frecuentemente con un complemento de persona: 'El sueldo no me alcanza para tanto'. ≃ Bastar, llegar, ser suficiente. ⊙ («a») Tener eficacia una cosa para algo que se expresa: 'Los médicos no alcanzaron a sanarle'. ⊙ («a») Poder *atender alguien a todo lo que tiene que hacer, o a cierta cosa además de lo que hace: 'Una muchacha no alcanza a todo el trabajo de la casa. Ella alcanza a despachar la correspondencia de los tres jefes. Yo no puedo alcanzar a más'. ≃ Llegar, dar ABASTO. **8** Con «a» y un verbo de percepción, «*poder» hacer lo que ese verbo expresa: 'No alcanzo a comprender qué te propones. Desde aquí se alcanza a ver El Escorial'. ⊙ tr. Cuando el verbo principal es «*comprender», puede suprimirse, y «alcanzar» toma entonces el significado de «comprender»: 'No alcanzo el móvil que te impulsa'. ⇒ Alcanzarse. ⊙ (en forma pronominal pasiva, con un pronombre como complemento indirecto) Estar al alcance; ser comprensible una cosa para alguien determinado: 'No se me alcanza qué persigue con todas esas idas y venidas'. **9** (reflex.) *Producirse alcanzaduras las caballerías.*

ALCANZAR A VER. Llegar con la vista o la inteligencia a percibir cierta cosa.

V. «alcanzar la PALMA».

alcaparra (del ár. and. «alkapárra», del gr. «kápparis», a través del lat. «cappăris»; *Capparis spinosa)* f. Planta caparácea que produce unas inflorescencias semejantes a pequeños higos, que se emplean, cogidas todavía en botón, como *condimento; y ya convertidas en infrutescencia, para ponerlas en vinagre como *encurtido. ≃ Caparra, tápana, tápara, tápena.

ALCAPARRA DE INDIAS. *Capuchina (planta tropeolácea).

alcaparrera f. Alcaparra (planta).

alcaparro m. *Alcaparra.*

alcaparrón 1 m. Fruto de la alcaparra parecido a un higo pequeño, que se come encurtido. ≃ Taparote. **2** (ant.) m. *Cierto género de guarnición de espada.*

alcaparrosa f. *Caparrosa.*

alcaracache (Ál.) m. **Escaramujo.*

alcaraván (del ár. and. «alkarawán», cl. «karawān», de or. persa; *Burhinus oedicnemus)* m. *Ave caradriforme esteparia de plumaje pardo rayado de blanco. ≃ Árdea, dorniel.

alcaravea (del ár. and. «alkarawíyya», y éste del gr. «karṓ», a través del arameo; *Carum carvi)* f. *Planta umbelífera, cuyas semillas, llamadas «carvi», tienen propiedades carminativas y estomacales, y se emplean como condimento.

alcarceña (del ár. and. «alkarsánna») f. **Yero (planta leguminosa).*

alcarchofa (del ár. and. «alharšúfa»; ant.) f. **Alcachofa.*

alcarcil (ant.) m. **Alcachofa.*

alcaría (ant.) f. *Alquería.*

alcarracero (de «alcarraza») n. *Alfarero.*

alcarraza (del ár. and. «alkarráza») f. *Cántaro, *botijo o cualquier vasija de barro para tener fresca el agua. ≃ Albarrada, múcura, rallo, talla.

alcarreño, -a adj. y, aplicado a personas, también n. De la Alcarria, región de Guadalajara.

alcarria (¿de or. prerromano?) f. *Terreno alto y generalmente raso y con poca hierba.*

alcartaz (del ár. and. «alqarṭás» o «alqirṭás», cl. «qirṭās», del siriaco «qarṭīsa», y éste del gr. «chártēs») **1** m. *Cucurucho.* ≃ Alcatraz. **2** **Aro (planta arácea).* ≃ Alcatraz.

alcatara (del ár. and. «alqaṭṭára», nombre de oficio e instrumento formado sobre la raíz «qṭr», destilar; ant.) f. *Alquitara.*

alcatenes (del ár. and. «alkattán», lino) m. *Cierta sustancia que, mezclada con aceche, se empleaba para curar las llagas de los perros y aves de *cetrería.*

alcatifa (del ár. and. «alqaṭífa») **1** (ant.) f. *Tapete o *alfombra fina.* ≃ Alquetifa, alquitifa, catifa. **2** CONSTR. *Broza o cascote que se emplea como *relleno para allanar antes de pavimentar o tejar.* ≃ Alquetifa, alquitifa, catifa.

alcatifar (de «alcatifa»; ant.) tr. *Alfombrar.*

alcatraz¹ 1 m. **Cucurucho.* ≃ Alcartaz. **2** **Aro (planta arácea).*

alcatraz² (¿del sup. ár. and. «qaṭrás», el que anda afectadamente?; *Sula bassana,* del Atlántico, *Sula sula,* del Pacífico, *Sula serrator,* de Australia, *Sula variegata* del Perú) m. *Ave marina de gran tamaño, de plumaje predominantemente blanco, pico largo y alas puntiagudas.

alcaucí o **alcaucil** (del ár. and. «alqabsíla», de un sup. dim. rom. and. del lat. hispánico «capitia») m. **Alcachofa.*

alcaudón (del sup. ár. y rom. and. «alqabṭún») m. Nombre aplicado a varias especies de pájaros carnívoros del género *Lanius,* que se usaron como *aves de *cetrería. ≃ Caudón, desollador, PEGA reborda, picagrega, PICAZA chillona [o manchada], verdugo.

alcavela o **alcavera** (del ár. and. «alqabíla») **1** (ant.) f. *Casta, familia o tribu.* **2** (ant.) *Manada o cuadrilla.*

alcayata (del sup. ár. y rom. and. «alkayáṭa», del lat. «căia») f. *Clavo doblado en ángulo recto por el extremo opuesto a la punta, de modo que las cosas colgadas no pueden salirse. ≃ *Escarpia.

alcayatar tr. CARP. *Poner en los marcos de las ˃puertas las alcayatas de que se colgaban éstas.*

alcazaba (del ár. and. «alqaṣába») f. Recinto fortificado dentro de una población amurallada, para refugio de la guarnición.

alcázar (del ár. and. «alqáṣr», cl. «qaṣr», y éste del lat. «castra», a través del bajo gr. «kástra») **1** m. Recinto fortificado. ≃ Castillo, ciudadela, fortaleza. **2** Residencia de un rey o soberano de un país. ≃ Palacio. **3** MAR. Espacio que media en la cubierta superior de los *barcos entre el palo mayor y la popa o la toldilla, donde está el puente de mando. ⇒ Tolda.

alcazuz (del ár. and. «'írq assús») m. **Orozuz (planta leguminosa).*

alce¹ (del lat. «alce»; *Alces alces)* m. Mamífero cérvido muy corpulento, con astas en forma de pala. ≃ Anta, ante, danta, dante.

alce² m. Acción de *alzar. ⊙ AGRÁF. *Acción de alzar los pliegos.* ⊙ *En los juegos de cartas, porción de ellas que se levanta al alzar.* ⊙ (Cuba) *Operación de recoger la caña de *azúcar después de cortada.*

alcea (del lat. «alcĕa», del gr. «alkéa») f. Malvavisco silvestre. ≃ *Altea.

alcedo m. *Arcedo: terreno poblado de arces.*

alchub (del ár. and. «alǧúbb»; Ar.) m. *Aljibe.*

alción (del gr. «alkyṓn», de «háls», mar, y «kýo», concebir) **1** m. *MARTÍN pescador. **2** *(Alcyonium palmatum)* Cnidario antozoo alcionario de polipero carnoso, de forma digitada; tienen aspecto de pequeñas flores blancas de ocho pétalos y están fijos por un pedúnculo.

alcionario adj. y n. m. ZOOL. *Se aplica a los animales cnidarios antozoos de ocho tentáculos, de la subclase a la que pertenecen el coral y la gorgonia.* ≃ Octocoralario. ⊙ m. pl. ZOOL. *Esa subclase.*

alcionio (del gr. «alkyóneion») m. *Colonia de alciones u otros antozoos semejantes.*

alcionito m. *Alcionio *fósil.*

alcista 1 adj. De [o del] alza de los valores de bolsa. **2** n. Persona que juega con los valores de bolsa, esperando el alza. ⇒ *Agio. *Negocio.

alcoba (del ár. and. «alqúbba») **1** f. Habitación destinada a dormir. ≃ Dormitorio. ⇒ Alhanía, cubículo. ➤ *Habitación. **2** (Méj.) **Tertulia que tenían los virreyes en su palacio.* **3** *Pieza de la *balanza o de la *romana en que entra el fiel cuando está equilibrada.* ≃ *Caja. **4** *Antiguamente, lugar donde estaba el *peso público.* **5** **Jábega (red de pescar).*

V. «SECRETO de alcoba».

alcobilla (dim. de «alcoba») **1** f. *Caja de la romana o la balanza.* ≃ Alcoba. **2** (Ar.) *Chimenea de calentar una habitación.*

alcocarra (relac. con «coco¹», ¿a través del mozár.?) f. *Mueca o *gesto.*

alcofol (ant.) m. *Alcohol.*

alcofolar (ant.) tr. *Alcoholar.*

alcohela (del ár. and. «alkuḥáyla»; ant.) f. **Escarola (planta compuesta).*

alcohol (del ár. and. «kuḥúl»; pronunc. [alcól]) **1** m. *Galena.* **2** Polvillo negro que se hacía al principio con antimonio o con galena y después con negro de humo perfumado, empleado por las mujeres para ennegrecerse el borde de los párpados. ⇒ *Cosmético. **3** Líquido incoloro, inflamable, que procede de la fermentación de distintas sustancias azucaradas; corrientemente se aplica el nombre al que procede de la destilación del vino, que se emplea como *combustible, desinfectante, etc. ⇒ Alcofol, cohol. **4** Bebida alcohólica con mucho contenido de alcohol; como el coñac o los licores; es nombre colectivo de género, partitivo: 'Bebe mucho alcohol'. **5** QUÍM. Compuesto orgánico formado por uno o varios radicales hidroxilos.

ALCOHOL ABSOLUTO. El exento de agua, que es muy higroscópico.

A. DESNATURALIZADO. El no apto para bebida, según lo legislado, por contener sustancias nocivas.

A. ETÍLICO. QUÍM. El llamado corrientemente alcohol, procedente de la fermentación de sustancias azucaradas o feculentas. ≃ ESPÍRITU de vino.

A. METÍLICO. QUÍM. Alcohol obtenido de la destilación de la madera. ≃ Carbinol, metanol.

alcoholado, -a (de «alcoholar[1]») adj. *Se aplica a los *animales que tienen una mancha oscura alrededor de los ojos.*

alcoholar[1] **1** (ant.) tr. *Ennegrecer con alcohol las ↘cejas o los bordes de los párpados.* **2** MAR. *Embrear ↘lo calafateado.* **3** (ant.) FARM. *Reducir una ↘sustancia a polvo finísimo.* **4** *Convertir en alcohol una ↘sustancia.* **5** *Lavar los ↘ojos con alcohol u otro colirio.*

alcoholar[2] (del ár. and. «kuḥúl») intr. *En los antiguos ejercicios de cañas y alcancías, pasar galopando la cuadrilla que ha atacado y exhibirse delante de los contrarios.*

alcoholato m. QUÍM. Nombre dado a varias sustancias empleadas en medicina, especificadas por el nombre de la materia aromática que entra en ellas, que se obtienen destilando alcohol con distintas sustancias aromáticas animales o vegetales.

alcoholemia (de «alcohol» y «-emia») f. MED. Presencia de alcohol en la sangre: 'Índice de alcoholemia'.

alcoholero, -a **1** adj. Del alcohol. **2** f. *Vasija para contener alcohol.* **3** Fábrica de alcohol; se emplea particularmente como nombre propio: 'La Alcoholera Española'.

alcohólico, -a **1** adj. Se aplica a lo que contiene alcohol. ⇒ BEBIDA alcohólica. **2** adj. y n. Se aplica al que bebe demasiado alcohol. ⊙ adj. Producido por el abuso del alcohol.

alcoholimetría f. QUÍM. Análisis químico que determina la cantidad de alcohol presente en un líquido. ≃ Alcohometría.

alcoholímetro m. QUÍM. Aparato para medir la cantidad de alcohol contenida en un líquido; particularmente, en el *vino. ≃ Alcohómetro.

alcoholismo **1** m. Abuso de las bebidas alcohólicas. **2** Estado producido por ese abuso.

alcoholización f. Acción y efecto de alcoholizar[se].

alcoholizado, -a Participio adjetivo de alcoholizar[se]. ⊙ Enfermo por abuso de bebidas alcohólicas.

alcoholizar tr. y prnl. Intoxicar[se] con alcohol.

alcohometría f. QUÍM. Alcoholimetría

alcohómetro m. QUÍM. Alcoholímetro.

alcolea f. **Castillo.*

alcolla (del ár. and. «alqúlla») f. *Ampolla (especie de *garrafa) grande.*

alcomenías (ant.) f. pl. *Alcamonías (semillas).*

alconcilla (del lat. «conchylĭa», conchitas, porque en ellas se ponía este afeite, a través del mozár.) f. *Afeite de color rojo.* ≃ Arrebol, brasil.

alcor (del ár. y rom. and. «alqúll», del lat. «collis», colina) m. *Monte pequeño.

alcora (del ár. and. «alkúra»; ant.) f. ASTRON. *Globo o esfera.*

alcorce **1** (Ar.) m. *Acción y efecto de alcorzar.* **2** (Ar.) *Atajo.*

alcorcí (del ár. and. «alkursí») m. *Cierto joyel o *joya pequeña.*

alcornocal m. Terreno poblado de alcornoques.

alcornoque (del sup. rom. and. «alqurnúq», del b. lat. «quernus», con el sufijo desp. «-ók») **1** *(Quercus suber)* m. Árbol fagáceo cuya corteza es el corcho. ≃ Tornadizo. ⇒ Machero, sobrero. ➤ Machera, sobral. ➤ Cascarón, encina, roble. ➤ Mesto. ➤ Bornizo. ➤ Desbornizar, descorchar. ➤ Descasque. ➤ Candela, candelilla, corcha, corcho, súber, zuro. ➤ Culebra. ➤ *Corcho. **2** (n. calif.) Se aplica a la persona que tiene muy poca inteligencia. ⇒ *Torpe.

V. «PEDAZO de alcornoque».

alcornoqueño, -a adj. De [o del] alcornoque.

alcorque (del ár. and. «alqúrq», del gr. «kórdax», a través del arameo) **1** m. *Cierto *calzado para el agua, con suela de corcho.* ⇒ *Zueco. **2** *Hoyo hecho alrededor de los árboles para recoger el agua de lluvia o retener la de riego. ≃ Cavia, pileta, socava.

alcorza (del ár. and. «alqúrṣa») f. *Pasta muy blanca hecha de azúcar y almidón con que se hacen dulces o se recubren.* ⊙ *Dulce recubierto con ella.*

alcorzado, -a (de «alcorzar[1]») adj. **Empalagoso por excesivamente amable.*

alcorzar[1] (de «alcorza»; ant.) tr. **Acicalar.*

alcorzar[2] (del sup. rom. and. «alkorsár», del lat. «curtĭus»; Ar.) tr. *Acortar.* ≃ Acorzar.

alcotán (del ár. and. «alquṭán»; *Falco subbuteo*) m. *Ave rapaz diurna, parecida al halcón. ⇒ Esmerejón.

alcotana (de «alcotán») f. Herramienta de albañil de forma de martillo, con un extremo con corte o, a veces, pico, y el otro en forma de *hacha. ≃ Piocha. ⇒ Petalla.

alcotón (del ár. and. «alquṭún»; ant.) m. **Algodón.*

alcotonía (ant.) f. *Cotonía (*tela).*

alcoyano, -a adj. y, aplicado a personas, también n. De Alcoy, población de la provincia de Alicante.

V. «tener más MORAL que el Alcoyano».

alcrebite (del ár. and. «alkibrít»; ant.) m. **Azufre.* ≃ Acrebite, alcribite.

alcribís (¿del sup. ár. y rom. and. «alqirbís», del gr. «krēpís», zapato?) m. *Tobera.*

alcribite m. **Azufre.* ≃ Alcrebite.

alcroco (del rom. and. «króko»; ant.) m. **Azafrán.* ≃ Croco.

alcubilla (del ár. y rom. and. «alkúba», prob. del lat. «cŏva», excavaciones para riego) f. *Depósito de agua para distribuirla. ≃ ARCA de agua.

alcucero, -a **1** n. *Hombre que hace o vende alcuzas.* **2** adj. *Goloso.*

alcudia f. **Monte pequeño.*

alcuña (del ár. and. «alkúnya») **1** (ant.) f. *Alcurnia.* **2** (ant.) **Sobrenombre.* ≃ Alcuño.

alcuño (ant.) m. **Sobrenombre.* ≃ Alcuña.

alcurnia (del ár. and. «alkúnya»; «De») f. Circunstancia de tener ascendencia noble. ≃ *Abolengo.

DE ALCURNIA. Aristócrata o *noble.

alcuza (del ár. and. «alkúza») **1** f. *Vasija, muy frecuentemente de hojalata y de forma cónica, en donde se tiene el aceite que se está gastando. ≃ Aceitera. ⇒ *Cocina. **2** (Hispam.; pl.) **Vinagreras.*

alcuzcucero m. *Vasija en que se hace el alcuzcuz.*

alcuzcuz (del sup. ár. and. «alkuskús», de la raíz ár. «ksks», desmenuzar) m. *Cuscús (comida de origen árabe).

aldaba (del ár. and. «aḍḍábba») **1** f. Pieza de hierro o bronce que se coloca en las puertas para llamar golpeando con ella. ≃ Aldabón, llamador, picaporte. ⇒ Balda, pomela. **2** Pequeña pieza de madera o de hierro que se sujeta por el centro, de manera que pueda girar, en los marcos de las puertas o ventanas, para sujetarlas cerradas. ≃ Aldabilla. **3** *Pieza, generalmente de hierro, fija en la pared para *atar a ella una caballería.* **4** Dispositivo colocado en las puertas para sujetarlas cerradas, consistente en una pieza alargada colocada en la hoja y un gancho en forma de nariz en el que aquella pieza encaja, colocado en el marco. ≃ Picaporte. **5** (inf.; pl.) Influencias: amigos o protectores influyentes con que alguien cuenta para conseguir cosas por el favor.

aldabada o **aldabazo** f. o m. *Aldabonazo (también en sentido figurado).*

aldabear intr. *Golpear repetidamente con la aldaba.*

aldabeo m. *Acción de aldabear.*

aldabía (de «aldaba») f. *Madero de los dos que, empotrados horizontalmente en dos muros opuestos, sirven para sostener la armadura de un tabique colgado.*

aldabilla (dim. de «aldaba») **1** f. Aldaba pequeña. ≃ Tarabilla. ⇒ Colanilla, trinquete. **2** *Ganchito que, entrando en una hembrilla, sujeta cerrada una puerta, la tapa de una caja, etc.

aldabón (aum. de «aldaba») **1** m. Aldaba grande. **2** **Asa grande, por ejemplo de un cofre.*

aldabonazo **1** m. *Golpe dado con la aldaba. **2** Acontecimiento repentino e impresionante que sirve de *aviso de algo que puede sobrevenir.

aldea (del ár. and. «aḍḍáy'a») f. Pueblo muy pequeño. ≃ Lugar. ⊙ Agrupación de casas que no constituye un municipio y está agregada a un pueblo mayor. ≃ *Agregado. ⇒ Cafería, caserío, lugar, pago.

LA ALDEA GLOBAL. La Tierra, considerando que sus dimensiones han quedado virtualmente reducidas debido al gran desarrollo de las telecomuncaciones. ⇒ Mundialización.

aldeanamente **1** adv. *A estilo de aldea.* **2** *Groseramente.*

aldeaniego, -a adj. *Aldeano.*

aldeanismo **1** m. *Palabra o expresión propia de aldeanos. **2** Cerrazón o tosquedad en la ideas y costumbres.

aldeano, -a adj. y, aplicado a personas, también n. De aldea. ⊙ *Campesino.

aldehído (contracción del lat. cient. «alcohol dehydrogenātum») **1** m. QUÍM. Nombre dado a ciertos cuerpos orgánicos procedentes de la oxidación de ciertos alcoholes, que se utilizan por sus propiedades *reductoras en la industria y en el laboratorio. **2** En lenguaje corriente, aldehído acético.

ALDEHÍDO ACÉTICO. QUÍM. *El resultante de la oxidación del alcohol etílico, que, en contacto con el aire, se oxida y se transforma en ácido acético.*

A. FÓRMICO. QUÍM. *El resultante de la oxidación del alcohol metílico.*

aldehuela f. Dim. de «aldea».

aldeorrio o **aldeorro** m. Desp. de «aldea».

alderredor adv. *Alrededor.*

aldino, -a adj. Aplicado a «letras, impresión, edición», etc., de Aldo Manucio, fundador de una célebre dinastía de impresores de Venecia (fines del siglo XV y siglo XVI) o de sus sucesores.

aldiza (del ár. and. «addísa») f. *Aciano (planta compuesta).

aldorta *(Nycticorax nycticorax)* f. *Ave zancuda de unos 20 cm de altura, que tiene en la cabeza un penacho de tres plumas blancas eréctiles. ≃ Martinete, zumaya.

aldrán (del ár. and. «rább aḍḍán») **1** (ant.) m. **Mayoral.* **2** *Hombre que vende *vino en las dehesas.*

aldúcar m. **Seda exterior y más basta del capullo.* ≃ Adúcar.

ale interj. *Variante ortográfica de «¡hale!»*

alea jacta est (pronunc. [álea iácta ést]) Frase latina que significa «la suerte está echada» y se emplea cuando se da en algún asunto un paso decisivo, del que ya no se puede retroceder.

alea f. *Versículo del Corán.* ≃ Aleya.

aleación **1** f. Acción de alear. **2** Metal resultante de alear otros. ⇒ Liga, religa. ➤ Alpaca, amalgama, antifricción, bronce, electro, ferrocerio, invar, latón, METAL blanco, METAL de imprenta, nicromo, peltre, platinoide, similor, tumbaga, vellón. ➤ Acero.

ALEACIÓN ENCONTRADA. *La que resulta de fundir juntos un oro de ley fuerte con otro de ley débil.*

alear[1] **1** intr. *Mover las alas.* **2** (inf.) *Empezar a cobrar actividad o fuerza alguien o algo; por ejemplo, un convaleciente.* ≃ Aletear.

alear[2] (del fr. ant. «aleier») tr. *Unir, fundiéndolos, dos o más ↘metales.

aleatoriedad f. Cualidad de aleatorio.

aleatorio, -a (del lat. «aleatorĭus», propio del juego de dados; «Ser») adj. Se dice de lo que depende de la *suerte o el azar: 'El resultado de un examen es aleatorio'. ≃ Incierto.

alebrarse (de «liebre») **1** prnl. *Echarse en el suelo y pegarse todo lo posible, para ocultarse.* ≃ Alebrastarse, alebrestarse, alebronarse. ⇒ *Agazaparse. **2** **Acobardarse.*

alebrastarse, alebrestarse o **alebronarse** prnl. *Variantes, más raras, de «alebrarse».*

aleccionado, -a Participio adjetivo de «aleccionar», aplicado particularmente a alguien que ha recibido lecciones o instrucciones para hablar o comportarse en determinado caso: 'Hablaba lentamente y con seguridad, como si estuviese aleccionado'.

aleccionador, -a adj. Se aplica a lo que sirve de lección, experiencia o escarmiento. ≃ Instructivo.

aleccionamiento m. Acción y efecto de aleccionar.

aleccionar (de «a-[2]» y «lección»; «en, para; «*Enseñar, *instruir») tr. Dar consejos o instrucciones a ↘alguien sobre la manera de obrar o la de hacer cierta cosa: 'El maestro alecciona al aprendiz en el manejo de las herramientas'.

alece (del lat. «halex, -ēcis») **1** m. **Boquerón.* ≃ Haleche. **2** **Guiso hecho con el hígado del salmonete o del sargo.*

aleche m. **Boquerón.* ≃ Haleche.

alechigar (de «a-[2]» y «lechiga») **1** (ant.) intr. *Dulcificar o suavizar.* **2** (ant.) prnl. *Acostarse, meterse en cama.*

alechugado, -a *Participio adjetivo de «alechugar».* ⇒ Acanalado, apanalado, escarolado.

alechugar (de «lechuga») tr. *Rizar *planchándola una ↘prenda de vestir o un trozo de ↘tela para adorno de un vestido.* ⇒ Lechuguilla.

alecrín (del port. «alecrim») **1** (*Galeocerdo cuvieri*) m. *Pez selacio de las Antillas, muy voraz. **2** (Arg.; *Holocalyx balansae*) m. *Árbol leguminoso de América del Sur, de hasta 30 m de altura, de *madera de hermoso color rojo, semejante a la caoba pero más pesada, que se utiliza en *carpintería y *tornería; se *cultiva también como ornamental.* ⇒ *Planta.

alecto- Elemento prefijo del gr. «aléktōr», *gallo.

alectomancia o **alectomancía** (de «alecto-» y «-mancia» o «-mancía») f. *Adivinación por el canto del *gallo o por la piedra que se encuentra a veces en su hígado.* ⇒ *Adivinar.

alectoria (del lat. «alectorĭa», del gr. «aléktor», gallo) f. *Piedra que suele encontrarse en el hígado de los gallos viejos, a la que se atribuían antiguamente virtudes medicinales.* ⇒ *Amuleto.

aleda (del lat. «elĭta», part. pas. de «elinĕre», untar) f. V. «CERA aleda».

aledaño, -a (del ant. «aladaño», del sup lat. «adlatanĕus», de «ad latus») **1** adj. Lindante. ⇒ Adegaño. **2** m. pl. Terreno alrededor de una población, inmediato a ella. ≃ *Alrededores. ⊙ Terreno en los alrededores de un lugar cualquiera que se considera: 'Vive en los aledaños del castillo'. ≃ Alrededores.

álef amb. Primera letra del alfabeto hebreo. ≃ Áleph.

alefangina adj. y n. f. V. «PÍLDORA alefangina».

alefato **1** m. Serie de las consonantes hebreas. **2** Alifato.

alefriz (del sup. ár. and. «alifríz», cl. «ifrīz», del gr. «perízōma», faja, a través del siriaco) m. MAR. *Ranura abierta a lo largo de la quilla, roda y codaste, en la que encajan los tablones.*

alegación f. Acción de alegar. ⊙ Cosa que se alega.

alegador, -a **1** adj. **Hablador.* ≃ Aleganchín, charlatán. **2** (Can., Hispam.) *Muy dado a discutir.* ≃ Discutidor.

alegamar o **aleganar** **1** tr. *Echar légamo o *estiércol en las ↘tierras.* **2** prnl. *Llenarse de légamo las tierras.*

aleganchín, -a adj. **Hablador.* ≃ Alegador, charlatán.

alegar (del lat. «allegāre») **1** («en»: 'en defensa, en apoyo', «como») tr. Presentar ↘hechos, méritos, etc., para fundamentar alguna petición o alguna disculpa: 'Alega numerosos precedentes para justificar su demanda. No alega ningún mérito para solicitar la plaza'. ≃ Aducir, invocar. ⊙ **Citar ↘ejemplos o cosas dichas por una persona de autoridad para apoyar algo que se dice.* ⇒ Acogerse, aducir, argüir, invocar, traer. ➤ *Citar. **2** (Can., Hispam.) *Discutir.*

alegato (del lat. «allegātus») **1** m. Alegación. ⊙ Escrito o discurso en que se expone razonadamente un argumento. Particularmente, el que hace un abogado ante un *tribunal. **2** (Can., Hispam.) *Discusión.*

alegatorio, -a adj. De [la] alegación.

alegoría (del lat. «allegorĭa», del gr. «allegoría») **1** f. Representación de una cosa o de una idea abstracta por medio de un objeto que tiene con ella cierta relación real, convencional o creada por la imaginación: 'El caduceo de Mercurio es una alegoría del comercio. La alegoría de Europa por Guido Reni'. ≃ Símbolo. ⇒ Marmosete. **2** LITER. Obra literaria o artística, o parte de ellas, desarrollada en forma de alegoría. ⇒ Apólogo, DANZA de la muerte, fábula, parábola.

alegóricamente adv. De modo alegórico.

alegórico, -a adj. De [la] alegoría. ⊙ En forma de alegoría.

alegorismo **1** m. Arte de la alegoría. **2** Cualidad de alegórico.

alegorista n. *Comentador de las alegorías de la *Biblia.*

alegorizar (del lat. «allegorizāre») tr. *Emplear alegorías.*

alegra (de «alegrar¹») f. **Barrena de taladrar los maderos que han de emplearse como tubos de bomba.*

alegrador¹ (de «alegrar¹») m. *Utensilio que sirve para ensanchar agujeros.* ⇒ *Barrena.

alegrador², -a (de «alegrar²») **1** adj. *Aplicable al que o lo que alegra.* **2** (ant.) m. *Tira de papel retorcida que se prende, por ejemplo en el fuego de la cocina, para encender con ella el cigarro, una luz, etc.*

alegrante adj. *Aplicable a lo que alegra.*

alegrar¹ (de «a-²» y «legrar») **1** tr. *Ensanchar un ↘*agujero.* **2** CIR. *Raspar.* ≃ Legrar.

alegrar² **1** tr. Poner alegre a ↘alguien: 'Tus noticias nos han alegrado mucho'. ⊙ Hacer que una ↘cosa esté alegre o tenga aspecto alegre: 'Los niños alegran la casa. Las banderas y gallardetes alegran la ciudad'. ⊙ («con, de, por») prnl. Ponerse contento o alegre con cierta cosa: 'Se han alegrado mucho con los regalos que les hemos traído'. **2** Sentir satisfacción por cierta cosa, aunque no sea motivo de alegría: 'Me alegro de encontrarle aquí porque le voy a poner verde'. **3** *Emborracharse un poco. **4** (ant.; Ar.) DER. **Gozar o disfrutar.* **5** *Avivar la ↘luz o el fuego.* **6** TAUROM. *Excitar al ↘toro para que acometa.* **7** MAR. *Aflojar un ↘cabo para que trabaje menos.* **8** MAR. *Aligerar de peso un ↘*barco en caso de peligro.*

alegre (del sup. lat. «alĭcer, alecris» por «alăcer, -cris») **1** («Estar, Sentirse») adj. Se dice del que tiene alegría en el momento de que se trata. Se aplica también al gesto, la cara, la expresión, las palabras, etc., que demuestran alegría: 'Todo el mundo se siente alegre en este hermoso día de primavera. Hoy traes cara alegre'. Puede llevar un complemento, generalmente con «con», si va seguido de un nombre, y con «de», si de un verbo: 'Estamos alegres con la noticia. Está muy alegre de tenerte aquí'. ≃ Contento, satisfecho. ⊙ («Ser») Se aplica al que tiene alegría habitualmente: 'Un niño alegre y travieso'. ⊙ Se aplica a la persona que busca las diversiones y disfruta en ellas: 'Una muchacha alegre y animada'. ≃ *Divertido. ⊙ Se dice de lo que proporciona alegría: 'Noticia alegre'. ⊙ O de lo que predispone el ánimo a la alegría: 'Día [paisaje o música] alegre'. ⊙ Aplicado a *colores, vivo. ⊙ Aplicado a una habitación o vivienda, con mucha luz. **2** Se aplica a las personas y, correspondientemente, a sus actos, que obran alegre, frívola o irreflexivamente o con exceso de *confianza. ⊙ Se aplica también al jugador y, correspondientemente, al juego atrevido. ⊙ También al juego en que se cruza más dinero que de ordinario. **3** (ant.) *Aplicado a los olores, intenso o penetrante.* **4** (ant.) **Apuesto.* **5** Se aplica a la mujer que hace una vida irregular desde el punto de vista de la moral sexual. ⊙ También se dice «mujer de vida alegre».

□ CATÁLOGO

Alacre, animado, bizbirondo, borracho, bromista, campante, CARA de pascua, de buen CARÁCTER, como unas CASTAÑUELAS, como CHICO con zapatos nuevos, contento, correntón, decidor, deportoso, divertido, ebrio, enredador, esparcido, exultante, festivo, gasajoso, genial, de buen GENIO, GENTE del bronce, de buen HUMOR, humorista, jacarero, jocundo, jovial, marchoso, mojarrilla, como [un] NIÑO con zapatos nuevos, optimista, pajarero, como unas PASCUAS, radiante, recontento, reidor, resplandeciente, riente, ristolero, risueño, satisfecho, tararira, de buen TEM-

PLE, satisfecho de la VIDA, vivaracho, zarabandista, zaragatero. ➤ Alegrante, descacharrante, gayo, godesco, godible, halagüeño, ledo, letífico, pajarero, vistoso. ➤ Bañarse en AGUA de rosas, alborozar[se], alegrar[se], animar[se], dar BRINCOS de alegría, no CABER en sí, echar las CAMPANAS a vuelo, *celebrar, congratularse, contentar, chotear, hacer las DELICIAS, desmelancolizar, *divertirse, exultar, falagarse, felicitarse, gloriarse, gozar[se], dar GOZO, gratularse, holgar[se], jubilar, letificar, lisonjearse, volverse LOCO, alegrarse [bailar o reírse] los OJOS, realegrarse, rebosar, refocilarse, regocijar[se], *satisfacer. ➤ Albórbola, alboroto, alborozo, albuérbola, algazara, animación, *broma, caraba, careo, cascabeleo, CUERPO de jota, el delirio, diversión, escorrozo, esparcimiento, fiesta, godeo, guasanga, holgorio, holgueta, holgura, buen HUMOR, jarana, joglería, jolgorio, jollín, júbilo, *juerga, marcha, movida, quitapesares, *regocijo, tararira, titiritaina. ➤ Alacridad, alegría, alegrón, beatitud, contentamiento, contento, deleite, delicia, dicha, elación, euforia, exaltación, exultación, felicidad, gozo, gusto, hanzo, hilaridad, jocundidad, júbilo, leticia, LIGEREZA de espíritu, *optimismo, regolaje, satisfacción. ➤ Causar, dar, derrochar, destruir, ensombrecer, estallar, experimentar, haber, no caber en el PECHO, producir, quitar, rebosar, recibir, reinar, retozar, dar SALTOS de alegría [o de contento], sentir, tener, turbarse. ➤ Desbordante, enorme, extraordinaria, muy grande, indecible, indescriptible, inefable, inmensa. ➤ Ebrio, radiante, rebosante, resplandeciente. ➤ ¡Qué BIEN!, ¡huifa!, ¡hurra!, ¡dichosos los OJOS!, ¡olé!, ¡OLE con ole!, ¡viva!, ¡VIVA la Pepa!, ¡yupi! ➤ ¡Albricias!, ¡aleluya!, ¡hosanna! ➤ Palmotear, zapateta. ➤ Alarido. ➤*Aguafiestas. ➤ *Cómico. *Distracción. *Felicidad. *Gracioso. *Ilusión. *Jugar. *Placer. *Recreo. *Risa. *Satisfacer. *Ufano.

alegremente **1** adv. Con alegría: 'Pasamos alegremente las fiestas'. **2** Sin dar a la cosa de que se trata la importancia que tiene, sin reflexionar sobre ella como corresponde: 'Habla alegremente de montar una fábrica'. ≃ A la ligera, como si tal COSA, frívolamente, ligeramente.

alegreto m. MÚS. Forma castellanizada de «allegretto».

alegría (de «alegre») **1** f. Sentimiento que produce en alguien un suceso favorable o la obtención de algo que deseaba o que satisface sus sentimientos o afectos: 'Tuvo una gran alegría cuando le dieron la plaza. Me dio mucha alegría verle después de tanto tiempo. Con la alegría del triunfo no se acuerda de nada'. ≃ Contento, satisfacción. ⊙ («Ser una») Cosa que causa ese estado de ánimo: 'Tu casamiento será una alegría para tu madre'. **2** Cualidad o estado de ánimo habitual del que se siente bien en la vida, tiene tendencia a reír y encuentra fácilmente motivos para ello. Puede usarse con los verbos «tener, perder, recuperar»; pero, en general, se usa más como sujeto que como complemento: 'La alegría de esa muchacha es contagiosa. Desde que te fuiste se me ha acabado la alegría'. ≃ ALEGRÍA de vivir, *euforia. **3** («Haber, Reinar») Estado de ánimo del que se divierte, y risas y otras manifestaciones de ese estado de ánimo: 'En la fiesta reinó la alegría desde el principio hasta el fin'. ≃ Alborozo, júbilo, regocijo. **4** Cualidad de alegre en cualquiera de las acepciones figuradas: 'La alegría del amanecer. La alegría de una vivienda con grandes ventanales'. **5** Ligereza, falta de reflexión a la hora de obrar. **6** *Ajonjolí (planta pedaliácea y semilla de ella). **7** *Nuégado o alajú condimentado con ajonjolí.* **8** MAR. *Hueco o luz de una porta.* **9** (pl.) *Regocijos o fiestas públicas.* **10** (pl.) Cierto cante y danza andaluces de movimiento vivo y gracioso.

ALEGRÍA DE VIVIR. Estado de ánimo de la persona que se siente satisfecha en la vida,

LOCO DE ALEGRÍA (inf.). Contentísimo.

UNA ALEGRÍA LOCA (inf.). Una alegría muy grande: 'Tuvimos una alegría loca al saberlo'.

alegrillo, -a (de «alegre») adj. *Algo *borracho.*

alegro (del it. «allegro») m. MÚS. Forma castellanizada de «allegro».

alegrón m. Alegría muy intensa; particularmente, la que se recibe inesperadamente.

aleja (del lat. «laxāre»; Mur.) f. **Estante.* ≃ Leja.

alejado, -a Participio adjetivo de alejar[se]. ⊙ Se aplica al lugar que está lejos del sitio que se considera: 'Vive en un barrio alejado. Tu casa está muy alejada de la mía para ir a verte todos los días'. ≃ Distante, lejano, retirado. ⊙ Se dice de quien se ha enemistado con cierta persona o ha dejado de frecuentar su amistad. También de quien ha abandonado cierta actividad, cierto círculo, etc.: 'Está alejado de la política'. ≃ Distanciado, enemistado. ⇒ *Apartado.

alejamiento m. Acción y efecto de alejar[se]. ⊙ Enfriamiento en la amistad entre dos personas.

alejandrino, -a (en 2.ª acep., a través del fr. «alexandrin») **1** adj. y n. De la antigua ciudad de Alejandría. ⇒ Helenístico. **2** adj. y n. m. MÉTR. Se aplica al *verso de catorce sílabas dividido en dos hemistiquios que se empezó a usar en España por los poetas del mester de clerecía, particularmente por Gonzalo de Berceo.

V. «LAUREL alejandrino».

alejandrita f. Variedad de crisoberilo utilizada en joyería.

alejar **1** tr. Poner o llevar una ↘cosa lejos o más lejos del sitio que se considera. ≃ Apartar, retirar, separar. ⊙ Hacer una persona que se alejen de donde está otras ↘personas o algún animal. ≃ *Ahuyentar. ⊙ («de») prnl. Irse alguien o algo lejos del sitio que se considera. ⇒ Alongar[se], alueñar[se], *apartarse, irse, *marcharse, retirarse, *separarse. ➤ Desvanecerse, perderse de VISTA. ➤ *Eferente. ➤ *Lejos. **2** tr. Quitar del pensamiento propio o del de otros ciertas ↘ideas, etc.: 'Alejarse de ti esa sospecha'. ≃ Ahuyentar, apartar. ⊙ («de») prnl. Apartarse determinadas ideas, intenciones, etc., del pensamiento de alguien. ⊙ tr. *Desviar ↘algo o a alguien de su objeto o destino. ⊙ («de») prnl. Desviarse alguien o algo de su objeto o destino. **3** tr. Hacer alguien, voluntaria o involuntariamente, que ↘otros rehúyan su trato o amistad. ≃ Apartar. ⊙ Rehuir, por ejemplo un grupo de personas, el trato con ↘alguien. ≃ *Aislar. ⊙ («de») prnl. Apartarse del trato con los demás.

alejija (del ár. and. «addašíša») f. **Gachas de harina de cebada, condimentadas con ajonjolí.*

alejor (ant.) m. *Alajor (tributo).*

alejur m. *Alajú (pasta dulce).*

alelado, -a Participio de alelar[se]. ⊙ adj. Lelo, atontado.

alelamiento m. Acción y efecto de alelar[se].

alelar tr. y prnl. Poner[se] lelo o *bobo.

aleleví (Ál., Nav.) m. *Juego del *escondite.* ⊙ (Ál., Nav.) *Palabra con que allí llaman los que se esconden al que paga o ha de buscarlos.*

alelí m. *Variante ortográfica de «alhelí».*

alelo (de «alelomorfo») m. BIOL. Gen alelomorfo.

alelomorfo, -a (del gr. «allḗlōn», unos a otros, y «-morfo») adj. y n. m. BIOL. Cada uno de los dos genes localizados en el mismo lugar de un par de cromosomas homólogos, y que determinan un mismo carácter. ≃ Alelo. ⇒ *Heredar.

aleluya (del hebr. «hallĕlū yāh», alabad a Dios, a través del lat. bíblico) **1** interj. Voz que se intercala como exclamación en los oficios divinos, particularmente de Pascua. ⇒ *Himno. **2** (inf.) f. En algunas expresiones se emplea como «*alegría» o cosa que alegra. ⇒ CARA de aleluya. **3** Nombre aplicado a unas estampas que llevaban escrita la palabra «aleluya», que se vendían juntas en un pliego, se separaban cortándolas y se arrojaban en la iglesia el Sábado Santo. ⊙ También a ciertas estampas de asunto piadoso impresas en esa misma forma, que se arrojan al paso de las procesiones ⊙ También a unas estampas en la misma forma que, entre todas las del pliego, relatan una historieta de cualquier clase, explicada con un pareado puesto al pie de cada una. ⊙ Por extensión se llaman también así estos mismos pareados y, en lenguaje informal, cualquier clase de pareados. ⊙ (inf.; pl.) *Versos malos. ⊙ (inf.) Persona muy *delgada. **4** *Dulce de leche de forma de *tortita redonda con la palabra «aleluya» escrita encima, que regalan las monjas en Pascua.* **5** *(Oxalis acetosella)* *Planta oxalidácea de la que se saca sal de acederas. ≃ Acetosilla. **6** *(Hibiscus sabdariffa)* Planta malvácea que se usa en Cuba en salsas, dulces y refrescos y también como remedio contra diarreas y fiebre.

alema (del ár. and. «alḥídma», servicio) **1** f. *Porción de agua de riego que se reparte por turno.* **2** **Baños públicos en un río.*

alemán, -a (del fr. ant. «aleman») adj. y, aplicado a personas, también n. De Alemania. ⊙ m. Lengua alemana.

□ CATÁLOGO

Alemanés, alemanesco, alemánico, alemanisco, anseático, bávaro, germán, germánico, germano, hanseático, teutón, tudesco. ➤ Pangermanismo. ➤ Gros, marco, tálero. ➤ Burgrave, elector, landgrave, margrave. ➤ Lansquenete. ➤ Hansa, LIGA hanseática. ➤ Gimnasio. ➤ *Germano.

alemana o **alemanda** (del fr. «allemande») f. *Danza antigua procedente de Alemania o Flandes, en que varias parejas van imitando los pasos que hace una que dirige.*

alemanés, -a o **alemanesco, -a** (ant.) adj. y n. *Alemán.*

alemánico, -a **1** adj. *Alemán.* **2** m. *Se llama así a veces al antiguo «alto alemán» o *lengua hablada en el sur en los siglos* VIII *y* IX*, mientras en el norte se hablaba el llamado «bajo alemán».*

alemanisco, -a adj. *Alemán.*

alembrarse (ant.) prnl. **Recordar.* ≃ Lembrarse.

alén (ant.) adv. *Allende (en la parte de allá).*

alenguar (de «a-[2]» y «lengua») tr. *En el Concejo de la Mesta, contratar el *arriendo de alguna ↘dehesa, o hierbas para pastar el ganado lanar.*

alentada (de «alentar») f. DE [O EN] UNA ALENTADA. *Refiriéndose a la manera de decir o leer algo, de una *vez, sin respirar o sin detenerse:* 'Dijo su parte de una alentada'.

alentado, -a **1** Participio adjetivo de «alentar». ⊙ (Hispam.) *Que ha mejorado o se ha restablecido de una *enfermedad.* **2** *Valiente.*

alentador, -a adj. Se dice de lo que alienta (anima): 'Las noticias que llegan son alentadoras. Palabras alentadoras'.

alentar (del sup. lat. «alenitāre» por el sup. «anhelitāre», de «anhelāre») **1** intr. *Respirar: aspirar y espirar el aire con los pulmones. **2** (en sentido figurado y en lenguaje patético o literario) Tener vida: 'No lo consentiré mientras aliente. Mientras aliente la vida sobre la Tierra. No alentaba en aquel lugar ni un soplo de vida'. Puede llevar un complemento con «con»: 'Alienta con esa ilusión'. **3** (patético o ampuloso) *Existir en alguien cierto sentimiento. Se emplea mucho con las palabras «alma, corazón, pecho»: 'En su pecho alienta el amor a la patria'. **4** (Hispam.) *Mejorar o restablecerse de una *enfermedad.* **5** tr. Influir en ↘alguien para que tenga *valor o ánimos para emprender o soportar una cosa: 'Vuestros aplausos me alientan a proseguir la lucha. Sólo me alienta en este esfuerzo la esperanza de tiempos mejores'. ≃ *Animar. ⇒ Desalentar.

NO ALENTAR (pop.). No decir nada: 'Haz lo que te mandan sin alentar'. ≃ No resollar, no respirar. ⊙ No moverse absolutamente nada. ⇒ *Callar.

□ CONJUG. como «acertar».

alentoso, -a adj. *Alentado.*

alenzón V. «ENCAJE de Alenzón».

aleñar intr. *Cortar o recoger leña.* ≃ Hacer LEÑA.

aleonado, -a adj. *Leonado.*

áleph (pronunc. [álef]) amb. Álef.

alepín (del fr. «alépin») m. *Cierta *tela antigua de lana, muy fina.*

alera (Ar.) f. *Sitio donde están las *eras.*

alerce (del ár. and. «alárza»; *Larix decidua* y otras especies del mismo género) m. Árbol pináceo de tronco recto y liso, ramas abiertas y hojas blandas de color verde claro. ≃ Lárice. ⇒ Mañíu. ➤ *Planta.

ALERCE AFRICANO *(Tetraclinis articulata).* Árbol cupresáceo originario de África, que se cultiva en los jardines de Europa y florece en febrero. Se extrae de él una grasilla que se emplea para el papel de escribir, y su madera es incorruptible. ≃ Arar.

A. EUROPEO [O COMÚN] *(Larix decidua).* Árbol pináceo que florece en mayo, del que se extrae la trementina de Venecia y cuya madera se emplea en construcciones hidráulicas.

A. JAPONÉS *(Larix kaempferi).* Árbol pináceo.

alergénico, -a adj. Se aplica a la sustancia que produce alergia.

alérgeno (de «alergia» y «-geno») m. Cuerpo que, introducido en el organismo, causa la alergia.

alergia (del gr. «állos», otro y «érgon», trabajo) **1** f. Conjunto de fenómenos nerviosos, respiratorios o eruptivos producidos por una sensibilidad especial del organismo a alguna sustancia que, en condiciones normales, no causa tales efectos. ⇒ FIEBRE del heno. ➤ *Enfermedad. **2** (inf.) *Aversión.

alérgico, -a adj. De [la] alergia: 'Reacción alérgica'. ⊙ adj. y n. Afectado de alergia. Puede llevar un complemento: 'Alérgico a la lana'.

alergista n. Alergólogo.

alergología f. Parte de la medicina que se ocupa de la alergia.

alergólogo, -a n. Médico especialista en *enfermedades alérgicas. ≃ Alergista.

alerión m. HERÁLD. *Aguilucho sin pico.*

alero[1] (de «ala») **1** m. Borde del *tejado que sobresale de la pared y sirve para desviar de ella el agua de lluvia. ⇒ Alar, cornisa, rafe. ➤ Socarrén. ➤ Romanato. **2** *Pieza saliente que llevan algunos vehículos en los costados, para preservarlos de las salpicaduras de barro.* ≃ *Aleta. **3** CAZA. *Paredilla de las dos que se hacen en la *caza de perdices para encaminarlas hacia la red.* **4** DEP. Jugador de *baloncesto que suele atacar por las bandas.

V. «ENTARIMADO de alero».

ESTAR EN EL ALERO. Ser todavía *insegura la realización de cierta cosa, generalmente deseada.

alero[2] adj. *Se aplica al *ciervo joven.*

alerón (del fr. «aileron», ala pequeña) **1** m. Pieza movible que lleva el borde posterior de las alas de los *aviones, mediante la cual se gobierna su inclinación. **2** Pieza que se coloca en la carrocería de ciertos *vehículos, particularmente en su parte trasera, para hacerlos más aerodinámicos. 3 (vulg.) *Axila.

alerta (del it. «all'erta»; «Estar, Poner») adv. *Vigilando con cuidado: 'Usted estará alerta para que nadie salga de la casa. Yo estaré alerta por si se publica el aviso'. ⊙ f. Estado de vigilancia: 'Estar en alerta'.

¡ALERTA! Voz con que se excita a la vigilancia.

ALERTA ROJA. Situación de máxima atención y vigilancia: 'Varias poblaciones están en alerta roja por el peligro de inundaciones'.

V. «OJO alerta».

alertar **1** tr. *Avisar a ˇalguien de cierto peligro o amenaza. ≃ Poner alerta, poner sobre AVISO, poner en GUARDIA. **2** intr. *Estar alerta.*

alesna (del sup. germ. «alisna») f. **Lezna.* ≃ Lesna.

aleta (dim. de «ala») f. Aplicado a distintas cosas que, por su colocación o su estructura, tienen semejanza con un ala, y aplicable acomodaticiamente a otras. **1** Cada expansión membranosa o laminar que surge del cuerpo de muchos animales acuáticos, como los peces o los calamares, y que utilizan esencialmente para nadar. ⇒ Radio. **2** Parte membranosa situada a cada lado de la nariz en la parte inferior. ≃ Ala, aleta de la nariz. **3** Pieza de las dos que llevan los *automóviles a uno y otro lado, sobre las ruedas del vehículo. ≃ Alero. **4** (gralm. pl.) Calzado en forma de pala que se usa para impulsarse al nadar o bucear. **5** MAR. *Cada uno de los dos maderos encorvados que forman la popa del *barco.* **6** MAR. *Parte del costado de un *barco comprendida entre la popa y el sitio de la primera parte de la batería.* **7** *Prolongación de la parte superior de la popa, en algunas embarcaciones latinas.* **8** CONSTR. *Cada una de las dos partes del *machón que quedan visibles a uno y otro lado de una columna o pilastra adosada.* **9** CONSTR. *Cada uno de los dos muros en rampa situados a uno y otro lado de un *puente o una alcantarilla, que sirven para contener las tierras y encauzar las aguas.* **10** (ant.) *Alero del *tejado.*

aletargado, -a Participio adjetivo de «aletargar[se]».

aletargamiento m. Acción y efecto de aletargar[se].

aletargar tr. Producir letargo en ˇalguien. ≃ *Adormecer, amodorrar. ⊙ prnl. Ponerse aletargado.

aletazo m. *Golpe o sacudida dados con el ala o la aleta.

aletear **1** intr. Mover repetidas veces las alas como para echarse a *volar, o las aletas. **2** (inf.) Empezar a cobrar actividad o fuerza alguien o algo; por ejemplo, una persona después de una enfermedad. ≃ Alear. ⇒ *Restablecerse. ⊙ Empezar una persona a adquirir *desenvoltura.

aleteo **1** m. Acción de aletear. ⊙ Movimiento de las alas. **2** *Palpitación acelerada del *corazón.*

aletilla f. AERO. *Superficie auxiliar articulada delante del ala de un *avión.*

aleto (de «halieto»; *Falco femoralis*) m. Ave falconiforme americana, de cola larga y azulada, que habita en zonas abiertas.

aletría (del ár. and. «alaṭríyya» o «aliṭríyya», cl. «iṭriyah», y éste del lat. «attrīta», sopa; Mur.) f. **Fideos.*

aleudar tr. *Hacer fermentar la masa del pan.* ≃ Leudar.

aleusero, -a (ant.) adj. **Lisonjero.*

aleve (del ár. and. «al'áyb», menoscabo) adj. y n. Alevoso.

alevilla (del lat. «levicŭla», dim. f. de «levis», ligero) **1** f. Mariposilla de las que acuden por la noche a la luz. **2** *Mariposa muy común en España, semejante a la del gusano de seda, pero completamente blanca.

alevín (del fr. «alevin») **1** m. Cría de *pez. **2** adj. y n. Se aplica al niño que pertenece a la categoría de los principiantes en una actividad, particularmente en un deporte. ⊙ m. pl. Esta categoría.

alevo (del it. «allievo», niño criado por una mujer; ant.) m. *Una persona, con respecto a su padrino o madrina.* ≃ *Ahijado.

alevosa f. VET. **Tumor carbuncoso que se les forma a las caballerías debajo de la lengua.* ≃ Ránula.

alevosamente adv. Con alevosía. ≃ A traición.

alevosía (de «alevoso») **1** f. Circunstancia de haberse asegurado el que comete un *delito de que no hay peligro para él al cometerlo, ni por la reacción del atacado ni por otra causa. ⇒ *Cautela, *precaución. ⊙ Es en derecho nombre específico de esa *circunstancia, que se considera agravante. **2** *Traición: acción innoble que consiste en causar daño a un amigo o a quien confía en uno.

alevoso, -a (de «aleve») **1** adj. y n. Se aplica al que comete alevosía. **2** adj. Hecho con alevosía: 'Un crimen alevoso'. **3** adj. y n. *Traidor.

alexia (del fr. «alexie», del gr. «a-», partícula privativa, y «léxis», habla) f. *Alteración de la facultad de leer debida a lesión cerebral.* ⇒ *Mente.

alexifármaco (del lat. «alexipharmăcon», del gr. «alexipharmakon», contraveneno) adj. y n. m. FARM. **Antídoto.*

aleya (del ár. and. «aláya») f. *Versículo del Corán.* ≃ Alea.

alezna (de «alesna», por el parecido con la semilla de esta planta; Rioj.) f. **Mostaza negra.*

alezo (del fr. «alèze») m. *Faja con que se les sujeta el vientre a las recién *paridas.*

alfa (del gr. «álpha») f. Primera letra del *alfabeto griego, equivalente a la «a».

V. «PARTÍCULA [O RAYO] alfa».

ALFA Y OMEGA. Principio y fin. ⊙ Con ese significado se aplica como apelativo a *Jesucristo.

alfaba (del ár. and. «alḥábba») f. **Campo o parcela de terreno de cinco o más tahúllas.*

alfábega (del ár. and. «alḥabáqa») f. **Albahaca (planta labiada).*

alfabéticamente adv. Siguiendo el orden del alfabeto.

alfabético, -a adj. Del alfabeto. ⊙ Siguiendo el orden del alfabeto.

alfabetización f. Acción del alfabetizar.

alfabetizar **1** tr. *Ordenar ˇcosas alfabéticamente. **2** *Enseñar a leer y escribir a ˇalguien. ⇒ *Educar.

alfabeto (del lat. «alphabētum», de las dos primeras letras griegas «álpha» y «bêta») **1** m. Del nombre de las dos primeras letras, *serie de las de la lengua griega. **2** Cualquier conjunto de signos que representan las letras utilizadas en el lenguaje articulado. ≃ Abecé, abecedario. **3** Se aplica a otros sistemas de signos: 'Alfabeto fonético. Alfabeto morse'.

ALFABETO FONÉTICO. Conjunto de los signos utilizados por los lingüistas para transcribir con precisión los sonidos.

A. MORSE. V. «morse».

□ CATÁLOGO

Alfa (Α α), beta (Β β), gamma (Γ γ), delta (Δ δ), épsilon (Ε ε), zeta (Ζ ζ), eta (Η η), theta (Θ θ), iota (Ι ι), kappa (Κ κ), lambda (Λ λ), my (Μ μ), ny (Ν ν), xi (Ξ ξ), ómicron (Ο ο), pi (Π π), rho (Ρ ρ), sigma (Σ σ), tau (Τ τ), ýpsilon (Υ υ), fi (Φ φ), ji (Χ χ), psi (Ψ ψ), omega (Ω ω).

A (A a), be (B b), ce (C c), che (Ch ch), de (D d), e (E e), efe (F f), ge (G g), hache (H h), i (I i), jota (J j), ka (K k), ele (L l), elle (Ll ll), eme (M m), ene (N n), eñe (Ñ ñ), o

(O o), pe (P p), cu (Q q), erre [o ere] (R r), ese (S s), te (T t), u (U u), uve [o ve] (V v), uve [o ve] doble (W w), equis (X x), i griega [o ye] (Y y), zeta [ceda, ceta o zeda] (Z z).

Cartilla, cristus. ➤ Cirílico.

alfadía (del ár. and. «alhadíyya»; ant.) f. *Cohecho o *soborno.*

alfagra f. **Canal o *acequia.*

alfaguara (del ár. and. «alfawwára») f. *Manantial abundante.*

alfahar (del ár. and. «alfaḫḫár»; ant.) m. *Alfar.*

alfahrería (de «alfaharero»; ant.) f. *Alfarería.*

alfaharero (de «alfahar»; ant.) m. *Alfarero.*

alfaida (del ár. and. «alfáyiḍa») f. *Crecida de un río por el flujo de la marea.*

alfaja (ant.) f. *Alhaja.*

alfajeme (del ár. and. «alḥaǧǧám»; ant.) m. **Barbero.* ≃ Alhajeme.

alfajía 1 f. Constr. *Alfarjía (*madero).* **2** Constr. *Madero de los que cruzan las vigas para formar el techo.* **3** **Atrio.*

alfajor (del ár. and. «fašúr», del persa «afšor», jugo) **1** m. *Alajú.* **2** *Rosquilla de alajú.* **3** (Hispam.) *Nombre dado a distintas *golosinas.* ⊙ (Ven.) **Pasta dulce hecha de harina de yuca, papelón, piña y jengibre.* ⊙ (Arg., Chi.) *Golosina formada por dos trozos de masa unidos con manjar blanco u otro dulce.* ⊙ Cierta clase de *polvorón.

alfalfa o, no frec., **alfalfe** (del ár. and. «alfáṣfaṣa», cl. «fiṣfiṣah», de or. persa; *Medicago sativa*) f. o m. *Planta leguminosa que se cultiva como forraje. ≃ Alfalfez, mielga. ⇒ Torteruelo.

Alfalfa arborescente (*Medicago arborea*). Arbusto leguminoso con hojas trifoliadas y con diminutos pelos, y flores amarillas. Se cultiva como planta de adorno y para forraje.

alfalfal o **alfalfar** m. Campo de alfalfa.

alfalfez (Ar.) m. *Alfalfa.*

alfama (ant.) f. *Aljama.*

alfamar (Sal.) m. **Colcha encarnada.* ≃ Alhamar.

alfamarada (de «alfamar») **1** (ant.) f. **Llamarada.* **2** (ant.) **Rubor.*

alfana (del it. «alfana») f. **Caballo corpulento, fuerte y brioso.*

alfandoque (del ár. and. «fayníd», cl. «fānīd», de or. sánscrito, con el sufijo desp. rom. «-ók») **1** (Hispam.) m. *Pasta hecha con miel, queso y anís o jengibre.* **2** (Col.) **Golosina hecha de azúcar de chancaca estirado en forma de barrita.*

alfaneque[1] (¿del ár. and. «ḥanakí», negruzco?; *Falco tinnunculus*) m. **Ave falcónida de plumaje oscuro con la cola listada de gris claro.*

alfaneque[2] (del sup. ár. and. «alfaráq», del bereber «afrag», cercado; ant.) m. **Tienda de campaña.*

alfanigue (ant.) m. **Mantilla.*

alfanje (del ár. and. «alḫánǧar» o «alḫánǧal») **1** m. Especie de *sable corto, de hoja ancha y curva, con filo sólo por un lado, usado por los orientales. ⇒ Catán, catana, chafarote, escarcina. ➤ *Arma, sección de «blancas». **2** *Pez espada.

alfanumérico, -a adj. Inform. Se aplica a los códigos o datos formados por caracteres alfabéticos y cifras. ⊙ Inform. Y a los teclados que contienen este tipo de signos.

alfaque (del ár. and. «alḥáǧiz», barrera) m. Banco de arena en la *desembocadura de un río. Se usa generalmente en plural y como nombre propio: 'Los Alfaques de Tortosa'.

alfaqueque (del ár. and. «alfakkák») **1** m. *Antiguamente, comisionado oficial para *redimir cautivos o libertar esclavos o prisioneros de guerra.* ≃ Alhaqueque. **2** *Hombre que servía de *correo.*

alfaquí (del ár. and. «alfaqí») m. Doctor o sabio de la ley del Corán. ≃ Faquí.

alfaquín (del ár. and. «alḥakím»; ant.) m. *Médico.* ≃ Alhaquín.

alfar[1] (de «alfahar») m. Sitio donde se hacen vasijas de barro cocido. ≃ Alfarería.

alfar[2] (de «arfar») intr. *Levantar demasiado el *caballo al galopar, etc., el cuarto delantero, sin doblar los corvejones ni bajar las ancas.*

alfar[3] adj. *Se aplica al caballo que alfa.*

alfaraz (del ár. and. «alfarás») m. **Caballo que usaban los árabes para las tropas ligeras.*

alfarda[1] (del ár. and. «alfárḍa») **1** f. *Cierto *tributo que pagaban los *moros y *judíos en los reinos cristianos.* ≃ Farda. **2** (Ar.) *Contribución por el aprovechamiento del agua de riego.* ≃ Alfardón. **3** *En Marruecos, contribución extraordinaria.*

alfarda[2] (del ár. and. «alfárda») **1** f. *Cierto *adorno que usaban antiguamente las mujeres.* **2** Constr. *Par de una *armadura de tejado.*

alfardilla[1] **1** (Ar.) f. *Cantidad que se paga, además de la alfarda, por la limpieza de las acequias menores.* **2** (Ar.) *Por extensión, cualquier cantidad extraordinaria que pagan los miembros de una corporación de regantes.*

alfardilla[2] (dim. de «alfarda[2]») f. *Galón o trencilla de hilo de oro o plata.* ≃ Esterilla. ⇒ *Pasamanería.

alfardón[1] (Ar.) m. *Alfarda (contribución por el aprovechamiento de las aguas).*

alfardón[2] (¿del ár. and. «alḥarḍún»?) **1** (Ar.) m. **Arandela.* **2** **Azulejo alargado, hexagonal.*

alfareme (del ár. and. «alḥarám») m. **Tocado usado por los musulmanes, semejante al almaizar.* ≃ Alhareme.

alfarería (de «alfahrería») **1** f. Alfar. **2** Arte y actividad del alfarero. **3** Tienda donde se venden piezas de alfarería. ⇒ Alcallería, alfahar. ➤ Alaria, alcaller, alcarracero, alfaharero, barrero, botijero, cacharrero, jarrero, ollero, pichelero, pilero, tinajero. ➤ Alpañata, tabanque, torno. ➤ Mogate. ➤ Alamina. ➤ *Cerámica.

alfarero, -a (de «alfaharero») m. Persona que se dedica a hacer vasijas de barro cocido. ⇒ Alfarería.

alfargo m. *En los molinos de aceite, viga bajo la cual se pone la aceituna para exprimirla.*

alfarje (del ár. and. «alfárš») **1** m. *Piedra baja del molino de aceite.* ⊙ *Local donde está el molino.* **2** **Techo formado por maderas entrelazadas y labradas artísticamente.* ⇒ *Artesonado.

alfarjía (del sup. ár. and. «alfaršíyya», deriv. de «alfárš», cl. «farš», lecho) **1** f. **Madero, generalmente de 14 cm de tabla y 10 de canto, sin longitud determinada, que se emplea especialmente para cercos de puertas y ventanas.* **2** Madero de los que se cruzan con las vigas para formar el armazón de los techos.

Media alfarjía. **Madero de sierra de 10 cm de tabla y 7 de canto.*

alfarma (Ar.) f. **Alharma (planta zigofilácea).*

alfarnate (¿del sup. ár. y rom. and. «alfarnáṭ», del lat. «farinātus», enharinado?; ant.) adj. **Granuja.*

alfarrazar (del ár. and. «alẖarráṣ», tasador de cosechas; ant.; Ar.) tr. *Ajustar por un tanto alzado el pago del* ↘**diezmo de los frutos, en verde.*

alfaya (del ár. and. «alháyya», cl. «hay'ah», prestancia, quizá con influencia de «alfayo») **1** (ant.) f. *Evaluación o *precio.* **2** (ant.) **Joya.*

alfayat (del ár. and. «alẖayyáṭ»; ant.) m. **Sastre.*

alfayata (de «alfayate»; ant.) f. *Sastra.*

alfayate (del ár. and. «alẖayyáṭ»; ant.) m. **Sastre.*

alfayatería (de «alfayate»; ant.) f. *Sastrería.*

alfayo (del ár. and. «alfáyy», botín, quizá con influencia de «alfaya» y «alhaja»; ant.) m. **Ingenio o *destreza.*

alfazaque (del sup. ár. and. «alḫazzáq», pedorrero; varias especies del género *Copris)* m. Insecto *coleóptero parecido al escarabajo común, negro con reflejos azulados, con la cabeza torcida en forma de cuerno, abundante en España.

alféizar (del ár. «ḥayyiz», dominio, espacio) **1** m. Corte del muro alrededor de una *puerta o *ventana. ⊙ Particularmente, en lenguaje corriente, la parte inferior de él: 'Apoyada en el alféizar de la ventana'. **2** *Rebaje hecho en la pared de ese corte para insertar en él la puerta o ventana.*

alfeña (ant.) f. *Alheña (arbusto oleáceo y polvo de sus hojas).*

alfeñicarse (de «alfeñique») **1** prnl. **Adelgazar.* **2** *Afectar delicadeza.*

alfeñique (del ár. and. «fayníd», cl. «fānīd», de or. sánscrito) **1** m. **Golosina consistente en una barrita de *caramelo retorcida.* **2** Persona de complexión y aspecto *débiles. ⇒ Fifiriche, mesingo, poca cosa, *raquítico, sietemesino. **3** **Melindre.* **4** *Afeite (arreglo artificioso).* **5** (And.) **Valeriana (planta valerianácea).*

alferce (ant.) m. *Alférez.*

alferecía (del ár. and. «alfaliǧiyya», cl. «fāliǧ», y éste del gr. «plêxis»; pop.) f. *Epilepsia.

alférez (del ár. and. «alfáris») **1** n. Militar con el grado más bajo dentro de los de oficial. **2** Oficial encargado de llevar la *bandera, pendón o estandarte. **3** (Hispam.) *Persona que se hace cargo de la mayor parte de los gastos de ciertas fiestas religiosas y llevan el pendón en los actos que se celebran con ocasión de esa festividad.*

ALFÉREZ DE FRAGATA. Oficial de la Armada de grado equivalente al de alférez del Ejército de Tierra.

A. MAYOR. **1** *El que llevaba el pendón de las tropas de una ciudad.* **2** *El que alzaba el pendón real en las aclamaciones de los reyes.*

A. MAYOR DE CASTILLA. *ALFÉREZ del rey.*

A. MAYOR DE LOS PEONES. *Jefe de las tropas de a pie.*

A. DE NAVÍO. Oficial de la Armada cuyo grado es equivalente al de teniente del Ejército de Tierra.

A. DEL PENDÓN REAL. *ALFÉREZ del rey.*

A. DEL REY. *El que llevaba el pendón o estandarte real en el ejército.* ≃ ALFÉREZ mayor de Castilla, ALFÉREZ del pendón real. ⇒ PAJE de guión.

alferezado m. *Cargo o grado de alférez.*

alferga f. **Dedal para coser.*

alferraz (¿del ár. and. «alḥúrr», halcón, con sufijo rom.?) m. *Cierta *ave falcónida, variedad de halcón, que se empleó en *cetrería.*

álfico, -a **1** (culto) adj. *Del alba.* **2** (culto) *Blanco.*

alficoz (¿del sup. ár. and. «alfiqqús», del aram. rabínico «pikkūsā», acción de preparar el cohombro para su consumo?) m. **Cohombro (planta cucurbitácea y su fruto).*

alfil[1] (del ár. and. «alfíl», cl. «fīl», y éste del persa «pīl», elefante) m. Figura de *ajedrez de las que tiene dos cada jugador, que se mueve diagonalmente, pudiendo recorrer en la misma dirección cualquier número de casillas. ⇒ Arfil.

alfil[2] (del ár. and. «alfill»; ant.) m. *Agüero.* ⇒ *Presagiar.

alfilel (del ár. and. «alẖilál»; ant.) m. *Alfiler.*

alfiler (del ár. and. «alẖilál») **1** m. Objeto de metal, delgado como una *aguja, con punta en un extremo y cabeza en el otro, que se clava, por ejemplo para sujetar una tela con otra. **2** *Clavo delgado de cabeza plana. **3** Imperdible de *adorno: 'Alfiler de corbata'. ⇒ *Broche. **4** (Cuba, Pan., P. Rico, R. Dom., Ven.) **Imperdible.* **5** (inf.; pl.) *Cantidad de *dinero dada a una mujer, por ejemplo a las hijas, para sus gastos.* ⊙ (inf.; pl.) **Propina que los huéspedes daban a las criadas en las posadas.* **6** (pl.) *Juego, particularmente de niñas, que consiste en empujar cada jugador su alfiler con la uña del pulgar, tratando de montarlo sobre el del otro jugador y quedándose con éste cuando lo consigue. ≃ Crucillo. **7** Pinza de *tender. **8** *Árbol leguminoso de Cuba, cuya madera, de color pardo oscuro, se emplea en construcción.* **9** *(Erodium cicutarium)* *Planta geraniácea de flores purpúreas de pétalos desiguales. Se cultiva como forraje y tiene propiedades medicinales.

ALFILER DE CRIANDERA (Cuba). **Imperdible.*

A. DE GANCHO (Arg., Bol., Chi., Col., Salv., Guat., Ur.). **Imperdible.*

A. DE PARÍS. *Clavo de cabeza plana y punta piramidal.

A. DE SEGURIDAD (Méj.). **Imperdible.*

DE VEINTICINCO ALFILERES («Ir, Ponerse»). Muy acicalado o *arreglado.

PARA ALFILERES. Expresión que se aplica al dinero dado a una mujer para sus pequeños gastos.

PRENDIDO CON ALFILERES. Se aplica a un trabajo material o intelectual que ha quedado sin *terminar bien, y poco seguro: 'Llevo la lección prendida con alfileres'. ⇒ *Embarullar.

alfilerazo **1** m. Pinchazo dado con un alfiler. **2** Censura, queja, etc., dirigida a alguien en forma velada, como en broma, o indirectamente. ≃ Indirecta, pulla.

alfilerillo (de «alfiler»; Arg., Chi.; varias especies del género *Erodium)* m. *Planta geraniácea usada como forrajera.*

alfiletero m. Utensilio consistente en un tubo con tapa, destinado a guardar alfileres o *agujas. ≃ Cachucho, canutero, canuto, cañutero, cañuto.

alfinde (de «alhinde»; ant.) m. **Acero.*

alfinge (del ár. and. «isfánja», del lat. «spongĭa», y éste del gr. «spoggía»; ant.) m. *Buñuelo.*

alfitete (del ár. and. «alfitáta», migas de pan) m. *Cierta *sopa semejante a la sémola o al farro.*

alfiz (¿del sup. ár. and. «alḥíz», de «alḥáyyiz», cl. «ḥayyiz»?) m. ARQ. Elemento decorativo del arte árabe que consiste en una moldura que enmarca un arco o el vano de una puerta o ventana. ⇒ *Adorno.

alfócigo (de «alfóstigo»; ant.) m. **Alfóncigo (planta anacardiácea).*

alfolí (del ár. and. «alhurí») m. **Granero o *depósito; particularmente, depósito de sal.* ≃ Alforiz, alholí, alholía, alhorí, alhorín.

alfombra[1] (del ár. and. «alḥánbal», tapiz para estrados) **1** f. *Tela muy gruesa, generalmente de tejido de felpa, a veces hecho anudando a mano en la trama los hilos que forman la felpa, que se emplea para cubrir el suelo. **2** Cualquier cosa que está extendida sobre el suelo cubriéndolo: 'Una alfombra de flores'. **3** (Col.) *Sudadero* *para las caballerías, generalmente de lana.* **4** (Cuba, Pan., P. Rico, R. Dom., Ven.) **Felpudo*.

ALFOMBRA LIMPIADORA (Pan., R. Dom.). **Felpudo*.

A. DE MOQUETA. La de textura de felpa (o sea hecha con un hilo de la urdimbre formando bucles que, al cortarse, quedan en forma de pelo).

A. DE NUDO. La hecha anudando en los hilos de la trama los hilos que forman el pelo o felpa.

□ CATÁLOGO

Alcatifa, alfombrado, alhombra, almofalla, alombra, alquetifa, alquitifa, catifa, entapizada, estroma, kilim, jarapa, moqueta, *tapiz, tatami, zofra. ➤ Arrimadillo, baleo, escupidor, estera, felpo, felpudo, lado, limpiabarros, panero, peludo, redor, *ruedo. ➤ Barceo, piel, veralca. ➤ De moqueta, de nudo. ➤ Tripe. ➤ TELA tonta. ➤ Catalufa, pleita. ➤ Cabecear. ➤ AGUJA de arria, AGUJA espartera. ➤ Alfombrar, desalfombrar, desesterar, empetatar, esterar. ➤ Tapicería.

alfombra[2] (del ár. and. «alḥúmra») f. MED. *Alfombrilla.*

alfombrado, -a 1 Participio adjetivo de «alfombrar»: cubierto con alfombra o alfombras. **2** m. Acción de alfombrar. **3** (Hispam.) **Alfombra (tela)*.

alfombrar 1 tr. o abs. Colocar alfombras sobre el ↘suelo. **2** tr. Cubrir el ↘suelo de un ↘lugar como con alfombra.

alfombrilla (de «alfombra[2]») f. MED. Enfermedad eruptiva parecida al sarampión pero sin síntomas catarrales.

alfombrita (dim. de «alfombra[1]»; P. Rico) f. **Felpudo*.

alfóncigo (del ár. and. «alfústaq»; *Pistacia vera)* m. Árbol anacardiáceo, con fruto en drupa, llamado del mismo modo, cuya almendra, llamada «pistacho», es oleaginosa, dulce y comestible. ≃ Alfónsigo, alhócigo, pistachero, pistacho. ⇒ Alfócigo, alfóstiga, alfóstigo.

alfóndega (del ár. and. «alfúndaq», cl. «funduq», y éste del gr. «pandokeîon», a través del arameo, con el sufijo rom. «-igo, -a»; ant.) f. *Alhóndiga.*

alfóndiga (del mismo or. que «alfóndega»; Ar.) f. *Alhóndiga.*

alfondoque (Ven.) m. *Alfandoque.*

alfonsario (¿del art. ár. «al-» y «fonsario»?; ant.) m. *Osario.*

alfonsearse (¿de «Alfonso», nombre propio?; ant.) prnl. **Burlarse de alguien en tono de broma.*

alfonsí adj. De Alfonso X el Sabio: 'La prosa alfonsí'. V. «MARAVEDÍ alfonsí».

alfónsigo m. **Alfóncigo (planta anacardiácea).*

alfonsina (De «Alfonso», porque este acto se celebraba en la capilla de San Ildefonso del Colegio Mayor.) f. *Cierto acto solemne, de teología o medicina, que se celebraba en la *universidad de Alcalá.*

alfonsino, -a 1 adj. De alguno de los reyes españoles llamados Alfonso. ⊙ adj. y n. Partidario de ellos. **2** m. *Moneda de Alfonso X el Sabio.*

alfonsismo m. *Adhesión a alguno de los últimos reyes españoles llamados Alfonso.*

alforfón (del gall. «alforfa», alfalfa; *Fagopyron esculentum)* m. *Planta poligonácea de fruto negruzco, con cuya semilla llamada con el mismo nombre, se hace en algunos sitios un *pan de mala calidad. ≃ Alforjón, fajol, rubión, TRIGO rubión, TRIGO sarraceno.

alforín (Mur.) m. *Algorín.*

alforiz (ant.) m. **Alfolí.*

alforja (del ár. and. «alẖúrǧ») **1** (sing. o pl.) f. Tira de tela fuerte con las puntas dobladas de modo que forman dos *bolsas, que llevan los campesinos colgada al hombro o se pone sobre las caballerías, para transportar cosas. ⇒ Árguenas, árgueñas, barjuleta, biazas, bizazas, cedras, jaque, zamarrico, *zurrón. **2** (inf.; pl.) Se aplica a veces, despectivamente, a un vestido demasiado ancho o mal cortado, que forma bolsas. **3** *Provisión de comestibles para el camino.* ⇒ Sacar los PIES de las alforjas.

PASARSE A LA OTRA ALFORJA (Chi.; inf.). *Sobrepasar los límites que imponen la moderación y la cortesía.*

¡QUÉ... NI QUÉ ALFORJA! (inf.). *Expresión enérgica de rechazo.* ⇒ *Negar.

V. «para ese VIAJE no se necesitan alforjas».

alforjero (de «alforja») m. *En algunas *órdenes religiosas, lego o donado que recoge las limosnas.*

V. «PERRO alforjero».

alforjón m. **Alforfón (planta poligonácea).*

alforre (del sup. ár. and. «aṭṭáyr alḥúrr», cl. «aṭṭa'iru lḥurr», el ave noble) m. *Nombre vulgar que reciben, en distintas regiones españolas, diversas aves rapaces de pequeño tamaño.*

alforrocho (del ár. and. «alfarrúǧ»; Ar.) m. *Pollo o gallina.*

alforza (del ár. and. «alḥúzza») **1** f. **Lorza.* **2** **Cicatriz.*

alforzar (de «alforza») tr. *Hacer lorzas en una ↘prenda.*

alfóstiga o **alfóstigo** (del ár. and. «alfústaq», cl. «fustuq», de or. persa, con el suf. rom. «-igo,-a» ; ant.) f. o m. *Alfóncigo (árbol anacardiáceo).*

alfoz (del ár. and. «alḥáwz») **1** (ant.) amb. *Arrabal.* ≃ Alhoz, foz **2** (ant.) *Distrito con varios pueblos que forman una sola jurisdicción.* ≃ Alhoz, foz.

alga (del lat. «alga») f. Nombre que tradicionalmente reciben diversos organismos eucariotas autótrofos, no siempre emparentados entre sí; algunos pertenecen al reino protista, como las diatomeas, y otros son del reino *plantas, como las algas verdes; las algas son esencialmente acuáticas, pero algunas viven sobre el suelo o árboles húmedos. ⊙ (pl.) Nombre de la clase que forman. ⇒ Ajomate, ceiba, cochayuyo, *coralina, diatomea, esfenosira, fuco, huiro, lama, laminaria, luche, MUSGO marino, navícula, ocle, ova, OVA de río, sargazo. ➤ Anteridio, anterozoide. ➤ Conjugado, diatomeas. ➤ Rumiaco, verdín. ➤ Algoso, ovoso. ➤ Algar. ➤ Criptógama, talofita.

ALGA SILÍCEA. Diatomea.

algaba (del ár. and. «alḡába») f. **Bosque.*

algadara f. *Máquina de guerra antigua.* ≃ Algarrada. ⇒ *Artillería.

algafacán (del ár. and. «alẖafaqán»; ant.) m. *Dolor en el *corazón.*

algaida (del ár. and. «alḡáyḍa») **1** f. **Duna o *bajo de arena.* ≃ Médano. **2** **Bosque o sitio cubierto de matorrales espesos.*

algaido, -a (de «algaida»; And.) adj. *Cubierto de ramas o paja.*

algalia[1] (del ár. and. «alḡáliya») **1** f. Sustancia de olor fuerte que se extrae de una bolsa que tiene cerca del ano el «gato de algalia» o civeta. ≃ Ambarina, argalia, civeto. ⇒ *Aroma. **2** *(Hibiscus abelmoschus)* *Planta malvácea, cuya semilla, de olor almizcleño, se emplea en farmacia y perfumería. ≃ Abelmosco.

algalia[2] (de «argalia») f. CIR. *Especie de sonda encorvada empleada especialmente para dar salida a la orina.*

algaliero, -a (de «algalia[1]») adj. y n. *Aficionado a usar perfumes.*

algar[1] (del ár. and. «alḡár»; ant.) m. **Cueva.*

algar[2] m. Masa grande de algas en el fondo del mar.

algara[1] (del ár. and. «alḡára», expedición) **1** f. En la Edad Media, *tropa de a caballo que salía a recorrer y saquear la tierra enemiga. ≃ Algarada. **2** Algarada (*correría de esa tropa). **3** (ant.) *Vanguardia de un ejército.*

algara[2] (del ár. and. «algilála») f. *Binza.*

algarabía[1] (del ár. and. «al'arabíyya») **1** f. Nombre que daban los cristianos a la lengua *árabe en tiempos de la Reconquista. **2** (inf.) *Lenguaje o *escritura ininteligible. **3** («Armarse, Haber») Ruido producido por gritos y voces confusas y estridentes: 'Cuando se apagó la luz se armó una algarabía espantosa'. ≃ *Alboroto. **4** **Enredo o maraña.*

algarabía[2] *(Odontites lutea)* f. *Planta escrofulariácea ramosa, de pequeñas flores amarillas, de la que se hacen escobas.

algarabío, -a (del ár. and. «algarbí») adj. y, aplicado a personas, también n. *Del Algarbe o Algarve, región portuguesa.*

algaracear (Guad.) intr. *Caer *nieve menuda.*

algarada[1] **1** f. *Correría realizada por una algara. ≃ Algara. **2** Algara (tropa que realiza la correría). **3** *Disturbio callejero.

algarada[2] f. TAUROM. *Algarrada.*

algarazo (Ar.) m. **Aguacero.*

algareador, -a (ant.) adj. *Algarero.*

algarear (de «algara[1]»; ant.) intr. *Vocear o *alborotar.*

algarero, -a **1** m. *Hombre de a caballo que tomaba parte en una algarada.* **2** adj. Alborotador. **3** **Hablador.*

algarivo, -a (del ár. and. «algaríb») **1** (ant.) adj. **Extraño o *ajeno.* **2** (ant.) **Injusto.* **3** (ant.) **Rebelde.*

algarrada[1] (del ár. and. «al'arráda») f. *Máquina de guerra antigua con la que se lanzaban piedras.* ≃ Algadara, algarada. ⇒ *Artillería.

algarrada[2] (de «algarada[1]») **1** f. TAUROM. *Corrida de un toro en campo abierto.* **2** TAUROM. *Encierro de los toros de lidia.* **3** TAUROM. *Novillada.*

algarroba (del ár. and. «alharrúba») **1** *(Vilia sativa* y *Vilia monantha)* f. Planta leguminosa cuyas semillas, llamadas con el mismo nombre, se usan como alimento. ≃ Algarrobilla, alverja, alverjana, arveja, arvejana, arvejona, ervilla, veza, vicia. ⇒ Carrafa, garrubia. **2** Fruto del algarrobo, que es una vaina de color negro rojizo, de cascara coriácea revestida interiormente con una pulpa azucarada; sirve para pienso y para usos industriales y la vaina, ya seca, se comía como golosina.

algarrobal m. Campo de algarrobas o de algarrobos.

algarrobera o **algarrobero** f. o m. Algarrobo.

algarrobilla (dim. de «algarroba») f. **Algarroba (planta).*

algarrobo (de «algarroba») **1** *(Ceratonia siliqua)* m. Árbol leguminoso, propio de regiones marítimas templadas, de copa extendida y ramas bajas y que alcanza gran corpulencia. ≃ Algarrobera [o algarrobero], garrofero. ➤ Algarroba, garroba, garrofa. ➤ Algarrobal, garrobal, garrofal. **2** *En América se da este nombre a otros árboles y arbustos, como el curbaril o el cenizaro.*

ALGARROBO LOCO. *Ciclamor.

algavaro (del ár. and. «algawwár», algarero, porque las antenas de este insecto parecen picas; *Cerambyx cerdo)* m. Insecto *coleóptero, negro, de cuerpo alargado, con largas antenas, muy común en España.

algazara (del ár. and. «algazára», locuacidad) **1** (ant.) f. **Correría de gente de guerra.* ≃ Algara, algarada. **2** *Voces de gente de guerra; particularmente de los moros al *atacar.* **3** Voces, risas, etc., de gente que se divierte o está alegre. ≃ Alborozo, regocijo. ⇒ Albórbola, albuérbola, animación, boruca, *bulla, bullanga, bullicio, caraba, cascabeleo, guasanga, holgorio, jaleo, jarana, jolgorio, jollín, juerga, liorna, samotana, tararira, zambra. ➤ Chacarrachaca; trapa, trapa. ➤ *Broma. *Bulla. *Diversión. *Jaleo.

algazul (del ár. and. «algasúl»; *Mesembryanthemum nodiflorum)* m. *Planta aizoácea propia de los arenales y roquedos costeros, con hojas crasas y flores poco visibles llenas de vesículas transparentes que parecen gotas de rocío; sus cenizas contienen sosa. ≃ Aguazul, aguazur. ⇒ *Barrilla.

álgebra (del ár. «algabru walmuqābalah», reducción y cotejo, a través del b. lat.) **1** f. Parte de las *matemáticas que trata de las operaciones aritméticas y sus propiedades. También incluye otras especialidades que estudian otras operaciones no numéricas. **2** (ant.) *Arte de arreglar los *huesos dislocados o rotos.*

algebraico, -a o, menos frec., **algébrico, -a** adj. De [o del] álgebra.

algebrar (de «álgebra») tr. *Vendar, etc., una *fractura o dislocación de huesos.*

algebrista **1** n. Persona que se dedica al estudio del álgebra. **2** (ant.) *Persona que arregla las dislocaduras y roturas de huesos.* ⇒ Aliñador, componedor, ensalmador. ➤ *Cirugía. *Curandero.

algente (del lat. «algens, -entis», part. pres. de «algēre», estar frío) adj. *Frío.*

-algia Elemento sufijo del gr. «álgos», dolor: 'cefalalgia, gastralgia'.

algidez f. MED. Frialdad del cuerpo. ⊙ Momento álgido.

álgido, -a (del lat. «algĭdus») **1** adj. MED. Acompañado de frío intenso en el cuerpo: 'Fiebre álgida. Periodo álgido'. **2** Como esto suele ocurrir en el periodo agudo de una enfermedad, la palabra ha pasado a emplearse en el lenguaje corriente, incluso de los médicos, como equivalente a «culminante» o «máximo», aplicada a cualquier clase de circunstancias, incluso a las que implican excitación o acaloramiento.

algo (del lat. «alĭquod»; pronunc. con acento propio) **1** pron. indef. Representa, en contraposición a «nada», una cosa cualquiera: 'Aquí hay algo que no entiendo. Eso me suena de algo'. **2** Una cantidad pequeña de cierta cosa: 'Falta algo para dos metros'. ⇒ Asomo, atisbo, barrunto, brizna, chispa, destello, grisma, indicios, miaja, muestra, *pizca, PUNTAS y ribetes, repunta, señal, sombra, sospecha, vislumbre; cierto, un POCO, algún [o un] TANTICO, algún [o un] TANTO. ➤ *Nada. *Poco. **3** (ant.) *Mucho.* **4** A veces expresa irónicamente «mucho» o una cosa de importancia: 'Ése se cree que es algo. Aún te falta algo para saber tanto como él'. **5** («Un, Su») m. *Bienes de fortuna. **6** adv. Sirve para atribuir sólo en pequeña parte el adjetivo o adverbio a que se une: 'El enfermo está algo mejor. Está algo enterado'. ≃ Algún TANTO, un poco, un tanto. ⇒ Medio.

ALGO ASÍ [COMO]. Expresión con que se expresa aproximación: 'Me dijo que iría a verte un día de éstos, o algo así. De aquí a allí habrá algo así como 3 Km'.

ALGO DE. Se emplea en vez de «algo» delante de un nombre: 'Tengo algo de dinero en la cartera'. ≃ Algún.

ALGO ES ALGO. Expresión de *conformidad, de sentido claro.

CREERSE [o SER] ALGO una persona. Creerse [o ser] importante o persona de *categoría.

IR A DAR ALGO a alguien (jocoso). Ir a dar un ataque: 'A mí me va a dar algo si no se calla esa mujer'.

MÁS VALE ALGO QUE NADA. ALGO es algo.

SER ALGO APARTE. Ser la cosa de que se trata muy distinta de las de su género, ser superior a ellas, o tener en mucho mayor grado cierta cualidad.

algodón (del ár. and. «alquṭún»; colectivo de género: 'una plantación de algodón') **1** *(Gossypium herbaceum)* m. *Planta malvácea de tallos que se vuelven rojos al tiempo de florecer, de hojas con cinco lóbulos, flores amarillas con manchas encarnadas, y, por fruto, una cápsula con las semillas envueltas en una borra blanca que rebosa de la cápsula al abrirse ésta espontáneamente. ≃ Algodonero. ⊙ Esta borra. ⊙ (pl.) Bolitas de ella empleadas para taparse los oídos. ⊙ La misma borra, hilada. ⊙ Tejido hecho con ella. ⇒ Alcotón, cotón, cotona, cotonada, cotoncillo, cotonía, júmel. ➤ Perlé. ➤ Empeine. ➤ Almarrá, arrequife. ➤ Bala, paca. ➤ Borra, guata. ➤ Alijar, mercerizar. ➤ Enguatar. ➤ Algodonero, algodonoso, gosipino. ➤ *Hilo. *Tela, ver apartado de las de algodón. **2** (pl.) *Hebras de algodón o seda, raeduras, etc., que se ponían en el fondo del *tintero para que la pluma no cogiese demasiada tinta.* ≃ Gropos.

ALGODÓN DULCE. *Golosina hecha con azúcar, de aspecto parecido al del algodón, que se sirve enrollado en un palo. Suele venderse en las verbenas y parques de atracciones.

A. HIDRÓFILO. Algodón en rama, desengrasado y blanqueado, que absorbe rápidamente la humedad y se emplea en usos de *medicina e higiene.

A. MERCERIZADO. El hilado sometido a cierto tratamiento con sosa cáustica para abrillantarlo.

A. PÓLVORA. Pólvora de algodón.

A. EN RAMA. Algodón sin hilar.

ENTRE ALGODONES. Con muchos cuidados.

V. «MANTA de algodón».

algodonal o **algodonar**[1] m. Campo de algodón.

algodonar[2] tr. *Rellenar de algodón una ↘cosa.* ⇒ *Guatear.

algodoncillo (dim. de «algodón»; *Asclepias incarnata)* m. *Planta asclepiadácea de América, cuyas semillas tienen una borra parecida al algodón.

algodonero, -a 1 adj. De [o del] algodón: 'Industria algodonera'. ⊙ adj. y n. Que cultiva o negocia con algodón. **2** m. Planta del algodón.

algodonosa *(Otanthus maritimus)* f. Planta compuesta de flores amarillas en corimbo, cubierta de una pelusa larga parecida al algodón.

algodonoso, -a adj. Cubierto de algodón u otra cosa de estructura semejante, o que parece algodón. ⇒ Cotudo, lanoso, lanuginoso, tomentoso, velloso.

algonquino, -a 1 adj. y, aplicado a personas, también n. Se aplica a ciertos pueblos *indios de América del Norte, entre los que se encuentran los cheyenes y los pies negros, y a sus cosas. **2** m. Cada una de las diferentes lenguas habladas por estos indios.

algorfa (del ár. and. «alğúrfa») f. *Desván o granero.*

algorín (del ár. and. «alhurí») m. *En los molinos de *aceite, cada compartimiento de los que se construyen alrededor del patio con el suelo en pendiente, para depositar la aceituna de cada cosechero hasta que se muele.* ⊙ *Ese mismo patio, en el cual hay un sumidero para recoger el alpechín o jugo que escurre de las aceitunas.*

algoritmia (de «algoritmo») f. *Ciencia del cálculo aritmético y algebraico.*

algoritmo (¿del ár. «ḥisābu lġubār», cálculo mediante cifras arábigas, a través del lat.?) m. MAT. Procedimiento preciso para resolver un problema; por ejemplo, el que se utiliza para resolver las raíces cuadradas o las divisiones.

algorra (Chi.) f. *Alhorre (*erupción).*

algorza (del sup. ár. y rom. and. «alğúrsa», del sup. célt. «gŏrtia») f. *Barda de tapia.*

algoso, -a adj. Con algas.

alguacil (del ár. and. «alwazír») **1** m. Empleado subalterno que ejecuta las órdenes de un juez o un *tribunal. ⇒ Agarrador, aguacil, alguacilillo, belleguín, CABO de ronda, chauz, corchete, esbirro, galafate, galfarro, grullo, merino chico, ministro, porquerón, satélite, topil, verguer, verguero, vergueta. ➤ Barrachel. ➤ Grullada. ➤ Andador, comisionado, esbirro, ministril, PORTERO de vara, sayón. ➤ *Policía. **2** Empleado subalterno de un *ayuntamiento, que ejecuta las órdenes del alcalde. **3** Agente a las órdenes del presidente de una corrida de *toros. **4** *En cierto tiempo y en algunos sitios, gobernador de una comarca con jurisdicción civil y criminal.* **5** *Antiguamente, *juez designado por la comunidad de su jurisdicción en vez de por el rey.* **6** MINER. *Capataz.* **7** ALGUACIL de moscas.

ALGUACIL DE LA MONTERÍA. *Encargado en las cacerías reales de disponer las telas, redes, etc., y transportarlas al lugar correspondiente.*

A. DE MOSCAS *(Salticus scenicus).* Cierta *araña de patas cortas, de color ceniciento, con cinco manchas negras en el lomo. ≃ Alguacil.

alguacila 1 f. *Alguacilesa.* **2** *Mujer que ayuda a la alcaldesa en la dirección de las fiestas de Santa Águeda, de Segovia.*

alguaciladgo (ant.) m. *Alguacilazgo.*

alguacilazgo m. Cargo de alguacil. ≃ Alguacilía.

alguacilesa f. Femenino de alguacil. ≃ Alguacila. ⊙ Mujer del alguacil.

alguacilía f. *Alguacilazgo.*

alguacilillo (de «alguacil») m. TAUROM. Cada uno de los dos empleados que preceden a la cuadrilla en el paseo, uno de los cuales recibe del presidente la llave del toril y queda a sus órdenes durante la corrida.

alguandre (del lat. «aliquando») **1** (ant.) adv. **Algo.* **2** (ant.) **Nunca.*

alguanto, -a (del lat. «aliquantus»; ant.) pron. indef. **Alguno.*

alguaquida (del ár. and. «alwaqída»; ant.) f. *Pajuela de azufre.*

alguarín (de «algorín») **1** (Ar.) m. *Cuarto en la planta baja de las *casas, para guardar cosas.* ⇒ Caño. **2** (Ar.) *Pilón donde cae la harina que sale de la muela.*

alguarismo (ant.) m. *Algoritmo.*

alguaza (del ár. and. «alwáṣl», tira de cuero añadida que servía de gozne; Ar.) f. **Gozne.*

alguerés, -a adj. y, aplicado a personas, también n. De Alguer, ciudad de la isla de Cerdeña. ⊙ m. Variedad del catalán hablada en ella.

alguese (de «alarguez»; And.) m. **Agracejo (planta berberidácea).*

alguien (del lat. «alīquem») **1** pron. indef. Representa indistintamente a una persona o a varias: 'Alguien me lo ha dicho, pero no sé quién'. ⇒ Tal. **2** m. Se usa a veces en lenguaje irónico informal como «persona de importancia»: 'Se cree alguien. Desde que es alguien'.

CREERSE ALGUIEN. *Presumir de persona importante.

SER ALGUIEN. Ser persona importante.

☐ NOTAS DE USO

Puede también referirse a personas y animales conjuntamente, cuando el mismo que habla no puede determinar si se trata de lo uno o de lo otro, o cuando una cosa y otra se opone a «cosas»: 'Se oye ruido dentro de la casa, de modo que debe de haber alguien. Causar perjuicio a algo o a alguien'. Puede llevar un complemento con preposición o formado por una oración: 'Alguien de Madrid. Alguien que está bien enterado'. Este pronombre, lo mismo que «algo, nada» o «nadie», tiene solamente singular; no es discreto o repartible en unidades o individuos. Por eso, no se puede usar lógicamente con un partitivo referido a una multiplicidad. Lo mismo que no cabe decir 'algo de los trenes llegaron [o llegó] con retraso', tampoco puede decirse 'alguien de los españoles está [o están] conforme[s]' (aunque sí puede decirse «alguien de España...» porque «de España» no es un partitivo sino un complemento de lugar). Sin embargo, no es raro oír o ver escritas frases como «si alguien de ustedes tiene algo que decir...», que, realmente, no repugnan al oído; la razón de ello es, probablemente, que se sobreentiende un «entre» después de «de», lo que quita a la expresión el valor partitivo y la convierte en un complemento de lugar.

El adjetivo calificativo concierta con «alguien» en masculino: 'alguien bien enterado'. Se le puede aplicar también un adjetivo demostrativo cuando «alguien» es repetición: 'Alguien lo sabe, pero ese alguien no esta aquí'.

El oído rechaza la repetición de «alguien» mediante «él», en frases como 'darle a alguien una cosa que él no desea', y tampoco se emplea contrapuesto a «otro» diciendo, por ejemplo: 'Alguien prefiere el verano; otros prefieren el invierno'.

alguinio (Ar.) m. *Cuévano o *cesta grande para vendimiar o recoger frutos.*

algún adj. Apóc. de «alguno» empleado delante de nombres masculinos.

algund (ant.) adj. *Algún.* ≃ Algunt.

alguno, -a (del lat. «alĭquis», alguien, y «unus», uno) **1** adj. y pron. indef. Se utiliza en casos en que el mismo que habla no puede determinar a qué cosas de las designadas por el nombre se refiere y, a veces, ni si se trata de una o de varias o, incluso de ninguna: 'Tráeme algún libro. Si viene alguna carta para mí, guardádmela'. ⊙ Referido a personas equivale a «alguien»: 'Dale la carta a alguno que vaya para allá'. Se usa en vez de «alguien» cuando se quiere determinar el género: 'Que venga alguna que sepa dibujar'; o cuando se trata de un plural: 'Algunos no quieren creérselo'. ⇒ ALGÚN[O] que otro, unos POCOS, TAL cual. ➤Algund, algunt. **2** Con un nombre de cosa no numerable, equivale a «algo de»: 'Tiene algún dinero'. ⊙ Y, a veces, equivale a «bastante»: 'Una enfermedad de alguna importancia'. **3** Pospuesto al nombre en frases negativas o de sentido negativo aunque no lo sean en la forma, significa «ninguno»: 'En modo alguno debes avergonzarte'.

ALGÚN TANTO. Algo.

ALGÚN[O] QUE OTRO. Algunos, pero pocos: 'Viene por aquí alguna que otra vez'.

HACER ALGUNA. Expresión informal, equivalente en frases hipotéticas a «hacer una», con que se hace referencia con énfasis despectivo o de reprobación a una acción de alguien: 'Cuando le ha castigado el maestro será porque ha hecho alguna'. Frecuentemente va seguida de «de las suyas [tuyas, etc.]»: 'Ya habrás hecho alguna de las tuyas'.

V. «algún TIEMPO atrás».

□ NOTAS DE USO

En general no se emplea «alguno», sino «uno» cuando se alude con certeza a una cosa singular: se dice 'algunos contestaron que sí, otros dijeron que no', etc.; pero no se dice 'alguno dijo que sí, otro dijo que no', etc., pues al contraponerlo a «otro» se da por seguro que el que habla se refiere a una sola persona. Sin embargo, se dice 'sé que está en algún país de América'. En plural representa a varios individuos indeterminados: 'Algunas personas creen...'. O bien equivale a «unos pocos» o «unos cuantos»: 'Llevo algunas monedas en el bolsillo'.

Se usa como partitivo con «de»: 'Algunos de los presentes se dieron cuenta' y con un complemento con «entre» en vez del partitivo: 'Algunos entre los que protestaban no sabían por qué'.

algunt (ant.) adj. *Algún.* ≃ Algund.

alhábega (Mur.) f. **Albahaca (planta labiada).*

alhacena f. *Variante ortográfica de «alacena».*

alhadida (del ár. and. «alḥadída»; ant.) f. QUÍM. *Sulfato de *cobre.*

alhaite (del ár. and. «alẖáyṭ»; ant.) m. *Alhaja.*

alhaja (del ár. and. «alḥáǧa») **1** f. Objeto de *adorno personal hecho de metales y piedras preciosas. ≃ *Joya. ⊙ Por extensión, la misma clase de objetos, de bisutería. ⊙ Cualquier objeto de mucho más valor que sus similares, por su antigüedad, su mérito artístico, etc. **2** (inf.; n. calif.) Persona de excelentes cualidades o muy apta para su función: 'Tiene una hija que es una alhaja. Esa secretaria es una alhaja'. Se emplea mucho irónicamente, aplicado con *desprecio a alguien enredador o inútil: '¡Buena alhaja está hecho ese!'. ⇒ *Pieza.

ALHAJA CON DIENTES. Por ejemplo, 'no querer alhajas con dientes'. Se aplica irónicamente a las personas para significar que, por buenas que sean, exigen gasto para ser mantenidas.

alhajado, -a Participio adjetivo de «alhajar».

alhajar (de «alhaja») **1** tr. Adornar con joyas. ≃ Enjoyar. **2** Poner en una ↘casa todo lo necesario de muebles, ropas, etc.: 'Una casa magníficamente alhajada'.

alhajeme (ant.) m. **Barbero.* ≃ Alfajeme.

alhajero o **alhajera** (Hispam.) m. o f. *Cajita para alhajas.*

alhajito, -a (Ec., Méj.) adj. *Bonito, agradable.*

alhajú (ant.) m. *Alajú.*

alhama (ant.) f. *Aljama.*

alhamar (del ár. and. «alḥánbal», tapiz para estrados; ant.) m. **Manta o *colcha encarnada.* ≃ Alfamar.

alhambra f. *Cierto tejido de dibujos complicados usado para *colchas.*

alhambrilla f. **Baldosín rojo rectangular.*

alhámega (de «alhárgama») f. **Alharma (planta zigofilácea).*

alhamel (del ár. and. «alḥammál») **1** (And.) m. **Caballería.* **2** (And.) **Arriero o *porteador.*

alhamí (¿de «Alhama», ciudad granadina?) m. **Banco bajo o *poyo de piedra o revestido de azulejos.*

alhandal (del ár. and. «alḥánẓal») m. *Fruto de la *coloquíntida, usado en farmacia.*

alhanía (del ár. and. «alḥaníyya») **1** (ant.) f. **Alcoba.* **2** (ant.) **Alacena.* **3** (ant.) *Colchoncillo.*

alhaqueque (ant.) m. *Alfaqueque (encargado de redimir cautivos).*

alhaquín[1] (ant.) m. *Tejedor.*

alhaquín[2] (ant.) m. *Médico.* ≃ Alfaquín.

alharaca (del ár. and. «alḥaráka») f. Exageración en la manifestación de un sentimiento, impresión, etc., con voces o gestos o con la actitud: 'A pesar de todas esas alharacas no me convence de su sinceridad'. ≃ *Aspaviento.

alhareme (ant.) m. *Alfareme (tocado).*

alhárgama f. **Alharma (planta zigofilácea).*

alharma (del ár. «alḥarmal»; *Peganum harmala)* f. *Planta zigofilácea muy olorosa, cuyas semillas se emplean en algunos sitios como *condimento y también se comen tostadas. ≃ Alárgama, alármega, alfarma, alhámega, alhárgama, gamarza, harma.

alhavara (del sup. ár. and. «alḥawwára», cl. «ḥuwwārà», flor de harina) **1** (ant.) f. **Harina de flor.* **2** *Cierto derecho que se pagaba antiguamente en las tahonas de cocer *pan, de Sevilla.*

alhelí (del ár. and. «alẖayrí»; varias especies de los géneros *Cheiranthus* y *Matthiola;* el más conocido el *Matthiola incana)* m. *Planta crucífera de jardín, de hojas alargadas de color verde blanquecino y flores en espiga, de diversos colores y olor muy agradable. ⇒ Viola.

ALHELÍ DE MAHÓN. Mahonesa (planta).

alhendal m. *Alhandal.*

alheña (del ár. and. «alḥínna») **1** *(Ligustrum japonicum* y *Ligustrum vulgare)* f. *Planta oleácea de unos 2 m de alto, de hojas lustrosas, que se emplea en setos y borduras de parques y jardines y de cuyas hojas, dejándolas secar y moliéndolas, se hace una sustancia *tintórea. ≃ Alcana, aligustre, cinamomo, ligustre, ligustro. **2** Flor de la alheña. **3** Polvo de sus hojas. **4** *Azúmbar (planta alismatácea).* **5** *Roya (plaga).

alheñar 1 tr. **Teñir con polvos de alheña.* **2** prnl. *Ser atacadas las plantas por la roya.* ≃ Arroyarse. **3** *Estropearse las mieses.*

alhiara (ant.) f. **Cuerna.* ≃ Aliara.

alhidada (ant.) f. *Alidada (*regla de los instrumentos topográficos).*

alhinde (del ár. and. «alhínd»; ant.) m. **Acero.* ≃ Alfinde.

alhócigo m. **Alfóncigo (árbol anacardiáceo).*

alholí o **alholía** (ant.) m. o f. *Alfolí.*

alholva (del ár. and. «alḥúlba»; *Trigonella foenum-graecum)* f. *Planta leguminosa de hojas vellosas y con semillas amarillentas de olor desagradable, llamadas del mismo modo. ≃ Albolga, fenogreco, rica.

alhombra (ant.) f. **Alfombra.*

alhóndiga (de «alfóndiga») f. **Mercado de granos.* ≃ Lóndiga, *lonja.

alhondigaje (de «alhóndiga»; Méj.) m. **Almacenaje.*

alhorí o **alhorín** (del ár. and. «alhurí»; ant.) m. *Alfolí.*

alhorre[1] (¿del sup. ár. and. «alẖúrr», cl. «ẖur'», excremento?) m. *Excremento de los recién nacidos.* ≃ *Meconio.

alhorre[2] (del sup. ár. and. «alḥúrr», cl. «šakātu lḥúrr», nombre de ciertas afecciones cutáneas infantiles) m. **Erupción que les sale a veces a los recién nacidos en la cabeza, las nalgas, etc.*

alhorría (del ár. and. «alḥurríyya»; ant.) f. *Situación de horro.* ≃ Ahorría.

alhorro (Ál.) m. *Especie de *halcón.* ⇒ Alforre.

alhorza (ant.) f. *Lorza.*

alhoz (ant.) m. *Alfoz (*municipio múltiple, o arrabal o municipio agregado).*

alhucema (del ár. and. «alẖuzáma») f. *Espliego (planta labiada).

alhucemilla (dim. de «alhucema»; *Lavandula multifida)* f. *Planta labiada de tallos como de medio metro, con hojas divididas en hojuelas casi lineales y vellosas, y flores azules en espiga.

alhumajo (de «aljuma») m. *Hojarasca de pino.*

alhurreca (del sup. ár. and. «alẖurráyka», ortiga) f. **Adarce (costra salina que dejan las aguas del mar).*

ali m. *Suerte del juego de la secansa que consiste en reunir dos o tres cartas del mismo número o figura.*

aliabierto, -a adj. *Con las *alas abiertas.*

aliaca (ant.) f. *Aliacán.*

aliacán (del ár. and. «alyaraqán») m. **Ictericia.*

aliáceo, -a (del lat. «alĭum», ajo; culto) adj. De [o del] ajo.

aliadas (de «adehalas») f. pl. *Gratificación que acostumbraban a dar en Vizcaya los dueños de las ferrerías a los fundidores.* ⇒ *Propina.

aliado, -a 1 Participio adjetivo de «aliar[se]». ⊙ n. Cada miembro de una alianza con respecto a los otros o, en plural, todos ellos. **2** m. pl. Conjunto de las naciones aliadas contra Alemania y el resto de los países que lucharon a su lado en las dos guerras mundiales.

aliadófilo, -a (de «aliado» y «-filo») adj. y n. Partidario de los aliados en las dos guerras mundiales. ⇒ Anglófilo, francófilo. ➤ Germanófilo.

aliaga f. *Aulaga (planta labiada).

alianza 1 f. Acción de aliarse. **2** Reunión de cosas o personas que se unen para cierta cosa *ayudándose recíprocamente. ⇒ Aconchabamiento, anfictionía, ansa, capilla, capillita, coalición, colusión, compadraje, compadrazgo, conchabamiento, conchabanza, confabulación, confederación, *contubernio, eje, federación, germanía, hansa, lianza, liga, mancomunidad, TACTO de codos, unión. ➤ Aunar, coludir. ➤ *Acuerdo. *Armonía. *Asociar. *Reunión. **3** (lit.) ALIANZA matrimonial. **4** *Anillo de boda.

ALIANZA MATRIMONIAL. *Casamiento. ≃ Alianza.

V. «ARCA de la alianza».

aliar (del fr. ant. «aliier», juntar, del lat. «alligāre», atar; «a, con») **1** tr. y prnl. recípr. *Unir[se] una ˘cualidad o facultad a otra determinada, de manera que actúan juntas: 'Alía la prudencia a la decisión. Se alían en ella la belleza y la inteligencia'. ≃ Aunar[se]. **2** prnl. recípr. Formar una *alianza.

☐ CONJUG. como «desviar».

aliara (del sup. ár. y rom. and. «alfiyára», del lat. «phiăla», y éste del gr. «phiále», redoma) f. **Cuerna (vaso de cuerno).*

aliaria (del lat. «alliarĭa», de «alĭum», ajo; *Alliaria officinalis)* f. *Planta crucífera que huele a ajo, cuyas semillas se emplean como condimento.

alias (del lat. «alĭas») adv. Equivale a «por otro nombre» y se antepone al sobrenombre con que son conocidos algunos escritores o artistas antiguos: 'Domenico Theotocopuli, alias El Greco'. También a los apodos usados en los pueblos y a los que se usan entre toreros o artistas populares o entre la gente del hampa: 'Rafael Gómez, alias El Gallo'. No se aplica a los seudónimos que toman a veces los escritores o artistas modernos. ⊙ m. *Sobrenombre o apodo.

alibi m. DER. *Coartada.*

aliblanca 1 (Col.) f. **Pereza.* **2** (Cuba) *Cierta paloma salvaje.*

alible (del lat. «alibĭlis», deriv. de «alĕre», alimentar; culto) adj. *Capaz de alimentar.*

álica (del lat. «alĭca», espelta) f. **Gachas que se hacían de diversas legumbres y principalmente de espelta.*

alicaído, -a 1 adj. Con las *alas caídas. **2** *Débil o abatido física o moralmente: 'Se ha quedado muy alicaído después de la enfermedad. Le veo alicaído esta temporada'.

alicántara (de «Alicante») **1** f. *Alicante (víbora).* **2** *(Tarentola mauritanica) Cierta *salamanquesa.*

alicante (del ár. and. «al'aqráb», con influencia de «Alicante») **1** *(Vipera latastei)* m. Especie de *víbora del mediodía de Europa, muy venenosa. ≃ Alicántara, amodita. **2** *(Pituophis lineaticollis) Cierta *serpiente de Méjico, no venenosa.*

Alicante V. «BARRILLA de Alicante».

alicantino, -a 1 adj. y, aplicado a personas, también n. De Alicante, provincia española y su capital. **2** f. **Ardid con que se engaña a alguien.*

alicanto m. *Cierta *planta americana, cultivada, por ejemplo en los jardines de Chile, por su flor olorosa.*

alicatado, -a 1 Participio adjetivo de «alicatar». **2** m. Acción de alicatar. ⊙ Revestimiento de *azulejos.

alicatar (¿del ár. and. «alqáṭa'», cl. «qaṭ'», corte?) tr. o abs. *Revestir una ↘pared de *azulejos. ≃ Azulejar, chapar, chapear.

alicates (del sup. ár. and. «allaqqáṭ», cl. «laqqāṭ», tenazas) m. pl. *Herramienta como unas tenacillas, con puntas cortas que se aplican una contra otra como las de unas tijeras; se emplea para sujetar objetos pequeños, doblar alambres, etc. ⇒ Alitruje, pinzas.

alicer m. *Alizar: friso de *azulejos.*

aliciente (del lat. «allicĭens, -entis», part. pres. de «allicĕre», atraer, cautivar; «de, para») m. Cosa que, por constituir una esperanza agradable, anima o estimula a hacer algo que se expresa: 'El estar tú ahí es un aliciente para que vayamos'. ⊙ («de») Particularmente, circunstancia que hace agradable un lugar y atrae a él a la gente: 'Los alicientes de Sevilla'. ⇒ *Atractivo.

alicionar (de «a-[2]» y «lición»; ant.) tr. *Aleccionar.*

alicortar 1 tr. *Cortar las *alas a un ↘ave.* **2** Caza. *Herir a un ↘ave en las alas, con lo que se la imposibilita para volar.*

alícuota (del lat. «alĭquot», algunos) adj. V. «parte alícuota».

alidada (del ár. and. «al'iḍáda») **1** f. *Regla con dos pínulas o dos *anteojos en sus extremos, que acompaña a algunos instrumentos de *topografía y sirve para dirigir visuales.* ≃ Alhidada, dioptra. **2** *Regla con pínula que se pone en el tablero de dibujo de *topografía.* ≃ Regla de puntería.

alidona (del lat. «chelidonĭa», del gr. «chelidón», golondrina) f. *Concreción pétrea que se suponía encontrarse en el vientre de las *golondrinas.*

alienable (de «alienar») adj. *Enajenable.*

alienación f. Acción y efecto de alienarse[se]: 'Alienación mental'.

alienado, -a 1 Participio adjetivo de «alienar[se]». **2** adj. y n. *Loco: afectado de alienación mental.

alienante adj. Que produce la alienación del individuo.

alienar (del lat. «alienāre») **1** tr. y prnl. *Enajenar[se].* ⇒ Inalienable. **2** tr. Transformar la conciencia de un individuo o colectividad de modo que pierda su propia identidad. ⊙ prnl. Sufrir esta transformación.

alienígena (del lat. «alienigĕna») **1** adj. y n. **Extranjero.* **2** Extraterrestre, de otro planeta.

alienista (del lat. «alienāre», perder el juicio) adj. y n. Médico psiquiatra especializado en enfermedades mentales graves.

aliento (del sup. lat. «alenĭtus», por «anhelĭtus») **1** m. Acción de *alentar. **2** Acción o posibilidad de respirar: 'Llegó sin aliento'. ≃ Respiración. **3** Aire espirado. ≃ Vaho. ⇒ Berrenchín, fuelgo, halitosis, huelgo. ➤ Hálito. **4** («Dar, Infundir»; sing. o pl.) Capacidad para emprender o realizar esfuerzos físicos o morales: 'Ya no tiene los alientos de su juventud'. ≃ *Ánimo. ⇒ Desalentar. **5** *Espíritu, alma, impulso vital.* **6** **Soplo.* **7** **Olfato.* **8** **Emanación.*

Aliento vital. **1** *Espíritu[s] vital[es]: sustancia sutil a la que se atribuía el mantenimiento de la vida.* **2** **Energías físicas y morales.* ≃ Vitalidad.

alier (del fr. ant. «alier») **1** (ant.) m. Mar. *Remero de *galera.* **2** (ant.) Mar. *Soldado de *marina que tenía su puesto en los costados del navío.*

alifa (del ár. and. «ḫalífa»; Mál.) f. *Caña de *azúcar de dos años.*

alifafe[1] (del ár. and. «al'ifáṣ») **1** (inf.) m. *Cualquier trastorno crónico no grave de la salud.* ≃ *Achaque. **2** Vet. *Cierto *tumor sinovial que se les forma a las caballerías en los corvejones.*

alifafe[2] (del ár. and. «alliḥáf»; ant.) m. **Colcha o manta de cama.*

alifar (Man.) tr. **Acicalar.*

alifara (del ár. and. «aliḥála»; Ar.) f. **Convite o merienda.* ≃ Lifara.

alifático, -a adj. Quím. *Se aplica al compuesto orgánico cuya estructura molecular es una cadena abierta.*

alifato (de «alif», primera letra del alfabeto árabe) m. Serie de las consonantes árabes, según el orden tradicional.

alífero, -a (del lat. «alĭfer») adj. *Alígero.*

aligación (del lat. «alligatĭo, -ōnis») **1** f. *Ligazón.* **2** V. «regla de aligación».

aligar (del lat. «alligāre») tr. *Ligar.*

aligátor (del ingl. «alligator», a través del fr.) m. Caimán (reptil).

áliger (del lat. «alĭger», alado, porque los gavilanes de la espada tienen forma de alas; ant.) m. *Parte de la guarnición de la *espada que resguarda la mano.*

aligeramiento m. Acción de aligerar.

aligerar 1 tr. Hacer ↘algo más ligero: disminuir el ↘peso o *carga de algo o quitarle materia o carga a ↘algo: 'Aligerar la carga del carro. Aligerar un libro de citas [de adornos un vestido, de trabajo a la servidumbre]'. ⇒ Alegrar, alijar. **2** Hacer menor o menos pesada una ↘carga moral. ≃ *Aliviar. **3** Hacer ↘algo más rápido: 'Al hacerse de noche aligeramos el paso'. ≃ Acelerar, *apresurar. ⊙ (inf.) intr. En lenguaje informal se emplea también como intransitivo: 'Si no aligeras, llegarás tarde'.

alígero, -a (del lat. «alĭger»; lit.) adj. *Alado o *veloz.*

aligonero (de «lirón[3]») m. **Almez (árbol ulmáceo).*

aligote (*Pagellus acarne*) m. *Cierto pez semejante al pagel.*

aligustre (de «ligustro») m. *Alheña (planta oleácea).

alijador[1] (de «alijar[1]») m. *Barcaza.*

alijador[2], -a adj. y n. *Se aplica al que alija.*

alijar[1] (del fr. «alléger») **1** tr. Mar. *Aligerar la *carga de una ↘embarcación o *descargarla. **2** Transbordar o echar en tierra ↘géneros de *contrabando. **3** *Separar la *borra de la simiente del ↘*algodón.*

alijar[2] (del ár. and. «addišár») **1** m. *Dehesa. **2** Cortijo (*finca rústica). **3** (ant.) *Serranía (terreno *montañoso).* **4** **Aduar (poblado de beduinos).*

alijarar (de «alijar[2]») tr. Repartir las ↘tierras incultas para su cultivo.

alijarero (de «alijarar») m. Hombre que cultivaba alguna parte de un alijar. ⇒ *Colono.

alijo (de «alijar[1]») **1** m. *Contrabando. ⊙ Partida de géneros de contrabando. **2** *Ténder de la locomotora.*

alim m. *Nombre dado a ciertos árboles euforbiáceos de Filipinas, de unos 3 m de altura, cuyas hojas están cubiertas por el envés de un polvo como harina y, machacadas, con o sin ajonjolí, se emplean para curar la hinchazón de las piernas.*

alimania (ant.) f. *Alimaña.*

alimanisco, -a (ant.) adj. **Alemán.* ≃ Alemanesco.

alimaña (del lat. «animalĭa», animales) **1** f. Desp. de «*animal», aplicado generalmente a animales grandes; particularmente, a los que son dañinos para el ganado o para la *caza menor. ⇒ *Bicho. **2** (n. calif.) Persona malvada.

alimañero m. Hombre que se dedica a *cazar alimañas. ⇒ Lobero, zorrero.

alimara (del ár. and. «alimára»; ant.) f. **Ahumada (señal hecha con humo).*

alimentación f. Acción de alimentar[se]: 'La higiene de la alimentación'. ≃ *Comer. ⊙ Conjunto de cosas que toma alguien para alimentarse: 'Su alimentación me cuesta un ojo de la cara'. ⊙ Género de sustancias que sirven para alimentarse: 'Ramo de la alimentación'. ≃ Alimentos, comida.

alimentar **1** tr. o abs. Servir de alimento: 'La lechuga alimenta poco'. ≃ Nutrir. ⊙ («con, de») tr. Dar alimento o comida a ↘alguien: 'Los pájaros alimentan a sus crías'. ⊙ («con, de») prnl. Tomar alimento: 'Estos pájaros se alimentan de insectos'. ⊙ tr. Producir alimento para ↘algo o alguien: 'Este prado alimenta quinientas ovejas'. ≃ Mantener, sostener, sustentar. ⊙ Costear los alimentos de ↘alguien; también, en derecho. **2** («con, de») Con los mismos tres primeros matices de la acepción anterior puede referirse a alimento no fisiológico: 'La remolacha de esta zona alimenta la industria azucarera de la región. Alimentar de combustible la caldera'. ⇒ *Cargar. **3** («con») tr. También puede referirse a alimento espiritual: 'La injusticia alimenta el descontento. Alimentan con promesas nuestras esperanzas'. ≃ Mantener. **4** Puede tratarse también de sentimientos o estados de ánimo propios, significando «tener»: 'No alimento ninguna esperanza'.

□ CATÁLOGO
Otra forma de la raíz, «al-; otras raíces, «ceb-, cib-, trep- [treps-, trept-, trof-]»: 'alible, almo; cebar; cibal, cibario; atrepsia, atréptico; atrofia, autótrofo, eutrofia, heterótrofo, hipertrofia'. ➤ *Mantener, nutrir, sostener, sustentar, pegarse al RIÑÓN. ➤ Asimilar, digerir. ➤ Neuroglia. ➤ Bromatología, nutrición, trofología. ➤ Alimentación, alimento, comida, nutrimento, nutrimiento, pábulo, pasto, sostén, sostenimiento, sustento. ➤ Alible, alimenticio, almo, analéptico, cibal, cibario, macrobiótico, nutricio, nutriente, nutrimental, nutritivo, sustancioso, suculento, trófico. ➤ *Comer.

alimentario, -a adj. De los alimentos o de la alimentación.

alimenticio, -a adj. Se aplica a lo que alimenta o alimenta considerablemente. Enlaces frecuentes, «productos alimenticios, sustancias alimenticias». ≃ Nutritivo.
V. «BOLO alimenticio, PASTA alimenticia».

alimentista n. *Persona que recibe asignación para alimentos.*

alimento (del lat. «alimentum», deriv. de «alĕre», alimentar) **1** («Ingerir, Tomar, Dar») m. Cosas que sirven para alimentar, pero tomadas indeterminadamente y no como conjunto de cosas determinadas, pues, en este caso, se designan por «alimentos» (en plural): 'El alimento del cuerpo. Nuestro alimento de cada día'. ⇒ Pan, sostén, sustento. **2** Acción de alimentarse: 'Las plantas toman para su alimento los jugos de la tierra'. ≃ *Alimentación. **3** (pl.) Género de sustancias que sirven para alimentarse: 'La higiene de los alimentos'. ≃ Alimentación. **4** Lo que una cosa no orgánica consume para sostenerse o desarrollarse: 'El alimento de la caldera. Sirvió de alimento a las llamas'. ⇒ Pábulo, pasto. **5** (pl.) DER. *Renta o cualquier clase de asistencia que se da a alguien para su alimentación, por obligación legal, en cumplimiento de un testamento, etc.
DE POCO [O MUCHO] ALIMENTO. Poco [o muy] alimenticio.

álimo (del lat. «halĭmon», del gr. «hálimon») m. **Orzaga (planta quenopodiácea).*

alimoche m. *Abanto (ave rapaz).

alimón (de «alalimón») AL ALIMÓN. **1** m. Alalimón. **2** Manera de *torear en cierta suerte en que manejan el capote entre dos toreros. ⊙ Se emplea en lenguaje corriente informal con el significado de «*conjuntamente» o «en colaboración»: 'Han escrito un libro al alimón'. ⇒ Alalimón.

alimonarse (de «a-[2]» y «limón[1]») prnl. *Tomar los árboles de hoja perenne, por ejemplo el olivo, color amarillento, por enfermedad.*

alimosna (del lat. «eleemosy̆na», del gr. «eleēmosýnē»; ant.) f. *Limosna.*

alimpiador, -a (de «alimpiar»; ant.) adj. y n. *Limpiador.*

alimpiadura (de «alimpiar»; ant.) f. *Limpiadura.*

alimpiamiento (de «alimpiar»; ant.) m. *Limpiamiento.*

alimpiar (del lat. «elimpidāre»; ant.) tr. *Limpiar.*

alindado, -a **1** *Participio de «alindar».* **2** (ant.) adj. **Bello o lindo.* **3** (ant.) *Presumido.* ⊙ (ant.) *Afectadamente *pulcro.*

alindar[1] **1** tr. Señalar los lindes de ↘algo. ≃ *Deslindar. **2** (ant.; «con») intr. **Lindar.*

alindar[2] (de «lindo») tr. *Adornar o *embellecer.*

alinde (del ár. and. «mirí min hínd», espejo de acero) **1** (ant.) m. **Acero.* ≃ Alfinde, alhinde. **2** (ant.) *Espejo o superficie bruñida como la de un espejo.*
DE ALINDE. *Se aplica a las lentes, cristales, etc., de aumento.* ⊙ *También, a los ojos de la persona que agranda con su imaginación lo que ve.*

alinderar (de «lindero»; Hispam.) tr. *Señalar los límites de un terreno.* ≃ *Deslindar.

alindongarse (de «alindar[2]»; Sal.; reflex.) tr. **Acicalarse.*

alineación **1** f. Acción y efecto de alinear[se]. ⊙ Relación de jugadores que van a disputar un partido ordenados según su función. **2** Trazado de calles y plazas.

alineado, -a Participio adjetivo de «alinear[se]».

alineamiento **1** m. Acción y efecto de alinear[se]. **2** (gralm. pl.) Conjunto de menhires que forman una o varias filas paralelas.

alinear **1** tr. Poner ↘cosas en línea *recta o de manera que no se salgan de una línea trazada. ⇒ Poner en FILA. ➤ Bornear, retranquear. ➤ Desalinear. ➤ *Orden. **2** Incluir a un ↘jugador en la alineación de un equipo. **3** tr. y, más frec., prnl. Vincular[se] a una ↘posición o tendencia ideológica.

□ CONJUG. La «i» de la raíz es átona: 'alineo, alineas, alinea, alinean; alinee, alinees, etc.'. Sin embargo, a veces, la «i» se hace tónica por influencia del sustantivo «línea»: 'alíneo, alíneas, alínea'.

aliñador, -a **1** adj. y n. *Aplicable al que aliña.* **2** (ant.) m. *Administrador.* **3** (Chi.) **Algebrista (hombre que arregla dislocaciones).*

aliñar (del lat. «ad», a, y «lineāre», poner en orden) **1** tr. Añadir a las ↘comidas el arreglo necesario de condimentos para que estén gustosas. ≃ *Condimentar. ⊙ Se emplea especialmente para la acción de poner a las ensaladas el aceite, el vinagre y la sal. ⇒ Adeliñar, deliñar. **2** (ant.) *Gobernar.* **3** (Chi.) *Arreglar los ↘huesos dislocados.*

aliño 1 m. Acción de aliñar. **2** Salsa o conjunto de *condimentos con que se aliña. **3** **Arreglo de cualquier clase, para personas o cosas.* **4** *Conjunto de utensilios y materiales para hacer cierta cosa.* **5** (gralm. pl.) *Utensilio de *agricultura.* ≃ Apero.

V. «FAENA de aliño».

alioj (del ár. «yašb»; ant.) m. **Mármol.*

alioli (del cat. «allioli») **1** m. *Salsa hecha con ajos machacados y aceite. ≃ Ajiaceite. **2** Mayonesa con ajo y, generalmente, perejil: 'Patatas al alioli'.

alionín *(Aegithalos caudatus)* m. Cierto pájaro de color negro azulado con manchas blancas.

alipata *(Excoecaria agallocha)* m. *Cierto árbol euforbiáceo de Filipinas, de madera aromática que contiene un jugo acre perjudicial para la vista.* ≃ Buta.

alipede o **alipedo, -a** (del lat. «alipes, -ĕdis») **1** (lit.) adj. *Con *alas en los pies.* **2** adj. y n. **Quiróptero.*

aliquebrado, -a adj. *Abatido.* ≃ Alicaído. ⇒ *Abatir.

¡alirón[1]! (del ár. and. «ali'lán», proclamación; inf.) interj. Expresión con que los aficionados muestran su alegría por haber ganado su equipo la liga. Particularmente, se usa en el fútbol. ⊙ («Cantar, Entonar»; inf.) m. Esta expresión. ⊙ Se dice CANTAR [o ENTONAR] EL ALIRÓN con el significado de «ganar la liga».

alirón[2] (Ar.) m. *Alón (*ala de ave muerta para el consumo).*

alirrojo, -a adj. De alas rojas: 'Tordo alirrojo'.

alisador, -a adj. y n. *Aplicable a lo que sirve para alisar.* ⊙ m. *Listón de madera que usan los cereros para alisar las *velas.*

alisadura 1 (ant.) f. *Acción de alisar.* **2** (pl.) **Raspaduras que resultan al alisar algo.*

alisal o **aliseda** m. o f. Sitio poblado de alisos.

alisamiento m. Acción de alisar.

alisar[1] m. Alisal.

alisar[2] tr. y prnl. Poner[se] liso ↘algo: 'Alisar un terreno'. ⊙ Suavizar[se] ↘algo: 'Alisar una tabla con el cepillo'. ⊙ Desrizar[se] el ↘pelo. También reflex.

□ CATÁLOGO

Acepillar, afinar, apomazar, azemar, bruñir, cepillar, desbastar, desgastar, emparejar, enlisar, enrasar, esmerar, esmerilar, esturgar, fratasar, grujir, lijar, limar, lizar, plastecer, pulimentar, *pulir, raspar, repulir, suavizar. ➤ Aterciopelado, brillante, fino, glabro, igual, lene, liso, llano, mondo, nidio, como la PALMA de la mano, parejo, *raso, roso, como una SEDA, terciopelado. ➤ Cepillo, *lima, moleta, pulidor, rollo, rulo, suavizador. ➤ Abrasivo, esmeril, lija, PIEDRA pómez, zapa. ➤ Encáustico, mástique, trípoli. ➤ *Allanar. *Brillo. *Igualar. *Nivelar. *Planchar. *Plano. *Suave.

alisios (pl.) adj. V. «VIENTOS alisios».

alisma (del lat. «alisma, -ătis», del gr. «álisma, -atos»; *Alisma plantago-aquatica*) f. *Planta alismatácea que crece en los lugares pantanosos. ≃ Lirón, LLANTÉN de agua.

alismáceo, -a (de «alisma») adj. y n. f. *Alismatáceo.*

alismatáceo, -a (del lat. «alisma, -ătis») adj. y n. f. BOT. *Se aplica a las plantas de la familia de la alisma, que son acuáticas, con hojas pecioladas de limbo redondo u oval, y vistosas flores en racimos.* ⊙ f. pl. BOT. *Esa familia.*

aliso[1] (¿de or. prerromano?; *Alnus glutinosa)* m. Árbol betuláceo de tronco grueso y liso, de copa redonda y con las hojas algo viscosas; es planta común en las umbrías y las orillas de los ríos. ≃ Homero, omero. ⇒ Alno.

ALISO NEGRO. Arraclán (árbol ramnáceo).

aliso[2] (del sup. lat. «alyssum», del gr. «álysson») m. *Marrubio.*

alistado, -a 1 Participio de «alistar» (incluir en una lista). **2** adj. *Listado.*

alistador[1], -a adj. y n. *Aplicable al que alista.*

alistador[2] (C. Rica) m. *Operario que alista el calzado.*

alistamiento 1 m. Acción y efecto de alistar[se]. Particularmente, los mozos de un reemplazo. **2** Conjunto de los mozos alistados anualmente para el servicio militar. ⇒ *Quinta.

alistano, -a adj. y, aplicado a personas, también n. *De Alcañices y la comarca del río Aliste (Zamora).*

alistar[1] 1 tr. *Incluir a ↘alguien en una lista. ⇒ *Anotar, apuntar, inscribir, listar, matricular. ⊙ (reflex.; «como, en, para»; «por» no es usual: 'alistarse por socio') Incluir o hacer incluir el propio nombre en una lista. ≃ *Inscribirse. ⇒ *Afiliarse, escribirse. **2** Inscribir ↘soldados para el servicio militar. ⇒ *Milicia. ⊙ (reflex.) Ir voluntario al servicio militar. ⇒ Enrolarse, filiarse, incorporarse, sentar PLAZA, reengancharse.

alistar[2] 1 tr. *Dejar lista o preparada una ↘cosa.* **2** (C. Rica) *Unir las piezas que constituyen un ↘zapato, bota, etc.* ⇒ *Calzado.

alitán m. Escualo con manchas lenticulares en el cuerpo que puede medir más de 1 m.

aliteración (del lat. «ad», a, y «littĕra», letra) f. Figura retórica, que consiste en la repetición de una letra o un grupo de letras en palabras próximas, para producir un efecto literario; como en 'ya se oyen los claros clarines' (Rubén Darío). El sonido repetido se llama «aliterado». ⇒ Cacofonía.

alitero (ant.) m. *Hombre *cruel.*

alitierno (del lat. «alaternus») m. **Aladierna (planta ramnácea).*

alitranco (C. Rica, Hond.) m. **Hebilla que tienen los chalecos y pantalones en la parte trasera para ajustarlos.*

alitruje (And.) m. *Alicates.*

aliviadero (de «aliviar») m. Desagüe del agua sobrante de un depósito o canal. ≃ Sobradero.

aliviador, -a 1 adj. y n. Se aplica a lo que alivia. **2** m. *Palanca con la que en los molinos se levanta más o menos la piedra para graduar el grosor de la harina.*

aliviar (del lat. «alleviāre») **1** tr. Hacer ↘algo menos pesado. ≃ Aligerar. ⊙ Disminuir una ↘*carga o peso. ⊙ prnl. Hacerse más ligera una carga. **2** tr. o abs. *Aligerar el ↘paso o una actividad cualquiera.* **3** tr. *Levantar empujando por debajo.* ≃ Soliviar. **4** (inf.) *Robar o hurtar una ↘cosa a alguien. **5** Hacer disminuir un ↘dolor o padecimiento de ↘alguien: 'Los calmantes alivian el dolor. Esta medicina te aliviará'. ⊙ prnl. Hacerse más ligero un dolor o una pesadumbre. ⊙ Sentir alivio. ⊙ Ponerse *mejor de una enfermedad. **6** TAUROM. Disminuir el riesgo de las suertes; particularmente, la de clavar el estoque.

□ CATÁLOGO

Acallar, aligerar, alivianar, amansar, aminorar, apaciguar, apagar, aplacar, aquietar, atenuar, avadar, calmar, cicatrizar, confortar, consolar, curar, desahogarse, descansar, descargar, distraer, endulzar, entretener, lenificar, mejorar, mitigar, *moderar, olvidar, paliar, reconfortar, suavizar, templar, tranquilizar, dar la VIDA. ➤ Alivio, bálsamo, calmante, consuelo, desahogo, epítima, lenitivo, paliativo, PAÑO de lágrimas, refrigerio, remiendo, respiro, sedante, medias SUELAS, media VIDA. ➤ Sedativo. ➤ Del MAL el menos. ➤ Suspirar. ➤ ¡ALABADO sea Dios!, ¡BENDITO sea

Dios!, ¡al [o por] FIN!, ¡GRACIAS a Dios!, ¡ay, JESÚS!, ¡Jesús!, ¡JESÚS Dios mío!, ¡JESÚS, María y José!, ¡JESÚS mil veces!, ¡menos MAL! ➤ ¡Que se vaya [vete, etc.] bendito de DIOS! ➤ Los DUELOS con pan son menos. ➤ *Atenuar. *Ayudar. *Calmar. *Consolar. *Descansar.

☐ CONJUG. como «cambiar».

alivio m. Acción de aliviar[se].

ALIVIO DE LUTO. Vestido menos severo que se pone después de un luto riguroso.

DE ALIVIO (inf.). Aplicado a cosas; particularmente, a las malas o molestas, muy grande: 'He pescado un catarro de alivio'. ⊙ Aplicado a personas, enredador, intrigante o de naturaleza de causar daño o trastornos: 'Tiene unos amiguitos de alivio'. ⇒ *Tremendo.

alizace (del ár. and. «alisás»; ant.) m. *Zanja, particularmente para *cimientos.*

alizaque (del ár. and. «alliṣáq») m. *Alizace.*

alizar (del ár. and. «aliḥṣár», del cl. «iḥṣār», con influencia de «alizace») m. *Friso de *azulejos.* ≃ Alicer. ⊙ *Azulejo de los que se emplean para él.*

alizarina f. Importante sustancia orgánica que se emplea para fabricar el *carmín y otros *colores, y que se obtiene de la raíz de la rubia.

aljaba (del ár. and. «alǧá'ba») f. Receptáculo que se lleva colgado del hombro, en el que se tienen las flechas para el arco. ≃ *Carcaj.

aljabibe (del sup. ár. and. «alǧabbíb»; ant.) m. *Ropavejero.* ⇒ *Prendero.

aljáfana (del ár. and. «alǧáfna»; ant.) f. **Palangana.* ≃ Aljofaina.

aljama[1] (del ár. and. «alǧamá'a», con influencia de «aljama[2]») **1** f. *Reunión de *moros o *judíos. ≃ Alfama, alhama. **2** Judería o morería. **3** *Sinagoga.

aljama[2] (del ár. and. «alǧáma'») f. *Mezquita.

aljamel (And.) m. *Alhamel (*arriero o *porteador).*

aljamía (del ár. and. «al'aǧamíyya») **1** f. Para los musulmanes que vivían en España, *lengua romance y, en general, lengua extranjera. **2** Escrito en lengua romance con caracteres arábigos.

aljamiado, -a 1 adj. Se aplica al texto romance escrito en caracteres arábigos. **2** Se aplicaba al que hablaba la aljamía.

aljarafe 1 m. *Terreno alto.* ≃ Ajarafe. **2** **Terraza.* ≃ Ajarafe, azotea.

aljaraz (del ár. and. «alǧarás»; ant.) m. **Campanilla o esquila.*

aljarfa o **aljarfe** (¿del sup. ár. and. «aljárifa»?) f. o m. *Parte central y más tupida del aljerife.*

aljébana o **aljébena** (del ár. and. «alǧáfna»; Mur.) f. **Palangana.*

aljecería (de «aljecero») f. *Yesería.*

aljecero (del sup. ár. y rom. and. «alǧiṣṣáyr», del ár. and. «alǧiṣṣ», con sufijo romance) m. *Yesero.*

aljemifao (del ár. and. «alǧamí' fi ráhṭu», todo en su género, posible pregón con que se anunciaban los merceros; ant.) m. *Vendedor de baratijas.* ≃ *Quincallero.

aljerife (¿del sup. ár. and. «aljárifa»?) m. **Red antigua de pescar, muy grande.*

aljerifero m. *Pescador que pescaba con aljerife.*

aljez (del ár. and. «alǧiṣṣ», cl. «ǧaṣṣ» o «ǧiṣṣ», y éste del gr. «gýpsos», a través del persa) m. *Mineral de yeso.*

aljezar (de «aljez») m. *Yesar.*

aljezón (de «aljez») m. *Yesón.*

aljibe (del ár. and. «alǧúbb») **1** m. Depósito de agua donde se recoge la de lluvia. ≃ *Cisterna. ⇒ Alchub. ⊙ *Se aplica también a veces a los de agua de un manantial o una corriente.* **2** *Tanque para transportar agua. ⊙ *Barco [o buque] cisterna. ⊙ Por extensión, barco [o buque] petrolero. **3** MAR. *Depósito de agua a bordo.* **4** (ant.) **Cárcel subterránea.* **5** (Col.) *Pozo o manantial.*

aljimifrado, -a (¿del ár. and. «alǧamí' fi ráhṭu», todo en su género, posible pregón con que se anunciaban los merceros?; ant.) adj. *Acicalado.*

aljofaina (del ár. and. «alǧufáyna») f. **Palangana.* ≃ Aljáfana.

aljófar (del ár. and. «alǧáwhar») **1** m. *Perla de forma irregular, generalmente pequeña. ⊙ Conjunto de perlas de esa clase. ⇒ Chaquira, rostrillo. **2** (lit.) Se aplica a cosas que se comparan con el aljófar; particularmente, a las gotas de rocío; también, a las lágrimas de una mujer.

aljofarar (de «aljófar») tr. *Cubrir de perlas o de pedrería.*

aljofifa (del ár. and. «alǧaffífa», esponja; ant.) f. **Bayeta de fregar el suelo.*

aljofifar tr. *Fregar el ˋsuelo con la aljofifa.*

aljonje m. *Ajonje (jugo de la raíz de la ajonjera).*

aljonjera f. *Ajonjera.*

aljonjero m. *Ajonjera.*

aljonjolí m. **Ajonjolí (planta pedaliácea).*

aljor (¿del ár. and. «allaǧúr», ladrillos?) m. *Mineral de *yeso.* ≃ Aljez.

aljuba (del ár. and. «alǧúbba») f. **Vestidura de *abrigo usada por los *musulmanes, como un gabán con mangas cortas y estrechas, que usaron también los cristianos españoles.* ≃ Juba. ⇒ Chupa.

aljuma (del ár. and. «alǧúmma») **1** (And.) f. **Brote de las plantas.* **2** (And.) *Pinocha (hoja de *pino).*

alkermes m. *Variante ortográfica de «alquermes».*

allá (del lat. «illac», por allí) **1** adv. Equivale a «allí», pero es más impreciso en cuanto a la determinación del lugar: 'Córrete allá'. Además, es susceptible de gradación: 'Ponte más allá. No tan allá'. Unido a otros adverbios que no sean de cantidad, les precede: 'Allá lejos. Allá abajo'. Puede, lo mismo que «allí», construirse con preposiciones de lugar que no sean «en»: 'Por allá, Hacia allá'. ⇒ Acullá, dalind, dallá. **2** Antepuesto a un nombre de lugar con «en» o «por» indica imprecisión, además de que ese lugar se considera lejano: 'Esto viene de allá por China. Está allá en América'. **3** Y lo mismo, aplicado a una expresión de tiempo: 'Allá por el 1900'. **4** Seguido generalmente de un pronombre personal o de un verbo en forma pronominal, indica que el hablante se desentiende de los asuntos de otra persona: 'Allá tú. Allá se las apañe. Allá cada uno'.

V. «de ACÁ para allá, allá CUENTAS, allá CUIDADOS».

EL MÁS ALLÁ. Lo que espera al *alma después de la *muerte.

HACERSE ALLÁ. *Apartarse.

HASTA ALLÁ. Expresión informal de *ponderación, aplicada a cosas o personas: 'Se ha comprado un coche hasta allá'. ≃ Hasta ALLÍ.

LO DE MÁS ALLÁ (inf.). Expresión con que se pone fin a una enumeración: 'No me convence ni esto ni lo otro ni lo de más allá'.

V. «¡allá VA!, no IR muy allá, allá van LEYES...».

MÁS ALLÁ. Más alejado del punto que se considera. ⇒ Prefijos, «meta-, ulter-, ultra-»: 'metapsíquica, ulterior, ultrarrápido'.

NO MUY ALLÁ. No muy *bueno.

V. «allá PELÍCULAS, allá VEREMOS».

-alla **1** Sufijo poco usado de valor despectivo: 'canalla, antigualla'. **2** O colectivo: 'gentualla, rocalla, rondalla'.

allamararse (de «llama[3]») prnl. **Sofocarse, *excitarse o *exaltarse.*

allanabarrancos (de «allanar» y «barranco») n. *Persona facilitona.*

allanador, -a adj. y n. Que allana.

allanadura f. *Allanamiento*

allanamiento m. Acción y efecto de allanar[se].

ALLANAMIENTO DE MORADA. Hecho, constitutivo de delito, de entrar en la casa de alguien sin su consentimiento y forzando la entrada.

allanar (de «a-[2]» y «llano») **1** tr. o abs. Quitar las desigualdades de un ˘terreno o semejantes de otra cosa, dejándolo todo al mismo nivel. ≃ Aplanar. ⊙ prnl. Volverse algo llano o plano. ⇒ Aplanar, arrellanar, explanar, igualar, nivelar, tablear. ➤ *Alisar. *Plano. **2** tr. *Derribar una ˘construcción y aplanar los escombros igualando su nivel con lo de alrededor. ⊙ prnl. Hundirse. ≃ Aplanarse. **3** tr. Quitar obstáculos o dificultades de un ˘camino. **4** *Superar o vencer ˘dificultades u obstáculos de cualquier clase. **5** Obrar sin respeto o consideración a las ˘leyes, a las conveniencias, a los derechos de otros, etc.: 'Para triunfar allanará todo lo que encuentre a su paso'. ≃ *Atropellar. **6** *Entrar en la ˘casa de alguien sin su permiso y forzando la entrada. **7** (Hispam.) **Registrar un ˘domicilio con autorización del juez.* **8** *Permitir a los agentes de la justicia que entren en una ˘iglesia u otro asilo.* **9** (ant.) *Pacificar, aquietar, sujetar.* **10** («a») prnl. *Conformarse, *someterse o *ceder; permitir o aceptar alguien cierta acción, cierta situación, ciertas condiciones, etc., aunque no esté conforme con ellas o tenga derecho a otras mejores: 'Me allano a esas condiciones por no retrasar más el asunto'. **11** *Tratar como a igual a una persona.*

allariz m. **Lienzo hecho en el pueblo gallego de ese nombre.*

allegadera (de «allegar») f. *Utensilio formado por una tablilla sujeta perpendicularmente a un palo que se emplea para *arrastrar cosas: por ejemplo, lo que queda en las eras después de pasar la rastra y el bieldo.*

allegadero, -a adj. *Allegador: se aplica a la persona que allega.*

allegadizo, -a (de «allegar») adj. *Agregado sólo para *aumentar el número.*

allegado, -a **1** Participio de «allegar». **2** adj. y n. **Próximo.* **3** *Pariente. **4** **Partidario.* **5** (Arg., Chi., P. Rico) *Se aplica al que vive temporalmente en casa de otro sin ser pariente suyo.*

allegador, -a **1** adj. y n. *Se aplica a la persona que allega.* ⊙ *Particularmente, a la persona *arreglada, que acrecienta su hacienda con buena administración.* **2** m. *Utensilio formado por una tabla con dos anillas por las que se engancha a la caballería, con el cual se recoge la parva al *trillar.* **3** **Hurgón de atizar la lumbre.*

allegamiento **1** m. *Acción de allegar[se].* **2** (ant.) **Reunión de personas.* **3** (ant.) *Parentesco.* **4** (ant.) **Cópula sexual.*

allegancia o **alleganza** (ant.) f. *Allegamiento.* ⊙ (ant.) *Llegada.*

allegar (del lat. «applicāre», plegar) **1** tr. **Amontonar, juntar o *acercar ˘cosas entre sí.* ⊙ prnl. recipr. **Juntarse.* ⊙ tr. *Recoger la ˘parva en montones después de *trillada.* ≃ Plegar. ⇒ Aplegar. **2** Con ˘«medios, recursos» o palabra equivalente, *reunirlos. **3** (ant.) intr. y prnl. *Llegar.* **4** tr. **Añadir.* **5** (ant.) intr. y prnl. **Cohabitar una persona con otra.* **6** (ant.) tr. **Pedir o *procurar.* **7** prnl. **Adherirse al parecer de otros.*

allegretto (it.; pronunc. [alegréto]) m. MÚS. Movimiento menos vivo que el «allegro». ⊙ MÚS. Composición o parte de ella con este movimiento.

allegro (it.; pronunc. [alégro]) m. MÚS. Movimiento moderadamente vivo. ⊙ MÚS. Composición o parte de ella que se ejecuta con este movimiento.

allén (ant.) adv. *Allende.*

allende (del lat. «illinc», de allí) adv. Al otro lado. A la parte de allá de: 'Allende los mares. Allende el estrecho de Gibraltar'. ⇒ Alén, dallén.

allent (ant.) adv. *Allende.*

allí (del lat. «illic») **1** adv. Designa un lugar alejado igualmente del que habla y de la persona a quien se habla: 'Está allí'. También, la dirección hacia ese lugar: 'Vete allí'. Puede ir precedido de cualquier preposición de lugar menos «en»: 'De allí. Hacia allí'. No admite grados como «allá». Precede a cualquier adverbio con que se junte: 'Allí lejos. Allí arriba'. ⇒ Desend, desende, di, ende, y. **2** Usado alternativamente con «aquí», se emplea con sentido *distributivo: 'Aquí se veían árboles desgajados, allí una casa desmantelada...' **3** Se emplea a veces con significado temporal: 'Hasta allí todo había ido bien'. Especialmente, para poner *énfasis en la situación de que se habla: '¡Allí hubieras visto a todas las mujeres llorando!'. ⇒ *Entonces.

ALLÍ DONDE. Equivale a «en cualquier sitio» o «en todos los sitios en que»: 'Allí donde él pone su mano, todo se trastorna'.

V. «de AQUÍ para allí».

HASTA ALLÍ. Expresión ponderativa: 'Se ha comprado un coche hasta allí'. ≃ Hasta ALLÁ.

V. «allí fue TROYA».

-allón V. «-ón».

allora (del lat. «ad illam horam»; ant.) adv. **Entonces.*

alloza (del ár. and. «alláwza») f. *Almendruco.*

allozo (de «alloza») **1** m. Almendro silvestre. **2** Almendro.

alludel m. *Aludel.*

alma (del lat. «anĭma») **1** f. Parte inmaterial del hombre con la que tiene conciencia de lo que le rodea y de sí mismo y establece relaciones afectivas o intelectuales con el mundo material o inmaterial. ≃ Espíritu. **2** Por extensión, principio sensitivo que da vida e instinto a los animales, y vegetativo que nutre y hace crecer las plantas. **3** Sensibilidad afectiva. Aspecto del espíritu al que se atribuye la bondad o maldad y los sentimientos: 'Un alma inocente. Las almas caritativas. Iba a ver a su hijo con el alma destrozada'. ⇒ Corazón, entrañas. ➤ Desalmado. **4** En algunas frases como 'arrancar el alma', equivale a «vida». **5** Interés y energía que se pone en lo que se hace: 'Trabaja con alma. Tiene alma ese muchacho'. ≃ *Ánimo. **6** Persona que *anima o promueve cierta cosa: 'Él es el alma de la fiesta'. **7** (en pl. o, en frases negativas, en sing.) Se usa con el significado de «personas»: 'Es una ciudad de más de millón y medio de almas. No va un alma por la calle'. **8** *Núcleo que tienen en su interior, como refuerzo o como soporte, algunos objetos: 'El alma de un ovillo de algodón'. ⇒ Almilla. **9** *Pieza de hierro forjado que forma la espiga de la *espada, y en la parte de la hoja queda entre las dos tejas de acero.* **10** *Sustancia o parte esencial de una cuestión. **11** *En los instrumentos musicales de cuerda con puente, palo que se pone entre las dos tapas.* **12** CONSTR. **Madero vertical que sirve para sostener otros o los andamios.* **13** *En una *barra de hierro, por ejemplo en te, el elemento central del perfil al* *que se unen los otros más cortos o «alas».* **14** **Hueco o vano que queda en el interior de algunas piezas; particularmente, hueco del cañón de las *armas de fuego.* ⇒ Ánima.

ALMA DE CÁNTARO. Persona *insensible, ingenua o incapaz de sentir entusiasmo o cualquier emoción intensa.

A. DE DIOS. Expresión calificativa que se aplica a una persona *buena e ingenua.

¡A. MÍA! Expresión de cariño. A veces, usada irónicamente, mostrando, sin acritud, impaciencia con alguien: '¡Pero, alma mía!, ¿todavía estás ahí?'. ≃ ¡*VIDA mía!

A. EN PENA. **1** Alma del Purgatorio o alma de un difunto que se supone que anda entre los vivos y se manifiesta de alguna manera. ≃ *Aparecido. **2** V. «como ALMA en pena».

A. VIVIENTE. En frases negativas, *nadie: 'No había alma viviente en aquel lugar'.

AGRADECER EN EL ALMA. V. «en el ALMA».

ARRANCAR EL ALMA a alguien. *Matarle.

ARRANCAR a uno EL ALMA alguna cosa. Producirle mucha *compasión. ≃ Destrozar el ALMA, partir el ALMA.

ARRANCÁRSELE a uno EL ALMA con una cosa. Sentir mucha *compasión por ella.

CAÉRSELE a alguien EL ALMA A LOS PIES. Sufrir una desilusión o *desengaño.

CLAVARSE una cosa EN EL ALMA. Producir mucha *pena o mucha *compasión.

COMO ALMA QUE LLEVA EL DIABLO (con los verbos «ir, salir» o equivalentes). Precipitadamente, como huyendo de algo.

COMO ALMA EN PENA («Andar, Ir»). *Solo y como sin objeto.

CON ALMA Y VIDA. Con mucho *gusto.

CON EL ALMA. Con mucho gusto, sinceramente y con cariño, y no por compromiso: 'Me lo ha ofrecido con el alma'.

CON EL ALMA EN UN HILO [O EN VILO]. V. más abajo, «estar con el ALMA en un hilo».

CON TODA EL [MI, SU, etc.] ALMA. **1** Con verbos como «agradecer, alegrarse, sentir», los intensifica: 'Dice que siente con toda su alma no poder servirte'. ≃ En el alma. **2** Con el alma.

V. «en CUERPO y alma, CURA de almas».

DE MI ALMA. **1** Expresión que se añade al nombre de una cosa para expresar cierta actitud afectiva hacia ella; particularmente, sentimiento por su pérdida: '¡Aquel pastel de mi alma!'. **2** Se pospone también al nombre con que una persona se dirige a otra, generalmente con tono de impaciencia o de súplica: 'Pero, Pepe de mi alma, ¿no te he dicho muchas veces...?'.

DESTROZAR EL ALMA. Arrancar el ALMA.

DOLER EL ALMA DE... Estar ya cansado de hacer, decir, etc., cierta cosa que se expresa; haberla *repetido o haber tenido que repetirla muchas veces.

EN EL ALMA. Con verbos como «agradecer, alegrarse, doler, sentir», los intensifica: 'Me duele en el alma que ella me crea ingrato'.

ENTREGAR EL ALMA [A DIOS]. *Morirse.

ESTAR CON EL ALMA EN UN HILO [O EN VILO]. Estar con un gran temor o intranquilidad: 'Estaba con el alma en un hilo mientras subían el piano'.

V. «GRANDEZA de alma».

ÍRSELE a alguien EL ALMA DETRÁS de algo. *Desearlo mucho.

LLEGARLE a alguien AL ALMA una cosa. **1** Darle *lástima o inspirarle *compasión. ⊙ Causarle pena o aflicción lo que otro dice o hace: 'Su ingratitud me llegó al alma'. **2** Causar una profunda emoción'.

NI UN ALMA. *Nadie.

NO PODER alguien CON SU ALMA. Estar muy *cansado.

NO TENER ALMA. No tener conciencia o no tener sensibilidad para el sufrimiento ajeno. ⇒ *Cruel, *insensible, *malo.

V. «PADRE de almas».

PARTIRLE a alguien EL ALMA una cosa o [PARTÍRSELE a alguien EL ALMA con una cosa]. Arrancar [o arrancársele] el ALMA.

PASEÁRSELE a alguien EL ALMA POR EL CUERPO. Ser muy calmoso y apático.

V. «PEDAZO de mi alma».

¡PERO, ALMA MÍA! V. «¡ALMA mía!»

PESAR a alguien algo EN EL ALMA. Sentir en el ALMA.

PONER EL ALMA en algo que se hace. Hacerlo con mucho interés y *afán.

V. «POTENCIA del alma, RECOMENDACIÓN del alma».

RECOMENDAR EL ALMA. Hacer la recomendación del alma a un moribundo. ⇒ *Rezar.

SENTIR EN EL ALMA algo. *Sentirlo mucho. ≃ Pesar en el ALMA.

SIN ALMA. *Cruel. ≃ Desalmado.

TENER EL ALMA EN UN HILO. Estar muy *intranquilo por algo.

TENER alguien SU ALMA EN SU ALMARIO. **1** Ser *sensible a cierta cosa. **2** Tener ánimos o *valentía.

UN ALMA. En frases negativas, equivale a «ni un alma»: 'No iba un alma por la calle a esa hora'.

□ CATÁLOGO

Otra forma de la raíz, «anim-». Otra raíz, «psic- [psiqu-]»: 'psicología, psíquico'. ➤ Adentros, aliento, ánima, ánimo, conciencia, demiurgo, entendimiento, espíritu, *inteligencia, interior, *mente, pecho, PRINCIPIO vital, psiquis, santiscario, *sensibilidad, sujeto, voluntad, yo. ➤ Manes. ➤ Potencia. ➤ Asociacionismo, espiritualismo, generacionismo. ➤ Inmortalidad, metempsicosis, transmigración. ➤ El más ALLÁ, *cielo, *infierno, el otro MUNDO, postrimerías, purgatorio, SENO de Abrahán, trasmundo, la otra VIDA. ➤ Sufragio.

almacabra (del ár. and. «almaqbára»; ant.) m. **Cementerio de *musulmanes.*

almacaero (del ár. and. «almaq'ád», cl. «maq'ad», asiento, con sufijo rom.) m. *Pescador que pesca con almancebe.*

almacén (del ár. and. «almahzán») **1** m. Local donde se guarda cierta cosa que luego se ha de distribuir. ≃ *Depósito. ⇒ Guardalmacén. **2** AGRÁF. *Depósito de la linotipia donde están ordenadas las matrices, del cual caen al pulsar las teclas el linotipista y al cual vuelven automáticamente una vez fundida la línea.* **3** *Tienda donde se vende al por mayor. **4** (pl.) Tienda grande, generalmente con secciones distintas en que se venden diferentes géneros. **5** (Hispam.) *Tienda donde se venden artículos domésticos de primera necesidad.*

GRANDES ALMACENES. Gran establecimiento comercial con numerosas secciones.

almacenado, -a **1** Participio de «almacenar». **2** m. *Cantidad de vino que se guarda en la bodega para criarlo.*

almacenaje **1** m. Almacenamiento. **2** *Derechos que se pagan por almacenar algo. ⇒ Camaraje.

almacenamiento m. Acción de almacenar o de tener almacenado. ⊙ Conjunto de mercancías almacenadas.

almacenar **1** tr. Poner ↘cosas en un almacén. **2** Reunir, *guardar o acumular ↘cosas con un objeto.

almacenero, -a **1** n. *Guardalmacén.* **2** *Almacenista.* **3** (Arg., Par., Ur.) m. *Persona que atiende un almacén.*

almacenista n. Persona que se dedica a almacenar y vender al por mayor cierta mercancía: 'Almacenista de vinos'. ⇒ Almacenero.

almaceno, -a (de «amaceno») adj. *Aplicado a *ciruelas, damasceno.*

almacería[1] (del ár. and. «almaṣríyya», la egipcia, porque este tipo de habitaciones se construyeron por primera vez en Egipto) **1** f. **Desván o *granero.* **2** **Casa pequeña.*

almacería[2] f. *Tapia de una huerta o casa de campo.*

almáciga[1] (del ár. and. «almásqa», ¿con influencia de «almáciga[2]»?) f. Lugar en donde se siembran las semillas de las plantas, que, una vez nacidas, son transplantadas a otro sitio. ≃ Semillero. ⇒ Almácigo, hoya, plantario, semillero, seminario. ➤ Plantío. ➤ *Sembrar. *Vivero.

almáciga[2] (del ár. and. «almásṭaka») f. Resina aromática de color amarillo claro y transparente, obtenida del lentisco, que se emplea para hacer masillas, barnices y pegamentos. ≃ Almaste, almástec, almástica, almástiga, almazaque, almizteca, lentisco, mástique. ⇒ Másticis.

almacigado, -a 1 adj. De color amarillo o de almáciga. **2** (Hispam.) *Aplicado al ganado, de color cobrizo.* **3** (Perú) *Particularmente aplicado al color de la piel, trigueño.*

almácigo[1] m. **Almáciga (semillero).*

almácigo[2] *(Pistacia lentiscus)* m. Arbusto anacardiáceo, de hojas persistentes, coriáceas y lustrosas, cuya madera se emplea en ebanistería y de cuyos frutos se obtiene un aceite que se emplea para determinados usos, así como, de algunas variedades, la almáciga. ≃ Lentisco.

almádana o **almadaneta** f. **Almádena.*

almadearse prnl. *Almadiarse.*

almadén (del ár. and. «alma'dán» o «alma'dín»; ant.) m. **Mina.*

almádena (del ár. and. «almáṭana», quizá contaminación del cl. «mi'dan» con el ár. and. «patána», trasto) f. Mazo de hierro con mango largo, para romper piedras. ≃ Almádana, almadaneta, almadeneta, almádina, almágana, almaganeta. ⇒ Combo, marra, terciador.

almadeneta (dim. de «almádena») f. *Almádena.*

almadía (del ár. and. «alma'díyya») **1** f. Plataforma hecha con tableros o troncos unidos entre sí, que se emplea para el transporte por agua; particularmente, por río. ≃ *Balsa. **2** Conjunto de maderos que se transportan por agua unidos entre sí. ≃ Armadía. **3** *Especie de *canoa usada en la India.*

almadiar (de «almadía») intr. y prnl. **Marearse.*

almadiero m. Hombre que conduce una almadía.

almádina f. **Almádena.*

almadraba (del ár. and. «almaḏrába») **1** f. *Pesca de *atunes. **2** Lugar donde se hace. ≃ Atunara. **3** Red que se utiliza para ella. ⇒ Buche, coarcho, cobarcho. ➤ Cloque. ➤ Mascarana. **4** (ant.) *Tejar.*

almadraque (del ár. and. «almaṭráḥ», colchón) m. *Almadraqueja.*

almadraqueja (dim. de «almadraque»; ant.) f. **Almohada o *colchón.*

almadreña (del sup. rom. and. «matrwéṉa», del lat. «materĭa» y «-onĕus») f. Zueco: *calzado que se usa para andar por el fango, hecho de una sola pieza de madera, con unos pequeños salientes en la parte inferior, que lo levantan un poco sobre el suelo, y con la punta aguda y vuelta hacia arriba.

almagacén (del ár. and. «almaẖzán»; ant.) m. *Almacén.* ⇒ *Depósito.

almágana (Hond.) f. **Almádena.*

almaganeta f. **Almádena.*

almagesto (del ár. «almağisṭī», del gr. «megístē») m. *Nombre árabe aplicado a algunos tratados antiguos de *astronomía, como el de Ptolomeo o el de Riccioli.*

almagra (del ár. and. «almáḡra») f. *Almagre.*

almagrado, -a Participio adjetivo de «almagrar».

almagradura f. Acción y efecto de almagrar.

almagral m. Terreno abundante en almagre.

almagrar 1 tr. Teñir ˘algo de almagre. ≃ Enalmagrar. **2** (ant.) *Marcar ˘algo con una *señal.* **3** (ant.) **Deshonrar a ˘alguien.* **4** *Entre matones, *herir a ˘alguien.*

almagre (de «almagra») **1** m. Óxido rojo de hierro, más o menos arcilloso, muy abundante en la naturaleza, que se emplea en pintura. ≃ Almagra, almánguena, almazarrón, LÁPIZ encarnado, LÁPIZ rojo, OCRE *rojo. ⇒ RÚBRICA fabril. **2** Marca o *señal.

almagreño, -a adj. y, aplicado a personas, también n. De Almagro, población de la provincia de Ciudad Real.

almagrero, -a adj. *Se aplica al terreno en que abunda el almagre.*

almahala (del ár. and. «almaḥálla» o «almuḥálla»; ant.) f. *Almofalla (*campamento, o gente de guerra acampada).*

almaizal o **almaizar** (del ár. and. «almayzár») **1** m. *Tocado de gasa usado por los moros.* **2** **Humeral (vestidura del sacerdote).*

almaizo m. **Almez (árbol ulmáceo).*

almaja (¿del ár. and. «almáks»?) f. *Cierto *derecho que se pagaba en Murcia por algunos frutos.*

almajal m. *Almarjal.*

almajaneque (del ár. and. «almanğaníq», cl. «manğanīq», y éste del gr. «mēchanikḗ»; ant.) m. ARTILL. *Maganel (máquina militar antigua).*

almajar[1] m. *Almarjal.*

almajar[2] (del ár. and. «alma'ğár»; ant.) m. **Manto de seda.*

almajara (del ár. and. «almašğára», plantío) f. **Campo abonado con estiércol reciente para que germinen pronto las semillas.*

almaje (del lat. «animalĭa»; Ál.) m. *Dula.*

almajo m. *Almarjo.*

almalafa (del ár. and. «almalḥáfa» o «almaláḥfa») f. *Traje de los moros que cubre desde los hombros hasta los pies.* ≃ Malafa.

alma máter 1 (lit.) f. Expresión latina que significa literalmente «alma nutricia», usada para referirse a la universidad. **2** (lit.) Se aplica también a la persona que impulsa o da vitalidad a algo.

almanaca (del sup. ár. and. «almaẖnáqa», cl. «miẖnaqah»; ant.) f. **Pulsera.*

almanaque (del ár. and. «almanáẖ», calendario) m. *Calendario: conjunto de hojas, una para cada día, una para cada mes del año, etc., en que está anotado en cada fecha el día de la semana con que coincide y, a veces, indicaciones meteorológicas o astronómicas y festividades religiosas. ⊙ También la cartulina, a veces decorada, en que esas hojas se colocan, y el conjunto de ambas cosas.

almancebe (del ár. and. «almanṣába») m. *Red de pescar que se usaba antiguamente en el Guadalquivir.* ⇒ Almacaero.

almandina (de «alabandina») f. *Granate almandino.*

almandino adj. V. «GRANATE almandino».

almánguena f. **Almagre.*

almanta (de «a manta») **1** f. *Espacio que queda entre dos filas en una plantación de *árboles o *vides.* ≃ Entreliño. **2** **Bancal de tierra entre dos surcos grandes.*

PONER A ALMANTA. *Plantar las *vides sin orden.*

almarada (del sup. ár. and. «almaḫráz», cl. «miḫraz», lezna) **1** f. **Puñal agudo de tres aristas.* **2** **Aguja grande para coser alpargatas.* **3** *Varilla de hierro con un mango, que se usa en los hornos de *azufre para desobstruir el conducto que lo lleva desde el crisol.*

almarbatar (de «almarbate») tr. **Ensamblar dos ↘piezas de madera.*

almarbate (del ár. and. «almarbáṭ», cinturón) m. *Madero cuadrado del alfarje, que une los pares de la *armadura del tejado.*

almarcha (del ár. and. «almárǧ», prado) f. **Población situada en vega o tierra baja.*

almarga f. *Marguera.*

almario (pop.) m. *Armario.*

V. «tener su ALMA en su almario».

almarjal[1] (ant.) m. *Terreno poblado de almarjos.* ≃ Almajal, almajar.

almarjal[2] m. Marjal (terreno pantanoso).

almarjo (¿del ár. and. «almárǧ»?) **1** m. Se aplica en general a cualquiera de las plantas que dan *barrilla. ≃ Almajo, armajo. **2** *Barrilla.

almaro (del sup. ár. and. «almáru», del sup. rom. and. «máro», del lat. «marum», y éste del gr. «máron») m. **Maro (planta labiada).*

almarrá (del ár. and. «almaḥláǧ») m. *Utensilio para alijar el *algodón, consistente en un cilindro de metal inserto en un asa de modo que puede girar.*

almarraja o **almarraza** (del ár. and. «almarášša») f. **Vasija antigua semejante a una garrafa agujereada por el vientre, que se utilizaba para regar.*

almártaga[1] (del sup. ár. and. «almárta'a por ritá'», maniota del ganado) f. *Almártiga.*

almártaga[2] o **almártega** (del ár. and. «almártak» o «almártaq») f. QUÍM. **Litargirio (óxido de plomo).*

almártiga f. *Especie de *cabezada que se ponía a los caballos sobre el freno para llevarlos sujetos cuando se apeaba el jinete.* ≃ Almártaga.

almartigón m. *Almártiga tosca que sirve para atar las caballerías al pesebre.*

almaste o **almástec** (del ár. and. «almáṣṭaka») m. **Almáciga (resina).*

almástica o **almástiga** (del ár. and. «almáṣṭaka») f. **Almáciga (resina).*

almática (ant., usado aún en Méj.) f. *Dalmática.*

almatrero m. *Pescador que pescaba con almatroque.*

almatriche (del ár. y rom. and. «almaṭríǧ» o «almaṭríč», acequia madre) m. AGRIC. **Reguera.*

almatroque (del ár. and. «almaṭrúḥ») m. **Red usada antiguamente parecida al sabogal.*

almazaque (Ar.) m. **Almáciga (resina).*

almazara (del ár. and. «alma'ṣára») f. Molino de *aceite.

almazarero m. Encargado del molino de aceite.

almazarrón (¿de un sup. «almagrazón», aum. de «almagra»?) m. *Almagre: óxido de hierro.

almea[1] (del ár. and. «almáy'a») **1** f. *Azúmbar.* **2** *Corteza de estoraque, después que se le ha quitado toda la resina.* **3** *Bálsamo del estoraque.*

almea[2] (del fr. «almée», del ár. sirio «'ālmeh», maestra de bailarinas) f. *Entre los orientales, mujer que improvisa versos y *canta y danza en público.*

almecer (ant.) tr. *Mezclar.* ≃ Amecer.

almecina f. *Almeza.*

almecino (And.) m. *Almez.*

almeiza (Extr.) f. **Ciruela.*

almeja f. Nombre aplicado a varios *moluscos de los géneros *Tapes, Venus* y otros, *lamelibranquios, o sea encerrados en una concha bivalva, comestibles. ⇒ Amayuela, chirla, telina, tellina, verdigón.

almeji o **almejía** (del ár. «mawšiyyah», recamada) m. o f. **Manto basto que usaba la gente del pueblo entre los *moros de España.*

almena (del lat. «minae», almenas) f. Prisma de los que rematan la parte superior de las murallas. ⊙ Es muy corriente, aunque impropio, llamar también almenas a los huecos que quedan entre esos prismas. Generalmente se usa en plural, aplicado al conjunto festonado de ambas cosas. ⇒ Mena, pina. ➤ Crestería.

almenado, -a **1** Participio adjetivo de «almenar». ⇒ Desalmenado. **2** Adornado en el borde con recortes semejantes a almenas. **3** m. Almenaje.

almenaje m. Conjunto de almenas.

almenar[1] tr. Hacer almenas en una ↘construcción.

almenar[2] (de «almenara[1]») m. *Utensilio consistente en un pie de hierro que sostiene una arandela con púas en las que se clavaban teas para alumbrar.* ≃ Almenara, tedero.

almenara[1] (del ár. and. «almanára») **1** f. Fuego encendido como señal en las atalayas o en otro sitio. ⇒ Ángaro. ➤ *Ahumada. *Fuego. *Hoguera. **2** **Candelero para candiles de muchas mechas.* **3** *Almenar (pie de hierro para sostener teas).*

almenara[2] (del ár. and. «manhár», del cl. «manhar», arroyo; Ar.) f. *Zanja por la que se conduce al río el agua sobrante de una *acequia.*

almendra (del lat. «amyndăla», por «amygdăla») **1** f. Fruto del almendro, semejante, cuando está verde, a un melocotón pequeño y aplastado. ⊙ Este mismo fruto después de secarse y caerse la envoltura verde, o sea quedando al descubierto una cáscara leñosa de forma ovalada acabada en punta por un extremo. ⊙ Semilla de ese fruto, con su piel de color pardo rojizo o sin ella, blanca y muy sabrosa. ⇒ Otra forma de la raíz, «amigdal-»: 'amígdala, amigdaloide'. ➤ Alloza, almendrolón, almendruco, arzolla. ➤ Grano. ➤ Allozo, almendral, almendrera, almendrero. ➤ Zurrón. ➤ HORCHATA de almendras, LECHE de almendras, mazapán, peladilla, piñonate, pistacho, saladilla, SOPA de almendras, *turrón. **2** Semilla semejante a la almendra, de cualquier fruto drupáceo. **3** **Diamante de forma de almendra.* **4** *Pieza de cristal de las que forman o adornan las lámparas; particularmente, las poliédricas.* **5** (inf.) Guijarro. ⇒ *Piedra. **6** (inf.; gralm. pl.) *Bala u otro *proyectil.* **7** (Mur.) *Capullo de *seda de calidad superior.* **8** ARQ. **Adorno de *moldura de figura de almendra.* ≃ Mandorla. **9** Se emplea para designar o describir cualquier objeto de *forma semejante a la de una almendra.

ALMENDRA AMARGA. Variedad amarga, algo venenosa.

A. GARAPIÑADA. *Confite consistente en una almendra recubierta de azúcar acaramelado en forma granujienta y, generalmente, de color rojizo.

V. «HORCHATA de almendras, LECHE de almendras».

almendrada f. Bebida hecha con almendras.

almendrado, -a 1 adj. De forma de almendra. **2** adj. y n. Se aplica a diversas comidas, dulces, salsas, etc., que se hacen con almendras. ⊙ m. *Pasta de confitería hecha con almendras.

almendral 1 m. Campo de almendros. **2** *Almendro.*

almendrar tr. Arq. *Adornar una ↘moldura con almendras.*

almendrate m. *Cierto *guiso antiguo hecho con almendras.*

almendrera f. *Almendro.*

almendrero 1 m. Almendro. **2** **Recipiente en que se sirven almendras.*

almendrilla (dim. de «almendra») **1** (colectivo) f. *Piedra menuda. ⇒ Pudinga. ⊙ (colectivo) Piedra machacada como, por ejemplo, la usada en la pavimentación de *carreteras. ⇒ *Cascajo. ⊙ *Carbón menudo, en trozos del tamaño, aproximadamente, de almendras. **2** (ant.) *Cierto bordado que formaba como pequeñas almendras.* **3** **Lima de cerrajero rematada en forma de almendra.* **4** (ant.; pl.) **Pendientes con diamantes de figura de almendra.*

almendro (*Prunus amygdalus*) m. Árbol rosáceo que produce las almendras.

Almendro amargo. El que produce las almendras amargas.

almendrolón (Man.) m. *Almendruco.*

almendrón (aum. de «almendro»; *Terminalia catappa)* m. *Árbol combretáceo tropical que se cultiva por sus almendras comestibles.* ⊙ *Fruto de él.*

almendruco 1 m. Almendra tierna, con la cubierta exterior todavía verde y el grano sin cuajar del todo. **2** Fruto del almendro sin quitarle la cáscara leñosa.

almenilla (dim. de «almena») f. **Adorno, por ejemplo en los vestidos, en forma de almena.*

almeriense adj. y, aplicado a personas, también n. De Almería, provincia española y su capital. ≃ Urcitano.

almete (del fr. ant. «healmet») **1** m. Pieza de la *armadura que cubría toda la cabeza. ≃ *Casco. **2** **Soldado que usaba almete.*

V. «calva de almete».

almez (del ár. and. «almáys») m. Nombre dado a varias especies de árboles ulmáceos del género *Celtis;* especialmente al *Celtis australis* cuyo fruto es una fruta comestible, como de 1 cm de diámetro, negra por fuera y amarilla por dentro. ≃ Aligonero, almaizo, almecino, almezo, latonero, lirón, lodón, lodoño.

almeza f. Fruto del almez. ≃ Alatón, almecina, lirón.

almezo m. **Almez.*

almiar (del lat. «metālis», de «meta», meda) m. Montón que se hace con la paja para guardarla, apretándola alrededor de un palo. ⇒ Baraño, borguil, henazo, meda, montonera, nial, niara, niazo. ➤ *Pajar.

almíbar (del ár. and. «almíba», cl. «maybah», de or. persa) **1** m. Cocimiento de azúcar en agua, al que se dan diferentes concentraciones, que tiene diferentes aplicaciones en confitería. Los grados de espesamiento se llaman «puntos»: 'punto de jarabe, de hebra, de caramelo'. ⇒ Arrope. ➤ Clarificar, espumar. ➤ Acaramelar, almibarar, escarchar, garapiñar, granizado. **2** (inf.) Cosa excesivamente dulce.

almibarado, -a 1 Participio adjetivo de «almibarar». **2** Aplicado a personas y a sus palabras, lenguaje o maneras, excesiva o afectadamente amable. ⇒ *Empalagoso.

almibarar tr. Cubrir con almíbar una ↘cosa.

almicantarat (del ár. «almuqanṭarāt») **1** m. Astron. *Cualquier círculo menor de la esfera celeste paralelo al horizonte.* **2** Astron. *Instrumento para medir alturas y acimutes.*

almidón (del b. lat. «amīdum», del lat. «amȳlum», y éste del gr. «ámylon») m. Polisacárido de color blanco que se encuentra en la mayoría de los vegetales, sobre todo en los tubérculos y semillas. Era muy utilizado para dar *apresto a las telas. ≃ Fécula.

Dar almidón. Ponerlo a la ropa para plancharla.

Planchar de almidón. *Planchar la ropa a la que se ha puesto almidón.*

almidonado, -a 1 Participio adjetivo de «almidonar». ⊙ m. Acción de almidonar. **2** adj. Planchado con almidón. **3** (inf.) Demasiado acicalado. ⇒ *Acicalar. **4** (inf.) Algo orgulloso. ≃ *Estirado.

almidonar tr. Mojar la ↘ropa blanca en agua con almidón para darle apresto.

almijar (del ár. and. «almanšár») **1** (And.) m. *Lugar en donde se ponen a secar las *aceitunas o las *uvas antes de exprimirlas.* **2** (ant.) *Lugar donde se ponían a secar los *higos.*

almijara (del ár. and. «almiš'ála») f. *Depósito de *aceite que había en las minas de Almadén para repartirlo a los operarios para el alumbrado.*

almijarero m. *Encargado de la almijara.*

almijarra (del ár. and. «almağárra») f. *Palo horizontal del que tira la caballería en un molino, una noria, etc.*

almilla (del sup. lat. «firmella», sujetador, de «firmus») **1** f. Pieza que está en el interior de una cosa sirviendo de refuerzo o de soporte. ≃ Alma. **2** Carp. Parte adelgazada en una pieza de madera, destinada a ser introducida en un hueco de otra para hacer una ensambladura. ≃ Espiga. **3** (ant.) *Tira ancha de *carne sacada del pecho de los *cerdos.* **4** *Prenda de *vestir para la parte superior del cuerpo, ajustada, con o sin mangas.* ≃ *Jubón. ⊙ *Prenda semejante que se ponía debajo de la *armadura.*

almimbar (del ár. «minbar», a través del fr.) m. *Púlpito de las *mezquitas.* ≃ Mimbar.

alminar (del ár. «manāra», a través del turco y el fr.) m. *Torre de *mezquita alta, estrecha y con galerías alrededor de trecho en trecho. ≃ Minarete.

almiquí (relac. con «almizcleña») **1** m. **Aire (mamífero insectívoro).* **2** **Tacuache (otro mamífero insectívoro).*

almiraj, almiraje o **almiral** (del ár. «amīr», comandante, con influencia del cat. «almirall»; ant.) m. *Almirante.*

almiranta (de «almirante») f. Mar. Se aplicaba al *barco en que iba el segundo jefe de una escuadra.

almirantadgo (ant.) m. *Almirantazgo.*

almirantazgo 1 m. Cargo o dignidad de almirante. ⊙ Territorio de su jurisdicción. **2** Alto *tribunal de la marina. **3** **Derecho que para los gastos de la marina real pagaban las naves que entraban en puertos españoles.*

almirante (del ár. «amīr», comandante, a través del b. lat.) **1** m. Mil.*Jefe que desempeña en la *marina cargo equivalente al de teniente general en el Ejército de Tierra. ⊙ Mil. En las armadas antiguas, jefe supremo de toda la de una nación o de una escuadra. ⊙ Aplicado a Cristóbal Colón y sus sucesores, jefe supremo de las naves y de las tierras y mares descubiertos. ⇒ Almiraj, almiraje, almiral. ➤ Contralmirante. **2** (ant.) **Caudillo.* **3** *Cierto *adorno que usaban las mujeres en la cabeza.* **4** (And.) *Maestro de natación.*

almirez (del ár. and. «almihráz») m. Utensilio de *cocina que consiste en un recipiente de metal u otro material duro, en el que se machacan condimentos u otras cosas con un macillo. ≃ Majador, *mortero.

almirón (del ár. y rom. and. «almirún», de «amayrún», y éste del lat. «amārum»; And.) m. **Diente* de león (planta compuesta).*

almizate (errata por «almizcate») m. *Punto central del harneruelo o parte plana que forma el centro de los *artesonados.* ⊙ **Harneruelo.*

almizcate (del ár. and. «misqáṭ») m. **Patio entre dos casas, que presta servicio de luz y otras cosas a ambas.*

almizcle (del ár. and. «almísk», cl. «misk», de or. persa) **1** m. Sustancia blanca aromática que se extrae de algunos mamíferos, particularmente de la bolsa que tiene en el vientre el almizclero. ⇒ Almizque, musco. ➤ Cascarilla. **2** (Hond.) *Sustancia grasa que algunas *aves tienen en una bolsa junto a la cola, con la cual se untan e impermeabilizan las plumas.*

almizcleña *(Triguera ambrosiaca)* f. *Planta solanácea cuyas flores, de color azul claro, parecidas al jacinto, pero más pequeñas, despiden olor a almizcle.

almizcleño, -a adj. De almizcle: 'olor almizcleño' ⊙ De olor de almizcle.

almizclera (de «almizcle») **1** f. *Desmán (mamífero insectívoro). **2** **Piel de civeta, de color marrón oscuro, más claro cerca de la raíz, usada en peletería.*

almizclero, -a 1 adj. Almizcleño. **2** *(Moschus moschiferus)* m. Mamífero *rumiante, sin cuernos, del tamaño de una cabra, que tiene en el vientre una bolsa en que segrega el almizcle. ≃ Portaalmizcle, CABRA de almizcle. ⇒ Cervatillo. V. «RATÓN almizclero».

almizque (del ár. and. «almísk», cl. «misk», de or. persa; ant.) m. *Almizcle.*

almizteca (ant.) f. **Almáciga (resina).*

almo, -a (del lat. «almus», de «alĕre», alimentar) **1** (lit.) adj. *Se aplica a lo que *alimenta o cría:* 'Alma Ceres'. **2** (lit.) **Excelente, santo o digno de veneración.*

almoacén (ant.) m. *Almocadén.*

almocadén (del ár. and. «almuqaddám») **1** m. MIL. *Jefe de tropa de a pie en la *milicia antigua.* **2** MIL. *Cabo que en Ceuta mandaba diez o doce hombres a caballo.* **3** *Entre los moros de Marruecos, *autoridad subalterna.* ⊙ *Especie de *alcalde de barrio en la ciudad.* ⊙ *Jefe de una fracción en las tribus del campo.* ⊙ *Especie de sargento en el ejército.*

almocafre (del sup. ár. and. «abu káff», cl. «abū kaff», el de la mano) m. AGRIC. Herramienta que es como una pequeña *azada que se prolonga por el extremo opuesto al corte con dos puntas, y se emplea para escarbar la tierra, arrancar hierbas, trasplantar, etc. ≃ Escardadera, escardilla, escardillo, gancho, garabato, zarcillo.

almocárabe o, menos frec., **almocarbe** (del ár. and. «almuqárbas», construido como bóveda de estalactitas, con influencia de «árabe», y éste del gr. «krēpís») **1** m., gralm. pl. ARQ., CARP. Adorno usado en *techos o bóvedas, consistente en prismas que se entrecortan. **2** ARQ. *Adorno de lazos.*

almocatí (¿del ár. «muhhah», pedazo de médula?; ant.) m. **Médula de los huesos, o *sesos.*

almocatracia f. **Tributo antiguo que se pagaba por la venta de géneros de *lana.*

almoceda (del ár. and. «almuqsíṭa», equitativa; Nav.) f. *Derecho al agua de riego.*

almocela (¿del ár. and. «mawṣalíyya»?) f. *Antiguamente, especie de *capucha.*

almocrate m. *Almohatre.*

almocrebe (del ár. and. «almukári»; ant.) m. **Arriero de mulos.*

almocrí (del ár. and. «almuqrí») m. *Lector del Corán en las mezquitas.*

almodí m. *Almudí (medida agraria).*

almodón (del ár. and. «almadhún») m. **Harina de trigo humedecido.*

almodóvar m. *Plaza fortificada.*

almodrote (del ár. and. «almaṭrúq») **1** m. **Salsa compuesta de distintas cosas, aceite, queso, ajos, etc., con que, en algunos sitios, sazonan las berenjenas.* **2** **Mezcla confusa de distintas cosas.*

almofalla[1] (del ár. and. «almuḥálla»; ant.) f. **Campamento.* ⊙ (ant.) *Tropas acampadas.* ⊙ (ant.) **Gente de armas en cualquier forma.*

almofalla[2] (del sup. «almozalla», del ár. and. «almuṣálla», tapiz de plegaria; ant.) f. **Alfombra.*

almófar (del ár. and. «almáǧfar») m. *Especie de cofia de malla que se ponía debajo del capacete de la *armadura.* ≃ Almofre.

almofariz (del ár. and. «almihrás» o «almihráz», con imela; ant.) m. **Mortero.*

almofía (del ár. and. «almuhfíyya», oculta, porque este recipiente está esmaltado; ant.) f. **Palangana.*

almoflate (del ar. and. «almahráz») m. *Cuchilla redonda usada por los guarnicioneros.*

almofre (del ár. and. «almáǧfar»; ant.) m. *Almófar.*

almofrej (del ár. and. «almafráš») m. *Funda en que se llevaba la *cama de camino.*

almofrez m. *Almofrej.*

almogama (del ár. and. «almuǧámma'», juntado) f. MAR. *Redel: *cuaderna colocada en un barco en el punto en que empieza a estrecharse.*

almogávar (del ár. and. «almuǧáwir») m. En tiempos de la Reconquista, soldado de ciertas tropas muy diestras y escogidas, llamadas con el mismo nombre en plural, que hacía correrías en campo enemigo. Particularmente, los de un ejército formado por catalanes y aragoneses que, a principios del siglo XIV, realizaron una famosa expedición que se desarrolló en una serie de luchas novelescas en Grecia y Asia Menor. ⇒ *Guerra.

almogavarear (de «almogávar») intr. *Hacer *correrías por tierras enemigas.*

almogavaría f. *Tropa de almogávares.*

almogavería f. *Incursión de almogávares.*

almogede o **almogote** m. MIL. *Cuerpo de infantería en línea de batalla.*

almohada (del ár. and. «almuhádda») **1** f. Saco relleno de una materia esponjosa y blanda, como lana o miraguano, que se emplea por su blandura para diferentes usos. ⊙ Particularmente, el que se pone en la *cama para *apoyar la cabeza. **2** Almohadón. **3** Funda lavable que se pone sobre la almohada de la cama. **4** ARQ. *Almohadilla (*sillar).* **5** ARTILL. *Taco de madera que sirve de apoyo a cualquier parte de la pieza o del afuste; principalmente, a la caña de puntería.*

CONSULTAR una cosa CON LA ALMOHADA (inf.). Dejar pasar algún tiempo, particularmente una noche, antes de resolver sobre ella.

□ CATÁLOGO
Abrazador, acerico, aceruelo, agarrador, albardilla, almadraque, almadraqueja, almohadilla, almohadón, bala, bulto, cabecera, cabezal, cervigal, citara, cojín, cojinete, colchoneta, compresa, cuadrante, faceruelo, larguero, melenera, plumazo, traspontín [o traspuntín], travesaño. ➤ Funda, toalla. ➤ Cogujón. ➤ Borra, lana, miraguano, pelote, pluma.

almohadado, -a (de «almohada») adj. ARQ. *Almohadillado.*

almohade (del sup. ár. and. «almuwaḥḥád», unificado, cl. «muwaḥḥid», monoteísta) adj. y n. Se aplica a los seguidores de Aben Tumart, que fanatizó a las tribus occidentales de África y destruyó el imperio hispano *musulmán de los almorávides, fundando en su lugar el de los almohades. ⇒ Mazmodina. ➤ *Moro.

almohadilla **1** f. Almohada pequeña para distintos usos. ⊙ Acerico. ⊙ La que forma parte de la *guarnición de las *caballerías de tiro, que queda sobre la cruz de éstas para que no las lastime el correaje. ⊙ Cojín pequeño para sentarse sobre un asiento duro, como los que hay en algunos recintos para espectáculos. ⊙ *Agarrador, por ejemplo para la plancha. ⊙ La empleada para *apósitos. ⊙ La empapada en *tinta, empleada para humedecer los sellos. ⇒ Tampón. **2** CONSTR. *Parte del *sillar, con las aristas achaflanadas, que sobresale de la obra.* **3** ARQ. *Parte lateral de la voluta del *capitel jónico.* **4** VET. **Carnosidad que se les forma a las *caballerías en el sitio donde se apoya la silla.* **5** Masa de tejido que tienen algunos animales en las puntas de las falanges o en la planta de los pies y que los protege del roce o los golpes. **6** (Bol.) *Cojincillo con que se borra lo escrito en la pizarra.*

almohadillado, -a **1** Participio de «almohadillar». ⊙ adj. En forma de almohadilla. ⊙ Con *relleno como de almohadilla. ⊙ Con almohadilla o almohadillas. **2** adj. y n. m. ARQ. *Hecho con *piedras almohadilladas.* **3** m. MAR. *Madera que se pone entre el casco y la coraza de los *barcos para amortiguar las vibraciones producidas por el choque de los proyectiles.*

almohadillar **1** tr. Labrar los ↘*sillares en forma de almohadilla, o sea con biseles. **2** Poner guata, algodón u otro material semejante entre dos telas y después coserlas. ≃ Acolchar.

almohadillazo m. Golpe que se da con una almohadilla, generalmente arrojándola.

almohadón **1** m. Almohada de distintas formas que se pone en los sillones, divanes, etc. ≃ Cojín, colchoneta. ⇒ Tapicería. **2** Funda de la almohada de la cama. **3** ARQ. *Piedra de las dos inferiores del *arco apoyadas sobre los machones.*

almoharrefa (del ár. and. «almuḥarrífa»; ant.) f. *Almorrefa.*

almohatre (de «almojatre») m. *Sal amoniaco.*

almohaza (del ár. and. «almuḥássa») f. Instrumento formado por una plancha de hierro que lleva insertas unas sierrecillas, que se utiliza para *limpiar a las *caballerías. ≃ Rascadera, rasqueta.

almohazar **1** tr. Restregar a las ↘*caballerías con la almohaza para *limpiarlas. **2** *Restregar de otro modo.* **3** (ant.) *Dar placer a los sentidos.* ⇒ *Deleitar.

almojábana (del ár. and. «almuǧábbana», hecha de queso) f. **Torta de queso y harina.* ≃ Mojábana. ⊙ **Masa frita de harina, hecha con huevo, manteca y azúcar.*

almojarifadgo o **almojarifalgo** (ant.) m. *Almojarifazgo.*

almojarifazgo (de «almojarife») m. *Derechos que se pagaban antiguamente por las mercancías que entraban y salían del país o se llevaban de un puerto a otro dentro de él.* ⇒ *Aduanas.

almojarife (del ár. and. «almušríf») m. *Antiguo oficial que recaudaba y guardaba como *tesorero las rentas reales.*

almojatre (del ár. and. «annušáṭir», cl. «nušādir» o «nūšādir», de or. persa; ant.) m. *Almohatre.*

almojaya (del ár. and. «almušáyya'») f. *Madero sujeto a la pared para sostener los *andamios.*

almona (del sup. ár. and. «almáwna», cl. «ma'ūnah», provisiones) **1** (ant.) f. **Fábrica, *almacén o *edificio público.* **2** (And.) *Jabonería.* **3** *Pesquería de *sábalos.*

almóndiga o **almondiguilla** (pop.) f. Albóndiga o albondiguilla.

almoneda (del ár. and. «almunáda») **1** f. Venta pública de objetos que se adjudican a quien ofrece por ellos más dinero. *Subasta. **2** Venta de géneros a precios rebajados. *Saldo. ⇒ *Comercio. **3** Establecimiento de venta de objetos usados, generalmente antiguos.

almora (¿del sup. rom. and. «mora», de or. prerromano?; Ál.) f. *Majano (montón de *piedras).*

almorabú, almoraduj o **almoradux** (del ár. and. «almardaddúš», cl. «marzanǧūš», de or. persa) **1** m. **Mejorana (planta labiada).* **2** **Sándalo (planta labiada).*

almorávide (del ár. and. «almurábiṭ», acantonado) adj. y n. Nombre dado a los individuos de un pueblo procedente del norte de África, llamado en plural con el mismo nombre, que en el siglo XI invadió y dominó toda la España árabe hasta que fue vencido por los almohades. ⇒ Moabita. ➤ Cenhegí. ➤ Morabetino, quirate.

almorejo (de «amor», planta umbelífera; *Setaria viridis*) m. *Planta gramínea de tallos de unos 40 cm, que crece silvestre en las tierras cultivadas. ≃ Lapa.

almorí (del ár. and. «almurí», cl. «murrī», y éste del lat. «mŭrĭa», a través del arameo) m. *Masa de harina, miel, etc., con que se hacen *tortas.*

almoronía f. **Fritada.* ≃ Alboronía, moronía.

almorrana (del sup. b. lat. «haemorrheuma», del gr. «haîma», sangre, y «rheûma», flujo) f., gralm. pl. Abultamiento que se forma en el final del intestino recto o inmediaciones del ano debido a la dilatación de los vasos sanguíneos. ≃ Hemorroide.

almorrefa (del ár. and. «almuḥarrífa»; ant.) f. **Cinta de embaldosado.* ≃ Almoharrefa.

almorta (¿de «muerta», por el parecido de esta legumbre con muelas descarnadas —se llama también «diente de muerto»—, a través del mozár.?; *Lathyrus sativus*) f. *Planta leguminosa que produce unas semillas llamadas también almortas, redondeadas y con depresiones que les dan semejanza con una muela, las cuales se emplean como pienso y, en harina, como puré, también para las personas. Su consumo excesivo provoca latirismo. ≃ Cícera, cicercha, cicércula, guija, muela.

almorzada (¿de «almozada», con influencia de «almorzar»?) f. *Porción de cualquier cosa líquida o desmenuzada que se coge en el hueco de las dos manos juntas.* ≃ Almozada, almuerza, almuezada, ambuesta, puñera.

almorzado, -a **1** Participio de «almorzar». **2** adj. Se aplica al que ya ha almorzado: 'Viene ya almorzado'.

almorzar intr. Tomar el almuerzo.

□ CONJUG. como «contar».

almosna (de «alimosna»; ant.) f. **Limosna.*

almotacén (del ár. and. «almuḥtasáb») m. *En España en la Edad Media y en Marruecos, funcionario encargado de *contrastar las pesas y medidas, vigilar los mercados y fijar los precios de las mercancías.* ≃ Almotazaf, motacén, zabazoque.

almotacenadgo o **almotacenalgo** (ant.) m. *Almotacenazgo.*

almotacenazgo m. *Oficio, oficina, etc., del almotacén.*

almotacenia 1 f. **Derechos pagados al almotacén.* **2** *Almotacenazgo.* **3** *Lonja de contratación de *pescado.*

almotalafe (del ár. and. «almustaḥláf», delegado; ant.) m. *Fiel (inspector) de la *seda.*

almotazaf (del ár. and. «almuḥtasáb») m. **Almotacén.*

almotazanía f. *Almotacenia.*

almozada (de «almueza»; ant.) f. **Almorzada.*

almozala o **almozalla** (del ár. and. «almuṣálla», tapiz de plegaria; ant.) f. **Manta, *colcha o cobertor de *cama.*

almucia (¿del b. lat. «almucĭa»?; ant. y en Ar.) f. *Muceta.*

almud (del ár. and. «almúdd») m. Medida de *capacidad para áridos, usada todavía en algunos sitios.

A. DE TIERRA (Man.). *Extensión de *campo en que cabe media fanega de sembradura.*

almudada f. *Extensión de *campo en que cabe un almud de sembradura.*

almudejo (dim. de «almud») m. *Cada una de las medidas que guardaba el almudero.*

almudelio (de «almudejo»; ant.) m. *Ración de comida o bebida.* ≃ *Arenzata.

almudena (ant.) f. **Lonja o *mercado de granos.*

almudero (de «almud») m. *Empleado que guardaba las *medidas públicas de áridos.*

almudí o **almudín** (del ár. and. «almudí», cl. «mudy», y éste del arameo «mudyā», del lat. «mŏdĭus», medida, a través del gr. «módios») **1** m. **Lonja o mercado de granos.* **2** (Ar.) *Medida de *capacidad equivalente a 6 cahíces.*

almuecín (del fr. «muezzin», del ár. «mu'addin», a través del turco) m. Almuédano.

almuédano o, no frec., **almuedén** (del ár. and. «almuwáddan») m. *Musulmán que convoca a la oración desde el alminar.

almuercería (Méj., Perú) f. *Puesto o tienda del almuercero.*

almuercero, -a (Méj., Perú) n. *Persona que vende comidas en los mercados o en las calles.*

almuérdago m. **Muérdago (planta viscácea parásita).*

almuertas (Ar.) f. pl. *Impuesto sobre los *cereales que se vendían en la alhóndiga.*

almuerza (de «ambuesta», con influencia de «almuerzo») f. **Almorzada (porción de cualquier cosa contenida en las dos manos juntas).*

almuerzo (del sup. lat. «admordĭum», de «admordēre», morder) **1** m. Comida que se toma a veces a media mañana. **2** A veces, se llama así a la comida de mediodía. **3** Particularmente, en los pueblos, desayuno, en especial cuando consiste en cosas guisadas o viandas sólidas. **4** Cosa que se toma como almuerzo. ⇒ Bocadillo, medias NUEVES.

almueza f. **Almorzada: porción de cualquier cosa que se coge entre ambas manos.*

almuezada (de «almueza»; ant.) f. **Almorzada: porción de cualquier cosa que se coge entre ambas manos.*

almuna (ant.) f. *Almona.*

almunia o **almuña** (del ár. and. «almúnya», quinta; ant.) f. **Huerto o *granja (se conserva en algunos nombres topográficos).*

almuñequero, -a adj. y, aplicado a personas, también n. *De Almuñécar, población de la provincia de Granada.* ≃ Sexitano.

almutacén (ant.) m. *Almotacén.*

almutelio (de «almudejo»; ant.) m. *Almudelio.*

almuzala o **almuzalla** f. *Almozala.*

alna (del gót. «alĭna», codo) f. *Ana (medida).*

alnado, -a (del lat. «ante natus», nacido antes) n. **Hijastro.*

alnafe (ant.) m. **Anafre: hornillo portátil.*

alno (del lat. «alnus») m. *Aliso.*

alo- (var. «al-») Elemento prefijo del gr. «allós», otro: 'alotropía, sinalagmático'.

-alo Sufijo átono muy raro: 'óvalo'.

aloa (del lat. «alauda»; ant.) f. **Alondra.* ≃ Aloya.

aloaria (de «alboaire»; ant.) f. ARQ. **Pechina.*

alobadado, -a adj. *Mordido de lobo.*

alobado, -a 1 *Participio adjetivo de «alobar[se]».* **2** adj. *Se aplica al coto de caza invadido por lobos.* **3** (Cantb.) *Alobunado (semejante al lobo, especialmente en el color de pelo).*

alobar (de «a-^{2}» y «lobo^1») **1** (Nav.) tr. *Acosar, *molestar.* **2** prnl. *Atemorizarse por la presencia de un lobo.* **3** *Atolondrarse ante un dificultad o peligro.*

alobreguecer (ant.) intr. **Oscurecer.* ≃ Lobreguecer.

alóbroge o, menos frec., **alóbrogo** (del lat. «Allobrŏges») adj. y, aplicado a personas, también n. Se aplica a los individuos de un *pueblo antiguo que habitó una región situada entre el Rin y el Ródano. ⊙ m. pl. Ese pueblo.

alobunado, -a (de «a-^{2}» y «lobuno») adj. *Semejante al lobo, especialmente en el color del pelo.*

alocadamente adv. De manera alocada.

alocado, -a (de «alocar») Participio de alocar[se]. ⊙ adj. y n. Se aplica a la persona falta de aplomo o sensatez en su manera de obrar; y, correspondientemente, a sus acciones, conducta, etc. ⇒ *Aturdido. ⊙ («Ir») También, a alguien que anda o va de un lado a otro con *aturdimiento.

alocar tr. y prnl. Volver[se] loco.

alocución (del lat. «allocutĭo, -ōnis», de «allŏqui», dirigir la palabra) f. *Discurso, generalmente breve, hecho por un superior, por ejemplo un jefe militar, a sus subordinados, o por una persona con autoridad.

□ NOTAS DE USO

Esta palabra sería apta, lo mismo que «discurso», para designar cualquier pieza de lenguaje, aun despojada de carácter oratorio, el enunciado de cualquier pensamiento, cada intervención en una conversación corriente, cosa para la que no existen designaciones propias más que jocosas —«cuarto a espadas, la suya [o lo suyo]», etc.—; pero, lo mismo que en el caso de «discurso», pesan demasiado su significado y uso solemne para vaciarla de ellos y darle estos otros cotidianos.

aloda (de lat. «alauda») f. **Alondra.*

alodial (de «alodio») adj. *Aplicado a fincas, libre de cargas o derechos señoriales.*

alodio (del lat. medieval «alōdium», del sup. germ. «alod», propiedad total) m. *Finca o patrimonio.* ⇒*Bienes.

áloe o, menos frec., **aloe** (del lat. «alŏe», y éste del gr. «alóē») **1** m. Nombre de varias plantas liliáceas del género

Aloe, de hojas largas y carnosas, de las que se extrae un jugo amargo que se llama de la misma manera, empleado en medicina. ≃ Azabara, linályoe, olivastro de Rodas, sábila, zabida, zabila [o zábila]. **2** **Agáloco (árbol euforbiáceo).*

ÁLOE SUCOTRINO. *El de la isla de Socotora, muy estimado.*

aloes (ant.) m. *Áloe.*

aloeta (del fr. «alouette»; ant.) f. **Alondra.*

aloético, -a adj. *De [o del] áloe.*

alófono (de «alo-» y «-fono») m. FON. *Cada uno de los sonidos variantes de un mismo fonema.*

alogar (del b. lat. «allocare»; ant.) tr. **Arrendar.* ≃ Alugar.

alógeno, -a (de «alo-» y «-geno») adj. y n. *Se aplica al individuo que no es natural de un país.*

aloja[1] (del sup. lat. «alaudĕa») f. *Alondra.

aloja[2] (del sup. lat. «aloxia», del gr. «aloē oxeîa», áloe agrio) **1** f. *Bebida compuesta de agua, miel y especias.* ⇒ *Refresco. **2** (Am. S.) *Bebida hecha de algarroba o maíz y agua.*

alojado, -a Participio adjetivo de «alojar[se]». ⊙ n. Persona alojada en cierto sitio. ⊙ (Chi., Ec., Méj.) n. **Huésped.* ⊙ m. Militar alojado en cierto sitio por disposición de la autoridad.

alojamiento m. Acción de alojar[se]. ⊙ Sitio en donde alguien está alojado.

alojar (del occit. ant. «alotjar») **1** tr. Servir un local de aposento a ↘alguien determinado: 'El cuartel aloja un regimiento'. ≃ *Albergar. ⊙ Tener a ↘alguien viviendo en la propia casa. ≃ Dar ALOJAMIENTO. ⊙ prnl. *Hospedarse: 'Suele alojarse allí cuando viene a Madrid'. ≃ Parar. ⊙ tr. Específicamente, instalar en la propia casa a algún ↘individuo de las tropas que están accidentalmente en una población. **2** Colocar a ↘alguien a vivir en cierto sitio. ≃ Albergar. ⊙ Repartir a los ↘militares que están de paso en una población en las casas de los vecinos. **3** *Colocar la autoridad a los ↘braceros parados distribuyéndolos obligatoriamente entre los propietarios.* **4** Poner una ↘cosa dentro de cierto sitio. ≃ *Meter. ⊙ Particularmente, una bala u otro cuerpo extraño, en el cuerpo: 'Tiene una bala alojada en el muslo'. ⊙ prnl. Quedarse alojado: 'La bala se le alojó en el corazón'.

□ CATÁLOGO

Abarracar, acantonar, acuartelar, aposentar, cantonar, instalar, parar, realojar. ➤ Alojamiento, ballestería, barraca, campamento, caserna, cuartel, etapa, falansterio, fortín, fuerte, rancho. ➤ Boleta, boletín, contenta, pasaporte, utensilio. ➤ ASENTADOR de real, mariscal, MARISCAL de logis. ➤ Contubernal, contubernio. ➤ *Albergar. *Campamento. *Casa. *Edificio. *Habitación. *Hospedar. *Refugio. *Vivienda.

alojería f. *Establecimiento en que se hace y vende aloja.*

alojero **1** m. *Hombre que hace o vende aloja.* **2** *Antiguamente, lugar de los dos situados en el teatro a uno y otro lado en la llamada galería baja.* **3** (ant.) *Palco de los que, después, ocuparon ese mismo lugar.*

alomado, -a **1** adj. *Formando lomo.* **2** *Se aplica a la caballería que tiene el lomo arqueado como el del cerdo.*

alomar (de «a-²» y «lomo») **1** tr. AGRIC. **Labrar la ↘tierra dejando entre surco y surco un lomo más ancho que de ordinario.* ≃ Alombar. **2** EQUIT. *Ejercitar al ↘*caballo de modo que se equilibre su fuerza en los brazos y en los lomos.* **3** prnl. *Fortalecerse el *caballo quedando apto para padrear.* **4** *Resentirse el caballo de los lomos.*

alombar (de «a-²» y «lomba»; Ál.) tr. *Alomar.*

alombra (ant.) f. **Alfombra.*

alomorfo (de «alo-» y «-morfo») m. GRAM. *Cada una de las variantes de un morfema en función del contexto; por ejemplo, «-s» y «-es» son alomorfos del plural en español.*

alón **1** m. Ala de un *ave descuartizada, sin plumas. **2** (Hispam.) adj. *Particularmente aplicado a un sombrero, de ala grande.*

alondra (del lat. «alaudŭla», dim. de «alauda»; *Alauda arvensis*) f. Pájaro insectívoro, de 15 a 20 cm de largo, de color pardo con un collar negro, que anida en las mieses. ≃ Alauda, alaude, alhoja, aloa, aloeta, aloya, capada, carabinera, copetuda, jaracalla, sordilla, subigüela, sucinda, terrera, zurriaga. ⇒ Caminante, cogujada, gullería, sordilla, tenca.

ALONDRA MOÑUDA. *Cogujada.

alongadera o **alongaderas** (de «alongar»; ant.; sing. o pl. sin cambio de significado) f. *Dilatoria.*

alongadero, -a (de «alongar»; ant.) adj. *Dilatorio.*

alongamiento **1** (ant.) m. *Acción de alongar.* ≃ Alonganza. **2** (ant.) *Distancia o alejamiento entre una cosa y otra.*

alonganza (ant.) f. *Alongamiento.*

alongar (del lat. «elongāre», alargar) **1** (ant.) tr. **Alargar.* **2** (ant.) prnl. *Alargarse, alejarse o retrasarse.*

alópata adj. y n. Se aplica, por oposición a «homeópata», al médico que utiliza la alopatía.

alopatía (del gr. «allopátheia», influencia ajena) f. Procedimiento terapéutico corriente, consistente en emplear remedios que producen efectos contrarios a los que caracterizan la enfermedad.

alopático, -a adj. De la alopatía o de los alópatas.

alopecia (del lat. «alopecĭa», y éste del gr. «alōpekía»; cient.) f. Caída o pérdida del pelo. ⇒ Alopicia, alpez, calvicie.

alopécico, -a adj. Que padece alopecia.

alopecuro (del lat. «alopecūrus», y éste del gr. «alṓpēx», zorra, y «ourá», cola) m. **COLA de zorra (planta gramínácea).*

alpez (ant.) f. *Alopecia, calvicie.*

alopiado, -a (ant.) adj. *Opiado (compuesto con opio).*

alopicia (ant.) f. *Alopecia.*

aloque (del ár. and. «ḫalúqi») adj. De color *rojo claro. ⊙ Se aplica particularmente al vino de ese color. ⊙ adj. y n. m. Se aplica a la mezcla de *vino blanco y tinto.

aloquín (de «adoquín») m. *Cerco de piedra en donde se pone la *cera a curar al sol.*

alosa (del lat. «alōsa») f. **Sábalo (pez teleósteo).*

alosna (del lat. «aloxinum», ajenjo) f. **Ajenjo (planta compuesta).*

alotar (¿del port. «alote», cabo para halar?) tr. MAR. **Colgar.* ≃ Arrizar.

alotropía (de «alo-» y el gr. «trópos», vuelta, cambio) f. QUÍM. Circunstancia de presentar un mismo cuerpo simple más de una forma, con propiedades físicas y químicas distintas, debido a la distinta agrupación de los átomos que constituyen sus moléculas. ⇒ *Materia. *Química.

alotrópico, -a adj. QUÍM. Se aplica a los distintos estados de un cuerpo que presenta alotropía: 'Un estado alotrópico del azufre'.

aloya (del sup. lat. «alaudĕa», de «alauda», alondra; Ál.) f. **Alondra.*

alpaca[1] (del aimara «all-paka») **1** *(Lama pacos)* f. *Mamífero rumiante camélido de América meridional, parecido a la llama. ≃ Paco. **2** Pelo de este animal, más brillante y flexible que el de otros rumiantes. **3** Tela hecha con ese pelo. ⇒ Lustrina. **4** *Tela de algodón, brillante y algo rígida, de la que se hacen, por ejemplo, las sotanas de los clérigos.

alpaca[2] f. Aleación de *cobre, níquel y *cinc, que se emplea, por ejemplo, para fabricar cubiertos y vasijas de servicio de mesa. ⇒ METAL blanco, PLATA alemana.

alpamato m. *Arbusto mirtáceo de la Argentina, de hojas aromáticas que la gente usa como té.*

alpañata (relac. con «paño») **1** f. *Pedazo de badana que usan los alfareros para alisar las piezas.* **2** *Tierra gredosa de color muy rojo.*

alparcería 1 f. *Forma de contrato de *arriendo de la tierra en que se reparten los productos de ésta entre el propietario y el arrendatario.* ≃ Aparcería. ⇒ *Agricultura, *colono. **2** (Ar.) *Acción de *curiosear y *chismorrear.*

alparcero, -a (de «alparcería») **1** n. *Colono con contrato en esa forma.* ≃ Aparcero. **2** (Ar.) adj. y n. *Persona *curiosa y chismosa.*

alpargata (del ár. and. «alparḡát», pl. de «párḡa», del mismo or. prerromano de «abarca») f. *Calzado rústico hecho de lona, con el piso de cuerda de cáñamo o esparto arrollada formando una plancha de la forma de la suela. ⇒ Agovía, alborga. ➤ Almarada, feladiz. ⊙ (inf.) Por extensión, cualquier zapatilla.

alpargate (del mismo or. que «alpargata») m. *Alpargata.*

alpargatería 1 f. Taller donde se hacen alpargatas. **2** Tienda de alpargatas.

alpargatero, -a n. Persona que hace o vende alpargatas.

alpargatilla (dim. de «alpargata»; ant.) n. *Persona que influye con habilidad en el ánimo de otra para conseguir algo de ella.* ⇒ *Astuto.

alpartaz m. *Trozo de malla de acero que protegía la unión del almete con la coraza.* ⇒ *Armadura.

alpatana (del ár. y rom. and. «alpaṭána», del gr. «patanê», plato) **1** (And.; colectivo; pl.) f. *Trastos.* **2** (And.; gralm. pl.) *Apero de labranza.*

alpechín (del sup. ár. and. «alpičín», del rom. and. «péč», alquitrán, y éste del lat. «pĭcem», sustancia resinosa, pez) m. Líquido oscuro y fétido que escurre de las aceitunas amontonadas, por ejemplo cuando se tienen almacenadas para molerlas. ⇒ Aguachas, amurca, bejina, jámila, morga, murga, tinaco.

alpechinera f. *Tinaja o pozo donde se recoge el alpechín.*

alpechinero, -a adj. y, aplicado a personas, también n. *De Sanlúcar la Mayor, población de la provincia de Sevilla.* ≃ Sanluqueño.

alpende (del lat. «appendĕre», colgar) **1** m. *Porche o cualquier forma de *cobertizo adosado a un edificio.* **2** *Casilla para custodiar efectos en las *minas o en las obras.*

alpendre (del lat. «appendĕre», colgar) **1** (Gal.) m. *Alpende.* **2** (Gal.) **Armario.* **3** (Gal.) **Habitación oscura o covachuela.* **4** (Gal.) **Desván o trastero.*

alpes (de «Alpes», sistema montañoso europeo; ant.) m. pl. **Montes muy altos.* ⊙ (ant.) *Alturas montañosas.* ⇒ Cisalpino, trasalpino.

alpestre (de «alpes») adj. Se aplica a la flora propia de las grandes alturas, por debajo del piso alpino.

alpez (ant.) m. **Calvicie.* ≃ Alopecia.

alpicoz (de «alficoz»; Man.) m. **Cohombro (planta cucurbitácea).*

alpinismo (de «alpino») m. Deporte o ejercicio que consiste en escalar *montañas. ≃ Montañismo. ⇒ Andinismo. ➤ Rappel. ➤ Alpinista, andinista, cordada, escalador, montañero. ➤ Sherpa. ➤ Crampón, piolet. ➤ Encordarse.

alpinista n. Persona que se dedica a escalar montañas. ≃ Escalador, montañero.

alpino, -a (del lat. «alpīnus») **1** adj. Propio de los Alpes o de montañas altas: 'Flora [o fauna] alpina'. **2** Del alpinismo: 'Deportes alpinos'. **3** GEOL. Se aplica al movimiento orogénico ocurrido en el periodo terciario que provocó la formación de grandes sistemas montañosos, como los Pirineos y los Alpes.

V. «REFUGIO alpino».

alpiste (del ár. y rom. and. «alpíšṭ», del lat. «pistum»; *Phalaris canariensis)* **1** m. *Planta gramínea que se emplea como forraje, cuyas semillas, a las que se aplica el mismo nombre como genérico en singular, se dan como alimento a los pájaros. ⇒ Triguera. **2** (inf.) Alcohol (bebidas alcohólicas): 'Le da bastante al alpiste'.

alpistera (de «alpiste») f. *Cierta *torta pequeña hecha de harina, huevo y ajonjolí.*

alporchón (del sup. ár. y rom. and. «alpórče», del lat. «portĭcus»; Mur.) m. *Edificio en que se verifica la subasta de las aguas para riego.*

alpujarra f. *Tela alpujarreña.

alpujarreño, -a 1 adj. y, aplicado a personas, también n. De las Alpujarras, región montañosa de Andalucía. **2** adj. Se aplica a una *tela fabricada a mano en esa región, y a la imitación de ella hecha en fábricas, con la urdimbre de lino y la trama de lana formando listas y dibujos de colores vivos.

alquequenje (del ár. and. «alkakánǧ», cl. «kākanǧ», de or. persa; *Physalis alkekengi)* m. *Planta solanácea de fruto encarnado del tamaño de un guisante, envuelto por el cáliz, que se hincha formando una vejiga membranosa; el fruto, llamado del mismo modo, se emplea como diurético. ≃ VEJIGA de perro, vejiguilla.

alquería (del ár. and. «alqaríyya») f. *Finca rústica con una o más edificaciones.

alquermes (del ár. and. «qármaz») **1** (ant.) m. **Quermes.* **2** **Licor muy excitante coloreado con quermes.* **3** FARM. *Preparado farmacéutico en que entra quermes y algunas sustancias excitantes.*

alquerque[1] (del ár. and. «alqírq»; ant.) m. **Tres en raya (juego).*

alquerque[2] (¿del sup. b. lat. «carricāre», cargar?) m. *Lugar en que se desmenuza el orujo para exprimirlo por segunda vez, en los molinos de *aceite.*

alquetifa (ant.) f. **Tapete o *alfombra fina.* ≃ Alcatifa.

alquez (del ár. and. «alqísṭ», cl. «qisṭ», y éste del siriaco «qesṭā» o «qisṭā», del lat. «sextarĭus», a través del gr. «xéstēs») m. *Medida de *vino equivalente a doce cántaras, usada todavía en algunos sitios.*

alquezar (del ár. and. «alqiṣár»; Gran.) m. *Corte que se hace en un *río para aprovechar el agua para riego.*

alquibla (del ár. and. «alqíbla») f. *Punto del horizonte o lugar de la *mezquita a donde los musulmanes dirigen la vista cuando rezan.*

alquicel o **alquicer** (del ár. and. «alkisá» o «alkisí») **1** m. *Vestidura de los moros, de forma de *capa, generalmente de lana blanca.* **2** *Cierta *tela antigua.*

alquifol (del ár. and. «kuḥúl») m. *Óxido de cobalto mezclado con sílice y pulverizado, que se emplea para dar color *azul a la *cerámica y al vidrio.* ≃ Zafre.

alquila (de «alquilar») amb. Pieza de metal que llevaban los coches de alquiler colocada en el extremo de una varilla para indicar si estaban libres u ocupados.

alquilado, -a Participio adjetivo de «alquilar». ⊙ Tenido en alquiler; no propio.

alquilar (de «alquilé») tr. Dejar a alguien una ↘cosa para que la use u ocupe, particularmente una vivienda, una finca o tierras, a cambio de un precio que paga periódicamente. ≃ *Arrendar. ⊙ (en forma pasiva pronominal o impersonal con «se») Estar una cosa destinada a ser alquilada: 'Se alquila este local'. ⊙ Puede referirse también a animales e incluso a personas, con el significado de «contratar» o «tomar» para trabajar. ⊙ Tomar ↘algo en alquiler: 'Acabo de alquilar un piso para instalar mi clínica'. ≃ Coger.

alquilate (de «quilate», moneda) m. **Tributo que se pagaba en Murcia por la venta de las propiedades y frutos.*

alquilé (ant.) m. *Alquiler.*

alquiler (del ár. and. «alkirá» o «alkirí») **1** m. Acción de alquilar. **2** Precio por el que se alquila una cosa. ⊙ Con referencia al que se paga por una vivienda se usa también en plural: 'Todavía no he pagado los alquileres de este mes'.

DE ALQUILER. Expresión calificativa que se aplica a las cosas destinadas a ser alquiladas: 'Coche de alquiler'.

alquilón, -a (gralm. desp.) adj. *Destinado a ser alquilado, o que se alquila.*

alquimia (del ár. and. «alkímya», cl. «kīmiyā'», y éste del gr. «chymeía») f. Química mágica cultivada en la Edad Media, con la que se pretendía encontrar la «piedra filosofal» y la «panacea universal». ⇒ Hermético. ➤ HORNILLO de atanor. ➤ Crisopeya. ➤ Adepto, alquimista, quimista. ➤ Elixir [o elíxir], espargiro, magisterio, marte, menstruo, oro potable, PANACEA universal, PIEDRA filosofal, quintaesencia. ➤ *Hechicería.

alquímicamente adv. *Según las reglas de la alquimia.*

alquímico, -a adj. *De [la] alquimia.*

alquimila (de «alquimia») f. **PIE de león (planta rosácea).*

alquimista adj. y n. m. Se aplica al que practicaba la alquimia.

alquinal (del ár. and. «alqiná'») m. *Especie de *tocado o *velo que llevaban las mujeres por adorno.*

alquitara (de «alcatara», con influencia de «alquitrán») f. *Alambique: vasija o recipiente para destilar.

alquitarado, -a (de «alquitarar») *Participio de «alquitarar».* ⊙ adj. *Se aplica a la expresión o las maneras tan cuidadas y estudiadas que rayan en la *afectación.* ≃ Alambicado, quintaesenciado.

alquitarar (de «alquitara») tr. *Alambicar, en sentido propio o figurado.*

alquitifa (ant.) f. **Alfombra.* ≃ Alcatifa.

alquitira (del ár. and. «alkiṯíra») f. *Tragacanto (planta leguminosa).*

alquitrán (del ár. and. «alqiṭrán») m. Sustancia negruzca, pegajosa, que se obtiene de la destilación de diversas sustancias orgánicas. Se utiliza para pavimentar carreteras, calafatear buques, en la industria farmacéutica, etc. ⇒ Brea, chapapote, copé, galipote, peguera, pez, zopisa.

alquitranado, -a 1 Participio adjetivo de «alquitranar». **2** m. MAR. Lienzo impregnado de alquitrán. **3** CONSTR. *Pavimento de carretera hecho con piedras unidas con alquitrán.

V. «CAMISA alquitranada».

alquitranar 1 tr. Poner alquitrán en una ↘cosa. **2** (ant.) *Incendiar.*

alrededor (de «al rededor») **1** adv. Se emplea generalmente con «de» como preposición para expresar la situación de algo que rodea a la cosa de que se trata: 'Los pueblos de alrededor de Madrid. Una cinta alrededor de la cabeza'. Este valor prepositivo está presente aun en casos en que está usado como verdadero adverbio, o sea sin complemento: 'Miró alrededor' (alrededor de él). 'Las casas de alrededor' (de alrededor del lugar de que se está hablando). ≃ En derredor, en torno. ⇒ Prefijos, «circum- [o circun-], peri-»: 'circumpolar, circunvalar; periantio, perigonio, periferia...'. ➤ Alderredor, alredor, arredor, al derredor, en derredor, al rededor, en rededor, a la redonda, en redondo, en torno. ➤ *Alrededores. *Contorno. *Exterior. Rodear. **2** («de») Aproximadamente: 'Tiene alrededor de treinta años'. **3** m. pl. Lugares situados alrededor de uno que se considera o inmediatos a él. ⊙ Particularmente, refiriéndose a una población. ⇒ Afueras, aledaños, alfoz, alhoz, arrabales, barrio, cercanías, contorno, desmontes, ensanche, extramuros, extrarradio, goteras, inmediaciones, periferia, proximidades, rabal, suburbios, vecindad. ➤ Arrabalero, orillero.

alredor adv. *Alrededor.*

alrota (del sup. «aldrota», del sup. ár. y rom. and. «ḥaṭróṭa») f. *Desperdicio de estopa.* ≃ Arlota. ⇒ *Lino.

alrún m. *Nombre aplicado a ciertas figurillas de forma humana hechas especialmente de raíz de mandrágora, con las que se representaban en la *mitología germánica los dioses protectores del hogar.*

alsaciano, -a adj. y, aplicado a personas, también n. De Alsacia, región que hoy pertenece a Francia pero que formó parte de Alemania en varias ocasiones. ⊙ m. Dialecto del alemán hablado en Alsacia.

álsine (del lat. «alsīne», del gr. «alsínē»; *Stellaria media*) f. *Planta cariofilácea que abunda en los parajes húmedos y se emplea en medicina y para alimento de pájaros. ≃ PÁMPLINA de canarios, picagallina.

alta[1] (por oposición a «baja») **1** f. Ingreso o *inscripción de un nuevo miembro en un cuerpo o en una asociación: 'Últimamente ha habido muchas altas en el Ateneo'. ⊙ Específicamente, ingreso o reingreso de un militar en la escala activa. **2** Hecho de declarar un médico a un enfermo ya curado o de declarar que ya puede abandonar el centro hospitalario. **3** Hecho de notificar a Hacienda el establecimiento de una industria, el comienzo de una actividad o cualquier otra cosa que está sujeta a *tributo, para empezar el pago de éste. ⊙ Formalidad administrativa con que se hace. **4** ESGR. *Asalto.*

CAUSAR ALTA. Ingresar en un cuerpo del Estado; particularmente, en el Ejército. ⊙ Ingresar en una organización u organismo.

DAR DE ALTA [O DAR EL ALTA] en un *empleo, organismo, etc. Considerar incorporada a ellos a la persona de que se trata.

DAR DE [O EL] ALTA. Considerar el médico al enfermo ya curado y autorizarle para hacer vida ordinaria. ⊙ También, declarar el médico que un enfermo puede abandonar el centro hospitalario donde ha estado ingresado.

DARSE DE ALTA. Inscribirse como socio o miembro de una sociedad, un organismo o una asociación: 'Darse de alta en un partido político'. ⊙ Notificar a Hacienda el alta en una actividad.

SER ALTA. Causar ALTA.

alta[2] f. *Cierta danza antigua procedente de la Alta Alemania.*

alta[3] f. *Ejercicio que se hacía en las escuelas de baile, con unos pasos de cada danza, repasando toda la enseñanza.*

altabaca (del ár. and. «aṭṭabbáqa» o «aṭṭubbáqa») f. **Olivarda (planta compuesta).*

altabaque (ant.) m. *Canastillo.* ≃ Tabaque.

altabaquillo (de «tabaque¹») m. **Correhuela (planta convolvulácea).*

altaico, -a 1 adj. y, aplicado a personas, también n. De la región de los montes de Altay (en Asia). 2 adj. Se aplica a una familia de lenguas asiáticas entre las que se encuentran el turco, el manchú y las lenguas mongólicas.

altamandría (And.) f. **Centinodia (planta poligonácea).*

altamente (con adjetivos de estado de ánimo; culto) adv. Muy: 'Estoy altamente satisfecho de su comportamiento'.

altamía (¿del ár. and. «ḥaltamíyya», de «ḥaltam», cacharro de cerámica?) 1 (ant.) f. *Especie de *taza.* 2 (León) **Cazuela de barro vidriado.*

altamisa f. **Artemisa (planta compuesta).*

altaneramente adv. Con altanería.

altanería (de «altanero») 1 f. *Altura.* ⊙ *Alturas en el *aire o *atmósfera*: 'Vuelo de altanería'. 2 *Vuelo alto de algunas aves.* 3 CETR. *Caza con halcones u otras aves de *cetrería.* 4 *Orgullo: cualidad o actitud de altanero.

altanero, -a (de «alto²») adj. Consciente de la superioridad de su posición económica, social, etc., o de alguna cualidad propia y que, por ello, trata despectiva o desconsideradamente a los que las tienen inferiores. ≃ Orgulloso.

altanez (ant.) f. *Altanería (orgullo).*

altano, -a (del lat. «altănus») adj. y n. m. MAR. *Se aplica al *viento que sopla alternativamente del mar y de tierra.*

altar (del lat. «altăre») 1 m. Lugar elevado sobre el que se hacían las ofertas y sacrificios a los dioses paganos. ≃ Ara. ⊙ En el culto católico, tabla o piedra sobre la cual se extienden los corporales para celebrar la *misa. ⊙ Por extensión, mesa alargada sobre la que está colocada. ≃ Ara. 2 Sacerdocio: 'Se consagró al altar'. 3 METAL. *Piedra que separa la plaza del hogar en los *hornos de reverbero.* 4 (Vizc.) MINER. *Banco o grada de una *mina.*

ALTAR MAYOR. El principal de un templo.

V. «CAPELLÁN de altar».

ELEVAR A LOS ALTARES. Canonizar.

LLEVAR a una mujer AL ALTAR. *Casarse con ella.

V. «SACRAMENTO del altar, SACRIFICIO del altar, VISO de altar».

□ CATÁLOGO

Árula, capilla, hornacina, monumento, pira, recibimiento, tabernáculo, templete. ➤ Vía crucis, antealtar, antipendio, baldaquín, camarín, escaleras, fóculo, frontal, frontalera, frontalete, grada, gradería, imagen, mantel, palia, paño, paramentos, presbiterio, retablo, sábana, sabanilla, sacra, *sagrario, sancta, sanctasanctórum, santuario, sepulcro, tabernáculo, transparente, trasaltar, trono, viso. ➤ Aparador, credencia. ➤ Ambón, comulgatorio, *girola. ➤ Oculto. *Iglesia. *Misa. *ORNAMENTOS sagrados.

altarero m. *Hombre que hace altares y los adorna y viste para las fiestas y procesiones.*

altaricón, -a (inf., desp.) adj. y n. *Aplicado a personas, muy alto.*

altarreina f. **Milenrama (planta compuesta).*

altavoz (de «alta» y «voz») m. Aparato que sirve para reforzar el *sonido, de los que se colocan, por ejemplo, en distintos puntos de un lugar donde se da un concierto o se pronuncia un discurso. ≃ Altoparlante, bafle. ‖ Bocina, corneta, parlante. ⊙ Dispositivo eléctrico que transforma en ondas sonoras oíbles a distancia las ondas hertzianas recibidas por un aparato de *radio.

altea (del lat. «althaea», del gr. «althaía») f. Nombre dado a distintas especies de *plantas del género *Althaea.* 1 Malvavisco. ⇒ Dialtea. 2 *MALVA real. 3 Arbusto o arbolillo de jardín de flores sencillas o dobles de color blanco, rosa, rojo o malva.

altear[1] (de «alto²») 1 (Gal.) tr. *Aumentar la altura de una ↘cosa.* ≃ Elevar, levantar. ⊙ (Gal.) *Particularmente, de un ↘muro.* 2 prnl. *Formar una elevación el terreno.*

altear[2] (de «alto¹») 1 (Arg., Par.) tr. *Dar la voz de alto.* 2 *Ordenar a alguien que se detenga en una marcha.*

alterabilidad f. Cualidad de alterable.

alterable adj. Susceptible de alterarse.

alteración f. Acción y efecto de alterar[se] en cualquier acepción: 'Alteración de la salud [del horario de trenes, del orden público]'.

alteradizo, -a adj. *Alterable.*

alterado, -a Participio adjetivo de «alterar[se]».

alterador, -a adj. y n. Que altera.

alterante adj. Que altera.

alterar (del lat. «alterāre») 1 tr. y prnl. Hacer[se] una ↘cosa distinta de como era o ponerla [o ponerse] de manera distinta de como estaba; se aplica particularmente al ↘orden o colocación de las cosas; a ↘planes, proyectos, etc., y, también, al ↘contenido o texto de un relato. ≃ *Cambiar, variar. ⊙ También se dice 'alterar la verdad'. ⊙ Destruir[se] el orden o la marcha regular y tranquila de las ↘cosas: 'Alterar el orden público [la paz, la salud]'. ≃ Perturbar[se], trastornar[se]. ⊙ *Aturdir[se], *descomponer[se] o *turbar[se]: 'La pregunta del juez le alteró visiblemente'. ⊙ *Enfadar[se], *irritar[se] o *encolerizar[se]: 'Le altera la menor contradicción'. ⊙ *Asustar[se]: 'Le altera cualquier ruido'. 2 *Descomponer[se] o podrir[se] una ↘sustancia: 'El calor altera los alimentos'. 3 tr. *Adulterar los ↘alimentos, por ejemplo la leche, con alguna mezcla.

V. «alterar la SANGRE».

□ CATÁLOGO

Acalorar[se], *afectar[se], agitar[se], alborotar[se], allamarse, *apasionar[se], estar que ARDE, *asustar[se], aterrorizar[se], *aturdir[se], caer como una BOMBA, perder la CALMA, poner CARNE de gallina, sacar de sus CASILLAS, conmover[se], conturbar[se], latir [o palpitar] el CORAZÓN, demudar[se], desaquellar[se], *descomponer[se], desemblantarse, desemejar[se], *desesperar[se], desfigurar[se], *disgustar[se], electrizar[se], emocionar[se], encalabrinar[se], *enfadar[se], *enfurecer[se], espiritar, estremecer[se], perder los ESTRIBOS, *exaltar[se], *exasperar[se], *excitar[se], fermentar, *impresionar[se], indignar[se], inflamar[se], inmutar[se], inquietar[se], *irritar[se], trabarse la LENGUA, poner[se] NERVIOSO, hacerse un NUDO en la garganta, dejar [o quedarse] PATIDIFUSO, perturbar[se], sacar de QUICIO, quillotrar, poner RABIOSO, dejar [o quedarse] sin RESPIRACIÓN, sacudir, mudar el SEMBLANTE, sobreexcitar, *sofocar[se], soliviantar[se], perder la *TRANQUILIDAD, *trastornar[se], *turbar[se], empañarse [o temblar] la voz, dar un VUELCO el corazón. ➤ Alteración, *anormalidad, arrebato, choque, concusión, conmoción, convulsión, efervescencia, *emoción, exaltación, frenesí, golpe, impresión, intranquilidad, *jaleo, marejada, mareta, paroxismo, *pasión, rapto, *revolución, revuelo, sacudida, sinapismo, sobresalto, *susto, tempestad, tormenta. ➤ Apacible, inalterable, *inconmovible. ➤ En caliente. ➤ Alterable, alterado, *furioso, *irascible, irritable, nervioso, rabioso, de SANGRE caliente, *sensible, *sentimental.

alterativo, -a adj. Capaz de alterar en sentido favorable.

altercación f. *Altercado.*

altercado m. Acción de altercar. ≃ Altercación.

altercador, -a adj. y n. Se aplica al que alterca o es inclinado a altercar o *reñir.

altercante adj. *Se aplica al que alterca.*

altercar (del lat. «altercāre», de «alter», otro) intr. Discutir dos o más personas riñendo. ≃ Disputar.

álter ego 1 m. Expresión latina que significa «otro yo». Con respecto a una persona, otra de su absoluta confianza, muy identificada con ella en su manera de pensar y que puede sustituirla en sus actividades. ⇒ MANO derecha. ➤ *Ayudante. *Sustituir. **2** Personaje de una obra de creación, por ejemplo una novela, que representa a su autor, manifestando su carácter, sus ideas, etc.

alternación f. Acción de alternar.

alternadamente adv. Alternativamente.

alternado, -a Participio adjetivo de «alternar».

alternador m. Generador de corriente eléctrica alterna.

alternancia f. Acción y efecto de alternar. ≃ Alternación, alternativa. ⊙ BIOL. *Fenómeno de alternar en un mismo animal o planta la generación sexual y la asexual.*

alternante adj. Se aplica a lo que alterna.

alternar (del lat. «alternāre», de «alternus») **1** («con, y») intr. y prnl. Sucederse, en el espacio o en el tiempo, dos o más cosas, repitiéndose una después de otra: 'Una fila de olivos y frutales alternando. En la vida alternan las alegrías con las penas'. ⊙ tr. e intr. Colocar, emplear, hacer, etc., ↘cosas en esa forma: 'Alternar el trabajo con las diversiones. Alterna con los dos únicos vestidos que tiene'. **2** tr. MAT. *Cambiar los ↘términos de una proporción de modo que pasen a ser medios los que eran extremos y viceversa. **3** («con») intr. Tener amistad o *trato con la clase de personas que se expresa: 'Alterna con gente de vida alegre'. ≃ Relacionarse, tratarse. ⊙ (inf.) Relacionarse con gente de buena posición económica o social: 'Es persona que alterna. Se esfuerzan por alternar para casar a las hijas'. **4** Tratar las mujeres que trabajan en algunos locales públicos con los clientes para estimularles a hacer gasto. **5** *Entablar una persona competición con otra.*

□ CATÁLOGO

Guadrapear, gualdrapear, rotar, turnar. ➤ Alternación, alternancia, bandazo, ciclo, periodicidad, *ritmo, rotación, vaivén, vicisitud, vuelta. ➤ Alternado, alternativo, alterno, añero, encontrado, revecero, subalternante, vecero; vicisitudinario. ➤ QUITA y pon. ➤ CAYENDO y levantando, entre COL y col, lechuga; DÍA de mucho, víspera de nada; un DÍA sí y otro no, a días, no hay MAL ni bien que cien años dure, no hay MAL que por bien no venga, a la NOCHE chichirimoche y a la mañana chichirinada, RUEDA de la fortuna. ➤ Una de CAL y otra de arena, ORA... ora, tan PRONTO... como, YA... ya, una VEZ... y otra vez. ➤ *Cambiar. *Continuo. *Opuesto. *Recíproco. *Repetir. *Sustituir. *Turno.

alternativa (del lat. «alternātus») **1** f. Acción y efecto de alternar[se]. ≃ Alternación, alternancia. ⇒ *Cambio. **2** *Servicio en que turnan dos o más personas.* **3** **Derecho a usar o hacer dos cosas alternándolas.* **4** *Acción o *derecho en que una persona o colectividad alterna con otra.* **5** Hecho de pasar repetidamente de una situación a otra: 'Con estas alternativas de calor y frío todo el mundo se acatarra'. ⊙ Cada uno de los estados por que se pasa en esos cambios: 'Lo que te conteste depende de la alternativa en que le encuentres'. **6** («Encontrarse, Poner en») Necesidad en que se encuentra alguien de elegir entre dos acciones o situaciones incompatibles entre sí e igualmente malas o desagradables: 'Le han puesto en la alternativa de firmar o abandonar su cargo'. ⊙ («Quedar, Tener, Optar por») Cada una de las posibilidades entre las que hay que elegir: 'Optó por la primera alternativa. No le queda otra alternativa que marcharse'. ⇒ Dilema, disyuntiva, opción, posibilidad, solución. ➤ Como el ASNO de Buridán. ➤ Entre ESCILA y Caribdis, entre la ESPADA y la pared, UNA de dos. ➤ Expresiones *disyuntivas. **7** («Dar, Tomar») TAUROM. Acto que consiste en que, en una corrida de *toros celebrada para ello, un torero consagrado entrega simbólicamente su muleta y su estoque, como para que le sustituya, a otro que, hasta entonces, sólo ha sido novillero y que pasa, por esa ceremonia, a ser espada; se dice que TOMA LA ALTERNATIVA el torero nuevo y que DA LA ALTERNATIVA el viejo.

DAR LA ALTERNATIVA. Además del significado propio anterior tiene figuradamente el de expresar con palabras o con un acto que ya se considera a ↘alguien *apto para cierta cosa.

alternativamente adv. Con alternación: 'Una luz alternativamente roja y verde'.

alternativo, -a (del lat. «alternātus») **1** adj. Se aplica a las cosas que ocurren o se hacen con alternación: una vez de una manera y otra de otra; una vez en un sentido y otra en otro, etc.: 'El movimiento alternativo del péndulo. Le dominan sentimientos alternativos'. ≃ Alternado. **2** Se aplica a lo que se presenta como una opción que puede utilizarse o ponerse en práctica: 'Las autoridades proponen un itinerario alternativo para evitar atascos en la autovía. Es un experto en energías alternativas'. ⊙ Particularmente, si esta opción se opone a lo tradicional o establecido: 'Medicina alternativa'.

alterne m. Acción de alternar con la gente, sobre todo en locales públicos. ⊙ Particularmente, la de alternar con los clientes las mujeres contratadas en ciertos locales.

alterno, -a (del lat. «alternus», de «alter», otro) **1** adj. Alternado. **2** Aplicado a «días» u otro nombre de tiempo, uno sí y otro no: 'Damos clase en días alternos'. ≃ Alternativo. **3** BOT. Se aplica a las hojas u otros órganos que ocupan a ambos lados de otro central posiciones tales que cada uno no tiene enfrente a otro.

alteroso, -a (de «alto²») **1** (ant.) adj. *Alto o altivo.* **2** MAR. *Se aplica al *barco cuya obra muerta tiene demasiada altura.*

alteza 1 f. **Altura.* ⊙ *Dimensión vertical.* ⊙ *Situación alta.* ⊙ *Región alta de la *atmósfera.* **2** Cualidad de alto aplicado a «intenciones, sentimientos» y palabras semejantes; particularmente, «alteza de miras, alteza de pensamiento». ⇒ VISTA de águila. ≃ Altura, elevación, nobleza. **3** («Su, Vuestra») *Tratamiento dado a los príncipes e infantes de España. **4** *Altitud (altura sobre el nivel del mar).*

alti- Elemento prefijo correspondiente a «alto»: 'altiplano'.

altibajo (de «alti-» y «bajo») **1** (pl.) m. Desigualdades en el terreno: depresiones y elevaciones. **2** («de, en»; pl.) Cada cambio brusco de los que se realizan en sentidos contrapuestos en cualquier cosa: 'Altibajos en la bolsa [de la fortuna, de la fiebre]'. **3** *Cierta *tela antigua, posiblemente *terciopelo labrado.* **4** (ant.) **Salto.* **5** ESGR. *Golpe dado con la espada de arriba abajo.*

altillo (dim. de «alto²») **1** m. **Colina.* ≃ Altozano. **2** Piso intermedio construido dividiendo la altura de un local en parte de su extensión. ⇒ *Entreplanta. ⊙ (Arg., Ec.) **Desván.* **3** Armario construido en la parte alta de un muro.

altilocuencia (de «altilocuente») f. *Elocuencia.* ⊙ Manera de hablar enfática o afectadamente solemne. ⇒ *Oratoria.

altilocuente (del lat. medieval «altilŏquus», influido por «elocuente») adj. *Grandilocuente: se dice de quien se expresa con palabras, frases, tono y gestos muy solemnes.

altimetría (de «alti-» y «-metría») f. Parte de la *topografía que se ocupa de la medición de alturas. ≃ Hipsometría.

altimétrico, -a adj. TOPOGR. De la altura del terreno o de la altimetría.

altímetro m. *Barómetro que indica la altura.

altiplanicie (de «alti-» y «planicie») f. *Meseta extensa y elevada.

altiplano (de «alti-» y «plano») m. Altiplanicie.

altísimo, -a adj. Superl. frec. de «alto». ⊙ (con mayúsc.; «El») m. Uno de los nombres aplicados a Dios: 'Roguemos al Altísimo'.

altisonante (de «alti-» y «sonante») adj. Aplicado a «palabras, frases, discursos» y también a «orador» o palabra equivalente, muy solemne o elevado. Generalmente se entiende con afectación o exageración: 'Usa palabras altisonantes hasta para pedir un vaso de agua'. ≃ *Grandilocuente.

altísono, -a (del lat. «altisŏnus») adj. Altisonante. ≃ *Grandilocuente.

altitonante (del lat. «altitŏnans, -antis») adj. *Aplicado a Júpiter, que truena en lo alto.*

altitud (del lat. «altitūdo») **1** f. Altura de un lugar con respecto al nivel del mar. ⊙ Medida de ella. **2** Altura (dimensión). **3** Altura (espacio en lo alto).

altivamente adv. Con altivez.

altivar (de «altivo»; ant.) tr. y prnl. **Ensalzar[se].*

altivecer (de «altivez») tr. y prnl. **Enorgullecer[se].*

altivedad (ant.) f. *Altivez.*

altivez f. Cualidad de altivo.

altiveza f. *Altivez.*

altividad (ant.) f. *Altivez.*

altivo, -a (de «alto²») **1** adj. *Aplicado a cosas, elevado.* **2** (desp.) Se dice del que trata a los otros con desprecio. ⊙ Puede emplearse con sentido favorable aplicado a una persona que tiene mucha *dignidad y no se deja despreciar o humillar. ≃ Altanero, orgulloso.

alto¹ (del al. «halt», parada; «en») m. Interrupción momentánea de algo que se está haciendo, particularmente una marcha: 'Un alto en el camino [en el trabajo, en el discurso]'. ≃ Detención, parada.

¡ALTO! Exclamación con que se ordena a alguien que se *detenga; por ejemplo, en la milicia. ⊙ En lenguaje corriente se emplea, lo mismo que «¡alto ahí!», para detener a alguien en lo que hace o dice. ⇒ *Intolerable.

¡ALTO AHÍ! V. «¡alto!».

DAR [O ECHAR] EL ALTO. Exclamar un centinela, *guarda, etc., «¡alto!» para hacer detenerse a alguien. ⇒ ¡QUIÉN va!, ¡QUIÉN vive!».

V. «alto el FUEGO».

alto², -a (del lat. «altus») **1** adj. Se aplica a lo que está o llega, en dirección vertical, a mucha distancia del suelo o de la superficie que se considera: 'Un piso alto. Una montaña alta'. ⊙ Se aplica a lo que tiene grande la dimensión que resulta vertical en la posición normal del objeto: 'Una vasija alta. Una caja alta'. ⊙ O a la persona que tiene mucha estatura: 'Un niño alto para su edad'. ⊙ Se aplica a nombres de lugar, ríos, etc., para referirse a la parte más alta del designado por el nombre o a la más montañosa o más alejada de la costa: 'El alto Rhin, la alta Baviera'. ⊙ Se aplica también a la modalidad de un idioma, dialecto, etc., que se habla en la parte montañosa del país, alejada de la parte llana o costera: 'Alto aragonés'. ⊙ A veces constituye nombres propios: 'La Calle Alta. El Coso Alto'. **2** Aplicado a tiempos históricos, remoto o antiguo: 'La alta Edad Media'. **3** Aplicado a personas o a la posición o cargo que ocupan, de mucha importancia o influencia: 'Un alto personaje. Una alta posición. Un alto cargo'. ≃ Elevado. ⇒ Destacado, *notable, preeminente, prócer. **4** Aplicado a cosas espirituales, lo contrario de bajo o vulgar; trascendental o espiritual: 'Por motivos de alta política. Sus altos pensamientos'. ≃ Elevado. **5** Aplicado a un *río, crecido; con mucha agua. ⊙ Aplicado al *mar, con gran oleaje. **6** Aplicado al *precio de las cosas, elevado, subido; muy grande. **7** Aplicado a sonidos, *agudo de muchas vibraciones por segundo. ⊙ Oíble a gran distancia. ≃ Fuerte. **8** Avanzado: 'A altas horas de la noche'. **9** m. Altura (dimensión): 'La mesa, tiene 75 cm de alto'. **10** *En los brocados, cada uno de los niveles a que queda el tejido:* ALTO PRIMERO, *el fondo de la tela;* ALTO SEGUNDO, *el relieve sobre él;* ALTO TERCERO, *el realce de hilos de plata, oro o seda escarchada.* **11** Se aplica a los pisos de las *casas que están más altos que el piso de la calle o que el entresuelo: 'Ya están alquilados todos los altos'. ⊙ **Piso.* **12** *Elevación del terreno en el campo. ≃ Altura. **13** *Viola (instrumento musical).* **14** Contralto (voz). **15** adv. En algunas expresiones, de manera alta: 'Picar alto. Pensar alto. Hablar alto'. **16** m. Lugar alto: 'El agua al caer desde lo alto'. ⇒ LO ALTO. **17** («Estar») adj. *Difícil de hacer o conseguir. **18** Aplicado a «concepto, idea, estimación, etc.», muy favorable para la persona de que se trata. **19** Aplicado a «grado, nivel» o palabras semejantes, grande. **20** Dicho de delito u ofensa, gravísimo, enorme: 'Alta traición'. **21** («Caer») Se aplica a la fiesta movible o a la cuaresma cuando caen tarde. **22** *Aplicado a las hembras de algunos mamíferos, en *celo.* **23** (Arg., Chi., Perú, Ur.) m. *Gran cantidad de cosas.* ≃ Montón.

ALTOS Y BAJOS. Poderosos y humildes.

V. «CÁMARA alta, de alto COPETE, de alto COTURNO».

EN ALTO. Sin tocar en el suelo o a bastante distancia de él.

V. «alta FRECUENCIA, con la FRENTE alta».

HACER [UN] ALTO. *Detenerse en una marcha o en una acción.

V. «a altas HORAS, alto HORNO, IRSE por alto».

LO ALTO. **1** La parte superior o más elevada: 'En lo alto de aquella montaña'. **2** Espacio situado por encima del sitio donde se está: 'Tirar una pelota a lo alto'. **3** El *cielo o las cosas de él: 'Pensar en lo alto. Un castigo que viene de lo alto'.

V. «alta MAR, MONTE alto, PASAR por alto, echar las PATAS [o los PIES] por alto, PICAR alto, PONER alto».

POR ALTO. **1** Con «tirar, lanzar» o verbo equivalente, hacerlo con la cosa de que se trata de modo que recorra su trayecto elevándose primero y luego bajando. **2** V. «PASAR por alto».

POR TODO LO ALTO. A lo grande. Con mucho lujo o rumbo: 'Han puesto un piso [o hicieron una boda] por todo lo alto'.

V. «alto RELIEVE, alta TENSIÓN, alta TRAICIÓN, VARA alta, VERGAS en alto, en VOZ alta».

□ CATÁLOGO

Otra raíz, «acr-»: 'acróbata, acrofobia'. ➤ Cimero, culminante, *destacado, elevado, eminente, empinado, encumbrado, excelso, gigantesco, jirafa, pingorotudo, prócer, procero [o prócero], sublime, sumo, supereminente, superior, supremo. ➤ Armatoste, cangallo, coloso, corpulento, crecido, desvaído, esbelto, espigado, langaruto, larguirucho, personudo, proceroso, talludo. ➤ Agigantado, altaricón, esparvel, espingarda, estantigua, fariseo, galavardo, gansarón, gigante, granadero, jayán, macuco, mangón, mayo, mocetón, moscatel, buen MOZO, pendón, perantón, perigallo, tagarote, titán, varal, zagalón, zanguayo. ➤ Perpendículo. ➤ Alzada, cuerda, estatura, guinda, talla. ➤ Ápice, cabeza, cenit, *cima, corona, cumbre, cúspide, fastigio, hastial, pico, picota, pináculo, pingorota, prominencia, remate, sumidad. ➤ Acrópolis, ajarafe, alcarria, altiplanicie, altiplano, altozano, atalaya, cabezada, cresta, descubridero, dominación, elevación, eminencia, hacho, mesa, meseta, *mirador, miranda, puna, rasa, reteso, ventorrero, viso, vistillas. ➤ Alcanzar, culminar, descollar, dominar, elevarse, empinarse, encimarse, salvar, señorear, *sobresalir, *subir, *superar. ➤ Cota, marca, *nivel, plan. ➤ Altímetro, barómetro, catetómetro, dendrómetro, hipsómetro, nivel. ➤ Isobara. ➤ Barbear, enrasar. ➤ A nivel. ➤ Acrofobia, vértigo. ➤ Peralto. ➤ A caballero, a VISTA de pájaro. ➤ NIVEL del mar. ➤ Véanse también palabras que empiezan por «ALTI-». ➤ *Dimensión. *Elevar. *Grande. *Montaña. *Profundidad. *Saliente.

altoaragonés, -a 1 adj. y, aplicado a personas, también n. Del Alto Aragón. **2** m. Variedad o conjunto de variedades lingüísticas del Alto Aragón.

altoparlante (del it. «altoparlante»; Hispam.) m. *Altavoz.*

altor m. *Altura.*

altorrelieve m. Alto RELIEVE.

altozano (de «antuzano», con influencia de «alto[2]») **1** (Hispam.) m. **Atrio de iglesia.* **2** *Sitio más elevado de una *población.* **3** *Elevación de poca extensión y altura sobre el terreno llano. ⇒ *Monte.

altramuz (del ár. and. «attarmús», cl. «turmus», del gr. «thérmos» a través del siriaco) **1** *(Lupinus albus)* m. *Planta leguminosa que produce unas semillas, llamadas de la misma manera, de forma semejante a una judía aplastada; las cuales después de cocidas y de estar algún tiempo a remojo en salmuera, se comen, como los cacahuetes, las pipas y otras golosinas semejantes que se venden en puestecillos callejeros. ≃ Lupino, entracomo. **2** *En algunos cabildos, especialmente de Castilla, *caracolillo de los que se emplean para votar.*

altruismo (del fr. «altruisme») m. Inclinación a preocuparse del bien ajeno y dedicarle sacrificios o esfuerzos. ⇒ Abnegación, *caridad, desinterés, desprendimiento, filantropía, generosidad, hospitalidad, OLVIDO de sí mismo, quijotada, quijotismo, renunciación. ➤ Consagrarse, desvivirse, inmolarse, renunciar[se], sacrificarse, dar la VIDA por. ➤ Entrega, holocausto, sacrificio. ➤ *Bueno.

altruista adj. y n. Se aplica a la persona que tiene altruismo.

altura 1 f. Cualidad de alto. ⊙ Medida de la dimensión vertical de algo. ⊙ Medida de la altura de una persona o animal. ≃ Estatura. ⊙ GEOM. Perpendicular trazada desde el punto más alto de una figura o un cuerpo a su base. ⊙ GEOM. Medida de ella. **2** *Monte, o terreno más alto que lo que le rodea. **3** (pl.) *Cima o cimas de un monte. **4** (gralm. pl.) Lugar del espacio situado a considerable altura. ⇒ Lo alto. **5** (pl.) *Cielo: 'Dios te ve desde las alturas'. ≃ Lo alto. **6** Situación de un lugar en relación con el nivel del mar. ≃ Altitud. **7** ASTRON. Distancia de un astro al horizonte. Medida en grados del arco vertical que pasa por él. **8** Refiriéndose a los sonidos, tono o grado de elevación, debido a la mayor o menor frecuencia de las vibraciones. ⊙ FÍS. Refiriéndose a la voz humana, esa misma cualidad, que depende de la tensión de las cuerdas vocales. **9** Aplicado a personas y, correspondientemente, a sus sentimientos, ideas, palabras, etc., cualidad de alto. ≃ Alteza, elevación. **10** Mérito o valor; particularmente, en frases comparativas: 'No llega a la altura de su padre'.

ALTURA DE APOYO. FORT. *Distancia vertical desde la cresta del parapeto a la banqueta.*

A LA ALTURA DE. A la misma altura que la cosa que se expresa, en sentido propio o figurado.

A ESTAS [ESAS, AQUELLAS] ALTURAS. En el momento en que se habla, implicando que es natural que la cosa de que se trata ocurriera o hubiese ocurrido ya: 'A estas alturas todavía no me han avisado'.

ESTAR A LA ALTURA de alguien, de algo [o DE LAS CIRCUNSTANCIAS] (usado con más frecuencia en frases negativas). Ser o *conducirse todo lo bien que corresponde. ⇒ *Desentonar. *Desmerecer.

V. «PESCA de altura».

QUEDAR A LA ALTURA DEL BETÚN (inf.). Quedar muy mal.

RAYAR A GRAN [o MUCHA] ALTURA. Tener mucho mérito o actuar de manera sobresaliente en cierta ocasión.

alúa (de «aluda»; Arg.) f. *Cocuyo (insecto coleóptero).*

alubia (del ár. and. «allúbya», cl. «lūbiyā'», de or. persa) f. *Judía (planta leguminosa alimenticia). ≃ Habichuela.

aluciar (de «a-[2]» y «lucio[2]») tr. *Poner una ˋcosa *brillante.*

alucinación 1 f. Acción y efecto de alucinar[se]. **2** Imagen falsa que se produce en la *mente sin que exista realmente el objeto que representa. ⇒ *Ilusión, *visión.

alucinado, -a Participio adjetivo de «alucinar[se]».

alucinador, -a adj. y n. Que alucina.

alucinamiento m. Acción de alucinar.

alucinante adj. Que deslumbra o impresiona fuertemente.

alucinar (del lat. «allucināri») **1** tr. *Deslumbrar u *ofuscar a ˋalguien; impresionarle tan fuertemente una [o con una] cosa que le [o se le] incapacita para pensar sobre el valor o significado de ella. ⊙ Atraer una cosa la atención muy poderosamente, de modo que no se puede desviar de ella, a la vez que impresiona muy fuertemente o causa terror. ⊙ intr. y prnl. *Ofuscarse o desvariar. **2** intr. Padecer alucinaciones.

alucine (inf.; n. calif.) m. Cosa que deslumbra o impresiona fuertemente.

alucinógeno, -a (del fr. «hallucinogène») adj. y n. m. Que produce alucinación; particularmente, se aplica a ciertas drogas.

alucón (del lat. «alūcus», búho) m. *Cárabo (ave rapaz).*

alud (de or. prerromano) **1** m. Gran masa de *nieve, piedras, etc., que se derrumba por la ladera de una montaña. ≃ Argayo, galga, huaico, lurte. **2** Se emplea en sentido figurado o como término de comparación aplicado a algo que se precipita sobre otra cosa o sobre alguien con mucho peso o violencia: 'El ejército avanzaba como un alud'. ⇒ *Afluencia.

aluda f. *Hormiga con alas.*

aludel (¿del sup. rom. and. «lutél», del lat. «lutus», vasija de barro?) **1** (ant.) m. QUÍM. *Olla o vaso usado para sublimar.* ≃ Alludel. **2** MINER. *En las minas de Almadén, *caño de barro cocido de los que, enchufados uno tras otro, se emplean para condensar los vapores de mercurio.* ≃ Alludel.

aludido, -a Participio adjetivo de «aludir».

DARSE POR ALUDIDO. Mostrar alguien que se cree aludido por una cosa aparentemente dicha en general. ⇒ Quien se pica, AJOS come.

NO DARSE POR ALUDIDO. Simular alguien que no se da cuenta de que se le alude. ⇒ *Disimular.

aludir (del lat. «alludĕre») **1** («a») tr. *Referirse encubiertamente a ↘algo o alguien: 'Con esas palabras debe de aludir a la situación de la empresa. Aludía indudablemente a tu hermano'. **2** («a») *Mencionar, *referirse; hablar de ↘algo incidentalmente en una conversación o discurso: 'A propósito de la reforma aludió a las dificultades actuales'.

aludo, -a adj. *De alas muy grandes.*

aluén (ant.) adv. *Alueñe.*

alueñarse (de «alueñe»; ant.) prnl. **Alejarse.*

alueñe (del lat. «ad longe»; ant.) adv. **Lejos.* ≃ Aluén, lueñe.

alufrar (Ar.) tr. **Atisbar.*

alugar (de «alogar»; ant.) tr. **Arrendar.*

alum (Ar., Mur.) m. *Alumbre.*

alumbrado, -a 1 Participio adjetivo de «alumbrar». ⇒ Desalumbrado. **2** m. Conjunto de luces o sistema que se emplea para alumbrar: 'El alumbrado de la población es deficiente. El alumbrado eléctrico ha sustituido al de gas'. ≃ Iluminación. **3** (inf.) adj. Un poco *borracho. ≃ Achispado, alegre. **4** adj. y n. *Se aplica a los individuos de cierta secta *hereje que apareció en España en el siglo XVI, que sostenía que mediante la oración se llegaba a un estado tan perfecto que se podían cometer sin pecar las acciones más reprobables.* ⊙ m. pl. *Esa secta.*

V. «GAS del alumbrado».

alumbramiento 1 m. Acción de alumbrar. **2** Parto.

alumbrante adj. *Aplicable a lo que alumbra.* ⊙ m. *Hombre encargado del alumbrado en los *teatros.*

alumbrar[1] (del lat. «illumināre») **1** tr. Proyectar la propia luz sobre un ↘sitio determinado: 'El Sol alumbra la Tierra'. ≃ *Iluminar. ⊙ Dar luz a un ↘sitio: 'El que iba delante alumbraba el camino con una linterna'. ⊙ abs. Lucir. Dar luz: 'Esta lámpara alumbra muy poco'. ⊙ tr. Proporcionar luz a alguien, por ejemplo para trabajar, o *acompañarle con luz para ir por un sitio: 'Alumbra aquí. Alúmbrame para bajar la escalera'. ⊙ («en») intr. *Asistir con una vela a un acto religioso o un entierro.* **2** tr. *Descubrir o sacar a la superficie ↘algo que estaba bajo tierra; como un ↘filón de mineral, y, particularmente, ↘aguas. **3** (ant.) *Dar vista al ↘ciego.* **4** *Sacar a ↘alguien de la ignorancia o el error.* ⊙ *Hacer funcionar eficaz o convenientemente las ↘facultades mentales de ↘alguien.* **5** AGRIC. *Quitar nuevamente la tierra que se había arrimado al pie de la ↘cepa, para que pueda detenerse el agua.* ⇒ Escotorrar. **6** tr. o abs. *Parir. ≃ Dar a LUZ. **7** tr. *Conceder Dios, un santo, etc., feliz parto a una ↘mujer.* **8** *Golpear a ↘alguien.* **9** (inf.) prnl. *Emborracharse un poco. ≃ Alegrarse.

V. «como el SOL que nos alumbra».

alumbrar[2] (de «alumbre») tr. *Meter los ↘tejidos en una solución de alumbre para prepararlos para el teñido.*

alumbre (del lat. «alūmen, -ĭnis») m. Sulfato de alúmina y potasio que se encuentra en la naturaleza en varias rocas y tierras y tiene distintos usos; entre ellos, en medicina, como astringente. Una piedra formada por esta sustancia se empleaba para pasarla por la cara como desinfectante después del afeitado. ≃ Ajebe, alum, jebe.

alumbrera f. *Mina o cantera de alumbre.*

alumbroso, -a adj. *De [o con] alumbre.*

alúmina (del lat. «alūmen, -ĭnis») f. QUÍM. Óxido de aluminio que se encuentra en la naturaleza, puro o formando feldespatos o arcillas; por ejemplo, en el corindón.

aluminado, -a (ant.) adj. y n., gralm. pl. *Iluminado (hereje).*

aluminar (del lat. «ad», a, y «lumināre», alumbrar[1]; ant.) tr. **Iluminar.*

aluminato m. *Cualquier sal derivada del hidróxido de aluminio.*

aluminio (del ingl. «aluminium») m. Metal, n.º atómico 13, de color blanco, muy ligero, maleable e inoxidable, que se emplea por esas cualidades en multitud de usos. Símb.: «Al». ⇒ Arcilla, flogopita.

aluminita (de «alúmina») f. *Roca (sulfato de alúmina) de la que se extrae el alumbre.*

aluminosis f. Alteración del hormigón en que se ha empleado cemento con un contenido alto de alúmina.

aluminoso, -a adj. Que tiene mezcla de alúmina o tiene sus propiedades.

alumnado m. Conjunto de los alumnos de un centro de enseñanza.

alumno, -a (del lat. «alumnus», mantenido, de «alĕre», alimentar) n. Persona que aprende, respecto de su maestro, del centro donde recibe enseñanza o de la materia de que se trata: 'Sabe los nombres de todos sus alumnos. Los alumnos de la universidad. Que entren los alumnos de física'. ⇒ Bolonio, cadete, cuida, decurión, discípulo, diuca, educando, escolapio, escolar, galonista, manteísta, mayorista, medianista, minimista, normalista, novato, obispillo, oyente, pasante, pasaturo, pascasio, seminarista. ➤ Condiscípulo. ➤ Alumnado, discipulado, estudiantado. ➤ Decuria. ➤ Lista. ➤ *Aprender. *Estudiar.

alunamiento (de «luna») m. MAR. *Curva que forma la relinga de pujamen de algunas velas.*

alunarse (de «a-[2]» y «luna») **1** prnl. *Podrirse el *tocino.* **2** (Col.) *Enconarse las heridas de las *caballerías.*

aluneb (del ár. and. «al'unnáb»; ant.) m. *Azufaifo (árbol frutal).*

alunizaje m. Acción de alunizar.

alunizar intr. Posarse sobre la superficie de la Luna una nave espacial o sus tripulantes.

aluquete (del ár. and. «alwaqida», mecha; ant.) m. *Pajuela.*

alusión (del lat. «allusĭo, -ōnis», caricia, juego) **1** f. Acción de aludir. ⊙ Palabras con que se alude. ⇒ Indicación, indirecta, insinuación, puntada, puntazo. **2** **Figura retórica que consiste en designar una cosa mediante otra que tiene con ella una relación conocida por el que habla y los que escuchan o leen.*

ALUSIÓN PERSONAL. Alusión *ofensiva para una persona determinada.

alusivo, -a adj. Se aplica a lo que contiene una alusión. ⊙ («a») Se aplica a lo que se refiere a una cosa determinada: 'Unos versos alusivos al acto'.

alustrar tr. *Lustrar: dar *brillo a una ↘cosa.*

aluvial (del lat. «alluvĭes», aluvión) adj. De [o del] aluvión.

aluvión (del lat. «alluvĭo, -ōnis») **1** m. Afluencia brusca y violenta de agua, por ejemplo a consecuencia de lluvias fuertes. ⇒ *Aguacero, inundación. **2** *Afluencia extraordinaria de cierta clase de cosas: 'Un aluvión de noticias'.

DE ALUVIÓN. **1** GEOL. Se aplica a los terrenos o materiales trasladados por ríos o inundaciones y depositados donde la corriente disminuye. **2** Se dice de un conjunto de cosas que proceden de distintos sitios y ni son originales o genuinas ni llegan a constituir un sistema bien trabado: 'Tiene una cultura de aluvión'.

aluzar (Col., Guat., Méj., P. Rico, R. Dom.) tr. *Alumbrar (proyectar luz sobre algo).*

alvareque m. *Albareque.*

alveario (del lat. «alvearĭum», colmena) m. ANAT. *Conducto auditivo externo.*

álveo (del lat. «alvĕus»; cient.) m. *Cauce: concavidad en el terreno por la cual fluye normalmente una corriente de agua. ≃ Lecho, madre. ⇒ Subálveo.

alveolar 1 adj. De [los] alvéolos. 2 m. *Adorno semejante a un panal de abejas, propio de algunos capiteles románicos. 3 adj. y n. f. FON. Se aplica a las letras «l», «n», «r» y «s», que se articulan entre la punta de la lengua y los alvéolos de los dientes superiores, y a la articulación de ellas. V. «ARCO alveolar».

alvéolo o **alveolo** (del lat. «alveŏlus», dim. de «alvĕus», cavidad) m. Se aplica a los compartimientos separados por paredes, membranas, etc., de algunas estructuras orgánicas o de origen orgánico. Por ejemplo, los huecos de las mandíbulas en que se insertan los dientes, las celdillas en que terminan las últimas ramificaciones de los tubos bronquiales, o las de los panales. ≃ Celdilla. ⇒ Pesebrejo, vesícula aérea. ➤ *Cavidad.

alverja o **alverjana** 1 f. **Algarroba (planta leguminosa y semilla de ella).* ≃ Arveja. 2 (Hispam.) *Guisante.*

alverjón m. **Almorta (planta leguminosa).* ≃ Arvejón.

alvino, -a (del lat. «alvīnus», deriv. de «alvus») adj. ANAT. *Del *vientre o de las vísceras situadas en él.*

alza 1 f. Acción de alzar[se] los *precios de algo; por ejemplo, de los valores en la *bolsa. ≃ Elevación, subida. ⇒ *Caro. 2 Aumento del valor o estimación de algo. 3 Se emplea como nombre de distintas cosas que se aplican sobre otras para aumentarlas o suplir una falta de altura. ⊙ AGRÁF. Papel que se coloca entre la plancha y su zócalo para levantarla a la altura de los tipos, o que se pone debajo de los caracteres cuando hace falta levantarlos. ⊙ *Trozo de suela que pone el zapatero sobre la *horma cuando hace falta aumentarla por algún sitio.* ⇒ *Calce. 4 *Regla graduada que tienen las *armas de fuego para precisar la puntería.* 5 *Aparato con esta misma finalidad en las piezas de artillería.* 6 *Cada uno de los *maderos o *tablas con que se forma una presa movible.*

¡ALZA! *Exclamación con que se anima a los que danzan o hacen algo semejante.* ⊙ *También se expresa con ella asombro mezclado de reprobación o incredulidad.*

EN ALZA. Se aplica a la situación de una cosa que está subiendo de precio o estimación.

JUGAR AL ALZA. Jugar en la *bolsa esperando ganancia por la subida de valores. ⇒ *Agio.

alzacuello m. *Cuello usado por los eclesiásticos, consistente en una tira de tela blanca que se cierra por delante, recta, con o sin las puntas superiores dobladas en los que no gastan sotana, o asomando por encima del cuello de ésta en los que la llevan. ≃ Collarín, sobrecuello. ⊙ *Antiguamente, cierto cuello usado por las mujeres.*

alzada 1 f. Acción de alzar. 2 *Altura de las caballerías. ⇒ Barbear. 3 *Apelación contra un acuerdo gubernativo. ⇒ *RECURSO de alzada. 4 (Ast.) *Lugar alto de pastos de verano.* 5 *Conjunto de las cabañas en que se albergan los pastores en ese lugar.*

alzadamente adv. *Por un tanto alzado.*

alzadera (de «alzar») f. **Pértiga para saltar.*

alzadero (de «alzar»; Ast., Gal.) m. **Estante de las cocinas o las tiendas.*

alzadizo, -a (ant.) adj. *Fácil de alzar.*

alzado, -a 1 Participio adjetivo de «alzar»: 'El telón está alzado'. 2 m. AGRÁF. Acción de alzar. 3 adj. HERÁLD. *Se aplica a las piezas colocadas más altas de lo ordinario.* 4 *Sublevado.* 5 **Insolente o soberbio.* 6 (Hispam.) *Se aplica al animal doméstico que ha huido y se ha hecho *salvaje.* 7 *También al animal que está bravío por estar en *celo.* 8 (Méj.) *Aplicado a personas, rudo o tosco.* 9 m. *Bandolero o salteador.* 10 (Ar.) **Robo o *hurto.* 11 adj. Se aplica al comerciante en *quiebra fraudulenta. 12 m. *Dibujo sin perspectiva de una máquina, edificio, etc., mirados de frente. ⊙ ARQ. Diseño que representa la fachada de un edificio. 13 adj. Se aplica al *precio en que se contrata una obra cuando es «por *contrata», o sea por una cantidad fija, y no sujeto a evaluación: 'Ha hecho el almacén por un precio [o un tanto] alzado'.

alzador, -a 1 adj. y n. *Aplicable al que alza.* 2 (Arg., Bol.) f. **Niñera.* 3 m. AGRÁF. *Lugar en que se realiza la operación de alzar.* 4 AGRÁF. *Operario que la realiza.*

alzadura f. *Acción de alzar (levantar).*

alzafuelles (de «alzar» y «fuelle»; inf.) n. *Adulador.*

alzamiento 1 m. *Acción de alzar[se].* 2 Acción de declararse en contra del poder constituido y emprender la lucha para derribarlo; corrientemente se da este nombre sólo a las sublevaciones de los militares. ≃ Sublevación. 3 (ant.) *Puja en una *subasta.*

ALZAMIENTO DE BIENES. Ocultación o enajenación de bienes por parte del deudor para eludir el pago a los acreedores.

alzapaño (de «alzar» y «paño») 1 m. Pieza, por ejemplo de metal dorado, que sirve, fija a la pared, para sujetar recogidas las cortinas. ⇒ Tapicería. 2 Cordón que se usa con el mismo objeto.

alzapié (de «alzar» y «pie») m. **Lazo o *trampa para cazar animales apresándolos por las patas.*

alzapiés (de «alzar» y «pie») m. *Banquillo para los pies.* ≃ *Taburete.

alzapón (de «alzar» y «poner»; Sal.) m. *Pieza que tapa la abertura delantera de los *pantalones.* ⇒ *Portañuela.

alzaprima (del ant. «alzaprime», de los imperativos de «alzar» y del ant. «premir») 1 f. **Palanca de brazo corto.* 2 *Pedazo de madera o metal que se pone para levantar algo.* ≃ Calce. 3 **Puente de los instrumentos de arco.* 4 (ant.) *Intriga para derribar o perjudicar a alguien.* 5 (Arg., Ur.) *Cadena o correa que sirve para sostener y fijar al talón las espuelas pesadas.* 6 (Arg., Ur.) *Carro estrecho, de grandes ruedas, empleado para transportar troncos u otras cosas de mucho peso.*

alzaprimar 1 tr. *Levantar una ↘cosa con la alzaprima.* 2 **Incitar o avivar.* 3 **Conmover.*

alzapuertas (de «alzar» y «puerta»; ant.) m. *Hombre que hace en el *teatro papel de comparsa o de criado.*

alzar (del sup. lat. «altiāre», de «altus», alto) 1 tr. Poner una ↘cosa alta o más alta que estaba. ≃ *Levantar. ⊙ Poner *vertical ↘algo que estaba tumbado: 'Alzar un poste derribado por el viento'. ≃ Empinar, levantar. ⊙ prnl. Ponerse en pie cuando se está sentado. ≃ Levantarse. ⊙ tr. Dirigir hacia arriba la ↘cabeza. ≃ *Erguir. ⊙ Poner hacia arriba otra ↘parte del propio cuerpo: 'Alzar el puño'. ⇒ Alzarse de HOMBROS. ⊙ Levantar y sostener en alto ↘algo como una bandera. ⊙ También en sentido figurado: 'Alzó la bandera de la rebelión'. ⊙ tr. o abs. En la *misa, levantar el cáliz y la hostia, después de la consagración. ⊙ tr. CONSTR. *Dar el ayudante al oficial la pellada de yeso o* *el* ↘*material que está empleando.* ⊙ Quitar ↘algo de encima de otra cosa a la que cubre: 'Alzar la cura [o los manteles]'. ≃ Levantar. ⇒ *Ensalzar, realzar, soalzar, sobrealzar. **2** («a») Dirigir hacia arriba ↘algo como la vista, la puntería, el tiro: 'Alzando la vista al cielo...' ≃ *Levantar. **3** tr. y prnl. Recoger[se] hacia arriba una ↘cortina o cosa semejante que cubre algo. Particularmente, alzar el telón. ≃ Levantar[se]. ⇒ *Remangar. **4** tr. *Construir un ↘edificio, un monumento, etc. **5** **Fundar una* ↘*institución.* **6** prnl. Sobresalir en altura por encima de lo que está alrededor. ⊙ También en sentido figurado: 'Se alza cien codos sobre todos sus compañeros'. ⊙ Estar visiblemente en cierto sitio una cosa alta: 'La montaña se alzaba majestuosa delante de nosotros. En el lado norte de la plaza se alza el edificio de la alcaldía'. ≃ Elevarse. **7** tr. y prnl. Amotinar[se] o sublevar[se]. ⇒ Alzarse en ARMAS. **8** prnl. DER. Reclamar ante otra autoridad contra una resolución gubernativa. ≃ *Apelar. **9** Defraudar a un acreedor ocultando o enajenando bienes para no responder con ellos. ⊙ *Quebrar maliciosamente un *negociante, ocultando o enajenando sus bienes. **10** («con») Apoderarse alguien de algo que le está confiado. ≃ Levantarse. ⇒ Alzarse con el SANTO y la limosna. **11** tr. y prnl. *Producir [o levantarse] cosas como un* ↘*chichón, una ampolla, un bulto.* **12** tr. Subir o hacer crecer la ↘importancia de algo. ⊙ Aumentar el ↘precio de algo. ≃ *Elevar. **13** EQUIT. *Llevar al* ↘*caballo sobre el cuarto trasero.* **14** tr. o abs. AGRIC. Arar por primera vez la tierra después de recogida la cosecha. **15** tr. Despegar o mover ↘algo del sitio donde está pegado o fijo. ≃ Levantar. ⊙ Particularmente, los ↘*sellos que cierran algo, o las ↘*tiendas de un ↘*campamento. ⊙ abs. Coger un jugador una parte de encima de la *baraja para colocarla debajo de la parte que ha quedado sin coger, para acabar de *barajar. ≃ Cortar, *partir. **16** tr. AGRIC. Recoger y retirar del campo las ↘cosechas. ≃ *Levantar. **17** Recoger ↘algo que está extendido para guardarlo: 'Alzar la parva'. **18** *Apartar alguna ↘cosa del uso y guardarla. **19** *Llevarse alguna* ↘*cosa, quitándosela a otro.* **20** AGRÁF. Poner en rueda todos los ↘pliegos de una obra e ir formando los ejemplares completos cogiendo uno de cada montón. ≃ Alzar y recoger. **21** Levantar la ↘caza. **22** Quitar o suspender cosas como un ↘castigo, el entredicho o el destierro. ≃ Levantar. **23** prnl. *Aplicado al tiempo, cesar las lluvias.* ≃ Levantarse, *despejarse. ⇒ Alzarse las NUBES. **24** *En el *juego, abandonarlo alguien después de ganar para no exponerse a perder lo ganado.* ≃ Amallarse. **25** (Hispam.) *Fugarse y hacerse montaraz el animal doméstico.*

V. «alzar BANDERA, alzar [la] CABEZA, alzar el CERCO, alzar el CODO, alzarse la CORTINA, alzar de ERAS, alzar FIGURA, alzar el GALLO, alzar la MANO, alzar los OJOS, alzar a alguien sobre el PAVÉS, alzar los REALES, alzar VELAS, alzar la VISTA a, alzar la VOZ, alzar el VUELO».

ALZAR Y RECOGER. AGRÁF. Alzar (20.ª acep.).

alzatirantes m. ARTILL. **Correa de las que sujetan los tirantes.*

alzhéimer m. ENFERMEDAD de Alzheimer.

alzo (de «alzar») **1** (Am. C.) m. *Hurto, robo.* **2** (Am. C.) *Pelea victoriosa de un gallo.*

Am Símbolo químico del americio.

a. m. Abrev. de la expresión latina «ante meridiem», antes del mediodía. Se utiliza para diferenciar las horas de la mañana de las de la tarde.

ama (del hispanolat. «amma», madre que amamanta) **1** f. Mujer que *cría a una criatura ajena. También se aplica a una que cría a la suya propia en expresiones como 'ser una buena ama'. ≃ AMA de cría, nodriza. ⇒ Criandera, nodriza, pasiega. **2** Mujer que gobierna la casa de un *eclesiástico. **3** (ant.) **Aya o *maestra.*

AMA DE CASA. Se aplica a la mujer que se dedica a las tareas de la casa.

A. DE CRÍA. Ama que cría a un niño.

A. DE GOBIERNO [o DE LLAVES]. Mujer encargada del gobierno de una casa que no es la suya. ⇒ Dueña.

A. SECA. Mujer ya de cierta edad, no tan joven como una niñera, que cuida algún niño sin darle de mamar, o los niños de una casa.

amaas m. MED. *Nombre dado a una especie de *viruela benigna.*

amabilidad **1** f. Cualidad de amable. ⊙ Actitud amable hacia alguien. **2** Acción con que alguien se muestra amable con otra persona. ⇒ *Amable.

amabilísimo, -a adj. Superl. muy frec. de «amable».

amable (del lat. «amabĭlis») **1** («para») adj. Se aplica a lo que merece o inspira amor. **2** («a, con, para, para con»; «de»: 'de trato', «en»: 'en su trato') Tal que, en el trato con otras personas («Ser») o con una determinada o en cierta ocasión («Estar»), muestra interés por ellas o el deseo de complacerlas. ≃ Afable, afectuoso.

□ CATÁLOGO

Accesible, acogedor, afable, agradable, amigable, asequible, atento, benigno, bondadoso, campechano, cariñoso, civil, comerciable, complaciente, comunero, comunicable, condescendiente, congraciante, conversable, cordial, *cortés, deferente, educado, efusivo, expansivo, expresivo, fino, gentil, graciable, lene, *llano, obsecuente, obsequioso, sencillo, servicial, *simpático, *sociable, solícito, con la mejor de sus SONRISAS, tratable, zalamero. ➤ Almibarado, azucarado, *empalagoso, melifluo, meloso, pegajoso. ➤ Afabilidad, *agrado, amabilidad, *atención, blandura, civilidad, contemplación, cordialidad, cortesía, deferencia, distinción, favor, gentileza, llaneza, obsecuencia, obsequiosidad, *simpatía, sociabilidad. ➤ Estar colgado [o pendiente] de la BOCA, estar [siempre] mirando a la CARA, poner buena CARA, contemplar, hacerse una JALEA, hacerse de MIEL. ➤ Humanar, humanizar. ➤ *Confundir, tener DETALLES, excederse. ➤ *Bruto, *cernícalo, *grosero, insociable, mastuerzo, mostrenco. ➤ ¿Eh?, ¿sí? ➤ *Bueno. *Cordial. *Cortés. *Delicado.

amablemente adv. Con amabilidad.

amacayo (Hispam.) m. **FLOR de lis (planta amarilidácea americana).*

amaceno, -a (del lat. «Damascēnus», de «Damasco») adj. y n. *Aplicado a ciruelas o ciruelos, damasceno.*

amacerado, -a adj. *Se aplica a cierta variedad de pan, muy blanco y compacto.* ≃ Candeal, resobado, sobado.

amacharse (de «a-²» y «macho²») **1** (Cuba, P. Rico, R. Dom.) prnl. *Volverse estéril una planta o un animal hembra.* **2** (Chi., Méj.) *Resistirse, obstinarse.*

amachinarse (de «a-²» y «machín», nombre aplicado al dios Cupido) **1** (Am. C., Col., Méj.) prnl. recípr. **Amancebarse.* **2** (Guat., Pan.) prnl. **Abatirse, acobardarse.*

amachorrarse (de «a-²» y «machorra»; Hispam.) prnl. *Hacerse machorra una hembra.*

amacigado, -a adj. *Almacigado.*

amación (del lat. «amatĭo, -ōnis») f. *En mística, pasión amorosa.*

amacollar intr. *Formar macolla las plantas, especialmente las gramíneas.* ≃ Macollar.

amado, -a **1** Participio adjetivo de «amar». **2** (en lenguaje literario o aplicado a cosas elevadas, y también en lenguaje eclesiástico) Querido: '¡Amados hermanos en Jesucristo!'. **3** n. Respecto a una persona, otra a quien ama. Se usa en lenguaje delicado, literario o poético, o irónicamente.

amador, -a (usado corrientemente sólo en m.) adj. y n. Se aplica al que ama a una persona.

amadrigar (de «madriguera») **1** tr. *Acoger o *proteger a ↘alguien; se entiende generalmente sin merecerlo:* 'No quiero amadrigar a un vago'. **2** prnl. *Acogerse al amparo o protección de otro.* **3** *Meterse en la madriguera.* **4** *Apartarse del trato con la gente.* ≃ Retraerse. ⇒ *Aislar[se].

amadrinar 1 tr. Hacer de madrina con ↘alguien o con algo. **2** **Unir dos ↘*caballerías con la correa llamada madrina.* **3** MAR. **Unir dos ↘cosas para que se refuercen recíprocamente.*

amaestrado, -a (de «amaestrar») **1** Participio de «amaestrar». ⊙ adj. Aplicado a animales, se dice del que sabe ejecutar habilidades: 'Un perro [o un mono] amaestrado'. A las personas se aplica despectivamente. **2** *Amañado.*

amaestramiento m. Acción y efecto de amaestrar.

amaestrar (de «a-[2]» y «maestro») tr. *Adiestrar. Particularmente, *enseñar a los ↘animales a ejecutar habilidades. Aplicado a personas, por ejemplo a niños, tiene sentido irónico o despectivo.

amagadura (ant.) f. VET. *Rozadura en el casco de la *caballería.*

amagamiento (Am. S.) m. *Cortadura o *depresión poco profunda en el terreno.*

amagar 1 tr. Haber señales de ir a ocurrir cierta cosa que se expresa con un verbo en infinitivo, a veces precedido de «con», o con un nombre de suceso o fenómeno: 'Todo el día está amagando llover [con llover, lluvia]. Era por los días en que estaba amagando la guerra'. ≃ *Amenazar. ⊙ Mostrar alguien *intención de ir a hacer cierta cosa, o iniciarla: 'Le está amagando con despedirle. Amagó un saludo al pasar'. Si no se expresa la acción, se sobreentiende pegar o causar un daño: 'Le amagó, pero no llegó a tocarle'. ⊙ Haber síntomas de ir a declararse la enfermedad que es sujeto del verbo: 'Amagar un ataque de parálisis'. ⊙ MIL. Iniciar una operación o dar muestras de ir a realizarla, sin intención de hacerlo. **2** (Ar., Mur., Val.) tr. y prnl. *Esconder[se].*

AMAGAR, AMAGAR Y NO DAR. Juego de chicos en que una de las cosas que se hacen es decir esa frase realizando a la vez lo que expresa.

amagatorio (de «amagar»; Ar.) m. *Escondite.*

amago m. Acción de amagar. ⊙ Síntoma o principio de algo que no llega a realizarse completamente. ⇒ Finta, ramo, simulacro. ➤ *Simular. *Síntoma.

ámago (del ár. and. «ḥámǧ», moho) m. *Sustancia amarga que elaboran las abejas y se encuentra en algunas celdillas de los panales.* ≃ Hámago.

amainar (del cat. «amainar», calmar) **1** tr. MAR. Recoger total o parcialmente las ↘velas. **2** intr. *Disminuir, *debilitarse o *moderarse la violencia o exceso de algo; particularmente, de un temporal: 'Parece que amaina el viento'. ⊙ También en sentido figurado: 'Te hablaré cuando amaine tu furia'. ⊙ Puede usarse como transitivo pero no es corriente: 'Trataré con él cuando amaine sus pretensiones'. ⇒ *Ceder. **3** intr. MINER. *Recoger de los pozos las ↘cubas y otras vasijas empleadas en ellos.*

□ CONJUG. como «bailar».

amaine m. *Acción y efecto de amainar.*

amaitaco (Ál.) m. *Comida ligera que se toma a media mañana.* ⇒ *Almuerzo.

amaitinar (¿del cat. dial. «amaitinar», madrugar?) tr. **Acechar, *escudriñar o *espiar.*

amajadar 1 tr. *Poner el ↘ganado en la majada.* ≃ Amalladar, malladar. **2** intr. *Permanecer el ganado en la majada.* ≃ Amalladar, malladar. **3** tr. *Hacerle la majada o redil al ↘ganado menor en un terreno para que lo abone mientras está en él.* ≃ Amalladar, malladar, redilar, redilear.

amajanar tr. *Amojonar.*

amalar intr. y prnl. *Enfermar.*

¡amalaya! (de «¡ah!» y «mal haya») **1** (Hispam.) interj. *Se usa para maldecir, para expresar disgusto o pena.* **2** (Hispam.) *¡Ojalá!*

amalayar 1 (Arg., Col., Hond., Méj.) intr. *Proferir la interjección ¡amalaya!* **2** (Am. C., Col., Méj., Ven.) tr. *Desear vivamente ↘algo.*

amalecita o **amalequita** adj. y n. m. Se aplica a los individuos de un pueblo bíblico de Arabia, descendiente de Amalec, nieto de Esaú, y a sus cosas. ⊙ m. pl. Ese pueblo.

amalgama (del b. lat. «amalgama») **1** f. Aleación de *mercurio y otro metal. **2** Mineral compuesto de mercurio y plata. ⇒ Malgama. ➤ Colpa. ➤ *Mercurio. **3** *Unión estrecha y confusa de cosas: 'Se opone a la reforma una amalgama de intereses'. ≃ Mezcla.

amalgamado, -a Participio adjetivo de «amalgamar[se]».

amalgamamiento m. Acción y efecto de amalgamar[se].

amalgamar (de «amalgama») **1** tr. y prnl. recípr. Mezclar[se] ↘*mercurio con otro metal para formar una aleación. **2** *Unir[se] íntimamente ↘cosas inmateriales heterogéneas.

amalladar (de «malladar»; Ar.) intr. *Pernoctar el *ganado en la majada.* ≃ Amajadar.

amallarse (Chi.) prnl. *Retirarse un jugador después de ganar.* ≃ Alzarse.

ámalo, -a adj. y n. *Se aplica a los individuos de un linaje ilustre de los *godos y a este linaje.*

amamantamiento m. Acción de amamantar.

amamantar tr. Dar de mamar a las ↘crías. ≃ *Criar, lactar.

amán (del ár. «amān», perdón concedido al enemigo) m. Entre los musulmanes, *paz o amnistía.

amanal (Méj.) m. *Estanque o *balsa.*

amanar (ant.) tr. *Poner una ↘cosa a mano.*

amancay (del quechua «amánkay», azucena) (Pan.; *Thevetia neriifolia*) m. **Planta apocinácea tropical americana, *cultivada por sus semillas, de las que se extrae un *aceite utilizado en la fabricación de *jabones, y por su *corteza, que tiene propiedades medicinales.*

amancayo (Col.; *Plumiera alba* y otras especies) m. Arbusto apocináceo americano de *flores rosadas o blancas y perfumadas; se le atribuye propiedades medicinales.

amancebado, -a Participio adjetivo de «amancebarse».

amancebamiento m. Acción de amancebarse.

amancebarse (de «a-[2]» y «manceba») prnl. recípr. Unirse hombre y mujer en vida matrimonial sin estar casados.

□ CATÁLOGO

Acollararse, ajuntarse, amachinarse, amañarse, amigarse, amistarse, amontonarse, arrejuntarse, poner casa, encanallarse, enredarse, envolverse, juntarse, liarse, rejuntarse, VIVIR juntos. ➤ *Amante, amasia, amigo, aparcera, barragana, cachirulo, camote, coima, combleza, comblezo, compañero, *concubina, cortejo, cuyo, daifa, dama, entretenida, fulana, gaché, guaricha, manceba, manfla, moza, querido, querindango, querindongo, quillotra, tronga.

➤ Affaire, amancebamiento, amorío, *apaño, arreglito, arreglo, arrimo, aventura, camarico, concubinato, contubernio, conversación, enredo, lío, rollo, UNIÓN consensual, VIDA marital.

amancillar (de «a-[2]» y «mancilla[1]») **1** (ant.) tr. **Manchar o *estropear.* **2** *Mancillar.* ⊙ **Denigrar.* **3** (ant.) *Causar *compasión.*

amanear tr. *Poner maniotas a las ↘*caballerías.* ≃ Manear.

amanecer[1] (de «a-[2]» y el hispanolat. «manescĕre») **1** (terciop. de sujeto interno) intr. Aparecer la luz del día. ⇒ Otra raíz, «eo-»: 'eolito'. ➤ Clarear, esclarecer, despuntar [rayar o romper] el ALBA [el DÍA, la LUZ o el SOL], hacerse de día. ➤ Alba, alboreo, amanecida, amanezca, aurora, galicinio, madrugada, CREPÚSCULO matutino, las primeras HORAS, las primeras LUCES. ➤ Al alabado, al amanecer, antes del DÍA, entre dos LUCES. ➤ Rosicler. ➤ Antelucano. ➤ Maitines. ➤ *Crepúsculo. **2** Estar alguien o algo de cierta manera o en cierto sitio al amanecer: 'Amanecieron los tejados cubiertos de nieve. Parece que el señor ha amanecido hoy de buen humor. Amanecimos en alta mar'. ⊙ *Aparecer algo al amanecer: 'Amaneció un pasquín en la puerta de palacio'. **3** (lit.; «en, para») Empezar nueva vida, esperanzas, etc., para alguien o en algún sitio: 'En nuestra casa empezó, por fin, a amanecer'. **4** Aparecer las primeras manifestaciones de un suceso o una cosa espiritual. ≃ Alborear. **5** (Hispam.) intr. y prnl. *Pasar la noche en vela.*

AL AMANECER. A la hora en que amanece. ≃ Antes del DÍA, entre dos LUCES.

□ CONJUG. como «agradecer».

amanecer[2] m. Momento de hacerse de día. ≃ Alba, aurora, madrugada. ⊙ Acción de amanecer en cualquier acepción: 'El amanecer de la civilización'. Se usa también en plural: 'Los amaneceres de la humanidad'.

amanecida f. Amanecer: 'A la [o de] amanecida'.

amaneciente 1 adj. *Aplicable a «día» u otra cosa que amanece.* **2** *Se aplica a las cosas espirituales que comienzan a manifestarse.* ≃ Incipiente.

amaneradamente adv. Con amaneramiento.

amanerado, -a (de «amanerar») **1** Participio de «amanerar[se]» **2** adj. Aplicado al lenguaje, a las maneras, al modo de vestir, etc., afectado: falto de naturalidad o espontaneidad. **3** Aplicado al estilo de un escritor o un artista o al artista mismo, sujeto a cierta manera o estilo, sin evolucionar. **4** Afeminado.

amaneramiento m. Acción de amanerarse. ⊙ Cualidad de amanerado. ⇒ *Afectación.

amanerar (de «a-[2]» y «manera») **1** tr. Hacer amanerado ↘algo como el estilo, el lenguaje, los gestos o los modales. **2** prnl. Hacerse amanerado; particularmente, un escritor o un artista. ⇒ *Detenerse. **3** Afeminarse.

amanezca (Méj., Antill.) f. *Amanecer (momento de hacerse de día).*

amanita f. Seta con un anillo debajo del sombrero y esporas blancas, que es comestible o venenosa según las especies.

amansador, -a 1 adj. y n. Que amansa. **2** (Hispam.) m. *Domador de caballos.* **3** (Arg., Ur.) f. *Sala de espera.* **4** (Arg., Ur.) *Espera prolongada.*

amansamiento m. Acción y efecto de amansar[se].

amansar 1 tr. Hacer manso a un ↘animal, quitándole su natural fiereza. ⇒ Desbravar, *domar. ⊙ prnl. Hacerse manso un animal. **2** tr. Quitar la violencia, el enfado o la arrogancia a una ↘persona. ⊙ Quitar la violencia a una ↘cosa: 'Amansar las olas'. ⊙ Quitar la violencia a una ↘cosa no corpórea; como un dolor o una pena. ⇒ Achicar. *Aliviar. *Dominar. *Someter. *Tranquilo. ⊙ prnl. Sosegarse o apaciguarse.

V. «amansar el TROTE».

amantar tr. *Cubrir a ↘alguien con una manta o prenda semejante.*

amante[1] (del lat. «amans, -antis»; «de») adj. y n. Se aplica al que ama algo o a alguien; es, a diferencia de «amar» y «amor», de uso corriente en lenguaje ordinario: 'Una esposa amante. Un amante de la música'. ⇒ Aficionado. ➤ Cariñoso. ⊙ (lit.) n. Hombre o mujer, respecto de su amada o amado. ⇒ Fiel, rendido. ➤ *Amor. ➤ Coamante. ⊙ (significado que, en lenguaje corriente, ha desplazado al anterior, pues sólo con él se emplea esta palabra en frases como «tiene una amante» o «es su amante») Persona con quien otra mantiene relaciones sexuales irregulares. ⇒ Amasia, cachirulo, camote, coima, combleza, entretenida, fulana, lacho, querindango, querido. ➤ *Amancebarse. *Concubina.

amante[2] (del gr. «himás, -ántos», correa) m. MAR. **Cabo grueso asegurado por un extremo en la cabeza de un palo y provisto de un aparejo en el otro, empleado para realizar grandes esfuerzos.*

amantero (de «amante[2]») m. *Obrero que en un puerto dirige las maniobras de carga y descarga de mercancías.*

amantillar tr. MAR. *Halar los amantillos.*

amantillo (dim. de «amante[2]») m. MAR. *Cada uno de los dos *cabos que sirven para mantener horizontal una verga.*

amanuense (del lat. «amanuensis») **1** n. Persona que se dedica a escribir lo que otras, por ejemplo las que no saben escribir, le dictan o encargan. ⇒ Escribano, escribiente, escritor, secretario. ➤ *Empleo. **2** **Escribiente de oficina.*

amanzanar (Arg.) tr. *Dividir un ↘terreno en *manzanas.*

amañar (de «a-[2]» y «maña») **1** tr. Presentar hábilmente cierto ↘asunto de manera que parezca bien aunque haya en él algo censurable o sospechoso. ≃ Adobar, *arreglar, urdir. ⊙ Arreglar o negociar ↘algo de manera poco escrupulosa o chapucera: 'Han amañado una solución para salir del paso'. ≃ Adobar, *arreglar, urdir. **2** («con, para») prnl. *Manejarse. Tener habilidad para hacer cierta cosa que la requiere: 'Se [las] amaña bien para tener entretenidos a los niños'. ⊙ Con «bien», entenderse o llevarse bien con alguien: 'Se amaña bien con su cuñada'. **3** (Arg., Bol., Col., Ec.) prnl. recípr. *Amancebarse.*

AMAÑÁRSELAS. Amañarse (2.ª acep.).

amaño (de «amañar») **1** m. *Maña.* **2** (pl.) *Cosas o *utensilios que se acomodan o emplean para hacer una cosa.* ≃ Apaños, arreglos. **3** Cualquier clase de *arreglo o *acuerdo chapucero, irregular o desaprensivo. **4** (Arg., Bol., Col., Ec.) *Amancebamiento.*

amapola (del ár. y rom. and. «ḥappapáwra») **1** (*Papaver rhoeas*) f. *Planta silvestre papaverácea, con flores grandes formadas por cuatro pétalos de color rojo vivo, cuyo cáliz, que forma como una caperuza cuando la flor está en capullo, se cae al abrirse la flor; es muy abundante en primavera, en los sembrados. ≃ Ababol, abibollo, camelia. **2** Nombre de varias plantas americanas semejantes a la amapola común.

amapolarse (de «amapola»; ant.; reflex.) tr. *Pintarse la cara las mujeres.*

amapolo m. *Nombre aplicado a los que se alistaban en los batallones de francos en la primera república española.* ⇒ *Soldado.

amar (del lat. «amāre») **1** tr. Sentir amor por ↘alguien: 'Amar a Dios, al prójimo, a los niños. Ama entrañablemente a sus hijos'. No se emplea corrientemente en lenguaje ordinario, y se sustituye por «querer». ⇒ Amor. ⊙ Se aplica específicamente, y con las mismas restricciones que en su acepción general, a la atracción entre dos personas: 'Romeo amaba a Julieta'. En lenguaje ordinario se sustituye por «querer, estar enamorado». ⊙ A veces, se usa humorísticamente: 'Se dedica a amar a todas sus vecinas'. ⊙ Con el mismo tono humorístico se aplica también a estar conversando con el novio o la novia: 'A estas horas está todos los días amando'. ⊙ Se puede usar como absoluto: 'Es bello amar'. Enlaces frecuentes: «amar entrañablemente, amar de [todo] corazón». **2** Se aplica también a la adhesión apasionada a ↘cosas elevadas o de trascendencia para la vida: 'Amar a la patria, la libertad, la justicia, el peligro'. En esta acepción se usa en lenguaje corriente y no tiene verbo sustituto. ⊙ También se emplea en lenguaje literario, con el significado de «gustar» cuando se trata de una afición entrañable: 'Desde niño amaba el mar'. ⊙ A veces, en lenguaje literario, desciende a ↘cosas menos elevadas, aunque muy importantes para el sujeto: 'Aman el lujo [o las comodidades]'.

amaracino, -a (del lat. «amaracīnus», del gr. «amarákinos») adj. *De amáraco:* 'Ungüento amaracino'.

amáraco (del lat. «amarăcus», del gr. «amárakos») m. **Mejorana (planta labiada).*

amaraje m. Acción de amarar.

amarantáceo, -a (de «amaranto») adj. y n. f. BOT. *Se aplica a las *plantas de la misma familia que el amaranto, que tienen racimos de flores diminutas, purpúreas o verdosas, y fruto en cápsula.* ⊙ f. pl. BOT. *Esa familia.*

amarantina (de «amaranto») f. *Perpetua de flores encarnadas.*

amaranto (del gr. «amárantos») m. Nombre dado a varias *plantas amarantáceas del género *Amaranthus* y otros afines, de flores en espiga redondeada muy apretada, de color carmesí, blanco, amarillo, jaspeado. ≃ FLOR de amor.

amarañar tr. *Enmarañar.*

amarar (de «a-²» y «mar») intr. Posarse en el agua un hidroavión. ⇒ *Avión.

amarecer (del lat. «mas, maris», carnero) tr. *Amorecer: *cubrir el carnero a la ↘*oveja.*

amargado, -a 1 («Estar») Participio adjetivo de «amargar[se]». Se aplica al que tiene amargura o sentimiento de pena por un desengaño, un desaire, una muestra de desconsideración o falta de cariño, etc. **2** («Estar, Ser un») adj. y n. Se aplica a la persona que está frente al mundo o la sociedad como si le fuese hostil y se sintiese maltratada por ella, lo que le hace tener un carácter desabrido. ≃ *Resentido. ⊙ («Estar») adj. Se dice del que, por haber sufrido desengaños, está en la actitud de no esperar ni hacer esfuerzos para conseguir nada. ≃ *Desengañado, desilusionado. ⇒ *Descontento. ⊙ Se aplica al *gesto que denota esos estados de ánimo.

amargaleja (de «amargo») f. *Endrina (fruto del endrino).*

amargamente adv. Con amargura.

amargar (del lat. «amaricāre») **1** intr. Saber amargo. ⇒ Ahelear, helear, rehelear. **2** tr. *Comunicar sabor amargo a una ↘cosa. **3** Causar pena a ↘alguien un desengaño o una muestra de falta de estimación o cariño. ≃ Doler, escocer. ⊙ prnl. Causarse desazón a sí mismo, por ejemplo con reflexiones tristes o pesimistas. ⇒ Amargarse la VIDA.
V. «a nadie le amarga un DULCE».

amargo, -a (de «amaro²», con influencia de «amargar») **1** («a, de») adj. De sabor como el del acíbar o el de la quinina: 'Amargo al paladar. Amargo de sabor'. **2** m. Amargor: 'El amargo de la retama'. **3** *Cierto *dulce seco en que se ponen almendras amargas.* **4** *Cierto *licor en que se ponen almendras amargas.* **5** (inf.) adj. *Aplicado a personas, afectado por un dolor físico muy intenso causado por un golpe o accidente semejante.* **6** Aplicado a impresiones afectivas, causante de pena o sentimiento: 'Amarga desilusión. Amargo desengaño. Amarga experiencia'. ⊙ También se dice 'la verdad amarga'. Y 'amargos lamentos, amargas quejas', etc. ⊙ («Dejar, Quedarse») *Aplicado a personas, apenado o dolido por un desengaño o prueba de falta de cariño o consideración*: 'Me dejó muy amargo aquella respuesta'.
V. «ALMENDRA amarga, ALMENDRO amargo, CAÑA amarga, de la CÁSCARA amarga, CEDRO amargo, COHOMBRILLO amargo, LECHERA amarga, TRAGO amargo, YUCA amarga».

amargón m. **DIENTE de león (planta compuesta).*

amargor m. Cualidad de lo que sabe amargo. ⊙ Sensación producida por ello. ≃ Amargo.

amargoso, -a adj. *Amargo.*
V. «ESCOBA amargosa».

amarguera (de «amargo», por el sabor de esta planta; *Bupleurum fruticosum*) f. *Planta umbelífera de hojas lineales y flores en umbela. ≃ Matabuey.

amarguero adj. V. «ESPÁRRAGO amarguero».

amarguillo (dim. de «amargo») m. *Amargo (dulce seco).*

amargura (de «amargo») f. Sentimiento de *pena por un desengaño, una ilusión frustrada, una muestra de desagradecimiento o de falta de cariño, o una desgracia que envuelve frustración; como, por ejemplo, la muerte de una persona joven. ⊙ Cosa que la causa: 'Su última amargura fue el fracaso de la expedición'. ⊙ Muestra ostensible de pena: 'Lloraba con tanta amargura...'. ≃ Aflicción. ⇒ Amarulencia, hiel. ➤ *Disgusto.
V. «apurar el CÁLIZ [o la COPA] de la amargura».
¡QUÉ AMARGURA! Exclamación de sentimiento o *lástima, por ejemplo por la ruptura de un objeto valioso o muy estimado, o por la muerte de una persona joven.

amaricado, -a (vulg.) adj. Amariconado.

amariconado, -a (vulg.) Participio adjetivo de «amariconar[se]». ⊙ (vulg.) adj. *Afeminado.

amariconar (de «a-²» y «maricón»; vulg.) tr. y prnl. Afeminar[se].

amarilidáceo, -a (de «Amaryllis», género de plantas) adj. y n. f. BOT. *Se aplica a las *plantas de la familia de la amarilis y del narciso, con bulbo o rizomas, y flores solitarias o en umbela; ornamentales muchas de ellas.* ⊙ f. pl. BOT. *Esa familia.*

amarilis (*Amaryllis belladonna*) f. *Planta amarilidácea de flores de colores muy vivos y de suave aroma.

amarilla f. **1** (inf.) f. *Moneda de oro; particularmente, onza.* **2** VET. *Enfermedad del ganado lanar, que procede de una alteración del hígado.*

amarillear intr. Empezar a ponerse amarillo. ⇒ Alimonarse, enmarillecer. ⊙ Tener el color algo amarillo. ⊙ Aparecer, mostrarse, particularmente a cierta distancia en el campo, una cosa que es amarilla: 'En la falda del monte amarillean los rastrojos'.

amarillecer intr. Ponerse amarillo.
□ CONJUG. como «agradecer».

amarillejo, -a (dim. de «amarillo») adj. *Amarillento.*

amarillento, -a adj. Se aplica a lo que tiende a amarillo.

amarillez f. Cualidad de amarillo. Color amarillo que tiene una persona, por ejemplo por estar enferma.

amarillismo m. Sensacionalismo de la prensa amarilla.

amarillista (de «amarillo») adj. Aplicado a la prensa, sensacionalista.

amarillo, -a (del lat. «amarĕllus», de «amārus», amargo) **1** adj. y n. m. Se aplica al *color que está en tercer lugar en el espectro solar, que es, por ejemplo, el de la cáscara del limón, y a las cosas que lo tienen. ⇒ Flavo, guado, gualdo, jalde, jaldo, jaldre. ➤ Hornaza. ➤ Aje, alazor, AZAFRÁN de las Indias, camotillo, cantú, chapico, cochinilla, cúrcuma, huévil, yuquilla. ⊙ Se aplica al color, falto de la rojez que da la afluencia de sangre, de las personas enfermas. ⇒ *Pálido. **2** adj. Se aplica a los individuos de la especie humana que tienen por característica racial la piel amarilla, como los chinos y los japoneses, y a la *raza que constituyen. **3** m. *Adormecimiento que sufren a veces en tiempo de niebla los gusanos de *seda muy pequeños.* **4** (Hispam.) *Nombre de diversas plantas americanas que tienen alguna de sus partes de color amarillo, particularmente la madera.* ⊙ (Arg.) **Tataré (árbol leguminoso).*

V. «AZÚCAR amarillo, AZUCARERO amarillo, CEDOARIA amarilla, CERA amarilla, CUERPO amarillo, FIEBRE amarilla, JAZMÍN amarillo, LIBRO amarillo, MANCHA amarilla, MIELGA de flor amarilla, NENÚFAR amarillo, ORCANETA amarilla, PERPETUA amarilla, PRENSA amarilla, ROSAL amarillo, SIEMPREVIVA amarilla, UNGÜENTO amarillo».

amarillor (ant.) m. *Amarillez.*

amarilloso, -a adj. *Amarillento.*

amarillura (ant.) f. *Amarillez.*

amarinar tr. *Marinar.*

amariposado, -a 1 adj. De forma de mariposa. ⊙ Se aplica específicamente a las *flores de las leguminosas. **2** *Papilionáceo.* **3** (inf.) Afeminado.

amarizar[1] (del lat. «meridiāre», sestear; Sal.) intr. **Sestear el ganado lanar.*

amarizar[2] intr. Amarar.

amarizarse (de «amarecer») prnl. recípr. *Copular el ganado lanar.* ≃ Marizarse.

amarizo (Sal.) m. *Sitio donde se amariza el ganado.*

amaro[1] (del lat. «marum»; *Salvia sclarea)* m. *Planta labiada de flores blancas con viso morado, en verticilo, y de olor nauseabundo; se usa para curar las úlceras. ≃ Bácara, bácaris, esclarea, maro.

amaro[2]**, -a** (lat. «amārus»; ant.) adj. *Amargo.*

amaromar (de «a-²» y «maroma») tr. **Atar.* ≃ Amarrar.

amarra (de «amarrar») **1** f. Cuerda o cable con que se sujeta una embarcación, bien con el ancla o bien a tierra. ⇒ Guindaste, *proís. **2** *Correa que va desde la muserola al pretal y se les pone a los caballos para que no levanten la cabeza.* **3** (inf.; gralm. pl.) *Influencia para conseguir algo como favor.

SOLTAR LAS AMARRAS. Además de en su sentido propio, de realizar esa operación al *zarpar una embarcación, se emplea en sentido figurado con el significado de desligarse alguien de cierta dependencia o apoyo.

amarraco (de «amarreco») m. Lance en que se ganan cinco puntos en el juego del *mus.

amarradero (de «amarrar») m. Poste, argolla o lugar donde se *ata algo.

amarradijo (Cantb., Col., Guat., Hond.) m. *Amarradura, particularmente si está mal hecha.*

amarrado, -a 1 Participio adjetivo de «amarrar». **2** (inf.; «Estar, Ir») Entre estudiantes, *sabiendo muy bien una lección o una asignatura. ≃ Empollado. **3** («Estar, Ir») Con buenas recomendaciones o influencias. **4** *Tacaño.* ≃ Amarrete.

amarradura 1 f. Acción de amarrar. **2** MAR. *Vuelta de las que da una cosa enrollada alrededor de otra.*

amarraje m. **Derechos pagados por el amarre de los barcos en el *puerto.*

amarrar (del fr. «amarrer») **1** («a») tr. Sujetar una ↘embarcación por medio de amarras. **2** (más frec. en Hispam.; «a») *Sujetar ↘algo con cuerdas, cadenas, etc. ≃ *Atar. ⇒ Desamarrar. **3** Atar en sentido no material. **4** (Hispam.) *Vendar o ceñir.* **5** (inf.) *Entre estudiantes, *estudiar intensamente, particularmente cerca de unos exámenes.* ≃ Empollar. **6** (Hispam.; muy frec. «amarrársela») *Emborracharse.* **7** (Chi., Nic., Perú, P. Rico) *Pactar, concertar.* **8** (Am. C., Col., Méj.) prnl. recípr. *Casarse.*

amarrazón (ant.) f. MAR. *Conjunto de amarras.*

amarre m. Acción u operación de amarrar. ≃ Amarradura.

amarreco (del vasc. «amarreco»; Ál.) m. *Amarraco.*

amarrequear (Ál.) intr. *Apuntar los amarracos.*

amarrete adj. *Amarrado (tacaño).*

amarrido, -a (de «a-²» y «marrido») adj. **Triste, apenado o afligido.* ≃ Marrido.

amarteladamente adv. Con amartelamiento.

amartelado, -a Participio adjetivo de «amartelar[se]». ⊙ («Estar») Se aplica a los enamorados que lo están mucho. ≃ Atortolado. ⊙ También a los enamorados que están muy juntos, en actitud muy cariñosa uno con otro: 'Iba muy amartelado con una muchacha'. ⇒ *Amor.

amartelamiento m. Estado o actitud de amartelado.

amartelar (de «a-²» y «martelo») **1** tr. *Atormentar o mortificar, especialmente con *celos o humillaciones.* **2** **Enamorar.* ⊙ prnl. **Enamorarse de una persona.* **3** **Encapricharse con una cosa.* **4** Ponerse amartelados los enamorados.

amartillar 1 tr. *Martillar (golpear con el martillo).* **2** Poner en el disparador la llave de un ↘*arma de fuego. ≃ Montar. **3** *Asegurar un trato o negocio.*

amarulencia (del lat. «amarulentus», deriv. de «amārus», amargo; ant.) f. *Amargura o resentimiento.*

amasadera 1 f. *Artesa para amasar el pan. **2** (Mur.) **Cuezo de albañil.*

amasadero m. *Local donde se amasa el pan.*

amasadijo (ant.) m. *Amasijo.*

amasado, -a Participio adjetivo de «amasar». ⊙ m. Acción de amasar.

amasador, -a adj. y n. *Aplicable al que amasa.*

amasadura 1 f. Acción de amasar. **2** Amasijo (porción de harina amasada de una vez).

amasamiento 1 m. Amasadura: acción de amasar. **2** MED. **Masaje.*

amasandero, -a (Arg., Chi., Col., Ven.) n. *Persona que amasa la harina para hacer pan.*

amasar 1 tr. Mover y apretar una ↘masa hasta que toma la consistencia y homogeneidad convenientes. ⊙ Particularmente, la masa del ↘*pan. ⇒ Bregar, fedegar, gramar, heñir, hiñir, malaxar, masar, maznar, repastar, trabajar. ➤ Amasadera, artesa, hataca, hintero, masera. **2** *Dar masaje.* **3** (inf.) Preparar reservadamente entre varias personas un ↘asunto, generalmente no lícito o no bienintencionado. ≃ *Tramar. **4** **Unir o amalgamar.* **5** *Formar una ↘cosa mediante la combinación de varios elementos.* **6** Acumular ↘bienes.

amasia (del lat. «amasĭa», enamorada) f. **Amante o *concubina.*

amasiato (de «amasia»; Méj., Perú) m. *Concubinato.*

amasijo 1 m. Porción de harina amasada de una vez. ≃ Amasadura. **2** *Argamasa. **3** Operación de amasar. **4** (inf.) **Obra o *tarea.* **5** (inf.) *Mezcla de cosas inconexas; particularmente, de ideas. **6** (inf.) Intriga o *chanchullo.

amatar 1 (ant.) tr. y prnl. **Matar[se].* **2** (Ec.) tr. *Causar *mataduras a una *caballería el roce del aparejo.*

amate (del nahua «amtl», cierto árbol) **1** *(Ficus involuta)* m. **Higuera de Méjico cuyo jugo emplea la gente como resolutivo.* **2** (Méj.) *Pintura hecha sobre la albura del amate.*

amateur (fr.; pronunc. [amatér]; pl. «amateurs», pronunc. [amatérs]) adj. y n. Aficionado, particularmente, se aplica como nombre calificativo en aposición y con «ser», al deportista que no hace de su *deporte una profesión. ⊙ Se aplica también en la misma forma al juego, al partido, etc., jugados entre jugadores de esa clase. ⊙ Aunque con menos frecuencia, se aplica también al que cultiva un *arte sin hacer de ello una profesión: 'Dirige un grupo de teatro amateur'. ⇒ Diletante. ➤ Por *entretenerse.

amateurismo m. Práctica de un deporte o de otra actividad como amateur. ⊙ Condición de amateur.

amatista (del lat. «amethystus», del «gr. améthistos») f. Variedad de cuarzo cristalizado, de color malva, que se usa en joyería. ≃ Ametista, ametisto.

amatividad (de «amativo») f. Psi. *Instinto del amor sexual.*

amativo, -a (del lat. «amātum», superl. de «amāre») adj. *Propenso a amar.*

amatorio, -a (del lat. «amatorĭus») adj. Relacionado con el *amor entre personas de distinto sexo: 'Poesía amatoria'. ≃ Erótico.

amaurosis (del gr. «amaúrōsis», oscurecimiento) f. Med. **Ceguera debida a lesión del ojo o del cerebro, que no se aprecia exteriormente más que por la inmovilidad del iris.*

amauta (de or. quechua) m. *Entre los antiguos peruanos, sabio.*

amayorazgar tr. *Fundar un mayorazgo con ciertos ↘bienes.*

amayuela f. **Almeja de mar.*

amazacotado, -a (de «mazacote») Participio de «amazacotar[se]». ⊙ adj. Se aplica a lo que está demasiado compacto debiendo estar esponjoso; por ejemplo, un colchón. ⊙ Se aplica a las cosas cuyo material de relleno está demasiado apretado y al mismo material que está así. ⊙ Aplicado a un libro, una conferencia, etc., demasiado *recargado de datos: 'Una historia de la literatura amazacotada de fechas y nombres propios'. ⊙ Aplicado, por ejemplo, a una obra de *arte, recargado de *adornos o detalles.

amazacotamiento m. Acción y efecto de amazacotar[se]. ⊙ Circunstancia de estar amazacotado.

amazacotar («con, de») tr. y prnl. Poner[se] una ↘cosa amazacotada. ⇒ *Apretar, atiborrar.

amazona (del lat. «amāzon, -ŏnis», del gr. «amazṓn») **1** f. Mit. Mujer de cierto pueblo de mujeres guerreras que habitó el Ponto. Hipólita, que fue derrotada y muerta por Hércules, y Pentesilea, que lo fue por Aquiles en el sitio de Troya, fueron reinas de ellas. **2** Mujer de espíritu varonil. **3** Mujer que monta a caballo. ⇒ Jamugas, silletas, sillón. ➤ A la bastarda, a mujeriegas, a sentadillas. ➤ Pollerón, ropón. ➤ *Jinete. ➤ *Montar. **4** Vestido de mujer para montar a caballo.

amazonense 1 adj. *Del río Amazonas.* **2** adj. y, aplicado a personas, también n. *De los lugares de América del Sur que llevan el nombre de «Amazonas».*

amazónico[1], -a adj. *De [las] amazonas.*

amazónico[2], -a adj. Del río Amazonas, llamado así porque los descubridores creyeron encontrar allí un pueblo como el de las amazonas mitológicas: 'Selva amazónica'.

amazonio, -a (del lat. «amazonĭus») adj. *Amazónico.*

ambages (del lat. «ambāges»; «Gastar, Andar [Venir] con») m. pl. Cosas que se dicen innecesariamente envolviendo algo que no se tiene atrevimiento para decir abiertamente. ≃ Circunloquios, *rodeos.

Sin ambages. Sin rodeos; *abiertamente.

ámbar (del ár. and. «'ánbar») **1** m. Resina fósil, procedente de plantas coníferas extinguidas, de color amarillo acaramelado más o menos limpio y traslúcida, de la cual se hacen boquillas, collares, etc. ⇒ Alámbar, cárabe, electro, succino. ➤ Escobilla de ámbar. **2** adj. y n. m. Se aplica al color semejante al de esta resina, y a las cosas que lo tienen: 'El semáforo está en ámbar. Una luz ámbar'.

Ámbar gris. Sustancia blanca grisácea de *aroma fuerte agradable, que existe en el intestino de los cachalotes y, a veces, se encuentra flotando en el mar, la cual se usa en perfumería.

Ámbar negro. *Azabache.*

ambarar tr. *Comunicar olor de ámbar a una ↘cosa.*

ambarina (de «ámbar») **1** f. *Abelmosco (planta malvácea).* **2** (Hispam.) **Escabiosa (planta dipsacácea).*

ambarino, -a adj. De aspecto, color, etc., de ámbar.

amberino, -a adj. y, aplicado a personas, también n. *De Amberes.* ≃ Antuerpiense.

ambición (del lat. «ambitĭo, -ōnis»; «Tener, Cumplir, Realizar, Colmar, Coronar, Llenar, Saciar, Satisfacer, Dominado, Poseído por; de») f. Deseo apasionado de ciertas cosas como riqueza, poder, honores o fama. ⊙ Pasión o estado de ánimo del que es ambicioso: 'Dominado por la ambición de poder'.

□ Catálogo

*Afán, *anhelo, *ansia, apetencia, apetito, aspiración, avaricia, *codicia, ideal, meta, norte, *objetivo, pretensiones, sed, sueño dorado. ➤ Arribismo. ➤ Acaparador, ambicioso, arribista, avaricioso, buitre, codicioso, trepa, tigre. ➤ Desmedida. ➤ Llenar la cabeza de aire [de pájaros o de viento], levantar de cascos, *encalabrinar. ➤ La avaricia rompe el saco. ➤ Trepar. ➤ *Deseo. *Interés.

ambicionar tr. Tener ambición de cierta ↘cosa: 'Sólo ambiciono salud. Ambiciona que su hijo se haga médico'.

ambiciosamente adv. Con ambición.

ambicioso, -a (del lat. «ambitiōsus»; «Estar; de») adj. Dominado por la ambición de cierta cosa: 'Está ambicioso de cariño'. ⊙ («Ser») adj. y n. Se aplica a la persona dominada por la ambición de poder, riquezas o posición social. Puede no tener sentido peyorativo: 'Debías ser más ambicioso'. ⊙ Se aplica a la obra que pretende ser de gran importancia entre las de su clase.

ambidextro, -a o **ambidiestro, -a** (del lat. «ambidexter») adj. y n. Se aplica al que usa indistintamente ambas manos. ≃ Maniego. ⇒ *Anormal.

ambidos (del lat. «invītus», que obra de mala gana; ant.) adv. *A *disgusto.* ≃ Amidos, de mala gana.

ambientación f. Acción y efecto de «ambientar[se]».

ambientar (de «ambiente») **1** tr. Preparar el lugar donde ha de exponerse o realizarse una ↘cosa como un acto público, una fiesta, etc., o acompañarlos con cosas adecuadas a su carácter o que predispongan favorablemente el ánimo de los que han de actuar o de los espectadores. ≃ Encuadrar, enmarcar. ⇒ Dar AMBIENTE. **2** tr. y, más frec., prnl. Adaptar[se] o acostumbrar[se] a un ambiente nuevo.

ambiente (del lat. «ambĭens, -entis», circundante) **1** adj. *Se aplica a cualquier fluido que rodea a un cuerpo.* ⊙ m. *Aire. *Atmósfera, considerada como medio en que se respira: 'El ambiente tibio de primavera'. ⇒ ADJETIVOS FRECUENTES: embalsamado, perfumado, puro; cargado, hediondo, impuro, irrespirable, mefítico. **2** PINT. Calidad por la que la obra produce impresión de corporeidad y de profundidad. **3** Conjunto de *circunstancias morales que rodean a una persona e influyen en su desarrollo o comportamiento: 'El ambiente de un niño en la escuela y en el hogar'. ≃ Atmósfera, medio. ⇒ Ámbito, *círculo, entorno, escenario, esfera, fondo, marco, mundillo, mundo, submundo. ⊙ Con respecto a una persona, animal o cosa, conjunto de circunstancias y cosas favorables a su desarrollo o existencia que los rodean: 'Estar alguien o algo en su ambiente'. ⇒ Como el PEZ en el agua, en su propia SALSA. ⊙ (gralm. pl.) Conjunto de personas de la misma actividad o categoría: 'Ambientes financieros [o aristocráticos]'. **4** («Tener») Opinión o actitud de la gente favorable o desfavorable a algo o alguien. Si no se especifica, se entiende favorable: 'Tiene mal ambiente entre sus compañeros. La reforma tiene ambiente'. **5** Entorno agradable y concurrido: 'En esa ciudad hay mucho ambiente'. **6** (Arg., Chi., Perú, Ur.) *Habitación, aposento.*

DAR AMBIENTE. Ambientar.

HABER AMBIENTE para cierta cosa. Haber buena opinión entre la gente para implantarla o realizarla.

HACER AMBIENTE a alguien. Hacerle buen ambiente.

HACER BUEN [O MAL] AMBIENTE a alguien o algo. Hacer propaganda para crear una opinión favorable o desfavorable a la persona o cosa de que se trata: 'Está haciendo ambiente a favor de la candidatura de su cuñado'.

V. «MEDIO ambiente».

ambigú (del fr. «ambigu») **1** m. Comida, especialmente cena, que se sirve toda de una vez. **2** Lugar de un local público, por ejemplo de un teatro o un salón de baile, donde se sirven cosas de *comer.

ambiguamente adv. Con ambigüedad.

ambigüedad f. Cualidad de ambiguo. ⊙ Cosa ambigua. ⇒ Equívoco.

ambiguo, -a (del lat. «ambigŭus») **1** adj. Se aplica a lo que puede admitir más de una interpretación y, por tanto, carece de precisión. Por extensión, *vago: no claro o no terminante: 'Una respuesta ambigua'. ≃ Equívoco. **2** GRAM. Se aplica al género de las palabras que pueden usarse como masculinas o como femeninas; también, a las mismas palabras. 3 (inf.) Se aplica a un hombre algo *afeminado. **4** Equívoco en el aspecto sexual.

ámbito (del lat. «ambĭtus») **1** m. *Conjunto de los límites que encierran un espacio.* ≃ Contorno. **2** *Espacio comprendido dentro de ciertos límites, o lugar que se determina de algún modo: 'En todo el ámbito terrestre'. También en sentido figurado: 'En el ámbito de mis atribuciones'. ≃ Extensión. ⇒ *Campo. **3** *Círculo: conjunto de cosas y personas entre las que alguien vive o se desenvuelve.

ambivalencia **1** f. Aptitud de una cosa, por ejemplo una expresión, para ser empleada con dos usos o sentidos opuestos o distintos, o circunstancia de tenerlos o estar empleada con ellos. **2** PSI. *Estado de ánimo en que coexisten dos emociones o sentimientos opuestos; como el amor y el odio.*

ambivalente adj. Dotado de ambivalencia.

amblador, -a (ant.) adj. *Aplicado a un animal, que ambla.*

ambladura f. *Acción de amblar un cuadrúpedo.*

amblar (del lat. «ambulāre», andar) **1** intr. *Andar un cuadrúpedo moviendo al mismo tiempo las dos patas del mismo lado; como hace, por ejemplo, la jirafa, y también los *caballos si se les enseña. **2** (ant.) *Mover el cuerpo lúbricamente.* ⇒ Anquear.

amblehuelo (de «ambleo») m. *Cirio de dos libras de peso.*

ambleo (del fr. ant. «flambeau», antorcha) m. **Cirio de kilo y medio de peso que se emplea en ciertas funciones de iglesia.* ⊙ **Candelero para él.*

ambligonio (del lat. «amblygonĭus», del gr. «amblygónios») adj. V. «TRIÁNGULO ambligonio».

ambliopía (del gr. «amblyōpía», de «amblyōpós», el que tiene la vista débil) f. MED. *Disminución de la agudeza de la retina, sin lesión orgánica.* ⇒ *Ver.

ambo (del lat. «ambo») **1** m. *En la *lotería antigua, suerte consistente en poseer dos números de los premiados.* **2** En el juego de la *lotería de cartones, suerte que consiste en que las dos primeras bolas que se colocan en una fila resulten juntas. **3** (Chi., R. Plata) *Traje masculino de chaqueta y pantalón.*

ambón (del lat. «ambo, -ōnis», del gr. «ámbōn») m. *Púlpito de los dos que hay a uno y otro lado del altar mayor.

ambos, -as (del lat. «ambo») adj. y pron. pl. Se aplica a dos cosas consabidas: 'Soy amigo de ambos hermanos. Ambos me interesan'. ⇒ Forma prefija, «anfi-»: 'anfibio'. ➤ Amos, los dos, entrambos, entramos, UNO y otro. ➤ *Dos.

AMBOS A DOS. Ambos.

-ambre, -ambrera o **-ambrería** Sufijos que forman nombres colectivos o de abundancia: 'corambre, pelambre, pelambrera, cochambrería'. En otros casos el significado colectivo o de abundancia no está tan claro: 'fiambre, cochambre'.

ambrosía o, no frec., **ambrosia** (del gr. «ambrosía», de «ámbrotos», inmortal, divino) **1** f. MIT. Alimento de los dioses. ⊙ Por extensión, en lenguaje literario o refinado, comida deliciosa. ⊙ También, cosa refinada que deleita al espíritu. **2** *Polen recogido por las *abejas para alimentar a sus larvas.* **3** Ciertos *hongos de que se alimentan algunos escarabajos. **4** *(Ambrosia maritima)* Cierta *planta compuesta de hojas y tallos blancos y vellosos y flores amarillas. **5** *(Chenopodium ambrosioides)* Planta quenopodiácea cuyas hojas son usadas en infusión con fines medicinales.

Ambrosio V. «la CARABINA de Ambrosio».

ambrunesa f. *Variedad de *cereza, grande y de sabor delicado.*

ambuesta (del sup. céltico «ambosta», del sup. «bosta», hueco de la mano) f. *Cantidad de una cosa que se coge en el hueco de las dos manos juntas.* ≃ *Almorzada.

ambulación f. *Acción de ambular.*

ambulacro (del lat. «ambulăcrum», paseo) **1** m. *Lugar plantado de *árboles en hileras.* **2** *Corredor, particularmente en las *catacumbas.* **3** ZOOL. *Cada uno de los surcos radiales por donde salen en los *equinodermos las vesículas locomotrices al exterior.*

ambulancia (de «ambulante») **1** f. *Hospital móvil. **2** **Angarillas para transportar heridos o enfermos.* **3** *Coche destinado a transportar heridos o enfermos. **4** *Oficina de *correos establecida en los trenes.*

HACER AMBULANCIA (Cuba). *Hacer *autostop.*

ambulante (del lat. «ambŭlans, -antis», part. pres. de «ambulāre», andar) adj. Se aplica a alguien o algo que, a diferencia de otras cosas que desempeñan la misma función, no la realiza quieto en un sitio, sino yendo de uno a otro: 'Circo ambulante. Vendedor ambulante'. ⇒ *Andar.

AMBULANTE DE CORREOS. *Oficial que presta servicio en una ambulancia de correos.*

ambular (del lat. «ambulāre», pasear) intr. **Ir continuamente de un sitio a otro.*

ambulatorio, -a (de «ambular») **1** adj. BIOL. Se aplica al órgano que sirve para la marcha. **2** MED. Se aplica a la *enfermedad o el tratamiento que no impide al paciente salir de casa. **3** m. Establecimiento sanitario donde son atendidos los enfermos de esa clase.

ameba (del gr. «amoibḗ», cambio) f. Nombre dado a los *protozoos sin forma fija que se mueven con seudópodos, que viven en las aguas estancadas y en los terrenos húmedos y, algunos, parásitos de los animales. ≃ Amiba.

amebeo (del lat. «amoebaeus», del gr. «amoibaîos», alternativo) adj. V. «VERSO amebeo».

amébidos m. pl. BIOL. *Orden formado por las amebas.*

amecer (del lat. «admiscēre»; ant.) tr. y prnl. *Mezclar[se].*

amechar tr. *Ponerles mecha a los ↘candiles, etc.*

amedrentado, -a («Tener, Estar») Participio adjetivo de «amedrentar[se]»: 'Un fantasma tiene amedrentado al vecindario'.

amedrentar (¿relac. con el port. ant. «medorento», asustado?) tr. Infundir *miedo. ≃ *Asustar. ⊙ Quitar a ↘alguien el valor para hablar o para obrar: 'Amedrenta a los chicos y no se atreven ni a moverse'. ≃ *Intimidar. ⊙ prnl. Asustarse o intimidarse.

ámel (del ár. marroquí «'āmel», gobernador) m. *Entre los árabes, jefe de un distrito.*

amelar intr. *Fabricar miel las *abejas.*

amelcochado, -a **1** *Participio adjetivo de «amelcochar[se]».* **2** (Hispam.) **Rubio.*

amelcochar **1** (Hispam.) tr. *Dar a un ↘dulce la consistencia de la melcocha.* ⊙ (Hispam.) prnl. *Tomar un dulce la consistencia de la melcocha.* **2** (Bol., C. Rica, Ec., Hond., Méj., Par., Perú) *Ablandarse, reblandecerse.* **3** (Cuba, Guat., Méj., Perú) *Ponerse acaramelado o mostrarse muy meloso.*

amelga (¿del sup. célt. «ambelĭca»?) f. Cada una de las fajas en que se divide el terreno para *sembrar con uniformidad. ⇒ Emelga, embelga, melga, marcen, márcena, mielga. ➤ *Bancal.

amelgar (de «amelga») **1** tr. *Dividir el ↘terreno con surcos para *sembrar con regularidad.* **2** (Ar.) *Amojonar algún ↘*terreno, como muestra de derecho a él.*

amelía f. *Distrito gobernado por un ámel.*

amén (del b. lat. «āmen», del gr. «amēn», y éste del hebr. «āmēn», verdaderamente) Se dice al final de las oraciones con el significado de «así sea». ⇒ *Rezar. ⊙ Se emplea en lenguaje informal y generalmente irónico, para expresar el *deseo de que algo ocurra como se acaba de decir: 'Verás como todo sale bien. —¡Amén!'.

AMÉN DE. Además de o así como también: 'Se comió dos chuletas amén de media docena de salchichas'.

DECIR [A TODO] AMÉN. *Asentir o *acceder a todo lo que otro dice o propone, o no oponerse a ello.

EN UN DECIR AMÉN. En muy poco tiempo. ⇒ *Rápido.

MUCHOS AMENES AL CIELO LLEGAN. Expresión que significa que, insistiendo mucho o pidiéndolo muchos, acaba por *conseguirse lo que se pide.

-amen Sufijo del mismo significado que «-ambre», y que forma nombres colectivos: 'maderamen, velamen'.

amenamente adv. Con amenidad.

amenaza («Cernerse, Gravitar, Tener encima, Tener sobre sí, Desvanecerse, Alejar, Apartar, Conjurar») f. Acción de *amenazar. ⊙ Suceso que amenaza. ⊙ Palabras con que se amenaza.

amenazador, -a adj. Se aplica a lo que envuelve una amenaza. ⊙ Se aplica a lo que tiene aspecto de ir a producir un daño o convertirse en un daño: 'Unas nubes amenazadoras. Un gesto amenazador'. ⇒ *Amenazar.

amenazadoramente adv. De manera amenazadora.

amenazante adj. Amenazador: 'Un gesto amenazante'.

amenazar[1] (de «a-²» y «menazar»; «a, con») tr. *Anunciar alguien a ↘otro, con palabras o con gestos, que le va a pegar, a matar o a hacer cualquier daño: 'El jefe le ha amenazado con despedirle [o con el despido] si no se enmienda'. ⊙ («de») Con algunos complementos, especialmente con «muerte», puede llevar la preposición «de»: 'Amenazar de muerte, de excomunión'. ⊙ El sujeto puede ser la cosa inanimada en que existe la amenaza: 'Las negociaciones amenazan romperse'. ⊙ También, el hecho mismo: 'Está amenazándonos una gran catástrofe'. ⊙ Cuando la amenaza consiste en un fenómeno atmosférico, la expresión tiene el carácter de oración con verbo de sujeto interno: 'Amenaza lluvia' (expresión exactamente comparable a «hace calor»). Esa expresión puede, por otro lado, traducirse por las siguientes, que componen una gama desde la forma de sujeto interno a la francamente personal: 'Está amenazando con llover. Está amenazando llover. El tiempo está amenazando con llover. La lluvia que amenazaba desde hacía varios días'.

□ CATÁLOGO

Amagar, apercibir, avisar, bravear, bravocear, bravuconear, enseñar los COLMILLOS, conminar, enseñar [mostrar o sacar] los DIENTES, enarbolar, enfadarse, esgrimir, gallear, intimar, intimidar, tener en JAQUE, jurarlas, ladrar, alzar [o levantar] la MANO, menazar, echar PLANTAS, roncar, RONDAR, ronquear, señalar, enseñar [o sacar] las UÑAS. ➤ Amenaza, aruñón, *bravata, ceño, *chantaje, conminación, ESPADA de Damocles, espantajo, espanto, *fanfarronada, fieros, finta, giro, interminación, intimación, leonería, menaza, reto, ronca, terrería, ultimátum. ➤ IMPUESTO revolucionario. ➤ Inminente. ➤ *Bravucón, *fanfarrón, matón, plantillero, plantista. ➤ Ya te acordarás, ya te apañaré, ya te arreglaré, ¡AY de... !, no te valdrá la BULA de Meco, nos veremos las CARAS, a cada CERDO [o COCHINO] le llega su San Martín, ¡voto a CRISTO!, ¡cuidadito!, ¡cuidado!, ¡guarda!, ¡guárdate!, ¡guarte!, ¡MIRA lo que haces! [mirad lo que hacéis, etc.], ¡ya te dirán de MISAS!, ¡ojito!, ¡ojo!, ¡mucho OJO!, te vas [se va, etc.] a ENTERAR, te vas [se va, etc.] a enterar de lo que vale un PEINE, ¡ya te pesará!, ¡pobre de...!, ¡POCO a poco!, ¡por VIDA!, ¡ya...! ➤ Bajo [o so] PENA de... ➤ Romper el BAUTISMO, abrir [partir o romper] la CABEZA, quitar [partir o romper] la CARA, romper las COSTILLAS, romper la CRISMA, descostillar, descrismar, sacar las ENTRAÑAS, HACER y acontecer, HACER una que sea sonada, quitar los HOCICOS, romper los HUESOS, poner [tener, traer] en JAQUE, hinchar las NARICES. ➤ PERRO ladrador, poco mordedor. ➤ Ceñudo, feo, hosco. ➤ *Avisar. *Coacción. *Daño. *Miedo. *Peligro.

amenazar[2] (del lat. vulg. «menāre», conducir, llevar; ant.) tr. *Conducir el ↘*ganado.*

amencia (del lat. «amentĭa»; ant.) f. *Demencia.*

amenguadamente adv. *Menguadamente.*

amenguadero, -a adj. *Que amengua.*

amenguamiento (ant.) m. *Acción y efecto de amenguar.*

amenguante adj. *Que amengua.*

amenguar (de «a-²» y «mengua») **1** tr., intr. y prnl. **Dis*minuir.* ≃ Menguar. **2** (ant.) tr. **Denigrar, *deshonrar o *difamar.*
□ CONJUG. como «averiguar».

amenidad f. Cualidad de ameno.

amenizar tr. Hacer ameno ↘algo: 'Con sus intervenciones, ameniza las reuniones del consejo'.

ameno, -a (del lat. «amoenus») **1** adj. Aplicado a lugares, con encantos naturales y en donde es grata la estancia. ≃ *Agradable, deleitable, deleitoso, delicioso, encantador, grato. **2** Aplicado a personas, a su conversación o a una fiesta, espectáculo, etc., tal que entretiene o divierte o hace pasar agradablemente el tiempo: 'Es un hombre muy ameno, que sabe multitud de historias'. ≃ Divertido, entretenido. ⇒ Gracioso.

amenorar (de «a-²» y «menor»; ant.) tr. *Aminorar.*

amenorgar (del sup. lat. «minoricāre») tr. *Aminorar.*

amenorrea («a-¹», el gr. «mḗn», mes, y «-rrea») f. MED. Desaparición o ausencia anormal de menstruación. ⇒ Jaldía, opilación. ➤ Acero.

amenoso, -a (ant.) adj. *Ameno.*

amentáceo, -a (del lat. cient. «amentacĕus») **1** adj. BOT. *Parecido a un amento.* **2** adj. y n. f. BOT. *Se aplicaba a las *plantas que tienen las flores en amento.*

amentar (del lat. «amentāre») tr. *Atar o arrojar con amiento.*

amente (del lat. «amens, -entis»; ant.) adj. y n. *Demente.*

amento (del lat. «amentum») **1** m. *Amiento (correa).* **2** BOT. Espiga de flores pequeñas y generalmente de un solo sexo, como las del avellano o el sauce. ≃ Candelilla. ⇒ *Inflorescencia.

-amento Sufijo, poco usado, del mismo significado que «-amiento»: 'entablamento'.

ameos (del lat. «amĕos», deriv de «ami», y éste del gr. «ámmi»; *Ammi majus)* m. *Planta umbelífera con pequeñas flores blancas y semillas negruzcas, aromáticas, que se han empleado en medicina como diuréticas. ≃ Fistra, ami.

amerar **1** tr. *Merar (*mezclar un ↘líquido con otro para mejorar éste o para quitarle fuerza).* **2** prnl. *Calarse de *humedad una tierra, una pared, etc.*

amercearse (de «a-²» y «merced») prnl. **Compadecerse.* ≃ Mercendear.

amercendeador, -a adj. *Que se amercendea.*

amercendeamiento m. *Acción y efecto de amercendearse.*

amercendeante adj. *Que se amercendea.*

amercendearse (de «a-²» y «mercendear») prnl. *Amercearse.*

amerengado, -a adj. Semejante al merengue. ⊙ (inf.) Se usa particularmente en sentido figurado, como «*empalagoso»: excesiva o afectadamente amable. ⊙ (inf.) Aplicado a una obra de arte o literaria, agradable, sin nada chocante o feo, pero sin fuerza o verdadera inspiración.

americana f. *Chaqueta con solapas que llega hasta más abajo de la cadera. ⇒ Terno.

americanismo **1** m. Afición a las cosas de América o interés por ellas. **2** LING. Palabra o expresión originaria de la América de habla española y utilizada en otras áreas del español o en otras lenguas. ⊙ LING. Palabra o expresión propia del español de América.

americanista n. Persona que estudia las lenguas, historia o antigüedades de la América española.

americanización f. Acción y efecto de americanizar[se].

americanizar tr. y prnl. Dar [o tomar] carácter americano.

americano, -a **1** adj. y, aplicado a personas, también n. De América. ⇒ Amerindio, centroamericano, criollo, esquimal, gaucho, hispanoamericano, indiano, *indio, norteamericano, sudamericano, yanqui. **2** (inf.) De los Estados Unidos de América. **3** (Ast., Gal.) *Indiano.*
V. «AGAVE americana».

americio (de «América») m. *Elemento químico, n.º atómico 95. Símb.: «Am».

américo, -a (ant.) adj. *Americano.*

amerindio (del ingl. «Amerindian», palabra introducida por los historiadores y geógrafos para distinguirlos de los de la India o hindúes) adj. De los indios americanos.

ameritado, -a (Hispam.) Participio de «ameritar». (Hispam.) adj. *Merecedor.*

ameritar **1** (Hispam.) tr. *Dar o hacer méritos.* **2** (Hispam.) *Merecer.*

amerizaje (del fr. «amerissage») m. Acción de amerizar.

amerizar (de «amerizaje») intr. Posarse en el agua un hidroavión. ≃ Amarar.

amesnar (del sup. lat. «mansionāre», alojar, de «mansĭo, -ōnis»; ant.) tr. *Proteger[se] o poner[se] a salvo.* ⇒ Mesnada.

amestizado, -a adj. y, aplicado a personas, también n. *Con algunos caracteres de *mestizo.*

amesurar (de «a-²» y «mesurar») **1** (ant.) tr. **Medir.* **2** (ant.) **Ajustar.*

ametalado, -a adj. *Como metal.* ⊙ *Como de metal; particularmente,* 'sonido ametalado'.

ametista o **ametisto** (ant.) f. o m. *Amatista.*

ametrallador, -a (de «ametrallar») **1** adj. Que dispara con automaticidad y a gran velocidad: 'Fusil ametrallador'. **2** f. Arma de fuego semejante a un fusil, que dispara sucesiva y rápidamente una serie de tiros, efectuando automáticamente la carga y el disparo. ⇒ Metralleta. ➤ Ráfaga. ➤ *Artillería. **3** (Arg., Guat., Perú) *Metralleta.*

ametrallamiento m. Acción de ametrallar.

ametrallar **1** tr. Disparar metralla contra ↘alguien o algo. **2** Disparar con un arma ametralladora.

ametría (del gr. «ametría») f. MÉTR. Falta de medida o irregularidad en los versos.

amétrope adj. y n. MED. Afectado de ametropía.

ametropía (del gr. «ámetros», irregular, y «ṓps», vista) f. MED. Defecto de la visión causado por una refracción imperfecta en el ojo que hace que las imágenes no se formen correctamente en la retina.

amezquindarse (de «a-²» y «mezquindad») prnl. *Entristecerse.*

ami (del lat. «ami», del gr. «ámmi») m. *Ameos (planta umbelífera).

amia (del lat. «amĭa», del gr. «amía») f. *Lamia (tiburón).*

amianto (del lat. «amiantus», del gr. «amíantos») m. Variedad de asbesto que se presenta en fibras flexibles, finas y sedosas que se emplean como *aislante eléctrico y para fabricar tejidos *incombustibles.

amiantosis (de «amianto» y «-osis») f. **Asbestosis.*

amiba (del gr. «amoibḗ», cambio) f. Ameba.

amicicia (del lat. «amicitĭa»; ant.) f. **Amistad.*

amicísimo, -a (del lat. «amicissĭmus») adj. Superl. de «*amigo»: muy amigo.

amida f. QUÍM. Compuesto orgánico que resulta de sustituir en el amoniaco o en sus derivados un átomo de hidrógeno por un acilo.

amidos (del lat. «invītus», obligado; ant.) adv. *Ambidos: de mala gana.*

amiento (de «amento») m. *Amento.* ⊙ **Correa con que se sujetaba la celada por debajo de la barbilla.* ⊙ *Correa con que se ataba el zapato.* ⊙ *Correa que se sujetaba a las flechas y lanzas para arrojarlas.*

-amiento Sufijo con que se forman nombres de acción y efecto derivados de verbos de la primera conjugación, lo mismo que se forman con «-imiento» derivados de la segunda y tercera. ≃ -amento.

amiésgado (del lat. vulg. «fragum domestĭcum», fresa cultivada; ant.) m. **Fresa (planta rosácea).*

amiga (de «amigo») **1** f. *Maestra de escuela de niñas.* **2** *Escuela de niñas.*

amigabilidad f. *Cualidad de amigable.*

amigable (del lat. «amicabĭlis») adj. Como de amigo: 'En tono amigable. En amigable compañía'. ≃ Amistoso. ⇒ *Amable.
V. «amigable COMPONEDOR».

amigablemente adv. Con amabilidad de amigo.

amigacho m. Desp. de «*amigo». ⊙ Compinche.

amigajado, -a (ant.) adj. *Desmigajado.*

amiganza (de «amigo»; ant.) f. *Amistad.*

amigar (del lat. «amicāre») **1** tr. *Amistar.* **2** (pop.) prnl. recípr. **Amancebarse.*

amígdala (del lat. «amygdăla», del gr. «amygdálē», almendra, por la forma de esta glándula) f. ANAT. Cuerpo glanduloso de los dos que el hombre y otros mamíferos tienen a uno y otro lado de la *garganta. ⇒ Tonsila.

amigdaláceo, -a (del lat. «amygdalacĕus») adj. y n. f. BOT. *Rosáceo.*

amigdalina (del lat. «amygdalĭnus», de almendra) f. QUÍM. *Glucósido contenido en las almendras amargas y en las hojas del laurel cerezo.*

amigdalitis (de «amígdala» e «-itis») f. MED. Inflamación de las amígdalas. ≃ Anginas.

amigdaloide (de «amígdala» y «-oide») adj. De *forma de almendra.

amigo, -a (del lat. «amīcus») **1** adj. y n. Se aplica, en relación con una persona, a otra que tiene con ella trato de afecto y confianza recíprocos: 'Un amigo de mi hermano. Es muy amiga mía'. **2** adj. *Amistoso.* **3** (lit.) Se aplica también a las cosas materiales que constituyen una compañía grata y apacible: 'Los árboles amigos'. **4** Aficionado: 'Es más amigo de divertirse que de estudiar'. ⊙ Adicto o *partidario. Se aplica al que encuentra conveniente cierta cosa o la practica: 'Amigo de la verdad. Soy amigo de plantear las cosas con claridad'. ⊙ adj. y n. *Partidario o *adepto: 'Sólo le aplaudieron sus amigos'. **5** n. Se usa como apelativo para dirigirse o llamar la atención de un interlocutor, aunque no haya amistad entre ellos: '¿Cuánto le debo, amigo?'. **6** Persona que mantiene con otra relaciones amorosas irregulares. ≃ *Amante, querido. ⇒ *Concubina. **7** m. MINER. *Palo atravesado en la punta del tiro o cintero, sobre el que se sostienen los operarios para subir o bajar.*
V. «CARA de pocos amigos».
FALSO AMIGO. Palabra o expresión de una lengua extranjera que por ser muy similar a otra de la lengua propia puede ser interpretada incorrectamente.
V. «PIE de amigo».

□ CATÁLOGO
*Adicto, afecto, amicísimo, amigote, amiguete, aparcero, bien AVENIDO, cabido, camarada, colega, *compañero, *compinche, conocido, contertulio, cuate, ñaño, pana, pata, quillotro, relación[es], socio, tío, titi, tronco, UÑA y carne, viejo. ➤ Círculo, peña, tertulia. ➤ Del alma, de la casa, devoto, entrañable, de la familia, fiel, fraternal, de la infancia, inseparable, íntimo, desde NIÑOS, de SIEMPRE, de toda la VIDA. ➤ Desleal, falso, infiel, *traidor. ➤ Amicicia, amiganza, amistad, aparcería, *armonía, atenencia, avenencia, *cariño, compañerismo, concordia, confianza, dependencia, familiaridad, fraternidad, hermandad, trato. ➤ Estrecha, inquebrantable. ➤ En paz, a partir un PIÑÓN, en buenos TÉRMINOS. ➤ Ajustarse, amistarse, ARREGLARSE bien, bienquistar[se], tener cabida [o ENTRADA], fraternizar, intimar, hacer buena LIGA, LLEVARSE bien, estar muy METIDO con, hacer buenas MIGAS. ➤ Desafiar, descontentarse, distanciarse, *enemistarse, *enfriarse, partir PERAS, regañar, reñir, retraerse, romper, terminar. ➤ ESTAR [a] mal. ➤ Desamigo, enemigo. ➤ Apartado, distanciado, enemistado, tieso, torcido. ➤ *Reconciliarse. ➤ *Armonía. *Cariño.

amigote m. Aum. informal de «amigo», a veces despectivo y a veces afectuoso: 'Tiene unos amigotes que no me gustan. Es un amigote mío'. ⇒ *Compinche.

amiguete (inf.) m. Dim. de «amigo».

amiguísimo, -a adj. Muy amigo. ⇒ Amicísimo.

amiguismo m. Práctica de favorecer a los amigos en la concesión de cargos, privilegios, etc., en perjuicio de otras personas.

amiláceo, -a (del lat. «amўlum», del gr. «ámylon») adj. De la naturaleza del almidón.

amilamia (del vasc. «eme», del lat. «femĭna» y «lamĭa»; Ál.) f. *Ser fantástico, especie de hada bienhechora y caritativa.*

amilanamiento m. Acción y efecto de amilanar[se].

amilanar (de «a-²» y «milano») tr. Causar *miedo a ˇalguien, de modo que no se atreve a hablar, a obrar o a hacer cierta cosa. ≃ *Intimidar. ⊙ prnl. Acobardarse, intimidarse o abatirse.

amilasa f. Enzima que convierte el almidón en azúcar.

amílico, -a (del lat. «amўlum», almidón) adj. y n. Se aplica al alcohol procedente de la fermentación de materias feculentas.

amillaramiento m. Acción de amillarar. ⊙ Lista que se forma. ⇒ Cabeza, cabezaje, cabezón, capitación, catastro, censo, censura, encabezamiento, fogueación, *padrón, REGISTRO de la propiedad, reparto. ➤ Demografía. ➤ Estadística.

amillarar (de «a-²» y «millar») tr. Formar la lista o padrón de las ˇfincas de algún sitio y de sus poseedores, para repartir la contribución.

amillonado, -a (de «millón») adj. **Rico.*

amiloideo, -a (del lat. «amўlum», almidón) adj. Semejante al almidón.

amilosis o **amiloidosis** f. *Degeneración de los tejidos causada por el depósito en ellos de sustancia amiloidea.*

amín (del ár. marroquí «amīn») m. *Funcionario que, en Marruecos, está encargado de recaudar fondos, efectuar pagos y *administrar bienes por cuenta del gobierno.*

amina f. QUÍM. Cuerpo derivado del amoniaco, soluble en agua, que resulta de sustituir uno o más de sus átomos de hidrógeno por radicales orgánicos.

amínico, -a adj. QUÍM. De las aminas.

amino m. QUÍM. Radical químico formado por un átomo de nitrógeno y dos de hidrógeno que se encuentra en las aminas y otros compuestos.

aminoácido m. BIOQUÍM. Molécula orgánica constituyente de las proteínas. Se llaman esenciales aquellos que hay que suministrar ya formados porque el organismo no es capaz de formarlos. ⇒ *Cuerpo.

aminoración o **aminoramiento** f. o m. Acción y efecto de aminorarse].

aminorar (de «menor») tr. y prnl. *Disminuir cierta ˎcosa, en sentido material o no material. ≃ Minorar.

amir (del ár. and. «amír») m. *Emir.*

amirí (del ár. «ʻāmirī», gentilicio de Muḥammad ben Ābī ʻĀmir, Almanzor) adj. y n. *Se aplica a los descendientes de Almanzor ben Abiámir que, a la caída del califato de Córdoba (primera mitad del siglo XI), fundaron reinos de taifa en el Levante de España.*

amisión (del lat. «amissĭo, -ōnis», deriv. de «amittĕre»; ant.) f. **Pérdida.*

amistad (del sup. lat. «amicĭtas, -ātis», por «amicitĭa», amistad) **1** («Anudar, Entablar, Hacer, Trabar, Cultivar, Frecuentar, Mantener, Romper») f. Relación entre *amigos. **2** Persona con quien se tiene amistad. ⊙ (pl.) *Amigos. Relaciones: 'Tengo algunas amistades en Francia'. ⊙ (pl.) Amigos influyentes de quienes se pueden conseguir favores. ≃ Influencias.

ESTAR EN BUENA[S] AMISTAD[ES]. Tratarse amistosamente.

HACER AMISTAD CON ALGUIEN. Iniciar la amistad.

ROMPER LA AMISTAD [O LAS AMISTADES]. Dejar violenta o bruscamente de ser amigos. ≃ *Enemistarse.

TRABAR AMISTAD. Hacer AMISTAD.

amistanza (ant.) f. *Amistad.*

amistar 1 tr. *Unir en amistad a dos ˎpersonas o reconciliar a los que estaban enemistados.* **2** prnl. recípr. *Hacerse amigos.* **3** *Entablar relaciones amorosas irregulares.* ⇒ Amancebarse.

amistosamente adv. De manera amistosa.

amistoso, -a adj. Como de amigo o de amigos: 'Un consejo amistoso'.

V. «PARTIDO amistoso».

amito (del lat. «amictus», envoltura, de «amicīre», cubrir) m. Pieza cuadrada de lienzo blanco, con una cruz en el centro, que el sacerdote se pone debajo del alba para celebrar. ⇒ Taled.

amitosis (de «a-[1]» y «mitosis») f. BIOL. *Modalidad de división de una célula en la que no hay separación de cromosomas hermanos, por lo que los cromosomas no se distribuyen igual necesariamente en las células hijas.*

amnesia (del gr. «amnēsía») f. Pérdida anormal, total o parcial, de la *memoria. ⇒ *Mente.

amnésico, -a 1 adj. De [la] amnesia. **2** adj. y n. Que padece amnesia.

amnestía (del gr. «amnēstía», olvido; ant.) f. *Amnistía.*

amnícola (cient.) m. Se aplica al animal que habita en las orillas de los ríos.

amniocentesis f. Extracción de líquido amniótico para su examen.

amnios (del gr. «amníon», membrana) **1** m. BIOL. En *embriología, membrana que envuelve el feto. ⇒ Zurrón. **2** BIOL. *LÍQUIDO amniótico.*

amniótico, -a adj. Del amnios: 'Líquido amniótico'.

amnistía (de «amnestía») f. *Perdón decretado por el gobierno para ciertos delitos, particularmente políticos. ⇒ Amán.

amnistiar tr. Conceder amnistía a ˎalguien.

☐ CONJUG. como «desviar».

amo, -a (de «ama») **1** («de») n. Con respecto a una cosa, particularmente una finca, el que la posee o dispone de ella según su voluntad: 'En esta casa vive el amo de la finca'. Con respecto a otras cosas que no sean fincas, implica frecuentemente despotismo o exageración del sentido de la propiedad: 'Dice que él es el amo y que en el taller se hace lo que él quiere'. ≃ Dueño, propietario. ⊙ El que posee esclavos, con respecto a ellos: 'Los esclavos podían ser vendidos por sus amos'. **2** Entre trabajadores del campo, el dueño de la finca o persona para la que *trabajan: 'He cambiado de amo'. ≃ Patrón. **3** *Cabeza de familia o su mujer: 'Vengo a ver al amo [o a la ama]'. Se usa aún en los pueblos o humorísticamente. ⇒ *Señor. **4** (ant.) *Ayo o aya.*

HACERSE EL AMO. **1** *Imponerse en algún sitio y tomar la dirección de las cosas. **2** *Apoderarse de una cosa.

SER EL AMO [DEL COTARRO]. Ser el que dirige o manda en algún sitio o asunto.

V. «el OJO del amo engorda al caballo».

amoblar tr. *Amueblar.*

☐ CONJUG. como «contar».

amochar (de «mochar») **1** tr. *Embestir con la *cabeza.* **2** prnl. *Aguantarse.*

amochiguar (del sup. lat. «multificāre», multiplicar; ant.) tr. e intr. *Aumentar o multiplicar una ˎcosa.* ≃ Amuchiguar, enmochiguar.

amodita (del lat. «ammodȳtes», del gr. «ammodýtēs») f. **Alicante (víbora).*

amodorrado, -a Participio de amodorrarse. ⊙ adj. Que tiene modorra o somnolencia.

amodorramiento m. Acción de amodorrarse. ⊙ Sensación de modorra.

amodorrarse (de «modorra») prnl. *Dormirse o *adormecerse por la fiebre o con un sueño muy pesado. ⇒ Adormecerse, adormilarse, aletargarse, azorrarse. ➤ Hecho un ZORRO. ➤ Adormecimiento, amodorramiento, letargo, *somnolencia, sopor. ➤ Amodorrado, modorro.

amohinar tr. Causar mohína: *fastidiar, *disgustar o *molestar. ⊙ prnl. *Enfadarse.

☐ CONJUG. como «enraizar».

amojamar 1 tr. y prnl. Hacer[se] mojama una ˎcosa. **2** prnl. Tomar una persona aspecto de vieja por adelgazar y ponérsele la piel seca y arrugada. ≃ *Apergaminarse. ⊙ Tomar ese aspecto, que permanece ya sin cambio sensible, al hacerse viejo.

amojelar tr. MAR. *Sujetar con mojeles el ˎcable al virador.*

amojonamiento m. Acción y efecto de amojonar.

amojonar tr. Marcar los límites de una ˎfinca o ˎterreno con mojones. ⇒ Amajanar, amelgar, estacar, hitar, jalonar. ➤ *Cercar. *Deslindar. *Limitar.

amojosado, -a (Bol.) adj. *Cubierto de moho.*

amok (del malayo «amok» o del tagalo «hamoc») m. *Entre los malayos, ataque de locura con impulsos homicidas.*

amol (del nahua «amulli», jabón; Guat., Hond.; *Sapindus saponaria)* m. **Planta sapindácea sarmentosa.*

amoladera (de «amolar») adj. y n. f. V. «PIEDRA amoladera».

amolado, -a 1 Participio adjetivo de «amolar». 2 (Perú) adj. y n. *Aplicado a personas, que resulta muy molesto e insistente.* ⇒ *Pesado.

amolador (de «amolar») m. Afilador.

amolanchín (de «amolar») m. *Afilador.*

amolar (de «a-²» y «muela») 1 tr. *Afilar. 2 *Enflaquecerse.* 3 (inf.) *Fastidiar o *molestar. 4 (inf.) prnl. Soportar un daño o sinsabor, puesto que no hay más remedio; se emplea generalmente en imperativo, en tono desconsiderado o insultante: '¡Que se amuele!'. ≃ *Aguantarse, fastidiarse.

V. «PIEDRA de amolar».

□ CONJUG. como «contar».

amoldable adj. Susceptible de amoldarse.

amoldamiento m. Acción de amoldar[se].

amoldar (de «a-²» y «molde») 1 tr. Hacer una ˘cosa ajustándola sobre un molde o sobre otra cosa: 'Amoldar un sombrero a la cabeza del que ha de llevarlo'. ⊙ Hacer, al realizar ˘algo, que resulte adecuado a otra cosa o como conviene para ella: 'Amoldar las leyes a las condiciones del país'. ≃ *Acomodar. ⇒ *Acomodar, adaptar, adecuar, ajustar, apropiar, atemperar, *ceñir, conformar, contemperar, moldar, moldear. 2 prnl. Ajustarse, hacerse conveniente una cosa. ⊙ Aceptar alguien ciertas circunstancias o condiciones, o encontrarse bien en ellas, aunque no sean tan buenas como las que ha tenido antes o como desearía o podían ser: 'Si se casa con ese muchacho tendrá que amoldarse a vivir modestamente'. ≃ *Conformarse.

amole (del nahua «amulli», jabón; Méj.) m. *Nombre dado a distintas plantas con bulbos, rizomas o cualquier otro órgano con alguna sustancia de propiedades detergentes.*

amollar (de «a-²» y «muelle¹», blando) 1 intr. **Aflojar, *debilitarse, *ceder, *desistir, *moderarse o *someterse.* 2 tr. MAR. *Aflojar la ˘escota u otro *cabo para disminuir su esfuerzo.* 3 intr. *En el juego del *revesino y otros, jugar una carta con la que no se hace baza, aunque se tenga otra con la que se puede hacer.*

amollecer (del lat. «emollescĕre»; ant.) tr. e intr. **Ablandar.*

amollentar (del lat. «emollĭens, -entis», que ablanda) 1 (ant.) tr. **Ablandar.* ≃ Mollentar. 2 (ant.) *Afeminar.*

amollinar intr. **Lloviznar.* ≃ Molliznar.

amomo (del lat. «amōmo», del gr. «ámōmon») m. *Cardamomo.

Amón V. «CUERNO de Amón».

amonal m. Mezcla explosiva compuesta de polvo de aluminio, nitrato amónico y trinitrotolueno.

amonarse (de «mona», borrachera) prnl. *Emborracharse. ≃ Coger una MONA.

amondongado, -a (de «a-²» y «mondongo») adj. *Aplicado a personas o a partes del cuerpo, *gordo y mal formado.*

amonedación f. Acción de amonedar.

amonedado, -a Participio adjetivo de «amonedar».

amonedar tr. Convertir un ˘metal en monedas. ≃ *Acuñar.

amonestación 1 f. Acción de amonestar. 2 («Correr, Leer»; pl.) Acción de amonestar a alguien en la iglesia. ≃ Pregón.

amonestador, -a adj. y n. *Que amonesta.*

amonestamiento m. *Acción y efecto de amonestar.*

amonestante adj. *Que amonesta.*

amonestar (del lat. «admonēre», ¿con influencia del lat. «molestāre», molestar?) 1 tr. *Reprender sin mucha violencia a una ˘persona, conminándola a enmendarse: 'Le han amonestado por llegar tarde'. ⇒ *Advertir, *amenazar, *avisar, *conminar, *reprender. 2 Publicar en la misa mayor los nombres de ˘los que se van a casar para que si alguien conoce algún impedimento para su *matrimonio, lo haga saber. 3 (reflex.) Ser amonestado en la iglesia alguien que pretende casarse.

amoniacal adj. De [o del] amoniaco: 'Vapores amoniacales. Sales amoniacales'.

V. «LICOR amoniacal, VITRIOLO amoniacal».

amoniaco, -a o **amoníaco, -a** (del lat. «ammoniăcus», del gr. «ammōniakós», del país de Amón) 1 adj. V. «SAL amoniaca [o amoniaco]» 2 m. Gas compuesto de un átomo de nitrógeno y tres de hidrógeno que, reaccionando con el agua, da lugar a ciertas sales; procede de la descomposición bacteriana de las proteínas y otras sustancias orgánicas, y tiene muchas aplicaciones industriales; por ejemplo, en la fabricación de hielo. ⇒ Alcalescencia.

AMONIACO LÍQUIDO. Disolución acuosa de amoniaco.

amonio (de «Amón», Júpiter) m. QUÍM. Radical químico compuesto de un átomo de nitrógeno y cuatro de hidrógeno que actúa en las reacciones como un metal combinándose con los ácidos para formar sales.

amonita¹ (de «amonio») f. *Mezcla explosiva cuyo principal componente es el nitrato amónico.*

amonita² adj. y n. m. Se aplica a los individuos del pueblo bíblico descendiente de Amón, hijo de Lot, y a sus cosas. ⊙ m. pl. Ese pueblo.

amonita³ o **amonites** (de «Amón», Júpiter, representado con cuernos de carnero) f. o m. Molusco cefalópodo fósil, de concha espiral externa, parecido al nautilo. ≃ CUERNO de Amón.

amontadgar (ant.) tr. *Montazgar.* ≃ Amontazgar.

amontar 1 (ant.) tr. **Ahuyentar o hacer huir a ˘alguien.* 2 intr. y prnl. **Huir al monte.*

amontazgar tr. *Montazgar (cobrar el montazgo).*

amontillado adj. y n. m. Se aplica a cierto *vino generoso de color claro que se fabrica en Jerez a imitación del que primitivamente se fabricaba en Montilla.

amontonadamente adv. En montón desordenado.

amontonado, -a Participio adjetivo de amontonar[se]. ⊙ De modo que las cosas de que se trata están unas sobre otras sin ningún orden. ⊙ No esparcido.

amontonamiento 1 m. Acción de amontonar. 2 Reunión desordenada de muchas cosas. ≃ *Acumulación, *aglomeración, *montón.

amontonar 1 tr. Formar un *montón con ˘algo. ⊙ Recoger y poner en montón ˘cosas que están extendidas: 'Amontonar el trigo, la paja, las piedras'. ≃ Apilar. ⊙ Juntar o reunir muchas ˘cosas de cierta clase, materiales o inmateriales: 'Amontonar riquezas [conocimientos, razones, argumentos, datos]'. ≃ *Acumular. ⊙ prnl. Ponerse cosas o personas formando montón. ⊙ *Acumularse, *aglomerarse o *apiñarse. ⇒ Acaparar, acopiar, *acumular[se], *aglomerar[se], agolpar[se], allegar, almacenar, apeñuscar[se], apilar[se], apiñar[se], arracimar[se], arrebozarse, arremolinarse, atesorar, centonar, coacervar, cumular, embotellamiento, encastillar, enrejar, hacinar[se], recoger. ➤ *Dureza. *Grumo. *Montón. *Reunir. 2 *Amancebarse. 3 **Encolerizarse.*

amor (del lat. «amor, -ōris») 1 («Dedicar, Profesar, Sentir, Tener, Tributar») m. Sentimiento experimentado por una persona hacia otra, que se manifiesta en desear su compañía, alegrarse con lo que es bueno para ella y sufrir con lo que es malo. ⊙ También se emplea corrientemente con aplicación a cosas tomadas en general: 'El amor a la música, al dinero, a las comodidades'. Como se ve por los ejemplos, la preposición aplicada al objeto del amor es generalmente «a»; pero es igualmente correcta su construcción con «de»: 'El amor de la patria'. ⊙ Se aplica particularmente a la atracción entre dos personas. ⊙ Puede también, por extensión, aplicarse a la atracción entre animales: 'El amor entre los pájaros'. **2** Persona amada: 'Ella fue el gran amor de su vida'. Se emplea también en lenguaje corriente con tono humorístico: 'Está escribiendo a su amor'. ⊙ También, en lenguaje informal, con o sin tono humorístico, se aplica a cosas: 'Su amor es su moto. Su gran amor es la música'. ⊙ («Tener»; pl.) Se aplica también a la persona amada y a las relaciones amorosas: 'Tiene sus amores fuera de aquí. Tiene amores con una prima suya'. **3** Suavidad o blandura con que se trata a alguien: 'Los padres corrigen con amor'. ⊙ Se puede usar con referencia a cosas: 'Limpia con amor estas porcelanas'. **4** Deleite o gusto con que se ejecuta una obra: 'Trabajó con amor en esta obra durante los mejores años de su vida'. ⊙ Gusto con que se accede a algo. V. «con mil AMORES». **5** *Mimos o caricias con que se muestra cariño.* **6** (ant.) *Consentimiento.* **7** **Cadillo (planta umbelífera).*

AMOR DE HORTELANO. **1** *(Galium aparine)* Planta rubiácea parecida al galio, con los nudos de los tallos con pelusa y el fruto con cerdas ganchosas en su ápice. ≃ Azotaleguas, cuajaleche, presera. **2** *(Setaria verticillata)* *Planta gramínea. **3** **Cadillo (planta umbelífera).* **4** **Lampazo (planta compuesta).*

¡A. MÍO! Apelativo cariñoso.

A. PROPIO («Halagar, Lisonjear, Excitar, Picar, Herir [en]; Por»). Deseo de ser estimado y de merecer y obtener alabanzas, y especial sensibilidad para las muestras de estimación o de falta de ella. ⊙ Estímulo que constituye ese deseo para procurar hacer un papel lucido: 'Sería el primero de la clase si tuviera amor propio'. ⇒ *Dignidad, emulación, propia ESTIMACIÓN, estímulo, filaucía, filautía, honrilla, negra HONRILLA, pique, prurito, pundonor, puntillo. ➤ Picar[se]. ➤ Dar con la BADILA en los nudillos, dar en la CRESTA, *humillar, bajar los HUMOS, dar un LATIGAZO, dar un PALMETAZO, parar los PIES. ➤ Salir con el RABO entre las piernas. ➤ Reconcomerse, resentirse. ➤ Reconcomio, resentimiento. ➤ *Humillar. *Mortificar.

A. AL USO *(Hibiscus mutabilis)*. Arbolillo malváceo parecido al abelmosco, de ramas cubiertas de pelusa y flores que son blancas por la mañana y rosadas por la tarde.

AL AMOR DE LA LUMBRE. Cerca del fuego del hogar, de modo que llegue el *calor a la cosa o persona de que se trata, sin quemar.

AMOR CON AMOR SE PAGA. Frase con que se comenta la *correspondencia de alguien al buen trato que recibe de otro. Se usa frecuentemente con ironía, refiriéndose a un mal trato correspondido en la misma forma.

V. «ÁRBOL del amor».

CON MIL AMORES. Frase amable informal con que alguien se presta a hacer algo que le pida otra persona. ⇒ *Complacer.

EN AMOR Y COMPAÑA. Frase antigua usada todavía en tono informal, para expresar la situación de dos personas que están una en compañía de otra en buena armonía: 'Los dos abuelos sentados, en amor y compaña, junto al fuego'.

V. «FLECHAS de amor».

HACER EL AMOR. **1** Mostrarse enamorado con una mujer. ⇒ *Cortejar. **2** Realizar el acto sexual.

V. «desgraciado en el JUEGO, afortunado en amores».

POR AMOR AL ARTE (inf.). Gratis, sin cobrar nada por el trabajo realizado.

POR [EL] AMOR DE DIOS. Frase con que piden limosna los mendigos. También se emplea para *suplicar o pedir algo patéticamente. Y, como exclamación, para *protestar de algo que otro dice o hace: '¡Por amor de Dios, no digas tal cosa!'.

REQUERIR DE AMORES. Solicitar el *amor de una mujer. ⇒ *Cortejar.

□ NOTAS DE USO

«Amor» se emplea en frases de sentido abstracto, como 'el amor maternal' o 'el amor entre marido y mujer', y aplicado a conceptos elevados, como en 'el amor de Dios, el amor al prójimo, el amor a la patria' o 'el amor a la humanidad'. En frases de sentido concreto o individualizado, como 'debes hacerlo por amor a tu madre' o 'en aquella ocasión me probó el amor que me tenía', da a la expresión tono solemne o enfático.

□ CATÁLOGO

Adhesión, *admiración, adoración, afecto, afición, altruismo, amistad, apego, *armonía, asimiento, bienquerencia, *caridad, *cariño, *celo, *compasión, cordialidad, deseo, devoción, dilección, entrega, *entusiasmo, estimación, filantropía, idilio, ilusión, inclinación, interés, ley, martelo, mor, *pasión, predilección, prisión, querencia, querer, quillotro, *respeto, reverencia, *simpatía, ternura, veneración, voluntad. ➤ Hoguera, llama. ➤ Abnegación. ➤ Acendrado, acrisolado, del alma, apasionado, ardiente, entrañable, *eterno, fino, ilícito, inagotable, pasajero, platónico, probado, profundo, puro, rendido, súbito, tierno, volcánico. ➤ Adamar, *adorar, aficionarse, amar, apasionarse, apegarse, arrocinarse, atocinarse, babear, babosear, bienquerer, hacer el CADETE, pasear [o rondar] la CALLE, camelar, chalarse, chiflarse, chochear, hacer la CORTE, *cortejar, declarar[se], derretir[se], despulsar[se], *desvivir[se], emborricarse, empadrarse, enajenarse, *enamorar[se], enamoricarse, encamotarse, encampanarse, encandilar, encapricharse, encariñarse, engolondrinarse, engorgoritar[se], engreír[se], enmadrarse, enquillotrarse, entrañar[se], entrañizar, mirarse como en un ESPEJO, estimar, hacerse unas GACHAS, *galantear, garzonear, idolatrar, interesarse, hacerse una JALEA, ladearse, mirarse en, morirse por, obsequiar, comerse con los OJOS, mirar con buenos OJOS, no ver más que por los OJOS de, hacer el oso, pagarse, morirse por los PEDAZOS de, perderse, piñonear, prendarse, pretender, *querer, QUERER bien, quillotrar[se], requerir, rondar, ruar, seguir, servir, solicitar, suspirar por, tallar. ➤ Llevarse de CALLE, camelar, cazar, conquistar, enamorar, enganchar, flechar, ser el OJO derecho de, pescar, seducir. ➤ Acaramelarse, amartelarse, amelcocharse, arreglarse, chicolear, *coquetear, corresponderse, *cortejar, entenderse, festejar, flirtear, hablar, pelar la PAVA, ponerse TIERNO, timarse, ventanear. ➤ Dar CALABAZAS, no comerse una ROSCA [o UN ROSCO]. ➤ Iniciar. ➤ Carillo, caro, dama, dilecto, dulcinea, ídolo, PEDAZO del alma, PEDAZO de las entrañas, PRÍNCIPE encantado, SEÑORA de sus pensamientos, dulce SUEÑO. ➤ Amante, cortejo, devoto, endevotado, esclavo, galán, lacho, ligue, *novio, *pretendiente, proco, prometido, rodelero, romeo, servidor. ➤ Amores, camarico, chischibeo, devaneo, empleo, ESCARCEO amoroso, flirt, flirteo, galanteo, martelo, noviazgo, RELACIONES amorosas, TRIÁNGULO amoroso. ➤ Amancebamiento. ➤ *Alcahueta. ➤ Chalado, chocho, derretido, embelesado, perdidamente enamorado, loco, MUERTO por [los pedazos], perdido por, quedado. ➤ MAL DE amores. ➤ Seboso, tortolitos, tórtolo. ➤ Burlador, conquistador, *coqueta, don JUAN, ligón, noviero, rompecorazones, tenorio, vampiresa. ➤ Acariciar, arremuesco, arrullar, arrumaco, besar, caricia, flor, echar FLORES, madrigal, mayo, piropear, piropo, *requiebro, terneza. ➤ ¡AMOR [mío]!, ¡cielo!, ¡co-

RAZÓN [mío]!, ¡ENCANTO [mío]!, ¡maño!, monín, monona, nena, mis ojos, pichón, prenda, rico, ¡TESORO [mío]!, ¡VIDA [mía]! ➤ Hipocorístico. ➤ Erótico. ➤ Cupido. ➤ Bebedizo, filtro. ➤ Corazón. ➤ *Celos. ➤ *Adulterio, infidelidad, liviandad. ➤ Desgraciado en el JUEGO, afortunado en amores. ➤ Coamante, desamor, desenamorar[se], *enamorar[se], namorar, reamar, redamar. ➤ *Indiferente. *Odiar. *Sentir. *Sexo.

amoragar (de «moraga») tr. **Asar en la playa con fuego de leña ↘sardinas u otros peces o moluscos.*

amoral adj. Falto de sentido, preocupación, intención o valoración moral.

amoralidad f. Cualidad de amoral.

amoralismo (de «amoral») m. *Nombre aplicado a los principios de Nietzsche y Stirner que apartan de la valoración de la conducta humana los conceptos de bien y mal *moral.*

amoratado, -a (del cat. «morat») Participio de amoratarse. ⊙ adj. *Morado por efecto de algo; por ejemplo, de un golpe. ⇒ Cárdeno, lívido. ➤ Livor.

amoratarse prnl. Ponerse morado. ⊙ Particularmente, alguna parte del cuerpo.

amorbar (del it. «ammorbare»; ant.) tr. *Hacer enfermar.*

amorcar (del sup. «amorecar», de «morueco») tr. **Cornear (golpear el *toro con las astas).* ≃ Amurcar.

amorcillo (dim. de «amor») m. Figura de niño con que se representa a Cupido, dios del amor. ≃ Cupido.

amordazar 1 tr. Poner mordaza a ↘alguien. ≃ Enmordazar. **2** Obligar a ↘alguien a no hablar de cierta cosa. ≃ Hacer *CALLAR. **3** (ant.) **Difamar a ↘alguien.*

amorecer (de «amarecer») **1** tr. **Cubrir el morueco a la ↘*oveja.* **2** prnl. *Entrar en *celo las ovejas.*

□ CONJUG. como «agradecer».

amorfismo m. Cualidad de amorfo.

amorfo, -a (del gr. «ámorphos») **1** adj. Sin forma. **2** No cristalizado.

amorgonar (de «morgón»; Ar.) tr. *Amugronar.*

amoricones (inf.) m. pl. *Señas, *caricias u otra cosa con que se muestra amor a una persona.*

amorillar tr. **Aporcar. Arrimar tierra al pie de los ↘árboles o plantas.*

amorío (de «amor») m., gralm. pl. Relaciones amorosas poco serias. ⊙ Relaciones amorosas irregulares. ≃ *Lío. ⇒ Amancebamiento.

amoriscado, -a adj. *Con algún carácter morisco.*

amormado, -a adj. VET. *Afectado de muermo.*

amormío (*Pancratium maritimum*) m. *Planta amarilidácea de flores blancas algo olorosas.

amorocharse (Ven.) prnl. recípr. *Referido a personas, unirse o juntarse.*

amorosamente adv. Con amor. ⊙ Con ternura o delicadeza.

amoroso, -a 1 adj. De amor: 'Cartas amorosas'. **2** Se dice de lo que demuestra amor o cariño. ≃ Cariñoso, tierno. **3** *Aplicado, por ejemplo, al tiempo, suave o apacible.* ⊙ *Aplicado, por ejemplo, a la tierra, fácil de trabajar.*

V. «RELACIONES amorosas».

amorrar (de «a-[2]» y «morro[1]») **1** (inf.) intr. y prnl. Hundir la cara o los labios en algún sitio, por ejemplo para *beber. **2** (inf.) prnl. Bajar la cabeza en actitud de *enfado y de no querer hablar. ⇒ Estar de MORROS. ➤ Desamorrar[se]. **3** intr. MAR. *Calar el barco mucho de proa.* **4** tr. MAR. *Hacer que el ↘barco cale mucho de proa.*

amorreo, -a (del lat. «Amorrhaeus», del hebr. «ĕmorí») adj. y, aplicado a personas, también n. Se aplica a los individuos de un pueblo bíblico descendiente de Amorreo, hijo de Canaán, a este pueblo y a sus cosas.

amorriñar (And., León, Am. C.) intr. y prnl. *Enfermar un animal de morriña.*

amorrionado, -a (ant.) adj. *De forma de morrión.*

amorronar (de «a-[2]» y «morrón») tr. MAR. Poner la ↘*bandera arrollada al asta y atada de trecho en trecho con filásticas, lo cual se hace para pedir auxilio.

amortajador, -a n. Persona que amortaja.

amortajamiento m. Acción de amortajar.

amortajar tr. Poner la mortaja a un ↘*cadáver. ≃ Mortajar.

amortecer (de «a-[2]» y el lat. «mors, mortis», muerte) **1** tr., intr. y prnl. *Amortiguar[se] o *moderar[se].* **2** prnl. **Desmayarse.*

□ CONJUG. como «agradecer».

amortecido, -a *Participio adjetivo de «amortecer[se]».*

amortecimiento m. *Acción de amortecer[se].*

amortiguación f. Acción y efecto de amortiguar. ⊙ Sistema de amortiguación, particularmente de un automóvil.

amortiguador, -a adj. y n. m. Se aplica al que o a lo que amortigua. ⊙ m. Particularmente, dispositivo de un automóvil que amortigua el efecto de choques, sacudidas o movimientos bruscos.

amortiguamiento m. Acción de amortiguar[se]. ⊙ FÍS. Disminución progresiva de un fenómeno; por ejemplo de las oscilaciones de un péndulo.

amortiguar (de «a-[2]» y «mortiguar») **1** tr. *Dejar a ↘alguien como muerto.* **2** Quitar violencia a ↘algo perjudicial, molesto o malo: 'Las ramas amortiguaron el golpe. Eso lo dijo por amortiguar el mal efecto de lo que había dicho antes. La pantalla amortigua la luz'. ≃ Aminorar, *atenuar, mitigar, moderar, paliar. ⊙ prnl. Hacerse algo menos perjudicial, molesto o malo. **3** tr. PINT. Disminuir la viveza de los ↘colores.

□ CONJUG. como «averiguar».

amortizable adj. Susceptible de ser amortizado.

amortización f. Acción de amortizar, en cualquiera de las acepciones.

amortizar (del lat. medieval «admortizāre») **1** tr. *Pagar parte o el total de una ↘*deuda. ⊙ *Redimir un ↘censo u otra ↘carga semejante. **2** Recuperar el ↘*capital invertido en una empresa o parte de él. **3** *Suprimir ↘plazas, no cubriendo las vacantes que se producen, en un cuerpo u oficina. ⇒ *Empleo. **4** tr. Pasar ciertos ↘*bienes a poder de «manos muertas». ⇒ Desamortizar.

amorucón (And.) m. **Caricia consistente en un abrazo y un beso.*

amorugar intr. y prnl. *Tomar actitud de enfado, sin hablar y sin mirar a nadie.* ≃ *Amostazarse.

amos, -as (del lat. «ambos»; ant.) adj. y pron. pl. **Ambos.*

amoscar (de «a-[2]» y «mosca») **1** (ant.) tr. *Mosquear: espantar las ↘moscas.* **2** (inf.) prnl. Sentirse alguien ofendido o molesto por alguna cosa que se le dice o hace y transparentarlo consciente o inconscientemente en su actitud. ≃ *Amostazarse. ⇒ *Enfadarse.

amosquilado, -a *Participio de «amosquilarse».* ⊙ (Extr.) adj. *Se dice de la res vacuna que, para defenderse de las moscas, tiene la cabeza metida entre las matas.*

amosquilarse (de «a-²» y «mosquil») prnl. *Refugiarse las reses vacunas en un lugar sombreado y fresco, huyendo de las moscas.*

amostachado, -a (de «a-²» y «mostacho») adj. *Bigotudo.*

amostazado, -a Participio adjetivo de «amostazar[se]».

amostazar (de «a-²» y «mostaza») **1** (inf.) tr. Hacer que ↘alguien se amostace. ⊙ (inf.) prnl. *Enfadarse una persona por algo que se le dice o hace a ella misma, generalmente sin mostrarlo más que con el gesto o la actitud. **2** (And., Bol., Col., Ec., Hond., P. Rico) *Avergonzarse.*

□ Catálogo

Abroncarse, amorrarse, amorugar[se], amoscarse, apitonarse, atocinarse, atufarse, cabrearse, cargarse, contrapuntarse, contrapuntearse, embotijarse, empurrarse, *enfurruñarse, enfurruscarse, gazmiarse, llenarse, *molestarse, mosquearse, hincharse las narices, *ofenderse, sentirse ofendido, picarse, quemar[se], repuntarse, requemar[se], *resentirse. ➤ Embuchado, entripado, entruchado, esturado, fanfurriña, pique. ➤ Ir la procesión por dentro. ➤ *Enfadarse. *Ofenderse.

amostrar 1 tr. **Mostrar.* **2** (ant.) **Instruir o *enseñar.* **3** (ant.) prnl. **Acostumbrarse.*

amotinado, -a Participio de «amotinar[se]». ⊙ adj. y n. Se aplica al que toma parte en un motín. ⇒ *Rebelde, sublevado.

amotinador, -a adj. y n. Que amotina o provoca un motín.

amotinamiento m. Acción de amotinar[se]. ⇒ *Disturbio, sublevación.

amotinar tr. Incitar a ↘alguien a que se amotine. ⊙ prnl. Promover un motín: tomar una actitud de oposición a la autoridad, manifestada con protestas, desobediencia o violencias. ≃ Alzarse, insurreccionarse, levantarse, *sublevarse.

amover (del lat. «amovēre») **1** tr. *Quitar a ↘alguien de su *empleo o destino.* ≃ Remover. **2** (ant.) intr. **Abortar.* ≃ Mover. **3** (ant.) tr. **Anular, *abolir o *revocar.*

amovible (de «amover»; «Ser») adj. Susceptible de ser quitado del lugar o *empleo que ocupa. ⊙ («Ser») Se aplica también al empleo del cual se puede separar a quien lo ocupa. ⇒ Nutual. ➤ Inamovible.

amovilidad f. Cualidad de amovible.

amoxicilina f. Penicilina sintética de amplio espectro que se toma por via oral.

ampalaba o **ampalagua** (Arg., Chi., Par., Ur.) f. *Nombre de varias serpientes americanas de gran tamaño.*

ampara (Ar., Nav.) f. *Amparo (embargo).*

amparado, -a (de «amparar»; «en») Participio de «amparar[se]». ⊙ adj. Protegido o apoyado por cierta cosa que se expresa: 'Amparado en la oscuridad [o en numerosos precedentes]'.

amparador, -a adj. *Que ampara.*

amparamiento (ant.) m. *Acción de amparar.*

amparanza (ant.) f. *Amparamiento.*

amparar (del lat. «anteparāre») **1** tr. *Proteger o *ayudar a los ↘débiles y desvalidos. ≃ Asistir. ⇒ Desamparar, desmamparar, mamparar. **2** («contra, de») Evitar que ↘algo sea atacado o violado: 'La constitución ampara los derechos de los ciudadanos. El pabellón ampara la mercancía'. Puede llevar un complemento con «en»: 'La ley me ampara en mi derecho'. ≃ Proteger. **3** («en, con, de, contra») prnl. Valerse alguien de cierta cosa para que le defienda o proteja. ≃ *Acogerse. ⊙ Particularmente, apoyarse en leyes, disposiciones u otra cosa de que emana un derecho: 'Se ampara en una antigua costumbre [o en una ley promulgada el año pasado]'. **4** (Chi.) tr. *Llenar las condiciones necesarias para adquirir el derecho a beneficiar una ↘mina.* **5** *Pedir o tomar ↘algo *prestado.* ≃ Amprar, emparar. **6** (Ar., Nav.) **Embargar ↘bienes muebles.* ≃ Emparar.

amparo 1 («Dar» o equivalentes; «Ofrecer, Prestar, Servir de, Pedir»; «contra») m. Acción y efecto de amparar, en sentido material o espiritual: 'Un cobertizo ofrece amparo contra la lluvia'. Puede también tomarse como unitario o indivisible y usarse con artículo: 'Pide el amparo del poder público'. ≃ Protección. **2** Persona o cosa que ampara: 'Él es el amparo de sus hermanos pequeños. Su único amparo es una pequeña pensión'. **3** (ant.) *Parapeto.* **4** (Ál., Ar.) *En frases negativas, chispa (porción muy pequeña de algo):* 'No tengo ni un amparo de pan'. **5** (Ar., Nav.) *Embargo.*

Al amparo de. Con la protección, *ayuda o apoyo de algo o alguien que se expresa: 'Viven al amparo de un tío suyo'.

Ni [para] un amparo. **Nada:* 'No tengo tabaco ni para un amparo'.

V. «recurso de amparo».

ampelidáceo, -a (de «ampelídeo») adj. y n. f. Bot. *Vitáceo.*

ampelídeo, -a (del lat. cient. «Ampelideae») adj. y n. f. Bot. *Vitáceo.*

ampelita (del lat. «ampelītis», del gr. «ampelîtis») f. *Pizarra blanda, aluminosa, de la que se hacen lápices de *carpintero.*

ampelografía (del gr. «ámpelos», vid, y «-grafía») f. Conjunto de conocimientos relativos a la vid y a su cultivo.

ampelográfico, -a adj. De la ampelografía.

ampelógrafo, -a n. Especialista en ampelografía.

amperaje m. Intensidad eléctrica.

ampere (de «A. M. Ampère», físico francés) m. Fís. Amperio, en la nomenclatura internacional.

amperímetro (de «amperio» y «-metro») m. Aparato utilizado para medir la intensidad de una corriente.

amperio (de «ampere») m. Fís. Unidad de intensidad de la corriente eléctrica equivalente al paso de un culombio por segundo.

amplexicaulo (del lat. «amplexus», abrazado, y «caulis», tallo) adj. Bot. *Se aplica a las hojas, brácteas y otras partes de la *planta que abrazan el tallo.*

amplexo, -a (del lat. «amplexus», abrazado) **1** adj. Bot. *Se aplica al órgano envuelto o abrazado por otro.* **2** (ant.) m. **Abrazo.* **3** Zool. **Cópula.*

ampliable adj. Susceptible de ser ampliado.

ampliación 1 f. Acción y efecto de ampliar. **2** Con relación a un objeto, otro que es como él o, particularmente, copiado de él, pero más grande. **3** Objeto añadido a otro para ampliarlo: 'Este local es una ampliación reciente del edificio'.

ampliado, -a Participio adjetivo de «ampliar».

ampliador, -a adj. y n. Que amplía. ⊙ n. Particularmente, aparato o máquina que amplía imágenes.

ampliamente adv. De manera amplia. Sin faltar nada, sino, más bien, sobrando algo: 'Lo que gana cubre ampliamente sus necesidades'. ≃ Cumplidamente. ⊙ Extensamente: 'Discutimos ampliamente el proyecto'.

ampliar (del lat. «ampliāre») tr. *Añadir algo a una ↘cosa, de modo que resulte más grande, más extensa o más numerosa: 'Ampliar un local. Ampliar un negocio. Ampliar una explicación. Ampliar las plazas [o el número de plazas]'. ⊙ Amplificar: *aumentar la intensidad del ↘sonido. ⊙ Reproducir una ↘fotografía, dibujo, etc., en tamaño mayor. ⊙ *Extender a más casos u objetos una ↘actividad, las ↘atribuciones de alguien, etc.: 'Ha ampliado el negocio [o su campo de acción]'.

□ CONJUG. como «desviar».

ampliativo, -a adj. Que amplía o sirve para ampliar.

amplificación **1** f. Acción y efecto de amplificar. **2** Figura retórica que consiste en desarrollar una idea, explicándola de varios modos o mediante otros procedimientos.

amplificador, -a adj. y n. Que amplifica. ⊙ m. Aparato o conjunto de ellos con que se aumenta la amplitud o intensidad de un fenómeno físico.

amplificante adj. Que amplifica.

amplificar (del lat. «amplificāre») **1** tr. Ampliar; particularmente, el ↘sonido. **2** LITER. *Emplear la figura retórica llamada «amplificación».*

amplificativo, -a adj. Que amplifica o sirve para amplificar.

amplio, -a (de «amplo») **1** adj. Espacioso, extenso: 'Un valle amplio. Una vivienda amplia. Las heladas han afectado a una amplia zona'. ⇒ *Ancho, anchuroso, campuroso, capaz, desahogado, desembarazado, despejado, dilatado, *espacioso, expedito, extenso, *grande, holgado, lato, libre, vasto. ➤ Ampliar, amplificar, *aumentar, desarrollar, desenvolver, ensanchar, *extender, generalizar, globalizar. ➤ Amplitud, horizonte, vuelo. **2** Aplicado a prendas de vestir o cosas semejantes, equivale a «holgado», no ceñido: 'Un abrigo amplio'. **3** Con significado no espacial se emplea, en muchos casos con exclusión de cualquier otro adjetivo, por oposición a «estrecho, limitado, mezquino» o «restringido». ⊙ Tal que abarca muchos casos: 'Una amplia amnistía. Amplias facultades'. ≃ *Extenso. ⊙ Se aplica al *sentido más extenso de las palabras cuando tienen otro más restringido. ≃ Lato. ⊙ También se aplica con particular frecuencia a «difusión, resonancia, repercusiones» y palabras semejantes. ⊙ Se dice también 'hacer amplio uso' de una cosa, por ejemplo de un permiso, de atribuciones, facultades, etc. ⊙ Son muy frecuentes las expresiones «espíritu amplio» y «criterio amplio»; así como «un amplio debate» o «una amplia discusión». ⊙ Y se dice también «una amplia sonrisa» de una sonrisa franca en que intervienen todas las facciones de la cara.

□ NOTAS DE USO

Esta palabra es, etimológicamente, la misma que «ancho», pero los significados de una y otra difieren considerablemente. «Amplio» se refiere, no a una de las dimensiones medibles de las cosas y considerada en relación con las otras (no se dice, por ejemplo, 'más amplio que largo'), sino a la cualidad de las cosas en las que hay mucho espacio libre o a cuya extensión se atribuye cierto valor: 'Un valle amplio. Una vivienda amplia. Las heladas han afectado a una amplia zona'. Equivale, pues, según los casos, a «espacioso» o «extenso». Por otro lado, tiene muchas acepciones no espaciales.

amplísimo, -a adj. Superl. de «amplio, -a».

amplitud (del lat. «amplitūdo») **1** f. Cualidad de amplio. **2** Medida del espacio abarcado por una cosa: 'El piso tiene más amplitud de lo que yo suponía'. ⊙ Espacio disponible: 'Quitaremos la mesa para dar más amplitud a la habitación'. **3** ASTRON. *Ángulo, medido sobre el horizonte, formado por el plano vertical en que está la visual dirigida a un astro y el plano vertical primario; es complementario del acimut.* **4** FÍS. *Espacio que recorre un cuerpo en un movimiento oscilatorio entre sus dos posiciones extremas.*

AMPLITUD DE HORIZONTES. Cualidad de la persona capaz de abarcar con su pensamiento cosas de valor universal. ≃ Espíritu amplio.

amplo, -a (del lat. «amplus»; ant.) adj. *Amplio.*

ampo (de «lampo») m. Blancura resplandeciente. Se aplica solamente a la de la nieve: 'Más blanco que el ampo de la nieve'. ⇒ Lampo.

ampolla (del lat. «ampulla», botellita) **1** («Levantarse») f. Bolsa o levantamiento en la piel, relleno de líquido, que se forma a veces por una *quemadura o un roce continuado, por ejemplo de un zapato. ≃ Vejiga, vesícula. ⊙ Masa de aire u otro gas envuelta en una película de agua u otro líquido, que se forma en la superficie de éste, por ejemplo al hervir. ≃ *Burbuja. ⊙ Formación semejante en otras cosas, por ejemplo en el asfalto del piso, en los objetos de cerámica o en el enlucido de las paredes'. ⇒ Agalla, flictena, vejiga, vesícula. ➤ Escalfado. ➤ Ahuecarse, ampollarse, ventearse. ➤ *Vejigatorio. ➤ *Burbuja. *Daño. *Lesión. **2** Cualquier recipiente de vidrio de forma redonda. ⊙ Vasija de vidrio semejante a una botella grande y panzuda. ≃ *Garrafa. ⊙ En lenguaje técnico se aplica a diversos objetos de forma semejante; por ejemplo, a la parte ensanchada de una bombilla eléctrica. ⊙ Pequeño recipiente de vidrio herméticamente cerrado, que contiene un medicamento, generalmente inyectable. ⊙ También, el que contiene un producto cosmético: 'Ampollas para la caída del pelo'. **3** *Vinajera de altar.*

LEVANTAR AMPOLLAS (inf.). Ofender o irritar a alguien con algo que se ha dicho o hecho. ≃ Levantar RONCHAS.

ampollar[1] adj. *De figura de ampolla (burbuja).*

ampollar[2] tr. *Hacer ampollas en ↘algo.* ⊙ prnl. *Formar ampollas; por ejemplo, las paredes.*

ampolleta **1** f. *Ampolla de un reloj de arena.* ⊙ **Reloj de arena.* **2** *Tiempo que tarda la arena en pasar de una ampolleta a la otra.* **3** (Chi.) **Bombilla (utensilio para iluminar).*

ampón, -a adj. *Desp. de *ancho, *amplio o *hueco, aplicado por ejemplo a un vestido.*

amprar (del cat. «amprar»; Ar.) tr. *Pedir *prestado ↘algo.* ≃ Amparar.

ampuloso, -a (del lat. medieval «ampullōsus») adj. Aplicado al estilo o lenguaje y, correspondientemente, a quien los usa, exagerada o inadecuadamente *grandilocuente. ≃ Bombástico, campanudo, comto, enfático, engolado, hinchado, pomposo, retórico, retumbante, rimbombante. ⇒ *Énfasis.

ampurdanés, -a adj. y, aplicado a personas, también n. Del Ampurdán, región de Cataluña.

amputación f. Acción de amputar. ⇒ Decocción.

amputado, -a Participio adjetivo de «amputar»: 'Tiene una pierna amputada'.

amputar (del lat. «amputāre») **1** tr. *Cortar, separándolo completamente del cuerpo, un ↘*miembro; particularmente, por consecuencia de un accidente o en una operación de *cirugía. **2** *Quitar de algo, por ejemplo de un libro o un tratado, una ↘cosa necesaria. ⇒ *Cercenar.

amuchar **1** (Bol., Chi., R. Pl.) tr. *Aumentar el número o la cantidad de una ↘cosa.* **2** (Arg., Bol., Ur.) intr. y prnl. *Aumentar: hacerse algo más grande, más intenso, etc.*

amuchiguar (ant.) tr. e intr. **Multiplicar o *aumentar.* ≃ Amochiguar, muchiguar.

amueblar tr. Instalar los *muebles correspondientes en algún ↘sitio. ⇒ Desamueblar.

amuelar tr. *Recoger el ↘*trigo ya limpio en la era, formando el muelo o montón.*

amuermado, -a (inf.) Participio adjetivo de «amuermar[se]».

amuermar 1 (de «a-²» y «muermo»; inf.) tr. y prnl. Producir [o sufrir] aburrimiento o tedio. **2** (inf.) Producir [o sufrir] decaimiento o sueño.

amufar (ant.) tr. *Atacar el toro con las astas.* ≃ *Cornear.

amugronar 1 tr. AGRIC. *Acodar la ↘*vid. ⇒ Amorgonar, ataquizar, cerchar, ensarmentar. **2** prnl. AGRIC. Echar mugrones, por ejemplo las patatas cuando llevan mucho tiempo guardadas o las semillas que están en un sitio húmedo. ⇒ *Brotar.

amuje (del port. «muge», mújol; Sal.) m. **Esguín (cría del salmón).*

amujerado, -a (de «a-²» y «mujer») adj. **Afeminado.*

amular (de «a-²» y «mula») **1** (ant.) intr. *Ser *estéril.* **2** (ant.) prnl. *Inutilizarse la yegua para la procreación, por haberla cubierto un mulo.* **3** (Sal.) **Enfadarse.*

amulatado, -a adj. *Con algún carácter de mulato.*

amuleto (del lat. «amulētum») m. Talismán u objeto al que se atribuyen virtudes mágicas, que se lleva encima como portador de buena suerte o como *defensa contra cierto daño. ⇒ Guayaca. ➤ Abraxas, alectoria, caloto, candorga, cayajabo, CUENTA de leche, empotria, estelión, filacteria, grisgrís, higa, judaica, morión, nómina, OMBLIGO marino, OMBLIGO de Venus, payé, sanguinaria. ➤ Fetiche, mascota, talismán. ➤ Superstición. ➤ *Hechicería.

amunicionar tr. *Municionar.*

amuñecado, -a adj. *Aplicado a personas, parecido a un muñeco por su aspecto o su manera de vestirse.*

amuñuñar (Ven.) tr. *Apretujar.*

amura (de «amurar») **1** f. MAR. *Parte de los costados del *barco donde éste empieza a estrecharse para formar la proa.* ⇒ Mura, contraamura. **2** MAR. **Cabo que hay en cada uno de los puños bajos de las *velas mayores de cruz y en el bajo de proa de todas las de cuchillo, para llevarlos a proa y afirmarlos.*

amurada (de «amurar») f. MAR. *Costado del *barco, considerado por la parte interior.*

amurallado, -a Participio adjetivo de «amurallar». V. «RECINTO amurallado».

amurallar tr. Rodear de murallas una ↘ciudad u otro ↘lugar. ⇒ *Fortificar.

amurar (¿de «muro»?) tr. MAR. *Llevar a barlovento al sitio donde corresponda los puños de las ↘velas que admiten esta maniobra y sujetarlos con la amura, para navegar de bolina.*

amurca (del lat. «amurca»; ant.) f. *Alpechín.*

amurcar (de «amorcar») tr. *Golpear el toro con las astas.* ≃ *Cornear, amorcar, morcar.

amurillar tr. *Amorillar.*

amurriar (de «morro», a través de «murria»; inf.) tr. y prnl. Poner[se] *triste.

amurriñarse (de «a-²» y «morriña»; Hond.) prnl. *Contraer un animal la comalia o morriña.*

amusco, -a (ant.) adj. *Pardo oscuro.* ≃ Musco.

amusgar (del sup. b. lat. «amussicāre», del lat. «mussāre», murmurar) **1** tr. o abs. Echar las ↘*orejas hacia atrás el toro o el *caballo cuando se alarman o se disponen a embestir o a morder o dar coces. ≃ Alastrar. **2** tr. *Entrecerrar los ojos para ver mejor.* **3** prnl. *Avergonzarse.*

amuso (del lat. «amussis», escuadra, regla) m. *Losa de mármol sobre la que se trazaba una *rosa náutica.*

amustiar tr. y prnl. *Poner[se] mustio.*

-án Elemento sufijo que, a veces, sustituye a «-ano» en la formación de *nombres y *adjetivos: 'haragán, sacristán, pelafustán'.

an- Prefijo del mismo significado que «a-¹», usado delante de palabras que empiezan por vocal: 'Analfabeto, anaerobio'.

ana- Elemento prefijo del gr. «aná» que significa: **1** Hacia arriba o en alto: 'anagoge, anáglifo, anatema'. **2** Hacia atrás, vuelta: 'anapesto, anabiosis'. **3** Repetición: 'anabaptista'. **4** Hacia atrás, al revés: 'anacrónico'. **5** Hacia atrás, siguiendo el mismo camino: 'analogía'.

ana¹ (de «alna») f. *Medida de longitud, equivalente aproximadamente a 1 m.* ≃ Alna.

ana² (del gr. «aná») adv. *Cifra usada en las recetas médicas con el significado de «a partes iguales».*

anabaptismo (del lat. «anabaptismus», del gr. «anabaptismós», segundo bautismo) m. Doctrina de los anabaptistas.

anabaptista (de «ana-» y el gr. «baptistḗs», el que bautiza) adj. y, aplicado a personas, también n. Se aplica a los individuos de cierta rama del protestantismo que considera ineficaz el *bautismo aplicado a una persona antes de tener uso de razón. ⊙ m. pl. Esa rama del protestantismo. ⇒ Menonita.

anabí m. *Nabi (profeta musulmán).*

anabiosis (de «ana-», hacia atrás, y el gr. «bíōsis», medios de subsistencia) f. *Vuelta a la actividad vital tras de un periodo de suspensión accidental de ella.* ⇒ *Resucitar.

anabólico, -a adj. Del anabolismo.

anabolismo (del gr. «anabolḗ», lanzamiento) m. BIOL. Fase del *metabolismo en que predominan las reacciones químicas que producen la síntesis de moléculas complejas a partir de otras más sencillas. ⇒ Catabolismo.

anabolizante m. BIOQUÍM. Producto químico que estimula el anabolismo, como las vitaminas o algunos esteroides.

anacalo, -a (del ár. and. «annaqqál»; ant.) n. *Criado del horno que iba a recoger a las casas el *pan para cocerlo.*

anacanto adj. y n. m. ZOOL. Se aplica a los *peces teleósteos como la merluza, el lenguado o el bacalao, que tienen las aletas de radios blandos y flexibles.

anacardiáceo, -a (del lat. cient. «Anacardiaceae») adj. y n. f. BOT. *Se aplica a las *plantas de la misma familia que el anacardo y el pistacho, que tienen corteza resinosa, flores generalmente en racimo y fruto en drupa o seco, con una sola semilla.* ⊙ f. pl. BOT. *Esa familia.*

anacardo (del gr. «anákardos») m. Nombre aplicado a varias especies de árboles tropicales, la más conocida el *Anacardium occidentale*, de flores pequeñas cuyo pedúnculo se hincha como una pera y es comestible, y cuyo fruto, llamado también «anacardo», tiene una almendra dulce y un jugo acre; su madera es la «caoba de acajú» o «leño de acajú»; el jugo de sus ramas es la «goma acajú»; y del mesocarpio se obtiene un jugo oleoso llamado «cardol». ≃ Acajoiba, ACAJÚ de nueces, caracolí, marañón.

anaco (del quechua «anacu») m. *Prenda consistente en un trozo de tela con que se rodean el cuerpo desde la cintura hasta las rodillas las indias del Ecuador y Perú.* ⇒ *Vestir.

anacoluto (del lat. «anacolūthon», del gr. «anakólouthon») m. GRAM. Apartamiento del rigor sintáctico en una frase, por dejarse llevar el que habla o escribe del curso de su pensamiento; muchas veces consiste en la impropiedad del régimen de las palabras con que se ha empezado el periodo, debido a que el que habla no ha abarcado la totalidad de él al empezar a hablar. ⇒ Anantapódoton, anapódoton. ➤ *Figuras de construcción.

anaconda (¿del cingalés «henakandaya», a través del ingl.?; *Eunectes murinus*) f. *Boa americana de hasta unos 10 m de longitud, que vive a orillas de los ríos; tiene la cabeza recubierta de placas irregulares.

anacora (del ár. «naqqārah») f. *Trompa, cuerno de caza o corneta.*

anacoreta (del lat. medieval «anachorēta», del gr. «anachōrētḗs») n. Religioso que vive en lugar *apartado, entregado a la oración y la penitencia. ⇒ Anacorita, cenobita, eremita, ermitaño, estilita, monje, santón, sarabaíta. ➤ Asceterio.

anacorético, -a adj. De anacoreta.

anacorita (ant.) n. *Anacoreta.*

anacreóntico, -a (de «Anacreonte», poeta griego) **1** adj. Liter. Se aplica a la *poesía en que se cantan los placeres del amor, del vino, etc., con delicadeza y gracia. **2** f. Liter. Composición de esa clase.

anacrónico, -a (de «ana-», hacia atrás, al revés, y el gr. «chronikós», del tiempo) adj. En desacuerdo con la época presente o con la época de que se trata, o que no corresponde a la época en que se sitúa o a que se atribuye: 'Las chimeneas de leña son anacrónicas. Los trajes que llevan los actores en esa obra son anacrónicos'. ⇒ *Anticuado.

anacronismo (del gr. «anachronismós») m. Cualidad de anacrónico. ⊙ Cosa anacrónica: 'Una película llena de anacronismos'. ⇒ Paracronismo. ➤ *Equivocación.

anacrusis f. Métr. Sílabas que preceden en un *verso al primer acento rítmico.

ánade (del lat. «anas, -ătis») m. Nombre aplicado al pato y a las otras *aves del mismo grupo.

Ánade real (*Anas platyrhynchos*). *Ave anseriforme del hemisferio norte, de unos 60 cm, que se caracteriza por poseer un espejuelo azul en las alas; el macho tiene la cabeza y el cuello verdes, el pecho castaño y el resto del cuerpo pardo grisáceo.

anadear intr. **Andar una persona con movimientos semejantes a los del pato, por defecto o por *afectación.* ≃ Nanear. ⇒ *Contonearse.

anadino, -a (del lat. «pullus anatīnus») n. *Ánade joven.*

anadiplosis (del lat. «anadiplōsis», del gr. «anadíplōsis», reduplicación, de «ana», de nuevo, y «diplóō», doblar) f. **Figura retórica que consiste en empezar un verso o una frase con la misma palabra con que termina el anterior.*

anadipsia (de «ana-» y el gr. «dípsa», sed) f. Med. **Sed anormal.*

anadón m. *Pollo de ánade.*

anádromo adj. Zool. *Se aplica al animal que emigra desde las aguas saladas a las aguas dulces para procrear; como el salmón.*

anaeróbico, -a adj. Biol. *De la anaerobiosis o de los organismos anaerobios.*

anaerobio, -a (de «an-» y «aerobio») adj. y n. m. Biol. Se aplica a los *organismos capaces de desarrollarse en un medio desprovisto de oxígeno libre; por ejemplo, a ciertas bacterias que realizan la descomposición de las materias orgánicas en las fosas sépticas.

anaerobiosis f. Biol. *Vida en ausencia de oxígeno libre. Se aplica también a cualquier proceso biológico que puede ocurrir en ausencia de oxígeno libre.*

anafaga (del ár. and. «annafáqa»; ant.) f. **Coste de una cosa.*

anafalla o **anafaya** (del ár. and. «annafáya») f. *Cierta *tela antigua de seda o de algodón.*

anafase f. Biol. Tercera fase de la mitosis, en la que los cromosomas se dividen longitudinalmente.

anafe (del ár. and. «annáfih») m. *Hornillo portátil.* ≃ *Anafre.

anafilaxia (del fr. «anaphylaxie») f. Med. Sensibilidad excesiva de algunas personas a ciertas sustancias alimenticias o medicamentosas.

anafilaxis (del lat. cient. «anaphylaxis») f. Med. Anafilaxia.

anáfora (del lat. «anaphŏra», del gr. «anaphorá», repetición) **1** f. Liter. *Figura que consiste en repetir innecesariamente una palabra, bien seguidamente, bien en varias oraciones que se suceden; como en '¡cuánto, cuánto me alegro!' o en 'tiene dinero, tiene salud, tiene una familia cariñosa'. ≃ Epanáfora, *repetición. **2** Ling. *Función que desempeñan ciertas palabras de asumir el significado de una parte del discurso que ya se ha mencionado antes; por ejemplo «lo» en la frase «Dice que está contento, pero no lo parece».* **3** *Parte de la *misa en el rito griego y oriental que corresponde al prefacio y el canon del rito romano.*

anafórico, -a adj. Ling. *De [la] anáfora.*

anafre m. **Hornillo portátil.* ≃ Anafe, clíbano, fornel. ⇒ Olleta.

anafrodisia (del gr. «anaphrodisía») f. Med. *Falta o disminución del apetito sexual.*

anafrodisiaco, -a o **anafrodisíaco, -a** (de «anafrodisia») adj. y n. m. Farm. *Se aplica al medicamento que anula o modera el apetito sexual.* ≃ Antiafrodisiaco.

anafrodita (del gr. «anaphróditos») adj. y n. *Se aplica al que carece de apetito sexual o se abstiene de placeres sexuales.* ⇒ *Casto.

anaglífico, -a (de «anáglifo») adj. Arq. *Con relieves toscos.*

anáglifo (del gr. «anáglyphos», grabado en relieve) **1** m. **Vasija u otra cosa esculpida con relieve abultado.* **2** **Dibujo en que hay dos imágenes superpuestas, una en color rojo y otra en verde, que, miradas con un anteojo especial, producen una impresión estereoscópica o de *relieve.*

anagnórisis (del gr. «anagnṓrisis», reconocimiento) f. Liter. *En la trama de una obra literaria, sobre todo teatral, episodio en que se produce el reconocimiento de una persona por otra.* ≃ Agnición.

anagoge o **anagogía** (del lat. «anagōge», del gr. «anagōgḗ», elevación) **1** m. o f. *Sentido místico de la *Biblia por el que da idea de la bienaventuranza.* **2** *Enajenamiento del alma en la contemplación de las cosas divinas.* ⇒ *Éxtasis, *mística.

anagrama (del lat. «anagramma», del gr. «anágramma») **1** m. Desfiguración que se hace de una palabra, por ejemplo de un nombre propio, trasponiendo sus *letras. ⊙ Palabra resultante de esa trasposición; por ejemplo, «Metarinz» por «Martínez». **2** Se usa con mucha frecuencia por «emblema» o «logotipo», particularmente el constituido por letras.

anagramático, -a adj. *De [o del] anagrama.*

anagramatista o **anagramista** n. *Persona que encubre su *nombre bajo un seudónimo anagramático.*

anaiboa (de or. arahuaco; Cuba) m. *Jugo nocivo que contiene la catibia (raíz de la yuca).*

anal[1] adj. De [o del] ano.

anal[2] (del lat. «annālis») **1** (ant.) adj. *Anual.* **2** m. pl. Relatos históricos dispuestos por años. ⇒ Crónica, fastos. ⊙ Llevan este nombre como título muchas publicaciones anuales, generalmente de sociedades culturales, relativas a la vida de la sociedad y, a veces, con artículos doctrinales: 'Anales de la Universidad de Salamanca'. ≃ Añal.

analectas (del lat. «analecta», del gr. «análekta», cosas recogidas) f. pl. *Colección de trozos literarios escogidos. ≃ Florilegio.

analepsia f. MED. *Restablecimiento de las fuerzas después de una enfermedad.*

analéptico, -a (del lat. «analeptĭcus», del gr. «analēptikós») adj. MED. *Se aplica al régimen *alimenticio encaminado a restaurar las fuerzas.* ⇒ *Tónico.

anales m. pl. V. «anal[2]».

analfabetismo 1 m. Estado de analfabeto. **2** Circunstancia de existir analfabetos. ⊙ Por extensión, incultura, refiriéndose a un país.

analfabeto, -a (del lat. «analphabētus», del gr. «analphábētos»; «Ser») adj. y n. Se aplica al que no sabe leer. ⊙ Se aplica hiperbólicamente como insulto, refiriéndose a una persona *ignorante.

analgesia (del gr. «analgēsía») f. MED. Inexistencia de sensaciones dolorosas, aunque exista causa excitante.

analgésico, -a (de «analgesia») adj. y n. m. FARM. Se aplica al medicamento que quita o disminuye el dolor. ⇒ Antipirina, aspirina, salicilato. ➤ *Alcaloide. *Calmante.

análisis (del gr. «análysis») **1** m. Procedimiento utilizado para conocer o *razonar, que consiste en descomponer el total del objeto del conocimiento en partes, o bien en aplicar a un caso particular un conocimiento o ley general que lo comprende. ⇒ *Pensar. *Razón. **2** Examen de una cosa realizado separando sus componentes. ⊙ QUÍM. ANÁLISIS químico. ⊙ ANÁLISIS clínico. ⊙ (sing. o pl.) Si no se especifica suele entenderse de sangre. ⊙ ANÁLISIS gramatical. **3** En lenguaje corriente, *examen detenido de una cuestión: 'Hemos hecho el análisis de la situación internacional'. **4** INFORM. Estudio de las características de un problema y de sus posibles soluciones computacionales.

ANÁLISIS CLÍNICO. MED. Análisis de jugos o tejidos orgánicos.

A. CUALITATIVO. QUÍM. *El que tiene por objeto averiguar los componentes de una sustancia, sin determinar su cantidad.*

A. CUANTITATIVO. QUÍM. *El que tiene por objeto determinar la cantidad de los componentes.*

A. ESPECTRAL. QUÍM. *Método de análisis químico, cualitativo o cuantitativo, basado en el examen del espectro.*

A. GRAMATICAL. Examen gramatical de las distintas unidades gramaticales. Suele dividirse en «morfológico», el de las palabras con independencia de su función en la oración, y «sintáctico», el de los elementos de la oración.

analista[1] (de «anales») n. Escritor de anales.

analista[2] (de «análisis») **1** n. MED. Especialista que se dedica a análisis clínicos. **2** Persona que se dedica al análisis (por ejemplo, informático). ⊙ PSI. Psicoanalista. ⊙ Persona que se dedica a analizar los acontecimientos de un campo de la vida social o cultural.

analítica f. MED. ANÁLISIS clínico.

analíticamente adv. De manera analítica.

analítico, -a (del gr. «analytikós») **1** adj. De [o del] análisis. **2** Que procede descomponiendo un todo en sus partes.

analizable adj. Susceptible de ser analizado.

analizador, -a 1 adj. y n. Aplicado al que analiza o tiene tendencia a analizar. ⇒ Hipercrítico. **2** m. Cualquier aparato o dispositivo que sirve para analizar.

analizar 1 tr. Estudiar o *examinar ↘algo, separando o considerando por separado sus partes. ⇒ Resolver. **2** Corrientemente, examinar en profundidad una ↘cuestión.

análogamente adv. De manera análoga.

analogía (del lat. «analogĭa», del gr. «analogía») **1** f. Cualidad de análogo. ⊙ Relación entre cosas análogas. **2** GRAM. Parte la *gramática que estudia las palabras aisladas. Modernamente se sustituye este nombre por el de «morfología». **3** GRAM. Influencia en la formación de las palabras de otras semejantes ya existentes, independientemente de las reglas mecánicas de la etimología y, a veces, en contradicción con ellas. ⊙ GRAM. Procedimiento de formación de palabras fundado en ella. **4** BIOL. Relación entre partes u órganos que desempeñan funciones similares, pero tienen un origen evolutivo diferente.

analógicamente adv. De manera analógica.

analógico, -a (del gr. «analogikós») **1** adj. Análogo. **2** GRAM. De la analogía. **3** Se aplica a los instrumentos de medida que expresan la magnitud correspondiente por medio de rayas o puntos, y no por números: 'Reloj analógico'. ⇒ Digital.

análogo, -a (del lat. «analŏgus», del gr. «análogos»; «a») adj. Se aplica, respecto de una cosa, a otra que, en algún aspecto o parte, es igual que ella. ≃ *Semejante.

anamita adj. y, aplicado a personas, también n. *Se aplica a los naturales de Anam, región de Indochina, y a sus cosas.*

anamnesia o **anamnesis** (del gr. «anámnēsis», recuerdo) f. MED. *Interrogatorio a que somete el médico a un paciente a fin de conocer sus antecedentes sanitarios, individuales y familiares.*

anamorfosis (del gr. «anamórphōsis», transformación) f. **Dibujo o pintura en que la figura se ve deformada o correcta según desde donde se mira.*

anamú (*Petiveria alliacea*) m. **Planta fitolacácea silvestre de América tropical que huele a ajo y comunica este olor a la leche de las vacas que la comen.*

ananá o **ananás** (del port. «ananás», del guaraní «naná»; *Ananas comosus;* más frec. en Hispam.) m. Piña: *planta bromeliácea cuyo fruto, llamado del mismo modo, tiene forma de piña, está coronado por un penacho de hojas y es carnoso y de exquisito sabor.

¡ananay! (de or. quechua; Bol., Ec.) interj. *Se usa para indicar que algo resulta agradable a la vista.*

anantapódoton m. GRAM. **Anacoluto producido por la supresión de uno de dos términos correlativos en el periodo.*

anapelo (de «a-[2]» y «napelo») m. **Acónito (planta ranunculácea).*

anapéstico, -a (del lat. «anapaestĭcus», del gr. «anapaistikós») adj. MÉTR. V. «VERSO anapéstico».

anapesto (del lat. «anapaestus», del gr. «anápaistos») m. MÉTR. **Pie de las métricas griega y latina compuesto de dos sílabas breves y una larga, que da en castellano el endecasílabo «anapéstico» o «de gaita gallega».* ≃ Antidáctilo.

anaplasia f. MED. *Pérdida de las características de una célula.*

anapódoton m. GRAM. **Anacoluto consistente en que una frase interrumpida por un inciso se repite después de él dándole otra forma.*

anaptixis (del gr. «anáptyxis») f. GRAM. *Transformación de una palabra por interposición de una vocal entre dos* *consonantes contiguas; como «corónica» por «crónica».* ≃ Epéntesis. ⇒ *Figuras de dicción.

anaquel (del ár. and. «manáqil») **1** m. Tabla o plancha de cualquier material adosada horizontalmente a un muro o formando parte de un *armario u otro mueble, que sirve para sostener cosas. ≃ *Estante. **2** (Arg., Ec., Salv., Pan., Perú) *Armario de cocina.* **3** (P. Rico) *Mueble donde se colocan libros.*

anaquelería f. Conjunto de anaqueles. ⊙ Mueble constituido por anaqueles.

anaranjado, -a adj. y n. m. Se aplica al *color del espectro, entre el amarillo y el rojo, que es como el de la naranja, y a las cosas que lo tienen. ≃ Naranja. ⇒ Azafrán.

anarco- Elemento prefijo que significa «anarquismo».

anarcosindicalismo m. Movimiento sindical de carácter anarquista.

anarcosindicalista adj. Del anarcosindicalismo. ⊙ adj. y n. Partidario de él.

anarquía (del gr. «anarchía») **1** f. Ausencia de gobierno. **2** («Haber, Estar en un estado de») Se aplica al estado de desorganización en un país o en un organismo cualquiera, debido a incompetencia o falta de autoridad de los que lo dirigen o gobiernan.

anárquicamente adv. Sin orden ni disciplina.

anárquico, -a (de «anarquía») adj. Desorganizado o no sometido a autoridad.

anarquismo 1 m. Doctrina *política según la cual la sociedad ideal sería una en que no hubiese ninguna clase de gobierno. ⇒ Acracia, nihilismo, terrorismo. ➤ Ácrata, dinamitero, libertario, nihilista, terrorista. **2** Conjunto de esas doctrinas, sus adeptos y su traducción a la práctica en forma de atentados personales y maquinaciones subversivas.

anarquista 1 adj. y n. De [o del] anarquismo. **2** n. Adicto al anarquismo. ≃ Ácrata, libertario. ⊙ Persona que lleva a cabo atentados políticos por seguir las ideas anarquistas. ≃ Terrorista.

anarquizante adj. Se aplica al que o lo que promueve la anarquía o es causa de ella.

anarquizar tr. Introducir la anarquía en cualquier ↘organización.

anasarca (del lat. medieval «anasarcha») f. Med. *Edema general del tejido subcutáneo, acompañado de hidropesía en las cavidades orgánicas.* ⇒ Sarc-; *enfermedad.

anascote (del fr. ant. «anascot») m. *Antiguamente, *sarga de hábito.* ⊙ **Tela de seda parecida a la sarga.*

anastasia f. *Artemisa.*

anastigmático, -a (de «an-» y el gr. «stígma», punta) adj. Ópt. Se aplica a las lentes de aparatos ópticos que suprimen el astigmatismo: 'Objetivo anastigmático'.

anastomosis (del lat. «anastomōsis», del gr. «anastómōsis», embocadura) f. Biol. *Comunicación que se establece en el organismo entre distintos vasos, nervios, etc. ⊙ Cir. Esa comunicación, practicada quirúrgicamente, por ejemplo entre dos secciones del aparato digestivo.

anástrofe (del lat. «anastrŏphe», del gr. «anastrophḗ») f. Gram. *Hipérbaton que consiste en posponer la preposición al nombre afectado por ella, en las lenguas, como el latín, que así lo admiten.

anata (del b. lat. «annāta», del lat. «annus», año) f. **Renta o producto *anual de un *empleo o *beneficio.*

Media anata. *Impuesto que se pagaba antiguamente al recibir un *empleo o *beneficio, equivalente a la mitad de lo que producía en un año, al recibir un título, etc.*

anatema (del lat. «anathēma», del gr. «anáthēma») **1** («Lanzar, Pronunciar, Pesar») amb. Maldición. **2** Condena de la Iglesia contra alguien, por la que se le aparta de la comunidad de los fieles, prohibiéndole el uso de los sacramentos. ≃ Excomunión. **3** Condenación moral lanzada contra alguien. ≃ Condena. **4** (ant.) m. *Persona anatematizada o excomulgada.*

anatematismo (del lat. «anathematismus», del gr. «anathēmatismós») m. *Anatema.*

anatematizador, -a adj. Que anatematiza.

anatematizar (del lat. «anathematizāre», del gr. «anathēmatízō») tr. Lanzar o pronunciar un anatema contra ↘algo.

anatista m. *Oficial de la dataría del Vaticano que tenía a su cargo los libros y documentos de las medias anatas.*

anatomía (del lat. «anatomĭa», del gr. «anatomḗ», disección) **1** (cient.) f. Acción de poner al descubierto y separar las partes del *cuerpo humano para estudiarlas. ≃ *Disección. **2** Disposición de los órganos y partes de un ser orgánico. **3** Descripción de ellos y ciencia que se ocupa de esa descripción. ⇒ Anotomía, notomía. ➤ Organografía, organología. ➤ Somatología. ➤ Esplacnografía, esplacnología, estesiología, frenología, histología, miografía, miología, neuroanatomía, osteología. ➤ *Biología. *Cuerpo. *Embriología. *Fisiología. *Medicina.

anatómicamente adv. Conforme a la anatomía.

anatómico, -a 1 (del lat. «anatomĭcus», del gr. «anatomikós») adj. De [la] anatomía. **2** Aplicado a un objeto, que ha sido construido para que se adapte al cuerpo humano o a algunas de sus partes: 'Asiento [o respaldo] anatómico'.

anatomizar (de «anatomía») **1** (cient.) tr. *Hacer la disección en un ↘cuerpo.* **2** Pint. *Hacer visibles en las figuras los ↘huesos y músculos.*

anavia (del vasc. ant. «anabia»; Rioj.) f. **Arándano (planta ericácea).*

anay (del tagalo «anay») m. **Termes (insecto isóptero).*

anca (del occit. ant. «anca», cadera) f. Cada una de las dos mitades de la parte posterior del cuerpo de las *caballerías y otros animales. ⇒ Cacha. ⊙ (gralm. pl.) Parte superior de esa parte en las *caballerías. ≃ Grupa. ⇒ Culata, jamón. ➤ Cuadril. ➤ Anquear, enancarse. ⊙ (inf.) Parte correspondiente del cuerpo de las personas.

A las ancas. *Montado detrás de otra persona sobre las ancas de una caballería.

ancado, -a (de «anca») **1** adj. Vet. *Se aplica a las *caballerías que tienen encorvado hacia delante el menudillo de las patas traseras.* **2** m. Vet. *Ese defecto.*

ancestral (del fr. ant. «ancestre») adj. *Atávico.

anchamente adv. *Con anchura.*

anchar (del lat. «ampliāre») **1** tr. *Ensanchar una ↘cosa.* **2** intr. y prnl. *Ensancharse.*

ancharia o **ancharie** (ant. y pop. en algunos sitios) f. *Anchura.*

ancheta 1 f. **Pacotilla (géneros llevados por los marineros para venderlos en América en tiempos de la dominación española).* **2** *Pequeña porción de *mercancías que alguien lleva a vender.* **3** (n. calif.) **Negocio pequeño o malo.* **4** (Hispam.) *Cosa inoportuna.* **5** (Hispam.) *Cosa que revela descaro o desvergüenza.* **6** (Col., Ven.) *Gratificación, propina.*

ancheza (ant. y pop. en algunos sitios) f. *Anchura.*

anchi (Chi.) m. **Harina de cebada o trigo.*

anchicorto, -a adj. *Ancho y corto.*

-anchín Forma en algunos casos del sufijo «-achín»: 'hablanchín'. ⇒ -nch-.

ancho, -a (del lat. «amplus») **1** adj. Se aplica a lo que tiene mucha anchura, más de la acostumbrada, o demasiada: 'Esta alfombra es ancha para esta habitación'. Unido a «*calle» es muy frecuente como nombre propio. Se aplica mucho en adjetivos compuestos: 'cariancho'. ⊙ («Estar, Venir») Tratándose de vestidos o de una cosa que recubre o está alrededor de otra, demasiado flojo; no ajustado: 'El sombrero te viene ancho. La funda del estuche está algo ancha'. **2** («Estar, Quedarse, Sentirse») Libre de un agobio, opresión o represión: 'Me he quedado ancho después de acabar el trabajo. Ya le ha dicho todo lo que quería decirle y se ha quedado ancho'. ≃ Desahogado. **3** («Estar, Ponerse») Satisfecho de sí mismo. ≃ *Ufano. **4** (pl.) Con más espacio del necesario; poco apretados en el espacio en que están contenidos: 'Íbamos muy anchos en el departamento'. ≃ Espaciados, holgados. ⇒ *Separar. **5** m. Anchura: 'Medir el ancho'. ⊙ Particularmente, de las *telas en pieza. UN ANCHO significa lo mismo que «un largo», «una caída» o «un paño», o sea un trozo de la tela de la longitud de la prenda de que se trate, por ejemplo una falda o una cortina, y con la anchura completa de la tela: 'Una falda plisada necesita tres anchos'.

DOBLE ANCHO. Ancho extraordinario de las telas, aproximadamente doble que el corriente.

A LO ANCHO. En la *dirección de la anchura de la cosa de que se trata: 'Mide cinco metros a lo ancho'.

A TODO LO ANCHO. Expresión menos usada que «todo a lo ancho», del mismo significado: 'Se tiende la red a todo lo ancho del río'.

A MIS [TUS, etc.] ANCHAS («Estar, Obrar, Quedarse, Sentirse»). Sin sentirse cohibido, con entera *libertad. Se usa frecuentemente con «despacharse»: 'Todavía no he tenido ocasión de despacharme a mis anchas con él'. ≃ A mi (tu, etc.) gusto. ⇒ *Cómodo.

V. «ancha es CASTILLA, tener MANGA ancha».

TODO A LO ANCHO. En toda la anchura de la cosa de que se trata: 'Había un árbol tumbado todo a lo ancho de la carretera'. ≃ A todo lo ANCHO.

VENIR ANCHA. una cosa a alguien Ser excesiva para su habilidad o facultades.

□ CATÁLOGO

Abierto, *amplio, amplísimo, ampón, anchuroso, apaisado, desahogado, desbocado, dilatado, *espacioso, guango, guangocho, holgado, lato, *rechoncho. ➤ Amplitud, ancharia, ancharie, ancheza, anchor, anchura, capacidad, envergadura, *espacio, extensión, gauge, holgura, hueco, huelgo, huida, latitud, manga, paño, vagación, vastedad, vuelo. ➤ Abocardar, abocinar, aboquillar, alegrar, ampliar, anchar, avellanar, desbocar, dilatar, enanchar, ensanchar, escariar, explayar, extender. ➤ Caber, entrar. ➤ Como PEDRO por su casa. ➤ Transversal. ➤ *Estrecho. ➤ Anchicorto, entreancho. ➤ *Dimensión. *Grande. *Medir.

-ancho, -a Sufijo despectivo poco usado: 'corpancho'. ⊙ A veces, particulariza el nombre sin añadirle sentido despectivo: 'garrancho, rodancha'. ⇒ -Encho, -nch-, -oncho.

anchoa (del sup. lat. «apiuva», del gr. «aphýē», ¿a través del cat.?) **1** f. *Boquerón en conserva. ≃ Anchova, anchoveta. **2** En algunas regiones, boquerón.

anchor (ant. y pop. en algunos sitios) m. *Anchura.*

anchova f. *Anchoa.*

anchoveta (Chi., Pan., Perú) f. *Cierta variedad de anchoa o boquerón.*

anchura (de «ancho») **1** f. En un objeto de dos o tres dimensiones la que sigue en magnitud a la longitud: 'La anchura de un libro, de una cuartilla de papel'. En un objeto con posición determinada, la horizontal, si tiene dos: 'Este cuadro tiene más anchura que altura'; y, si tiene tres, la más corta de las horizontales: 'La anchura de un río'. A veces, aun teniendo el objeto tres dimensiones, se consideran sólo dos, por no interesar la tercera: 'La anchura de los sillares'. ⊙ Hay tendencia a llamar anchura, aunque sea realmente la más larga de sus dimensiones, a la dimensión transversal de un objeto con respecto al que lo mira: 'Mide la anchura del armario para ver si cabe entre las dos ventanas'. ≃ Ancho. **2** Medida del contorno: 'Anchura de pecho [de cintura, de caderas]'. **3** Tratándose de un orificio o hueco por donde tiene que pasar o en donde tiene que encajar algo, su diámetro o medida: 'La anchura de la boca del puchero [del cuello de la camisa, del escote]'. **4** (gralm. desp.) *Libertad, despreocupación.*

anchuroso, -a (de «anchura») adj. Muy espacioso; se dice de lo que causa sensación de grande y desahogado: 'El anchuroso mar'. ≃ *Amplio.

anchusa f. **LENGUA de buey.*

-ancia Sufijo que, lo mismo que «-nza», forma nombres abstractos de acción y efecto: 'vigilancia, ganancia, redundancia'. ⇒ -ncia.

ancianidad f. Estado de anciano. ≃ Senectud, vejez. ⊙ Edad en que se es anciano. ≃ EDAD avanzada.

anciano, -a (del sup. lat. «antiānus», de «ante») **1** adj. y n. Aplicado sólo a personas, viejo. Se emplea más que «viejo» en lenguaje respetuoso, particularmente como nombre: 'Un asilo de ancianos'. **2** m. Miembro del Sanedrín. **3** *En los tiempos apostólicos, encargado de gobernar una iglesia.* **4** *Freire más antiguo en una orden militar.*

ancillo (Ál.) m. **Atrio o zaguán.*

ancla (del lat. «ancŏra») **1** f. Utensilio pesado, de hierro, de la forma de un arpón doble, que, sujeto con una cadena, se echa al mar para que, agarrándose al fondo, *sujete la nave. ≃ Áncora. **2** ARQ. *Pieza de metal duro que se pone en el extremo de un tirante.* ⊙ ARQ. *En general, cualquier elemento que une las partes de una construcción o las refuerza.*

ECHAR EL ANCLA [O LAS ANCLAS]. *Fondear.

LEVAR ANCLAS. *Zarpar.

V. «MAPA del ancla».

□ CATÁLOGO

Anclote, caridad, ferro, formaleza, galga, mascarana, orinque, rezón, rizón. ➤ Ancorel, bigorrella, potala, rejera, sacho, sinipiti. ➤ Anetadura, arganeo, asta, bita, bitadura, caña, cruz, MAPA de ancla, pota. ➤ APAREJO de gata, cable, capón, cepo, cigala, cigallo, disparador, escapamento, estopor, gaviete, MALLA de entalingadura, mojel, mordaza, orinque, serviola, varadero, zapata. ➤ Abitar, aferrar, *anclar, ancorar, bitar, descepar, desentalingar, despatillar, encepar[se], entalingar, *fondear, levar. ➤ Tenedero. ➤ A la pendura. ➤ *Barco. *Marina.

ancladero m. Lugar donde se puede anclar. ≃ *Fondeadero.

anclaje m. Acción de anclar. ⇒ Capitanía.

anclar tr. o abs. Sujetar la ➘nave con las anclas en el sitio donde se detiene. ≃ Ancorar, *fondear, echar el ANCLA [o las anclas]. ⇒ Desanclar.

anclote m. Ancla pequeña.

-anco, -a Sufijo despectivo: 'burranco, cojitranco'. ⇒ *Afijo.

ancón (del lat. tardío «ancon, -ōnis», ángulo) **1** m. MAR. **Ensenada pequeña en que se puede fondear.* ≃ Anconada. **2** (Méj.) *Rincón.* **3** ARQ. *Ménsula a cada lado de un vano, en que se apoya la cornisa.*

-ancón Forma que toma a veces el sufijo «-ón»: 'mozancón'. ⇒ *Afijo.

anconada f. MAR. *Ancón (ensenada).*

áncora (del lat. «ancŏra») **1** f. MAR. *Ancla. **2** ÁNCORA de salvación. **3** Pieza del *reloj que regula el movimiento del volante.

ÁNCORA DE SALVACIÓN. Respecto a una persona, otra o una cosa que la *ayuda en una situación muy apurada.

ancorar (de «áncora») **1** intr. MAR. **Anclar.* ⇒ Desancorar. **2** tr. *Hacer embarrancar ↘algo.*

ancorca f. **Ocre (mineral).* ≃ Ancorque.

ancorel (del cat. u occit. «ancorell») m. MAR. *Piedra que sirve de *ancla a la boya de una red.*

ancorque m. *Ancorca.*

ancuco (Bol.) m. *Turrón hecho con maní o almendra y miel.*

ancusa (del gr. «ánchousa») f. **LENGUA de buey (planta borraginácea).*

ancuviña f. **Sepultura de los indios chilenos.*

anda (Chi., Guat., Perú) f. *Andas.*

-anda Sufijo con que se forman nombres de acción jocosos y algo despectivos: 'cuchipanda, parranda'.

andábata (del lat. «andabăta») m. **Gladiador que luchaba con un casco que le cubría los ojos.*

andaboba (de «andar[1]» y «boba»; ant.) f. *Parar (juego de *baraja).*

andada 1 (ant.) f. *Andanza.* **2** (ant.) *Viaje, *camino o paso.* **3** *Pan muy aplastado, sin miga.* **4** (Arg.) *Terreno en que acostumbra a *pastar o ha pastado un ganado.* **5** (pl.) *Entre cazadores, huellas de animales.*

VOLVER A LAS ANDADAS. *Reincidir en un mal hábito que ya se había abandonado.

andaderas 1 f. pl. *Utensilio consistente en dos barras largas de madera sostenidas por pies, entre las que puede moverse un aro o cinturón que se ciñe a la cintura de un niño que empieza a aprender a andar, para que pueda hacerlo sin caerse.* **2** (Ar.) *Infarto de una glándula.*

andadero, -a 1 adj. *Se aplica al terreno por donde se puede andar.* **2** (ant.) *Hacedero.* **3** (ant.) n. **Mandadero, -a (criado, -a de monjas o mujer que hace faenas en una casa sin vivir en ella).* ≃ Andera.

andado[1], -a (del lat. «ante natus», nacido antes) n. **Hijastro.* ≃ Adnado.

andado[2], -a 1 Participio de «andar». **2** adj. *Recorrido: 'Llevamos andados 3 km'. **3** (ant.) **Frecuentado:* 'Un camino poco andado'. **4** (ant.) **Corriente u ordinario.* **5** *Aplicado a vestidos, muy usado o *gastado.*

andador, -a 1 adj. y n. Capaz de andar mucho o deprisa. ⊙ Demasiado aficionado a ir de un lado para otro. ⇒ *Callejero. **2** m. Utensilio consistente en una especie de cesto sin fondo, estrecho por arriba y ancho por abajo, donde se metía a los niños que aprendían a andar. ≃ Pollera. ⊙ Utensilio metálico con dos ruedas y una barra horizontal que usan para apoyarse los que tienen dificultad para andar. **3** (pl.) Tirantes que se les ponen a los niños para sujetarles por ellos mientras aprenden a andar. **4** m. *Senda entre los bancales en una *huerta o *jardín.* **5** **Emisario.* **6** **Alguacil.*

andadura f. Acción de andar.
V. «PASO de andadura».

andalia (ant.) f. *Sandalia.*

¡andallo! (de «andarlo», de «andar[1]» y «lo[1]»; ant.) interj. *¡Anda!*

andalocio (Ar.) m. *Andalogio.*

andalogio m. *Aguacero.*

andalotero, -a (de «andar[1]»; Ál.) adj. y n. **Callejero.*

andalucismo 1 m. Palabra, expresión o pronunciación propia del habla andaluza usada en otras regiones. **2** Nacionalismo andaluz.

andalucista 1 adj. y, aplicado a personas, también n. Del andalucismo o adepto a él. **2** Se aplica a la persona versada en conocimientos sobre Andalucía.

andalucita f. Silicato de alúmina natural. ⇒ *Mineral.

andalusí adj. y, aplicado a personas, también n. De Al Ándalus, nombre que dieron los árabes a la España musulmana.

andaluz, -a 1 adj. y, aplicado a personas, también n. De Andalucía. ⇒ Bético, flamenco, gaché, gachó, jándalo. **2** m. Dialecto del castellano hablado en Andalucía.

andaluzada f. Cosa propia de andaluces. ⊙ Particularmente, exageración.

andamiaje o, menos frec., **andamiada** m. o f. Conjunto de *andamios de una obra.

andamiar tr. Poner andamios en una obra.
□ CONJUG. como «cambiar».

andamiento (de «andar[1]») **1** (ant.) m. *Marcha o movimiento.* **2** (ant.) **Conducta.*

andamio (de «andar[1]») **1** m. Tablón colgado con cuerdas o sostenido de otra manera, que se coloca en las obras para sostenerse sobre él los que trabajan en las partes altas. ⊙ (gralm. pl.) También, armazón, generalmente formado por tablones y tubos, que se utiliza con el mismo fin. ⇒ Barbacoa, castillejo, guardafuego, guindola, PLANCHA de viento. ➤ Almojaya, despidiente, desvío, ejión, espárrago, foranes, madero, paral, riostra. ➤ *Puntal. ➤ Encastillar. ➤ *Armadura. *Construir. **2** *Cualquier armazón construida de modo semejante a un andamiaje; por ejemplo, el «castillejo» para levantar pesos.* **3** **Tablado.* **4** (ant.) *Adarve.* **5** (ant.) *Marcha.* ⊙ (ant.) *Manera de andar.* **6** (inf.) **Calzado.*

andana[1] LLAMARSE ANDANA. Desentenderse de algo. ≃ Hacerse el DESENTENDIDO. ⊙ No atenerse a una promesa u obligación cuando llega el momento de cumplirlas. ≃ Llamarse ANTANA.

andana[2] (de «andar[1]») **1** f. De algunas cosas, como ladrillos, ventanas o huevos, cada *fila o *capa. ⇒ *Serie. ⊙ ARTILL. Fila de cañones en un barco. ≃ Batería. **2** *Estante en cuyos anaqueles se colocan los gusanos de *seda.* ⊙ *Serie de zarzos empleados para el mismo fin.*

andanada 1 f. *Descarga cerrada de toda una andana o batería de un costado de un buque de guerra. **2** («Soltar») *Reprimenda brusca. ⊙ Contestación violenta o agresiva. ≃ Brusquedad. **3** Localidad cubierta, en las graderías de la plaza de *toros.

andancia (de «andar[1]») **1** (ant.) f. *Andanza.* **2** (And., Hispam.) *Andancio.*

andancio (del lat. «adnatĭo», excrecencia) m. *Cualquier enfermedad epidémica leve.*

andando (gerundio de «andar[1]») A pie o por su pie. Sin ser llevado en un vehículo, en brazos, etc.

¡ANDANDO! Exclamación con que alguien *anima o *invita a sí mismo o a otros a emprender una marcha o actividad cualquiera. ⊙ Puede usarse también con tono de orden o de enfado.

¡ANDANDITO! Forma afectuosa, usada a veces, de «¡andando!».

andaniño (de «andar[1]» y «niño»; ant.) m. *Pollera: utensilio en que se pone a los niños cuando empiezan a aprender a andar.*

andante[1] adj. *Se aplica a lo que está en disposición de andar o funcionar:* 'Un molino andante'.

V. «CABALLERO andante».

andante[2] (it.) m. MÚS. Movimiento algo menos *lento que el «adagio». ⊙ MÚS. Composición o parte de ella con ese movimiento.

andantino (it.) m. MÚS. Movimiento algo más rápido que el «andante». ⊙ MÚS. Composición o parte de ella con ese movimiento.

andanza (de «andar[1]») **1** (gralm. pl.) f. Viaje o expedición en que se recorren diversos lugares. ≃ Andada, correría. **2** Suceso o acción en que hay alguna irregularidad o algún riesgo. Se usa mucho con «meterse»: 'No sé quién te manda meterte en tales andanzas'. ≃ Aventura, lance. ⇒ Bienandanza, buenandanza, malandanza.

andar[1] (del sup. rom. «amlare», del lat. «ambulāre») **1** intr. *Moverse de un lado a otro dando pasos. ≃ Caminar, marchar. **2** tr. *Recorrer a pie cierta ↘distancia o cierto ↘camino: 'Se pueden andar 5 km en una hora. El perro anda dos o tres veces el camino'. También con un pron. reflex. que destaca expresivamente la participación del sujeto: 'Me anduve mis 50 km'. **3** intr. En imperativo, *ir: '¡Anda a paseo!'. **4** *Moverse mecánicamente una cosa cambiando de lugar: 'El coche no anda'. **5** Funcionar un mecanismo: 'El reloj anda si se le da cuerda'. ≃ Ir, marchar. ⊙ Seguir su marcha cualquier cosa, de la manera que se expresa: 'Las cosas andan mal en este país'. ≃ *Desarrollarse, desenvolverse, ir, marchar. **6** *Pasar el *tiempo.* **7** («por») Estar en cierto sitio una cosa que se mueve de un lado para otro: 'Los peces que andan por el mar' ≃ *Vagar. **8** (pop.) *Haber*: 'El ruido que andaba en el jardín'. **9** Equivale a «*estar», expresando una situación circunstancial, con un complemento con distintas preposiciones: 'Anda tras un empleo. Anda con [o entre] gente sospechosa. Ando malucha estos días. Anda muy preocupado. Anda tan contento con su reloj. Andamos muy mal de dinero. Anda estos días con los preparativos de viaje. Anda sin saber qué hacer'. Con la preposición «por» y una locución adverbial o un adverbio o nombre de lugar, equivale también a «*estar», en frases de sentido vago y, a veces, peyorativo: 'Anda por el extranjero dando tumbos. ¿Dónde están mis gafas? —Por ahí andarán. Anda por esos mundos de Dios. Ese pueblo anda por el norte de España'. **10** intr. y prnl. Con muchas expresiones adverbiales, se usa en vez de «*obrar»: 'Andar[se] con cuidado, con miramientos, con bromas, con rodeos, con tapujos, con misterios. No te andes con cumplidos'. **11** intr. Con un verbo en gerundio equivale a «ir», añadiendo al significado de este verbo un sentido despectivo: 'Anda pidiendo dinero a todo el mundo'. Se acentúa el tono despectivo, añadiéndole «por ahí»: 'Anda por ahí echando discursos'. **12** Con «en», *tocar, *mover, *revolver o *manejar una cosa: 'No andes en mis cajones'; puede llevar un complemento de persona: 'Siempre se está andando en las narices'. **13** Estar mezclado en cierto asunto o negocio: 'Anda en el asunto de las divisas. Andar en jaleos, líos, combinaciones'. ⇒ *Mezclar. **14** Con «a» y «tiros, golpes, gritos» y palabras semejantes, realizar la acción que representan: 'En aquel país andan a tiros por poco más de nada'. **15** («por») intr. y, menos frec., prnl. Haber *llegado aproximadamente a la cantidad que se expresa en cualquier clase de cosas: 'Debemos de andar por los 30º de temperatura'. ⊙ («por») Tener aproximadamente la *edad que se expresa: 'Anda ya por los cuarenta'. **16** (pop.; «en») intr. Estar a punto de cumplir la edad que se expresa: 'Anda en los siete años'. **17** («a») prnl. **Ocuparse en la cosa que se expresa o empezar a ejecutarla.* **18** intr. MAR. *Girar un buque abriendo el ángulo que forma la dirección de la quilla con la del viento.* ≃ Arribar, *girar.

¡ANDA! (pronunc. [ánda] o [andá]) **1** Exclamación de sorpresa, *susto, asombro o *extrañeza; muy frecuentemente, iniciando con «si» la frase que expresa el motivo: '¡Anda, si estás tú aquí! ¡Anda, si no tengo la llave! ¡Anda, qué raro!'. ⊙ También, de desilusión o *desengaño: '¡Anda, esta película ya la había visto!'. ⊙ Y de *protesta: '¡Anda, eso no tiene gracia!'. ⊙ Se emplea también para mostrar incredulidad o para *rechazar a alguien con *fastidio o *desprecio: '¡Anda, no exageres! ¡Anda, no digas tonterías! ¡Anda, déjame en paz!'. ⊙ A veces combinada con «¡quita!» o «¡quita de ahí!». ⊙ Forma expresiones despectivas achuladas como '¡anda, niño!, ¡anda, chico!, ¡anda, rica!'. **2** Se emplea en lenguaje informal, particularmente entre chicos, para recalcarle a alguien, con intención de *mortificarle, una cosa que se le dice: 'Me han puesto mejor nota que a ti... ¡anda!'. **3** También, en lenguaje familiar, con tono *suplicante, detrás de una petición: 'Déjame ir contigo... ¡anda!'.

¡ÁNDALE! (Méj.). *¡Ándele!*

ANDAR CON cierta clase de GENTE. *Tratar con ella.

ANDAR DE UN SITIO A [EN O PARA] OTRO. *Ir de un sitio a (etc.) otro.

ANDAR DERECHO. *Conducirse alguien como debe; se entiende porque alguien le vigila u obliga a ello.

ANDAR DETRÁS DE algo o alguien. ANDAR tras alguien o algo.

ANDAR EN cierta cosa. **1** Negociar con ella o dedicarse a ella. **2** *Intervenir en cierta cosa.

ANDAR TRAS algo. Perseguirlo, en sentido propio o figurado. Estar haciendo gestiones para conseguirlo.

ANDAR TRAS una persona. Perseguirla. ⊙ Buscarla para prenderla. ⊙ Procurar hablarle o exponerle una pretensión. ⊙ Procurar conquistarla como novio o novia o para casarse con ella.

ANDAR dos o más personas A UNA. Obrar de acuerdo y sumando sus esfuerzos.

¡ÁNDELE! (Méj.). *¡Venga!*

V. «andar de BARDANZA, no andar BIEN, entre BOBOS anda el juego, andar de BOCA en boca [en BOCAS o en la BOCA de alguien], andar a la BREGA, para andar por CASA, andar a la CAZA de, andarse con CHIQUITAS, andar[se] con CUIDADO, andar con DILATORIAS».

DIME CON QUIÉN ANDAS Y TE DIRÉ QUIÉN ERES. Frase con que se expresa que, por la *compañía que buscan, se conoce la manera de ser de las personas.

V. «¡anda [ande usted, etc.] con DIOS!».

ECHAR A ANDAR. Empezar a andar. ⊙ Echarse a andar un niño.

V. «andar sobre los ESTRIBOS, andar a GACHAS [o a GATAS], ande yo caliente y ríase la GENTE, andar a la GREÑA, andar de HERODES a Pilatos, andar por el MUNDO [por esos MUNDOS o por esos MUNDOS de Dios], andar con OJO [o con cien OJOS].

QUIEN MAL ANDA MAL ACABA. Refrán de sentido claro.

V. «andarse por las RAMAS, andar al RETORTERO, andar con RODEOS, ande la RUEDA, [no] SABER alguien por dónde se anda».

TODO SE ANDARÁ. Expresión equivalente a «también a eso le llegará su momento». ⊙ Se emplea con tono suspensivo para calmar la *impaciencia de alguien.

V. «¡VAMOS anda!, andar a VUELTAS».

□ CATÁLOGO

Otra forma de la raíz, «ambul-, ambl-»: 'amblar, ambulante, deambular'. Otras raíces, «-grado, -vago»: 'plantígrado, saltígrado, noctívago'. ➤ Amblar, ambular, andorrear, apeonar, *callejear, caminar, campear, circular, deambular, desfilar, discurrir, divagar, errar, marchar, pasar, pasear, patear, peregrinar, pernear, ruar, salvar, taconear, talonear, transitar, *trasladarse, *vagar, vaguear. ➤ Anadear, anquear, atajar, atrancar, atrochar, bordonear, campaneo, cantonearse, cerdear, cernerse, cernidillo, ciar, cojear, columpiarse, hacer COMBAS, *contonearse, correr, cuatropear, cerner el CUERPO, hacer CULEBRA, culebrear, cunearse, desalar, desandar, escarabajear, exhalarse, faldear, gatear, haldear, perder el HATO, ladear, nalguear, nanear, navegar, rebalgar, reptar, *retroceder, revolver, rodear, serpear, serpentear, trotar, zancajear, zanquear, zarandearse. ➤ Arrancar. ➤ Quedar de INFANTERÍA. ➤ ANDANDO, en el COCHE de San Fernando, en el COCHE DE San Francisco, a pata, a patita, a pie, PIE ante pie, por su PIE, un PIE tras otro. ➤ Acelerar [alargar, aligerar, apresurar o apretar] el PASO, llevar [o marcar] el PASO. ➤ Aguijar. ➤ Adelantar, alcanzar, atener. ➤ Aire, andadura, andares, *paso, portante, recancanilla, ritmo. ➤ Senderismo. ➤ Acompasado, cimbreante, desgarbado, entrepaso, gallardo, lento, ligero, *rápido. ➤ De frente, a gachas, a gatas, pisando HUEVOS, a buen PASO, a PASO de carga, a PASO largo, a PASO ligero, al paso, a la PATA coja, de puntillas, a rastras, a tatas; tole, tole; a volapié, a vuelapié, en dos ZANCADAS. ➤ Zarcear. ➤ Andaderas, andadores, andaniño, *bastón, *calzado, carretilla, castillejo, pollera, zancos. ➤ Cuentapasos, odómetro, podómetro. ➤ Ambulante, andador, andariego, andarín, peatón, pedestre, peón, perneador, saltacharquillos, tragaleguas, viandante. ➤ Escotero, nocharniego, nocherniego, noctámbulo, noctívago, pasicorto, pasilargo. ➤ *Callejero. ➤ Etapa, trayecto. ➤ Trápala. ➤ Pinito, pino. ➤ Despearse. ➤ Despernado. ➤ No poder dar un PASO. ➤ *Detenerse, pararse, torcerse un PIE, *resbalar, tropezar. ➤ Mal PASO, PASO en falso, resbalón, traspié, tropezón. ➤ *Calzado. *Camino. *Ir. *Paso. *Pisar. *Recorrer. Asaltar. Avenir. *Viajar.

☐ CONJUG. IRREG. PRET. INDEF. IND.: anduve, anduviste, anduvo, anduvimos, anduvisteis, anduvieron; PRET. IMPERF. SUBJ.: anduviera,-iese, anduvieras,-ieses, anduviera,-iese, anduviéramos,-iésemos, anduvierais,-ieseis, anduvieran,-iesen; FUT. IMPERF. SUBJ.: anduviere, anduvieres, anduviere, anduviéremos, anduviereis, anduvieren.

andar[2] (de «andar[1]») m., gralm. pl. Manera de andar: 'Tiene unos andares muy garbosos'.

andaraje (de «andar[1]») **1** m. *Rueda de la *noria en que van colocados los cangilones.* **2** *Armazón de madera en que va colocado el *rodillo con que se afirma el suelo de las eras.*

andarica (relac. con el gall. port. «andoriña»; Ast.) f. *Especie de *cangrejo de mar, pequeño y comestible.*

andariego, -a (de «andar[2]») adj. y n. Aficionado a andar, viajar o ir a distintos sitios.

andarín, -a (de «andar[2]»; inf.) adj. y n. Andador o andariego.

andarina f. **Golondrina.* ≃ Andorina.

andarivel (del cat. «andarivell», del it. «andarivello») **1** m. Maroma tendida de un lado a otro en un río, canal, etc., o entre dos puntos no muy distantes de un puerto, que se utiliza para trasladar una embarcación pequeña palmeando, o sea, avanzando a lo largo de esa cuerda con las manos. ⇒ BARCA de pasaje. ➤ Hincón, oroya. ➤ *Palmear. ⊙ Dispositivo semejante por el que se hace correr una cesta o cajón entre dos puntos. ⇒ *Transporte. **2** (Cuba) *Embarcación empleada para pasar un río palmeándola con ayuda del andarivel.* **3** MAR. *Cuerda colocada como *pasamano para agarrarse, etc., en cualquier sitio del barco.* **4** MAR. **Aparejo con un solo motón.* ≃ Tecle. **5** (Cantb., Col., C. Rica, R. Dom.; pl.) *Adornos excesivos, generalmente de mujer.*

andarraya (de «andar[1]» y «raya») f. *Juego semejante al de *damas, que se jugaba con piedras sobre un tablero.*

andarríos (de «andar[1]» y «río») **1** m. *Aguzanieves (pájaro). **2** Cualquier ave limícola de los géneros *Tringa* y *Actitis*.

andas (del lat. «amĭtes», pl. de «ames») **1** f. pl. *Angarillas con que se transporta a una persona o una imagen o paso de procesión. ⇒ Anda, guando, lechera, lechiga, lecho. ➤ Guizque. ➤ Andero, guizquero. **2** *Féretro o caja con varas en que se lleva a *enterrar a los muertos.*

LLEVAR EN ANDAS. Tratar a alguien con mucha *consideración o miramientos. ≃ Llevar en PALMILLAS.

andel (de «andén») m. **Rodera que deja la rueda de un vehículo en el campo.*

andén (del lat. «indāgo, -īnis», cerco, foso) **1** m. *Plataforma a los lados de las vías en las estaciones del ferrocarril, del metro, etc. ⊙ Plataforma semejante en un muelle. ⊙ Acera en un puente. ⇒ Pasillo, plataforma. **2** Corredor o sitio destinado para andar. **3** *En las tahonas y norias, sitio por donde anda la caballería que da vueltas.* **4** *Pretil o parapeto.* **5** **Estante o anaquel.* **6** (Col., Guat., Hond.) **Acera de la calle.* **7** (Hispam.; gralm. pl.) *Bancal (terreno dedicado al cultivo).*

andera f. **Mandadera de monjas.* ≃ Andadera.

andero m. *Hombre que lleva las andas.*

andesina (de «Andes», cordillera de Am. S.) f. *Feldespato de alúmina, sosa y cal, que forma parte de algunas rocas volcánicas.* ⇒ *Mineral.

andesita f. *Roca volcánica compuesta de cristales de andesina, que se encuentra principalmente en los Andes.*

andilú m. *Utensilio de boj que usan los zapateros para alisar el canto de la suela.*

andinismo (Am. S.) m. **Montañismo en los Andes.*

andinista (Am. S.) n. *Persona que practica el andinismo.*

andino, -a adj. y, aplicado a personas, también n. De los Andes. ⇒ Colla, pehuenche, puelche. ➤ Huaico.

ándito (del it. «andito») **1** m. *Corredor o andén que rodea exteriormente un edificio.* ⇒ *Pasillo. **2** **Acera.*

-ando, -a Sufijo de nombres cultos, procedentes de gerundios latinos: 'El examinando'.

andoba o **andóbal** (de or. caló; inf.; desp.) n. Persona cualquiera que no se nombra.

andola (del sup. ár. and. «haddúra» o «hadúrra», cl. «hudurrah», charlatana) f. *Cierta cancioncilla popular del siglo XVII.* ⇒ *Cantar.

andolencia (ant.) f. *Andanza.* ≃ Andulencia.

andolina (de «andorina») f. **Golondrina.*

andón, -a (Hispam.) adj. *Andador; particularmente, aplicado a *caballerías.*

andorga (de «pandorga», con influencia de «andullo»; inf.) f. *Vientre: 'Llenar la andorga'.

andorina (del lat. «hirundo, -ĭnis», con influencia de «andar[1]») f. *Golondrina.

andorra (del sup. ár. and. «haddúra» o «hadúrra», cl. «hudurrah», charlatana) f. *Mujer *callejera.*

andorrano, -a adj. y, aplicado a personas, también n. De Andorra. ⇒ Baile, veguer.

andorrear (de «andorra») intr. Ir de un lado para otro.

andorrero, -a (de «andorra») adj. y n. Se aplica a las personas, particularmente mujeres, que se dedican a *callejear.

andosco, -a (¿del sup. lat. «annotĭcus», del lat. «annotĭnus»?) adj. y n. *Se aplica a la *res de ganado menor que tiene dos años.*

andradita f. *Variedad de *granate cálcico férrico; la variedad negra se llama «melanita».*

andrado, -a (del lat. «ante natus», nacido antes; ant. y usado aún en Burg.) n. **Hijastro.* ≃ Adnado.

andrajero, -a (de «andrajo»; ant.) n. *Trapero.*

andrajo (del ár. and. «ḥaṭráč», necio) **1** m. Trozo de tela viejo o sucio. ≃ Guiñapo, harapo, pingajo, pingo. ⊙ Trozo que se desprende y cuelga de un vestido viejo y *roto. ⊙ Prenda de ropa vieja y rota. **2** (n. calif.) Se aplica a una persona o cosa despreciable.

□ CATÁLOGO

Alaco, arambel, argamandel, arrapiezo, arrapo, calandrajo, carlanga, chilpe, chirapa, colgajo, estrazo, garras, gualdrapa, guiñapo, harambel, harapo, jerapellina, jirón, mengajo, piltrafa, pingajo, pingo, trapajo, trapo, zarria. ➤ Descosido, desgarrón. ➤ Descalandrajar. ➤ Andrajoso, astroso, chilposo, desastrado, descuidado, desharrapado, despilfarrado, destrozado, estropajoso, gualdrapero, guiñapiento, haldraposo, harapiento, haraposo, maltrapillo, pañoso, piltrafoso, pingajoso, trapiento, zancajiento, zancajoso, zarrapastrón, zarrapastroso, zarrioso. ➤ Jerapellina. ➤Remiendo. *Roto.

andrajosamente adv. De manera andrajosa, con *andrajos.

andrajoso, -a adj. y n. Vestido con *andrajos.

andrehuela (del sup. «sandrihuela», relac. con «sandía»; Córd.) f. *Variedad de *melón que se guarda para el invierno.*

Andrés V. «ASPA [O CRUZ] de San Andrés».

-andria Elemento sufijo del gr. «anḗr, andrós», varón: 'poliandria'.

andriana (del fr. «andrienne», de «Andria», nombre de una comedia de Baron) f. *Especie de *bata suelta que usaban las mujeres.*

andrina (del sup. lat. «atrīna», de «ater», negro) f. **Endrina (ciruela silvestre).*

andrino m. **Endrino.*

-andro- Elemento prefijo o sufijo del gr. «anḗr, andrós», varón: 'androceo, diandro'.

androceo (de «andro-» y la terminación «-ceo», de «gineceo») m. Verticilo de las *flores formado por los estambres.

androcracia («andro-» y «-cracia») f. Supremacía del hombre en una sociedad.

androfobia (de «andro-» y «-fobia») f. Aversión anormal al sexo masculino.

andrógeno (de «andro-» y «-geno») m. BIOQUÍM. Hormona segregada principalmente por los testículos, aunque también en menor proporción por el ovario y las cápsulas suprarrenales, que interviene en el desarrollo de los órganos sexuales masculinos y en la manifestación de los caracteres sexuales secundarios.

andrógino, -a (del lat. «androgȳnus», del gr. «andrógynos») **1** adj. BIOL. **Hermafrodita: se aplica al organismo animal o vegetal que reúne en un mismo individuo los dos *sexos.* **2** ZOOL. *Se aplica a algunas especies de animales inferiores en que, aunque cada individuo reúne en sí los dos sexos, necesita la concurrencia de otro para ser fecundado.* **3** BOT. *Monoico.* **4** adj. y n. m. Se aplica a la persona cuyo aspecto físico no corresponde claramente a ninguno de los dos sexos.

androide (del lat. moderno «androides») m. *Autómata de figura de hombre.

androlatría (de «andro-» y «-latría») f. *Culto tributado a un hombre.*

andrología (de «andro-» y «-logía») f. Parte de la medicina que estudia el aparato genital masculino.

andrólogo, -a n. Médico especialista en andrología.

andrómina (¿de «Andrómeda», personaje mitológico cuya historia se tomó como prototipo de lo fabuloso?; inf.) f. *Mentira muy grande.* ≃ *Embuste.

andropausia (de «andro-» y el gr. «paûsis», cesación) f. Edad del hombre en que cesa la actividad testicular. ≃ Pitopausia.

androsemo (del lat. «androsaemon», del gr. «andrósaimon») m. **Todabuena (planta gutífera).*

andujareño, -a adj. y, aplicado a personas, también n. *De Andújar, población de la provincia de Jaén.* ⇒ Andurense, iliturgitano.

andulario, -a (del sup. «haldulario», de «halda») adj. *Se aplica al vestido que cuelga con desaliño hasta el suelo.* ≃ Faldulario.

andulencia (del lat. «indulgentĭa»; ant. y usado aún en Sal.) f. *Andanza.* ≃ Andolencia.

andullo (del fr. «andouille», embuchado de tripas) **1** m. MAR. *Tela que se pone en las jaretas y motones para evitar el roce.* **2** *Hoja grande de *tabaco arrollada.* ≃ Naco. **3** *Cada uno de los manojos de hojas de tabaco con que se forman los fardos.* ≃ Naco. **4** (Cuba) *Mezcla de tabaco y una materia edulcorante para mascar.*

andurense adj. y, aplicado a personas, también n. *De Andújar, población de la provincia de Jaén.*

andurrial (¿de «andar[1]» o de «andorra»?; inf.) m. *Lugar extraviado al que es difícil llegar. Se usa generalmente en plural: 'Me llevó por unos andurriales que yo no conocía'.

anea (del sup. ár. and. «'ayníyya», la de la malla) (*Typha angustifolia* y *Typha latifolia*) f. *Planta tifácea de tallos de forma de *caña, que crece en los lugares pantanosos, cuyas hojas, largas y estrechas, a las que se aplica colectivamente el mismo nombre, se emplean para hacer esteras y *asientos de *silla: 'Un asiento de anea'. ≃ Enea, nea, espadaña. ⇒ Ñisñil, totora.

anear[1] tr. **Medir por anas.*

anear[2] (de or. vasc.; Cantb.) tr. **Mecer a un niño en la cuna.*

aneblar (de «a-[2]» y el lat. medieval «nebulāre») **1** tr. y prnl. *Cubrir[se] algo de niebla.* **2** (ant.) **Nublar[se].*

anécdota (del fr. «anecdote», del gr. «anékdota», cosas inéditas) f. *Relato breve de un *suceso curioso o interesante o de un rasgo de alguien. ⇒ Historieta. ⊙ Se aplica a alguna particularidad curiosa de algo, por ejemplo de una obra artística, que le da cierto interés ajeno a su valor o a su significado fundamental; por ejemplo, que el autor o cierto personaje conocido esté retratado en un cuadro; que tenga algún pequeño fallo, que haya pasado por tal o cual vicisitud o que el artista estuviera en ciertas circunstancias cuando la ejecutó.

anecdotario m. Colección de anécdotas.

anecdótico, -a adj. De anécdota o que contiene anécdota: 'Un relato anecdótico'. ⊙ Aplicado a «interés», «valor», etc., solamente como anécdota: 'Esa circunstancia tiene un interés puramente anecdótico'.

anegadizo, -a adj. y n. m. Se aplica al terreno que se anega o encharca con facilidad. ⇒ *Pantano.

anegamiento m. Acción de anegar[se].

anegar (del lat. «enecāre», matar por asfixia) **1** («en») tr. **Ahogar.* **2** Cubrir de *agua un ↘sitio. ≃ *Inundar. ⊙ prnl. Quedar cubierto por el agua. ⊙ tr. En sentido figurado se dice también de otras cosas: 'Anegar en sangre'. ⇒ Aniego. **3** **Abrumar o *molestar.*
V. «anegarse en LLANTO».

anejir o, menos frec., **anejín** (del ár. and. «annašíd») m. **Refrán puesto en verso y cantable.*

anejo, -a (del lat. «annexus», añadido) **1** adj. *Unido a otra cosa de la misma naturaleza, más grande o importante: 'El director vive en un pequeño edificio anejo a la fábrica'. **2** Aparejado o inherente. **3** m. Cosa aneja a otra: 'La sección de medias está en un anejo del establecimiento'. ≃ Anexo. **4** Específicamente, centro de población que no tiene *ayuntamiento independiente, sino que está agregado a otro. ⇒ Agregado, aldea. ⊙ **Iglesia dependiente de otra o de la de otro pueblo donde reside el párroco.* **5** Libro que se edita como complemento de una revista.

LLEVAR ANEJO. Llevar consigo: ir una cosa necesariamente acompañada de otra que se expresa; por ejemplo, de un derecho o una obligación o responsabilidad.

aneldo (del lat. «anethŭlus», deriv. de «anēthum», del gr. «ánēthon») m. **Eneldo (planta umbelífera).*

anélido (del fr. «annélide») adj. y n. m. ZOOL. Se aplica a los *gusanos de cuerpo dividido en segmentos aproximadamente iguales, como la lombriz de tierra, los gusanos marinos y la sanguijuela. ⊙ m. pl. ZOOL. Grupo que forman. ⇒ Ascáride, filandria, lambrija, LOMBRIZ de tierra, milo, miñosa, sabela, sangonera, *sanguijuela, sanguisuela, sanguja.

anemia (del gr. «anaimía»; «Padecer, Tener») f. MED. Enfermedad o trastorno consistente en la deficiencia en la sangre de glóbulos rojos o de hemoglobina. ⇒ Clorosis.

anémico, -a adj. y n. MED. Afectado de anemia.

anemo- Elemento prefijo del gr. «ánemos», viento, usado en la formación de palabras científicas.

anemocordio (de «anemo-» y el gr. «chordḗ», cuerda) m. *ARPA eolia.*

anemófilo, -a (de «anemo-» y «-filo») adj. BOT. *Se aplica a las *plantas cuya polinización se verifica por medio del viento, que transporta el polen.*

anemografía (de «anemógrafo») f. METEOR. *Parte de la *meteorología que se ocupa de los vientos.*

anemógrafo (de «anemo-» y «-grafo») m. METEOR. *Anemómetro.*

anemometría (de «anemómetro») f. Parte de la *meteorología que trata de la medición de la fuerza o la velocidad del viento.

anemométrico, -a adj. METEOR. De la anemometría o del anemómetro.

anemómetro (de «anemo-» y «-metro») m. METEOR. Aparato que sirve para medir la velocidad del viento.

anémona, anemona o **anemone** (del lat. «anemōne») **1** f. Nombre de varias especies de *plantas ranunculáceas, del género *Anemone,* que son plantas de jardín, de flores sin pétalos, pero con sépalos coloreados de diversos y vistosos colores, que hacen sus veces. **2** Nombre dado a diversas especies de pólipos de colores vivos y con numerosos tentáculos alrededor de la boca que les dan aspecto de flor. ≃ Actinia.

anemoscopio (de «anemo-» y «-scopio») m. *Aparato que indica la dirección del viento.*

-áneo, -a Sufijo que forma adjetivos derivados de verbos o de nombres: 'sucedáneo, pedáneo, coterráneo, instantáneo'.

aneota (Gran.) f. *Toronjil (*planta labiada).*

anepigráfico, -a (de «an-» y «epigráfico») adj. *Aplicado a monedas o medallas, sin inscripción.* ⊙ *Aplicado a escritos, sin epígrafe o título.*

anequín (del ár. and. «annaqiyín», limpios) m. A [o DE] ANEQUÍN. *Aplicado a la manera de contratar el esquileo, a tanto por cada res y no a jornal.*

aneroide (del fr. «anéroïde») adj. y n. V. «BARÓMETRO aneroide».

anestesia (del gr. «anaisthēsía») **1** f. Estado del organismo o de una parte de él cuando no tiene sensibilidad. **2** Operación de anestesiar: 'Anestesia general [o local]'. ⇒ Hibernación. ➤ Anestesiar, dormir. ➤ Epidural, general, local. ➤ Anestésico, cloroformo, novocaína, pentotal, procaína. ➤ *Alcaloide. *Narcótico. **3** Sustancia que anestesia.

anestesiar (de «anestesia») tr. Quitar artificialmente la sensibilidad al ↘organismo o a una parte de él, por ejemplo para practicar una operación.
□ CONJUG. como «cambiar».

anestésico, -a adj. y n. m. Se aplica a lo que anestesia, particularmente a los medicamentos.

anestesiología f. Ciencia y práctica de la anestesia.

anestesiólogo, -a n. Anestesista.

anestesista n. Médico que se dedica a anestesiar.

anetadura f. MAR. *Forro del arganeo del *ancla.*

aneto (del lat. «anēthum»; Ar.) m. **Eneldo (planta umbelífera).*

aneurisma (del gr. «aneúrysma») **1** amb. MED. Dilatación anormal local de una arteria o vena. ≃ Neurisma. ⇒ *Tumor. **2** MED. Dilatación anormal del corazón. ≃ Neurisma.

anexar (de «anexo») tr. Anexionar.

anexidad 1 f. *Circunstancia de ser una cosa aneja a otra.* **2** (ant.; pl.) DER. *Cosas anejas a otra; particularmente en las escrituras públicas, en la frase «anexidades y conexidades».*

anexión (del lat. «annexĭo, -ōnis») f. Acción de incorporar[se] una cosa a otra para depender de ella.

anexionar (de «anexión») tr. *Unir o *añadir una ↘cosa a otra. ⊙ (gralm. con un pron. reflex.) Particularmente, proceder un país a incorporarse ↘otro o un territorio.

anexionismo m. Tendencia o movimiento de opinión favorable a la anexión de cierto territorio a otro.

anexionista adj. y, aplicado a personas, también n. Adicto a cierto anexionismo.

anexo, -a (del lat. «annexus», part. pas. de «annectĕre», unir) adj. y n. m. Anejo (1.ª, 2.ª y 3.ª acep.).

anfesibena f. *Anfisbena.*

anfeta (argot) f. Anfetamina.

anfetamina (del ingl. «amphetamine») f. FARM. Medicamento estimulante del sistema nervioso central. Se emplea también como estupefaciente.

anfi- Elemento prefijo del gr. «amphí», que significa «alrededor»: 'anfiteatro'. ⊙ A ambos lados: 'anfipróstilo'. ⊙ Doble: 'anfibio'.

anfibio, -a (del lat. «amphibĭus», del gr. «amphíbios») **1** adj. Se aplica a los organismos, animales o plantas que pueden vivir dentro y fuera del agua. **2** adj. y n. m. ZOOL. Se aplica a los *animales de la clase a la que pertenece la *rana, que son *vertebrados con la piel desnuda, es decir, sin escamas, húmeda y provista de glándulas mucosas; viven, en su mayoría, en ambientes húmedos. ≃ Batracio. ⊙ m. pl. ZOOL. Clase que forman estos animales. ⇒ Ahuizote, ajolote, atepocate, calamita [o calamite], cecilia, coicoy, cururú, escorzón [o escuerzo], gallipato, guácharo, *rana, rubeta, sacabera, salamanca, *salamandra, salamandra acuática, salamandria, sapo, tanque, tiro, tritón, vaquigüela. ➤Renacuajo. ➤ Anuro, ápodo, urodelo. **3** adj. Se dice de lo que sirve para el aire y el agua; por ejemplo, un *avión. **4** MIL. Se aplica a la operación militar que ejecutan conjuntamente los ejércitos de tierra, mar y aire, o dos de ellos.

anfíbol (del fr. «amphibole») m. Nombre aplicado a ciertos silicatos de color verde oscuro o negruzco y brillo nacarado, como la actinota, el asbesto, la esmeraldita o la hornablenda, por la circunstancia de tener dos direcciones de exfoliación que se cortan en ángulo de 124º.

anfibolita f. *Roca de color verde oscuro formada por anfíbol, y algo de feldespato, cuarzo o mica.* ≃ Afanita.

anfibología (del lat. «amphibología», del gr. «amphíbolos») f. Ambigüedad: circunstancia de tener una palabra o expresión más de un significado. ≃ *Equívoco. ⊙ Se aplica específicamente a una *figura retórica.

anfibológicamente adv. Con anfibología.

anfibológico, -a adj. Que contiene o implica anfibología.

anfíbraco (del lat. «amphibrăchus», del gr. «amphíbrachys») m. MÉTR. **Pie de la poesía griega y latina compuesto de una sílaba larga entre dos breves.*

anfictión (del gr. «Amphiktíones») m. Diputado de las ciudades que constituían la anfictionía.

anfictionado m. Cargo de anfictión.

anfictionía (del gr. «amphiktionía») **1** f. Confederación de *ciudades en la antigua Grecia. ⇒*Alianza. **2** *Asamblea de los anfictiones.

anfictiónico, -a (del gr. «amphiktionikós») adj. De la anfictionía o de los anfictiones.

anfígeno, -a (de «anfi-» y «-geno») adj. y n. m. QUÍM. *Se aplica a los cuerpos capaces de formar ácidos y sales.* ⇒ Halógeno.

anfímacro (del lat. «amphimăcrus», del gr. «amphímacros») m. MÉTR. **Pie de la poesía griega y latina compuesto de una sílaba breve entre dos largas.*

anfineuro (del lat. cient. «Amphineura») adj. y n. m. ZOOL. *Se aplica a los *moluscos marinos de las clases de los quitones y solenogastros, que tienen simetría bilateral y, a veces, están envueltos por una concha formada por ocho piezas dispuestas en fila y articuladas entre sí.*

anfión (del ár. and. «afyún», cl. «afyūn», y éste del gr. «ópion», a través del arameo) m. *Opio.*

anfípodo (del lat. cient. «Amphipoda») adj. y n. m. ZOOL. *Se aplica a los *crustáceos acuáticos, casi todos marinos, de pequeño tamaño, que tienen el cuerpo comprimido lateralmente y el abdomen encorvado hacia abajo; tienen siete pares de patas torácicas locomotoras y seis pares abdominales; como la pulga de mar.* ⊙ m. pl. ZOOL. *Orden que forman.*

anfipróstilo (del lat. «amphiprostȳlos», del gr. «amphipróstylos») m. ARQ. Aplicado a los edificios clásicos, con pórtico de *columnas en dos de sus fachadas. ⇒ Próstilo. ➤ *Arquitectura.

anfisbena (del lat. «amphisbaena», del gr. «amphísbaina») **1** f. *Reptil mencionado por los antiguos, que le atribuían cosas fabulosas.* ≃ Anfesibena, anfisibena. **2** Nombre aplicado a diversas especies de reptiles anfisbénidos, particularmente del género *Amphisbaena*, sin patas, cabeza pequeña y puntiaguda, cuerpo anillado y escamas cuadrangulares; viven debajo de las piedras y bajo tierra. En España es corriente el *Blanus cinereus*.

anfisbénido, -a adj. y n. m. ZOOL. *Se aplica a los reptiles saurios como la anfisbena.* ⊙ m. pl. ZOOL. *Familia formada por estos reptiles.*

anfiscio, -a (del lat. «amphiscĭus», del gr. «amphískios») adj. y n., gralm. pl. Se aplica a los *habitantes de la zona tórrida, que proyectan su sombra hacia el norte o hacia el sur, según la estación del año.

anfisibena f. *Anfisbena.*

anfiteatro (del lat. «amphitheātrum», del gr. «amphithéatron») m. Local destinado a espectáculos en la antigüedad, de forma redonda o elíptica, con gradas alrededor para el acomodo de los espectadores. ⊙ Local con gradas generalmente en semicírculo, por ejemplo en un centro de enseñanza. ⇒ *Circo, hemiciclo. ⊙ Conjunto de las gradas o *asientos en un local de esa clase. ≃ Gradas, gradería, graderío. ⊙ Cada uno de los pisos con gradas en un *teatro, cine, etc.

anfitrión, -a (de «Anfitrión», rey de Tebas que dio alojamiento a Zeus) n. Persona que tiene invitados, con respecto a éstos. ⇒ Huésped. ⊙ adj. y n. m. Organizador de un acto, reunión, competición deportiva, etc.: 'El país anfitrión del mundial de fútbol'.

ánfora (del lat. «amphŏra», del gr. «amphoreús», vaso grande de dos asas) **1** f. Tipo de *vasija romana, alta, de cuello largo y estrecha por abajo, que se sigue usando para flores o decoración. ⊙ Se emplea el nombre para describir esa forma; por ejemplo, en un vestido de falda estrecha en la parte inferior y amplia en las caderas. **2** (pl.) *Jarros o cántaros; generalmente de plata, en que el obispo *consagra los óleos el Jueves Santo.* **3** *Medida antigua de *capacidad, equivalente a 2 urnas u 8 congios.*

anfótero, -a (del gr. «amphóteros», el uno y el otro) adj. QUÍM. *Capaz de funcionar como ácido o como base.*

anfractuosidad 1 f. Cualidad de anfractuoso. ⊙ (gralm. pl.) Irregularidad de una superficie, particularmente de un terreno. Se usa generalmente en plural: 'Las anfractuosidades de la sierra. Una piedra con anfractuosidades'. **2** (gralm. pl.) ANAT. Surco entre las circunvoluciones cerebrales.

anfractuoso, -a (del lat. «anfractuōsus») adj. *Desigual, quebrado, *sinuoso o torcido. ⊙ Se aplica particularmente al terreno *abrupto.

-anga V. «-ango, -a».

anganillas (Ar.) f. pl. *Angarillas (aguaderas o jamugas).*

angaria (del lat. «angarĭa», del gr. «angareía», servicio de transporte) **1** f. *Antigua *servidumbre o *prestación personal.* **2** MAR. *Retraso impuesto a la salida de un buque, aunque sea extranjero, para emplearlo en un servicio público, generalmente retribuido.*

angarillas (del sup. lat. «angariellae», de «angarĭa») **1** f. pl. Armazón consistente en dos varas que, colocadas paralelamente, sostienen entre ellas un tablero sobre el que se *transporta *carga; son llevadas entre dos personas que, colocadas entre las varas, sostienen los extremos de ellas marchando una tras otra. ≃ Parihuelas. ⇒ Ambulancia, anda[s], anganillas, árganas, árguenas, argueñas, ballarte, basterna, bayarte, callapo, caltrizas, camilla, chacana, cibiaca, escalerilla, escaño, féretro, galga, guando, hamaca, lechera, lechiga, lecho, *litera, palanquín, parihuela[s], SILLA de manos, trosas, yol [o yole]. ➤ Carcón, guizque, toldillo. ➤ Guizquero. **2** *Dispositivo formado por una armazón de palos con unas bolsas de red hecha de* *cuerda, que se pone sobre las caballerías, por ejemplo para transportar loza o botijos.* **3** *Aguaderas.* **4** *Vinagreras.*

angaripola (del dial. «engaripolar», acicalar) **1** f. *Nombre, en el siglo XVII, de cierta tela ordinaria con listas de varios colores, de la que se hacían vestidos de mujer.* **2** (inf.; pl.) **Adornos llamativos y de mal gusto puestos en los vestidos.*

ángaro (del gr. «ángaron pŷr»; ant.) m. **Almenara, o fuego que se hacía como señal en las atalayas o torres.*

angazo (quizá del sup. lat. «hamica», del lat. «hamus», anzuelo, y «-azo» o del gall. «anga», hierro saliente de una caldera que sirve para cogerla, del sup. gót. «anga») **1** m. *Cierto utensilio para pescar mariscos.* **2** (Ast., Gal.) *Rastro (utensilio agrícola y para extender piedra).*

ángel (del lat. «angĕlus», del gr. «ángelos», mensajero) **1** m. Espíritu celeste al servicio de Dios. ⊙ (n. calif.) Se aplica cariñosamente a los niños o a alguien muy *bueno o *bello. ⊙ En sentido estricto, espíritu celeste del noveno coro. ⇒ Arcángeles, dominaciones, potestades, principados, querubines [o querubes], serafines, tronos, virtudes. ➤ Coro, jerarquía, milicia, orden. ➤ Angelolatría, angelología, CULTO de dulía. ➤ Angelical, angélico, seráfico. ➤ Demonio. ➤ *Teología. **2** Figura humana, infantil o juvenil, con alas, muchas veces reducida a éstas y a la cabeza, con que, convencionalmente, se representa a los ángeles. **3** («Tener») Mezcla de *gracia y *simpatía que, independientemente de otras cualidades, hace atractiva a una persona, particularmente a una mujer o a un niño. ≃ *Encanto. ⇒ *Amable. **4** («Dar, Llevar, Tomar») *En el juego de *billar, lance en que el jugador tiene derecho a subirse encima de la mesa para dar mejor a las bolas.* **5** ARTILL. **Palanqueta (cierto proyectil).*

ÁNGEL BUENO. **1** Ángel de los que no se rebelaron. **2** Con respecto a una persona, otra que está siempre dispuesta a ayudarla y sacarla de apuros.

Á. CUSTODIO [O DE LA GUARDA]. El adscrito a cada persona para su guarda.

Á. ECHADO DEL CIELO A ESCOBAZOS [o, menos frec., A PATATAZOS O ZAPATAZOS] (inf.). Persona aparentemente buena e inocente pero que está muy lejos de serlo.

Á. DE LUZ. Ángel bueno.

Á. MALO [O DE TINIEBLAS] Ángel de los que se rebelaron contra Dios: *demonio.

Á. PATUDO. ÁNGEL echado del cielo a escobazos.

V. «CABELLO de ángel, CARA [O CARITA] de ángel».

COMO LOS ÁNGELES. Con «cantar» y otros verbos, muy bien.

MAL ÁNGEL. Se aplica como nombre calificativo a la persona inoportuna, molesta o sin gracia. ≃ Mala SOMBRA.

V. «PAN de los ángeles»

PASAR UN ÁNGEL. Producirse un silencio en una conversación.

V. «SALTO de ángel».

Ángela ¡ÁNGELA MARÍA! Exclamación informal de *susto, sorpresa o *protesta.

angélica (del lat. «angelĭca») **1** f. *Canto religioso del Sábado Santo para la bendición del cirio. **2** (*Angelica archangelica, Angelica sylvestris* y otras especies del mismo género) Planta umbelífera cuyas hojas y tallos se comen como verdura.

ANGÉLICA ARCANGÉLICA. La especie *Angelica archangelica*, de raíz aromática y medicinal.

A. CARLINA. *CARDO ajonjero.*

angelical adj. Como de ángel.

angelicalmente adv. De manera angelical.

angelico (dim. de «ángel») **1** (Ar. y otras regiones) m. *Angelito.* **2** (Ál.) **Peonía (planta ranunculácea).*

angélico, -a (del lat. «angelĭcus») adj. De [del, de los] ángel[es]. ⊙ De naturaleza de ángel: 'Espíritus angélicos'.

angelín[1] m. Angelito.

angelín[2] m. *Pangelín.*

angelito m. Dim. frec. de «ángel», aplicados muchas veces a los niños, particularmente con *lástima.

angelizar **1** tr. *Comunicar a ˘alguien la naturaleza de ángel.* **2** prnl. *Purificarse espiritualmente.*

angelolatría (del lat. «angĕlus» y «-latría») f. *Culto supersticioso a los ángeles.*

angelología (del lat. «angĕlus» y «-logía») f. *Tratado sobre los ángeles.*

angelón (aum. de «ángel») m. *Angelote.*

ANGELÓN DE RETABLO. *Persona rubicunda y gordinflona.*

angelota f. **TRÉBOL hediondo (planta leguminosa).*

angelote **1** m. Aumentativo aplicado a una figura de ángel o a un niño gordinflón y, en tono informal, a una persona bondadosa. **2** (*Squatina squatina*) *Pez selacio, de hasta 2 m de longitud, con el cuerpo aplastado y las aletas pectorales y abdominales muy desarrolladas. Vive en el Atlántico y el Mediterráneo. **3** **TRÉBOL hediondo (planta leguminosa).*

ángelus m. *Oración que empieza con las palabras «Angelus Domini». ⊙ Se aplica particularmente a su recitado a la caída de la tarde. ⊙ Toque de *campanas a la hora de rezar el ángelus. ⊙ Esa hora.

angevino, -a (del fr. «angevin») adj. y, aplicado a personas, también n. De Anjou, antigua provincia del noroeste de Francia.

angina (del lat. «angīna»; «Tener, Estar con», etc.) **1** f. pl. Amigdalitis: inflamación de las amígdalas y de las regiones contiguas a ellas. ⇒ Agallones, esquinancia, esquinencia. ➤ Ahoguijo, carraspera. **2** (inf.) Amígdalas.

ANGINA DE PECHO. Afección muy grave consistente en accesos de dolor agudísimo en la región del corazón, con ansiedad y sensación de muerte inminente, debida a espasmo de las arterias coronarias. ≃ Estenocardia.

angio- Elemento prefijo del gr. «angeîon», vaso circulatorio, que se emplea en palabras científicas: 'angiología, angiografía, angioma, angiosperma'.

angiografía (de «angio-» y «-grafía») **1** f. MED. *Angiología.* **2** MED. *Imagen de los vasos sanguíneos obtenida por cualquier procedimiento.*

angiología (de «angio-» y «-logía») f. *Rama de la medicina que se ocupa del sistema circulatorio.*

angioma (de «angio-» y «-oma») m. MED. Nombre médico de los lunares o manchas que algunas personas tienen de nacimiento y que corrientemente se llaman «antojos».

angiospermo, -a (del lat. cient. «Angiospermae») adj. y n. f. BOT. Se aplica a las *plantas con semillas en las que los óvulos están cubiertos por carpelos y las semillas, en la madurez, se encuentran en el interior del *fruto. ⊙ f. pl. BOT. Grupo que forman.

angla (del port. «angra») f. *Cabo (accidente geográfico).*

anglesita (del ingl. «anglesite», de «Anglesey», nombre de la isla donde se descubrió este mineral) f. *Mineral (sulfato) de plomo, muy corriente.* ≃ VITRIOLO de plomo.

anglicado, -a adj. Aplicado a «estilo, lenguaje, frase», etc., con influencias del inglés.

anglicanismo (de «anglicano») m. Rama del protestantismo.

anglicanizar (de «anglicano») tr. Hacer que ↘alguien o algo adopte costumbres o características inglesas. ⊙ prnl. Adoptar costumbres o características inglesas.

anglicano, -a (del lat. «anglicānus») adj. y, aplicado a personas, también n. Se aplica a la rama del protestantismo que es la religión oficial en Inglaterra, a los adeptos a ella y a sus cosas.

anglicismo m. *Palabra o expresión inglesa usada en otra lengua.

anglicista 1 adj. y n. Que emplea anglicismos. 2 n. Anglista.

angliparla (de «anglo» y «parlar») f. *Lenguaje de los que emplean palabras o expresiones inglesas o influidas por el inglés.*

anglista (del al. «Anglist») n. *Persona versada en la lengua o cultura de los países anglófonos.*

anglo- Elemento prefijo del lat. «Angli», ingleses.

anglo, -a (del lat. «Anglus») adj. y n. Anglosajón (pueblo germánico).

angloamericano, -a adj. Por oposición a «hispanoamericano», de la América de habla inglesa.

anglofilia (de «anglo-» y «-filia») f. Cualidad de anglófilo. ⊙ Actitud anglófila.

anglófilo, -a (de «anglo-» y «-filo») adj. y n. Partidario de los *ingleses o de Inglaterra o simpatizante con ellos. Se aplica también, correspondientemente, a la actitud, sentimientos, etc., y se usó, particularmente, en la Primera *Guerra Mundial. ⇒ *Aliadófilo.

anglofobia f. Cualidad de anglófobo. ⊙ Actitud anglófoba.

anglófobo, -a (de «anglo-» y «-fobo») adj. Contrario a Inglaterra o a los *ingleses. Se aplica también, correspondientemente, a la actitud, sentimientos, etc.

anglófono, -a (de «anglo-» y «-fono») adj. y, aplicado a personas, también n. De habla inglesa: 'Un país anglófono'.

anglohablante (de «anglo-» y «hablante») adj. y n. Que tiene como lengua materna el inglés.

anglosajón, -a 1 adj. y, aplicado a personas, también n. Se aplica a los individuos del *pueblo germánico que invadió Inglaterra en el siglo v, y a sus cosas. ⊙ (pl.) m. Ese pueblo. ⊙ Lengua que hablaron los anglosajones, llamada también inglés antiguo. 2 adj. y n. Se aplica a los naturales de los países de raza y habla inglesa y a sus cosas. ≃ Anglo.

-ango, -a Sufijo que forma algunos nombres despectivos: 'bullanga, charanga, fritanga, zanguango'.

angoja (del dial. «angoja», del lat. «angustĭa»; ant.) f. *Congoja.*

angojoso, -a (de «angoja»; ant.) adj. *Congojoso.*

angola (Hond.) f. **Leche agria.*

angolán m. Árbol alangiáceo de la India, de fruto comestible y raíz purgante.

angoleño, -a adj. y, aplicado a personas, también n. De Angola, país africano.

angón m. *Cierta *lanza antigua.*

angora f. Lana de pelo largo y suave que se obtiene del conejo de Angora.

angorina f. Lana que imita la angora.

angorra (del lat. «angarĭa») f. *Pieza de tela gruesa o de cuero con que, en algunos oficios, se defiende la parte del cuerpo expuesta a rozamientos o quemaduras.* ⇒ *Delantal.

angostamente adv. *Estrechamente.*

angostar (del lat. «angustāre») 1 tr. e intr. *Estrechar.* 2 (ant.) tr. *Angustiar.*

angostillo m. **Calle estrecha y corta.* ≃ Pasadizo.

angosto, -a (del lat. «angustus») 1 (aplicado ahora casi exclusivamente a lugares; más frec. en Hispam.) adj. *Estrecho. 2 (ant.) **Escaso.* 3 (ant.) **Triste o penoso.*

angostura[1] 1 f. Cualidad de angosto. 2 *Estrechamiento: paso o lugar estrecho, particularmente en un *río.

angostura[2] 1 *(Galipea officinalis)* f. Planta rutácea cuya corteza tiene propiedades medicinales. 2 Bebida amarga preparada con la corteza de la angostura que se emplea en algunos cócteles.

angra (del port. «angra»; ant.) f. **Ensenada.*

angrelado, -a (del fr. «engrêlé») adj. *Se aplica a las piezas de *heráldica, a las monedas, a los adornos arquitectónicos, etc., que tienen el borde o remate con picos o *dientes menudos.*

ángstrom (de «A. J. Ångström», físico sueco del siglo xix) m. Fís. Unidad de longitud que equivale a una diezmillonésima de milímetro.

anguarina (de «hungarina») f. *Especie de gabán de paño burdo, sin mangas, semejante al tabardo, que usaban los labriegos.* ≃ Hongarina, hungarina.

angüejo m. *Masa frita que se hace en porciones delgadas.* ≃ Oreja de abad. ⇒ *Masa frita.

anguiforme adj. *De forma de serpiente.*

anguila (del lat. «anguilla») 1 *(Anguilla anguilla)* f. Pez teleósteo anguiliforme, muy largo y resbaladizo, que vive en los ríos, pero desciende al mar para efectuar su reproducción en cierto lugar del Atlántico. ⇒ Anguilla. ➤ Angula. 2 Mar. *Cada uno de los dos maderos largos sobre los que se construye un *barco y se desliza hasta el agua para *botarlo.*

Anguila de cabo. Mar. *En las *galeras, rebenque.*

anguilero, -a n. **Cesta para llevar anguilas.*

anguiliforme adj. y n. m. Zool. *Se aplica a los *peces pertenecientes al orden de la anguila, de cuerpo muy alargado y piel viscosa.* ⊙ m. pl. Zool. *Orden que forman.*

anguilla (del lat. «anguilla»; ant. y usado aún en Hond. y Nic.) f. *Anguila.*

anguilo (de «anguila»; Cantb.) m. *Congrio pequeño.*

anguina (del lat. «inguīna») f. Vet. *Vena de las ingles de las *caballerías.*

angula (del vasc. «angula») f. Cría de la anguila, de unos 5 cm de largo y algunos milímetros de gruesa, de color negruzco pero que se vuelve completamente blanco al cocerla. Muy sabrosa. ⇒ Gula.

angular (del lat. «angulāris») 1 adj. De forma de ángulo. ⊙ Relacionado con el ángulo. 2 m. *Barra de *acero laminado cuya sección es un ángulo recto. ≃ Ángulo. 3 adj. y n. m. Fot. Gran angular.

Gran angular. Fot. Se aplica al objetivo con capacidad de cubrir un ángulo visual mayor del normal.

V. «piedra angular».

angularmente adv. Formando ángulo.

angulema (de «Angoulème», ciudad francesa de donde procedía este lienzo) 1 f. **Tela hecha de *cáñamo.* ⇒ *Arpillera. 2 (inf., pl.) **Zalamerías.*

ángulo (del lat. «angŭlus», del lat. «ankúlos», encorvado) 1 m. Figura formada por dos semirectas que se cortan en su extremo. ⊙ Ángulo curvilíneo. ⊙ Figura formada por dos barras u objetos semejantes que se juntan por un extremo. 2 *Rincón: sitio en el interior de un recinto donde se juntan dos paredes o dos paredes y el techo o el suelo. **3** *Esquina: arista que forman las paredes de un edificio por la parte exterior. ≃ *Esquina. **4** *Barra o perfil laminado de *acero de sección angular. ≃ Angular. **5** Punto de vista, aspecto desde el que se puede considerar algo.

Ángulo acimutal. Astron. *El formado por el meridiano del lugar y el plano vertical del astro u objeto que se observa.*

Á. agudo. Geom. El menor que un recto.

Á. cenital. Topogr. *El formado por la visual con la vertical del punto de observación.*

Á. complementario. Geom. Lo que le falta a un ángulo para valer un ángulo recto.

Á. de corte. Cant. *El que forma el intradós de la bóveda o el arco con las junturas de las dovelas.*

Á. curvilíneo. Geom. Figura formada por dos curvas que se cortan.

Á. diedro. Geom. Figura formada por dos planos que se cortan.

Á. entrante. El que entra en la figura o cuerpo de que el ángulo forma parte.

Á. de escora. Mar. *El que forma el eje del barco con la vertical.*

Á. esférico. Geom. El formado en la superficie de la esfera por dos arcos de círculo máximo.

Á. facial. Anat. El formado por una línea imaginaria que va desde el orificio del oído a la base de la nariz, al cortarse con otra que une la parte más prominente de la frente con la comisura de los labios, o, en las calaveras, con los incisivos; sirve para medir el desarrollo del cerebro.

Á. horario. *El que forma con el meridiano un círculo horario.*

Á. de incidencia. Fís. El que forma un rayo, una onda o la trayectoria de un cuerpo elástico con la normal en el punto de incidencia a la superficie sobre la que chocan.

Á. de mira. Artill. El que forma la dirección de la mirada con el eje de la pieza.

Á. muerto. **1** Fort. *El no defendido ni flanqueado.* **2** En un *automóvil, el que queda fuera del campo visual del conductor.

Á. oblicuo. Geom. El que no es recto.

Á. obtuso. Geom. El mayor que un recto.

Á. del ojo. Comisura formada en la unión de los dos párpados a cada lado del ojo.

Á. occipital. Anat. Ángulo imaginario cuyo vértice está en el intervalo de los cóndilos occipitales y cuyos lados pasan por el vértice de la *cabeza y por el borde inferior de la órbita, respectivamente.

Á. óptico. El formado por las dos visuales que van desde el ojo del observador a los extremos del objeto que se mira.

Á. plano. Geom. El formado en una superficie plana.

Á. poliedro [o sólido]. Geom. El formado por varios planos que concurren en un punto que es el vértice.

Á. recto. Geom. Cada uno de los que forman dos líneas que se cortan formando cuatro ángulos iguales. ⇒ Rectangular.

Á. de reflexión. Fís. El que forma un rayo, una onda o la trayectoria de un cuerpo elástico con la normal en el punto de incidencia a la superficie en que han incidido, al apartarse de ésta.

Á. de refracción. Fís. El que forma un rayo refractado con la normal en el punto de incidencia a la superficie de separación de los dos medios transparentes.

Á. saliente. El que tiene su vértice sobresaliendo de la figura o cuerpo de que forma parte.

Á. sólido. Geom. Ángulo poliedro.

Á. de tiro. Artill. El que forma el eje de la pieza con la horizontal.

Á. triedro. Geom. El poliedro formado por tres planos.

Á. visual. El formado por las líneas que van del ojo a los extremos del objeto más pequeño que el ojo es capaz de distinguir; por él se mide la agudeza visual, que está, naturalmente, en razón inversa de la medida de ese ángulo.

Ángulos adyacentes. Geom. En una figura geométrica, los que tienen un lado común.

Á. alternos externos. Geom. De los formados por una recta que corta a otras dos, paralelas entre sí, los que están a distinto lado de la secante y ambos fuera de las paralelas.

Á. alternos internos. Geom. Los que están a distinto lado de la secante y los dos dentro de las paralelas.

Á. correspondientes. Geom. Los que están al mismo lado de la secante y uno dentro y otro fuera de las paralelas, sin ser adyacentes.

Á. opuestos por el vértice. Geom. Los que tienen el vértice común, siendo los lados de cada uno prolongación de los del otro.

□ Catálogo

Otra raíz, «gon-»: 'goniómetro, ortogonal, polígono'. ➤ Angular, codal, *codo, comisura, dobladura, encuentro, esperonte, harrado, horcadura, horqueta, inglete, lima, mocheta, *muesca, recodo, siete. ➤ Arista, cantillo, cantón, *esquina, *punta, *rincón. ➤ Línea quebrada, zigzag. ➤ *Torcer. ➤ Bisectriz, complemento, coseno, cotangente, cuadral, grado, lado, radián, seno, suplemento, tangente, vértice. ➤ *Geometría, trigonometría. ➤ Cuadrante, *escuadra, falsa escuadra, falsarregla, gnomon, limbo, micrómetro, norma, saltarregla, transportador. ➤ Acutángulo, cuadrángulo, equiángulo, obtusángulo, rectángulo, triángulo. ➤ Birrectángulo. ➤ Bisecar, trisecar. ➤ A escuadra, en escarpión.

angulosidad **1** (más frec. en pl.) f. Parte angulosa. **2** Cualidad de anguloso.

anguloso, -a adj. Con ángulos, aristas o esquinas: 'Cara [o facciones] angulosas'. ⇒ Picudo, pinchoso. ➤ Duro. ➤ *Agudo. *Áspero.

angurria[1] (del gr. «angoúrion», pepino; ant.) f. *Sandía.*

angurria[2] (de «estrangurria») **1** f. *Estranguria (micción dolorosa, gota a gota, con pujo de la vejiga).* ⇒ Orinar. **2** (And., Hispam.) *Deseo vehemente.* **3** (Hispam.) *Avidez, codicia.* **4** (And., Hispam.) *Hambre insaciable.*

angustia (del lat. «angustĭa») **1** («Tener, Sentir, Causar», etc.) f. Intranquilidad con padecimiento intenso, por ejemplo por la presencia de un gran peligro o la amenaza de una desgracia. ≃ Ansiedad. ⊙ Desazón o *malestar causado por la sensación de no poder desenvolverse; por ejemplo, por tener más trabajo o atenciones a que acudir de aquellos a que es posible hacerlo o por estar rodeado de muchas cosas en desorden. ≃ Agobio. ⊙ *Malestar físico intenso no causado por dolor determinado, que produce respiración fatigosa y sensación de no poder vivir. **2** (sólo en sing.) Náuseas.

□ Catálogo

Agobio, agonía, ahogo, aína, angoja, ansia, ansiedad, ansión, comezón, congoja, cordojo, cordoyo, desasosiego, desazón, impaciencia, inquietud, intranquilidad, *malestar, nerviosidad, nerviosismo, opresión, padecimiento, *preocupación, presura, tensión, tósigo, zozobra. ➤ Abrumar, acongojar[se], acosar, aginar[se], agobiar[se], angostar[se], apenar[se], *apremiar, apurar[se], atormentar[se], atosigar[se], desasosegar[se], desazonar[se], ensangostar[se], ensangustiar[se], hipar, inquietar[se], oprimir, hacer padecer, ahogarse en un vaso de agua. ➤ No llegar la camisa al cuerpo, con el corazón en un puño, más muerto que vivo. ➤ Agonías, encogido, *pusilánime. ➤ Kafkiano. ➤ *Tranquilo. ➤ *Apuro. *Asma. *Prisa.

angustiadamente adv. Con angustia.

angustiado, -a 1 Participio de «angustiar[se]». ⊙ («Estar») adj. Afectado de angustia. No es corriente tratándose de angustia física. **2** *Estrecho o falto del espacio necesario.* **3** (ant.; «Ser») *Aplicado a personas, *apocado.*

angustiador, -a adj. *Que angustia.*

angustiar (del lat. «angustiāre») tr. y prnl. Causar [o sufrir] angustia. No es corriente tratándose de angustia física.

□ CONJUG. como «cambiar».

angustiosamente adv. De manera angustiosa.

angustioso, -a 1 adj. Se dice de lo que causa angustia. ⊙ De lo que hace padecer: 'Momentos angustiosos. Una situación angustiosa'. **2** *Atacado de angustia.* ⊙ *Propenso a sentirla.*

anhelación f. *Acción de anhelar.*

anhelante (de «anhelar») **1** adj. Se aplica al que tiene respiración fatigosa. **2** También, al que *desea con vehemencia algo que se expresa.

anhelar (del lat. «anhelāre») **1** intr. Respirar con dificultad. En esta acepción sólo se usan en lenguaje corriente algunos derivados. ≃ *Jadear. **2** tr. Desear mucho, particularmente un ↘bien no material: 'Anhela vivir independiente. Lo que más anhelo es la tranquilidad'. ≃ *Ansiar. **3** (ant.) *Expeler el aliento.* ≃ Espirar.

anhélito (del lat. «anhelĭtus») **1** m. *Respiración.* **2** *Respiración fatigosa.* ⇒ *Asma.

anhelo (del lat. «anhēlus») **1** m. *Respiración fatigosa.* **2** *Deseo vehemente de algo, particularmente inmaterial. ≃ Afán, *ambición, ansia.

anhelosamente 1 adv. Aplicado a «respirar», con fatiga. **2** Con anhelo (deseo vehemente).

anheloso, -a (del lat. «anhelōsus») **1** adj. Aplicado a personas, anhelante (con deseo). **2** Aplicado a la respiración, que denota cansancio o ansiedad o es dificultosa por cualquier razón. ≃ Anhelante, fatigosa, jadeante.

anhídrido (de «anhidro» y la terminación «-ido», de «ácido») m. QUÍM. Compuesto de los formados por oxígeno y un elemento no metálico, los cuales, al combinarse con los elementos del agua, producen ácidos.

ANHÍDRIDO CARBÓNICO. Compuesto formado por dos átomos de oxígeno y uno de carbono. Es un gas incoloro que se encuentra en la atmósfera; se produce en procesos como la combustión o la fermentación alcohólica, y lo desprenden los seres vivos en la respiración. ≃ ÁCIDO carbónico, DIÓXIDO de carbono.

anhidrita f. *Roca formada por sulfato de cal anhidro, de mayor densidad y dureza que el yeso, que se altera fácilmente dando lugar a éste.* ≃ Muriacita.

anhidro, -a (del gr. «ánydros», sin agua) adj. QUÍM. Se aplica a los cuerpos que, a diferencia de otros del mismo nombre, no tienen agua o han perdido la que tenían (por ejemplo, la de combinación o cristalización).

anhidrosis (del gr. «anídrōsis») f. MED. *Supresión o disminución del *sudor.*

aniaga (del ár. and. «annafáqa»; Murcia) f. **Salario anual que se paga a un obrero del campo.*

anidar 1 intr. Hacer *nido las aves o tener por costumbre hacerlo o vivir en determinado sitio: 'Las águilas anidan en las rocas altas'. ⇒ Desanidar. **2** BIOL. Fijarse o insertarse el huevo, normalmente en el útero. **3** *Ocupar las personas o animales cierta morada.* ⊙ prnl. **Albergarse en una morada.* ⊙ tr. **Albergar o acoger.* **4** intr. y prnl. Existir cierto sentimiento en una persona: 'No dejes que el odio anide en tu alma'. ≃ *Albergarse.

anidiar (de «a-[2]» y «nidio»; Sal.) tr. *Blanquear la ↘casa y hacer en ella *limpieza general.*

anidiarse (Sal.; reflex.) tr. **Peinarse.*

anieblar 1 tr. *Cubrir de niebla ↘algo.* ⊙ (usable como impersonal de sujeto interno o con «tiempo» o un nombre de tiempo como sujeto) prnl. *Formarse niebla.* ≃ Aneblarse. **2** (Ar.) *Quedarse como atontado.*

aniego m. *Acción de anegar[se].* ⇒ *Ahogar.

anihilación (de «anihilar») f. *Aniquilación.*

anihilamiento (de «anihilar») m. *Aniquilamiento.*

anihilar tr. *Aniquilar.*

anilina (del al. «Anilin», del port. «anil», añil) f. Nombre de ciertas materias colorantes obtenidas por transformación de la bencina procedente del carbón de piedra.

anilla f. Anillo, particularmente cuando tiene un destino específico; por ejemplo, los que se ponen en cortinas y visillos, los que sirven de tirador o agarradero en un objeto, los que se fijan a la pared para *sujetar algo en ellos o los que se utilizan para llavero. ⊙ (pl.) Conjunto de dos aros pendientes de cuerdas o cadenas que se emplean para hacer ejercicios gimnásticos. ⊙ Pieza, generalmente metálica, que se pone a las aves para estudiar sus movimientos migratorios. ⊙ También se emplea para designar cualquier objeto, aunque no sea redondo, formado por una varilla o barra con los extremos unidos; por ejemplo, la parte de una hebilla así formada.

anillado, -a 1 Participio adjetivo de «anillar». ⊙ Formado por anillos o anillas. ⊙ *Aplicado al pelo, ensortijado.* **2** Aplicado a un ave, portadora del anillo que se les coloca a veces en alguna parte para estudiar su emigración, etc. **3** m. Acción de anillar.

anillar tr. Poner anillas o anillos en una ↘cosa; por ejemplo, en la pata de un ave para estudiar sus migraciones. ⊙ Sujetar una ↘cosa con anillas. ⊙ Dar forma de anillo a ↘algo. ⊙ *Hacer o formar anillos los cuchilleros en las piezas que fabrican.*

anillo (del lat. «anellus») **1** m. Objeto formado por una tira, filamento o varilla de cualquier material, curvado y cerrado, generalmente en forma de círculo. ⊙ *Forma de ese objeto. ⊙ Representación de él en *dibujo, *moldura, etc. **2** Anillo que se pone en los dedos como adorno. ≃ *Sortija. ⊙ O en otro sitio; por ejemplo, el que se ponen en algunas tribus primitivas en la nariz, la boca, etc. **3** Cada uno de los segmentos en que tienen dividido el cuerpo los *gusanos y *orugas, que parecen anillos colocados en serie. **4** ARQ. *Moldura que rodea un cuerpo cilíndrico, por ejemplo una *columna. **5** ARQ. Cornisa sobre la que se asienta una cúpula. **6** *Cada una de las dos piezas, de forma de anillo, que componen la *rueda hidráulica.* ⇒ Camón. **7** TAUROM. *Ruedo.* **8** BOT. Cada capa concéntrica de tejido leñoso que forma el tronco de un árbol.

ANILLO ASTRONÓMICO. ASTRON. *Instrumento antiguo de la clase de las armillas y astrolabios.*

A. DE BODA. El que se colocan recíprocamente los novios en la ceremonia del *casamiento y llevan puesto en adelante.

A. PASTORAL. El que usan los prelados.

A. DEL PESCADOR. Sello del Papa en que está representado San Pedro como pescador.

A. DE SATURNO. El que rodea a este planeta.

CAÉRSELE a alguien LOS ANILLOS (inf.). Frase con que se alude a algún trabajo o menester que una persona rehúsa o puede rehusar hacer por considerarlo humillante. Se usa generalmente en forma negativa: 'A mí no se me caen los anillos por fregar el suelo'.

VENIR una cosa COMO ANILLO AL DEDO. Ser muy oportuna o adecuada para la cosa de que se trata.

☐ CATÁLOGO
Formas prefijas, «anel-, anul-»: 'anélido; anular, anuloso'. ➤ Abrazadera, *agarradero, ajorca, alamar, alfardón, anilla, anulete, ánulo, arandela, arete, argolla, armella, *aro, arrendadero, barzón, bastardo, brazalete, cáncamo, casquillo, *cello, ceño, cercha, cerco, cerógrafo, cincho, colgadero, collar, corona, corra, engaste, eslabón, estornija, estrinque, fleje, galce, garrucho, gaveta, gaza, golilla, goma, gomita, gradecilla, guardacabo, hembrilla, herrón, lazada, llavero, malla, manguito, manija, mosquetón, portallaves, *presilla, *pulsera, racamento, *rodaja, rumo, servilletero, *sortija, sotalugo, trabón, *trébede[s], vaga, vilera, vilorta, vinco, virola, volandera, *vuelta, zarcillo, zuncho. ➤ *Circunferencia.

ánima (del lat. «anĭma», del gr. «ánemos», soplo) **1** f. Alma de los difuntos. ⊙ Particularmente, las que están en el Purgatorio: 'Rezar por las ánimas'. **2** Hueco de algunas cosas. ≃ Alma. ⊙ Particularmente, en un cañón u otra *arma de fuego, la recámara y la parte rayada. **3** (pl.) Toque de ánimas. ⇒ *Campana. ⊙ (pl.) Hora a que se hace: 'Volvió a casa a las ánimas'.

ÁNIMA BENDITA [O DEL PURGATORIO]. Alma de un muerto a la que se supone purgando sus culpas en el purgatorio.

EN MI [SU, etc.] ÁNIMA. Expresión con que se refuerza una afirmación referente a un estado de ánimo: 'En mi ánima que lo siento'. Ahora se emplea sólo en lenguaje afectadamente arcaico o jocosamente culto. ≃ En DIOS y en mi ánima.

animación 1 f. Acción y efecto de animar[se]. ⊙ Estado de animado: 'Esa animación que ves en él es ficticia'. ⊙ *Alegría o estado de ánimo propicio a ella, en una persona o en una reunión de personas. ⊙ Afluencia de gente a un lugar con motivo de una fiesta o cosa semejante: 'Ha habido mucha animación en el paseo'. ⊙ Actividad considerable en un sitio: 'Ha habido poca animación en la bolsa [o mucha animación en el mercado de naranjas]'. ⇒ Alacridad, ánimo, elación, exaltación. ➤ *Alegría. *Regocijo. **2** Vivacidad o colorido de una descripción, una pintura, etc. **3** Ilusión óptica del movimiento en las películas de dibujos animados. ⊙ Técnica para lograrla. **4** Conjunto de acciones que intentan impulsar la participación de una persona en una actividad y especialmente en el desarrollo sociocultural del grupo de que forma parte: 'Animación a la lectura. Animación cultural'.

animadamente adv. Con animación.

animado, -a Participio de «animar[se]». ⊙ adj. Dotado de alma: 'Seres animados'. ⊙ («Estar; a») Con buen ánimo para hacer cierta cosa: 'Está animado a seguir hasta el fin'. ⊙ («de», «por») Impulsado por cierta cosa que se expresa: 'Está animado de buenos propósitos. Ha escrito la segunda obra animado por el éxito de la primera'. ≃ Llevado, movido. ⊙ Con buen ánimo: 'Le he encontrado bastante animado'. ⊙ Aplicado a cosas, con animación: 'Una fiesta muy animada'. ⊙ Aplicado a personas, aficionado a divertirse o que tiene buen *humor y sirve para animar una reunión. ≃ *Alegre, *divertido. ⇒ *Bromista.

V. «DIBUJOS animados».

animador, -a 1 adj. y n. Se aplica a lo que anima: 'Noticias animadoras'. ⊙ n. Artista, particularmente mujer, que en cafés, salas de fiestas, etc., canta, baila o ejecuta números de variedades. ⊙ Persona que se dedica a organizar fiestas, reuniones o pasatiempos para otras personas: 'Animador turístico'. ⊙ Especialista en animación sociocultural. **2** Persona que realiza películas de dibujos animados.

animadversión (del lat. «animadversĭo, -ōnis») **1** («Abrigar, Sentir, Tener, Inspirar; a, contra, hacia, por») f. Actitud del ánimo en *contra de alguien. ≃ Animosidad, *aversión, hostilidad, *repugnancia. ⇒ *Antipatía, odio. **2** (ant.) *Reconvención o *reprensión.*

animadvertencia (del lat. «animadvertĕre», advertir; ant.) f. **Aviso o advertencia.*

animal[1] (del lat. «animālis») **1** adj. Se aplica a «reino» para designar el grupo de seres vivos que comprende a los animales. ⊙ De [o del] animal (ser vivo): 'Comportamiento [fuerza, grasa] animal'. **2** Se aplica a la parte sensitiva del ser humano, a diferencia de la parte racional o espiritual.

animal[2] (del lat. «anĭmal, -ālis») **1** m. Organismo vivo que posee sensibilidad, movilidad propia y alta capacidad de respuesta. Se diferencia de las plantas por la falta de clorofila y por necesitar oxígeno y alimentos orgánicos complejos para sobrevivir. **2** Por contraposición a hombre, otro animal cualquiera. **3** (Méj., Perú) *Bicho o sabandija.* **4** (inf.; n. calif.) adj. y n. *Ignorante o *torpe. Se aplica a la persona de poca inteligencia. **5** (inf.; n. calif.) Se aplica a la persona tosca en sus maneras o desconsiderada. ≃ *Bruto. **6** (inf., no necesariamente desp.; n. calif.) Persona excepcionalmente *robusta.

ANIMAL DE BELLOTA. **1** *Cerdo. **2** (inf.) Persona torpe, ignorante o brutal. ≃ Animal.

A. DOMÉSTICO. Animal de los que viven en domesticidad, bien como compañeros del hombre, bien para aprovechar su trabajo o sus productos.

A. FABULOSO [FANTÁSTICO O QUIMÉRICO]. Designación de significado deducible.

☐ CATÁLOGO
I Otra raíz, «zoo-»: 'zoogeografía, zooide, zoolatría, zoonosis'. Sufijos de nombres de animales jóvenes, «-ato, -ezno»: 'cervato, lebrato, lobezno, osezno'. Sufijo de familia zoológica, «-ido»: 'cérvido, suido'. ➤ Alimania, alimaña, animalejo, animálculo, animalia, animalucho, bestia, bicharraco, *bicho, bruto, cojijo, irracional, musaraña, pieza, *res, sabandija. ➤ Tótem. ➤ Caza, REINO animal, salvajina, volatería, volatilla. ➤ De sangre. ➤ Abrevadero, aguadero, bañadero, bebedero, bramadero, cado, cama, cubil, *cueva, escarbadero, *guarida, habitación, huidero, *madriguera, territorio, veranero. ➤ Acuario, animalario, CASA de fieras, cetárea [o cetaria], charcón, *corral, criadero, *establo, *granja, *jaula, *museo, PARQUE zoológico, terrario, vivario, vivero, zoo, zoológico. ➤ *Banco, bandada, cabaña, enjambre, *ganado, grey, haberío, *manada, mulada, nube, *pareja, piara, pico, potrada, punta, reata, *rebaño, *recua, rutel, torada, tropa, tropilla, vacada, yeguada. ➤ Acuático, acuátil, amaestrado, anfibio, añal, añojo, bagual, bímano, bípede, bípedo, bivoltino, bovino, bragado, bravío, cabrío, de carga, carguero, carnicero, caudimano, de caza, cimarrón, cojudo, de corral, cuadrumano, cuadrúpedo, dañino, depredador, digitígrado, diurno, doméstico, escatófilo, fañado, feroz, fiero, furo, gemíparo, hemacrimo, hematermo, hematófago, hematozoario, hembra, *híbrido, inerme, joven, de labor, lanar, de leche, leptorrino, macho, manso, manzanero, marino, masto, minador, mohíno, monógamo, montaraz, nambí, necrófago, necróforo, nocturno, ovino, ovíparo, ovovivíparo, parásito, plantígrado, predador, querencioso, racional, radicícola, rampante, reproductor, rijoso, ruin, sabio, *salvaje, de SANGRE caliente, de SANGRE fría, saxátil, sedentario, silvestre, sobreañal, terrestre, topador, topetudo, de trabajo, unguiculado, uníparo, útil, vacuno, venenoso, vivíparo, volvedor, zoófago. ➤ Mascota, nagual. ➤ En canal, en vivo. ➤ Microbio, *microorganismo, *plaga. ➤ Zoófito. ➤ *Artrópodo, *celentéreo, *equino-

dermo, *esponja, *gusano, *molusco, *protozoario, *vertebrado. ➤ Fósil. ➤ Casta, clase, especie, *filo [o filum], orden, raza, sub-tipo, tipo, variedad. ➤ Cachillada, camada, cría, lechigada, ventregada. ➤ *Cachorro, cría. ➤ Feto. ➤ Territorialismo. ➤ Campear, *celo, cerdear, *cubrir, escarbar, frezar, garzonía, hozar, *nacer, querencia, reproducirse. ➤ Epizootia, zoonosis. ➤ Hierbas, verdes. ➤ Instinto. ➤ Huellas. ➤ Apear, *castrar, *cazar, *cebar, *criar, *cruzar, desainar, desbuchar, descastar, descuartizar, desengordar, desengrasar, despernar, disecar, domesticar, engordar, ensortijar, *esquilar, *exterminar, ferrar, *marcar, matacía, matanza, osear, oxear, *perseguir, *pescar, recriar, sainar, taxidermia, vivisección. ➤ Aruspicina, hieroscopia. ➤ *Cola, cuarto, *cuerno, dermatoesqueleto, gañiles, garfa, *garra, *hocico, *lana, lucero, *pata, pelaje, pellejo, *pelo, pico, *piel, prosénquima, ventosa. ➤ *Biología, CIENCIAS naturales, ecología, *embriología, *fisiología, HISTORIA natural, organogenia, organografía, organología, paleozoología, zoografía, zoología, zootecnia, zootomía. ➤ Naturalista. ➤ Organización. ➤ *Estiércol. ➤ Prosopografía. ➤ *Agricultura. *Alimento. *Animal fabuloso. *Caballería. *Color. *Comer. *Criar. *Cuerpo. *Ganado. *Hombre. *Reproducción. *Veterinaria. *Voz.

II ANIMALES FABULOSOS: anfesibena [anfisbena o anfisibena], arpía, basilisco, camahueto, cancerbero, centauro, centimano, cerbero, ciensayos, cuélebre, dracena, dragón, egipán, endriago, esfinge, fauno, fénix, grifo, harpía, hidra, hipnal, hipocentauro, hipogrifo, hircocervo, lamia, leviatán, memnónida [o menonia], monoceronte [o monocerote], *monstruo [o mostro], piragón, piral, pirausta, quimera, régulo, rocho, ruc, salamandra, semicabrón, semicapro, semidragón, sirena, tritón, unicornio, vestiglo. ➤ *Mitología.

animalada 1 f. Cosa propia de un animal en cualquiera de las acepciones figuradas. ⊙ *Disparate o tontería. **2** (Arg., Chi.) *Conjunto de animales, particularmente ganado.*

animalario m. Edificio o instalación donde se tienen animales destinados a experimentos de laboratorio.

animálculo m. *Animal microscópico.*

animalejo m. Dim., a veces afectuoso, de animal. ≃ *Bicho.

animalero (Col., Guat., Méj.) m. *Animalada: conjunto de animales, particularmente ganado.*

animalia 1 (gralm. pl.) f. *Animal.* ≃ Alimaña. **2** (ant.; pl.) **Sufragios.*

animalidad (del lat. «animalĭtas, -ātis») f. Condición de animal.

animalización f. Acción de animalizar[se].

animalizar (de «animal») tr. y prnl. Embrutecer[se].

animalucho m. Desp. frec. de «animal».

animante 1 (ant.) adj. y n. *Que [o el que] anima.* **2** (ant.) m. **Viviente.*

animar (del lat. «animāre») **1** tr. Infundir ánima o vida en un ˋser. ⊙ Infundir el alma en el ˋcuerpo vida y actividad espiritual. ⊙ Comunicar apariencia de *vida a una ˋobra de arte. **2** Dar ánimo a ˋalguien en abstracto o para una acción determinada. ⇒ *Ánimo. ⊙ prnl. Adquirir ánimos para cierta cosa: 'Si hace buena tarde, puede que me anime a salir'. ≃ *Atreverse, decidirse, determinarse. **3** tr. Comunicar animación a una ˋreunión de gente. ⊙ prnl. Ponerse *alegre o con ganas de divertirse: 'Tomaron unas copas para animarse'. **4** tr. Dar vivacidad o quitar el exceso de seriedad a una ˋcosa con algún adorno o arreglo: 'Animar un vestido con un vivo'. **5** («a») Ser cierto propósito o deseo el móvil de una actitud o acción de ˋalguien: 'No le anima ningún deseo de venganza'. ≃ *Impulsar, llevar, mover.

anime (del lat. medieval «amineus», blanco; voz americana) m. *Curbaril (árbol leguminoso). ⊙ Resina de este árbol.

animero m. *Hombre que pide *limosna para las ánimas del Purgatorio.*

anímico, -a (de «ánima») adj. Espiritual, psíquico.

animismo (de «ánima») m. Creencia religiosa, por ejemplo de los pueblos primitivos, que atribuye alma a todos los seres, incluso a los inorgánicos.

animista adj. De [o del] animismo. ⊙ adj. y n. Adepto a él.

animizar (de «ánima») **1** tr. Dotar de alma a un ˋser inanimado. **2** prnl. Convertirse algo en alma o espíritu.

ánimo (del lat. «anĭmus», del gr. «ánemos», soplo) **1** («Impresionar, Influir en, Elevar, Levantar, Esparcir, Explayar, Abatir, Deprimir») m. Facultad de recibir impresiones, alegres o tristes, estimulantes o deprimentes, etc., o como asiento de las actitudes correspondientes: 'Sus palabras hicieron mucho efecto en mi ánimo. Hombre de ánimo esforzado'. ≃ *Alma, espíritu. ⊙ O considerada en cierto estado afectivo; es muy frecuente la expresión «estado [o situación] de ánimo»: 'Le encontré en excelente estado de ánimo'. **2** («Dar, Infundir, Inspirar, Tener, Levantar, Abatir, Quitar»; sing. o pl.) Capacidad para arrostrar las dificultades de la vida, para moverse o desarrollar actividad o para emprender cosas: 'Tiene muchos ánimos a pesar de sus años'. Se usa mucho con adjetivos o complementos y entonces lleva generalmente artículo: 'No tengo el ánimo necesario para eso'. ≃ Aliento, *brío, empuje, energía, espíritu. **3** («Ser, Estar, Tener; de») En frases más frecuentemente negativas, *intención o *proyecto: 'Mi ánimo no es hacerle ningún daño. Su ánimo es dimitir en la primera ocasión. No tiene ánimo de marcharse'.

¡ÁNIMO! Interjección con que se incita a emprender, hacer o proseguir algo.

V. «ESTADO de ánimo, GRANDEZA de ánimo».

HACER ÁNIMO de cierta cosa. Formar intención decidida de hacerla.

HACERSE EL ÁNIMO. Acostumbrarse a la idea de cierta cosa que ha ocurrido o tiene que ocurrir y conformarse con ella o resignarse a ella: 'No me hago el ánimo de que ya no le tengo conmigo'. ≃ Hacerse a la IDEA.

□ CATÁLOGO

Aliento, animosidad, ardor, atrevimiento, *brío, coraje, empuje, *energía, *entusiasmo, espíritu, euforia, fibra, fuerza, GRANDEZA de ánimo, humor, ímpetu, *impulso, moral, nervio, ñeque, *optimismo, PRESENCIA de ánimo, pujanza, *vigor. ➤ *Actitud, disposición, ESTADO de ánimo, posición, postura, SITUACIÓN de ánimo, talante, temple, tesitura. ➤ Abatimiento, alegría, angustia, depresión, exaltación, excitación, *impaciencia, indiferencia, pesimismo, *serenidad, *tranquilidad, tristeza. ➤ De buenas, luna, de *malas. ➤ Desfavorable, propicio. ➤ Alegrar[se], calentar[se], confortar, consolar[se], levantar el CORAZÓN, decidir[se], desovillar, entonar, esforzar, levantar el ESPÍRITU, estimular, fortalecer, fortificar, *impulsar, *incitar, *inducir, *invitar, levantar[se], levantar la MORAL, tener más MORAL que el Alcoyano, mover, reanimar[se], recrecerse, *reforzar, rehacer[se], renacer, *renovar[se], resucitar, resurgir, sostener, surgir, tonificar, dar la VIDA. ➤ *Impresionar. ➤ ¡Adelante!, ¡andando!, ¡ánimo!, ¡arriba!, ¡aúpa!, ¡a ello!, ¡sus y a ELLO!, ¡adelante con los FAROLES!, ¡hale!, ¡Santiago!, ¡SANTIAGO y cierra España!, ¡súrsum corda!, ¡upa!, ¡vamos!, ¡venga!, ¡vivo! ➤ A mal TIEMPO, buena cara; de PERDIDOS al río. ➤ *Abatir, desanimar. ➤ *Afán. *Brío. *Consolar. *Decisión. *Entusiasmo. *Fuerza. *Garbo. *Valor.

animosamente adv. Con ánimo.

animosidad (del lat. «animosĭtas, -ātis») **1** f. Ánimo. **2** *Animadversión o *antipatía.

animoso, -a (del lat. «animōsus»; «Ser, Estar») adj. Se dice del que, por temperamento o en cierto caso, tiene ánimo para arrostrar o emprender cosas. ≃ Atrevido, *decidido, resuelto.

aniñado, -a Participio de «aniñarse». ⊙ adj. Se aplica al que tiene aspecto o manera de ser propios de un niño, y a las cosas en que consiste ese aspecto: 'Cara aniñada'.

aniñarse prnl. Adquirir o adoptar el aspecto o manera de ser de un niño.

anión (de «an-» e «ión») m. Fís. Ión con carga negativa que, en la *electrólisis, se dirige al ánodo.

aniquilación f. Acción de aniquilar[se].

aniquilado, -a («Dejar») Participio adjetivo de «aniquilar».

aniquilador, -a adj. y, aplicado a personas, también n. Que aniquila.

aniquilamiento m. Aniquilación.

aniquilar (del b. lat. «annichilāre») **1** tr. y prnl. Reducir[se] ↘algo a la no existencia. ⊙ *Destruir[se] completamente una ↘cosa; se aplica sólo a cosas grandes o importantes, y particularmente a ejércitos o cosas semejantes: 'La escuadra enemiga fue aniquilada'. ⊙ Destruir[se] cosas como la ↘salud, las energías, las fuerzas: 'Trabajando de esa manera estás aniquilando tu salud'. ≃ Acabar con. ⇒ Anihilar, anonadar, *arrasar, *arruinar, asolar, deshacer, desolar *devastar, *exterminar, hundir, *talar. ➤ *Destruir. **2** tr. Dejar a ↘alguien sin energías físicas o sin ánimos. ≃ *Anonadar. ⊙ prnl. Perder la energía o el ánimo. **3** *tr. Confundir o derrotar a ↘alguien completamente en una lucha o una discusión. **4** (recípr.) Fís. Reaccionar una partícula elemental con su antipartícula, de forma que desaparecen ambas y se convierten en energía electromagnética.

anís (del lat. «anīsum», del gr. «ánisos») **1** (*Pimpinella anisum*) m. *Planta umbelífera de flores blancas que produce unas semillas muy menudas, llamadas del mismo modo, que se emplean como *condimento y para aromatizar golosinas. ≃ Matafalúa, matalahúva. **2** Esencia fabricada con ellas. **3** *Confite hecho con esas semillas recubriéndolas de azúcar glaseado. **4** Esencia para sustancias alimenticias, fabricada con ellas. **5** Aguardiente aromatizado con anís. ≃ Anisado.

ANÍS ESTRELLADO [o, menos frec., DE LA CHINA O DE LAS INDIAS] (llamado así porque el fruto tiene forma de estrella con ocho puntas y sabor similar al del anís; *Illicium verum*). Arbolito iliáceo de hoja perenne y flores amarillas, originario de China y Vietnam y cultivado por sus frutos y semillas, llamados igual que el árbol, que se usan como condimento y en la fabricación de licores y medicamentos. ≃ Badián, badiana.

V. «ACEITE de anís».

ESTAR HECHO UN ANÍS (Bol., Ec., Perú). *Acicalado, vestido con pulcritud.*

V. «GRANO de anís».

anisado, -a 1 Participio de «anisar». ⊙ adj. Aromatizado con anís. **2** m. Aguardiente anisado. ≃ Anís. **3** Acción de anisar.

anisal (Chi.) m. *Anisar: campo de anís.*

anisar[1] m. Tierra sembrada de anís.

anisar[2] tr. Echar anís o esencia de anís a una ↘cosa.

anisete (del fr. «anisette») m. Bebida compuesta de aguardiente, azúcar y anís.

aniso- Elemento prefijo del griego «ánisos» que significa «desigual».

anisodonte (de «aniso-» y el gr. «odoús, odóntos», diente) adj. *De dientes desiguales.*

anisofilo, -a o **anisófilo, -a** (de «aniso-» y «-filo[2]») adj. BOT. *De *hojas desiguales dentro de una misma rama.*

anisómero (de «aniso-» y «-mero») adj. BOT. *Que no tiene el mismo número de partes que otro órgano o estructura con el cual se compara.*

anisopétalo, -a (de «aniso-» y «pétalo») adj. BOT. *De pétalos desiguales.*

anisosilábico, -a adj. MÉTR. Del anisosilabismo.

anisosilabismo m. MÉTR. Desigualdad en el número de *sílabas entre dos o más versos.

anisosílabo, -a adj. MÉTR. *Aplicado a versos, de distinto número de sílabas.*

anisotropía f. Fís. *Cualidad de anisótropo.*

anisótropo, -a (de «an-» e «isótropo») adj. Fís. *Se aplica al cuerpo que no es isótropo.*

anito (del tagalo «anito») m. **Ídolo familiar adorado por los indígenas filipinos.*

aniversario, -a (del lat. «anniversarĭus») **1** adj. *Anual.* **2** m. Día en que se cumple un número exacto de años desde un suceso: 'El aniversario de la toma de la Bastilla'. Si no se especifica otra cosa, se entiende de la boda o de la *muerte de alguien. ⇒ Añal, cumpleaños, santo. ➤ Bicentenario, centenario, cincuentenario. ➤ BODAS de diamante [de oro o de plata]. *Memoria. *Repetir. *Tiempo. **3** *Ceremonia civil o solemnidad religiosa celebrada para conmemorar el aniversario de un suceso o de la muerte de alguien.

anjeo (de «Angeu», nombre occitano de «Anjou», región francesa de donde procedía este lienzo) m. *Antiguamente, cierto *lienzo basto.*

anjova (*Pomatomus saltator*) f. Pez perciforme típico del Atlántico, azul verdoso con una mancha oscura en la base de las aletas pectorales.

annado, -a (del lat. «ante natus», nacido antes; ant.) n. **Hijastro.*

ano (del lat. «anus», anillo) m. Orificio en que termina el *intestino, por el que se evacuan los excrementos. ⇒ Otra raíz, «proct-»: 'proctalgia, proctología'. ➤ Ojete, OJO del culo, sieso, siete, silla. ➤ Esfínter. ➤ Almorrana, hemorroida, hemorroide.

-ano, -a 1 Sufijo que forma adjetivos derivados de cualquier clase de palabra, convirtiendo en cualidad el significado de ella: 'urbano, liviano, cercano'. **2** Nombres adjetivos de naturaleza: 'toledano, sevillano, serrano'. **3** De doctrina o adhesión a ella: 'volteriano, cartesiano'. **4** De profesión: 'cirujano, hortelano'. A veces, sobre todo detrás de «n», se intercala una «i»: 'calderoniano, darwiniano'. **5** Se utiliza en química para formar nombres de hidrocarburos saturados: 'etano, propano'.

anoa (de or. malayo) f. Especie de búfalo, más pequeño que el carabao, que vive salvaje en las islas Célebes.

anobio (del gr. «aná», arriba, y «-bio») m., gralm. pl. Cualquier *coleóptero del género *Anobium*.

anoche (del lat. «ad noctem») adv. Expresa el tiempo transcurrido desde que se hizo de noche el día anterior hasta la hora de acostarse: 'Anoche salió después de cenar'. Para referirse al tiempo que normalmente se dedica al sueño, se dice «esta noche» o «la noche pasada». ≃ Ayer por la NOCHE.

ANTES DE ANOCHE. La noche anterior a la de ayer. ≃ Anteanoche.

anochecer[1] (de «a-[2]» y el lat. «noctescĕre»; terciop. de sujeto interno) intr. Comenzar la noche. Puede llevar un complemento de persona: 'Procura que no te anochezca en descampado'. ≃ Oscurecer, hacerse de NOCHE. ⇒ Lobreguecer. ⊙ Estar el tiempo de cierta manera al hacerse de noche: 'Anocheció despejado y ha amanecido lloviendo'.

□ CONJUG. como «agradecer».

anochecer[2] (de «anochecer[1]») m. Tiempo de tránsito del día a la noche. ≃ *Crepúsculo [vespertino].

AL ANOCHECER. En ese tiempo: 'Nos encontraremos al anochecer'.

anochecida f. Anochecer.

A LA ANOCHECIDA. Al anochecer.

anochecido, -a Participio de «anochecer» usado como adverbio en frases como 'Era ya anochecido y no pude distinguir si era él'. ≃ Oscuro.

anódico, -a adj. FÍS. Del ánodo.

anodinamente adv. De manera anodina.

anodinar tr. MED. *Aplicar *calmantes.*

anodinia (del gr. «anōdynía») f. MED. *Ausencia de dolor.*

anodino, -a (del lat. «anodȳnus», del gr. «anṓdynos») **1** adj. y n. m. MED. *Se dice de lo que calma el dolor.* **2** adj. Aplicado a cosas y personas, falto de expresión o de gracia; sin interés o sin nada por lo que llame la atención: 'Un ser anodino. Una película anodina'. ≃ Inocuo, insignificante, insustancial, insulso, *soso, sin NADA de particular, sin sustancia.

ánodo (del gr. «ánodos», camino ascendente) m. FÍS. Electrodo por el que entra la corriente en un electrolito, en un tubo de gas o en una válvula termoiónica, y al que se dirigen los iones negativos o aniones.

anofeles o **anófeles** (del lat. cient. «Anophĕles») adj. y n. m. Se aplica a los *mosquitos del género *Anopheles,* algunas de cuyas especies transmiten el paludismo.

anomalía (del lat. «anomalĭa», del gr. «anōmalía») **1** f. *Anormalidad: ⊙ Cualidad de anómalo. ⊙ Cosa anómala. **2** ASTRON. *Distancia angular del lugar verdadero o medio de un planeta a su afelio, vista desde el centro del Sol.*

anomalidad (ant.) f. *Anomalía.*

anomalístico, -a (de «anómalo») adj. V. «AÑO [o MES] anomalístico».

anómalo, -a (del lat. «anomălus», del gr. «anṓmalos») adj. *Anormal o desacostumbrado.

anomia (del gr. «anomía») **1** f. Ausencia de normas sociales. **2** (cient.) Situación del individuo incapaz de orientar su conducta, por carencia de normas sociales adquiridas o incongruencia en ellas.

anomuro (del lat. cient. «Anomura») adj. y n. m. *Se aplica a los *crustáceos decápodos que tienen el abdomen muy blando y se alojan para protegerlo en conchas vacías de caracoles marinos, asomando sólo el cefalotórax y los apéndices locomotores; como el ermitaño.*

anón (de or. caribe) m. **Anona (árbol anonáceo).*

anona[1] (de «anón») f. Nombre dado a varias especies de árboles anonáceos; entre ellos la *Annona reticulata,* de unos 4 m de altura, de hojas grandes lanceoladas, lustrosas, flores de color blanco amarillento y fruto llamado del mismo modo, comestible, semejante a una manzana cubierta de escamas y con una pulpa blanca en la que están las semillas, negras y duras, una por cada escama de la piel; es árbol tropical y subtropical. ≃ Anón, corosol, corrosal, yaca.

ANONA DE LA INDIA. *Yacio (árbol euforbiáceo).*

A. DE MÉJICO. *Guanábano (árbol anonáceo).*

A. DEL PERÚ. Chirimoyo (árbol anonáceo).

anona[2] (del lat. «annōna») f. *Provisión de víveres.*

anonáceo, -a (de «anona[1]») adj. y n. f. BOT. *Se aplica a las *plantas de la familia de la anona.* ⊙ f. pl. BOT. *Esa familia.*

anonadación f. *Anonadamiento.*

anonadado, -a Participio adjetivo de «anonadar[se]».

anonadamiento m. Acción y efecto de anonadar[se].

anonadante adj. Que anonada.

anonadar (de «a-[2]» y «nonada») **1** tr. **Aniquilar: dejar una ˃cosa reducida a nada.* **2** **Disminuir mucho una ˃cosa.* **3** Dejar a ˃alguien, por ejemplo una impresión muy fuerte o una desgracia, incapaz para pensar, trabajar, etc. Se usa más frecuentemente «dejar anonadado». ≃ Aniquilar, deshacer. ⊙ *Derrotar o *confundir a ˃alguien en una lucha o discusión. ⊙ Dejar a ˃alguien como sin comprender lo que pasa, el asombro o una impresión fuerte. ≃ *Pasmar. ⊙ prnl. Quedarse anonadado.

anónimamente adv. Permaneciendo en el anónimo.

anonimato («En el; Ocultarse en el») m. Situación o condición de anónimo. ≃ Anónimo.

anonimia f. Referido a una obra artística o literaria, cualidad de anónimo.

anónimo, -a (del gr. «anṓnymos», sin nombre) **1** adj. De autor no conocido o no declarado. Se aplica particularmente a escritos y obras literarias o artísticas. ⊙ adj. y n. m. Particularmente, a una *carta, por lo general insultante o en que se delata a alguien, cuyo autor oculta su nombre. ⇒ Paulina. ⊙ Se aplica también a «autor» o a otro nombre cualquiera de ejecutor de algo, significando «desconocido»: 'Un admirador [o un viajero] anónimo'. ⊙ adj. No famoso. ≃ Oscuro. **2** («En el; Guardar, etc., el, Ocultarse en el») m. Situación del que oculta su nombre o su personalidad. ≃ Anonimato.

V. «SOCIEDAD anónima».

anopluro (del gr. «ánoplos», sin armas, y «-uro») adj. y n. m. ZOOL. *Se aplica a ciertos *insectos parásitos chupadores, del orden al que pertenecen el piojo o la ladilla.* ⊙ m. pl. ZOOL. *Ese orden.*

anorak (del fr. «anorak», de or. esquimal; pl. «anoraks») m. Prenda de vestir a modo de chaquetón *impermeable, generalmente con capucha.

anorexia (del gr. «anorexía») f. MED. *Inapetencia patológica. ⊙ MED., PSI. Particularmente, ANOREXIA nerviosa [o mental].

ANOREXIA NERVIOSA [O MENTAL]. MED., PSI. Trastorno, más frecuente en mujeres jóvenes, caracterizado por una significativa pérdida de peso, a causa de una alimentación insuficiente, y falta de conciencia de delgadez en el enfermo, acompañado habitualmente de amenorrea y vómitos.

anoréxico, -a adj. y n. MED., PSI. Que padece anorexia.

anoria (del ár. and. «na'úra», con influencia de «acequia» y «acenia») f. **Noria de sacar agua.*

anormal adj. Aplicado a cosas, personas o sucesos, en sentido físico o espiritual, no normal. ⊙ Aplicado sólo a personas, deficiente mental.

□ CATÁLOGO

Aberración, alteración, anomalía, anormalidad, asimetría, capricho, DEFECTO físico, deformidad, desproporción, desvarío, desviación, discapacidad, *enfermedad, *excepción, *exceso, extravagancia, fenómeno, *imperfección, irregularidad, malformación, monstruosidad, originalidad, *particularidad, perturbación, rareza, singularidad, teratología, trastorno. ➤ Contranatural, extraordinario. ➤ Retroflexión, retroversión. ➤ Enano, gigante, *monstruo. ➤ Desproporcionado. ➤ *Imperfección. ➤ V. las anormalidades físicas en «*cuerpo, *mente, *hablar» y nombres de las partes del cuerpo a que afectan.

anormalidad f. Cualidad de *anormal. ≃ Anomalía, desviación. ⊙ Cosa anormal. ⊙ Particularmente, cualquier desviación del tipo normal en un organismo o en el espíritu. Se aplica también específicamente a la situación política de un país en que, por existencia o amenaza de guerra o de desórdenes públicos, las instituciones políticas dejan de funcionar normalmente. ⇒ ESTADO de excepción, ESTADO de guerra, ESTADO de sitio, SUSPENSIÓN de las garantías constitucionales.

anormalmente adv. De manera anormal.

anorza (de «nuerza», del lat. «nodĭa») f. **NUEZA blanca (planta cucurbitácea).*

anosmia (de «an-» y el gr. «osmḗ», olor) f. MED. *Falta de *olfato.*

anotación f. Acción y efecto de anotar.

ANOTACIÓN PREVENTIVA. DER. *Anotación provisional de un título en el registro de la propiedad, para garantizar un derecho.*

anotado, -a Participio de «anotar». ⊙ adj. Con anotaciones: 'Edición anotada de un libro'.

anotador, -a 1 adj. y n. Se aplica al que anota. **2** n. CINE. Encargado de ir anotando todas las incidencias de cada escena en el rodaje de una película. ≃ Script [girl].

anotar (del lat. «annotāre») **1** tr. Escribir o poner una nota o señal para advertir o hacer notar cierta ˜cosa, en algún sitio. ⊙ Escribir algún ˜dato o noticia para recordarlo: 'Anotaré sus señas'. ≃ Apuntar. ⊙ Escribir el nombre de ˜algo o ˜alguien en una lista o relación: 'Me he hecho anotar en la lista de aspirantes'. ≃ Apuntar, inscribir. ⇒ Acotar, alistar, apuntar, asentar, consignar, llevar la CUENTA, decretar, *empadronar, empersonar, encabezar, encartar, inscribir, listar, *marcar, marginar, matricular, tomar razón, registrar, respaldar. ➤ Agenda, carnet, cuaderno, libreta, libro, memorándum, vademécum. ➤ *Nota, volante. ➤ *Escribir. **2** tr. o abs. DEP. Marcar. **3** (con un pron. reflex.) Obtener un ˜triunfo en ˜algo: 'El equipo se anotó una nueva victoria'.

anoticiar (de «noticia»; Arg.) tr. *Dar a conocer cierta cosa.* ⊙ prnl. **Enterarse de algo.*

anotomía (ant.) f. *Anatomía.*

anotómico, -a (ant.) adj. *Anatómico.*

anovelado, -a adj. Con rasgos de novela.

anovulatorio, -a adj. y n. m. Se aplica al medicamento que interrumpe la ovulación. ⇒ *Anticonceptivo.

anoxia (del lat. cient. «anoxia») f. MED. Escasez o ausencia de oxígeno en la sangre o en los tejidos.

anquear (de «anca»; ant.) intr. *Amblar (*andar de cierto modo las caballerías).*

anqueta (dim. de «anca») f. DE MEDIA ANQUETA (ant.). *Se aplica a la manera de sentarse o estar sentado cuando se hace sin descansar completamente sobre el asiento.*

anquialmendrado, -a (de «anca» y «almendra») adj. *Se aplica a las *caballerías que tienen las ancas muy estrechas y acabando en punta hacia la cola.*

anquiboyuno, -a (de «anca» y «boyuno») adj. *Se aplica a las *caballerías que tienen muy salientes los extremos anteriores de las ancas.*

anquiderribado, -a (de «anca» y «derribado») adj. *Se aplica a las *caballerías que tienen la grupa muy alta y en declive muy pronunciado hacia la cola.*

anquilosado, -a Participio adjetivo de «anquilosar[se]».

anquilosamiento m Acción y efecto de anquilosar[se]. ⇒ *Atrofia.

anquilosar 1 tr. Hacer que se anquilose una ˜cosa. ⊙ prnl. Producirse anquilosis en una articulación. ≃ Atrofiarse. **2** *Detenerse una cosa material o inmaterial en su desarrollo.

anquilosis (del gr. «ankýlōsis») f. MED. Inexistencia anormal, total o parcial, de movimiento en una articulación.

anquilostoma (del gr. «ankýlos», encorvado, y «stóma», boca) m. ZOOL. Gusano nematodo, *parásito del intestino delgado del hombre y otros mamíferos, de unos 18 mm de longitud y 1 mm de diámetro, que se alimenta de sangre.

anquilostomiasis (de «anquilostoma») f. MED. *Enfermedad producida por el anquilostoma; se caracteriza por trastornos gastrointestinales y una intensa anemia, y afecta particularmente a los mineros y personas que permanecen mucho tiempo en parajes subterráneos.*

anquirredondo, -a o **anquiseco, -a** adj. *Aplicado a las caballerías, de ancas carnosas y redondeadas; de ancas descarnadas.* ⇒ Cuadrilón.

ansa[1] (del lat. «ansa»; Ar.) f. *Asa.*

ansa[2] f. Variante ortográfica de «hansa» (antigua federación comercial de varias ciudades del norte de Alemania).

ánsar (del lat. «anser, -ĕris») m. Nombre dado a diferentes especies de aves anseriformes del género *Anser,* como *Anser anser*. ⇒ Ganso, oca.

ansarino o **ansarón** m. Pollo del ánsar.

anseático, -a adj. Variante ortográfica de «hanseático».

anseriforme (del lat. «anser, -ĕris», ánsar) adj. y n. ZOOL. *Se aplica a las aves acuáticas semejantes al pato, el cisne, etc., las cuales tienen el pico provisto de laminillas en los bordes y una placa en la mandíbula superior.* ⊙ f. pl. ZOOL. *Orden que forman.*

anserino, -a adj. y n. f. ZOOL. *Anseriforme.*

ansí (del lat. «aeque sic» o «ad sic»; pop.) adv. *Así.*

ansia (del lat. «anxĭa», f. de «anxĭus», angustiado) **1** f. Malestar físico muy intenso que no consiste en ningún dolor determinado y se manifiesta principalmente por respiración anhelante: 'En las ansias de la muerte'. ≃ Ansiedad, *angustia. **2** Padecimiento espiritual con impaciencia o temor. ≃ *Angustia. **3** («Saciar, Satisfacer») *Deseo muy intenso de algún bien material o espiritual: 'El ansia de placeres [de libertad, de poder]. El ansia de vivir'. ≃ Afán, anhelo. ⊙ Puede también decirse «comer, beber, mirar con ansia».

ansiadamente adv. *Ansiosamente.*

ansiar (del lat. «anxiāre») tr. Desear alguien una ˜cosa tan importante para su bienestar o felicidad, que su no posesión le causa sufrimiento.

□ CATÁLOGO

Abarcuzar, abrasarse, esperar como el santo ADVENIMIENTO, alamparse, ambicionar, anhelar, *aspirar, atagallar, codiciar, consumirse, desalar, desalmarse, DESEAR vehementemente, arder en DESEOS, despulsarse, *desvivirse, exhalarse, hipar, no ver la HORA de, lampar[se], volverse LOCO, morirse, comerse con los OJOS, irse los OJOS tras, saltarse los OJOS, penar por, perderse, perecerse, pirrarse, rabiar por, suspirar por, beber [o sorber] los VIENTOS. ➤ *Afán, *ambición, *anhelo, ansia, aspiración, avaricia, avidez, *codicia, *deseo, hipo, pío, SED insaciable. ➤ Afanoso, ambicioso, anheloso, ansioso, codicioso, desalado, deseoso, loco. ➤ *Ambición. *Desear. *Encapricharse.

□ CONJUG. como «desviar».

ansiedad (del lat. «anxiĕtas, -ātis») **1** f. Estado del que ansía. **2** Preocupación e impaciencia por algo que ha de ocurrir. ≃ *Angustia. ⊙ Se emplea específicamente en medicina.

ansimesmo, ansimismo o **ansina** (pop.) adv. *Así.*

ansiolítico, -a (del lat. «anxĭus», angustiado, y el gr. «lytikós», que disuelve) adj. y n. m. FARM. Aplicado especialmente a un medicamento, que sirve para calmar la ansiedad. ⇒ *Farmacia.

ansión (aum. de «ansia»; Sal.) m. *Tristeza o *añoranza.*

ansiosamente adv. Con ansia o ansiedad: 'Esperamos ansiosamente noticias'.

ansiosidad (de «ansioso»; ant.) f. *Ansia.*

ansioso, -a (del lat. «anxiōsus»; «Estar; de, por») adj. Con ansia o ansiedad: 'Estamos ansiosos por conocer el resultado'. ⊙ Con el deseo acuciante de una cosa: 'Está ansioso de ganarse la vida'. ≃ Afanoso, deseoso. ⊙ («Ser») adj. y n. Se dice del que tiene un afán exagerado de tener u obtener cosas: 'Es un ansioso y lo quiere todo para él'. ≃ Avaricioso, codicioso.

ansotano, -a adj. y, aplicado a personas, también n. *Del valle de Ansó, en el Pirineo aragonés.*

anta[1] (de «ante[1]») f. *Alce (mamífero rumiante). ≃ Ante.

anta[2] (del lat. «antae») **1** f. **Menhir (monumento prehistórico).* **2** ARQ. *Pilastra embutida en un muro, bien detrás de una columna, bien en los extremos del muro o bien a los lados de una puerta.*

antagalla f. MAR. *Faja de rizos de las *velas de cuchillo.*

antagallar tr. MAR. *Recoger las ˃antagallas o rizos para que las *velas ofrezcan menos superficie al viento.*

antagónico, -a (de «antagonismo») adj. Aplicado a «ideas, opiniones, intereses», etc., con respecto a una cosa, otra tan distinta que no se puede conciliar con ella. ≃ *Contrario, opuesto.

antagonismo (del gr. «antagōnismós») m. Lucha, rivalidad, incompatibilidad u *oposición entre ideas, etc., o entre las personas por ellas: 'El antagonismo de dos doctrinas. El antagonismo entre patronos y obreros. El antagonismo entre el presidente y el secretario'. ⊙ ANAT. Oposición entre músculos o nervios antagonistas.

antagonista (del lat. «antagonista», del gr. «antagōnistḗs», el que lucha en contra) **1** n. Con respecto a una persona o una cosa, otra que está en oposición con ella. ⊙ Se usa específicamente referido a los personajes de obras de creación. **2** adj. y n. m. ANAT. *Se aplica a los músculos cuyas acciones son opuestas; como los flexores y los extensores de una misma región o miembro.* ⊙ ANAT. *También, a los nervios que producen sobre un órgano efectos contrarios.* ⊙ ANAT. *Y a las piezas dentarias de una mandíbula respecto a las opuestas de la otra.* ⊙ *En mecánica, se aplica a la pieza, por ejemplo un resorte, que tiende a recuperar una posición de la que la tiene separada una fuerza.*

antainar (Ast.) intr. *Darse *prisa.*

antamilla (Cantb.) f. *Altamía (cazuela de barro vidriado).*

antana LLAMARSE ANTANA. *Llamarse* ANDANA. ⇒ Andana.

antañada (de «antaño») f. *Antigualla.*

antañazo (de «antaño») adv. *Hace mucho tiempo.*

antaño (del lat. «ante annum», un año antes) **1** (ant.) adv. *El año pasado.* **2** Antiguamente; en otros tiempos, en tiempos pasados.

antañón, -a (de «antaño») adj. *Muy viejo.*

antarca (del quechua «hantarqa»; Arg.; inf.) adv. *De antarca.*

DE ANTARCA (Arg.; inf.). *De espaldas.*

antárctico, -a (del lat. «antarctĭcus») adj. *Antártico.*

antarquearse (de «antarca») **1** (Arg.; inf.) prnl. *Andar muy estirado y con los hombros hacia atrás.* **2** (Arg.; inf.) **Envanecerse.*

antártico, -a (del lat. «antarctĭcus», del gr. «antarktikós») adj. Se aplica al polo sur, a la región próxima, y a las cosas relacionadas con él.

ante[1] (del ár. and. «lámṭ») **1** (*Alces alces*) m. Alce: mamífero rumiante muy corpulento, con las astas en forma de pala. ≃ Anta, danta, dante. ➤ *Ciervo. ⊙ Piel de este animal, curtida, de la que se fabrican diversos objetos. ⊙ Se llama así también a cualquier piel utilizada por la parte áspera, de modo que imita la de ante; por ejemplo, en el calzado. ⇒ Antelina. ⊙ Se emplea también para describir el *color pardo claro y rojizo, como el de la piel de ante. **2** Búbalo (búfalo de Asia).

ante[2] (del lat. «ante») **1** (ant.) adv. *Antes.* **2** prep. Se emplea en vez de «*delante de» o «en presencia de». En lenguaje figurado se prefiere a éstas: 'Se crece ante las dificultades. Me rindo ante esas razones'. En sentido material se emplea con cierta solemnidad o en lenguaje literario: 'Se prosternó ante el rey. Ante mí se extendía un paisaje maravilloso'. ⊙ En lugar tal que se ve la cosa que se expresa o se es visto por alguien que se expresa: 'Estábamos ante las ruinas de Troya. No apareció más ante mí'. ≃ Delante de. ⊙ Se emplea para expresar la situación que motiva una decisión: 'Ante las dificultades de la empresa, tuvimos que renunciar'. ≃ Delante de. **3** En comparación con la cosa que se expresa: 'Cualquier otra belleza palidece ante la suya'. **4** m. *Principio o plato que se tomaba antes de los platos importantes.* **5** (ant.) *Cierta bebida del Perú, hecha con frutas, vino, azúcar y especias.* **6** *Postre que se hace en Méjico con bizcocho, huevo, coco, almendra, etc.* **7** (Guat.) *Dulce hecho con harina de garbanzos y otras legumbres.*

V. «PIE ante pie, ante TODO».

ante- Forma prefija de la preposición «ante», que se emplea para significar precedencia en el tiempo o en el espacio: 'antealtar, anteayer, antecámara, antepalco'. Puede utilizarse acomodaticiamente: 'antecomedor'.

-ante V. «-nte».

antealtar m. Espacio que precede al altar.

anteanoche (de «ante-» y «anoche») adv. Designa la *noche entre anteayer y ayer. ≃ Antes de anoche.

anteantaño (de «ante-» y «antaño») adv. *En el año anterior al pasado.*

anteanteanoche adv. *Designa la noche anterior a anteanoche.* ≃ Anteantenoche.

anteanteayer adv. *Designa el día anterior a anteayer.*

anteantenoche adv. *Anteanteanoche.*

anteantier (de «ante-» y «antier»; pop.) adv. *Anteanteayer.*

anteayer (de «ante-» y «ayer») adv. Designa el día que precedió a ayer. ≃ Antes de ayer. ⇒ Antier.

antebrazo (de «ante-» y «brazo») m. Parte del *brazo comprendida entre la muñeca y el codo. ⊙ Brazuelo de los animales; particularmente, de las *caballerías.

antecama f. *Especie de tapete que se pone delante de la cama.*

antecámara (de «ante-» y «cámara») f. Pieza que precede a la sala. ≃ Antesala. ⊙ Ahora se aplica solamente a la que precede al sitio de recibir de una persona importante;

por ejemplo, la que precede al despacho de un ministro. ⇒ Saleta.

HACER ANTECÁMARA. Esperar antes de ser recibido por una persona importante. ≃ Hacer ANTESALA.

antecapilla f. *Pieza que precede a una capilla.*

antecedente (del lat. «antecēdens, -entis») **1** adj. *Aplicable a lo que antecede.* ≃ Anterior, precedente. **2** m. Dato o circunstancia que precede a la aparición de otra cosa o que es necesario para comprenderla. ⊙ (pl.) Cosas que ya han ocurrido de algo que está todavía desarrollándose o produciendo consecuencias: 'Explícame los antecedentes del asunto'. ⇒ Base, *condición, *ejemplo, *fundamento, hipótesis, precedente, preliminar, premisa, prótasis. ➤ Si ACASO, en CASO de que, si. ➤ *Hipotético. ➤ Por la cuenta, al parecer, a lo que parece, según parece, por las señas, por lo VISTO. ➤ *Preparar. ➤ Deducir. ➤ Consiguiente. **3** GRAM. Primer término de dos relacionados sintácticamente. ⊙ GRAM. Específicamente, con relación a un pronombre relativo, palabra representada por él. **4** LÓG. Primera proposición de un entimema o *silogismo con una sola premisa. **5** MAT. Primer término de una razón.

ANTECEDENTES PENALES. Noticia que queda en el registro correspondiente de la persona que ha tenido alguna condena judicial. ⇒ *Tribunales.

ESTAR EN ANTECEDENTES. Estar *enterado de los antecedentes de cierto asunto de que se trata o se va a tratar.

PONER EN ANTECEDENTES. Informar de los antecedentes de cierta cosa.

antecedentemente adv. *Anteriormente.*

anteceder (del lat. «antecedĕre») tr. Estar, ir u ocurrir antes que cierta cosa: 'La causa antecede al efecto. El vestíbulo antecede a las habitaciones. El que le antecedió en ese puesto'. ≃ Preceder.

antecesor, -a (del lat. «antecessor, -ōris») **1** n. Persona que ha ocupado un puesto, con respecto al que le sigue: 'Mi antecesor en el cargo. Su antecesor en el trono'. ≃ Predecesor. **2** (muy frec. en pl.) Una persona, con respecto a los que descienden de ella. ≃ *Antepasado.

anteclásico, -a adj. Anterior al periodo clásico. ⇒ *Estilo.

anteco, -a (del lat. «antoeci, -ōrum», del gr «ántoikos», que vive al lado opuesto) adj. y n. m. Con relación a unos *habitantes de la Tierra, los que viven en regiones situadas en distinto hemisferio, en el mismo meridiano, en cualquier zona y a igual distancia del Ecuador, de modo que tienen las mismas horas, pero estaciones opuestas. ≃ Antiscio.

antecocina f. Pieza que precede a la *cocina, en donde se tienen algunos servicios relacionados con ésta, armarios, etc. ≃ Office, oficio, recocina.

antecoger 1 tr. *Llevar a una ↘persona por delante *empujándola.* **2** (Ar.) **Coger las ↘frutas antes de que estén en sazón.*

antecolombiano, -a o **antecolombino, -a** adj. Precolombino: de la historia de América anterior a su descubrimiento.

antecoro m. Espacio que precede al coro de una *iglesia.

antecristo m. *Anticristo.*

antedata (de «ante-» y «data[1]») f. **Fecha falsa, anterior a la verdadera, puesta en un documento.*

antedatar tr. *Fechar un ↘documento con antedata.*

antedecir (del lat. «antedicĕre»; ant.) tr. **Predecir.*

antedespacho m. *Pieza en una casa por la que se pasa al despacho.*

antedía adv. *Con antelación.* ⊙ (ant.) *En la *víspera o pocos días antes de la fecha o el suceso de que se trata.*

antedicho, -a adj. y n. Se aplica a algo o alguien que se ha nombrado antes: 'El antedicho funcionario. Las antedichas fincas'. Refiriéndose a personas, se usa como pronombre, por ejemplo en lenguaje judicial. ≃ Citado, susodicho. ⇒ Avandicho, devandicho.

ante díem Expresión latina que significa «antes del día». Se usa tratándose de avisos para convocar a una junta.

antediluviano, -a adj. Anterior al diluvio. ⊙ (inf.) Muy *antiguo o pasado de moda.

anteferir (del lat. «anteferre»; ant.) tr. **Preferir.*

antefija f. ARQ. Adorno que se coloca en el borde de un *tejado para ocultar el extremo de una hilera de tejas.

antefirma f. Expresión del cargo del firmante de una carta o documento, que se escribe antes de la *firma. ⊙ Fórmula de cortesía y, particularmente, de acatamiento o reverencia, con el *tratamiento de la persona a quien se dirige el escrito, que se escribe antes de la firma; por ejemplo, 'a los reales pies de V. M.'.

antefoso m. FORT. **Foso construido en la explanada, delante del foso principal.*

antegrada f. MAR. *Prolongación en un cierto trecho dentro del mar de una grada de carenar *barcos.*

anteguerra f. Época que precede inmediatamente a la *guerra de que se trata. ≃ Preguerra.

antehistórico, -a adj. *Prehistórico.*

anteiglesia 1 f. *Pórtico o *atrio delante de una iglesia.* ≃ Antetemplo. **2** *En algunos pueblos del País Vasco y de las montañas de Burgos y Cantabria, *parroquia.* **3** *También en el País Vasco, *municipio.*

anteislámico, -a adj. De la historia de los *árabes anterior al islamismo.

antejardín (Chi., Col.) m. *Zona libre comprendida entre la calle y los edificios.*

antejo m. *Árbol silvestre de Cuba, de corteza morada, de madera igual, sin nudos, fácil de trabajar.*

antejuicio m. DER. Trámite previo a un juicio en el que se decide si procede o no actuar criminalmente contra un juez o magistrado. ⇒ *Tribunal.

antelación (del lat. medieval «antelatĭo») f. Cierto espacio de tiempo que media entre una cosa u otra consabida o que se expresa, que ocurre después. ≃ Anticipación. ⇒ Antedía, antemano, anterioridad, *antes, por *anticipado.

□ NOTAS DE USO

Se construye con la preposición «con» (o, en su caso, «sin») y sin artículo, a menos que vaya acompañado de un adjetivo como «debida, acostumbrada», etc.; muchas veces se determina con alguna expresión la cantidad de tiempo: 'La celebración de los ejercicios se comunicará a los interesados con antelación [con la debida antelación, con la antelación debida, con cinco días de antelación]. Su secretario llegará con antelación para preparar la entrevista'.

antelar (Chi.) tr. **Anticipar.*

antelina (de «ante[1]») f. Tejido que imita al ante.

antellevar (Méj.) tr. *Atropellar.*

antelucano, -a (del lat. «antelucānus»; ant.) adj. y n. m. *Anterior al *amanecer.*

antema f. ARQ. *Adorno de formas de la naturaleza.*

antemano (de «ante-» y «mano») DE ANTEMANO. *Antes de cierta cosa consabida o que se expresa: 'Él sabía de antemano que no iba a pasar nada'.

antemeridiano, -a (del lat. «antemeridiānus») adj. *Anterior al *mediodía.*

ante meridiem (pronunc. [ante merídiem]) Expresión latina, escrita generalmente con la abreviatura «a. m.», que significa «antes del mediodía», o sea, por la mañana. ⇒ Post meridiem.

antemostrar (de «ante-» y «mostrar»; ant.) tr. *Augurar.*

antemural (del lat. «antemurāle») m. **Defensa natural formada por una montaña.* ⊙ *Baluarte o defensa moral.*

antemuralla (de «ante-» y «muralla»; ant.) f. *Antemural.*

antemuro (de «ante-» y «muro») **1** (ant.) m. *Antemural.* **2** FORT. *Falsabraga.*

antena (del lat. «antenna») **1** f. *Verga de la vela latina. ≃ Entena. **2** Cada uno de los apéndices sensoriales de los *insectos y de los *crustáceos, que consisten en unos filamentos movibles colocados, en número de dos o de cuatro, en la cabeza. ⇒ Cuerno. ➤ Flabelicornio. **3** Conductor de distintas formas y de más o menos longitud que sirve para emitir y recibir ondas hertzianas.

ANTENA COLECTIVA. La de televisión que utilizan todos los receptores de un mismo edificio.

A. PARABÓLICA. Antena de televisión que permite captar ondas transmitidas vía satélite.

antenacido, -a adj. *Nacido antes de lo que le corresponde.*

antenado, -a (del lat. «ante nātus», nacido antes; ant.) n. **Hijastro.*

antenoche (de «ante-» y «noche») **1** adv. *Anteanoche.* **2** *Antes de anochecer.* **3** (ant.) *En la noche precedente.*

antenombre m. *Nombre o tratamiento que se pone delante del nombre; como «don, san», etc.*

antenotar (de «ante-» y «notar»; ant.) tr. **Titular.* ≃ Intitular.

antenupcial (de «ante-» y «nupcial») adj. Se aplica a lo que precede inmediatamente a la boda. ⇒ Prematrimonial.

anteocupar (del lat. «anteoccupāre»; ant.) tr. **Preocupar.*

anteojera f., gralm. pl. Cada una de las piezas que llevan las *guarniciones de las caballerías para taparles los ojos lateralmente. ≃ Antojera.

anteojo (de «antojo») **1** m. Instrumento óptico para ver de lejos. ≃ Catalejo, telescopio. ⊙ (pl.) Utensilio, empleado por ejemplo en los espectáculos, compuesto de dos anteojos unidos que se colocan uno delante de cada ojo. ≃ Gemelos. ⊙ (pl.) Utensilio semejante, pero más grande y con prismas ópticos en su interior, que se usa, por ejemplo, en el campo. ≃ Prismáticos. ⊙ (pl.; más frec. en Hispam.) Gafas. ⇒ Alidada, catalejo, ecuatorial, espejuelo, gemelos, helioscopio, largomira, *microscopio, periscopio, prismáticos, telémetro, telescopio. ➤ Antiparras, binóculo, gafas, impertinentes, lentes, lentilla [o microlentilla], monóculo, ojuelos, quevedos. ➤ Lente, luneta, objetivo, ocular, refractor. ➤ Abertura. ➤ *Óptica. **2** (pl.) Par de piezas de cuero, redondas y con un agujero en el centro, que se les pone delante de los ojos a los caballos espantadizos. ⇒ *Guarnición. **3** *Doblescudo (planta crucífera).*

V. «SERPIENTE de anteojos».

anteojudo, -a (Arg., Chi., Guat.; desp.) adj. y n. *Que usa anteojos.*

anteón m. **Lampazo (planta compuesta).*

antepagar (ant.) tr. *Pagar ˋalgo con anticipación.*

antepalco m. Espacio situado detrás de cada palco, por el que hay que pasar para entrar en éste.

antepasado, -a (de «antepasar») n. Con respecto a una persona o un animal, otro del cual desciende: 'Uno de sus antepasados fue general de Napoleón'. ⊙ m. pl. Ascendencia: 'Sus ilustres antepasados'. ≃ Antecesor, ascendiente. ⇒ Abuelo, antecesor, ascendiente, mayor, padre, pasado, predecesor, progenitor, tataradeudo, trasero. ➤ Alcavela, alcavera, ascendencia. ➤ *Linaje. *Pariente.

antepechado, -a adj. Con antepecho.

antepecho (de «ante-» y «pecho²») **1** m. Pretil o barandilla que se pone en el borde de los *puentes, *balcones, etc., para evitar la caída desde ellos y para poder *apoyarse. ⊙ Corte liso en la parte inferior de las ventanas, donde es posible apoyarse. ⇒ Acitara, acroterio, andarivel, *balaustrada, balcón, baranda, barandado, barandaje, barandal, *barandilla, barbacana, batallola, batayola, brocal, colaña, guardalado, mampuesto, parapeto, paredilla, *pasamano, plúteo, pretil, rastel. **2** *Balcón o *ventana que tiene una barandilla que no sobresale del paramento exterior del muro. **3** *Almohadilla de cuero que forma parte de la *guarnición de las caballerías de tiro, quedando por delante del pecho de éstas.* **4** *Trozo de cuero con que se cubría el *estribo en los coches de estribo.* **5** *Pieza de hueso con que se guarnecía la parte superior de la nuez de la *ballesta.* **6** MINER. *En las minas de Linares y Marbella, «banco» de mineral.*

antepenúltimo, -a adj. y n. Anterior al penúltimo.

antepié m. ANAT. Parte anterior del *pie formada por los metatarsianos y las falanges de los dedos correspondientes.

anteponer (del lat. «anteponĕre») **1** («a») tr. Poner una ˋcosa antes que otra o delante de otra. **2** («a») Dar más importancia a cierta ˋcosa que a otra que se menciona, o poner más interés en cierta ˋcosa que en otra: 'Anteponer el bien común al particular'. ⇒ Aventajar. ➤ *Preferir.

□ CONJUG. como «poner».

anteportada f. AGRÁF. Hoja que precede a la portada en un libro, en la cual, generalmente, sólo se pone el título de la obra.

anteportón (Col., Ven.) m. **Puerta para separar el zaguán del resto de la casa.*

anteposición f. Acción de anteponer.

anteproyecto («Hacer, Trazar») m. Proyecto de ingeniería o de *arquitectura o plan de cualquier clase de cosas, trazado como primera orientación, que se ha de discutir o estudiar antes de hacer el definitivo. ⇒ *Bosquejo. *Esquema. ⊙ Se usa específicamente referido a leyes.

antepuerta 1 f. **Cortina que cubre una puerta.* ≃ Guardapuerta. **2** FORT. *Puerta interior o segunda de una fortaleza.*

antepuerto 1 m. *Terreno escabroso que precede al puerto en una montaña.* **2** MAR. *Parte avanzada de un puerto artificial donde los barcos se detienen antes de entrar o salir.*

antepuesto, -a Participio adjetivo de «anteponer».

antequerano, -a adj. y, aplicado a personas, también n. *De Antequera, población de la provincia de Málaga.* ≃ Anticariense.

antequino m. ARQ. **Moldura de cuarto de círculo en posición tangente por uno de sus extremos al muro que adorna.* ≃ Esgucio.

antera (del gr. «antherá», florida) f. BOT. Parte superior del estambre de las flores, que contiene el polen. ≃ Borlilla, cierna. ⇒ Teca. ➤ Dehiscente.

anteridio m. BOT. Órgano masculino de las plantas *criptógamas, en el que se desarrollan los anterozoides.

anterior (del lat. «anterĭor, -ōris») **1** («a») adj. Situado, en el espacio o en el tiempo, *antes que otra cosa que se dice o consabida: 'Ese viaje fue muy anterior al que yo digo'. **2** Inmediatamente anterior: 'El año anterior. El anterior a mí en la lista'.

anterioridad f. Cualidad o estado de anterior.
CON ANTERIORIDAD. Anteriormente.
□ FORMAS DE EXPRESIÓN
La anterioridad inmediata de una cosa en el tiempo se expresa con el pretérito anterior del verbo correspondiente precedido de «cuando, no bien, apenas» u otra expresión equivalente: 'Cuando hubo callado, todos se quedaron pensativos'.

anteriormente adv. *Antes de ocurrir la cosa de que se trata: 'Anteriormente había mandado a su familia al extranjero'. ≃ Con anterioridad.

antero- Elemento prefijo correspondiente a «anterior».

anteroinferior adj. ANAT. De la parte anterior e inferior de una estructura orgánica.

anterosuperior adj. ANAT. De la parte anterior y superior de una estructura orgánica.

anterozoide m. BOT. Gameto masculino de las *plantas criptógamas.

antes (de «ante[2]», con la terminación «-s» por influencia de «tras») **1** adv. Sirve para referirse al tiempo ya pasado o que ya había pasado en el momento de que se trata. ⊙ Equivale también a «antiguamente»: 'Antes, las mujeres no estudiaban'. ⊙ Otras veces, equivale a «hace un rato»: '¿Quién ha llamado antes?'. ⊙ Cuando sigue a un nombre de tiempo en singular con artículo, equivale a «anterior» o «de antes»: 'La noche antes cenó con todos'. **2** Seguido de «de», forma expresiones prepositivas que preceden a nombres o verbos en infinitivo: 'Antes del jueves. Antes de venir tú'. ⊙ Con «que» o «de que», forma locuciones conjuntivas: 'Antes de que salga el Sol. Antes que nadie se dé cuenta'. ⇒ Apénd. II, CONJUNCIÓN (propiedad o impropiedad del uso de «de» en estas expresiones). **3** Significa también «mejor, más bien» haciendo papel de conjunción adversativa, y se construye con «que» aunque el complemento sea un nombre o un infinitivo: 'Todo antes que la deshonra [o que trabajar]'. Se construye mucho sin complemento cuando éste es consabido: 'Antes la muerte'. ⇒ *Preferir. **4** Con «bien, al contrario» o «por el contrario», equivale a «sino que» u otra conjunción adversativa y expresa algo que se opone a lo dicho en una oración negativa anterior: 'No estoy contento con el resultado; antes bien, me ha decepcionado'. **5** (Hispam.) *Afortunadamente.*
V. «antes de ANOCHE».
ANTES CON ANTES. Lo más *pronto posible.
V. «antes de AYER».
ANTES BIEN. V. «antes» (4.ª acep.).
ANTES AL [POR EL O POR LO] CONTRARIO. V. «antes» (4.ª acep.).
ANTES DE NADA. Lo *primero de todo: 'Antes de nada lávate las manos'. ≃ ANTES que nada.
ANTES QUE NADA. **1** Lo primero (más importante) de todo: 'La salud es antes que nada'. **2** ANTES de nada.
CUANTO ANTES. Lo más *pronto posible.
DE ANTES. Anterior: 'La noche de antes'; también, refiriéndose a orden: 'El nombre de antes del mío en la lista'.
V. «antes se coge al EMBUSTERO que al cojo».
□ NOTAS DE USO
«Antes» se emplea generalmente con tiempos imperfectos y pluscuamperfectos: 'Antes no estaba aquí esa estatua; se lo había dicho antes'. Con otros tiempos pretéritos se usan otras expresiones como «ya, hace tiempo, antes de ahora». Puede decirse por ejemplo: 'Antes te lo advertí', pero la expresión corriente es 'ya te lo advertí'. Si se expresa el espacio de tiempo en que consiste la anterioridad, esta expresión precede a «antes»: 'Cinco días antes nos escribió'; si el espacio de tiempo no se determina con un número, el nombre que lo expresa puede ir precedido de artículo o adjetivo indefinido o no llevar ni adjetivo ni artículo: '[Algunos o unos] meses antes te había encontrado por la calle'.
□ CATÁLOGO
Palabras que empiezan por «ante-» y «pre-». ➤ Por adelantado, ante, de antemano, anteriormente, anticipadamente, por anticipado, de atrás, denante, denantes, de días, enante, enantes, endenantes, de largo, el otro..., primeramente, primero, de tiempo, de algún TIEMPO atrás. ➤ En agraz, en cierne, en flor. ➤ Antelación, anterioridad, *anticipación, decesión, precedencia, prelación, prioridad. ➤ Acabar de. ➤ Anterior, delantero, precedente, preliminar, premiso, previo, primicerio, primiclerio, proal, procinto, proel, próximo pasado. ➤ Antepasado, precursor, predecesor. ➤ Preámbulo, preliminares, preludio, premisa, preparativos. ➤ Vigilia, víspera. ➤ *Anticipar. *Delante. *Pasado. *Preceder. *Primero.

antesacristía f. *Espacio o pieza de las *iglesias por la que se pasa a la sacristía.*

antesala **1** f. Pieza o sala de espera en una *casa, clínica de médico, despacho, etc., donde se introduce a los visitantes antes de ser recibidos. Ahora es más frecuente «sala de espera». **2** Lo que precede inmediatamente a una cosa o es el principio de ella: 'Aquel acto fue la antesala de la campaña electoral'.
HACER ANTESALA. *Esperar en algún sitio antes de ser recibido por la persona a quien se quiere ver. ≃ Hacer ANTECÁMARA.

anteseña (ant.) f. **Insignia.*

antesignano m. **Soldado *romano que estaba encargado de cuidar las banderas.*

antesignario **1** m. *Antesignano.* **2** **Precursor, *maestro o *guía.*

antestatura (del fr. «antestature»; ant.) f. FORT. *Defensa improvisada con estacas, fajos de leña, sacos de tierra, etc.*

antetemplo m. *Pórtico situado delante de un templo.* ⇒ Anteiglesia.

antetítulo m. Título secundario de un *periódico que precede al principal.

anteúltimo, -a adj. *Penúltimo.

antevedimiento (del lat. «antevidēre»; ant.) m. *Previsión.*

antevenir (del lat. «antevenīre»; ant.) intr. **Preceder.*

antever (del lat. «antevidēre») tr. **Prever.*

anteviso, -a (del lat. «antevīsus»; ant.) adj. **Advertido o *avisado.*

antevíspera f. Día anterior a la *víspera.

anti- Prefijo que expresa oposición o contrariedad: 'antinatural, antitanque, antipapa, anticonstitucional'.

antiabortista adj. y n. Contrario a la despenalización del aborto.

antiacadémico, -a adj. Contrario a los principios académicos.

antiácido, -a adj. y n. m. QUÍM. Se aplica a la sustancia que se opone a la acción de un ácido. ⊙ m. FARM. Medicamento que contrarresta el exceso de acidez gástrica.

antiadherente adj. Se aplica al material, o al utensilio fabricado con él, que impide que algo se adhiera a su superficie: 'Sartén antiadherente'.

antiaéreo, -a adj. y, aplicado a cañones, también n. m. Destinado a ser utilizado en la defensa contra los *aviones, o relacionado con ella: 'Cañón antiaéreo'.

antiafrodisiaco, -a o **antiafrodisíaco, -a** adj. y n. FARM. Se aplica al medicamento o sustancia que modera el apetito sexual. ≃ Anafrodisiaco.

antiálcali m. QUÍM. Sustancia que se opone a la acción de los álcalis.

antialcalino, -a adj. QUÍM. Se aplica a la sustancia que se opone a la acción de los álcalis.

antialcohólico, -a adj. Que actúa en contra del alcoholismo.

antiarrugas adj. Que evita la formación de arrugas: 'Una crema antiarrugas. Una secadora de ropa con un programa antiarrugas'.

antiartístico, -a adj. Contrario a los principios artísticos.

antiartrítico, -a adj. y n. m. FARM., MED. Se aplica a los medicamentos o tratamientos destinados a combatir el artritismo. ⇒ *Medicina.

antiasmático, -a adj. y n. m. FARM., MED. Que combate el asma.

antibaby (de «anti-» y el ingl. «baby», niño; pronunc. [antibéibi]) adj. Se aplica a la píldora anticonceptiva.

antibalas adj. Se aplica a lo que protege de los disparos de un arma de fuego.
V. «CHALECO antibalas».

antibaquio (del lat. «antibacchĭus», del gr. «antibákcheios») m. MÉTR. **Pie de la métrica griega y latina que consta de dos sílabas largas seguidas de una breve.*

antibiograma f. BIOL. *Prueba para determinar la sensibilidad de un germen frente a diversos antibióticos.*

antibiosis f. BIOL. *Asociación entre organismos que resulta perjudicial para uno de ellos; particularmente, entre microorganismos.*

antibiótico, -a (de «anti-» y «biótico») adj. y n. m. FARM. Se aplica a ciertas sustancias empleadas para combatir las infecciones, como la penicilina. ⇒ Aureomicina, cefalosporina, cloranfenicol, cloromicetina, estreptomicina, neomicina, penicilina, terramicina, tetraciclina. ➤ Antibiograma. ➤ *Farmacia.

anticanónico, -a adj. Contrario a los cánones.

anticariense adj. y, aplicado a personas, también n. *De Antequera, antigua «Anticaria».* ≃ Antequerano.

anticátodo m. Ánodo de los tubos de *rayos X desde el que son emitidos éstos.

anticatólico, -a adj. Contrario al *catolicismo.

anticiclón (de «anti-» y «ciclón») m. METEOR. Área en donde la presión barométrica es mucho mayor que en las circundantes y donde reina buen tiempo.

anticiclónico, -a adj. De [o del] anticiclón.

anticientífico, -a adj. Contrario a los principios científicos.

anticipación **1** f. Acción de anticipar[se]. ≃ Adelanto. ⊙ Circunstancia de ocurrir algo antes de lo previsto o regular: 'Las nevadas han venido este año con anticipación'. ≃ Antelación, adelanto. **2** **Figura retórica que consiste en anticiparse o hacerse uno mismo la objeción que pudiera hacerle otro, y refutarla.* ≃ Prolepsis, sujeción.

anticipada (de «anticipar») f. **Ataque a traición, cogiendo desprevenido al contrario.*

anticipadamente adv. Con anticipación.

anticipado, -a Participio adjetivo de «anticipar[se]».
POR ANTICIPADO. Antes de que ocurra o de que se haga cierta cosa consabida: 'Sabía por anticipado los problemas que iban a poner en el examen'. ≃ Por ADELANTADO, con antelación [anticipación].

anticipador, -a adj. y n. *Aplicable al que anticipa.*

anticipamiento m. *Anticipación.*

anticipante adj. *Anticipador.*

anticipar (del lat. «anticipāre») **1** tr. Hacer una ˘cosa o fijar ˘fecha para hacerla *antes de lo previsto o anunciado anteriormente: 'Anticiparon el viaje. Han anticipado la fecha de la boda'. ≃ Adelantar. ⊙ Dar ˘dinero a alguien antes de lo que le corresponde o de que haya hecho el trabajo por el que se le da: 'Anticipar el sueldo'. ≃ Adelantar. ⊙ («sobre») Prestar a alguien una ˘cantidad cuya devolución se hará con ciertos recursos: 'Le pidió que le anticipase un dinero sobre su sueldo de mayo'. ≃ Adelantar. ⊙ Hacer que una ˘cosa se anticipe. ⊙ prnl. Llegar o hacer una cosa antes de lo previsto: 'Las heladas se han anticipado este invierno. No conviene anticiparse a pagar'. ≃ Adelantarse. ⊙ Llegar o hacer lo que se expresa antes que ocurra cierta cosa o antes de que lo haga otro: 'Se anticipó a la carta en que anunciaba su llegada. Me anticipé a saludarle. Se me anticipó y le dieron la plaza a él. Es de esos que se anticipan a decir el final de los chistes que cuentan otros'. **2** tr. *Predecir una ˘cosa. **3** Decir ˘algo que posteriormente se expondrá con mayor amplitud o precisión: 'Ya se comunicará la decisión final, pero te anticipo que va a haber cambios'.
V. «anticiparse a los ACONTECIMIENTOS».

□ CATÁLOGO

Acelerar, adelantar[se], antelar, antecoger, antuviar[se], apresurar[se], bistraer, quitar de la BOCA, levantar la CAZA, correr, DECÍRselo todo uno mismo, coger [o tomar] la DELANTERA, salir al ENCUENTRO, ganar, interrumpir, lastar, levantar la LIEBRE, madrugar, ganar por la MANO, ocurrir, quitar la[s] PALABRA[s] de la boca, pasar, PASAR por encima, salir al PASO, precipitarse, prefigurar, premitir, prevenir[se], proveer, curarse en SALUD. ➤ Por adelantado, de antemano, por anticipado, con tiempo. ➤ Abortado, antuviado, apresurado, arrebatado, inmaduro, inmaturo, precipitado, precoz, prematuro, temprano, verde. ➤ Antelación, anterioridad, anticipación, anticipamiento. ➤ Anticipo, avance, bistrecha, bistreta, caparra. ➤ Capsueldo. ➤ No irás [irá usted, etc.] a DECIR... ➤ Quien da primero da dos VECES. ➤ *Adivinar. *Antes. *Predecir. *Prepararse. *Prometer. *Pronto.

anticipatorio, -a adj. Que anticipa o puede anticipar.

anticipo m. Cantidad de dinero dada por anticipado o a cuenta de otra más importante cuyo pago hay que completar más tarde.

anticlerical adj. y n. Se aplica a las personas que tienen animadversión contra el clero o son contrarias a la intervención de la *Iglesia en asuntos no religiosos. ⇒ *Eclesiástico.

anticlericalismo m. Actitud u opiniones anticlericales.

anticlímax **1** m. *Figura retórica contraria al clímax o gradación.* **2** *Punto más bajo dentro de una gradación retórica.* **3** Momento de menor intensidad en el desarrollo de una acción; por ejemplo, en el *teatro o el *cine.

anticlinal (del gr. «antiklínein», inclinar en sentido contrario) adj. y n. m. GEOL. Se aplica a los plegamientos con descenso de los estratos a ambos lados del eje.

anticoagulante adj. y n. m. MED. Que impide o dificulta la coagulación de la sangre.

anticolegialista (Ur.) adj. y n. *Contrario a un régimen de gobierno colegiado.*

anticolonial adj. Contrario al colonialismo.

anticomunismo m. Actitud, doctrina o movimiento contrarios al comunismo.

anticomunista adj. y n. Contrario al comunismo.

anticoncepción f. Acción de impedir la concepción (fecundación).

anticoncepcional adj. y n. *Anticonceptivo.

anticoncepcionismo 1 m. Anticoncepción. **2** Actitud, doctrina o movimiento que propugna el uso de métodos anticonceptivos.

anticonceptivo, -a adj. y n. m. Se aplica a cualquier medio utilizado para evitar la fecundación de la mujer. ≃ Anticoncepcional, contraceptivo, contraconceptivo, contraceptivo. ⇒ Anovulatorio, antibaby, coitus interruptus, diafragma, diu, espermicida, píldora, *preservativo. ➤ Anticoncepción, anticoncepcionismo, contracepción. ➤ *Engendrar.

anticongelante adj. Que impide la congelación. ⊙ adj. y n. m. Se aplica particularmente a la sustancia que impide la congelación del agua de refrigeración de un motor.

anticonstitucional adj. Aplicado a actos o disposiciones del gobierno, contrario a lo establecido por la constitución.

anticonstitucionalidad f. Cualidad de anticonstitucional.

anticorrosivo, -a adj. Que impide la corrosión: 'Pintura anticorrosiva'.

anticresis (del gr. «antíchrēsis») f. DER. Contrato en virtud del cual un acreedor disfruta de los productos de la finca hipotecada, aplicándolos al pago de la *deuda.

anticresista n. *Acreedor, en el contrato de anticresis.*

anticrético, -a adj. *De [la] anticresis.*

anticristiano, -a adj. Contrario al *cristianismo o en contradicción con sus principios.

anticristo (del lat. «Antichristus», del gr. «Antíchristos»; gralm. con mayúsc.) m. Ser que, según la profecía, aparecerá cerca del fin del mundo, persiguiendo a la Iglesia católica y a sus fieles. ⊙ Se aplica hiperbólicamente como nombre calificativo a alguien de influencia desastrosa o nefasta en las costumbres o en la sociedad.

anticuado, -a de (de «anticuar») Participio de «anticuar[se]». ⊙ («Hacerse») adj. Se dice de lo que ya no se usa o estila. ⊙ adj. y n. Y de la persona de ideas o costumbres anticuadas. ⇒ *Antiguo.

anticuar (del lat. «antiquāre») tr. y prnl. Hacer[se] anticuado.

☐ CONJUG. como «averiguar», aunque a veces se acentúa como «actuar».

anticuario (del lat. «antiquarĭus») **1** n. Persona que se dedica al comercio de cosas antiguas. **2** *Arqueólogo.*

anticuerpo (de «anti-» y «cuerpo») m. MED. Proteína capaz de combinarse específicamente con un antígeno, el cual ha estimulado su producción. ≃ Antitoxina. ⇒ Lisina.

antidáctilo (del lat. «antidactȳlus», del gr. «antidáktylos») m. MÉTR. **Pie de la métrica griega y latina que consta de dos sílabas breves seguidas de una larga.* ≃ Anapesto.

antidemocrático, -a adj. y n. Contrario a los principios democráticos.

antideportivo, -a adj. Se aplica al comportamiento o la actitud que son impropios de la corrección y espíritu que deben observarse en el juego. ⇒ Deportividad.

antidepresivo, -a adj. y n. m. Se aplica al medicamento que combate la depresión.

antideslizante adj. Que impide el deslizamiento.

antidetonante (de «anti-» y «detonante») adj. y n. m. Se aplica a los productos que se añaden a la gasolina para evitar la explosión prematura de la mezcla carburante en los motores.

antidiftérico, -a adj. y n. m. Que combate la difteria.

antidinástico, -a adj. Contrario a la dinastía reinante.

antidisturbios adj. y n. Que está destinado a combatir los disturbios callejeros. Se aplica al dispositivo policial, al material que utiliza y al policía que forma parte de ese dispositivo.

antidoping (de «anti-» y «doping») adj. y n. m. Se aplica al método que detecta la presencia en el organismo de sustancias ilegales que aumentan el rendimiento de los deportistas: 'Control antidoping'.

antidoral (del lat. «antidōrum», don recíproco) adj. DER. *Se aplica a la obligación natural de corresponder a los beneficios recibidos.* ≃ Remuneratorio. ⇒ *Agradecer. *Pagar.

antidotario (de «antídoto») **1** m. FARM. *Tratado de la composición de los medicamentos.* **2** *Sitio en las *farmacias donde se ponen las sustancias con que se hacen los antídotos y los cordiales.*

antídoto (del lat. «antidŏtus», del gr. «antídotos») **1** m. Sustancia que contrarresta en el organismo el efecto de un veneno. ⇒ Alexifármaco, antitóxico, contrahierba, contraveneno, teriaca, triaca. ➤ Bezoar, mitridato. ➤ Revulsivo. ➤ *Contrarrestar. ➤ *Planta (grupo de las usadas como antídoto). **2** Cualquier cosa capaz de evitar o *prevenir un mal porque crea condiciones poco propicias para él: 'El mejor antídoto contra el vicio es el trabajo'.

antidroga adj. Que combate el consumo o tráfico de drogas.

antiemético, -a (de «anti-» y «emético») adj. y n. m. FARM. Se aplica a los medicamentos que se utilizan para combatir el vómito. ⇒ *Farmacia.

antier (del lat. «ante heri»; pop.) adv. *Anteayer.*

antiescorbútico, -a adj. y n. m. FARM. Se aplica a los medicamentos que sirven para combatir el escorbuto. ⇒ *Farmacia.

antiespasmódico, -a adj. y n. m. FARM. Se aplica a las sustancias que se emplean para suprimir los movimientos convulsivos en el organismo. ⇒ Atropina, castóreo, chimojo, maro, papaverina. ➤ *Planta (grupo de las usadas como antiespasmódicas).

antiestático, -a adj. Que impide la formación de *electricidad estática.

antiestético, -a adj. Aplicado a cosas hechas o dispuestas por una persona, *feo: 'Un peinado [un mueble, un adorno] antiestético'.

antifármaco m. **Antídoto.*

antifascismo m. Actitud, doctrina o movimiento contrarios al fascismo.

antifascista adj. y n. Contrario al fascismo.

antifaz (de «ante-» y «faz») m. Objeto de cartón, tela, papel, etc., con agujeros para los ojos, con que una persona se cubre la cara para no ser reconocida; por ejemplo, en carnaval. A los ladrones, se les representa convencionalmente con él. ⊙ Se llama así particularmente el de seda negra que solamente cubre alrededor de los ojos. ⇒ *Careta, máscara.

antifebril adj. y n. m. FARM. Se aplica al medicamento que combate la fiebre. ≃ Antipirético.

antifeminista adj. y n. Enemigo del *feminismo.

antifernales (del lat. «antipherna», del gr. «antíphernos») adj. V. «BIENES antifernales».

antiflogístico, -a (de «anti-» y el gr. «phlogistós», inflamación) adj. y n. m. FARM. Se aplica a los medicamentos con que se combate la inflamación. ≃ Antiinflamatorio. ⇒ *Farmacia.

antífona (del lat. «antiphōna», del gr. «antíphōnos», el que da una respuesta) **1** f. Versículo que se canta o *reza en las horas canónicas antes y después de un salmo. ⇒ Asperges. **2** (ant., inf.) **Nalgas*. ≃ Antifonario.

antifonal o **antifonario 1** adj. y n. m. Libro de antífonas. **2** (ant., inf.) m. **Nalgas*.

antifonero, -a n. *Persona del coro que canta las antífonas.*

antífrasis (del lat. «antiphrăsis», del gr. «antíphrasis») f. Nombre dado a la aplicación irónica a alguien o algo de una expresión que significa precisamente la cualidad contraria de la que tiene: 'Le llaman por antífrasis «Alegrías»'. ⇒ *Contradicción. ⊙ Específicamente, *figura retórica que consiste en eso.

antifricción (de «anti-» y «fricción») amb., más frec. f. *Aleación de plomo, estaño y antimonio.

antigás (de «anti-» y «gas») adj. Se aplica a las cosas que se utilizan para defenderse contra los gases tóxicos: 'Careta antigás'.

antigénico, -a adj. De [los] antígenos.

antígeno (de «anti-» y «-geno») m. MED. Cualquier sustancia extraña al organismo capaz de provocar una respuesta inmunitaria.

antigo, -a (ant.) adj. **Antiguo*.

antigripal adj. y n. m. FARM. Se aplica al medicamento que combate la gripe. ⇒ *Farmacia.

antigualla (de «antiguo», con influencia del it. «anticaglia»; desp.) f. Objeto *antiguo. ⊙ Noticia sin novedad. ⊙ Relato de cosas viejas. ⊙ Costumbre antigua. ⊙ Cosa pasada de moda.

antiguamente adv. En tiempos ya pasados. ≃ Antes.

antiguamiento (ant.) m. *Acción de anticuar*[*se*].

antiguar 1 (ant.) tr. y prnl. *Anticuar*[*se*]. **2** (ant.) intr. y prnl. *Adquirir antigüedad una persona en un *empleo o cargo.*

antigubernamental adj. Contra el gobierno de una nación.

antigüedad (del lat. «antiquĭtas, -ātis», influido por «antigua») **1** f. Cualidad de antiguo. **2** («La»; a veces con mayúsc.) Tiempo antiguo. ≃ EDAD antigua. ⊙ (a veces con mayúsc.) Se aplica particularmente a la «antigüedad clásica» o época de Grecia y Roma. **3** Objeto antiguo: 'Tienda de antigüedades'. ⊙ Monumentos u otras cosas con valor arqueológico: 'Las antigüedades de la provincia de Madrid'. **4** Tiempo mayor o menor que una persona lleva en un *empleo o en un cuerpo: 'Se considerará como mérito la antigüedad de los aspirantes'.

ANTIGÜEDAD CLÁSICA. Tiempos de Grecia y Roma. ≃ Antigüedad. ⇒ *Antiguo.

antiguo, -a (del lat. «antiquŭus», con influencia de «antigua», de «antiqŭa») **1** adj. Existente, ocurrido o hecho hace mucho tiempo: 'Los pueblos antiguos. Una batalla antigua. Un mueble antiguo'. ⊙ Ya pasado o desaparecido: 'Se resiente de una herida antigua'. ⊙ Permanente desde mucho tiempo en un sitio o en un puesto: 'Una antigua criada de la casa'. ⊙ Con «más» o «menos», de más o menos antigüedad: 'Los más antiguos del escalafón'. ⊙ No moderno. ≃ Anticuado, pasado de MODA. ⊙ adj. y n. Se aplica a la persona de principios o gustos anticuados. ⊙ adj. Perteneciente a la antigüedad clásica. **2** Expresa que la cosa o persona de que se trata era antes lo expresado por el nombre: 'Asociación de antiguos alumnos'. ⇒ Ex-. **3** (pl.) m. Persona que vivió hace mucho tiempo: 'Los antiguos'. Particularmente, en la antigüedad clásica. **4** Alumno o miembro de una comunidad que ha dejado de ser novicio.

A LA ANTIGUA. Como se hacía antiguamente.

CHAPADO A LA ANTIGUA. De costumbres anticuadas; se alude generalmente a costumbres demasiado severas o formalistas. ≃ Anticuado.

V. «antiguo CONTINENTE, LEY antigua, antiguo TESTAMENTO».

□ CATÁLOGO

Otras raíces, «arque-», «pale-»: 'arqueología; paleografía, paleolítico'... ➤ Adiano, antediluviano, anticuado, antigo, chapado a la ANTIGUA, antiquísimo, añejo, del AÑO de la nana, del AÑO de la polca, apolillado, arcaico, camp, COSA del otro JUEVES, decano, decimonónico, desfasado, desusado, de días, engolillado, envejecido, fiambre, fósil, de antes de la GUERRA, inmemorable, inmemorial, inveterado, lejano, pasado de MODA, más viejo que la NANA, obsoleto, primitivo, rancio, rancioso, remoto, del TIEMPO de Maricastaña, del TIEMPO del rey que rabió, de otros TIEMPOS, vetusto. ➤ Catapum [o catapún]. ➤ Ab aeterno, antañazo, antaño, el AÑO de la nana, in illo tempore, desde que el MUNDO es mundo, de TIEMPO inmemorial, en la NOCHE de los tiempos, en otros TIEMPOS. ➤ Perderse la CUENTA. ➤ Anticuarse, antiguarse, apolillarse, pasarse de MODA. ➤ Antañada, antigualla, arcaísmo, reliquia. ➤ *Arraigado. *Viejo.

antihelio m. METEOR. *Punto más brillante de un halo.*

antihelmíntico, -a (de «anti-» y «helminto», y éste del gr. «hélmins, hélminthos», gusano) adj. y n. m. FARM. Se aplica a las sustancias o medicamentos empleados para combatir las lombrices. ⇒ *Planta (grupo de las usadas como antihelmínticas). ➤ *Farmacia.

antihéroe m. Personaje de ficción cuyos atributos son contrarios a los que se consideran propios del *héroe.

antihidrópico, -a adj. y n. m. FARM., MED. Se aplica al remedio o medicamento que combate la hidropesía. ⇒ *Farmacia.

antihigiénico, -a adj. Perjudicial para la *salud o contrario a los principios de la higiene.

antihistamínico, -a adj. y n. m. FARM. Se aplica al medicamento que contrarresta los efectos de la histamina, utilizado para combatir la alergia. ⇒ *Farmacia.

antihistérico, -a adj. y n. m. FARM. Se aplica al medicamento que combate la histeria. ⇒ *Farmacia.

antiimperialismo m. Actitud, doctrina o movimiento contrarios al imperialismo.

antiimperialista adj. y n. Contrario al imperialismo.

antiinflamatorio, -a adj. y n. m. FARM. Se aplica a los medicamentos con que se combate la inflamación. ≃ Antiflogístico. ⇒ *Farmacia.

antijurídico, -a adj. Contrario al *derecho.

antilegal adj. Contrario a la *ley.

antilegómenos m. pl. *Ciertos capítulos de la *Biblia que, en un tiempo, estuvieron excluidos de ella.*

antiliberal adj. y n. Contrario al liberalismo.

antiliberalismo m. Actitud, doctrina o movimiento que se opone al liberalismo.

antillano, -a adj. y, aplicado a personas, también n. De las Antillas (islas situadas en el Atlántico, al este de América Central). ⇒ Caníbal, cariaco, caríbal, caribe.

antilogaritmo m. MAT. Número al que corresponde un logaritmo dado.

antilogía (del gr. «antilogía») f. Contradicción entre dos textos o expresiones. ≃ Antilogio.

antilógico, -a (del gr. «antilogikós») adj. Contrario a la lógica.

antilogio m. *Antilogía.*

antílope (del fr. «antilope», del ingl. «antelope», y éste del lat. medieval «anthalopus», del gr. «anthálops») m. Cualquier mamífero de un grupo de *rumiantes bóvidos de aspecto de *ciervos, como el búbalo, la gacela, la cervicabra o el ñu.

antilopinos m. pl. Zool. *Grupo formado por todas las clases de antílopes.*

antimacasar (de «anti-» y «macasar») m. *Paño que se pone en el respaldo de los *asientos para resguardarlos de la suciedad del pelo.*

antimateria f. Fís. Materia formada por antipartículas.

antimilitarismo m. Actitud, doctrina o movimiento opuesto al militarismo o a los militares.

antimilitarista adj. y n. Opuesto al militarismo o a los militares.

antiministerial adj. Contrario al ministerio o gobierno existente en el momento de que se trata: 'La prensa antiministerial'. ⇒ *Política.

antimonárquico, -a adj. y n. Enemigo de la monarquía.

antimonio (del b. lat. «antimonĭum») m. Elemento químico blanco azulado, n.º atómico 51, que entra en muchas aleaciones; por ejemplo, en la que se emplea para los caracteres de imprenta (plomo, estaño y antimonio). Símb.: «Sb». ≃ Estibio.

antimonita f. Mineral (sulfuro de antimonio). ≃ Estibina.

antimoral adj. Contrario a la moral; generalmente, se emplea en su lugar «inmoral».

antinatural adj. Contrario a lo natural. ≃ Contranatural.

antiniebla (pl. «antiniebla») adj. Se aplica al dispositivo que permite ver mejor cuando hay niebla: 'Un automóvil con faros antiniebla'.

antinomia (del lat. «antinomĭa») f. Contradicción entre dos cosas tales como dos leyes o dos principios.

antinómico, -a adj. *De [la] antinomia.* ⊙ *Se dice de lo que envuelve antinomia.*

antinuclear 1 adj. Contrario a la energía nuclear. 2 Que protege de los efectos de una explosión nuclear.

antioxidante adj. y n. m. Que evita la oxidación.

antipalúdico, -a adj. Farm., Med. Útil para combatir el paludismo.

antipapa m. Se aplica a algunos que actuaron ilegítimamente como papas a la vez que otro legítimo.

antipapado m. *Situación de antipapa.* ⊙ *Tiempo que dura.*

antipara (de «ante[2]» y «parar[1]») 1 f. **Cancel o biombo.* 2 *Especie de *polaina usada, por ejemplo, por los soldados, que cubría la pierna sólo por delante.*

antiparasitario, -a 1 adj. Que combate los parásitos o protege contra ellos: 'Collar antiparasitario'. 2 Que evita los ruidos o interferencias en una transmisión radioeléctrica. ≃ Antiparásito.

antiparásito, -a adj. Antiparasitario: que evita los ruidos o interferencias en una transmisión radioeléctrica.

antiparero m. **Soldado que llevaba antiparas.*

antiparras (de «antipara») f. pl. Nombre burlesco para los *lentes o las gafas.

antipartícula f. Fís. Partícula de características contrarias a las de las partículas materiales. La colisión de partículas y antipartículas provoca su mutuo aniquilamiento. ⇒ *Átomo.

antipasto m. *Antispasto (*pie métrico).*

antipatía (del lat. «antipathīa», del gr. «antipátheia») 1 («Coger, Tomar, Abrigar, Sentir, Tener, Causar»; «a, contra, hacia, por») f. Sentimiento hacia alguien que hace encontrar desagradable su compañía, no alegrarse de su bien, encontrar mal lo que hace, etc.: 'Los niños han cogido antipatía a la niñera nueva. Aunque reconozco sus defectos, no siento ninguna antipatía hacia él'. ≃ Animadversión, animosidad. ⊙ Se aplica también a la *aversión a una cosa. ⊙ Y a la oposición entre una cosa y otra. 2 Cualidad de antipático.

□ Catálogo

Aborrecimiento, animadversión, animosidad, *aversión, cocolía, fila, fobia, hincha, hostilidad, inquina, malquerencia, manía, odio, ojeriza, omecillo, perinquina, prevención, rabia, *repugnancia, repulsión, roña, tirria, usgo, mala voluntad. ➤ Aburrir, antipatizar, tener atravesado, tener sentado en la boca del estómago, detestar, no entrar, fastidiar, tener fichado, tener montado en las narices, mirar con malos ojos, no poder con, mirar de reojo, repeler, no ser santo de la devoción de, tenerla tomada con, no tragar. ➤ Atravesado, bilioso, *enconoso, esquinado. ➤ Antipático, borde, inaguantable, insufrible, odioso, repelente, repugnante, repulsivo, sangre pesada, sangripesado, sangrón, sieso, mala sombra. ➤ *Aversión. *Contra. *Odiar. *Rechazar.

antipático, -a («Hacerse, Resultar, Ser») adj. y n. Se dice del que causa antipatía en otros: 'Es una persona antipática'. ⊙ O del que produce antipatía en una persona determinada: 'Me fue antipático desde el día en que le conocí'.

antipatizar (Hispam.) intr. *Sentir antipatía hacia ˘alguien o mostrársela.*

antipatriótico, -a adj. Aplicado a acciones, dañoso para la patria de quien lo hace. ⊙ Revelador de falta de patriotismo.

antipedagógico, -a adj. De efecto perjudicial para la educación.

antipendio (del b. lat. «antependĭum») m. *Antiguamente, velo o tapiz de tela rica que tapaba la parte delantera del *altar.*

antiperistáltico, -a adj. Fisiol. Se aplica al movimiento de contracción del estómago o los intestinos que mueve los alimentos en sentido contrario al normal o peristáltico. ⇒ *Digerir.

antiperístasis (del gr. «antiperístasis») f. *Acción de dos cualidades contrarias, cada una de las cuales aumenta por su *oposición la fuerza de la otra.*

antiperistático, -a adj. *De [la] antiperístasis.*

antipirético, -a (de «anti-» y el gr. «pyretós», fiebre) adj. y n. m. Farm. Se aplica a los medicamentos que se utilizan contra la fiebre. ≃ Antifebril, febrífugo. ⇒ Antipirina, aspirina, fenacetina, salicilato, salol. ➤ *Planta (grupo de las antipiréticas). ➤ *Farmacia.

antipirina (de «anti-» y el gr. «pýrinos», ardiente) f. Farm. Sustancia orgánica que se emplea como *antipirético y *analgésico.

antípoca (del lat. tardío «antapŏcha», con influencia de «anti-») f. *En *derecho aragonés antiguo, escritura de reconocimiento de un *censo.*

antipocar (de «antípoca») 1 tr. *En derecho aragonés antiguo, reconocer un ˘censo en escritura.* 2 *En Aragón, hacer de nuevo obligatoria una ˘cosa que había dejado de serlo.*

antípoda (del lat. «antipŏdes», del gr. «antípodes») m., gralm. pl. Con respecto a unos *habitantes de la Tierra, los que viven en la región que corresponde al otro extremo del mismo diámetro.

Estar en los [o las] antípodas. Tener alguien, con respecto a otra persona, opiniones o manera de obrar completamente distintos o antitéticos.

antipodia o **antipodio** (ant.) f. o m. *Plato que se añade como extraordinario a la comida acostumbrada.* ≃ Extraordinario.

antipolilla m. Dispositivo o sustancia que combate la polilla.

antipontificado (de «anti-» y «pontificado») m. *Antipapado.*

antiprotón m. FÍS. Antipartícula del protón, que tiene su misma masa y carga eléctrica opuesta. ⇒ *Átomo.

antiptosis o **antíptosis** f. GRAM. *Con referencia a las lenguas griega y latina, *figura de construcción que consiste en la extensión al antecedente del régimen del *relativo.*

antipútrido, -a adj. y n. m. MED. *Se aplica a la sustancia que evita la putrefacción.*

antiquísimo, -a (del lat. «antiquissĭmus») adj. Superl. frec. de «*antiguo».

antiquismo (del lat. «antiquŭus»; ant.) m. *Arcaísmo (palabra o expresión anticuada).*

antirrábico, -a adj. y n. f. FARM. Se aplica a la medicación o tratamiento empleados contra la rabia o para prevenirla.

antirreglamentario, -a adj. Contrario al reglamento de que se trata.

antirreligioso, -a adj. Contrario a la religión o a cierta religión o a las cosas relacionadas con ella.

antirretórico, -a adj. Contrario a la retórica.

antirreumático, -a adj. y n. m. FARM. Se aplica al medicamento que combate el reúma. ⇒ *Farmacia.

antirrobo (pl. «antirrobo») adj. y n. m. Se aplica al sistema o aparato que protege contra el robo.

antiscio, -a (del lat. «antiscĭus», del gr. «antískios») **1** adj., gralm. pl. Con relación a los *habitantes de cierto punto de la Tierra de la zona templada, los que habitan en regiones situadas en el mismo meridiano, pero en hemisferio diferente, por lo que, a la misma hora del día, proyectan su sombra en dirección opuesta. **2** Anteco.

antisemita (de «anti-» y «semita») adj. y n. Adversario de los *judíos.

antisemítico, -a adj. Contrario a los *judíos.

antisemitismo m. Animadversión a los *judíos.

antisepsia (del fr. «antisepsie») f. MED. Conjunto de prácticas encaminadas a destruir los microorganismos perjudiciales.

antiséptico, -a (de «anti-» y el gr. «sēptikós», que engendra la putrefacción) adj. y n. m. MED. Se aplica a las sustancias o medios que se emplean para destruir los microbios o para evitar su existencia. ⇒ ÁCIDO bórico, AGUA oxigenada, alcohol, carbol, fenol, salol, sublimado, timol, yodo, yodoformo.

antisifilítico, -a adj. FARM. Se aplica al medicamento que combate la sífilis. ⇒ *Farmacia.

antisocial 1 adj. Aplicado a cosas, perjudicial a la *sociedad. **2** adj. y n. Aplicado a personas, contrario, por sistema o por su manera de ser, al orden social.

antispasto (del lat. «antispastus», del gr. «antíspastos», de «antí», contra, y «spáō», alargar) m. MÉTR. **Pie de la métrica griega y latina que consta de un yambo y un troqueo, o sea de dos sílabas largas entre dos breves.* ≃ Antipasto.

antistrofa (del lat. «antistrŏpha», del gr. «antistrophḗ», de «antí», contra, y «strophḗ», vuelta) f. LITER. *En la lírica coral griega, segunda parte del *canto, que seguía a la estrofa.*

antisubmarino, -a adj. MIL. Que combate los submarinos.

antisudoral adj. y n. m. FARM. Se aplica a la sustancia que controla el exceso de sudor. ⇒ *Farmacia.

antitanque adj. MIL. Se aplica a las *armas y dispositivos de defensa contra los tanques: 'Cañón antitanque. Zanja antitanque'. ⇒ Bazuca [o bazooka]. ≻ *Artillería.

antiterrorista adj. Que combate el terrorismo: 'La lucha antiterrorista'.

antítesis (del lat. «antithĕsis», del gr. «antíthesis», de «antí», contra, y «thésis», posición) **1** f. *Relación entre juicios o afirmaciones opuestos.* **2** Relación entre cosas opuestas. ⇒ *Contradicción, incompatibilidad, *oposición. ⊙ («Ser la antítesis de») Con relación a una cosa, otra completamente opuesta o que tiene cualidades opuestas: 'La naturalidad es la antítesis del artificio. Ese muchacho es la antítesis de su hermano'. **3** *Figura retórica que consiste en la contraposición de palabras o expresiones de sentido contrario o invertido; como 'los que quieren no pueden y los que pueden no quieren'.

antitetánico, -a FARM. Adj. Se aplica a los medicamentos utilizados para combatir el tétanos. ⊙ adj. y n. f. FARM. Particularmente, se aplica a la vacuna que protege contra el tétanos. ⇒ *Farmacia.

antitético, -a (del lat. «antithetĭcus», del gr. «antithetikós») adj. De [la] antítesis. ⊙ Se dice de lo que envuelve antítesis. ⊙ Se aplica a las cosas que, con respecto a otras, son completamente opuestas en significado, maneras de ser, tendencias, etc.

antitóxico, -a adj. y n. m. FARM. Se aplica a las sustancias que sirven para combatir el efecto de una sustancia tóxica. ≃ *Antídoto.

antitoxina (de «anti-» y «toxina») f. MED. Anticuerpo.

antitrago (del gr. «antítragos») m. Pequeño saliente en punta que forma la *oreja delante del orificio que comunica con el oído medio, enfrente del trago.

antitrinitario, -a (de «anti-» y «trinitario») adj. y n. m. *Se aplica a ciertos *herejes que niegan la trinidad de Dios.* ⊙ m. pl. *Esa secta.*

antituberculoso, -a adj. Se aplica a cualquier cosa que se emplea para combatir la existencia o propagación de la tuberculosis: 'Campaña antituberculosa. Patronato antituberculoso'.

antitusígeno, -a (de «anti-» y «tusígeno») adj. y n. m. FARM. Se aplica al medicamento que combate la tos. ⇒ *Farmacia.

antivariólico, -a (de «anti-» y «variólico», del b. lat. «variŏla», costra) adj. y n. f. FARM. Que combate la viruela; se aplica particularmente a la vacuna contra la viruela. ⇒ *Farmacia.

antivenéreo, -a adj. FARM. Que combate las enfermedades venéreas.

antiviral adj. y n. m. Antivirus (medicamento).

antivirus 1 adj. y n. m. FARM. Se aplica al medicamento que combate los virus. ≃ Antiviral. ⇒ *Farmacia. **2** INFORM. Se aplica al programa que detecta y elimina virus informáticos.

anto- Elemento prefijo del gr. «ánthos», flor: 'antocianina, antófago'.

antociana (de «anto-» y el gr. «kýanos», azul) f. BOT. *Antocianina.*

antocianina (de «anto-» y el gr. «kýanos», azul) f. BOT. *Sustancia que da el color azul, rojo o violeta a las flores.* ≃ Antociana.

antófago, -a (de «anto-» y «-fago») adj. ZOOL. Se aplica a los animales que se alimentan de flores.

antofilo o **antófilo** (de «anto-» y «-filo») m. Bot. *Hoja transformada que forma parte del perianto de las plantas fanerógamas.*

antojadizamente adv. De manera antojadiza.

antojadizo, -a adj. y n. Propenso a tener antojos. ≃ Caprichoso.

antojado, -a Participio de «antojarse». ⊙ adj. *Encaprichado con alguna cosa.*

antojamiento o **antojanza** (ant.) m. o f. *Acción de antojarse.*

antojana (del lat. «ante», delante, «ostĭum», puerta, y «-ana»; Ast.) f. *Antuzano.*

antojarse (de «antojo»; terciop.; con un pron. complemento) **1** prnl. Suscitar una cosa un deseo caprichoso en alguien: 'Al niño se le ha antojado una bicicleta. Ahora se le ha antojado ir a París'. ⇒ *Encapricharse. *Ocurrirse. **2** Parecer probable cierta cosa a alguien. ⇒ *Creer.

Hacer alguien lo que se le antoja. Obrar sin obedecer a razones o sin consideración a la opinión o conveniencia de otros. ⇒ *Desconsideración.

antojera (de «antojo») f. *Anteojera: pieza de las dos que lleva la guarnición de las caballerías para evitar que éstas vean hacia los lados.

antojitos (Méj.) m. pl. *Aperitivo.*

antojo (del lat. «ante ocŭlum», delante del ojo) **1** m. Deseo caprichoso o pasajero de algo. ≃ *Capricho. ⇒ Enteo. ⊙ Se aplica específicamente a los tenidos por las mujeres durante el embarazo, que, según creencia popular, si no se cumplen, quedan reflejados en forma de una mancha o lunar en el cuerpo de la criatura que nace. **2** Mancha de nacimiento en la piel, de las atribuidas popularmente a caprichos no cumplidos de la madre. ≃ Angioma. ⇒ Epitimia.

A mi [tu, etc.] antojo. De manera caprichosa o *arbitraria.

antología (del gr. «anthología», de «ánthos», flor, y «légō», elegir) f. *Colección formada con trozos literarios seleccionados, de un autor o de varios.

De antología. Expresión ponderativa usada con el significado de muy bueno, digno de ser destacado: 'El torero realizó una faena de antología con la muleta'.

antológico, -a **1** adj. De una antología de un autor o de varios. **2** De antología, extraordinario: 'El tenista hizo un partido antológico'.

Antón pirulero o **Antón perulero** m. Cierto juego de prendas que consiste en que el que lo dirige, acompañándose con una cancioncilla que empieza con las palabras «Antón pirulero [o perulero], cada cual atienda a su juego», va simulando las acciones correspondientes a distintos oficios asignados a los jugadores, los cuales tienen que apresurarse a realizar ellos mismos los mismos movimientos y, si no lo hacen oportunamente, pagan prenda.

antoniano, -a adj. y n. m. Se aplica a los religiosos de la *orden de San Antonio Abad. ≃ Antonino. ⊙ m. pl. Esa orden. ⇒ Tao, tau.

antónimo, -a (del gr. «antṓnymos») adj. y n. m. Se aplica con respecto a una palabra o expresión, a otra que expresa lo contrario. Como de «útil», «inútil». ⇒ Apénd. II, antónimo.

antoniniano, -a **1** adj. De cualquiera de los emperadores romanos llamados «Antonino». **2** m. *Moneda romana que sustituyó al denario.

antonino, -a adj. y, aplicado a personas, también n. *Antoniano.

antonomasia (del lat. «antonomasĭa», del gr. «antonomasía») f. Empleo de un nombre común o un adjetivo aplicable a varias cosas, como nombre particular de una determinada; ya porque es a la que con más frecuencia se aplica, ya porque esa es la más importante entre las cosas a que es aplicable. Por ejemplo, llamar «el Salvador» a Jesucristo. La palabra se usa solamente en la frase «por antonomasia»: 'El Apóstol es por antonomasia San Pablo'. ⇒ Antonomásticamente, propiamente dicho, por excelencia. ⊙ *Como nombre de *figura retórica, se aplica tanto a ese empleo como al inverso, o sea, al de un nombre propio como genérico; por ejemplo, al empleo de «Demóstenes» para ponderar la elocuencia de cualquier hombre.*

antonomásticamente adv. Por antonomasia.

antonomástico, -a adj. De [la] antonomasia.

antor (del lat. «auctor, -ōris»; Ar.) m. *Vendedor de quien se ha comprado de buena fe una cosa hurtada.* ⇒ *Ladrón. ➤ *Robo.

antorcha (¿del occit. ant. «entorcha»?) **1** f. Trozo de una materia combustible, frecuentemente de una madera resinosa, o utensilio con algún elemento combustible, de tamaño y forma adecuados para llevarlo cogido con la mano, el cual se hace arder por un extremo para dar luz. ⇒ Hacha, hachón, tea. ➤ Cuaba. **2** (lit.) Con un determinante que expresa la cosa de que se trata, se emplea para asignar a esta cosa el carácter de idea que guía o ilumina: 'La antorcha de la libertad'.

antorchera (Ar.) f. *Antorchero.*

antorchero m. *Candelero para poner antorchas.* ⇒ Tedero.

antoría (Ar.) f. *Derecho de reclamar contra el antor.*

antosta (del cat. «antosta», margen para detener el agua; Ar.) f. *Trozo que se desprende del enlucido del techo o de una pared.*

antoviar (del lat. «ante» y «obviāre», ir al encuentro; ant.) tr. y prnl. **Anticipar[se].* ≃ Antuviar[se].

antozoo (de «anto-» y «-zoo») adj. y n. m. Zool. *Se aplica a los cnidarios que carecen de forma medusa y cuya forma pólipo vive fija al fondo del mar, aislada o formando colonias sobre un polipero; como la actinia o el coral.* ⊙ m. pl. Zool. *Clase que forman.* ≃ Coralario. ⇒ Alcionario.

antraceno m. Sustancia orgánica muy importante en la fabricación de colorantes.

antracita (del lat. «anthracītes», del gr. «anthrakítēs», de «ánthrax», carbón) f. *Carbón mineral poco bituminoso que arde con dificultad. ⇒ Galleta.

antracosis (del gr. «ánthrax, -akos», carbón) f. Med. Enfermedad del aparato respiratorio producida por el polvo del *carbón. ⇒ *Neumoconiosis.

ántrax (del lat. «anthrax», del gr. «ánthrax», carbón) **1** m. Med. *Forúnculo grande, muy doloroso y de carácter grave, que generalmente hay que operar. ⇒ Carbunco. ➤ *Enfermedad. **2** Vet. *Apoplejía esplénica.*

antro (del lat. «antrum», del gr. «ántron») **1** m. *Cueva. ≃ Caverna. **2** Lugar oscuro, incómodo o, por cualquier razón, repelente: 'No me gusta trabajar en aquel antro'.

A. de perdición. Lugar, por ejemplo una casa de juego, en que la gente se entrega al *vicio.

-antropo- Elemento prefijo o sufijo del gr. «ánthrōpos», hombre, empleado en palabras cultas: 'antropología, misántropo'.

antropocéntrico, -a adj. Que considera al *hombre como centro de todas las cosas.

antropocentrismo (de «antropo-» y «centro») m. Doctrina antropocéntrica.

antropofagia (del gr. «anthrōpophagía») f. Hábito de comer carne humana. ⊙ Cualidad de antropófago.

antropófago, -a (del lat. «anthropophăgus», del gr. «anthrōpophágos») adj. y n. Que come carne humana; se aplica particularmente a los miembros de tribus primitivas que lo hacen. ≃ Caníbal.

antropografía (de «antropo-» y «-grafía») f. Parte de la antropología que se ocupa de la descripción de las razas humanas.

antropográfico, -a adj. De la antropografía.

antropoide (del gr. «anthrōpoeidḗs») adj. Con algunos caracteres humanos. ⊙ adj. y n. m. Zool. Simio. ⇒ *Mono.

antropoideo, -a adj. Zool. Antropoide o simio.

antropolatría (de «antropo-» y «-latría») f. Culto o admiración exagerados tributados a un hombre o al hombre en general. ⇒ Androlatría.

antropología (de «antropo-» y «-logía») f. Ciencia que estudia al hombre como ser animal y social.

antropológico, -a adj. Relacionado con el hombre como ser natural o con la antropología.

antropólogo, -a n. Científico que se dedica a la antropología.

antropómetra n. Técnico en antropometría.

antropometría (de «antropo-» y «-metría») f. Tratado de las medidas del cuerpo humano.

antropométrico, -a adj. De la antropometría.

antropómetro m. Aparato usado en antropometría.

antropomórfico, -a 1 adj. Antropomorfo. **2** Se aplica a las *religiones que atribuyen a Dios forma y cualidades humanas.

antropomorfismo (de «antropomorfo») **1** m. Cualidad de antropomorfo. **2** Condición de las religiones antropomórficas. **3** **Herejía de los antropomorfitas.*

antropomorfita (del lat. «anthropomorphītae», del gr. «antrōpomorphítai») adj. y, aplicado a personas, también n. *Se aplica a ciertos *herejes que atribuían a Dios cuerpo humano, y a su doctrina.*

antropomorfo, -a (del lat. «anthropomorphos», del gr. «antrōpómorphos») adj. De forma humana. ⇒ Antropoideo, antropomórfico.

antroponimia f. Ling. *Tratado de los antropónimos.* ⊙ Ling. *Conjunto de antropónimos.*

antroponímico, -a adj. Ling. *De la antroponimia.*

antropónimo (de «antropo-» y «-ónimo») m. Ling. *Nombre propio de persona.*

antropopiteco (de «antropo-» y el gr. «píthēkos», mono) m. Pitecántropo: mamífero antropoide que se supone antepasado del hombre.

antroposofía (de «antropo-» y el gr. «sophía», sabiduría) **1** f. *Conocimiento sobre la naturaleza humana.* **2** Fil. Doctrina filosófica de carácter místico, creada por el filósofo austriaco Rudolf Steiner a principios del siglo xx.

antruejada (de «antruejar») f. **Broma grotesca de carnaval o como de carnaval.*

antruejar (de «antruejo») tr. *Gastar una broma a ↘alguien en carnaval.*

antruejo (de «entruejo») m. **Carnaval.*

antruido (del lat. «introĭtus», entrada; ant.) m. *Antruejo.*

antuerpiense (del lat. «Antuerpiensis») adj. y, aplicado a personas, también n. *De Amberes, antigua Antuerpia.* ≃ Amberino.

antuviada (de «antuviar») f. *Golpe dado a alguien de improviso.*

antuviado, -a (ant.) adj. *Adelantado o precoz.*

antuviador, -a (ant.) adj. y n. *Que antuvia.*

antuviar (de «ante-» y «uviar») **1** (ant.) tr. y prnl. **Anticiparse.* **2** *Anticiparse a dar un golpe a otro.*

antuvio (de «antuviar»; ant.) m. *Acción precipitada.*

antuvión (de «antuvio») **1** m. *Golpe o *ataque repentino.* ⇒ Mantuvión. **2** *El que da un golpe anticipándose al que lo recibe.*

antuzano (del lat. «ante», delante, y «ostĭum», puerta; Vizc.) m. **Atrio o plazuela delante de una iglesia.*

anual (del lat. «annuālis») adj. Se dice de lo que sucede cada año o dura un año: 'Planta anual'. ⇒ Anuo, ánulo, añal.

anualidad f. *Renta que se paga cada año.

anualmente adv. Al año o por años.

anuario (de «anuo») m. Guía, repertorio o información referente a ciertas cosas que se publica cada año.

anúbada (del ár. and. «annúdba») f. *Anúteba.*

anubado, -a adj. *Anubarrado.*

anubarrado, -a 1 adj. *Nublado.* **2** *Aplicado a pinturas, con nubes.*

anublar (de «añublar», con influencia de «nublar») **1** tr. y prnl. *Nublar[se] (en sentido propio o figurado).* **2** *Marchitar[se] o secar[se] las plantas.*

anublo (de «anublar») m. *Añublo.*

anudar (de «añudar», con influencia de «nudo») **1** tr. *Unir un ↘hilo, o cosa semejante, a otro, con un *nudo. ⊙ prnl. Formar espontáneamente una cosa uno o más nudos. ⇒ Añudar. ➤ Desanudar, reanudar. **2** tr. Con ↘«amistad» y otras palabras semejantes, iniciar la cosa expresada por ellas: 'Anudaron su amistad en un congreso'. **3** **Continuar una ↘cosa interrumpida.* **4** prnl. *No llegar a su perfecto desarrollo las personas, los animales o las plantas.* ≃ Ennudecerse.

V. «anudarse la voz».

anuencia (del lat. «annŭens, -entis», anuente; «con», «a» con nombres, «para» con verbos) f. Aprobación, *conformidad o consentimiento para que se haga cierta cosa: 'Falta a la oficina con la anuencia del jefe'.

anuente (del lat. «annŭens, -entis») adj. *Conforme.

anulable adj. Que se puede anular.

anulación f. Acción de anular[se].

anulado, -a Participio adjetivo de «anular[se]».

anulador, -a adj. y n. Que anula.

anular[1] **1** tr. Dejar nulo o sin validez un ↘compromiso o contrato. ≃ Invalidar. ⊙ Dejar sin validez un ↘documento; por ejemplo, un testamento o un cheque. ⊙ Dejar nula o sin aplicación una ↘orden o disposición. ≃ Abolir, derogar, revocar. ⊙ prnl. Quedar nula una cosa (compromiso, documento, orden, etc.). **2** (cient.) Hacerse una cantidad o un valor igual a cero. **3** tr. Privar a una ↘persona de autoridad en un asunto, un sitio, etc. **4** Hacer que una ↘persona pierda personalidad, importancia, etc., *dominándola u *oscureciéndola. ⊙ prnl. Perder alguien su capacidad para desenvolverse y situarse convenientemente en la vida o hacer algo sobresaliente: 'Quedarse en ese pueblo equivale a anularse'.

□ Catálogo

*Abrogar, amortizar, romper la baraja, caducar, cancelar, casar, dar contraorden, desautorizar, desavisar, desconvidar, *desdecirse, desligar[se], desmandar, desvirtuar, dirimir, disolver, dejar sin efecto, infirmar, inutilizar, invalidar, irritar, neutralizar, novar, obliterar, proscribir, quebrantar, quitar, redhibir, rescindir, romper, viciar, volverse atrás. ➤ *Deshacer. *Nulo.

anular[2] (del lat. «anulāris») **1** adj. De [o del] anillo. ⊙ De forma de anillo. **2** adj. y n. m. Se aplica al *dedo de la mano inmediato al meñique.

anulativo, -a o **anulatorio, -a** adj. Se aplica a lo que sirve para anular.

anulete (del lat. «anŭlus», anillo) m. HERÁLD. *Figura de forma de *anillo.*

ánulo[1] (del lat. «anŭlus», anillo) m. *Anillo; se emplea particularmente en arquitectura o decoración, y se aplica específicamente al astrágalo de los *capiteles dóricos, formado por tres hendiduras anulares.

ánulo[2], **-a** (ant.) adj. *Anual.*

anumeración (del lat. «annumeratĭo, -ōnis»; ant.) f. *Enumeración.*

anumerar (del lat. «annumerāre»; ant.) tr. *Enumerar.*

anuncia (ant.) f. *Anuncio (pronóstico).*

anunciación f. Anuncio. ⊙ (con mayúsc.; «La») Se usa casi exclusivamente aplicado al que el Arcángel hizo a la Virgen, y a la festividad con que se celebra.

anunciador, -a adj. y n. Se aplica a lo que anuncia.

anunciamiento 1 m. *Anuncio.* **2** *Anunciación.*

anunciante adj. y n. Se aplica al que anuncia. ⊙ Se aplica, específicamente, al que publica anuncios comerciales.

anunciar (del lat. «annuntiāre»; «con, por, por medio de») **1** tr. Hacer saber que ocurre o va a ocurrir ˘algo: 'Hoy me ha anunciado que se va a casar'. ⊙ Convocar ˘concursos, oposiciones, etc. ⊙ Hacer saber que llega o va a llegar ˘alguien a quien se nombra: 'El ujier anunció al presidente'. Cuando llega un visitante a un sitio, la persona que le abre o recibe suele preguntarle: '¿Me hace el favor de decirme a quién anuncio?'. ⊙ Hacer conocer por indicios ˘algo que va a ocurrir: 'Este viento anuncia lluvia. Las golondrinas anuncian la primavera. Ese gesto no anuncia nada bueno'. ≃ *Presagiar. ⊙ prnl. Empezar a *aparecer: 'Se anuncia la primavera'. **2** tr. Hacer un anuncio comercial de ˘algo. También reflex.: 'Se anuncia en los periódicos para dar clases particulares'. ⊙ abs. Hacer *propaganda: 'El que no anuncia, no vende'.

□ CATÁLOGO

Anticipar, augurar, comunicar, dar a CONOCER, introducir, notificar, *predecir, pregonar, preludiar, *presagiar, *publicar, hacer SABER. ➤ Agüero, alfil, anuncia, anunciación, anunciamiento, anuncio, arfil, augurio, auspicio, aviso, bando, capullo, cartel, letrero, muestra, notificación, parte, participación, predicción, pregón, preludio, premonición, prenuncio, presagio, pronóstico, prospecto, rótulo. ➤ Cartelera, *propaganda, publicidad, reclame, TABLÓN de anuncios, transparente. ➤ A BOMBO y platillos, paladinamente, placeramente, a TAMBOR batiente, a los cuatro VIENTOS, en alta VOZ. ➤ Vas [va, etc.] APAÑADO. ¿qué te APUESTAS a que...?, vas [va, etc.] ARREGLADO, aviado, deo volente, el DÍA menos pensado, el mejor DÍA, DIOS mediante, si DIOS no lo remedia, ¿qué te JUEGAS a que...?, a lo mejor, temo que..., verás cómo... ➤ *Adivinar. *Amenazar. *Avisar. *Comunicar. *Decir. *Noticia. *Prometer. *Señal.

□ CONJUG. como «cambiar».

anuncio («Hacer») m. Acción de anunciar. ⊙ Palabras o comunicación con que se anuncia. ⊙ («Insertar. Publicar») Específicamente, cualquier cosa, escrito, dibujo, etc., con que se anuncia un producto comercial.

ANUNCIO POR PALABRAS. El que se incluye en la sección del *periódico reservada para ello y se paga en función del número de palabras que contiene.

V. «TABLÓN de anuncios».

anuo, -a (del lat. «annŭus») adj. *Anual.*

anuria (de «an-» y «-uria») f. MED. *Falta de secreción de *orina.*

anuro, -a (de «an-» y «-uro») adj. y n. m. ZOOL. Se aplica a los *anfibios que no tienen *cola en estado adulto; como la rana o el sapo. ⊙ m. pl. ZOOL. Orden que forman. ⇒ Uro-.

anúteba (del ár. and. «annúdba») **1** f. *Llamamiento a la *guerra.* **2** **Prestación personal para reparar los muros de los castillos.* ≃ Anúbada. ⊙ **Tributo que se pagaba para redimirse de ésta.* ≃ Anúbada. ⊙ *Gente ocupada en ese trabajo.* ≃ Anúbada.

anverso (del lat. «anteversus») **1** m. En una moneda o medalla, *lado que se considera principal por llevar la efigie o el dibujo más representativo. ≃ *Cara. ⇒ Faz, *derecho. **2** AGRÁF. *Cara en que va impresa la primera página en un pliego.* ≃ Blanco. ⊙ AGRÁF. *Forma con que se imprime esta primera página.* ≃ Blanco. ⇒ Forma, retiración.

V. «CARA de anverso».

-anza 1 Sufijo equivalente a «-ancia», con el que se forman nombres de acción: 'confianza, enseñanza'. **2** También de conjunto: 'mezcolanza'.

anzuelo (del sup. lat. «hamiceŏlus», de «hamus», anzuelo) **1** m. Utensilio de metal en forma de pequeño arpón en el que se pone el cebo y que se ata en el extremo del hilo de la caña de *pescar. ⇒ Hamo. ➤ Encarnar. **2** *Cierto tipo de masa frita.* ⇒ *MASA frita. **3** *Ardid con que se *atrae a alguien. ≃ Cebo. ⊙ Particularmente, artificio que emplea una mujer para atraer admiradores o para conquistar marido.

CAER EN EL ANZUELO. Dejarse *engañar.

ECHAR EL ANZUELO. Tratar de atraer con artificios o engaños.

MORDER [PICAR EN, TRAGAR O TRAGARSE] EL ANZUELO. CAER en el anzuelo.

aña (de or. vasc.; Ál.) f. *Nodriza.*

AÑA SECA (Ál., Cantb., Vizc.). *AMA seca.*

añacal (del ár. and. «annaqqál») **1** m. *Hombre que llevaba trigo a *moler al molino.* **2** (gralm. pl.) *Tabla en que se lleva el pan al horno y se vuelve del horno a las casas.*

añacalero 1 (And.) m. *Añacal.* **2** (Cád.) *Hombre que acarrea cal, tejas, ladrillos y otros materiales para las obras.* ⇒ *Transportar.

añacea (del ár. and. «annazáha»; ant.) f. **Fiesta o diversión.*

añada 1 f. Transcurso de un año, refiriéndose especialmente al año agrícola. ⊙ Se emplea también para calificar éste de «bueno, malo», etc.: 'Una añada de lluvias'. ⇒ *Meteorología. **2** *Cada una de las porciones en que se divide una dehesa o tierra de labor que, alternativamente, se siembran un año y se dejan descansar otro.* ≃ Hoja. ⇒ Añojal, *barbecho.

añadido, -a 1 Participio adjetivo de «añadir», aplicado a la cosa que se junta a otra, o a ésta: 'El ala añadida al edificio. Un vestido añadido'. **2** m. Cosa añadida: 'Lleva un añadido en la manga'. ≃ Añadidura.

añadidura 1 f. Cosa añadida a otra. ≃ Añadido. **2** Pequeña porción de una mercancía que se añade para completar el *peso o como *propina. **3** Señal en la unión de una cosa añadida.

POR AÑADIDURA (particularmente, tratándose de dificultades o cosas que causan disgusto). Además. ≃ Encima.

añadimiento m. *Añadidura.*

añadir (del sup. lat. «inaddĕre», de «addĕre», añadir; «a») tr. Juntar una ˘cosa a otra, de modo que forme con ella un conjunto o quede formando parte de ella: 'Añadir agua al vino. Añadir una posdata a la carta'. ≃ Agregar. ⊙ Ponerle a una cosa ˘algo más de su misma materia para hacerla más grande: 'Añadir un vestido. Añadir puntos en una labor de media'. ⊙ Poner en un escrito o en un recitado ↘algo que no está en el texto original. ≃ Inventar, poner de su [tu, etc.] COSECHA.

☐ CATÁLOGO

Acumular[se], adhibir, agregar[se], allegar, anexionar, aumentar, ayuntar, encimar, incorporar[se], interpolar, juntar[se], *mezclar, entrar a formar PARTE, pegar[se], *sobreponer, sumar, superponer[se], *unir[se], yuxtaponer[se]. ➤ Accesorio, addenda [o adenda], adición, aditamento, agestión, ajilimójili, ampliación, anejo, anexo, añadido, añadidura, añadimiento, apéndice, apostilla, apostura, aumento, chuleta, coleta, coletilla, *colmo, complemento, contera, cuchillo, embolismo, embuchado, emplasto, ensanche, extra, incremento, inri, morcilla, nota, ñapa, parergon, pegote, pelendengue, posdata, postdata, post scriptum, recebo, *remate, remiendo, ribete, sobrepuesto, yapa. ➤ Epéntesis, *metaplasmo, paragoge, prótesis. ➤ Adicional, adjunto, complementario, nuevo, de plus, postizo, de propina, superádito, supernumerario, superpuesto, suplementario. ➤ A mayor ABUNDAMIENTO, además, aindamáis, aínde, amén, encima, igualmente, de más, otrosí, de propina, sobre, también. ➤ Para COLMO [CONTERA O REMATE], para más [o mayor] INRI, PARA que..., por si fuera POCO, a TODAS estas, a TODO esto. ➤ *Parte. *Unir. ➤ Ad. ➤ Desnudo, limpio, mondo, MONDO y lirondo, neto, pelado, *puro. ➤ Expresiones *aditivas.

añafea (del ár. and. «annafáya») f. V. «PAPEL de añafea».

añafil (del ár. and. «annafír») m. **Trompeta morisca muy larga, que se usó también en Castilla.*

añafilero m. *El que toca el añafil.*

añagaza (del ár. and. «annaqqáza», saltarina) **1** f. **Señuelo, generalmente un *ave de la misma especie, para *cazar aves.* **2** *Ardid o *trampa: medio hábil con que se obtiene de alguien lo que se pretende.

añal (del lat. «annālis») **1** adj. *Anual.* **2** adj. y n. *Se aplica al cordero, cabrito, etc., de un año.* **3** (ant.) m. **Aniversario.* **4** *Ofrenda que se hace por los difuntos en el primer año después de la muerte.* **5** (ant.; pl.) **Anales.*

añalejo (de «añal») m. **Calendario para los eclesiásticos con el orden del oficio divino de todo el año.* ≃ Burrillo, cuadernillo, epacta, gallofa. ⇒ *Devocionario.

añás (del quechua «añas») m. *Especie de *zorro pequeño del Perú y el Ecuador.*

añascar (del sup. rom. «adnasaqár», del ár. and. «nasáq», coordinación) **1** (ant.) tr. *Enredar o intrigar.* **2** (ant.) **Recoger poco a poco ↘cosas menudas y sin valor.*

añasco (de «añascar») m. **Apuro, *enredo, *jaleo o intriga.*

añazme (del ár. and. «annáẓm»; ant.) m. *Ajorca.*

añedir (ant.) tr. *Añadir.*

añejamiento m. Acción de añejar[se].

añejar tr. y prnl. Poner[se] añejo.

añejez f. Cualidad de añejo.

añejo, -a (del lat. «annicŭlus») **1** adj. *De uno o varios años.* **2** Aplicado a ciertas cosas en que la vejez es una buena cualidad, viejo: 'Vino añejo'. ⊙ No fresco, sino conservado con sal, humo, etc.; por ejemplo, el tocino o el jamón. ≃ Curado. ⊙ Aplicado a «noticia, vicio, suceso» o palabra semejante, antiguo o ya existente o sabido de mucho tiempo.

añero, -a (de «año[1]»; Chi.) adj. *Se dice de la *planta, particularmente del árbol, que *alterna un año de mucho fruto con otro de poco.* ≃ Vecero. ⇒ De AÑO y vez.

añicos (de or. céltico; «Hacerse») m. pl. *Pedazos muy pequeños que se hacen de una cosa al romperse: 'Se ha caído el jarrón y se ha hecho añicos'.

HACER AÑICOS. **1** *Romper, *destrozar. **2** Dejar *cansado, *maltrecho o abatido. ⇒ *Abatir.

HECHO AÑICOS. **1** Roto en muchos pedazos. **2** Muy *cansado, *maltrecho o abatido. ⇒ *Abatir.

añil (del ár. and. «anníl» o «anník», cl. «nílağ», del persa «nil», y éste del sánscrito «nīla») **1** *(Indigofera tinctoria)* m. Arbusto leguminoso tropical y subtropical de cuyas hojas y tallos se obtiene una sustancia colorante *azul, del mismo nombre. ≃ Índigo. ⇒ Añir, cerulina, glasto, índico. ➤ Azulete. ➤ Jiguilete [o jiquilete]. **2** Color del espectro situado entre el azul y el violeta, que es como el del añil.

añinero m. *Hombre que prepara o vende añinos (pieles).*

añino, -a (del lat. «agnīnus», de cordero) **1** adj. *Añal (de un año).* **2** m. pl. *Pieles de corderos de un año a lo más, no tonsuradas.* **3** *Lana de corderos.*

añir (ant.) m. *Añil.*

año[1] (del lat. «annus») **1** m. Espacio de tiempo que invierte la Tierra en una revolución completa alrededor del Sol. ⊙ Periodo comprendido entre el 1 de enero y el 31 de diciembre: 'Este año. El año que viene'. ≃ Año civil. **2** (pl.) Edad o vejez: 'Maltratado por los años'. **3** *En el juego de «*damas y galanes», persona con quien otra resulta emparejada.*

AÑO ACADÉMICO [O ESCOLAR]. Periodo de tiempo que dura un curso.

A. ANOMALÍSTICO. ASTRON. *Tiempo que transcurre entre dos pasos consecutivos de la Tierra por el afelio o el perihelio de su órbita, igual a 365 días, 6 horas, 13 minutos y 59 segundos.*

A. BISIESTO. Año en que el mes de febrero tiene 29 días, establecido para compensar la parte fraccionaria del año sidéreo, que no tiene exactamente 365 días: son bisiestos, después de la reforma gregoriana, los designados por un número divisible por cuatro, excepto los acabados en dos ceros.

A. CIVIL. Periodo de la longitud de un año, tomado desde cualquier fecha. ≃ Año.

A. CLIMATÉRICO. *El séptimo y noveno de la edad de las personas, y sus múltiplos, en los que, según creencia antigua, se operan cambios notables en la *constitución física.*

A. ECLESIÁSTICO [O LITÚRGICO]. El que establece las festividades religiosas y que comienza el primer domingo de adviento. ⇒ *Culto.

A. ESCOLAR. AÑO académico.

A. FATAL. DER. *Término improrrogable que se daba para interponer *apelación en ciertas causas.*

A. DE GRACIA. Equivalía antes a decir «después de Jesucristo». Ahora se emplea poco y solamente como un adorno, a veces humorístico, de «año»: 'Subió al trono en el año de gracia de... Me casé en el año de gracia de...'.

A. DE JUBILEO. AÑO santo.

A. LITÚRGICO. AÑO eclesiástico.

A. LUZ. Unidad de longitud utilizada en *astronomía que equivale a la distancia recorrida por la luz en un año.

A. MIL. Año en que se creía que había de ocurrir el *fin del mundo. ⇒ Milenario.

A. DE LA NANA («El»). Hace mucho tiempo: 'Lleva un vestido del año de la nana. Eso ocurrió el año de la nana'.

A. NUEVO. Cada uno que empieza, refiriéndose al paso de uno a otro o a los primeros días del que empieza: 'Se casarán para año nuevo'. ⇒ DÍA de año nuevo.

A. SABÁTICO. **1** **Año de cada siete en que los *judíos dejaban descansar las tierras.* ⇒ *Barbecho, *cultivo. **2** Año de interrupción del trabajo que se concede a ciertos profesionales, particularmente a los profesores de universidad.

A. SANTO. Año en que se concede jubileo universal e indulgencia plenaria a los católicos que acuden a Roma para ganarla. ≃ Año de jubileo.

A. SIDÉREO [O VERDADERO]. Tiempo que transcurre entre dos pasos consecutivos de la Tierra por el mismo punto de su órbita, o sea 365 días, 6 horas, 9 minutos y 24 segundos.

AÑOS DE SERVICIO. Antigüedad en un *empleo, particularmente del Estado.

AÑO DE NIEVES, AÑO DE BIENES. Refrán de sentido claro.

V. «no hay BIEN [O MAL] que cien años dure».

V. «al CABO de los años mil...»

DE AÑO Y VEZ. Se aplica a los *árboles que dan fruto un año sí y otro no. ⇒ Añero.

DE BUEN AÑO (inf.). Aplicado a personas, *gordo y de aspecto saludable.

DEL AÑO DE LA POLCA (inf.). Muy antiguo o de hace mucho tiempo: 'Lleva unos zapatos del año de la polca. Ese grupo musical es del año de la polca'.

V. «tal DÍA hará un año».

ENTRADO EN AÑOS. Viejo.

ESTAR una persona o cosa A AÑOS LUZ de otra. Estar a gran distancia, particularmente en sentido no material: 'Están a años luz en cuanto a desarrollo tecnológico'.

JUGAR LOS AÑOS. Jugar sólo por entretenimiento, sin interés.

LO QUE NO PASA [OCURRE, SUCEDE, etc.] EN UN AÑO, PASA EN UN DÍA. Expresión con que se recomienda no confiar en que no ha de ocurrir una cosa porque hasta el momento no haya ocurrido.

NO HAY QUINCE AÑOS FEOS. Expresión aplicada a las jóvenes, indicando que, aunque no tengan otra *belleza, las hace atractivas la lozanía de la juventud.

NO PASAR [LOS] AÑOS PARA [O POR] alguien. No *envejecer. V. «por mucho PAN nunca es mal año».

PERDER AÑO. Repetir un estudiante el curso que estaba realizando por no haberlo aprobado.

POR LOS AÑOS DE... Alrededor del año o del *tiempo o acontecimiento que se expresa.

V. «más vale llegar a TIEMPO que rondar un año, sacar la TRIPA de mal año».

□ CATÁLOGO

Formas afijas, «an-», «en-»: 'anales, anata, *aniversario, anual...; bienio, trienio...'. ➤ Abraxas, abriles, hierbas, navidades, primaveras. ➤ Indicción. ➤ Añada, bienio, centuria, cincuentenario, cuadrienio, cuatrienio, década, decenario, decenio, endécada, hebdómada, lustro, milenario, milenio, quinquenio, septenio, sexenio, siglo, trienio. ➤ *Anual, bisanual, bisanuo, catorceno, cincoañal, cuadragenario, cuadricenal, cuadrienal, cuatrienal, decenal, dosañal, quindenial, quinquenal, sexenal, sieteñal, sobreañal, treintañal, tresañal, tresañejo, tricenal, trienal, veintenario, veinteñal, vicenal. ➤ Añoso, centenario, cincuentón, cuadragenario, cuarentón, quincuagenario, quintañón, septuagenario, sesentón, sexagenario. ➤ Aniversario, centenario, cincuentenario. ➤ Cartiero, *estación, mes, *TIEMPO litúrgico. ➤ Embolismo, epacta. ➤ Almanaque, calendario. ➤ Bisextil, bisiesto, corriente, este, largos, luengos, pasado, próximo, santo, que viene. ➤ Solemne. ➤ Correr, pasar, transcurrir. ➤ Antaño, anteantaño, cadañal, cadañego, cadañero, cumpleaños, fañado, hogaño.

año[2] (del lat. «agnus», cordero; Gal., León) m. **Cordero joven.*

-año, -a Sufijo que tiene el mismo significado que «-áneo» y forma adjetivos y nombres derivados de verbos o de otros nombres: 'Hazaña. Montaña. Huraño. Travesaño'. ⊙ También, equivaliendo a «-ano», nombres que significan «el que guarda»: 'Ermitaño'.

añojal (de «añojo») m. *Pedazo de tierra que se cultiva algunos años y se deja erial otros.* ⇒ Añada, *barbecho.

añojo (de «año[1]») m. Becerro o cordero de un año cumplido.

añoranza (del cat. «enyorar») f. Acción de añorar. ≃ Nostalgia. ⊙ Sentimiento del que añora.

añorar (del cat. «enyorar») tr. Pensar con tristeza en un ↘ser querido ausente, en la patria que se ha abandonado o en otra cosa querida y perdida. ⊙ Se usa también como absoluto: 'Pasó añorando el resto de su vida'. ⇒ Cariñarse. ➤ Ansión, añoranza, ausencia, falta, morriña, nostalgia, vacío.

añoso, -a (del lat. «annōsus») adj. Aplicado particularmente a los árboles o a su tronco, de muchos años: 'Una añosa encina'.

añublar (del lat. «innubilāre») tr. y prnl. *Nublar[se].*

añublo (de «añublar») **1** m. *Niebla. **2** Enfermedad producida en los cereales por el hongo parásito *Puccinia graminis*. **3** Nombre dado a la *roya, el *tizón u otras enfermedades producidas por hongos en las plantas. ≃ Niebla.

añudar (del lat. «innodāre») tr. *Anudar.*

añusgarse (del sup. lat. «innodicāre», de «innodāre», anudar) **1** prnl. *Contraerse la garganta impidiendo tragar; por ejemplo, a consecuencia de una fuerte impresión.* ⊙ *Sufrir alguien esa contracción.* ⇒ *Atragantarse. **2** **Enfadarse o *disgustarse.*

aocar (del lat. «adoccāre»; ant.) tr. **Ahuecar.*

aojador, -a adj. y n. Que aoja.

aojadura o **aojamiento** f. o m. Acción de aojar.

aojar[1] (de «ojo») **1** (ant.) tr. *Mirar.* **2** Hacer «*mal de ojo». Causar daño un hechicero a ↘alguien mirándole. ≃ Atravesar. **3** *Desgraciar, malograr una ↘cosa.*

aojar[2] (de «ox»; ant.) tr. CAZA. *Ojear.*

aojo m. Acción de aojar (hacer mal de ojo, etc.).

aónides (del lat. «Aonĭdes», de Aonia o Beocia, región donde estaban el monte Helicón y la fuente Hipocrena, ambos consagrados a las musas) f. pl. *Nombre aplicado a las *musas.*

aonio, -a 1 adj. y n. *Beocio.* **2** adj. *De las *musas.*

aoptarse (del lat. «adoptāre»; ant.) prnl. *Darse por *contento.*

aorar (del lat. «adorāre»; ant.) tr. **Adorar.*

aoristo (del gr. «aóristos», ilimitado) m. GRAM. Pretérito indefinido de la conjugación griega.

aorta (del gr. «aortḗ») adj. y n. f. ANAT. Se aplica a la *arteria principal que parte del ventrículo izquierdo del corazón y lleva la sangre a todo el cuerpo menos a los pulmones. ⇒ Cayado.

aórtico, -a adj. ANAT. De la aorta.

aortitis (de «aorta» e «-itis») f. MED. Inflamación de la aorta.

aovado, -a adj. Ovalado; se aplica particularmente a las *hojas de las plantas.

aovar (de «a-[2]» y «huevo») intr. Poner *huevos las aves o los insectos. ≃ Ovar.

aovillar 1 tr. *Devanar ↘hilo, lana, etc., en ovillo. **2** prnl. Encogerse por el frío u otra causa. ≃ *Acurrucarse.

apa (del quechua «apa», carga) AL APA (Chi.). *A *cuestas.*

APA f. Sigla de «asociación de padres de alumnos».

¡apa! interj. Exclamación con que se *anima uno mismo o anima a otro a levantarse o a *levantar algo. ≃ ¡Aúpa!

apabilar **1** tr. *Preparar el pabilo de las ↘velas para que se enciendan bien.* **2** (ant.) prnl. *Extinguirse una vela con resplandores intermitentes.* **3** (Ar., Mur.) tr. *Ser causa, por ejemplo un soplo o una corriente violenta de aire recibida en la cara, la impresión del agua fría o una bocanada de aire maloliente, de que ↘alguien respire entrecortadamente, parpadeando a la vez.* ⊙ (Ar., Mur.) prnl. *Ponerse a respirar entrecortadamente y a parpadear a causa de una corriente de aire, un mal olor, etc.*

apabullado, -a («Dejar, Sentirse») Participio adjetivo de «apabullar[se]».

apabullamiento m. Acción y efecto de apabullar[se].

apabullar (¿de «magullar», con influencia de «apalear»?; inf.) tr. Hacer que una ↘persona se sienta insignificante o impotente discutiendo con ella, insultándola, reprendiéndola, exhibiendo ante ella el propio poder o algo lujoso o deslumbrador, etc. ≃ *Abrumar. ⊙ prnl. Empezar a sentirse apabullado. ⇒ *Achicar, *anonadar, *aplastar, *confundir, *dominar, *humillar, *intimidar, *vencer.

apabullo **1** m. *Acción y efecto de apabullar.* **2** **Cachete.*

apacar (de «a-²» y el lat. «pacāre», pacificar; ant.) tr. **Apaciguar o *calmar.*

apacentadero m. Lugar en que se apacienta el ganado.

apacentador, -a adj. y n. Que apacienta.

apacentamiento m. Acción de apacentar[se].

apacentar (del lat. «adpascens, -entis», part. pres. de «adpascĕre») **1** tr. Cuidar el ↘ganado mientras pace. ≃ Pastorear. ⊙ A veces se emplea como «*alimentar» o «producir pasto para»: 'Estos prados apacientan diez mil ovejas'. ⇒ Apastar, herbajar, pastear, pasturar. ➤ *Pastar. **2** prnl. *Pastar el ganado. **2** tr. **Alimentar espiritualmente.* **3** *Alimentar ↘algo como pasiones o esperanzas.* ⊙ prnl. *Llenar el recuerdo, la imaginación, el pensamiento de la cosa que se expresa:* 'Apacentarse de esperanzas'. ≃ Alimentarse.

□ CONJUG. como «acertar».

apacer (del lat. «adpascĕre») **1** (ant.) tr. e intr. *Apacentar.* **2** (ant.) intr. **Alimentarse.*

apache **1** adj. y n. Se aplica a ciertos indios que habitaban en Nuevo Méjico, Arizona y norte de Méjico. **2** m. Nombre aplicado a los *ladrones y gentes de mal vivir de los bajos fondos de París, que cometían particularmente agresiones nocturnas.

apacheta f. *Nombre dado a unos montones de *piedras de carácter religioso formados por los indios peruanos en las mesetas de los Andes.*

apachurrar tr. *Espachurrar.

apacibilidad f. Cualidad de apacible.

apacible (de «aplacible») adj. Aplicado a cosas y a personas, a su *carácter, etc., sin brusquedad o violencia. ≃ Suave. ⊙ («Estar, Ser») Aplicado a personas, no alterado por pasiones o deseos violentos o por accesos de enfado. ⇒ Bonachón, dulce, manso, pacífico, plácido, reposado, suave, sufrido, *tranquilo, de buen CARÁCTER, una malva, de buena PASTA, de PASTA flora. *Genio. *Carácter. ⊙ Aplicado a la vida de las personas, no alterada por preocupaciones o disgustos. ⇒ Placentero, plácido, sosegado, *tranquilo. ⊙ Aplicado al tiempo, no turbado por cambios bruscos, temperaturas extremadas, etc. ⇒ Bonancible, en calma, sereno, sosegado, suave, *tranquilo. ⊙ Aplicado al viento, sin violencia, por lo que es *agradable en vez de molesto. ⇒ Acariciador, acariciante, dulce, manso, suave. ⊙ Aplicado al mar, sin oleaje. ⇒ Quieto, sosegado, tranquilo, en calma.

apaciblemente adv. De modo apacible.

apaciguado, -a Participio adjetivo de «apaciguar[se]».

apaciguador, -a adj. y n. Que apacigua.

apaciguamiento m. Acción y efecto de apaciguar[se].

apaciguar (de «a-²» y el lat. «pacificāre») **1** tr. *Pacificar: restablecer la paz entre ↘personas que luchan o son enemigas. ⊙ prnl. Dejar de estar enfrentados los que luchaban o eran enemigos. **2** tr. y prnl. *Calmar[se] o tranquilizar[se]. ⊙ Disminuir la intensidad o violencia de un ↘dolor o padecimiento, físico o moral. ≃ *Calmar.

□ CONJUG. como «averiguar».

apacorral m. *Cierto árbol gigantesco de Honduras, cuya corteza, muy amarga, usan los campesinos como remedio tónico y febrífugo.*

apadrinador, -a adj. y n. Que apadrina.

apadrinamiento m. Acción de apadrinar.

apadrinar **1** tr. Actuar de padrino con ↘alguien. **2** *Ayudar a triunfar o prosperar a ↘alguien. ≃ *Proteger. ⊙ O a ↘cosas como ideas, proyectos o semejantes. ⊙ prnl. **Acogerse a la protección de alguien.* ⇒ *Apoyar. **3** tr. EQUIT. Acompañar un jinete en caballo manso a ↘otro que monta un potro, para domesticar a éste.

apagable adj. Susceptible de ser apagado.

apagadizo, -a adj. Aplicado, por ejemplo, al carbón, que se apaga, que no arde bien.

apagado, -a **1** Participio adjetivo de «apagar[se]». **2** («Estar, Ser») Aplicado a personas, falto de *animación, de *entusiasmo, de *alegría, etc. ⇒ Apático. **3** Aplicado a *colores, poco vivo. ⊙ Aplicado al sonido, no sonoro. ≃ Sordo.

apagador, -a **1** adj. y n. m. Se aplica a cualquier cosa que apaga o sirve para apagar. ⊙ m. Apagavelas. ⊙ Dispositivo para apagar el sonido en los *pianos. **2** *Lugar de los hornos de *pan donde se apagan las brasas sobrantes.* **3** (C. Rica, Méj., Ven.) *Interruptor de la corriente eléctrica.*

apagamiento **1** m. Acción de apagar[se]. **2** Cualidad de apagado (falto de animación, etc.).

apagapenol (de «apagar» y «penol») m. MAR. **Cabo de los sujetos en las relingas de las velas de cruz que sirven para cerrarlas, cargarlas, etc.*

apagar (de «a-²» y el lat. «pacāre», pacificar) **1** tr. Hacer cesar la ↘luz o el fuego: 'Apagué la luz y me dormí. Los bomberos apagaron el incendio'. ⊙ prnl. Cesar la luz o el fuego. ⊙ tr. Convertir la *cal viva en cal muerta echándole agua. ⇒ Ahogar, asfixiar, *dominar, entremorir, extinguir, matar, morir, sofocar. ➤ BOMBA de incendios, manga. ➤ Apagavelas, contracandela, contrafuego, cortafuego, extintor, matacandelas, matafuego, raya. ➤ Bombero. ➤ Inapagable. ➤ *Fuego. **2** Aplicado a ↘sensaciones físicas, deseos o sentimientos, hacerlos desaparecer, satisfaciéndolos o de otro modo: 'Apagar la sed [el hambre, la ilusión, la esperanza, la fe, el entusiasmo]'. ⊙ prnl. Desaparecer esas sensaciones, deseos o sentimientos. **3** tr. Dominar una ↘protesta, disturbio o sublevación. **4** MIL. Hacer cesar con la *artillería propia el ↘fuego del enemigo. **5** PINT. **Rebajar los ↘colores demasiado vivos y la intensidad de la luz.* **6** MAR. *Cerrar los senos que forma el viento en las ↘*velas.*

APAGA Y VÁMONOS. Expresión que se dice cuando algo, por ejemplo una fiesta, se está acabando. También para indicar que, después de lo que se ha dicho o ha sucedido, ya no hay nada que hacer o es inútil hablar más.

V. «apagar los FUEGOS».

apagavelas **1** m. Utensilio para apagar las velas, consistente en una pieza cónica de metal sujeta a un mango o un palo de longitud adecuada a su uso. ≃ Apagador, MANO de Judas. 2 (n. calif.) Se aplica burlescamente a las narices ensanchadas por abajo y con las ventanas muy abiertas.

DE APAGAVELAS. Aplicado a «narices», de forma de apagavelas.

apagón m. Apagamiento repentino de las luces en un sitio.

apainelado adj. V. «ARCO apainelado».

apaisado, -a (de «país», por la forma de los cuadros donde suelen pintarse países) Participio de «apaisar». ⊙ adj. Se aplica a las cosas que, en su posición normal, son más anchas que altas: 'Libro [cuaderno, cuadro] apaisado'. ⇒ *Dimensiones.

apaisar tr. Colocar ↘algo de forma apaisada.

apalabrar tr. Contratar de palabra la ↘compra o el alquiler de una ↘cosa, el trabajo de una persona, etc.: 'Apalabrar un piso'. ≃ Comprometer. ⇒ Alenguar.

apalambrar (¿de «apelambrar»?; ant.) tr. *Incendiar o abrasar.*

apalancamiento m. Acción de apalancar.

apalancar tr. Utilizar la palanca para levantar, abrir o mover ↘algo. ⇒ Embarrar, ronzar, sopalancar, tranquear.

apaleamiento m. Acción de apalear (golpear).

apalear[1] tr. Golpear una ↘cosa con un palo o cosa semejante. ⊙ Golpear ↘alfombras, mantas, lana, etc., para quitarles el polvo. ⊙ Golpear con palos las ramas de los ↘árboles para hacer caer los ↘frutos. ≃ Varear. ⇒ *Agricultura. *Recolección. ⊙ Maltratar a ↘alguien con golpes.

apalear[2] 1 tr. Aventar el ↘grano con la pala. 2 (inf.) Con «dinero, oro, plata» u otra ↘cosa semejante, tenerlos en mucha abundancia.

apaleo m. Acción de apalear (aventar).

apaliar (ant.) tr. *Encubrir o disimular.* ≃ Paliar.

apalmado, -a (de «palma») adj. V. «MANO apalmada».

apalpar tr. *Palpar.*

apanalado, -a adj. *Formando celdillas, con aspecto semejante a un panal; se aplica, por ejemplo, al rizado hecho con la *plancha en los cuellos que se usaban antiguamente.*

apancora *(Lithodes antarcticus)* f. **Crustáceo decápodo braquiuro, de unos 10 cm de largo, con caparazón oval y espinoso y pinzas grandes, que vive en las costas de Chile.*

apandar (de «pando», con influencia de «apañar»; inf.) tr. **Apoderarse de una ↘cosa quitándosela al que la tiene.* ≃ *Afanar, apañar.

apandillar tr. y prnl. recipr. *Reunir[se] en pandilla.*

apandorgarse (Hispam.) prnl. **Apoltronarse o *emperezarse.*

apaniaguado, -a (ant.) n. *Paniaguado.*

apaniguado, -a n. *Paniaguado.*

apaniguar (de «a-[2]» y el lat. «panificāre»; ant.) tr. **Alimentar o *mantener.*

apanojado, -a adj. *Aplicado a partes de plantas, de forma de panoja.*

apantanar tr. *Cubrir de agua un ↘terreno.* ⇒ *Pantano.

apantuflado, -a adj. *Aplicado al calzado, de forma de pantuflo.*

apañacuencos m. *Lañador.*

apañado, -a 1 Participio adjetivo de «apañar[se]». 2 (inf.) De buen tamaño, buena forma o *adecuado por cualquier otra circunstancia para el objeto a que se destina: 'Esta bolsa es muy apañada para lo que yo la necesito'. 3 (inf.) Aplicado a personas, cuidadoso y hábil para hacer las cosas o cierta cosa que se expresa. ≃ Arreglado. 4 (inf.) Buen administrador de sus medios o posibilidades. ≃ *Arreglado. ⇒ *Aprovechado.

ESTAR [O IR] APAÑADO. Estar equivocado o expuesto a un chasco o mal resultado haciendo cierta cosa: '¡Vas apañado si crees que te van a hacer caso! ¡Apañado va el que se fíe de ti!'. ≃ Estar [o ir] LISTO. ⇒ *Equivocar. ⊙ Se emplea en expresiones de *lamentación: '¡Pues estoy apañado si no me llega a tiempo ese documento!'.

¡ESTARÍAMOS APAÑADOS! Exclamación informal con que se apoya la oposición a cierta cosa.

apañador, -a adj. y n. *Se aplica al que apaña.*

apañadura 1 f. Apaño. 2 (gralm. pl.) *Guarnición puesta en el borde de las *colchas, frontales, etc.*

apañamiento m. *Apaño.*

apañar (de «a-[2]» y «paño») 1 tr. **Abrigar o arropar.* 2 **Coger.* 3 *Coger ↘algo para apropiárselo.* ≃ *Afanar, apandar, *apoderarse. ⇒ *Birlar. 4 *Recoger o guardar.* 5 Asear. 6 (más bien pop.) *Arreglar, *componer o *remendar. 7 («con») prnl. Vivir, actuar o hacer cierta cosa con los medios que se expresan, aunque sean insuficientes. ≃ Arreglarse, *manejarse. 8 Obrar o desenvolverse bien o con habilidad, o mal: 'Se apaña muy bien solo. No sé cómo te apañas para ir siempre despeinada'. ≃ Apañárselas, arreglárse[las].

APAÑÁRSELAS. *Manejarse: 'No sé cómo se las apaña que siempre sale ganando'. ≃ Apañarse.

YA TE [LE, etc.] APAÑARÉ Expresión de amenaza dirigida particularmente a chicos. ≃ Ya te [le, etc.] arreglaré. ⇒ *Amenazar.

apañico o **apañijo** m. Dim. y desp. de «apaño», particularmente en la acepción de «chanchullo».

apaño 1 m. Acción y efecto de apañar. ≃ Apañadura, apañamiento. 2 Arreglo de cualquier asunto hecho sin escrúpulo, con trampa o chapuceramente. ≃ Amaño, *chanchullo, componenda, enjuague. 3 (inf.; pl.) *Utensilio. 4 (inf.) *Complementos. 5 (inf.) Relaciones amorosas irregulares. ≃ Amorío, arreglo, enredo, *lío. ⇒ Amancebamiento.

apañujo m. Desp. de «apaño». ⊙ Arreglo desaprensivo de un asunto. ≃ *Chanchullo.

apañuscar 1 tr. Despectivo de «apañar». 2 *Apretujar y *ajar una ↘cosa. 3 *Coger una ↘cosa para apropiársela.* ≃ *Afanar, apandar, apañar.

apapagayado, -a adj. *Aplicado a la nariz o a las personas, por ella, como [de] un papagayo.*

aparador, -a (del lat. «apparātor, -ōris») 1 adj. y n. m. *Aplicable al que apara.* 2 (Ar.) m. **Estante.* 3 Mueble de comedor con cajones, *puertas y estantes. ⇒ Abaz. 4 *Credencia o mesa de *altar.* 5 **Armario ropero.* 6 (Arg.) *Armario de cocina.* 7 **Escaparate.* 8 **Taller de artesano.*

aparadura f. V. «TABLÓN de aparadura».

aparamento (ant.) m. *Paramento.*

aparar (del lat. «apparāre») 1 tr. *Preparar.* ⊙ *Preparar la ↘fruta para comerla, *pelándola.* ⊙ *Coser entre sí las piezas de piel de un ↘*zapato antes de unir el conjunto con la suela.* 2 *Alisar con la azuela de *carpintero las uniones de las ↘tablas.* 3 *Dar segunda labor a las ↘plantas ya algo crecidas, para arrancar la *hierba.* 4 *Disponer alguien las ↘manos u otra cosa para recoger algo que se le echa o se le da.* 5 *Dar una ↘cosa alguien que está próximo a ella a otro que está más lejos.* ≃ *Alargar.

aparasolado, -a (de «parasol») adj. BOT. *Se aplica a las inflorescencias en umbela, con forma de sombrilla.*

aparatarse (de «aparato») 1 prnl. **Prepararse.* ⊙ (Ar., Col.) *Tomar el cielo aspecto de que va a llover, nevar o* *haber tormenta.* ⇒ *Nublarse. **2** *Rodearse de *esplendor u ostentación.*

aparatero, -a (Ál., Ar., Chi.) adj. y n. *Se dice del que hace las cosas con muchos *aspavientos o aparato.* ⇒ *Exagerado.

aparato (del lat. «apparātus») **1** m. En general, conjunto de materiales, *utensilios y todo lo que está dispuesto para hacer cierta cosa. **2** En un *laboratorio, conjunto de tubos, vasijas, etc., montados para un experimento o trabajo. **3** Cualquier dispositivo, como vendaje o armazón, que se aplica a un miembro con fines curativos u *ortopédicos. **4** *Utensilio, de menor tamaño que los llamados «máquinas», formado por diversas piezas ajustadas unas con otras, con o sin mecanismo; como un microscopio, una brújula, un reloj o un receptor de radio; se dice «aparatos eléctricos, aparatos de precisión, un aparato sensible»; y se llama «aparatos indicadores» a los contadores. ≃ Instrumento. ⇒ Sensible, de precisión. ➤ Modelo, tipo. ➤ Montura. ➤ *Utensilio. **5** Utensilio que se usa para realizar ejercicios de gimnasia, como el potro, el caballo con arcos, el plinto, etc. **6** ANAT. Conjunto de *órganos que realizan combinadamente una función: 'Aparato circulatorio, digestivo, genital, respiratorio, urinario'. ⇒ Sistema. **7** (Méj.) *Quinqué.* **8** Conjunto de personas con capacidad decisoria dentro de una organización, sobre todo política. **9** Conjunto de cosas ricas o de servidumbre que rodean o acompañan a algo o alguien para darle brillantez o mostrar su importancia: 'El emperador viajaba con gran aparato. No gustaba del aparato de la Corte'. ⇒ *Acompañamiento, *ceremonia, *esplendor, ostentación. ⊙ Conjunto de hechos o aspectos vistosos o impresionantes que acompañan a un fenómeno o suceso: 'Una tormenta con mucho aparato de truenos y relámpagos. Una puesta de Sol con gran aparato de colores'. ≃ *Acompañamiento. ⇒ Efectismo. ⊙ Aspecto importante o lujoso de una cosa, que no corresponde a su verdadero valor: 'En esa tienda todo es aparato'. ≃ *Apariencias. ⊙ («Armar, Mover») Exceso de confusión, ruido o desorden que se promueve al hacer algo: '¡Cuánto aparato para tan poca cosa!'. ≃ *Jaleo. ⇒ Estrapalucio, estrépito, estropicio, estruendo. ➤ Exageración. ➤ *Jaleo. ⊙ Exageración en la manifestación de cualquier afecto o impresión: 'Arma un aparato terrible para tomarse una medicina'. ≃ *Aspaviento. ⇒ *Melindre.

¡AL APARATO! Exclamación con que se responde, al coger el aparato receptor, a una llamada telefónica.

ESTAR [PONERSE, etc.] AL APARATO. Expresiones específicamente referidas al aparato del *teléfono.

aparatosamente adv. De manera aparatosa.

aparatosidad f. Cualidad de aparatoso.

aparatoso, -a adj. Acompañado de aparato en cualquier acepción figurada: «jaleo, exageración, brillantez, complicación, lujo...»: 'Un suceso muy aparatoso. Una caída aparatosa. Un sombrero aparatoso. El principio de la enfermedad fue muy aparatoso'. ⇒ Complicado, enfático, *exagerado, fachendoso, *grandilocuente, hinchado, hueco, impresionante, llamativo, lujoso, magnífico, ostentoso, pomposo, pretencioso, retumbante, rimbombante. ➤ *Complicar.

aparcacoches n. Persona que en un establecimiento público se encarga de aparcar los coches de los clientes.

aparcamiento 1 m. Lugar donde se aparcan o se pueden aparcar los coches. **2** Acción de aparcar un vehículo.

aparcar (de «a-[2]» y «parque») **1** tr. Colocar convenientemente en un campamento o parque los ↘carruajes y, en general, los pertrechos y el material de guerra. **2** tr. o abs. Colocar los ↘coches y otros vehículos estacionados en el lugar destinado para ello o en un lugar cualquiera. **3** tr. Aplazar un ↘asunto.

aparcería 1 f. Relación entre aparceros. ⊙ Contrato entre el propietario de una tierra y el que la trabaja, por el cual ambos participan de los productos de ella. ⊙ Contrato semejante, referente al *ganado. ⇒ *Arrendar, *medianería. **2** (Arg., Ur.) *Amistad, compañerismo.*

aparcero, -a (de «a-[2]» y el lat. tardío «partiarĭus», partícipe) **1** (ant.) n. *Partícipe o copartícipe.* **2** *Copropietario.* **3** (ant.) *Compañero.* **4** Persona que tiene contrato de aparcería con otra. ⊙ Corrientemente, se aplica al que trabaja la tierra. ⇒ *Colono. **5** (ant.) f. **Concubina.* **6** (Arg., Ur.) n. *Amigo, compañero.*

aparcionero, -a (ant.) n. *Partícipe.* ≃ Parcionero.

apareamiento m. Acción de aparear. ⊙ Disposición de cosas en parejas.

aparear (de «a-[2]» y «parear») **1** tr. Formar una pareja poniendo dos ↘cosas juntas o igualándolas. ≃ Emparejar, parear. ⊙ Formar parejas poniendo varias ↘cosas de dos en dos. **2** Juntar dos ↘animales de distinto sexo para que críen. ⊙ prnl. recípr. Unirse dos animales de distinto sexo para reproducirse.

aparecer (del lat. «apparescĕre») **1** («en, por») intr. Ponerse una cosa que estaba oculta de modo que puede ser vista: 'El Sol aparece por el horizonte'. ≃ Mostrarse, salir, surgir. **2** Empezar a *existir cierta cosa; como un periódico, una moda o una enfermedad. ≃ Salir. **3** («en, por») Ir alguien a cierto sitio donde es visto por otros: 'Aparece de cuando en cuando por la tertulia'. ≃ *Presentarse. ⇒ Caer, dejarse CAER, descolgarse, *presentarse. **4** Estar una cosa de modo que se ve en cierta forma: 'En invierno, los árboles aparecen desnudos'. ≃ *Mostrarse, presentarse. ⊙ («como») Tener cierto *aspecto. **5** *Ser deducida cierta cosa*: 'De aquí aparece que los ángulos son iguales'. ≃ *Resultar. **6** Ser *encontrado algo que se había perdido: 'Ya han aparecido las llaves'. ≃ Parecer, salir. ⊙ (gralm. precedido de «ya» y en exclamaciones) Ser por fin encontrada la razón o explicación de algo: '¡Ya aparecieron los motivos de que no se presentara por aquí!'. ≃ Parecer, salir. **7** («a, ante») prnl. Aparecer algo ante alguien. Generalmente lleva un complemento con «como». ⊙ Presentarse un aparecido o una aparición a la vista de alguien.

APARECER COMO. *Parecer: 'La luna aparece como un disco'.

¡YA APARECIÓ AQUELLO! Exclamación cuando por fin se *descubre algo que se había tenido oculto o reprimido, o se descubre la razón o *causa de cierta cosa.

☐ CATÁLOGO

Abrirse, aflorar, amanecer, anunciarse, apuntar, *asomar, *atisbarse, *brotar, sacar la CABEZA, caer, dejarse CAER, salir a la CARA, saltar a la CARA, salir en la COLADA, columbrarse, conocerse, descolgarse, *descubrirse, dibujarse, distinguirse, *divisarse, emerger, engendrarse, entreverse, exteriorizarse, formarse, iniciarse, insinuarse, salir a [la] LUZ, manar, manifestarse, *mostrarse, nacer, *notarse, ofrecerse, dar en los OJOS, olerse, descubrir la OREJA, parecer, parir, patentizarse, ser *PERCEPTIBLE, pintar, *presentarse, hacerse PÚBLICO, recalar, registrarse, remanecer, repuntar, resultar, retentar, revelar[se], *salir, dar SEÑAS [O SEÑALES], *surgir, surtir, trascender, traslucirse, dejarse VER, verse, vislumbrarse, saltar a la VISTA. ➤ Por ARTE de birlibirloque, por ARTE de encantamiento, por ARTE de magia, por escotillón, como un FANTASMA. ➤ Advenimiento, aparecimiento, aparición, asomada, novedad, orto, ostensión, ostentación. ➤ Ahé, he, HE ahí [allí, aquí],

heme, hete, velay. ➤ ¡Ya PARECIÓ [o SALIÓ] aquello! ➤ *Desaparecer, *reaparecer. ➤ *Descubrir.
□ CONJUG. como «agradecer».

aparecido, -a **1** Participio adjetivo de «aparecer[se]». **2** m. Muerto que se presenta a la vista de los vivos: 'Contar historias de aparecidos'. ⇒ ALMA en pena, ánima, espanto, espectro, espíritu, estantigua, fantasma, sombra. ➤ *Aparición.

aparecimiento m. *Aparición.*

aparejadamente adv. *Adecuadamente.*

aparejado, -a Participio adjetivo de «aparejar». ⊙ *Adecuado.

LLEVAR [o TRAER] APAREJADO. Tener una cosa como compañera o consecuencia inevitable a otra que se expresa: 'Ese acto de indisciplina lleva aparejada la pérdida del empleo'. ≃ Arrastrar, llevar [o traer] consigo.

aparejador (de «aparejar») n. Persona que, en la construcción de edificios, se ocupa, a las órdenes del arquitecto, de la administración de la obra.

aparejamiento m. Acción y efecto de aparejar[se].

aparejar (de «a-[2]» y «parejo») **1** tr. Preparar: 'Hay que tenerlo todo aparejado para cuando lleguen los viajeros'. **2** Poner los aparejos o *guarnición a una ↘caballería. ⇒ Afatar, albardar, enalbardar, enjaezar, enjalmar, enjaquimar, ensillar. ⊙ MAR. Poner los aparejos (jarcias y velas) a un ↘*barco. **3** *Vestir o adornar a ↘alguien.* **4** *Preparar la ↘pieza que se va a *dorar con cola, yeso y bol arménico.* **5** PINT. *Imprimar.* **6** (Hispam.) prnl. recípr. *Aparearse los animales.*

aparejo **1** m. Acción de aparejar. **2** (sing. o pl.) Conjunto de cosas que se ponen sobre una caballería para poder montarse en ella, cargarla o sujetarla a un vehículo. ≃ Arneses, arreos, *guarniciones. **3** MAR. Conjunto de palos, *cabos, poleas y velas de un *barco. ⇒ Jarcias, maniobra. ➤ Ayuda. ➤ *Barco. **4** En sentido restringido, sistema de *poleas compuesto de una móvil y otra fija. **5** CONSTR. Manera de disponer los ladrillos o los sillares de la construcción. ⇒ Sardinel, soga, tizón. **6** (gralm. pl.) *Utensilios: 'Los aparejos de pesca'. **7** *Pintura magra, espesa y mate, que se puede lijar, que se aplica como base para otra.* **8** *Preparación del lienzo u otro material sobre el que se ha de pintar.* ⊙ (pl.) *Materiales que se emplean para ello.* ≃ Imprimación. **9** (pl.) *Adornos o accesorios de un vestido.* ≃ Arreglos.

APAREJO DE GATA. *El que sirve para llevar el ancla a la serviola cuando se saca del agua.*

A. REAL. *El que está formado por motones de mayor número de roldanas y cabos más gruesos que los ordinarios.* ≃ Estrellera.

A. REDONDO. *Traje de las campesinas compuesto de varios refajos y con muchos pliegues en la cintura.*

aparencia (ant.) f. *Apariencia.*

aparencial adj. FIL. *Se aplica a lo que sólo tiene existencia aparente.*

aparentador, -a adj. *Que aparenta.*

aparentar (de «aparente») **1** tr. Mostrar un ↘sentimiento, una cualidad o una situación que en realidad no se tienen: 'Aparentaba una gran humildad. Tú tienes que aparentar que no te importa'. ≃ Afectar, fingir, *simular. ⊙ abs. *Simular riqueza no teniéndola: 'Todo lo hacen por aparentar'. ⇒ *Apariencia. **2** tr. Tener aspecto de cierta ↘cosa. ⊙ Particularmente, de cierta ↘edad: 'Aparenta unos cincuenta años'.

aparente (del lat. «appārens, -entis», part. pres. de «apparēre») **1** adj. Como se presenta a la vista. ⇒ DIÁMETRO aparente. **2** Se aplica a un nombre para expresar que la cosa designada por él solamente parece existir pero no existe en realidad, o es de otra manera u otra cosa: 'Su aparente escepticismo'. **3** (pop.) *Adecuado o *bueno para cierta cosa. **4** (pop.) De buen *aspecto: 'Llevas un traje muy aparente'.

aparentemente adv. De manera aparente.

a pari V. «ARGUMENTO a pari».

Aparicio V. «ACEITE de Aparicio».

aparición (del lat. «apparitĭo, -ōnis») **1** f. Acción de aparecer[se]. ⇒ Desaparición. **2** Figura irreal que alguien cree ver. ≃ Imagen, imaginación, sombra, visión. ⇒ Alucinación, *ilusión. ⊙ *Aparecido (espectro).

apariencia (del lat. «apparentĭa») **1** (sing. o pl.) f. Lo que una cosa muestra exteriormente, generalmente admitiendo la posibilidad de que no corresponda a la realidad: 'No hay que fiarse de las apariencias'. ≃ Aspecto. ⊙ (pl.) Aspecto de las cosas que anuncia algo o es signo de algo: 'Todas las apariencias están a su favor en las elecciones' ≃ Indicios, señales, trazas. ⇒ *Aspecto. ➤ *Fenómeno. ➤ *Simular. **2** (pl.) *Telón de los *teatros antiguos en que se pintaban cosas reales o fantásticas.* **3** Aspecto rico o lujoso de algo: 'Una casa de mucha apariencia'. ⇒ Aparato, bambolla, brillo, cara, de buen [o mucho] EFECTO, escaparate, empaque, envoltura, espantavillanos, exterior, facha, fachada, fachenda, oropel, relumbrón, vista. ➤ Borrufalla, farfolla, furufalla. ➤ De efecto, de guardarropía, de relumbrón, de similor, de vista, vistoso. ➤ Aparentar, *lucir. ➤ *Aspecto. *Impresión. *Lujo. *Ostentar.

DE APARIENCIA. De aspecto de cosa de valor. ⊙ Generalmente, se sobreentiende «sólo de apariencia».

CUBRIR [O GUARDAR] LAS APARIENCIAS. *Disimular o *encubrir cierta situación o cierto estado de ánimo, para no escandalizar o dar que hablar. ≃ Cubrir [o Guardar] las FORMAS.

aparir (del lat. «apparēre»; ant.) intr. *Aparecer.*

aparrado, -a Participio adjetivo de «aparrar[se]». ≃ Parrado.

aparragarse (de «a-[2]» y «parra[1]»; Chi., Hond.) prnl. *Achaparrarse los *árboles.*

aparrar (de «a-[2]» y «parra[1]») **1** tr. Hacer que un ↘*árbol se aparre. ⊙ prnl. Extender un árbol sus ramas horizontalmente. **2** Achaparrarse.

aparroquiado, -a **1** *Participio adjetivo de «aparroquiar».* ⊙ *Adscrito a cierta parroquia.* **2** *Aplicado a *comercios, comerciantes o personas que tienen clientela, con mucha parroquia.*

aparroquiar **1** tr. *Adscribir a una *parroquia. También reflex.* **2** Procurar parroquia (clientela).
□ CONJUG. como «cambiar».

apartadamente **1** adv. De manera apartada o retirada: 'Vive apartadamente'. **2** *Aplicado a «decir» o «hablar», en un aparte o reservadamente.*

apartadero m. Lugar en que se colocan cosas puestas aparte. ⊙ Vía corta, separada de la principal, en donde se dejan vagones, máquinas, etc. ⇒ Carrilera. ➤ *Ferrocarril. ⊙ Ensanchamiento que hay de trecho en trecho a los lados de los *puentes, *caminos, etc., para que puedan retirarse los que pasan y dejar paso a los que vienen en dirección contraria. ⊙ *Trozo de terreno situado a los lados de los *caminos, destinado al descanso y pasto de los ganados y caballerías que van de paso.* ⊙ *Lugar donde se aparta la *lana.* ⊙ TAUROM. *Sitio en donde se aparta a unos *toros de otros para encajonarlos.*

apartadijo (de «apartado»; gralm. pl.) m. Se aplica despectivamente a las *partes excesivas en número o excesivamente pequeñas en que se divide una cosa. ≃ Apartijo.

apartado, -a **1** Participio adjetivo de «apartar[se]»: 'Vive muy apartado. Estas corbatas están apartadas para que elijas una entre ellas' ⊙ No junto a la cosa que se expresa: 'El armario está apartado de la pared para que puedan pintarla'. ≃ Retirado, *separado. ⊙ Refiriéndose a personas, sin trato con la gente o alejado del *trato con cierta persona. ≃ *Aislado, retirado, solitario. ⊙ Aplicado a un lugar, *lejos; particularmente, lejos del sitio que se considera como centro: 'Vive en un barrio apartado. En un lugar apartado del mundo'. **2** *Distinto.* ≃ Separado. **3** m. Operación de apartar; se emplea, específicamente, en distintos casos particulares: ⊙ Miner. *Conjunto de operaciones que se ejecutan con el *oro o la *plata para obtenerlos completamente puros.* ⊙ *Acción de separar las *reses de una vacada para distintos objetos.* ⊙ (Arg.) *Operación de separar en un *rodeo las reses de los distintos dueños.* ⊙ Taurom. *Operación de encerrar los *toros en los chiqueros momentos antes de la corrida.* ⊙ Miner. *Conjunto de operaciones realizadas con el oro sacado de la mena, para obtenerlo completamente puro.* ⊙ (Méj.) Miner. *Particularmente, operación de apartar el oro contenido en la plata.* ⊙ (Méj.) Miner. *Edificio dependiente de la «*casa de la moneda» donde se hace esa operación.* ⊙ Miner. *Operación con la que se determina la ley del oro o la plata.* **4** Cada una de las partes en que se divide una cosa. ≃ *División. **5** *Cada uno de los dieciséis individuos que elegía el *Concejo de la Mesta y luego la Asociación de Ganaderos para ocuparse de los asuntos.* **6** Cada una de las partes en que se divide un tratado, una *ley, etc. **7** Apartado de correos.

Apartado de correos. Departamento en las oficinas de correos donde se deposita por separado la correspondencia de personas que van a recogerla allí por sí mismas.

apartador, -a **1** adj. *Aplicable al que aparta.* ⊙ m. *Se aplica al que tiene por oficio apartar ciertas cosas.* ⊙ *El que separa la *lana por sus calidades.* ⊙ *El que aparta unas reses de otras para distintos objetos.* ⊙ *El que en los molinos de *papel separa las distintas clases de trapos.* ⊙ (Cuba) *El que se dedica a apartar las hojas del *tabaco según su calidad.* **2** *Cualquier utensilio para separar.* ⊙ *Cápsula de cobre destinada a purificar los pallones de *oro tratándolos con agua fuerte.* ⊙ *Retorta en que se separa la *plata de los ácidos en que está disuelta.*

Apartador general de plata y oro. *Oficial de las «*casas de moneda» del antiguo Méjico.*

apartahotel m. Aparthotel.

apartamento (del it. «appartamento») m. Vivienda en una casa moderna; se aplica este nombre particularmente a las que se reducen a una, dos o tres habitaciones y los servicios de higiene y cocina.

apartamiento **1** m. Acción de apartar[se]. ⊙ Estado de apartado. **2** *Vivienda.* ⇒ Apartamento.

apartar (de «a-²» y «parte») **1** («de») tr. y prnl. *Alejar[se] o *separar[se] una ↘cosa de otras o de cierto sitio. ⊙ («de») prnl. Quitarse de algún sitio moviéndose hacia un lado, para no impedir el paso o no estorbar. ⊙ tr. Taurom. Separar algunos ↘*toros, bien en la dehesa para encajonarlos y trasladarlos o para cualquier operación, bien en la plaza para hacer el «apartado». ⊙ Esgr. Desviar la ↘espada del contrario. ⊙ Separar las cuatro clases de ↘*lana que hay en el vellón. ⊙ (Méj.) Miner. *Separar el ↘oro que hay en las barras de plata.* ⊙ Separar a ↘los que riñen. ⊙ («de») Quitar la ↘atención, la vista, etc., de cierta cosa. ⊙ («de») Alejar a ↘alguien de un peligro o cosa semejante. ⊙ («de») *Disuadir o hacer desistir a ↘alguien de cierta cosa. ⊙ Etc. **2** («de») prnl. *Desviarse de la cuestión de que se está tratando. **3** tr. Rehuir las personas de un grupo o comunidad el trato con ↘alguna de ellas. ≃ *Aislar. ⊙ («de») prnl. Rehuir el trato con la gente. ≃ *Aislarse. ⊙ prnl. recípr. Dejar dos personas el trato o amistad que les unía. ⊙ *Separarse o *divorciarse los casados. **4** tr. *Privar a ↘alguien de ciertas ventajas que otros disfrutan.* ≃ Postergar. **5** *Alejar alguien de sí a una ↘persona, animal o cosa: 'Le apartó con un gesto. Aparta de ti esas ideas'. **6** *Retirar ↘algo a sitio donde no estorba o no se usa. ⇒ *Arrumbar, *desechar. **7** prnl. Abandonar una *creencia, *partido, etc. **8** Der. Desistir el demandante de su demanda. **9** intr. Caza. *No hacer caso un perro que sigue un rastro de los otros perros o de los otros rastros que encuentra al paso.*

¡Apártate! Exclamación frecuente para hacer apartarse a alguien de un sitio o del que la profiere.

□ Catálogo

Ahuyentar, *aislar, *alejar, *desembarazarse, *rechazar. ➤ ¡Abrenuncio!, ¡ábsit!, ¡anda! [¡ande!, etc.], ¡aparta! [¡aparte!, etc.], ¡apártate! [¡apártese!, etc.], ¡deja! [¡deje!, etc.], ¡déjame! [¡déjeme!, etc.], ¡déjate! [¡déjese!, etc.], ¡fuera! [o ¡fuera de aquí!], ¡largo! [o ¡largo de aquí!], ¡lejos! [o ¡lejos de aquí!], ¡quita! [¡quite!, etc.], ¡quita [o quite, etc.] de ahí!, ¡quítate! [¡quítese!, etc.], ¡quítate [quítese, etc.] de ahí!, ¡tirte!, ¡vade retro!

aparte (del lat. «ad», a, y «pars, partis», parte) **1** («Dejar, Estar, Tener») adv. Expresa la situación de una cosa separada de otras que se consideran, con las cuales estaba antes o con las que tiene alguna relación: 'He puesto aparte los libros que te interesan'. ⊙ Refiriéndose simultáneamente a dos o más cosas, separadas entre sí: 'Poner aparte el grano y la paja'. ⊙ Por separado, separadamente: 'He pesado un kilo de azúcar y, aparte, medio kilo más'. ⊙ En un sitio donde queda guardado o retirado para que no estorbe o no se tropiece con la cosa de que se trata: 'Cuando llegan los paquetes se ponen aparte hasta que vienen a recogerlos'. ⊙ adj. Se emplea en expresiones como «un grupo aparte, rancho aparte», con el sentido de «diferente, otro». ⊙ Ponderando a veces la singularidad: 'Es un escritor aparte'. ⊙ («Dejar, Tener») adv. Con preterición o desprecio; no dando a la persona de que se trata participación en las ventajas o en la sociedad de otros: 'Sus amigos le tienen aparte'. ⊙ Con «decir, hablar, llamar», etc., separando a la persona de que se trata de las demás que están presentes. ⊙ m. Situación en que se habla a alguien de este modo: 'Me lo dijo en un aparte'. ⊙ Particularmente en teatro, lo que dice un personaje para sí o a otros personajes, sin que lo oigan los demás. ⇒ Apartar. **2** *Cada parte de un escrito separada por punto y aparte.* ≃ Párrafo. **3** (Ar.) **Hueco entre dos palabras escritas o impresas.* ≃ Blanco. **4** (Arg.) *Separación de cierto número de reses en un *rodeo.*

Aparte de. **1** Prescindiendo de la cosa que se expresa: 'Aparte de su belleza, no tiene otro atractivo'. **2** *Además de: 'Aparte de su belleza, tiene otros muchos atractivos'.

Aparte de eso [todo, etc.]. Enlaces frecuentes.

Aparte de que. Expresión conjuntiva de las que pueden llamarse «aditivas», equivalente a «además de que»: 'Aparte de que no podría hacerlo, tampoco lo intenta'.

V. «ser algo aparte, formar [o hacer] corro [grupo o rancho] aparte».

Dejar aparte. Dejar sin tratar por el momento cierta cosa: 'Dejemos eso aparte por ahora. Dejando aparte la cuestión de...'

ESO APARTE. Forma absoluta frecuente, usada por «aparte de eso».
V. «PUNTO y aparte».

apartheid (ingl., del afrikaans; pronunc. [aparjéid]) m. Política de segregación racial practicada en Sudáfrica. ⇒ *Racismo.

aparthotel m. Complejo de apartamentos en que se prestan servicios hoteleros. También, cada uno de estos apartamentos. ≃ Apartahotel, apartotel.

apartijo m. Apartadijo.

apartotel (del ingl. «apartotel») m. Aparthotel.

aparvadera o **aparvadero** f. o m. *Utensilio para aparvar, consistente en una tablilla con un palo para manejarla.* ≃ Allegadera.

aparvador m. *Allegador (tablón con que se amontona la parva trillada).*

aparvar tr. Hacer la parva con la ↘mies para trillarla.

apasanca (de or. quechua; Arg., Bol.; varias especies del género *Grammostola*) f. *Araña de gran tamaño, velluda y muy venenosa.*

apasionadamente adv. Con apasionamiento.

apasionado, -a 1 Participio adjetivo de «apasionar[se]». ⊙ Con carácter de pasión: 'Amor apasionado' ⊙ («Estar, Ser») Aplicado a personas y, correspondientemente a sus acciones, palabras, temperamento, etc.; se aplica a la persona que siente entusiasmo por algo o es, por temperamento, inclinada a apasionarse: 'Está apasionado con la novela que está leyendo. Es un apasionado del cante flamenco. Es hombre de temperamento apasionado'. **2** adj. Falto de ecuanimidad, imparcialidad u objetividad: 'Un árbitro apasionado. Un juicio apasionado'. **3** *Se aplica a la parte del organismo que padece una *enfermedad.*

apasionamiento m. Acción y efecto de apasionar[se]. ⇒ *Arbitrariedad. *Pasión.

apasionante adj. Muy interesante.

apasionar (de «a-[2]» y «pasión») **1** tr. Provocar en ↘alguien un sentimiento apasionado o vehemente: 'Las discusiones políticas apasionan los ánimos. Le apasionan las novelas policiacas. Le apasiona el fútbol'. ⊙ («con, por, en») prnl. Excitarse, por ejemplo en una discusión. ⊙ *Entusiasmarse con algo. ⊙ Interesarse con apasionamiento por cierta cosa. ⊙ *Enamorarse de alguien. **2** tr. *Hacer padecer a ↘alguien.* ≃ Atormentar.

□ CATÁLOGO

Abrasar[se], arder en, calentarse, desmorecer[se], encrespar[se], engolfar[se], entusiasmar[se], estallar, exaltar[se], *excitar[se], hervir, inflamarse, *irritar[se], morir de, perecerse, quemar[se], recocerse, rehervir, sobreexcitar[se]. ➤ Hervir la SANGRE, anudarse la voz. ➤ Apasionado, ardiente, cautivo, ciego, compasionado, ebrio, enfebrecido, esclavo, exaltado, fanático, febril, férvido, fogoso, impetuoso, impulsivo, intolerante, intransigente, loco, obcecado, ofuscado, *parcial, vehemente. ➤ Violento, volcánico. ➤ Apasionadamente, perdidamente. ➤ Ecuánime, equilibrado, frío, imparcial, sereno. ➤ Desapasionar. ➤ *Amor. *Emoción. *Ofuscarse. *Parcialidad. *Pasión. *Vicio.

apasote m. *Pazote (planta quenopodiácea).*

apastar[1] (de «a-[2]» y «pastar») tr. **Apacentar.*

apastar[2] tr. **Amasar.* ⊙ *En las fábricas de *papel, hacer la pasta.*

apaste (del nahua «apaztli»; Guat., Hond., Méj.) m. **Barreño hondo con asas.*

apatán m. *Medida de *capacidad para áridos, equivalente a un cuarto de chupa, usada en Filipinas.*

apatía (del lat. «apathīa», del gr. «apátheia») f. Cualidad del que difícilmente se *entusiasma o enardece. ≃ Displicencia, impasibilidad, indiferencia. ⇒ Apagamiento, atonía, dejadez, desánimo, desgana. ⊙ Falta de impulso o decisión para emprender cosas. ≃ Abulia. ⊙ Falta de *actividad o impulso para trabajar o moverse. ≃ Abandono, dejadez, holgazanería, indolencia, inercia, *pereza.

apático, -a adj. y n. Se aplica a la persona que padece apatía.

apatita f. **Mineral (fosfato de cal) cuyas variedades cristalinas son verdes y traslúcidas.*

apátrida (culto) adj. y n. Se aplica a la persona sin patria.

apatrocinar (ant.) tr. *Patrocinar.*

apatusca (Ar.) f. **Juego de chicos que consiste en colocar apiladas unas monedas y, golpeando la pila cada uno cuando le llega su turno con una piedra, apropiarse las que quedan con el anverso hacia arriba.* ⇒ Matasapo.

apatusco 1 (inf.; desp.) m. *Atavío o adorno.* ⇒ *Arrequive. **2** (inf.) **Utensilio.* **3** (n. calif.) *Se aplica a una persona desagradable de trato o de aspecto.* ≃ *Tipejo.

apaularse (ant.) prnl. *Apaulillarse.*

apaulillarse (de «a-[2]» y «paulilla»; ant.) prnl. **Agorgojarse.*

apazguado, -a (de «a-[2]» y el lat. «pacificātus»; ant.) adj. *Respecto de una persona, otra con la que tenía hechas *paces.*

apea (de «apear») f. *Cuerda o soga corta, con una muletilla o palo corto atado por su mitad en un extremo y un ojal en el otro, que sirve, por ejemplo, para maniatar a las caballerías. ⇒ *Atar.

apeadero (de «apear») **1** m. *Poyo colocado a la puerta de las casas para subirse al caballo y bajarse de él, el cual sirve también de *asiento. **2** Sitio en un camino donde los viajeros pueden *detenerse y descansar. **3** *Estación secundaria de ferrocarril donde los trenes se detienen solamente para que suban y bajen viajeros, pero no para cargar mercancías. **4** **Vivienda o sitio en que alguien vive interinamente.*

apeador m. Hombre que apea fincas. ⇒ *Agrimensor.

apealar (de «a-[2]» y «peal»; Hispam.) tr. *Manganear (echar el lazo a los pies de un ↘caballo o un toro para apresarlo).*

apear (del sup. lat. «appedāre», de «pes, pedis», pie) **1** (ant.) intr. *Caminar a pie.* **2** *Apearse.* **3** tr. *Bajar una ↘cosa del sitio alto en que está colocada. ⊙ Particularmente, una pieza de ornato arquitectónico, una escultura o las piezas de un retablo. ⊙ ARTILL. Quitar las ↘piezas de ↘*artillería de las cureñas. ≃ Desmontar. **4** («de») prnl. Bajarse de una caballería o de un vehículo. **5** («de») tr. Excluir de un grupo, asunto, etc.; particularmente, eliminar de una competición deportiva a alguno de los ↘participantes. **6** *Cortar un ↘*árbol por el pie y *derribarlo. **7** («de») Convencer a ↘alguien de que no haga cierta cosa. ≃ Apartar, *disuadir. ⊙ Convencer a ↘alguien de que no es verdad o acertado algo que sostiene o piensa hacer: 'No hay quien le apee de su idea'. ⊙ (más frec. en frases negativas) prnl. Disuadirse de una cosa sostenida con obstinación. **8** *Superar una ↘dificultad o realizar una ↘cosa difícil. **9** *Atar los pies de una ↘*caballería para que no se marche. ≃ Maniatar. **10** Calzar la rueda de un ↘vehículo. **11** CONSTR. *Apuntalar una ↘obra o un terreno. **12** *Medir una ↘finca o fijar sus límites.⇒ Apedgar.

V. «apear la ARTILLERÍA, apear del BURRO [o del MACHO], apear el TRATAMIENTO».

V. «apearse del BURRO [o del MACHO], apearse por la COLA, apearse por las OREJAS».

apechar (de «a-²» y «pecho²»; «con») intr. Apechugar.

apechugar (de «a-²» y «pechuga») **1** intr. *Dar contra algo o alguien con el pecho.* ⇒ *Golpe. **2** (inf.; gralm. con «Tener que»; «con») Hacer o *aguantar por fuerza cierta cosa que desagrada: 'El que tendrá que apechugar con las consecuencias soy yo'. ≃ Apechar, apencar, cargar, pechar.

apedazar 1 tr. Poner un pedazo nuevo para arreglar un roto en una ↘cosa; particularmente, en una prenda de ropa. ⇒ *Remendar. **2** *Despedazar.*

apedernalado, -a (de «a-²» y «pedernal»; ant.) adj. **Cruel.* ≃ Duro.

apedgar (del sup. lat. «appedicāre», de «pedĭca», traba; ant.) tr. *Apear (deslindar).*

apedrar (ant.) tr. *Apedrear.*

apedrea (ant.) f. *Pedrea (lucha a pedradas).*

apedreadero (ant.) m. *Sitio donde acostumbran a ir los chicos para apedrearse.*

apedreado, -a 1 Participio de «apedrear». **2** (ant.) adj. *Salpicado de manchas de distintos *colores.*

apedreamiento o **apedreo** m. Acción de apedrear[se].

apedrear 1 tr. Lanzar piedras contra ↘alguien o algo. También recípr. ⇒ Cantear. ➤ *Pedrea. ➤ *Piedra. **2** *Ejecutar a un ↘condenado apedreándole. ≃ Lapidar. **3** (terciop. de sujeto interno) intr. Granizar. ⊙ prnl. Estropearse las cosechas por causa del granizo. **4** (And.) tr. *Hacer aberturas en la ↘carne o pescado que se va a *asar y poner en ellas rajas de *limón.*

apegadamente adv. *Con apego.*

apegaderas (de «apegar»; Rioj.) f. *Lampazo (planta compuesta).

apegadizo, -a (de «apegar»; ant.) adj. *Pegadizo.*

apegado, -a 1 Participio adjetivo de «apegar[se]». **2** («a») Adicto a una *tradición, costumbre o cosa semejante. **3** («a») Encariñado con alguien: 'Está muy apegado a su madre'.

apegadura f. *Acción y efecto de apegar.*

apegar (de «a-²» y el lat. «picāre», untar con pez, de «pix», pez) **1** (ant., pop.; «a») tr. y prnl. recípr. **Pegar[se] una ↘cosa a otra.* **2** («a») prnl. *Tomar *afecto a alguien o algo.*

apego (de «apegar») m. *Afecto o *cariño por una persona: 'Una muchacha que tiene apego a la familia de su amiga'. ⊙ Particularmente, cariño o gusto por una cosa: 'Le tengo apego a este vestido aunque está viejo'.

apegostrar (Sal.) tr. *Desp. de «apegar» (pegar).*

apegualar (Arg., Chi.) intr. *Aplicar el pegual (cincha para transportar) a alguna ↘cosa.*

apelable adj. Aplicable a las sentencias de que se puede apelar. ⇒ Inapelable.

apelación 1 f. Acción de apelar. ⊙ («Interponer, Presentar») Der. Acción de apelar de una sentencia. ≃ Alzada, recurso. ⇒ Año fatal. ➤ Tira. **2** Acción de dirigirse a alguien invocando cierta cualidad, situación o actitud suya, en favor de cierta cosa: 'Hizo una apelación al patriotismo de todos'. ≃ Invocación, llamada, llamamiento. **3** **Consulta de médicos.*

V. «sala de apelación».

apelado¹, -a adj. y n. Der. Litigante contra el cual se apela.

apelado², -a adj. pl. *Se aplica a las *caballerías que tienen el mismo color de pelo.*

apelambrar tr. Meter las ↘*pieles en pelambre o baño de agua y cal viva para quitarles el pelo. ≃ Pelambrar. ⊙ Quitar a las ↘*pieles el pelo calcinado.

apelante adj. y n. Der. Litigante que apela.

apelar¹ (del lat. «appellāre») **1** («a») intr. Referirse a cierta cosa, particularmente cierta cualidad, disposición o situación de alguien, para predisponerle a conceder algo que se le pide: 'Apeló, para conmoverle, a su antigua amistad con su madre'. Se emplea el mismo verbo para realizar lo que expresa: 'Apelo a vuestra benevolencia'. ≃ Invocar. ⊙ («a») Recurrir, a veces empleando el mismo verbo «apelar», al testimonio de alguien: 'Apelo a mis compañeros para que confirmen lo que digo. Apeló al testimonio de su jefe'. ≃ Invocar. **2** («a») Valerse de algo o de alguien para salir de una dificultad o apuro: 'Para salvarse tuvo que apelar a sus piernas. Tiene amigos a quien apelar para conseguir el dinero'. ≃ Acudir, *recurrir. ⊙ prnl. *Apelar a alguien en una necesidad.* **3** («de, ante, para») intr. y, menos frec., tr. Der. Pedir a un *tribunal superior la revisión de una ↘sentencia de otro: 'Apelar de [o contra] una sentencia. La sentencia ha sido apelada' ≃ Alzarse, recurrir.

apelar² intr. *Tener el mismo color de pelo dos o más *caballerías.*

apelativo, -a (del lat. «appellatīvus») **1** adj. y n. m. Se aplica al sobrenombre o nombre que se da a alguna persona además del que lleva legalmente, en general relativo a alguna cualidad o circunstancia suya. ⊙ m. Cualquier nombre o adjetivo con que se llama a una persona dirigiéndose a ella, sin ser su nombre propio. ⇒ Epíteto, insulto, vocativo. ➤ Algunos apelativos cariñosos: alma mía, amor mío, cariño, chato, chino, cielo, cielo mío, corazón, encanto, guapo, lucero, luz de mis ojos, majo, maño, nena, pichón, pichurri, prenda, reina, rey, rico, sol, tesoro, vida, vida mía. ➤ Otros: compadre, jefe, macho, manito. **2** adj. y n. m. Gram. *Se aplica al nombre común.*

apeldar (del lat. «apellitāre») **1** (inf.) intr. **Escaparse o *marcharse precipitadamente de un sitio. Usado generalmente en la forma «apeldarlas».* **2** (Sal.) prnl. recípr. *Reunirse.*

apelde 1 m. *Acción de apeldar.* **2** *En los conventos franciscanos, toque de *campanas antes de amanecer.*

apelgararse (And.) prnl. *Hacerse pelgar (vagabundo).*

apeligrar (ant.) tr. **Exponer a ↘alguien o algo a un peligro.* ⇒ *Arriesgar.

apellar (de «a-²» y el lat. «pellis», piel) tr. *Sobar insistentemente una ↘*piel al adobarla.*

apellidador, -a 1 adj. y n. *Que [o el que] apellida.* **2** m. *Apellidero.*

apellidamiento m. *Acción de apellidar.*

apellidante 1 adj. y n. *Que [o el que] apellida.* **2** (Ar.) m. Der. *El que presenta apellido ante el juez.*

apellidar (del lat. «apellitāre») **1** tr. *Llamar a ↘alguien nombrándole.* ⊙ *Gritar llamando o excitando a ↘alguien o proclamando ↘algo.* **2** *Llamar a la ↘gente para una expedición guerrera.* ⊙ *Llamar a las armas.* **3** *Aclamar a ↘alguien para un cargo u honor.* **4** Aplicar a ↘alguien cierto nombre o apellido. ⊙ prnl. *Tener el nombre que se expresa.* ⊙ Tener el apellido que se expresa: 'Se apellida Gómez'.

apellidero m. Mil. **Soldado que formaba parte de una milicia reunida por apellido.*

apellido (de «apellidar») **1** m. Nombre de familia, que se transmite de padres a hijos. ⇒ Cognombre, patronímico. **2** *Sobrenombre o nombre aplicado convencionalmente a* *una persona.* **3** (ant.) *Llamamiento a la *guerra.* ⊙ (ant.) *Hueste reunida por él.* **4** (ant.) MIL. *Seña que se daba a los *soldados para que se aprestasen a tomar las armas.* **5** (ant.) *Grito o clamor.* **6** (ant.) *Invocación.* **7** (Ar.) DER. *Causa o proceso en que, por la conveniencia de su publicidad, pueden intervenir como testigos todos cuantos quieran.* **8** (Ar.) DER. *Primer escrito que se presenta al juez en cualquiera de los cuatro procedimientos forales.*

□ FORMAS DE EXPRESIÓN

En España, el nombre completo de una persona se compone del «nombre de pila», llamado también solamente «nombre», el apellido del padre y el apellido de la madre, por ese orden.

Tradicionalmente, una mujer, al casarse, aunque conservaba de forma oficial sus apellidos, unía al primero de ellos el de su marido, precedido de «de»: 'María López de Fernández'. Sin embargo, esta costumbre ha caído en desuso, y lo corriente hoy es que la mujer casada, sobre todo si es joven, utilice en todas las circunstancias sus apellidos propios.

El apellido aplicado a varias personas, generalmente miembros de una misma familia, tiende en el uso actual a emplearse en singular, salvo en casos en que la tradición ha consagrado la forma plural; por ejemplo, en «los Borbones». Son siempre invariables los patronímicos acabados en «z» en sílaba no acentuada: 'los Díaz, los Gómez, los González'. Igualmente los apellidos compuestos o cuando se mencionan el primero y el segundo: 'Los Ortega y Gasset'; y cuando se antepone al apellido la palabra «hermanos»: 'Los hermanos Bécquer'.

apelmazado, -a Participio adjetivo de «apelmazar[se]».

apelmazamiento m. Acción de apelmazar[se].

apelmazar (de «a-^{2}» y «pelmazo») tr. y prnl. Hacer[se] compacta, pegajosa o dura una ↘cosa que debe ser esponjosa. ≃ Amazacotar[se]. ⇒ Apelotonar, *apisonar, aplastar, *apretar, apretujar, emplastar, enfurtir, infurtir. ➤ Emplasto, mazacote, pastejón. ➤ Esponjoso, hueco, suelto.

apelotonado, -a Participio adjetivo de «apelotonar[se]».

apelotonamiento m. Acción y efecto de apelotonar[se].

apelotonar tr. Hacer que una ↘cosa se apelotone. ⊙ prnl. Formar una cosa en su masa pelotones o grumos: 'Apelotonarse un colchón, el arroz, la papilla'. ⊙ Formar pelotón o apelotonamiento un conjunto de cosas: 'Apelotonarse a la salida del teatro'. ⇒ Apretujarse, emburujar[se]. ➤ *Aglomerarse, amontonar[se], apiñarse. ➤ Aglomeración, amontonamiento, apelotonamiento, apiñamiento, concreción, *dureza, endurecimiento, glomérulo, *grumo, pelotón, terrón, zurullón. ➤ *Esponjoso. *Homogéneo. *Suelto.

apenado, -a Participio adjetivo de «apenar[se]».

apenamiento m. *Acción y efecto de apenar[se].*

apenar (de «a-^{2}» y «pena») **1** tr. Causar *pena a ↘alguien. ⊙ prnl. Ponerse apenado. ⇒ Abatir[se], acoitar[se], acongojar[se], acuitar[se], afectar[se], *afligir[se], apesadumbrar[se], apurar[se], atribular[se], coitar[se], consternar[se], contristar[se], desconsolar[se], descorazonar[se], doler[se], entristecer[se], deshacerse en LLANTO [QUEJAS o SUSPIROS]. ➤ Hurgar en [o renovar] la HERIDA, hurgar, hurgar en [o renovar] la LLAGA. ➤ *Abatir, *Llorar, Sentir. **2** tr. (Ar.) *Aplicar la pena o multa señalada a un ↘delito o falta.* ⇒ *Castigo. **3** (Hispam.) prnl. **Avergonzarse.*

apenas (de «a-^{2}» y «penas») **1** adv. Casi no. En frases negativas se coloca detrás del verbo: 'No le he visto apenas'; en frases afirmativas, delante: 'Apenas llega a la mesa'. ⊙ Precediendo a una expresión de cantidad, «escasamente»: 'Hace apenas dos meses que está aquí'. ⇒ Malavés, malavez, a duras PENAS, con trabajo. **2** (más frec. en Hispam.) conj. Expresa que la acción del verbo a que afecta se realiza en conexión con otra que se dice, sin intervalo apreciable de tiempo: 'Apenas llegó, se puso a trabajar'. ≃ Enseguida que, *inmediatamente que. ⇒ Anterioridad.

APENAS SI. Apenas: 'Apenas si he entendido lo que decía'.

apencar (de «a-^{2}» y «penca»; inf.; «con») intr. Ser una persona, entre otras, la que tiene que aceptar o hacer cierta cosa pesada o molesta: 'Él será el que tendrá que apencar con las consecuencias'. ≃ *Apechugar.

apendejarse (de «a-^{2}» y «pendejo») **1** (Col., Pan., R. Dom.) prnl. *Volverse tonto.* **2** (Cuba, Nic., R. Dom.) *Acobardarse.*

apendencia (del lat. «appendens, -entis», part. pres. de «appendĕre», depender; ant.) f., gralm. pl. *Pertenencia: cosa accesoria cuya propiedad va aneja a la de la principal.*

apéndice (del lat. «appendix, -ĭcis») **1** m. *Parte no esencial de una cosa, en forma de prolongación o *saliente adelgazado. ⊙ Parte del cuerpo animal, en esa forma. ⊙ Específicamente, APÉNDICE cecal. ⇒ *Agarradero, agarrador, asa, asidero, borne, cabeza, cabo, chichorro, cresta, espiga, extremidad, garra, gorrón, *mango, miembro, moco, nariz, oreja, pata, patilla, pezón, pitón, pitorro, pivote, rabillo, rabo, seudópodo, tentáculo, tira, tirilla, uña, varilla, *vástago. ➤ *Saliente. **2** Cosa que se añade a otra ya terminada, para completarla en algún aspecto. ⊙ Particularmente, a una obra escrita. ≃ Complemento, suplemento. **3** (inf.) Con respecto a una persona, otra que la *acompaña o la sigue por obligación o por gusto. ≃ Satélite. **4** BOT. *Parte o elemento que sobresale de un *órgano de una *planta.*

APÉNDICE CECAL [VERMICULAR o VERMIFORME]. ANAT. Prolongación delgada y cerrada, situada en la parte final del intestino ciego del hombre y algunos animales.

A. NASAL (hum.). Nariz.

apendicetomía (de «apéndice» y «-tomía») f. CIR. Extirpación del apéndice.

apendicitis (de «apéndice» e «-itis») f. MED. Inflamación del apéndice.

apendicular (del lat. «appendicŭla», deriv. de «appendix») adj. Del apéndice.

apensionarse (Chi., Col., Méj., Perú) prnl. *Apenarse.*

apeñuscar tr. y prnl. *Desp. de «apiñar[se]».*

apeo 1 m. Acción de apear (*deslindar). ⊙ Documento en que se consigna un deslinde. **2** Acción de apear (derribar un árbol). **3** Acción de apear (apuntalar). **4** Madero, armazón o construcción con que se apuntala.

apeonar (de «a-^{2}» y «peón») intr. Aplicado a aves y, particularmente, a la perdiz, correr por el suelo.

apepsia (del gr. «apepsía», de «ápeptos», sin cocer) f. MED. Falta de capacidad para digerir.

apepú (del guaraní «apepú», cáscara con hendiduras; Arg., Par.; *Citrus aurantium)* m. *Naranjo de tronco liso y oscuro, hoja lanceolada de color verde intenso y fruto de sabor amargo y gruesa cáscara llamado del mismo modo.*

aperado, -a *Participio adjetivo de «aperar». Provisto de aperos de labranza.*

aperador 1 m. *Hombre que tiene por oficio hacer aperos, carros, etc., para la labranza.* **2** **Capataz de una finca.* **3** **Capataz de una mina.*

aperar (del sup. lat. vulg. «appariare», emparejar, de «par, paris», par) **1** tr. **Arreglar o *disponer.* **2** *Proveer de aperos, carros, etc., una ↘finca.* **3** *Hacer aperos.* **4** (Hispam.) **Enjaezar las ↘caballerías.*

apercepción f. FIL. *Percepción de una cosa con plena conciencia de ella.*

apercibimiento m. Acción de apercibir[se].

apercibir (de «a-²» y «percibir»; en 4.ª acep., del fr. «apercevoir») **1** tr. Preparar ↘lo necesario para cierta cosa: 'Apercibieron camas para instalar a los heridos'. ⊙ («a, para») prnl. *Prepararse: 'Apercibirse para la defensa de la ciudad'. **2** («de») tr. Comunicar a ↘alguien la presencia de un peligro: 'Nos apercibieron de la presencia de lobos en el bosque'. ≃ *Advertir, *avisar. **3** («por») *Advertir a ↘alguien que ha incurrido en una falta, para que no la repita. ⇒ *Reprender. ⊙ («por, con») *Amenazar a ↘alguien con una sanción si insiste en cierta falta: 'Le han apercibido con el despido si sigue faltando'. ⊙ Hacer saber a una ↘persona citada por el juez las consecuencias perjudiciales para ella que se derivarán de ciertos actos u omisiones suyas. **4** PSI. *Percibir algo poniéndolo en relación con lo ya conocido.* **5** («de») prnl. *Percatarse de una cosa. ⇒ Desapercibido.

apercibo m. Acción de apercibir[se].

aperción (del lat. «apertĭo, -ōnis»; ant.) f. *Apertura.*

apercollar (de «a-²» y el lat. «per collum», por el cuello) **1** (ant.) tr. **Coger o *apresar a ↘alguien por el cuello.* **2** (ant.) *Acogotar: matar a ↘alguien con un golpe en el cogote.* **3** (ant.) *Coger ↘algo a hurtadillas.*

apereá (de or. guaraní; Arg.; *Cavia aperea, Cavia fulgida* y otras especies) m. *Roedor parecido al conejo, de unos 30 cm de longitud y sin cola.*

apergaminado, -a Participio adjetivo de «apergaminarse»; parecido al pergamino. ⊙ Particularmente, por lo seco y falto de flexibilidad.

apergaminarse (de «a-²» y «pergamino») prnl. Adelgazar una persona y ponerse con la piel seca y arrugada, por ejemplo a causa de la vejez. ≃ Acartonarse, acecinarse, amojamarse, consumirse, secarse. ⇒ *Viejo.

aperiente adj. y n. m. FARM. *Se aplica a la sustancia que laxa o *purga.*

aperital (Arg.) m. *Aperitivo.*

aperitivo, -a (del lat. «aperitīvus») **1** adj. y n. m. Medicamento o cualquier cosa de comer o beber que se toma para excitar el apetito. **2** m. Refrigerio consistente en una bebida que se toma, generalmente acompañada de un manjar apetitoso de poco volumen, poco antes de la comida de mediodía. ⊙ Esa comida apetitosa que acompaña a la bebida. ⇒ Abreboca, antojitos, aperital, aperitivo, bocadillo, causeo, chirlomirlo, copetín, ingrediente, las once, pasapalo, pincho, piscolabis, refresco, refrigerio, tapa, tentempié, vermú [o vermut]. **3** adj. y n. m. FARM. *Se aplica al medicamento que sirve para desobstruir algún conducto.*

aperlado, -a adj. Perlado.

apernador, -a adj. y n. CAZA. *Se aplica al *perro que apierna.*

apernar tr. CAZA. *Coger el *perro la ↘presa por las patas.* □ CONJUG. como «acertar».

apero (de «aperar») **1** (colectivo o usado gralm. en plural) m. Conjunto de utensilios de labranza. **2** *Se aplica también a los animales de labranza.* **3** (pl.) *Por extensión, conjunto de herramientas o *utensilios de otro oficio.* **4** *Majada o *corral.* **5** (Arg., Chi., P. Rico, Ven.) **Guarnición de lujo para las caballerías.* **6** (ant.) **Rebaño.*

aperreado, -a 1 Participio adjetivo de «aperrear[se]». **2** (inf.) Aplicado a «vida» o un nombre de espacio de tiempo, muy trabajoso: 'He llevado un día aperreado'.

aperreador, -a (ant.) adj. y n. *Que aperrea.*

aperrear 1 tr. *Echar los perros contra alguien para que sea despedazado por ellos.* **2** (inf.) *Agobiar a ↘alguien de trabajo. ⊙ (inf.) prnl. *Trabajar demasiado. ⇒ *Agobiarse, *atarearse. **3** (inf.) *Emperrarse.*

aperreo m. Acción de aperrear[se].

apersogar (de «soga») tr. **Atar un ↘animal, especialmente por el cuello, para que no huya.*

apersonado, -a 1 *Participio de «apersonarse».* **2** adj. *Aplicado a personas, con «bien» o «mal», de buena o mala presencia.* ⊙ *Si no se especifica, se entiende «de buena presencia».*

apersonamiento m. DER. *Acción de apersonarse.*

apersonarse 1 prnl. *Personarse.* ⊙ DER. *Comparecer.* **2** (ant.) *Mostrar alguien su gentileza.*

apertura (del lat. «apertūra») f. Acción de *abrir[se]. ⊙ Acción de comenzar su actividad un establecimiento cualquiera. Particularmente, *ceremonia con que se comienza el curso o la temporada de trabajo en un organismo, como los tribunales, la universidad o las cortes. ≃ *Inauguración. ⊙ Cierta combinación de jugadas con que se inicia una partida de *ajedrez. ⊙ Abandono de la intransigencia en lo político, ideológico, etc.

aperturismo m. Actitud favorable a la apertura en lo político, ideológico, etc.

aperturista 1 adj. Del aperturismo. **2** adj. y n. Partidario del aperturismo.

apesadumbrado, -a Participio adjetivo de «apesadumbrar[se]». ≃ Apenado, triste.

apesadumbrar tr. Causar a ↘alguien pesadumbre, pena o disgusto. ⊙ («con, de, por») prnl. *Apenarse, *disgustarse.

apesarar (de «a-²» y «pesar²») tr. y prnl. *Apesadumbrar[se].*

apesgar (del ant. «pesgar», del sup. lat. «pensicāre») **1** tr. **Pesar.* **2** (ant.) **Agobiar a ↘alguien.* **3** (ant.) prnl. *Ponerse pesado.*

apestado, -a Participio adjetivo de «apestar[se]».

apestar 1 tr. Comunicar o *contagiar la peste a ↘alguien. ⊙ prnl. Contraer la peste. **2** (inf.; «a») tr. o abs. Oler muy mal: 'Este pescado apesta'. Se usa como terciopersonal: 'Aquí apesta a cebollas. Huele que apesta'. ≃ *Heder. ⇒ Encarcavinar. **3** (inf.; «con») tr. Molestar a ↘alguien con insistencia exagerada o pesadez: 'Me apesta con sus quejas continuas'. ≃ *Freír, *fastidiar. **4** (inf.; «de») Poner cantidad *excesiva de una cosa en ↘algo o en un ↘sitio: 'Han apestado el mercado de lavadoras'.

apestillar (de «pestillo») tr. **Sujetar ↘algo de manera que no se escape.*

apestoso, -a 1 adj. Que apesta: 'Un olor apestoso'. **2** Aburrido, fastidioso o molesto, por pesado o excesivamente insistente. ⇒ *Molestar.

apétalo, -a (del gr. «apétalos») adj. BOT. Se aplica a las *flores que no tienen pétalos.

apetecedor, -a 1 adj. Se aplica al que apetece la cosa que se expresa. **2** Apetecible.

apetecer (del lat. «appetĕre») **1** (pulido) tr. *Desear ↘algo: 'Apetezco la llegada del verano'. ⊙ Particularmente, desear tener cierta ↘cosa que proporciona bienestar o cierta situación buena: 'Apetece una casa propia [o el cargo de director]'. Es más frecuente en frases negativas: 'No apetece honores ni riquezas. Sólo apetezco tranquilidad'. **2** intr. Inspirar una cosa a alguien ganas de comerla o deseo de tenerla o hacerla: 'Me apetece un café bien caliente. Le apetece todo lo que ve. No me apetece escribir ahora'.

□ CATÁLOGO

Antojarse, llamar la ATENCIÓN, atraer, hacerse la BOCA agua, hacer COSQUILLAS, pedir el CUERPO, estar DICIENDO cómeme, dar DENTERA, alargar los DIENTES, poner los DIENTES largos, hacer GRACIA, llamar, petar, provocar, tentar. ➤ Apetecedor, apetecible, apetible, apetitoso, codiciable, *deseable, envidiable, goloso, tentador. ➤ FRUTA del cercado ajeno, FRUTA prohibida. ➤ *Desear. *Gustar.

□ CONJUG. como «agradecer».

apetecible (de «apetecer») adj. Se aplica a lo que despierta apetito o deseo.

apetencia (del lat. «appetentĭa»; culto) f. *Deseo.

apetente adj. *Que tiene apetito.*

apetible (ant.) adj. *Apetecible.*

apetite 1 (ant.) m. *Salsa o condimento con que se estimula el apetito.* **2** (ant.) *Estimulo para hacer desear una cosa.*

apetitivo, -a (de «apetito») adj. De apetecer. ⊙ Se aplica particularmente a la facultad de desear: 'Facultad apetitiva'.

apetito (del lat. «appetītus») **1** («de») m. Deseo: 'Apetito racional'. **2** («de») Puede tener sentido peyorativo, llegando a significar malas pasiones o deseos ruines: 'Apetito desordenado de bienes materiales. Sólo buscan satisfacer sus apetitos'. **3** («Abrir, Dar, Despertar, Tener»; pulido) Gana de comer. ⇒ *Hambre.

A. SEXUAL [o VENÉREO]. Deseo sexual.

BUEN APETITO. Buena gana de comer.

apetitoso, -a 1 adj. Se aplica a las cosas que despiertan deseo de comerlas: 'Un pastel muy apetitoso'. **2** (inf.) Aplicado a cosas que no son de comer, apetecible: 'No es una misión muy apetitosa. Es un empleo muy apetitoso'.

APEX (sigla del ingl. «advance purchase excursion»; pronunc. [ápex]) V. «tarifa APEX».

ápex (del lat. «apex», cima) **1** m. *Signo gráfico empleado en las inscripciones latinas sobre las vocales largas.* **2** ASTRON. *Punto del espacio hacia el cual camina el Sol.*

apezuñar intr. *Hincar los animales en el suelo las pezuñas o los cascos, por ejemplo cuando suben una cuesta.*

api (de or. quechua; Arg., Bol.) m. **Maiz blanco molido y cocido que se come en frio, generalmente con leche y azúcar.*

api- Elemento prefijo del lat. «apis», abeja: 'apícola'.

apiadado, -a («de») Participio de «apiadar[se]». Compadecido.

apiadador, -a adj. *Compasivo.*

apiadar tr. *Inspirar piedad a ˘alguien.* ⊙ («de») prnl. Sentir piedad por alguien. ≃ *Compadecerse.

apianar (de «piano») tr. *Disminuir sensiblemente la intensidad de la ˘voz o el ˘sonido.*

apiaradero (de «piara») m. *Recuento de las cabezas de ganado, que se lleva a cabo haciéndolas pasar por el contadero.*

apiastro (del lat. «apiastrum»; ant.) m. **Toronjil (planta labiada).*

apical adj. *De [o del] ápice.* ⊙ BOT. *Se dice de las hojas, flores o frutos situados en la punta del tallo o rama.* ⊙ adj. y n. f. FON. *Se aplica a los sonidos articulados con el ápice de la lengua y los dientes, los alvéolos o el paladar, y a esa articulación.*

apicararse prnl. Hacerse pícaro. ⇒ *Picardía.

ápice (del lat. «apex, -ĭcis») **1** (culto) m. Punta en que termina alguna cosa. ⊙ FON. Punta de la lengua. **2** (culto) Punta en que termina una cosa por la parte superior. ⊙ *Cima. **3** (culto) Punto culminante: 'En el ápice de la gloria'. ⇒ *Apogeo. **4** (ant.) *Tilde: acento o cualquier signo ortográfico de los que se ponen sobre las letras.* **5** En frases generalmente negativas equivale a «nada»: 'No estoy dispuesto a ceder un ápice'.

apichonado, -a (de «a-²» y «pichón»; Chi.; inf.) adj. *Enamorado.*

apícola (de «api-» y «-cola») adj. De la apicultura.

apículo (del lat. «apicŭlum») m. BOT. *Punta corta, aguda y poco consistente de los foliolos de algunas plantas.*

apicultor, -a (de «api-» y «-cultor») n. Persona que se dedica a la apicultura.

apicultura (de «api-» y «-cultura») f. Cría de *abejas y aprovechamiento de sus productos.

apilable 1 adj. Susceptible de ser apilado. **2** m. Mueble formado por varios módulos.

apilado, -a Participio adjetivo de «apilar».

apilador, -a adj. y n. Que apila.

apilamiento m. Acción y efecto de apilar.

apilar 1 tr. Formar una pila o montón con ciertas ˘cosas. ⇒ *Colocar. **2** *Acumular muchas ˘cosas de cierta clase.

apilguarse (Chi.) prnl. *Entallecer las plantas.*

apimplarse (inf.) prnl. Emborracharse.

apimpollarse prnl. *Echar pimpollos o brotes las plantas.*

apiñado, -a Participio adjetivo de «apiñar[se]»: 'La gente estaba apiñada en el andén de la estación'.

apiñamiento m. Acción y efecto de apiñar[se].

apiñar (de «a-²» y «piña») tr. Poner ˘cosas apiñadas. ⊙ prnl. Ponerse las cosas, los animales o las personas en grupo o grupos apretados. ≃ *Aglomerarse.

apiñonado, -a adj. *Aplicado a personas, por el *color de su cara, moreno, del color del piñón.*

apio (del lat. «apĭum»; *Apium graveolens*) m. *Planta umbelífera de huerta, cuyos tallos, de olor y sabor muy fuertes y característicos, se comen en ensalada o cocidos. ≃ Panul.

APIO BASTARDO (*Apium nodiflorum*). Planta umbelífera que crece en los arroyos y acequias, parecida al berro, pero no comestible. ≃ Berraza.

A. CABALLAR (*Smyrnium olusatrum*). Planta silvestre, parecida al apio común, que se emplea como diurética. ≃ APIO equino, PEREJIL macedonio, esmirnio.

A. CIMARRÓN. Apio silvestre de la Argentina, de propiedades medicinales.

A. EQUINO. *APIO caballar.*

A. DE RANAS. **BOTÓN de oro (planta ranunculácea).*

apiojarse (Mur.) prnl. *Llenarse las plantas de pulgón.*

apiol m. *Extracto de la hoja de perejil, empleado como emenagogo.*

apiolar (de «a-²» y «pihuela») **1** tr. **Sujetar los pies de un ˘animal con apea o pihuela.* ≃ Empihuelar, empiolar. ⊙ **Atar un pie con otro de un ˘animal muerto para colgarlo por ellos.* ⊙ *Atar una con otra las ˘aves cazadas, pasándoles primero a cada una una pluma por las ventanas de la nariz, para colgarlas.* **2** (inf.) *Prender o *apresar.* **3** (inf.) *Matar.

apiparse (de «a-²» y «pipa», Cuba, tonel; inf.) prnl. *Hartarse de comida o bebida. ≃ Apiporrarse, empiparse.

apiporrarse (inf.) prnl. Apiparse.

apirético, -a (de «a-¹» y el gr. «pyretós», fiebre) adj. MED. Sin fiebre. ⊙ MED. De la apirexia.

apirexia (del gr. «apyrexía») f. MED. Falta de fiebre, por ejemplo entre dos accesos de ella.

apirgüinarse (Chi.) prnl. *Coger pirgüin (especie de sanguijuela) el ganado.*

apiri (de or. quechua; Hispam.) m. *Operario que transporta el mineral en las *minas.*

apirularse (Chi.; reflex.) tr. *Acicalarse.*

apisonado, -a 1 Participio adjetivo de «apisonar». **2** m. Acción de apisonar.

apisonadora f. Máquina de apisonar.

apisonar tr. Pisar reiteradamente ↘algo, particularmente la tierra, para *apretarlo y alisarlo. ⊙ Producir el mismo efecto en el ↘suelo con utensilios. ⇒ Pisonear, repisar. ➤ *Aplastar. *Asentar. ➤ Apisonadora, aplanadora, maza, mazo, pisón, rodillo, rulo.

apitar (de «a-²» y «pito'») **1** (Sal.) tr. **Gritar.* **2** (Sal.) *Azuzar el *pastor a los ↘perros para que saquen al *ganado de algún sitio.*

apito (de «apitar»; Sal.) m. **Grito.*

apitón *(Dipterocarpus grandiflorus)* m. *Árbol dipterocarpáceo resinífero de Filipinas.* ≃ Apitong.

apitonado, -a (ant.) adj. **Susceptible.*

apitonar 1 intr. Echar pitones los animales. **2** **Brotar las plantas.* **3** tr. Romper una cosa con la punta, pico, etc., su ↘envoltura y *asomar por ella; por ejemplo, los polluelos al salir del cascarón. **4** (ant.) prnl. **Amostazarse.*

apitong m. *Apitón (árbol dipterocarpáceo).*

apizarrado, -a adj. *Del *color, negro azulado, de la pizarra.*

aplacable adj. Que puede ser aplacado.

aplacamiento m. Acción de aplacar[se].

aplacar (de «a-²» y el lat. «placāre») tr. y prnl. *Calmar[se] la violencia de ↘algo o el enfado de ↘alguien: 'Esto te aplacará el dolor. Le aplacó con buenas palabras' ≃ *Aliviar, *apaciguar, *calmar, *desenfadar, *moderar, tranquilizar. ⇒ Implacable.

aplacer (de «a-²» y el lat. «placēre») intr. **Agradar o *satisfacer.*
☐ CONJUG. como «nacer».

aplacerado, -a (de «a-²» y «placer³») adj. MAR. *Se aplica al fondo del mar plano y poco profundo.* ⇒ Placer.

aplacible o **aplaciente** (de «aplacer») adj. *Agradable.*

aplacimiento (de «aplacer») m. *Placer o satisfacción.*

aplagar (de «a-²» y «plaga¹», úlcera; ant.) tr. *Llagar.*

aplanacalles (de «aplanar» y «calle»; Guat., Perú) n. *Persona *callejera.* ≃ Azotacalles.

aplanadera f. Utensilio para aplanar el suelo.

aplanador, -a 1 adj. y n. Que aplana. **2** (Hispam.) f. *Apisonadora.*

aplanamiento m. Acción y efecto de aplanar[se] (sobre todo en sentido moral).

aplanante adj. Que aplana (usado en sentido moral).

aplanar (de «a-²» y «plano») **1** tr. Dejar una ↘cosa llana o lisa. ≃ *Allanar. ⊙ prnl. Allanarse. **2** tr. *Aplastar. **3** (ant.) prnl. *Hundirse un edificio.* **4** tr. *Abatir, deprimir o *abrumar física o moralmente a ↘alguien. ⊙ prnl. *Abatirse física o moralmente.

aplanchar (pop.) tr. *Planchar.*

aplanético, -a (de «a-¹» y el gr. «plánē», error) adj. ÓPT. *Se aplica a las *lentes y dispositivos que suprimen la aberración de esfericidad.*

aplanetismo m. *Cualidad de aplanético.*

aplantillar tr. CANT., CARP. *Labrar la ↘piedra u otra cosa con plantillas.*

aplasia (del fr. «aplasie») f. MED. *Atrofia.*

aplastado, -a Participio adjetivo de «aplastar[se]».

aplastamiento m. Acción y efecto de aplastar[se].

aplastante adj. Capaz de aplastar, especialmente en sentido figurado: 'Una lógica aplastante'.

aplastar (¿de «a-²» y «plasta»?) **1** tr. y prnl. Deformar[se] una ↘cosa por golpe o compresión, disminuyendo su espesor o altura. ⊙ Deformar[se] o arrugar[se] una ↘cosa al estrujarla. ≃ *Arrugar. ⊙ *Apelmazar[se]: apretar[se] una ↘cosa hueca o esponjosa; por ejemplo, un colchón. ⊙ Apretar o golpear una ↘cosa blanda o de contenido blando, de modo que se deshace o deja salir ese contenido: 'Aplastar un huevo [o un merengue]'. ⊙ prnl. Quedar deshecha o con el contenido fuera. ⇒ Achancar, achatar, allanar, apabullar, apachurrar, *apisonar, aplanar, asentar, atortujar, cachifollar, calar, chafar, despachurrar, despancijar, despanzurrar, *destripar, escachar, esclafar, *espachurrar, estrujar, *machacar, remachar, *reventar, roblonar, sentar, hacer una TORTILLA. ➤ *Chato, *plano, romo. ➤ *Apretar. *Deshacer. **2** tr. *Abatir o *abrumar física o moralmente a ↘alguien. **3** *Vencer completamente al ↘enemigo o rival en una *guerra, lucha o *discusión. **4** (Arg., Ur.) tr. y prnl. *Reventar[se] un caballo.*

aplatanado, -a Participio adjetivo de «aplatanar[se]».

aplatanamiento m. Acción y efecto de aplatanar[se].

aplatanar (de «a-²» y «plátano») **1** (Antill.) tr. y prnl. *Familiarizar a un forastero [o familiarizarse] con las costumbres del país.* **2** *Enervar[se], emperezar[se]. ⊙ prnl. Perder la actividad o la ambición.

aplaudir (del lat. «applaudĕre») **1** tr. Dar palmadas en señal de aprobación en un espectáculo o acto público o en prueba de adhesión o admiración a ↘alguien. ⇒ Ovacionar, palmear, palmotear, vitorear. ➤ Aplausos, palmadas, palmas. ➤ Nutridos APLAUSOS, SALVA de aplausos, TEMPESTAD de aplausos. ➤ Alabardero, claque, tifus. ➤ Gloria. **2** *Alabar o *aprobar ↘algo o a alguien.

aplauso (del lat. «applausus»; «Tributar, Escatimar, Regatear»; sing. o pl.) m. Acción de aplaudir, en sentido propio o figurado: 'Tributar aplausos [o un aplauso]. No le regateo mi aplauso'.

APLAUSO CERRADO. El fuerte y unánime.

NUTRIDOS APLAUSOS. Enlace frecuente.

DIGNO DE APLAUSO. Plausible.

aplazado, -a Participio adjetivo de «aplazar[se]».

aplazamiento m. Acción de aplazar.

aplazar (de «a-²» y «plazo») **1** tr. Dejar una ↘cosa para hacerla más tarde: 'Ha sido aplazada la conferencia'. Se usa frecuentemente en forma pronominal pasiva o impersonal con «se»: 'Se han aplazado todas las entrevistas hasta nuevo aviso. Se aplazó la corrida'. ≃ *Retrasar. **2** (Hispam.) *Suspender ↘al que se *examina.* **3** (R. Dom.) prnl. recípr. *Amancebarse.*

aplebeyar tr. Hacer que ↘alguien o algo se haga plebeyo, grosero o vil. ⊙ prnl. Hacerse plebeyo.

aplegar (del lat. «applicāre») **1** (ant.) tr. *Adquirir o recoger.* ≃ Allegar. **2** (Ar.) *Acercar ↘algo.* **3** (Ar.) *Llegar.*
☐ CONJUG. como «acertar».

aplicabilidad f. Cualidad de aplicable.

aplicable («a») adj. Susceptible de ser aplicado a cierta cosa.

aplicación 1 («Dar, Tener, Encontrar») f. Acción de aplicar[se]. ⊙ Cada operación de aplicar, por ejemplo pintura, hecha de una vez. **2** Servicio al que una cosa es o puede ser destinada: 'Las múltiples aplicaciones del caucho'. **3** Encaje o bordado que se emplea incrustándolo en la tela a la que adorna. **4** MAT. Operación por la que a cada elemento de un conjunto se le hace corresponder un solo elemento de otro conjunto. **5** INFORM. Programa o conjunto de programas con una función determinada.

aplicado, -a 1 Participio adjetivo de «aplicar[se]». **2** Se dice de la persona que se aplica (estudia o trabaja con interés). ≃ Aprovechado. ⇒ Estudioso, *trabajador. ➤ *Desaplicado, inaplicado.

aplicar (del lat. «applicāre») **1** («a») tr. Poner una ˇcosa sobre otra de modo que quede adherida a ella, pegándola o sin pegarla: 'Aplicar una compresa [o una capa de pintura]'. ⇒ Adherir, aponer, fijar, implantar, *pegar, sobreponer, superponer. ➤ Apósito. ➤ Aplicación, capa, mano. **2** («a») Poner una ˇcosa en otra o acompañando a otra a la que adorna o en la que ejerce su acción o produce un efecto: 'Aplicar un lazo a un vestido. Aplicar corrientes eléctricas a un enfermo. Aplicar un acento a una palabra [un adjetivo a un nombre]. Aplicar cierto criterio a una cuestión [o cierta tarifa a una mercancía]'. ⇒ Inaplicable. **3** Asignar cierto ˇnombre a algo o a alguien: 'Se le aplica el nombre de heliotropo por la cualidad que tiene de seguir el movimiento del Sol'. **4** («a») *Emplear una ˇcosa para algo que se expresa que, generalmente, no es aquello a que está originaria o primariamente destinada: 'El agua que sale de las turbinas se aplica al riego'. ⊙ («a») Referir una ˇafirmación, juicio, etc., a cierta cosa: 'Lo dicho de la literatura puede aplicarse a las demás artes'. **5** **Atribuir a alguien un ˇhecho o dicho.* **6** prnl. Esforzarse con interés en cualquier clase de trabajo: 'Si sigues aplicándote, pronto serás un buen oficial'. ⊙ Particularmente, en el estudio: 'El niño se aplica más este año'.

aplique (del fr. «applique») **1** m. Dispositivo de luz destinado a ser aplicado a la pared. **2** *Trasto con que se completa una decoración en el teatro.*

aplomado, -a 1 Participio adjetivo de «aplomar»: 'Un muro aplomado'. **2** *De color de plomo.* ≃ Plomizo. **3** Se aplica a la persona que obra con *aplomo.

aplomar (de «a-²» y «plomo») **1** tr. *Aumentar el peso de una ˇcosa.* **2** *Pesar una cosa sobre ˇotra.* **3** (ant.) *Agobiar una cosa a ˇalguien con su peso.* **4** CONSTR. *Comprobar la verticalidad de una ˇcosa.* ⊙ ARQ. Poner una ˇcosa vertical. ⊙ ARQ. Construir una ˇcosa vertical. **5** *Herir de arriba abajo la ˇbola de *billar, poniendo el taco vertical.* **6** prnl. *Aumentar de peso.* **7** *Desplomarse.* **8** Cobrar aplomo (seguridad).

aplomo (de «aplomar») **1** m. Verticalidad. **2** *Equilibrio, *seguridad, sensatez o *serenidad con que alguien obra. ⊙ Cualidad o actitud del que obra con aplomo. ⇒ DOMINIO de sí mismo, lastre, PRESENCIA de ánimo, *tranquilidad. ➤ SEGURO de sí mismo. ➤ *Aturdido. **3** (gralm. pl.) *Línea vertical de las que sirven para apreciar si la dirección de los miembros del *caballo es la conveniente.*

apnea (del gr. «ápnoia») f. FISIOL. *Falta o suspensión de la respiración.* ⇒ *Asma.

apo- Elemento prefijo del gr. «apó» que significa «fuera de» o «des-»: 'apostatar, apocalipsis'. También, «alejamiento» o «digresión»: 'apogeo, apología, apólogo, apóstrofe'. Equivale a «de entre» en 'apoteosis'.

apoastro (de «apo-» y el gr. «ástron», astro) m. ASTRON. *Punto en que un astro *secundario se halla a mayor distancia de su principal.* ⇒ *Apogeo.

ápoca (del lat. «apŏcha»; Ar.) f. **Recibo o carta de pago.*

apocadamente adv. Con apocamiento.

apocado, -a Participio de «apocar[se]» ⊙ adj. *Aplicado a cosas, empequeñecido.* ⊙ Aplicado a personas, encogido, *tímido o excesivamente *humilde. ⇒ Achaparrado, achicado, agonías, apretado, atacado, de poco CARÁCTER, *cobarde, cohibido, corto, poca COSA, cuitado, desdichado, desgraciado, desventurado, pobre DIABLO, encogido, pobre de ESPÍRITU, como GALLINA en corral ajeno, pobre HOMBRE, infeliz, insignificante, parado, pobrete, pusilánime. ➤ *Achicar. *Tímido.

apocador, -a (ant.) adj. y n. *Que apoca o disminuye una cosa.*

apocalipsis (del lat. «apocalypsis», del gr. «apokálypsis», manifestación, por alusión al «Apocalipsis» de San Juan, último libro del Antiguo Testamento) **1** m. Fin del mundo. **2** («Ser el») situación o escena espantosa o tremenda.

apocalíptico, -a 1 adj. Relacionado con el apocalipsis. **2** («Ser», pero gralm. yuxtapuesto) Espantoso, tremendo: 'Una visión apocalíptica'. **3** *Oscuro, enigmático.*

apocamiento m. Cualidad o actitud de apocado.

apocar (de «a-²» y «poco») **1** tr. *Hacer pequeña o *disminuir una ˇcosa.* **2** Hacer que ˇalguien se encoja o intimide. ⊙ prnl. Encogerse o intimidarse.

apocatástasis (del gr. «apokatástasis», restablecimiento) f. FIL. *Retorno de las cosas, en general o en particular para cualquiera de ellas, a su punto de partida.*

apócema o **apócima** (del lat. «apozĕma», del gr. «apózema», cocción) f. *Pócima.*

apochongarse (Arg., Ur.) prnl. *Asustarse o acobardarse.*

apocináceo, -a (del lat. «apocy̆num», del gr. «apókynon», compuesto venenoso) adj. y n. f. BOT. *Se aplica a las *plantas de la familia de la adelfa y la hierba doncella, que tienen hojas coriáceas y fruto en cápsula o folículo. Sus flores son hermafroditas y muy vistosas, y muchas especies son venenosas.* ⊙ f. pl. BOT. *Esa familia.*

apocopar tr. GRAM. Suprimir ˇletras al final de una palabra.

apócope o, menos frec., **apócopa** (del lat. «apocŏpe», del gr. «apokopḗ», de «apokóptō», acortar) f. GRAM. Supresión de una o más *letras al fin de una palabra; como en «algún» por «alguno». ⇒ *Metaplasmo.

apócrifo, -a (del lat. «apocry̆phus», del gr. «apókryphos», oculto) adj. Fabuloso, supuesto o fingido. ⊙ Se emplea sólo con referencia a libros, escritos u obras de arte, como «falsificado» o «falso»: no auténtico; no del autor u origen que se le atribuye: 'Un cuadro de Murillo [o un testamento] apócrifo'. ⊙ Se aplica particularmente a los libros de la *Biblia que, como el tercero y cuarto de Esdras, aun siendo atribuidos a un autor sagrado, no están incluidos en el canon por no ser considerados como de inspiración divina.

apocrisiario (del lat. «apocrisiarĭus», del gr. «apókrisis», réplica) m. **Embajador del imperio *griego.* ⊙ *Especie de canciller en aquel imperio.* ⊙ *Legado eclesiástico en la corte de aquel imperio.*

apodado, -a Participio de «apodar[se]». ⊙ adj. Conocido por cierto apodo: 'Juan López, apodado el Largo'. ⇒ Alias, por mal NOMBRE.

apodar (del lat. tardío «apputāre», deriv. de «putāre», evaluar) **1** tr. *Valorar o tasar una ˇcosa.* **2** **Comparar una ˇcosa con otra.* **3** Aplicar un apodo a ˇalguien. ⊙ prnl. Ser conocido por cierto apodo.

apodencado, -a adj. *Se aplica a los perros parecidos al podenco.*

apoderadamente (ant.) adv. *Con autoridad o despotismo.*

apoderado, -a 1 Participio de «apoderar[se]». **2** (ant.) adj. *Poderoso* **3** adj. y n. Se aplica al que tiene poderes de otra persona para representarla. ⇒ Factor, institor, procurador.

apoderamiento m. *Acción de apoderar[se].*

apoderar 1 tr. Dar poderes a ↘alguien. ⇒ Empoderar. ➤ *Delegar. **2** (ant.) *Dar a ↘alguien la propiedad o el dominio de una cosa.* ⇒ Desapoderar. **3** («de») prnl. *Coger alguien para sí una cosa sin más razón que su voluntad y, a veces, violenta o ilegalmente. ≃ Adueñarse, apropiarse.

□ CATÁLOGO

Abarrer, acotar, adjudicarse, *adquirir, adueñarse, *afanar, alzarse con, hacerse el AMO, apandar, apañar, apropiarse, arramblar con, arrancar, arrebañar, arrebatar, arrogarse, asimilarse, atregar, atribuirse, avocar, barrer, birlar, cargar con, cobrar, *coger, conquistar, detentar, hincar el DIENTE, dominar, hacerse el DUEÑO, enseñorearse, entregarse, escamotear, espigar, *estafar, gafar, garrafiñar, garrapiñar, *hurtar, incautarse, interprender, intrusarse, *invadir, levantarse con, llevarse, quedarse con, quitar, rebañar, requisar, *robar, entrar [meter o poner] a SACO, saltear, sangrar, alzarse con el SANTO y la limosna, tomar, untarse, usurpar. ➤ Estafador, heredípeta, *ladrón, quitón, *ratero, tomador, tomajón, tomón. ➤ *Botín, presa. ➤ *Adquirir. *Pedir.

apodíctico, -a (del lat. «apodictĭcus», del gr. «apodeiktikós») adj. Decisivo o concluyente: que *demuestra la cosa de que se trata sin dejar lugar a duda o discusión. ⇒ Asertorio.

apodiforme adj. y n. f. ZOOL. *Se aplica a las *aves del orden al que pertenece el vencejo, que se caracterizan por sus patas cortas y el gran desarrollo de las alas, largas y puntiagudas, que les permiten volar a gran velocidad.* ⊙ m. pl. ZOOL. *Orden que forman.*

apodo (de «apodar») m. *Sobrenombre aplicado a veces a una persona, entre gente ordinaria, y muy frecuentemente en los pueblos, donde se transmite de padres a hijos. ≃ Mote.

ápodo, -a (del gr. «ápous, ápodos») **1** adj. y n. m. ZOOL. Carente de patas. ⊙ ZOOL. Carente de aletas; como son, por ejemplo, la anguila o el congrio. **2** ZOOL. Se aplica a los *anfibios y *reptiles sin patas, de cuerpo vermiforme. ⊙ m. pl. ZOOL. Orden que forman los anfibios sin patas.

apódosis (del lat. «apodŏsis», del gr. «apódosis», restitución) f. GRAM. Segunda parte de una oración o de un periodo, en que se *completa lo expresado en la primera o prótasis; por ejemplo, en 'por todas partes se va a Roma', «se va a Roma» es la apódosis. En los periodos condicionales, la apódosis es la oración no afectada por «si» o la conjunción equivalente.

apófige (del lat. «apophȳgis», del gr. «apophygḗ», escape) f. ARQ. *Curvatura en el final del fuste de una *columna en la unión con la basa y en la unión con el capitel.*

apófisis (del gr. «apóphysis», retoño) f. ANAT. Parte saliente de un hueso, que sirve para su articulación con otro o para la inserción de los músculos. ⇒ Epitróclea.

apofonía (de «apo-» y «-fonía») f. GRAM. *Alteración de las vocales en la *derivación de las palabras; como en «imberbe», derivado de «barba».*

apogeo (del lat. «apogēus», del gr. «apógeios», que viene de la tierra) **1** m. ASTRON. Punto en que la Luna está más distante de la Tierra. ⇒ Apoastro. **2** Momento o situación de mayor grandeza, intensidad o perfección de algo: 'En el apogeo de su belleza'. ≃ Auge, cima, cumbre, cúspide, máximo, plenitud, PUNTO culminante. ⇒ Acmé, ápice, auge, cenit, *cima, cumbre, cúspide, EDAD de oro, epacmo, esplendor, fastigio, fuerte, fuerza, fuga, furia, furor, *máximo, MOMENTO agudo, MOMENTO culminante, pináculo, plenitud, PUNTO culminante, súmmum, vigor. ➤ En la CRESTA de la ola.

apógrafo (del lat. «apogrăphum», del gr. «apógraphos», copiado) m. *Copia de un escrito original.*

apolillado, -a Participio adjetivo de apolillar[se]. ⊙ Comido o deteriorado por la polilla. ⊙ (inf.) *Anticuado, carente de actualidad: 'Ideas apolilladas'. ≃ Rancio.

apolilladura f. Agujero o destrozo causado por la polilla.

apolillamiento m. Acción de apolillar[se].

apolillar 1 tr. *Poner apolillado ↘algo.* ⇒ Desapolillar. ⊙ prnl. Ser agujereado por la polilla. ⊙ Ser destruido por la *carcoma. ≃ Carcomerse. ⇒ Agardamarse. **2** (inf.) Quedarse alguien apolillado.

apolinar (del lat. «apollinăris») adj. *Apolíneo.*

apolinarismo m. **Herejía de los apolinaristas.*

apolinarista adj. y n. *Se aplica a los seguidores de Apolinar, *hereje del siglo IV, que sostenía que Jesucristo no tenía un cuerpo ni un alma como los de los hombres.* ⊙ m. pl. *Esta secta.*

apolíneo, -a (del lat. «apollinĕus») **1** adj. Relacionado con el dios Apolo o con sus cualidades o atributos. ⊙ Se aplica específicamente a la belleza masculina o al que la posee. **2** FIL. En la filosofía de Nietzsche, por oposición a dionisíaco, se aplica a la parte racional del hombre.

apolismar (de «aporismar») **1** (Hispam.) tr. *Magullar.* **2** (C. Rica) prnl. *Holgazanear.* **3** (C. Rica, P. Rico, Ven.) *Acobardarse.* **4** (Col., Guat., P. Rico) *Quedarse raquítico, no crecer.*

apoliticismo m. Condición de apolítico.

apolítico, -a adj. Exento de carácter o significación políticos. ⊙ Aplicado a personas, sin ideas políticas.

apolo (de «Apolo», dios de la mitología clásica que personifica la luz, las artes y la adivinación; n. calif.) m. Se aplica a un hombre de gran belleza física. ⇒ Adonis.

apologética (de «apologético») f. Parte de la *teología que expone los fundamentos del dogma.

apologético, -a (del lat. «apologetĭcus», del gr. «apologētikós») adj. TEOL. De [la] apología o de la apologética.

apología (del lat. «apología», del gr. «apología») **1** («Hacer») f. Acción de hablar de alguien defendiéndole contra alguna censura. ≃ *Defensa. ⊙ Palabras con que se hace. **2** («Hacer») Por extensión, panegírico: *alabanza de algo o alguien sobre lo que hay planteada una discusión: 'Una apología de la falda corta'.

apológico, -a adj. De [o del] apólogo.

apologista n. Persona que hace la apología de cierta cosa.

apologizar tr. Hacer una apología.

apólogo, -a (del lat. «apolŏgus», del gr. «apólogos», fábula) **1** m. Relato alegórico, del que se deduce una enseñanza moral o un consejo práctico. ≃ Alegoría, fábula, parábola. ⇒ *Cuento. **2** adj. *Apológico.*

apoltronado, -a Participio adjetivo de «apoltronarse».

apoltronamiento m. Acción de apoltronarse.

apoltronarse prnl. Hacerse poltrón; dejar de ser activo. ≃ *Abandonarse, apandorgarse, emperezarse, empoltronecerse. ⇒ *Pereza.

apolvillarse (de «a-²» y «polvillo»; Chi.) prnl. **Atizonarse las plantas.*

apomado, -a adj. HERÁLD. *Se aplica al escudo en que hay una mano sosteniendo una bola.*

apomazado, -a *Participio adjetivo de «apomazar».*

apomazamiento m. *Acción de apomazar.*

apomazar tr. *Alisar con piedra pómez.

aponer (del lat. «apponěre») **1** (ant.) tr. **Imputar o *atribuir.* **2** (ant.) **Aplicar.* **3** GRAM. Adjuntar un nombre en aposición a otro. Generalmente, sólo se usa el participio. **4** (ant.) prnl. *Proponerse.*
□ CONJUG. como «poner».

aponeurosis (del gr. «aponeúrōsis», extremo del músculo) **1** f. ANAT. *Membrana de tejido conjuntivo fibroso que envuelve los músculos.* **2** ANAT. *Por extensión, tendón en forma de cinta.*

aponeurótico, -a adj. ANAT. *De [la] aponeurosis.*

apontocar (de «a-[2]» y «pontocón») tr. *Apuntalar alguna ↘cosa.* ⇒ *Reforzar, *sostener.

apopar tr. MAR. *Presentar la popa del ↘barco a la corriente o al viento.*

apoplejía (del lat. «apoplexĭa», del gr. «apoplēxía», inmovilización) f. MED. Paralización súbita del funcionamiento del *cerebro por un derrame sanguíneo en el cerebelo o en las meninges. ⇒ Cataplexia. ➤ *Enfermedad.
APOPLEJÍA ESPLÉNICA. VET. *Ántrax.*

apopléjico, -a o **apoplético, -a** (del lat. «apoplectĭcus», del gr. «apoplēktikós») adj. MED. De [la] apoplejía. ⊙ MED. Afectado de apoplejía. ⊙ MED. Predispuesto a sufrir apoplejía.

apoquecer (de «a-[2]» y «poco»; ant.) tr. *Hacer una ↘cosa más *pequeña o más *breve.*

apoquinar (inf.) tr. Pagar o dar cierta cantidad de ↘dinero; generalmente, se entiende de mala gana: 'Apoquinó las dos mil pesetas'.

aporcar (de «a-[2]» y el lat. «porca», caballón) tr. Cubrir ciertas ↘hortalizas con tierra para que se hagan blancas y tiernas. ⇒ Acogombrar, acohombrar, acollar, calzar, porcar.

aporía (del gr. «aporía») f. FIL. Dificultad lógica insuperable de un problema especulativo.

aporisma (del b. lat. «aporisma», del gr. «aporía», dificultad de pasar) m. MED. **Tumor formado debajo de la piel por acumulación de sangre extravasada en una sangría o punción.* ⇒ Aforisma, hematoma.

aporismarse prnl. MED. *Dar lugar una punción o sangría a un aporisma.*

aporracear (de «a-[2]» y «porrazo»; And.) tr. *Aporrear.*

aporrar (de «a-[2]» y «porro»; ant., inf.) intr. *Quedarse una persona sin poder hablar o responder en ocasión en que debía hacerlo.* ⇒ Enmudecer.

aporrarse (de «a-[2]» y «porra»; ant., inf.) prnl. *Hacerse una persona pesada o molesta.*

aporreado, -a **1** Participio de «aporrear». **2** (inf.; «Estar, Ir») adj. *Falto o escaso de dinero.* ⇒ *Apurado. **3** (inf.) **Granuja o desvergonzado.* **4** (Cuba) m. *Cierto *guiso de carne de vaca hecho con manteca, tomate, ajo, etc.*

aporreador, -a adj. y n. *Que aporrea.*

aporreadura f. *Aporreo.*

aporreamiento m. *Aporreo.*

aporreante adj. *Que aporrea.*

aporrear **1** (inf.) tr. Golpear violenta e insistentemente ↘algo o a alguien con una porra o de cualquier otra manera; por ejemplo, una puerta para que abran los que están dentro. ⊙ (inf.) Tocar el ↘piano sin arte. **2** **Importunar a ↘alguien.* **3** **Ahuyentar las ↘moscas.* ≃ Sacudir. **4** (ant., inf.) prnl. **Atarearse excesivamente.*

aporreo m. Acción de aporrear[se].

aporretado, -a (de «a-[2]» y «porreta», dim. de «porra») adj. Se aplica a los dedos o a la mano cortos y gruesos.

aporrillarse (de «a-[2]» y «porrilla») prnl. *Hincharse las articulaciones.*

aportación f. Acción de aportar. ≃ Contribución. ⊙ Cantidad o cosa aportada. ≃ Contribución. ⊙ Particularmente, *bienes o capital aportados, por ejemplo al matrimonio o a una empresa.

aportadera (de «aportar[1]») **1** f. *Cada una de dos *cajas de madera que se ponen a veces sobre el aparejo de las caballerías, una a cada lado, para llevar en ellas la *carga.* ≃ Portadera. **2** *Recipiente de madera con asas, construido de modo semejante a las cubas, que se emplea, por ejemplo, para transportar la *uva en la *vendimia.* ≃ *Portadera.

aportar[1] (del lat. «apportāre») **1** tr. *Contribuir con una ↘parte a cierta cosa poseída, hecha, etc., en común. ⇒ *Participar. ⊙ Contribuir, dar, proporcionar: 'Los alimentos aportan las vitaminas que necesita el organismo'. **2** Llevar ciertos ↘bienes al matrimonio. **3** Exponer ciertas ↘pruebas, razones o testimonios en defensa de algo o para probarlo. ≃ *Aducir.

aportar[2] **1** («en») intr. Llegar a puerto. ≃ *Arribar. **2** Llegar una persona a sitio o situación seguros después de haber estado perdido o en peligro. ≃ Llegar a PUERTO. **3** («por») Ir o venir a algún sitio: 'Hace tiempo que no aporta por aquí'.

aporte (de «aportar[1]») **1** m. Acción de aportar. **2** GEOL. Acción de depositar materiales un río, un glaciar, el viento, etc.

aportellado (de «a-[2]» y el lat. «portella», postigo) **1** m. *Juez que administraba justicia en las puertas de los pueblos.* **2** (ant.) *Dependiente o *servidor.*

aportillado, -a **1** *Participio de «aportillar».* **2** m. *Aportellado.*

aportillar **1** tr. ARTILL. *Abrir un portillo en un ↘muro.* **2** *Romper o abrir una ↘cosa.*

aposentador, -a **1** adj. y n. *El que aposenta.* **2** m. *Oficial encargado de aposentar a las tropas en las marchas.*

aposentamiento **1** m. Acción de aposentar. **2** *Aposento.* **3** *Alojamiento u hospedaje.*

aposentar (del lat. «ad», a, y «pausans, -antis», part. pres. de «pausāre», reposar, detenerse) tr. *Albergar u *hospedar a ↘alguien en un sitio. ⊙ Particularmente, *alojar a las ↘tropas. ⊙ prnl. *Alojarse.

aposento (de «aposentar») **1** (lit. o refiriéndose a época pasada) m. *Habitación, particularmente refiriéndose a la ocupada por una persona: 'Se retiró a su aposento'. ≃ Estancia. **2** (R. Dom.) *Dormitorio.* **3** *Hospedaje.* **4** *Departamento de los que en los *teatros antiguos equivalían a los palcos de los modernos.*
APOSENTO DE CORTE. *Residencia que se destinaba a los criados y acompañantes de los *reyes en los viajes.*

aposesionado, -a *Participio adjetivo de «aposesionar[se]».* ⊙ (ant.) **Hacendado.*

aposesionar (ant.) tr. y prnl. *Dar [o tomar] posesión de una cosa.* ≃ Posesionar[se].

aposición (del lat. «appositĭo, -ōnis») f. GRAM. Unión de dos nombres de los que uno es aclaración o especificación del otro, sin que exista entre ellos régimen ni concordancia; es especificativa, por ejemplo, en «ciudad satélite, amarillo limón, color naranja, mi hijo Antonio, mi primo el médico»; es explicativa o aclarativa en «su padre, alcalde entonces...; Antonio, mi hijo; el médico, mi primo». ⇒ Apénd. II, APOSICIÓN.

aposiopesis f. **Figura retórica que consiste en sustituir con puntos suspensivos un final que es penoso o embarazoso decir.* ⇒ *Reticencia.

apositivo, -a (del lat. «appositīvus») adj. GRAM. *De [la] aposición.*

apósito (del lat. «appositum») m. Remedio que se aplica exteriormente, fijándolo sobre la parte enferma o herida por medio de un algodón, una gasa, una venda, etc. ⊙ Conjunto del medicamento y la gasa, algodón, venda, etc., con que se sujeta. ⇒ Bilma, bizma, *cataplasma, contentivo, *cura, defensivo, emplasto, fomento, parche. ➤ Esparadrapo.

aposta (del lat. «apposĭta ratiōne») adv. No casualmente, sino con *intención de producir el efecto que se produce: 'Vino aposta el domingo porque sabe que ese día no estoy yo. Ha tirado el jarrón aposta'. ≃ Adrede.

apostadamente 1 (ant.) adv. *Apuestamente.* **2** (inf.) *Aposta.*

apostadero 1 m. Lugar en que se sitúa gente apostada. **2** MAR. *Puerto o bahía en que se reúnen varios buques de guerra bajo un solo mando.* ⊙ MAR. *Departamento marítimo mandado por un comandante general.*

apostal (Ast.) m. *Sitio bueno para *pescar, en un río.*

apostamiento (ant.) m. *Apostura.*

apostante adj. y n. Se aplica al que apuesta.

apostar[1] (del lat. «appositum», de «apponĕre», poner) **1** («a», «con») tr. Pactar entre sí dos o más personas que sostienen tesis distintas, que, cuando se vea cuál de ellas sostenía la verdadera o la que se cumple, la otra hará cierta cosa o le dará algo o una cantidad de dinero. También con un pron. reflex.: '[Se] apostó conmigo la cena a que entraba en la sala sin invitación. [Me] he apostado con él todo lo que yo cace a que no cobra una pieza'. ≃ Jugarse. ⇒ ¡A que NO!, ¡a que sí! **2** Arriesgar una cantidad de ↘dinero en un juego de azar o en una competición deportiva, de modo que el que acierta recibe una cantidad mayor. **3** Se usa con sentido simbólico en frases frecuentes como 'apuesto [o apostaría] cualquier cosa a que no viene hoy'. **4** («por») intr. Depositar alguien su confianza en una persona o en una iniciativa que supone cierto riesgo. **5** (ant.) tr. *Adornar ↘algo o a alguien.*

APOSTÁRSELAS CON una persona A cierta cosa. Ser capaz de *competir con ella en esa cosa: 'Se las apuesta con cualquiera a beber'.

¿QUÉ TE APUESTAS [SE APUESTA USTED, etc.] a que...? **1** Expresión muy frecuente con que se muestra la seguridad que se tiene de una cosa: '¿Qué te apuestas a que hoy llueve?'. **2** También puede expresar sospecha o temor de que ocurra lo que se dice a continuación: '¿Qué te apuestas a que me he olvidado de la llave?'.

□ NOTAS DE USO

Con sentido recíproco, se puede usar, además de la forma pronominal que es propia, la forma sin pronombre: 'Nos apostamos diez duros a quién llegaba antes. Apostamos a que la letra no era de ella'.

□ CONJUG. como «contar».

apostar[2] (del ant. «postar», de «posta») **1** tr. Poner en un sitio ↘soldados, caballerías de repuesto, etc., a fin de que estén dispuestos cuando sean necesarios. ≃ *Colocar, emplazar, situar. ⇒ Estación. ⊙ («en») prnl. Situarse en algún sitio acechando o esperando algo; por ejemplo, en la guerra o en la caza. ⇒ *Acechar. **2** (Extr.) tr. *Limpiar, podar, etc., un ↘monte para que se forme arbolado.*

apostasía (del lat. «apostasĭa», del gr. «apostasía», alejamiento) f. Acción de apostatar.

apóstata (del lat. «apostăta», del gr. «apostátēs») n. Persona que comete apostasía.

apostatar (del lat. «apostatāre») **1** («de») intr. *Abandonar expresamente ciertas creencias. ⊙ Particularmente, abandonar el catolicismo o el cristianismo. ⇒ *Abjurar, desertar, renegar. ➤ *Desertor, *hereje, traidor, tránsfuga. ➤ Libelático. **2** *Abandonar un religioso la orden a que pertenece.* **3** *Prescindir un religioso de su condición de tal, abandonando habitualmente las obligaciones que le impone.*

apostelar (ant.) tr. *Apostillar.*

apostema (del lat. «apostēma», del gr. «apóstēma») f. *Postema.*

apostemación f. *Acción y efecto de apostemar[se].*

apostemar tr. y prnl. *Producir [o llenarse de] postemas.*

apostemero m. *Postemero.*

apostemoso, -a adj. *De la postema.*

a posteriori Locución latina empleada para expresar que la cosa de que se trata ocurre después de otra consabida, o sea cuando ya no puede influir en ésta: 'Me enteré de lo sucedido a posteriori'.

apostilla (de «a-[2]» y «postilla[1]») f. *Explicación o nota que se añade a un texto para completarlo, comentarlo o aclararlo.

apostillar tr. Poner apostillas a un ↘texto. ≃ Apostelar, postilar.

apostillarse (de «postilla[2]») prnl. *Llenarse de pústulas o tomar aspecto de pústula.*

aposto (Extr.) m. *Acción de apostar un monte.*

apóstol (del lat. «apostŏlus», del gr. «apóstolos», enviado) **1** m. Nombre dado a cada uno de los doce discípulos de Jesucristo y a San Pablo y San Bernabé. ⇒ Credo. ➤ Pentecostés. ➤ LENGUAS de fuego. **2** Por extensión, cualquiera que propaga el cristianismo. ⊙ Por extensión, cualquiera que propaga cierto ideal o hace propaganda a favor de cierta cosa buena: 'El apóstol de la paz'. **3** («El») Por antonomasia, San Pablo.

V. «SÍMBOLO de los apóstoles».

apostolado[1] (del lat. «apostolātus») **1** m. Actividad de los apóstoles ⊙ Propaganda en favor de un ideal o de una cosa beneficiosa para la sociedad. **2** Conjunto de los doce apóstoles. ⊙ Representación de ellos.

apostolado[2], -a 1 (ant.) adj. *Apostólico.* **2** (ant.) *Se aplica al que ejerce un apostolado.*

apostolazgo m. *Apostolado.*

apostolical 1 (ant.) adj. *Apostólico.* **2** (ant.) m. *Sacerdote o eclesiástico.*

apostólicamente adv. Con espíritu apostólico. Particularmente, entregándose al servicio de un ideal con pobreza y humildad.

apostólico, -a (del lat. «apostolĭcus») **1** adj. De [los] apóstol[es]. **2** Se aplica a lo que proviene del Papa: 'Bendición apostólica'. **3** Se aplica a la Iglesia católica por proceder en cuanto a su origen y su doctrina de los apóstoles. **4** adj. y n. m. Se aplica a los individuos de un partido absolutista y muy celoso en materia de religión que se formó en España después de la revolución de 1820. ⊙ (pl.) m. Ese partido. ⇒ *Reaccionario. **5** (ant.) *Papa.*

V. «CÁMARA apostólica».

apostoligal (ant.) adj. *Apostolical.*

apostóligo, -a (ant.) adj. *Apostólico.*

apóstolo (ant.) m. *Apóstol.*

apóstolos (de «apóstol») m. pl. *Documento que, a petición del interesado, expedían los jueces eclesiásticos de cuyas sentencias se apelaba.*

apostre (ant.) adv. *Finalmente.* ≃ A la postre.

apostrofar tr. Dirigir a ↘alguien un apóstrofe en cualquier acepción.

apóstrofe (del lat. «apostrŏphe», del gr. «apostrophḗ») **1** amb. Invocación o alocución breve y patética dirigida a alguien o algo que, a veces, sólo está presente en la imaginación del que habla, que se intercala en un discurso como vocativo: 'Ahora ves, insensato, lo que has hecho. ¡Oh cruel destino que me persigues!' ⇒ *Oratoria. ⊙ Específicamente, *figura retórica que consiste en esa invocación. **2** Insulto dicho en vocativo a alguien. ≃ Dicterio, increpación.

apóstrofo (del gr. «apóstrophos») m. *Signo ortográfico (') que se coloca en lugar de una vocal elidida.

apostura (de «a-[2]» y «postura») **1** f. Conjunto del aspecto y actitudes de una persona que la hacen más o menos gentil. **2** *Cualidad de apuesto: aspecto hermoso de una persona, por su cara y figura, así como por sus gestos, movimientos y actitudes. ≃ Gentileza. **3** (ant.) *Orden y buena disposición de las cosas.* **4** (ant.) *Adorno, afeite o arreglo.* **5** (ant.) *Añadidura o complemento.* **6** **Acuerdo.*

aposturaje m. Mar. *Barraganete o pieza más alta de la varenga.*

apoteca (del lat. «apothēca», del gr. «apothḗkē», despensa) **1** (ant.) f. *Botica.* **2** (ant.) f. *Hipoteca.*

apotecario (del lat. «apothecarĭus»; ant.) m. *Boticario.* ≃ Apoticario.

apotegma (del lat. «apophthegma», del gr. «apóphthegma», declaración; culto) m. *Dicho en que se contiene una norma de conducta; se llama así, particularmente, cuando es debido a un pensador o escritor. ≃ *Máxima.

apotema (del gr. «apotíthēmi», bajar) f. Geom. Perpendicular trazada desde el centro de un polígono regular a cualquiera de sus lados.

apoteósico, -a o, menos frec., **apoteótico, -a** adj. De [la] apoteosis. ⊙ Brillante, deslumbrante: 'Un final apoteósico'.

apoteosis (del lat. «apotheōsis», del gr. «apothéōsis», endiosamiento) **1** f. Exaltación de un héroe a la categoría de *dios. **2** (n. calif.) Se aplica al conjunto de muestras de adhesión entusiasta a una persona. **3** *Final brillante de algo; por ejemplo, de un castillo de fuegos artificiales. ⊙ Particularmente, en algunos espectáculos, parte final en que intervienen todos los artistas en un cuadro de gran *brillantez.

apoticario (del lat. «apothecarĭus»; ant.) m. *Boticario.*

apotincar (Chi.) tr. y prnl. *Poner[se] en cuclillas.*

apotrerar 1 (Chi.) tr. *Dividir una ↘finca en potreros.* **2** (Cuba) *Poner el ↘ganado en un potrero.*

apoyadero m. *Cualquier cosa que sirve de apoyo.*

apoyadura (de «apoyar[2]») f. Afluencia de leche a las mamas cada vez que se empieza a dar de mamar; particularmente, con referencia a las vacas. ≃ Subida.

apoyar[1] (¿del it. «appoggiare», con influencia de «poyo»?) **1** («en») tr. y prnl. Poner [o estar] una ↘cosa sobre otra de modo que ésta la sostenga: 'Apoyar la cabeza en la mano. Apoyar la escalera en la pared. La bóveda se apoya en dos hileras de columnas'. ≃ Descansar. ⊙ tr. Colocar una ↘cosa sobre otra para hacer un movimiento o un esfuerzo: 'Apoyar la palanca. Apoyar el pie en el estribo'. ≃ Afirmar. ⊙ prnl. Poner alguien su propio brazo apoyado en el de otra persona que lo lleva doblado. ≃ Dar el brazo. **2** («en») tr. Aducir algo como prueba o justificación de una ↘cosa que se dice: 'Apoya su decisión en razones muy serias. Apoya su hipótesis en hechos concretos'. ≃ Asentar, basar, fundamentar, fundar, justificar. ⊙ («con») Emplear algo, por ejemplo textos o palabras de otra persona, para reforzar o confirmar una ↘cosa que se dice: 'Apoya su declaración con pruebas irrefutables'. **3** Servir la opinión, argumentos, textos, etc., de alguien, para confirmar o reforzar una ↘tesis: 'Muchos hechos apoyan esta hipótesis. San Agustín apoya esta sentencia'. ≃ Confirmar, reforzar, sostener. **4** Influir para que ↘algo o alguien triunfe o consiga sus propósitos: 'Apoya al candidato conservador. No tiene quien le apoye en las oposiciones'. ≃ Apadrinar, *ayudar, favorecer, patrocinar. ⊙ Contribuir a cierta ↘acción o esfuerzo con las posibilidades propias: 'Apoyar una ofensiva [o una solicitud]'. **5** Equit. *Inclinar o doblar el *caballo la ↘cabeza hacia el pecho.* ⊙ Equit. prnl. *Apoyar el caballo la cabeza.* **6** Fon. *Articular un sonido, sílaba o palabra con más intensidad.*

□ Catálogo

Acodarse, adosar, afirmar[se], apear, apontocar, arrimar[se], *asentar, basar, cargar, consistir, descansar, encabalgar, estribar, fundar, gravar, gravear, gravitar, hacer hincapié, *insistir, posar, recibir, reclinar[se], recodarse, recostar[se], refirmar, respaldarse, restribar, retreparse, tenerse, treparse. ➤ Adherirse, apadrinar, *aprobar, auspiciar, *ayudar, *confirmar, corear, hacer coro, *defender, favorecer, ponerse del lado de, mantener, ponerse de parte de, patrocinar, dar el pie, *proteger, secundar, soportar, *sostener, suscribir, sumarse. ➤ Contar con, plantear la cuestión de confianza, tener a favor, tener de parte. ➤ De codos, de pechos. ➤ *Columna, *pilar, *puntal, *rodrigón. ➤ Alacet, almohada, almohadón, antepecho, apoyadero, apoyo, *barandilla, *bastón, cabeza de puente, ejión, *ménsula, pasamanos, recostadero, *trébedes. ➤ Desapoyar, perder pie, perder tierra. ➤ En falso. ➤ En peso, a pulso, en vilo. ➤ *Asegurar. *Ayudar. *Cimiento. *Confirmar. *Defender. *Proteger. *Reforzar. *Sostener. *Sujetar.

apoyar[2] (¿del sup. lat. «podiāre», subir?) tr. *Sacar de las mamas de la ↘vaca la leche que fluye en la apoyadura.*

apoyatura (del it. «appoggiatura», de «appoggiare», apoyar) **1** f. Mús. Nota que precede a otra como adorno, la cual en la notación se escribe delante de ésta con un signo muy pequeño. **2** Apoyo (acción de apoyar[se], etc.).

apoyo[1] **1** («Prestar apoyo, Servir de apoyo, Venir en apoyo de») m. Acción de apoyar[se]. **2** Cualquier cosa que está debajo de otra y sobre la que ésta descansa. ≃ Base, fundamento, soporte, sostén. ⊙ Cualquier cosa, argumento, persona, etc., que sostiene, ayuda o da validez a otra.

En apoyo de. Para apoyar la cosa de que se trata: 'Aduce en apoyo de su pretensión...'.

V. «punto de apoyo».

Venir en apoyo de. Apoyar o reforzar cierta tesis.

apoyo[2] (de «apoyar[2]») m. Apoyadura.

apozarse (de «a-[2]» y «poza»; Chi., Col.) prnl. *Rebalsarse el agua.*

apraxia f. Med. Imposibilidad de coordinar ciertos *movimientos complejos, sin que exista parálisis ni trastorno mental. ⇒ *Mente.

apreciabilidad 1 f. Cualidad de apreciable. **2** Grado mayor o menor en que puede ser apreciada u observada una cosa.

apreciable 1 adj. Bastante grande, intenso o importante para ser notado: 'Una diferencia apreciable'. ≃ Observable, *perceptible, sensible. **2** De bastante importancia. ≃ Considerable. **3** Digno de estima. Se empleaba, lo mismo que «apreciado», en los encabezamientos de las cartas: 'Apreciable amigo'; pero va cayendo en desuso.

apreciación 1 f. Acción de apreciar (valorar o notar). ⊙ Juicio con que se valora una cosa. 2 Acción de apreciar[se] una moneda.

apreciadamente adv. Con aprecio.

apreciado, -a Participio adjetivo de «apreciar[se]».

apreciador, -a adj. y n. Que aprecia.

apreciadura f. *Apreciación.*

apreciamiento m. *Apreciación.*

apreciar (del lat. «appretiāre») **1** tr. *Asignar un precio a las ↘cosas vendibles.* ≃ Valorar. **2** *Conocer con los sentidos o la inteligencia, solos o ayudados de aparatos, el ↘tamaño, intensidad, etc., de las cosas. ⊙ Se aplica también a los aparatos: 'Este termómetro aprecia centésimas de grado'. ⊙ Por extensión, *percibir cierta ↘cosa observable, aun sin graduar su valor: 'El médico le apreció la fractura del cráneo. A esta distancia no se aprecian los detalles. No ha sabido apreciar el matiz irónico de mis palabras'. **3** Asignar subjetivamente cierto valor a ↘cosas o personas. Puede llevar complementos con «en, como» y «por»: 'Aprecio en menos la riqueza que la tranquilidad. Le aprecio más como hombre que como abogado. Le aprecian por su seriedad'. ≃ *Estimar, valorar. ⊙ Sentir afecto por ↘alguien, por sus cualidades: 'Aprecio mucho a ese muchacho'. ≃ *Estimar. ⇒ Despreciar. **4** tr. y prnl. Aumentar el valor o cotización de una ↘moneda. **5** (ant.) prnl. **Presumir.* ≃ Preciarse.

□ CONJUG. como «cambiar».

apreciativo, -a **1** adj. Expresivo de una apreciación (valoración). **2** Expresivo de aprecio (estimación). ⊙ Puede aplicarse a las expresiones, epítetos, etc., para diferenciarlos de los despectivos.

aprecio m. Acción de apreciar o estimar. ⊙ («Sentir, Tener, Mostrar») Sentimiento o actitud del que aprecia (atribuye valor o tiene afecto a algo o alguien).

aprehender (del lat. «apprehendĕre») **1** (culto) tr. *Coger ↘algo con los órganos aptos para ello. **2** (culto) *Coger ↘botín o contrabando. **3** (culto) Coger preso o prisionero a ↘alguien. ≃ *Apresar. **4** (culto) *Percibir con los sentidos o la inteligencia. ⇒ *Comprender, *sentir.

aprehendiente adj. y n. *Aplicable al que aprehende.*

aprehensible adj. Susceptible de ser aprehendido.

aprehensión f. Acción de aprehender. ⊙ Captura. ⊙ Percepción.

aprehensivo, -a **1** adj. De la facultad de aprehender. **2** Capaz de aprehender.

aprehenso, -a (ant.) *Participio irregular de «aprehender».*

aprehensor, -a (de «aprehenso») adj. y n. Dispuesto o apto para coger. ⇒ Prensil.

aprehensorio, -a (de «aprehensor»; ant.) adj. *Apto para aprehender o asir.*

apremiante adj. Que apremia: 'Una necesidad apremiante. Una carta apremiante'. ≃ Urgente.

SER APREMIANTE. Se usa mucho por «apremiar».

apremiantemente adv. De manera apremiante. ≃ Urgentemente.

apremiar (de «a-²» y «premia») **1** tr. *Insistir con ↘alguien para que haga cierta cosa en seguida: 'Me está apremiando para que firme el contrato'. ≃ Acuciar. ⊙ Compeler a ↘alguien la autoridad competente a hacer cierta cosa. ⇒ *Coacción. **2** (terciop.) Ser necesaria o conveniente la ejecución inmediata de cierta cosa: 'Apremia tomar una resolución. Me apremia resolver el problema del alojamiento'. ≃ *Urgir. **3** Imponer un apremio a ↘alguien. **4** DER. *Presentar instancia un litigante para que actúe la ↘parte contraria.* **5** *Apretar u oprimir.*

□ CONJUG. como «cambiar».

apremio **1** m. Acción de apremiar. ≃ Prisa. ⊙ Situación de apremiante. ⇒ Premia. **2** («con, por») Acción de obligar a algo judicialmente. ⇒ *Coacción. **3** Acción de obligar a alguien a un pago con recargos, por haberse retrasado en hacerlo, con amenaza de embargo. ⊙ Procedimiento judicial para ello. **4** («Imponer») Recargo en una contribución o impuesto, por retraso en el pago. **5** («de») Tratándose de «tiempo, espacio» o «dinero», escasez.

V. «VÍA de apremio».

apremir (del lat. «apprimĕre») **1** (ant.) tr. **Apretar o *exprimir.* **2** (ant.) *Apremiar.*

aprender (del lat. «apprehendĕre») **1** («a»: 'a escribir'; «con»: 'con un buen maestro'; «de»: 'de su padre'; «por»: 'por experiencia') tr. o abs. Adquirir conocimientos o el conocimiento de cierta ↘cosa: 'Estás todavía en edad de aprender. Todos los días se aprende algo nuevo'. ⊙ tr. Fijar ↘algo en la memoria: 'Aún no he aprendido su nombre. Muy frec. con un pron. reflex. que destaca la participación del sujeto: 'Se ha aprendido todos los teléfonos del listín'. **2** *Concebir una ↘cosa por meras apariencias o con poco fundamento.* **3** (ant.) *Prender o *apresar.*

V. «haber aprendido en VIERNES».

□ CATÁLOGO

Aprenderse. ➤ Adiestrarse, aplicarse, *asimilar, beber, saberse la CARTILLA [o tener la cartilla aprendida], coger, comprender, deprehender, deprender, *descubrir, *embeberse, *entender, familiarizarse, formarse, ilustrarse, imponerse, instruirse, mamar, meldar, memorizar. ➤ Ejercitarse. ➤ De memoria, de paporreta, PUNTO por punto. ➤ Amarrado, aprendido, apreso, embotellado, empollado. ➤ Memorístico. ➤ Aplicación, aprendizaje, autodidáctica [o autodidaxia], escuela, experiencia, práctica. ➤ *Alumno, aprendiz, discípulo, estudiante. ➤ Aplicado, aprovechado, autodidacta. Inteligente. ➤ Tener cerrada la MOLLERA. ➤ *Torpe. ➤ *Ciencia. *Enseñanza. *Estudiar. *Saber.

aprendido, -a (a veces, «Tener») Participio adjetivo de «aprender».

aprendiz, -a **1** n. Persona, generalmente un joven o una joven, que aprende un *oficio. ⊙ Constituye una de las *categorías de la organización del *trabajo industrial. **2** *Grado primero de la *masonería.*

aprendizaje (de «aprendiz») m. Acción de aprender. ⊙ Situación del que está aprendiendo, ⊙ Conjunto de ejercicios que se realizan para aprender un oficio o arte. ⊙ Tiempo que duran.

aprensar **1** (ant.) tr. *Prensar.* **2** (ant.) *Oprimir.* **3** (Chi.) *Apretar con fuerza.*

aprensión **1** f. *Aprehensión.* **2** (explicable en este significado como hecho de «coger» miedo; «Dar, Sentir, Tener, Coger, Tomar») Resistencia a comer o beber algo, a tocar algo o a alguien o a estar cerca de ello o en relación con ello, por temor irreflexivo de que sea perjudicial o peligroso o por el contrario sucio o repugnante: 'Me da aprensión beber en su vaso. Ha cogido aprensión a ese tabaco'. ≃ Escrúpulo. ⊙ («Tener aprensión» o «la aprensión de que») Miedo no razonado a algún peligro o amenaza; particularmente para la salud: 'Tiene la aprensión de que le pasa algo a su marido. Tengo aprensión de que este medicamento no me va bien'. ≃ Escrúpulo, recelo. ⇒ Adversión, asco, aversión, cominillo, *creencia, escrúpulo, fantasía, figuración, *ilusión, imaginación, *manía, *miedo, monomanía, *obsesión, prejuicio, preocupación, prevención, quimera, recelo, reparo, *repugnancia, repulsión, sospecha, temor, usgo. ➤ Dar en CREER, imaginar, dar en PENSAR. ➤ *Desconfiar. 3 *Cuidado que una persona tiene de no cometer abusos o faltas de consideración con otras.* ≃ Delicadeza, *escrúpulo. ⇒ Desaprensión. 4 (desp.) Reparo no razonable que se tiene en hacer o dejar de hacer cierta cosa, por pensar que no está bien hecho hacerla u omitirla. ≃ Prejuicio.

aprensivo, -a (de «aprehensivo») 1 («Estar, Ser») adj. y n. Dominado por una aprensión o propenso a sentirla: 'Es tan aprensivo que no come nada fuera de su casa. Está muy aprensiva con su tos'. 2 *Delicado en su manera de proceder.* ≃ *Escrupuloso. ⇒ Desaprensivo.

aprés (del lat. «ad prĕssum», apretadamente) 1 (ant.) adv. **Cerca.* 2 (ant.) **Después.*

apresado, -a Participio de «apresar».

apresador, -a adj. y n. Que apresa.

apresamiento m. Acción de apresar.

apresar (del lat. «apprensāre») 1 tr. *Coger ↘algo con garras o colmillos. 2 *Coger un ↘preso, un prisionero o una presa: 'Apresar un delincuente, una nave enemiga, contrabando'. ≃ Aprehender, prender.

□ CATÁLOGO

Acapillar, antecoger, apercollar, aprehender, aprender, aprisionar, asegurar, atañer, atrapar, bolear, capturar, cazar, copar, detener, enlazar, entrecoger, echar el guante, haber, lacear, laquear, lazar, manganear, plagiar, prear, prender, raptar, *secuestrar, trincar. ➤ Apealar, apersogar, apiolar, atar, esposar, mancornar. ➤ Arrestar, encarcelar, encerrar, encobrar, recluir. ➤ Entregarse, caer en MANOS de, *resistirse. ➤ PIRATA aéreo. ➤ Boleadoras, *esposas, lazo, mangana, manillas, pegual, pulseras. ➤ Redada. ➤ Poner PRECIO a la cabeza de alguien. ➤ *Prisión.

apresivamente (ant.) adv. *A la fuerza.*

apreso, -a (del lat. «apprensus») 1 *Participio irregular: aprendido.* 2 (ant.) adj. *Enseñado.* 3 *Aplicado a las plantas, *arraigado.* ≃ Prendido. 4 (ant.) *Con «bien» o «mal», feliz o desgraciado.*

apréstamo (ant.) m. *Especie de pensión que se pagaba a los que estudiaban para sacerdote.* ≃ Prestamera.

aprestar (de «a-[2]» y «presto») 1 tr. Poner ↘algo en situación de servir o ser utilizado para cierta cosa: 'Aprestar las armas para el combate. Aprestar el oído. Aprestar la atención'. ≃ *Preparar. ⊙ («a») prnl. Prepararse para cierta cosa: 'Se aprestaron a la defensa'. 2 tr. *Adornar.* 3 Poner apresto en las ↘*telas. ≃ Aderezar.

aprestigiar (Col.) tr. *Prestigiar (dar prestigio).*

apresto (de «aprestar») 1 m. *Preparación.* 2 Sustancia, por ejemplo almidón, cal, cola o cola de pescado, que se pone en los tejidos para ponerlos rígidos. ≃ Aderezo. 3 Acción de aprestar o poner apresto en las *telas.

apresura 1 (ant.) f. *Apresuramiento.* 2 (ant.) *Acicate o *estímulo.*

apresuradamente adv. De manera apresurada. ≃ Con prisa.

apresurado, -a Participio adjetivo de «apresurar[se]». ⊙ Hecho con prisa: 'Un viaje apresurado'. ⊙ Se dice de la persona que hace las cosas o cierta cosa con apresuramiento.

apresuramiento m. Acción y efecto de apresurar[se].

apresurar (de «a-[2]» y «presura») tr. Hacer una ↘cosa más de prisa: 'Apresurar el paso [o el trabajo]'. ≃ Acelerar, activar, adelantar, aligerar, avivar. ⊙ prnl. Hacer algo con *prisa: 'Me apresuro a comunicarle que su propuesta ha sido aceptada. Se apresuró a cederme el asiento'. ⊙ tr. Hacer una ↘cosa antes de lo pensado: 'Apresuré el viaje en vista de tu carta'. ≃ *Anticipar, precipitar. ⊙ (acep. causativa) Hacer que una ↘cosa se apresure: 'El calor apresura la madurez de los frutos'. ⊙ (acep. causativa) Incitar a ↘alguien a que haga una cosa más de prisa: 'Si me apresuras, no acertaré'. ≃ Acuciar, apremiar, apurar, atosigar.

□ CATÁLOGO

Abreviar[se], acelerar[se], acosar, activar[se], acuciar, adelantar[se], afanarse, aguijar, aguijonear, darse AIRE, aligerar[se], antainar, apremiar, apretar, apurar[se], aquejarse, arrebatar[se], atosigar[se], atropellar[se], aviar, avivar[se], *correr, despachar, despezuñarse, festinar, quitar de las MANOS, menearse, moverse, acelerar [alargar, apresurar, apretar, avivar] el PASO, no poner los PIES en el suelo, precipitarse, faltarle TIEMPO, ganar TIEMPO, volar, ir ZUMBANDO. ➤ Apresurado, apresuroso, cuitoso, desalado, desapoderado, hurguillas, ligero, presuroso, *rápido, vivo.

apresuroso, -a (ant.) adj. *Presuroso.*

apretadera 1 f. *Cosa, por ejemplo *cuerda o *correa, con que se *aprieta o *ciñe una cosa.* 2 (pl.) *Insistencia eficaz sobre alguien para que haga cierta cosa.*

apretado, -a 1 Participio adjetivo de «apretar[se]». ⊙ Ajustado: 'El corcho de la botella estaba muy apretado'. ⊙ También en sentido figurado: 'Victoria apretada del equipo local'. ⊙ De tal contextura que deja pocos intersticios en su masa: 'Un tejido apretado'. ⊙ Apelmazado: 'La lana del colchón está muy apretada'. ⊙ Muy lleno o henchido: 'Un colchón apretado'. ⊙ Difícil de soltar o aflojar: 'Un nudo [un tapón, un tornillo] apretado'. 2 (inf.) Aplicado a cosas, difícil. 3 («Estar») Aplicado a personas, *apurado: en un aprieto. ⊙ Escaso de dinero. ≃ *Apurado. ⊙ Con muchos trabajos u ocupaciones: 'Una jornada [o una agenda] muy apretada'. 4 (inf.) *Tacaño.* 5 (ant.) **Apocado.*

apretador, -a 1 adj. y n. Cosa que sirve para apretar o ceñir. ⊙ m. **Cinturón.* ⊙ **Corsé.* ⊙ *Faja que se pone a los niños de pañales.* ⊙ *Especie de corselete que se les pone a los niños que empiezan a andar, al cual se sujetan por detrás los andadores.* ≃ *Faja. ⊙ *Cinta con que se recogían el pelo y se ceñían la frente las mujeres.* ⊙ *Sábana de tela gruesa con que se apretaba el colchón, sobre la que se ponía otra fina.* 2 (ant.) *Cierto *jubón sin mangas.*

apretamiento 1 m. *Acción de apretar.* 2 (ant.) *Avaricia o tacañería.*

apretante 1 adj. y n. *Que [o el que] aprieta.* 2 (ant.) m. *Jugador hábil en poner en apuros al contrario.*

apretar (del lat. tardío «appectorāre», de «pĕctus», pecho, seno) 1 tr. Estrechar ↘algo contra el pecho. 2 («con, contra, entre, sobre») Hacer fuerza o presión contra una ↘cosa o alrededor de una cosa: 'Apretar el botón del timbre. Me aprieta el cuello de la camisa'. ≃ Oprimir. ⊙ Hacer que cierta ↘cosa apriete o *sujete con fuerza a otra o la apriete más: 'Apretar las ligaduras'. ⊙ tr. y prnl. Poner[se] una ↘cosa de manera que ocupe menos espacio: 'Apretar la ropa para que quepa en la maleta. La gente se aprieta en los vagones del metro'. ≃ Comprimir. ⊙ tr. Cerrar una ↘cosa apretando mucho una parte contra otra: 'Apretar los dientes [los labios, la boca]'. 3 Refiriéndose al ↘*cerco de una plaza, estrechar. 4 Hacer una ↘cosa por ejemplo una

↘tela, más tupida: 'La mojadura aprieta la lana'. ≃ *Tupir. **5** tr. o abs. *Influir sobre ↘alguien con ruegos, razones o amenazas para que haga cierta cosa: 'Le están apretando por todos los medios para que dimita'. **6** *Obligar a ↘alguien a trabajar o hacer lo que debe. ⊙ Ser muy exigente o tratar con rigor: 'Un profesor que aprieta en los exámenes' ⊙ Hacerse sentir la necesidad de algo: 'La necesidad aprieta'. ≃ Apurar, obligar. ⊙ Ser muy fuerte algo, como el calor, el frío o un dolor: 'Si no te aprieta el dolor, no tomes el calmante'. **7** intr. Activar o *apresurar un trabajo o *intensificar un esfuerzo: 'Tenemos que apretar si queremos entregar el trabajo en la fecha prometida. Tienes que apretar en las matemáticas'. ⊙ tr. Refiriéndose al ↘paso, *acelerar, avivar. **8** intr. PINT. *Dar apretones.*

APRETAR A CORRER. Echarse a correr.

¡APRIETA! Exclamación ya poco usada, equivalente a «¡atiza!».

V. «apretarse el CINTURÓN, apretar las CLAVIJAS, DIOS aprieta pero no ahoga, apretar la MANO, apretar los TORNILLOS, apretar las TUERCAS, saber alguien dónde le aprieta el ZAPATO».

□ CATÁLOGO

Agarrotar, *ajustar, amazacotar[se], amuñuñar, apañuscar, apelmazar[se], *apelotonar[se], apisonar, apremir, aprensar, apretujar, apuñar, arrequintar, astreñir, astringir, astriñir, atacar, atarugar, atestar, atiborrar, atochar, atortujar, atrincar, azocar, braznar, calcar, *ceñir, cilindrar, comprimir[se], constreñir[se], embanastar, embaular, embotellar, embuchar, embutir, empaquetar, empesgar, encajonar, encalcar, engarrotar, entestecer, entrizar, entupir, estibar, estrangular, estreñir, *estrujar, exprimir, inculcar, maznar, oprimir, pisar, pisonear, pistar, prensar, reapretar, *recalcar, restringir, restriñir, templar, trincar, tupir, uñate. ➤ Apretado, coherente, compacto, *denso, espeso, estrecho, justo, macizo, tupido. ➤ Apisonadora, apretadera, briaga, calandria, calza, cilindro, cuña, émbolo, frisa, garrote, gato, husillo, pisón, prensa, rodillo, taco, telera, tórculo, torniquete, torno, tortor, viga, zapata, zapatilla. ➤ *Cinturón, corsé, *faja, pretina. ➤ Piezómetro. ➤ *Astringente. ➤ Como SARDINAS en lata [en banasta o en cuba]. ➤ Tensión. ➤ Incompresible. ➤ Corniapretado. ➤ *Acercar. *Acomodar. *Aglomeración. *Aplastar. *Apremiar. *Atirantar. *Ceñir. *Condensar. *Contraer. *Juntar. *Presión. *Recalcar. *Sujetar.

□ CONJUG. como «acertar».

apretativo, -a (ant.) adj. *Apto para apretar.*

apretón (de «aprieto») **1** m. Presión fuerte y rápida: 'Un apretón de manos'. **2** Necesidad repentina y violenta de hacer de vientre. **3** Aprieto. **4** *Carrera rápida y corta o cualquier otra acción que se ejecuta con intensidad y rapidez. **5** Apretura (hecho de estar apretadas las personas en un lugar). **6** PINT. *Toque de color oscuro con que se acentúa un efecto.*

APRETÓN DE MANOS. Acción de estrechar efusivamente la mano para saludar a alguien.

apretujado, -a Participio adjetivo de «apretujar[se]». ⊙ (inf.) Apelmazado. ⊙ (inf.) Estrujado.

apretujamiento m. Acción y efecto de apretujar[se].

apretujar **1** tr. Apretar ↘algo arrugándolo o estropeándolo: 'Apretujó la carta con rabia'. ≃ *Estrujar. **2** prnl. recípr. Estar oprimiéndose con los demás a causa de la estrechez del lugar en que se está.

apretujón m. Acción de apretujar. ≃ Apretón, *estrujón.

apretura (de «apretar») **1** (pl.) f. Hecho de estar las personas apretadas en un sitio por haber demasiadas: 'Las apreturas del metro'. ≃ *Aglomeración. **2** *Sitio estrecho.* **3** Escasez, especialmente de víveres o de dinero. **4** Aprieto (*apuro). **5** *Apremio.*

aprevenir (And., Col., Guat.) tr. *Prevenir.*

aprieto (de «apretar») **1** m. *Apuro. **2** Apretura: *aglomeración de gente.

aprimar (de «a-[2]» y «primo»; ant.) tr. *Afinar o perfeccionar.*

a priori (lat.) LÓG. Se aplica al razonamiento que consiste en descender de la causa al efecto o de la sustancia a las propiedades. ⊙ En lenguaje corriente significa «con anterioridad o antelación»: 'Él sabía a priori lo que iba a ocurrir'.

apriorismo m. Método de razonamiento en que se emplea el procedimiento a priori.

apriorístico, -a adj. De [o del] apriorismo.

aprisa (de «a-[2]» y «prisa»; no esmerado) adv. Con rapidez. ≃ De prisa.

apriscar (del sup. lat. «appressicāre», de «appressus», de «apprimĕre», apretar) tr. *Encerrar el ↘ganado en un aprisco.*

aprisco (de «apriscar») m. Lugar cercado en el campo, donde se encierra o recoge por la noche el *ganado. ⇒ Apero, aprisquero, brosquil, corte, cortil, cubilar, encerradero, majada, majadal, mallada, mandra, ovil, priscal, redil. ➤ *Corral. *Establo.

aprisionadamente (ant.) adv. *Estrechamente.*

aprisionado, -a Participio adjetivo de «aprisionar[se]». Se emplea especialmente en la acepción 3.ª, con los verbos «dejar» y «quedar»: 'Quedó aprisionado entre las ruedas'. ≃ Cogido, oprimido, sujeto.

aprisionamiento m. Acción de aprisionar (sujetar o retener a alguien con hierros, entre rejas, etc.).

aprisionar (de «a-[2]» y «prisión») **1** («bajo, con, en, entre, tras, de, por») tr. *Sujetar o *retener a ↘alguien con hierros, entre rejas, etc. ⇒ Aherrojar, *atar, encadenar, engrillar, engrilletar, enjaular, enrejar, esposar, herrar, maniatar. ➤ *Encarcelar. **2** Coger a ↘alguien preso o prisionero. ≃ *Apresar. **3** Sujetar una cosa a ↘otra de forma que no puede soltarse: 'Al caer la piedra le aprisionó el pie'. **4** *Sujetar a ↘alguien con fuerza, aunque sea sin violencia: 'Le aprisionó entre sus brazos'. **5** Impedir a ↘alguien que se desenvuelva con libertad. ≃ Atar, encadenar, inmovilizar, sujetar. ⊙ Conquistar o enamorar a ↘alguien: 'Le aprisionó en sus redes'.

aprisquero (ant.) m. *Aprisco.*

aproar[1] intr. *Dirigir la proa a determinado sitio.*

aproar[2] (ant.) intr. **Aprovechar.* ≃ Aprodar.

aprobación f. Acción de aprobar (mostrar satisfacción o conformidad).

aprobado, -a **1** (en la acep. de «aprobado en *exámenes», se construye con los verbos «resultar, salir, ser») Participio adjetivo de «aprobar». **2** m. *Nota mínima de suficiencia en un *examen.

aprobador, -a adj. y n. *Que aprueba.*

aprobante adj. y n. *Que aprueba.*

aprobanza f. *Aprobación.*

aprobar (del lat. «approbāre») **1** tr. Expresar alguien su conformidad con cierta ↘cosa: decir que está bien: 'Aprobar las cuentas'. El mismo verbo se emplea para realizar la acción que expresa: 'Apruebo tu decisión. Apruebo que te marches'. ⊙ Algunas veces, autorizar: expresar alguien con autoridad para ello su conformidad con que se haga cierta ↘cosa: 'El gobierno ha aprobado la emisión de un empréstito'. **2** («en») Dar a ↘alguien por apto después de un *examen o ejercicio: 'Le han aprobado en latín. Le han aprobado en el primer ejercicio de las oposiciones a notario'. ⊙ Salir aprobado en un ↘examen u oposición: 'He aprobado el derecho civil'. ⇒ Pasar.

□ CATÁLOGO

*Aclamar, *aplaudir, dar por BUENO, estar [o mostrarse] CONFORME, mostrar CONFORMIDAD, corear, pasar, ratificar, dar la RAZÓN, recibir, sancionar, visar, dar el VISTO bueno, vitorear, dar un VOTO de confianza. ➤ Ser de RECIBO. ➤ Aceptación, aplauso, aprobación, aprobanza, aureola, *autorización, beneplácito, consenso, consentimiento, corroboración, exequátur, ovación, plácet, popularidad, sanción, voz. ➤ CUESTIÓN de confianza, plebiscito, referéndum. ➤ ¡Ajá!, ¡ajajá!, amén, ¡bien!, muy BIEN, está BIEN, está muy [eso está muy, me parece muy] BIEN, ¡bravo!, ¡chapó!, ¡chúpate esa!, ¡ESO, eso!, ¡hurra!, ¡ole!, ¡ole ah...!, ¡OLE con ole!, santa PALABRA, que me PLACE, SANTO y bueno, ¡víctor!, ¡victoria!, ¡vítor!, ¡viva! ➤ *Acceder. *Aceptar. *Acuerdo. *Admitir. *Alabar. *Apto. *Asentir. *Bueno. *Confirmar. *Permitir. *Plausible.

□ CONJUG. como «contar».

aprobativo, -a (del lat. «approbatīvus») adj. Aprobatorio.

aprobatoriamente adv. *Con aprobación.*

aprobatorio, -a adj. Que aprueba o implica aprobación.

aproche (del fr. «approches»; en 2.ª acep. a través del ingl.) **1** (pl.) m. MIL. *Conjunto de preparativos que se hacen antes de *atacar una plaza.* **2** *En ingeniería, trozo de camino o vía, inmediatos a un puente o túnel.*

aprodar (de «a-²» y el lat. «prodis», provecho; ant.) intr. **Aprovechar.*

aprometer (ant.) tr. **Prometer.*

aprontamiento m. Acción de aprontar.

aprontar (de «a-²» y «pronto») tr. *Proporcionar inmediatamente una ↘solución, un remedio o cosa semejante. *Dar en el momento ↘medios, particularmente *dinero, para cierta cosa: 'Él solo aprontó medio millón de pesetas para la empresa'. ≃ Aprestar, facilitar.

apropiación f. Acción de apropiar[se].

apropiadamente adv. De manera apropiada.

apropiado, -a Participio adjetivo de «apropiar[se]». ⊙ («para») Bueno o como corresponde para cierta cosa: 'Ese traje no es apropiado para la fiesta'. ≃ *Adecuado.

apropiar (del lat. «appropriāre») **1** tr. *Convertir una ↘cosa en propiedad de alguien.* ⊙ (con o sin «de») tr. y prnl. Tomar alguien para sí una ↘cosa, sin más razón que su voluntad y, a veces, ilegítimamente: 'No te apropies [de] mis libros'. ≃ *Apoderarse. ⊙ Presentar alguien como propias, ↘ideas o cosas semejantes de otro. **2** tr. *Hacer una ↘cosa apropiada para algo.* ≃ *Acomodar. **3** **Aplicar con propiedad las ↘circunstancias, enseñanzas, etc. de un caso a otro.* **4** (ant.) *Asemejar.*

□ CONJUG. como «cambiar».

apropincuación (del lat. «appropinquatĭo, -ōnis») f. *Aproximación.*

apropincuar (del lat. «appropinquāre») tr. y prnl. *Aproximar[se].*

□ CONJUG. como «averiguar».

apropósito (de «a propósito») m. Pieza *teatral breve de tema alusivo a algo actual.

aprovecer (de «a-²» y «provecer») **1** (Ast.) intr. **Aprovechar.* **2** (ant.) *Cundir (*difundirse).* **3** (ant.) **Cundir (dar mucho de sí).*

aprovechable adj. Susceptible de ser aprovechado.

aprovechadamente adv. Con aprovechamiento: 'Estudia aprovechadamente'.

aprovechado, -a 1 Participio de «aprovechar». **2** adj. Aplicado a alumnos o estudiantes, que aprovecha las enseñanzas que recibe o lo que estudia: 'Su hijo le ha salido un discípulo aprovechado'. ≃ Aplicado. **3** (inf.) Se aplica a la persona que sabe obtener provecho de las cosas. ⊙ Generalmente se aplica con sentido peyorativo, implicando exageración en esa tendencia o abuso en perjuicio de otros. ⇒ *Aprovechar.

aprovechador, -a adj. Que aprovecha las cosas sin desperdiciar.

aprovechamiento 1 m. Acción y efecto de aprovechar: 'Estudiar con aprovechamiento'. ⊙ Cualidad o actitud de aprovechado. **2** (gralm. pl.) Cosas útiles que se sacan de los productos naturales: 'Aprovechamientos forestales'.

aprovechar 1 tr. Obtener *provecho de una ↘cosa: 'Aprovechar el tiempo. El agua que sale de las turbinas se aprovecha para regar'. ⊙ Obtener el máximo provecho de una ↘cosa; no desperdiciarla: 'Una modista que aprovecha la tela'. ⊙ Utilizar algo, como una ↘ocasión, una oportunidad o una ventaja, que se presenta sin buscarlo: 'Aprovechó que tenía un rato libre, para venir a verme'. **2** («de») prnl. Aprovechar cierta circunstancia, generalmente obrando con malicia o astucia o abusando de otros: 'Se aprovechó de que yo no estaba en casa para venderle a mi mujer una aspiradora. Te aprovechas de mi debilidad'. **3** (inf.) Aprovechar un hombre la proximidad de una mujer o su trato para buscar contactos físicos con ella. **4** intr. *Adelantar satisfactoriamente en el aprendizaje de cualquier cosa o en los estudios (equivale a «aprovechar el tiempo»): 'En esta clase aprovechamos mucho'. **5** *Servir para algo o para cierta cosa: 'Este trozo de tela no aprovecha. Este papel aprovecha para envolver el paquete'. Se usa mucho con un complemento de persona: 'Poco le ha aprovechado a tu hermano estudiar tanto'. ≃ Valer. ⊙ (inf.) Aplicado a personas, tener aptitud o condiciones para dedicarse a cierto trabajo o actividad: 'Le examinaron la voz para ver si aprovechaba para el canto'. ≃ Servir.

□ CATÁLOGO

Llevar el AGUA a su molino, aproar, aprodar, aprovecer, apurar, buitrear, CHUPAR [del bote], disfrutar, estrujar, *explotar, exprimir, sacar FRUTO, gorrear, gorronear, gozar, instrumentalizar, lucrar[se], onecer, sacar PARTIDO, prevalerse, vivir de las RENTAS, *usar, usufructuar, utilizar. ➤ Arrimar el ASCUA a su sardina, BARRER hacia [o para] dentro, sacar BAZA, beneficiar[se], ponerse las BOTAS, sacar [el] JUGO, no ser MANCO, venir con sus MANOS lavadas, aprovechar la OCASIÓN, coger la OCASIÓN por los pelos, no perder OCASIÓN, asirse de [o agarrarse a] un PELO, no perdonar, sacar PROVECHO, sacar PUNTA, sacar RAJA, pescar a RÍO revuelto, no perder RIPIO, chupar RUEDA, estar a la que SALTA, sacar TAJADA, vendimiar, sacar VENTAJA, ventajear. ➤ Tener [o traer] CUENTA, *cundir, lucir, prestar, provecer, provechar, redituar, rendir, rentar, *servir, *valer. ➤ Abeja, ahorrador, allegador, apañado, araña, argumentoso, arregladito, *arreglado, hormiga, hormiguita, industrioso. ➤ Bueno, CARNE sin hueso, molla, limpio de POLVO y paja, de aprovecho, provechoso, *útil. ➤ Ser una VIÑA. ➤ Abusón, aprovechado, aprovechón, *astuto, caimán, convenenciero, desaprensivo, fresco, gorrista, gorrón, *interesado, mogrollo, pegadizo, rompenecios, tiburón, ventajero, ventajista, ventajoso, vividor.

➤ Al paso que, de paso, al mismo TIEMPO que, a la VEZ que. ➤ A la OCASIÓN la pintan calva, el PERRO del hortelano; a RÍO revuelto, ganancia de pescadores. ➤ *Derrochar, desaprovechar, *desperdiciar.

aprovechón, -a (inf., desp.) adj. y n. Aprovechado: que sabe obtener provecho de las cosas.

aprovisionamiento m. Acción y efecto de aprovisionar.

aprovisionar (de «provisión»; «con, de») tr. Proporcionar a ↘alguien lo que necesita de comida, vestidos, etc. Se aplica especialmente a barcos y unidades militares. También reflex. ≃ *Abastecer, *proveer.

□ CATÁLOGO

Abastar, abondar, acanchar, acomodar, armar, aviar, avituallar, bastecer, bastir, cumplir, dotar, equipar, esquifar, fardar, guarnecer, habilitar, hacerse con, municionar, pertrechar, prevenir, *proporcionar, retejar, *suministrar, suplir, surtir, vituallar. ➤ Aprovisionamiento, cocaví, cucayo, matalotaje, municiones, provisiones, racionamiento, recado, repuesto, reserva, retén, tren, viático, vituallas, víveres. ➤ Despensero, frumentario, furriel, furrier, obligado, proveedor, provisor, veedor. ➤ Asentador, asentista. ➤ AVIÓN [O BARCO] cisterna, AVIÓN [O BARCO] nodriza. ➤ *Depósito, despensa, hatería, hato, parque.

aproximación **1** f. Acción de aproximar[se]. ⊙ También en sentido figurado: 'La aproximación de los dos países'. ⊙ Estado o cualidad de aproximado. ⊙ Grado de esa cualidad: 'Refirió lo ocurrido con cierta aproximación'. **2** Premio que se concede en la *lotería a los números anterior y posterior al que obtiene el premio mayor.

APROXIMACIÓN POR DEFECTO [O POR EXCESO]. Expresiones de significado claro.

V. «MARGEN de aproximación».

□ FORMAS DE EXPRESIÓN

Además de con las expresiones que figuran en el catálogo de «aproximar», se expresa también aproximación con el futuro de los verbos: 'Habrá unas veinte docenas'; y, si se refiere a cosas pasadas, con el potencial: 'Serían las doce'.

aproximadamente adv. Se aplica a una expresión que, aunque no refleja exactamente la realidad, se diferencia poco de ella.

aproximado, -a **1** Participio de aproximar[se]. **2** adj. No exacto, pero que se aparta poco de la exactitud. **3** Parecido.

aproximar (de «a-[2]» y «próximo») **1** tr. y prnl. Poner[se] una ↘cosa cerca o más cerca del que habla o de algo que se expresa: 'Aproxima tu silla. Aproxímame la botella. Aproxima el banco a la pared. Me aproximé al grupo. La Tierra se aproxima al Sol'. ≃ Acercar[se]. ⊙ prnl. Estar cerca o estar cada vez más cerca una fecha o un acontecimiento: 'Se aproximan las Navidades'. ≃ Acercarse. ⊙ Faltarle a alguien poco para cierta edad: 'Se aproxima a los cincuenta'. ⊙ Faltarle a alguien poco para acertar con cierta cosa: 'Te has aproximado bastante a la solución'. **2** tr. Puede emplearse con sentido figurado con el significado de «ayudar a las relaciones amistosas» entre ↘personas o países. ⊙ prnl. recípr. Intentar reconciliarse o establecer relaciones de amistad o afecto con alguien. ≃ Acercarse. **3** **Parecerse.*

□ CATÁLOGO

Sufijos de aproximación, «-áceo, -ecino, -izo»: 'grisáceo, blanquecino, rojizo'. ➤ Acercar[se], acostar[se], ir a los ALCANCES, allegar[se], andar por, aplegar, apropincuar[se], arrimar[se], atracar, avecindar, caer por, ECHARSE encima, frisar, lindar, llegar[se], picar, quemarse, rayar, rozar, trozar, *tocar, venir a. ➤ A bulto, a OJO de buen cubero. ➤ EXPRESIONES APROXIMATIVAS: ALGO así como, ASÍ así, casi, COSA de, como COSA de, ...o COSA así, cuestión de, se puede DECIR que [o puede decirse que], digamos, como si DIJÉRAMOS, como quien DICE, es un DECIR, vamos a DECIR, vamos al DECIR, a ESO de, hacia, allá se IRÁ[n], del ORDEN de, POCO más o menos, sobre POCO más o menos, muy bien PUEDE [o podría], pon [pongamos, etc.], vamos a PONER, por, sobre, es un SUPONER, supón [supongamos, etc.], vamos a SUPONER, TARÍN barín, unos... ➤ *Parecerse. *Próximo. *Semejar.

aproximativo, -a **1** adj. Se dice de lo que aproxima. **2** Aproximado (próximo a la exactitud).

aproxis (del lat. «aproxis») m. **Orégano (planta labiada).*

apsara (del sánscrito «ápsarā», manantial) f. *En la *mitología india, nombre de ciertas ninfas del paraíso de Indra.*

ápside (del gr. «hapsis, -îdos») m. ASTRON. *Cada uno de los extremos del eje mayor de la órbita de un astro.* ≃ Ábside.

V. «LÍNEA de los ápsides».

aptar (del lat. «aptāre»; ant.) tr. **Acomodar o *adaptar una ↘cosa a algo o para algo.*

apterigiforme (de «a-[1]», el gr. «ptéryx, -ygos», ala, y «-forme») adj. y n. f. ZOOL. *Se aplica a ciertas *aves del tamaño de una gallina, con alas atrofiadas y pico largo y curvo, que habitan en Nueva Zelanda.* ⊙ f. pl. ZOOL. *Orden que forman.*

apterigógeno (de «a-[1]», el gr. «ptéryx, -ygos», ala, y «-geno») adj. y n. m. ZOOL. *Se aplica a ciertos *insectos primitivos, carentes de alas y sin metamorfosis en su desarrollo.* ⇒ Tisanuro, dipluro, proturo, colémbolo.

áptero, -a (del gr. «ápteros») **1** adj. Sin alas. **2** Se aplica a ciertos templos clásicos que carecían de pórticos con columnas.

apteza (ant.) f. *Aptitud.*

aptitud (del lat. «aptitūdo»; sin complemento o con «para») f. Cualidad de *apto (utilizable). ⊙ Aplicado a personas, circunstancia de servir para determinada cosa: 'Ese *empleo está muy de acuerdo con sus aptitudes'. ≃ *Capacidad, disposición.

apto, -a (del lat. «aptus»; absoluto o con «para») adj. Aplicado a personas, útil en general o para determinado trabajo, servicio o función: 'Un obrero apto. Una persona apta para llevar la correspondencia inglesa'. ≃ Capaz. ⊙ Aplicado a personas o a cosas, *adecuado o *útil: susceptible de ser aplicado a cierta cosa o empleado para cierta cosa: 'Película no apta para menores. Apto para el servicio militar'. ⊙ Se utiliza en ciertas calificaciones académicas: 'Apto cum laude'.

□ CATÁLOGO

Sufijos, «-ble. -icio, -ío»: 'reelegible, alimenticio, labrantío, regadío'; «-eras»: 'entendederas'. ➤ Calificado, capaz, competente, diestro, llamar DIOS por ese camino, dispuesto, dotado, *eficaz, eficiente, hábil, habilidoso, hombre para..., idóneo, PERSONA de recursos, suficiente, susceptible, todoterreno, válido. ➤ Buen AIRE, apteza, aptitud, *capacidad, competencia, desempeño, disposición, don, eficacia, empuje, especialidad, facilidad, genio, *habilidad, idoneidad, buena MADERA, manejo, haber NACIDO para, poder, suficiencia, talla, virtud. ➤ Dar la ALTERNATIVA, dar el ESPALDARAZO, habilitar, rehabilitar. ➤ Dar la TALLA. ➤ DARSE bien, SER para. ➤ Incapacitar, inhabilitar. ➤ Psicotecnia. ➤ No llamar DIOS por ese camino, *inútil. ➤ Desapto, inepto. ➤ *Adecuado. *Inteligencia. *Poder. *Servir. *Útil. *Vocación.

apud *Preposición latina utilizada en *citas literarias, equivalente a «en» o «en la obra de».*

apuesta **1** f. Acción de apostar. **2** Cosa o cantidad que se apuesta. ⇒ *Puesta.

apuesto, -a (del lat. «appositus», part. pas. de «apponĕre») **1** (ant.) *Participio adjetivo de «aponer».* ⊙ GRAM. Se aplica al elemento gramatical que está en aposición a otro. **2** adj. Se aplica a una persona, particularmente a un hombre joven, de hermosa presencia. ≃ Arrogante, gallardo, gentil. ⇒ Airoso, alegre, arrogante, *brioso, esbelto, buena FACHA, buena FIGURA, galán, *gallardo, *garboso, garrido, gentil, gento, juncal, buen [o real] MOZO, buena PLANTA, bien PLANTADO, tipazo, buen *TIPO. ➤ *Bello. *Elegante. *Guapo. ➤ Desapuesto.

apulgarado, -a Participio adjetivo de «apulgararse».

apulgarar intr. *Apretar con el *dedo pulgar.*

apulgararse (de «pulga») prnl. *Formar manchitas de moho la ropa con la humedad.*

apulso (del lat. «appulsus», proximidad) **1** m. ASTRON. *Momento en que un astro toca, aparentemente, a otro.* **2** ASTRON. *Contacto del borde de un astro con el hilo vertical del retículo del anteojo con que se le observa.*

apunarse (Am. S.) prnl. *Sentir puna o soroche (ansiedad o dificultad para *respirar experimentada en los lugares muy altos, por la rarefacción del aire).*

apunchar (de «a-[2]» y «puncha») tr. *Abrir los peineros las púas a los ↘peines.*

apuntación **1** f. Acción de apuntar. ⊙ Cosa apuntada: 'He perdido mi libreta, en la que tenía algunas apuntaciones de interés'. ≃ *Nota. **2** MÚS. *Acción de escribir una obra musical.* ⊙ MÚS. *Notación musical.*

apuntadamente (ant.) adv. *Puntualmente.*

apuntado, -a **1** Participio adjetivo de «apuntar»: con punta. ⊙ Formando punta. **2** HERÁLD. *Se aplica a las figuras formadas por dos iguales que se tocan por la punta:* 'Saetas apuntadas'.

apuntador, -a **1** adj. y n. Se aplica al que apunta. **2** n. Persona que apunta a los actores en el *teatro. ⇒ Apunte, consueta, puntador, soplador.

apuntadura (ant.) f. *Calce puesto a la punta de un instrumento; por ejemplo, a la reja del *arado.*

apuntalar tr. *Sostener, *asegurar o *reforzar una ↘cosa con puntales. ⇒ Acontar, apear, apontocar, apuntar, entibar, escorar, estantalar, percontear. ➤ *Apoyar. *Reforzar.

apuntamiento **1** m. Apuntación. **2** DER. Resumen que hace de las actuaciones el relator o el secretario del *tribunal.

apuntar (de «a-[2]» y «punto» o «punta») **1** tr. *Sacar punta a un ↘*arma, herramienta, etc.* ≃ *Afilar. **2** («a») Estar una cosa con el extremo que puede llamarse punta dirigido hacia cierto ↘sitio: 'La proa de la nave apunta al norte'. **3** («a, con») Poner un *arma dirigida hacia un ↘blanco: 'Apuntaba con la escopeta a la ventana'. ⇒ Asestar, encañonar, encarar. ➤ Encaro. ➤ Puntería. ➤ Puntero. ➤ Dar en el BLANCO. ➤ Desapuntar. **4** («a») Referirse con la intención a cierta ↘cosa: 'Ya me figuro a dónde apuntan tus quejas'. **5** («a») Proponerse conseguir cierta ↘cosa: 'Él apunta nada menos que a la presidencia'. ≃ *Pretender. ⇒ Poner los PUNTOS, poner la VISTA. **6** («a, hacia») Hacer mirar a alguien hacia cierto ↘sitio, dirigiendo hacia éste la punta del dedo índice u otra cosa. ≃ Indicar, mostrar, señalar. **7** (ant.) *Puntuar.* **8** **Marcar con un punto u otra señal cualquier ↘cosa en un escrito.* **9** Escribir el nombre de ↘alguien en una lista, cuaderno, etc., con cierto objeto: 'Me hice apuntar en la lista de aspirantes'. ⊙ (reflex.) Hacerse apuntar para cualquier cosa. ⊙ Por ejemplo como participante en una suscripción u obra de cooperación. ⊙ *En las catedrales, etc., anotar a ↘los que faltan al coro u otras obligaciones.* ⊙ Escribir cualquier ↘cosa que hay que recordar; por ejemplo, los tantos en un juego. **10** Colocar en el juego cierta ↘cantidad para perderla o ganar otra igual según como resulte la jugada. ≃ *Jugar, poner. **11** intr. Empezar a manifestarse o a aparecer cierta cosa: 'Apuntaban las primeras señales de rebeldía. Apuntar la primavera [el día, la barba]'. ≃ *Iniciarse, insinuarse. ⊙ *Brotar las plantas o sus tallos: 'Ya apuntan los trigales'. ⊙ (Méj.) *Echar rejones el trigo u otro cereal guardado.* ≃ Grillarse. **12** tr. Decir ↘algo sin insistir mucho en ello: 'Apuntó la necesidad de elevar la cuota de los socios'. ≃ Indicar, *insinuar, sugerir. **13** Dictar a otro, generalmente con disimulo, ↘algo que tiene que decir, como se hace en el teatro con las partes de los artistas, o como hacen a veces los estudiantes, unos a otros, en clase. ⊙ También se aplica a la acción de *inspirar o *sugerir a alguien ↘lo que tiene que decir o hacer. **14** Fijar una ↘cosa o unir dos cosas entre sí con una sujeción ligera en algunos puntos: por ejemplo, *coser una pieza de tela a otra con puntadas ligeras. ⇒ Hilvanar. ⊙ Colocar ↘algo, provisionalmente, con puntas, *clavos, etc., no clavados del todo. **15** (con un pron. reflex.) tr. Con «↘triunfo, tanto a favor, tanto en contra» y expresiones semejantes, obtener o *atribuirse lo que ellas significan. **16** *Concertar, convenir en pocas palabras.* **17** AGRAF. *Clavar el ↘pliego en las punturas.* **18** *Antiguamente, pasar un bramante por todos los dobleces de los ↘*paños fabricados y poner un *sello, como garantía de estar fabricados según la ley.* **19** *Dar puntadas en una ↘pieza de ropa, para *remendarla o *zurcirla.* **20** (ant.) *Apuntalar.* **21** prnl. *Empezar a agriarse el *vino.* **22** *Empezar a emborracharse.*

apunte (de «apuntar») **1** m. Escrito breve o esquemático sobre cualquier cosa. ⊙ Particularmente, en plural, notas que toman los alumnos en clase sobre las explicaciones del profesor. ⊙ También, estas mismas notas corregidas y completadas, de las que se sacan copias y sirven como texto de clase. **2** *Dibujo o pintura hecha rápidamente con solo unas cuantas líneas o pinceladas. ≃ *Bosquejo. **3** *Apuntador.* ⊙ *Voz de éste.* ⊙ *Escrito que utiliza.* **4** *Traspunte.* **5** **Puesta en el juego.* **6** *Punto o jugador que apunta contra el banquero.* **7** **Granuja.* **8** *Persona *extravagante.*

TOMAR APUNTES. Escribir lo que un profesor va explicando para poder *estudiarlo después. ⊙ Los estudiantes lo usan frecuentemente con complemento de persona: 'Habla tan de prisa que no hay quien le tome apuntes'.

apuntillar tr. TAUROM. Rematar al ↘toro con la puntilla. ⇒ *Acachetar.

apuñadar (Ar.) tr. *Dar puñadas o puñetazos a ↘alguien.*

apuñalamiento m. Acción de apuñalar.

apuñalar (de «a-[2]» y «puñal») tr. Dar puñaladas a ↘alguien. ⇒ Mojar. ➤ *Herir.

apuñar (de «a-[2]» y «puño») **1** tr. **Sujetar ↘algo con la mano, cerrándola.* ⇒ Empuñar. **2** intr. *Apretar la mano para no dejar caer o escapar lo que se tiene en ella.* **3** tr. *Apuñear.*

apuñear (de «a-[2]» y «puño») tr. *Pegar puñetazos a ↘alguien.* ≃ Apuñar, apuñetear.

apuñetear (ant.) tr. *Apuñear.*

apuracabos (de «apurar» y «cabo») m. *Pieza del *candelero, cilíndrica, de porcelana u otra material, con una púa en que se sujeta el cabo de la vela para apurarlo hasta el final.*

apuración f. *Apuramiento.*

apuradamente 1 adv. Con apuros o dificultad. 2 (ant.) *Radical o completamente.* 3 (ant.) *Con mucho esmero.* ≃ Primorosamente.

apuradero (de «apurar»; ant.) m. **Examen o prueba a que se somete algo o a alguien.*

apurado, -a 1 Participio adjetivo de «apurar[se]»: 'Están apurados todos los remedios. Está apurado por verse tan débil'. 2 («de, para, por; Encontrarse, Estar, Verse») Aplicado a personas o a su situación, en un *apuro o con apuros: 'Está en una situación verdaderamente apurada, sin saber qué hacer. Me vi apurado para escapar'. ⊙ Agobiado por el exceso de trabajo o de cosas a que atender. ⊙ («Andar, Estar») Escaso, circunstancialmente, de *dinero. ⇒ Alcanzado, aporreado, apretado, arrastrado, atrasado, con el CULO a rastras, retrasado, en las últimas. ⊙ Aplicado a «situación», etc., *difícil de resolver. ⊙ (Ar.) *Aplicado a personas, afligido.* 3 *Aplicado a cosas, hecho con mucho esmero.*

apurador, -a 1 adj. y n. *Se aplica al que apura o agota.* 2 m. *Apuracabos.* 3 (And.) *Hombre que, después del primer vareo de los *olivos, va repasándolos con una vara más corta para tirar las olivas que han quedado.* 4 MINER. *El que lava de nuevo las tierras que han quedado depositadas en las tinas.*

apuradura f. *Apuramiento.*

apuramiento m. *Acción de apurar.*

apuranieves f. **Aguzanieves (pájaro).*

apurar (de «a-^{2}» y «puro») 1 tr. *Depurar o *purificar materialmente.* 2 **Purificar espiritualmente.* 3 Llegar hasta el último extremo en distintos aspectos de las cosas. ⊙ En la perfección o acabado de una ˘obra. ⊙ En la investigación o exposición de la ˘verdad. ⊙ En el ˘sufrimiento. ⊙ Tomar o emplear una ˘cosa hasta que no queda nada de ella: 'Apurar una copa de vino. Apurar todos los medios para conseguir cierta cosa'. ≃ *Agotar. ⊙ Emplear la última parte de una ˘cosa: 'Todavía puedes apurar más ese lápiz'. 4 Causar de cualquier manera a ˘alguien sensación de impotencia, de no poder resistir o superar una dificultad, un trabajo o una situación: 'Le apura mucho tener ella la responsabilidad de lo que ocurra. Me apuraría verme enfermo lejos de mi casa'. ≃ Angustiar. ⊙ Incitar u obligar a ˘alguien a trabajar demasiado, a apresurarse o a hacer en cualquier clase de cosas más de lo que naturalmente puede hacer: 'Dejad que el niño haga buenamente lo que pueda, sin apurarle'. ≃ *Abrumar, agobiar, angustiar, apretar, atosigar. ⊙ (Ar.) **Afligir.* ⊙ Ser una cosa pesada o dura de resistir: 'Todavía no apura el calor. Ya vendrá a comer cuando le apure el hambre'. ⊙ prnl. Angustiarse, sufrir impotencia ante algo: 'Se apura porque no puede valerse. No me apuro porque haya mucho quehacer. Se apura en cuanto no tiene noticias de su hijo. Me apuro viendo tantos papeles encima de la mesa'. ⊙ tr. *Apremiar, correr prisa: 'Todavía no apura ponerse ropa de verano'. ⊙ *Embarazar a ˘alguien con exceso de alabanzas o atenciones. ⊙ Causar embarazo o vergüenza cierta cosa: 'Me apura decirle que me pague lo que me debe'. En lenguaje familiar, más frecuentemente «dar apuro». ⊙ prnl. Avergonzarse. 5 tr. Agotar la ˘paciencia de una persona. ⊙ Particularmente, poner a ˘alguien en tal situación que acaba por hacer o decir cierta cosa que perjudica a quien con su indiscreción o pesadez le pone en el caso de hacerlo: 'Si me apuras, diré lo que te conviene más que calle'. 6 (no frec. en España, sí en Hispam.) tr. y prnl. *Meter [o darse] prisa.*

apurativo, -a (de «apurar»; ant.) adj. *Depurativo.*

apure (de «apurar») 1 m. MINER. *Acción de purificar.* 2 MINER. **Restos del lavado de los minerales de *plomo después de limpios con la criba.*

apuro (de «apurar») 1 («Encontrarse, Estar, Verse, Pasar, Poner, Dejar, Sacar, Salir»; sing. o pl.) m. Situación que es necesario resolver y que tiene difícil o imposible solución: 'Me vi en un apuro cuando me preguntó si te había visto'. ≃ Apretura, aprieto, atolladero, berenjenal, brete, compromiso, conflicto, dificultad, jaleo, *lío, trance. ⊙ («Encontrarse, Estar, Verse, Pasar, Poner, Dejar, Sacar, Salir»; pl.) Trabajos, dificultades y peligros que se encuentran al hacer cierta cosa: 'Pasamos muchos apuros para sacarla del ascensor'. ⊙ (pl.) *Necesidad de algo que no se tiene ni se sabe cómo obtener; especialmente, de dinero: 'Siempre me habla de sus apuros económicos'. ≃ Estrecheces. 2 («Causar, Dar») Embarazo o vergüenza que se siente por otros: 'Me daba apuro estar delante mientras se insultaban. No hay por qué te dé apuro pedirle lo que te debe'.

□ CATÁLOGO

Abarrancadero, aflicción, agobio, ahogo, *angustia, añasco, apretura, aprieto, ardura, arranquera, *atasco, atolladero, atrenzo, avispero, barranco, belén, berenjenal, brete, CALLEJÓN sin salida, cazonal, cenagal, complicación, compromiso, conflicto, crisis, dificultad, dilema, disgusto, embarazo, embolismo, embrollo, encrucijada, enredo, estrechez, estrecho, estricia, jaleo, lance, lío, necesidad, pantano, papeleta, paso, PASO difícil, mal PASO, PATATA caliente, problema, quillotranza, SITUACIÓN apurada [comprometida o difícil], tollo, trabajo, tramojo, trampal, trance, trapisonda, tropiezo. ➤ Estar con el AGUA al cuello, verse AHOGADO, pasarlas CANUTAS, agarrarse a un CLAVO ardiendo, contra las CUERDAS, con el DOGAL al cuello, entre la ESPADA y la pared, HOMBRE al agua, pasarlas MORADAS, como PUTA por rastrojo, pasarlas PUTAS. ➤ Sacar las CASTAÑAS del fuego, echar una MANO. ➤ Dejar en las ASTAS del toro, dejar EMPANTANADO, dejar en la ESTACADA. ➤ AQUÍ de..., aquí te quiero, ESCOPETA; aquí FUE, [es, será] ella. ➤ Aquejar. ➤ *Angustia. *Crisis. *Enredo. *Jaleo. *Lío. *Peligro *Prisa.

apurón (de «apurar») 1 adj. *Se aplica a la persona impaciente.* 2 (Hispam.) m. *Gran apresuramiento.* 3 (Chi.) *Impaciencia.*

apurrir (de «a-^{2}» y el lat. «porrigěre», alargar; Ast., Cantb.) tr. *Coger una persona una ˘cosa que está cerca de ella y darla a otra que está más lejos.* ≃ *Alargar.

aquaplaning (pronunc. [acuaplánin]) m. Deslizamiento incontrolado de un vehículo por existir una capa de agua en el pavimento que impide la adherencia de las ruedas.

aquarium m. Acuario.

aquebrazarse prnl. **Agrietarse la piel.*

aquedar (de «a-^{2}» y «quedo») 1 (ant.) tr. *Detener.* 2 (ant.) *Aquietar.* 3 (ant.) prnl. *Dormirse.*

aquejadamente (ant.) adv. *Apresuradamente.*

aquejado, -a («de») Participio adjetivo de «aquejar»: afectado por una enfermedad o un dolor físico: 'Aquejado de un ataque de reuma'.

aquejador, -a adj. y n. *Que aqueja.*

aquejamiento m. *Acción y efecto de aquejar[se].*

aquejar (de «a-^{2}» y «quejarse») 1 tr. Afectar a ˘alguien un padecimiento o una enfermedad: 'Le aqueja una enfermedad crónica [un fuerte dolor de cabeza, una grave preocupación]'. 2 (ant.) Angustiar. 3 (ant.) *Poner en un *apuro.* 4 (ant.) **Incitar o *apresurar.* 5 (ant.) prnl. **Apresurarse.*

aquejo (ant.) m. *Aquejamiento.*

aquejosamente (ant.) adv. *Con *ansia o vehemencia.*

aquejoso, -a (de «aquejar») **1** (ant.) adj. *Afligido o angustiado.* **2** (ant.) *Quejicoso.*

aquel, -lla, -llo (del lat. «eccum», he aquí, e «ille, illa, illud»; a excepción de «aquello», puede llevar acento gráfico cuando es pronombre; «aquello» es la forma neutra, sólo se usa como pron. y carece de pl.) **1** adj. y pron. dem. Sirve para señalar una cosa que está lejos a la vez del que habla y de la persona a quien se habla: 'Aquel monte'. ⊙ Sirve también para referirse a una cosa ya nombrada, pero no inmediatamente antes, y, particularmente, para establecer una diferencia, al referirse de nuevo a dos cosas ya nombradas, entre la que se ha nombrado primero y la nombrada después: 'Teníamos un coche y una moto: ésta estropeada y aquél sin gasolina'. ⊙ A veces, «aquel» sustituye al artículo delante de una oración de relativo, especialmente después de preposición: 'Estaba en distinto sitio de aquel en que yo lo había dejado'. ⇒ Relativo. ⊙ También puede sustituirlo delante de un nombre que lleva una determinación, por ejemplo en forma de adjetivo: 'No me preocupan aquellas cosas ajenas a nosotros'. Pero esta construcción es rara, y desusada en lenguaje hablado. ⊙ pron. «Aquello» se emplea para referirse con *reticencia a algo que no se quiere nombrar: 'Oye, ¿qué hay de aquello?' (por ejemplo cierto dinero que la persona a quien se habla, adeuda al que habla). **2** m. «Aquel» se emplea en lenguaje informal para designar cierto *atractivo o interés, que no se puede definir con precisión: 'No es guapa, pero tiene un aquel. La cosa tiene su aquel'.

V. «echar por aquella BOCA, como quien [o aquel que] DICE, en aquel ENTONCES, ya PARECIÓ aquello, aquellos POLVOS traen estos lodos».

□ NOTAS DE USO

El uso de «aquel» seguido de la preposición «de», o sea como partitivo, se considera galicismo. Por tanto, debe decirse 'aquellos alumnos que no estuvieron en la clase anterior' y no 'aquellos de los alumnos que no estuvieron en la clase anterior'. Sin embargo, cuando en vez de un nombre sigue a «aquel» un pronombre, el no uso de esta construcción partitiva obliga a buscar una construcción completamente distinta: en vez de 'aquellos de ustedes que se quieran marchar', habría que decir 'si alguno de ustedes se quiere marchar'. Por lo cual, en casos semejantes, es muy frecuente el empleo de «aquel» con el partitivo.

aquelarre (del vasc. «aquelarre», prado del macho cabrío o demonio) **1** m. Reunión nocturna de *brujas o brujos. **2** (lit.) *Jaleo o barahúnda.

aquele, -la, -lo (ant.) adj. y pron. dem. *Aquel.*

aquella adj. y pron. V. «aquel, -lla, -llo».

aquellar (de «aquello»; ant.) tr. y prnl. *Verbo empleado antiguamente para expresar cualquier acción cuyo verbo propio o no se encuentra o se evita con reticencia:* 'En lo mejor de la loa, me aquellé, sabiéndola, como la sabía, mejor que el padrenuestro'. (V. el uso reticente de «aquello»; también «quillotro», etc., y «aquellotrarse».) ⇒ Desaquellar.

aquello pron. V. «aquel, -lla, -llo».

aquellotrar (del ant. «aquell otro»; ant.) tr. y prnl. *Aquillotrar[se].*

aquén (ant.) adv. *Aquende.*

aquende (del lat. «eccum inde»; culto) adv. En el lado de acá de cierta cosa que se expresa: 'Aquende los Pirineos'. ⇒ Aquén, daquén.

aquenio (del lat. cient. «achaenium») m. BOT. *Fruto formado por una sola semilla que tiene su propio tegumento aparte del fruto, que no se abre espontáneamente; como la bellota.

aqueo, -a (del lat. «Achaeus») adj. y, aplicado a personas, también n. *Se aplica a los naturales de Acaya y, por extensión, a los antiguos griegos, y a sus cosas.* ⇒ Aquivo.

aquerarse (de «quera»; Sor.) prnl. *Apolillarse la madera.*

aquerenciado, -a 1 Participio de «aquerenciarse». **2** (Méj.) adj. *Enamorado.*

aquerenciarse prnl. Aplicado particularmente a los animales, tomar querencia a un lugar.

□ CONJUG. como «cambiar».

aquese, -a, -o (del lat. «eccum», he aquí, e «ipse», ese) adj. y pron. dem. *Ese.*

aquestar (ant.) tr. **Adquirir.* ≃ Aquistar.

aqüeste (ant.) m. **Riña.* ≃ Cuestión.

aqueste, -a, -o (del lat. «eccum iste») adj. y pron. dem. *Este.*

áqueta f. **Cigarra (insecto hemíptero).*

aquí (del lat. «eccum hic») **1** adv. Adverbio con que se designa el lugar en que está el que habla, en expresiones de situación o de dirección: 'Aquí hace calor. ¡Ven aquí!'. Usado en correlación con «allí» o «allá», forma oraciones distributivas, designando un lugar indeterminado: 'Aquí se veían árboles tronchados, allí una casa derruida...'. El adverbio «aquí» precede a cualquier otro que se le una: 'Aquí cerca. Aquí al lado'. ⇒ Passim. ➤ Daquí. **2** Se aplica también a expresar un momento presente en algunas frases como: 'hasta aquí no nos ha faltado nada'; y, sobre todo, en 'de aquí en adelante'. Su uso con referencia a un momento pasado ('aquí no se pudo contener D. Quijote') va quedando anticuado. ⊙ En algunos casos su significado es intermedio entre «ahora» y «en esto»: 'Aquí viene lo mejor'. ⊙ Y en otros es claramente demostrativo: 'de aquí que no esté contento'. **3** En lenguaje popular se emplea para referirse a una persona que está al lado, a veces nombrándola, y, a veces, por ejemplo si se desconoce su nombre, sin nombrarla: 'Aquí, Antonio, dice que por qué no nos vamos. Aquí el señor pregunta por la Puerta del Sol'.

¡AQUÍ! (seguido de un nombre que designa a las personas a quien se llama). Exclamación con que se pide *ayuda o auxilio. ≃ ¡Aquí de...!

AQUÍ DE. Se emplea con referencia al momento en que se está o a que se alude en un relato, para expresar que en cierto caso apurado se *recurre a la cosa que se dice a continuación: 'Aquí de mi ingenio. Aquí de mis habilidades de boxeador...'

¡AQUÍ DE...! «¡Aquí...!».

AQUÍ MISMO (inf.). Muy *cerca de aquí.

DE AQUÍ A. Expresión con que se fija el periodo de tiempo que tardará en ocurrir cierta cosa: 'De aquí a una semana habremos terminado'. ⇒ *Futuro.

DE AQUÍ PARA ALLÍ. Moviéndose mucho, yendo a distintos sitios: 'Me han tenido toda la mañana [o yendo] de aquí para allí'. ≃ De ACÁ para allá. ⇒ *Zarandear.

DE AQUÍ QUE. Se emplea como expresión *consecutiva, delante de una cosa que es consecuencia de lo que acaba de decirse: 'Ha sufrido un gran desengaño; de aquí que esté escarmentado'. ≃ De AHÍ que.

V. «aquí te quiero, ESCOPETA; de aquí te ESPERO, como ESTAMOS aquí tú [usted, etc.] y yo, HE aquí».

HASTA AQUÍ. Hasta *ahora.

V. «¡LARGO de aquí!, el [la, etc.] aquí PRESENTE, aquí FUE ella, aquí fue TROYA».

aquiescencia (del lat. «acquiescentĭa»; «a, en, para», con nombres de acción o con infinitivos; form. o culto) f. Actitud de la persona que está *conforme con algo que hace o dice otra: 'Cuenta con la aquiescencia de su padre a su casamiento [a sus proyectos, en sus proyectos, para su casamiento, para casarse]'.

aquiescente (del lat. «acquiescĕre»; form. o culto) adj. *Conforme.

aquietador, -a adj. *Que aquieta.*

aquietadoramente adv. *De manera aquietadora.*

aquietamiento m. Acción de aquietar[se].

aquietante adj. *Que aquieta.*

aquietar **1** tr. Poner tranquilo o quieto ˃algo o a ˃alguien que estaba intranquilo, agitado o excitado: 'Aquietar los ánimos'. ≃ Apaciguar, *calmar, tranquilizar. ⊙ prnl. Ponerse tranquilo o quieto. ⇒ Aquedar. **2** tr. y prnl. *Aliviar[se]: 'Aquietar el dolor'. ⇒ Aquedar.

aquifoliáceo, -a (del lat. «Aquifolĭum», nombre de una especie de plantas del género *Ilex)* adj. y n. f. Bot. *Se aplica a las *plantas de la familia del acebo, que son árboles o arbustos siempre verdes, de hojas generalmente coriáceas y fruto en drupa con varias semillas.* ≃ Ilicáceo. ⊙ f. pl. Bot. *Esa familia.*

aquifolio (del lat. «aquifolĭum») m. **Acebo (árbol aquifoliáceo).*

aquilatar **1** tr. Medir los quilates del ˃oro, perlas y piedras preciosas. ⇒ Quilatar. **2** Perfeccionar o purificar ˃algo espiritual sometiéndolo a prueba. ≃ Acendrar, acrisolar. **3** Hacer algo como una ˃medida o una valoración de una ˃cosa material o espiritual con la mayor exactitud posible. ≃ Afinar, alambicar, *precisar. ⊙ tr. o abs. En tratos comerciales, rebajar todo lo posible el ˃precio o coste de algo o reducir la ganancia al mínimo.

aquilea (del lat. «achillēa») f. **Milenrama (planta compuesta).*

Aquiles V. «talón de Aquiles, tendón de Aquiles».

aquilífero (del lat. «aquilĭfer, -ĕri») m. *Soldado que llevaba la insignia del águila en las antiguas legiones romanas.*

aquilino, -a (del lat. «aquilīnus»; culto) adj. Aguileño.

aquillado, -a **1** adj. De *forma de quilla. ⇒ *Arista. **2** Se aplica al *barco muy alargado.

aquillotrar (de «aquellotrar»; ant.) tr. y prnl. *Quillotrar[se].*

aquilón (del lat. «aquĭlo, -ōnis») **1** (lit.) m. *Polo norte. **2** (lit.) *Viento norte.

aquilonal adj. De [o del] aquilón. ⊙ (lit.) *Se aplica como epíteto al invierno.*

aquintralarse **1** (Chi.) prnl. *Cubrirse los árboles de quintral (muérdago).* **2** (Chi.) *Contraer las plantas de melones, sandías, etc., la enfermedad llamada «quintral».*

aquistador, -a (ant.) adj. *Conquistador.*

aquistar (del it. «acquisitare»; ant.) tr. **Conquistar o *conseguir.*

aquivo, -a (del lat. «Achīvus») adj. y, aplicado a personas, también n. *Aqueo.*

a quo Expresión latina que significa «desde el cual». Suele emplearse, por oposición a «ad quem», referido a fechas.

¡ar! interj. Voz usada en la milicia para indicar que debe ejecutarse una orden: '¡Firmes! ¡Ar!'.

Ar Símbolo químico del argón.

-ar **1** Sufijo del infinitivo de los verbos de la primera conjugación; con él solo o, más frecuentemente, precedido de «e», se forman verbos derivados de nombres, de adjetivos y hasta de adverbios: 'torear, ensuciar, bastantear'. Los verbos nuevos o formados en lenguaje informal acomodaticiamente, se forman con esta terminación: 'concursar, desplazar'. **2** Es también sufijo de adjetivos que significan «de» o «relacionado con»; la mayoría de ellos han pasado ya formados del latín: 'anular, auricular'; pues el sufijo español correspondiente es «al». **3** Forma a veces nombres de *lugar en que hay la cosa expresada por el nombre primitivo: 'tejar, yesar'; particularmente, plantas: 'pinar, melonar'. ⊙ A veces designa simplemente una variante del objeto designado por el nombre primitivo: 'solar, solanar'.

ara[1] (del lat. «ara»; culto) f. *Altar. ⊙ Altar pagano. ⇒ Fóculo.

En aras de. En interés o en beneficio de.

ara[2] (de or. guaraní; Hispam.) f. *Nombre de algunas aves parleras, como el papagayo o la cotorra.*

árabe (del lat. «Arabs, -ăbis», del gr. «Áraps, -abos», de or. acadio) **1** adj. y, aplicado a personas, también n. Se aplica a las personas y a las cosas de Arabia y de los pueblos musulmanes. ⇒ Anteislámico, beduino. ➤ Alárabe, alarbe, árabe, arabio, beduino, ismaelita, moabita, nabateo, sabeo, sarraceno, sarracín. ➤ Califa, nabí. ➤ Abasí. ➤ Ámel. ➤ Cora. ➤ Cúfico. ➤ Zéjel. ➤ Simún. ➤ Jaima. ⊙ m. Lengua que hablan. **2** adj. y, aplicado a personas, también n. Se aplica a los individuos de los pueblos procedentes de Asia y África, que, profesando la religión de Mahoma, invadieron, entre otros países, España, y dominaron en ella durante la Edad Media, y a sus cosas; particularmente, a su idioma y literatura y a su arte. ≃ *Musulmán.

Árabe saudita. De Arabia Saudí, país de Asia. ≃ Saudí, saudita.

arabesco (del it. «arabesco») m. *Adorno arquitectónico formado por líneas en combinaciones geométricas variadísimas.

arabía (del ár. and. «'arabíyya»; ant.) f. *Idioma árabe.*

arábico, -a (ant.) adj. *Arábigo.*

arábigo, -a (del lat. «Arabĭcus») adj. y n. Árabe. ⊙ n. m. Lengua árabe.

V. «goma arábiga, número arábigo».

arabio, -a (del lat. «Arabĭus»; ant.) adj. y, aplicado a personas, también n. *Árabe.*

arabismo m. Palabra o expresión árabe usada en otro idioma.

arabista n. Persona que se dedica al estudio de la lengua y literatura árabes.

arabización f. Acción y efecto de arabizar[se].

arabizar tr. y prnl. Dar [o adquirir] carácter árabe.

arable adj. *Susceptible de ser arado.*

arabo (varias especies del género *Erythroxylum;* entre ellas, el *Erythroxylum areolatum,* de Cuba) m. *Árbol eritroxiláceo tropical, de cuya madera, muy dura, se hacen horcones.*

arac m. *Cierto licor usado en Oriente, hecho de *arroz fermentado.*

aráceo, -a (de «Arum», género de plantas) adj. y n. f. Bot. *Se aplica a las *plantas de la familia del aro, el arísaro y la cala, que son herbáceas, con tubérculos o rizomas, hojas acorazonadas o sagitales, flores en espádice rodeadas de una espata, y fruto en baya.* ⊙ f. pl. Bot. *Esa familia.*

arácneo, -a adj. ZOOL. *Arácnido.*

arácnido, -a (del gr. «aráchnē», araña) adj. y n. m. ZOOL. Se aplica a una clase de *animales artrópodos que tienen cuatro pares de patas y la cabeza unida al tórax.

□ CATÁLOGO

Arácneo. ➤ Abuje, ácaro, ÁCARO del queso, ÁCARO de la sarna, alacrán, alguacil [o ALGUACIL de moscas], apasanca, arador, araña, ARAÑA peluda [o picacaballos], arañuela [o arañuelo], arraclán, cáncana, caparra, capulina, casampulga, cuentacacao, escorpión, falangia [o falangio], garrapata, guaba, migala, murgaño, opilión, pito, segador, tarántula, VIUDA negra. ➤ Abdomen, aguijón, cefalotórax, cribelo, eslabón, filotráquea, forcípula, hilera, palpo, uña. ➤ RED [o TELA] de araña, hilo, telaraña. ➤ Hilar, tejer. ➤ Caucha.

aracnoides (del gr. «arachnoeidḗs») f. Meninge situada entre la piamáter y la duramáter en el *cerebro de los animales superiores, formada por un tejido esponjoso semejante a una tela de araña.

arada 1 f. *Acción de arar.* ⊙ *Trabajo del campo.* ≃ *Labranza. **2** *Tierra arada.* **3** *Porción de tierra que se puede arar o *labrar en un día con una yunta.* **4** (Sal.) *Temporada en que se aran los campos.*

arado (de «aradro») m. Herramienta empleada en agricultura para *labrar la tierra. El arado tradicional está compuesto esencialmente de un hierro fuerte o «reja», que se hinca en la tierra, un palo o «timón» que se sujeta a la caballería y otro curvado o «esteva» que sujeta el labrador para guiarlo.

□ CATÁLOGO

Aladro, aradro, canga, charrúa, forcate, ganga, garabato, golde, revecero, de vertedera. ➤ Abeaca, barzón, cama, clavijero, dental, engero, esteva, estevón, formón, frailecillo, galápago, garganta, gavilán, hierro, mancera, mangorrillo, orejera, pescuño, reja, tarabilla, telera, terigüela, timón, vertedera, vilorta, yugo. ➤ Aguzadura, apuntadura, calce. ➤ Mediana, sobeo, subeo, toza, trasca. ➤ *Aguijada, cuchilla, limpiadera. ➤ Enrejar. ➤ Malacate. ➤ Albardilla, embarbascarse, empina, toparra. ➤ Gasón, gleba. ➤ Aratriforme.

arador, -a 1 adj. y n. Se aplica al que ara. **2** m. ARADOR de la sarna.

ARADOR DE LA SARNA (*Sarcoptes scabiei*). Ácaro diminuto, parásito del hombre, en el cual produce la enfermedad llamada «*sarna». ≃ ÁCARO de la sarna, arador. ⇒ Abuje. *Arácnidos.

A. DEL QUESO. Ácaro que vive en el *queso.

aradro (del lat. «arātrum»; ant.) m. *Arado.*

aradura 1 f. Acción y efecto de arar. ≃ Labranza. **2** (Ast.) *Porción de tierra arada.* ≃ Arada.

Aragón (región del nordeste de España) V. «CANCHALAGUA de Aragón».

aragonés, -a 1 adj. y, aplicado a personas, también n. De Aragón. ⇒ Baturro, churro, mañico, maño. ➤ Altoaragonés. ➤ Pilarica. ➤ Jota. ➤ Seisén [sesén o sesena]. ➤ Dietario. ➤ Justicia. ➤ Cachirulo, zorongo. **2** m. Dialecto romance hablado actualmente en tierras del Pirineo de Aragón. ≃ Navarroaragonés. **3** adj. Se aplica a una variedad de uva de granos muy gruesos y apretados, de color rojizo.

aragonesismo m. Palabra o expresión propia de los aragoneses.

aragonito (de «Molina de Aragón», donde se halla uno de los principales yacimientos de este mineral) m. *Mineral, carbonato de calcio, que difiere del espato calizo porque cristaliza en prismas hexagonales; es blanco, teñido a veces de rojo por el óxido de hierro, y de brillo nacarado.

araguato 1 (Col., Ven.; *Lagothrix flavicauda*) m. **Mono de pelaje hirsuto de color leonado oscuro.* **2** (Col., Ven.) adj. *De color leonado oscuro, como el pelaje de este mono.*

araguirá (del guaraní «ara», día, y «güirá», pájaro) m. **Pajarillo de la Argentina, de lomo rojizo y pecho y copete de hermoso color rojo.*

arahuaco, -a adj. y, aplicado a personas, también n. De un grupo de pueblos que se extendieron desde las Grandes Antillas por América del Sur. ⊙ (pl.) m. Este grupo de pueblos. ⊙ Lengua hablada por ellos.

-arajo V. «-ajo».

aralia (de or. iroqués; *Aralia spinosa*) f. Arbusto araliáceo, de hojas gruesas, grandes y recortadas, y flores blancas, pequeñas, en corimbos; procede del Canadá y se cultiva en Europa como planta de adorno.

araliáceo, -a (de «Aralia», género de plantas) adj. y n. f. BOT. *Se aplica a las *plantas de la misma familia que la aralia y la hiedra, que son árboles, arbustos o hierbas de hojas generalmente alternas y flores regulares, pequeñas, agrupadas en umbelas, y fruto en drupa.* ⊙ f. pl. BOT. *Esa familia.*

arambel (del ár. and. «alḥánbal», tapiz para estrados) **1** m. **Colcha o colgadura hecha de trozos de paño.* ≃ Harambel. **2** **Andrajo.*

arambol (Pal., Vall.) m. **Balaustrada de una escalera.*

arambre (del lat. «aerāmen, -ĭnis», bronce; ant. y Ast., Burg., Cantb.) m. **Alambre.*

arameo, -a (del lat. «Aramaei, -eōrum», de or. hebreo) **1** adj. y, aplicado a personas, también n. Se aplica a los individuos de un pueblo bíblico descendiente de Aram, hijo de Sem, y a sus cosas. ⊙ (pl.) m. Ese pueblo. **2** Grupo de lenguas semíticas que se habló en Oriente medio.

JURAR EN ARAMEO. Soltar maldiciones o reniegos. ⇒ *Maldecir.

aramio (de «arar») m. *Campo que se deja de *barbecho después de arado.*

arán (del sup. céltico «agranio»; Ál.) m. *Endrino (ciruelo silvestre).* ⊙ (Ál.) *Ciruela silvestre.*

arana (¿de or. quechua?) f. **Engaño o *embuste.*

arancel (del ár. and. «alinzál») m. *Tarifa oficial que determina los derechos que se deben cobrar por ciertos servicios o impuestos; como costas judiciales, aduanas o transportes ferroviarios.

arancelario, -a adj. De [o del] arancel.

arándano (¿del lat. «rhododendron», adelfa?; *Vaccinium myrtillus*) m. Arbusto ericáceo de ramas angulosas, cuyos frutos son unas bayas negruzcas o azuladas, dulces y comestibles. Se cría en el norte de España. ≃ Abia, anavia, meruéndano, mirtilo, ráspano, rasponera.

arandela[1] (del fr. «rondelle», con influencia de «aro») f. Nombre aplicado a distintas piezas en forma de *disco horadado o *anillo, que se aplican a distintas cosas. **1** Rodaja con un orificio que se usa mucho en mecánica, por ejemplo entre dos piezas o debajo de la cabeza de un *tornillo. ⇒ Alfardón, corona, estornija, herrón, rondana, vilorta. ➤ *Anillo. *Disco. *Rodaja. *Rueda. **2** *Especie de platillo con un agujero en el centro que se pone alrededor de la vela o entre ésta y el *candelero para recoger la cera que escurre.* ≃ Candeleja. **3** *Pieza de metal que se ponía encima de la empuñadura de la lanza para defensa de la mano.* **4** *Pieza de hojalata, semejante a un embudo, que se pone alrededor de los *árboles, sujetán-*

dola con yeso, para llenarla de agua e impedir el paso de las hormigas. ≃ Candeleja. **5** MAR. *Tablero, único o formado por dos hojas, con un orificio por donde sale el cañón, con que se tapan las portas de los *barcos para que no entre el agua.* **6** **Antiguamente, cuello encañonado y puños del traje femenino.* ⊙ (América Meridional) *Chorrera y vueltas en la camisola.* **7** **Candelero adecuado para fijarlo lateralmente.* **8** (Hispam.) *Cenefa, volante, adorno de mujer de forma circular.* **9** (Col.; pl.) *Adornos excesivos en el vestuario de una mujer.* **10** (Col.; pl.) *Pastas o bizcochos que se sirven con el té, café o chocolate.*

arandela[2] (del sup. lat. «hirundinella», dim. de «hirundo, -ĭnis»; Ál.) f. **Golondrina.*

arandillo (de un dim. del lat. «hirundo, -ĭnis», golondrina; *Acrocephalus scirpaceus)* m. Pájaro insectívoro que habita en los cañaverales de las regiones pantanosas. ≃ Trepajuncos.

aránea f. *Nombre que se ha usado para la membrana transparente que contiene el humor del cristalino.*

aranero, -a o **aranoso, -a** (de «arana») adj. y n. *Embustero o estafador.*

aranés, -a adj. y, aplicado a personas, también n. Del valle de Arán. ⊙ m. Variante del gascón hablada en el valle de Arán.

arangorri (del vasc. «arrain», pez, y «gorri», rojo) m. *Escorpina (pez escorpeniforme).*

araniego (de «araña», red) adj. V. «GAVILÁN araniego».

aranzada (de «arienzo») f. *Medida agraria antigua; la de Castilla era equivalente a 44,7 áreas; las de otras regiones diferían algo de esa extensión.*

araña (del lat. «aranĕa») **1** f. Nombre aplicado corrientemente a distintas especies de *arácnidos que tienen el abdomen abultado y separado del cefalotórax por un estrechamiento, que segregan una sustancia en forma de hilo del que se pueden colgar y con el que fabrican lo que se llama «tela de araña». **2** *Lámpara formada por brazos de los que penden piezas de cristal de distintas formas. ⇒ Lucerna, lustro. **3** MAR. *Conjunto de *cabos delgados que arrancan del mismo punto y se separan, a veces pasando por una telera.* **4** *Cierta red para *cazar pájaros.* **5** (Chi.) *Carruaje pequeño y ligero, de dos ruedas y abierto.* **6** *Persona *aprovechada y vividora.* **7** *Prostituta.* **8** (Mur.) *Arrebatiña.* **9** *Arañuela (planta ranunculácea).* **10** *(Uniola paniculata) *Planta gramínea de las Antillas, de 30 a 60 cm de altura, de nudos muy vellosos y espigas en racimos terminales.*

ARAÑA DE AGUA *(Argyroneta aquatica)*. Araña que vive bajo el agua y construye entre las plantas una campana de hilo con aire en su interior que le sirve para respirar.

A. DE MAR. Nombre aplicado a varias especies de *cangrejos marinos, de caparazón espinoso, boca elíptica y patas largas y delgadas.

A. PELUDA [O PICACABALLOS]. *Cierto arácnido de Honduras que anida en los sitios donde hay ganado.*

V. «MONO araña, RED de araña, TELA de araña».

arañada **1** f. *Arañamiento.* **2** (Ar.) *Arañazo.*

arañador, -a adj. y n. *Aplicable al que araña.*

arañamiento m. *Acción de arañar.* ≃ Arañada.

arañar (¿de «arar», hacer surcos en la tierra?) **1** tr. *Herir a ↘alguien pasándole las uñas por la piel. ⇒ Arpar, aruñar, carpir, escarpar, gatear, gatuñar, rascuñar, rasguñar. ➤ Arañada, arañazo, uñada, uñarada. ➤ *Escarbar, escarificar, *rascar, *raspar, *rozar. ➤ *Uña. ➤ *Herir. **2** Hacer arañazos con cualquier cosa: 'La silla está arañando la pared'. ≃ *Raspar. ⊙ Hacer daño con la punta: 'Un peine que araña'. ⊙ Ser áspero. **3** (inf.) Recoger de varias partes y en pequeñas cantidades ↘lo que se necesita.

arañazo m. Acción y efecto de arañar una vez. ⊙ Señal que queda, por ejemplo en la piel, al arañar o raspar.

arañento, -a adj. *Propio de la araña.* ≃ Arañil.

arañero, -a (de «araña») adj. CETR. *Zahareño.* V. «PÁJARO arañero».

arañil adj. *Propio de la araña.* ≃ Arañento.

araño m. *Arañazo.*

arañón (del sup. céltico «agranio»; Ar.) m. *Arán (endrina y endrino).*

arañuela (dim. de «araña») **1** *(Nigella damascena)* f. *Planta ranunculácea que se cultiva por sus hermosas flores. ≃ Ajenuz, araña, neguilla. **2** *Arañuelo (larva).*

arañuelo (del lat. «araneŏlus») **1** m. Nombre dado a las larvas de ciertos insectos destructores, algunas de las cuales forman una tela semejante a la de la araña. **2** *Garrapata (ácaro).* **3** *Araña (red de *cazar pájaros).*

arapapá m. *Cangrejero (ave zancuda).*

arapenne (del lat. «arapennis»; ant.) m. *Arpende (medida superficial).*

arar[1] (del lat. «arāre») **1** tr. Hacer surcos en la ↘tierra con el arado. ≃ *Labrar. ⇒ Sobrearar. **2** *Hacer rayas en algún ↘sitio, semejantes a surcos o de manera semejante a como las hace el arado.* **3** *Surcar el ↘agua.*

arar[2] (del ár. «'ar'ar», ¿a través del ingl.?) **1** m. ALERCE *africano (árbol cupresáceo).* **2** *Enebro (arbusto cupresáceo).*

-arasca V. «-asco».

arate cavate (ant.) *Expresión latina con que se alude a la labor de cada día y también a la ignorancia de alguien que no sabe más que la *rutina del *trabajo diario.*

araticú (del guaraní «araticú»; *Anona cacans)* m. *Árbol anonáceo silvestre de la América Meridional, especie de chirimoyo de fruto amarillo.*

aratorio, -a (del lat. «aratorĭus»; ant.) adj. *Del trabajo de arar.*

aratriforme adj. *De forma de *arado.*

araucano, -a adj. y, aplicado a personas, también n. Se aplica a los habitantes de Arauco, región de Chile, y a sus cosas. ⊙ m. Lengua araucana. ⇒ Mapuche. ➤ Imbunche. ➤ Auca. ➤ Toqui.

araucaria (de «Arauco», región de Chile donde nace este árbol; *Araucaria excelsa)* f. Árbol conífero que se cultiva en jardines y parques, cuyas ramas, horizontales, crecen en pisos, formando una copa cónica. ≃ Pehuén.

araucariáceo, -a adj. y n. f. BOT. *Se aplica a las *plantas coníferas de la familia a la que pertenece la *araucaria, que son árboles de grandes dimensiones, de *hojas perennes y originarios del hemisferio austral.* ⊙ f. pl. BOT. *Familia que forman.*

arauja *(Araujia alba)* f. **Planta asclepiadácea trepadora del Brasil, de flores blancas olorosas.*

aravico m. *Poeta de los antiguos peruanos.*

-araz V. «-az».

arazá *(Psidium araza, Psidium variabile, Psidium thea* y otras especies del mismo género) m. *Árbol mirtáceo originario de América del Sur, de copa ancha y frondosa, madera consistente y flexible y fruto amarillo, comestible.*

arbalestrilla (del lat. «arcuballista», ballesta) f. *Instrumento antiguo semejante al *sextante.*

arbelcorán (Gran.) m. **Alboquerón (planta crucífera).*

arbellón (del ár. and. «alballá'a», tragona) m. **Albañal.*

arbequín (de «Arbeca», nombre de una villa leridana) adj. V. «OLIVO arbequín».

arbitrable adj. *Que pende del arbitrio.*

arbitración f. *Acción y efecto de arbitrar.*

arbitradero, -a (ant.) adj. *Arbitrable.*

arbitrador, -a adj. y n. *Que arbitra.*

arbitraje 1 m. Acción de arbitrar. **2** Resolución o juicio de un árbitro. **3** ECON. *Operación comercial en que se busca la utilidad en la diferencia de precios de una misma mercancía en diferentes plazas.*

arbitral adj. De [o del] árbitro: 'Sentencia arbitral'.

arbitramento o **arbitramiento** m. DER. *Facultad de dar sentencia arbitral.* ⊙ DER. *Sentencia arbitral.*

arbitrante adj. *Que arbitra.*

arbitrar (del lat. «arbitrāre») **1** tr. **Decidir ↘algo libremente.* **2** (ant.) intr. *Discurrir.* **3** tr. o abs. DER. Dar una *sentencia en algún ↘litigio, actuando de árbitro. **4** Ejercer de árbitro en un ↘partido. ⇒ Pitar. **5** tr. *Encontrar o allegar ↘algo como medios, recursos, un remedio o una solución. ⊙ Particularmente, ↘recursos para satisfacer las necesidades públicas. **6** prnl. *Encontrar el modo de hacer cierta cosa.* ≃ *Manejarse.

arbitrariamente adv. De manera arbitraria.

arbitrariedad 1 f. Cualidad de arbitrario. **2** Acción arbitraria cometida por alguien, particularmente si lo hace con abuso de su autoridad. ⇒ *Atropello.

arbitrario, -a (del lat. «arbitrarĭus») **1** adj. Hecho por la *voluntad, gusto o capricho de alguien, sin sujeción a reglas o leyes ni a la razón: 'Ese es un concepto arbitrario de la justicia'. ⊙ *Ilegal o *injusto: 'Una orden [o una decisión] arbitraria'. ⊙ *Inmotivado o *infundado. **2** Que se ha establecido por una convención o por asentimiento general.

□ CATÁLOGO

*Acomodaticio, antojadizo, caprichoso, discrecional, *ilegal, *infundado, *injustificado, *injusto, *inmotivado, irracional. ➤ Antojo, apasionamiento, *atropello, capricho, deseo, favoritismo, iniquidad, LEY del embudo, nepotismo, *parcialidad, partidismo, pasión, personalidad, preferencia, prejuicio, sinrazón, veleidad, voluntariedad. ➤ Favor, PALO de ciego, *privilegio. ➤ A mi [tu, etc.] ALBEDRÍO, a mi [tu, etc.] ARBITRIO, a mi [tu, etc.] CAPRICHO, caprichosamente, hacer lo que te da la GANA, a GUSTO de mi [tu, etc.] paladar, a mi [tu, etc.] GUSTO, hacer MANGAS y capirotes, como me [te, etc.] PARECE, lo que le PARECE, a mi [tu, etc.] PLACER. ➤ Allá van LEYES do quieren reyes. ➤ *Absurdo. *Abusar.

arbitrativo, -a o **arbitratorio, -a** adj. *Arbitral.*

arbitrero, -a o **arbitriano** (de «arbitrio») adj. *Arbitrista.*

arbitrio (del lat. «arbitrĭum») **1** m. Decisión o *sentencia de un juez arbitral o un árbitro. **2** («Estar al, *Depender del, Según el») Facultad de decidir: 'Todo depende aquí de su arbitrio. Nos tiene a su arbitrio'. ⊙ Particularmente, facultad por la que uno gobierna sus propios actos y, por tanto, es responsable de ellos. ≃ Albedrío, *voluntad. ⇒ Libre ALBEDRÍO. **3** Cosa o acción que sirve para resolver un asunto o salir de una situación apurada. ≃ *Medio, procedimiento, recurso. **4** (pl.) Pago a que se obliga a los ciudadanos para arbitrar recursos para los gastos públicos: 'Arbitrios municipales'. ≃ *Tributo.

ESTAR AL ARBITRIO de alguien o algo. *Depender de la persona o cosa de que se trata: 'Estamos al arbitrio de las circunstancias'.

arbitrista (de «arbitrio») n. Persona que imagina sistemas, que él cree infalibles pero que no tienen fundamento sólido, para resolver las dificultades públicas, económicas o de otra clase. ⇒ Proyectista.

árbitro, -a (del lat. «arbĭter, -ĭtri») **1** adj. y n. m. Se aplica a la persona que decide con su propia autoridad y no tiene que someterse a otra. Ha caído en desuso como adjetivo y se usa totalmente en masculino como nombre, en frases como 'ser [el] árbitro de su destino'. **2** m. Persona (hombre o mujer) que *decide quién tiene razón en una disputa. ≃ *Mediador. ⊙ Particularmente, hombre que aplica el reglamento en las competiciones deportivas. ≃ Colegiado. ⇒ Casero. **3** Persona con influencia en cierta materia porque su criterio se considera autoridad: 'El árbitro de la elegancia'.

árbol (del lat. «arbor, -ŏris») **1** m. *Planta con el tallo simple que se ramifica a cierta distancia del suelo, formando una «copa». ⊙ BOT. Específicamente, la de al menos 5 m de altura. **2** Barra que sirve de soporte a otras piezas, girando ella misma o permaneciendo fija. ≃ *Eje. ⊙ O que sirve de apoyo a una estructura que se desarrolla alrededor de ella; como el árbol de una escalera de caracol. ⇒ Espárrago, espiga. **3** MAR. *Palo: cada uno de los maderos redondos puestos verticalmente que sostienen las vergas y las velas de un barco. **4** AGRAF. *Pieza de hierro en la parte superior del husillo de la prensa de *imprimir.* **5** MÚS. *En el *órgano, eje que, movido por el ejecutante, acciona los registros.* **6** AGRAF. *Altura del tipo desde la base hasta el comienzo del hombro.* **7** *Cuerpo de la *camisa, sin las mangas.* **8** *Punzón con mango de madera que usan los relojeros.*

ÁRBOL DEL AMOR. *Ciclamor (árbol leguminoso).

Á. DE LA CANELA. *Canelo (árbol lauráceo).

Á. DE LA CERA. Cierto árbol euforbiáceo de Cuba, que exuda una sustancia semejante a la *cera.

Á. DEL CIELO. *Ailanto (árbol simarubáceo).

Á. DE LA CIENCIA DEL BIEN Y DEL MAL. En la *Biblia, el del Paraíso, de cuya fruta había prohibido Dios a Adán y Eva que comieran.

Á. DEL CLAVO. *Clavero (árbol mirtáceo).

Á. DE COSTADOS. *ÁRBOL genealógico.*

Á. DE LA CRUZ. Se aplica, a veces, a la cruz, símbolo de la pasión de Jesucristo.

Á. DE DIANA. *Cristalización rameada que resulta añadiendo amalgama de plata a una disolución de plata y mercurio en ácido nítrico.*

Á. FRUTAL. Se llama así a los rosáceos que producen fruto de pulpa comestible, como el peral o el melocotonero; también, por semejanza, a algún otro, como el naranjo, el limonero o el granado.

Á. DE FUEGO. *Pie con travesaños en que colocan los envoltorios de pólvora de los fuegos artificiales.* ≃ ÁRBOL de pólvora, arbolito. ⇒ *Pirotecnia.

Á. GENEALÓGICO. Cuadro descriptivo, desarrollado generalmente en forma semejante a un árbol, de la ascendencia o descendencia de una persona. Genealogía de alguien. ⇒ Estema.

Á. DE GUAYANA *(Connarus guianensis).* Árbol conaráceo americano, cuya madera, de gran belleza, es conocida como «madera de cebra».

Á. DEL INCIENSO. Árbol anacardiáceo de Asia que da por exudación el incienso. ⇒ Chagualón.

Á. DE JUDAS. *Ciclamor (árbol leguminoso).

Á. DE LEVAS. En mecánica, eje giratorio que mueve una o más levas.

Á. DEL LIZO. *Palo que, en los telares de tapices, atraviesa la urdimbre y recoge los lizos.*

Á. DE MARÍA. *Calambuco (árbol gutífero).
Á. DE MARTE. *Compuesto de carbonato de potasa y silicato de hierro, de color gris blanquecino, que se forma sobre los cristales de sulfato de hierro introducidos en una disolución de silicato y carbonato de potasa.*
Á. MAYOR. *Palo mayor de un barco.
Á. DE NAVIDAD. El que se instala en las casas como decoración propia de los días de Navidad.
Á. PADRE. El que se deja en pie al hacer una corta, para que su semilla sirva para repoblar.
Á. DEL PAN *(Artocarpus communis)*. Árbol moráceo tropical, de fruto grande, oval, que contiene una sustancia farinácea que se usa, cocida, como alimento.
Á. DEL PARAÍSO *(Melia azedarach)*. Árbol meliáceo de pequeñas hojas lanceoladas blanquecinas que florece por abril o mayo, con pequeñas flores axilares, despidiendo entonces, tanto las hojas como las flores, un aroma muy penetrante. ≃ Panjí.
Á. DE PIE. El que se cría con semilla y no con plantón.
Á. DE PÓLVORA. *ÁRBOL de fuego.*
Á. DE RUEDAS. *Eje de las ruedas del reloj.*
Á. DE SATURNO. *Cristalización que se obtiene introduciendo en una disolución de acetato de plomo un soporte de cinc con alambres de cobre o latón que forman como un árbol sobre el que se depositan los cristales.*
Á. DE LA SEDA. MATA de la seda (arbusto asclepiadáceo).
Á. DE LA VIDA. **1** Árbol del Paraíso, de cuya fruta comieron Adán y Eva. **2** Tuya (árbol cupresáceo). **3** Conjunto de ramificaciones formadas en el *cerebro por la sustancia gris sobre la blanca.
AL QUE [O A QUIEN] A BUEN ÁRBOL SE ARRIMA BUENA SOMBRA LE COBIJA (popularmente, y aunque la construcción no es correcta, se dice también «quien a buen árbol...»). Refrán de sentido figurado claro. ⇒ *Proteger.
DEL ÁRBOL CAÍDO TODOS HACEN [O TODO EL MUNDO HACE] LEÑA. Refrán que da a entender el desprecio que cae sobre aquel a quien ha sido contraria la suerte. ⇒ *Desgracia.

□ CATÁLOGO

Forma de la raíz en palabras derivadas y compuestas, «arbor-»: 'arboricultura...'. Otra raíz, «dendr-»: 'dendriforme, dendrita, dendrografía, dendrómetro', etc. ➤ Vuelo. ➤ Agrura, alameda, ambulacro, arboleda, arbolado, arboreto, *bosque, calle, chirpia, chirpial, criadero, espesura, floresta, fosa, hilera, huerto, injertera, jardín, linio, liño, mancha, monte, oquedal, parque, *plantación, *plantel, plantío, selva, sotillo, soto, tamaral, vivero. ➤ *Claro, entreliño, paseo, vial. ➤ Estepa, pampa. ➤ Acarrascado, achaparrado, acopado, de adorno, ahilado, de AÑO y vez, aparrado, atropado, copudo, desnudo, ebrancado, engarbado, espigado, frondoso, frutal, maderable, mondón, pelado, resinoso, sanjuanero, santiagueño, de asombra, vecero. ➤ Bonsái, chamizo, cuicuy, talamera. ➤ Albura, cañón, capullina, carrujo, cepa, cepo, cerna, cerne, chueca, *copa, corteza, duramen, *gancho, grumo, horca, horcadura, *madera, nudo, pie, pimpollo, quima, *rama, *retoño, *tocón, toza, tronco, tuco. ➤ Ablaquear, acogombrar, acohombrar, acollar, ahorquillar, apear, *aporcar, apostar, arbolar, arborizar, arrancar, atalar, atetillar, batojar, calzar, cascar, comarcar, cortar, desaporcar, desborrar, descascar, descascarar, descascarillar, *deschuponar, descocar, *descortezar, descuajar, desfollonar, desgajar, desganchar, deshijar, deslechugar, desmamonar, despampanar, despampanillar, despimpollar, desroñar, destetillar, desvaretar, desyemar, enfaldar, entallar, escamondar, escarzar, espinar, guiar, *injertar, mondar, pelar, *plantar, *podar, porcar, recalzar, repoblar, resegar, respaldar, rodrigar, solmenar, *talar, trasplantar, tronchar, varear. ➤ En espaldera. ➤ Aparragarse, arbolecer, arborecer, engarbarse, enloquecer, ennudecerse, enralecer, poblarse. ➤ Alcorque. ➤ Arandela, candeleja, cara, gavia, mozo, patrón, *rodrigón, tutor. ➤ Esquilar, resquilar. ➤ Acebolladura, colaina, cuadranura, griseta, lobanillo, PATA de gallina, procesionaria. ➤ Arbusto. ➤ *Bosque. *Leña. *Madera. *Monte. *Planta.

arbolado, -a **1** Participio de «arbolar». **2** adj. Aplicado al terreno, poblado de árboles o con más o menos árboles. **3** m. Conjunto de árboles de un sitio: 'Respetar el arbolado'.
V. «MAR arbolada».

arboladura (de «arbolar») f. MAR. Conjunto de *palos y vergas de un *barco.

arbolar (de «árbol», palo de un barco) **1** tr. MAR. Poner los palos a una ˇembarcación. ⇒ Desarbolar. **2** *Levantar en el aire con la mano o poner en sitio alto ˇalgo como una *bandera.* ≃ *Enarbolar. ⊙ *Levantar en el aire con la mano ˇalgo como un palo o un arma, en actitud de hacer uso de ellos.* ≃ Enarbolar, *esgrimir. **3** **Apoyar un ˇobjeto alto en una cosa:* 'Arbolar escalas al muro'. **4** Poblar de árboles un ˇlugar. ≃ Arborizar. **5** intr. y prnl. *Elevarse mucho las olas del mar.* **6** prnl. *Encabritarse un caballo.*

arbolario (pop.) m. *Herbolario (botarate).*

arbolecer intr. *Arborecer.*

arboleda (del lat. «arborēta», pl. de «arborētum», arbolado) f. Sitio poblado de árboles, particularmente a orillas de un río.

arbolete (dim. de «árbol») **1** m. CAZA. *Rama que hincan en el suelo los que *cazan con liga para poner en ella las varetas de liga en que se prenden los pájaros.* ≃ Arbolillo. **2** *En los antiguos racimos de metralla, núcleo o palo en que se sujetaban.*

arbolillo **1** m. Dim. frec. de «árbol». **2** (And.) CAZA. *Arbolete de *cazar pájaros.* **3** MINER. *Muro del costado de un *horno de cuba.*

arbolito (Chi.) m. *ÁRBOL de fuego.*

arbollón (del ár. and. «alballá'a», tragona) m. **Albañal.*

árbor (del lat. «arbor, -ŏris»; ant.) m. *Árbol.*

arborado, -a (ant.) adj. *Arbolado.*

arborecer (del lat. «arborescĕre») intr. *Crecer o formarse los árboles.*
□ CONJUG. como «agradecer».

arbóreo, -a (del lat. «arborĕus») adj. De [o del] árbol o de [los] árboles: 'Vegetación arbórea'. ⊙ De forma de árbol: 'Hiedra arbórea'.

arborescencia f. Cualidad de arborescente.

arborescente (del lat. «arborescens, -entis») adj. Desarrollado en forma de árbol. ⊙ Ramificado como un árbol.

arboreto (del lat. «arborētum») m. BOT. *Lugar donde se plantan árboles para su estudio.*

arbori- Elemento prefijo del lat. «arbor, -ŏris», árbol.

arboricida (de «arbori-» y «-cida») adj. y n. m. Que destruye los árboles.

arborícola (de «arbori-» y «-cola») adj. Se aplica a los animales que viven en los árboles.

arboricultor, -a n. Persona que se dedica a la arboricultura.

arboricultura (de «arbori-» y «-cultura») f. Cultivo de los árboles. ⊙ Tratado sobre ese cultivo.

arboriforme (de «arbori-» y «-forme») adj. De forma de árbol.

arborización f. Figura parecida a las ramas de un árbol que presentan algunos cuerpos, por ejemplo ciertos minerales.

arborizar tr. Poblar de árboles un ↘lugar. ≃ Arbolar.

arbotante (del fr. «arc-boutant») m. ARQ. *Arco que transmite a un contrafuerte el empuje de una *bóveda, propio particularmente del estilo gótico. ⇒ ARCO botarete, botarel, brotante, CONTRAFUERTE en arco.

arbustivo, -a adj. *De naturaleza de arbusto.*

arbusto (del lat. «arbustum») m. *Planta con tallos leñosos que se ramifican desde el suelo. ⊙ BOT. Específicamente, la de menos de 5 m de altura. ≃ Frútice. ⇒ Fruticoso, mata, matorral, MONTE bajo. ➤ *Árbol.

arca[1] (del lat. «arca») **1** f. *Caja grande, generalmente de madera, cubierta con una tapa generalmente abovedada, a veces decorada, destinada a guardar ropas y objetos. ⇒ Arcón, arqueta, arquibanco, tambarillo, tina. ➤ Carpeta. ➤ Arquear. **2** *ARCA de agua.* **3** (ant.) *Sepulcro o ataúd.* **4** (ant.) *Cierta embarcación.* **5** *Cada uno de los hornos secundarios de las fábricas de *vidrio, donde se ponen las piezas después de hechas, para calentarlas o para enfriarlas.* **6** *Hueco situado a cada lado del *cuerpo, en la parte anterior del tórax, debajo de las costillas.* ≃ Vacío. **7** (Val.) *Pedrea entre estudiantes.*

ARCA DE AGUA. Casilla o depósito, tanto si es bajo como si está situado en alto, desde donde se distribuye el agua. ≃ Alcubilla.

A. DE LA ALIANZA. Arca en la que se guardaban las tablas de la ley. ≃ ARCA del testamento. ⇒ Tabernáculo.

A. CERRADA (inf.; n. calif.). Se aplica a la persona que guarda bien un secreto.

A. DEL CUERPO. Tronco del *cuerpo humano.

A. DEL DILUVIO. *ARCA de Noé.*

A. DE NOÉ. **1** Embarcación o vivienda flotante en que se salvaron del diluvio Noé y su familia. ≃ ARCA del diluvio. **2** (géneros *Arca* y *Byssoarca)* Nombre dado a varias especies de moluscos lamelibranquios comunes en las costas de España, con valvas de unos 7 cm, rectas por la parte de la charnela, estriadas y con bandas angulosas amarillentas. **3** *Cosa o sitio desordenado.*

A. DEL TESTAMENTO. ARCA de la alianza.

V. «el buen PAÑO en el arca se vende».

arca[2] (de «arcar»; ant.) f. *Acción de arquear la lana.*

arcabucear tr. Disparar contra ↘algo o alguien tiros de arcabuz. ⊙ *Ejecutar a ↘alguien con una descarga de arcabucería.

arcabucería **1** f. Tropa armada de arcabuces. **2** Conjunto de arcabuces. **3** Descarga de arcabuces. **4** *Fábrica de arcabuces o sitio donde se vendían.*

arcabucero m. Soldado armado con arcabuz. ⇒ Despepitador.

arcabuco (¿de or. taíno?) m. *Monte muy espeso.* ≃ Arcabuzal.

arcabuezo (ant.) m. *Hoyo muy profundo en la tierra.* ≃ Carcavuezo.

arcabuz (del fr. «arquebuse») m. *Arma de fuego antigua, semejante al fusil.

arcabuzal (de «arcabuzo»; ant.) m. *Arcabuco.*

arcabuzazo m. Tiro de arcabuz.

arcacil (de «alcacil») m. *Alcachofa silvestre.*

arcada[1] **1** (sing. o pl.) f. Conjunto de arcos, particularmente de un *puente. ⇒ Arquería, *atrio, claustro, columnata, hastial, panda, porche, pórtico, soportal, triforio. ➤ Galería. ➤ *Arquitectura. *Calle. *Pasillo. **2** (sing. o pl.) Ojo de un puente.

arcada[2] (de «arcar»; sing. o pl.) f. Movimiento violento del estómago, que precede o acompaña al *vómito. ≃ Basca.

árcade (del lat. «Arcas, -ádis», del gr. «arkás») **1** adj. y n. *Arcadio.* **2** m. Miembro de una academia de *poesía llamada «de los árcades», establecida en Roma.

arcádico, -a **1** adj. *De la Arcadia o de los árcades.* **2** Idílico.

arcadio, -a adj. y, aplicado a personas, también, n. De la Arcadia, región de la antigua Grecia, tomada a partir del siglo XVI como arquetipo literario del país feliz.

arcador m. *Arqueador.*

arcaduz (de «alcaduz») **1** m. *Caño por donde se conduce agua. ≃ Alcaduz, atanor. **2** Cada uno de los tubos que, empalmados, constituyen una *cañería. **3** Cangilón de noria. **4** (ant.) *Medio de que alguien se vale para conseguir una cosa.*

arcaduzar (ant.) tr. *Conducir el ↘agua por arcaduces.*

arcaico, -a (del lat. «archaĭcus», del gr. «archaïkós») **1** adj. De los primeros tiempos del desarrollo de una civilización. ≃ Primitivo. ⇒ *Antiguo. **2** adj. y n. m. GEOL. Se aplica a la era geológica más antigua, y a sus cosas. **3** adj. Arcaizante.

arcaísmo (del lat. «archaismus», del gr. «archaïsmós») **1** m. Cualidad de arcaico. **2** Voz o expresión arcaica.

arcaizante adj. Hecho a imitación de lo arcaico.

arcángel (del lat. «archangĕlus», del gr. «archángelos») **1** m. Espíritu angélico, perteneciente al octavo coro, intermedio entre los principados y los ángeles. **2** Por antonomasia, el Arcángel San Gabriel. ⇒ SALUTACIÓN angélica.

arcangélico, -a adj. De [del o de los] arcángel[es].

V. «ANGÉLICA arcangélica».

arcano, -a (del lat. «arcānus») **1** adj. Secreto. **2** m. Algo que no se puede comprender o descubrir: 'Los arcanos de la ciencia. Los arcanos del alma humana'. Enlace frecuente, «arcano insondable». ≃ *Misterio. **3** Carta del tarot que hay que interpretar para adivinar el porvenir.

arcar **1** tr. *Arquear (dar forma de arco a una ↘cosa).* **2** *Arquear los ↘*paños.*

arcatifa f. CONSTR. **Argamasa hecha con cal y arena muy finas.*

arcatura f. ARQ. *Arcada figurada.*

arcaz (ant.) m. *Aum. de «arca».*

arcazón (And.) m. *Mimbre.*

arce[1] (del lat. «acer, acĕris») m. Nombre dado a varias especies de árboles del género *Acer,* por ejemplo el *Acer campestre,* de hojas semejantes a las del plátano oriental, cuyos frutos están provistos de una especie de alas y, cuando caen, lo hacen girando. ⇒ Ácere, acirón, azcarrio, azre, escarrio, moscón, rompecaldera, sácere. ➤ Aceríneo.

arce[2] (del lat. «arger, -ĕris»; ant.) m. *Arcén.*

arcea (del lat. «accēia»; Ast.) f. **Chocha (ave zancuda).*

arcedianato o **arcedianazgo** m. Cargo de arcediano. ⊙ Territorio de su jurisdicción.

arcediano (del lat. «archidiacŏnus», del gr. «archidiákonos») **1** m. Nombre de una de las dignidades de *canónigos. ≃ Archidiácono. **2** *Juez que ejercía jurisdicción, delegada por el obispo, en determinado territorio.*

arcedo m. Sitio poblado de arces.

arcén (de «arce[2]») **1** m. *Orilla.* ⇒ Arce. **2** *Brocal.* **3** Margen a uno y otro lado de la calzada reservado para los peatones, para el tránsito de determinados vehículos, etc.

archa (del fr. «arche») f. **Arma formada por una cuchilla larga fija en un asta, que usaban los archeros.* ⇒ Guja. *Lanza.

archero (del fr. «archer») m. *Soldado de cierta guardia de la casa de Borgoña, que fue traída a España por Carlos I.*

archí (del sup. turco «harççi», encargado del gasto, del ár. «ḫarǧ», con el sufijo de nombre de oficio) m. *Sargento de los jenízaros (soldados de la guardia del emperador turco).*

archi- (del b. lat. «archi-», superior en autoridad) pref. Antepuesto a algunos nombres de dignidad, aumenta su categoría: 'Archiduque'. ⊙ En lenguaje informal se usa acomodaticiamente para reforzar el adjetivo a que se antepone: 'Archidisparatado'. ⇒ Re-, requete-, rete-.

archicofrade n. Miembro de una archicofradía.

archicofradía f. Nombre aplicado a las *cofradías muy antiguas o de mucha importancia.

archidiácono m. Arcediano.

archidiócesis f. Diócesis arzobispal.

archiducado m. Título o dignidad de archiduque. ⊙ *Territorio a que se extendía la jurisdicción de un archiduque. ⊙ Tierras y posesiones anejas al título de archiduque.

archiducal adj. Del archiduque o del archiducado.

archiduque, -sa n. Noble que posee un título de categoría superior a la de duque. ⊙ Príncipe o princesa de las casas reales de Austria y Baviera.

archifonema m. FON. *Conjunto de rasgos comunes a los dos miembros de una oposición neutralizada.*

archiganzúa m. **Ladrón muy hábil.*

archilaúd m. *Instrumento musical antiguo parecido al laúd, pero mayor y con el mástil mucho más largo.*

archimandrita (del lat. «archimandrīta», del gr. «archimandrítēs») m. En la iglesia griega, dignidad eclesiástica inferior a la de obispo.

archimillonario adj. y n. Más que millonario. ≃ Multimillonario.

archipámpano o **archipámpano de las Indias** m. Expresión humorística para referirse a una muy alta dignidad imaginaria: '¡Ni que fuera el archipámpano de las Indias!'. ⇒ *Personaje.

archipiélago (del b. gr. «archipélagos») **1** m. Etimológicamente, «mar principal». Es el nombre propio de la parte del mar Mediterráneo poblada de *islas, entre Asia y Grecia. ⊙ Por extensión, se aplica como nombre genérico a cualquier porción de mar poblada de islas. **2** *Piélago (sinnúmero).* ⇒ *Innumerable.

architriclino (del lat. «architriclīnus», del gr. «architriklinos») m. *Persona encargada, entre los antiguos griegos y romanos, de dirigir los *banquetes.*

archivador, -a **1** adj. y n. Se aplica al que archiva. **2** m. Mueble de oficina en que se archivan documentos, fichas, etc. ⇒ Fichero. **3** Carpeta con varios departamentos para guardar papeles.

archivar **1** tr. Guardar ↘documentos en un archivo. Por extensión, dar por terminado un ↘expediente o asunto o dejar de ocuparse de él. **2** (Méj.) *Meter en la cárcel.*

archivero, -a **1** n. Persona que tiene a su cargo un archivo. **2** (Méj.) m. *Archivador (mueble).*

archivista n. *Archivero.*

archivística f. Disciplina relativa a la catalogación y conservación de archivos.

archivístico, -a adj. De [los] archivos.

archivo (del lat. «archīvum», del gr. «archeîon», morada de los magistrados) **1** m. Lugar en que se guardan *documentos. ⊙ Conjunto de los documentos custodiados. ⇒ Fondos. **2** *Colección literaria de noticias sobre cierta cosa. **3** INFORM. Conjunto organizado de datos o registros almacenados como una unidad. ≃ Fichero. **4** (Méj.) *Cárcel.* **5** (Col.) *Oficina.*

archivología f. Ciencia que trata del régimen de los archivos.

archivólogo, -a n. Especialista en archivología.

archivolta (del it. «archivolto», a través del fr. «archivolte») f. ARQ. Conjunto de molduras que forman como una sucesión de *arcos, en el intradós de un arco abocinado. ≃ Arquivolta.

arciche m. *Aciche (utensilio de *solador).*

arcidriche (del ár. and. «aššiṭranǧ»; ant.) m. *Tablero de *ajedrez.*

arcifinio, -a (del lat. «arcifinĭum») adj. *Se aplica al *terreno que tiene límites naturales.*

arcilla (de «argilla») f. Material (silicato de aluminio con impurezas) que forma parte de la tierra, el cual, por formar con el agua una materia muy plástica que se endurece al cocerla, se emplea para fabricar objetos de *cerámica. ⇒ Alfar, argila, argilla, BARRO blanco, bentonita, BOL arménico, BOLO arménico, búcaro, buro, cancagua, caolín, cocó, galactita [galactites o galatites], galaxia. greda, gres, launa, marga, melilito, rúbrica lemnia, tiza, tofo, verdacho. ➤ Barrial, blanquizal, blanquizar, calvero, gredal. ➤ Canga, légamo, salbanda. ➤ Cerámica. *Tierra.

A. FIGULINA. *Arcilla de uso corriente en alfarería, que contiene caliza, arena, óxidos, etc.* ≃ BARRO blanco.

arcillar tr. *Mezclar arcilla o greda a las ↘tierras excesivamente silíceas.*

arcilloso, -a adj. Con arcilla. ⊙ Con mucha arcilla. ⊙ Parecido a la arcilla.

arción[1] (de «ación», con influencia de «arzón» y «arción[2]») m. ARQ. **Dibujo de líneas entrelazadas imitando los hilos de una malla, usado como motivo decorativo en la Edad Media.*

arción[2] (del sup. lat. «arcio, -ōnis», de «arcus»; Col., Méj.) m. *Arzón de la parte anterior de la silla de montar.*

arciprestado m. Arciprestazgo.

arciprestal adj. De [o del] arcipreste.

arciprestazgo m. Dignidad y cargo de arcipreste. ⊙ Territorio de su jurisdicción.

arcipreste (del lat. tardío «archipresbȳter») m. Nombre de una de las dignidades entre los *canónigos de una iglesia catedral.

arco (del lat. «arcus») **1** m. GEOM. Porción de una *curva geométrica cualquiera. ⊙ GEOM. Si no se especifica, se entiende de *circunferencia. ⇒ Lúnula. ➤ Segmento. ➤ Complemento, suplemento. ➤ Cuerda, flecha, sagita, subtensa. ➤ Coseno, cotangente, seno, tangente. ➤ Grado, minuto, segundo. ➤ Subtender. **2** Obra en forma de arco con que se cubre la parte superior del vano de una puerta, ventana, etc. **3** *Arma formada por una varilla elástica sostenida en forma de arco por una cuerda que une sus extremos, con la cual se lanzan flechas. ⇒ Desfechar. Arquero. **4** Utensilio formado por una varilla delgada que mantiene tensas unas fibras con las que se frotan las cuerdas del violín y otros instrumentos semejantes para tocarlos. ⇒ Talón. ➤ Arqueada. ➤ *Colofonia. **5** DEP. Portería.

6 (Bol.) *Ceremonia que se celebra en algunas bodas populares para obtener dinero de los invitados.*
ARCO ABOCINADO. ARQ. El que es más grande por un paramento que por el otro, de modo que el intradós tiene forma de bocina.
A. ADINTELADO. ARQ. Cierre superior de un vano, formado por dovelas como si fuese un arco, pero recto. ⇒ Salmer.
A. ALVEOLAR. ANAT. El formado por el borde de cada una de las dos mandíbulas.
A. APAINELADO. ARQ. *ARCO carpanel.*
A. APUNTADO. ARQ. El formado por dos porciones de arco que se cortan formando punta en la parte superior. ≃ ARCO ojival, ojiva.
A. BOTARETE. ARQ. *Arbotante.*
A. CARPANEL. ARQ. *El rebajado, formado por tres arcos de circunferencia.*
A. CIEGO. ARQ. El relleno, que sólo sirve para el efecto de completar una arcada.
A. COMPLEMENTARIO. GEOM. Complemento de un arco.
A. CONOPIAL. ARQ. El apuntado en que la punta esta formada por dos arcos de curvatura inversa a la de los que forman el arranque.
A. DEGENERANTE. ARQ. *ARCO adintelado.*
A. ESCARZANO. ARQ. *Se llaman así, tanto el carpanel o formado por tres arcos de circunferencia, como el peraltado o formado por un arco prolongado por dos rectas en sus extremos.* ⇒ Salmer.
A. FORMERO. ARQ. Cada uno de los cuatro en que se apoya la bóveda vaída.
A. GALGADO. ARQ. *El formado con ladrillos acuñados con sierra.*
A. DE HERRADURA. ARQ. El propio de la arquitectura árabe, que tiene más de media circunferencia.
A. DE IGLESIA (n. calif.; más frec. en frases negativas). Se aplica a una cosa que se encuentra muy *difícil de hacer.
A. IRIS. El formado por bandas de los colores del espectro que, a veces, ve en el cielo un espectador colocado de espaldas al Sol, debido a la reflexión y refracción de la luz dentro de las gotas de agua de la atmósfera. ≃ Iris. ⇒ ARCO de San Martín, VARA de luz. ⊙ Serie de los *colores del espectro.
A. DE MEDIO PUNTO. ARQ. El que tiene la forma de una semicircunferencia.
A. OJIVAL. ARQ. ARCO apuntado.
A. PERALTADO. ARQ. El de medio punto prolongado en sus extremos por dos porciones rectas.
A. PERPIAÑO. ARQ. *El que forma un resalto en la parte inferior del cañón de una nave.*
A. RAMPANTE. ARQ. El que tiene sus arranques a distinto nivel.
A. REBAJADO. **1** ARQ. El formado por un arco de circunferencia de menos de media circunferencia. **2** ARQ. También, el que tiene una porción de la parte superior sustituida por una recta o por un arco de radio mucho mayor que el del arco inicial.
A. DE SAN MARTÍN (Mur.). *ARCO iris.*
A. A SARDINEL. ARQ. *El formado por sillares en forma de cuña o ladrillos acuñados unidos por medio de cemento.*
A. SUPERCILIAR. ANAT. Reborde del hueso frontal en forma de arco, por encima de las órbitas.
A. TERCIARIO. ARQ. *Arco de las bóvedas de crucería.*
A. TORAL. ARQ. Cada uno de los cuatro que sostienen una cúpula.
A. EN [O POR] TRANQUIL. ARQ. *El que no tiene los estribos en la misma horizontal; por ejemplo, los de los arbotantes.*
A. TRIUNFAL [O DE TRIUNFO]. Arco o arcada monumental erigido para conmemorar una victoria o en honor de uno o más héroes.
A. TÚMIDO. ARQ. Arco que se va ensanchando desde el arranque hasta la mitad de su altura.
A. VOLTAICO. FÍS. Foco de luz o de calor constituido por dos carbones colocados uno frente a otro y muy próximos, de modo que sus extremos se ponen incandescentes, así como el aire intermedio, al pasar una corriente.
A. ZARPANEL. ARQ. *ARCO carpanel.*

□ CATÁLOGO

Arbotante, cincho, forma, formalete, formero, gálibo, nervio, ojiva, ojo, plemento, medio PUNTO. ➤ Almohadón, archivolta [o arquivolta], arrabá, arranque, cintra, cintrel, clave, complemento, contraclave, corvadura, dovela, dovelaje, espinazo, extradós, intradós, lóbulo, saltacaballo, SILLAR de clave, trasdós. ➤ Cuerda, flecha, peralte, sagita, tirantez, vuelta. ➤ Arbotante, imposta, *pechina, salmer, sotabanco, trompa. ➤ Cercha, cerchón, cimbra, costilla, formaleta. ➤ Cintrel, montea. ➤ Capialzar, cimbrar, descimbrar, montear, peraltar, rebajar, voltear. ➤ Arrancar, mover, mover de SALMER. ➤ Arquear y palabras que empiezan por «arq-», enarcar. ➤ *Arquitectura. *Bóveda. *Construir.

arcobricense (del lat. «Arcobrigenses») adj. y, aplicado a personas, también n. *De Arcos de la Frontera, población de la provincia de Cádiz.*

arcón m. Arca grande.

arconte (del lat. «archon, -ōntis», del gr. «árchōn») m. *Magistrado de los que, en cierta época, gobernaron en Atenas. ⇒ Polemarca.

arcosa f. Arenisca formada por granos de cuarzo y feldespato, que se emplea como *piedra de construcción y para *pavimentos.

arcosolio (del lat. «arcosolĭum») m. *Sepultura de las existentes en las catacumbas.*

arctado (del lat. «arcēre», encerrar) adj. *Se aplicaba al clérigo con tiempo limitado para ordenarse.*

árctico, -a (ant.) adj. *Ártico.*

arcuación (del lat. «arcuatĭo, -ōnis»; ant.) f. *Curvatura de un arco.*

arcuado, -a (del lat. «arcuātus»; ant.) adj. *Arqueado.* ≃ Arcual.

arcual (del lat. «arcus», arco; ant.) adj. *Arqueado.* ≃ Arcuado.

arda (del ant. «harda»; ant.) f. **Ardilla (mamífero roedor).*

ardalear (del ár. and. «ẖárdal», esquilmar los racimos) intr. *No granar enteramente la *uva.* ≃ Ralear.

árdea (del lat. «ardĕa») f. **Alcaraván (ave zancuda).*

ardedor, -a (Cuba, Méj.) adj. *Aplicado particularmente al tabaco, que arde bien.*

ardeiforme adj. y n. f. ZOOL. *Ciconiforme.*

ardentía (de «ardiente») **1** (pop.) f. *Ardor.* ⊙ (pop.) *Sensación de ardor en el estómago.* ⇒ Pirosis. **2** *Luminosidad fosfórica que se ve a veces en el mar, particularmente en las olas agitadas.*

ardentísimo, -a adj. Superl. de «ardiente».

arder (del lat. «ardēre») **1** intr. Estar *quemándose o encendido: 'Arde una vela. Arden las brasas en el fuego. Está ardiendo una casa'. ⊙ Ser susceptible de arder: 'La leña verde no arde'. ⊙ prnl. *Quemarse.* ⇒ Deflagrar, *encenderse, flagrar. ➤ Enardecer. ➤ *Fuego. *Quemar. **2** intr. Con los complementos «en deseos» o «en ganas», tenerlos alguien con tal intensidad que está inquieto o excitado; con «de» y un nombre de *pasión, estar agitado por ella; con «por» y un verbo, tener gran impaciencia por hacer lo que el verbo expresa: 'Ardo en deseos de conocerla. Ardía de indignación. Ardo por saber el resultado'. ≃ Abrasarse, *consumirse. ⇒ *Apasionar. **3** («en») Estar agitado un lugar por luchas o cualquier clase de excitación: 'El país ardía en luchas intestinas [o en banderías]. Valencia arde en fiestas'. **4** (lit.) *Resplandecer.* **5** tr. **Quemar.* **6** intr. **Pudrirse el estiércol produciendo calor y vapores.* **7** prnl. *Fermentar una cosa por efecto del calor y la humedad; como los granos, la paja o el *tabaco.*

V. «no hay más CERA que la que arde, agarrarse a un CLAVO ardiendo».

ESTAR QUE ARDE. **1** (inf.) Estar una cosa quemando. ⊙ (inf.) Estar muy caliente. **2** (inf.) Estar una persona muy indignada o encolerizada. **3** (inf.) Estar un lugar o una reunión muy agitados por la excitación de los presentes: 'La sesión está que arde'.

V. «arda TROYA».

VA QUE ARDE [VAS QUE ARDES, etc.] (inf.). Va que CHUTA [vas que chutas, etc.].

ardero (de «arda») adj. V. «PERRO ardero».

ardeviejas (de «arder» y «vieja»; inf.) f. **Aulaga (planta leguminosa).*

-ardía Sufijo que forma nombres de cualidad: 'Bastardía, gallardía, picardía'.

ardicia (de «arder»; ant.) f. *Deseo ardiente de algo.*

ardid (de «ardido») **1** (ant.) adj. **Astuto, *hábil o *sagaz.* **2** m. Medio hábil que se utiliza para conseguir o para eludir una cosa.

□ CATÁLOGO

Alcahuetería, alicantina, amaño, anzuelo, añagaza, argucia, artería, malas artes, artificio, artimaña, astucia, caula, chicana, cepo, estratagema, evasiva, ficción, fullería, garlito, gatada, gauchada, granujería, habilidad, lazo, lilaila, magaña, mañas, martingala, maturranga, morisqueta, ñagaza, picardía, *pretexto, ratimago, ratonera, red, roña, subterfugio, trácala, *trampa, trapaza, traspaso, trecha, trepa, treta, triquiñuela, truco, zalagarda, zangamanga. ➤ *Astucia. *Engaño. *Mentira. *Simular.

ardidamente (ant.) adv. *Valerosamente.*

ardidez o **ardideza** (de «ardiz»; ant.) f. **Astucia, *habilidad o sagacidad.*

ardido, -a (del sup. germ. «hardjan», endurecer, a través del rom.) **1** adj. **Valiente o atrevido.* **2** (Hispam.) *Irritado, ofendido.*

ardidosamente (ant.) adv. *Valientemente.* ≃ Ardidamente.

ardidoso, -a (ant.) adj. *Ardido.*

ardiendo Gerundio muy usado con el significado de «muy caliente»: 'Tienes la mano ardiendo'.

V. «agarrarse a un CLAVO ardiendo».

ardiente (del lat. «ardens, -entis») **1** adj. Muy *caliente. ⊙ Que causa ardor: 'Una bebida [o comida] ardiente'. ⇒ Aguardiente. **2** Que pone pasión en sus sentimientos o ideales. Se aplica al nombre que designa al que tiene la actitud que califica este adjetivo: 'Un ardiente defensor de la libertad'. También a «temperamento» o palabra equivalente y a «amor», «entusiasmo» o palabras semejantes. ≃ Apasionado, férvido. **3** *Aplicado al *color rojo o a las cosas que lo tienen muy vivo:* 'Una rosa ardiente'. ≃ Encendido. **4** («Estar») Dominado por el deseo sexual. ⇒ *Celo. ⊙ («Ser») Propenso a sentirlo intensamente. ⇒ Botiondo, butiondo, cachondo, calenturiento, calentón, lujurioso. ➤ *Sexo.

V. «CAPILLA ardiente».

ardientemente adv. Con ardor, con mucha intensidad o con mucha viveza: 'Deseo ardientemente que se cumplan tus deseos'. ≃ Fervientemente, fervorosamente, vivamente.

ardilla (dim. de «arda») **1** *(Sciurus vulgaris)* f. Mamífero roedor de unos 20 cm de longitud, con la cola muy peluda, de movimientos muy ágiles y vivos. ⇒ Arda, ardita, esguila, esquilo, gris, tupaya. ➤ Petigrís. ➤ PERRO ardero. **2** (inf.; n. calif.) Persona inteligente y astuta.

ardiloso, -a (del ant. «ardil», mañoso, de «ardid»; And., Hispam.) adj. *Astuto, hábil.*

ardimiento[1] **1** m. Acción de arder. **2** *Fervor. ≃ Ardor.

ardimiento[2] (de «ardido») m. *Valor.*

ardínculo m. VET. **Absceso que aparece en las heridas de las caballerías cuando se gangrenan.* ≃ Vivo.

ardiondo, -a (del sup. lat. «aridibundus», de «ardēre», arder; ant.) adj. *Lleno de ímpetu o *coraje.*

ardita (Am. S.) f. *Ardilla.*

ardite (¿del gascón «ardit»?) **1** m. Cierta *moneda antigua de poco valor. **2** (culto) Con los verbos «importar, valer» o equivalentes, en frases afirmativas o negativas, *nada: 'Me importa un ardite. No vale un ardite'. ⇒ Bledo, comino, higa, pepino, pito, pitoche, pujés, rábano.

-ardo, -a Sufijo raro de adjetivos: 'Bastardo, gallardo'.

ardor (del lat. «ardor, -ōris») **1** m. Cualidad o estado de lo que está o es muy caliente: 'El ardor del verano'. ⊙ Quemazón. ⊙ Se aplica a la sensación de quemarse; en especial, la sentida en el estómago. **2** *Afán, *ánimo, *empeño, *entusiasmo o *fervor: 'Trabajar con ardor'. ≃ Ardimiento. ⊙ Interés y actividad que se pone en la ejecución de algo: 'Está trabajando con mucho ardor en la terminación de su libro'. ⊙ Intensidad o vehemencia en una acción: 'En el ardor del combate [o de la disputa]'.

ardora (de «ardor») f. *Fosforescencia del mar debida a la presencia de un banco de sardinas.*

ardorosamente adv. Con ardor (lit., «encendidamente»).

ardoroso, -a (de «ardor») adj. Ardiente: 'Tiene la frente ardorosa'. Se aplica particularmente al tiempo. 'El ardoroso estío'. ⊙ Febril. ⊙ Apasionado.

arduamente adv. Con mucho esfuerzo.

arduo, -a (del lat. «ardŭus») **1** adj. Se aplica a lo que exige mucho esfuerzo: 'Una empresa ardua'. ≃ *Difícil, dificultoso. **2** *Aplicado al terreno, fragoso.*

ardura (de «arduo»; Ál.) f. **Apuro.*

ardurán (del ár. marroquí «eddra») m. Variedad de *sorgo (planta gramínea).

área (del lat. «arĕa») **1** f. Extensión de una *superficie. ⇒ Cabida, escuadreo. ⊙ ARQ. Superficie ocupada por un edificio. ≃ Solar. **2** Unidad de medida superficial, equivalente al decámetro cuadrado. Abrev.: «A». ⇒ Centiárea, decárea, deciárea, hectárea. **3** GEOM. Superficie comprendida dentro de un perímetro. ⊙ Extensión de esta superficie expresada en una unidad de medida. **4** Espacio en que se produce un determinado fenómeno o que tiene unas características propias. **5** Terreno, campo: 'El área de medio ambiente del ayuntamiento'. **6** DEP. Zona del terreno de juego más cercana a la portería, en que las faltas cometidas tienen una sanción especial.

ÁREA DE SERVICIO. Recinto con gasolinera y otros servicios al que pueden acceder los vehículos que circulan por una autopista.

areca *(Areca catheçu)* f. *Palma de tronco más grueso por arriba que por abajo, de corteza anillada; su fruto, llamado del mismo modo, se emplea en tintorería y, en Filipinas, para hacer buyo. ≃ Bonga.

arecer (del lat. «arescĕre»; ant.) tr. **Secar.*

-areda Sufijo con que se forman nombres de *acumulación, derivados de otros nombres: 'Polvareda, humareda'.

arefacción (del lat. «arefacĕre», secarse) f. *Acción de *secar[se].*

areito (de or. taíno) m. **Canto y danza popular de los *indios antiguos de las Antillas y América Central.*

arel (del cat. «erer») m. **Criba grande usada para limpiar el trigo en la era.*

arelar tr. *Limpiar el ↘trigo con el arel.*

arena (del lat. «arēna») **1** f. Conjunto de granos procedentes de partículas disgregadas de las rocas. Se emplea corrientemente como nombre colectivo genérico, pero también en plural cuando se designan las de cierto lugar: 'Las arenas del desierto. Las arenas del Sil'. ⊙ En lenguaje técnico se llama «arena» al material pétreo de las mezclas o *argamasas cuando el tamaño de las partículas está comprendido entre dos centésimas de milímetro y dos milímetros. ⊙ Tierra arenosa, de calidad especial, que se emplea para fregar. ⊙ Conjunto de partículas de metal o de mineral beneficiable, disgregado natural o artificialmente en los yacimientos. ⇒ Albero, arenaza, arenilla, cancagua, cañamoncillo, carboncillo, granzón, lama, lastre, maicillo, sable, sablón, sabre, sábulo, sorra. ➤ GRANO [o GRANITO] de arena. ➤ Arenal, bajo, bajío, desierto, duna, glera, médano, placer, playa, restinga [o restringa], sablera, seca, secano, sirte. ➤ Cama. ➤ Arramblar. ➤ Desarenar, enarenar. ➤ *Campo. *Tierra. **2** *Palestra: suelo sobre el que se realiza una lucha o competición; particularmente, en los circos romanos. ⊙ TAUROM. Ruedo de la plaza de toros. ≃ Redondel. ⊙ También puede usarse simbólicamente: 'Ya están en la arena' (Ya están frente a frente). **3** (pl.) Piedrecitas o concreciones pequeñas que se forman a veces en la vejiga. ⇒ *Cálculo.

ARENAS MOVEDIZAS. **1** Las que desplaza el viento en las orillas del mar o en los desiertos. **2** Las que están mezcladas con una gran proporción de agua y no soportan pesos.

V. «una de CAL y otra de arena, GRANO [o GRANITO] de arena».

arenáceo, -a (del lat. «arenacĕus») adj. *Arenoso.*

arenación (del lat. «arenatĭo, -ōnis») f. MED. *Procedimiento curativo que consiste en cubrir con arena caliente la parte enferma.*

arenal 1 m. Terreno arenoso. **2** *Terreno de arena movediza.*

arenar 1 tr. *Enarenar.* **2** *Restregar una ↘cosa con arena.*

arenaza (de «arena») f. *Granito disgregado que suele encontrarse en contacto con los filones de galena.

arencar tr. *Preparar ↘sardinas arenques.*

arenero, -a 1 n. *Persona que vende arena para fregar.* **2** m. *Caja que llevan las locomotoras con arena para soltarla sobre los rieles cuando es necesario aumentar la adherencia.* **3** TAUROM. *Mozo encargado de mantener en condiciones convenientes durante la lidia la superficie de arena de la plaza de *toros.*

arenga (¿del sup. gót. «harihrings», reunión del ejército?; «Dirigir, Echar —inf.—, Pronunciar una») f. *Discurso destinado a despertar en los oyentes entusiasmo o valor para llevar a cabo algo; particularmente, el dirigido por un jefe a los soldados. ≃ Alocución. ⇒ Alocución, proclama, soflama. ➤ *Discurso.

arengar tr. o abs. Dirigir una arenga a ↘alguien.

arenilla (dim. de «arena») **1** f. Arena menuda. **2** Se aplica a un conjunto de partículas de cualquier material, semejante a arena. ⊙ Conjunto de partículas de hierro magnético que se empleaban para *secar lo escrito. ⊙ *Salitre reducido a granos menudos, que se emplea en la fabricación de la pólvora.* **3** Cierta molestia de los *ojos que produce la sensación de tener arenilla debajo de los párpados. **4** Cierto punto de bordado, semejante a granos de arena. ⇒ *Bordar. **5** (ant.; pl.) *Conjunto de dados que sólo tienen puntos por una cara; como los que se usan en el juego de la rentilla.*

arenillero m. *Utensilio en que se tenían los polvos que se utilizaban para secar lo escrito.* ≃ Salvadera.

arenisco, -a 1 adj. Como [de o con] arena. **2** f. Roca formada por granos de cuarzo unidos por un cemento de distinto material. ⇒ Asperón, molasa.

arenoso, -a adj. De [la] arena: 'Terreno arenoso'.

arenque (del occit. ant. «arenc»; *Clupea Harengus)* m. Pez parecido a la sardina, pero algo mayor, que se come fresco, salado o desecado al humo. ≃ SARDINA arenque. ⇒ Celán. ➤ Tabal.

arenzata (de «arienzo»; ant.) f. *Ración de comida.* ≃ Almudelio.

areola o **aréola** (del lat. «areŏla») **1** f. MED. Círculo rojizo que rodea a veces las heridas y llagas. **2** ANAT. Círculo más oscuro que la piel de alrededor, que rodea el *pezón de la mama.

areolar adj. ANAT. De la areola.

areómetro (del gr. «araiós», poco denso, y «-metro») m. FÍS. Instrumento que se emplea para medir la densidad de los líquidos. ⇒ Pesalicores.

areopagita (del lat. «areopagīta», del gr. «areopagítēs») m. *Juez de los del areópago.

areópago (del lat. «areopăgus», del gr. «areiópagos») m. *Tribunal superior de la antigua Atenas.

areosístilo adj. y n. ARQ. *Se aplica al edificio clásico en que se emplean combinados intercolumnios del sístilo y del areóstilo.*

areóstilo (del gr. «araióstylos») m. ARQ. **Edificio clásico cuyos intercolumnios son de ocho módulos o, rara vez, más.*

areotectónica f. Arte de construir fortificaciones.

arepa (del cumanagoto «erepa», maíz) f. *Torta que se hace en Hispanoamérica con maíz, huevos y manteca.

arepita (dim. de «arepa»; Hispam.) f. **Torta pequeña de maíz, papelón (azúcar con la melaza) y queso.*

arequipe (de «Arequipa», nombre de una ciudad peruana; Col.) m. *Dulce de leche.*

arequipeño, -a adj. y, aplicado a personas, también n. *De Arequipa, ciudad de Perú.*

ares y mares (¿del port. «ares» e mares», aires y mares?) Expresión informal para significar «mucho» o «muchas cosas»: 'Cuenta ares y mares de lo bien que le han tratado'.

aresta (del lat. «arista») **1** (ant.) f. **Espina.* **2** (ant.) **Tomento (estopa).*

arestil (de «aresta») m. *Arestín.*

arestín (de «aresta») **1** *(Eryngium tenue)* m. *Planta umbelífera, toda ella de color azulado, con las hojas y el cáliz provistos de espinas. ≃ Arestil. **2** VET. *Excoriación de* *las *caballerías en las cuartillas.* **3** VET. *En otros animales, *erupción.* **4** *Molestia o *desazón.* ≃ Arestil, aristín, aristino.

aretalogía (del gr. «aretalogía») f. *Narración de los hechos prodigiosos de un dios o un héroe.*

arete (dim. de «aro[1]») m. *Aro pequeño. ⊙ Se aplica particularmente a los que se usan como *pendientes. ⇒ Dormilona.

aretino, -a (del lat. «Aretīnus», de «Aretĭum», Arezzo) adj. y, aplicado a personas, también n. *De Arezzo, ciudad de Italia.*

arévaco, -a (del lat. «Arevăcus») adj. y, aplicado a personas, también n. *Nombre dado a los individuos de un pueblo que ocupaba una región de la España Tarraconense, a ese pueblo y a sus cosas.*

arfar (¿del port. «arfar», cabecear, jadear?) intr. MAR. *Cabecear un *barco (levantarse alternativamente de proa y de popa).*

arfil[1] (ant.; usado todavía en Hispam.) m. *Alfil (pieza de ajedrez).*

arfil[2] (de «alfil[2]»; ant.) m. **Presagio.* ≃ Alfil.

argadijo **1** m. *Argadillo.* **2** *Conjunto de utensilios pequeños que se emplean para hacer algo.* ≃ Argamandijo.

argadillo (de un sup. dim. del lat. «ergăta», cabestrante, del gr. «ergátēs», obrero) **1** m. **Armadura de aros y listones con que se forma la parte de las *imágenes que va cubierta con los vestidos.* **2** (ant.) *Esqueleto o contextura del *cuerpo humano.* **3** (Ar.) **Cesto grande de mimbres.* **4** *Devanadera; utensilio para devanar madejas.* **5** (inf.; n. calif.) *Persona *bulliciosa, *inquieta, intrigante o entrometida.*

argado (del lat. «ergăta», cabrestante) **1** (ant.) m. **Enredo, *lío o *travesura.* **2** (ant.) **Disparate.*

argalia (del gr. «ergaleîon», obra) f. *Algalia de cirujano.*

argallera (de «argolla») f. *Especie de *serrucho que se emplea particularmente para hacer en los *toneles la hendidura circular en que se encajan las tapas.*

argamandel (del ár. and. «ẖirqat mandíl», harapo de paño) m. **Andrajo.*

argamandijo (de «argadijo», con influencia de «argamandel») m. Conjunto de cosas pequeñas que se emplean para algo. ≃ Argadijo.

V. «DUEÑO [o SEÑOR] del argamandijo».

argamasa f. Material de construcción formado por una mezcla de cal, arena, a veces barro, y agua. ≃ Mezcla, mortero. ⇒ Alcatifa, amasijo, betón, calcina, cancagua, derretido, forja, garujo, hormigón, HORMIGÓN armado, HORMIGÓN hidráulico, lechada, mazacote, mezcla, mortero, nuégado, pece, turronada. ➤ Pellada, pilada, pilón. ➤ Arena, *cal, cañamoncillo, casquijo, cocó. ➤*Albañil, fijador. ➤ Encascotar, estropear, rellenar, repastar. ➤ Fraguar. ➤ Hormigonera. ➤ Era. ➤ *Construir.

argamula (del ár. and. «alḥalúma») f. *LENGUA de buey (planta borraginácea).*

argán (del bereber «argan»; *Argania spinosa*) m. Árbol sapotáceo de Marruecos de fruto comestible de cuyas semillas, llamadas «arganes», se extrae aceite.

árgana (del sup. lat. vulg. «arganum», del gr. «órgana», instrumentos; ant.) f. *Especie de *grúa.*

árganas (de un dim. del lat. «angarĭa», del gr. «angareía», azofra de acarreo) **1** f. pl. *Especie de *angarillas formadas por dos cestos.* ≃ Árguenas, árgueñas. **2** **Alforjas.* ≃ Árguenas, árgueñas.

arganel (del cat. «arganell») m. *Círculo pequeño de metal que forma parte del *astrolabio.*

arganeo (del fr. «arganell») m. MAR. *Argolla en el extremo superior del *ancla.*

árgano (del sup. lat. vulg. «arganum», del gr. «órgana», instrumentos) m. *Árgana.*

argaña (de or. prerromano, rel. con «árgoma») **1** f. *Argaya.* **2** *Hierba mala.*

argavieso (del lat. «aquae versus», vertedero de agua; ant.) m. **Aguacero.*

argaya (de or. prerromano; ant.) f. *Arista del *trigo.*

argayo[1] m. **Alud de tierra y piedras que se desprende y cae por la ladera de un monte.*

ARGAYO DE NIEVE (Ast.). **Alud de nieve.*

argayo[2] m. *Prenda de *abrigo de paño tosco que se ponían sobre el *hábito los religiosos de Santo Domingo.*

argel (del ár. and. «arǧál») **1** adj. y n. m. *Se aplica al *caballo que sólo tiene blanco el pie derecho.* **2** (Arg., Par.) *Se aplica al caballo que se considera portador de mala suerte.* **3** (Arg., Par.) *Que no tiene gracia ni resulta simpático.*

argelino, -a adj. y, aplicado a personas, también n. De Argel o Argelia. ⇒ Cayá, dey. ➤ Espahí.

argemone (del lat. «argemōne», del gr. «argemṓnē»; *Argemone mexicana*) f. Se aplica a las plantas de un género americano de papaveráceas que se cultivan también en Europa para adorno y como medicinales. ≃ Chicalote.

argén (del cat. «argent») **1** (ant.) m. *Plata.* **2** (ant.) **Dinero.* **3** HERÁLD. **Color blanco o de plata.*

argent (Ar.) m. *Argento.*

argentada (del lat. «argentāta», plateada) f. *Cierto afeite que usaban las mujeres.*

argentado, -a adj. Plateado.

argentar (del lat. «argentāre») tr. *Platear.*

argentario (del lat. «argentarĭus») **1** (ant.) m. *Platero.* ≃ Argentero. **2** *Jefe de los *monederos.*

argénteo, -a (del lat. «argentĕus») adj. Aplicado particularmente al brillo, de [o como de] plata.

argentería (de «argentero») **1** f. *Platería.* **2** *Bordado de plata u oro.* **3** *Brillo de las obras de arte o de la inteligencia.* **4** *Expresión brillante pero de poco contenido.*

argentero m. Platero. ≃ Argentario.

argéntico, -a adj. QUÍM. *Se aplica a los óxidos y sales de plata.*

argentífero, -a (del lat. «argentĭfer») adj. Se aplica al *mineral que contiene plata.

V. «PLOMO argentífero».

argentina (de «argentino[2]»; *Potentilla anserina*) f. *Planta rosácea, con los tallos y hojas cubiertos de vello sedoso plateado; los campesinos de algunos sitios comen sus hojas y raíces, pero se emplea particularmente para *pasto o *pienso de cerdos y gansos. ≃ Anserina.

argentinismo m. Americanismo de Argentina.

argentino[1], -a **1** adj. y, aplicado a personas, también n. De la Argentina. ⇒ Chirola. ➤ Milonga. ➤ Gaucho. ➤ Pampa. **2** m. *Moneda de oro argentina, equivalente a cinco pesos de oro.

argentino[2], -a (del lat. «argentīnus») adj. De aspecto de plata por el brillo y el color.

argentita f. Sulfuro de plata natural. ⇒ *Mineral.

argento (del lat. «argentum»; lit.) m. *Plata.*

ARGENTO VIVO. QUÍM. *Mercurio.*

A. VIVO SUBLIMADO. QUÍM. *Sublimado corrosivo.*

argentoso, -a (del lat. «argentōsus») adj. *Se dice de lo que contiene plata.*

argentpel (del lat. «argentum», plata, y «pellis», piel; ant.) m. *Lámina de latón con baño de plata.*

argila o **argilla** (del lat. «argilla»; ant.) f. **Arcilla.*

argilloso, -a (ant.) adj. *Arcilloso.*

arginas (del lat. «angarĭa»; ant.) f. pl. *Aguaderas.*

argirismo m. *Envenenamiento producido por las sales de plata.*

argivo, -a o **argólico, -a** **1** adj. y, aplicado a personas, también n. *De Argos, ciudad griega.* **2** *Por extensión, *griego.*

argo m. *Argón.*

argolla (del ár. and. «algúlla») **1** f. Anilla gruesa, generalmente fija a algún sitio para *atar en ella algo; como las embarcaciones o las caballerías. ⇒ Arganeo, arrendadero, branza, estrinque, grillete, grillo, trabón. **2** Juego consistente en tratar de hacer pasar unas bolas de madera impulsadas con unas palas cóncavas a través de una argolla hincada en el suelo mediante una punta que tiene. ⇒ Aro, bola. ➤ Barras, bocas, culas. ➤ Cabe, CABE a [o de] paleta, choclón. ➤ Estar en BARRAS, choclar. ➤ Pala. ➤ Raya. ➤ Croquet. **3** **Castigo que consistía en exponer al reo a la vergüenza pública sujeto por el cuello a una argolla fija en un poste.* **4** *Cierto *collar que usaban las mujeres.* **5** **Pulsera.* **6** *Sujeción o dependencia gravosa en que está una persona respecto de otra.* **7** (Chi., Col., Méj., R. Dom.) *Anillo (*sortija).* **8** (C. Rica, Perú) *Camarilla (grupo de personas influyentes).* **9** (Cuba) **Pendiente en forma de aro.*

árgoma (¿de or. prerromano?; *Ulex europaeus*) f. Planta leguminosa silvestre con hojas acabadas en púa y flores como las de la retama. ≃ Aliaga, aulaga, escajo, gáraba.

argón (del gr. «argón», de «argós», inactivo) m. Gas noble que constituye aproximadamente el uno por ciento de la atmósfera. N.º atómico 18. Símb.: «Ar». ≃ Argo.

argonauta (del lat. «argonauta», del gr. «argonaútēs») **1** m. Nombre dado a los navegantes griegos que figuraban en la expedición que fue a la conquista del «vellocino de oro». **2** (*Argonauta argo*) Molusco *cefalópodo de cuerpo comprimido, con ocho tentáculos. La hembra tiene una concha blanca en espiral y dos tentáculos ensanchados en los extremos, y cuando nada a flor de agua, parece una barquilla con sus remos. ⇒ Nautilo.

argos (n. calif.; con mayúsc. o minúsc.) m. Del nombre de un rey de Argos mitológico que tenía cien ojos, se aplica a la persona que *vigila con mucha eficacia.

argot (fr.) m. *Jerga.

argucia (del lat. «argutĭa») f. Argumento falso expuesto con habilidad. ≃ Falacia, sofisma, sutileza. ⇒ *Ardid, *mentira, *pretexto, simulación.

argüe (del cat. u occit. «argue»; ant.) m. **Cabrestante.*

arguellado, -a (Ar.) *Participio adjetivo de «arguellar».* ⊙ (Ar.) **Encanijado.* ⊙ (Ar.) *Muy *sucio.*

arguellar (del sup. rom. and. «ḫalaqelár», hacer un andrajillo) **1** (Ar.) tr. *Poner arguellado (*encanijado o *raquítico) a ↘alguien.* ⊙ (Ar.) prnl. *Ponerse encanijado o raquítico.* **2** (Ar.) tr. y prnl. **Ensuciar[se] tanto una ↘cosa, particularmente la ropa, que ya no se puede poner completamente limpia de nuevo.*

arguello (del ár. and. «alqílla», escasez) **1** (Ar.) m. *Encanijamiento.* **2** (Ar.) *Acción y efecto de arguellar[se] la ropa.* **3** (Ar.; n. calif.) n. *Persona encanijada.*

árguenas o **árgueñas** (de un dim. del lat. «angarĭa», del gr. «angareía», azofra de acarreo) **1** f. pl. **Angarillas.* ≃ Árganas. **2** **Alforjas.* ≃ Árganas.

argüir (del lat. «arguĕre») **1** tr. Deducir una ↘cosa como consecuencia natural de otra. **2** Probar o hacer ver con claridad una ↘cosa. **3** («en apoyo, a [o en] favor de, en contra de, con») tr. o abs. Exponer alguien ciertas razones para sostener su opinión contra la de otros: 'Arguyen unos a favor y otros en contra de la reforma'. ≃ Alegar, *argumentar. ⊙ Exponer una ↘justificación: 'Arguye que a él no le habían avisado'. ≃ Alegar. ⊙ También se dice «argüir con hechos»; por oposición a «argüir con razones». ⊙ intr. Constituir una cosa un argumento en favor o en contra de algo: 'Eso arguye en favor de mi tesis'. ⇒ Redargüir. **4** tr. **Reprochar a alguien una ↘cosa.*

□ CONJUG. como «huir».

argüitivo, -a (ant.) adj. *Empleado para argüir.*

argullo (pop.) m. Orgullo.

argulloso, -a (pop.) adj. Orgulloso.

argumentación **1** f. Acción de argumentar. **2** Conjunto de argumentos.

argumentador, -a adj. y n. Se aplica al que argumenta. ⊙ Aficionado a argumentar (discutir, contradecir o replicar).

argumental adj. De [o del] argumento.

argumentante adj. y n. *Se aplica al que aduce argumentos en una discusión.*

argumentar (del lat. «argumentāre») **1** tr. *Argüir (deducir).* **2** *Argüir (probar).* **3** tr. o abs. Aducir argumentos para sostener una opinión. ≃ Argüir. ⇒ Ergotizar, impugnar, redargüir, refutar, retorcer, silogizar. *Discutir. *Razonar. *Responder. **4** intr. Oponer alguien dificultades o reparos para hacer algo que se le dice o para seguir el parecer de otros. ⇒ *Discutir. *Replicar.

argumentativo, -a adj. *De [la] argumentación o de [del] argumento.*

argumentista **1** n. Autor del argumento de una obra o escritor de argumentos. **2** *Argumentador.*

argumento (del lat. «argumentum») **1** m. Razonamiento con que se arguye o *responde. **2** Parte narrable de una obra literaria, de una película, etc. ⇒ Acción, *asunto, enredo, fábula, intriga, materia, perístasis, tema, trama. ➤ Agnición, anagnórisis, catástasis. **3** *Resumen en que se expone el contenido y distribución de una obra literaria, puesto a veces al principio de ella. **4** **Indicio o señal.*

ARGUMENTO AD HOMINEM (pronunc. [ad óminem]). El que se basa en los actos, palabras o argumentos del mismo con quien se argumenta.

A. A PARI [O A SÍMILI]. El que consiste en aplicar al caso en cuestión algo ya probado o experimentado en otro semejante o igual.

A. AQUILES. *El que se considera decisivo.*

A. COJO. *Argumento incompleto.*

A. CORNUTO. **Dilema.*

A. DISYUNTIVO. El que tiene por primera proposición una disyuntiva.

A. NEGATIVO. El que se funda en la ausencia de pruebas en contra.

argumentoso, -a (del lat. «argumentōsus»; ant.) adj. *Aplicado a la abeja, ingenioso o *diligente.*

arguyente (del lat. «argŭens, -entis») adj. *Aplicable al que arguye.*

aria (del it. «aria») f. Composición musical con letra para ser *cantada por una sola voz. ⇒ Romanza. ➤ Retornelo.

aricar 1 tr. ******Arar muy superficialmente.* **2** **Arrejacar.*

aricoma (Arg., Bol.; *Polymnia sonchifolia)* f. **Planta compuesta herbácea que se cultiva en América del Sur para follaje y por sus rizomas comestibles, de los que se obtiene una bebida alcohólica.*

aridez f. Cualidad de árido (pesado o aburrido).

árido, -a (del lat. «arĭdus») **1** adj. Aplicado a terrenos o países, seco. **2** (pl.) m. Se aplica a las semillas que, aunque son secas, se pueden medir con medidas de capacidad como las que se emplean para los líquidos: 'Medidas para áridos y líquidos'. **3** *Arena, piedra o cascote que, con el cemento y el agua, forman el hormigón.* **4** adj. Desprovisto de vegetación. ≃ Estéril, infecundo. **5** Aplicado a trabajos, lecturas y cosas semejantes en que se pone algún esfuerzo, falto de amenidad: 'El estudio de las matemáticas le resulta árido'. ⇒ *Aburrido.

arienzo (del lat. «argentĕus», de plata) **1** m. *Cierta *moneda antigua de Castilla.* **2** (Alto Ar.) **Peso equivalente a 123 cg.*

aries (del lat. «arĭes», carnero) adj. y n. Se aplica a la persona nacida bajo el signo de Aries (primera zona del *Zodiaco que recorre aparentemente el Sol al empezar la primavera).

arietar tr. *Atacar con ariete.*

arietario, -a adj. *Del ariete.*

ariete (del lat. «arĭes, -ĕtis», carnero) **1** m. Máquina de guerra antigua que se empleaba para demoler murallas. ⇒ Bezón, bozón, carnero, murueco, vaivén. ➤ BANCO pinjado. **2** Se aplica a una persona que ataca en una lucha o discusión con mucha eficacia. **3** DEP. Delantero centro de un equipo de *fútbol.

arietino, -a (del lat. «arietīnus») adj. *Semejante a la cabeza del carnero.*

arigue (Filip.) m. CONSTR. **Madero, generalmente enterizo, que se emplea en construcción.*

arije (del ár. and. «al'arīš») adj. V. «UVA arije».

arijo, -a (de «arar») adj. *Se aplica a la tierra fácil de labrar y cultivar.*

arillo m. *Aro de madera que usaban los *eclesiásticos para sostener el alzacuello.*

arilo (del it. «arille») m. BOT. *Envoltura, generalmente carnosa y de color vivo, que tienen algunas semillas, superpuesta a las ordinarias.*

arimaspe o **arimaspo** (del lat. «Arimaspus») m. MIT. *Nombre de ciertos seres a los que se situaba en una región de Asia en lucha con los grifos para arrebatarles las riquezas que éstos guardaban.*

arimez (del ár. and. «al'imád») m. ARQ. Resalto o *banda de refuerzo o adorno en el exterior de un edificio.

ario, -a (del sánscrito «arya», noble) **1** adj. y, aplicado a personas, también n. Indoeuropeo: se aplica a los pueblos procedentes de un tronco común originario de Asia que ocupan Europa, la India y otras regiones de Asia, así como a la raza que constituyen, a los individuos de esos pueblos, a sus lenguas, etc. ≃ Indogermánico. **2** De un pueblo nórdico que los nazis consideraban como una raza superior.

-ario, -a 1 Sufijo muy frecuente de *adjetivos derivados de nombres: 'centenario, fraccionario, arbitrario'. Corresponde a la forma vulgar «-ero». **2** Forma también nombres derivados de otro de *acción, *función o *profesión: 'anticuario, funcionario, bibliotecario'. ⊙ De nombre de la persona a cuyo favor se realiza una acción: 'arrendatario, destinatario, cesionario, feudatario, beneficiario'. ⊙ De *lugar: 'acuario, santuario'.

aríol o **aríolo** (del lat. «hariŏlus»; ant.) m. *Adivino.*

arique (Cuba) m. *Tira de yagua que se emplea para *atar.*

arísaro (del lat. «arisărus», del gr. «arísaro»; *Arisarum vulgare)* m. Planta arácea, viscosa, de olor desagradable, cuya raíz se come cocida. ≃ Candiles, candilillos, frailillos, rabiacana.

arisblanco, -a adj. *Se aplica al *trigo o la espiga de aristas blancas.*

arisco, -a adj. Se aplica a las personas o animales que rehúyen el trato con otros y no son amables. ⇒ Cardo [borriquero], chichilasa, chúcaro, esquinado, esquivo, raspa, rispo. ➤ *Adusto. *Brusco. *Huraño. *Insociable.

arismético, -a 1 (ant.) adj. *Aritmético.* **2** (ant.) **Invertido sexualmente.*

arisnegro, -a o **arisprieto, -a** adj. *Se aplica al *trigo o la espiga de aristas oscuras.* ≃ Raspinegro.

arisquear (Arg., Ur.) intr. *Mostrarse arisco.*

arista (del lat. «arista») **1** f. Filamento con que se prolonga la envoltura o *cascabillo del grano de trigo y otros *cereales. ⇒ Argaya. **2** (ant.) **Espina de planta.* **3** *Pajilla de las que quedan en el *cáñamo o *lino después de agramarlos.* **4** GEOM. *Línea formada por la intersección de dos planos.* ⊙ GEOM. Intersección de dos planos en cualquier estructura, por ejemplo en los cristales mineralógicos, o en un objeto usual. ⇒ *Borde, canto, cantón, esconce, *esquina. ➤ Aguilón, lima, lomo, mocheta. ➤ Aquillado. ➤ Viva. ➤ Chaflán. ➤ Achaflanar, matar. ➤ *Ángulo. **5** FORT. *Parte exterior de la intersección de dos muros del glacis.* **6** *Intersección de dos mesas en la hoja de las *armas blancas.* **7** (pl.) Dificultades de un asunto. **8** (pl.) Hosquedad de una persona.

aristín (Mur.) m. VET. *Aristino.*

aristino (de «arista») m. VET. *Arestil (enfermedad de las caballerías).*

aristo- Elemento prefijo del gr. «aristós» que significa «mejor» o «excelente», con que se forman palabras cultas: 'aristocracia, aristoloquia'.

aristocracia (del gr. «aristokratía») **1** f. Sistema político en que gobiernan solamente algunas personas notables. **2** Cualidad de aristócrata. **3** *Distinción o *nobleza en las maneras o aspecto de alguien. **4** Clase social formada por las personas con título nobiliario. ≃ *Nobleza. ⊙ También, clase formada por esas personas y las asimiladas a ellas por su género de vida. ⊙ Por extensión, clase de personas sobresalientes en cierto campo que se expresa: 'La aristocracia del dinero [o de la inteligencia]'.

aristócrata n. Persona de la aristocracia. ⇒ *Noble.

aristocráticamente adv. De manera aristocrática.

aristocrático, -a 1 adj. De la aristocracia. **2** Distinguido: 'Modales aristocráticos'.

aristocratizar tr. y prnl. Dar [o adoptar] carácter aristocrático.

aristoloquia (del lat. «aristolochĭa», del gr. «aristolochía») f. Nombre común que se da a diversas especies de plantas aristoloquiáceas de los géneros *Aristoloquia* y *Corydalis.* ⇒ Clacopacle, SERPENTARIA española.

aristoloquiáceo, -a (de «Aristolochia», género de plantas) adj. y n. f. BOT. *Se aplica a las *plantas de la misma familia que las aristoloquias, hierbas o arbustos, algunas de ellas trepadoras, de los bosques y matorrales tropicales y templados.* ⊙ f. pl. BOT. *Esa familia.*

aristón m. *Instrumento musical portátil, semejante al organillo, que, manejado con una manivela, reproduce piezas grabadas con perforaciones en una cartulina.*

aristotélico, -a adj. De Aristóteles. ⇒ Peripatético, peripatetismo, peripato. ➤ Hilomorfismo. ➤ El Estagirita. ⊙ adj. y n. Seguidor de Aristóteles.

aristotelismo m. Doctrina de Aristóteles.

aritenoides (del gr. «arýtaina», picoleta, y «-oides») adj. y n. m. ANAT. Se aplica a cada uno de los dos *cartílagos situados en la parte posterior de la laringe.

aritmética (del lat. «arithmetĭca», del gr. «arithmētikḗ», del adj. «arithmētikós», relativo a los números) f. Ciencia que enseña a realizar operaciones con los números (adición o suma; sustracción o resta; multiplicación; división; elevación a potencias y extracción de raíces) y trata de las propiedades de ellos. ⇒ *Cuenta, *matemáticas.

aritméticamente adv. Según las reglas de la aritmética.

aritmético, -a (del lat. «arithmetĭcus», del gr. «arithmētikós») adj. De [la] aritmética. ⇒ Arismético.

V. «LÍNEA aritmética, MEDIA aritmética, PROGRESIÓN aritmética».

aritmómetro (del gr. «arithmós», número, y «-metro»; ant.) m. *Instrumento antiguo empleado para realizar operaciones aritméticas.*

arito (R. Dom.) m. **Pendiente en forma de aro.*

arjonero, -a adj. y, aplicado a personas, también n. *De Arjona, población de la provincia de Jaén.* ≃ Urgabonense.

arjorán (del ár. «arǧuwān», del persa «arjawān», púrpura) m. **Ciclamor (árbol leguminoso).*

arlequín (del it. «arlecchino», del fr. «Hellequin», pobre diablo) **1** m. Personaje de la antigua *comedia de arte italiana que representaba papeles en que era objeto de la burla de los demás; aparecía vestido con un traje ajustado, con losanges de distintos colores. Este traje es muy frecuente como *disfraz de carnaval, y se llama también arlequín al que lo lleva. ⇒ Arnequín. **2** (n. calif.) Se aplica a una persona falta de la seriedad debida en su comportamiento. ⇒ *Ridículo.

arlequinada (de «arlequín») f. Acción impropia de personas serias, que provoca burla o desprecio. ≃ Payasada.

arlequinesco, -a (de «arlequín») adj. Ridículo o falto de seriedad.

arlo **1** m. **Agracejo (arbusto berberidáceo).* **2** m. *Colgajo o *ristra.*

arlota f. *Desecho de la *estopa.* ≃ Alrota.

arlote **1** (ant.) adj. **Holgazán o *granuja.* **2** (Ál., Ar.) adj. y n. *Se aplica a la persona *descuidada en su aspecto.*

arlotería o **arlotía** (de «arlote») **1** (ant.) f. *Holgazanería.* **2** (ant.) **Malicia o *desvergüenza.*

arma (del lat. «arma, -ōrum», armas) **1** f. Utensilio que sirve para *atacar, herir, *matar o *defenderse. **2** Cualquiera de los medios naturales de un animal para atacar o defenderse; por ejemplo, los *cuernos. **3** Cualquier instrumento o medio utilizado para atacar o defenderse: 'Su pluma es su arma'. **4** Cada una de las secciones del Ejército (infantería, caballería, artillería, aviación, ingenieros) que combaten, o realizan su función en la línea de fuego. ⇒ *Cuerpo. **5** (pl.) HERÁLD. Conjunto de las figuras, cada una con su significado, que lleva un escudo de armas. ≃ *Blasones. **6** (pl.) Escudo o insignias de nobleza de una familia, una ciudad, etc.: 'Un repostero con las armas de la ciudad'. **7** (pl.) *Armadura. **8** (pl.) Fuerzas armadas de cierto país o contendiente: 'Las armas aliadas'. ⊙ (pl.) Conjunto de actividades y elementos destinados a la guerra: 'Las armas y las letras'. **9** Medio para conseguir cierta cosa. **10** (pl.) *Piezas con que se arman algunos instrumentos; por ejemplo, la *brújula.* **11** **Acometida repentina del enemigo, o rebato.* **12** (pl.) *Hazañas de guerra.* ≃ HECHOS de armas.

ARMA AÉREA. Aviación de guerra.

A. ARROJADIZA. La que, para herir, se lanza sin intervención de una materia explosiva.

A. ATÓMICA. ARMA nuclear.

A. BLANCA. La que hiere con el filo o con la punta.

A. BRACERA. La que se lanza con el brazo; como la jabalina. ⇒ ARMA arrojadiza.

A. CONTUNDENTE. La que se emplea para golpear.

A. DEFENSIVA. La que se emplea para defenderse.

A. FALSA. *Ataque simulado.*

A. DE DOS FILOS [O DE DOBLE FILO]. Medio que, al ser utilizado, puede producir un efecto perjudicial en lugar o además del perseguido.

A. DE FUEGO. La que se dispara mediante una materia explosiva.

A. HOMICIDA. Arma que ha servido para matar a una persona.

A. NEGRA. ESGR. *Arma de la forma de un arma blanca, pero de hierro ordinario y sin filo, o con la punta con un botón; como los floretes con que se aprende esgrima.*

A. NUCLEAR. La que produce una explosión nuclear.

A. OFENSIVA. La que sirve para el ataque.

ARMAS BLANCAS. HERÁLD. *Las que tenía el caballero novel, sin empresa en el escudo hasta que la ganase.*

A. FALSAS. HERÁLD. *Las formadas contra las reglas.*

A. PARLANTES. HERÁLD. *Las constituidas por un objeto de nombre igual o parecido al del que las usa.*

V. «ACCIÓN de armas».

ACUDIR A LAS ARMAS. **1** Acudir los soldados a la llamada para la guerra. **2** Recurrir a las armas para resolver una cuestión entre naciones.

ALZARSE EN ARMAS. Sublevarse.

DE ARMAS TOMAR. *Decidido o atrevido, tanto para acometer empresas como para no dejarse atropellar por otros. ≃ De ROMPE y rasga.

V. «ESCUDO de armas».

HACER ARMAS. *Luchar; hacer la guerra contra alguien.

HACER alguien SUS PRIMERAS ARMAS. *Iniciarse o dar los primeros pasos en algo que requiere práctica o habilidad: 'Está haciendo sus primeras armas en amor'.

V. «HECHO de armas, HOMBRE de armas».

LLEGAR A LAS ARMAS. Llegar a la lucha violenta.

V. «MAESTRO de armas».

MEDIR LAS ARMAS. Competir abiertamente con alguien.

V. «PAJE de armas».

PASAR POR LAS ARMAS. *Fusilar.

V. «PASO de armas».

PRESENTAR ARMAS. Colocarse los soldados de una formación firmes y con el fusil sostenido delante del pecho, en señal de respeto a algún personaje.

PUBLICAR ARMAS. **Desafiar a alguien a combate público.*

RENDIR EL ARMA. Hacer los soldados de infantería los honores al Santísimo Sacramento hincando en tierra la rodilla derecha y con las armas y el cuerpo inclinado hacia delante.

RENDIR LAS ARMAS. **1** Entregarlas al enemigo al declararse vencido. **2** Declararse vencido, en sentido material o moral.

V. «REY de armas».

SOBRE LAS ARMAS. **1** Preparado para acudir a la lucha en cualquier momento. **2** Preparado para cualquier cosa que pueda ocurrir.

TOCAR [AL] ARMA. Llamar a los soldados a tomar las armas con los toques establecidos.

TOMAR [LAS] ARMAS. **1** Armarse para acudir a la guerra. **2** *Hacer los honores militares a las personas reales o a los jefes militares.*

V. «UJIER de armas».

VELAR LAS ARMAS. Guardarlas el que iba a ser armado caballero haciendo centinela cerca de ellas, sin perderlas de vista.

□ CATÁLOGO

ARMAS ARROJADIZAS Y LANZADORAS: bracero. ➤ Alcancía, bomba, granada, OLLA de fuego. ➤ Azagaya, azcón, azcona, *ballesta, bumerang, cateya, dardo, *flecha, jabalina, pasador, pilo, saeta, saetón, tiradera, tragacete, venablo, vira, viratón, virote. ➤ *Arco, *ballesta, bodoquera, canuto, *cerbatana, gomero, guaraca, honda, onagro, perigallo, rallón, tirabeque, tirachinas [o tirachinos], *tirador, tiragomas. ➤ Fiel. ➤ Desabrido, duro. ➤ Coona, curare. ➤ Aljaba, *carcaj, carcax, carcaza, churana, goldre. ➤ Empulgar, engafar, enhastillar, enherbolar, flechar. ➤ DE ASTA: alabarda, archa, asta, azagaya, bisarma, chuzo, espingarda, forchina, guja, *lanza, macana, partesana, *pica, ronca, suizón. ➤ BLANCAS: acero, herramienta, hierro, trasto. ➤ Alfanje, bidente, bayoneta, broncha, campilán, chafarote, charrasca, charrasco, cris, cuchilla, *cuchillo, cuma, daga, escarcina, *espada, espiche, estilete, estoque, florete, frámea, gumía, *hacha, machete, *navaja, pistoresca, *puñal, *sable, serranil, yatagán. ➤ Aceros, aderezo, arista, contrafilo, corte, *filo, guardamano, guarnición, *hoja, lomo, mesa, punta, puño, recazo. ➤ *Vaina, zapatilla. ➤ Buido, cachetero, damasquino, embotado, mellado. ➤ Temple. ➤ Caña, fortalezas. ➤ Encarnar. ➤ Acicalar, blandear, blandir, desembanastar, desenvainar, desnudar, doblegar, envainar, esgrimir, jugar, sacar, tajo, viaje, vibrar. ➤ CONTUNDENTES: cachiporra, clava, ferrada, *látigo, LLAVE inglesa, macana, mangual, manopla, maza, mazo, palo, porra, rompecabezas. ➤ DEFENSIVAS: antitanque, *armadura, CARETA antigás, bazuca, cleda, *escudo, galápago, gata, lobo, manopla, mantelete, plúteo. ➤ DE FUEGO: alcabuz [o arcabuz], bazooka [o bazuca], BOCA de fuego, bocacha, bocarda, cachorrillo, carabina, cetme, choco, chopo, colt, cuarterola, dragoncillo, encaro, escopeta, espingarda, fusil, lanzagranadas, máuser, mosquete, mosquetón, pistola, pistolete, rémington, retaco, revolver, rifle, sofión, subfusil, tercerola, *trabuco. ➤ Agujetilla, alma, alza, ánima, arrancadero, barrilete, bazuca, boquilla, botabala, brújula, caja, calzo, cámara, cazoleja, cazoleta, cebador, cepote, cerrojo, chimenea, cubrechimenea, culata, cureña, disparadero, disparador, empuñadura, escalaborne, eyector, expulsor, fiador, fiel, fogón, gatillo, guardamonte, llave, martillo, mira, mocho, muelle real, oído, patilla, pelo, percusor, percutor, perrillo, pie de gato, piedra, piñón, pistón, plantilla, punto, rastrillo, recámara, *seguro, serpentin[a], tambor, tope, visor. ➤ Grano. ➤ Aguja, baqueta, cuerda, desatacador, descargador, grata, lavador, mecha, sacabalas, sacapelotas, sacatrapos, serpentín[a], taco. ➤ Bandolera, charpa, pistolera, portacarabina, portafusil, tahalí, tapafunda. ➤ Pabellón. ➤ Carga, explosivo, fulminante, metralla, munición, *proyectil. ➤ Alcance, calibre. ➤ De avancarga, desabrido, duro, naranjero, de retrocarga, silencioso. ➤ Culebrilla. ➤ Cantar, coz, desgranarse, encasquillarse, fogonazo, dar HIGA, piñonear, rebufo, retroceso, traquido. ➤ Amartillar, apuntar, asestar, baraustar, cargar, cebar, desatacar, descebar, desfogonar, desmontar, disparar, encañonar, encarar, encepar, engafar, foguear, montar, terciar, tirar. ➤ Contrapunzón. ➤ Armería, arsenal, guadarnés, hoploteca [u oploteca], panoplia, parque, trofeo. ➤ Homicida. ➤ De fogueo. ➤ A la funerala. ➤ Herida, jabeque. ➤ MANO armada. ➤ Cachear. ➤ Alarma, generala, rebato. ➤ Bracero, destrero, diestro. ➤ A CUERPO limpio, desarmado, imbele, inerme, a PECHO descubierto. ➤ Armífero, armígero, armipotente, armisonante, armisticio, desarmar, rearmar. ➤ *Artillería. *Caza. *Guerra.

armada (del lat. «armāta», f. de «armātus», armado) **1** («La»; gralm. con mayúsc.) f. Conjunto de las fuerzas de mar de una nación. ≃ FUERZAS navales, *MARINA de guerra. ⊙ («Una») Conjunto de *barcos de guerra. ≃ Escuadra, flota. **2** CAZA. *Grupo de personas y perros dispuestos en forma de manga para obligar a las reses a ir al sitio donde las esperan los cazadores.* ⊙ CAZA. *Línea de cazadores que acechan a las reses acosadas en la batida.* **3** (América Meridional) *Manera de disponer el *lazo para lanzarlo.*

armadera f. MAR. **Cuaderna de armar.*

armadía (de «almadía», con influencia de «armar») **1** f. Almadía: conjunto de maderos unidos formando una plataforma para conducirlos a flote. **2** (ant.) *Armadijo.*

armadija (del sup. lat. «armaticŭla», de «armātus»; ant.) f. *Armadijo.*

armadijo (de «armadija») **1** m. Desp. de «armazón». ⇒ Armadía, armadija, armandijo, armanza. **2** *Trampa para *cazar.

armadillo (de «armado») m. Nombre aplicado a varias especies de mamíferos desdentados del género *Dasypus* y otros géneros, cuyo dorso y cola están cubiertos por placas córneas que les protegen completamente cuando se ponen arrollados en forma de bola. ⇒ Bolita, cachicamo, mulita, peludo, prionodonte, quirquincho, tato, tatú, tatusia.

armado, -a 1 Participio adjetivo de «armar»: 'Un país armado'. **2** («con, de») Provisto de cierta cosa con la que se puede atacar, defenderse o hacer fuerza: 'Armado de fuertes colmillos. Una máquina armada de una barrena'. **3** m. *Hombre vestido convencionalmente de soldado romano, que acompaña a los pasos de las *procesiones y da guardia a los monumentos de *Semana Santa.*

V. «FUERZA armada, HORMIGÓN armado, a MANO armada».

armador, -a 1 n. Persona que, por su cuenta, arma o equipa un *barco para una empresa comercial. **2** Persona que arma las piezas de un objeto. **3** adj. y n. m. *Se aplica a la persona que alista marineros para la pesca de la ballena o el bacalao.* **4** m. *Corsario.* **5** *Jubón (prenda de ropa).* **6** (Ec.) *Percha (utensilio con un gancho para colgar prendas de vestir).*

armadura (del lat. «armatūra») **1** f. Especie de traje compuesto de piezas de hierro con que se cubrían el cuerpo los guerreros y caballeros antiguos para *defenderse. **2** Pieza o conjunto de piezas que forman la parte rígida que *sostiene un objeto: 'La armadura de las gafas'. **3** Conjunto de piezas de madera o hierro que sirve de soporte al *tejado de un edificio. **4** **Trampa u otra armazón semejante.* ≃ Armadijo. **5** *Esqueleto de los animales.* **6** Pieza de hierro dulce que se coloca en contacto con los polos de un *imán para ayudarle a conservar sus cualidades magnéticas. **7** FÍS. *Pieza de material conductor de las que, separadas por otras de material aislante, constituyen la botella de Leyden y otros condensadores eléctricos.* **8** MAR. *Aro de metal con que se refuerza la unión de algunas cosas; especialmente, el codaste, las chumaceras y el pozo de la hélice.* **9** **Cornamenta.*

V. «CUCHILLO de armadura».

□ CATÁLOGO

I (1.ª acep.) Armas, arnés, brigantina, camisote, catafracta, clíbano, coracina, *coraza, media CORAZA, coselete, *cota, escaupil, gramalla, jacerina, jaco, jubete, JUBÓN de nudillos, JUBÓN ojeteado, loriga, lorigón, panoplia, perpunte, peto, PETO volante, plaquín, tinicla, ventrera. ➤ Caballo: Barda, capistro, capizana, loriga. ➤ Abanico, avambrazo, babera, baberol, barbote, barbuta, braceral, bracil, brafonera, brazal, brazalete, bufa, canillera, cañillera, cañón, codal, colla, escarcela, escarpe, escotadura, espaldar, espaldarcete, espaldarón, espinillera, esquinela, falda, faldar, gocete, gola, gorguera, gorjal, greba, guardabrazo, guardapapo, guardapeto, hoja, hombrera, mentonera, orejera, pancellar, pancera, quijote, ristre, tarja, tonelete. ➤ Almete, almófar, almofre, bacinete, barreta, CALVA del almete, capacete, capellina, CAPILLO de hierro, *casco, casquete, celada, cervillera, cofia, gálea, morrión, yelmo. ➤ Alpartaz, amento, amiento, crestón, cubrenuca, visera. ➤ Cesto, guantelete, mandilete, manopla. ➤ Encubertar. ➤ Almilla, brial, CUERA de armar, dalmática, farseto, gambaj, gambax, gambesina, gambesón, gonela, martingala, sobreveste, velmez. ➤ Armarse, encapacetado, encorazado, encubertarse. ➤ De PUNTA en blanco. ➤ Desguarnecer, falsear. ➤ Bausán. ➤ *Arma. *Escudo.

II (2.ª acep.) Argadijo, argadillo, armazón, esqueleto, estructura, palazón, tinglado. ➤ Aguaderas, andamio, angarillas, armadía, *armadura —de cubierta—, asnilla, *balsa, barbacoa, bastidor, borrico, burro, caballete, caballo, cacaxtle, cadena, cartelera, castillejo, chasis, contraviento, cuja, cureña, emballenado, emparrado, emparrillado, encabalgamiento, encadenado, entramado, escaleta, forjado, guardainfante, jaula, malagaña, maniquí, marco, montura, palomilla, taja, tiritaño, trípode, zata. ➤ Apeo, apoyo, banzo, bao, blinda, brochal, camón, cercha, cimbra, codal, gualdera, *larguero, *listón, *madero, montante, nabo, riostra, soporte, *sostén, tablado, tornapunta, travesaño, travesero, traviesa, virotillo. ➤ Acoplar, armar.

III (3.ª acep.) Cubierta, enarbolado. ➤ Contraarmadura, falsaarmadura. ➤ Engatillado. ➤ Aguilón, albanecar, alfarda, almarbate, ancla, arrocabe, *brochal, cabio, cabrio, canterios, carrera, cartabón, contrahilera, contrapar, correa, cuchillero, CUCHILLO de armadura, cumbrera, ejión, embrochado, encopetado, engatillado, enrayado, entrecinta, estribo, gallo, hilera, jabalcón [jabalón o jabarcón], lima, LIMA hoya, LIMA tesa, mangueta, par, parejuelo, parhilera, péndola, pendolón, PIEZA de acunado, PIEZA de embrochado, riostra, tirante, tornapunta, través, traviesa, *viga, virotillo. ➤ Pendiente, peralte. ➤ Jaldeta. ➤ Arriostrar, embrochalar, encabriar, jabalconar, jabalonar, riostrar. ➤ CARPINTERO de armar, CARPINTERO de obras de afuera. ➤ *Construir.

armajal m. *Marjal (terreno pantanoso).*

armajo m. **Almarjo (cualquier *planta barrillera).*

armamentismo m. Doctrina partidaria de aumentar y mejorar el armamento de un país.

armamentista 1 adj. De la industria de armas de guerra. **2** adj. y n. Adepto al armamentismo.

armamentístico, -a adj. Del armamento o del armamentismo.

armamento 1 m. Acción de armar[se]. **2** Conjunto de armas y municiones de un soldado, de un cuerpo militar, de un *barco, etc. **3** Conjunto de todos los preparativos hechos por un país para la *guerra.

armamiento 1 (ant.) m. *Armamento.* **2** (ant.) *Armadura.*

armandijo o **armanza** (ant.) m. o f. *Armadijo.*

armañac m. Bebida parecida al coñac, pero más seca, elaborada en la región francesa de Armagnac.

armar (del lat. «armāre») **1** tr. *Proveer de armas a ↘alguien. ⊙ Preparar a ↘alguien o a un ↘país para la guerra. También reflex.: 'Los países siguen armándose'. **2** (reflex.) Ponerse la armadura. **3** Colocar el proyectil en un ↘arma de lanzar. **4** («de») *Proveer a ↘alguien de cierta cosa que necesita o le ha de ser muy útil: 'Le han armado de una sólida instrucción'. También reflex.: 'Armarse de un pico. Armarse de unas buenas botas para una excursión. Armarse de paciencia'. **5** tr. MAR. *Proveer una ↘embarcación de todo lo necesario. **6** Poner en una ↘cosa algo que la sostenga sin doblarse. ⊙ Específicamente, poner en alguna ↘pieza de ropa una entretela u otra cosa para mantenerla erguida o estirada. **7** («sobre») *Entre los pasamaneros y los que trabajan los metales preciosos, poner o montar ↘éstos sobre otro metal:* 'Armar oro sobre cobre'. **8** *Sentar, fundar una ↘cosa sobre otra.* **9** («en») intr. MINER. *Estar un mineral explotable en determinada roca.* **10** tr. Colocar y unir convenientemente las piezas de un ↘objeto cualquiera para ponerlo en disposición de que funcione o de ser usado: 'Armar una tienda de campaña, una cama, un aparato de radio'. ≃ Montar. ⇒ Desarmar. ⊙ Particularmente, 'armar una trampa'. ⊙ *Urdir: 'Han armado una intriga contra él'. **11** Disponer en cierta forma (generalmente refiriéndose a la altura) el arranque de las partes de una ↘cosa, en su soporte: 'Armar alto un árbol (formar la copa alta)'. **12** (inf.) *Producir una ↘cosa como «jaleo, lío, ruido» o «*riña»: 'Están armando un escándalo'. También con un pron. reflex.: 'Tú mismo te armas los jaleos. Me armo un lío con tantas noticias contradictorias'. **13** prnl. Prepararse u ocurrir algo ruidoso o aparatoso: 'Se está armando una tempestad. Se armó un griterío espantoso'. **14** intr. **Convenir o *acomodar una cosa a una persona.* **15** (Guat., Méj.) prnl. **Plantarse (no querer un animal moverse).*

ARMARLA (inf.). Armar un jaleo o enzarzarse en una pelea o discusión: 'Ya la han armado otra vez'.

V. «armar CABALLERO, CARPINTERO de armar, armar en CORSO, CUADERNA de armar, CUERA de armar, armarse hasta los DIENTES, armarse la de DIOS es Cristo, ESPEJO de armar, armarse la GORDA».

armariada f. *Conjunto o serie de armarios.*

armario (del lat. «armarĭum») **1** m. *Mueble vertical, generalmente cerrado con puertas, en cuyo interior hay estantes, cajones, perchas para colgar ropa, etc. **2** (Par.) *Mueble donde se colocan libros.*

ARMARIO EMPOTRADO. Recinto con la distribución de un armario y para los mismos usos, hecho de obra de albañilería en las paredes de las casas, y cerrado con puertas. ⇒ Placard.

A. DE LUNA. Armario ropero con espejos en la parte interior o exterior de las puertas, para vestirse delante de él.

A. ROPERO. Expresión de significado claro.

□ CATÁLOGO

Alacena, alhanía, almario, altillo, anaquel, aparador, bargueño, barrera, casillero, chinero, cómoda, cristalera, entredós, escaparate, escritorio, especiero, ESTANTE de cocina, fichero, florero, gabinete, guardarropa, lacena, maletero, musiquero, placard, repostero, repisa, taca, taquilla, trinchero, vargueño, vitrina. ➤ Balda, cajón, calaje, capilla, casilla, entrepaño, *estante, gaveta, gradén, veta, plúteo, tabla. ➤ Camarín, ropero.

armatoste (del cat. ant. «armatost», de «armar» y «tost», pronto) **1** m. Utensilio con que se armaba la *ballesta. **2** Objeto demasiado *grande o pesado para la utilidad que presta: 'Esta mesa es un armatoste'. ⊙ *Se puede aplicar* *también a personas.* ⇒ *Corpulento. **3** Armadijo (armazón).

armazón (del lat. «armatĭo, -ōnis») amb. *Armadura hecha con listones, tablas, maderas, barras o piezas semejantes, por ejemplo para sostener algo o llegar a algún sitio.

armella (del lat. «armilla», aro) **1** f. Pieza en forma de anilla con clavo o tornillo para fijarla; por ejemplo, la pieza por donde se hace pasar un cerrojo para *cerrarlo. ≃ Cáncamo, *hembrilla. ⊙ Tornillo que tiene en vez de cabeza una anilla. ≃ Cáncamo, *hembrilla, TORNILLO de ojo. **2** (ant.) **Pulsera.*

Armenia V. «BOL de Armenia, PAPEL de Armenia».

arménico adj. V. «BOL arménico».

armenio, -a **1** adj. y, aplicado a personas, también n. De Armenia, región y estado de Asia occidental. **2** m. Idioma armenio. **3** adj. y n. Se aplica a los *cristianos, tanto católicos como cismáticos, de Armenia.

armento (del lat. «armentum»; ant.) m. **Ganado.*

armería (de «armero») **1** f. Tienda en que se venden armas y municiones. **2** *Museo de armas. ⇒ Guadarnés. **3** Arte de fabricar armas. **4** *Heráldica.

armero (del lat. «armarĭus») **1** m. Hombre que fabrica, arregla o vende armas o está encargado del cuidado de ellas. ⇒ Armerol. ➤ Contrapunzón. **2** *Dispositivo de madera para tener las armas.*

ARMERO MAYOR. *Jefe de la armería de palacio.*

armerol (ant.) m. *Armero.*

armífero o **armígero** (del lat. «armĭfer» o «armĭger») **1** (lit.) adj. *Aplicado al que lleva armas.* **2** m. **Escudero que llevaba las armas de su señor.* **3** adj. *Belicoso.

armilar (del lat. «armilla», anillo) adj. V. «ESFERA armilar».

armilla (del lat. «armilla») **1** (ant.) f. *Armella (*pulsera).* **2** *Astrágalo de *columna.* **3** ARQ. *Cada vuelta de una *espiral.* **4** ASTRON. *Instrumento antiguo semejante a una esfera armilar, que se empleaba para resolver problemas de trigonometría esférica.*

arminio (del lat. «Armenĭus», de Armenia; ant.) m. *Armiño.*

armiñado, -a *Participio de «armiñar».* ⊙ adj. *Guarnecido de armiños.* ⊙ **Blanco como el armiño.*

armiñar tr. *Dar a una ˃cosa el color blanco del armiño.*

armiño (del lat. «Armenĭus», de Armenia) **1** *(Mustela erminea)* m. Pequeño mamífero carnívoro, de unos 25 cm de longitud, cuya piel, llamada del mismo modo, es parda en verano pero blanquísima en invierno, salvo la punta de la cola que es negra. Las prendas confeccionadas con ella, con las características motas negras, eran símbolo de realeza. ⇒ Arminio. **2** HERÁLD. *Figura convencional, como una mota alargada sobre campo de plata, que representa la cola del armiño.* **3** *Pinta blanca junto al casco de las caballerías.* **4** Se emplea como término de comparación para ponderar la blancura de una cosa.

armipotente (del lat. «arma», armas, y «potens, -entis», poderoso; lit.) adj. **Poderoso con sus armas.*

armisonante (del lat. «arma», armas, y «sonans, -antis»; lit.) adj. **Sonoro con el sonido de sus armas.*

armisticio (del lat. moderno «armistitĭum») m. Suspensión de la lucha en una guerra, por acuerdo de los combatientes, sin carácter definitivo. ⇒ *Paz.

armón (del fr. «armon») m. Juego delantero de la *cureña del cañón de campaña. ⇒ Avantrén, carriño.

armonía (del lat. «harmonĭa», del gr. «harmonía», de «harmós», concierto, acorde) **1** f. Cualidad de las cosas o de los conjuntos de cosas, basada en la *relación entre sus partes o elementos, por la cual esas cosas o conjuntos resultan bellos. ⊙ Cualidad de un conjunto de *sonidos por la que resulta grato al oído. ⊙ Cualidad del *lenguaje consistente en la acertada combinación de las palabras, los acentos y las pausas, por la que resulta grato al oído. ⊙ MÚS. Arte de formar y enlazar los acordes. **2** («Haber, Reinar; en, entre») Relación entre personas cuyas voluntades marchan de *acuerdo y que se encuentran bien unas con otras, sin reñir o discutir: 'Es una familia en la que reina una armonía perfecta'. ≃ Concordia, *paz, unión.

ARMONÍA IMITATIVA. LING. *Imitación por el sonido de las palabras de la cosa significada por ellas, o efecto producido por las palabras en armonía con el pensamiento o emoción que expresan o tratan de suscitar.* ⇒ *Onomatopeya.

EN ARMONÍA. Referido a personas, en paz, de *acuerdo, sin luchas o disensiones.

FALTA DE ARMONÍA. Expresión frecuente para referirse al *desacuerdo, *discordia u *oposición entre dos o más personas.

□ CATÁLOGO

Concordancia, conformidad, *correspondencia, *equilibrio, euritmia, harmonía, *proporción, simetría. ➤ *Acuerdo, avenencia, compañerismo, concordia, conformidad, empatía, entendimiento, fraternidad, hermanazgo, hermandad, inteligencia, ligamento, LUNA de miel, paz, reciprocidad, *unión. ➤ Amistar, en AMOR y compaña, limar ASPEREZAS, estar bien AVENIDOS, *avenirse, arreglarse BIEN, bienquistar, congeniar, ENTENDERSE [bien], estar en buen ENTENDIMIENTO, fraternizar, hermanar, estar IDENTIFICADOS, hacer buena LIGA, LLEVARSE bien, hacer buenas MIGAS, estar en la misma ONDA, estar [o vivir] en PAZ, estar a partir un PIÑÓN, quistarse, reconciliarse, ir [o marchar] a UNA, estar UNIDOS, unir, marchar al UNÍSONO, VIVIR bien. ➤ Armonizar, casar, combinar, condecir, conjuntar, consonar, decir, no desdecir, entonar, hacer, IR con, hacer JUEGO, pegar, resultar, estar a TONO. ➤ BANDERA de paz. ➤ Caristias. ➤ Canon, escala. ➤ Ajustado, armónico, armonioso, concentuoso, concertado, concino, moduloso. ➤ Desavenencia, discordia, enemistad. ➤ Enarmónico. ➤ *Acomodar. *Acuerdo. *Afecto. *Amigo. *Amor. *Belleza. *Cariño. *Concertar. *Coordinar. *Corresponder. *Delicado. *Elegante. *Gracia. *Orden. *Paz. *Relación.

armoniaco o **armoníaco** (ant.) adj. *Amoniaco.*

armónica f. Instrumento musical de viento consistente en una pieza de madera encerrada entre dos planchas metálicas de modo que entre una y otras quedan una serie de orificios en los que hay colocadas unas lengüetas. ⇒ Acordeón, dulzaina, filarmónica, flauta, rondín, sinfonía, violín, violineta.

armónicamente adv. Con armonía.

armónico, -a (del lat. «harmonĭcus», del gr. «harmonikós») **1** adj. De sonido agradable. **2** m. MÚS. Se aplica a ciertos sonidos más agudos que acompañan a uno fundamental y cuyo número de vibraciones es múltiplo del número de las de éste. **3** FÍS. Componente de una *onda periódica cuya frecuencia es un múltiplo entero de la frecuencia fundamental.

V. «MÚSICA armónica».

armonio (de «armonía») m. *Órgano pequeño, semejante a un piano, al que se da aire con un pedal. ≃ Armónium.

armoniosamente adv. De manera armoniosa.

armonioso, -a (de «armonía») adj. Aplicado a los sonidos o al lenguaje, que suena agradablemente. ⊙ Aplicado a las cosas, que resulta *bello por la proporción entre sus partes o por la manera de estar combinadas. ⇒ *Armonía.

armonista (de «armonía»; ant.) n. *Músico.*

armonística f. *Tratado de las concordancias de la *Biblia.*

armónium m. Armonio.

armonizable adj. Susceptible de ser armonizado. ⊙ Tratándose de las relaciones entre cosas, significa que la una no hace imposible la otra: 'Intereses armonizables'. ≃ Compatible.

armonización f. Acción de armonizar.

armonizador, -a adj. y n. Que armoniza.

armonizar (de «armonía») 1 («con») intr. Formar una cosa o un sonido un conjunto bello o agradable con otro u otros. ≃ *Concertar. 2 («con») Aplicado a personas y, correspondientemente, a sus caracteres, encontrarse bien tratando con otra persona determinada. ≃ *Avenirse, coordinar. 3 tr. Combinar ↘cosas o sonidos de modo que armonicen. 4 Poner en armonía a unas ↘personas con otras. ≃ *Avenir.

armoricano, -a adj. GEOL. *Se aplica a las cosas de la época comprendida entre el periodo carbonífero y el pérmico.*

armos (del lat. «armus»; Ar.) m. pl. *Cruz de las *caballerías.*

armuelle (del lat. «holus molle», hortaliza suave) 1 (*Atriplex hortensis*) m. Planta quenopodiácea barrillera que, en algunos sitios, se come cocida. 2 **Orzaga (planta quenopodiácea).*

ARMUELLE BORDE. **Cenizo (planta quenopodiácea).*

ARN (pronunc. [á érre éne]) m. BIOQUÍM. Acrón. de «ÁCIDO ribonucleico».

arna (¿de or. prerromano?) f. *Vaso de *colmena.*

arnacho m. *Asnacho (planta leguminosa).*

arnadí (¿del ár. and. «ǧarnaṭí»?) m. **Dulce de calabaza y boniato relleno de frutos secos.*

arnasca (del vasc. «arn», piedra, y «asca», gamella; Ál.) f. **Artesa o pila de piedra, particularmente la colocada junto a la puerta de las casas.*

arnaucho (de or. quechua; Perú) m. *Ají pequeño de sabor muy picante.*

arnaúte (del turco «arnavut»; ant.) adj. y n. *Albanés.*

arnequín (de «arlequín», ant.) m. *Maniquí.*

arnés (del fr. «harnais», del sup. escandinavo «*hernest») 1 m. *Armadura de guerra. 2 (pl.) Conjunto de cosas que se les ponen a las *caballerías, especialmente a las de montar. ≃ Aparejos. ⇒ *Guarnición.

árnica (del lat. cient. «arnĭca») 1 (*Arnica montana*) f. *Planta compuesta medicinal, cuyas flores y raíz tienen sabor y olor muy fuertes. ≃ TABACO de montaña. ⇒ TABACO del diablo, tupa. 2 Tintura hecha de esa planta, que se empleaba para curar heridas. ⇒ *Planta (grupo de las vulnerarias).

PEDIR ÁRNICA (inf.). Declararse vencido o en una situación apurada y pedir *ayuda.

arnillo (*Tropidinius zonatus*) m. *Pez perciforme del mar de las Antillas, de excelente carne.*

aro[1] 1 m. Anillo, particularmente cuando el material tiene forma de banda. ⇒ Abrazadera, cello, ceño, cercha, *cerco, cincho, corra, engaste, fleje, rumo, sotalugo, vilorta, zarcillo, zuncho. ➤ *Circunferencia. *Aro. ⊙ Se aplica específicamente a los que usan los niños para jugar haciéndolos rodar por el suelo. 2 *Armadura, circular o no, que sostiene el tablero de la mesa, en la cual van ensamblados los pies.* 3 (Arg., Chi.) *Arete (*pendiente).* 4 *Pieza de la *guitarra o de cualquier instrumento semejante que, junto con las tapas, constituye la caja.* 5 (P. Rico) *Anillo (*sortija).*

PASAR POR EL ARO. Aceptar, a pesar de la repugnancia que se siente hacia ella, cierta cosa. ≃ *Ceder, *someterse.

aro[2] (del lat. «arum», del gr. «áron»; *Arum maculatum*) m. *Planta arácea de raíz tuberculosa y feculenta, con espádice amarillento. ≃ Alcartaz, alcatraz, aron, jarillo, jaro, saro, sarrillo, PIE de becerro, tragontina, yaro.

ARO DE ETIOPÍA. *Cala (planta arácea).

¡aro![3] (de or. aimara; Chi.) *Exclamación con que se interrumpe a alguien que está cantando, bailando, hablando, etc., a la vez que se le ofrece una copa de bebida.*

-aro, -a Sufijo átono de nombres, muy raro: 'Cáscara'.

aroca f. *Se llamaba así a cierto *lienzo hecho en Arouca, villa de Portugal.*

aroideo, -a (de «aro[2]») adj. y n. f. *Aráceo.*

aroma (del lat. «arōma», del gr. «árōma») 1 («Comunicar, Dar, Exhalar») m. *Olor que causa placer. ≃ Fragancia, perfume. 2 Se aplica también a la cualidad de ciertos manjares, refiriéndose no ya a su olor, aunque lo tengan agradable como el sabor, sino a un aspecto adicional de este mismo, que, por ser muy delicado y como evanescente, parece referirse al sentido del olfato además de al del gusto: 'El aroma del plátano, del níspero'. 3 f. Flor del aromo.

□ CATÁLOGO

Aromaticidad, fragancia, nariz. ➤ Esencia, perfume. ➤ AGUA de colonia, AGUA de olor, cazoleta, chivaza, colonia, franchipán, mascadijo, pachulí, PAPEL de Armenia, pebete. ➤ Algalia, alhucema, almáciga, almizcle, almizque, ÁMBAR gris, ÁMBAR pardillo, civeto, espliego, estacte, estoraque, gálbano, incienso, marcial, mirra, neroli [o nerolí], opopánax, opopónaco, secácul, timiama, TREMENTINA de Quío, UNGÜENTO nicerobino. ➤ *Planta (grupo de las labiadas y el de las aromáticas y usadas en perfumería). ➤ Aromar, aromatizar, embalsamar, mirlar, *OLER bien, perfumar, *sahumar. ➤ Aromático, aromoso, bienoliente, fragante, odorante, odorífero, odorífico, oloroso. ➤ Sahumadura, sahumerio, sahúmo, sufumigación. ➤ Botiquería, perfumería. ➤ Alatar, perfumista. ➤ Bujeta, cachunde, fumigatorio, junciera, pebetero, perfumadero, perfumador, poma, pomo, pulverizador, sahumador. ➤ ACEITE volátil, bálsamo, *goma, *resina, sahumerio. ➤ Algaliero. ➤ *Cosmético. *Olor.

aromar tr. Aromatizar.

aromaticidad 1 f. Cualidad de aromático. 2 QUÍM. *Propiedad de las estructuras cíclicas no saturadas, especialmente del benceno.*

aromático, -a (del lat. «aromătĭcus», del gr. «arōmatikós») 1 adj. Se aplica a las cosas que despiden aroma. ≃ Fragante, oloroso. ⊙ Específicamente, a ciertas plantas o partes de planta: 'La menta es una planta aromática. Una raíz aromática'. ⊙ Así como al manjar o bebida que tiene aroma. 2 QUÍM. *Se aplica a las estructuras que se caracterizan por la aromaticidad.*

V. «CÁLAMO aromático».

aromatización 1 f. Acción y efecto de aromatizar. 2 QUÍM. *Transformación de un compuesto alifático en otro aromático.*

aromatizante adj. Que aromatiza. ⊙ m. Particularmente, sustancia que se añade a los alimentos que se venden preparados para darles aroma.

aromatizar (del lat. «aromatizāre», del gr. «arōmatízo») tr. Dar aroma a ↘algo.

aromo (de «aroma»; *Acacia farnesiana)* m. *Planta leguminosa, especie de acacia de flores amarillas muy olorosas. ≃ Cují. ⇒ Guarango.

aromoso, -a adj. *Aromático.*

aron m. **Aro (planta).*

aroza m. **Capataz de una fundición.*

arpa (del fr. «harpe», a través del germ. «harpa», rastrillo) f. Instrumento musical de cuerda, de forma algo semejante a una «V», que se apoya en el suelo por el vértice de ésta y se toca pulsando las cuerdas con ambas manos. ⇒ Harpa. ➤ Sambuca. ➤ Cubeta.

ARPA EOLIA. Instrumento musical constituido por una caja sonora con seis u ocho cuerdas afinadas en el mismo tono, que se hacían vibrar exponiendo el instrumento a una corriente de aire. ≃ Anemocordio.

arpado[1], -a (de «arpa»; lit.) adj. Se aplica a los pájaros de canto agradable: 'El arpado ruiseñor'.

arpado[2], -a (de «arpar») adj. Con el borde *dentado como el de una sierra.

arpador, -a m. *Arpista.*

arpadura (de «arpar») f. Arañazo o rasguño.

arpar (del fr. ant. «harper», agarrar) tr. **Arañar o *desgarrar con las *uñas.* ⊙ *Hacer jirones o trozos alguna ↘cosa.*

arpegiar intr. MÚS. Hacer arpegios.

□ CONJUG. como «cambiar».

arpegio (del it. «arpeggio») m. MÚS. Serie de los sonidos de un acorde tocados sucesivamente.

arpella (¿del cat. «arpella»?; *Circus aeruginosus)* f. *Ave rapaz diurna de color pardo con manchas rojizas en el pecho, y collar y moño amarillentos, que anida en tierra, cerca de los sitios pantanosos. ≃ AGUILILLA de laguna, atahorma.

arpende (del lat. «arapennis») m. *Medida de *superficie usada por los antiguos españoles, que, según San Isidoro, equivalía al acto cuadrado de los romanos.* ⇒ Arapenne.

arpeo (del fr. ant. «harpeau», de «harpe», garra) m. MAR. Utensilio de hierro con ganchos, que sirve para *rastrear o para aferrarse un *barco a otro. ⇒ Garra. ➤ *Bichero.

arpía (del lat. «Harpyĭa», del gr. «árpyia») **1** f. Monstruo fabuloso con rostro de mujer, y cuerpo de ave de rapiña. ≃ Harpía. ⇒ *ANIMALES fantásticos. **2** (n. calif.) Se aplica a una mujer mala, de mal *carácter, que usa un lenguaje insultante y grosero. ≃ Bruja. ⊙ (n. calif.) *Mujer *fea y *flaca.*

arpillador, -a (Méj.) n. *Persona que se dedicaba a arpillar.*

arpilladura (ant., Méj.) f. *Acción de arpillar.*

arpillar (ant., Méj.) tr. **Cubrir ↘fardos, cajones, etc., con arpillera.*

arpillera f. Tejido muy basto hecho de estopa, *cáñamo o material parecido, que se emplea para hacer sacos y para embalar. ≃ Tela de saco. ⇒ Angulema, ayate, bayón, brea, brinete, cañamazo, carisea, ceneja, cerrón, coletón, guangoche, guangocho, halda, harpillera, malacuenda, rázago, retobo. ➤ Bocín, márfaga, márfega, marga, márraga. ➤ Atarazana. ➤ *Cáñamo.

arpista n. Persona que toca el arpa.

arpón (del fr. «harpon», dim. de «harpe», garra) m. Utensilio de pesca consistente en un astil de madera armado con una punta de hierro, con gancho para hacer presa. ⇒ Cítora, fisga. ➤ Estacha, tridente. ➤ *Sujetar. ⊙ Se aplica a la descripción de la *forma semejante.

arponado, -a adj. *De *forma de arpón.*

arponear o, menos frec., **arponar** tr. Disparar el arpón contra un ↘animal. ⊙ Herirle con él.

arponero m. Hombre que maneja el arpón.

arqueada 1 f. Cada golpe o movimiento del arco cuando se toca un instrumento musical de cuerda. **2** *Arcada de las que acompañan al vómito.*

arqueado, -a Participio de «arquear[se]». ⊙ adj. De forma de arco o curvada. ⇒ Arcuado, arcual.

arqueador[1] m. Perito que arquea la capacidad de las embarcaciones.

arqueador[2] m. *Hombre que arquea la lana.*

arqueaje m. *Arqueo.*

arqueamiento m. *Arqueo.*

arquear[1] (de «arca[1]») **1** tr. Medir la *capacidad de una ↘embarcación. **2** Hacer recuento de caudales en la caja o en los libros de contabilidad. ⇒ *Contar.

arquear[2] 1 tr. Dar a una ↘cosa forma de *arco. ≃ Combar, *curvar, doblar, enarcar, encorvar. ⊙ prnl. Tomar forma de arco o curva. **2** tr. *En la fabricación de paños, sacudir y ahuecar la lana con un arco.* **3** intr. *Tener arcadas, precursoras o acompañantes del vómito.*

arquegoniado, -a adj. y n. f. BOT. Se aplica a los musgos y helechos, por poseer arquegonios. ⇒ Briofita, pteridofita.

arquegonio m. BOT. Órgano sexual femenino de ciertas *plantas, de tamaño microscópico y forma de botella, que encierra en su interior un óvulo; es propio de las arquegoniadas.

arqueño, -a adj. y, aplicado a personas, también n. *De Arcos de la Frontera, población de la provincia de Cádiz.* ≃ Arcobricense.

arqueo[1] 1 m. Acción de arquear (medir la *capacidad de una embarcación, etc.). **2** Cabida de un *barco.

V. «TONELADA [métrica] de arqueo».

arqueo[2] m. Acción y efecto de arquear[se].

arqueolítico, -a (del gr. «archaîos», antiguo, y «líthos», piedra) adj. De la Edad de Piedra.

arqueología (del gr. «archaiología») f. Ciencia que estudia los objetos antiguos hechos por el hombre, por su interés histórico o histórico-artístico. ⇒ Arcaico. ➤ Cerámica, estratigrafía.

arqueológico, -a adj. Se aplica a los objetos antiguos que tienen interés para la arqueología y a lo relacionado con ellos o con la arqueología.

arqueólogo, -a n. Persona que se dedica al estudio de la arqueología.

arqueozoología (del gr. «archaîos», antiguo, y «zoología») f. *Parte de la arqueología que estudia los restos de animales encontrados en yacimientos arqueológicos.*

arquería f. Conjunto o serie de arcos en una construcción arquitectónica. ≃ *Arcada.

arquero, -a 1 m. El que va armado con arco. **2** n. DEP. Persona que practica el tiro con arco. **3** (más frec. en Hispam.) DEP. En fútbol y otros deportes, portero.

arqueta (dim. de «arca») f. Arca pequeña o *caja de forma de arca.

arquetípico, -a adj. Que constituye un arquetipo.

arquetipo (del lat. «archetўpus», del gr. «archétypos») **1** m. Tipo ideal de cualquier clase de cosas; particularmente, con referencia a la *belleza. ≃ *Modelo. **2** Ejemplar real que responde a ese tipo o que reúne las condiciones consideradas como esenciales y características de su especie: 'Esa muchacha es el arquetipo de la mujer moderna'. ≃ Modelo, prototipo. ⇒ *Ejemplo, espécimen, espejo, modelo, prototipo, *representante, tipo, SUMA y compendio. **3** TEOL. *Tipo soberano y eterno, que sirve de ejemplar y modelo al entendimiento y la voluntad de los hombres.*

-arquía Elemento sufijo del gr. «árchō», mandar: 'anarquía, jerarquía'.

arquibanco m. Arca cuya tapa servía de asiento, a veces con respaldo.

arquidiócesis f. *Archidiócesis.*

arquiepiscopal adj. *Arzobispal.*

arquilla f. Caja de forma de arca.

Arquímedes V. «ROSCA de Arquímedes».

arquimesa (de «arca[1]» y «mesa») f. *Mueble compuesto de un cuerpo vertical con muchos cajones y un tablero que se puede tener recogido o sacarlo para hacer de mesa. ⊙ Mueble formado por una mesa y un cuerpo vertical sobre ella, formado por pequeños *cajones. ⊙ Este cuerpo solo.

arquíptero (del gr. «archḗ», principio, y «-ptero») adj. y n. m. ZOOL. Se aplica a los *insectos masticadores que tienen cuatro alas membranosas reticuladas, y cuyas larvas son acuáticas y zoófagas en muchas especies; como el caballito del diablo y el termes o comején.

arquisinagogo (del lat. «archisynagōgus», del gr. «archisynágōgos») m. *Presidente de la sinagoga.*

arquitecto, -a (del lat. «architectus», del gr. «architéktōn») n. Persona que tiene como profesión la *arquitectura.

ARQUITECTO TÉCNICO. Aparejador.

arquitectónico, -a (del lat. «architectonĭcus», del gr. «architektonikós») adj. De [la] arquitectura.

arquitector (del lat. «architector, -ōris»; ant.) m. *Arquitecto.*

arquitectura (del lat. «architectūra») f. Arte de la construcción de *edificios y *monumentos. ⊙ Esa actividad, considerada como una de las llamadas «bellas *artes». ⊙ Conjunto de obras pertenecientes a ella: 'La arquitectura del Renacimiento'.

ARQUITECTURA FUNCIONAL. Nombre que, en realidad con el mismo alcance que «arquitectura moderna», se aplica apreciativamente a la arquitectura contemporánea, que, aprovechando las posibilidades inusitadas que ofrecen los nuevos materiales, desecha la sujeción a los modelos tradicionales y obtiene la belleza de la construcción con la combinación armoniosa de los elementos necesarios a su función. ⇒ ARQUITECTURA orgánica.

A. HIDRÁULICA. La que se refiere a la parte de construcción de las obras hidráulicas.

A. MILITAR. Arte de fortificar. ⇒ Areotectónica.

A. NAVAL. Arte de construir *barcos.

A. ORGÁNICA. Otro nombre aplicado también a la arquitectura moderna con significado semejante al de «funcional».

□ CATÁLOGO

Areotectónica. ➤ Construcción, *edificio, fábrica, máquina, obra. ➤ *Arcada, balneario, baptisterio, barraca, capitolio, *casa, *choza, circo, coba, *cobertizo, edículo, edificación, hastial, *hotel, *iglesia, nave, pabellón, residencia, rotonda, *teatro, *templo, *vivienda. ➤ En alberca, en voladizo. ➤ Encuentro, *esquina, esquinal, intercolumnio, macizo, ochavo, *saliente, sustentante. ➤ CASCO de casa. ➤ Aguja, ala, ancón, arbotante, *arcada, *arco, *armadura, basa, *bóveda, cartela, cipera, *columna, consola, cornisa, crucería, crujía, cuerpo, *cúpula, dovela, enjuta, fachada, frontis, frontispicio, *frontón, *habitación, harrado, imposta, lienzo, linterna, *ménsula, miembro, modillón, *moldura, *muro, nave, pilastra, pináculo, *piso, portada, remate, sobaco, suela, *torre, zócalo. ➤ Bancada. ➤ Aspecto, decoración, disposición, *estilo, estructura, módulo, orden, ordenación, ordenanza, traza. ➤ Decoro. ➤ Barroco, churrigueresco, flamígero, funcional, georgiano, gótico, herreriano, mudéjar, neogótico, ojival, orgánico, plateresco, prerrománico, románico. ➤ Anfipróstilo, diástilo, díptero, dístilo, hipóstilo, panóptico, próstilo. ➤ Exento. ➤ Área, asiento, casal, cimiento, firme, sentamiento, solar, terreno, TIERRA firme. ➤ Abocinar, aboquillar, abovedar, achaflanar, alzar, apear, *apuntalar, cimentar, construir, despezar [o despiezar], edificar, labrar, descargar las PAREDES, reedificar, replantear, sobreedificar, triangulación, urbanizar. ➤ Acostar, hacer ASIENTO, empuje, hacer MOVIMIENTO. ➤ Alarife, *albañil, aparejador, arquitecto, MAESTRO de obras. ➤ Alamín. ➤ Anteproyecto, icnografía, montea, plano, planta, *proyecto. ➤ Urbanismo. ➤ *Adorno. *Albañil. *Construir. *Edificio. *Fortificar.

arquitrabe (del it. «architrave», viga maestra) m. ARQ. Parte inferior del *entablamento, que descansa sobre las columnas o el muro.

arquivolta (del it. «archivolta») f. ARQ. Archivolta: molduras que decoran el paramento exterior de un arco.

arra 1 f. Arras. **2** (Ar.) *Cada una de las *tortas que se llevan a las bodas, una para el cura y otra para los que se casan.*

arrabá (del ár. and. «arráb'a», caja cuadrada) m. ARQ. Rectángulo formado con una moldura que, en el arte árabe, circunscribe a veces los *arcos de puertas o ventanas.

arrabal (del ár. and. «arrabáḍ») m. Barrio en las afueras de una población. ⊙ (pl.) Afueras. ≃ Arrabalde, rabal.

arrabalde (del ár. and. «arrabáḍ») m. *Arrabal.*

arrabalero, -a 1 adj. y n. Habitante de arrabal. **2** (n. calif.) Se aplica a la persona, particularmente a la mujer, descarada y de modales *groseros.

arrabiadamente (ant.) adv. *Con rabia: airadamente.*

arrabiatar 1 (Am. C.) tr. *Rabiatar: atar por la cola a un ↘animal.* **2** (Am. C.) prnl. *Someterse servilmente a la opinión de otro.*

arrabio (¿del vasc. «harrobia», la cantera?) m. METAL. **Hierro colado.* ⊙ METAL. *Hierro de primera fundición.*

arracacha (del quechua «racacha») **1** *(Arracacia xanthorrhiza)* f. *Planta umbelífera de América Meridional, de *raíz comestible semejante a la chirivía.* **2** (Col.) **Majadería o *despropósito.*

arracachada (Col.) f. *Arracacha: majadería o despropósito.*

arracacho, -a (de «arracacha»; Col.) adj. *Majadero, simple.*

arracada (quizá del ár. and. «arraqqáda», la que duerme constantemente, porque estos pendientes son tan largos que descansan sobre los hombros) f. Pendiente de adorno con grandes colgantes.

arracimado, -a Participio de «arracimarse». ⊙ adj. En forma de racimo. ⊙ Apiñado. ≃ Racimado.

arracimarse prnl. *Reunirse en forma semejante a un racimo. ≃ Enracimarse. ⊙ *Aglomerarse.

arraclán 1 (Ar., Sal.) m. *Alacrán (animal artrópodo arácnido).* **2** *(Frangula alnus)* Árbol ramnáceo de madera flexible que da un carbón muy ligero. ≃ ALISO negro, sanapudio, sangredo.

-arrada V. «-ada».

arráez (del ár. and. «arráyis») **1** m. **Caudillo árabe o morisco.* ≃ Arrayaz, arraz. **2** *Capitán de una embarcación árabe o morisca.* ≃ Arrayaz, arraz. **3** (ant., And.; Filip.) *Capitán o patrón de un *barco.* ≃ Arrayaz, arraz. **4** *Jefe de todas las operaciones que se ejecutan en una *almadraba, tanto en el mar como en tierra.* ≃ Arrayaz, arraz.

arraezar (de «a-²» y «rahez») intr. y prnl. *Estropearse una cosa; como los granos y comestibles.* ⇒ Rahez.

arraigadamente adv. De manera arraigada: 'Arraigadamente católico'.

arraigadas f. pl. MAR. **Cabos o *cadenas con que se sujetan las obencaduras de los masteleros, fijándolas por un lado a un zuncho que hay en el cuello del palo macho y por otro al canto de la cofa.*

arraigado, -a 1 Participio adjetivo de «arraigar[se]». **2** («en») Aplicado a vicios, costumbres, ideas, etc., muy *antiguo y *fijo en quien lo tiene, y difícil de quitar o desarraigar. ≃ Enraizado. ⇒ Inveterado, viejo. ⊙ Tratándose de cosas, con muchos antecedentes históricos: 'Muy arraigado en la tradición española [o en las costumbres españolas]'. ≃ Enraizado. **3** n. Propietario de fincas en el sitio que se expresa. ⇒ Afincado, enraizado. **4** adj. Aplicado a personas, con arraigo o prestigio en el sitio que se expresa. **5** m. MAR. *Sitio en donde se amarra un cabo o cadena en un *barco.*

arraigadura f. *Acción de arraigar[se].*

arraigamiento m. *Arraigo.*

arraigante adj. *Que arraiga.*

arraigar (del lat. «ad», a, y «radicāre») **1** intr. y prnl. Echar raíces los tallos, plantones o plantas recién plantados en un terreno, con lo que siguen viviendo y desarrollándose. ⇒ Agarrar, asir, coger, encepar, enraizar, prender, radicar, raigar, tomar. ➤ Apreso, arraigado. ➤ *Brotar. ➤ Desarraigar. **2** Hacerse *firme en alguien una costumbre, vicio, virtud, etc. **3** («en») *Establecerse de manera fija en un sitio, adquiriendo en él fincas o intereses de otra clase. ≃ Afincarse, radicarse. **4** DER. *Señalar o depositar una persona sometida a juicio ciertos bienes raíces o de otra clase para responder de las resultas.* **5** (Hispam.) tr. DER. *Notificar judicialmente a una persona que no puede abandonar una localidad.*

□ CONJUG. como «bailar».

arraigo 1 («Tener») m. Situación de arraigado. **2** Circunstancia de tener una persona propiedades o intereses que la unen al lugar donde reside. ≃ Raigambre, raíces. ⊙ Por extensión, circunstancia de ser una persona respetada y estimada en el lugar o círculo en que vive. Se puede reforzar con «mucho» o adverbio semejante.

arraiján (And., Cuba, P. Rico; inf.) m. *Arrayán.*

-arrajo V. «-ajo».

arralar (de «a-²» y «ralo») intr. *Ralear (hacerse ralo o escaso).*

arramblar (de «a-²» y «rambla») **1** tr. Dejar una *avenida el ↘suelo con la vegetación destruida, y cubierto de arena o piedras. ⊙ prnl. Quedarse el suelo cubierto de arena o piedras después de una avenida. **2** (inf.; «con») tr. y, más frec., intr. *Llevarse de un sitio todo lo que hay de cierta cosa o llevarse algo con abuso o codicia: 'Arrambló con todo el pan que teníamos. Arrambló con mis mejores libros'. ≃ Cargar. ⇒ *Apoderarse.

arramplar (inf.) tr. y, más frec., intr. Arramblar.

arranado, -a (Chi.) adj. *Aplicado a cosas, *bajo; de muy poca altura.*

arranarse (de «a-²» y «rana»; Cantb., Sal.) prnl. **Agacharse o agazaparse.*

arrancaclavos m. Utensilio para arrancar *clavos, consistente en una pequeña palanca con una uña. ⇒ Uña, uñeta.

arrancada (de «arrancar») **1** f. Acción de echar a andar un vehículo, una persona o un animal, particularmente si es de manera brusca, o de aumentar bruscamente la velocidad: 'El caballo le tiró al suelo en una arrancada'. ≃ Arranque. **2** (ant.) *Acometimiento o embestida.* **3** MAR. *Movimiento de un *barco al emprender la marcha.* ⇒ Estrepada. **4** CAZA.**Huella de la res que sale de su guarida.*

arrancadera (de «arrancar») f. **Cencerro grande que llevan los mansos, que sirve para hacer levantar al ganado y guiarlo.*

arrancadero 1 m. *Punto de arranque.* ⊙ *Particularmente, sitio desde donde se empieza a correr.* **2** (Ar.) *Parte más ancha del cañón de la escopeta.*

arrancado, -a 1 Participio de «arrancar». **2** adj. *Aplicado a personas, arruinado.* **3** HERÁLD. *Se aplica al árbol que muestra las raíces; y a la cabeza u otro miembro del animal con el corte desigual.*

arrancador, -a adj. y n. *Que [o el que] arranca.* ⊙ f. Máquina para arrancar raíces.

arrancadura o **arrancamiento** f. o m. *Acción de arrancar.* ⊙ *Señal o cicatriz en el sitio de donde se ha arrancado algo.*

arrancamoños m. Fruto del cadillo, que se adhiere con facilidad al pelo o a la ropa.

arrancapinos (de «arrancar» y «pino¹»; hum.; n. calif.) m. *Se aplica a un hombre muy *bajo.*

arrancar 1 («de») tr. *Separar del suelo o del sitio donde está una ↘planta, el pelo o cosa semejante, con su raíz: 'Arrancar las hierbas, los árboles, las patatas'. ⊙ Separar violentamente una ↘cosa del sitio donde está adherida: 'Arrancar una rama, un sello, la corteza de un árbol'. También reflex.: 'El niño se ha arrancado la costra'. **2** Quitar o *separar una ↘cosa de algo o alguien que la sujeta o retiene: 'Le arrancó el arma de la mano. Arrancaban a los niños de los brazos de sus madres'. ⊙ Separar a ↘alguien contra su voluntad de un sitio: 'No hay quien le arranque del baile'. **3** *Suprimir en un sitio o quitarle a alguien ↘vicios, costumbres, ideas, creencias o cosas semejantes. ⊙ Separar a ↘alguien de esas mismas cosas: 'Consiguió arrancarle de la bebida'. **4** *Obtener o lograr de alguien una ↘cosa con habilidad o con esfuerzo o violencia: 'No pude arrancarle la verdad. Le arrancaron la firma con amenazas'. ≃ Sacar. ⇒ *Sonsacar. ⊙ Hacer que alguien dé ciertas ↘muestras de un sentimiento: 'Arrancar aplausos [gritos de entusiasmo, risas]. Aquel espectáculo arrancaba lágrimas'. **5** intr. Empezar a *andar o funcionar una máquina o un tren u otro vehículo: 'El tren arrancó a las siete en punto'. ⊙ tr. o abs. El sujeto puede ser también el que conduce: 'Se empeñaba en arrancar en directa'. ⊙ prnl. Iniciar de pronto el movimiento, después de haber permanecido quieto: 'El toro se arrancó en dirección a él'. ⊙ intr. y, menos frec., prnl.

*Marcharse por fin de un sitio: 'Hace media hora que se están despidiendo, pero no arrancan'. ≃ Moverse. ⇒ Desarrancarse. **6** intr. ARQ. *Principiar en cierto sitio o en el sitio correspondiente una cosa como una línea, un arco o una bóveda. ⊙ *Principiar una acción o el curso o la vida de algo en determinado lugar o momento o con cierto suceso: 'La carretera arranca de Barcelona. Su nobleza arranca de los godos'. ≃ Comenzar, empezar, iniciarse. ⊙ Tener una cosa su causa u origen en lo que se expresa: 'Su enemistad arranca de aquella discusión'. ≃ *Proceder. **7** Con «a» y un verbo en infinitivo, iniciar la acción expresada por éste bruscamente o después de un retraso o una pausa: 'El árbol ha arrancado a crecer. El niño no arranca a hablar. Arrancó a decir barbaridades'. **8** («con» o con un gerundio; inf.) prnl. *Hacer algo bruscamente o hacer algo inesperado o distinto de lo esperado: 'Se arrancó dándome cinco duros'. **9** tr. MAR. *Imprimir más velocidad a un ↘*barco manejando vigorosamente los remos.* **10** Conseguir desprender y expulsar las ↘*flemas o *emitir la voz, un suspiro, etc. **11** (ant.) **Acometer o embestir.* **12** (ant.) **Vencer.*

V. «arrancar el ALMA».

ARRANCARSE POR. En el *cante flamenco, iniciar bruscamente el cante que se expresa.

V. «arrancar de CUAJO; arráncate, NABO».

□ CATÁLOGO

Arrincar, derraigar, desacoplar, desarraigar, descepar, descuajar, desencajar, desenclavar, desentrañar, desfijar, desgajar, desganchar, desmajolar, desmatar, despalmar, *despegar, despezonar, desplantar, destroncar, erradicar, *escardar, escarzar, extirpar, extraer, mesar[se], *pelar, raer, rancar, *raspar, repelar, sacar. ➤ Arrancadura, arrancamiento, arranque, avulsión, rancajada, remesón. ➤ De cuajo, de raíz. ➤ Menestrete. ➤ Arrancasiega. ➤ *Roturar. *Rozar.

arrancasiega **1** f. *Operación que se hace para *recolectar una mies que ha crecido muy poco, *segando en parte y en parte *arrancando.* **2** (Ar.) **Riña entre varias personas.*

arranchar[1] (del fr. «ranger») **1** tr. MAR. *Pasar *bordeando un ↘bajo, un ↘cabo, etc.* **2** MAR. *Tirar todo lo posible de los *cabos de las ↘*velas.*

arranchar[2] (de «arrancar»; Chi., Ec., Perú) tr. *Quitar una ↘cosa a alguien con violencia.*

arrancharse **1** prnl. **Reunirse en ranchos.* **2** (Pan.) *Quedarse a vivir una persona en casa de otra, pero con disgusto de su dueño y sin intención de marcharse.* **3** (Chi., Col.) *Negarse con obstinación a algo.* **4** (Méj., Ven.) *Acomodarse a vivir en un sitio o alojarse provisionalmente.* **5** (Cuba) *Demorarse mucho.*

arranchón (Perú) m. *Acción y efecto de arrancar (quitar o *separar una cosa de algo o alguien que la sujeta o retiene).*

arranciarse prnl. Enranciarse.

arranque **1** m. Acción de arrancar. **2** Comienzo de una acción. ⊙ Punto, momento o suceso de donde arranca algo: 'El arranque de un arco o bóveda [de la enfermedad, de la Edad Moderna]'. Enlace frecuente, «PUNTO de arranque». ≃ Comienzo, *principio, PUNTO de partida. **3** *Energía o *decisión para *emprender algo: 'No tienen arranque para sublevarse'. **4** *Decisión súbita: 'En un arranque decidió tomar el avión'. ≃ *Arrebato, *impulso. ⊙ Acto o movimiento repentino o *brusco: 'No tengas esos arranques'. ≃ *Arrebato. ⊙ Acometida violenta y súbita de un sentimiento o un estado de ánimo: 'En un arranque de compasión [de celos, de envidia, de locura]'. ≃ *Arrebato, ataque. **5** Cosa ingeniosa o graciosa que alguien dice de repente. ≃ *Ocurrencia.

arranquera (de «arrancar»; Can., Cuba, Méj.; inf.) f. *Escasez de *dinero, habitual o circunstancial.*

arrapar (del germ. «rapon», quitar) tr. **Quitar una ↘cosa a alguien.* ≃ Arrebatar.

arrapiezo (desp. de «arrapo») **1** m. **Andrajo.* **2** (n. calif.) *Se aplica a una persona a la que se da poca importancia.* **3** (n. calif.) Se aplica como apelativo cariñosamente despectivo, a un *chico: 'A este arrapiezo le voy a dar un tirón de orejas'.

arrapo m. **Andrajo.* ≃ Arrapiezo, harapo.

arraquive (ant.) m. *Arrequive.*

arras (del lat. «arrha», del gr. «arrhabṓn») **1** f. pl. *Prenda o señal que se da al ajustar un trato. **2** Las trece monedas que, al celebrarse el *matrimonio, entrega el desposado a la desposada. ⇒ Acidaque. **3** *Dote o donación hecha por el marido a la mujer al casarse. ⇒ Acidaque.

arrasado, -a **1** Participio de «arrasar[se]». **2** adj. Aplicado a *telas, hecho semejante al raso.

arrasadura (de «arrasar») f. *Rasadura.*

arrasamiento m. Acción de arrasar.

arrasar (de «a-[2]» y «rasar») **1** tr. y prnl. *Alisar[se] una ↘superficie. **2** **Afeitar (rasurar). También reflex.* **3** tr. Llenar una ↘vasija hasta el borde o quitar, una vez llena, lo que rebasa del borde. ≃ *Enrasar. **4** (terciop. de sujeto interno) intr. y prnl. Quedarse el cielo sin nubes. ≃ Despejarse. **5** tr. Hacer que se arrasen los ojos en lágrimas. ⊙ prnl. Cubrirse los *ojos de lágrimas. **6** tr. y prnl. Derruir[se] o *devastar[se] un ↘edificio, un territorio, etc. **7** abs. (inf.) Obtener un gran triunfo, por ejemplo en una competición deportiva.

arrascar (pop.) tr. **Rascar.*

arrastraculo m. MAR. **Vela pequeña que se tendía debajo de la botavara.*

arrastradamente adv. De manera arrastrada: 'Vivir arrastradamente'.

arrastradera f. MAR. *Ala del trinquete.*

arrastradero m. **Camino por donde se hace en el monte el arrastre de *maderas.* ⊙ TAUROM. *Sitio en la plaza de *toros por donde se sacan del ruedo, arrastrándolos, los animales muertos.*

arrastradizo, -a **1** adj. *Susceptible de ser arrastrado.* **2** *Ya trillado.* ⇒ *Recolección.

arrastrado, -a **1** Participio de «arrastrar». **2** (inf.) adj. Aplicado a «vida» o un nombre de tiempo, lleno de agobio, *trabajo, escaseces o penalidades. ≃ Penoso. **3** (pop.; n. calif.) Se aplica como insulto a alguien que causa trabajo, disgusto o preocupación: 'Ese arrastrado («arrastrao» en lenguaje hablado) va a ser mi condenación'. ≃ *Maldito. **4** Puede aplicarse a cosas que se prolongan en vez de terminar radicalmente; por ejemplo, la sílaba final en algunas modalidades de *cante. **5** Se aplica al juego de *baraja en que es obligatorio seguir la carta del que echa primero: 'Tute arrastrado'. **6** (inf.; «Ir») Mal de *dinero.

arrastramiento m. Arrastre.

arrastrando A rastras: 'Transportan los troncos arrastrando'.

arrastrante m. *Estudiante de las antiguas universidades que «arrastraba bayetas».*

arrastrar (de «a-[2]» y «rastrar») **1** tr. Llevar una cosa a ↘otra tras de sí, tirando de ella: 'La locomotora arrastra los vagones. Los caballos arrastran el carruaje'. ⊙ *Mover una ↘cosa de modo que roza contra el suelo u otra superficie: 'Anda arrastrando los pies'. ⊙ Llevarse una cosa consigo a ↘otra al moverse o marcharse; por ejemplo, el agua o el viento: 'El viento arrastra las hojas de los árboles'. ⊙ *Atraer una cosa a ↘otra hacia sí o a su interior: 'El torbellino les arrastraba'. ≃ Absorber. **2** *Impulsar u *obligar cierta cosa a ↘alguien a obrar de cierta manera. **3** Producir una cosa ciertas malas ↘consecuencias: 'Eso arrastró una larga serie de calamidades'. ≃ Acarrear. ⇒ *Causa. **4** *Llevar ↘algo penosamente: 'Él arrastra su cruz. Arrastra una vida miserable'. **5** *Inducir o *convencer: hacer, con el ejemplo o la persuasión, que ↘alguien haga cierta cosa: 'No sólo obra mal él, sino que arrastra a otros'. ⊙ Atraer a ↘otros a la propia posición u opiniones. ⊙ *Convencer alguien a ↘otros con su elocuencia o entusiasmo: 'Jesús arrastraba a las muchedumbres'. ≃ Arrebatar. **6** intr. En los juegos de *baraja, echar uno de los jugadores una carta que obliga a los otros a echar otra del mismo palo si la tienen, y, si no, del palo que es triunfo. **7** Tocar o *rozar con el suelo: 'La cortina arrastra'. A veces, con complemento de persona: 'Le arrastra la cola'. **8** prnl. Moverse como los gusanos o los *reptiles, con el cuerpo tocando el suelo. ≃ Reptar. ⊙ Moverse por el suelo o estar tirado en el suelo, como hacen, por ejemplo, los niños cuando juegan. **9** *Humillarse perdiendo la dignidad, o *envilecerse.

V. «arrastrar BAYETAS, arrastrarse a los PIES de alguien, el que PUEDE arrastra, arrastrar por los SUELOS».

□ CATÁLOGO

Absorber, ajorrar, arramblar, atoar, barrer, correr, LLEVARSE por delante, rastrar, llevar a RASTRAS, remolcar, dar REMOLQUE, sirgar, sorber, tirar, toar, tresnar, zaparrastrar. ➤ Ratear. ➤ A remolque, a la sirga. ➤ Allegadera, allegador, angazo, ANIMAL de *tiro, basna, bastaje, *cabrestante, corsa, *escoba, gario, malacate, mierra, narria, raqueta, *rastra, *rastrillo, rastro, remolcador, torno, tractor. ➤ Cable, *cuerda, tiradera. ➤ Arrastradero. ➤ Rastro. ➤ Remolque. ➤ Rastrero. ➤ *Atraer. *Atropellar. *Tirar.

arrastre **1** m. Acción y efecto de arrastrar. ≃ Arrastramiento. ⇒ MATERIALES de arrastre. **2** Transporte de una mercancía, especialmente de la madera cortada, hasta el sitio donde es cargada. **3** TAUROM. Acción de retirar del ruedo con las mulillas el *toro muerto en la lidia. **4** PESCA de arrastre. **5** Acción de arrastrar en los juegos de baraja. **6** *Acción de «arrastrar bayetas» en las antiguas universidades.* **7** MINER. *Talud o inclinación de las paredes de un pozo.* **8** MINER. *En las minas de Méjico, molino donde se pulverizan los minerales de plata que se benefician por amalgamación.*

DE ARRASTRE. GEOL. Se aplica a las tierras, etc., que están en cierto sitio porque han sido arrastradas hasta allí por los agentes naturales.

ESTAR PARA EL ARRASTRE (inf. y hum.). Estar inútil o incapaz de trabajar o de moverse, por cansancio, vejez, etc.: 'Estoy para el arrastre'.

arrastrero, -a adj. y n. m. Se aplica al *barco empleado para la pesca de arrastre.

arrate (del ár. and. «arráṭl») m. *Peso equivalente a una libra (16 onzas).*

arratonado, -a adj. *Roído por los ratones.*

arrayán (del ár. and. «arrayḥán»; *Myrtus communis*) m. Arbusto mirtáceo oloroso, de hojas pequeñas, duras y lustrosas y fruto en pequeñas bayas de color negro azulado, que se emplea para *setos. ≃ Arraiján, mirto, murta. ⇒ Murtón.

ARRAYÁN BRABÁNTICO [BASTARDO, DE BRABANTE, BRABANTINO O DE LOS PANTANOS] (*Myrica gale*). **Planta miricácea, cuyo fruto, puesto a cocer, da una sustancia semejante a la cera.*

A. MORUNO [O MORISCO]. **Brusco (planta ruscácea).*

arrayano, -a (de «rayano»; R. Dom.) adj. y n. *Que vive en una zona fronteriza o procede de ella.*

arrayaz o **arraz** m. *Variantes de arráez.*

¡arre! interj. Exclamación con que se incita a andar a las *caballerías. ≃ Harre. ⇒ Arria, arriero.

¡arrea! (inf.) interj. Exclamación de asombro, equivalente a «¡atiza!». ⇒ *Asombrar.

arreada (de «arrear[1]»; Arg., Méj.) f. *Robo de ganado.* ⇒ Abigeato.

arreador (de «arrear[1]») **1** (Arg., Col., Méj., Perú) m. **Látigo.* **2** *Vareador de la aceituna.* **3** (And.) **Capataz del campo.* **4** *Jornalero que acompaña al ganado que está de paso en un sitio.*

arreala f. *Derecho que se pagaba en el *Concejo de la Mesta por ciertos rebaños formados a reala (juntando reses de varios propietarios).*

arreamiento m. *Arreo.*

arrear[1] (de «¡arre!») **1** tr. *Estimular a las ↘*caballerías. **2** (inf.) tr. e intr. *Apresurar[se]. **3** intr. *Ejercer el oficio de arriero.* **4** (Arg., Méj.) tr. **Robar ↘ganado.* **5** (inf.; «con») intr. Llevarse algo con violencia. **6** (inf.) tr. *Asestar un ↘golpe.

V. «el que VENGA detrás que arree».

arrear[2] (del sup. lat. vulg. «arredare», del sup. gót. «rēdan», proveer; pop.) **1** tr. Poner arreos a las ↘caballerías. **2** *Adornar o ataviar.*

arrear[3] (de «arreo[2]»; inf.) tr. *Asestar un ↘golpe.

arrebañaderas (de «arrebañar») f. pl. Utensilio formado por varios ganchos, que se emplea para sacar de los *pozos objetos caídos. ≃ Garabato, gario, rebañaderas.

arrebañaduras (de «arrebañar») f. pl. Restos de comida o de otra cosa, que quedan en una vasija u otro sitio después de recoger o vaciar la parte principal. ≃ Rebañaduras.

arrebañar (de «rebañar») **1** tr. Coger ↘lo que hay en un sitio de cierta cosa o *apoderarse de ello, sin dejar nada. ≃ Rebañar. **2** Acabar de recoger los *restos de alguna ↘cosa que se contenía en un sitio. Particularmente, agotar los restos de ↘comida que quedan pegados a una ↘vasija, como hacen por ejemplo los perros. ≃ Rebañar. ⇒ Arreplegar, lambucear, replegar.

arrebatacapas m. V. «PUERTO de arrebatacapas».

arrebatado, -a **1** (en la acep. de «cautivado», «Sentirse») Participio de «arrebatar[se]». **2** adj. *Alocado, *aturdido o *irreflexivo. **3** Encolerizado o irritado. **4** Aplicado a la *cara o a su color, rojo, habitual o accidentalmente, por ejemplo, por el calor o el rubor.

arrebatador, -a adj. y n. Capaz de arrebatar (cautivar): 'Una sonrisa arrebatadora'.

arrebatamiento m. Acción de arrebatar.

arrebatar (de «a-[2]» y «rebato») **1** tr. Arrastrar o llevarse ↘algo con prisa o violencia. ⊙ *Quitar una ↘cosa violentamente a alguien: 'Arrebatar la vida. Le arrebató la carta de las manos'. ⊙ Llevarse ↘algo una cosa que se mueve con violencia: 'El viento me arrebató el sombrero. Le arrebató la corriente'. ⊙ *Atraer poderosamente la ↘mirada u otra cosa que significa admiración o afecto: 'Arrebata las miradas de todos a su paso. Arrebata los corazones con su simpatía'. ⊙ Provocar la adhesión entusiasta de ↘alguien: 'Arrebata a la gente con su entusiasmo [o su elocuencia]'. ≃ *Arrastrar, atraer. ⊙ Atraer de tal manera una cosa con su belleza o encanto la atención de una ↘persona que la hace olvidarse de todo lo demás que la rodea. ≃ Arrobar, *embelesar, extasiar. **2** Apresurar excesivamente. ⊙ Hacer el exceso de calor que los ↘*vegetales se desarrollen con demasiada rapidez. ⊙ Hacer el exceso de fuego que el ↘*pan o una cosa que se está *asando o *friendo se haga demasiado deprisa, quedando quemada por fuera y cruda por dentro. ⊙ prnl. Quedar quemado por fuera y crudo por dentro por exceso de fuego un alimento que se está asando o friendo. ⇒ Ahornarse. **3** tr. Causar en ↘alguien un arrebato de ira, de indignación, etc. **4** *Sofocar: hacer que acuda la sangre a la cara. ⊙ prnl. *Sofocarse o *irritarse una persona. **5** *Acudir la gente precipitadamente cuando se toca a rebato.*

arrebatiña (del gall. «rebatiña») f. A LA ARREBATIÑA («Andar, Ir, Echar, Tirar, Coger»). Acción de tirar algo como caramelos o monedas al aire para que la gente se arroje a cogerlo disputándoselo unos a otros. ≃ A la rebatiña. ⇒ Araña, chuña.

arrebato 1 (ant.) m. *Rebato.* **2** *Impulso súbito de hacer cierta cosa. ≃ Arranque, pronto, vena. ⇒ Arrechucho, llamarada, taranta, viaraza. ➤ *Brusco. ➤ A SANGRE fría. ➤ *Humor. *Ataque. ⊙ Pérdida momentánea del dominio de sí mismo por efecto de la cólera, una pasión, un ataque de locura, etc.: 'Lo hizo en un arrebato de celos'. ⊙ DER. Constituye una circunstancia atenuante de los *delitos. **3** *Éxtasis. **4** (Bol.) *Enfermedad grave que se presenta de forma repentina.*

ARREBATO Y OBCECACIÓN. DER. Forma usual de designar la circunstancia de «arrebato» como modificativa de la culpabilidad de un *delito.

arrebatoso, -a adj. *Arrebatado (*aturdido, *impulsivo o *irreflexivo).*

arrebol (de «arrebolar») **1** m. *Color rosado que se ve en las nubes heridas por los rayos del Sol naciente o poniente. ⊙ Por extensión, en lenguaje poético, color rojo; particularmente, en las mejillas de las mujeres. **2** (ant.) *Color rojo usado como *cosmético.*

arrebolada f. *Conjunto de nubes arreboladas.*

arrebolado, -a Participio adjetivo de «arrebolar[se]».

arrebolar (¿de un supuesto «arruborar», de «rubor»?; lit.) tr. Poner rojo ↘algo o a alguien; por ejemplo, el azaramiento a una persona o el sol a las nubes. ⊙ (lit.) prnl. Ponerse rojo algo o alguien.

arrebolera 1 f. *Recipiente donde se tenía el arrebol (cosmético).* **2** *Mujer que vendía el arrebol.* **3** *DONDIEGO de noche (planta nictaginácea).*

arrebollarse (del ast. «rebolar», rodar, con influencia del ast. «arrollar», arrojar; Ast.) prnl. **Despeñarse.*

arrebozar 1 tr. *Rebozar.* **2** tr. *Embozar o arropar. También reflex.* **3** prnl. **Aglomerarse las *abejas alrededor de la colmena, o las moscas, hormigas, etc., de modo semejante en algún sitio.*

arrebozo (de «arrebozar») m. *Rebozo.*

arrebujar (de «a-[2]» y «rebujo[1]») **1** tr. *Arrugar haciendo un rebujo con ella una prenda de ↘ropa u otra cosa. ⇒ Arrebullar. **2** Envolver o cubrir con ropa ↘algo o a alguien, de modo que quede bien tapado, apretando y doblando mucho la envoltura. También reflex. ≃ *Arropar. ⇒ Arrebozar, arrebullar, emburujarse, taperujarse. **3** tr. y prnl. *Rebullir[se].*

arrebullar tr. *Arrebujar.*

arrecadar (del sup. lat. «recapitāre», recoger; Sal.) tr. **Guardar, poner a buen recaudo.*

arrechar 1 (Am. C., Méj.) intr. *Sobrar animación y brío.* **2** (Am. C., Méj.) prnl. *Ponerse arrecho (excitado sexualmente).*

arrecho, -a (del lat. «arrectus», part. pas. de «arrigĕre», levantar) **1** (pop. en algunos sitios y usado en *botánica) adj. **Rígido y erguido.* **2** **Garboso.* **3** *Excitado sexualmente.*

arrechucho (¿de «arrecho», tieso?) **1** (inf.) m. *Desmayo o ataque. **2** (inf.) *Indisposición repentina y pasajera. **3** (inf.) *Ataque brusco de mal humor, de enfado o de cualquier sentimiento o estado de *ánimo. ⊙ (inf.) Idea o empeño súbito. ≃ *Arrebato.

arreciar (de «a-[2]» y «recio») intr. Hacerse *intenso o *violento un fenómeno natural o un estado de violencia: 'Arrecia la tormenta [el viento, la furia de alguien]'. ≃ Aumentar.

☐ CONJUG. como «cambiar».

arrecifar (And.) tr. *Empedrar un ↘camino.*

arrecife (del ár. and. «arraṣíf») **1** m. *Camino afirmado o empedrado, o *carretera.* **2** *Firme de un camino.* **3** *Bajo, particularmente de rocas, casi a flor de agua, en el mar. ⇒ Atolón, caico. **4** (R. Dom.) *Acantilado, farallón, costa peñascosa.*

arrecir (del sup. lat. «arrigescĕre», de «arrigĕre», enderezarse) tr. *Aterir.* ⊙ prnl. *Aterirse o *entumecerse.*

☐ CONJUG. como «aguerrir».

arrecular (pop.) tr. *Acercar el ↘*carro a algún sitio haciéndole ir hacia *atrás.* ≃ Acular.

arredilar tr. *Meter las ↘reses en el redil.*

arredomado, -a adj. *Redomado.*

arredor (de «a-[2]» y «redor[1]»; ant.) adv. *Alrededor.*

arredrar (de «arredro») **1** tr. *Hacer volver atrás.* ⊙ prnl. *Volverse atrás.* **2** tr. y prnl. *Apartar[se].* **3** (lit.) *Asustar[se] o *intimidar[se].

arredro (del lat. «ad», hacia, y «retro», atrás; ant.) adv. *Atrás, detrás o hacia *atrás.*

arregazado, -a adj. *Arremangado:* 'Nariz arregazada'.

arregazar (de «regazo») tr. **Arremangar. También reflex.*

arregladamente 1 adv. *Con sujeción a regla, orden o método.* **2** («a») *En conformidad con lo que se expresa.* ≃ *Según.

arregladito, -a (inf.) adj. Dim. frec. de «arreglado»; particularmente, con los significados de «limpio, ordenado» o «bien vestido».

arreglado, -a 1 Participio adjetivo de «arreglar». ⊙ Ataviado, vestido o adornado de una manera o de otra: 'Tiene su casa arreglada con mucho gusto'. ⊙ Limpio y ordenado. ⊙ Acicalado o adornado. ⊙ Bien vestido o vestido como para salir de casa. **2** Se aplica a la persona que acrecienta su hacienda procurando ganar o adquirir más, o con buena administración. ⇒ Ahorrador, allegador, apañado, araña, argumentoso, arregladito, BARRER para dentro, hormiga, hormiguita, industrioso, no ser manco, trabajador, vividor. **3** («a») *Según la cosa que se expresa: 'Arreglado a la ley'. ≃ Acomodado.

ESTAR [O IR] ARREGLADO. Expresión con que se comenta que alguien se *equivoca en alguna esperanza que tiene: 'Va arreglado si cree que ese le va a dar algo'. ≃ Estar [o ir] LISTO.

¡PUES ESTARÍA [ESTARÍAS, etc.] ARREGLADO...! Expresión con que se manifiesta que se considera intolerable cierta cosa o que no se está dispuesto a tolerarla o prestarse a ella: '¡Pues estaría yo arreglado si tuviera que hacer caso de todas sus impertinencias!'.

arreglador, -a adj. Que arregla.

arreglamiento m. *Reglamento.*

arreglar (de «regla») **1** tr. *Regular.* **2** Poner las ↘cosas limpias y en orden o como deben estar, se necesitan o convienen: 'Arreglar la casa. Arreglar lo necesario para la fiesta. Tiene habilidad para arreglar los escaparates. Tengo todavía que arreglar la maleta. Tiene que arreglar sus asuntos antes de marcharse. Están arreglando los papeles para casarse'. ⊙ prnl. Ponerse una cosa bien, en el estado conveniente o en la disposición debida: 'Se está arreglando el día. Si se arreglan mis asuntos, me compraré un coche'. ⇒ Alistar, disponer, guisar, poner en ORDEN [o en REGLA]. ➤ *Ordenar. *Preparar. **3** tr. Poner las ↘cosas o a las personas de modo que tengan un aspecto agradable o bonito: 'Arreglar un altar con flores. Si arreglas a los niños, me los llevaré de paseo'. ⊙ (reflex.) Lavarse, peinarse, vestirse, etc., al levantarse por la mañana, para salir a la calle, para comer, para recibir visitas, para ir a una fiesta, etc. ⊙ (reflex.) Con una calificación, atender alguien habitualmente al arreglo de su persona de la manera que se expresa: 'Es una mujer que se arregla muy bien'; es muy frecuente la expresión «saber arreglarse». **4** Decidir entre varias personas, hablando de cierto asunto, ↘lo que se ha de hacer: 'Yo estoy conforme con lo que vosotros arregléis. Hemos arreglado una entrevista en su casa'. ≃ *Acordar. **5** Poner bien de nuevo cualquier ↘cosa y en cualquier sentido; por ejemplo, a una persona después de una indisposición: 'Esta taza de caldo te arreglará el estómago'. ≃ Apañar, aviar, componer. ⊙ Volver a poner en condiciones de servir ↘lo que estaba roto, en mal estado o inútil: 'Arreglar unos zapatos [un reloj, un vestido pasado de moda]'. ⊙ Modificar ↘algo que no estaba correcto para que lo esté. ≃ Corregir, enmendar, rectificar. ⇒ Apañar, apedazar, aviar, chafallar, componer, *corregir, encauzar, enderezar, enmendar, entonar, estañar, poner en ORDEN, reajustar, recomponer, rectificar, refacción, refaccionar, refección, reformar, regenerar, rehacer, remediar, *remendar, reparar, repasar, retocar, revisar, salvar, sanear, sobresolar *zurcir. **6** Poner en una ↘comida los condimentos necesarios: 'Arreglar la ensalada con aceite, vinagre y sal'. ≃ Aderezar, adobar, aliñar, componer, *condimentar. **7** En futuro se emplea como amenaza: '¡Ya te arreglaré yo a ti!'. ≃ Apañar. **8** MAR. *Ajustar el estado y marcha de los ↘cronómetros.* **9** prnl. *Acomodarse a vivir o hacer algo con ciertos medios de que se dispone: 'Nos tendremos que arreglar con una sola habitación'. ≃ Apañarse[las], arreglarse[las], componerse[las], *manejarse. ⊙ Ordenarse alguien su vida, su trabajo, su situación, etc., bien o mal. Si no se especifica, se entiende «bien» o con *habilidad, a pesar de tener dificultades o pocos medios: 'Se arregla muy bien y tiene tiempo para todo. No sé cómo puede arreglarse con una sola mano'. ⊙ Precedido de «no sé cómo», se emplea mucho irónicamente: 'No sé cómo te arreglas para salir siempre perdiendo'. **10** *Obrar de acuerdo con cierta cosa:* 'Arreglarse a la razón'. ≃ *Acomodarse. **11** prnl. recípr. Estar de *acuerdo o vivir en buenas relaciones una persona con otra: 'Se arreglan muy bien las dos cuñadas'. ≃ *Avenirse, entenderse. ⊙ Ponerse de *acuerdo: 'Le compraré la casa si nos arreglamos en el precio'. **12** Entablar relaciones amorosas, hacerse novios: 'Por fin parece que se han arreglado Juanita y Pepe'. ⊙ Particularmente, reanudar las relaciones amorosas después de haberlas roto. ⊙ Se usa también con sentido peyorativo, como «entenderse», refiriéndose a relaciones amorosas irregulares.

ARREGLÁRSELAS. *Manejarse: 'No sabe arreglárselas solo. Él se las arreglará para salirse con la suya. No sé cómo se las arregla que siempre va mal peinada'. ≃ Arreglarse.

□ CATÁLOGO

*Acicalar[se], afeitar[se], poner[se] de veinticinco ALFILERES, alifar, aperar, asear[se], *ataviar[se], atildar[se], aviar[se], bañar[se], lavar[se] la CARA, componer[se], desmaquillarse, lavarse [o limpiarse] los DIENTES, duchar[se], emperejilar[se], emperifollar[se], emplastar[se], engalanar[se], espejar, lavar[se], maquear[se], maquillar[se], peinar[se], pintarse, pulir[se], ponerse de PUNTA en blanco, recomponer[se], *vestir[se]. ➤ Engreimiento, higiene, tocado, toilette. ➤ Camarín, coqueta, espejo, lavabo, paje, tocador. ➤ *Adorno, afeite, *cosmético, *joya, perfume, tocado, vestido. ➤ Bien ATAVIADO, atildado, compuesto, *coqueta, como [o hecho] un CROMO, cuco, cursi, engomado, gomoso, más galán que MINGO, mono, perfecto, perfilado, peripuesto, como un PINCEL, bien PORTADO, presumido, puesto, bien PUESTO, *pulido, recompuesto, refitolero, relamido, repulido, bien TRAJEADO. ➤ Aunque la MONA se vista de seda, mona se queda. ➤ Esteticista, esthéticienne.

arreglico m. Arreglo (*chanchullo).

arreglista n. Persona que se dedica a hacer arreglos de obras musicales.

arreglito 1 (inf.) m. Amancebamiento. ≃ Arreglo. **2** *Chanchullo.

arreglo 1 m. Acción y efecto de arreglar[se] las cosas o las personas. ⊙ Acción y efecto de *limpiar, *ordenar, etc. ⊙ ARREGLO personal. **2** Acción y efecto de arreglar (reparar). **3** (gralm. pl.) Cosa con que se atavía o adorna algo o a alguien. **4** *Condimento. **5** (inf.; gralm. pl.) *Utensilios, materiales o *cosas de cualquier clase con que se hace algo: 'Los arreglos para el pastel'. **6** Acción y efecto de arreglar[se] o poner[se] de *acuerdo cosas o personas. ≃ *Acuerdo. ⊙ A veces, tiene sentido peyorativo como «componenda» o «*chanchullo». **7** Relaciones amorosas irregulares. ≃ Arreglito, *lío. **8** Adaptación o transformación de una obra musical para que pueda ser interpretada con instrumentos o voces distintos a los originales.

ARREGLO DE CUENTAS. AJUSTE de cuentas.

A. PERSONAL. Conjunto de operaciones; lavado, peinado, afeitado, etc., con que una persona arregla su aspecto. ⊙ Conjunto de vestidos y adornos que se pone una persona. ⇒ Arreglarse.

CON ARREGLO. *Aproximadamente igual que cierta cosa que se dice o consabida:* 'Esos zapatos te habrán costado más caros que los otros. —Con arreglo'.

CON ARREGLO A. *Según: 'He obrado con arreglo a sus instrucciones'.

arregostarse (de «a-[2]» y el lat. «regustāre», gustar; «a») prnl. **Aficionarse a un placer material recientemente descubierto.* ≃ Engolosinarse, regostarse, tomar el GUSTO.

arrejacar (¿de «arrejaque»?) tr. AGRIC. **Cavar los ↘sembrados o pasar por ellos la grada perpendicularmente a los surcos que se hicieron para sembrar, cuando las plantas tienen ya bastante raíz, para romper la costra del terreno.* ≃ Aricar, rejacar.

arrejaco (del ár. and. «arraššáqa», n. de oficio e instrumento deriv. de la raíz cl. «ršq», disparar) m. *Arrejaque (vencejo).*

arrejada (de «a-[2]» y «rejada») f. **Aguijada: vara que usa el que labra.*

arrejaque (del ár. and. «arraššáqa», n. de oficio e instrumento deriv. de la raíz cl. «ršq», disparar) **1** m. *Garfio de hierro con tres puntas que se usa en algunos sitios para *pescar.* **2** **Vencejo (pájaro).*

arrejerar (de «a-[2]» y «rejera») tr. MAR. *Sujetar un ↘barco con dos anclas por la proa y una por la popa.*

arrejuntarse (pop.; inf.) prnl. recípr. Establecer un hombre y una mujer relaciones de pareja sin estar casados. ≃ Ajuntarse, rejuntarse.

arrela f. V. «arrelde».

arrelde (del ár. and. «arríṭl») m. o f. **Peso antiguo equivalente a cuatro libras.* ⊙ *Pesa correspondiente, que se empleaba especialmente para pesar *carne.*

arrellanar (de «a-²» y «rellano») **1** tr. *Allanar o nivelar un ˘terreno. **2** prnl. Sentarse con comodidad, en actitud de abandono. ⇒ Arrepanchigarse, rellanarse, repanchigarse, repantigarse. **3** Acomodarse en un sitio, particularmente en un cargo, sintiéndose a gusto y con ánimo de permanecer en él.

arremangar **1** tr. Recoger doblándolas o arrollándolas hacia arriba las ˘mangas, las perneras de los pantalones, las faldas, etc. También reflex.: 'Se arremangó los pantalones'. ≃ Remangar. ⇒ Arregazar, arrezagar, arrufaldarse, enfaldar, regacear, regazar, remangar, sofaldar. ➤ *Levantar. **2** (inf.; reflex.) Disponerse a hacer cierta cosa que requiere *decisión.

arremango m. *Acción y efecto de arremangar.* ⊙ *Parte de ropa que está arremangada.*

arrematar tr. **Terminar.* ≃ Rematar.

arremedador, -a (de «arremedar»; ant.) adj. *Remedador.*

arremedar (de «a-²» y el lat. vulg. «reimitāri») tr. *Remedar.*

arremembrar (ant.) tr. y prnl. **Recordar.* ≃ Remembrar.

arremetedero (de «arremeter») m. FORT. *Lugar por donde puede ser atacada una fortaleza, posición, etc.*

arremetedor, -a adj. y n. *Se aplica al que arremete.*

arremeter (de «a-²» y «remeter») **1** («contra»; menos frec., «a, con, para») intr. *Atacar o acometer con ímpetu. ⊙ (ant.) prnl. *Acometer con ímpetu.* **2** (ant.) tr. *Hacer arrancar con ímpetu al ˘*caballo.* **3** (inf.) intr. *Producir una cosa efecto discordante a la vista.* ≃ Chocar. **4** (ant.) prnl. *Arrogarse algún título o dignidad.*

arremetida f. Acción de arremeter. ≃ Acometida, *ataque, embestida.

arremetimiento m. Arremetida.

arremolinamiento m. Remolino de gente, animales u otras cosas.

arremolinarse (de «remolino»; «alrededor de, en») prnl. Reunirse, apretándose, gente, animales o cosas en movimiento. ≃ *Aglomerarse, remolinarse.

arrempujar (ant., pop.) tr. *Empujar.*

arremueco (de «mueca»; Col.) m. *Arrumaco.* ≃ Arremuesco.

arremuesco m. *Arrumaco (demostración de cariño).* ≃ Arremueco.

arrendable adj. Que puede ser arrendado.

arrendación f. *Arrendamiento.*

arrendadero m. Argolla colocada encima del pesebre para sujetar a ella las *caballerías por las riendas.

arrendado¹, -a Participio adjetivo de «arrendar» (ceder cierta cosa a alguien para que la use temporalmente, etc.).

arrendado², -a adj. *Se aplica a las *caballerías que obedecen a la rienda.*

arrendador, -a **1** adj. y n. Persona que cede a otra una cosa en arriendo. **2** n. Arrendatario.

arrendajo (de «arrendar³») **1** (desp.) m. *Remedo o copia mala de una cosa.* **2** (desp.) *Persona que imita las palabras o acciones de otra.* **3** *(Garrulus glandarius)* Pájaro córvido que se alimenta de bellotas y también de los huevos de otras aves cuyas voces imita. ≃ Glayo, PEGA reborda, rendajo, ronzuella. **4** *(Cacicus cela) Pájaro americano de color negro con algunos puntos amarillos, que cuelga su nido, de forma de botella, en los árboles más altos, y que se puede domesticar para que salga de la jaula y vuelva a ella; tiene hermoso canto e imita la voz de otros animales.*

arrendamiento **1** m. Arriendo. ⊙ Particularmente, cuando se trata de tierras de cultivo. ⇒ *Agricultura. **2** Contrato de arriendo. **3** Precio de un arriendo.

arrendante adj. y n. *Se aplica al que arrienda.*

arrendar¹ (de «a-²» y «renda», renta) **1** tr. Ceder cierta ˘cosa a alguien para que la use temporalmente, mediante el pago de una cantidad cada cierto tiempo: 'Arrendó su casa y se fue a vivir a otra'. ≃ *Alquilar, ceder [o dar] en arriendo. **2** Tomar una ˘cosa en arriendo: 'Ha arrendado un hotel para pasar el verano'. ≃ Alquilar.
V. «no arrendar la GANANCIA».

□ CATÁLOGO

Alenguar, alogar, alugar, fletar, inquilinato, llevar, locación, logar, realquilar, reconducir, rentar, subarrendar. ➤ Arrendador, arrendante, propietario, subarrendador. ➤ Arrendatario, coarrendador, locador, logadero, subarrendatario. ➤ Alijarero, aparcero, casero, *colono, exarico, herbajero, huertano, inquilino, locatario, masovero, mediero, partidario, quintero, rabasaire, rentero, terrazguero, torrero. ➤ Conducticio. ➤ Locativo. ➤ Labrar, llevar, tomar. ➤ Alquiler, arrendamiento, arriendo, camaraje, canon, enguera, flete, leasing, noveno, *renta, terraje, terrazgo. ➤ Sanmiguelada, tanda. ➤ Caer, correr, vencer. ➤ Albarán, papel. ➤ Desahuciar, desalquilar, desarrendar.

□ CONJUG. como «acertar».

arrendar² (de «a-²» y «rienda») **1** tr. **Atar y sujetar por las riendas a una ˘*caballería.* ⇒ Desarrendar. **2** *Enseñar al ˘*caballo a que obedezca a la rienda.* **3** **Sujetar.* **4** *Amontonar tierra alrededor del pie de los ˘árboles o cepas.* ≃ *Acollar.

□ CONJUG. como «acertar».

arrendar³ (de «arremedar») tr. **Imitar la ˘voz o las acciones de alguien.*

arrendatario, -a adj. y n. Persona que toma o tiene una cosa en arriendo. ≃ Arrendador. ⊙ Particularmente, persona que tiene en arriendo una finca rústica o tierras.

arrendaticio, -a adj. DER. *De [o del] arriendo.*

arrentado, -a (de «renta»; ant.) adj. **Rico.*

arreo¹ (del cat. «arreu», seguido) adv. *Sucesivamente: sin interrupción.*

arreo² (Arg., Chi., Par., Ur.) m. *Acción de conducir una parte del ganado a otro lugar.*

arreos (de «arrear²») **1** m. pl. Atavíos o adornos de personas o cosas. **2** *Guarniciones de las caballerías. **3** Aditamentos o cosas accesorias. **4** *Utensilios.

arrepanchigarse prnl. *Arrellanarse. ≃ Repanchigarse.

arrepápalo (de «repápalo») m. *Cierto tipo de masa de harina frita.* ⇒ *MASA frita.

arrepasarse prnl. *Se usa sólo en la frase «arrepásate acá, compadre», con que se designa un *juego.* ≃ Pasarse.

arrepentido, -a **1** Participio adjetivo de «arrepentirse». **2** f. Mujer de mala vida que se arrepiente y entra en un convento. ⇒ Magdalena. **3** adj. y n. Se aplica al miembro de una organización de malhechores que colabora con la justicia y confiesa lo que sabe sobre cierto asunto.

arrepentimiento 1 m. Acción de arrepentirse. ⊙ Estado o sentimiento del que está arrepentido. **2** **Corrección que se nota en las obras de pintura o dibujo.*

arrepentirse (de «a-²» y «repentirse») **1** («de») prnl. Sentir haber hecho o dejado de hacer cierta cosa, bien por no encontrarla conveniente después de hecha, bien por ser una mala acción, o por el daño causado: 'Ahora me arrepiento de haber venido. Me arrepiento de haberle tratado tan mal'. **2** Apartarse de un compromiso que se había contraído o de una promesa. ≃ *Desdecirse, VOLVERSE atrás.

□ CATÁLOGO

Darse con la CABEZA contra la pared, darse [de] CABEZADAS contra la pared, compungir[se], acusar [o escarabajear] la CONCIENCIA, concomer, corroer, deplorar, dolerse, llorar [con] LÁGRIMAS DE SANGRE, lamentar, llorar, morderse las MANOS, pesar, repentirse, *retroceder, *sentir. ➤ Arrepentido, arrepiso, atrito, compungido, contrito, penitente, pesaroso, repeso, repiso. ➤ Magdalena. ➤ *Contumaz, impenitente, recalcitrante. ➤ Conciencia, GUSANO [o VOZ] de la conciencia. ➤ Arrepentimiento, atrición, compunción, contrición, DOLOR de corazón, escarabajeo, escrúpulo[s], remordimiento[s]. ➤ ACTO de contrición, GOLPE de pecho, LÁGRIMAS de cocodrilo. ➤ El DIABLO, harto de carne, se metió a fraile. ➤ Penitencia. ➤ *Confesar. Pecado.

□ CONJUG. como «hervir».

arrepiso, -a (de «a-²» y «repiso²»; ant.) *Participio antiguo: arrepentido.*

arrepistar (de «a²-», «re-» y «pistar») tr. *Triturar los ↘trapos en la máquina llamada «de arrepisto», para la fabricación del *papel de tina.*

arrepisto (de «arrepistar») m. DE ARREPISTO. V. «arrepistar».

arreplegar (pop.) tr. **Arrebañar o *recoger.* ≃ Replegar.

arrepticio, -a (del lat. «arreptitĭus»; ant.) adj. **Endemoniado.*

arrequesonarse (de «a-²» y «requesón») prnl. *Cortarse la leche.*

arrequife (del ár. and. «arrikíb», estribo) m. *En el almarrá (utensilio para separar en el algodón la simiente de la borra), cada una de las dos piezas puestas en los extremos del mango, entre las que va inserto el cilindro que gira.*

arrequín 1 (Hispam.) m. *Persona que está siempre al lado de otra para ayudarla o acompañarla.* **2** (Hispam.) *Animal que guía la recua.*

arrequintar (Hispam.) tr. *Apretar fuertemente con una cuerda o vendaje.*

arrequive (¿del ár. «rabīk», plato pesado de dátiles, mantequilla y cuajada?) **1** m. *Cierto adorno antiguo del vestido.* ≃ Requive. **2** (gralm. pl.) *Adornos innecesarios o excesivos. ≃ Perifollos, requilorios, ringorrangos. ⇒ Angaripola, arrumaco, faralá, gaitería, garambaina, pelendengue, pelitrique, perejil, perendengue, perifollo, requilorio, ringorrango. ➤ Barroco, historiado. **3** (pl.) Exigencias o formalidades nimias o innecesarias que se exigen para algo; por ejemplo, en un asunto oficial. ≃ Requilorios.

arrestado[1], -a adj. Castigado con arresto.

arrestado[2], -a adj. *Con arrestos.*

arrestar (del lat. «ad», a, y «restāre», detenerse) **1** tr. Castigar con prisión por breve tiempo; se usa particularmente en la milicia. ≃ *Detener. **2** («a») prnl. **Decidirse o *atreverse.*

arresto 1 m. Acción de arrestar. ⊙ Situación de arrestado. **2** Detención de un presunto reo.

arrestos m. pl. *Brío, ímpetu, *energía o *valor para llevar a cabo algo difícil o peligroso.

arretín m. *Cierta *tela antigua de lana, estampada.* ≃ Filipichín.

arretranca (Col., Ec., Méj.) f. *Retranca: freno de máquina o carruaje.*

arrevesado, -a adj. **Difícil o complicado.* ≃ Revesado, enrevesado.

arrevolvedor (de «arrevolver»; ant.) m. **Convólvulo (oruga de la vid).*

arrevolver (And., Col.) tr. *Revolver.*

arrezafe (del sup. ár. and. «arraṣáf», de «allaṣáf») m. *Sitio cubierto de cardos y otras plantas inútiles.* ⇒ *Yermo.

arrezagar (de «arregazar») **1** tr. **Arremangar.* **2** **Levantar:* 'Arrezagar el brazo'.

arria (de «arriero») **1** f. *Recua.* ≃ Harria. **2** V. «AGUJA de arria».

arriacense (de «Arriaca», nombre de una ciudad de la España romana) adj. y n. *Alcarreño.*

arriada[1] f. MAR. *Acción de arriar.*

arriada[2] f. *Riada.*

arriado, -a 1 Participio adjetivo de «arriar». **2** m. MAR. Acción de arriar (bajar las velas, etc.).

arrial m. *Arriaz.*

-arrial V. «-al».

arriamiento m. Acción de arriar (bajar la bandera, etc.).

arrianismo m. Doctrina y secta de los arrianos.

arriano, -a adj. y n. Se aplica a los seguidores de Arrio, *hereje que sostenía que Dios hijo no es consustancial con Dios padre, y a sus cosas.

arriar[1] (de «arrear²») **1** tr. *Bajar una ↘*bandera o las *velas que estaban izadas. **2** Aflojar un ↘cabo, cable o cadena. ⇒ Filar, lascar.

V. «arriar la BANDERA».

□ CONJUG. como «desviar».

arriar[2] (de «a-²» y «río») tr. Inundar un río un ↘sitio al crecer y desbordarse. ⊙ prnl. Inundarse un sitio por la crecida de un río.

□ CONJUG. como «desviar».

arriata f. *Arriate.*

arriate (del ár. and. «arriyáḍ», huerto) **1** m. Recuadro acotado en un jardín o patio, donde hay flores plantadas. ≃ Macizo. ⇒ *Bancal, era, terraza. ⊙ Banda estrecha de tierra a lo largo de las tapias de un jardín, dispuesta para plantar flores. **2** **Camino o paso.* **3** *Encañado hecho en un jardín para que trepen las plantas o para dividir.*

arriaz (del ár. and. «arriyás») m. *Gavilán de la *espada.* ⊙ *Por extensión, puño de la espada.*

arriazar (Cantb., Sal.) tr. *Empozar el ↘*cáñamo o el lino.*

arriba (del lat. «ad ripam», a la orilla) **1** adv. Designa un lugar más alto que aquel en que está el que habla: 'Mi hermano vive arriba'. Se usa con preposición para expresar dirección o procedencia: 'Se mueve hacia arriba. Viene de arriba'. La preposición «a» se suprime: 'Me voy arriba'. Se pospone a nombres de lugar en pendiente para expresar el movimiento por ellos hacia la parte más alta: 'Río arriba, calle arriba'. ⇒ Arribota, asuso, suso. ➤ Susano. ➤ A VISTA de pájaro. ➤ *Elevar. *Levantar. *Subir. **2** Hacia arriba. **3** En posición social elevada: 'Los que están arriba no se acuerdan de los miserables'. **4** (ant.) *Adelante.*

¡ARRIBA! Interjección para estimular a *levantar algo o levantarse. ⊙ También en sentido figurado: '¡Arriba los ánimos! ¡Arriba los corazones!'. ⊙ Se acompaña también con ella la acción de empinar el vaso u otra vasija a la vez que se *bebe de ellos.

ARRIBA DE (gralm. en frases negativas). Más de: 'No tiene arriba de 20 años'.

ARRIBA Y ABAJO. **1** Se aplica a un verbo para significar insistencia, repetición, manoseo, etc.: 'Tienen al niño todo el día arriba y abajo'. **2** En la lotería de cartones, *número sesenta y nueve.

V. «AGUAS arriba, BOCA arriba, poner las CARTAS boca arriba, hacerse CUESTA arriba».

DE ARRIBA. **1** De Dios. **2** De quien ostenta la autoridad en un lugar: 'Las órdenes vienen de arriba'.

DE ARRIBA ABAJO. **1** Desde lo más alto hasta lo más bajo: 'Rodar por las escaleras de arriba abajo'. Se emplea mucho en la expresión «mirar de arriba abajo». **2** En dirección hacia abajo: 'Se mueve de arriba abajo'. **3** Completamente: 'Han cambiado de arriba abajo el diseño del libro'.

V. «MANOS arriba».

PARA ARRIBA. Equivale a «más de», pero se pospone a la expresión de la cantidad: 'Tiene de cincuenta años para arriba'.

V. «PATAS arriba».

QUE SI ARRIBA QUE SI ABAJO. Frase con que, en un relato, se alude a las explicaciones, argumentos, excusas, chismes o murmuraciones de alguien: 'Se pasó media hora justificándose con que si arriba que si abajo'. ⇒ *EXPRESIÓN indeterminada.

V. «de TEJAS arriba, VOLVER lo de arriba abajo».

arribada **1** f. Acción de arribar. **2** MAR. *Bordada que da un barco dejándose llevar por el viento.*

DE ARRIBADA [FORZOSA]. Se aplica a la acción de llegar una embarcación a algún lugar de la costa obligada por una tempestad, un percance, etc.

arribar (del sup. lat. «arripāre», de «ripa», orilla) **1** («a») intr. MAR. *Llegar un barco al puerto de su destino o refugiarse en un puerto. ⇒ Abordar, aportar, atracar, fondear, tomar PUERTO [o TIERRA], tocar. **2** (lit.) *Llegar. **3** *Llegar al fin que se persigue.* **4** **Restablecerse o *reponerse de algún quebranto o enfermedad.* **5** MAR. *Dejarse ir con el viento.* **6** MAR. **Girar un buque abriendo el ángulo que forma la quilla con el viento.* ≃ Andar. **7** (ant.) tr. **Llevar o *conducir.*

arribazón f. Gran arribada de peces a las costas en ciertas épocas. ⇒ Ribazón. ➤ *Pesca.

arribeño, -a (de «arriba»; Hispam.; n. calif.) adj. y n. *Lo aplican las personas del litoral a las que proceden del interior.*

arribismo m. Actitud del arribista.

arribista (del fr. «arriviste», con influencia de «arribar»; n. calif.) n. Se aplica a la persona ambiciosa y poco escrupulosa en los medios que emplea para mejorar de posición.

arribo m. Acción de arribar. ≃ Llegada.

arribota (inf.) adv. Aum. despectivo frec., de «arriba».

arricés o **arricesa** (del ár. and. «arrizáz») m. o f. *Cada una de las *hebillas con que se sujetan a la silla las aciones de los estribos.*

arricete m. *Restinga (punta arenosa o rocosa que penetra en el mar, cubierta por el agua).*

arridar (del lat. «ad», a, y «rigidāre», poner rígido) tr. MAR. *Tesar las ↘jarcias muertas.*

arriedro (de «arredro»; ant.) adv. *Atrás, detrás o hacia atrás.*

arriendo **1** m. Acción y efecto de arrendar (alquilar). ≃ Arrendamiento. **2** (sing. o pl.) Cantidad que se paga por un arrendamiento. ≃ Arrendamiento.

arriero (de «¡arre!») m. Hombre que *transporta mercancías de unos pueblos a otros en caballerías. ≃ Harriero. ⇒ Acarreador, alhamel, almocrebe, asnerizo, atijarero, burrero, cosario, harruquero, ordinario, *porteador, recuero, trajinante, trajinero, transportista. ➤ Cebadero. ➤ Ajoarriero. ➤ *Transportar.

arriesgado, -a **1** Participio adjetivo de «arriesgar[se]». **2** Expuesto a riesgos o peligros: 'Es arriesgado aconsejar en este asunto'. ≃ Atrevido, aventurado, expuesto, peligroso. **3** Valiente o atrevido.

arriesgar (de «riesgo») **1** tr. y prnl. Poner cierta ↘cosa en peligro de perderse o destruirse: 'No arriesgas nada probando. Arriesga en ese asunto su buen nombre. Te arriesgas a perderlo todo'. ≃ Aventurar, comprometer, exponer. ⊙ tr. *Jugar o *apostar una ↘cantidad en el juego, en una apuesta, etc. **2** *Proponer o exponer sin decisión una ↘hipótesis, una pregunta, etc. ≃ Aventurar.

□ CATÁLOGO

*Afrontar, echarse al AGUA, animarse, apeligrar, arriscar[se], *atreverse, aventurar[se], meterse en la BOCA del lobo, dar la CARA, poner toda la CARNE en el asador, poner el CASCABEL al gato, levantar la CAZA, cometerse, comprometer[se], descubrir el CUERPO, no hurtar el CUERPO, ir [o llevar] al DEGOLLADERO, DEJAR lo cierto por lo dudoso, desafiar, tentar a DIOS, empeñarse, *emprender, enredar[se], *exponer[se], probar FORTUNA, jugar con FUEGO, JUGAR fuerte, llevar el GATO al agua, hipotecar, jugar[se], levantar la LIEBRE, liarse la MANTA a la cabeza, llevar al MATADERO, quemar las NAVES, ocasionar, buscar PAN de trastrigo, dar el PECHO, correr el PELIGRO de, poner en PELIGRO, buscar tres PIES al gato, prestarse a, probar, correr el RIESGO de, pasar el RUBICÓN, desafiar a la [o probar] SUERTE, TENER algo que perder, jugarse el TIPO, jugarse el TODO por el todo. ➤ Arriesgado, atrevido, aventurado, *azaroso, climatérico, expuesto, obnoxio, oscuro, peligroso, resbaladizo, suicida. ➤ *Peligro, riesgo. ➤ A riesgo de, a trueque de. ➤ Tanto va el CÁNTARO a la fuente..., el que no se arriesga no pasa el RÍO. ➤ A mansalva.

arrigirse prnl. **Aterirse o *entumecerse.*

arrima (de «arrimar»; ant.) f. *Bocha (juego de bolas).*

arrimadero **1** m. Arrimo. **2** *Apeadero (*poyo para subir al caballo y apearse, que también sirve de *asiento).*

arrimadillo, -a (de «arrimar») **1** m. **Zócalo de *estera que se pone en las paredes.* **2** n. **Juego de chicos que consiste en lanzar cada jugador una chapa (moneda, botón, etc.) contra una pared procurando que quede lo más cerca posible de ella; gana todas las chapas el que logra más proximidad.*

arrimadizo (de «arrimar»; ant.) m. **Puntal o estribo puesto para sostener un edificio.*

arrimado, -a **1** Participio adjetivo de «arrimar[se]». **2** (Hispam.) n. *Persona que vive en casa de otro, a su costa o amparo.* **3** (Hispam.) *Persona a la que se concede un pedazo de tierra y que siembra una parte de ella para sí y otra para el dueño de la propiedad.*

V. «arrimado a la COLA».

arrimador (de «arrimar») m. *Tronco grueso que se pone en el *hogar o en las chimeneas para mantener el fuego.* ≃ *Trashoguero.

arrimar 1 («a») tr. y prnl. Poner[se] una ↘cosa cerca o más cerca: 'Arrima la luz aquí'. ≃ *Acercar[se]. **2** («a, contra») Poner[se] una ↘cosa tocando a otra o apoyada en otra: 'Arrimar la barca a la orilla. Arrimar un saco contra la pared'. ≃ *Juntar, *pegar. **3** tr. Quitar una ↘cosa de donde estorba y ponerla a un lado. ≃ *Apartar. ⊙ Poner en un sitio donde queda olvidada una ↘cosa que ya no se utiliza. Se aplica también en sentido figurado, y, a veces, representando la cosa abandonada por un instrumento: 'Ha arrimado la raqueta [o el bisturí]'. ≃ *Arrumbar. **4** *Apartar a una ↘persona del puesto que ocupa o apartarse de su trato. **5** (inf.) Con un nombre de ↘golpe, *asestarlo: 'Le arrimó un bofetón'. **6** prnl. Apoyarse: buscar *apoyo o protección en algo o alguien, material o moralmente. ⊙ (pop; inf.) prnl. recipr. Establecer un hombre y una mujer relaciones de pareja sin estar casados. ⇒ *Amancebarse.

V. «a quien a buen ÁRBOL se arrima..., arrimar el ASCUA a su sardina, arrimar el CLAVO, arrimar el HOMBRO, arrimarse al SOL que más calienta».

arrime (de «arrimar») m. *En el juego de las bochas, sitio muy próximo al boliche o bolín.*

arrimo 1 m. Cosa o persona en la que se encuentra *apoyo, *ayuda, *defensa o protección. ≃ Arrimadero. **2** *Pared medianera.* **3** (Cuba) **Tapia que separa dos fincas.* **4** (Cuba, R. Dom.) *Derecho que permite a un colindante apoyar su edificación en una pared, cerca o vallado ajenos.* **5** (inf.) *Amancebamiento.*

AL ARRIMO DE (inf.). Con el *apoyo, la *ayuda o la protección de: 'Se hizo un buen abogado [o prosperó en política] al arrimo de su tío'.

arrincar 1 (ant.) tr. **Arrancar.* **2** (ant.) **Echar o *ahuyentar.*

arrinconado, -a Participio adjetivo de «arrinconar[se]».

arrinconamiento (de «arrinconar») m. Recogimiento o retiro.

arrinconar 1 tr. Poner una ↘cosa en un rincón. **2** Perseguir a ↘alguien hasta un sitio de donde no puede escaparse. ≃ Acorralar, acosar, estrechar. ⊙ También en sentido figurado: por ejemplo, en una *discusión. **3** Poner una ↘cosa en sitio escondido o fuera de uso. ≃ *Arrumbar. **4** *Apartar a una ↘persona del cargo que ocupa. ⊙ Rehuir el trato con una ↘persona otras de cuyo grupo forma parte o privarla de las ventajas de que las otras disfrutan. ≃ Apartar. ⊙ prnl. *Apartarse del trato con la gente.

arriñonado, -a adj. De figura o perfil semejantes a los de un riñón.

arriostrado, -a 1 adj. *En posición oblicua, como las riostras.* **2** m. *Conjunto de tirantes o de puntales con que se refuerza una estructura.*

arriostrar tr. *Poner riostras en una ↘*armadura de tejado.* ≃ Riostrar.

arriscado, -a 1 *Participio de arriscar[se].* **2** adj. Arriesgado. **3** Aplicado a terrenos, formado por riscos o peñascos. ≃ *Escabroso. **4** Atrevido. ⊙ Particularmente, aficionado a ir por sitios peligrosos o subir a sitios peligrosos o difíciles de escalar. **5** (Chi., Col., Méj.) *Remangado, levantado o doblado hacia arriba.*

arriscador, -a n. *En la *recolección de la *aceituna, persona que la recoge del suelo cuando cae al varear los olivos.*

arriscar (de «a-²» y «risco») **1** tr. **Arriesgar una ↘cosa.* ⊙ prnl. **Arriesgarse.* **2** tr. **Despeñar.* ⊙ prnl. **Despeñarse las reses.* **3** tr. **Elevar una ↘cosa.* **4** prnl. **Encolerizarse o *excitarse.* ≃ Encresparse.

arrisco (de «arriscar») m. **Peligro.* ≃ Riesgo.

arritmia (de «a-¹» y el gr. «rhythmós», ritmo) **1** f. Falta de ritmo. **2** MED. Ritmo anormal del *corazón, o pulso anormal.

arritranca f. *Retranca (correa de las caballerías de tiro).*

arrizafa f. **Jardín.* ≃ Ruzafa.

arrizar 1 tr. MAR. *Tomar rizos.* ≃ Alotar. **2** MAR. *Colocar alguna ↘cosa en el barco de modo adecuado para que se sostenga a pesar del balanceo.* **3** MAR. **Sujetar a ↘alguien.*

arrizofita f. BOT. *Vegetal sin raíces propiamente dichas.* ⊙ (pl.) BOT. *Grupo constituido por todas las *plantas que carecen de raíces, es decir, los talófitos y briófitos.*

-arro, -a Sufijo desp., raro, de nombres y adjetivos: 'cacharro, pequeñarro'.

arroaz (del sup. ár. and. «arrawwás», cabezudo, de «rás») m. *Delfín (mamífero cetáceo).*

arroba (del ár. and. «arrúb'») **1** f. Medida de peso de alrededor de 11 o 12 Kg, según las regiones. ⊙ Medida de capacidad, especialmente para aceite, muy variable en las distintas regiones. **2** Símbolo de esta unidad (@) utilizado en informática; especialmente, en las direcciones de correo electrónico.

POR ARROBAS (inf.). A montones, en abundancia: 'Tiene salero por arrobas'.

arrobadera f. *Traílla de *arrastrar tierras.*

arrobado, -a Participio adjetivo de «arrobar[se]».

arrobador¹, -a (ant.) n. *Vendedor que mide o pesa por arrobas.*

arrobador², -a adj. *Que causa arrobo.*

arrobamiento m. Acción de arrobar[se]. ⊙ Éxtasis.

arrobar¹ tr. *Medir o pesar por arrobas.*

arrobar² (de «a-²» y «robar») tr. Producir una cosa en la ↘persona que la contempla, escucha, etc., tal admiración o placer que esta persona se olvida de cualquier otra cosa y de sí misma. ≃ Cautivar, *embelesar. ⊙ prnl. Quedarse arrobado.

arrobeño, -a adj. *Arrobero.*

arrobero, -a 1 adj. De una arroba de peso. ≃ Arrobeño. **2** n. *Persona que hace el pan para una comunidad.*

arrobeta (de «arroba»; Ar.) f. *Medida de aceite, de 24 libras.*

arrobo m. Arrobamiento (éxtasis).

arrocabe (del ár. and. «arrukkāb») **1** m. *Conjunto de maderos colocados sobre los muros de un edificio para trabarlos entre sí y con la *armadura de la cubierta.* **2** **Adorno arquitectónico a manera de friso.*

arrocado, -a adj. *De *forma de rueca:* 'Manga arrocada'.

arrocero, -a adj. De [o del] arroz.

arrochelarse 1 (Col., Ven.) prnl. **Plantarse una caballería.* **2** (Col., Ven.) **Desbocarse o inquietarse una caballería.*

arrocinado, -a *Participio adjetivo de «arrocinar[se]».* ⊙ *Aplicado a un caballo, con algo de rocín.*

arrocinar (de «a-²» y «rocín») **1** (inf.) tr. y prnl. *Embrutecer[se].* **2** (inf.) *Enamorar[se].*

arrodajarse (de «a-²» y «rodaja»; C. Rica.) prnl. **Sentarse con las piernas cruzadas.*

arrodalado, -a adj. Que tiene manchas en forma de rodales.

arrodillada (Chi., Sal.) f. *Genuflexión.*

arrodillar tr. *Poner o hacer poner a ↘alguien de rodillas.* ⊙ prnl. Ponerse con las piernas dobladas, sosteniéndose sobre las rodillas, por ejemplo para orar. ≃ Ponerse de rodillas. ⇒ Ahinojarse, ponerse [o postrarse] de HINOJOS, humillarse, postrarse, prosternarse, doblar [o hincar] la RODILLA, ponerse de RODILLAS, echarse al SUELO. ➤ Genuflexión. ➤ *Rodilla.

arrodrigar o **arrodrigonar** tr. AGRIC. Poner *rodrigones a las ↘plantas. ≃ Enrodrigonar.

arrogación f. Acción y efecto de arrogar[se].

arrogador, -a adj. y n. Que se arroga algo.

arrogancia (del lat. «arrogantĭa») f. *Orgullo o insolencia. Actitud del que trata a otros con desprecio, despotismo o falta de respeto. ⊙ Puede tener, como «altivez» y «orgullo», sentido no peyorativo, cuando el objeto de esa actitud son personas más poderosas que el que la tiene.

arrogante (del lat. «arrŏgans, -antis») **1** adj. Orgulloso o insolente. **2** De elevada estatura y hermosa presencia. ≃ *Apuesto.

arrogar (del lat. «arrogāre», apropiarse) **1** tr. DER. **Adoptar como hijo a un ↘huérfano o un emancipado.* **2** (con los nombres «autoridad, atribuciones, derechos, facultad, poder» y otros semejantes; con un pron. reflex.) *Atribuirse la ↘cosa de que se trata sin más razón que la propia voluntad: 'Se arrogaban el derecho de acuñar moneda'. ≃ Adjudicarse.

arrojadizo, -a adj. Susceptible de ser arrojado, o hecho para ser arrojado: 'Arma arrojadiza'.

arrojado, -a 1 Participio de «arrojar» (impulsar). **2** adj. Aplicado a personas, *valiente o atrevido.

arrojador, -a adj. Que arroja (impulsa, etc.).

arrojamiento m. *Arrojo.*

arrojar[1] (de «a-[2]» y «rojo»; Ast.) tr. *Calentar el ↘horno hasta enrojecerlo.*

arrojar[2] (del sup. lat. «rotulāre», echar a rodar, de «rotŭlus», rodillo) **1** («a»: 'al mar'; si implica introducción o mezcla puede usarse también «en»: 'en el pozo, en el montón, en un estanque'; «de, desde»: 'de un avión, desde las almenas'; «por»: 'por la ventana') tr. Impulsar una ↘cosa a la vez que se suelta de la mano o del sitio en que está contenida: 'Arrojar la jabalina. Arrojar el agua del cubo'. ≃ Echar, *lanzar, tirar. ⊙ Dejar caer ↘algo intencionadamente desde sitio alto, impulsándolo o sin impulsarlo: 'Arrojar bombas desde un avión. Arrojar papeles al suelo'. ≃ Echar, *tirar. ⊙ prnl. Lanzarse, precipitarse, tirarse. **2** («a, contra, sobre») Dirigirse brusca y violentamente sobre algo o alguien: 'El perro se arrojó sobre el vagabundo'. ≃ Abalanzarse. ⊙ («a») Iniciar una acción violenta; se usa, particularmente, con «lucha» o «pelea». ≃ Lanzarse, precipitarse. **3** tr. Obligar a ↘alguien a marcharse de un sitio, de un empleo, etc.: 'Le arrojó como a un perro'. ≃ Despedir, *echar, expulsar. **4** Producir algo o alguien una ↘cosa que sale de sí; por ejemplo, mal olor o humo. ≃ *Despedir, echar, exhalar. ⊙ Echar ↘brotes las plantas. ⊙ Proyectar ↘sombra sobre una cosa. **5** tr. o abs. *Vomitar: expulsar por la boca el ↘contenido del estómago. **6** tr. Dar una *cuenta, un cálculo, un inventario o cosa semejante, cierto ↘resultado: 'La liquidación del año arroja un saldo negativo'.
V. «arrojar por la BORDA, arrojar el GUANTE, arrojar LUZ».

arroje 1 m. *Hombre de los que, en el *teatro, se asían a las cuerdas que hacían subir el telón y se arrojaban, para subirlo, desde el telar.* **2** (pl.) *Sitio del telar desde donde se arrojaban esos hombres.*

arrojo (de «arrojar[2]») m. Cualidad del que no se detiene ante el peligro. ≃ Atrevimiento, intrepidez, resolución, *valor.

arrollable adj. Susceptible de ser enrollado. ≃ Enrollable.

arrollado, -a 1 Participio adjetivo de «arrollar». **2** (Chi.) m. *Carne de cerdo *guisada, dispuesta en forma de rollo envuelto en la piel del mismo animal.*

arrollador, -a adj. Se dice de lo que arrolla o es capaz de arrollar, en cualquier acepción: 'La fuerza arrolladora del huracán. Un impulso arrollador. Una elocuencia arrolladora'. ⇒ *Irresistible.

arrollamiento 1 m. Acción y efecto de arrollar[se]. **2** (ant.) *Arrullo.*

arrollar[1] (del sup. lat. «rotulāre», echar a rodar, de «rotŭlus», rodillo) **1** tr. *Enrollar: hacer un rollo con ↘alambre, hilo, o cosa parecida, o doblar otra cosa en forma semejante. ≃ Devanar, liar, rollar. ⊙ prnl. Enrollarse: doblarse algo en forma de rollo. **2** tr. *Atropellar. ⊙ Pasar una cosa que está en movimiento por encima de ↘otra y destrozarla: 'El camión arrolló a la bicicleta'. ⊙ Avanzar un ejército destrozando al ↘enemigo. ⊙ Pasar una cosa en movimiento o una fuerza por encima de cualquier ↘obstáculo que se le oponga. ⊙ Tratar sin respeto ↘algo como las leyes o los derechos u opiniones ajenos. ⊙ *Dominar o *vencer a ↘alguien otra persona o cualquier cosa fuerte o violenta: 'Arrollar con una dialéctica invencible'. ⇒ Allanar, atrabancar, atropellar, no pararse en BARRAS, PASAR por encima. **3** **Arrastrar consigo el agua o el viento las ↘piedras u otras cosas.*

arrollar[2] (de «ro, ro», sonido con que se arrulla a los niños) tr. **Acunar a un ↘niño para dormirlo.*

arromadizarse prnl. **Acatarrarse.* ≃ Romadizarse.

arromanzar (de «romance») tr. *Traducir de otro idioma, particularmente del latín, al castellano.* ≃ Poner en romance.

arromar tr. y prnl. *Poner[se] roma una cosa.*

arromper 1 tr. **Romper.* **2** **Roturar.*

arrompido, -a *Participio de «arromper».*

arrompimiento m. *Acción de arromper.*

-arrón V. «-ón».

arronar (de «ro, ro», sonido con que se arrulla a los niños; Cantb.) tr. *Mecer al ↘niño en la cuna.*

arronjar (ant.) tr. *Arrojar.*

arronquecer (ant.) intr. *Enronquecer.*

arronzar (de «ronzar[1]») **1** (ant.) tr. MAR. **Zarpar.* **2** intr. MAR. *Caer el *barco demasiado a sotavento.*

arropado, -a Participio adjetivo de «arropar[se]».

arropador m. *Tela con que se cubre la caldera en que se derrite la *cera.*

arropar[1] **1** («con, en») tr. Cubrir ↘algo o a alguien con ropa: 'Arropar la masa de pan. Arropar a un niño en la cama'. También reflex. ⇒ Arrebujar. ➤ Desarropar. ≃ *Abrigar, tapar. **2** (And.) *Cubrir las ↘*vides recién injertadas con un montoncito de tierra, para preservarlas de la intemperie.* **3** TAUROM. *Rodear los cabestros a los ↘*toros bravos para conducirlos.* **4** Proteger, amparar.

arropar[2] tr. *Añadir arrope al ↘*vino.*

arrope (del ár. and. «arrúbb») **1** m. *Mosto cocido hasta que toma consistencia de jarabe. **2** (Extr., Man.) **Almíbar de miel cocida.* **3** FARM. **Jarabe hecho con miel y alguna sustancia vegetal medicinal:* 'Arrope de sauce'.

4 (Arg.) *Dulce de consistencia de jarabe hecho de ciertas frutas.*

arropea (del sup. lat. vulg. «ferropedĕa», del lat. «ferrum», hierro, y «pēs», pĕdis», pie) **1** f. **Grillete.* **2** **Traba que se pone a las caballerías.*

arropera f. *Recipiente en que se guarda el arrope.*

arropía (de «arrope») f. *Melcocha.*

arropiero, -a n. *Vendedor de arropía.*

arroscado, -a Participio adjetivo de «arroscar[se]».

arroscar 1 tr. Poner una ↘cosa formando una vuelta como una rosca. ≃ Arrollar, enrollar, *enroscar. ⊙ prnl. Ponerse arroscado; por ejemplo, un perro. ≃ Arrollarse, enrollarse, *enroscar. **2** tr. Enroscar: dar vueltas a una ↘tuerca o un tornillo para meterlos. ≃ *Atornillar.

arrostrado, -a 1 Participio adjetivo de «arrostrar[se]». **2** *Con los adverbios «bien» o «mal», *carado.*

arrostrar (de «a-²» y «rostro»; no frec. como intr. seguido de «con» y «por») **1** tr. *Afrontar o *desafiar ↘molestias peligros penalidades, etc.: 'Arrostrar las consecuencias de un error'. **2** Acometer o *emprender ↘cosas peligrosas o difíciles: 'Arrostrar la escalada del Everest'. **3** («con») prnl. recípr. *Enfrentarse o lanzarse a luchar con alguien.*

arrotado, -a (Chi.) adj. y n. *Se aplica a la persona que tiene aspecto o modales de «roto» (persona de la clase miserable).*

arroto, -a (del lat. «eruptus») *Participio de «arromper».*

arrotura (de «arroto»; ant.) f. *Tierra recién roturada.* ≃ Arrompido, rompido.

arroyada (de «arroyar») **1** f. *Cauce por donde, a veces, corre un arroyo.* ⇒ *Barranco. **2** *Surco hecho en la tierra por el agua de lluvia.* **3** *Crecida de un arroyo.*

arroyadero m. *Arroyada (cauce o surco).*

arroyamiento 1 m. *Erosión difusa producida por las aguas que no llega a formar ríos o arroyos.* **2** *Crecida de un río o arroyo.*

arroyar tr. *Formar arroyos o arroyadas la lluvia.*

arroyarse prnl. *Enfermar las plantas de roya.*

arroyo (de la voz hisp. «arrugĭa», de or. prerromano) **1** m. Río muy pequeño; por ejemplo, tal que puede cruzarse de un salto o que no puede navegar por él una barca. ≃ Riachuelo. ⇒ Arroyada, arroyadero, clamor, fragüín, regajo, regato, rivera. ➤ Adjetivos: cantarín, murmurante, parlero. **2** Cauce o barranco por donde corre a veces un arroyo. **3** Parte central de una calle, situada entre las aceras. ≃ Calzada. **4** (desp.) Calle, por oposición a casa u hogar: 'Le recogió del arroyo'. ⊙ Ambiente de pobreza y marginación. **5** (lit.) Mucha cantidad de lágrimas o sangre: 'Costó arroyos de sangre'. **6** (Am. S.) *Río navegable de corta extensión.*

PONER [O PLANTAR] a alguien EN EL ARROYO. Plantarle en la calle. Echarle de un sitio.

arroyuela (de «arroyo», porque esta planta se cría junto a los arroyos) f. **Salicaria (planta litrácea).*

arroyuelo m. Dim. muy frec. de «arroyo».

arroz (del ár. and. «arráwz», cl. «aruzz» o «āruzz», y éste del tamil «arici») **1** *(Oryza sativa)* m. *Planta gramínea que se cultiva en terrenos muy húmedos o inundables. **2** (colectivo genérico) Granos de esa planta, blancos, que constituyen un alimento muy importante. ⇒ Casulla, macho, palay, picón. ➤ Arac, morisqueta, paella. ➤ Balay, tambobón, zaranda. ➤ Soca.

ARROZ CON LECHE. Postre que se hace con arroz hervido en leche, azúcar, canela y otros ingredientes. ⇒ *Dulce.

¡QUE SI QUIERES ARROZ, CATALINA! (inf.). Se usa para expresar contrariedad ante la inutilidad de los esfuerzos que se hacen para conseguir algo: 'Le he dicho muchas veces que sea más ordenado, pero ¡que si quieres arroz, Catalina!'. ≃ ¡Que si quieres!

arrozal m. Campo de arroz.

arruar (¿relac. con «rugir»?) intr. CAZA. *Emitir el *jabalí cierto gruñido cuando se ve perseguido.*

arrufadía (de «arrufar»; ant.) f. *Engreimiento.*

arrufadura (de «arrufar») f. MAR. *Curvatura que forman las cubiertas, bordas, etc., de los buques, de modo que quedan más bajas por el centro que por la popa y la proa.* ≃ Arrufo.

arrufaldado, -a 1 *Participio de «arrufaldarse».* **2** adj. Se decía, por ejemplo, del ala del sombrero. ≃ Arremangado.

arrufaldarse (ant.) prnl. *Envalentonarse o ensoberbecerse.* ≃ Arrufarse.

arrufar 1 (ant.) tr. *Arquear o encoger una ↘cosa.* **2** *Arquear el lomo los gatos.* **3** MAR. *Hacer arrufadura en un ↘*barco al construirlo.* **4** intr. MAR. *Tener arrufo un barco.* **5** (ant.) tr. *Envalentonar o azuzar a ↘alguien.* ⊙ (ant.) prnl. *Arrufaldarse.* **6** (ant.) *Gruñir los perros enseñando los dientes y ensanchando las narices.*

arrufianado, -a adj. *De [o como de] rufián.*

arrufo m. MAR. *Arrufadura.*

arruga (de «arrugar») f. *Dobladura de forma irregular formada en una cosa delgada, como tela o papel, o en la superficie de algo, refiriéndose tanto a la parte hundida o surco, como a la convexa. ≃ Pliegue, repliegue, rugosidad. ⊙ Se aplica específicamente a las de la *piel del cuerpo y a las que constituyen un defecto en los vestidos.

arrugable adj. *Que se arruga con el uso.*

arrugación f. *Arrugamiento.*

arrugado, -a Participio adjetivo de «arrugar[se]».

arrugamiento m. Acción y efecto de arrugar[se].

arrugar (del lat. «irrugāre») **1** tr. y prnl. Hacer[se] dobleces irregulares en una ↘cosa. ⊙ Generalmente, tiene significado peyorativo, implicando «*ajar[se]» o «*deslucir[se]». **2** (inf.) prnl. *Acobardarse o *achicarse.

V. «arrugar el ENTRECEJO, arrugar la FRENTE, arrugarse el OMBLIGO».

□ CATÁLOGO

Acurrucarse, *aplastar[se], arrebujar[se], arrebullar[se], corrugar, desplanchar, encarrujarse, encogerse, engerirse, engruñar, engurriar, engurruñar[se], *estrujar, gandujar, hacerse un OVILLO, rebujar, sunsirse. ➤ *Planchar. ➤ Acurrucado, arrugado, consumido, desecado, encarrujado, encogido, engurruñido, pansido, como una PASA, rugoso, seco, sunsido. ➤ Aguja, agujeta, arruga, bocha, bolsa, ceño, fraile, PATA de gallo, ruga, surco. ➤ Desarrugar. ➤ *Ajar. *Deterioro. *Doblar. *Estrujar. *Plegar. *Rizar.

arrugia (de or. prerromano) **1** f. *Operación que hacían antiguamente los mineros, que consistía en producir el derrumbamiento de las tierras de aluvión que contenían oro, para recogerlas después y lavarlas.* **2** **Mina de oro.*

arruinado, -a 1 Participio adjetivo de «arruinar[se]». **2** (Am. S., Méj.) *Enfermizo, débil.*

arruinador, -a adj. y n. *Que arruina.*

arruinamiento m. Acción y efecto de arruinar[se].

arruinar 1 tr. Causar la *ruina de ↘alguien. ⊙ Hiperbólicamente, causar a ↘alguien un *perjuicio económico muy grande. ⊙ prnl. Perder la fortuna. ≃ Quedarse en la RUINA. **2** tr. y prnl. Convertir[se] en ruinas una ↘construcción u otra cosa: 'El terremoto arruinó la población'. ≃ *Destruir[se]. ⊙ tr. Ser causa de que se malogre, estropee o pierda una ↘cosa: 'La sequía va a arruinar las cosechas. Estás arruinando tu salud'. ⊙ prnl. Estropearse, malograrse o perderse algo. **3** (Ar., Hispam.) *Ponerse *raquíticas las plantas o las personas.*

□ CATÁLOGO

Dejar [o quedarse] en la CALLE, descamisar, desnudar, desollar, despellejar, desvalijar, esquilmar, hacer FLUX, saquear. ➤ Arrancado, arruinado, sin blanca, brujo, en [o sin] camisa, sin un céntimo, sin cinco CÉNTIMOS, sin un chavo, en cueros, con el CULO a rastras, defalicido [defallecido o defallicido], derrotado, desnudo, limpio, sin un ochavo, en pelotas, sin una PERRA [o una PERRA chica], sin una peseta, a la cuarta PREGUNTA, raído, sin un real, en la ruina, tronado, en las últimas, a dos VELAS. ➤ Mal de *DINERO. *Empeñado. ➤ *Empobrecer. *Ruina.

arrullador, -a adj. y n. Se aplica a los sonidos como el de un arroyo o el de la brisa, o la voz o el canto de alguien, que producen una sensación agradable y adormecedora.

arrullar (de «ro, ro», sonido con que se arrulla a los niños) tr. Acariciar el macho a la ↘hembra de las palomas y las tórtolas, emitiendo a la vez un sonido peculiar. También recípr. ≃ Zurear. ⊙ Por extensión, decir palabras cariñosas a ↘alguien; particularmente, un enamorado. ⇒ *Amor, *cortejar. ⊙ *Adormecer a un ↘niño cantándole suavemente. ⇒ Acaronar. ⊙ Deleitar y adormecer a ↘alguien con un sonido agradable; por ejemplo, el de un arroyo o el del ramaje.

arrullo 1 m. Acción de arrullar. **2** *Canto, *sonido o ruido que arrulla. ⇒ Arrollamiento.

AL ARRULLO DE. Con el arrullo de la cosa que se expresa: 'Dormirse al arrullo de la brisa'.

arruma (de «arrumar») f. MAR. *División que se hace en la bodega de un *barco para colocar la carga.*

arrumaco (de «arremueco») **1** m. Demostración de cariño hecha con palabras o caricias, superficial o falsa. ≃ *Zalamería. **2** (pl.) Adornos excesivos o estrafalarios. ≃ *Arrequives.

arrumaje (de «arrumar») m. MAR. *Distribución y colocación de la carga en un *barco.*

arrumar (del neerl. «ruim», espacio) **1** tr. MAR. *Distribuir la ↘*carga en un *barco.* ⇒ Desarrumar. **2** prnl. MAR. *Cargarse de nubes el cielo.*

arrumazón 1 m. MAR. *Acción y efecto de arrumar.* **2** MAR. **Nublado.* ≃ Rumazón.

arrumbación[1] f. MAR. *Acción de arrumbar[se].*

arrumbación[2] (de «arrumbar²») f. *Conjunto de operaciones que se hacen en las *bodegas, como trasegar, colocar cubas o cabecear y clarificar los vinos.*

arrumbada f. MAR. *Corredor que tenían las galeras en la parte de proa, en el que se colocaban los soldados para disparar.*

arrumbador, -a 1 adj. y n. *Se aplica al que arrumba.* **2** m. *Operario de los que hacen la arrumbación en las bodegas.* **3** *Obrero que en los puertos apila las mercancías en los muelles y almacenes, y el que las carga en los camiones u otros medios de transporte.*

arrumbamiento (de «arrumbar¹») **1** m. MAR. *Rumbo: dirección en que marcha el barco. **2** GEOL. *Dirección de los accidentes geológicos.*

arrumbar[1] (de «a-²» y «rumbo») **1** tr. MAR. *Determinar la dirección de una ↘costa para trasladarla a la carta.* **2** intr. MAR. *Fijar el rumbo con que se navega o hay que navegar.* **3** tr. MAR. *Hacer coincidir dos o más ↘lugares en el mismo rumbo.* **4** prnl. MAR. *Marcarse: determinar un *barco su situación.*

arrumbar[2] (de «arrimar», con influencia de «arrumar») **1** tr. Poner una ↘cosa ya inútil en lugar apartado. ≃ *Apartar, arrinconar, retirar. ⇒ Abandonar, apartar, arrimar, arrinconar, *desechar, *desembarazarse, dejar en DESUSO, esconder, hurtar, quitar del PASO, QUITAR de delante [o de en medio], redrar, retirar, quitar de la VISTA. **2** Apartar a ↘alguien: rehuir su trato. **3** *Tener a ↘alguien excluido de la *conversación, sin dejarle tomar parte en ella.*

arrumuecos (de «arremueco») m. pl. *Arrumacos.*

arrunflar (de «a-²» y «runfla») tr. *En los juegos de *baraja, juntar muchas ↘cartas de un mismo palo.*

arrurruz (del ingl. «arrow root», raíz de la flecha, por su utilidad para curar las heridas de flecha) **1** m. Fécula obtenida de los rizomas de ciertas plantas amarantáceas tropicales. **2** (colectivo de género) Se aplica a esos rizomas. **3** Nombre dado a diversas plantas de las que se obtiene el arrurruz; la más importante es la marantácea *Maranta arundinacea;* también otras especies del género *Curcuma.* ⇒ Tapioca.

arrusticar tr. y prnl. Dar [o tomar] carácter rústico.

arrutar (de «rutar¹») tr. *Espantar los ↘pájaros.*

arsáfraga (del lat. «saxifrăga», saxífraga) f. *Berrera (planta umbelífera).

arsenal (del it. «arsenale», relac. con «atarazana» y «dársena») **1** m. Taller donde se construyen o reparan *barcos. ≃ Astillero, atarazana, tarazana. **2** *Depósito de *armas y municiones. **3** (n. calif.) Se aplica a un conjunto numeroso de ciertas cosas útiles, herramientas, datos, noticias o conocimientos, o al sitio donde están o de donde se obtienen: 'Este libro es un arsenal de ideas. Tiene en su casa un arsenal de cañas de pescar'.

arseniato m. QUÍM. *Sal formada por la combinación del ácido arsénico con una base.*

arsenical adj. QUÍM. De [o del] arsénico.

arsénico (del lat. «arsenĭcum», del gr. «arsenikón», de «ársēn», varonil) **1** m. *Elemento químico, n.º atómico 33, sólido, muy venenoso, así como sus compuestos, y usado en *medicina en dosis adecuadas. Símb.: «As». **2** adj. V. «ÁCIDO arsénico».

ARSÉNICO BLANCO. QUÍM. ANHÍDRIDO arsenioso.

arsenioso adj. V. «ÁCIDO arsenioso, ANHÍDRIDO arsenioso».

arsenito m. QUÍM. *Sal formada por la combinación del ácido arsenioso con una base.*

arseniuro m. QUÍM. *Combinación del arsénico con otro cuerpo simple.*

arsolla f. **Arzolla (planta compuesta).*

arta f. **Llantén (planta plantaginácea).*

ARTA DE AGUA. **Zaragatona (planta plantaginácea).*

A. DE MONTE. *(Plantago lanceolata)* *LLANTÉN menor *(planta plantaginácea).*

ártabro, -a adj. y, aplicado a personas, también n. *Se aplica a los individuos de un pueblo primitivo que vivía en Galicia, y a sus cosas.*

artado adj. *Variante de «arctado».*

artal (ant.) m. *Especie de *empanada.*

artanica o **artanita** (del ár. «'arṭanīṯā», a través del lat.) f. **Pamporcino (planta primulácea).*

artar (del lat. «arctāre», estrechar, reducir; Ar.) tr. **Necesitar cierta ↘cosa.*

art déco (fr.; pronunc. [árt decó]) m. Estilo artístico aplicado a las artes decorativas, con influencias del modernismo, que surge en Europa en los años veinte.

arte (del lat. «ars, artis») **1** amb. Manera como se hace o debe hacerse una cosa: 'El arte de nadar [de jugar al ajedrez, de la guerra]'. ⊙ Cualquier actividad humana encaminada a un resultado útil, que tiene un carácter más práctico que teórico: 'La cirugía tiene tanto de arte como de ciencia. El arte de la carpintería'. **2** Por oposición a «naturaleza», intervención del hombre en la realización de un efecto grato: 'Un parque en que colaboran la naturaleza y el arte'. **3** («Cultivar, Dedicarse a») Por antonomasia, actividad humana dedicada a la creación de cosas bellas: 'El arte y la ciencia son actividades igualmente nobles'. ⊙ Cada una de las ramas en que esa actividad se clasifica. ⊙ Corrientemente, cuando se nombran en general en plural, se considera excluida la literatura: 'El florecimiento de la literatura y de las artes en este periodo'. ⊙ A veces, en lenguaje corriente, se llama «arte», sin más especificación, al de los actores, actrices, cantantes o bailarines: 'Quiere dedicarse al arte'. **4** *Clase o *modo de ser de las cosas o personas: 'Unas hojas de tal arte que aprisionan a los insectos que se posan en ellas'. **5** Conducta hábil para conseguir algo. En plural tiene generalmente sentido peyorativo, equivaliendo a «astucia» o «malas artes»: 'Puso en juego todo su arte para conquistarle. Con sus artes ha conseguido apartarle de su familia'. ≃ Habilidad. ⊙ *Cautela, maña, astucia.* ≃ Artículo. **6** m. Cualidad del que sabe hacer bien cierta cosa: 'Tiene arte para peinarse'. ≃ *Habilidad. **7** (ant.) *Libro que contenía los preceptos de la gramática latina.* **8** f. pl. *Antiguamente, conjunto de la *lógica, *física y *metafísica.* **9** m. ARTE de pesca. **10** (Man.) **Noria.*

ARTE ABSTRACTO. A diferencia de «arte figurativo» o «imitativo», modalidad del arte moderno que consiste en la creación de formas y no en la imitación de cosas existentes.

A. ANGÉLICO. *Supuesto medio de adquirir la ciencia infusa por inspiración del ángel de la guarda o de otro ángel bueno.*

A. BELLA. Cualquiera de las llamadas «bellas artes».

A. CISORIA (del título de una obra del siglo XV, de D. Enrique de Villena). Arte de trinchar (*cortar las viandas).

A. CONCEPTUAL. Corriente artística surgida en los años sesenta en que se resta importancia a la obra como resultado del proceso creativo, y pasa a ocupar un lugar central la reflexión sobre el proceso mismo.

A. DE ENCANTAMIENTO. V. «por [como por] ARTE de encantamiento».

A. DE LOS ESPÍRITUS. *ARTE angélico.*

A. FIGURATIVO [O IMITATIVO]. A diferencia de «arte abstracto», el que consiste en la representación artística de objetos existentes en la realidad.

A. GRÁFICAS. Las relacionadas con la impresión de escritos o imágenes sobre una superficie plana. ⇒ *Imprimir.

A. DE MAGIA. Magia.

A. MÉTRICA. Métrica.

A. NOTORIA. *Medio consistente en ayunos, confesiones y otras prácticas con que se suponía supersticiosamente que se podía obtener la ciencia infusa.*

A. DE PESCA. Cualquier utensilio que sirve para *pescar.

A. POÉTICA. Poética: teoría de la *poesía.

A. TORMENTARIA. **Artillería.*

ARTES DECORATIVAS. Las aplicadas a la decoración.

A. LIBERALES. A diferencia de «artes manuales», actividades en que se requiere principalmente la aplicación de la mente.

A. MARCIALES. Técnicas de lucha originarias de Extremo Oriente, que actualmente se practican como *deporte. ⇒ Aikido, kick boxing, jiu-jitsu, judo, karate [o kárate], kendo, kung fu, taekwondo, yudo. ➤ Judoka, karateka, yudoca. ➤ Llave. ➤ Dan.

A. MENORES. Las que constituyen una aplicación de las artes plásticas a la fabricación de objetos a la vez bellos y útiles; como la rejería, la cerámica, la orfebrería.

A. PLÁSTICAS. Las de la forma: pintura, escultura, arquitectura.

BELLAS ARTES. Las que tienen como finalidad esencial crear objetos bellos: arquitectura, escultura, pintura, literatura, música.

MALAS ARTES. **1** Manera de obrar en que hay engaño y astucia. **2** *Ardides o *trampas.

SÉPTIMO ARTE. Cinematografía.

V. «por AMOR al arte, COMEDIA del arte».

CON ARTE. Con *habilidad.

CON BUEN [O MAL] ARTE. Con buen [o mal] estilo; según un modelo tenido como perfecto o apartándose de él por falta de habilidad: 'Cantar con buen arte. Torear con mal arte'.

V. «COPLA de arte mayor».

DE ARTE MAYOR. MÉTR. Se aplica a los versos que tienen más de ocho sílabas.

DE ARTE MAYOR CASTELLANO. MÉTR. *Se aplica a un tipo de verso dodecasílabo, dividido en dos hemistiquios, que nace en Castilla en el siglo XIV.*

DE ARTE MENOR. MÉTR. Se aplica a los versos que no tienen más de ocho sílabas.

EL ARTE POR EL ARTE. Se designa así a la concepción del arte como pura manifestación de la belleza, sin expresar adhesión a ninguna clase de ideas. ⇒ Parnasiano.

V. «MUJER del arte».

NO SER [O NO TENER] alguien ARTE NI PARTE en una cosa. No *intervenir o no haber intervenido en ella.

V. «OBRA de arte».

POR ARTE [O COMO POR ARTE] DE BIRLIBIRLOQUE [DE ENCANTAMIENTO, DEL DIABLO O DE MAGIA] (inf.). De manera inexplicable, sin que se sepa o se pueda comprender cómo ha ocurrido: 'Apareció encima de mi mesa por arte de birlibirloque. El prado se ha cubierto de flores como por arte de encantamiento'.

SIN ARTE. Sin habilidad o gracia.

□ NOTAS DE USO

Se emplea como masculino singular y como femenino en plural. También se puede emplear como femenino en singular cuando va acompañado de alguno de los adjetivos que sirven para catalogar las artes: 'La música es una bella arte'.

□ CATÁLOGO

*Arquitectura, artesanía, *cerámica, *circo, danza, *dibujo, *escultura, *esmalte, *fotografía, *grabado, *labores, *literatura, *música, orfebrería, pintura, rejería, repujado, *teatro. ➤ Folklore. ➤ Art déco, art nouveau, barroco, churrigueresco, cuatrocentismo, cubismo, dadaísmo, expresionismo, feísmo, futurismo, gauchismo, gótico, hiperrealismo, impresionismo, manierismo, minimalismo, modernismo, naturalismo, neoclasicismo, plateresco, onirismo, POP art, realismo, rococó, románico, romanticismo, simbolismo, surrealismo, verismo. ➤ Abstracto, clásico, conceptual, decadente, figurativo, flamígero, florido, funcional, idealista, manuelino, naif, ojival, op art, paleocristiano, parnasiano, primitivo, renacentista, underground. ➤ *Armonía, euritmia, expresión, movimiento, unidad.

➤ *Crear. ➤ Animador, artífice, artista, autor, bohemio, contorsionista, escritor, juglar, *payaso, prestidigitador, saltimbanqui, volatinero. ➤ Maestro. ➤ Aficionado, amateur, diletante. ➤ Inspiración, numen, sensibilidad, técnica, *vocación. ➤ Amanerarse, repetirse. ➤ Mecenas. ➤ Seudónimo. ➤ Creación, obra, OBRA maestra. ➤ Colección, *exposición, *museo, pieza, repertorio. ➤ *Estilo. ➤ Alegoría, estudio. ➤ Musa. ➤ Calología, estética. ➤ Mímesis [o mimesis]. ➤ Catarsis. ➤ Ateneo, emporio, estudio, *taller. ➤ Público. ➤ Gusto. ➤ Restaurar. ➤ Artefacto, artero, artificio, artilugio, artimaña, inerte. ➤ *Actividad. *Bello. *Oficio.

artefacto (del lat. «arte factus», hecho con arte) **1** m. Conjunto de piezas que no constituye una máquina definida, sino que se hace adaptándolo a un fin determinado; más bien grande y a veces tosco: 'Un artefacto para tender la ropa [o para leer en la cama]'. ≃ *Dispositivo. ⊙ Se aplica especialmente a las instalaciones mecánicas de las ferias: 'Los columpios, los caballitos y otros artefactos de feria'. Expresión frecuente: 'Artefacto explosivo'. **2** (desp.) Objeto grande y pesado. ≃ Armatoste.

artejo (del lat. «articŭlus», dim. de «artus») **1** m. Articulación de los *dedos. ⇒ Artículo. ⊙ Nudillo: bulto saliente de los dedos doblados. **2** Cada uno de los segmentos de los dedos. **3** ZOOL. Cada uno de los segmentos en que están divididos los apéndices de los artrópodos.

artellería (ant.) f. *Conjunto de máquinas de guerra.* ⇒ *Artillería.

artemisa (del mismo or. que «artemisia») **1** (*Artemisia vulgaris*) f. *Planta compuesta, aromática, que se emplea en medicina. ≃ Altamisa, anastasia, artemisia. **2** Planta de América, parecida a la anterior. **3** *Matricaria (planta compuesta).

ARTEMISA BASTARDA. **Milenrama (planta compuesta).*

A. PEGAJOSA (*Artemisia glutinosa*). Especie muy semejante a la artemisa, pero de hojas pegajosas. ≃ Ajea, pajea.

artemisia (del lat. «artemisĭa», del gr. «artemisía», de «Ártemis», Diana) f. Artemisa.

artera (¿del gr. «ártos», pan?) f. *Instrumento de hierro con que se marcaba el *pan para conocer en el horno el de cada uno.*

arteramente adv. De manera artera.

arteria (del lat. «arterĭa», del gr. «artēría») **1** f. Cada uno de los vasos o conductos que llevan la sangre desde el corazón a las distintas partes del *cuerpo. ⇒ Arteriola. ➤ Aorta, carótida, celiaca, coronaria, emulgente, femoral, pulmonar, ranina, subclavia. ➤ CAYADO de la aorta. ➤ Aneurisma, arterioesclerosis [o arteriosclerosis], ateroesclerosis [o aterosclerosis], coartación. ➤ *Sangre. *Vena. **2** *Calle de las principales y de más tráfico de una ciudad.

artería 1 f. Cualidad o proceder de artero. ⇒ *Astucia. **2** *Acción en que hay engaño o falsedad, con la que se perjudica gravemente a alguien.*

arterial adj. De las arterias 'Tensión arterial'.

arterioesclerósico, -a adj. y n. MED. Arteriosclerótico.

arterioesclerosis f. MED. Arteriosclerosis.

arterioesclerótico, -a adj. y n. MED. Arteriosclerótico.

arteriografía (de «arteria» y «-grafía») **1** f. ANAT. Descripción de las arterias. **2** MED. Imagen obtenida por medio de rayos X de una o varias arterias después de haber inyectado una sustancia opaca a dichos rayos.

arteriola f. ANAT. *Arteria fina.*

arteriología (de «arteria» y «-logía») f. Parte de la anatomía que estudia las arterias.

arteriosclerósico, -a adj. y n. MED. Arteriosclerótico.

arteriosclerosis (de «arteria» y «esclerosis») f. MED. *Enfermedad que consiste en la pérdida de elasticidad de las arterias. ⊙ En sentido amplio, cualquier alteración patológica en las arterias.

arteriosclerótico, -a 1 MED. Adj. De [la] arteriosclerosis. **2** adj. y n. MED. Que la padece.

arterioso, -a 1 adj. ANAT. *Arterial.* **2** ANAT. *Abundante en arterias.*

arteritis (de «arteria» e «-itis») f. MED. *Inflamación de las arterias.*

artero, -a (de «arte», habilidad) **1** adj. **Hábil o *astuto.* **2** *Taimado. Se aplica al que causa daño a otros con engaño o hipocresía.

artesa (¿de or. prerromano?) **1** f. *Recipiente de madera que se emplea para amasar el pan, dar de comer a los animales, lavar, etc.; generalmente es de forma rectangular, más estrecha por el fondo que por arriba. ≃ Artesón. ⇒ Amasadera, arnasca, artesilla, bacía, baño, barcal, batea, camella, camellón, canal, canoa, cazarrica, *cuenco, cueza, cuezo, desga, dornajo, dornillo, duerna, duerno, gamella, gamelleja, gamellón, gamillón, gaveta, masera, tolla. **2** (Guat.) *Bañera.* ⇒ *Baño.

artesanado m. Conjunto de los artesanos de cierto sitio, o clase social formada por ellos.

artesanal adj. De [la] artesanía. ≃ Artesano.

artesanía (de «artesano») f. Conjunto de todas las clases de trabajo ejecutado con las manos y empleando su habilidad el que lo realiza en cada objeto, en vez de hacerlos en serie: 'Trabajo [o zapatos] de artesanía'. ⊙ Se aplica particularmente al conjunto de las llamadas «artes menores». ⇒ Manualidad, TRABAJO manual.

artesano, -a (del it. «artigiano») **1** adj. De [la] artesanía. **2** n. Antiguamente, persona que se dedicaba a un oficio manual, como carpintero o zapatero remendón. ⇒ Laborante, menestral. **3** Persona que se dedica a las llamadas «artes menores».

artesiano, -a (del b. lat. «Artesiānus», del lat. «Artesĭa», Artois) adj. y, aplicado a personas, también n. *De Artois, región del norte de Francia.*

V. «AGUAS artesianas, POZO artesiano».

artesilla (dim. de «artesa») **1** f. *Cajón de madera que recoge en las *norias el agua que vierten los arcaduces.* **2** **Juego antiguo que consistía en suspender, llena de agua, una pequeña artesa con un saliente en forma de quilla en la parte inferior, y pasar los jinetes por debajo con tanta agilidad que, pegando con la lanza en la quilla, la artesa se volcase pero el agua no mojase ni al jinete ni al caballo.*

artesón 1 m. Artesa. **2** ARQ. Cada uno de los compartimientos en que está dividido un artesonado. **3** ARQ. *Artesonado.*

artesonado (de «artesón») m. ARQ. Ornamento consistente en molduras combinadas de modo que forman compartimientos cóncavos rectangulares o poligonales, con que se decoran principalmente los techos planos, pero también las bóvedas y el intradós de los arcos. ⇒ Alfarje. ➤ Almizate, almocárabe, almocarbe, casetón, cubo, estalactita, harneruelo, lacunario, lagunar, rosetón.

artesonar tr. ARQ. Hacer artesones en un ˟techo.

artético, -a (del lat. «arthritĭcus», del gr. «arthritikós») adj. MED. *Se aplica a los dolores en las articulaciones.* ⊙ adj. y n. MED. *Se aplica al que los sufre.*

V. «HIERBA artética, GOTA artética».

artica (Ar.) f. *Artiga.*

ártico, -a (del lat. «arctĭcus», del gr. «arktikós») adj. Se aplica al polo *norte y a las cosas que están en él o junto a él o relacionadas con él. ⇒ Árctico. ➤ Antártico, subártico. ➤ *Geografía.

articulación **1** f. Acción de *articular. **2** *Unión de dos cosas o piezas, de un utensilio o de un organismo, que permite el movimiento relativo de ellas: 'Articulación del codo [o de la rodilla]'. **3** Bot. Unión de un órgano con otro del cual puede desgajarse; como la de un aguijón o una rama con el tallo. **4** Acción de articular *sonidos con los órganos de la voz. ⊙ Fon. Cada posición que adoptan los órganos que intervienen en la formación de sonidos articulados. ⊙ Fon. Paso de una a otra de esas posiciones. ➤ Sílaba.

articuladamente adv. De manera articulada.

articulado, -a **1** adj. Con articulaciones o *unido mediante articulaciones: 'Un muñeco articulado. Un brazo de lámpara articulado'. **2** Ling. Se aplica al lenguaje o los sonidos en que hay articulación, o sea paso de un sonido a otro mediante el cambio de posición de los órganos de la voz. Concretamente, al lenguaje humano. ⇒ Inarticulado. **3** m. Der. Serie de artículos de una ley, reglamento, etc. **4** Der. *Conjunto de medios de prueba que propone un litigante.* **5** adj. y n. m. Zool. *Se aplicaba a los animales que tienen el cuerpo dividido en segmentos (anélidos y artrópodos).*

articular[1] (del lat. «articulāre», de «articŭlus», juntura) **1** tr. Unir dos ↘cosas de modo que ambas o una de ellas puedan girar alrededor de la línea de unión. ⇒ Forma prefija, «artr-.»: 'artrítico', etc.; reducido a «art-» en 'artético'. ➤ Juego. ➤ *Gozne. ➤ Rótula, tróclea. ➤ Artejo, coyuntura, juego, menudillo, nudillo. ➤ Sinovia. ➤ Sinartrosis. ➤ Anquilosamiento. ➤ Desarticular, descoyuntar, descuadernar. **2** tr. Fon. *Pronunciar los distintos ↘sonidos. **3** tr. o abs. Pronunciar las ↘palabras de modo que se distingan netamente los distintos sonidos. **4** tr. Unir las partes o elementos que componen ↘algo de forma organizada. **5** Distribuir una ↘ley, un reglamento, etc., en artículos. Por extensión, dar forma orgánica a un ↘plan, un reglamento, etc. **6** Der. *Proponer medios de ↘prueba o preguntas para los litigantes o los testigos.*

articular[2] (del lat. «articulāris», de «articŭlus») adj. Med. De las articulaciones: 'Reuma articular'.

articulatorio, -a (del lat. «articularĭus») **1** adj. Fon. De la articulación. **2** Med. De las articulaciones. ≃ Articular.

articulista n. Autor de un artículo o escritor de artículos de periódico.

artículo (del lat. «articŭlus») **1** m. Cada una de las partes numeradas de una *ley, *disposición, reglamento, etc. ⇒ Capítulo, concepto, ley, partida, renglón. ➤ *División. **2** Cada una de las *divisiones de un *diccionario encabezada por una palabra. **3** Escrito con contenido ideológico y no meramente de información, publicado en un periódico. **4** (ant.) **Asunto, punto o *cuestión de que se trata.* **5** Der. *Cada una de las preguntas o apartados de un interrogatorio.* ⇒ *Tribunal. **6** Der. *Cuestión incidental en un juicio.* **7** *Cautela, maña, astucia.* ≃ Arte. **8** Cualquiera de las clases de *cosas que son objeto de *comercio: 'Grandes rebajas en todos los artículos'. ≃ *Género. **9** *Articulación.* ≃ Artejo. **10** (ant.) *Dedo.* **11** Nombre dado a las palabras «el, la, lo, los, las; un, una, unos, unas», que, sin tener por sí solas ninguna significación, acompañan al nombre participando de sus accidentes de género y número y, si éstos no están patentes en el nombre, los ponen de manifiesto: 'el maíz, la codorniz, la moto, los guantes, el martes, los López'; además, omitiéndolo o usándolo, empleando el determinado o el indeterminado, se matiza la extensión y el carácter con que se emplea el nombre. ⇒ Apénd. II, artículo.

Artículo determinado. V. Apénd. II, artículo.

A. de fe. Afirmación, en cuestiones religiosas, sobre la que no se permite dudar. ⊙ Se usa mucho hiperbólicamente para cualquier otra clase de cosas: 'Él quiere que todo lo que dice lo tomemos como artículo de fe'. ⇒ *Dogma.

A. de fondo. Artículo que aparece sin firma en cada número de un *periódico, que expresa la opinión de la dirección sobre el asunto de que se trata. ≃ Editorial.

A. indeterminado. V. Apénd. II, artículo.

A. de primera necesidad. Cualquiera de las cosas objeto de comercio que son necesarias para vivir.

Hacer el artículo (inf.). Alabar cierta cosa interesadamente.

V. «in artículo mortis».

artífice (del lat. «artĭfex, -ĭcis») **1** (culto) n. Autor o creador de cierta cosa: 'Dios es el artífice de la creación. Tú eres el artífice de tu fracaso'. **2** (culto) Artista. ⊙ Artista de alguna de las llamadas artes menores: 'El orífice o artífice que trabaja el oro'.

artificiado, -a (ant.) adj. *Artificial.*

artificial (del lat. «artificiālis») **1** adj. Para contraponerlo a «natural», se aplica a lo que está hecho por el hombre: 'Una corriente artificial de agua'. ⊙ Imitado de algún objeto natural: 'Flores artificiales'. ≃ Facticio. ⊙ Fabricado para reemplazar al mismo producto natural: 'Seda artificial'. ≃ Sintético. ⊙ Utilizado para reemplazar a lo natural: 'Una pierna artificial'. ≃ Postizo. **2** Se dice de lo que engaña con su apariencia: 'Un paraíso artificial'. ≃ Artificioso, engañoso, falso, ficticio. ⊙ Aplicado a palabras o acciones, demostrativo de un sentimiento o actitud que no se tienen realmente: 'Amabilidad [o sonrisa] artificial'. ≃ Afectado, artificioso, engañoso, falso, ficticio, insincero, simulado. ⊙ Falto de naturalidad o espontaneidad. ⇒ *Afectación. ➤*Falso.

V. «espino artificial, fuegos artificiales».

artificialmente adv. De manera artificial.

artificiar tr. *Hacer con artificio una ↘cosa.*

artificiero (de «artificio») **1** m. Artill. *Artillero especialmente dedicado al manejo y traslado de las municiones.* **2** Especialista en el manejo de explosivos.

artificio (del lat. «artificĭum») **1** m. *Dispositivo o procedimiento ingenioso o hábil para conseguir cierto efecto o sustituir o simular una cosa: 'Un artificio para contar las personas que entran y salen de un local. Un artificio para simular la salida del Sol en escena'. ⊙ *Engaño o simulación: cosa con que se encubre o desfigura lo que es natural: 'Emplea muchos artificios para disimular su edad'. ⇒ Aparato, arreglo, artefacto, artilugio. ➤ Prótesis. ➤ *Ardid. *Dispositivo. *Engaño. *Habilidad. *Mentira. *Simular. *Trampa. **2** Falta de naturalidad. ⊙ Particularmente de una obra artística que resulta demasiado elaborada. ≃ *Afectación.

Artificio de Juanelo. *Se llamaba así al que servía para *elevar a Toledo las *aguas del Tajo.*

V. «fuegos de artificio».

artificiosamente adv. De manera artificiosa.

artificiosidad f. Cualidad de artificioso.

artificioso, -a (del lat. «artificiōsus») **1** adj. *Hecho con arte.* **2** Falto de naturalidad o espontaneidad. ≃ Artificial. ⊙ Hecho con simulación. ⇒ Afectado, artizado, rebuscado, simulado. ➤ Natural.

artífico, -a adj. *Hecho con arte.* ≃ Artificioso.

artiga (de or. prerromano) **1** f. *Acción y efecto de artigar.* ≃ Artica. **2** *Terreno roturado.*

artigar (de «artiga») tr. **Roturar un ↘terreno, empezando por quemar la vegetación salvaje.*

artillado, -a 1 Participio adjetivo de «artillar». **2** m. ARTILL. *Artillería de un barco o de una plaza.*

artillar (del fr. «artilier», preparar, del sup. lat. «apticulāre», de «aptāre», equipar) tr. Armar con cañones un ↘lugar o una nave.

artillería (del fr. «artillerie») **1** f. Conjunto de cosas referentes a la fabricación y uso de las *armas de guerra pesadas, como cañones o ametralladoras. **2** Conjunto de esas *armas. **3** Cuerpo militar que maneja la artillería. **4** (inf.) Conjunto de medios o esfuerzos empleados para conseguir algo: 'Utilizó toda su artillería para desbancar a su adversario'.

V. «PIEZA de artillería».

☐ CATÁLOGO

ARTE tormentaria, artellería, balística, neurobalística. ➤ BOCA de fuego, bronce, ingenio, *MÁQUINA de guerra, PIEZA de artillería, PIEZA de batir, tormento. ➤ Algadara, algarrada, almajaneque, *ariete, balista, ballesta, BANCO pinjado, brigola, cabra, cabrita, castillo, catapulta, cigüeña, cortao, ericio, fonébol, fundíbulo, fustíbalo, grúa, grulla, gualdera, *maganel, mandrón, manganilla, onagro, pedrero, petraria, sambuca, trabuco, trabuquete. ➤ Ametralladora, áspid, barraco, barraquillo, barrefosos, basilisco, bastarda, bombarda, búzano, camareta, camelete, camello, can, *cañón, CARRO de asalto, carronada, cerbatana, colisa, coliza, culebrina, CUARTO de culebrina, diamante, escopetilla, esmerejón, esmeril, espera, espingarda, falcón, falconete, gerifalte, grifalto, lantaca, lanzallamas, lanzatorpedos, lombarda, morterete, mortero, moyana, OCTAVA de culebrina, pasavolante, petardo, pijote, ribadoquín, sacre, serpentín, tanque, tanqueta, TUBO lanzallamas, TUBO lanzatorpedos, versete, verso. ➤ Guardatimón, mira. ➤ Aculebrinado, antiaéreo, antitanque, bombero, desbocado, encampanado, enflautado, naranjero, obús, reforzado. ➤ Andana, batería, contrabatería, parque. ➤ Ánima, astrágalo, bolada, brocal, cámara, caña, cascabel, contera, contramuñón, muñón, recámara, releje. ➤ Culebrilla, desgranamiento, escarabajo, esponjadura, magaña, rebollidura. ➤ Viento. ➤ AGUJA de fogón, almohada, atacador, bastida, botafuego, braguero, cacerina, centón, cepo, chifle, cilicio, clavellina, corcha, corredera, cubichete, cuchara, escobillón, escopetilla, escorpión, espeque, estiba, estopín, feminela, fulminante, gato, gubia, lanada, lanzafuego, leva, mandilete, manta, mantelete, mecha, palanquín, PALANQUÍN de retenida, plomado, rampiñete, roquete, sacabalas, sacafilásticas, sacanabo, sacatrapos, salero, saquete, tapabocas, tapín. ➤ Bala, bomba, dado, granada, metralla, mixto, obús, pella, petardo, PEZ naval, *proyectil, torpedo. ➤ Guardacartuchos. ➤ Cofia, culote. ➤ Afuste, armón, avantrén, banco, carrillo, carriño, *cureña, encabalgamiento, montaje. ➤ Brancal, mandilete, mordaza, muñonera, prolonga, sotrozo, telera, telerón. ➤ Alzatirantes, atalaje [o atelaje]. ➤ Colisa, corredera, explanada. ➤ Casamata. ➤ Batiente, batiporte, porta, *tronera. ➤ Andanada, bragar, cargar, clavar, contrasalva, desfogonar, disparar, embragar, encureñar, enfilar, FUEGO griego, FUEGO incendiario, FUEGO infernal, salva, servir, tirar, tiro, visar, zambombazo. ➤ Aportillar, batir, bombardear, abrir BRECHA, descortinar, apagar los FUEGOS. ➤ Acallar, apear, descabalgar, desencabalgar, desmontar. ➤ Estampido, rebufo, *retumbar, tabletear, tronar. ➤ ÁNGULO de mira. ➤ Artificiero, cargador, condestable, GENERAL de la artillería, granadero, jilmaestre, servidor, sirviente. ➤ Maestranza. ➤ *ARMAS defensivas. *Fortificar. ➤ Desartillar.

artillero, -a 1 adj. De [la] artillería. **2** m. Militar de los que manejan la artillería. **3** Jugador, particularmente de fútbol, que lanza el balón con mucha potencia y suele marcar muchos goles. **4** (Bol.) *Borracho habitual.*

artilugio (del lat. «ars, artis», habilidad, y «lugēre», llorar, con influencia semántica de «artificio» y «artefacto»; desp.) m. Mecanismo o artefacto, especialmente si es complicado.

artimaña (de «arte» y «maña») **1** f. Engaño hábil con que se consigue una cosa. ≃ *Ardid, *trampa. **2** Trampa para *cazar. **3** (ant.) **Habilidad o *destreza.*

artimón (del lat. «artĕmo, -ōnis», del gr. «artémōn») m. MAR. *Una de las *velas que llevaban las galeras.*

artina f. *Fruto del arto.*

artiodáctilo (del gr. «ártios», par, y «dáktylos», dedo) adj. y n. m. ZOOL. Se aplica al *mamífero ungulado que tiene en las extremidades un número par de dedos, de los cuales apoya en el suelo por lo menos dos que son simétricos. ⊙ m. pl. ZOOL. Orden que forman, que comprende, entre otros, a lo *rumiantes.

artista n. Persona que cultiva algunas de las bellas *artes. Todos tienen, además su nombre particular: 'escultor, pintor, etc.'. Los que actúan en espectáculos públicos se llaman generalmente artistas de teatro, de cine, de circo... ⊙ (n. calif.) Se aplica a la persona que hace una cosa con mucha perfección: 'Es un artista del bisturí. Eres un artista conduciendo el coche'.

artísticamente adv. De manera artística.

artístico, -a adj. Hecho con arte o relacionado con el arte: 'Un remate artístico. Una agrupación artística'.

artizado, -a 1 *Participio de «artizar».* **2** (ant.) adj. *Se aplicaba a la persona que sabía algún arte.* **3** (ant.) *Artificioso.*

artizar (de «arte») **1** (ant.) tr. *Hacer una ↘cosa con arte.* **2** (ant.) *Artificiar.*

art nouveau (fr.; pronunc. [árt nubó]) m. Nombre del movimiento artístico modernista en Francia.

arto (de or. prerromano) **1** m. *Cambronera (planta solanácea). **2** Por extensión, cualquier planta espinosa con la que se forman *setos para defender las fincas. ≃ Artos.

artocarpáceo, -a (del lat. moderno «artocarpus», árbol del pan, del gr. «ártos», pan, y «karpós», fruto) adj. y n. f. BOT. **Moráceo.*

artófago, -a (del gr. «ártos», pan, y «-fago») adj. *Muy comedor de pan.*

artolas (de «cartolas») f. pl. Dispositivo con un asiento a cada lado, que se coloca sobre las *caballerías.

artolatría f. **Culto de la *Eucaristía.*

artos m. *Arto.*

artr- (var. «artro-») Elemento prefijo del gr. «árthron», articulación, usado en la formación de palabras científicas: 'artralgia'.

artralgia (de «artr-» y «-algia») f. MED. *Dolor en las articulaciones.*

artrítico, -a (del lat. «arthritĭcus», del gr. «arthritikós») adj. MED. De [la] *artritis. ⊙ adj. y n. MED. Afectado de artritis o artritismo.

artritis (del lat. «arthrītis», del gr. «arthrītis», de «árthron», articulación) f. MED. Inflamación de las articulaciones. ⇒ Coxalgia, dureza, osteoartritis, panadizo.

artritismo (de «artritis») m. MED. Propensión a las enfermedades originadas por el exceso de ácido úrico en la sangre.

artro- V. «artr-».

artrópodo (de «artro-» y «-podo») adj. y n. m. ZOOL. Se aplica a los animales invertebrados que tienen esqueleto exterior y patas articuladas; como los arácnidos, los crustáceos, los insectos y los miriápodos. ⊙ m. pl. ZOOL. Ese grupo. ⇒ Metámero, pinza, quelícero. ➤ Quitina.

artroscopia (de «artro-» y «-scopia») f. MED. Exploración médica del interior de una articulación.

artrosis (de «artr-» y «-osis») f. MED. Alteración crónica de las articulaciones.

artuña (del sup. «aortuña», de un deriv. del lat. «abortāre», abortar) f. *Entre pastores, *oveja que ha perdido su cría.*

artúrico, -a adj. Del legendario rey Arturo o de sus caballeros.

aruera (del port. «aroeira»; Ur.) f. *Aguaraibá.*

arugas f. pl. **Matricaria (planta compuesta).*

árula (del lat. «arŭla») f. *Ara pequeña.* ⇒ *Altar.

arundense (de «Arunda», antiguo nombre de «Ronda») adj. y, aplicado a personas, también n. *De Ronda, población de la provincia de Málaga.*

arundíneo, -a (del lat. «arundinĕus»; culto) adj. De las cañas.

aruñar (de «arañar», con influencia de «uña») tr. **Arañar.*

aruñazo m. *Arañazo.*

aruño m. *Arañazo.*

aruñón (Hispam.) m. *Amenaza.*

arúspice (del lat. «haruspex, -ĭcis») m. Sacerdote romano que hacía predicciones por el examen de las entrañas de los animales sacrificados. ≃ Aurúspice. ⇒ *Adivinar.

aruspicina (del lat. «haruspicīna») f. *Adivinación del arúspice.*

arveja (del lat. «ervilĭa») **1** f. *Algarroba (planta leguminosa). ≃ Arvejera, arvejana, arvejona, ervilla, veza. ⊙ Simiente de ella. **2** (Chi.) **Guisante.* ≃ Arvejo.

ARVEJA SILVESTRE. *Áfaca (planta leguminosa). ≃ ARVEJONA loca.

arvejal m. Campo de arvejas.

arvejana f. *Arveja.*

arvejar m. Arvejal.

arvejera f. **Arveja (planta).*

arvejo (de «arveja») m. Guisante.

arvejón (de «arvejo»; And.) m. **Almorta (planta leguminosa).*

arvejona (And.) f. **Arveja.*

ARVEJONA LOCA (And.). *ARVEJA silvestre.*

arvejote (Ál.) m. **Almorta (planta leguminosa).*

arvense (del lat. «arva», campo sembrado) adj. BOT. *Se aplica a las plantas silvestres que crecen en los sembrados.*

arvicultor m. *Cultivador de cereales.*

arvicultura f. *Cultivo de cereales.*

arza f. MAR. *Estrobo (*cabo).*

arzobispado m. Dignidad de arzobispo. ⊙ Territorio a que se extiende su jurisdicción. ⇒ Diócesis, mitra. ⊙ Edificio donde tiene su sede la curia arzobispal.

arzobispal adj. Del arzobispo. ≃ Arquiepiscopal.

arzobispo (del lat. «archiepiscŏpus», del gr. «archiepískopos») m. *Obispo de una iglesia metropolitana. ⇒ Metropolitano, mitrado, primado.

arzolla (¿del sup. «azolla», de «alloza», almendruco?) **1** (cualquier especie del género *Centaurea;* especialmente, la *Centaurea seridis* o la *Centaurea paniculata)* f. Planta compuesta blanquecina, de flores purpúreas, con espinas triples en el arranque de las hojas y frutos, también espinosos. ≃ Abrepuño, arsolla, matagallegos. ⇒ Clonqui. **2** *CARDO lechero.* **3** *Almendruco (fruto verde del almendro).*

arzón (del b. lat. «arcĭo, -ōnis», del lat. «arcus») m. Pieza de madera que lleva en la parte anterior y posterior la *silla de montar. ≃ Barzón, fuste. ⇒ Desarzonar.

as (del lat. «as») **1** m. *Moneda romana de bronce equivalente a doce onzas, que tuvo algún tiempo una libra de peso. ⇒ Dodrante, onza. **2** El número uno de cada palo de la *baraja. ⇒ Basto, chifla, copa, espada, espadilla, oro. ➤ Brisca. **3** Punto único señalado en una de las caras del *dado. **4** (inf.; n. calif.) Se aplica a alguien que es el primero o uno de los primeros en cierta habilidad: 'Un as de la aviación'. ⇒ *Destacado.

AS DE GUÍA. *Cierto *nudo o lazo marinero.*

As Símbolo químico del arsénico.

asa[1] (del lat. «ansa») f. *Agarradero de una vasija, una maleta, un bolso, etc., de forma de «U» o «C», unida al objeto por sus dos extremos. ⇒ Ansa, brazal, orejuela. ➤ Presilla. ➤ Desasado. ➤ *Agarradero, *apéndice, *mango. ⊙ Se emplea como nombre de *forma. ⊙ Específicamente, para cualquier sección del *intestino que se dobla siguiendo después de la dobladura dirección paralela a la que llevaba antes.

VERDE Y CON ASAS. Expresión humorística con que se comenta que de una cosa se den o se conozcan detalles que revelan claramente qué cosa es. ⇒ *Evidente.

asa[2] (del lat. cient. medieval «asa faetĭda», del persa «azā», almáciga) f. Nombre general del *jugo que fluye de varias plantas umbelíferas.

ASA DULCE. *Gomorresina muy apreciada en la antigüedad, producida por una planta a la que llamaban laserpicio, que se ha creído a veces que podía ser el benjuí.

A. FÉTIDA *(Ferula assafoelida).* *Planta umbelífera exótica, con hojas de peciolos envainadores y divididos en lóbulos, flores amarillentas y fruto capsular. ⊙ *Gomorresina producida por esa planta, usada en medicina como antiespasmódico. ≃ ESTIÉRCOL del diablo.

A. OLOROSA. ASA dulce.

asa[3] (del lat. «acer»; Gran.) f. **Acebo (árbol aquifoliáceo).*

ASA (sigla del ingl. «American Standards Association») m. FOT. Escala que se utiliza para medir la sensibilidad de una película fotográfica. ⇒ DIN.

asá (de «así», con influencia de «acá») V. «ASÍ o asá».

asaborado, -a (de «asaborar»; ant.) adj. *Extasiado en el goce de algo.*

asaborar, asaborgar o **asaborir** (ant.) tr. *Saborear.*

asacador, -a (de «asacar»; ant.) adj. y n. *Que incita a otros a que armen jaleo o riñan.*

asacar (de «a-[2]» y «sacar») **1** tr. *Sacar (inventar).* **2** *Achacar. *Atribuir.* **3** *Pretextar.*

asación 1 f. *Acción de asar.* **2** FARM. *Cocimiento asativo.*

asadero, -a 1 adj. *Aplicado particularmente a algunas clases de *queso y de *peras, a propósito para ser asado.* **2** (ant.) m. *Asador.* **3** Lugar en que hace mucho *calor.

asado, -a **1** Participio adjetivo de «asar[se]». **2** m. Vianda asada o que se está asando: 'Da una vuelta al asado. Hoy está muy bueno el asado'.

asador, -a **1** n. Persona que se dedica a asar. **2** m. Utensilio, en forma de varilla o de parrilla, que sirve para *asar. ⇒ *Pincho. **3** Restaurante especializado en viandas asadas.

V. «echar [o poner] toda la CARNE en el asador».

asadura (de «asar») **1** f. Conjunto de las entrañas comestibles de una res; particularmente, el hígado, el corazón y los pulmones. ⇒ Achura, badulaque, bruscate, cachuela, chanfaina, corada, coradela, grosura lechecillas. ➤ *Despojos. **2** (inf.) **Flema.* ⊙ n. *Se emplea también como nombre calificativo, aplicado a una persona flemática de uno u otro sexo:* 'Es un [o una] asadura'. **3** f. *Cierto *derecho que se pagaba por el paso de los ganados, consistente en una asadura o una res.*

asaduría f. *Asadura (derecho).*

asaetear (de «a-[2]» y «saetear») **1** tr. Disparar saetas contra ↘algo o alguien. ⇒ Saetar, saetear. **2** («a, con») *Freír o *mortificar. Hacerle a ↘alguien repetidamente o con frecuencia algo molesto o que resulta molesto por su repetición: 'Me asaetea con [o a] peticiones'.

asafétida f. ASA fétida.

asainetado, -a adj. Aplicado a obras de teatro, algo semejante a un sainete.

asainetear tr. *Poner sainete en una ↘cosa.* ≃ Salpimentar.

asalariado, -a Participio adjetivo de «asalariar». ⊙ adj. y n. Se aplica a la persona que gana un salario con su *trabajo. ⇒ Mercenario.

asalariar tr. Señalar a ↘alguien un salario.

□ CONJUG. como «cambiar».

asalmerar tr. CANT. *Tallar en forma de salmer los ↘*sillares donde se apoya un arco o bóveda.*

asalmonado, -a **1** adj. Semejante al salmón: 'Trucha asalmonada'. ≃ Salmonado. **2** De *color de salmón. ≃ Salmonado.

asaltante adj. y n. Se aplica al que asalta.

asaltar (de «a-[2]» y «salto») **1** tr. *Atacar una ↘fortaleza, una posición enemiga, etc., para penetrar en ella o tomarla. ⊙ Atacar a ↘alguien, particularmente para *robarle. ⇒ Atracar, SALIR al camino. ⊙ Penetrar violentamente en un ↘sitio para robar. ≃ *Allanar, saltear. **2** Dirigirse a ↘alguien una persona repetidas veces o muchas personas a la vez con algo como peticiones o preguntas: 'Le asaltaron los periodistas'. **3** Aparecer súbitamente en la mente o el espíritu de ↘alguien una cosa como duda o temor: 'De pronto me asaltó la duda de si había cerrado el cajón. Le asaltan unos temores irracionales'. ⇒ *Ocurrirse.

asalto (del it. «assalto») **1** («Lanzarse al») m. Acción de asaltar. **2** *Combate simulado entre dos personas, con arma blanca.* **3** ESGR. *Ataque que se hace metiendo al mismo tiempo el pie derecho y la espada.* **4** *Juego parecido al de tres en raya; se juega entre dos personas: una dispone de veintiocho fichas que trata de hacer llegar a un sitio del tablero que se considera el castillo; el otro jugador se opone a ese paso con sus dos fichas. **5** Cada uno de los periodos en que se divide el combate de *boxeo. ≃ Round.

V. «CARRO de asalto».

asamblea (del fr. «assemblée») **1** («Celebrar») f. *Reunión de las personas pertenecientes a una asociación o a una clase determinada, para deliberar sobre asuntos propios de ellas: 'Asamblea general de socios. Asamblea de padres de familia. Esto parece una asamblea de solterones'. ⊙ A algunas de ellas se les aplica como nombre propio: 'La Asamblea Nacional'. **2** *Tribunal peculiar de la orden de San Juan.* **3** *Conjunto de los miembros principales de la orden de Carlos III, de la de Isabel la Católica o de la militar de San Hermenegildo.* **4** MIL. *Reunión numerosa de tropas para ser instruidas o para entrar en campaña.* **5** MIL. **Toque para que se reúna la tropa para formar.*

□ CATÁLOGO

Ágora, aljama, anfictionía, *ayuntamiento, cabildo, cámara, *CÁMARA alta, CÁMARA baja, CÁMARA de los comunes, CÁMARA de los lores, capítulo, comicios, concilio, cónclave, congreso, CONGRESO de los diputados, consistorio, convención, *cortes, CORTES constituyentes, CUERPOS colegisladores, dieta, DIPUTACIÓN provincial, duma, generalidad, *municipio, parlamento, senado, sinagoga, sínodo. ➤ RÉGIMEN parlamentario. ➤ Bicameral, monocameral, unicameral. ➤ Dar CERROJAZO, abrir las CORTES, cerrar las CORTES, INTERREGNO parlamentario, legislatura. ➤ Brazo, BRAZO eclesiástico, BRAZO de la nobleza, BRAZO del reino, ciudad, DIPUTACIÓN general de los reinos, estado, ESTADO del reino, estamento, reino. ➤ Centro, derecha, izquierda. ➤ Mayoría, minoría, oposición. ➤ Comisión, DIPUTACIÓN permanente, GRUPO mixto, GRUPO parlamentario, sección. ➤ ALUSIÓN personal, aprobar, tomar en CONSIDERACIÓN, llevar a las CORTES, plantear la CUESTIÓN de confianza, debate, *discusión, discutir, enmienda, escrutinio, hablar, INFORMACIÓN parlamentaria, iniciativa, interpelar, interrupción, intervenir, legislar, no ha LUGAR a deliberar, moción, MOCIÓN de censura, obstrucción, ORDEN del día, conceder [tener, tomar, hacer uso o estar en el uso de] la PALABRA, ponencia, proposición, PROPOSICIÓN incidental, PROPOSICIÓN de ley, PROYECTO de ley, quórum, rectificación, *reunión, sesión, SESIÓN plenaria, SESIÓN secreta, suplicatorio, turno, votación, VOTACIÓN nominal, VOTACIÓN secreta, VOTO de censura, VOTO de confianza, VOTO particular, voz. ➤ LEY del candado. ➤ CUADERNO de Cortes, DIARIO de sesiones. ➤ BANCO azul, hemiciclo, mesa, minoría, tribuna. ➤ Asambleísta, asistente, cunero, diputado, DIPUTADO a Cortes, DIPUTADO provincial, DIPUTADO del reino, encasillado, lord, PADRE conscripto, PADRE de la patria, PADRE de provincia, par, prócer, procurador, PROCURADOR en [a, de] cortes, PROCURADOR del reino, senador, síndico. ➤ Macero. ➤ *Elección, encasillar. ➤ INMUNIDAD parlamentaria, INVIOLABILIDAD parlamentaria. ➤ Acta, dieta, mandato.

asambleísta n. Persona que toma parte en una asamblea o que forma parte de una asamblea.

asar (del lat. «assāre») **1** («a» la lumbre, «a» la brasa, «en» la parrilla, «en» las brasas) tr. Preparar una ↘vianda para ser comida sometiéndola directamente al fuego, sin sumergirla en agua o grasa; por ejemplo, en un horno o sobre las brasas: 'Asar castañas [o un pollo]' (del pan se dice «cocer»). ⊙ prnl. Guisarse un alimento sometido directamente al fuego. ⊙ tr. *Guisar la carne o el pescado rehogándolos primero en un poco de grasa y haciéndolos hervir después con caldo.* ⇒ Amoragar, apedrear, arrebatar, dorar, embroquetar, emparrillar, enhornar, espetar, rostir, rustir, rustrir, soasar, sobreasar, soflamar, sorrasear, tatemar, *tostar. ➤ Albardilla. ➤ Cabeza, calapé, carbonada, chicharrón, churrasco, lechón, mauraca, moraga, morago, pachamanca, rosbif, rostrizo, somarro, tapado, tostón. ➤ Asadero, asador, asnico [-llo], barbacoa, brocheta, broqueta, calboche, espedo, espeto, espetón, parrilla. ➤ *Guisar. **2** Hiperbólicamente, causar a ↘alguien calor excesivo, que le molesta mucho: 'Este abrigo me asa'. ⊙ prnl. Tener mucho *calor: 'Con las ventanillas cerradas nos vamos a asar'. **3** («a, a fuerza de») tr. Hacerle a ˇalguien insistentemente una cosa, con lo que se le causa molestia: 'Me asan a recomendaciones. Al pobre le están asando a inyecciones'. ≃ Acosar, *freír.

asarabácara o **asáraca** (del sup. «asarobácar», del lat. «asărum», ásaro, y «baccar», amaro) f. **Ásaro (planta aristoloquiácea).*

asardinado, -a (de «a-²» y «sardina», por la semejanza de esta construcción con las sardinas en conserva) adj. CONSTR. Se aplica a la obra hecha con ladrillos puestos de canto.

asarero (¿de «ásaro»?) m. **Endrino (ciruelo silvestre).*

asargado, -a adj. Se aplica a las *telas que forman finas estrías diagonales, como la sarga. ≃ Sargado.

asarina (¿de «ásaro»?; *Asarina lobellii)* f. *Planta escrofulariácea de tallos rastreros y flores violadas, que crece entre las rocas.

ásaro (del lat. «asărum», del gr. «ásaron»; *Asarum europaeum)* m. *Planta aristoloquiácea de rizoma rastrero, con hojas radicales carnosas y bohordo central con flores de color rojo negruzco; toda la planta despide olor nauseabundo. ≃ Asarabácara, asáraca, OREJA de fraile.

asativo, -a (de «asar») adj. FARM. *Se aplica al cocimiento hecho sólo con el propio jugo de la cosa cocida.*

asayar (del lat. «exagiāre»; ant.) tr. *Experimentar.*

asaz (del occit. ant. «assatz», del lat. «ad satis»; lit. o irónicamente culto) adv. Bastante o muy.

asbesto (del lat. «asbestos», del gr. «ásbestos», que no se puede apagar) m. Anfíbol parecido al amianto, que se presenta en filamentos tan finos que se pueden tejer; se fabrican con ellos tejidos resistentes al fuego. ⇒ *Incombustible, *refractario.

asbestosis (de «asbesto» y «-osis») f. MED. Enfermedad producida por inhalación de partículas de asbesto. ≃ Amiantosis.

asca f. BIOL. **Asco (estructura de los *hongos).*

ascalonia (del lat. «ascalonĭa») f. **Chalote (planta liliácea).*

áscar (del ár. marroquí «'esker») m. *En Marruecos, ejército.*

áscari (del ár. marroquí «'eskri») m. **Soldado de infantería *marroquí.*

ascáride o **áscaris** (del lat. «ascarĭdae, -ārum», del gr. «askarís») f. o m. ZOOL. Nombre dado a los *gusanos de un grupo de nematodos al que pertenecen muchos parásitos; por ejemplo, la lombriz intestinal.

ascendencia 1 f. Conjunto o serie de personas de las que alguien desciende. ≃ *Antepasados. ⇒ Descendencia. **2** Por extensión, origen o procedencia.

ascendente (del lat. «ascendens, -entis») **1** adj. Se aplica, por oposición a «descendente», a lo que asciende: 'Movimiento ascendente'. **2** m. ASTROL. Constelación del Zodiaco que aparece en el horizonte en el momento en que nace una persona y que sirve a los astrólogos para realizar predicciones.

V. «NODO ascendente, TREN ascendente».

ascender (del lat. «ascendĕre») **1** intr. Ir hacia arriba. ≃ *Subir. **2** Hacerse mayor la temperatura u otra cosa graduable: 'La temperatura ha ascendido durante la tarde'. El sujeto puede ser el instrumento de medida, y se puede especificar la cantidad: 'El termómetro ascendió ayer 3º [o a 40º]'. ≃ *Aumentar. **3** («a») *Llegar una cantidad o cuenta a cierto punto: 'El importe de la factura asciende a tres mil pesetas'. El sujeto puede ser también la cosa a que corresponde el precio o valor o el recibo o documento con que se cobra: 'Los daños ascienden a un millón de pesetas. La letra ascendía a doce mil pesetas'. ≃ Importar, remontarse, subir. ⇒ Alcanzar, hacer, importar, montar, subir, sumar. **4** («a, de, en») *Mejorar de posición social. ≃ Crecer, elevarse, subir. ⊙ Ascender de *categoría. Pasar en un cuerpo ordenado por categorías a una categoría superior. ⇒ *Empleo. **5** tr. Pasar a ˇalguien a una categoría superior: 'Acaban de ascenderle a general'. ≃ Promocionar, promover. ⊙ Pasar a ocupar un puesto de soberano: 'Ascender al trono [o al papado]'. ⇒ Aventajarse, encaramarse, encumbrarse, pujar. ➤ Empujar.

□ CONJUG. como «entender».

ascendiente (de «ascender») **1** n. Con respecto a una persona o un animal, otro de quien desciende. ≃ *Antepasado. ⊙ (pl.) Ascendencia. **2** («Ejercer, Tener») m. *Autoridad o *influencia que se tiene en una colectividad o sobre la voluntad de alguien: 'Es persona de mucho ascendiente en la población. Ella tiene mucho ascendiente sobre su marido'.

ascensión f. Acción de ascender. ⊙ (con mayúsc.; «La») Por antonomasia, la de Jesucristo al cielo y la festividad con que la conmemora la Iglesia. ⇒ Hora.

ASCENSIÓN OBLICUA. ASTRON. *Con respecto a un astro, distancia medida sobre el Ecuador desde el principio de Aries hacia el este hasta el punto del Ecuador que aparece en el horizonte a la vez que el astro.*

A. RECTA. ASTRON. *Con respecto a un astro, distancia medida sobre el Ecuador hacia el este entre el punto equinoccial de primavera y el meridiano del astro.*

ascensional adj. Se dice de lo que impulsa hacia arriba: 'Impulso ascensional'.

ascensionista 1 n. *Persona que asciende a lugares elevados de las montañas.* ⇒ *Alpinista. **2** *Aeronauta.*

ascenso m. Acción de ascender. ⊙ Paso de una categoría a otra superior. ⇒ *Empleo. ⊙ Mejora de posición.

ascensor (del lat. «ascensor, -ōris») m. Aparato *elevador. ⊙ Particularmente, el que sirve dentro de los edificios para subir a los pisos. ⇒ Montacargas.

ascensorista 1 n. Empleado encargado de manejar el ascensor. **2** Operario de los que instalan, arreglan, etc., los ascensores.

asceta (del b. lat. «ascēta», del gr. «askētḗs», profesional, deportista) n. Persona que se dedica en la soledad y haciendo vida de sacrificio y privaciones a la meditación religiosa y a la oración. ≃ *Anacoreta. ⊙ (n. calif.) Por extensión, persona que vive con mucha austeridad. ⇒ *Austero.

asceterio (del lat. «asceterĭum») m. *Colonia o agrupación de anacoretas entre los monjes orientales.*

ascética f. Doctrina de la vida ascética. ≃ Ascetismo.

ascético, -a (del gr. «asketikós», de «askéō», me ejercito) **1** adj. De [del o de los] asceta[s]: 'Vida ascética'. **2** Por extensión, extraordinariamente *austero o sobrio.

ascetismo 1 m. Vida y práctica de los ascetas. **2** Doctrina de la vida ascética. ≃ Ascética.

ascidia 1 f. Animal perteneciente al grupo de los tunicados, que tiene el cuerpo en forma de saco con dos orificios para la entrada y salida de agua; viven en el mar fijos a rocas, conchas, etc. **2** Clase que forman estos animales.

ASCII (sigla del ingl. «american standard code for information interchange»; pronunc. [ásci] o [ásqui]; usado en aposición) m. INFORM. Código estandarizado que utiliza el ordenador para almacenar o transmitir los caracteres mediante una combinación de números: 'Código [o número] ASCII'.

ascio, -a (del lat. «ascĭus», del gr. «áskios») adj. y n. m. Se aplica a los *habitantes de la zona intertropical, que, dos veces al año, reciben el sol verticalmente y, por tanto, no proyectan sombra a lateral.

asciterio (del lat. «asceterĭum», del gr «askētḗrion»; ant.) m. *Monasterio.* ⇒ *Convento.

ascitis (del lat. «ascītes», del gr. «askítēs», de «askós», odre) f. MED. *Hidropesía del *vientre por acumulación de serosidad en la cavidad del peritoneo.*

asclepiadáceo, -a (de «Asclepias», género de plantas, del gr. «Asklépios», Esculapio, dios de la medicina, porque estas plantas se empleaban como antídoto) adj. y n. f. BOT. *Se aplica a las plantas de la misma familia que la arauja, árboles, arbustos o hierbas perennes, generalmente con látex blanco, tropicales o subtropicales.* ⊙ f. pl. BOT. *Familia que forman.*

asclepiadeo[1], -a (del lat. «asclepiadĕus», de «Asclepyades», nombre del poeta que inventó este verso) adj. V. «VERSO asclepiadeo».

asclepiadeo[2], -a adj. y n. f. BOT. *Asclepiadáceo.*

asco[1] (de «usgo», con influencia de «asqueroso») **1** («Causar, Dar, Producir, Coger, Tomar, Sentir, Tener») m. Sensación provocada por algún alimento, que incita a vomitarlo como si lo rechazase espontáneamente el estómago. ≃ *Repugnancia. ⊙ Resistencia involuntaria a tomarlo, que puede ir o no ir acompañada de náuseas, provocadas por su aspecto u olor, por pensar o ver que está sucio o por cualquier circunstancia personal. ⇒ Usgo. **2** Impresión de repulsión física o moral, causada por cualquier cosa, aunque no sea de comer: 'Me da asco pasar por ese sitio tan sucio. Me produce asco su comportamiento'. **3** (inf.) Cansancio, aburrimiento o *fastidio producido por una cosa.

DAR ASCO algo. Además del significado normal que le corresponde, dar rabia, causar indignación o enfado: 'Da asco que no se pueda hacer nada sin recomendación'.

ESTAR algo HECHO UN ASCO. Estar muy *sucio o de tal manera que produce asco. Se usa mucho hiperbólicamente, aplicado, por ejemplo, a una persona que se ha quedado muy flaca o estropeada físicamente.

HACER ASCOS a algo. Mostrar repugnancia afectada, nimia o ñoña hacia ello.

NO HACER ASCOS. No ser *exigente, especialmente con la comida.

SER algo UN ASCO. Ser despreciable, enfadoso o indignante por su *mala calidad, por su aspecto o por ser ruin o inmoral: 'Es un asco tener que irse ahora a pie. Es un asco cómo se han distribuido los premios'.

SIN ASCO (Am. S.). *Sin escrúpulos.*

asco[2] m. BIOL. *Estructura especializada, microscópica y globosa de los *hongos ascomicetos, en la que se contienen las *esporas.* ≃ Asca.

-asco, -a Sufijo despectivo: 'chubasco'. A veces, se convierte en «-arasco, -a»: 'hojarasca'.

ascomiceto (del gr. «askós», odre, y «-miceto») adj. y n. m. BIOL. *Se aplica a ciertos *hongos tanto terrestres como acuáticos, entre los que se encuentran las levaduras, el moho del pan, la *colmenilla y la trufa; se caracterizan por tener las hifas tabicadas y por producir *esporas dentro de la estructura denominada asca o asco.* ⊙ m. pl. BIOL. *División que forman.*

ascón m. ZOOL. *Se aplica a las *esponjas que forman cierto tipo cuya característica es tener una cavidad interior totalmente recubierta de células con flagelos, a la que llega el agua a través de canales simples que atraviesan la pared del cuerpo.*

asconder (del lat. «abscondĕre», esconder; Burg., Sor.) tr. *Esconder.*

ascórbico adj. V. «ÁCIDO ascórbico».

ascoroso, -a (ant.) adj. *Asqueroso.*

ascosidad (de «ascoso») f. *Asquerosidad.*

ascoso, -a adj. *Se dice de lo que causa asco.* ≃ Ascoroso, asqueroso.

ascreo, -a (del lat. «Ascraeus») adj. y, aplicado a personas, también n. *De Ascra, antigua aldea de Beocia.*

ascua (¿de or. prerromano?) **1** f. Trozo de una materia sólida, por ejemplo de carbón, ardiendo sin llama. ≃ Brasa. ⇒ Candente, incandescente, al rojo. ➤ Escaldar. ⊙ Se emplea como punto de comparación para ponderar la intensidad del color *rojo de algo. **2** (inf.; forma pl.) interj. Expresa *dolor o extrañeza.

ARRIMAR alguien EL ASCUA A SU SARDINA. Dirigir las cosas en provecho propio. ⇒ *Aprovechado, *egoísta.

ESTAR [O TENER] EN ASCUAS. Estar [o tener] *impaciente, desazonado o asustado.

ascuso (del lat. «absconsus», part. pas. de «abscondĕre») EN ASCUSO. *Ocultamente.* ≃ A escondidas.

aseadamente adv. Con aseo.

aseado, -a Participio adjetivo de «asear[se]». ⊙ Aplicado a personas y cosas, limpio y arreglado u ordenado. ≃ Curioso, *pulcro. ⊙ Se aplica a la persona que tiene sus cosas limpias y en orden. ≃ Arreglado, curioso, *pulcro. ⊙ *O a la que hace su trabajo con pulcritud*: 'Una costurera muy aseada'.

asear (del sup. lat. «assediāre» o «assedāre») tr. Poner una ↘cosa *limpia y ordenada: 'Asear la mesa de trabajo'. ≃ Adecentar ⊙ (reflex.) Lavarse y peinarse, etc. ≃ *Arreglarse. ⊙ (reflex.) Cambiarse de vestido para ponerse limpio y de buen aspecto. ⇒ Desasear.

asechanza (de «asechar»; «Emplear, Tender; Con, Mediante») f. Procedimiento engañoso para atraer a una persona a una situación dañosa para ella. ≃ *Trampa.

asechar (del lat. «assectāri», seguir a todas partes) **1** tr. *Poner asechanzas.* ≃ Trasechar. **2** (ant.) **Acechar.*

asecho m. *Asechanza.*

asechoso, -a 1 (ant.) adj. *Se aplica a lo que tiene carácter de asechanza.* **2** *Aplicado, por ejemplo, a lugares, a propósito para asechanzas.*

asecución (del b. lat. «assecutĭo, -ōnis»; ant.) f. *Consecución.*

asedar (de «seda») tr. *Suavizar.* ⊙ *Se emplea especialmente con referencia al *cáñamo o el *lino.*

asediador, -a adj. y n. Se aplica al que asedia.

asediar (del lat. «obsidiāri») **1** tr. Rodear un ↘lugar enemigo para incomunicarlo con el exterior y preparar su conquista. ≃ *Sitiar. **2** Insistir mucho cerca de ↘alguien con preguntas, peticiones, etc., para *obligarle a contestar o a dar lo que se le pide.

□ CONJUG. como «cambiar».

asedio m. Acción de asediar. ≃ Cerco, *sitio. ⊙ Dispositivo con que se asedia.

aseglarado, -a *Participio adjetivo de «aseglararse».* ⇒ Cucarro.

aseglararse prnl. **Relajarse el *clérigo en la austeridad de costumbres propia de su estado.*

aseglarizar tr. *Hacer que un ↘clérigo abandone las costumbres virtuosas propias de su estado.* ⊙ prnl. *Aseglararse.*

aseguir (del lat. «assĕqui»; ant.) tr. *Conseguir.*

asegundar (de «a-²» y «segundo») tr. **Repetir una ↘acción poco después de haberla realizado por primera vez.* ≃ Segundar.

aseguración (ant.) f. *Acción de asegurar.*

asegurado, -a («Estar») Participio adjetivo «asegurar». ⊙ Seguro: 'El columpio está bien asegurado'. ⊙ («contra, de») adj. y n. Se aplica a la persona o cosa que es objeto de un seguro: 'Casa asegurada de incendios'.

asegurador, -a adj. y n. Persona o entidad que cobra la cuota del seguro y se compromete, en cambio, a pagar éste en caso de ocurrir el riesgo que cubre.

aseguramiento m. Acción de asegurar.

aseguranza (ant.) f. *Seguridad.*

asegurar (de «a-²» y «seguro») **1** tr. Hacer que una ↘cosa quede segura o fija: 'Asegurar un clavo en la pared [el cobro de un recibo, un nudo, el carro con una falca]'. ⇒ Afianzar[se], afiar, afirmar, apuntalar, asentar, consolidar, encobrar, engalgar, entesar, entibar, espetarse, estribar, falcar, fijar, fundamentar, fundar, garantizar, inmovilizar, refirmar, remachar, rematar, segurar, sentar, socalzar, solidar. ➤ *Garantía, *prenda, *seguro. ➤ *Apoyar. *Apresar. *Reforzar. *Seguro. *Sostener. *Sujetar. **2** *Decir, *anunciar o *prometer una ↘cosa con seguridad: 'Me aseguraron que estabas aquí. Te aseguro que no ocurrirá nada. Te lo dejo si me aseguras que no lo vas a romper'. ⇒ Asentar, aseverar, confirmar[se], garantizar. ➤ No dejar de, sin falta, ¡palabra!, ¡PALABRA de honor!, no lo SABES [sabe] tú [usted] bien, ¡si lo SABRÉ yo [lo sabrá él, etc.]!, por la SALUD de, como el SOL que nos alumbra. **3** Concertar un seguro sobre ↘*algo. **4** prnl. Adquirir la seguridad de cierta cosa: 'Asegúrate de que están bien puestas las señas'. **5** Aplicado al tiempo, cesar definitivamente las lluvias o el mal tiempo.

aseidad (del lat. «a se», por sí) f. TEOL. *Atributo de *Dios, por el cual existe por sí mismo o por necesidad de su propia naturaleza.*

aselarse (de «sel»; Sal.) prnl. *Acomodarse las *gallinas u otras aves para pasar la noche.*

asemejar (de «a-²» y «semejar») tr. *Hacer semejante o presentar como semejante una ↘cosa a otra.* ⊙ («a, en, por») prnl. Ser una cosa parecida a otra que se expresa. ≃ *Parecerse, semejar.

asemillar (de «a-²» y «semilla»; Chi.) intr. **Cribar.*

asencio (ant.) m. *Ajenjo.*

asendereado, -a Participio adjetivo de «asenderear». ⊙ Se aplica al que ha sido obligado a realizar muchos trabajos o gestiones. ⊙ También a una persona que ha pasado muchos trabajos o penalidades.

asenderear **1** tr. *Hacer sendas en un ↘sitio.* **2** **Perseguir a ↘alguien haciéndole ir fugitivo.* **3** Hacer pasar a ↘alguien incomodidades o trabajos. ≃ *Baquetear.

asengladura f. MAR. *Singladura.*

asenjo o **asensio** (ant.) m. *Ajenjo.*

asenso (del lat. «assensus»; «Dar»; culto) m. Asentimiento o consentimiento.

asentación (del lat. «assentatĭo, -ōnis»; ant.) f. *Adulación o *lisonja.*

asentada f. DE [o EN] UNA ASENTADA. De una vez. ≃ De [o en] una sentada.

asentadamente **1** (ant.) adv. *Habitualmente.* **2** (ant.) *Terminantemente.*

asentaderas (de «asentar»; eufemismo; inf.) f. pl. *Nalgas.

asentadillas (de «asentar») A ASENTADILLAS. *A mujeriegas.*

asentado, -a **1** Participio adjetivo de «asentar[se]». ⊙ Particularmente, «situado»: 'Sevilla está asentada a orillas del Guadalquivir'. **2** *Se aplica al *barco que tiene más calado por la popa que por la proa.* **3** *Sensato. **4** (And.) *Acción de asentar la paja para formar el pajar.*

asentador (de «asentar») **1** m. Hombre que, en los mercados de abastos, distribuye las mercancías compradas al productor entre los comerciantes detallistas. ⇒ *Aprovisionar. **2** (And.) *El que paga el arbitrio correspondiente por cada carga de frutas u hortalizas que introduce en el palenque.* **3** *Instrumento de *herrero con boca de acero parecida a la del formón, que sirve para repasar y alisar el trabajo.* **4** *Suavizador de navajas de *afeitar.* **5** (And.) *Obrero que dirige la formación del *pajar.* **6** (Méj.) AGRÁF. *Tamborilete (tablilla con que se golpean los moldes para asentar las letras).*

ASENTADOR DE REAL. *Hombre que tenía a su cuidado acuartelar o *alojar al ejército.*

asentadura (ant.) f. *Asentamiento.*

asentamiento **1** m. Acción de asentar, en cualquier acepción. **2** *Establecimiento comercial.* **3** *Emplazamiento de una batería de artillería.* **4** Instalación de colonos en tierras que se les reparten. ≃ Establecimiento, colonización. **5** *Sensatez.* **6** DER. *Acción de poner el juez al demandante en posesión de algunos bienes del demandado al no comparecer éste.* **7** (ant.) *Solar o emplazamiento.* **8** (ant.) **Asiento (silla).*

asentar (de «a-²» y «sentar») **1** tr. *Sentar a ↘alguien en un sitio.* ⊙ (pop.) prnl. Sentarse una persona. **2** tr. *Colocar a ↘alguien en una dignidad nombrada figuradamente con un nombre de asiento: 'Asentar en el trono [o en el solio pontificio]'. ⊙ prnl. *Instalarse alguien en un empleo o dignidad designada figuradamente con un nombre de asiento: 'Cuando se asentó en el trono'. **3** tr. y prnl. *Asegurar[se] o fijar[se] en un sitio una ↘cosa que estaba moviéndose o flotando: 'La lluvia ha asentado el polvo'. ≃ *Depositarse. ⊙ prnl. Posarse los líquidos. ⊙ tr. y prnl. Colocar[se] ↘algo en un sitio de modo que quede seguro en él: 'Asentar[se] los cimientos de un edificio'. ≃ *Asegurar. ⊙ tr. *Fundar una ↘población.* ⊙ Instalar un ↘*campamento: 'Asentó sus reales en la orilla derecha del río'. **4** prnl. Estar situado: 'El pueblo se asienta en la falda de la colina'. **5** *Posarse las aves.* **6** **Indigestarse: detenerse un alimento en el estómago.* **7** Hacer una sentadura: lastimar la albarda, la silla, etc., a una *caballería con el roce. ⊙ Se aplica también en otros casos; por ejemplo, herir en el talón el contrafuerte del calzado. **8** tr. Aplicar una ↘cosa a una superficie plana: 'Asentar las costuras con la plancha. Asentar alguien sus plantas en un sitio'. ≃ Sentar. **9** Afinar el ↘filo de un ↘instrumento cortante; especialmente, de la navaja de afeitar. ≃ *Afilar. **10** *Dar un ↘golpe, particularmente si se da de plano:* 'Le asentó una bofetada'. **11** intr. Quedar una cosa segura y sin balancearse sobre la base o sitio donde está apoyada: 'Las mesas de tres pies asientan mejor que las de cuatro'. **12** tr. *Anotar ↘algo, particularmente en un libro de cuentas. **13** *Afirmar o dejar cierta ↘cosa bien sabida por otros. **14** Dejar establecido algo como una ↘premisa, un supuesto, una condición o las bases de algo. ⊙ *Establecer un ↘acuerdo, tratado, etc.: 'Asentaron las paces'. **15** intr. *Sentar bien una cosa a alguien.* **16** tr. DER. *Poner al ↘demandante en posesión de algunos bienes del demandado, al no comparecer éste.* **17** (ant.) *Situar una*

↘*renta sobre ciertos bienes o fincas.* **18** (ant.) *Colocar a* ↘*alguien al servicio de otro.*

V. «asentar la BAZA, asentar el CAMPO, asentar el GUANTE, asentar la MANO, asentar el PIE [o los PIES], asentar alguien su[s] PLANTA[s]».

□ CONJUG. como «acertar».

asentimiento 1 m. Acción de asentir. ⊙ Palabras con que se asiente. **2** Consentimiento o *permiso.

asentir (del lat. «assentīre») **1** («a») intr. Mostrarse alguien conforme con lo dicho o propuesto por otro: 'Todos asintieron a las palabras del presidente'. **2** («a») *Consentir en: 'No hubo manera de que asintiese a dejarse retratar'.

□ CATÁLOGO

Mostrarse de *ACUERDO, adherirse, decir AMÉN, aplaudir, dar su ASENSO [o su ASENTIMIENTO], mostrarse CONFORME, mostrar CONFORMIDAD, seguir la CORRIENTE, estar en, seguir el HUMOR, obtemperar, prohijar, querer, dar la RAZÓN, suscribir, sumarse. ➤ Anuencia, aprobación, asentimiento, asenso, beneplácito, conformidad. ➤ De plano. ➤ ¡Así se HABLA!, ¡de acuerdo!, ¡cabalmente!, ¡ciertamente!, ¡cierto!, ¡claro!, ¡por de CONTADO!, ¡ya lo CREO!, ¡ni que DECIR tiene!, ¡por descontado!, no cabe DUDA, ¡sin duda!, ¡en efecto!, ¡ele!, ¡eso!, ¡eso, eso!, ¡ESO mismo!, ¡ESTÁ bien!, ¡eso ESTÁ muy bien!, ¡evidente[mente]!, ¡exactamente!, ¡exacto!, ¡no FALTABA [o faltaría] más!, ¡esa es la FIJA!, ¡gualá!, ¡indudable!, ¡indudablemente!, ¡justamente!, ¡justo!, ¡desde LUEGO!, ¡ni MÁS ni menos!, ¡mucho!, ¡MUCHO que sí!, ¡naturalmente!, ¡perfectamente!, ¡precisamente!, ¡pues!, ¡sea!, ¡seguramente!, ¡con seguridad!, ¡seguro!, ¡eso ES!, ¡sí!, ¡por SUPUESTO!, ¡sí TAL!, ¡y tanto!, ¡vale!, ¡VAYA si...!, ¡venga!, ¡ya lo VEO!, ¡no VOY a...!, ¡desde YA! ➤ Quien CALLA otorga. ➤ *Acceder. *Acuerdo. *Admitir. *Afirmar. *Aprobar. *Ceder. *Coincidir. *Conceder. *Confirmar. *Conformarse. *Convencerse. *Convenir. *Reconocer. *Responder. *Transigir. ➤ Disentir.

□ CONJUG. como «hervir».

asentista (de «asiento») m. Persona que se encarga por contrata de un aprovisionamiento; por ejemplo, al Ejército o a una entidad oficial. ⇒ *Jurado.

aseñoritado, -a adj. Como de señorito o señorita. ⊙ Se aplica a la persona que imita los modales de los señoritos o las señoritas.

aseo 1 m. Acción de asear: 'El aseo personal'. ⊙ Manera aseada de hacer una cosa. ≃ Pulcritud. ⊙ Estado de aseado. ≃ Pulcritud. **2** *Esmero o *cuidado.* **3** *Arreglo o adorno.* **4** *Apostura.* **5** Cuarto de aseo.

ASEO PERSONAL. Expresión frecuente de significado claro. ⇒ *ARREGLO personal.

V. «CUARTO de aseo».

asépalo, -a adj. BOT. *Se aplica a las *flores que no tienen sépalos.*

asepsia (del fr. «asepsie») **1** f. MED. Ausencia de gérmenes infecciosos. **2** MED. Operación o conjunto de operaciones que se realizan para mantener una cosa libre de gérmenes infecciosos.

aséptico, -a (de «a-[1]» y «séptico») **1** adj. MED. Libre de gérmenes patógenos. ⊙ Realizado sin peligro de infección. ⇒ Séptico. **2** Frío, falto de emoción o pasión.

asequi (del sup. ár. and. «azzakí», cl. «zakāh», azaque) m. *Impuesto que se pagaba en Murcia por un ganado siempre que llegase a 40 cabezas.*

asequible (del lat. «assĕqui», alcanzar) **1** adj. Susceptible de ser alcanzado materialmente. ≃ Accesible, alcanzable. ⊙ Susceptible de ser *conseguido. ≃ Accesible, alcanzable, *posible. ⇒ Dado, llano, a mano, al ALCANCE de la mano, a huevo, tener en la MANO, tocar con la MANO, a la VUELTA de la esquina. **2** Aplicado a personas, *llano o *amable. **3** Entendible; en general, o para alguien determinado. ≃ Comprensible. ⇒ *Fácil.

aserción (del lat. «assertio, -ōnis») f. Aserto.

aserenar tr. y prnl. *Serenar[se].*

aseriarse prnl. *Ponerse serio.*

asermonado, -a adj. *Como [de] sermón.*

aserradero m. Taller de serrar madera. ≃ Sierra.

aserradizo, -a 1 adj. *Apto para ser serrado.* **2** *Se aplica también al madero ya serrado para reducirlo al grueso y ancho convenientes.*

aserrado, -a 1 Participio adjetivo de «aserrar». **2** BOT. Se aplica a la *hoja con el borde dentado.

aserrador, -a 1 m. *El que se dedica a serrar.* **2** f. *Máquina para serrar.*

aserradura 1 f. *Corte que ha hecho la sierra.* **2** (pl.) *Serrín.*

aserrar tr. *Serrar.*

□ CONJUG. como «acertar».

aserrín m. *Serrín.*

aserrío (Col., Pan.) m. *Aserradero.*

V. «ESCUADREO y aserrío».

aserruchar (Hispam.) tr. *Serrar con serrucho.*

asertivamente adv. De manera asertiva.

asertividad f. PSI. Cualidad de las personas capaces de afirmar su personalidad y defender sus opiniones frente a los demás.

asertivo, -a (de «aserto») **1** adj. GRAM. Enunciativo. **2** PSI. Se aplica a la persona que actúa con asertividad, y a sus comportamientos.

aserto (del lat. «assertus») **1** m. Acción de aseverar. ≃ Afirmación, aserción, aseveración. **2** Palabras con que se asevera.

asertor, -a (del lat. «assertor, -ōris») n. *Se aplica al que asevera.*

asertorio, -a (del lat. «assertorĭus») **1** adj. Asertivo. **2** LÓG. *Se aplica al juicio que no excluye la posibilidad lógica de una contradicción.* ⇒ Apodíctico.

asesar 1 tr. *Dar a* ↘*alguien seso o sensatez.* **2** intr. *Adquirir seso o sensatez.*

asesinar (de «asesino») **1** tr. Matar a ↘alguien, cuando ello constituye un *delito. **2** (inf.) Representar, interpretar, copiar o repetir una ↘cosa muy mal: 'La compañía ha asesinado la obra. Está asesinando la Patética'.

asesinato m. Acción de asesinar. ⊙ *Delito que constituye.

asesino, -a (del ár. «ḥaššāšīn», adictos al cáñamo indio, a través del it. y del fr.) **1** adj. y n. Se aplica al que asesina. ⇒ *Crimen. **2** (inf.; hum.) Se aplica a cosas capaces de molestar mucho o causar daño físico o moral: 'Un vientecillo asesino'. ⊙ También a otras cuyo efecto no es físico: 'Una mirada asesina. Unos ojos asesinos'.

asesor, -a (del lat. «assessor, -ōris», de «assidēre», permanecer cerca, socorrer) adj. y n. Persona encargada de informar o aconsejar en ciertos asuntos que son de su competencia a otra o a una entidad. ≃ Consejero.

asesoramiento 1 m. Acción de asesorar. **2** Consejo o informe con que se asesora.

asesorar (de «asesor») tr. Informar o dar consejo a ↘alguien sobre cierta cosa. ⊙ («con, de, en») prnl. Tomar informe o consejo en cierta materia de alguien que la conoce mejor que uno mismo. ≃ *Consultar.

asesoría f. Cargo de asesor. ⊙ Oficina donde trabaja.

asestadero (Ar.) m. *Sesteadero: sitio donde se recoge el ganado en las horas de calor.*

asestar[1] (de «a-[2]» y «siesta»; Ar., Sal.) intr. *Sestear el ganado.*

asestar[2] (de «a-[2]» y «sestar») **1** tr. Dirigir un ↘*arma al objeto que se quiere alcanzar con ella o con su disparo. ≃ Apuntar. ⊙ Por extensión, dirigir hacia un objeto un ↘telescopio o cosa semejante. **2** *Tener intención de causar cierto ↘daño a alguien.* **3** intr. *Poner la mira en una ↘cosa.* ⊙ (ant.) tr. **Proyectar una ↘cosa.* **4** Hacer objeto a alguien de un ↘golpe, puñalada, tiro, etc. ⇒ Arrimar, atizar, barahustar [o baraustar], dar, dar de, descargar, descerrajar, *disparar, empezar [o emprenderla] a, encajar, espetar, largar, pegar, *plantar, propinar, sacudir, soltar, zumbar.

aseveración f. Acción de aseverar. ≃ Aserción. ⊙ Expresión que contiene una aseveración.

aseverar (del lat. «asseverāre») **1** tr. *Decir que ocurre o no ocurre, que existe o no existe, etc., cierta ↘cosa efectivamente (por oposición a expresarla como posible, deseada, etc.). Es lo que se hace con el modo indicativo del verbo. **2** *Afirmar una ↘cosa con certeza. ≃ *Asegurar.

aseverativo, -a **1** adj. Que asevera. **2** Gram. Enunciativo.

asexuado, -a adj. Sin diferenciación de sexo. ≃ Neutro.

asexual (de «a-[1]» y el lat. «sexus», sexo) adj. Sin sexo. ⊙ Sin diferenciación, sin intervención, etc., de los dos sexos.

asfaltado, -a **1** Participio adjetivo de «asfaltar». **2** m. Acción de asfaltar. ⊙ Pavimento de asfalto.

asfaltar tr. Pavimentar con asfalto una ↘calle, carretera, etc.

asfáltico, -a adj. De [o del] asfalto.
V. «tela asfáltica».

asfalto (del lat. «asphaltus», del gr. «ásphaltos») m. Mineral negro, de fractura concoidea, que procede de la destilación natural o artificial del petróleo; se emplea para pavimentar *carreteras, calles, etc., y también para hacer cubiertas impermeables, pinturas, y materiales plásticos. ⇒ Betún de Judea, chapapote [o chapopote], neme, pisasfalto.

asfictico, -a adj. *Asfixiante.*

asfixia (del gr. «asphyxía», detención del pulso, deriv. de «ásphyktos») **1** f. Muerte por suspensión de la respiración, por ejemplo a consecuencia de estrangulación o de sumergimiento en un líquido o en un gas irrespirable. ⇒ *Ahogar. **2** *Asma o respiración muy dificultosa, producida por cualquier causa. **3** Se emplea también en sentido figurado.

asfixiante adj. Se aplica a lo que asfixia. ⊙ También, hiperbólicamente, a algo que hace difícil la respiración: 'Un calor [o un olor] asfixiante. La atmósfera asfixiante de un café'. ≃ Asfíctico, asfíxico.

asfixiar tr. Producir asfixia. ⊙ prnl. Morirse por asfixia. ⊙ tr. y prnl. También hiperbólicamente o en sentido figurado: 'Se asfixia en aquel ambiente provinciano'.

□ Conjug. como «cambiar».

asfíxico, -a adj. *Asfixiante.*

asfódelo (del lat. «asphodĕlus», del gr. «asphódelos»; *Asphodelus albus*) m. *Planta liliácea silvestre, muy abundante, con flores blancas a lo largo de un tallo erguido y hojas radicales. ≃ Gamón.

asgo (ant.) m. *Asco.*

así (del lat. «sīc»; cuando le sigue una vocal acentuada, la «i» puede formar diptongo con ella: [asiés mejór]) **1** adv. Sirve para referirse a cierta manera de hacer o de ser una cosa ya expresada o mostrada o que se expresa o muestra mientras se habla o a continuación, equivaliendo a «de esa manera» o «de esta manera»: 'No es así como hay que hacerlo. Dime si lo hago bien así. Así están las cosas. La vida es así'. A veces se suprime el verbo «ser», y «así» queda unido a un nombre como si fuese un adjetivo: 'Quiero una mesa así. Con hombres así no se va a ninguna parte'. ⊙ Se usa en oraciones correlativas en correspondencia con «como, según, tal como, tal cual»: 'Como [según, tal como, tal cual] tú te portes, así se portarán contigo'. ⇒ Ansimesmo, ansimismo, ansina, asín, asina, por ese camino, por ese estilo, de esa manera, a ese paso, siendo así, sic, a ese tenor, a [o por] este tono. ⊙ También se usa en oraciones correlativas en lugar de «tanto» o «lo mismo», en correlación con «como», para significar que es igualmente improbable o falso lo expresado en ambas oraciones: 'Así eres tú capaz de pegarle como yo de pegarte a ti'. Es más frecuente la construcción de estas frases con «tanto» o con «lo mismo». ⇒ Apénd. II., comparación (empleo de «así» en frases de sentido comparativo). **2** En forma exclamativa forma frases de deseo con temor o con mala voluntad, equivaliendo a «¡ojalá!»: '¡Así llegue a tiempo! ¡Así pierdan el partido!'. **3** Con «de» y un adjetivo, sirve para ponderar la significación de éste, equivaliendo a «tan»: '¿Así de mal intencionado me crees? No seas así de desconfiado'. A veces, usado con verbos, tiene también sentido ponderativo peyorativo, equivaliendo a «de esa manera»: 'No malvendas así la finca. ¿Así tratas a tu hermano?'. **4** conj. Aunque: 'Iremos, así caigan chuzos de punta'. ⇒ Apénd. II, expresiones concesivas. ➤ *Concesivo. **5** (ant.) adv. *Igualmente o también.*

V. «algo así como».

¿Así...? Se emplea con tono entre exclamativo e interrogativo, como pidiendo confirmación de una cosa que *extraña, *sorprende o *disgusta.

Así así (inf.). **1** Algo mal de salud, de humor, etc.: 'Está así así desde hace unos días'. **2** Más bien poco: '¿Te gusta esta sopa? —Así así'.

Así como. **1** Expresión conjuntiva comparativa: 'Así como yo no me meto en tus asuntos, tampoco quiero que tú te metas en los míos'. Generalmente en correlación con «en cambio», tiene valor adversativo: 'Así como madrugar no me importa, en cambio no puedo quedarme a estudiar por la noche. El hijo mayor es muy formal, así como el pequeño es un tarambana'. ⊙ Con «también» o «tampoco» hace papel copulativo: 'Él no me es simpático; así como tampoco su hermano'. **2** Es un refuerzo de «como»: 'No puedo salir a la calle así como estoy'. ≃ Tal como. **3** De manera que parece lo que se expresa a continuación: 'Andaba así como cansado'.

Así... como. Expresión comparativa: 'Es útil así en invierno como en verano'.

Así como así. Sin dar a la cosa de que se trata la importancia que realmente tiene: 'Me pidió así como así que le prestara un millón de pesetas'. ≃ Como si tal cosa. ⊙ *Frívola o irreflexivamente: 'Una decisión de tanta trascendencia no se toma así como así'. ⊙ De cualquier manera: 'No estoy dispuesto a dimitir así como así'. ⇒ A la *ligera.

Así mismo. *También o además. ≃ Asimismo.

Así o asao [o, menos frec., asá]. De una manera que no se determina: 'Me dijo que lo hiciera así o asao y se marchó'.

ASÍ PUES [o ASÍ QUE]. Sirve de conjunción *consecutiva, expresando que la oración a que afecta es consecuencia de algo dicho antes. Obsérvese en los ejemplos siguientes la puntuación de una y otra expresión: 'Tenemos que saberlo con tiempo; así pues, decídete pronto. Tenemos prisa, así que no nos hagas esperar' o 'esta tarde no habrá trabajo; así que no vengas'. ≃ De modo que.

ASÍ QUE. Tan PRONTO como: 'Así que te enteres comunícamelo'. ⇒ Así pues.

ASÍ Y ASÁ. Así o asá.

ASÍ Y TODO. Expresión *adversativa que equivale a «aun así» o «ni aun así».

AUN ASÍ. Expresión adverbial de significado adversativo, ya que expresa oposición entre el resultado real de la circunstancia expresada por «así» y el que podría esperarse de ella: 'Aun así no llegáis a tiempo'. Puede invertirse la construcción haciendo negativa la primera oración y afirmativa la segunda, sin que varíe el significado: 'Ni aun así llegáis a tiempo'.

V. «por así DECIR, ¡así se HABLA!, así se escribe la HISTORIA».

NI AUN ASÍ. V. «AUN así».

NO ASÍ. Expresión elíptica equivalente a «no ocurre lo mismo»: 'Si luce el sol es agradable el baño al aire libre; no así cuando está nublado'.

NO ES ASÍ. Fórmula empleada para *contradecir o para *negar algo.

O ASÍ. **1** Y así. **2** Expresa aproximación: 'A 5 Km o así'.

V. «así SEA».

SI ASÍ COMO... Expresión hipotética *adversativa que resulta de la reunión de «si», que afecta a una oración, y «así como», equivalente a «en vez de», que afecta a otra; también pueden ir cada una de esas conjunciones en su respectiva oración: 'Si así como me lo dijo ella me lo hubiera dicho su marido', equivale a 'si me lo hubiera dicho su marido así como me lo dijo ella [o en vez de decírmelo ella]'. ⇒ Si lo MISMO que...

V. «SIENDO así que».

V. «TAN es así, así y TODO».

Y ASÍ. **1** Se emplea como expresión *consecutiva para iniciar una conclusión a la que se llega después de haber dicho algo, generalmente con tono imperativo o de enfado: 'Y así ya puedes buscarte otra colocación'. ≃ Así pues, ASÍ que. **2** Se emplea frecuentemente como *muletilla al final de una *enumeración de circunstancias que queda incompleta: 'Cuando estés cansado, quieras distraerte, tengas ganas de hablar con alguien... y así...'.

asiano, -a (ant.) adj. y n. *Asiático.*

asiático, -a (del lat. «Asiaticus», del gr. «asiatikós») adj. y, aplicado a personas, también n. De Asia.

V. «LUJO asiático».

□ CATÁLOGO

Aaronita, acadio, agareno, amalecita [o amalequita], amonita, amorreo, *árabe, arameo, asirio, babilonio, bactriano, beritense, betlehemita [o betlemita], bitinio, calcedonio, caldeo, calmuco, capadocio, caspio, cesariense, cingalés, cusita, edomita, efraimita, efrateo, elamita, eolio, escita, fenicio, filisteo, frigio, galaadita, gálata, galileo, hierosolimitano, hircano, hitita, idumeo, ismaelita, jerosolimitano, jonio, *judío, laodicense, licio, lidio, madianita, masageta, medo, nacianceno, nazareno, ninivita, oriental, parsi, parto, samaritano, samosateno, sogdiano. ➤ Almea, bazar, kimono, monzón, narguilé, pagoda, quimono.

asibilación f. FON. *Acción y efecto de asibilar[se].*

asibilar (del lat. «assibilāre») tr. y prnl. FON. *Hacer[se] sibilante el ↘sonido correspondiente a una ↘letra.*

asible adj. Susceptible de ser asido. ⇒ Inasible.

asicar (R. Dom.) tr. **Molestar, hostigar.*

asidero (de «asir») **1** m. Apéndice, sitio o dispositivo que tiene una cosa para que se pueda *coger fácilmente. ≃ *Agarradero. **2** *Apoyo o *influencia con que alguien cuenta para conseguir una cosa por el favor. ≃ *Agarradero. **3** Algo que se aduce o puede aducirse para excusarse o justificarse de una cosa. ≃ Agarradero, excusa, justificación, *pretexto.

asidonense (del lat. «Asidonensis») **1** adj. y, aplicado a personas, también n. *De la antigua Asido, hoy Medinasidonia.* **2** *De Medinasidonia, población de la provincia de Cádiz.*

asidor m. **Agarradero del remo de las galeras.*

asiduamente adv. Con asiduidad.

asiduidad f. Cualidad de asiduo.

asiduo, -a (del lat. «assidŭus») adj. y n. Se aplica al que *asiste o concurre con frecuencia y constancia a cierto sitio: 'Éste es un asiduo de nuestra tertulia'. ⊙ Aplicado a un nombre de agente o de acción, significa que hace o se hace con frecuencia y constancia la acción de que se trata: 'Un asiduo colaborador del periódico. Sus asiduas visitas'.

asiento 1 m. Acción de asentar[se]; por ejemplo, una obra. **2** Lugar en que está asentada o sobre el que se *apoya una cosa. ≃ Emplazamiento. ⊙ *Situación de una cosa, por ejemplo de una población. ≃ Emplazamiento. **3** Cualquier cosa que sirve o se utiliza para *sentarse sobre ella. ⊙ Lugar reservado a una persona o que una persona ocupa en un vehículo, un espectáculo, etc.: 'Me cedió su asiento'. ≃ Plaza, sitio. ⊙ Parte de un asiento sobre la que descansan las nalgas cuando se está sentado. **4** Parte inferior de un objeto, por ejemplo de una *vasija, sobre la que se asienta. ≃ Suelo. ⇒ Culo. **5** **Nalgas.* ≃ Asentaderas. **6** Descenso que hace una construcción por ceder el terreno o por compresión de los materiales. ≃ Sentamiento. **7** *Capa de *argamasa sobre la que se colocan los ladrillos, etc., cuando se pavimenta.* **8** *Indigestión.* **9** *Poso. **10** Cada anotación en una *cuenta o *lista. ⇒ *Partida. **11** *Contrato para cierto aprovisionamiento. **12** («Hacer») *Firmeza o inmovilidad de una cosa que queda bien apoyada en un sitio: 'Esta piedra no hace asiento'. ≃ Estabilidad. **13** («Estar de, Hacer») Permanencia de considerable duración de una persona en un sitio. **14** Sensatez. **15** *Parte del *freno que entra dentro de la boca de la *caballería.* **16** *Espacio sin dientes en la parte posterior de la mandíbula de las *caballerías, en donde se asienta el cañón del freno.* **17** (pl.) **Perlas que tienen un lado achatado.* **18** *En América, territorio y población de las *minas.* **19** **Tirilla que llevan algunas piezas de los vestidos por la que se cosen a la prenda; por ejemplo, los cuellos de las camisas.*

ASIENTO DE PASTOR *(Erinacea pungens).* *Erizo (planta leguminosa).

V «CARA de asiento, CULO de mal asiento».

DE ASIENTO. **1** Fijo o establecido en un sitio: 'Pasa aquí largas temporadas, pero no está aquí de asiento'. **2** Aplicado a personas, *sensato. Puede también decirse «de poco» o «de mucho asiento», con el significado deducible.

HACER ASIENTO. **1** Quedar la base de una cosa perfectamente adaptada a la superficie sobre la cual se coloca. ≃ Asentar. **2** Agrietarse o alterarse una obra después de construida, al ceder algo el terreno sobre el que está hecha. ≃ Hacer movimiento.

TOMAR ASIENTO. Sentarse, por ejemplo en una visita. Se emplea como frase cortés para invitar a alguien a sentarse: 'Hágame el favor de tomar asiento'.

□ CATÁLOGO

Apeadero, arquibanco, arrimadero, banca, bancada, *banco, bandín, banqueta, banquillo, bigotera, biselio, butaca, cachorro, cadera, cadira, CAMA turca, camón, camoncillo, canapé, cancana, cátedra, coma, confidente, *diván, dormilona, dúho, empanadilla, equipal, *escabel, escañil, escaño, estalo, facistelo, faldistorio, hamaca, *jamugas, lecho, litera, mecedora, meridiana, misericordia, montadero, montador, otomana, palanquín, pescante, poltrona, posadero, posón, poyal, poyete, *poyo, puf, reclinatorio, sede, sentadero, *silla, SILLA de caderas, SILLA curul, SILLA gestatoria, SILLA de manos, SILLA de montar, SILLA de tijera, silleta, sillete, sillín, sillón, sitial, sofá, SOFÁ cama, solio, taburete, tajuelo, traspontín, traspuntín, triclinio, trípode, *trono. ➤ Anfiteatro, circo, coro estrado, gallinero, grada, gradería, luneta, palco, paraíso, PATIO [de butacas], platea, sillería, tendido, tresillo. ➤ Cómodo, incómodo, plegable, raso, de tijera. ➤ Delantera, testera, vidrio. ➤ Brazo, espaldar, patas, respaldo, reposabrazos, reposacabezas. ➤ Anea, enea, mimbre, rejilla, tapicería. ➤ Acitara, almohada, almohadilla, almohadón, bancal, cojín, funda. ➤ Antimacasar, pañito, visillo. ➤ Alzapiés, dosel, *escabel. ➤ Adobasillas, sillero, silletero, tapicero. ➤ *Localidad. *Mueble. *Sentar[se].

asignable adj. Susceptible de ser asignado.

asignación f. Acción de asignar. ⊙ Dinero asignado a alguien. ⇒ Beca, cuota, *pensión, *retribución, *sueldo.

asignado, -a 1 Participio adjetivo de «asignar». **2** m. Documento de los que sirvieron de papel moneda en Francia durante la Revolución. **3** (Ar.) **Sueldo de un funcionario.*

asignar (del lat. «assignāre») tr. Determinar que a alguien o algo le sea *dada cierta ↘cosa: 'Le han asignado una pensión. Le asignan un valor convencional. No me gusta el trabajo que me han asignado. Te han asignado el número diez. A cada cosa se le asigna un nombre'. También reflex.: 'Asignarse un sueldo'. ≃ Señalar. ⊙ Inversamente, determinar que sea cierta ↘persona la que ocupe cierto puesto o desempeñe cierta función: 'Han asignado a su cuñado la vacante de Sevilla'. ≃ *Destinar. ⊙ Destinar una ↘cosa a cierto objeto. ⊙ Incluir una ↘cosa en cierto grupo o clase. ⇒ Adscribir[se], aplicar, apuntar[se], atribuir[se], *catalogar, clasificar, *dedicar, *destinar, encartar, encasillar, encuadrar, marcarse, situar. ➤ *Adjudicar. *Juzgar. *Repartir.

asignatario, -a (Hispam.) n. *Persona a quien se asigna una herencia o legado.*

asignatura (del lat. «assignātus», signado) f. Cada una de las *ciencias o materias que constituyen un plan de estudios; por ejemplo, el bachillerato o una carrera: 'Ha aprobado todas las asignaturas del curso'. ≃ Disciplina, materia. ⇒ María.

ASIGNATURA PENDIENTE. **1** La que ha suspendido un alumno y de la que debe volver a examinarse. **2** Tarea o asunto pendientes de ser resueltos.

asilado, -a 1 Participio adjetivo de «asilar». ⊙ adj. y n. Se aplica al que está acogido en un asilo. ⇒ Acogido, doctrino. **2** n. Persona que recibe asilo político.

asilar tr. Internar a ↘alguien en un asilo. ⇒ *Acoger, *albergar.

asilla[1] (dim. de «asa[1]»; inf.) f. **Pretexto.* ≃ Agarradero.

asilla[2] (ant.) f. *Islilla.*

asilo[1] (del lat. «asȳlum», del gr. «ásylon») **1** («Acoger, Internar, Meter en»; va cayendo en desuso) m. Establecimiento benéfico donde se acogen personas pobres o desvalidas: 'Asilo de ancianos [de huérfanos]'. ⇒ Albergue, CASA de beneficencia, hospicio, orfanato. **2** («Dar, Prestar, Pedir») Acción de acoger alguien en su propia casa a otro: 'Les dieron asilo por aquella noche'. **3** Cualquier lugar que disfrutaba el privilegio de que los delincuentes que se refugiaban en él gozaban inmunidad. ⊙ Circunstancia de gozar de ese privilegio o de esa inmunidad. ≃ Derecho de asilo. ⊙ Lo mismo cuando el lugar de refugio es una nación extranjera. **4** ASILO político. ⇒ Dextro, inmunidad, refugio, sagrado. ➤ Recepto. ➤ Extradición. **5** Cosa o persona en que alguien encuentra *consuelo, *ayuda o protección. ≃ Refugio.

ASILO POLÍTICO. Protección que un país concede a los ciudadanos de otro que son perseguidos por razones políticas.

asilo[2] (del lat. «asīlus») m. Insecto díptero, del suborden de los braquíceros, del género *Asilus;* por ejemplo, el *Asilus crabroniformis.*

asilvestrado, -a 1 adj. *Silvestre, procedente de *planta cultivada. **2** Se aplica al animal doméstico que pasa a vivir como *salvaje.

asimetría f. Falta de simetría. ≃ Disimetría. ⊙ Puede constituir una *anormalidad o *defecto.

asimétrico, -a 1 adj. No simétrico. **2** adj. y n. f. pl. BARRAS asimétricas.

asimilable adj. Susceptible de ser asimilado.

asimilación f. Acción de asimilar[se]. ⊙ FON. *Fenómeno por el cual un sonido se transforma para igualarse con otro contiguo.* ⇒ Disimilación. ➤*Derivación.

asimilado, -a 1 Participio de «asimilar[se]». **2** adj. Se aplica a ciertos profesionales, como médicos, ingenieros o sacerdotes, que ejercen su actividad en el Ejército disfrutando de todas las prerrogativas del grado militar que se les concede.

asimilar (del lat. «assimilāre») **1** («a») tr. Considerar o presentar una ↘cosa como similar o semejante a otra. Particularmente, considerar a ciertos empleados o a ciertas personas como iguales a otros para ciertos efectos: 'Los extranjeros están asimilados para este efecto a los nacidos en el territorio'. ≃ *Equiparar. ⊙ tr. y prnl. FON. *Causar [o sufrir] asimilación.* ⇒ Disimilar[se]. **2** tr. Incorporar un organismo a su propia sustancia ↘otras extrañas o *alimentos: 'Las grasas minerales no se asimilan'. ⊙ *Aprender ↘algo comprendiéndolo: 'Asimila fácilmente lo que estudia'. **3** Aceptar cierta ↘situación, llegar a acostumbrarse a ella.

asimilativo, -a 1 adj. Útil para asimilar una cosa a otra. **2** f. Capacidad para *aprender o asimilar ideas.

asimilatorio, -a adj. Asimilativo.

a simili V. «ARGUMENTO a simili».

asimilista adj. y n. *Se aplica a la política de un país que persigue la asimilación a él de alguna minoría étnica o lingüística, de una colonia, etc., y a los partidarios de esa política.*

asimismo (pronunciado «así-mismo») adv. Sirve para afirmar algo poniéndolo en relación con otra cosa afirmada anteriormente: 'Es asimismo necesario que...'. ≃ Así mismo. *También.

asín (pop., por ejemplo en And.) adv. *Así.*

asina (de «asín»; inf., empleado particularmente hablando con tono afectuoso) adv. *Así.*

asincrónico, -a o **asíncrono, -a** adj. Falto de sincronismo.

asincronismo m. Falta de sincronismo.

asindético, -a adj. GRAM. Con asíndeton.

asíndeton (del lat. «asyndĕton», del gr. «asýndeton», desatado; pl. «asíndetos») m. GRAM. Figura de construcción que consiste en suprimir en una oración los elementos de enlace o conjunciones que pueden sobreentenderse; la supresión de la conjunción es especialmente frecuente cuando a una serie de nombres sigue una palabra que los condensa: 'Grandes, pequeños, viejos, todos se divierten'. ⇒ Polisíndeton.

asinergia (de «a-[1]» y «sinergia») f. MED. *Falta de coordinación de las acciones opuestas de los músculos, por lesión cerebral.*

asinino, -a (del lat. «asinīnus»; culto) adj. *Asnal.*

asinita (pop.) adv. *Dim. de «asín».*

asintomático, -a adj. MED. Que no presenta síntomas.

asíntota (del gr. «asýmptōtos», que no coincide) f. GEOM. Línea recta que se acerca indefinidamente a una curva haciéndose tangente a ella en el infinito. ⇒ Concoide.

asintótico, -a (de «asíntota») adj. GEOM. Se aplica a la línea curva que se acerca indefinidamente a una recta o a otra curva sin llegar nunca a tocarlas.

asir (¿de «asa»?) **1** («de»: 'del mango', «por»: 'por los pelos') tr. *Agarrar: *sujetar una ˃cosa con las manos, las garras, los brazos. ⇒ Desasir, inasible. ⊙ Sujetar fuertemente una ˃cosa agarrándola por cualquier medio o con cualquier procedimiento: 'Asió la cuerda con los dientes [o el alambre con las tenazas]'. ⊙ («a, de») prnl. Cogerse a una cosa; particularmente, con las manos para no caer o ser arrastrado. **2** prnl. recípr. *Llegar a reñir una persona con otra insultándose o golpeándose.* ≃ Agarrarse. **3** intr. *Aplicado a plantas, *arraigar.*

□ NOTAS DE USO

Todas las frases y modismos de «coger» pueden ser también construidos con «asir»; pero, como este verbo va quedando relegado al uso culto, no es ya usual en los modismos, que son, en general, propios del lenguaje coloquial.

□ CONJUG. IRREG. PRES. IND.: asgo, ases, ase, asimos, asís, asen; PRES SUBJ.: asga, asgas, asga, asgamos, asgáis, asgan; IMPERAT.: ase, asga, asid, asgan. Las formas con «g» son evitadas en el uso.

asirio, -a adj. y, aplicado a personas, también n. De Asiria. ⊙ m. Lengua de los asirios.

asiriología (de «asiriólogo») f. Ciencia que estudia la civilización asiria y babilonia.

asiriólogo, -a (de «Asiria» y «-logo») n. Especialista en asiriología.

asisia (del b. lat. «assisia», sesión de un tribunal) f. *En derecho antiguo aragonés, cláusula de un proceso; aplicado particularmente a las que contenían declaraciones de testigos.*

asistencia 1 f. Acción de asistir (ir): 'La asistencia es obligatoria'. **2** Conjunto de las personas que asisten a cierto sitio. ≃ *Concurrencia, concurso. ⊙ Número mayor o menor de ellas: 'Se celebró la sesión con mediana asistencia'. **3** («Prestar») Auxilio o *ayuda prestados a alguien. ⇒ *Auxiliar. **4** ASISTENCIA médica. **5** (Méj.) *Habitación destinada a recibir a las visitas de confianza, generalmente en la parte alta de la casa.* **6** (pl.) *Medios que se dan a alguien para que se mantenga.* **7** (pl.) Servicios de ayuda. **8** (pl.) TAUROM. Conjunto de mozos que realizan sus servicios en una plaza. ⇒ *Toro. **9** DEP. En *baloncesto, pase que permite conseguir una canasta. **10** (Col.) *CASA de comidas.* **11** (Chi., Perú) *CASA de socorro.*

ASISTENCIA MÉDICA. Conjunto de cuidados médicos prestados a los enfermos. ⊙ Organización de ellos. ⇒ *Sanidad.

asistencial adj. De [la] asistencia social.

asistenta 1 f. Mujer que asiste o hace faenas en una casa, generalmente cobrando por horas. **2** *Criada seglar que *sirve en algunos conventos de religiosas.* **3** *Criada que servía en el palacio real a las damas, camaristas, etc., que vivían en él.* **4** *En algunas órdenes religiosas, monja que ayuda y suple a la superiora.*

asistente (del lat. «assistens, -entis») **1** adj. y n. Se aplica al que asiste, concurre o ayuda. **2** m. *Soldado adscrito al servicio de un superior. ⇒ Machacante. **3** **Obispo de los dos que ayudan al consagrante en la consagración de otro.* **4** *En algunos sitios, funcionario semejante al corregidor.* **5** *En algunas *órdenes, religioso ayudante del general.*

ASISTENTE A CORTES. *Consejero de la Real Cámara que examinaba los poderes de los procuradores a Cortes y asistía a sus deliberaciones.*

A. SOCIAL (m. y f.). Profesional autorizado para conceder determinadas prestaciones sociales a los ciudadanos que las necesiten; por ejemplo, ayudas económicas, asistencia sanitaria, asesoramiento jurídico, etc.

asistido, -a 1 Participio adjetivo de «asistir»: 'Un médico asistido por tres ayudantes'. **2** Con la ayuda de máquinas o aparatos: 'Respiración asistida. Traducción asistida por ordenador'.

asistimiento (Sal.) m. *Asistencia (ayuda).*

asistir (del lat. «assistĕre», detenerse junto a algo) **1** («a») intr. *Acudir a cierto sitio y estar en él: 'Asistieron a la ceremonia todas las autoridades. Asiste a la clase de inglés'. ⇒ Concurrir, estar, ir, presenciar, estar *PRESENTE, recudir, SER testigo. ➤ Asiduidad, asistencia, escolaridad, interesencia, presencia. ➤ Asistencia, asistentes, *concurrencia, concurso, entrada, gente, público, el respetable. ➤ *Faltar. **2** tr. Contribuir con los propios medios o esfuerzos a que alguien salga de un apuro o mala situación. ⊙ Particularmente, cuidar a ˃alguien en una enfermedad, como médico, como enfermero, etc. **3** Prestar servicios en una casa como sirvienta accidental o auxiliar: 'Su mujer se dedica a asistir'. **4** En algunos juegos de *baraja, seguir el palo que ha echado el que sale primero. ≃ Arrastrar. **5** Con «derecho» o palabra equivalente como sujeto, significa «tener» ese derecho la persona de que se trata: 'Le asiste el derecho de recusar al juez'.

V. «DIOS nos asista».

asistolia (de «a-[1]» y «sístole») f. MED. Extraordinaria debilidad del funcionamiento del *corazón, que es síntoma gravísimo de ciertas enfermedades. ≃ INSUFICIENCIA cardiaca.

asistólico, -a adj. MED. De asistolia. ⊙ MED. Que tiene asistolia.

askenazí adj. y n. Variante ortográfica de «asquenazí».

aslilla (del sup. lat. «axilella», dim. de «axilla»; ant.) f. *Islilla (axila).*

asma (del lat. «asthma», del gr. «ásthma», jadeo) f. *Enfermedad consistente en accesos de dificultad para *respirar debidos a la contracción espasmódica de los bronquios. ⇒ Agonía, ahogo, ahoguío, angustia, anhélito, ansia, ansiedad, apnea, asfixia, congoja, disnea, estertor, fatiga, jadeo, opresión, puna, soroche.

asmar (del lat. «adaestimāre», estimar) **1** (ant.) tr. **Evaluar.* **2** (ant.) **Comparar.* **3** (ant.) *Creer.*

asmático, -a (del lat. «asthmatĭcus», del gr. «asthmatikós») **1** adj. De [o del] asma. ⊙ adj. y n. Afectado de asma. **2** (inf.; «Estar») *Viejo.

asnacho (¿relac. con «asno»?) **1** *(Ononis tridentata)* m. *Planta leguminosa con pequeñas hojas vellosas, blancuzcas por debajo, y flores amarillas en hacecillos. ≃ Arnacho, asnallo. **2** *(Descurainia sophia)* *Planta medicinal.

asnada (inf.) f. Tontería o *majadería. ≃ Asnería.

asnado (de «asno») m. *Se aplica en las minas de Almadén a los maderos que se ponen de trecho en trecho para sostener los costados de las galerías.* ⊙ *También al conjunto de esos maderos.*

V. «MADERO de asnado, ZANCA de asnado».

asnal (del lat. «asinālis») adj. De [o como de] asno: 'Especie asnal'.

asnallo (¿relac. con «asno»?) m. **Asnacho.*

asnas (del lat. «asĭna») f. pl. *Costaneras: maderos que se apoyan en la viga principal que forma el caballete de la cubierta de un edificio.*

asnería (inf.) f. *Asnada.*

asnerizo (de «asnero»; ant.) m. **Arriero de asnos.*

asnico (dim. de «asno»; Ar.) m. *Utensilio de *cocina que sirve para apoyar en él el asador.* ≃ Asnillo.

asnilla (dim. de «asna») f. *Soporte formado por un madero horizontal apoyado en dos horquillas formadas cada una por dos maderos, que se emplea, por ejemplo, para apoyar los maderos que se *sierran. ⊙ CONSTR. Armadura formada por un madero horizontal sostenido por dos pies derechos, con que se apuntala una construcción que amenaza ruina.

asnillo (dim. de «asno») **1** (Ar.) m. *Utensilio en que se apoya el asador.* ≃ Asnico. **2** *(Ocypus olens)* Insecto coleóptero que tiene el abdomen eréctil y con dos tubos por los que lanza un líquido volátil.

asnino, -a (del lat. «asinīnus»; inf.) adj. *Asnal.*

asno, -a (del lat. «asĭnus»; no frec. en f.) **1** *(Equus asinus)* n. Mamífero ungulado perisodáctilo, más pequeño que el caballo, con el pelaje largo y áspero y largas orejas, que se emplea especialmente como animal de carga. ≃ Borrico, burro. ⇒ Buche, jumento, pollino, rozno, ruche. ➤ Garañón, onagro, hemión, rucio, sardesco. ➤ Liviano. ➤ Rebuznar. ➤ Desasnar. ➤ *Caballería. **2** adj. y n. Se aplica a una persona *torpe o *grosera.

ASNO SILVESTRE. *Onagro (variedad de asno).*

asobarcar tr. *Sobarcar.*

asobinarse (del lat. «supināre», poner boca arriba) prnl. **Caer una *caballería con la cabeza entre las patas, de modo que no puede levantarse por sí sola.* ⊙ *Por extensión, caer una persona con el cuerpo encogido.*

asocairarse prnl. MAR. *Ponerse al socaire de un *cabo, una punta, etc.*

asociación 1 f. Acción de asociar. ⊙ Relación entre cosas asociadas: 'Existe una asociación entre ambos hechos'. ⊙ Conjunto de cosas asociadas. **2** Aplicado a personas, en sentido amplio, cualquier *grupo formado voluntariamente para realizar un fin común. ⊙ Específicamente, se aplica, alternando con «agrupación» y «sociedad», a grupos de personas formados de manera estable con cierto fin que se especifica: 'Asociación Española para el Progreso de las Ciencias. Asociación de Ingenieros Civiles'. ⇒ *Asociar. **3** **Figura retórica que consiste en atenuar una censura, incluyéndose el que habla entre aquellos a quienes se dirige; o, por el contrario, diluir un elogio a sí mismo compartiéndolo con otros.* ⇒ Cleuasmo.

asociacionismo m. PSI. Teoría psicológica que trata de explicar los fenómenos mentales mediante leyes de asociación de ideas. ⇒ *Psicología.

asociado, -a Participio adjetivo de «asociar[se]». ⊙ n. Persona asociada a algo.

asocial adj. Al margen de la sociedad.

asociamiento m. *Asociación (acción de asociarse).*

asociar (del lat. «associāre») **1** («a, con») tr. Juntar ˃personas o cosas para que cooperen a cierto fin: 'Ha asociado a su hijo al negocio'. ⊙ («a, con») prnl. recípr. *Unirse unas personas con otras para algún fin. ⊙ («a, con») Cooperar varias cosas a un mismo resultado. **2** («a, con») tr. Establecer una relación o enlace no físico entre ˃ideas, recuerdos, sucesos, etc.: 'Asocio su recuerdo con ciertos acontecimientos'. ≃ Relacionar. ⊙ («a, con») prnl. recípr. Unirse una cosa a otra en la mente de alguien: 'Su recuerdo se asocia a algún momento de mi vida'.

□ CATÁLOGO

Acomunarse, aconchabarse, adherirse, *afiliarse, agermanarse, agremiar[se], aliar[se], darse de ALTA, aunar[se], *colaborar, coligar[se], conchabar[se], confabularse, confederar[se], conjurar[se], *conspirar, cooperar, coordinar, federar[se], incorporarse, *ingresar, juntar[se], liar, ligar[se], mancomunar[se], darse las MANOS, *organizar[se], relacionar[se], sindicar[se], hacerse SOCIO, punir[se]. ➤ Agrupación, *alianza, anfictionía, asociación, ateneo, casino, centro, *círculo, club, coalición, *cofradía, coligación, compañía, *confederación, congregación, consorcio, cooperativa, entidad, equipo, federación, francmasonería, fratría, germanía, gremio, *grupo, hansa, hermandad, institución, instituto, legión, lianza, liceo, liga, mancomunidad, *masonería, mujalata, mutua, mutualidad, ñáñigos, *ORDEN religiosa, PERSONA jurídica, PERSONA social, pósito, sexmo, sindicato, *sociedad. ➤ Compadraje, compadrazgo, contubernio, maridaje. ➤ Deshacerse, disolverse, partir PERAS, *separarse. ➤ Adepto, adherido, afiliado, aliado, asociado, carbonario, coligado, compañero, conjurado, consocio, liceísta, miembro, socio. ➤ *Memoria. ➤ Constituciones, estatutos, ordenanzas, *reglamento. ➤ Plegador. ➤ Sesión. ➤ Disociar. ➤ *Alianza. *Asamblea. *Ayudar. *Bando. *Compañía. *Comunidad. *Organismo. *Reunir. *Sociedad. *Unir.

□ CONJUG. como «cambiar».

asociativo, -a 1 adj. De [la] asociación. **2** MAT. Se aplica a la propiedad de ciertas operaciones aritméticas, como la suma y el producto, que afirma que el agrupamiento de los elementos que intervienen en ellas no altera el resultado; por ejemplo, $(a + b) + c$ sumaría lo mismo que $a + (b + c)$.

asocio (de «asociar»; Hispam.) m. *Asociación o colaboración; particularmente, en la expresión «en asocio de».*

asofía (de «a-[1]» y el gr. «sophía», sabiduría) f. *Ignorancia.*

asohora (de «a-[2]», «so[1]» y «hora»; ant.) adv. *De *improviso.*

asolación f. Acción de asolar.

asolador, -a adj. Que asola.

asolamiento m. Acción de asolar.

asolanado, -a *Participio adjetivo de «asolanar[se]».*

asolanar tr. *Estropear el viento solano las ˃plantas o frutos.* ⊙ prnl. *Estropearse las plantas o frutos a causa del viento solano.*

asolapar (de «a-[2]» y «solapo») tr. *Poner ˃cosas *superpuestas, de modo que cada una cubra sólo parte de la que está debajo; por ejemplo, las tejas de un tejado.* ≃ Solapar, traslapar.

asolar[1] (del lat. «assolāre», demoler) **1** tr. *Tumbar o echar al suelo una ˃cosa; por ejemplo, las mieses.* **2** Destruir ˃algo completamente: 'El terremoto asoló la ciudad. La guerra asoló el país. Una epidemia asoló la comarca. La sequía asoló la campiña'. ≃ *Aniquilar, *devastar. ⇒ Desolar. ➤ Asuelo.

☐ CONJUG. Puede conjugarse como «contar», pero el uso actual prefiere emplear este verbo como regular: «asola, asolan», etc.

asolar² (de «a-²» y «sol¹») **1** tr. Estropear el calor las ↘plantas o los ↘frutos. ⊙ prnl. Estropearse las plantas o los frutos a causa del calor: 'La campiña se ha asolado con la sequía'. **2** *Posarse un liquido.*

asoldadar (de «a-²» y «soldada») tr. y prnl. *Asoldar[se].*

asoldar tr. *Tomar a ↘alguien a sueldo.* ≃ Asoldadar. ⊙ prnl. *Contratarse a sueldo.* ≃ Asoldadarse.

☐ CONJUG. como «contar».

asoleada (de «asolear»; Chi., Col., Guat.) f. *Insolación.*

asolear 1 tr. *Exponer una ↘cosa al sol.* ⊙ prnl. *Ponerse moreno al sol.* **2** VET. *Contraer asoleo los animales.*

asoleo (de «asolear») m. VET. *Enfermedad de los animales, caracterizada por sofocación y violentas palpitaciones.*

asolvar (ant.) tr. **Obstruir un ↘conducto.* ≃ Azolvar.

asomada (de «asomar») **1** f. **Aparición de algo por poco tiempo.* **2** *Con relación a un lugar, sitio desde el cual se empieza a *ver.*

asomadera (R. Dom.) f. *Acción de asomarse repetidamente.*

asomar (de «a-²» y «somo»; «a, por») **1** intr. *Aparecer el principio o una pequeña parte de una cosa quedando oculto el resto: 'Asoma el día [o el Sol]. Asoman las primeras hojas de los árboles. Asoma un poco de su vestido por detrás del árbol. Su cabeza asoma por encima de la tapia'. ⊙ («a, por») prnl. Sacar la cabeza por una ventana o un hueco semejante, o por detrás de algo: 'Es peligroso asomarse a la ventanilla del tren'. ⇒ Aflorar, *aparecer, apitonar, apuntar, atreverse, *brotar, sacar la CABEZA, descubrirse, despuntar, dibujarse, empezar, insinuarse, *mostrarse, pintar. **2** tr. Dejar asomar una ↘cosa: 'Asoma las narices por la rendija de la ventana. Va todo tapado sin asomar más que los ojos'. ≃ *Sacar. **3** («a») prnl. Dedicarle atención a alguna cosa sin profundizar mucho en ella. **4** (inf.) *Empezar a *emborracharse.*

V. «asomar la OREJA».

asómate (de «asómate», 2.ª pers. del imperat. de «asomarse») m. *Pequeño collado en una sierra desde el que puede divisarse una gran extensión de terreno.*

asombradizo, -a 1 adj. Propenso a asombrarse. **2** Espantadizo. **3** (ant.) *Sombrío (con sombra).*

asombrado, -a («Quedarse, Dejar») Participio adjetivo de «asombrar[se]».

asombrar (de «a-²» y «sombra») **1** tr. *Sombrear.* **2** *Oscurecer un ↘*color mezclándolo con otro.* **3** Impresionar a ↘alguien una cosa por su *belleza, su magnitud u otra cualidad extraordinaria: 'Me asombra la rapidez con que pintas'. ≃ Admirar, maravillar, pasmar. ⊙ («con, de») prnl. Quedarse asombrado. ⊙ tr. Producir impresión algo inesperado o raro: 'Me asombra verte aquí'. ≃ *Extrañar, *sorprender. **4** **Asustar o *ahuyentar.*

☐ CATÁLOGO

Adarvar, dejar [o quedarse] con la BOCA abierta, hacerse CRUCES, dejar [o quedarse] DESPATARRADO, caerse de ESPALDAS, tirar de ESPALDAS, dejar [o quedarse] ESTORDECIDO, no FASTIDIES, dar el GOLPE, dejar sin [quedarse sin, quitar el] HABLA, quitar el HIPO, no poder IMAGINAR, llevarse las MANOS A LA CABEZA, maravillar[se], dejar [o quedarse] PATIDIFUSO, persignarse, quedarse sin RESPIRACIÓN, santiguarse, no haber VISTO nunca. ➤ Absurdo, asombroso, colosal, coruscante, deslumbrador, despampanante, enorme, que tira de ESPALDAS, de espanto, *extraño, *extraordinario, fabuloso, fantástico, fenomenal, *grande, de lo que no HAY, que no puede IMAGINARSE, imponente, impresionante, inaudito, incomprensible, inconcebible, increíble, inexplicable, insólito, inusitado, macanudo, *maravilloso, milagroso, pasmoso, peregrino, portentoso, prodigioso, sensacional, tremendo, que tumba. ➤ COSA rara, COSA no [o nunca] vista, maravilla, pasmo, portento, prodigio, no [o lo nunca] VISTO. ➤ *Absorto, asombrado, atónito, boquiabierto, despatarrado, eleto, espatarrado, hecho una ESTATUA, estordecido, estupefacto, extrañado, frío, helado, de hielo, maravillado, con los OJOS desmesuradamente abiertos, con los OJOS desorbitados, paralizado, pasmado, pasmarote, patidifuso, patitieso, de piedra, de una pieza, suspenso. ➤ *Pazguato. ➤ Aspaviento, repullo, *respingo. ➤ Asombro, estupefacción, susto. ➤ ¡Mi abuela!, ¡alalá!, ¡anda!, ¡aprieta!, ¡arrea!, ¡atiza!, ¡qué barbaridad!, ¡qué bestia!, ¡bueno!, ¡calla!, ¡canario!, ¡caracoles!, ¡caramba!, ¡carape!, ¡cáspita!, ¡cielos!, ¡[es] el COLMO!, ¡¿cómo?!, ¡¿qué me CUENTAS?!, ¡habrá COSA igual [parecida o semejante]!, ¡CUIDADO con...!, ¡¿qué me DICES?!, ¡deja!, ¡el DEMONIO de...!, ¡¿cómo [o qué] es ESO?!, ¡habrá...!, ¡HABRÁ... igual!, ¡huy!, ¡parece IMPOSIBLE!, ¡allá VA...!, ¡mira!, ¡mira con...!, ¡oh!, ¡ostras!, ¡dónde vamos [o iremos] a PARAR!, ¡cómo está el PATIO!, ¡pero...!, ¿es [o pero es, será] POSIBLE?, ¡qué...!, ¡sí...!, ¡ta!, ¡TA, ta, ta...!, ¡tate!, ¡¿esas TENEMOS?!, ¡toma!, ¡qué VEO!, ¡hay que VER!, ¡habráse VISTO!, ¿pero has VISTO?, ¡VIVIR para ver!, ¡zape! ➤ *Admirar. *Arrebatar. *Aturdir. *Bello. *Bien. *Bueno. *Extasiar. *Extrañar. *Extraordinario. *Fascinar. *Grande. *Impresionar. *Llamativo. *Lujo. *Pasmar. *Sorprender. *Vistoso.

asombro m. Acción y efecto de asombrar[se]. ⊙ Cosa que asombra: 'Es el asombro de los turistas'.

asombrosamente adv. De manera asombrosa.

asombroso, -a 1 adj. Que causa asombro. **2** A veces, tiene sentido peyorativo semejante al de «inconcebible» o «indignante».

asomo (de «asomar») **1** (sing. o pl.) m. *Algo de la cosa que se expresa: 'Se nota un asomo de mejoría. Tiene asomos de inteligencia'. Se usa mucho en frases negativas: 'No tiene ni asomos [o asomo] de picardía'. ≃ *Indicio. **2** *Sospecha (creencia).*

NI POR ASOMO. Con verbos de acción, o en respuestas, generalmente exclamativas, es una negación enérgica.

asonada (de «asonar¹») f. Protesta realizada violentamente por la gente contra las autoridades. ≃ Algarada, *disturbio, tumulto.

asonadía (ant.) f. *Violencia cometida en una asonada.*

asonancia (de «asonar²») **1** f. LITER. Circunstancia de tener dos palabras sus vocales iguales a partir de la acentuada. En realidad, no es precisa la identidad absoluta de vocales, pues en los diptongos sólo se cuenta la acentuada y, además, la «i» y la «e» se asimilan, así como la «o» y la «u». ≃ RIMA asonante. ⊙ LITER. Forma de rima o recurso retórico que consiste en buscar esta coincidencia. ⊙ LITER. Defecto que consiste en el uso inoportuno de palabras asonantes. **2** *En general, correspondencia de un sonido con otro.* **3** *Relación o correspondencia de una cosa con otra.*

asonantar («con») intr. LITER. Ser una palabra asonante de otra. ⊙ tr. LITER. Emplear una ↘palabra haciéndola asonantar con otra. ⊙ intr. LITER. Rimar con asonancia. ⊙ LITER. Incurrir en el defecto de la asonancia.

asonante adj. y n. m. LITER. Con respecto a una palabra, se aplica a otra que tiene asonancia con ella. ⊙ LITER. También, a la rima que forman.

asonántico, -a adj. LITER. De [los] asonantes.

asonar[1] (de «so^2» y «uno») **1** tr. *Juntar ↘gente en asonada.* **2** *Reunir.

asonar[2] (del lat. «assonāre») **1** («con») intr. Concordar un sonido con otro. **2** LITER. Formar asonancia una palabra con otra. **3** (ant.) tr. *Poner una ↘cosa en música.*

□ CONJUG. como «contar».

asordar (de «a-^{2}» y «sordo») tr. y prnl. *Ensordecer[se].*

asorocharse **1** (Hispam.) prnl. *Contraer soroche.* **2** (Chi.) *Ruborizarse.*

asosegadamente adv. *Sosegadamente.*

asosegar (ant.) tr. e intr. *Sosegar.*

asotanar tr. *Hacer sótanos en un ↘edificio.*

asotilar (ant.) tr. *Sutilizar.*

aspa (del alto al. ant. «haspa», madeja) **1** f. Figura de «X», formada por dos maderos cruzados, dibujada, etc. ⇒ Tijera. **2** (sing. o pl.) Armazón de esa forma en los molinos de viento, que sostiene las telas en que hace presión el viento. ⊙ Cada una de las cuatro ramas de esa armazón. **3** (pl.; Man.) *En las *norias, cruz formada por dos maderos, que es movida por el árbol y, a su vez, hace andar la rueda de los arcaduces.* **4** (Arg., Bol., Ven.) **Asta.* **5** *Utensilio empleado para aspar el *lino, compuesto generalmente de un palo y de otros dos más delgados puestos perpendicularmente a él uno en cada extremo, en direcciones opuestas.* ≃ Aspadera, aspador. **6** HERÁLD. *Sotuer.* **7** MINER. *Cruce de dos *filones.*

ASPA DE SAN ANDRÉS. **1** Insignia de la casa de Borgoña, que se pone en las *banderas de España y en los *blasones de algunas familias. ≃ CRUZ de Borgoña. ⇒ *Cruz. **2** *Aspa de paño rojo que se ponía sobre el capotillo amarillo que llevaban los castigados por la *Inquisición.*

aspadera (de «aspar») f. *Aspa del lino.*

aspado, -a **1** Participio adjetivo de «aspar». **2** *De forma de aspa.* **3** HERÁLD. *Con una figura de aspa.* **4** adj. y n. *Se aplicaba al que iba en las procesiones con los brazos extendidos y atados por detrás a una barra, a unas espadas, etc.* **5** (inf.; «Ir») adj. *Se aplica al que va cohibido en sus movimientos o mortificado por un vestido estrecho o al que no está acostumbrado.*

aspador m. *Aspa del lino.*

aspálato (del lat. «aspalăthus», del gr. «aspálathos») **1** m. Nombre aplicado a varios arbustos leguminosos parecidos a la aulaga. Algunas variedades se llaman «alarguez». **2** Nombre aplicado a varias *maderas olorosas.

aspalto (ant.) m. *Asfalto.*

aspar **1** tr. Clavar a ↘alguien en un aspa como *tortura. **2** *Devanar el ↘hilo en el aspa para hacer madeja. **3** (inf.) Mortificar o *atormentar a ↘alguien de cualquier manera. **4** («a»: 'a gritos'; «por»: 'por algo') prnl. Mostrar con gritos o contorsiones un dolor, un enfado, etc., muy violento. ⇒ *Encolerizarse.

¡QUE ME ASPEN SI [NO]...! Exclamación con que se *asegura algo: '¡Que me aspen si lo entiendo! ¡Que me aspen si no es tal como lo digo!'.

asparagolita f. *Apatita de Murcia, de color verde, semejante al del espárrago.*

aspaventar (del it. «spaventare») tr. Asustar a ↘alguien.

aspaventero, -a adj. y n. Inclinado a hacer aspavientos.

aspaviento (del it. «spavento», espanto) m., gralm. pl. Demostración exagerada, con gestos o palabras, de una impresión, como *admiración, *susto o asombro, o de un sentimiento: 'No me convence, a pesar de tantos aspavientos'. ≃ Alharaca. ⇒ Aguaje, *aparato, cuento, esparajismo, espaviento, hazañería, parajismo, pasmarota, patarata. ➤ Aparatero, aspaventero, cuentista, *exagerado, pamplinero. ➤ *Ademán. *Afectación. *Asombrarse. *Exagerar. *Melindre. *Palabrería. *Ponderar. *Simular.

aspearse prnl. *Despearse: estropearse los pies caminando mucho.*

aspecto (del lat. «aspectus») **1** («Ofrecer, Presentar, Tener») m. Manera de presentarse una cosa, una persona, un asunto, etc., a la vista o a la consideración, en un examen superficial, causando cierta impresión: 'Tenía aspecto simpático. No me gusta el aspecto del cielo. Tenía aspecto de estar cansado'. **2** Parte de algo que se toma en consideración: 'Ese es el aspecto más humano del problema'. ≃ Dimensión. **3** Aspecto lujoso o de cosa importante: 'La casa tiene mucho aspecto, pero ninguna comodidad'. ≃ *Apariencia, presencia, vista. **4** **Orientación de una casa, etc., con respecto a los puntos cardinales.* **5** ASTROL. *Situación relativa de dos astros por las casas celestes que ocupan.* **6** GRAM. Componente del significado del *verbo, con manifestación formal en ocasiones, por el cual se distinguen distintos tipos de acción: durativa, perfectiva, reiterativa, etc.

A. DE CONJUNTO. *Perspectiva.

A. CUADRADO. ASTROL. *Posición relativa de dos astros entre los cuales quedan dos casas celestes vacías.*

A. PARTIL. ASTROL. *Posición relativa de dos astros cuya diferencia de longitudes es exactamente la doceava, la veinticuatroava, etc., parte del círculo.*

A. SEXTIL. ASTROL. *Posición relativa de dos astros entre los que queda una casa celeste vacía.*

A. TRINO. ASTROL. *Posición relativa de dos astros entre los que quedan tres casas celestes vacías.*

BUEN ASPECTO. Aspecto de bueno o de sano. ⊙ Aspecto agradable. ⊙ Aspecto prometedor.

MAL ASPECTO. Aspecto de malo o de enfermo. ⊙ Aspecto desagradable. ⊙ Aspecto amenazador. ⇒ *Mamarracho.

□ CATÁLOGO

Sufijos, «-ado»: 'aterciopelado, nacarado, perlado'; «-eño»: 'marfileño'; «-ceo»: 'grisáceo': «-iaco»: 'demoniaco'; «-il»: 'ratonil'; «-izo»: 'enfermizo, pajizo, plomizo'; «-oso»: 'gelatinoso, pizarroso, sedoso'; «-uno»: 'cerduno'. ➤ *Actitud, aire, *apariencia, apostura, cara, cariz, catadura, color, conformación, continencia, continente, coramvobis, corteza, envoltura, estampa, exterior, exterioridad, facha, fachada, figura, físico, fisonomía, *forma, lámina, lejos, look, pelaje, pergenio, pergeño, *perspectiva, pinta, planta, porte, presencia, presentación, semblante, señas personales, sobrehaz, superficie, tinte, trazaver, vislumbre, viso, vista, vitola. ➤ Avatar, *cambio, faceta, fase, lado, manera, vertiente, variación. ➤ Bien [o mal] CARADO, bien [o mal] ENCARADO, bien [o mal] ENTRAZADO, bien [o mal] FACHADO, bien [o mal] PARECIDO, bien [o mal] TALLADO, bien [o mal] TRAZADO. ➤ Aparecer, *mostrar[se], oler a, parecer, pasar por, semejar, sonar, teñir de. ➤ Bajo CAPA de, so color, coloradamente, por la CUENTA, bajo ESPECIE de, al primer GOLPE de vista, a sobre HAZ, al parecer, por las trazas, a la vista, a primera VISTA. ➤ Cambiante, mudable, polifacético, proteico, variable. ➤ Mimetismo. ➤ Debajo de una mala CAPA puede [o suele] haber un buen bebedor, el HÁBITO no hace al monje, no es ORO todo lo que reluce. ➤ Accidente. *Circunstancia. Fenómeno. *Modo. Aparecer.

aspectual adj. GRAM. Del aspecto verbal.

ásperamente adv. De manera áspera.

asperarteria (de «áspero[2]» y «arteria») f. *Tráquea.*

asperear 1 intr. *Tener tacto, sabor, etc., áspero.* **2** (ant.) tr. y prnl. *Exasperar[se].*

asperedumbre (ant.) f. *Aspereza.*

asperete m. *Asperillo.*

asperez (ant.) f. *Aspereza.*

aspereza 1 f. Cualidad de áspero. ⇒ Asperedumbre, asperez, asperidad, asperura. **2** Cualidad del terreno desigual y por el que es difícil andar. **3** (pl.) Desigualdades y accidentes que hacen *escabroso el terreno.

LIMAR ASPEREZAS. *Atenuar las diferencias entre personas. ⇒ *Armonía.

aspergear tr. *Asperjar.*

asperger (del lat. «aspergĕre») tr. Asperjar.

asperges (del lat. «asperges», de «aspergĕre», rociar) m. *Antífona que comienza con esta palabra, que recita el sacerdote al rociar el altar con agua bendita.*

asperidad (del lat. «asperĭtas, -ātis») f. *Aspereza.*

asperiego, -a (de «áspero[2]») adj. y n. V. «MANZANA asperiega».

asperilla (dim. de «áspera[2]»; *Galium odoratum)* f. *Planta rubiácea de hojas ásperas en verticilo y flores azules. ≃ HIERBA de las siete sangrías, rubilla.

asperillo (dim. de «áspero[2]») m. *Sabor o sensación astringente producido en la lengua y el paladar por la fruta no bien madura, o por otras cosas.*

asperjar (de «asperges») tr. Rociar, hisopear o *esparcir. ≃ Asperger.

áspero[1] m. **Moneda turca.* ≃ Aspro.

áspero[2], -a (del lat. «asper, -ĕra, -ĕrum») **1** («a»: 'al tacto') adj. Se aplica a las superficies con granulaciones o grietas y a los objetos que tienen así la superficie; como el papel de lija o un ladrillo. ⇒ Agranujado, basto, bronco, en bruto, carraspeño, carrasposo, desigual, deslustrado, granoso, granujiento, granuloso, hoscoso, insuave, sin pulimentar, rascón, rasposo, de somonte, tosco. ➤ *Abrupto, *acre, anguloso, arrugado, dentado, erizado, escabroso, espinoso, nudoso, rayado, rugoso. ➤ *Delicado, *liso, *suave. ➤ Exasperar. ➤ *Arañar. *Rascar. *Raspar. *Restregar. *Rozar. **2** Se aplica al terreno con irregularidades, por el que es trabajoso caminar. ≃ *Abrupto. **3** («a»: 'al oído, al paladar') Se aplica a otras cosas y sensaciones que son lo contrario de suaves o acariciantes. ⊙ Aplicado a sonidos: chirriante o ronco: 'Voz áspera. El áspero canto de la cigarra' ⊙ FON. *Aplicado a los sonidos vocales, sordo.* ⊙ Aplicado a sabores u olores: *acre. ⊙ Aplicado a manjares: áspero al tacto de la lengua o el paladar, o que los deja ásperos; como la endrina. ⇒ *Astringente. ⊙ («con»: 'con la gente'; «en»: 'en su trato') Aplicado a personas: *adusto, *brusco o *malhumorado; lo contrario de afable o amable. ⊙ Aplicado a «lenguaje, humor, tono», etc., y a las personas por ellos, *agresivo. **4** Cruel o duro.
V. «ESPÍRITU áspero».

asperón (aum. de «áspero[2]») m. Piedra arenisca que se disgrega muy fácilmente, que se emplea para fregar. ⇒ *Abrasivo.

aspérrimo, -a (culto) adj. Superl. de «áspero».

aspersión (del lat. «aspersĭo, -ōnis») f. Acción de asperjar.

aspersor (del lat. «aspersus») m. Dispositivo para *esparcir líquido a presión; como el utilizado para el riego. ⇒ Regador.

aspersorio (del lat. «aspersus») m. Utensilio con que se asperja. ⇒ Hisopo.

asperura (de «áspero[2]») f. *Aspereza.*

áspid (del lat. «aspis, -ĭdis», del gr. «aspís») **1** *(Vipera aspis)* m. Cierta víbora muy venenosa. **2** Se aplica también a otras *serpientes venenosas de Egipto y de la India y, en lenguaje literario, a cualquier serpiente venenosa. **3** *Pieza antigua de *artillería, de pequeño calibre.*

aspidistra (del lat. cient. «aspidistra», del gr. «aspís», escudo; varias especies del género *Aspidistra,* entre ellas, la *Aspidistra lurida)* f. *Planta liliácea de rizoma escamoso que se emplea como planta de adorno, generalmente en macetas, por sus grandes hojas abrazadoras, largas, de un verde intenso, brillantes y coriáceas.

aspilla (¿de «aspa»?; And.) f. *Listón graduado de madera que se emplea para sumergirlo en el líquido de una vasija, por ejemplo *vino, y apreciar la cantidad de líquido que queda.*

aspillador m. *El que se dedica a aspillar.*

aspillar tr. *Medir la cantidad de líquido de una vasija con la aspilla.*

aspillera (¿del cat. «espitllera», tragaluz?) f. CONSTR. *Abertura larga y estrecha en un muro; particularmente, en las murallas de las fortalezas para disparar por ellas. ⇒ Cañonera, matacán, tronera. ➤ Derrame.

aspiración 1 f. Acción de aspirar (respirar). **2** Deseo o anhelo de conseguir cierta situación o la realización de algo. ⊙ Cosa a que se aspira: 'Esa es su última aspiración'. ⊙ Tendencia espiritual hacia algo: 'Aspiración al bien'. ⊙ En *mística, tendencia del alma hacia Dios. **3** FON. Pronunciación aspirada de un sonido; como la de la «h» o la «j» entre los andaluces o la de los sonidos griegos afectados por el llamado «espíritu áspero». **4** MÚS. *Espacio menor que la pausa, que permite respirar.*

aspirado, -a Participio adjetivo de «aspirar». 'Hache aspirada'.

aspirador, -a adj. y n. Se aplica a lo que aspira (materialmente). ⊙ f. o, menos frec., m. Máquina eléctrica que sirve para aspirar la suciedad.

aspirante 1 adj. Se aplica a la cosa que aspira (materialmente). **2** adj. y n. Se aplica a la persona que aspira a cierta cosa; por ejemplo, a un empleo o a un *premio.

aspirar (del lat. «aspirāre») **1** tr. o abs. Introducir el aire de la respiración a través de la nariz o la boca, mediante los movimientos adecuados de la cavidad torácica. En lenguaje corriente equivale a «*respirar»: 'Salió a aspirar el aire fresco de la mañana'. ≃ Inspirar. ⊙ tr. *Absorber ↘algo provocando la entrada de aire, que lo arrastra, por la nariz o la boca. ⇒ Inhalar. ⊙ *Atraer una máquina a su interior, mediante el vacío producido en ella, cierta ↘cosa como un gas, un líquido o el polvo. **2** (ant.) intr. *Respirar.* **3** (ant.) tr. *Exhalar ↘aromas.* **4** FON. Pronunciar ciertos ↘sonidos con un soplo gutural sordo; como la letra «h» con el sonido que tiene, por ejemplo, en alemán o entre los andaluces. **5** («a») *Desear cierta ↘situación o cierto bien y poner los medios para conseguirlos: 'Aspirar a una plaza del Estado [a la perfección, al premio]'. ⇒ Apuntar, echar [tener echado] el OJO, pensar en, PICAR alto, *pretender, poner [o tener puestos] los PUNTOS, tender, trabajar por. ➤ Aspiración, fin, FIN último, finalidad, ideal, *intención, *objetivo, pretensión, *proyecto, reto, SUEÑO dorado. ➤ Alas. ➤ Última, suprema. ➤ Aspirante, candidato, pretendiente. ➤ Hasta los GATOS quieren [o gastan] zapatos. ➤ *Afán. *Ambición. *Anhelo. *Ansia. *Deseo. *Empeño. *Voluntad.

aspirina (del al. «Aspirin») f. Producto sintético fabricado a partir de la planta *Spirae ulmaria,* que contiene el ácido acetilsalicílico y se emplea como *analgésico y *antipirético.

aspleniáceo, -a adj. y n. f. BOT. *Se aplica a los *helechos de la familia a la que pertenece la doradilla, que son terrestres, con rizoma corto y recto.* ⊙ f. pl. BOT. *Familia que forman.*

aspro (del gr. moderno «áspron») m. **Moneda *turca de algunos céntimos de valor.* ≃ Áspero.

asqueado, -a («Estar») Participio adjetivo de «asquear». ⊙ («Estar») Se aplica al que siente asco o fastidio por cierta cosa: 'Estoy asqueado de este asunto'.

asquear 1 intr. *Sentir asco.* **2** tr. Producir una cosa *repugnancia moral a ↘alguien. ≃ Dar ASCO. ⊙ Aburrir o fastidiar una cosa, un trabajo, etc., a ↘alguien.

asquenazí (del hebr. «aškĕnāzi») adj. y n. Se aplica a los *judíos originarios de Europa central y oriental, y a sus cosas.

asquerosamente adv. De manera asquerosa.

asquerosidad f. Cosa asquerosa (sucia).

asqueroso, -a (del sup. lat. vulg. «escharōsus», del lat. «eschăra», costra, y éste del gr. «eschára») **1** adj. Se aplica a aquello que produce repulsión física o moral. **2** (inf.) Aplicado a cosas y personas, muy sucio. **3** (vulg.) Se emplea como insulto aplicado a una persona que disgusta por su comportamiento o que molesta con sus palabras o acciones. **4** *Propenso a sentir asco.*

asta (del lat. «hasta») **1** f. *Palo o vástago. ⊙ Palo de la lanza u otra arma semejante. ⊙ Astil de la flecha. ⊙ Palo de la bandera. ⊙ Mango de la brocha o el pincel. **2** **Arma ofensiva de los antiguos romanos, compuesta de hierro, astil y regatón.* **3** *Lanza o pica.* **4** (culto) *Cuerno. ⊙ Cuerno, considerado como material del que se hacen distintos objetos; por ejemplo, peines. ⇒ Aspa. **5** CAZA. *Tronco principal del cuerno del ciervo.* **6** MAR. *Cada una de las piezas de la armazón del *barco que van desde la cuadra a popa y a proa.* **7** MAR. *Extremo superior de un masterillo.* **8** MAR. *Verga pequeña en que se pone un gallardete para suspenderlo del extremo de un palo.* **9** (ant.) *Hilada de ladrillos.*

V. «BANDERA a media asta».

DE ASTA. **1** CONSTR. A *tizón. **2** Se aplica a las *armas que tienen asta; como la lanza.

DEJAR a alguien EN LAS ASTAS DEL TORO. *Abandonarle en una situación *apurada.

astabatán (del vasc. «astoa», burro, y «batán», menta; Ál.) m. **Marrubio (planta labiada).*

ástaco (del lat. «astăcus»; varias especies del género *Astacus* y otros afines) m. *Cangrejo de agua dulce.

astado, -a 1 adj. Con astas o cuernos. ⊙ m. Por antonomasia, *toro de lidia. **2** adj. Provisto de asta (*mango largo). **3** m. *Astero: soldado provisto de asta.*

astamenta f. *Cornamenta.*

astático, -a (de «a-[1]» y el gr. «statikós», estático) adj. V. «CORRIENTE astática, SISTEMA astático».

ástato m. *Elemento químico, n.º 85 de la escala atómica. Símb.: «At».

asteísmo (del lat. «asteismus», del gr. «asteïsmós») m. **Figura retórica que consiste en dirigir una *alabanza amable envuelta en una apariencia de censura.*

astenia (del gr. «asthéneia», debilidad) f. MED. *Debilidad general del organismo. ⊙ MED. En sentido restringido falta de fuerza muscular.

asténico, -a (del gr. «asthenikós», enfermizo, achacoso) adj. MED. De [la] astenia. ⊙ adj. y n. MED. Afectado de astenia.

V. «TIPO asténico».

astenosfera f. GEOL. Capa de la *Tierra situada debajo de la litosfera en la que los materiales se encuentran semi fundidos.

áster (del lat. «aster», del gr «astēr», estrella; género *Aster)* m. Se aplica a varias especies de plantas compuestas silvestres y cultivadas, con flores en capítulos de forma de margarita, blancas o azules, llamadas del mismo modo ⇒ Suncho.

asterisco (del gr. «asterískos») m. *Signo ortográfico de forma de pequeña estrella, que se emplea como llamada para las notas añadidas al texto o con cualquier otro significado convencional.

asterismo (del gr. «asterismós») m. ASTRON. **Constelación.*

astero (del lat. «hastarĭus») **1** m. **Soldado *romano que llevaba asta.* **2** *El que daba las lanzas a los que peleaban en las justas.* ⇒ *Torneo.

asteroide (del gr. «asteroeidḗs», de figura de estrella) m. ASTRON. Cada uno de los pequeños *planetas (en número de algunos centenares) cuyas órbitas se encuentran entre las de Marte y Júpiter.

astifino adj. TAUROM. Se aplica al toro de *cuernos delgados.

astigitano, -a (del lat. «Astigitānus») adj. y, aplicado a personas, también n. *De Écija, población de la provincia de Sevilla, antigua Ástigi.*

astigmático, -a adj. MED., ÓPT. Se aplica al ojo o lente que tiene astigmatismo. ⇒ Anastigmático.

astigmatismo (de «a-» y el gr. «stígma, -atos», punto, e «-ismo») m. MED., ÓPT. Defecto del *ojo o de las lentes que consiste en que no son igualmente refringentes en la dirección de todos sus diámetros, lo que origina deformación o imprecisión de las imágenes por el alargamiento producido en una dirección.

astigmómetro m. MED., ÓPT. *Aparato para apreciar el grado de astigmatismo.*

astil (del lat. «hastīle») **1** m. *Mango de madera de las azadas, picos y herramientas semejantes. ⊙ Varilla de la saeta. **2** Parte de la pluma de ave de la que salen las barbas. ≃ Mástil. **3** Brazo de la *balanza o de la *romana ≃ Brazo. **4** (ant.) *Pie que sirve para sostener alguna cosa.*

astilla (del sup. lat. «astella», de «astŭla») **1** f. Trozo irregular desgajado o partido toscamente de una pieza de *madera. ⊙ Trozo de madera partido toscamente, de los que se gastan para *leña. ⊙ Trozo irregular alargado arrancado de otro material cualquiera. ≃ Esquirla. ⇒ Racha, rancajo, tea. ➤ Estacarse. **2** (ant.) *Peine para *tejer.*

V. «de tal PALO tal astilla».

astillable adj. Que se rompe formando astillas.

astillado, -a Participio adjetivo de «astillar[se]». ⊙ Aplicado a objetos de madera, con alguna astilla levantada en su superficie o bordes.

astillar tr. Hacer astillas ↘algo. ⊙ prnl. Rajarse o abrirse un material. ⊙ Quedar los bordes de un material irregulares por levantarse astillas en ellos.

astillazo (de «astilla») m. Chasquido que se produce al rajarse la madera.

astillero[1] (del sup. «astilero», de «astil», con influencia de «astilla» y «astillero[2]») m. *Soporte donde se colocaban las astas, picas, etc.*

astillero[2] (de «astilla») **1** m. *Depósito de maderos.* **2** Instalación en donde se construyen y reparan *barcos. ⇒ Arsenal. **3** (ant.) *Fondo del barco.* **4** (Méj.) *Lugar del monte en que se hace corte de leña.* **5** (ant.) *Artesano que hacía peines para telares.*

astilloso, -a adj. Se aplica a lo que se astilla con facilidad.

asto (del lat. «astus»; ant.) m. **Astucia.*

astorgano, -a adj. y, aplicado a personas, también n. *De Astorga, población de la provincia de León.* ≃ Asturicense.

astracán (de «Astrajan», nombre de la ciudad rusa donde empezó a prepararse esta piel) **1** m. Piel de cordero nonato muy fina y de pelo rizado, muy estimada en peletería. **2** Imitación de esa piel hecha en tejido de estambre rizado antes de tejido.

V. «GARRAS de astracán».

astracanada (de «astracán») f. Obra de *teatro destinada a hacer reír, llena de situaciones y chistes disparatados.

astrágalo (del lat. «astragălus», del gr. «astrágalos») **1** m. ARQ. Anillo que rodea la *columna un poco por debajo del capitel. ≃ Anillo, ánulo, armilla, gradecilla, tondino. **2** ARQ. Moldura convexa de sección semicircular. ⊙ ARTILL. *Moldura de adorno que se hacía en el cañón de las piezas antiguas de *artillería.* **3** ANAT. *Taba: hueso del tarso. **4** *Tragacanto.*

astrago (por «estrado», del lat. «strātus»; ant.) m. *Suelo (superficie terrestre).*

astral[1] (Ar.) m. *Hacha.* ≃ Destral.

astral[2] (del lat. «astrālis») adj. De las estrellas. ≃ Estelar.

astreñir (del lat. «adstringĕre») tr. *Astringir.*

□ CONJUG. como «ceñir».

astricción (del lat. «adstrictĭo, -ōnis») f. Acción y efecto de astringir.

astrictivo, -a (de «astricto») adj. Que astringe.

astricto, -a (del lat. «adstrictus») Participio irregular de «astringir».

astrífero, -a (del lat. «astrĭfer, -ĕri»; lit.) adj. *Cubierto de estrellas.* ⊙ (lit.) *Portador de estrellas.*

astringencia f. Cualidad de astringente.

astringente (del lat. «adstringens, -entis») **1** adj. y n. m. Se aplica a las sustancias que astringen los tejidos orgánicos; por ejemplo, a las que dejan ásperos el paladar y la lengua. ⇒ Áspero, austero, estíptico, rascón. ➤ *Acre. **2** Se aplica a las comidas y medicinas que producen estreñimiento. ⇒ *Planta (grupo de las astringentes).

astringir (del lat. «adstringĕre», estrechar) tr. Producir desecación y contracción en los tejidos orgánicos. ≃ Astreñir, astriñir, *estreñir, restringir, restriñir.

astriñir (del lat. «adstringĕre») tr. Astringir.

astro (del lat. «astrum», del gr. «ástron») **1** m. Cuerpo de los que están dispersos en el espacio. ⇒ *Astronomía. **2** (n. calif.) Persona que destaca extraordinariamente en su profesión; se aplica sobre todo a los artistas de cine y a los deportistas. ⇒ *Sobresalir.

-astro Sufijo despectivo: 'camastro, politicastro'.

astrodinámica f. Parte de la dinámica que estudia el movimiento de los astros.

astrofísica f. Parte de la *astronomía que estudia especialmente los astros: su composición, tamaño, luminosidad, origen, etc.

astrofísico, -a 1 adj. De la astrofísica. **2** n. Especialista en astrofísica.

astrografía f. *Fotografía de los astros.*

astrográfico, -a adj. *Relativo a la astrografía.*

astrógrafo (de «astro-» y «-grafo») m. *Aparato para realizar astrografías.*

astrolabio (del gr. «astrolábion») m. ASTRON. Aparato antiguo consistente en un disco con una regla diametral y una alidada, empleado para medir la altura de los astros y deducir la hora y la latitud. ⇒ Arganel. ➤ *Astronomía.

astrolito (de «astro» y «-lito») m. **Aerolito.*

astrologal (ant.) adj. *Astrológico.*

astrologar (ant.) tr. *Augurar o adivinar por medio de la astrología.*

astrología (del lat. «astrologĭa», del gr. «astrología») **1** f. Estudio de los astros y su supuesta influencia en el destino de los hombres. **2** (ant.) *Astronomía.*

ASTROLOGÍA JUDICIARIA. *Astrología.*

□ CATÁLOGO

ASTROLOGÍA judiciaria, estrellería. ➤ Astrólogo, astronomiano, astronomiático, caldeo, esferista, estrellero, horóscopo, matemático, natural. ➤ Ascendente, ASPECTO cuadrado [partil, sextil o trino], atacir, casa celeste, constelación, cuadrado, CUADRANTE hiemal [melancólico, meridiano, pueril, senil, vernal o viril]. ➤ Cuadro, ESTADO celeste, FIGURA celeste, oriente, PARTE de fortuna, plantilla, TEMA celeste. ➤ Conjunción, oposición, términos. ➤ Dominante, imperante. ➤ Movible. TRASLACIÓN de luz. ➤ Alzar FIGURA, levantar FIGURA. ➤ Horóscopo, juicio. ➤ Infortuna. ➤ *Astronomía. Cábala. *Hechicería. Ocultismo.

astrológico, -a adj. De [la] astrología. ≃ Astrologal, astrólogo.

astrólogo, -a 1 adj. *Astrológico.* **2** n. Especialista en astrología. ≃ Astronomiano, astronomiático. **3** (ant.) m. *Astrónomo.*

astronauta (de «astro» y «nauta») n. Persona que viaja en una astronave. ≃ Cosmonauta.

astronáutica f. Actividad que consiste en la realización de viajes a través del espacio. ≃ Cosmonáutica.

astronáutico, -a adj. De la astronáutica.

astronave (de «astro» y «nave») f. Aparato capaz de desplazarse a través del espacio. ≃ Cosmonave.

astronomía (del lat. «astronomĭa», del gr. «astronomía») f. Ciencia de los astros.

□ CATÁLOGO

Almagesto, cosmografía, radioastronomía. ➤ Alcora, BÓVEDA celeste, *cielo, medio CIELO, ESFERA armilar [celeste, oblicua, paralela o recta], éter, firmamento, globo, GLOBO celeste, HEMISFERIO austral [boreal, occidental u oriental], orbe. ➤ *Constelación, galaxia, nebulosa, VÍA láctea. ➤ AGUJERO negro, quásar, radiofuente. ➤ Epiciclo, *órbita. ➤ Ábside, acimut, afelio, apoastro, apogeo, ápside, auge, azimut, CABEZA del dragón, cenit, nadir, nodo, perigeo, perihelio, polo, PUNTO equinoccial, zenit. ➤ Almicantarat, CÍRCULO polar, *círculos, coluro, *Eclíptica, ecuador, horizonte, LÍNEA meridiana, meridiano, paralelo, PRIMER[O] vertical, trópicos. ➤ *Coordenadas, eje, LÍNEA de los ápsides, LÍNEA de los nodos. ➤ Altura, ÁNGULO acimutal, anomalía, ASCENSIÓN oblicua [o recta], DIÁMETRO aparente, grado, latitud, longitud, paralaje, semidiámetro. ➤ Epilogismo, uranometría. ➤ Aberración, acortamiento, albedo, amplitud, apulso, carrera, conjunción, cuadratura, culminación, curso, curtación, declinación, eclipse, ecuación, ECUACIÓN del tiempo, elipse, elongación, epacta, levada, ocaso, oposición, orto, PRECESIÓN de los equinoccios, puesta, retrogradación, revolución, salida, sínodo, trepidación. ➤ Aureola, disco, halo, limbo, nimbo, resplandor. ➤ Equinoccio, solsticio. ➤ *Calendario, efemérides. ➤ AÑO luz, copernicano, geocéntrico, heliocéntrico, ptolemaico, ticónico. ➤ ANILLO astronómico. ➤ Ascendente, austral, boreal, deferente, descendente, heliaco, heliocéntrico, inerrante, meridiano, postmeridiano, uranio, vespertino. ➤ Geocentrismo, heliocentrismo. ➤ Anteojo, armilla, astrolabio, ballestilla, CÍRCULO de reflexión, CRUZ geométrica, cuadrante, declinógrafo, dioptra, gnomon, heliómetro, helioscopio, helióstato, heliotropo, octante, péndulo, pínula, quintante, radiómetro, sextante, *telescopio. ➤ Arganel, CÍRCULO horario, sonaja. ➤ Abertura. ➤ Observar. ➤ Parsec. ➤ Esferista. ➤ *Aerolito. *Astrología. *Constelación. *Estrella. *Geografía. *Horizonte. *Luna. *Mundo. *Planeta. *Sol. *Tiempo. *Zodiaco.

astronomiano o **astronomiático** (de «astronomía»; ant.) m. *Astrólogo.*

astronómico, -a **1** adj. De [la] astronomía o de [los] astros. **2** (inf.) Aplicado a precios, muy elevado.
V. «ANILLO astronómico, DÍA astronómico».

astrónomo, -a n. Persona que se dedica a la astronomía.

astroso, -a (del lat. «astrōsus», de «astrum», astro) **1** (ant.) adj. *Infausto.* **2** *Aplicado a personas o a su aspecto, andrajoso.* ⊙ Aplicado a vestidos u otras cosas, destrozado o desaseado. **3** **Vil o despreciable.*

astucia (del lat. «astutĭa») **1** f. Cualidad de astuto. **2** Procedimiento hábil y engañoso para conseguir una cosa: 'Era maestro en astucias'. ≃ *Ardid.

astucioso, -a adj. *Astuto.*

astur **1** adj. y, aplicado a personas, también n. Se aplica a los individuos de un *pueblo primitivo que ocupó una región cuya capital era Astúrica, hoy Astorga, atravesada por el río Ástura, hoy Esla, y a sus cosas. **2** (lit.) Asturiano.

asturianismo m. *Palabra o expresión propias de los asturianos.

asturiano, -a **1** adj. y, aplicado a personas, también n. De Asturias. ⇒ Astur, bable, corito, farruco. **2** m. Variedad del dialecto asturleonés en Asturias.

Asturias V. «PRÍNCIPE de Asturias».

asturicense adj. y, aplicado a personas, también n. *De Astorga, población de la provincia de León, antigua Astúrica.*

asturión[1] (de «astur») m. *Jaca (*caballo).*

asturión[2] m. *Esturión.*

asturleonés, -a **1** adj. De Asturias y León. **2** m. Conjunto de variedades romances consideradas dialecto que se dan en Asturias y en el antiguo reino de León.

astutamente adv. Con astucia.

astuto, -a (del lat. «astūtus») adj. Aplicado a personas y, correspondientemente, a sus palabras, procedimientos, etc., *sagaz para darse cuenta de lo que le conviene. ≃ Ladino, listo, vivo. ⊙ Que no se deja engañar. ⊙ Hábil para lograr lo que quiere con engaños y ardides.

□ CATÁLOGO

Agudo, alpargatilla, *aprovechado, ardid, ardilla, ardiloso, artero, astucioso, avisado, bellaco, cachicán, caimán, cálido, camastrón, candongo, carlancón, *cazurro, chuzón, circe, colmilludo, conchudo, coscón, cuaima, cuco, culebrón, diablo, diplomático, escatimoso, fino, fistol, galopín, gato, gaucho, gazapo, guachinango, guitarrón, jesuita, ladino, lagarto, largo, laucha, lince, linceo, macuco, marrajo, marrullero, martagón, matrero, maxmordón, MOSQUITA muerta, pájaro, PÁJARO de cuenta, pajarraco, pardal, peine, peje, perillán, pícaro, pillo, político, pollastro, pollo, púa, raposo, retobado, rodaballo, sátrapa, soca, solerte, tacaño, *taimado, travieso, tretero, trucha, truchimán, tunante, tuno, vivo, zahorí, zamacuco, zamarro, zascandil, zorrastrón, zorro, zorrocloco, zorrón, zorzal. ➤ Arredomado, redomado, refinado. ➤ Tener el COLMILLO retorcido, tener más CONCHAS que un galápago, saber LATÍN, saber más que LEPE, meterse por el OJO de una aguja, PASARSE de listo, nadar y guardar la ROPA, SABER más que siete, perderse de VISTA. ➤ Astucia, camándula, carlancas, cautela, cazurrería, cazurría, chalanería, conchas, cuquería, diplomacia, disimulo, fullería, GRAMÁTICA parda, habilidad, letra, LETRA menuda, lilaila, *malicia, maquiavelismo, *marrullería, matrería, mónita, neguillas, pala, papilla, *picardía, política, solercia, taima, taimería, trastienda, versucia, zalagarda, zorrería. ➤ *Ardid. *Engaño. ➤ Entre BOBOS anda el juego. ➤ *Cazurro. *Disimular. *Hábil. *Hipocresía. *Inteligencia. *Listo. *Sagaz. *Taimado.

asuardado, -a (de «a-[2]» y «suarda») adj. *Con juarda (suciedad que les salía a las *telas de lana no bien desengrasadas al fabricarlas).* ≃ Juardoso.

asubiar (de «a-[2]», «so[1]» y «uviar», acudir; Cantb.) intr. y prnl. *Guarecerse de la lluvia.*

asuelo (de «asolar[1]»; ant.) m. *Asolamiento.*

asueto, -a (del lat. «assuētus») **1** (ant.) adj. **Acostumbrado.* **2** m. Vacación por un día o una tarde, y especialmente la que se da a los estudiantes. **3** Cualquier espacio de tiempo de descanso: 'Una semana de asueto. Un rato de asueto'.

asulcar (ant.) tr. *Surcar.*

asumir (del lat. «assumĕre») **1** tr. **Atraer a sí.* **2** Tomar para sí ↘algo que supone responsabilidad o trabajo; como ↘funciones, cuidado, etc.: 'Asumió la dirección del negocio en momentos difíciles'. ≃ Hacerse CARGO. ⇒ Arrogarse, avocar, recabar, reclamar. ➤ *Admitir. *Comprometerse. *Encargarse. **3** Aceptar la realidad de una ↘cosa negativa o que puede tener consecuencias negativas: 'Debes asumirlo y seguir adelante'.

asunceno, -a o **asunceño, -a** adj. y, aplicado a personas, también n. *De Asunción, capital de Paraguay.*

asunción (del lat. «assumptĭo, -ōnis») **1** f. Acción de asumir. **2** (con mayúsc.; «La») Elevación de la *Virgen María a los cielos y festividad con que la Iglesia la conmemora, el día 15 de agosto. **3** **Ascensión a una alta dignidad, como el pontificado o el imperio.* **4** *Elevación, especialmente del espíritu.*

ASUNCIÓN DE DEUDA. DER. Acto por el cual alguien se hace cargo de la *deuda de otro de acuerdo con el acreedor.

asuncionista adj. y n. m. *Se aplica a los religiosos de la congregación agustiniana de la Asunción de María, fundada en Francia en el siglo XIX.* ⊙ m. pl. *Esa congregación.*

asuntar (inf.; en frases negativas) intr. Prestar atención. ⇒ *Atender.

asuntillo m. Dim. frec. de «asunto».

asunto, -a (del lat. «assumptus», part. pas. de «assumĕre») **1** Participio irregular de «asumir», aplicado solamente a la

Virgen; el corriente es el regular: «asumido». **2** m. Cosa que interesa, en la que se piensa, de la que se trata o sobre la que se hacen gestiones: 'Hablan de un asunto del que yo no estoy enterado. Tengo que resolver un asunto en el ministerio. El asunto de los transportes está entrando en una nueva fase'. ≃ Cuestión. ⊙ A veces, tiene sentido peyorativo, equivaliendo a «*chanchullo, *enredo» o «intriga». ⊙ Parte narrable de una obra literaria: 'El asunto de la novela es muy sencillo'. ≃ Argumento. ⊙ Lo que se representa en una obra de pintura o escultura: 'El asunto del cuadro de las Lanzas'. ⊙ Actividad de alguien para ganar dinero: 'Tiene asuntos en distintos países'. ≃ Negocio. ⇒ *Ocupación. ⊙ *Incumbencia o cosa de la que corresponde ocuparse a cierta persona: 'Eso es asunto mío'.

ASUNTO DE TRÁMITE. El que, en una oficina, no requiere estudio ni tramitación o resolución especial, sino que se trata con arreglo a cierta rutina.

V. «Tomar CARTAS en el asunto».

EL ASUNTO ES QUE... Expresión *adversativa, equivalente a «el caso es que» o «*pero».

Y ASUNTO CONCLUIDO [DESPACHADO O TERMINADO]. Expresión con que se pone fin al enunciado de una solución o decisión: 'Si nos cansamos, tomamos el tren en la primera estación y asunto concluido'.

□ CATÁLOGO

Achaque, *argumento, artículo, BASE de discusión, contenido, cosa, *cuestión, cuidado, eje, especie, extremo, facienda, incumbencia, leitmotiv, LUGAR común, materia, *negocio, objeto, *ocupación, particular, pensamiento, períoca, perístasis, platillo, *problema, punto, rollo, sujeto, TELA [cortada], tema, tópico, torete, torillo, trama. ➤ CABALLO de batalla, la PUNTA del iceberg. ➤ ORDEN del día, programa. ➤ Esquema. ➤ Sumario. ➤ De actualidad, batallón, candente, comprometido, delicado, difícil, escabroso, espinoso, feo, interesante, palpitante, resbaladizo, sucio, vidrioso, vivo... ➤ Abandonar, agotar, apartarse, concretarse, desentenderse, desflorar, despachar, discutir, *estudiar, examinar, exponer, hablar de, entrar en MATERIA, ocuparse, *pensar, plantear, *profundizar, reflexionar sobre, tocar, tratar. ➤ Dar CARPETAZO, dejarse [o quitarse] de CUENTOS, encarpetar, dejarse [o quitarse] de HISTORIAS, volver la HOJA. ➤ Digresión, divagar. ➤ Estar sobre el TAPETE. ➤ Cariz, curso, dirección, fondo, giro, marcha, nudo, *quid, sesgo. ➤ Acerca de, en materia de, sobre, en torno a. ➤ *Diligencia. *Expediente. *Gestionar.

asurar (del lat. «arsūra», abrasamiento, tortura) **1** tr. *Dejar que se *quemen las ↘cosas que se guisan, por falta de agua o caldo.* ≃ *Abrasar, *socarrar. ⊙ prnl. *Quemarse un guiso por falta de agua o caldo.* **2** tr. *Abrasar los ↘sembrados el *calor excesivo.* ⊙ prnl. *Abrasarse los sembrados.* **3** tr. **Exasperar o *molestar insistentemente a ↘alguien.* ⊙ *Exasperarse, inquietarse.* **4** *Asarse.*

asurcano, -a (de «surco») adj. *Con respecto a un labrador, otro que tiene un campo *contiguo al suyo.* ⊙ *Se aplica también a los mismos campos que están juntos.*

asurcar tr. *Surcar.*

asuso (del lat. «ad sursum»; ant.) adv. **Arriba.*

asustadizo, -a adj. Propenso a asustarse.

asustado, -a («Estar») Participio adjetivo de «asustar[se]».

asustar 1 tr. Dar un susto a ↘alguien: 'Nos asustó el estallido de un neumático'. ≃ Sobresaltar. ⊙ Causar miedo: 'No me asustas aunque pongas esa cara'. ≃ Atemorizar. ⊙ Hacer con gritos, exhibiendo la propia fuerza, etc., que ↘alguien no se atreva a hablar, a moverse o a actuar. ≃ *Intimidar. ⊙ («de, con, por») prnl. Darse un susto: 'Me asusté al verle tan pálido'. ⊙ Coger miedo. ≃ Atemorizarse. ⊙ *Intimidarse o *encogerse. **2** tr. Hacer huir a ↘alguien: 'Encendieron hogueras para asustar a los lobos'. ≃ *Ahuyentar. ⊙ prnl. Huir asustado por algo. ≃ *Ahuyentarse, espantarse. **3** tr. Parecer una cosa inmoral a ↘alguien. ≃ *Escandalizar. ⊙ prnl. *Escandalizarse.

□ CATÁLOGO

Achicar[se], acobardar[se], acochinar, acojonar[se], acollonar[se], acorralar, alarmar[se], poner[se] ALERTA, alertar[se], alobarse, alterar[se], amedrentar[se], amilanar[se], apochongarse, apolismarse, arredrar[se], arrugarse, estar en ASCUAS, asombrar, atemorizar, aterrar, *aterrorizar, avispar[se], cagarse, poner CARNE de gallina, cuartearse, ponerse a la DEFENSIVA, *despatarrar[se], encogerse, encrespar[se], erizar[se], escalofriar[se], escarapelar[se], pedir la ESCUPIDERA, espantar[se], espatarrar[se], estremecer[se], no quedar GOTA de sangre en el cuerpo [o en las venas], ponerse en GUARDIA, quitar el HIPO, horripilar, horrorizar, imponer, *impresionar, intimidar, julepear[se], morirse de MIEDO, ñangotarse, arrugarse el OMBLIGO, poner los PELOS de punta, meter en un PUÑO, remosquearse, remusgar[se], no SABER dónde meterse, sobrecoger[se], sobresaltar[se], darse [o llevarse] un SUSTO, hacer TEMBLAR, terrecer, estar en VILO, zurrarse. ➤ Alarido, brinco, repullo, respingo. ➤ Bu, cancón, coco, cuco, *demonio, duende, espantajo, espectro, fantasma, gomia, el HOMBRE del saco, mandinga, marimanta, paparrasolla, papón, quimera, tarasca, trasgo. ➤ Alarma, falsa ALARMA, rebato. ➤ Alarmista, tremendista. ➤ Asustadizo, *cobarde, espantadizo, gazmoño, medroso, melindroso, meticuloso, *miedoso, *mojigato, ñoño pudibundo, *pusilánime, remilgado, *tímido, *timorato. ➤ *Sereno, *tranquilo. ➤ *Intimidar. *Melindre. *Miedo. *Retroceder. *Susto.

asutilar (ant.) tr. y prnl. *Sutilizar[se]: hacer[se] *sutil o *adelgazar.*

At Símbolo químico del ástato.

ata (ant.) prep. **Hasta.*

-ata Sufijo informal de carácter expresivo que se aplica a algunos sustantivos: 'bocata, tocata'.

atabacado, -a adj. *De *color como el del tabaco.*

atabal (del ár. and. «aṭṭabál», del cl. «ṭabl») m. Instrumento semejante a un *tambor, pero hemisférico. ≃ Timbal, tímpano. ⊙ Tamboril: tambor más estrecho y alto que el ordinario, que se toca con un solo palillo.

atabalear (de «atabal») **1** intr. *Tamborilear con los dedos sobre algún sitio. ≃ Tabalear. **2** Producir los caballos al galopar el ruido característico con los cascos.

atabanado, -a (de «a-[2]» y «tábano») adj. *Se aplica a la *caballería de pelo oscuro con motas blancas en los ijares y el cuello.*

atabardillado, -a adj. *Atacado de tabardillo.*

atabe (¿del ár. and. «aṯṯáqb», perforación, cl. «ṯaqb»?) m. *Pequeña abertura que dejan los fontaneros en la parte alta de una *cañería para que salga el aire o para comprobar si llega el agua a ella.*

atabernado, -a (de «a-[2]» y «taberna») adj. V. «VINO atabernado».

atabillar (de «a-[2]» y «tabellar») tr. *Doblar o plegar los ↘*paños recién fabricados de modo que queden visibles las orillas.* ≃ Tabellar.

atabladera f. *Tabla que se emplea para atablar.*

atablar (de «a-[2]» y «tabla») tr. AGRIC. **Allanar la ↘tierra después de labrada con una tabla arrastrada por una caballería.*

atacable adj. Susceptible de ser atacado. ⊙ En particular, químicamente.

atacadera f. **Barra de cobre o madera que se emplea para atacar la carga de los *barrenos.*

atacado, -a 1 Participio adjetivo de «atacar». **2** (ant.) adj. *Encogido, cohibido, falto de *desenvoltura, *cobarde o vacilante.* **3** (ant.) **Tacaño.* **4** (inf.; «Estar») Muy nervioso. También se dice «atacado de los nervios».

V. «CALZAS atacadas».

atacador m. ARTILL. *Utensilio para atacar los cañones.*

atacadura o **atacamiento** (ant.) f. o m. *Acción de atacar una prenda de vestir.*

atacamita (de «Atacama», nombre del territorio andino donde se descubrió este mineral) f. **Mineral de *cobre (oxicloruro) de color verde oscuro.*

atacante adj. y n. Que ataca; particularmente, en deportes.

atacar[1] (del it. «attaccare», pegar, sujetar) **1** tr. Lanzarse contra ↘alguien para causarle un daño como golpearle, herirle, matarle o robarle. ≃ Acometer, agredir, arremeter, embestir. ⊙ En la guerra o en una lucha, tener la iniciativa en el empleo de las fuerzas o las armas contra el enemigo, para conseguir un objetivo: 'El enemigo ataca duramente'. El complemento directo puede ser también el sitio donde están las personas o animales atacados: 'Atacar una posición [o un castillo]'. ⊙ tr. o abs. DEP. Tener la iniciativa contra el adversario para intentar ganarle. ⊙ tr. Obrar contra ↘algo, material o inmaterial, para destruirlo. El complemento, aunque sea una cosa, lleva a veces «a»: 'Una plaga que ataca a la vid. Atacar el mal en su raíz'. ⊙ Dirigir a ↘alguien o algo insultos o censuras, directamente, hablando con otros o escribiendo. ≃ Combatir. **2** Hablar a una ↘persona insistentemente o influir sobre ella de algún modo para conseguir cierta cosa: 'Para convencerle hay que atacarle por el lado de la vanidad'. ⇒ *Trabajar. **3** QUÍM. Ejercer alguna acción una sustancia sobre ↘otra, transformándola: 'El vinagre ataca al mármol'. ⇒ Cáustico, corrosivo, mordiente. ➤ Comer, corroer, oxidar, tomarse. **4** Venirle a ↘alguien o empezarle cierto estado físico o moral: 'Le atacó una fiebre muy alta. Me atacaron ganas de tirarle algo a la cabeza'. ≃ *Acometer, dar, entrar, venir. **5** Comenzar la ejecución de ↘algo que supone esfuerzo: 'Atacar la ascensión a la montaña'. ≃ Emprender. ⊙ Iniciar la exposición de ↘algo: 'No sabe por dónde atacar el tema'. ⊙ (inf.) Empezar a consumir ↘algo: '¡A ver cuándo atacamos ese jamón!'. ⊙ MÚS. Comenzar la ejecución de una ↘pieza con energía: 'La banda atacó una marcha'. ⊙ MÚS. Tocar una ↘nota con un golpe seco.

V. «atacar los NERVIOS».

□ CATÁLOGO

Abalanzarse, acarrazarse, acometer, agredir, almogavarear, arremeter, asaltar, cargar, cerrar con [o contra], combatir, entrar a DEGÜELLO, embestir, emprenderla con, enfilar, enfrontilar, entrar, estrechar, fajar con, hostigar, hostilizar, impugnar, insultar, irruir, irrumpir, lanzarse, meterse con, dar [o pegar] un METIDO, tomar la OFENSIVA, opugnar, *provocar, revolverse contra, saltear, tirarse, VOLVERSE contra. ➤ *Coraje. ➤ Acometer, entrar, estrechar, *insistir, trabajar. ➤ Acceso, acometida, ACTO de hostilidad, anticipada, antuvión, arremetida, asalto, ataque, azaría, carga, *correría, cuadrillazo, diatriba, embate, embestida, escomesa, espolonada, fajazo, *incursión, incurso, irrupción, maloca, malón, ofensiva, salida, viaje. ➤ Acometedor, atacador, *acre, *agresivo, agrio, áspero, crudo, violento, virulento. ➤ *Arrebato. ➤ Chivatear. ➤ ¡Calchona!, ¡Santiago!, ¡SANTIAGO y cierra España! ➤ Algazara. ➤ Polémica, poliorcética. ➤ Rebato. ➤ Vulnerable. ➤ Contraatacar, inatacable. ➤ *Amenazar. *Bravucón. *Censurar. *Insultar. *Luchar. *Oponerse. *Pendenciero. *Reprender.

atacar[2] (de «taco») tr. Apretar el contenido de un recipiente, por ejemplo la ↘carga de un barreno, para que quepa más, o la pólvora en un arma de fuego. ≃ *Recalcar.

atacar[3] (del ár. and. «tákka», cinta para sujetar una prenda) tr. **Atar o ajustar al cuerpo una ↘prenda de vestir, por ejemplo con un cinturón.* ⇒ Desatacar.

atachonado, -a (de «a-[2]» y «tachón[2]»; ant.) adj. **Abrochado.*

atacir (del ár. «tasyīr», curso de los astros) m. ASTROL. *La bóveda celeste dividida en doce partes iguales llamadas «casas», por doce meridianos.* ⊙ ASTROL. *Instrumento en que está representada esta división.*

atacola (de «atar» y «cola[2]») m. *Tira de cuero o de tela fuerte con que se sujeta recogida la *cola del caballo.* ⇒ *Guarnición.

ataderas (de «atar»; ant., inf.) f. pl. **Ligas para las medias.*

atadero 1 m. Cosa que sirve para *atar. **2** Parte por donde se ata una cosa. **3** Gancho, anilla, etc., en donde se *ata algo.

atadijo (de «atado») **1** m. Paquete pequeño y mal hecho. ≃ Lío. **2** Cosa que sirve para atar. ≃ Atadero.

atado, -a 1 Participio adjetivo de «atar[se]». **2** (ant.) *Se aplica a la persona encogida, cohibida, *pusilánime o falta de *desenvoltura.* **3** m. Conjunto de cosas atadas: 'Un atado de cartas'.

ENCONTRARSE ATADO. No saber qué hacer o qué decir. ⇒ *Turbarse.

atador, -a 1 adj. y n. *Aplicable al que ata.* **2** *Entre segadores, el que ata las gavillas.*

atadura 1 f. Acción y efecto de atar. **2** Cosa con que está atado algo. ≃ Ligadura. ⊙ También en sentido figurado; cosa que *contiene de hacer algo o *impide hacerlo.

atafagar (del sup. «atagafar», del ár. and. «ṭabáq», tapadera) tr. y prnl. *Sofocar[se] o *aturdir[se], por ejemplo por un olor muy intenso, bueno o malo.*

atafarra (del ár. and. «aṯṯafár»; ant.) f. *Ataharre.*

atafea (del bereber «tfiya», carne; ant.) f. *Cierto plato de carne.*

atafetanado, -a adj. *Aplicado a *telas, semejante al tafetán.*

atagallar 1 intr. MAR. *Navegar un barco muy forzado de *vela.* **2** (Cuba, R. Dom.) *Trabajar atosigado por alguna cosa.* **3** (Cuba, R. Dom.) *Anhelar.*

ataguía (¿del ár. and. «attaqíyya»?) f. *Obstáculo de arcilla u otro material con que se *impide el paso del agua mientras se hace un trabajo en el *cauce.* ⊙ *Pequeño muro construido a través de un cauce para impedir su desgaste o aumentar la anchura de la corriente.* ⇒ *Dique.

ataharre (del ár. and. «aṯṯafár») m. *Banda de cuero u otro material que sujeta la *silla o *albarda para que no se corra hacia delante, pasando por debajo de la cola del animal.* ≃ Atafarra, socola, sotacola. ⇒ Retranca. ➤ *Guarnición.

atahona (del ár. and. «aṭṭaḥúna») f. *Tahona.*

atahonero m. *Tahonero.*

atahorma (del ár. and. «tafúrma»; varias especies del género *Circus)* f. *Ave rapaz, de paso en España. ≃ Arpella.

atahúlla f. *Tahúlla (medida agraria).*

ataifor (del ár. and. «aṭṭayfúr») **1** m. *Cierto plato hondo para servir viandas.* **2** *Entre los musulmanes, cierta *mesa pequeña y redonda.*

ataire (del ár. and. «addáyira») m. *Cierta moldura en los tableros de las puertas o ventanas.*

atajada (Chi.) f. *Acción de atajar.*

atajadamente (ant.) adv. *Solamente.*

atajadero (de «atajar») m. **Obstáculo que se pone en una *acequia o curso de agua semejante, para desviar el agua; por ejemplo, para regar un campo.* ≃ Atochada. ⇒ Ataguía, atochada, azud, *presa.

atajadizo (de «atajar») **1** m. Tabique, paredilla, etc., con que se separa una parte de un local o espacio del resto. **2** Porción así separada.

atajador, -a 1 adj. y n. Se aplica al que ataja. **2** (ant.) m. MIL. *Explorador.* **3** (Chi.) *Hombre que guía la recua.* ⇒ *Arriero.

ATAJADOR DE GANADO (ant.). *Hombre que roba ganado con engaño o violencia.* ⇒ *Cuatrero.

atajamiento m. *Acción de atajar.*

atajante adj. *Que ataja.*

atajaprimo (Cuba) m. *Cierta danza criolla, especie de zapateado.*

atajar (de «a-[2]» y «tajar») **1** intr. Hacer más corto el camino yendo por un atajo: 'Por aquí atajamos'. ≃ *Adelantar. ⇒ Abreviar, acortar, *adelantar, echar por el ATAJO, atrochar. ➤ *Ir. **2** Ganar tiempo en un asunto con cierto procedimiento: 'Pondremos un telegrama para atajar'. ≃ *Adelantar. **3** tr. Impedir el paso de ↘algo con un obstáculo; por ejemplo del agua de riego para enviarla en otra dirección. ≃ Cortar, interceptar. ⊙ Cortarle el paso a ↘alguien saliéndole al encuentro por un atajo: 'La guardia civil le atajó en una vuelta de la carretera'. ⊙ *Interrumpir a ↘alguien sin dejarle terminar lo que está diciendo: 'Le atajé antes de que acabara de decir la insensatez'. ≃ Cortar, detener. ⊙ Detener la propagación o desarrollo de ↘algo malo o perjudicial: 'Atajar la calumnia, un incendio, una sublevación'. ≃ Cortar, detener. ⇒ Destajar. **4** *Separar una parte de un ↘lugar del resto de él mediante un tabique, un cancel, un biombo, un surco, etc.* ≃ *Dividir. ⊙ *Señalar en un ↘escrito la parte que debe ser omitida al leerlo, copiarlo, etc.* **5** *Separar una parte de un ↘rebaño o *dividirlo en atajos.* **6** (ant.) *Reconocer o *explorar el ↘terreno.* **7** prnl. **Turbarse por *vergüenza, respeto, miedo o perplejidad.* ≃ Cortarse. **8** (And.) **Emborracharse.*

atajasolaces (de «atajar» y «solaz»; ant.) m. **Aguafiestas.*

atajea o **atajía** f. *Atarjea.*

atajo (de «atajar») **1** m. *Separación o división hecha en una cosa.* **2** *Corte hecho con rayas o señales en un escrito.* **3** Grupo pequeño de cabezas de *ganado. **4** *Conjunto de personas designadas con un apelativo despectivo, como «pillos, sinvergüenzas, cobardes...». ≃ *Cuadrilla. **5** *Serie de disparates, mentiras o cosa semejante. **6** *Camino por el que resulta más corta que por la vía principal la distancia entre dos puntos. **7** Cualquier procedimiento para *abreviar o *adelantar una cosa. **8** (ant.) *Final que se acuerda en un trato cortando las discusiones que lo retrasaban.* ≃ Corte. **9** ESGR. *Treta con que se hiere al adversario esquivando la defensa.*

ECHAR POR EL ATAJO. Seguir el procedimiento más sencillo o rápido para algo. ⇒ *Abreviar.

NO HAY ATAJO SIN TRABAJO. Refrán que recomienda trabajar si se quiere conseguir algo en poco tiempo.

atal (ant.) adj. *Tal.*

atalaero (ant.) m. *Atalayador.*

atalajar tr. *Poner el atalaje o atelaje a las ↘*caballerías.*

atalaje 1 m. *Atelaje: *guarniciones de las caballerías de tiro.* ⊙ *Particularmente, en *artillería.* **2** **Ajuar.*

atalantar[1] (de «a-[2]» y «talante») **1** intr. *Agradar. **2** *Convenir o ser *adecuado.

atalantar[2] (de «atarantar»; ant.) tr. **Aturdir o *atropellar.* ≃ Atarantar.

atalar (ant.) tr. *Talar.*

atalaya (del ár. and. «aṭṭaláya'») **1** f. *Torre destinada a *vigilar desde ella la lejanía. ≃ Vigía. ⇒ Hachero, roqueta. ➤ *Mirar. *observar. **2** Cualquier sitio o posición *alta desde donde es fácil observar o enterarse de lo que ocurre.

atalayador, -a adj. y n. *Se aplica al que atalaya.* ≃ Atalaero.

atalayar 1 tr. Observar o poder observar el ↘campo desde una atalaya o desde cierto sitio o posición. ≃ Atalear. **2** *Observar ↘lo que pasa, desde una posición adecuada para ello.

atalayero (de «atalayar») m. *Hombre que servía en el Ejército en puestos avanzados para *vigilar al enemigo.*

atalear (ant.) tr. *Atalayar.*

ataludar o **ataluzar** tr. *Hacer talud en un ↘terreno.*

atalvina (del ár. and. «attalbína») f. *Talvina: *gachas hechas con leche de almendras.*

atamán m. *Jefe o general de los *cosacos.*

atambor (¿del ár. and. «ṭabál»?; ant.) m. *Tambor (instrumento, y el que lo toca).* ≃ Atamor.

atamiento m. *Acción de atar.*

atamor (ant.) m. *Atambor.*

atán (ant.) adv. *Tan.*

atanasia[1] (de «San Atanasio», porque la primera obra que se imprimió con esta letra fue la vida de ese santo) f. AGRÁF. *Letra de 14 puntos.*

atanasia[2] (del gr. «athanasía», inmortalidad) f. HIERBA de Santa María (planta compuesta).

atancar 1 (ant.) tr. *Atrancar la ↘puerta.* **2** (ant.) *Atascar[se].*

atanco (de «atancar») m. *Atasco.*

atandador (Mur.) m. *Encargado de fijar la tanda o turno en el riego.*

atanor (del ár. and. «attannúr») **1** m. **Cañería para conducir agua.* ≃ Arcaduz. **2** *Cada tubo de los que se empalman para formarla.* ≃ Arcaduz.

V. «HORNO [u HORNILLO] de atanor».

atanquía (del ár. and. «attanqíyya») **1** (ant.) f. *Ungüento depilatorio que se componía de cal viva, aceite y otras cosas.* **2** (ant.) **Seda exterior del capullo de seda.* ≃ Adúcar. **3** (ant.) **Seda basta que se saca de los capullos enredados.* ≃ Cadarzo.

atañer (del lat. «attangĕre») **1** intr. Tener una cosa aplicación a alguien o a cierto caso: 'A mí no me atañe esa disposición'. ≃ *Afectar, concernir. ⇒ Relacionarse. **2** Corresponder a cierta persona la función, el papel, etc., que se expresa: 'A ti no te atañe su castigo'. ≃ *Incumbir.

3 (Sal.) **Detener o *apresar a un animal que va desbocado.*

POR LO QUE ATAÑE A. Expresión empleada para enunciar la cosa o asunto a que se refiere lo que se va a decir a continuación. ≃ En cuanto a.

□ CONJUG. como «tañer», pero se emplea solamente en las terceras personas.

atapar (ant.) tr. *Tapar.*

atapierna (de «atar» y «pierna»; ant.) f. **Liga.*

ataque 1 («Lanzarse al, Emprender», etc.) m. Acción de *atacar con actos o palabras. 2 Acción de acometer a alguien cierta cosa que se especifica: 'Un ataque de celos [de tos, de reuma]'. ≃ *Acceso, acometida. ⇒ *Arrebato. 3 Pérdida momentánea del conocimiento. ≃ Accidente, colapso, *desmayo, desvanecimiento. 4 ATAQUE de nervios. 5 MIL. *Conjunto de trabajos de atrincheramiento para tomar una plaza.* 6 **Disputa.* ⊙ **Riña.*

ATAQUE DE NERVIOS. Alteración nerviosa en que una persona pierde el dominio de sí misma y prorrumpe en gritos, llanto, etc. ⇒ Arrechucho, ataque, pataleta. ➤ Dar [o ir a dar] ALGO.

ataquizar (del sup. ár. and. «attakbísa») tr. AGRIC. **Acodar la ↘*vid.* ≃ Amugronar.

atar (del lat. «aptāre», adaptar) 1 («a, con, de, por») tr. *Sujetar una ↘cosa a otra con una cuerda o algo semejante, anudado: 'Atar un burro a un árbol, atar un globo por [o con] la cuerda, atar un animal por [o de] una pata. Atar sillas de dos en dos'. ≃ Amarrar. ⊙ Rodear o *ceñir una ↘cosa por ejemplo un ↘paquete, con una cuerda anudada ⊙ Hacer un nudo con una cuerda o cosa semejante: 'Atarse los cordones de los zapatos'. ≃ Anudar. 2 Asociar o relacionar ↘cosas entre sí. 3 *Cohibir, ocupar o *sujetar: 'La medicina es una profesión que ata mucho. La chaqueta me ata para trabajar. Los niños la tienen muy atada'. ⊙ prnl. Crearse uno mismo trabas que le quitan libertad de acción. ⊙ («a») *Ligarse a alguien o algo.

V. «atarse de [las] MANOS».

ATAR CORTO a alguien. Obligarle con severidad a hacer lo que debe.

V. «atar CABOS, atar CODO con codo, atar la LENGUA, atar las MANOS».

NO ATAR NI DESATAR. No *resolver nada de lo que está pendiente.

V. «atar los PERROS con longaniza, atar de PIES y manos».

□ CATÁLOGO

Afrenillar, agarrotar, ajustar, amanear, amarrar, apealar, apear, apersogar, apiolar, aprisionar, arrabiatar, arrendar, arrizar, *asegurar, atacar, atraillar, ceñir, embragar, empalmar, empigüelar [o empihuelar], encapillar, encobrar, encordarse, encordelar, encordonar, engarronar, engarrotar, enlazar, enmaromar, ensobear, ensogar, envilortar, estacar, lacear, liar, ligar, mancornar, manear, manganear, maniatar, palenquear, pialar, rabiatar, ratigar, reatar, relazar, religar, trabar, trincar, uncir, vincular. ➤ Gaza, lazada, lazo, *nudo. ➤ Indisoluble. ➤ Agujeta, apea, arique, arropea, atadero, basta, beta, bramante, cabestro, cabo, cejo, *cinta, cordel, cordón, *cuerda, dogal, empalomadura, galga, guadafiones, guita, hilo, lleivún, manea, maneota, mangana, manija, maniota, maroma, mecapal, palomadura, prisión, ronzal, soga, suelta, tiento, tireta, torzal, traba, trabón, tramojo, trenzadera, trinca, trincafía, velorta, velorto, vencejo, vilorta, vilorto. ➤ Cabete, herrete. ➤ Garrote, garrotillo. ➤ Abitón, aldaba, amarradero, anilla, argolla, arrendadero, arrendador, bita, boya, cabilla, cáncamo, cornamusa, cuerpo muerto, estante, gancho, guindaste, hincón, *prois, propao. ➤ Reata, reatar. ➤ *Sujetar. *Unir.

ataracea (del ár. and. «tarṣí'») f. *Taracea.*

ataracear tr. *Taracear.*

atarantado, -a (de «atarantar») 1 *Participio de «atarantar».* ⊙ adj. *Aturdido. 2 *Inquieto y bullicioso. 3 Picado de la tarántula.

atarantapayos (Méj.) m. *Cosa de poco valor y mucha apariencia.* ≃ Espantavillanos.

atarantar (del it. «attarantare») tr. **Aturdir.* ⇒ Atarantapayos.

ataraxia (del gr. «ataraxía») f. **Tranquilidad o *entereza.*

atarazana (del sup. ár. and. «addár aṣṣán'a» por «dár aṣṣiná'a», cl. «dār aṣṣinā'ah», casa de la industria) 1 f. *Arsenal. ≃ Tarazana. 2 *Cobertizo o taller donde trabajan los que hacen *cuerdas o *telas de estopa o cáñamo.* 3 (And.) *Local en que se guarda *vino en toneles.*

atarazar (de «a-[2]» y «tarazar») tr. *Morder o *desgarrar con los dientes una ↘cosa.* ≃ Tarazar.

atardecer[1] (terciop.) intr. Llegar la última hora de la tarde, cuando empieza a debilitarse la luz. ⇒ Caer el DÍA, caer la TARDE.

AL ATARDECER. A la hora en que empieza a oscurecer. ≃ A la CAÍDA de la tarde. ⇒ Con la FRESCA.

□ CONJUG. como «agradecer».

atardecer[2] m. Hora de la tarde en que empieza a debilitarse la luz del día. ⇒ *Crepúsculo.

atardecida f. *Atardecer.*

atareado, -a (gralm. con «muy») Participio adjetivo de «atarear[se]». Muy ocupado: teniendo que trabajar mucho.

atarear tr. Poner tarea a ↘alguien. ⊙ Hacer *trabajar mucho a ↘alguien. ⊙ prnl. *Trabajar mucho. ⊙ *Afanarse por hacer mucho trabajo o hacerlo muy de prisa: 'Hazlo buenamente, sin atarearte'. ⇒ *Afanarse, aginar, *agobiar[se], aperrearse, aporrearse, atosigarse, trafagar, azacanar[se], azacanear, echar los BOFES, bregar, ir de CABEZA, desuñarse, sudar la GOTA gorda, matarse. ➤ Afanado, agobiado, ajetreado, aperreado, apurado, arrastrado, atosigado, azacán, azacanado, ocupado, agobiado de TRABAJO [o de QUEHACER]. ➤ Buenamente, sin prisas. ➤ *Apresurarse. *Trabajo.

atarfe (del ár. and. «aṭṭárfa»; ant.) f. *Taray (árbol tamaricáceo).*

-atario, -a Forma del sufijo «-ario» que se adjunta a verbos de la primera conjugación para nombrar a la persona a que afecta la acción: 'mandatario, consignatario'.

atarjea (del ár. and. «attašyí'», acompañamiento) 1 f. *Construcción de ladrillo con que se recubren las cañerías para protegerlas.* ≃ Atajea, atajía, tajea. 2 **Conducto por donde van las aguas residuales desde la casa al sumidero.* 3 (Méj.) **Canal pequeño de mampostería al nivel del suelo o sobre arcos, para conducir agua.*

atarraga (del sup. ár. and. «aṭṭarráqa» por «maṭráqa»; ant.) m. **Martillo.*

atarragar (de «atarraga»; ant.) tr. *Dar el herrero con el martillo la forma conveniente a la ↘herradura y los clavos.*

atarrajar tr. *Aterrajar (trabajar una ↘cosa con la terraja).*

atarraya (del ár. and. «aṭṭarráḥa») f. *Esparavel (red de pescar).*

atarugado, -a Participio adjetivo de «atarugar[se]».

atarugamiento m. Acción y efecto de atarugar[se].

atarugar 1 tr. *Asegurar el carpintero una ↘ensambladura con *tarugos, cuñas, etc.* 2 *Tapar con un tarugo algún*

↘*orificio.* 3 Llenar mucho una ↘cosa *recalcando el contenido. 4 (inf.) Atiborrar de comida a ↘alguien. 5 (inf.) *Aturdir o *turbar a ↘alguien. ⊙ (inf.) prnl. Azararse alguien al ir a hablar y emitir las palabras difícilmente o balbuceando. ≃ *Cortarse. ⊙ (inf.) Turbarse y no poder coordinar las ideas para expresarlas. ≃ *Embrollarse.

atasajado, -a 1 *Participio de «atasajar».* **2** (inf.) adj. *Se aplica a la persona que va tendida sobre una caballería.*

atasajar (de «tasajo») tr. **Picar la* ↘**carne.*

atascadero m. Sitio en que es fácil atascarse. ≃ Atolladero.

atascado, -a 1 Participio adjetivo de atascar[se]: 'El desagüe [o el carro] está atascado'. **2** (Mur.) *Obstinado.*

atascamiento m. Acción de atascar[se]. ⊙ Estado de atascado.

atascar 1 tr. Impedir el paso por un ↘conducto alguna cosa que quede detenida en él. ≃ Atrancar, *obstruir. ⊙ prnl. Quedarse una cosa parada sin poder seguir su camino o sin poder pasar por donde se la quiere hacer pasar: 'El carro se atascó en un barrizal'. ⊙ Obstruirse un conducto; por ejemplo, un desagüe. ⊙ *Detenerse alguien en lo que está haciendo o diciendo al encontrar un *obstáculo o *dificultad, que le impide seguir adelante. ⇒ Atollar[se], atorar[se], atrampar[se], atrancar[se], azolvar[se], cegar[se], embarrancarse, embarrialarse, encajarse, encasquillarse, entorcarse, entretallarse, gripar[se], sonrodarse. ➤ Atasco, atolladal, atolladar, atolladero, CALLEJÓN sin salida, impasse, lodazal, lodazar, paular. ➤ *Apuro. *Detener. *Obstruir. **2** *Tapar con tascos o estopones las* ↘*grietas y las juntas de las tablas, como se hace, por ejemplo, para calafatear un buque.*

atasco 1 m. Atascamiento. **2** Cosa que atasca. **3** Embotellamiento: aglomeración de vehículos que impide la circulación. ⇒ *Tráfico.

atasquería (de «atasco»; Mur.) f. **Obstinación.*

ataúd (del ár. and. «attabút») **1** m. Caja, generalmente de madera, donde se pone el *cadáver para enterrarlo. ≃ Caja, féretro, CAJA de muerto. ⇒ Arca, TRAJE de pino, galga. **2** *Cierta medida antigua de granos.*

ataudado, -a adj. *De *forma de ataúd.*

ataujía (del ár. and. «attawšíyya») **1** f. Labor hecha, por ejemplo para adorno de estribos, frenos o alfanjes, embutiendo unos metales en otros; por ejemplo, filamentos de oro o plata en hierro; a veces, también esmaltes y trozos de nácar o marfil. **2** *Labor primorosa.*

ataurique (del ár. and. «attawríq») m. ARQ. Relieve decorativo hecho con yeso, formado por vástagos entrelazados combinados con hojas y flores y, a veces, con frases en caracteres arábigos, propio del arte *árabe. ⇒ *Adorno.

ataviado, -a (de «ataviar») Participio adjetivo de «ataviar[se]». ⊙ Vestido y *arreglado: 'Estaba ataviado como para salir a la calle'. Se usa con «bien» o «mal» o adverbios semejantes.

ataviar (¿del gót. «taujan», hacer, obrar?) tr. Vestir y adornar a ↘alguien: 'La ataviaron con el traje de novia'. Muy frec. reflexivo. ≃ *Arreglar.

☐ CONJUG. como «desviar».

atávico, -a (de «atavismo») adj. Procedente de *antepasados lejanos. ⇒ Ancestral.

atavío 1 m. Acción de ataviar. **2** (sing. o pl.) Conjunto de vestidos y adornos que se llevan puestos. ≃ *Arreglo, atuendo. ⊙ Manera de ir ataviado: 'Denota en su atavío que es persona importante'.

atavismo (del lat. «atăvus», tatarabuelo) m. Cualidad de atávico. ⊙ Semejanza con los abuelos o antepasados lejanos. ⊙ BIOL. Fenómeno de aparecer en los organismos caracteres de los antepasados. ⊙ BIOL. Tendencia a ello.

ataxia (del gr. «ataxía») f. MED. Imposibilidad de coordinar los movimientos musculares voluntarios, debida a lesión cerebral. ⇒ *Mente.

atáxico, -a adj. MED. De [la] ataxia.

-ate Sufijo poco usado, con el que se forman nombres de cosas de *comer confeccionadas con la cosa designada por el nombre primitivo: 'almendrate, piñonate'.

atear (de «a-²» y «tea»; ant.) tr. y prnl. **Encender[se] o *avivar[se].*

ateca (de «teca», cajita; ant.) f. **Espuerta.*

atediante adj. *Tedioso.*

atediar tr. *Causar tedio.*

ateísmo m. Cualidad o actitud de ateo.

ateísta adj. y, aplicado a personas, también n. *Ateo.*

ateje m. *Nombre aplicado a varios árboles borragináceos de las Antillas, del género Cordia.*

atelaje (del fr. «attelage») **1** m. Conjunto de las guarniciones de los animales de tiro (especialmente en *artillería). ≃ Atalaje. **2** Tiro de caballerías (especialmente en *artillería).

atelana (del lat. «atellāna fabŭla», de «Atella», nombre de la ciudad de los oscos, célebre por sus representaciones cómicas) adj. y n. f. *Se aplica a cierta obra cómica del *teatro latino, semejante a lo que ahora se llama «sainete».*

ateliosis f. MED. *Enanismo en que las proporciones son normales, debido a desórdenes de la glándula pituitaria.*

atembado, -a (Col.) *Participio adjetivo de atembar[se]. Aturdido.*

atembar (Col.) tr. y prnl. *Aturdir[se].*

atemorar (ant.) tr. *Atemorizar.*

atemorizado, -a Participio adjetivo de «atemorizar[se]».

atemorizador, -a adj. Que atemoriza.

atemorizante adj. Que atemoriza.

atemorizar («con») tr. Causar temor a ↘alguien: 'Me atemorizas'. ≃ Amedrentar, *asustar. ⊙ («con») Quitar a ↘alguien el valor para hablar, moverse o actuar: 'El maestro atemoriza a los niños con sus gritos'. ≃ *Intimidar. ⊙ («con») prnl. Coger miedo, intimidarse.

atempa (Ast.) f. *Terreno de *pastos en lugar llano o bajo y descampado.*

atemperación f. Acción de atemperar[se].

atemperado, -a Participio adjetivo de «atemperar[se]».

atemperar (del sup. lat. «attemperāre», de «temperāre», templar) **1** tr. y prnl. *Moderar[se] la violencia de una ↘pasión, sentimiento, dolor moral, etc., o de la expresión de ellos: 'Por fin atemperó su ira y el tono de su voz'. **2** («a») tr. Hacer que una ↘cosa sea proporcionada o como corresponde a otra: 'Atemperar los gastos a los ingresos'. ≃ *Acomodar, coordinar. ⊙ prnl. Hacerse una cosa proporcionada o adecuada a otra.

atempero (de «atemperar»; ant.) m. **Temperamento.*

atenacear 1 tr. *Aplicar a* ↘*alguien la *tortura consistente en arrancarle trozos de carne con unas tenazas.* **2** *Atenazar.*

atenazado, -a Participio de «atenazar»: 'Atenazado por los remordimientos'.

atenazar **1** tr. *Atenacear (suplicio).* **2** Torturar a ↘alguien un pensamiento, los remordimientos, etc. ≃ Atenacear.

atención (del lat. «attentĭo, -ōnis») **1** («Conceder, Dedicar, Dirigir, Dispensar, Fijar, Otorgar, Poner, Prestar, Aguzar, Absorber, Atraer [poderosamente], Captar, Centrar, Embargar, Fijar, Llamar [poderosamente], Monopolizar, Polarizar, Retener, Sostener, Apartar, Distraer, Dispersar; intensa, sostenida, viva») f. Facultad de atender. ⊙ De aplicar el oído, la vista y la inteligencia a la percepción de cosas. ⊙ De dedicar la actividad mental, o mental y física, al *cuidado de alguien o algo: 'Su atención está embargada por su casa y su familia'. **2** Interés con que se procura hacer bien lo que se hace. **3** (numerable; «Cubrir de, Dedicar, Dispensar, Guardar, Tener») Acto de *cortesía u obsequio con que se procura agradar o contentar a alguien o se le muestra estimación o cariño: 'Tengo que agradecerle muchas atenciones'. ⊙ (partitivo) Actitud de *consideración o *respeto hacia alguien: 'Me tratan con mucha atención'. **4** (gralm. pl.) *Ocupación u *obligación; cosa a la que se tiene que atender: 'Tengo ahora otras atenciones más urgentes'. ⊙ (gralm. pl.) Cosa a la que alguien tiene que atender con sus posibilidades económicas: '¡Hay tantas atenciones que cubrir!'. ⊙ (gralm. pl.) Necesidades de otro a las que alguien atiende con su dinero: 'Dedica mucho dinero a sus atenciones'. ≃ Caridades, limosnas, atenciones piadosas, OBRAS piadosas. **5** *Entre ganaderos, contrato de compra-venta de *lanas, supeditando el precio al que se establezca por otros.*

ATENCIÓN PRIMARIA. MED. Asistencia que recibe un paciente del médico de medicina general.

A LA ATENCIÓN DE. Se usa para indicar en un envío la persona a la que va dirigido.

¡ATENCIÓN! Exclamación para llamarla o para *avisar de algo.

EN ATENCIÓN A. Teniendo en cuenta o *considerando la cosa que se expresa. ⇒ *Por.

LLAMAR LA ATENCIÓN. **1** Hacer que una persona atienda o se fije en una cosa, llamándola o con alguna expresión adecuada. ⇒ *Atender. **2** («por») *Reprender a alguien por cierta falta que ha cometido. **3** Dar una persona causa para que la gente se fije en ella por algo, estimable o censurable, en que se *distingue de la generalidad. **4** Atraer alguna cosa la atención de la gente. ⊙ *Apetecer. ⊙ *Sobresalir.

NO PRESTAR ATENCIÓN a una persona o a una cosa. No hacer por enterarse, no escuchar o no dar importancia a la persona o cosa de que se trata. ⇒ No hacer *CASO.

V. «TOQUE de atención».

atendalar o **atendar** (de «a-[2]» y «tendal»; ant.) intr. MIL. *Acampar con tiendas de campaña.*

atendedor, -a n. AGRÁF. *Empleado que «atiende» en la corrección de pruebas de imprenta.*

atendencia (ant.) f. *Acción de atender.* ≃ Atención.

atender (del lat. «attendĕre») **1** tr. **Esperar.* **2** («a») tr. o abs. Disponer los sentidos y la mente para *enterarse de algo que se dice, se hace u ocurre en su presencia: 'No atendía a la conferencia, sino a lo que decían los que estaban a su lado'. ⊙ («por») intr. Referido especialmente a animales, llamarse. **3** («a») tr. Permitir alguien que influya en su manera de obrar una ↘opinión, un deseo, un consejo, etc., de otra persona o cierta circunstancia; en esta acepción se emplea muy frecuentemente el gerundio: 'Atendiendo a sus indicaciones, atendiendo a las circunstancias...'. ≃ Hacer CASO, tomar en CONSIDERACIÓN, tener [o tomar] en CUENTA. ⊙ Satisfacer las ↘peticiones, quejas, etc. de alguien: 'El alcalde atendió las quejas del vecindario. Atiende mis consejos'. **4** («a») *Dedicar alguien su actividad, sus pensamientos, etc., al cuidado de ↘alguien o de cierta cosa: 'No atiende como es debido a su obligación'. ⊙ («a») Preocuparse de cierto ↘fin u objetivo al obrar o al hacer una cosa determinada: 'Sólo atiende a su conveniencia'. ≃ Buscar, considerar, mirar, pensar en. ⊙ *Cuidar ↘personas; por ejemplo, enfermos o niños. ⊙ Preocuparse de otras ↘personas en una fiesta para que tomen manjares o lo pasen bien: 'Atendió amablemente a sus invitados'. ⇒ Agasajar, hacer los HONORES. ⊙ Enterarse un dependiente de comercio u otra persona encargada de un despacho u oficina de lo que quiere un ↘cliente o persona del público, y servirle; en una tienda suelen los dependientes decir a los clientes: '¿Le atienden ya?'. ≃ Despachar, ocuparse. **5** intr. AGRÁF. Ir leyendo una persona el original del escrito mientras otra lee la prueba, para ver si están conformes uno con otra. Ordinariamente, el que lee en voz alta es el corrector, o sea, el que lee la prueba, mientras el atendedor, o sea, el que lee el original, lo hace para sí; pero puede hacerse a la inversa.

ATENDER A TODO. *Ocuparse de todas las cosas que necesitan cuidado en la casa o en un sitio cualquiera. ≃ ESTAR en todo.

□ CATÁLOGO

*Abstraerse, asuntar, prestar ATENCIÓN, no levantar CABEZA, hacer CASO, catar, tomar en CONSIDERACIÓN, tener [o tomar] en CUENTA, cuidar, enfrascarse, engolfarse, escuchar, ESTAR en todo, interesarse, estar a la MIRA, tomar [buena] NOTA, ocuparse, aguzar el OÍDO, dar [o prestar] OÍDOS, ser todo OÍDOS, no quitar OJO, abrir los OJOS, andar con cien OJOS, clavar los OJOS, ser todo OJOS, beber [o sorber] las PALABRAS, estar PENDIENTE de, pensar en, no mover PESTAÑA, preocuparse de, no echar en SACO roto, aguzar el SENTIDO, tener puestos sus cinco SENTIDOS, sumirse, conceder [o dar] VALOR, aguzar la VISTA, no perder de VISTA. ➤ Atención, *cuidado, *diligencia, *interés, miramiento. ➤ Concienzudo, cuidadoso. ➤ OJO alerta, OJO avizor, sin pestañear, sin respirar, sin perder RIPIO, con mis [tus, etc.] cinco SENTIDOS. ➤ Extraversión, extroversión. ➤ Destacar, poner ÉNFASIS, hacer FIJARSE, hacer HINCAPIÉ, *insistir, *llamar, marcar, hacer NOTAR, dar REALCE, realzar, recalcar, dar RELIEVE, remachar, *repetir, hacer RESALTAR, *señalar, *subrayar. ➤ ¡Eh!, ¡mira!, nota bene, ¡ojo!, ¡oye!, ¡a ver!, ¡verás! ➤ Chocante, extraordinario, notable. ➤ Exhibirse. ➤ *Distinguirse. ➤ Sin llamar la ATENCIÓN, calladamente, a la CHITA callando, chiticallando, oscuramente. ➤ *Abrumar, agasajar, *amable, deferencia, excederse, obsequio. ➤ Hacer CASO omiso, no hacer CASO, desatender, hacer OÍDOS de mercader, prescindir, tomar a RISA, hacerse el SORDO [o el SUECO]. ➤ Como quien OYE llover. ➤ Entrar por un OÍDO y salir por el otro. ➤ *Enterarse. *Escuchar. *Examinar. *Fijarse. *Mirar. *Notar. *Observar. *Ver, *Vigilar.

□ CONJUG. como «entender».

atendible adj. Digno de ser atendido: 'Una razón atendible'.

atendido, -a Participio adjetivo de «atender». ⊙ Con «bien» o «mal», bien o mal cuidado: 'Unos niños bien atendidos'.

atendimiento (ant.) m. *Espera.*

atenebrarse (de «a-[2]» y el lat. «tenebrāre») prnl. *Entenebrecerse.*

atenedor, -a (de «atener»; ant.) n. **Partidario.*

ateneísta n. Socio de un ateneo o concurrente a él. ⊙ Específicamente, socio del Ateneo de Madrid y concurrente asiduo a él, particularmente en la época en que constituía el principal lugar de reunión de literatos e intelectuales.

atenencia (de «atener»; ant.) f. *Adhesión o parcialidad: circunstancia de ser *partidario de alguien o algo.*

ateneo[1], -a (del lat. «Athenaeus», del gr. «athenaîos»; lit.) adj. y n. *Ateniense.*

ateneo[2] (del lat. «Athenaeum», del gr. «Athenaîon») m. Del nombre del templo de la diosa Atenea en Atenas, se aplica, generalmente como nombre propio, a algunas asociaciones culturales y al local en que están establecidas.

atener (del lat. «attinēre») **1** (ant.) tr. **Obedecer o seguir ↘leyes, costumbres, etc.* **2** («a») prnl. *Ajustarse o sujetarse. ⊙ («a») Mantenerse dentro de ciertas posibilidades: 'No se atiene a su sueldo y contrae deudas'. ⊙ («a») Ajustarse a ciertas órdenes, normas, etc.: 'Atente estrictamente a las instrucciones recibidas'. ⊙ (gralm. en frases imperativas; «a») No quejarse o no protestar por las consecuencias de cierto acto o no tratar de eludirlas: 'Si no me haces caso, atente a las consecuencias'. ⊙ («a») No añadir o variar nada de algo dicho antes o por otro: 'Me atengo a lo que dije la semana pasada'. **3** (ant.) intr. *Con «a» o «con», *andar al mismo paso que otro.* **4** («a») prnl. *Adherirse o arrimarse a una persona o cosa.*

□ CONJUG. como «tener».

ateniense adj. y, aplicado a personas, también n. De Atenas, ciudad griega. ≃ Ateneo, ateniés, ático. ⇒ Lexiarca.

ateniés, -a (ant.) adj. y n. *Ateniense.*

atenorado, -a adj. Aplicado a la *voz humana, al *sonido de los instrumentos, y a éstos por él, como de tenor.

atentado, -a (de «atentar») **1** (ant.) adj. *Moderado o prudente.* **2** (ant.) *Hecho con cuidado, sin hacer ruido.* **3** m. Acción de atentar. ⊙ Particularmente, por razones políticas. ⊙ DER. Delito que consiste en la violencia o resistencia contra la autoridad sin llegar a la rebelión. **4** *Abuso cometido por una autoridad.* ⇒ *Abusar.

ATENTADO POLÍTICO. Acto de terrorismo realizado por móviles políticos

ATENTADO CONTRA LA SEGURIDAD DEL ESTADO. Significado claro.

atentamente adv. Con atención o cortesía.

atentar[1] (del lat. «attentāre»; «a»: 'a la seguridad del Estado'; «contra»: 'contra su vida, contra el jefe del Estado') tr. Intentar causar un *daño grave a una persona o a una cosa. ⊙ Significar menoscabo para los derechos, la dignidad, etc., de alguien: 'Esa medida atenta a los derechos de los ciudadanos'. ⇒ Desatentar. ⊙ Hacer algo con que se pone en peligro la cosa que se expresa: 'Estás atentando contra tu salud'.

atentar[2] **1** (Chi.) tr. **Tocar.* ≃ Tentar. **2** (ant.) prnl. **Moderarse o *contenerse.* ⊙ (ant.) *Obrar con *cuidado.*

□ CONJUG. como «acertar».

atentatorio, -a adj. Se aplica a lo que atenta contra algo: 'Atentatorio a la libertad humana'.

atento, -a (del lat. «attentus», part. pas. de «attendĕre») **1** («Estar, Ser; a») adj. Se dice de la persona que atiende a algo o pone interés en lo que está haciendo. **2** («Estar, Mostrarse, Ser; con») *Amable con alguien o en alguna ocasión, o en general, o *cortés: 'Estuvo muy atento con nosotros. Es una persona atenta'.

atenuación **1** f. Acción y efecto de atenuar[se]. **2** *Figura retórica que consiste en quitar de cualquier modo brusquedad o violencia a lo que se expresa, por respeto a la persona a quien se habla, por natural aversión del que habla a la expresión demasiado tajante, etc. ⇒ *Atenuar.

□ FORMAS DE EXPRESIÓN

Son atenuativas una serie de expresiones conjuntivas no clasificables en los grupos de conjunciones establecidos, que introducen una alternativa atenuada para algo que se ha denegado o que se espera que sea denegado o no se realice; como «si acaso» o «en todo caso»: 'Creo que no podré venir; si acaso, ya tarde. No digamos que es muy inteligente, pero no es tonto. Deme usted aunque sólo sea para un barra de pan'. También lo son otras expresiones con que se indica una consideración que contrarresta, atenúa o desvirtúa cierta situación, suceso, etc. a que se refiere el que habla, tales como «hasta cierto punto». Véanse unas y otras, separadas en expresiones conjuntivas y expresiones adverbiales, en el catálogo de «atenuar».

Hay otros recursos con los que cuenta el lenguaje para suavizar la brusquedad del contenido conceptual a través de la expresión. En primer lugar, los catalogados como «*figuras de dicción»: atenuación, cleuasmo, eufemismo, ironía, lítote, perífrasis. También la sustitución de una afirmación por la negación de lo contrario: 'no es muy bueno'; el uso del potencial o el subjuntivo en vez del indicativo: 'yo querría un poco más de salsa', ciertas expresiones de reserva, como 'yo creo, yo diría' o 'me parece'; el tratamiento en tercera persona; etc.

atenuante adj. Se aplica a lo que atenúa. ⊙ adj. y n. f. DER. Se aplica específicamente a las circunstancias que aminoran la gravedad de un *delito; por ejemplo, la «legítima defensa». ⇒ Agravante.

atenuar (del lat. «attenuāre») **1** tr. *Hacer tenue.* **2** tr. y prnl. Hacer[se] menor o hacer parecer menor la intensidad, violencia o gravedad de una ↘cosa: 'Refirió lo sucedido, pero atenuándolo. La lluvia atenuó los efectos de la helada. Una pantalla para atenuar la luz'. ⊙ Rebajar[se] los ↘*colores.

□ CATÁLOGO

Prefijo, «res-»: 'resquemar'. Sufijo, «-ón»: 'tristón'. ➤ Echar AGUA al vino, *aliviar, dulcificar, endulzar, enfriar, quitar HIERRO, mitigar, paliar, *rebajar, templar, recoger VELAS. ➤ *Preparar. ➤ Atenuación, cleuasmo, eufemismo, insinuación, ironía, lítote, perífrasis, reticencia. ➤ Pátina. ➤ ¿Eh...?, me parece..., perdona [perdone, etc.] pero..., permite [permita, etc.] pero.... ➤ EXPRESIONES ATENUATIVAS: si ACASO, en todo CASO, no DIGAMOS que..., pero, aunque sólo [o nada más] SEA, siquiera, después de TODO, en medio de TODO. A MENOS que, so PENA de que, salvo que, como no SEA que, a no SER que, VERDAD [o la VERDAD] es que, bien es VERDAD que. En cierta MEDIDA, en cierto MODO, no es por NADA, pero...; hasta cierto PUNTO. ➤ V. Apénd. II, EXPRESIONES CONCESIVAS. ➤ *Aliviar. *Amortiguar. *Calmar. *Debilitar. *Disimular. *Disminuir. *Moderar. *Suave.

□ CONJUG. como «actuar».

atenuativo, -a adj. Se aplica a lo que atenúa o sirve para atenuar. ⊙ Puede aplicarse a los recursos lingüísticos que *atenúan la dureza del contenido de una expresión.

ateo, -a (del lat. «athēus», del gr. «átheos») adj. y n. Se aplica al que no cree en la existencia de Dios. ⇒ Teo-.

atepocate (del nahua «atepocatl»; Méj.) m. *Renacuajo.*

aterciando, -a adj. y n. Que padece tercianas.

aterciopelado, -a adj. Parecido al terciopelo: 'Hojas aterciopeladas'. ⊙ Se aplica al cutis de la cara de las mujeres, cuando es *suave y mate. ⊙ También a la voz de timbre suave y agradable; particularmente, a la de un cantante.

aterecer (de «aterir») **1** tr. *Hacer temblar a ↘alguien.* **2** tr. y prnl. *Aterir[se].*

atericia (ant.) f. *Ictericia.*

aterido, -a («Quedarse») Participio adjetivo de «aterir[se]»: 'Me quedé aterido esperando el autobús'. ⇒ Entelerido.

aterimiento m. Acción y efecto de aterir[se].

ateriniforme adj. y n. m. ZOOL. *Se aplica a los *peces del orden al que pertenecen el pejerrey y el charal, que se caracterizan por presentar, generalmente, dos aletas dorsales, la primera de ellas con espinas flexibles, aleta anal precedida por una espina, y línea lateral ausente en la mayor parte de las especies.* ⊙ m. pl. Zool. *Orden que forman.*

aterir tr. Poner a ↘alguien rígido o paralizado el exceso de frío. ⊙ prnl. Quedarse yerto por el frío. ≃ Pasmarse.

□ CONJUG. como «abolir», aunque, de hecho, sólo se utilizan el infinitivo y el participio.

atérmano, -a (de «a-[1]» y el gr. «thérmē», calor) adj. Fís. *Mal conductor del calor.*

ateroesclerosis o **aterosclerosis** (del gr. «athḗra», pulpa, y «esclerosis») f. MED. Arteriosclerosis caracterizada por el depósito de sustancias lipoideas en el interior de las arterias.

ateroma (del gr. «athḗra», pulpa, y «-oma») **1** m. MED. *Quiste sebáceo.* **2** MED. *Arteriosclerosis con alteraciones grasientas en la pared arterial.*

aterrado, -a («Dejar») Participio adjetivo de «aterrar[se]».

aterrador, -a adj. Que aterra

aterrajar tr. *Hacer roscas o molduras [en una ↘cosa] con la terraja.* ⇒ Atarrajar.

aterraje 1 m. AERO., MAR. *Acción de aterrar un barco o un avión.* **2** MAR. *Determinación del punto en que ha aterrado un barco.*

aterramiento (de «aterrar») m. GEOL. *Aumento de la cantidad de tierras depositadas en el *fondo del mar o de un río por acarreo natural o artificial.*

aterrar[1] (de «tierra») **1** tr. **Bajar una ↘cosa al suelo.* **2** *Tirar ↘algo al suelo.* **3** intr. *Llegar una cosa a tierra.* **4** MAR. *Tocar tierra un barco.* ⊙ AERO. *Aterrizar un avión.* **5** tr. MINER. *Echar en los ↘terreros los escombros y escorias.* ≃ Aterrerar. **6** **Cubrir con tierra ↘algo.* ⇒ *Enterrar.

□ CONJUG. como «acertar».

aterrar[2] (del lat. «terrēre») tr. Causar terror a ↘alguien: 'El rugido nos dejó aterrados'. ≃ *Aterrorizar, escalofriar, espantar, horripilar, horrorizar. ⊙ Se usa mucho hiperbólicamente: 'Me aterra el cambio de casa'. ⊙ prnl. Llenarse de terror.

aterrecer (de «a-[2]» y «terrecer»; ant.) tr. **Aterrorizar.* ≃ Terrecer.

aterrerar (de «a-[2]» y «terrero») tr. MINER. *Aterrar.*

aterrizaje m. Acción de aterrizar.

ATERRIZAJE FORZOSO. Significado claro.

V. «TREN de aterrizaje».

aterrizar 1 intr. Posarse en tierra un *avión u otro aparato de navegación aérea; puede también hacer de sujeto «aviador, piloto», etc. ⇒ Aterrar, tomar TIERRA. ➤ Alunizar, amarar, amarizar, amerizar. ➤ Pista. **2** (inf.) *Caer al suelo. **3** (inf.) *Llegar alguien inesperadamente a un lugar. **4** (inf.) Llegar a un sitio o volver después de un periodo de ausencia, por ejemplo tras las vacaciones.

aterronado, -a Participio adjetivo de «aterronar[se]».

aterronar tr. Hacer que forme terrones la ↘tierra u otra cosa. ⊙ prnl. Formar terrones la tierra u otra cosa semejante.

aterrorizar tr. Causar terror a ↘alguien: 'La tempestad aterroriza a los animales'. ⊙ Se usa hiperbólicamente: 'Aterroriza a sus alumnos'. ⊙ prnl. Llenarse de terror. ⇒ Aterrar, aterrecer, poner CARNE de gallina, erizar, escalofriar, espantar, estremecer, horripilar, horrorizar, poner los PELOS de punta, hacer TEMBLAR, causar TERROR. ➤ *Asustar. *Miedo. *Terror.

atesar (de «a-[2]» y «tesar») **1** (ant.) tr. *Atiesar.* **2** (ant.) *Poner *tenso.* ≃ Tesar.

atesoramiento m. Acción de atesorar. ⊙ ECON. Particularmente, acumulación de dinero sin repercusión en la actividad económica.

atesorar (de «a-[2]» y «tesoro») tr. *Guardar ↘cosas de valor. Particularmente, guardarlas ocultas. ⇒ *Acaparar, *acumular, *amontonar, aguardar, *juntar. ➤ *Tesoro. ⊙ Se aplica también a cosas inanimadas: 'La tierra atesora grandes riquezas'. ⊙ Poseer ↘*virtudes o buenas cualidades: 'Atesora una gran simpatía'.

atestación f. Acción de atestar.

atestado[1] m. Documento oficial en que se relata algo. ⊙ Particularmente, relato de un *suceso tal como resulta de las investigaciones judiciales: 'Instruir el atestado'. ⇒ Testimoniales, testimonio.

atestado[2], -a adj. *Obstinado.* ≃ Testarudo.

atestado[3], -a Participio adjetivo de «atestar». *Lleno hasta no caber más, particularmente de gente. ≃ Repleto.

atestadura 1 f. *Acción de atestar (rellenar).* ≃ Atestamiento. **2** *Porción de mosto con que se rellenan las cubas.*

atestamiento m. *Acción de atestar (rellenar).* ⇒ Atestadura, atiesto.

atestar[1] (del lat. «attestāri») tr. DER. *Atestiguar.

atestar[2] (de «a-[2]» y «tiesto[2]») **1** tr. *Llenar una ↘cosa *apretando mucho el contenido, hasta que no cabe más. ⇒ *Abarrotar, *recalcar. **2** Llenar la gente completamente un ↘local o espacio: 'La gente que atestaba la plaza le tributó una salva de aplausos'. **3** *Rellenar las ↘cubas de *vino con mosto, para suplir la merma producida por la fermentación.* **4** tr. y prnl. Atiborrar[se] de comida.

atestar[3] (de «testa») **1** intr. *Dar con la cabeza.* **2** *Porfiar.* **3** (R. Dom.) tr. *Poner a ↘alguien por la fuerza contra una pared, contra un árbol, etc.*

atestiguación o **atestiguamiento** f. o m. Acción de atestiguar.

atestiguar (del lat. «ad», a, y «testificāre») **1** («con») tr. *Afirmar o *declarar como testigo cierta ↘cosa. ⇒ Acotar, levantar ACTA, acreditar, adverar, atestar, hacer CONSTAR, contestar, dar FE, testificar, testimoniar, dar TESTIMONIO. ➤ *Testigo. **2** Ser prueba de cierta ↘cosa o de la verdad de cierta cosa: 'Esas cicatrices atestiguan su valor [o la verdad de lo que ha dicho]'.

□ CONJUG. como «averiguar».

atetado, -a adj. *De *forma de teta.*

atetar (de «a-[2]» y «teta») tr. Aplicado con preferencia a los animales, dar de mamar.

atetillar (de «a-[2]» y «tetilla») tr. AGRIC. *Dejar algo de tierra arrimada alrededor del tronco de los ↘árboles cuando se cavan.*

atetosis (del gr. «áthetos», mal fijado, y «-osis») f. MED. *Trastorno consistente en la realización involuntaria de movimientos reptantes, lentos, repetidos, de brazos, manos o pies, debido a lesión cerebral.* ⇒ *Mente.

atezado, -a Participio adjetivo «atezar[se]».

atezar (de «a-[2]» y «tez»; usual sólo el infinitivo y el participio) **1** tr. *Poner una ˘cosa lisa y tersa o lustrosa.* **2** *Ennegrecer.* **3** Poner la ˘piel morena el sol. ≃ Broncear, tostar. ⊙ prnl. Ponerse moreno.

atibar (del lat. «stipāre». amontonar, con cambio de prefijo) tr. MINER. *Rellenar con zafras, tierra o escombros una ˘mina que no conviene dejar abierta.* ⇒ Desatibar.

atibiar (ant.) tr. *Entibiar.*

atiborrado, -a Participio adjetivo de «atiborrar[se]».

atiborramiento m. Acción de atiborrar[se].

atiborrar (de «atibar» y «borra») **1** tr. Llenar un ˘recipiente con cualquier cosa apretándola mucho. **2** *Hartar a ˘alguien de comida. ⊙ prnl. Hartase de comida.

aticismo (del lat. «atticismus», del gr. «attikismós») m. Cualidad de ático. ⊙ Con referencia al estilo literario, delicadeza y elegancia.

aticista adj. y n. Se aplica al autor literario que escribe con aticismo.

ático, -a (del lat. «Attĭcus», del gr. «attikós») **1** adj. y, aplicado a personas, también n. Del Ática, región histórica de Grecia. **2** m. Se aplica a la *lengua hablada en el Ática, que fue, desde el siglo IV, el griego literario. **3** (bastante usado antes, pero no ahora) adj. Aplicado a los escritores, a su estilo, lenguaje, etc., por alusión a los escritores griegos de la época clásica, elegante y depurado. **4** m. ARQ. Cuerpo de un edificio que se construye encima de la cornisa. ⊙ Piso último de un edificio, más bajo de techo que los inferiores. ⊙ En los edificios modernos suelen estar retranqueados, aprovechando para terrazas el espacio del retranqueo. ⇒ Sotabanco. ➤ *Guardilla. ➤ *Casa.

V. «INGENIO ático, SAL ática».

-ático, -a Sufijo de algunos, pocos, adjetivos cultos, que han pasado formados del latín: 'Cromático, democrático, dogmático, errático, fanático, reumático'; otros como «perlático», se han formado en castellano. ⊙ Existe también con el mismo sufijo el nombre «viático» en que la terminación latina se ha conservado, en vez de transformarse en «-aje» que es la forma vulgar.

atierre (de «aterrar») m. MINER. *Escombros producidos por un hundimiento.*

atiesar tr. *Poner tieso ˘algo.*

atiesto (de «atestar[2]»; ant.) m. *Atestamiento.*

atifle (del ár. and. «atífil») m. *Utensilio de barro, semejante a una trébede, que ponen los alfareros en el horno entre pieza y pieza para evitar que se toquen.* ⇒ *Cerámica.

atigrado, -a adj. Con *dibujos o manchas como los de la piel del tigre: 'Gato atigrado'. ⊙ Se aplica a los *caballos que tienen manchas oscuras sobre fondo claro.

atijara (del ár. and. «attiǧára») **1** (ant.) f. **Mercancía.* **2** (ant.) **Comercio.* **3** (ant.) *Precio del *transporte de una mercancía.* **4** (ant.) **Premio o *merced.*

atijarero (de «atijara») m. **Arriero.*

atildado, -a Participio adjetivo de «atildar[se]».

atildamiento m. Cualidad de atildado (arreglado).

atildar **1** tr. *Poner tildes a las ˘letras.* **2** Poner ˘algo o, particularmente a ˘alguien, cuidadosamente *arreglado. ⊙ A veces, connota exceso o afectación. También reflex. ⇒ *Acicalar.

atinadamente adv. De manera atinada.

atinado, -a («Estar, Ir, Resultar, Ser») Participio adjetivo de «atinar». ⊙ Se aplica lo mismo al que atina que a la cosa que resulta acertada o conveniente: 'Has estado muy atinado. Una respuesta [o una medida] atinada'. ≃ *Acertado.

atinar (de «tino[2]») **1** («a») intr. Dar con alguna cosa que se dispara en el blanco propuesto. ≃ *Acertar, dar en el BLANCO. ⊙ («con») Encontrar algo que se busca, por casualidad o con datos insuficientes: 'Atiné en seguida con la casa'. ≃ *Acertar, dar con. ⊙ («con, en») Encontrar la solución de una adivinanza o la respuesta a un problema o cuestión: 'He atinado en las tres respuestas del concurso'. ≃ *Acertar, adivinar, dar con. ⊙ («a, con, en» o con gerundio) Obrar de una manera que lo que pasa después acredita como buena: 'Has atinado al coger [con coger, en coger, cogiendo] el paraguas'. ≃ *Acertar. **2** («con») Encontrar lo que se busca, a tientas. ⇒ Desatinar.

atíncar (del sup. ár. and. «attinkár», cl. «tinkār», de or. persa) m. *Bórax en bruto, obtenido en los lagos salinos.*

atinconar tr. MINER. *Asegurar provisionalmente los ˘hastiales con estemples.*

atinencia f. *Atingencia.*

atinente (del lat. «attĭnens, -entis», part. pres. de «attinēre», tocar, palpar) adj. *Atingente.*

atingencia f. **Relación.*

atingente (de «atingir») adj. *Referente o *relativo a la cosa que se expresa.*

atingido, -a (Bol.) adj. *Se aplica a la persona que está atravesando un momento de dificultades económicas.*

atingir (del lat. «attingĕre») **1** (Hispam.) intr. **Atañer.* **2** (Hispam.) **Oprimir, tiranizar.*

atino (de «atinar»; ant.) m. *Tino.*

atiparse (del cat. «atipar», de «tip», harto) prnl. **Hartarse.*

atipicidad f. Cualidad de atípico.

atípico, -a adj. Que se aparta del modelo conocido. ⇒ *Raro.

atiplado, -a Participio de «atiplar[se]». ⊙ adj. Aplicado a la *voz o a un sonido, agudo, como de tiple. ⊙ Se aplica peyorativamente a la voz masculina.

atiplar (de «a-[2]» y «tiple») tr. y prnl. Hacer[se] agudo el sonido de la voz o de un instrumento musical.

atirantar **1** tr. Poner una ˘cosa *tirante. ⇒ Aballestar, cazar, entesar, estirar, templar, tensar, tesar. ➤ Tarabilla, templador, tensor. ➤ Tensión. ➤ *Apretar. *Tirante. **2** CONSTR. Sujetar ˘algo con tirantes.

atirelado, -a (de «a-[2]» y «tirela»; ant.) adj. *Aplicado a las *telas, con *dibujo de listas.*

atisbadura (ant.) f. *Atisbo.*

atisbar (¿de «avistar»?) **1** tr. *Mirar ˘algo con cuidado y disimulo. ⇒ *Acechar, *espiar. **2** Ver ˘algo, en sentido propio o figurado, muy débilmente o sólo si se mira muy atentamente: 'Me parece atisbar allá lejos un tejado'. Se usa mucho en forma pronominal pasiva o impersonal con «se»: 'Se atisba una esperanza de paz'. ≃ *Vislumbrar[se], *aparecer. ⇒ Aciguatar, adivinar[se], alcanzar, alufrar, apreciar[se], haber [o tener] ATISBOS, columbrarse, descubrir[se], distinguirse, *divisar[se], entreparecerse, entrever[se], haber [o tener] INDICIOS, *notar[se], oler[se], *sospechar[se], traslucir[se], trasver[se], vislumbrar[se]. ➤ *Adivinar. *Aparecer. *Notar. *Ver.

atisbo **1** m. Acción de atisbar. ≃ Atisbadura. **2** («Un atisbo» o «atisbos») Indicio o iniciación todavía débil de una cosa: 'Hay un atisbo de mejoría'. **3** Muestra pequeña de una cosa: 'Hay atisbos de vegetación'. ⇒ *Algo.

atisuado, -a adj. *Aplicado a *telas, semejante al tisú.*

-ativo, -a V. «-ivo».

¡atiza! interj. V. «atizar».

atizacandiles (de «atizar» y «candil»; n. calif.) n. *Se aplica a una persona entrometida.*

atizador **1** m. *Operario que en los molinos de *aceite amontona la oliva con una pala para que pase la piedra por ella, y retira la que ya está molida.* **2** Utensilio para atizar la lumbre.

atizar (del sup. lat. «attitiāre», de «titĭo, -ōnis», tizón) **1** tr. Avivar la ↘lumbre sacudiendo la ceniza, aproximando los tizones entre sí o de otra manera. ⇒ Encandilar, escalibar. **2** Excitar algo como una ↘pasión, el odio o la discordia. ≃ Activar, avivar. **3** (inf.) *Dar algo como un ↘puntapié, una bofetada, una puñalada. ≃ *Asestar. **4** (con un pron. reflex.; inf.) *Beber o *comer ↘algo que se considera exagerado: 'Se atizó tres copas de coñac. Se ha atizado el pollo él solo'.

¡ATIZA! Exclamación informal arrancada por un *disparate o una cosa no grave que produce asombro, *sobresalto o sorpresa. ⇒ *Asombrar.

atizonar **1** tr. CONSTR. *Colocar algunas piedras a tizón en una ↘obra de mampostería para darle solidez.* **2** CONSTR. *Colocar un madero embutido por su extremo en una ↘pared en la que se apoya.* **3** prnl. Contraer las plantas el tizón. ⇒ Apolvillarse.

atlante (del lat. «atlantes») m. ARQ. Estatua masculina que sirve de *columna. ≃ Telamón.

atlanticense adj. y, aplicado a personas, también n. *De Atlántico, departamento de Colombia.* ≃ Atlantiquense.

atlántico, -a (del lat. «Atlantĭcus») **1** adj. *Del monte Atlas o Atlante.* **2** Se aplica como denominación al océano que está entre las costas orientales de América y occidentales de Europa y África, así como a sus costas y a las cosas de él o relacionadas con él: 'Océano Atlántico. Costa atlántica. Navegación atlántica'.

atlantiquense adj. y n. *Atlanticense.*

atlantismo m. Actitud política que sustenta a la organización militar OTAN (Organización del Tratado del Atlántico Norte).

atlantista **1** adj. Del atlantismo. **2** adj. y n. Seguidor de él.

atlas (del lat. «Atlas», del gr. «Átlas», porque en la portada de la primera colección de mapas estaba representado este héroe mitológico sosteniendo el mundo sobre sus espaldas) **1** m. Colección de mapas en forma de libro. ⇒ Bibliomapa. **2** Colección de láminas correspondientes a un texto, encuadernada por separado. **3** (n. calif. usado en aposición) Se aplica al tamaño normal del *papel de dibujo (65 × 85 cm): 'Tamaño atlas'. **4** Libro de carácter didáctico que presenta sus contenidos principalmente en forma de ilustraciones, gráficos o cuadros sinópticos: 'Atlas de anatomía [o de historia]'. **5** (acep. sugerida por la posición y función de la vértebra) ANAT. Primera vértebra cervical.

atleta (del lat. «athlēta», del gr. «athlētḗs») **1** m. Hombre de los que tomaban parte en las competiciones gimnásticas en Grecia y Roma. ⊙ n. Persona muy fuerte o que sobresale en los deportes o en ejercicios gimnásticos de fuerza. **2** Deportista que practica el atletismo.

atlético, -a (del lat. «athletĭcus», del gr. «athlētikós») **1** adj. De los atletas o de sus ejercicios o deportes. ⇒ Gimnástico, gímnico. ➤ Ceroma, lemnisco. ➤ Pancracio. ➤ *Gladiador. **2** *Tipo psicosomático caracterizado por piernas largas, pecho ancho y músculos desarrollados.

atletismo **1** m. Actividad relacionada con los deportes de fuerza: 'Es una de las naciones en que más se ha desarrollado el atletismo'. **2** Modalidad deportiva que incluye la carrera, el salto y los lanzamientos. ⇒ *Carrera, lanzamiento, maratón, marcha, salto. ➤ Discóbolo, fondista, marchador, velocista. ➤ Disco, jabalina, martillo, pértiga, peso. ➤ Decatlón, pentatlón, triatlón.

atmósfera (del gr. «atmós», aire, y «-sfera») **1** f. Envoltura gaseosa de la Tierra. ⊙ Por extensión, envoltura semejante de otros astros. **2** Aire encerrado en un local. ≃ *Ambiente. **3** Conjunto de condiciones e influencias que rodean una cosa o, particularmente, a una persona. ≃ Ambiente, medio. **4** Estado de ánimo del conjunto de personas que asisten a una reunión: 'La sesión se desenvolvió en una atmósfera de recelo'. **5** FÍS. Unidad de presión, equivalente al peso de una columna de aire de la altura de la atmósfera sobre 1 cm^2 de superficie.

□ CATÁLOGO

*Aire, altanería, alteza, altura[s]. ➤ AGENTES naturales, ambiente, ámbito, cielo, elemento, esfera, espacio, éter, la GRACIA de Dios, intemperie, sereno. ➤ Aerosfera, estratosfera, exosfera, ionosfera, magnetosfera, mesosfera, ozonosfera, termosfera, tropopausa, troposfera. ➤ Frente. ➤ Cargada, clara, embalsamada, húmeda, impura, irrespirable, limpia, pesada, seca. ➤ Contaminación, polución. ➤ Enturbiarse. ➤ Polvo, VAPOR de agua. ➤ Presión. ➤ Ventilar. ➤ *Meteorología.

atmosférico, -a adj. De la atmósfera.

V. «PRESIÓN atmosférica».

-ato **1** Sufijo del mismo valor que «-ado», que forma nombres de *dignidad, *empleo o *jurisdicción, derivados del nombre aplicado al que los desempeña: 'decanato, priorato'. **2** Sufijo empleado para formar los nombres de las crías de algunos animales: 'jabato, ballenato'. **3** Se utiliza en *química para formar nombres de sales y ésteres.

atoaje m. *Acción de atoar.*

atoar (de «a-²» y «toar») **1** tr. MAR. *Llevar a remolque un *barco a ↘otro por medio de un cabo.* **2** MAR. *Espiar: halar o *tirar de un cabo sujeto en algún sitio, para hacer avanzar la nave en dirección a éste.* ⇒ Palmear.

atoba (del ár. and. «aṭṭúb»; Murcia) f. *Adobe (ladrillo).*

atobar (del ár. and. «ṭabál», tambor; ant.) tr. **Sorprender, *admirar o *aturdir.*

atocha (del ár. y rom. and. «aṭṭáwča», del lat. «taucia», de or. prerromano) f. Esparto.

atochada (de «atocha») f. **Atajadero hecho con esparto o broza para contener el agua.*

atochal (de «atocha») m. *Campo de esparto.*

atochar (de «atocha») **1** tr. *Rellenar alguna ↘cosa con esparto.* ⊙ *Por extensión, rellenar de cualquier otra materia.* **2** MAR. *Oprimir el viento una ↘*vela contra su jarcia u otra cosa.* **3** prnl. MAR. *Quedar un *cabo oprimido por algo, de modo que es difícil su laboreo.*

atochón **1** Caña de la atocha. **2** *Esparto (planta).*

atocia (de «átoco») f. MED. *Esterilidad de la mujer.*

atocinado, -a («Estar») Participio adjetivo de «atocinar[se]».

atocinar **1** tr. *Abrir el ↘cerdo en canal.* **2** *Preparar el tocino salándolo.* **3** (ant., inf.) *Asesinar a ↘alguien.* **4** prnl. **Amostazarse.* **5** *Enamorarse ciegamente.* **6** Ponerse momentáneamente torpe al hacer una cosa; no poder pensar con claridad sobre algo.

átoco, -a (del gr. «átokos») adj. BIOL. *Aplicado a las hembras, *estéril.*

atojar (de «ajotar»; C. Rica, Cuba, Pan.) tr. **Azuzar a un ↘perro.*

atol o **atole** (del nahua «atúlli»; Hispam.) m. *Bebida consistente en una especie de gachas claras de harina de maíz.*

DAR ATOLE CON EL DEDO a alguien (Méj.). **Engañarle.*

atoleadas (Hond., Guat.) f. pl. *Fiestas populares en que se obsequia con atole.*

atolería (Hispam.) f. *Lugar donde se fabrica o se vende atole.*

atolero, -a (Hispam.) n. *Fabricante o vendedor de atole.*

atolillo (de «atole»; C. Rica, Hond.) m. *Gachas de harina de maíz, azúcar y huevo.*

atolladal o **atolladar** (Extr.) m. *Atolladero.*

atolladero 1 («Meterse, Salir») m. Lugar cenagoso donde se atollan o atascan los carros. ≃ *Atascadero. ⇒ Desatollar. ⊙ Cualquier lugar de que es difícil salir. 2 (inf.; «Encontrarse, Estar, Poner en, Sacar, Salir de») Situación incómoda, comprometida o peligrosa de que es difícil salir: 'Le han puesto en un atolladero pidiéndole las cuentas'. ≃ *Apuro.

atollar (de «a-[2]» y «tollo») 1 tr. **Obstruir un ↘conducto.* ≃ *Atascar. ⇒ Desatollar. 2 intr. y prnl. **Atascarse.*

atolón (de «atolu», voz de las islas Maldivas) m. Arrecife de coral que encierra en su centro una laguna, donde pueden refugiarse los barcos.

atolondradamente adv. Con atolondramiento.

atolondrado, -a («Estar, Ser») Participio adjetivo de «atolondrar[se]».

atolondramiento m. Acción y efecto de atolondrar[se].

atolondrar (de «a-[2]» y «tolondro») 1 (inf.) tr. Dejar a ↘alguien momentáneamente sin poder coordinar sus pensamientos por un golpe en la cabeza, una impresión muy fuerte, etc. ≃ *Aturdir. ⊙ prnl. Ponerse de este modo. 2 tr. Quitarle a ↘alguien la tranquilidad para hacer algo; por ejemplo, dándole prisa o dándole órdenes contradictorias. ≃ *Aturdir. ⊙ prnl. Perder la tranquilidad para hacer algo. ≃ Aturdirse.

atomecer (del lat. «ad», a, y «tumescĕre», hincharse; ant.) tr. y prnl. **Entumecer[se].*

atómico, -a 1 adj. De [del o de los] átomo[s]. 2 Se aplica a la energía que surge de la desintegración del átomo. ⊙ De esta energía o relacionado con ella: 'Bomba atómica'.

atomir (del lat. «ad», a, y «tumēre», hincharse; ant.) intr. *Quedarse yerto o helado.* ≃ Atomecer, *entumecerse.

atomismo m. Doctrina filosófica de la antigua Grecia que afirma que la materia está constituida por minúsculas partículas indivisibles denominadas «átomos».

atomista adj. Del atomismo. ⊙ n. Seguidor del atomismo.

atomización f. Acción de atomizar.

atomizador m. Utensilio empleado para atomizar. ⇒ Pulverizador.

atomizar (de «átomo») tr. *Dividir ↘algo en partes muy pequeñas. ⊙ Se usa también en sentido figurado: 'Atomizar la cuestión'. ⇒ *Desmenuzar. ⊙ Pulverizar un ↘líquido finísimamente.

átomo (del lat. «atŏmus», del gr. «átomos») 1 m. Partícula de un cuerpo simple, la más pequeña que conserva las cualidades íntegras de él. 2 (inf.) Se emplea en frases negativas para designar una porción muy pequeña de algo: 'No tiene un átomo de inteligencia'. ⇒ *Insignificante.

□ CATÁLOGO

Corteza, *NÚCLEO atómico. ➤ Aceptor, antipartícula, antiprotón, electrón, ión, kaón, mesón, negatrón, neutrino, neutrón, partícula, positrón, protón. ➤ Nucleido. ➤ Actividad, afinidad, cohesión. ➤ Desintegración, escisión, radiactividad, REACCIÓN en cadena, enlace. ➤ Órbita. ➤ Espín [o spin]. ➤ Octeto. ➤ MASA atómica, NÚMERO atómico, PESO atómico, valencia. ➤ Isótopo. ➤ ACELERADOR de partículas, ciclotrón, PILA atómica, reactor, sincrociclotrón, sincrotrón. ➤ Subatómico. ➤ *Electrónica. *Materia. *Molécula. *Radiación.

atona f. *Se aplica a la *oveja que cría un cordero de otra madre.*

atonal adj. MÚS. Se aplica a la *música que no se rige por las normas clásicas de la tonalidad.

atondar (del lat. «ad», a, y «tundĕre», golpear) tr. EQUIT. *Estimular el jinete al ↘*caballo con las piernas.*

atonía (del lat. «atonĭa», del gr. «atonía») 1 f. MED. Falta de tono muscular. 2 Falta de voluntad o incapacidad para reaccionar física o moralmente, entusiasmarse, etc. ≃ Apagamiento. ⇒ *Apatía, *pereza. 3 Falta de actividad: 'Atonía política [o cultural]'.

atónico, -a adj. *Falto de tono muscular.*

atónito, -a (del lat. «attonĭtus»; «Estar, Quedarse, Sentirse, Dejar, Tener»; «con, de, por») adj. Asombrado hasta el punto de quedarse desconcertado, sin comprender lo que pasa. ≃ Estupefacto, maravillado, pasmado, suspenso.

átono, -a (del gr. «átonos») adj. FON. Se aplica a los sonidos que se pronuncian sin acento. ≃ Inacentuado. ⇒ Grave, llano. ➤ Tónico.

atontado, -a Participio adjetivo en todos los matices de «atontar[se]»: 'El golpe [el asombro, la admiración] le dejó atontado'. ⊙ Distraído.

atontamiento m. Estado de atontado.

atontar tr. Poner a ↘alguien tonto o como tonto. ≃ Alelar, embobar. ⇒ Anieblar[se], apendejarse, encalamocar[se], entontecer[se]. ⊙ Dejar incapaz para discurrir: 'Le atontó el golpe'. ≃ *Aturdir. ⊙ Dejar a ↘alguien ausente de lo que le rodea, por asombro. ≃ *Pasmar. ⊙ Dejar a ↘alguien la exagerada *admiración incapaz para discernir. ≃ *Ofuscar. ⊙ prnl. Ponerse atontado.

atontolinado, -a (inf.) Participio adjetivo de «atontolinar[se]».

atontolinar (inf.) tr. y prnl. Atontar[se].

atopile (del nahua «atl», agua, y «topilli», criado; Méj.) m. *Hombre que hace todos los días en las haciendas de *caña de azúcar la distribución general del agua de riego.*

atoque (del ár. and. «aṭṭáwq», solapa; Aragón) m. **Borde de madera de un escalón, del pesebre, etc.*

atora (del hebr. «tōrāh», enseñanza, a través del b. lat.; ant.) f. *Ley de Moisés o religión de los *judíos.*

atoramiento m. Acción de atorar[se] (atascar[se]).

atorar[1] (del lat. «obturāre», cerrar) tr. y prnl. o, menos frec., intr. *Atascar[se]. ⇒ Desatorar. ⊙ prnl. **Atragantarse.*

atorar[2] (de «a-[2]» y «tuero») tr. **Partir *leña (hacer tueros).*

□ CONJUG. como «contar».

atordecer (ant.) tr. **Aturdir.*

atordecimiento (ant.) m. *Aturdimiento.*

-atorio V. «-torio».

atormecer (ant.) tr. *Adormecer.*

atormecimiento (ant.) m. *Adormecimiento.*

atormentado, -a Participio adjetivo de «atormentar[se]».

atormentador, -a o **atormentante** adj. Que atormenta.

atormentar (de «a-²» y «tormentar») **1** tr. Dar tormento a ↘alguien. ≃ Martirizar, torturar. **2** Hacer padecer mucho a ↘alguien. ⊙ Quitar la tranquilidad. ≃ Angustiar. ⊙ prnl. Preocuparse excesivamente o hacerse a sí mismo reflexiones penosas. ⇒ Aspar, atenacear, dar DOGAL, julepear, dar[se] MAL, martirizar[se], martillar [o martillear], mortificar[se], mortiguar, hacer PADECER, potrear, dar[se] malos RATOS, dar[se] TORMENTO, torturar. ➤ *Angustia. **3** tr. No dejar tranquilo físicamente, *molestar mucho: 'Me atormentaban los mosquitos'. ⇒ *Desesperar, *mortificar. ≃ Mortificarse.

atornasolado, -a adj. Tornasolado.

atornillado, -a Participio adjetivo de «atornillar». ⊙ Sujeto con tornillos.

atornillador m. Destornillador.

atornillar 1 tr. Introducir un ↘tornillo o tuerca o colocar ↘algo con tornillos. ⇒ Arroscar, enroscar. ➤ Desatornillar, destornillar. **2** Mantener[se] obstinadamente en un cargo o en un lugar cualquiera. **3** Presionar a ↘alguien.

atoro (Chi.) m. *Acción de atorarse (atragantarse).*

atorozonarse prnl. VET. *Contraer torozón las caballerías.*

atorra (del ár. and. «addurrá'a»; Ál.) f. *Enagua o *falda bajera.*

atorrante, -a 1 (Arg.) adj. y n. **Vagabundo u *holgazán.* **2** (Arg.) *Sinvergüenza.*

atortolado, -a 1 Participio adjetivo de «atortolar[se]». **2** (gralm. pl.) Se aplica a los que están muy enamorados o en actitud de estarlo. ≃ Amartelado.

atortolar (de «a-²» y «tórtola») **1** tr. *Aturdir. **2** *Turbar. **3** *Intimidar. **4** prnl. **Enamorarse dulce y patentemente.*

atortorar tr. MAR. **Reforzar ↘algo con tortores.*

atortujar (de «a-²» y «torta») tr. **Aplastar o aplanar una ↘cosa apretándola.*

atosigado, -a Participio adjetivo de «atosigar[se]». Agobiado de trabajo o apurado por falta de tiempo.

atosigamiento m. Acción de atosigar[se]. ≃ Apresuramiento. ⇒ Agobio.

atosigante adj. Que atosiga.

atosigar¹ (de «tósigo») tr. **Envenenar.*

atosigar² (del sup. lat. «tussicāre», toser) tr. *Abrumar a ↘alguien dándole mucha *prisa o mandándole muchas cosas a la vez. ⇒ *Apresurar. ⊙ prnl. *Atarearse demasiado o con angustia.

atoxicar (de «a-²» y «tóxico») tr. y prnl. **Envenenar[se].* ≃ Atosigar[se].

atrabajado, -a 1 *Participio de «atrabajar».* **2** adj. *Gastado por el trabajo.* ≃ Trabajado. **3** (ant.) *Agobiado de trabajo.* **4** (ant.) *Aplicado al estilo, excesivamente trabajado o elaborado, y falto de espontaneidad.*

atrabajar tr. *Hacer pasar trabajos a ↘alguien.*

atrabancar (de «a-²» y «trabanco») **1** tr. **Arrollar ↘obstáculos.* **2** (And., Can.) **Llenar una ↘cosa hasta que no cabe más en ella.* ≃ *Abarrotar.

atrabiliario, -a (de «atrabilis») adj. *Irascible o irritable: de genio desigual o de carácter violento; se dice del que se enfada sin motivo u obra dejándose llevar de accesos de mal humor. ⊙ Se aplica también a «genio, carácter», etc. ⇒ *Tipo.

V. «CÁPSULA atrabiliaria».

atrabilis (del lat. «atra», negra, y «bilis», bilis) f. MED. **Bilis negra y acre.*

atracada¹ f. MAR. Acción de atracar.

atracada² (Cuba, Méj.) f. *Atracón.*

atracadero m. Lugar donde se atraca.

atracador, -a n. Persona que atraca (asalta).

atracar¹ (del ár. «atraqqà», ascender) **1** tr. Arrimar una ↘embarcación a la costa o a otra embarcación. ⇒ *Arribar. ➤ Desatracar. ➤ *Bichero. **2** intr. Llegar a tierra una embarcación. **3** tr. *Asaltar a ↘alguien con armas para robarle, en poblado. ⇒ Apache, atracador, gángster, pistolero. ➤ ¡MANOS arriba!».

atracar² («de») tr. Hacer a ↘alguien comer hasta que ya no puede más. ⊙ prnl. *Hartarse a comer.

atracción (del lat. «attractĭo, -ōnis») **1** f. Acción de *atraer en cualquier acepción. ⊙ FÍS., QUÍM. Fenómeno de atraer o de atraerse los cuerpos entre sí. **2** Cosa que atrae la atención de los demás. **3** (gralm. pl.) Noria, montaña rusa, tiro al blanco o cualquier otra instalación de las que se montan en las ferias o parques de atracciones para diversión del público. **4** Cada uno de los números de ciertos espectáculos, por ejemplo de circo. **5** DER. *Circunstancia de considerarse ciertos autos más importantes y de acumularse a ellos otros.*

ATRACCIÓN MOLECULAR. FÍS., QUÍM. La que se ejerce entre las moléculas.

A. UNIVERSAL. FÍS. Gravitación.

atraco m. Acción de atracar (asaltar).

atracón (de «atracar²»; «Darse un») m. Acción de comer hasta hartarse. ≃ Hartazgo, hartijón. ⇒ *Harto.

atractivo, -a (del lat. «attractīvus») **1** adj. Aplicado a personas, a su aspecto físico, trato, etc., tal que despierta simpatía, afecto o atracción sexual y hace buscar su trato a otros. **2** («Ejercer, Poseer, Tener») m. *Belleza u otra cualidad o conjunto de cualidades por las que alguien *atrae la simpatía, el afecto o el deseo sexual de otros o hace deseable su trato, o una cosa resulta agradable. ≃ *Encanto.

atractriz adj. f. FÍS. *De atracción.*

atraer (del lat. «attrahĕre») **1** tr. Hacer una cosa que ↘otra se acerque a ella, al sitio en que ella está o a cierto sitio: 'El imán atrae las limaduras de hierro. El Sol atrae a la Tierra'. También recípr.: 'Los cuerpos se atraen'. ⊙ Hacer acudir a ↘personas, animales o cosas a cierto sitio donde está la cosa que atrae: 'La miel atrae a las moscas. La bondad del clima atrae a los veraneantes. La propaganda atrae compradores'. ⊙ *Provocar una cosa o una persona en alguien ↘afecto, cariño o deseo de trato, proximidad o posesión. ⊙ Hacer una persona o una cosa que se dirijan a ella las ↘miradas, la atención, etc. de los demás o de alguien determinado. ⊙ (con un pron. reflex.) *Inspirar una persona en otras cierto ↘sentimiento hacia ella, favorable u hostil. ≃ Captar[se], conciliarse. ⊙ (con un pron. reflex.) Conseguir una persona la simpatía o el afecto de ↘otra: 'Trata de atraerse al jefe'. **2** Conseguir la adhesión de ↘alguien a ciertas ideas, planes, etc. ⇒ *Convencer, *inducir. ⊙ A veces, envuelve sentido peyorativo, significando «atraer con *engaño».

□ CATÁLOGO
Absorber, *arrastrar, arrebatar, aspirar, asumir, captar, cautivar, chupar, *conquistar, *enamorar, engañar, engolosinar, entruchar, fascinar, gustar, halar, hechizar, jalar, llamar, llevar los OJOS, seducir, solicitar, sorber, *tirar. ➤ Adherencia, adhesión, afinidad, atracción, ATRACCIÓN molecular, ATRACCIÓN universal, cohesión, gravedad, gravitación. ➤ Aliciente, ángel, anzuelo, aquel, *atractivo, cebo, cimbel, DON de gentes, embrujamiento, embrujo, *encanto, enza, erótica, espejuelo, gachonería, gancho, garabato, garra, gitanería, *gracia, hechizo, imán, incantación, incentivo, interés, libídine, libido, magia, morbo, quillotro, seducción, *señuelo, sex-appeal, *simpatía, sortilegio, tirón. ➤ Halago, *reclamo, *trampa. ➤ Adorable, arrebatador, atractivo, atrayente, cautivador, conquistador, cuco, encantador, fascinante, gitano, *guapo, hechicero, interesante, latin lover, lolita, retrechero, sexy, salado, seductor, *simpático, tigresa, vamp, vampi, vampiresa, vistoso. ➤ Al [por el] LAMÍN de, al OLOR de. ➤ Poderosamente. ➤ *Agradar. *Apetecer. *Bello. *Gracia. *Retener. *Traer.

□ CONJUG. como «traer».

atrafagado, -a Participio adjetivo de «atrafagar[se]». Atareado.

atrafagar (de «a-[2]» y «tráfago») intr. y prnl. *Ajetrearse o *atarearse mucho.

atragantamiento m. Acción de atragantarse o estado de atragantado. ⇒ Tragantona.

atragantar (de «a-[2]» y «tragante») **1** tr. Obstruir un objeto la garganta. ⊙ («con») prnl. Quedarse con algo detenido en la garganta obstruyéndola. El sujeto puede ser también la cosa que se queda atragantada. ⇒ Añusgar, atarugar[se], atorar[se], escañarse, hacerse un NUDO en la garganta. **2** tr. *Tragar una ˋcosa con dificultad.* **3** (inf.) prnl. Resultarle a alguien una persona o una cosa antipática, *desagradable o *difícil: 'Se me atragantó desde el primer día que le traté. Se le ha atragantado el latín'. **4** (inf.) *Quedarse sin poder seguir cuando se está hablando.

atraíble adj. Susceptible de ser atraído.

atraillar tr. *Atar los ˋperros en traílla o con una traílla.

atramento (del lat. «atramentum», líquido negro) m. *Color *negro.*

atrampar tr. *Coger a ˋalguien en una trampa.*

atramparse **1** prnl. *Caer en una trampa.* **2** **Atascarse.* ⇒ Desatrampar. **3** *Quedar corrido el pestillo o lengüeta de una cerradura, de modo que no se puede abrir.*

atrancamiento m. Acción y efecto de atrancar[se].

atrancar **1** intr. *Dar trancadas (pasos largos).* **2** **Leer muy de prisa, saltándose cosas.* **3** tr. *Cerrar o sujetar una ˋpuerta o ventana con una tranca, barra o cerrojo. ⇒ Atancar, barbotear. **4** tr. y prnl. Obstruir[se] un ˋconducto. ≃ *Atascar. ⇒ Desatrancar. ⊙ prnl. Quedar una cosa detenida en un conducto o camino sin poder seguir adelante.

atranco o **atranque** m. Acción y efecto de atrancar[se].

atrapamoscas (de «atrapar» y «mosca»; varias especies de los géneros *Aldrovanda, Dionaea, Drosera* y *Drosophyllum*) m. **Planta droserácea cuyas hojas tienen en el haz numerosas glándulas y seis pelos sensitivos; cuando un insecto toca esos pelos, la hoja se dobla por el nervio central y queda apresado en ella el insecto, cuyas partes blandas son digeridas por el líquido que segregan las glándulas.* ⇒ Dionea.

atrapañar (Ar.) tr. *Arreglar o disponer una ˋcosa precipitadamente, para salir del paso:* 'En dos horas le atrapañó un vestido'. ≃ *Enjaretar.

atrapar (del fr. «attraper») tr. Coger, particularmente con un movimiento rápido o con una trampa, ˋalgo que escapa o puede escapar: 'Atrapar una mosca [o un conejo]'. ≃ *Pillar. ⊙ (inf.) *Conseguir por suerte o con habilidad una ˋcosa conveniente: 'Atrapar un empleo, un premio, un novio'.

atraquina f. Atracón.

atrás (de «a-[2]» y «tras») **1** adv. Hacia la parte que está detrás: 'Echarse atrás. Marcha atrás'. **2** Se emplea equivaliendo a «detrás», con o sin preposición, para referirse al lugar que está a espaldas del que habla o de la cosa que se considera o al ocupado por una cosa que está *después que otra en una serie en movimiento o en el tiempo: 'Teníamos la montaña atrás. Hizo andar el coche hacia atrás. El viento venía de atrás. El coche restaurante va atrás'. La preposición «a» se suprime: 'Dar un paso atrás'. ⇒ Acular, arrecular, enrabar, *retroceder. ➤ Arredro, arriedro, redro. ➤ Retrospectivo. ➤ Atrasar, retrasar. ➤ *Detrás. *Posterior. **3** Cerca de la parte que se considera fondo del local de que se trata, o sea en la parte más alejada del lugar a donde se mira o tiende: 'Las filas de atrás en una sala de espectáculos'. ≃ Detrás. **4** En cualquier marcha o desarrollo, más lejos del fin u objetivo que otras cosas que se consideran: 'Su hijo está muy atrás en la clase'. ≃ Detrás. **5** Puede emplearse también para referirse al tiempo anterior a cierta cosa: 'La enemistad venía de atrás'. Inmediatamente detrás de una expresión de tiempo, significa «hace», si el momento de referencia es el presente y «antes» si es pasado: 'Le encontré días atrás. Cinco años atrás le había dado otro ataque'.

¡ATRÁS! Interjección empleada para *rechazar a alguien.

DE ATRÁS. V. «atrás».

V. «no volver la CARA atrás, DEJAR atrás, ECHAR[SE] atrás, ECHARSE para atrás, dar [o hacer] MARCHA atrás, [no] MIRAR atrás, dar [o no dar] un PASO atrás, PUNTO atrás, QUEDARSE atrás, SALTO atrás, de algún [o un] TIEMPO atrás, [no] volver la VISTA atrás, VOLVER atrás, VOLVERSE atrás».

atrasado, -a **1** Participio adjetivo de «atrasar[se]». **2** Situado más atrás de lo normal o debido: 'El reloj va atrasado. El niño está atrasado para su edad'. Puede llevar un complemento con «en»: 'Atrasado en el estudio'. ≃ *Retrasado. **3** («Estar») Con *deudas o déficit o mal de *dinero, circunstancialmente. ≃ Alcanzado, *empeñado, retrasado. **4** No reciente o lo último: 'Noticias [periódico o pan] atrasados'. ⇒ *Pasado. **5** Se aplica al que no vive, piensa u obra según los usos actuales: 'Vive atrasado un cuarto de siglo'. ≃ Retrasado, rezagado. ⊙ Aplicado a países, menos culto o civilizado que los que se consideran adelantados. ≃ *Inculto, retrasado.

IR [O LLEGAR] ATRASADO. Estar haciendo una cosa más tarde de lo debido o llegar tarde a un sitio: 'Llegué atrasado a la reunión'. ≃ Ir retrasado.

V. «atrasado de NOTICIAS».

atrasar (de «atrás») **1** intr. y prnl. Ponerse una cosa más atrás de la posición que tenía: 'El niño ha atrasado tres puestos en la clase'. ≃ *Retrasarse. ⊙ Refiriéndose al *reloj, llevar una marcha demasiado lenta: 'Un reloj que atrasa no es un buen reloj. El reloj se atrasa'. ≃ *Retrasar[se]. ⊙ prnl. Llegar a un sitio más tarde de lo debido: 'Nos hemos atrasado diez minutos'. ≃ *Retrasarse. **2** tr. Poner una ˋcosa más atrás: 'He atrasado el reloj'. **3** Fijar para hacer una ˋcosa una nueva fecha, posterior a la que se había fijado: 'Hemos atrasado el viaje'. ≃ Demorar, diferir, retardar, *retrasar. ⊙ Ser causa de que una ↘cosa se haga u ocurra más tarde: 'El frío atrasa la madurez de los frutos'. **4** prnl. Dejar de crecer un ser vivo.

atraso **1** m. Situación de atrasado: 'El atraso del reloj ha tenido la culpa de que no hayamos llegado a tiempo'. ≃ *Retraso. ⊙ Tiempo que va atrasado algo. **2** Situación de un país, pueblo, etc., culturalmente atrasado. ≃ Retraso. ⇒ Incultura. **3** Se aplica como nombre calificativo a una situación propia de un lugar atrasado: 'Vivir en una casa sin lavadora es un atraso'. ⊙ (inf.) Puede usarse hiperbólicamente para aludir a cierta cosa que desde el punto de vista del hablante empeora las condiciones de vida o resulta muy molesta: 'Tener dos perros en un piso tan pequeño es un atraso'. **4** Circunstancia de no haber hecho, adquirido, etc. todo lo que había que adquirir, hacer, etc., de cierta cosa: 'Tengo atraso de trabajo'. ⊙ Circunstancia de no haber gastado todo lo que correspondía de una cosa y tener, por tanto, un *resto de ella: 'Hay atraso de pan'. ⊙ La cosa que queda sin gastar. **5** (pl.) Cantidades que se deben o no han sido pagadas a su tiempo: 'Pagar recargo por los atrasos de la contribución'. ⊙ La cantidad pagada por esos atrasos: 'Pagar un recibo con atrasos'.

ATRASO MENTAL. *Retraso mental.

atravesado, -a **1** Participio adjetivo de «atravesar[se]». Puesto de un lado a otro de cierta cosa: 'El coche quedó atravesado en el camino'. ≃ Cruzado. **2** *Bizco. **3** De mala intención: 'Una persona atravesada'. ≃ *Maligno. ⊙ Propenso a sentir animadversión. ≃ *Enconoso. **4** *Aplicado a animales, cruzado (*mestizo).* **5** (And.) *Mulato o mestizo.*

TENER ATRAVESADO a alguien. Tenerle *antipatía.

atravesador, -a **1** adj. Se aplica a lo que atraviesa. ⊙ m. *Particularmente, aislador eléctrico que atraviesa una pared.* ⇒ Atraviesamuros, borne. **2** *Acaparador.*

atravesar (de «a-[2]» y «través») **1** tr. *Pasar de un lado al opuesto de una ↘cosa: 'La bala le atravesó una oreja. Atravesar un río [el océano, la frontera]. El puente atraviesa el río. Un árbol desgajado atravesaba la carretera'. ≃ Cruzar. ⊙ prnl. Ponerse algo o alguien de un lado al opuesto de una cosa, particularmente de un camino o conducto, interceptando el paso: 'Se le atravesó una espina en la garganta'. ≃ Cruzarse. **2** tr. Hacer pasar una cosa de un lado a otro de ↘otra: 'Atravesar un papel con un alfiler'. ⊙ («en, por») Puede también ser el complemento la cosa que va de un lado a otro: 'Atravesar un alambre por todos los papeles'. **3** Se dice «atravesar el corazón, el alma», etc., con el significado de «causar mucha *pena o *compasión. **4** (en forma pasiva pronominal o impersonal con «se») Exponer cantidades en el juego o en una apuesta: 'En las carreras de caballos se atraviesan grandes sumas'. ≃ Cruzar, *jugar. ⊙ *También, jugar cantidades al margen de la partida; por ejemplo, los mirones.* **5** *En el juego del hombre y otros de *baraja, echar un triunfo después de una carta de valor echada por otro para que no pueda llevársela el que sigue sin echar otro triunfo de más valor.* **6** **Tender ↘algo o a alguien sobre una caballería o sobre la carga de ella.* **7** **Acaparar.* **8** **Aojar (hacer mal de ojo).* **9** prnl. MAR. *Ponerse una embarcación en facha al pairo o a la capa.* **10** *Ponerse una cosa entre medias de otras.* **11** **Interrumpir a los que están hablando entre sí, mezclándose en la conversación.* **12** *Mezclarse en un asunto ajeno.* ⇒ *Entrometerse. **13** *Ocurrir alguna cosa que cambia el curso de otra. **14** *Tener una *riña o *discusión con la persona que se expresa.* **15** (inf.) Resultarle a alguien una persona o una cosa antipática, desagradable o difícil. ≃ Atragantarse.

□ CATÁLOGO
Calar, enclavar, enfilar, engarzar, *enhebrar, enhilar, enjaretar, ensartar, espetar, filtrarse, franquear, meter, perforar, salvar, surcar, taladrar, transfixión, transfretar, transparentarse, transverberar, traspasar, traspintarse. ➤ Penetrable, permeable, *transparente, traspasable. ➤ Cambero, clavija, eje, lercha, pasador. ➤ Atravesía, cuadral, cuadrante, muletilla, travesaño, travesera, travesía. ➤ Diagonal, secante. ➤ Cruce, cruz. ➤ Atravesado, cruzado, diametral, transversal, transverso. ➤ Transfijo, trasfijo. ➤ A [al o de] TRAVÉS. ➤ De LADO a lado, de un LADO a otro, de PARTE a parte, a PIE enjuto.

□ CONJUG. como «acertar».

atravesía (ant.) f. *Travesía.*

atraviesamuros m. *Aislador eléctrico que atraviesa una pared de obra.*

atrayente (del lat. «attrăhens, -entis») adj. Atractivo.

atraznalar (Ar.) tr. *Atresnalar.*

atregar (de «atreguar»; ant.) tr. *Tomar alguien a su cargo la defensa y seguridad de una ↘cosa.* ≃ *Encargarse, entregarse.

atreguadamente (ant.) adv. *Aturdidamente.*

atreguado, -a (ant.) adj. *Maniático.* ⊙ (ant.) *Que está en *tregua.*

atreguar (del gót. «triggwa»; ant.) tr. *Dar *tregua a ↘alguien.* ⊙ (ant.) prnl. recípr. *Pactar tregua los que están en lucha.*

atrenzo (Hispam.) m. **Apuro.*

atrepsia (del gr. «atrepsía», endurecimiento) f. MED. *Debilidad o desnutrición de los niños de pecho.*

atrépsico, -a o **atréptico, -a** adj. MED. *No nutritivo.*

atresia (de «a-[1]» y el gr. «trêsis», perforación) f. MED. *Anormalidad congénita consistente en la falta de perforación o estrechamiento anómalo de un orificio o conducto.*

atresnalar tr. *Colocar los ↘*haces de mies en tresnales.* ≃ Atraznalar.

atreudar (de «a-[2]» y «treudo»; Ar.) tr. *Dar una ↘finca en enfiteusis.*

atrever (del lat. «tribuĕre», atribuir) **1** (ant.) tr. *Dar atrevimiento a ↘alguien.* **2** («a») prnl. Ser alguien capaz de hacer cierta cosa, sin que le detenga cualquier clase de temor, respeto o consideración: 'Él fue el único que se atrevió a salir. Díselo si te atreves. No me atrevo a dejar a los niños solos'. ≃ Osar. **3** (ant.) *Confiarse.* **4** («con») **Insolentarse.* ⊙ **Desafiar.* **5** *Empezar a brotar o manifestarse una cosa.* ≃ Asomar.

ATREVERSE CON. Ser capaz de *acometer la ejecución, resolución, etc. de la cosa que se nombra: 'No se atreve con el problema. Se atreve con medio cordero'. ⊙ Tener valor para *enfrentarse o *reñir con la persona que se expresa.

□ CATÁLOGO
*Afrontar, arrestarse, arriesgarse, arrostrar, *aventurarse, sacar la CABEZA, ser CAPAZ, dar la CARA, hacer CARA, plantar CARA, tener CARA para, poner el CASCABEL al gato, confiarse, confrontar, denodarse, *desafiar, ser muy ECHADO para adelante, encarar, enfrentarse, enfrontar, hacer FRENTE, llevar el GATO al agua, osar, dar el PECHO, no PONERSE nada por delante, TENERLAS tiesas. ➤ Alegre, *animoso, de ARMAS tomar, arriesgado, arriscado, arrojado, atrevido, audaz, barbián, bragado, *decidido, determinado, emprendedor, entrador, de estómago, gallote, intrépido, osado, resoluto, resuelto, sacudido, temerario, templado, *valiente. ➤ *Arriesgado, atrevido, audaz, aventurado, expuesto, *peligroso. ➤ Arrestos, arrojo, atrevimiento,

audacia, bizarría, *brío, *decisión, espíritu, gallardía, guapeza, intrepidez, resolución, *valor. ➤ Alargas, confianzas, familiaridades, libertades. ➤ Hombrada. ➤ Barbaridad, imprudencia, *irreflexión, osadía, temeridad. ➤ Dar OCASIÓN, dar PIE. ➤ Al que al CIELO escupe a la cara le cae. ➤ *Cobarde, encogido, *pusilánime, *tímido. ➤ *Ánimo. *Arriesgar. *Brío. *Decidirse. *Descaro. *Desenvoltura. *Desvergüenza. *Emprender. *Exponerse. *Insolente. *Intentar. *Irrespetuoso. *Propasarse.

atrevido, -a 1 adj. y n. Se aplica al que tiene atrevimiento en cualquier acepción: 'Un cazador atrevido. Un chiquillo atrevido'. **2** Aplicado a cosas, acciones o palabras, revelador de atrevimiento: 'Un puente atrevido'. ⊙ Aplicado a cosas, acciones o palabras, *insolente: 'Unas palabras atrevidas'. ⊙ Aplicado a cosas, acciones o palabras, indecoroso: 'Un vestido atrevido'. ⊙ Aplicado a cosas, acciones o palabras, *peligroso: 'Un paso atrevido'.

atreviente (ant.) adj. *Atrevido: capaz de atreverse.*

atrevimiento 1 m. Cualidad o actitud del que se atreve. **2** *Descaro o insolencia. **3** Falta de recato. **4** Acción o palabras atrevidas: 'La muchacha contestó a su atrevimiento con una bofetada'.

atrezo (del it. «attrezzo») m. Conjunto de muebles, vestuario, decorado, etc., necesarios para poner en escena una obra *teatral o cinematográfica.

atrezzo (it.; pronunc. [atrétso]) m. Atrezo.

atriaca o **atríaca** (del ár. and. «attiryáq», cl. «tiryāq», y éste del gr. «thēriakḗ», contraveneno; ant.) f. *Triaca.*

atriaquero (de «atriaca»; ant.) m. *Boticario.*

atribución 1 f. Acción de atribuir. **2** («Ser, Estar dentro de, Arrogarse, Invadir, Delegar, Usurpar») Cosa que está dentro de lo que una persona puede hacer o disponer por el *empleo o función que ejerce: 'Eso no está dentro de mis atribuciones. El nombramiento de personal no es atribución suya'. ≃ *Autoridad, facultad, poder. ⇒ *Autoridad, jurisdicción, potestad. **3** (pl.) *Autorización dada por una persona a otra para obrar en algo con autonomía como representante suyo: 'Tiene atribuciones mías para tratar de la venta'.

atribuible adj. Susceptible de ser atribuido.

atribuir (del lat. «attribuĕre») **1** («a») tr. Considerar a cierta persona o cierta cosa como autor o causante de ↘lo que se expresa: 'Se atribuye esa novela a Cervantes. Le atribuyen palabras que no ha dicho. Atribuye su fracaso a la falta de dinero'. También reflex.: 'Se atribuye el éxito de la expedición'. ⊙ («a») Decir de alguien o algo que tiene cierta ↘cualidad o circunstancia: 'Le atribuyen gran inteligencia. Se atribuyen a esta planta propiedades medicinales'. ≃ Asignar. ⇒ Achacar, acumular, *adjudicar[se], aplicar, aponer, apropiarse, apuntarse, arrogarse, asacar, *asignar[se], poner en BOCA de, calcular, cargar, hacer CARGOS, colgar, conceder, echar la CULPA, echar, *endilgar, estimar, imputar, interpretar, marcarse, echar el MUERTO, referir, retrotraer, sobrestimar, *suponer, tomarse, tribuir. ➤ *Acusar. *Calificar. *Dar. *Destinar. *Pensar. **2** *Adscribir a ↘alguien a una función. **3** *Asignar una ↘función a alguien. **4** (reflex.) *Arrogarse: tomar alguien para sí por su sola determinación algo como ↘«facultades, funciones, jurisdicción» o «poder».

☐ CONJUG. como «huir».

atribulación f. Tribulación. ⇒ *Pena.

atribuladamente adv. Con atribulación.

atribulado, -a Participio adjetivo de «atribular[se]».

atribular (de «a-[2]» y «tribular») tr. Causar pena, pesadumbre o padecimiento moral a ↘alguien. ≃ *Apenar, apesadumbrar, tribular. ⊙ prnl. Ponerse atribulado. ≃ Apenarse, apesadumbrarse.

atributar (ant.) tr. *Imponer un *tributo sobre alguna ↘finca.* ≃ Intributar.

atributivo, -a adj. Se aplica a lo que sirve para atribuir. ⊙ GRAM. Se aplica a la palabra o expresión que hace función de atributo. ⊙ GRAM. A veces, al adjetivo unido al nombre mediante cópula. ⊙ GRAM. A los verbos «ser» y «estar», y a otros cuando realizan la función de ellos que es la de atribuir al sujeto la cualidad o estado representados por el atributo. ≃ Copulativo. ⊙ GRAM. También a las oraciones en que hay un atributo unido al sujeto en esa forma. ≃ Copulativo.

atributo (del lat. «attribūtum») **1** m. Cualidad o facultad que existe en cierto género de personas o de cosas, bien por su naturaleza, bien porque se les asigne o atribuya: 'La experiencia es atributo de la vejez. La autoridad es atributo del gobierno'. Puede sustituirse el complemento con «de» por un adjetivo: 'La omnisciencia es atributo divino'. **2** GRAM. Palabra o grupo de palabras que expresa una cualidad o estado que se atribuye al sujeto mediante un verbo que es generalmente «ser» o «estar». ⇒ ORACIÓN atributiva. **3** Objeto con que se representa convencionalmente algo o a alguien que tiene con ese objeto cierta relación, o que se pone acompañando a una figura representando su actividad o propiedades: 'La balanza es el atributo de la justicia. Los atributos de la pasión'. ⇒ *Insignia, *símbolo.

atrición (del lat. «attritĭo, -ōnis») **1** f. En lenguaje devoto, arrepentimiento y dolor por haber ofendido a Dios. ⇒ *Confesión. **2** (ant.) VET. *Encogimiento del nervio maestro de la mano de una caballería.*

atril (del sup. lat. «lectorīle», de «lector, -ōris», lector) m. Soporte en donde se coloca un libro, partitura, etc., para poder leer con comodidad. ⇒ Evangelistero, facistelo, facistol, faldistorio, retril.

atrilera f. *Cubierta que se pone al atril que se emplea para cantar la epístola y el evangelio en las *misas solemnes.*

atrincar (de «trincar[1]») **1** (Hispam.) tr. *Sujetar, atar fuertemente.* **2** (Cuba, Méj., Nic., Perú) *Apretar.*

atrincheramiento m. Acción de atrincherar[se].

atrincherar 1 tr. Defender ↘algo con trincheras o construir trincheras en un ↘sitio. **2** prnl. Instalarse en trincheras. ≃ Barrearse. **3** («en, tras») *Defenderse detrás de la cosa que se expresa. ⊙ Valerse de la cosa que se expresa para mantener una actitud o defenderse contra algún ataque o pretensión: 'Él se atrinchera en su condición de extranjero [o en su silencio]'.

atrio (del lat. «atrĭum») **1** m. Espacio limitado por *columnas en la parte anterior, que precede a un templo o un palacio. ⇒ Altozano, ancillo, anteiglesia, compás, pórtico. ➤ *Arcada, columnata. **2** *Claustro: espacio interior de los conventos y otras construcciones rodeado de pórticos. **3** *Zaguán. **4** MINER. *Cabeza de la mesa de lavar.*

atrípedo, -a (del lat. «ater», negro, y «pes, pedis», pie) adj. ZOOL. *Se aplica a los animales que tienen negros los pies.*

atrirrostro, -a (del lat. «ater», negro, y «rostrum», pico) adj. ZOOL. *Se aplica a las *aves que tienen negro el pico.*

atristar (de «a-[2]» y «triste»; ant.) tr. *Entristecer.*

atrito, -a (del lat. «attrītus», desgastado) adj. *Arrepentido por haber pecado.

atrochar intr. *Ir por trochas o veredas.* ⊙ **Atajar por una trocha o vereda.*

atrocidad (del lat. «atrocĭtas, -ātis») **1** f. Cualidad de atroz. **2** Cosa atroz por lo *cruel, lo injusta, lo disparatada o equivocada, etc.: 'Cometió muchas atrocidades durante su gobierno. Su libro está lleno de atrocidades'. ⊙ Cosa escandalosa contra la moral, la religión, etc.: 'No digas atrocidades'.

atrofia (del lat. «atrophĭa», del gr. «atrophía») f. Falta de desarrollo normal en algún miembro u órgano, o reducción de su tamaño por falta de vitalidad o de ejercicio. Se usa también en sentido figurado: 'La atrofia del sentido de responsabilidad'. ⇒ Anquilosis, aplasia, involución. ➤ Muñón.

atrofiado, -a Participio adjetivo de «atrofiar[se]».

atrofiar tr. y prnl. Causar [o sufrir] atrofia.
□ CONJUG. como «cambiar».

atrojar (de «a-²» y «troj») **1** tr. *Guardar ↘frutos en la troj.* ≃ Entrojar. **2** (Méj.) prnl. *Meterse en un apuro.* **3** *Apurarse o angustiarse.*

atrompetado, -a (de «a-²» y «trompeta») adj. **Abocinado.*

atronadamente adv. *Precipitadamente.*

atronado, -a (de «atronar») Participio adjetivo de «atronar[se]». ⊙ *Aplicado a personas, *aturdido o *alocado.*

atronador, -a adj. Se aplica a los ruidos que atruenan. ≃ Ensordecedor.

atronadura 1 f. VET. *Alcanzadura.* **2** *Daño de algunas *maderas, consistente en hendiduras radiales.*

atronamiento 1 m. *Acción y efecto de atronarse.* **2** **Aturdimiento causado por un golpe u otra causa física.* **3** VET. *Enfermedad que padecen las caballerías en los cascos, causada generalmente por un golpe.*

atronante (ant.) adj. *Atronador.*

atronar (del lat. «attonāre») **1** intr. Producir un ruido como de trueno. ⊙ tr. Con «espacio, casa», etc., se usa como transitivo: 'La trompeta atronó el espacio'. **2** *Aturdir con un ruido ensordecedor: 'Me atruenan con sus gritos'. **3** *Dejar sin sentido en el matadero a una ↘res con un golpe en la cabeza, para matarla luego.* **4** TAUROM. *Matar a un ↘*toro acertando a herirle en medio de la cerviz.* **5** *Tapar los oídos a una ↘*caballería para que no se espante.* **6** prnl. Quedarse un animal como muerto por el ruido de los truenos; por ejemplo, los pollos al salir del cascarón, o los gusanos de *seda.
□ CONJUG. como «contar».

atronerar tr. *Abrir troneras en un ↘muro.*

atropado, -a 1 *Participio adjetivo de «atropar».* **2** AGRIC. *Se aplica a los *árboles o plantas de ramas recogidas.*

atropar (de «a-²» y «tropa») **1** tr. **Reunir ↘gente en cuadrilla.* **2** AGRIC. *Reunir la ↘mies en gavillas o recoger el heno que estaba extendido para secarse.* ⇒ *Agavillar.

atropelladamente adv. Con *precipitación y *descuido.

atropellado, -a 1 Participio de «atropellar[se]». **2** (n. calif.) adj. y n. Se aplica a la persona que obra con *aturdimiento o *precipitación. **3** («Estar, Ir», etc.) adj. *Apurado de tiempo: 'No puedo detenerme porque voy muy atropellado a la reunión'. **4** *Maltratado por la edad, los sufrimientos, los achaques, etc.*

atropellador, -a adj. y n. Se aplica al que atropella. ⊙ Particularmente, al que obra precipitadamente, sin cuidado o miramiento hacia las cosas que maneja o trata. ⇒ Atropellaplatos.

atropellaplatos (inf.) n. Atropellador. ⊙ (inf.) f. Se aplica particularmente a las mujeres que, por hacer atropelladamente las faenas caseras, rompen muchas cosas.

atropellar (de «a-²» y «tropel») **1** tr. Alcanzar una caballería, un vehículo u otra cosa en movimiento a ↘alguien o algo y pasarle por encima o arrastrarlo destrozándolo o causándole daño: 'Una bicicleta ha atropellado a un niño'. ≃ Arrollar, coger, pillar. ⊙ Empujar o derribar a ↘alguien para abrirse paso. **2** Obrar sin dejarse detener por ↘obstáculos físicos o morales o por consideraciones de ninguna clase. ≃ Arrollar. ⊙ Obrar sin respeto o consideración a los ↘derechos de ↘alguien, a las leyes, las conveniencias sociales, etc.: 'Han atropellado la justicia. Le han atropellado en su derecho'. ⊙ *Insultar o *maltratar a ↘alguien abusando del propio poder o autoridad. **3** Apresurar la ejecución de una ↘cosa omitiendo cuidados en ella. ⇒ *Chapuza, *embarullar. **4** *Envejecer, abatir o *maltratar a ↘alguien la edad o las penalidades.* **5** prnl. *Apresurarse con agobio en la ejecución de una cosa, por ejemplo al hablar.

ATROPELLAR POR TODO. No detenerse alguien por ninguna consideración para lograr sus propósitos.

□ CATÁLOGO

Allanar, antellevar, arrastrar, arrollar, atrabancar, barajar, no pararse en BARRAS, barrer, tratar con *DESCONSIDERACIÓN, hollar, *infringir, LLEVARSE por delante, *maltratar, no pararse en PELILLOS, pisotear, SALTAR por todo. ➤ Alcaldada, atentado, atrevimiento, atrocidad, atropello, brutalidad, cabildada, demasía, desafuero, *desconsideración, desmán, desorden, desvergüenza, exceso, extralimitación, gamberrada, ilegalidad, injusticia, polacada, principada, sinrazón, tropelía, violencia. ➤ *Abusar. *Arbitrariedad.

atropello 1 m. Acción y efecto de atropellar[se]. ⊙ Accidente en que un vehículo atropella a alguien: 'Ayer hubo tres atropellos'. **2** Acción injusta o desconsiderada realizada contra alguien. ⇒ *Atropellar. ⊙ (gralm. pl.) *Prisa o agobio en la ejecución de algo: 'Es mejor preparar el equipaje con tiempo y sin atropellos'.

atropina (del lat. cient. «Atropa», belladona) f. FARM. *Alcaloide empleado en medicina como antiespasmódico o relajante; particularmente en oftalmología para dilatar la pupila. Se extrae de la belladona y otras plantas solanáceas.

atropismo m. MED. *Envenenamiento con la atropina.*

átropos f. *Mariposa llamada corrientemente «calavera».

atroz (del lat. «atrox, -ōcis») **1** adj. **Cruel o inhumano.* **2** Aplicado a «dolor, padecimiento» o palabras semejantes, tan intenso que no se puede sufrir. **3** Muy *malo, por sus efectos o consecuencias: 'Hemos pasado una temporada atroz'. ⊙ O porque no se puede aguantar: 'Tiene un genio atroz'; se completa a veces con «de malo». **4** (inf.) *Se aplica a la persona que hace o dice cierta cosa en medida extraordinaria*: 'Es atroz: se queja de todo [se levanta antes de que amanezca, se burla del lucero del alba]'. ⊙ *Aplicado a niños, *travieso.*

atrozmente adv. De manera atroz: 'Me duele atrozmente la cabeza'.

atruchado, -a 1 adj. *Se aplica al *hierro colado semejante por su grano a la piel de la trucha.* **2** *Se aplica al *caballo que tiene manchas pequeñas rojas sobre el color del fondo de la capa.*

atruendo (ant.) m. *Atuendo.*

atruhanado, -a adj. *Como [de] truhán (*granuja).*

ATS (pronunc. [á té ése]; pl. «ATS», pronunc. [á té éses]) n. Sigla de «ayudante técnico sanitario». Designa al profesional titulado que, siguiendo las instrucciones del médico, asiste a los enfermos.

attrezzo (it.; pronunc. [atrétso]) m. Atrezo.

atuendo (del lat. «attonĭtus», deslumbrado) **1** m. *Aparato, *lujo u ostentación.* **2** Conjunto de vestidos y adornos que se llevan puestos. ≃ *Arreglo, atavío. **3** (Ál.) *Aparejos o *guarnición del asno.* **4** (Sal.) **Mueble viejo e inútil.*

atufado, -a Participio adjetivo de «atufar[se]».

atufar (de «a-²» y «tufo¹») **1** tr. *Envenenar a ↘alguien el tufo; por ejemplo, el del brasero. ⊙ prnl. Intoxicarse con el tufo. **2** (inf.) tr. o abs. Despedir un olor desagradable. **3** (inf.) tr. Hacer que ↘alguien se enfade, con pullas, alusiones, etc. ⊙ (inf.) prnl. Enfadarse alguien por lo que otros le dicen o hacen, sin declararlo, pero mostrándolo en el gesto o actitud. **4** **Avinagrarse el vino o los licores.* **5** (Bol., Ec.) *Atolondrarse.*

atufo (de «atufar¹»; ant.) m. **Enfado.*

atumno (del lat. «autumnus»; ant.) m. **Otoño.*

atún (del ár. and. «attúnn», cl. «tunn», del gr. «thýnnos»; varias especies del género *Thunnus,* especialmente el *Thunnus thynnus)* m. *Pez perciforme comestible, de gran tamaño, hasta de 3 m, negro azulado por el lomo y blanquecino por el vientre. ⇒ Cordila. ➤ Albacora, *bonito. ➤ Pretor. ➤ *Almadraba, atunara. ➤ Buche, cinta, cintagorda, cloque, coarcho, cobarcho, mascarana. ➤ Mojama, sangacho.

atunara (de «atún») f. **Almadraba (pesca de atunes o instalación para ella).*

atunero, -a **1** adj. De [o del] atún. **2** adj. y n. m. Se aplica al barco destinado a la pesca del atún. **3** m. Pescador de atún.

-atura Sufijo de *empleo, *dignidad o *jurisdicción: 'nunciatura, magistratura'.

aturar¹ (del lat. «obdurāre», mantener) **1** (Ar., Sal., etc.) intr. **Durar, *permanecer o *continuar de algún modo.* **2** (ant.) tr. *Hacer durar.* **3** (Ar.) *Hacer pararse a las ↘*caballerías.* **4** intr. *Obrar *sensatamente.*

aturar² (del lat. «obturāre», tapar) tr. **Tapar muy apretadamente un ↘orificio.* ≃ Obturar.

aturbonarse prnl. MAR. *Achubascarse: ponerse el cielo con nubarrones que amenazan con chubascos.*

aturdidamente adv. Con aturdimiento.

aturdido, -a **1** Participio adjetivo de «aturdir[se]»: 'Estoy aturdido con tantas cosas que hacer'. **2** (n. calif.) adj. y n. Se aplica a la persona que obra sin reflexionar o sin serenidad. ≃ Atolondrado.

aturdimiento m. Estado de aturdido. ⊙ MED. *Estado patológico en que el que lo sufre confunde los sonidos y tiene la sensación de que los objetos giran alrededor de él.* ⇒ *Mente.

aturdir (de «tordo²») tr. Dejar incapacitado pasajeramente a ↘alguien para coordinar ideas; por ejemplo, un golpe en la cabeza o una impresión fuerte. ≃ Atolondrar. ⊙ Incapacitar a ↘alguien para obrar con aplomo o serenidad, por ejemplo la presencia de muchas cosas a las que atender o que hacer al mismo tiempo. ≃ Atolondrar. ⊙ prnl. Ponerse aturdido. ≃ Atolondrarse. ⊙ Ponerse voluntariamente en un estado de aturdimiento o de inconsciencia procurándose diversiones o una actividad exagerada, para distraerse y olvidar alguna cosa triste.

□ CATÁLOGO

Abombar, adarvar[se], alobarse, *alterar[se], atembar[se] encontrarse *ATADO, atafagar[se], atalantar[se], atarantar[se], atarugar[se], atolondrar[se], atronar[se], atufarse, aturrar[se] o aturriar[se], aturullar[se], azarar[se], azorar[se], hacerse un BARULLO, poner [o tener] la CABEZA como un bombo, tener la CABEZA como una olla de grillos [o como un bombo], tener la CABEZA llena de pájaros, *confundir[se], cortar[se], desaquellar[se], descomponer[se], desconcertar[se], embalumar[se], embarullar[se], embrollar[se], enredar[se], dejar [o quedarse] estordecido, liarse, hacer[se] un LÍO, *marear[se], *ofuscar[se], hacerse un OVILLO, hacer[se] un TACO, tartalear, poner[se] TOLONDRO, trabucar[se]. ➤ Abanto, abombado, alborotado, alocado, falto de APLOMO, arrebatado, arrebatoso, atarantado, atembado, atolondrado, atontado, atronado, atropellado, aturdido, aturullado, aventado, banderizo, *botarate, bullicioso, bullidor, CABEZA de chorlito, CABEZA loca, calvatrueno, ligero de CASCOS, chisgarabís, danzante, danzarín, desalado, desalentado, desatado, desatentado, desatinado, descabezado, desenfrenado, desequilibrado, distraído, falto de EQUILIBRIO, de poco [o sin] FUNDAMENTO, impetuoso, *imprudente, *impulsivo, inconsciente, inconsiderado, inestable, *informal, inquieto, inseguro, *insensato, *irreflexivo, de poco [o sin] JUICIO, falto de LASTRE, ligero, loco, loqueras, marocha, PÁJARO loco, *precipitado, saltabancos, saltabardales, saltaparedes, sin [o de poco] SENTIDO, sonlocado, súbito, tabardillo, tarambana, tararira, tontiloco, trafalmejas, *zascandil, zolocho, zombi. ➤ Atolondramiento, aturdimiento, azaramiento, azoramiento, azoro, mareo, taranta. ➤ A locas, a TONTAS y a locas. ➤ Aplomado, *SEGURO de sí mismo, sentado. ➤ *Aplomo, equilibrio, lastre. ➤ *Botarate. *Desorientar. *Impulsivo. *Irreflexivo. *Prisa. Trastornar. *Turbar. *Turbulento.

aturnear (Sal.) intr. **Mugir los toros.*

aturrar o **aturriar** (de or. expresivo; ant. y Sal.) tr. **Aturdir o *ensordecer.*

aturrullar tr. *Aturullar.*

aturullado, -a Participio adjetivo de «aturullar[se]».

aturullamiento m. Acción y efecto de aturullar[se].

aturullar (de «a-²» y «turullo») tr. Hacer que ↘alguien se aturulle. ⊙ prnl. *Aturdirse o *embarullarse: no poder desenvolverse o expresarse, por turbación o por excesiva prisa.

atusar (del lat. «attonsus», part. pas. de «attondēre», esquilar, trasquilar) **1** tr. **Recortar el ↘pelo para igualarlo y arreglarlo.* ≃ Tusar. ⊙ *Recortar para lo mismo las ↘plantas; por ejemplo, las de *seto.* **2** Arreglar ligeramente el ↘*peinado, sin deshacerlo, con la mano o pasando superficialmente el peine. También reflex. **3** (reflex.) **Acicalarse.*

atutía (del ár. and. «attutíyya») **1** f. *Costra formada por óxido de *cinc y otros cuerpos, que se hace en las chimeneas de los hornos donde se tratan minerales de cinc.* ≃ Tocía, tucía, tutía. **2** (ant.) *Mercurio.*

Au Símbolo químico del oro.

¡au! interj. Exclamación con que se anima a otros o a uno mismo a levantarse o *levantar algo, o a hacer cualquier esfuerzo. ≃ ¡Aupa!

auca¹ (del lat. «auca») f. **Oca (ave).*

auca² (del quechua «auca», guerrero) adj. y n. m. *Se aplica a los *indios araucanos de cierta banda que recorría la pampa en las cercanías de Mendoza.*

aucción (del lat. «auctĭo, -ōnis») f. **Derecho a reclamar cierta cosa.*

auctor (ant.) m. *Autor.*

auctoridad (ant.) f. *Autoridad.*

auctorizar (ant.) tr. *Autorizar.*

audaces fortuna juvat Frase de Virgilio, muy repetida, que significa «la suerte ayuda a los audaces».

audacia (del lat. «audacĭa») **1** f. Cualidad de audaz. ≃ Atrevimiento, osadía, *valentía. **2** Insolencia o *descaro. ≃ Atrevimiento, osadía.

audaz (del lat. «audax, -ācis») adj. Aplicado a personas y a sus acciones, capaz de acometer empresas difíciles o peligrosas. ≃ Arriesgado, arrojado, atrevido, osado, *valiente. ⊙ Tiene, a veces, como «atrevido» u «osado», sentido peyorativo, aplicado al que realiza acciones descomedidas. ⊙ Aplicado a cosas, hecho arrostrando peligros o dificultades: 'Una audaz obra de ingeniería'. ≃ Atrevido.

audazmente adv. Con audacia.

audi- (var. «audio-») Elemento prefijo del lat. «audīre», oír, que entra en la formación de palabras cultas.

audibilidad f. Cualidad de «audible». ⊙ Grado de ella.

audible (del lat. «audibĭlis») adj. Susceptible de ser oído.

audición (del lat. «auditĭo, -ōnis») **1** f. Acción de *oír. **2** Facultad de oír. **3** («Celebrar, Dar, Haber una audición») Concierto, recital o lectura en público. **4** Prueba que hace un actor, cantante, etc., ante el director del espectáculo o ante el empresario.

audiencia (del lat. «audientĭa») **1** («Conceder, Dar, Recibir en, Pedir, Obtener») f. Acto de *recibir un soberano, jefe de Estado o persona importante a alguien, y escuchar lo que le dice. **2** Der. Sesión ante un *tribunal en que los litigantes exponen sus argumentos: 'Audiencia pública'. **3** *Tribunal de justicia que entiende en los pleitos y causas de determinado territorio: 'Audiencia nacional [provincial o territorial]'. ⊙ Edificio en que está instalado. ⊙ Territorio a que se extiende su acción. **4** Conjunto de personas que atienden un programa de radio o televisión en un momento determinado. **5** Auditorio: conjunto de oyentes, particularmente de asistentes a un espectáculo, conferencia, etc.

audífono 1 m. Aparato con que se mejora la audición de los *sordos. **2** (Hispam.; pl.) *Auriculares (dispositivo para percibir el sonido de un aparato).*

audímetro 1 m. Med. Instrumento para medir la agudeza auditiva. **2** Aparato que, acoplado al receptor de radio o televisión, señala las horas concretas de funcionamiento.

audio adj. y n. m. Se aplica a la técnica o al dispositivo relacionados con la reproducción y transmisión del sonido.

audio- V. «audi-».

audiófono m. Audífono.

audiofrecuencia (de «audio-» y «frecuencia») f. Fís. Frecuencia de onda empleada en la transmisión de sonidos.

audiograma (de «audio-» y «-grama») m. Med. Gráfica que representa la agudeza auditiva de un individuo.

audiometría f. Med. Prueba para medir la agudeza auditiva.

audiómetro (de «audio-» y «-metro») m. Med. Audímetro.

audiovisual adj. Que se refiere conjuntamente al sentido del oído y de la vista. Se aplica, por ejemplo, a los métodos didácticos que combinan imágenes y sonido.

auditar (del ingl. «to audite») tr. Econ. Hacer una auditoría a una ˃empresa.

auditivo, -a (del ant. «audito», del lat. «audītus») adj. De [o del] oído.
V. «conducto auditivo».

auditor, -a (del lat. «audītor, -ōris») **1** adj. y n. Se aplica a la persona o entidad encargada de realizar auditorías. **2** m. Funcionario que interpreta las leyes y propone las resoluciones en los *tribunales militares. **3** (Chi.) *Revisor de *cuentas, colegiado.*

Auditor de la nunciatura. Asesor judicial del nuncio en España.

A. de la Rota. Cada uno de los doce prelados que componen el tribunal romano de la Rota.

auditoría 1 f. *Empleo de auditor. ⊙ *Tribunal o despacho del auditor. **2** Estudio de la contabilidad y la organización de una empresa realizadas por personas ajenas a la misma.

auditorio (del lat. «auditorĭum») **1** m. Conjunto de oyentes. ⊙ Particularmente, de asistentes a un concierto, conferencia, etc. ⇒ *Público. **2** Sala destinada a conciertos, conferencias, etc. ≃ Auditórium.

auditórium (del lat. «auditorĭum») m. Auditorio (sala).

augate m. *Cada uno de ciertos listones del telar de seda.*

auge (del ár. «awǧ», apogeo; «Estar en, Alcanzar su, Llegar a su») m. Punto de mayor intensidad de una cualidad, una situación o una acción: 'En el auge de su belleza [o de su poder]. La actividad ha llegado a su auge'. ≃ *Apogeo, cima, cumbre, cúspide, máximo, plenitud, punto culminante. ⊙ *Se usa en *astronomía, como «*apogeo».*

augita (del lat. «augītes», del gr. «augîtis», deriv. de «augé», luz, brillo) f. *Piroxeno que se encuentra en cristales monoclínicos, de color verde oscuro, en las rocas basálticas.*

augmentación (ant.) f. *Aumento.*

augmentar (ant.) tr. *Aumentar.*

augur (del lat. «augur, -ūris») m. *Sacerdote *romano que *adivinaba por el canto, vuelo y manera de comer de las aves. ⇒ Lituo. ⊙ Por extensión, persona que hace predicciones.

augurar (del lat. «augurāre») **1** tr. Hacer predicciones el augur. **2** *Predecir o *presagiar. Anunciar con palabras o señales ˃algo bueno o malo que va a ocurrir: 'Esas nubes no auguran nada bueno. Le auguro a ese muchacho un porvenir brillante'.

augurio (del lat. «augurĭum») m. Con un adjetivo, como «bueno» o «malo», anuncio o señal, favorable o adverso, para el porvenir.

augustamente adv. **Excelente o *magníficamente.*

aula (del lat. «aula») f. Local destinado a dar clases en una universidad u otro centro de *enseñanza. ⇒ Cátedra, general.

Aula magna. Aula más importante, en que se realizan actos solemnes.

aulaga (del ár. y rom. and. «alyiláqa»; *Ulex europaeus)* f. *Planta leguminosa de hojas de forma de púa y flores amarillas como las de la retama. ≃ Abolaga, aliaga, ardeviejas, árgoma, gáraba, otaca, tojo. ⇒ Cádava, gromo.

Aulaga vaquera *(Ulex baeticus). *Planta leguminosa espinosa, semejante a la aulaga.*

aulagar m. *Terreno poblado de aulagas.*

auláquida (ant.) f. **Pajuela.*

áulico, -a (del lat. «aulĭcus») adj. De *palacio o de la corte. Se aplica generalmente a cargos u organismos históricos: 'Consejero [o consejo] áulico'.

aulladero m. Caza. *Sitio donde se reúnen los lobos por la noche.*

aullador, -a o, menos frec., **aullante** adj. Que aúlla.

aullar (del lat. «ululāre») intr. Emitir algunos animales, como el *perro, el *lobo y otras fieras, una voz lastimera y prolongada. ⇒ Gañir, otilar, tauteo. ⊙ Se puede decir de otras cosas que hacen un sonido semejante; por ejemplo, del *viento. ≃ Bramar, mugir, ulular.

☐ Conjug. La «u» de la raíz es tónica en los presentes de indicativo y subjuntivo y en el imperativo, salvo en la 1.ª y 2.ª personas del plural: 'aúllo, aúllas, aúlla, aúllan; aúlle, aúlles, aúlle, aúllen; aúlla, aúlle, aúllen'. En el resto de las formas la «u» es átona y se pronuncia generalmente formando diptongo con la vocal que le sigue.

aullido m. Sonido emitido al aullar.

aúllo (de «aullar») m. *Aullido.*

aumentable adj. Susceptible de ser aumentado.

aumentación 1 f. *Acción de aumentar.* ≃ Aumento. **2** *Gradación retórica en que el sentido sigue una línea ascendente.*

aumentante adj. *Aplicable a lo que aumenta.*

aumentar (del lat. «augmentāre»; «de, en») intr. Hacerse una cosa más grande, más intensa, etc.: 'El frío va aumentando. El coche aumenta de velocidad. El niño aumenta de peso'. ⊙ (acep. causativa) tr. Hacer que una ↘cosa aumente: 'Ha aumentado el sueldo a su secretaria'. ⊙ Poner ↘algo más a una cosa: 'Le quieren aumentar un piso a su casa'. ≃ Adicionar, agregar, *añadir.

□ CATÁLOGO

Prefijos, «sobre-», «super-»: 'sobreprecio, supervaloral'. ➤ Abultar, acentuar[se], acrecentar[se], acrecer, agigantar[se], *agrandar[se], alargar[se], *ampliar[se], amplificar, amuchar[se], añadir, centuplicar[se], completar[se], *crecer, cuadruplicar[se], tomar CUERPO, cundir, desarrollar[se], desenvolver[se], desorbitar, dilatar[se], dispararse, duplicar[se], *elevar[se], engrandar[se], engrandecer[se], engrosar, *ensanchar[se], *exagerar, *extender[se], hacer EXTENSIVO, generalizar[se], hinchar[se], hipertrofiar[se], incrementar[se], tomar INCREMENTO, intensificar[se], IR a más, medrar, multiplicar[se], nantar, prolongar[se], *prosperar, provecer, subir de PUNTO, recrecer, redoblarse, reduplicar[se], reforzar [se], subir, tomar VUELO. ➤ Addenda [o adenda], adición, aditamento, añadido, *añadidura, aumento, caída, *complemento, creces, crecida, cremento, cuchillo, escalada, espiral, incremento, nesga, *nota, *propina, ribete, suplemento. ➤ Plus, plusvalía, puja. ➤ In crescendo, MÁS y más, cada VEZ más. ➤ Allegadizo, de BULTO. ➤ BOLA de nieve. ➤ Adjetivos frecuentes con «aumento»: «gradual, lento, paulatino, progresivo, rápido». ➤ *Más. *Mejor.

aumentativo, -a adj. Útil [o utilizable] para aumentar. ⊙ adj. y n. m. GRAM. Se aplica específicamente a los sufijos que sirven para formar palabras que expresan generalmente mayor tamaño o intensidad en la cosa designada por la raíz o para intensificar el significado de ésta, así como a las palabras así formadas: 'tablón, catarrazo, madraza'. ⇒ Apénd. II, AUMENTATIVO.

aumento m. Acción de aumentar. ⊙ Cosa o cantidad añadida para aumentar.

V. «CRISTAL de aumento».

aun (del lat. «adhuc», hasta ahora; pronunc. [aun]) **1** adv. Se emplea con el significado de «incluso» con valor *concesivo: 'Aun siendo viejo trabaja más que tú. Va sin sombrero aun en pleno invierno'. Expresiones que equivalen a 'aunque sea viejo..., aunque sea pleno invierno...'. **2** Se emplea en frases ponderativas equivaliendo a «hasta, incluso» o «también»: 'Te daría cien pesetas y aun doscientas porque te vayas y me dejes en paz. Habría allí dos mil y aun dos mil quinientas personas'.

AUN CUANDO. Equivale exactamente a «aunque».

V. «aun ASÍ, ni aun ASÍ, MÁS aún».

NI AUN. Expresión *exhaustiva equivalente a «ni» en frases de *ponderación construidas con gerundio: 'Ni aun pagándolo a peso de oro se consigue'.

aún (del lat. «adhuc», hasta ahora; pronunc. gralm. [a-ún]) **1** adv. Equivale a «*todavía» y expresa persistencia en el momento en que se habla o de que se habla de cierta acción o estado: 'Aún no han llegado'. Se emplea mucho en correlación con «cuando»: 'Aún no habrías llegado a la esquina cuando llamó por teléfono'. **2** Equivale a «todavía» en su acepción ponderativa: 'Si vienes tú, aún lo pasaremos mejor'.

aunar (del lat. «adunāre», unir; «con») tr. y prnl. recípr. Poner[se] de acuerdo ↘cosas distintas con un mismo fin o efecto: 'Aunar criterios [voces, esfuerzos, voluntades]'. ≃ Adunar[se], *armonizar, *combinar[se], *coordinar.

□ CONJUG. como «aullar».

aungar (del sup. lat. «adunicāre», de «adunāre», unir; ant.) tr. **Unir o juntar.*

auniga *(Anhinga melanogaster)* f. Cierta *ave palmípeda de Filipinas.

aunque (de «aun» y «que») **1** conj. Su significado oscila entre el *concesivo y el *adversativo. Unas veces expresa que lo significado por la frase a que afecta no impide, en el caso de que se trata, que se realice lo que expresa la otra oración (significado concesivo): 'Iremos aunque llueva. Te lo diré aunque no te guste'. Y otras, una oposición entre ambas oraciones: 'Aunque es español, no le gustan los toros. Aunque está tan delgado, está muy fuerte'. ≃ BIEN que. ⇒ Apénd. II, EXPRESIONES CONCESIVAS. ⊙ «Aunque» se antepone muy frecuentemente a expresiones *correctivas: 'Aunque si bien se mira, aunque en medio de todo, aunque la verdad es que'. ⇒ Si BIEN, cuando, a DESPECHO de que, sin EMBARGO de que, maguer, por MÁS [o MUCHO] que, a PESAR de que, bien es VERDAD que. **2** Puede expresar también conformidad de su oración con lo expresado por la principal, aunque sea menos o peor de lo que se desearía: 'No dejes de venir, aunque te marches pronto'. ⊙ En algunos casos, las oraciones construidas con «aunque sea» y «aunque sólo [o nada más] sea» equivalen a otras *transactivas con «ya que no»: 'Hazlo aunque sólo sea por complacer a tu madre', equivale a 'ya que no lo hagas por otra cosa, hazlo por complacer a tu madre'. Se puede añadir «al menos» o «por lo menos» en la segunda oración.

NI AUNQUE. Equivale a «ni aun», con el verbo en forma personal: 'Ni aunque me lo jurase me lo creería'.

V. «aunque no lo PAREZCA, aunque me [te, etc.] PESE».

□ NOTAS DE USO

Como se ve por los ejemplos de la 1.ª acep., la distinción entre los dos significados no es tajante, pues, si se observa bien, se aprecia que el matiz concesivo está también presente en los ejemplos del segundo caso. El verbo afectado por «aunque» está en subjuntivo en los ejemplos del primer caso y en indicativo en los del segundo. Sin embargo, la distinción entre las dos maneras de funcionar esta conjunción no es de ninguna manera clara, y el hecho de que el verbo esté en subjuntivo o en indicativo depende, no ya de que la conjunción funcione como concesiva o como adversativa, sino más bien de que la acción o circunstancia expresada por la oración a que afecta sea sólo posible o sea segura: 'Te he echado de menos aunque no lo creas. Aunque no lo crees, esto es la pura verdad'. Y, por otro lado, es muy frecuente el uso del subjuntivo aun en expresiones aseverativas: 'Es un grosero aunque haya recibido una buena educación'. La oración a que afecta «aunque» puede sintetizarse en un adjetivo, un participio o un gerundio y sustituirse «aunque» por «aun»: 'Aunque llegamos tarde tuvimos tiempo de verlo todo. Aun llegando tarde, tuvimos...'. También puede sustituirse por la expresión «y todo»: 'Llegando tarde y todo tuvimos tiempo...'. ≃ BIEN que.

La oración concesiva con «aunque» puede transformarse en una copulativa con ambos verbos en potencial: 'Aunque se muriera de hambre no trabajaría', equivale a 'se moriría de hambre y no trabajaría'.

En la 2.ª acep., el sentido de «aunque» puede llamarse «concesivo» con más derecho que en el anterior; pero, realmente, no es el significado de las conjunciones llamadas convencionalmente «concesivas», ya que en él no puede «aunque» ser sustituida por otra de ellas; por ejemplo, por «a pesar de que» o «no obstante que». Teniendo ya la designación «concesivas» una aplicación tradicional, se aplica en este diccionario a la conjunción «aunque» empleada con este sentido, así como a las expresiones «aunque sea» y «aunque sólo [nada más] sea» y otras de significado semejante, la designación «*transactivas», porque afectan a una oración que expresa una transacción: 'No dejes de venir, aunque [sólo, nada más] sea media hora. Tengo que regalarte aunque sea un pañuelo'.

auñar (León, Sal.) tr. **Robar o *hurtar una ˘cosa.*

¡aupa! o **¡aúpa!** interj. Exclamación con que se acompaña un esfuerzo para *levantar algo, o se anima a hacerlo; los niños la emplean para pedir que los cojan o levanten en brazos. ≃ ¡Upa!

DE AÚPA [O AUPA] (inf.). Expresión usada para calificar de *extraordinaria una cosa: 'Nos dieron una comida de aúpa. Cogió una borrachera de aúpa'. ⊙ (inf.) También, para calificar a una persona de la que hay que guardarse. ≃ De cuidado.

aupar (de «¡aúpa!») **1** (inf.) tr. *Levantar ˘algo en el aire con los brazos; por ejemplo, a un niño. ⊙ (inf.) También, ayudar a ˘alguien a subir a un sitio; por ejemplo, a caballo. **2** (inf.) Ayudar a ˘alguien a elevarse de *categoría social.

□ CONJUG. como «aullar».

au pair (fr.; pronunc. [opér]) n. Persona extranjera que trabaja en una casa haciendo trabajos domésticos a cambio del alojamiento, la comida y una pequeña cantidad de dinero; por lo general, con el fin de aprender la lengua de ese lugar.

auquénido m. ZOOL. *Camélido de los Andes meridionales, como la llama, la alpaca, el guanaco y la vicuña.*

aura[1] (del lat. «aura», del gr. «aúra», de «áō», soplar) **1** (lit.) f. *Viento suave y refrescante. ≃ Brisa, céfiro. **2** Irradiación luminosa de carácter paranormal que algunas personas perciben alrededor de los cuerpos. **3** MED. Conjunto de síntomas, como náuseas, percepción vaga, etc., previos a una crisis epiléptica, una jaqueca y otros trastornos: 'Aura epiléptica'.

aura[2] (de or. indoamericano; *Catharles aura)* f. *Ave rapaz diurna del tamaño de una gallina, que se alimenta de carne muerta y despide olor repugnante ≃ Carraco, gallinaza, gallinazo, guala, samuro, zamuro, zope, zopilote. ⇒ Tareche.

auranciáceo, -a (de «Aurantium», nombre de una especie de plantas del género *Citrus)* adj. y n. f. BOT. *Se aplicaba a las plantas de un grupo que comprendía el naranjo y el limonero, que se incluye ahora en las rutáceas.*

aurea mediocritas (pronunc. [áurea mediócritas]) Expresión de Horacio, con que se alude al feliz estado del que, ni demasiado rico ni demasiado pobre, vive contento con su medianía.

aurelianense (del lat. «Aurelianensis», de «Aurelĭa», Orleans) adj. y, aplicado a personas, también n. *De Orleans, población francesa.*

áureo, -a (del lat. «aurĕus») **1** adj. De oro. ⊙ También en sentido figurado: 'Edad áurea'. **2** m. **Peso de 4 escrúpulos que se usaba en farmacia.* **3** *Moneda de oro; específicamente, una *romana.

V. «LEYENDA áurea, NÚMERO áureo, SECCIÓN áurea».

aureola o, menos frec., **auréola** (del lat. «aureŏla», de color de oro) **1** («Circundar, Nimbar, Rodear») f. Corona circular que rodea algunas cosas. ⊙ Círculo luminoso que se figura circundando la cabeza de las *imágenes y otras cosas sagradas. ⊙ TEOL. Resplandor que, como premio adicional, corresponde en la bienaventuranza: 'La aureola de las vírgenes, de los mártires, de los doctores...'. ⊙ *Resplandor sobre el que se recorta la figura de algunas cosas. ⊙ ASTRON. Por ejemplo de la Luna y otros astros. ⊙ ASTRON. Corona luminosa, sencilla o doble, que se observa alrededor de la *Luna en los eclipses de Sol. ⊙ ASTRON. Zona brillante que circunda al *Sol. **2** *Fama o *admiración que rodea a una persona: 'Se está formando a su alrededor una aureola de sabio'.

aureolar («con, de») tr. Rodear una aureola a una ˘cosa, o rodear una ˘cosa con una aureola: 'Le aureola la admiración de sus amigos. Le aureolan de todas las virtudes imaginables'.

aureomicina f. FARM. **Antibiótico obtenido del «Streptomyces aureofaciens».*

aurgitano, -a adj. y, aplicado a personas, también n. *De Aurgi, hoy Jaén.*

auri- Elemento prefijo del latín «aurum», oro, subsistente en palabras de derivación culta.

auricalco (del lat. «orichalcum», del gr. «oreíchálkos», cobre de la montaña; ant.) m. *Cobre, bronce o latón.* ≃ Oricalco.

aurícula (del lat. «auricŭla cordis») **1** f. ANAT. *Pabellón de la *oreja.* **2** ANAT. Cada una de las dos cavidades superiores del *corazón. **3** BOT. *Prolongación de la parte inferior del limbo de las hojas.*

auriculado, -a (del lat. «auricŭla») adj. ANAT. *Se aplica al órgano o parte del cuerpo de forma parecida a una oreja.*

auricular[1] (del lat. «auriculāris») **1** adj. Del oído o la oreja. **2** m. En los aparatos telefónicos, dispositivo que se aplica al oído y, por extensión, todo el dispositivo que contiene el auricular y el micrófono. **3** (pl.) Dispositivo que se aplica al oído para percibir el sonido de un aparato: 'Se puso los auriculares para escuchar música'. ≃ Cascos. ⇒ Audífonos.

auricular[2] (de «aurícula») adj. MED. De las aurículas del *corazón.

auriense adj. y, aplicado a personas, también n. *De Auria o Aregia, hoy Orense.* ≃ Orensano.

aurífero, -a (del lat. «aurĭfer, -ĕri») adj. Se aplica a lo que lleva o contiene oro.

auriga (del lat. «aurīga»; lit.) m. Cochero.

aurígero, -a (del lat. «aurĭger, -ĕri») adj. Aurífero.

auriñaciense (de «Aurignac») adj. y n. m. Se aplica al periodo prehistórico de comienzos del paleolítico superior que se caracteriza por el uso de utensilios de hueso y la aparición del arte rupestre, y a sus cosas.

auris maris Nombre dado por los latinos a la oreja marina.

aurochs m. *Uro: especie de bisonte de Europa, ya extinguido.*

aurora (del lat. «aurōra») **1** f. Luz y, también, momentos que preceden a la salida del Sol. ⇒ *Amanecer. **2** *Principio o primeros tiempos de alguna cosa. **3** *Canto religioso que se entona al amanecer, antes del rosario, con el que se da comienzo a la celebración de alguna festividad de la iglesia. **4** **Belleza del rostro.* ⊙ **Cara sonrosada.* **5** *Bebida refrescante compuesta de leche de almendras y agua de canela.*

AURORA AUSTRAL. El mismo fenómeno que la aurora boreal, cuando ocurre en el hemisferio sur.

A. BOREAL. Fenómeno luminoso muy vistoso consistente en arcos o fajas de formas complejas, blancas, amarillas, rojas y verdes, que se aprecia algunas veces en las latitudes alrededor de los 70º norte, y se atribuye a descargas eléctricas del Sol. ⇒ *Meteorología.

aurragado, -a (del vasc. «aurraca», a empujones) adj. *Se aplica a la tierra mal labrada.*

aurresku (vasc.) m. Baile tradicional vasco.

aurúspice m. *Arúspice.*

auscultación f. Acción de auscultar.

auscultar (del lat «auscultāre») **1** tr. *Escuchar los sonidos que se producen en alguna ↘parte del *organismo, particularmente en las *cavidades; por ejemplo, en el aparato respiratorio o en el corazón. ⇒ Explorar. ➤ Estetoscopio. **2** *Tratar de enterarse con cautela del ↘estado de una cosa o de la manera de pensar de alguien.* ≃ Sondear.

ausencia (del lat. «absentĭa») **1** («En, Durante la, Por; de» o el adjetivo posesivo que corresponda a la cosa ausente) f. Estado de ausente: 'No hagáis nada en mi ausencia'. **2** Estado de *abstracción o *distracción total de una persona. **3** *Falta de cierta cosa: 'En todo el asunto hay ausencia de buen sentido'. Enlace frecuente, «total ausencia». **4** La ausencia de alguien como causa de tristeza: 'Nota la ausencia de su hija. Sufre de ausencia'. ≃ *Falta, vacío. ⇒ Añoranza, morriña, nostalgia.

BRILLAR algo o alguien POR SU AUSENCIA (inf.). No estar o no haberlo en el lugar en que se piensa que podía o debía estar o existir.

BUENAS [O MALAS] AUSENCIAS. Con «hacer» o «guardar», hablar bien [o mal] de una persona ausente. ⇒ *Criticar, *murmurar. ➤ *Alabar.

EN AUSENCIA DE. Estando o por estar ausente la persona de que se trata. ≃ En mi [tu, etc.] ausencia.

ausense, ausetano, -a o **ausonense** adj. y, aplicado a personas, también n. *De Ausa, hoy Vich.*

ausentar (del lat. «absentāre») **1** tr. *Hacer desaparecer ↘algo.* ⊙ intr. *Desaparecer algo.* **2** prnl. *Marcharse del sitio en donde se reside. ≃ Irse.

ausente (del lat. «absens, -entis») **1** («de») adj. y n. Se aplica a la persona que no está en el sitio de que se trata: 'Me refiero tanto a los ausentes como a los presentes'. ⊙ («de») adj. Particularmente, al que está fuera de la población o país en que reside habitualmente: 'Está ausente de Madrid desde hace años'. ⇒ Viudo. ➤ Absentismo, ausencia. ➤ Presente. ➤ En ausencia de, por detrás de, a espaldas de. ➤ *Faltar. **2** n. DER. Persona de quien se ignora si vive todavía y dónde está. **3** adj. Ensimismado.

ausoles (del nahua «at», agua, y «soloni», hervir de manera ruidosa; Hispam.) m. pl. *Grietas propias de los terrenos volcánicos.*

ausonio, -a (del lat. «Ausonĭus») adj. y, aplicado a personas, también n. *De Ausonia, país de la Italia antigua.* ⊙ *Por extensión, italiano.*

auspiciar (de «auspicio») **1** tr. Patrocinar, apoyar, favorecer. **2** *Predecir, adivinar.*

☐ CONJUG. como «cambiar».

auspicio (del lat. «auspicĭum») **1** m., gralm. pl. Suceso o circunstancia que se toma como anuncio de que algo va a resultar bien o mal: 'El viaje comenzó con buenos auspicios'. ≃ Agüero, augurio, presagio. **2** Iniciativa o impulso de cierta autoridad a que se debe algo o con que funciona algo: 'Se construyó el canal bajo los auspicios de la monarquía. La institución funciona bajo los auspicios de un patronato'.

auspicioso, -a adj. *De buen auspicio.*

austeramente adv. Con austeridad.

austeridad f. Cualidad de austero.

austero, -a (del lat. «austērus», del gr. «austērós») **1** adj. **Agrio, *astringente o *áspero al gusto.* **2** Aplicado a personas y a sus costumbres, reducido a lo necesario y apartado de lo superfluo o agradable. ≃ Sobrio. ⊙ Con significado semejante se aplica a cosas: 'El monasterio de El Escorial es un edificio austero'. ⇒ Abstemio, ascético, puritano, recoleto, *rígido, asevero, *sobrio, virtuoso. ➤ Austeridad, ayuno, *disciplina, estrechez. *rigor, severidad. ➤ *Frívolo. **3** *Severo e *íntegro: 'Un juez austero'.

austral[1] (de «Austria»; ant.) adj. *Austriaco.*

austral[2] (del lat. «australis») **1** adj. Se aplica al polo sur, al hemisferio sur y a lo que está en éste o próximo a aquél. **2** m. Antigua moneda de la Argentina.

V. «AURORA austral».

australiano, -a adj. y, aplicado a personas, también n. De Australia.

australopiteco m. Homínido fósil descubierto en África, que era capaz de tallar piedras.

austriaco, -a o **austríaco, -a** adj. y, aplicado a personas, también n. De Austria. ≃ Austral, austrida. ⇒ Florín, internuncio.

austrida adj. *Austriaco.*

austro (del lat. «auster, -tri») **1** (culto o lit.; «El») m. El *sur. ⇒ Ostro. **2** (culto o lit.) Uno de los cuatro *vientos cardinales, que sopla del sur. ≃ Noto. ⇒ Ostro. ➤ Ábrego, bóreas, euro.

austrohúngaro, -a adj. y, aplicado a personas, también n. De un antiguo imperio de Europa central formado por el imperio de Austria y el reino de Hungría.

aután (del fr. «autant»; ant.) adv. *Tanto, igualmente.*

autarcía f. Autarquía (sistema económico).

autarquía[1] (del gr. «autárkeia», capacidad de bastarse a sí mismo) f. Sistema *económico por el cual un estado se vale de sus propios recursos, liberándose de importar productos extranjeros.

autarquía[2] (del gr. «autarchía», poder absoluto) f. *Gobierno por sí mismo.*

autárquico[1], **-a** adj. De [la] autarquía económica.

autárquico[2], **-a** adj. *De [la] autarquía política.*

auténtica (del lat. «authentĭca») **1** f. *Documento en que se acredita la autenticidad de cierta cosa; particularmente, de una reliquia santa o de un milagro.* **2** *Copia autorizada de un documento.* **3** *Cualquiera de las constituciones recopiladas por orden de Justiniano después del Código.* ⇒ *Ley.

auténticamente adv. De manera auténtica.

autenticar (de «auténtico») tr. *Legitimar o *legalizar; por ejemplo, una ↘firma o un documento.

autenticidad f. Cualidad de auténtico.

auténtico, -a (del lat. «authentĭcus», del gr. «authentikós», que tiene autoridad) **1** adj. Se aplica a las cosas que son realmente lo que aparentan o lo que designa el nombre que les es aplicado: no falsas o falsificadas: 'Un Stradivarius auténtico. La firma auténtica del Greco. Auténtico café del Brasil'. ≃ Legítimo, verdadero. ⊙ Apto para servir de testimonio legal. ⇒ Castizo, de pura CEPA, acierto, lo que se DICE..., efectivo, genuino, legítimo, lo que se LLAMA [un]..., positivo, propio, *puro, *real, de pura SANGRE,

TODO un..., de VERAS, verdadero. ➤ Garantía, sello. ➤ *Falso, de imitación. 2 (ant.) *Se aplicaba a los *bienes heredados que estaban sujetos a alguna carga.*

autentificar tr. Autenticar.

autillo[1] (quizá de un deriv. del lat. «otus», o de or. expresivo, del grito de esta ave; *Otus scops)* m. *Ave rapaz nocturna parecida a los búhos, pero de pequeñas dimensiones. ⇒ Alucón, cárabo, concón, oto, úlula, zumaya.

autillo[2] (dim. de «auto[1]») m. *Auto particular del tribunal de la Inquisición.*

autismo (del gr. «autós», mismo) m. Trastorno mental en que el individuo se concentra en su mundo interior y tiene una capacidad muy limitada de relacionarse con lo que le rodea. Afecta sobre todo a los niños.

autista adj. y n. Afectado de autismo.

auto[1] (de «acto») 1 (Ar.) m. *Acto o hecho.* 2 DER. Resolución de un juez. 3 (pl.) DER. Conjunto de actuaciones o de documentos que se producen en un juicio o en una causa. ⇒ *Tribunal. 4 (ant.) *Escritura o documento.* 5 LITER. Composición dramática breve, generalmente alegórica y con personajes bíblicos. ⇒ AUTO sacramental.

AUTO DEFINITIVO. DER. *Auto judicial que deja resuelta una cuestión, aunque sea dictado incidentalmente; o que impide la continuación del pleito.* ⇒ *Tribunal.

A. DE FE. Ejecución en público de una sentencia de la Inquisición. Por extensión, acción de quemar algo por considerarlo malo, perjudicial o inútil: 'Estoy dispuesto a hacer con todos estos libros un auto de fe'.

A. SACRAMENTAL. LITER. Nombre aplicado a los autos teatrales en el siglo XVII, época en que alcanzaron gran esplendor, debido sobre todo a Calderón de la Barca.

CONSTAR DE [O EN] AUTOS. DER. Estar una cosa probada en los autos del juicio o proceso.

ESTAR EN AUTOS. Estar *enterado de los antecedentes de cierta cosa. ≃ Estar en ANTECEDENTES.

PONER EN AUTOS. *Enterar a alguien de los antecedentes de un asunto de que se está tratando. ≃ Poner en ANTECEDENTES.

auto[2] (más frec. en Hispam.) m. Apoc. de «*automóvil».

auto- Elemento prefijo del gr. «autós», mismo, que significa «a sí mismo» o «por sí mismo»: 'autoeducación, automóvil, autorretrato, autosugestión'. ⇒ Por propia MANO, por mí [nosotros, etc.] MISMO[s].

autoadherente (de «auto-» y «adherente») adj. Autoadhesivo.

autoadhesivo, -a (de «auto-» y «adhesivo») adj. Que tiene una sustancia que le permite pegarse sobre algo haciendo una ligera presión o por simple contacto.

autobiografía (de «auto-» y «biografía») f. Biografía de sí mismo. ⇒ Diario, memorias.

autobiográfico, -a adj. Se aplica a un *relato que lo es, total o parcialmente, de cosas que le han ocurrido al propio autor.

autobombo (de «auto-» y «bombo»; inf.) m. *Alabanza que alguien hace de sí mismo o de sus cosas.

autobús (del fr. «autobus», de «auto» y «onmibus») 1 (Coger, Tomar, Subirse») m. *Automóvil de servicio público con capacidad para muchos pasajeros, que recorre un trayecto fijo. ⇒ Búho, bus, camión, camioneta, colectivo, guagua, micro, *microbús, ómnibus, trolebús. ➤ Bonobús. 2 *Autocar.

autocamión m. *Camión *automóvil.*

autocar (del fr. «autocar», de «auto» y el ingl. «car») m. *Automóvil con asientos para muchas personas que no hace un trayecto fijo, sino que lleva a los viajeros a distintos sitios; por ejemplo, en una excursión o un viaje de turismo. ⇒ Flota, guagua, metro, MICRO de larga distancia, ómnibus.

autocarril (Chi.) m. **Autovía.*

autocartera f. Conjunto de valores de una entidad financiera que son propiedad de la misma.

autochoque m. COCHES de choque.

autocine (de «auto[2]» y «cine») m. Cine al aire libre en que se puede seguir la película desde el interior del automóvil.

autoclave (de «auto-» y «clave») amb. Aparato para *desinfectar, consistente en un recinto cerrado herméticamente en que los objetos se someten a la acción del vapor de agua a temperatura muy elevada. ⊙ QUÍM. Cámara de paredes gruesas destinada a verificar reacciones químicas a alta presión y temperatura.

autocontrol m. Capacidad para dominar los propios impulsos.

autocracia (del gr. «autokráteia») f. Gobierno despótico ejercido por una sola persona.

autócrata (del gr. «autokratḗs») n. Persona que gobierna con su sola autoridad y voluntad. ⇒ *Déspota.

autocrático, -a adj. De [la] autocracia o de [un] autócrata.

autocrítica 1 f. *Crítica de sí mismo. 2 Crítica de una obra por su propio autor.

autóctono, -a (del lat. «autochthōnes», del gr. «autóchthōn, -os») adj. Nacido en el país de que se trata. ≃ *Indígena, nativo.

autodecisión f. Autodeterminación.

autodefensa f. Defensa de uno mismo frente a un posible daño.

autodefinido m. Crucigrama en el que las claves o definiciones están en algunas casillas del casillero.

autodestrucción f. Destrucción de uno mismo.

autodestructivo, -a adj. Que causa o puede causar la destrucción de uno mismo: 'Los impulsos autodestructivos de un individuo'.

autodeterminación f. Acción de decidir un pueblo o estado sobre sus propios asuntos, sin coacción o intervención externa. ⇒ *Independiente.

autodidáctica o **autodidaxia** f. Arte de instruirse uno mismo, sin maestro o profesor.

autodidáctico, -a adj. De la autodidáctica.

autodidacto, -a (del gr. «autodídaktos»; se emplea la terminación «a» tanto para el masculino como para el femenino) adj. y n. Se aplica al que se ha instruido o educado por sí mismo, sin maestro o profesor. ⇒ *Aprender.

autodominio m. Dominio sobre los propios impulsos.

autódromo (de «auto[2]» y «-dromo») m. Pista para ensayos y carreras automovilísticas.

autoedición f. Sistema de edición de textos por medio de un ordenador personal y una impresora.

autoeditar tr. Editar un texto mediante un sistema de autoedición.

autoempleo m. Empleo por cuenta propia.

autoerotismo m. *Masturbación u onanismo (complacencia sexual en el propio cuerpo).

autoescuela (de «auto[2]» y «escuela») f. Centro donde se enseña a conducir automóviles.

autoestima f. Valoración de uno mismo.

autoestop m. Autostop.

autoestopista adj. y n. Autostopista.

autofecundación f. Biol. Fecundación en que se unen los gametos masculino y femenino de un organismo hermafrodita.

autofoco m. Fot. Dispositivo de una cámara fotográfica o de vídeo para enfocar automáticamente.

autógeno, -a (de «auto-» y «-geno») adj. Se aplica a lo que se produce a sí mismo. ⊙ Se aplica en lenguaje corriente solamente a la soldadura metálica que se hace sin intervención de un material extraño, fundiendo las partes que se trata de soldar.

autogestión 1 f. Sistema de organización de una empresa en que los trabajadores participan activamente en su gestión. **2** Gobierno de una sociedad o colectividad a través de un conjunto de órganos elegidos directamente por sus miembros.

autogiro (de «auto-» y «giro») m. Aparato volador inventado por el ingeniero español Juan de la Cierva, en que las alas fijas del avión están sustituidas por planos sustentadores que giran en un eje vertical, lo que le permite aterrizar casi verticalmente. ⇒ Helicóptero. ➤ *Avión.

autogobierno m. Administración de un territorio que goza de autonomía.

autogol m. Dep. Gol marcado por un jugador en su propia portería.

autografía (de «auto-» y «-grafía») **1** f. *Procedimiento empleado para trasladar un escrito hecho sobre papel especial a una piedra, con la que se pueden hacer múltiples copias.* **2** *Sitio donde se hace este trabajo.*

autografiar tr. *Reproducir un ˘escrito por medio de la autografía.*

autográfico, -a adj. *De [la] autografía.*

autógrafo, -a (del lat. «autogrăphus», del gr. «autógraphos») **1** adj. Escrito de su propia mano por su autor. ⇒ Hológrafo [u ológrafo]. **2** m. Texto escrito de su propia mano por el autor. **3** Firma de una persona famosa o destacada en una actividad.

autoinducción (de «auto-» e «inducción») f. Fís. Producción de una segunda corriente eléctrica en un circuito, por una variación de intensidad de la que ya circulaba por él. ⊙ Fís. Cualidad de un circuito por la que tiende a contrarrestar cualquier cambio en la corriente que circula por él.

automación f. En lenguaje técnico, automatización.

autómata (del lat. «automăta») **1** m. Mecanismo que reproduce la forma y los movimientos de un ser animado. ⇒ Androide, robot. ➤ *Muñeco. **2** Se aplica como término de comparación o como nombre calificativo a una persona sin voluntad propia, que se deja *manejar por otra. ⊙ También a alguien que obra sin tener la atención puesta en lo que hace. ⇒ Distraído.

automática f. Ciencia que investiga acerca de los procedimientos para sustituir el trabajo humano por dispositivos mecánicos o electrónicos.

automáticamente adv. De forma automática.

automaticidad f. Cualidad de automático.

automático, -a (de «autómata») **1** adj. Se aplica a lo que se verifica o se regula mecánicamente, sin necesidad de la intervención humana. ⇒ Servomecanismo. **2** Se aplica a los actos voluntarios que se realizan en una ocasión dada sin ser ordenados conscientemente por la voluntad. ≃ *Inconsciente, indeliberado, maquinal, mecánico. **3** Se aplica a lo que ocurre de forma inmediata después de que se den determinadas circunstancias. **4** m. Se aplica a un *broche o *cierre para ropa que consiste en dos piezas de forma de disco que se cosen cada una en uno de los lados que se quieren juntar; una de ellas tiene un pezoncillo que penetra a presión en un entrante correspondiente de la otra, que actúa como muelle. ⇒ Clec.

automatismo (del gr. «automatismós») m. Cualidad de automático. ⊙ Ejecución de actos sin intervención de la voluntad, normal o patológicamente.

automatización f. Acción de automatizar.

automatizar 1 tr. Aplicar a la ˘industria procedimientos automáticos, suministrados especialmente por la técnica *electrónica, para realizar operaciones tales como cálculos y ordenación, selección y busca de datos. **2** Convertir en automáticos ciertos ˘movimientos humanos.

automedicación f. Acción de automedicarse.

automedicarse prnl. Administrarse una persona medicinas que no han sido prescritas por un médico.

automedonte (de «Automedonte», nombre del personaje mitológico que conducía el carro de Aquiles; cult. o lit.) m. Cochero.

automoción 1 f. Facultad de lo que se mueve por sí mismo. **2** Estudio de las máquinas que se desplazan por la acción de un motor, particularmente de los automóviles. **3** Sector industrial del automóvil.

automotor, -a (de «auto-» y «motor») **1** adj. y n. m. Se aplica a cualquier mecanismo que funciona sin la intervención continua de un operario. **2** m. Vagón de ferrocarril eléctrico, equipado con sus propios motores. A veces, lleva uno o más coches remolcados. ⇒ Autovía.

automotriz (de «auto-» y «motriz») adj. Automotora.

automóvil (de «auto-» y «móvil») adj. Se aplica a lo que se mueve por sí mismo. ⊙ adj. y n. m. Específicamente, al *vehículo con motor que anda sin rieles. ⊙ m. Particularmente, a los de pequeño tamaño, de uso particular, a los cuales se llama generalmente «coche»; en América, «carro».

□ Catálogo

Auto, carro, carruaje, coche, máquina. ➤ Autobús, autocar, *berlina, bólido, buga, cabriolé, camión, camioneta, caravana, coche, [coche] deportivo, colectivo, convertible, cupé, descapotable, furgoneta, jeep, limusina [o limousine], monovolumen, ómnibus, pullman, ranchera, rubia, sedán, taxi, todoterreno, tractomula, tractor, tráiler, turismo, utilitario. ➤ Acelerador, airbag, aleta, amortiguador, baca, bandeja, batería, bocina, bujía, caja de cambios [o de velocidades], calandra, cambio de marchas, capó [o capot], carburador, carrocería, cárter, chapa, chasis, cierre centralizado, cilindro, claxon, contacto, cubierta, cuentaquilómetros, cuentarrevoluciones, culata, deflector, delco, diferencial, dirección, dirección asistida, direccional, elevalunas, embrague, encendido, escape, faro, guantera, guardabrisa, habitáculo, intermitencia, intermitente, limpiaparabrisas, llave de contacto, luneta, luneta térmica, magneto, maletero, marcha, motor de explosión, *neumático, nodriza, palier, parabrisas, parachoques, parasol, portaequipaje [o portaequipajes], radiador, remolque, *rueda, salpicadero, servofreno, servodirección, silenciador, spoiler, tambor, taxímetro, tubo de escape, valija, velocímetro, visera, volante, zapata. ➤ Amortiguación, carburación, suspensión, transmisión. ➤ Recambios, repuestos. ➤ Gato. ➤ Luces de gálibo, luz de carretera, luz corta [o de cruce], luz larga, luz de posición. ➤ Aceite, gasoil, gasolina. ➤ Aparcacoches, automovilista, chófer, conductor, corredor, guardacoches, limpiacoches, mecánico, motorista, piloto. ➤ Ablande, rodaje. ➤ Aparcamiento, estacionamiento, garaje, parada, parking, parque. ➤ Parquímetro. ➤ Autoescuela. ➤ Automoción. ➤ Manejar. ➤ Sobrevirar. ➤ Motorizarse. ➤ *Carrera. ➤ *Motor. *Vehículo.

automovilismo 1 m. Conjunto de conocimientos teóricos y prácticos sobre los automóviles. 2 Deporte practicado con automóviles, con distintas modalidades. ⇒ Autódromo, box, circuito, kart. ➤ Pole position.

automovilista n. Persona que conduce un automóvil.

automovilístico, -a adj. Del automovilismo o de los automóviles.

autonomía (del lat. «autonomĭa», del gr. «autonomía») 1 («Disfrutar, Obrar con, Tener, Conceder, Dar») f. Estado del país que se *gobierna a sí mismo, por completo o en cierto aspecto que se expresa: 'Conceder autonomía a una colonia. Disfrutar autonomía administrativa'. ≃ Independencia, *libertad. ⊙ Se emplea también con referencia a personas, significando facultad para gobernar las propias acciones, sin depender de otro: 'En mi departamento obro con autonomía'. ⊙ Potestad que dentro de un estado pueden gozar los municipios, provincias u otras entidades constitutivas del mismo para regir los asuntos o ciertos asuntos de su propia administración. 2 COMUNIDAD autónoma. 3 Tiempo que puede funcionar un *avión, automóvil, etc., o distancia que es capaz de recorrer sin necesidad de reponer combustible.

autonómicamente adv. Con autonomía.

autonómico, -a adj. De la autonomía.

autonomismo m. Opinión *política en favor de la autonomía.

autonomista adj. y n. Partidario de la autonomía.

autónomo, -a (del gr. «autónomos») 1 adj. Poseedor de autonomía. 2 adj. y n. Se aplica al trabajador que trabaja por cuenta propia.

autopista (de «auto²» y «pista») f. *Carretera construida para circular a gran velocidad, con varios carriles por sentido y sin cruces.

AUTOPISTA DE PEAJE. Aquella en que se paga una cantidad de dinero para poder transitar por ella.

AUTOPISTAS DE LA INFORMACIÓN. Nombre genérico aplicado a las redes informáticas capaces de transmitir información desde o a cualquier parte del mundo.

autoplastia (de «auto-» y «-plastia») f. CIR. Operación que consiste en reemplazar una porción de tejido destruido, con otro tejido sano del mismo individuo. ⇒ *Cirugía.

autopropulsado, -a adj. Movido por autopropulsión.

autopropulsión (de «auto-» y «propulsión») f. Acción de desplazarse una máquina por su propia fuerza motriz.

autopsia (del gr. «autopsía», visión con los propios ojos) f. Examen de un *cadáver para investigar las causas de la muerte. ⇒ Necropsia, necroscopia. ⊙ («Hacer la») **Examen o análisis minucioso de cualquier cosa.*

autópsido, -a (de «auto-» y el gr. «ópsis», vista) adj. *Se aplica a los minerales que tienen aspecto, particularmente *brillo, metálico.* ⇒ Heterópsido.

autor, -a (del lat. «auctor, -ōris») 1 n. Con respecto a una obra o una acción, el que las realiza: 'El autor del robo. El autor de la novela'. ⇒ Agente, coadyuvante, coagente, coautor, colaborador, cómplice, compositor, copartícipe, ejecutor, FACTOR ejecutante, letrista, mano, partícipe. ➤ Autoría. ➤ *Ayudar. *Causa. 2 *Antiguamente, en las compañías de *teatro, el que administraba el dinero.* 3 DER. *El que ha cometido el *delito de que se trata.* 4 DER. *Causante.* 5 (ant.) DER. *Actor: acusador o demandante.*

AUTOR ANÓNIMO. Con referencia a obras literarias o artísticas, autor desconocido.

V. «CORRECCIÓN de autor, DERECHOS de autor, PRUEBAS de autor».

autoría 1 f. *Empleo de autor en las antiguas compañías de *teatro.* 2 Condición de ser el autor de cierta cosa: 'La autoría de una obra artística. La autoría del atentado'.

autoridad (del lat. «auctorĭtas, -ātis») 1 («Imponer, Mantener, Acatar, Aceptar, Respetar, Someterse, Debilitar, Minar, Socavar, Relajarse, Resignar») f. Atributo del gobierno y personas que lo representan por el cual pueden dictar disposiciones o resoluciones y obligar a cumplirlas. ⊙ Atributo semejante que tienen otras personas, por razón de su situación, de su *saber o de alguna cualidad, o por el consentimiento de los que voluntariamente se someten a ellas: 'La autoridad del padre [del jefe, del sacerdote, del médico]'. ⊙ («Disfrutar, Gozar, Tener, Aceptar, Dar») Situación de una persona entre otras que aceptan su superioridad intelectual o moral: 'Es el que goza de más autoridad entre los amigos'. ≃ Ascendiente, *influencia, predicamento, prestigio. 2 Aptitud o carácter para hacerse obedecer: 'No tiene autoridad sobre sus empleados'. 3 *Conocimiento o dominio de cierta materia que tiene alguien, por el cual su opinión es tenida en cuenta por otros. 4 («La») Entidad de donde emanan las órdenes o disposiciones que obligan a los ciudadanos y en que reside el poder de obligar o castigar: 'La autoridad gubernativa [judicial, militar]'. ≃ Poder, PODER público. ⊙ Persona que tiene un cargo con *autoridad: 'La tribuna destinada a las autoridades'. ⊙ («La») En lenguaje popular, la autoridad encarnada en un guardia o agente de la autoridad gubernativa: '¡Que llamen a la autoridad!'. 5 Persona tenida por muy entendida en cierta materia: 'Es una autoridad en literatura arábiga'. ⇒ *Saber. 6 Autor o texto que se *citan en apoyo de una cosa: 'Diccionario de autoridades'. 7 **Aparato u ostentación.*

V. «DESACATO a la autoridad».

PASADO EN AUTORIDAD DE COSA JUZGADA. DER. *Se aplica a la decisión o sentencia ya ejecutada.*

V. «RELAJAMIENTO de la autoridad».

☐ CATÁLOGO

Superioridad. ➤ PLANA mayor. ➤ Cabecera. ➤ Atribuciones, competencia, facultad[es], *jurisdicción, mando, mano, PATRIA potestad, *poder, potestad, soberanía. ➤ Adalid, adelantado, administrador, alférez, almirante, almocadén, ámel, amir, amo, arconte, arquisinagogo, arráez, arrayaz, arraz, atamán, autócrata, biarca, burgomaestre, bwana, cabecilla, cabeza, cacique, caimacán, califa, canciller, *capataz, capitán, caporal, caudillo, césar, comandante, conde, condestable, conductor, cónsul, contramaestre, corifeo, coronel, cuadrillero, cuatorviro, cuatralbo, cúpula, decano, decurión, demagogo, *déspota, dictador, dignidad, director, dirigente, duce, ductor, dux, edecán, éforo, elector, emir, *emperador, encargado, estatúder, faraón, favorito, funcionario, gallito, general, gerente, gobernador, gobernante, *guía, intendente, *jefe, jeque, jerife, káiser, kan, landgrave, líder, MAESTRE de campo, *magistrado, mariscal, marqués, mayor, mayoral, ministro, navarca, naviculario, oficial, *papa, patriarca, patrono, polemarca, preboste, prefecto, prelado, prepósito, presidente, PRESIDENTE del consejo, PRESIDENTE de la república, principal, príncipe, rajá, rector, regente, *rey, senador, senescal, *señor, *soberano, subjefe, suboficial, subsecretario, subteniente, superintendente, superior, superioridad, teniente, tirano, tiufado, toqui, tribuno, triunviro, vaguemaestre, valido, vicepresidente, zar. ➤ De cuchara, patatero. ➤ Segundo. ➤ Autorizar, levantar BANDERA, dirigir, *disponer, estar por ENCIMA de, establecer, ESTAR sobre, estatuir, ponerse al FRENTE, ser una INSTITUCIÓN, *mandar, hacerse OBEDECER, *ordenar, dar [o circular] ÓRDENES, ponerse los PANTALONES, papelonear, preceptuar, prescribir, presidir. ➤ Atribuciones. ➤ Circunscripción, demarcación, jurisdicción. ➤ Autorización, *disposición, edicto, *ley, mandato, *orden. ➤ Contranota, cúmplase, refrendo, VISTO bueno. ➤ Delegar, subdelegar. ➤ Arbitrariedad, atrocidad, *atropello, DERECHO de pernada, desafuero, traspasar, tropelía, violencia. ➤ Mediatizar, residenciar, respetar. ➤ Cetro, vara. ➤ Lenidad, RELAJAMIENTO de la autoridad. ➤ De precario, de prestado. ➤ CUESTIÓN de competencia, HABLAR ex cáthedra. ➤ *Citar. ➤ Acéfalo. ➤ Depender. ➤ *Empleo. *Influir. *Magistrado. *Mandar *Persuadir. *Prestigio.

autoritariamente adv. De manera autoritaria.

autoritario, -a adj. y n. Aplicado a personas y gobiernos y a su manera de actuar, inclinado a imponer su voluntad. ⊙ adj. Se aplica al gobierno o persona que gobierna o dirige sin dejar a otros participar en sus determinaciones. ⇒ *Déspota.

autoritarismo m. Cualidad de autoritario. ⊙ Actitud autoritaria.

autoritativo, -a (del lat. «auctorĭtas, -ātis») adj. *Aplicado a cosas, se aplica a lo que implica autoridad.*

autorizable adj. Susceptible de ser autorizado.

autorización f. Acción de autorizar. ≃ Consentimiento, licencia, *permiso. ⊙ Documento o expresión con que se autoriza.

autorizadamente 1 adv. Con *autoridad: con conocimiento de la materia o asunto de que se trata. 2 Con autorización de quien puede darla.

autorizado, -a 1 Participio adjetivo de «autorizar». ⊙ Particularmente, autorizado oficialmente: 'Precio autorizado'. ⇒ *Legal, *oficial. 2 Aplicado a personas, sus palabras, opiniones, etc., con *autoridad en la materia o asunto de que se trata: 'Una voz autorizada. Una noticia de fuente autorizada' ⊙ Respetado por sus cualidades y prestigio.

autorizador, -a adj. y n. Se aplica al que autoriza.

autorizamiento m. Acción de autorizar un documento.

autorizante adj. y n. Se aplica al que autoriza un documento.

autorizar (de «autor») 1 («a, para») tr. Declarar una persona con autoridad que se puede hacer, usar, etc., cierta ˃cosa: 'Autorizar una manifestación, la apertura de un establecimiento, el juego. Me ha autorizado mi jefe para ausentarme'. ≃ Consentir, dejar, *permitir. ⊙ Conceder a ˃alguien facultades o atribuciones para cierta cosa. ≃ Facultar. ⇒ CARTA blanca. ➤ Desautorizar. ➤ *Permitir. ⊙ Dar derecho cierta cualidad, circunstancia, cargo, etc., a ˃alguien para hacer cierta cosa: 'Su edad le autoriza para aconsejar. El ser jefe no le autoriza para insultar a sus subordinados'. 2 Garantizar, *legalizar, *legitimar, *confirmar o dar *validez a un ˃documento, una firma, etc., alguien que tiene autoridad para ello; particularmente, un notario. ⊙ *Servir alguien o un escrito, unas palabras, etc., de alguien, con su autoridad, para dar más valor a una ˃cosa:* 'Unas palabras preliminares del Dr. N. autorizan la obra'. ⇒ *Avalorar. 3 *Dar *importancia, lustre o *prestigio a ˃alguien.*

autorradio m. Aparato de radio que se instala en un automóvil.

autorregulable adj. Susceptible de regularse por sí mismo.

autorregulación f. Acción y efecto de autorregularse.

autorregularse prnl. Regularse por sí mismo.

autorretrato m. Retrato dibujado o pintado de una persona, hecho por ella misma.

autorreverse (del ingl. «autoreverse») m. Mecanismo de un aparato magnetofónico que permite la lectura y grabación de las dos caras de una cinta sin tener que darle la vuelta.

autoservicio 1 m. Establecimiento donde se expenden diversos platos de comida para ser consumidos en el mismo local que, en vez de ser servidos por camareros, son recogidos en el mostrador por los mismos consumidores. 2 Establecimiento comercial en que el cliente puede tomar los artículos que necesita y pagarlos a la salida.

autostop (del fr. «auto-stop», de «auto» y el ingl. «stop»; «Hacer») m. Manera de viajar por carretera que consiste en solicitar transporte gratuito a los conductores que circulan, generalmente haciendo el gesto de extender el brazo con el puño cerrado y el pulgar levantado. ⇒ Hacer AMBULANCIA, pedir AVENTÓN, pedir BOLA, pedir BOTELLA, pedir COLA, hacer DEDO, tirar dedo, pedir JALÓN, pedir PON.

autostopista adj. y, más frec., n. Se aplica a la persona que hace autostop.

autosuficiencia 1 f. Actitud o estado de autosuficiente (que se basta a sí mismo). 2 Suficiencia (actitud o tono de la persona suficiente).

autosuficiente 1 adj. Que es capaz de satisfacer sus propias necesidades. 2 Suficiente: que desprecia en general la ayuda o el consejo de otros por estar muy seguro de sus propias fuerzas o de su propio juicio.

autosugestión f. Influencia psíquica del propio sujeto por la que experimenta estados de ánimo o físicos sin causa objetiva: 'Se siente aliviado por autosugestión'.

autosugestionarse prnl. Convencerse por un esfuerzo de voluntad de que se tiene cierto estado o cualidad.

autótrofo, -a (de «auto-» y el gr. «trophós», alimentador) adj. BIOL. Se aplica al *organismo que es capaz de sintetizar los elementos nutritivos que necesita para su desarrollo a partir de sustancias inorgánicas existentes en su medio, como las *plantas y las *algas. ⇒ Heterótrofo.

autovacuna f. FARM. Vacuna elaborada con gérmenes obtenidos del mismo enfermo a quien se ha de tratar.

autovía 1 f. *Automotor de ferrocarril con motor de explosión, generalmente Diesel. ⇒ Autocarril. 2 Carretera parecida a la autopista, pero con mayor acceso a las fincas colindantes.

autrigón, -a (del lat. «Autrigōnes») adj. y, aplicado a personas, también n. *Se aplica a los individuos de un pueblo ibero que ocupó una parte de lo que ahora es el País Vasco, y a sus cosas.*

autumnal (del lat. «autumnālis») adj. *Otoñal.*

autumno (del lat. «autumnus») m. *Otoño.*

auxiliador, -a adj. y n. Se aplica al que auxilia.

auxiliar¹ (del lat. «auxiliāre») 1 tr. *Ayudar a ˃alguien a librarse de un peligro o satisfacer una necesidad importante. ≃ Socorrer. ⇒ Acorrer, acudir, asistir, dar la MANO, recudir, remediar, valer, prestar ASISTENCIA, auxilio, ayuda, socorro. ➤ Cirineo. ➤ Pedir ÁRNICA, pedir AUXILIO, clamar, interpelar, invocar. ➤ ¡Aquí!, ¡AQUÍ de... !, ¡auxilio!, ¡ayuda!, ¡DIOS me [nos, etc.] tenga de su mano [valga]!, ¡a MÍ!, ¡socorro!, ¡valedme!, ¡válgame... ! ➤ Amorronar, eseoese —S.O.S.—, opitulación. ➤ Socorrismo. ➤ *Amparar. *Favorecer. *proteger. 2 AYUDAR a bien morir.

□ CONJUG. como «cambiar».

auxiliar² (del lat. «auxiliāris») 1 adj. Se aplica a las cosas, acciones, servicios, etc. que completan otra cosa o ayudan a ella: 'Un soldado destinado a servicios auxiliares'. ⇒ *Accesorio. 2 n. Persona que auxilia. ⊙ Particularmente, persona que ayuda a otra en un trabajo, y, especialmente, en un trabajo intelectual. ⇒ Álter ego, *ayudante, colaborador, MANO derecha. ⊙ *Profesor de un centro de enseñanza que ayuda o suple al profesor titular. ⊙ Funcionario de la categoría inferior en los cuerpos administrativos. ⇒ Escribiente.

AUXILIAR DE VUELO. Persona que atiende en un avión a los pasajeros y a la tripulación.

V. «VERBO auxiliar».

auxilio (del lat. «auxilĭum») **1** m. *Ayuda prestada a alguien que está en peligro. **2** Cosa o cosas con que se ayuda.

¡AUXILIO! Voz con que se llama cuando se está en peligro.

AUXILIOS ESPIRITUALES («Administrar, Prestar»). Confesión, comunión y extremaunción que un sacerdote administra a un moribundo.

PRIMEROS AUXILIOS. Primera ayuda que se presta de urgencia a un accidentado.

V. «DENEGACIÓN de auxilio».

PEDIR AUXILIO. Gritar una persona con la exclamación «¡auxilio!» u otras palabras, para que acuda gente a auxiliarla.

auxología f. *Tratado del crecimiento de los organismos.*

auyama (Col.; *Cucurbita maxima)* f. *Cierta especie de *calabaza que se cultiva por sus frutos, hojas y tallos, que se consumen como verdura.*

avacado, -a (de «vaca») adj. *Se aplica a la *caballería que tiene mucho vientre y pocos bríos.*

avadar (de «vado») **1** intr. y prnl. *Menguar tanto los *ríos que se pueden vadear.* **2** (ant.) *Sosegarse una *pasión.*

avahar tr. o abs. *Echar ↘vaho dirigiéndolo hacia una ↘persona o cosa.* ⊙ intr. *Echar de sí vaho una cosa.* ⊙ tr. *Calentar ↘algo con el vaho.* ⇒ Desavahar.

aval (del fr. «aval») **1** («Llevar, Poner») m. Firma puesta al pie de un documento de crédito para comprometerse a su pago en caso de no hacerlo el obligado a ello. ≃ *Garantía. **2** («Dar, Pedir») Acción de responder por una persona en cualquier aspecto, particularmente en el político. ⊙ Documento en que se expresa.

avalador, -a adj. y n. Que avala.

avalancha (del fr. «avalanche») f. *Alud. ⊙ También, en sentido figurado: 'Una avalancha de recomendaciones'.

avalar tr. Garantizar un ↘documento o a una persona por medio de un aval.

avalentado, -a adj. *Propio de valentón; refiriéndose al traje, a los ademanes o palabras, etc.*

avalentar tr. **Dar ánimos a ↘alguien.*

avaliar (de «valía»; ant.) tr. *Valorar.*

avalista n. Persona que avala.

avalorar (de «valor») **1** tr. Dar buen aspecto, valor o mérito a una ↘cosa o contribuir a que los tenga o a aumentárselos: 'El desinterés avalora las acciones. Una hermosa alfombra avalora el mobiliario'. ≃ *Realzar. ⇒ Desvalorizar. **2** *Infundir ánimo o valor en ↘alguien.*

avaluar tr. *Valorar.*

avambrazo (de «aván», por «avante», adelante, y «brazo») m. *Pieza de las *armaduras de guerra que defendía el antebrazo.*

avampiés (del fr. «avant-pied»; ant.) m. *Parte de la *bota o *polaina que cubre el empeine.*

avancarga (de «aván», por «avante», adelante, y «carga») DE AVANCARGA. *Expresión aplicada a las armas de fuego que se cargaban por la boca.*

avance **1** m. Acción de avanzar. **2** Trecho o espacio avanzado. ⊙ Cosa nueva conseguida en una marcha, evolución o trabajo. ≃ *Adelanto, paso, progreso. ⊙ Particularmente, en la evolución de una actividad humana o en la civilización: 'El empleo de los rayos X fue un gran avance en el diagnóstico de las enfermedades'. **3** *Anticipo de dinero.* **4** *En ciertos *carruajes, parte anterior de la caja, de quita y pon.* **5** *Balance de una cuenta. ≃ Avanzo. **6** Presupuesto. **7** (Chi.) *Cierto juego de *pelota en campo abierto, en que se trata de hacerla pasar de un límite determinado.* **8** Fragmentos de una película, que se proyectan intercalados en un programa para anunciarla. ≃ Tráiler.

AVANCE INFORMATIVO. En radio y televisión, información breve que se intercala en la programación, y que se desarrolla posteriormente en otro programa más amplio.

avandicho, -a (de «aván», por «avante», adelante, y «dicho»; ant.) adj. *Antedicho.*

avanecerse (de «a-²» y «vano¹») prnl. *Aplicado a la fruta, acorcharse.*

avanguarda o **avanguardia** (de «aván», por «avante», adelante, y «guardia»; ant.) f. MIL. *Vanguardia.*

avantal (de «avante») m. *Delantal.* ≃ Devantal.

avante (del lat. «ab ante») adv. MAR. Adelante.

V. «ORZA de avante».

avantrén (del fr. «avant-train», delante y tren) m. ARTILL. Carruaje que se coloca entre una pieza de *artillería y su agente de tracción. ⇒ Armón, carriño.

avanzada **1** f. MIL. Grupo de un ejército o expedición que se envía delante del grueso de ellos para *explorar. **2** Cosa que se adelanta o anticipa.

avanzadilla **1** f. MIL. Avanzada de la avanzada. **2** **Malecón estrecho construido sobre pilotes.*

avanzado, -a **1** Participio adjetivo de «avanzar». **2** («de»: 'de edad'; «en»: 'en sus estudios') Aplicado a «edad, fase, periodo», etc., se aplica a lo que está ya lejos de la iniciación del proceso de que se trata o próximo a su final: 'En un avanzado estado de descomposición. En una fase avanzada de su transformación. Escribió su obra cumbre en edad avanzada'. ⇒ *Adelantado. **3** («en») adj. y n. Aplicado a ideas o a quien las tiene, progresista, *revolucionario o de izquierdas.

avanzar (del sup. lat. «abantiāre», de «ab ante») **1** («a, hacia, hasta») intr. Ir hacia delante. ≃ *Adelantar, progresar. ⊙ Particularmente, venciendo obstáculos: 'El ejército avanza'. Puede llevar como complemento sin preposición el espacio recorrido: 'La lava avanza tres metros cada día'. **2** (acep. causativa) tr. Poner una ↘cosa más delante: 'Avanzó la reina y me dio jaque mate. Avanzar un pie. Hay que avanzar la primera fila de asientos'. ≃ *Adelantar.

avanzo (de «avanzar») **1** m. **Balance de una cuenta.* **2** **Presupuesto.* **3** (ant.) *Alcance o *déficit en las cuentas.*

avaramente adv. Con avaricia.

avaricia (del lat. «avaritĭa») f. Cualidad de *avaro o de *tacaño.

CON AVARICIA (inf.). Expresión ponderativa con que se expresa que alguien posee una cualidad negativa en grado extremo: 'Es bobo con avaricia'.

LA AVARICIA ROMPE EL SACO. Refrán de significado claro.

avariciar (ant.) tr. e intr. *Desear con avaricia.*

avariciosamente adv. Con avaricia.

avaricioso, -a (de «avaricia») adj. y n. Ambicioso, *ansioso, codicioso. Afanoso por coger o acumular cosas para él o en su provecho: 'Es un avaricioso y no deja nada para los demás'.

avarientamente adv. *Con avaricia.*

avarientez (ant.) f. *Cualidad de avariento.*

avariento, -a adj. y n. Avaro.

avariosis (del fr. «avariose») f. **Sífilis.*

avaro, -a (del lat. «avārus», de «avēre», anhelar, desear ansiosamente) **1** adj. y n. Ansioso de adquirir y atesorar riquezas, sólo por el placer de poseerlas. ≃ Avaricioso, avariento. ⇒ Acaparador, alagartado, avaricioso, avariento, codicioso, judío, juey, urraca, usurero. ➤ Acaparador, buitre, tigre. ➤ *Afán. *Ambición. *Codicia. *Deseo. Egoísta. *Interés. *Tacaño. **2** adj. Exageradamente parco en lo que da o gasta. ≃ Mezquino, miserable, ruin, *tacaño. **3** («de») *Guardador celoso de algo, particularmente de una riqueza espiritual, sin gastarlo o darlo a otros: 'Es muy avara de sus recetas de cocina. Es muy avaro de su ciencia'.

avasallador, -a adj. y n. Se aplica al que avasalla. ⊙ adj. Se aplica también a fuerzas materiales o espirituales que se imponen por su fuerza o eficacia: 'El ímpetu avasallador de nuestro ejército. La fuerza avasalladora de su elocuencia'.

avasallamiento m. Acción de avasallar.

avasallar (de «a-[2]» y «vasallo») **1** tr. Hacer obedecer a ↘alguien contra su voluntad, por la fuerza y contra la razón. ≃ Dominar, *oprimir, sojuzgar, subyugar, sujetar, tiranizar. **2** prnl. *Hacerse vasallo o súbdito de alguien.*

avatar (del fr. «avatar», del sánscrito «avatara», descenso) **1** m. Cada una de las diferentes encarnaciones de los dioses indios; particularmente, de Visnú. **2** (gralm. pl.) Por extensión, fase o aspecto nuevo de una cosa *cambiante: 'Los avatares de su azarosa existencia'.

avatí m. *Abatí.*

ave (del lat. «avis») f. Animal vertebrado ovíparo con alas y cuerpo cubierto de plumas. ⊙ (pl.) Clase de estos animales.

AVE DE CETRERÍA. Ave rapaz de las que se usaban en la caza de *cetrería.

A. DE CUCHAR [O DE CUCHARA]. Cierta *ave zancuda palmípeda, cuyo pico tiene forma de cuchara.

A. EMIGRANTE. AVE migratoria.

A. FÉNIX. Ave fabulosa de la que se decía que perecía quemándose y *resucitaba de sus propias cenizas.

A. FRÍA. **1** *(Vanellus vanellus)* *Ave caradriforme de color blanco y verde, con un moño eréctil de cinco o seis plumas encorvadas. ≃ Avefría, frailecillo, judía, quincineta. **2** (n. calif.) Se aplica a una persona *sosa o falta de animación o vivacidad.

A. LIRA. Pájaro de Australia, del tamaño de una gallina, de plumaje predominantemente pardo; el macho tiene las dos plumas extremas de la cola rojas, muy largas y formando en conjunto una figura semejante a una lira.

A. MIGRATORIA. La que cambia de residencia en el otoño y la primavera. ≃ AVE emigrante, AVE pasajera, AVE peregrina. ⇒ AVE de paso. ➤ Emigrar, portearse.

A. DEL PARAÍSO. Pájaro de vistosos colores, con dos grupos de plumas largas filiformes colgándole a ambos lados del cuerpo. Pertenece a diversas especies de los géneros *Paradisea, Manucodia, Loria* y otros. ≃ Manucodiata, PÁJARO del Sol.

A. PASAJERA [O PEREGRINA]. AVE migratoria.

A. DE PASO. **1** Con respecto a un lugar, ave migratoria que se detiene en él a descansar. **2** (inf.) Se aplica a la persona que está en un sitio sólo de paso.

A. RAPAZ [DE RAPIÑA, DE PRESA o, menos frec., RAPIEGA]. **1** Cualquiera de las carnívoras que tienen pico y uñas muy robustos, encorvados y puntiagudos; como el águila y el buitre. **2** «Ave de presa» se aplica como expresión calificativa a una persona dispuesta a atropellar o despojar a otras para satisfacer sus *ambiciones.

A. TONTA [O ZONZA]. Pájaro del tamaño del gorrión, de color pardo, que hace su nido en tierra y se deja coger con facilidad.

¡AVE DE PASO, CAÑAZO! Expresión con que se comenta que a las personas que no han de volver a un sitio se las trate mal y, particularmente, que los comerciantes abusen de ellas.

□ CATÁLOGO

Raíz culta, «ornit-»: 'ornitología, ornitomancia'. ➤ Avechucho, CARNE de pluma, pajarraco, volatería. ➤ Aviceptología. ➤ Avicultura. ➤ Avifauna.

AVES CORREDORAS: *avestruz, casuario, emú, *ñandú.

GALLINÁCEAS: catraca, cayaya, *chachalaca, chivicoyo, chorla, *codorniz, *colín, congolona, coquito, *faisán, figana, francolín, *gallina, gallo, grigallo, guaco, PAUJÍ de copete, paujil, *perdiz, urogallo.

PALMÍPEDAS: agachona, albatros, alca, alcatraz, ánade, *ánsar, ansarón, auniga, AVE de cuchar [o de cuchara], barnacla, CARNERO del Cabo, castañero, *cerceta, *charrán, charrancito, *cisne, corúa, corvejón, CUERVO marino, gansarón, ganso, *gaviota, GOLONDRINA de mar, guala, guanana, juta, malvasía, meauca, negreta, *oca, PÁJARO bobo, PÁJARO diablo, PÁJARO niño, pardela, *pato, *pelícano, petrel, *pingüino, piquero, *rabihorcado, silbón, *somormujo [somorgujo o somorgujón], tablero, tarro, tijereta, tindío, yaguasa, zampullín.

PASERIFORMES: V. «*pájaro».

RAPACES: *abanto, *águila, ÁGUILA pescadora, aguilucho, alcamar, *alcaudón, alcotán, alferraz, *alforre, alimoche, alucón, *arpella, atahorma, *aura, *autillo, *azor, *baharí, *búho, *buitre, calquín, camaleón, cárabo, caracará, *caraira, caricari, *cernícalo, cerorrinco, chimachima, chimango, chucho, *ciguapa, cobez, cóndor, *corneja, cucubá, dardabasí, elanio, esmerejón, estucurú, *gavilán, *gerifalte, guaco, guaraguao, guincho, *halcón, *halieto, jote, *lechuza, macagua, *milano, miloca, mochuelo, *neblí, nuco, ñacundá, ñacurutú, olivarda, pequén, peuco, PEUCO blanco, *picaza, *pigargo, *planga, primilla, *quebrantahuesos, ratonero, sacre, sijú, *suindá, tareche, tiuque, tuco, tucúquere, úlula, varí, zumaya. ➤ *Gruero.

TREPADORAS: alción, azulejo, cacatúa, cálao, cata, catana, catey, catita, choroy, *cotorra, cuclillo, cuquillo, diostedé, guabairo, guacamaya [o *guacamayo], *guácharo, guaro, *loro, LORO del Brasil, mariquita, *MARTÍN pescador, PÁJARO arañero, *PÁJARO carpintero, paraguay, perico, periquito, *pico, PICO verde, *tocororo, tricahue, zapoyolito.

ZANCUDAS: aguaitacaimán, *aldorta, AVE de cuchar, avetoro, avoceta, bandurria, bato, becada, calamón, canastita, cangrejero, *caraú, carataña, cayama, *chajá, chichicuilote, *chocha, *chorlito, *chotacabras, cigoñino, *cigüeñuela, *cigüeña, *cochigato, coco, cuca, *cuchareta, espátula, *falaris, *falcinelo, flamenco, ganga, garceta, garza, GARZA real, garzón, garzota, *grulla, guairabo, guanabá, ibis, marabú, *martinete, parima, PAVO marino, pidén, pijije, pilpilén, piuquén, polla, POLLA de agua, rascón, *seriema, *sisón, *teruteru, zaida, zumacaya, zumaya.

VARIAS: *abejaruco, *agachadiza, *alcaraván, *AVE fría, *avutarda, azucarero, caluro, caminante, cao, *caracatey, cavaria, cazadora, celestina, cerrica, chirigüe, chirulí, *cuco, dodo, focha, *foja, frailecillo, *fúlica, gallego, ganga, garrapatero, kiwi, ortega, papagayo, paraulata, paují, *pavo, PAVO real, picapuerco, picazuroba, *picudilla, pipo, pitihué, pitoitoy, *quetzal, quivi, rara, *rayador, rayuelo, revuelvepiedras, REY de codornices, runrún, tabón, tajá, tapacamino, torcecuello, trullo, tucán, tui, tutú, viudita, *zarapito.

Fantásticas: ciensayos, fénix, grifo, memnónida [o memonia], rocho, ruc.

Alcahazada, avería, averío, bandada, jabardillo, nube, pasa, vuelo. ➤ Anseriforme, atrirrostro, brevipenne, caradriforme, ciconiforme, corredora, estrígida, estrigiforme, falcirrostro, falcónido, falconiforme, galliforme, gallinácea, gruiforme, nidícola, nidífugo, *pájaro, palmípeda, *paloma, paseriforme, prensora, psitácido, rapaz, reiforme, sitácida, trepadora, zancuda. ➤ Arpado, bravo, calchón, calchudo, calzado, cambujo, canoro, cantador, cantarín, cantor, cañamonado, copetón, emigrante, garrulador, gárrulo, gruero, grullero, guión, harpado, igualado, lagartero, lagartijero, *llueca, manero, mantudo, migratorio, moñudo, ovado, papudo, parlero, pasajero, de paso, peregrino, picacero, raleón, ratero, recreído, saraviado, terrero, viudo. ➤ Pollo. ➤ Granja avícola. ➤ Agalla, *ala, almizcle, alón, barba, buche, caballete, calcha, canilla, capa, caparazón, cloaca, cocán, copete, corpachón [o corpanchón], crepón, cresta, cuarto, cuento, curcusilla, despojo, encuentro, enjundia, entrepechuga, espoleta, espolón, espuela, fúrcula, higadilla [o higadillo], huevera, huevo, madrecilla, mandíbula, menudillos [o menudos], mitra, *molleja, moño, obispillo, ocelo, ojo, overa, papo, pechuga, penachera [o penacho], *pico, *pluma, quilla, rabadilla, rostro, siringe, tarso, zanco. ➤ Envergadura. ➤ Abatirse, batirse, calar[se], cantar, cernerse, chirlear [o chirriar], contenencia, desbuchar, desembuchar, embuchado, emigrar, enclocar[se], encloquecer, encrestarse, engarbarse, enllocar[se], enmantarse, gañir, gorjear, graznar, herronada, *incubar, inmigrar, mudar, piar, picar, picotear, pipiar, pisar, tollir[se], trinar, tullir, *volar. ➤ Aclamar, cebar, desbuchar, descrestar, despechugar, emborrazar, empapuzar, engargantar, enjaular. ➤ Corral, dormida, nido. ➤ Alcahaz, *alcándara, añagaza, bebedero, bretador, capirote, cetro, cimbel, jaula, lercha, percha, ponedor, reclamo, *señuelo. ➤ Filandria, gazmol, *granillo, güérmeces, hamez, morrión, piojillo, piojuelo, totolate. ➤ Gorga, masón. ➤ Albardilla. ➤ Alcatenes. ➤ Heteromancia [o heteromancía]. ➤ Pollería. ➤ Aviación, avícola, avicultor, avicultura, avión. ➤ *Cetrería. *Pájaro. *Paloma.

AVE (var. «Ave») m. Sigla de «alta velocidad española». Designa un *tren español que circula a gran velocidad.

avechucho (desp. de «ave») **1** m. *Pajarraco.* **2** (inf.; n. calif.) Se aplica a una persona *tonta e *inoportuna.

avecica f. Dim. de «ave», antes muy corriente.

avecilla f. Dim. frec. de «ave».

Avecilla de las nieves. **Aguzanieves.*

avecinar (de «a-²» y «vecino») **1** tr. y prnl. Con referencia a fechas o sucesos, *aproximar[se]. **2** *Avecindar[se].*

avecindado, -a («en») Participio adjetivo de «avecindar-[se]». ⊙ Residente en cierta población que se expresa. ≃ Vecino.

avecindamiento m. Acción y efecto de avecindar[se].

avecindar 1 tr. Inscribir a ↘alguien como vecino de cierta población. **2** prnl. *Establecerse como vecino en una población. ≃ Avecinarse. ⇒ Desavecindarse. **3** **Aproximarse.*

avefría f. Ave fría.

avejar (ant.) tr. *Vejar.*

avejentar tr. Poner viejo o hacer parecer viejo a ↘alguien. ≃ *Envejecer. ⊙ prnl. Envejecer.

avejigarse prnl. *Ahuecarse una cosa por algún sitio formando una vejiga o ampolla.

avelenar (ant.) tr. **Envenenar.*

avellana (del lat. «Abellāna nux», nuez de Abella, ciudad de la Campania donde abundaban los avellanos) **1** f. Fruto del *avellano, redondeado, de algo más de un centímetro de diámetro, de cáscara leñosa, comestible y muy sabroso. **2** *Carbón mineral de la cuenca de Puertollano cuyos trozos han de tener como tamaño reglamentario entre 15 y 25 mm.*

Avellana índica [o de la India]. Mirobálano (árbol combretáceo).

avellanado (de «avellanar²») m. Operación y efecto de ensanchar en forma cónica el borde de un *orificio para que se aloje en él la cabeza de un tornillo o remache.

avellanador m. *Barrena especial para avellanar, que tiene una pieza de forma de avellana.

avellanal o **avellanar¹** m. Terreno plantado o poblado de avellanos.

avellanar² (de «avellana») **1** tr. Ensanchar la entrada del ↘*orificio en que va colocado un tornillo o un clavo para que la cabeza de éstos quede hundida en el material. **2** prnl. Ponerse seca y arrugada una persona o cosa. ⇒ *Apergaminarse.

avellano (de «avellana») **1** *(Corylus avellana)* m. Arbusto betuláceo que produce las avellanas. ≃ Ablano, nochizo. ⇒ Cascabillo, cascabullo, cúpula, escriño. **2** *Nebú (árbol americano).* **3** (Cuba; *Omphalea triandra) Árbol euforbiáceo, de madera blanda, blanca y viscosa; su fruto es una baya con tres semillas de sabor algo semejante al de la avellana.*

avemaría (del lat. «ave», voz empleada como saludo, y «María», nombre de la Virgen) **1** f. Oración a la *Virgen, que empieza con la salutación del arcángel San Gabriel a María: 'Dios te salve, María...'. ≃ Ave María. **2** Cada una de las *cuentas del *rosario que sirven para contar las avemarías. **3** Oración del atardecer. ≃ Ángelus.

Al avemaría. Al *atardecer.

¡ave María! o **¡ave María Purísima! 1** Fórmula devota de saludo, usada todavía en los pueblos y entre eclesiásticos. **2** Exclamación de *disgusto, sorpresa, *susto, asombro o *protesta.

avena (del lat. «avēna»; *Avena sativa)* f. *Planta gramínea, con el extremo del tallo ramificado en ramillas, en cada una de las cuales hay una espiga muy pequeña, colgante. Sus semillas, llamadas con el mismo nombre en singular como nombre genérico, se emplean para pienso de las caballerías y, con cierta elaboración, también como alimento de las personas.

Avena caballuna *(Avena sterilis)*. Especie semejante a la loca, pero con todos los tallos de la espiga en un solo lado.

A. loca. Nombre común de la «*ballueca».

A. morisca. Avena *loca.*

avenado¹, -a 1 m. Operación de avenar. **2** adj. *Algo *loco; que tiene vena de loco.* ≃ Venado.

avenado², -a adj. De [la] avena.

avenamiento m. Acción y efecto de avenar.

avenar (de «a-²» y «vena») tr. *Desecar un ↘terreno húmedo dando salida al agua por medio de zanjas o cañerías.

avenate¹ m. *Bebida usada como refrescante y pectoral, hecha de avena mondada, cocida y machacada.*

avenate² (de «a-²» y «vena»; And.) m. *Ataque de locura.*

avenedizo, -a (ant.) adj. **Advenedizo.*

avenenar (de «a-²» y «veneno»; ant.) tr. **Envenenar.*

avenencia 1 («Llegar a, Negociar») f. Acción de avenirse. *Acuerdo o *armonía entre dos o más personas. **2** Cosa que se establece como consecuencia de avenirse o ponerse de acuerdo. **3** *Venencia (utensilio para sacar *vino o mosto).*

EN BUENA AVENENCIA. En armonía.

avenenteza (del lat. «advenĭens, -entis», que llega; ant.) f. **Ocasión u oportunidad.*

avenida (de «avenir») **1** f. Afluencia de muchas cosas a la vez. **2** Aumento accidental del caudal de un río que produce su *desbordamiento. ⇒ *Crecida. **3** (Ar.) *Avenencia.* **4** *Camino que conduce a algún sitio; por ejemplo, a un pueblo.* **5** MIL. *Desfiladero, camino, barranco, puente, etc., que conduce a una plaza fuerte, campamento o posición.* **6** *Calle ancha con árboles, en una población. ⇒ Alameda, bulevar, costanera, paseo, rambla.

avenidero, -a (ant.) adj. *Advenidero.*

avenidizo, -a (ant.) adj. *Advenedizo.*

avenido, -a adj. Con «bien» o «mal», se aplica a dos o más personas para significar que viven en avenencia o *armonía unos con otros, o lo contrario. ⊙ También, aplicado igualmente con «bien» o «mal» a una sola persona, significa que se encuentra satisfecha con una cosa o lo contrario: 'Bien [o mal] avenido con su suerte'.

avenidor, -a (de «avenir») adj. y n. *Que media entre dos o más personas para que se pongan de acuerdo.*

aveniente adj. *Que aviene.*

avenimiento 1 m. Acción de avenir[se]. ⊙ Con «buen» o «mal», situación de bien o mal avenido. **2** (ant.) **Advenimiento.* **3** (ant.) *Caso o *suceso.* **4** (ant.) *Avenida de aguas.*

avenir[1] (del lat. «advenīre») **1** (ant.) intr. **Concurrir o juntarse varias cosas.* **2** (ant.) **Desbordarse los ríos.* **3** **Suceder.* **4** tr. Poner de *acuerdo o *reconciliar a dos o más ↘personas que discutían o estaban enemistadas. ⊙ prnl. recípr. Ponerse de *acuerdo: 'Por fin nos hemos avenido en el precio'. ≃ *Acomodarse. **5** Vivir en *armonía con alguien: 'Tiene buen carácter y se aviene con todo el mundo. Las dos cuñadas se avienen bien'. ⇒ *Acomodarse, adaptarse, amañarse, apañarse, estar en ARMONÍA, *armonizar, arreglarse, averiguarse, compenetrarse, confrontar[se], congeniar, entenderse, hacer buena LIGA, LLEVARSE bien, hacer buenas MIGAS, hacer buena PAREJA, estar [o vivir] en PAZ, estar a partir un PIÑÓN, quistarse, sintonizar, estar UNIDOS, unir. ➤ De buen AVENIR, de buen CARÁCTER. ➤ Convenible. ➤ *Armonía. **6** («a») *Acomodarse a cierta cosa o a ciertas condiciones o *conformarse con ellas: 'No se aviene a su actual situación. Se aviene, por fin, a cambiar de sitio'. ⇒ *Ceder. **7** («con») Aplicado a cosas, estar de *acuerdo: 'No se aviene esa soberbia con la humildad que predica'. ≃ *Armonizar, *concordar, *corresponder.

V. «mal se aviene el DON con el Turuleque».

☐ CONJUG. como «venir».

avenir[2] m. Se emplea como nombre en las expresiones «de buen [o mal] avenir», que significan «fácil» o «difícil» de conformarse o de avenirse con otras personas.

aventadero 1 (ant.) m. *Sitio donde se avienta.* **2** (ant.) *Aventador (utensilio para aventar o para abanicar).* **3** (ant.) *Mosqueador (utensilio para espantar las *moscas).*

aventado, -a 1 Participio adjetivo de «aventar». **2** *Se aplica al que tiene muy anchas las ventanas de la *nariz.* **3** *Atolondrado.* **4** (Col., Guat., Perú) *Valiente, atrevido.*

aventador, -a 1 adj. y n. Se aplica al que avienta. **2** m. Utensilio con que se avienta. **3** f. Máquina aventadora. ≃ *Bieldo. **4** m. Válvula de cuero colocada en la parte superior del tubo de aspiración de las *bombas.

aventadura (de «aventar») f. VET. *Distensión articular o tendinosa en la región del corvejón de las caballerías.*

aventaja (del fr. «avantage») **1** (ant.) f. *Ventaja.* **2** (Ar.; pl.) DER. *Adventajas (*bienes que retira el cónyuge superviviente).*

aventajadamente adv. *Ventajosamente.*

aventajado, -a 1 Participio adjetivo de «aventajar». ⊙ Se aplica a la persona que *sobresale o es *notable en su clase. Se aplica particularmente a «alumno» o a cualquier otra palabra que designe a la persona que está aprendiendo o ejercitándose en algo en lo que se progresa: 'Un alumno [o un oficial] aventajado'. ⊙ Se aplica también muy frecuentemente a «estatura». **2** m. **Soldado que tenía alguna ventaja en el sueldo.*

aventajamiento 1 m. *Acción de aventajar.* **2** *Cualidad o situación de aventajado.*

aventajar (de «a-[2]» y «ventaja») **1** tr. Pasar delante de ↘otro o de otra ↘cosa en una marcha o progreso hacia algo: 'Le aventajó al final de la carrera. Puede aventajar a todos, si trabaja'. ≃ *Adelantar, alcanzar, DEJAR atrás. ⊙ («a») prnl. **Adelantar a alguien.* **2** («en») tr. Ser superior a ↘algo o alguien: 'Aventaja a todas en simpatía'. ≃ Exceder, sobrepujar, sobresalir, *superar. **3** *Anteponer o *preferir una ↘cosa a otras.* **4** *Mejorar de *posición a ↘alguien.* ⊙ prnl. *Mejorar de *posición o *categoría.* ≃ *Ascender.

aventar (de «a-[2]» y «viento») **1** tr. *Dispersar o impeler el viento alguna ↘cosa: 'El aire que entraba por la ventana ha aventado todos mis papeles'. **2** Echar al viento una ↘cosa para que se la lleve o *disperse. ⊙ Particularmente, el grano y la paja para que al caer lo hagan separados. ⇒ Ablentar, despajar. ➤ *Bieldo. ➤ Granzas. ➤ *Recolección. ⊙ (inf.) *Dispersar, *disipar o hacer que desaparezca o se *desvanezca una ↘cosa; por ejemplo, el dinero o la fortuna. **3** (Cuba) *Exponer el ↘*azúcar al aire y al sol.* **4** (ant.) intr. **Resoplar por las narices.* **5** (inf.) tr. **Echar o *ahuyentar a ↘alguien de un sitio.* **6** prnl. *Llenarse de aire una cosa.* **7** (inf.) **Marcharse precipitadamente.* **8** (Extr.) *Empezar a *pudrirse la carne.* ⇒ Ventearse. **9** (Col.) *Lanzarse sobre alguien o algo.* **10** (Méj.) *Decidirse.*

☐ CONJUG. como «acertar».

aventear (ant.) tr. *Ventear.*

aventón m. PEDIR AVENTÓN (Bol., Col., Ec., Salv., Méj., Pan., Perú, R. Dom.). *Hacer *autostop.*

aventura (del lat. «adventūra», deriv. de «advenīre, llegar, arribar») **1** f. *Suceso extraordinario que le ocurre a alguien, en que interviene o que presencia: 'Recorrer el mundo en busca de aventuras'. **2** («Correr, Tener, Buscar, Meterse en») Empresa de resultado incierto o que ofrece *peligros. **3** **Casualidad o contingencia.* **4** Relación amorosa ocasional.

EMBARCARSE EN AVENTURAS [O EN UNA AVENTURA]. Emprender algo de resultado incierto o en que se aventura algo.

V. «NOVELA de aventuras».

aventurado, -a 1 Participio adjetivo de «aventurar». **2** Se aplica a lo que envuelve un riesgo: 'Un paso aventurado'. ≃ Arriesgado, expuesto, *peligroso. ⊙ A lo que no es seguro o no tiene suficiente fundamento: 'Una afirmación aventurada'. ⇒ *Infundado. **3** (ant.) **Afortunado.* ≃ Venturoso.

aventurar (de «aventura») **1** tr. Exponerse a perder o destruir cierta ↘cosa: 'Aventuras tu tranquilidad en ese asunto'. ≃ *Arriesgar, comprometer, exponer, jugarse. **2** («a») prnl. *Decidirse a hacer cierta cosa, a pesar de existir en ella algún riesgo: 'Nos aventuramos a salir, aunque el tiempo no era seguro'. ≃ Arriesgarse.

aventurero, -a **1** n. Persona que vive irregularmente, a la ventura. ⇒ De historia, *vagabundo. **2** Persona que se gana la vida o se enriquece con medios ilegales. **3** adj. y n. *Se aplicaba al que tomaba parte en los *torneos.* **4** *Se aplicaba al que llegaba a un pueblo a vender comestibles u otras cosas.* ⇒ *Buhonero. **5** (Méj.) m. *Mozo que los tratantes en *caballerías toman temporalmente para que les ayude a conducirlas hasta que las venden.* **6** *En la antigua *marina, aspirante sin sueldo ni uniforme.* **7** adj. y n. *Que [o el que] entraba voluntariamente en la milicia y vivía en ella a su costa.* **8** MIL. Se aplicaba a los *soldados reclutados sin seleccionarlos, que constituían en la antigua milicia grupos mal disciplinados. **9** adj. *Se aplica en Cuba al arroz, maíz, etc., que se produce fuera del tiempo acostumbrado.* ⇒ *Extemporáneo.
V. «CABALLERO aventurero, TRIGO aventurero».

averar (ant.) tr. *Garantizar.* ≃ Adverar.

averdugar (de «a-[2]» y «verdugo») tr. *Apretar demasiado una ˃cosa, por ejemplo las herraduras a las *caballerías, hasta lastimar con ella.*

avergonzado, -a **1** («Quedarse, Sentirse») Participio adjetivo de «avergonzar[se]». **2** (ant.) *Vergonzante.*

avergonzar **1** tr. Causar vergüenza a ˃alguien. ⊙ («de, por») prnl. Sentir vergüenza de cierta cosa. ⊙ Quedarse avergonzado. **2** *Descararse.*

□ CATÁLOGO
Abochornar[se], abroncar[se], acharar[se], acholar[se], achunchar[se], afrentar[se], agobiar[se], almagrar, apenarse, atajarse, *aturdir[se], avergoñar[se], azarar[se], azarearse, azorar[se], caerse la CARA de vergüenza, cohonder, poner[se] COLORADO, sacar los COLORES [a la cara], salir los COLORES [a la cara], *confundir[se], dejar [o quedarse] confuso, correr[se], cortar[se], embaír, embarazar[se], embermejar[se], empacharse, empanar, encender[se], encoger[se], enrojecer[se], envergonzar, quedarse hecho un MICO, quedarse corrido como una MONA, bajar los OJOS, quedarse con las OREJAS gachas, poner las OREJAS coloradas, quedar[se] pegado a la PARED, subirse el PAVO, salir con el RABO entre las piernas, poner[se] ROJO, ruborizar[se], no SABER dónde meterse, soflamar, sofocar[se], sonrojar[se], sonrojear[se], sonrosear[se], *turbar[se]. ➤ Avergonzado, confuso, corrido, cortado, erubescente, escurrido, pudendo, pudibundo, pudoroso, ruboroso, verecundo. ➤ *Cínico, sinvergüenza. ➤ *Aturdir. *Desairar. *Despreciar. *Humillar. *Insultar. *Ofender. *Reprender. *Turbar. *Vergüenza.

□ CONJUG. como «contar».

avergoñar (ant.) tr. y prnl. **Avergonzar[se]*.

avería[1] f. *Averío.*

avería[2] (del ár. «'awāriyyah», mercancías estropeadas, a través del cat.; partitivo y numerable: 'no sufrió avería, sufrió varias averías') f. Algo que ocurre en un mecanismo, que impide o perjudica su funcionamiento: 'Una avería en el coche nos obligó a detenernos'. ≃ Desperfecto. ⊙ Algo que ocurre en una mercancía o un género que lo inutiliza o le quita valor: 'El cargamento no sufrió avería'. ≃ Daño, desperfecto, *deterioro, detrimento, menoscabo. ⊙ (inf.) Daño o perjuicio que sufre alguien.

AVERÍA GRUESA. MAR. *Detrimento causado voluntariamente en la *carga de un barco para salvar el resto del cargamento, que están obligados a costear todos los propietarios de éste.*

A. SIMPLE. MAR. *Detrimento del cargamento que no están obligados a costear todos los propietarios de él.*

averiado, -a Participio adjetivo de «averiar[se]».

averiar (de «avería[2]») tr. Causar avería o averías en ˃algo: 'La lluvia ha averiado la fruta'. ≃ Deteriorar, *estropear. ⊙ prnl. Sufrir avería. ⊙ *Pudrirse.

□ CONJUG. como «desviar».

averiguable adj. Susceptible de ser averiguado.

averiguación («Hacer, Meterse en averiguaciones») f. Trabajo o gestión que se lleva a cabo para averiguar algo. ≃ Indagación, investigación, pesquisa.

averiguadamente adv. *Seguramente.*

averiguado, -a **1** Participio de «averiguar». **2** adj. **Cierto.*

averiguador, -a adj. y n. Que averigua.

averiguamiento m. Averiguación.

averiguar (de «a-[2]» y el lat. tardío «verificāre») **1** tr. Llegar a saber cierta ˃cosa mediante trabajos o gestiones: 'A ver si averiguas dónde vive esa chica. Me interesa averiguar si estuvo donde dice. Ya hemos averiguado lo que pasó. La policía se encargará de averiguar quién ha cometido el robo'. ≃ Enterarse, indagar, inquirir, investigar. ⊙ Se aplica también al ˃resultado de las *cuentas o cálculos o a la ˃solución de problemas. ⇒ Dar en [el CLAVO], venir en CONOCIMIENTO, *deducir, descifrar, descubrir, desentrañar, despejar, *enterarse, indagar, inducir, inferir, inquirir, investigar, PONER en claro, *resolver, sacar, SACAR en limpio, *sonsacar, traducir. ➤ Detective, sabueso. ➤ Buscapié, a saca MENTIRA saca verdad. ➤ Incógnita. ➤ *Investigar. **2** («con») prnl. recípr. *Llegar a entenderse o ponerse de *acuerdo.*
V. «averígüelo VARGAS».

□ CONJUG. A diferencia de otros verbos acabados en «-uar», la «u» de la raíz es siempre átona: 'averiguo, averiguas, averigua'. ⇒ Apénd. II, PRONUNCIACIÓN (verbos en «-uar»).

averío (de «haverío», con influencia de «ave») m. Conjunto de las aves de un *corral, una granja, una hacienda, etc. ≃ Avería.

averno (del lat. «Avernus»; gralm. con mayúsc.) m. MIT. Morada de los muertos. ⇒ Báratro, erebo, orco, tártaro. ⊙ (lit.; gralm. con mayúsc.) *Infierno.

averroísmo m. Doctrina del filósofo Averroes.

averroísta adj. De Averroes. ⊙ adj. y n. Seguidor de su doctrina, particularmente en lo relativo a la unidad del entendimiento agente en todos los hombres.

averrugado, -a adj. Con verrugas.

aversar (del lat. «aversāri», de «avertĕre», desviar, rechazar; ant.) tr. *Tener aversión a ˃algo.* ≃ *Detestar.

aversión (del lat. «aversĭo, -ōnis»; «Cobrar, Coger, Tomar, Sentir, Tener, Atraerse, Captarse, Conciliarse, Despertar, Granjearse, Inspirar, Provocar, Suscitar; a, hacia, por») f. Sentimiento que hace rechazar cierta cosa o a cierta persona, o apartarse de ellas: 'Le ha cogido aversión a la leche. Tiene aversión al trabajo [o a las mujeres intelectuales]'.

□ CATÁLOGO
Aborrecimiento, adversión, alergia, animadversión, animosidad, *antipatía, *aprensión, asco, cocolía, desvío, encono, escrúpulo, fila, fobia, hincha, hostilidad, incompatibilidad, inquina, malquerencia, maná, odio, ojeriza, omecillo, *oposición, perinquina, prevención, rabia, rencor, repelo, *repugnancia, repulsión, tedio, tirria, usgo, mala VOLUNTAD. ➤ *Detestar, mirar con malos OJOS. ➤ Atravesado, bilioso, *enconoso, esquinado. ➤ *Contra.

aversivo, -a adj. Que produce aversión.

averso, -a (del lat. «aversus») **1** (ant.) adj. **Contrario u opuesto.* **2** (ant.) **Maligno.*

avés (del lat. «ad vix»; ant.) adv. *Difícilmente.*

avéstico, -a adj. Del Avesta (libros sagrados de la *religión de Zoroastro). ⊙ m. Lengua indoeuropea hablada antiguamente en las provincias septentrionales de Persia, en que está escrito el Avesta. ≃ Zendo.

avestruz (de «ave» y el ant. «estruz», del occit. «estrutz») **1** *(Struthio camelus)* m. *Ave corredora de África y Arabia, la mayor de las conocidas, de patas largas y robustas, con sólo dos dedos. ⇒ Dinornis, estruz, ñandú, suri. **2** (inf.; n. calif.) Se aplica con desprecio y como insulto a una persona falta de amabilidad o *insociable.

AVESTRUZ DE AMÉRICA. *Ñandú.*

avetarda (del lat. «avis tarda», ave torpe) f. **Avutarda (ave gruiforme).*

avetoro (¿del lat. moderno «botaurus», nombre científico de este pájaro?; *Botaurus stellaris)* m. Especie de garza de plumaje leonado, que, en la época del celo, produce un sonido semejante al mugido del toro.

aveza (de «la veza»; Ar.) f. *Arveja.*

avezado, -a Participio adjetivo de «avezar[se]»: 'Avezado a la lucha'.

avezadura («avezar»; ant.) f. **Costumbre.*

avezar (de «a-²» y «vezar») tr. *Acostumbrar a ↘alguien a cosas que cuestan esfuerzo o se aguantan con dificultad: 'Avezar a los soldados a las temperaturas extremadas'. ≃ Vezar. ⇒ Desavezar. ⊙ prnl. Acostumbrarse a algo que cuesta esfuerzo o se aguanta con dificultad: 'Avezarse a trabajar'.

aviación (del fr. «aviation») **1** f. Sistema de transporte mediante aviones. **2** Cuerpo militar que utiliza aviones.

aviado, -a Participio adjetivo de «aviar[se]».

ESTAR [O IR] alguien AVIADO. Frase irónica para expresar que la persona en cuestión está en una situación difícil, o para anunciar que no le irá bien en algo o que está equivocada y tendrá un *chasco o *desengaño en cierto asunto: 'Estás aviado si crees que le vas a convencer'. ⇒ *Equivocar.

¡ESTARÍAMOS [O PUES ESTARÍAMOS] AVIADOS! Exclamación con que se recalca la negativa a consentir cierta cosa que se considera un abuso. ≃ Estaría bueno. ⇒ *Denegar.

aviador¹, -a adj. y n. Persona que tripula un avión.

aviador², -a **1** adj. y n. *Aplicable al que avía.* **2** m. **Barrena que usan los *calafates.* **3** (Hispam.) n. *Persona que presta dinero a los labradores, ganaderos o mineros.* **4** (Hispam.) *Persona que costea labores de *minas.*

aviamiento (de «aviar») m. *Avío.*

aviar (de «a-²» y el lat. «via», camino) **1** tr. *Encaminarse a cierto sitio.* **2** Preparar ↘algo para el camino. **3** Poner ↘algo limpio y en orden: 'Aviar una habitación'. ≃ *Arreglar. ⇒ Desaviar. ⊙ Reparar o remendar ↘algo. ≃ Arreglar. ⊙ Vestir o adornar ↘algo o a alguien. También reflex. ≃ Arreglar[se]. **4** («de, para») Darle a ↘alguien lo que necesita de cierta cosa o para algo: 'Le avié de ropa para toda la temporada'. ≃ Arreglar. **5** (Hispam.) **Prestar ↘dinero o efectos a los labradores, ganaderos o mineros.* **6** (Chi.) *Continuar la explotación de una ↘*mina para resarcirse del dinero prestado al dueño de ella.* **7** MAR. *Repasar el *calafate las costuras del ↘barco.* **8** intr. y prnl. **Apresurarse.* **9** (en frases imperativas de tono despectivo) prnl. Aviárselas: 'Avíate como puedas. ¡Que se avíe!'.

AVIÁRSELAS (inf.). Encontrar manera de salir de una dificultad. Se emplea aún más que «aviar» en frases imperativas de tono despectivo. ≃ *Manejarse.

□ CONJUG. como «desviar».

avica (dim. de «ave»; Ál.) f. **Reyezuelo (pájaro).*

aviceptología f. *Tratado de la *caza de *pájaros.*

aviciar **1** tr. *Enviciar.* **2** (Sal.) AGRIC. **Abonar la ↘tierra.* **3** AGRIC. *Dar vicio o frondosidad excesiva a las ↘*plantas.* ≃ Enviciar. ⊙ prnl. AGRIC. *Enviciarse las plantas.*

avícola (del lat. «avis», ave, y «-cola») adj. De [la] avicultura.

avicultor, -a (del lat. «avis», ave, y «-cultor») n. Persona que se dedica a la avicultura.

avicultura (del lat. «avis», ave, y «-cultura») f. Cría de *aves y aprovechamiento de sus productos.

ávidamente adv. Con avidez.

avidez **1** f. Cualidad de ávido. ⊙ Actitud del que hace o recibe algo con deseo violento. ⊙ Se aplica particularmente a las acciones de beber, comer, absorber, escuchar o leer. ⇒ *Devorar, *hambre. **2** QUÍM. *Refiriéndose a un ácido o una base, capacidad mayor o menor para neutralizar respectivamente una base o un ácido.*

ávido, -a (del lat. «avĭdus»; «Estar, Ser un... ávido de») adj. Se aplica al que desea algo con gran intensidad o violencia: 'Ávido de saber [o de placeres]'. ≃ Afanoso, *ansioso, codicioso. ⊙ Así como a lo que demuestra avidez: 'Miraba los pasteles con ojos ávidos'.

aviejado, -a Participio adjetivo de «aviejar[se]».

aviejar tr. Aplicado a personas, comunicar o dar a ↘alguien aspecto, cansancio, achaques, etc. de viejo. ≃ Avejentar, *envejecer. ⊙ prnl. Tomar aspecto de *viejo o ponerse como viejo.

aviento (de «aventar») **1** m. **Bieldo.* **2** *Utensilio semejante al bieldo, pero mayor, con que se *carga la paja en los carros.*

aviesamente adv. De manera aviesa.

aviesas (de «avieso»; ant.) adv. *Al revés.*

avieso, -a (del lat. «aversus») **1** adj. *Torcido. **2** (gralm. yuxtapuesto) Aplicado a personas o a sus intenciones, inclinado a hacer daño: 'Es un hombre avieso. No pudo realizar sus aviesos deseos'. ≃ *Maligno. **3** (ant.) m. **Maldad.* **4** (ant.) **Delito.* **5** (ant.) **Pérdida o extravío (acción de extraviar[se]).*

avifauna (de «ave» y «fauna») f. Conjunto de las aves de una zona.

avigorar (de «vigorar») tr. **Reforzar.* ≃ Vigorizar.

avilantarse (de «avilantez») prnl. *Insolentarse.

avilantez (de «avinenteza», influido por «vil»; «Tener la avilantez de») f. Tranquilidad para mentir o cometer cualquier otra falta o indignidad sin inmutarse o sentir vergüenza: 'Ha tenido la avilantez de presentarse en mi casa como si tal cosa'.

avilense adj. y, aplicado a personas, también n. *De Avilés, población de Asturias.* ≃ Avilesino.

avilés, -a adj. y n. *Abulense.*

avilesino, -a adj. y, aplicado a personas, también n. *De Avilés.* ≃ Avilense.

aviltación (de «aviltar»; ant.) f. *Envilecimiento.*

aviltadamente (ant.) adv. *Con aviltación.*

aviltamiento (de «aviltar»; ant.) m. *Envilecimiento.*

aviltanza (ant.) f. *Aviltación.*

aviltar (de «a²-» y el sup. «viltad», del lat. «vilĭtas, -ātis», vileza; ant.) tr. *Envilecer, afrentar.*

avinagrado, -a Participio adjetivo de «avinagrar[se]». ⊙ Aplicado al carácter, genio o humor de las personas y a las personas por ellos, habitualmente *desapacible, *malhumorado o *sombrío.

avinagrar 1 tr. y prnl. Convertir[se] el vino en vinagre. ≃ *Agriar[se]. **2** tr. Hacer a una persona agria, malhumorada o de mal carácter. ⊙ prnl. Hacerse avinagrados una persona o su carácter.

avinenteza (ant.) f. **Ocasión.* ≃ Avenenteza.

avío 1 m. Acción de aviar. **2** Entre pastores y personas de vida semejante, provisión de víveres que llevan para el tiempo que están fuera de su casa. ⇒ *Proveer. **3** (sing. o pl.) *Provisión de cualquier cosa. ⊙ (pl.) Conjunto de cosas necesarias para algo: 'Un estuche con avíos para coser'. ≃ *Utensilios. ⊙ Materiales con que se hace cualquier cosa: 'Los avíos para la comida'. ≃ Arreglos. **4** (gralm. con un posesivo antepuesto) Conveniencia personal: 'Va a hacer su avío y no piensa en los demás'. **5** (Hispam.) *Préstamo hecho a un labrador, ganadero o minero.*

avión¹ (del fr. «avion»; «Coger, Tomar, Subirse al») m. Aparato de transporte, más pesado que el aire, que se traslada a través de éste. ≃ Aeroplano.

AVIÓN NODRIZA. Aeroplano que aprovisiona a otros en vuelo.

□ CATÁLOGO

Aeronáutica, aeronavegación, aviación, NAVEGACIÓN aérea. ➤ Aerobús, aerodino, aeromodelo, aeronave, aeroplano, aerotaxi, ALA delta, anfibio, autogiro, avioneta, bimotor, biplano, birreactor, bombardero, caza, cazabombardero, cohete, cuatrimotor, helicóptero, hidroavión, hidroplano, jet, jumbo, LANZADERA espacial, lanzador, monoplano, nave espacial, nodriza, planeador, PLATILLO volante [o volador], poliplano, portaaviones, sesquiplano, superbombardero, tetramotor, TRANSBORDADOR espacial, trimotor, triplano, ultraligero, yet. ➤ Escuadrilla. ➤ Unidad. ➤ Ala, cabina, carlinga, cola, fuselaje, girómetro. ➤ *PROPULSIÓN a chorro, a reacción, retropropulsión. ➤ BARRERA del sonido. ➤ TREN de aterrizaje. ➤ Envergadura. ➤ Aeronauta, ascensionista, aviador, piloto. ➤ Tripulación. ➤ Aeromoza, azafata. ➤ Pasajero, pasaje. ➤ Handling. ➤ CONTROLADOR aéreo. ➤ Pasaje. ➤ VUELO chárter. ➤ Acuatizar, aerotransportar, amarar, aterrizar, despegar, pilotar, planear, radionavegar, rizar el rizo, tomar tierra, tripular, volar. ➤ Corredor, pasillo. ➤ Mach. ➤ Looping, picado. ➤ Raid. ➤ BAUTISMO del aire. ➤ Techo. ➤ Bache. ➤ Paracaídas. ➤ CAÑÓN antiaéreo. ➤ Aeroclub, *aeródromo, aeroparque, aeropuerto, BASE aérea, faro, hangar, PISTA de aterrizaje, PUENTE aéreo, [ESTACIÓN] terminal. ➤ Aerolínea, COMPAÑÍA aérea. ➤ Aerocriptografía. ➤ Aeromodelismo. ➤ Jet lag.

avión² (¿de «gavión²»?; *Delichon urbica)* m. *Pájaro parecido a la golondrina.

avioneta f. Cierto tipo de avión de pequeño tamaño.

aviónica (del ingl. «avionics») f. Electrónica aplicada a la aeronáutica y a la astronáutica.

avisacoches n. Persona que se dedica a buscar o avisar taxis cuando alguien se lo encarga.

avisado, -a 1 Participio adjetivo de «avisar». ≃ Advertido. **2** *Astuto o *experimentado; se dice del que sabe lo que le conviene y obra de acuerdo con ello. ≃ Advertido.

avisador, -a 1 adj. y n. Se aplica al que se dedica a llevar avisos o *recados. **2** (ant.) m. *Denunciador.*

avisar (del fr. «aviser») **1** tr. Hacer saber a alguien cierto peligro o decirle algo que le conviene saber, hacer o evitar: 'Le avisaron que venía el guardia. No me habían avisado de que la carretera estaba en mal estado. Le avisé que se llevara el abrigo'. Puede considerarse indistintamente como complemento directo el de persona o el de cosa: 'Le avisaron a tiempo el peligro que corría. Fue avisado a tiempo del peligro que corría. El peligro que corría le fue avisado a tiempo'. ≃ Advertir. ⊙ Hacer saber a alguien cierta ˘cosa por anticipado: 'Me ha avisado que llegará tarde'. ≃ Anunciar. ⊙ Amenazar a ˘alguien con cierta ˘cosa en caso de que haga o deje de hacer otra determinada. El mismo verbo sirve para realizar la acción: 'Por última vez te aviso que, si no me pagas, te llevaré a los tribunales'. ≃ Advertir. **2** *Decir a ˘alguien que tiene que hacer cierta cosa. ⊙ Hacer saber a ˘alguien que se va a realizar cierta reunión, para que asista a ella: 'Hay que avisar con tiempo a los socios'. ≃ Convocar. **3** Llamar a ˘alguien para prestar un servicio propio de su profesión: 'Avisar al médico [al electricista, al carbonero]'. Puede también decirse 'avisar un coche, una camilla' o cosa semejante. ⇒ Avisacoches, avisador, llamador. **4** (ant.) **Instruir.*

□ CATÁLOGO

Raíz latina, «mon-»: 'amonestar'. ➤ Amonestar, apercibir, poner sobre AVISO, conminar, cucar, poner en GUARDIA, HACER presente, intimar, notificar, prevenir, dar el QUEO, hacer *SEÑAS. ➤ Adversión, alarma, aldabonazo, anuncio, aviso, bando, circular, clarinazo, *comunicación, *consejo, edicto, luz, prevención, virote. ➤ Contraaviso. ➤ Anteviso, avisado, orejeado, preparado. ➤ Monitorio. ➤ ¡Atención!, ¡cuidado!, ¡epa!, ¡HOMBRE al agua!, ¡OÍDO al parche!, ¡ojo!, ¡OJO al parche! ➤ De improviso. ➤ *Advertir. *Amenazar. *Anunciar. *Comunicar. *Llamar. *Noticia. *Predecir. *Presagiar. *Señal.

aviso 1 m. Acción de avisar. ⊙ Cosa que se avisa. ⊙ Escrito o palabras con que se avisa: 'Han pegado en la pared un aviso de la alcaldía'. **2** («Para, Servir de») Castigo o escarmiento que sirve para que alguien no repita cierta cosa que, de repetirse, sería todavía de peores consecuencias. **3** *Barco de guerra muy pequeño y rápido, utilizado para llevar órdenes. **4** TAUROM. Advertencia que hace el presidente de la corrida al torero cuando éste prolonga la faena de matar más tiempo del reglamentado. **5** (Hispam.) *Anuncio.*

ESTAR SOBRE AVISO. Estar avisado de algo que va a ocurrir o preparado para ello. ⇒ *Previsión.

PONER SOBRE AVISO. Avisar de algo que va a ocurrir o preparar para ello.

SERVIR DE AVISO. V. «aviso».

SIN PREVIO AVISO. De *improviso.

avispa (del lat. «vespa», con influencia de «abeja»; *Vespa vulgaris)* f. Insecto himenóptero, algo parecido a la abeja, con el cuerpo amarillo con listas negras, con un aguijón con el que produce picaduras muy dolorosas. Vive en sociedad y fabrica panales. ⇒ Camoatí, jicote, zunteco. ➤ Panal.

V. «CINTURA [o TALLE de avispa].

avispado, -a 1 Participio adjetivo de «avispar[se]». **2** Se dice de la persona que aprende pronto las cosas y sabe lo que conviene hacer. ≃ Despabilado, despierto, *listo, vivo.

avispar (de «avispa») **1** tr. y prnl. Hacer[se] más avispado o listo. **2** prnl. *Ponerse desconfiado.* ≃ Escamarse. ⇒ *Desconfiar. **3** (Chi.) tr. y prnl. **Asustar[se].*

avispero 1 m. Panal o nido de avispas. **2** Conjunto de las avispas de un panal. **3** *Forúnculo con varias bocas de supuración. **4** *Aglomeración de cosas que pululan. **5** (inf.)

Asunto enredado en que cada vez surgen más complicaciones. ≃ *Lío.

avispón (aum. de «avispa»; *Vespa crabro)* m. Especie de avispa mayor que la común y con una mancha encarnada en la parte delantera del cuerpo, que se alimenta principalmente de abejas. ≃ Crabrón.

avistar (de «a-[2]» y «vista») **1** tr. *Ver ↘algo en el campo o en el mar a considerable distancia: 'Por la tarde avistamos la costa'. ≃ Descubrir, *divisar, dar VISTA a. **2** prnl. recipr. *Entrevistarse.*

avitaminosis f. MED. Enfermedad producida por falta de algún tipo de vitamina.

avitelado, -a adj. *Aplicado a *cueros, hecho semejante a la vitela.*

avituallamiento m. Acción de avituallar.

avituallar tr. Proveer a ↘alguien de vituallas o municiones; se emplea particularmente con referencia al ↘Ejército. ≃ *Abastecer.

avivadamente adv. Con viveza.

avivado, -a Participio adjetivo de «avivar[se]».

avivador, -a 1 adj. Se aplica al que lo que aviva en cualquier sentido. **2** m. *Espacio liso que se deja entre dos *molduras para hacerlas resaltar.* **3** Cepillo especial con que los *carpinteros o tallistas hacen esa talla. **4** (Mur.) *Papel con agujeros que se pone encima de la simiente de los gusanos de *seda para que vayan subiendo a él los gusanos que van saliendo.*

avivamiento m. Acción de avivar[se].

avivar (de «a-[2]» y «vivo») **1** tr. Hacer que empiecen a desarrollarse las ↘larvas de los insectos. ⊙ prnl. Empezar a desarrollarse las larvas de los insectos. ⊙ tr. y prnl. Se aplica también a las ↘legumbres que las contienen: 'El calor aviva las lentejas'. **2** Activar[se] o *intensificar[se]: hacer[se] más viva cualquier ↘cosa a la que es aplicable este adjetivo en sentido figurado: 'Avivar la llama [la discordia, una pasión, un dolor, un *color]'. ⊙ Estimular[se] o *apresurar[se]: hacer[se] más viva la marcha de ↘alguien, por ejemplo de una caballería. ⊙ Hacer[se] más perspicaz o penetrante el ↘espíritu, la inteligencia, los sentidos etc. de ↘alguien. ⇒ Acicalar, afinar[se], agudizar[se], aguzar[se].
V. «avivar el PASO».

avizor (del lat. «visor, -ōris», el que mira) adj. y n. m. Aplicable al que avizora. Usado ahora solamente en la expresión «OJO avizor».

avizorador, -a adj. y n. *Se aplica al que o a lo que avizora*: 'Mirada avizoradora'.

avizorar (de «avizor») tr. Mirar intensamente y en todas direcciones para descubrir ↘algo. ⇒ *Escudriñar.

-avo, -a Sufijo con que se forman los numerales partitivos: 'Un octavo. Tres dieciseisavos. La treintava parte'. A excepción de «octavo», los numerales terminados en «-avo» no deben usarse como ordinales. No se dice «llegó el catorceavo» sino «el decimocuarto».

avocar (del lat. «advocāre»; particularmente, «avocar a sí») tr. *Pedir para sí un funcionario superior, particularmente un juez, un ↘asunto que está en manos de otro inferior. ≃ Reclamar.

avoceta (del it. «avocetta»; *Recurvirostra avosetta)* f. *Ave zancuda de cuerpo blanco con manchas negras, y pico largo encorvado hacia arriba.

avol (del cat. o del occit. ant. «àvol»; ant.) adj. *Ruin.*

avolcanado, -a adj. *Con *volcanes o muestras de haberlos tenido.*

avolvimiento (del lat. «advolvĕre», mezclar; ant.) m. **Mezcla.*

avucasta (del lat. «avis casta», ave santa, porque para los antiguos españoles esta ave era sagrada) f. **Avutarda (ave gruiforme).*

avucastro (de «avucasta», porque esta ave tiene el cuerpo grueso y pesado; ant.) m. *Persona *pesada y molesta.*

avugo (relac. con «abubo») m. Variedad de *pera muy pequeña, redonda, como de 1 cm de diámetro de sabor poco agradable, pero muy temprana.

avuguero m. Árbol de los avugos.

avugués (Rioj.) m. **Gayuba (planta ericácea).*

avulsión (del lat. «avulsĭo, -ōnis») f. CIR. *Extirpación.*

avutarda (de «avetarda», con influencia del ant. «autarda», del lat. «avis tarda», llamada así por lo pesado de su vuelo; *Otis tarda)* f. *Ave gruiforme de cuerpo grueso, de color rojo manchado de negro, de vuelo bajo y pesado, muy frecuente en España. ≃ Avetarda, avucasta. ⇒ Piuquén.
AVUTARDA MENOR. **Sisón (ave gruiforme).*

ax (ant.) m. **Achaque.* ≃ Aje.

¡ax! (ant.) interj. *Expresa dolor.*

axe (ant.) m *Eje.*

axial (del fr. «axial») adj. Del eje.

axil (del lat. «axis», eje) adj. Axial.

axila (del lat. «axilla») **1** f. BOT. Punto en que se une una *rama al tronco o a otra rama, por la parte en que *forma ángulo agudo. **2** Zona del *cuerpo situada debajo del brazo en el punto de su unión al tronco. ≃ Sobaco. ⇒ Alerón, encuentro, islilla,

axilar adj. De la axila: 'Flores axilares'

axinita (del gr. «axínē», hacha) f. **Mineral (borosilicato de aluminio y calcio con pequeñas cantidades de otros cuerpos) que se presenta en cristales cortantes.*

axiología f. FIL. Teoría de los valores.

axiológico, -a adj. FIL. De [la] axiología o de [los] valores.

axioma (del lat. «axiōma», del gr. «axíōma») m. Afirmación tan *evidente que es admitida por todos sin necesidad de demostración. ⇒ Brocárdico, dogma. ➤ *Cierto. *Verdad.

axiomático, -a 1 adj. De [o del] axioma. ⊙ Tan evidente como un axioma. **2** f. Conjunto de definiciones y axiomas en que se basa una teoría científica.

axiómetro (del gr. «áxios», justo, y «-metro») m. MAR. *Instrumento de navegación consistente en un círculo graduado sobre el que se mueve una manecilla engranada con el eje del timón, de modo que marca la dirección de éste, sobre el círculo.*

axis (del lat. «axis», eje) m. ANAT. *Segunda vértebra del cuello, sobre la que gira la cabeza.* ⇒ *COLUMNA vertebral.

axoideo, -a (del lat. «axis», eje, y «-oideo») adj. ANAT. *Del axis:* 'Músculo axoideo'.

axón (del lat. «axis», eje) m. Prolongación filiforme de la célula nerviosa. ≃ Neurita.

axovar (del ár. and. «aššuwár») m. *En derecho aragonés antiguo, especie de *dote que recibe la mujer, sin facultad de enajenarla mientras no tenga descendencia.*

¡ay! 1 Interjección de *dolor o de *susto o sobresalto: '¡Ay, que se cae esa lámpara!'. Seguida de «de», expresa amenaza y equivale a «¡pobre!»: '¡Ay de mí! ¡Ay de los vencidos! ¡Ay de ti como te coja! ¡Ay de vosotros si eso es mentira!'. ⇒ *Amenazar. **2** m. Lamento o quejido: 'Sus ayes de dolor'.

ESTAR EN UN AY. Tener un dolor continuo que obliga a quejarse sin interrupción. ≃ Estar en un GRITO.

V. «¡aymé!, ¡ay JESÚS!, ¡ay de MÍ!».

aya f. V. «ayo».

ayacuá (del guaraní «aña qua»; ant.) m. *Cierto ser fantástico, invisible, especie de diablillo, armado de un arco con el que disparaba flechas que producían las dolencias y enfermedades, en que creían los antiguos *indios de la Argentina.*

ayahuasca (Ec.; *Banisteriopsis caapi* y *Banisteriopsis quitensis*) f. *Cierta *planta malpigiácea narcótica, cuya infusión toman los indios para embriagarse y tener visiones fantásticas.* ⇒ *Alcaloide.

ayate (del nahua «ayatl»; Méj.) m. **Tela de hilo de maguey.* ⇒ *Arpillera.

ayatolá (del ár. «āyatu llāh», señal de Dios) m. Autoridad religiosa de los chiitas.

¡ayayay! (de «¡ay!») interj. Se usa para expresar diversos sentimientos, particularmente, pena y dolor.

ayear intr. *Repetir la queja «¡ay!».* ⊙ *Quejarse o lamentarse.*

ayeaye (de or. expresivo; *Daubentonia madagascariensis*) m. Mamífero lemúrido de Madagascar, con larga cola peluda, dedos muy largos y movimientos pesados.

ayer (del lat. «ad heri») **1** adv. Designa el *día anterior al en que se está cuando se habla. Precede a cualquier otro adverbio que se le una, pero «ya» le puede preceder: 'Ayer temprano. Ayer ya lo sabía. Lo sabía ya ayer'. ⇒ Anteanteayer, anteayer. **2** m. El tiempo pasado: 'Las preocupaciones de ayer. Lo que va de ayer a hoy'. ⊙ (lit.) adv. En el tiempo inmediatamente pasado: 'Ayer estaba llena de ilusiones'.

ANTES DE AYER. El día anterior a ayer. ≃ Anteayer.

AYER [POR LA] NOCHE. Ayer, después de hacerse de noche.

EL AYER. El tiempo pasado.

ayes m. Plural de «ay» usado como nombre.

aymara o **aymará** adj. y n. Variantes ortográficas de «aimara» o «aimará».

¡aymé! (ant.) interj. *¡Ay de mí!*

ayo, -a (¿del sup. gót. «hagja», guardián?) n. Persona que se encargaba en una casa del cuidado y educación de los niños o de los jóvenes. ⇒ Ama, ganso, institutriz, *maestro, mentor, preceptor.

ayocote (del nahua «ayecotli», frijoles gordos; Méj.) m. *Variedad de *judía de grano muy grande.*

ayote (del nahua «ayotli», calabaza; Am. C.) m. **Calabaza.*

DAR AYOTES (Guat.). *Dar CALABAZAS.*

ayúa (de or. guaraní) f. *Nombre dado a varias especies de *plantas rutáceas del género Xanthoxylum; como el Xanthoxylum carolinianum y el Xanthoxylum pterota. Se emplea en medicina y en construcción.* ≃ Bayúa.

ayuda 1 («Pedir, Solicitar, Brindar, Ofrecer, Prestar, Acudir en, Negar») f. Acción de ayudar. Cosa que se hace, se da, etc., para ayudar. **2** *Entre *pastores, aguador.* **3** EQUIT. *Estímulo que el jinete comunica al caballo tocándole con el pie o el estribo y la baqueta.* **4** *Operación de introducir algo, por ejemplo un líquido, por el ano, para provocar la defecación.* ⊙ *Cosa que se introduce.* ⇒ *Lavativa. **5** MAR. **Cabo o aparejo que se pone para ayudar a otro.*

AYUDA DE CÁMARA. *Servidor adscrito al servicio personal del señor.

A. DE COSTA. Donativo en dinero para ayudar a costear alguna cosa.

¡AYUDA! Exclamación para pedir socorro.

CON [O SIN] AYUDA DE VECINO. Con [o sin] ayuda ajena.

V. «costar [o necesitar] DIOS y ayuda».

ayudador (de «ayudar») m. **Pastor que tiene el puesto inmediatamente inferior al del *mayoral.*

ayudante, -a n. Persona que *ayuda. Particularmente, profesor, funcionario o militar, que desempeña sus funciones al lado y bajo la dirección o a las órdenes de otro.

AYUDANTE DE MONTES. Individuo del cuerpo de «Ayudantes de Montes», auxiliar del de «Ingenieros de Montes».

A. DE OBRAS PÚBLICAS. Individuo del cuerpo de «Ayudantes de Obras Públicas», auxiliar del de «Ingenieros de Caminos».

A. TÉCNICO SANITARIO. Profesional titulado que, siguiendo las instrucciones del médico, asiste a los enfermos. ≃ ATS.

□ NOTAS DE USO

La forma femenina tiene carácter popular y se usa sobre todo con referencia a trabajos subalternos: 'La ayudanta de la limpieza'.

ayudantía f. *Empleo o cargo de ayudante.

ayudar (del lat. «adiutāre») **1** tr. o abs. Realizar con ↘alguien un trabajo en un papel secundario: 'Ayúdame a poner la mesa'. ⊙ *Contribuir a que ocurra, se haga o se consiga cierta ↘cosa o a que resulte más fácil o mejor: 'Ayudar en la comisión de un delito. El tiempo ayudó al éxito de la expedición'. ⊙ Hacer algo para que ↘alguien consiga lo que se propone: 'Ayudó con dinero a los sublevados'. ≃ Apoyar, favorecer, secundar. ⊙ Hacer algo para que ↘alguien salga de un apuro o necesidad: 'Cuando se ve apurado, recurre a mí para que le ayude'. ≃ Asistir, auxiliar, socorrer. **2** («de») prnl. Servirse de cierta cosa. **3** *Trabajar alguien en un asunto de su propio interés y no confiarlo totalmente a la ayuda de otros.*

AYUDAR A BIEN MORIR. Prestar un sacerdote los auxilios espirituales propios de su función a un moribundo. Confortar a un moribundo con consideraciones religiosas, ayudándole a rezar, etc. ≃ Agonizar.

□ NOTAS DE USO

El complemento directo de «ayudar» va introducido siempre por «a»: 'ayudar a la naturaleza'.

Las preposiciones regidas por este verbo son: «a» con verbos: 'a subir'; «en» con nombres de situación: 'en la desgracia'; «a» o «en» con nombres de acción: 'a la pronta terminación, en el salvamento'.

□ CATÁLOGO

Acoger, acorrer, acudir, adminicular, amparar, dar AMPARO, apadrinar, *apoyar, sacar de un APURO [o de apuros], prestar ASISTENCIA, asistir, *auxiliar, prestar AUXILIO [o AYUDA], servir en BANDEJA, hacer BIEN, echar un CABLE, hacer el CALDO gordo, echar un CAPOTE, coadyuvar, colaborar, concomitar, concurrir, conllevar, *contribuir, *cooperar, desapretar, descansar, enderezar, esponsorizar, influir a FAVOR, favorecer, hacer HOMBRE, arrimar el HOMBRO, IR a una, hacer el JUEGO, estar al LADO de, dar [echar o tender] la [o una] MANO, manutener, mediar, poner de su PARTE, patrocinar, pensionar, propiciar, remediar, secundar, sobrellevar, socorrer, sostener, subvencionar, subvenir, sufragar, valer. ➤ Ofrecerse. ➤ *Apelar, pedir ÁRNICA, pedir AUXILIO [o SOCORRO, etc.], llamar a CACHANO, invocar, llamar, tender la[s] MANO[s], echar MANO de, recudir, *recurrir, valerse de. ➤ Alianza, asociación, beneficencia, capilla, capillita, compadrazgo, cooperativa, hermandad, mingaco, montepío, mutualidad. ➤ *Reciprocidad. ➤ Adjunto, adjutor, álter ego, asistenta, asistente, *auxiliar, ayudante, BRAZO derecho, cirineo, coadjutor, coadyudador, coadyutor, coagente, edecán, fautor, mandadera, MANO derecha, marta, minga, mingaco, monaguillo, pasante, pinche, repetidor, sacristán, sotayuda, subsidiario. ➤ Áncora, ayuda, beneficio, capotazo, coeficiencia, compadrazgo, concomitancia, concurrencia, concurso, fautoría, *favor, gauchada, GRANO de arena, *influencia, *limosna, maná, minga, muleta, óbolo, buenos OFICIOS, opitulación, presidio, *refuerzo, servicio, socorro, subsidio, subvención, sufragio. ➤ Llovido del CIELO. ➤ Al amparo, con el *apoyo, al arrimo, al calor, a FAVOR de, gracias a, merced a, al socaire, a la sombra. ➤ ¡Aquí!, ¡AQUÍ de...!, ¡auxilio!, ¡ayuda!, DIOS me [nos, etc.] tenga de su mano [o nos valga], ¡a MÍ!, ¡socorro!, ¡valedme!, ¡válgame...! ➤ Amorronar, SOS [o eseoese]. ➤ A DIOS rogando y con el mazo dando, ¡fíate de la VIRGEN y no corras... [o pero corre]! ➤ No tener a donde volver la CABEZA [o los OJOS]. ➤ Desamparo. Desasistir. *Fallar. ➤ En peso, a pulso, en vilo. ➤ *Acoger. *Albergar. *Aliviar. *Apoyar. *Asociación. *Beneficencia. *Caridad. *Cooperar. *Defender. *Proteger. *Servir. *Sostener.

ayuga (del lat. «aiŭga») f. **Mirabel (planta quenopodiácea de jardín).*

ayunar (del lat. «ieiunāre») intr. No *comer durante un cierto tiempo. Particularmente, como *penitencia o por guardar la prescripción de la Iglesia de no comer o reducir la comida en ciertos días. ⇒ Desayunar. ➤ *Ayuno.

ayunas EN AYUNAS. **1** Sin haber comido todavía nada desde que ha empezado el día: 'Para hacerse el análisis debe venir en ayunas'. **2** (inf.) Completamente *ignorante de cierta cosa: 'Yo estoy en ayunas de lo que ha pasado'.

ayuno[1], -a (de «ayunar») **1** adj. *Aplicable a la persona que no ha comido todavía.* **2** *Privado de algún placer o gusto.* **3** Sin nada de cierta cosa, como instrucción, educación, principios: 'Está ayuno de instrucción religiosa'. ≃ Carente, falto, horro. ⊙ Se aplica al que no sabe nada de cierto asunto: 'Estoy ayuno de lo que se está tratando'. ≃ Ajeno, *ignorante.

ayuno[2] (del lat. «ieiunĭum») m. Acción de ayunar. ⇒ Carena, *cuaresma, ramadán, témpora. ➤ MATERIA parva.

ayuntamiento 1 m. Acción y efecto de ayuntar[se]. **2** Corporación que tiene a su cargo la administración de un municipio, compuesta por el alcalde y los concejales. ≃ Cabildo, concejo, consistorio, *municipio, municipalidad. ⊙ Edificio en que tiene sus oficinas aquella corporación. ≃ Alcaldía, CASA consistorial, CASA de la villa. ⇒ ADMINISTRACIÓN municipal, cabildo, cámara, capítulo, concejo, CONSEJO de ciento, consistorio, CORPORACIÓN municipal, municipio, principalía, república. ➤ *Alcalde, alguacil, almocadén, burgomaestre, cabildante, concejal, conceller, corregidor, decurión, edil, escañero, jurado, macero, oficial, regidor, TENIENTE de alcalde, vecero, veinticuatro. ➤ Administrar, regir. ➤ SILLA curul, tabardo, vara. ➤ *Municipio.

AYUNTAMIENTO CARNAL. *Cópula.

ayuntar (del ant. «ayunto», junta, reunión, del lat. «adiunctus», junto) **1** (ant.) tr. *Juntar.* **2** (ant.) **Añadir.* **3** (ant.) prnl. recípr. *Copular.*

ayuso (del lat. «ad deorsum», hacia abajo; ant.) adv. **Abajo.*

ayustar (de «a-[2]» y el lat. «iuxta», cerca) tr. MAR. **Unir dos *cabos o dos piezas de madera por sus extremos.*

ayuste m. MAR. *Acción de ayustar.* ⊙ MAR. *Unión o costura de dos *cabos.*

-az Sufijo de adjetivos que han pasado ya formados del latín: 'fugaz, locuaz, pertinaz'.

-aza[1] Sufijo con que se forman nombres de producto (más bien residuo): 'gallinaza, linaza, melaza'.

-aza[2] V. «-azo, -a».

azabache (del ár. and. «azzabáǧ») **1** m. Variedad de lignito muy duro, procedente de coníferas fosilizadas, que admite un hermoso pulimento, por lo que se emplea como adorno en collares, dijes, etc. Se emplea laudatoriamente como calificación o como término de comparación para cosas muy negras: 'Ojos de azabache. Pelo como el azabache'. ⇒ Gagate[s]. **2** *(Parus ater)* Pájaro con la cabeza y las alas negras.

azabara (del ár. and. «aṣṣabbára») f. **Áloe (planta liliácea).*

azacán, -a (del ár. and. «assaqqá») **1** m. *Aguador (hombre que transporta agua).* **2** (ant.) **Odre.* **3** adj. y n. *Se aplica a la persona ocupada en trabajos duros.*

azacanado, -a *Participio de «azacanarse».* ⊙ adj. *Ajetreado o baqueteado. Muy agobiado por el trabajo o por tener que ir de un lado para otro.*

azacanarse (de «azacán») prnl. **Atarearse con agobio; por ejemplo, para *gestionar algo.* ≃ *Ajetrearse.

azacanear intr. *Azacanarse.*

azacaya (del sup. ár. and. «siqáya», cl. «siqāyah») **1** (ant.) f. *Noria grande.* **2** (Gran.) *Ramal de conducción de aguas.*

azacel m. *Variante ortográfica de «hazacel».*

azada (del sup. lat. «asciāta», de «ascĭa») f. Instrumento de labranza compuesto de una plancha de hierro con un borde afilado, inserta por el lado opuesto a éste en un mango que forma con ella ángulo agudo. ⇒ Alcotana, almocafre, azadilla, azadón, batidera, bidente, binadera, binador, coa, dolabela, escabuche, escarda, escardadera, escardilla, escardillo, escavillo, feseta, fesoria, garabato, guataca, jada, lampa, legón, ligón, ligona, picaza, piocha, raedera, sacho, sallete, sotera, talacho, zarcillo. ➤ Boca, corte, mango, mocheta, ojo, pala, palo, peto. ➤ Cavar, escardar, excavar, lampear, sachar, sallar.

azadazo m. Cada *golpe dado con la azada.

azadilla (dim. de «azada») f. *Azada pequeña.

azadón (aum. de «azada») m. *Azada de pala más larga y estrecha que la ordinaria.

V. «la PALA y el azadón».

azadonada 1 f. *Azadonazo.* **2** **Longitud igual a la de un azadón.* ⊙ *Unidad de profundidad del cavado.*

azadonazo m. Azadazo. Cada golpe dado con un azadón o una azada. ≃ Azadonada.

azadonero (de «azadón») m. *Gastador (*soldado).*

azafata (de «azafate») **1** f. Camarera que servía a la reina. **2** Mujer que, en un *avión, tiene a su cargo atender a los viajeros. **3** Mujer que, en los aeropuertos y en ciertos viajes terrestres, atiende al público. **4** Mujer que proporciona información y ayuda a los participantes en una reunión, congreso, programa de televisión, etc.

azafate (del sup. ár. and. «assafáṭ», cl. «safaṭ», canastillo) **1** m. *Canastillo plano, con el borde bajo, de forma de *bandeja.* **2** **Bandeja.*

azafrán (del ár. and. «azza'farán») **1** *(Crocus sativus)* m. *Planta iridácea cuyos estigmas son unos filamentos que se emplean como *condimento y para dar *color amarillo. ≃ Croco. ⊙ (colectivo genérico) Los estigmas de esa planta. ⇒ Otra raíz, «croc-»: 'crocino, croco'. ➤ Alcroco, croco. ➤ Cachumba. ➤ Brin, brizna, buen [o mal] CLAVO, espartillo, hebra, rosa. ➤ Desbriznar, despinzar, esblencar [o esbrencar], espinzar. ➤ Rosero. **2** PINT. Color amarillo anaranjado, para iluminar, que se saca del estigma del azafrán. **3** MAR. *Madero exterior que forma parte de la pala del *timón de un barco y va unido con pernos a la madre.*

AZAFRÁN BASTARDO. *Alazor (planta compuesta).

A. DE LAS INDIAS. *Cúrcuma (planta).

A. DE MARTE. *En *farmacia antigua, óxido de hierro.*

A. ROMÍ [O ROMÍN]. AZAFRÁN bastardo.

azafranado, -a Participio adjetivo de «azafranar». ⊙ adj. De color del azafrán.

azafranal m. Terreno poblado de azafranes.

azafranar 1 tr. Teñir de azafrán. **2** Poner azafrán en un ↘líquido. ⊙ Mezclar o juntar azafrán con otra ↘cosa.

azagadero o **azagador** (de «azagar») m. **Senda o paso de *ganado.*

azagar (de «zaga») intr. *Ir el ganado en hilera por las sendas.*

azagaya (del ár. and. «azzaḡáya») f. Dardo pequeño o *lanza arrojadiza.

azaguán m. *Zaguán.*

azahar (del ár. and. «azzahár») m. Flor del naranjo y de los otros árboles de la misma familia, de perfume muy intenso, que se usa en perfumería y, en infusiones, como *sedante. Se toma como símbolo de pureza y forma parte del atavío de las mujeres que van a casarse. ⇒ AGUA de azahar, AGUA de nafa, aguanafa.

azaharillo m. *Variedad de *higo de Canarias.*

-azal V. «-al».

azalá (del ár. and. «aṣṣalá») m. **Oración de los *musulmanes.* ≃ Zalá.

azalea (del lat. cient. «azalea»; *Rhododendron ferrugineum*) f. *Planta ericácea de adorno, cuyas flores contienen una sustancia venenosa. ≃ Rosadelfa.

azamboa (del ár. and. «azzanbú'») f. **NARANJO amargo (árbol rutáceo).*

azamboero, azambogo o **azamboo** m. **NARANJO amargo (árbol rutáceo).*

azanahoriate 1 m. Zanahoria confitada. ≃ Zanahoriate. **2** (ant., inf.) **Cumplido (expresión amable) afectado o exagerado.*

azanca f. MINER. *Manantial de agua subterránea.*

azándar (del ár. and. «aṣṣándal»; And.) m. **Sándalo (planta santalácea).*

azanoria (del sup. ár. and. «safunnárya», de «safannárya», del gr. «staphylînē ágria», zanahoria silvestre; pop.) f. **Zanahoria (planta umbelífera y su raíz).*

azaque (del sup. ár. and. «azzakí», cl. «zakāh», azaque) m. **Tributo que los *musulmanes están obligados a pagar por sus bienes, para consagrarlo a Dios.*

azaquefa (del ár. and. «assaqífa», pórtico) **1** (ant.) f. **Pórtico.* **2** (ant.) *Patio con trojes cubiertos en los molinos de *aceite.*

azar (del sup. ár. and. «azzáhr», cl. «zahr», dado) **1** m. Supuesta causa de los sucesos no debidos a una necesidad natural ni a una intervención intencionada, humana o divina: 'No sabiendo qué nos convenía más, dejamos la decisión al azar. Por puro azar nos encontramos en París'. ⇒ Acaso, destino, fatalidad, hado, signo. ➤ Azaroso, estocástico. ➤ *Casualidad. *Suerte. **2** *En los juegos de *baraja o de *dados, carta o dado que tiene el punto con que se pierde.* **3** *En el juego de *billar, cualquiera de los dos lados de la tronera que miran a la mesa.* **4** *En el juego de *pelota, esquina, puerta, ventana o cualquier otra cosa que estorba una jugada.* **5** *Desgracia o *percance imprevisto: 'Si por cualquier azar no llegamos a tiempo...'

AL AZAR. Sin *intención o *plan: 'Empezamos a andar al azar'.

V. «JUEGO de azar».

POR AZAR. No motivado por una necesidad natural o una intervención intencionada. ≃ Fortuitamente.

-azar Sufijo con que se forman verbos de la primera conjugación, equivalente a «-ecer»: 'acarrazarse'.

azarado, -a Participio adjetivo de «azarar[se]».

azaramiento m. Acción y efecto de azarar[se].

azarandar tr. **Cribar una ↘cosa con la zaranda.*

azarante adj. Que azara.

azarar (de «azorar», con influencia de «azar») tr. *Aturdir, *avergonzar o *turbar a ↘alguien con un estado de ánimo que le impide hablar u obrar con desenvoltura o acertadamente. ⊙ prnl. Aturdirse, avergonzarse, turbarse: 'Se azara en cuanto le ve y no es capaz ni de decirle buenas tardes'. ⇒ Azarearse.

azararse (de «azar») prnl. **Estropearse o *malograrse un asunto.* ⊙ *Particularmente, en el *juego.*

azarbe (del ár. and. «assárb») m. **Cauce que recoge el agua sobrante de los riegos.*

azarbeta (dim. de «azarbe») f. *Cada uno de los *cauces más pequeños que conducen el agua sobrante de los riegos al azarbe.*

azarcón (del ár. and. «azzarqún») **1** m. **Minio.* **2** PINT **Color anaranjado muy vivo.*

azarearse 1 (Hispam.) prnl. **Azararse.* **2** (Hispam.) **Enfadarse.*

azaría f. *En la Edad Media, *ataque nocturno y por sorpresa de la caballería.*

azarja (del sup. ár. and. «aṣṣárǧa», de la raíz cl. «srǧ», del arameo «sārag», trenzar) f. *Instrumento para *devanar la *seda cruda, consistente en dos discos con un agujero en el centro, por el que pasa el huso, unidos por cuatro costillas.* ≃ Zarja.

azarnefe (del ár. and. «azzarníẖ»; ant.) m. **Oropimente.*

azaro (del ár. «'anzarūt»; ant.) m. **Sarcocola.*

azarola o **azarolla 1** f. **Acerola.* **2** (Ar.) **Serbal.*

azarollo 1 m. **Acerolo.* **2** **Serbal.*

azarosamente adv. Con riesgo. ⊙ Con percances.

azaroso, -a (de «azar») **1** adj. Abundante en *peligros o percances: 'Una vida azarosa. Una excursión azarosa'. ⇒ Agitado, borrascoso, fortunoso. ➤ *Arriesgar. **2** Aplicado a personas, propenso a que le ocurran percances.

azarote (del ár. and. «'anzarūt»; ant.) m. *Azaro.*

azaya (Gal.) f. **Cantueso (planta labiada).*

azazel m. *Variante ortográfica de «hazacel».*

azcarrio (del vasc. «ascarr»; Ál.) m. **Arce (árbol aceráceo).*

azcón o **azcona** (¿de or. vasc.?) m. o f. **Arma arrojadiza, especie de dardo, usada antiguamente.* ≃ Fascona.

azerbaiyano, -a o **azerí** adj. y, aplicado a personas, también n. De Azerbaiyán, estado asiático que formó parte de la Unión Soviética.

-azgo Sufijo equivalente a «-ato», que forma nombres de *acción y *efecto, o de *empleo o actividad: 'almirantazgo, padrinazgo, hartazgo, hallazgo'.

ázimo (del lat. «azȳmus», del gr. «ázymos», sin levadura) adj. V. «PAN ázimo». ⇒ Apénd. II, ORTOGRAFÍA.

azimut m. Acimut. ⇒ Apénd. II, ORTOGRAFÍA.

aznacho (de «asnacho») m. *Aznallo.*

aznallo m. **Pino albar.*

-azo, -a **1** Sufijo con que se forman nombres de acción violenta o de golpe: 'arañazo, porrazo, portazo, cañazo'. **2** Forma también aumentativos: 'perrazo'. A veces, estos aumentativos son despectivos: 'cazurrazo, cochinazo'. Otras, son despectivos o aumentativos afectuosos: 'buenazo, picaronazo, madraza, padrazo'. En Hispam. se usa mucho aplicado a adjetivos con un matiz ponderativo: 'valientazo'.

azoado, -a Quím. *Participio adjetivo de «azoar».*

azoar (de «ázoe») tr. Quím. *Nitrogenar.*

azoato (de «ázoe») m. Quím. *Nitrato.*

azocar (¿de «zueco»?) **1** tr. Mar. **Apretar bien los ↘nudos, ligaduras, etc.* **2** (Cuba) **Apretar demasiado una ↘cosa:* 'Tabaco azocado'. ≃ Amazacotar.

azoche (ant.) m. *Azogue (plaza).*

ázoe (¿del fr. «azote»?) m. Quím. *Nombre dado por Lavoisier al nitrógeno.*

azoemia (de «ázoe» y «-emia») f. Med. *Presencia de sustancias nitrogenadas en la sangre.* ⊙ Med. *Impropiamente, nitrógeno de la urea contenida en la sangre.*

azofaifa f. *Azufaifa.*

azofaifo m. *Azufaifo (árbol ramnáceo).*

azófar (del ár. and. «aṣṣúfr»; ant.) m. *Latón.*

azofeifa (ant.) f. *Azufaifa.*

azofeifo (ant.) m. *Azufaifo (árbol ramnáceo).*

azofra[1] (del ár. and. «assúḫra») f. **Prestación personal.* ≃ Sufra, zafra.

azofra[2] (¿del ár. and. «azzáfira», contrafuerte?; Ar.) f. *Correa que sujeta las varas del carro, pasando por el sillín de la caballería.* ⇒ *Guarnición.

azogadamente adv. *Con gran inquietud.*

azogado, -a **1** Participio adjetivo de «azogar[se]». **2** (n. calif.) adj. y n. *Se aplica a la persona que se mueve incesantemente.* ≃ *Inquieto.

V. «temblar como un azogado».

azogamiento m. Acción y efecto de azogar[se].

azogar **1** tr. Cubrir una ↘cosa con azogue; por ejemplo el ↘vidrio, para fabricar espejos. **2** prnl. *Intoxicarse con los vapores de mercurio. **3** **Aturdirse o *turbarse.*

azogue[1] (del ár. and. «azzáwq») m. Nombre vulgar del mercurio.

azogue[2] (del ár. and. «assúq») m. *Plaza de un pueblo donde se hacen los tratos comerciales.* ⇒ *Mercado.

azoguejo (dim. de «azogue[2]») m. *Azogue:* 'El azoguejo de Toledo'.

azoguería (de «azogue[1]») f. *Taller donde se hace la amalgama.*

azoico[1] (de «ázoe»; ant.) adj. Quím. *Nítrico.*

azoico[2], **-a** (de «a-[1]» y el gr. «zōḗ», vida) adj. y n. m. Geol. Se aplica al periodo geológico anterior al precámbrico, en que todavía no existían organismos, y a sus cosas.

azoláceo, -a (del port. «azala», género de plantas) adj. y n. f. Bot. *Se aplica a las *plantas de cierta familia de pteridofitas acuáticas. El único representante es el género Azolla, con varias especies, usadas a veces en acuarios.* ⊙ f. pl. Bot. *Esa familia.*

azolar tr. Carp. *Desbastar una ↘pieza de madera con la azuela.*

azolvar (del sup. ár. and. «súfl», por «ṭúfl», poso) tr. **Obstruir un ↘conducto.* ≃ *Atascar.

azolve (Méj.) m. *Suciedad que obstruye un conducto.*

azomar (ant.) tr. *Incitar a los ↘animales a que embistan.* ≃ *Azuzar.

-azón V. «-azo, -ón».

azor[1] (del ár. and. «assúr»; ant.) m. **Muro.*

azor[2] (del sup. lat. «acceptor, -ōris», por «accipĭter, -tris»; *Accipiter gentilis*) m. *Ave rapaz falcónida que habita en los bosques. Era ave de *cetrería. ⇒ Aztor, ferre, halcón, palumbario, zurdal. ➤ Desainar. ➤ *Halcón.

Azor desbañado. Cetr. *El que no ha tomado el agua los días que le hacen volar.*

azora (del ár. and. «assúra») f. *Capítulo del Corán.*

azorado, -a Participio adjetivo de «azorar[se]».

azorafa (del ár. and. «azzuráfa»; ant.) f. *Jirafa.*

azoramiento m. Acción y efecto de azorar[se].

azorante adj. Que azora.

azorar (de «azor[2]», por la reacción de las aves perseguidas por el azor) **1** tr. *Asustar.* **2** tr. y prnl. *Aturdir[se] o *turbar[se]. ≃ Azarar[se]. **3** tr. **Incitar.*

azoro (And., Hispam.) m. *Azoramiento.*

azorramiento (de «azorrarse») m. *Amodorramiento o *somnolencia.*

azorrarse (de «a-[2]» y «zorra[1]», borrachera) prnl. **Amodorrarse.*

azotacalles (de «azotar» y «calle») n. **Callejeador.* ≃ Trotacalles.

azotado, -a **1** Participio de «azotar». **2** adj. *Aplicado particularmente a las flores, *jaspeado o de varios colores entremezclados.*

azotaina f. Serie de azotes. ≃ *Paliza, tunda, vapuleo, zurra.

azotalenguas (de «azotar» y «lengua») f. **Amor de hortelano (planta rubiácea).*

azotar (de «azote») **1** tr. Dar golpes en ↘algo o a alguien: 'Le azotaron las espaldas desnudas'. ≃ Apalear, golpear, pegar. ⊙ («en») Golpear violentamente el viento, las olas, etc.: 'El viento me azotaba [en] la cara'. ≃ *Batir. **2** Causar mucho daño o destrozos en ↘algo: 'Una epidemia azotó la comarca'. **3** *Dar golpes con las alas o la cola.* ⊙ *Atravesar el ↘aire volando, brusca o violentamente.*

azote (del ár. ant. «assáwṭ») **1** m. Utensilio hecho de cuerdas con nudos o con puntas, empleado para *castigar a los delincuentes. ⊙ Por extensión, cualquier utensilio empleado para golpear. ⊙ Particularmente, en plural, «disciplinas»: conjunto de tiras de cuero sujetas a un mango con que se azota alguien por *penitencia. ⇒ Arreador, chibera, chicote, chirrión, flagelo, *látigo, varapalo, verdugo. ➤ Canelón, pelotilla, túrdiga. **2** *Golpe dado a alguien con azote, látigo, vara o utensilio semejante. ⊙ Golpe de poca violencia dado como castigo a los niños en las nalgas, con la mano abierta. **3** Cosa que produce mucho daño o destrucción: 'La sequía es el azote de esta comarca'. ≃ Calamidad, castigo, *desgracia, flagelo, plaga. ⊙ Puede aplicarse a personas: 'Atila, el azote de Dios'. **4** Embate del agua o del aire.

V. «mano de azotes; tras cada pregón, azote».

azotea (del sup. ár. and. «assuṭáyḥa», cl. «sáṭḥ») **1** f. Cubierta llana de un edificio, dispuesta para poder estar sobre ella, tender la ropa, etc. ≃ Azutea, solana, solanar, terrado, *terraza. **2** (inf.) Cabeza. Se usa sobre todo en las expresiones «estar mal de la azotea» y «metérsele una cosa en la azotea a alguien».

azotina f. Azotaina.

azre (ant.) m. **Arce (árbol aceráceo).*

azteca (del nahua «aztécatl», habitante de «Aztlán», lugar del noroeste de Méjico) adj. y, aplicado a personas, también n. Se aplica a los individuos del *pueblo que habitaba *Méjico en la época del descubrimiento, a su lengua y a sus cosas. ⊙ (pl.) m. Ese pueblo. ⊙ Lengua de los aztecas.

aztor (del sup. lat. «acceptor, -ōris», por «accipĭter, -tris»; ant.) m. **Azor (ave rapaz).*

azua f. *Chicha (bebida alcohólica de Hispanoamérica, obtenida del maíz).*

azúcar (del ár. and. «assúkkar») amb., más frec., m. Sustancia dulce, blanca, cristalizada en pequeños granos, que se extrae principalmente de la remolacha y de la caña de azúcar, concentrando y cristalizando su jugo. ⊙ Grupo de hidratos de carbono que tiene sabor dulce.

AZÚCAR CANDE. El que se elabora de manera que queda en grandes cristales transparentes.

A. Y CANELA. Expresión calificativa que se aplica a las *caballerías de color blanco y canela.

A. CORTADILLO [o CUADRADILLO]. El comprimido y luego cortado en pequeños trozos o «terrones» prismáticos.

A. GLAS. Azúcar muy fino utilizado en pastelería.

A. GLASEADO. Recubrimiento de azúcar, hecho con azúcar de lustre, que se pone en algunos bizcochos y otras cosas de confitería.

A. [DE] LUSTRE. Azúcar en polvo muy fino, que se emplea en ciertos trabajos de confitería.

A. DE MALTA. Maltosa.

A. MASCABADO. El de segunda producción.

A. MORENO [o NEGRO]. El que tiene impurezas de melaza, por lo que su color es amarillento o negruzco. ≃ Cazón.

A. [DE] PILÓN. El que se expende en conglomerados de forma cónica.

A. DE PLOMO [o DE SATURNO]. *Acetato de plomo.*

V. «CAÑA de azúcar, COSTRA de azúcar, PAN de azúcar».

□ CATÁLOGO

Otra forma de la raíz, «sacar-»: 'sacarificar, etc.; sacarígeno, sacarimetría, sacarina, sacarino, sacaroideo, sacarosa'. ➤ Dextroglucosa, dextrosa, fructosa, galactosa, glucosa, lactosa, levulosa, manita, sacarina, sacarosa. ➤ *CAÑA de azúcar, CAÑA de Castilla, CAÑA dulce, CAÑA melar, cañaduz, cañamelar, cañamiel. ➤ Alifa. ➤ Atopile, cañero, machetero. ➤ *Remolacha. ➤ Zafra. ➤ Refinería. ➤ Trapiche. ➤ Ingenio. ➤ Batey. ➤ Bagacera, cancha, cañero, CASA de calderas. ➤ Carrón, castaña, castillejo, clarificadora, contrete, difusor, enfalcado, fondo, gavera, horma, moledor, revolvedor, tacha, tacho, tinglado. ➤ Furo. ➤ Torre. ➤ Baría. ➤ Alce, aventar, candidación, carear, descachazar, melar, moler, sacarificar. ➤ Bojotero, prensero, tachero, templador. ➤ Almíbar, azucarillo, bolado, cachaza, caldo, caramelo, catite, cazón, chancaca, chincate, cogucho, COSTRA de azúcar, cuadradillo, guarapo, jarabe, mazacote, melado, meladura, melaza, melote, miel, *PAN de azúcar, panela, papelón, pilón, piloncillo, pulpa, remiel, templa, terrón. ➤ Cara. ➤ Bagazo, fraile. ➤ Espolvorear, glasear. ➤ Mulso. ➤ Glucómetro, sacarímetro. ➤ *Dulce.

azucarado, -a 1 Participio adjetivo de «azucarar»: se aplica a lo que tiene azúcar. **2** **Melifluo.* **3** m. *Cierto afeite que empleaban las mujeres.*

azucarar tr. Poner azúcar en una ↘cosa. ⇒ *Endulzar.

azucarera 1 f. Fábrica de azúcar. **2** *Azucarero (recipiente).*

azucarería (Méj.) f. **Tienda de azúcar.*

azucarero, -a 1 adj. De [o del] azúcar: 'Industria azucarera'. **2** m.*Recipiente usado para el azúcar en el servicio de la *mesa. **3** (varias especies del género *Coereba*, especialmente, la *Coereba flaveola)* *Ave tropical de hermosos colores; se alimenta de insectos, miel y jugos azucarados de las plantas.

AZUCARERO AMARILLO. Azucarero (ave).

azucarí (del ár. and. «assukkarí»; And.) adj. *Aplicado a alguna variedad de ciertos frutos, azucarado.*

azucarillo (dim. de «azúcar») **1** m. Masa esponjosa, seca, hecha con almíbar y clara de huevo, que se empleaba para endulzar el agua o se tomaba como *golosina. ≃ Bolado. **2** Terrón de azúcar.

azucena (del ár. and. «asussána»; *Lilium candidum)* f. *Planta liliácea de hojas radicales, del centro de las cuales sale un vástago erguido, en cuyo extremo están las flores, blancas, grandes y muy olorosas. Se cultivan por sus flores aromáticas, de las que se extrae un aceite esencial utilizado en perfumería. Se tienen como símbolo de la *castidad y, por ejemplo, se decoran con ellas las estampas de la *Virgen. ≃ LIRIO blanco.

AZUCENA DE AGUA (Sal.). *Nenúfar.*

A. ANTEADA *(Hemerocallis flava).* Planta liliácea de tallo ramoso y flores de color de ante.

A. DE BUENOS AIRES. Cierta *planta amarilidácea de Buenos Aires.

A. DE GUERNESEY. Otra *planta amarilidácea.

azuche (del sup. «zucho», del ár. and. «zúǧǧ») m. **Punta de hierro que llevan en el extremo por donde se clavan los pilotes o maderos que se ponen para consolidar los *cimientos.*

azud (del ár. and. «assúdd») **1** amb., más frec., m. *Presa pequeña en un río, canal o acequia. ≃ Azuda, azut, zúa, zuda. **2** Rueda colocada en un curso de agua, que, movida por la misma corriente, saca el agua de ella. ≃ Aceña, azuda, azut, zúa, zuda. ⇒ *Noria.

azuda f. *Azud.*

azuela (del sup. lat. «asciŏla») f. *Utensilio de *carpintero que consta de una plancha de hierro de 10 ó 12 cm de anchura, con corte, inserta en un mango doblado; se emplea para *alisar.* ≃ Aja, zuela.

azufaifa (del ár. and. «azzufáyzafa», del gr. «zíziphon», a través del arameo) f. Fruta pequeña, de tamaño algo mayor que una aceituna, roja o pardusca, dulce, con la piel coriácea y la carne muy blanda. ≃ Azufeifa, guinja, guínjol, jínjol, yuyuba.

azufaifo *(Ziziphus jujuba)* m. Árbol ramnáceo tropical o subtropical, con las ramas con aguijones, que produce las azufaifas. ≃ Azofaifo, guinjo, guinjolero, jinjolero.

AZUFAIFO LOTO [o DE TÚNEZ] *(Ziziphus lotus).* Azufaifo silvestre, de fruto agrio. ≃ Loto.

azufeifa f. *Azufaifa.*

azufeifo m. *Azufaifo.*

azufrado m. Operación de azufrar.

azufrador m. Utensilio para azufrar las plantas.

azufrar tr. Espolvorear las ↘*plantas, particularmente las *vides, con azufre, para preservarlas de ciertas plagas.

azufre (del lat. «sulphur, -ŭris») m. Elemento, n.º atómico 16, de color amarillo, fácilmente electrizable por frotación, que arde con llama azul produciendo un humo de olor acre característico. Símb.: «S». ⇒ Otra raíz, «sulf-»: 'bisulfato, bisulfito, bisulfuro, hiposulfato, hiposulfito, protosulfuro, sulfamida, sulfato, sulfhídrico, sulfito, sulfurar, sulfúreo, sulfúrico, sulfuro, sulfuroso'. ➤ Acrebite, alcrebite, alcribite. ➤ Alguaquida, aluquete, auláquida, azufrón, luquete, *pajuela, pirita, sulfonete, vitriolo. ➤ Solfatara. ➤ Almarada, comporta. ➤ Vulcanizar.

AZUFRE VEGETAL. *Polvos de licopodio.*

A. VIVO. *Azufre nativo.*
V. «HÍGADO de azufre, PIEDRA azufre».

azufrera f. *Mina de azufre.

azufrón (de «azufre») m. *Cierto mineral piritoso pulverulento.*

azul (del ár. and. «lazawárd») adj. y n. m. Se aplica al *color como el del cielo o el mar, que es el quinto del espectro, entre el verde y el añil: 'Me gusta el [color] azul'. ⊙ adj. Se aplica a las cosas que lo tienen: 'Un vestido azul'. ⇒ Otra raíz, «cian-»: 'cianosis'. ➤ Acijado, azur, blao, cerúleo, garzo, pavonado, zafíreo, zafirino, zarco. ➤ Alquifol, añil, índico, índigo, indio, zafre.
AZUL CELESTE. Azul con mucha mezcla de blanco. ⇒ Garzo, zarco. ➤ Cerúleo.
A. CIELO. AZUL celeste.
A. [DE] COBALTO. Materia colorante muy usada en pintura, que resulta de calcinar una mezcla de alúmina y fosfato de cobalto.
A. MARINO [o, menos frec., DE MAR]. El oscuro, como el del traje de los marinos. ⇒ Pavonado.
A. DE METILENO. Sustancia industrial muy empleada para teñir algodón, al que se fija con tanino.
A. DE MONTAÑA. *Carbonato de *cobre natural.*
A. DE PRUSIA. Sustancia industrial de color azul usada para preparar pinturas.
A. DE SAJONIA. Materia colorante constituida por añil disuelto en ácido sulfúrico.
A. TURQUÍ. Añil, o sea azul oscuro, con mezcla de violeta, que es el sexto del espectro.
A. DE ULTRAMAR [o ULTRAMARINO]. Lapislázuli pulverizado, que se usa mucho como color en pintura.
V. «BANCO azul, CAPARROSA azul, LIBRO azul, MOSCA azul de la carne, poner de ORO y azul, PRÍNCIPE azul, SANGRE azul, VITRIOLO azul, ZORRO azul».

azulado, -a Participio de «azular». ⊙ adj. Con algo de color azul.

azulaque (del ár. and. «assuláqa», del gr. «syllogḗ») m. *Betún amasado con estopa y otras cosas, usado para tapar las juntas de los arcaduces en las cañerías.* ≃ Zulaque.

azular tr. Dar color azul a ↘algo.

azulear 1 intr. Mostrarse a la vista una cosa azul, particularmente a distancia. **2** Tener algo de azul.

azulejar tr. Revestir una ↘construcción con azulejos.

azulejería 1 f. Fabricación y aplicación de azulejos. **2** Fábrica de azulejos.

azulejero m. Fabricante de azulejos.

azulejo[1] (dim. de «azul») **1** *(Centaurea cyanus)* m. *Planta compuesta que crece silvestre en los sembrados, de flores muy recortadas, blancas o rosadas y, más generalmente, de un hermoso color azul. ≃ Aciano, ACIANO menor, CENTAURA azul. **2** **Abejaruco (ave coraciforme de vistoso colorido, *abundante en España).* **3** **Carraca (pájaro relativamente abundante en España, de plumaje de tonos azules).* **4** Pájaro americano cuyo macho tiene en verano color azul que se vuelve verdoso hacia la rabadilla, y las alas negras. **5** Se da este nombre, además, a multitud de pájaros que tienen el plumaje azul en todo o en parte.

azulejo[2] (del ár. and. «azzulláyǧa») m. Baldosín esmaltado, de cualquier color, decorado o no con dibujos. ⇒ Adefera, baldosín. ➤ Olambre [u olambrilla]. ➤ Alboaire, alicatado, alicer, alizar. ➤ *Alicatar, azulejar, chapar, chapear. ➤ Agramilar. ➤ Solador. ➤ Baldosa. *Cerámica. *Ladrillo.

azulenco, -a adj. *Azulado.*

azulete 1 m. Tono azulado dado a la ropa lavada. ⊙ *Antiguamente, se llamaba así particularmente el que se daba a las medias de seda blancas.* **2** Polvos de añil que se emplean para dar color azulado a la ropa blanca después de lavarla.

azulino, -a adj. *Azulado.*

azulón *(Anas platyrhynchos)* m. Especie de pato muy abundante en lagos y albuferas. ≃ ÁNADE real.

azulona f. *Paloma de las Antillas, que tiene la cabeza y el cuello azules, y el cuerpo morado.

azumar tr. *Dar en el ↘pelo alguna sustancia para abrillantarlo o *teñirlo.*

azúmbar (del ár. and. «assúnbar» o «assúnbal») **1** *(Damasonium stellatum)* m. *Planta alismatácea cuyo fruto tiene forma de estrella de seis puntas. **2** *Bálsamo de espicanardo.* **3** **Estoque (planta iridácea).* ≃ Damasonio.

azumbrado, -a (inf.) adj. **Borracho.*

azumbre (del ár. and. «aṯṯúmn», octava parte) amb., más frec. f. Medida de *capacidad, equivalente a poco más de 2 litros.

azur (del fr. «azur») m. HERÁLD. Azul. ⊙ Se usa también en la lengua literaria sin referencia a los escudos de armas.

azurita (de «azur») f. Malaquita azul: *mineral que es bicarbonato de *cobre.

azurronarse (de «zurrón») prnl. Quedarse la espiga de *trigo sin salir de la envoltura de hojas que la recubre al principio, por causa de la sequía. El sujeto puede ser también «trigo».

azurullonar (por lo menos, en Ar.) tr. y prnl. *Formar[se] *grumos o zurullones en una sustancia.*

azut (Ar.) m. *Azud.*

azutea (ant.) f. *Azotea.*

azutero (Ar.) m. *Hombre que cuida del azud.*

azuzador, -a (n. calif.) adj. y n. Se aplica al que es amigo de azuzar o enemistar a otros.

azuzar (de «a-[2]» y «¡sus!») tr. *Incitar a los ↘*perros para que acometan. ⊙ *Incitar uno contra otro a ↘animales o personas para que luchen entre sí o se enemisten. ⇒ Achuchar, aguiscar, aguizgar, atojar, encizañar, enguiscar, enviscar, escalibar, indisponer, instigar, zumbar. ➤ ¡Zuzo!

B

b 1 f. Segunda letra del alfabeto. Representa un fonema bilabial oclusivo sonoro, diferenciándose por este último rasgo de la «p», que es sorda. Después de pausa y detrás de «m» o «n» es oclusiva y, en los demás casos, fricativa. En final de sílaba y seguida de «s» u otra consonante, se debilita hasta el punto de desaparecer en muchos casos: es raro oír pronunciar «obscuro» u «obstruir», siendo lo corriente «oscuro» y «ostruir». Su nombre es «be». Letra griega correspondiente, «beta». **2** Mús. En la notación alfabética representa el «si bemol».

B Símbolo químico del boro.

Ba Símbolo químico del bario.

baba (del sup. lat. «baba») **1** (sing. o pl.) f. *Saliva que escurre de la boca. ⊙ Por extensión, cualquier secreción viscosa de animales o plantas y de otras cosas no orgánicas. Particularmente, la del caracol. ≃ Babaza. ⇒ Baboso. ➤ Babear. ➤ Babador, babera, *babero. ➤ *Saliva. **2** (P. Rico) *Palabrería o habla insustancial.*

Mala baba (inf.; «Tener»). Mala intención o mal genio.

Caérsele la baba a alguien (inf.). Quedarse embelesado, sentir mucha *admiración o *cariño por alguien o algo: 'Se le cae la baba viendo a su niño hacer monerías'. ⇒ *Babear.

babada (de «baba») **1** f. *Babilla (parte de la res).* **2** *Barro producido por el deshielo.* **3** (P. Rico) *Bobada, palabrería.* ≃ Baba.

babador m. **Babero: prenda que se les pone a los niños sujeta al cuello para que no se manchen por delante.*

babanca (de «baba»; Sal.) n. *Persona *boba.*

babatel (de «baba»; ant.) m. *Cualquier prenda o trozo de ropa que cuelga desaliñadamente desde el cuello, por delante.*

babaza 1 f. Baba de animales, plantas, etc. **2** Babosa (molusco).

babazorro, -a (¿del cat. «vasvassor» o «valvassor»?) **1** (Ar.) adj. y n. *Chico atrevido.* **2** (Ar.) *Se aplica a la persona tosca o rústica.* **3** (desp.) *Apelativo aplicado en algunos sitios a los naturales de Álava.*

babear 1 intr. Echar o segregar *baba. **2** (inf.) Mostrar excesiva admiración o deseo ante alguien o algo. ⇒ Babosear, *desear.

babel (del nombre de la torre de que se habla en la Biblia; con mayúsc. o minúsc.; n. calif.) amb. Lugar donde hay gran confusión o *desorden, o donde hablan muchos sin entenderse. ≃ Babilonia, torre de Babel.

babélico, -a 1 adj. *De la torre de Babel.* **2** *Confuso o enredado.*

babeo m. Acción de babear.

babera 1 f. *Pieza de la *armadura o el *casco que cubría la boca y barbilla.* ≃ Baberol, barbera, barbote, barbuta. **2** *Babero (prenda que se les pone a los niños sujeta al cuello).*

babero 1 m. Prenda que se les pone a los *niños por delante, sujeta al cuello, especialmente para que no se manchen mientras se les da de comer. ≃ Babador, babera, pechero, peto. **2** (pop.) Vestido fácilmente lavable que se les pone a los niños encima de otro para que éste no se ensucie. ≃ *Delantal.

baberol m. *Babera (pieza de la armadura).*

babi (¿de «babero» o del ingl. «baby», niño?) m. Batita o guardapolvo de niño.

Babia (territorio de las montañas de León; de este nombre se ha hecho derivar la frase «estar en Babia», pero también parece posible que, en ella, «babia» sea un derivado regresivo de «babieca»).

Estar en Babia. Estar distraído, atontado o ignorante de lo que pasa.

babiano, -a adj. y, aplicado a personas, también n. *De Babia, territorio de las montañas de León.*

babieca (de «baba»; n. calif.) adj. y n. *Bobo.

babilar m. **Eje sobre el que se mueve la canaleja en los molinos harineros.*

babilla 1 f. Dim. frec. de «baba». Se puede aplicar a cualquier líquido de aspecto viscoso segregado por una cosa. **2** En las reses grandes despedazadas para el consumo, parte correspondiente al muslo. ⇒ *Carne. **3** *Rótula de los animales.* ≃ Choquezuela. ⇒ Ababillarse.

babilón, -a adj. y n. Babilonio.

babilonia (de la torre de la ciudad de Asia así llamada; n. calif.) f. Babel (lugar de confusión y desorden).

V. «sauce de Babilonia».

babilónico, -a o **babilonio, -a** adj. y, aplicado a personas, también n. De Babilonia. ≃ Babilón.

babirusa (del malayo «babi», cerdo, y «rusa», ciervo, tal vez por sus colmillos semejantes a cuernos; *Babyrousa babyrussa)* m. Especie de *jabalí o *cerdo salvaje de Asia.

babismo (del ár. «bāb», puerta, en el sentido místico de «iniciación») m. *Doctrina fundada en Persia en el siglo* XIX *por Mirza Alí Mohamed, quien dio un sentido alegórico a los dogmas y ritos musulmanes, pretendiendo crear una sociedad fundada en la fraternidad universal y el feminismo.* ⇒ Bahaísmo, behaísmo.

bable (de or. expresivo) **1** m. Dialecto asturiano. **2** *Cualquier habla dialectal, sobre todo si está restringida a un área muy limitada.*

babor (del fr. «babord») m. *Lado izquierdo de un barco, mirando hacia la proa.

babosa 1 f. Cualquier *molusco gasterópodo terrestre sin concha. ≃ Babaza, limaco, limaza, lumiaco. **2** (Ar.) *Cebolleta.* **3** (Ar.) **Cebolla añeja destinada a plantar.*

babosear 1 tr. Ensuciar o mojar ↘algo o a alguien con baba. **2** (inf.) intr. *Obsequiar en exceso a una mujer.* ⇒ Babear.

baboseo m. Acción de babosear.

babosilla f. Variedad de babosa más pequeña que la ordinaria.

baboso, -a 1 adj. y, aplicado a personas, también n. Se aplica al que o a lo que tiene o echa baba. **2** (desp.) adj. y n. m. Se aplica al hombre excesivamente obsequioso con las mujeres. **3** Bobo, tonto. **4** (varias especies del género *Blennius,* como *Blennius pavo)* m. *Pez marino perciforme de pequeño tamaño, con cabeza prominente y gran aleta dorsal; vive en las charcas que quedan en la *costa durante la *marea baja y tienen la superficie del cuerpo mucosa y resbaladiza.

babucha (del fr. «babouche», del ár. «bābūš», y éste del persa «pāpuš», cubrepié) f. Zapatilla sin talón, de las que usan los musulmanes o parecida a ellas. ⇒ Chancleta. ➤ *Calzado.

A BABUCHA (Arg., Ur.). *A cuestas.*

babuino (del fr. «babouin»; *Papio cynocephalus, Papio anubis* y otras especies) m. *Mono africano de mandíbula prominente, pelaje gris o pardo, con unas llamativas callosidades rojas en las nalgas. ≃ Papión.

baby-sitter (ingl.; pronunc. [béibi síter]) n. Persona que cuida bebés o niños pequeños por horas en el domicilio de éstos. ≃ Canguro.

baca[1] (¿del fr. «bâche»?) **1** f. Espacio en la parte superior de las diligencias y autobuses donde se colocaban los equipajes y en que, a veces, había algunos asientos para viajeros. **2** Armazón instalada sobre el techo de los automóviles para llevar bultos. ⇒ Canasta, canastilla, parrilla, portaequipajes.

baca[2] (del lat. «bacca») f. **Fruto o baya del laurel.*

baca[3] f. *Eslabón de *cadena.*

bacada (de or. expresivo; ant.) f. *Batacazo.*

bacalada 1 f. Bacalao curado. **2** (P. Vasco) *Bacaladilla.*

bacaladero, -a 1 adj. Relativo al bacalao. **2** m. Barco que se dedica a la pesca del bacalao. **3** f. Aparato para estampar manualmente los datos de una tarjeta de crédito en un impreso.

bacaladilla o **bacaladito** *(Gadus poutassou)* f. o m. *Pez teleósteo marino, de color grisáceo y cola en forma de horquilla, muy utilizado como alimento.

bacalao[1] **1** *(Gadus morhua)* m. *Pez teleósteo marino de cuerpo cilíndrico, con una barbilla en la mandíbula inferior. Se come fresco y en salazón, y de su hígado se obtiene un aceite muy rico en vitaminas que se utiliza como reconstituyente. ⇒ Armador, bacaladero, capelán. ➤ Cocochа. ➤ Abadejo, bacalada, curadillo, estocafís, langa, pejepalo, pezpalo, truchuela. ➤ Barbada. ➤ SOLDADO de Pavía. **2** Carne de ese pez conservada salada y prensada.

BACALAO AL PIL-PIL. Guiso típico del País Vasco que se prepara con este pescado, aceite, guindillas y ajo.

CORTAR EL BACALAO (inf.). Ser una persona la que sobresale o se impone en un sitio o una actividad.

TE CONOZCO, BACALAO (inf.). Expresión con que se indica a alguien que se ha descubierto su verdadera forma de ser o sus intenciones.

bacalao[2] m. Variante ortográfica de «bakalao».

bacalar (Extr.) m. **Higo temprano.*

bacallar (del b. lat. «baccallarĭus»; ant.) m. *Villano u hombre rústico.* ⇒ *Campesino.

bacanal 1 f. Fiesta que se celebraba en la antigua Roma en honor de Baco. ≃ *Orgía. **2** Fiesta desenfrenada. ≃ *Orgía.

bacante 1 f. Sacerdotisa de Baco, dios romano del vino. ≃ Ménade. ⊙ Mujer que tomaba parte en las bacanales. ⇒ ¡Evohé! **2** *Mujer desenfrenada.*

bacará (del fr. «baccara») m. Bacarrá.

bácara f. **Amaro (planta labiada).* ≃ Bácaris.

bacaray (Arg., Ur.) m. *Vacaray.*

bácaris (del lat. «baccăris», del gr. «bákkaris») f. **Amaro (planta labiada).* ≃ Bácara.

bacarrá m. Cierto juego de baraja de origen italiano. ≃ Bacará.

bacelar (del gall. port. «bacelar») m. **Emparrado.* ≃ Bacillar.

bacera (de «bazo») f. VET. Enfermedad carbuncosa del ganado, acompañada de trastornos del bazo. ≃ Jaldía.

baceta (de «baza») f. Porción de la *baraja que queda sin repartir y de la que van cogiendo cartas los jugadores en el curso del juego.

bachata (Cuba, P. Rico) f. *Reunión de gente que se divierte.* ≃ *Juerga.

bachatear (Cuba, P. Rico) intr. *Divertirse, hacer bromas.*

bachatero, -a (Cuba, P. Rico) n. *Juerguista, bromista.*

bache[1] (¿de or. expresivo?) **1** m. *Hoyo o desigualdad en una *carretera o *camino, que hace dar sacudidas a los vehículos. ⇒ Torco. ⊙ *Charco formado en él. **2** Desigualdad de densidad en la atmósfera, que produce un descenso momentáneo del *avión. **3** Situación transitoria de decaimiento anímico, merma en la salud, recesión económica, etc.

bache[2] m. *Lugar en que se encierra el ganado lanar para que sude, antes de esquilarlo.* ≃ Sudadero.

bachear tr. Reparar los baches de una ↘calle, carretera, etc.

bacheo m. Operación de bachear.

bachicha 1 (Hispam.; desp.) n. *Italiano.* **2** (Méj.) f. *Colilla de un cigarrillo.* **3** (Méj.; pl.) *Residuos que quedan en los vasos después de beber en ellos.*

bachiche (Ec., Perú) n. *Bachicha (italiano).*

bachiller[1] (del fr. «bachelier», joven aspirante a caballero) **1** n. Antiguamente, persona que había obtenido el primer grado de los que se daban en las universidades. ⊙ *También, en los seminarios, para las facultades de teología y* *derecho canónico.* **2** Persona que ha cursado oficialmente el bachillerato. **3** (inf.) m. Bachillerato. ⇒ Bachillerar[se]. V. «GRADO [o TÍTULO] de bachiller».

bachiller[2], -a adj. y n. Se aplica a una persona, particularmente a una mujer, que habla mucho, con pretensiones de saberlo todo. ⇒ Leído, marisabidilla, redicho, resabido, sabidillo, sabido, sabihondo, sabiondo.

bachillerar tr. *Otorgar a ↘alguien el título de bachiller.* ⊙ prnl. *Obtener el título de bachiller.*

bachillerato m. Estudios oficiales de segunda enseñanza. ≃ Bachiller, ENSEÑANZA media, GRADO de bachiller, segunda ENSEÑANZA.

bachillerear (inf.) intr. *Hablar en exceso y con petulancia.*

bachillería (inf.) f. *Verborrea pretenciosa e impertinente.*

bacía (del lat. «bacchīa», taza) **1** f. **Vasija o *recipiente.* **2** *Recipiente de madera de forma rectangular, más ancho por el borde que por el fondo, usado para dar de comer a los cerdos y otros animales.* ≃ Artesa. **3** Recipiente que usaban los barberos para colocarlo debajo de la barbilla de la persona a quien estaban *afeitando. ⇒ Bacín, bacina, bacineta, bacinica, bacinilla. ➤ Gargantil. **4** (ant.) *Taza.*

báciga (del fr. «bésigue») f. Cierto juego de *baraja. ⇒ Catorce, cuatrinca. ⊙ Lance con que se gana en ese juego.

bacilar **1** adj. BOT. *En forma de bastón.* **2** BIOL. *Relacionado con los bacilos.* **3** MINERAL. *De estructura en fibras gruesas.*

bacilariofitas f. pl. BOT. **Algas silíceas.* ≃ Diatomeas.

bacillar (del lat. «bacillum», dim. de «bacŭlum», báculo) **1** m. **Emparrado.* ≃ Bacelar. **2** *Viña nueva.*

bacillo (del lat. «bacillum», dim. de «bacŭlum», báculo; León, Zam.) m. **Sarmiento: vástago de la vid.*

bacilo (del lat. «bacillum») m. *Bacteria de forma cilíndrica. ⇒ Bacilocoma, coco, colibacilo, comabacilo. ➤ Bacilar.

BACILO DE KOCH (*Mycobacterium tuberculosis*). Bacilo causante de la tuberculosis.

bacilocoma m. *Bacilo del cólera.* ≃ Comabacilo.

bacín (del cat. ant. «bacín») **1** (ant.) m. **Vasija o *recipiente.* ≃ Bacía. **2** (ant.) *Bacía de barbero.* **3** *Bacineta para pedir limosna.* **4** *Orinal alto cilíndrico para excrementos. ≃ Beque, cantos, dompedro, sillico, zambullo. **5** (n. calif.) *Persona despreciable.*

bacina (del lat. «baccīnum») **1** (ant.) f. **Vasija o *recipiente.* ≃ Bacía, bacín. **2** (ant.) **Bacía de barbero.* ≃ Bacín. **3** (Extr.) *Caja o cepillo en que recogen las *limosnas los que las recaudan.*

bacinada **1** f. **Excrementos depositados en un bacín.* **2** (n. calif.) *Acción despreciable.* ≃ Cochinada.

bacinador (ant.) m. *Bacinero.*

bacinero, -a n. *Recaudador de limosnas para el culto o atenciones piadosas.*

bacineta f. *Vasija pequeña, particularmente para recoger limosnas.*

bacinete (dim. de «bacín») **1** m. *Pieza de *armadura que cubría la cabeza.* **2** *Soldado que llevaba coraza y bacinete.* **3** ANAT. *Pelvis.*

bacinica o **bacinilla** f. *Bacineta.*

bacisco (de «bazo», pardo; sing. o pl.) m. MINER. *Mezcla de mineral y tierra de la mina, con que se hacen briquetas que entran en la carga de los hornos de *Almadén.*

backpack (ingl.; P. Rico) m. **Mochila (bolsa que se lleva a la espalda).*

back-up (ingl.; var. [backup]; pronunc. [bacáp]; pl. «backups») m. INFORM. Copia de un conjunto de datos o programas que se conserva como medida de seguridad.

bacon (del ingl. «bacon», del lat. medieval «baco» o «bacco»; pronunc. [béicon]) m. Panceta ahumada. ≃ Beicon.

baconiano, -a adj. Relativo a la filosofía y metodología del filósofo inglés Francis Bacon.

bacoreta (*Euthynnus alletteratus*) f. Pez de la familia de los escómbridos, parecido al atún, que vive en aguas cálidas.

bacteria (del gr. «baktēría», báculo) f. Microorganismo unicelular, sin núcleo y un único cromosoma formado por una cadena de ADN. Las bacterias intervienen en importantes procesos químicos, como la fermentación, y son causantes de numerosas enfermedades. ⇒ Micrófito. ➤ Actinomiceto, *bacilo, bacilocoma, coco, comabacilo, diplococo, espirilo, espiroqueta, micobacteria, vibrión. ➤ Cimógeno. ➤ *Fermento. ➤ Quitina. ➤ Espora. ➤ Cocobacteria. ➤ CEPA bacteriana. ➤ Bacteriano. ➤ Bacteriología, bacteriológico, bacteriólogo. ➤ Bactericida, bacteriostático. ➤ Bacteriemia.

BACTERIA CROMÓGENA. *Bacteria colorante o que produce materias que lo son.*

bacteriano, -a adj. De [las] bacterias.

bactericida adj. y n. m. Se aplica a la sustancia que mata las bacterias.

bacteriemia f. MED. *Presencia en la sangre de bacterias procedentes de una infección localizada, por ejemplo un absceso.*

bacteriófago m. BIOL. *Virus parásito de una bacteria que provoca su destrucción.*

bacteriología f. Rama de la microbiología que estudia las bacterias.

bacteriológico, -a adj. BIOL. Relativo a la bacteriología.

bacteriólogo, -a n. Biólogo especializado en bacteriología.

bacteriostático, -a adj. y n. m. FARM. Se aplica a las sustancias que detienen la actividad de las bacterias.

bactriano, -a adj. y, aplicado a personas, también n. *De Bactriana, región del Asia antigua.*

baculiforme (cient.) adj. *En forma de bastón.*

báculo (del lat. «bacŭlum») **1** (culto o lit.) m. *Bastón que se emplea para apoyarse. ⊙ Particularmente, «cayado», que constituye una insignia de los obispos y arzobispos. ⇒ Baguiliello, blago, cayado, cipión, croza. ➤ Baculiforme. ➤ *Apoyo. **2** (lit.) *Apoyo o *ayuda: 'Aquel muchacho fue el báculo de su vejez'. **3** ZOOL. Pequeño hueso que tienen algunos mamíferos dentro del pene.

bada (del port. «bada», del malayo «bādaq») f. *Rinoceronte.* ≃ Abada.

badajada **1** f. Cada golpe dado en la *campana por el badajo. **2** (inf.) *Tontería o *majadería.*

badajazo m. Golpe del badajo. ≃ Badajada.

badajear (de «badajo»; inf.) intr. *Hablar mucho y neciamente.*

badajo (del sup. lat. vulg. «batuacŭlum», de «battuĕre», batir) **1** m. Pieza colgante en el interior de las *campanas, esquilas, etc., que golpea en ellas para que suenen. ⇒ Espiga, mazo. ➤ Castigadera. **2** (n. calif.) *Cosa poco segura y que se mueve mucho.* **3** (inf. y desp.; n. calif.) *Persona charlatana y necia.*

badajocense adj. y, aplicado a personas, también n. De Badajoz, provincia española y capital de esta provincia. ≃ Badajoceño. ⇒ Pacense.

badajoceño, -a (pop.) adj. y n. Badajocense.

badal[1] (del b. lat. «badallum») **1** (ant.) m. **Bozal para las caballerías.* **2** *Acial (utensilio con que se oprime un labio o una oreja a las caballerías mientras se las *hierra).*

badal[2] (del ár. and. «báḍ'a», molla; Ar.) m. *Carne de la espalda de las reses, de cerca del cuello.*

badallar (del lat. vulg. «bataculāre»; Ar.) intr. *Bostezar.*

badalonés, -a adj. y, aplicado a personas, también n. De Badalona, ciudad de la provincia de Barcelona.

badán (del ár. and. «badán») m. *Tronco del *cuerpo de los animales.*

badana (del ár. and. «baṭána») **1** f. *Piel delgada de mala calidad, empleada especialmente para forrar objetos de otra piel. **2** Tira de éste u otro material que forra el borde inferior de la copa del sombrero para absorber el sudor. **3** (inf.; n. calif.; forma sing. o pl.) m. Persona vaga, sin voluntad ni personalidad: 'Su marido es un badana[s]'.

ZURRAR LA BADANA a alguien. **1** Golpearle, darle una *paliza. **2** Increparle.

badano m. *Formón ancho.* ⇒ *Escoplo.

badaza (de «bizaza»; ant.) f. *Especie de *mochila.*

badea (del ár. and. «baṭṭíḫa») **1** (n. calif.) f. **Melón o *sandía de mala calidad.* ⊙ **Calabaza insípida.* **2** (inf.; n. calif.) *Cosa sin sustancia.* **3** (inf.; n. calif.) *Persona *holgazana o de pocas fuerzas.*

badén (del sup. ár. and. «baṭín», cl. «baṭin», hundido) **1** m. *Cauce formado en un terreno por las aguas de lluvia. ⇒ Badina. ➤ *Barranco. **2** En una *carretera, lugar acondicionado para que pueda pasar por él el agua de una barrancada. ⊙ Por extensión, trozo de una carretera que forma una *depresión. ⊙ Depresión formada en una acera para que pasen los coches. ⇒ Vado. **3** Resalto que se coloca en una carretera para obligar a los conductores a reducir la velocidad. **4** (R. Dom.) **Acera de la calle.*

baderna (del occit. «baderno» o el fr. «baderne») f. MAR. *Cualquier *cabo trenzado de uno o dos metros de largo, de los que se emplean para atar diversas cosas.* ⇒ Abadernar.

badián (del persa «bādyāne», anís, a través del fr. o it.) m. *ANÍS estrellado (árbol).*

badiana (del persa «bādyāne», anís, a través del fr. o it.) **1** f. *ANÍS estrellado (árbol).* ≃ Badián. **2** (colectivo) ANÍS estrellado (condimento).

badil (del lat. «batillum») **1** m. Paleta de metal que se emplea para recoger la ceniza, la basura, etc. ≃ *Cogedor. **2** Badila de *brasero.

badila (de «badil») **1** f. Badil (paleta de metal). ≃ *Cogedor. **2** *Paleta formada por una plancha pequeña en forma de disco y un mango largo, para arreglar el fuego del *brasero.

DAR a alguien CON LA BADILA EN LOS NUDILLOS. *Escarmentarle, contrariarle en alguna pretensión cuyo logro daba jactanciosamente por seguro, o reprenderle por algo por lo que él esperaba alabanzas. ⇒ *Escaldar.

badilada o **badilazo** f. o m. Golpe dado con la badila.

DAR UNA BADILADA [O UN BADILAZO] EN LOS NUDILLOS. *Dar con la BADILA en los nudillos.*

badilejo (dim. de «badil») m. **Llana (utensilio de albañil).*

badina (del ár. and. «baṭín», hundido; Ar.) f. **Charco grande o *balsa.*

bádminton (ingl., del nombre de la localidad donde se practicó por primera vez) m. Deporte parecido al tenis que se practica en una cancha pequeña, con raquetas ligeras y un volante.

badomía (de «mahomía»; ant.) f. *Equivocación muy grande.* ≃ *Disparate.

badulacada f. *Majadería.*

badulaque (¿del sup. mozár. «berdolaca», del lat. «portulāca»?) **1** m. *Cierto afeite que usaban las mujeres.* **2** **Fritada de asadura de res.* ≃ Chanfaina. **3** (n. calif.) adj. y n. *Botarate o *majadero. **4** (Ec.) *Se aplica a la persona informal.*

badulaquear intr. *Hacer majaderías.*

baenero, -a adj. y, aplicado a personas, también n. *De Baena, población de la provincia de Córdoba.*

baezano, -a adj. y, aplicado a personas, también n. *De Baeza, población de la provincia de Jaén.* ≃ Bastetano, beaciense, betiense.

bafea f. **Basura, desperdicio o suciedad.*

bafear (de «bafo», voz onomatopéyica que imita la salida del vaho; Sal.) intr. *Echar vaho.* ≃ *Vahear.*

bafle (del ingl. «baffle») m. Plancha sobre la que se monta un altavoz para mejorar la calidad del sonido. ⊙ Por extensión, designa el altavoz y todo el dispositivo en que está contenido.

baga[1] (del occit. «baga», carga; Ar.) f. **Cuerda o soga con que se ata la *carga de las caballerías.*

baga[2] (del lat. «baca», fruto) f. **Cápsula que contiene las semillas del *lino.* ≃ Gárgola.

bagá (¿del taíno?; *Annona glaba*) m. Árbol anonáceo de Cuba, cuyo fruto come el ganado y de cuyas raíces se hacen corchos, por ejemplo para las redes de pescar.

bagacera f. *Sitio donde, en los ingenios de *azúcar, tienden a secar el bagazo para emplearlo después como combustible.*

bagaje (del fr. «bagage») **1** m. Conjunto de cosas, no solamente de uso personal, que acompañan a alguien que se traslada de un lugar a otro; particularmente, a un ejército en marcha. ≃ Impedimenta. ⇒ Impedimenta, tren. ➤ Bagajero, salvaguarda, vaguemaestre. ➤ *Equipaje. ➤ *Milicia. **2** *Animales o carros que proporcionaban los pueblos para conducir el equipaje militar, como obligación del municipio, pero mediante retribución.* **3** Preparación o conjunto de conocimientos generales con los que alguien cuenta: 'Bagaje cultural [o intelectual]'. ⇒ *Saber. **4** (Bol.; gralm. pl.) *Dieta por desplazamiento que percibe un empleado.*

bagajero m. *Hombre que conduce el bagaje militar.*

bagar intr. *Echar baga y semilla el lino.* ⇒ Desbagar.

bagarino (del ár. «baḥrī», marinero, a través del it.; ant.) m. *Remero libre asalariado, a diferencia del galeote o forzado.* ≃ Buenaboya.

bagasa (¿del occit. «bagassa»?) f. *Prostituta.*

bagatela (del it. «bagattella») **1** (no aplicable a comidas) f. Cosa o asunto sin importancia: 'No perdamos el tiempo en bagatelas'. ≃ *Chuchería, *insignificancia. **2** *Billar romano.*

bagazal m. *Terreno donde crecen bagaes.*

bagazo **1** m. *Cascarilla que queda después de sacar de la baga la simiente del lino. **2** *Restos que quedan después de *exprimir la aceituna, la uva, las naranjas y cosas semejantes. ⊙ Particularmente, los de la caña de azúcar. ⇒ Cibera, clazol, fraile. ➤ Hollejo. ➤ *Orujo.

bago[1] (Sal.) m. *Grano de uva.*

bago[2] (¿del lat. «vacŭus», vacío?; León) m. *Pago (división territorial).*

bagre (del cat. «bagre»; *Ictalurus punctatus, Rhamdia queleni* y otras especies) m. Nombre de varios *peces silúridos de América. ⇒ Surubí, zurubí. ➤ Mandí.

bagual, -a (del nombre de un cacique de los indios querandíes, famoso por su bravura en el empeño de sacar a su pueblo de la vida sedentaria y dedicarlo al merodeo) **1** (Arg., Bol., Ur.) m. *Potro o *caballo no domado.* **2** (Arg., Ur.) adj. *Aplicado a personas, *bruto, *grosero o *tosco.*

baguala (de «bagual»; Arg.) f. *Canción popular parecida a la vidalita, que se canta comúnmente en corro y con acompañamiento de tambor.*

bagualada f. *Manada de baguales.*

baguarí (de or. guaraní; Arg., Par., Ur.) m. **Jabirú (especie de cigüeña de la Argentina).*

baguette (fr.; pronunc. [baguét]) f. Barra de *pan muy larga y estrecha.

baguiliello (ant.) m. **Báculo o *bastón pequeño.*

baguio m. *Huracán en el archipiélago filipino.*

bagullo (de «baga[2]»; Sal.) m. *Hollejo de uva.*

¡bah! interj. Expresa incredulidad, desprecio o que no se da importancia a algo que se ve u oye. ⊙ Puede indicar conformidad: '¡Bah! Qué le vamos a hacer'.

bahaísmo (del ár. «bahā'n llāh», nombre del fundador) m. *Religión surgida del babismo que propugna la creación de una religión y una sociedad universal.* ≃ Behaísmo.

bahamés, -a adj. y, aplicado a personas, también n. De Bahamas, archipiélago de América Central.

bahareque (Hispam.) m. *Bajareque (muro).*

baharí (del ár. and. «baḥrí») m. Ave rapaz diurna de color gris azulado por encima y rojo oscuro con manchas por abajo, propia de Asia y África, que alguna vez se ve en España. ≃ Tagarote.

bahía (¿del vasc.?) f. Entrante natural en la costa, que puede servir de abrigo a las embarcaciones. ≃ *Ensenada, rada, seno.

bahorrina (de or. expresivo) **1** f. *Suciedad revuelta con agua.* ⊙ *Cualquier clase de suciedad.* ⇒ *Aguachirle. **2** *Chusma.*

bahúno, -a (de or. expresivo) adj. *Vil o soez.*

bahurrero (Ar.) m. *Cazador de aves con lazos y redes.*

baída adj. y n. f. V. BÓVEDA baída.

baifo, -a (Can.) n. *Cabrito (cría de la cabra).*

baila[1] (del lat. «lupărĭa») f. *Raño (pez).*

baila[2] (ant.) f. *Baile (acción de bailar, etc.).*

bailable **1** adj. y n. m. Se aplica a la música apta para bailar. **2** m. *Baile incluido en ciertos espectáculos, especialmente en obras de teatro y óperas.*

bailadero, -a **1** (ant.) adj. *Bailable.* **2** m. *Lugar destinado a bailes públicos.*

bailador, -a (gralm. con «muy, poco, etc.») adj. Más o menos aficionado a bailar.

bailanta (Arg.) f. *Fiesta popular con baile.* ⊙ (Arg.) *Lugar donde se celebra.*

bailante **1** adj. *Aplicable al que o a lo que baila.* **2** n. *Bailarín.*

bailaor, -a (de «bailador, -a», por elisión de la «d» intervocálica) n. Bailarín de flamenco.

bailar (¿del occit. «balar», con influencia del sup. ant. «bailar», del lat. «baiulāre», mecer?) **1** tr. o abs. Mover el cuerpo y los miembros con ritmo, generalmente siguiendo el compás de una música. ≃ *Danzar. ⇒ Bailable. ➤ Bailador, bailante, bailaor, bailarín, bailista, bailón. ➤ Bailinista. ➤ Bailotear, mover [o menear] el ESQUELETO, panderetear. ➤ Bailadero, baile, bailete, bailongo. **2** intr. EQUIT. *Agitarse nerviosamente el caballo.* **3** Girar rápidamente ciertas cosas, por ejemplo una peonza. ⊙ tr. Hacerlas girar. **4** intr. *Moverse u *oscilar una cosa en el sitio donde está, por no estar suficientemente ajustada o sujeta, o por moverse el lugar en que se encuentra o de donde está suspendida: 'Bailar un diente. Si pisan fuerte arriba, baila la lámpara'. **5** tr. y prnl. Cambiar[se] de sitio las cifras de un número o las letras de una palabra. ⊙ intr. Confundirse dos fechas, números, etc., distintos: 'Me bailan los números'.

V. «bailar el AGUA, bailar de CORONILLA, bailar en la CUERDA floja, bailarle a alguien los OJOS, OTRO que tal baila».

¡QUE ME QUITEN LO BAILADO! (inf.). Expresión con que se manifiesta que los reveses no pueden invalidar lo ya disfrutado.

V. «SACAR a bailar, bailar alguien al SON que le tocan, TOCARLE a uno bailar con la más fea».

□ CONJUG. La «i» de la raíz siempre es átona y se combina formando diptongo con la vocal precedente: 'bailo, bailas, baila'.

bailarín, -a **1** adj. y n. Persona que baila. **2** n. Persona que se dedica profesionalmente a bailar.

V. «PEUCO bailarín».

baile[1] **1** m. Acción de bailar. ≃ Danza. ⊙ Cada una de las formas de bailar adaptadas a un género de *música. ⇒ Danza. **2** («Haber; Celebrar; Dar, Ofrecer») Fiesta o reunión en que se baila. **3** *Espectáculo teatral en que se representa una acción mediante la mímica y la danza.* **4** Sucesión de cambios en una organización u orden establecido: 'Baile de fronteras'. **5** Alteración en el orden o colocación de ciertas cosas: 'Baile de cifras [o letras]'.

BAILE DE BOTÓN GORDO. *BAILE de candil.*

B. DE CANDIL. Fiesta de gente ordinaria. ≃ BAILE de botón gordo, BAILE de cascabel gordo.

B. DE CASCABEL GORDO. *BAILE de candil.*

B. DE CUENTA. *BAILE de figuras.*

B. DE DISFRACES. Baile en el que los asistentes van disfrazados. ≃ BAILE de máscaras.

B. DE ETIQUETA. Aquel al que se asiste con traje de etiqueta.

B. DE FIGURAS. Baile de sociedad en que se hacen figuras o combinaciones diversas con las respectivas posiciones de los bailarines.

B. DE MÁSCARAS. Baile de disfraces.

B. DE PIÑATA. El de máscaras, que se celebra el primer domingo de cuaresma y en el que suele romperse una piñata.

B. REGIONAL. Baile popular de los que se conservan tradicionalmente en las distintas regiones.

B. DE SALÓN. **1** Baile de sociedad. **2** Cualquier modalidad de baile de pareja, de estilo clásico, propia de fiestas de sociedad; por ejemplo, el vals.

B. DE SAN VITO. *Enfermedad nerviosa que provoca en el que la padece movimientos convulsivos. ≃ Corea [menor].

B. DE SOCIEDAD. **1** Fiesta de sociedad en que los asistentes bailan. **2** Baile en locales públicos en que se paga por entrar.

baile[2] (del occit. «baile», del lat. «baiŭlus», mozo de cuerda) **1** m. *Antiguamente, en Aragón, juez de ciertos pueblos de señorío.* **2** *En Andorra, juez de categoría inferior a la* *del veguer, que falla en primera instancia.* ⇒ Bailía, bailiazgo.

BAILE GENERAL. *Antiguamente, encargado superior del real patrimonio.* ⇒ *Rey.

bailete m. *Baile de corta duración que se intercalaba a veces en las representaciones teatrales.*

bailía 1 f. *Cargo y jurisdicción de baile.* **2** *Territorio de una encomienda de las *órdenes militares.*

bailiaje (de «bailía») m. *Dignidad que obtenían algunos caballeros de la orden de San Juan, por su antigüedad o por concesión del gran maestre.*

bailiazgo m. *Bailía.*

bailinista (ant.) m. *Hombre que componía letras para bailes.*

bailío m. *Caballero de la orden de San Juan que tenía bailiaje.*

bailista n. *Bailarín.*

bailón, -a (inf.) adj. y n. Se aplica a la persona a la que le gusta bailar, o lo hace muy bien.

bailongo (inf.) m. Baile popular, de ambiente informal y alegre.

bailotear intr. Bailar de cualquier manera, con poca atención.

bailoteo m. Acción de bailotear. ⊙ Movimiento desordenado de cosas.

baivel (del fr. ant. «baivel») m. *Especie de escuadra con uno de los lados curvo, usada por los *canteros.*

baja (de «bajar») **1** f. Descenso o *disminución de una cosa. ≃ Bajada. ⊙ Disminución de precio: 'Continúa la baja de los valores en la bolsa'. **2** («Haber, Ocurrir una [dos, tres, etc.]; Causar, Producir») Hecho de quedar o existir una *vacante en un cuerpo. ⊙ («Dar[se] de, Ser») Hecho de dejar de pertenecer a un cuerpo, organización, etc. **3** («Dar[se] de») Cese en una actividad o situación por la que se tributa, siguiendo las formalidades establecidas. ⊙ Formalidad legal con la que se realiza. ⊙ Documento en que consta. **4** («Dar de, Dar la») Cese que la Seguridad Social concede a un trabajador en caso de accidente o enfermedad. ⊙ Documento que lo acredita. **5** MIL. Muerte o inutilización de un hombre, pérdida de un vehículo o aparato, etc., producidas en la lucha: 'La escuadrilla regresó sin bajas'. **6** (ant.) **Bajo marino; particularmente, de arena.* **7** *Alemanda (baile antiguo).*

CAUSAR BAJA. Producir una vacante en el cuerpo a que se pertenece por muerte, cesantía, etc.

DAR DE BAJA. *Expulsar, *eliminar o *suprimir a alguien de un cuerpo o asociación. ⊙ Excluir algo o a alguien de una obligación. ≃ Borrar. ⇒ Rebajar.

DARSE DE BAJA. **1** Cumplir las formalidades necesarias para cesar oficialmente en una actividad por la que se tributa. **2** Dejar de pertenecer voluntariamente a un cuerpo, asociación, etc. ⇒ Borrarse, salirse.

ESTAR [O IR] DE [O EN] BAJA una cosa. Estar perdiendo valor o ir teniendo menor estimación.

JUGAR A LA BAJA. Especular en la bolsa contando con la baja de los valores. ⇒ Jugar al ALZA.

SER BAJA. Haber dejado de pertenecer a un cuerpo: 'Es baja en el ejército desde hace un año'.

bajá (del ár. «bāšā», de or. turco) m. Funcionario turco que ostentaba algún mando superior, como el de virrey o gobernador de un territorio. Posteriormente se convirtió en cargo honorífico en varios países islámicos. ⇒ Bey, pachá.

bajacaliforniano, -a adj. y, aplicado a personas, también n. De Baja California, estado de Méjico.

bajada 1 f. Acción de bajar. ≃ Descenso. **2** *Camino, *calle o sitio por donde se baja. ⊙ Cuesta o pendiente considerada hacia abajo: 'El terreno hace una bajada hacia el río'. **3** Cañería por donde baja el agua de los tejados. ⇒ Bajante.

BAJADA DE BANDERA. Puesta en marcha del taxímetro. ⊙ Tarifa fija que marca el taxímetro al iniciarse cualquier recorrido.

B. AL FOSO FORT. *Excavación realizada por el sitiador de una fortaleza, que, cortando la contraescarpa, desemboca frente a una brecha abierta en la escarpa.*

DE BAJADA. *Disminuyendo o *moderándose.

bajado, -a Participio adjetivo de «bajar[se]».

V. «como bajado del CIELO».

bajalato m. Cargo o título de bajá. ⊙ Territorio o distrito bajo la jurisdicción de un bajá.

bajamar f. *Marea baja.

bajamente adv. Con bajeza.

bajamiento m. *Acción de bajar.*

bajante 1 amb. Tubería de desagüe de un edificio. **2** (Ar.) m. *Ladera de una montaña.* **3** (Hispam.) f. *Descenso de nivel de las aguas.*

bajar 1 («a, de, hacia, por») intr. y prnl. Ir, en sentido material o inmaterial, de un sitio o posición a otros más *bajos: 'He bajado a la calle hace un momento. Se ha bajado a jugar con el vecino. Bájate de la escalera'. Puede llevar como complemento con «de» la cualidad o circunstancia en que se produce la bajada: 'Hemos bajado de categoría'. ≃ Descender. ⊙ Apearse: 'Yo me bajo en la próxima'. ⊙ intr. Tratándose de una corriente de agua, puede construirse con un predicativo: 'El río baja muy crecido. La acequia baja turbia'. ⊙ tr. Puede tener un complemento directo referido al lugar por donde se baja: 'Baja las escaleras de tres en tres'. ⇒ *Bajo. ⊙ prnl. Inclinarse: 'Se bajó a atarse el zapato'. ≃ *Agacharse. **2** intr. Ir haciéndose una cosa más pequeña o escasa, por ejemplo por gastarse: 'Las provisiones [o los accidentes] van bajando'. ≃ Decrecer, descender, disminuir, menguar. ⇒ Bajón. ⊙ Disminuir la fuerza, intensidad, violencia, etc., de una cosa: 'La temperatura baja mucho al atardecer. Se nota cómo baja la luz al enchufar el aparato'. ⊙ Disminuir el *precio de una cosa: 'Ha bajado el [precio del] trigo'. **3** *Colgar una cosa en cierta forma que se expresa: 'La cortina baja en pliegues'. ≃ Caer, descender. **4** tr. Poner una ↘cosa baja o más baja de lo que estaba, o llevar una ↘cosa de un sitio a otro más bajo: 'Bajar las compuertas. Hay que bajar un poco el cuadro'. **5** Hacer bajar la ↘fuerza, intensidad, etc., de una cosa: 'Estas pastillas le bajarán la fiebre. Bajar la voz'. **6** (ant.) *Pasar una ↘orden dictada a la autoridad que ha de hacerla cumplir, un ↘expediente despachado a la autoridad que ha de hacer cumplir la resolución dictada, etc.*

V. «bajar la CABEZA, bajar el GALLO, bajar los HUMOS, bajar al SEPULCRO, bajar el TELÓN, bajar el TONO».

bajareque (de or. caribe) **1** (Cuba) m. **Casa miserable o ruinosa.* ≃ Bohío. **2** (Hispam.) **Muro hecho de cañas y palos con barro.* ≃ Bahareque. **3** (Pan.) *Llovizna que cae en las partes altas de la montaña.*

bajativo 1 (Hispam.) m. *Copa de licor que se toma después de las comidas.* **2** (Bol., Chi., Ur.) **Infusión (bebida).*

bajear 1 (Bol.) tr. *Acompañar con notas graves o bajas.* **2** (Ec.) *En los juegos de naipes, jugar por sistema las cartas bajas.*

bajel (del cat. «vaixell»; lit.) m. *Barco. ⇒ Bajelero.

SENTENCIAR A BAJELES. *Castigar a galeras.*

bajelero m. Dueño, patrón o fletador de un bajel.

bajeo (Bol.) m. *Acompañamiento con notas bajas.*

bajera 1 (ant.) f. **Pendiente considerada hacia abajo.* ≃ Bajada. **2** (Hispam.) *Hoja de la parte inferior de la planta del tabaco.* **3** (Arg., Ur.) *Sudadero de la cabalgadura.*

bajero, -a adj. Usado debajo de otra cosa del mismo género: 'Falda [o sábana] bajera'.

bajete (dim. de «bajo») **1** m. MÚS. **Barítono.* **2** MÚS. *Tema escrito en clave de bajo que se da a los alumnos de armonía para que escriban en él los acordes y las modulaciones.*

bajez (ant.) f. *Bajeza.*

bajeza 1 f. *Humildad*: 'Por su bajeza de nacimiento'. **2** Cualidad de bajo (vil o despreciable): 'Bajeza de sentimientos'. **3** Acción con que alguien se humilla: 'Le adula y comete toda clase de bajezas'.

bajial (de «bajío»; Perú) m. *Lugar bajo de la *costa que se inunda en el invierno.* ⇒ *Laguna.

bajillo (del lat. «vascellum», vaso; Ar.) m. **Tonel en que se guarda el vino en las bodegas.*

bajini, bajinis o **bajine** POR LO BAJINI [BAJINIS O BAJINE] (inf.) En voz baja o disimuladamente.

bajío (de «bajo») **1** m. Bajo en el mar; particularmente, banco de arena. **2** (Hispam.) **Terreno bajo.* **3** (ant.) *Bajón (disminución brusca).*

bajista 1 adj. Se aplica en el juego de bolsa a lo relacionado con la baja de valores: 'Tendencia bajista'. **2** n. Persona que juega a la baja en la bolsa. **3** Músico que toca el bajo.

bajo, -a (del lat. «bassus») **1** («Estar») adj. Se aplica a las cosas que están situadas a poca distancia del suelo: 'Nubes bajas'. **2** («Ser») Se aplica a las cosas que llegan a poca distancia desde el suelo: 'Una casa [o una persona] baja'. **3** Situado a poca altura sobre el nivel del mar: 'Tierras bajas. Una meseta baja'. ⊙ Se aplica, por oposición a «alto», a la parte de una cuenca, un país, etc., situada a menos altura sobre el nivel del mar que el resto o que otra parte: 'Baja Sajonia'. **4** En algunos casos, hondo: 'El agua del pozo está muy baja'. ⊙ m. *Lugar hondo.* **5** adj. TAUROM. Se aplica al puyazo o la estocada que hiere al *toro por debajo de las agujas. **6** m. En un edificio, *piso que está al nivel de la calle. **7** MAR. En aguas navegables, lugar de poco fondo en donde pueden encallar los barcos. ≃ Bajío, banco. ⇒ Arricete, baja, bajial, bajío, banco, caico, laja, médano, mégano, restinga [o restringa], seca, secadal, secano, sirte. ➤ Veril. ➤ Vadoso. **8** (sing. o pl.) *Borde o dobladillo inferior de una prenda de vestir: 'Se me ha descosido el bajo de la falda. Están desgastados los bajos del pantalón [o de la capa]'. ⊙ (pl.) Parte inferior de la ropa interior de las mujeres que, a veces, se ve asomar, por ejemplo al recogerse la falda. **9** (pl.) **Cascos de las caballerías.* **10** (pl.) Extremidades de las caballerías. **11** (pl.) Parte inferior de algunas cosas; particularmente, la parte inferior externa de un coche. **12** adj. No levantado: 'Con las cortinillas bajas'. ≃ Bajado. **13** Aplicado a «precio», generalmente precediendo a esta palabra, poco: 'Comprar a bajo precio'. **14** Inclinado o dirigido hacia abajo: 'Con la cabeza baja. Con los ojos bajos'. **15** Refiriéndose a la clase social de las personas y a las personas por ella, humilde. ⊙ En el caso de «cámara baja», equivale a popular. **16** Aplicado a personas y a su comportamiento, acciones, etc., *mezquino, *soez, *vil, o despreciable en cualquier aspecto. ⊙ Se aplica a algunas cosas a las que se concede menos valor o categoría que a otras del mismo nombre. **17** Aplicado a una magnitud física, de poca intensidad: 'Baja presión. Baja frecuencia'. **18** Aplicado a colores, particularmente al de la cara, poco vivo. **19** Aplicado al oro o la plata, o a su ley, con mucha mezcla de otros metales: 'Oro bajo. Oro de baja ley'. **20** Aplicado a sonidos, grave. ⇒ Ronco. ⊙ También, poco fuerte, que llega a poca distancia: 'Hablar en voz baja'. ⇒ Bajito, al oído, quedo. ⊙ adv. Referido a sonidos, con poca fuerza: 'Hablar bajo'. **21** m. Cantante o persona que posee la más grave de las *voces humanas: 'Voz de bajo'. **22** MÚS. Instrumento musical que produce los sonidos más graves dentro de los de su clase. ⊙ Instrumento musical similar a la guitarra eléctrica, pero de sonido más grave. ⊙ Persona que toca este instrumento. **23** MÚS. Parte de la armonía de una composición musical que contiene los sonidos más graves. ⊙ MÚS. *Nota que sirve de base a un acorde.* **24** («Caer») adj. Se aplica a una fiesta movible cuando cae más pronto que de costumbre. **25** Se aplica a la última etapa de un periodo histórico: 'La baja Edad Media'. **26** prep. Equivale a «debajo de». ⊙ Con nombres que se refieren a personas o entidades con poder o autoridad equivale a «bajo el mando de», «sometido a» o «en el tiempo de»: 'España bajo los Austrias'. ⊙ A veces se emplea en la expresión «bajo el punto de vista» por «desde el punto de vista». ⊙ Con palabras o expresiones que dan idea de condicionamiento, equivale a «sometido a»: 'Bajo juramento [o presiones]'.

BAJO CANTANTE. MÚS. Barítono de *voz tan robusta como la del bajo.

B. CIFRADO. MÚS. *Bajo de una composición musical sobre cuyas notas se escriben signos y números que indican la armonización.*

B. CONTINUO. MÚS. Acompañamiento musical sin pausas.

B. PROFUNDO. MÚS. Bajo con la *voz más grave dentro de las de su clase.

V. «CAER muy bajo, CÁMARA baja, bajo CAPA de, CARMÍN bajo, bajo CUERDA, bajo la ÉGIDA de, bajo ESPECIE de, de baja ESTOFA, GENTE baja, bajo LATÍN, bajo LLAVE, bajo MANO, MONTE bajo, ORO bajo, bajo la PALABRA de, bajo PALIO, bajo PENA de, PISO bajo, PLANTA baja, PLATA baja, bajo el PODER».

POR LO BAJO. **1** En voz baja. ⊙ En secreto. **2** En el cálculo de cantidades, expresa una cantidad mínima dentro de lo probable: 'A la manifestación asistirían, calculando por lo bajo, unas cinco mil personas'.

V. «bajo PRECIO, bajo la PROTECCIÓN de, de baja RALEA, bajo RELIEVE, bajo TECHADO, bajo VIENTRE».

☐ CATÁLOGO

Achaparrado, apaisado, arranado, baso, humilde. ➤ Inferior. ➤ A PIE llano. ➤ Arrancapinos, arrapiezo, bamboche, batato, cachigordete, cachigordo, calcillas, cambuto, catimbao, chingo, codujo, enano, escarabajo, escomendrijo, figurilla, gigantilla, gorgojo, liliputiense, menino, pastel, *pequeño, personilla, petizo [o petiso], pigmeo, *rechoncho, recoquín, redoblado, redrojo, regojo, regordete, renacuajo, repolludo, retaco, sacabuche, semihombre, tachuela, tapón, títere, tozo, zancajo, zanquilla[s], zoquete. ➤ Abajar, abatir, apear[se], aplastar[se], arranarse, arriar, aterrar, bajar, batir, descabalgar, descolgar[se], desguindar, desmochar, desmontar[se], echar PIE a tierra, rendir. ➤ Cuartear, zigzaguear. ➤ Salto. ➤ Altibajo, bajamar, bajotraer, cabizbajo, contrabajo, debajo, rebajar. ➤ *Caer. *Dimensión. *Profundidad. *Tirar.

bajoca (del cat. «bajoca») **1** f. En muchas regiones de España, judía verde. **2** (Mur.) *Gusano de *seda muerto por enfermedad, que queda de aspecto semejante a una vaina de judía.*

bajocar (Mur.) m. *Campo de bajocas.*

bajón 1 («Dar, Pegar, Sufrir, Tener un») m. Disminución brusca y de considerable importancia de la altura, la intensidad, el precio, etc., de una cosa: 'Los valores han dado un bajón'. ⊙ («Dar, Pegar, Sufrir, Tener un») Referido a personas, se entiende de salud o de energías: 'Su madre ha dado un bajón después de la muerte del hijo mayor'. **2** *Instrumento musical de viento, muy parecido al fagot.* ⇒ Cántaro, piporro. **3** *Músico que toca el bajón.* ≃ Bajonista. **4** *Bajo (voz).*

bajonado (¿de or. taíno?; *Pagellus calamus, Calamus bajonado* y otras especies) m. *Pez de los mares de Cuba, semejante a la dorada.

bajonazo **1** m. Aum. de «bajón» (disminución). **2** TAUROM. Estocada en el cuello del toro, que penetra en el pecho y atraviesa los pulmones. ≃ Golletazo.

bajoncillo m. *Instrumento musical parecido al bajón pero más pequeño y de tono más agudo que, en algún tiempo, construido en tres medidas distintas, formaba cuarteto con el bajón.*

bajonista n. *Músico que toca el bajón.*

bajorrelieve m. Escultura hecha sobre una superficie en que la parte tallada es menos de la mitad del bulto de la figura. ≃ Bajo RELIEVE. ⇒ Relieve.

bajotraer (de «bajo» y «traer»; ant.) m. *Abatimiento, humillación o envilecimiento.*

bajuno, -a (de or. expresivo) adj. *Vil o *servil. ≃ Bajo.

bajura f. *Cualidad o situación de bajo.* ⊙ **Dimensión vertical hacia abajo.*

V. «PESCA de bajura».

bakalao **1** m. Música propia para el baile en discotecas, muy repetitiva y de carácter agresivo. **2** Baile al ritmo de esta música.

bakelita f. Variante ortográfica de «baquelita».

bala **1** f. Proyectil macizo de arma de fuego. ⇒ Ángel, balín, bidón, bodoque, bolaño, dumdum, naranja, palanqueta, pelota, posta. ➤ Munición, plomo. ➤ Balística, balístico, -a. ➤ Calibre, vitola. ➤ Balazo, chasponazo, impacto, tiro. ➤ Balear, rebumbar, zumbar. ➤ Turquesa. ➤ Sacapelotas. ➤ Embalar. ➤ Pasabalas, sacabalas. ➤ *Proyectil. **2** Bulto comprimido y atado de una mercancía; por ejemplo, de algodón. ≃ Fardo, paca. ⇒ Desembalar, embalar. **3** AGRÁF. *Conjunto de diez resmas de papel.* **4** AGRÁF. *Almohadilla con que se impregnan de tinta las galeradas.* **5** *Pelotilla hueca de cera, llena de agua perfumada, que era costumbre lanzarse en carnaval.* **6** **Confite redondo sólo de azúcar.*

BALA PERDIDA. **1** La que hiere o va a dar en un sitio sin haber sido dirigida a él. **2** BALA rasa.

B. RASA. **1** Se llamaba así a la sólida y esférica. **2** *Calavera o *libertino. ≃ Balarrasa.

COMO UNA BALA. Muy veloz.

TIRAR CON BALA. Decir algo con muy mala intención.

balaca (Hispam.) f. *Fanfarronada.*

balacera (Hispam.) f. *Tiroteo.*

balada (del occit. «balada», baile) **1** f. Composición *poética sentimental en que se relatan sucesos legendarios o románticos. **2** Composición musical de ritmo lento y carácter romántico. **3** *Balata (letra del canto con que se acompaña algún baile).*

baladí (del ár. and. «baladí») adj. *Fútil o *superficial; de poco valor, de poco interés o importancia: 'Un obsequio baladí. Un asunto [o una conversación] baladí'. ⊙ Se emplea con frecuencia en frases negativas: 'No es cuestión baladí la que has mencionado'.

V. «CLAVO baladí».

baladrar (del sup. lat. «balatrāre») intr. **Gritar.*

baladre (del cat. «baladre») m. **Adelfa (planta apocinácea).*

baladrear (de «baladro»; ant.) intr. *Baladronear.*

baladro m. **Grito o alarido.*

baladrón, -a (del lat. «balătro, -ōnis»; muy poco frec. en f.) adj. *Bravucón o *fanfarrón.

baladronada f. *Bravata o *fanfarronada; acción o dicho con que alguien quiere mostrar el valor o poder que no tiene.

baladronear intr. Decir o hacer baladronadas.

balagar (Ast.) m. *Montón grande de bálago que se guarda para pienso.*

bálago (¿de or. celta?) **1** m. *Paja larga de los cereales después de quitada la espiga. ⇒ Balagar, balaguero. **2** *Espuma del jabón.*

balagre (¿de «baladre»?; Hond.) m. **Bejuco algo grueso y espinoso que se emplea para hacer nasas.*

balaguero m. *Montón de bálago que se hace en la era cuando se limpia el grano.*

balaica f. *Balalaica.*

balaj o **balaje** (del ár. «balaẖš», de «balaẖšī», de «Badẖšān», región de Asia Central de donde proceden estas piedras) m. *Rubí de color morado.

balalaica (del ruso «balalaika») f. Instrumento *musical ruso semejante a la guitarra, pero de caja triangular. ≃ Balaica.

balamido (de «balar»; Mur.) m. *Ruido continuado y confuso que se percibe lejano; por ejemplo, el de los balidos de un rebaño.*

bálamo (¿relac. con «bálago?; Cantb., P. Vasco) m. *Banco de pesca.*

balance **1** m. *Balanceo.* ⊙ *Cierto *movimiento de danza.* ⊙ MAR. *Movimiento del barco que se levanta alternativamente de babor y estribor.* ⊙ ESGR. *Movimiento en que el cuerpo se balancea hacia delante y hacia atrás sin mover los pies.* **2** (ant.) *Vacilación o *inseguridad.* **3** Operación mercantil para determinar el estado de un negocio. ≃ Avance, avanzo. ⊙ Documento en que queda reflejado el resultado de esa operación. **4** Resultado o valoración general de un proceso, una acción, una situación, etc.: 'El balance de la negociación puede considerarse positivo'.

V. «VENTA postbalance».

balanceador, -a adj. *Aplicable a lo que se balancea; por ejemplo, un barco.*

balanceante adj. *Que se balancea.*

balancear (del ant. «balanzar», de «balanza») **1** prnl. y, no frec., intr. Moverse un cuerpo inclinándose de un lado a otro. **2** intr. **Vacilar:* 'Balancear en la duda'. **3** tr. y prnl. Mover[se] una ↘cosa colgante u oscilante de un lado a otro: 'Balancear la cuna [al niño en la cuna, el columpio, al niño en el columpio]. Las ramas se balancean con el viento'. **4** tr. Poner en equilibrio una ↘balanza o una cosa que se sostiene con dificultad. ≃ *Equilibrar. **5** (Hispam.) *Equilibrar las ruedas de un automóvil.*

□ CATÁLOGO

Acunar, anear, arrollar, bambalear[se], bambanear[se], bambolear[se], bambonear[se], bandearse, bascular, blandir, brizar, cabecear, columpiar[se], cunar, cunear[se], hamaquear, hornaguear[se], jinglar, mecer[se], ondearse, remecer, tabalear[se], *temblar, traquear, traquetear, trastabillar, tremolar, vaivenear, zarandar [o zarandear]. ➤ Anadear, campaneo, cantonearse, cernerse, cernidillo, columpiarse, *contonearse, cerner el CUERPO, cunearse, nalguearse, nanear, zarandearse. ➤ Libración. ➤ Columpio, cuna, hamaca, mecedor, mecedora, péndulo, peneque, perpendículo.

➤ Abalanzarse, contrabalancear. ➤ *Agitar. *Andar. *Mover[se]. *Oscilar. *Vacilar. *Vaivén. *Vibrar.

balanceo m. Acción de balancear[se].

balancero m. *Balanzario.*

balancín (dim. de «balanza») **1** m. Pieza destinada a regular el movimiento, que forma parte de distintos mecanismos y que consiste en una barra o varilla móvil alrededor de un eje. **2** Barra de que se sirven los *acróbatas para sostenerse mejor sobre la cuerda. ≃ Contrapeso, chorizo, tiento. **3** Artefacto de diversión infantil que consiste en un madero o barra apoyados por su centro sobre un pie, de modo que puede balancearse y hacer que los niños sentados en cada uno de sus extremos suban y bajen alternativamente. ⇒ Columpio. **4** Sillón con las patas acabadas en arcos u otro mecanismo que permite mecerse al que está sentado. ≃ Mecedora. ⊙ Cada uno de esos arcos. **5** Asiento colgante, protegido con un toldo, que se encuentra a veces en terrazas, jardines, playas, etc. **6** En una máquina, cualquier órgano rotativo que no da vueltas completas y tiene en uno de sus extremos movimiento de vaivén; por ejemplo, la biela de las máquinas de vapor. **7** *Volante pequeño que se emplea para sellar *monedas o medallas.* **8** (pl.) MAR. **Cabos que penden de la entena o palo de la vela latina y sirven para moverla a un lado o a otro.* **9** ZOOL. *Órgano diminuto que tienen los insectos dípteros a uno y otro lado del tórax, detrás de las alas, cuya ablación incapacita al animal para volar.* **10** *En los carruajes, madero paralelo al eje de las ruedas, fijo por el centro en la tijera y por los extremos en los del eje mediante unos hierros llamados «guardapolvos». Se llama también «balancín grande».* **11** *Palo que se cuelga de la vara, a cuyos extremos se sujetan los tirantes de las caballerías. Se llama también «balancín pequeño».* ≃ Ballestilla, volantín, volea.

balandra (del fr. «balandre», del neerl. «bijlander») f. *Barco pequeño, con un solo palo, vela cangreja y varios foques.

balandrán (del occit. «balandran») m. *Vestidura talar, amplia, con esclavina, que usaban particularmente los *eclesiásticos.* ⇒ Manga.

balandrista n. Persona que maneja un balandro.

balandro 1 m. MAR. Balandra pequeña. **2** MAR. **Barco de *pesca usado en la isla de Cuba.*

bálano o **balano** (del lat. «balănus», bellota, del gr. «bálanos») **1** m. Porción terminal bulbosa del pene. ≃ Bellota, glande. ⇒ Capullo. ➤ Prepucio. **2** (*Balanus balanoides* y otras especies) *Crustáceo cirripedo de forma parecida al casco de las caballerías. ≃ PIE de burro.

balanza (del lat. «bilanx, -cis») f. Utensilio para pesar; la más característica consiste en una barra sostenida por su punto medio en un eje sobre el que puede moverse, de los extremos de la cual penden dos platillos. ⇒ Estatera, pesillo, peso. ➤ Astil, brazo, caja, calamón, fiel, fil, lengüeta, platillo, plato, roseta. ➤ Candela. ➤ Tara. ➤ Abalanzar, acostar. ➤ Balancero, balanzario.

BALANZA COMERCIAL. Comparación del valor de las importaciones y exportaciones de un país durante un periodo de tiempo.

B. DE CRUZ. La que tiene una barra de la que penden dos platillos.

B. DE PAGOS. Registro de los cobros y pagos exteriores realizados por un país en un periodo de tiempo.

INCLINAR[SE] LA BALANZA. Favorecer a alguien o algo en un asunto.

V. «JUEZ de balanza, MAESTRO de balanza».

balanzario m. *En las *casas de moneda, empleado que pesa el metal de las monedas antes y después de hacerlas.* ≃ Balancero.

balanzo (ant.) m. *Balance.*

balanzón (de «balanza») m. **Recipiente, generalmente de cobre, que empleaban los plateros para la limpieza de la *plata o el *oro.*

balar (del lat. «balāre») intr. Emitir su *voz propia la oveja, el cordero, el gamo y otros animales que la tienen semejante. ⇒ Balitar, balitear, gamitar. ➤ ¡Beee...! ➤ Balido, gamitido.

V. «OVEJA que bala bocado que pierde [o pierde bocado]».

balarrasa (de «bala» y «rasa») **1** (inf.) m. *Aguardiente fuerte. **2** Bala rasa (calavera o libertino). ≃ BALA perdida.

balasto o **balastro** (del ingl. «ballast», lastre) m. Piedra machacada que se emplea en el *pavimento de las carreteras. ⊙ Lecho de piedra y grava sobre el que se asientan las traviesas del ferrocarril.

balata[1] (del it. «ballata») f. *Letra que se componía para ser *cantada con la música de los bailes.* ≃ Balada. ⇒ Danza.

balata[2] (Ven.; *Minusops bidentata* y otras especies del mismo género) f. *Nombre de varios árboles sapotáceos que producen una especie de gutapercha llamada «goma de balata».*

balate[1] (del ár. and. «baláṭ», cl. «balāṭ», camino empedrado, y éste del lat. «platĕa», a través del gr. y el arameo) **1** m. *Margen de una *terraza o bancal arrellanado en un terreno en pendiente.* **2** *Ribazo.* **3** *Borde de un *canal.*

balate[2] (¿del malayo «belati», extranjero?; *Holothuria edulis*) m. Equinodermo holoturoideo, abundante en las costas de las islas situadas entre Asia y Australia, de carne comestible.

balausta (del lat. «balaustĭum», flor del granado) f. BOT. *Fruto envuelto en una cubierta seca, con el cáliz persistente, que encierra numerosísimas semillas con la parte externa carnosa; por ejemplo, la granada.

balaustra (del lat. «balaustĭum», flor del granado) f. Granado (*planta punicácea).

balaustrada f. *Antepecho formado por balaustres. ⇒ Arambol, balcón, baranda, barandado, barandaje, barandal, barandilla. ➤ *Antepecho. *Pasamanos.

balaustre o **balaústre** (de «balaustra», por la forma del adorno) m. Columna de barandilla. ≃ Barauste. ⇒ *Balaustrada. ➤ Garganta, mazorca, mesilla.

balay (del port. «balaio», retama) **1** (Hispam.) m. **Cesta de mimbre o de carrizo.* **2** (Col.) *Cedazo usado para cerner harinas.* **3** (Cuba, R. Dom.) *Plato de madera donde se limpia el arroz antes de guisarlo.*

balayo (Can.) m. *Cesta de paja o mimbre.* ≃ Balay.

balazo m. Disparo, impacto o herida de bala.

balboa (de «Vasco Núñez de Balboa», descubridor español) m. Unidad monetaria de Panamá.

balbucear 1 intr. Hablar con dificultad, suprimiendo o cambiando letras, como los niños cuando todavía lo hacen imperfectamente. ⇒ *Pronunciar. **2** tr. *Balbucir.

balbuceo 1 m. Acción de balbucear. **2** Lenguaje balbuciente: 'Los primeros balbuceos de un niño'. **3** (gralm. pl.) Primeras manifestaciones de un proceso histórico: 'Los balbuceos de la Reforma'.

balbuciente adj. Se aplica al que balbucea o a su lenguaje.

balbucir (del lat. «balbutīre») tr. Decir ˘algo con pronunciación vacilante y entrecortada: 'Balbució una excusa'. ⇒ Balbucear, HABLAR entrecortadamente, decir a medias

PALABRAS. ➤ Balbuciente. ➤ *Decir. *Farfullar. *Musitar. *Tartamudo. *Titubear.

☐ CONJUG. Verbo defectivo que sólo se conjuga en las formas que tienen «i» en la terminación: 'balbucí, balbucía, balbuciré', etc.; las otras son reemplazadas por las correspondientes de «balbucear».

balcánico, -a adj. y, aplicado a personas, también n. De los Balcanes, sistema montañoso y península del este de Europa.

balcarrotas 1 (Méj.) f. pl. *Mechones de *pelo que los indios se dejan a ambos lados de la cabeza, llevando rapado el resto de ella.* 2 (Col.) **Patillas (partes del pelo o la barba).*

balcón (del it. «balcone») 1 m. *Hueco abierto en el muro de un edificio, que se diferencia de las ventanas en que empieza desde el suelo de la habitación y tiene en general un piso saliente con antepecho, sobre el que se puede estar: 'Asomarse al balcón'. ⇒ Claro, *hueco, luz. ➤ *Antepecho, balconada, balconaje, balconcillo, camón, COCHE parado, gabinete, *galería, *mirador, *terraza. ➤ Ajimez, ancón, *barandilla, cartela, colgadura, repostero, rodapié. ➤ Palco. ➤ *Ventana. 2 Lugar en sitio elevado, protegido por una barandilla o antepecho, desde el cual se ve un paisaje digno de ser contemplado: 'El balcón del Mediterráneo'. ≃ Miradero, mirador, miranda, vistillas. 3 Cualquier lugar con barandilla para asomarse.

BALCÓN CORRIDO. Serie de balcones con una barandilla común. ≃ Balconada, galería.

balconada 1 f. Serie de balcones. 2 BALCÓN corrido. 3 (Gal.) *Miradero.*

balconaje m. Conjunto o serie de balcones de un edificio.

balconcillo 1 m. TAUROM. En las plazas de *toros, espacio aislado con barandilla, situado sobre las puertas o el toril. 2 *Galeria que en los teatros está más baja y delante de la primera fila de palcos.*

balda[1] f. *Estante de un armario o una estantería.

balda[2] (de «aldaba»; Ar., Val.) f. *Aldaba para mantener cerradas las puertas.*

balda[3] (del ár. and. «báṭila») f. *Cosa inútil o sin valor.* ≃ **Chuchería.*

baldado[1] (C. Rica) m. *Contenido de un balde o cubo.*

baldado[2], **-a** 1 Participio adjetivo de «baldar». 2 Imposibilitado de mover las piernas o los brazos. ≃ Impedido, inválido, *paralítico, tullido. ⊙ *Aplicado a un miembro, privado de movimiento.* 3 Hiperbólicamente, rendido, muy *cansado.

baldadura o **baldamiento** f. o m. *Acción y efecto de baldar.*

baldaquín o **baldaquino** (de «Baldac», antiguo nombre de «Bagdad», ciudad de donde procedía cierta tela preciosa) m. Pequeño techo ornamental adosado a una pared, a veces recubierto con tela y colgaduras, que se pone como signo de respeto sobre un trono, un altar o cosa semejante. ≃ *Dosel, pabellón.

baldar (de «balde[1]») 1 tr. Dejar a ˋalguien sin poder andar o moverse, o sin poder mover algún miembro. ≃ Lisiar. ⊙ («de») A veces se usa hiperbólicamente, como «derrengar» o «dejar *maltrecho»: 'Le baldaron de una paliza'. ⇒ Baldadura, baldamiento. 2 (ant.) *Inutilizar, impedir o embarazar.* 3 (inf.) Causar a ˋalguien un gran *perjuicio o hacerle pagar una fuerte suma por algo. ≃ Hundir. 4 *Fallar (echar un triunfo por no tener carta del palo que se juega).* ⇒ Baldo. 5 (Ar.) *Descabalar.*

baldazo m. *Acción de arrojar el contenido de un balde.*

balde[1] (del ár. and. «báṭil») DE BALDE. 1 Sin tener que pagar ni dar nada por la cosa de que se trata: 'Viaja de balde'. ≃ *Gratis. 2 *Sin motivo o fundamento.*

EN BALDE. Inútilmente: 'Te estás molestando en balde'.

ESTAR DE BALDE. *Estar sin hacer nada.* ≃ *Estar de MÁS.*

balde[2] m. *Cubo que se emplea en las embarcaciones. ⊙ (más frec. en Hispam.) Cubo de cualquier clase. ⊙ Cubo ancho y bajo, con dos asas. ⇒ Baldear.

baldear 1 tr. MAR. Echar agua con baldes en la ˋcubierta de un barco, para *limpiarla o para regarla. ⊙ Echarla en el ˋsuelo de cualquier lugar, en especial para limpiarlo. 2 *Achicar con baldes el agua de una excavación.*

baldeo m. Acción de baldear.

baldero, -a (de «balde[1]»; ant.) adj. *Inútil.*

baldés m. *Piel de oveja muy suave empleada, por ejemplo, para guantes.

baldíamente adv. Inútilmente, en balde.

baldío, -a (del ant. «balda», del ár. «bāṭil», cosa inútil) 1 adj. y n. m. Se aplica al terreno *estéril o yermo. 2 adj. Se aplica a cualquier cosa que resulta inútil: 'Un esfuerzo baldío'. 3 *Aplicado a personas, vagabundo o inútil.* 4 (Hispam.) *Se aplica a terrenos de propiedad estatal explotados por particulares.* 5 (Hispam.) m. *Solar, terreno urbano sin edificar.*

baldo[1] m. *Falta de cierto palo de la *baraja.* ≃ Fallo.

baldo[2], **-a** 1 adj. *Falto de cierto palo de la *baraja.* ≃ Fallo. 2 (Col., P. Rico; inf.) *Imposibilitado del movimiento de brazos o piernas.*

baldón (¿del fr. ant. «bandon», tratamiento arbitrario, del fránc. «bann», mando, jurisdicción?; «Ser un») m. Acción o situación que hace a una persona despreciable, indigna de estimación o respeto: 'Lo que ocurre es un baldón para todos nosotros'. La cosa de que se trata puede constituir una vergüenza aunque no se sea responsable de ella: 'Su hermano es el baldón de la familia'. ≃ *Deshonra, *vergüenza. ⇒ Abaldonar, baldonar, baldonear.

BALDÓN DE IGNOMINIA. Baldón.

baldonada f. *Prostituta.*

baldonado, -a *Participio adjetivo de «baldonar».*

baldonar tr. **Ofender, *denigrar o *insultar a ˋalguien dirigiéndose a él mismo.*

baldonear tr. *Baldonar.* ⊙ prnl. *Envilecerse.*

baldono, -a (ant.) adj. **Barato.*

baldosa[1] (¿del occit. «baudosa»?) f. *Antiguo instrumento musical de cuerda parecido al salterio.*

baldosa[2] (¿del ár. «balāṭ» y «losa»?) f. *Ladrillo fino que se emplea para recubrir *suelos. ⇒ Alhambrilla, azulejo, baldosín, losa, mazarí, plaqueta, rasilla. ➤ Gres. ➤ Gaceta. ➤ Descacilar, descafilar. ➤ Almoharrefa, almorrefa, cinta. ➤ Baldosar, embaldosar, enlanchar, enlosar, losar. ➤ Baldosador, solador. ➤ Tejo. ➤ *Azulejo. *Cerámica. *Ladrillo.

baldosador m. *Operario que coloca baldosas y azulejos.* ≃ *Solador.

baldosar tr. *Embaldosar.*

baldosín m. Baldosa pequeña. ⊙ Baldosa cubierta de esmalte, empleada para recubrir paredes. ≃ *Azulejo.

baldragas (del sup. ár. and. «ḥaṭráq», charlatán; desp.; n. calif.) m. Hombre abúlico o de carácter *débil. ⇒ Calzonazos.

baldrés (ant.) m. *Baldés.*

balduque (de «Bois-le-Duc», ciudad holandesa donde se fabricaban estas cintas) 1 m. *Cinta, generalmente roja, de* *la empleada en las oficinas para atar legajos o expedientes.* **2** *Papeleo y formalidades oficinescas*: 'Demasiado balduque. Todo se convierte en balduque'.

balea (de or. celta) f. *Escobón para barrer las eras.*

baleador, -a (Hispam.) adj. y n. *Se aplica al arma o a la persona que dispara balas, o hiere o mata con balas.*

balear[1] (Hispam.) tr. *Disparar contra ↘algo o alguien.* ⊙ (Hispam.) *Herir o matar con bala a ↘alguien.*

balear[2] (de «baleo[1]»; Ar., Sal.) tr. *Separar con escoba la ↘paja gruesa que queda todavía mezclada con el ↘grano después de aventar.* ≃ Abalear. ⇒ *Recolección.

balear[3] **1** adj. Aplicado como denominación en «islas Baleares». **2** adj. y, aplicado a personas, también n. De las islas Baleares. ≃ Baleárico, baleario. ⇒ Payés. **3** m. Variedad del catalán hablada en Baleares.

baleárico, -a o, menos frec., **baleario, -a** adj. Balear.

balénido, -a (del lat. «balaena») adj. y n. m. *Se aplica a los *cetáceos de la familia de la ballena.* ⊙ m. pl. *Esta familia.*

baleo[1] (de or. celta) **1** m. (Sal.) **Escobilla (planta de la que se hacen escobas).* **2** **Ruedo de estera o felpudo.* **3** **Soplillo o aventador de esparto.*

baleo[2] (Hispam.) m. *Acción de balear (disparar con balas).*

balero (de «bala») **1** (Hispam.) m. *Boliche (juguete).* **2** (Arg., Ur.) *Cabeza humana.*

balicero m. *Vigilante de las balizas.*

balido **1** m. *Voz de los animales que balan. **2** Cada sonido emitido sin interrupción al balar.

balimbín *(Averrhoa carambola)* m. Cierto árbol oxalidáceo de Filipinas, de cuyo fruto se hace un dulce muy estimado.

balín m. Bala de menor calibre que la ordinaria de fusil.

balista (del lat. «balista», del gr. «bállō», arrojar) f. *Máquina antigua de guerra para arrojar piedras.* ≃ Petraria.

balistario m. **Soldado que manejaba la balista.*

balística f. Ciencia del tiro.

balístico, -a adj. Del tiro o de la balística.

balita f. *Medida agraria de Filipinas, equivalente a 27 áreas y 95 centiáreas.* ⇒ *Superficie.

balitadera (de «balitar») f. *Instrumento de caza, hecho con una caña abierta por el nudo, con el que se imita el balido del *ciervo para hacer acudir a la madre.* ≃ Gamitadera.

balitar o **balitear** (del lat. «balitāre», frecuent. de «balāre», balar) intr. *Balar repetidamente.*

baliza (del port. «baliza», prob. deriv. mozárabe del lat. «palus», palo) f. *Señal flotante o fija con que se marca al navegante los lugares peligrosos o se limita la ruta que debe seguir. ⇒ *Boya. ➤ Balizaje. ⊙ Señal indicadora empleada para orientar al piloto de aviación: 'Las balizas de una pista de aterrizaje'. ⊙ Por extensión, la utilizada con fines semejantes en carreteras, vías férreas, etc. ⇒ Abalizar, balizar. ➤ Balizamiento.

ESTAR FUERA DE BALIZAS. *Navegar un barco en franquía, sin obstáculos para tomar el rumbo.*

balizaje m. *Derecho que en algunos puertos pagaban los barcos por el servicio de balizas.*

balizamiento m. Acción de abalizar. ≃ Abalizamiento. ⊙ Conjunto de señales con que se abaliza un lugar.

balizar tr. Señalar un ↘lugar con balizas. ≃ Abalizar.

ballar (del lat. «ballāre»; ant.) tr. **Danzar y cantar.*

ballarte (del lat. «baiŭlus», cargador; Ar., Nav., Sor.) m. *Parihuelas.* ≃ Bayarte. ⇒ *Angarillas.

ballena (del lat. «balaena») **1** (varias especies de los géneros *Balaena* y *Caperea)* f. Mamífero cetáceo, el mayor de los animales conocidos; se pesca intensamente para aprovechar su grasa. ⇒ Cetario. ➤ Cachalote, rorcual, yubarta. ➤ Ballenato. ➤ Cetina, ESPERMA de ballena. ➤ Armador, ballenero. ➤ Estacha. ➤ Emballenar. ➤ *Cetáceo. **2** Lámina córnea de las que tiene la ballena en la mandíbula superior. ≃ Barbas. ⊙ Tira de este u otro material que se emplea, por ejemplo, para armar los corsés. ⇒ Emballenado, emballenador, emballenar.

ballenato m. Cría de la ballena.

ballener (del cat. «ballener») m. **Barco de la Edad Media, generalmente alargado, abierto y bajo de costados.*

ballenero, -a **1** adj. De [la] ballena: 'Arpón ballenero'. **2** adj. y n. m. Se aplica a los barcos destinados a la pesca de la ballena. **3** m. Pescador de ballenas.

ballesta (del lat. «ballista») **1** f. Máquina de guerra antigua con la que se lanzaban flechas pesadas mediante un resorte. ⇒ Balista. **2** Cierta *arma antigua con el mismo fundamento que el arco y un soporte de madera similar al de un fusil. **3** Muelle formado por varias láminas elásticas de acero superpuestas, utilizado para la suspensión de los vehículos. **4** *Cepo para cazar pájaros.

V. «CANAL de ballesta, a TIRO de ballesta».

□ CATÁLOGO

Antepecho, batalla, bodoquera, caja, CANAL de ballesta, celada, cintadero, cureña, disparador, empulguera, estribera, estribo, fiel, navaja, nuez, pulguera, quijera, rabera, tablero, traspecho, verga. ➤ Armatoste, cranequín, gafa. ➤ Ballesteador, ballestería, ballestero. ➤ Ballestada, ballestazo. ➤ Bodoque, lance, rallón, saetón. ➤ Desabrida, tener DIENTE. ➤ Armar, ballestear, desarmar, desballestar, desempulgar, emballestarse, empulgar, engafar.

ballestada f. *Tiro con la ballesta.*

ballestazo m. *Impacto del proyectil de la ballesta.*

ballesteador (ant.) m. *Ballestero.*

ballestear tr. *Tirar con ballesta.*

ballestera f. FORT., MAR. *Tronera en los *barcos o muros, por donde se disparaba.*

ballestería **1** f. *Conjunto de ballestas.* **2** *Gente armada de ballestas.* **3** CAZA. *Casa en que se alojaban los ballesteros y se guardaban los utensilios de caza.* **4** CAZA. *Arte de la caza mayor.*

ballestero **1** m. Hombre o *soldado armado de ballesta. **2** CAZA. *Funcionario de palacio que cuidaba las escopetas y otras armas de los *reyes y personas reales, y les acompañaba cuando iban de *caza.*

ballestilla (dim. de «ballesta») **1** f. **Balancín pequeño (palo al que se sujetan los tirantes de las caballerías).* **2** (ant.) *Cierta trampa en los juegos de baraja.* **3** MAR. *Utensilio antiguo de navegación utilizado para tomar la altura de los astros.* **4** MAR. *Utensilio marinero para *pescar, compuesto de un anzuelo sujeto en un cordel.* **5** (ant.) VET. *Fleme: instrumento para sangrar a las caballerías.*

ballestrinque (del cat. «ballestrinc») m. MAR. *Nudo marinero hecho con dos vueltas de cabo dadas de modo que resultan cruzados los chicotes o extremos.

ballet (del fr. «ballet»; pronunc. [balé]; pl. «ballets», pronunc. [balés]) m. Espectáculo de baile artístico en que participa un conjunto de bailarines. ⇒ Danza. ⊙ Obra musical compuesta para este espectáculo. ⊙ Compañía de bailarines que lleva a cabo este tipo de representaciones.

ballico (¿de or. ibérico?; *Lolium multiflorum*) m. *Planta gramínea que se utiliza para *pasto y para formar césped. ≃ CÉSPED inglés, vallico.

ballueca (¿de or. ibérico?; *Avena fatua, Avena alba* y otras especies) f. *Planta gramínea. ≃ AVENA loca, tiatina.

balneario, -a (del lat. «balnearĭus») **1** adj. De [los] *baños públicos; especialmente de los medicinales. **2** m. Establecimiento público de baños, medicinales o no. ⊙ Por extensión, lugar a donde se va a tomar agua medicinal, aunque no sea con baños.

balneoterapia (del lat. «balnĕum», baño, y «-terapia») f. *Tratamiento de las enfermedades con la utilización de baños.*

balompédico, -a adj. Del balompié.

balompié (de «balón» y «pie», calco del ingl. «football») m. Neologismo que se propuso para designar el *fútbol cuando este deporte empezó a divulgarse en España; no tuvo éxito para ser adoptado con carácter general, pero no ha dejado de usarse en ocasiones.

balón (aum. de «bala») **1** m. Fardo grande de mercancías. **2** Pelota grande para jugar; particularmente, la de fútbol. **3** *Recipiente flexible para encerrar gases. **4** Recipiente esférico de vidrio, con cuello prolongado. ≃ *Garrafa. **5** (Chi., Col., Perú) *Bombona metálica para contener gases.* **6** MAR. Ala o vela suplementaria que llevan los yates modernos. ≃ *FOQUE volante. ⇒ Spinnaker.

BALÓN DE GAS (Arg., Chi., Cuba, Perú). **Bombona (recipiente para líquidos o gases a presión).*

B. MEDICINAL. MED. El que se utiliza en ejercicios de rehabilitación para adquirir fuerza y agilidad.

B. DE OXÍGENO. Ayuda que se recibe en un momento difícil.

B. DE PAPEL. AGRÁF. *Fardo de 24 resmas de papel.*

ECHAR BALONES FUERA (inf.). Evitar contestar a algo comprometido.

balonazo m. Golpe dado con un balón.

baloncestista n. Jugador de baloncesto.

baloncesto m. *Deporte en el que participan dos equipos de cinco jugadores, que tratan de meter el balón con las manos en una especie de cesto colocado en alto en la meta del campo del equipo contrario. ⇒ Minibásquet. ➤ Canasta, tablero. ➤ Alero, base, encestador, escolta, pívot, pivote, reboteador, triplista. ➤ Asistencia, canasta, enceste, gancho, mate, palmeo, rebote, tapón, TIRO libre, triple. ➤ Pasos, personal. ➤ TIEMPO muerto. ➤ Encestar, palmear, rebotear. ➤ Play off.

balonmano (de «balón» y «mano», calco del al. «Handball») m. *Deporte en el que dos equipos tratan de introducir el balón en la portería del equipo contrario, pasándoselo y tirándolo con la mano.

balonvolea m. Voleibol.

balota (del fr. «ballotte») f. *Bola empleada para *votar.*

balotada (del fr. «ballotade», de «balloter», bailar) f. EQUIT. *Salto que da el *caballo de modo que deja ver las herraduras.*

balotaje (del fr. «ballottage»; Hispam.) m. *Recuento de los votos en una elección.* ≃ Escrutinio.

balotar intr. *Votar con balotas.*

baloteo m. METAL. *Operación de desprender el modelo del molde.*

balsa[1] (¿de or. ibérico?) **1** f. Acumulación de agua, de cierta extensión y permanencia, en una depresión del terreno. ⇒ Embalsar[se], rebalsar[se]. ➤ Albufera. *Charco. *Pantano. **2** Estanque o *depósito de agua para el riego. ⇒ Aguatocho, albohera, albuhera, amanal, badina, balsete, bodón, buhedo, bujeo, estanque, jagüey, nansa, noque, *piscina, poza, tanque, zafareche. ➤ Embalsadero, embalsar, rebalsar. ➤ *Charco. *Laguna. *Pantano. **3** *Estanque a donde van a parar las heces y desperdicios en los molinos de *aceite.* **4** (And.) *Media bota de *vino.* **5** (Méj.) *Zona pantanosa con malezas.*

BALSA DE ACEITE (n. calif.). Se aplica a la reunión, situación, etc., en que reina completa tranquilidad.

B. DE SANGRE (Ar.). *Balsa conseguida con mucho trabajo para almacenar algo de agua para las personas y animales.*

balsa[2] (¿de or. prerromano?) **1** f. Plataforma de maderos ensamblados, que se emplea para navegar o transportar cosas por agua, particularmente por los ríos. ⇒ Almadía, armadía, caballitos, carrizada, garandumba, guarés, itapá, jangada, maderada, zata. ➤ Balsear. ➤ Belasa. ➤ Andarivel. ➤ Almadiero, balsero, ganchero, maderero. ➤ Balsadera, balsadero. ➤ *Barco. **2** *(Ochroma lagopus)* Árbol bombáceo de América del Sur, parecido a la ceiba, de madera muy liviana.

balsadera o **balsadero** f. o m. *Lugar, en la orilla de un río, donde hay balsa para pasarlo.*

balsamar (ant.) tr. *Embalsamar.*

balsamera o **balsamerita** f. *Vasija para contener *bálsamo.*

balsamero *(Balsamodendron gileadense)* m. Árbol que da la opobálsamo o bálsamo de la Meca.

balsamía (de «blasfemia»; ant.) f. **Cuento fabuloso o *chisme.*

balsámico, -a (del lat. «balsamĭcus») adj. Se aplica a las plantas que tienen *bálsamo o que son aromáticas; como el pino, el eucalipto, el romero o el espliego. ⊙ También a cosas relacionadas con ellas: 'Inyecciones balsámicas'. ⊙ Y a lo que tiene efecto de bálsamo.

balsamina (del gr. «balsamínē», de «bálsamon», bálsamo) **1** *(Momordica balsamina)* f. Cierta *planta cucurbitácea americana naturalizada en España. ≃ Momórdiga. **2** *(Impatiens balsamina)* Planta balsaminácea cuyo fruto, cuando está maduro, arroja con fuerza las semillas en cuanto se le toca. Se emplea como vulneraria. ≃ Adornos, GALA de Francia, miramelindos, nicaragua.

balsamináceo, -a (de «Impatiens Balsamina», cierta especie de plantas) adj. y n. f. *Se aplica a las *plantas herbáceas de la misma familia que la balsamina, que tienen flores vistosas, hermafroditas e irregulares, con el cáliz de cinco sépalos, el posterior con espolón, y la corola con cinco pétalos; el fruto es una cápsula (raramente una drupa). Son de regiones templadas y tropicales.* ⊙ f. pl. *Esa familia.*

balsamita (del lat. «balsamīta») f. **Jaramago (planta crucífera).*

BALSAMITA MAYOR. **Berro (planta crucífera).*

bálsamo (del lat. «balsămum», del gr. «bálsamon») **1** m. *Resina aromática de las que se emplean como sahumerios y, en algunos casos, en medicina, como cicatrizantes y *expectorantes. ⇒ Carpobálsamo, cocobálsamo, opobálsamo. ➤ Embalsamar. ➤ Balsamera, balsamerita. ➤ *Perfume. **2** Cualquier medicamento, generalmente elaborado con esencias de plantas aromáticas, aplicado como remedio para heridas, llagas, etc. ⇒ Balsamar, embalsamar. ➤ *Loción. **3** Cualquier cosa que *alivia una pena.

BÁLSAMO DE CALABA. *Resina del calambuco. ≃ BÁLSAMO de María.

B. DEL CANADÁ. Trementina obtenida del pino del Canadá, *Abies balsamea*, que se usa en lacas y barnices, y, por su elevado índice de refracción, en las preparaciones microscópicas y para pegar lentes.

B. DE COPAIBA. Oleorresina del copayero. ≃ Camíbar.

B. DE JUDEA [o de la MECA]. *Opobálsamo.
B. DE MARÍA. BÁLSAMO de calaba.
B. DEL PERÚ. Oleorresina del árbol sudamericano *Myroxylon pereirae*, semejante al bálsamo de Tolú, pero de inferior calidad.
B. DE TOLÚ. Oleorresina que se obtiene del árbol leguminoso sudamericano *Myroxylon balsamum*.

balsar (de «barza») m. *Zarzal.* ≃ Barzal.

balsear tr. *Pasar un ↘río en balsa.*

balsería (Pan.) f. *Fiesta que celebran los indios guaimíes, con juegos en los que emplean estacas de madera de balsa a modo de arma arrojadiza.*

balsero m. *Hombre que conduce la balsa.*

balsete (Ar.) m. *Balsa pequeña o *charco.*

balso (del lat. «baltĕus», cíngulo) m. MAR. **Lazo de cuerda hecho con dos o tres vueltas, empleado, por ejemplo, para suspender grandes pesos o para izar a los marineros a lo alto de los palos o las vergas.* ≃ Balzo.

balsones m. pl. *Variante andaluza de «barzones».*

balsopeto (de «falsopeto») **1** (ant., inf.) **Bolsa que se llevaba pegada al pecho.* **2** (ant., inf.) *Interior del pecho: intimidad.*

Baltasar (nombre del último rey de Babilonia).
CENA [O FESTÍN] DEL REY BALTASAR (n. calif.). Banquete muy fastuoso. ⇒ Pantagruélico.

bálteo (del lat. «baltĕus») m. MIL. *Tahalí usado por los *romanos como insignia de oficial.*

báltico, -a (del lat. «Baltĭcus») **1** adj. Aplicado como denominación en «mar Báltico». **2** Se aplica a los países del este del mar Báltico: Suecia, Finlandia, Estonia, Letonia y Lituania. ⊙ De estos países o del mar Báltico.

balto, -a (de «báltico») adj. y, aplicado a personas, también n. *Se aplica a los individuos de un *linaje ilustre de los godos, y a sus cosas.*

baltra (de «veltrón»; Sal.) f. **Vientre o panza.*

baluarte (¿del fr. ant. «boloart», del neerl. ant. «bolwere», obra hecha con vigas gruesas?) **1** m. FORT. Saliente de forma pentagonal en los ángulos de las fortificaciones. ≃ Bastión. ⇒ Luneta. ➤ *Foritificar. **2** Recinto fortificado u obra de fortificación. ≃ Fortaleza, fortificación. **3** Lugar, cosa o persona que sirve para defender o hacer fuerte algo: 'Un país que es el baluarte de la libertad. Una familia que es un baluarte del catolicismo'. ≃ Bastión, defensa, fortaleza.

baluma (del lat. «volumĭna») **1** (ant.) f. *Balumba.* **2** MAR. *Caída de popa de las velas de cuchillo.* ⇒ Embalumar.

balumba (del lat. «volumĭna») f. Conjunto de cosas amontonadas en desorden: 'Tenía una balumba de cosas encima de la cama'. ≃ *Montón. ⊙ Conjunto que se considera excesivo de cierta cosa: '¿Dónde vas con esa balumba de papeles?'.

balumbo (de «balumba») m. Bulto grande y embarazoso.

balume (del lat. «volūmen»; ant.) m. *Balumbo.*

balzo m. *Balso (nudo).*
BALZO POR SENO [O DE GAZA]. *Cierto *nudo marinero.*

bamalip m. LÓG. *Uno de los modos posibles del *silogismo, perteneciente a la cuarta figura.*

bamba[1] (de or. expresivo) **1** f. **Chamba, en el juego de *billar.* **2** (Mur.) *Cierto *bollo muy esponjoso.* **3** Bollo redondo, abierto horizontalmente por la mitad y relleno de crema o nata. **4** Cierta música y baile iberoamericanos.

bamba[2] (de or. expresivo; And., Sal., Hispam.) f. **Columpio.*

bamba[3] (marca registrada; gralm. pl.) f. Zapatilla de tela, ligera y cerrada.

bambador (Hond.) m. *Banda de cuero o tela que, apoyada en la frente, se emplea para llevar pesos a la espalda.*

bambalear (de or. expresivo) tr. y prnl. *Bambolear[se].*

bambalina (de «bambalear») f. Cada una de las tiras que cruzan de lado a lado el escenario del *teatro, formando la parte superior de la decoración.

bambalinón m. *Bambalina grande con la que, junto con los bastidores de ropa, se forma una especie de segunda embocadura que reduce la escena.*

bambanear tr. y prnl. *Bambolear[se].*

bambarria (de «bamba[1]») **1** f. *Persona *boba.* **2** (ant.) **Chamba en el juego de *billar.* ≃ Bamba.

bambochada (del it. «bambocciato») f. *Pintura que representa borracheras o *banquetes bufos.*

bamboche (del fr. «bamboche», del it. «bamboccio», de or. expresivo; inf.) m. *Persona rechoncha y coloradota.*

bambolear (de or. expresivo) **1** tr. Hacer que una ↘cosa grande y pesada se mueva de un lado a otro, manteniendo fijo algún punto de ella. **2** prnl. y, no frec., intr. Balancearse u oscilar: 'Una mujer gorda que anda bamboleándose. Un peñasco que se bambolea'. ⇒ *Balancear[se].

bamboleo m. Acción de bambolear[se]. ≃ Oscilación.

bambolla (de or. expresivo; significó primero «burbuja») f. Falsa apariencia u ostentación: 'Aquí todo es bambolla'. ≃ Aparato, *apariencia, fachada, fachenda, relumbrón.

bambollero, -a adj. y n. *Se aplica a las personas que hacen uso de bambolla.*

bambonear (de or. expresivo) tr. y prnl. *Bambolear[se].*

bamboneo m. *Bamboleo.*

bambú (del port. «bambu»; *Bambusa arundinacea* y otras especies de los géneros *Bambusa, Dendrocalamus* y otros) m. *Planta gramínea originaria de la India, de *caña muy alta y fuerte que se emplea en la construcción de viviendas y muebles, y para hacer distintos objetos, como bastones y cañas de pescar; también se utiliza como planta ornamental en los jardines. ≃ Bambuc. ⇒ CAÑA espina, chusque, guadua, guáduba, quila, tacuara. ➤ Tapanco.

bambuc m. **Bambú.*

bambuco (¿de «Bambuc», región de África?) m. Danza y música originarias de Colombia.

bambulá m. *Nombre que dieron los negros de Florida a una danza de origen indio que inspiró el «cake walk» o «caquebal».*

banaba *(Lagerstroemia speciosa)* f. Árbol litráceo de Filipinas, del que hay dos variedades, de madera roja y blanca respectivamente, ambas usadas para la construcción.

banal (del fr. «banal») adj. Trivial, sin valor o interés.

banalidad **1** f. Cualidad de banal. **2** Cosa banal.

banalizar tr. Quitar o no dar importancia a ↘algo.

banalmente adv. De forma banal.

banana (procedente probablemente del oeste de África y llevada desde las Canarias a las Antillas; es una voz muy difundida en Hispanoamérica, pero no en España) **1** f. Plátano (planta y fruto). **2** (Guat.) *Cierta clase de plátano (fruto).* **3** (Col.) *Variedad de confites.*

bananal o **bananar** (Hispam.) m. *Plantación de bananos.*

bananero, -a adj. Relativo al banano o a su cultivo.
V. «REPÚBLICA bananera».

banano 1 (poco frec. en España) m. Plátano (planta musácea). **2** *Cambur (planta musácea). **3** (Am. C., Col.) *Variedad de plátano (fruto) que se come cruda.*

banas (del fr. «ban», del germ. «ban», anuncio público) f. pl. *Antiguamente, amonestaciones matrimoniales. Se usa en Méjico en la frase «dispensa de banas».* ⇒ *Casar[se].

banasta (del célt. «benna», cruzado con «canasta») f. *Cesta grande de mimbres o cañas partidas.
V. «como SARDINAS en banasta».

banasto m. Banasta, particularmente la redonda y profunda.

banca (de «banco») **1** f. *Asiento pequeño, de madera y sin respaldo.* **2** (Bol., Chi., Col., C. Rica, Ec., Guat., Méj., Pan., Perú, Ven.) *Banco (asiento donde pueden sentarse varias personas).* **3** (Arg., Par., Ur.) *Escaño del parlamento.* **4** *Mesa donde se exponen las frutas y otras cosas para venderlas.* **5** Conjunto de los *bancos y banqueros y sus actividades: 'Está apoyado por la banca. Es persona influyente en la banca'. ⇒ *Negocio. **6** En los *juegos de azar, conjunto de las *puestas de los jugadores, de donde se paga a los que ganan. ≃ Monte. **7** Juego de *baraja en que cada jugador apunta a determinada carta contra el banquero. ⇒ Elijan, pelete, sietelevar, tallar. **8** (Mur.) *Bancal.* **9** *Cajón en que se meten las lavanderas para lavar, por ejemplo en un río, a fin de no mojarse. ≃ Rodillero, taja, tajo, tajuela. **10** *Embarcación filipina hecha de un tronco ahuecado, sin cubierta, quilla ni timón, y con los extremos muy agudos.* ⇒ *Barco.
BANCA Y BOLSA. Enlace frecuente con que se designan en conjunto ambas actividades.
V. «CASA de banca».
TENER BANCA (Arg., Par.). *Tener influencia, poder.*

bancada 1 f. *Banco de los remeros en los *barcos.* **2** *Mesa o banco grande con una colchoneta encima, sobre la que se tundían los *paños en las fábricas.* **3** (ant.) *Porción de *paño preparada para ser tundida.* **4** CONSTR. *Trozo de obra en construcción.* **5** *Pieza de fundición de acero sobre la que se monta un *motor.* **6** MINER. *Escalón en las galerías de una mina.* **7** (Arg., Par., Perú, Ur.) *Parlamentarios de un mismo partido.*

bancal (¿del ár. and. «manqála», soporte de un eje?) **1** m. Cada uno de los cuadrados o secciones en que se divide el terreno, especialmente en las *huertas, a fin de distribuir los cultivos y el riego. ⊙ Rellano de tierra cultivable en una pendiente. ≃ Terraza. ⇒ Albarrada, almanta, *amelga, andén, arriate, banca, cantero, cuadro, embelga, emelga, era, mielga, parata, poyato, tabla, *terraza, torna. ➤ Balate. **2** *Acumulación de arena a orillas del mar.* **3** **Tapete de adorno con que se cubre un banco.* ⇒ Bancalero. **4** *(Nauclea glaberrima)* Árbol rubiáceo de Filipinas, de madera dura llamada del mismo modo. ⇒ *Planta.

bancalero m. *Tejedor de bancales (tapetes).*

bancario, -a adj. De la banca o de los bancos comerciales.

bancarrota 1 («Estar en, Hacer, Ir a la») f. Cese de la actividad en un negocio o de un negociante, por no poder pagar las deudas. ≃ *Quiebra. **2** Desastre económico en cualquier administración: 'Esa familia va a la bancarrota'. **3** Fracaso de un sistema o doctrina. ≃ Quiebra.

bance m. *Cada uno de los palos horizontales con que se forma el cierre de un portillo en la cerca de una finca.* ⇒ *Cancilla.

banco (del germ. «bank», asiento) **1** m. *Asiento, en general tosco, de madera, hierro, piedra, etc., donde pueden sentarse varias personas. ⊙ En las *galeras y otros *barcos de remo, asiento de los galeotes o *remeros. ≃ Bancada. ⇒ Alhamí, apeadero, banca, bancada, bandín, banqueta, banquillo, biselio, cáncana, dúho, escaño, grada, graderío, montadero, montador, poyete, poyo, sillete. ➤ *Diván. **2** (Antill., Arg., Col., C. Rica, Méj., Perú, Ven.) **Taburete.* **3** Tablero estrecho, grueso y pesado para que se mantenga firme, que sirve de mesa de trabajo en carpintería y otros oficios. ⇒ Barrilete. ➤ Macho. **4** *Mesa que usaban los cambistas.* **5** Por derivación de la acepción anterior, establecimiento que custodia dinero y realiza negocios con él. ≃ CASA de banca. ⇒ Banca. ➤ Bancario, banquero. ➤ Bancocracia. ➤ *Negocio. **6** Establecimiento donde se almacenan órganos, tejidos o fluidos humanos para su estudio o utilización en tratamientos médicos: 'Banco de ojos [de sangre o de semen]'. **7** GEOL. *Estrato o capa de gran espesor.* **8** MINER. **Yacimiento de mineral que presenta dos caras al descubierto: una vertical y otra horizontal.* **9** MAR. En aguas navegables, fondo que se eleva hasta muy poca distancia de la superficie. ≃ *Bajo, bajío. **10** **Desván o *ático de un edificio.* ≃ Sotabanco. **11** Conjunto de *peces, por ejemplo sardinas, que van juntos en gran número. ⇒ Cardume, cardumen, majal, mancha, manjúa. ➤ Barbullido. **12** *Varilla del *freno de las caballerías a cuyo extremo va sujeta la rienda.* ≃ Cama.
BANCO DE ARENA. Fondo arenoso del mar o de un río.
B. AZUL. Asiento de las *Cortes españolas destinado a los ministros.
B. DE DATOS. Conjunto de datos almacenados ordenadamente, en general por medios informáticos, y dispuestos para ser consultados.
B. DE HIELO. Plataforma de hielo flotante en el mar, en los polos o sus proximidades. ⇒ Iceberg.
B. DE NIEBLA. Acumulación de niebla en cierto lugar: 'Los meteorólogos anuncian bancos de niebla en la sierra'.
B. DE LA PACIENCIA. **1** *El situado en el alcázar de los *barcos de vela delante del palo de mesana.* **2** Situación en que alguien tiene que *aguantar molestias o impertinencias. ⇒ Sentarse en el BANCO de la paciencia.
B. PINJADO. MIL. *Antigua máquina de guerra debajo de la cual se llevaba el ariete.*
V. «BILLETE de banco».
HERRAR [O QUITAR] EL BANCO. Frase con que se invita a alguien a hacer decididamente algo que tiene entre manos o desistir definitivamente de ello, o se muestra la decisión propia de hacerlo así.
V. «de PIE de banco, ¡qué tres PIES para un banco!».
SENTARSE EN EL BANCO DE LA PACIENCIA. Hacer acopio de *paciencia.

bancocracia f. *Influjo abusivo de la banca en los negocios públicos.*

banda[1] (del germ. «band») **1** f. Trozo estrecho y largo de un material flexible. ≃ Cinta, faja, tira. ⊙ Cinta ancha que se lleva como *insignia de alguna *orden o cargo, o como honor, cruzada sobre el pecho. ⇒ Bandín. ⊙ Cinta que se lleva alrededor de la cintura como complemento del vestido femenino. ⊙ *Dibujo de esa forma, o lista ancha, por ejemplo en una tela: 'Una seda de [o con] bandas azules y negras'. ≃ Franja. ⊙ Particularmente, cuando es una sola. ≃ Cenefa, franja. ⊙ Moldura o relieve de esa forma. ⇒ Arimez, bandín, bandolera, barra, brazal, brazalete, cenefa, cincha, *cinta, cinturón, corbata, *cordón, cordoncillo, correa, estola, *faja, filacteria, filete, fleje, franja, friso, gaya, greca, jira, lienza, *liga, liguilla, *lista, listel, ludada, manípulo, orario, orla, raya, *tira, trena, túrdiga, *venda, vera, zona. ➤ *Borde. *Forma. *Línea. *Moldura. **2** HERÁLD. Cinta colocada desde la parte superior derecha del escudo hasta la inferior izquierda. **3** (Ar.) **Llanta de coche o carro.* **4** AGRÁF. *Carril de los dos sobre los cuales corre la platina o carro de algunas máquinas de imprimir.* **5** **Humeral (ornamento sagrado).* **6** *Cerco del borde de una mesa de *billar.* ≃ Baranda. **7** FÍS. Porción delimitada de un fenómeno o estructura que puede darse con mayor amplitud. **8** DEP. Línea que delimita por los lados el campo de fútbol y otros deportes, y zona del terreno de juego próxima a esa línea: 'Si el equipo juega por las bandas, logrará llegar a la portería contraria con más facilidad'.

BANDA ELÁSTICA (R. Dom.). **Goma (trozo de goma en forma de anillo).*

B. DE FRECUENCIA. RAD., TELEV. Intervalo del espectro de frecuencia comprendido entre dos puntos que permite transmitir una señal.

B. SONORA (expresión que ha sustituido a la inglesa «sound track»). CINE. Franja de la película cinematográfica donde está registrado el sonido. ⊙ Por extensión, música de una película.

V. «ESCUDO partido en [o por] banda».

ESTAR EN BANDA. HERÁLD. *Estar colocadas las piezas en las dos partes del escudo de armas, separadas por una banda.*

V. «ORDEN de la Banda».

banda[2] (del gót. «bandwo», enseña; desde este significado pudo pasar al de «grupo» o «partido», y a partir de aquí, a la idea de «costado», por la misma relación que se establece entre «lado» y «partido» en expresiones como «del otro lado») **1** f. Grupo de personas unidas para cometer fechorías. ≃ *Cuadrilla. **2** *Bandada de *aves.* **3** *Conjunto musical en que predominan los instrumentos de viento. ⇒ Charanga, chinchín, escoleta, murga. ➤ *CONJUNTO musical. **4** Línea o franja lateral de algunas cosas. ⊙ Con referencia a accidentes geográficos, *lado: 'De la banda de acá del río'. ⊙ MAR. Costado de un barco. **5** (ant.) **Lado o costado de una persona.* **6** Cada una de las porciones de pelo que quedan a uno y otro lado de la raya. ≃ Crencha.

ARRIAR EN BANDA. MAR. *Soltar enteramente los cabos.*

CAER EN BANDA. MAR. **Pender cualquier cosa sin sujeción.* ≃ Estar en BANDA.

CERRARSE EN BANDA. Obstinarse en una actitud o respuesta, negándose a hacer la menor concesión.

COGER [O PILLAR] POR BANDA. **1** (inf.) Tener la ocasión de encontrarse con alguien para reprenderle o decirle las quejas que se tienen de él: 'Cuando pille por banda al que me ha arañado el coche, se va a enterar'. **2** (inf.) Ser abordado por una persona que se pone a hablar de forma inoportuna: 'Cada vez que el vecino me coge por banda, llego tarde a la oficina'.

DAR A LA BANDA. MAR. *Tumbar una embarcación sobre un costado para reparar los fondos.*

EN BANDA («Estar, Llevar»). Todo junto, sin orden y sin cuidado.

ESTAR EN BANDA. *Caer en BANDA.*

JUGAR A DOS BANDAS. Actuar con deslealtad, contemporizando con varias personas para sacar algún beneficio.

PILLAR POR BANDA. Coger por BANDA.

bandada (de «banda²») **1** f. Conjunto numeroso de *aves que van juntas. ≃ Banda, bando. ⇒ REY de banda [o bando]. ⊙ También se emplea con referencia a los peces. ⇒ *Banco. **2** Grupo numeroso y, en general, ruidoso de personas: 'Una bandada de chiquillos'.

bandarria (del lat. «manuaría», manual) f. MAR. *Mandarria (utensilio de calafate).*

bandazo (de «banda²») **1** m. Inclinación brusca y pronunciada de un *barco hacia un lado. ≃ Vaivén. ⊙ («Dar»; gralm. pl.) Movimientos alternativos muy pronunciados y en sentidos opuestos. **2** («Dar») *Cambio brusco de los que se producen alternativamente en la orientación de algo: 'Dar un bandazo en política'.

bandeado, -a **1** Participio de «bandear». **2** adj. **Listado, con bandas.*

bandear[1] (de «bando¹») **1** (ant.) tr. **Guiar.* **2** (ant.) intr. *Formar parte de un bando.* ⊙ (ant.) *Inclinarse a un bando o partido.*

bandear[2] (de «banda²») **1** (ant.) tr. *Mover, por ejemplo una ˘cuerda floja, a un lado y a otro.* **2** (And., Hispam.) *Atravesar de parte a parte.* ≃ Taladrar. **3** (Hispam.) *Cruzar un ˘río.* **4** prnl. **Mecerse o columpiarse una cosa o una persona.* **5** Abstenerse de tomar partido entre dos grupos opuestos, *contemporizando con los de uno y los de otro. ⇒ Mantenerse a CABALLO en la tapia, bailar en la CUERDA floja, hacer EQUILIBRIOS, no tomar PARTIDO, no SIGNIFICARSE. ➤ *Acomodarse. **6** *Manejarse con habilidad en la vida o en un asunto.

bandeja (del port. «bandeja», soplillo para aventar el trigo) **1** f. *Recipiente plano con un pequeño reborde alrededor, que se emplea para servir cosas como vasos o platos, presentar cartas, ofrecer alimentos, etc. ⇒ Azafate, batea, cañero, cubierto, *mancerina, platel, portador, ruchique, salva, salvilla, tocasalva, vasera. ➤ *Plato. **2** Cajón de mueble que tiene rebajada la tabla de delante o carece de ella. **3** Pieza horizontal y abatible de un vehículo, situada entre el cristal y los asientos traseros, que sirve para dejar cosas encima.

PASAR LA BANDEJA. **1** Presentarla sucesivamente a varias personas para que depositen un donativo. **2** (inf.) Solicitar un servicio de alguien, a quien antes se le ha prestado otro.

SERVIR algo EN BANDEJA a alguien. Darle ocasión para que se *luzca o para que obtenga fácilmente un éxito.

bandejador, -a (ant.) adj. y n. *Se aplicaba al que andaba en bandos o parcialidades.*

bandejar (ant.) intr. *Formar o sostener bandos.*

bandejero **1** m. Dispositivo para colocar bandejas. **2** *Mueble formado por bandejas.

bandera (de «banda²») **1** f. Trozo de tela, generalmente formado por bandas de distintos colores, sujeto por uno de sus lados a un palo o asta, que constituye la *insignia de una nación u otra colectividad. ⊙ Objeto igual, de tela, papel, etc., empleado para cualquier cosa, por ejemplo para adornar. ⊙ Dibujo o pintura formados por bandas de distintos colores, en el mismo orden en que están en la bandera de que se trata: 'Una caja de puros con la bandera cubana'. **2** Conjunto de hombres que militan bajo una misma bandera. **3** Causa o doctrina que defiende una persona: 'La bandera de la libertad'. **4** MAR. *Compañía de soldados en los tercios españoles y en ciertas unidades del Ejército español de África.* **5** (ant.) **Tropel de gente.* **6** AGRÁF. *En encuadernación, lámina, mapa, etc., que se colocan doblados dentro de un libro.*

BANDERA BLANCA. La de ese color, que se enarbola para pedir negociaciones de paz o para demostrar un barco a otro que es amigo. ⊙ Se emplea también en lenguaje figurado: 'Después de un buen rato discutiendo no tuvo más remedio que sacar la bandera blanca'.

B. NEGRA. La de ese color que enarbolaban los piratas para indicar que no concedían ni esperaban cuartel.

B. DE PAZ. BANDERA blanca.

A BANDERAS DESPLEGADAS. **1** Sin detenerse o sin encontrar impedimentos. **2** *Abiertamente.

ALZAR BANDERA. Reunir gente y erigirse en caudillo de ella. ⊙ Constituirse en *jefe de una protesta, un motín, etc. ⊙ Convocar gente de guerra. ≃ Levantar BANDERA.

ARRIAR [LA] BANDERA. *Rendirse un barco al enemigo.

ASEGURAR LA BANDERA. MAR. *Disparar un cañonazo al izarla en un barco para ratificar su legitimidad.*

BATIR BANDERAS. Inclinarlas como saludo a un superior. V. «CUARTO de banderas».

DE BANDERA (inf.). Excelente; se aplica sobre todo a las personas por su aspecto físico: 'Una mujer de bandera'.

DEJAR BIEN PUESTA LA BANDERA. Quedar lucidamente en un sitio u ocasión, con lo que se honra a la colectividad a que se pertenece.

HASTA LA BANDERA (inf.). Completamente *lleno: 'El estadio de fútbol estaba hasta la bandera'.

JURAR [LA] BANDERA. Jurar fidelidad a la bandera los soldados u oficiales recién ingresados en el ejército, en una ceremonia solemne que se celebra para ello.

LEVANTAR BANDERA. Alzar BANDERA.

RENDIR LA BANDERA. MAR. Arriarla en señal de respeto o cortesía. ⊙ MIL. Inclinarla hasta que toque en el suelo la moharra, como homenaje al Santísimo Sacramento. ⇒ *Eucaristía.

SALIR CON BANDERAS DESPLEGADAS. MIL. Hacerlo la guarnición de una plaza sometida, como honor que conceden los sitiadores. ⇒ *Rendirse.

□ CATÁLOGO

Banderín, banderola, COLORES nacionales, confalón, corneta, enseña, flámula, gallardete, gallardetón, gonfalón, grímpola, jirón, oriflama, pabellón, pendón, tafetanes, torrotito. ➤ Senyera. ➤ Coronela. ➤ *Abanderar[se], amorronar, arbolar, arriar, campear, enarbolar, flamear, guindamaina, izar, ondear, ondular, saludar, tremolar. ➤ ASPA de San Andrés, dado, farpa, franja. ➤ Asta, mástil. ➤ Cuja. ➤ Canasta. ➤ Corbata. ➤ Abanderado, alférez, aquilífero, confalonier [o confaloniero], dragonario, gonfalonero, gonfalonier [o gonfaloniero], portabandera, portaestandarte, portaguión, signífero. ➤ Abanderar, embanderar. ➤ *Estandarte. *Insignia.

banderado (ant.) m. *Abanderado.*

banderazo 1 (Méj.) m. *Bajada de bandera.* **2** Señal que hace con una bandera un juez en una competición deportiva.

bandería f. Grupo de personas que, capitaneado por alguien, hacía la guerra contra otro grupo o contra el señor o soberano del país. ≃ *Bando, facción.

banderilla 1 (se suelen numerar por pares: 'un par [o varios pares] de banderillas') f. Palo adornado y armado de una punta de hierro de los que, en número de dos, uno con cada mano, clava el torero en la cerviz del toro, en una de las suertes del toreo. ≃ Rehilete. ⇒ Banderillear. ➤ Banderillero. ➤ De sobaquillo. **2** Palillo con encurtidos, trocitos de anchoa, etc., ensartados, que se toma como aperitivo. **3** AGRÁF. *Papel que se pega en el original o en las pruebas con una enmienda del texto.* **4** *Cucurucho de papel que el barrenero junta al extremo de la mecha para que se distinga al ir a prenderla.* **5** («Clavar, Plantar, Poner»; inf.) Pulla dirigida a alguien. ⇒ *Broma, *burla.

BANDERILLAS DE FUEGO. Las provistas de petardos que estallan al ser clavadas.

PONER a alguien UNA BANDERILLA [O UN PAR DE BANDERILLAS] DE FUEGO. Decirle algo que le *irrita mucho.

banderillazo (Col., Méj.; inf.) m. **Sablazo (petición de dinero).*

banderillear tr. o abs. Realizar un *torero la suerte de banderillas. ≃ Parear.

banderillero m. Torero de los que realizan la suerte de banderillas.

banderín 1 m. Bandera pequeña, con frecuencia triangular, usada como adorno, distintivo, etc. **2** *Soldado que, con un banderín en la bayoneta, sirve de guía a otros. **3** BANDERÍN de enganche.

BANDERÍN DE ENGANCHE. Oficina en que se alistan reclutas. ⇒ CAJA de recluta [o de reclutamiento].

banderita f. Pequeña insignia que se da como obsequio a los que colaboran con su donativo en una colecta.

banderizar 1 tr. *Formar un bando o bandería.* ≃ Abanderizar. **2** prnl. *Afiliarse a un bando o bandería.* ≃ Abanderizarse.

banderizo, -a 1 adj. y n. *Se aplica al que pertenece a alguna bandería o al bando de alguien.* ⇒ *Partidario. **2** adj. *Turbulento o *aturdido.*

bandero, -a (de «bando[1]»; ant.) adj. y n. *Banderizo.*

banderola (del cat. «banderola») **1** f. Bandera pequeña aplicada a distintos usos. ⊙ La que se pone, para hacerlos más visibles, en los palos que se colocan como señal en el terreno en los trabajos topográficos. ⊙ La que se les pone en la mano a Cristo resucitado, a San Juan Bautista y a otros santos, en las *imágenes. **2** Cinta o pedazo de tela que llevaba como adorno, debajo de la moharra, la lanza de los soldados de caballería. **3** (Arg., Par., Ur.) *Montante: especie de ventana con la que se prolonga una puerta por la parte superior.*

bandidaje m. Actividad de los bandidos. ⊙ Circunstancia de existir bandidos. ≃ Bandolerismo.

bandido, -a (participio del ant. «bandir», del gót. «bandwjan», desterrar, pregonar) **1** n. *Delincuente fugitivo de la justicia, llamado por bando.* ⇒ Banido, delado. **2** *Malhechor que roba o mata en despoblado. ≃ Bandolero. **3** (inf.) Hombre que engaña o estafa, aunque sus actos no lleguen a constituir delitos penados por la ley: 'En esa tienda son unos bandidos'. ≃ *Granuja. ⊙ A veces, humorístico o afectivo: 'Ese bandido me ha dejado sin cigarrillos'.

bandilla f. MAR. *Tablilla puesta sobre la regala en la proa del *barco, para impedir la entrada del agua.*

bandín[1] m. Banda corta que usan los condecorados en vez de la banda, en solemnidades de no mucha importancia. ⇒ *Insignia.

bandín[2] (de «banda[2]») m. MAR. *Banco que va en los *barcos menores adosado a los costados de popa.*

bandir (del gót. «bandwjan», desterrar, pregonar; ant.) tr. *Publicar bando contra un ˋreo, con amenaza de muerte si no se presenta.*

bando[1] (del gót. «bandwo», bandera) **1** m. Reunión de gente capitaneada por un jefe, que hacía la guerra contra otro grupo o contra el señor o soberano del país. ⇒ Bandera, bandería, bandosidad, facción, guerrilla, parcialidad, *partida, taifa. ➤ Agramonteses y beamonteses; aucas, bejaranos y portugaleses; Capuletos y Montescos; Cegríes y Abencerrajes; Giles y Negretes; hermandinos, lusetanos, trabucaires. **2** («Estar, Militar en, Pertenecer a») Conjunto de personas en lucha con otras o con ideas opuestas respecto a ellas: 'Están en bandos opuestos'. ≃ Partido. **3** Bandada de *aves o de *peces.

bando[2] (del ant. «bandir», del gót. «bandwjan», desterrar, pregonar) **1** m. Aviso u orden de la autoridad que se hace saber a viva voz, generalmente mediante un pregonero, o con anuncios fijados en lugares establecidos. ⇒ *Edicto, *pregón. ⊙ («Echar») Anuncio oficial o particular que, en los pueblos, va repitiendo en voz alta por la calle, de trecho en trecho, un funcionario del ayuntamiento llamado pregonero. ≃ *Pregón.

bandó (del fr. «bandeau») m. Banda de tela con que se cubre y adorna la parte superior de una cortina o estor.

bandola[1] (del lat. «pandūra», del gr. «pandoûra», guitarra de tres cuerdas) f. *Instrumento musical antiguo, con cuatro cuerdas, parecido a la bandurria.*

bandola[2] (de «banda[1]») f. MAR. *Armazón que se pone en un *barco que ha perdido algún palo, para que siga navegando.*

EN BANDOLAS. *Con bandolas en vez de palos.*

bandolera (de «bandola[2]») **1** f. Correa con los extremos unidos que se lleva rodeando el cuerpo, pasando sobre un hombro y por la cadera del lado opuesto; sirve para colgar de ella un *arma; es distintivo de los guardas rurales y también del uniforme de algunos cuerpos militares, particularmente del de gala; lo era del de «guardia de corps». ⇒ *Tahalí. **2** *Plaza de guardia de corps.*

EN BANDOLERA. Colocado alrededor del cuerpo como la bandolera o, suspendido de una correa, cordón, etc., puesto en esa forma. ⇒ Terciado.

bandolerismo m. Circunstancia de existir bandoleros. ≃ Bandidaje. ⊙ Actividad de los bandoleros.

bandolero, -a (de «bando[1]») **1** m. *Malhechor que se dedica principalmente a robar en despoblado, generalmente formando parte de una banda. ≃ Bandido. ⇒ Facineroso, forajido, monfí, sacomano, salteador. ➤ Capitán. ➤ *Ladrón. **2** f. *Mujer que vivía con los bandoleros.*

bandolín m. *Dim. de «bandola» (instrumento musical).*

bandolina[1] f. *Mandolina.*

bandolina[2] (del fr. «bandoline») f. *Sustancia mucilaginosa que se empleaba para fijar el *pelo.*

bandolón (aum. de «bandola[1]») m. *Instrumento musical de cuerda, parecido a la bandurria, pero mayor.*

bandoneón (del al. «Bandoneon», de «Band», inventor de este instrumento musical en el siglo XIX) m. Pequeño acordeón con el que se tocan especialmente tangos.

bandosidad (de «bando[1]»; ant.) f. *Bando o parcialidad.*

bandujo (¿del ár. «baṭn», vientre, embutido?) **1** m. *Tripa gruesa rellena de carne picada.* ⇒ Embutido. **2** (Sal.) *Bandullo.*

bandullo (¿del ár. «baṭn», vientre, embutido?) m. *Tripas de un animal.*

bandurria (del lat. «pandūra», del gr. «pandoûra», guitarra de tres cuerdas) **1** f. Instrumento parecido a la *guitarra pero más pequeño y con doce cuerdas apareadas, que se toca con una púa. ≃ Mandurria. ⇒ Charango. ➤ Clavete. **2** (Hispam.; *Theristicus caudatus,* la bandurria común) **Ave ciconiforme americana.*

bandurrista n. Persona que toca la bandurria.

bangaña 1 (Am. C., Col., R. Dom.) f. *Fruto de cierta calabaza que se utiliza para hacer vasijas.* **2** (Col., Cuba, Pan.) *Vasija basta.*

bangaño (Cuba, R. Dom.) m. *Bangaña.*

bangue m. *Cáñamo.

baniano, -a 1 n. *Individuo de cierta secta de la India.* **2** *Comerciante indio, generalmente ambulante.*

banido, -a (del mismo or. que «bandido») n. *Bandido: *malhechor llamado por bando.*

banjo (ingl.; pronunc. [bányo]) m. Instrumento musical de cuerda, de origen africano, con una caja de resonancia redonda cubierta de piel tensa, y entre cinco y nueve cuerdas que se tocan con los dedos o con púa.

banqueo m. **Desmonte en un terreno, en planos escalonados.* ⇒ *Terraza.

banquera 1 (Ar.) f. APIC. *Instalación de *colmenas colocadas en filas sobre bancos.* **2** (Ar.) APIC. *Colmenar pequeño, sin cerca.*

banquero 1 m. Propietario o directivo de un negocio de banca. **2** En los *juegos de azar, persona que tiene en su poder la banca.

banqueta 1 f. Asiento bajo sin respaldo, o banco pequeño, que puede emplearse para sentarse, para poner los pies, etc. ≃ *Taburete. ⇒ Escabel. **2** *En las alcantarillas, andén para poder recorrerlas.* **3** FORT. *Plataforma a lo largo de la muralla sobre la que pueden estar los soldados, resguardados por ésta.* **4** (Guat., Méj.) **Acera de la calle.* ⇒ Embanquetar.

banquetazo m. Aum. pond. de «banquete»: 'Nos dieron un banquetazo'.

DARSE UN BANQUETAZO. Darse un banquete.

banquete (del fr. «banquet», del it. «banchetto»; «Celebrar, Tener; Dar, Ofrecer») m. Comida a la que concurren muchas personas, con que se agasaja a alguien o se festeja algún acontecimiento. ⊙ («Dar[se]») Comida espléndida, extraordinaria. ≃ Comilona, festín. ⇒ Ágape, architriclino, cogüerzo, comida, comilona, confuerzo, *convite, festín, gaudeamus, lectisternio, simposio. ➤ Bambochada.

DAR UN BANQUETE. Agasajar a alguien con un banquete.

DARSE UN BANQUETE. Comer espléndidamente. ≃ Darse un BANQUETAZO.

banquetear 1 (inf.) tr. Dar un banquete o banquetes a ➘alguien. **2** (reflex.; inf.) Proporcionarse una espléndida comida.

banquillo 1 m. *Banqueta.* **2** Asiento en que se sitúa el acusado ante el *tribunal. Se usa mucho con sentido figurado en frases como «ir al banquillo, sentarse en el banquillo», significando haber cometido un delito, ser procesado, etc. **3** DEP. En fútbol, baloncesto y otros *deportes, asiento donde permanecen los jugadores suplentes y el entrenador durante el partido.

banquina (Arg., Ur.) f. *Arcén.*

banquisa (del fr. «banquise») f. Gran extensión de hielos costeros en las regiones polares.

banquito (dim. de «banco»; Cuba, Perú, R. Dom., Ven.) m. *Taburete.*

bantú 1 adj. y n. Se aplica a una familia lingüística que se extiende por el África ecuatorial y meridional. **2** Se aplica a un grupo de pueblos sin unidad étnica, cuyas lenguas pertenecen a esta familia, y a sus cosas.

banzo 1 m. *En una armazón con travesaños, por ejemplo una escalera, cada uno de los dos largueros o palos principales que soportan a los otros.* ⊙ *En el bastidor de bordar, cada uno de los palos que llevan una cinta a la que se cose la tela.* **2** *Lado en declive de una acequia, un canal u otro *cauce.* ≃ Quijero.

baña (de «bañar») f. *Bañadero.*

bañadera 1 (Arg., Cuba) f. *Bañera.* ⇒ *Baño. **2** (Arg.) *Autobús descubierto.*

bañadero m. CAZA. *Charco o lugar a donde suelen acudir los animales para bañarse.* ≃ Bañil.

bañado, -a 1 Participio adjetivo de «bañar»: 'Bañado en sudor. Los países bañados por el Mediterráneo'. ⊙ Se aplica a los bollos, pasteles y otros dulces cubiertos de azúcar glaseado, chocolate, etc. **2** (Hispam.) m. *Terreno pantanoso o con *charcos.*

bañador m. Prenda usada para bañarse en lugares públicos. ≃ TRAJE de baño. ⇒ Calzoneta, malla, ROPA de baño, TRAJE de baño, trusas.

bañar (del lat. «balneāre») **1** tr. *Sumergir una ↘cosa en agua u otro líquido con alguna finalidad: 'Bañar los bizcochos en leche'. ⊙ Lavar todo el cuerpo, particularmente en la bañera: 'Hemos bañado al gato'. Muy frec. reflex.: 'Voy a bañarme porque me he ensuciado con la grasa del coche'. ⊙ (reflex.) Meterse en el agua del mar, de una piscina, etc., especialmente por placer. ⊙ («con, de, en») Mojar enteramente una ↘cosa, con agua u otro líquido: 'Bañar en sudor'. **2** Tocar el *mar en cierto ↘sitio o pasar un *río por cierto ↘lugar: 'El mar del Norte baña las costas de Inglaterra'. **3** («con») Recubrir una ↘cosa con una *capa de algo; particularmente, un bizcocho, pastel u otro dulce con azúcar, almíbar, chocolate, etc., o un objeto con oro o plata. **4** Dar completamente la *luz o el *sol sobre alguna ↘cosa: 'El sol bañaba la terraza a esa hora'. **5** *Entre zapateros, dejar un reborde de suela todo alrededor del ↘*calzado, para resguardar el material.* **6** PINT. *Dar un color transparente sobre ↘otro.*
V. «bañarse en AGUA de rosas».

bañera 1 f. Recipiente para bañarse. ≃ *Baño. **2** BAÑERA de litotricia. **3** MAR. *Espacio abierto en la cubierta de un balandro, en el que se instala el tripulante.*
BAÑERA DE LITOTRICIA. MED. Recipiente similar a una bañera llena de agua, en la que se introduce a un paciente para practicarle la litotricia.

bañero, -a n. *Persona que está al cuidado de los que se bañan en una playa o balneario.*

bañil m. *Bañadero.*

bañista n. Persona que acude a una playa, piscina o balneario para bañarse.

baño[1] (del lat. «balnĕum») **1** m. Acción de bañarse: 'Tomar un baño caliente. Tomar los baños en un balneario'. **2** Recipiente para bañarse. ≃ Bañera. **3** Habitación de la casa donde están la bañera, el lavabo, el retrete y el resto de los servicios de higiene. ≃ CUARTO de baño. **4** Exposición del cuerpo a la acción de un agente físico, como el sol, el vapor, etc. **5** (Ast., Gal.) *Artesón de madera o recipiente de piedra en que se mete la carne del *cerdo para conservarla.* **6** Líquido en que se baña algo o alguien. ⊙ Particularmente, líquido en que se sumerge un objeto para recubrirlo de oro, plata, etc.: 'Un baño muy concentrado'. **7** (ant.) **Lavadero público.* **8** (pl.) Lugar donde se toman baños; particularmente, medicinales: 'Este año iré a los baños'. **9** *Capa, por ejemplo de azúcar glaseado o de oro, plata u otro metal, con que está recubierta una cosa. **10** PINT. *Mano de pintura que se da sobre otra extendida como preparación.* **11** Cantidad muy pequeña o superficial que se atribuye a alguien de una buena cualidad, de educación, de conocimientos de cierta cosa, etc.: 'Tiene un cierto baño de distinción. Allí reciben un ligero baño de formación militar'. ≃ Barniz, *capa, tinte. **12** METAL. *Masa de metal fundido reunida en el crisol de un horno.* **13** QUÍM. *Calor templado obtenido mediante la interposición de la materia que se expresa entre el foco calorífero y la cosa que se calienta*: 'Baño de arena [o de cenizas]'.
BAÑO [DE] MARÍA. Procedimiento para *calentar algo que consiste en ponerlo no directamente al fuego, sino dentro o encima de una vasija con agua, puesta al fuego.
B. RUSO. *Baño de vapor seguido de una ducha fría.*
B. DE SANGRE (inf.). Matanza de personas.
B. TURCO. Práctica consistente en tomar un baño de vapor hasta que se produce un abundante sudor, que se realiza con fines higiénicos o terapéuticos. ⊙ Instalación en que se lleva a cabo. ⇒ Sauna.
BAÑOS TERMALES. Baños de agua mineral en que sale el agua caliente. ⇒ Caldas.
V. «CASA de baños, CASETA de baños, CUARTO de baño».
DAR UN BAÑO a alguien (inf.). Mostrarse alguien superior sobre sus contrincantes en una actividad: 'Nuestro equipo dio un buen baño a su rival. El alumno dio un baño a sus condiscípulos'. ⇒ Pasar por la PIEDRA, vapulear.
IR AL BAÑO. Expresión eufemística con el mismo significado de «ir al servicio, ir al retrete», etc.
V. «MÉDICO de baños, TRAJE de baño».

□ CATÁLOGO
Forma prefija, «balneo-»: 'balneoterapia'. ➤ Afusión, ducha, ilutación, inmersión, lavacro, maniluvio, pediluvio, perfusión. ➤ Artesa, bañadera, bañera, jacuzzi, pila, pileta, piscina, plato, polibán, semicupio, tina. ➤ Baña, bañadero, bañil. ➤ PARQUE acuático. ➤ Calentador, termosifón. ➤ Estrigilación. ➤ Aguas, alema, balneario, baños, caldario, caldas, termas. ➤ Espoliario. ➤ Aguagriero, agüista. ➤ Novenario. ➤ MÉDICO de baños. ➤ CASA de baños. ➤ Balneoterapia, CURA de aguas, hidroterapia, talasoterapia. ➤ Tomar las AGUAS. ➤ Caseta de baños. ➤ *Albornoz, bañador, bermudas, biquini, maillot, malla, monobiquini, dos PIEZAS, tanga, taparrabos, TRAJE de baño. ➤ *Agua. *Empapar. *Mojar. *Nadar. *Playa. *Sudar.

baño[2] (¿de «baño[1]», porque la primera prisión de cautivos cristianos en Constantinopla fue una antigua casa de baños?) m. Especie de campamento donde los moros tenían a los cautivos; como los «Baños de Argel», donde estuvo encerrado Cervantes.

bañón (de «Bañón», población de la provincia de Teruel) V. «PALO de bañón».

bao (del fr. «bau») **1** m. MAR. Cada una de las piezas que unen los costados del *barco y sirven de asiento a las cubiertas. **2** MAR. Barrote de los dos que sostienen las cofas (plataformas puestas en los palos del *barco).

baobab (de or. africano; *Adansonia digitata)* m. Árbol bombacáceo del África tropical, cuyo tronco llega a alcanzar 10 m de circunferencia.

baptismo (del lat. «baptismus», del gr. «baptismós») **1** (ant.) m. *Bautismo.* **2** Doctrina protestante cuyos adeptos reciben el bautismo por inmersión cuando son adultos.

baptista 1 adj. Del baptismo. **2** n. Seguidor de esta doctrina.

baptisterio (del lat. «baptisterĭum»», del gr. «baptistḗrion») **1** m. Lugar en una *iglesia donde está la pila bautismal. ⊙ Edificio, generalmente de planta redonda o poligonal, próximo a un templo, construido especialmente para ella. **2** Pila bautismal.

baptizador o **baptizante** (ant.) m. *El que bautiza.*

baptizar (del lat. «baptizāre», del gr. «baptízō», sumergir; ant.) tr. *Bautizar.*

baptizo (ant.) m. *Bautizo.*

baque (de or. expresivo) m. **Porrazo.*

baqueano, -a adj. y n. *Baquiano.*

baquear (de «baque») intr. MAR. *Dejarse llevar una embarcación por la corriente del agua cuando ésta lleva más velocidad que la que le imprimiría el viento.*

baquelita (de «Baekeland», descubridor de este material) f. Resina sintética *plástica con que se fabrican diversos objetos, por ejemplo *aislantes, y que se emplea también en la fabricación de pinturas y barnices.

baquero adj. y n. m. V. «SAYO baquero».

baqueta (del it. «bacchetta», dim. de «bacchio», bastón) f. *Designa diversos objetos que consisten en una varilla delgada.* ⊙ MIL. La que se emplea para limpiar o *atacar las *armas de fuego. ⊙ *La que emplean los *picadores, frecuentemente de membrillo, para manejar los caballos.*

⊙ ARQ. *El «junquillo» de las *molduras arquitectónicas.* ⊙ (gralm. pl.) MÚS. Palillo del *tambor.

A LA BAQUETA («Llevar, Tratar»). Desconsideradamente, con dureza o severidad. ⇒ *Maltratar.

baquetazo **1** m. *Golpe dado con un palo. **2** («Darse, Pegarse») Golpe violento que alguien se da al caerse. ≃ Batacazo, *porrazo. ⊙ Caída en que se recibe un golpe violento.

TRATAR A BAQUETAZOS a alguien (inf.) Tratarle de forma severa o desconsiderada.

baqueteado, -a Participio adjetivo de «baquetear». ⊙ Maltratado por una vida de excesivo trabajo o penalidades. ⊙ *Experimentado o curtido en un trabajo u otra cosa.

baquetear (de «baqueta») tr. Molestar mucho a ˇalguien; por ejemplo, haciéndole ir a distintos sitios o realizar muchas gestiones para algo. ⊙ Hacer pasar trabajos o penalidades.

□ CATÁLOGO

Aburrir, achicharrar, aperrear, asenderear, brear, *cansar, llevar como un DOMINGUILLO, traer al ESTRICOTE, fatigar, freír, hamaquear, hacer ir de HERODES a Pilatos, hacer IR de acá para allá, jugar con, llevar [o hacer ir] de un LADO para otro, dar la LATA, LLEVAR de acá para allá, marear, moler, potrear, traer al RETORTERO, llevar [o hacer ir] de un SITIO para otro, TRAER a mal traer, traquetear, trastear, hacer dar VUELTAS, zamarrear, zarandear, llevar [o traer] como un ZARANDILLO. ➤ Asendereado, gastado, trabajado. ➤ *Entretener. *Freír. *Maltratar. *Molestar.

baqueteo m. Acción de baquetear.

baquetón m. ARQ. *Baqueta algo más gruesa que la corriente.*

baquía (de or. haitiano) **1** f. *Conocimiento de las sendas, caminos y accidentes de un país.* **2** (Hispam.) **Habilidad para trabajos manuales.*

baquiano, -a (de «baquía») **1** adj. y n. *Conocedor de sendas, caminos, etc.* **2** m. **Guía para andar por ellas.* **3** (Hispam.) adj. *Experto en cierta cosa.*

báquico, -a adj. Relacionado con el dios Baco, o con la borrachera o el *vino.

baquio (del lat. «bacchīus», del gr. «bakcheîos») m. MÉTR. **Pie de la poesía griega y latina compuesto de una sílaba breve seguida de dos largas.* ≃ Pariambo.

báquira (de or. caribe) m. *Pecarí.*

bar[1] (del ingl. «bar», barra) m. Establecimiento donde se toman bebidas y cosas de *comer, especialmente de pie o sentado en taburetes delante del mostrador, el cual tiene una barra donde los consumidores pueden apoyarse. ⇒ *LOCAL público. ⊙ Este tipo de local en sitios como estaciones, cines o teatros.

V. «MUEBLE bar».

bar[2] (del gr. «báros», peso) m. *Unidad de presión.* ≃ Baro. ⇒ Milibar.

baraca (del ár. marroquí «bāraka») f. *En Marruecos, don divino atribuido a los *jerifes o morabitos.*

baracaldés, -a adj. y, aplicado a personas, también n. *De Baracaldo.*

barafunda (ant.) f. *Barahúnda.*

barago m. **Zarzo en que se ponen a *secar las *castañas.*

barahá (del hebr. «bĕrākāh», bendición; ant.) f. **Oración (acción de orar) entre los *judíos.*

barahúnda (de «barafunda») f. Gran *ruido, confusión o *desorden.

barahustar (ant.) tr. *Baraustar.* ⇒ Desbarahustar.

baraja **1** (gralm. pl.) f. **Riña entre varias personas.* **2** Conjunto de naipes. ⊙ Juego realizado con ellos: 'Jugar a la baraja'. **3** (n. calif. o término de comparación) n. *Se aplica a un libro desencuadernado, con las hojas sueltas.*

JUGAR CON DOS BARAJAS. Proceder con falsedad, adoptando según la conveniencia dos actitudes o comportamientos distintos.

ROMPER LA BARAJA (inf.). *Anular el compromiso o acuerdo que existe entre varias personas: 'O trabajamos todos o se rompe la baraja'.

□ CATÁLOGO

Cartas, cuaderno, LIBRO de las cuarenta hojas, naipes. ➤ Tapete verde. ➤ JUEGO de cartas, JUEGO carteado, JUEGO de envite, JUEGO de naipes. ➤ Albures, alcalde, andaboba, bacará, bacarrá, *báciga, berlanga, birlonga, bobo, bridge, brisca, burro, cacho, calzón, canasta, cané, capadillo, cargadas, carteta, cascarela, chilindrón, chinchón, chipolo, ciega, cientos, cinqueño, cinquillo, comercio, cometa, comprado, cuatrillo, CUCA y matacán, dobladilla, dosillo, ecarté, emperrada, escoba, faraón, flor, ginebra, golfo, guerrilla, guiñote, hombre, infierno, julepe, mala, malcontento, malilla, manta, matarrata, mazo, mediator, mona, *monte, mus, parar, pecado, pechigonga, perejila, pichona, pinacle, pinta, póquer [o poker], quince, quinolillas, quintillo, reinado, renegado, rentilla, rentoy, revesino, rocambor, sacanete, secansa, SIETE y medio [o SIETE y media], los tres SIETES, solitario, solo, tarot, tenderete [robador], tomate, tonto, treinta, TREINTA y cuarenta, TREINTA y una, tresillo, truco, truque, truquiflor, tute, TUTE arrastrado, veintiuna, zanga. ➤ Mano, talla. ➤ Zarangollo. ➤ Aire, albur, ali, amarraco [o amarreco], bola, brincho, burrada, cacho, capote, carambola, cascarón, catorce, codillo, CODILLO y moquillo, color, contracolor, las cuarenta, dengue, DIEZ [de] últimas, elijan, encaje, encuentro, entrada, entrés, escalera, escalerilla, escarapela, espadillazo, estuche, ESTUCHE mayor, ESTUCHE menor, garatusa, martingala, napolitana, pique, piscolabis, primera, primeras, las cinco primeras, quínola, relance, renuncio, retruco, retruque, sacada, sexta, sietelevar, tenaza, tercera, TERCERA mayor, TERCERA real, tercia, trascartón, tururú, al ver, voltereta, vuelta. ➤ Flor, fullería, *trampa. ➤ ¡Zape! ➤ Ida y VENIDA, todo. ➤ Abatir, acodillar, acusar, alzar, amollar, jugar los AÑOS, apuntar, arrastrar, arrunflar, asistir, atravesar, baldar, *barajar, asentar la BAZA, soltar la BAZA, dar BOTA, mirar por BRÚJULA, brujulear, dar CAPOTE, cargar, no ver CARTA, sacar CARTAS, cartear, casar, contrafallar, copar, cortar, dar, desbancar, descartarse, destajar, destriunfar, jugar DISCRECIONES, doblar, empandillar, empatadera, encartar[se], encerrar, encimar, endosar, entrar, envidar, sacarse la ESPINA, fallar, falsear, farol, florear, ganar, entrar con HACHES y erres, ir, acudir el JUEGO, despintarse el JUEGO, *jugar, dar JULEPE, levantar, ligar, llevar, matar, merendar, morir, acudir el NAIPE, florear el NAIPE, peinar los NAIPES, tirar de la OREJA a Jorge, tirar la[s] OREJA[s], partir, pasar, pedir, perder, picar, pintar, plantarse, poner, proponer, menear los PULGARES, quebrar, querer, quinolear, reenvidar, renunciar, repicar, reservar, echar el RESTO, retrucar, cortar el REVESINO, pedir REY, robar, hacer RONDA, sacar, saltar, señalar, servir, tallar, tenderse, tomar, topar, trascartarse, traspintar, triunfar, trucar, mirarse las UÑAS, VERLAS venir, zambucar, zapear. ➤ Baldo, banquero, baratero, bolo, chamarillero, chamarillón, cuco, fallador, fallo, fullero, jugador, leonero, pareja, pelete, punto, semifallo, *tahúr, zapatero. ➤ Gancho. ➤ *Mirón. ➤ Banca. ➤ Apuesta, chacho, dote, encaje, enchilada, encimada, envido, envite, órdago, pároli, polla, posta, pozo, *puesta, reenvite, repuesto, resto, RESTO abierto, vale. ➤ Consolación, dulces. ➤ Manjar, palo, PALO de favor. ➤ Arcano, as, bastos, caballo, copas, corazones, diamantes, espadas, joker, oros, picas, rey, sota, tréboles, tres, valet. ➤ Acuse, alce, azar, baceta, cabo, cargada, CARTA blanca, CARTA falsa, CARTA vista, CASA grande, comodín, contrajudía, copeta, cuarta, descargada, descarte, espadilla, favorito, figura, gallo, guarda, judía, marica, mata, matacán, matador, mate, muestra, napolitana, pendanga, perica, perico, pericón, puerta, quinta, ronda, runfla, runflada, triunfo. ➤ Encarte. ➤ Pinta. ➤ *Trampa. ➤ Calidad. ➤ Bolla. ➤ CASA de juego, casino, chirlata, garito, gazapón, tablaje, tahurería, tasca, *timba. ➤ Naipera. ➤ Platillo. ➤ Cartomancia. ➤ *Juego.

barajado, -a Participio adjetivo de «barajar».

barajador, -a (de «barajar») adj. **Pendenciero.*

barajar 1 («con») intr. *Reñir o enemistarse una persona con otra. **2** tr. o abs. Desordenar las ↘cartas de la baraja, por ejemplo separando el conjunto en dos partes y volviendo a juntarlas de modo que entren las de uno de los montones entre las del otro. ⇒ Alzar, cortar, levantar, partir. **3** tr. Por extensión, mezclar o desordenar ↘algo como documentos o cartas. **4** Con ↘cifras, citas, datos y cosas semejantes, emplearlos o *manejar muchos en una exposición, un estudio, etc. **5** Considerar las distintas ↘posibilidades que afectan a un asunto antes de tomar una decisión o llegar a una conclusión; por ejemplo, los nombres de varias personas al hacer un nombramiento. **6** EQUIT. *Tirar de ambas ↘*riendas para refrenar el caballo.* **7** *Estorbar el *juego que va a hacer el contrario, en el juego de *dados y en el de la *taba.* **8** (Hispam.) *Recoger alguien en el aire un ↘objeto que arroja otro.* **9** (Hispam.) *Detener o esquivar un ↘golpe.* **10** (ant.) **Atropellar: tratar alguien sin consideración a ↘*cosas o personas por atender a su conveniencia o gusto.*

barajón (del b. lat. «barallĭo, -ōnis», del lat. «vara») m. *Utensilio empleado en algunos sitios para andar por la *nieve sin hundirse, consistente en una armadura que sostiene una tela y se ata debajo del *calzado, o en una tabla con tres agujeros en que entran los tarugos de los zuecos.*

barajustar (ant.) tr. *Baraustar.* ⇒ Desbarajustar.

baranda[1] (del lat. «vara») **1** f. Barandilla. **2** Banda: cerco que bordea la mesa de *billar.

baranda[2] (desp.) m. Se usa para referirse a un persona.

barandado o **barandaje** m. *Barandilla.*

barandal 1 m. Barandilla. **2** Larguero de los dos que sostienen los balaustres, barras, etc., en una barandilla o balaustrada.

barandilla (dim. de «baranda») **1** f. *Antepecho de *balcón, escalera, etc., formado por balaustres, barras, un trabajo de rejería, etc., sostenido entre dos largueros que se llaman barandales, el superior de los cuales es liso y permite apoyarse o pasar la mano por él. ⊙ Por extensión, pequeña pared baja que hace el mismo efecto que la barandilla, o verja baja, aunque no tenga barandales. ⇒ Barbacana, colaña, guardalado, pretil, rastel. ➤ *Antepecho. *Pasamanos. **2** Barandal superior, que sirve para apoyarse o pasar la mano.

barangay (del tagalo «balañgay») **1** m. **Barco de remos usado en Filipinas.* **2** *Cada uno de los grupos de cuarenta y cinco o cincuenta *familias en que se divide el vecindario de los pueblos de indígenas en Filipinas, cada uno gobernado por un jefe.*

barangayán (de «barangay») m. *Lancha grande de poco calado, usada en Filipinas.* ≃ Gubán.

baraña 1 f. *Maleza.* **2** *Mota que se percibe por un defecto de la vista.*

baraño (de «baraña»; León, Sal.) m. **Montón alargado de heno recién guadañado y tendido en tierra.* ⊙ *Cada montón correspondiente a un golpe de guadaña.* ⇒ *Segar.

barata[1] (del lat. «blatta»; Zam., Chi., Perú) f. **Cucaracha.*

barata[2] (del ant. «baratar», ¿de or. prerromano?) **1** (Méj.) f. **Liquidación (venta con rebaja).* **2** *Baratura.* **3** (ant.) **Fraude o *engaño.* **4** *Venta hecha con engaño, por ejemplo para volver a comprar inmediatamente la misma cosa por mucho menos precio.* **5** **Cambio, trueque.* ≃ *Mohatra. **6** *En el juego de las *tablas reales, disposición de las piezas tendente a ocupar las dos últimas casillas del contrario.*

baratador, -a 1 adj. y n. *Que [o el que] hace cambios de cosas.* **2** (ant.) *Mentiroso o estafador.*

baratar (¿de or. prerromano?) **1** (ant.) tr. **Comprar o *vender una ↘cosa por menos de su precio ordinario.* **2** (ant.) **Cambiar unas ↘cosas por otras.* **3** (ant.) **Actuar u *obrar.*

baratear 1 tr. *Vender una ↘cosa *barata.* **2** (ant.) **Regatear.*

baratería 1 (ant.) f. **Delito cometido con engaño.* **2** DER. *Fraude en una compra, venta o cambio. **3** DER. Delito del juez que admite dinero o regalos para dar una sentencia, aunque ésta sea justa. ⇒ *Soborno.

BARATERÍA DE CAPITÁN [O DE PATRÓN]. MAR. *Negligencia de los mandos o la tripulación de un barco, o cualquier acto de éstos que perjudica al armador, al cargador o a los aseguradores.*

baratero, -a 1 (ant.) adj. *Engañoso.* **2** m. *Hombre que cobra el barato en el *juego.* **3** adj. y n. Se aplica al que vende barato.

baratía (Col.) f. *Baratura.*

baratija f. *Chuchería o *pequeñez; cosa de poco precio o valor.

baratillo 1 m. *Puesto de venta de cosas a bajo precio. ≃ Barato. ⊙ Conjunto de cosas que se venden así. **2** (ant.) *Reunión de gente por la noche en algún rincón de una plaza, en la que se *compraba, se *vendía o se cambiaba con trampas y engaños.*

baratista (ant.) n. *Persona que se dedicaba a hacer cambios o era aficionada a hacerlos.*

barato, -a (del ant. «baratar») **1** m. *Tienda o puesto en que se venden géneros a bajo precio. **2** (ant.) *Abundancia o baratura de cierta mercancía.* **3** *En el *juego, cantidad que daba voluntariamente o por fuerza el jugador que ganaba al baratero.* ≃ Chinga. **4** (ant.). **Fraude o *engaño.* **5** adj. De poco precio por su naturaleza: 'Sólo usa vestidos baratos'. ⊙ («Ser; Estar, Resultar, Salir») Se aplica a lo que cuesta relativamente poco dinero por las circunstancias: 'El viaje me ha salido muy barato. La vida está allí barata'. ⊙ Aplicado a lugares, significa que la vida está barata en ellos: 'Una ciudad barata'. ⊙ adv. A bajo precio: 'Allí se come barato'. ⊙ Se usa con frecuencia con los verbos «comprar», «vender» y «costar»: 'Compra barato y vende caro'. ⊙ adj. Si se expresa la cosa comprada, concierta con el nombre de ella: 'La casa le costó barata'. **6** Se aplica a lo que se logra con poco esfuerzo. **7** De poco valor: 'filosofía barata'.

COBRAR EL BARATO. **1** *Hacerlo el baratero en el juego.* **2** *Obtener provecho una persona en algún asunto por su intervención al margen de él o por el miedo que impone a los interesados en él.*

DAR DE BARATO. *Conceder o ceder en cierta cosa porque no tiene mucha importancia para el fin principal.*

DARSE BARATO. *Conformarse con una cosa inferior a sus merecimientos.

LO BARATO ES CARO. Frase con que se da a entender que al final resulta caro comprar algo barato debido a su falta de calidad.

□ CATÁLOGO

Abatido, acomodado, bajo, baldono, convenible, económico, de lance, moderado, módico, de [o en] oferta, por un PEDAZO de pan, razonable, reducido, regalado, sobrebarato, por los suelos, tirado. ➤ Oferta. ➤ Baratillo. ➤ Abaratamiento, baja, bajón, depreciación. ➤ Abaratar[se], bajar, baratar, baratear, desencarecer, *liquidar, malbaratar, malvender, realizar, rebajar, rematar. ➤ Desestimar, desquilatar, desvalorar. ➤ *Ganga, *liquidación. ➤ Cangallero. ➤ *Caro. ➤ *Precio. *Vender.

baratón, -a (de «baratar») **1** (ant.) n. *Baratista.* **2** (ant.) *Persona que se dedica a comprar y vender; especialmente, *tratante en caballerías.* ≃ Chalán.

báratro (del lat. «barăthrum», del gr. «bárathron»; gralm. con mayúsc.) m. MIT. *Lugar donde residen las almas de los muertos.* ⊙ (gralm. con mayúsc.; lit.) **Infierno.*

baratura 1 f. Cualidad de barato. **2** Ocasión o circunstancias en que cierta cosa está excepcionalmente barata: 'Hacen la conserva en la baratura del tomate'.

baraúnda f. Barahúnda.

baraustar (de «barahustar») **1** tr. **Asestar un ˘arma.* **2** **Desviar el golpe de un ˘arma.* **3** (ant.) **Trastornar a ˘alguien.*

barauste (del lat. «balaustĭum»; ant.) m. *Balaustre.*

barb- Raíz de sonido expresivo o imitativo: 'barbotar, barbullar'. ⇒ B...b.

barba (del lat. «barba») **1** f. *Barbilla: parte de la cara que está debajo de la boca. **2** (sing. o pl.) Pelo que crece en esa parte y en las mejillas. ⊙ («Dejarse») Ese pelo crecido y cuidado convenientemente. ⊙ (gralm. pl.) Pelos largos de los animales en esa parte: 'Las barbas del chivo'. **3** Se aplica también a las *carúnculas, por ejemplo de los gallos. **4** (pl.) Conjunto de filamentos que tiene alguna semejanza con las barbas; como los de los lados de las *plumas y los de algunas *raíces. ⊙ Filamentos o desigualdades que quedan como imperfección en el *borde de algunas cosas; por ejemplo, las del papel cortado o las de un dibujo a la aguada. **5** Láminas córneas y flexibles que tienen las ballenas en la mandíbula superior. ≃ Ballenas. **6** (ant.) m. **Actor de teatro que hace papeles de hombre maduro o viejo.* ⇒ Característico. **7** f. APIC. *Primer enjambre de *abejas que sale de la colmena.* **8** APIC. *Parte superior de la *colmena, donde se ponen las abejas cuando se va formando nuevo enjambre.*

BARBA CABRUNA (*Tragopogon porrifolium* y *Tragopogon pratense*). Planta compuesta, de hojas lanceoladas, cuya raíz se come cocida. ≃ Salsifí.

B. CERRADA. La muy espesa.

B. CORRIDA. La que se deja crecer sin afeitar ninguna parte de ella.

BARBAS DE CHIVO. Las muy largas, sólo en la parte de la barbilla, y en punta.

CON TODA LA BARBA. Se aplica ponderativamente a un hombre ya adulto o maduro, o con todas las cualidades que se consideran propias de él: 'El hijo de Sara ya es un hombre con toda la barba'. ≃ HECHO y derecho.

CUANDO LA[S] BARBA[S] DE TU VECINO VEAS PELAR, PON LA[S] TUYA[S] A REMOJAR. Refrán que se emplea como aviso o que aconseja escarmentar con lo que se ve que les pasa a otros.

EN LAS BARBAS. de alguien En su *presencia, lo que supone *descaro o frescura.

HACER[SE] LA BARBA. *Afeitar[se].

MENTIR CON TODA LA BARBA [POR LA BARBA O POR MITAD DE LA BARBA]. Mentir con descaro.

V. «PAPEL de barba[s]».

POR BARBA. Refiriéndose a un *reparto, equivale a «por cada persona»: 'Tocamos a mil pesetas por barba'.

SUBIRSE alguien A LAS BARBAS de otro. Faltarle al *respeto.

□ CATÁLOGO

Balcarrotas, *bigote, candado, chuletas, mosca, patilla, perilla, sotabarba. ➤ Geniano. ➤ Barbiblanco, barbicacho, barbicano, barbicastaño, barbicorto, barbiespeso, barbihecho, barbilampiño, barbilindo, barbillas, barbilucio, barbiluengo, barbimoreno, barbinegro, barbiponiente, barbipungente, barbirralo, barbirrapado, barbirrojo, barbirrubio, barbirrucio, barbitaheño, barbiteñido, barbón, barbudo. ➤ Mesar[se]. ➤ Barrillo, barro, mentagra. ➤ Bosque. ➤ Cañón. ➤ Pelluzgón. ➤ Carilampiño, imberbe, lampiño, rapagón. ➤ Barbear, desbarbar, embarbecer. ➤ Sobarba. ➤ *Afeitar.

barbacana (del ár. and. «báb albaqqára», puerta vaquera, porque el recinto que protegía esta fortificación se empleaba para guardar el ganado con que los sitiados se abastecían de carne) **1** f. FORT. Fortificación aislada, delante de una puerta, en la entrada de un puente, etc. **2** FORT. Abertura muy estrecha, vertical, hecha en un muro, a través de la cual se puede *disparar. ≃ Aspillera, saetera. ⊙ FORT. Abertura a través de la cual se *disparan los cañones. ≃ Tronera. **3** **Muro bajo que rodea a veces una plazuela delante de una iglesia.*

barbacoa (de or. antillano) **1** (Hispam.) f. **Cañizo sostenido sobre patas, que sirve de *cama.* **2** (Hispam.) **Cabaña construida sobre árboles o estacas.* **3** (Hispam.) *Armazón de tabla o de cañizos en la parte alta de las casas, donde se guardan granos o frutos.* ⊙ *La misma pieza o *desván en que están.* **4** (C. Rica) **Emparrado o armazón sobre el que se extienden las plantas enredaderas.* **5** (Hispam.) *Armazón de tablas, subida en la cual puede una persona *vigilar los maizales.* ⇒ Bienteveo, candelecho. **6** (Méj.) *Conjunto de palos de madera verde puestos paralelos, sobre el que los indios *asan la carne.* ⊙ (Méj.) *Carne asada de ese modo.* **7** Parrilla para asar al aire libre. ⊙ Comida hecha en la barbacoa.

barbacuá f. *Barbacoa.*

barbada (de «barba») **1** f. *Cadenilla o hierro curvo que une las dos camas del *freno de una caballería por debajo de la barbilla.* **2** (Bol., Perú) *Barboquejo.* **3** **Quijada inferior de las caballerías.* **4** *Pieza de madera adosada al violín e instrumentos parecidos sobre la que apoya la barbilla el que lo toca.* **5** (*Gaidropsarus mediterraneus* y *Gaidropsarus vulgaris* y otras especies) Nombre dado a varias especies de *peces teleósteos gadiformes del Mediterráneo, parecidos al bacalao.

barbadamente (ant.) adv. *Fuerte o varonilmente.*

barbadense adj. y, aplicado a personas, también n. De Barbados, isla de las Antillas.

barbado, -a 1 adj. y, aplicado a personas, también n. m. Con barba. **2** m. AGRIC. *Plantón que se planta con raíces. **3** AGRIC. *Tallo que brota de la raíz de la planta. **4** adj. *Barbato.*

barbaja (desp. de «barba») **1** (pl.) f. AGRIC. *Primeras *raíces que echan las plantas recién plantadas.* **2** (*Scorzonera laciniata*) Planta compuesta parecida a la escorzonera. ≃ TETA de vaca.

barbaján (¿del it. «barbagianni», cierta ave nocturna?; Cuba, Méj.) adj. y n. *Tosco, basto.*

barbar 1 intr. *Echar barbas un hombre.* ≃ Embarbecer. **2** (Arg.) AGRIC. *Echar raíces las plantas.* **3** APIC. *Criar las *abejas.*

barbara m. LÓG. *Uno de los modos posibles del *silogismo, perteneciente a la primera figura.*

bárbaramente 1 adv. Con barbarie o crueldad. **2** Se usa «bárbaramente» con significado correspondiente de «bárbaro» en el sentido de «tremendo, estupendo».

barbarería (ant.) f. *Barbaridad.*

barbaresco, -a (ant.) adj. *Bárbaro.*

barbaria (del lat. «barbarĭa»; ant.) f. *Barbarie.*

barbáricamente adv. *De forma barbárica.*

barbárico, -a adj. *De los pueblos bárbaros o relativo a ellos.*

barbaridad 1 f. Aplicado a cosas, cualidad de bárbaro: 'La barbaridad de una medida política'. **2** Hecho imprudente, demasiado atrevido, desconsiderado, insultante o brutal: 'Hizo la barbaridad de comerse dos docenas de pasteles. Es una barbaridad correr a esa velocidad [gritar en la calle a media noche, bombardear ciudades abiertas, casarse sin tener con qué vivir]'. ≃ *Disparate. **3** *Equivocación muy grande: 'Su examen está plagado de barbaridades'. ≃ Disparate. **4** («Decir») Insulto, juramento, maldición o expresión malsonante: 'Perdió los estribos y empezó a decir barbaridades'. ≃ Disparate.

¡QUÉ BARBARIDAD! Exclamación de asombro que lo mismo puede implicar admiración que consternación, desaprobación o disgusto: '¡Qué barbaridad lo que te ha costado ese traje! ¡Qué barbaridad, cuánto sabes!'.

UNA BARBARIDAD (inf.). Mucho: 'Tengo una barbaridad de trabajo esta semana'. ≃ Una atrocidad, una enormidad. ⊙ Cuando la cosa ponderada va implícita en el verbo, puede no expresarse: 'Bebe una barbaridad. Gasta una barbaridad'.

barbarie 1 f. Estado de incultura o atraso de un pueblo. **2** Crueldad, brutalidad.

barbarismo (del lat. «barbarismus») **1** m. LING. *Palabra o expresión tomada o adaptada de una lengua extranjera en el idioma de que se trata. ≃ Extranjerismo. **2** LING. Palabra o expresión incorrecta o mal empleada. ≃ Solecismo.

barbarizante adj. y n. *Se aplica a la persona que barbariza.*

barbarizar intr. *Decir barbaridades o *disparates.*

bárbaro, -a (del lat. «barbărus», del gr. «bárbaros», extranjero) **1** adj. y n. Originariamente, lo aplicaron los griegos y, particularmente, los romanos, a los *pueblos y cosas ajenos a su cultura. ⊙ Después ha pasado a designar especialmente a los pueblos germánicos que hostilizaban al imperio romano y que acabaron por abatirlo en el siglo v. **2** (n. calif.) Se dice del que utiliza la fuerza y no la inteligencia: 'El muy bárbaro se ha empeñado en arrancar el clavo con los dientes'. ≃ *Bruto. ⊙ (n. calif.) Sin intención ofensiva, se aplica en lenguaje informal al que tiene mucha fuerza o vigor físico o abusa de ellos: 'Este bárbaro se baña en el río helado'. ≃ Bruto, salvaje. **3** Descortés, irrespetuoso o desconsiderado con otras personas. ≃ *Bruto. **4** Aplicado particularmente a cosas, *cruel: 'Un suplicio bárbaro'. **5** (pop.) adj. A veces se usa con el significado de «tremendo, estupendo»: 'Hace un frío bárbaro. Tengo un plan bárbaro'. ⊙ (pop.) adv. Estupendamente: 'Lo hemos pasado bárbaro'.

barbarote adj. Aum. generalmente afectuoso de «bárbaro».

barbatán (Méj.; n. calif.) adj. y n. m. *Se aplica a un hombre *tosco o brutal.*

barbato (del lat. «barbātus») adj. V. «COMETA barbato».

barbear 1 tr. *Llegar con la barbilla a cierto ↘sitio*: 'Los toros saltan la altura que barbean'. ⊙ («con») intr. *Llegar una cosa en *altura casi a la de otra.* **2** tr. **Afeitar la ↘barba o el bigote.* **3** intr. *Trabajar el barbero en su oficio.* **4** (Méj.) tr. *Coger una ↘res vacuna por la testuz o el hocico y un cuerno, y derribarla.* **5** **Fastidiar.* **6** (Méj.) **Lisonjear o *adular.* **7** intr. TAUROM. *Ir el *toro arrimado a la barrera olfateándola, como si buscase por dónde salir del ruedo.*

barbechada f. AGRIC. *Barbechera.*

barbechar (de «barbecho») **1** tr. AGRIC. Arar la ↘tierra y dejarla para que se meteorice y descanse durante cierto tiempo. **2** AGRIC. **Labrar la ↘tierra.*

barbechera 1 f. AGRIC. *Conjunto de barbechos.* ≃ Barbechada. **2** AGRIC. *Acción de barbechar.* ≃ Barbechada. ⊙ AGRIC. *Tiempo en que se barbecha.*

barbecho (del lat. «vervactum», de «vervagĕre», arar) **1** m. AGRIC. *Campo que se deja sin cultivar durante un año o más, para que descanse. ⊙ AGRIC. Estado de ese campo: 'Estar [o quedar] en barbecho'. ⇒ Añada, añojal, aramio, hoja, huebra, sabático. ➤ Huelga, rastrojera, rastrojo. ➤ Ennatado. ➤ Abarbechar, barbechar. ➤ *Erial. **2** AGRIC. *Campo ya labrado para sembrar en él.*

barbera f. *Pieza de la *armadura que cubría la barbilla.* ≃ *Babera, baberol, barbote, barbuta.

barbería f. Establecimiento de barbero. ⇒ Peluquería. ⊙ *Pieza destinada a peluquería en los *conventos.*

barberil (inf.) adj. Propio de barbero.

barbero[1] (Ál.) m. *Red que se tiende de una orilla a otra en los ríos, para pescar barbos.*

barbero[2]**, -a 1** (ya en desuso) m. Peluquero: hombre que tiene por oficio afeitar el bigote y la barba y cortar el pelo. ⇒ *Afeitar. **2** adj. y, aplicado a la navaja, también n. f. De la barba o relacionado con ella. **3** (Méj.; inf.) *Adulador.* **4** m. Nombre aplicado a varias especies de peces teleósteos del mar de las Antillas. La más conocida es el *Polynemus virginianus.*

barberol (de «barba») m. ZOOL. *Pieza de las que constituyen el «labio» inferior de los *insectos masticadores.*

barbeta (del fr. «barbette») **1** f. FORT. *Trozo de parapeto, generalmente en los ángulos de la muralla, destinado a que la artillería dispare al descubierto.* ⇒ Abarbetar, fortificar. **2** MAR. *Trozo de *cabo o de filástica.*

barbián, -a (del caló «barbán», aire; inf.) adj. y n., gralm. m. Desenvuelto y *simpático: '¡Ese muchacho es un barbián!'.

barbiblanco, -a adj. *Barbicano.*

barbicacho (del lat. «barba» y «capsus», caja) m. *Cierta *cinta o *tocado que se pasa por debajo de la barbilla.* ⇒ Barboquejo.

barbicano adj. *De barba canosa.*

barbicastaño, -a adj. *De barba de color castaño.*

barbicorto adj. *De barba corta.*

barbierita f. *Feldespato igual que la albita, pero que cristaliza en el sistema monoclínico.*

barbiespeso adj. *De barba espesa.*

barbihecho adj. *Recién afeitado.*

barbijo (de «barba») **1** (Sal., Hispam.) m. *Barboquejo.* **2** (Arg., Bol.) *Cicatriz en el rostro.* ≃ Chirlo. **3** (Arg.) *Pieza de tela con que se cubren el rostro los médicos y auxiliares como medida higiénica.*

barbilampiño adj. y n. m. Se aplica al que tiene poca o ninguna barba. ⇒ Carilampiño, imberbe. ➤ *Muchacho.

barbilindo adj. y n. m. Se aplica a un hombre joven que se tiene por guapo y se *acicala mucho. ≃ Barbilucio, boquirrubio. ⇒ *Petimetre. ➤ *Presunción.

barbilla **1** f. Porción de cara situada debajo de la boca. ≃ Barba. **2** Punta en que termina esa parte. ≃ Mentón. ⇒ *Bocio, chalcha, hoyuelo, manzanilla, papada, papo, perigallo, sobarba, sotabarba. ➤ Ajo, cascaruleta. ➤ Bobo. ➤ *Mandíbula. **3** Carp. *Corte dado oblicuamente en el extremo de un madero para encajarlo en otra pieza.* ⇒ Ensambladura. **4** Vet. *Ránula (tumor carbuncoso de los animales).* **5** (gralm. pl.) Zool. Apéndice carnoso que algunos peces, como el barbo, tienen junto a la boca. **6** Zool. *Aleta que rodea el cuerpo de algunos peces, como el lenguado.* **7** (pl.) Zool. *Pequeños filamentos que nacen sobre las barbas de las plumas de las aves.* **8** (forma pl.) m. Hombre de escasa barba.

barbillera (de «barbilla») **1** f. *Rollo de estopa que se pone alrededor de las cubas de *vino para recoger el mosto que se sale al hervir, el cual escurre, por una punta que se deja separada del rollo, a una vasija dispuesta para recogerlo.* **2** *Venda que se pone a los *cadáveres para cerrarles la boca.*

barbilucio adj. y n. m. *Barbilindo.*

barbiluengo adj. *De barba larga.*

barbimoreno adj. *De barba morena.*

barbinegro adj. *De barba negra.*

barbiponiente (de «barbipungente», por alteración del segundo elemento de la composición) m. *Barbipungente.*

barbipungente (del lat. «barba» y «pungens, -entis», punzante) **1** m. *Joven al que le empieza a salir la barba.* **2** **Principiante o aprendiz.*

barbiquejo (del lat. «barba» y el sup. «capsus», quijada, por «capsa», caja) **1** m. *Barboquejo.* **2** (Perú) *Pañuelo puesto como vendaje pasando por debajo de la barbilla.* **3** Mar. **Cabo o *cadena que sujeta el bauprés al tajamar o a la roda.*

barbirralo adj. *De barba rala.*

barbirrapado adj. *Con la barba rapada.*

barbirrojo adj. *De barba roja.*

barbirrubio adj. *De barba rubia.*

barbirrucio adj. y n. m. *Se aplica al que tiene la barba con pelos blancos y negros.*

barbitaheño adj. y n. m. *Se aplica al que tiene la barba roja.*

barbiteñido adj. *Con la barba teñida.*

barbitonto, -a adj. *Con cara de tonto.*

barbitúrico (del al. «Barbitursäure») **1** adj. V. «Ácido barbitúrico». **2** m. Farm. Nombre genérico que se aplica a los distintos derivados del ácido barbitúrico, que tienen propiedades hipnóticas y sedantes.

barbo (del lat. «barbus», nombre debido a las barbillas que caracterizan a este pez) **1** (*Barbus barbus*) m. *Pez teleósteo fluvial de hocico prominente, con cuatro barbillas junto a la boca. Es una pieza muy apreciada por los pescadores deportivos. ⇒ Comiza, picón. **2** *Defecto del cuero debido a haber tenido el animal tumores producidos por el Hypoderma bovis, que perfora la piel para salir, una vez desarrollado.*

Barbo de mar. **Salmonete.*

Hacer el barbo (hum.). *Simular en un conjunto de cantantes que se *canta, moviendo los labios pero sin emitir voz.*

barbón **1** m. *Barbudo.* **2** (inf.) *Entre los *monjes cartujos, se aplica a los legos, porque éstos se dejan la barba.* **3** **Macho cabrío.*

barboquejo (de «barbiquejo») m. Correa con que se sujeta el *sombrero, gorra, etc., pasándola o atándola por debajo de la barbilla. ≃ Barbada, barbicacho, barbijo, barbiquejo, barbuquejo, fiador. ⇒ Amento, amiento, carrillera.

barbotar (de or. expresivo) tr. o abs. Proferir palabras o sonidos entrecortados y poco claros, en un estado de enfado o de ira: 'Barbotó una maldición'. ≃ Barbotear, *mascullar.

barbote (de barba») **1** m. **Babera.* ≃ Baberol, barbera, barbuta. **2** *Barrita de plata que llevaban como insignia, atravesada en el labio inferior, los indios de ciertos grupos de la Argentina.*

barboteadura f. *Material y obra con que se barbotea.*

barbotear[1] tr. o abs. Barbotar.

barbotear[2] **1** (ant.) tr. **Atrancar (cerrar con una barra, etc.).* **2** (ant.) **Fortificar.*

barboteo m. Acción de barbotear.

barbudo, -a **1** adj. y n. m. Con mucha barba. ≃ Barbón. **2** adj. Bot. *Se aplica a la *raíz que se compone de varios cuerpos fibrosos notablemente largos, como en la mayor parte de las gramas.*

bárbula f., gralm. pl. Zool. *Barbilla de las *plumas de las aves.*

barbulla f. **Bulla promovida por gente que habla gritando o todos a la vez.*

barbullar (de or. expresivo; inf.) intr. Hablar atropellada y confusamente.

barbullido (de or. expresivo) m. *Rizado que produce en la superficie del *mar el paso de un *banco de sardinas.*

barbullón, -a adj. y n. *Se aplica a la persona que acostumbra a hablar barbullando.*

barbuquejo m. Barboquejo.

barbusano (*Apollonias canariensis*) m. Árbol lauráceo de Canarias, de madera muy dura que se llama del mismo modo.

barbuta f. **Babera (pieza de la armadura).*

barca (del lat. «barca») **1** f. Embarcación pequeña para pescar o navegar cerca de la costa o en los ríos. ≃ *Bote. **2** (pl.) *Artefacto de *feria consistente en una serie de columpios de forma de barca.*

Barca de pasaje. *Lancha grande y plana con que se atraviesa un río palmeándola por un *andarivel.* ⇒ Bongo.

Estar [o ir] en la misma barca. Estar [o ir] en el mismo barco.

barcada f. **Carga transportada por una barca.* ⊙ *Cada viaje de una barca de transporte.*

barcaje m. *Cantidad que se paga por pasar en la barca de un lado a otro de un río.*

barcal (de «barca») **1** m. **Artesa de una pieza en la que se ponen las vasijas de medir el *vino para recoger el que se cae.* **2** **Cuenco de madera.* **3** Miner. **Cajón chato, con abrazaderas de hierro, que se emplea como espuerta en las minas de Huelva.*

barcalonga f. *Cierto *barco de pesca.*

barcarola (del it. «barcarola») f. *Canción popular italiana, típica de los gondoleros de Venecia. ⊙ *Música de ritmo similar al de esa canción.

barcaza f. Embarcación que se emplea para transportar carga de un buque a otro, o entre un buque y tierra. ≃ Lancha, lanchón.

barcelonés, -a adj. y, aplicado a personas, también n. De Barcelona.

barceno, -a adj. *Barcino.*

barceo (¿de or. prerromano?) **1** m. *Berceo.* **2** *Albardín seco que se emplea como *estera en algunos sitios de Castilla.*

barchilla (del rom. and. «barčélla») f. *Medida de *capacidad para áridos, de las provincias de Valencia, de valor variable entre 16 y 20 litros.*

barchilón, -a (de «Barchilón», español muy caritativo que vivió en Perú en el siglo XVI; Hispam.) n. *Enfermero de hospital.*

barcia f. *Desperdicio que queda al limpiar el grano.* ≃ Ahechaduras, *granzas.

barcina (de «barceo») **1** (And., Méj.) f. *Saco de red hecha de soga de esparto, que se emplea para portear ciertas cosas; por ejemplo, paja o melones.* ≃ *Sarria. **2** (And., Méj.) *Carga o haz grande de *paja.*

barcinador (And.) m. *Obrero que barcina.*

barcinar (de «barcina»; And.) intr. *Recoger las gavillas, cargarlas en el carro y transportarlas a la era.* ⇒ *Cosecha.

barcino, -a adj. *Se aplica a los animales, particularmente a los *toros, que tienen el pelo blanco y pardo o rojizo.* ≃ Barceno, hoscoso.

barco (de «barca») **1** m. Cualquier construcción cóncava, de cualquier tamaño, movida por cualquier procedimiento, destinada a la navegación. **2** *Barranco poco profundo.* **3** (Méj.) *Profesor con el que es fácil aprobar.*

BARCO DE CRUZ. BUQUE de cruz.

B. EN LASTRE. V. «en lastre».

B. DE POZO. *El que no tiene otra cubierta sobre la de la batería.*

B. EN ROSCA. *Barco en construcción todavía, sin máquina ni aparejos.*

B. DE RUEDA[S]. El de vapor impulsado por una rueda situada en la popa o por dos situadas en los costados.

B. SUBMARINO. *Submarino.*

B. TANQUE. El diseñado especialmente para transportar líquidos en cisternas construidas en sus bodegas. ≃ Tanque.

B. DE TRANSPORTE. Barco de guerra empleado para el transporte de hombres o efectos. ≃ Transporte.

B. DE VAPOR. El impulsado por máquinas de vapor.

B. DE VELA. El que navega por la fuerza del viento.

ESTAR [O IR] EN EL MISMO BARCO. Encontrarse varias personas en una misma situación o estar colaborando en la misma actividad. Esta expresión se utiliza generalmente referida a circunstancias difíciles en que se requiere el acuerdo o participación de todos.

□ CATÁLOGO

Raíz culta, «-scaf-»: 'batiscafo, escafandra'. ➤ Buque, embarcación, madero, nao, nave, navío, pino, unidad. ➤ Naviera. ➤ Armada, escuadra, flota, flotilla. ➤ Acal, acorazado, actuaria, albatoza, alijador, aljibe, almadía, arca, ARCA de Noé, bajel, balandra, balandro, ballener, balsa, banca, barangay, barangayán, barca, barcalonga, barcaza, BARCO [o buque] de cruz, BARCO de vapor, BARCO de vela, barcolongo, barcoluengo, barcón, barga, baroto, barquía, barquichuelo, barquilla, bastimento, batea, batel, bergantín, bombarda, bombo, bongo, bou, bricbarca, buque, buzo, cachamarín [o cachemarín], cachirulo, cachucha, cachucho, caique, calabaza, calabazo, caladora, calaluz, calera, canaballa, canario, candray, canoa, cáraba, carabela, carabelón, cárabo, caracoa, caramuzal, carraca, carracón, catamarán, catascopio, cayuco, cendal, chalana, chalupa, champán, charanguero, charrúa, chata, chincharrero, chinchorro, cimba, clíper, coca, cópano, corbeta, corchapín, crucero, curiara, cúter, destructor, dogre, dorna, dragón, embarcación, EMBARCACIÓN menor, escampavía, escorchapín, escuna, esquiraza, falúa, faluca, falucho, filibote, finn, fragata, fueraborda, fusta, gabarra, gabarrón, galea, galeaza, galeón, galeota, galera, GALERA bastarda, galizabra, garandumba, garay, gasolinera, goleta, golondrina, góndola, gripo, gróndola, guadaño, guairo, guampo, guardacostas, guardapesca, gubán, guilalo, haloque, ictíneo, jábega, jabeque, jangua, jarampero, kayak, lancán, *lancha, lanchón, laúd, lembo, leño, lorcha, lugre, mahona, místico, monóxilo, motonave, motovelero, pailebot [o pailebote], palangrero, pamandabuán, panca, panco, paquebot [o paquebote], paquete, parao, prao, pasacaballo, patache, pataje, patax, patera, patín, pinaza, pingue, piragua, piróscafo, planeadora, podoscafo, polacra, pontín, pontón, queche, quechemarín, rompehielos, sacayán, saetía, salisipán, sampán, *submarino, sumaca, sumergible, tafurea, tarida, tartana, trainera, transatlántico, trimarán, trincadura, urca, vapor, vaporetto, velero, vilos, vinta, yate, yola, zabra, zambra.

BARCOS LLEVADOS A BORDO: barcón, baroto, bote, canoa, chalupa, chinchorro, esquife, *lancha, serení.

CON FUNCIÓN ESPECIAL: atunero, ballenero, BARCO tanque, BARCO de transporte, brulote, BUQUE escuela, BUQUE nodriza, caleta, cañonero, cazaminas, barco [o buque] CISTERNA, ferry, petrolero, portahelicópteros, raquero, remolcador, superpetrolero, tanque, transbordador, transporte. ➤ Almiranta, capitana, comandanta, patrona, real, vicealmiranta.

BARCOS CON ALGUNA PARTICULARIDAD: BARCO de pozo, BARCO de rueda[s], birreme, carcamán, carraca, CASCARÓN de nuez, cuadrirreme, potalo, quebrantaolas, trirreme.

ADJETIVOS: abierto, alteroso, aquillado, arrastrero, bolineador, bolinero, celoso, derrelicto, escotero, estanco, faenero, fino, lleno, manco, mercante, minador, onerario, pesado, pesquero, planudo, posante, real, roncero, de ruedas, tirado, tormentoso, de VELA latina, zorrero. ➤ Arsenal, *astillero, atarazana, tarazana, tarazanal, varadero.

DISPOSITIVOS PARA CONSTRUCCIÓN, REPARACIÓN Y BOTADURA: anguila, antegrada, *basada, camello, carenote, carraca, charrancho, cuna, foranes, grada, imada, paral, picadero, surtida.

PIEZAS DE LA ESTRUCTURA: albitana, aleta, almogama, aposturaje, armadera, asta, bao, barrón, barrotín, bastidor, branque, *brazal, bulárcama, buzarda, cerreta, cochinata, codaste, contrabita, contrabranque, contracodaste, contradurmente [o contradurmiente], contraquilla, contrarroda, contrete, costana, costilla, *cuaderna, cuerdas, escoperada, espaldón, esperón, espolón, flat, gallón, gantera, genol, MADERO de cuenta, madre, orenga, palmejar, paradura, perdigueta, pique, postelero, quilla, redel, regala, roa, roda, rostro, singlón, sobrequilla, TABLA bocal, TABLÓN de aparadura, *tajamar, varenga, yugo.

PIEZAS ACCESORIAS: armadura, bastardo, bocina, bordinga, brazola, cabilla, cabrión, cenefa, chillera, chique, cibica, contrarracamento, cuadrejón, cucharreta, cucharro, curva, CURVA coral, curvatón, dragante, durmiente, entremiche, escudo, estante, estanterol, galón, gambota, garrucho, guardaguas, guindaste, guindola, henchimiento, madrina, mallete, orza, pana, raca, *racamenta [o racamento], sobreplán, sobresano, tapín, tojino, varadera, zapata.

Conjuntos de piezas: bordaje, contratrancanil, cosedera, enramado, hilada, jareta, pernería, sobretrancanil, tabla de canal, tablazón, tacada, tilla, traca, trancanil.

Partes, etc., de piezas: azafrán, barraganete, batiente, batiporte, brión, caperol, chapuz, chirlata, cimbra, codillo, escoa, espolón, estrave, galápago, jimelga, lanza, ligazón, macarrón, mallete, muz, talón, urnición. ➤ Casco, obra muerta, obra viva, vaso.

Estructuras adicionales: batallola, batanga, batayola, bitácora, cajonada, caramanchel, carroza, casetón, chimenea, chopa, chupeta, cúpula, mambrú, puente, toldilla.

Partes: acrostolio, borda, bovedilla, carel, castillo, coronamiento, fondo, tilla, timonera, traca.

Espacios: alcázar, arrumbada, bañera, beque, bodega, cala, camareta, camarote, celda, corrulla, corulla, crujía, cubierta, entrecubierta [o entrecubiertas], entremiche, entrepuente [o entrepuentes], escandalar, gambuza, jardín, panol [o pañol], plan, pozo, sentina, sollado.

Lugares: aleta, amura, amurada, banda, combés, costado, delgado, galería, mura, pasamano, plan, planchada, puente, racel [o rasel], rumbada, talamete.

Dispositivos: adala, ajedrez, aljibe, banco, banco de la paciencia, bandilla, bandín, batideros, cenefa, chillera, coy, dala, defensas, empalletado, filarete, guardafuego, guindola, litera, mamparo, mesa de guarnición, plancha de agua, plancha de viento, tanque, tapacete, tienda, tumbadillo.

Aberturas: alefriz, alegría, ballestera, boca de lobo, cajera, clava, embornal, escobén, escotera, escotilla, fogonadura, groera, imbornal, lumbrera, ojo de buey, portalón, portería, portilla.

Piezas para cerrar: arandela, cubichete, falca, guardaguas, serreta.

Piezas para amarrar o sujetar: abitón, bita, boza, cabilla, cabirón, calzo, candelero, cornamusa, escálamo [o escalmo], tojino, tolete. ➤ Ligaduras: Cintura, empalomadura, trapa, trinca, troza, vinatera.

Medidas: abra, arqueo, calado, cuadra, eslora, guinda, manga, pozo, tonelaje.

Herramientas: alegra, aviador, bandarria, calador, cuadrejón, descalcador, estrete, ferrestrete, frasquía, gálibo, magujo, mandarria, mazo rodero, menestrete, monillo, pincel, pitarrasa, trencha.

Otros utensilios: ahorcaperros, alquitranado, ancla, arpeo, arraigadas, barquilla, bichero, bolina, botador, botalón, botavante, boya, brusca, bruscadera, carretel, chirlata, clinómetro, clinopodio, corredera, guardafuego, guardia, guindola, lampazo, linternón, manga, manguera, periscopio, rejera, sacabuche, sonda, tabla de escantillones, tamal, tintero, uñeta, varón, viola.

Adornos: acrostolio, figurón de proa, flámula, gallardete, grímpola, insignia, león de proa, *mascarón de proa, parasemo. ➤ Empavesada, pavesada.

Operaciones con [o en] el barco: abanderar, abarloar, abarrotar, abordar, acanchar, acantilar, acollar, acopar, afretar, agalibar, tomar el agua, alcoholar, alegrar, amadrinar, aparejar, arrufar, aviar, barquear, blindar, botar, bugir, *calafatear, carenar, chirlatar, cinglar, corrocar, desamarrar, desarbolar, descalcar, desembarcar, desembarrancar, desencallar, desenvelejar, desestibar, desfondar, desguazar, deslatar, desmantelar, despalmar, despenolar, desvarar, embarcar, embasar, embonar, embrear, empavesar, encabuyar, encintar, enclavijar, enfrentar, engargotado, engolfar, enmaestrar, enramar, entestar, envagarar, envagrar, envarengar, escorar, espalmar, fletar, forrar, frisar, galibar, lampacear, pendol, pilotar, pitarrasear, *remolcar, transbordar, zallar.

Acciones del barco: abordar, ahogarse, alagarse, aportar *arribar, atracar, boyar, brandar, cabecear, desplazar, embancarse, embarrancar, encallar, engolfar, escorar, fondear, *hundirse, machetear, naufragar, *navegar, irse a pique, tomar puerto, recalcar, reflotar, *sumergirse, tomar tierra, tocar, tumbar, *varar, *zarpar, zozobrar.

Para rellenar junturas: brea, colla, engrudo, espalmo, estopa, estoperol, fana, filástica, frisa, masilla, precinta.

Obra exterior: beque, blindaje, botazo, campechana, cinta, contracostado, coraza, embono, entrecinta, forro. ➤ *Marina, ver designaciones de tripulantes, etc.

Varios: babor, estribor, popa, proa. ➤ Línea de agua [o de flotación]. ➤ Broma, caramujo, cascarrojas, tiñuela. ➤ Arrufadura, arrufo. ➤ Cartel, tabla de guindola. ➤ Berlinga, percha. ➤ Mamparo, tablero. ➤ Espejo de popa, galería. ➤ Batería. ➤ Carga. ➤ A bordo. ➤ Bastimento, equipo, armamento. ➤ Arquitectura naval. ➤ Compartimiento estanco. ➤ Hélice, motor. ➤ Costura, junta. ➤ Galón, verduguillo. ➤ Tingladillo. ➤ Popel, proel. ➤ Abarquillar, desembarcar, embarcar. ➤ *Ancla. *Aparejos. *Marina. *Nudo. *Palo. *Polea. *Remo. *Timón. *Vela.

barcolongo (del gall. y port. «barco longo») **1** m. **Barc*o antiguo, largo y estrecho de dos palos, muy velero.* **2** **Barco antiguo de proa redonda, con cubierta, un solo mástil y vela de popa a proa.*

barcoluengo m. *Barcolongo.*

barcón m. *Embarcación menor que se llevaba a remolque o sobre cubierta en los galeones, para servicios auxiliares.*

Barcón mastelero. *Embarcación aparejada de mástil y velas que se empleaba para la navegación costera.*

barda[1] (del it. «barda», albarda, del ár. «barda'ah») **1** f. **Armadura o arnés, de hierro o vaqueta, con que se protegía a los caballos en la guerra, en los torneos, etc.* **2** (ant.) *Borrén (unión, en las *sillas de montar, del arzón con las almohadillas).* **3** Mar. *Nubarrón amenazador que aparece en el horizonte.*

barda[2] (¿de or. prerromano?) **1** f. Cubierta de sarmientos, ramaje, paja o broza, asegurada con piedras o tierra sobre las *tapias de los corrales para protegerlas contra la lluvia. ⇒ Algorza, bardaguera, bardal, bardiza. **2** (Ar., Méj.) **Seto de espinos.* **3** (Sal.) **Quejigo (roble que no ha alcanzado su desarrollo).*

V. «aún hay sol en las bardas».

bárdago m. **Cabo que se amarra en el puño de una vela para acuartelarla o para atracar.*

bardaguera[1] f. *Barda de tapia.*

bardaguera[2] (¿de «barda[2]»?; varias especies del género *Salix,* como el *Salix fragilis)* f. Nombre dado a varias especies de arbustos salicáceos de ramas delgadas y flexibles que se emplean para hacer cestas.

bardaja o **bardaje** (del ár. «bardağ», cautivo, a través del turco o del it.) m. **Invertido pasivo.*

bardal **1** m. Barda de tapia. **2** **Seto de espinos.*

bardana f. **Lampazo (planta compuesta).*

Bardana menor. **Cadillo (planta umbelífera).*

bardanza (de «barda[2]») Andar de bardanza. **Moverse mucho, yendo de un lado para otro.*

bardeo (argot) m. *Navaja.

bardiota (del gr. bizantino «bardariṓtēs») m. *Nombre dado a ciertos soldados del imperio *bizantino, que tenían la misión de guardar las personas del emperador y su familia.*

bardiza (de «barda[2]»; Mur.) f. *Cercado hecho de cañas.*

bardo[1] (del lat. «bardus», del célt. «bardd», poeta) **1** m. Poeta de los antiguos celtas. ⇒ Osiánico. **2** (lit.) Poeta, trovador, vate.

bardo[2] (relac. con «barro») **1** m. *Barro.* ⇒ Embadurnar, embarduñar. **2** *Madriguera de conejos, sobre todo la que tiene varias entradas y está cubierta de maleza.*

bardoma (del ár. and. «mardúma», obstruida; Ar.) f. **Barro y suciedad podrida.*

bardomera (del ár. and. «mardúma»; Mur.) f. *Broza arrastrada por las avenidas.*

baremar tr. Aplicar un baremo para valorar una serie de ↘datos.

baremo (de «Barrême», matemático francés) **1** m. Cuaderno o libro de *cuentas ya realizadas. **2** Tabla o estado de los valores tomados por una variable para una serie de los tomados por otra de la que depende. Se aplica este nombre especialmente a los que se emplean en operaciones de comercio. **3** (n. calif.) *Se aplica a una descripción, clasificación o tabla que, por lo prolija en detalles superfluos, resulta pesada y oscura.* **4** Procedimiento, a menudo consistente en una serie de coeficientes numéricos, que permite valorar determinados datos; por ejemplo, los méritos de un candidato a una plaza.

barga f. **Barca de río.*

bargueño (de «Bargas», pueblo de la provincia de Toledo donde se construían antiguamente estos muebles) m. *Mueble vertical con muchos compartimentos y cajones pequeños, decorado generalmente con taraceas, destinado a ir colocado sobre una mesa. ≃ Arquimesa, vargueño.

barí (del caló «baré»; And.) adj. *Estupendo.* ≃ Baril.

bari- Elemento prefijo del gr. «barýs», pesado, usado en palabras cultas: 'baricentro, barisfera, barítono'. ⇒ Baro-.

baria (del gr. «báros», peso) f. Fís. *Unidad de presión del sistema cgs que corresponde a una dina por centímetro cuadrado.*

baría (de or. cubano; *Cordia alliodora)* f. Árbol borragináceo de Cuba cuya corteza segrega un jugo que se emplea para clarificar el *azúcar.

baricentro (de «bari-» y «centro») m. Fís. *Centro de gravedad de un cuerpo.*

baril (And.) adj. *Barí.*

barín V. «TARÍN barín».

bario (de «barita», porque se extrajo de este mineral) m. Metal alcalinotérreo, nº atómico 56. Símb.: «Ba».

barisfera (de «bari-» y «-sfera») f. GEOL. Núcleo central de la *Tierra.

barita (del gr. «barýs», pesado) f. *Óxido de bario.*

baritel m. *Malacate (especie de *cabrestante movido por caballerías).*

baritina f. **Mineral constituido por sulfato de bario.*

barítono (del lat. «barytŏnus», del gr. «barýtonos», de voz grave) m. *Voz media entre la de tenor y la de bajo. ⇒ *Cantar. ⊙ Cantante que tiene esta voz. ≃ Bajete.

barjuleta (¿del b. lat. «bursa», bolsa?) f. *Especie de *mochila o macuto.*

barloa (del fr. «par lof», del ant. nórdico «lof», viento) f. MAR. **Cabo con que se sujetan los buques abarloados (colocados con los costados juntos).*

barloar (de «barloa») tr. MAR. *Abarloar.*

barloventear **1** intr. MAR. *Avanzar contra el viento, *navegando de bolina (con la quilla formando el menor ángulo posible con la dirección del viento).* **2** (inf.) **Moverse mucho yendo de un lado para otro.*

barlovento (de «barloa» y la terminación «-vento», por analogía con «sotavento») m. MAR. Lado de donde viene el *viento. ⇒ Sotavento.

barman (ingl.) m. Hombre que sirve en un bar de copas y, particularmente, el que prepara las combinaciones de bebidas.

barnabense adj. y, aplicado a personas, también n. *De Benabarre, población de la provincia de Huesca.* ≃ Benabarrense.

barnabita (del lat. «Barnăba», Bernabé) adj. y n. m. *Nombre de los clérigos seculares de la congregación de San Pablo, formada en 1533 en la iglesia de San Bernabé de Milán.*

barnacla (del ingl. «barnacle»; *Branta leucopsis* y *Branta canadensis)* m. Cierto pato marino de Hibernia (Irlanda), del cual se creyó que nacía de los percebes adheridos a las plantas de las orillas y a los objetos flotantes.

barniz (de «berniz») **1** («Dar») m. Disolución de ciertas resinas en una sustancia volátil, que se extiende sobre los objetos, principalmente de madera, para formar una capa *brillante impermeable. ⊙ Sustancia que se extiende sobre los objetos de barro, loza o porcelana, que queda muy dura y brillante al cocerlos. ⇒ Aguarrás, betún, cera, charol, copal, corladura, elemí, esmalte, laca, maque, mogate, pavón, pavonado, pintura, *resina, sandáraca, TREMENTINA de Quío. ➤ Barnizar, corlar [o corlear], embarnizar, empavonar, encerar, lacar, laquear, maquear, pavonar, *pulimentar, vidriar. ➤ Barnizado. ➤ Muñeca, muñequilla. ➤ *Brillo. *Cerámica. *Encáustico. **2** Cualidad o conocimiento que alguien tiene muy superficialmente: 'Es un hombre naturalmente grosero, con un barniz de cortesía'. ≃ Baño, *capa, pátina, tinte. **3** *Afeite para la cara.* **4** AGRÁF. *Sustancia constituida por trementina y aceite cocido, con la cual, mezclada con polvos de humo, se hacía la *tinta de *imprimir.*

BARNIZ COMÚN. *Barniz magro (no graso) en que la goma es resina, que se usa para trabajos corrientes. Se llama también algunas veces, impropiamente, copal.*

B. COPAL. Solución de goma laca en alcohol que se aplica para lograr gran brillo y dureza.

B. DEL JAPÓN. Nombre dado a los zumaques *Rhus succedanea* y *Rhus verniciflua;* también, al ailanto, *Ailanthus glandulosa*.

barnizado, -a **1** Participio de «barnizar». ⊙ Cubierto con barniz. **2** m. Acción de barnizar.

barnizador, -a n. Pintor especializado en barnizar.

barnizar tr. Dar barniz a una ↘superficie.

baro (del gr. «báros», peso) m. Fís. *Bar: unidad de presión.*

baro- o **-baro, -a** Elemento prefijo o sufijo del gr. «báros», peso: 'Barómetro, isobara'.

baroco m. LÓG. *Uno de los modos posibles del *silogismo, perteneciente a la segunda figura.*

barógrafo (de «baro-» y «-grafo») m. Fís. Barómetro registrador.

barométrico, -a adj. Fís. De [o del] barómetro o de [la] *presión atmosférica. ⇒ PRESIÓN atmosférica [o barométrica].

barómetro (de «baro-» y «-metro») m. Instrumento que sirve para determinar la *presión atmosférica e, indirectamente, la *altura de un lugar. ⇒ Barógrafo, higrómetro, psicrómetro. ➤ Cubeta.

BARÓMETRO ANEROIDE [o, menos frec., HOLOSTÉRICO]. Fís. Barómetro en que se utiliza para medir la presión la deformación de la tapa de una caja en que se ha hecho el vacío.

barón, -esa (del germ. «baro», hombre libre) **1** n. Persona que posee cierto título nobiliario, inferior en categoría al de vizconde. **2** m. Miembro influyente y poderoso de un partido político.

baronía 1 f. Dignidad de barón. **2** Territorio adscrito a un título de barón.

baroto m. **Barco de Filipinas empleado en aguas tranquilas o como bote de los barcos de cabotaje.* ≃ Sacayán, vinta.

barquear 1 tr. *Pasar en barco un ↘río, lago, etc.* **2** intr. *Utilizar barcos para ir de un sitio a otro.*

barqueo m. *Acción de barquear.*

barquero, -a n. Persona que conduce una barca.
V. «las VERDADES del barquero».

barquía (Cantb.) f. **Barco con capacidad, a lo sumo, para cuatro remos por banda.*

barquichuelo, -a n. dim. frec. de «barco» o «barca».

barquilla 1 f. dim. de «barca». **2** Se emplea para designar utensilios y piezas de forma semejante a la de un barco. **3** Cesto pendiente de un *globo en el que van los tripulantes. **4** MAR. *Pieza de madera de forma de sector circular, con un plomo en la parte curva para que se mantenga vertical en el agua, en cuyo vértice se sujeta el cordel de la corredera que mide lo que anda el barco.*

barquillera f. Caja donde lleva los barquillos el barquillero.

barquillero m. Hombre que vende barquillos por la calle, generalmente con una gran caja cilíndrica de metal donde los guarda, en cuya tapa hay una ruleta en la que se hacen tiradas para sacar a la suerte el número de barquillos que se han de obtener por el dinero pagado. ⇒ PALILLO de barquillero.

barquillo (dim. de «barco») **1** m. Golosina consistente en una hoja muy fina de pasta de harina sin levadura, dulce, tostada y crujiente, a veces en forma más o menos parecida a un barco, otras veces arrollada en forma de canutillo, o en cualquier otra forma. ⇒ Fulla. ➤ Abarquillar. **2** Se aplica al *color de los barquillos, del grupo de colores claros con mezcla de *ocre y amarillo: 'Un vestido de color barquillo'.

barquín (de «barquino») m. **Fuelle; particularmente, el grande de ferrería o fragua.* ≃ Barquinera.

barquinazo (de «barco») m. **Sacudida muy violenta o vuelco de un *carruaje.*

barquinera f. *Barquín.*

barquino (del lat. «follis vervecīnus», fuelle de morueco) m. *Odre.*

barra (¿del lat. vulg. «barra»?) **1** f. Pieza larga y delgada, aunque no tanto como las llamadas varillas, de sección uniforme y generalmente redonda o cuadrada, de cualquier metal. ⊙ La que sirve para *colgar de ella cortinas, vestidos o cualquier otra cosa. ⊙ La que hay delante del mostrador en los bares. ⊙ La que separa los tribunales de justicia del público. ⊙ En frases como «llevar» a alguien «a la barra» o «dedicarse a la barra», simboliza a los *tribunales de justicia. ⊙ La que se lanza como *deporte, para probar la fuerza del brazo. ⊙ Deporte que consiste en lanzarla. ⇒ Desbarrar, hacer TIRO. ⊙ Cualquiera de las que forman el cuadro de la bicicleta; si no se especifica, la superior: 'Iba en bicicleta y llevaba al niño en la barra. Tiene una bicicleta con [o sin] barra'. ⇒ Aguja, alamud, atacadera, barrote, carril, cibica, cibicón, cuadral, cuadrante, herrón, hierro, lingote, *palanca, rejón, riel, tirabrasas, tirante, tocho, toral, torcho, *varilla. ➤ Angular [o ángulo], *barra, media CAÑA, cruz, cuadradillo [o cuadrado], ele, te, doble TE, u, uve. ➤ Ala, alma, sección ➤ Toral. ➤ Abarrotar, desbarrar, embarrar. ➤ *Palo. **2** *Barra de hierro con grilletes con que se sujetaba a los *presos.* **3** *Pieza de metal de sección uniforme, cualesquiera que sean el perfil de su sección y sus proporciones.* **4** Pieza de *forma de barra de cualquier otro material, por ejemplo de madera. ⊙ Los travesaños o palos que atraviesan de una pieza a otra en un mueble. ⊙ Las dos piezas del bastidor de *bordar, con agujeros en los que se pone la clavija, las cuales, junto con los banzos, forman el cuadro en que se coloca la tela. ⇒ *Barrote. **5** Bloque de *oro o *plata en bruto. **6** Pieza de *pan alargada. **7** Pieza prismática de *turrón, generalmente de medio kilo. **8** *Lista, *raya o *banda. ⊙ MÚS. Las que separan los compases. ⊙ Las que se hacen para aprender a *escribir. ⊙ Las que están hechas en el papel pautado que se usa para aprender a escribir, para indicar la inclinación general de las letras. ⇒ Caídos. ⊙ HERÁLD. Las de un *escudo: 'Las barras de Aragón'. **9** (pl.) *En el juego de la *argolla, frente de ésta señalado con unas rayas.* **10** (sing. o pl.) *Defecto en el teñido de las *telas por el que el color aparece de distinto matiz en una o varias zonas.* ≃ Ducha. **11** HERÁLD. *Tercera parte de un escudo tajado dos veces, que va desde el ángulo izquierdo superior al derecho inferior.* **12** Acumulación de arena larga y estrecha que se forma en el mar frente a la desembocadura de un río. ≃ *Bajío, bajo, banco. **13** Traducción española de «bar», que se aplica al mostrador con barra, de los establecimientos llamados de aquel modo. Se ha intentado también aplicarlo al establecimiento mismo, pero ha prevalecido «bar». ⇒ *LOCALES públicos. **14** (pl.) *Arcos de madera que utilizan los albarderos para dar forma sobre ellos a las *albardas.* **15** *En la mesa de trucos o *billar, arco de hierro colocado a unos 80 cm de la barandilla.* **16** (Chi.) **Marro (juego).* **17** (Hispam.) MINER. *Acción o participación en una empresa para el laboreo de *minas.* **18** (Hispam.) *Público que asiste a la sesión de un tribunal o una asamblea* **19** (Chi.) *Público de un espectáculo al aire libre.* **20** (Arg. Par., Ur.) *Pandilla de amigos.*

BARRA AMERICANA. Establecimiento con señoritas que entablan relación con los clientes para que consuman bebidas.

B. DE EQUILIBRIO. DEP. Aparato de *gimnasia formado por dos barras verticales y un travesaño de madera, sobre el que los gimnastas realizan diversos ejercicios de equilibrio, saltos, etc.

B. FIJA. DEP. Aparato de *gimnasia formado por dos barras verticales sobre las que descansa una horizontal.

B. DE LABIOS. Pintura para los labios en forma de barrita.

B. LIBRE. Posibilidad de consumir en un local público las bebidas que uno desee sin pagar nada por ello; por ejemplo, en una fiesta.

BARRAS ASIMÉTRICAS. DEP. Aparato de *gimnasia formado por dos barras horizontales sostenidas por dos verticales respectivamente, situadas a distinta altura del suelo. ≃ Asimétricas.

B. DEL DÍA (Ur.). *Amanecer.*

B. PARALELAS. DEP. Aparato de *gimnasia formado por dos barras horizontales paralelas sostenidas por dos verticales respectivamente. ≃ Paralelas.

V. «CABO de barra».

NO [o SIN] PARARSE EN BARRAS. No [o sin] tener en cuenta obstáculos o consideraciones: '¡Ése no se para en barras!'.

barrabás (de «Barrabás», nombre del judío a quien indultaron con preferencia a Jesús; inf.; n. calif.) m. Person

*inquieta, que hace desaguisados y causa desasosiego. Se aplica mucho a los niños muy traviesos.
V. «de la PIEL de Barrabás».

barrabasada (de «Barrabás») **1** f. Barbaridad, desaguisado o *disparate: acción de que resulta un gran destrozo o perjuicio. **2** Acción injusta o *desconsiderada realizada contra alguien: 'Le han hecho una barrabasada'. ≃ *Jugada, pasada, trastada.

barraca (del cat. «barraca») **1** f. *Vivienda rústica propia de las huertas de Valencia y Murcia, con el techo de cañas, con dos vertientes muy inclinadas. **2** *Vivienda muy pobre, hecha con materiales de desecho; por ejemplo, con latas y tablas. **3** Construcción hecha con materiales ligeros, generalmente con carácter provisional; por ejemplo, para albergar tropas circunstancialmente, para puestos de feria, etc. ⇒ Barracón, *caseta, tendejón. ➤ Abarracar. ➤ *Cabaña. *TIENDA de campaña. **4** (Hispam.) *Edificio en que se depositan cueros, lanas, cereales u otras mercancías.* ⇒ *Depósito.

barrachel (ant.) m. *Jefe de los *alguaciles.*

barraco m. ARTILL. *Pieza antigua de *artillería, de grueso calibre.*

barracón m. aum. de «barraca», aplicado particularmente a las casetas de feria o a las de un campamento.

barracuda *(Sphyraena barracuda)* f. *Pez marino, carnívoro y de grandes dimensiones, de cuerpo alargado y mandíbula prominente con fuertes dientes.

barrado[1] m. MÚS. **Ceja hecha en la guitarra apoyando el dedo índice sobre todas las cuerdas.*

barrado[2], **-a** adj. HERÁLD. *Se aplica a la pieza sobre la cual se ponen barras.*

barragán[1] (¿del germ.?) **1** (ant.) adj. **Valiente.* **2** (ant.) m. **Compañero.* **3** (Sal.) *Mozo *soltero.*

barragán[2] (del ár. and. «barrakáni») **1** m. *Tela de lana *impenetrable al agua.* **2** **Abrigo de hombre hecho de esa tela.*

barragana (de «barragán[1]») **1** (ant.) f. *Compañera.* **2** *Concubina. **3** (ant.) *Mujer legítima, pero de distinta condición social que su marido, y privada por ello de ciertos derechos civiles correspondientes normalmente a la mujer legítima.*

barraganada (de «barragán[1]»; ant.) f. **Travesura o cosa propia de jóvenes.*

barraganería (de «barragana»; ant.) f. *Amancebamiento.*

barraganete m. MAR. *Última pieza alta de la *cuaderna.* ⇒ Urnición.

barral (relac. con «barril»; Ar.) m. *Garrafa.*

barranca f. *Barranco.*
V. «a TRANCAS y barrancas».

barrancada **1** f. Avenida de agua por un barranco. **2** Barranco.

barrancal m. *Conjunto de varios barrancos.*

barranco (de or. prerromano) **1** f. *Despeñadero. **2** *Cauce hecho en el terreno por las corrientes de agua, que permanece seco mientras no se produce una lluvia suficiente. ⇒ Arroyada, arroyo, badén, barranca, barrancada, barrancal, cárcava, carcavina, carcavón, clamor, galacho, rambla, ramblazo, ramblizo, rehoya, rehoyo, torrente, torrentera, vaguada. ➤ Cotarro. ➤ Abarrancar, embarrancar. ➤ Cauce. **3** *Dificultad que se encuentra para realizar una cosa.*
V. «a TRANCOS y barrancos».

barrancoso, -a adj. *Con muchos barrancos.*

barranquera f. *Barranco.*

barranquismo m. *Deporte que consiste en descender por los barrancos que se forman en el terreno por las corrientes de agua.

barraque m. V. «a TRAQUE barraque».

barraquera f. *Llorera rabiosa de los niños.* ≃ Verraquera.

barraquero, -a **1** (Mur.) m. *Constructor de barracas.* **2** (Hispam.) n. *Dueño de una barraca (edificio).*

barraquillo (de «varraco») m. ARTILL. **Cañón antiguo, pequeño, corto y reforzado.*

barrar[1] tr. *Cubrir, manchar, etc., de barro.* ≃ Embarrar.

barrar[2] (de «barra»; ant.) tr. *Hacer una *barrera de tablones, fajos de leña, etc., alrededor de un ↘lugar.*

barrasco m. *En la explotación de *resinas, la mezclada con polvo y otras impurezas que forma una capa sobre la superficie de la entalladura y que se recoge al final de la campaña.*

barreal m. *Barrizal.*

barrear (de «barra») **1** tr. *Hacer una barrera de tablones, fajos de leña, etc., alrededor de un ↘lugar.* **2** intr. *Resbalar la lanza por encima de la coraza del caballero acometido.* **3** (Ar.) tr. **Borrar con una raya una ↘cosa escrita.* **4** (ant.) prnl. *Atrincherarse.*

barrearse (Extr.) prnl. *Revolcarse los jabalíes en un sitio donde hay barro.*

barreda (de «barra») f. *Barrera (valla).* ⊙ TAUROM. *Barrera de la plaza de* toros.*

barredera f. Máquina para barrer las calles.

barredero, -a **1** adj. Que barre o arrastra cosas a su paso: 'Red barredera'. **2** m. *Vara con unos trapos sujetos en su extremo, con que se limpia el *horno antes de meter el *pan.*

barredor, -a adj. y n. *Se aplica al que barre.*

barreduela (dim. de «barreda»; And.) f. *Plazoleta, generalmente sin salida.*

barredura **1** f. *Acción de barrer.* ≃ Barrido. **2** (gralm. pl.) *Basura que se ha arrastrado al barrer. ≃ Barrido. **3** (pl.) *Residuos de ciertas cosas, por ejemplo de grano.*

barrefosos m. ARTILL. *Pieza antigua de *artillería, de grueso calibre.*

barrena (¿del lat. «veruīna», asador, dardo?) **1** f. Barra o varilla de hierro con una hélice tallada en la punta, que se emplea para taladrar. ⇒ Abocardo, abonador, alegra, alegrador, avellanador, aviador, barreno, berbiquí, broca, brócula, escariador, fresa, lengüeta, sacabocados, sonda, taladro, trépano. ➤ Escobina. ➤ *Agujero. **2** Barra de hierro con una o las dos puntas cortantes que se utiliza para hacer agujeros en los peñascos, en el terreno, etc.

BARRENA SALOMÓNICA. *La que se emplea con el berbiquí.*

ENTRAR EN BARRENA. Empezar un avión a descender describiendo una espiral, por haber llegado a ser su velocidad inferior a la necesaria para mantenerse en el aire.

barrenado, -a **1** Participio de «barrenar». **2** adj. Chiflado o *loco.

barrenador **1** m. *Barrenero.* **2** Nombre dado vulgarmente a distintas especies de insectos *coleópteros que hacen agujeros en los troncos de los árboles. El del pino es el *Monochamus confusor* o el *Monochamus scutellatus*.

barrenar **1** tr. *Perforar ↘algo con barrena o barreno. **2** **Frustrar los ↘planes de alguien.* **3** **Infringir una ↘ley, derecho, etc.* **4** TAUROM. *Hincar la ↘puya o el estoque girando el arma.*

barrendero, -a n. Empleado cuyo oficio es barrer las calles.

barrenero m. *Operario que abre los barrenos en las minas, canteras, etc.*

barrenillo (dim. de «barreno») m. En lenguaje corriente, cualquier insecto que perfora la corteza de los olmos y otros árboles y destruye la albura. ⊙ Destrozo causado por éste en los árboles. ⇒ *Plaga.

barreno 1 m. Barrena de gran tamaño movida mecánicamente, particularmente para horadar las rocas. **2** Agujero hecho en la roca con un barreno o barrena. **3** Agujero relleno con pólvora que se hace en un sitio, por ejemplo en una roca para volarla. **4** Pólvora con que se rellena dicho agujero. ⇒ Cohete, contrapozo, fogata, hornillo. ➤ Atacadera, cucharilla, deflagrador, mecha, parahúso, taco. ➤ Banderilla. ➤ Oído. ➤ Atacar, desatacar, emboquillar, enlodar, pega. ➤ *Volar. ➤ Bocazo, mechazo. ➤ Cabecera, pegador. ➤ *Explosión. *Mina. **5** **Manía.* **6** **Presunción o vanidad.* **7** *Idea fija que produce intranquilidad.*

DAR BARRENO a un barco. MAR. *Agujerear el casco para que se hunda.*

V. «PICO barreno».

barreña f. *Barreño.*

barreño (de «barro[1]») m. **Recipiente de barro cocido, redondo, más ancho por el borde que por el fondo, empleado, por ejemplo, para fregar.* ⊙ Recipiente de cualquier material, por ejemplo de plástico, de forma semejante y empleado para múltiples usos. ⇒ Alcadafe, apaste, balde, cubo, lebrillo, palangana, terriza, terrizo. ➤ *Artesa. Cuenco.

barrer (del lat. «verrĕre») **1** tr. *Arrastrar con una escoba o utensilio que haga el mismo efecto ↘basura, desperdicios, grano, etc., para limpiar de ellos el ↘suelo. ⇒ Abalear, abarrer, balear, dar un BARRIDO, dar una ESCOBADA, escobar, dar un ESCOBAZO, sobrebarrer. ➤ Barreduras, barrido, tamo, terraguero, terrero. ➤ Barredero, barredor, barrendero. ➤ *Badil. *Basura. *Escoba. **2** Llevarse delante de sí una cosa en movimiento ↘lo que encuentra a su paso: 'El viento barre las hojas secas [o las nubes]'. ≃ *Arrastrar. **3** Pasar arrastrando o arrastrar algo por algún ↘sitio: 'Va barriendo el suelo con la cola de su vestido'. **4** *Recorrer cierta ↘superficie o espacio una cosa que se mueve o gira: 'Una puerta de dos hojas barre menos superficie que otra de una para el mismo hueco'. ⊙ Hacerlo con un instrumento adecuado, por ejemplo un radar o una cámara de cine, para observar o registrar algo. **5** Quitar completamente ↘algo, material o inmaterial, de un sitio: 'Sus palabras barrieron mis últimas dudas. **6** («con») tr. e intr. *Apoderarse de todo ↘lo que hay en un sitio. **7** Vencer de manera aplastante: 'Su partido barrió en las últimas elecciones generales'. Se usa sobre todo referido a competiciones deportivas.

BARRER PARA CASA. BARRER para dentro.

BARRER HACIA [O PARA] DENTRO. Procurar el propio beneficio en algún asunto. ⇒ *Aprovecharse, egoísmo.

barrera[1] (de «barra») f. Cualquier dispositivo con que se obstaculiza el paso por un sitio. ⇒ Barricada, parapeto, *trinchera, *valla. ➤ Barrar, barrear. ➤ Contrabarrera, entrebarrera. ➤ *Cerca. *Defensa. ⊙ Valla baja, puesta para *separar un lugar de otro; por ejemplo, las de los pasos a nivel, en los cruces de ferrocarriles con carreteras o caminos, o la que circunda las plazas de *toros separando los tendidos del ruedo. ⊙ Localidad de las *plazas de toros situada inmediatamente detrás de la barrera. ⊙ FORT. *Parapeto de las fortificaciones antiguas.* ⊙ *Obstáculo o dificultad material o moral que separa dos cosas o a dos personas: 'Los Pirineos forman una barrera natural entre España y Francia. La diferencia de religión es una barrera entre ellos'. ⊙ *Obstáculo poderoso que se opone a un propósito: 'Su ambición no reconoce barreras. Barrera infranqueable'. ≃ Inconveniente. ⊙ En el juego del *escondite, sitio donde ya se está a salvo. ≃ Madre. ⊙ DEP. Fila de jugadores situada ante la propia meta para obstaculizar un lanzamiento del equipo contrario.

BARRERA DEL SONIDO. Aumento brusco de la resistencia del aire, que ocurre al alcanzar el *avión la velocidad del sonido: 'Pasar la barrera del sonido'.

V. «ver los TOROS desde la barrera».

barrera[2] (de «barro[1]») **1** f. *Sitio de donde se extrae arcilla, por ejemplo para los alfares.* **2** *Montón de tierra que queda después de haber sacado el *salitre.* **3** *Vitrina o armario donde se guardan objetos de cerámica.*

barrero 1 m. *Barrera: sitio de donde se saca barro.* **2** *Barrizal.* **3** (Hispam.) *Terreno salitroso.* **4** *Alfarero.*

barreta[1] (dim. de «barra») **1** f. *Especie de piqueta o palanca pequeña que usan los albañiles, mineros, etc.* **2** *Tira de cuero que refuerza la costura del calzado por dentro.*

barreta[2] (de «birrete») **1** (ant.) f. **Gorro.* ≃ Barrete. **2** (ant.) *Capacete (pieza de la *armadura de guerra).*

barrete (ant.) m. *Barreta (gorro).*

barretear (de «barreta») tr. *Asegurar el *cierre de alguna ↘cosa con barras o barrotes.*

barretero m. MINER. *Obrero de los que trabajan con una barra, una cuña o un pico.*

barretina (del ant. «barreta», de «birrete») f. Gorro de lana en forma de saco alargado, típico del atuendo masculino tradicional catalán.

barriada 1 f. Parte de una ciudad o pueblo conocida con un nombre particular, aunque no constituya una división administrativa. **2** (Perú) *Barrio de la periferia, con edificaciones de baja calidad.*

barrial[1] 1 (Hispam.) m. *Barrizal.* **2** (Col., Méj.) *Tierra arcillosa.*

barrial[2] (Hispam.) adj. *Del barrio.*

barrica (del gascón «barrique») f. *Tonel pequeño. ≃ Barril.

BARRICA BORDELESA. *Tonel de 225 litros de cabida.*

barricada (del fr. «barricade» o el it. «barricata») f. Amontonamiento de toda clase de cosas: barricas, sacos de tierra, etc., que se hace para resguardarse tras él en una lucha. ⇒ *Trinchera.

barrido 1 m. Acción de barrer. **2** Barreduras (basura). **3** ELECTR. Proceso mediante el cual un dispositivo explora un área, reconociéndola punto por punto, y transformando éstos en señales eléctricas que se trasmiten a distancia para ser convertidas en imágenes. En este proceso se basan la televisión, el radar y algunos microscopios. **4** Proceso automático por el que se controlan repetidamente las magnitudes de un sistema. Es el que lleva a cabo el piloto automático de un avión o el utilizado en ciertos estudios cardiológicos. **5** CINE. Toma que se realiza con un movimiento rápido de la cámara.

DAR UN BARRIDO. Barrer ligeramente un sitio.

SERVIR LO MISMO PARA UN BARRIDO QUE PARA UN FREGADO (gralm. hum.). Servir una persona para cualquier trabajo.

barriga (¿de «barrica»?) **1** (inf.) f. *Vientre, especialmente si es abultado. ≃ Panza, tripa. **2** (inf.) Parte más ancha de una *vasija. ≃ Panza.

ECHAR BARRIGA. Llegar a tenerla abultada.

RASCARSE [O TOCARSE] LA BARRIGA (inf.). Holgazanear.

barrigón, -a adj. y n. Se aplica al que tiene mucha barriga.

barrigudo, -a adj. y n. Barrigón.

barriguera f. *Correa que pasa por debajo del vientre de las caballerías de tiro.* ⇒ *Guarnición.

barril (relac. con «barrica») **1** m. Recipiente abombado, de forma característica, hecho de listones de madera más anchos por el centro, sujetos con aros de hierro. Suele darse este nombre a los no muy grandes. ≃ *Tonel. ⇒ Embarrilar. **2** Recipiente metálico para transportar cerveza a presión, petróleo, etc. **3** Unidad de volumen usada para medir el petróleo, equivalente a unos 160 litros. **4** *Cierta forma de vasija de barro, con panza abultada y cuello estrecho, que emplean para el agua de beber, especialmente los segadores, en algunos sitios.* ⇒ *Botijo, *cántaro. **5** (Chi.) **Nudo en forma de barrilito que se hace como adorno en las *riendas.*

BARRIL DE PÓLVORA. Se aplica como expresión calificativa a un lugar o situación muy conflictivos. ≃ Polvorín.

barrila (de «barril») **1** (Cantb., León) f. *Botija.* **2** (inf.) Jaleo, escándalo.

DAR LA BARRILA (inf.). *Molestar.

barrilaje (Méj.) m. *Barrilería (conjunto de barriles).*

barrilamen m. *Barrilería (conjunto de barriles).*

barrilería **1** f. *Conjunto de barriles.* ≃ Barrilaje, barrilamen. **2** *Establecimiento donde se fabrican o venden barriles.*

barrilero m. *Cubero: constructor o vendedor de barriles.*

barrilete **1** m. Barril pequeño. **2** MAR. **Nudo de forma de barril que se hace, por ejemplo, en un cabo para que no pase de cierto sitio.* **3** *Pieza de *máquina de forma de tubo corto.* ≃ Tambor. **4** MÚS. *Pieza cilíndrica que tiene el *clarinete junto a la boquilla.* **5** **Cometa (juguete) de forma semejante al perfil de un barril.* ⊙ (Arg., Guat.) *Cualquier *cometa.* **6** CARP. *Instrumento de hierro colocado en un extremo del *banco de carpintero, con el que se sujeta la pieza que se trabaja.* **7** *(Uca tangeri)* *Crustáceo común en las costas africanas y en las de Cádiz; tiene el caparazón trapezoidal y dos pinzas delanteras de tamaño muy desigual; los más grandes se llaman «bocas de la isla», y constituyen un manjar. ≃ BOCA de la isla. ⇒ *Cangrejo. **8** (Méj.) *Ayudante de un profesional, sobre todo el de un abogado.* **9** Pieza del revólver, cilíndrica y giratoria, en la que se colocan los cartuchos.

barrilillo m. **Nudo de forma semejante a un barril que se hace en el extremo de una cuerda.*

barrilla (dim. de «barra»; puede usarse como colectivo genérico) f. Nombre aplicado a diversas especies de plantas quenopodiáceas de los géneros *Salicornia* y *Salsola*, que viven a orillas del mar o en los terrenos salitrosos, de cuyas cenizas, llamadas también «barrilla», se obtenía la *sosa. ⇒ Espinardo. ➤ Mazacote, natrón, sosa. ➤ *Planta (grupo de las de aplicación química).

BARRILLA COMÚN *(Salsola soda)* *Planta quenopodiácea de la que se obtiene barrilla.

BARRILLA DE ALICANTE [O FINA] *(Halogeton sativus)*. *Planta quenopodiácea que da la mejor barrilla conocida.

barrillar **1** m. *Terreno poblado de barrilla.* **2** *Sitio en que se quema.*

barrillero, -a adj. *Se aplica a las plantas de las que se puede obtener sosa.*

barrillo (de «barro[2]»; gralm. pl.) m. *Granito de los que salen en la cara, por ejemplo a los que empiezan a tener barba.

barrio (del sup. ár. and. «bárri», exterior, cl. «barrī», salvaje) **1** m. Sector extremo de una población o separado de ella por un intervalo despoblado. ≃ Arrabal. **2** Nombre que reciben ciertas divisiones de una *población, constituyan o no una división administrativa delimitada con precisión. ⇒ Barriada. ➤ Correjería, frenería, judería, platería, trapería, tripería, zapatería.

BARRIO BAJO (gralm. pl.). Barrio popular. ⇒ Barriobajero.

B. CHINO. Barrio donde abundan burdeles y establecimientos similares.

EL OTRO BARRIO (inf.). El otro mundo. ⇒ *Muerte.

barriobajero, -a adj. y n. Se aplica despectivamente a las personas de los barrios llamados «bajos», refiriéndose a su ordinariez.

barrioso, -a (ant.) adj. *Barroso.*

barriquería **1** f. *Lugar donde se fabrican barricas.* **2** *Conjunto de las mismas.*

barriscar (de «a barrisco»; Ar.) tr. *Dar o vender alguna ↘cosa a *ojo, sin pesar o medir.*

barrisco (del ár. and. «barrízq», según lo que depare la Providencia) A BARRISCO. *En *conjunto, sin distinción.*

barrista n. **Acróbata que realiza ejercicios sobre una barra.*

barritar intr. Dar barritos.

barrito (del lat. «barrītus») m. *Berrido del *elefante.*

barrizal m. Sitio encharcado, cubierto de barro. ⇒ Barro.

barro[1] (de or. prerromano) **1** m. Mezcla que se forma sobre el suelo con la tierra y el agua. ⊙ Mezcla moldeable formada con arcilla y agua para hacer objetos de *cerámica. ⊙ Esta misma mezcla, ya cocida en el horno, constituyendo el material de esos objetos: 'Un cacharro de barro'. ⊙ CONSTR. *Mezcla de arcilla y arena.* **2** Se emplea, lo mismo que sus sinónimos, como símbolo de ignominia, *descrédito o *deshonra, en frases como 'arrastrarse por el barro' o 'manchar[se] de barro'.

BARRO BLANCO. *Arcilla figulina.*

B. DE HIERBAS. *Género de cerámica con adornos en relieve que figuran hierbas.*

□ CATÁLOGO

Azolve, bardoma, chabisque, ciénago, *cieno, enruna, fango, gachas, horrura, lama, légamo, légano, limo, lodo, pecina, reboño, tarquín. ➤ Aguazal, albañal, atascadero, atolladal, atolladar, atolladero, atranco, atranque, bañado, barreal, barrial, barrizal, bodonal, cangrejal, cenagal, chapatal, charco, chucua, ciénaga, cloaca, coluvie, desbazadero, fangal, fangar, huecú, humedal, lamedal, lapachar, lapachero, leganal, lodachar, lodazal, lodazar, marisma, *pantano, paúl, paular, relengo, sentina, tabora, tacotal, tembladal, tembladera, tembladero, tolla, tolladar, tollo, trampal, tremadal [o tremedal]. ➤ Lúteo. ➤ Encenagar[se], enfangar[se], enlodar[se], zarpear. ➤ Ilutación. ➤ Dragar. ➤ Albardilla, cascarria, *cazcarria, salpicadura, zarpa, zarrapastra, zarria. ➤ *Alfarería, bajareque, bodoque, *cerámica, tapia, tarreñas, terracota. ➤ Sajelar. ➤ Chanclo, galocha, zueco. ➤ Barrioso, barroso, cenagoso, cienoso, embarrado. ➤ Alagadizo, anegadizo. ➤ Barrar, barrearse, desembarrar, embarrar[se]. ➤ Guardabarros, limpiabarros, salvabarros. ➤ *Charco. *Pantano. *Tierra.

barro[2] (del lat. «varus») **1** m. Barrillo. **2** VET. *Cada uno de ciertos *granillos o *tumorcillos que les salen a veces al ganado lanar y vacuno.*

barrocho (del it. «biroccio») m. *Birlocho (coche ligero).*

barroco, -a (del fr. «baroque», de «barocco», nombre de una figura de silogismo que los renacentistas aplicaron a los razonamientos absurdos, cruzado con el port. «barrôco», perla irregular) **1** adj. y n. m. Se da este nombre al movimiento artístico y literario generalizado en Europa y América desde fines del siglo XVI a principios del XVIII, caracterizado por la complejidad en la forma y una intensa expresividad en todas sus manifestaciones. ⊙ adj. Se aplica también a las obras pertenecientes a este movimiento y a las cosas relacionadas con él. ⇒ Borrominesco, churrigueresco, rococó. ➤ Conceptismo, culteranismo. **2** Se aplica, por extensión, a cualquier cosa, material o no material, complicada, retorcida o con adornos superfluos, por ejemplo al lenguaje o al estilo literario. ⇒ *Hojarasca. ➤ *Recargado.

barrón (aum. de «barra») **1** m. *Barrote.* **2** *Arco de hierro que va hincado por sus extremos en el espejo de popa de una embarcación.* **3** *(Ammophila arenaria)* *Planta gramínea de hojas arrolladas y punzantes, y flores amarillas en panoja cilíndrica, que crece en los arenales y sirve para consolidarlos.

barroquismo m. Cualidad de barroco. ⊙ Empleo del estilo barroco.

barroso[1], -a **1** adj. *Ordinariamente con barro o cubierto de barro.* **2** *De color similar al del barro.*

barroso[2], -a adj. *Con barrillos.*

barrote **1** m. Barra gruesa. ≃ Barrón. **2** Palo grueso o listón que forma parte de una *armadura o se pone *atravesado para sujetar o reforzar otros; por ejemplo, entre las patas de una silla. ≃ Barra. ⇒ Larguero, palo, travesaño.

barrotín m. MAR. *En un barco, trozo escuadrado de madera, de los que forman un enjaretado.*

barrueco **1** m. **Perla irregular.* **2** *Nódulo esferoidal en las *rocas.* ≃ Gabarro.

barrujo m. *Conjunto de las hojas secas caídas de los pinos, que recubren el suelo de los pinares.*

barrumbada (de or. expresivo) **1** f. *Dicho jactancioso.* ≃ *Fanfarronada. **2** *Acción o rasgo fachendoso. Particularmente, gasto excesivamente rumboso, hecho por fanfarronería.*

barruntamiento m. *Barrunto.*

barruntar (¿del lat. «promptāre», descubrir?) tr. *Presentir o *sospechar una ↘cosa: 'Mis piernas barruntan lluvia. Barrunto, no sé por qué, que no están en buena armonía'. ⊙ Percibir el perro u otro animal la presencia de la ↘caza u otra cosa y ponerse *alerta.

barrunte m. *Barrunto.*

barrunto **1** («Tener un», también en pl. sin artículo) m. Acción de barruntar. **2** Ligero *indicio o comienzo de una cosa: 'Tiene un barrunto de barba. Hay un barrunto de esperanza'. ≃ Asomo, atisbo.

bartola (de «Bartolo», nombre aplicado popularmente a personajes perezosos y despreocupados) f. A LA BARTOLA. Con verbos como «echarse, tenderse, tumbarse, etc.», abandonarse en un esfuerzo u holgazanear.

bartolear intr.* *Holgazanear.*

bartolillo (de «Bartolo») m. Cierto *pastel de forma triangular, relleno de crema o carne.

bartolina (Méj.) f. *Calabozo estrecho, oscuro e incómodo.*

bartulear (de «bártulos»; Chi.) intr. **Cavilar.*

bartuleo (Chi.) m. *Cavilación.*

bártulo (de «Bàrtolo», jurisconsulto boloñés del siglo XIV, cuyas obras eran textos fundamentales para los estudiantes de derecho; gralm. pl.) m. Nombre aplicado despectiva o humorísticamente a cosas heterogéneas que se manejan para algo, que están en un sitio, que constituyen la propiedad de alguien, etc.: 'Coge tus bártulos y vete de aquí'. ≃ Cacharro, chirimbolo, chisme, enredo, *trasto, trebejo. ⇒ *Cosa.

LIAR LOS BÁRTULOS (inf.). Disponer las cosas para marcharse de un sitio o cambiar de residencia.

baruca (de «boruca»; ant.) f. **Ardid para impedir, eludir o desvirtuar una cosa.*

barullero, -a adj. y n. Se aplica a la persona que arma barullo o es propensa a hacerlo.

barullo (del port. «barulho»; «Armarse») m. Escena de cosas o personas moviéndose en desorden y haciendo ruido: 'Se armó un barullo tal que no había manera de entenderse'. ≃ Barahúnda, confusión, jaleo. ⊙ («Armarse, Hacerse») Desorden y falta de coordinación en las cosas; por ejemplo, en las ideas. ≃ Confusión. ⇒ Embarullar.

A BARULLO (inf.). En gran cantidad. ≃ A montones.

barza (del lat. «virgĕa», de varas; Ar.) f. **Zarza (planta compuesta).*

barzal (Ar.) m. *Zarzal.*

barzón (¿del sup. «brazón», de «brazo»?) **1** m. AGRIC. *Anillo de madera, hierro o cuero que tiene el *yugo, por el cual pasa el timón del arado.* ≃ Mediana. **2** *Arzón.* **3** (Costa Rica) **Coyunda (correa con que se uncen los bueyes al yugo).*

DAR [ECHAR O HACER] BARZONES (And., Extr.). *Barzonear.*

barzonear (de «barzón») intr. **Moverse mucho, yendo de un lado para otro, o pasear, sin utilidad.*

basa[1] (de «basar») **1** f. *Base, fundamento.* **2** ARQ. Pieza de la *columna sobre la que se apoya el fuste. **3** ARQ., ESCULT. Base de una columna o estatua.

basa[2] (Ar.) f. **Balsa (acumulación de agua).*

basada (de «basa[1]») f. MAR. *Dispositivo armado debajo de un barco para *botarlo.* ⇒ Cuna.

basal **1** (cient.) adj. *Perteneciente a la base o situado en ella.* **2** FISIOL. Se aplica a la función de un organismo cuando éste se encuentra en estado de reposo o ayuno, y a lo relativo a ella: 'Metabolismo [o temperatura] basal'.

basáltico, -a adj. De [o del] basalto.

basalto (del lat. «basaltes») m. Roca volcánica, de color negro verdoso, compuesta generalmente de feldespato y piroxeno. ≃ Basanita. ⇒ *Mineral.

basamento (de «basar») **1** m. ARQ. Conjunto de todas las piezas que están debajo de la *columna, entre ésta y el suelo: escocia, pedestal, plinto, toro. **2** ARQ. Muro bajo que sirve de soporte común a una serie de columnas.

basanita (del lat. «basanītes») f. *Basalto.*

basar («en») tr. y prnl. Apoyar[se] una ↘cosa sobre cierta base. Se usa generalmente en sentido no material. ⊙ («en») prnl. Tomar como base cierta cosa al hacer algo. ⊙ («en») Apoyar una afirmación, doctrina, teoría, etc., en determinados argumentos.

basáride (del lat. «bassăris, -ĭdis», del gr. «bassarís», vulpeja; *Bassariscus astutus)* f. Mamífero carnívoro americano, semejante al mapache, pero menor; tiene la piel leonada y ocho anillos negros en la cola. ≃ Cacomiztle.

basca (del ant. «bascar», ¿del sup. lat. «versicāre», de «versāre», volver?) **1** (gralm. pl.) f. *Arcada: espasmo de los que preceden al vómito. **2** Furia que impele al perro u otro animal rabioso a morder a otros animales. **3** Estado de ánimo repentino y pasajero: 'Le ha dado una basca. Le dio la basca por ahí'. ≃ *Arrebato. **4** (inf.) *Grupo numeroso de personas. ⊙ (inf.) Pandilla: 'Fue toda la basca a ver el partido'.

bascosidad (de «bascoso») f. Inmundicia o suciedad.

bascoso, -a adj. *Que tiene bascas.*

báscula (del fr. «bascule») **1** f. Aparato para *pesar provisto de una plataforma sobre la que se coloca la cosa que se pesa. La tradicional consta de una serie de palancas que transmiten el peso a un brazo de romana que se equilibra con una pesa, pero actualmente existen también eléctricas y electrónicas. ⇒ Fiel. **2** FORT. *Máquina para levantar el puente levadizo.*

BÁSCULA DE BAÑO. La que se coloca en el suelo, generalmente en el cuarto de baño, y es utilizada para pesarse de pie.

bascular **1** intr. *Oscilar algo respecto a un eje vertical. **2** Inclinarse la caja de un vehículo de transporte para que caiga la carga que contiene.

basculero m. *Responsable de una báscula oficial.*

bascuñana (¿de «Bascuñana», pueblo de Burgos?) f. *Variedad de *trigo fanfarrón, de aristas azuladas y negras, buen grano y excelente paja.*

base (del lat. «basis», del gr. «básis») **1** f. Porción de un objeto, o pieza separada de él, sobre la cual está sostenido: 'Una inscripción en la base de la estatua. Una vasija de poca base se rompe con facilidad'. ≃ Apoyo, asiento, soporte. ⊙ ARQ. Basa de *columna. **2** Parte más importante de las que constituyen cierta cosa o intervienen en ella: 'En Asia, la base de la alimentación es el arroz'. ≃ *Fundamento. ⊙ Cosa en que se apoya o sin la cual no se puede empezar a construir o establecer la cosa de que se trata: 'La base para llegar a un acuerdo es la buena voluntad por ambas partes'. ≃ LO FUNDAMENTAL. ⇒ *Condición. **3** Hecho o cosa que está en el principio de otra o de la cual arranca ésta: 'La base de su fortuna fue el éxito de su primer restaurante'. ≃ *Origen. ⊙ *Antecedente o *fundamento: hecho, principio, idea, etc., en que se apoya un argumento, un razonamiento, un error, una calumnia o cualquier otra cosa que se piensa o dice: 'La base de su ataque es falsa'. **4** GEOM. Lado o cara sobre los que se suponen apoyados las figuras o cuerpos geométricos. **5** MAT. En una potencia, cantidad que ha de tomarse como factor las veces que expresa el exponente. **6** MAT. En un sistema de numeración, número de unidades necesarias para pasar a una unidad de rango superior; por ejemplo, en el sistema de numeración en base 10, son necesarias 10 unidades para formar una decena, 10 decenas para formar una centena, y así sucesivamente. **7** QUÍM. Cuerpo formado por un metal y el grupo OH; tienen cualidades opuestas a las de los ácidos y, reaccionando con éstos, forman las sales. ⇒ Hidróxido, radical. **8** TOPOGR. *Recta medida sobre el terreno, de la que se parte para las operaciones sucesivas.* **9** DEP. En *béisbol, cada uno de los puntos del campo que el jugador debe recorrer para obtener un tanto. **10** Conjunto de personas pertenecientes a un partido o ideología políticos que no ostentan cargo directivo alguno: 'Es militante de base del partido. Las bases socialistas están en contra de las últimas decisiones de la dirección'. **11** Lugar con las instalaciones necesarias para realizar determinadas actividades: 'Base militar [o científica]'. **12** n. DEP. En *baloncesto, jugador encargado de dirigir el equipo.

BASE AÉREA. *Aeródromo militar.

B. DE DATOS. Conjunto de datos dispuestos ordenadamente, generalmente por medios informáticos, para permitir una fácil consulta. ⊙ Programa informático especialmente diseñado para organizar un conjunto de datos.

B. DE DISCUSIÓN. Forma dada provisionalmente a un asunto, para discutir sobre él.

B. IMPONIBLE. ECON. Cantidad sobre la que se calcula un impuesto.

B. NAVAL. *Puerto o punto de una costa en que se pertrechan los barcos.

B. DE OPERACIONES. Lugar donde está concentrado un ejército. ⇒ *Milicia.

A BASE DE. **1** (pop.) Con el ingrediente o ingredientes principales que se expresan: 'Este bizcocho se hace a base de huevo y harina'. **2** (pop.) Con el medio que se indica: 'Consiguió aprobar a base de esfuerzo'. ≃ A FUERZA de.

A BASE DE BIEN. **1** (pop.) Mucho: 'Está lloviendo a base de bien'. **2** (pop.) Muy bueno, muy bien hecho: 'Hicieron una boda a base de bien'.

CAER algo POR SU BASE. Quedar completamente desmentido o desvirtuado por fallar un hecho que le servía de base.

PARTIR [o, más frec., PARTIENDO] DE LA BASE DE QUE. Dar [o dando] por supuesta la cosa que se expresa.

SOBRE LA BASE DE. Dando por supuesta la cosa que se indica.

baseláceo, -a (de «Basella», género de plantas) adj. y n. f. BOT. *Se aplica a las plantas de la misma familia que el melloco, generalmente leñosas y en su mayoría americanas.* ⊙ f. pl. BOT. *Esa familia.*

basicidad f. QUÍM. *Número de átomos de hidrógeno de un ácido reemplazables por átomos de metal.*

básico, -a **1** adj. Se aplica a lo que es indispensable para cierta cosa. ≃ Esencial, fundamental, primordial. **2** QUÍM. *Se aplica a los cuerpos que se comportan como bases.* ⇒ Ácido, neutro.

basidio (del lat. «basidĭum») m. BIOL. *Célula que produce las esporas con que se reproducen los hongos basidiomicetos.*

basidiomiceto (de «basidio» y el gr. «mykḗs, -ētos», hongo) adj. y n. m. BIOL. Se aplica a los *hongos pertenecientes a una clase caracterizada por tener el micelio tabicado y cuyas esporas se producen en los basidios; por ejemplo, el champiñón, el níscalo y la amanita. ⊙ m. pl. BIOL. *Clase que forman.*

basilar adj. *De la base.*

basileense o **basilense** adj. y n. *Basiliense.*

basílica (del lat. «basilĭca», del gr. «basilikḗ», regia) **1** f. Edificio que servía entre los *romanos de *tribunal y de lugar de *reunión y contratación. **2** Nombre de las primeras *iglesias cristianas. **3** Nombre que se aplica a ciertas iglesias que gozan de determinados privilegios. ⊙ *Entre ellas, a trece de Roma, consideradas como las primeras del mundo católico, siete de ellas «mayores», con un prelado por vicario y privilegio para ganar en ellas el jubileo, y seis «menores».* **4** *Palacio real.* **5** adj. *Se aplica a una de las *venas del *brazo.*

basilical adj. De [la o las] basílica[s]; particularmente, de las primeras *iglesias cristianas: 'Planta basilical'. ⊙ Con carácter de basílica.

basílicas f. pl. *Colección de *leyes formada por orden del emperador bizantino Basilio.*

basilicón (del lat. «basilĭcon», del gr. «basilikón», regio) adj. y n. m. *Se aplica a un *ungüento supurativo compuesto con pez negra.*

basiliense adj. y, aplicado a personas, también n. *De Basilea, ciudad de Suiza.*

basilio -a adj. y n. m. *Se aplica a los monjes de la *orden de San Basilio.* ⊙ m. pl. *Esta orden.*

basilisco (del lat. «basiliscus», del gr. «basilískos», reyezuelo) **1** m. MIT. *Animal fabuloso al que se atribuía el poder de matar con la mirada. ≃ Régulo. **2** (*Basiliscus americanus* y *Basiliscus vittatus*) *Reptil saurio iguánido del tamaño de una iguana pequeña y de hermoso color verde, que habita en Méjico y América Central. **3** ARTILL. *Máquina de guerra antigua.*

HECHO UN BASILISCO. Muy encolerizado.

basis (del lat. «basis»; ant.) amb. *Base.*

basket (del ingl. «basketball»; más frec. en Hispam.) m. Baloncesto. ≃ Basquet, basquetbol.

basna (Cantb.) f. **Rastra: utensilio cualquiera sobre el que se arrastra una cosa pesada.*

baso, -a (del lat. «bassus», gordo, bajo; ant.) adj. **Bajo.*

basquear **1** intr. *Tener bascas.* **2** tr. *Causar bascas.*

básquet o **basquetbol** (del ingl. «basketball»; más frec. en Hispam.) m. Baloncesto. ≃ Basket.

basquilla (dim. de «basca») f. VET. *Cierta enfermedad del ganado lanar.*

basquiña (de «vasco») f. *En algunas regiones, *falda.*

basset (fr.; pronunc. [báset]) adj. y n. m. Se aplica a un *perro de cuerpo alargado y fuerte y patas cortas.

basta (de «bastar[1]») **1** f. Puntada larga; por ejemplo, de las que se dan para hilvanar. ≃ Baste. ⇒ Embastar. **2** Atadura o sujeción de las que se ponen de trecho en trecho en un colchón o una colcha para mantener la lana o el relleno repartidos. ⇒ COLCHÓN sin bastas. **3** (Perú) *Bastilla, dobladillo.*

bastadamente (ant.) adv. *Bastante (adv.).*

bastaje (del cat. «bastaix») m. *Hombre que se dedica a llevar cosas por encargo de otros.* ⇒ *Recadero.

bastamente adv. Con bastedad.

bastante (de «bastar»[2]) **1** (con «ser» o yuxtapuesto) adj. Todo lo necesario: 'Esta temperatura no es bastante para fundir el vidrio. No tiene bastante inteligencia para comprenderlo'. ≃ Suficiente. **2** (yuxtapuesto) En cantidad apreciable; más bien *mucho que poco: 'Hace bastante frío. Tiene bastante dinero. Tengo bastantes cosas que hacer'. ⇒ Algún. **3** adv. Todo lo necesario: 'Ya hay bastante'. ≃ Suficiente. ⊙ No mucho, pero en cantidad perceptible o aceptable: 'El niño ha adelantado bastante este curso'. ≃ *Considerablemente. **4** adj. DER. *Se aplica a los *documentos que poseen los requisitos necesarios para surtir efecto legal.*

BASTANTE[S]... PARA QUE... **1** Expresión empleada para significar que cierta cosa resulta ya una *añadidura intolerable a otras ya molestas o inconvenientes: 'Ya tenemos bastantes dificultades, para que vengas tú con esas pretensiones'. **2** Las expresiones de uso corriente «bastante» más adjetivo, más «para», como «es bastante fresco para pedírtelo», se consideran galicismos y se encuentra más recomendable la forma «lo bastante fresco para...».

V. «DEJAR bastante que desear».

bastantear (de «bastante») intr. DER. *Declarar un letrado la suficiencia de un poder u otro *documento.* ⇒ Garantizar, *legalizar.

bastantemente adv. *Bastante.*

bastanteo m. *Acción de bastantear.* ⊙ *Escrito con que se realiza.*

bastantero (de «bastantear») m. DER. *Oficial de algunos *tribunales que tenía a su cargo reconocer si los poderes que se presentaban eran bastantes.*

bastar[1] (del germ. «bastjan», zurcir, pespuntear; ant. y usado aún en Ven.) tr. *Bastear.*

bastar[2] (¿del sup. lat. vulg. «bastāre»?) **1** («para», «con»; con nombres, también «a») intr. Tener una cosa la medida necesaria o haber de ella la cantidad o el número necesario para algo que se expresa: 'Este trozo de cuerda basta para atar el paquete. Nada basta a su ambición'. ≃ Alcanzar, llegar. ⊙ («con») Se usa mucho como terciopersonal, frecuentemente con complemento de persona: '[Me] basta con media docena de obreros'. ⇒ Abarcar, abastar, dar ABASTO, abondar, alcanzar, ser BASTANTE, estar BIEN de, cubrir, cumplir, DAR de sí, DAR para, no HAY más que, llegar, rendir, saciar, satisfacer, saturar, no SOBRAR ni faltar, ser SUFICIENTE, VA que arde, VA que chuta, VA que se mata. ➤ Abastanza, asaz, autosuficiente, bastante, capaz, lo indispensable, lo justo, suficiente. ➤ Con que, para, con sólo que. ➤ SER como para. ➤ *Completo. ➤ *Faltar. ➤ Abastar, abastecer, abasto, bastecer, bastir. **2** *Tener abundancia de cierta cosa.* ≃ Abundar en. **3** (ant.) **Aprovisionar.* **4** («para») prnl. Poder una persona hacer cierta cosa ella sola: 'Se basta él solo para pintar toda la casa'.

¡BASTA! Exclamación con que, con o sin enfado, se *detiene a alguien que está haciendo o diciendo algo.

BASTA DE. Expresión con que, con o sin tono exclamativo, se detiene una acción o un discurso: 'Basta de conversación y vamos a trabajar'.

V. «VENTURA te dé Dios, hijo, que el saber poco te basta».

bastarda (de «bastardo») **1** f. **Lima fina de herrero.* **2** ARTILL. *Culebrina de longitud inferior a treinta veces su calibre.*

bastardeado, -a Participio adjetivo de «bastardear[se]»: 'Una doctrina bastardeada'.

bastardear (de «bastardo») **1** («de, en») intr. Hacerse una cosa peor que sus antecesoras o peor de lo que le corresponde por su origen o naturaleza. ≃ Degenerar. ⊙ prnl. Perder una cosa, al seguir haciéndose o desarrollándose, la bondad, valor o carácter de sus principios o de sus antecesoras. ≃ *Degenerar, estropearse. **2** tr. Falsear o falsificar: hacer perder a una ˘cosa su pureza o autenticidad: 'Eso sería bastardear los fines para los que se fundó la asociación. Están bastardeando la doctrina del maestro'.

bastardelo (del it. «bastardello») m. *Cuaderno en que los escribanos o *notarios copiaban las escrituras o documentos que redactaban.* ≃ Minutario.

bastardería (ant.) f. *Bastardía.*

bastardía **1** f. Cualidad de bastardo. **2** Dicho o hecho indigno: 'Cometer una bastardía'.

bastardilla (dim. de «bastardo») **1** adj. V. «LETRA bastardilla». **2** f. *Cierto tipo de flauta.*

bastardo, -a (del fr. ant. «bastard») **1** adj. y n. Se aplica al hijo o hermano *ilegítimo cuando es hijo de un rey o de un noble. ⇒ Espurio. **2** adj. Se aplica vulgarmente a los híbridos. **3** También a ciertas especies vegetales de calidad inferior a la de otras con las que tienen semejanza o de las que son una degeneración; como la menta «bastarda». **4** Aplicado a fines, propósitos, intenciones, etc., *ilegítimo o *innoble: 'Ambiciones bastardas'. ⊙ adj. y n. También se aplica a la persona que actúa de forma innoble. **5** m. *Boa (*serpiente).* **6** (Gal., Sal.) *Serpiente grande.* **7** MAR. *Cierta *vela de las galeras y barcos antiguos.* **8** MAR. *Especie de *racamento o anilla que sujeta las vergas a los palos del barco permitiéndoles correr a lo largo de ellos.*

A LA BASTARDA. *En silla bastarda.*

V. «GALERA bastarda, SILLA bastarda».

baste (de «bastar[1]») **1** m. *Basta (hilván).* **2** *Almohadilla que llevan la silla y la albarda para no dañar a la caballería.*

bastear tr. *Dar bastas (puntadas) en una ˘cosa.*

bastecedor, -a (ant.) adj. y n. *Abastecedor.*

bastecer (de «bastir»; ant.) tr. *Abastecer.*

bastecimiento (ant.) m *Abastecimiento.*

bastedad f. Cualidad de basto.

basterna (del lat. «Basterna») **1** adj. y, aplicado a personas, también n. *Se aplica a los individuos de un *pueblo sármata que ocupó un territorio correspondiente en parte a lo que es hoy Ucrania, y a sus cosas.* **2** f. **Carro peculiar de ese pueblo.* **3** **Litera que usaban las damas *romanas, llevada por dos caballerías.*

bastero m. *Hombre que hace o vende las albardas llamadas «bastos».*

bastetano, -a (del lat. «Bastetānus») **1** adj. y n. *Se aplica a los individuos de cierto pueblo prerromano que habitaba en un territorio que correspondía a las actuales provincias de Granada, Jaén y Almería, cuya capital era Basti (hoy Baza).* **2** *De Baeza (Jaén).*

basteza f. Bastedad.

bastida (del ant. «bastir», del germ. «bastjan», abastecer, construir) f. ARTILL. *Máquina de guerra antigua consistente en una especie de castillo hecho de maderos, con una protección para los que iban en él, con el cual se acercaban los combatientes a las murallas, batían el interior y las asaltaban.*

bastidor (del ant. «bastir», del germ. «bastjan», abastecer, disponer) **1** m. *Armadura, bien rectangular, bien en forma de aro, que deja en su interior un hueco sobre el que se tiende algo que se sujeta en ella. ⊙ Utensilio de esa forma en que se coloca una tela para *bordar en ella. ⇒ Tambor. ➤ Banzo, barra, propienda. ⊙ Armadura que soporta una estructura como una máquina o un coche. ⊙ En una *puerta, conjunto de los largueros y peinazos que sirven de soporte a los tableros. **2** Cada una de las piezas consistentes en telas o papeles pintados puestos en un armazón de madera, con que se forma la decoración lateral en el escenario del *teatro. ≃ Trasto. **3** MAR. *Armazón de hierro o bronce en que se apoya el eje de la *hélice del barco cuando no es fija.* **4** (R. Dom.) **Somier de cama.*

BASTIDORES DE ROPA. Los del escenario de un *teatro, situados inmediatamente detrás de la embocadura.

ENTRE BASTIDORES. **1** Entre gente de teatro o en relación con la vida teatral. **2** Refiriéndose a cosas que ocurren en un asunto, sin trascender al público: 'No sabemos lo que ocurre entre bastidores'. ⇒ *Secreto.

bastilla (dim. de «basta») f. *Costura consistente en puntadas seguidas iguales, de modo que el hilo queda asomando alternativamente por el revés y por el derecho; por ejemplo, la que se hace a mano para juntar dos telas, o, a veces, en los dobleces de las orillas. ⇒ Candelilla.

bastimentar tr. **Aprovisionar ↘algo con bastimentos; por ejemplo, una plaza o a un ejército.*

bastimento[1] (del ant. «bastir») **1** m. *Acción de abastecer.* ≃ Abastecimiento. **2** (pl.) **Provisiones; particularmente, de un ejército o una ciudad sitiada.* **3** (ant.) **Edificio.* **4** MAR. **Barco.* **5** *Cierto derecho de las encomiendas de la orden de Santiago.*

bastimento[2] (ant.) m. *Conjunto de las bastas de un colchón o una colcha.*

bastión (del it. «bastione», del germ. «bastjan», abastecer, construir) **1** m. FORT. Saliente de forma pentagonal situado en los ángulos de una fortaleza. ≃ Baluarte. **2** FORT. Por extensión, fortaleza. ≃ Baluarte. ⇒ Abastionar. **3** Puede usarse en sentido figurado, igual que «baluarte».

bastionar tr. FORT. *Abastionar.*

bastir (del germ. «bastjan», abastecer, construir) **1** (ant.) tr. **Aprovisionar.* **2** (ant.) **Construir (edificar).* **3** (ant.) **Hacer o *preparar una ↘cosa.*

bastitano, -a (del lat. «Bastitāni») adj. y, aplicado a personas, también n. *De *Baza, población de la provincia de Granada.*

basto[1] **1** m. *Cierta clase de albarda que se pone a las caballerías de carga.* **2** (Hispam.) *Almohadillas que forman el lomillo o parte superior de la albarda.*

basto[2] m. Figura de uno de los palos de la *baraja española, de forma de clava. ⊙ (pl.) Ese palo. ⊙ («El») As de ese palo. ⊙ («Un») Cualquier carta de él. ⇒ Bastón. ➤ Matacán, perico, pericón.

basto[3], **-a** (de «bastar» en el sentido antiguo de «abastecer»; del significado «abastecido» pasaría al de «grueso» y de éste al de «grosero») **1** adj. Aplicado a las personas y a su aspecto, modales, lenguaje, etc., ordinario o *vulgar; falto del pulimento que da la educación o falto naturalmente de delicadeza y finura. ⇒ *Grosero. *Ordinario. *Soez. *Tosco. ➤ Desbastar, embastecer. **2** Aplicado a cosas hechas por el hombre, *ordinario o *vulgar; no selecto; hecho sin cuidado especial, con materiales no seleccionados, etc.: 'Un chocolate [o un mueble] basto'. **3** Aplicado a la superficie de las cosas y a las cosas por ella, no liso o pulimentado; tal que raspa al tacto: 'El frío pone bastas las manos'. ≃ Áspero.

bastón (¿del lat. tardío «bastum»?) **1** m. *Palo, generalmente con una empuñadura y trabajado en cierta forma, que se lleva en la mano para apoyarse al andar. ⊙ Palo semejante que se usa como insignia de mando. ⇒ *Báculo, baguiliello, bastoncillo, bengala, blago, bordón, cachava, *cayado, cipión, clava, croza, estaca, garrota, garrote, gayata, junco, lituo, macana, muleta, muletilla, palo, porra, roten, tiento. ➤ Casquete, casquillo, contera, cuento, empuñadura, puño, recatón, regatón. ➤ Manatí. ➤ *Planta (grupo de las empleadas para hacer bastones). ➤ Bastonear, bordonear. ➤ *Apoyo. *Cojo. ⊙ Cada una de las dos barras con una empuñadura en un extremo y un pincho en el otro que utiliza el esquiador para apoyarse y darse impulso. **2** (Sal.) **Tallo nuevo de encina o roble.* **3** (ant.) *Basto (palo de la baraja).* **4** HERÁLD. *Franja colocada de arriba abajo en el escudo.* **5** *En la industria de la *seda, palo en que se enrollaba la tela antes de pasarla al plegador.*

DAR BASTÓN. *Bastonear el *vino.*

EMPUÑAR EL BASTÓN. Asumir el *mando en cualquier cosa.

METER EL BASTÓN. *Intervenir para *apaciguar o *reconciliar a personas que riñen o están enemistadas.*

bastonada f. *Bastonazo.*

bastonazo m. Golpe dado con el bastón.

bastoncillo **1** m. Se aplica a cosas que tienen forma de palito. ⊙ *Específicamente, a ciertos elementos de una de las capas de la *retina.* ⊙ Palito con algodón en uno de sus extremos usado en la higiene personal; por ejemplo, para limpiarse las orejas. **2** **Galón estrecho.*

bastonear **1** tr. *Agitar el ↘*vino cuando ha formado hebra, para deshacer la coagulación.* ≃ Dar BASTÓN. **2** (Sal.) intr. *Comer el ganado bastones o tallos tiernos de los árboles.*

bastonero, -a **1** f. *Mueble en que se colocan los bastones y paraguas.* **2** m. *Ayudante del alcaide de la *cárcel.* **3** n. *Persona que dirige en ciertas danzas.* **4** (Ven.) *Rufián.*

bástulo, -a (del lat. «Bastŭlus») adj. y n. *Se aplica a los individuos de un pueblo prerromano que habitaba la costa meridional de España, de Cádiz a Almería, y a sus cosas.*

basura (del lat. «versūra», de «verrĕre», barrer) **1** f. Suciedad o conjunto de desperdicios de cualquier clase, como los que se hacen a diario en una casa, las barreduras, las cosas viejas que se tiran al hacer limpieza, etc.: 'Echar [o tirar] a la basura'. ⇒ Bafea, barreduras, bazofia, cochambre, desecho, desperdicios, escombro, espejuelo, estiércol, fosquera, horrura, inmundicia, lijo, marea, ñaque, porquería, sarama, soeza. ➤ Barredor, barrendero, basurero, fematero, trapero. ➤ Busca. ➤ Basurero, jamerdana, muladar, vertedero. ➤ Crematorio. ➤ BOTE de [la] basura, caneca, CESTO de [la] basura, CESTO de los papeles, cubeta, CUBO de [la] basura, LATA de [la] basura, pipote, TACHO de [la] basura, TARRO de [la] basura, zafacón. ➤ *Escoba. ➤ Cogedor, recogedor. ➤ *Barrer. *Limpiar. *Sucio. **2** (desp.; n. calif.) Persona o cosa despreciable. ⊙ (inf.) Se usa en aposición para expresar que algo es de pésima calidad: 'Televisión [empleo o comida] basura'.

basural (Hispam.) m. *Basurero: lugar donde se echa la basura.*

basurear (Arg., Perú, Ur.; inf.) tr. *Tratar a ˃alguien con desprecio.*

basurero, -a 1 n. Persona que recoge y se lleva la basura de las casas. **2** m. Sitio donde se arroja o amontona la basura. **3** (más frec. en Hispam.) Recipiente donde se deposita en las casas. **4** (n. calif.) Sitio lleno de suciedad o de cosas inútiles y sucias. ⇒ *Sucio.

basuto, -a adj. y, aplicado a personas, también n. De Lesotho, país del sur de África.

bata[1] (del fr. «ouate») **1** f. Vestido largo, holgado y cómodo, usado para estar en casa, tanto por los hombres como por las mujeres. ⊙ Vestido semejante, generalmente blanco, que se lleva en clínicas, laboratorios, etc. ⇒ Andriana, batín, guardapolvo, sobretodo. **2** (Perú) *Prenda con que se viste al niño cuando se le administra el bautismo.*

BATA DE BAÑO (Hispam.). *Albornoz.*

B. DE COLA. Vestido de mujer con volantes y cola, típico de Andalucía, en particular de las bailaoras de flamenco.

bata[2] (de or. tagalo) **1** (Filip.) adj. *Se aplica a la persona que está en la niñez.* **2** (Filip.) m. *Sirviente indígena joven.*

batacazo (¿de or. expresivo?; «Darse, Pegarse un») **1** m. *Golpe fuerte que se da alguien al caerse. ≃ Costalada, golpazo, golpetazo, porrada, porrazo. **2** Fracaso o *caída brusca en negocios, posición, etc.: 'Ése se dará cualquier día un batacazo'. **3** (Hispam.; «Dar el») *En hípica, triunfo inesperado de un caballo.* ⊙ (Hispam.; «Dar el») *Cualquier triunfo inesperado.*

batafiol m. MAR. *Tomador hecho de un *cabo delgado.*

batahola (del it. «battagliola», dim. de «battaglia», batalla) f. *Bulla o *ruido muy grande. ≃ Bataola, tabaola.

batalla (del fr. «bataille») **1** («Empeñar») f. Cada episodio de una guerra en que se encuentran y *luchan los ejércitos enemigos. ≃ ACCIÓN de guerra, combate, encuentro. ⊙ Por extensión, escena o episodio de lucha entre personas o entre animales. ⇒ ACCIÓN de guerra, choque, colisión, *combate, encuentro, escaramuza, facienda, función, HECHO de armas, naumaquia, reencuentro, refriega, sarracina, zalagarda. ➤ *Guerra. *Milicia. **2** Lucha entre sentimientos o ideas contrapuestos en el espíritu de alguien. ≃ Combate, conflicto. **3** (inf.; gralm. pl.) Relato de una persona de episodios o aventuras de su vida, que normalmente resulta fastidioso para el que escucha: 'Ya está tu primo contando una de sus batallas'. ≃ Batallitas. **4** (ant.) **Guerra.* **5** *Justa o *torneo.* **6** ESGR. *Combate con espadas negras.* **7** MIL. *Antiguamente, centro de un ejército, a diferencia de la vanguardia y la retaguardia.* **8** MIL. *Cada sección en que se dividía un ejército antiguo.* **9** MIL. *ORDEN de batalla.* **10** *Encaje de la nuez de la ballesta donde se pone el lance.* **11** *Parte de la *silla de montar sobre la que se sienta el jinete.* **12** *En los *carruajes de cuatro ruedas, distancia entre los dos ejes.*

BATALLA CAMPAL. La dada entre dos ejércitos completos, especialmente si es en campo abierto y se considera decisiva. ⊙ Se emplea mucho en sentido figurado, refiriéndose a una pelea o una discusión muy encarnizadas o en que toma parte mucha gente.

V. «CABALLO de batalla, CAMPO de batalla».

DAR LA BATALLA. Con «decidirse, estar dispuesto a» y verbos semejantes, actuar claramente en contra de alguien para conseguir cierta cosa.

DE BATALLA. Expresión calificativa que se aplica a cosas, especialmente de vestir, que no son delicadas, sino *resistentes y apropiadas para usarlas mucho.

EN DESIGUAL BATALLA. Expresión arcaica, repetida a veces en lenguaje jocoso.

V. «MESA de batalla, ORDEN de batalla».

PRESENTAR BATALLA. Situar las fuerzas frente a las del enemigo en actitud de combatir. ⊙ Se puede usar en lenguaje figurado.

batallada f. HERÁLD. *Se aplica a la *campana con lenguas de distinto esmalte.*

batallador, -a 1 adj. y n. Se aplica al que batalla: 'Don Alfonso el Batallador'. **2** (laud.) adj. Se aplica a la persona dispuesta a luchar con otras para conseguir algo que se propone. ≃ Luchador. ⇒ *Combativo.

batallante adj. *Aplicable al que batalla.*

batallar 1 («con») intr. Luchar en una batalla. ≃ Combatir, pelear. **2** («con, por») *Trabajar o *esforzarse mucho, venciendo dificultades o la oposición de otros, para conseguir una cosa. ≃ Afanarse, combatir, lidiar, luchar, pelear. **3** ESGR. *Combatir con espadas negras.*

batallaroso, -a (ant.) adj. **Belicoso o marcial.* ≃ Batalloso.

batallita (inf.) f. Dim. de «batalla», especialmente usado para referirse a las aventuras o episodios que cuenta alguien.

batallola (del it. «battagliola») f. *Batayola.*

batallón[1] **1** m. Unidad militar de una misma arma, compuesta de varias compañías. ⇒ *Milicia. **2** (inf.) Grupo numeroso de personas. ≃ Regimiento.

BATALLÓN DISCIPLINARIO. Batallón en el que se hace servir a los soldados como castigo, sometidos a un régimen especialmente riguroso.

batallón[2]**, -a** adj. Se aplica a la cuestión o asunto sobre el que se discute mucho o que surge siempre como dificultad cuando se trata de hacer cierta cosa.

batalloso, -a 1 (ant.) adj. *Batallaroso.* **2** (ant.) *Reñido o disputado.* **3** (ant.) *De [las] batallas.*

batán (¿del sup. ár. and. «baṭán»?) **1** m. Instalación movida por fuerza hidráulica, provista de unos mazos con los que se golpean los *paños que se fabrican para desengrasarlos, apretar el tejido, etc. ⇒ Álabe, estante, leva, levador, martinete, mazo. ➤ Acipado. ➤ Desmugrar, enfurtir, infurtir. ➤ Pilatero. ➤ Bancada, pilada. ➤ TIERRA de batán. **2** (Col.) *Conjunto de productos bastos de lana, como mantas, colchones, etc.* ⊙ *Lugar donde se venden tales productos.* **3** (Perú) *Piedra empleada en la cocina para moler.* **4** (Perú) *Caderas de una persona.* **5** (pl.) **Juego que consiste en tenderse paralelamente, pies con cabeza, dos personas, las cuales levantan alternativamente las piernas y cada una va dando un golpe en el suelo, otro en la mano y otro en las nalgas de la que tiene las piernas levantadas, al ritmo de cierto sonsonete que otras personas van cantando.*

V. «TIERRA de batán».

batanado m. Operación fundamental en el acabado de los tejidos de lana en que, mediante el uso de jabones alcalinos o ácidos y la presión y frotamiento, se hace encoger al tejido y se le da aspecto compacto. ≃ Enfurtido.

batanar tr. Golpear los ↘*paños en el batán. ≃ Abatanar.

batanear 1 (inf.) tr. Batanar. 2 (inf.) Dar una paliza a ↘alguien.

batanero m. Hombre que maneja el batán.

batanga f. *Plancha hecha de cañas de bambú que se coloca en los *barcos filipinos a lo largo de los costados y sirve de defensa a la nave al atracar o abordar, y también para andar por encima de ella.*

bataola f. Batahola. ≃ Tabaola.

batata (de «patata»; *Ipomea batatas*) 1 f. Planta convolvulácea de tallos rastreros, hojas acorazonadas, flores en forma de campana y raíces con tubérculos comestibles llamados del mismo modo, blancos o amarillentos por dentro. ⇒ *Boniato. 2 (Arg., Par., Ur.) *Timidez.*

BATATA DE MÁLAGA. *Dulce seco hecho con batata.

batatín (And.; colectivo) m. *Batatas menudas.*

batato, -a (And., Col.) adj. y n. *Se aplica a la persona rechoncha.*

Batavia V. «CAÑA de Batavia, LÁGRIMA de Batavia».

bátavo, -a adj. y, aplicado a personas, también n. De Batavia, país de la Europa antigua.

batayola (de «batallola») 1 f. MAR. *Caja cubierta con encerados que se construye a lo largo del borde de los *barcos, en la que se recogen los coyes de la tripulación.* ≃ Batallola. 2 (ant.) MAR. *Barandilla de madera sobre las bordas del buque que servía para sostener los líos de ropa que se colocaban como defensa al ir a entrar en combate.*

batazo m. Golpe de bate.

bate (del ingl. «bat») m. Palo de forma de clava con el que se impulsa la pelota en el béisbol y otros juegos y deportes.

batea (del sup. ár. and. «baṭíḥa», cl. «baṭīḥah», lugar llano) 1 f. *Bandeja. 2 Bandeja de las que hacen oficio de *cajón en los muebles. 3 *Cierta bandeja hecha de diferentes formas y tamaños, de madera pintada y adornada con pajas.* 4 MAR. *Barco pequeño de forma de cajón que se usa en los puertos y arsenales. 5 Vagón descubierto con los bordes muy bajos. ⇒ Container. 6 (Hispam.) **Artesa.* 7 **Cuenco.* 8 *Recipiente de forma cónica empleado en Sudamérica para el examen y concentración a mano de las gangas de *oro.* 9 Construcción a modo de plataforma, generalmente de madera, que se introduce en el mar para criar mejillones y ostras.

bateador m. Jugador de *béisbol que golpea la pelota con el bate.

batear[1] (del lat. «baptidiāre»; Ar.) tr. **Bautizar.*

batear[2] tr. o abs. Golpear con el bate.

batel (del fr. ant. «batel») m. MAR. Bote o *barco pequeño.

batelero, -a n. MAR. Persona que gobierna un batel o bote.

bateo[1] (del ant. «batear», del lat. «baptidiāre», bautizar; inf.) m. *Bautizo.*

bateo[2] m. Acción de batear (golpear con el bate).

batería (del fr. «batterie») 1 f. Fila o conjunto de *cañones colocados en un sitio. ⊙ Conjunto de los que hay en un barco de guerra en cada puente o cubierta, cuando van de popa a proa. 2 Se aplica también este nombre a una fila o *serie de ciertas cosas: 'Una batería de calderas'. ⊙ BATERÍA eléctrica. ⊙ Fila de luces del proscenio de los *teatros. 3 MIL. Unidad táctica de *artillería que consta de cierto número de piezas. 4 FORT. *Obra de fortificación en que están alojadas las piezas de artillería.* 5 MAR. *Espacio o entrepuente en que están colocados los cañones en un buque.* 6 Conjunto de los instrumentos de percusión en una *banda u orquesta. ⊙ Conjunto de instrumentos de esa clase montados en un dispositivo único que toca un solo ejecutante. ⊙ n. Persona que lo toca en un grupo musical. 7 *Conjunto de *grifos que permite mezclar el agua caliente y fría y dirigirla al caño o a la ducha.* 8 MIL. *Acción de batir una fortificación o posición enemiga.* 9 *Brecha (abertura).* 10 *Peticiones repetidas con que se importuna a alguien.* 11 *Cosa que causa mucha *impresión a alguien.* 12 Serie de pruebas o experimentos que se utilizan en algunas ciencias. ⊙ Serie de cosas semejantes, por ejemplo de preguntas.

BATERÍA DE COCINA. Conjunto de pucheros, ollas, cacerolas, cazos y todos los utensilios metálicos de distintas formas y tamaños que se utilizan en la *cocina.

B. ELÉCTRICA. Serie de pilas o acumuladores eléctricos; puede serlo también de condensadores. ⊙ Particularmente, la de los automóviles, que suministra la electricidad que el vehículo necesita.

EN BATERÍA. Modo de aparcar los coches en que se colocan más o menos perpendicularmente respecto a la acera y unos paralelos a otros.

batero, -a n. *Persona que hacía batas.*

batey (de or. caribe) m. *Lugar ocupado por los edificios, viviendas, almacenes, fábricas, etc., en los ingenios de *azúcar y grandes *fincas de las Antillas.*

bati- (var. «bato-») Raíz prefija del gr. «bathýs», profundo, con que se forman palabras cultas: 'batimetría, batiscafo, batisfera'.

batiburrillo o, menos frec., **batiborrillo** (de «baturrillo», con influencia de «zurriburri») m. Mezcolanza o revoltijo: mezcla de cosas revueltas, sin orden y sin relación unas con otras. ≃ Baturrillo.

baticabeza (de «batir» y «cabeza») m. Cierto *coleóptero del género *Elater* que, cuando cae de espaldas, da grandes saltos hasta que recobra la posición normal.

baticola (de «batir» y «cola») f. *Correa con un ojal por donde pasa la *cola de la caballería, que sirve para evitar que la montura se corra hacia delante.* ≃ Grupera, tiracol. ⇒ *Guarnición.

SER DE LA BATICOLA FLOJA (Perú). *Se aplica a la mujer ligera de cascos.*

TENER LA BATICOLA FLOJA (Perú). *Tener descomposición.*

baticor (de «batir» y «cor», corazón; ant.) m. **Pena.*

baticulo (de «batir» y «culo») 1 m. MAR. **Cabo grueso con que se refuerzan los viradores de los masteleros.* 2 MAR. *Cangrejo pequeño que se arma en una de las aletas de los faluchos y otras embarcaciones menores cuando hace buen tiempo.*

batida («Dar una») f. Acción de batir (registrar o reconocer): 'La guardia civil ha dado una batida por la zona. Los cazadores dieron una batida'. ⇒ Campear. ➤ Sacadilla. ➤ *Buscar.

batidera 1 f. CONSTR. *Utensilio formado por una hoja de hierro doblada en ángulo recto, con un mango largo, que se emplea para mezclar la cal y la arena para hacer la argamasa.* 2 APIC. *Utensilio pequeño con que se cortan los panales al catar las colmenas de *abejas.*

batidero m. *Se aplica a distintas cosas en que se producen golpes o que sirven para defender de ellos.* ⊙ MAR. *Por ejemplo, en los *barcos, a los trozos triangulares de tabla que se ponen en la parte inferior de las bandas del tajamar para defenderlas de los embates del agua.* ⊙ MAR. *O a los trozos de lana con que se refuerzan las partes de las *velas que rozan con las cofas, crucetas, etc.*

batido[1] **1** m. Operación de batir. **2** *Operación de recoger los cabos de los capullos de *seda mediante una escobilla especial, después del bañado.* **3** *Operación de limpiar las fibras textiles de polvo, borras, etc.* ⇒ *Tejer.

batido[2], **-a 1** Participio adjetivo de «batir». **2** adj. *Se aplica a las *telas de seda tornasoladas por tener la trama y la urdimbre de distinto color.* **3** *Se aplica al *camino muy frecuentado.* **4** m. *Masa con que se hacen hostias y bizcochos.* **5** *Claras, yemas o huevos completos batidos.* **6** Bebida que se hace batiendo leche con frutas, chocolate, helado u otros ingredientes: 'Batido de vainilla'.
V. «ORO batido».

batidor, -a 1 adj. y n. Se aplica al que bate; particularmente, *oro o *plata. **2** m. Peine largo con una mitad de púas claras y la otra de espesas, o todo él de claras. ≃ Carmenador, escarpidor. **3** MIL. *Soldado de caballería de los que, como los gastadores de infantería, preceden al regimiento. **4** MIL. **Jinete de los dos o cuatro que preceden a las personas reales o a los generales en las solemnidades o revistas.* **5** CAZA. *Hombre que levanta la *caza en las batidas.* **6** (Arg., Ur.; inf.) *Delator.*

batidora f. Electrodoméstico empleado para batir, mezclar o triturar alimentos. Puede consistir en un recipiente provisto en su interior de unas paletas móviles o en un aparato manejado con la mano con una pieza giratoria en uno de sus extremos.

batiente 1 adj. Se aplica a lo que bate (golpea). **2** m. Lado del marco de una *puerta o *ventana sobre el que pegan las portezuelas al cerrarse. ⊙ Hoja de una puerta o ventana. **3** MAR. *En un *barco, costado de los verticales, de las portas de las baterías.* ⇒ Batiporte. **4** *En los *pianos e instrumentos semejantes, listón que sostiene la tira de fieltro o paño que se interpone entre los macillos y las cuerdas al poner la sordina.* **5** FORT. *Madero que se colocaba al pie de la cañonera para que las ruedas de la cureña no deteriorasen el parapeto.* **6** Lugar de la *costa, de un dique, etc., a cuyo pie baten las olas.
V. «reírse a MANDÍBULA batiente, a TAMBOR batiente».

batiesfera (de «bati-» y «-sfera») f. *Aparato de sumersión con capacidad para dos hombres y los aparatos necesarios, usado para descender a las profundidades oceánicas.* ≃ Batisfera. ⇒ Batiscafo.

batifondo (Arg.) m. *Alboroto, desorden.*

batifulla (de «batir» y el cat. «fulla», hoja; ant. y Ar.) f. *Batihoja.*

batihoja (de «batir» y «hoja») f. *Artesano que bate y reduce a láminas delgadísimas ciertos metales, particularmente *oro y *plata.* ≃ Batifulla. ⇒ Librillo de oro, ORO batido, pan de oro. ➤ *Dorar.

batik (de or. malayo) m. Técnica de decorar tejidos que consiste en dibujar con cera algunos motivos antes de proceder a su teñido, de forma que al retirar la cera el dibujo queda de un color más claro que el resto. ⊙ Tejido decorado con esta técnica.

batimán (del fr. «battement») **1** m. *Movimiento de danza que se hace levantando una pierna y llevándola rápidamente hacia la otra, como para sacudirla.* **2** *Movimiento rápido de los brazos que se hace al hablar acompañando lo que se dice.*

batimetría (de «bati-» y «-metría») f. Medida de las profundidades oceánicas y estudio de la distribución de su flora y fauna.

batimétrico, -a adj. De la batimetría o de las profundidades oceánicas.

batímetro (de «bati-» y «-metro») m. Batómetro.

batimiento 1 m. *Acción de batir.* **2** FÍS. *Variación periódica de la amplitud de una oscilación al combinarse con otra de frecuencia ligeramente diferente.*

batín m. Bata corta. ⊙ Particularmente, la que usan los hombres para estar en casa.

batintín m. *Gong.*

bationdeo m. *Temblor o *agitación de una tela sacudida por el viento.* ⇒ *Onda.

batipelágico, -a (de «bati-» y «pelágico») adj. *De las grandes profundidades marinas.*

batiportar (de «batir» y «porta») tr. MAR. *Asegurar los ↘cañones de modo que las bocas se apoyen en el batiporte alto de las portas.*

batiporte m. MAR. *En un *barco, borde de arriba o de abajo de las portas de las baterías.*

batir (del lat. «battuĕre») **1** tr. Golpear, sobre todo el viento, la lluvia o las olas contra ↘algo. **2** Martillear una ↘pieza de metal hasta reducirla a chapa. ⇒ Batidor, batifulla, *batihoja. **3** Acuñar ↘moneda. **4** Remover enérgicamente una ↘sustancia para que se condense, se mezclen sus componentes, se haga más líquida, etc.: 'Batir huevos'. **5** **Peinar ahuecando el ↘pelo al mismo tiempo.* **6** *Mover vigorosamente una ↘cosa, sobre todo si se produce ruido: 'Batir las alas [o los remos]'. **7** AGRÁF. *En encuadernación, golpear con un martillo o mazo los ↘pliegos para apretarlos y alisarlos.* **8** AGRÁF. *En encuadernación, acomodar unas con otras las resmas de ↘*papel.* **9** ARTILL. Alcanzar a una ↘muralla, posición, etc., con los disparos de los cañones. **10** Registrar o reconocer un ↘lugar en busca de *caza o de personas o cosas ocultas. ≃ Dar una BATIDA. **11** *Vencer a un ↘adversario. **12** Derribar, por ejemplo una ↘fortaleza. **13** *Bajar las ↘banderas en señal de respeto. **14** DEP. Superar las ↘marcas establecidas anteriormente. **15** *Desarmar o *desmontar una ↘tienda, toldo o cosa semejante. **16** (Ar., Nav.) *Lanzar o tirar una ↘cosa.* **17** (Ar., Nav.) *Dejar caer una ↘cosa.* **18** (Arg., Ur.; inf.) *Denunciar, delatar.* **19** intr. Latir el corazón con fuerza. **20** prnl. recípr. Combatir, sobre todo en *desafío: 'Se batió con su enemigo en campo abierto. Ambos contendientes se batieron con gran valentía'. **21** prnl. *Descender el *ave de rapiña.* ≃ Abatirse.

BATIR **alguien** SU PROPIO RÉCORD. Superar un deportista el que ya había establecido él mismo anteriormente. ⊙ (inf.) Se usa también referido a otras actividades: 'Ha batido su propio récord: ha suspendido todas las asignaturas'.

V. «batir[se] el COBRE, PIEZA de batir, batirse en RETIRADA, batir TIENDAS».

batiscafo (de «bati-» y el gr. «skáphē», barco) m. Embarcación herméticamente cerrada, empleada para *sumergirse a fin de explorar las profundidades oceánicas. ⇒ Batiesfera.

batisfera f. **Batiesfera.*

batista (de «Baptiste», primer fabricante de esta tela) f. *Tela muy fina, casi transparente, que se usa especialmente para pañuelos, blusas y prendas delicadas.

bato[1] (¿de «batueco»?) m. *Hombre *rústico, *tonto o *torpe.*

bato[2] *(Mycteria americana)* m. *Ave zancuda del tamaño del flamenco, con un collar rojo sobre el plumaje blanco.

bato- V. «bati».

batoideo adj. y n. m. *Se aplicaba a los peces de un grupo al que pertenecían las rayas y los torpedos.*

batojar (del sup. lat. vulg. «battuculāre», de «battuĕre», batir) tr. *Varear los* ↘**árboles.*

batolito (de «bato-» y «-lito») m. *Gran masa de roca eruptiva consolidada en la corteza terrestre.*

batología (del gr. «battología», balbuceo) f. LITER. **Repetición innecesaria de palabras.*

batometría (de «bato-» y «-metría») f. *Medición con el batómetro.*

batómetro (de «bato-» y «-metro») m. *Aparato para medir, sin necesidad de sonda, la profundidad del mar.*

batracio, -a (del lat. «batrachĭum», del gr. «batrácheios», propio de las ranas) adj. y n. m. Se aplica a los animales de la clase de los *anfibios; en particular, a la rana y el sapo.

batraco m. VET. *Ránula: cierto tumor quístico que se forma en la lengua de los animales por obstrucción de las glándulas salivares.*

batua (vasc.; pronunc. [batúa]) adj. y n. m. Se aplica a la lengua vasca normalizada a partir del guipuzcoano con aportaciones de los otros dialectos.

batuda 1 f. *Serie de saltos de los *acróbatas en el trampolín.* **2** (ant.) **Huella o rastro.*

batudo, -a *Participio antiguo de «batir»: batido.*

Batuecas (región de la provincia de Salamanca).

ESTAR EN LAS BATUECAS. Estar distraído o atontado. ≃ Estar en BABIA.

batueco, -a 1 adj. y, aplicado a personas, también n. *De las Batuecas, región de la provincia de Salamanca.* **2** (Ar., Nav.) m. *Huevo huero.*

batuque m. **Jaleo.*

baturrada f. Acto o dicho propio de baturro (obstinado o rudamente franco).

baturrillo (de «batir» en el significado de «revolver») m. Batiburrillo.

baturro, -a (de «bato[1]») **1** (inf.) adj. y, aplicado a personas, también n. Se aplica a los aragoneses. ⊙ Particularmente, cuando se quiere indicar que tienen las cualidades que se les atribuyen como características: la obstinación y la franqueza rayana en rudeza. **2** (inf.) Obstinado. **3** (Ar.) n. **Campesino.*

batuta (del it. «battuta», compás) f. Palo delgado y corto que utilizan los directores de orquesta para marcar el compás, indicar la expresión de la pieza, etc.

LLEVAR alguien LA BATUTA. Ser la persona que *dirige o mangonea en algún asunto.

baudio (de «Baudot», inventor francés) **1** m. *En telecomunicaciones, unidad de velocidad de las señales telegráficas o telefónicas.* **2** INFORM. *Unidad de medida de la velocidad de transmisión de datos.*

baúl (¿del fr. «bahut»?) **1** m. Especie de caja de madera revestida a veces de chapas de metal, o de otro material, frecuentemente reforzada con aros, provista de una tapa abovedada que gira sobre bisagras, la cual sirve para guardar ropa, llevar el *equipaje, etc. ⇒ Arca, cofre, mundo. ➤ Tumbón. ➤ Desembaular, embaular. **2** (Arg., Col., Ec., Salv., Guat., Pan., P. Rico, R. Dom., Ur.) **Maletero de un automóvil.* **3** (inf.) *Vientre.*

BAÚL MUNDO. El que es grande y con mucho fondo.

bauprés (¿del b. al. medio «baghspret»») m. MAR. *Palo grueso, aproximadamente horizontal, que sobresale de la proa de los barcos y al que se aseguran los estayes del trinquete. ⇒ Dragante.

bausa (Perú) f. **Ociosidad, holgazanería.*

bausán, -a (del ant. «babusán», de or. expresivo) **1** m. o f. *Figura de hombre rellena de paja, vestida con *armadura.* ⇒ *Muñeco. **2** (n. calif.) n. *Persona necia.* ≃ Bausano.

bausano, -a (n. calif.) n. *Persona necia.* ≃ Bausán.

bausero, -a (Perú) n. *Holgazán, haragán.*

bautismal adj. De [o del] bautismo: 'Pila bautismal'.

bautismo (de «baptismo») **1** («Administrar, Recibir») m. Sacramento, primero de los establecidos por la Iglesia, que sirve para borrar el pecado original y convierte en cristiano al que lo recibe, a la vez que le asigna un *nombre. Hoy consiste en mojar el sacerdote la cabeza del neófito, con cierto ritual. ⇒ *Bautizar. **2** Bautizo. **3** (inf.) En ciertas frases, como «romper el bautismo», *cabeza.

BAUTISMO DEL [O DE] AIRE. Primera vez que una persona viaja en *avión.

B. DE FUEGO. Primera vez que un *soldado entra en combate. ⊙ Primera vez que una persona hace algo.

B. DE SANGRE. Muerte de un *mártir.

ROMPER EL BAUTISMO a alguien (usado como amenaza hiperbólica). Romper la cabeza.

Bautista («El») adj. y n. m. Que bautiza. Se aplica exclusivamente, por antonomasia, a San Juan Bautista.

bautizar (del ant. «baptizar») **1** tr. Administrar a una ↘persona el sacramento del bautismo. ≃ Cristianar. ⊙ Hacer que se le administre: '¿Cuándo bautizáis a la niña?'. ⊙ (reflex.) Recibir el bautismo. **2** Poner cierto *nombre a una ↘cosa o una persona. **3** (inf.) *Adulterar una ↘cosa, particularmente la *leche o *el vino, añadiéndole agua. **4** (inf.) Arrojar sobre ↘alguien agua u otro líquido. ⇒ *Mojar.

☐ CATÁLOGO

Forma etimológica de la raíz, «bapt-»: 'baptismo, baptisterio'. ➤ Batear, crismar, cristianar, sacar de PILA, rebautizar. ➤ Convertir[se]. ➤ Renacer. ➤ Desbautizarse. ➤ Catecúmeno, CRISTIANO nuevo, neófito. ➤ Ahijado, comadre, compadre, madrina, padrino. ➤ PARENTESCO espiritual. ➤ Infusión. ➤ FUENTE [O PILA] bautismal. ➤ AGUA de socorro, AGUAS bautismales, crisma, mazapán. ➤ Baptisterio. ➤ Crismera. ➤ Bateo, puntero. ➤ Capillo, incapel. ➤ Administrar. ➤ Clínico. ➤ NOMBRE de pila. ➤ Partida de bautismo. ➤ Moro. ➤ PECADO original. ➤ Bautista. ➤ Anabaptista, baptista. ➤ *Sacramento.

bautizo m. Acción de bautizar. ⊙ Fiesta o ceremonia con que se celebra.

bauxita (de «Les Baux», población del sur de Francia, donde hay yacimientos importantes de esta roca) f. Roca blanda compuesta en su mayor parte por hidrato de alúmina, que constituye una importante mena del aluminio.

bauyúa (Cuba) f. **Aguacatillo (árbol lauráceo).*

bauza f. **Madero sin labrar de 2 ó 3 m de longitud.*

bauzado (Cantb.) m. **Techumbre de cabaña armada con bauzas.*

bauzador, -a (del b. lat. «bausiātor»; ant.) adj. *Embaucador.*

bauzón (Ast., Gal.) m. **Bolita de *vidrio pintada interiormente de varios colores.*

bávara (de «bávaro») f. *Carroza antigua, semejante a la llamada «estufa», pero más larga.* ⇒ *Carruaje.

bávaro, -a (del lat. «Bavārus») adj. y, aplicado a personas, también n. De Baviera, región de Alemania.

baya (del fr. «baie») **1** f. *Fruto con el epicarpo delgado y el mesocarpo y endocarpo carnosos y más o menos jugosos, como el tomate. **2** Matacandiles (*planta crucífera).

bayá adj. y, aplicado a personas, también n. *Se aplica a los *indios de una región situada al oeste del río Paraguay, y a sus cosas.*

bayadera (del fr. «bayadère», del port. «bailadeira», bailarina) f. Danzarina y cantora de la India.

bayal[1] (del sup. b. lat. «badiālis», del lat. «bădĭus», bayo, porque su hilaza es muy blanca) adj. V. «LINO bayal».

bayal[2] m. **Palanca compuesta de un madero recto y otro encorvado unidos por una abrazadera, que se emplea en los molinos para volver de lado la piedra cuando hay que picarla.*

bayarte (del fr. «baiart»; Ar., Nav.) m. **Angarillas.*

bayeta (¿del fr. ant. «baiette»?) **1** f. Nombre de distintas *telas de lana, bastas y con algo de pelo. ⇒ Boquín, serafina. **2** Cualquier trozo de tela de lana o de un tejido grueso, empleado para fregar el suelo y otros menesteres de limpieza. ⇒ Aljofifa, mandil, parella. ➤ *Paño.

ARRASTRAR BAYETAS. *En las antiguas universidades, ir el que quería una beca a visitar al rector y a los colegiales y hacer los actos de opositor con bonete y hábitos de bayeta sueltos y arrastrando.*

bayetón m. *Tejido basto de lana, de pelo largo.* ⇒ Castilla.

bayo, -a (del lat. «badĭus») **1** adj. y n. Se aplica al *caballo o yegua de color blanco amarillento. ⇒ Cháhuar. **2** m. *Mariposa del gusano de *seda que se pone en el anzuelo para *pescar con caña.*

bayoco[1] (del it. «baiocco») m. *Cierta *moneda de cobre, de poco valor, que se usó en Italia.*

bayoco[2] (Mur.) m. **Higo o breva que se ha secado en el árbol sin llegar a madurar.*

bayón (de «bodón», espadaña) **1** (Extr., Sal.) m. **Espadaña (planta tifácea).* **2** *Saco de un tejido hecho con hojas de burí, que se emplea para *embalar.* ⇒ *Arpillera.

bayona f. **Remo más largo que los demás, que maneja el proel del bote para bogar.*

bayonense, -a adj. y n. Bayonés.

bayonés, -a adj. y, aplicado a personas, también n. De Bayona, ciudad de Francia.

bayonesa f. Bollo que consiste en dos capas de hojaldre con cabello de ángel entremedias.

bayoneta (del fr. «baïonnette», de «Bayona»; «Calar») f. *Arma consistente en una hoja de acero que se ajusta al cañón del fusil.

A BAYONETA. Se aplica al modo de sujetar alguna cosa, incrustándola a presión en otra.

A LA BAYONETA. Con «atacar», «ataque» o palabras equivalentes, usando el fusil con la bayoneta: 'Una carga a la bayoneta'.

CALAR LA BAYONETA. **1** Ponerla en el cañón del fusil. **2** Poner el fusil con la bayoneta hacia delante, en actitud de acometer con ella.

bayonetazo m. Golpe o herida de bayoneta.

bayoque m. *Bayoco (moneda).*

bayú (Cuba) m. **Reunión licenciosa.* ⊙ (Cuba) *Casa o lugar donde se hace.* ⇒ *Orgía.

bayúa (Cuba) f. *Ayúa (árbol rutáceo).*

bayuca (inf.) f. **Taberna.*

bayunco (de «bayón»; And., Extr.) m. *Espadaña (planta tifácea).*

bayunco, -a (Am. C.) adj. y n. *Grosero, zafio, rústico.*

baza (del it. «bazza», ganancia) **1** («Hacer, Ganar») f. En el juego de cartas, acción de ganar un jugador en una mano y llevarse las cartas de los otros jugadores. ⊙ Cartas así ganadas. ⇒ Primera. ➤ Zapatero. **2** («Sacar») Cualquier ventaja o adelanto que se obtiene por suerte u oportunidad.

ASENTAR LA BAZA. *Recoger el que la gana las cartas ganadas y ponerlas a su lado.*

METER BAZA. *Intervenir en una conversación o asunto. ⊙ Se usa con frecuencia en la expresión «no dejar meter baza»: 'Cuando se pone a hablar no deja meter baza a nadie'.

SOLTAR LA BAZA. *No ganarla habiendo podido hacerlo.*

bazagón, -a adj. *Muy *hablador.* ≃ Charlatán.

bazar (del persa «bāzār») **1** m. Nombre de los *mercados orientales. **2** Se aplica a veces este nombre a una *tienda grande en que se venden objetos de diversas clases.

bazo, -a (del lat. «badĭus», pardo) **1** adj. *De color moreno amarillento.* ⇒ *Ocre. **2** m. Víscera situada en el lado opuesto al hígado, que colabora en la formación de ciertos elementos de la sangre y en la destrucción de otros, y actúa como reservorio de ésta. ⇒ Forma prefija, «esplen-»: 'esplénico, esplenitis'. ➤ Melsa, pajarilla. ➤ Embazar.

bazofia (del it. «bazzoffia») **1** f. *Basura, cosa desagradable o despreciable. **2** Comida mala o mal hecha. ⇒ Bodrio, comistrajo, frangollo, gazofia, guisote, sambumbia, sancocho, zancocho.

bazooka (pronunc. [bazóca] o [bazúca]) amb., más frec. m. Forma inglesa correspondiente a la castellanizada «bazuca».

baztetano, -a adj. y, aplicado a personas, también n. *De *Baza, ciudad de Granada.*

bazuca (del ingl. «bazooka») amb., más frec. m. *Arma aparecida en la Segunda Guerra Mundial, consistente en un tubo portátil que se apoya en el hombro y se emplea para lanzar proyectiles, especialmente contra los tanques.

b...b Sonido repetido que sale casi espontáneamente al mover los labios y es imitativo del balbuceo de los niños muy pequeños o de las personas deficientes; se encuentra en expresiones relacionadas con los labios o que contienen la idea de simpleza: 'baba, babieca, bable, balbucir, bisbisear, bobo, embabucar'.

b...ch Grupo de sonidos existente en palabras con la idea de «hueco»: 'bache, boche, buche'.

be f. Letra «b».

BE LARGA (Hispam.). *La letra b, por oposición a la v.*

V. «CE por be, por CE o por be».

Be Símbolo químico del berilio.

beaciense adj. y, aplicado a personas, también n. *De Baeza, ciudad de Jaén.* ≃ Baezano.

beamontés, -a adj. y n. *Se aplica a los individuos de una *facción navarra, capitaneada por don Luis de Beaumont y enemiga de los agramonteses, que apoyó al Príncipe de Viana en sus luchas con su padre Juan II de Aragón.*

bearnés, -a **1** adj. y, aplicado a personas, también n. Del Bearne, región del Pirineo francés. **2** m. Dialecto hablado en esta región.

V. «SALSA bearnesa».

beat (ingl.; pronunc. [bit]; pl. «beats») **1** adj. y n. m. Se aplica a un estilo de música pop surgido en Inglaterra en los años sesenta, cuyos representantes más famosos fueron los Beatles. **2** *Beatnik.

beatería f. Cualidad de beato (afectada o exageradamente devoto). ⊙ Religiosidad o devoción falsa.

beaterio m. Casa en que viven beatas en comunidad.

beatificación f. Acción de beatificar.

beatíficamente adv. Plácidamente.

beatificar (del lat. «beatificāre») **1** tr. Declarar el Papa que ↘alguien goza de la bienaventuranza y se encuentra en situación de recibir el culto de los fieles, en un estado anterior a la santidad. ⇒ Rótulo. ➤ PROMOTOR de la fe. **2** *Hacer feliz a ↘alguien.* **3** *Hacer respetable o venerable una ↘cosa.*

beatífico, -a (del lat. «beatifĭcus») adj. Aplicado a personas, a su aspecto o actitud, en estado de completa tranquilidad, no alterado por ningún padecimiento, pasión o malestar. ≃ Plácido.

beatilla (de «beata») f. *Cierta tela de lana delgada.*

beatísimo adj. Tratamiento que se aplica al Papa: 'Beatísimo Padre'.

beatitud (del lat. «beatitūdo») **1** f. En lenguaje religioso, bienaventuranza eterna: disfrute del *cielo. **2** Placidez. ⇒ *Bienestar. *Felicidad. **3** («Vuestra, Su») Tratamiento dado al *Papa. ⇒ Beatísimo.

beatnik (ingl., de «beat generation» y el sufijo yiddish «-nik»; pronunc. [bítnic]; pl. «beatniks») adj. y n. De un movimiento juvenil surgido en Estados Unidos en los años cincuenta, caracterizado por su actitud vitalista y el rechazo de los valores tradicionales de la sociedad. ⇒ *Contracultura.

beato, -a (del lat. «beātus») **1** (culto o lit.) adj. Feliz. **2** adj. y n. Se aplica a la persona que ha sido beatificada. **3** Se aplica a la persona exagerada en las prácticas religiosas, o de religiosidad afectada. ⇒ Beatuco, chupacirios, chupalámparas, endevotado, meapilas, misero, misticón, *mojigato, pío, RATA de sacristía, rezador, santero, santón, santulón, santurrón, timorato, tragaavemarías, tragasantos. ➤ Beatería, devotería, ➤ Comerse los SANTOS. ➤ GOLPE de pecho. ➤ *Devoción. *Hipocresía. **4** f. Se aplica a ciertas mujeres que, sin ser monjas, se dedican a la vida religiosa, llevan hábito y, generalmente, viven en comunidad. **5** *Mujer agregada a una comunidad, que, con el hábito de ésta, pide limosnas o se ocupa en otros quehaceres.* **6** m. Copia manuscrita y ricamente ilustrada realizada durante la Edad Media de los «Comentarios al Apocalipsis» del monje Beato de Liébana.

beatuco, -a adj. Dim. atenuadamente despectivo de «beato».

beatus ille (lat., del verso de Horacio «Beatus ille qui procul negotiis...»; pronunc. [beátus íle]) m. LITER. Tópico literario en que se exalta la vida tranquila.

beautiful people (ingl.; pronunc. [biútiful pípol]) f. GENTE guapa.

bebdar (de «bebdo»; ant.) tr. y prnl. *Emborrachar[se].*

bebdez (de «bebdo»; ant.) f. *Borrachera.*

bebdo, -a (del lat. «bibĭtus»; ant.) adj. *Borracho.*

bebé (del fr. «bébé») **1** m. *Niño muy pequeño, que todavía no anda, o que empieza a andar. **2** Cría de algunos animales: 'Bebé foca'.

bebe, -a (Arg., Perú, Ur.) n. *Bebé.*

bebedero[1] **1** m. *Recipiente que se pone a los animales, por ejemplo a los pájaros en la jaula, para que beban. **2** Sitio en el campo a donde acuden a beber las aves. **3** **Abrevadero.* **4** **Pico saliente que tienen las vasijas en el borde, que sirve para beber o para verter por él.* **5** *Tira de tela que se pone en la parte interior del borde de algunas partes de los vestidos, por ejemplo las bocamangas y los delanteros, para rematarlas o reforzarlas.* ⇒ Forro. **6** METAL. *Agujero que se deja en los moldes.*

bebedero[2]**, -a** adj. *Susceptible de ser bebido o de ser bebido sin repugnancia.* ≃ *Bebible.*

bebedizo, -a **1** adj. *Susceptible de ser bebido.* **2** m. Bebida venenosa. **3** Bebida medicinal. **4** Bebida con ciertas virtudes de *hechicería, útil particularmente para provocar en quien la bebe el amor hacia cierta persona. ≃ *Filtro.

bébedo, -a (del lat. «bibĭtus»; ant. y Ast.) adj. **Borracho.*

bebedor, -a (del lat. «bibītor, -ōris») adj. y n. Se aplica al que toma bebidas alcohólicas; se dice «buen» o «mal bebedor», para significar que las tolera bien o mal.

V. «debajo de una mala CAPA puede [o suele] haber un buen bebedor».

bebendurria f. *Reunión en la que se bebe mucho.*

bebentina (R. Dom.) f. *Ingestión excesiva de alcohol.*

beber (del lat. «bibĕre») **1** («Dar de», a los animales también «Echar, Poner de») tr. o abs. Tragar ↘líquidos. ⊙ (con un pron. reflex.) tr. Beber ↘algo determinado completamente, a veces con exceso: 'Se bebió tres cervezas'. **2** intr. Tomar más o menos bebidas alcohólicas: 'Bebe poco. Bebe mucho'. ⊙ Sin ninguna determinación, se entiende beber demasiado: 'Yo sé que bebe'. **3** («por») Brindar: 'Bebamos por el éxito de la empresa'. **4** («de, en») tr. e intr. Con un nombre que signifique ↘información, ideas, etc., obtenerlas de la fuente que se expresa: 'Ha bebido esa doctrina directamente del maestro. Es un escritor que ha bebido con frecuencia en las fuentes clásicas'. ⇒ *Aprender. **5** tr. *Escuchar o leer con avidez. Más frec. con un pron. reflex. que destaca expresivamente la participación del sujeto: 'Los alumnos se estaban bebiendo tus palabras mientras hablabas'.

BEBER EN BLANCO un caballo. *Tener blanco el belfo.*

V. «beber la BRIDA, COSA de beber, beber el FRENO, beber el JUICIO, beber a MORRO, beber a la SALUD de alguien, beber la SANGRE de alguien, beber el SESO, beber los VIENTOS».

☐ NOTAS DE USO

En la primera acepción la forma no pronominal se usa normalmente en infinitivo, en frases de sentido general o con un partitivo: 'Estuvo dos días sin comer ni beber, bebe sólo agua, no bebas de ese vino'.

☐ CATÁLOGO

Otra raíz, «pot-»: 'impotable, potable'. Sufijo de nombres de bebida, «-ada»: 'limonada, naranjada'. ➤ Abrevar, abuzarse, amorrarse, atizarse, beborrotear, bibir, hacer BOCA, catar, echar [o tomar] unos chatos, chiflar, chingar, chinglar, chisguetear, chumar, churrupear, alzar [o empinar] el CODO, colar, echarse al COLETO, llevar [tener] unas COPAS de más, copear, echarse al CUERPO, despachar, *emborracharse, empinar, encharcar[se], remojar el gaznate, matar el GUSANILLO, hacer los HONORES, ingerir, libar, matear, remojar la PALABRA, echarse entre PECHO y espalda, pimplar, pingar, potar, privar, refrescar[se], regar, remojar, rociar, saborear, apagar [o matar] la SED, sobrebeber, soplarse, sorber, dar un TIENTO, tomar, tragar, echar un TRAGO, trasegar, trincar, zamparse. ➤ A BOCA de jarro, de bruces, a chorro, a gallete, a PICO de jarro. ➤ Como un COSACO. ➤ *Brindar, chocar, beber a la SALUD de. ➤ Bebercio, priva. ➤ Bocanada, buchada, buche, carauz, chisguete, colana, ESPOLADA de vino, górgoro, gorgorotada, lácrima, lapo, latigazo, lingotazo, pelotazo, sorbetón, sorbo, sosiega, taco, tragantada, *trago, trallazo, trinquis [o trinque]. ➤ Elíxir [o elixir], filtro, néctar, nepente, potación. ➤ Aguachirle, bebedizo, bebistrajo, *brebaje, brebajo, menjurje, pistraje, pistraque, pócima, potaje, zupia. ➤ Imbebible. ➤ Agua, alcohol, batido, bebetura, bebida, bebienda, caldo, crema, *infusión, jugo, leche, licor, poción, *refresco, tisana, zumo. ➤ Abatí, absenta, absintio, ACEITE de anís, AGUA tónica, *AGUARDIENTE [de cabeza, de caña], ajenjo, alpiste, amargo, angostura, anís, anisado, anisete, arac, armañac, azua, balarrasa, benedictino, bingarrote, binguí, bíter, bloody mary, bourbon, brandy, cachaza, calabriada, calaguasca, calamaco, calonche, calvados, campechana, cañazo, cap, cariaco, carraspada, caspiroleta, cedrito, celia, cerveza, chabela, chacolí, charape, chartreuse, chicha, chilote, chinchón, chinguirito, clarea, cóctel, colonche, coñac [o coñá], cubalibre, cubata, cúmel, curasao [o curazao], daiquiri, draque, garnacha, ginebra, gingerale, gin tonic, gloriado, granadina, grapa, grog, guarapo, guaro, güisqui, harapo, hipocrás, kirsch, kummel, kvas [o kwas], licor, manzanilla, margarita, marrasquino, mazagrán, menta, mezcal, mistela [o mixtela], mojito, mosolina, murtilla, noyó, ojén, ouzo, pacharán, perada, pipermín, pisco, ponche, poscafé, pulque, queimada, ratafía, resoli [o resolí], rompope, ron, rosoli, sagardúa, sake, sanfrancisco, sangría, sidra, SOL y sombra, sotol, tepache, tequila, TINTO de verano, tónica, tuba, vermú [o vermut], *vino, VINO de coco, VINO de nipa, vodca [o vodka], whisky, zurra. ➤ Quitapenas. ➤ *Cóctel. ➤ Gotas. ➤ De garrafa. ➤ Del tiempo. ➤ Achupalla, agraz, agrazada, AGUA de azahar, AGUA de seltz, agualoja, aguamiel, almendrada, aloja, ante, atol [o atole], aurora, avenate, carato, champola, chapurrado, chía, chilate, clachique, culle, garapiña, gaseosa, granadina, guabul, guanabanada, hidromiel, hipocrás, horchata, hordiate, leche de almendras, leche de canela, LECHE merengada, limonada, mazagrán, naranjada, naranjillada, oxizacre, pampanada, pinolate, pinolillo, posca, pozol, pozole, refresco, salpicón, sambumbia, soda, sorbete, tiste, vinagrada, zarzaparrilla. ➤ Cacao, café, cascarilla, chocolate, lebení, malta [o malte], manzanilla, mate, poleo, tajú, té, tereré, tila. ➤ Cordial, jarabe, jarope, oxicrato, roete. ➤ Jora [o sora]. ➤ Carbógeno. ➤ Aderezar, anisar, clarificar, desbravar, desbravecer, destilar, rectificar. ➤ Alambiquero. ➤ Aguagriero, agüista, bebedor, beberrón, *borracho, dipsómano, potador, potista, tomador. ➤ Abstemio, aguado, reglado. ➤ Aguaducho, alojería, bar, botillería, cantina, caramanchel, cervecería, chichería, chigre, chufería, fresquería, horchatería, *LOCAL público, nevería, pulquería, repostería, sambumbiería, sidrería, *taberna. ➤ Credencia. ➤ Abrevadero, aguadero, aguaje. ➤ Bock, bota, *botella, botijo, bototo, caña, chato, *copa, copetín, copichuela, mini, papelina, picoleta, pistero, póculo, porrón, tercio, *vaso. ➤ Paja, pajilla, popote. ➤ Adaguar, administrar, jaropar, jaropear, merar, ofrecer, propinar, servir. ➤ Champurrar, chapurrar, embotellar, envasar, escanciar, trasegar. ➤ Cantinera, copero, credenciero, *escanciador, escanciano, pincerna, sumiller. ➤ Convidada, loable. ➤ Ronda. ➤ Claro, efervescente, escarchado, excitante, fresco, frío, fuerte, gaseoso, granizado, helado, picante, puro, refrescante, seco. ➤ *Agriarse, desbravarse, fermentar, picarse, volverse. ➤ Graduación. ➤ Polidipsia. ➤ Bigotera. ➤ Escamocho. ➤ Resquemo. ➤ Almudelio, arenzata. ➤ Enjutos, luquete, tajadilla, tapas, yesca. ➤ ¡Arriba!, ¡bomba!, ¡BOMBA va!, debajo de una mala CAPA puede [o suele] haber un buen bebedor, hasta ahogar al DIABLO; hasta verte, JESÚS mío; tras cada PREGÓN, azote. ➤ Alcoholismo, dipsomanía. ➤ LEY seca. ➤ Abstinencia. ➤ Embeber. ➤ *Chupar. ➤ *Planta (grupo de las que se emplean para preparar bebidas).

bebercio (inf.) m. Consumo de bebidas alcohólicas: 'Es aficionado al bebercio'.

bebería (ant.) f. *Exceso o insistencia en la bebida.*

beberrón, -a (inf.) adj. *Muy bebedor.*

bebestible adj. y n. m. Se aplica al agua buena para ser bebida y a los líquidos que constituyen bebidas: 'Tienda de comestibles y bebestibles'.

bebetura (del lat. «bibitūra»; ant.) f. *Bebida.*

bebible adj. Susceptible de ser bebido. ⊙ Se aplica al líquido no demasiado desagradable al paladar.

bebida 1 f. Acción de beber. **2** («Darse [Entregarse] a la; Retirarse de la») Vicio de *beber. **3** («Ingerir, Tomar») Cosa que se bebe o sirve para ser bebida. **4** (Ar.) *Rato de *descanso que tienen los trabajadores.*

bebido, -a Participio de «beber». ⊙ adj. *Borracho o casi borracho.

bebienda (del lat. «bibenda») f. *Bebida (cosa de beber).*

bebistrajo m. Bebida desagradable al paladar. ≃ *Brebaje. ⊙ Mezcla extraña de bebidas.

be-bop (ingl.; pronunc. [bi bóp]) m. Estilo de jazz surgido en los años cuarenta, de ritmo rápido y gran libertad para la improvisación.

beborrotear intr. **Beber a menudo, en poca cantidad.*

beca 1 f. Insignia que usaban los estudiantes, consistente en una banda de paño que cruzaba de hombro a hombro sobre el pecho y colgaba por detrás. **2** *Embozo de *capa.* **3** *Especie de manto que en algún tiempo usaron sobre la sotana los *eclesiásticos que tenían alguna dignidad.* **4** *Plaza de colegial con alguna prebenda.* **5** *Colegial que la disfrutaba.* **6** *Pensión que percibe un estudiante como ayuda para sus estudios, o plaza gratuita en un centro de *enseñanza. ⇒ Prebenda. ➤ Becado, becario, COLEGIAL capellán. ➤ *Asignación.

becacina f. **Agachadiza (ave zancuda).*

becada (del celtolat. «beccus», pico) f. *Chocha (ave zancuda).

becado, -a 1 Participio adjetivo de «becar»: 'Los alumnos becados'. **2** n. Becario.

becafigo (de «becar», picar, del celtolat. «beccus», pico, y «figo», higo) m. *Papafigo (pájaro).

becal (del fr. «bécard») m. **Salmón macho.* ≃ Bical.

becante adj. y n. *Se aplica al que sufraga una beca a alguien.*

becar tr. Conceder una beca.

becardón (del fr. «bécard»; Ar.) m. **Agachadiza (ave zancuda).*

becario, -a n. Persona que disfruta de una beca.

becerra[1] (f. de «becerro») f. Dragón (planta escrofulariácea).

becerra[2] (Gal.) f. *Trozo de masa apelmazada que se encuentra a veces dentro del pan u otra cosa de masa, por no estar bien cocido, por falta de levadura, etc.* ≃ *Borujo.

becerrada f. Corrida de *toros en que se lidian becerros.

becerril adj. *De becerro.*

becerro, -a 1 n. *Ternero. **2** m. Piel de ternero curtida, que se emplea principalmente para hacer calzado y para la encuadernación de libros. **3** *Libro antiguo que contiene los privilegios de alguna iglesia o monasterio, o de la corona. ≃ LIBRO becerro. ⇒ Cabreo, cabreve, cartulario, tumbo.

BECERRO MARINO. Foca (mamífero pinnípedo).

EL BECERRO DE ORO (desp.). Las riquezas.

bechamel f. Besamel.

bechamela f. *Besamel.*

becoquín (de «bicoca») m. *Papalina (gorro que tapa las orejas).* ≃ Bicoquete, bicoquín.

becoquino m. **Ceriflor (planta borraginácea).*

becuadrado (de «becuadro») m. MÚS. *Primera de las tres llamadas «propiedades» o «hexacordos» del canto llano, formada por las notas «sol, la, si, do, re, mi» que se solfean con los nombres de «do, re, mi, fa, sol, la».* ≃ Beduro.

becuadro (de «be» y «cuadro», por su forma de «b» cuadrada) m. MÚS. En la escritura musical, signo que, colocado delante de una nota, indica que deja de ser bemol o sostenida.

bedano (del fr. «bedâne») m. **Cincel o cortafrío de desbaste, de filo estrecho, sostenido por un mango recto de sección rectangular.*

bedel, -a (del occit. «bedel», del germ. «bidal», alguacil) n. Empleado *subalterno de las universidades y otros centros de *enseñanza, que cuida del orden, anuncia la entrada en las clases y la hora de salida, etc.

bedelía f. *Empleo de bedel.*

bedelio (del lat. «bdellĭum», del gr. «bdéllion») m. **Gomorresina segregada por árboles burseráceos asiáticos que se usa en *farmacia.*

beduino, -a (del ár. «badawī», campesino, a través del fr.) adj. y n. Se aplica a los *árabes nómadas que viven en el desierto de Arabia o en otros países, y a sus cosas: 'Tribus beduinas'. ⇒ Cabila.

beduro (de «be» y «duro») m. MÚS. *Becuadrado.*

¡beee...! Onomatopeya con que se describe o imita la voz de las *ovejas, *corderos y cabras.

befa (de or. expresivo; «Hacer befa de») f. Burla grosera y despreciativa: 'No respeta nada, hace befa de cualquier cosa'. ≃ Escarnio, *mofa.

befabemí (de «be[1]» y las notas musicales «fa» y «mi») m. MÚS. *Indicación del tono que empieza en el séptimo grado de la escala diatónica de «do» y se desarrolla según los preceptos del canto llano y del canto figurado.*

befar (de or. expresivo) **1** intr. Alargar los *caballos el befo para alcanzar la cadenilla del freno. **2** («de») tr. y, más frec., prnl. Hacer burla de ↘algo o de alguien: 'Befarse de cosas dignas de respeto'. ≃ Hacer befa.

befo, -a 1 m. Belfo: *labio de un animal, particularmente de las caballerías. **2** adj. y n. Belfo: se aplica a la persona de labios gruesos o con el labio inferior abultado y algo caído. **3** *Zambo o *zancajoso: con las piernas o los pies torcidos en cualquier forma. **4** m. Cierto *mono.

befre (del lat. «fiber, -bri»; ant.) m. **Castor (mamífero roedor).*

begardo, -a (del fr. «begard», del neerl. «beggaert», monje mendicante) n. *Se aplica a ciertos *herejes de los siglos XIII y XIV, que profesaban doctrinas muy semejantes a las de los gnósticos e iluminados, defendiendo entre otras cosas la impecabilidad del alma humana cuando llegaba a la visión directa de Dios, cosa posible en esta vida.* ≃ Beguino. ⊙ adj. *De estos herejes.*

begonia (del fr. «bégonia»; *Begonia rex* y otras especies) f. Se aplica a diversas *plantas begoniáceas de jardín, de hojas matizadas de diversos colores, y flores rosadas pequeñas.

begoniáceo, -a adj. y n. f. BOT. *Se aplica a las plantas herbáceas o arbustos de la misma familia que la begonia, tropicales y subtropicales, y cultivadas con fines ornamentales.* ⊙ f. pl. BOT. *Esta familia.*

beguina (del fr. «béguine») f. *Monja de cierta comunidad de Bélgica fundada en el siglo XII por Lambert le Bègue.*

beguino, -a (de «beguina») adj. y n. *Begardo.*

behaísmo m. *Bahaísmo.*

behaviorismo (del ingl. «behaviorism»; pronunc. [bijabiorísmo]) m. PSI. Corriente psicológica que sostiene que la conducta ha de ser considerada como una respuesta a los estímulos externos, y que su estudio debe atenerse a los hechos objetivamente observables. ≃ Conductismo.

behaviorista (pronunc. [bijabiorísta]) adj. y n. PSI. Del behaviorismo o seguidor de esta corriente de investigación.

behetría (del ant. «benefactoría», de «benefactor») **1** f. *Antiguamente, *población que no tenía *señor natural y cuyos vecinos podían elegir por tal a quien quisiesen.* ≃ Benefactría. **2** *Confusión, desorden.*

behíque m. *Sacerdote-médico entre los indios taínos.*

beicon m. Forma castellanizada del ingl. «bacon».

beige (del fr. «beige»; pronunc. [beis]) adj. y n. m. Ocre.

beis (pl. «beis») adj. y n. m. Forma españolizada de «beige».

béisbol (del ingl. «baseball») m. Deporte muy popular en los Estados Unidos, que se practica entre dos equipos, en el que un jugador de uno de ellos ha de recorrer el mayor número de veces un circuito formado por cuatro puestos o «bases» mientras la pelota, golpeada con un bate, llega a la mano de un contrario situado en alguna de las bases. ⇒ Base, bate. ➤ Bateador, pitcher.

bejarano, -a 1 adj. y, aplicado a personas, también n. *De Béjar, ciudad de la provincia de Salamanca.* ≃ Bejerano. **2** *Se aplica a los individuos de cierta *facción que luchó contra los «portugaleses» en tiempo del rey Sancho el Bravo.* ⊙ m. pl. *Esa facción.*

bejerano, -a adj. y n. *Bejarano.*

bejín (del sup. lat. «vissīnus», de «vissīre», ventosear) **1** m. *Hongo esférico que crece muy rápidamente, llegando a alcanzar el tamaño de una cabeza humana; está formado por una telilla que envuelve un polvo negro usado para restañar la sangre. ≃ PEDO de lobo. **2** **Cascarrabias.*

bejina (del lat. «faecĭna», que tiene heces; And.) f. *Alpechín.*

bejucal m. Sitio poblado de bejucos.

bejuco (de or. caribe) m. Nombre aplicado a diversas especies de plantas tropicales de tallos largos y flexibles que se utilizan en tejidos de cestería, para asientos de sillas, para hacer cuerdas, etc. ≃ Boqui, liana. ⇒ Balagre, cambute [o cambutera], carey, guajaca, guaniquí, güiro, jagüey, peonía, pilpil, pringamoza, ubí. ➤ Bejucal.

bejuquear 1 (Hispam.) tr. *Apalear a ↘alguien.* **2** (Méj.) *Tejer el ↘bejuco.*

bejuqueda 1 f. Bejucal. **2** (Perú) **Paliza.*

bejuquillo (de «bejuco») **1** m. *Cierto adorno usado por las mujeres para el cuello, que venía de China y consistía en una *cadenita de oro.* **2** **Ipecacuana (planta rubiácea).*

bel[1] m. FÍS. *Nombre del «belio» en la nomenclatura internacional.*

bel[2], -a (del occit. o cat. «bell»; ant.) **Bello.*

belasa f. *Nombre dado a unos *toneles grandes con los que se hacen una especie de *balsas que se emplean para navegar por el Nilo.*

bel canto (it.) **1** m. MÚS. Arte del canto según el estilo de la ópera italiana de los siglos XVII y XVIII. **2** Por extensión, la ópera.

belcho (¿del lat. «pestŭlum», cerrojo?; *Ephedra fragilis)* m. *Planta efedrácea, sin hojas, que vive principalmente en los arenales. ≃ Canadillo, HIERBA de las coyunturas, UVA marina, UVAS de mar.

beldad (del lat. «bellĭtas, -ātis») **1** (lit.) f. Belleza femenina. **2** (lit.) Mujer de belleza perfecta.

beldar (del lat. «ventilāre», ventilar) tr. **Aventar el grano con el bieldo.* ≃ Bieldar.

□ CONJUG. como «acertar».

belduque (de «Bois-le-Duc», ciudad holandesa donde se fabricaban estos cuchillos; Chi., Col., Méj.) m. **Cuchillo grande de punta aguda.*

belemnita o **belemnites** (del gr. «bélemnon», flecha) f. **Fósil de figura cónica de los periodos jurásico y cretácico, que es la extremidad del hueso o concha interna de un cefalópodo.*

belén (del nombre de la ciudad de Palestina donde nació Jesucristo) **1** m. Construcción que suele instalarse en las casas, iglesias, etc., con motivo de las fiestas de *Navidad, en que se imita un paisaje con figuras de pastores, ovejas, los Reyes Magos con sus camellos, etc., y en que el elemento principal es el establo, llamado «portal», con las figuras de Jesús recién nacido en el «pesebre», la Virgen, San José, la mula y la vaca. ≃ Nacimiento. ⇒ Belenista, pesebrista. **2** Cosa o sitio en que hay mezcla de distintas cosas en desorden. ≃ *Barullo. **3** (gralm. pl.) Asunto que se presenta complicado y expuesto a disgustos: 'No quiero meterme en belenes'. ≃ *Lío.

ESTAR EN BELÉN. Estar distraído o atontado.

belenista n. Persona que por profesión o afición se dedica a hacer *belenes.

beleño (¿del lat. venēnum, veneno?; *Hyoscyamus niger)* m. Planta solanácea de hojas vellosas y flores amarillas por encima y rojas por debajo, toda la cual, especialmente la raíz, contiene una sustancia narcótica.

BELEÑO BLANCO *(Hyoscyamus albus)*. Especie de beleño.
B. NEGRO. Beleño.

belérico m. **Mirobálano (árbol combretáceo).*

belesa (del sup. gót. «bilisa»; *Plumbago europaea)* f. *Planta plumbaginácea de flores purpúreas en espiga, con propiedades *narcóticas.

belez o **belezo** (¿del sup. ár. and. «ab alḥiss», cosa que suena?) **1** m. *Vasija.* **2** (Alcarria) *Tinaja para *vino o *aceite.* **3** *Cosa o conjunto de cosas pertenecientes al *ajuar de casa.*

belfo, -a (del sup. lat. «bidĭfus», metátesis de «bifĭdus», partido en dos) **1** m. *Labio del caballo o de otros animales que los tienen de forma parecida. ≃ Befo. **2** Labio inferior abultado y colgante en las personas. ⇒ Befo, bembo, bezo. **3** adj. y n. Se aplica a las personas que tienen los labios abultados o el inferior abultado y caído. ≃ Befo.

belga adj. y, aplicado a personas, también n. De Bélgica. ⇒ Bélgico, flamenco, valón.

bélgico, -a adj. y n. *Belga.*

belhez (ant.) m. *Belez.*

beliceño, -a adj. y, aplicado a personas, también n. De Belice, estado de América Central.

belicismo m. Actitud o cualidad de belicista.

belicista adj. y n. Partidario de la guerra.

bélico, -a (del lat. «bellĭcus») adj. De [la] guerra: 'Enfrentamiento bélico'. ⇒ Debelar.

belicosidad f. Cualidad de belicoso.

belicoso, -a (del lat. «bellicōsus») adj. Inclinado a la guerra. ⊙ Inclinado a entablar discusiones o riñas. ⇒ Acometedor, *agresivo, armífero [o armígero], combativo, luchador, peleador, pugnaz. ➤ *Pendenciero.

belido, -a (del lat. «bellis, -ĭdis», margarita) adj. V. «HIERBA belida».

beligerancia f. Estado o cualidad de beligerante.

DAR BELIGERANCIA. Conceder una persona a otra cierta consideración o creerla *digna de discutir con ella o de darle intervención en cierta cosa.

beligerante (del lat. «belligĕrans, -antis») adj. y n. Se aplica al que está en guerra con otro: 'Los países beligerantes'. ≃ Contendiente.

belígero, -a (del lat. «bellĭger, -ĕri») adj. *Belicoso.*

belio (de «Bell», inventor del teléfono) m. FÍS. *Unidad de intensidad de sonido; es más usado el «decibelio», que es la décima parte.* ⇒ Bel.

belísono, -a (del lat. «bellisŏnus») adj. *De *sonido bélico o marcial.*

belitre (del fr. «belitre», del germ. «bettler», mendigo) **1** (Ar.) adj. y n. **Bobo.* **2** *Granuja, *vil.*

bellacada f. *Bellaquería.*

bellaco, -a **1** (empleado gralm. en broma) adj. y n. *Granuja. **2** **Astuto o *taimado.* ⊙ **Pícaro.*

belladona (del it. «belladonna»; *Atropa belladona)* f. *Planta solanácea muy venenosa de flores solitarias acampanadas, purpúreas, de corola acampanada, de la que se extrae la atropina.

bellamente adv. De manera bella.

bellaquear intr. *Cometer bellaquerías.*

bellaquería **1** f. Acción innoble o indigna. ≃ Ruindad, vileza. **2** Acción con que se perjudica injustamente a una persona para beneficiarse el mismo que la comete o para beneficiar a otro. ≃ *Jugada.

bellardina f. **Tela de lana parecida a la gabardina, empleada para trajes de hombre.*

bellasombra (And.) f. **Ombú (árbol fitolacáceo).*

belle époque (fr.; pronunc. [bél epóc]) f. Periodo de paz y bienestar que precede a la Primera Guerra Mundial.

belleguín (ant.) m. **Alguacil.*

belleza f. Cualidad de bello: 'La belleza de un rostro, de un paisaje, de una estatua'. No existiendo nombre usual correspondiente al adjetivo «bonito», «belleza» se usa con más frecuencia y menos solemnidad que «bello»; sin embargo, no se diría en lenguaje familiar «me llamó la atención la belleza de la tela», sino «lo bonito de la tela». ⊙ (n. calif.) Se aplica a una mujer muy bella: 'Es una auténtica belleza'. ≃ Beldad.

V. «PRODUCTO de belleza».

bellido, -a (del lat. «bellus», ¿cruzado con «mellītus», dulce?) adj. *Bello.*

bellísimo, -a adj. Superl. frec. de «bello», usado en la misma forma que este adjetivo.

bello, -a (del lat. «bellus») adj. Se aplica a las cosas que, percibidas por la vista o el oído, producen deleite espiritual; y, por extensión, a cosas que afectan a la inteligencia o a la sensibilidad moral con un deleite semejante; como la cara de una persona, un paisaje, una obra musical, una poesía, un rasgo generoso. ≃ Hermoso.

V. «bello SEXO».

☐ NOTAS DE USO
En España, a diferencia de en los países hispanoamericanos, se reserva este adjetivo para cosas de importancia o grandiosidad o para personas de una gran perfección física, y siempre en lenguaje pulido; a las cosas corrientes se aplica el equivalente «bonito».

☐ CATÁLOGO
Otra raíz, «cal-»: 'caligrafía, calipedia, calistenia, calitipia; calobiótica, calocéfalo, calofilo, calografía, calología, calóptero, calotipia'. ➤ Agraciado, alhajito, de APARIENCIA, [bien] APERSONADO, *apuesto, *armonioso, arrogante, de buen aspecto, atractivo, bellido, bellísimo, bombón, *bonito, brillante, cuco, chévere, divino, de [buen, mucho] EFECTO, encantador, bien ENCARADO, esbelto, escultural, especioso, estético, de buena FIGURA, flamante, galán[o], *gallardo, garrido, grácil, gracioso, guapetón, *guapo, guapote, hermoso, jarifo, lindo, lucido, majo, mono, bien PARECIDO, de buena planta, bien plantado, pocholo, precioso, de buena PRESENCIA, pulcro, pulido, radiante, relindo, serrano, buen [de buen] TIPO, venusto. ➤ Adonis, ángel, apolo, beldad, chulada, divinidad, encanto, un gozo, una idealidad, una maravilla, la octava MARAVILLA, monada, buen [o real] MOZO, ninfa, perla, pimpollo, un PINO de oro, pocholada, preciosidad, primor, ricura, serafín, un sueño, tipazo, venus. ➤ Miss, mister. ➤ Asombroso, de aupa, no parecer COSTAL de paja, espléndido, estupendo, *extraordinario, fantástico, fenomenal, formidable, grandioso, sin igual, imponente, impresionante, incomparable, inigualable, *magnífico, maravilloso, de órdago, sin par, pasmoso, peregrino, perfecto, portentoso, prodigioso, resplandeciente, soberbio, sorprendente, sublime, único, no visto. ➤ Beldad, belleza, hermosura, venustidad. ➤ Pega. ➤ Calología, estética. ➤ Gusto. ➤ *Armonía, delicadeza, elegancia, equilibrio, euritmia, *gracia, *proporción, simetría. ➤ Fotogenia, telegenia. ➤ Esteta, estética. ➤ Arquetipo, dechado, ideal. ➤ Agraciar, alegrar, alindar, alindongar, caer [estar o sentar] BIEN, embellecer, favorecer, hermosear, realzar. ➤ Coqueta, narciso. ➤ Piropear, requebrar. ➤ No hay quince AÑOS feos. ➤ *Adorno. *ARREGLO personal. *Arte. *Asombrar. *Atraer. *Bueno. *Petimetre. *Vistoso.

bellota (del ár. and. «ballúṭa», cl. «ballūṭah», del gr. «balanōtḗ», fruto en forma de bellota, a través del arameo) **1** f. *Fruto de las encinas, robles y alcornoques, consistente en un aquenio de gran tamaño con un involucro escamoso en la base. ⊙ Específicamente, el de la encina que, en algunas variedades, es dulce y comestible y se emplea como comida especial para los cerdos. ⇒ Glande, lande, llande. ➤ Capullo, *cascabillo, cascabullo, *cúpula, escriño. ➤ Melosilla. ➤ Destorgar, escabullar. ➤ Manganilla, mangual, zanga. ➤ Englandado, englantado. ➤ *Encina. *Roble. **2** Se emplea como nombre para muchos objetos, por ejemplo cierto adorno de pasamanería, y se puede emplear acomodaticiamente para designar cualquiera que tenga la forma aproximada de una bellota. ⇒ Abellotado. **3** *Capullo del *clavel.* **4** *Bálano.* **5** **Vasija pequeña, de forma de bellota, en que se guardaban bálsamos, esencias y cosas semejantes.* **6** *Cubierta córnea de la extremidad del *cuerno del toro, que se desprende al ir creciendo éste, queda como un dedal en la punta y desaparece a los tres años del animal.*
V. «ANIMAL de bellota».

bellote m. **Clavo de unos 20 cm de largo y uno de grueso, con la cabeza parecida a la cúpula de la bellota.*

bellotear intr. *Pastar la bellota el ganado de *cerda.*

bellotera **1** f. **Cosecha de la bellota.* ⊙ *Temporada en que se realiza.* **2** **Montanera.*

bellotero, -a n. *Aplicable al que coge o vende bellotas.*

belloto (de «bellota»; *Cryptocarya mierssii* y *Cryptocarya berteroana;* Chi.) m. *Árbol lauráceo cuyo fruto, especie de nuez, sirve de alimento a los animales.*

belorta f. *Vilorta del *arado.*

belua (del lat. «bellŭa»; ant.) f. **Bestia.*

beluga (de or. ruso) **1** (*Delphinapterus leucas*) f. Cetáceo monodóntido de piel blanca, sin aleta dorsal, que vive en los mares árticos. **2** m. Tipo de caviar muy apreciado, que se obtiene de un gran *esturión que habita en los mares Negro y Caspio.

bemba (Can., Hispam.) f. *Boca de labios gruesos y prominentes, como la de los negros.*

bembibrense adj. y, aplicado a personas, también n. *De Bembibre, población de la provincia de León.*

bembo m. **Belfo; particularmente, el de los negros.*

bembón, -a (Cuba) adj. *Bezudo: de *labios abultados.*

bemol (de «be», letra que en la notación musical antigua equivalía a «si», y «mole», blando) adj. y n. m. MÚS. Se aplica a las notas musicales rebajadas en un semitono: 'El si bemol'. ⊙ m. MÚS. También, signo que indica esta alteración. ⇒ Abemolar.
TENER una cosa [MUCHOS] BEMOLES. **1** (inf.) Ser *difícil. **2** (inf.) Se dice con enfado de una acción abusiva: 'Tiene bemoles esto de que, después de hacer yo todo el trabajo, lo cobre él'.

bemolado, -a adj. MÚS. *Con bemoles.*

ben[1] (pl. «beni») Palabra árabe, usada en la formación de apellidos, que significa «hijo de»: 'Yusuf ben Tashfin'. ≃ Ibn.

ben[2] (del ár. «bān»; *Moringa oleifera* y otras especies del mismo género) m. Árbol moringáceo de cuyo fruto se extrae un aceite que no se rancia y se emplea en relojería y perfumería; la madera, llamada «palo nefrítico», se ha empleado en infusión contra las enfermedades del riñón. ≃ Marango, moringa, narango.

ben[3] (ant.) adv. *Bien.*

benabarrense adj. y, aplicado a personas, también n. *De Benabarre, población de la provincia de Huesca.* ≃ Barnabense.

bencénico, -a adj. QUÍM. *Del benceno o sus derivados.*

benceno (del lat. cient. «benzoe») m. Hidrocarburo volátil inflamable producido en la destilación del alquitrán y el *carbón mineral, que disuelve las grasas y resinas. ≃ Benzol. ⇒ Benjuí.

bencina (del lat. cient. «benzoe») **1** f. Mezcla de hidrocarburos que se obtiene por destilación del *petróleo, compuesta principalmente de hexano y heptano, muy disolvente de las grasas y el caucho. ⇒ Benjuí. **2** (Chi.) *Gasolina.*

bendecidor, -a **1** adj. *Aplicable al que bendice.* **2** (ant.) *Se aplicaba al que habla bien o con razón.*

bendecir (del lat. «benedicĕre») **1** tr. Desear bien a ↘alguien y expresarlo con el mismo verbo o de otra manera: 'Bendijo a su hijo al despedirse de él'. ⊙ Mostrarse satisfecho de ↘algo o de ↘alguien o agradecido, o *alabarlo con agradecimiento, usando el mismo verbo «bendecir» u otras expresiones: 'Dios bendijo a Abel. Bendigo la hora en que te conocí. No cesa de bendecir a sus protectores, lleno de agradecimiento'. ⇒ ¡BIEN HAYA...!, ¡alabado sea DIOS!, ¡bendito sea DIOS!, ¡DIOS [o que DIOS] te bendiga! [te la depare buena, te guíe, te tenga de su mano]! **2** Invocar, particularmente un sacerdote, la protección divina sobre ↘cosas o personas, usando el verbo «bendecir» o preces adecuadas, o haciendo sobre ellas la señal de la cruz: 'Bendecir las cosechas [o la mesa]'. **3** Conferir carácter *sagrado a las ↘cosas, con las preces adecuadas, quien tiene autoridad para ello: 'Bendecir el agua; bendecir un local para consagrarlo al culto'. **4** Conceder Dios bienes o prosperidad a ↘alguien; puede llevar un complemento con «con»: 'Dios le bendijo con numerosa prole'. ⇒ *Beneficiar.

V. «bendecir de todo CORAZÓN, DIOS te [le, etc.] bendiga, bendecir la MESA».

□ CONJUG. como «decir», excepto en la 2.ª persona del imperativo que es «bendice», y el futuro, el potencial y el participio pasado, que son regulares.

bendicera (ant.) f. *Mujer que pretendía *curar con bendiciones, oraciones y signos.*

bendicho, -a (del lat. «benedictus»; ant.) *Bendito.*

bendición (del lat. «benedictĭo, -ōnis») **1** («Dar, Echar la») f. Acción de bendecir. ⊙ Acción de bendecir a los que se casan. **2** («Echar la [una] bendición o bendiciones, Impartir; Llenar de bendiciones») Fórmula o palabras con que se bendice. ⊙ Señal de la cruz hecha para bendecir.

BENDICIÓN APOSTÓLICA. La impartida por el papa.

...QUE ES UNA BENDICIÓN [DE DIOS]. Expresión de *ponderación que equivale a «magnífico»: 'Los campos están este año que es una bendición'.

SER algo UNA BENDICIÓN [DE DIOS]. Ser espléndido o muy bueno: 'Este tiempo es una bendición'.

bendicir (ant.) tr. *Bendecir.*

benditera (Cantb.) f. *Pila de agua bendita.*

bendito, -a (del lat. «benedictus») **1** Participio irregular de «bendecir», empleado como adjetivo (existe el regular «bendecido», empleado en la conjugación): 'Pan bendito, agua bendita'. ⊙ Se emplea mucho en frases exclamativas de agradecimiento o de satisfacción con algo: '¡Bendito y alabado sea Dios! ¡Bendita seas! Bendito sea aquel encuentro'. ⊙ Se aplica muy frecuentemente a los nombres de los santos: 'El bendito San Antonio. La bendita Virgen María'. **2** adj. y n. Se aplica a una persona muy bondadosa, incapaz de hacer daño o de enfadarse, así como a los niños tranquilos, no llorones ni excesivamente molestos. ≃ Bienaventurado, *bonachón, bueno, infeliz. **3** m. Rezo que empieza así: «bendito y alabado sea...».

¡BENDITO! [o ¡AY BENDITO!] (P. Rico). *Exclamación con que se expresa pena, lástima, súplica, asombro, sorpresa.*

COMO UN BENDITO (inf.). Con «dormir» o «quedarse», dormirse profundamente.

V. «¡bendito sea DIOS!, irse bendito de DIOS, como el PAN bendito, PILA de agua bendita».

benedícite (del lat. «benedicĭte», bendecid) **1** m. *Rezo para bendecir la mesa, que empieza por esa palabra.* **2** *Autorización para ir a algún sitio que los *eclesiásticos piden a sus prelados.*

benedicta (del lat. «benedicta», bendita; ant.) f. **Electuario (preparado farmacéutico de consistencia de miel) confeccionado con hierbas y raíces purgantes y estomacales mezcladas con miel.*

benedictino, -a (del lat. «Benedictus», Benito) **1** adj. y n. m. Se aplica a los monjes de la *orden de San Benito. ≃ Benito. ⊙ (pl.) m. Esta orden. **2** m. Se aplica a cierto *licor preparado por esos monjes.

benedictus (del lat. «Benedictus») m. *Himno litúrgico que se entona en algunas misas.

benefactor, -a (del lat. «benefactor, -ōris») adj. y n. Bienhechor.

benefactoría o **benefactría** **1** (ant.) f. **Acción buena.* **2** (ant.) **Behetría.*

beneficencia (del lat. «beneficentĭa») **1** f. Actividad de quien ayuda con su dinero o con sus medios a las personas que lo necesitan. ⇒ *Beneficiar. **2** Organización para la protección y auxilio de los desvalidos, con sus establecimientos de albergue, asistencia médica, etc. ⇒ *Beneficiar.

V. «CASA de beneficencia».

beneficiación f. *Acción de beneficiar[se].*

beneficiado, -a **1** Participio de «beneficiar». ≃ Favorecido. **2** adj. y n. Se aplica al que disfruta un beneficio eclesiástico. **3** n. Persona o entidad a beneficio de la cual se lleva a cabo una función o espectáculo.

beneficiador, -a adj. y n. *Aplicable al que beneficia.*

beneficial (del lat. «beneficiālis») adj. *De [los] beneficios eclesiásticos.*

beneficiar **1** tr. Hacer bien o ser bueno para ↘alguien o algo: 'La reforma nos beneficia a todos. La lluvia beneficia mucho los campos'. ≃ *Favorecer. **2** («con, de») prnl. Obtener beneficio con cierta cosa. **3** (inf.; con un pron. reflex.) tr. Tener relaciones sexuales con una ↘mujer. **4** (Hispam.) **Descuartizar una ↘res y venderla al por menor.* **5** *Obtener un ↘*empleo por dinero.* **6** *Hablando de ↘*valores de bolsa, cederlos por menos de su valor nominal.* **7** (Hispam.) *Preparar para el consumo en los beneficios el *café, el azúcar, el arroz y otros productos agrícolas.*

□ CATÁLOGO

*Ayudar, hacer BIEN, hacer el CALDO gordo, favorecer, hacer buenos OFICIOS, servir. ➤ Benefactor, bienhechor, bueno, paternal. ➤ Albergue, asilo, CASA de maternidad, comedor, ESTABLECIMIENTO benéfico, hospicio, hospital, INSTITUCIÓN benéfica, montepío, refugio. ➤ Oficioso. ➤ Altruismo, asistencia, benefactoría, benefactría, beneficencia, beneficio, bien, *caridad, *donación, favor, gracia, *limosna, mejora, *merced, buena OBRA, OBRA de caridad, protección, providencia. ➤ Oficiosidad. ➤ *Aprovechar[se], sacar BAZA, ponerse las BOTAS, [lo] COMIDO por lo servido, flotar como el CORCHO en el agua, disfrutar, salir GANANDO, lucrar[se], venir con sus MANOS lavadas, llevarse la mejor PARTE, obrar en PROVECHO propio, redundar en PROVECHO de, sacar PROVECHO, rentabilizar, sacar TAJADA, usufructuar, utilizar, vendimiar, sacar VENTAJA. ➤ BENDICIÓN de Dios, beneficio, esquilmo, fruto, ganada, ganancia, granillo, HONRA y provecho, interés, jugo, lucro, mordisco, preferencia, *privilegio, *producto, provecho, proveza, rédito, rendición, rendimiento, renta, servicio, utilidad, ventaja. ➤ Pro. ➤ En pro. ➤ *Afortunado, beneficiario, ganancioso, bien LIBRADO, bien PARADO, mejorado en TERCIO y quinto. ➤ Beneficioso, benéfico, *bueno, conveniente, provechoso, saludable, *útil, ventajoso. ➤ *Perjuicio. ➤ *Aprovechar. *Convenir. *Generoso. *Pobre.

□ CONJUG. como «cambiar».

beneficiario, -a (del lat. «beneficiarĭus») adj. y n. Persona a quien beneficia un contrato, donación o acción semejante. ⊙ Persona a quien beneficia un contrato de *seguro.

beneficio (del lat. «beneficĭum») **1** (numerable; «Conceder, Dispensar, Hacer, Otorgar») m. *Acción, donación, etc., con la que se *mejora el estado de una persona o una cosa: 'Le debe muchos beneficios'. **2** (partitivo y numerable; «Producir, Redundar en») Mejora que se produce en el estado de una persona o de una cosa por consecuencia de algo que se le hace o da: 'El cambio de clima le hizo mucho beneficio'. **3** Dinero u otra cosa que se *gana con algo: 'Es un trabajo [o una finca] que no da beneficio'. **4** BENEFICIO eclesiástico. **5** Función de *teatro cuyo producto se destina a cierta persona u obra o institución benéfica. **6** (Hispam.) *Hacienda donde se preparan para el consumo ciertos productos agrícolas, como el café, el azúcar, el arroz, etc.*

BENEFICIO ECLESIÁSTICO («Colar»). Cargo *eclesiástico al que va aneja una renta. ⊙ Esta misma renta. ⇒ Capellanía. ➤ Colativo, indultario, presentero. ➤ Anata. ➤ Impetra. ➤ Comendatario. ➤ Coartación. ➤ *Prebenda.

B. DE INVENTARIO. Facultad que concede la ley a un heredero para tomar la herencia con la condición de no obligarse a pagar a los deudores más de lo que la misma importe, para lo cual se hace inventario de ella. ⇒ A BENEFICIO de inventario.

A BENEFICIO DE. Tratándose de espectáculos, fiestas, etc., con el fin de que el provecho obtenido sea para cierta persona o entidad: 'Función [o rifa] a beneficio de los ciegos. Corrida a beneficio de la prensa'.

A BENEFICIO DE INVENTARIO. **1** Manera de tomar una herencia, utilizando ese beneficio. **2** Refiriéndose a la manera de acoger una noticia, una promesa, etc., con *reserva: 'Tomaremos sus propósitos de enmienda a beneficio de inventario'. **3** Tomando la cosa de que se trata solamente en lo que beneficia y *despreocupándose de las obligaciones que implica: 'Toman el cargo a beneficio de inventario'.

EN BENEFICIO DE. Para favorecer a cierta persona o aumentar la cosa que se expresa: 'Lo que trabajes será en beneficio tuyo. Hago esto así en beneficio de la brevedad'. ≃ En *favor de.

V. «HACIENDA de beneficio, sin OFICIO ni beneficio».

REDUNDAR EN BENEFICIO DE alguien o algo. Beneficiar o favorecer a la persona o la cosa que se expresa.

beneficioso, -a (del lat. «beneficiōsus»; «para») adj. Bueno para algo: 'La acción beneficiosa de un medicamento. La lluvia es beneficiosa para la agricultura'.

benéfico, -a (del lat. «benefĭcus»; «para, a») adj. Beneficioso: 'La lluvia benéfica'. ⊙ De [la] beneficencia: 'Establecimiento benéfico. Rifa benéfica'.

benemérito, -a (del lat. «benemerĭtus») adj. y, seguido de un complemento, también n. Digno de gran estimación por los servicios que ha prestado: 'El benemérito profesor. La benemérita institución de la Cruz Roja. Un benemérito de la Patria'.

LA BENEMÉRITA. La GUARDIA Civil.

beneplácito (del lat. «bene placĭtus», grato) **1** m. Aprobación de alguien con que se hace una cosa: 'Entró en un convento con el beneplácito de sus padres'. **2** **Satisfacción.*

benévolamente adv. Con benevolencia.

benevolencia (del lat. «benevolentĭa»; «Pedir, Tratar con») f. Cualidad de benévolo o actitud benévola: 'Trata con mucha benevolencia a sus empleados'.

benevolente (del lat. «benevŏlens, -entis») adj. Que actúa con benevolencia.

benévolo, -a (del lat. «benevŏlus») adj. Aplicado a personas y, correspondientemente, a su actitud y juicios, inclinado con buena voluntad o afecto hacia algo o alguien sobre lo que tiene poder: 'Los dioses benévolos'. ≃ *Propicio. ⊙ *Indulgente o tolerante. Se aplica al que juzga o trata a otros sin severidad o rigor: 'Un juez [o un profesor] benévolo'.

□ CATÁLOGO

Benigno, blando, chévere, clemente, comprensivo, *condescendiente, considerado, humano, *indulgente, magnánimo, *suave, tolerante. ➤ Benevolencia, blandura, endolencia, indulgencia, lenidad, MANGA ancha, MANO blanda, tolerancia, tragaderas, buenas TRAGADERAS. ➤ *Comprender, tener comprensión, darse CUENTA, justificar, perdonar, *tolerar. ➤ Coladero. ➤ Congraciar. ➤ Pedir ÁRNICA, pedir CACAO. ➤ RELAJAMIENTO de la autoridad. ➤ Cada uno es como DIOS le ha hecho. ➤ Malévolo, *severo. ➤ *Bueno. *Perdón. *Propicio.

bengala (de «Bengala», región del sur de Asia) **1** f. Luz de Bengala. ⊙ Objeto de pirotecnia que consiste en una varilla con pólvora en uno de sus extremos que al arder desprende chispas de colores. **2** **Rota (planta palmácea).* **3** *Antigua *insignia de mando semejante a un *bastón o un cetro.* **4** (ant., Cantb.) *Muselina.*

V. «CAÑA de Bengala, LUZ de Bengala».

bengalí **1** adj. y, aplicado a personas, también n. De Bengala. **2** m. Lengua hablada en Bengala. **3** (varias especies de los géneros *Estrilda*, *Lagonosticta* y *Amandava*, por ejemplo *Amandava amandava*) *Pájaro pequeño multicolor, el macho color carmín con motas blancas y la hembra marrón con tonos rojizos; originario de la India, se ha extendido a otras zonas, como España.

bengalina f. **Tela de urdimbre de seda y trama de lana, caracterizada por los cordones brillantes que resultan al cubrir la seda los gruesos hilos de la lana.*

benicarlando o **benicarlonense** adj. y, aplicado a personas, también n. *De Benicarló, población de la provincia de Castellón.*

benignamente adv. De modo benigno.

benignidad (del lat. «benignĭtas, -ātis») f. Cualidad de benigno.

benigno, -a (del lat. «benignus») **1** («con») adj. Aplicado a personas y, correspondientemente, a su actitud y juicios, favorablemente inclinado hacia alguien o algo. ≃ *Propicio. **2** («con») No severo al tratar a alguien: 'A veces, los amos se mostraban benignos con los esclavos'. ≃ *Benévolo. **3** Aplicado a cosas, no riguroso: 'Clima benigno'. ≃ Moderado, suave. ⊙ No grave: 'Una enfermedad benigna. Diagnóstico benigno'.

benimerín (del ár. and. «bani marín», los descendientes de Marín) adj. y n. m. Se aplica a los individuos de una tribu de Marruecos que en los siglos XIII y XIV fundó una dinastía en el norte de África y sustituyó a los almohades en el dominio de España. ⊙ m. pl. Esa tribu. ⇒ *Moro.

beninés, -a adj. y, aplicado a personas, también n. De Benin, país africano.

benito, -a (del lat. «benedictus») adj. y n. *Benedictino.*

benjamín, -a (de «Benjamín», nombre del hijo menor y más querido de Jacob) **1** n. Se aplica al hijo menor de una familia, cuando se quiere significar que es el más mimado. ⇒ Cumiche. **2** Persona más joven de un grupo.

benjamita adj. y n. *De la tribu de Benjamín, hijo de Jacob.*

benjuí (del ár. «lubān ǧāwī», incienso de Java; *Styrax benzoin*) m. Arbusto o arbolito estiracáceo, de América del Sur y del sudeste asiático, del que se extrae por incisiones en la corteza una resina llamada «benzoína» o «resina de benjuí», que se ha empleado como medicinal y para incienso. ≃ Menjuí. ⇒ Raíz «benc-» o «benz-»: 'benceno, bencina, benzoico, benzol'.

benteveo (Arg., Ur.) m. *Bienteveo.*

béntico, -a adj. *Del bentos.*

bentónico, -a (del gr. «bénthos», profundidad) adj. BIOL. *Se aplica a la flora y a la fauna del fondo del mar.*

bentonita (de «Fort Benton», lugar de los Estados Unidos donde se encontró) f. *Arcilla que proviene de la alteración de cenizas volcánicas y que se utiliza en la industria metalúrgica y química por sus propiedades absorbentes y decolorantes.*

bentos (del gr. «bénthos», profundidad) m. Biol. *Conjunto de la flora y la fauna del fondo del mar.*

benzina (del al. «benzin», gasolina) f. Bencina.

benzoato m. Quím. *Cualquier sal del ácido benzoico.*

benzoico, -a (del lat. cient. «benzoe») adj. Quím. *De [o del] benjuí.* ⊙ Quím. *Particularmente, se aplica al ácido que se obtuvo primeramente del benjuí y de la orina de caballos y vacas.*

benzoína f. *Resina de benjuí.*

benzol (del lat. cient. «benzoe») m. Nombre comercial del benceno crudo, que se emplea como combustible, generalmente mezclado a la gasolina, en los motores de explosión, y es estimado por sus cualidades antidetonantes.

beocio, -a **1** adj. y, aplicado a personas, también n. De Beocia, antigua región de Grecia. ≃ Aonio. **2** *Ignorante, estúpido.*

beodera o **beodez** f. *Borrachera.*

beodo, -a (del lat. «bibĭtus»; culto; «Ser; Estar») adj. y n. Borracho. ⇒ Bebdo, bébedo, beudo.

beorí m. Tapir americano.

beque (del celtolat. «beccus», pico) **1** m. Mar. *Obra exterior de proa.* **2** (sing. o, más frec., pl.) Mar. **Retrete de la marinería.* **3** (más frec. Hispam.) **Bacín (orinal alto).*

béquico, -a adj. Farm. *Eficaz para combatir la tos.*

berbén (Méj.) m. **Loanda (enfermedad, especie de escorbuto).*

berberecho (del gr. «bérberi», ostra de las perlas; *Cardium edule* y otras especies del mismo género) m. Molusco *lamelibranquio de conchas estriadas casi redondas. ≃ Verderol, verderón, verdigón, verigüeto.

berberidáceo, -a o **berberídeo, -a** (de *Berberis*, nombre de un género de plantas) adj. y n. f. Bot. *Se aplica a las *plantas de la misma familia que el agracejo, que tienen fruto en baya, seca o carnosa.* ⊙ f. pl. Bot. *Esa familia.*

berberís (del ár. «barbārīs», a través del lat. cient. medieval) m. **Agracejo.*

berberisco, -a adj. y, aplicado a personas, también n. De Berbería, región del norte de África. ≃ Bereber. ⇒ Masamuda.

bérbero o **bérberos** (de «berberís») m. **Agracejo (árbol berberidáceo).* ≃ Berberís.

berbí (de «Verviers», ciudad belga famosa por sus paños) adj. V. «paño berbí».

berbiquí (del fr. «vilebrequin», del neerl. «wimmelkijn») m. Herramienta consistente en un manubrio en el que se coloca un *barreno al que se hace girar dando vueltas al manubrio con la mano. ⇒ Carraca, chicharra, villabarquín.

berceo *(Stipa gigantea)* m. Planta gramínea. ≃ Barceo.

berciano, -a adj. y, aplicado a personas, también n. Del Bierzo, región de la provincia de León.

beréber, bereber o **berebere** (del ár. marroquí «berber») **1** adj. y n. Se aplica a los individuos del pueblo más antiguo y numeroso del África septentrional, y a sus cosas. ⊙ (pl.) m. Ese pueblo. ⇒ Cabila. ⊙ Lengua hablada por los bereberes. **2** adj. y n. De Berbería. ≃ *Berberisco.

berengario, -a adj. y n. *Se aplica a ciertos herejes franceses del siglo* xi, *seguidores de Berenger, que negaba la presencia real de Jesucristo en la Eucaristía.*

berenjena (del ár. and. «baḏinǧána», cl. «bāḏinǧānah», de or. persa; *Solanum melongena)* f. *Planta solanácea de huerta, cuyo fruto, llamado del mismo modo, está envuelto en una delgada piel morada y es comestible. ⇒ Almodrote.

Berenjena catalana [morada o moruna]. Variedad alargada.

B. de huevo. Variedad que, por su forma y color, es enteramente semejante a un huevo de gallina.

B. zocata. Variedad que, al madurar mucho, se pone amarilla y como hinchada.

berenjenal **1** m. Campo de berenjenas. **2** (inf.; «Meterse en un») *Apuro o *lío.

berenjenín m. Variedad de berenjena alargada, de color blanco enteramente o blanco manchado de rojo o morado.

bergamota (del it. «bergamotta», de Bérgamo) **1** f. Variedad de *pera muy jugosa y aromática. **2** Variedad de lima muy aromática, cuya esencia se emplea en perfumería.

bergamote o **bergamoto** (del fr. «bergamote», del it. «bergamotta») **1** m. Peral que produce bergamotas. **2** *(Citrus bergamia)* Árbol rutáceo que produce la variedad de lima llamada «bergamota».

bergante (¿del gót. «brikan», golpear) m. *Granuja, sinvergüenza: hombre capaz de cometer acciones faltas de honradez o de escrúpulo.

bergantín (del it. «brigantino», a través del fr. «brigantin» o del cat. «bergantí») m. Mar. *Barco de dos palos y vela cuadrada o redonda.

bergazote m. *Variedad de *higo de Canarias.*

beriberi (del cingalés «beri», debilidad) m. Med. *Enfermedad debida a la falta de vitamina B_1 o tiamina, caracterizada por neuritis, edema e insuficiencia cardiaca.

berilio (del mismo or. que «berilo») m. *Metal, n.º atómico 4, que se emplea para las paredes de los tubos de rayos X y en ciertas aleaciones de cobre que requieren mucha elasticidad y resistencia mecánica. Símb.: «Be». ≃ Glucinio.

berilo (del lat. «beryllus», del gr. «bḗryllos») m. *Piedra preciosa, silicato de berilio, en hermosos cristales hexagonales azules, amarillos o rosados. La variedad azul y transparente se llama «aguamarina». ⇒ Crisoberilo.

beritense adj. y, aplicado a personas, también n. *De Berito, ciudad de Fenicia.*

berkelio m. Variante ortográfica de «berquelio».

berlandina (ant.) f. *Bernardina (embuste o fanfarronada).*

berlanga (del alto al. ant. «bretling», dim. de «brett», tabla) f. *Cierto juego de *baraja.*

berlina[1] (del nombre de la ciudad de Berlín, donde se empezó a fabricar esta clase de coche en el siglo xviii) **1** f. Coche de caballos cerrado con cuatro ruedas y, generalmente, dos asientos. ≃ Cupé. ⊙ De los *automóviles, se llama así, o «sedán», al corriente, cerrado, de conducción interior, con cuatro puertas y cuatro o seis asientos. **2** En ciertos vehículos de viajeros, departamento delantero, separado del resto y con una sola fila de asientos.

berlina[2] (del it. «berlina», picota) f. En berlina. **1** («Poner; Estar, Quedar») *En ridículo.* **2** (Perú; «Poner; Estar, Quedar») *Aislado.* **3** (Arg.) *Excluido del juego, a causa de alguna penalización.*

berlinés, -a adj. y, aplicado a las personas, también n. De Berlín.

berlinga (del germ. «bret-ling», tabla pequeña) **1** f. *Palo de madera verde para remover la masa en los *hornos metalúrgicos.* **2** (And.) *Nombre aplicado a los palos hincados en el suelo, por ejemplo para poner cuerdas en las que tender la ropa.* **3** MAR. *Percha (tronco grande que sirve para hacer palos, etc.).*

berlingar tr. *Remover el ↘metal con la berlinga.*

berma (del fr. «berme», del neerl. «baerm», pie de un dique) f. FORT. *Espacio entre la muralla y el declive del foso, que servía para que las piedras que caían de la muralla al ser batida, no cayeran a éste.* ≃ Lisera.

bermejal (de «bermejo») m. **Campo extenso de tierra roja.*

bermejía (de «bermejo»; ant.) f. *Malicia que se atribuye a los *pelirrojos.*

bermejo, -a (del lat. «vermicŭlus», gusanillo, nombre aplicado al quermes o cochinilla, que se empleaba para fabricar la grana) adj. *Rubio o rojizo, aplicado al pelo o al *color de la piel. ⊙ Se aplica también a las personas que los tienen así. ⇒ Embermejar. ➤ Bermejón, bermellón, sobermejo.

V. «CALZAS bermejas».

bermejón (aum. de «bermejo»; ant.) adj. *Bermellón.*

bermejuela (dim. de «bermeja», f. de «bermejo») **1** (*Rhodeus amarus*) f. Pez teleósteo común en los ríos de España. **2** Pez del mismo género que el anterior, de forma más comprimida. **3** (And.) **Brezo (planta ericácea).*

bermellón (del fr. «vermillon») **1** m. Cinabrio en polvo, de color rojo vivo, empleado en pintura. ≃ Bermejón. ⇒ Bija. **2** adj. y n. m. Se aplica al *color rojo vivo, y a las cosas que lo tienen: 'Un vestido rojo bermellón'.

bermudas (de «Bermudas», archipiélago del océano Atlántico) amb. pl. Se aplica a un tipo de pantalón o bañador que llega casi hasta la rodilla.

bermudina (del apellido del poeta Salvador «Bermúdez» de Castro) f. LITER. *Octava endecasílaba o decasílaba cuyos versos cuarto y octavo tienen rima común aguda y los restantes, de terminación llana, riman del siguiente modo: forman pareados el segundo con el tercero y el sexto con el séptimo, quedando sueltos el primero y el quinto.*

bernardina f. *Embuste o *fanfarronada.* ≃ Berlandina.

Bernardo V. «la ESPADA de Bernardo».

bernardo[1] m. Cierto *crustáceo.

bernardo[2]**, -a** (de «San Bernardo», fundador del monasterio de Clairvaux y gran impulsor de la orden cisterciense) adj. y n. Se aplica a los monjes de la orden del Cister. ⊙ m. pl. Esta orden.

SAN BERNARDO. PERRO San Bernardo.

bernegal (¿del it. ant. «vernicare», barnizar?) **1** m. **Taza para beber.* **2** (Can., Ven.) *Tinaja donde se recoge el agua destilada por el *filtro.*

bernés, -a adj. y, aplicado a personas, también n. *De Berna, ciudad y cantón de Suiza.*

bernia (¿de «Hibernia», antiguo nombre de Irlanda, donde se fabricaban estas telas?) f. *Cierta tela antigua de lana, muy gruesa, de la que se hacían capas.* ⊙ **Capa hecha de esta tela.*

bernio (ant.) m. *Bernia.*

berniz (del lat. «veronix, -īcis», de «Beronice», ciudad egipcia; Ar.) m. *Barniz.*

berozo (del sup. célt. «vroicĕus»; Ál.) m. **Brezo (planta ericácea).*

berquelio (de «Berkeley», universidad estadounidense donde se obtuvo este elemento) m. Elemento químico radiactivo obtenido artificialmente, n.º atómico 97. Símb.: «Bk». ≃ Berkelio.

berquera f. **Enrejado de alambre sobre el que ponen los pasteleros los dulces para que se sequen.*

berra (del lat. «berŭla», berro) f. *Berro ya duro.* ≃ Berraza.

berraña (*Berula erecta*) f. *Planta umbelífera parecida al berro, pero no comestible.*

berraza **1** f. *Berro crecido y endurecido.* ≃ Berra. **2** *Apio bastardo.*

berrea f. ZOOL. Época del celo del *ciervo, durante la cual llama por la noche a la hembra con berridos estridentes.

berreador, -a adj. Se aplica al que berrea o llora estridentemente. ≃ Berreón.

berrear (de or. expresivo) **1** intr. Emitir su voz propia un becerro u otro animal que la tenga semejante. **2** (desp.) Emitir gritos estridentes; por ejemplo, una criatura cuando llora. ⊙ Se aplica hiperbólicamente a la acción de *cantar con estridencia y desafinación.

berrenchín (del lat. «verres», verraco) **1** m. *Vaho que arroja el *jabalí cuando está furioso.* **2** Berrinche.

berrendearse (de «berrendo»; And.) prnl. *Empezar el trigo a tomar color de maduro.*

berrendo, -a (del lat. «variandus», gerundio de «variāre», variar) **1** adj. *De dos colores.* **2** adj. y n. m. TAUROM. Se aplica al *toro que tiene manchas de distinto color que el resto de la piel. Con un complemento con «en» se expresa el color de esas manchas: 'Berrendo en rojo'. **3** (Mur.) adj. *Se aplica al gusano de *seda de color moreno o que tiene este color por enfermedad.* **4** m. Cierto rumiante americano con el lomo castaño, y el vientre y la cola blancos.

berreo m. Acción de berrear.

berreón, -a adj. Berreador.

berrera (de «berro»; especialmente *Sium angustifolium*) f. Nombre de diversas *plantas umbelíferas. ≃ Arsáfraga.

berrido m. Grito del que berrea.

berrín (del lat. «verres», verraco; inf.) m. **Cascarrabias.*

berrinche (del lat. «verres», verraco) **1** («Coger un») m. Lloro, particularmente de un niño, fuerte y duradero. ≃ Llantina, llorera. **2** («Coger, Llevarse, Tener, Tomarse; Dar») *Disgusto o *enfado que se manifiesta ostensible y aparatosamente: 'Ya le ha dado otro berrinche su sobrino. Ha cogido un berrinche porque no la dejan ir a la discoteca'. ≃ Sofoco, sofocón. ⇒ Emberrenchinarse, emberrincharse.

berrinchudo, -a (Hispam.) adj. *Se aplica a la persona que se emberrenchina fácilmente.* ⇒ *Cascarrabias.

berro (*Nasturtium officinale*) m. *Planta crucífera herbácea, perenne y acuática, que tiene un sabor picante agradable y se come en ensalada. ≃ BALSAMITA mayor, mastuerzo. ⇒ Berra, berraña, berraza.

berrocal m. Terreno con berruecos.

berroqueña (de «berrueco») adj. Aplicado a «piedra» o «roca», designa el granito.

berrueco (¿de or. prerromano?) **1** m. *Peñasco granítico, semejante a un mojón. ≃ Tolmo. **2** *Barrueco (nódulo de las rocas).* **3** **Tumorcillo del iris.*

berta (de «Berta», nombre propio de mujer; ant.) f. *Tira de encaje que se ponía como adorno en los vestidos de mujer alrededor del pecho, hombros y espalda.*

bervete (del fr. «brevet»; ant.) m. *Nota o apuntación breve.*

berza (del lat. «virdĭa», verduras) **1** f. *Col. **2** (inf.) Borrachera.

BERZA DE PASTOR. *Cenizo (planta quenopodiácea).*

B. DE PERRO [O PERRUNA]. *Vencetósigo (planta asclepiadácea).*

berzas o **berzotas** n. Ignorante, necio.

bes[1] (del lat. «bes») m. **Peso antiguo de ocho onzas, o sea la tercera parte de la libra romana.*

bes[2] V. «beige».

besalamano m. *Comunicación escrita empleada antiguamente en que, tras el nombre y el cargo de quien la escribía, se consignaban las iniciales B. L. M. (besa la mano), después de las cuales se indicaba la persona a quien iba dirigida y el asunto objeto de la comunicación, que solía ser un ofrecimiento, una invitación o cosa semejante.

besamanos **1** m. Recepción oficial en que los reyes o persona que los representa reciben el saludo de ciertas personas. ⇒ *Ceremonia. **2** Modo de saludar a algunas personas, tocando o acercando la mano derecha a su boca una o más veces. **3** Acto en el que se besa la palma de la mano a un sacerdote después de su primera misa.

besamel (del fr. «béchamel») f. Salsa blanca hecha con harina y leche. ⊙ También, masa hecha de igual manera, pero más espesa, con que se confeccionan las croquetas. ≃ Bechamel, bechamela, besamela.

besamela f. *Besamel.*

besana (del lat. «versāre», dar vueltas) **1** f. *Primer *surco que se hace cuando se empieza a arar un campo.* **2** Labor de la tierra en surcos paralelos. **3** *Medida agraria de Cataluña, equivalente a 21,87 áreas.* **4** (Sal.) **Campo o trozo de tierra labrantía.*

besante (del fr. ant. «besant») m. *Antigua *moneda bizantina de oro o plata.* ⊙ HERÁLD. *Figura que representa esa moneda.*

besar (del lat. «basiāre») **1** tr. Aplicar los labios juntos a ➤alguien o algo y separarlos dando un pequeño chasquido, lo que se hace como *caricia o como saludo. **2** prnl. recípr. Darse *besos dos o más personas entre sí: 'Le vi besarse con su novia. Se estaban besando en el parque'. **3** (inf.) Tocarse dos cosas causándose desperfecto; por ejemplo, dos panes o dos vasijas en el *horno. ⊙ (inf.) *Chocar dos personas con la cara o la cabeza.

BESAR EL SUELO. Caerse de BRUCES.

besico m. *Dim. de «beso».*

BESICO DE MONJA. **Farolillo (planta campanulácea).*

beso (del lat. «basĭum») **1** («Dar, Estampar, Plantar») m. Acción y efecto de besar una vez. ⇒ Acolada, besico, buz, ósculo. ➤ Besar[se], besucar, besuquear, morrear, darse el PICO. ➤ Besucador, besucón, besuqueador. **2** Acción y efecto de *chocar o «besarse» dos cosas; por ejemplo, dos vasijas en el horno de *cerámica.

BESO DE JUDAS. Beso u otra muestra de afecto que encubre una mala intención contra la persona a quien se hace objeto de ella.

COMERSE A BESOS a alguien. Darle muchos besos.

bestezuela f. Dim. de «bestia».

bestia (del lat. «bestĭa») **1** f. Animal irracional. ≃ Animal. ⊙ Especialmente, *caballería. ⊙ Más especialmente, la de carga, como la mula o el burro. ⇒ Belua. **2** (n. calif.; se emplea como insulto) adj. y n. Se aplica a una persona que usa palabras o modales *groseros o que hace más uso de la fuerza que de otra cualidad. ≃ Animal, bárbaro, bruto, salvaje. **3** Persona *torpe e *ignorante. ≃ Animal, bruto, burro, idiota.

BESTIA DE CARGA. **1** Animal de los que se emplean para transportar cargas. **2** Persona a la que se hace cargar con el trabajo que otros no quieren hacer. ⊙ Persona útil sólo para trabajos groseros.

B. DE GUÍA. **Caballería dada por las autoridades a una persona mediante la exhibición de una guía o pasaporte que le daba derecho a ella.*

B. NEGRA. Persona o cosa odiada o temida por los demás, o que constituye la dificultad principal en algo.

GRAN BESTIA (Hispam.). *Tapir.*

MALA BESTIA (n. calif.). Persona de malas intenciones.

A LO BESTIA. Se aplica a lo que se hace o se dice con brutalidad, empleando más la fuerza que la inteligencia: 'Intentó meter el tornillo a lo bestia y se lo ha cargado'.

¡QUÉ BESTIA! Exclamación usada en tono de admiración o de asombro: '¡Qué bestia! Ha sacado sobresaliente en todas las asignaturas. ¡Qué bestia! Se ha comido él solo todo el pollo'.

V. «UÑA de la gran bestia».

bestiaje m. *Conjunto de las bestias de carga, por ejemplo de una finca.* ≃ Haberío.

bestial (del lat. «bestiālis») **1** adj. Propio de bestia y no de hombre: 'Instintos bestiales. Apetito bestial'. ⇒ Infrahumano. **2** (inf.) Muy *grande o muy *bueno: 'Traigo un hambre bestial. Tengo un plan bestial para esta tarde'.

bestialidad **1** f. Cualidad de bestial. **2** Acción bestial o brutal: 'Es una bestialidad pegar así a una criatura'.

UNA BESTIALIDAD (inf.). Mucho: 'Se gastó una bestialidad de dinero en lotería'.

bestialismo m. Práctica que consiste en mantener relaciones sexuales con animales. ≃ Zoofilia.

bestialmente **1** adv. De manera bestial. **2** (inf.) Mucho o muy bien.

bestiario (del lat. «bestiarĭus») **1** m. *Hombre que luchaba con las fieras en los circos romanos.* ⇒ *Gladiador. **2** LITER. Colección de fábulas de animales, de la literatura medieval.

bestión m. ARQ. **Animal o monstruo ornamental.*

bístola f. **Aguijada (vara usada por los labradores).* ≃ Bístola.

best seller (var. «best-seller»; ingl., pronunc. [bést séler]; pl. «best sellers») m. Libro que ha obtenido un gran éxito de ventas.

besucador, -a adj. *Besucón.*

besucar tr. *Besuquear.*

besucón, -a adj. y n. Demasiado aficionado a besar. ≃ Besucador, besuqueador.

besugo (¿del occit. «besuc» o «besugue», bizco?, explicable por el aspecto de los ojos de este animal) **1** («Pagellus bogaraveo» y otras especies) m. *Pez perciforme marino de carne blanca muy sabrosa. ⇒ Orfo. ➤ Pancho. **2** (n. calif.) m. Se aplica como apelativo despectivo a una persona, especialmente por su torpeza. ⇒ *Majadero.

besuguera f. Recipiente de *cocina ovalado que se emplea para asar besugos u otros pescados.

besuguero (Ast.) m. **Anzuelo para pescar besugos.*

besuguete m. *Pajel.*

besuqueador, -a adj. *Besucón.*

besuquear tr. Besar con pesadez o impertinencia. ≃ Besucar.

besuqueo m. Acción de besuquear.

beta[1] f. Letra del alfabeto griego correspondiente a nuestra be (β, B).
V. «PARTÍCULA [o RAYOS] beta».

beta[2] **1** (del lat. «vitta», venda; Ar.) f. *Trozo de *bramante o cuerda delgada.* **2** MAR. *Cualquier trozo de cuerda utilizado en los aparejos, que no tenga nombre particular.* ⇒ *Cabo.

betarraga o **betarrata** (del fr. «betterave») f. **Remolacha (planta quenopodiácea).*

betel (del malabar «betle»; *Areca catechu*) m. Árbol palmáceo de hasta 30 m de altura, originario de la India, que se cultiva por sus semillas. El fruto es una drupa amarilla del tamaño de un huevo de gallina que contiene la llamada «nuez de areca», rica en alcaloides y taninos, en cuyo interior se encuentran las semillas. Con la nuez o parte de ésta, añadiéndole cal y envolviéndola en una hoja de pimienta betel, las poblaciones de Asia oriental preparan un masticatorio estimulante que en Filipinas recibe el nombre de «buyo», que tiñe la saliva de rojo.

betería f. *Conjunto de betas.*

bético, -a adj. y, aplicado a personas, también n. De la Bética, nombre antiguo de lo que hoy es Andalucía.

betiense adj. y, aplicado a personas, también n. *De Baeza, población de la provincia de Jaén.*

betijo (del sup. lat. «vitticŭlum», de «vitta», venda) m. *Palito que se les pone a los cabritos atravesado en la boca y sujeto por sus extremos con una cuerda a los cuernos del animal, el cual les impide mamar, pero no pacer.*

betlehemita adj y n. *Betlemita*

betlehemítico, -a adj. y n. *Betlemítico.*

betlemita (del lat. «Bethlemītes») **1** adj. y, aplicado a personas, también n. De Belén. **2** adj. y n. m. Se aplica a los religiosos de una *orden fundada en Guatemala en el siglo XVII por Pedro de Betencourt bajo la orden de San Agustín. ⊙ m. pl. Esa orden.

betlemítico, -a (del lat. «Bethlemitĭcus») adj. y n. De Belén o de los betlemitas.

betón **1** m. *Cera de la entrada de la colmena de *abejas.* **2** **Argamasa compuesta de cemento y piedras menudas.*

betonera (Chi.) f. **Hormigonera.*

betónica (del lat. «betonĭca»; *Stachys officinalis*) f. *Planta labiada, común en prados y bosques, utilizada en ocasiones como medicinal. ≃ Bretónica.

betuláceo, -a (del lat. «betŭla», abedul) adj. y n. f. BOT. *Se aplica a las *plantas de la familia del abedul, que son árboles o arbustos caducifolios, de hojas simples alternas y flores unisexuales monoicas que se disponen en amentos; el fruto es una nuez que puede ser alada para facilitar su diseminación por el viento.* ⊙ f. pl. BOT. *Esa familia.*

betume o **betumen** (ant.) m. *Betún.*

betún (del lat. «bitūmen») **1** m. Nombre genérico de varias sustancias naturales, compuestas de carbono e hidrógeno, que arden produciendo un humo espeso de olor peculiar. **2** («Aplicar, Dar») Mezcla de varios ingredientes, que se extiende sobre el *calzado para reteñirlo y darle brillo. ⇒ CREMA para el calzado. ➤ Bola, terrada. ➤ Embetunar, embolar. ➤ Bituminoso. **3** *Betún mezclado con estopa, cal, aceite y escorias o vidrios molidos, empleado para tapar las junturas de las cañerías.* ≃ Zulaque. **4** *Cualquier producto de la destilación seca del *pino.* **5** (Cuba) *Agua en la que se ha dejado podrir tabaco, que se emplea para rociar el *tabaco sano a fin de que fermente.*
BETÚN DE JUDEA [o JUDAICO]. *Asfalto.
V. «quedar a la ALTURA del betún».

betunero m. *Limpiabotas.*

beudo, -a (de «bebdo»; ant.) adj. **Borracho.* ≃ Beodo.

beuna (de «Beaune», ciudad de Borgoña; Ar.) f. **Uva de grano pequeño y rojo con que se hace el *vino dorado llamado del mismo modo.*

bevra (del lat. «bifĕra»; ant.) f. *Breva.*

bey (del turco «bey», señor) m. Bajá.

bezaar (del mismo or. que «bezoar») m. *Bezoar.*

bezante (de «besante») m. HERÁLD. *Figura como el tortillo, pero de metal.*

bezar (del mismo or. que «bezoar») m. *Bezoar.*

bezo (de or. expresivo) **1** m. **Labio.* **2** Labio inferior abultado. ≃ *Belfo. **3** *Bulto que forma la carne alrededor de una herida enconada.*

bezoar (del ár. and. «bazáhr», cl. «bādizahr», del persa «pād zahr», defensor contra el veneno) m. *Concreción calcárea que se encuentra a veces en las vías digestivas de los rumiantes, a la que se atribuían propiedades medicinales como *antídoto.* ≃ Bezaar, bezar.
BEZOAR OCCIDENTAL. *El del cuajar de las cabras.*
B. ORIENTAL. *El del cuajar del antílope.*

bezoárdico, -a adj. y n. m. *Bezoárico.*

bezoárico, -a adj. y, aplicado a los medicamentos, también n. m. *Se aplica a la sustancia que contiene bezoar o que sirve de antídoto.*
BEZOÁRICO MINERAL. *Polvo blanco de peróxido de antimonio, al cual se atribuían virtudes medicinales semejantes a las del bezoar.*

bezón (de «bezo»; ant.) m. **Ariete.*

bezote (de «bezo») m. *Cierto adorno que llevaban los *indios pendiente del *labio inferior.*

bezudo, -a (de «bezo») adj. y n. Se aplica al que tiene los *labios abultados. ≃ Befo, belfo.

b...f Grupo labial imitativo-expresivo; entre las aplicaciones comunes a los grupos de esta clase tiene éste como peculiares la idea de soplar o hinchazón y la de burla o desprecio. ⇒ SONIDO expresivo.

bi- (var., bis, biz) Prefijo derivado del lat. «bis», que significa «dos»: 'bilateral, bilingüe'.

Bi Símbolo químico del bismuto.

biaba f. DAR UNA [o LA] BIABA. **1** (Arg.) *Dar una paliza.* **2** (Arg.) *Derrotar completamente a un adversario deportivo.*

biajaiba (*Mesoprion uninotatus*) f. *Pez del mar de las Antillas, con las aletas y la cola rojizas, de carne apreciada.

biangular adj. De dos ángulos.

bianual adj. Que ocurre o se hace dos veces por año.

biarca (del lat. «biarchus», del gr. «bíarchos») m. *Encargado de los víveres y las pagas en el ejército *romano.* ⇒ *Milicia.

biarrota adj. y, aplicado a personas, también n. De Biarritz, ciudad del sur de Francia.

biatlón m. Competición deportiva compuesta de una carrera de esquí de fondo que incluye una prueba de tiro al blanco con arma de fuego.

biaural adj. *Se aplica a la audición que se realiza simultáneamente por ambos oídos.*

biauricular adj. *De ambos oídos.*

biaza f., gralm. pl. **Alforjas de cuero.* ≃ Bizaza.

bíbaro (del celtolat. «biber, -bri»; ant.) m. **Castor (mamífero roedor).*

bibelot (fr.; pl. «bibelots») m. Cualquier objeto pequeño y de no mucho valor que se tiene como *adorno, por ejemplo encima de un mueble.

biberón (del fr. «biberon») m. Vasija con un pezón, utilizada para amamantar artificialmente a los niños. ⇒ Botella, chupón, mamadera, pacha, POMO de leche, tetero. ➤ Tetilla, tetina. ➤ Chupete. ➤ *Criar.

bibicho (¿de «micho»?; Hond.) m. **Gato.*

bibijagua 1 (Cuba; *Atta insularis*) f. *Especie de hormiga muy perjudicial para las plantas.* ≃ Vivijagua. **2** (Cuba; inf.; n. calif.) *Persona industriosa o *arreglada en sus asuntos.*

bibir (ant.) tr. **Beber.*

Biblia (del lat. «biblĭa», del gr. «biblía», libros) **1** n. p. f. Conjunto de los libros sagrados del cristianismo, divididos en «Antiguo» y «Nuevo Testamento». **2** (n. calif.; también con minúsc.) Libro más completo y fiable sobre una determinada materia: 'Esta obra es la biblia de los biólogos'.
V. «PAPEL Biblia».

SER una cosa LA BIBLIA EN VERSO [o EN PASTA] (también con minúsc.; inf.). Frase con que se pondera la cantidad o complejidad de algo.

□ CATÁLOGO

Escritura, Sagrada ESCRITURA, Evangelios, HISTORIA sacra, HISTORIA sagrada, LETRAS divinas, LETRAS sagradas, PALABRA de Dios, Testamento. ➤ Políglota, Vulgata. ➤ LIBRO canónico. ➤ Apócrifo, canónico. ➤ Canon. ➤ Tárgum. ➤ Antilegómenos, capítula, filacteria, lección, pugilar, texto, TEXTO sacro, TEXTO sagrado, versículo, verso. ➤ Parábola, profecía. ➤ Anagoge [o anagogía], armonística, cábala, comentarios, exégesis, explicación, hermenéutica, interpretación, paráfrasis. ➤ Alegorista, comentarista, escriturario, exégeta, expositor, hagiógrafo, masoreta, rabino. ➤ Aaronita, agareno, amalecita [o amalequita], amonita, amorreo, arameo, benjamita, betlehemita, betlehemítico, betlemita, betlemítico, camita, cusita, edomita, efraimita, efrateo, fariseo, filisteo, galaadita, gálata, galileo, heteo, hierosolimitano, idumeo, ismaelita, jebuseo, jerosolimitano, madianita, nazareno, samaritano, solimitano. ➤ Patriarca, publicano. ➤ REYES magos. ➤ Evangelista, PADRE de la Iglesia, Santos PADRES. ➤ ÁRBOL de la ciencia del bien y del mal, ÁRBOL de la vida, ARCA de la alianza, ARCA del diluvio, ARCA de Noé, ARCA del Testamento, diluvio, maná, nuestros primeros PADRES, paraíso, PARAÍSO terrenal, TABLAS de la Ley, TIERRA prometida [o de Promisión], vellocino. ➤ Davídico, herodiano, preadamita, salomónico. ➤ Dar al CÉSAR lo que es del césar y a DIOS lo que es de Dios. ➤ Asia. *Cristianismo. *Culto. *Jesucristo. *Judío. *Religión.

bíblico, -a adj. De la Biblia.

biblio- Elemento prefijo del gr. «biblíon», libro.

bibliobús m. Biblioteca pública instalada en un autobús.

bibliofilia f. Afición a los libros por cualquiera de sus méritos de contenido o de forma, o por su rareza.

bibliófilo, -a (de «biblio-» y «-filo») **1** n. Aficionado a los *libros raros y valiosos y que se dedica a coleccionarlos y a su estudio. **2** Persona muy aficionada a los libros.

bibliografía (del gr. «bibliographía») **1** f. Descripción de los elementos materiales del *libro. **2** Lista de libros sobre cierta materia, o información acerca de ellos.

bibliográfico, -a adj. De [los] *libros o de [la] bibliografía: 'Producción bibliográfica. Estudios bibliográficos'.

bibliógrafo, -a (del gr. «bibliográphos») n. Persona especializada en bibliografía.

bibliología (de «biblio-» y «-logía») f. Estudio de los *libros en sus diversos aspectos, particularmente el histórico, sin consideración del contenido. ⊙ Estudio histórico de las bibliotecas.

bibliólogo, -a n. Persona que se dedica a la bibliología.

bibliomanía (de «biblio-» y «-manía») f. Pasión exagerada por los *libros, no justificada por interés erudito, literario o científico.

bibliómano, -a adj. y n. Afectado de bibliomanía.

bibliomapa (de «biblio-» y «mapa») m. **Atlas geográfico.*

bibliopola (del gr. «bibliopṓlēs») n. *Librero: vendedor de libros.*

biblioteca (del lat. «bibliothēca», del gr. «bibliothḗkē») **1** f. Conjunto ordenado de un número considerable de libros. ⊙ Mueble en que se colocan. ≃ Librería. ⊙ Local en que se guardan e instalaciones para tenerlos, ordenarlos, servirlos, leerlos, etc. ⇒ Bibliobús, estación, hemeroteca. ➤ GABINETE [o SALA] de lectura. ➤ Fondos. ➤ Catálogo, fichero, índice, REGISTRO de entrada. ➤ Dumio. ➤ Bibliotecario, estacionario. ➤ Bibliotecología, biblioteconomía. **2** Figura frecuentemente en el nombre particular de algunas colecciones de libros: 'Biblioteca de Autores Clásicos'.
V. «RATÓN de biblioteca».

bibliotecario, -a n. Persona encargada de la organización y de diversas tareas técnicas en una biblioteca.

bibliotecología (de «biblioteca» y «-logía») f. Estudio científico de las bibliotecas.

bibliotecológico, -a adj. De [la] bibliotecología.

bibliotecólogo, -a n. Persona que profesa la bibliotecología o es muy versada en ella.

biblioteconomía f. Ciencia de la conservación, arreglo y servicio de las bibliotecas.

bica f. *Cierta especie de *torta hecha sin levadura, propia de Galicia.*

bical (del fr. «bécard», del celtolat. «beccus», pico) m. **Salmón macho.* ≃ Becal.

bicameral (del fr. «bicaméral») adj. Se aplica a la organización o sistema político que se basa en la existencia de dos cámaras legislativas, a diferencia del «unicameral».

bicameralismo m. Sistema parlamentario bicameral.

bicapsular adj. BOT. *Con dos cápsulas.*

bicarbonatado, -a adj. QUÍM. *Se aplica a lo que contiene bicarbonato.*

bicarbonato (de «bi-» y «carbonato») m. QUÍM. Compuesto químico de los llamados «sales», derivado del ácido carbónico. ⊙ Particularmente, BICARBONATO sódico.

BICARBONATO SÓDICO. Sustancia muy usada para calmar el dolor de estómago producido por exceso de ácido en él.

bicariño m. *Variedad de *higo de Tenerife.*

bicéfalo, -a (de «bi-» y el gr. «kephalḗ», cabeza) **1** adj. Con dos cabezas. ⇒ Bicípite. **2** Con dos jefes o dirigentes.

bicentenario m. Segundo centenario del nacimiento o muerte de alguien, o de algún acontecimiento importante. ⊙ Celebración con que se conmemora.

bíceps (del lat. «biceps») adj. y n. m. ANAT. Se aplica a los *músculos que tienen dos inserciones en su origen. ⊙ m. ANAT. Por antonomasia, músculo flexor del brazo. ⊙ Se emplea en frases como «tiene buenos bíceps», para denotar *fuerza física.

bicerra (del lat. «ibex, -ícis») f. Especie de *cabra montés, de color pardo rojizo oscuro con manchas blancas en la frente y barbas, y cuernos levantados y ganchosos.

bicha (del dial. «bicha», del lat. «bestĭa», bestia) **1** (ant. y todavía en Col.) f. *Bicho.* **2** Entre personas supersticiosas, especialmente en Andalucía, se llama así a la *serpiente para evitar pronunciar este nombre o el de «culebra», lo cual se tiene como de mala suerte. **3** Figura de *animal fantástico con la mitad superior de mujer y la inferior de pez u otro animal. Es característica del arte ibérico. ⇒ Sirena.

MENTAR [o NOMBRAR] LA BICHA. **1** Nombrar la serpiente, lo que se considera de mala suerte. **2** Mencionar delante de alguien una cosa que le produce disgusto o malestar.

bicharraco (inf.) m. Bicho de forma rara o desconocido. ⊙ Se aplica como insulto, a veces afectuosamente, por ejemplo a un niño.

biche (Arg., Col., Pan.) adj. *Aplicado especialmente a los frutos, inmaduro.*

bichejo m. Dim. frec. de «bicho».

bichero (del port. «bicheiro», quizá deriv. de «bicho», por servir este utensilio para capturar animales) m. Asta larga con un hierro con punta y gancho en el extremo, que se utiliza en las embarcaciones menores para ayudar a atracar y desatracar y otros usos. ⇒ Arpeo. ➤ Regatón. ➤ Tiquín. ➤ *Pértiga. ➤ *Barco.

bicho (del dial. «bicho», del lat. «bestĭus», bestia) **1** m. Nombre aplicado a cualquier animal pequeño, despectivamente o por no saber cómo llamarlo: 'Dice que no le gusta el campo por los bichos'. ⇒ Alimaña, bicharraco, bichejo, cascarrojas, cojijo, cuco, gusano, gusarapo, musaraña, sabandija. ➤ Descocar. ➤ *Animal. **2** (inf.) Cualquier animal: 'Tiene en su casa perros, gatos y toda clase de bichos'. **3** (desp.; n. calif.) Persona malvada. ≃ Mal BICHO. **4** (desp.; n. calif.) Se aplica a una persona muy fea. **5** (inf.; n. calif.) Se aplica al niño inquieto y revoltoso. ⇒ *Travieso.

BICHO MALO NUNCA MUERE. Frase usada, generalmente en tono jocoso, con referencia a alguna persona a la que se considera maligna. ≃ Mala HIERBA nunca muere.

BICHO RARO. **1** Persona rara. **2** *Persona fea.*

CUALQUIER [o TODO] BICHO VIVIENTE (inf.). Cualquier ser viviente. ⊙ Toda la *gente: 'Eso le ocurre a todo [o cualquier] bicho viviente'.

MAL BICHO. Persona *maligna.

bichoco, -a (de or. gall. o leon., de «bicho»; Arg., Chi., Ur.; «Estar») adj. *Se aplica al caballo que, por debilidad o vejez, no puede apenas moverse.* ⊙ (Arg., Chi., Ur.; «Estar») *Por extensión, se aplica también a las personas muy viejas, *decrépitas o *endebles.*

bichofear tr. *Silbar a ˋalguien para mostrarle desaprobación.* ⇒ *Rechazar.

bichozno (de «bi-» y «chozno») m. *Con respecto a una persona, quinto nieto, o sea hijo de un cuadrinieto suyo.*

bici f. Apóc. de «bicicleta».

bicicleta f. Vehículo de dos ruedas al que hace avanzar el que va montado en él moviendo una de las ruedas mediante unos pedales, un piñón y una cadena de transmisión: 'Bicicleta de carreras [o de montaña]'. ⇒ Bici, biciclo, monociclo, motocicleta, motociclo, tándem, triciclo, velocípedo, velomotor. ➤ BICICLETA de montaña, mountain bike. ➤ Barra, cadena, cámara, cuadro, cubierta, cubrecadena, guía, horquilla, manillar, pedal, piñón, sillón, válvula. ➤ Desarrollo, PIÑÓN fijo, PIÑÓN libre, plato. ➤ Bombín. ➤ Ciclismo, ciclocross, cicloturismo. ➤ Ciclista, contrarrelojista, doméstico, escalador, esprínter, gregario, lanzador, rodador. ➤ Pelotón. ➤ *Carrera, contrarreloj, ronda, vuelta. ➤ Escapada, esprint. ➤ Demarrar, esprintar, llanear, pedalear. ➤ Chupar RUEDA. ➤ Pájara. ➤ Velódromo.

biciclo (de «bi-» y el lat. «cyclus», rueda) m. *Bicicleta.*

bicipital adj. *Del bíceps.*

bicípite (del lat. «biceps, bicipĭtis»; culto) n. *De dos *cabezas.* ≃ Bicéfalo.

bicoca (del it. «bicocca») **1** (ant.) f. *Fortificación pequeña.* **2** *Pequeñez.* **3** Ganga o *prebenda.

bicolor (del lat. «bicŏlor, -ōris») adj. De dos colores.

bicóncavo, -a (de «bi-» y «cóncavo») adj. Se aplica a un cuerpo, especialmente una *lente, que es cóncavo por sus dos caras.

biconvexo, -a (de «bi-» y «convexo») adj. Se aplica al cuerpo, especialmente a la lente, convexo por sus dos caras.

bicoquete (del fr. «bicoquet») m. *Gorro con dos puntas que cubren las orejas.* ≃ Becoquín, bicoquín, camauro, papalina.

bicoquín m. Bicoquete.

bicorne (del lat. «bicornis»; culto) adj. *De dos cuernos o dos puntas.*

bicornio (de «bicorne») m. Sombrero de dos picos.

bicos (del célt. «beccus», pico) m. pl. *Bordado o encaje de oro, que se ponía en los *bonetes de terciopelo que usaban antiguamente los hombres.*

bicromía (de «bi-» y el gr. «chrôma», color) f. AGRÁF. Impresión o grabado en dos colores.

bicuadrado, -a (de «bi-» y «cuadrado») adj. MAT. *Se aplica a la cantidad que es la cuarta potencia de otra.*

bicuento (de «bi-» y «cuento») m. *Billón.*

bicúspide adj. ZOOL. *Con dos cúspides. Se aplica a los dientes premolares de algunos mamíferos.*

bidé m. Forma castellanizada de «bidet».

bidentado, -a adj. BOT. Se aplica a la *hoja que tiene dos salientes dentados en el borde.

bidente (del lat. «bidens, -entis»; culto) **1** adj. *De dos *dientes.* ⊙ m. *Se aplica, por ejemplo, a la azada de dos dientes, y a un arma usada por los primitivos españoles que consistía en un palo largo con una cuchilla en forma de media luna en el extremo.* **2** (ant.) **Carnero (animal).* **3** (ant.) **Oveja (animal).*

bidet (del fr. «bidet», caballito; pronunc. [bidé]) m. Recipiente de aseo, adecuado para sentarse sobre él y lavarse las partes inferiores del cuerpo.

bidimensional adj. Que tiene dos dimensiones: la altura y la anchura.

bidma (del lat. «epithĕma», del gr. «epíthema»; ant.) f. *Bizma.*

bidón (del fr. «bidon») **1** m. *Recipiente de distintas formas y tamaños, para contener líquidos, gases, etc.; los hay cilíndricos, de gran tamaño y completamente cerrados hasta que se va a usar el contenido, o prismáticos y con una o dos bocas pequeñas. **2** (Chi.) **Bombona (recipiente para líquidos o gases a presión).* **3** *Antiguo *proyectil hueco, cilíndrico.*

biela (del fr. «bielle») f. Pieza de una *máquina que enlaza otras dos sujetas a un movimiento rotatorio o rectilíneo de vaivén; generalmente, sirve ella misma para transformar uno de estos movimientos en el otro.

bielda 1 f. *Utensilio agrícola semejante al bieldo pero con unos travesaños que forman enrejado con las seis o siete puntas que lo constituyen.* **2** *Acción de beldar.*

bieldar tr. **Aventar con el bieldo la ↘mies trillada.* ≃ Albeldar, beldar.

bieldo (de «beldar») **1** m. Utensilio a modo de tenedor constituido por varios dientes insertos en una pieza a la que va unido un mango largo, o bien por una rama bifurcada en cuatro o más dientes, que se emplea para diversas operaciones agrícolas; por ejemplo, para aventar o para izar y cargar los haces de mies. ⇒ Aventador, aviento, bielda, bielga, bielgo, cargador, escarpidor, forqueta, gario, horca, horcón, mielga, sacadera, sarde, tarara, tornadera, trente, tridente, volvedera. ➤ Gajo. ➤ Yaití. ➤ Aventar, bieldar, enhorcar. ➤ *Rastrillo. *Tenedor. **2** *Bielda (utensilio).*

bielga (del lat. «merga», horca, con influencia de «bieldo»; And.) f. **Bieldo grande.*

bielgo m. **Bieldo.*

bielorruso, -a adj. y, aplicado a personas, también n. De Bielorrusia, estado del este de Europa. ⊙ m. Idioma hablado en este país.

bien (comp. «mejor») **1** m. Cosa buena, favorable o conveniente: 'Fue un bien que el tren llegara con retraso. Para ella es un bien tener todo el día ocupado'. **2** («El») Bienestar o felicidad: 'Dedicó su vida al bien de la humanidad. Los padres desean el bien de sus hijos'. Se usa mucho en lenguaje corriente en la expresión «por mi [tu, etc.] bien»: 'Te lo advierto por tu bien'. **3** («El») Entidad abstracta formada por todo lo que es moralmente bueno. Puede tomarse como indivisible o partitivamente: 'La lucha del bien y el mal sobre la tierra. Hacer el bien' o 'hacer bien'. **4** (pl.) Conjunto de todo lo que posee una persona en fincas, dinero, etc.: 'Ha dejado todos sus bienes para obras de beneficencia'. **5** Calificación académica entre suficiente y notable. **6** adv. Se aplica a un verbo para significar que la acción se realiza como conviene o se debe hacer: 'Portarse bien. Dormir bien. Conducir bien el coche. Los negocios le van bien. Salir bien en los exámenes'. ⊙ Forma muchas veces palabras uniéndose con participios: 'Bienhablado'. ⊙ Con buena salud o con aspecto de tenerla: 'Le encuentro a usted muy bien'. ⊙ Con «pasarlo, pasar el rato» o expresión equivalente, agradablemente o *divertido: 'En la playa lo pasan muy bien los niños'. **7** Con un adjetivo o un adverbio equivale a «muy»: 'Me tomaré un café bien caliente. Nos levantaremos bien temprano'. ⊙ A veces, tiene sentido semejante, de ponderación o de insistencia, acompañando a verbos: 'Bien me has fastidiado. Repíteselo bien. Bien se conoce que no es tuyo'. **8** Muy frecuentemente, además de ser ponderativo, comunica a la frase un tono de protesta o de reconvención para alguien por hacer o no hacer o decir, bien lo que la misma frase expresa, bien otra cosa que está en la mente del que habla: 'Bien podías haberme avisado. Bien viene a verme cuando me necesita. Bien puedes permitirte ese lujo. Cógelo tú, que bien cerca lo tienes. Bien bueno está (a pesar de que tú lo desprecias)'. Cuando la ponderación se refiere a un nombre, en vez de a un verbo o adjetivo, se adjunta a «bien», «de»: 'Bien de veces le he advertido. Bien de dinero gasta en otras cosas menos necesarias'. ≃ Ya. ⇒ Bueno, en función semejante. ⊙ Generalmente precedido de «muy» se emplea también para formar expresiones de cálculo aproximado que tienen también sentido ponderativo: 'Pueden muy bien caber 200 litros en este depósito'. **9** Se emplea, solo o precedido de «está», en vez de «bueno» o «sí» para expresar un asentimiento débil o forzado: '¿Quieres que demos un paseo? —Bien...'. Equivale también a «bueno» para darse por enterado de un encargo u orden que se recibe: 'Ven puntual esta tarde. —Bien'. **10** Repetido, hace de conjunción distributiva: 'Irá acompañado, bien por mí, bien por mi hermano'. **11** (invariable) adj. De buena posición social: 'Le gusta codearse con la gente bien'.

BIENES ANTIFERNALES. *Los que daba el marido a la mujer en compensación de la dote.* ⇒ *Matrimonio.

B. COMUNALES [O CONCEJILES]. Los que pertenecen a un *ayuntamiento y son de aprovechamiento común para todos los vecinos. ≃ BIENES [de] propios.

B. DE CONSUMO. Los que se producen para satisfacer inmediatamente la demanda de los consumidores.

B. DE EQUIPO. Los que sirven para abastecer a la industria, tales como las máquinas, las herramientas, etc.

B. DE FORTUNA. Bienes (riqueza).

B. GANANCIALES. Los adquiridos durante el *matrimonio, que pertenecen por igual a los dos cónyuges.

B. INMUEBLES. Los que están en un lugar del que no se pueden mover; como fincas y casas. ≃ BIENES raíces, BIENES sedientes.

B. MOSTRENCOS. Los que no tienen dueño conocido.

B. MUEBLES. Los que pueden ser trasladados.

B. [DE] PROPIOS. BIENES comunales.

B. RAÍCES. BIENES inmuebles.

B. SEDIENTES. *BIENES inmuebles.*

B. SEMOVIENTES. Los consistentes en ganado y cualquier clase de animales.

A BIEN («Estar, Poner»). Referido a personas, en buena *amistad o *armonía.

V. «ANTES bien; AÑO de nieves, año de bienes; ÁRBOL de la ciencia del bien y del mal, AYUDAR a bien morir».

¡BIEN! Con distintas entonaciones, expresa: **1** Asentimiento o aprobación. **2** *Extrañeza o sorpresa. **3** *Fastidio o *disgusto por algún contratiempo o cualquier cosa que se encuentra molesta o impertinente. **4** Actitud de *ceder o *acceder forzadamente a algo.

BIEN... [o] BIEN... Conjunción *distributiva: 'Díselo bien a mi hermano, [o] bien a mi hermana'.

BIEN DE. *Mucho: 'Bien de dinero le has dado a ganar'.

¡BIEN ESTÁ! Exclamación de asentimiento o aprobación.

¡BIEN ESTÁ...! Exclamación con que alguien muestra que renuncia a contestar a una cosa que le *fastidia.

¡BIEN POR...! Exclamación con que se *aprueba cierta cosa o a cierta persona que se expresa: '¡Bien por la cocinera!'.

BIEN QUE. **1** *Aunque. ⇒ Apénd. II, EXPRESIONES CONCESIVAS. **2** Bien es VERDAD que. ⇒ *Atenuar (expresiones atenuativas).

DE BIEN. Aplicado a «hombre, gente», etc., *honrado y digno de *estimación.

ESO ESTÁ [MUY] BIEN. Expresión de *complacencia con algo que ocurre: 'Llevamos muy adelantado el trabajo. —Eso está [muy] bien'.

ESTÁ BIEN. **1** Expresa conformidad o asentimiento a lo dicho o hecho por otro. **2** Expresa que queda uno *enterado de algo que se le dice o encarga: 'No vengas mañana. —Está bien'.

¡ESTÁ BIEN...! Exclamación del que se somete o *resigna a la insistencia o pesadez de otro: '¡Está bien, hombre!, lo haremos como tú quieras'.

¡ESTÁ MUY BIEN! Exclamación de clara *complacencia con una cosa.

¡ESTAMOS BIEN! Exclamación de *disgusto por algo que ocurre. ≃ ¡Pues [sí que] estamos BIEN!

ESTAR A BIEN. V. «a bien».

ESTAR BIEN. **1** Estar a gusto, bien tratado, en buenas condiciones, etc., en algún sitio. **2** Estar en buena *posición económica: 'Su familia está bien y puede ayudarle'. **3** Tener buena *salud. **4** Ser una cosa suficiente o *adecuada para el fin a que se destina: 'Este trozo de madera está bien para calzar la mesa'. **5** (inf.) Expresión de aprobación que se aplica lo mismo a la belleza de alguien o algo que al mérito literario, a la gracia de un chiste, etc.: 'Una chica que está muy bien. Esa película está muy bien. He leído una historieta que está muy bien'. **6** Con una oración de infinitivo o con «que» en función de sujeto, tiene los mismos significados que «bueno» con el verbo «ser» en la misma forma: 'Está bien tener amigos en todas partes [o que los jóvenes tengan inquietudes]'.

ESTAR BIEN a alguien un vestido o adorno. *Sentarle bien por estar ajustado a su medida o por favorecerle.

ESTAR BIEN [EMPLEADA] a alguien una cosa desagradable o perjudicial. *Merecerla.

ESTAR [MUY] BIEN con alguien. Estar en buena *amistad: 'Está muy bien con el jefe'.

ESTAR BIEN DE cierta cosa. Estar bien provisto de ella: 'Por ahora estoy bien de camisas'. ⊙ Ser buena o satisfactoria cierta cosa que se tiene: 'Ahora estoy muy bien de secretaria'.

ESTARÍA BIEN [QUE]. Expresión con que se manifiesta que cierta cosa se encuentra *absurda o *inadmisible: 'Estaría bien que, habiendo traído nosotros el coche, tuviéramos que ir a pie'.

¡ESTARÍA [o ESTARÍAMOS] BIEN! (muy frec. va precedida de «pues» o «pues sí que») Expresión con que se apoya la *oposición a cierta cosa o la desaprobación de algo.

V. «GENTE de bien, bien HAYA, ¡bien HECHO!».

HACER [EL] BIEN. *Beneficiar o ayudar al prójimo.

V. «bien HALLADO».

HAZ BIEN Y NO MIRES A QUIÉN. Sentencia de sentido claro.

V. «HOMBRE [u HOMBRÍA] de bien, IR bien, IRLE bien a alguien, bien LIBRADO, LLEVARSE bien».

MÁS BIEN (no se usa esta expresión como comparativa; el comparativo de «bien» es «mejor»). Expresión *correctiva o *adversativa: 'Di más bien que no te gusta hacerlo. No estoy enfadada, más bien triste'.

MERECER BIEN DE alguien. Ser acreedor al agradecimiento de alguien que se expresa: 'Mereció bien de la patria'.

V. «si bien se MIRA, bien MIRADO, MIRÁNDOLO bien ».

MUY BIEN. Indica en un cálculo aproximado que no hay exageración en el cálculo: 'Aquí caben muy bien diez mil personas. Muy bien habría 30 Km hasta el pueblo'.

¡MUY BIEN! Exclamación enérgica de asentimiento o aprobación.

NO BIEN. Apenas; en seguida que: 'No bien salió, empezó a llover'.

NO ESTAR BIEN una cosa. **1** Ser *inadecuada o impropia para el objeto que se pretende. **2** Ser *inconveniente socialmente: 'No está bien ir así por la calle'.

NO HAY BIEN NI MAL QUE CIEN AÑOS DURE. Expresión con que se llama la atención sobre el hecho de que no hay nada eterno. ⇒ *Alternar, inconstancia.

V. «no PARAR en bien, PARECER bien, bien PENSADO, PENSÁNDOLO bien, si bien se PIENSA».

PONER A BIEN. V. «a bien».

POR BIEN (inf.). *Con buena *intención:* 'Yo lo hago por bien; ya veremos lo que resulta'.

¡PUES [SÍ QUE] ESTAMOS BIEN! V. «estamos BIEN».

¡PUES [SÍ QUE] ESTARÍA [o ESTARÍAMOS] BIEN! V. «estaría [o estaríamos] BIEN».

¡QUÉ BIEN! Exclamación frecuentísima de *satisfacción o *complacencia. ⊙ Se usa mucho en sentido irónico.

¡QUÉ BIEN SI! Exclamación de *deseo: '¡Que bien si no lloviera mañana!'.

V. «QUERER bien».

SI BIEN [ES CIERTO QUE]. Expresiones *concesivas, equivalentes a «aunque»: 'Si bien no es todo lo que esperaba, me doy por contento'. «Si bien» tiene otras veces más bien sentido *adversativo, equivaliendo a «pero»: 'Lo haré, si bien consignando mi protesta'.

TENER A BIEN. Dignarse. Se emplea en lenguaje muy comedido o en solicitudes o comunicaciones oficiales, para *rogar: 'Le ruego tenga a bien pasar por esta oficina el día indicado'.

V. «VENIR bien, bien es VERDAD que».

Y BIEN. **1** (entre interrogaciones) Se utiliza para pedir al interlocutor más explicaciones, alguna justificación, etc., sobre lo que acaba de decir. **2** *Sirve para introducir una pregunta que se hace como consecuencia de algo que se está oyendo o diciendo.*

□ CATÁLOGO

I Acervo, ahorros, algo, alodio, arraigo, bolsa, bolsillo, bona, cabal, capa, capital, casa, caudal, conveniencias, costilla, cuartos, *dinero, efectos, entradas, erario, facultades, *fincas, *fisco, fondos, fortuna, gato, haber, hacienda, heredades, herencia, ingresos, intereses, manso, medios, patrimonio, peculio, pegujal, pegujar, pertenencia[s], pobreza, posesiones, posibilidades, posibles, posición, predio, propiedades, recursos, riqueza, sustancia, tesoro, tierras, trapillo. ➤ Acrecencia, adventajas, anexidades, aportación, aporte, CAUDAL relicto, conexidades, dote, expolio. ➤ Alodial, indivisible, inmobiliario, inmueble, mobiliario, mueble, patrimonial, principal, relictos, saneado. ➤ Comunidad, femineidad, indivisión. ➤ Administrar, *derrochar, desamortizar, desparramar, disipar, disponer, *embargar, espiritualizar, malgastar. ➤ Ceribón, cesión, donación. ➤ Descripción, *inventario, recuento. ➤ TENER algo que perder. ➤ *Capitalismo. ➤ Economía. ➤ *Fisco. ➤ El OJO del amo engorda al caballo. ➤ *Dinero. *Propiedad. *Renta. *Rico.

II Admirablemente, en su ambiente, como los ángeles, asombrosamente, de aúpa, bárbaramente, ben, de bigote, a pedir de BOCA, bravamente, de chipén, en el cielo, colosalmente, a conciencia, conseguido, convenientemente, correctamente, correcto, como corresponde, debidamente, como es *debido, de chuparse los DEDOS, a derechas, como Dios, divinamente, encantado, espléndidamente, estupendamente, excelentemente, extraordinariamente, fantásticamente, fenomenalmente, como un gerifalte, en la gloria, en grande, guapamente, a gusto, bien HECHO, logrado, *magníficamente, a maravilla, a las mil MARAVILLAS, maravillosamente, en su medio, al pelo, a la perfección, perfectamente, perfecto, de perillas, de perlas, como el PEZ en el agua, de primera, prodigiosamente, en punto, en buen PUNTO, en su punto, de rechupete, reglamentariamente, requetebién, tan [o muy] ricamente, como las propias ROSAS, en su propia SALSA, a [mi, tu, etc.] satisfacción, soberbiamente, superiormente. ➤ Sin PENA ni gloria. ➤ *Mal. ➤ *Bueno.

bienal (del lat. «biennālis») **1** adj. Se aplica a lo que sucede cada dos *años o dura dos años. ⊙ *Se aplica a las *plantas que viven dos años floreciendo en el segundo.* **2** f. Acontecimiento artístico o cultural que tiene lugar cada dos años: 'La Bienal de Venecia'.

bienalmente adv. Cada dos años.

bienandancia (ant.) f. *Bienandanza.*

bienandante adj. **Afortunado.*

bienandanza f., gralm. pl. **Suceso afortunado.*

bienaventurado, -a **1** adj. Afortunado, dichoso: 'Bienaventurado el que logra la paz de espíritu'. **2** adj. y n. Se aplica a los que disfrutan de la gloria o *cielo. ⇒ Comprensor, CUERPO glorioso, justo. ➤ Agilidad, claridad, impasibilidad, sutileza. ➤ Beatitud, bienaventuranza, salvación, SENO de Abraham, VIDA eterna. ➤ Resurrección. ➤ *Cielo. **3** (n. calif.) n. *Persona *buena y sin picardía.* ≃ Bendito, bonachón, buenazo.

V. «MANSIÓN de los bienaventurados».

bienaventuranza 1 f. Disfrute del *cielo. **2** (gralm. pl.) Según el catecismo, cada uno de los ocho motivos para ser considerado bienaventurado que expuso Jesucristo.

bienaventurar (de «bien» y «aventura»; ant.) tr. *Hacer a ↘alguien bienaventurado.*

bienestar 1 («Experimentar, Sentir; Dar, Proporcionar») m. Estado del que está bien, sin padecimiento, con salud, energías, etc.: 'Es difícil conseguir un bienestar completo'. ⊙ Estado pasajero en que uno se encuentra bien y a gusto: 'El calmante le proporciona bienestar al enfermo durante un rato. El bienestar que se siente en una noche fresca de verano'. ⇒ *Alegría, ALEGRÍA de vivir, beatitud, euforia, *felicidad, *placer, *placidez, *satisfacción, sosiego, *tranquilidad. ➤ Estar como QUIERE. **2** Buena *posición económica. ⇒ DESAHOGO económico, holgura, buena POSICIÓN, prosperidad, riqueza. ➤ En PINGANITOS, en la SABANA. ➤ *Acomodado. *Rico.

bienfacer (de «bien» y «facer»; ant.) m. *Beneficio.*

bienfamado, -a (ant.) adj. *De buena fama.*

bienfecho (de «bienfacer»; ant.) m. *Beneficio.*

bienfechor, -a (ant.) adj. y n. *Bienhechor.*

bienfechoría (de «bien» y «fechoría»; ant.) f. *Beneficencia.*

bienfetría (de «benefactoría»; ant.) f. *Behetría.*

bienfortunado, -a adj. *Afortunado.*

biengranada (de «bien» y «granada»; *Chenopodium botrys)* f. *Planta quenopodiácea aromática que se ha usado como remedio contra los vómitos de sangre.

bienhablado, -a adj. y n. Se aplica al que habla con corrección o con finura. ⊙ Particularmente, por oposición a «malhablado», al que no dice palabras soeces.

bienhadado, -a (de «bien» y «hadado», de «hado») adj. **Afortunado.* ⇒ Malhadado.

bienhallado, -a adj. Fórmula de cortesía con que se contesta a la de «bienvenido».

bienhechor, -a (del lat. «benefactor, -ōris») adj. y n. Con respecto a alguien, persona que le protege o le ayuda en la vida. ≃ Benefactor, protector. ⇒ Bienfechor.

bienintencionadamente adv. Con buena intención.

bienintencionado, -a adj. Se aplica al que obra con buena *intención o con deseo de hacer las cosas bien o hacer bien a otros.

bienio (del lat. «biennĭum»; pronunc. [bi-énio]) **1** m. Periodo de dos *años. **2** Aumento salarial por cada dos años de servicio.

bienmandado, -a adj. Aplicado casi exclusivamente a niños, obediente.

bienmesabe m. *Dulce de clara de huevo y almíbar con el que se hacen los *merengues.*

bienoliente adj. **Aromático.*

bienquerencia f. *Cariño o buena voluntad hacia alguien.*

bienquerer 1 tr. **Estimar.* **2** m. *Bienquerencia.*

☐ CONJUG. como «querer».

bienqueriente o **bienquiriente** adj. y n. *Se aplica al que bienquiere.*

bienquistar (de «bien» y «quisto», participio antiguo de «querer») **1** («con») tr. Contribuir a que ↘alguien sea bienquisto de otro o en alguna parte: 'Eso contribuyó a bienquistarle con sus compañeros'. ≃ *Congraciar. ⇒ *Acordar. **2** («con») prnl. *Congraciarse.

bienquisto, -a («con, de, por») Participio irregular de «bienquerer», usado sólo como adjetivo: 'Es bienquisto de todo el mundo'. ⇒ Malquisto.

biensonante adj. *De *sonido agradable.*

bienteveo (de «bien», «te» y «veo») **1** m. *Candelecho (choza alta para vigilar la viña).* ⇒ *Barbacoa. **2** (Arg., Ur.; *Pitangus sulphuratus) Pájaro de lomo pardo, con el pecho y la cola amarillos.*

bienvenida f. Llegada feliz a un sitio. Se usa solamente en las expresiones «dar la bienvenida, saludo de bienvenida», etc., que se refieren al saludo con que se expresa a alguien complacencia por su llegada a un sitio o deseo de que sea venturosa para él su estancia.

bienvenido, -a 1 («Ser») adj. Recibido con complacencia, llegado en momento oportuno o llegado con buena suerte a un sitio. **2** La misma palabra, en tono exclamativo, sirve como fórmula de cortesía con que se saluda a alguien que acaba de llegar.

bienvista (de «bien» y «vista»; ant.) f. *Juicio prudente.*

bienvivir 1 intr. *Vivir con holgura.* **2** *Vivir honestamente.*

bienza (Ar.) f. *Binza.*

bierva (del lat. «priva», privada; Ast.) f. **Vaca a la que se le ha quitado o que ha perdido su cría y sigue dando leche.*

bierzo (de «El Bierzo», región de la provincia de León) m. *Cierto *lienzo que se hacía en el Bierzo.*

bies (del fr. «biais», sesgo) m. Tira de tela cortada al bies, que se emplea, por ejemplo, para ribetear.

AL BIES. Aplicado a la manera de estar colocada o cortada una cosa, oblicuamente. ≃ *Sesgado. ⇒ Bisel.

bifásico, -a adj. Se aplica a los sistemas eléctricos de corriente alterna que emplean dos fases, cuyos voltajes están desplazados entre sí 90º eléctricos.

bife (del ingl. «beef», carne de vaca) **1** (Arg., Chi., Ur.) m. **Bistec.* **2** (Arg., Perú, Ur.) *Guantada, sopapo.*

bífero, -a (del lat. «bifĕrus») adj. BOT. *Se aplica a la *planta que fructifica dos veces en el año.*

bífido, -a (del lat. «bifĭdus», partido en dos; cient.) adj. Dividido en dos partes: 'Lengua bífida. Aguijón bífido'. ⊙ BOT. *Se aplica al órgano dividido en dos porciones que no llegan a la mitad de su longitud total.*

bifilar adj. Que tiene dos hilos: 'Un cable bifilar'.

bifloro, -a (de «bi-» y el lat. «flos, flōris») adj. BOT. *Con dos *flores.*

bifocal adj. Con dos focos. ⊙ ÓPT. Se aplica, en particular, a las lentes y, sobre todo, a los cristales correctores de las gafas que tienen una parte para ver bien de lejos y otra para ver bien de cerca.

bifronte (del lat. «bifrons, -ontis»; culto) adj. *De dos frentes o dos *caras.*

bifstec o **biftec** m. *Variantes de «bistec».*

bifurcación (del lat. «bifurcatĭo, -ōnis») **1** f. Acción y efecto de bifurcarse. **2** Punto en que se bifurca una cosa: 'Hay una caseta en la bifurcación de la vía'. **3** MINER. *Enlace entre dos vías por el que pueden las vagonetas pasar de una a otra.*

bifurcado, -a Participio adjetivo de «bifurcarse». ⊙ De forma de horquilla.

bifurcarse (del lat. «bifurcus», ahorquillado) prnl. *Dividirse una cosa en dos ramales, brazos o puntas; como un camino, una rama o un río. ⇒ Bifurcación, derivación, derrame, despartidero. ➤ *Horquilla.

biga (del lat. «biga») **1** f. **Carruaje griego o romano tirado por dos *caballos.* **2** (lit.) *Tronco de caballos que tira de la biga.*

bigamia f. Estado de bígamo. ⊙ *Delito consistente en ello.

bígamo, -a (del b. lat. «bigămus») adj. y n. Se aplica al que está casado a la vez con dos personas.

bigarda (de «billarda», con influencia de «bigardo», por considerarse de holgazanes este juego; León) f. **Tala (juego).* ≃ Billalda, billarda.

bigardear intr. *Vagar sin ocupación.

bigardía f. **Burla o *engaño.*

bigardo, -a (de «begardo») **1** adj. y n. *Se aplicaba al *fraile licencioso.* **2** *Se aplica a la persona viciosa y *holgazana.* **3** **Granuja.* **4** (inf.; n. calif.) m. Persona muy corpulenta.

bígaro (*Littorina littorea* y otras especies del mismo género) m. *Molusco gasterópodo de concha blanquecina de forma de *caracol, que abunda en la costa cantábrica. ≃ Bigarro.

bigarrado, -a adj. *Abigarrado.*

bigarro m. *Bígaro.*

bigato (del lat. «bigātus») m. **Moneda *romana de plata que tiene en el reverso una biga.*

big bang (ingl.) m. Explosión que dio origen al universo, según algunas teorías.

bigenérico, -a adj. Biol. *Se aplica a los híbridos procedentes del cruce de dos especies distintas.*

bignonia (de «Bignon», bibliotecario de Luis XIV a quien fue dedicada esta planta; género *Bignonia*) f. Nombre de varias especies de *plantas bignoniáceas, trepadoras con zarcillos. Muchas son cultivadas como ornamentales, como la *Bignonia capreolata*, de flores en forma de embudo y color naranja rojizo.

bignoniáceo, -a adj. y n. f. Bot. *Se aplica a las *plantas de la familia de la bignonia y de la jacaranda, que son árboles, arbustos o lianas, esencialmente americanas y tropicales, a menudo usadas con fines ornamentales.* ⊙ f. pl. Bot. *Esa familia.*

bigornia (del lat. «bicornĭa», de «bicornis», de dos cuernos) f. *Yunque con dos puntas.

bigornio (de «bigornia») m. *Extremo puntiagudo del yunque.* ⊙ *Vástago de forma parecida a la de ese extremo, inserto en la oquedad del yunque.*

bigorrella f. **Piedra grande que se emplea para calar las collas (ciertas redes de pescar).* ⇒ *Ancla.

bigorro (Sal.) m. *Chico que sirve a los *jornaleros.*

bigote (del al. «bî Got», pronunciación en la Edad Media de la frase «by God», por Dios; se explicaría por haberse introducido la moda del bigote en Francia por los normandos, que prodigarían esa frase por sus relaciones con los ingleses) **1** (sing., o menos frec., pl.) m. Conjunto de los pelos que crecen sobre el labio superior. ⇒ Bozo, guía, mostacho. ➤ Bigotudo. ➤ *Barba. **2** AGráf. *Adorno consistente en una línea horizontal más gruesa por el centro que por los extremos.* **3** Metal. *Abertura semicircular por donde sale la escoria en los hornos de cuba.* ⊙ (pl.) Metal. *Llamas que salen por esa abertura.* **4** (pl.) Metal. *Infiltración de metal en las grietas del horno.*

De bigote[s]. **1** (inf.) Muy bien. **2** (inf.) Muy intenso: 'Un frío de bigotes'.

Menear [o mover] el bigote (inf.). Comer: 'Se pasa el día meneando el bigote'.

bigotera **1** f. *Utensilio con que se sujeta el bigote para darle la forma deseada.* **2** *Señal que queda en el labio superior después de haber *bebido.* ≃ Bocera. **3** *Compás pequeño de precisión que se gradúa con un tornillo. **4** *Cierto *adorno de *cintas que llevaban las mujeres en el pecho.* **5** *Puntera del *calzado.* **6** **Asiento colocado en las berlinas enfrente de la testera, que podía replegarse en la caja.* **7** (Mur.) *Suplemento que se pone a veces enganchado a las galeras o *tartanas.*

bigotudo, -a **1** (n. calif.) adj. y n. Se aplica al que tiene mucho bigote. **2** m. Pájaro de color pardo rojizo por la parte superior, con una mancha negra a modo de bigote en el pico del macho. Habita en zonas húmedas.

bigudí (del fr. «bigoudi») m. Utensilio, por ejemplo una tirita de plomo, en que se arrolla el pelo dejándolo así por cierto tiempo, para que se *rice. ≃ Rizador.

bija (del caribe «bija», rojo) **1** (*Bixa orellana*) f. Árbol bixáceo de América tropical, de flores rojas olorosas; del fruto se obtiene un jugo rojizo utilizado como colorante de alimentos y para la preparación de lacas y barnices. En algunas regiones de América las semillas se emplean como medicinales. ≃ Achiote, achiotero, achote, onoto, urucú. ⇒ Chirulio. ➤ *Planta. **2** Fruto de este árbol. **3** Semilla del mismo. **4** *Pasta *tintórea que se hace con esa semilla.* ⇒ Embijar. **5** *Pasta hecha con esta sustancia que usaban los indios americanos para pintarse.*

bijao (del taíno «bihao»; Hispam.; *Heliconia bihai*) m. **Planta heliconiácea tropical de hojas parecidas a las del plátano, empleadas para fabricar techumbres.*

bijol (de «bija») m. *Polvo obtenido triturando los granos de la bija, empleado como sustitutivo del azafrán.*

bikini (de «Bikini», atolón de las islas Marshall) m. Variante ortográfica de «biquini».

bilabiado, -a adj. Bot. *Se aplica al *cáliz o la *corola que está dividido en dos partes que se juntan como dos labios.*

bilabial (de «bi-» y «labio») adj. y n. f. Fon. Se aplica al sonido que se articula cerrando momentáneamente los dos labios: «m, p, b».

bilao m. **Bandeja tejida en Filipinas con tiras de caña.*

bilateral (de «bi-» y «lateral») adj. Se aplica al contrato, acuerdo, relación, etc., que afecta a dos partes. ⇒ Sinalagmático.

bilbaíno, -a adj. y, aplicado a personas, también n. De Bilbao. ⇒ Chimbo.

bilbilitano, -a adj. y, aplicado a personas, también n. *De Bílbilis, ciudad romana emplazada cerca de lo que hoy es Calatayud.* ⊙ *De Calatayud.*

bilboquete m. **Boliche (juego).*

biliar adj. Med. De [la] bilis.

V. «Cólico biliar, vesícula biliar».

biliario, -a adj. *Biliar.*

bilimbí o **bilimbín** (*Averrhoa bilimbi*) m. Árbol oxalidáceo tropical, ornamental y de fruto comestible.

bilingüe (del lat. «bilinguis») adj. En dos idiomas: 'Diccionario bilingüe' ⊙ De dos idiomas: 'Comarca bilingüe'. ⊙ Se aplica al que habla con igual facilidad dos idiomas.

bilingüismo m. Cualidad de bilingüe. ⊙ Circunstancia o fenómeno de ser bilingüe un país.

bilioso, -a (del lat. «biliōsus») **1** adj. Med. *Se aplica al que tiene exceso de bilis.* ⊙ Se aplica a uno de los *tipos psicosomáticos caracterizado por su irritabilidad. **2** *Malhumorado o *enconoso. ≃ Atrabiliario.

bilirrubina f. Pigmento biliar de color rojo.

bilis (del lat. «bilis») **1** f. Sustancia de color amarillo verdoso y sabor amargo que *segrega el hígado y colabora en la digestión. ⇒ Otra raíz, «col-»: 'acolia, colagogo, colecistitis, colédoco, colemia, cólera, colesterol, colihemia, colina'. ➤ Hiel. ➤ Ahelear, enhielar, helear, rehelear. ➤ VEJIGA de la bilis, VESÍCULA biliar. ➤ Aliaca [o aliacán], atericia, atrabilis, ictericia, jaldía, MORBO regio, tiricia. ➤ Biliar, bilioso. ➤ Atrabiliario. ➤ *Hígado. **2** Se emplea como signo de mal humor, mal carácter o inclinación a ver con antipatía las cosas o a las personas.

TRAGAR BILIS. Contener alguien la irritación que le provoca algo.

bilítero, -a (de «bi-» y el lat. «littĕra», letra) adj. *De dos letras.*

billa (del fr. «bille», del sup. célt. «bilion», taco) f. *Jugada del juego de billar que consiste en hacer que entre una bola en la tronera después de chocar con otra.*

BILLA LIMPIA. *Aquella en que la bola que entra en la tronera es la del jugador.* ≃ Pérdida.

B. SUCIA. *Aquella en que la bola que entra por la tronera no es la del jugador.*

billalda f. **Tala (juego).* ≃ Billarda.

billar (del fr. «billard») m. *Juego que consiste en impulsar con la punta de un palo unas bolas de marfil sobre una mesa forrada de paño y rodeada de un reborde, procurando hacer chocar la bola impulsada con otra u otras de otros jugadores.

BILLAR ROMANO. *Juego de salón que consiste en dejar caer unas bolitas por un tablero guarnecido de puntas, ganando el jugador que obtiene más puntos según donde caigan las bolas.* ≃ Bagatela.

☐ CATÁLOGO

Juego de billar, juego de trucos. ➤ Chapó, coto, GUERRA de bolas, GUERRA de palos, morito, rueda, TREINTA y una ➤ Tanda. ➤ Bola, diablo, espadilla, gafa, larga, mediacaña, mediana, mesa, mingo, retaco, *taco, taquera, tiza, violín. ➤ Azar, banda, baranda, barra, bolillo, cabaña, tronera. ➤ Maza, rabo, suela, zapatilla. ➤ Billa, BILLA limpia, BILLA sucia, bolada, carambola, chuza, corbata, doblar, doblete, efecto, encuentro, entronerar, errada, golpe, IRSE por alto, palos, pasabola, pelo, pérdida, pifia, recodo, remache, retroceso, retruco, retruque, por tabla, por tablilla, truco. ➤ Bamba, bambarria, chamba, chiripa, zambardo. ➤ Aplomar, bolear, carambolear, chiripear, doblar, entizar, picar, pifiar, quedarse, retacar, tacada, tacazo, tirar, treja, trucar. ➤ Carambolero, carambolista, chambón, chiripero, truquero. ➤ Ángel. ➤ Coime.

billarda (del fr. «billard») **1** f. **Tala (juego).* ≃ Bigarda, billalda. **2** (Hond.) *Trampa para coger *lagartos.*

billetado, -a adj. HERÁLD. *Cartelado.*

billetaje m. Conjunto de los billetes para un espectáculo, rifa, viaje organizado, etc.

billete (del fr. «billet», del fr. ant. «bullete», documento) **1** m. **Carta breve enviada con un mensajero.* **2** («Dar, Pagar») Cartulina o papel que se recibe al pagar en un transporte público. ⇒ Taco. ⊙ («Sacar, Tomar, Reservar») O que se obtiene para *viajar en tren, avión, etc. ⇒ Boletín, boleto, pasaje, tiquete. ➤ Taquilla. ⊙ Papel semejante que da derecho a entrar en un *espectáculo público. ⇒ Butaca, entrada, localidad. ➤ Contaduría, expendeduría, taquilla. ➤ Talonario. **3** BILLETE de banco. **4** Papel que se recibe a cambio de una cantidad de dinero para participar en la *lotería o en un sorteo o *rifa. ⊙ Específicamente, número completo del juego de *lotería, que está dividido en décimos que pueden venderse por separado. **5** HERÁLD. *Pieza o figura de forma rectangular, como las que hay, por ejemplo, en la parte superior de muchos escudos.* ≃ Cartela.

BILLETE DE BANCO. Papel de los que imprime y pone en circulación un banco oficial, que se utiliza como *dinero. ⇒ Asignado, CIRCULACIÓN fiduciaria, MONEDA fiduciaria, papel, PAPEL moneda, pápiro, VALORES fiduciarios. ➤ Fajo. ➤ Filigrana. ➤ Incinerable. ➤ Emitir. ➤ Inflación. ➤ Cheque. *Letra. ➤ *CASA de la moneda. *Moneda.

B. KILOMÉTRICO. El que permite recorrer en tren cierto número de kilómetros en determinado plazo.

billetero, -a **1** m. o f. Pequeña *cartera para llevar billetes de banco. **2** (Méj., Pan.) n. *Vendedor de lotería.*

billón (del fr. «billon», formado a imitación de «millón» con el prefijo «bi-») m. Un millón de millones. Se escribe con la unidad seguida de doce ceros, o bien, «10^{12}». ≃ Bicuento. ⇒ Billonésimo. ➤ Trillón.

billonésimo, -a adj. Numeral ordinal y partitivo correspondiente a «billón».

bilma (del lat. «epithĕma», del gr. «epíthema»; Chi., Cuba, Méj., Sal.) f. *Bizma.*

bilmar (de «bilma»; Chi., Cuba, Méj., Sal.) tr. *Bizmar.*

bilobulado, -a adj. *De dos lóbulos.*

bilocación f. **Presencia sobrenatural en dos sitios a la vez.*

bilocarse (de «bi-» y el lat. «locāre») prnl. TEOL. *Encontrarse simultáneamente en dos sitios.*

biloculado, -a o **bilocular** adj. BOT. *Se aplica al *fruto dividido en dos cavidades.*

bilogía (de «bi-» y «-logía») f. LITER. *Composición literaria que consta de dos obras.*

bilongo (Cuba) m. **MAL de ojo (hechicería).*

bimano, -a o **bímano, -a** (de «bi-» y el lat. «manus», mano) adj. y n. ZOOL. Se aplica al hombre, único primate que tiene terminadas en manos solamente las extremidades torácicas.

bimba (de or. expresivo; inf.) f. *SOMBRERO de copa. ≃ Chistera.

bimbalete (¿de «guimbalete»?; Méj.) m. **Palo o *madero redondo, largo, que se emplea, por ejemplo, para sostener tejados.* ⇒ *PIE derecho, *puntal.

bimbre m. *Mimbre.*

bimbrera f. *Mimbrera.*

bimembre (del lat. «bimembris») adj. Se aplica a lo que tiene dos miembros o partes: 'Oración gramatical bimembre'.

bimensual (de «bi-» y el lat. «mensis», mes) adj. Se aplica a lo que aparece, que se produce, etc., dos veces al *mes: 'Revista bimensual'.

bimestral adj. Se aplica a lo que se repite cada dos meses o dura dos meses.

bimestre (del lat. «bimestris») m. Periodo de dos meses.

bimetalismo (de «bi-» y «metal») m. Sistema monetario basado en dos patrones: el oro y la plata.

bimetalista **1** adj. Basado en el bimetalismo. **2** adj. y n. Partidario del bimetalismo.

bimotor adj. y n. m. Se aplica a los *aviones de dos motores.

bina f. Acción de binar. ≃ Renda.

binadera f. *Azada utilizada para quitar la hierba o broza.

binador m. Utensilio para binar.

binar (del lat. «binus», de dos en dos) **1** tr. *Arar por segunda vez las ↘tierras antes de sembrarlas. ⊙ *Cavar por segunda vez las ↘*vides. ⇒ Edrar, mantornar. ➤ Cruza. **2** intr. Celebrar un sacerdote dos *misas en un día. ⊙ Puede aplicarse a otras cosas semejantes; por ejemplo, con referencia a representaciones teatrales. ⇒ *Repetir.

binario, -a (del lat. «binarĭus»; culto o cient.) adj. Se aplica a lo basado en dos elementos o formado por dos elementos: 'Sistema binario'.

binca f. *Conjunto de dos personas propuestas para que sea elegida una de ellas para algún *empleo.*

bingarrote m. *Aguardiente destilado del binguí, que se fabrica en Méjico.*

bingo (del ingl. «bingo») m. Juego de azar en el que el jugador marca en un cartón los números que van saliendo en el sorteo. ⊙ Premio que se obtiene al completar todos los números de un cartón. ⇒ Línea. ⊙ Local donde se practica este juego.

¡BINGO! **1** (inf.) Exclamación con que se acompaña un acierto. **2** (inf.) Se usa también irónicamente ante un hecho desafortunado.

binguí m. *Bebida mejicana que se extrae del tronco del maguey, asado y fermentado en una vasija que haya tenido pulque.*

binocular (del lat. «binus», doble, y «ocŭlus», ojo) **1** adj. Se aplica a la visión con los dos ojos y al instrumento óptico que se emplea con los dos ojos: 'Microscopio binocular'. **2** m. pl. *Anteojos con un dispositivo para cada ojo.

binóculo m. *Anteojo binocular.*

binomio (de «bi-» y el gr. «nomós», parte) **1** m. MAT. Expresión algebraica formada por dos términos. ⇒ *Matemáticas. **2** Conjunto de dos personas, generalmente relevantes, que colaboran estrechamente en una actividad, o de dos cosas que actúan conjuntamente. ≃ Tándem.

bínubo, -a (del lat. «binŭbus») adj. y n. *Casado por segunda vez.*

binza[1] (de «brinza») f. *Película muy fina y flexible que envuelve algo; por ejemplo, la que recubre cada capa de una cebolla, la fárfara del huevo o la que se forma a veces sobre los líquidos dejados en reposo. ⇒ Algara, bienza, bizna, fárfara, telilla. ➤ *Envoltura.

binza[2] (Mur.) f. *Simiente de *tomate o pimiento.*

-bio- Elemento prefijo o sufijo del gr. «bíos» con que se forman numerosas palabras que, de algún modo, entrañan la idea de vida: 'anfibio, biología, simbiosis'.

bioagricultura f. Agricultura que respeta el ciclo natural de las plantas y prescinde de productos químicos.

biobibliografía f. Biografía de un autor que contiene una relación de sus publicaciones.

biocatalizador m. BIOQUÍM. Catalizador que regula las reacciones químicas que tienen lugar en los seres vivos, como las hormonas y las enzimas.

biocenosis (de «bio-» y el gr. «koinós», común) f. BIOL. *Conjunto de organismos animales o vegetales que viven en un medio determinado.*

biocida adj. y n. m. BIOL. Se aplica a la sustancia capaz de matar seres vivos; particularmente, microorganismos.

bioclimatología f. BIOL. Estudio de la influencia de las condiciones climáticas en los seres vivos.

biodegradable adj. Se aplica a la sustancia que se descompone por la acción biológica: 'Envase [o detergente] biodegradable'.

biodegradación f. BIOL. *Proceso de descomposición de una sustancia por la acción biológica.*

biodinámica f. BIOL. *Ciencia que estudia el efecto de los procesos dinámicos (movimiento, aceleración, ingravidez, etc.) sobre los organismos vivos.*

biodiversidad f. Diversidad de especies animales y vegetales.

bioelectricidad f. BIOL., FÍS. *Conjunto de fenómenos eléctricos originados en procesos biológicos.*

bioelemento m. BIOQUÍM. *Elemento químico que forma parte de las sustancias orgánicas naturales. Los principales son el carbono, hidrógeno, oxígeno y nitrógeno.*

bioestratigrafía f. *Parte de la geología que estudia las capas o estratos de la Tierra, considerando los fósiles que contienen.*

bioética f. BIOL. Disciplina que estudia los problemas éticos que se plantean en la investigación biológica y médica.

biofísica f. BIOL. *Ciencia que estudia los fenómenos biológicos aplicando la metodología de la física.*

biogénesis **1** f. BIOL. Origen y desarrollo de la vida. **2** BIOL. Desarrollo de un ser vivo a partir de otro similar.

biogeografía f. BIOL. *Ciencia que estudia la distribución de los seres vivos en la Tierra, así como las causas y los factores que la han determinado.*

biografía (del gr. moderno «biographía») f. *Narración de la *vida de una persona. ⇒ *Autobiografía.

biografiado, -a Participio adjetivo de «biografiar». ⊙ n. Persona a quien se refiere una biografía.

biografiar tr. Escribir la biografía de ↘alguien.

□ CONJUG. como «desviar».

biográfico, -a adj. De [la] biografía.

biógrafo, -a **1** n. Persona que escribe la biografía de alguien. **2** (Chi.) m. *Cine.*

biología f. *Ciencia que estudia los seres vivos. Comprende un gran número de especialidades que se ocupan de diversos aspectos de los organismos vivos y el desarrollo de la vida en ellos.

BIOLOGÍA MOLECULAR. Rama de la biología que estudia la composición molecular de los seres vivos.

□ CATÁLOGO

Anatomía, bioclimatología, biodinámica, bioestratigrafía, biofísica, biomecánica, biometría, biotecnología, biotipología, *botánica, ecología, embriología, filogenia [o filogénesis], *fisiología, *genética, HISTORIA natural, macrobiótica, *medicina, morfogénesis, morfología, ontogenia [u ontogénesis], organogenia, organografía, organología, radiobiología, zoología. ➤ Blastema, citoplasma, gen [o gene], fenotipo, genoma, genotipo, germen, idioplasma. ➤ AÑO climatérico. ➤ Aerobiosis, anaerobiosis, antibiosis, biogénesis, biorritmo, biosíntesis, climaterio, crecimiento, depauperación, endemismo, eretismo, generación, GENERACIÓN espontánea, herencia, homeóstasis [u homeostasis], homeotermia, LUCHA por la existencia, mimetismo, *muerte, mutación, mutualismo, *nacimiento, organogénesis, ortogénesis, palingenesia, recombinación, simbiosis, *taxia, termorregulación, transformación, *tropismo, vegetar. ➤ Biocenosis, biomasa, biosfera, biota, biótopo, noosfera. ➤ Bioma, ecosistema, medio. ➤ Clímax. ➤ Vivisección. ➤ *Biotipo, organismo. ➤ *Plancton. ➤ Atavismo, creacionismo, darvinismo, evolucionismo, mesmerismo, neodarvinismo, panspermia, SELECCIÓN natural, transformismo, vitalismo. ➤ Biodiversidad. ➤ Bioelectricidad. ➤ Bioelemento. ➤ Antibiótico, biodegradable, biótico, macrobio, microbio. ➤ Endémico. ➤ Homólogo. ➤ Zonación. ➤ *Célula. *Cuerpo. *Desarrollar. *Monstruo. *Parásito. *Reproducción.

biológico, -a adj. De la biología.

biólogo, -a (del gr. «biológos») n. Especialista en biología.

bioluminiscencia f. BIOL. Irradiación luminosa de algunos seres vivos, por ejemplo algunos peces e invertebrados marinos.

bioma m. BIOL. Gran comunidad ecológica con una vegetación y una fauna características, como el desierto, la tundra o la sabana.

biomasa f. BIOL. Masa total de materia viva, o de una población específica, por unidad de área o de un determinado ecosistema.

biombo (del port. «bîombo», del jap. «byóbu», de «byó», protección, y «bu», viento; pronunc. [bi-ómbo]) **1** m. Dispositivo formado por varios bastidores unidos con charnelas, de modo que se puede plegar y poner más y menos estirado, que se emplea para establecer una separación acomodaticia en una habitación, evitar la corriente de aire procedente de una puerta o ventana, etc. ⇒ Antipara. ➤ Hoja. ➤ *Cancel. **2** (Pan.) **Tirador (juguete).*

biomecánica f. BIOL. *Ciencia que estudia la estructura de los seres vivos aplicando las leyes de la mecánica.*

biomecánico, -a adj. BIOL. *De la biomecánica.*

biometría (de «bio-» y «-metría») f. BIOL. *Estudio de los aspectos mensurables de los fenómenos biológicos.*

biométrico, -a adj. BIOL. *De la biometría.*

biónica f. ELECTR. Estudio de las funciones biológicas de los seres vivos para aplicarlas a la construcción de aparatos o equipos electrónicos.

biopsia (de «bio-» y el gr. «ópsis», vista) f. BIOL., MED. Examen de un trozo de tejido recién separado de un ser vivo, que se hace generalmente como método diagnóstico.

bioquímica f. Ciencia que estudia la composición y fenómenos químicos de los seres vivos.

bioquímico, -a 1 adj. De [la] bioquímica. **2** n. Persona especializada en bioquímica.

biorritmo m. BIOL. Variación cíclica en la actividad de un organismo vivo.

biosfera (de «bio-» y «-sfera») f. Parte de la esfera terrestre, incluyendo la atmósfera, las aguas y el subsuelo, en la que hay vida.

biosíntesis f. BIOL. Formación de una sustancia orgánica en el interior de un ser vivo a partir de elementos o compuestos simples.

biot (de «Biot», físico francés) m. FÍS. *Unidad de corriente eléctrica equivalente a 10 amperios.*

biota f. BIOL. *Fauna y flora de cierta región.* ⇒ *Animal, *planta.

biotecnología f. BIOL. Estudio de las células vivas para conseguir procesos químicos que tengan una aplicación en la industria agroalimentaria, farmacéutica, etc., por ejemplo mediante la manipulación genética.

biótico, a (de «bio-» y «-tico») **1** adj. BIOL. *De la vida o los seres vivos.* **2** BIOL. *De la biota.*

biotipo (de «bio-» y el gr. «týpos», tipo) m. BIOL. *Forma de animal o planta que puede considerarse característica de su especie.*

biotipología f. BIOL. *Parte de la *biología que estudia lo biotipos.*

biotita f. *Variedad de *mica negra que se encuentra, po ejemplo, en los granitos.*

biótopo (de «bio-» y el gr. «tópos», lugar) m. BIOL. Luga donde se produce una determinada combinación de facto res ambientales, y en el que se asienta una biocenosis ca racterística.

bióxido m. QUÍM. *Combinación de un radical simple compuesto que se expresa con dos átomos de oxígeno* ⇒ *Óxido.

bíparo, -a adj. ZOOL. Que da nacimiento a dos crías en u solo parto.

bipartición (del lat. «bipartitĭo, -ōnis») f. División o re parto de algo en dos partes.

bipartidismo m. Sistema político en que se da el predominio de dos partidos que, generalmente, se turnan en e poder.

bipartidista adj. De [o del] bipartidismo.

bipartido, -a (del lat. «bipartītus»; lit. o cient.) adj. *Partido en dos.*

bipartito, -a 1 adj. De dos partes. **2** Se aplica a una reunión, conferencia, tratado, etc., internacional, en que toman parte dos miembros. ⇒ Tripartito, etc.

bipedación o **bipedalismo** f. o m. BIOL. *Manera de andar propia del hombre o de los animales de dos patas, o que andan sólo con dos patas.*

bípede (del lat. «bipes, -ĕdis») adj. y n. *Bípedo.*

bipedestación (del lat. «bipes, -ĕdis», bípedo, y «statĭo, -ōnis», estación) f. *Posición en pie.*

bípedo, -a (del lat. «bipĕdus, -ĕdis») **1** adj. y n. m. ZOOL. Se aplica al animal superior que tiene dos *pies. ⊙ Por antonomasia, al hombre. **2** m. ZOOL. *En los animales de cuatro *patas, conjunto de dos de ellas de un mismo costado u opuestas en diagonal.*

biplano adj. y n. m. *Avión que tiene las alas en dos planos paralelos.

biplaza adj. y n. m. Vehículo para dos personas.

bipolar adj. Provisto de dos polos.

bipolarización f. Tendencia al agrupamiento en dos grandes bloques opuestos, generalmente políticos.

biquini (de «bikini») m. Traje de baño femenino formado por una braga y un sujetador.

birdie (ingl.; pronunc. [bérdi]) m. DEP. En *golf, jugada en que se consigue meter la pelota en el hoyo con un golpe menos de los marcados en el par.

biribís (del it. «biribisso») m. **Bisbis (cierto juego).*

bircú m. **Cinturón del que pendían las correas en que se enganchaba el espadín.* ≃ Bridecú.

birimbao (de or. expresivo) m. *Pequeño instrumento musical, que consiste en una herradura de hierro que lleva sujeta en su centro una lengüeta de acero que se hace vibrar con el índice de una mano, mientras se sostiene el instrumento entre los dientes con la otra.* ≃ Piopollo, TROMPA de París.

birla (de «birlar») **1** (Ar.) f. *Bolo.* **2** (Cantb.) *Juego de la *tala.*

birlar (del ant. «birlo», bolo, del b. lat. «pirŭlus», de «pirum», pera) **1** tr. *En el juego de *bolos, tirar la bola por segunda vez desde el sitio en que quedó en la primera tirada.* **2** *Derribar o *matar a ˃alguien de un golpe o disparo.* **3** *Quitar ˃algo a alguien con *engaño o dejándole chasqueado: 'Le ha birlado la novia. Le han birlado la plaza que creía tan segura'. ⇒ Afanar, apandar, apañar, arrapar, distraer, escamotear, soplar. ➤ *Apoderarse. *Hurtar. *Robar.

birlí 1 m. AGRÁF. *Parte inferior en blanco de las páginas.* **2** AGRÁF. *Ventaja que la falta de impresión en esa parte supone para el impresor.* **3** AGRÁF. *Ganancia que obtiene el impresor aprovechando para otra tirada la composición ya hecha.*

birlibirloque (de or. expresivo) m. POR ARTE DE BIRLIBIRLOQUE (inf.). Sin que se sepa cómo ha ocurrido, o de manera inesperada. ≃ Por ARTE de encantamiento, por ARTE de magia. ⇒ *Aparecer, *rápido, *sorprendente.

birlo (del b. lat. «pirŭlus»; ant.) m. *Bolo.*

birlocha (de «milocha», de «milano», con influencia del ant. «birlo») f. *Cometa (juguete).*

birlocho (del it. «biroccio») m. *Carruaje de caballos ligero, de cuatro ruedas, descubierto y abierto por los lados, y sin puertas.* ≃ Barrocho. ⇒ Milord.

birlón (del ant. «birlo», bolo, del lat. «pirŭlus», dim. de «pirum», pera; Ar.) m. *Bolo grande, que se coloca en medio en el juego de bolos.*

birlonga (del fr. ant. «berlenc», del al. «bretling», tabla) f. *Variedad del juego del hombre* (3.ª acep.).

A LA BIRLONGA (ant.). *Con desaliño y con aspecto descuidado.*

birmano, -a adj. y, aplicado a personas, también n. De Birmania, estado del sureste de Asia.

birocense adj. y, aplicado a personas, también n. *De Brihuega, población de la provincia de Guadalajara.* ≃ Brihuego, briocense.

birome (del ingl. «biro», de «Biró», inventor de este utensilio; Arg., Par., Ur.) m. *Bolígrafo.*

birra (inf.) f. Cerveza: 'Estuve tomando unas birras con mis amigos'.

birreactor adj. y n. m. AERO. Se aplica al avión provisto de dos reactores.

birrectángulo, -a adj. GEOM. *De dos *ángulos rectos.*

birreme (del lat. «birēmis») adj. y n. m. Se aplica a los *barcos antiguos de dos órdenes de remos.

birreta (del fr. «birrete») f. *Bonete cuadrangular que usan los clérigos; tiene generalmente en la parte superior una borla del mismo color que la tela, la cual es roja para los cardenales, morada para los obispos y negra para los demás. ≃ Birrete.

BIRRETA CARDENALICIA. Solideo rojo que entrega el Papa a los *cardenales al nombrarlos.

birrete (del fr. «birrete») **1** m. *Gorro.* **2** Gorro distintivo utilizado por *catedráticos, jueces, magistrados y abogados en ciertos actos solemnes, de forma prismática y con una borla en la parte superior, que en los de los catedráticos es del color correspondiente a su facultad y en el de jueces y magistrados, negra. **3** *Bonete o birreta.

birretina (dim. de «birreta») f. *Gorra de pelo que usaban los granaderos en el siglo XVIII y, posteriormente, algunos regimientos de húsares.* ⇒ *Uniforme.

birria (¿del lat. vulg. «verrĕa», terquedad, capricho?) **1** f. *Persona vestida ridículamente para hacer reír.* ≃ *Mamarracho. **2** (n. calif.) Se aplica a una cosa mal hecha, de mal aspecto, sin mérito o fea: 'Ese traje es una birria. Ha escrito una novela que es una birria'. ⊙ Se aplica también a personas: 'Su novio es una birria'. ⇒ *Chapuza, *desastre, fracaso. **3** (Col.) **Capricho; obstinación irracional por conseguir una cosa.* ≃ Perra.

birrión (Cuba) m. *Manchón que se hace con la pintura al maquillarse mal.*

birrioso, -a (inf.) adj. Mal hecho o de mal aspecto: 'Se presentó con un vestido birrioso'.

biruji o, menos frec., **biruje** (inf.) m. Viento fresco y desagradable.

bis (del lat. «bis», dos veces) **1** adv. Palabra que se pone, por ejemplo en una partitura, para indicar que cierto trozo debe *repetirse. **2** Se adjunta a un número repetido en una relación para distinguirlo del que no lleva esta indicación. **3** m. Repetición de una parte de una actuación, particularmente de una pieza musical, en atención a las peticiones del público. ⇒ Bisar.

bis- V. «bi-».

bisa (Cat.) f. **Bonito (pez).*

bisabuelo, -a (de «bis-» y «abuelo») n. Con relación a una persona, cada uno de los padres de sus abuelos.

bisagra[1] f. Pieza formada por dos elementos articulados entre sí, con que se sujetan dos piezas o dos partes de una cosa, que, a su vez, deben ir articuladas; por ejemplo, una puerta o ventana y su marco. ≃ *Gozne.

bisagra[2] f. *Utensilio de zapatero consistente en un palo de boj, que se utiliza para alisar el canto de la suela del *calzado.*

bisagüelo, -a (pop.) n. *Bisabuelo.*

bisalta (del lat. «Bisalta») **1** adj. y n. *Se aplica a los individuos de cierto *pueblo antiguo de Macedonia y a sus cosas.* **2** m. pl. *Ese pueblo.*

bisalto (¿del lat. «pĭsum sapĭdum»?; Ar., Nav.) m. *Tirabeque (legumbre semejante al guisante).*

bisanual adj. *Se aplica a lo que ocurre cada dos años o dura dos años.* ≃ Bienal. ⊙ BOT. *Se aplica a las plantas que viven dos años.* ≃ Bienal, bisanuo.

bisanuo, -a adj. BOT. *Bisanual.*

bisar tr. Hacer un bis (repetición de una parte de una actuación).

bisarma (del fr. ant. «guisarme»; ant.) f. **Alabarda.*

bisayo, -a 1 adj. y, aplicado a personas, también n. *De las Bisayas, islas del archipiélago filipino.* **2** m. *Lengua hablada en estas islas.*

bisbís (de or. expresivo) m. **Juego antiguo en que se hacían puestas sobre un tapete dividido en cuadros con diferentes números y figuras.* ≃ Biribís.

bisbisar intr. *Bisbisear.*

bisbisear (de or. expresivo) intr. Hablar sin voz, de modo que se percibe principalmente el sonido de las eses. ⇒ Musitar, susurrar.

bisbiseo 1 m. Acción de bisbisear. **2** Sonido que se oye cuando alguien bisbisea.

bisbita (*Anthus pratensis* y otras especies del mismo género) f. Pájaro común en España, de plumaje ceniciento con manchas pardas, amarillento en la parte inferior. ≃ Pipí, pitpit.

biscocho m. *Bizcocho.*

biscuit (fr.; pl. «biscuits») **1** m. Cierto tipo de helado de vainilla. **2** Porcelana mate. ≃ Bizcocho.

bisecar (de «bis-» y el lat. «secāre», cortar) tr. GEOM. **Cortar o *dividir una* ↘*figura en dos partes simétricas.*

bisección f. GEOM. *Acción de bisecar.*

bisector, -triz (de «bi-» y «sector», que corta) adj. y n. GEOM. *Se aplica a lo que biseca.* ⊙ f. GEOM. Recta que divide un ángulo en dos iguales.

bisel (del fr. ant. «bisel») m. Corte oblicuo en el borde de una placa; por ejemplo, en un cristal o espejo. ⇒ *Chaflán.

biselado, -a Participio de «biselar». ⊙ adj. Con bisel: 'Cristal biselado'.

biselar tr. Hacer un bisel en ↘algo.

biselio m. *En arqueología, *asiento para dos personas.*

bisemanal adj. Se aplica a lo que ocurre o se hace dos veces por semana o cada dos semanas.

bisextil (del b. lat. «bisextīlis»; ant.) adj. *Bisiesto.*

bisexual 1 adj. Biol. Se aplica al organismo que reúne los dos *sexos en el mismo individuo. **2** adj. y n. Se aplica a la persona que se siente atraída sexualmente hacia los dos sexos, y a sus cosas. ⇒ Hacer a todo.

bisexualidad 1 f. Biol. Presencia de ambos *sexos en el mismo individuo. **2** Condición de bisexual de una persona.

bisiesto (del lat. «bisextus», designación aplicada al día que se añadía detrás del 24 de febrero, que, en el cómputo latino, era el sexto de las calendas de marzo) adj. y n. m. V. «año bisiesto».

bisilábico, -a o **bisílabo, -a** (del lat. «bisyllăbus») adj. De dos sílabas.

bismuto (del lat. cient. «bismuthum», del al. «Bismut») m. Metal, n.º atómico 83. Se emplea en aleaciones con el plomo, fusibles. Símb.: «Bi». ⇒ Polonio.

bisnieto, -a n. Biznieto.

biso (del gr. «byssos», lino de la India) m. Producto de secreción de una glándula situada en el pie de muchos moluscos, por ejemplo el mejillón, que se solidifica en contacto con el agua en forma de filamentos con los que el animal se fija a las rocas.

bisojo, -a (del lat. «versāre», volver, y «ocŭlus», ojo; pop.) adj. Bizco.

bisonte (del lat. «bison, -ōntis»; *Bos bison)* m. Rumiante bóvido, parecido al toro, con un abultamiento en la parte alta del lomo, como una giba. ≃ Cíbolo. ⇒ Búfalo, uro.

bisoñada f. *Bisoñería.*

bisoñé (¿del fr. «besogneux», arruinado, por exigir la media peluca menos gasto que la completa?) m. Peluca que cubre la parte anterior de la cabeza.

bisoñería f. *Acción en que se advierte inexperiencia del que la realiza.*

bisoñez f. Cualidad de bisoño (inexperto).

bisoño, -a (del it. «bisogno», necesidad, nombre aplicado por los italianos en el siglo xvi a los soldados españoles recién reclutados, por la pobreza de su aspecto) adj. y n. Se aplica a los soldados recién ingresados en el ejército. ⊙ Nuevo e *inexperto en cualquier oficio o actividad. ≃ Novato, novel.

bispón m. *Rollo de encerado de aproximadamente 1 m de largo, que utilizan los espaderos para varios usos.*

bisté m. V. «bistec».

bistec m. Forma más extendida y de derivación más autorizada de la palabra inglesa «beefsteak», empleada por «filete» de carne. ≃ Bife, bifstec, biftec, bisté.

bístola (Man.) f. **Aguijada (vara larga usada por los labradores).* ≃ Béstola.

bistorta (de «bis-» y el lat. «torta», torcida; *Polygonum bistorta)* f. *Planta poligonácea cuya raíz es astringente.

bistraer (de «bis-» y el lat. «trahĕre», traer; conj. como «traer») **1** (Ar.) tr. *Anticipar o prestar ↘dinero o tomarlo prestado o anticipado.* **2** (Ar.) **Sonsacar.*

bistrecha (de «bis-» y el lat. «tracta»; Ar.) f. *Anticipo de un pago.* ⊙ (Ar.) *Cantidad anticipada.*

bistreta (de «bistraer»; Ar.) f. *Bistrecha.*

bisturí (del fr. «bistouri», originariamente «puñal») m. Instrumento cortante utilizado en *cirugía. ⇒ Escodegino, lanceta.

bisulco, -a (del lat. «bisulcus») adj. Zool. *De *pezuñas partidas.* ≃ Fisípedo.

bisulfato m. Quím. *Cualquier sal del ácido sulfúrico.*

bisulfito m. Quím. *Cualquiera de las sales ácidas del ácido sulfuroso, que se emplean para hacer *conservas.*

bisulfuro m. Quím. *Combinación de un radical simple o compuesto con *azufre.*

bisunto, -a (de «bis-» y «unto») adj. **Sucio, sobado o grasiento.*

bisutería (del fr. «bijouterie», de «bijou», joya; colectivo de género) **1** f. Se aplica a los objetos de metales u otros materiales no preciosos, que se usan como *joyas para el adorno personal. **2** Industria de la fabricación o venta de tales objetos.

bisutero, -a n. Persona que fabrica o vende artículos de bisutería.

bit (ingl., acrón. de «binary digit»; pl. «bits») m. Inform. Unidad de medida de la información que representa la elección entre dos posibilidades. ⇒ Byte.

bita (del fr. «bitte», del nórdico ant. «biti», travesaño en el buque) f. Mar. *Nombre aplicado a los postes de madera fuertemente asegurados en la cubierta de un *barco, en las proximidades de la proa, alrededor de los cuales se arrollan los cables del ancla cuando se fondea la nave.* ⇒ Abita, abitaque, bitadura. ➤ Abitar.

bitácora (del fr. «bitacle», por «habitacle») f. Mar. Armario próximo al timón del *barco, donde se pone la *brújula.

V. «aguja de bitácora, cuaderno de bitácora».

bitadura (de «bita») f. Mar. *Porción del cable de las *anclas que está tendida sobre cubierta en las proximidades de las bitas, preparada para anclar.*

bitango adj. V. «pájaro bitango».

bitar («bita») tr. *Amarrar la cadena del ↘*ancla a las bitas.* ≃ Abitar.

bíter (¿del holandés «bitter», amargo?) m. Cierta bebida de sabor amargo que se toma como aperitivo. ⇒ *Licor.

bitinio, -a adj. y, aplicado a personas, también n. De Bitinia, región del Asia Menor.

bitonal adj. *Que presenta bitonalidad.*

bitonalidad f. *Se aplica a la composición musical en dos tonalidades.*

bitongo, -a adj. V. «niño bitongo».

bitoque (de «bita») **1** m. *Tarugo de madera con que se *tapa el agujero o piquera de los *toneles.* **2** (Méj.) **Espita.* **3** (Chi., Col., Méj.) *Cánula de la *lavativa.* **4** (Chi., Col., Méj.) *Cánula de la jeringa.*

V. «ojos de bitoque».

bitor (del fr. «butor») m. *Rey de codornices (ave zancuda).*

bitume (ant.) m. *Bitumen.*

bitumen (del lat. «bitūmen, -ĭnis»; ant.) m. *Betún.*

bituminoso, -a (del lat. «bituminōsus») adj. Se aplica a lo que contiene betún. ⊙ De aspecto semejante al betún.

bivalente adj. Quím. *Dotado de dos valencias.*

bivalvo, -a (de «bi-» y «valva») **1** adj. ZOOL. Se aplica a las *conchas que tienen dos valvas. **2** m. pl. ZOOL. Lamelibranquios.

bivio m. *Confluencia de dos *caminos o *carreteras, o bifurcación de un camino.*

bivoltino, -a adj. *Se aplica a ciertos gusanos de *seda que producen dos generaciones en un año.*

bixáceo, -a adj. y n. f. BOT. *Se aplica a las *plantas de la misma familia que la bija, que son arbustos y arbolillos originarios de América tropical, con savia de color rojizo, hojas alternas, flores bisexuales de cinco pétalos dispuestas en panículos vistosos, y fruto en cápsula.* ⊙ f. pl. BOT. *Esa familia.*

bixíneo, -a (de «bixa», antigua ortografía de «bija») adj. y n. f. BOT. *Bixáceo.*

biz- V. «bi-».

bizantinismo 1 m. Cualidad de bizantino. ⊙ Inclinación a las discusiones bizantinas. **2** *Perversión de las costumbres por exceso de lujo.* **3** *Degeneración del arte por exceso de adornos.* ⇒ *Recargado.

bizantino, -a (del lat. «Byzantīnus») **1** adj. y, aplicado a personas, también n. De Bizancio. ⇒ Romeo. ➤ Bardiota, bucelario. ➤ Basílicas. ➤ Besante, sueldo, triente. ➤ Cámpago. **2** adj. Se aplica a la *discusión que deriva en sutilezas de detalle, sin llegar a ninguna solución o conclusión.

bizarramente adv. Con bizarría.

bizarrear intr. *Comportarse con bizarría.*

bizarría 1 f. Cualidad de bizarro. **2** *Colorido o adorno excesivo en una pintura.*

bizarro, -a (del it. «bizarro», iracundo, furioso) **1** adj. *Valiente. No se aplica corrientemente más que a militares, frecuentemente como epíteto humorístico, y los que lo usan le dan más bien sentido de «apuesto»: 'La acompañaba un bizarro militar'. **2** *Generoso, lucido, espléndido.* **3** *Se encuentra alguna vez usado en el periodismo con el sentido del «bravo» clásico que tiene en francés: extravagante, sorprendente o gracioso:* '¡Bizarra idea!'.

bizarrón (de «bizarro») m. **Candelero grande o *blandón.*

bizaza (del lat. «bissaccĭa») f., gralm. pl. **Alforja de cuero.*

bizbirondo, -a adj. **Alegre o *vivaracho.*

bizcar 1 intr. *Bizquear: mirar bizco.* **2** tr. *Torcer los ↘ojos al mirar:* 'Bizca un ojo'. **3** **Guiñar los ↘ojos.*

bizco, -a (del sup. lat. «versĭcus», torcido) adj. y n. Se aplica a la persona que padece estrabismo. ≃ Estrábico. ⇒ Atravesado, bisojo, bizcorneado, bizcorneta, bizcuerno, estrabón, guercho, ojituerto, reparado, turnio, virolo. ➤ Bizcar, bizcornear, bizquear, embizcar, torcer los OJOS, torcer la VISTA. ➤ Bizquera, estrabismo, estrabosidad.

QUEDARSE BIZCO con una cosa. (inf.) Quedarse pasmado.

bizcochada 1 f. *Sopa hecha con bizcochos puestos en leche. **2** **Panecillo resobado de forma alargada.*

bizcochar tr. *Recocer el ↘pan para que se conserve mejor.*

bizcochería (Méj.) f. *Tienda donde se venden bizcochos y otras cosas, como chocolate o azucarillos.*

bizcocho (de «biz-» y el lat. «coctus», cocido) **1** m. Pan sin levadura que se cuece dos veces para que se conserve mucho tiempo y se lleva en barcos, expediciones, etc. ⇒ Broa, galleta. ➤ Mazamorra. **2** Pasta de pastelería muy esponjosa hecha con harina. ⇒ Arandelas, bizcotela, budín, canto, cauca, costrada, LENGUA de gato, mamón, manguito, mantecada, mojicón, panatela, panela, panetela, pudding, soplillo, soletilla, *tarta. ➤ Batido. ➤ *Dulce. *Pasta. *Pastel. **3** (Col., P. Rico, R. Dom.) **Tarta.* **4** *Primera cocción de los objetos de *cerámica.* ⊙ *Objeto de cerámica después de cocido la primera vez, antes de barnizarlo.* **5** **Yeso hecho de yesones.*

bizcorneado, -a (part. de «bizcornear») **1** (Cuba) adj. **Bizco.* **2** AGRÁF. *Se dice del pliego que sale torcido.*

bizcornear (de «bizcuerno»; Cuba) intr. *Mirar *bizco.*

bizcorneta (Col.) adj. **Bizco.*

bizcorneto, -a (Col., Méj., Ven.; inf.) adj. *Bizco.*

bizcotela (del it. «biscotella», dim. de «biscotto») f. **Tarta de bizcocho recubierta de azúcar glaseado.*

bizcuerno, a (del lat. «versāre» y «cornu», cuerno; Ar.) adj. *De mirada o de miembros torcidos.*

bizma (del lat. «epithĕma») f. **Cataplasma que se suponía confortante, hecha con estopa, aguardiente, incienso, mirra y otros ingredientes.* ⊙ **Apósito hecho con ese emplasto puesto sobre un trozo de lienzo.* ⇒ Bilma.

bizmar tr. *Aplicar una bizma a una parte del ↘cuerpo.* ⇒ Bilmar.

bizna (de «binza») f. *Membrana que separa los cuatro compartimientos de la *nuez.*

biznaga (del sup. ár. y rom. and. «bissináqa», del lat. «pastināca»; *Amni visnaga)* f. *Planta umbelífera silvestre con cuyas umbelas, despojadas ya de sus florecillas, hacen en algunos sitios ramitos de jazmín pasando cada uno de los tallos de la umbela por el tubo de la corola de una flor. ≃ Dauco, gingidio.

biznieto, -a n. Con respecto a una persona, un hijo de un nieto suyo. ≃ Bisnieto. ⇒ *Pariente.

bizquear intr. Ser bizco.

bizquera f. Estrabismo.

Bk Símbolo químico del berkelio.

blago (del lat. «bacŭlum»; ant.) m. **Bastón.* ≃ Báculo.

blanca (de «blanco») **1** f. **Moneda de vellón que tuvo diferentes valores.* **2** *Moneda antigua de plata.* **3** MÚS. *Nota dibujada con un círculo no relleno, con palo, cuyo valor es de la mitad de una redonda. ≃ Mínima. **4** (Alb., Mur., Val.) **Urraca.*

BLANCA MORFEA. *Albarazo (enfermedad, especie de lepra).*

ESTAR SIN [O NO TENER] BLANCA. No tener dinero.

blancal (de «blanco») adj. V. «PERDIZ blancal».

blancarte m. *Ganga: parte no aprovechable que acompaña a los minerales.*

blancazo, -a (inf.) adj. *Blanquecino.*

blanchete (del fr. «brachet», perro perdiguero, influido por «blanco») **1** (ant.) m. *Ribete que se pone en el cuero de cubrir la silla de montar.* **2** (ant.) adj. y n. m. *Se aplicaba a los perrillos blanquecinos.*

blanco, -a (del alto al. ant. «blank») **1** adj. y n. m. Se aplica al color de la nieve, suma de todos los del espectro, y a las cosas que lo tienen: 'Unos calcetines blancos [o de color blanco]. El blanco le va muy bien a la cara'. **2** adj. Se aplica a algunas cosas que tienen color más claro que otras de su especie: 'Vino blanco'. **3** Se aplica a la *raza humana europea o caucásica y a sus individuos. **4** («Apuntar al; Atinar al, Dar al [o en el], Pegar en el; Errar el») m. Punto u objeto a que se dirige un *tiro, una flecha u otra cosa que se lanza. ⇒ Acertero, terrero. ➤ Diana. ➤ Tino. ➤ Afinar la PUNTERÍA. ➤ *Disparar. **5** *Objetivo. **6** Mancha o zona blanca en la cabeza o en los extremos de las patas, en los *caballos y otros animales. **7** *Hueco en una fila, serie o conjunto de cosas. ⊙ Particularmente, espacio vacío en un escrito. ⇒ Aparte, birlí, cortesía, hueco. **8** *Intermedio en una representación teatral.* **9** AGRÁF. *Molde con que se imprime la primera cara de un pliego.* **10** adj. y n. **Cobarde.*

V. «AJO blanco, ARMA blanca, BANDERA blanca».

BLANCO DE ESPAÑA. Nombre aplicado indistintamente al carbonato básico de plomo, al subnitrato de bismuto y a la creta lavada.

B. DE HUEVO. *Cierto afeite.*

B. DEL OJO. Parte visible de la córnea.

B. DE PLOMO. Albayalde.

B. DE LA UÑA. Media luna de color blanquecino en la base de la uña.

V. «CABALLO blanco, CABO blanco, CANCHA blanca, CAPARROSA blanca, CARTA blanca, CORALILLO blanco».

DAR EN EL BLANCO. Además de su sentido propio, tiene otro figurado, como *acertar con la causa, el remedio, etc. de algo.

V. «DÍCTAMO blanco, no DISTINGUIR lo blanco de lo negro, ELÉBORO blanco».

EN BLANCO. **1** Aplicado a «papel, página», etc., sin *escribir. **2** («Estar») Ignorante en general o de cierta cosa. **3** («Dejar, Quedarse») Chasqueado o frustrado. **4** («Quedarse») Sin recordar nada o sin que venga ninguna idea a la mente: 'Durante el examen me quedé en blanco'. **5** *Aplicado a la espada, desenvainada.*

V. «FIRMAR en blanco, FLUJO blanco, HULLA blanca, LABOR blanca, LEPRA blanca, LIBRO blanco, MAGIA blanca, MANJAR blanco, METAL blanco, MIRLO blanco, NUEZA blanca, PALO blanco, blanco como el PAPEL, PERDIZ blanca, PESCADO blanco, PEUCO blanco, PIEDRA blanca, PRECIPITADO blanco, de PUNTA en blanco, RAZA blanca, ROPA blanca, RUIBARBO blanco, SAUCE blanco, SUSTANCIA blanca, TIRO al blanco, TOMILLO blanco, TRATA de blancas, URRACA blanca, UVA blanca, VINO blanco, VITRIOLO blanco, YESO blanco».

□ CATÁLOGO

Otra raíz, «alb-»: 'albarazado, albugo, cuatralbo.' ➤ Albar, albicante, albillo, albino, albo, albugíneo, álfico, argentado, argentino, armiñado, armiño, blancazo, blancuzco, blanquecino, blanquinoso, blanquizco, blanquizo, cande, candeal, candi, cándido, cano, desblanquecido, desblanquiñado, lactescente, nacarado, nevado, níveo, perlino, plateado. ➤ *Pálido. ➤ Albero, albinismo, albor, albura, ampo, blancor, blancura, candor, canicie, esplendor. ➤ Albear, anidiar, blanquear, blanquecer, colar, curar, decolorar, emblanquear, emblanquecer, empuchar, encalar, enjalbegar, enjebar, *enlucir, nevar. ➤ CLORURO de cal, HIPOCLORITO cálcico, lechada, lejía, POLVOS de gas [o de blanqueo]. ➤ Blanquete, blanquimento [o blanquimiento], cal. ➤ Carriego, cuenco. ➤ *Lavar.

blancor m. *Blancura.*

blancote **1** adj. *Aum. desp. de «blanco».* **2** (inf.) **Cobarde.*

blancura **1** f. Cualidad de *blanco. **2** VET. *Nube del ojo.*

blancuzco, -a (algo desp.) adj. Blanquecino.

blandamente adv. Con blandura o suavidad: 'Apoyó blandamente su cabeza en mi hombro'. ≃ Muellemente.

blandear[1] tr. *Blandir.*

blandear[2] (de «blando») tr. *Hacer que ˃alguien empiece a ceder en un asunto.* ⇒ *Convencer, *disuadir, *trabajar. ⊙ intr. y prnl. *Empezar a *ceder en algún asunto.*

blandengue **1** adj. y n. Peyorativo de «blando» en todas las acepciones figuradas. **2** (Arg.) m. **Soldado armado con lanza, de los que tenían a su cargo la defensa de los límites de la provincia de Buenos Aires.*

blandenguería f. Cualidad de blandengue. ⊙ Actitud blandengue.

blandense adj. y, aplicado a personas, también n. *De Blanes, población de la provincia de Gerona.*

blandeza **1** (ant.) f. *Delicadeza.* **2** (ant.) **Molicie.* ≃ Blandura.

blandicia (del lat. «blanditia») **1** f. **Molicie.* ≃ Blandura. **2** *Lisonja.*

blandicioso, -a (de «blandicia»; ant.) adj. **Lisonjero o adulador.*

blandimiento (ant.) m. *Blandicia.*

blandir[1] (del lat. «blandīre»; ant.) tr. **Adular o *lisonjear.* ≃ Ablandir.

blandir[2] (del fr. «brandir», de «brand», brasa) **1** tr. Sostener en la mano una ˃cosa tal como un palo o un arma, agitándola o haciéndola vibrar en el aire, como amenazando con ella. ≃ Blandear. **2** intr. y prnl. **Temblar o moverse agitadamente de un lado a otro.*

□ CONJUG. Defectivo como «abolir».

blando, -a (del lat. «blandus») **1** adj. Fácilmente deformable: 'Una masa blanda'. ⊙ Que cede a la presión: 'Un colchón blando'. ⊙ Que se corta con facilidad: 'Pan blando'. **2** adj. y, aplicado a personas, también n. Se aplica en distintos casos a cosas y a personas, significando falto de dureza, de violencia, de fuerza o fortaleza o de intensidad, unas veces con sentido laudatorio y otras con sentido despectivo. ⊙ (ligeramente desp.) Se aplica a la persona falta de energía o severidad; excesivamente benévola: 'Un padre blando con sus hijos'. ⇒ Consentir. *Indulgente. ⊙ (ligeramente desp.) De carácter débil; sin voluntad. ⇒ Abúlico, blandengue, *sumiso. ⊙ (desp.) De poca capacidad para hacer esfuerzos físicos. ⊙ (desp.) *Perezoso. ⊙ (desp.) *Cobarde. ⊙ (laud.) adj. Suave, dulce o apacible. ⇒ De buen carácter, *dócil, *dúctil. ⊙ (laud.) Se aplica a la manera de vivir cómoda y regalada. ≃ *Muelle. ⊙ Aplicado a ciertas cosas, como el *clima, el tiempo atmosférico, el oleaje, el viento o el ruido que hacen, falto de violencia o de crudeza; suave o templado: 'El blando murmullo de las olas'. ⇒ *Moderado. **3** MÚS. *Bemolado.* **4** (pop.) Se aplica a los ojos llorosos por enfermedad crónica. ≃ Tierno. **5** Se aplica a las drogas que se consideran menos adictivas y perjudiciales que las llamadas «duras». **6** adv. En lugar blando: 'Dormir blando'.

V. «blando de BOCA, MANO blanda».

□ CATÁLOGO

Aguado, ajado, almohadillado, amoroso, blanducho, blandujo, bofo, cedicio, cimbreante, cimbreño, *cocido, deformable, dúctil, esponjoso, espumoso, fláccido, flácido, flexuoso, fluido, fofo, fonje, fungoso, hongoso, hueco, *lacio, laxo, como una LECHE, lene, lento, maduro, maleable, como [una] MANTECA, modelable, moldeable, mole, mollar, mórbido, muelle, mullido, *mustio, papandujo, pastoso, plástico, pocho, pultáceo, suelto, tierno, zorollo. ➤ *Ceder, mollear, obedecer, revenirse. ➤ *Ablandar, ahuecar, amollar, amollentar, blandear, emblandecer, enllentecer, enmollecer, enternecer, esblandecer, esblandir, laxar, lenificar, lentecer, macerar, manir, maznar, molificar, mollificar, *mullir, reblandecer, relentecer, remullir, sobar. ➤ *Elástico. *Esponjoso. *Flexible. *Flojo.

blandón (del fr. «brandon», del germ. «brand», cosa encendida) **1** m. *Vela muy gruesa. ≃ Hachón, velón. **2** Candelero para esta clase de velas. ≃ Bizarrón.

blanducho, -a adj. Desp. de «blando».

blandujo, -a adj. *Blanducho.*

blandura 1 f. Cualidad de blando en cualquier acepción. **2** Cosa o sitio blando al tacto. **3** *Cataplasma para ablandar los tumores.* **4** *Cualidad del aire húmedo, que *funde los hielos y las nieves.* **5** **Molicie.* ≃ Blandeza, blandicia. **6** *Amabilidad.* **7** **Lisonja o alabanza.* **8** CANT. *Costra blanda que tienen algunas piedras *calizas.* **9** *Blanquete (afeite).*

blandurilla (de «blandura») f. *Afeite que se hacía de manteca de cerdo batida y aromatizada con esencia de espliego u otra.*

blanduzco, -a adj. Desp. de «blando».

blanqueación f. *Blanqueo.*

blanqueador, -a adj. y n. Se aplica al que blanquea. ⊙ n. Particularmente, al que se dedica a blanquear paredes.

blanqueadura o **blanqueamiento** f. o m. Acción de blanquear[se]. ⇒ Blanqueo.

blanquear 1 intr. Presentarse *blanca a la vista una cosa: 'Blanquean algunas manchas de nieve en la ladera'. **2** Ser una cosa algo blanca. **3** tr. Poner blanca una ↘cosa. **4** Poner blancas las ↘paredes con *cal. **5** *Revestir las abejas el ↘panal de cierta sustancia, cuando empiezan a trabajar después del invierno.* **6** *Blanquecer el ↘oro o la plata.* **7** Introducir en el circuito legal ↘dinero generado en actividades delictivas. ≃ Lavar.

blanquecedor m. *Operario que blanquece en las casas de la *moneda.*

blanquecer 1 tr. *Blanquear: poner blanca una ↘cosa.* **2** *En las *casas de la moneda y entre plateros, limpiar y sacar su color al ↘oro, la plata, etc.* ≃ Blanquear.

☐ CONJUG. como «agradecer».

blanquecimiento m. *Blanquición.*

blanquecino, -a adj. Algo blanco.

blanqueo m. Acción de blanquear. ≃ Blanqueación, blanqueadura, blanqueamiento. ⇒ Blanquecimiento, blanquición. ⊙ Particularmente, acción de blanquear dinero. ⊙ Proceso industrial para blanquear fibras textiles o papel mediante sustancias químicas.

blanquero (de «blanco»; Ar.) m. *Curtidor.*

blanqueta f. *Cierta *tela basta de lana.*

blanquete (inf.) m. Cualquier sustancia que se emplea para blanquear. ⊙ Cualquier afeite para blanquear el cutis.

blanquíbolo (de «blanco» y «bolo», arcilla; ant.) m. **Albayalde.*

blanquición f. METAL. *Operación de blanquear los *metales.*

blanquilla f. VET. *Enfermedad de las *perdices enjauladas que se manifiesta con disentería blanquecina.*

blanquillo, -a 1 adj. y n. m. **Candeal.* **2** (Chi., Perú) m. *Durazno de piel blanquecina.* **3** *(Latilus jugularis)* *Pez de Chile, de dorso rosado y vientre plateado. **4** (Méj.) *Huevo.* **5** *En el juego del *tresillo, triunfo que no es estuche ni figura.*

blanquimento o **blanquimiento** m. *Disolución, generalmente de un cloruro, que se emplea para blanquear las telas, los metales y otras cosas.*

blanquinoso, -a adj. *Blanquecino.*

blanquizal o **blanquizar** (de «blanquizo») m. *Gredal.*

blanquizco, -a adj. *Blanquecino.*

blanquizo, -a (ant.) adj. *Blanquecino.*

blao (del alto al. ant. «blão») adj. HERÁLD. **Azul.* ≃ Azur.

Blas LO DIJO BLAS, PUNTO REDONDO. Expresión irónica con que se comentan las afirmaciones hechas por alguien con infundado tono de *suficiencia.

blasfemable (del lat. «blasphemabĭlis») adj. *Censurable.*

blasfemador, -a (del lat. «blasphemātor»; n. calif.) adj. y n. Se aplica al que dice una blasfemia. ≃ Blasfemo. ⊙ O al que acostumbra a decirlas.

blasfemar (del lat. «blasphemāre», del gr. «blasphēméō») **1** («contra») intr. Decir blasfemias contra Dios o las cosas sagradas. ≃ *Maldecir. ⊙ Hiperbólicamente, hablar mal de cosas dignas de respeto o veneración. **2** («de») *Renegar.*

blasfemia (del lat. «blasphemĭa», del gr. «blasphēmía») f. Expresión injuriosa contra Dios o las cosas sagradas. ⊙ Interjección contra Dios o las cosas sagradas. ≃ Juramento, maldición, voto. ⊙ Expresión que injuria gravemente a alguien.

blasfemo, -a (del lat. «blasphēmus», del gr. «blásphēmos») adj. y n. Se aplica al que blasfema. ⊙ O a la expresión que envuelve una blasfemia.

blasmar (del lat. «blasphemāre», insultar; ant.) tr. *Hablar mal de ↘alguien.* ≃ *Criticar. ⊙ (ant.) **Desacreditar o *deshonrar a ↘alguien.* ⊙ (ant.)**Acusar a ↘alguien.* ⊙ (ant.) **Reprender a ↘alguien.*

blasmo (de «blasmar»; ant.) m. *Insulto.*

blasón (del fr. «blason») **1** m. Conjunto de las cosas relacionadas con los *escudos de armas. ⊙ Tratado de ellas. ≃ *Heráldica. ⊙ Escudo de armas. ≃ Armas. ⊙ (pl.) *Abolengo noble: 'Está orgulloso de sus blasones'. **2** *Divisa que figura en un escudo de armas. **3** Motivo de *orgullo. ≃ Gloria, *honor, *TIMBRE de gloria.

blasonado, -a 1 Participio de «blasonar». **2** adj. *Ilustre, de noble abolengo.*

blasonador, -a adj. *Se aplica al que blasona.*

blasonar (de «blasón»; «de») intr. *Jactarse o *presumir de cierta cualidad, buena o mala: 'Blasona de valiente [o de atrevido]'.

blasonería f. **Bravuconada.*

blastema (del gr. «blástēma») m. BIOL. *Conjunto de *células embrionarias que, mediante su proliferación, llegan a constituir cada uno de los tejidos orgánicos diferenciados.*

blastocito (del gr. «blastós», germen, y «-cito») m. BIOL. *Célula embrionaria producida por la segmentación del huevo de un metazoo que todavía no se ha diferenciado.* ≃ Blastómero.

blastodermo (del gr. «blastós», germen, y «-dermo») m. BIOL. *Conjunto de blastómeros que, dispuestos en una sola capa, forman la pared de la blástula.* ⇒ Endoblasto.

blastómero m. BIOL. *Cualquiera de las células formadas en las primeras etapas por escisión del huevo.*

blástula f. BIOL. Fase en el desarrollo del embrión, posterior a la segmentación y anterior a la gástrula.

blátido, -a adj. y n. m. ZOOL. *Se aplica a los insectos de la familia de la *cucaracha.* ⊙ m. pl. ZOOL. *Esa familia.*

blavo, -a (del fr. ant. «blave»; ant.) adj. *Color mezclado de blanco, marrón y algo de rojo.* ⇒ *Ocre, *pardo.

blazer (ingl.; pronunc. [bléiser]; pl. «blazers») **1** f. Chaqueta usada generalmente por los miembros de un colegio o de un equipo deportivo, que suele estar adornada con un escudo. **2** Chaqueta de sport de doble botonadura.

ble m. *Juego de *pelota que se hace tirando ésta contra la pared.* ≃ Ple.

-ble (del lat. «-bĭlis») Sufijo que expresa posibilidad de realizar en el objeto de que se trata la acción expresada por el verbo a que corresponde la raíz, o merecimiento de ella: 'demostrable, reprobable; creíble, medible, temible'. En algunos casos, esos adjetivos pueden ser reemplazados por una expresión formada con «de» y el verbo correspondiente: 'de temer, de sentir'.

bleda (del lat. «beta», acelga, cruzado con «blitum», bledo; ant.) f. **Acelga (planta quenopodiácea).*

bledo (del lat. «blitum») **1** m. Nombre de diversas *plantas de los géneros *Chenopodium* y *Amaranthus*. **2** Se emplea significando «*nada» en frases afirmativas o negativas con «importar» o expresión equivalente: 'Me importa un bledo. No se me da un bledo'.

blefaritis (del gr. «blépharon», párpado, e «-itis») f. MED. *Inflamación de los párpados.*

blefaroplastia (del gr. «blépharon», párpado, y «-plastia») f. CIR. *Restauración de una lesión del párpado mediante la aproximación de la piel próxima.*

blenda (del al. «Blende») f. Mineral (sulfuro de cinc) que aparece en cristales brillantes, de color que varía desde el amarillo rojizo al pardo oscuro; es el mineral más importante del que se extrae el *cinc.

blenorragia (del gr. «blénnos», mucosidad, y «-rragia») f. MED. Inflamación infecciosa de la uretra producida por un gonococo, que se contagia generalmente en el coito. ≃ Purgación. ⇒ Gonorrea, uretritis.

blenorrea (del gr. «blénnos», mucosidad, y «-rrea») f. MED. Blenorragia crónica.

bletisense o **bletitense** adj. y, aplicado a personas, también n. *De Ledesma, población de la provincia de Salamanca.*

blezo (de «brezo[2]»; ant.) m. **Cuna.*

blinda (del fr. «blinde», del al. «blenden») f. FORT. *Viga o bastidor de madera que se empleaba para sujetar los haces, tierra, etc., con que se hacían *trincheras.*

blindado, -a Participio de «blindar». ⊙ Con blindaje: 'Puerta blindada'. ⊙ m. Acción y efecto de blindar.

blindaje 1 m. Acción de blindar. **2** FORT. *Defensa hecha con blindas.* **3** Conjunto de planchas que protegen una cosa blindada. ⇒ *Coraza.

blindar (del fr. «blinder», del al. «blenden») tr. Proteger ↘algo con planchas de hierro o acero. ≃ Acorazar. ⇒ Forrar, planchear.

bloc (del fr. «bloc»; pl. «blocs») m. Conjunto de hojas de *papel para escribir o dibujar, unidas, bien con un pegado ligero de modo que son fácilmente separables, bien con un picado cerca de la inserción, por el que se pueden cortar, o de cualquier otra manera semejante. ⇒ Apénd. II, DERIVACIÓN (nota sobre «bloc» y «bloque»).

blocao (del al. «Blockhaus», casa de troncos) **1** m. FORT. Originariamente, fortificación construida de madera. **2** FORT. Después, «fortín»: pequeña fortificación construida de cualquier modo.

blocar (del fr. «bloquer») tr. DEP. En fútbol y otros *deportes, parar el portero el ↘balón y sujetarlo fuertemente contra el cuerpo.

blonda (del fr. «blonde») f. Encaje de seda, del que son, por ejemplo, las mantillas, con dibujos formados por partes rellenas con un hilo en zigzag y contorneadas por un hilo más grueso.

blondina f. *Encaje estrecho de blonda.*

blondo, -a (¿del fr. «blond», rubio?; lit.) adj. **Rubio.*

bloody mary (ingl.; pronunc. [blódi méri]) m. Combinado de vodka con zumo de tomate.

bloque (del fr. «bloc», del neerl. «blok», bloque) **1** m. Trozo grande de *piedra sin labrar, de forma prismática. Se puede aplicar a los de otros materiales: 'Hecho de bloques de cemento'. ⇒ Tapia. **2** *Conjunto compacto o coherente de cosas. ⊙ Parte mayor o más importante de una cosa, que forma un conjunto compacto, prescindiendo de apéndices, accesorios o detalles: 'El bloque de la ciudad tiene 2 Km de longitud'. ≃ Cuerpo, *masa. ⊙ INFORM. Grupo de palabras consideradas como una unidad: 'Para borrar este trozo de texto primero hay que marcar el bloque'. **3** BLOQUE de viviendas. **4** Se puede aplicar a un paquete o mazo de hojas de papel, cartas o cosa semejante. ⊙ *Bloc.* **5** *Unión de varios países, partidos, etc., con cierto fin: 'El bloque atlántico. El bloque de izquierdas'. **6** En un motor de explosión, pieza que contiene los cilindros.

BLOQUE DE VIVIENDAS. Conjunto de viviendas que comprende un número de éstas mucho mayor que el de los edificios ordinarios, generalmente distribuidas en distintos *edificios con entradas independientes y con un patio interior común a todos ellos. ⇒ *Manzana.

EN BLOQUE. Sin hacer separaciones o partes: 'Ha vendido la finca en bloque'. ≃ En *conjunto. ⊙ Prescindiendo de detalles o cosas accesorias: 'El asunto, en bloque, me parece interesante'. ≃ En *conjunto.

bloqueado, -a Participio adjetivo de «bloquear[se]»: 'Una pieza bloqueada. Unas negociaciones bloqueadas. Me quedé bloqueado y no supe qué responder'.

bloquear (del fr. «bloquer») **1** tr. *Desgajar de las ↘rocas bloques de piedra por medio de explosivos.* **2** (ant.) AGRÁF. *Reemplazar provisionalmente ↘letras que faltan por otras que se ponen invertidas.* **3** MIL. Rodear una ↘plaza enemiga para evitar su comunicación con el exterior, a fin de preparar el ataque a ella. ≃ Asediar, *cercar, *sitiar. **4** Evitar la entrada y salida en un ↘puerto o la llegada de barcos a un ↘país. **5** Inmovilizar una autoridad los ↘créditos o bienes de alguien, de modo que no puede disponer de ellos: 'Bloquear una cuenta corriente'. ⇒ Desbloquear, embargar. **6** Detener o interceptar ↘algo para que no llegue al sitio a donde va dirigido; por ejemplo, una pelota o una emisión de radio. ⊙ Interrumpir el paso a través de un ↘lugar: 'Un camión de gran tonelaje bloquea la carretera'. ⊙ Detener el movimiento de una ↘pieza de un mecanismo antes de que llegue a cierto sitio. **7** Impedir el desarrollo o funcionamiento de ↘algo: 'Su retirada bloqueó las negociaciones'. **8** prnl. Interrumpirse el funcionamiento o desarrollo de algo: 'Bloquearse un motor, una línea telefónica por exceso de llamadas, un acuerdo, etc. **9** tr. Hacer que una persona no pueda pensar o actuar. ⊙ prnl. Perder una persona la capacidad de pensar o de actuar en cierta situación: 'Estudia mucho, pero en los exámenes se bloquea'.

bloqueo 1 m. Acción de bloquear. ⊙ Medios con que se bloquea. **2** *Pieza que detiene la rueda de escape en el reloj.* ≃ Detención. **3** RAD. *Interferencia de una onda muy intensa con otra cuya recepción imposibilita.*

BLOQUEO ECONÓMICO. Medida de presión política contra un estado al que se aísla económicamente prohibiendo comerciar con él, concederle préstamos o embargando sus bienes en el extranjero.

blue jeans (ingl.; pronunc. [bluyíns]; Hispam.) m. pl. *PANTALONES *vaqueros.*

blues (ingl.; pronunc. [blus]; pl. «blues») m. Canto popular negro americano, surgido en Estados Unidos a mediados del siglo XIX, de ritmo lento y carácter melancólico. ⇒ Rhythm and blues

bluf o **bluff** (del ingl. «bluff») m. Cosa que asombra, admira o atrae el interés de la gente sin tener realmente mérito o importancia para ello. ⊙ Se aplica también a personas: 'Esa cantante ha resultado un bluf'. ⇒ *Chasco, exageración, *infundio.

blúmer (C. Rica, Cuba, Salv., R. Dom., Ven.; sing. o pl.; pl. «blúmers») m. **Braga (prenda femenina)*.

blusa (del fr. «blouse») f. Prenda exterior de *vestir de tela fina, especialmente femenina, que cubre la parte superior del cuerpo. ⇒ Blusón, caracol, chambra, garibaldina, liquilique, mola.

B. CAMISERA. Blusa de mujer de forma sencilla, sin fantasía, con cuello vuelto y abotonada por delante, semejante a una camisa de hombre.

BLUSA DE MARINERO. Blusa, generalmente de color azul marino, con cuello de marinero, o sea adornado con trencillas blancas. ≃ Marinera.

blusón m. Blusa larga y suelta.

boa (del lat. «boa») **1** (*Boa constrictor* y otras especies del mismo género) f. *Serpiente de América de gran tamaño, que se alimenta generalmente de otros animales. ≃ Bastardo. ⇒ Anaconda, curiyú. **2** (pronunc. también a la francesa, [bo-á] o [bu-á]) m. Prenda que llevaban las señoras para abrigarse el cuello, hecha de plumas, que eran a veces de marabú, o de piel.

boalaje 1 m. **Dehesa donde pastan *bueyes*. ≃ Boalar. **2** (Ar.) **Tributo antiguo que se pagaba al rey por los *bueyes que se poseían*.

boalar (del sup. lat. «boālis», de «boe», por «bovem», buey) **1** m. *Dula: sitio destinado en un pueblo a que *pasten los ganados de los vecinos*. **2** (ant. y Ar.) *Boalaje (dehesa)*.

boarda (ant.) f. *Buhardilla*.

boardilla (de «boarda») f. *Buhardilla*.

boato (del lat. «boātus», grito) m. Conjunto de cosas superfluas, de adorno, o que proporcionan bienestar, con las que se hace ostentación de riqueza. ≃ *Lujo. ⊙ Manera de vivir con esas cosas, con criados, coches, etc.

bobada f. Dicho o acción propios de una persona boba. ⊙ Se emplea mucho como «tontería», sin tono ofensivo, aplicado a cosas dichas o hechas sin fundamento u objeto. ≃ Bobera, bobería.

bobales (inf.) n. Persona boba.

bobalías (inf.) n. *Persona muy boba*.

bobalicón, -a adj. y n. Aum. muy frecuente de «bobo».

bobamente adv. Inmotivadamente. Sin causa o sin objeto: 'Reírse [o caerse] bobamente'.

bobarrón, -a adj. *Bobalicón*.

bobatel m. *Hombre bobo*.

bobáticamente adv. *Bobamente*.

bobático, -a adj. *Como de bobo*.

bobear intr. Hacer bobadas.

bobera f. *Bobada*.

bobería f. Bobada.

bóbilis (deformación burlesca del lat. «vobis», para vosotros, expresión del que reparte) DE BÓBILIS BÓBILIS. Aplicado a «conseguir, lograr» u otro verbo equivalente, significa sin esfuerzo, sin ganar o merecer la cosa de que se trata: '¿Crees que te van a dar la plaza de bóbilis bóbilis?'. ⇒ *Gratis.

bobillo (dim. de «bobo») **1** m. *Cierta *jarra de forma de puchero*. **2** *Encaje puesto como adorno alrededor del *cuello en los vestidos de mujer, con una chorrera cayendo por delante*.

bobina (del fr. «bobine») **1** f. *Devanado de hilo para coser hecho sobre un canuto. **2** **Carrete de madera*. **3** *Devanado de un hilo conductor, empleado con distintas funciones en *electricidad. **4** AGRÁF. *Rollo de papel empleado en las rotativas*.

bobinado 1 m. Acción y efecto de bobinar. **2** Bobinas que integran un circuito.

bobinadora f. Máquina para bobinar.

bobinar tr. Enrollar un hilo, cable, papel, etc., sobre una bobina.

bobo, -a (del lat. «balbus», tartamudo) **1** adj. y n. Se aplica a la persona que dice o hace cosas que denotan falta de inteligencia, de listeza o de discreción; se emplea mucho como insulto y, muy frecuentemente, en broma o sin intención ofensiva. ⊙ Propenso a admirarse, incluso por cosas que no merecen admiración. ≃ *Pazguato. ⇒ Abobar, embobar. ⊙ Se aplica a veces, como una reconvención suave, a una persona que comete una ingenuidad. **2** DÉBIL mental. **3** m. «*Gracioso» de las antiguas comedias. **4** (Cuba) **Mona (juego de baraja)*. **5** *Adorno que se ponían antiguamente las mujeres por debajo de la *barbilla para hacer parecer más llena la cara. **6** adj. *Cumplido: no escaso*. **7** (Am. C., Méj.; géneros *Joturus* y *Agonostoma*) m. **Pez mugiliforme de río, de carne exquisita, que se pesca con facilidad, incluso golpeándole con palos desde la orilla*.

BOBO DE CAPIROTE (inf.). *Expresión intensiva de bobo*. ≃ TONTO de capirote.

B. DE CORIA. *Personaje proverbial representativo de la sandez*.

ENTRE BOBOS ANDA EL JUEGO. Frase con que se comenta que todos los que intervienen en un asunto son igualmente *tontos o, por el contrario, igualmente *astutos, o que tratan por igual de *engañarse unos a otros.

HACER EL BOBO. Portarse como bobo.

V. «PÁJARO bobo».

□ CATÁLOGO

Alelado, atontado, babanca, bambarria, belitre, bobales, bobalías, bobalicón, bobarrón, bobatel, bobote, boceras, bozal, camote, cándido, cantimpla, chirote, cipote, cuitado, *DÉBIL [O DEFICIENTE] mental, estúpido, idiota, imbécil, insulso, lelo, majagranzas, melón, memo, menguado, mentecato, modurria, mondrego, motolito, *necio, noneco, oligofrénico, pánfilo, panfilote, papamoscas, *papanatas, paparote, pasmado, pasmarote, RETRASADO mental, sandio, sansirolé, simple, simplón, simplote, tilingo, zampabodigos, zampabollos [o zampatortas]. ➤ Bobada, bobera, bobería. ➤ Abobar, embobar. ➤ Bobear. ➤ Engañabobos. ➤ *Infeliz. *Ingenuo. *Insustancial. *Patoso. *Soso. *Tonto.

bobote, -a adj. Aum., gralm. benévolo o cariñoso, de «bobo».

boca (del lat. «bucca», mejilla, boca) **1** f. Entrada al aparato digestivo, que está situada en la parte inferior de la *cara. ⊙ Conjunto de los dos labios, que la cierra: 'Una boca bien dibujada'. ⊙ Cavidad situada detrás de los labios, en que están la lengua, los dientes, etc. **2** *Agujero o *abertura que pone en comunicación el interior de algo y el exterior: 'La boca del puerto. Una boca del metro. La boca del escenario'. **3** En algunos casos particulares se da este nombre a la *desembocadura de un río: 'Las bocas del Ródano'. **4** (inf.) Agujero o *rotura en un sitio: 'Una boca en la suela del zapato'. **5** (inf.) Cada uno de cierto número de personas o animales a los que hay que *mantener: 'Tiene siete bocas en su casa'. **6** En *herramientas como la azada, el hacha o el escoplo, parte más afilada, con la que cortan, etc. **7** CARP. *Ranura del *cepillo en la que se mete la cuchilla.* **8** *En el juego de la *argolla, parte del aro que tiene las rayas que se llaman «barras».* **9** *Pinza de la pata delantera de los crustáceos. ⇒ BOCA de la isla. **10** Sabor de un *vino, calificado de alguna manera: 'Un vino de buena boca'. **11** En muchas frases, como puede verse más adelante, sirve para referirse a la acción de hablar: 'Callar la boca, no abrir la boca', etc.

BOCA DE ALCANTARILLA. Abertura o *sumidero en las calles, en comunicación con las alcantarillas, por donde cae el agua de lluvia, de riego, etc.

B. DE CANGREJO. BOCA de la isla.

B. DE DRAGÓN. *Dragón (planta escrofulariácea).

B. DE ESCORPIÓN. Persona maldiciente.

B. DEL ESTÓMAGO. Epigastrio. Se usa en lenguaje popular, por ejemplo para localizar el sitio donde se siente el dolor.

B. DE FUEGO. *Arma de fuego o pieza de *artillería.

B. DE LA ISLA. Pinza grande de las dos delanteras del crustáceo llamado «*barrilete», que este animal emplea para tapar el agujero en que se esconde en la arena, y que se come como *marisco.

B. DE LOBO. **1** MAR. *Agujero cuadrado en medio de la cofa, por el que pasa el calcés o parte superior del *palo.* **2** MAR. *Cierto *nudo de marinería.*

B. DE OREJA A OREJA (inf.). Boca muy grande.

B. DE PIÑÓN (muy frec. en dim.). Boca pequeña.

B. DE RIEGO. Abertura en una cañería de agua de las que pasan debajo de la *calle, con un dispositivo para enchufar en ella las mangas de riego.

B. DE VERDADES. Persona que dice sin reparo verdades desagradables. ⇒ *Verdad.

BUENA BOCA. **1** Buen *sabor. **2** (desp.) Capacidad para *aguantar. **3** Cualidad del *caballo dócil al freno.

A BOCA DE JARRO. **1** Tratándose de disparos, hechos desde muy cerca. ≃ A bocajarro. **2** Tratándose de *beber, desmedidamente. ≃ A PICO de jarro. **3** Tratándose de la manera de comunicar algo o dar una noticia, bruscamente, sin preparación. ≃ A bocajarro.

A BOCA LLENA. Aplicado a la manera de decir algo, *abiertamente, sin miramientos, y con gusto de decir la cosa de que se trata, generalmente desagradable para otro.

A PEDIR DE BOCA. **1** Todo lo *bien que cabe desear. **2** A qué quieres, BOCA.

A QUÉ QUIERES, BOCA. Con «tratar» o verbo equivalente, con mucha consideración y procurando *complacer en todo a la persona de que se trata. ≃ A pedir de BOCA.

ABRIR LA BOCA. **1** (más frec. en frases negativas) Hablar. **2** *Bostezar.

ANDAR algo DE BOCA EN BOCA. Ser cosa de la que todos hablan. ⇒ *Publicar.

ANDAR alguien DE BOCA EN BOCA [ANDAR EN BOCAS O ANDAR EN [LA] BOCA DE alguien]. Ser objeto de murmuraciones o de *escándalo.

BLANDO DE BOCA. Se aplica a la caballería muy sensible al freno.

BOCA ABAJO. **1** Tumbado con la boca hacia abajo. ⊙ Aplicado a una vasija, con la boca hacia abajo. ⊙ Aplicado a un escrito, un dibujo, etc., por ejemplo a las cartas de la baraja, con lo escrito, dibujado, etc., hacia abajo, de modo que no se ve ⇒ *Posición. **2** En actitud de acatar sin discusión o reservas lo que otro dice: 'Habla él... y todo el mundo, boca abajo'. ⇒ *Someterse.

BOCA ARRIBA. Lo contrario de boca abajo en su primera acepción.

BOCA A BOCA. Forma de respiración artificial en la que una persona insufla en la boca de la otra el aire que ella misma toma: 'Estuvo a punto de ahogarse pero se salvó gracias a que le hicieron la respiración [o el] boca a boca'.

BUSCAR LA BOCA a alguien. Decirle cosas dando lugar a que se enfade o que exteriorice algún motivo de queja o de enfado. ⇒ *Provocar.

CALLAR LA BOCA. Estar *callado. ⊙ No decir nada. ⊙ Guardar un secreto. ≃ Cerrar [coserse o guardar] la BOCA.

V. «CÁMARA anterior [o posterior] de la boca».

V. «echar [o poner] un CANDADO en la boca, poner las CARTAS boca arriba».

CERRAR LA BOCA a alguien. Tapar la BOCA.

V. «CIELO de la boca».

COMO BOCA DE LOBO. Referido a un lugar, a la noche, etc., muy *oscuro. ≃ Oscuro como BOCA de lobo.

CON LA BOCA ABIERTA. Boquiabierto: admirado, asombrado, deslumbrado, pasmado o sorprendido: 'El niño se quedó con la boca abierta al ver los fuegos artificiales'.

CON LA BOCA PEQUEÑA [CHICA O CHIQUITA] (inf.). Con «decir, ofrecer, prometer» o verbos equivalentes, sin deseo de hacer lo que se ofrece ⇒ *Insincero.

CON TODA LA BOCA. V. «MENTIR con toda la boca».

COSERSE LA BOCA. Callar la BOCA.

DARSE UN PUNTO EN LA BOCA. *Callar la BOCA.*

DE BOCA. **1** Con «hacer» o verbo equivalente, significa diciendo lo que en realidad no se es capaz de hacer o no se piensa hacer. ≃ De boquilla. ⇒ *Insincero. **2** Refiriéndose a compras o contratos, sin dar el *dinero por el momento. ⇒ *Compromiso.

DE BOCA DE. Con «*oír» o «*saber», de la persona que se expresa.

DE BOCA EN BOCA. Con «andar, circular, correr, pasar, propagarse, transmitirse», etc., diciéndoselo unos a otros. ⇒ Andar de BOCA en boca. ➤ Oralmente.

DECIR algo CON LA BOCA CHICA V. «con la BOCA chica».

DECIR alguien LO QUE [TODO LO QUE O LO PRIMERO QUE] [SE] LE VIENE A LA BOCA. Hablar sin contención o miramiento. ⇒ *Descomponerse.

V. «ponerse el DEDO en la boca, meter los DEDOS en la boca».

DEJAR CON LA BOCA ABIERTA. V. «con la BOCA abierta».

DURO DE BOCA. Se dice de las *caballerías poco sensibles al freno. ⇒ Blando de BOCA.

ECHAR POR LA BOCA. Decir cosas como injurias, maldiciones, etc.: 'No queréis saber lo que echó por su [o aquella] boca'. ⇒ *Descomponerse.

EN BOCA CERRADA NO ENTRAN MOSCAS. Refrán que indica que lo que menos complicaciones trae es no hablar ⇒ Cautela.

ESTAR COLGADO [O PENDIENTE] DE LA BOCA de alguien. Estar pendiente de lo que dice: escucharle con mucho gusto o *admiración, o estarle sometido.

V. «irse la FUERZA por la boca».

GUARDAR LA BOCA. Callar la BOCA.

HABLAR POR BOCA DE OTRO [o, menos frec., POR BOCA DE GANSO]. **1** Decir cosas inspiradas por otra persona. **2** Manifestarse de *acuerdo con la opinión de otro.

HACER BOCA. Tomar algo ligero, de *comer o *beber, antes de otra comida más fuerte, para abrir el apetito.

HACER LA BOCA a una *caballería. Acostumbrarla al freno.

HACERSE LA BOCA AGUA a alguien. Pensar con delectación en una cosa, particularmente de comer ⇒ *Apetecer, *ilusión.

IRSE DE BOCA [O IRSE LA BOCA a] alguien. Decir lo que, prudentemente, debería callar ⇒ *Indiscreto.

MALA BOCA. *Cualidad del *caballo que no obedece al freno.*

V. «de MANOS a boca».

MENTIR CON TODA LA BOCA. *Mentir sin ningún miramiento.

METERSE EN LA BOCA DEL LOBO. Exponerse a un *peligro yendo imprudentemente al sitio donde existe o buscando la situación en que lo hay.

V. «MUNICIÓN de boca».

NO ABRIR LA BOCA. No decir absolutamente nada ≃ No decir esta BOCA es mía, no descoser [despegar o desplegar] la BOCA. ⇒ Acallar.

NO CAÉRSELE a alguien una cosa DE LA BOCA. Estar *diciéndola continuamente: 'No se le cae de la boca lo simpática que eres' ≃ Tener siempre en la BOCA.

NO DECIR alguien ESTA BOCA ES MÍA. No abrir la BOCA.

NO DESCOSER [DESPEGAR O DESPLEGAR] LA BOCA. No abrir la BOCA.

OSCURO COMO BOCA DE LOBO. V. «como BOCA de lobo».

V. «dejar con la PALABRA en la boca, quitar la[s] PALABRA[s] de la boca».

PARA HACER BOCA. V. «hacer BOCA».

PIDE [O PIDA, etc.] [TÚ, USTED, etc.] POR ESA BOCA. Frase informal con que se muestra a alguien que se está dispuesto a *complacerle.

PONER EN BOCA de alguien. Atribuir a una persona haber dicho cierta cosa.

POR BOCA DE. De BOCA de.

POR LA BOCA MUERE EL PEZ. Refrán que aconseja ser cauto en *hablar.

V. «PUNTO en boca».

QUEDARSE CON LA BOCA ABIERTA. V. «con la BOCA abierta».

QUITARLE algo a alguien DE LA BOCA. *Anticiparse a decirlo.

QUITARSE alguien algo DE LA BOCA para otro. Privarse de ello para dárselo. ⇒ *Desprenderse.

SABER algo DE BOCA de alguien. V. «de BOCA de».

V. «mal SABOR de boca».

SIN ABRIR LA BOCA. V. «no abrir la BOCA».

SIN DECIR ESTA BOCA ES MÍA. Sin abrir la BOCA.

TAPAR LA BOCA a alguien. Hacer que no acuse, que no proteste, que no divulgue algo comprometedor que sabe, etc., con dádivas, amenazas, etc. ≃ Cerrar la BOCA. ⇒ Acallar.

TAPAR BOCAS. Hacer algo para evitar o hacer cesar las murmuraciones.

V. «TELÓN de boca».

TENER BUENA BOCA. V. «buena BOCA».

TENER una cosa o a una persona SENTADA EN LA BOCA [DEL ESTÓMAGO]. Sentir *antipatía o *aversión hacia ellas.

TENER SIEMPRE EN LA BOCA. No caérsele de la BOCA.

VENIR[SE]LE algo a alguien A LA BOCA. *Ocurrírsele y tener ganas de decirlo.

□ CATÁLOGO

Otras formas de la raíz, «boqui-, buc-»: 'boquiabierto, boquino, bucal, bucofaríngeo, bucolabial'. Otras raíces, «estom-, or-»: 'estomático, estomatitis, estomatología; oral, orar'. ➤ Bozo, fauces, hocico, jeta, morro, pico. ➤ Bocacha, bocaza, buzón [de correos]. ➤ Tarasca. ➤ Abazón, BÓVEDA palatina, CÁMARA anterior de la boca, CÁMARA posterior de la boca, CIELO de la boca, comisuras, *diente, encía, ISTMO de las fauces, *labio, *lengua, *paladar, saliva, VELO del paladar. ➤ Afta, *calentura, fuliginosidad, gingivitis, leucoplaquia, noma, piorrea, ranas, ránula, sapillo, trismo, ubrera. ➤ Abrir, apretar, besar, bostezar, cerrar, enjuagar[se], lavarse, limpiarse. ➤ *Masticatorio. ➤ Amordazar, embozalar, enmordazar. ➤ Hundirse, sumirse. ➤ Anillo, aro, freno, mordaza, servilleta, vinco. ➤ Enjuagatorio, enjuague. ➤ Buchada, buche, tarasca. ➤ Abocar, abocardar, boquear, desbocar[se], desembocar, embocar, emboquillar». Véanse palabras compuestas con «boca-» y con «boqui-».

bocabajo **1** adv. BOCA abajo. **2** (P. Rico) m. *Persona rastrera y servil.* **3** (Cuba, P. Rico) *Castigo de azotes que se daba a los esclavos haciéndoles tumbarse boca abajo.*

bocabarra (de «boca» y «barra») f. MAR. *Cada una de las muescas del sombrero del *cabrestante donde se encajan las barras para hacerlo girar.*

bocacalle **1** f. Entrada de una *calle. **2** *Calle menos importante que sale a otra principal.

bocacaz (de «boca» y «caz») m. *Abertura en una *presa para dar salida a una parte del agua para *regar.*

bocacha **1** (inf.) m. Aum. desp. de «boca». ⇒ Bocaza. **2** *Trabuco naranjero.*

bocacho, -a (de «bocacha»; Pan.) n. *Persona a la que le falta algún diente delantero.*

bocací (¿del turco «boğası», a través del cat. o del it.?) m. *Cierta *tela de hilo, de color, más basta que la llamada holandilla.* ≃ Bucarán, esterlín.

bocacín (ant.) m. *Bocací.*

bocada **1** (ant.) f. *Bocado.* **2** (ant.) *Boqueada.*

bocadear tr. *Partir una ↘cosa en bocados.*

bocadillo **1** m. Barra o pedazo de *pan abierto y relleno con algún alimento, como tortilla, jamón, queso, anchoas, etc.: 'Un bocadillo de jamón'. ⇒ Bocadito, bocata, hamburguesa, medianoche, montado, pataqueta, pepito, pulga, refuerzo, sandwich, torta. **2** (inf.) Comida ligera, consistente generalmente en un bocadillo, que se toma a media mañana. ≃ Almuerzo. ⇒ *Refrigerio. **3** (Hispam.) *Nombre dado a diferentes *dulces de guayaba, de coco, de plátano, etc.* **4** En una obra de teatro, intervención breve de un personaje en un diálogo. **5** En las viñetas de los tebeos o cómics, espacio rodeado de una línea donde está escrito lo que dice o piensa un personaje. **6** (ant.) *Cierta tela, especie de *lienzo delgado.* ≃ Platilla. **7** (ant.) **Cinta muy estrecha.*

bocadito **1** m. Dim. de «bocado». **2** **Cigarrillo de picadura envuelto en una hoja de tabaco.* **3** (Cuba) **Bocadillo (pan relleno con algún alimento).*.

BOCADITO DE NATA. Pastelillo relleno de nata.

bocado **1** m. Porción de comida que se toma de una vez mordiendo en el objeto que se come. ≃ Mascada, mordisco, muerdo, mueso. ⊙ Pedazo arrancado con los dientes, de cualquier cosa. **2** Pequeña porción de comida: 'Tomar un bocado'. **3** Acción de clavar los dientes apretando con ellos. ≃ Dentellada, mordedura, *mordisco. ⊙ Herida causada al hacerlo. **4** *Trozo que falta de alguna cosa: 'A este papel le falta un bocado' ⇒ Sacabocados. **5** *Parte del freno que entra en la boca de la caballería.* ≃ Embocadura. ⇒ Brida, mueso. ➤ Estrangol. ⊙ Por extensión, el *freno completo. **6** *Estaquilla de retama que se pone en la boca de las reses lanares para que babeen.* **7** *Escalerilla usada por los veterinarios para mantener abierta la boca de los animales.* **8** (pl.) *Trozos de *fruta en *dulce.* **9** m. **Veneno administrado en la comida.*

BOCADO DE ADÁN. Abultamiento en la *garganta de los hombres. ≃ Nuez.

B. SIN HUESO [O BUEN BOCADO]. Cosa muy buena o ventajosa. ≃ *Ganga.

CARO BOCADO. Expresión calificativa que se aplica a una cosa cuya obtención cuesta mucho dinero, esfuerzo o sacrificio. ⇒ Costoso.

CON EL BOCADO EN LA BOCA. Inmediatamente después de *comer.

NO HABER [O TENER] PARA UN BOCADO. Haber o tener muy poco de cierta cosa de comer. ⊙ Puede, también, aplicarse a otras cosas. ⇒ *Escaso.

NO PROBAR BOCADO. No *comer nada.

V. «OVEJA que bala bocado que pierde».

bocajarro A BOCAJARRO. A BOCA de jarro.

bocal[1] (de «boca») **1** m. *Boquilla de los instrumentos musicales de viento.* **2** (Ar.) **Presa en una corriente de agua.* **3** **Brocal de pozo.*

V. «TABLA bocal».

bocal[2] (del lat. «baucălis», del gr. «baúkalis», cierto jarro) **1** m. **Jarra de boca ancha usada para sacar el *vino de las tinajas. ⊙ Reciben también este nombre ciertos recipientes usados en laboratorios, farmacias, hospitales, etc.* **2** *Pecera.*

bocallave f. *Ojo de la cerradura.*

bocamanga f. Abertura de la *manga por donde asoma la mano o el brazo. ⇒ Cartera.

bocamina f. *Entrada de una mina.*

bocana (de «boca») f. *Entrada en un *estrecho o una *bahía.

bocanada 1 f. Porción de aire, de humo o de un líquido que se echa de una vez de la *boca. ≃ Buchada. ⇒ Espadañada, gargantada, gorgozada. **2** Salida o entrada, realizada de una vez, de aire, humo, etc., por una abertura: 'Por la chimenea salió una bocanada de humo. Al abrir la ventana entró una bocanada de aire fresco'. ≃ Racha, *ráfaga. **3** *Salida muy perceptible de una cosa, aunque sea continua: 'Por la ventana sale una bocanada de aire caliente'.

A BOCANADAS. Con «llegar, salir», etc., y referido generalmente a aire, humo, etc., con violencia y discontinuidad: 'El vapor sale a bocanadas'.

bocanegra *(Galeus melastomus)* m. Pez selacio de color pardo grisáceo, con grandes manchas irregulares y la boca negra en su interior.

bocarda f. **Trabuco de boca ancha.*

bocardo m. LÓG. *Uno de los modos posibles del *silogismo, perteneciente a la tercera figura.*

bocarón m. *Pieza del *órgano que une el fuelle con el tubo de viento.*

bocarrena f. MINER. *Oquedad revestida de cristales de un mineral.*

bocarte[1] **1** (Cantb.) m. *Cría de la *sardina.* **2** *Boquerón.*

bocarte[2] (del fr. «bocard») **1** m. CANT. *Martillo cincel con la boca dentada, usado para labrar piedras de construcción.* **2** MINER. *Máquina de triturar el mineral.*

bocata (inf.) m. Bocadillo (barra o pedazo de pan rellenos).

bocateja (de «boca» y «teja») f. CONSTR. *Teja primera de cada canal, del lado del alero.* ≃ Luneta.

bocatijera (de «boca» y «tijera») f. *Sitio del eje delantero de los *carruajes de caballos, donde va sujeta la lanza.*

bocatoma (de «boca» y «tomar»; Chi., Ec.) f. *Bocacaz o boquera de riego.*

bocaza 1 f. Aum. desp. de «boca». **2** (n. calif.; forma pl.) n. Persona que *habla más de lo que es discreto.

bocazo m. *Explosión que sale por la boca del *barreno, sin producir efecto.*

bocear intr. *Bocezar.*

bocel (del fr. ant. «bossel») m. ARQ. *Moldura de forma cilíndrica. ≃ Bocelete, cordón, óvolo, toro.

CUARTO BOCEL. *Moldura cuya sección es la cuarta parte de un círculo.

MEDIO BOCEL. *Moldura cuya sección es medio círculo.

V. «CEPILLO bocel».

bocelar tr. *Formar bocel en un ↘objeto.*

bocelete m. *Bocel.*

bocera (del lat. «buccĕa», bocado) **1** (gralm. pl.) f. Comida o bebida que queda pegada alrededor de los *labios. **2** (inf.) Pupa en las comisuras de los labios. ≃ *Calentura.

boceras 1 (inf.) n. Se aplica a la persona que habla más de lo que es prudente o que presume de lo que no hace o no es capaz de hacer. **2** Se aplica con *desprecio a una persona, por *boba, por *inoportuna, etc.

boceto (del it. «bozzetto») m. Proyecto hecho con sólo los trazos generales de una obra de pintura, escultura u otra arte decorativa. Particularmente, el hecho en color para un cuadro. ≃ Apunte, *bosquejo, croquis, esbozo. ⊙ Por extensión, *esquema o exposición, hecha sólo con los rasgos o datos principales, de cualquier cosa.

bocezar (de «bozo») **1** (ant.) intr. *Bostezar.* **2** Mover los labios a un lado y a otro los caballos y otros animales cuando comen o beben.

bocezo (ant.) m. *Bostezo.*

bocha (del it. «boccia») **1** f. **Bola de las que se emplean para tirar en el juego llamado «de las bochas», el cual consiste en tirar los jugadores esas bolas y otra más pequeña, y ver quién se aproxima más a ésta con las grandes.* ⇒ Arrima. ➤ Boliche. ➤ Arrime. ➤ Bochar, tirar de CUPITEL, de RODILLO a rodillo. **2** (Mur.) *Arruga que hace una prenda de vestir demasiado ancha o que no sienta bien.* ≃ Bolsa.

A BOCHA (Ur.). *Abundantemente.*

bochar 1 tr. *Dar con una bocha tirada por alto un golpe a ↘otra, para apartarla del sitio en que está.* **2** (R. Dom., Ur., Ven.) *Dar boche a ↘alguien.*

bochazo m. *Golpe dado con una bocha a otra.*

boche[1] (de «bocha») **1** (Ven.) m. *Bochazo.* **2** (Ven.) *Rechazo, desaire.*

DAR [UN] BOCHE a alguien. **Desairarle o *rechazarle.*

ECHAR UN BOCHE a alguien (P. Rico, R. Dom.; inf.). *Llamarle la atención.*

boche[2] (¿de «bache[1]»?) m. *Hoyo de los que hacen los chicos en el suelo para jugar, por ejemplo, a las canicas.*

boche[3] **1** (Chi.) m. **Jaleo.* ≃ Bochinche. **2** (Chi.) *Fiesta bulliciosa.*

boche[4] (relac. con «bochín») m. *En germanía, *verdugo.* ≃ Bochín, buchín.

bochín (del occit. «botchí») m. *Boche (verdugo).*

bochinche m. Escena en que la gente se excita y grita o *riñe. ≃ *Jaleo. ⇒ Embochinchar.

bochinchero, -a adj. y n. **Pendenciero.*

bochorno (del lat. «vulturnus», viento del este) **1** m. *Viento extraordinariamente caliente. **2** *Calor sofocante, particularmente cuando va acompañado de depresión atmosférica. ⇒ Calorina, chajuán, fogaje, sofoco, sofoquina, vulturno. **3** Sensación de calor sofocante. ≃ Sofocación. ⊙ Afluencia de sangre a la *cara por efecto de él. **4** *Vergüenza. ≃ Sonrojo.

bochornoso, -a adj. Causante de bochorno. ⊙ Particularmente, vergonzoso.

bocín (del lat. «buxis», caja) **1** m. *Trozo de tejido de esparto que ponen en algunos sitios cubriendo el cubo de las *ruedas del carro.* **2** *Agujero del cubo por donde cae el agua a la rueda de paletas, en los molinos.*

DAR EN EL BOCÍN (Col.; inf.). *Dar en el blanco.* ≃ Atinar.

bocina (del lat. «bucĭna», cuerno de boyero) **1** f. Pieza de forma cónica con que se refuerza el sonido de cualquier aparato sonoro; por ejemplo, de los gramófonos antiguos. ⊙ Por extensión, instrumento provisto de esa pieza, que se hace sonar para señales con la boca o por otro medio. ⇒ Megáfono. ➤ Virol. ➤ Bocinazo. ➤ Abocinar. ⊙ Claxon de los *automóviles. **2** (Cuba, Guat., Méj., Pan., P. Rico, R. Dom.) *Bafle.* **3** *Instrumento de forma de cuerno, generalmente hecho con uno de éstos, que suena como la *trompa.* **4** *Caracola que sirve como trompa.* **5** MAR. *Revestimiento metálico en el interior de un orificio.*

BOCINA DE LA CAJA DE CADENAS. MAR. *Escobén de la caja de cadenas.*

bocinar (del lat. «bucināre») intr. *Tocar la bocina.*

bocinazo m. *Toque de bocina.

bocinegro, -a adj. *Se aplica al animal que tiene negro el hocico.* ≃ Boquinegro.

bocio (del b. lat. «bocia») **1** m. Hipertrofia de la glándula *tiroides que produce abultamiento del cuello. ⇒ Coto, papera, papo. **2** *Tumor, benigno o maligno, en el tiroides.

bock (del al. «Bock», cerveza de Einbeck) m. Vaso o jarro en que se toma *cerveza, generalmente de cuarto de litro. ⇒ Caña, doble.

bocón, -a 1 adj. *Bocudo.* **2** **Bravucón o *fanfarrón.* **3** *(Cetangraulis mysticetus)* m. *Pez parecido a la sardina.

boconada f. *Bravuconería, fanfarronada.*

bocoy (del fr. «boucaut», de «bouc», macho cabrío) m. *Tonel grande.

bocudo, -a adj. *De boca grande.*

boda (del lat. «vota», promesa; en pl. lit.) f. Acto de casarse. ≃ *Casamiento, matrimonio. ⊙ Ceremonia con que se verifica. ⊙ Fiesta con que se solemniza: 'Los invitados a la boda'.

BODAS DE DIAMANTE. Sexagésimo aniversario de la boda o de otro suceso feliz que cambia el estado o la situación de una persona.

B. DE ORO. Quincuagésimo aniversario de lo mismo.

B. DE PLATA. Vigesimoquinto aniversario de lo mismo.

V. «ANILLO de boda, PAN de la boda, VESTIDO de boda».

bode (¿de or. prerromano?) m. **MACHO cabrío.*

bodega (del lat. «apothēca», del gr. «apothḗkē», despensa) **1** f. *Sótano que sirve de almacén. ⊙ Particularmente, en los puertos de mar. ⊙ Sótano de las casas en donde se guarda el vino. ⊙ Por extensión, almacén de vino guardado en toneles, botellas, etc., aunque no sea subterráneo. ⇒ Abra, arrumbación, silo, atarazana, bodegón, bóveda, candiotera, cantina, caño, covachuela, *cueva, dock, espundio, furnia, sibil, sótano, subterráneo. ➤ Combo, poíno. ➤ *Cuba. ➤ Vasija. ➤ Sentar las BOTAS, descoronar. ➤ Zarcera. ➤ *Vino. ➤ *Cueva. *Depósito. *Despensa. **2** Establecimiento donde se fabrica vino. **3** Establecimiento de venta de vinos. ≃ Vinatería. **4** Cosecha o producción de vino en cierto sitio o en cierto tiempo: 'La bodega riojana. La bodega de este año en el Priorato'. **5** **Granero.* **6** **Despensa.* **7** (C. Rica, Guat., Méj.) *Almacén o depósito.* **8** (Cuba) *Tienda de comestibles.* **9** MAR. Espacio de los *barcos por debajo de la cubierta inferior. **10** (Cantb.) **Vivienda pobre en un sótano.*

bodegaje (Chi., Nic.) m. *Almacenaje.*

bodegón 1 m. **Bodega.* **2** *Establecimiento de comidas baratas.* ≃ *CASA de comidas, figón, taberna, tasca. **3** Cuadro donde se representan frutos, viandas y objetos usuales. ≃ NATURALEZA muerta.

bodegonero, -a n. Dueño de un bodegón (figón). ⇒ *Taberna.

bodeguero, -a n. Dueño de una taberna.

bodigo (del lat. «panis votīvus», bollo de ofrenda) m. *Panecillo hecho de la flor de la harina, para llevarlo a la iglesia como *ofrenda.*

bodijo m. *Desp. de «boda»; por ejemplo, boda con persona de inferior condición social.* ≃ Bodorrio. ⊙ *Boda con poco aparato.*

bodión (varias especies del género *Labrus,* como *Labrus bergylta*) m. *Pez perciforme de hasta 50 cm de longitud y coloración vistosa. ≃ GALLITO del rey, maragota, TORDO de mar.

bodocal (de «bodoque») adj. V. «UVA bodocal».

bodocazo m. *Impacto de bodoque.*

bodoco (inf.) m. *Bodoque.*

bodollo (del lat. «vidubĭum»; Ar.) m. *Podón.*

bodón (del lat. «buda», anea) m. **Charco o laguna que se forma en invierno y se seca en verano.* ≃ Bujeo, buhedo.

bodonal 1 (Sal.) m. *Terreno pantanoso o encenagado.* **2** (Sal.) *Juncar.*

bodoque (del ár. and. «búnduq», avellanas, cl. «bunduq», del gr. «káryon pontikón», nuez del Mar Negro, avellana, a través del arameo) **1** m. **Bola de *barro endurecida que se empleaba para disparar con ballesta.* **2** *En general, *bola o *grumo.* ⊙ Corrientemente, pequeño *bulto redondeado que se hace en el bordado. ⇒ *Bordar. **3** *Refuerzo hecho en los ojetes del *colchón.* **4** (inf.; n. calif.) adj. y n. *Torpe, bruto o falto de sensibilidad.

bodoquera 1 f. *Molde o turquesa con que se hacían bodoques.* **2** *Escalerilla de cuerda de guitarra que se formaba en la cuerda de la *ballesta para sujetar el bodoque.* **3** **Cerbatana.*

bodoquero (Hispam.) m. *Contrabandista.*

bodorrio (gralm. hum.) m. Desp. de «boda». ≃ Bodijo.

bodrio (de «brodio») **1** m. *Sopa hecha de sobras, que se daba a los *mendigos en los conventos. **2** Comida mala o mal guisada. ≃ *Bazofia. **3** *Mezcla de sangre de cerdo y cebolla con que se *embuten las morcillas.* **4** (n. calif.) Obra de arte, literaria, cinematográfica y, en general, cualquier tipo de creación de poca calidad: 'La película resultó un auténtico bodrio'.

body (ingl.; pl. «bodys») m. Prenda femenina muy ajustada al cuerpo que cubre desde los hombros hasta las ingles.

boe (del lat. «boem», por «bovem»; ant.) m. **Buey.*

bóer (del neerl. «boer», colono) n. y adj. Se aplica a los colonos holandeses establecidos en África del sur a mediados del siglo XVII.

boezuelo (dim. de «boe») m. CAZA. *Figura que representa un buey, usada en la *caza de perdices.*

bofe (de or. expresivo) m. *Pulmón. ⊙ Particularmente, el de las reses muertas destinadas al consumo.

ECHAR EL BOFE [O LOS BOFES]. *Trabajar excesivamente o *cansarse mucho. ⇒ *Atarearse, *atosigarse.

SER alguien UN BOFE (C. Rica, Cuba). *Ser muy pesado o inoportuno.*

bofena f. *Bofe.*

bofeña (de «bofe»; Man.) f. *Bohena.*

bófeta (del ár. «baftah», del persa «bāfte», tejido) f. *Cierta *tela antigua de algodón, delgada y rígida.* ≃ Bofetán. ⇒ Organdí.

bofetada (¿del ingl. «buffet», puñetazo?) **1** («Dar, Pegar; inf. Cascar, Plantar») f. Golpe dado en la *cara con la mano abierta, que produce un chasquido. ⇒ Bofetón, cachetada, carrillada, cate, chuleta, galleta, gaznatada, gaznatazo, guantada, guantazo, revés, tabanazo, voleo, zoquetazo. ➤ Abofetear, poner los cinco DEDOS en la cara. ➤ *Cachete. **2** *Desaire, *desprecio o censura que causa humillación. **3** Sensación brusca y repentina, sobre todo de calor: 'Al abrir la puerta del piso sentí una bofetada de calor'.

DAR UNA BOFETADA a alguien. Hacerle un *desaire o un *desprecio.

DARSE DE BOFETADAS una cosa CON otra (inf.). *Desentonar.

NO TENER [NI] MEDIA BOFETADA (inf.). Expresión despreciativa con que alguien comenta que sería superior a otro en una posible pelea.

bofetán m. *Bófeta (tela de algodón).*

bofetón **1** m. Aum. frecuente de «bofetada». **2** *Tramoya giratoria de *teatro, con la que se hacen aparecer y desaparecer personas o cosas.*

bofia (inf..; «La») f. La policía.

bofo, -a (de or. expresivo) adj. *Hueco o de poca densidad.* ≃ Fofo. ⇒ *Esponjoso.

boga[1] (Extr.) f. **Cuchillo ancho y corto, de dos filos.*

boga[2] **1** f. MAR. Acción de bogar. **2** n. MAR. *Bogador.*

boga[3] (del fr. «vogue», moda) f. *Buena *suerte.*

ESTAR EN BOGA. Estar en auge o de moda cierta cosa. ⇒ *Moda.

boga[4] (del lat. «boca») **1** *(Boops boops)* f. *Pez teleósteo marino, abundante en las costas españolas, con unas bandas longitudinales oscuras muy características. **2** *(Chondrostoma polylepis)* *Pez cipriniforme, muy común en los ríos españoles.

bogada[1] (del ant. «bugada», del germ. «bukon», suciedad; Ast.) f. *Colada de la ropa.* ≃ Bugada.

bogada[2] (de «bogar») f. MAR. Espacio que avanza el *barco con cada impulso de los remos.

bogador, -a n. MAR. *Persona que boga.* ≃ Boga.

bogante n. MAR. *Persona que boga.* ≃ Boga.

bogar (¿del it. «vogare»?) **1** intr. MAR. *Remar. **2** (ant.) tr. MAR. *Llevar un ↘barco con remos.* **3** (Chi.) METAL. *Desnatar.*

bogavante[1] (de «bogar» y «avante») **1** m. *Primer remero de cada banco de la galera.* **2** *Sitio que ocupaba.*

bogavante[2] (relac. con «lobagante»; género *Homarus)* m. *Crustáceo decápodo, semejante a la langosta, pero con grandes pinzas en el primer par de patas. ≃ Lobagante.

bogey (ingl.; pronunc. [bógui]; pl. «bogeys») m. DEP. En *golf, jugada en que se mete la pelota en el hoyo con un golpe más de los fijados en el par.

bogí (del fr. «bogie») m. Cada una de las pequeñas plataformas giratorias, sostenidas por dos o tres pares de ruedas, sobre las que se apoya un *vehículo, tal como una locomotora o un vagón de ferrocarril. ≃ Carretón.

bogotano, -a adj. y, aplicado a personas, también n. De Santa Fe de Bogotá, capital de Colombia. ≃ Santafereño.

bohardilla (dim. de «bufarda») f. Buhardilla.

bohedal m. *Bóveda de *cueva, en forma de concha.*

bohemia f. Mundo de la gente que hace vida bohemia.

bohemiano, -a adj. y n. *Bohemio (de Bohemia).*

bohémico, -a adj. *Bohemio (de Bohemia).*

bohemio, -a **1** adj. y, aplicado a personas, también n. De Bohemia, región de Europa oriental. ≃ Bohemiano, bohémico, bohemo. **2** m. Checo (lengua). **3** adj. y n. *Gitano.* **4** Se aplica a las personas, particularmente a los artistas, que viven *irregular y desordenadamente, y a ese género de vida. ⇒ Bohemia. **5** m. **Capa corta que usaba la guardia de archeros.*

bohemo, -a adj. y n. *Bohemio (de Bohemia).*

bohena **1** f. **Pulmón de res.* ≃ Bofe, bofena. ➤ *Carne. **2** *Longaniza hecha de los bofes del puerco.* ≃ Bofeña. ⇒ *Embutido.

boheña (de «bofe»; ant.) f. *Bohena.*

bohío (de or. antillano) m. *Cabaña de América, hecha de ramas, cañas, paja, etc., sin más abertura que la puerta.

bohonería (ant.) f. *Buhonería.*

bohonero (ant.) m. *Buhonero.*

bohordar (ant.) intr. *Arrojar bohordos en los juegos caballerescos.*

bohordo (del fr. «bohort») **1** m. **Lanza corta arrojadiza que se lanzaba en los juegos caballerescos.* **2** *Vara o caña (si esto último, con el primer tramo relleno de arena o de yeso para hacerla más pesada y dirigirla mejor) que se utilizaba en los juegos de cañas.* **3** BOT. **Escapo: *tallo que sale del centro de una planta herbácea sosteniendo la flor; como en el lirio o el narciso.*

boicot (de «Boycott», nombre del administrador irlandés que sufrió esta acción por primera vez; «Hacer el») m. Boicoteo.

boicotear tr. Privar a ↘alguien, particularmente a una empresa industrial, de las relaciones o medios que necesita, para obligarle a ceder en cierta cosa.

boicoteo m. Acción de boicotear.

boíl (del sup. lat. «boīle», por «bovile») m. *Boyera.*

boina (del vasc. moderno, ¿relac. con «bonete»?) f. Gorro blando, sin visera, de una sola pieza y de forma semejante a una seta, usado especialmente en el País Vasco y Navarra y generalizado en toda España, particularmente entre campesinos.

boiserie (fr.; pronunc. [buaserí]) f. Revestimiento de madera hecho a medida, que cubre una pared del salón, en que se pueden colocar libros, objetos de adorno, cosas para el servicio de la mesa, etc.

boîte (fr.; pronunc. [buat]; pl. «boîtes», pronunc. [buats]) f. Local público donde el público baila y toma bebidas.

boj[1] (del cat. y arag. «boix», del lat. «buxus») **1** *(Buxus sempervirens)* m. Arbusto buxáceo de hojas persistentes que se emplea para setos y cuya madera, muy dura y blanca, se emplea para mangos de herramienta y trabajos de tornería. ≃ Boje, bujo. ⇒ Bojedal. ➤ Desembojar, embojar. **2** *Utensilio consistente en un bolo de madera con un remate a modo de oreja, sobre el que los zapateros cosen las piezas del calzado.*

boj[2] (de «bojar[2]») m. *Bojeo.*

boja[1] f. **Abrótano (planta compuesta).* ⇒ Embojar.

boja[2] (del lat. «bubia», pezón) **1** (Vall.) f. **Ampolla en la piel.* **2** (ant.) **Pupa (llaga).*

bojar[1] tr. *Raspar el ↘cuero con la estira para quitarle las manchas o aguas.* ⇒ *Curtir.

bojar[2] (del neerl. «buigen», doblar, torcer) **1** tr. MAR. Medir el *perímetro de una ↘isla, cabo, etc. **2** intr. MAR. Tener una isla, cabo, etc., cierto perímetro. **3** MAR. Costear navegando un cabo o isla.

boje[1] m. **Boj (arbusto).*

boje[2] (del ingl. «boogie») m. *Bogi.*

bojear tr. Mar. Bojar (medir el *perímetro o costear).

bojedal (del lat. «buxētum», lugar de bojes) m. Terreno poblado de bojes. ≃ Bujeda, bujedal, bujedo.

bojeo **1** m. Mar. Acción de bojear. **2** Mar. Perímetro de una isla o cabo. ≃ Boj, bojo.

bojeta (Ar.) f. **Sardina pequeña.* ≃ Sardineta.

bojiganga (del lat «vessīca», vejiga) f. *Uno de los tipos de *compañías ambulantes de comedias, del Siglo de Oro, que iban representando por los pueblos; entre los actores figuraban dos mujeres y un niño.*

bojo m. *Bojeo.*

bojote (Hispam.) m. **Bulto o *paquete.*

Estar uno hecho un bojote (P. Rico; inf.). *Ir vestido de manera inadecuada.*

bojotero (Col.) m. *Operario que forma bojotes de bagazo en los trapiches para echarlos a la hornilla.* ⇒ *Azúcar.

bol[1] (del ingl. «bowl») m. Recipiente de forma de *cuenco o tazón semiesférico sin asas, que se emplea para distintos usos; por ejemplo, para lavafrutas. ⇒ Escudilla.

bol[2] (del lat. «bolus») **1** m. **Red de *pesca que se arrastra desde la playa.* ≃ Jábega. **2** *Redada.*

bol[3] m. *Bolo.*

Bol de Armenia [o arménico]. *Cierta *arcilla de Armenia que se emplea en medicina, en pintura y como aparejo en el dorado.* ⇒ Cambil.

bola (del occit. «bola») **1** f. Cuerpo esférico de cualquier materia: 'Una bola de vidrio, de goma, de barro'. ⊙ Específicamente, las de los números de la *lotería, de una *rifa o de cualquier otra cosa en que se saca un número a la suerte, o las que se emplean para *votar. ⊙ *Canica: pequeña bola con la que se juega al gua. ⊙ Esfera que se lanza en el juego de *bolos. ⊙ *Esfera de hierro que se lanza en el juego llamado del mismo modo, consistente en lanzar esa esfera lo más lejos que se puede.* ⇒ Agalla, agallón, bauzón, birla, birlo, bocha, bodoque, bolaño, boliche, bolo, borujo, bula, burujo, canica, chibolo, cuenta, *esfera, globo, glóbulo, grano, *grumo, gurullo, manzana, manzanilla, mingo, *pelota, pirindolo, pirulo, pita, pito, rebujo [o rebullo], redolino, rulo, teruelo, vertello, zarazas. ➤ *Esfera. *Redondo. **2** Remate o adorno, por ejemplo de los muebles, de madera torneada, de forma esférica. ⇒ *Boliche. **3** (Ven.) *Tamal (torta o bollo) de figura esférica.* **4** **Veneno que se les tira, para matarlos, a los perros vagabundos, que se pone mezclado con alguna cosa de comer y en forma de bola.* ⇒ Zarazas. **5** Mar. *Armazón formada por dos discos que se cortan perpendicularmente por un diámetro común, empleada para hacer señales en los *barcos.* **6** (Cuba, Chi.) **Argolla (juego).* **7** *En algunos juegos de baraja como el tresillo, lance que consiste en hacer un jugador todas las bazas.* **8** (inf.; «Meter») *Embuste. **9** (Hispam.; gralm. pl.) *Noticias falsas e interesadas.* ≃ Bulo. **10** *Betún para el calzado.* **11** (Méj.) *Reunión tumultuosa.* **12** (vulg.; pl.) Testículos. **13** (inf.) Se usa como término de comparación aplicado a una persona gorda: 'Si sigues comiendo así, te vas a poner como una bola'.

Bola del mundo (inf.). Esfera terrestre.

B. de nieve. **1** *(Viburnum opulus)* Arbusto caprifoliáceo de jardín cuyas flores, llamadas del mismo modo, se agrupan en forma de bolas blanquísimas. ≃ Geldre, mundillo, mundo, sauquillo. ⇒ *Planta. **2** Cosa no corpórea que *aumenta progresivamente; por ejemplo, un rumor, la fama o riqueza de una persona o la importancia de una cosa.

A mi [tu, su, etc.] bola (inf.; «Ir, Estar»). Atendiendo a su propia conveniencia sin preocuparse de los demás.

Acertarle a uno con las bolas (Ur.). *Jugar una mala pasada a alguien.*

Andar como bola sin manija (Arg.). *Estar desorientado, sin saber qué hacer.*

Como una bola de billar (inf.). Completamente calvo: 'Tiene la cabeza como una bola de billar'.

Correr la bola (inf.). Propagar rumores.

¡Dale bola! Expresión del enfado producido por la repetición de un hecho enojoso. ≃ ¡Y otra vez!

Dar bola (Hispam.). *Prestar atención a alguien.*

Dar[le] a la bola (Col., Méj.). *Atinar.*

Dejar que ruede [o rodar] la bola (inf.). Dejar que las cosas sucedan sin preocuparse de cambiar su rumbo. ⇒ *Desentenderse.

V. «cojinete de bolas».

En bola (Méj.). *En montón.*

En bolas (vulg.). Desnudo.

V. «guerra de bolas».

Hacerse alguien bolas (Méj.). *Liarse, desorientarse.*

V. «el niño de la bola».

Parar [o poner] bolas (Col.; inf.). *Escuchar, atender a alguien.*

Pedir bola (R. Dom.). *Hacer *autostop.*

V. «queso de bola, rodamiento de bolas».

Ruede la bola (inf.). V. «dejar que ruede la bola».

Sacar bola (inf.). Doblar el brazo y hacer una contracción de modo que sobresalga el bíceps.

bolada **1** f. *Acción de lanzar una bola; particularmente, en el juego de *billar.* **2** Artill. *Caña del cañón.* **3** (Perú) *Bulo.* **4** (Arg., Par., Ur.) *Ocasión favorable.*

bolado (de «bola») m. *Masa esponjosa hecha con azúcar y clara de huevo con que se endulza a veces el agua de beber o que se toma como golosina.* ≃ *Azucarillo.

bolaga (Cád., Mur.) f. **Torvisco (planta timeleácea).*

bolagar (Mur.) m. *Terreno abundante en bolagas.*

bolandista (de «Bolland», apellido del fundador de la sociedad de este nombre) m. *Se aplica a los individuos de una sociedad formada por miembros de la Compañía de Jesús, para publicar depurados los textos de las vidas de los santos.* ⇒ *Hagiógrafo.

bolaño m. *Bola o piedra que se lanzaba con las lombardas y otras armas semejantes.* ⇒ *Proyectil.

bolar (de «bol²») adj. V. «tierra bolar».

bolardo (del ingl. «bollard») m. Mar. **Proís de hierro colado o acero, con la punta superior encorvada, que se coloca en la arista exterior de un muelle para que las amarras no estorben el paso.*

bolazo **1** m. Golpe dado con una bola. **2** (Arg., Ur.) *Disparate.* **3** Aum. de «bola» (mentira).

bolchaca o **bolchaco** (del lat. «bursa»; Ar., Mur.) m. **Bolsillo o *faltriquera.*

bolchevique (del fr. «bolchevique», del ruso «bolshevik», uno de la mayoría) adj. y n. Se aplica a los miembros de la facción mayoritaria del partido socialdemócrata ruso que, constituida posteriormente en partido independiente, fue la principal impulsora de la revolución de 1917. ⊙ Se aplica también a sus cosas.

bolchevismo m. Doctrina de los bolcheviques, que inspiró la revolución comunista. ⊙ Sistema político basado en ella. ⇒ *Comunismo.

boldina f. *Alcaloide extraído del boldo.*

boldo (de or. «araucano»; *Peumus boldus*) m. Arbusto monimiáceo de fruto comestible, originario de Chile; la infusión de sus hojas se considera remedio para las enfermedades del estómago y del hígado. ⇒ *Planta.

boleado, -a Participio de «bolear». ⊙ (Arg.) adj. *Distraído, atontado.*

boleadoras f. pl. Instrumento usado en Hispanoamérica para *cazar o *apresar animales, formado por dos o tres piedras o bolas pesadas, atadas al extremo de sendas cuerdas, las cuales a su vez van unidas al extremo de otra. ≃ Laque, tonto.

bolear 1 (Hispam.) tr. *Cazar ↘reses con boleadoras.* **2** intr. *Entretenerse dándoles a las bolas de *billar.* **3** **Lanzar la bola en cualquier juego.* **4** tr. *Lanzar cualquier ↘cosa.* **5** (Mur.) intr. *Decir mentiras.* **6** (Arg.) tr. *Hacerle a ↘alguien una mala *jugada.* **7** (Arg.) *Confundir, atontar.* **8** (Méj.) *Embetunar, limpiar y dar brillo al ↘calzado.*

boleo m. *Acción de bolear.*

bolera f. Local o sitio en que hay instalado un juego de bolos.

boleras (inf.) n. **Mentiroso.* ≃ Bolero.

bolero[1], -a (de «bola») **1** (inf.) adj. y n. Mentiroso. **2** (inf.) *Se aplica al que falta a la escuela u otro sitio.* **3** (Méj.) m. *Limpiabotas.* **4** (C. Rica) *Boliche (juguete).*

bolero[2], -a 1 m. Aire musical popular español, para *cantar y *danzar, en compás ternario y de movimientos reposados y elegantes. **2** n. Persona que bailaba el bolero o cualquier otro baile popular. **3** m. *Chaquetilla que sólo llega hasta la cintura. ⇒ *Jubón. **4** (Guat., Hond.) *Chistera (sombrero).*

bolés adj. y, aplicado a personas, también n. *De El Bollo (Orense).*

boleta (del it. «bolletta») **1** f. **Billete para entrar en un sitio.* ⊙ *Papeleta que se les daba a los militares señalándoles la casa en que debían alojarse.* ⊙ **Papeleta destinada a ser insaculada en una rifa o votación.* ⇒ Balota. ⊙ **Papeleta que se da a alguien para que le sea canjeada por dinero u otra cosa.* ≃ Vale. **2** *Pequeña porción de *tabaco que se daba envuelta en un papel.*

DAR [LA] BOLETA (inf.). *Despedir o expulsar a alguien de un trabajo, organización, etc.*

boletar tr. *Hacer boletas de ↘tabaco.*

boletería (Hispam.) f. **Taquilla (despacho de billetes).*

boletero, -a 1 m. *Hombre que repartía las boletas de alojamiento a los soldados.* **2** (Hispam.) n. *Persona que hace y vende boletas de tabaco.*

boletín (del it. «bolletino», de «bolleta») **1** m. **Billete para entrar en un sitio.* ⊙ (Cuba, P. Rico) *Billete para viajar en tren y otros transportes.* **2** **Libramiento para cobrar dinero.* **3** *Boleta de alojamiento.* **4** *Papeleta que se rellena con algún fin; por ejemplo, para suscribirse a algo o para anotar las calificaciones de un estudiante. **5** Publicación *periódica de información sobre cierta materia: 'Boletín astronómico'. ⊙ Llevan este nombre como propio muchas publicaciones de información de cierta entidad, organismo o asunto: 'Boletín del Ateneo. Boletín Comercial. Boletín Oficial del Estado'.

BOLETÍN DE ENTREGA (Hispam.). *Albarán: nota que hace constar la entrega de una mercancía y que firma el que la *recibe.*

B. INFORMATIVO [O DE NOTICIAS]. Serie de noticias que a horas establecidas transmiten los medios de comunicación. ⇒ Telediario.

boleto (de «boleta») **1** (Hispam.) m. **Billete de transporte.* **2** (Hispam.) **Entrada de espectáculo.* ≃ Billete. **3** Papeleta de *rifa o *sorteo. **4** **Carta breve.* ≃ Billete.

DARLE BOLETO a algo o a alguien (inf.). Deshacerse de una cosa o de una persona, por encontrarlas inútiles o molestas o por otro motivo.

boli (inf.) m. Apóc. de «bolígrafo».

bolichada 1 f. *Lance de la red llamada boliche.* **2** **Negocio realizado con buena *suerte.*

boliche[1] (de «bola») **1** m. **Bola pequeña del juego de las bochas.* **2** Juego de bolos. **3** Lugar en que se juega a los bolos. ≃ Bolera. **4** *Cierto *juego ejecutado sobre una mesa cóncava alrededor de la cual hay unos tubos abiertos hacia el centro de ella; lanzando con las manos tantas bolas como tubos hay, se hace un número de tantos igual al de las bolas que entran por los tubos.* **5** Trozo de madera torneado; especialmente, remate de esa forma de los que llevan como adorno los muebles. ⇒ Bola, bolillo, bolinche, bolo, chirimbolo, manzana, manzanilla, pirindolo, pirulo. ➤ Bolillo, majaderillo, majaderito, majadero, majador. **6** *Juguete consistente en un palo de madera o hueso terminado en punta por un lado y con una cazoleta en el otro; lleva una bola perforada sujeta con un hilo en su centro, y el juego consiste en lanzar esta bola y recogerla, bien en la cazoleta, bien ensartándola en la punta.* ≃ Bolero, emboque, enchute.

boliche[2] (de «bol[2]») **1** m. **Jábega pequeña.* **2** **Pescado menudo que se saca con ella.* **3** (Hispam.) *Taberna pobre.* **4** (Hispam.) **Tiendecilla de poca importancia o de baratijas.* **5** (And.) AGRÁF. *Imprenta de muy poca importancia.* **6** (And.) *Cualquier fábrica, industria o taller de muy poca importancia.* **7** **Horno pequeño de reverbero, de dos plazas, para fundir minerales de plomo.* **8** *Horno pequeño para hacer *carbón de leña.* **9** **Tabaco de calidad inferior que se produce en Puerto Rico.*

boliche[3] m. MAR. *Bolina de las velas pequeñas.*

bolichero[1], -a n. *Persona que explota un boliche o bolera.*

bolichero[2], -a (And.) n. *Vendedor del pescado llamado «boliche».*

bólido (del lat. «bolis, -ĭdis», del gr. «bolís», objeto que se lanza) **1** m. Masa mineral en ignición procedente de la fragmentación de algún cuerpo celeste, que atraviesa la atmósfera terrestre a gran velocidad y a veces estalla produciendo aerolitos. ⇒ Escudo, ESTRELLA fugaz, exhalación. ➤ *Aerolito. **2** Automóvil capaz de alcanzar gran velocidad, sobre todo el que participa en competiciones deportivas.

bolígrafo (de «bola» y «-grafo») m. Utensilio para *escribir, con un depósito de tinta en forma de tubo fino que va unido a una punta que en su extremo está provista de un bola diminuta que regula la salida de la tinta. ⇒ Birome, boli, esfero, esferográfico[-a], lapicero[-a], LÁPIZ pasta, pluma, PLUMA atómica.

bolilla 1 (Arg., Par., Ur.) f. *Bola de las que se emplean en determinados sorteos.* **2** (Arg., Par., Ur.) *Bolita numerada que, sacada a suerte, indica sobre qué parte de un programa académico versará determinado examen.* **3** (Arg., Par., Ur.) *Cada uno de los temas de un programa académico.*

bolillero 1 m. *Almohadilla para hacer encaje de bolillos.* ≃ Mundillo. **2** (Arg., Par., Ur.) *Bombo en el que se agitan las bolillas.*

bolillo (dim. de «bolo[1]») **1** m. *Trozo de madera torneado; por ejemplo, pieza de las que se emplean para jugar a algunos juegos de sobremesa. O de las que se ponen como remate de adorno en algunos muebles.* ≃ *Boliche. ⊙ Específicamente, palito en que se arrollan los hilos para hacer el encaje llamado «de bolillos» o los trabajos de pasamanería. ≃ Majaderillo, majaderito, majadero. **2** *Hueso a que está unido el *casco de las *caballerías.* **3** (pl.) *Barritas de masa dulce.* **4** *Horma para *planchar los vuelillos (volantes de adorno) de gasa o encaje.* ⊙ *El mismo vuelillo.* **5** *Hierro cilíndrico, de 10 a 12 cm de alto, colocado frente a la barra de una cabecera, en la mesa de *billar.* **6** (Col.) *Especie de porra usada por la policía como signo de autoridad.*

bolín m. *Boliche (*bola pequeña del juego de las bochas).*

bolina (de «bolo[1]») **1** f. MAR. **Cabo con que se lleva hacia proa la relinga de barlovento de una vela para que reciba mejor el viento.* ⇒ Contrabolina. **2** MAR. *Cada uno de los cordeles que forman las arañas que sirven para colgar los coyes.* **3** **Sonda (cuerda con un peso en su extremo).* **4** MAR. *Con respecto a un rumbo de la aguja, cada uno de los dos que distan seis cuartas de él en la «rosa náutica».* **5** MAR. **Castigo que se daba a los marineros a bordo, azotándoles mientras corrían a lo largo de una cuerda a la que les sujetaba una argolla.* **6** (inf.; «Armarse») **Bulla, *jaleo, *riña o *ruido.*

DE BOLINA. Con «ir» o «navegar», de modo que la quilla forme con la dirección del viento el ángulo menor posible.

bolinche 1 m. *Bolita para jugar.* ≃ Boliche, canica. **2** Boliche: pieza torneada de adorno que llevan como remate algunos muebles.

bolineador, -a adj. MAR. *Bolinero.*

bolinear intr. MAR. *Ir [o navegar] de bolina.*

bolinero, -a 1 adj. MAR. *Se aplica al *barco que navega bien de bolina.* ≃ Bolineador. **2** (Chi.) *Alborotador.*

bolinga 1 (inf.) adj. *Borracho. **2** (inf.) f. Borrachera.

bolisa (del sup. lat. «pulvicĕus», de «pulvis», polvo) **1** (Ar.) f. *Masa redondeada de *pelusa que forma la suciedad debajo de los muebles.* **2** **Pavesa.*

bolita 1 Dim. de «bola». **2** *Mulita (*armadillo).*

bolívar (de «Bolívar», héroe de la independencia de América) m. *Moneda de Venezuela.

bolivarense adj. y, aplicado a personas, también n. *De Bolívar, departamento de Colombia.*

bolivianismo m. Americanismo de Bolivia.

boliviano, -a 1 adj. y, aplicado a personas, también n. De Bolivia. ⇒ Chirola, colla. ➤ Bolivianismo. **2** m. **Moneda de Bolivia.*

bolla[1] (del lat. «bulla», bola) **1** (León) f. *Bollo de harina y leche.* **2** (León) *Bollo que reparten a sus cofrades las *cofradías de Astorga, en ciertos días.*

bolla[2] (del lat. «bulla», sello) **1** f. *Derecho que se pagaba en Cataluña al vender al por menor las telas de *lana y *seda.* **2** *Derecho que se pagaba antiguamente por fabricar barajas.*

bolladura f. *Abolladura.*

bollar (de «bolla[2]») tr. *Poner un sello en las ↘*telas para que se sepa de qué fábrica proceden.*

bollecer (de «bollir»; ant.) intr. *Armar bulla.*

bollén *(Kageneckia oblonga)* m. Árbol o arbusto rosáceo chileno de madera fuerte, que se emplea para hacer mangos; las hojas se utilizan como febrífugo.

bollería 1 f. Sitio donde se hacen o *tienda donde se venden bollos y otras cosas de masa semejantes. **2** Esa clase de alimentos.

bollero, -a 1 n. Persona que hace o vende bollos. **2** (vulg.) f. Lesbiana.

bolliciador, -a (de «bolliciar»; ant.) adj. *Alborotador.*

bolliciar (ant.) tr. *Alborotar.*

bollicio (de «bollir»; ant.) m. *Bullicio.*

bollición (ant.) f. *Acción y efecto de bollir.*

bollimiento (ant.) m. *Bollición.*

bollir (del lat. «bullīre»; ant.) intr. *Bullir.*

bollito (dim. de «bollo»; C. Rica) m. *Panecillo.*

bollo[1] (del lat. «bulla», bola) **1** m. Especie de *panecillo de formas diversas, generalmente muy esponjoso, hecho con harina, azúcar y algún otro ingrediente, como aceite, mantequilla, leche, huevos, etc. ⇒ Almojábana, bamba, bayonesa, *bizcocho, brioche, cachapa, caraca, caracola, cristina, croissant [o cruasán], ensaimada, factura, macarro, magdalena, mantecada, mantecado, medialuna, medianoche, mojábana, mona, napolitana, palmera, PAN quemado, pepito, *rosca, sobado, suizo, tortel, trenza, valenciana. ➤ *Dulce. *Pastel. **2** *Bullón de adorno hecho en una tela de vestido, de tapicería, etc.* **3** (inf.; «Armarse») *Jaleo.

V. «no estar el HORNO para bollos».

bollo[2] (de «abollar[1]») m. Abultamiento o depresión que se produce en la superficie de un objeto o en la plancha o lámina de que está hecho; por ejemplo, en una vasija de aluminio. ≃ Abolladura. ⊙ *Levantamiento redondeado que se produce en la cabeza o en la frente a consecuencia de un golpe.* ≃ Chichón. ⇒ Abollar, desabollar.

PERDONAR EL BOLLO POR EL COSCORRÓN (inf.). Renunciar a algo por el mucho esfuerzo que implica.

bollón (aum. de «bollo[1]») **1** m. *Clavo de cabeza grande, generalmente dorada, que se pone como *adorno. ⇒ Abollonar. **2** (Ar.) **Yema de las plantas, especialmente de la *vid.* ≃ Abollón. ⇒ Brote. **3** **Pendiente cuyo adorno es solamente un botón.*

bolo[1] (de «bola») **1** m. **Bola, particularmente si se emplea con cierto énfasis:* 'Como si tuviera un bolo en la garganta'. **2** Trozo de madera torneado, con una base plana sobre la que puede tenerse de pie, de los que se emplean para el *juego de «bolos», el cual consiste en colocar varios de éstos y tirar los jugadores con bolas para derribarlos. ⇒ Chirinola. ➤ Birla, birlo, birlón, bola, boliche, bolín, CINCO de bolos, cuatro, DIEZ de bolos, perís, VEINTE de bolos. ➤ Tiro. ➤ Birlar, chuza, cinca, DAR cinco de corto [o largo]. ➤ Emboque, tornear. ➤ Bolichero. **3** Bola o boliche de madera torneada que se pone como adorno o remate. **4** FARM. *Píldora más grande que las corrientes.* **5** adj. y n. m. *Se aplica a un hombre *ignorante o *torpe.* **6** m. **Actor contratado por una compañía de *teatro sólo para hacer determinado papel.* **7** **Compañía de cómicos que van por los pueblos representando alguna obra famosa.* **8** CONSTR. *Nabo (*eje alrededor del cual se apoyan varios elementos; por ejemplo el de una escalera de caracol).* **9** (Ar.) *Mundillo (almohadilla alargada de hacer *encaje de bolillos).* **10** *Lance de algunos juegos de *baraja que consiste en hacer un jugador todas las bazas.* ≃ Bola. **11** *Jugador que no hace ninguna baza, en el juego de las *cargadas.*

BOLO ALIMENTICIO. Porción de alimento ya masticado e insalivado que se traga de una vez. ⇒ *Digerir.

B. ARMÉNICO. **Arcilla rojiza usada en medicina, en pintura y como aparejo en el *dorado.*

V. «DIEZ [o VEINTE] de bolos».

ECHAR uno A RODAR LOS BOLOS (inf.). Promover disturbios, sembrar cizaña.

bolo[2], -a (Guat., Méj.) adj. y n. **Borracho: en estado de embriaguez.*

bolón (de «molón»; Chi.) m. **Piedra de tamaño regular que se emplea en los cimientos de las construcciones.*

bolonio **1** (inf.) adj y n. m. *Se aplica a los graduados del Colegio Español de Bolonia.* **2** (inf.) **Tonto o *ignorante.*

boloñés, -a adj. y, aplicado a personas, también n. De Bolonia, ciudad de Italia.

bolsa (del lat. «bursa»; la 14.ª acepción procede de «van der Burse», nombre de una familia de banqueros de Brujas, que significa «de la Bolsa») **1** f. Receptáculo de tela, papel, plástico u otro material flexible; por ejemplo, los de plástico que usan en las tiendas para poner las mercancías o los de tela que se hacen cosidos para multitud de usos. ≃ Saco. **2** *Saquillo de tafetán o moaré negro en que llevaban los hombres recogido el *pelo por detrás.* **3** *Bolsa forrada de pieles que se empleaba para abrigarse los pies y las piernas cuando se estaba sentado.* ≃ Folgo. **4** *Estera colgada entre los varales del *carro, en la parte inferior, para llevar carga.* **5** *Objeto semejante colocado debajo de la parte trasera de los coches y calesas.* **6** Receptáculo de material flexible, con un cierre, que se usa para transportar algo: 'Bolsa de deportes'. **7** (Cuba, Guat., Méj., Pan.) *Bolso de mujer.* **8** Arruga o pliegue hueco. ⇒ Bocha. ⊙ Por ejemplo, la de debajo de los ojos. **9** ANAT. *Cavidad de las dos del escroto en que se alojan los *testículos.* **10** ANAT. *Receptáculo del organismo que contiene algún humor*: 'Bolsa sinovial'. ⇒ Cápsula.⊙ Cavidad del *cuerpo en que se acumula pus, linfa, etc. ⊙ Cualquier *cavidad o inclusión de forma redondeada en el seno de una masa cualquiera. ⇒ Ampolla, burbuja, vejiga. ⊙ MINER. *Parte de un criadero donde el mineral forma una masa considerable redondeada.* ≃ Bolsada. ⊙ GEOL. *Inclusión ignea de forma cilíndrica, de menos de 40 m³.* **11** Dinero o *bienes que posee alguien, o sitio imaginario donde los tiene: 'Le preocupa sobre todo su bolsa. Tiene bien llena la bolsa'. ≃ Bolsillo. **12** (Am. C., Méj.) *Bolsillo de las prendas de vestir.* **13** *Lugar donde se reúnen los comerciantes de ciertas mercancías para realizar sus transacciones*: 'Bolsa de granos'. ≃ Lonja. **14** Acumulación de cierto líquido o gas en un determinado lugar: 'Una bolsa de petróleo [o de gas]'. **15** Lugar en que se reúnen los que compran y venden acciones, títulos de la deuda del Estado y otros *valores semejantes, para realizar sus transacciones. ⊙ Esa reunión, y actividad desarrollada en ella: 'Hoy no hay bolsa'. ⇒ *Negocio.

BOLSA DE AGUAS. Bolsa llena de un líquido acuoso, que envuelve al feto.

B. DE CORPORALES. Objeto formado por dos cartones cuadrados forrados de tela y unidos, entre los que se guardan los corporales. ⇒ *Misa.

B. DE DORMIR (Arg., Bol., Ec., Méj., Par., Perú, R. Dom., Ur.). **SACO de dormir.*

B. DE POBREZA. Acusada manifestación de este fenómeno en zonas económicamente desarrolladas: 'En las grandes ciudades conviven el lujo con las bolsas de pobreza'.

B. DE TRABAJO. Registro de ofertas y demandas de empleo gestionado por alguna organización o entidad. ⊙ Sección de un periódico en que se publican ofertas y demandas de empleo.

AFLOJAR LA BOLSA (inf). Dar dinero a alguien o para algo.

BAJAR LA BOLSA. Bajar los *valores públicos. ⇒ BANCA y bolsa.

DAR COMO EN BOLSA (Ur.). *Reprender o castigar con severidad.*

JUGAR A LA BOLSA. Comprar y vender *valores buscando un provecho en la subida o bajada de los mismos.

SUBIR LA BOLSA. Subir los *valores.

□ CATÁLOGO

Forma etimológica de la raíz, «burs-»: 'bursátil'. ➤ Alantoides, alforja, *ampolla, árguenas, balsopeto, barjuleta, biaza, bizaza, bolchaca, bolchaco, bolsera, bolsillo, bolso, bulto, burchaca, burjaca, cabás, cacerina, carriel, cartucho, cedras, codón, coracha, cucharal, *cucurucho, escarcela, escaupil, esquero, *estuche, faldriquera, faltriquera, fardel, farraca, folgo, *funda, garniel, garvier, gato, granadera, guarniel, guayaca, herramental, jaque, jeque, landre, lúa, *mochila, *morral, portacartas, portapliegos, *red, ridículo, *saco, saquete, sebera, taleguilla, tanate, tauca, vademécum, verderón, zacuto, zamarrico, zurrón. ➤ Cerradero. ➤ *Receptáculo. ➤ Abolsado. ➤ Abolsar, desembolsar, embolsar, reembolsar. ➤ *Caja.

bolsada f. MINER. *Bolsa.*

bolsear **1** (Guat., Hond., Méj.) tr. *Quitarle a alguien una ↘cosa del bolsillo, como el reloj o el dinero, sin que se percate de ello.* ⇒ *Birlar. **2** (Ar.) intr. *Formar arrugas los vestidos u otra prenda de ropa.*

bolsera f. *Bolsa en que se recogían el *pelo las mujeres.*

bolsero (Ál.) m. **Tesorero o depositario.*

bolsillo (de «bolso») **1** m. Bolsa formada en los vestidos con una pieza que se cose superpuesta o bien consistente en una bolsa que se aplica por la parte interior a una abertura hecha en el vestido. ⇒ Bolchaca, landre, verderón. ➤ Cartera, solapa. ➤ *Bolsa. **2** Pequeña bolsa o estuche donde se llevan las monedas. ≃ Monedero, portamonedas. **3** (inf.) Dinero o *bienes que tiene alguien. ≃ Bolsa.

DE BOLSILLO. Se aplica a algunas cosas que son aptas para llevarlas en el bolsillo: 'Reloj [o diccionario] de bolsillo'.

DE MI [TU, SU, etc.] BOLSILLO. Del dinero propio: 'Como el seguro no cubría los gastos de la reparación, tuve que pagarlos de mi bolsillo'.

V. «echar MANO al bolsillo».

METERSE a alguien EN EL BOLSILLO. Captar su voluntad. ⇒ *Dominar.

NO ECHARSE NADA EN EL BOLSILLO. No suponer a alguien ningún *provecho cierta cosa.

RASCARSE EL BOLSILLO (inf.). Gastarse el dinero en algo, sobre todo si se hace de mala gana.

TENER alguien a otro EN EL BOLSILLO. Tenerlo dominado y dispuesto a hacer lo que él quiera. ⇒ *Dominar.

bolsín m. *Reunión de los bolsistas fuera de las horas o el sitio destinados a ello.*

bolsiquear (Hispam.) tr. *Bolsear.*

bolsista n. Persona que se dedica a la compra-venta de valores de bolsa.

bolso **1** m. Bolsa o estuche de piel u otro material para llevar principalmente objetos de uso personal. Los más característicos son los de mujer para guardar el monedero, el pañuelo, pequeñas cosas de arreglo personal, etc., al salir de casa, aunque actualmente ciertos tipos de bolsos son usados también por los hombres. ⇒ Bolsa, carriel, cartera, garniel [o guarniel], mariconera, ridículo, riñonera. ➤ Asa, boquilla, fuelle. **2** *Caja o estuche de cuero u otro material, con asa, que llevan las niñas al colegio con los libros, etc.* ≃ Cabás. **3** MAR. *Seno que forma en las *velas el viento cuando se maniobra con ellas.*

bolsón (de «bolso») **1** m. *Tablón con que se forra el alfarje en los molinos de *aceite.* **2** CONSTR. *Abrazadera de hierro que rodea un pie, también de hierro, a la que se fijan los tirantes con que se refuerzan las *bóvedas.*

bolsor (del fr. ant. «volsoir»; ant.) m. **Dovela.*

bomba¹ (del lat. «bombus», zumbido) **1** f. Máquina que sirve para *aspirar agua u otro fluido cualquiera del sitio donde está y dirigirlo a otro. ⇒ Aguatocha, bombilla, bombillo, bombín, jeringa, motobomba, pompa, sacabuche. ➤ Alcachofa, chapaleta, chupón, CUERPO de bomba, émbolo, golilla, guimbalete, pinzón, pistón. ➤ Abocardo, aventador, picota. ➤ Cebar, picar. **2** MÚS. *Tubo movible de los instrumentos musicales de viento, con el que se alargan o acortan, para producir los cambios de tono.*

BOMBA DE GASOLINA (Col.). *Surtidor de gasolina.*

B. DE INCENDIOS. Bomba para extraer e impulsar el agua para apagar incendios.

bomba² (de «bombarda») **1** f. Artefacto de guerra o destrucción consistente en una envoltura de hierro u otro material adecuado en cuyo interior hay una materia explosiva cuya explosión es provocada por un dispositivo llamado espoleta. ⇒ Carcasa. ➤ Boquilla, collarín, espiga, espoleta, pipa. ➤ *Barreno. *Proyectil. ➤ Rimbombar. **2** Artefacto semejante en que la fuerza destructora proviene de otras fuentes de energía: 'Bomba atómica. Bomba de hidrógeno'. ⊙ Se emplea en aposiciones como «coche bomba», «paquete bomba», etc., para indicar que el objeto designado contiene una carga explosiva destinada a cometer un atentado. **3** *Se aplica a otros objetos huecos y redondeados.* ⊙ *Globo que se ponía alrededor de las *luces de petróleo y semejantes.* ⊙ (Col., Hond.) *Pompa o *burbuja.* ⊙ *Tinaja empotrada en el suelo en los molinos de aceite, donde se recoge el agua que sale del pozuelo para aprovechar el aceite que hay en ella.* ⊙ (Cuba, Méj.) **Sombrero de copa.* ≃ Chistera. **4** (n. calif.) Se aplica a una noticia que causa gran sensación. **5** *Versos que se improvisan en las fiestas populares.* **6** (Guat., Hond., Perú) *Borrachera.* **7** (Perú) **Bombilla (utensilio para iluminar).*

¡BOMBA [VA]! *Exclamación empleada para anunciar en un *convite que se va a pronunciar un brindis o cosa parecida.*

B. ATÓMICA. Bomba explosiva cuya potencia procede de la fisión del átomo del uranio 235 o del plutonio, los cuales se transforman en cuerpos de peso atómico inferior cediendo enorme cantidad de energía. ≃ BOMBA nuclear.

B. DE COBALTO. Aparato utilizado en medicina para destruir *tumores mediante radiaciones.

B. FÉTIDA. Artículo de broma que consiste en una cápsula llena de un líquido maloliente.

B. DE HIDRÓGENO. Bomba explosiva en que la energía procede de la transformación del hidrógeno pesado (deuterio y tritio) en helio. ≃ BOMBA termonuclear.

B. INCENDIARIA. Bomba explosiva destinada a provocar incendios en el campo enemigo. ⇒ Carcasa. ➤ Napalm.

B. DE MANO. Bomba explosiva destinada a ser lanzada con la mano.

B. NUCLEAR. BOMBA atómica.

B. DE RELOJERÍA. Artefacto explosivo con un mecanismo que le hace estallar en el momento fijado. ⊙ (n. calif.) Se usa también en sentido figurado; particularmente, en el lenguaje periodístico.

B. TERMONUCLEAR. BOMBA de hidrógeno.

CAER algo o alguien COMO UNA BOMBA. Producir mucha sorpresa y desconcierto.

ESTAR algo ECHANDO BOMBAS. *Estar muy *caliente.*

ESTAR [o IR] alguien ECHANDO BOMBAS. *Estar muy encolerizado.*

PASARLO BOMBA (inf.). Pasarlo estupendamente: 'Fuimos a bailar y lo pasamos bomba'.

V. «a PRUEBA de bombas».

bombacáceo, -a (de «Bombax», género al que pertenecen estas plantas) adj. y n. f. BOT. *Se aplica a las *plantas de la familia del baobab, que son árboles y arbustos tropicales con las hojas generalmente palmeadas, flores pequeñas y llamativas, y fruto en cápsula con semillas cubiertas con frecuencia de largos filamentos algodonosos.* ⊙ f. pl. BOT. *Esa familia.*

bombáceo, -a adj. y n. f. BOT. *Bombacáceo.*

bombacha 1 (Hispam.) f. *PANTALÓN bombacho.* **2** (Arg., Par., Ur.; sing. o pl.) **Braga (prenda femenina)*

bombacho adj. y n. m. V. «PANTALÓN bombacho».

bombarda (del b. lat. «bombarda») **1** f. ARTILL. *Máquina antigua de guerra con un cañón de gran calibre.* ≃ Lombarda. ⇒ Bolaño. **2** **Barco de dos palos armado de morteros instalados en la proa.* **3** *Cierta embarcación usada en el Mediterráneo, de dos palos, el mayor casi en el centro y el otro a popa.* **4** *Antiguo instrumento musical de viento semejante a la chirimía, de madera, con lengüeta de caña.* **5** MÚS. *Registro del *órgano formado por tubos grandes con lengüeta, que produce los sonidos graves.*

bombardear 1 tr. o abs. *Disparar proyectiles de cañón o bombas sobre algún ˘sitio. ⊙ tr. FÍS. Lanzar partículas sobre el ˘átomo, por ejemplo para producir su desintegración. **2** Agobiar a ˘alguien con repetidas peticiones, preguntas u otra cosa molesta: 'Los periodistas le bombardearon con preguntas de todo tipo a la salida de la reunión'.

bombardeo m. Acción de bombardear: 'Bombardeo del núcleo atómico. Bombardeo de anuncios publicitarios'.

APUNTARSE A UN BOMBARDEO (inf.). Estar siempre dispuesto a participar en las actividades que otros proponen.

bombardero, -a 1 adj. y n. Se aplica al aparato de aviación o a la embarcación que llevan bombas o cañones para bombardear. **2** m. *Artillero que servía la bombarda.* **3** *Artillero asignado al servicio del mortero.* **4** (ant.) *Artillero.*

bombardino (de «bombarda») m. Instrumento musical de viento, de sonido grave, con dos pistones.

bombardón m. *Instrumento parecido al bombardino, pero más grande y de sonidos más graves, que sirve de contrabajo en las bandas.*

bombasí (del fr. ant. «bombasin», tela de seda y otros tejidos) m. *Cierta tela gruesa de algodón, con pelo.* ≃ *Fustán.

bombástico, -a (del ingl. «bombastic») adj. *Aplicado al lenguaje y a las personas por él, enfático.*

bombazo 1 m. Explosión o impacto de bomba. ⇒ Zambombazo. **2** (n. calif.) Bomba: noticia que causa gran sensación.

bombé (del fr. «voiture bombée», carruaje combado) m. *Cierto *carruaje de dos ruedas y dos asientos.*

bombear¹ tr. *Disparar bombas contra algo.* ⇒ Bombardear.

bombear² 1 tr. Impulsar un ˘fluido mediante una bomba u otra cosa que lo haga de modo similar. **2** DEP. En fútbol y otros *deportes, lanzar una ˘pelota hacia arriba para que describa una trayectoria parabólica.

bombear³ tr. Dar bombo.

bombeo 1 m. *Abombamiento.* **2** Acción de bombear un fluido.

bombero¹ 1 m. Individuo de cierto cuerpo llamado «de bomberos», destinado a apagar *incendios. ⇒ Retén. **2** *En un petrolero, por ejemplo, responsable de la carga y descarga, por bombeo, del crudo.*

V. «IDEA de bombero».

bombero² m. *Cañón que dispara bombas.*

bómbice m. ZOOL. *Mariposa del gusano de *seda.*

bombilla¹ (dim. de «bomba¹») **1** f. *Bombillo (tubo para sacar líquidos).* **2** *Caña delgada terminada en un ensanchamiento con agujeritos con que sorben el *mate en Hispanoamérica.* ≃ Chirumbela, churumbela. **3** (Bol.) **Pajita: tubo delgado para sorber líquidos.*

bombilla² 1 f. Utensilio para iluminar consistente en una ampolla de cristal en cuyo interior hay un filamento que se pone incandescente al paso de la corriente eléctrica. ≃ Lámpara, PERA [o perilla] eléctrica. ⇒ Ampolleta, bomba, bombillo, bujía, foco, lamparita. ➤ *Luz. **2** MAR. *Farol de forma esférica muy usado a bordo.*

ENCENDÉRSELE a alguien LA BOMBILLA (inf.). Ocurrírsele la solución de algo.

bombillo (dim. de «bombo») **1** m. *Tubo con un ensanchamiento en un extremo, empleado para sacar *líquidos.* **2** *Bomba pequeña destinada particularmente a apagar *incendios.* **3** *Aparato con sifón para evitar la salida del mal olor de las *tuberías de desagüe.* **4** (Col., C. Rica, Cuba, R. Dom., Ven.) **Bombilla (utensilio para iluminar).*

bombín[1] m. Bomba pequeña; por ejemplo, la que se emplea para hinchar los neumáticos de las *bicicletas.

bombín[2] (inf.) m. *SOMBRERO hongo.

bombo, -a (del lat. «bombus», ruido) **1** m. Caja esférica, generalmente de alambres, semejante a una jaula, que se puede hacer girar con un manubrio para revolver dentro las papeletas, los números de la *lotería o de una *rifa, etc., antes de sacar uno a la suerte. ⇒ *Sortear. **2** *Tambor muy grande que se emplea en las bandas de música o en las orquestas. ⊙ El que toca este instrumento en una banda u orquesta. **3** (inf.) Vientre muy abultado de una mujer embarazada. **4** («Dar») *Elogio exagerado de algo o alguien: 'Lo anuncian con mucho bombo'. ⇒ Autobombo. **5** MAR. **Barco de fondo chato y poco calado, con la proa también achatada, que se emplea para carga o para hacer travesías cortas, por ejemplo a través de un brazo de mar.* **6** («Estar») adj. **Aturdido, por ejemplo por alguna noticia.*

A BOMBO Y PLATILLO[S]. Con mucha *propaganda o con alabanzas exageradas.

V. «poner [o tener] la CABEZA como un bombo».

DAR [MUCHO] BOMBO. Lisonjear o alabar exageradamente a alguien o algo.

HACER UN BOMBO a una mujer (vulg.). Dejarla embarazada.

bombón[1] (de «bomba») m. **Vasija usada en Filipinas, hecha de un trozo de caña espina aprovechando un nudo para fondo.*

bombón[2] (del fr. «bon-bon», repetición de «bon», bueno) **1** m. Pieza toda ella de chocolate selecto o rellena de crema u otra cosa. ⇒ Bombonera, bombonería. **2** (n. calif.) Se aplica a la persona, sobre todo mujer, especialmente atractiva.

bombona (del fr. «bonbonne») **1** f. **Vasija de vidrio o de otro material, de cuerpo esférico y cuello delgado, protegida a veces por un tejido de mimbre.* ≃ *Garrafa. **2** *Recipiente metálico cilíndrico y herméticamente cerrado, para líquidos volátiles o gases a presión: 'Bombona de butano'. ⇒ BALÓN de gas, bidón, cilindro, garrafa, PIPA de gas, TAMBO de gas, tanque. **3** Vasija metálica usada para guardar material esterilizado, como gasas, algodones, etc.

bombonaje *(Carludovica palmata)* m. *Planta tropical americana, ciclantácea, de hojas palmeadas de las que se hacen tiras para fabricar objetos de jipijapa. ≃ Jipijapa, toquilla.

bombonera **1** f. Recipiente para bombones. **2** (inf.; n. calif.) **Vivienda pequeña y agradable.*

bombonería f. Tienda en que se venden bombones y otros dulces.

bon, -a (del lat. «bonus»; ant.) adj. **Bueno.*

bona (del lat. «bona»; ant.) f. **Bienes.*

bonachón, -a (n. calif.) adj. y n. Se aplica a la persona *buena y de *carácter poco enérgico. ⇒ ALMA de Dios, BENDITO [de Dios], bienaventurado, buenazo, infeliz, infelizote, más bueno que el PAN, pastaflora, PEDAZO de pan.

bonaerense adj. y, aplicado a personas, también n. De Buenos Aires. ≃ Porteño.

bonancible (de «bonanza») adj. Tranquilo o suave. ≃ *Apacible.

bonanza (del sup. lat. vulg. «bonacia», formado sobre «bonus» por oposición a «malacia») **1** («Haber, Hacer») f. Estado del *mar o del tiempo cuando están tranquilos. ⇒ Abonanzar. ➤ *Meteorología. **2** Prosperidad. **3** *Zona de mineral muy rico.*

IR EN BONANZA. *Navegar con viento favorable.

bonapartismo m. Actitud de los partidarios de Napoleón Bonaparte o de los miembros de su familia.

bonapartista n. Partidario de Napoleón.

bonazo, -a adj. *Bonachón.* ≃ Buenazo.

bondad (del lat. «bonĭtas, -ātis») **1** f. Cualidad de *bueno: 'La bondad del clima. Todos alaban la bondad de ese muchacho'. ⇒ Buen CORAZÓN, panfilismo. **2** Entidad abstracta realizada en las cosas buenas: 'La bondad absoluta. La bondad suma'. ⇒ *Bien. **3** (cortés; pl.) Amabilidades o actos de atención o de bondad que alguien tiene con otro: 'Le estoy muy agradecido por sus bondades'.

V. «de DINEROS y bondad...».

TEN [TENGA, etc.] LA BONDAD. Se emplea a veces en lugar de «haz [haga, etc.] el favor», cuando se quiere mostrar mucha atención; por ejemplo con los clientes, en un establecimiento comercial.

bondadosamente adv. Con bondad o amabilidad.

bondadoso, -a adj. *Bueno y *amable con otras personas. ⇒ Bonachón, *bueno.

bondoso, -a adj. *Bondadoso.*

boneta (de «bonete») f. MAR. *Paño que se añade a veces a las *velas de un barco para hacerlas más grandes.*

bonetada (inf.) f. *Saludo hecho quitándose el bonete, el sombrero, etc.*

bonete (del fr. «bonnet», del b. lat. «abonnis») **1** m. *Gorro cilíndrico de poca altura; por ejemplo, los que usaban los hombres para estar en casa, generalmente de terciopelo y, a veces, con bordados o galones dorados. ≃ Birrete. ⇒ Mortero. ➤ Bicos. **2** Gorro de cuatro picos usado por los eclesiásticos y seminaristas y, antiguamente, por los estudiantes y graduados. **3** **Eclesiástico regular, a diferencia del secular, que se llamaba «capilla».* **4** FORT. *Obra exterior en las fortalezas con dos ángulos entrantes y tres salientes.* **5** *Cierta dulcera o recipiente para tener *dulce, de vidrio, ancha por arriba y estrecha por el fondo.* **6** ZOOL. **Redecilla (segunda cavidad del estómago de los rumiantes).* **7** (P. Rico, R. Dom.) **Capó.*

A TENTE BONETE (inf.). Con mucha insistencia u *obstinación, o con *exceso: 'Lo defendía a tente bonete. Bebieron a tente bonete'.

V. «PIMIENTO de bonete».

bonetero (de «bonete») m. **Evónimo (arbusto celastráceo).*

bonetillo m. *Cierto adorno que usaban las mujeres sobre el *tocado.*

bonetón m. *Juego de *prendas parecido al de la pájara pinta.*

bonga (Filip.) f. **Areca (planta palmácea).*

bongo 1 m. *Especie de *canoa usada por los indios de América Central.* **2** (Cuba) *Barca empleada para pasar un río palmeándola por medio de un *andarivel.* ≃ Barca de pasaje.

bongó m. Instrumento musical de percusión consistente en un cilindro hueco de madera, con uno de sus extremos cerrado con una piel tensa, y el otro libre.

bonhomía (del fr. «bonhomie») f. Hombría de bien.

boniatal m. Campo plantado de boniatos.

boniatillo (Cuba) f. **Cafiroleta (cierto dulce de boniato) sin coco.*

boniato (de or. caribe) **1** m. *Planta convolvulácea, variedad de batata, cuyos tubérculos, llamados del mismo modo, son dulces y comestibles. ≃ Boñato, buniato, camote, moniato, moñato, muñato, muñiato, papa dulce. ⇒ Batata. **2** (Val.; inf.; n. calif.) *Se aplica a una persona *tonta, *sosa o que molesta o desagrada con lo que dice o hace.*

bonicamente adv. *Bonitamente.*

bonico, -a 1 adj. *Dim. de bueno.* **2** (Mur. y otros sitios) **Bonito; empleado particularmente como halago a los niños, con el mismo valor de «guapo».*

A bonico (Ar., Mur.). **Despacio y sin hacer ruido.* ⊙ (Ar., Mur.) *En voz baja.* ⊙ (Ar., Mur.) *Poco a poco.* ⇒ *Despacio, *silencio.

bonificación 1 f. Acción de bonificar. **2** Dinero o tiempo con que se bonifica.

bonificar (del lat. «bonus», bueno, e «-ificar») **1** tr. *Hacer una ˃cosa *buena o mejor.* ≃ Abonar. **2** *Anotar una ˃cantidad en el haber de alguien.* ≃ *Abonar. **3** («con») Rebajar una cantidad de otra que alguien tiene que pagar o aumentarla en la que tiene que recibir. **4** («con») Descontar tiempo o aumentar la puntuación en ciertas pruebas deportivas: 'En esta etapa bonifican al vencedor con cinco segundos'.

bonificativo, -a adj. *Se aplica a lo que hace *bueno algo.*

bonillo, -a (ant.) adj. *Dim. de «*bueno».* ⊙ *Ya bastante *crecido.*

bonina (del lat. «bonus», bueno) f. **Manzanilla loca (planta compuesta).*

bonísimo, -a adj. Buenísimo.

bonítalo m. **Bonito (pez).*

bonitamente 1 adv. Suavemente, con facilidad, maña o disimulo: 'Le sacó bonitamente la cartera del bolsillo'. ≃ Como si tal *cosa. **2** Da énfasis a la frase a cuyo verbo se adjunta: 'Se ganó bonitamente medio millón de pesetas'. ≃ Como si tal *cosa, tan ricamente, tranquilamente.

bonitero, -a 1 adj. *Del bonito.* **2** adj. y n. f. *Se aplica a la barca destinada a la pesca del bonito.* **3** f. *Pesca del bonito.* ⊙ **Temporada en que se realiza.* **4** m. *Pescador de bonito.*

bonito[1] (del b. lat. «boniton»; *Sarda sarda)* m. Pez perciforme, común en los mares de España, similar al atún pero más pequeño. Es muy apreciado como alimento, tanto fresco como en conserva. ≃ Bisa, bonítalo. ⇒ Albacora, *atún, melva.

bonito[2], **-a** (dim. del lat. «bonus», bueno) **1** adj. *Bueno: 'Tiene una bonita dote'. **2** Se aplica en lenguaje llano o a los objetos corrientes, en vez de «*bello» o «hermoso», que se reservan para el lenguaje más literario o solemne, o para objetos de más importancia: 'Un pájaro [un cuento, un color, un vestido] bonito'. Se puede aplicar también a una mujer de facciones correctas y finas, en vez de «guapa» o «linda»: 'Había muchas chicas bonitas'. ⇒ Agradable, chévere, coqueto, cuco, decorativo, *delicado, divino, gracioso, ideal, una idealidad, mono, precioso, vistoso. ➤ Ramillete. ➤ *Bello.

V. «por tu [su, etc.] cara bonita, niño bonito».

bonizal m. *Terreno poblado de bonizos.*

bonizo m. Especie de *maíz que crece espontáneamente en Asturias entre el maíz o las hortalizas. ⇒ *Planta.

bono[1] (del fr. «bon», bono) **1** m. *Papeleta, tarjeta, etc., canjeable por algún artículo o servicio. ≃ Vale. ⊙ *Particularmente, las que se dan como limosna.* **2** Título de deuda emitido por el Estado o por una entidad privada.

bono[2], **-a** (ant.) adj. *Bueno.*

bonobús (de «bono» y «bus») m. Tarjeta que permite al usuario viajar cierto número de veces en el autobús.

bonohotel m. Bono que da derecho al alojamiento en hoteles.

bonoloto f. Cierta modalidad de lotería estatal.

bonometro m. Billete que permite viajar en metro cierto número de veces.

bononiense (del lat. «Bononiensis», de «Bononĭa», Bolonia) adj. y, aplicado a personas, también n. *De Bolonia, ciudad de Italia.* ≃ Boloñés.

bonote m. *Filamento sacado de la corteza del *coco.*

bonotrén m. Billete que permite al usuario viajar en tren cierto número de veces.

bonsái (de or. jap.) m. *Árbol en miniatura conseguido gracias a una técnica de origen japonés que impide su crecimiento.

bon vivant m. Expresión francesa que se aplica a una persona que desecha las preocupaciones y procura vivir *tranquila y regaladamente.

bonzo (del jap. «bonsa») m. *Sacerdote de Buda.

Quemarse a lo bonzo. Rociarse el cuerpo con una sustancia inflamable y prenderse fuego.

boñato m. **Boniato.*

boñiga f. *Estiércol de ganado vacuno o caballar. ≃ Bosta, moñiga.

boñigo m. Cada porción que se aprecia separada del *excremento del ganado vacuno o caballar, de forma característica. ≃ Moñigo.

boñiguero m. *Abanto (*ave rapaz).*

boogie-woogie (ingl.; pronunc. [búgui búgui]) m. Estilo musical caracterizado por el ritmo rápido y repetitivo en los graves que acompañan a la melodía.

boom (ingl.; pronunc. [bum]; pl. «booms») m. Gran desarrollo o éxito de algo: 'El boom de la novela hispanoamericana'.

boomerang (ingl., de or. australiano; pronunc. [bumerán]) m. Bumerán.

boque (del al. «bock», macho cabrío; Ar.) m. **Macho cabrío.*

boqueada (muy usado en pl.) f. Acción de abrir la boca repetidamente los agonizantes.

Dar [o estar dando] las [últimas] boqueadas. **1** Estar *muriéndose. **2** Estar a punto de *acabarse una cosa: 'La vela está dando las boqueadas'.

boquear 1 intr. *Abrir repetidamente la boca.* ⊙ *Hacerlo así los que están agonizando.* **2** *Estar *muriéndose.* **3** *Estar *acabándose una cosa.* **4** tr. **Pronunciar una ˃palabra o expresión.*

boquera (de «boca») **1** f. Se aplica a algunos casos particulares de boca o *abertura. ⊙ La que se hace en un *canal, *acequia o *cauce de cualquier clase para derivar agua hacia algún sitio. ⊙ **Ventana por donde se echa la* *paja o el heno en el *pajar.* ⊙ (Ast.) *Portillo en el *cerco de las fincas, hecho para que pase el ganado.* ⊙ (Mur.) **Sumidero para las aguas residuales.* **2** (pop.) *Pupa que se forma en las comisuras o en otro sitio de los labios. ≃ *Calentura. ⊙ VET. *Pupa en la boca de los animales.* **3** (And.; forma pl.) n. *Boceras: persona *habladora o persona a la que se encuentra molesta o despreciable.*

boqueriento, -a **1** adj. *Con boqueras (calenturas en los labios).* **2** (Chi.) **Miserable o despreciable.*

boquerón (aum. de «boquera»; *Engraulis encrasicholus*) m. *Pez marino, parecido a la sardina pero mas pequeño, apreciado como comestible y objeto de diversas preparaciones: en aceite, en vinagre, en salmuera o frito, dispuesto a veces en ruedas o abanicos. ≃ Alacha, alache, aladroque, alece, aleche, haleche, lacha. ⇒ Anchoa, anchova, anchoveta. ➤ Vitoriano. ➤ Abanico, panoja, rueda.

boqueta f. MINER. *Abertura de ventilación.*

boquete (de «boca») m. *Abertura irregular: 'La pelota hizo un boquete en el cristal'. ≃ *Agujero, brecha.

boqui (*Boquila trifoliata*) m. *Planta ampelidácea de Chile, sarmentosa, de cuyos tallos se hacen cestos; su fruto, llamado «cóguil», es comestible. ≃ Coguilera.

boquiabierto, -a («Dejar; Quedarse») adj. Con la boca abierta por asombro, sorpresa o *admiración. ⊙ Asombrado, deslumbrado o pasmado.

boquiancho, -a adj. *De boca ancha.*

boquiangosto, -a adj. *De boca estrecha.*

boquiblando, -a adj. *Se aplica a la caballería muy sensible al freno.* ≃ Blando de BOCA.

boquiconejuno, -a adj. *Se aplica a la caballería de boca parecida a la del conejo.*

boquidulce m. Pez *selacio de unos 3 m de longitud y siete pares de branquias.

boquiduro, -a adj. *Se aplica a la caballería poco sensible al freno.* ≃ Duro de BOCA.

boquifresco, -a **1** adj. *Se aplica a las *caballerías que tienen la boca salivosa y fresca, y son dóciles al freno.* **2** (n. calif.) adj. y n. *Se aplica a la persona aficionada a decir verdades desagradables.* ⇒ *Verdad.

boquifruncido, -a adj. *Se dice de la *caballería que tiene las comisuras de los labios bajas o estrechas.*

boquihendido, -a adj. *Aplicado particularmente a caballerías, de boca muy hendida.*

boquihundido, -a adj. *Se aplica a las caballerías con las comisuras de los labios altas.*

boquilla (dim. de «boca») **1** f. Pieza o parte de los instrumentos musicales que se introduce en la boca o se aplica a los labios. ≃ Bocal, embocadura, estrangul. ⊙ Porción de algunas cosas, por ejemplo, de la pipa, que se introduce en la boca. ⊙ Tubito de cartulina relleno de algodón u otro material semejante que hace de filtro, que llevan los cigarrillos llamados «emboquillados» para chuparlos por él. ⊙ Objeto consistente en un tubo pequeño en el cual se ponen a veces los cigarrillos para fumarlos. ⇒ Aboquillar, emboquillar. **2** *Extremo del *cigarro puro por el que se enciende.* **3** Pieza colocada en la abertura de algunas cosas. ⊙ En los *bolsos. ⊙ En la *vaina de las armas blancas. ⇒ Brocal.⊙ En los aparatos de luz o fuego que dan llama. ⇒ Mechero. **4** *Abertura del *pantalón por donde sale la pierna.* **5** *Orificio por donde se introduce la carga en las *bombas y granadas y en donde se pone la espoleta.* **6** *Abertura que se hace en las *acequias para derivar el agua de riego.* ≃ Boquera. **7** **Entalladura hecha en una madera para ensamblarla.* **8** *Tercera abrazadera del *fusil, próxima a la boca.* **9** Se aplica seguramente a otras muchas cosas y puede aplicarse acomodaticiamente a cualquiera semejante a las descritas. **10** (Ec.) *Chisme, rumor.*

DE BOQUILLA (aplicado a «*comprar, *jugar» y verbos semejantes). Prometiendo o ajustando una cantidad, pero sin entregarla en el momento. ⊙ Insinceramente.

boquillero, -a **1** (Cuba, P. Rico) adj. **Charlatán.* **2** (Cuba, P. Rico) **Jactancioso (*fanfarrón o presumido).*

boquimuelle adj. *Se aplica a la caballería blanda de boca.* ⊙ *Se aplica a la persona *dócil.*

boquín m. *Cierta *bayeta basta.*

boquina (Ar.) f. **Piel de macho cabrío.*

boquinatural adj. *Se aplica a la caballería de boca no especialmente blanda ni dura.*

boquinegro, -a **1** adj. *Se aplica a los animales de boca u hocico negro.* **2** m. *Caracol terrestre muy común, redondo, amarillento con zonas rojizas y puntos blancos, y lustroso.

boquino, -a (de «boca»; And.) adj. *Se aplica a la *vasija que tiene la boca desportillada y no se puede tapar bien.* ⊙ *También, a la persona que, habitualmente, no cierra la boca del todo.*

boquirrasgado, a adj. *De boca rasgada.*

boquirroto, -a adj. y n. *Se aplica a la persona que habla más de lo que es discreto.*

boquirrubio **1** adj. *Se aplica a la persona que habla más de lo que conviene.* ≃ Boquirroto. **2** *Ingenuo, inexperto.* **3** m. *Joven presumido.* ≃ *Petimetre.

boquiseco, -a adj. *Se aplica a la caballería que no saborea el freno ni hace espuma.*

boquisumido, -a adj. *Boquihundido.*

boquitorcido, -a o **boquituerto, -a** adj. *De boca torcida.*

boratera (Arg., Chi.) f. *Mina de borato.*

boratero, -a **1** (Chi.) adj. *Del borato.* **2** (Chi.) adj. y n. *Se aplica a la persona que trabaja o negocia en borato.*

borato m. QUÍM. Sal del óxido bórico, que, hidratada, constituye el bórax.

bórax (del ár. «bawraq», a través del lat. cient.) m. QUÍM. Borato sódico hidratado que se encuentra como depósito de las aguas alcalinas de algunos lagos. Fundido, disuelve muchos óxidos colorantes, que dan lugar a vidrios coloreados. ≃ Atíncar, borra, borraj.

borbolla f. *Burbuja.*

borbollar (del lat. «bullāre») intr. Formar un *líquido burbujas grandes al hervir o al manar o salir de un sitio, haciendo el ruido característico. ⇒ Borbollear, borbollonear, borboritar, borbotar, borbotear, brollar, burbujear.

borbollear intr. *Borbollar.*

borbolleo m. *Borboteo.*

borbollón m. Borbotón.

A BORBOLLONES. A borbotones.

borbollonear intr. *Borbollar.*

borbónico, -a adj. De los Borbones, dinastía de *reyes de España.

borbor (de or. expresivo) m. *Borboteo.*

borborigmo (del gr. «borborygmós») m. Ruido producido en el vientre por el movimiento de los gases intestinales. ≃ Gruñido de TRIPAS.

borboritar (de or. expresivo) intr. *Borbollar.*

borborito (Sal.) m. *Borbotón.*

borbotar o **borbotear** (de or. expresivo) intr. *Hervir o salir el agua formando borbotones y haciendo ruido. ≃ Borbollar.

borboteo m. Acción de borbotear.

borbotón m. Hinchamiento formado en la superficie del agua por el vapor que se desprende de ella al hervir o por el aire con que se mezcla al manar o salir por un orificio. ≃ Borbollón, *burbuja.

A BORBOTONES. **1** Formando borbotones. ≃ A borbollones. **2** Violentamente y con discontinuidad: 'La sangre salía a borbotones de la herida'. ≃ A borbollones. **3** Con «*hablar», precipitada y entrecortadamente. ≃ A borbollones.

borceguí **1** m. *Calzado usado antiguamente que subía algo más arriba del tobillo, pero no tanto como la bota. ⇒ Estival. **2** *Calcetín de caña corta.

borcellar (del lat. «buccella», boquilla) m. **Borde de una *vasija.*

borda[1] (del sup. franco «borda», tabla) f. *Choza.*

borda[2] (de «borde[1]») **1** (ant.) f. *Borde.* **2** Borde del costado de un barco. ≃ Borde. ⇒ Bordo. **3** *Vela mayor de las galeras.

ARROJAR [ECHAR O TIRAR] POR LA BORDA. **1** Tirar algo al mar desde una embarcación. **2** *Desprenderse de algo que constituye un lastre: 'Echó por la borda sus escrúpulos'. ⊙ Desembarazarse inconsideradamente de alguien. **3** *Perder una cosa por culpa propia: 'Ha echado por la borda su porvenir'.

FUERA [DE] BORDA. V. «MOTOR fuera [de] borda».

bordada (de «bordo») **1** f. MAR. Camino que hace una embarcación entre dos viradas, avanzando a barlovento. ≃ Arribada, bordo. ⇒ Repiquete. ➤ *Marina. **2** (inf.) *Paseo repetido de un sitio a otro.*

DAR BORDADAS. MAR. *Navegar de bolina alternativamente hacia una y otra banda.*

RENDIR UNA BORDADA. MAR. *Llegar el barco al sitio en donde hay que virar.*

bordadillo (de «bordado»; ant.) m. **Tela de tafetán doble labrado.*

bordado, -a **1** Participio adjetivo de «bordar». **2** (inf.; «Quedar, Salir») *Perfecto, acabado. **3** m. Labor de adorno hecha con diversidad de puntos, y formando dibujos, a veces en colores, a veces combinando los hilos que quedan sueltos al sacar los que van en dirección contraria.

BORDADO CANARIO. Labor típica de las Canarias, hecha sacando hilos y formando con puntadas en los que quedan sin sacar dibujos con agujeros más grandes que los del bordado de Lagartera.

B. A CANUTILLO. El que se hace con hilos de oro o plata rizado formando canutillo.

B. DE LAGARTERA. Labor típica de Lagartera y, en general, de Toledo, hecha unas veces sobre la tela entera, contando los puntos y formando dibujos, generalmente con colores combinados («punto por cuenta»), y otras sacando hilos y formando dibujos sobre el deshilado; también, en general, con combinaciones de colores. ⇒ Deshilado, filtiré.

B. A REALCE. El hecho con relleno, de modo que tiene relieve acusado.

V. «TIRA bordada».

bordador, -a n. Persona que borda; particularmente, la que se dedica a ello por oficio.

bordadura **1** f. *Bordado; particularmente, realizado sobre piel.* **2** HERÁLD. *Bordura.*

bordaje m. MAR. *Conjunto de tablones que recubren el *barco.*

bordar (¿del germ. «bruzdōn», bordar?) **1** («a»: 'a mano, a máquina; a realce, a punto de cruz'; «en»: 'en lana, en seda; en blanco, en colores; en bastidor') intr. Hacer bordados. ⊙ tr. Hacer un bordado en una ˇcosa. **2** (inf) Hacer o ejecutar una ˇcosa con perfección: 'La primera actriz ha bordado su papel'.

□ CATÁLOGO

Broslar, embarcinar, labrar, margomar. ➤ Briscar, formar, marcar, recamar, trepar. ➤ Bordado, bordadura, brocalado, labor. ➤ Bicos, calado, cordoncillo, deshilado, entorchado, escamada, espiguilla, festón, filtiré, flecha, formación, imaginería, mazonería, NIDO de abeja, realce, recamado, vainica. ➤ Abasto. ➤ Almendrilla, arenilla, bodoque, canutillo, cañutillo, DIENTE de perro, lomillo, ojete, pasadillo, pasillo, petit point, PUNTO de cruz, PUNTO torcido, saltaterandate. ➤ Abalorio, argentería, bricho, cañutería, filetón, gurbión, gusanillo, hojuela, lentejuela, orzoyo, primichón, talco, trepa. ➤ *Bastidor, tambor. ➤ Banzo, barra, propienda. ➤ Embastar, embrocar. ➤ Cañamazo. ➤ Embutido, entredós, TIRA bordada. ➤ Dechado, marcador. ➤ Canario, lagartera, mallorquín. ➤ Joyera. ➤ *Adorno. *Coser. *Encaje. *Pasamanería.

borde[1] (del fr. «bord», del fránc. «bord») **1** m. Línea que forma la terminación de una *superficie o de un cuerpo aplanado, que lo limita o separa de lo que está alrededor de él: 'El borde de la mesa [o de la moneda]'. ⊙ Zona contigua a esa línea: 'El vaso estaba en el borde de la mesa'. ⊙ Línea que forma el límite de una abertura: 'El borde del agujero'. ⊙ Contorno de la boca de una *vasija. ⊙ Línea de separación entre un río, el mar, etc., y la tierra. ≃ *Orilla, ribera. ⊙ Zona de ésta que se considera contigua al agua: 'Vivimos al borde del mar. El borde del río está poblado de chopos'. ⊙ Pieza que forma, recubre o adorna el borde de una cosa. **2** MAR. *Borda de un *barco.*

AL BORDE DE. Muy cerca de la cosa que se expresa y con riesgo inminente de caer o incurrir en ella: 'Al borde de la locura [de la ruina, del abismo]'. ⇒ *Casi, *inminente.

□ CATÁLOGO

Arista, bajo, balate, borcellar, borda, cancho, cantil, canto, carel, *contorno, corte, *costa, espuenda, filo, limbo, marbete, margen, *orilla, perfil, pujame [o pujamen], ribacera, ribera, sobrecejo, tiesta, vera, veril. ➤ Acera, *antepecho, arce, arcén, atoque, banda, bordillo, cuadro, encintado, faja, fimbria, labio, marco, moldura, orla, orladura, pestaña, regala, tremó, vendo, vira. ➤ Cabezuela, cenefa, dobladillo, doble, doblez, encaje, festón, filete, fleco, galón, hirma, jareta, jaretón, repulgo, ribete, vivo. ➤ Diente, farpa, fraile, galce, lóbulo, onda, pico. ➤ Almenado, continuo, dentado, entero, *liso, lobulado, macizo, ondulado, recortado, serrado, sólido. ➤ Barbas, rebabas. ➤ Orillar, orlar. ➤ Cantear, grujir. ➤ Desportillar, mellar. ➤ Arranchar, bordear, circundar, *rodear. ➤ Rebosar. ➤ Decantar. ➤ Chaflán. ➤ Abordar, desbordar, reborde, trasbordar. ➤ *Adorno. *Banda. *Contorno. *Extremo. *Lado. *Límite.

borde[2] (del cat. «bord», del lat. tardío «bŭrdus», mulo) **1** adj. BOT. Se aplica a la *planta tenida por ilegítima, comparada con otras nobles o de ley. ⊙ BOT. También a las procedentes de cultivo y degeneradas. **2** *Se aplica a los hijos *naturales.* **3** Torpe, obtuso. **4** (inf.; «Estar, Ser; Ponerse») adj. y n. Antipático, poco propenso a ser amable o a hacer favores.

V. «TÉ borde».

bordeado, -a («de») Participio adjetivo de «bordear»: 'Un paseo bordeado de tilos'.

bordear 1 tr. *Rodear cierta ↘cosa o estar colocado a lo largo del borde de cierta ↘cosa. **2** Ir próximo a la orilla de ↘algo sin entrar en ello: 'Bordear un lago [o una isla]'. ⇒ Bojar, bojear, ir [o seguir] a lo largo. ➤ *Rodear. **3** Estar cerca de un ↘peligro, de la consecución de cierta cosa, etc., sin llegar a caer en ello o a conseguirlo: 'Hemos bordeado mil peligros. Ha bordeado el éxito muchas veces'. ⊙ Estar próximo a la edad que se expresa: 'Está bordeando los cincuenta'. ≃ Frisar. **4** MAR. *Dar BORDADAS.*

bordelés, -a (del fr. ant. «Bourdel», Burdeos) adj. y, aplicado a personas, también n. De Burdeos.
V. «BARRICA bordelesa».

bordillo (de «borde[1]») m. *Borde, formado por piedras estrechas y largas, de la acera de la calle. ≃ Encintado. ⇒ Vado. ⊙ Borde semejante de un sendero, una carretera, etc.

bordinga f. MAR. *Madera de refuerzo del costado del *barco.*

bordiona (de «borde[2]»; ant.) f. *Prostituta.*

bordo (de «borde[1]») **1** (Alm., Ast.) m. *Linde.* **2** (Guat., Méj.) *Borde formado alrededor de un campo con césped y estacas, para *embalsar en él el agua.* **3** MAR. Costado de un *barco. **4** MAR. *Bordada de un barco.* **5** (Arg., Guat.) *Elevación natural en un terreno no rocoso.*

A BORDO («de»). Embarcado: 'Los que iban a bordo. Viajan a bordo de un transatlántico'.

DAR BORDOS. *Dar BORDADAS.*

DE A BORDO. Se aplica a las personas o cosas que están embarcadas.

DE ALTO BORDO. Se aplica a los *barcos «mayores».

FUERA BORDO. V. «MOTOR fuera bordo».

RENDIR EL BORDO sobre [o en] un sitio. **Llegar a él.*

SUBIR A BORDO. Subir a un *barco.

bordón (del b. lat. «burdo, -ōnis», mulo) **1** m. Bastón más alto que un hombre; por ejemplo, el que llevaban los peregrinos. **2** *Persona que guía o sostiene a otra.* ⇒ *Apoyo. **3** Frase o expresión que alguien repite innecesariamente en su conversación. ≃ Estribillo, *muletilla. ⊙ Frase que se repite en una canción u otra composición poética. **4** LITER. *Verso quebrado que se repite al final de cada copla en algunas composiciones. **5** *Se aplica a distintas cosas de forma de cordón.* ⊙ *El que se forma con tejas en la unión de dos vertientes de un *tejado.* ⊙ CARP. *Listón redondeado con que se guarnece algo.* ⊙ *Pieza con que se cubren las juntas de las tablas en una cubierta de edificio.* **6** *Cuerda de las gruesas en un instrumento de cuerda. **7** *Cuerda de tripa atravesada diametralmente en el parche inferior del *tambor.* **8** CIR. *Cuerda de tripa con que se dilata o se mantiene abierto un conducto.* **9** AGRÁF. *Omisión que comete el cajista al componer.*

bordona (Arg., Par., Ur.) f. MÚS. *Sexta cuerda de la guitarra, o cualquiera de las tres más bajas.* ≃ Bordón.

bordoncillo m. **Muletilla.* ≃ Bordón.

bordonear 1 intr. *Ir *tentando el suelo con el bordón o *bastón.* **2** **Vagar mendigando.* **3** *Hacer sonar el bordón de la *guitarra.* **4** Producir un sonido semejante al del bordón, como los moscardones. ≃ *Zumbar.

bordoneo m. Acción de bordonear. ⊙ Sonido que se produce bordoneando.

bordonería f. *Actitud o situación del que bordonea en vez de trabajar.*

bordonero, -a adj. y n. **Vagabundo.*

bordura (del fr. «bordure», orilla) **1** f. **Seto bajo de plantas de adorno que bordea un macizo de jardín.* **2** HERÁLD. *Dibujo que rodea el escudo.* ≃ Bordadura.

bore m. *Golpe de *mar contra una barra, dique, etc.*

boreal (del lat. «boreālis»; lit.) adj. Del *norte.
V. «AURORA boreal, TRIÁNGULO boreal».

bóreas (del lat. «borĕas», del gr. «boréas») **1** (lit.) m. Uno de los cuatro *vientos cardinales, que sopla del norte. ⇒ Matacabras. ➤ Ábrego, austro, euro. **2** (lit.) *Viento borrascoso que sopla en invierno sobre las costas del norte del mar Egeo y del Adriático.

bóreo (del lat. «borĕus», boreal) adj. V. «NOTO bóreo».

borgoña m. Vino de Borgoña.
V. «CRUZ de Borgoña, PEZ de Borgoña».

borgoñés, -a adj. y n. *Borgoñón.*

borgoñón, -a adj. y, aplicado a personas, también n. De Borgoña, antigua provincia de Francia. ⊙ m. Grupo dialectal del francés.

borguil (Ar.) m. **Almiar.*

boricado, -a adj. Se aplica a lo que contiene ácido bórico: 'Agua boricada'.

bórico, -a (de «bórax») adj. QUÍM. Del boro. ⇒ ÁCIDO bórico.

boricua (gralm. hum.) adj. y n. *Puertorriqueño.*

borincano, -a o **borinqueño, -a** (de «Borinquén», nombre indígena de Puerto Rico) adj. y n. *Puertorriqueño.*

borjano, -a adj. y, aplicado a personas, también n. *De Borja, población de la provincia de Zaragoza.* ≃ Borsaunense.

borla (del sup. lat. «burrŭla», de «burra», borra) **1** f. Conjunto de hilos o cordones sujetos por un extremo y sueltos por el otro, que se emplea como *adorno. ⇒ Macho. ➤ *Pasamanería. ⊙ Conjunto de hilos o cordones sujetos por el centro y con las puntas sueltas, de modo que, al esparcirse, forman una bola completa o media bola, que se emplea como adorno; por ejemplo, los que llevan los birretes de los catedráticos, del color distintivo de la respectiva facultad. ≃ Madroño. **2** Utensilio empleado por las mujeres para darse polvos, que, originariamente, era una borla de filamentos finísimos. **3** **Amaranto (planta amarantácea).*

TOMAR LA BORLA. **Graduarse en la universidad.*

borlilla (dim. de «borla») f. *Nombre que los romancistas aplicaron a la *antera de las flores.*

borlón 1 m. Aum. frec. de «borla». **2** Amaranto. ≃ Borla. **3** **Tela semejante a la cotonía, de lino y algodón, con pequeños nudos o abultamientos.*

borne[1] (del fr. «borne», extremo) **1** m. *Extremo de la *lanza que se empleaba para justas.* **2** Pieza saliente, en forma de botón o varilla, a la que se sujetan los extremos de los cables eléctricos en las máquinas y utensilios. ⇒ *Apéndice. **3** *Atravesador (*aislador que atraviesa una pared).*

borne[2] (del lat. «laburnum»; *Laburnum anagyroides*) m. **Planta leguminosa.*

borne[3] (del lat. «alburnum», albura) adj. Se aplica a la madera quebradiza, difícil de labrar.
V. «ROBLE borne».

borneadizo, -a (de «bornear[1]») adj. *Fácilmente doblable.*

borneadura (de «bornear[2]») f. *Borneo.*

bornear[1] (de «borne[1]») **1** tr. **Doblar o *curvar una ↘cosa.* ⊙ prnl. *Particularmente, *combarse la madera.* **2** tr. **Apartar una ↘cosa.* **3** **Mover una ↘cosa, por ejemplo los sillares, a un lado y a otro, para *afirmarla perfectamente o *encajarla en el sitio que ha de ocupar.* **4** (Sal.) intr. *Hacer pasos en la danza.* **5** MAR. *Girar el* *buque sobre sus amarras estando fondeado.* ⊙ MAR. *Cambiar de dirección el *viento.*

bornear² (del fr. «bornoyer», de «borgne», tuerto) tr. *Mirar con un solo ojo, por ejemplo a lo largo del borde de una cosa, para apreciar si está *recta o plana, o a lo largo de una fila de cosas para ver si están alineadas.* ≃ Retranquear.

borneo m. *Acción y efecto de bornear[se].*

bornero, -a adj. V. «PIEDRA bornera, TRIGO bornero».

borní (del ár. and. «burnī», ¿gentilicio de Hibernia o Irlanda?; *Falco biarnicus*) m. *Ave falconiforme parecida al halcón común, que habita en las regiones mediterráneas orientales.

bornita f. Mineral de *cobre (sulfuro de cobre y hierro) de gran valor. ≃ CARNE de caballo, erubescita.

bornizo (de «borne³») **1** (Ar.) m. *Vástago de planta.* **2** V. «CORCHO bornizo».

boro (de «bórax») m. *Elemento químico no metálico, n.º atómico 5, de color pardo oscuro, que existe nativo y en el ácido bórico y el bórax, y puede obtenerse artificialmente en cristales de dureza igual a la del diamante. Símb.: «B».

borona (del célt. «bron», pan) **1** f. Maíz. **2** Pan de *maíz. **3** (Hispam.) *Migaja de pan.*

borondanga f. *Morondanga.*

boronía (del ár. and. «buraníyya») f. **Fritada de berenjenas, calabaza, etc.* ≃ Alboronía, almoronía.

borra¹ (del lat. «burra») **1** f. **Cordera de un año.* **2** **Tributo que consistía en una cabeza de *ganado por cada cierto número de las que se poseían.* **3** *Parte más corta y de menos valor de la lana.* **4** *Pelo de cabra que se emplea para *rellenar pelotas, cojines, etc.* **5** Pelo que se saca del *paño al tundirlo. ⊙ Desperdicios que quedan en las operaciones de acabado de los tejidos de lana y algodón, que se emplean para *rellenar colchones, almohadas, etc., de mala calidad. ⇒ *Broza, curesca, flojel, LANA regenerada, pelusa, pelusilla, tamo, tondiz, tundizno. ➤ Alijar, *cardar. ➤ Desborrar, emborrar, emborrizar. **6** Mezcla de pelusa y polvo que se forma, por ejemplo, en los bolsillos y pliegues de la ropa o debajo de los muebles cuando se está algún tiempo sin limpiar. ≃ *Pelusa, pelusilla. **7** *Suciedad semejante de otras cosas; por ejemplo, de las *colmenas.* ⇒ Espejuelo. ⊙ **Sedimento de aspecto sucio; por ejemplo, el que se forma en la tinta o el aceite.* **8** **Paja: cosas, palabras o expresiones superfluas con que se hace más extenso un escrito, un discurso, etc.*

borra² f. **Bórax.*

borracha (¿del cat. «morratxa», redoma, y «botella»?) f. *Bota para el vino.

borrachada f. *Borrachera.*

borrachear intr. *Emborracharse con frecuencia.*

borrachera («Agarrar, Coger, Pescar, Pillar») f. Estado de borracho: 'Aún no le ha pasado la borrachera'. ⇒ *Borracho. ⊙ Trastorno o exaltación excesiva que en una persona pueden causar el éxito, el poder, etc.

borrachería f. **Taberna.*

borrachero (*Datura arborea* y *Datura sanguinea*) m. Árbol o arbusto solanáceo de Sudamérica, de flores llamativas, alargadas, en forma de trompeta, blancas o rosadas; toda la planta es venenosa, rica en alcaloides y con propiedades narcóticas y alucinógenas. ≃ Floripondio. ⇒ *Planta.

borrachín, -a adj. y n. Dim. despectivo o afectivo de «*borracho».

borracho, -a (de «borracha») **1** («Estar; con, de»: 'con dos copas, de aguardiente') adj. Con la mente trastornada por haber tomado en exceso bebidas alcohólicas. ⊙ («Ser») adj. y n. Se aplica al que tiene el vicio de tomar bebidas alcohólicas en exceso. **2** adj. Trastornado o en estado de exaltación por una alegría intensa, por ejemplo por un triunfo, o por la posesión de mucho poder. **3** Se aplica a los *colores que, por haberse desteñido estando juntos en la misma o en distintas cosas, están mezclados y sucios, así como a las prendas o cosas en que están así los colores. **4** Se aplica al bizcocho empapado en almíbar y licor. **5** (*Trigla gurnardus*) Pez teleósteo marino de cabeza apuntada y con cuatro espinas en la parte superior de la boca.

V. «PALO borracho».

NI BORRACHO (inf.). Expresa hiperbólicamente la negativa rotunda a hacer cierta cosa o la imposibilidad de llevarla a cabo: 'Con este tiempo no voy a la sierra ni borracho. Ese problema de matemáticas no lo resuelves tú ni borracho'. ≃ Ni loco.

□ CATÁLOGO

Achispado, acocullado, ahumado, ajumado, alegre, alumbrado, azumbrado, bebdo, bébedo, bebedor, bebido, beodo, beudo, bolinga, briago, buzaque, calamocano, caneco, chamicado, chispo, colocado, contento, copetón, como una cuba, hecho un CUERO, curda, descompuesto, ebrio, ebrioso, embriagado, entonado, epoto, grifo, entre dos LUCES, mamado, mareado, pedo, pellejo, a medios PELOS, entre PINTO y Valdemoro, piripi, rascado, sahumado, templado, temulento, tiznado. ➤ Artillero, bebedor, borrachín, catavinos, dipsomaníaco, esponja, mosquito, potista, tumbacuartillos, vinolento. ➤ Alcoholizado. ➤ Berza, bolinga, bomba, borrachera, castaña, cebollón, chinga, chispa, chucha, cogorza, colocón, curadera, ebriedad, filoxera, globo, guayo, humera, juma, jumera, lobo, mamada, melopea, merluza, mierda, moco, mona, papalina, pea, pedal, pedo, perra, pítima, punto, rasca, tablón, tajada, tea, toña, torrija, torta, tranca, trinca, turca, zamacuco, zorra. ➤ Alcoholismo, crápula, dipsomanía, vinolencia. ➤ Buen VINO, mal VINO. ➤ Delírium tremens. ➤ Bebida. ➤ Beber, empinar. ➤ Abombarse, alegrarse, amonarse, apimplarse, asomarse, coger un CERNÍCALO, chingarse, cogerla, llevar [o tener] unas COPAS de más, emborrachar[se], embriagar[se], encandilarse, entonarse, entromparse, jumarse, rascarse, tajarse, tomarse. ➤ Subirse a la CABEZA. ➤ Cambalada, hacer ESES. ➤ Bacante. ➤ Ditirambo. ➤ Bambochada. ➤ Éter. ➤ Desollarla, dormirla, desollar [o dormir] el LOBO, dormir la MONA, dormir el VINO, dormir la ZORRA. ➤ Dionisia. ➤ Desemborrachar, desembriagar. ➤ Sereno, *sobrio.

borrachuela (dim. de «borracha») f. **Cizaña (planta gramínea).*

borrado, -a **1** Participio adjetivo de «borrar». **2** (Perú) *Picado de *viruelas.*

borrador **1** m. Escrito que se hace para corregirlo y copiar luego de él el definitivo. ⇒ Minuta. ➤ *Bosquejo. ➤ Copia. ➤ Modelo. **2** *Libro en que se hacen anotaciones y *cuentas que se pasan luego a otro definitivo. **3** Goma de borrar. **4** Taco de fieltro que sirve para borrar la tiza en la pizarra. **5** *Dibujo o pintura hechos con solo unas cuantas líneas o pinceladas. ≃ Apunte, bosquejo.

borradura f. Acción y efecto de borrar.

borragináceo, -a (del lat. «borrāgo, -īnis», borraja) adj. y n. f. BOT. Se aplica a las *plantas herbáceas o leñosas de la familia a que pertenece y da nombre la borraja, cuyos tallos y hojas están cubiertos de pelos rígidos y tienen *flores pentámeras en inflorescencias y fruto en drupa.* ⊙ f. pl. BOT. *Esa familia.*

borragíneo, -a (del lat. «borrāgo, -ĭnis», borraja) adj. y n. f. BOT. *Borragináceo.*

borraj m. QUÍM. **Bórax.*

borraja (del cat. «borratja», del lat. «borrāgo, -ĭnis»; *Borago officinalis)* f. *Planta borraginácea de huerta de hojas y tallos ásperos, cubiertos de pequeñas espinas, que se come cocida; sus flores se empleaban como sudorífico.

V. «quedar una cosa en AGUA de borrajas [o de cerrajas]».

borrajear (de «borrar») **1** tr. o abs. Hacer rasgos con la pluma, el bolígrafo, etc., descuidadamente, por ejemplo para probarla. ≃ Garrapatear. ⇒ *Garabato. **2** *Escribir o *dibujar descuidadamente o sin asunto determinado.

borrajo (¿de «aburar», quemar, influido por «borra»?) **1** m. **Rescoldo.* ⇒ Aborrajarse. **2** *Hojarasca de los pinos.* ≃ Tamuja. ⇒ Alhumajo.

borrar (de «borra[1]») **1** tr. Hacer *desaparecer una ↘cosa escrita, dibujada o pintada frotando sobre ella, por ejemplo con una goma de borrar, o con otros medios. ⇒ Barrear, hacer DESAPARECER, desapuntar, desdibujar, despintar, emborronar, enmendar, pasar la ESPONJA, raspar, rayar, razar, tachar, testar, tildar. ➤ Borradura, borrón, raya, tachadura, tachón, tildón. ➤ Borrado, borroso, confuso, deleto, desdibujado. ➤ Dele. ➤ Deleble. ➤ Palimpsesto. ➤ Almohadilla, borrador, goma, raspador, tippex. ➤ BORRÓN y cuenta nueva. ➤ Imborrable. ⊙ prnl. Desaparecer algo escrito, dibujado o pintado: 'Se me ha borrado la carta que tenía en el ordenador'. **2** tr. Hacer borrosa una ↘cosa o los ↘perfiles de una cosa. **3** Hacer muchas rayas por encima de una ↘cosa escrita, para que no se pueda leer o para invalidarla. ≃ *Tachar. **4** *Emborronar.* **5** Hacer desaparecer la ↘imagen, el recuerdo o las huellas de algo no material: 'El tiempo todo lo borra. Procuro borrar de mi pensamiento las cosas desagradables'. ⊙ prnl. Desaparecer estos recuerdos o huellas de algo no material: 'Ese recuerdo nunca se le borrará'. ⊙ tr. Hacer desaparecer una ↘mancha en el honor de alguien o satisfacer una ↘ofensa. ⊙ prnl. Quedar limpia una mancha en el honor de alguien o satisfecha una ofensa. ⊙ tr. *Excluir o quitar de una lista o relación. También reflex. ⊙ Dar de *baja en una asociación. También reflex.

borrasca (del lat. «borras» por «borĕas», viento del norte) **1** f. Alteración atmosférica, especialmente en el mar, con viento, lluvia, relámpagos, etc. ≃ *Tempestad, temporal, tormenta. ⇒ Aborrascarse, emborrascar. **2** METEOR. Región atmosférica de bajas presiones. **3** (inf.) *Riña de palabra, *discusión violenta o *enfado entre dos personas. **4** *Racha de *contratiempos o dificultades en algún asunto.* **5** **Orgía.* **6** (Méj.) *Carencia de mineral útil en el criadero.* ⇒ *Minería.

borrascoso, -a 1 adj. De borrasca: 'Tiempo [viento] borrascoso'. **2** Con discusiones violentas, insultos o riñas: 'Una sesión borrascosa en las Cortes'. ≃ *Accidentado. ⊙ Se aplica también a la vida de una persona cuando ha habido en ella sucesos, tales como delitos, encarcelamientos o aventuras difíciles. ⇒ *Azaroso.

borrasquero, -a adj. *Amigo de reuniones en que puede haber riñas.*

borregada f. *Rebaño de borregos.*

borrego, -a (de «borra[1]») **1** n. Carnero u *oveja de uno o dos años. ≃ Borro. ⇒ *Cordero. ➤ Aborregarse. **2** (inf.) n. Persona excesivamente *dócil o gregaria. ⊙ Suele usarse en expresiones comparativas: 'La televisión dice una cosa: pues todos como borregos a hacerla'. **3** m. Chaquetón forrado de lana de borrego o material similar. **4** (pl.) *Olas pequeñas y espumosas en el mar.* ≃ Cabrillas. **5** (pl.) **Nubecillas blancas redondeadas, aglomeradas.* **6** (Cuba, Méj.; inf.) *Noticia falsa.* ≃ *Bulo.

borreguero, -a 1 adj. *Se aplica al terreno de pastos apropiados para los borregos.* **2** n. *Persona que cuida los borregos.*

borreguil adj. De [o como de] borrego.

borrén (del sup. lat. «burrāgo, -ĭnis», de «burra», borra) m. *En las *sillas de montar, unión de la silla con las almohadillas de delante y de detrás.*

borrero (del fr. «bourreau»; ant.) m. **Verdugo.*

borricada 1 f. *Disparate. **2** **Obstinación.*

borrical adj. *Propio de borrico.*

borrico, -a (del lat. «burrīcus», caballo pequeño) **1** n. *Asno. ≃ Burro. **2** (gralm. afectuoso) adj. y n. *Torpe. **3** (gralm. afectuoso) *Bruto u obstinado. ⇒ Emborricarse. **4** m. *Soporte usado por los *carpinteros, formado por tres palos cruzados en un punto.*

borricón (aum. de «borrico») m. *Hombre demasiado paciente.*

borricote adj. y n. m. Aum. de «borrico», empleado en tono afectuoso en las acepciones figuradas.

HECHO UN BORRICOTE (inf.). Aplicado particularmente a niños o muchachos, muy robusto o fuerte.

borrina (del lat. «borra», con la terminación de «calina»; Ast.) f. **Niebla densa y húmeda.*

borriqueño, -a adj. V. «CARDO borriqueño».

borriquero, -a adj. V. «CARDO borriquero».

borriquete o **borriqueta 1** m. o f. *Borrico (soporte usado por los carpinteros).* **2** m. MAR. **Vela que se pone sobre el trinquete para servirse de ella en caso de rifarse éste.*

borro (de «borra[1]») **1** m. **Cordero de más de un año y menos de dos.* **2** *Cierto *tributo semejante a la borra.*

borrominesco adj. ARQ. *Se aplica en la arquitectura española al gusto introducido por los italianos Borromini y Bernini en el siglo XVII; variedad del *barroco.*

borrón (de «borrar») **1** m. *Mancha producida, bien por una tachadura o imperfección de la escritura, bien por *tinta vertida en algún sitio. ≃ Chafallo, chapón, chino. ⇒ Emborronar. **2** AGRÁF. *Grumo de engrudo o cualquier cuerpo extraño introducido debajo de las alzas, que causa un defecto en la impresión.* **3** (n. calif.) *Imperfección que desluce una cosa. **4** (n. calif.) Acción indigna, suceso o circunstancia que menoscaba el honor de alguien. ≃ *Deshonra. **5** *Chafarrinón.* **6** *Borrador (escrito).* **7** PINT. *Bosquejo de un cuadro, hecho especialmente para ver el efecto de los claroscuros. **8** (Ast.) AGRIC. *Montoncillo de hierbas cubierto de tierra, de los que se hacen para quemarlos y que sirvan de *abono.* ≃ Hormiguero.

BORRÓN Y CUENTA NUEVA. Frase con que se expresa la decisión de olvidar cuentas, deudas, faltas o errores pasados y obrar en adelante como si no hubieran existido. ⇒ *Perdonar, *reconciliarse.

borroncillo m. *Borrón de un cuadro.*

borronear tr. *Garrapatear.* ≃ Borrajear.

borrosidad f. Cualidad de borroso.

borroso, -a 1 adj. *Con borra (poros).* **2** Se aplica a las cosas que no se ven o distinguen con claridad o precisión: 'Una escritura borrosa. Los perfiles de la montaña se veían borrosos a causa de la niebla'. ≃ Confuso, desdibujado, impreciso.

borrufalla (¿del b. lat. «burra», borra, lana basta?) **1** (Ar.) f. *Palabras *superfluas.* ≃ *Paja. **2** *Cosa que abulta mu-*

cho pero tiene poco peso, poca sustancia o poco valor. ≃ Furufalla. ⇒ *Apariencia.

borrumbada (de or. expresivo; inf.) f. *Barrumbada.*

borsaunense adj. y n. *Borjano (de Borja, población de la provincia de Zaragoza).*

borto (de «alborto»; Ál., Burg., Rioj.) m. **Madroño (planta ericácea).*

boruca (del vasc. «buruka», lucha) f. **Bulla o *algazara.*

boruga (Cuba) f. **Requesón con su suero, batido con azúcar.*

borujo (del sup. lat. vulg. «volucŭlum», envoltorio) **1** m. **Dureza formada en la masa de cualquier cosa que debe ser esponjosa, suelta u homogénea.* ⇒ Apelotonamiento, becerra, burujo, grumo, zurullo, zurullón. **2** (ant.) **Orujo de las aceitunas o de la uva.*

boruquiento, -a (Méj.) adj. **Alborotador o *bullicioso.*

boruro m. QUÍM. *Combinación química del boro con un metal.*

borusca (de «brusca») f. **Hojarasca de los árboles.* ⊙ *Desperdicio de *leña.* ≃ Seroja, serojo.

bosar (del lat. «vorsāre») **1** (ant.) tr. **Vomitar.* **2** (ant.) **Hablar descompuestamente.*

boscaje m. Conjunto de árboles y matas muy espesos. ≃ *Espesura. ⊙ *Pintura o *tapiz que representa una espesura con árboles, plantas y animales.*

boscoso, -a adj. Abundante en bosques.

Bósforo m. *Estrecho. Se aplica solamente en nombres propios: 'Bósforo de Tracia. Bósforo Cimerio'.

bosniaco -a o **bosníaco, -a** adj. y n. *Bosnio.*

bosnio, -a adj. y, aplicado a personas, también n. De Bosnia, estado de la Europa balcánica.

bosque (¿del cat. u occit. «bosc»?) **1** m. *Terreno poblado de árboles y matorrales. **2** (n. calif.) *Barba, una *cabellera, etc., espesa y enmarañada. **3** *Desorden o confusión de alguna cosa.* ≃ Batiburrillo, maremágnum.

□ CATÁLOGO

Otras raíces, «daso-»: 'dasocracia, dasonomía, dasotomía'; «forest-»: 'foresta, forestal'; «nemo-»: 'nemoroso'; «selv- [o silv-]»: 'enselvado, selvicultor, selvicultura, selvoso; ensilvecerse, silvicultor, silvicultura, silvoso'. ➤ Algaba, algaida, arcabuco, arcabuzal, bosquecillo, bosquete, catinga, *espesura, floresta, fosca, fragosidad, isla, luco, manigua, moheda, mohedal, oquedal, pinar, robledal, selva, sotobosque, tupición. ➤ Tallar, verdugal. ➤ Astillero, careo, ceja, concia. ➤ Calva, calvero, calvijar, calvitar, chamicera, *claro, cortafuego, quemado. ➤Maleza. ➤ Forestación, REPOBLACIÓN forestal. ➤ Apeo, apostar, arrancar, clareo, corta, descuaje, entresacar, levante, malcorte, reforestar, repoblación, resalvo, *tala. ➤ AYUDANTE de montes, capataz de cultivos, guarda, guardabosque, INGENIERO de montes. ➤ ÁRBOL padre. ➤ APROVECHAMIENTO forestal. ➤ Dríada, fauno, hamadría[da], sátiro. ➤ Desemboscar, emboscar, embosquecer. ➤ *Monte. *Soto. *Botánica.

bosquecillo m. Dim. de «bosque». ⊙ Bosque artificial en un *jardín o parque.

bosquejar (de «bosquejo») tr. Hacer el bosquejo de una ↘cosa. ⊙ Exponer una ↘idea, proyecto, etc., de manera general, sin detalles.

bosquejo (de «bosque») **1** («Hacer, Trazar») m. *Dibujo hecho sólo con los trazos fundamentales y sin precisión. ≃ Boceto, esbozo. ⊙ Obra literaria, artística o de cualquier clase hecha sólo con los elementos esenciales y sin precisión, como preparación para la obra definitiva. ⇒ Anteproyecto, apunte, boceto, borrador, borrón, borroncillo, cartón, croquis, diseño, esbozo, esqueleto, esquema, esquicio, machote, minuta, plan, planta, programa, rasguño, traza, trazado. ➤ Bosquejar, esbozar, hilvanar, linear, dar la primera MANO, dar los primeros TOQUES, trazar. ➤ En LÍNEAS generales, a grandes RASGOS. ➤ *Empezar. *Proyecto. **2** Acción de bosquejar.

bosquete m. *Bosque artificial en un *jardín o parque.*

bosquimán m. Bosquimano.

bosquimano, -a (del afrikaans «boschjesman», hombre del bosque) adj. y n. Se aplica a los individuos de una tribu negroide que habita en el suroeste de África. ⊙ m. Lengua que hablan.

bossa nova (port.; pronunc. [bósa nóba]) f. Modalidad de samba brasileña de ritmo muy marcado.

bosta (de «bostar», boyera) f. *Estiércol de caballos o vacas. ≃ Boñiga. ⇒ Embostar.

bostar (del lat. «bostar, -āris»; ant.) m. *Boyera.*

bostezante adj. BOT. *Se aplica a la *corola o la *flor que tiene la figura de dos labios ampliamente abiertos.*

bostezar (del lat. «oscitāre», con «b» por influjo de «boca») intr. Abrir la *boca todo lo posible involuntariamente haciendo una aspiración lenta, seguida de una espiración también lenta, por efecto del *sueño, el aburrimiento, etc. ≃ Badallar, abrir la BOCA, bocezar. ⇒ Bostezo, casmodia, oscitación.

bostezo («dar») m. Acción de bostezar una vez.

bota[1] (del fr. «botte») f. *Calzado, generalmente de cuero, que cubre el pie y parte de la pierna o toda ella.

BOTA DE MONTAR. La de caña alta, usada para montar a caballo.

DAR BOTA. *En el juego del *mus, dar capote.*

ESTAR alguien CON LAS BOTAS PUESTAS. *Estar preparado para cualquier eventualidad.*

MORIR alguien CON LAS BOTAS PUESTAS. Morir con honor en la batalla.

PONERSE alguien LAS BOTAS. **1** (inf.) Obtener mucho *beneficio en algún asunto. **2** (inf.) Disfrutar mucho de cierto placer; por ejemplo, de la comida: 'Se pusieron las botas de pasteles'.

bota[2] (del lat. «buttis», odre) **1** f. *Recipiente para vino hecho de cuero, de forma semejante a la de un pernil; tiene una boca pequeña en la parte estrecha, que se tapa con un tapón, y en éste hay un pequeño orificio por el que, oprimiendo la bota, sale un chorro fino que se acostumbra a recibir directamente en la boca echándolo desde lo alto. ⇒ Borracha. ➤ Brocal. ➤ Pingar. ➤ *Odre. **2** **Tonel.* **3** *Medida antigua para líquidos, equivalente a 516 litros.* ⇒ Balsa.

SENTAR LAS BOTAS (Jerez). *Colocar los *toneles a lo largo de las paredes de la *bodega.*

botabala f. *Varilla empleada para atacar las *armas de fuego.*

botador, -a **1** adj. *Se aplica a lo que bota; por ejemplo, a las *caballerías.* **2** m. MAR. *Palo con que se impulsa un *barco haciendo fuerza en el fondo.* **3** CARP. *Utensilio semejante a un cincel sin filo con el que, por ejemplo, se arrancan *clavos.* **4** *Utensilio con dos puntas usado por los *dentistas.* **5** AGRÁF. *Utensilio de madera con punta en un extremo empleado para apretar y aflojar las cuñas de la forma.* **6** (Hispam.) adj. y n. *Pródigo, dilapidador.*

botadura f. Acción de botar un *barco.

botafuego (de «botar», arrojar, y «fuego») **1** m. ARTILL. *Varilla en cuyo extremo se ponía la mecha para prender fuego desde cierta distancia a las piezas de *artillería.*

⇒ *Encendedor. **2** (inf.; n. calif.) n. *Se aplica a la persona pronta a *enfadarse y promover alborotos.*

botafumeiro (gall., aludiendo al incensario de la catedral de Santiago) **1** m. Incensario, particularmente el grande que cuelga del techo de las iglesias. **2** (inf.) *Adulación.*

botagueña (del sup. lat. «botus», de «botŭlus», embutido, y «güeña», cierto embutido) f. *Cierto *embutido hecho de asadura de cerdo.*

botaina (Antill., Col.) f. *Funda de cuero rellena de borra, lana, etc., que se pone a los gallos de pelea en los espolones para que no dañen a sus adversarios.*

botal m. *Arbotante.*

botalomo (Chi.) m. *Instrumento de hierro con que los encuadernadores forman la pestaña en el lomo.*

botalón (de «botar») **1** m. *Palo de un barco que puede sacarse hacia afuera cuando es necesario para algo. **2** Botavara (*palo horizontal apoyado en el mástil). **3** *Palo principal de un aparejo. **4** (Col., Ven.) *Poste hincado en el suelo para atar en él animales.*

botamen 1 m. MAR. *Pipería (conjunto de pipas en que se lleva el agua y otras cosas).* **2** *Conjunto de botes, especialmente de una farmacia.*

botana (de «bota[2]») **1** f. *Parche con que se tapa un agujerito en un odre.* **2** *Tarugo pequeño de madera con que se hace eso mismo en un *tonel.* **3** (inf.) *Parche con que se cubre una úlcera.* **4** (inf.) **Cicatriz.* **5** (Cuba, Méj.) *Botaina.*

botánica (del lat. «botanĭca», del gr. «botanikḗ») f. Ciencia que trata de los organismos vegetales.

□ CATÁLOGO

ANATOMÍA [o FISIOLOGÍA] vegetal, fitografía, fitología, fitotecnia, fitotomía, herbolaria, micología, morfología, organogenia, organografía, organología, paleofitología, PATOLOGÍA vegetal. ➤ Flora, *planta, REINO vegetal, vegetal. ➤ JARDÍN botánico. ➤ Herborizar. ➤ Herbario. ➤ Clase, familia, orden. ➤ Acantáceo, aceráceo, acotiledóneo, agarical, aizoáceo, alangiáceo, alga, ALGA silícea, alismatáceo, amarantáceo, amarilidáceo, amentáceo, amigdaláceo, ampelidáceo, anacardiáceo, angiospermo, anonáceo, apocináceo, aráceo, araliáceo, araucariáceo, aristoloquiáceo, arquegoniada, artocarpáceo, asclepiadáceo, aspleniáceo, auranciáceo, azoláceo, bacilariofitas, bacteria, balsamináceo, baseláceo, begoniáceo, bejuco, berberidáceo, betuláceo, bignoniáceo, bixáceo, bixíneo, bombacáceo, bombáceo, borragináceo, briofito, bromeliáceo, burseráceo, butoneo, butomáceo, camelieo, campanuláceo, cannabáceo, cannáceo, caparáceo, caprifoliáceo, cariocariáceo, cariofiláceo, celastráceo, celtídeo, cianofíceo, ciclantáceo, cigofiláceo, cigomorfa, cingiberáceo, ciperáceo, cistáceo, clorofíceo, colquicáceo, combretáceo, commelináceo, compuesto, conífero, convolvuláceo, coriláceo, cormofita, cornáceo, cotiledóneo, crasuláceo, criptógamo, crucífero, cucurbitáceo, cupulífero, diatomea, dicotiledóneo, dileniáceo, dioscoreáceo, dipsacáceo, dipterocarpáceo, drimirríceo, droseráceo, ebenáceo, efedráceo, eleagnáceo, embriofita, equisetáceo, ericáceo, eritroxiláceo, escrofulariáceo, esmiláceo, espermafito, espermatofito, estiracáceo, euforbiáceo, fanerógamo, feruláceo, ficoidáceo, filadelfo, fitolacáceo, franqueniáceo, gencianáceo, geraniáceo, gimnosperma, globulariáceo, gnetáceo, gramíneo, grosulariáceo, gutífero, *helecho, hepática, hermafrodita, hidropteridal, hidropterinea, hipericáceo, hipocastanáceo, hongo, ilicáceo, iridáceo, jazmíneo, juglandáceo, júnceo, labiada, lardizabalácea, lauráceo, leguminoso, lemnáceo, licopodiáceo, licopodial, licopodíneo, liliáceo, lináceo, litráceo, litrarieo, lobeliáceo, loganiáceo, lorantáceo, magnoliáceo, malpigiáceo, malváceo, meliáceo, menispermáceo, metafita, mirtáceo, monimiáceo, monocotiledóneo, moráceo, musáceo, muscínea, musgo, neoráceo, nictagináceo, ninfeáceo, oenoteráceo, oleáceo, onagráceo, orobancáceo, orquidáceo, oxalidáceo, palma, pandanáceo, papaveráceo, papayáceo, parcha, paroniquiáceo, pasifloráceo, pedaliáceo, piperáceo, plantagináceo, platanáceo, plumbagináceo, polemoniáceo, poligaláceo, poligonáceo, pomáceo, pontederiáceo, primuláceo, proteáceo, pteridofita, ramnáceo, ranunculáceo, resedáceo, rizofita, rizoforáceo, rosáceo, rubiáceo, ruscáceo, rutáceo, salicáceo, salsoláceo, santaláceo, sapindáceo, sapotáceo, saxifragáceo, sesámeo, solanáceo, talofita, tamaricáceo, tamariscíneo, taxáceo, taxodiáceo, teáceo, tifáceo, tiliáceo, timeleáceo, tropeoláceo, ulmáceo, umbelífero, urticáceo, valerianáceo, verbenáceo, violáceo, yuglandáceo. ➤ Fitolito. ➤ Acuático, de adorno, albino, alpestre, andrógino, anfibio, arborescente, arvense, asilvestrado, bífero, bisanual, bisanuo, cadañego, caliciflora, caulescente, cebolludo, cespitoso, coroliflora, cultivado, cuneiforme, diandro, dioico, diurno, enredadera, espigado, espinoso, estaminífero, halófilo, inerme, de jardín, lechoso, leñoso, lozano, marchito, mellizo, monoclamídeo, monoico, multicaule, multifloro, nocturno, parásito, perenne, polígamo, radicícola, saprofito, sarmentoso, saxátil, serófilo, *silvestre, de *sombra, surculado [o surculoso], talamiflora, talasofita, trepadora, variegado, vivaz, xerófilo, xerófito. ➤ Barrillero, comestible, curtiente, forrajero, maderable, medicinal, oficinal, oleáceo, saponáceo, textil, tintóreo, uliginoso. ➤ Hembra, macho. ➤ Aguijón, anteridio, anterozoide, apículo, articulación, asco [o asca], axila, *brote, *bulbo, clorofila, cofia, conidio, corteza, epidermis, epispermo, espata, *espina, espora [o esporo], estípula, estoma, fibra, floema, *flor, *fruto, fulcro, funículo, *germen, glándula, hoja, inflorescencia, infrutescencia, jugo, lacinia, lanosidad, látex, líber, lobo, lóbulo, meato, membrana, micrópilo, nuez, órgano, papila, parénquima, peciolo, *pedúnculo, pestaña, pezón, prosénquima, protoplasma, púa, *raíz, *rama, savia, semilla, *tallo, tegumento, tomento, tráquea, *troncho, *tronco, *tubérculo, uña, vaso, vello, verticilo, vesícula, xilema, yema, *zarcillo. ➤ Abrazador, acicular, adventicio, alterno, amplexo, anisófilo, anisómero, anisopétalo, aparasolado, apical, arbustivo, axilar, bacilar, bífido, conjugado, cultiforme, decumbente, decurrente, decusado, dehiscente, diclino, dídimo, discolor, dispermo, dístico, envainador, fibroso, indehiscente, ladeado, lobulado, marginado, membranáceo, membranoso, monoclamídeo, monofilo, monoico, opuesto, pubescente, radiado, sentado, sésil, tectriz, terminal, trífido, unilateral, vascular, velloso, verticilado. ➤ Agarrar, amacollar, asimilar, *brotar, chupar, crecer, darse, desarrollarse, echar, encepar, exudar, germinar, lanzar, macollar, nacer, otoñar, poblarse, prender, prevalecer, repollar, *reproducirse, salir, *segregar, sudar, tallecer, vegetar, verdear, verdecer. ➤ Atavismo, clorosis, fecundación, gemación, geotropismo, heliotropismo, polinización, vegetación. ➤ Estación. ➤ *Agricultura. *Árbol. *Arbusto. *Biología. *Bosque. *Brotar. *Flor. *Fruto. ➤ *Planta.

botánico, -a (del lat. «botanĭcus», del gr. «botanikós», de «botánē», hierba) **1** adj. De [la] botánica: 'jardín botánico'. **2** n. Biólogo que se dedica a la botánica. **3** (P. Rico) *Curandero.*

botanista n. *Botánico (biólogo).*

botar (del sup. germ. «bōtan», golpear) **1** (no frec. en España) tr. Echar fuera a ↘alguien: 'Le han botado de la dirección. Si no te callas, te van a botar de aquí'. **2** (Hispam.) *Despilfarrar.* **3** Hacer entrar en el agua un ↘*barco después de construido o carenado. ⇒ Anguila, *basada, cuna, grada, imada, paral, surtida. ➤ *Dique. **4** Lanzar hacia el suelo una ˃pelota, un balón, etc., de forma que rebote. **5** intr. Salir despedida una pelota u otra cosa elástica al chocar en algún sitio. ⇒ Epostracismo. ➤ Arbotante, rebotar. **6** Saltar. ≃ Dar [o pegar] botes. ⊙ Dar botes el caballo. ⊙ prnl. EQUIT. *Desmandarse el caballo e intentar con saltos y movimientos derribar al jinete.* **7** (ant.) *Salir.* **8** tr. MAR. *Dirigir el timón a cierta parte*: 'Botar a babor'. **9** (ant.) **Embotar.*

ESTAR alguien QUE BOTA. Estar *furioso o indignado.

botaratada f. *Acción propia de un botarate.*

botarate (de «botar»; n. calif.) m. Se aplica a una persona sin juicio o formalidad, que habla y obra sin pensar debidamente. ⇒ Badulaque, calamidad, cascabelero, ligero de CASCOS, chafandín, chiquilicuatre, chiquilicuatro, chisgarabís, cirigallo, danzante, desentido, enredador, estúpido, fantoche, de poco [o sin] fundamento, gamberro, ganso, gaznápiro, gurdo, idiota, imbécil, *insensato, ligero, *majadero, mamarracho, mameluco, mentecato, *mequetrefe, muñeco, necio, payaso, pelele, saltarín, sinsorgo, sin sustancia, tarambana, títere, trasto, vaina, zángano, *zascandil. ➤ *Aturdido. *Despreciar.

botarel (del sup. germ. «bōtan», golpear) m. ARQ. Contrafuerte, a veces rematado por un pináculo, en que se apoya un arbotante; como los propios del estilo *gótico.

botarete (del sup. germ. «bōtan», golpear) adj. V. «ARCO botarete».

botarga (de «Bottarga», apodo de un actor italiano de comedia, que se vestía con estos calzones) **1** f. *Pantalón ancho y largo que se usó antiguamente.* **2** **Disfraz o vestido ridículo que alguien se pone en algunas representaciones teatrales, en mascaradas y en otras ocasiones semejantes.* ⊙ *Persona que lo lleva.* ≃ Chiborra, chuzón, matachín, moharrache, moharracho. ⇒ *Gracioso, *mamarracho, *máscara. **3** (Ar.) TAUROM. *Dominguillo o *pelele que se usaba en las fiestas de toros.* **4** *Cierto *embutido.*

botasela (ant.) f. MIL. *Botasilla.*

botasilla (de «botar», echar fuera, y «silla») f. MIL. **Toque de clarín para que los soldados ensillen los caballos.*

botavante (de «botar», echar fuera, y «avante») m. MAR. *Nombre aplicado a los palos largos con hierro en la punta que se usaban en los *barcos para defenderse de los abordajes.*

botavara (de «botar» y «vara») f. MAR. *Palo horizontal apoyado en el mástil, al cual se sujeta la vela cangreja. ≃ Botalón.

botazo m. MAR. *Embono (refuerzo de tablones).*

bote[1] (de «botar») **1** m. Acción de botar una vez, chocando o saltando. ≃ Dar. **2** **Golpe dado con un arma enastada, como lanza o pica.*

BOTE DE CARNERO. EQUIT. *Salto que da el caballo para tirar al *jinete, metiendo la cabeza entre los brazos y levantando simultáneamente el cuarto trasero.*

A BOTE PRONTO. **1** DEP. En *fútbol y otros deportes, golpeando la pelota nada más botar. **2** De repente, sin que se tenga tiempo para reflexionar: 'A bote pronto no se me ocurre una solución'.

DARSE EL BOTE (inf.). Marcharse de un lugar. ≃ Largarse, pirarse[las].

bote[2] (del cat. «pot») **1** m. *Vasija generalmente cilíndrica con tapa, y más alta que ancha; como las que tienen en las farmacias con las distintas sustancias o las que se tienen en las casas para guardar cosas como el café. ⊙ *Recipiente generalmente metálico y cilíndrico en que se *envasan las *conservas. ≃ Lata. **2** **Hoyo hecho en el suelo por los chicos para ciertos juegos.* ≃ Boche, gua. **3** Dinero acumulado en un sorteo para el sorteo siguiente: 'Hay quinientas mil pesetas de bote'.

BOTE DE [LA] BASURA (Méj.). *Cubo de la *basura.*

B. DE HUMO. El que contiene en su interior humos que afectan a las vías respiratorias: 'La policía lanzó varios botes de humo durante la manifestación'.

CHUPAR DEL BOTE (inf.). Aprovecharse de modo ilícito de una situación, particularmente en lo económico.

V. «PASTEL en bote».

TENER a alguien o algo EN EL BOTE (inf.). Haberse ganado la confianza o voluntad de una persona o haber conseguido alguna cosa. ⊙ Se usa casi siempre para expresar la inminencia de ese logro: 'Insiste un poco más que ya le tienes en el bote'.

bote[3] (del ingl. ant. «bāt») m. Embarcación pequeña y sin cubierta movida con remos; por ejemplo, los que hacen diversos servicios dentro de los puertos. ≃ Barca, *lancha.

BOTE SALVAVIDAS. *Lancha pequeña de las que se llevan en los buques para echarlas al agua en caso de necesidad.

TOCARLE a alguien AMARRAR EL BOTE (P. Rico, Ven.; inf.). *Quedarse el último para rematar un trabajo, hacer frente a un peligro o recibir una recompensa.*

bote[4] (del germ. «bock», macho cabrío; Sor.) m. **MACHO cabrío.* ≃ Boque.

bote[5] m. DE BOTE EN BOTE (del fr. «de bout en bout», de un extremo al otro). Completamente lleno de gente. ≃ *Atestado.

boteal (del lat. «puteālis», de «putĕus», pozo; ant.) m. *Lugar pantanoso en que hay *charcos de aguas manantiales.*

botecario (del lat. «apothecarĭus», bodeguero) m. **Tributo antiguo que se pagaba en tiempo de guerra.*

botedad (de «boto»; ant.) f. *Embotamiento.*

boteja (Ar.) f. *Botijo.*

botella (del fr. «bouteille», del lat. «butticŭla») **1** f. *Recipiente, generalmente de vidrio o plástico, alto, cilíndrico y con un cuello; por ejemplo, las de vino o agua mineral. ⇒ Casco, chica, envase, limeta, litrona, pacha. ➤ Gollete. ➤ Cambucho, cápsula, chapa, corcho, tapón. ➤ Frasco, *garrafa, sifón. ➤ Botellero. ➤ Desgolletar, embotellar. ➤ *Sacacorchos. **2** (P. Rico) **Biberón.* **3** *Medida antigua de capacidad para ciertos líquidos, equivalente a 0,75 litros.* **4** (Am. C., Antill.) *Cargo bien retribuido y de poco trabajo.*

BOTELLA DE LEIDEN. *Acumulador eléctrico consistente en una vasija cilíndrica llena de hojas de oro y recubierta hasta más de la mitad de su altura con papel de estaño.*

PEDIR BOTELLA (Cuba). *Hacer *autostop.*

botellazo m. Golpe dado con una botella.

boteller (del occit. «boteller»; ant.) m. *Botillero.*

botellero **1** m. *Hombre que hace botellas o que comercia con ellas.* **2** (And.) *Embotellador.* **3** Mueble o armazón para almacenar botellas.

botellín m. Botella pequeña.

botellón (Méj.) m. **Garrafa.*

botequín (del neerl. «bootkin», barquito; ant.) m. MAR. *Bote o *lancha pequeña.*

botería f. MAR. *Botamen.*

botero m. Hombre que fabrica botas y odres. ⇒ Regalador.

V. «las CALDERAS de Pedro Botero».

boteza (ant.) f. *Embotamiento.*

botica (del gr. «apothḗkē», depósito, almacén) **1** (ya en desuso) f. *Farmacia: establecimiento donde se hacen y venden medicinas. ⇒ Apoteca, botiga, rebotica. ➤ Emboticar. **2** Medicinas suministradas, gastadas, etc.: 'Le pagó médico y botica. Todo lo que gana se le va en botica'. **3** **Tienda (establecimiento de venta).* **4** (ant.) **Vivienda amueblada y dispuesta para ser habitada.*

HABER DE TODO COMO EN BOTICA (inf.). Haber gran variedad de personas o cosas en un lugar, no faltar de nada.

boticaje (de «botica»; ant.) m. **Tributo o *arrendamiento pagado por una *tienda de venta.*

boticario, -a n. Persona que tiene a su cargo una botica. ≃ Farmacéutico.

V. «como PEDRADA en ojo de boticario».

botiga (del lat. «apothēca», bodega) **1** f. *Botica.* **2** *Tienda.* ≃ Botica.

botija (del lat. «butticŭla») f. Vasija de barro redondeada y de cuello corto y redondeado.

botijero, -a **1** n. *Alfarero.* **2** *Vendedor de botijos.*

botijo (de «botija») m. *Vasija de barro poroso, destinada a contener agua para *beber que, por efecto de la filtración y evaporación, se mantiene fresca; los hay de muy diversas formas, con una, dos o más bocas; pero el más corriente es con un vientre abultado, un asa en la parte superior, a un lado de ésta una boca suficientemente ancha para llenarlo, y al otro lado un pitón con un orificio pequeño por el cual se bebe, generalmente echando el agua desde lo alto directamente a la boca. ⇒ Alcarraza, barril, barrila, boteja, botija, bototo, canario, canco, múcura, piporro, pito, rejiñol. ➤ Pitorro.

ESTAR COMO UN BOTIJO. **1** (inf.) *Estar muy gordo.* **2** (inf.) *Estar, por ejemplo un niño, a punto de echarse a *llorar.* ≃ Como un BOTO.

V. «TREN botijo».

botijuela (dim. de «botija») **1** f. **Propina que daba el que utilizaba los caballos o coches de *posta al postillón.* ≃ Agujeta. **2** *Obsequio que los que cerraban un trato de compraventa hacían al que había intervenido en él.* ≃ *Alboroque.

botilla f. *Cierto *calzado que usaron las mujeres.* ⊙ *Borcegui (zapato).*

botiller (del fr. «bouteiller») m. *Botillero.*

botillería **1** (ant.) f. **Despensa.* **2** *Establecimiento donde se vendían bebidas.* ⇒ *LOCAL público. **3** (Chi., Perú) *Tienda donde se venden vinos y licores embotellados.* **4** *Botecario (tributo).*

botillero (de «botella») m. *Vendedor de helados y refrescos.* ≃ Botiller.

botillo[1] (de «boto[2]») m. *Odre pequeño.*

botillo[2] (del lat. «botellus», dim. de «botŭlus», embutido) m. Embutido grueso, elaborado principalmente con carne de cerdo, típico de León.

botín[1] (de «bota[1]») **1** m. Prenda de paño, de la forma de la caña de una bota, que se lleva sobre los zapatos cubriendo el tobillo. ⇒ Abotinado. **2** Bota que llega poco más arriba del tobillo.

botín[2] (del occit. «botin», del sup. germ. «bytin», presa) **1** («Apoderarse, Aprehender, Cobrar, Coger») m. Conjunto de los despojos cogidos al enemigo. **2** Conjunto del dinero o las cosas robadas. ⇒ Conquista, despojos, presa, trofeo. ➤ Pendolaje. ➤ *Vencer.

BOTÍN DE GUERRA. Botín cogido al enemigo.

botina (de «bota[1]») f. *Nombre aplicado a un *calzado que pasaba algo del tobillo.*

botinero, -a (de «botín[1]») adj. *Se aplica a la res de color claro que tiene negras las extremidades.*

botiondo, -a (de «bote[4]», macho cabrío) **1** adj. *Se aplica a la *cabra en *celo.* **2** (inf.) *Dominado por el deseo sexual.* ≃ Butiondo. ⇒ *Lujuria.

botiquería (ant.) f. *Tienda donde se vendían botes de *esencias.*

botiquín (dim. de «botica») m. Habitación, armario o caja portátil donde se tienen *medicinas para casos de urgencia. ⊙ Conjunto de esas medicinas.

botito (de «bota[1]») m. *Bota de hombre que se ceñía al tobillo con elásticos o con botones.*

botivoleo (de «bote» y «voleo») m. *Jugada de *pelota en que se le da a ésta a volea después de haber botado.*

boto[1] (de «bota[1]») m. Bota fuerte y alta de campo.

boto[2] (del lat. «buttis», tonel) **1** m. *Odre pequeño para vino. ≃ Pellejo, zaque. **2** (Ast.) *Tripa de vaca llena de manteca.*

ESTAR COMO UN BOTO [HINCHADO]. Estar a punto de echarse a *llorar. ≃ Estar como un BOTIJO.

boto[3], **-a** (del gót. «bauths», obtuso) **1** adj. **Romo.* **2** *Aplicado a las personas y a los sentidos, *torpe.*

botocudo, -a adj. y n. *Se aplica a los individuos de una tribu de *indios del Brasil, que acostumbran a llevar en las orejas y labios unos discos de madera llamados «botoques».*

botón (de «botar», la 5.ª acep. se debe a la fila de botones que suelen llevar en la parte delantera de su uniforme) **1** m. Brote de las plantas en que todavía no se han separado las hojas y tiene la forma de una hinchazón o bulto. ≃ *Yema. ⊙ Capullo de flor completamente cerrado, particularmente cuando es redondeado. **2** Se aplica como nombre de *forma a distintos objetos que la tienen de bulto redondeado. ⊙ Específicamente, a los que se colocan en la ropa para, pasándolos por un ojal, dejarla sujeta o cerrada. ≃ Broca, brocha. ⇒ Botoncillo, cuello. ➤ Botonadura. ➤ *Broche. ⊙ Objeto que hace este mismo papel, cualquiera que sea su forma; por ejemplo, el trocito de palo que, metiéndolo por un ojal del lado opuesto, cierra las redes o telas de caza. ⊙ Pieza que se oprime en los timbres y llaves de luz eléctricos para establecer el contacto. ⊙ ESGR. Pieza que se pone en la punta del florete para que no hiera. ⊙ *Pieza saliente de forma redondeada que sirve de *tirador en cajones, puertas, etc.* ≃ Pomo. ⊙ BOT. *Parte central de las flores de la familia de las compuestas.* ⊙ MÚS. Pieza de las que se oprimen con el dedo en los instrumentos musicales de viento. ➤ MÚS. *Pieza que tienen en la parte inferior los instrumentos musicales de arco para sujetar en ella el trascoda.* **3** (pl.) *Acumulación de lana en las cardas cuando, por no haber sido perfecto el esquileo, hay recortes pequeños.* **4** *Enmarañamiento de fibras que no se pueden desenredar, que se produce a veces en las operaciones de cardado.* **5** (forma pl.) Empleado de hoteles y establecimientos similares que se encarga de hacer recados y otros servicios auxiliares.

BOTÓN DE FUEGO («Dar, Poner»). Cauterio que se hace aplicando una pieza de metal, generalmente con el extremo redondeado, enrojecida al fuego.

B. DE MUESTRA. Elemento de algo que se toma como ejemplo de una totalidad: 'Sirva como botón de muestra de su enemistad el hecho de que no la invitara a su boda'. ⇒ Para MUESTRA, vale [o basta] un botón.

B. DE ORO (*Ranunculus acris* y *Ranunculus repens*). *Planta ranunculácea cuyas flores, mientras no se abren, tienen la forma de un botón de hermoso color amarillo brillante; la planta tiene un jugo acre muy venenoso. ≃ APIO de ranas, centella, flámula, HIERBA belida, ranúnculo.

V. «BAILE de botón gordo».

botonadura f. Juego de botones, a veces de metal o piedras preciosas, por ejemplo para la camisa de etiqueta.

botonar intr. *Echar botones las plantas.* ⇒ *Brotar.

botonazo m. ESGR. *Toque con el botón de la espada o florete.*

botoncillo m. *Objeto como un botón con un pequeño vástago y un ensanchamiento o bolita al extremo de éste, que se emplea para pasar dos ojales, por ejemplo para sujetar a la camisa el cuello postizo.* ≃ Garrucha, pasador.

botonera f. CARP. *Hueco que se hace en un sitio para que entre el extremo de un pie derecho.*

botonería f. Fábrica o tienda de botones.

botonero, -a n. Persona que fabrica o vende botones.

botor (del ár. «buṯūr», pústulas, a través del lat. cient.; ant.) m. *Pupa o *tumor.*

botoral (ant.) adj. *De [o del] botor.*

botoso, -a (ant.) adj. *Boto (romo o torpe).*

bototo (de «bota²»; Hispam.) **1** m. **Calabaza usada para llevar agua.* **2** (Col.; *Cochlospermum hibiscoides*) *Árbol bixáceo que crece en los linderos, de flores grandes y frutos ovoides; de la corteza se obtiene fibra y las hojas y raíz tienen usos medicinales.*

botrino (del lat. «vulturīnus», buitre; Ál., Ar., Burg., Rioj.) m. *Buitrón (*red de pescar).*

botswanés, -a adj. y, aplicado a personas, también n. De Botswana, país del sur de África.

botulismo (del lat. «botŭlus», embutido) m. *Intoxicación producida por la ingestión de alimentos en malas condiciones; particularmente, embutidos o conservas.*

botuto (de or. caribe) **1** m. **Trompeta de guerra sagrada, de los *indios del Orinoco.* **2** (Hispam.) *Peciolo largo y hueco de las hojas del *papayo.*

bou (del cat. «bou») **1** m. Procedimiento de *pesca que consiste en arrastrar entre dos barcas una red por el fondo del mar próximo a la costa. **2** *Barca utilizada para esta pesca.

boudoir (fr.; pronunc. [buduár]) m. Habitación *tocador de una señora.

bouillabaise (fr.; pronunc. [buyabés]) f. Bullabesa.

boulevard (fr.; pronunc. [bulebár]) m. Bulevar.

bouquet (fr.; pronunc. [buqué]) **1** m. *Ramillete de flores.* **2** Aroma del *vino. ≃ Buqué.

bourbon (ingl., de «Bourbon County», Kentucky, donde se elaboró por primera vez; pronunc. [búrbon]; pl. «bourbons») m. Whisky americano de maíz o de una mezcla con alta proporción de maíz.

bourel m. **Boya consistente en un conjunto de corchos.*

boutade (fr.; pronunc. [butád]) f. En francés significa «salida»: comentario brusco y sorprendente. Entre españoles se le da más bien el sentido de «*salida de tono».

boutique (fr.; pronunc. [butíc]) f. Tienda de modas. ⊙ Se ha extendido su uso para referirse a establecimientos selectos especializados en un producto: 'La boutique del pan'.

bovaje (del cat. «bovatge») m. *Antiguo *tributo que se pagaba en Cataluña por las yuntas de bueyes.*

bovático (del lat. medieval «bovatĭcum») m. *Bovaje.*

bóveda (¿del b. lat. «volvĭta», de «volvĕre», volver?) **1** f. Construcción arquitectónica destinada a cubrir un espacio, cuya sección, tanto vertical como horizontal, es curva. **2** Se aplica a cosas de forma y función semejantes a las de la bóveda; por ejemplo, a la formada por el *paladar. **3** **Cripta (construcción subterránea abovedada).* ⊙ *Lugar de enterramiento.* ≃ *Sepultura. **4** (Arg.) *Panteón familiar.* **5** *Recinto cubierto con una bóveda que arranca directamente del suelo.*

BÓVEDA DE [o, menos frec., POR] ARISTA. La que cubre un espacio cuadrado, resultando teóricamente del cruce de dos bóvedas de cañón cuyas intersecciones forman dos aristas que unen cada dos vértices opuestos cruzándose en el centro y parte más alta de la bóveda.

B. BAÍDA. La semiesférica cortada por cuatro planos verticales, que dan una planta cuadrada. ≃ BÓVEDA vaída.

B. DE CAÑÓN. Bóveda de sección generalmente semicircular y de longitud mayor que su anchura. Puede ser oblicua.

B. DE CAÑÓN CÓNICO. *Bóveda en que la abertura de un extremo es menor que la del otro, de manera que tiene forma de embudo.*

B. CON CASETONES. Bóveda cuyo intradós está dividido en paneles.

B. CELESTE (lit.). *Cielo o firmamento.

B. DE CRUCERÍA. La formada por una sucesión de bóvedas de arista en que las aristas van cubiertas por nervios simples o formados por varios reunidos, los cuales se subdividen y entrecruzan formando dibujos de estrellas. ⇒ Tracería.

B. ENCAMONADA. *BÓVEDA fingida.*

B. ESQUIFADA. *La que tiene dos cañones semicilíndricos que se cortan el uno al otro.*

B. ESQUILFADA (ant.). *BÓVEDA esquifada.*

B. FINGIDA *La construida con tabique bajo, techo o armadura para imitar una bóveda.*

B. DE MEDIO PUNTO. La de cañón cuyo arco es de medio punto.

B. PALATINA. *Paladar.

B. RAMPANTE. La que tiene sus arranques a distinto nivel.

B. REBAJADA. *La de cañón cuya sección no llega a ser media circunferencia.*

B. VAÍDA. BÓVEDA baída.

□ CATÁLOGO

Bovedilla, cascarón, coba, cópula, *cúpula, cupulino, dombo, domo, esquife, luneta, luneto, media NARANJA, medio PUNTO, vuelta. ➤ Aloaria, anillo, arbotante, bolsón, bolsor, camón, cimborio [o cimborrio], cimbra, cincho, cintra, cintrel, cipera, clave, contraclave, contrafuerte, costilla, cuerda, dovela, empino, enarbolado, enchapinado, enjuta, enrasado, estribo, extradós, formero, galápago, harrado, intradós, lengüeta, linterna, luneto, luquete, nervio, pechina, rosetón, seno, SILLAR de clave, tambor, terciario, trasdós, trompa, trompillón, vuelta. ➤ Arranque, capialzo, peralte, sagita, tirantez. ➤ Acroterio. ➤ Túmido. ➤ Enchapinado. ➤ Enjutar, voltear. ➤ Abovedar, etc., embovedar. ➤ *Arco.

bovedilla **1** f. ARQ. Bóveda pequeña o cubierta curva construida sin dovelas. ⊙ ARQ. Parte del techo, abovedada, que queda entre cada dos vigas cuando éstas están al descubierto. ≃ Revoltón. **2** MAR. *Parte arqueada de la popa de los *barcos comprendida entre el yugo principal y la segunda cubierta.*

bóvido, -a (del lat. «bos, bovis», buey) adj. y n. m. ZOOL. Se aplica a los *rumiantes con cuernos óseos permanentes que forman la familia a que pertenecen el bisonte, el búfalo, la cabra, la vaca y el yak. ⊙ m. pl. ZOOL. Esa familia. ⇒ Cavicornio.

bovino, -a (del lat. «bovīnus») adj. Aplicado especialmente a «ganado», de bueyes, vacas o toros. ≃ Vacuno.

box¹ (ingl.; pl. «boxes») **1** m. Compartimento para cada caballo en una cuadra o hipódromo. **2** Zona de un circuito automovilístico donde se instalan los servicios de mantenimiento o reparación de los coches.

box[2] (Méj.) m. *Boxeo.*

boxcalf (ingl.; pronunc. [bóscal]; pl. «boxcalfs») m. Piel de ternera que ha sido sometida a un tratamiento especial para producir un poro fino, que se utiliza para *calzado y objetos de piel de buena calidad.

boxeador m. Hombre que se dedica al boxeo. ≃ Púgil.

boxear (del ingl. «to box», golpear) intr. *Luchar a puñetazos como *deporte, según ciertas reglas.

boxeo m. Deporte que consiste en boxear. ⇒ Boxeador, fajador, pegador, púgil, sparring. ➤ Punching ball. ➤ Pugilismo. ➤ Cuadrilátero, lona, ring. ➤ Rincón. ➤ Contra, crochet, directo, gancho, GOLPE bajo, K.O. ➤ Pegada. ➤ *Peso. ➤ Asalto, round. ➤ Grogui, sonado. ➤ Tirar [o arrojar] la TOALLA.

bóxer (ingl.; pl. «bóxers») adj. y n. m. Se aplica a un *perro originario de Alemania, de tamaño mediano, con rasgos parecidos a los del dogo, pelo corto y de color marrón claro o manchado.

boxístico, -a DEP. adj. Del boxeo.

boy (ant.) m. *Buey.*

boya[1] **1** (ant.) m. *Carnicero que mataba los *bueyes.* **2** *Verdugo (funcionario que ejecuta a los condenados).*

boya[2] (del sup. germ. «baukan») f. Cuerpo flotante que se coloca sujeto al fondo del mar, como *señal. ⊙ *Corcho de los que sostienen las redes de *pesca. ⇒ Baliza, bourel, calima, CUERPO muerto, quebrantaolas, rejera. ➤ Abalizar, aboyar, balizar, boyar.

boyacense adj. y, aplicado a personas, también n. *De Boyacá, departamento de Colombia.*

boyada (de «buey[1]») f. Manada de bueyes.

boyal (de «buey[1]») adj. *De [los] bueyes:* 'Dehesa boyal'.

boyante[1] (de «buey[1]») adj. TAUROM. *Se aplica al *toro que acomete francamente.*

boyante[2] (de «boyar») **1** adj. *Flotante.* **2** (inf.) Aplicado a personas y cosas, próspero: 'El negocio no está muy boyante'. **3** (inf.; «Ir») *Orondo.* ⊙ MAR. *Se aplica al *barco que, por llevar poca *carga, cala demasiado poco.*

boyar (de «boya[2]») intr. MAR. *Volver a flotar la embarcación que ha estado en seco.* ≃ Aboyar.

boyardo m. *Señor feudal de Rusia y Transilvania.*

boyarín m. MAR. *Pequeña boya de las embarcaciones menores y de las redes y aparejos de pesca.*

boycot m. Variante ortográfica de «boicot».

boyera f. *Corral o *establo de bueyes. ≃ Boíl, bostar.

boyeral (ant.) adj. *Boyal.*

boyeriza f. Boyera.

boyerizo m. Boyero.

boyero **1** m. Hombre que cuida bueyes. **2** (Arg., Ur.) *Pájaro pequeño, de plumaje blanco y negro, que suele posarse sobre las caballerías y las reses vacunas.*

boy scout (ingl.; pronunc. [bói escáut]; pl. «boy scouts» o «boys scouts», pronunc. [bói escáuts] o [bóis escáuts]) n. Expresión con que se designa a los muchachos pertenecientes a una asociación fundada en Inglaterra y extendida después a otros países, que tiene por objeto acostumbrar a los jóvenes a la práctica del excursionismo y del ejercicio físico, a la vez que del compañerismo y las virtudes cívicas. ≃ Scout. ⇒ Escultismo.

boyuno, -a adj. De [los] bueyes. ≃ Bovino.

boza (¿del fr. «bosse» o del it. «bozza»?) **1** f. MAR. *Trozo de *cuerda sujeto en la proa de las embarcaciones menores con el cual se amarran al muelle o a otro sitio.* ⇒ *Cabo. **2** MAR. *Trozo de cuerda sujeto por un extremo a un punto *fijo del barco, que se emplea para dar vueltas con el otro extremo al calabrote, a una cadena o a cualquier otra cosa que trabaja, para que no se escurra.*

bozal (de «bozo») **1** m. Objeto que se les pone a los perros o a otros animales alrededor del *hocico para que no puedan morder. ⊙ Especie de capacillo de esparto que se les pone a las *caballerías en la boca para que no perjudiquen los sembrados o no se paren a comer. ⇒ Badal, garabato, prisuelo. ➤ Frenillo. ➤ Acial. **2** *Tablilla con púas de hierro que se les pone a los terneros para que las madres no les dejen mamar.* **3** *Adorno con campanillas o cascabeles que se les pone a los *caballos en el bozo.* **4** (Hispam.) **Cabestro.* ≃ Bozo. **5** adj. y n. *Se aplicaba a los esclavos negros recién sacados de su país.* ⇒ Muleque. **6** (inf.) *Bisoño.* ⇒ *Inexperto. **7** (inf.) *Simple, *bobo.* **8** adj. *Se aplica a la caballería sin domar.* ≃ Cerril.

bozo (del sup. lat. «buccĕus», de la boca) **1** m. *Parte exterior de la *boca.* **2** Vello que aparece sobre el *labio superior antes de salir el bigote. **3** **Cabestro: cuerda que se les pone a las caballerías rodeándoles la cabeza y la boca, dejando un cabo largo que sirve de *rienda o para atarlas.*

bozón (del franco «bultjo»; ant.) m. *Ariete (máquina de guerra).*

Br Símbolo químico del bromo.

brabán (del fr. «brabant», cierto arado) m. **Arado moderno, para distinguirlo del antiguo, llamado «aladro».*

brabanar intr. *Arar con brabán.*

brabante m. *Lienzo que se fabricaba en la región belga de Brabante.* ≃ Bramante. ⇒ Brabanzón.

brabántico adj. V. «ARRAYÁN brabántico».

brabanzón, -a adj. y, aplicado a personas, también n. *De Brabante, región belga.*

bracamano m. *Bracmán.*

bracamarte (del fr. «braquemart») m. **Espada antigua de un solo filo y con el lomo encorvado cerca de la punta.*

bracarense (del lat. «Bracarensis») adj. y, aplicado a personas, también n. *De Braga, ciudad de Portugal.*

braceada f. Brazada.

braceado m. *Operación de la fabricación de *cerveza mediante la cual se convierte el almidón en glucosa.*

braceador, -a adj. y n. *Se aplica al que bracea.*

braceaje (de «brazo») **1** m. *Trabajo de la *moneda en las casas de moneda.* **2** MAR. *Brazaje.*

bracear **1** intr. Mover o agitar alguien los *brazos. ⊙ Particularmente, para soltarse de una sujeción. ⇒ *Forcejear. **2** *Nadar sacando los brazos del agua y volteándolos en el aire. **3** EQUIT. Mover el *caballo los brazos airosamente al andar. **4** MAR. *Tirar de las brazas para hacer girar las vergas y orientar las ↘velas.*

braceo m. Acción de bracear.

braceral m. *Brazal de la *armadura.*

bracero, -a **1** adj. *Se aplicaba al *arma que se arrojaba con el brazo.* **2** m. *También al que tenía buen brazo para arrojarlas.* **3** Hombre que trabaja en el campo a jornal. ≃ *Jornalero, peón. **4** n. *Con respecto a una persona, otra que le da el brazo para que se apoye en él.*

DE BRACERO (inf.). Del brazo.

bracete m. DE BRACETE (inf.). Del brazo.

bracil (del lat. «brachīle») m. *Brazal de *armadura.*

bracillo (dim. de «brazo») m. *Una de las piezas del *freno de los caballos.*

bracmán m. *Brahmán.*

braco, -a (del ant. al. «braccho», a través del it. «bracco» o del fr. ant. «bracon», perro de caza) adj. y n. *Se aplica a la persona que tiene la *nariz roma y respingada.* ⇒ PERRO braco.

bráctea (del lat. «bractĕa», hoja de metal) f. BOT. Estructura foliácea, generalmente en las proximidades de las flores, distinta por su forma, tamaño, color, etc., de las hojas normales y de las que, transformadas, constituyen el cáliz y la corola; a veces son de colores vistosos y son tomadas por flores; como en la buganvilla.

bractéola (del lat. «bracteŏla») f. BOT. *Bráctea que se encuentra sobre un eje lateral de cualquier inflorescencia.*

bradi- Elemento prefijo del griego «bradýs», que significa «lentitud», usado en términos científicos: 'bradicardia, bradilalia, bradipepsia'.

bradicardia (de «bradi-» y «-cardia») f. MED. *Lentitud en el ritmo cardiaco.*

bradilalia (de «bradi-» y el gr. «laléō», hablar) f. MED. *Lentitud en la emisión de las palabras como consecuencia de una enfermedad nerviosa.*

bradipepsia (del gr. «bradypepsía») f. MED. *Digestión lenta.*

brafonera (de «brahonera») **1** f. *Pieza de la *armadura antigua que cubría la parte superior del brazo.* ⊙ *Pieza de la armadura de los caballos con que se cubría la parte semejante de éstos.* **2** (ant.) *Brahonera.*

braga[1] (del celtolat. «braca») **1** (sing. o pl.) f. **Calzón de hombre.* **2** (sing. o pl.; se usa con frecuencia en diminutivo, sobre todo en pl., pues resulta algo malsonante) Prenda interior de la vestimenta de las mujeres y los niños, que cubre desde la cintura hasta el principio del muslo, con dos agujeros por donde pasan las piernas. ⇒ Blúmer, bombacha, calzón, calzonario, calzoncillo, interior, pantaleta, pantaloncillo, panti, trusa. **3** **Pañal: prenda de forma triangular o de cualquier otra forma, que se pone a los niños recién nacidos sujeta de modo que recoge los orines.* **4** *Conjunto de plumas que cubren las patas de las *aves llamadas calzadas.* **5** (Vén.) **Mono (prenda de vestir).*

EN BRAGAS (vulg.; «Estar», «Pillar»). Sin el dinero, los conocimientos, los medios, etc., necesarios para afrontar determinada situación: 'Cuando me preguntó el profesor, me pilló en bragas'.

HECHO UNA BRAGA (vulg.). En muy malas condiciones físicas o psíquicas.

braga[2] (de «briaga») f. *Cuerda con que se ata una piedra, un fardo, etc., para *suspenderlos en el aire.* ≃ Briaga, honda.

bragada (de «braga[1]») **1** f. Cara interna del muslo del *caballo y otros animales. **2** MAR. *Parte más ancha de una «curva» (pieza con que se aseguran dos maderos unidos en ángulo).*

bragado, -a (del lat. «bracātus») **1** adj. *Se aplica a las *reses y *caballerías que tienen la bragadura de distinto color que el resto del cuerpo.* **2** *Por alusión a las mulas bragadas, a las que se atribuye ser falsas, se aplica a las personas de mala intención.* **3** Se aplica a la persona decidida y difícilmente intimidable.

bragadura f. Región del *cuerpo del hombre o del animal formada por la cara interna de los muslos. ≃ Entrepierna[s]. ⊙ Pieza puesta en las prendas de ropa en el sitio correspondiente a esa parte para darles la anchura necesaria.

bragar tr. ARTILL. **Suspender una pieza de artillería por medio de la prolonga.*

bragazas (aum. pl. de «braga»; inf.) m. *Calzonazos: hombre sin carácter, que se deja dominar fácilmente, especialmente por su mujer.

bragote m. MAR. **Cabo que va desde el pie de la antena hasta la polea por donde pasan el orza a popa y el orza de novela.*

braguero (de «braga[1]») **1** m. Vendaje o aparato que se coloca para contener las *hernias. **2** (Méj.) *Especie de *cincha que se pone al *toro para agarrarse de ella el que lo monta.* **3** (Perú) **Gamarra (correa del aparejo del caballo).* **4** ARTILL. *Cabo grueso que se pasaba por el ojo del cascabel de una pieza de *artillería de marina y se sujetaba por los extremos a la porta, para atenuar el retroceso producido por el disparo.*

bragueta (de «braga[1]») f. Abertura delantera del pantalón. ⇒ Alzapón, jareta, manera, *portañuela, tapabalazo, trampa, trampilla. ➤ Desbraguetado.

braguetazo (de «brageta»; vulg.; «Dar») m. Hecho de casarse un hombre pobre o humilde con una mujer rica o de clase social más elevada.

braguetero adj. y n. m. **Mujeriego.*

braguillas (dim. pl. de «braga») m. *Se aplica a los niños muy pequeños.*

brahmán (del ár. «barahman», del persa «barahman», y éste del sánscrito «bráhman», cuerpo de teólogos) m. Individuo de la primera de las castas *indias, a la que pertenecen los sacerdotes. ≃ Bracamano, bracmán, brahmín. ⇒ Gimnosofista.

brahmánico, -a adj. De [los] brahmanes o del brahmanismo.

brahmanismo m. *Religión de la India, que tiene por dios supremo a Brahma. ⇒ Brahmán, brahmín, gimnosofista. ➤ Purana, sutra, veda. ➤ Sánscrito. ➤ *Budismo.

brahmín (del ár. «barahman», del persa «barahman», y éste del sánscrito «bráhman», cuerpo de teólogos) m. *Brahmán.*

brahón o **brahonera** (del fr. ant. «braon») m. o f. *Rosca o doblez en la *manga, que rodeaba el brazo por la parte superior, en algunos trajes antiguos.*

braille (del nombre de su inventor; pronunc. [bráile]) m. Sistema de *escritura para *ciegos consistente en puntos marcados en relieve sobre el papel.

brama **1** f. *Acción de bramar.* ≃ Bramido. **2** **Celo del *ciervo y otros animales salvajes.* ≃ Berrea. ⊙ *Época en que ocurre.*

bramadera (de «bramar») **1** f. *Trozo de tabla de forma de rombo, con un agujero para pasar una cuerda; lo emplean los *pastores, y los chicos como juguete, agarrando el extremo de la cuerda y haciendo girar el trozo de madera muy rápidamente, con lo que produce un ruido semejante a un bramido.* ≃ Ronrón, rundún, runrún, zumba, zurrumbera. **2** *Cierto instrumento sonoro, a modo de tambor, hecho con un medio cántaro tapado con una piel de cordero, que usaban los *guardas para guiar a los ganados.* **3** (Col., Cuba) *Bravera del horno.*

bramadero (de «bramar») **1** (Hispam.) m. *Poste al que se atan los animales para *domarlos o para *matarlos.* **2** CAZA. *Sitio a donde tienen costumbre de acudir los animales salvajes cuando están en *celo.*

bramador, -a 1 adj. y n. Se aplica al que brama. **2** m. *Instrumento musical antiguo consistente en una pieza de madera, dispuesta en el extremo de una cuerda enrollada, que gira al desenrollar ésta y emite una nota musical baja de considerable intensidad.*

bramante[1] adj. *Se aplica al que o a lo que brama.*

bramante[2] (de «Brabante», región donde había manufacturas de cáñamo) **1** m. Cuerda delgada de cáñamo que se emplea principalmente para *atar paquetes. ⇒ Beta, guita, HILO palomar, tramilla. ➤ *Cuerda. **2** *Brabante (*tela).*

bramar (¿de or. prerromano?) intr. Emitir su voz propia el toro, la vaca y algunos animales salvajes que la tienen semejante. ≃ *Mugir. ⊙ («de») Emitir una persona gritos o sonidos muy fuertes que revelan *cólera o *dolor violentísimos: 'Bramar de dolor [o de furia]'. ⊙ Producir el *viento o el *mar un ruido semejante a los bramidos de los animales. ≃ Mugir, ulular. ⇒ Rebramar.

bramido m. Acción de bramar. ⊙ Sonido producido de una vez bramando. ≃ Frémito, rebramo.

bramil m. CARP. *Herramienta para marcar líneas en una pieza paralelamente a su borde. Consiste en una regla de madera con una punta de acero en un extremo y un bloque corredizo que se ajusta en posición a lo largo de la regla.*

bramuras (de «bramar») f. **Bravatas, o muestras de *cólera o *enfado.*

bran de Inglaterra (del fr. «branle», antiguo baile) m. *Cierta danza antigua que se bailaba en España.*

branca (del lat. «branca», garra) **1** (Ar.) f. **Tallo que brota de la raíz.* **2** (ant.) *Punta de una *cuerna.*

BRANCA URSINA. **Acanto (planta acantácea).*

brancada (del lat. «branca», garra) f. *Red barredera que se pone atravesada en un río o en un brazo de mar para encerrar la *pesca y poder cogerla a mano.*

brancal (del lat. «branca», garra) m. *Conjunto de las dos viguetas que en un *carruaje o una *cureña descansan sobre los ejes de las ruedas.*

brancha (del fr. «branche»; ant.) f. *Branquia.*

brandal (¿del cat. «brandal»?) **1** m. MAR. *Cada uno de los dos cabos largos sobre los que se forman las escalas de viento.* **2** MAR. *Cabo con que se afirman los obenques.* ⇒ *Burda.

brandar intr. MAR. *Inclinarse el *barco a uno y otro lado.* ⇒ Cabecear.

brandecer (ant.) tr. **Ablandar.*

brandís (del fr. «brandebourgeois») m. *Casacón grande que se ponía sobre la casaca para *abrigo.*

brandy (ingl., del neerl. «brandewijn», vino quemado) m. Nombre que se da al coñac elaborado fuera de Francia.

branque (del normando ant. «brant», proa) m. MAR. **Roda (pieza del barco).*

branquia (del lat. «branchĭa», del gr. «bránchia», pl. de «bránchion») f. ZOOL. Aparato respiratorio de los animales acuáticos consistente en una serie de laminillas o filamentos, en que se produce el intercambio de gases entre la sangre y el agua. ≃ *Agalla.

branquial adj. ZOOL. De [las] branquias: 'Respiración branquial'.

branquífero, a (de «branquia» y «-fero») adj. ZOOL. *Con branquias.*

branquiuro, -a (de «branquia» y «-uro») adj. y n. m. ZOOL. Se aplica a unos diminutos crustáceos de aguas dulces, parásitos de peces y anfibios, que se fijan sobre éstos con las ventosas de sus maxilares.

branza (errata de lectura por el it. «branca», garra de una fiera) f. **Argolla en que se sujetaba la cadena de los forzados en las galeras.*

braña (del lat. «vorāgo, -ĭnis», abismo; Ast., Cantb.) f. **Prado o pasto de verano, generalmente en la falda de una montaña.*

braquete m. **Perro braco.*

braqui- Elemento prefijo del gr. «brachýs», corto, usado en palabras cultas: 'braquicéfalo, braquigrafía'.

braquiación f. ZOOL. *Acción de braquiar.*

braquial (del lat. «brachiālis») adj. ANAT. Del brazo.

braquiar (del gr. «brachíōn», brazo) intr. ZOOL. *Avanzar impulsándose con los *brazos mediante un balanceo, como hacen ciertos monos.*

braquicéfalo, -a (de «braqui-» y «-céfalo»; cient.) adj. y, aplicado a personas, también n. ANAT. Se aplica al cráneo humano de sección horizontal casi redonda porque el diámetro antero-posterior es muy poco mayor que el perpendicular a él, así como a las personas y a las razas que lo tienen así. ⇒ *Cabeza.

braquícero (de «braqui-» y el gr. «kéras», cuerno) adj. y n. m. ZOOL. *Se aplica a los *insectos dípteros de cuerpo grueso, alas anchas y antenas cortas.* ⊙ m. pl. ZOOL. *Suborden que forman.* ⇒ Mosca.

braquigrafía (de «braqui-» y «-grafía») f. *Escritura con abreviaturas.* ⇒ Taquigrafía.

braquio- Elemento prefijo del gr. «brachíōn», brazo, usado en palabras cultas: 'braquiópodo'.

braquiópodo (de «braquio-» y «-podo») adj. y n. m. *Se aplica a ciertos animales marinos, que alcanzaron gran desarrollo en épocas zoológicas antiguas, semejantes a los *moluscos lamelibranquios porque tienen una concha, pero de organización muy diferente y complicada.* ⊙ m. pl. *Grupo que forman.* ⇒ Terebrátula.

braquiuro (de «braqui-» y el gr. «ourá», cola) adj. y n. m. *Se aplica a los *crustáceos decápodos cuyo abdomen es corto y recogido debajo del pereión y no le sirve al animal para nadar; como la centolla.* ⊙ m. pl. *Suborden que forman.*

brasa f. Trozo incandescente de carbón, madera u otra materia combustible. ≃ *Ascua. ⇒ Abrasar, brasar. ➤ *Fuego.

A LA BRASA. Se aplica a la manera de *asar una vianda cuando se pone directamente sobre las brasas.

brasar (ant.) tr. *Abrasar.*

brasca (del fr. «brasque») f. METAL. *Mezcla de polvo de carbón y arcilla con que se hace la plaza y copela de algunos *hornos metalúrgicos y también se rellenan los *crisoles cuando han de sufrir fuego muy vivo.*

braserillo m. Utensilio que tiene la forma de un brasero pequeño, destinado a quemar algo o a contener brasas para mantener algo caliente; por ejemplo, el que se pone debajo de las pilas de fiambreras para transportar comida, o el utensilio en que se quema incienso, perfumes, etc. ⇒ *Brasero.

brasero (de «brasa») **1** m. Recipiente redondo poco profundo de metal, donde se pone un carbón menudo especial que se va quemando lentamente debajo de la ceniza; se emplea como medio de *calefacción colocándolo generalmente sobre una tarima con un agujero en el que encaja el brasero, la cual forma a veces la parte inferior, entre las patas de una mesa. ⊙ Aparato eléctrico de forma similar y utilizado para los mismos fines. ⇒ Braserillo, chofeta, chufeta, copa, copilla, escalfador, escalfeta, estufilla, foguero, mundillo. ➤ Tumbilla. ➤ Caja, camilla, tarima. ➤ Alambrera, badil, badila, paleta. ➤ Cisco, herraj, picón. ➤ Tufo. ➤ Encender, echar una FIRMA. ➤ *Calentador. *Hogar. **2** *Sitio donde se ejecutaba a los reos condenados a morir quemados.* ⇒ *Castigo, *ejecutar. **3** (Méj.) **Hogar de cocina.*

brasier (del fr. «brassière»; Col., C. Rica, Cuba, Salv., Guat., Méj., Pan., Perú, P. Rico, R. Dom., Ven.) m. **Sostén (prenda femenina).*

brasil (de «brasa», por el color encarnado de su palo) **1** m. Nombre dado a varios árboles americanos leguminosos del género *Caesalpinia* y también a *Haematoxylon brasiletto;* de todos ellos se obtiene la madera llamada «palo brasil»; la de *Caesalpinia echinata* se llama también «palo de Fernambuco» o «de Pernambuco». **2** *Cierto afeite rojo usado antiguamente.*

Brasil (nación sudamericana) V. «HIERBA de Santa María del Brasil, LORO del Brasil, PALO del Brasil, TOPACIO del Brasil».

brasilado, -a adj. *De *color *rojo.*

brasileño, -a adj. y, aplicado a personas, también n. De Brasil.

brasilero, -a (Hispam.) adj. y n. *Brasileño.*

brasilete m. Nombre dado a algunos *árboles de los mismos llamados «brasil» o de la misma familia; particularmente, al *Haematoxylon brasiletto* y a la *Caesalpinia crista*.

brasmología (del gr. «brásma», ebullición, y «-logía») f. *Tratado de las *mareas.*

bravamente **1** adv. Con bravura. **2** (lit.) *Muy *bien o *mucho:* 'Bravamente hemos comido'.

bravata (del it. «bravata»; «Echar») f. Amenaza o *presunción arrogante y vana. ≃ Baladronada. ⇒ *Bravucón.

braveador, -a adj. y n. *Se aplica al que bravea.*

bravear intr. *Fanfarronear o bravuconear.*

bravera (del lat. «vaporarĭa») f. *Ventana o respiradero en algunos *hornos.* ≃ Bramadera.

braveza **1** f. *Bravura.* **2** *Furia del *mar, del viento, etc.* ⇒ *Tempestad.

bravío, -a (de «bravo») **1** adj. Aplicado a animales, difícil de domesticar. ⇒ Bravo. ➤ *Indomesticable. ⊙ Aplicado a personas, *rebelde o independiente: difícil de someter o de guiar. ≃ Indómito. **2** Aplicado a plantas, silvestre. **3** Aplicado al mar, bravo (embravecido).

bravo, -a (del lat. «pravus», malo) **1** adj. Se aplica a la persona *valiente: capaz de acometer empresas peligrosas o de luchar. ⇒ Desbravar, embravecer. **2** Se aplica al *toro o la *vaca que tienden a acometer con los cuernos. **3** También al animal susceptible de ser domesticado que no lo está; por ejemplo, a las *aves. ⇒ Bagual, bozal, cerril. ➤ Salvaje. ⊙ Bravío: difícil de domesticar. ⊙ *Aplicado a animales, *salvaje o *feroz.* **4** *Aplicado al mar, embravecido.* **5** *Aplicado al terreno, *abrupto.* **6** *Aplicado a personas, *colérico o violento.* **7** **Bravucón.* **8** Aplicado a cosas y a nombres genéricos que designan personas es un adjetivo ponderativo, como «magnífico» o «*notable», ya algo desusado: '¡Brava estocada! ¡Bravo bebedor!'.

¡BRAVO! Exclamación de *entusiasmo, aplauso o aprobación, empleada para *aclamar, o de *satisfacción.

V. «CAÑA brava, GANSO bravo, MADERA brava, PAJA brava, PALMA brava, PALOMA brava, PATATAS bravas».

POR [O A] LAS BRAVAS. A la fuerza, sin miramientos: 'Le obligo a hacer el trabajo por las bravas'.

V. «TUNA brava».

bravocear **1** tr. *Infundir bravura a ↘alguien.* **2** intr. *Bravuconear.*

bravonel (de «bravo») m. **Fanfarrón.*

bravucón (de «bravo») m. Hombre que echa bravatas y continuamente amenaza con agredir o pelear. ≃ Chulo, matón.

□ CATÁLOGO

Avalentado, avalentonado, baladrón, barajador, bocón, braveador, bravo, bravonel, cheche, chévere, chulo, crudo, curro, escarramanado, *fanfarrón, fantasma, fantasmón, farfante, farfantón, farruco, fiero, follón, gallito, gallo, guapetón, guapo, hampón, jácaro, jactancioso, jaque, jaquetón, macarelo, macareno, majo, manjaferro, matachín, matamoros, matasiete, matón, perdonavidas, pincho, plantillero, plantista, rajabroqueles, rompesquinas, taita, temerón, terne, ternejal, trabucaire, tragahombres, valentón, valiente. ➤ Tartarinesco. ➤ Baladronada, bernardina, blasonería, bravata, bravuconada, bravuconería, bravura, dijes, fanfarria, *fanfarronada, fanfarronería, farfantonada, farfantonería, fieros, giro, jactancia, leonería, plantilla, ronca, valentonada. ➤ Desgarro. ➤ Bravocear, bravuconear, írsele la FUERZA por la boca, rajar, roncar. ➤ *Agresivo. *Pendenciero.

bravuconada f. Cualidad o actitud de bravucón. ≃ Bravuconería. ⊙ Acción de bravucón.

bravuconear intr. Echar bravatas.

bravuconería f. Bravuconada.

bravura (de «bravo») **1** f. Valentía. **2** Cualidad de bravo (referido al toro o la vaca). ⊙ *Bravata.*

braza (del lat. «brachĭa») **1** f. MAR. Unidad de *longitud, igual a 6 pies (1,67 m). **2** *Medida agraria usada en Filipinas, equivalente a la centésima parte del «loán», o sea 36 pies cuadrados o 2,79 m²*. ⇒ *Superficie. **3** MAR. **Cabo que sirve para mantener fijas las vergas y hacerlas girar horizontalmente.* ⇒ Contrabraza.

A BRAZA. Forma de natación en que se mueven simultáneamente y en la misma forma ambos brazos y ambas piernas. ⇒ *Nadar.

brazada **1** f. Movimiento vigoroso de los brazos. ≃ Braceada. ⊙ Cada impulso dado con los brazos al *nadar o realizar otro ejercicio con ellos, como remar o sacar agua de un pozo. **2** *Cantidad de una cosa que se coge bajo el brazo: 'Una brazada de leña'. ≃ Brazado. **3** (Chi., Col., Ven.) MAR. *Braza (unidad de longitud).*

brazado m. *Brazada de cosas cogidas bajo el brazo.*

brazaje **1** m. *Profundidad del *mar en un sitio determinado. ≃ Braceaje. **2** *Braceaje de la *moneda.*

brazal (del lat. «brachiālis») **1** m. *Pieza de la *armadura que cubría el brazo.* **2** *Cierta pieza de madera que se pone cubriendo el brazo desde la muñeca hasta el codo para algunos juegos de pelota.* **3** (ant.) *Brazalete (pulsera).* ⊙ Brazalete (tira o banda arrollada al brazo). **4** Embrazadura del *escudo. **5** (ant.) *Asa.* **6** Derivación de un *canal o *acequia. **7** MAR. *Cada uno de los maderos fijos por sus extremos en una y otra banda, desde la serviola al tajamar, para sujetar éste y el mascarón de proa y para formar los enjaretados y beques.* ≃ Cerreta, percha.

brazalete **1** m. Aro de adorno que se lleva alrededor de la muñeca. ≃ Pulsera. **2** Brazal de *armadura. **3** Tira o *banda de cualquier material que rodea el brazo; por ejemplo, la que se pone sobre la manga en señal de *luto, como *distintivo o adorno.

brazalote m. **Cabo que une el pie de la verga con la polea por la que pasa la braza doble.*

brazar (ant.) tr. *Abrazar.*

braznar (ant.) tr. **Estrujar*.

brazo (del lat. «brachĭum») **1** m. Miembro del *cuerpo humano que comprende desde el hombro hasta la mano, incluida ésta. ⊙ El mismo miembro, excluida la mano. ⊙ Parte de ese miembro comprendida entre el hombro y el codo. ⊙ Pata delantera de un cuadrúpedo. **2** Pieza de las dos laterales de un sillón, sobre las que se apoyan los brazos. **3** Cada lado del palo o barra horizontal de una cruz. **4** *Pieza de un mecanismo o utensilio que sirve de intermediaria entre la fuerza que mueve o sostiene y la cosa movida o sostenida; como la barra de una romana, las dos partes de la barra de una balanza de que penden los platillos, cada parte de la palanca que va desde el punto de apoyo a la potencia o a la cosa movida, o la parte de una grúa que se extiende horizontalmente. ⊙ Pieza alargada colocada en posición horizontal, que sostiene algo; como la que sostiene la aguja y el diafragma en los aparatos de reproducción del sonido. ⊙ Específicamente, pieza en esa forma que sostiene una *luz: 'El candelabro de los siete brazos'. ⊙ AGRÁF. *Pieza de una *linotipia que levanta las matrices para colocarlas nuevamente en su sitio.* **5** Cada una de las partes en que se ramifica algo; como el tronco de un árbol, o un río. ≃ Rama, ramal, ramificación. ⇒ *Derivación. **6** *Rama de las gruesas de un árbol. **7** En algunos casos, cada sección o división de una *asamblea. ⊙ Particularmente, de las antiguas *cortes. **8** Parte diferenciada de una organización: 'El brazo armado [o político] de una organización terrorista'. **9** *Fuerza mayor o menor que se tiene en el brazo, especialmente para lanzar. ⇒ Buen BRAZO. **10** (lit.) Se toma como representativo de fuerza: 'Nada resiste a su brazo'. ⊙ (lit.) También se decía «con [o por] el valor de su brazo». ⊙ Se emplea como representativo de gente que *trabaja físicamente: 'Aquí hacen falta brazos'. ⊙ *También como «ayudas» o «valedores»*: 'Valerse de buenos brazos'.

BRAZO DERECHO. Se dice con respecto a una persona, de otra que le presta una *ayuda eficaz y de la que no puede prescindir: 'El ministro del interior es el brazo derecho del presidente'.

B. ECLESIÁSTICO. Conjunto de los diputados que representaban al clero en las *cortes antiguas.

B. DE GITANO. Rollo de bizcocho relleno de nata, crema, trufa, etc.

B. DE MAR. Canal o trozo de mar que penetra profundamente en tierra. ⇒ Hecho un BRAZO de mar.

B. DE LA NOBLEZA. El constituido en las cortes antiguas por los representantes de la nobleza.

B. DEL REINO. En las antiguas *cortes, cada uno de los grupos de representantes de las distintas clases sociales del reino: 'Brazo de la nobleza, eclesiástico, del estado llano'. ≃ Brazo, estamento.

B. SECULAR. Conjunto de los *tribunales de justicia no eclesiásticos.

BUEN BRAZO. Brazo fuerte, especialmente para lanzar.

A BRAZO. Con la mano y no mecánicamente: 'Chocolate elaborado a brazo. Un molino movido a brazo'. ≃ A mano.

A BRAZO PARTIDO. **1** Con «luchar, pelear», etc., sólo con los brazos, sin *armas. ⇒ *Desarmado. **2** Poniendo en la lucha violencia y empeño. ⊙ También, cuando la lucha no es física: 'Está luchando a brazo partido por crearse un porvenir'.

AL BRAZO. Con referencia a la manera de llevar una cosa, sobre el brazo, llevando éste doblado: 'Llevaba el abrigo al brazo'.

V. «CANDELABRO de los siete brazos».

CON LOS BRAZOS ABIERTOS. Tratándose de «*recibir» o «esperar» a alguien, afectuosa o cariñosamente; con mucho gusto o deseo.

CON LOS BRAZOS CRUZADOS. Con «ver, quedarse», etc., sin hacer nada para evitar algo que ocurre o para que ocurra de otra manera. ⇒ *Abstenerse.

CRUZARSE DE BRAZOS. Quedarse «con los brazos cruzados».

DAR EL BRAZO a alguien. Llevar *apoyado en el propio, el brazo del otro u ofrecérselo para que se apoye.

DEL BRAZO. Se aplica a la manera de ir dos personas con el brazo de una enlazado con el de la otra. ≃ De bracero, de bracete.

EN BRAZOS. Referido a la manera de llevar o tener una persona a otra o a un animal, sobre los brazos o un brazo. ⇒ Aupar, chinear, embracilar, pasear, upar. ➤ ¡Aupa!, ¡upa!.

EN BRAZOS de alguien. Con verbos como «echarse, abandonarse, entregarse», etc., *confiar en él para que le resuelva a uno cierta dificultad o le saque de algún apuro, *descuidándose en el propio esfuerzo.

HECHO UN BRAZO DE MAR (inf.). Muy *elegante o acicalado.

NO DAR alguien SU BRAZO A TORCER. Mantenerse firme en una posición o decisión sin reconocer la razón de otro. ⇒ *Obstinación.

SER alguien EL BRAZO DERECHO de otro. V. «BRAZO derecho».

□ CATÁLOGO

Otra raíz: «braqui- o braquio-»: 'braquial, braquiópodo'. ➤ Remo. ➤ Canilla. ➤ Antebrazo, avambrazo, *axila, basílica, bíceps, cefálica, *codo, cúbito, epitróclea, hombro, húmero, lagarto, *mano, molledo, mollete, morcillo, *muñeca, pulso, radio, sangradura, sangría, sobaco, tríceps. ➤ Abrazar, etc., acodar[se], alear, bracear, braquiar, brazar, codear, desbrazarse, descañar[se], desembrazar, desperezarse, embracilar, embrazar, esperezarse, en jarras, lagartear, pandiculación, pulsear, echar un PULSO, recodar[se], supinación. ➤ Alcance. ➤ *Manco. ➤ Muñón. ➤ Cabestrillo, *manga. ➤ Extremidad. *Miembro.

brazola (del cat. «braçola», de «braç», brazo) f. MAR. *Reborde con que se refuerza la boca de las escotillas y se evita, en lo posible, la caída del agua a los pisos inferiores.*

brazolargo (Hispam.) m. *MONO araña.*

brazuelo (del lat. «brachiŏlum») **1** m. ZOOL. Parte de las patas delanteras de los animales comprendida entre el codo y la rodilla. ⇒ Lacón. **2** *Bracillo del *freno de las caballerías.*

brea (de «brear», embrear) **1** f. Sustancia viscosa, de color rojo oscuro, que se obtiene por destilación de la madera, del *carbón mineral, etc., y se emplea, mezclada con otras sustancias, para *calafatear los barcos. ≃ *Alquitrán. **2** MAR. *Mezcla de brea, pez, sebo y aceite de pescado que se usa caliente para calafatear y pintar las maderas y jarcias del *barco.* **3** *Tela basta embreada con que se envuelven a veces los fardos.* ⇒ *Arpillera. **4** *(Tessaria absinthioides)* Arbusto de la familia de las compuestas, de Chile, que destila una resina semejante a la brea. ⇒ *Planta.

BREA CRASA. *Mezcla a partes iguales de *colofonia, alquitrán y pez negra.*

B. LÍQUIDA. *Alquitrán.*

B. MINERAL. *Sustancia crasa y negra, semejante a la brea, que se obtiene por destilación de la hulla.*

B. SECA. **Colofonia.*

break (ingl.; pronunc. [brec]; pl. «breaks») **1** m. *Carruaje de cuatro ruedas, abierto, con el pescante muy alto, que se empleaba para excursiones. **2** Coche de *tren reservado para ciertos fines: 'El break de obras públicas'. **3** DEP. En *tenis, juego ganado al jugador que tiene el servicio. **4** Baile moderno de origen norteamericano en que se realizan movimientos rápidos y bruscos.

brear (del lat. «verberāre», azotar) **1** tr. *Maltratar, causar gran molestia a ↘alguien: 'Le brearon a palos. Le están breando en el juzgado tomándole declaración tras declaración'. **2** **Chasquear a ↘alguien o *burlarse de alguien.*

brebaje (del fr. ant. «bevrage») m. Bebida desagradable de tomar o de mal aspecto. ⊙ (desp.) Medicina. ⇒ Aguachirle, bebistrajo, brebajo, jarapote, jarope, mejunje, menjunje, menjurje, pistraje [o pistraque], pócima, potaje, potingue, sambumbia, zupia.

brebajo **1** m. **Brebaje.* **2** (Sal.) *Bebida hecha con salvado, agua y sal, que se da a las *reses como medicina.*

breca (del sup. ár. y rom. and. «lobráyka», del lat. «rubra», con el sufijo rom. «-áyk», rojiza) **1** f. *Pez teleósteo de río, de cuerpo comprimido, de 20 a 30 cm de largo, con aletas rojizas. ≃ Albur. **2** Pagel.

brecha[1] (del fr. «brèche», brecha, del fránc. «breka», hendidura) **1** f. *Abertura de forma irregular; particularmente, las hechas en la muralla de una fortaleza por la artillería. ≃ Batería. **2** («Abrir») Resquicio por donde algo empieza a perder su fortaleza o entereza: 'Mis razones abrieron por fin brecha en su ánimo'. ⇒ *Convencer, *debilitar, *resquebrajarse. **3** Herida profunda, especialmente si está en la cabeza.

ABRIR BRECHA. **1** V. «brecha» (acep. 1.ª y 2.ª). **2** Dar los primeros pasos en algo.

EN LA BRECHA («Estar, Seguir»). Defendiendo una institución, un ideal o esforzándose por abrirse camino en una actividad: 'Muchos de sus compañeros han abandonado, pero él sigue en la brecha'.

brecha[2] (del it. «breccia») f. GEOL. *Roca clástica de grano grueso compuesta de fragmentos angulares de rocas anteriores.*

V. «MÁRMOL brecha».

brécol (de «broculi»; *Brassica oleracea)* m. Planta crucífera, variedad de *col, con tallo de hasta 80 cm, hojas de color verde dispuestas en forma de roseta y flores amarillas. Se consume como verdura. ≃ Broccoli, brócul, bróculi, bróquil.

brecolera f. Variedad de brécol que forma pellas semejantes a las de la coliflor.

brega **1** f. Acción de bregar. **2** **Burla o chasco.*

ANDAR A LA BREGA. Trabajar, luchar o pasar penalidades para ganarse la vida.

V. «CAPOTE de brega».

bregadura (de «bregar¹»; ant.) f. **Cicatriz.*

bregar[1] (del gót. «brikan», golpear) **1** («con») intr. *Reñir con alguien. **2** («con, en») *Luchar con dificultades y penalidades: 'Con tantos hijos, tiene que bregar mucho la pobre mujer'. ⊙ *Trabajar mucho, moviéndose o yendo de un lado para otro: 'Bregar todo el día en las faenas caseras'.

bregar[2] (del lat. «plicāre», doblar) tr. *Amasar la ↘*masa del pan de cierta manera.*

bregma m. ANAT. *Espacio comprendido entre los dos huesos parietales y el frontal que desaparece al fundirse los tres huesos, cosa que no ocurre hasta cierta edad en el desarrollo del niño.* ≃ Fontanela. ⇒ *Cabeza.

breguero, -a (de «brega»; ant.) adj. **Pendenciero.*

bren (del célt. «bran, brenn») m. **Salvado.*

brenca[1] (del lat. «branca», garra) **1** f. *Estaca o poste que sujeta las *compuertas en una *presa.* **2** (ant.) **Culantrillo (helecho).*

brenca[2] (del sup. lat. «brinĭca», del sup. célt. «brinos», fibra) f. *Filamento, en particular el estigma del azafrán.*

brenga (del sup. lat. «brinĭcus», del sup. célt. «brinos», fibra; Ast.) f. *Fibra o haz de fibras retorcidas formando como una *cuerda.*

breña f., gralm. pl. Tierra quebrada y llena de maleza. ≃ *Aspereza, fraga.

breñal o **breñar** m. Breña. ⊙ Terreno de breñas.

breñoso, -a adj. **Abrupto.*

breque[1] (del ingl. «bleak», albur) m. **Pagel.*

breque[2] (del ingl. «break», coche de cuatro ruedas; Hispam.) m. *Vagón de equipaje en los ferrocarriles.*

bresca (del sup. célt. «brisca») f. Panal de *miel.

brescar (de «bresca») tr. *Castrar los ↘panales.*

bretador (de «brete¹»; ant.) m. CAZA. **Silbato usado como *reclamo para *cazar aves.*

bretaña[1] (de «Bretaña», región francesa) f. *Lienzo fino que se fabricaba en Bretaña.

bretaña[2] f. **Jacinto (planta liliácea).*

brete[1] (del alto al. ant. «Brett», tabla, ¿del occit «bret», trampa para coger pájaros?) **1** m. **Cepo de hierro de los que servían para sujetar los pies a los reos.* **2** *Calabozo o *prisión.* **3** (Arg., Par., Ur.) *Pasadizo hecho con estacadas por el que se hace *pasar al ganado para conducirlo a un sitio determinado; por ejemplo, al matadero.* **4** Situación que es necesario resolver y que no se sabe cómo hacerlo. ≃ *Apuro.

PONER a alguien EN UN BRETE. Ponerle en un apuro o compromiso.

brete[2] (del malabar «betle») m. *Pasta hecha con ciertas hojas que tienen sabor de clavo, y otros ingredientes, que los naturales de la India *mastican y tragan después de haber arrojado el primer jugo extraido.*

breteles (Arg., R. Dom.) m. pl. **Tirantes (tiras para sujetar los pantalones).*

bretón[1]**, -a** **1** adj y, aplicado a personas, también n. De Bretaña, región de Francia. **2** m. Lengua derivada del celta que se habla en esta región. **3** adj. Del rey Arturo o de las obras literarias medievales que tienen al rey Arturo o a sus caballeros como protagonistas.

bretón[2] (de «brotón», aum. de «brote») m. *Col.

bretónica f. **Betónica (planta labiada).*

breva (del ant. «bevra», del lat. «[ficus] bifĕra») **1** f. *Higo grande, de la primera cosecha de las higueras que dan dos. ⇒ Albacora, bevra. ➤ Breval, brevera. **2** (inf.) *Ganga. **3** *Bellota temprana.* **4** *Cigarro puro algo aplastado y poco apretado. **5** (Hispam.) *Tabaco de mascar.*

V. «de HIGOS a brevas».

MÁS BLANDO QUE UNA BREVA. *Sumiso, por ejemplo, después de una reprimenda o un castigo. ⇒ Como un GUANTE, más suave que un GUANTE.

¡NO CAERÁ ESA BREVA! (inf.). Expresión con que alguien descarta la posibilidad de conseguir algo o que algo apetecible le ocurra.

brevador (ant.) m. **Abrevadero.*

breval adj. y n. m. *Se aplica a la higuera que da brevas.*

breve (del lat. «brevis») **1** («de»: 'de explicar'; «en»: 'en su intervención') adj. De poca duración. ≃ Corto. ⊙ Aplicado a la exposición de algo, de palabra o por escrito, corto. De poca extensión. ⊙ (culto o lit.; laud.) Pequeño:

'Sus pies breves'. **2** f. MÚS. **Nota que dura dos compases mayores.* **3** adj. FON., MÉTR. Por oposición a «largo», de la menor de las dos duraciones de que son susceptibles las vocales y las sílabas en las lenguas en que, como el latín y el griego, es pertinente la distinción de cantidad. **4** m. Noticia breve publicada en un periódico o revista. **5** BREVE pontificio. **6** (ant.) *Membrete.*

BREVE PONTIFICIO. Documento procedente del *Papa, de menos solemnidad que la bula. ⇒ Brevete, buleto, exequátur. ➤ Pasar.

EN BREVE. Dentro de poco tiempo, o poco tiempo después del momento de que se habla: 'Habrá un cambio ministerial en breve'. ⇒ *Pronto.

☐ CATÁLOGO

*Conciso, *corto, efímero, fugaz, fugitivo, instantáneo, jaculatorio, momentáneo, sucinto, sumario, voladero. ➤ Centella, instante, minuto, momento, punto, rato, relámpago, segundo, VISITA de médico. ➤ Brevedad, breveza, concisión, fugacidad. ➤ En un decir AMÉN, en un credo, en un DOS por tres, en menos que canta un GALLO, en un decir JESÚS, en un abrir y cerrar de OJOS, en dos PALABRAS, en un santiamén [santiguo, soplo, tris o verbo]. ➤ Compendio, *extracto, *resumen. ➤ Abreviar, acortar, apoquecer, *resumir. ➤ *Pasajero. *Rápido.

brevedad (del lat. «brevĭtas, -ātis») f. Cualidad de breve: 'La brevedad del tiempo. La brevedad de su cintura'.

brevemente adv. De manera breve.

brevera (Ál., Sal.) f. *HIGUERA breval.*

brevete (del fr. «brevet») **1** m. *BREVE pontificio.* **2** (ant.) *Membrete.* **3** (Perú) *Carnet de conducir.*

breveza (ant.) f. *Brevedad.*

breviario (del lat. «breviarĭus», compendioso) **1** m. Tratado poco extenso de una materia. ≃ Compendio. **2** (ant.) *Libro de *notas.* **3** Libro de rezos. **4** (colectivo) m. AGRÁF. **Letra de tamaño de 9 puntos.*

brevipenne (del lat. «brevis» y «penna», pluma) adj. y n. ZOOL. *Se aplica a las *aves corredoras.*

brezal m. Sitio poblado de brezos.

brezar (del sup. lat. «vertiāre», de «vertĕre», volver) tr. *Acunar.*

brezo[1] (del sup. célt. «vroicĕus»; *Erica scoparia* y otras especies del mismo género) m. Arbusto ericáceo de madera muy dura de la que se hacen, por ejemplo, *pipas y carboncillo de dibujo. ≃ Bermejuela, berozo, gabuzo, urce. ⇒ Tángano. ➤ Escobilla, gaollo, graspo. ➤ *Planta.

BREZO DE ESCOBAS. La especie *Erica scoparia.*

V. «TIERRA de brezo».

brezo[2] (de «brezar») m. *Cuna. ≃ Brizo.

briadado, -a (ant.) adj. *Embridado.*

briaga (del lat. «ebriāca») **1** f. **Cuerda con que se ciñe algo; por ejemplo, un fardo para suspenderlo en el aire.* ≃ Braga. ⊙ **Cuerda gruesa de esparto con que se ata el orujo de la uva para meterlo en la prensa.* **2** (Méj.) *Borrachera.*

briago, -a (del lat. «ebriăcus»; Méj.) adj. y n. *Borracho.*

brial (del fr. ant. y occit. «blialt») **1** m. *Nombre de un vestido de seda de mujer que cubría desde los hombros hasta los pies.* ≃ Guardapiés, tapapiés. **2** *Especie de faldón que se usaba debajo de la *coraza.*

briareo (lit.; con mayúsc. o minúsc.; n. calif.) m. *Por alusión al gigante mitológico Briareo, guerrero o luchador temible.*

briba (de «biblia», en el sentido de sabiduría) f. *Vida y mundo de pícaros y *vagabundos*: 'Andar [o echarse] a la briba'. ≃ *Hampa.

bribar o **bribiar** intr. *Vivir la vida de briba.*

bribiático, -a (ant.) adj. *De [la] briba.*

bribón, -a (de «briba») adj. y n. Persona que engaña, estafa o roba. ≃ *Granuja. ⊙ A veces se aplica en broma y, particularmente a los niños, afectuosamente.

bribonada f. Acción propia de un bribón. ≃ Bribonería.

bribonear intr. Cometer bribonadas o llevar vida de bribón.

bribonería f. Cualidad de bribón. ⊙ Bribonada. ⊙ Actividad o vida de bribones. ⇒ *Hampa.

bribonzuelo adj. y n. Dim., gralm. afectuoso, de «bribón».

bricbarca (del ingl. «brig», barco con dos mástiles, y «barca») m. MAR. **Barco de tres palos sin vergas de cruz en la mesana.*

bricho m. *Lámina finísima de oro o plata, empleada para hacer bordados, galones, etc.*

bricolaje (del fr. «bricolage») m. Actividad que consiste en la realización de trabajos manuales de decoración, reparación, etc., en la propia casa, por parte de personas no profesionales.

brida (del fr. «bride», del alto al. medio «bridel», rienda) **1** f. Conjunto del freno de la *caballería, el correaje que lo sujeta a la cabeza y las *riendas. **2** Cada una de las dos cintas que a veces penden a ambos lados del *sombrero de las mujeres y se anudan por debajo de la barbilla, para sujetarlo, o como adorno. **3** CIR. *Se aplica a los filamentos membranosos que se forman alrededor de las lesiones y en los *abscesos y *tumores.* ≃ Adherencia. ⇒ Desbridar. **4** *Cuerda o alambre que se ata en la porción media de las cerdas de los *pinceles nuevos, cuando son demasiado largas o flexibles.* **5** *Reborde en forma de disco o arandela que rodea la boca o el extremo de los *tubos o árboles que han de empalmarse, así como los cilindros de los motores.*

A LA BRIDA. EQUIT. A caballo, con los estribos largos.

BEBER LA BRIDA. EQUIT. *Coger el *caballo el bocado entre las muelas, con lo que anula la acción del freno.*

V. «MANO de la brida».

☐ CATÁLOGO

Almártaga, almártiga, almartigón, cabezada, cabezón, cencapa, filete, jáquima, rendaje. ➤ Bridón. ➤ Ahogadero, alacrán, asiento, banco, barbada, barril, bocado, bracillo [o brazuelo], *cabestro, cama, camba, cañón, copa, coscoja, coscojo, cotobelo, cucarda, desveno, embocadura, engallador, engalle, espejuela, fiador, *freno, frontal, frontalera, frontil, guías, gustador, masticador, mastigador, meajuela, mediacaña, montada, *muserola, pendones, perrillo, quijera, quitapón, *rienda, falsa RIENDA, ronzal, sabor, salivera, serreta, sobarba, tapaojo, tentemozo. ➤ Arrendar, desarrendar, desembridar, desenfrenar, desfrenar, embridar, enfrenar, enjaquimar, frenar. ➤ Desvenar. ➤ *Guarnición.

bridecú (¿del fr. «bridecu»?) m. **Cinturón con correas para colgar la espada.* ≃ Biricú.

bridge (ingl.; pronunc. [brich]) m. Juego de *baraja que se juega entre cuatro jugadores, con naipes franceses.

bridón **1** m. *Brida pequeña que se pone por si falla la ordinaria.* **2** *Caballo ensillado «a la brida».* **3** (lit.; pond.) **Caballo.* **4** *Varilla o, más generalmente, conjunto de tres varillas enganchadas una a continuación de otra, que se les pone a los caballos debajo del bocado y en que se sujetan las riendas.* ⇒ *Freno.

brie m. QUESO de Brie.

briega (And.) f. *Brega.*

brigada (del fr. «brigade») **1** f. MIL. Nombre dado a distintas unidades militares destinadas a diferentes servicios y con número variable de individuos. **2** MIL. *Unidad de infantería formada por cuatro o seis batallones.* **3** MIL. Unidad militar formada por dos o más regimientos. **4** Grupo de personas que hacen juntas cierto trabajo: 'Una brigada de topógrafos. Una brigada de salvamento'. ≃ Equipo. ⇒ *Cuadrilla. **5** MAR. *Cada sección de las formadas con la marinería de un barco para los servicios marineros o militares.* **6** MIL. *Conjunto de *caballerías con sus conductores, que transportan provisiones de campaña.* ⇒ *Convoy. **7** n. MIL. Militar que posee el grado intermedio entre el de sargento primero y subteniente.

brigadero m. MIL. *Paisano que conducía las brigadas de acémilas contratadas para el ejército en campaña.*

brigadier (del fr. «brigadier») m. MIL. Militar que poseía un grado equivalente al de general de brigada de hoy.

brigadista n. Miembro de una brigada. ⊙ Particularmente, miembro de las Brigadas Internacionales, unidades militares de voluntarios extranjeros que lucharon al lado de la República en la Guerra Civil Española.

brigantina (¿del fr. ant. «brigandine», peto de acero?) f. **Coraza disimulada en forma de jubón forrado interiormente de laminillas metálicas.*

brigantino, -a **1** adj. y n. *De La Coruña, antiguamente Brigantium.* **2** *De Betanzos (La Coruña).*

Bright V. «MAL de Bright».

brigola (del occit. «bricola») f. ARTILL. *Cierta máquina de guerra usada antiguamente para batir las murallas.*

brigoso, -a (ant.) adj. *Brioso.*

brihuego, -a adj. y, aplicado a personas, también n. *De Brihuega, población de la provincia de Guadalajara.* ≃ Birocense, briocense.

brilla (de «billa»; Cantb.) f. *Juego de chicos que consiste en hacer entrar una pelota en hoyos hechos en el suelo, dándole con un palo.* ≃ Cachurra. ⇒ *Mallo.

brillante **1** adj. Se aplica a lo que brilla. ≃ Lustroso, reluciente. **2** Impresionante por su riqueza material, o muy sobresaliente en un valor de cualquier clase: 'Un desfile [o una fiesta] brillante. Una inteligencia [una carrera, un hombre] brillante. Sus brillantes dotes de investigador. Brillantes hechos de armas. Hacer un papel brillante'. ⊙ Aplicado a una pieza oratoria o de música implica sonoridad, riqueza de armonía, de lenguaje o de contenido. 'Unas páginas brillantes de Weber. Una conferencia [o un orador] brillante'. ⇒ *Brillar. **3** m. Diamante tallado. ⇒ CULO de vaso. ⊙ *Específicamente, el tallado con una cara grande o «talla», treinta y tres facetas en la corona y veinticinco bajo el pabellón.*

brillantemente adv. De manera brillante.

brillantez f. Cualidad de brillante en cualquiera de las acepciones figuradas. ≃ Brillo.

brillantina f. Producto que se aplica al *pelo para darle brillo.

brillar (del it. «brillare») **1** intr. Despedir luz, propia como las estrellas, o reflejada, como un espejo u otro objeto pulimentado. **2** *Sobresalir por cualidades que despiertan admiración: 'Brilla entre todas por su belleza. Tiene dotes para brillar en sociedad'. ⇒ BRILLAR con luz propia.

V. «brillar por su AUSENCIA».

BRILLAR CON LUZ PROPIA. Destacar o suscitar admiración una persona.

□ CATÁLOGO

Cabrillear, centellear, chispear, coruscar, espejear, fucilar, fulgir, fulgurar, lucir, refulgir, relampaguear, relucir, resplandecer, rielar, rutilar, titilar. ➤ Abrillantar, aluciar, alustrar, argentar, bruñir, calandrar, charolar, ciclar, desempañar, diamantar, enlustrecer, esclarecer, esmerar, glasear, gratar, lustrar, mercerizar, pulimentar, pulir, satinar, tersar. ➤ Brillante, deslumbrante, febrido, flamante, fulgente, fúlgido, fulgurante, iridiscente, luciente, lucio, lustroso, radiante, refulgente, rutilante, rútilo, terso. ➤ Albedo, brillantez, brillo, confulgencia, corusco, destellos, efulgencia, esplendor, fulgor, fulguración, irisación, lustre, oriente, refulgencia, renitencia, *resplandor. ➤ Adamantino, argénteo, autópsido, céreo, metalescente, metálico, perlado, perlino, plateado, resinoso, satinado, vítreo. ➤ Aguas, cambiante, espejuelo, reflejo, tornasol, viso. ➤ De *relumbrón. ➤ *Barniz, betún, encáustico, esmalte, esmeril, pulimento. ➤ DIENTE de lobo, grata, muñeca, PIEDRA pómez. ➤ Heterópsido, mate. ➤ Empañar. ➤ *Bello. *Luz. *Reflejar. *Suave.

brillazón (Arg., Bol., Ur.) f. *Espejismo que ocurre en la pampa.*

brillo **1** («Tener; Dar, Sacar; Apagar, Matar») m. Luz percibida por el ojo como procedente de un punto luminoso, por ejemplo una estrella, o reflejada por un objeto pulimentado que parece él mismo el foco de ella. **2** Cualidad de brillante en cualquier acepción: 'El brillo de sus ojos [o de su oratoria, etc.]'.

DAR [O SACAR] BRILLO. Hacer que brille una cosa aplicándole una sustancia como cera o betún y frotando. ≃ Abrillantar, bruñir, lustrar. ⇒ Sacar la CERA.

brin (del fr. «brin», brizna) **1** (Ar.) m. *Estigma del azafrán.* ≃ Brizna, hebra. **2** *Tela de lino basta que se empleaba para forros y para pintar sobre ella.* **3** MAR. *Lona muy delgada.* ≃ Vitre.

brincar (de «brinco») **1** intr. Levantarse a cierta altura en el aire mediante un esfuerzo instantáneo de los músculos, para subirse a un sitio, o volviendo a caer inmediatamente. ≃ *Saltar. ⊙ Salir disparado bruscamente hacia arriba y volver a caer, en general repetidamente: 'La bolita brinca en la ruleta'. ≃ *Saltar. **2** («de») Exteriorizar bruscamente un sentimiento contenido de indignación, enfado, alegría, etc. **3** tr. Hacer saltar a un ↘niño en los brazos o en las piernas para divertirle.

ESTAR alguien QUE BRINCA. Estar muy excitado o enfadado.

brincho m. *En el juego de las quinolas, flux mayor.*

brinco (del lat. «vincŭlum», atadura) **1** («Dar, pegar») m. Acción de brincar. ≃ *Salto. ⊙ Cada movimiento hacia arriba que se hace al brincar. **2** **Dije o *joya que llevaban las mujeres colgado de las tocas.*

DAR [O PEGAR] UN BRINCO. Hacerlo por efecto de un susto o impresión fuerte. ⊙ Se usa también figuradamente.

DAR BRINCOS [O UN BRINCO] DE ALEGRÍA. Expresión frecuente usada en sentido material o, más frecuentemente, figurado.

brindar (de «brindis») **1** («por») intr. Expresar un deseo cualquiera o el deseo por la felicidad o la salud de alguien, al mismo tiempo que se levanta en alto la copa o vaso de que se va a *beber, generalmente entrechocándolos con los de otras personas que participan en los mismos deseos o votos; lo cual se hace generalmente con el mismo verbo: 'Brindo por el éxito de vuestra empresa. Brindemos por los compañeros ausentes'. ≃ Beber. ⇒ *Beber, beber por, chocar, beber a la SALUD de. ➤ Brindis, carauz. ➤ Velicomen. ➤ ¡Bomba!, ¡BOMBA va!, ¡salud! va por, por tu [a tu, su, etc.] SALUD. ➤ *Beber. **2** tr. *Ofrecer a alguien ↘ayuda, amistad, dinero, medios, un remedio, una solución o cosas semejantes. ⊙ *Proporcionar ↘ocasión, facilidad, oportunidad, etc. para cierta cosa: 'Su invitación me brindó la oportunidad de conocer Madrid'. **3** («con») *Ofrecer a alguien una ↘cosa para agradarle:* 'Le brindaron [con] flores a su llegada'. ≃ Obsequiar. **4** TAUROM. Dedicar expresamente un matador la labor que va a realizar con un ↘toro a alguien que está en la plaza, lo cual hace con el verbo «brindar»: 'El diestro brindó su primer toro al alcalde'. ⊙ («a») prnl. *Ofrecerse espontáneamente para realizar un servicio o trabajo: 'Este muchacho se brinda a acompañarte'.

brindis (del al. «bring dir's», te lo ofrezco) **1** m. Acción de brindar al beber. **2** Lo que se dice al brindar.

brinete m. **Tela de cáñamo que se empleaba para velas de barco.*

bringa f. *Mimbre de los que se tejen entre las costillas de una *cesta para hacerla.*

brinquillo o **brinquiño** **1** m. *Brinco (dije).* **2** *Cierto dulce o *golosina pequeño y delicado.*

HECHO UN BRINQUIÑO. *Muy acicalado.*

brinza (del sup. célt. «brincĕa», de «brinos», filamento) f. *Brizna.*

briñola f. **Ciruela pasa.*

briñón (del fr. «brugnon», del sup. lat. «pruneŭm», de «prunum», ciruela) m. *Albaricoque.*

brío (del sup. célt. «brigos», fuerza; «Tener; Con»; sing. o pl.) m. *Energía y *decisión con que se anda, se trabaja o se realiza cualquier cosa que requiere esfuerzo: 'Anda con tanto brío como un muchacho. Empieza a estudiar con muchos bríos, pero pronto se cansa'.

□ CATÁLOGO

Acometividad, agresividad, aire, aliento[s], alma, *ánimo, arranque, arrestos, coraje, *decisión, denuedo, determinación, empuje, *energía, *entusiasmo, espíritu, fibra, furia, furor, buena GANA, *garbo, genio, ímpetu, impetuosidad, impulsividad, *impulso, jijas, lena, nervio, ñeque, poderío, pujanza, rabia, redaños, resolución, sobrevienta, vehemencia, vigor, vitalidad. ➤ Irresistible. ➤ Briosamente, decididamente, derrancadamente, furiosamente, impetuosamente, rabiosamente, resueltamente, vehementemente, vigorosamente. ➤ Bullir [o hervir] la SANGRE en las venas. ➤ *Actividad. *Afán. *Ánimo. *Decidido. *Energía. *Fuerza. *Garbo. *Impulso. *Valor. *Violento.

brio- Elemento prefijo del gr. «brýon», musgo, usado en la formación de palabras cultas: 'briofita, briozoo'.

briocense adj. y, aplicado a personas, también n. *De Brihuega, pueblo de la provincia de Guadalajara.*

brioche (fr.; pronunc. [bri-ósh]) m. Cierto *bollo de masa relativamente compacta, de forma semejante a un bonete con una borla encima.

briofito, -a (de «brio-» y «-fito») adj. y n. f. BOT. Se aplica a las *plantas de cierto grupo de arquegoniadas, sin vasos, de dimensiones reducidas, esencialmente terrestres y propias de zonas húmedas, al que pertenecen los musgos y las hepáticas. ⊙ f. pl. BOT. Tipo constituido por ellas.

briófito, -a adj. y n. m. BOT. Briofito.

briol (del fr. «breuil», de «braie», braga) m. MAR. **Cabo de los que sirven para cerrar las relingas de las velas de cruz para facilitar la operación de aferrarlas.*

brión m. MAR. *Pie de la roda de un barco.*

brionia (del lat. «bryonĭa», del gr. «bryōnía») f. **Nueza (planta cucurbitácea).*

brios (eufemismo por «Dios») ¡VOTO A BRIOS! *Interjección desusada de *cólera.*

briosamente adv. Con brío.

brioso, -a adj. Con brío. ⊙ Particularmente, airoso, gallardo, *garboso: que anda o se mueve con garbo. ⇒ *Apuesto.

briozoo (de «brio-» y «-zoo») m. ZOOL. *Se aplica a ciertos pequeños invertebrados marinos y de agua dulce, que forman colonias de aspecto de musgo, que recubren las rocas y las plantas marinas.*

briquet (fr., Col.) m. *Encendedor.*

briqueta (del fr. «briquette», del neerl. medio «brick») f. *Conglomerado en forma de prisma, de polvo de cualquier materia unido con un aglutinante. ⊙ Particularmente, de polvo de *carbón.

brisa[1] (del lat. «brisa») f. **Orujo de la *uva.*

brisa[2] **1** f. **Viento nordeste, contrapuesto al vendaval.* **2** Viento suave y agradable. ⇒ Aura, céfiro, galeno, hálito, oral. ⊙ Particularmente, el que sopla alternativamente desde tierra y desde el mar.

brisca (del fr. «brisque») **1** f. Cierto *juego de baraja que se juega repartiendo tres cartas a cada jugador al principio de él, sacando una carta para triunfo y robando del resto de la baraja hasta que se termina el juego. **2** As o tres de los palos que no son triunfo, en este juego y en otros.

briscado, -a (part. de «briscar») Participio de «briscar». ⊙ adj. Se aplica al hilo de plata u oro escarchado o rizado que se entreteje con la seda en algunas *telas o se emplea en los bordados.

briscar (del ant. «brescado», bordado con canutillo de oro o plata, de «bresca») tr. *Emplear hilo briscado en las ↘telas o bordados.*

brisera o **brisero** (Hispam.) f. o m. **Farol.*

brisote m. *Brisa fuerte propia de las costas de América del Norte.* ⇒ Paraca.

bristol (de «Bristol», ciudad inglesa) **1** m. *Especie de cartulina compuesta de varias hojas de papel adheridas entre sí.* **2** *Papel de dibujo.*

brisura (del fr. «brisure») f. HERÁLD. *Lambel u otra pieza de igual significado.*

británica (del lat. «britannĭca») f. *Romaza: planta poligonácea, de hojas vellosas y de color morado oscuro.

británico, -a adj. y, aplicado a personas, también n. De la antigua Britania. ⊙ De Gran Bretaña, la mayor de las islas del Reino Unido. ⊙ Del Reino Unido.

britano, -a adj. y, aplicado a personas, también n. *De la antigua Britania.* ≃ Británico.

briza (género *Briza,* formado por la *Briza maxima, Briza media* y *Briza minor)* f. Se aplica a distintas especies de *plantas gramíneas buenas para pasto, especialmente para el ganado lanar, y que se cultivan también como adorno.

brizar (de «brezar») tr. *Acunar.*

brizna (del ant. «brinza», del sup. célt. «brincĕa», de «brinos», filamento) **1** f. *Fibra de cualquier planta, como los filamentos de la sutura de las vainas de las *legumbres.* ≃ Hebra. **2** *Brin de la flor del *azafrán.* ≃ Hebra. ⊙ Filamento o trozo muy fino y ligero de cualquier cosa: 'Una brizna de algodón [de paja, de tabaco, de hierba]'. ⇒ Raíz culta, «carfo-»: 'carfología'. ➤ Brin, grisma, hilacha, hilo, mota, paja, pelo. **3** Porción insignificante de cualquier cosa: 'Me queda una brizna de tela'; particularmente, en frases negativas: 'No tenemos ni una brizna de pan'. ≃ Chispa, miaja, *pizca.

brizo (ant.) m. **Cuna.*

broa[1] (del port. o gall. «broa», borona) f. *Especie de galleta o *bizcocho.*

broa[2] (¿del célt. «broga», orilla?) f. MAR. **Ensenada con barras y rompientes.*

broca (del lat. «broccus», dentón) **1** f. *Barrena que se usa con las máquinas de taladrar. **2** **Clavo de cabeza cuadrada que usan los zapateros.* **3** **Carrete colocado dentro de la lanzadera, que lleva el hilo de la trama.* **4** (ant.) **Botón.* **5** (ant.) **Tenedor para comer.*

brocadillo m. **Tela de seda y oro, de menos cuerpo que el brocado.*

brocado (del it. «broccato», de «brocco») **1** m. *Tela de seda con dibujos que parecen bordados, en que se entretejen hilos de oro o plata. ⊙ El mismo tejido, aunque no lleve hilos metálicos. ⊙ El mismo tejido, con la trama de algodón. ⇒ Camocán. ➤ Brocadillo, brocatel. ➤ Fondón. **2** **Guadameci dorado o plateado.*

brocadura (del lat. «broccus», dentón; ant.) f. *Mordedura de oso.*

brocal (del lat. «buccŭlāre», taza) **1** m. Pequeña pared que rodea la boca de un *pozo. ⇒ Arce [o arcén], bocal, pozal. **2** *Boquilla que guarnece la entrada en la *vaina.* ⊙ ARTILL. *Moldura que refuerza la boca de las piezas de *artillería.* **3** *Cerco de madera o cuerno que refuerza la boca de la *bota de beber.* **4** *Ribete de acero que guarnece el *escudo.* **5** MINER. *Boca de una mina.* **6** *Rama o brazo corto de una *alcantarilla.*

BROCAL DE SALIDA. *Punto de descarga de una alcantarilla.*

brocalado, -a (de «broca»; ant.) adj. *Bordado.*

brocamantón (de «broca» y «mantón») m. **Broche grande de oro y piedras preciosas que usaban las mujeres.*

brocantita f. *Sulfato básico de cobre, que se presenta en masas fibrosas o como incrustaciones; se forma por descomposición de la calcopirita.*

brocárdico (ant.) m. DER. **Máxima o axioma legal.* ⊙ (ant.) **Refrán.*

brocatel (del cat. «brocattel») **1** m. V. «MÁRMOL brocatel». **2** *Tela de seda con mezcla de cáñamo, lino o lana, con grandes dibujos brillantes destacando sobre un fondo mate, que se emplea para tapicería. ⊙ Tejido semejante todo de seda, que se emplea para ornamentos de iglesia, vestidos de señora, etc.

broccoli (it.; pronunc. [brócoli]) m. *Brécol.*

brocearse (de «broza»; Hispam.) prnl. MINER. *Hacerse inútil una mina por agotarse una vena o por empezar a salir mal el metal.*

brocense adj. y, aplicado a personas, también n. *De las Brozas, población de la provincia de Cáceres.* ⊙ (con mayúsc.; «El») m. Por antonomasia, se aplica a Francisco Sánchez de las Brozas, célebre humanista español del siglo XVI.

broceo (Hispam.) m. MINER. *Acción de brocearse una mina.*

brocha[1] (¿del fr. dial. «brouche», cepillo?) f. Pincel muy grande. ⊙ Pincel aplanado. ⇒ Brochón, broncha, ensolvedera, sedera. ➤ Hisopo. ➤ Asta. ➤ Cerdas. ➤ *Cepillo. ⊙ Escobilla de cerdas que se emplea para afeitarse.

DAR BROCHA (Pan.). *Lisonjear.*

DE BROCHA GORDA. **1** Se aplica al pintor o la pintura de puertas, paredes, etc. **2** Se aplica despectivamente al pintor y a la pintura de cuadros sin valor artístico. **3** (Pan.) Se aplica a la gracia o ingenio de cierta cosa cuando es *ordinaria o *soez.

SER alguien MUY BROCHA (Col.; inf.). *Ser ordinario, zafio, etc.*

brocha[2] (del fr. «broche») **1** (ant.) f. *Broca.* **2** (ant.) **Joya.* **3** *Entre fulleros, dado con *trampa.*

brochada (de «brocha[1]») f. *Brochazo.*

brochado, -a (del fr. «brocher», bordar) adj. Se aplica a las *telas de seda que tienen alguna labor de oro, plata o torzal de seda, formando relieve.

brochadura (de «broche») f. *Juego de broches de una prenda; particularmente, de la *capa.*

brochal (de «broche») m. CONSTR. *Madero que se coloca en una *armadura de tejado entre otros dos para servir a su vez de apoyo a otros que, a fin de dejar un hueco, por ejemplo para una chimenea, no han de llegar hasta el muro o final del entramado.* ≃ Embrochado, PIEZA de acunado [o embrochado].

brochazo m. Cada pasada del pincel o brocha sobre la superficie que se pinta. ⇒ *Pincelada.

broche (del fr. «broche», del lat. «broccus», dentón) **1** m. Objeto de metal u otro material duro que sirve para juntar una con otra dos partes de un vestido, por ejemplo para *cerrarlo después de puesto; o dos partes de cualquier otra prenda o cosa que se cierra de manera semejante. ⇒ Automático, *botón, brochadura, charretera, cierre, clec, corcheta, corchete, cremallera, gemelos, *hebilla, manecilla, manezuela, pasador, prendedero, prendedor. ➤ Hembra, macho. ➤ *Abrochar, etc.; *Desabrochar», etc. ➤ *Cerrar. *Sujetar. **2** *Joya o *adorno consistente en un imperdible adornado. ⇒ Medio ADEREZO, alfiler, brocamantón, brocha, fíbula, firmal, imperdible, joya. ➤ *Adorno. *Joya. **3** (Arg.) **Imperdible.* **4** (Arg., R. Dom.) **Grapa (pieza de alambre).* **5** (Arg.) **Pinza de tender la ropa.*

BROCHE DE ORO. Final brillante de algo: 'La actuación de la orquesta fue el broche de oro del acto'.

brocheta (de «brocha[2]») f. Varilla con que se ensartan cosas, por ejemplo para *asarlas. ≃ *Broqueta. ⊙ Esta varilla con los alimentos ensartados: 'Una brocheta de carne con champiñón'.

brochón m. *Brocha o escobilla de blanquear las paredes.*

brocino m. **Chichón.* ≃ Porcino.

brócol (And.) m. *Brécol.*

brócul 1 (Ál., Ar.) m. *Brécol.* **2** (Sal.) **Coliflor.*

brócula f. *Cierta *barrena pequeña o taladro.*

bróculi (del it. «broccoli», de «brocco») m. **Brécol.*

brodete (dim. de «brodio») m. *Brodio.*

brodio (del germ. «brod», caldo) m. *Bodrio (sopa dada a los mendigos).* ⊙ **Bazofia.*

brodista (de «brodio»; ant.) n. *Sopista (mendigo o estudiante pobre).*

broker (ingl.; pronunc. [bróquer]; pl. «brokers») n. Intermediario en los mercados financieros.

brollar (del cat. «brollar», brotar) intr. **Borbollar.*

broma[1] (del gr. «brôma», caries, de «bibrṓskō», devorar) **1** *(Teredo navalis)* f. *Molusco *lamelibranquio que se introduce en las maderas sumergidas en el mar y las destruye. ≃ Taraza. **2** (inf.; «Costar, Salir la broma por, Ser una cosa una») Cosa que se dice, hace u ocurre que parece sin importancia pero resulta cara o de consecuencias desagradables: 'Ha debido de salirle la broma del viajecito por un pico. La bromita de la luz me va a impedir terminar el trabajo'. **3** («Estar de») *Alegría y diversión de la gente en una reunión. ≃ Algazara, *bulla, juerga. **4** («Andarse con,

Decir, Gastar, Ser; Ir de; Echar, Tomar a; De, En, Por») Burla o engaño hecho a alguien o a propósito de una cosa o una persona, para reírse, pero sin intención de causar daño o molestia: 'Le han gastado una broma. Le escondimos la pluma por broma. Te lo digo de broma'.

BROMA PESADA. **1** La que resulta realmente molesta para la persona que es objeto de ella. **2** Cualquier cosa que causa mucha molestia o *perjuicio. ≃ Broma.

BROMAS APARTE. Expresión con que se pasa a hablar seriamente de la misma cosa sobre la que se estaba bromeando.

DE BROMA. En broma.

DÉJATE [DEJAOS, etc.] DE BROMAS. Expresión muy frecuente con que se invita a alguien a dejar el tono de broma y hablar seriamente.

ECHAR A BROMA algo. Tomar a BROMA.

EN BROMA. Como broma, sin seriedad o sin intención de molestar: 'No me lo creo: lo dices en broma. Te lo decía en broma, sin ánimo de molestarte'. ≃ De BROMA.

ENTRE BROMAS Y VERAS. Hablando medio en broma, medio en serio.

¡ES UNA BROMA! [o ¡VAYA UNA BROMA!]. Exclamaciones de disgusto por algo de lo que resulta un *perjuicio o molestia.

ESTAR DE BROMA. Estar riendo o bromeando. ⊙ Estar hablando sin seriedad.

FUERA DE BROMA. Frase frecuente para indicar que algo que se dice no es ya broma, aunque antes se haya bromeado. ≃ En serio.

IR DE BROMA. algo No estar dicho o hecho en serio, sino para hacer reír o engañar por broma.

MEDIO EN BROMA, MEDIO EN SERIO. Expresión frecuente de significado claro.

NI EN BROMA (inf.). Expresa la negativa rotunda a hacer algo o la imposibilidad de que una cosa ocurra.

SALIR POR UNA BROMA. *Resultar una cosa muy *cara o costosa.*

TOMAR A BROMA una cosa. No prestarle atención o no darle *importancia, aunque la tiene. ⊙ No dedicar a un trabajo u obligación el interés debido. ⇒ *Desatender, *descuidar.

□ CATÁLOGO

Ahogadilla, antruejada, bufonada, buzcorona, camama, camelo, caraba, carnavalada, chafaldita, changa, changuería, changüí, chanza, *chasco, chilindrina, chirigota, *chiste, chongo, chufla, chufleta, chunga, chuscada, cuchufleta, donaire, escardillo, gansada, ladrillejo, *pulla, quedada, relajo. ➤ Hacer la petaca. ➤ Bomba fétida, matasuegras. ➤ Antruejar, echar [o tomar] a BROMA, bromear, chancearse, chasquear, chicolear, chirigotear, chucanear, chuflearse, enredar, mamar GALLO, no dar importancia, tomar a JUERGA, echar [o tomar] a RISA, truhanear. ➤ Entre BROMAS y veras, como si tal COSA, por juego, de MENTIRIJILLAS, como si NADA. ➤ Alegre, animado, bromista, chango, chuzón, correntón, fumista, ganso, gracioso, de buen humor, jacarero, jovial, mojarrilla, rasposo, truhán. ➤ Jocoserio. ➤ Humor. ➤ Correa. ➤ *Burla. *Risa.

broma² (del gr. «brómos», avena) f. CONSTR. *Masa de *cascote, piedra y cal usada para rellenar huecos en las construcciones, por ejemplo en los *cimientos.*

bromar (de «broma¹») tr. *Corroer la broma la ↘*madera.*

bromatología (del gr. «brôma, -atos», alimento y «-logía») f. MED. Ciencia que estudia todo lo relativo a *alimentos.

bromatológico, -a adj. MED. De [la] bromatología.

bromatólogo, -a n. MED. Especialista en bromatología.

bromazo m. BROMA pesada.

bromear (de «broma¹») intr. y, no frec., prnl. Hablar en broma.

bromeliáceo, -a (de «Bromelia», género de plantas, de «Bromel», botánico sueco del siglo XVIII) adj. y n. f. BOT. *Se aplica a las *plantas herbáceas tropicales americanas de la familia del ananás, frecuentemente epifitas, de tallo corto y hojas dispuestas en una roseta basal, con flores en espigas o racimos y frutos en baya o cápsula.* ⊙ f. pl. BOT. *Esa familia.*

bromista adj. y n. Aficionado a gastar *bromas o a divertirse.

bromo¹ (del gr. «brômos», hedor, por el que desprende este elemento) m. *Elemento no metálico, n.º atómico 35, líquido a la temperatura ordinaria, que despide unos vapores rojizos de olor desagradable y tóxicos. Símb.: «Br».

bromo² (del lat. «bromos», del gr. «brómos», avena; *Bromus erectus* y otras especies del mismo género) m. Cierta *planta gramínea que sirve para *pienso.

bromuro m. FARM., QUÍM. Cualquier sal binaria de bromo. El bromuro de plata es muy usado en fotografía, y el bromuro potásico, y en menos amplitud el sódico, el amónico y el lítico, son usados en medicina como sedantes.

bronca (¿de «bronco»?) **1** (inf.; «Armarse una») f. *Discusión violenta o *riña. **2** (inf.; «Armar, Echar») *Reprensión violenta. **3** («Armar») Manifestación colectiva ruidosa de *protesta o desagrado contra alguien o en un espectáculo. ≃ Abucheo, escándalo. ⇒ Abucheo, alboroto, escándalo, jaleo, jollín, marimorena, *pita, *protesta, rechifla, silba. ➤ Abroncar. **4** (Hispam.) *Enfado, disgusto.*

BUSCA BRONCAS. *Pendenciero.

BUSCAR BRONCA. *Provocar a alguien.

TENER BRONCA a alguien (Hispam; inf.). *Tenerle ojeriza.*

broncamente adv. *Con sonido bronco o con aspereza.*

bronce (¿del it. «bronzo»?) **1** m. Aleación de *cobre y estaño y a veces pequeñas porciones de otros cuerpos, que se emplea, por ejemplo, para hacer estatuas, *campanas y cañones. ⇒ Broncíneo, éneo. ➤ Alambre, auricalco. **2** Estatua u objeto artístico de bronce: 'Los bronces ibéricos'. **3** (lit.) *Se emplea alegóricamente como representación de las campanas o de los cañones:* 'Habla el bronce' (es la guerra la que decide). **4** *También se emplea para denotar fortaleza, o dureza o insensibilidad:* 'Ese hombre es de bronce'. **5** **Moneda de cobre.* **6** En competiciones deportivas y otros certámenes, representa el tercer puesto: 'Medalla de bronce. Obtuvo el bronce'.

V. «EDAD del Bronce».

LIGAR BRONCE (inf.). Ponerse *moreno.

bronceado, -a 1 Participio adjetivo de «broncear[se]» (poner[se] moreno). ≃ Atezado, *moreno. **2** Del color del bronce. **3** m. Acción y efecto de broncear[se].

bronceador, -a 1 adj. Que activa el proceso de bronceado de la piel con el sol. **2** m. Producto que sirve para broncearse.

broncear tr. Dar a una ↘cosa el color del bronce o recubrir ↘algo de bronce. ⊙ Poner *moreno el sol. ⊙ prnl. Ponerse moreno por el sol.

broncha¹ (de «brocha²») **1** f. **Arma corta antigua parecida a un *puñal.* **2** (ant.) **Joya.*

broncha² (ant.) f. *Brocha (de pintar).*

broncíneo, -a (culto) adj. Del color del bronce, parecido al bronce o que tiene sus cualidades.

broncista m. Operario que trabaja en bronce.

bronco, -a (del lat. «broncus», por «broccus», dentón) **1** adj. Se aplica al sonido *áspero y grave; como, por ejemplo, el de una sirena de barco: 'Tos bronca'. ≃ *Ronco. **2** *Aplicado a materiales, *áspero o tosco: sin desbastar.* **3** *Aplicado a metales, *quebradizo: no dúctil ni elástico.* **4** *Aplicado a personas, de *mal carácter:* 'bronco de genio'. **5** (Méj.) *Se aplica al caballo sin domar.*

bronco- (var. «bronqui-») Elemento prefijo del gr. «brónchos», bronquio, empleado en palabras científicas.

broncodilatador adj. y n. m. Se aplica al medicamento usado para dilatar los bronquios.

bronconeumonía (de «bronco-» y «neumonía») f. MED. Inflamación de la mucosa bronquial y del parénquima pulmonar. ⇒ Pulmonía.

broncorragia (de «bronco-» y «-rragia») f. MED. *Hemorragia de la mucosa bronquial.*

broncorrea (de «bronco-» y «-rrea») f. MED. *Secreción mucosa de los bronquios.*

bronquedad f. *Cualidad de bronco.*

bronqui- V. «bronco-».

bronquial adj. MED. De [los] bronquios.

bronquiectasia (de «bronqui-» y el gr. «éktasis», dilatación) f. MED. **Enfermedad crónica caracterizada por tos acompañada de abundante expectoración, producida por la dilatación de uno o varios bronquios.*

bronquina (inf.) f. *Bronca (riña).*

bronquio (del lat. «bronchĭa», del gr. «brónchia», pl. de «brónchion») m. ANAT. Cada conducto de los dos en que se divide la tráquea y que llegan hasta los pulmones. ⇒ Bronconeumonía, bronquitis.

bronquiolo o **bronquíolo** m. ANAT. Subdivisión de las que forman los bronquios en los pulmones. ⇒ Alveolo.

bronquítico, -a adj. MED. De la bronquitis. ⊙ adj. y n. MED. Afectado de bronquitis.

bronquitis (de «bronquio» e «-itis») f. MED. Inflamación aguda o crónica de la mucosa de los bronquios.

brontosaurio (del gr. «brontḗ», estruendo, y «-saurio») m. ZOOL. Nombre dado a ciertos reptiles fósiles de gran tamaño, herbívoros, con la cabeza pequeña, y el cuello y la cola muy largos, que vivieron en el mesozoico.

broquel (del fr. ant. «bocler», adorno redondeado que llevaba el escudo en su centro, del lat. «buccŭla», mejilla pequeña) **1** m. *Escudo pequeño de madera y cuero. **2** Escudo. ⊙ También en sentido figurado. ⇒ Abroquelarse, broquelarse. **3** MAR. *Posición en que quedan las *velas y vergas de un barco cuando se abroquelan.*

broquelarse prnl. *Abroquelarse.*

broquelero (de «broquel») m. **Pendenciero.*

broquelillo (dim. de «broquel») m. **Pendiente para las orejas, de forma de botón.*

broqueta (de «broca») f. *Varilla o aguja con que se ensartan viandas, especialmente aves, por ejemplo para *asarlas.* ≃ Brocheta. ⇒ *Asador.

bróquil (de «bróculi»; Ar.) m. *Brécol (planta crucífera).*

brosla (ant.) f. *Brosladura.*

broslador, -a (de «broslar»; ant.) n. *Bordador.*

brosladura (ant.) f. *Bordadura.*

broslar (del germ. «bruzdan»; ant.) tr. *Bordar.*

brosquil (del sup. lat. «vervecīle»; Ar.) m. **Aprisco.*

brota o **brotadura** f. *Brote.*

brótano m. *Abrótano (planta compuesta).*

brotante (ant.) m. ARQ. *Arbotante.*

brotar (del lat. «abortāre», o el gót. «brutón») **1** intr. Salir las plantas de la tierra. ≃ Nacer. ⊙ Salir de las plantas las hojas, los tallos o las flores. **2** Echar las plantas sus hojas o tallos: 'Ya empiezan a brotar los árboles'. **3** Salir agua u otro líquido de un manantial o de cualquier sitio: 'Brotaba sangre de la herida'. ≃ Fluir, manar. ⇒ Aflorar, abrirse CAMINO, nacer, romper, saltar, surgir. ➤ *Chorro. ➤ *Salir. **4** *Aparecer en la superficie de una cosa otra que se origina en su interior: 'Brotar el sarampión [o un sarpullido]'. ⊙ *Aparecer una cosa en un sitio de modo semejante a como brota una planta o una fuente: 'De repente brotó una llamarada. De la tierra brotaba una columna de humo. Hacer brotar chispas del pedernal'. ≃ Nacer, salir, surgir. ⊙ *Aparecer de repente en un sitio una cosa material o inmaterial: 'En su mente brotó una sospecha'. ≃ Nacer, surgir. **5** tr. *Producir la tierra plantas, flores, etc.* ⊙ *En general, producir, echar fuera.*

□ CATÁLOGO

Abollonar, abotonar, abrotoñar, agarbanzar, agrillarse, ahijar, amacollar, amugronarse, aparecer, apilguarse, apimpollarse, apitonar, apuntar, arrojar, asomar, botonar, echar BROTES, eclosionar, embravecer, encepar, engrillarse, entallecer, entalonar, germinar, grillarse, hojecer, lanzar, macollar, mover, nacer[se], otoñar, pimpollear [o pimpollecer], poblarse, pulular, rebrotar, retallar, retallecer, retoñar, retoñecer, revenar, romper, ruchar, salir, serpollar, tallecer, vegetar, verdear, verdecer. ➤ Aljuma, bastón, bollón, botón, brote, broto, brotón, chupón, cierzas, cogollo, estolón, follón, gamonito, *gémula, germen, grillo, gromo, grumo, hijato, hijo, hijuelo, jerpa, lleta, mugrón, pámpano, pimpollo, pitón, plumilla, plúmula, porreta, raijo, rebollo, rebrote, remocho, renuevo, resalvo, retallo, retoño, reveno, rucho, sarmiento, serpa, serpia, serpollo, sierpe, soca, súrculo, *tallo, vástago, vástiga, verdugo, verdugón, vestugo, *yema. ➤ *Arraigar. *Botánica.

brote (de «brotar») **1** («Salir; Echar») m. *Tallo nuevo de una planta. ⊙ Bulto que forman en una planta los tallos, las hojas o las flores que van a salir. ≃ *Yema. **2** Acción de brotar. **3** Principio de una cosa que ha de desarrollarse más tarde: 'Los primeros brotes de la revolución'.

broto (ant.; Sal.) m. *Brote de planta.*

brotón (ant.) m. *Brote de planta.*

broza (¿de or. prerromano?) **1** f. AGRÁF. *Bruza (cepillo).* **2** Conjunto de hojas secas, paja, ramillas y otras partes de plantas, o de restos o desperdicios semejantes de otras cosas. ⇒ Azolve, bálago, bardomera, brusca, brusco. ➤ Desbrozar. ➤ *Basura. *Hojarasca. **3** Conjunto de desperdicios y suciedad que van quedando depositados en algunos sitios; por ejemplo, en el fondo de una balsa o en las cañerías de desagüe. ⇒ *Cieno. **4** Espesura de plantas bajas en un terreno no cultivado o descuidado. ≃ *Maleza. **5** Contenido de relleno, carente de interés, en un discurso o un escrito. ≃ Hojarasca, paja.

broznamente adv. *Con dureza, ásperamente.*

broznedad f. *Cualidad de brozno.*

brozno, -a (¿del gót. «brukeins», astilloso?) **1** adj. *Rudo o *tosco.* **2** *Pesado y sin gracia.*

brozoso, -a adj. *Con mucha broza.*

brucelosis (de Brucella, género de bacterias, y «-osis») f. MED. FIEBRE de Malta.

brucero m. *Hombre que hace o vende bruzas, cepillos, escobillas, etc.*

bruces (del ant. «buces», ¿de «bozo»?).

DE BRUCES («Caer[se]»). *Tumbado con la cara contra el suelo, por ejemplo por haberse caído o para beber agua en un arroyo. ⇒ Bruzas, bruzos, buzos. ➤ Abuzarse. ➤ Sapada.

CAERSE DE BRUCES. Caerse estrepitosamente boca abajo.

DARSE DE BRUCES. Tropezarse con alguien o algo completamente de frente.

brucio, -a (ant.) adj. y, aplicado a personas, también n. *De los Abruzos, región de Italia.*

brucita (de «Bruce», mineralogista norteamericano) f. **Mineral formado por hidróxido de magnesio, de color blanco o gris nacarado.*

brugo (del lat. «bruchus», del gr. «broûchos») **1** m. **Larva de cierto insecto lepidóptero que devora las hojas de la encina.* ≃ Mida. **2** *Larva de cierto pulgón.*

bruguense adj. y, aplicado a personas, también n. *De El Bruch (Barcelona).*

brujear intr. *Hacer brujerías.*

brujería f. Cosa de brujas. ≃ *Hechicería. ⊙ Cosa realizada con un poder sobrenatural maligno.

brujesco, -a adj. Propio de brujas o brujos.

brujidor m. *Grujidor.*

brujilla (dim. de «bruja») f. *Tentetieso (muñeco que recobra su posición cuando se le tumba).*

brujir tr. *Grujir (alisar los bordes de los vidrios cortados).*

brujo, -a (¿de or. prerromano?) **1** n. Persona a la que se atribuyen poderes mágicos, generalmente malignos y debidos a un pacto con el diablo. ⇒ Aojador, calchona, cohen, desaojadera, encantador, ensalmador, escolar, espantanublados, hechicero, imbunche, jorguín, jurgina, jurguina, lobero, mago, meiga, meigo, nigromante, nigromántico, saludador, santiguadera, santiguador, sorguín, sorguina, teúrgo, tropelista, zahorí. ➤ Aquelarre, sábado. **2** m. Hombre supuestamente dotado de poderes sobrenaturales en ciertas culturas. ≃ Hechicero. **3** f. *Mujer vieja, desastrada o de aspecto repugnante. **4** Mujer de mal carácter o maligna. ≃ Arpía. **5** **Lechuza (ave).* **6** adj. Muy atractivo: 'Una mirada bruja'. ≃ Cautivador, encantador, hechicero. **7** (Chi.) *Falsificado.* **8** (Cuba, P. Rico; n. calif.; aplicable también a hombres con terminación femenina; «Estar») adj. y n. *Arruinado (sin dinero).*

V. «CASABE de bruja, CAZA de brujas».

brújula (del it. «bussola») **1** f. Instrumento que consiste en una aguja imantada que gira libremente sobre un eje colocado encima de un círculo que tiene dibujada la rosa de los vientos; la aguja se orienta espontáneamente en la dirección norte-sur, y haciéndola coincidir con la línea que marca esta dirección en la rosa, puede determinarse cualquier otra dirección del *horizonte. **2** Instrumento náutico constituido por dos círculos concéntricos. El interior lleva dibujada la rosa náutica y va unido a una aguja imanada de modo que gire con ella; el otro está fijo y lleva una línea que marca la dirección de la quilla del buque; esta línea señala, por tanto, en el primer círculo, el rumbo que sigue el barco. ≃ Aguja, AGUJA de bitácora, AGUJA de marear, compás. **3** *Agujerito que hacía en las *armas antiguas el papel de la mira.* ⊙ *Agujerito por donde se mira algo para concentrar la mirada sobre ello.*

BRÚJULA GIROSCÓPICA. *Giroscopio utilizado como referencia direccional en ciertos vehículos y naves.* ≃ AGUJA giroscópica.

MIRAR POR BRÚJULA. **Brujulear las cartas de la baraja.*

PERDER LA BRÚJULA. Desorientarse en el modo de actuar en la vida o en un asunto concreto.

VER POR BRÚJULA. *Observar desde un sitio desde el cual se ve poca extensión.*

□ CATÁLOGO

Aguja, AGUJA de bitácora, AGUJA magnética, AGUJA de marear, calamida, calamita, compás, declinatorio, saeta. ➤ Armas. Chapitel, estilo. ➤ Bitácora, escandalar [escandelar o escandelarete]. ➤ CORRIENTE astática, SISTEMA astático. ➤ Capillo. ➤ Lantía. ➤ Declinación, DECLINACIÓN magnética, declinar, dormirse, INCLINACIÓN magnética, loco, maestralizar, marcar, nordestear, noroestear, noruestear, PERTURBACIÓN de la aguja magnética, señalar, variar. ➤ Declinómetro. ➤ Cebar, imanar, imantar. ➤ *Horizonte, ROSA naútica, ROSA de los vientos. ➤ *Magnetismo.

brujulear (de «brújula») **1** intr. Hacer gestiones con habilidad para conseguir cierta cosa o para situarse bien. ≃ *Intrigar. ⇒ *Manejarse. **2** tr. *Descubrir poco a poco sólo la parte superior de las ↘cartas de la *baraja para ver por las rayas o pintas de qué palo son.* ≃ Mirar por BRÚJULA. **3** **Atisbar o *descubrir por indicios cierta ↘cosa que ocurre o que otros llevan entre manos.*

brujuleo m. Acción de brujulear.

brulote (del fr. «brûlot», de «brûler», quemar) m. MAR. **Barco cargado de materias inflamables que se lanzaba sobre los barcos enemigos para incendiarlos.*

bruma (del lat. «bruma», solsticio de invierno) **1** f. *Niebla. ⊙ Especialmente, la que se forma sobre el mar. **2** (pl.) Oscuridad o confusión en la mente de alguien.

brumal (del lat. «brumālis»; ant.) adj. *Invernal.*

brumar (de «broma[1]», cosa desagradable) **1** tr. *Abrumar.* **2** *Moler a palos.*

brumario (del fr. «brumaire», del lat. «bruma», bruma) m. Segundo mes del año según el *calendario de la revolución francesa, que comprende desde el 22 de octubre al 20 de noviembre.

brumazón (aum. de «bruma») m. **Niebla espesa.*

brumo (de «grumo») m. **Cera blanca muy pura con la que recubren los cereros los cirios.*

brumoso, -a **1** adj. Con bruma. ≃ Neblinoso. **2** No claro. ≃ Nebuloso, oscuro.

bruneta (de «bruno»; ant.) f. *Brunete.*

brunete (de «bruno»; ant.) m. *Paño negro.*

bruno[1] (del lat. «prunum», ciruela, o «prunus», ciruelo) **1** m. *Ciruela negra propia del norte de España.* ≃ Bruño. **2** *Árbol que la produce.*

bruno[2], -a (del germ. «brūn», moreno) adj. *De color negro u oscuro.*

bruñido, -a **1** Participio adjetivo de «bruñir»: 'La superficie bruñida del espejo'. **2** m. Acción de bruñir.

bruñir (del sup. germ. «brunjan», «brūn», moreno) **1** tr. Dar *brillo a una ↘cosa, particularmente de metal. ≃ Abrillantar, lustrar, pulimentar, pulir. **2** *Aplicar afeites a la ↘cara.* ⇒ *Arreglar[se]. **3** (Am. C.) *Fastidiar, incordiar.*

bruño (del sup. lat. «pruněum», de «prunum», ciruela) m. *Bruno (ciruela negra).*

brusca (de or. céltico) **1** f. **Leña menuda.* ⇒ Brusco. **2** *(Cassia occidentalis)* *Planta leguminosa de Caracas, de raíz medicinal. **3** MAR. *Ramaje que se aplica ardiendo a los fondos de los barcos para limpiarlos de broma.* **4** MAR. *Convexidad que se da a la cubierta del *barco para hacerla más sólida y para facilitar el desagüe.* **5** MAR. *Medida, utensilio o método utilizado para ejecutar con uniformidad y simetría la curvatura de las piezas del *barco.* **6** MAR. *Medida que se toma en la orilla de la tela para cortar una *vela de cuchillo.*

bruscadera f. MAR. *Horquilla con un mango largo con la que se cogen los haces de brusca.*

bruscamente adv. Con brusquedad.

bruscate (relac. con «brosquil») m. **Guiso antiguo de asadura de carnero o cabrito.*

brusco, -a (del lat. «ruscus») **1** adj. Falto de suavidad. ⊙ Aplicado a cambios, sucesos y otras cosas, *repentino; sin fases o grados intermedios; con un salto o diferencia notable entre las cosas de que se trata: 'Un cambio brusco de temperatura. Contrastes bruscos de color'. ⊙ Aplicado a personas, falto de amabilidad o dulzura. **2** (*Ruscum aculeatus*) m. *Planta ruscácea de tallos ramosos y flexibles con cladodios (falsas hojas) en cuyo centro nacen las flores; se emplea para setos. ≃ ARRAYÁN moruno [o morisco], escobino, jusbarba, rusco. **3** *Conjunto de partes pequeñas que se desprenden o quedan como *residuo en la recolección o almacenaje de algo; por ejemplo, las *uvas que se caen del racimo en la vendimia.*

□ CATÁLOGO

Acedo, acre, agrio, *arisco, áspero, desabrido, discordante, escolimoso, esquinado, hosco, radical, rispido, rispo, rudo, seco. ➤ Cardo, erizo, raspa. ➤ Sin *atenuación, a BOCA de jarro, a bocajarro, a BOTE pronto, de BUENAS a primeras, a las primeras de CAMBIO, sin concesiones, derrancadamente, para empezar, de entrada, de GOLPE y porrazo, inopinadamente, de la NOCHE a la mañana, sin preámbulo, sin preparación, secamente, en seco, de sopetón, tajantemente, sin vacilaciones, de una vez. ➤ Acrimonia, andanada, arranque, *arrebato, bandazo, brusquedad, bufido, claridad, coz, despachaderas, desplante, destemplanza, esguince, estallido, estufido, ex abrupto [o exabrupto], GOLPE de fortuna, ráfaga, repostada, resoplido, resoplo, réspice, respingo, rociada, sacudida, salto, sofión, tarascada, tirón, ventolera, viaraza, vuelta. ➤ Espetar, prorrumpir, saltar, sorprender, zambullir[se], zampar[se]. ➤ ¡Zas! ➤ *Suave. ➤ *Adusto. *Arisco, *Bruto. *Categórico. *Desagradable. *Grosero. *Repentino. *Tosco. *Violento.

brusela (del fr. «pucelle», doncella) f. **HIERBA doncella (planta apocinácea).*

bruselas (¿de «Bruselas»?) f. pl. **Pinzas usadas por los plateros para arrancar de las copelas los pallones de oro y plata que quedan adheridos en los ensayos.*

Bruselas (capital de Bélgica) V. «COLES de Bruselas ».

bruselense adj. y, aplicado a personas, también n. De Bruselas.

brusquedad 1 f. Cualidad de brusco. **2** Acción, ademán, expresión, etc., bruscos.

brut (fr.) adj. y n. m. Se aplica al vino espumoso muy seco.

brutal (del lat. «brutālis») **1** adj. Aplicado al lenguaje, las acciones, etc., y a las personas por ellos, falto de delicadeza o de consideración; *violento o *cruel: 'Un hombre brutal. Un procedimiento brutal para extraer muelas'. **2** (inf.; pond.) Enorme, colosal. ⊙ (inf.; pond.) Maravilloso, extraordinario.

brutalidad 1 f. Cualidad de bruto. **2** Acción brutal. ⊙ Acción falta de prudencia o medida: 'Es una brutalidad tomar el sol durante tanto tiempo seguido'. **3** (inf.) Cantidad muy grande o exagerada de algo. ≃ Barbaridad.

brutalmente adv. De manera brutal: haciendo uso de la fuerza o el poder y con *desconsideración: 'Le arrancó la caja de las manos brutalmente'.

brutesco, -a adj. *Grutesco.*

bruto, -a (del lat. «brutus») **1** (n. calif.) adj. y n. Se aplica a una persona falta de inteligencia y de instrucción, que hace uso predominante de la fuerza física, que realiza acciones faltas de prudencia o de medida, falta de amabilidad o falta de consideración o respeto hacia otros o hacia cosas que los merecen. **2** (lit.) m. Animal, en el sentido de «ser irracional». Corrientemente, se aplica sólo al caballo. **3** adj. Se aplica al *peso que se expresa sin descontar la tara, los envases, el desperdicio, etc.: 'Peso neto y peso bruto'. **4** Se aplica a una cantidad de dinero antes de realizar los descuentos correspondientes: 'Gana diez millones brutos al año'. **5** Se aplica a las cosas que están sin pulimentar o elaborar.

NOBLE BRUTO («El»). El *caballo.

A LO BRUTO (inf.). Se aplica a lo que se hace empleando indebidamente más la fuerza que la inteligencia. ≃ A lo bestia.

EN BRUTO. **1** Sin pulimentar o sin *elaborar: 'Diamante en bruto'. ⇒ En rama. **2** Sin hacer descuento de la tara, desperdicio, etc.: 'Peso en bruto'.

V. «DIAMANTE en bruto, FUERZA bruta».

□ CATÁLOGO

Abestiado, abestializado, aburrado, *animal, ANIMAL de bellota, asno, bagual, barbaján, bárbaro, bestia, brutal, bucéfalo, burro, cafre, caníbal, *desconsiderado, gamberro, incontrolado, *salvaje, vacaburra. ➤ Animalada, barbaridad, bestialidad, brutalidad, burrada, caballada, gamberrada, salvajada *➤ *Amable. ➤ *Brusco. *Cernícalo. *Grosero. *Torpe. *Tosco.

bruza f. *Cepillo muy fuerte, generalmente con una correa para pasar la mano, que se emplea, por ejemplo, para limpiar a las *caballerías o para los moldes de *imprenta. ≃ Broza.

bruzar tr. *Limpiar ↘algo con la bruza.

bruzas o **bruzos** (de «debruzar») DE BRUZAS O DE BRUZOS (ant.). *De bruces.*

bu (de «bu», sílaba expresiva para dar miedo a los niños) m. Ser imaginario con el que se *asusta a los niños. ⇒ *Coco.

Bu *Símbolo del radical químico «butilo».*

búa (de «buba») **1** (pl.) f. **Úlceras o *pústulas.* ≃ Bubas. **2** **Absceso.*

buarillo o **buaro** (de «búho») m. *Buharro (ave rapaz nocturna).*

buba (de «bubón») f. *Úlcera o pústula.* ≃ Pupa. ⊙ *Particularmente, las de origen sifilítico que salen en las ingles.*

búbalo (del lat. «bubălus», del gr. «boúbalos») **1** (*Bubalus bubalis*) m. *Bóvido de gran tamaño, del norte de África, cuyos cuernos tienen forma de lira. **2** En Asia, búfalo.

bubi n. Indígena *negro de la isla africana de Malabo, la antigua Fernando Poo. ⇒ *Pueblos.

bubón (del gr. «boubōn», tumor inguinal) m. *Aum. de «buba».* ⊙ *Se aplica particularmente a las de origen sifilítico de las ingles.*

bubónico, -a (de «bubón») adj. V. «PESTE bubónica».

bucal (del lat. «bucca») adj. De la boca. ⇒ Estomático, oral.

bucanero (del fr. «boucanier») m. Pirata de los que en los siglos XVII y XVIII saqueaban las posesiones españolas. ⇒ *Pirata.

bucarán (¿del fr. «bouquerant»?; Ar.) m. **Bocací (*tela de hilo).*

bucardo (de «buco»; Ar.) m. *Macho de la *cabra montés.*

bucare (*Erythrina corallodendron, Erythrina umbrosa*) m. Árbol leguminoso que se emplea en Venezuela para dar sombra a las plantaciones de *café y *cacao; sus simientes, llamadas «pionía», se emplean como *cuentas de collar. ≃ Eléqueme, gualiqueme.

búcaro (del lat. «pocŭlum», vaso) **1** m. *Cierta *arcilla olorosa que, a veces, mascaban las mujeres.* **2** **Vasija fabricada con esta arcilla.* ⊙ Se aplica el nombre, a veces, a las *vasijas de cerámica que se emplean para poner flores en ellas. **3** (And.) *Botijo.*

buccinador (del lat. «bucca», boca) m. Cada uno de los dos *músculos planos situados uno en cada mejilla entre el maxilar superior y el inferior, que actúan en el acto de soplar o silbar.

buccino (del lat. «buccĭnum»; especialmente *Buccinum undatum)* m. *Caracol marino, de concha pequeña de forma de bocina, cuya tinta empleaban los antiguos para teñir.

buceador, -a 1 adj. Que bucea. **2** n. Persona, profesional o no, que bucea.

bucear (de «buzo») **1** intr. *Nadar manteniéndose debajo del agua. ⇒ Somorgujar. **2** («en») Explorar un asunto.

bucéfalo (de «Bucéfalo», nombre del caballo de Alejandro Magno) **1** (inf.; n. calif.) m. *Hombre torpe e *ignorante.* **2** (Arg.) *Caballo matalón.*

bucelario (del lat. «buccellarĭus») **1** m. **Soldado *bizantino de cierta clase.* **2** *Entre los visigodos, hombre libre que se sometía voluntariamente a la dependencia de un magnate al que prestaba algunos servicios y del que recibía algunas tierras para cultivarlas.*

buceo m. Acción de bucear.

bucero adj. V. «PERRO bucero».

bucha (ant.) f. *Hucha.*

buchaca (de «burjaca») **1** f. *Bolsa o bolsillo.* **2** (Col., Cuba, Méj.) *Bolsa de la tronera de una mesa de billar.*

buchada f. Líquido retenido en la boca. ≃ Buche. ⊙ Líquido retenido en la boca y arrojado violentamente de ella. ≃ Bocanada.

buche[1] **1** m. Bolsa membranosa que tienen las *aves antes del *estómago. ⇒ Papo. **2** (inf.) *Estómago: 'Vaya buche que está echando'. ⇒ Desbuchar, desembuchar, sacabuche. **3** Porción de agua u otro líquido que se retiene en la boca hinchando las mejillas. ≃ Buchada. **4** *Red de las almadrabas, en que quedan los atunes hasta que conviene sacarlos.*

GUARDAR [o TENER] algo EN EL BUCHE. Tener callado un secreto, una noticia, etc.

SACAR EL BUCHE a alguien. Sonsacarle algo que sabe.

buche[2] (de «buch», voz con que se llama a este animal) m. Borrico que aún mama. ≃ Truchano.

bucheta (ant.) f **Cajita.* ≃ Bujeta.

buchete (dim. de «buche[1]»; ant.) m. **Mejilla inflada.*

buchín (del fr. «boucher», del sup. germ. «bukka», macho cabrío; ant.) m. **Verdugo.* ≃ Boche, bochín.

buchinche 1 m. *Cuchitril.* **2** (Cuba) *Taberna o *café de aspecto pobre.*

buchón, -a adj. y n. Se aplica a las palomas que pueden hinchar el buche hasta hacerlo casi del tamaño de su cuerpo.

bucle (del fr. «boucle», del lat. «buccŭla», boquita) **1** m. *Rizo de pelo de forma de hélice. ≃ Tirabuzón. ⊙ Se aplica a otras cosas de forma semejante; por ejemplo, a las luces de ciertos cohetes que caen en esa forma. ⇒ Colocho. ➤ Rizar el RIZO. **2** *Onda que queda en una cuerda, cinta, hilo, etc. ⊙ Se aplica específicamente a la que se deja en la película cinematográfica antes de pasar por el proyector para embeber los tirones.

buco (del alto al. ant. «bukk») m. *MACHO cabrío. ≃ Boque.

bucofaringeo, -a adj. MED. De la boca y la faringe.

bucolabial adj. MED. De la boca y los labios.

bucólica f. LITER. Composición poética del género bucólico. ≃ Égloga, pastoral.

bucólico, -a (del lat. «bucolĭcus», del gr. «boukolikós», de «boukólos», el que guarda bueyes) adj. Se aplica a la vida y escenas que se desarrollan entre pastores o en un ambiente campestre. ⊙ LITER. Se aplica particularmente a obras poéticas o de otro género literario de asunto pastoril, a su género o al poeta, etc., que las escribe.

bucolismo m. Cualidad de bucólico. ⊙ Afición a lo bucólico.

bucosidad f. MAR. **Capacidad de un *barco.*

buda (de or. sánscrito) m. En el budismo, título que se da a quien ha alcanzado el conocimiento perfecto.

budare m. *Plato de barro o de hierro de unos 70 cm de diámetro, que se emplea en Venezuela para cocer el pan de *maíz.*

búdico, -a adj. Budista.

budil (Burg.) m. *De las dos caras grandes de la *taba con que se juega, la que tiene hoyo.* ≃ Chuca, chuque, hoyo.

budín m. *Pudin.

budinera f. Recipiente especial para hacer budines.

budismo m. Doctrina filosófica y religiosa fundada por Buda, muy extendida en Asia. ⇒ Nirvana. ➤ Bonzo. ➤ Zen. ➤ Mandala.

budista 1 adj. Del budismo. **2** n. Adepto a esta doctrina.

bué (del lat. «boem», por «bovem», de «bos, bovis», buey; ant., León, Sal.) m. **Buey.*

búe (del lat. «boem», por «bovem», de «bos, bovis», buey; ant.) m. **Buey.*

bueceye m. *Especie de canalete que usan para *remar los indígenas de Filipinas.*

buega (de or. prerromano; Ar.) f. **Mojón que señala el límite entre dos fincas.*

bueis o **buéis** (del lat. «boes», por «boves»; ant.) m. pl. *Bueyes.*

bueitre (ant.) m. *Buitre.*

buen adj. Apóc. de «bueno» usada delante de nombres masculinos.

buena f. Forma femenina del adjetivo «bueno» que se utiliza en las expresiones elípticas que se indican a continuación. ⇒ La, una.

¡BUENA LA HE [HAS, etc.] HECHO! Exclamación de disgusto, de susto o de lamentación de un desacierto o torpeza: '¡Buena la he hecho olvidándome la llave!'

BUENAS [o MUY BUENAS] (precedido con frecuencia de «¡hola!»). Fórmula de saludo.

A LA BUENA DE DIOS. Sin plan o preparación.

DAR UNA BUENA a alguien. Pegarle, reprenderle duramente, *confundirle en una discusión, *vencerle en una lucha o dejarle *maltrecho en cualquier forma.

DE BUENAS. En buena situación de ánimo, complaciente o *propicio: 'Hoy se ha levantado de buenas'.

DE BUENAS A PRIMERAS. Bruscamente: sin preámbulo o preparación: 'Acabábamos de salir, y de buenas a primeras se puso a llover'.

V. «DIOS te la depare buena».

ESTAR DE BUENAS. V. «de BUENAS».

POR LAS BUENAS. **1** Sin excesivo esfuerzo. ≃ Buenamente. **2** Sin hacer fuerza o violencia sobre la persona de que se trata: 'Trataré de conseguirlo por las buenas'. **3** Sin motivo: 'Cogió la puerta y se marchó por las buenas'.

UNA BUENA. Suceso, dicho, ocurrencia, etc., en que se encuentra motivo de risa, de asombro, de indignación, etc.: '¡Ahora sí que nos viene con una buena! Se está armando una buena en el bar. Esta mañana te has librado de una buena'. ⇒ *Sorprender.

VENIRSE A BUENAS. *Ceder en una actitud inconveniente.

buenaboya (del it. «bonavoglia» o «buonavoglia»; ant.) f. MAR. **Remero libre asalariado, a diferencia del forzado.* ≃ Bagarino.

buenamente adv. Sin gran esfuerzo, sin prisa, sin atarearse: 'Hazlo si buenamente puedes'. ⇒ *Cómodo.

buenameresciente (ant.) adj. *Benemérito.*

buenandanza f. *Bienandanza.*

buenaventura 1 f. Buena suerte. ≃ Buena VENTURA. 2 («Decir, Echar la») Adivinación que pretenden hacer las gitanas del porvenir o de la vida de una persona, a cambio de dinero y, generalmente, examinando las rayas de las manos.

buenazo, -a (n. calif.) adj. y n. Se aplica a una persona *buena y débil de *carácter. ≃ Bendito, bonachón, infeliz.

buenecito, -a (dim. de «bueno») adj. Con «muy, tan», etc., se aplica a una persona dócil y sumisa. ⊙ También, en la misma forma, a una persona que lo es falsamente. ⇒ *Cazurro, *hipocresía.

buenísimo, -a adj. Superl. de «bueno», muy frecuente. ⇒ *Bueno.

bueno, -a (del lat. «bonus») 1 (comp. «mejor») adj. Se aplica a las cosas que, en cualquier aspecto, son como deben ser o como conviene o gusta que sean: 'Una tela buena. Un buen negocio. Un buen día'. ⊙ («Ser») Dotado de las condiciones requeridas para cumplir bien su objeto: 'Unas buenas tijeras. Un buen profesor'. ⊙ («Ser») *Útil, beneficioso o conveniente para cierta cosa. Se usa generalmente con «para»: 'Un sitio bueno para vivir. Una medicina buena para el estómago'. Pero puede usarse con «de» con verbos en infinitivo: 'Una raíz buena de comer'. ⇒ *Adecuado. ⊙ En igual construcción, *fácil para hacer con ello cierta cosa: 'Un metal bueno de doblar'. ⊙ Aplicado a «manos, boca, pico», etc., *hábil o que desempeña bien su función: 'Tiene buenas manos para bordar'. ⊙ («Estar») Todavía servible: 'Estos zapatos están todavía buenos'. ⊙ («Ser», si se refiere a la calidad; «Estar», si se refiere a la manera de estar preparados o a cierta ocasión) Agradable al paladar: 'El jamón serrano es muy bueno. Así está buena la merluza. Hoy está muy bueno el pastel de manzana'. ⊙ («Ser») Aplicado a «olor» o palabra semejante, *agradable. ⊙ («Ser») Se aplica a lo que causa placer a los sentidos: 'Sopla un airecillo muy bueno. La casa tiene una buena vista sobre el valle'. ⊙ («Ser») *Agradable para el espíritu: 'Hemos pasado una buena tarde'. ⊙ Aplicado a obras de arte, de valor: 'Un buen cuadro. Una buena novela. Una buena película. Un buen trozo de música'. ⊙ (inf.; «Estar») Con ciertas connotaciones sexuales, se aplica a la persona con buen tipo. ⊙ Se usa mucho con «ser» en frases terciopersonales: 'Es bueno que se acostumbre desde pequeño'. ⊙ Se usa mucho en exclamaciones de sentido irónico: '¡Buena está la cosa! ¡En buenas manos has caído!'. 2 (comp. «más bueno» o «mejor») Se aplica a las personas, y a sus acciones, sentimientos, etc., que obran bien desde el punto de vista moral; que tienen sentimientos compasivos, capaces de alegrarse con el bien ajeno y hacer bien a otros. ⊙ Se aplica a los niños muy pequeños que no lloran mucho, que dejan pasar bien la noche, etc. 3 («Estar») Bien: con buena salud. ⇒ *Sano. 4 («Ser» o yuxtapuesto a «frase, salida, ocurrencia», etc.) *Gracioso u oportuno: 'Tiene salidas muy buenas'. ⊙ Con el mismo sentido se emplea a veces con «estar» en lenguaje no esmerado: 'Estuviste muy bueno cuando le dijiste que se fuera a mandar a su casa'. 5 (antepuesto al nombre) Puede tener valor ponderativo, semejante al que tiene «bien» aplicado al verbo o al adjetivo: 'Aunque decía que nos íbamos a aburrir, tenía buenas ganas de venir él. Buen susto nos dio. Buen dinero me ha costado'. ⊙ A veces tiene tono enfático, apreciando como lujo o despilfarro lo que el total de la frase expresa: 'No le falta su buen puro después de comer. No tiene con qué comer, pero lleva su buen abrigo de pieles'. ⊙ Otras veces, la ponderación es irónica: 'No te creas; se gastó su buen dinero en convidar a los amigos. Gana sus buenos cincuenta duros al mes'. 6 De tamaño, intensidad o importancia considerables: 'Le ha echado una buena reprimenda. Ha caído una buena nevada. Tiene unos buenos mofletes. Había buen número de extranjeros'. ⊙ Se usa mucho exclamativamente: '¡Buen fresco estás tú hecho!'

V. «buen AIRE, ÁNGEL bueno; al que [a quien] a buen ÁRBOL se arrima, buena sombra le cobija; buen ASPECTO, buenas AUSENCIAS, buena BOCA».

¡BUENO! 1 Se emplea para darse por enterado de una orden o indicación que se recibe y *asentir a ella: 'No te olvides de llevarte la carta. —¡Bueno!' ≃ ¡Bien! 2 Para expresar *conformidad o asentimiento: '¡Quieres ayudarme a pintar las puertas!'. —¡Bueno! ≃ ¡Bien! 3 Para expresar *resignación con algo que se oye o se ve y que disgusta o cansa: '¡Bueno! Ya acabarás de decir tonterías'. ≃ ¡Bien! 4 Para expresar sorpresa desagradable: '¡Bueno! ¡No nos faltaba más que esto!' ≃ ¡Bien!

¡BUENO, BUENO, BUENO...! Exclamación con que se muestra estar confuso o perplejo.

¡BUENO ESTÁ! Se usa para mostrar impaciencia o fastidio. ≃ ¡Bueno!

¡BUENO ESTÁ LO BUENO! Exclamación de *protesta o impaciencia por cierto abuso o por la excesiva insistencia en algo que se viene tolerando: '¡Bueno está lo bueno! Ya me canso de ser yo siempre el que coja el teléfono'.

V. «puesto en el BURRO, buen palo; ir por buen CAMINO, poner buena CARA, buen CARÁCTER, de buena CEPA, buen CORAZÓN, buenos DÍAS, buena DISPOSICIÓN [de ánimo], lo mejor es el peor ENEMIGO de lo bueno, al buen ENTENDEDOR..., buen ENTENDIMIENTO».

ESO SÍ QUE ESTÁ [o ESTARÍA] BUENO. Expresión irónica con que se comenta algo que se considera *intolerable o falto de razón: 'Eso sí que está bueno: ahora resulta que soy yo quien ha quedado mal contigo. Eso sí que estaría bueno: después de ir a buscarle, decir que no quiere venir con nosotros'.

ESTÁ [o ESTÁS, etc.] BUENO SI... Expresión con que se anuncia que alguien va a tener un chasco o desengaño en cierta pretensión o esperanza: 'Está bueno si cree que le van a dar ese dinero'. ⇒ *Chasco, *equivocado, *iluso.

¡ESTARÍA BUENO! (gralm. precedido de «pues»). Exclamación con que se afirma la decisión de no tolerar cierta cosa: 'No pienso pagar una peseta más de lo que indica la publicidad. ¡Estaría bueno!'.

ESTARÍA BUENO QUE... 1 Expresión con que se manifiesta sospecha leve de que puede ocurrir cierta cosa con la que no se cuenta o que se tiene por improbable: 'Estaría bueno que ahora se hubiese marchado'. ⇒ Temor. 2 También expresa cierta cosa que se encuentra abusiva: 'Estaría bueno que, tras de venir tarde, te enfadases'.

¡ESTARÍAMOS BUENOS! ¡Estaría BUENO!

V. «tener buen ESTÓMAGO, buena FACHA, buena FAMA, buena FE, buena FIGURA, buena GANA, buen GUSTO, HACER bueno, HIERBA buena, buen HOMBRE, HOMBRE bueno, a buenas HORAS, en buen[a] HORA, buen HUMOR, buena IMPRESIÓN, IR bueno, buen JUICIO, de buena LEY, buena LIGA».

LO BUENO ES [o ESTÁ EN]... Expresión irónica, equivalente a «lo gracioso, lo chocante, etc.»: 'Lo bueno es la seguridad con que lo dijo'. ⇒ *Sorprendente.

LO BUENO SERÍA QUE... Estaría BUENO que...

V. «buena MANO, en buenas MANOS, buenas MIGAS, buenos MODOS, buena MONEDA, buen MOZO, NOCHE buena, buenas NOCHES, buen NOMBRE, un buen NÚMERO, buena OBRA, buenos OFICIOS, a OJO de buen cubero, mirar con buenos OJOS, buen PAGADOR, a falta de PAN, buenas son tortas; el buen PAÑO en el arca se vende, buen PAPEL, de buen PARECER, por el buen PARECER, buen PASO, de buena PASTA, buena PATA, lucir buen PELO, con buen PIE, buena PIEZA, buena PLANTA, buena POSICIÓN [económica], buena PRO».

¡PUES [SÍ QUE] ESTARÍA BUENO [o ESTARÍAMOS BUENOS]. Expresa que algo no se piensa tolerar: 'Harás lo que yo te mande. ¡Pues estaríamos buenos!' ≃ Estaría BUENO [o estaríamos BUENOS].

V. «en buen PUNTO, buena RACHA, SANTO y bueno, buen SAQUE, buen SENTIDO, de buenos SENTIMIENTOS, buena SOMBRA, buena SUERTE, buenas TARDES, buen TEMPLE, buen TERCIO, en buenos TÉRMINOS, a mal TIEMPO buena cara, buena TIJERA, de buena TINTA, buen TIPO, de buen TONO, buenas TRAGADERAS, al buen TUNTÚN».

VENIR BUENO. Se dice de los *periódicos cuando llevan noticias o artículos interesantes o que pueden causar sensación: '¡Hoy viene bueno «El Correo»!' Era antes de la guerra el pregón corriente de los vendedores de periódicos.

V. «echar la buena VENTURA, de buen VER; una VEZ puesto en el burro, buen palo; ¡buen VIAJE!, buena VIDA, buen VINO, VISTO bueno, buena VOLUNTAD».

□ NOTAS DE USO

Lo mismo que «malo» y algún otro adjetivo de los que expresan estimación o repulsa, puede usarse siempre delante del nombre. Forma así con éste expresiones casi estereotipadas y de valor convenido: si decimos 'hemos pasado un buen rato, ha hecho una buena boda' o 'es un hombre de buena voluntad', aplicamos esos adjetivos a los correspondientes nombres sin deliberar particularmente sobre el caso, sino con un valor ya establecido para esas expresiones. A veces, una vez fijado el valor de la expresión, queda ésta inmutable, de modo que el uso del adjetivo pospuesto no sonaría natural: 'un amante de la comida buena, un hombre de voluntad buena' o 'disfrutamos de salud buena'; otras veces el adjetivo se puede usar delante o detrás: es casi lo mismo decir 'hemos tenido un buen viaje' que 'hemos tenido un viaje bueno'; en otros casos, al posponer el adjetivo, el hablante persigue precisamente descomponer la expresión estereotipada y mostrar que usa el adjetivo reflexivamente, devolviéndole su valor genuino: si decimos 'deme usted una tela buena' en vez de 'una buena tela', ponemos en «buena» una apreciación personal que, según el gesto o el tono que acompañen a la expresión, puede hacerla equivaler a 'francamente buena' o a 'que no sea muy mala'. Si se adjunta a «bueno» un adverbio, ambas palabras ocupan su puesto detrás y nunca delante del nombre: 'Hemos tenido un tiempo muy bueno'. De ningún modo 'un muy buen tiempo'.

En la segunda acepción, «bueno» no tiene el mismo valor si se antepone que si se pospone al nombre: si se dice 'una buena persona, un buen hombre, una buena mujer', se expresa que se trata de personas inofensivas, que no hacen daño ni obran mal; pero si se dice 'una persona buena, un hombre bueno, una mujer buena', se expresa una bondad positiva que se manifiesta en un comportamiento de valor moral superior al corriente.

□ CATÁLOGO

Otra forma de la raíz, «bon-»: 'bonanza, bonito'. ➤ De ácana, *acertado, acojonante, admirable, digno de ADMIRACIÓN, *agradable, aguisado, alabable, almo, aparejado, aparente, apreciable, apropiado, asombroso, de aúpa, de bándera, bárbaro, barí [o baril], una BENDICIÓN [de Dios], beneficioso, de bigote[s], bon, bonillo, de buten, de buena CALIDAD, CANELA [fina o en rama], de categoría, celestial, certero, chévere, de chipé [o de chipén], chupi, cojonudo, colosal, completo, conveniente, como corresponde, COSA fina, COSA rara [no vista o nunca vista], dabuten [o dabuti], como es DEBIDO, de chuparse los DEDOS, que es una DELICIA, delicioso, deseable, divino, especial, espléndido, estimable, estupendo, *excelente, excepcional, *extraordinario, extremado, de fábula, fantástico, favorable, fenomenal, fenómeno, fetén, fino, formidable, la gloria, grandioso, guay, de lo que no HAY, bien HECHO, ideal, sin igual, imponente, impresionante, incomparable, indicado, inigual, inigualable, inmejorable, inolvidable, insuperable, laudable, de buena LEY, de los [o las] que entran pocos en LIBRA, loable, de puta MADRE, *magnífico, como MANO de santo, de maravilla, una maravilla, maravilloso, de mérito, meritorio, morrocotudo, de muerte, *oportuno, óptimo, de órdago, de oro, sin par, pasmoso, de PATA negra, perfecto sin un PERO, pintiparado, pipa, piramidal, pistonudo, plausible, portentoso, de primera, prodigioso, raro, de rechupete, de recibo, regio, satisfactorio, sensacional, señor, soberano, soberbio, *sorprendente, sublime, súper, superior, teta, único, valioso, de valor, de vicio, no visto, nunca visto. ➤ ALMA de Dios, altruista, un ángel, *apto, un bendito, benemérito, *benévolo, de bien, bienaventurado, *bonachón, bondadoso, buenazo, cabal, un CACHO de pan, caritativo, de buena CEPA, cobrado, compasivo, considerado, de buen CORAZÓN, no caber el CORAZÓN en el pecho, cordial, de CUERPO entero, buena GENTE, GENTE de bien, GENTE de paz, *humano, infeliz, infelizote, misericordioso, modelo, no ser capaz de matar una MOSCA, un gran MUCHACHO, noble, PALOMA sin hiel, como el PAN, de buena PASTA, de PASTA flora, un PEDAZO de pan, un primor, un santo, de buenos SENTIMIENTOS, un santo VARÓN. ➤ Panfilismo. ➤ Abnegado, *alegre, *amable, *apto, de buen *CARÁCTER, *cuidadoso, *digno, *dócil, *escrupuloso, *fiel, *formal, *generoso, *hábil, *honrado, *idealista, inteligente, *justo, *laborioso, *llano, *sereno, *sociable, tolerante, *valiente, virtuoso. ➤ Ser [muy] GENTE. ➤ Ética, *moral. ➤ Ejemplo. ➤ *Alabar, aplaudir, *aprobar, bonificar, estimar. ➤ No muy ALLÁ, corriente, *mediano, mediocre, regular, de todo, de todo hay en la VIÑA del Señor. ➤ Escardar, escoger. ➤ A nadie le amarga un DULCE. ➤ Abono, bonificar, embonar. ➤ *Adecuado. *Bello. *Beneficiar. *Bien. *Convenir. *Eficaz. *Grande. *Mejor. *Sano. *Útil.

Buenos Aires V. «AZUCENA de Buenos Aires».

buera (de «boquera»; Mur.) f. *Pústula en la boca.* ≃ *Calentura.

buétago (ant.) m. *Bofe.*

buetre (del lat. «vultur, -ŭris»; ant.) m. *Buitre.*

buey[1] (del lat. «bos, bovis») **1** m. Toro castrado, que se emplea especialmente como animal de tiro y para *carne. **2** BUEY de mar.

BUEY DE CABESTRILLO. **1** CAZA. *Buey empleado por los cazadores para tirar desde detrás de él, para lo cual lo conducen con una traílla al sitio conveniente.* **2** CAZA. *Armazón ligera cubierta con una tela pintada, dentro de la cual se meten a veces los cazadores.*

B. DE CAZA. *BUEY de cabestrillo.*

B. DE MAR *(Cancer pagurus)*. Crustáceo de caparazón ovalado, con cinco patas y grandes pinzas de color negro. Es un marisco muy apreciado. ≃ Masera, meya, noca, nocla.
B. MARINO. **Manatí (mamífero sirenio)*. ≃ VACA marina.
V. «DÍA de bueyes».
EL BUEY SUELTO BIEN SE LAME. Expresa que la *libertad es agradable.
HABLAR DE BUEYES PERDIDOS (R. Plata). *Hablar de nimiedades.*
¡HABLÓ EL BUEY Y DIJO MU! Comentario cuando alguien que, de ordinario, no dice nada, dice de pronto una tontería.
V. «LENGUA de buey, OJO de buey, a PASO de buey».
□ CATÁLOGO
Otras formas de la raíz, «bov-»: 'bovático, bovino'; «boy-»: 'aboyado, boyada, boyal, boyera, boyeral, boyeriza, boyerizo, boyero, boyuno'. ➤ Boe, boy, búe, bué, bueis [o buéis], cabestro, cotral, cutral, manso, vaco. ➤ Bragado, sacadizo, toruno. ➤ Yunta. ➤ Suelta. ➤ Fanón. ➤ Callo, cernaja, melenera, terigüela. ➤ Aguijada, carreta, yugo. ➤ Bostar. ➤ Boalaje. ➤ Torna. ➤ Acogotarse, carretearse. ➤ ¡Muuu...! ➤ Aguijar, desuncir, *uncir. ➤ Enrejar. ➤ Enrejadura. ➤ Boya. ➤ *Toro. *Vaca.

buey[2] (del gr. «bólos», golpe) m. BUEY de agua.
BUEY DE AGUA. 1 *Cierta medida de agua que se emplea en algunos sitios para medir la que pasa por un cauce o conducción, cuando es grande.* ⊙ *Gran masa de agua que afluye a algún sitio o sale de algún sitio.* 2 MAR. *Golpe de mar que entra en una embarcación por una de sus portas.*

bueyuno, -a adj. Boyuno.

bufa (del it. «buffa») 1 f. **Burla o bufonada.* 2 *Pieza de la *armadura con que se reforzaba la parte anterior del guardabrazo izquierdo.*

bufado, -a adj. Participio adjetivo de «bufar[se]».

bufalino, -a adj. *De [o como de] búfalo.*

búfalo, -a (del lat. «bufălus») 1 n. Nombre de varias especies de bóvidos; el más conocido es el *Bubalus bubalis* o «búfalo de agua», que se distingue por el pelaje ralo, la frente abovedada y los cuernos abultados en la base y colocados muy atrás. Vive en las regiones pantanosas de la India. ≃ Búbalo, carabao, tamarao. 2 A veces se llama así al bisonte americano. 3 m. *Trozo de cuero fijo en un taco de madera, que emplean los cerrajeros para *pulimentar.*
BÚFALO DE AGUA. Búfalo *(Bubalus bubalis)*.

bufanda (relac. con «bufar») 1 f. Prenda consistente en una tira de tela, generalmente de lana, que se pone alrededor del cuello para *abrigarlo. ≃ Tapaboca[s]. 2 Gratificación que recibe un funcionario aparte del sueldo.

búfano (ant.) m. *Búfalo.*

bufar (de or. expresivo) 1 intr. Resoplar con furor el toro, el *caballo u otro animal. ≃ Fufar. 2 Mostrar alguien un *enfado muy violento con sonidos semejantes a los bufidos de los animales, o con expresiones o gestos. Se usa casi exclusivamente en la expresión «estar alguien que bufa». 3 (ant. y usado en Mur.) **Soplar.* ⊙ **Hinchar una ↘cosa soplando.* 4 (Mur.) prnl. *Hincharse.* 5 *Ahuecarse las paredes.
ESTAR ALGUIEN QUE BUFA. Estar muy enfadado o indignado.

bufarda (de «bufar»; Sal.) f. *Agujero abierto a ras de tierra en el *horno de carbón para respiradero.*

bufé o **bufet** (del fr. «buffet») m. Mostrador o lugar semejante de restaurantes, hoteles y otros establecimientos donde se disponen alimentos para que los comensales se sirvan a voluntad. ⊙ Servicio de estos establecimientos en que se ofrece la comida así: 'El hotel al que vamos este verano tiene bufé'.

bufete[1] (del fr. «buffet», aparador) 1 m. *Mesa de escribir con cajones. ⊙ Particularmente, de las que se cierran con persianilla. ≃ Buró. 2 («Abrir, Tener») Despacho de *abogado. 3 Clientela de abogado: 'Tiene que trabajar para hacerse bufete'. 4 (Nic.) *Aparador.*

bufete[2] (de «bufar»; ant.) m. *Fuelle.*

buffet (fr.; pronunc. [bufé] o [bufét]) m. Bufé.

bufi (Ar.) m. **Tela de lana, parecida al camelote o tejido de pelo de camello.*

bufido 1 («Dar un») m. Acción de bufar una vez. ≃ Resoplido. ⊙ («Dar un») También, cuando es expresión de cólera. ⇒ Rebufe. 2 *Exabrupto o brusquedad.

bufo, -a (del it. «buffo») 1 adj. *Cómico y *grotesco; tal que inspira risa y desprecio: 'Esa situación sería bufa si no fuese trágica'. ⊙ adj. y n. Se aplica a las personas que hacen reír poniéndose en ridículo a sí mismas o mostrando cosas ridículas: 'Actor bufo'. ⇒ Caricato, mimo, payaso. ⊙ adj. Aplicado particularmente a representaciones teatrales, cómico y burlesco: 'Opereta bufa'. ⇒ Caroca, mimo. 2 n. *Persona que hace el papel de gracioso en la ópera italiana.*

bufón, -a (del it. «buffone», de «buffo») 1 n. Persona que vivía en un *palacio, dedicada a hacer reír a los reyes, señores, cortesanos, etc. con sus chocarrerías y agudezas. ⇒ Albardán, clown, escurra, GENTILHOMBRE de placer, histrión, mimo, pantomimo, *payaso, tonto. ➤ *Gracioso. ➤ *Divertir. 2 Persona que trata de divertir a otras por servilismo. 3 m. *Buhonero: vendedor ambulante.*

bufonada f. Dicho o hecho grotesco.

bufonear intr. *Decir bufonadas.*

bufonesco, -a adj. Grotesco o chocarrero.

bufos (de or. expresivo; ant.) m. pl. *Cierto *peinado con unos bucles o ahuecamientos cubriendo las orejas.* ≃ Papos.

buga (inf.) m. Coche.

bugada (del germ. «bukon», suciedad; ant.) f. **Colada de la ropa.* ≃ Bogada.

bugalla (de or. céltico) 1 f. BOTÓN de oro (planta ranunculácea). 2 *Agalla del roble y otras plantas, que se emplea para hacer tintes o *tinta.*

buganvilla (De «Bouganville», navegante francés que trajo esta planta a Europa; género *Bouganvillea)* f. Nombre aplicado a las distintas especies de *plantas nictagináceas, muy decorativas por sus brácteas moradas o rojas, que, semejando flores, cubren casi totalmente la planta.

bugir tr. MAR. *Rellenar de estopa las ↘junturas del barco.* ⇒ *Calafatear.

bugle (del fr. «bugle», del ingl. «bugle», cuerno de caza, y éste del lat. «bucŭlus», buey joven) m. Instrumento musical de viento, con llaves y pistones, usado especialmente en las bandas. ⇒ Tuba.

buglosa (del lat. «buglossa», del gr. «boúglōsson») f. **LENGUA de buey (planta borraginácea).*

buharda (de or. expresivo) f. *Buhardilla.*

buhardilla (dim. de «buharda») 1 f. Dependencia que tienen ciertas casas inmediatamente debajo del tejado, generalmente con el techo en pendiente. ≃ Boardilla, bohardilla, buharda, desván, guardilla. 2 Saliente en forma de pequeña casa construido sobre un tejado, cubierto por un tejadillo que arranca del tejado por un lado y deja sitio por el otro para una *ventana vertical.

buharro (desp. de «búho») m. **Corneja (ave rapaz).*

buhedal (de «buhedo»; ant.) m. *Lugar cenagoso.*

buhedera (del ant. «buhar», bufar, de or. expresivo) f. *Tronera o *agujero.*

buhedo (del lat. «budētum») m. **Charco o *balsa natural que se seca en verano.* ≃ Bodón.

buhero m. Cetr. *Hombre que cuidaba de los búhos.*

buhío m. *Bohío (cabaña).*

búho 1 (del lat. «bufus»; *Bubo bubo,* el búho real) m. *Ave rapaz, la más grande de las estrígidas europeas, que tiene vuelo silencioso y habita en lugares inaccesibles. ⇒ *Cuscungo. ⊙ Vulgarmente, se da este nombre a todas las rapaces nocturnas que llevan dos mechones de plumas sobre los oídos y tienen casi desnudos de pluma dos círculos alrededor de los ojos. Viven en los bosques espesos y peñascosos y también en los montes desnudos de vegetación arbórea, y anidan lo mismo en los huecos de los árboles que en las hendeduras de las rocas o en los edificios abandonados. ⇒ Buharro, carancho, *cuscungo, estiquirín, estucurú, morrocó, tecolote, tuco, tucúquere. ➤ *Lechuza. 2 (n. calif.) Persona poco sociable. 3 (inf.) Autobús urbano que circula a partir de cierta hora de la noche.

Búho chico *(Asio otus).* Búho de tamaño mediano con ojos amarillento anaranjados.

buhonería (colectivo; sing. o pl.) f. Mercancías de las que venden los buhoneros: cintas, botones, hilos, agujas, peines y cosas semejantes.

buhonero (del ant. «buhón», de or. expresivo que alude a los discursos del buhonero anunciando su mercancía) m. Vendedor ambulante que va de pueblo en pueblo. ⇒ Bufón, cajero, gorgotero, mercachifle, pacotillero, quincallero, quinqui, tilichero.

buido, -a (del cat. «buit», del lat. «vocĭtus», hueco) 1 adj. *Aguzado o afilado.* 2 *Acanalado.*

buitre (del lat. «vultur, -ŭris») 1 (géneros *Gyps, Aegypius* y otros) m. *Ave rapaz diurna que vive en grupos y se alimenta principalmente de carroña. ⇒ Abanto, alimoche, boñiguero, cóndor, jote, urubú, zonchiche. 2 (n. calif.) n. Persona ambiciosa, *avara o rapaz.

Buitre leonado *(Gyps fulvus).* La especie más común, abundante en España.

B. negro [franciscano o monje] *(Aegypius monachus).* De mayor tamaño que el anterior, de color castaño con la cabeza cubierta de plumas suaves que semejan una capucha.

Gran buitre de las Indias. *Cóndor.*

buitrear 1 (Chi.) intr. *Cazar buitres.* 2 (Chi., Perú; inf.) *Vomitar.* 3 (inf.) tr. Consumir o utilizar de forma abusiva las ↘cosas que otro tiene.

buitrera f. *Sitio en que los cazadores ponían el cebo al buitre.*

buitrero, -a 1 adj. *De [o del] buitre.* 2 m. *Cazador de buitres.* 3 *Hombre que ponía el cebo en las buitreras.*

buitrino (ant.) m. *Buitrón (*red para *cazar *perdices).*

buitrón (de «buitre») 1 m. *Arte de *pesca consistente en dos conos puestos uno dentro de otro, de modo que los peces que pasan del primero y más pequeño al segundo no pueden ya salir.* ≃ Butrino, butrón, carriego, vulturín. 2 *Cierta *red para *cazar *perdices.* ≃ Buitrino. 3 Caza. *Artificio para *cazar, consistente en un cerramiento hecho en el terreno, que se va estrechando y termina por fin en una hoya en cuyo interior cae la caza que se ve acosada por el ojeo.* 4 **Horno de manga usado en América para fundir minerales argentíferos.* 5 Miner. *Explanada honda y solada donde, en las minas de América, se benefician los minerales de *plata.* 6 Metal. *Cenicero del hogar en los *hornos metalúrgicos.* 7 (Col.) *Chimenea.* 8 (Col.) *Lugar donde se depositan las cenizas en los hornos de leña.* 9 (género *Cisticola)* Pequeña ave europea de color pardo con la garganta y el vientre blancuzcos.

bujalazor o **bujarasol** (de «Burjasot», villa de la huerta de Valencia de donde procede esta variedad de higos) m. *Cierta variedad de *higos de carne roja, originaria de Murcia.*

bujarrón (del it. «buggerone», del lat. tardío «bŭgerum»; vulg.; desp.) adj. y n. m. Homosexual masculino.

buje (del lat. «buxis», cajita) m. Pieza cilíndrica que protege interiormente las piezas de un mecanismo que giran alrededor de un eje; por ejemplo en la rueda de un automóvil o de una bicicleta.

bujeda (del lat. «buxēta») f. *Bujedal.*

bujedal m. *Sitio poblado de bojes.* ≃ Bojedal.

bujedo (del lat. «buxētum») m. Bujedal.

bujeo (And.) m. *Buhedo.*

bujería (deformación del port. «bufaria», relac. con «buhonero»; colectivo) f. *Conjunto de objetos de estaño, hierro o vidrio, de poco precio.* ⇒ *Pequeñez. *Quincalla.

bujeta (del occit. «boiseta», del lat. «buxis», caja) 1 (ant.) f. **Cajita.* 2 (ant.) *Pomo para perfumes que se llevaba en la faltriquera.* ≃ Oledor. ⊙ (ant.) *Cajita para él.*

bujía (de «Bujía», ciudad de Argelia, de donde se traía la cera) 1 f. *Vela de estearina o esperma. 2 Fís. *Unidad tradicionalmente establecida de intensidad de *luz; esta denominación ha sido sustituida por la de «candela».* 3 Dispositivo de los motores de explosión, por ejemplo de los *automóviles, con dos electrodos entre los que salta la chispa que incendia la mezcla explosiva. 4 Cir. *Candelilla (instrumento usado en *cirugía para explorar y ensanchar la *uretra).* 5 (Ur.) **Bombilla (utensilio para iluminar).*

bujier (del fr. «bougier», de «bougie», bujía) m. *Jefe de la bujiería.* ≃ Busier.

bujiería f. *Departamento del *palacio real donde se distribuían los combustibles.*

bujo (del lat. «buxus»; ant. y usado en Burg.) m. *Boj.*

bula (del lat. «bulla») 1 f. Bola que llevaban colgada del cuello los hijos de los patricios romanos, como distintivo. 2 (ant.) *Burbuja. 3 Originariamente, bola que acompañaba al sello de ciertos documentos. 4 Por extensión, el *sello mismo. ⊙ El mismo *documento. 5 Documento solemne procedente del papa, expedido con un sello de esa clase o de otra. ⇒ Bulda, componenda, exequátur, impetra, motu proprio. ➤ Preces. ➤ Pasar. 6 Bula de la Santa Cruzada.

Bula de la [Santa] Cruzada. Dispensa de ciertos días de *ayuno o vigilia de los establecidos por la Iglesia, que antiguamente se concedía a los que iban a la guerra contra infieles o cooperaban a su costeamiento, y posteriormente se adquiere mediante el pago de una cantidad en concepto de limosna para las atenciones de la Iglesia. ⊙ Documento en que consta esta dispensa. ⇒ Echacuervos.

Tener bula (inf.). Tener alguien autorización, expresa o tácita, para hacer algo prohibido para los demás: 'Ese entra y sale a su antojo, como si tuviera bula'.

bular (de «bula», sello; ant.) tr. **Marcar con un hierro encendido a los ↘esclavos o los reos.*

bulárcama f. *Sobreplán (refuerzo colocado de trecho en trecho en la sobrequilla y las cuadernas de los *barcos).*

bulario m. *Colección de bulas pontificias.*

bulbar adj. Med. *Del bulbo raquídeo.*

bulbo (del lat. «bulbus») m. Ensanchamiento de la parte subterránea del *tallo de algunas plantas, como la cebolla o el lirio, capaz, después de seca la planta, de dar lugar a una nueva. ⇒ Camote, corma. ➤ Iridácea, liliácea.
BULBO DENTARIO. ANAT. Masa más blanda que el exterior, que constituye el interior de los dientes.
B. PILOSO. ANAT. Abultamiento que forma el extremo de la raíz de los pelos.
B. RAQUÍDEO. ANAT. Parte del encéfalo situada en la base del cráneo que constituye la primera porción de la médula espinal. Elabora impulsos nerviosos que controlan actividades como el movimiento del corazón y la respiración. ≃ MÉDULA oblonga [u oblongada].
bulboso, -a adj. De [o con] bulbo[s]: 'Planta bulbosa'.
bulbul (del ár. «bulbul»; lit.) m. *Ruiseñor.*
bulda (ant.) f. *Bula.*
buldería (de «buldero»; ant.) f. *Insulto.*
buldero (de «bulda»; ant.) m. *Bulero.*
buldog (del ingl. «bulldog») m. Bulldog.
buldózer m. Forma castellanizada de «bulldozer».
bulerías f. pl. *Cante andaluz de ritmo vivo que se acompaña con palmas. ⊙ Danza que se ejecuta con él.
bulero m. *Comisionado para la venta de la bula de la Santa Cruzada.* ⇒ Echacuervos.
buleto (de «bula») m. *BREVE pontificio.*
bulevar m. (del fr. «boulevard» m. Calle ancha con árboles y un paseo central.
búlgaro, -a 1 adj. y, aplicado a personas, también n. De Bulgaria. ⇒ Zar. 2 m. Lengua hablada en este país.
bulí (Filip.) m. *Burí (cierta palmera).*
bulimia (del gr. «boulimía») f. MED. Necesidad insaciable de comer de carácter patológico.
bulímico, -a adj. MED. De la bulimia. ⊙ adj. y n. MED. Afectado de bulimia.
bulla[1] (de «bullir») 1 («Armar, Meter») f. Ruido confuso de gritos, voces y risas. 2 (And.) *Prisa.*
DE BULLA (And.). *De *prisa*: 'Siempre va de bulla'.
□ CATÁLOGO
Alarida, albórbola, alboroto, albuérbola, algarabía, algarada, *algazara, aquelarre, barafunda [barahúnda o baraúnda], barbulla, barullo, batahola [o bataola], bochinche, bolina, bollicio, boruca, broma, bullanga, bullicio, bululú, caraba, careo, chacarrachaca, chillería, chivateo, cisco, culebra, desbarrada, escandalera, escándalo, estrapalucio, estrépito, estropicio, estruendo, fandango, farra, gazapina, gazuza, ginebra, greguería, gresca, grita, gritería [o griterío], guasanga, guirigay, herrería, holgorio, hollín, jácara, *jaleo, jarana, jolgorio, jollín, juerga, lelilí, lilaila, lililí, liorna, maremágnum, mareta, mitote, rebujina, rebujiña, rebullicio, rebumbio, rifa, rumantela, samotana, suiza, tabaola, tararira, tiberio, titiritaina, tole [o tole tole], tracamundana, TRAPA trapa, trápala, trapatiesta, trapisonda, tremolina, trifulca, trisca, trulla, tumulto, turbulencia, vocería [vocerío], vocinglería, vorahúnda, zacapela, zahora, zalagarda, zambra, zarabanda, zaragata, zipizape, zurriburri, ➤ CASA de locos, CASA de tócame Roque, gallinero, infierno, jabardillo, manicomio, pandemónium. ➤ Armarla, haber [o armarse] una de todos los DIABLOS, haber la de DIOS es Cristo, liarla. ➤ Embullar, embullo. ➤ *Confundir. *Desorden. *Escándalo. *Riña. *Ruido.
bulla[2] (Nav.) f. *Cierto *tributo antiguo sobre las *telas.* ⇒ Bolla.
bullabesa (del fr. «bouillabaisse») f. Plato típico de Marsella consistente en pescado cocido, con especias y otros ingredientes, que se sirve con rebanadas de pan. ⇒ *Guisar.
bullaje (de «bulla[1]») m. **Aglomeración confusa de gente.*
bullanga (inf.) f. *Bulla.
bullanguero, -a adj. y n. *Alborotador. ⊙ Amigo de bullas o algazaras. ⇒ *Alegre.
bullar (del lat. «bulla», bola; Ar., Nav.) tr. *Bollar: poner un sello de plomo en las ↘*telas.*
bullarengue (de «bollo») 1 (inf.) m. *Prenda que llevaban las mujeres debajo del vestido para abultar las nalgas.* ⇒ *Miriñaque, polisón. 2 (inf.) *Nalgas de la mujer.* 3 (Cuba) *Cosa postiza o simulada.*
bulldog (ingl.; pronunc. [buldóg]) adj. y n. m. Se aplica a un perro de cuerpo rechoncho y nariz chata, muy fuerte y valiente.
bulldozer (ingl.) m. Potente excavadora montada sobre orugas, provista de una gran pala, que se utiliza para remover tierra, escombros, etc.
bullebulle n. Persona *bulliciosa, excesivamente activa o entrometida.
bullicio m. *Bulla. ⊙ Movimiento y actividad de la gente: 'Huye del bullicio de la capital'.
bulliciosamente adv. Haciendo bulla: 'Los jóvenes se divierten bulliciosamente'.
bullicioso, -a adj. Se aplica al que hace bulla, se mueve mucho, juega o alborota : 'Gente bulliciosa. Un niño bullicioso'. ⇒ Alborotador, animado, bullebulle, movido, zarabandista, zaragatero. ➤ *Alegre, *inquieto, *travieso. ⊙ Se aplica al sitio en que hay bulla: 'Una calle bulliciosa'.
bullidor, -a adj. Se aplica al que se mueve mucho o con viveza. ⊙ También, al que tiene mucha *actividad y se ocupa de muchas cosas.
bullidura (ant.) f. *Bulla.*
bullir (del lat. «bullīre») 1 intr. *Hervir un líquido. 2 Tener un líquido, por ejemplo el agua corriente, un movimiento semejante al de la ebullición. 3 Moverse una cosa, particularmente una muchedumbre de personas, de insectos, de gusanos, etc., de modo semejante a como lo hace un líquido hirviendo. ≃ *Agitarse, rebullir. ⇒ Gusanear, hormiguear, pulular, rebullir, verbenear. ➤ *Agitarse. 4 Se dice con significado semejante de cosas inmateriales: 'Las ideas bullían en su cerebro'. 5 *Moverse mucho una persona, tener mucha actividad o dejarse ver en muchos sitios, luciéndose o llamando la atención: 'Es un hombre que bulle mucho en la ciudad. Ahora tienen dinero y bullen mucho'. ⇒ Bullidor, *figurar. 6 Empezar a moverse algo que estaba quieto: 'Ya bulle; parece que despierta'. ≃ Rebullir. 7 tr. *Mover una ↘parte del cuerpo.* 8 (ant.) *Mover o *revolver una ↘cosa.* 9 intr. Se dice «bullir la sangre» o «bullir la sangre en las venas» con el significado de ser *inquieto y estar afanoso por emprender cosas.
□ CONJUG. como «mullir».
bullón[1] (del lat. «bulla», bola) 1 m. Pieza de metal, generalmente decorada, de forma de cabeza de clavo, con que se guarnecían las encuadernaciones de algunos libros, particularmente los de coro. 2 Adorno en forma de bulto hueco que se hace en los vestidos u otras prendas de tela. ≃ Bollo, bollón. ⇒ Abollonar, abullonar. 3 *Cierto *cuchillo usado antiguamente.*
bullón[2] (de «bullir») m. *Tinte que hierve en la caldera.*
bulo m. *Noticia falsa propalada con algún fin. ≃ *Infundio.
bulón (del fr. «boulon»; Arg.) m. *Tornillo grande con tuerca.*

bulto (del lat. «vultus», rostro) **1** («De; Hacer») m. Cualidad de lo que ocupa un espacio: 'Una figura de bulto'. ≃ *Volumen. ⊙ Efecto o apariencia con que se acusa lo que tiene volumen: 'Apenas hace bulto debajo de las sábanas. El pañuelo hace bulto en el bolsillo'. **2** Convexidad o *saliente apreciable en la superficie de una cosa, o dureza o porción de masa más dura que el resto, en el interior de algo: 'Tiene un bulto en la mano. El calor ha formado bultos en el asfalto'. ≃ Abultamiento. **3** *Fardo o *paquete: 'Siempre viajamos cargados de bultos. No me gusta llevar bultos en la mano'. **4** Bolsa con la lana u otro relleno, de una almohada, para diferenciarla de la funda. **5** *Masa u objeto de forma imprecisa: 'Vi un bulto junto a la pared. Allá lejos se ven algunos bultos que se mueven'. **6** *Masa o parte principal de una cosa, prescindiendo de apéndices o partes accesorias. **7** (P. Rico) m. **Mochila (bolsa que se lleva a la espalda).*

A BULTO. *Calculando aproximadamente, sin medir o contar: 'Calculé a bulto que había doscientas personas'. ≃ A ojo.

BUSCAR EL BULTO a una persona. Procurar irritarla para reñir con ella. ⇒ *Provocar.

DE BULTO. **1** Aplicado a «error» o palabra equivalente, muy perceptible o de importancia. **2** Con «estar, hacer» o «ir», sólo para *aumentar el número, sin hacer ningún papel o tomar parte en la cosa de que se trata: 'Yo hablaré y tú irás de bulto'.

DE BULTO REDONDO. Escultura aislada, visible por lo tanto por todo su contorno.

ESCURRIR [o, menos frec., GUARDAR O HUIR] EL BULTO. *Evadir un trabajo, riesgo o compromiso.

HACER BULTO. Abultar.

□ CATÁLOGO

Abombamiento, *absceso, abultamiento, bodoque, bojote, bollo, bollón, bolsa, borne, borujo, botón, brocino, bullón, *burbuja, burujo, *chichón, convexidad, cresta, *desigualdad, eminencia, excrecencia, globo, *grano, *grumo, habón, hinchazón, landrecilla, landrilla, levantamiento, lobanillo, lóbulo, *montón, nudo, papila, pelota, porcino, prominencia, protuberancia, quiste, relieve, tolondro, *tumor, turumbón, volumen. ➤ Abollar, abollonar, abombar, abullonar, abultar. ➤ Contario, contero. ➤ *Cuerpo. *Desigualdad. *Elevación. *Fardo. *Grano. *Masa. *Saliente. *Tumor.

bululú (de or. expresivo) **1** m. *Comediante, citado por Agustín de Rojas en su «Viaje Entretenido» entre los tipos de *compañías dramáticas de su tiempo, que iba por los pueblos representando él solo todos los personajes de una comedia, loa o entremés.* **2** (Ven.) **Bulla o tumulto.*

¡bum! Onomatopeya con que se imita el ruido de una *explosión.

bumerán o **bumerang** (del ingl. «boomerang», de or. australiano) m. *Arma arrojadiza usada por los indígenas de Australia, hecha de una pieza de madera dura curvada que, al lanzarla adecuadamente, describe una trayectoria curva y vuelve al punto de origen. ≃ Boomerang.

buna (formado con «bu» y «na», primeras sílabas de «butadieno» y del lat. «natrum», sodio, ingredientes fundamentales en su preparación) f. *Cierto *caucho artificial que tiene gran resistencia al envejecimiento y es superior en algunas cualidades al natural.*

-bundo, -a Sufijo que forma adjetivos o nombres cultos derivados de verbos, aplicados al que realiza la acción: 'vagabundo, meditabundo'.

bunga 1 (Cuba) f. **Embuste, *engaño o *trampa.* **2** (Cuba) *Orquesta o *conjunto musical de muy pocos músicos.*

bungaló m. Forma castellanizada de «bungalow».

bungalow (fr., del hindi «bangla», bengalí, a través del ingl.; pl. «bungalows») m. *Casa de campo de un solo piso, rodeada de galerías en todo su contorno.

buniatal m. *Boniatal.*

buniato m. **Boniato (planta convolvulácea y raíz de ella).*

bunio (del lat. «bunĭon») **1** m. *(Bunium bulbocastanum)* Arbusto umbelífero que se cultiva por sus tubérculos, que se comen cocidos o en ensalada, y sus hojas y semillas, utilizadas como condimento. ≃ CASTAÑA de tierra. **2** **Nabo que se deja crecer completamente y endurecerse, para aprovechar la *simiente.*

búnker (del al. «Bunker») **1** m. Fuerte pequeño. **2** Refugio fortificado, generalmente subterráneo, contra los bombardeos. **3** Grupo de ideología política reaccionaria.

Bunsen V. «MECHERO de Bunsen».

buñolero, -a n. *Persona que vende buñuelos.*

buñuelo (¿de or. prerromano?) **1** m. Masa de harina y agua, a veces con otras cosas, frita de modo que queda como una bola hueca. ⇒ *MASA frita. **2** (inf.; n. calif.) Se aplica a cualquier cosa hecha mal o chapuceramente: 'Ese cuadro es un buñuelo'. ⇒ *Mamarracho.

BUÑUELO DE VIENTO. El relleno de crema, nata, etc., y que es típico del día de Todos los Santos.

IRSE A FREÍR BUÑUELOS. Irse a freír ESPÁRRAGOS.

MANDAR a alguien A FREÍR BUÑUELOS. Mandar a alguien a freír ESPÁRRAGOS.

buque (del fr. «buc», casco) **1** m. *Cabida o *capacidad.* **2** MAR. *Casco del *barco.* **3** *Barco grande con cubierta.

BUQUE DE CRUZ. MAR. *Barco con velas cuadradas montadas sobre vergas que van cruzadas en los palos.*

B. ESCUELA. MAR. El de guerra, donde completan su formación los guardias marinas.

B. INSIGNIA. MAR. Aquel en el que va el jefe de ciertas unidades navales.

B. NODRIZA. MAR. El destinado a aprovisionar a otros en ruta.

B. DE POZO. MAR. El que no tiene otra cubierta sobre la de la batería.

B. EN ROSCA. MAR. El que está en construcción todavía, sin máquina ni aparejos.

B. SUBMARINO. MAR. *Submarino.*

buqué (del fr. «bouquet») m. Aroma de los *vinos selectos.

buraco (de or. portugués) m. **Agujero.*

burato (del it. «buratto») **1** m. *Cierta *tela antigua de lana o seda que se empleaba para alivio de luto y para manteos.* **2** *Cierto *manto transparente.*

burbuja (de or. expresivo) **1** f. Película de una materia, de forma esférica, llena de aire u otro gas; por ejemplo, las que se hacen con agua jabonosa, las que se forman en la superficie de un líquido que hierve o fermenta, o las que constituyen la espuma de cualquier cosa. ⇒ *Ampolla, bomba, borbollón, borbotón, bula, campanilla, gorgorita, gorgorito, górgoro, pompa, vejiga, vesícula. ➤ Escalfado. ➤ *Borbollar. *Efervescencia. *Espuma. *Hervir. **2** Espacio aséptico y aislado del exterior donde permanecen las personas que tienen un sistema inmunológico deficiente.

burbujear intr. Formar un líquido burbujas que estallan en la superficie.

burbujeo m. Acción de burbujear.

burchaca f. **Bolsa de cuero; particularmente, la que solían llevar los peregrinos y mendigos colgada en bandolera, para recoger las limosnas.* ≃ Burjaca.

burche (¿del ár. and. «búrǧ», cl. «burǧ», del gr. «pýros», a través del sirio?) f. **Torre de defensa.*

burda f. MAR. **Cabo que sujeta un palo a la banda del barco en la dirección de popa.* ⇒ *Brandal, estay, obenque.

burdallo, -a (ant.) adj. *Burdo.*

burdamente adv. De manera burda.

burdégano (del lat. tardío «burdus», bastardo) m. Animal *híbrido resultante de la unión de caballo y burra.

burdel (del cat. «bordell» o del occit. «bordel») **1** m. Casa donde se reúnen hombres y prostitutas. ≃ CASA de citas, CASA de prostitución, CASA pública, lupanar, mancebía. ⇒ Bayú, lupanario, prostíbulo, putaísmo, putanismo, putería, puticlub, serrallo; CASA de camas, CASA de citas, CASA llana, CASA de mancebía, CASA de prostitución, CASA pública, CASA de trato. ➤ *Alcahueta, *rufián. **2** adj. *Lujurioso o vicioso.*

burdeos (de «Burdeos», ciudad de Francia) **1** m. Vino de Burdeos. **2** adj. y n. m. Se aplica al color granate oscuro, y a las cosas que lo tienen: 'Un jersey [color] burdeos'.

burdinalla (ant.) f. MAR. **Cabo o conjunto de cabos delgados que sujetaban el mastelero de la sobrecebadera, asegurándose en el estay mayor.*

burdo, -a (del lat. «burdus») adj. Falto de delicadeza, de finura o de sutileza: 'Un paño burdo. Una excusa burda'. ≃ *Basto, *grosero, *tosco.

burel (del fr. ant. «burel») m. HERÁLD. *Barra que ocupa la novena parte de la anchura del escudo.*

burelete (de «burel») m. HERÁLD. *Cordón con que se enlazan los penachos y lambrequines.*

bureo (del fr. «bureau») **1** m. *Junta de los altos empleados de *palacio, presidida por el mayordomo mayor, para tratar los asuntos de su jurisdicción.* ⇒ Contador. **2** («De») *Juerga: 'Ayer se fueron de bureo y han vuelto a las tres de la madrugada'.

bureta (del fr. «burette») f. Utensilio de *laboratorio consistente en un tubo largo graduado, con un extremo abierto y el otro cerrado con una caperuza provista de llave.

burga (¿del vasc. «bero-ur-ga», lugar de agua caliente?) f. *Manantial de agua caliente. Hoy se aplica como nombre propio a algunos de ellos.*

burgado m. Cierto *caracol terrestre de color moreno, aproximadamente del tamaño de una nuez.

burgalés, -a adj. y, aplicado a personas, también n. De Burgos, ciudad y provincia españolas.

burger (ingl.; pronunc. [búrguer]) m. Hamburguesería.

burgés, -a (del lat. «burgensis»; ant.) adj. y n. *Burgués (de un burgo).*

burgo (del b. lat. «burgus», del germ. «burg») **1** m. En la Edad Media, *castillo o recinto fortificado; aunque esta palabra fue menos usada en España que la correspondiente en otras naciones europeas, debe, por ejemplo, su nombre a ella la ciudad de Burgos. **2** Pequeña *población.

LOS BURGOS PODRIDOS. *Expresión con que se alude a la corrupción política causada en los pueblos por el caciquismo.*

burgomaestre (del al. «Bürgermeister») m. *Alcalde, en ciertos sitios como Alemania, Suiza o los Países Bajos.

Burgos V. «QUESO de Burgos».

burgrave (del al. «Burggraf», de «Burg», ciudad, y «Graf», conde) m. **Señor de una ciudad, en la antigua Alemania.*

burgraviato m. *Territorio, jurisdicción o dignidad del burgrave.*

burgueño, -a **1** adj. y n. *Natural o habitante de un burgo.* **2** (ant.) *Burgalés.*

burgués, -a **1** adj. y, aplicado a personas, también n. Habitante de un burgo. **2** De la burguesía o clase media. ⇒ Pequeñoburgués. ⊙ Se aplica, a veces despectivamente y a veces humorísticamente, a las personas que disfrutan sin inquietudes o preocupaciones una posición económica *acomodada. **3** Se aplica al régimen *capitalista y a sus cosas.

burguesía **1** f. Antiguamente, conjunto de los burgueses o *clase social formada por los que ejercían el comercio o una profesión no manual o eran patronos en un oficio, o sea que no eran ni nobles, ni campesinos ni obreros. **2** Actualmente, *clase media, o sea la de las personas acomodadas.

PEQUEÑA BURGUESÍA. Grupo social intermedio entre la burguesía y el proletariado.

burguete (Sal.) m. **Huerto pequeño de árboles frutales.*

burí *(Corypha umbraculifera)* m. *Cierta *palmera muy grande de Filipinas, de la cual se obtienen distintas cosas: de la médula del tronco, sagú; de las espatas de las flores, tuba; y de las hojas, una fibra textil que se llama también «burí», con la cual se hace el tejido llamado «medriñaque».*

buriel (¿del lat. «burĭus», rojo?) **1** adj. *De *color pardo rojizo.* **2** adj. y n. m. *Paño buriel.*

buril (del fr. «burin») m. Punzón con que trabajan los grabadores.

BURIL CHAPLE EN FORMA DE ESCOPLO. *El que tiene la punta en esa forma.*

B. CHAPLE REDONDO. *El que tiene la punta en forma de gubia.*

B. DE PUNTA. El que la tiene aguda.

burilada **1** f. *Trazo de buril.* **2** *Porción de *plata que los ensayadores sacan de la pieza con el buril para ensayarla.*

burilar («en») tr. o abs. *Trabajar un ˘objeto con el buril.*

burjaca f. **Bolsa que llevaban los mendigos y peregrinos colgada del hombro para echar las cosas que recibían de limosna.* ≃ Burchaca.

burla (del sup. lat. «burrŭla», de «burrae, -ārum», necedades; «Hacer burla a [o de], Hacer la burla a») f. Acción o palabras con que se trata a una persona o una cosa como digna de risa o se las convierte en objeto de risa: 'Cuando está de espaldas el maestro le hace burla. Hacen burla hasta de lo más sagrado'. ⊙ *Desconsideración que puede tomarse como desprecio: 'Esta manera de hacernos esperar es una burla'. ⊙ *Engaño hecho abusando de la buena fe del engañado. ⊙ (pl.) *Broma: 'Entre burlas y veras'.

BURLA BURLANDO. **1** Sin darse uno cuenta: 'Burla burlando nos hemos comido el queso entero'. **2** Disimuladamente: 'Burla burlando ha llegado a directivo de la empresa'.

□ CATÁLOGO

Abucheo, aguijonazo, befa, bigardía, brega, bufa, burlería, buzcorona, cachondeo, cancamusa, candonga, cantaleta, carena, chacota, chanada, changa, changüí, *chasco, chaya, chifla, chirigota, choteo, chueca, chufa, chufeta, chufla, chufleta, chunga, chuzonería, coba, como, coña, cuchufleta, culebra, culebrazo, escarnio, fayanca, fisga, gazgaz, guasa, higa, inocentada, inri, irrisión, jaquimazo, jonja, libramiento, ludibrio, macana, maza, mimesis, mofa, mojiganga, momería, momo, morisqueta, mueca, novatada, parchazo, parodia, picón, pifia, pitorreo, rechifla, recochineo, sarcasmo, sosaño, tártago, vacile, vaya, zumba. ➤ Alfonsearse, befar[se], poner en BERLINA, birlar, brear, bufonear, burlarse, cachondearse, echar a chacota, hacer chacota, chacotear, dar CHANGÜÍ, *chasquear, cherchar, chiflar[se], chotearse, chufar, chulearse, chunguearse, dar COBA, coñearse, descojonarse, embromar, escarnecer, tomar para la FARRA, fisgar, dar GRITA, guasearse, iludir, sacar la LENGUA, hacer la MAMOLA [o mamona], mantear, dar MATE, hacer mofa, mofar[se], tomar el PELO, perchufar, pitorrearse, QUEDARSE con, rechiflar[se], recochinearse, REÍRSE de, remedar, ridiculizar, poner en RIDÍCULO, tomar a RISA, dar SOGA, poner en SOLFA, sosañar, titear, no TOMAR en serio, torear, cantar el TRÁGALA, vacilar, volcar, zaherir, zumbar. ➤ Bromista, burlón, guasón, maleante, quedón, socarrón, vacilón, zumbón. ➤ No hacer CASO, correa. ➤ *Despreciar. *Engañar. *Ironía. *Sátira.

burladero m. Trozo de valla que se pone en las plazas de *toros y otros lugares para poder burlar al toro tras él.

burlador 1 m. Hombre que *seduce a una mujer y la abandona después. **2** **Vasija con engaño consistente en unos agujeros puestos en cierta forma, que moja a quien va a beber de ella en vez de permitírselo.* **3** *Utensilio que puede llevarse oculto para *mojar por broma o burla a las personas.*

burlar 1 («a») tr. *Engañar o *chasquear a ↘alguien: 'Ha burlado a todos con sus promesas'. ⊙ Desorientar o impedir de otra manera a un ↘perseguidor que continúe la persecución. ⊙ *Eludir alguien cierta ↘acción en su perjuicio: 'Burlar la acción de la justicia'. **2** («de») prnl. Hacer burla de alguien o algo. ≃ Mofarse. **3** No tener a alguien o algo el respeto, consideración u obediencia debidos: 'Lo haréis como os he dicho; no creáis que os vais a burlar de mí'. ≃ Reírse.

burlería 1 f. **Burla o *engaño.* **2** **Cuento fabuloso.* **3** **Engaño o *ilusión.*

burlesco, -a adj. Hecho, dicho, etc., como broma: 'Me molestó el tono burlesco con que lo dijo'. ⊙ Hecho, dicho, etc., sin seriedad.

burlete (del fr. «bourrelet», de «bourre», borra) m. Tira rellena de un material esponjoso, que se pone en los intersticios de las *puertas o *ventanas para evitar que pase el aire por ellos.

burlón, -a adj. y n. Inclinado a burlarse o que expresa burla: 'Es un burlón. Una risita burlona'.

burlonamente adv. Con burla. ⊙ Con tono burlón.

burlote m. *Entre jugadores, *puesta menor que alguno de ellos hace para continuar el juego, cuando, por cualquier causa, se acaba la primera.*

buro (del lat. «butȳrum», manteca; Ar.) m. **Greda.*

buró (del fr. «bureau», despacho) **1** m. *Mesa para escribir, con cajones; particularmente, la que tiene un cuerpo de ellos sobre el tablero, los cuales, así como éste, pueden quedar cerrados con una persiana. ≃ Bufete, escritorio, MESA escritorio. ⇒ Cómoda. **2** (Méj., R. Dom.) *Mesilla de noche.*

burocracia (del fr. «bureaucratie») **1** f. *Influencia excesiva de los empleados públicos en el gobierno.* ≃ Burocratismo. **2** Conjunto de los funcionarios, normas y organismos de la administración de un estado. ⇒ Burócrata, burocrático, burocratismo, burocratización, burocratizar. **3** Exceso de trámites que retrasa la gestión o resolución de algo, especialmente en la administración pública. ⇒ Papeleo.

burócrata n. Empleado de la administración pública.

burocrático, -a adj. De la burocracia: 'Trámites burocráticos'.

burocratismo m. Influencia excesiva de la burocracia en el funcionamiento de un estado.

burocratización f. Acción y efecto de burocratizar.

burocratizar tr. Otorgar mayor poder a la burocracia en la administración del ↘Estado. ⊙ Dar carácter burocrático a una organización.

burrada 1 f. *Manada de burros.* **2** (inf.) Acción *desconsiderada, con la que se destroza algo o se molesta a otros: 'Se emborrachan y van por las calles gritando y haciendo burradas'. ≃ Barbaridad. **3** (inf.) Tontería, *disparate. **4** *Jugada hecha contra las reglas en el juego de *baraja del burro.*

UNA BURRADA (inf.). *Mucho: 'Trabaja una burrada'.

burrajear tr. **Garabatear.* ≃ Borrajear.

burrajo (del sup. lat. «buratŭlum», quema) m. **Estiércol seco de las cuadras, usado como combustible.*

burral adj. *Brutal.*

burranco, -a adj. y n. Desp. de «burro».

burreño (de «burro») m. *Burdégano: híbrido de caballo y burra.*

burrero 1 (Méj.) m. **Arriero de burros.* **2** *Hombre que posee o conduce burras cuya leche vende.*

burricie (de «burro») f. *Tosquedad.*

burriciego, -a (pop.; n. calif.) n. Persona que *ve muy poco. ≃ Cegato.

burriel (ant.) adj. *De color *pardo rojizo.* ≃ Buriel.

burrillo (dim. de «burro»; inf.) m. **Añalejo (calendario de los eclesiásticos).*

burrito (dim. de «burro»; Méj.) m. **Flequillo.*

burro, -a (de «borrico») **1** n. Mamífero ungulado más pequeño que el caballo, de pelo áspero y largas orejas, usado como animal de carga. ≃ *Asno, borrico, jumento, pollino. **2** (inf.; n. calif., usado como insulto) adj. y n. *Torpe o *ignorante. ≃ Animal, asno, bestia, borrico, bruto. **3** (inf.; n. calif., usado como insulto) Se aplica a la persona falta de delicadeza, que hace uso excesivo de la fuerza, etc. ≃ Animal, bárbaro, bestia, *bruto, cafre, salvaje. **4** (inf.; n. calif., usado como insulto) Con los mismos sinónimos que la acepción anterior, se aplica a la persona desconsiderada, descortés o falta de amabilidad. **5** (inf.; n. calif., usado como insulto) Obstinado. **6** m. Se aplica a algunos utensilios con una parte horizontal, que sirven de sostén a ciertas cosas; por ejemplo, a un mueble de vestíbulo destinado a echar encima de él los abrigos. **7** Soporte formado por dos palos cruzados que se emplea, por ejemplo, para apoyar en él un madero para serrarlo. ≃ Caballo, cabrilla. **8** (Méj.) **Escalera de tijera.* **9** (Méj., R. Dom.) *Tabla de planchar.* **10** (Méj.) *Rueda dentada de madera con la que se ponen en movimiento todas las del torno de la *seda que sirven para torcer ésta.* **11** m. Cierto juego de *baraja. ⊙ *El que pierde en ese juego en cada jugada.* ⇒ Triunfo. ➤ Burrada. **12** (Arg.; inf.) *Caballo de carreras.*

B. DE CARGA (inf.). Persona a la que se carga con más *trabajo del que le corresponde o que trabaja exageradamente o es capaz de aguantar mucho trabajo físico.

BURRO CON DOS ALBARDAS. Frase calificativa que se aplica a la expresión en que se repite de dos maneras la misma cosa o en que hay *redundancia; como en 'subir arriba una carga'. ⇒ ALBARDA sobre albarda. ➤ Tautología.

APEARSE [o CAER] alguien DE SU [o DEL] BURRO. *Ceder o *convencerse al fin.

BURRO GRANDE, ANDE O NO ANDE. Frase con que se comenta la preferencia general hacia las cosas de gran tamaño, aunque sea en perjuicio de la calidad.

V. «CASCO de burro, no morir de CORNADA de burro».

¡ÉRAMOS POCOS Y PARIÓ LA BURRA! (inf.). ¡Éramos pocos y parió la ABUELA!
V. «GALAS de burro».
HACER EL BURRO. Cometer burradas. ⊙ Hacer alguna tontería o *disparate.
NO VER TRES EN UN BURRO (inf.). *Ver muy mal.
V. «PÁJARO burro, PANZA de burra, PIE de burro».
PONER A CAER DE UN BURRO a alguien (inf.). Insultarle o censurarle con dureza.
PUESTO [O UNA VEZ PUESTO] EN EL BURRO, BUEN PALO. Frase con que alguien muestra su decisión de llevar hasta el final una cosa empezada o de hacer, tomar, etc., *mucho de la cosa de que se trata, incita a otro a que lo haga o comenta que alguien lo hace así.
TRABAJAR COMO UN BURRO. *Trabajar exageradamente.

burrumbada (de or. expresivo) f. **Fanfarronada.*

bursátil (del lat. «bursa», bolsa) adj. De la bolsa de *valores: 'Información bursátil'.

burseráceo, -a (de «Bursera», nombre de un género de plantas) adj. y n. f. BOT. *Se aplica a las *plantas de una familia de árboles o arbustos tropicales, de los que se obtienen resinas aromáticas, como el incienso y la mirra.* ⊙ f. pl. BOT. *Esa familia.*

buruca (Guat.) f. *Boruca.*

burujo (del sup. lat. «volucŭlum», por «volucra», envoltura) **1** m. *Grumo: apelotonamiento o dureza en la masa de una cosa. ≃ *Borujo. **2** **Orujo de la *aceituna o de la *uva.* ≃ Borujo.

burundanga (de «borondanga») **1** (Col., Cuba, P. Rico) f. *Morondanga.* **2** (P. Rico) *Menestra de verduras.*

burundiano, -a adj. y, aplicado a personas, también n. De Burundi, país africano.

bus (afér. de «autobús»; inf.) m. Autobús.
Bus VAO Se aplica al carril de una *carretera reservado a autobuses y vehículos con un número mínimo de ocupantes.

busca 1 («A la, En») f. Acción de buscar: 'La juez decretó la busca y captura del sospechoso'. ⊙ Específicamente, rebusca de desperdicios útiles en los montones de *basura, a que se dedican algunas personas. **2** *Cuadrilla de cazadores, monteros y perros.* **3** m. Apóc. muy frec. de «buscapersonas».
V. «busca BRONCAS».
IR A LA BUSCA. Dedicarse a rebuscar la basura.
IR A LA BUSCA Y CAPTURA de alguien. Ir a buscarle para capturarle.

buscabala m. CIR. *Instrumento empleado para conocer la situación de un proyectil alojado en el cuerpo.*

buscabroncas (inf.) m. *Pendenciero. ≃ Busca BRONCAS.

buscador, -a 1 adj. y n. Que busca: 'Buscadores de oro'. **2** adj. y n. m. En informática, se aplica al programa que permite encontrar direcciones o determinados contenidos en *Internet.

buscaniguas (de «buscar» y «nigua»; Col., Guat.) m. *Buscapiés (dispositivo pirotécnico).*

buscapersonas m. Aparato electrónico que permite localizar a la persona que lo lleva.

buscapié 1 (pl.) m. Dispositivo pirotécnico que, una vez encendido, corre por el suelo. ⇒ Buscaniguas, buscapiques. **2** Cosa que se dice en una conversación como sin darle importancia, para dejar a alguien preocupado o para hacer hablar a otros y así *averiguar cierta cosa. ⇒ A saca MENTIRA saca verdad.

buscapiques (Perú) m. *Buscapiés (dispositivo pirotécnico).*

buscar 1 tr. Mirar, ir por distintos sitios, hacer gestiones o pensar, para *encontrar a cierta ↘persona o cosa: 'Busco mi nombre en la lista. Busco la solución de este problema'. Se usa mucho en forma durativa: 'Está buscando empleo'. ⊙ Buscar los perros un rastro. ≃ Rastrear. **2** (inf.) Provocar a ↘alguien. **3** (con un pron. reflex.) Hacerse merecedor de un castigo, reprensión, perjuicio, etc.: 'Con ese comportamiento se está buscando que le echen de la asociación'.
V. «buscar una AGUJA en un pajar, buscar la BOCA, buscar BRONCA, buscar el BULTO, buscar CAMORRA, ni aun buscándolo con CANDIL, buscar las COSQUILLAS, buscar la LENGUA, buscar pan de trastrigo, buscarle tres PIES al gato, buscar protección, buscar las PULGAS, buscarse la VIDA, buscar las VUELTAS».

□ CATÁLOGO
*Averiguar, cachear, camotear, campear, andar a CAZA de, remover el CIELO y la tierra, hacerse el ENCONTRADIZO, ir [o salir] al ENCUENTRO, escudriñar, esculcar, espigar, *explorar, *indagar, inquirir, *investigar, ir por, mirar, otear, perquirir, perseguir, rastrar, rastrear, rebuscar, reconocer, registrar, sacar de debajo de la TIERRA, dar VUELTAS, zanquear. ➤ Batida, busca, búsqueda. ➤ ¿Dónde estará?, ¿dónde habrá IDO a parar?, ¿qué habré [se habrá, etc.] HECHO...?, ¿dónde habrá [habrán, etc.] PUESTO? ➤ *Examinar. *Huella. *Procurar.

buscarla *(Acrocephalus scirpaceus)* f. *Carricero común.*

buscarruidos 1 n. Persona *inquieta. **2** *Pendenciero.

buscavida (n. calif.) n. *Buscavidas: persona que sabe buscarse la vida.*

buscavidas 1 (n. calif.) n. Persona curiosa y entrometida. **2** (n. calif.) Persona que sabe buscarse la vida. ≃ Buscavida, busquillo.

busco[1] (de «buscar»; ant.) m. **Rastro dejado por los animales.*

busco[2] (del fr. «bisc») m. *Umbral de una compuerta de esclusa.*

buscón, -a (de «buscar») **1** adj. y n. *Ratero, ladrón o estafador.* **2** f. Prostituta.

buseta (Col., Ec., Ven.) f. **Microbús.*

busier m. **Bujier (funcionario palatino).*

busilis (del lat. «in diebus illis», resulta de la partición disparatada de esta frase, dejando por un lado «indie» y por otro «busillis»; inf.) m. Detalle en que consiste la dificultad o el *interés de algo: '¡Ahí está el busilis!'. ≃ Intríngulis, *quid.

buso (ant.) m. **Agujero.*

búsqueda f. Busca. ⊙ Particularmente, investigación en un trabajo policial o científico.

busquillo (de «buscar»; Chi., Perú) m. *Persona *hábil para buscarse la vida.* ≃ Buscavidas.

bustier (fr.) m. Prenda de vestir femenina ajustada al cuerpo, que cubre desde las axilas hasta la cintura y no lleva mangas ni tirantes.

busto (del lat. «bustum», crematorio y monumento funerario) **1** m. *Escultura o pintura de la cabeza y parte superior del tórax de una persona. ⇒ Herma. **2** Parte superior del cuerpo humano, desde el cuello a la cintura. ⊙ Generalmente, se alude con ese nombre a la parte anterior. ⊙ Referido a una mujer, pecho.

bustrófedon (del gr. «boustrophēdón», arando en zigzag) m. *Manera de *escribir en que se trazan las líneas empezando cada una en el mismo lado en que ha terminado la anterior.*

buta f. **Alipata (árbol euforbiáceo).*

butaca (del cumanagoto «putaca», asiento) **1** f. *Asiento blando con brazos y respaldo. ≃ *Sillón. **2** BUTACA de patio. ⊙ *Asiento de teatro o cine, situado en cualquier piso, siempre que sea con brazos. ⊙ *Billete para un teatro o un cine: 'He sacado tres butacas para la sesión de la tarde'. **3** (Col., Par.) **Taburete.*

BUTACA DE PATIO. Asiento de teatro en la planta baja, llamada «patio de butacas». ≃ Luneta.

butadieno m. QUÍM. *Hidrocarburo empleado en la obtención del caucho sintético.* ⇒ Buna.

butanero, -a (inf.) n. Persona que se dedica a repartir las bombonas de butano por las casas.

butanés, -a adj. y, aplicado a personas, también n. De Bután, país del sur de Asia.

butano m. Hidrocarburo del grupo de las parafinas que se obtiene de los gases producidos en la destilación del petróleo y se emplea como *combustible.

buten DE BUTEN (inf.). *Buenísimo o muy bien: 'Este bocadillo está de buten. Lo pasamos de buten en la fiesta'.

butifarra (del cat. «botifarra») **1** f. Cierto *embutido de los que se comen recientes, con bastante proporción de tocino, que se confecciona de distintas maneras según la región. Es típico de Cataluña, Valencia y Baleares. **2** (Perú) **Bocadillo de jamón y ensalada.* **3** (inf.) *Calza o media mal ajustada.* **4** (inf.) *Individuo de la nobleza de las islas Baleares.*

butiondo, -a (de «bote[4]»; «Estar; Ser») adj. *Dominado por el apetito sexual.* ≃ Botiondo. ⇒ *Lujuria.

butiro (del lat. «butȳrum»; ant.) m. *Mantequilla de vaca.*

butiroso, -a (ant.) adj. *Mantecoso.*

butomáceo, -a (de «Botumus», nombre de un género de plantas) adj. y n. f. BOT. *Se aplica a las *plantas de la familia del junco florido, que son hierbas que viven en las aguas de estanques, lagos y ríos de Europa y Asia.* ⊙ f. pl. BOT. *Familia que forman.*

butomeo, -a (del gr. «boútomos», junco florido) adj. y n. f. BOT. *Butomáceo.*

butrino (de «botrino») m. *Buitrón (*red de pescar).*

butrón **1** m. *Buitrón (*red de pescar).* **2** (Ál.) *Respiradero de las bodegas subterráneas.* **3** Boquete en un techo o pared hecho por ladrones para introducirse en el lugar donde quieren robar.

buxáceo, -a (de «Buxus», nombre de un género de plantas) adj. y n. f. BOT. *Se aplica a las *plantas de cierta familia, que son generalmente arbustos de hojas persistentes, de las regiones templadas, tropicales y subtropicales, con fruto en cápsula y semillas negras y brillantes; como el boj.* ⊙ f. pl. BOT. *Esa familia.*

buyador (Ar.) m. *Hombre que trabaja en *latón.* ≃ Latonero.

buyo m. *Masticatorio estimulante preparado con la nuez de areca, cal y una hoja de la pimienta betel.* ⇒ Betel, PIMIENTA betel, sapa.

buz (de «búss», imperat. del verbo ár. and. «báss») **1** m. **Beso de respeto o reconocimiento.* ⇒ Buzcorona. **2** **Labio.* ⇒ Abuzarse.

buzamiento (de «buzar») m. GEOL., MINER. *Inclinación de una capa del terreno o de un filón.*

búzano[1] (del lat. «bucĭna», cuerno de boyero) m. ARTILL. *Cierta pieza de *artillería.*

búzano[2] m. **Buzo.*

buzaque (¿del ár. and. «abu záqq», el del odre?) m. **Borracho.*

buzar (del sup. lat. «vortiāre», de «vertĕre», volver) intr. GEOL., MINER. *Inclinarse hacia abajo las capas del terreno o los filones.*

buzarda f. MAR. *Cada una de las piezas curvas con que se refuerza la proa del *barco.*

buzcorona (de «buz» y «coronar») f. **Burla que se hacía dando a besar la mano y descargando un golpe en la mejilla o la cabeza del que la iba a besar.*

buzo (del port. «búzio», caracol que vive debajo del agua) **1** m. Hombre que trabaja bajo el agua, bien conteniendo la respiración, bien respirando con un equipo adecuado. ⇒ Búzano, somorgujador. ➤ Campana, escafandra [o escafandro]. ➤ Bucear. ➤ *Sumergir. **2** Mono: traje con el cuerpo y las perneras en una sola pieza, que se emplea para trabajar, a veces puesto sobre el traje ordinario. ⊙ Prenda de abrigo infantil semejante a la anterior. **3** (Arg., Col., Ur.) **Jersey.* **4** (Arg., Bol., Chi., C. Rica, Par., Pan., Perú, R. Dom.) **Chándal.* **5** Verdugo (gorro de lana). **6** *Cierto *barco antiguo.*

buzón (del ant. «bozón», ariete, del franco «bultjio») **1** m. Abertura por donde se echan las cartas para el *correo. Por extensión, caja, dispositivo, etc., provisto de esa abertura, donde se depositan. **2** (inf.) *Boca muy grande. **3** **Tapón de cualquier agujero por donde sale agua u otro líquido.*

buzonear intr. Repartir publicidad por los buzones de las casas particulares.

buzoneo m. Acción de buzonear.

buzonera (de «buzón»; Tol.) f. **Sumidero de un patio.*

buzos DE BUZOS (ant.). *De bruces.*

bwana (del swahili; pronunc. [buána]; inf. y hum.) n. Amo, jefe: 'Tienes que echar un vistazo a este informe. —Sí, bwana'.

bypass (ingl.; pronunc. [baipás]; pl. «bypass» o «bypasses», pronunc. [baipás] o [baipáses]) m. Intervención quirúrgica que tiene por objeto restablecer el flujo sanguíneo en una arteria dañada.

byte (ingl.; pronunc. [bait]; pl. «bytes») m. Unidad de medida de la capacidad de almacenamiento de la información de un ordenador, formada normalmente por 8 bits. ≃ Octeto.

C

c 1 f. Letra consonante, tercera del alfabeto. Representa dos fonemas distintos; el primero es interdental fricativo sordo, como el de la «z», ante «e, i», y el segundo, velar oclusivo sordo, como el de la «k», ante «a, o, u». Para pronunciar el primero de estos sonidos, que existe en español y en pocos idiomas más, se coloca la punta de la lengua entre los dientes, ligeramente apoyada en los superiores, de modo que no cierre completamente el paso al aire, mientras los bordes, pegándose a los molares inferiores, impiden que el aire salga por los lados. El sonido velar se articula aplicando la parte posterior de la lengua contra el velo del paladar, de modo que cierra completamente la salida del aire hasta que se separa bruscamente para producir el sonido oclusivo. El sonido igual al de «z» se representa siempre con «c» delante de «e» o «i», reservando la «z» para representarlo delante de «a, o, u». En gran parte de Andalucía, en Canarias y en Hispanoamérica se pronuncia como «s». ⇒ Cecear, sesear. ➤ Apénd. II, ORTOGRAFÍA (nota relativa a la persistencia de la escritura «ze, zi» en algunas palabras). **2** MÚS. En la notación alfabética, representa la *nota «do». **3** (con mayúsc.) En la numeración romana, tiene el valor de 100.

C 1 Símbolo químico del carbono. **2** Abrev. de «culombio», unidad de cantidad de electricidad.

°C Abrev. de «grado centígrado».

ca[1] EN CA (pop.). A [o en] *casa de: 'Voy en ca mi suegra'.

ca[2] (del lat. «quia») conj. *Porque.*

¡ca[3]! (¿elipsis de «¡qué ha de...!»?) interj. Exclamación con que se *niega una cosa que otro afirma: 'Yo creo que él obra de buena fe. —¡Ca! No lo crea usted'. ≃ ¡QUÉ va!, ¡quia!

Ca Símbolo químico del calcio.

caaminí o **caá-miní** (del guaraní «caá», hierba, y «mirí», pequeña; Arg., Par.) m. *Variedad de hierba mate bien molida y limpia de palillos.* ≃ Camini.

cabadelante (de «cabo» y «adelante»; ant.) adv. *En adelante.*

cabal (de «cabo») **1** adj. Se aplica a lo que se expresa exactamente y no sólo con aproximación: 'Aquí hay dos mil pesetas cabales'. ≃ *Exacto. ⊙ Sin faltar nada: 'En esta tienda damos el peso cabal. Esta baraja no está cabal'. ≃ *Completo. **2** Honrado, trabajador y estimable en cualquier aspecto. **3** Se añade como «*justo» a la expresión de la cantidad que corresponde en un reparto: 'Nos correspondieron mil pesetas cabales (mil a cada uno)'. **4** (ant.) m. **Bienes.* **5** (Ar.) **Patrimonio del segundón de una casa.* **6** adv. *Cabalmente.*

V. «a CARTA cabal».

ESTAR alguien EN SUS CABALES (inf.; gralm. en frases negativas). Tener completas o normales sus facultades mentales, estar *cuerdo: 'Tú no estás en tus cabales... ¡Salir a cuerpo con este frío!'

cábala (del hebr. «qabbālāh», escrituras post-mosaicas) **1** f. Interpretación misteriosa de la Sagrada Escritura que hacían los *judíos y algunos cristianos en la Edad Media, y prácticas de astrología y *hechicería fundadas en esta interpretación. **2** (pl.) Comentarios que se hacen manejando los datos incompletos que se poseen sobre algo, para tratar de adivinarlo: 'No hagamos cábalas y esperemos a que él mismo nos explique lo que pasa'. ≃ Cabildeos, cálculos, conjeturas, suposiciones. **3** (pl.) Gestiones o negociaciones hechas reservadamente. ≃ Cabildeos. **4** (inf.) Intriga, maquinación.

cabalar (de «cabal») tr. *Acabalar.*

cabalero (de «cabal»; Ar.) adj. y n. m. *Hijo no heredero.*

cabalfuste (de «caballo» y «fuste»; ant.) m. *Cabalhuste.*

cabalgada 1 f. Tropa de jinetes que salía a recorrer el campo enemigo. **2** Expedición realizada por esa tropa. ≃ *Correría. **3** *Acción de servir en una cabalgada por orden del rey.* **4** **Botín cogido en una cabalgada.* **5** Larga marcha a caballo.

cabalgadura f. Animal sobre el que se va montado. ≃ Montura. ⊙ *Caballería.

cabalgamiento m. MÉTR. *Encabalgamiento (licencia poética).*

cabalgar[1] (del lat. vulg. «caballicāre») **1** («a»: 'a lomos, a espaldas, a mujeriegas'; «en, sobre») intr. Estar o caminar sobre una *caballería. ≃ Estar [o ir] a LOMO[s] de. **2** Estar en forma semejante sobre cualquier cosa: 'Las gafas cabalgan sobre su nariz. Había un hombre cabalgando sobre la tapia'. ⊙ También, en sentido figurado: 'Cabalgando sobre una ilusión'. **3** **Montar[se] a caballo.* **4** *Cruzar el caballo una pata sobre otra al andar.* **5** tr. **Cubrir el ca-*

ballo u otro animal a la ↘*hembra.* **6** *Poner una cosa sobre otra.*

V. «PIE de cabalgar».

cabalgar[2] (de «cabalgar[1]»; ant.) m. **Guarniciones del caballo.*

cabalgata (del it. «cavalcata») f. Conjunto de jinetes y carruajes vistosos que desfilan en una fiesta. ≃ *Desfile, caballada.

cabalhuste (de «cabalfuste») m. *Soporte que se tiene en los *guadarneses para poner encima las sillas de montar.* ≃ Caballete.

cabalista n. Persona que practicaba la cábala.

cabalístico, -a adj. Misterioso o enigmático. Se aplica a lo que encierra un sentido oculto: 'Unos signos cabalísticos'.

caballa[1] f. *Variedad de *sisal que se produce en Java y Filipinas.*

caballa[2] (del lat. «caballa», yegua; *Scomber scombrus)* f. *Pez perciforme marino con unas vistosas rayas oscuras en el lomo. Es muy usado como alimento, tanto fresco como en conserva. ≃ Escombro, sarda, verdel.

caballada **1** f. Manada de ganado caballar. **2** (León) **Cabalgata.* **3** (Hispam.) *Acción brutal, *desconsiderada o muy desacertada.* ≃ Animalada.

caballaje m. *Acción de *cubrir el caballo a la hembra.* ⊙ *Precio que se paga por ello al dueño del caballo.*

caballar adj. De [los] caballos: 'Cría [o ganado] caballar'.

V. «APIO caballar».

caballazo (Chi., Méj., Perú) m. **Empujón que se da con el caballo sobre el que se va montado a algo o a alguien.*

caballear intr. *Ir frecuentemente a caballo.*

caballejo **1** m. Dim. afectuosamente despectivo de «caballo». **2** *Caballete (tormento).*

caballerango (Méj.) m. *Mozo que acompañaba a su amo cuando iba montado.*

caballerato (de «caballero») **1** m. **Categoría intermedia entre la nobleza y el estado llano, que concedía a veces el rey a los naturales de Cataluña.* **2** (ant.) *Derecho concedido por dispensa pontificia a un seglar casado para cobrar una *pensión eclesiástica.*

caballerear intr. *Hacerse el caballero.*

caballerescamente adv. De manera caballeresca.

caballeresco, -a **1** adj. Propio de la caballería tal como se entendía en la Edad Media: 'Literatura caballeresca'. **2** Propio de un caballero: galante o conforme a las reglas del honor: 'Un comportamiento caballeresco'.

caballerete m. Se aplica despectivamente o en tono de reconvención a un *muchacho: 'Este caballerete no ha venido en todo el curso a clase'. ≃ Jovenzuelo.

caballería **1** f. Équido de los que se emplean como montura. **2** Cuerpo de ejército formado por *soldados montados a caballo o, actualmente, en vehículos motorizados. ⇒ Azaría. *Carga. *Milicia. **3** (ant.) **Expedición militar.* **4** *Clase formada por los caballeros.* **5** (ant.) *Caballerosidad.* ⊙ (ant.) *Cualidad o conjunto de cualidades propias de los caballeros.* **6** *Cualquier derecho o conjunto de derechos de los caballeros.* **7** *Orden militar, como la de Santiago o Calatrava.* **8** *Porción de botín o porción de tierra conquistada que se daba a los caballeros que habían tomado parte en su conquista.* **9** CABALLERÍA andante. **10** *Trozo de tierra que se daba en usufructo a quien se comprometía a sostener un hombre de armas con su caballo.* **11** *Medida agraria de Cuba, equivalente a 13,43 hectáreas.* ⊙ *Medida de *superficie agraria usada en Puerto Rico, equivalente a 78,58 hectáreas.* ⊙ *Medida agraria antigua, equivalente a 38,63 hectáreas.*

CABALLERÍA ANDANTE. Conjunto de los caballeros andantes, su profesión y sus actividades: 'Profesaba la caballería andante'.

V. «ORDEN de caballería, TRATANTE en caballerías».

□ CATÁLOGO

Otras raíces, «equ-[o ec-], hip-»: 'ecuestre, équido, equino, equitación, hípico, hipódromo, hipología, hipómanes'. ➤ Acémila, asno, bestia, bestia de carga, BESTIA de guía, noble bruto, cabalgadura, caballo, corcel, cuadropea, cuadrúpedo, cuatropea, jaco, mula, *mulo, solípedo, yegua. ➤ Remonta. ➤ Paleoterio. ➤ Bagualada, bestiaje, biga, box, brigada, caballada, caballeriza, cabaña, canga, cobra, cobre, cuadra, cuadriga, cuatrega, haberío, manada, piara, potrada, reata, *recua, recuaje, tiro, triga, tronco, tropilla, yeguada, yegüería, yunta. ➤ Alfana, alfaraz, alhamel [o aljamel], asturión, Babieca, bagual, chalate, contraguía, cuarta, cuartago, flete, garañón, garrapata, guía, guindaleta, gurrufero, haca, hacanea, jaca, JACA de dos cuerpos, jamelgo, julo, maceta, madrina, manco, penco, poni [o póney], potranca, potro, purasangre, rocín, rocinante, rocino, rufeiro, semental, sotreta, tusón. ➤ Abierto, abocinado, acarnerado, acebrado, acodillado, afrisonado, alazán [o alazano], albazano, alfar, alobado, alobunado, alomado, amblador, ancado, andón, anquialmendrado, anquiboyuno, anquiderribado, anquirredondo, anquiseco, apelado, argel, arrendado, arrocinado, atabanado, atigrado, atrípedo, avacado, azúcar y canela, bayo, BEBER en blanco, blando de BOCA, duro de BOCA, boquiblando, boquiconejuno, boquiduro, boquifresco, boquifruncido, boquihendido, boquihundido, boquimuelle, boquinatural, boquinegro, boquiseco, botador, bozal, bravo, bridón, cabestrero, CABEZA moruna, calchón, calzado, campero, canelo, cañilavado, caponera, careto, blando de CARONA, corto [o largo] de CARONA, caroñoso, de carreras, cartujano, casquiacopado, casquiblando, casquiderramado, casquimuleño, castaño, castañuelo, cazcorvo, cebadero, cebrado, cebruno, cernejudo, cerrero, cerril, cervuno, cháguar, chúcaro, claro, coceador, colicano, colín, coscojero, cuartilludo, cuatralbo, culinegro, denticonejuno, dentivano, derribado, descopado, doradillo, dosalbo, de buena EMBOCADURA, empacón, empedrado, engatillado, ensillado, entrepelado, estrellado, estrellero, fajado, falso, frisón, frontino, gacho, gafo, gateado, grullo, de guías, guito, hito, izquierdo, jaro, leal, lerdo, limonero, lomienhiesto, lomudo, lunanco, mancarrón, manialbo [o maniblanco], matalón [matalote o matungo], meco, mohíno, montado, mosco, mosqueado, nambí, noble, overo, palmitieso, parador, parejero, pasero, patialbo [o patiblanco], paticalzado, patimuleño, peceño, abierto de PECHOS, percherón, petizo [o petiso], picazo, picón, PIEL de rata, pío, pisador, ponedor, purasangre, rabicano, de raza, rebelón, recela, recelador, recogido, redomón, repropio, resabiado, retinto, revuelto, reyuno, roano, rodado, rosillo, ruano, rubicán, rucio, ruco, sabino, sardesco, soberbio, sonto, suelto, tapado, terrero, testerillo, tobiano, topino, tordo, trabado, de tracción, trascorvo, trastrabado, tresalbo, tronzo, tropezón, trotador, trotón, unalbo, de varas, vellorio, volvedor, zaino. ➤ Hinnible. ➤ De cuartas, en cuartas, de sobrecuartas, de tronco. ➤ Cuarta, cuarteador, dobladura, encuarte, gabita, retorno, revecero. ➤ Aire, alzada, aplomo, capa, cuerda, diente, lámina, *paso, pelaje, raza. ➤ Anca, anguina, antebrazo, armos, asiento, babilla, barbada, befo, blanco, bolillo, bragada, brazo, brazuelo, cabos, calcha, calzos, cambujo, canal, candado, casco, cerneja, cerruma [o ceruma], cinchar, cinchera, cinta, clin, codillo, codo, codón, copete, cordón, CORONA del casco, corvejón [o corvelos], crin, cruz, cuadril, *cuartilla, cuarto, cuartos, culata, delgados, empeine, encuentro, ensilladura, espejos, espejuelo, estrella, fuente, galla, grupa [o gurupa], huello, jarrete, lomo, lucero, MANO de la brida [de la lanza o de la rienda], maslo, menudillo, morcillo, mosqueador, nabo, neguilla, ollar, pala, palomilla, pesebrejo, pierna, pospierna, pulpejo, quijote, RAYA de mulo, remiendo, renga, rodilla, sillar, talón, tarso, tejuelo, tendón, testuz, tintero, trabadero, tusa, valona. ➤ Ancado, resabio, vicio, zuna. ➤ Alcance, alcanzadura, arestil [o arestín], ceño, cinchera, cincho, clavadura, dolama[-e], enclavadura, enrejadura, escarza, matadura. ➤ Sentarse la CARGA, derrengarse, desespaldarse, deslomarse, despaldarse, respaldarse. ➤ Acaballar, acortar, acuartillar, aguacharse, alagartarse, alastrar, alfar, alomarse, amatarse, amblar, amularse, amusgar, mandar, apelar, apezuñar, apoyar, arbolarse, arrochelarse, asobinarse, atabalear, atondar, bailar, balotada, barajar, befar, bocear, bocezar, botar, botarse, BOTE de carnero, bracear, bufar, cabecear, cabestrear, cabriola, caracolear, carrera, carretearse, cerdear, cerrar, hacer CHAZAS, cocear, contratiempo, corcovear, corvetear, cruzarse, cuadrarse, cubrirse, desarzonar, desbocarse, descalzarse, descerrumarse, desencapotar, despapar, estar en EDAD, empacarse, emparejadas, empelar, irse a la EMPINADA, *empinarse, enarbolarse, enarmonarse, encabritarse, encalmarse, encapotarse, encorvar, engallarse, engrifarse, engrillar, ensobinarse, entablarse, escarbar, *Escarcear, espantada, espigar, hacer un EXTRAÑO, tascar el FRENO, galopar, galopear, galuchar, gambeta, grifarse, huello, huida, lendel, lomear, ponerse de MANOS, obedecer, ensortijar los OJOS, aguzar las OREJAS, orejear, pajear, pasear, sentar el PASO, piafar, picotear, pasar del PIE a la mano, andar a la PIERNA, plantarse, relinchar, remesón, reparada, repelar, repente, repropiarse, respingar, retrechar, reventarse, saltar, suspenderse, taparse, tenderse, hacer TIJERA, tirar, trápala, trenzar, tropezarse, trotar, derramar la VISTA, zapatazo, zapatear. ➤ Coz, taina. ➤ Abrigar, acicatear, acollarar, acoplar, acosar, acoyuntar, afatar, aguijar, ahormar, almohazar, alomar, alombar, amadrinar, amanear, apealar, apear, arrear, arremeter, arrendar, atronar, averdugar, avispar, hacer la BOCA, cabalgar, cargar, chacanear, clavar, arrimar el CLAVO, cuartear, desalbardar, desaparejar, desarrendar, descabestrar, desenalbardar, desencabestrar, desenganchar, desenjaezar, desenjalmar, desensillar, desguarnecer, desguarnir, despalmar, destalonar, destrabar, desvasar, domar, embridar, emparamentar, empotrerar, encebadar, enclavar, enfrenar, encuartar, enganchar, ensillar, entropillar, escapar, escaramucear, escaramuzar, espalmar, espolear, estrillar, fustigar, harrear, herrar, hostigar, jinetear, mandilar, manear, montar, nafrar, picar, rasquetear, recriar, rutiar, sofrenar, subir, trabajar. ➤ *Cuadra, *establo, mosquil, pastizal, picadero, potrero, presepio, regalada. ➤ Acaballadero, monta, parada, puesto, *remonta. ➤ Acemilero, alhamel, aljamel, almocrebe, *arriero, atajador, aventurero, burrero, caballerizo, caballero, caballista, cabañil, cabestrero, cajonero, campirano, chalán, domador, encuartero, harriero, hatajador, jilmaestre, marucho, mozo, palafrén, palafrenero, picador, recuero, *tratante, yacedor, yeguarizo [yegüerizo o yegüero]. ➤ Amazona, jineta, jinete, jockey. ➤ ¡Arre!, ¡cho!, ¡huesque!, ¡jo!, ¡ria!, ¡so! ➤ Topear. ➤ Atasajado. ➤ Carrusel. ➤ Almohaza, bruza, espartilla, lúa, mandil, rascadera, rasqueta. ➤ Moquillo. ➤ Arrendadero, trabón. ➤ Encabalgar. ➤ Enguera. ➤ Tafurea. ➤ Acaballado. ➤ *Agricultura. *Albarda. *Animal. *Armadura. *Cargar. *Carrera. *Equitación. *Ganado. *Guadarnés. *Guarnición. *Herrar. *Látigo. *Montar. *Paso. *Pienso. *Rienda. *Silla. *Traba. *Transporte. *Veterinaria.

caballeril adj. *De [o del] caballero.*

caballeriza (sing. o pl.) f. Local donde están instalados los caballos, particularmente los criados para el deporte. ≃ *Cuadra. ⊙ Conjunto de estos mismos caballos, pertenecientes a un dueño. ≃ *Cuadra. ⊙ Conjunto de éstos, junto con el personal que los cuida.

caballerizo m. Encargado de una caballeriza.

CABALLERIZO MAYOR DEL REY. *Funcionario del palacio real que tenía a su cargo las caballerizas.*

PRIMER CABALLERIZO DEL REY. *Funcionario palatino inmediatamente inferior al caballerizo mayor.*

caballero, -a (del lat. «caballarĭus») **1** (no frec. en f.) adj. Se aplica a la persona que va a caballo. Sólo se emplea corrientemente especificando la caballería: 'Caballero en una mula [o en un flaco rocín]'. **2** (empleado solamente cuando se trata de establecer la diferencia con los infantes) m. **Soldado de a caballo.* **3** («en») adj. Obstinadamente firme en una cosa que se expresa con un nombre o con «propósito, empeño» u «opinión». **4** (ant.) m. *Dueño de una *caballería.* **5** Perteneciente a determinada *orden de caballería: 'Los caballeros de Malta'. ⊙ CABALLERO andante. **6** Hombre perteneciente a la *nobleza, a diferencia del plebeyo o perteneciente al estado llano. ⇒ Équite, ermunio, freile, gentilhombre, *hidalgo, maestrante. ➤ Velar las ARMAS, armarse, ceñir ESPADA, calzar ESPUELA. ➤ Acolada, espaldarazo. ➤ Caravana, justa, librea, sobreseñal. ➤ *Noble. **7** (n. calif.) Se aplica a un hombre que se comporta a la vez con *distinción, con *dignidad y con *cortesía. ≃ Señor. ⊙ Se emplea en general y particularmente por las personas modestas, para dirigirse o referirse a lo que suele llamarse un «señor», o sea un *hombre que, por su aspecto o traje, demuestra pertenecer a una clase que no es de obreros; particularmente, como tratamiento de cortesía al cliente de ciertos comercios y otros establecimientos en que se le presta un servicio: 'Caballero: ¿me hace el favor de decirme qué hora es? Atienda a este caballero'. ⊙ Se emplea para designar los artículos propios de hombre: 'Zapatos de caballero. Sección de caballero'. **8** FORT. *Obra defensiva en una fortaleza, colocada a más altura que otras a las que protege con sus fuegos.* ≃ Roqueta, torre. **9** *Montón de tierra sobrante colocado a un lado y en la parte alta de un *desmonte.* **10** *Cierta danza española antigua.*

CABALLERO ANDANTE. *Héroe de los libros de *caballerías que recorría el mundo en busca de aventuras y de ocasiones en que demostrar su valor y la grandeza de su alma.

C. AVENTURERO. *CABALLERO andante.*

C. DE INDUSTRIA. Hombre que, con apariencia de caballero, vive del engaño y la estafa.

C. EN PLAZA. TAUROM. *Caballista que rejonea en el toreo.* ≃ Rejoneador.

A CABALLERO. *Referido a la manera de ver, dibujar, etc., una cosa, desde un sitio más alto.* ⇒ *Perspectiva.

ARMAR CABALLERO a alguien. Hacerle realizar y realizar con él ciertas ceremonias, por ejemplo velar las armas, y darle el espaldarazo, para concederle el título de *caballero.

V. «ESPUELA de caballero, PERSPECTIVA caballera».

PODEROSO CABALLERO ES DON DINERO. Frase equivalente a «el dinero todo lo puede».

SER [TODO] UN CABALLERO. Ser cortés y de proceder digno y recto.

caballerosamente adv. Referido sólo a hombres, de manera caballerosa; como corresponde a una persona con *honor o *noble de espíritu: 'Se ha portado caballerosamente'.

caballerosidad 1 f. Cualidad o actitud de caballeroso. 2 *Acción caballerosa.*

caballeroso, -a adj. Aplicado a hombres y a sus acciones o palabras, *noble y *digno. ⊙ *Cortés o *galante.

caballeta (de «caballo», por la forma de este insecto) f. **Saltamontes (insecto ortóptero).*

caballete (dim. de «caballo») m. Nombre aplicable en general a cualquier objeto, pieza o elemento de construcción formado por dos vertientes, así como a soportes que constan de una pieza o parte horizontal sostenida por pies. ⇒ Lindón. ➤ *Doblez. *Lomo. 1 Línea del *tejado donde se juntan dos vertientes. 2 *Cualquier clase de cubrimiento aplicado sobre esa unión.* ≃ Carenado, cumbrera, mojinete, morcillo. 3 CONSTR. *Remate de ladrillos a una o a dos vertientes, puesto sobre las *tapias.* ⊙ CONSTR. **Ladrillo especial para ese objeto.* ⇒ Albardilla, lomo. 4 CONSTR. *Remate puesto en las *chimeneas, formado por una o varias tejas o por ladrillos apoyados cada uno en el de enfrente, para evitar que entre el agua de lluvia.* 5 Prominencia que forma a veces el hueso de la *nariz. 6 *Prominencia del esternón de las *aves.* ≃ Quilla. 7 AGRIC. *Caballón* o *lomo entre dos surcos de tierra labrada.* 8 Soporte, generalmente formado por tres pies que se juntan en la parte superior, que se emplea para sostener los cuadros mientras se *pintan o para tenerlos expuestos. 9 *Madero sobre el que se quebranta el *cáñamo o el *lino.* 10 Utensilio consistente en un madero sostenido en dos pies, cada uno de ellos formado por dos palos cruzados, que se emplea para *sostener; por ejemplo, un tablero que hace de mesa. ≃ Asnilla. 11 *Soporte para las sillas de montar que hay en los guadarneses, consistente en dos tablas formando un lomo, sostenidas por pies.* ≃ Cabalhuste. 12 *Potro de madera en que se daba *tormento.* ≃ Caballejo. 13 *Utensilio que se coloca entre las piezas en los hornos de cerámica, para evitar que se peguen unas a otras.* ≃ Atifle. 14 AGRÁF. *Trozo de madera colocado con un tornillo en la pierna izquierda de la prensa de mano, en el cual se detiene el manubrio.* 15 (Méj.) MINER. *Masa de roca estéril que corta el filón.* ≃ Caballo. 16 *BOCA de la isla (pinza de cierto crustáceo).*

caballico (Ar.) m. *Galápago (molde empleado para hacer tejas).*

caballista 1 n. Hombre que entiende de *caballos y monta bien y hace a veces de ello una profesión. 2 (And.) m. **Ladrón de a caballo.*

caballito 1 m. Dim. muy usado, por ejemplo para designar a los que trabajan en el *circo. 2 (Perú; pl.) *Embarcación formada por dos odres fuertemente unidos, montada por un solo hombre.* 3 (pl.) **Juego de azar que se juega con una ruleta sobre la que gira una figura de caballo.* ⊙ (pl.) *Este mismo utensilio.* 4 (pl.) Artefacto de *feria que consiste en una plataforma giratoria sobre la que hay diversos objetos, como caballitos, focas o cochecillos, en los que se monta la gente. ≃ Carrusel, tiovivo. ⇒ Calesitas, carrusel, tiovivo. ➤ *Feria.

CABALLITO DE BAMBA. *Persona o cosa de poca utilidad.*

C. DEL DIABLO. Nombre aplicado a varias especies de insectos arquípteros con cuatro alas largas y estrechas, transparentes, reticuladas y de hermosas coloraciones en los machos, y abdomen filiforme, cuyas larvas viven en los cursos de agua. ≃ CABALLO del diablo, gallito, libélula, matapiojos.

C. DE MAR. *Pez teleósteo del género *Hippocampus*, con la cabeza y el hocico de una forma que recuerda a la de un caballo, y cola prensil. ⊙ Es figura que, más o menos estilizada, se emplea en decoración. ≃ CABALLO de mar, hipocampo.

C. DE SAN VICENTE (Cuba, Hond.). *CABALLITO del diablo.*

C. DE TOTORA (Perú). *Embarcación con forma de piragua que los indios, particularmente en el lago Titicaca, fabrican con haces de totora.*

caballo (del lat. «caballus», del gr. «kabállēs»; en la 11.ª acep., tomado del ingl.) 1 *(Equus caballus)* m. Mamífero perisodáctilo solípedo, de cuello arqueado, orejas pequeñas, pelo suave, crin larga y cola cubierta de pelo, que se emplea como montura y, a veces, o los de ciertas razas, para *carne. ⇒ *Caballería. 2 Pieza del *ajedrez de figura de caballo. 3 («de»: 'de copas, de bastos, etc.') En la *baraja española, carta de cada palo, de las llamadas «figuras», que tiene la de un caballo. ⇒ Perico, pericón. 4 *Soporte formado por dos palos cruzados en aspa, que se emplea, por ejemplo, para sostener uno de los extremos de un madero para serrarlo. ≃ Burro, cabrilla. 5 Aparato de gimnasia formado por un cuerpo alargado y acabado en punta, montado sobre cuatro patas. 6 MINER. *Masa de roca estéril que corta el filón.* ≃ Caballete. 7 *Hebra que se cruza en el aspa al hacer la *madeja.* 8 **Tumor de origen venéreo, generalmente en la región inguinal.* 9 (ant.) MAR. *Medida equivalente al antiguo «tonel» (cinco sextos de tonelada) para el arqueo de las embarcaciones.* 10 (Sal.) AGRIC. *Sarmiento más pujante de la *vid.* 11 (argot) Heroína (alcaloide).

CABALLO DE AGUA. *Hipopótamo.*

C. AGUILILLA (Hispam.). *Caballo de cierta raza, muy veloz.*

C. DE BATALLA. Cuestión más debatida en una controversia, o dificultad más persistente en un *asunto.

C. BLANCO. *Persona que da el dinero para una empresa de éxito dudoso.* ⇒ *Pagano.

C. DEL DIABLO. *CABALLITO del diablo.*

C. DE FRISA [O DE FRISIA]. MIL. *Madero con púas que se emplea como defensa contra la caballería.*

C. DE MAR. *CABALLITO de mar.*

C. DE SILLA. *El de tiro que se engancha a la izquierda* de la lanza.

C. DE VAPOR. FÍS. Unidad de *potencia equivalente a 75 kilográmetros. Abrev.: «CV».

A CABALLO. 1 («de, en») Con «estar, ir, montar», etc., sobre una caballería, o sobre cualquier objeto, en posición semejante. ⊙ También en sentido figurado: 'A caballo de un ideal'. 2 Situado entre dos cosas no materiales o participando de ellas: 'La obra de este autor está a caballo entre la Edad Media y el primer Renacimiento'.

A CABALLO EN LA TAPIA. Frase empleada para expresar la actitud de la persona que se abstiene de tomar partido por ninguno de dos en lucha, esperando adherirse al que resulte vencedor. ⇒ *Bandearse.

A CABALLO REGALADO NO LE MIRES [NO HAY QUE MIRARLE O NO SE LE MIRA] EL DIENTE. Refrán que expresa que no hay que ser exigente con lo que no le cuesta a uno nada. ⇒ *Gratis.

A MATA CABALLO (inf.). Deprisa y atropelladamente: 'Hicieron el trabajo a mata caballo y así ha quedado'.

V. «CARNE de caballo, COLA de caballo».

DE CABALLO (inf.). Muy grande o muy fuerte: 'Tiene una gripe de caballo'.

MONTAR [O MONTARSE] A CABALLO. Ir [o subir] sobre un caballo, una caballería o, en postura semejante, sobre otro objeto.

V. «MOZO de caballos, poner a los PIES de los caballos».

SACAR BIEN [LIMPIO] EL CABALLO. *Sacarlo indemne después de realizar según las reglas el ejercicio de que se trata, en un combate y, particularmente, en el toreo.*

V. «a UÑA de caballo».

caballón (aum. de «caballo») m. Lomo de tierra que queda entre cada dos *surcos al labrar, que se hace para separar los bancales, etc. ⇒ Acirate, caballete, camellón, lomo, ribazo.

caballuno, -a adj. De caballo: 'Avena caballuna'. ⊙ (desp.) Como de caballo. ⊙ Particularmente, se aplica a la mujer alta y de aspecto y movimientos desgarbados.

cabalmente 1 adv. Completamente. **2** Exactamente: 'Son cabalmente las doce'. **3** Se emplea como expresión enfática para subrayar una coincidencia o *casualidad: 'Cabalmente estaba pensando en decirle a usted eso mismo. ¿Puedes prestarme cinco duros? —Lo siento, pero cabalmente acabo de gastar el último dinero que llevaba'. ≃ *Precisamente. ⊙ También se emplea para poner énfasis en una *contradicción o una paradoja: 'Tú no sabes nada de eso. —Cabalmente, soy el que está mejor enterado'. ≃ *Precisamente.

¡CABALMENTE! Se emplea como exclamación de asentimiento.

cabalonga (Cuba, Méj.) f. **HABA de San Ignacio (arbusto loganiáceo).*

cabana (del ingl. «cabana», del español «cabaña») f. *Conjunto de los tirantes que tensan las alas del *avión.*

cabaña (del lat. tardío «capanna», choza, de «capĕre», contener) **1** f. *Vivienda hecha toscamente en el campo con troncos, ramaje, cañas, etc. ≃ *Choza. **2** *Ganado importante. **3** Conjunto del ganado de cierta clase, de cierto sitio, etc.: 'La cabaña ganadera de Badajoz. La cabaña porcina de este año'. **4** *Recua de *caballerías empleada en transportar granos.* **5** (Arg., Ur.) *Hacienda en la que se cría ganado de raza.* **6** PINT. *Cuadro que representa cabañas de pastores con aves y animales domésticos.* **7** *Espacio dividido por una raya a la cabecera de la mesa de *billar, desde el cual juega el que tiene la bola todavía en la mano.* ≃ Casa.

CABAÑA REAL. *Ganado que pertenecía a los componentes del *Concejo de la Mesta.*

cabañal 1 m. *Camino por donde pasan los ganados.* ≃ *Cañada. **2** *Pueblo de cabañas.* **3** (Sal.) **Cobertizo de maderos y ramaje para el ganado.*

cabañera (de «cabaña»; Ar.) f. *Cañada.*

cabañería (de «cabañero») f. *Ración de pan, aceite, vinagre y sal que se da a los *pastores para varios días.*

cabañero, -a 1 adj. *De la cabaña; particularmente, de la cabaña de ganado.* **2** m. *Hombre que cuida una cabaña de ganado o de caballerías.* **3** (Arg., Ur.) adj. y n. *Se aplica al propietario o encargado de una cabaña (hacienda donde se cría ganado de raza).*

cabañil 1 adj. *De las cabañas de los *pastores.* ⇒ Pastoril. **2** m. *Hombre que cuida la cabaña de caballerías.*

cabañuelas (dim. pl. de «cabaña») **1** f. pl. Pronóstico hecho por la gente de los pueblos sobre el tiempo que va a hacer en cada uno de los doce meses siguientes, observando las variaciones de los primeros días de enero y agosto. ⇒ *Calendario. **2** (Méj.) *Lluvias de invierno.* **3** (Bol.) *Primeras lluvias del verano.*

V. «FIESTA de las Cabañuelas».

cabaré m. Forma castellanizada de «cabaret».

cabaret (fr.; pronunc. [cabaré]) m. Establecimiento público donde, además de servir bebidas y comidas, se dan espectáculos de variedades, generalmente nocturnos. ≃ Cabaré. ⇒ Cabaretero, -a. ≻ *LOCALES públicos.

cabaretero, -a 1 adj. Propio del cabaret. Se aplica especialmente al tipo de espectáculos que se ofrecen en estos establecimientos. **2** f. Mujer que canta y baila en espectáculos de cabaret.

cabarga (Bol., Perú) f. *Protección de cuero que, a modo de herradura, se pone en las patas del ganado vacuno en los Andes.*

cabás (del fr. «cabas») **1** m. **Capazo o *cestilla que usaban las mujeres para la compra.* **2** Especie de *bolso o cartera en forma de caja usado para llevar libros y demás utensilios al colegio.

cabaza (ant.) f. *Manto largo, o gabán.* ⇒ *Abrigo.

cabdal (del lat. «capitālis», referente a la cabeza) **1** (ant.) adj. *Del *caudillo:* 'Bandera cabdal'. **2** (ant.) **Principal.* **3** (ant.) n. *Caudal.* **4** (ant.) adj. *Caudaloso.*

cabdellador (de «cabdellar»; ant.) m. *Caudillo.*

cabdellar (ant.) tr. *Acaudillar.*

cabdiello (ant.) m. **Caudillo.*

cabdillamiento (de «cabdillar»; ant.) m. *Acción de cabdellar.*

cabdillar (de «cabdillo»; ant.) tr. *Acaudillar.*

cabdillo (del lat. «capitellum», dim. de «caput, -ĭtis», cabeza; ant.) m. **Caudillo.*

cabe[1] (de «cabo», orilla; lit. o rural) prep. *Junto a la cosa que se expresa o muy *cerca de ella: 'Cabe el hogar'.

cabe[2] (de or. expresivo) m. *Cierto lance del juego de la argolla.*

cabear (ant.) tr. *Poner *cabos de atar u otros remates, como ribetes o vivos, a una ↘prenda.* ⇒ *Rematar.

cabeceado (de «cabecear») m. *Ensanchamiento que se hace a veces en la parte superior del palo de las letras como la «b» o la «d».*

cabeceador (ant.) adj. *Cabezalero.*

cabeceamiento m. *Cabeceo.*

cabecear 1 intr. Mover la cabeza a un lado y a otro o arriba y abajo; como se hace al dormitar, como hace a veces el *caballo o como hacen las flores sobre sus tallos con el viento. **2** Volver la cabeza a un lado y a otro, particularmente para *negar. **3** MAR. Moverse un *barco subiendo y bajando alternativamente la proa y la popa. ⇒ Brandar. ⊙ Hacer un *carruaje un movimiento semejante. **4** *Moverse a un lado y a otro algo que debería permanecer inmóvil o en equilibrio; como una carga o una *cometa. **5** tr. *Echar un poco de *vino añejo en el ↘nuevo.* **6** (Jerez) *Hacer un ↘*vino mezclando varios de distinta clase.* **7** (Chi., Ur.) intr. *Formar las puntas o las cabezas de los *cigarros.* **8** tr. AGRÁF. *Poner cabezadas a un libro.* **9** *Ensanchar hacia el extremo los palos de las ↘letras como la «b» o la «d».* **10** **Reforzar los ↘*bordes de una prenda, por ejemplo de una estera, cosiendo una tira en ellos.* **11** *Poner pie nuevo a un ↘*calcetín o *media.* **12** (Cuba) *Unir un manojo de hojas de ↘tabaco atándolas por los tallos.* **13** CARP. *Poner cabezas a los ↘tablones.* **14** AGRIC. **Labrar las cabeceras.* **15** (And.) *Contar el número de cabezas de un ↘*ganado para cobrar la estancia de él en una dehesa o cortijo.* **16** intr. DEP. En *fútbol, golpear el ↘balón con la cabeza dirigiéndolo a un sitio determinado: 'El pase era muy peligroso pero el delantero centro no consiguió cabecear'.

cabeceo m. Acción de cabecear.

cabecequia (del sup. «çabecequia», del sup. ár. and. «ṣáhb assáqya», cl. «ṣāḥibu ssāqiyah», jefe de la acequia; Ar.) m. *Persona que tiene a su cargo el cuidado de las acequias y la distribución de las aguas de riego.*

cabecera (de «cabeza») **1** f. Lado de las *camas donde se colocan las almohadas. ⊙ Pieza que limita la cama por este lado. ≃ Cabecero. ⇒ Pies. **2** *Almohada.* **3** Parte de la iglesia en que está el altar mayor. **4** Lugar destinado a la persona principal o de más autoridad, por ejemplo en un tribunal o en la mesa de comer. Antes se consideraban cabeceras en una mesa los extremos; ahora suelen sentarse las personas de más respeto en el centro de los lados largos. **5** AGRIC. *Extremo u orilla de un *campo a donde no se puede llegar *labrando con el arado.* **6** AGRIC. *Parte más elevada de un *campo de cultivo.* ≃ Cabezada. **7** Origen de un *río. **8** **Origen de otras cosas.* **9** m. *Persona *principal o que *representa a otras o *dirige cierta cosa.* ≃ Cabeza. ⊙ (ant.) *Capitán o *jefe de un ejército de un territorio o un pueblo.* ≃ Cabeza. ⊙ (Sal.) *CABEZA de familia.* ⊙ MINER. *Jefe de una cuadrilla de barreneros.* ≃ Cabeza. **10** f. *Cada uno de los bordes superior e inferior del lomo de un libro.* **11** (ant.) **Encabezamiento de un escrito.* **12** AGRÁF. Adorno que se pone al principio o en la parte superior de un *impreso, de un artículo o de un capítulo. ⊙ AGRÁF. Parte superior de la primera página de un *periódico en que está escrito el título, la fecha, etc. ⊙ También, la de ciertos impresos en la que aparecen determinados datos. **13** (pl.) AGRÁF. *Cuñas de madera con que se asegura el molde a la rama por la parte superior.* **14** (ant.) *Albacea o testamentario.* ≃ Cabezalero. **15** (ant.) *Oficio de albacea.*

ESTAR A LA CABECERA [DE LA CAMA] de alguien. Acompañarle o asistirle mientras está enfermo.

V. «MÉDICO de cabecera».

cabecero, -a 1 (ant.) adj. *Persona a la que corresponden el título y los derechos de un linaje.* ≃ CABEZA de casa. **2** (ant.) m. *Albacea o testamentario.* ≃ Cabezalero. **3** m. Pieza de la cama que limita ésta por la parte en que se pone la almohada. ≃ Cabecera.

CABECERO DE ÁNGULO. **Ladrillo de esquina que queda a tizón en un lado y a soga en el otro.*

cabeciancho, -a adj. *De cabeza ancha.*

cabeciduro, -a (Col., Cuba) adj. *Obstinado.*

cabecilla 1 f. *Dobladura hecha en los extremos del papel de un *cigarrillo una vez envuelto el tabaco, para que no se caiga éste.* **2** m. *Jefe de una sublevación. ⇒ Demagogo, electo. **3** (inf.; n. calif.) n. *Persona de poco valor, física o moralmente.* ⇒ *Insignificante.

cabedero, -a adj. *De considerable cabida.*

cabellado, -a 1 *Participio de «cabellar[se]».* **2** (ant.) adj. *Cabelludo.* **3** *De *color castaño con visos.* ⇒*Pardo.

cabelladura (del lat. «capillatūra») f. *Cabellera.*

cabellar 1 intr. *Echar cabello.* **2** (ant.) tr. *Poner pelo postizo a ↘alguien. También reflex.*

cabellera 1 (culto o esmerado) f. Conjunto de los pelos de la cabeza. ≃ Cabello, pelo. ⇒ Crespa, MATA de pelo, melena. ➤ *Pelo. **2** Ráfaga luminosa que sigue a los *cometas.

cabello (del lat. «capillus») **1** (poco usado en lenguaje coloquial) m. Cada uno de los *pelos que crecen en la cabeza de las personas. ⇒ Otra forma de la raíz, «capil-»: 'capilar, capilaridad'. ➤ Cabellar, descabellar, encabellar. ➤ *Pelo. **2** (poco usado en el lenguaje coloquial; sing. o pl.) Cabellera: 'Recogerse el cabello. Con los cabellos alborotados'. ≃ *Pelo. **3** (pl.) *Barbas de la mazorca del *maíz.*

CABELLO DE ÁNGEL. **1** Dulce hecho de calabaza en almíbar, que tiene aspecto filamentoso. **2** (Hispam.) *Huevo hilado.* **3** *Fideos finos.* **4** (Hispam.) **Carboncillo (planta leguminosa).*

C. DE CAPUCHINO. Cuscuta (planta convolvulácea).

cabelloso, -a (del lat. «capillōsus»; ant.) adj. *Cabelludo.*

cabelludo, -a 1 adj. V. «CUERO cabelludo». **2** **Peludo* ⊙ *Aplicado particularmente a las plantas, o partes de ellas, vellosas, con vello largo.*

caber (del lat. «capĕre», asir) **1** («en, por») intr. Ser bastante ancho para pasar o colocarse alrededor de cierta cosa: 'Esta anilla no cabe por esta barra. Tu sombrero no me cabe'. ≃ Coger. **2** («en, entre, por») Tener *espacio suficiente en cierto sitio para pasar por él o para colocarse o alojarse en él: 'El piano no cabe por la puerta. Este libro no cabe en el estante. El armario no cabe entre las dos ventanas'. ⇒ Coger. ➤ *Ancho. *Capacidad. **3** (terciop.) Ser algo *posible o admisible: 'No ha venido todavía, pero cabe que venga más tarde. Cabe que no tuviera ganas de venir, pero debía haber avisado'. ⊙ (terciop.; gralm. en frases negativas; «en») Ser posible que alguien muestre determinada actitud: 'En él no cabe esa mezquindad'. **4** (terciop.) *Corresponder a alguien el honor, la satisfacción y, quizás, alguna otra cosa semejante, de algo que se expresa: 'Me cupo la satisfacción de comunicárselo yo mismo'. **5** (terciop.; «a») Al hacer manualmente una división, ser válido cierto número para incluirlo como cociente o para añadirlo a los que ya estaban escritos: '7 entre 3 cabe [o caben] a 2'. ⊙ («a») También, al resolver una raíz, ser válido cierto número como factor o para añadirlo al factor. **6** (ant.) **Participar en cierta cosa o *intervenir en ella.* **7** (ant.) tr. **Entender.*

CABER TODO en cierta persona. Significa que esa persona es *capaz de cualquier cosa censurable o abominable, incluso de una determinada en que se piensa.

V. «[no] caber en la CABEZA, no caber el CORAZÓN en el pecho, caber DUDA».

NO CABE MÁS [O QUE NO CABE MÁS]. Expresiones de *ponderación equivalentes a «no es posible más» o «que no es posible más»: '¿Es bonito ese sitio? —No cabe más. Es simpática que no cabe más'.

NO CABER alguien EN SÍ de gozo u otro sentimiento o estado de ánimo semejante. Estar lleno de ese sentimiento: 'Está que no cabe en sí de satisfacción por el triunfo de su hija'.

V. «no caber en el PECHO».

□ CONJUG. IRREG. IND. PRES.: quepo, cabes, cabe, cabemos, cabéis, caben; PRET. INDEF.: cupe, cupiste, cupo, cupimos, cupisteis, cupieron; SUBJ. PRES.: quepa, quepas, quepa, quepamos, quepáis, quepan; PRET. IMPERF.: cupiera,-ese, cupieras,-eses, cupiera,-ese, cupiéramos,-ésemos, cupierais,-eseis, cupieran, -esen; FUT. IMPERF.: cupiere, cupieres , cupiere, cupiéremos, cupiereis, cupieren.

cabero, -a (de «cabo») **1** (Méj.) adj. *Último.* **2** (And. baja) m. *Hombre que pone cabos o mangos a los utensilios agrícolas de metal y hace los de madera.*

cabestraje 1 m. *Conjunto de cabestros.* **2** *Agasajo que se hace a los vaqueros que han conducido con sus cabestros la res vendida.*

cabestrante m. *Cabrestante.*

cabestrar 1 tr. *Poner cabestros a las ↘caballerías que están sueltas.* **2** intr. **Cazar con buey de cabestrillo.*

cabestrear intr. *Dejarse llevar dócilmente por el cabestro una *caballería.* ≃ Ramalear.

cabestrería f. *Taller o tienda de cabestros, *cuerdas, etc., de cáñamo.*

cabestrero, -a 1 (And.) adj. *Se aplica a la caballería que se está acostumbrando al cabestro.* **2** m. *Hombre que conduce de un sitio a otro las reses vacunas por medio de cabestros (bueyes o mansos).* **3** n. *Persona que vende cabestros y otras cosas de cáñamo.*

cabestrillo (dim. de «cabestro») **1** («en») m. Banda o armazón que se pone pendiente del cuello para sostener un

brazo que se tiene herido o lastimado: 'Lleva el brazo en cabestrillo'. ≃ Charpa. **2** **Cadena de oro, plata, etc., llevada como adorno alrededor del cuello.* ≃ Cabestro.
V. «BUEY de cabestrillo».

cabestro (del lat. «capistrum») **1** m. *Cuerda o *correa que se *ata al cuello de una caballería como rienda, para *conducirla o atarla con ella. ≃ Dogal, ramal, ronzal, bozal, bozo, diestro, falquía, guasca, huasca. ⇒ Cabestrar, cabestrear, descabestrar, desencabestrar, encabestrar. **2** TAUROM. *Buey o manso que se pone delante de los *toros para que los guíe. ⇒ Encabestrar. **3** *Cabestrillo (*cadena de adorno).* **4** (inf.; n. calif.) Hombre torpe. ≃ *Animal.

cabete (de «cabo») m. *Remate de metal que se pone en un cordón, cinta, etc.; por ejemplo, en los cordones de los zapatos, para pasarlos fácilmente por los ojetes. ≃ Herrete.

cabeza (del lat. vulg. «capitĭa») **1** f. Porción del *cuerpo del hombre o de los animales, situada en la parte superior o anterior, en la que están localizados algunos órganos de los sentidos, el encéfalo y, generalmente, la boca. ⊙ Se entiende unas veces incluyendo el cuello y otras sin incluirlo: 'Una cabeza escultórica. El cuello y la cabeza'. ⊙ (Méj.) *Se aplica sin especificación a las de *carnero que van vendiendo por la calle en un horno llevado en parihuelas.* **2** Esa parte, excluida la cara: 'Se ha dado un golpe en la cabeza'. **3** *Escultura, pintura o *fotografía de solamente la cabeza y el cuello o poco más. **4** («por») En un *reparto o distribución, cada persona: 'Corresponden tres pesetas por cabeza'. **5** *Res, para expresar un número de ellas: 'Un rebaño de cincuenta mil cabezas'. **6** *Inteligencia: 'No tiene una gran cabeza. Es una gran cabeza'. **7** *Mente; se le aplican, en esta acepción, multitud de verbos: «cargarse, embotarse, ofuscarse, dar vueltas». V. frases al final del artículo. **8** Cosa o persona más importante entre otras. ⇒ CABEZA de familia [de casa o de la Iglesia]. ⊙ *Persona que lleva la *representación de otras.* ⇒ Cabezalero. **9** **Capital de un país.* ⇒ CABEZA de partido. **10** (pl.) **Juego que consistía en poner en el suelo o en un palo tres o cuatro figuras de forma de cabeza y ensartarlas con una espada o una lanza o herirlas con una pistola al pasar corriendo a caballo.* **11** Extremo abultado, ensanchado o redondeado de cualquier objeto, opuesto a la punta; como en un clavo, en un alfiler o aguja, o en el martillo. ⊙ Parte de las *flores distinta del tallo: 'Se sumergen en agua las cabezas para refrescarlas. Las cabezas de las cardenchas'. **12** Extremo de algunas cosas aunque no sea más abultado que el resto; por ejemplo, de una viga. **13** Extremo de un *puente, por donde queda apoyado. **14** Se aplica a veces a la parte que, en la posición normal de una cosa, queda arriba; por ejemplo, en las frases 'cabeza abajo, cabeza arriba'. **15** **Cumbre de una *montaña o una cordillera.* **16** *Parte superior de la armazón que sostiene la *campana.* **17** *Remate saliente en el *borde de algunas cosas; por ejemplo, en los bordes superior e inferior del lomo de los libros* encuadernados. ≃ Cabezuela. ⊙ *En ciertas piezas fruncidas de algunas prendas, por ejemplo en un volante, parte de la tela que se deja rebasando de la costura con que van sentadas.* **18** Parte principal de un aparato o máquina para distinguirla de las otras accesorias, el soporte, etc.: 'La cabeza de la máquina de coser'. **19** CARP. **Listón que se ensambla contrapeado en el borde de un tablero para evitar que se combe.* **20** **Encabezamiento o epígrafe de un escrito.* **21** (ant.) *Capítulo de un libro.* **22** (ant.) **Encabezamiento o reparto de las contribuciones en un pueblo.* **23** **Origen de una cosa.*

CABEZA DE AGUA. MAR. *Pleamar.*

C. DE AJO[S]. Bulbo de la planta del *ajo, constituido por múltiples dientes.

C. DE CASA. *CABEZA de linaje.*

C. DE CHORLITO. Expresión usada como nombre calificativo aplicado a una persona aturdida, desmemoriada o distraída.

C. CUADRADA (inf.). Se aplica a la persona excesivamente sistemática en su forma de pensar o actuar.

C. DEL DRAGÓN. ASTRON. Nodo ascendente.

C. DURA. La de la persona *torpe. También la de la persona obstinada: 'Tiene la cabeza muy dura y no le convencerás'. ⇒ *Obstinación.

C. DE FAMILIA. Persona (padre, madre, etc.) que figura como jefe de la *familia, por ejemplo para los efectos legales. ⇒ Amo, dueño.

C. HUECA. Se dice de la cabeza de la persona insensata. ≃ CABEZA vacía, CABEZA a [o llena de] pájaros, de viento. ⊙ O de la persona frívola. ⊙ Con ambos significados se emplea también como nombre calificativo aplicado a una persona: 'Es un cabeza hueca'.

C. DE LA IGLESIA. El *Papa.

C. DE JABALÍ. *Fiambre hecho con trozos de la cabeza del jabalí. ⊙ Fiambre semejante hecho de cabeza de cerdo. ⇒ Chicharrones.

C. DE LINAJE. Persona que lleva el título y ostenta los derechos de un linaje. ≃ Cabecero, CABEZA de casa.

C. LLENA DE VIENTO. CABEZA hueca.

C. DE LOBO. *Cosa que alguien exhibe para ganarse la voluntad de los demás.*

C. LOCA (inf.). Persona alocada.

C. MAGNÉTICA. ELECTR. Dispositivo capaz de leer, registrar o borrar señales sobre un soporte magnético (cinta, disco, etc.).

C. MORUNA. EQUIT. *La de la *caballería que es negra, siendo de color claro el resto del cuerpo del animal.*

C. DE OLLA. *Primer y más sustancioso *caldo sacado de la olla.*

C. A [O LLENA DE] PÁJAROS. CABEZA hueca.

C. DE PARTIDO. *Capital de un partido judicial.

C. PENSANTE. Persona que planea u organiza algo: 'Las cabezas pensantes de la organización'.

C. DE PERRO. *CELIDONIA menor (planta ranunculácea).

C. DE PLAYA. Cabeza de puente, en una playa.

C. DE PUENTE. **1** Extremo por el que se *apoya. ⊙ FORT. *Fortificación que defiende su entrada.* **2** Punto en que se instala alguien, por ejemplo un ejército, o en que desembarca o pone el pie, como base para proseguir después la expansión o el avance. ⇒ *Principio. **3** Logro que permite afianzarse y seguir adelante en una empresa.

C. RAPADA. Miembro de ciertos grupos juveniles que llevan el pelo rapado o muy corto, generalmente de ideología extremista y racista, y actitudes violentas. ≃ Skin [head]. ⇒ *Contracultura.

C. DE TURCO. Persona sobre la que se cargan las *culpas de las cosas malas que ocurren.

C. VACÍA. CABEZA hueca.

MALA CABEZA. **1** Expresión calificativa que se aplica a una persona que dilapida su fortuna o hace vida irregular. ≃ *Calavera. **2** («Tener») Falta de memoria. ⇒ *Olvido.

A LA CABEZA. **1** Referido a una carga, sobre la cabeza. **2** *Delante, sirviendo de guía: 'A la cabeza de la manifestación'. ≃ En CABEZA. **3** El *primero, en una serie, lista u ordenación por categorías. ≃ En CABEZA.

ABRIR[SE] LA CABEZA. Romper[se] la CABEZA.

AGACHAR LA CABEZA. Bajar la CABEZA.

ALZAR CABEZA. Levantar CABEZA.

ALZAR LA CABEZA. Levantar la CABEZA.

ANDAR DE CABEZA. Ir de CABEZA.

BAJAR [AGACHAR O DOBLAR] LA CABEZA. **1** Agacharla materialmente. **2** Agacharla, por vergüenza o deshonor.

3 *Avergonzarse o *humillarse: 'No tengo por qué bajar la cabeza delante de nadie'. 4 *Obedecer o *conformarse.

BULLIRLE a uno algo EN LA CABEZA (inf.). Tener alguien una idea fija en la mente.

CABER una cosa EN LA CABEZA (gralm. en frases negativas). Poder *concebirla: 'No me cabe en la cabeza que vaya a subir otra vez el precio de los pisos'.

CABEZA ABAJO. *Invertido, con la parte superior hacia abajo: 'Algunos libros están cabeza abajo'.

C. ARRIBA. Por oposición a «cabeza abajo», en la posición normal.

CALENTARLE a alguien LA CABEZA. 1 Contarle o decirle cosas que le hacen *preocuparse. 2 Hacerle concebir *ilusiones o esperanzas engañosas. ≃ Llenar la CABEZA de aire [de pájaros o de viento], meter cosas en la CABEZA.

CALENTARSE [O ROMPERSE] LA CABEZA. *Pensar o *estudiar mucho. ≃ Devanarse los SESOS. ⊙ *Meditar o *cavilar sobre algo. ≃ Devanarse los SESOS.

CARGARSE LA CABEZA. Sentir en ella pesadez y entorpecimiento. ≃ Ponerse la CABEZA como un bombo, ponerse la CABEZA pesada.

V. «clavar un CLAVO con la cabeza».

CON LA CABEZA ALTA [ERGUIDA O LEVANTADA]. Sin tener por qué avergonzarse. ⇒ *Digno.

CON LA CABEZA ENTRE LAS MANOS. En esa forma, con los codos apoyados en algún sitio y en actitud de *meditar.

CORTAR LA CABEZA. Hacerlo como procedimiento de *ejecutar a un condenado.

DAR a alguien EN LA CABEZA. Hacer intencionadamente algo contrario a lo que la persona de que se trata espera o desea: 'Se ha casado con ese chico por darle en la cabeza a su antiguo novio. Viene todos los días tarde por darle en la cabeza al jefe'. ≃ Dar en las NARICES, hacer rabiar. ⇒ *Contrariar, *molestar, *rabiar.

DARSE CON LA CABEZA CONTRA LA PARED. Hacerlo así materialmente, por desesperación. ≃ Darse de CABEZA [o de CABEZADAS] contra la pared. ⊙ En general, se emplea simbólica e hiperbólicamente, significando estar furioso, por ejemplo por haber cometido un desacierto o no haber sabido aprovechar una oportunidad.

DARSE DE CABEZA. Tener un *contratiempo como consecuencia de haber cometido torpezas o desaciertos: 'Ése se dará de cabeza algún día'.

DARSE DE CABEZA CONTRA LA PARED. Darse con la CABEZA contra la pared.

DE CABEZA. 1 Con la cabeza por delante: 'Tirarse al mar de cabeza'. 2 Sin vacilar: 'Si él me lo dice, lo haré de cabeza'. ⇒ *Decisión. 3 *De memoria.* 4 V. «ir de CABEZA, llevar de CABEZA».

DE MI [TU, etc.] CABEZA. Con «sacar» o «salir», ser cierta cosa pensada por la persona de que se trata: 'Todo esto ha salido de mi cabeza'.

DECIR alguien TODO LO QUE LE VIENE A [O SE LE PASA POR] LA CABEZA. No tener mesura o prudencia en lo que dice. ⇒ *Desahogarse, *descomponerse, *malhablado.

DOBLAR LA CABEZA. 1 Bajar la CABEZA. 2 *Morirse.

ECHAR DE CABEZA. *Plantar *acodando.*

EMBOTARSE LA CABEZA. *Ofuscarse la cabeza.

EN CABEZA. A la CABEZA.

ENDEREZAR LA CABEZA. Alzar la CABEZA.

ERGUIR LA CABEZA. Alzar la CABEZA.

ESCARMENTAR EN CABEZA AJENA. Hacerlo por algo que le ha ocurrido a otra persona. Suele usarse en frases de sentido negativo: 'Nadie escarmienta en cabeza ajena'. ⇒ *Escarmentar.

ESTAR A LA CABEZA. V. «a la CABEZA, en CABEZA».

ESTAR MAL [O TOCADO] DE LA CABEZA. V. «mal de la CABEZA, tocado de la CABEZA».

HACER IR DE CABEZA. Llevar de CABEZA.

HACER PERDER LA CABEZA. V. «perder la CABEZA».

HACERSE UN BOLO EN LA CABEZA. *Ofuscarse la CABEZA.

HINCHAR LA CABEZA. Calentar la CABEZA.

V. «INCLINACIÓN de cabeza».

IR A LA CABEZA. V. «a la cabeza».

IR DE CABEZA. Estar excesivamente ocupado o atareado. ≃ Andar de CABEZA. ⇒ *Ajetrearse. ➤ Llevar de CABEZA.

IR DE CABEZA por algo. *Desearlo mucho.

IR DE CABEZA por alguien. Hacer todo lo posible por *complacerle o servirle.

IRSE LA CABEZA a alguien. *Marearse.

JUGARSE LA CABEZA (inf.). Correr un grave peligro.

LAVAR LA CABEZA. Lavar el cabello.

LEVANTAR [O ALZAR] CABEZA. Salir, por fin, de la pobreza o de una mala situación: 'Este año el equipo no levanta cabeza'. ⊙ Reanimarse o restablecerse de una enfermedad. Se usa mucho en frases negativas o de sentido negativo: 'Está mejor, pero le cuesta levantar cabeza'.

LEVANTAR LA CABEZA. 1 Ponerla erguida materialmente. 2 Adoptar o mantener la actitud digna de quien no se humilla o considera que no tiene de qué avergonzarse. 3 Levantar CABEZA.

LLENAR LA CABEZA DE AIRE [DE PÁJAROS O DE VIENTO]. Calentar la CABEZA.

LLEVAR a alguien DE CABEZA. Darle mucho *trabajo o *preocupación. ⊙ *Baquetearle haciéndole realizar muchas gestiones o ir de un lado para otro. ≃ Hacer ir de CABEZA, traer de CABEZA.

MAL DE LA CABEZA. Trastornado o *loco. ≃ Tocado de la CABEZA.

V. «salir con las MANOS en la cabeza, liarse la MANTA a la cabeza».

MÁS VALE [O MEJOR] SER CABEZA DE RATÓN QUE COLA DE LEÓN [o, menos frec., CABEZA DE SARDINA QUE COLA DE SALMÓN]. Expresa la conveniencia de estar en un grupo en el que se destaca y no en otro de mayor importancia, poder, etc., en el que se es de los últimos. ⇒ *Sobresalir.

METER CABEZA. Meter la CABEZA.

METER una cosa EN LA CABEZA a alguien. *Enseñársela, hacérsela comprender o *convencerle de ella.

METER COSAS EN LA CABEZA a alguien. Calentar la CABEZA.

METER LA CABEZA. *Situarse. ≃ Meter CABEZA. ⊙ (inf.) Lograr introducirse o ser admitido en algún lugar: 'Lo importante es conseguir meter la cabeza en la empresa'.

METERSE DE CABEZA en una cosa. Emprenderla o incorporarse a ella con *decisión.

METÉRSELE una cosa a alguien EN LA CABEZA. Coger la idea de ella sin fundamento o con *obstinación. ≃ Ponerse en la CABEZA.

NO LEVANTAR LA CABEZA de alguna ocupación. No dejarla ni un momento; estar absorto en ella: 'No levanta la cabeza de los libros'. ⇒ *Abstraerse, *enfrascarse.

NO TENER alguien DONDE [O A DONDE] VOLVER LA CABEZA. No tener a quien o a donde acudir en busca de remedio o ayuda. ⇒ *Abandonar, *desamparo.

OLERLE a alguien LA CABEZA A CHAMUSQUINA. 1 *Tener algún rozamiento con la *Inquisición.* 2 *Estar en peligro de recibir alguna *reprensión o *castigo.*

OLERLE a alguien LA CABEZA A PÓLVORA (inf.). *Correr peligro cierto de muerte violenta.*

OSCURECERSE [U OFUSCARSE] LA CABEZA. Frases de sentido claro en que «cabeza» tiene el significado de «mente». ⇒ *Ofuscarse.

PASARLE [O PASÁRSELE] una cosa a alguien POR LA CABEZA. *Ocurrírsele. Más usado en frases negativas: 'Ni por un momento se me ha pasado por la cabeza tal cosa'.

PERDER LA CABEZA. Perder la *serenidad o el control por un ataque de *miedo, de *cólera, de pasión, etc.
V. «de PIES a cabeza, sin PIES ni cabeza».
PONER alguien una cosa SOBRE SU CABEZA. Considerarla admirable.
PONERSE A LA CABEZA. V. «a la CABEZA».
PONERSE EN CABEZA. V. «en CABEZA».
PONERSE LA CABEZA COMO UN BOMBO. Ponerse pesada o con aturdimiento. ≃ Cargarse la CABEZA.
PONERSE LA CABEZA PESADA. Cargarse la CABEZA.
PONÉRSELE a alguien una cosa EN LA CABEZA. Metérsele en la cabeza.
POR CABEZA. Para cada uno. ⇒ *Repartir.
V. «poner PRECIO a la cabeza, QUEBRADERO de cabeza».
QUEBRARSE LA CABEZA. Romperse la CABEZA.
QUITAR a alguien una cosa DE LA CABEZA. *Disuadirle de ella.
QUITAR LA CABEZA. Hacer perder la cabeza.
V. «perder la CABEZA».
RODAR CABEZAS (inf.). Producirse destituciones o expulsiones: 'Como la cosa siga así, aquí van a rodar cabezas'.
ROMPER[SE] LA CABEZA. *Descalabrar[se]. ⊙ Se emplea particularmente como amenaza hiperbólica o para expresar un temor: '¡Te voy a romper la cabeza si no te estás quieto! Un día te vas a romper la cabeza por subirte ahí'.
ROMPERSE LA CABEZA con algo. Pensar mucho sobre ello. ≃ Calentarse la CABEZA, devanarse los SESOS.
SACAR alguien una cosa DE SU CABEZA. V. «de mi [tu, etc.] CABEZA».
SACAR LA CABEZA una cosa. Empezar a *manifestarse: 'Parece que saca la cabeza el invierno'.
SACAR alguien LA CABEZA. Tomar atrevimiento después de haber estado cohibido o reprimido.
SALIR una cosa DE LA CABEZA de alguien. V. «de mi [tu, etc.] CABEZA».
V. «subirse la SANGRE a la cabeza».
SENTAR LA CABEZA. Hacerse *formal o *sensato alguien que no lo era.
SI LEVANTARA LA CABEZA... Expresión con que se comenta el asombro o el disgusto que le produciría algo a una persona ya fallecida en el caso de que resucitara: 'Si mi abuelo levantara la cabeza y viera cómo ha quedado su casa...'.
SUBÍRSELE a alguien una cosa A LA CABEZA. **1** Refiriéndose a bebidas alcohólicas, marearle o *emborracharle ligeramente: 'Se me ha subido a la cabeza la copita de coñac'. **2** Con cualquier otra cosa, hacerle perder su habitual serenidad por envanecerle demasiado: 'Se le ha subido a la cabeza el triunfo'.
TENER LA CABEZA COMO UNA OLLA DE GRILLOS [o COMO UN BOMBO]. Estar *aturdido o mareado.
TENER LA CABEZA A [o LLENA DE] PÁJAROS. V. «CABEZA a [llena de] pájaros».
TENER alguien LA CABEZA EN SU SITIO. Ser prudente e inteligente.
V. «no dejar TÍTERE con cabeza».
TOCADO DE LA CABEZA. Chiflado o *loco. ≃ Mal de la CABEZA.
TORCER LA CABEZA. *Morirse.* ≃ Doblar la CABEZA.
TRAER DE CABEZA. Llevar de CABEZA.
V. «tirarse los TRASTOS a la cabeza».
VENIR una cosa A LA CABEZA. *Ocurrirse.
V. «VINO de cabezas».
VOLVER LA CABEZA a alguien. **1** *Rehuir saludar a la persona de que se trata. **2** No ayudarla o atenderla. ⇒ *Abandonar.
V. «VOZ de cabeza, dar VUELTAS la cabeza [a la cabeza o en la cabeza]».

□ CATÁLOGO
Otras formas de la raíz, «cap-, chap-, cip-»: 'capital, capitel; chapeo, chaperón; bicípite, tricípite'. Otra raíz, «cefal-»: 'acéfalo, bicéfalo, calocéfalo, cefálico, tricéfalo'. ➤ Azotea, bautismo, calamocha, calamorra, camota, casco[s], chamorra, chilostra, chola, cholla, coca, coco, cocota, cocote, crisma, mate, melón, mocha, mollera, molondra, molondrón, santiscario, testa. ➤ Carrilladas. ➤ Craneología, craneometría. ➤ ÁNGULO facial, ÁNGULO occipital, calavera, ÍNDICE cefálico. ➤ Cerebro, colodrillo, corona, coronilla, *cráneo, fontanela, morra, nuca, *occipucio, pericráneo, seno, sesera, *sien, TAPA de los sesos, templa, testera, testuz [o testuzo], tiesta, tiesto, vértice. ➤ Cabeciancho, cabeciduro, cabizcaído, cabizmordido, cayuco. ➤ Braquicéfalo, dolicocéfalo, hidrocéfalo, macrocéfalo, microcéfalo. ➤ Cabizbajo. ➤ Agachar, agobiar, amochar, amorrar, azorrarse, bajar, cabecear, catitear, cubrirse, descubrirse, encambronarse, encapotarse, levantar. ➤ Tocarse. ➤ Decalvar, pelar. ➤ Capolar, romper[se] la CRISMA, decapitar, degollar, descabezar, *descalabrar[se], descerebrarse, descrismar[se], destutanarse, ensalmar[se], escalabrar[se], levantarse la TAPA de los sesos, truncar. ➤ Cargazón, cefalalgia, cefalea, cefalitis, hemicránea, jaqueca, migraña, murria, pesadez. ➤ Cabezada, cabezazo, cachete, calabazazo, calamorrada, calamorrazo, capirotazo, capitón, capón, coco, cocotazo, coscorrón, cosque, cosquis, currito, macoca, seco, testarada, testarazo. ➤ Cuquera, gusanera. ➤ Caspa, fórfola. ➤ Almirante, aureola, cachirulo, *capucha, caramba, *casco, *cinta, corona, cresta, diadema, halo, huincha, hurraco, jaulilla, luneta, *mantilla, *manto, mona, nimbo, pañuelo, penacho, perigallo, piocha, *resplandor, *rodete, *sombrero, *toca, *tocado, *velo. ➤ Fraustina. ➤ Dragonites. ➤ Picota. ➤ Encabezar. ➤ *Cráneo. *Pelo.

cabezada **1** f. Golpe dado con la cabeza o recibido en ella. **2** Movimiento brusco de la cabeza hacia abajo; particularmente, el que hace una persona que se queda *dormida sin tener la cabeza apoyada. ⊙ Inclinación de cabeza hecha como saludo. **3** Cada movimiento hecho al cabecear. **4** Correaje sencillo con que se ciñe la cabeza de la caballería, al que se sujeta el ramal. ⊙ Guarnición de cuero, cáñamo o seda que se le pone en la cabeza a la caballería, para sostener el bocado. ⇒ *Brida. **5** AGRÁF. Cinta de seda con que se adornan las cabeceras del lomo de un libro encuadernado. **6** AGRÁF. Cordel con que se cosen estas cabeceras. **7** *Parte de la *bota que cubre el pie.* **8** *Parte más alta de un *campo cultivado.* ≃ Cabecera. **9** (Arg., Ec., Par.) *Arzón.* **10** (Arg., Cuba, Méj.) *Cabecera de un río o arroyo.*
DAR UNA CABEZADA. Quedarse dormido unos momentos.
DARSE DE CABEZADAS CONTRA LA PARED. Darse con la CABEZA contra la pared.

cabezador (de «cabeza»; ant.) m. *Testamentario o albacea.* ≃ Cabezalero.

cabezaje (ant.) m. *Capitación (*reparto de contribuciones por cabezas).*

cabezal **1** m. **Almohada.* **2** **Colchoneta que se pone sobre el banco del hogar.* **3** *Lienzo doblado varias veces que se ponía en la cisura hecha para *sangrar.* ≃ Escudo. ⇒ Cirugía. **4** *Parte de un *carruaje que queda encima del juego de ruedas delantero.* **5** *En general, cualquier dispositivo destinado a sostener el extremo o cabeza de una pieza.* **6** *Parte fija de un *cabrestante en la que gira el árbol.* **7** MINER. *Larguero superior de los bastidores que se emplean en el encofrado o revestimiento de madera de las *minas.* ⊙ (Chi., Méj.) *Travesaño superior del marco de las puertas.* ⊙ (Chi., Méj.) *Travesaño de cualquier entramado en el cual se apoya un larguero.* **8** FORT. *Viga* *del puente levadizo que se apoya en la contraescarpa o en el primer pilar.* **9** Pieza, generalmente móvil, colocada en el extremo de un aparato: 'Una máquina de afeitar con cabezal basculante'. **10** Cabeza magnética de un aparato.

cabezalería (de «cabezalero»; ant.) f. *Albaceazgo.*

cabezalero 1 m. DER. *Testamentario o albacea.* ≃ Cabecero. **2** *Antiguamente, el que llevaba la *representación de un grupo de foreros o *arrendatarios de tierras para pagar al dueño y entenderse con él.*

cabezazo m. *Golpe dado con la cabeza o recibido en ella.

DARSE CABEZAZOS CONTRA LA PARED. Darse con la CABEZA contra la pared.

cabezo (del lat. «capitĭum», de «caput», cabeza) **1** m. **Monte o *elevación pequeña en el terreno.* **2** **Roca redondeada que sobresale algo de la superficie del mar o está apenas sumergida.* **3** *Cabezón de camisa.*

cabezón[1] **1** (inf.) m. Cabeza grande. ⊙ (pop.) Renacuajo. **2** **Tirilla del cuello de la *camisa.* **3** *Abertura de cualquier prenda, para pasarla por la cabeza.* **4** **Cabezada de las caballerías.* ⊙ *Particularmente, una especial de correa fuerte, holgada, sin frontalera, alta de muserola y con una argolla para el ronzal en la parte* anterior. **5** (ant.) *Encabezamiento o *reparto de contribuciones de un pueblo.*

cabezón[2], **-a 1** adj. y n. Cabezudo (de cabeza grande, u obstinado). **2** adj. Se aplica a la bebida alcohólica que emborracha fácilmente. ≃ Cabezudo.

cabezonada o **cabezonería** (de «cabezón») **1** (inf.) f. *Obstinación. **2** (inf.) Acción en que se muestra.

cabezorro m. Cabeza muy grande. ≃ Cabezón, cabezota.

cabezota 1 f. Cabezón (cabeza grande). **2** (n. calif.) n. Persona que tiene la cabeza grande. **3** (n. calif.) Persona obstinada. ⇒ *Obstinación.

cabezote (And., Can., Cuba) m. **Piedra grande sin labrar, usada en mampostería.*

cabezudamente adv. *Con *obstinación.*

cabezudo, -a 1 adj. y n. De cabeza muy grande ≃ Cabezón, cabezota. **2** Se aplica a una persona obstinada. ≃ Cabezón, cabezota. ⇒ *Obstinación. **3** m. *Figura grotesca formada por un hombre que se pone una cabeza muy grande de cartón; junto con los «gigantes», toman parte en los festejos populares de muchas poblaciones. **4** **Mújol (pez teleósteo).* **5** (Ar.) *Renacuajo.* **6** (inf.) adj. *Se aplica al *vino de mucha graduación.*

V. «SARMIENTO cabezudo».

cabezuela (dim. de «cabeza») **1** f. *Borde de un volante que se deja fuera de la costura al sentarlo. ≃ Cabeza. **2** (inf.) *Persona alocada o *ligera.* **3** BOT. *Capítulo. **4** **Harina menos fina que se saca de la molienda del trigo después de la de flor.* **5** *Botón de la *rosa, empleado en farmacia.* **6** *Heces que cría el *vino.* **7** *(Mantisalca salmantica)* *Planta compuesta, de tallos angulosos y vellosos y flores blancas o purpúreas con los cálices cubiertos de espinas; se emplea para hacer escobas. ≃ ESCOBA de cabezuela.

cabida (de «caber») **1** f. Volumen interior de un recipiente o continente. ≃ *Capacidad. **2** *Área o extensión de un terreno. **3** («Tener; Con») **Privanza con alguien o disfrute de la consideración o amistad de alguien.* ≃ Cabimiento. ⇒ Cabido.

cabido, -a (de «caber») **1** Participio de «caber». **2** (ant.) adj. *Estimado, bien acogido, o considerado en un sitio.* **3** *Se aplicaba en la *orden de San Juan al caballero o freile que disfrutaba una encomienda.*

cabila (del ár. «qabīlah», ¿a través del ár. marroquí o de fr.?) f. *Tribu de beduinos o de bereberes.

cabildada f. Acción cometida por alguien usando abusivamente de su autoridad. ⇒ *Atropellar.

cabildante (Hispam.) m. *Concejal.* ⇒ Ayuntamiento.

cabildear (de «cabildo») intr. Intrigar o hacer gestiones en algún organismo para conseguir una cosa.

cabildeo 1 («Andar de [o en]») m. Acción de cabildear o intrigar. **2** (Ar.) *Conjetura.*

cabildero, -a adj. y n. *Aplicable a la persona que cabildea.*

cabildo (del b. lat. «capitŭlum») **1** m. *Ayuntamiento de una población. **2** Conjunto de los eclesiásticos con cargos en una *iglesia catedral. ⇒ Consueta. **3** Junta celebrada por ellos. **4** Sala donde se celebra. **5** En algunas *órdenes religiosas, capítulo celebrado para elegir sus prelados y tratar asuntos de gobierno. **6** *Cuerpo formado en algunas poblaciones por ciertos *eclesiásticos privilegiados.* **7** *En algunas *cofradías de legos, junta.* **8** *En algunos puertos, asociación de auxilios mutuos de los pescadores.* **9** *Junta celebrada por ellos.* **10** Organismo de *Canarias formado por representantes de los pueblos de todas las islas.

cabileño, -a adj. y, aplicado a personas, también n. De una cabila.

cabilla (del lat. «clavicŭla», llavecita) **1** f. MAR. *Pieza cilíndrica de hierro con la que se clavan las «curvas» y otros maderos en la construcción de los barcos.* ⇒ Cuadrejón. **2** MAR. *Barrita de metal; por ejemplo, de las que tiene el *timón para manejarlo o de las que se colocan para amarrar a ellas los *cabos.*

cabillero m. MAR. *Plancha de madera con agujeros en los que se meten las cabillas que sirven para amarrar los *cabos.*

cabillo[1] (ant.) m. *Cabildo.*

cabillo[2] m. Dim. frec. de «cabo». ⊙ (inf.) Pedúnculo de hoja, flor o fruto. ⊙ Pieza pequeña en forma de tira, cordón o cinta que sirve para cualquier cosa; por ejemplo, para cerrar una prenda de ropa. ≃ Rabillo, *tirilla, trabilla.

cabimiento 1 m. *Cabida.* **2** *En la *orden de San Juan, derecho a disfrutar algún beneficio o encomienda.* ⊙ *Disfrute de ella.*

cabina (del fr. «cabine») f. Recinto pequeño donde hay algún aparato o dispositivo que tiene que ser manejado o atendido por una o más personas. ⊙ El destinado al piloto o la tripulación de un *avión. ⊙ El que ocupa el conductor de un vehículo *automóvil. ⊙ El que contiene un teléfono público. ⊙ El departamento destinado a *proyecciones para pocos espectadores en locales de espectáculos, conferencias, etc. ⊙ El que transporta a los usuarios en ascensores y teleféricos. ⊙ El que sirve de vestuario individual en playas e instalaciones deportivas.

cabinera (de «cabina»; Col.) f. *Azafata de avión.*

cabio (de «cabrio») **1** m. CONSTR. *Travesaño o madero de los delgados, en un entramado de «*cielo raso».* ⇒ LISTÓN de enlatar, reglón, VIGUETA de enlatado, VIGUETA de techo. ➤ *Armadura. **2** CONSTR. *Elemento de la *armadura de cubierta que va del caballete al alero.* **3** CONSTR. **Madero de los dos que en un entramado se ponen a los lados del hueco dejado para una chimenea u otra cosa, para servir de apoyo al brochal.* **4** CONSTR. *Cabrio de la *armadura de tejado.* **5** *En los marcos de puertas o ventanas, travesaño superior o inferior.*

cabirón m. MAR. *Tambor en que, haciéndolo girar con un molinete, se enrolla un *cabo.*

cabiz- Forma de «cabeza» como primer elemento de palabras compuestas.

cabizbajo, -a adj. Con la cabeza baja, en actitud *preocupada o avergonzada.

cabizcaído, -a adj. *Cabizbajo.*

cabizmordido, -a (ant.) adj. *Deprimido de *nuca.*

cable (del fr. «câble», ¿del lat. tardío «capŭlum», cuerda?) **1** m. Conjunto de *alambres retorcidos en forma de cuerda; por ejemplo, los que se emplean para conducir la *electricidad. ⇒ Hilo. ➤ Borne, garfa. ➤ Catenaria. ➤ *Alambre. *Cuerda. ⊙ O cualquier conductor empleado para los mismos usos, cualquiera que sea su material y su estructura. **2** MAR. *Cabo grueso. ≃ Amarra, maroma. ⊙ MAR. Particularmente, el del ancla. ≃ Bitadura. **3** MAR. Medida de longitud igual a 120 brazas, o sea, 185,19 m. **4** MAR. *Cadena cuyos eslabones tienen dos agujeros en vez de uno, de modo que los engarzados en cada uno de ellos no pueden tocarse entre sí, con lo que es más difícil que se enreden.* **5** Forma apocopada y usual de «cablegrama».

CABLE DE CADENA. MAR. *Cadena de eslabones con dado.*

C. COAXIAL. ELECTR. El que se usa sobre todo para líneas de transmisión de alta frecuencia, y que está constituido por varias líneas conductoras aisladas entre sí, dispuestas concéntricamente respecto a un eje longitudinal.

CRUZÁRSELE LOS CABLES a alguien. **1** (inf.) Actuar de una manera inesperada e ilógica: 'Aunque parece una persona normal, de vez en cuando se le cruzan los cables'. **2** (inf.) Sufrir una confusión momentánea: 'En esa pregunta del examen se me cruzaron los cables'.

ECHAR UN CABLE a alguien. Brindarle oportunidad para dar por terminada una discordia o para salir de una situación delicada en las relaciones con él. ⇒ *Reconciliarse. ⊙ En general, prestarle ayuda. ⇒ *Ayudar.

cableado, -a **1** Participio de «cablear». **2** adj. HERÁLD. *Se aplica a la cruz cuyos brazos están retorcidos.* **3** m. ELECTR. Acción de cablear. **4** ELECTR. Conjunto de cables que forman parte de una instalación.

cablear tr. ELECTR. Instalar cables en un ↘lugar. ⊙ ELECTR. Conectar mediante cables las distintas partes de un dispositivo eléctrico.

cablegrafiar (de «cable» y «-grafía») tr. o abs. Enviar un ↘*despacho por cable.

☐ CONJUG. como «desviar».

cablegráfico, -a adj. Relacionado con la comunicación por cable submarino. ⊙ Enviado por cable.

cablegrama (de «cable» y «-grama») m. *Despacho transmitido por cable submarino ≃ Corrientemente, cable. ⇒ Prefijo.

cablero adj. MAR. *Se aplica al *barco utilizado para tender o reparar cables submarinos.*

cablieva (del b. lat. «caplevāre», dar fianza; ant.) f. **Fianza dada para responder de un daño que se puede causar.*

cablista n. ELECTR. Persona que se dedica a la instalación de cables.

cabo (del lat. «caput», cabeza) **1** (ant.) m. *Suma perfección.* **2** (ant.) *Capitán o *caudillo.* **3** Militar de categoría inmediatamente superior a la de soldado. ⇒ Furriel. **4** Última porción de un objeto alargado. ≃ Extremidad, *extremo. ⇒ *Remate. ⊙ Lo que queda de un objeto después de haber consumido el resto. ⊙ Particularmente, última porción que queda de una *vela. **5** Trozo corto de *hilo, *cuerda, etc. **6** MAR. *Cuerda; particularmente, de las que, con distintos nombres, se emplean para las maniobras. **7** Extremidad o *apéndice alargado de una cosa, por donde se agarra. ≃ *Mango. ⊙ Particularmente, de las herramientas agrícolas. ≃ *Mango. ⇒ Cabero, encabar. **8** («Doblar, Despuntar») Saliente de la *costa que penetra en el mar. ⇒ Castro, LENGUA de tierra, pezón, promontorio, punta, repunta. ➤ Bojar [o bojear]. **9** (pl.) Patas, hocico y crines de un *animal: 'Una yegua castaña con cabos blancos'. **10** (pl.) *Parte de las accesorias o complementarias de una cosa; particularmente, de un vestido.* **11** *En el juego del revesino, carta de las que no tienen atribuido valor.* ⊙ *En el mismo juego, cualquier carta, cuando ya han salido las de más valor que ella del mismo palo.* ⇒ *Baraja. **12** *En *aduanas, paquete pequeño.* **13** (ant.) *Cada *formalidad o *detalle de un asunto.* **14** *Punto de los tocados en una exposición.* **15** (Ar.) **Capítulo o párrafo de un escrito.* **16** (ant.) *Lugar.* **17** (ant.) prep. **Cerca de o *junto a.* ≃ Cabe.

CABO DE AGUA. *En ciertos buques de vapor, jefe de los fogoneros y responsable de los niveles de regulación del agua.*

C. DE BARRA. **1** (Méj.) *Real de a ocho en el que se notaba que estaba acuñado con la última porción de la barra de metal.* ⇒ *Moneda. **2** (Méj.) *Última moneda dada para pagar una cosa, con la cual falta o sobra algo de la cantidad exacta.*

C. BLANCO. MAR. **Cabo alquitranado.*

C. DE ESCUADRA. MIL. El que manda una escuadra de soldados. ≃ Caporal. ⇒ *Milicia.

C. DE RONDA. **1** Alguacil que mandaba una ronda. **2** MIL. Militar que manda una patrulla nocturna.

C. SUELTO. Algo que queda sin prever o sin *resolver en un asunto, relato, etc.: 'En esta novela policiaca quedan muchos cabos sueltos'. ⇒ *Incompleto.

AL CABO. Al *fin: 'Al cabo llegamos a unas casas'.

AL CABO DE. *Después del tiempo que se expresa: 'Volvió al cabo de una hora'.

AL CABO DE LOS AÑOS MIL, VUELVEN LAS AGUAS POR DO [O DONDE] SOLÍAN IR. Expresión de sentido claro.

V. «ANGUILA de cabo».

ATAR [JUNTAR, RECOGER, REUNIR O UNIR] CABOS. Relacionar datos o noticias de distintas procedencias, con lo que se *aclara o *descubre algo: 'Atando cabos, consiguió entender lo que pasaba'.

DE CABO A RABO [O A CABO]. *Completo: desde el principio hasta el fin: 'He leído tu libro de cabo a rabo'.

ECHAR UN CABO a alguien. Socorrer a alguien que se halla en un apuro. ≃ Echar un CABLE.

ESTAR alguien AL CABO DE LA CALLE [o de cierto asunto]. Estar *enterado del asunto de que se trata: 'Le conté lo que pasó con el coche, pero ya estaba al cabo de la calle'.

V. «al FIN y al cabo».

JUNTAR CABOS. V. «atar CABOS».

LLEVAR A CABO una cosa. *Realizarla.

NO DEJAR CABO SUELTO. V. «CABO suelto».

RECOGER [REUNIR O UNIR] CABOS. V. «atar CABOS».

☐ CATÁLOGO

Aparejos, cáñamo, jarcias. ➤ Abitón, acollador, aduja, aferravelas, aflechate, aforro, ahorcaperros, amante, amantillo, amarra, amura, apagapenol, arraigadas, arza, ayuda, baderna, balancines, barbeta, barbiquejo, bárdago, barloa, batafiol, baticulo, beta, bolina, boza, brandal, bragote, braguero, braza, brazalote, briol, burda, burdinalla, cable, cabuya, cair, cajeta, calabre, calabrote, candaliza, candeleta, cantel, cargadera, chafaldete, chicote, cintura, codera, contraamantillo, contraamura, contrabolina, contrabraza, contradriza, contraescota, contraescotín, contraestay, contrapalanquín, cordón, corona, culebra, driza, empuñidura, enchina, envergue, escota, escotín, estacha, estay, estrinque, estrobo, filástica, filete, flechaste, frenillo, galdrope, galga, gómena, guardamancebo, guardavela, guardín, guía, guindaleza, gúmena, jareta, lantía, marchapié, meollar, merlín, mojel, mostacho, nervio, obenque, *orinque, ORZA de avante, [a POPA, de NOVELA], ostaga, palanca, palanquín, palomadura, pasadera, patarráez, piola, poa, popés, proíza, quinal, rabiza, rastra, rebenque, relinga, remolque, rizo, salvachia, sardinel, single, sorda, tangidera, tomador, traversa, triza, troceo, troza, ustaga, vaivén, varón, vinatera, virador. ➤ Araña, betería, burdinalla, cordaje, cordelería, enjaretado, flechadura, guarnimiento, jarcería, jareta, obencadura, osta, pallete, TABLA de jarcia, trapa. ➤ Laboreo. ➤ Acalabrotar, acolchar, amollar, colchar, corchar, descolchar, quitar HILO, laborear, lascar. ➤ Atocharse, encajerarse, mascarse. ➤ Mena, salto, seno, tira. ➤ Aforro, arraigado, AS de guía, ayuste, ballestrinque, balso, canasta, coca, corcha, cosidura, fajadura, falcaceadura, gaza, guarne, lasca, ligada, malla, manopla, margarita, media MARGARITA, piña, precinta, reata, trinca, trincafía. ➤ ESCALA de viento. ➤ Cabilla, cabillero, canalete, cáncamo, candelero, capillo, cazonete, cojín, cornamusa, escotera, estante, garrote, guardacabo, guindaste, pasador, pedral, propao, sotrozo, telera, tortor. ➤ Cordonero. ➤ Socollada. ➤ Aflojar, arriar, saltar, soltar. ➤ *Barco. *Marina.

caboral (de «caporal») **1** (ant.) adj. *Capital.* **2** (ant.) m. **Capitán.*

caboso, -a (de «cabo»; ant.) adj. **Completo o *perfecto.* ≃ Cabal.

cabotaje (del fr. «cabotage», de «caboter», del fr. ant. «cabo») m. MAR. Navegación entre puertos de la misma nación.

GRAN CABOTAJE. MAR. Navegación entre los puertos españoles y los de otras costas del Mediterráneo y la costa atlántica de África.

caboverdiano, -a adj. y, aplicado a personas, también n. De Cabo Verde.

cabra (del lat. «capra») **1** *(Capra hircus)* f. Mamífero *rumiante de cuerpo esbelto, cubierto de pelo áspero, con cuernos encorvados hacia atrás, muy ágil y que trepa por sitios inverosímiles. **2** (varias especies del género *Solenocurtus* y *Lutraria,* especialmente *Lutraria lutraria)* *Molusco bivalvo de unos 15 cm de largo que se encuentra en las costas de Cantabria. **3** ARTILL. *Máquina antigua de guerra con la que se lanzaban piedras.* **4** (pl.) *Cabrillas (manchas de las piernas).* **5** (Sal.) AGRIC. *Espiga que queda sin cortar en el rastrojo, después de la *siega.* **6** (Col., Cuba) **Dado con trampa.* ≃ Brocha. **7** (Col., Cuba, Ven.) **Trampa en el juego de dados o de dominó.* **8** (Chi.) **Carruaje ligero de dos ruedas.* **9** (Chi.) **Mozo (palo que cuelga de las varas del carro y se apoya en el suelo para evitar que se vuelque hacia delante).* **10** (Chi.) CARP. **Cabrilla: soporte usado para apoyar el madero que se sierra.* **11** (Chi.; inf.) *Muchacha.*

CABRA DE ALMIZCLE. **Almizclero (rumiante).*

C. MONTÉS. **1** *(Capra ibex)* Especie salvaje que vive en la vertiente española de los Pirineos. ≃ Hirco, íbice, pudú. ➤ ⇒ Bicerra. ➤ Cebrero. **2** *(Capra hispanica)* La salvaje que vive en Sierra Nevada y Sierra de Gredos. ≃ Bucardo, hirco. ⇒ Bicerra.

CARGAR [O ECHAR] LAS CABRAS a alguien. *Hacerle pagar a él solo lo que ha perdido en el *juego con otro u otros.*

ECHAR [LAS] CABRAS. *Jugar entre sí los que han perdido en el *juego para determinar cuál de ellos ha de pagar él solo lo que han perdido juntos.*

ESTAR COMO UNA CABRA (inf.). Estar chiflado. ≃ Estar como un CHIVA. ⇒ *Loco.

LA CABRA [SIEMPRE] TIRA AL MONTE. Comentario que se hace cuando alguien muestra ciertas inclinaciones inconvenientes que son naturales en él o le vienen de una situación anterior, aunque pareciesen corregidas. ⇒ *Reincidir.

V. «PATA de cabra, PELO de cabra, PIE de cabra».

☐ CATÁLOGO

Otra forma de la raíz, «capr-»: 'caprario, capricornio, caprifoliáceo, capriforme, caprino, caprípede, caprípedo'. ➤ Azacel, barbón, betijo, bicerra, bode, boque, bucardo, buco, cabrito, cabrón, castrón, ceajo [o cegajo], chivato, chivo, choto, chozpón, *emisario, garañón, hazacel, hirco, íbice, igüedo, irasco, jarropa, *MACHO cabrío, mamía, primal, pudú, quirigalla, segallo, ternasco. ➤ Machada. ➤ Barba, cepera, lechecillas, lobado, mamella [o marmella]. ➤ *Camelote. ➤ Boquina, cabrina, cabrita, cabritilla, cordobán. ➤ Chirle, sirle. ➤ Cabrería, cabreriza, chiquero, chivetero, *corral. ➤ Carabritear, escosar, ramonear, triscar. ➤ Botiondo, chotuno. ➤ Cervicabra, descabritar. ➤ *Ganado. *Rumiante.

cabracho m. Escorpena (pez).

cabrada f. Rebaño de cabras.

cabrafigar (del lat. «caprificāre»; ant.) tr. *Cabrahigar.*

cabrafigo (del lat. «caprifĭcus», higo de macho cabrío; por comerlos sólo las cabras; ant.) m. *Cabrahigo.*

cabrahigar (de «cabrafigar») tr. *Colgar sartas de higos silvestres en las ˘higueras, con lo que se cree que éstas resultan mejor fecundadas y dan fruto más dulce.*

cabrahígo (del lat. «caprifĭcus», higo de macho cabrío, por comerlos sólo las cabras) **1** *(Ficus carica)* m. *Higuera silvestre. ≃ Cabrahiguera, HIGUERA brava. **2** Fruto de ella.

cabrahiguera f. Cabrahígo (higuera silvestre).

cabrajo m. **Bogavante (crustáceo).*

cabrales m. QUESO de Cabrales.

cabreado, -a 1 (vulg.) Participio de «cabrear[se]». ⊙ (vulg.) adj. Enfadado. **2** HERÁLD. *Aplicado a la figura del *caballo, encabritado.*

cabrear 1 (Chi.) intr. *Ir brincando.* **2** tr. *Poner ganado cabrío en un ˘terreno.* **3** (Perú) DEP. *Hacer un regate.* **4** (vulg.) tr. y prnl. *Enfadar[se], *irritar[se].

cabreia (ant.) f. *Cabra (máquina de guerra).*

cabreño, -a adj. y, aplicado a personas, también n. *De Cabra, población de la provincia de Córdoba.* ≃ Egabrense.

cabreo[1] (vulg.) m. Acción y efecto de cabrear[se].

cabreo[2] (del b. lat. «capibrevĭum», y éste del lat. «caput», cabeza, y «brevis», pequeña; Ar.) m. **Becerro (libro).*

cabrería 1 f. *Tienda donde se vende leche de cabra.* **2** *Cabreriza.* **3** (ant.) *Ganado cabrío.*

cabreriza f. *Cabaña donde se recogen el ganado de cabras y los cabreros por la noche.

cabrerizo, -a 1 adj. De las cabras. **2** m. Cabrero.

cabrero, -a 1 n. *Pastor de cabras. ≃ Cabrerizo. **2** (Cuba; *Spindalis pretrei)* m. **Pájaro algo mayor que un canario, de color amarillo anaranjado con una mancha verde en el lomo.*

V. «CARDO cabrero».

cabrestante m. Torno vertical para *arrastrar grandes pesos. ⊙ MAR. Esa misma máquina, empleada para soltar o recoger los cables. ⊙ También se usa en las minas para la extracción de materiales. ⇒ Argüe, chigre, eje, güinche, malacate, molinete, súcula, torno. ➤ Baritel, bocabarra, guardainfante, manuella, sombrero, virador. ➤ Amojelar, *arrastrar, desguarnir, despasar, desvirar, virar. ➤ Cabria. Calandria. *Grúa.

cabrevación (Ar.) f. *Acción de cabrevar.*

cabrevar (del b. lat. «capibrevĭum», cabreo; Ar.) tr. **Deslindar las ↘fincas sujetas al pago de derechos al patrimonio real.*

cabreve 1 (Ar.) m. *Cabrevación.* **2** (Ar.) **Amillaramiento de las fincas cabrevadas.*

cabria (del lat. «caprĕa», cabra montés, por recordar la máquina la figura de una cabra con las patas delanteras levantadas) f. Dispositivo para levantar pesos consistente en un trípode formado por tres vigas del que está suspendida una polea por la que pasa la cuerda o cable de un torno. ⊙ Aparato con el mismo fundamento que el anterior, pero provisto de un brazo giratorio en cuyo extremo va la polea. ≃ *Grúa.

cabrial (ant.) m. *Cabrio.*

cabrilla (dim. de «cabra») **1** (*Serranus cabrilla*) f. *Pez perciforme de cuerpo de color azulado oscuro, de unos 20 cm de largo, muy común en las costas españolas. **2** Carp. *Sostén donde se apoyan los maderos por un extremo para serrarlos. ≃ Burro, caballo, cabra. **3** (pl.) Pequeñas *olas espumosas que se forman cuando el mar empieza a agitarse. ≃ Borregos, palomas, palomillas. **4** (pl.) *Pequeñas *manchas o *ampollas que se forman a veces en las piernas por tenerlas muy cerca del fuego.* **5** (pl.) *Juego consistente en lanzar *piedras planas sobre la superficie del agua de modo que reboten en ella.

Salta cabrilla («A»). **Juego de chicos que consiste en pasar uno tras otro saltando por encima del que paga, que se coloca agachado.* ≃ *Pídola.

cabrillear 1 intr. Formar cabrillas el mar. **2** Reflejarse una *luz en el agua formando una estela de lucecillas que tiemblan con el movimiento del agua. ≃ Rielar. ⇒ *Brillar, reverberar. **3** Moverse con oscilaciones repetidas al posarse sobre el agua un aparato anfibio.

cabrilleo m. Acción de cabrillear.

cabrina (del lat. «caprīna»; ant.) f. **Piel de cabra.*

cabrio (del lat. vulg. «caprĕus», quizás por decorarse las cabezas de las vigas con figuras de cabeza de animal) **1** m. Constr. Madero colocado en una *armadura de tejado paralelamente a los pares para recibir la tablazón. ≃ Cabriol, contrapar. ⇒ Encabriar. **2** *Madero de medidas entre 3 y 6 m de longitud, según las regiones, y 10 a 15 cm de tabla.* **3** Heráld. *Pieza en forma de medio sotuer con la punta en el centro del jefe.*

cabrío, -a 1 adj. De [la] cabra o [las] cabras: 'Ganado cabrío'. **2** m. *Ganado de cabras.* **3** (ant.) **Macho cabrío.*

cabriol (del lat. «capreŏlus»; ant.) m. Constr. *Cabrio (madero de armadura).*

cabriola (del it. «capriola»; «Dar, Hacer») **1** f. **Salto dado en la danza cruzando varias veces los pies en el aire.* ≃ Trenzado. **2** Cualquier salto hecho moviendo a la vez el cuerpo en alguna forma; por ejemplo, para recobrar el equilibrio cuando se está a punto de caer. ⇒ Pirueta, títeres. ➤ *Acróbata. *Salto. *Voltereta. **3** Equit. Salto del caballo dando un par de coces mientras se mantiene en el aire. **4** Habilidad con que alguien se mantiene en buena posición dentro de situaciones antagónicas; por ejemplo, a través de cambios políticos. ≃ Equilibrio, pirueta. ⇒ *Acomodarse.

cabriolar intr. *Hacer cabriolas.*

cabriolé (del fr. «cabriolet») **1** m. *Carruaje ligero, de cuatro ruedas, descubierto. **2** Automóvil descapotable. **3** **Capote con mangas.*

cabriolear intr. *Cabriolar.*

cabríolo (del lat. «capreŏlus»; ant.) m. *Cabrito.*

cabrión m. Mar. *Trozo de madera empleado para sujetar cualquier pieza en un *barco.*

cabrita 1 (ant.) f. *Piel de cabrito.* **2** *Cabra (máquina de guerra).*

cabritero, -a 1 adj. V. «navaja cabritera». **2** (ant.) m. *Hombre que *curtía cabritillas.*

cabritilla f. Piel curtida, blanda, de cabrito o de otra res pequeña, que se emplea, por ejemplo, para *guantes. ⇒ Cabrita.

cabrito, -a 1 m. Cría de la cabra hasta que deja de mamar. **2** Cabrón (*marido consentido). Es, en cierto modo, una atenuación de este vocablo. **3** (vulg.) n. Cabrón (persona malintencionada). ⊙ (vulg.) Se emplea como insulto con sentido menos ofensivo que «cabrón». **4** (Chi.) f. pl. **Palomitas (granos de maíz abiertos al tostarlos).*

cabrituno, -a adj. *De [o del] cabrito.*

cabro (del lat. «caper, -pri») **1** m. *Cabrón (macho de la cabra).* **2** (Bol., Chi., Ec.) *Niño, muchacho.*

cabrón, -a (aum. de «cabro») **1** m. Macho de la «*cabra». Es malsonante a causa de la 2.ª y 3.ª acepción, por lo que, corrientemente, se dice «macho cabrío». **2** (vulg.) adj. y n. m. Hombre a quien su mujer es *infiel, particularmente cuando lo es con su consentimiento. **3** (vulg.) *El que soporta cobardemente las vejaciones a que es sometido.* **4** (vulg.) adj. y n. Persona malintencionada. ⊙ (vulg.) Se aplica como insulto violento a una persona contra la cual tiene el que se lo aplica graves motivos de irritación. ⇒ Cabrito, cabronazo. ⊙ (vulg.) A veces puede usarse con valor ponderativo: '¡Vaya coche que se ha comprado el cabrón!' ⊙ (Chi.; vulg.) m. **Rufián.*

cabronada (de «cabrón») **1** (vulg.) f. **Conformidad de un marido con la infidelidad de su mujer.* **2** (vulg.) *Por extensión, conformidad con cualquier vejación.* **3** (vulg.) Acción malintencionada realizada por una persona contra otra. ≃ *Jugada, putada.

cabronazo, -a (vulg.) n. Aum. de «cabrón» en las acepciones referidas a personas.

cabronzuelo (inf.) m. Dim. enfático de «cabrón» en las acepciones referidas a personas.

cabruna (Ar.) f. **Piel de cabra.*

cabruno, -a adj. De [o del] macho cabrío o los machos cabríos.

V. «barba cabruna».

cabruñar (¿del sup. «clavuñar», de «clavar»?; Ast.) tr. **Afilar el corte de la ↘*guadaña o la ↘*hoz martillándolo sobre un yunque pequeño.* ⇒ Encabruñar.

cabuérnigo, -a adj. y, aplicado a personas, también n. *De Cabuérniga, población de Cantabria.* ≃ Cahornicano.

cabujón (del fr. «cabochon») **1** m. *Piedra preciosa pulimentada y no tallada, de forma convexa. **2** **Rubí sin labrar.* **3** *Tallado de *piedras preciosas, aplicado especialmente a los granates, en forma circular u oval con una cúpula suave.*

caburé o **caburey** (de or. guaraní; Arg., Par.; *Glaucidium ferox*) m. **Ave de rapiña que aturde con sus chillidos a las aves a las que ataca y devora.*

cabuya (de or. caribe) **1** (Par.) f. **Pita.* ⊙ *Fibra de pita con que se hacen *cuerdas y tejidos.* ⇒ Laja. ➤ Encabuyar. **2** (And., Hispam.) **Cuerda, especialmente la de *pita.* **3** Mar. *Cabuyería.*

Dar cabuya (Hispam.). *Amarrar, atar.*

cabuyería (de «cabuya») f. MAR. *Conjunto de *cabos menudos.*

caca (de or. expresivo, procedente del lenguaje infantil como en el lat. «cacāre») f. Palabra que se les dice a los *niños para designar o calificar los excrementos o cualquier cosa *sucia. ⊙ (inf.; n. calif.) Cosa de poco valor o mal hecha.

HACER CACA. En lenguaje infantil, «hacer de *vientre».

cacahual (Méj.) m. *Plantación de cacao.*

cacahuate (Méj.) m. *Cacahuete.*

cacahué m. Cacahuete.

cacahuero, -a (Hispam.) n. *Persona que posee plantaciones de cacao o trabaja en el cultivo o comercio del cacao.*

cacahuete o, no frec., **cacahuet** (del nahua «cacahuatl», cacao de tierra; *Arachis hypogaea)* m. *Planta leguminosa que produce un fruto cuyos pedúnculos se prolongan hacia abajo hasta quedar el fruto enterrado; el fruto, llamado del mismo modo, tiene una cáscara coriácea y semillas oleaginosas que se comen tostadas como golosina o aperitivo y se emplean también para la obtención de aceite. ≃ Cacahuate, cacahuey, maní. ⇒ Panchito.

cacahuey m. *Cacahuete.*

cacalote (del nahua «cacalotl») **1** (Méj.) m. **Cuervo.* **2** (Am. C., Méj.; pl.) *Palomitas (granos de maíz abiertos al fuego).*

cacao[1] (del nahua «cacaua») **1** *(Theobroma cacao)* m. *Planta esterculiácea tropical que tiene por fruto una baya que contiene muchas semillas. **2** (colectivo) Esas semillas. ⊙ Las mismas semillas, usadas como moneda por los aztecas y otros pueblos de Centroamérica, hasta el siglo XIX. **3** Polvo obtenido triturándolas, que se toma desleído o cocido en agua o leche y con el cual se hace el chocolate. ⇒ Caracas, guayaquil, macazuchil, racahut. ➤ Mazorca. ➤ Teobroma, teobromina. ➤ Bucare [o gualiqueme], guabo [o guamo], inga. ➤ Metate. ➤ Tendal. ➤ *Chocolate. **4** Sustancia hecha con manteca de cacao, que se usa para hidratar los labios.

NO VALER UN CACAO (inf.). *No valer nada.*

cacao[2] (de or. expresivo, de la voz del gallo que huye; inf.) m. *Escándalo de voces, gritos, insultos, etc. ⇒ *Discusión, *riña.

CACAO MENTAL (inf.; «Tener un»). Confusión mental.

cacao[3] PEDIR CACAO (Col., Guat., Méj.). *Pedir clemencia o benevolencia.* ⇒ *Someterse.

cacaotal m. Plantación de cacao. ≃ Cacahual.

cacaotero, -a (Col.) n. *Cacahuero.*

cacaraña (de «cacarañado») f. *Hoyo o señal en la cara como los que dejan las *viruelas.*

cacarañado, -a (del sup. «cararáñado», de «cara» y «arañado») *Participio de «cacarañar».* ⊙ adj. *Con cacarañas.*

cacarañar (de «cacarañado») **1** tr. *Causar cacarañas, por ejemplo la viruela.* **2** (Méj.) *Hacer *hoyos en una ˋcosa blanda *pellizcándola.*

cacarear (de or. expresivo) **1** intr. Emitir su sonido característico el gallo o la *gallina. **2** tr. Hablar mucho de una ˋcosa; decirla a demasiada gente. ≃ *Publicar. **3** *Alabar exageradamente o hablar mucho de las ˋvirtudes de alguien, particularmente de las propias. ⇒ *Presumir.

V. «sin PLUMAS y cacareando».

cacareo m. Acción de cacarear.

cacarizo, -a (Méj.) adj. *Cacarañado.*

cacarro (Ál.) m. **Agalla de roble.*

cacaste (Nic.) m. *Cacaxtle.*

cacastle (del nahua «cacaxtli», armazón; Guat., Méj.) m. *Cacaxtle.*

cacastlero (Guat.) m. *Cacaxtlero.*

cacatúa (de or. malayo, de una voz con que se imita el canto de esta ave) **1** f. *Ave prensora de Oceanía, de plumaje blanco con un moño eréctil, que vive domesticada en nuestro clima y puede aprender a pronunciar palabras. **2** (inf.; n. calif.) Persona, particularmente mujer, *fea y *rara. ≃ Loro.

cacaxtle (del nahua «cacaxtli»; Guat., Méj.) **1** m. *Cualquier armazón de madera utilizado para llevar carga a cuestas.* ≃ Cacaste, cacastle. ⇒ *Portadera. ➤ Cacaxtlero [o cacastlero]. **2** (Guat., Méj.) *Esqueleto de los vertebrados y, especialmente, el del hombre.*

cacaxtlero (Guat., Méj.) m. *Hombre que *transporta cosas en cacaxtle.* ⇒ *Porteador.

cacea f. *Caceo.*

A LA CACEA. *Se aplica a la forma de *pesca en que se va remolcando un aparejo de un solo anzuelo, generalmente con cebo artificial o un señuelo blanco.*

cacear **1** tr. **Revolver un ˋlíquido con un cazo.* **2** (Ast., Cantb.) intr. *Mover los pescadores de caña incesantemente el anzuelo de un lado a otro.*

caceo m. *Acción de cacear.*

cacera[1] (de «caz») f. *Zanja o *canal por donde se lleva el agua para regar un campo.* ≃ Caucera, reguera.

cacera[2] (de «caza»; Mur.) f. *Cacería.*

cacereño, -a adj. y, aplicado a personas, también n. De Cáceres.

cacería **1** f. Expedición o excursión organizada para *cazar. ≃ Partida de caza, cacera, cazata. **2** Conjunto de las piezas cobradas durante una partida de caza.

cacerina (de «caza») **1** f. CAZA. **Bolsa grande de cuero en que se llevan municiones para cazar.* **2** ARTILL., MAR. *Caja pequeña de metal en que el cabo del cañón llevaba los fulminantes.*

cacerola (de «cazo») f. Recipiente de metal de los empleados para guisar, de forma cilíndrica, de poca altura y con dos asas. ⇒ *Cazuela.

caceta f. **Cazo pequeño con el fondo agujereado.*

cacha (del lat. «capŭla», pl. de «capŭlum», empuñadura de la espada) **1** f. Cada una de las dos piezas que cubren a ambos lados los mangos de las *navajas y a veces los *cuchillos, las culatas de las *pistolas, etc. ⇒ Encachar. **2** (Hispam.) **Mango de cuchillo o navaja.* **3** CAZA. *Anca de la caza menor, como liebres o conejos.* **4** (inf.; gralm. pl.) Nalga. **5** (Col.) **Cuerna (vaso hecho con un cuerno)* ≃ Cacho. **6** (inf.; n. calif; forma pl.) adj. y n. Persona musculosa.

HASTA LAS CACHAS. Con «*meterse» o verbo equivalente, del todo, mucho: 'Se metió en el barro hasta las cachas'. ⊙ También en sentido figurado: 'Está metido en el lío hasta las cachas'.

cachaco, -a **1** (Col.) m. **Hombre joven, elegante, servicial y galante.* **2** (Col., Ec., Ven.) **Petimetre.* **3** (Perú; desp.) *Policía o militar.* **4** (P. Rico) n. *Nombre que en las zonas rurales se da a los españoles acomodados.*

cachada[1] (de «cacho[2]») f. *En el juego de la *trompa, golpe que se da con la punta de una, tirándola mientras está bailando, en la cabeza de otra.* ≃ Canelón, seco.

cachada[2] (de «cachar[2]»; Am. C., Col., Ur.) f. **Cornada.*

cachada[3] (Arg., Par., Ur.) f. *Burla, mofa.*

cachador, -a (Arg., Par., Ur.) n. *Bromista.*

cachalote (quizá del port. «cachalote», de «cachola», cabeza; *Physeter catodon*) m. Mamífero *cetáceo odontoceto de 15 a 20 m de largo, que tiene una cabeza muy grande y del cual se aprovecha particularmente la grasa que tiene almacenada en gran cantidad, y el ámbar gris que se recoge de su intestino. ⇒ Cetina.

cachamarín m. **Quechemarín*.

cachanlagua (del araucano «cachanlahuen») f. **Canchalagua (planta gencianácea americana)*.

Cachano (inf.) n. p. m. *El *demonio.*

COMO LLAMAR [O COMO SI LLAMARA, LLAMARAS, etc.] A CACHANO (inf.). *Frase comparativa que expresa que es inútil *rogar o pedir *ayuda para algo.*

LLAMAR A CACHANO (inf.). *Pedir ayuda o rogar inútilmente.*

cachapa (Ven.) f. *Cierto dulce en forma de *bollo o *pasta hecha de maíz.*

cachapera (Vall.) f. **Cabaña hecha de ramaje.*

cachar[1] **1** tr. *Partir una ↘cosa en cachos.* ⇒ Escachar. **2** **Partir o rajar ↘madera en el sentido de las fibras.* **3** *Abrir por el lomo los ↘*caballones ya hechos con el arado.*

cachar[2] (de «cacha»; Ast., Hispam.) tr. *Dar cornadas un animal.*

cachar[3] (del ingl. «to catch», coger) **1** (Arg., Nic., Ur.; inf.) tr. *Coger, asir.* **2** (Am. C.) *Robar.* **3** (Arg., Chi.) *Pillar a ↘alguien con las manos en la masa.* **4** (Chi.) *Sospechar.* **5** (Hispam.; inf.) *Gastar un broma a ↘alguien.* **6** (Hispam.) *Coger en el aire ↘algo arrojado por otra persona.*

cacharpari (del quechua «cacharpayani», despachar; Perú) m. **Convite o *fiesta que se da para *despedir a alguien que va a emprender un viaje.* ⊙ (Perú) *Baile celebrado con ese motivo.* ⇒ *Danzar.

cacharpas (del quechua «cacharpayani», despachar; Hispam.) f. pl. **Trastos: cosas inútiles o sin valor.*

cacharpaya (Arg.) f. *Celebración con que se despide el carnaval.* ⊙ (Arg.) *Fiesta en que se despide a alguien que va a emprender un viaje.*

cacharrazo («Pegar[se] un»; inf.) m. *Golpe o *ruido producido por el golpe con un cacharro o con un objeto duro cualquiera.

cacharrería f. *Tienda modesta donde venden cacharros bastos, como pucheros, tinajas y otros, de barro o loza.

cacharrero, -a n. Persona que vende cacharros.

cacharro (de «cacho[1]») **1** m. *Vasija tosca de cualquier material o forma que sirve para contener un líquido. ≃ Cocharro. ⇒ Escacharrar. ⊙ (inf.) *Vasija de cualquier clase: 'Un cacharro para flores'. ⊙ Particularmente, las de cocina, junto con el resto de los utensilios empleados para cocinar y comer: 'Fregar los cacharros'. **2** (inf., algo desp.) Cualquier trasto, aparato, etc.: 'Hay demasiados cacharros en esta casa'. ≃ Cachivache. **3** (desp.; n. calif.) *Máquina o mecanismo que no funciona bien o está estropeado o roto: 'Ese automóvil es un cacharro'. **4** (inf.; pl.) Trozos de cacharros o *vajilla rota: 'Se ha oído ruido de cacharros en la cocina'. ≃ Cascos.

cachava **1** f. **Cayado.* **2** **Juego de chicos consistente en hacer entrar una *pelota en unos hoyos hechos en el suelo.* ⇒ *Mallo. ⊙ *Palo que se emplea para este juego.*

cachavazo m. **Golpe dado con la cachava.*

cachaza **1** (inf.) f. Cualidad, actitud, manera de moverse o hacer las cosas del que no se apresura ni se intranquiliza pase lo que pase. ≃ *Flema. **2** *Espuma que forman las impurezas del *azúcar al purificarlo.* ⇒ Descachazar. **3** *Aguardiente de caña. **4** (Col.) *Espuma de cualquier líquido que hierve.* **5** (Col.) *La que sale de la boca del caballo acalorado, o la del sudor de sus flancos.*

cachazudo, -a **1** (inf.) adj. Flemático. **2** (Cuba; *Sphynx carolinae, Feltia annexa* y *Feltia malefida*) m. **Oruga de cierto lepidóptero, cenicienta con listas amarillas y de cabeza negra, muy perjudicial para los tabacales.*

caché m. Forma españolizada de «cachet».

cachear (del gall. «cachear») tr. Registrar a ↘alguien para ver si lleva oculta alguna cosa, por ejemplo armas, drogas, etc.

cachelos (de «cacho[1]») m. pl. En Galicia, trozos de patata cocida con que se acompañan ciertos *guisos.

cachemarín m. **Quechemarín*.

cachemir o **cachemira** (de «Cachemira», país al oeste del Himalaya) **1** m. o f. *Tela fabricada con el pelo de cierta cabra de Cachemira, región del Tibet. ≃ Casimir. **2** Cierta tela muy fina de lana. **3** Cualquier tela con dibujo de *turquesas.

cacheo[1] m. Acción de cachear.

cacheo[2] (R. Dom.; *Euterpe vinifera*) m. *Especie de palma.* ⊙ (R. Dom.) *Jugo que se extrae de ese árbol y que se consume como bebida.*

cachera f. **Vestidura tosca de lana de pelo largo.*

cachet (fr.; pronunc. [caché]) **1** m. *Carácter o sello distintivo: 'Tiene un cachet de distinción que no se puede imitar'. **2** Cotización de un artista u otro profesional: 'Después de recibir el premio, su cachet ha subido considerablemente'.

cacheta (de «gacheta») f. *Lengüeta que, oprimida por un resorte, se encaja en las muescas del pestillo de una cerradura y lo sujeta en posición de cerrado.* ≃ Gacheta. ⊙ *Cada muesca de las del pestillo.* ≃ Gacheta.

cachetada (de «cachete»; Can., Hispam.) f. *Bofetada.*

cachete (de «cacha») **1** m. *Golpe que con el puño se da en la cabeza o en la cara.* **2** *Golpe dado con los dedos de la mano juntos, en cualquier sitio del cuerpo; particularmente, en la *cara. ⇒ Cachetada, catite, galleta, pasagonzalo, pescozón, sopapo, soplamocos, sosquín, taire. **3** **Mejilla, particularmente si es abultada.* **4** (And., Chi.) *Nalga.* ≃ Cacha. **5** *Cachetero (puñal con que se despedazan las reses para *carne).*

cachetear **1** (And., Hispam.) tr. *Dar cachetes a ↘alguien.* **2** (Chi.; inf.; reflex.) *Darse un banquete.*

cachetero (de «cachete») **1** m. *Especie de *puñal corto y agudo que usaban antiguamente los malhechores.* **2** *Hombre que usa este puñal para matar.* **3** **Puñal semejante con que se remata a las reses destinadas a carne.* **4** TAUROM. *Torero que remata al * toro con ese instrumento.* ≃ Puntillero. **5** (inf.) *Persona que consuma con su intervención un *daño hecho por varios.*

cachetina f. *Serie o tanda de cachetes.* ⊙ **Riña en que se pegan cachetes.*

cachetón, -a (aum. de «cachete») **1** (Hispam.) adj. **Carrilludo.* **2** (Chi.; inf.) *Soberbio.* **3** (Méj.; inf.) *Descarado.*

cachetudo, -a (de «cachete»; Hispam.) adj. *Carrilludo.*

cachi- Elemento prefijo que entra en la formación de algunas palabras, poco usuales, con el significado de «casi»: 'cachinegro, cachimarido'.

cachicamo (de or. tamanaco; Hispam.) m. **Armadillo (mamífero desdentado).*

cachicán **1** m. *_Capataz._ **2** (n. calif.) adj. y n. m. _Hombre *astuto._

cachicuerno, -a adj. _Se aplica al *cuchillo o *navaja que tiene las cachas de cuerno._

cachidiablo (del it. «cacciadiàvoli», exorcista) m. _Persona disfrazada de diablo._

cachifollar (de «cachi-» y «afollar»); (inf.) tr. y prnl. _Escachifollar[se]._

cachigordete, -a o **cachigordo, -a** (de «cachi-» y «gordo») adj. *_Rechoncho._

cachila (Arg., Ur.) f. _Cachirla._

cachillada (del lat. «catŭlus», cachorro) f. _Camada de animales._ ≃ Lechigada.

cachimán m. *_Escondrijo._

cachimba (del port. «cacimba», del bantú «cazimba») **1** (inf.) f. *Pipa. ⇒ Cachimbo. **2** (Arg.) *_Cacimba (hoyo hecho en la playa para buscar agua potable)._

cachimbo (de «cachimba») **1** (Hispam.) m. _Cachimba (pipa)._ **2** (Perú; desp.) _Miembro de la guardia nacional._ **3** (Perú) _Músico de banda militar o de pueblo._ **4** (Perú) _Estudiante que cursa el primer año de unos estudios superiores._

Chupar cachimbo. **1** (Ven.) *_Fumar en pipa._ **2** (Ven.) *_Chuparse el dedo los niños._

cachipodar (del lat. «caput putāre», podar la cabeza) tr. *_Podar someramente una ➘planta._

cachipolla _(Ephemera vulgata_ y otras especies del mismo género) f. Insecto *neuróptero que habita a orillas del agua, de color ceniciento con manchas oscuras en las alas y tres cerditas en la parte posterior del cuerpo, el cual vive solamente un día. ≃ Efímera.

cachiporra (de «cachi-» y «porra») **1** f. Palo con un extremo muy abultado. ≃ *Porra. **2** (Chi.) adj. _Farsante, vanidoso._

cachiporrazo m. *Golpe dado con una cachiporra, o golpe fuerte dado con cualquier otra cosa. ≃ Porrazo. ⊙ Golpe que se da alguien al chocar con una cosa o al caerse. ≃ Porrazo.

cachiporrearse (de «cachiporra»; Chi.) prnl. *_Presumir de algo o fanfarronear._

cachiquel **1** adj. y, aplicado a personas, también n. _Se aplica a un grupo de indios que habita en la parte oriental de Guatemala, y a sus cosas._ **2** m. _Lengua hablada por estos indios._

cachirla (Arg., Ur.; _Anthus correndera,_ la cachirla común, y otras especies del mismo género) f. *_Ave paseriforme, terrícola, casi exclusivamente insectívora, que vive en las estepas y construye el nido en el suelo o en los huecos._ ≃ Cachila.

cachirulo (del lat. «capsŭla») **1** m. _Vasija para guardar el *aguardiente u otros licores._ **2** (And.) _Vasija ordinaria y pequeña._ **3** *_Barco muy pequeño, de tres palos, con velas al tercio._ **4** _Nombre dado en el siglo_ XVIII _a cierto adorno que las mujeres llevaban en la *cabeza._ **5** Pañuelo que forma parte del atuendo tradicional aragonés. **6** Taurom. _Moña o adorno que se pone encima de la divisa del toro._ **7** (Val.) *_Cometa (juguete)._ **8** (pop. e inf.) *_Amante._ **9** (Hispam.) _Refuerzo que se les pone a los *pantalones, particularmente a los de montar, en la entrepierna._

cachito (dim. de «cacho[1]»; Ven.) m. *_Cruasán._

cachivache (de «cachi-bachi», forma reduplicada con alternancia en la primera consonante) **1** (inf.) m. *Cosa llamada así despectivamente o porque no se sabe qué nombre darle: 'Con tantos cachivaches en esta mesa no se puede trabajar. Iba montado en un cachivache que no era ni moto ni coche'. ≃ Chisme, *trasto. **2** (inf.) _Hombre ridículo e inútil._

cachizo (de «cacha») adj. y n. m. V. «madero cachizo».

cacho[1] (del lat. «capŭlus», de «capĕre», coger) **1** (inf.) m. *Pedazo, trozo. **2** (inf.) Igual que «pedazo» se utiliza seguido de la preposición «de», que, generalmente no se pronuncia, y de un nombre calificativo en expresiones despectivas dirigidas a una persona: 'Cacho [de] animal'. ⊙ (inf.) Se emplea también en expresiones que ponderan el tamaño de una cosa: 'Vaya cacho [de] bocadillo que me has puesto'. **3** (pop.) _Trozo, particularmente confitado, de algunas frutas de corteza; como la calabaza o la naranja._ **4** (Arg., Par., Ur.) _Racimo de bananas._ **5** _Cierto juego de *baraja._ **6** _Lance fundamental del mismo, que consiste en reunir tres cartas del mismo palo o tres reyes._ **7** (Bol., Chi., Ec., Guat., Perú) *_Cruasán._

Un cacho de pan. **1** Expresión frecuente para referirse al mínimo necesario para subsistir. ≃ Un pedazo de pan. **2** (inf.) Expresión que se aplica a una persona muy *buena. ≃ Un pedazo de pan.

Caerse una cosa a cachos. Estar viejo, deshecho, como desmoronándose. ≃ Caerse a pedazos.

cacho[2] **1** (Chi.) m. _Objeto inútil._ ≃ *Trasto. **2** (Hispam.) _Cuerno._ **3** (Chi., Guat.) *_Cuerna: vasija hecha con un cuerno._ ≃ Cacha. **4** (Hispam.) _Cubilete._

cacho[3] (del lat. «catŭlus», cachorro; _Leuciscus cephalus)_ m. *Pez cipriniforme muy común en los ríos europeos.

cacho[4], -a (del lat. «coactus», recogido) adj. _Agachado:_ 'Con la cabeza cacha'. ≃ Gacho.

cachola f. Mar. _Cada una de las dos muescas que forman el cuello de un *palo, en las cuales se asientan los baos que sostienen las cofas._

cachón (de «cachar[1]») **1** (gralm. pl.) m. *_Ola de mar que rompe formando espuma en la playa._ **2** *_Chorro de agua que cae de poca altura y rompe formando espuma._

cachondearse (inf.; «de») prnl. *Burlarse.

cachondeo **1** (inf.) m. Acción de cachondearse. **2** (inf.) Juerga, diversión.

cachondez f. _Estado de cachondo._

cachondiez (ant.) f. _Cachondez._

cachondo, -a (del lat. «catŭlus», cachorro) **1** (vulg.; «Estar») adj. Se aplica al animal, particularmente a la perra, que está en *celo. ⊙ (vulg.; «Estar») Se aplica también a las personas dominadas por el deseo sexual, o que lo excitan. ⇒ *Ardiente, *incitante, lujurioso. ➤ *Sexo. **2** (inf.; «Ser») adj. y n. Persona guasona y divertida. ⊙ (inf.; «Ser») adj. También, se aplica a lo que divierte: 'Un programa de radio muy cachondo'. **3** f. pl. _Calzas acuchilladas que se usaban antiguamente._

Cachondo mental (inf.). Expresión calificativa que se aplica a la persona muy divertida.

cachopín m. _Cachupín._

cachopo (de «cacho[1]»; Ast.) m. _Tronco seco de árbol._

cachorra (Can.) f. _Sombrero flexible._

cachorreñas (de «cachorro») f. pl. _Ciertas *sopas de pan que se comen mucho en Andalucía, arregladas con aceite, ajo, pimentón, sal y vinagre._

cachorrillo, -a **1** n. Dim. frec. de «cachorro». **2** m. Pistola pequeña de bolsillo. ≃ Pistolete.

cachorro, -a (del lat. «catŭlus») **1** n. Cría o individuo muy joven de cualquier mamífero. ⇒ *Animal. ⊙ Específicamente, los del perro. ⇒ Cadiello, cadillo. **2** m. *_Asien-_

to, normalmente de piedra, situado junto a las ventanas de los castillos y otros edificios antiguos.

cachú (del port. «cacho», de or. dravídico y malayo) m. *Cato (cierta sustancia medicinal).*

cachua (Bol., Ec., Perú) f. *Cierta danza de los indios.*

cachucha (de «cachucho[1]») **1** f. *Cachucho (barco pequeño).* **2** *Cierta danza andaluza de compás ternario.* ⊙ *Su música.* ⊙ *Canción que se canta con esta música.* **3** (Bol., Col., Salv., Méj., Pan., R. Dom.) *Visera (pieza de la gorra).*

cachucho[1] (de «cacha») **1** (And.) m. **Vasija pequeña, basta.* **2** **Alfiletero.* **3** *Cada hueco de los del *carcaj en los que se metían las flechas.* **4** **Barco pequeño.* ≃ Cachucha. **5** *Medida antigua de *aceite equivalente a 0,08 l.*

cachucho[2] (¿de «cacho[3]»?; *Serranus oculatus*) m. *Pez comestible del mar de las Antillas.

cachudo, -a (de «cacho[2]») **1** (Chi., Ec., Méj.) adj. *Se aplica al *animal que tiene grandes los *cuernos.* **2** (Méj.) *Se aplica a la persona de semblante adusto.*

cachuela (de «cazuela») **1** f. **Guisado que se hace en Extremadura con la asadura del cerdo.* **2** *Guisado que se hace entre cazadores con hígados, corazones y riñones de conejo.* **3** *Estómago de las aves.* ≃ *Molleja.

cachuelo (dim. de «cacho[3]»; *Leuciscus leuciscus*) m. *Pez de pequeño tamaño abundante en los ríos de España.

cachulera (del lat. «caveŏla», jaula; Mur.) f. **Cueva o *escondite de alguien.*

cachulero (del lat. «caveŏla»; Mur.) f. *Especie de *jaula.*

cachumba (*Carthamus dentatus*) f. **Planta compuesta de Filipinas, empleada en vez del *azafrán.*

cachumbo (Hispam.) m. **Gachumbo (cubierta leñosa de algún fruto, que se emplea como vasija).*

cachunde (del malayo «kachú», relac. con el port. «cachú») **1** m. *Cierta pasta que se hacía con almizcle, ámbar y cato, con la que se confeccionaban píldoras que se tomaban deshaciéndolas en la boca, para fortalecer el estómago.* ⇒ *Farmacia. **2** *Otra sustancia medicinal que se elaboraba antiguamente.* ≃ Cato.

cachupín, -a (dim. del port. «cachopo», niño; Hispam.; desp.) n. *Español que se establece en Hispanoamérica.* ≃ Gachupín. ⊙ (Méj.) *En particular, el que no procede de la última guerra civil española.* ≃ Gachupín.

cachupinada (inf.) f. **Fiesta casera con convite.*

cachurra (del lat. «caia», garrote; Cantb.) f. *Juego de pelota semejante a la cachava, y palo empleado para él.* ⇒ *Mallo.

cacica 1 f. *Mujer del cacique.* **2** **Señora de vasallos, entre los indios de América.*

cacicada (de «cacique») f. Actuación arbitraria que supone un abuso de poder.

cacicato o **cacicazgo** («Ejercer») m. Poder del cacique. ⊙ *Territorio a que se extiende.

cacillo m. *Cazo pequeño.

cacimba (de «cachimba») **1** f. *Hoyo que se hace en la playa o en el lecho de un río seco para buscar agua potable.* ≃ Cachimba, casimba. ⇒ *Pozo. ⊙ *Hueco en un árbol o roca donde se recoge agua de lluvia.* **2** *Cubo para transportar agua.*

cacique (de or. caribe) **1** m. Jefe o señor en algunas tribus de *indios de América Central y del Sur. ⇒ Caney, cansí. **2** Persona que ejerce una *autoridad abusiva en una colectividad; particularmente, el que en un pueblo se hace dueño de la política o de la administración, valiéndose de su dinero o influencia. ⇒ Curaca, gamonal. ➤ Caciquear. ➤ Cacicato, cacicazgo, caciquismo, gamonalismo. ➤ *Autoridad.

caciquear intr. Usar indebidamente el poder, la autoridad o la influencia.

caciquil adj. De cacique.

caciquismo m. Influencia o dominio del *cacique (persona que ejerce una autoridad abusiva en una colectividad).

cacle (del nahua «cactli») **1** m. **Sandalia tosca de cuero usada en Méjico por los indios.* ≃ Guarache, huarache. **2** (Méj.; inf.) *Cualquier calzado.*

caco (de «Caco», ladrón mitológico) **1** (inf.) m. *Ladrón o *ratero. **2** **Monigote (hombre de poco carácter)* ≃ Hominicaco.

caco- Elemento prefijo del gr. «kakós», malo: 'cacodilo, cacofonía'.

cacodilato m. QUÍM. *Cualquiera de las sales derivadas del cacodilo; la que se llama comúnmente así es el «cacodilato sódico», que se emplea en *farmacia.*

cacodilo (de «caco-», y la raíz griega «od», del verbo «ózō», oler) m. QUÍM. *Compuesto orgánico (arseniuro de metilo), líquido, incoloro, de olor desagradable, venenoso e inflamable.*

cacofonía (del gr. «kakophōnía», sonido desagradable) f. LING. Defecto del *lenguaje que consiste en un encuentro o repetición de sonidos que resulta desagradable. ⇒ Aliteración.

cacofónico, -a adj. LING. Afectado de cacofonía.

cacografía (de «caco-» y «-grafía») f. LING. **Ortografía defectuosa.* ⊙ LING. *Escritura defectuosa por la ortografía.*

cacomite (del nahua «cacomitl»; *Tigridia pavonia*) m. *Planta iridácea de Méjico, de hermosas flores, generalmente rojas en la periferia y amarillas con manchas rojas en el centro; la *raíz es comestible. ≃ FLOR de la maravilla, copetuda.

cacomiztle (Méj.) m. **Basáride (animal parecido al mapache).*

cacoquimia (del gr. «kakochymía», mala calidad de un jugo) f. MED. *Caquexia.*

cacoquímico, -a adj. y n. MED. *Caquéctico.*

cacoquimio, -a (de «cacoquimia») adj. y n. MED. *Afectado de depresión moral y física.*

cacorro (Hispam.) m. *Hombre *afeminado.* ⊙ *Invertido.* ⊙ **Cobarde.*

cacosmia (del gr. «kakosmía», mal olor) f. MED. *Alteración del sentido del olfato que causa una percepción anormal de los olores.*

cactáceo, -a (de «cacto») adj. y n. f. BOT. *Se aplica a las *plantas de la familia del nopal, la mayor parte tropicales, de tallos carnosos, con las hojas reducidas a espinas, y flores grandes que nacen en las axilas de estas hojas.* ⊙ f. pl. BOT. *Esa familia.*

cácteo, -a adj. y n. f. BOT. *Cactáceo.*

cacto o **cactus** (del lat. «cactos», del gr. «káktos», cardo) m. Nombre que se aplica corrientemente a cualquier planta cactácea.

caculear (de «caculo»; P. Rico) intr. *Mariposear.*

caculo (P. Rico) m. *Cierto escarabajo muy dañino.*

cacumen (del lat. «cacūmen», cumbre) **1** (ant.) m. **Altura.* **2** (inf.) *Inteligencia o perspicacia.

cacuminal (del lat. «cacūmen, -ĭnis») adj. FON. *Se aplica a los sonidos que se articulan entre el borde anterior de la lengua y, a veces, su cara inferior, y la parte superior del* *paladar; como el de la «d» en ciertas regiones italianas y en una parte de Asturias.* ≃ Cerebral.

cacuy (del quechua «cacui»; Arg.) m. *Ave nocturna caprimúlgida, del género Nyctibius; emite un grito característico, a modo de lamento, que se suele oír al anochecer.*

cada[1] (del lat. vulg. «cata», del gr. «katá», prep. de significado distributivo; pronunc. acentuado o proclítico: [cáda véz entiéndo ménos] o [cadavéz entiéndo ménos]; siempre es átono ante un numeral: [cadacínco]) **1** adj. Se aplica al nombre de las cosas de un grupo para referirse a todas ellas consideradas de *una en una: 'Cada niño recibió su juguete'. ⊙ También, considerándolas por grupos de igual número: 'Cada tres meses le dan una paga extraordinaria. Entre cada dos estribos del puente'. ⇒ Al. ➤ *Repartir. *Todos. **2** (inf.) Se usa con valor ponderativo, a menudo en frases elípticas que acentúan este carácter: '¡Dice cada cosa! ¡Hace cada burrada!'.

CADA UNO. **1** Cada persona. **2** Todas las personas. ⇒ Cada CUAL, cada HIJO de vecino, cada QUISQUE.

V. «cada uno en su CASA..., cada DÍA, cada DOS por tres, cada HORA, a cada INSTANTE, cada LOCO con su tema, a cada MOMENTO, cada OVEJA con su pareja, el PAN nuestro de cada día, a cada PASO, a cada TRIQUITRAQUE, cada UNO a lo suyo, cada VEZ, cada VEZ más».

cada[2] (del fr. «cade») m. *Enebro (arbusto cupresáceo).

cadafalso (del occit. «cadafalcs»; ant.) m. *Cadalso.*

cadahalso (de «cadafalso») **1** (ant.) m. *Cadalso.* **2** **Cobertizo o barraca de tablas.*

cadaldía (ant.) adv. *Cada día.*

cadalecho (del sup. lat. vulg. «catalectus») m. **Cama tejida de ramas usada en Andalucía y otros sitios.*

cadalso (de «cadahalso») **1** m. *Tablado erigido para un acto solemne. **2** *Tablado erigido para *ajusticiar a los condenados a pena de muerte. ⇒ Horca, patíbulo. **3** (ant.) FORT. *Defensa hecha de madera.*

cadañal (ant.) adj. *Se aplica a lo que sucede cada año.*

cadañego, -a **1** (ant.) adj. *Cadañal.* **2** BOT. *Se aplica a lo que se repite de año en año, como las *plantas anuales.*

cadañero, -a adj. *Anual.* ⊙ *De un *año de duración.* ⊙ *Se aplica a la hembra que pare cada *año.*

cadarzo (del gr. «akáthartos», impuro, sin limpiar) **1** m. **Seda basta de los capullos enredados, que no se hila a torno.* ≃ Atanquía. **2** *Seda basta del exterior del capullo.* **3** (Ast.) *Cierta *cinta estrecha, de seda basta.*

cadascuno, -a (de «cada[1]» y «cascuno»; ant.) adj. *Cada uno.*

cádava (Ast.) f. *Tronco de árgoma o de tojo que queda todavía en pie después de un *incendio y se aprovecha para leña.*

cadáver (del lat. «cadāver») **1** m. Cuerpo *muerto. En lenguaje corriente, se aplica sólo a los de persona; podría decirse el cadáver 'del burro' o 'del pájaro', pero la expresión usual es 'el cuerpo del burro o del pájaro muerto'. **2** Hiperbólicamente, persona muy *demacrada.

☐ CATÁLOGO

Otra raíz, «necr-»: 'necrófago, necróforo, necrología, necromancia, necrópolis, necropsia, necroscopia, necrosis'. ➤ Cenizas, cuerpo, despojos, difunto, huesos, momia, muerto, restos, RESTOS mortales. ➤ Amortajar. ➤ Autopsia, *disección. ➤ Barbillera, mortaja, sudario, ungüento. ➤ Disecar, embalsamar, *enterrar, exhumar, incinerar, inhumar, momificar. ➤ DEPÓSITO de cadáveres. ➤ Entierro, exequias, funeral, velatorio, velorio. ➤ Ataúd, caja, canope, URNA cineraria. ➤ Pudridero, *sepultura. ➤ De CUERPO presente, insepulto. ➤ CÁMARA mortuoria, CAPILLA ardiente. ➤ Adipocira, caromomia. ➤ Cadavérico, cadaveroso, macabro.

cadavérico, -a **1** adj. De [del o de los] cadáver[es]. **2** Muy *pálido o muy *demacrado.

cadaveroso, -a (ant.) adj. *Cadavérico.*

cadejo (¿cruce de «cadarzo» y «madeja»?) **1** m. *Porción de *pelo muy enredada que se separa para peinarla.* **2** *Madeja pequeña de hilo, etc.* **3** *Manojo de hilos para hacer borlas u otro trabajo de *pasamanería.*

cadena (del lat. «catēna») **1** f. Objeto formado por piezas, generalmente metálicas y en forma de anillo, enlazadas entre sí pasando la una por la otra, de modo que el conjunto resulta articulado; como la que se pone como adorno o para colgar un adorno del cuello, la que une un vagón del tren a otro, o la que sirve para dejar amarrada una bicicleta. **2** (pl.) Se emplea, en sentido material o figurado, para referirse a las que sujetan a los *presos. ⊙ *Cuerda de presos conducidos sujetos a una cadena. **3** TOPOGR. *CADENA de agrimensor.* **4** QUÍM. *Serie de átomos enlazados entre sí en una *molécula orgánica.* **5** MAR. *Serie de maderos enlazados a tope por cualquier procedimiento, que se ponen, por ejemplo, para cerrar la boca de un puerto.* **6** Sucesión de cosas: 'Cadena de caracteres [o de acontecimientos]'. ≃ *Serie. **7** CADENA de montañas. **8** Conjunto de personas que se enlazan por las manos o los brazos, por ejemplo en una danza o, para formar una larga hilera, en una manifestación. **9** Red de establecimientos pertenecientes a una misma firma: 'Una cadena de hoteles [o de supermercados]'. **10** Conjunto de emisoras de radio o televisión que transmiten el mismo programa. **11** CADENA musical. **12** CADENA de montaje. **13** Obligación o circunstancia que impide a alguien desenvolverse con libertad o hacer cierta cosa que querría hacer. ≃ Sujeción. ⇒ Dificultad, estorbo. **14** CONSTR. *Armazón de maderos fuertemente ensamblados, que sirve de soporte a una obra.* **15** *Madero o barra que resguarda el borde superior de un fogón de cocina.* **16** ARQ. *Machón de piedras con que se refuerzan las esquinas de un edificio.* **17** *Última figura del rigodón.*

CADENA DE AGRIMENSOR. TOPOGR. *Cadena de cien eslabones de longitud fija, que se emplea para medir longitudes en el terreno.*

C. FÓNICA [O HABLADA]. LING. Sucesión de los sonidos empleados en el habla.

C. DE MONTAJE. Dispositivo de fabricación en serie en que los objetos pasan automáticamente delante de los operarios, colocados en distintos puntos del recorrido, de manera que realizan siempre la misma función.

C. DE MONTAÑAS. *Cordillera.

C. DE MÚSICA [O MUSICAL]. *Equipo musical formado por varios aparatos independientes. ⇒ Minicadena.

C. PERPETUA. Pena máxima de *prisión.

C. SIN FIN. Cadena cerrada, sin extremos, que se usa en los mecanismos; por ejemplo, en las bicicletas.

EN CADENA. Se aplica a las acciones o hechos que se producen uno a continuación de otro, y a veces provocando cada uno el siguiente: 'Una colisión en cadena'.

☐ CATÁLOGO

Otra forma de la raíz, «caten-»: 'catenaria, catenular, concatenación'. ➤ Abregancias, arraigadas, barbiquejo, bejuquillo, cabestrillo, cabestro, CABLE de cadena, calamillera, calderil, camal, caramilleras, catela, estrenque, estrinque, fierros, gramallera, grillete, grillos, leontina, llares, maniota, maza, tiradera. ➤ Baca, cheje, contrete, dado, ese, eslabón, espernada, mallete. ➤ Catenular. ➤ Desengarzar, desengrilletar, desenlabonar, deseslabonar, desferrar, desherrar, deslabonar, engarzar, eslabonar. ➤ Concatenar, desencadenar, encadenar.

V. «CABLE de cadena, REACCIÓN en cadena, TRABAJO en cadena».

cadenada f. *Tramo medido cada vez con una cadena de agrimensor.*

cadenado (del lat. «catenātus»; ant.) m. *Candado.*

cadencia (del it. «cadenza») **1** f. Regularidad en la combinación de las duraciones de los sonidos, que es propia de la *música. ≃ *Compás, *ritmo. **2** Cada tipo de combinación de esas duraciones que caracteriza los distintos tipos de composiciones: 'Cadencia de vals'. ≃ Aire, ritmo. **3** (pl.) Sonido cadencioso o *música: 'Hasta nosotros llegaban las cadencias de un vals'. ≃ Compases. **4** Adecuada distribución de acentos en el *verso. ≃ Ritmo. **5** Adaptación de los movimientos a una música, de lo que resulta la danza. **6** MÚS. *Terminación de una frase musical con alargamiento de los sonidos, que produce sensación de reposo.* **7** MÚS. *Resolución de un acorde disonante sobre otro consonante.* **8** Frecuencia o ritmo con que se realiza algo o se produce un fenómeno.

cadenciosamente adv. De manera cadenciosa.

cadencioso, -a adj. Dotado de cadencia. ⊙ Grato al oído: 'Voz cadenciosa'. ⊙ Se puede aplicar también a los movimientos de danza y a los que, sin serlo, tienen ritmo: 'Andar cadencioso'.

cadenero m. TOPOGR. *Hombre que maneja la cadena de agrimensor.*

cadeneta 1 f. Punto, el más sencillo, de labor de *ganchillo, que se hace formando una anilla con el hilo, pasando por ella la hebra con el ganchillo, formando con esta hebra una nueva anilla por la que vuelve a pasarse la hebra, y así sucesivamente. ⊙ Punto hecho con aguja, que imita una cadena. ⊙ AGRÁF. *Punto de esta clase hecho en las cabeceras de los libros.* **2** Cadena de eslabones de papel de colores que se cuelga como adorno festivo.

cadenilla f. Dim. frec. de «cadena», aplicado, por ejemplo, a cualquier cadena pequeña que lleva como accesorio un objeto de cualquier clase. ⊙ *Cadena delgada que llevan como adorno las *guarniciones de las caballerías.*

CADENILLA Y MEDIA CADENILLA. *Perlas que se distinguen y separan por razón del tamaño o hechura.*

cadente (del lat. «cadens, -entis») **1** adj. *Amenazado de *hundirse.* **2** *Cadencioso.*

cader (del lat. «cadĕre») **1** intr. **Caer.* **2** *Humillarse o postrarse.*

cadera (del lat. vulg. «cathedra», silla, nalga, del gr. «kathédra») **1** (ant.) f. **Silla.* **2** Cada una de las dos partes salientes a uno y otro lado del cuerpo, debajo de la cintura, formadas por los huesos superiores de la pelvis. ⇒ Otra raíz, «cox-»: 'coxal, coxalgia'. ➤ Petaca. ➤ Cea, cía, coxa, rengadero. ➤ Cuadril, íleon, ilion, isquion. ➤ Renco. ➤ A carramanchas, a carramanchones, a cotenas, a cucho, a cuestas, a las espaldas. ➤ Descaderar. **3** Parte lateral del anca de los cuadrúpedos. **4** (pl.) *Caderillas.*

A LA CADERA. *Cargado en la cadera.

V. «SILLA de caderas».

caderillas f. pl. *Especie de *miriñaque que ahuecaba la falda sólo por las caderas.*

cadete (del fr. «cadet», joven noble que servía como voluntario) **1** m. **Joven noble que se educaba en un colegio militar o servía en algún regimiento y ascendía a oficial sin pasar por los grados inferiores.* **2** *Alumno de una academia militar. ⇒ Galonista. **3** (inf.) *Se emplea en frases como 'hacer el cadete, enamorarse como un cadete', para aludir a un enamoramiento violento y súbito.* **4** (Arg., Par., Ur.) *Aprendiz de un comercio o chico de los recados.*

cadi[1] (*Phytelephas macrocarpa*) m. *Palmera del Ecuador, de hojas muy grandes que se usan para techar, cuyo fruto es la «tagua».

cadi[2] (del ingl. «caddie») m. Muchacho que lleva los palos de los jugadores de golf.

cadí (del ár. «qāḍī», a través del fr.) m. *Juez, entre los turcos y los moros. ⇒ Adul.

cadillo (del lat. «catĕllus», perrito) **1** (Ar.) m. **Cachorro de perro.* **2** (*Caucalis latifolia* y *Caucalis daucoides*) *Planta umbelífera de flores rojas o purpúreas y de fruto elipsoidal cubierto de espinas ganchudas, que crece en los campos cultivados. ≃ Amor, BARDANA menor. ⇒ Garrapato, trun. ➤ Descadillar. **3** (*Xanthium spinosum*) *Planta compuesta, muy común entre los escombros y en los campos, con flores de color amarillo verdoso y frutos elipsoidales cubiertos de espinas ganchudas. **4** **Verruga* **5** (pl.) *Impurezas vegetales mezcladas a la *lana.* ⇒ Descadillar. **6** (pl.) Primeros hilos de la urdimbre de una *tela. **7** (Ar.) **Flor del olivo.*

cadira[1] (del lat. vulg. «cathedra»; ant.) f. **Silla.*

cadira[2] (del ár. and. «qádra», olla; ant.) f. **Olla pequeña.*

cadmía (del lat. «cadmīa», del gr. «kadmeía») **1** f. METAL. *Óxido de *cinc desprendido durante la *fundición de este metal, que lleva algo de óxido de cadmio.* **2** METAL. *Por extensión, cualquier producto metálico desprendido en la fundición y adherido a las paredes de la chimenea o del horno.*

cadmio (del lat. cient. «cadmium») m. *Metal, n.º atómico 48, poco abundante, blanco y muy parecido en aspecto al estaño, existente en algunos minerales que suelen estar asociados a los de *cinc. Se emplea para recubrir pequeños objetos o piezas de acero para preservarlos de la corrosión. Símb.: «Cd». ⇒ Cadmía.

cado (del lat. «cavum») **1** (Ar.) m. *Agujero o cueva donde viven animales.* ≃ *Madriguera. ⇒ Encadarse. **2** *Cosa o sitio que es *origen de discordias o cosas semejantes.* ≃ Semillero.

cadoce m. **Gobio (pez teleósteo).*

cadoz (Ast.) m. **Gobio (pez teleósteo).* ≃ Cadoce.

cadozo (¿del lat. «cadus», jarro, barril?) m. **Remolino formado en una corriente de agua.*

caducado, -a Participio adjetivo de «caducar»: 'Un pagaré caducado'.

caducamente adv. *Débilmente.*

caducante adj. *Aplicable a lo que caduca.*

caducar (de «caduco») **1** intr. **Destruirse o arruinarse una cosa por vieja o gastada.* **2** *Chochear.* **3** Perder su validez un contrato o documento que acredita un *derecho o impone una obligación: 'Este vale caduca al mes'. ⊙ También los mismos derechos u obligaciones. **4** Dejar de se apto o recomendable para el consumo un producto alimenticio envasado, un medicamento, etc.

caduceador (del lat. «caduceātor, -ōris») m. *«Rey de armas» que, llevando en la mano un caduceo, publicaba la paz.*

caduceo (del lat. «caducĕum») m. MIT. Atributo del dios Mercurio, formado por una varilla a la que se arroscan dos serpientes y con dos alas en su extremo: las serpientes representan la prudencia y las alas la actividad. Simboliza el *comercio y la *medicina. ⇒ *Mitología.

caducidad f. Acción y efecto de caducar. ⊙ Hecho de caducar un producto envasado: 'Fecha de caducidad'.

CADUCIDAD DE LA INSTANCIA. DER. *Suposición legal de que los litigantes han abandonado sus pretensio-*

nes cuando dejan pasar cierto plazo sin realizar ninguna gestión.

V. «FECHA de caducidad».

caducifolio, -a adj. BOT. De hoja caduca: 'Bosque caducifolio'.

caduco, -a (del lat. «cadūcus») **1** adj. Se aplica a las partes de los organismos destinadas a *caerse: 'Hoja [o cola] caduca'. ≃ Caedizo. **2** *Perecedero.* **3** Se aplica a las personas cuyo organismo está muy agotado por causa de la vejez. ≃ Decrépito. ⇒ Achacoso, asmático, calamocano, hecho un CASCAJO, cellenco, *chocho, clueco, decrépito, gagá, valetudinario. ➤ *Viejo. **4** Aplicado a ideas, normas, etc., anticuado, sin vigencia.

V. «GOTA caduca, HOJA caduca, MAL caduco, MEMBRANA caduca».

caduquez (ant.) f. *Estado de caduco.*

caecer (del lat. «cadescĕre»; ant.) intr. **Ocurrir.* ≃ Acaecer. ⇒ Escaecer.

caedizo, -a adj. Se aplica a lo que puede caer o está naturalmente destinado a caer: 'Hoja caediza'. ≃ Caduco. ⇒ Perenne.

caedura f. *Desperdicio de los materiales que se tejen, que cae de los telares.*

caer[1] (del lat. «cadĕre») **1** («de, desde, a, hacia, en, por») intr. y prnl. Moverse una cosa de arriba abajo por la acción de su propio peso. ⊙ Con «de» y «espaldas, cabeza, manos, pies, narices», etc., significa caer dando contra el suelo con la parte que se nombra. ⊙ Significado semejante tiene con las palabras «canto» y «plano». ⊙ («de, desde, por, a, en») prnl. Caer algo material por faltarle apoyo o fallar la cosa que lo sostiene: 'Se ha caído la lámpara'. Se usa mucho con un pronombre que representa a la persona que llevaba o sostenía la cosa caída: 'Se le ha caído el pañuelo'. ⊙ Con esa construcción significa también llevar una prenda de vestir más baja de lo que corresponde, como si fuese a caerse, bien con el verbo en forma ordinaria, bien en forma durativa: 'A este chiquillo se le van cayendo los pantalones'. ⊙ Perder la posición vertical una cosa y quedar tumbada en el suelo o destrozada: 'Se ha caído un árbol [un poste de telégrafo, una torre o una casa]. El niño se ha caído'. ⊙ Quedar algo suelto y separado del sitio en que estaba sujeto: 'Caerse un diente [un botón, un clavo, el pelo, las hojas de un libro]'. ≃ Desprenderse. ⊙ Se usa con «de» y palabras como «susto» o «risa» para significar un ataque violento de esas cosas: 'Nos caíamos de risa oyéndole'. **2** intr. Tomar una cosa cierta forma al estar colgada: 'Los cortinajes caen en pliegues regulares'. ≃ Bajar, colgar, *pender. **3** Refiriéndose a una prenda de *vestir, estar el borde más bajo por cierto sitio que por el resto: 'La falda te cae por un lado'. **4** Perder la vida en una lucha: 'Muchos héroes cayeron en defensa de la libertad'. ≃ *Morir, perecer, sucumbir. **5** Cesar en la resistencia y ser tomada una plaza o una posición. ≃ *Entregarse, sucumbir. ⇒ *Guerra. **6** *Desaparecer cualquier forma de dominio o gobierno: 'Cayó la monarquía [o la república]. Cayó el imperio romano. Caerá la dictadura'. ≃ Derrumbarse, hundirse. ⊙ Disminuir bruscamente la intensidad de un ↘fenómeno o actividad; por ejemplo, la temperatura, la presión, los beneficios de una empresa, etc. ⊙ («en») Pasar una cosa a cierta situación que implica degradación, como «en olvido» o «en desuso». **7** Dejar alguien de ocupar un cargo importante porque le quitan de él: 'Cayó un presidente y nombraron otro'. ⊙ Bajar de categoría. **8** Pasar una persona a estar en cierto estado de decadencia, penoso, censurable, vergonzoso, etc.: 'Caer en el abatimiento, en la desesperación, en la miseria, en el pecado, en la ignominia'. ⇒ *Perderse. ⊙ (sin necesidad de complemento) *Pecar. ⊙ *Incurrir en una falta o error, en la tentación de algo, etc. ⊙ También, en el desagrado, en la desaprobación, etc., de alguien. ⊙ Se dice también 'caer en desgracia' con el significado de dejar de gozar el favor o la simpatía de alguien. **9** Disminuir de salud, bienestar, prestigio, autoridad u otra cosa cualquiera que se disfruta: 'En los últimos años ha caído mucho y no tiene ya las energías de antes'. ≃ *Decaer. ⊙ *Perder viveza los colores.* ⊙ prnl. **Afligirse o *abatirse.* **10** intr. Acercarse un astro, especialmente el Sol, a su ocaso. ≃ *Declinar. ⊙ Acercarse a su fin el día, la tarde, el año, o bien el verano u otra estación: 'Caía el día cuando avistamos la ciudad'. **11** («en») Tener un fracaso al intentar algo, en cierta cosa o en cierto punto: 'No aprobó las oposiciones porque cayó en la prueba oral'. ≃ *Fallar. **12** («en») *Presentarse alguien en un sitio donde no es esperado, o en momento desusado o impropio: 'Cayó en mi casa a las doce de la noche'. ≃ Aparecer, descolgarse. ⊙ Llegar a cierto sitio sin haberse propuesto ir a él. ≃ Aparecer. **13** Ser *apresado alguien que andaba huido o escondido. ⊙ Ser alguien cogido en alguna trampa o engañado con una añagaza: 'Has caído en el garlito'. **14** («sobre») Sobrevenir a alguien o algo cierta cosa desagradable o desgraciada: 'Parece que ha caído una maldición sobre esa familia'. ⊙ Más raramente, se aplica también a cosas afortunadas: 'Nos ha caído esa suerte'. ⊙ Se aplica a la lotería o un objeto sorteado o rifado: 'Le cayó la lotería el año pasado'. ≃ Tocar. ⇒ *Corresponder. **15** («en») Coincidir una fiesta o día señalado con cierta fecha o día de la semana: 'Nochebuena cayó en lunes'. ⊙ Corresponder a cierta época o fecha el *pago de los plazos de una renta, arriendo, etc. ≃ Vencer. **16** Causar impresión, buena o mala, una persona a otra: 'Caer bien [o mal]'. ⊙ Ser bien o mal *acogida. **17** *Sentar bien o mal un vestido. **18** («en») Encontrar con el pensamiento cierta noción, solución, etc.: 'No caigo en quién puede ser. Ahora caigo en lo que significaba aquello'. ⇒ *Ocurrirse. ⊙ *Recordar cierta cosa: 'No caigo en cómo se llamaba'. ⇒ *Acertar. **19** Quedar una cosa dentro o fuera de los límites de algo: 'Ese pueblo cae dentro de la provincia de Madrid'. ≃ *Estar. ⊙ Particularmente, tratándose de jurisdicción, autoridad o cosa semejante: 'Eso no cae dentro de mis atribuciones'. ≃ Estar. **20** («sobre») *Abalanzarse: 'Cayeron sobre él como lobos'. **21** («por») Estar aproximadamente en el lugar que se expresa. **22** (pop.) tr. Dejar caer: 'Ten cuidado, no caigas la botella'.

V. «caerse el ALMA a los pies, caerse la BABA, caer por su BASE, no caerse de la BOCA, caer como una BOMBA, caer de BRUCES, caer de su [o del] BURRO».

CAER BIEN [o MAL] una cosa. Hacer buen [o mal] *efecto en el cuerpo o en el espíritu.

CAER BIEN [o MAL] una persona. V. «caer» (16.ª acep.).

C. DENTRO [o FUERA] de algo. Estar comprendido dentro de cierta cosa que se expresa o, por el contrario, excluido de ella; como «atribuciones, jurisdicción» o «posibilidades»: 'Eso cae dentro [fuera] de mis previsiones'.

C. MUY BAJO. Perder la dignidad; hacer algo vergonzoso o humillante. ⇒ *Deshonrarse, *envilecerse, *mancharse.

C. PESADAMENTE. Enlace frecuente.

CAERSE REDONDO. **1** Caer súbitamente y de golpe. **2** Caer muerto. ⇒ *Morir.

C. DE VIEJO una persona o una cosa. Estar o ser muy viejas.

V. «caer en CAMA, caerse de CANSANCIO, caerse la CARA de vergüenza, caerse la CASA encima.

CAYENDO Y LEVANTANDO. Con *alternativas buenas y malas. ⊙ Ir pasando, aunque no muy bien y con alternativas. ⇒ *Precariamente.

V. «caer como CHINCHES, caer CHUZOS, al que al CIELO escupe, a la cara le cae; caer en la CUENTA, caerse de CULO».

DEJAR CAER. 1 No sujetar bastante una cosa o no sostener en forma conveniente el recipiente en que está contenida, por lo cual esa cosa se cae. ⇒ *Caer. 2 Decir una cosa como sin intención: 'Dejó caer que había hablado con el ministro'. ≃ *Soltar, dejarse CAER.

DEJARSE CAER. 1 *Echarse o sentarse con *abandono, por ejemplo por efecto del cansancio o de una impresión: 'Se dejó caer en el sillón'. ⊙ Desprenderse del sitio donde se está sostenido o sujeto para caer por el propio peso, por ejemplo por una pendiente, una cuerda o en paracaídas. 2 Abatirse o *abandonarse. 3 *Presentarse en un sitio ocasionalmente: 'Se deja caer por la tertulia de cuando en cuando'.

DEJARSE CAER CON algo. *Decir o hacer la cosa sorprendente o graciosa que se expresa. ≃ *Descolgarse. ⊙ Dar cierta cantidad que el que habla estima muy pequeña o muy grande: 'Se dejó caer con un duro'.

V. «caer en DESGRACIA, caer en DESUSO, caerse al DUELO, caerse de ESPALDAS».

ESTAR algo AL CAER. Estar a punto de suceder: 'La convocatoria para las oposiciones debe de estar al caer'. ⇒ *Inminente.

V. «caer en el GARLITO, caer en GRACIA».

HACER CAER. Hacer que una cosa caiga o se caiga material o figuradamente: 'El viento ha hecho caer el poste. Hacer caer al gobierno. Hacer caer en la ignominia'. ⇒ *Derribar, *hundir, *tirar.

V. «caer la HOJA, caer en MANOS de, caerse [o no caerse] de las MANOS, caer en [las] MIENTES, caerse a PEDAZOS, caer de su propio PESO, caer de PIE, caerse a los PIES, caer a PLOMO, caer en [bajo o debajo del] PODER de, caer a la PRESA, caerse de RISA, caer al SEÑUELO, caerse de SUEÑO, no TENER dónde caerse muerto, caer por TIERRA».

□ NOTAS DE USO

Se usa exclusivamente «caer» y no «caerse», cuando no existe un momento preciso de desprendimiento o no se piensa en él, o se piensa especialmente en el movimiento durante la caída o en el sitio en que la caída termina: 'La lluvia cae de las nubes. Los cuerpos caen con movimiento acelerado. Ha caído un aerolito al mar'. En casi todos los casos en que no se dan esas circunstancias, pueden usarse indistintamente ambas formas, aunque es más frecuente el empleo de la pronominal: 'La fruta [se] cae por demasiado madura'. Se dice «caer las hojas», refiriéndose al fenómeno otoñal; pero se dice 'se están cayendo todas las hojas del rosal'. Se emplea exclusivamente la forma «caerse» cuando se piensa especialmente en el momento, la causa o el lugar del desprendimiento, o la caída es brusca o instantánea: 'Se han caído todas las naranjas del árbol. Se cayó el cuadro'.

Si el interés está en el lugar en que la cosa cae, se usa «en» en vez de «a»: 'El avión cayó en el mar. Ha caído una mosca en la sopa'.

□ CATÁLOGO

Otra forma de la raíz, «cad-»: 'cadencia, cadente, caducar', etc., 'decadencia'. ➤ Abatirse, arriscarse, asobinarse, aterrizar, *bajar, dar de BRUCES, dar con su CUERPO en, dar de..., derrocar, derrumbarse, descender, *despeñarse, desplomarse, desprenderse, ensobinarse, entorcarse, perder el EQUILIBRIO, escullir, *hundirse, romperse las NARICES, morder el POLVO, precipitarse, rodar, soltarse, besar [dar en, medir] el SUELO, dar en [o venir a] TIERRA, VENIR[SE] abajo. ➤ Baque, baquetazo, barquinazo, batacazo, caída, costalada, costalazo, crac, crack, culada, *golpe, guacharrada, guarrazo, pechugón, porrada, *porrazo, prolapso, sapada, tabalada, talegada, talegazo, tamborilada, tamborilazo, tozolada, tumba, tumbo. ➤ Bajada, caída, descenso. ➤ ¡Cataplam!, ¡cataplán!, ¡cataplum!, ¡catapún!, ¡paf!, ¡pataplum!, ¡pum!, ¡zas! ➤ *Resbalar, faltar el SUELO, tambalearse, *tropezar, *vacilar. ➤ Batir, caer, dejar CAER, embrocar, soltar, dar en el SUELO [o en TIERRA] con, tirar, trastumbar. ➤ En picado. ➤ MANOS de mantequilla [de Soria]. ➤ Alud, argayo, galga, turbión. ➤ Precipicio. ➤ Precipitación. ➤ Retenida. ➤ Equilibrio, esguince. ➤ Gravedad, gravitación. ➤ *Seguro. ➤ Paracaídas, recaer. ➤ *Bajar. *Fláccido. *Peso. *Tirar.

□ CONJUG. IRREG. IND. PRES.: caigo, caes, cae, caemos, caéis, caen; PRET. INDEF.: caí, caíste, cayó, caímos, caísteis, cayeron; IMPERAT.: cae, caiga, caigamos, caed, caigan; SUBJ. PRES.: caiga, caigas, caiga, caigamos, caigáis, caigan; PRET. IMPERF.: cayera,-ese, cayeras,-eses, cayera,-ese, cayéramos,-ésemos, cayerais,-eseis, cayeran, -esen; GER.: cayendo; PART.: caído.

caer[2] (ant.) intr. *Caber.*

café (del ár. «qahwah», a través del turco y del it. o fr.) 1 m. Cafeto (árbol rubiáceo). 2 (colectivo genérico) Semillas de ese árbol, que son ovaladas, redondeadas por una cara y con un surco longitudinal, que, una vez tostadas, se utilizan para elaborar la infusión llamada también «café». ⊙ (Col.) *Café con leche.* 3 Establecimiento donde, en mesas servidas por camareros, se toma café o cualquier otra bebida, así como aperitivos, etc. Han sido y son todavía los lugares típicos de las tertulias. ⇒ Cafetería, cafetín. ➤ *LOCAL público. 4 (R. Pl., Chi.; inf.; «Dar un») *Reprimenda.*

CAFÉ AMERICANO. El que tiene mucha agua.

CAFÉ-CANTANTE. Local público donde se sirven bebidas y se ofrece al tiempo algún espectáculo musical.

C. CAPUCHINO. Café con leche con espuma en la superficie.

C. CORTADO. Café, servido en taza pequeña, con una cantidad muy pequeña de leche.

C. CON LECHE. Mezcla, en proporción variable, de ambas sustancias, que suele servirse en los establecimientos correspondientes en taza mayor que la destinada al café solo, o en vaso. ⊙ *Color como el de esa mezcla: 'Se ha comprado unos pantalones [color] café con leche'. ⇒ *Ocre.

C. DESCAFEINADO. Café sin cafeína.

C. IRLANDÉS. Café con whisky y nata.

C. NATURAL. Café con tueste natural.

C. NEGRO. CAFÉ solo.

CAFÉ-TEATRO. Local donde se representan piezas de teatro breves, a la vez que los espectadores toman cualquier tipo de consumición.

C. PRIETO (Cuba). *Café solo.*

C. SOLO. Café sin leche.

C. SOLUBLE. El preparado para ser disuelto.

C. TORREFACTO. Café tostado junto con algo de azúcar, lo cual hace que sea más negro que el tostado con «tueste natural» y haga más oscura la infusión.

C. VIENÉS. Café con nata.

MAL CAFÉ. 1 Mala *intención. ≃ Mala leche. 2 («Estar de, Tener») Mal genio. ≃ Mala leche.

□ CATÁLOGO

Caracolillo, moca, torrefacto, TUESTE natural. ➤ *Grano, haba. ➤ Cafetal, plantación, tendal. ➤ Bucare [gualiqueme], guabo [o guamo], inga. ➤ Triache. ➤ Cafetera, caldera, manga, molinillo, tambor, tostador. ➤ Desaromatizarse, desbabar, descerezar, moler, tostar. ➤ Americano, capuchino, cargado, claro, cortado, descafeinado, solo. ➤ Carajillo, recuelo. ➤ Cafeína, teína. ➤ Mazagrán. ➤ Achicoria, chicoria, guanina. ➤ Camarero, echador, mozo. ➤ *Beber. *Infusión.

cafeína f. *Alcaloide del café. ≃ Teína.

cafela (¿del ár. «qáffal», cerrar con candado?; ant.) f. **Cerrojo.*

cafería f. **Aldea o *granja.*

cafetal m. Plantación de café.

cafetalero m. *Propietario de cafetales.*

cafetalista (Cuba) n. *Propietario de un cafetal.*

cafetear 1 intr. *Tomar café.* **2** (Pan.) *Tomar café mientras se vela a un difunto.* **3** (Pan.) tr. *Matar a una ↘persona.* **4** (R. Pl.; inf.) *Reprender a ↘alguien.*

cafetería f. *Local público en que se toman bebidas y cosas apetitosas de comer o comidas formales en la barra o en mesas servidas por camareros. ⇒ Bar.

cafetero, -a 1 adj. De [o del] café. ⊙ Muy aficionado a tomar café. **2** n. *Operario de los que recogen la simiente en los cafetales.* **3** *Comerciante de café.* **4** *Dueño de un café.* **5** f. Recipiente en que se prepara o sirve café. **6** (inf.; n. calif.) Máquina vieja y que funciona mal, particularmente un coche.

cafetín m. Café (establecimiento) de poca importancia.

cafeto *(Coffea arabica, Coffea canephora, Coffea liberica* y otras especies del género *Coffea)* m. *Árbol rubiáceo de regiones tropicales y subtropicales, de pequeño tamaño, con hojas opuestas siempre verdes y brillantes en cuyas axilas se desarrollan las flores, blancas y muy aromáticas; el fruto es una baya, de color rojo cuando está madura, cuyas semillas son los «granos de café». ≃ Café.

cafetucho m. Desp. de «café» (bebida y establecimiento).

cáfila (del ár. «qāfilah», ¿a través del ár. marroquí?) f. Grupo numeroso de personas, carruajes, etc., particularmente en marcha.

cafiroleta (Cuba) f. **Dulce compuesto de boniato, coco rallado y azúcar.* ⇒ Cantúa.

cafiz (ant.) m. *Cahíz*

cafizamiento (ant.) m. *Cierto derecho que se pagaba por *regar cada cahizada.*

cafre (del ár. «kāfir», pagano, a través del port. «cáfere») **1** adj. y, aplicado a personas, también n. Se aplica a los habitantes de una región del sudeste de África, de color cobrizo. **2** Bárbaro y brutal en el más alto grado. ⊙ Salvaje.

caftán (del ár. «qafṭān» o del turco «kaftan», a través del fr. o del it.) m. Túnica usada por los musulmanes.

cagaaceite (por la consistencia aceitosa del excremento de esta ave; *Turdus viscivorus)* m. *Pájaro insectívoro, de unos 28 cm de largo, gris por encima y blancuzco por debajo, y con manchas negras triangulares en el cuello y redondeadas en otras partes del cuerpo. ≃ Cagarrache, charla, TORDO mayor.

cagachín (del lat. «cacāre», cagar, y «acīnum», oliva) **1** m. *Pájaro de varios colores, común en España, algo más pequeño que el jilguero. **2** **Sacristán (pájaro).* **3** **Curruca (pájaro).* **4** *Chispita (pájaro).* **5** Cierto *mosquito muy pequeño de color rojizo. ≃ Cagarropa.

cagada (del lat. «cacāta») **1** (vulg.) f. *Excrementos expulsados al hacer de vientre cada vez. **2** (vulg.) Error grave, acción muy desafortunada.

cagadero (vulg.) m. Sitio donde la gente acostumbra a ir a hacer de vientre.

cagado, -a 1 Participio de «cagar». **2** (vulg.) adj. y n. m. Se aplica a un hombre *cobarde.

cagafierro m. *Escoria de *hierro.*

cagajón (pop.) m. **Excremento de caballería.* ≃ Moñigo.

cagalaolla (de «cagar» y «olla») m. *Hombre vestido con un disfraz grotesco, que tomaba parte en las danzas de algunas fiestas.* ⇒ *Botarga, *mamarracho.

cagalar (de «cagar») m. V. «TRIPA del cagalar».

cagalera (vulg.) f. *Diarrea.

cagaleta (vulg.) f. *Cagalera.*

cagaluta f. *Cagarruta.*

caganidos (de «cagar» y «nido») **1** n. *El último *pájaro nacido en la nidada.* **2** *El hijo último de una familia.* **3** *Persona enclenque o raquítica.*

cagar (del lat. «cacāre») **1** (vulg.) intr. Hacer de vientre. ⊙ (vulg.) prnl. Hacerse de vientre: evacuar excrementos involuntariamente o en cierto sitio o circunstancias que se expresan. ⊙ (vulg.; «en») Se emplea en exclamaciones groseras de enfado o irritación contra algo o alguien, o en blasfemias. ⇒ *Evacuar. **2** (vulg.) tr. *Estropear cualquier cosa, material o no materialmente.

CAGARLA (vulg.). Se usa para expresar que el error que alguien ha cometido o la contrariedad que se ha producido traerá malas consecuencias: 'Si se ha perdido todo el trabajo del ordenador, la hemos cagado'.

CAGARSE EN LA MAR [LA LECHE, LA HOSTIA, DIOS, etc.] (vulg.). Se usa en primera persona del singular del presente de indicativo como expresión de gran enfado o contrariedad. ⊙ (vulg.) Utilizar estas expresiones o alguna con valor parecido.

V. «cagarse de MIEDO».

cagarrache (de «cagar» y «erraj», desperdicios de la aceituna) **1** m. *Operario que lava el hueso de la aceituna en los molinos de *aceite.* **2** *Cagaaceite (pájaro).

cagarria f. *Colmenilla (hongo).

cagarropa (de «cagar» y «ropa») m. **Cagachín (mosquito).*

cagarruta (de «cagar») **1** (pop.) f. Trozo redondeado de los que constituyen los *excrementos de las cabras o semejantes. ⊙ (pop.) Piltrafa o porción pequeña de excremento de persona o animal. **2** (inf.; n. calif.) Cosa mal hecha o despreciable.

cagatintas (inf. y desp.) m. *Oficinista.* ≃ Chupatintas.

cagatorio (pop. y hum.) m. *Retrete.*

cagón, -a 1 (vulg.; n. calif.) adj. y n. Se aplica al que hace mucho o muchas veces de vientre; generalmente, a un niño. ⇒ Cagoncillo. **2** (vulg.; n. calif.) *Cobarde. ⊙ **Pusilánime o con pocos ánimos para el trabajo.* ⇒ *Holgazán.

cagoncillo, -a n. Dim. afectuoso de «cagón», que se aplica a niños.

caguama (de or. caribe; *Chelonia mydas* y otras especies del mismo género) f. *Tortuga marina, mayor que el carey. ⊙ *Concha de su caparazón.

cague (vulg.) m. *Miedo.

cagueta (vulg.; n. calif.) n. Persona *cobarde o *pusilánime.

cahíz (del ár. and. «qafíz») **1** m. *Medida de *capacidad para áridos, equivalente a 666 l.* ⇒ Cafiz. **2** *Medida de peso usada en algunos sitios para el *yeso, equivalente a 690 Kg.* **3** AGRIC. *Cahizada.*

cahizada f. AGRIC. *Porción de terreno que se siembra con un cahíz de grano.* ⊙ AGRIC. *Medida de *superficie agraria usada en Zaragoza, equivalente a 38,140 áreas.*

cahornicano, -a adj. y n. *Cabuérnigo.*

cahuana f. TORTUGA verde.

cahuerco (del lat. «cavus»; ant.) m. **Hoyo en el suelo.*

cahuín (Chi.) m. *Comilona que degenera en borrachera.*

cai (del fr. «quai», muelle; ant.) m. *Muro de defensa en un *muelle.*

caico (Cuba) m. *_Bajo o arrecife grande que, a veces, forma islas._

caíd (del ár. norteafricano «qāyd», cl. «qā'id», a través del fr.) m. Especie de *juez o gobernador en el antiguo reino de Argel y otros países *musulmanes.

caída **1** f. Acción y efecto de caer[se]. **2** («Haber, hacer, tener») *Pendiente del terreno, considerada hacia abajo: 'Allí hay una caída muy brusca de la costa' ≃ Bajada. **3** *Salto de agua. **4** Electr. Caída de potencial, de tensión o de voltaje. **5** *Equivocación, *falta o *pecado. ⊙ Particularmente, el cometido por los *ángeles rebeldes. ⊙ También, acción de entregarse irregularmente una mujer a un hombre. ⇒ *Deshonra. **6** Con «buena, mucha», etc., calidad de las *telas cuando caen con peso suficiente y forman pliegues en buena forma. ⊙ Manera de caer, por ejemplo formando pliegues, las telas cortinas, ropajes, etc. **7** Cada trozo de tela del ancho que tiene en la pieza y del largo necesario para la prenda que se confecciona: 'Esta falda lleva tres caídas'. ≃ *Ancho, largo, paño. ⊙ Longitud de tela necesaria para la pieza que se expresa: 'Una caída de mangas'. **8** Mar. _Altura de las *velas de cruz desde el grátil (orilla por la que se sujeta a la verga) hasta el pujamen (orilla inferior)._ ⊙ Mar. _En las velas de cuchillo, largo de popa._ **9** (Ar.) _Pequeña cantidad de una mercancía que se añade como *propina al peso justo, con la cual se hace caer el peso._ ≃ Añadidura. **10** (pl.) *_Lana que se desprende del vellón o procede de las patas y otros extremos._ **11** *_Galería que da a un patio interior en las casas de Manila._ **12** Cosa graciosa u oportuna que alguien dice. ≃ *Ocurrencia.

Caída de la hoja. Fenómeno de caerse las hojas de las plantas en el otoño. ⊙ («La, A la») Época en que ocurre. ⇒ Otoño.

C. de latiguillo. Taurom. La que sufre un picador lanzado del caballo por la grupa y que cae de espaldas y todo lo largo que es.

C. libre. **1** Fís. La de un cuerpo sometido sólo a la fuerza de la gravedad. **2** Dep. Modalidad deportiva de salto con paracaídas en que se desciende con el paracaídas cerrado durante un espacio corto de tiempo.

C. de ojos. Forma en que suele cerrarlos una persona.

C. de potencial. Electr. Diferencia de potencial eléctrico.

C. de la tarde [o del Sol] («A la»). *Atardecer.

C. de tensión [o de voltaje]. Electr. Caída de potencial.

Ir de caída una cosa. **1** *Moderarse; perder intensidad: 'El calor [o la fiebre] va de caída'. **2** Estar una persona en momentos de decadencia en cualquier aspecto.

caído, -a **1** Participio adjetivo de «caer»: 'Un árbol caído'. **2** adj. y n. *Muerto en defensa de una causa. **3** adj. Lacio o *flojo. **4** Abatido o decaído, física o moralmente. **5** (gralm. pl.) m. *_Barra de las oblicuas del papel pautado con que se aprende_ a escribir. **6** (pl.) *_Intereses devengados._

V. «del árbol caído..., de capa caída, como caído del cielo».

Caído de hombros. Se aplica a una persona que no mantiene erguidos los hombros.

caigua (_Cyclanthera pedata_) f. *Planta cucurbitácea del Perú cuyos frutos suelen guisarse rellenos con carne picada. ⇒ *Calabaza.

caiguá adj. y, aplicado a personas, también n. _Se aplica a los *indios que habitaban las regiones montañosas del Uruguay, Paraná y Paraguay, y a sus cosas._

caimacán (del ár. «qāyim maqām», sustituto, ¿a través del fr. o del it.?) **1** m. _Lugarteniente del gran *visir._ **2** (Col.) _Persona de mucha *autoridad._

caimán (del taíno «kaimán») **1** m. *Reptil de América, del género _Caiman;_ especialmente el _Caiman latirostris._ ⊙ Otras especies del género _Alligator._ ≃ Yacaré. ⇒ Taludín. **2** (inf.; n. calif.) Persona *astuta y *aprovechada.

caimito (de or. arahuaco; _Chrysophyllum cainito, Chrysophylum argenteum_ y _Chrysophylum glabrum_) m. Nombre dado a varias especies de árboles sapotáceos de las Antillas, de corteza rojiza y fruto comestible del tamaño de una naranja, que se llama del mismo modo. ⇒ *Planta.

caín (de «Caín», uno de los hijos de Adán; con mayúsc. o minúsc.; n. calif.) n. _Persona *mala, que goza haciendo daño._

Las de Caín (inf.; Traer, Venir con). Malas *intenciones.

Pasar las de Caín (inf.). Sufrir grandes disgustos y penalidades.

cainge m. _Sistema primitivo de cultivo practicado por los indígenas de Filipinas._ ⇒ *Agricultura.

caique (del turco «kayık», a través del fr.) **1** m. *_Barca muy ligera, usada en Levante._ **2** _Esquife que se utilizaba en el servicio de las galeras._

cair m. Mar. *_Cabo fabricado con la fibra leñosa de la envoltura del *coco._

cairel (del cat. «cairell») **1** m. *Peluca en forma de fleco. ⊙ Cabellera algo larga de los que son *calvos por la parte superior de la cabeza. **2** (gralm. pl.) *Fleco de adorno para vestidos. **3** _Entre peluqueros, hebra de seda a que se sujeta el pelo para formar la peluca._ **4** Fragmento de cristal de forma variada que cuelga como adorno en lámparas, arañas, candelabros, etc.

cairelar tr. _Adornar la ˋropa con caireles._

cairino, -a adj. y n. _Cairota._

cairota adj. y, aplicado a personas, también n. De El Cairo, capital de Egipto.

caite (Am. C.) m. _Cacle (*sandalia tosca de cuero usada por los *indios)._

caíz m. _Cahíz._

caja (del lat. «capsa») **1** f. Receptáculo de cualquier material, corrientemente de forma de paralelepípedo, y generalmente con tapa, que se emplea para guardar cosas. **2** AGráf. Cajón de madera distribuido en departamentos llamados «cajetines», en donde se tienen clasificados los tipos y signos tipográficos. Generalmente hay dos, llamadas respectivamente «caja alta», en la que están las mayúsculas y signos, y «caja baja», en la que están las minúsculas. En la corrección de pruebas de imprenta se usan las letras «c. b.» o «c. a.» para indicar el cambio de mayúsculas por minúsculas y a la inversa. **3** Cubierta que resguarda algunos mecanismos; por ejemplo, el del reloj. **4** Caja de caudales. ⊙ Caja registradora. **5** Caja fuerte. **6** Caja de muerto. **7** Caja de resonancia. **8** *Tambor. ⊙ Particularmente, el de las bandas militares. ⊙ (Arg.) _Cierta clase de tambor utilizado para acompañar cantos populares._ **9** Parte de un carruaje en cuyo interior se acomodan los ocupantes. **10** Bot. _Receptáculo membranoso que encierra a veces las semillas._ **11** (pl.) _Conjunto de utensilios de *escribir que llevaban consigo los escribanos._ **12** Carp. Hueco de una pieza destinado a recibir otra; por ejemplo, en una ensambladura. ⇒ Corte, entalladura, escopleadura. **13** _Cajetín en que penetra el pestillo o lengüeta de una cerradura._ **14** _Hueco del tablero de la *ballesta (arma), en que encaja la nuez._ **15** Pieza de madera de las *armas de fuego que soporta el cañón y la llave. **16** Pieza de la *balanza o de la *romana en que entra el fiel cuando el peso está equilibrado. **17** Tarima con un agujero en el centro, donde se pone el *brasero. **18** _Caja de la escalera._ **19** _Hueco entre cada dos bastidores en el_ *escenario del *teatro.* **20** AGRÁF. Porción de una página ocupada por la impresión, o sea prescindiendo de los márgenes. **21** Sitio en un *banco, establecimiento comercial u oficina donde se hacen los cobros y pagos y donde se guarda el dinero o los valores. **22** Dinero o valores que tiene en su poder una entidad o una persona. ⊙ Estado económico de una entidad: 'Estado [o balance] de caja'. **23** *Cajero (encargado de los cobros y pagos).* **24** (ant.) **Depósito de mercancías.*

CAJA DE AGUA (P. Rico). *Cisterna: depósito de agua del retrete.*

C. DE AHORROS. Establecimiento donde se depositan ahorros por los que se percibe un interés.

C. DE CAMBIOS. Dispositivo de un automóvil que permite el cambio de marcha.

C. DE CAUDALES. Mueble, o caja de acero, donde se guarda dinero u objetos de valor.

C. DE DIENTES (Col., R. Dom.). *Dentadura postiza.* ⇒ *Diente.

C. DE DISTRIBUCIÓN [O DISTRIBUIDORA]. *En las *máquinas de vapor de distribución por corredera, recinto que encierra el mecanismo de distribución.*

C. DE LA ESCALERA. *Hueco del *edificio, en que está construida.*

C. FUERTE. Caja de caudales empotrada en un muro, como las que se alquilan en los bancos para guardar objetos de valor.

C. DE MUERTO. *Féretro.

C. DE MÚSICA. Caja que contiene en su interior un mecanismo accionado por una cuerda de reloj, que toca una pieza musical.

C. NEGRA. En un avión, caja de acero muy resistente que encierra un dispositivo electrónico que registra diversos datos técnicos del vuelo, y que se utiliza para determinar las causas de los accidentes.

C. ÓSEA. ANAT. Expresión empleada para definir el cráneo.

C. DE PANDORA. **1** MIT. Caja regalada por Júpiter a Pandora en que estaban encerrados todos los males. Su esposo, Epimeteo, la abrió y los males se dispersaron por el mundo. ⇒ *Mitología. **2** Por extensión, cualquier cosa que, mal manejada, puede ser origen de calamidades, o que no se sabe si puede dar lugar a ellas.

C. DE RECLUTA [O DE RECLUTAMIENTO]. MIL. Organismo militar encargado de la inscripción, clasificación y destino de los reclutas.

C. REGISTRADORA. Caja que se usa en los *comercios para depositar el importe de las ventas, la cual marca automáticamente la cantidad ingresada.

C. DE RESONANCIA. La de madera que en un instrumento musical amplifica el sonido y le proporciona su timbre característico.

C. DE SORPRESAS. Expresión calificativa que se aplica a una persona o cosa que sorprende continuamente.

C. DEL TAMBOR [O DEL TÍMPANO]. ANAT. *Cavidad del oído medio.*

C. TONTA. (inf.) Televisión.

C. TORÁCICA. ANAT. Cavidad del *cuerpo situada entre el pecho y la espalda. ≃ CAVIDAD torácica.

C. DE VELOCIDADES. CAJA de cambios.

A CAJA Y ESPIGA. CARP. *Ensambladura hecha de modo que un saliente de una de las piezas penetra en un entrante de la otra.*

ECHAR [O DESPEDIR] a alguien CON CAJAS DESTEMPLADAS. *Echarle de algún sitio con enfado o violentamente.

ENTRAR EN CAJA. **1** MIL. Quedar inscrito en la caja de recluta para ser llamado al servicio militar. **2** Normalizar una persona su vida después de algún suceso que la ha desorganizado. ⊙ Recuperar la *salud.

HACER [LA] CAJA. Contabilizar el importe de las ventas de un establecimiento efectuadas en un determinado periodo de tiempo, generalmente un día.

V. «OÍDO a la caja».

□ CATÁLOGO

Aportadera, arca, arcón, arqueta, arquibanco, arquimesa, ataúd, *banca, barcal, baúl, bombonera, bucheta, bujeta, cajeta, cajetilla, cajetín, cajón, cajonera, canoa, cantina, cápsula, cartuchera, catricofre, cepillo, cepo, cerillera, cofre, cuchugo, escriño, *estuche, *féretro, frasquera, garigola, guardacartuchos, hucha, jaba, jaula, joyero, maleta, maletín, mundo, pastillero, petaca, purera, sombrerera, tabaquera, tambarillo, tina, *tolva, tumbón, urna. ➤ Aldabón, asa, precinta, tapa, tirador. ➤ Camalote. ➤ Contracaja, desencajar, desencajonar, encajar, encajonar. ➤ *Bolsa. *Receptáculo. *Recipiente. *Saco.

cajá (Cuba) adj. V. «PALO cajá».

cajeado m. CARP. *Acción y efecto de cajear.*

cajear tr. CARP. *Hacer las cajas en las ˃piezas, para ensamblarlas.*

cajel (del cat. «catxell») adj. V. «NARANJA cajel».

cajera f. MAR. *Abertura donde se colocan las roldanas de los motones y cuadernales.* ⇒ Reclame.

cajero, -a (del lat. «capsarĭus») **1** n. Persona encargada de la caja o de los cobros y pagos en una entidad. ⇒ QUEBRANTO de moneda. **2** (Arg.) *Músico que en una orquesta toca la caja (cierto tambor).* **3** m. *En las *acequias y *canales, parte del talud comprendida entre el nivel ordinario del agua y el borde.* ⊙ *Por extensión, todo el talud.* **4** (ant.) **Buhonero.*

CAJERO AUTOMÁTICO. Dispositivo automático instalado en las entidades bancarias que permite al cliente realizar determinadas operaciones en su cuenta.

cajeta[1] **1** (Ar.) f. *Caja o *cepillo para recoger limosnas.* **2** (Cuba) **Petaca.* **3** (Am. C., Méj.) *Tarro donde se guardan *dulces o jaleas.* ⊙ (Am. C., Méj.) *Dulce contenido en él.*

cajeta[2] (del ingl. «gaskett») f. MAR. *Trenza o *cabo hecho de filásticas o de meollar.*

cajete (del nahua «caxitl», escudilla) **1** (Am. C., Méj.) m. **Cazuela honda y gruesa, sin vidriar.* **2** (Méj.) *Hoyo que se hace en la tierra para transplantar.*

cajetilla (dim. de «cajeta[1]») **1** f. Paquete pequeño de *tabaco picado o de cigarrillos. **2** (Arg.) m. *Hombre presumido y remilgado.*

cajetín (dim. de «cajeta[1]») **1** m. Pieza en forma de caja que se coloca en el marco de las puertas o ventanas, en la cual penetra el pestillo o lengüeta de la cerradura. ≃ Caja, cerradera. **2** Sello con que se estampa en los *documentos un escrito con espacios en blanco que hay que rellenar con distintos datos. ⊙ El mismo escrito que se estampa. ⇒ Estampillar. **3** *Caja que llevaban los *cobradores del tranvía con los tacos de billetes.* **4** AGRÁF. *Cada uno de los departamentos de la caja.*

cají (de or. cubano; Cuba; *Mesoprion flavescens*) m. **Pez del mar de las Antillas, de color morado y amarillo.*

cajiga f. *Quejigo.

cajigal m. Quejigal.

cajigo m. *Quejigo.

cajilla **1** f. *Caja (forma de fruto).* **2** (pl.) **Mandíbula.*

cajín (del cat. «caixa»; Mur.) adj. V. «GRANADA cajín».

cajista **1** m. AGRÁF. Oficial de *imprenta que compone los textos para su impresión. ⇒ Linotipista. **2** AGRÁF. Operario que dispone las líneas en las cajas. ⇒ Ajustar.

cajo (del lat. «capsus», caja) m. AGRÁF. *Pestaña que se deja en el lomo del libro para sujetarlo a las tapas.*

cajón 1 m. Caja tosca, generalmente de madera, sin tapa, o con ella clavada en vez de movible. ⇒ *Caja. **2** Caja incluida en un *mueble que resbala hacia fuera y hacia dentro de él para quedar, respectivamente, abierta o cerrada. ⇒ Bandeja, calaje, gaveta, naveta. ➤ *Tirador, uña. **3** Armazón de madera en la calle o dentro de un mercado, donde está instalada una persona que vende algo o realiza algún trabajo. ≃ *Caseta, garita, garito. ⊙ Puestos de los mercados, aunque ya no sea de madera ni tenga forma de cajón. ≃ *Caseta, garita, garito. **4** (Hispam.) **Tienda de comestibles.* **5** (Chi.) **Cañada larga por cuyo fondo corre un río.* **6** *En los *estantes, por ejemplo para libros, hueco entre* cada dos tablas. **7** *En una *tapia o *muro, cada lienzo de pared comprendido entre dos contrafuertes.* **8** (Hispam.) **Correo que llegaba de España en los galeones.* **9** (Hispam.) *Ataúd.*

CAJÓN DE SASTRE. Conjunto de cosas heterogéneas o sitio donde están. ⊙ También, con referencia a cosas no materiales: 'Su cabeza es un cajón de sastre'. ⇒ *Mezcla, *revoltijo.

DE CAJÓN. Se aplica a una cosa que es lo que se *acostumbra hacer y lo obligado en casos semejantes: 'Es de cajón felicitarle por su cumpleaños'.

cajonada (de «cajón») f. MAR. *Encasillado a una y otra banda del sollado para colocar las maletas de la marinería.*

cajonera 1 f. *Mueble formado exclusivamente por cajones; como los que hay en las sacristías de las *iglesias. **2** Especie de cajón que tienen las mesas de los colegios y otros sitios para guardar libros, cuadernos, etc.

cajonero 1 m. *Mozo que cuidaba en los viajes las acémilas y su carga.* **2** (Hispam.) *Dueño de un cajón (puesto de venta).* **3** MINER. *Operario que recoge y devuelve las vasijas que se emplean para sacar agua, en la boca del pozo.*

cajonga (de or. indoamericano; Hond.) f. **Tortilla grande, de *maíz poco molido.*

cajuela (dim. de «caja») **1** (Cuba; *Antidesma cubana)* f. *Árbol euforbiáceo silvestre, de buena madera, de color amarillo pardusco.* ⇒ *Planta. **2** (Méj., Perú, R. Dom.) **Maletero de un automóvil.*

cajuil m. **Anacardo (árbol anacardiáceo).*

cake walk (ingl., significa «paseo del pastel») m. *Danza de origen indio aprendida por los negros de Florida, que la llamaron «bambulá», y que se puso de moda en París, como espectáculo, a principios del siglo XX; se llamó así en sus orígenes porque se premiaba con un pastel a la pareja que mejor la ejecutaba.* ≃ Caquebal.

cal¹ (del lat. «calx») **1** f. Sustancia con la que se hace *argamasa, obtenida calentando por encima de los 820º la piedra caliza, con lo que se expulsan de ella el ácido carbónico y la humedad. **2** *En *alquimia, cualquier óxido metálico.*

CAL APAGADA. La que ha sido mojada y transformada con ello en hidróxido cálcico o hidrato de cal; en este estado es apta para ser amasada y empleada en la construcción, y fragua al secarse. ≃ CAL muerta.

C. Y CANTO. Mezcla de piedras y *argamasa de que se hacen algunos muros. ⇒ Mazonería.

C. HIDRÁULICA. *La obtenida de calizas que contienen del doce al veinticinco por ciento de arcilla, la cual no es preciso apagarla para usarla, y fragua bajo el agua.*

C. MUERTA. CAL apagada.

C. VIVA. La que no ha sido apagada.

V. «CLORURO de cal».

A CAL Y CANTO. Con el verbo «cerrar», completamente y de manera muy solida: 'La puesta está cerrada a cal y canto'. ⊙ También, en sentido figurado: 'Se cierra a cal y canto y no hay manera de que conteste'.

DE CAL Y CANTO. **1** Expresión calificativa aplicada a la construcción hecha con cal y piedras. **2** Se aplica a una cosa muy *sólida.

UNA DE CAL Y OTRA DE ARENA. Expresión con que se alude a la existencia o empleo *alternativo de una cosa beneficiosa o agradable o positiva y otra perjudicial, desagradable o negativa: 'En la crítica a la película dio una de cal y otra de arena'.

□ CATÁLOGO

Otra forma de la raíz, «calc-»: 'calcáreo'. ➤ Hidráulica, muerta, viva. ➤ Aragonito, calcita, *caliza, creta, dolomía, esparraguina, ESPATO calizo, ESPATO de Islandia, estalactita, estalagmita, fosforita, mármol, PIEDRA de cal, tajón, TIERRA blanca [o de Segovia], toba, tosca, tufo, yeso. ➤ Ahogar, apagar, calcinar, matar. ➤ Fraguar. ➤ Blanquear, enjalbegar, jalbegar. ➤ Cemento, lechada. ➤ Blandura, hueso. ➤ Calera. ➤ Camuatí. ➤ Caliche. ➤ Carretada. ➤ Aguacal, calicanto, calseco, encalar, etc. ➤ Cálcico, calcicosis, calcificación, calcificar, calcímetro, calcinación, calcinado, calcinador, calcinamiento, calcinatorio, calcinero, calcio, calera, calero, *caliza, calizo. ➤ Álcali. ➤ *Argamasa.

cal² Abrev. de «caloría».

cal³ (ant.) f. **Calle.*

cala¹ (del n. cient. *Calla aethiopica; Zantedeschia aethiopica* y otras especies del mismo género) f. *Planta arácea de adorno con hojas radicales de peciolos largos, del centro de las cuales sale la llamada flor, que tiene un tallo grueso y está formada por una gran espata blanca en forma de cucurucho dentro de la cual hay un espádice amarillo. ≃ ARO de Etiopía, FLOR del embudo, LIRIO de agua.

cala² 1 f. Acción y efecto de calar. **2** *Agujero practicado en algún sitio para explorar su interior o para extraer una parte de su materia para examinarla. **3** *Cavidad dejada por el material extraído al hacer una cala. **4** Trozo que se saca al hacer una cala. **5** *Mecha u objeto empapado en un lubrificante que se introduce por el ano para provocar la *evacuación.* ⇒ *Supositorio. **6** *Utensilio con que los cirujanos examinan la profundidad de una herida.* ≃ Tienta. **7** MAR. *Parte más baja en el interior de un barco.* ⊙ MAR. *Calado de un barco.* **8** *Trozo de plomo que se adjunta a determinados objetos, como anzuelos, sonda, etc., para que se hundan en el agua.* **9** AGRÁF. *Dispositivo para regular la longitud de las líneas en las linotipias.*

CALA Y CATA. Acción y efecto de calar. ≃ Cala.

cala³ (¿de or. prerromano?) **1** f. *Ensenada pequeña. ⇒ Caleta. **2** *Paraje distante de la costa, para *pescar con anzuelo.*

cala⁴ (inf.) f. Peseta: 'Me ha costado cinco mil calas'.

calaba (de or. indoamericano) m. **Calambuco (árbol gutífero).*

V. «BÁLSAMO de calaba».

calabacear 1 (inf.) tr. *Dar calabazas a ↘alguien.* **2** (inf.) prnl. *Pensar mucho sobre un asunto.* ≃ *Cavilar.

calabacera f. *Planta de calabazas.

calabacero (C. Rica) m. **Güira (árbol bignoniáceo).*

calabacilla (dim. de «calabaza») **1** f. *Objeto, *adorno, etc., de forma de calabaza.* ⊙ *Particularmente, colgante de esa forma, de los *pendientes.* **2** **Fruto del *cohombrillo amargo.*

calabacín 1 m. Calabaza todavía pequeña y tierna. **2** Persona *torpe. ≃ Calabaza.

calabacinate m. **Guiso hecho con calabacines.*

calabacino m. *Calabaza usada como vasija.* ≃ Calabaza. ⇒ *Gachumbo.

calabaza (¿de or. prerromano?) **1** f. Nombre aplicado a varias especies de *plantas cucurbitáceas de los géneros *Cucurbita* y *Lagenaria,* entre otros, de tallos rastreros, hojas grandes, flores amarillas y frutos llamados de la misma manera, con muchas semillas, a veces gigantescos y a veces de formas caprichosas; algunos, una vez secos y con la piel leñosa, se vacían y se emplean como *vasijas, como flotadores, etc. **2** (inf.; n. calif.) *Barco pesado y malo. **3** (inf.; n. calif.) Persona torpe. **4** (inf.; «Dar») Suspenso en un examen o asignatura.

CALABAZA VINATERA. La que forma cintura en medio y sirve después de seca para llevar vino u otro líquido.

DAR CALABAZAS a alguien. *Negarle una cosa que pretende; particularmente, *rechazar un requerimiento *amoroso. ⊙ Rechazar un ofrecimiento. ⇒ *Rehusar.

MÁS SOSO QUE LA CALABAZA (inf.). Aplicado particularmente a personas, muy *soso (sin gracia).

☐ CATÁLOGO

Acocote, auyama, ayote, badea, caigua, calabacera, calabacín, calabazona, cayota, cayote, chayote, chilacayote, chirigaita, CIDRA cayote, cidrayota, COHOMBRILLO amargo, curuguá, güisquil, pantana, pichagüero, tarralí, zapallo. ➤ Bototo, cachumbo, calabacino, calabazo, catabre, catabro, catauro, cumba, cumbo, curuguá, *gachumbo, galleta, guaje, maraca, mate, nadadera, nambira, paste, tecomate, tol. ➤ Cucurbitácea.

calabazada (inf.) f. *Cabezazo (golpe dado con la cabeza). ≃ Calabazazo.

DARSE DE CALABAZADAS. **1** *Cavilar o pensar mucho sobre un asunto. ≃ Calabacearse, darse de CALABAZAZOS. **2** *Desesperarse por haber cometido un error o haber desperdiciado una oportunidad. ≃ Darse de CALABAZAZOS.

calabazar m. Campo de calabazas.

calabazate m. Dulce de calabaza. ⇒ Cascas, espejuelo. ➤ *DULCE seco.

calabazazo m. Golpe dado con la cabeza. ≃ Calabazada, *cabezazo.

DARSE DE CALABAZAZOS. Darse de CALABAZADAS.

calabazo **1** m. *Calabaza (fruto).* **2** *Calabacino.* **3** (Cuba) *Instrumento musical hecho de güiro ahuecado, que se toca golpeando con una varilla dura las ranuras hechas en uno de sus lados.* ≃ Güiro. **4** *Calabaza (barco pesado).*

calabazón (aum. de «calabaza»; Ál.) m. *Variedad de cerezo.*

calabazona **1** (Ál.) f. *Calabazón (cerezo).* **2** (Mur.) *Calabaza de invierno.*

calabazuela (dim. de «calabaza») f. **Planta propia de la montaña de Sevilla, empleada contra la mordedura de víbora.*

calabobos (de «calar²» y «bobo»; inf.) m. Lluvia menuda y persistente. ≃ Llovizna.

calabozo¹ (del sup. lat. vulg. «calafodĭum», de «fodĕre», cavar) m. Lugar seguro, generalmente lóbrego y a veces subterráneo, para encerrar presos. ⊙ *Celda corriente de cárcel. ⊙ Celda donde se encierra a los presos incomunicados en las cárceles.

calabozo² (de «calar²» y del leon. «boza», matorral, éste de or. prerromano) **1** m. *Instrumento de fuerte hoja acerada para *podar o cortar árboles y arbustos.* **2** (Cuba) *Especie de *hoz para quitar la hierba inútil.*

calabre (¿del port. «calabre»?; ant.) m. MAR. *Cable.*

calabrés, -a **1** adj. y, aplicado a personas, también n. De Calabria, comarca italiana. **2** m. *Lengua hablada en esta comarca.

calabriada (de «Calabria», comarca italiana) **1** f. Bebida compuesta de una mezcla de *vinos, especialmente de blanco y tinto. **2** **Mezcolanza.*

calabriar (ant.) tr. *Mezclar ↘vino tinto y blanco.*

calabrote (de «calabre») m. MAR. **Cabo grueso de nueve cordones, retorcidos primero en grupos de tres.* ⇒ Acalabrotar.

calacuerda (de «calar²» y «cuerda») f. MIL. **Toque antiguo con que se daba la señal de ataque, para que los soldados aplicasen la mecha a los mosquetes, arcabuces, etc.*

calada **1** f. *Cala: acción de calar.* **2** *Vuelo rápido del *ave de rapiña bajando o subiendo.* **3** *Hueco que queda en el telar entre los hilos altos y los bajos, por el que pasa la lanzadera.* **4** («Dar») Chupada que se da a un puro o cigarrillo. **5** (ant.) **Camino estrecho y abrupto.*

caladera (de «calar²»; Mur.) f. **Red empleada para la pesca del mújol y la lisa.*

caladero m. Sitio adecuado para calar las redes de *pesca.

calado, -a **1** Participio adjetivo de «calar». ⊙ Con agujeros de adorno. **2** m. Dibujo, bordado o labor que se hace calando. **3** (pl.) *Encajes o galones que adornaban los vestidos de las mujeres saliendo de los hombros y uniéndose más abajo de la cintura.* **4** MAR. Medida de la altura de la parte de un *barco que queda sumergida: 'Barco de gran [o de pequeño] calado'. **5** MAR. *Profundidad de las aguas navegables: 'Una bahía de poco calado'. ⇒ Clinómetro.

V. «calado hasta los HUESOS».

calador (de «calar²») **1** m. MAR. *Instrumento semejante a un punzón con la punta aplanada que usan los *calafates para introducir las estopas.* **2** (Arg., Méj.) *Barrena acanalada para sacar muestras de los bultos de mercancías, por ejemplo en las *aduanas, sin abrirlos.*⊙ (Chi.) *Punzón empleado para *robar mercancías de los sacos sin que se note.* **3** CIR. *Tienta.*

caladora (Ven.) f. **Piragua grande.*

caladre f. **Calandria (pájaro).*

caladura **1** f. Acción y efecto de calar el agua, la lluvia, etc. **2** Acción y efecto de calar un melón, una sandía, etc.

calafate (del ár. and. «qalafáṭ») **1** m. Hombre que tiene por oficio calafatear. ≃ Calafateador. ⇒ Calafatín. ➤ *Calafatear. **2** Encargado de los trabajos de carpintería en la construcción de barcos. ≃ CARPINTERO de ribera.

calafateado m. Calafateo.

calafateador m. Calafate.

calafateadura f. Calafateo.

calafatear (de «calafate») **1** tr. Tapar las ↘junturas de las maderas de los ↘*barcos con estopa y brea para que no entre agua. ⇒ Bugir, calafetar [o calafetear]. ➤ Calafateado, calafateadura, calafateo, calafatería. ➤ Calafateador, calafate, calafatín. ➤ *Alquitrán, brea, estopa, estopada, galipote, pez, zopisa. ➤ Aviador, bandarria, calador, descalcador, estrete, ferrestrete, magujo, mandarria, monillo, pitarrasa, tintero, uñeta. ➤ Masilla. ➤ Pincel. ➤ Descalcar, pitarrasear. ➤ *Junta. **2** Por extensión, tapar otras ↘junturas o grietas.

calafateo m. Acción de calafatear.

calafatería f. *Calafateo.*

calafatín m. *Aprendiz de calafate.*

calafetar (ant.) tr. *Calafatear.*

calafetear tr. *Calafatear.*

calagozo m. *Calabozo (herramienta).*

calagraña (¿del dial. «calagraño», arrugado, del sup. lat. vulg. «carigranĕus», con la cara granosa?) **1** f. *Cierta variedad de *uva de mala calidad.* **2** UVA *torrontés.*

calaguala (de or. indoamericano; *Polypodium glaucophyllum, Polypodium adiantiforme* y otras especies) f. Nombre aplicado a varias especies de *helechos en diversos países americanos, pertenecientes a diversos géneros y usados con fines medicinales.

calaguasca (Col.) f. **Aguardiente.*

calagurritano, -a adj. y, aplicado a personas, también n. De Calahorra, antigua Calagurris, ciudad de La Rioja. ≃ Calahorrano.

calahorra **1** f. *Antiguamente, edificio público con rejas por donde se daba el *pan en tiempo de escasez.* **2** *Castillo (fortificación).*

calahorrano, -a o **calahorreño, -a** adj. y n. *Calagurritano.*

Calaínos V. «COPLAS de Calaínos».

calaíta (del lat. «callăis») f. *Turquesa (*piedra preciosa).*

calaje (del cat. «calaix»; Ar.) m. **Cajón de mueble.*

calalú **1** (*Amaranthus spinosus*) m. *Planta amarantácea comestible. ≃ Jaboncillo. **2** (C. Rica; *Phytolacca americana*) **Planta solanácea.* **3** (Salv.; *Hibiscus esculentus*) **Planta malvácea.* ≃ Quingombó. **4** (Cuba) **Potaje hecho de diversas verduras, entre ellas hojas de *calalú (planta amarantácea) y aderezado con el fruto de la misma planta.*

calaluz m. *Cierto *barco pequeño, usado en Oriente.*

calamaco (¿del araucano «kelü», rojo, y «macuñ», poncho?) **1** m. *Cierta *tela antigua delgada, de lana, parecida a la jerga y al droguete.* ⇒ Calimaco, calomanco. **2** (Méj.) **Judía (legumbre).* **3** (Méj.) **Mezcal (aguardiente).*

calamar (del lat. «calamarĭus», de «calămus», pluma) m. *Molusco cefalópodo comestible de cuerpo alargado, que segrega un líquido negro llamado corrientemente «tinta». Se consume normalmente en una salsa que se hace con la tinta («en su tinta») o rebozados y fritos («a la romana»). ⇒ Chipirón, jibión, lula, pota. ➤ Guadañeta, potera. ⊙ Considerado como alimento, se usa casi siempre en plural, haciendo referencia a los trozos (generalmente anillos) en que se corta para su preparación, sin tener en cuenta si se han utilizado uno o más de estos animales: 'Un bocadillo de calamares'.

calambac (del malayo «kelembak» o «kelambak», a través del port. o del fr.; *Aquilaria malaccensis*) m. Árbol timeleáceo de Extremo Oriente cuya madera es el «palo áloe» ⇒ *Planta.

calambre (¿del germ. «kramp», angosto, comprimido?) **1** m. Contracción espasmódica involuntaria, dolorosa, de un músculo, que persiste por algún tiempo. ≃ Garrampa, rampa. ➤ Acalambrarse. **2** *Dolor agudo en el *estómago, semejante a un calambre. **3** («Dar») Sensación de estremecimiento que se experimenta al recibir una descarga eléctrica.

CALAMBRE DEL ESCRIBIENTE. *El que afecta a los músculos de la mano y antebrazo impidiendo escribir.*

calambreña (Cuba, P. Rico) f. *Cierto árbol silvestre, propio de terreno pobre, usado sólo para leña.*

calambuco (de «calaba»; *Calophyllum jacquinii*) m. Árbol gutífero americano, de tronco negruzco y rugoso y flores blancas olorosas en ramillete, cuya resina es el «bálsamo de María» o «de calaba». ≃ ÁRBOL de María, calaba, ocuje. ⇒ *Planta.

calambur (del fr. «calembour») m. Circunstancia aprovechada como chiste o adivinanza y, a veces, como recurso literario, que consiste en que las sílabas o letras de una expresión tienen significado completamente distinto variando el lugar de separación de las palabras: 'ató dos palos; a todos, palos'.

calamento[1] (del gr. «kaláminthos»; *Calamintha nepeta*) m. *Planta labiada medicinal. ≃ Calaminta.

calamento[2] m. *Acción de calar las redes u otros artes de pesca.*

calamida (del ár. «qaramīṭ», aguja imantada; ant.) f. *Calamita.*

calamidad (del lat. «calamĭtas, -ātis», plaga) **1** f. Suceso que causa pérdidas o sufrimientos graves; como una inundación, una epidemia o una guerra. ≃ *Desastre. **2** Suceso que hace padecer a alguien: 'Ha pasado muchas calamidades en su vida'. ≃ *Desgracia. **3** (inf.; n. calif.) Persona que, por distracción o por torpeza, obra desacertadamente y no es útil para nada. ≃ Desastre. ⊙ (inf.; n. calif.) También, persona que tiene mala *suerte o a la que le sucede una desgracia o percance tras otro. ≃ Desastre. ⇒ El acabóse, el colmo, desastre, desdicha, desecho, dejado de la MANO de Dios, sin remedio. *Desgraciado. **4** (inf.; n. calif.) Cosa muy defectuosa o mal hecha.

CALAMIDAD PÚBLICA. Desastre que produce muchas víctimas o afecta a muchas personas.

calamiforme (de «cálamo» y «forma») adj. BIOL. *Aplicado a partes de plantas o animales, en forma de *cañón de pluma de ave.*

calamillera (del lat. vulg. «cremacŭlum», del gr. «kremastḗs», suspendedor) f. *Cadena pendiente de la chimenea del hogar, con un gancho en el extremo, para suspender la olla sobre el fuego.* ≃ Caramilleras, llares.

calamina (del b. lat. «calamīna») **1** f. Mineral, carbonato de *cinc, del que corrientemente se extrae este metal. ≃ Caramilla, esmitsonita, PIEDRA calaminar. **2** Cinc fundido.

calaminar adj. V. «PIEDRA calaminar».

calaminta (del lat. «calaminthe», del gr. «kalamínthē») f. **Calamento (planta leguminosa).*

calamistro (del lat. «calamister, -tri») m. *Hierro usado antiguamente para rizar el *pelo.*

calamita[1] (del ár. «qaramīṭ») **1** f. PIEDRA imán: variedad de *magnetita. **2** **Brújula.*

calamita[2] o **calamite** (del lat. «calamītes», del gr. «kalamítes», el que vive entre cañas; *Bufo calamita*) f. Sapo pequeño verde con las uñas planas y redondas.

calamitosamente adv. De manera calamitosa.

calamitoso, -a (del lat. «calamitōsus») adj. Se aplica a lo que constituye una calamidad, es causa de calamidades o va acompañado de ellas: 'La calamitosa sequía. Un invierno calamitoso'. ≃ *Desgraciado, funesto. ⊙ Se aplica a la persona que es una calamidad: 'Una mujer calamitosa'.

cálamo (del lat. «calămus») **1** (lit.) m. **Caña.* **2** ZOOL. *Cañón de la *pluma.* **3** (lit.) Pluma de *escribir, tanto la hecha con el cañón de una pluma como cualquiera de otra clase.

CÁLAMO AROMÁTICO. **1** *Raíz medicinal del ácoro, que entraba como ingrediente en la triaca. ≃ Cálanis. **2** (*Andropogon calamus*) *Planta gramínea medicinal, muy parecida al esquenanto y cuya raíz sustituye a la del ácoro.

calamocano, -a **1** (inf.) adj. *Algo *borracho.* **2** (inf.) **Chocho.* ⇒ Encalamocar.

calamocha[1] (de «calabaza», influido por «mocho» y el nombre de lugar «Calamocha»; inf.) f. *Cabeza.

calamocha[2] f. *Ocre amarillo, de color muy bajo.*

calamoco (de «calar[2]» y «moco») m. **Carámbano.*

calamo currente (pronunc. [cálamo curréntе]) Expresión latina que significa «al correr de la pluma, sin detenerse mucho a pensarlo». ≃ A vuela PLUMA. ⇒ Describir.

calamón[1] (del ár. «abū qalamūn», del b. gr. «hypokálamon», paño con visos; *Porphyrio porphyrio)* m. *Ave zancuda de cabeza roja y cuerpo verde por encima y violado por debajo.

calamón[2] **1** m. **Clavo con cabeza en forma de botón, que se emplea para tapizar o *adornar.* **2** *Parte superior de la *balanza o de la *romana, en donde se sujeta el gancho por el cual se suspende.* **3** *Cada uno de los dos palos con que se sujeta la viga de los *lagares y molinos de *aceite.*

calamonarse (Ar.) prnl. **Pudrirse la hierba, las hojas, etc.*

calamorra (de «calabaza» y «morra») **1** (inf.) f. **Cabeza.* ≃ Calamocha. **2** adj. y n. f. *Se aplica a la *oveja que tiene lana en la cara.*

calamorrada o **calamorrazo** (de «calamorra») f. o m. **Cabezazo.*

calamorro (Chi.) m. *Cierto *calzado tosco.*

calandra f. Rejilla por la que entra aire al radiador de un automóvil.

calandraca (de «calandrajo[1]») **1** f. MAR. **Sopa que se hace con restos de galleta, cuando escasean los víveres.* **2** (Mur.) *Conversación fastidiosa.* ⇒ *Lata.

calandraco, -a (de «calandrajo[1]»; Hispam.) adj. y n. *Se aplica a la persona de poco juicio.*

calandrado m. Acción y efecto de calandrar las telas o el papel.

calandrajo[1] (¿del lat. «caliendrum», colgante?) **1** (inf.) m. **Andrajo grande que cuelga del vestido.* ⊙ *Trapo viejo.* **2** (inf.) *Persona *ridícula y despreciable.*

calandrajo[2] (Sal.) m. *Habladuría o *chisme sobre cosas supuestas o inventadas.*

calandrar tr. Prensar las ↘telas o el papel con la calandria para *satinarlos.

calandria[1] (del gr. «kálandros») **1** *(Melanocorypha calandra)* f. *Pájaro parecido a la alondra, de canto fuerte y armonioso. ≃ Caladre, gulloría, tojo. ➤ Tenca. **2** (inf.) *Persona que se finge enferma para que la mantengan en un hospital.*

calandria[2] (del lat. «cylindrum») **1** f. Cilindro al que hacen girar con su peso hombres que se meten dentro de él, para hacerlo funcionar como *torno. **2** Máquina para prensar o satinar las *telas o el *papel.

cálanis m. *CÁLAMO aromático.*

calántica (del lat. «calantĭca», cofia) f. **Tocado de tela, semejante a una mitra, que usaban las mujeres *griegas y *romanas.*

calaña[1] f. **Abanico tosco, con varillaje de cañas.*

calaña[2] (del lat. «qualis») **1** f. *Muestra, *modelo, patrón u horma.* **2** (gralm. con «mala») Referido particularmente a personas, *índole.

calañés, -a **1** adj. y, aplicado a personas, también n. *De Calañas, pueblo de Huelva.* **2** adj. y n. m. V. «SOMBRERO calañés».

calaño, -a (de «calaña»; ant.) adj. **Compañero o *semejante.*

cálao m. Nombre dado a varias especies de *aves trepadoras de Asia de los géneros *Buceros, Bucorvus* y *Dichoceros,* como la *Dichoceros bicornis,* cuya hembra se encierra en el nido dejando sólo un orificio por el que el macho le da de comer. ⇒ Homrai.

calapé (Hispam.) m. **Tortuga asada en su concha.*

calar[1] (de «cal[1]») **1** adj. *Calizo.* **2** m. *Lugar que abunda en tierra caliza.*

calar[2] (del lat. «chalāre», hacer bajar, dejar caer, del gr. «chaláō», saltar) **1** tr. *Sumergir las ↘redes u otro artefacto de pesca. ⇒ Calamento. **2** MAR. *Bajar un ↘objeto deslizándolo a lo largo de otro; por ejemplo, a lo largo de un mástil mediante una anilla. **3** MAR. Hacer que el ↘barco llegue con su fondo a más o menos profundidad. **4** Colocar el ↘sombrero, la gorra, etc., bien metido en la cabeza. **5** Colocar la ↘bayoneta en el fusil. **6** Colocar un ↘arma, tal como la lanza o la pica, en posición de atacar. **7** intr. y prnl. Abalanzarse un *ave sobre su presa descendiendo rápidamente. **8** intr. Llegar el barco con su fondo a más o menos profundidad o a la que se expresa. **9** tr. *Atravesar un líquido una ↘cosa porosa. ⊙ prnl. Ser atravesado por él: 'Este techo se cala'. **10** tr. *Empapar un líquido una ↘cosa permeable pasando de un lado al otro. ⊙ prnl. Empaparse una cosa: 'Se ha calado la gabardina con la lluvia'. ⊙ *Mojarse involuntariamente una persona toda la ropa: 'Me he calado con esta tormenta que ha caído de repente'. **11** tr. y prnl. **Introducirse una persona en la sociedad de otras.* **12** tr. Atravesar un objeto punzante una ↘cosa. **13** Hacer pequeños orificios en una ↘lámina de papel, cuero, metal, etc., formando un dibujo con los agujeros. ≃ *Picar. **14** Hacer calados bordados en una ↘prenda. **15** Examinar el interior de una ↘cosa con un pincho o cosa semejante. **16** (inf.) *Penetrar en la ↘naturaleza, significado, etc., de una ↘cosa, o en las ↘intenciones o manera de ser o de pensar de ↘alguien: 'Un estudio que cala hondo en el asunto. Le calé las intenciones. Te han calado'. **17** Practicar una abertura en una ↘cosa para reconocer la materia que la forma, en general extrayendo una porción de esa materia. Se emplea específicamente con referencia a los *melones y *sandías. **18** (Col.) **Apabullar o *humillar a* ↘alguien. **19** prnl. *Pararse bruscamente un motor por no llegarle en condiciones adecuadas el combustible.

V. «calar la CUERDA».

calasancio, -a adj. y n. *Escolapio.

cálato (del gr. «kálathos», canastillo) **1** m. *En *arqueología, *recipiente de mimbres o juncos de forma de cuenco de copa.* **2** ARQ. *Tambor del *capitel corintio.*

calato, -a **1** (Perú) adj. **Desnudo.* **2** (Perú) *Pobre, necesitado.*

Calatrava (una de las *órdenes militares españolas) V. «CRUZ de Calatrava».

calatravo, -a adj. y n. Se aplica a los miembros de la orden militar de Calatrava.

calavera (del lat. «calvarĭa», cráneo) **1** f. Esqueleto de la *cabeza. ⇒ Calaverna, calaverón. ➤ *Cráneo. ➤ Descalabrar. **2** *(Acherontia atropos)* f. *Mariposa que tiene en el dorso un dibujo semejante a una calavera. **3** (Méj.) *Piloto trasero de un coche.* **4** (n. calif.) m. Hombre libertino y amigo de juergas. ⊙ (n. calif.) También, el de poco juicio que no sienta la cabeza.

calaverada f. Acción propia de un calavera. ⊙ Acción *insensata: 'Fue una calaverada vender sus tierras para irse a la ciudad'.

calaverna (del lat. «cadaverĭna», carroña, con influjo de «calavera»; ant.) f. *Calavera.*

calavernario (de «calaverna») m. **Osario.*

calaverón m. Aum. atenuante o afectuoso de «calavera» (hombre).

calaza f. **Orzuelo: absceso en el párpado.*

calboche (de «calibo»; Sal.) m. *Olla de barro agujereada, usada para *asar *castañas.* ≃ Calpuchero.

calbote (Sal.) m. **Castaña asada.*

calbotes (Ál.) m. pl. **Judías verdes.*

calcadera (de «calcar»; ant.) f. *Calcañar.*

calcado, -a 1 Participio de «calcar»: 'Un dibujo calcado'. ⊙ adj. Copiado exactamente. ⊙ Exacto, idéntico o muy parecido. **2** m. Acción de calcar.

calcador m. Instrumento o utensilio para calcar.

calcáneo (del lat. «calcanĕum») m. ANAT. Hueso que forma el *talón del pie.

calcañal o **calcañar** (de «calcaño») m. Parte inferior de talón. ≃ Calcaño. ⇒ Garrón, zancajo.

calcaño (del lat. «calcanĕum», talón) m. *Calcañar.*

calcañuelo m. APIC. *Cierta enfermedad de las abejas.*

calcar (del lat. «calcāre», pisar) **1** tr. **Apretar ↘algo con el pie.* ⇒ Recalcar. ➤ *Apisonar. **2** Pasar exactamente ↘lo escrito o dibujado en un papel, o material semejante, a otro, bien por transparencia, bien con papel de calco u otro procedimiento, o bien mecánicamente con un aparato. ⇒ Cisquero, PAPEL de calcar, PAPEL carbón, PAPEL cebolla. ➤ *Copiar. **3** (gralm. desp.) *Hacer ↘algo exactamente igual que lo hace otro.* ≃ Copiar, imitar.

calcáreo, -a (del lat. «calcarĭus») adj. Se aplica a las aguas, terrenos, rocas, etc., que contienen cal.

calce[1] (de «calzar») **1** (Guat., Méj., P. Rico) m. *Pie de un *documento*: 'Firmar al calce'. **2** **Llanta de rueda.* **3** *Porción de hierro o acero que se añade a las herramientas, particularmente al *arado, para compensar el desgaste.* ≃ *Apuntadura.* **4** *Cuña con que se ensancha o rellena un hueco. ≃ Calza. **5** Pieza de madera u otra cosa con que se suple la falta de altura o de longitud en una cosa. ⇒ Alza, alzaprima, calza, calzadera, calzo. ➤ *Complemento.

calce[2] (del lat. «calix, -ĭcis», tubo de conducción) **1** (ant.) m. *Cáliz.* **2** (ant.; Burg.) **Caz.* **3** (Ál.) *Cauce.*

calceatense adj. y, aplicado a personas, también n. *De Santo Domingo de la Calzada, población de La Rioja.*

calcedonia (de «Calcedonia», nombre de la ciudad de donde procede esta piedra) f. *Ágata de color generalmente azulado o grisáceo y brillo céreo. ⇒ Carniola, cornalina, crisoprasa, nicle, PIEDRA de Moca, prasio, zafirina.

calcedonio, -a adj. y, aplicado a personas, también n. *De Calcedonia, ciudad de Asia Menor.*

cálceo (del lat. «calcĕus») m. **Bota alta usada por los romanos*

calceolaria (del lat. «calceŏlus», zapato pequeño) f. Nombre aplicado a varias especies de *plantas escrofulariáceas del género *Calceolaria*, semejantes a las begonias, cuyas flores son amarillas y de forma semejante a un zapatito. ≃ Topatopa.

calcés (¿del it. «calcese»?) m. MAR. *Parte superior de los *palos mayores de un barco comprendida entre la cofa y el tamborete.*

calceta (dim. de «calza») **1** f. **Media.* ⇒ Calza. **2** **Grillete de preso.* **3** (Mur.) *Cierto embutido de tripa gruesa.* **4** (C. Rica) *Calceto.*

HACER CALCETA. Hacer PUNTO.

calcetar intr. *Hacer calceta.*

calcetería 1 f. *Tienda de calcetero.* **2** *Oficio de calcetero.*

calcetero, -a 1 adj. y n. *Se aplicaba al que hacía calcetas.* **2** m. *Sastre que hacía calzas.* **3** adj. *Se aplica a la res vacuna de pelaje oscuro con las patas blancas.*

calcetín (dim. de «calceta») m. Prenda de punto que cubre el pie y parte de la pierna. ⇒ Chapín, escarpín, media, zoquete. ➤ Caña, pie, talón. ➤ Crecidos. ➤ *Calzado. *Media.

calceto (de «calceta»; Col., C. Rica) adj. y n. m. *Se aplica al *pollo calzado.* ≃ Calceta.

calcha (del araucano «calcha», pelos interiores) **1** (Chi.; gralm. pl.) f. *Cerneja (mechón de pelo que tienen los *caballos detrás del menudillo).* **2** (Chi.) *Pelusa o pluma que tienen algunas *aves en los tarsos.* **3** (Arg., Chi.) *Conjunto de las *ropas de vestir y de cama de los trabajadores.*

calchacura (del araucano «calcha» y «cura», pelo de la piedra; Chi.) f. **Liquen parecido al islándico y con las mismas aplicaciones.*

calchaquí adj. y n. *Se aplica a los *indios de la región del valle de ese mismo nombre, en el Tucumán, así como a los del Chaco.*

calchín adj. y, aplicado a personas, también n. *Se aplica a los *indios de ciertas tribus que habitan el Rincón de San José, al norte de Santa Fe, y a sus cosas.*

calchón, -a (de «calcha»; Chi.) adj. *Se aplica a las *caballerías que tienen muchas cernejas.* ⊙ (Chi.) *Se aplica a las aves que tienen calchas.* ≃ Calchudo.

calchona (de «calchón») **1** (Chi.) f. *Ser fantástico maléfico, que atemoriza a los caminantes. Se usa ese nombre como grito de *ataque para cometer robos o agresiones.* **2** (Chi.) **Bruja.* **3** (Chi.) **Mujer vieja y fea.* **4** (Chi.) *Coche *diligencia.*

calchudo, -a adj. *Calchón.*

cálcico, -a adj. De [o del] calcio.

calcicosis (de «cálcico» y «-osis») f. MED. **Neumoconiosis producida por el polvo de cal; la padecen, por ejemplo, los marmolistas, por lo que se llama también «tisis de los marmolistas».*

calcídico (del lat. «Chalcidĭcum») m. *Galería o corredor construido en la basílica romana formando una «T» con el edificio.

calcificación f. MED., QUÍM. Acción y efecto de calcificar[se].

calcificar (del lat. «calx, calcis», cal, e «-ificar») **1** tr. MED., QUÍM. Convertir una ↘sustancia en carbonato cálcico. **2** prnl. MED. Transformarse los tejidos orgánicos por depositarse en ellos sales de calcio. **3** MED. Depositarse sales de calcio en las lesiones, por ejemplo tuberculosas, al cicatrizarse definitivamente.

calcilla 1 (Ar.) f. **Media sin pie, con una trabilla que la sujeta por debajo del pie de quien la lleva.* **2** (inf.; forma pl.) m. *Hombre *cobarde o apocado.* **3** (inf.; forma pl.) *Hombre muy *bajo de estatura.*

calcímetro (del lat. «calx, calcis», cal, y «-metro») m. *Utensilio que sirve para medir la cal de las *tierras de labor.*

calcina (del lat. «calx, calcis», cal, e «-ina») f. **Hormigón.*

calcinable adj. Que se puede calcinar.

calcinación f. Acción de calcinar[se].

calcinado, -a Participio adjetivo de «calcinar»: 'Tierras calcinadas. Restos humanos calcinados'.

calcinador, -a adj. y n. Que calcina.

calcinamiento m. Acción de calcinar.

calcinar (del lat. «calx, calcis», cal) **1** tr. y prnl. Convertir[se] en *cal viva los ↘minerales calcáreos. **2** tr. Privar a una ↘sustancia mediante el fuego de los cuerpos gaseosos y líquidos que contiene. ⊙ prnl. Perder una sustancia a causa del fuego los cuerpos gaseosos y líquidos que contiene. ⊙ tr. y prnl. Se usa hiperbólicamente como «abrasar[se], quemar[se] completamente». ⇒ Calcinable, calcinación, calcinamiento, calcinatorio, calcinero.

calcinatorio m. **Vasija en que se calcina.*

calcinero m. *Calero (hombre que calcina la piedra caliza).*

calcio (del lat. cient. «calcium», de «calx, calcis», cal) m. *Metal blanco, n.º atómico 20, que arde con llama brillante y se altera rápidamente en contacto con el aire. Símb.: «Ca». ⇒ Calciotermia, *calcita.

calciotermia (de «calcio» y «-termia») f. METAL. *Procedimiento mediante el cual se obtiene un metal reduciendo, por medio del calcio y la temperatura adecuada, un compuesto del mismo.*

calcita f. Forma cristalina del carbonato de calcio. ⇒ *Cal, *caliza. ➤ *Mineral.

calcitrapa (del lat. cient. «calcitrapa») f. **Cardo estrellado (planta compuesta).*

calco **1** m. Acción de calcar: 'Papel de calco'. **2** Dibujo hecho calcando. **3** Imitación exacta. **4** LING. Trasposición de una palabra o de una construcción de una lengua a otra por traducción; por ejemplo, «rascacielos» es calco del inglés «skyscraper».

calco- Elemento prefijo del gr. «chalkós», cobre: 'calcografía, calcopirita, calcotipia'.

calcografía (de «calco-» y «-grafía») f. AGRÁF. Técnica de estampar con láminas metálicas grabadas. ⊙ AGRÁF. Reproducción obtenida mediante esta técnica. ⊙ AGRÁF. Taller donde se realiza. ⇒ Calcografiar, calcógrafo.

calcografiar tr. AGRÁF. Estampar mediante calcografía.
☐ CONJUG. como «desviar».

calcográfico, -a adj. AGRÁF. De [la] calcografía.

calcógrafo, -a n. AGRÁF. Persona que tiene como profesión realizar trabajos de calcografía.

calcomanía (del fr. «décalcomanie») f. Operación de traspasar a un papel u otro objeto, por ejemplo de cerámica, *estampas en colores hechas en papel con cierto preparado de trementina, pegándolas sobre el lugar a donde se quieren traspasar y retirando con cierta habilidad el papel en que están hechas. ⊙ Estampa primitiva. ⊙ La que resulta una vez traspasada.

calcopirita (de «calco-» y «pirita») f. Mineral constituido por sulfuro natural de *cobre y hierro.

calcotipia (de «calco-» y «-tipia») f. AGRÁF. Procedimiento de *grabado en cobre que se emplea para reproducir en planchas una composición tipográfica de caracteres movibles.

calculable adj. Que se puede calcular.

calculación m. *Acción de calcular.*

calculadamente adv. De manera calculada.

calculado, -a **1** («Estar; para») Participio de «calcular»: 'El local está calculado para diez mil personas'. **2** («para») adj. *Pensado o proyectado para cierto efecto: 'Sus palabras eran muy calculadas'.

calculador, -a (del lat. «calculātor, -ōris») **1** adj. Se aplica al que calcula. **2** adj. Se dice del que calcula con interés exclusivamente material la conveniencia o no conveniencia de las cosas. ≃ *Interesado. **3** adj. y n. f. Se aplica a la máquina de calcular.

CALCULADORA ELECTRÓNICA. Máquina de calcular que funciona electrónicamente.

V. «FRÍO y calculador».

calcular (del lat. «calculāre») **1** tr. o abs. Realizar operaciones matemáticas para averiguar cierta ↘*magnitud o *cantidad: 'Es muy diestro en calcular. Calcular la longitud del diámetro de la Tierra'. ⇒ *Contar, *número. **2** tr. Hacer las operaciones matemáticas necesarias para un ↘*proyecto de ingeniería o arquitectura: 'Calcular un puente [una bóveda o una viga]'. **3** (a veces, con un complemento con «en) *Evaluar a ojo una ↘magnitud o el número de ciertas cosas: 'Calculan las pérdidas en dos millones'. ⊙ (con un complemento indirecto) *Atribuir o suponer ↘algo: 'Le calculo una potencia de 5 caballos. Le calculo dos años'. ⇒ Echar, hacer, poner, promediar, tantear. **4** *Reflexionar sobre las ↘ventajas e inconvenientes de cierta cosa. Con este sentido se emplea más frecuentemente las expresión «hacer mis [tus, sus, etc.] cálculos». **5** *Pensar o *creer cierta ↘cosa con datos incompletos: 'Calculo que vendrán el sábado'. ≃ *Suponer. ⊙ *Pensar o *prever cierta ↘cosa en relación con uno mismo y, en más o menos medida, dependiente de uno mismo: 'Yo calculo haber terminado para entonces'. ⇒ Echar cuentas, echar NÚMEROS. ➤ CUENTAS galanas. ➤ Hacer CALENDARIOS, hacer PLANES. ➤ *Presupuesto. *Previsión. *Suponer.

V. «MÁQUINA de calcular».

☐ FORMAS DE EXPRESIÓN

La atribución de un número o cantidad a algo se puede expresar, aparte de con el verbo «calcular», con otro verbo en futuro: 'Habrá 50 toneladas'; suele añadirse «unos, -as» delante de la cantidad: 'Saldrán unos 5 litros por segundo'; también se usa con expresiones con «bien» y con «poder»: 'Bien [o muy bien] tardaré una semana. Puede [o muy bien puede] haber aquí dos mil personas'.

calculatorio, -a (del lat. «calculatorĭus») adj. De [o del] cálculo.

calculista n. Persona que ejecuta la parte de cálculo de un determinado *proyecto, por ejemplo de una obra de ingeniería.

cálculo (del lat. «calcŭlus») **1** m. MED. Concreción mineral o de materia orgánica que se forma anormalmente en ciertos órganos, como el riñón, el hígado o la *vesícula biliar. ≃ Piedra. ⇒ Arenas, arenillas, coprolito, litiasis, MAL de piedra. ➤ Litotricia. **2** Acción y efecto de calcular. ⇒ *Cuenta. ⊙ MAT. Con diversas denominaciones, se aplica a distintos aspectos de las *matemáticas. **3** («Según mis [tus, etc.] cálculos; Resultar, Salir bien [o mal] un [o los]; Fallar, Resultar fallido un [o los]; Entrar en los cálculos de»; etc.) Acción y efecto de calcular o *pensar por anticipado los resultados de una cosa.

CÁLCULO ALGEBRAICO. MAT. Aquel en el que intervienen letras que representan cantidades no determinadas.

C. ARITMÉTICO. MAT. El que se realiza exclusivamente con números y signos convencionales que indican las operaciones que deben realizarse.

C. DIFERENCIAL. MAT. Rama del cálculo infinitesimal que se ocupa de hallar la derivada de una magnitud respecto de otra de la que es función.

C. INFINITESIMAL. MAT. Parte de las *matemáticas que opera con las cantidades infinitamente pequeñas, constituida por el cálculo diferencial y el integral.

C. INTEGRAL. MAT. Parte del infinitesimal, inversa del diferencial, o sea que sirve para hallar la función de una variable, dada la derivada; proceso que se llama «integración».

calculoso, -a (del lat. «calculōsus») **1** adj. MED. Propio del mal de piedra. **2** adj. y n. MED. Se aplica a la persona que sufre esta enfermedad.

calcurado, -a adj. Conservado con cal.

calda (del lat. «calda») **1** f. *Acción de caldear.* **2** *Acción de introducir una cantidad de combustible en los *hornos de fundición para provocar un aumento de temperatura.* **3** *Juicio de Dios en el que el acusado metía una mano en un recipiente con agua hirviendo y, en caso de que no se quemara, era declarado inocente.* **4** (pl.) *Baños termales.

caldaico, -a adj. y, aplicado a personas, raramente también n. *Caldeo.*

caldaria (del lat. «caldarĭa», de «caldus», caliente) adj. V. «LEY caldaria».

caldario (del lat. «caldarĭum») m. Sala donde se tomaban los *baños de vapor en las casas de baños de los romanos.

caldeado, -a Participio adjetivo de «caldear»: 'El ambiente estaba demasiado caldeado para plantear esa cuestión'.

caldeamiento m. Acción y efecto de caldear. ≃ Calda, caldeo.

caldear (del lat. «caldus», caliente) **1** tr. y prnl. Calentar[se]. Corrientemente, se aplica sólo a ˃locales: 'La estufa caldea suficientemente la casa. La atmósfera de este local se ha caldeado demasiado'. ⇒ *Calor. **2** *Poner[se] el ˃hierro al rojo.* **3** Provocar [o producirse] un estado propicio a la riña en los ˃ánimos, en el ambiente de una reunión, etc.: 'El vino caldeó los ánimos'. ≃ Acalorar[se], *excitar[se].

caldén *(Prosopis juliflora)* m. Árbol leguminoso, abundante en la Argentina, de buena madera, que se emplea en carpintería. ⇒ *Planta.

caldeo[1] m. *Acción de caldear.* ≃ Caldeamiento.

caldeo[2], **-a** **1** adj. y, aplicado a personas, también n. De Caldea, región del Asia antigua. ≃ Caldaico. **2** m. Lengua hablada en esta región. **3** (ant.) **Astrólogo.* **4** (ant.) *Matemático.*

caldera (del lat. «caldarĭa») **1** f. *Recipiente donde se calienta y hace hervir el agua para algún servicio; por ejemplo, para la calefacción central. ⊙ Particularmente, depósito donde hierve el agua en las máquinas de vapor. ⇒ Rejilla. **2** *Recipiente de fondo redondeado y con dos asas. ⊙ Caldero. **3** (Chi., R. Pl.) *Vasija donde se calentaba el agua para hacer *café, mate o té.* **4** *Caja del *timbal.* **5** MINER. *Prolongación en el extremo de una galería, destinada a recoger el agua.* **6** GEOL. *Cráter volcánico de gran dimensión y laderas abruptas.* **7** HERÁLD. *Figura fantástica con unas asas terminadas en cabezas de serpiente.*

LAS CALDERAS DE PEDRO [o PERO] BOTERO (inf.). El *infierno.

calderada f. *Cantidad de cierta cosa contenida o que cabe en una caldera. ⊙ Hiperbólicamente, cantidad que se considera exagerada de una cosa; particularmente, de comida: 'Se come por la mañana una calderada de patatas'.

V. «en todas PARTES cuecen habas y en mi casa a calderadas».

calderería **1** f. Taller donde se hacen o arreglan calderas. **2** Actividad consistente en hacer y arreglar calderas y otros objetos de planchas de metal unidas. ⇒ Copador. ➤ Rebite.

calderero m. Hombre que trabaja en la calderería.

caldereta **1** f. Recipiente pequeño de forma de caldera. ⊙ *Recipiente donde se lleva agua bendita.* ≃ Calderilla. ⊙ MAR. *Pequeña caldera que suministraba el vapor para las faenas de carga y descarga en los barcos mercantes de vapor.* **2** **Guiso de pescado con cebolla y pimiento al que se le agrega aceite crudo y vinagre antes de retirarlo del fuego.* **3** Cierto guiso que se hace con carne de cordero o cabrito. **4** *En las costas del Caribe, *viento terral acompañado de lluvia y tormentas, que sopla desde junio hasta fin de septiembre.*

calderetero m. MAR. *Fogonero de la caldereta.*

calderil (Sal.) m. *Palo con muescas que hace en la chimenea el oficio de los llares.*

calderilla (dim. de «caldera») **1** f. *Caldereta de agua bendita.* **2** (colectivo) Conjunto de *monedas de metal de poco valor. **3** (Cuen.) *Grosellero alpino.* ⇒ *Planta.

caldero (del lat. «caldarĭum») **1** m. Caldera con una sola asa, de lado a lado, en vez de dos; por ejemplo, la que suele haber colgada sobre el fuego en los hogares bajos de los pueblos. ⇒ Caldera, paila, pava, perol, perola, tacha, tacho. ➤ Calderil, *llar, tárzano. **2** Calderada.

calderón (aum. de «caldera») **1** m. Signo con que antiguamente se representaban los millares (ID). **2** MÚS. Signo (𝄐) con que se indica la suspensión del movimiento del compás, y esta misma suspensión. ≃ Fermata. ⊙ MÚS. Frase o floreo que el que toca ejecuta a su gusto en esa interrupción. ≃ Fermata. **3** AGRÁF. Cierto signo (¶) que se usaba antiguamente, en vez del que se usa actualmente (§) para «párrafo». ⊙ AGRÁF. También lo utilizaban los impresores como signatura de los pliegos que iban aparte del texto principal. ⊙ INFORM. Actualmente lo utilizan los ordenadores para indicar salto de párrafo. **4** *(Globicephala melaena)* Cetáceo de la familia de los delfines, muy grande y de cabeza voluminosa, que se alimenta especialmente de calamares. **5** (Ál.) **Juego de chicos, parecido a la tala.* ⇒ Cambocho.

calderoniano, -a adj. De Calderón de la Barca o semejante a los temas o estilo de sus obras: 'Drama calderoniano'.

calderuela (dim. de «caldera») f. *Vasija con una luz, que llevan los cazadores nocturnos de perdices para deslumbrarlas y hacerlas caer en la red.*

caldibache (de «caldibaldo», por influencia de cachivache) m. *Caldibaldo.*

caldibaldo (de «caldo» y «baldo») m. *Calducho.*

caldillo (dim. de «caldo») **1** m. Se aplica a veces al *jugo sucio o de aspecto dudoso de alguna cosa. **2** (Méj.) *Picadillo de carne con caldo sazonado con orégano y otras especias.* ⇒ *Guisar. **3** (Chi.) *Caldo que se hace principalmente con pescado y marisco.*

caldo (del lat. «caldus», caliente) **1** m. Agua con la sustancia de haber cocido en ella carne, pescado, verduras, etc. ⇒ Chichurro, consomé, consumado, panado. ➤ AGUA de fregar, aguachirle, caldibache, caldibaldo, calducho. ➤ CABEZA de olla, ojos, osmazomo, sustancia. ➤ Enaguachar, escaldufar, escudillar, espumar. ➤ Sopicaldo. ➤ Caldoso, chuyo. ➤ *Guiso. *Jugo. *Salsa. *Sopa. **2** Parte líquida de las comidas, por ejemplo legumbres, patatas o arroz, que se hacen cocidas. ⇒ Catacaldos. ➤ *Salsa. **3** *Aderezo de la *ensalada o el *gazpacho.* **4** *Vino u otra bebida alcohólica, o *aceite: 'Los caldos de la última campaña'. **5** (Méj.) *Jugo de la *caña de azúcar.* **6** FOT. *Líquido de revelar.* **7** (Méj.) **Caléndula (planta compuesta).*

CALDO DE CULTIVO. **1** BIOL. Medio líquido enriquecido con productos nutricios que se emplea para el cultivo de microorganismos. **2** Ambiente propicio para la aparición de algo perjudicial.

C. GALLEGO. Guiso típico de Galicia que se prepara con grelos, patatas, legumbres y algo de carne.

HACER EL CALDO GORDO a alguien. Favorecerle o *ayudarle en sus designios, a veces involuntariamente, con algo que se hace o guardando silencio sobre sus manejos.

PONER A CALDO a alguien (inf.). Insultarle o censurarle con severidad.

V. en «taza» expresiones formadas con «caldo» y «dos tazas, tres tazas» y «taza y media».

caldoso, -a adj. Con caldo.

calducho 1 m. Caldo de mala calidad o de poca sustancia. ≃ Caldibache, caldibaldo. ⇒ *Aguachirle. **2** Caldillo (jugo sucio).

calduda (de «caldo»; Chi., Perú) f. *Cierta *empanada de huevos, pasas, aceitunas, etc.*

caldudo, -a adj. *Caldoso.*

cale (de «calar²») m. **Golpe ligero dado con la mano en cualquier cosa.*

calé (de «caló») **1** adj. y n. *Gitano. **2** (Col., Ec.) m. *Cierta *moneda antigua equivalente a la cuarta parte del real.*

calecer (del lat. «calescĕre») intr. *Ponerse caliente una cosa.* ⇒ *Calor.

calecerse (de «calesa¹»; Sal.) prnl. *Corromperse la *carne; criar calesa.*

calefacción (del lat. «calefactĭo, -ōnis») f. Acción y efecto de calentar un local. ⊙ Instalación o procedimiento con que se hace. ⇒ *Brasero, CALEFACCIÓN central, CALEFACCIÓN individual, calefactor, *calentador, chimenea, estufa, *hogar, salamandra, trébede. ➤ Caldera, elemento, radiador. ➤ Calefactorio, gloria, hipocausto. ➤ Caldear. ➤ Calefactor, fumista. ➤ *Calor.

CALEFACCIÓN CENTRAL. La que procede de un solo foco para todo un edificio.

C. INDIVIDUAL. En las casas con varias viviendas, la instalada independientemente para cada una de ellas.

calefactor, -a 1 n. Persona que construye, instala o repara aparatos de calefacción. **2** m. Aparato de calefacción que produce calor o aire caliente.

calefactorio (del lat. «calefactorĭus») m. *Lugar caldeado donde se calientan los religiosos, en algunos *conventos.*

caleidoscópico, -a adj. Del caleidoscopio.

caleidoscopio (de «calo-», el gr. «eîdos», imagen, y «-scopio») m. Calidoscopio.

calejo (de «caleja», calleja; Sal.) m. **Canto rodado.*

calembé (Cuba) m. *Taparrabo.*

calembour m. *Calambur.*

calemes m. *Uno de los modos posibles del *silogismo, perteneciente a la cuarta figura.*

calenda (del lat. «kalendae, -ārum») **1** (pl.) f. En el calendario de la antigua *Roma y en el eclesiástico, primer *día de cada mes. **2** *Parte del martirologio con los nombres y hechos de los santos y las fiestas correspondientes a cada día.* **3** (inf.; pl.) *Tiempo ya pasado o muy *antiguo.*

calendario (del lat. «calendarĭum») **1** m. Cualquier sistema de distribución de los *días del año en meses. ⊙ Registro de los días del año, distribuidos por meses y semanas, con la correspondencia entre las fechas y los días de la semana y ciertas indicaciones, como las relativas a las horas de salida y puesta del Sol, fases de la Luna y los santos que se conmemoran en cada día. Las más de las veces está en hojas sueltas correspondientes cada una a un día, una semana o un mes. ≃ Almanaque. ⇒ Agenda, almanaque, anuario, fastos, lunario, piscator, repertorio, reportorio. ➤ *Añalejo, burrillo, cartilla, consueta, cuadernillo, epacta, epactilla, gallofa. ➤ Cabañuelas. ➤ Faldillas, taco. ➤ CORRECCIÓN gregoriana, DÍA complementario, embolismo. ➤ Cronología, fecha. ➤ *Año. *Día. *Mes. *Meteorología. *Semana. *Tiempo. **2** Papel o cartulina con un calendario y un grabado o litografía, y corrientemente el anuncio de un establecimiento. **3** V. «hacer CALENDARIOS». **4** (ant.) **Fecha puesta en un documento.* ≃ Data. **5** Programación de una actividad para un determinado periodo de tiempo: 'El arquitecto ya ha presentado el calendario del proyecto'. ⊙ Se usa a veces para referirse a la propia actividad: 'El ministro tiene un calendario muy apretado esta semana'.

CALENDARIO ECLESIÁSTICO. **1** Distribución del año para el ritual de la Iglesia. **2** Libro con los rezos y ritos de todo el año. ≃ *Añalejo.

C. ESCOLAR. El que elaboran las autoridades académicas para fijar los días lectivos y festivos en la enseñanza.

C. GREGORIANO. El que rige actualmente en todo el mundo cristiano, salvo entre los ortodoxos que conservan el juliano, en que no son bisiestos los años que acaban en dos ceros, salvo los múltiplos de 400.

C. JULIANO. El establecido por Julio César, en que son bisiestos todos los años múltiplos de cuatro.

C. LABORAL. El que se establece para fijar los días laborables y los días festivos.

C. DE PARED. El que se coloca en ese lugar.

C. REPUBLICANO. El establecido por la Revolución Francesa, que rigió en aquel país desde el 22 de septiembre de 1792 (1 de vendimiario, comienzo del año) hasta 1799. Además de cambiarse el principio del año y, correspondientemente, los de los meses, éstos, aunque seguían siendo doce, eran todos de treinta días y se cambiaron sus nombres por otros alusivos al carácter de la época del año correspondiente. ⇒ *Mes.

HACER CALENDARIOS. Hacer *cálculos o predicciones aventuradas.

calendarista 1 n. *Persona que escribe calendarios.* **2** (inf.) *Persona aficionada a hacer predicciones.*

calendata (de «calenda»; Ar.) f. **Fecha puesta en un documento.*

calender m. *Monje *musulmán de una orden fundada en el siglo XIII.*

caléndula (de «calendŭla», nombre cient. de esta planta; *Calendula officinalis)* f. *Planta compuesta de jardín, de flores de color amarillo muy vivo. ≃ Caldo, chuncho, clavelón, maravilla.

calentador, -a 1 adj. Se aplica a lo que calienta o sirve para calentar. **2** m. Utensilio que sirve para calentar o calentarse; particularmente, el que calienta el agua corriente. ⇒ *Calor. **3** (inf.) *Reloj de bolsillo muy grande. ≃ Patata. **4** (gralm. pl.) Media de lana sin pie que se utiliza para mantener calientes las piernas cuando se está haciendo un ejercicio físico.

calentamiento 1 m. Acción y efecto de calentar[se]. ⊙ Serie de ejercicios físicos que realizan los deportistas y bailarines para desentumecerse los músculos. **2** VET. *Enfermedad que padecen las caballerías en las ranillas y el pulmón.*

calentar (de «caliente») **1** tr. y prnl. Poner[se] una ↘cosa caliente. ⇒ *Calor. **2** *Excitar[se]: 'El vino calentó los ánimos'. ⊙ (vulg.) Excitar[se] sexualmente. ≃ *Enardecer[se]. **3** (inf.) Enfadar[se]. **4** (inf.) prnl. *Encapricharse o *enamorarse de algo o alguien, o *apasionarse con algo. **5** (inf.) *Animarse con el pensamiento de hacer o decir cierta cosa. **6** (inf.) tr. Golpear a ↘*alguien para hacerle daño. **7** tr. e intr. Realizar ejercicios físicos preparatorios para desentumecer los ↘músculos: 'Varios jugadores suplentes están calentando en la banda'. **8** tr. DEP. *En el juego de ↘*pelota, retenerla cierto tiempo en la mano o en la paleta antes de lanzarla de nuevo.*

V. «calentar[se] la CABEZA, [los CASCOS o los SESOS], calentar las OREJAS, arrimarse al SOL que más calienta».

□ CONJUG. como «acertar».

calentito, -a (dim. de «caliente») **1** (inf.) adj. Agradablemente caliente. **2** (And.) m. **Churro (masa frita).* **3** (inf.) adj. *Reciente; que constituye novedad: 'Noticias calentitas'.

calentón[1] m. Calentamiento brusco e intenso.

calentón[2], **-a** (vulg.) adj. *Ardiente sexualmente.

calentura (de «calentar») **1** f. *Fiebre. **2** *Pústula que se forma en los labios, generalmente a consecuencia de haberse resquebrajado por haber pasado algo de fiebre. ≃ Bocera, boquera, buera, escupidura, morreras, vaharera. **3** (inf.) Excitación sexual. **4** (Cuba) *Descomposición que sufre el *tabaco apilado.* **5** (Cuba; *Asclepias curassavica*) **Planta asclepiadácea con florecillas anaranjadas, que crece en la humedad; se emplea como emética y para tejer cuerdas.*

CALENTURA DE POLLO (antes se completaba con «por comer gallina»). Expresión humorística con que se alude a una indisposición *fingida por alguien.

calenturiento, -a 1 adj. Afectado de calentura. ⊙ También en sentido figurado: 'Mente [o imaginación] calenturienta'. **2** (inf.) Propenso a excitarse sexualmente.

calenturón m. *Fiebre muy intensa.

calenturoso, -a adj. *Calenturiento (en sentido recto).*

caleño[1], **-a 1** adj. *Utilizable para obtener *cal.* **2** *Calizo.*

caleño[2], **-a** adj. y, aplicado a personas, también n. *De Cali, ciudad de Colombia.*

calepino (de «Calepino», autor italiano de cierto diccionario políglota) m. **Diccionario latino.*

caler (del lat. «calēre», estar caliente; ant.; en frases negativas;) intr. **Convenir o *importar.*

calera[1] **1** f. *Cantera que da la piedra caliza. **2** *Horno en que se calcina la cal.

calera[2] (de «cala[2]»; Guip., Vizc.) f. *Chalupa que sale a *pescar en las calas muy distantes.*

calería f. *Sitio donde se muele y vende cal.*

calero m. Hombre que se dedica a hacer cal.

calés m. *Calesa (coche).*

calesa[1] (del lat. «carisĭa»; Sal.; colectivo) f. *Gusanos de la carne, el jamón, etc., podridos.* ⇒ Calecerse.

calesa[2] (del fr. «calèche», del al. «kalesche», y éste del checo «kolesa», especie de carruaje) f. *Carruaje de dos o cuatro ruedas con la caja abierta por delante para subirse, y capota. ≃ Calés. ⇒ Calesín. ➤ Calesero, calesinero. ➤ Pesebrón.

calesera 1 f. *Chaqueta adornada, como las usadas por los caleseros andaluces.* **2** **Cante popular andaluz, derivado de los que solían cantar los caleseros, que es una seguidilla sin estribillo.*

A LA CALESERA. *Aplicado a la manera de ir arreglados los coches, caballerías y cocheros, como las antiguas calesas o las caballerías y cocheros de ellas.*

calesero, -a m. Conductor de una calesa.

calesín (dim. de «calés») m. *Calesa ligera.*

calesinero m. *Hombre que conducía o alquilaba calesines.*

calesitas (de «calesa[2]»; And., Hispam.) f. **Caballitos (artefacto de feria).*

caleta 1 f. Dim. de «cala» (ensenada). **2** (Hispam.) MAR. **Barco que va tocando en las calas o caletas, fuera de los puertos importantes.* **3** (Ven.) *Gremio de *porteadores de mercancías.*

caletear (Chi.) intr. MAR. *Ir deteniéndose un barco en todos los puertos de la costa y no sólo en los grandes.* ⊙ (Chi.) *También se aplica, con significado semejante, a los trenes y aviones.*

caletero (Ven.) m. **Porteador perteneciente a la caleta.*

caletre (del lat. «charactēr», carácter; inf.) m. *Talento o *juicio.

cali (del sup. ár. and. «alqalí», cl. «qili», sosa, a través del lat. cient.) m. QUÍM. *Álcali.*

calibo (del sup. lat. vulg. «calīvum», de «calēre», estar caliente; Ar.) m. **Rescoldo.*

cálibo (del ár. and. «qálib»; ant.) m. **Calibre.*

calibrado m. Acción y efecto de calibrar.

calibrador m. *Cualquier utensilio que sirve para calibrar.* ⊙ *En particular, tubo de bronce por el que se hacen pasar los proyectiles para apreciar su calibre.*

calibrar 1 tr. Medir el calibre de una ↘cosa. **2** Dar a una ↘cosa el calibre correspondiente. **3** FÍS. *Establecer con la mayor exactitud posible la correspondencia entre las indicaciones de un instrumento de medida y los valores de la magnitud que se mide con él.* **4** (inf.) Medir la ↘trascendencia, importancia, etc., de una cosa: 'No calibró bien las consecuencias de lo que iba a hacer'.

calibre (del ár. and. «qálib», a través del fr.) **1** m. *Diámetro interior del cañón de las *armas de fuego y, por extensión, tamaño de los proyectiles: 'De grueso [o pequeño] calibre'. ⇒ Pasabalas, pasabombas. ⊙ Diámetro interior de cañerías y otros objetos huecos semejantes. ⊙ Diámetro de la sección de un alambre. ⊙ *Grosor de una chapa. ⊙ Puede aplicarse al grosor de otras cosas. **2** Instrumento que sirve para medir calibres. **3** Tamaño de una máquina de *reloj. **4** (inf.) Con «gran, grueso, mucho; pequeño, poco», etc., significa de mucha o poca *importancia: 'Una mentira de grueso calibre. Ésas son dificultades de poco calibre'.

calicanto (de «cal[1]» y «canto[2]») m. CONSTR. Procedimiento de construcción en que se utilizan piedras unidas con argamasa. ≃ Mampostería.

calicata (de «cala[2]» y «cata[2]») **1** f. MINER. Exploración hecha en un terreno, en busca de minerales. **2** *Perforación que se efectúa en cimentaciones, muros, firmes de carretera, etc., para determinar los materiales empleados.*

cálice (del lat. «calix, -ĭcis»; ant.) m. *Cáliz.*

caliche (de «cal[1]») **1** m. *Piedrecilla mezclada con el barro, que queda incrustada en una vasija de *cerámica.* **2** **Cascarilla que se desprende del enlucido de las paredes.* ⇒ Descalicharse, *desconcharse. **3** (And.) **Grieta hecha en un cacharro.* **4** **Señal o avería en la fruta.* **5** (Perú) MINER. *Montón de tierra que queda después de sacar el nitrato de sosa.* ≃ Barrera. **6** (Chi.) MINER. **Nitrato de sosa.* **7** (Chi.) *Calichera.* **8** (Mur.) *Juego del *hito.*

calichera (de «caliche»; Chi.) f. MINER. *Yacimiento de nitrato de Chile.* ⊙ MINER. *Terreno en que los hay.*

caliciflora (de «cáliz» y «flora») adj. y n. f. BOT. *Se aplica a la *planta en que los estambres y pétalos parecen insertos en el cáliz.*

caliciforme (de «cáliz» y «-forme») adj. BOT. *De forma de *cáliz.*

calicillo (dim. de «cáliz») m. BOT. *Calículo.*

calicó (del fr. «calicot») m. *Percal.*

calicud (de «Calicut», ciudad de la India) m. **Tela delgada antigua de seda.* ≃ Calicut.

caliculado, -a adj. BOT. *Con calículo.*

calicular adj. BOT. *De [o del] calículo.*

calículo (del lat. «calicŭlus», de «calix, -ĭcis», cáliz) m. Bot. *Verticilo de brácteas que rodea el *cáliz de algunas flores, como la malva, el clavel o la fresa.* ≃ Calicillo.

calicut m. *Calicud.*

calidad[1] (del lat. «qualĭtas, -ātis») **1** f. En sentido amplio equivale a «cualidad»: 'Bondad es la calidad de bueno'. ⊙ También equivale a «cualidad» en las expresiones con que se suplen los nombres de cualidad no existentes: 'La calidad crujiente de la seda'. ⊙ («alta, baja, buena, mala», generalmente precediendo; «inferior, superior», generalmente siguiendo; «excelente, inmejorable», etc., de colocación indiferente) Refiriéndose a las maneras posibles de ser las cosas significa «*clase» y se aplica solamente al grado o lugar ocupado por ellas en la escala de lo bueno y lo malo: 'Esta tela es de mejor calidad que la otra. Me gusta el color, pero no me gusta la calidad de este tejido. Se clasifican las lanas por su calidad'. No se dice, por ejemplo, 'esta tela tiene la calidad de ser muy esponjosa'. ⇒ Control de calidad. ⊙ Cada uno de los grupos que se hacen de cierta cosa por su grado de bondad o maldad: 'Las distintas calidades de naranjas'. ≃ *Clase. ⊙ (pl.) Materiales utilizados en la construcción de algo, principalmente una vivienda: 'Memoria de calidades'. ⊙ Se aplica también, aunque raramente, a personas, significando «índole» o «naturaleza». **2** («De») *Nobleza de linaje, o situación de la persona que goza de especial consideración y prestigio en la sociedad: 'Una persona de calidad'. ⇒ Distinguido, *noble. **3** *Función o *papel de una persona. ⇒ En calidad de. **4** Importancia o gravedad de una cosa. **5** Pint. Manera de estar tratados en la representación los materiales, como paños, encajes o maderas. ⊙ Belleza de una obra de arte consistente en los mismos materiales empleados; como el color, las vetas, o la aspereza o suavidad naturales. **6** **Condición que se pone en un trato.* ⊙ (pl.) *Condiciones que se ponen en algunos juegos de *baraja.* **7** *Estado o circunstancias de las que se requieren en una persona para ocupar cierto *empleo o dignidad.*

Calidad de vida. Condiciones en que se desarrolla la vida de una persona: 'Aunque el medicamento no es curativo, mejora la calidad de vida de los enfermos'.

V. «de dinero y calidad, la mitad de la mitad; dineros son calidad».

De primera calidad. Aplicado particularmente a los materiales con que se hace algo, de la *clase mejor.

En calidad de. *Con la significación, representación o cargo que se expresa: 'Asistió a la boda en calidad de testigo'. ≃ Como. ⊙ A veces, equivale a «por su calidad de»: 'Figura en la comisión en calidad de técnico'. ≃ Como.

Por su calidad de. Por ser la cosa que se expresa: 'Tiene derecho a una pensión por su calidad de viuda de funcionario'. ≃ Por su condición de. ⇒ *Circunstancia.

calidad[2] (de «cálido[1]»; ant.) f. Med. **Calor o ardor.*

calidez (de «cálido[1]») **1** Cualidad de «cálido», sobre todo con el significado de «afectuoso». **2** **Calor o ardor.*

cálido[1]**, -a** (del lat. «calĭdus») **1** adj. Aplicado a climas o países, muy caliente. ⇒ *Calor. **2** *Afectuoso: 'Una cálida acogida. Se le tributaron cálidos aplausos. Encontró un cálido ambiente de simpatía'. ≃ Caluroso. **3** Pint. Se aplica al *colorido en que predominan los tonos rojizos o dorados. ≃ Caliente.

cálido[2]**, -a** (del lat. «callĭdus»; ant.) adj. **Astuto.*

calidonio, -a adj. y, aplicado a personas, también n. *De Calidonia, ciudad de la Grecia antigua.* ⇒ *Griego.

calidoscópico, -a adj. De [o del] calidoscopio.

calidoscopio (de «calo-», y el gr. «eîdos», imagen, y «-scopio») m. Aparato formado por un tubo en cuyo interior hay dos o tres espejos, que se aplica al ojo por un extremo y tiene en el opuesto dos vidrios entre los cuales hay pequeños fragmentos de cristal de distintos colores merced a los espejos, las distintas e infinitas combinaciones que estos fragmentos forman al ser movido el tubo son vistas por el observador en un dibujo simétrico. ≃ Caleidoscopio.

calientabraguetas (vulg.) n. Calientapollas.

calientapiés m. Calentador a propósito para tenerlo debajo de los pies cuando se está sentado. ⇒ Rejilla.

calientaplatos m. Cualquier utensilio o lugar dispuesto en la cocina para mantener calientes los platos.

calientapollas (vulg.) n. Persona que provoca sexualmente a un hombre sin intención de realizar el acto sexual con él.

caliente (del lat. «calens, -entis») **1** adj. Dotado de *calor sensible: 'Una plancha caliente. La sopa está todavía caliente. Sopla un aire caliente'. ⇒ *Calor. **2** (inf.) Enfadado: 'Está muy caliente contigo por la faena que le has hecho'. **3** (vulg.) *Ardiente sexualmente. **4** Aplicado a los *colores, cálido: con predominio de los matices rojizos o dorados. **5** *Aplicado a «*riña, *discusión», etc., acalorado.* **6** (inf.) Se aplica a la situación en que hay tensión o conflictos. **7** Se emplea como adverbio en la frase 'comer caliente', y quizás alguna otra.

¡Caliente! (suele usarse repetido) Exclamación con que se indica que alguien está cerca de *acertar al buscar una cosa, al tratar de adivinar algo, etc.; lo emplean mucho los chicos cuando juegan a esconder una cosa y que otro la encuentre.

En caliente. Sin dejar que pase el enfado o la *impresión que impulsa a obrar en la forma de que se trata. ⇒ En frío.

V. «ande yo caliente y ríase la gente, paños calientes, a sangre caliente».

califa (del ár. «ḫalīfah», vicario, a través del fr.) m. Nombre dado a los *soberanos descendientes de Mahoma que gobernaban a los musulmanes de todo el imperio *musulmán. ⇒ Halifa, miramamolín.

califal adj. Del califa o de la época de los califas.

califato m. Dignidad de los califas. ⊙ Territorio en que gobernaban. ⊙ Periodo histórico en que existieron.

calífero, -a (de «cal» y «-fero») adj. *Que contiene cal.*

calificación **1** f. Acción de calificar. **2** Palabras, adjetivo, *nota, etc., con que se califica: 'En los exámenes de latín ha obtenido la calificación de sobresaliente'.

calificadamente adv. *Se adjunta a un adjetivo para expresar que la cualidad expresada por éste se atribuye con *seguridad*: 'Persona calificadamente apta para el cargo'.

calificado, -a **1** Participio de «calificar». **2** adj. De valor o válido. ⊙ Aplicado a nombres que designan a una persona por su función o profesión, de autoridad o *prestigio: 'Un científico muy calificado'. ⊙ («para») Acreditado de apto para cierta cosa. ⊙ Aplicado a cosas, con todos los requisitos necesarios: 'Pruebas calificadas de nobleza de sangre'. ⊙ Aplicado a un trabajador, cualificado.

calificador, -a adj. y n. Se aplica al que califica o ejerce la función de calificar: 'El tribunal calificador'.

Calificador del Santo Oficio. *Teólogo que tenía a su cargo en la *Inquisición, entre otras funciones, la de censurar los libros.*

calificar (del b. lat. «qualificāre»; «de») **1** tr. *Atribuir a una ↘persona o una cosa cierta cualidad: 'La crítica califica la obra de atrevida'. ⊙ Asignar a ↘alguien o algo un grado de los de cierta escala establecida: 'Calificar los ejercicios en un examen [o a los opositores]'. **2** GRAM. Afectar un adjetivo a cierto ↘nombre. **3** Mostrar un acto o manifestación de ↘alguien su manera de ser, buena, mala o como se expresa: 'Esas palabras le califican de ligero'. ⇒ Clasificar. **4** *Ennoblecer a una ↘persona o cosa.* **5** (reflex.) *Probar una persona su *nobleza de linaje.*

□ CATÁLOGO

Adjetivar, apreciar, catalogar, clasificar, colocar entre, conceptuar, declarar, diputar, encasillar, enjuiciar, estimar, *evaluar, *juzgar, llamar, motejar, notar, poner de, puntuar, situar entre, tachar, tildar, tratar de. ➤ *Alabar. *Atribuir. *Censurar. Vituperar. ➤ Descalificar. ➤ *Adjetivo. *Clase. *Insultar.

calificativo, -a 1 adj. Utilizado para calificar: 'Adjetivo calificativo'. **2** («Aplicar») m. Expresión con que se califica algo o a alguien: 'Le aplican un calificativo poco honroso'.

california (Am. S.) f. *Carrera de caballos.*

californiano, -a adj. y, aplicado a personas, también n. De California, estado de los Estados Unidos o región del noroeste de Méjico.

califórnico, -a adj. *De California.*

californio, -a 1 adj. y, aplicado a personas, también n. *De California.* **2** m. *Elemento químico radiactivo, n.º atómico 98, descubierto en la universidad de California. Símb.: «Cf».

cáliga (del lat. «calĭga») **1** f. *Especie de *sandalia que usaban los soldados romanos.* **2** **Polaina que usaron los frailes en la Edad Media y, posteriormente, los obispos.*

calígine (del lat. «calīgo, -ĭgĭnis», niebla, tinieblas; culto) f. *Niebla, oscuridad o tenebrosidad.

caliginidad (ant.) f. *Calígine.*

caliginoso, -a (del lat. «caliginōsus»; culto) adj. Nebuloso, turbio u oscuro. ⊙ Debido a que la nubosidad suele ir acompañada de bochorno, se usa a veces con el significado de «bochornoso».

caligrafía (del gr. «kalligraphía») f. Escritura a mano. ⊙ Arte de *escribir a mano con hermosa letra. ⊙ Rasgos característicos de la escritura de una persona.

caligrafiar tr. Escribir una ↘cosa con letra caligráfica.

□ CONJUG. como «desviar».

caligráfico, -a adj. De [la] caligrafía.

calígrafo, -a (del gr. «kalligráphos») **1** n. Persona que *escribe muy bien a mano o se dedica a ello por profesión. ≃ Escribiente, pendolista. **2** Especialista en el análisis de los rasgos que caracterizan la letra de las personas.

caligrama (del fr. «calligramme») m. LITER. Poema cuyo tema principal se expresa mediante la tipografía o la disposición material de los versos.

calilla (dim. de «cala²») **1** (Hispam.; inf.) f. *Molestia o *lata.* **2** (Guat., Hond.) *Persona *pesada o molesta.* **3** (Chi.) *Serie de *desgracias o *sinsabores.*

calilo, -a (del ár. and. «qalíl»; Ar.; n. calif.) adj. y n. **Tonto o *bobo.*

calilogía f. *Arte de hablar bien.* ⊙ *Elegancia del lenguaje.*

calima¹ (del gr. «kálymma») f. MAR. *Fila de corchos que sirve a veces de *boya.*

calima² (de «calina», por influencia de «bruma») f. *Niebla muy tenue que enturbia ligeramente el aire. ≃ Calina. ⇒ Neblina. ➤ Descalimar.

calimaco m. *Cierta *tela delgada de lana.* ≃ Calamaco.

calimba (Cuba) f. *Hierro con que se *marcan los animales.* ⇒ Carimba, carimbo.

calimbar (de «calimba»; Cuba, Méj.) tr. *Herrar: *marcar con hierro al rojo.*

calimbo (de «calimba») m. **Clase o *índole.*

calimete (R. Dom.) m. **Pajita: tubo delgado para sorber líquidos.*

calimo m. *Guijarro que se encuentra en la «piedra del águila».*

calimocho (inf.) m. Especie de sangría hecha con vino y refresco de cola.

calimoso, -a (de «calima²») adj. *Calinoso.*

calimote (de «calima¹») m. **Corcho del centro de los tres que se ponen a la entrada del copo para pescar.*

calina (del lat. «calīgo, -igĭnis», tinieblas) f. *Calima.*

calinda o **calinga** (Cuba) f. *Cierta danza de origen afrocubano, de ritmo muy marcado.*

calinoso, -a (del lat. «caliginōsus») adj. *Caliginoso.*

calípedes m. **Perezoso (animal mamífero).*

calipedia (del gr. «kallipaidía») f. *Supuesto arte de procrear *hijos hermosos.*

calípico adj. ASTRON. *Se aplica al ciclo lunar de setenta y seis años, ideado por el astrónomo griego Calipo para corregir, cuadruplicándolo, el áureo número.* ⇒ *CICLO decemnovenal.

calipso m. Canción y baile antillanos de ritmo lento y suave.

caliqueño (vulg.; «Echar un») m. *Coito.

calisaya (de «Calisaya», colina boliviana de donde procede) f. *Corteza de cierto árbol rubiáceo americano (Chinchona calisaya) rica en quinina.* ≃ Quina, quino. ⊙ *Quinina que se obtiene de ella.*

calistenia (del fr. «callisthénie», del gr. «kállos», belleza, y «sthénos», fuerza) m. **Gimnasia o ejercicio físico conducente al desarrollo de las fuerzas musculares.*

calitipia (de «cali-», y «-tipia») f. FOT. *Procedimiento fotográfico en que, con un papel especial, se obtienen pruebas de color sepia o violado.* ≃ Calotipia.

cáliz (del lat. «calix, -ĭcis», copa) **1** m. Vaso de forma de copa, donde se pone el vino que se consagra en la misa. ≃ Calce, cálice. ⇒ *Eucaristía. **2** (lit.) Copa. **3** BOT. Cubierta más externa de las *flores, que forma un receptáculo en su base, compuesto de hojas florales, generalmente verdes, y cuya misión es proteger al resto de la flor. ⇒ Forma prefija, «calic-»: 'caliciforme, caliculado, calicular'. ➤ Calículo. ➤ Sépalo. ➤ Acrescente, bilabiado, marcescente. ➤ Asépalo, gamosépalo, monosépalo, polisépalo.

CÁLIZ DE LA AMARGURA. Expresión con que se simboliza el padecimiento espiritual: 'Apurar [o aproximar a sus labios] el cáliz de la amargura'.

caliza f. Roca formada por carbonato de cal, en su totalidad o en su mayor parte. ⇒ Aragonito, BLANCO de España, blandura, calcita, chiscarra, creta, dolomía, dolomita, ESPATO calizo, ESPATO de Islandia, estalactita, estalagmita, mármol, oolito, *perla, PIEDRA de cal, tajón, TIERRA blanca, TIERRA de Segovia, *tiza, toba, tosca, tufo. ➤ Calcáreo, calizo. ➤ *Cal.

CALIZA HIDRÁULICA. *La que produce la cal hidráulica.*

C. LENTA. *Dolomía.*

calizo, -a adj. Se aplica a lo que contiene cal.

V. «ESPATO calizo».

calla (Hispam.) f. AGRIC. *Utensilio consistente en un palo puntiagudo, a veces doblado en ángulo recto por la parte superior para agarrarlo, que se emplea para abrir hoyos para sembrar y para trasplantar.* ≃ *Plantador.

callacuece (de «callar» y «cocer»; And.) m. *Hipócrita.* ≃ Mátalas callando.

callada[1] **1** f. *Acción y efecto de callarse.* **2** MAR. *Intervalo en que se suspende el viento o el oleaje violento.* ≃ *Calma.

A LAS CALLADAS. Calladamente.

DAR LA CALLADA POR RESPUESTA. No *responder.

callada[2] f. *Comida hecha como fiesta, en que el único o principal plato son los callos.*

calladamente adv. Sin hablar o sin hacer ruido, o sin llamar la *atención. ⇒ *Callar.

calladito (Chi.) m. *Cierta danza popular, sin canto.*

callado, -a Participio de «callar[se]». ⊙ («Estar, Estarse, Quedarse») adj. Sin hablar, gritar, etc.: 'Esos niños están demasiado callados'. ≃ En silencio. ⊙ («Estar») Exento de ruido: 'Una plazuela callada. Las horas calladas de la siesta'. ⊙ («Ser») Se dice de la persona que habla poco: 'Un chico muy callado'. ⊙ Se dice de la persona que no replica: 'Tienes que ser callada y obedecer'. ⊙ A veces, tiene sentido peyorativo, como «solapado» o «cazurro». ⊙ Tácito, no divulgado; por ejemplo un acuerdo, un motivo, etc.

callador, -a (ant.) adj. *Callado.*

callamiento m. *Acción de callar[se].*

callampa (de or. quechua) **1** (Chi.) f. **Hongo (seta).* **2** (Chi.; inf.) **Sombrero de fieltro.* **3** (Chi.) *Chabola.*

callana (de or. quechua) **1** (Hispam.) f. **Recipiente tosco que emplean los indios para tostar maíz o trigo.* **2** (Perú) *Tiesto (maceta).* **3** (Hispam.) **Crisol para ensayar metales.* **4** (Chi.; inf.; n. calif.) *Se aplica a los *relojes de bolsillo grandes.* ⇒ Patata. **5** (Hispam.; pl.) **Callos en las nalgas que se atribuyen como distintivo a los descendientes de negro y zambo.*

callandito o **callando** (de «callar») adv. Sin hacer ruido. ⇒ *Silencio. ⊙ Con sigilo o en *secreto.

V. «a la CHITA callando, MÁTALAS callando».

callantar (de «callante») tr. *Acallar.*

callante (ant.) adj. *Aplicable al que calla.*

callantío, -a (de «callante»; ant.) adj. *Silencioso.*

callao (¿del gall. port. «callau», canto, de or. céltico?) **1** m. *Guijarro.* ⇒ *Piedra. **2** (Can.) *Terreno llano cubierto de cantos rodados.*

callapo (del aimara «callapu») **1** (Chi.) m. MINER. *Entibo.* **2** (Chi.) *Grada de escalera de la mina.* **3** (Perú) **Angarillas.*

callar (del lat. «chalāre», bajar la voz, del gr. «chaláō», hacer bajar, soltar) **1** intr. y prnl. No hablar: 'Los que debían hablar callan'. ⊙ Cesar de hablar: '¡Callad todos!' ⊙ tr. No decir cierta ↘cosa: 'Calló el nombre de su informador'. También con un pron. reflex. que destaca expresivamente la participación del sujeto: 'Se calló lo que sabía'. ⊙ intr. y, menos frec., prnl. Dejar de cantar, de gritar, de sonar, etc.: 'Callar los pájaros [el mar o los cañones]'. **2** intr. *Aguantarse: no replicar, no protestar, etc.

AL BUEN CALLAR LLAMAN SANCHO. Refrán que aconseja prudencia o parquedad en el hablar.

¡CALLA! [o ¡CALLE!] (pop.). Exclamación con que se muestra asombro, sorpresa o *extrañeza: '¡Calla... si está allí Pepita!'

V. «a la CHITA callando, HABLAR por no callar».

HACER CALLAR. Hacer, con ruegos o imponiéndose, que alguien o algo deje de hablar, de gritar, de hacer ruido, etc. ⇒ *Callar. ⊙ Hacer que alguien no diga cierta cosa.

V. «MÁTALAS callando, MATARLAS callando; OÍR, ver y callar».

QUIEN [o EL QUE] CALLA OTORGA. Frase de significado claro. ⇒ *Asentir.

□ NOTAS DE USO

Puede decirse que «callar» y «callarse» son en todos los casos intercambiables; pero en unos se usa más la forma activa y en otros la pronominal: se usa más «callar» cuando significa abstenerse de hablar, cuando hay complemento directo y cuando el sujeto no es una persona o un animal: 'Él calla a todo y hace la suya. Ha callado lo más importante. Calló el motor'. Se usa más «callarse» cuando significa interrumpir la acción de hablar, de cantar, etc., y cuando no hay complemento directo: 'Al entrar yo, se callaron. Cuando su mujer habla, él se calla'

□ CATÁLOGO

Aguantarse, no alentar, amorrarse, amorugarse, dejar APARTE, aporrar, callar [cerrar o coser] la BOCA, no abrir la BOCA, no decir esta BOCA es mía, no descoser [despegar o desplegar] la BOCA, guardar la BOCA, tener [o guardar] en el BUCHE, dar la CALLADA por respuesta, echar un CANDADO a la boca, no chistar, echar la CREMALLERA, quedarse con... en el CUERPO, no DECIR malo ni bueno, ponerse el DEDO en la boca, enmudecer, GUARDAR para sí, guardarse, interrumpirse, no descoser [despegar o desplegar] los LABIOS, morderse los LABIOS, morderse la LENGUA, no decir ni MU, callarse como un MUERTO, hacer MUTIS, hacerse un NUDO en la garganta, omitir; OÍR, ver y callar; sin decir [ni] OXTE ni moxte, no decir PALABRA, PASAR por alto, quedarse con... en el PECHO, no decir PÍO [o ni PÍO], darse un PUNTO en la boca, reservarse, no resollar, no respirar, silenciar, pasar en SILENCIO, suprimir, No [o sin] decir TUS [o chus] ni mus, echar [o correr] un VELO sobre. ➤ *Disimular, *encubrir, esconder, ocultar, tapar. ➤ QUEDAR otra cosa dentro del cuerpo [o del pecho], QUEDAR otra. ➤ Acallantar, acallar, amordazar, arrumbar, atajar, tapar la BOCA, tapar BOCAS, callantar, hacer CALLAR, cortar, interrumpir, cerrar [o sellar] el LABIO [o los LABIOS], atar la LENGUA, meter el RESUELLO en el cuerpo, reducir a [o al] SILENCIO. ➤ Callado, callante, cazurro, como el CONVIDADO de piedra, *reservado, taciturno. ➤ Callada, chiticalla, mutis, *reserva, *secreto, sigilo. ➤ Sobrentendido, sordo, tácito. ➤ Callandito, callando, a la CHITA callando, chiticallando, implícitamente, como en MISA, sin decir [o hablar] PALABRA, en SILENCIO, a la SORDA, a SORDAS, tácitamente. ➤ Oírse [o no oírse] el VUELO de una mosca. ➤ Mordaza, tapaboca. ➤ ¡Chisss...!, ¡chito!, ¡chitón!, ¡chsss...!, ¡PUNTO en boca!, ¡silencio! ➤ No tener PELOS en la lengua. ➤ *Silencio.

calle (del lat. «callis», sendero) **1** f. Camino para andar entre las casas, en una población. ⊙ («La») Parte descubierta, fuera de cualquier edificio o local, en una población. ⊙ En frases como 'el hombre de la calle, gente de la calle', simboliza la comunidad de ciudadanos sin distinción especial. ⊙ En otras como 'echar a la calle, poner [o plantar] en la calle', simboliza la falta de albergue, de trabajo, etc. ⊙ También, la libertad en frases como 'estar en la calle', referidas a personas que podían estar presas. **2** Camino bordeado por ciertas cosas, como árboles o columnas. ⇒ Vial. ➤ Almanta, entreliño. ⊙ Camino entre las plantas en un jardín o parque. ≃ Paseo. **3** En el tablero de *damas, serie de casillas en diagonal. ⊙ En el de *ajedrez, indistintamente, serie de casillas en diagonal o en línea paralela a los bordes. **4** AGRÁF. *Línea de espacios vertical u oblicua que resulta casualmente y afea la com-*

posición. **5** (ant.) *Con respecto a un pueblo, otro que depende de él, como una parte suya.* ⇒ *Población. **6** DEP. Espacio delimitado de la pista de atletismo que, generalmente, corresponde a un solo corredor, o el de las piscinas de competición, para cada uno de los nadadores: 'El corredor español va por la calle cuatro'. **7** (Méj., Perú) *Tramo de una vía urbana comprendido entre dos esquinas.*

ABRIR CALLE. Abrir *paso entre la gente.

V. «estar al CABO de la calle».

CALLE ABAJO (pronunc. [call(ea)bájo]). En dirección hacia abajo, en una calle en pendiente.

CALLE ARRIBA (pronunc. [call(ea)rríba]). En dirección hacia arriba, por una calle empinada.

COGER LA CALLE. *Marcharse brusca o violentamente de un sitio.

DEJAR a alguien EN LA CALLE. **1** *Despedirle de su puesto de trabajo o de su vivienda. **2** Arruinarle.

ECHAR a alguien A LA CALLE. Despedirle de un sitio o empleo. ≃ Plantar [o poner] en la CALLE. ⊙ Dejar en libertad a un preso.

ECHAR [o TIRAR] POR LA CALLE DE EN MEDIO. Actuar sin contemplaciones y con *decisión en cierto asunto.

ECHARSE A LA CALLE. Amotinarse o *sublevarse.

V. «GENTE [u HOMBRE] de la calle».

HACER LA CALLE (inf.). Ejercer la prostitución ofreciéndose a los clientes en la calle.

IR DESEMPEDRANDO CALLES [o LA CALLE]. Ir velozmente por la calle, en coche o a caballo. ⇒ *Correr.

LLEVAR [o TRAER] a alguien POR LA CALLE DE LA AMARGURA. Proporcionar a la persona de que se trata disgustos, preocupaciones o malos ratos.

LLEVARSE a alguien DE CALLE. **1** *Superarle, dominarle.* **2** Despertar irresistiblemente una persona en los que la rodean simpatía, admiración o amor.

NO PISAR LA CALLE. No salir nunca de casa.

PASEAR LA CALLE. Rondar la CALLE.

V. «poner de PATITAS en la calle».

PLANTAR EN LA CALLE. Echar a la CALLE.

PONER EN LA CALLE. Echar a la CALLE.

QUEDARSE EN LA CALLE. Perder la fortuna o quedarse sin empleo o sin medios con que mantenerse. ⇒ *Arruinar.

RONDAR [o PASEAR] LA CALLE. *Cortejar.

TIRAR POR LA CALLE DE EN MEDIO. Echar por la CALLE de en medio.

TRAER POR LA CALLE DE LA AMARGURA. Llevar por la CALLE de la amargura.

□ NOTAS DE USO

Cuando se menciona el nombre de una calle, éste se introduce mediante la preposición «de» si la denominación no es un adjetivo: 'Calle de Toledo, calle Mayor'. Sin embargo, en lenguaje hablado rápido, suele omitirse la preposición: 'Calle Alcalá'.

□ CATÁLOGO

Alameda, angostillo, arteria, avenida, bajada, bocacalle, bulevar, cal, calleja, callejón, callejuela, callizo, carrera, congostra, corredera, coso, costana, costanilla, cuesta, pasadizo, pasaje, paseo, paso, rambla, ronda, rúa, subida, travesía, VÍA pública, zacatín. ➤ Glorieta, plaza, plazuela, rotonda. ➤ Correjería, Frenería, Judería, Platería, Trapería, Tripería, Zapatería. ➤ Alta, Ancha, Baja, Mayor, Nueva. ➤ Ruano. ➤ Laberinto, red. ➤ Confluencia, *cruce. ➤ Acera, alar, aparcamiento, *arcada, arcos, arroyo, *bordillo, calzada, eje, encintado, farola, GUARDIA urbano, isla, jardín, parada, parque, *PASO para [o de] peatones, porche, pórtico, *puesto, punto, quiosco, rasante, semáforo, soportales. ➤ Chaflán, esquina. ➤ Circulación, *tráfico, tránsito. ➤ Embotellamiento. ➤ *Afluir, dar a, desembocar, girar, torcer, volver. ➤ *Callejear, pasar, *pasear, ruar, salir. ➤ Peatón, transeúnte, viandante. ➤ Azotacalles, entrecalle, pasacalle. ➤ *Camino. *Carretera. *Edificio. *Población. *Tráfico.

callear (de «calle») tr. AGRIC. *Cortar en las *vides los sarmientos que impiden el paso para vendimiar.*

callecalle *(Libertia ixioides)* n. *Planta iridácea medicinal de Chile. ≃ Trique.

callecer (de «callo»; ant.) intr. *Encallecer.*

calleja f. Dim. frec. de «calle».

Calleja V. «tener más CUENTO que Calleja».

callejeador, -a adj. Se aplica a la persona a la que le gusta callejear. ≃ Callejero.

callejear (de «calleja») **1** intr. *Vagar por las calles. ≃ Deambular. **2** Ir a un sitio por calles secundarias en vez de por las principales. **3** Vagar alguien de un sitio para otro descuidando sus obligaciones. ≃ Corretear.

□ CATÁLOGO

Barzonear, bigardear, camandulear, cantonear, caerse la CASA a cuestas [o encima], no parar en CASA, cazcalear, corretear, deambular, gallofear, guitonear, hopear, jopear, mantear, mindanguear, pendonear, periquear, pindonguear, ruar, rutiar, tunar, *vagar, viltrotear, zascandilear. ➤ Albendera, andador, andalotero, andorra, andorrero, aplanacalles, azotacalles, callejeador, callejero, camandulero, candajón, candiletero, cirigallo, corretón, curioso, desocupado, mirón, paseante, pindonga, placero, salidero, *vagabundo, visitero, zangarilleja ➤ *Andar. *Pasear. *Vagabundo.

callejeo m. Acción de callejear.

callejero, -a (de «calleja») **1** adj. Se aplica a lo que ocurre en la calle: 'Festejo callejero'. ⊙ O Que anda por las calles: 'Un perro callejero'. **2** Se aplica a la persona que anda mucho por la calle o está mucho fuera de casa. ⇒ *Callejear. **3** m. Guía de las calles de una ciudad. ⊙ Cualquier lista de domicilios de una ciudad; por ejemplo, la que utiliza un repartidor de periódicos. ⊙ Parte de la *guía de teléfonos que está ordenada por calles.

callejo (del lat. «callicŭlus», senda, trampa; Cantb.) m. **Trampa para cazar.*

callejón (aum. de «calleja») m. Calle o paso semejante muy estrecho. ⇒ Encallejonar. ⊙ TAUROM. Espacio que queda entre la barrera y la contrabarrera de la *plaza de toros.

CALLEJÓN SIN SALIDA. **1** El cerrado por un extremo. **2** Conflicto insoluble. ⇒ *Apuros.

callejuela (dim. de «calleja») **1** f. Calle de poca importancia, estrecha o corta. **2** *Medio que hace posible eludir una dificultad.* ≃ Escape. ⇒ *Salida.

callentar (ant.) tr. *Calentar.*

callera (de «callo») adj. V. «HIERBA callera».

calletre (ant.) m. *Caletre.*

callialto, -a (de «callo» y «alto») adj. *Se aplica a la herradura que tiene los callos más gruesos para suplir algún defecto en los cascos de las caballerías.*

callicida (de «callo» y «-cida») m. Sustancia usada para extirpar los callos.

callista n. Persona que se dedica a quitar los callos y, en general, a arreglar los pies. ≃ CIRUJANO callista, pedicuro.

callizo (de «calle»; Ar.) m. *Callejón o callejuela.*

callo (del lat. «callum») **1** m. Engrosamiento y endurecimiento de la piel en alguna parte del cuerpo, particularmente en los pies y en las manos, por ejemplo por el roce continuo del calzado o de una herramienta. ≃ Callosidad. ⇒ OJO de gallo, OJO de pollo. ➤ Callecer, callosar, encallecer, matacallos. **2** Endurecimiento en algunas cosas; por ejemplo, la cicatriz ósea de una fractura de hueso. **3** (pl.) Trozos del ventrón y otros *despojos de la vaca, la ternera o el cordero, que se comen guisados. Los callos a la madrileña son un plato típico de Madrid, que se puede comer en cualquier tasca, bar o restaurante. ⇒ Dobles. ➤ DOBLÓN de vaca, ventrón. **4** *Extremo de la herradura.* **5** *Chapa de las que, a modo de herradura, se les ponen a los *bueyes de labor.* **6** (inf.; n. calif.) Mujer muy fea.

DAR EL CALLO (inf.). Trabajar duro.

callón (de «callao») m. *Utensilio para afilar las *leznas.*

callonca (de «callo») **1** («Estar») adj. *Se aplica a la castaña, bellota, etc., correosa o a medio asar* **2** (inf.) f. *Mujer jamona.* ⊙ (inf.) *Prostituta.*

callosar (de «calloso»; ant.) intr. *Encallecer.*

callosidad (del lat. «callosĭtas, -ātis») f. Callo; particularmente, si es extenso y de poco espesor.

CALLOSIDAD ISQUIÁTICA. La que tienen en las nalgas muchos monos catirrinos.

calloso, -a (del lat. «callōsus») adj. Con callos o propenso a tenerlos: 'Pies callosos'.

V. «CUERPO calloso».

callueso (del lat. «cariōsus»; Mur.; *Gryllotalpa gryllotalpa*) m. *Insecto *ortóptero que destruye las hortalizas.*

calma (del lat. «cauma», del gr. «kaûma», calor, quemadura) **1** (Ar.) f. *Bochorno con el aire completamente quieto.* **2** («En; Haber») Ausencia de agitación o de intranquilidad, tanto en personas como en cosas. ⊙ Falta de ruido y movimiento en un sitio: 'El parque se queda en calma al marcharse los niños'. ≃ *Quietud, reposo, sosiego, *tranquilidad. ⊙ Estado de la atmósfera o del *mar cuando no hay *viento u oleaje. ⇒ Callada, calmaría, calmería, quietud, recalmón. ➤ *Tranquilidad. ⊙ Interrupción o reducción momentánea de una actividad: 'El negocio está temporalmente en calma'. ⊙ Estado de la persona no entregada a una actividad intensa o a una preocupación: 'Cuando estés en calma te hablaré de mi asunto'. ⊙ Actitud o comportamiento de la persona que no se apresura o intranquiliza ni aun en circunstancias en que hacerlo sería natural o necesario. ≃ *Flema. **3** (es la más usada de las palabras sinónimas en frases hechas; «Con; Tener, Perder la, Tomar») *Serenidad o *tranquilidad. Ausencia de excitación, enfado, indignación, etc.: 'No puedo tomar con calma sus impertinencias'. ⊙ Conformidad o resignación: 'Tomó con calma su destitución'. ⊙ Ausencia de azaramiento o aturdimiento, por ejemplo ante un peligro: 'Si pierdes la calma no harás nada a derechas. Si piensas con calma encontrarás la solución'. ⊙ *Paciencia para esperar: 'Siéntate y espera con calma a que llegue tu turno'.

¡CALMA! Exclamación frecuente para recomendar *serenidad, *tranquilidad o *paciencia.

C. CHICHA. Quietud absoluta del aire, acompañada de pesadez de la atmósfera, particularmente en el mar.

EN CALMA. Expresión más frecuente de lo que le correspondería como expresión facticia, para sustituir a adjetivos como «apacible, quieto» o «tranquilo»: 'Estaba la mar en calma'.

PERDER LA CALMA. Expresión muy frecuente en vez de verbos como «*aturdirse, *encolerizarse» o «*irritarse».

calmado, -a 1 Participio adjetivo de «calmar[se]». **2** (Sal.) adj. *Cansado, sofocado o sudoroso.*

calmante adj. y n. m. Se aplica a los medicamentos que calman los dolores. ⇒ Antipirina, aspirina, codeína, lactucario, láudano, tridacio. ➤ Analgésico, anestésico, sedante, sedativo. ➤ *Alcaloide.

calmar (de «calma») **1** tr. y prnl. Poner[se] en calma una ˘cosa. ⊙ tr. Comunicar calma a ˘alguien. ≃ Tranquilizar, *apaciguar, sosegar. ⊙ prnl. Empezar a experimentar calma. **2** tr. y prnl. *Aliviar[se] o *moderar[se] un ˘dolor, la violencia de algo o cosas semejantes: 'Los fomentos calman el dolor. La nevada calma el frío'. ⇒ *Calmante. ⊙ prnl. Particularmente, *abonanzar el tiempo. **3** intr. *Estar en calma.* **4** *Calmarse.* **5** (Ar.; inf.) tr. *Causar un grave *perjuicio, particularmente económico, a ˘alguien.* ≃ Baldar, hundir. **6** *Cobrar una cantidad exagerada por una cosa.*

calmaría (ant.) f. *Calma del aire o del mar.* ≃ Calmería.

calmazo (aum. de «calma»; inf.) m. MAR. *Calma chicha.*

calmería (ant.) f. *Calmaría.*

calmil (del nahua «calli», casa, y «milli», sementera; Méj.) m. AGRIC. *Campo sembrado junto a la casa del labrador.*

calmo, -a (de «calmar») **1** adj. *Tranquilo o en reposo.* **2** adj. y n. m. *Se aplica al terreno *erial, sin árboles ni arbustos.*

calmoso, -a 1 adj. *Tranquilo. **2** Flemático o indolente.

calmuco, -a adj. y, aplicado a personas, también n. *Se aplica a los individuos de un *pueblo de Asia, originario de la Mongolia occidental, dedicado al pastoreo, y a sus cosas.* ⊙ m. pl. *Ese pueblo.*

calmudo, -a (inf.) adj. Calmoso; particularmente, flemático.

calnado (del lat. «catenātus») m. *Candado.*

calo m. Cierta *caña del Ecuador, de gran tamaño, que contiene agua en su interior.

calo- o **cali-** Elemento prefijo del gr. «kalós», hermoso: 'calidoscopio, caligrafía, calobiótica, calocéfalo, calofilo, calóptero'.

caló (del caló) m. Lengua de los gitanos españoles.

calobiótica (de «calo-» y el gr. «bíos», vida) f. *Arte de *vivir bien.* ⊙ *Tendencia natural en el hombre a vivir ordenada y regularmente.*

calocéfalo, -a (de «calo-» y «-céfalo») adj. ZOOL. *De hermosa *cabeza.*

calofilo, -a o **calófilo, -a** (de «calo-» y «-filo²») adj. BOT. *De hermosas *hojas.*

calofriarse prnl. *Sentir escalofríos.*

calofrío (de «calor» y «frío») **1** m. *Escalofrío.* **2** VET. *Enfermedad de los *caballos caracterizada por contracciones espasmódicas de las extremidades y la cola.*

calografía f. *Caligrafía.*

calología (de «calo-» y «-logía») f. *Estética.*

calomanco (Ar.) m. *Calamaco (*tela delgada de lana).*

calomel m. *Calomelanos.*

calomelanos (de «calo-» y el gr. «mélas, -anos», negro) m. pl. *Cloruro mercurioso natural, que se empleaba como medicamento purgante, vermífugo y antisifilítico. De él se obtenía el cloruro mercúrico o «sublimado corrosivo».* ⇒ *Farmacia.

calón (de «calar²») **1** m. MAR. *Palo de 1 m aproximadamente de largo, con el que se mantienen extendidas las *redes de pescar.* **2** *Pértiga con que se mide la profundidad de un río, canal, etc.* ⇒ *Sonda. **3** MINER. *En las minas de Vizcaya, vena de hierro cargado de arena.*

calonche m. *Bebida alcohólica hecha con zumo de tuna.*

calonge (del cat. «canonge»; ant.) m. **Canónigo.*

calonia (ant.) f. *Calumnia.*

caloniar (ant.) tr. *Calumniar.*

caloña (del lat. «calumnĭa») **1** (ant.) f. **Calumnia.* **2** (ant.) **Queja.* **3** (ant.) *Censura.* **4** (ant.) **Castigo pecuniario que se imponía por ciertos delitos.*

caloñar (del lat. «calumniāri») **1** tr. *Calumniar.* **2** *Imponer una pena, particularmente pecuniaria.*

calóptero, -a (de «calo-» y «-ptero») adj. ZOOL. *De hermosas *alas.*

calor (del lat. «calor, -ōris»; como f. es rústico o arcaico) **1** m. Propiedad de las cosas materiales por la cual su contacto causa en el cuerpo la impresión que produce, por ejemplo, la radiación solar. ⊙ Forma de la energía procedente de la transformación de otras; por ejemplo, de la mecánica o la eléctrica; en los cuerpos consiste principalmente en agitación interior, en forma bien de movimientos desordenados de sus moléculas, bien de movimientos de rotación de ellas y de los átomos. **2** («Hacer») Circunstancia de estar caliente la atmósfera: 'Hoy hace más calor que ayer'. ⇒ *Meteorología. **3** («Dar, Hacer, Sentir, Tener») Sensación de estar caliente que se experimenta en el cuerpo, a veces molesta: 'Este abrigo me da demasiado calor'. **4** («Con; Poner, Tomar con») *Entusiasmo o vehemencia: 'Tomas las cosas con demasiado calor'. ≃ Ardor. **5** *Afecto o interés con que se trata a alguien: 'No encuentra calor en su casa'.

CALOR ANIMAL. FISIOL. El que generan los procesos orgánicos en el cuerpo de un animal.

C. ESPECÍFICO. Fís. Cantidad de calor que necesita 1 Kg de la sustancia de que se trata para elevar su temperatura en un grado.

C. LATENTE. Fís. El que hace falta para cambiar cierta sustancia de sólida a líquida o de líquida a gas, conservando la misma temperatura.

C. NATURAL. FISIOL. El que genera el organismo de un ser humano o un animal sano.

C. NEGRO. El que produce un radiador eléctrico cuyo elemento incandescente no está visible.

C. RADIANTE. Fís. Energía de cualquier radiación, desde la ultrarroja a los rayos X, que se transforma en calor al ser absorbida por los cuerpos.

AHOGARSE [O ASARSE] DE CALOR. Sentir mucha molestia por él.

AL CALOR DE. **1** Recibiendo el calor de la cosa de que se trata. **2** Con la *ayuda o protección de algo o alguien que se expresa.

ENTRAR EN CALOR. Empezar a sentirse normalmente caliente después de haber tenido frío.

V. «no dar ni FRÍO ni calor».

GUARDAR EL CALOR una cosa. Conservar el calor: tardar, por su naturaleza, en enfriarse.

V. «OLA de calor».

□ CATÁLOGO

Otra raíz, «term-»: 'atérmano, atérmico, diatérmano, electrotermia, homeotermia, isotérmico, isotermo, poiquilotermia, termal, térmico, termodinámica, termoelectricidad, termógeno, termología, termometría, termométrico, termómetro, termoscopio, termotecnia'. ➤ Flogisto. ➤ Abochornar[se], abrasar[se], abrigar[se], acalorar[se], achicharrar[se], afogarar, ahogarse, asar[se], asfixiarse, asurar[se], atibiar, avahar, caldear[se], calecer, calentar[se], canear, chicharrar, cocer[se], encandecer[se], enrojar, entibiar[se], escaldar[se], escalecer, escalfar, estufar, fomentar, freírse, quitar el FRÍO, rechizar, sofocar[se], *templar. ➤ Apretar, picar. ➤ Ardentía, ardor, *bochorno, calidez, calorina, chajuán, chicharrera, chicharrina, estuosidad, fervor, fiebre, flama, fogaje, sofocación, sofoco, sofoquina, vulturno. ➤ Agobiante, débil, fuerte, lento, medio, sofocante. ➤ Siesta. ➤ Acarrarse. ➤ Canícula, etc., *verano. ➤ Adusto, ardiente, ardoroso, bochornoso, echando BOMBAS, cálido, caliente, caloroso, caluroso, candente, estuante, estuoso, perdido el FRÍO, al rojo, rusiente, *templado, tibio, tórrido, tropical. ➤ Termoestable, termolábil, termoplástico. ➤ Fomento. ➤ Caldas. ➤ Emitir, irradiar, radiar. ➤ Convección, irradiación, termodifusión. ➤ Buen [o mal] CONDUCTOR. ➤ Combustión, ebullición. ➤ Calorímetro, criómetro, hipsómetro, pirómetro, piroscopio, *termómetro. ➤ Centígrado, cero, CERO absoluto, COLUMNA termométrica. ➤ Entalpía. ➤ Caloría, kilocaloría, grado. ➤ *Brasero, calentador, calefacción, calefactor, calientapiés, calorífero, caneca, chimenea, chofeta, chubesqui, chufeta, convector, copa, copilla, escalfador, escalfeta, estufa, estufilla, hogar, librete, maridillo, mundillo, radiador, recuperador, rejilla, salamandra, termosifón, tumbilla. ➤ ESPEJO ustorio. ➤ Calefactorio, estufa, gloria, hipocausto, infierno, resistero, trébede. ➤ Asadero, chicharrero, horno, tostadero. ➤ Caloridoro. ➤ Al AMOR de la lumbre. ➤ Abrasador, BAÑO de María. ➤ Desacalorarse, recalentar. ➤ Estivación. ➤ *Encender. *Fuego. *Guisar. *Humo. *Quemar. *Temperatura.

calori- Elemento prefijo del lat. «calor, -ōris», calor.

caloría f. Unidad de medida de calor; equivale a la cantidad de calor necesaria para elevar un gramo de agua de 14,5 a 15,5 °C. Símb.: «cal». ⊙ Unidad de medida de la capacidad nutritiva de un alimento.

C. PEQUEÑA. Fís. Caloría.

C. MEDIA. Fís. Centésima parte del calor necesario para elevar un gramo de agua de 0 a 100 °C.

C. GRANDE. Fís. 1.000 calorías pequeñas.

caloriamperímetro (de «calori-» y «amperímetro») m. Fís. *Aparato para medir la intensidad de una corriente eléctrica por el método calorimétrico.*

caloricidad f. ZOOL. *Propiedad de los *animales que mantienen una temperatura independiente de la del ambiente.* ⇒ SANGRE caliente, SANGRE fría.

calórico, -a **1** adj. De [las] calorías: 'El aporte calórico de un alimento'. **2** m. *Fluido imaginario al que se recurría para explicar los fenómenos de transmisión del calor.*

caloridoro (de «calori-» y el gr. «dôron», regalo) m. *Aparato usado en *tintorería para aprovechar el *calor de los baños después de utilizados.*

calorífero, -a (de «calori-» y «-fero») **1** adj. Fís. Que conduce o propaga el calor. **2** m. Aparato o dispositivo utilizado como foco de calor. ⇒ *Calor.

calorificación (de «calorífico») f. FISIOL. *Producción de calor en el organismo de un ser vivo.*

calorífico, -a (del lat. «calorifĭcus») adj. Fís. De [o del] calor: 'Energía calorífica'.

calorífugo, -a (de «calori-» y «-fugo») **1** adj. Fís. *Mal conductor del calor.* **2** Fís. **Incombustible.*

calorimetría (de «calori-» y «-metría») f. Fís. Medición del calor específico.

calorimétrico, -a adj. Fís. De [la] calorimetría o del calorímetro.

calorímetro (de «calori-» y «-metro») m. Fís. Aparato usado en física para mediciones térmicas

calorimotor m. Fís. *Aparato para producir calor por medio de una corriente eléctrica de alta tensión.*

calorina (de «calor», influido por «calina») **1** f. Calor sofocante. **2** (Mur.) *Calina.*

calorosamente adv. *Calurosamente.*

caloroso, -a adj. *Caluroso.*

calosfriarse (de «calor» y «esfriar») prnl. *Escalofriarse.*

calosfrío (de «calosfriarse») m. **Escalofrío.*

caloso, -a (de «calar[2]») adj. *Se aplica al papel *permeable.*

calostro (del lat. «colostrum»; sing. o pl.) m. Primera *leche de la mujer o de la hembra de los animales, después de nacer la cría, formada por grandes células con partículas de grasa. ⇒ Encalostrarse.

calote (Arg.) m. *Engaño.*

DAR CALOTE (Arg.). *No pagar, estafar.*

calotear (Arg.) tr. *Engañar, estafar.*

calotipia f. *Calitipia.*

caloto m. *Trozo de metal procedente de la *campana de un pueblo americano llamado así, al que la gente atribuía ciertas virtudes.* ⇒ *Amuleto.

caloyo 1 m. **Cordero o cabrito recién nacido.* **2** (Ál., Mur.; inf.) *Soldado que está recibiendo la instrucción.* ≃ Quinto.

calpamulo, -a (Méj.) adj. **Mestizo de albarazado y negra, o viceversa.*

calpixque (del nahua «calli», casa, y «pixqui», guardián; Méj.) m. *Encargado en una encomienda del gobierno de los *indios y del cobro de los impuestos.*

calpuchero (de «calboche», influido por «puchero»; Sal.) m. **Calboche (olla para asar castañas).*

calpul (del nahua «kalpúlli») **1** (Guat.) m. **Reunión o conciliábulo.* **2** (Hond.) *Montículo que señala los antiguos pueblos de *indios.* ⇒ Tapera.

calquín (Arg.) m. **Águila que vive en los Andes patagónicos.*

calseco, -a adj. *Desecado o *conservado con *cal.*

calta (del lat. «caltha»; *Caltha palustris*) f. *Planta ranunculácea de grandes flores amarillas. ≃ Centella, HIERBA centella.

caltrizas (del cat. «caltró»; Ar.) f. pl. **Angarillas.*

calucha (Bol.) f. **Cáscara o cubierta leñosa de los frutos tales como el coco o la almendra.*

caluma 1 (Perú) f. *Garganta o *paso en los Andes.* **2** (Perú) *Lugar de indios.*

calumbarse (del leon. «columbiar», y éste del gr. «kolymbân», zambullirse; Ast., Cantb.) prnl. *Chapuzarse.* ⇒ *Sumergir.

calumbre (del sup. lat. vulg. «calūmen», del lat. «calīgo, -igĭnis», niebla, tinieblas) m. *Moho de pan.*

calumbrecerse (de «calumbre»; ant.) prnl. **Enmohecerse.*

calumbrido, -a o **calumbriento, -a** (ant.) adj. **Mohoso.*

calumet m. *Cierta *pipa que usan los *indios de América del Norte en sus ceremonias.*

calumnia (del lat. «calumnĭa»; «Decir, Levantar») f. Acusación o imputación grave y falsa hecha contra alguien. ⇒ Calonia, caloña, calunia, caluña, desacato, falacia, falsedad, impostura, ladrido, suposición. ➤ Ahijar, imponer, levantar, malsinar, levantar falsos TESTIMONIOS. ➤ Calumniador, deslenguado, impostor, mala[s] LENGUA[s], lenguaraz, maldiciente, mesclador, sicofante, testimoniero, víbora. ➤ *Censurar. *Chisme. Criticar. *Desacreditar. *Deshonrar. *Difamar.

calumniador, -a adj. y n. Se aplica al que calumnia.

calumniar (del lat. «calumniāri») tr. Levantar calumnias contra ˋalguien.

☐ CONJUG. como «cambiar».

calumniosamente adv. De manera calumniosa.

calumnioso, -a adj. Se aplica a las palabras que contiene calumnia.

calungo (Col., Ven.) m. *Cierta raza de perro de pel crespo.*

calunia o **caluña** (ant.) f. **Calumnia.*

caluro (Am. C.) m. *Nombre dado a varias especies de *aves del género Pharomachrus, como el Pharomachrus mocinno, de plumaje negro y verde por el cuerpo y blanc y negro por las alas, y pico encorvado por la punta* ⇒ Quetzal.

calurosamente adv. Con calor (aprobación entusiasta c afecto): 'Le aplaudieron [o recibieron] calurosamente'.

caluroso, -a 1 adj. Se aplica a la persona que siente *calo con facilidad. **2** Que produce calor: 'Un tiempo caluroso' **3** Se aplica a las acciones que demuestran aprobación c adhesión fervorosa o afecto: 'Una acogida calurosa. Una calurosa invitación'.

caluyo (Bol.) m. *Cierta danza india con zapateado y con mudanzas.*

calva (del lat. «calva») **1** f. Parte de la cabeza despojada de pelo. **2** Trozo pelado en una piel, felpa, etc. **3** *Calvero* **4** *Cierto *juego consistente en tirar piedras al extrem superior de un madero colocado de pie.*

CALVA DE ALMETE. *Pieza del almete que cubre el cráneo.* ⇒ *Casco.

calvados m. Aguardiente de manzana originario de la región francesa de Calvados.

calvar 1 tr. *Atinar en el juego de la calva a dar con la piedra en el extremo del ˋmadero.* **2** **Engañar a ˋalguien.*

calvario (del lat. «calvarĭum») **1** m. Lugar donde *Jesucristo fue crucificado. **2** Camino señalado con representaciones de los pasos de la pasión de Jesucristo. ≃ VÍA crucis, VÍA sacra. ⊙ Conjunto de estas representaciones colocadas alrededor de las iglesias. ⊙ *Humilladero.* ⊙ Conjunto de rezos repartidos en los distintos pasos del vía crucis. **3** («Pasar, Sufrir un») Padecimiento muy intenso y prolongado o serie de padecimientos. **4** (ant.) *Osario* **5** (jocoso) *Serie de cantidades adeudadas, por ejemplo por comprar al fiado, marcadas con cruces.* ⇒ *Deuda.

calvatrueno (de «calva» y «trueno») **1** (inf.) m. *Calva que coge toda la *cabeza, o calva muy extensa.* **2** (inf.) *Hombre *aturdido, alocado o *precipitado.*

calvecer (del lat. «calvescĕre»; ant.) intr. *Quedarse calvo* ≃ Encalvecer.

calverizo, -a (de «calvero») adj. *Se aplica al *campo en que hay muchos calveros.*

calvero (de «calva») **1** m. *Claro o zona sin *árboles en un bosque o sin plantas en un sembrado o plantación. ≃ Calva, calvijar, calvitar. **2** *Yacimiento de *arcilla.* ≃ Gredal.

calveta o **calvete** (ant.) f. o m. *Estaca.*

calvez o **calveza** f. *Calvicie.*

calvicie (del lat. «calvitĭes») **1** f. Circunstancia de esta *calvo. **2** Zona pequeña en donde no ha brotado pelo o de la que se ha caído. ≃ Pelado, pelambre.

calvijar o **calvitar** m. *Calvero.*

calvinismo m. Doctrina religiosa protestante creada po Calvino.

calvinista adj. y, aplicado a personas, también n. De Calvino o de su doctrina. ⇒ Hugonote.

calvo, -a (del lat. «calvus») **1** adj. y n. Se aplica a la persona que tiene la cabeza total o parcialmente desprovista de pelo. ⇒ Calvatrueno, glabro, recalvastro. ➤ Como una

BOLA de billar. ➤ Alopecia, calva, calvez, calveza, calvicie, clara, lopigia [o lupicia], peladera, pelado, pelambre, pelambrera, pelarela. ➤ *Peluca. ➤ Emparrado. ➤ Crecepelo. ➤ Calvecer, decalvar, encalvecer. ➤ *Pelo. **2** adj. Aplicado al terreno, desprovisto de vegetación de cualquier clase. ⇒ *Erial. **3** Se aplica al paño u otra *tela que ha perdido el pelo.

V. «la [o a la] OCASIÓN la pintan calva, ni TANTO ni tan calvo».

calza[1] (del lat. «calx, calcis»; ant.) f. **Cal.*

calza[2] (del lat. «calcĕus», zapato) **1** (pop. o hum.) f. *Media. ⇒ Calceta. **2** (pl.) Antiguamente, calzones. **3** *Calzado que cubría la pierna y, a veces, también el muslo. **4** Cuña, alzaprima u objeto con que se calza o *aprieta una cosa para inmovilizarla. ≃ Calce. **5** *Cinta que se pone a un animal en la pata para *señalarle.* **6** (Sal.) **Pina: trozo de madera de los que forman el aro de la rueda de* carro. **7** (Col., Ec., Pan.) *Empaste de un diente o muela.*

CALZA DE ARENA. *Saquete lleno de arena que se empleaba para golpear como castigo.*

CALZAS ATACADAS. *Prenda antigua que cubría el pie, la pierna y el muslo, llegando hasta la cintura, a la que se sujetaba atándola.* ⇒ *Vestir.

CALZAS BERMEJAS. *Calzas rojas usadas por los nobles.*

MEDIAS CALZAS. *Las que sólo cubrían hasta la rodilla.*

calzacalzón m. *Calza (pantalón) más larga que las ordinarias.*

calzada (del sup. lat. vulg. «calciāta», camino empedrado) **1** f. *Carretera. ⊙ Se aplica particularmente a las vías de la antigua Roma o a los trozos que quedan de ellas. **2** Centro de la *calle, situado entre las dos aceras, por donde circulan los vehículos. **3** (R. Dom.) **Acera de la calle.*

calzadera (de «calzar») **1** f. *Cuerda delgada de cáñamo con que se sujetan las *abarcas.* **2** *Hierro con que se calza la rueda del *carruaje para que no se mueva éste.* ⇒ *Calce. **3** (Guad.) *Calzadura.*

calzado[1] (colectivo) m. Género de prendas que se emplean para vestir los pies.

□ CATÁLOGO

Andamio. ➤ OBRA prima. ➤ Sutorio. ➤ *Abarca, agovía, ahorcado, albarca, alborga, alcorque, almadreña, *alpargata, alpargate, babucha, bamba, barajón, borceguí, *bota, BOTA de montar, botilla, botín, botina, botito, *cacle, caite, calamorro, cálceo, cáliga, campago, chanclo, chanco, chapín, chatara [o chátara], chinela, chinelón, chirucas, choclo, colodro, corche, corcho, coriza, coturno, cutarra, escalfarote, escarpín, estival, galga, galocha, guarache, huarache, katiuska, jerviguilla, jervilla, jota, madreña, manoletina, mocasín, mula, múleo, muléolo, mulilla, ojota, pantufla, pantuflo, pihua, playera, poleví, ponleví, a la ponleví, quinfa, *sandalia, servilla, tamango, usuta, zapata, zapatilla, zapato, ZAPATO de salón, zoclo, zoco, *zueco, zumel. ➤ Carrao, chanca, chancla. ➤ Calceta, *calcetín, calza, chapín, escarpín, *media, pebuco, peúco. ➤ Botín. polaina. ➤ Abotinado, achinelado, apantuflado, franqueado, ramplón. ➤ Desbocarse. ➤ Alza, avampiés, barreta, bigotera, cabezada, cambrillón, caña, capellada, capillo, cara, cerquillo, chapa, copete, corte, empella, enfranje, enfranque, guardapolvo, jostra, larga, ojete, oreja, pala, palmilla, piso, plantilla, puntera, quebradillo, ribete, suela, taco, tacón, talón, tope, vira, zancajo, zarria. ➤ Agujeta, amiento, botón, cinta, cordón, coyunda, feladiz, majuela. ➤ Borla, hebilla, luneta, picado, picadura. ➤ Cortador, MAESTRO de obra prima, remendón, ribeteadora, sota, valiente, zapatero, zapatero remendón. ➤ Alesna, almarada, alza, andilú, bisagra, boj, broca, callón, cartabón, cerapez, cerote, *chaira, cheira, costa, estaquilla, estaquillador, *horma, huevo, lesna, lezna, manopla, marco, PATA de cabra, ruleta, sacabrocas, subilla, tirapié, tranchete, trinchete. ➤ Aparar, bañar, cerotear, desvirar, embrocar, encerotar, estaquillar, jairar, plantillar, remontar, sobresolar, solar, tafiletear. ➤ Picaño, remiendo, remonta, medias SUELAS, tapa. ➤ Ante, becerro, boxcalf, charol, cuero, dóngola, *piel, tabinete, tafilete. ➤ Estórdiga, pergal. ➤ Punto. ➤ Calzar[se], chancletear, descarcañalar, descalzar[se], desmajolar, destalonar, domar, enchancletar, majolar, nadar. ➤ Calzar... PUNTOS. ➤ Zancajoso. ➤ Desbocarse. ➤ Abotonador, calzadera, calzador, muchacho, sacabotas, tirabotas. ➤ Limpiabotas. ➤ Betún, bola, crema. ➤ Embetunar, embolar, lujar, lustrar. ➤ Valentía. ➤ Escrúpulo. ➤ *Adorno. *Vestir.

calzado[2], **-a** **1** Participio adjetivo de «calzar». **2** Se aplica a ciertos frailes que usan calzado, por oposición a los «descalzos». **3** Se aplica a los animales, particularmente a los *caballos, que tienen las extremidades de distinto *color que el resto del cuerpo. **4** Se aplica a las *aves que tienen los tarsos cubiertos de plumas. ⇒ Calceto. **5** HERÁLD. *Se aplica al escudo partido por dos líneas que, saliendo de los dos ángulos superiores, se juntan en la punta.*

calzador **1** m. Utensilio que sirve para ayudar a meter el *calzado en el pie. **2** (Arg.) **Portaplumas.* **3** (Bol.) *Lápiz.*

ENTRAR [o METER] algo CON CALZADOR. Entrar [o meterlo] con dificultad en un lugar por ser el hueco muy pequeño. ⊙ Se usa también en sentido no material: 'A este chico hay que meterle las matemáticas con calzador'.

calzadura (de «calzar») f. *Trozos de madera fuerte de los que se ponen rodeando la rueda de algunos *carros y carretas, en vez de llanta.*

calzar (del sup. lat. «calceāre», de «calcĕus», calzado) **1** tr. Vestir con la prenda adecuada el ↘*pie o éste y la pierna. Puede significar ponerle a alguien el calzado, llevarlo puesto, usar cierta clase de calzado y también hacerle el calzado a alguien. El complemento directo puede ser los pies, la persona o el calzado: 'Calzó sus pies con zapatos de raso. Le tienen que calzar porque él no puede agacharse. Calza alpargatas. Calza un 43. Le calza el mejor zapatero de Madrid'. Significando «poner» o «ponerse los calcetines, los zapatos», etc., se usan estas perífrasis con preferencia a «calzar». También reflex. **2** Llevar puestas o ponerse ↘*espuelas. También reflex. **3** Llevar puestos o ponerse ↘*guantes. También reflex. **4** tr. Poner una calza o cuña, por ejemplo delante de la ↘*rueda de un ↘*carro para que se mantenga quieto, o debajo de la *pata de un *mueble que cojea. ⇒ Apear. ➤ Calce. *Cuña. **5** *Ponerle reja nueva al ↘*arado.* **6** *Admitir las *armas de fuego balas del ↘calibre que se expresa.* **7** AGRÁF. *Poner los ↘clichés o grabados a la altura de las letras, mediante calces.* **8** (Guat.) **Aporcar.* **9** *Con «mucho» o «poco», tener mucha o poca *inteligencia.* **10** (Col., Ec.) *Empastar un ↘diente o muela.* **11** (con un pron. reflex.; inf.) Ser más inteligente o más apto que ↘otros para la cosa de que se trata: 'Ése se calza a todos los de la clase'. ≃ *Superar. **12** (con un pron. reflex.; inf.) Conseguir alguien que ↘otro acepte su superioridad y se someta a su dirección o influencia. ≃ *Dominar. **13** (con un pron. reflex.; inf.) Llegar a tener o *conseguir cierta ↘cosa.

CALZÁRSELA (usado como amenaza). Ganarse una reprimenda o castigo: 'Como te equivoques, te la has calzado'.

V. «calzar el COTURNO, calzar la ESPUELA, calzar muchos [o pocos] PUNTOS».

calzo (de «calzar») **1** m. *Calce, *cuña (marina) o *alza. **2** MAR. Cualquier madero dispuesto a bordo para apoyar objetos pesados. **3** Extremidad de una *caballería, particularmente para referirse a su color, distinto del del resto del cuerpo: 'Un caballo con calzos negros'. **4** **Muelle sobre el que se apoyaba la patilla de la llave del arcabuz cuando se la ponía en el punto.*

calzón (aum. de «calza») **1** m. Nombre de ciertos *pantalones antiguos o especiales, como el de los toreros o el de los trajes regionales. ⊙ Nombre de ciertas prendas en forma de calzoncillo o pantalón corto; por ejemplo, el calzón de baño o el que usan los futbolistas o los boxeadores. ⊙ (gralm. pl.) También se emplea en tono jocoso: 'Se le van cayendo los calzones'. **2** (Bol., Chi., C. Rica, Ec., Guat., Méj., Perú, R. Dom., Salv.; sing. o pl.) **Braga (prenda femenina).* **3** *Lazo de cuerda que se pasan por los muslos, sujetándose con él a algún sitio, los que trabajan en los tejados.* **4** (Méj.) *Enfermedad de la caña de *azúcar, debida a falta de riego, en la cual empiezan por secarse las hojas del pie de la planta y se detiene su desarrollo.* **5** **Tresillo (juego de baraja).*

A CALZÓN QUITADO («Hablar»). Sin contención o miramientos. ⇒ *Descaro, *soltarse.

LLEVAR BIEN PUESTOS LOS CALZONES. Mantener alguien su *autoridad en un sitio; particularmente, el marido en su casa.

PONERSE LOS CALZONES. Hacer alguien uso de su autoridad. ⊙ Asumir alguien la autoridad en un sitio; particularmente, el marido o la mujer en su casa.

calzonario (Ec.; sing. o pl.) m. **Braga (prenda femenina).*

calzonazos (aum. de «calzones»; inf. y desp.) m. Hombre que se deja dominar, particularmente por su mujer. ⇒ Baldragas, bragazas, calzorras, Juan LANAS, mandinga. ➤ *Débil.

calzoncillo (dim. de «calzón») **1** (sing. o pl.) m. Prenda interior de hombre que, según los modelos, cubre desde la cintura hasta las ingles o parte de los muslos. ⇒ Gayumbos, interior, pantaloncillos, slip, trusa. ➤ Pañetes, tiradillas. ➤ Pretina, tirilla. ➤ Cruzadillo. ➤ *ROPA interior. **2** (Arg., Chi., R. Dom., Salv.; sing. o pl.) **Braga (prenda femenina).*

calzoneras (de «calzón»; Méj.) f. pl. **Pantalón abotonado de arriba abajo por ambos costados.*

calzoneta (dim. de «calzón»; Guat., Nic.) f. **Bañador.*

calzonudo **1** (Arg.; inf. y desp.) adj. y n. m. *Se aplica al hombre timorato o que se deja dominar por los demás, particularmente por su mujer.* **2** (Am. C., Méj.) m. *Término jocoso con que las mujeres designan a los hombres.*

calzorras (inf. y desp.) m. **Calzonazos.*

cama[1] (del hispanolat. «cama») **1** («Acostarse, Echarse, Meterse, Tenderse, Tirarse, Tumbarse, Yacer, Levantarse, Saltar, Tirarse») f. Conjunto formado por una armazón y colchones, almohadas y ropas, donde las personas se acuestan para *dormir o descansar. Se emplea con «la» en vez de «una», aunque se trate de una indeterminada, cuando se menciona como sitio de acostarse o de estar acostado: 'tumbarse en la cama, estar en la cama'; se emplea sin artículo en frases que expresan estado de enfermo o se refieren a ese estado: 'ha pasado una semana en cama; está para meterse en cama'. ⊙ Armazón de madera o hierro que sostiene las demás cosas de ese conjunto, incluido el somier o sin incluirlo. **2** En un *hospital o sanatorio, plaza para un enfermo, o en un colegio interno, para un alumno. **3** Sitio donde tienen costumbre de acostarse los animales salvajes. ⇒ *Cueva, *guarida, *madriguera. **4** *Capa de paja, hierba seca, etc., que se pone en los establos para que se acuesten los animales y para hacer estiércol. **5** **Camada (cría).* **6** *Suelo del carro.* **7** *En el melón y otros *frutos, parte que descansa en el suelo cuando están en la mata.* **8** (ant.) **Sepultura.* **9** MAR. **Hoyo que forma en la arena una embarcación varada.* **10** Cada una de las capas en que se dispone una cosa. ≃ Camada. ⊙ *Capa de una vianda que se pone encima de otra para que se comuniquen el calor.* **11** AGRÁF. *Blandura formada con cartulina o papel con que se recubre el *tímpano de la prensa.*

CAMA CAMERA. La de tamaño intermedio entre la de una sola persona y la de matrimonio. ≃ CAMA frailera.

C. ELÁSTICA. Superficie muy tensa sujeta a un bastidor que permite dar grandes saltos; como la que hay en los parques de atracciones.

C. DE MATRIMONIO. La que tiene generalmente el destino que indica su nombre, casi tan ancha como larga.

C. NIDO. Conjunto de dos camas en un solo mueble, en que una de ellas se guarda debajo de la otra.

C. FRAILERA. *CAMA camera.*

C. REDONDA. **1** Aquella en que duermen varias personas. **2** Relación sexual en la que intervienen más de dos personas.

C. TURCA. *Diván sin brazos ni respaldo, que puede servir como cama.

CAER EN [LA] CAMA. Acostarse por estar enfermo.

V. «COCHE cama».

EN CAMA. Acostado, por estar enfermo. ⇒ Decumbente.

ESTAR EN [LA] CAMA [O GUARDAR [O HACER] CAMA]. Estar en la cama por enfermedad.

HACER LA CAMA. Levantar las ropas después de haber dormido en ella y volver a colocarlas ordenadamente.

HACER LA CAMA a alguien. Trabajar en secreto para causarle *daño.

V. «JUEGO de cama».

LEVANTAR LA CAMA. Levantar las ropas después de haber dormido en ella, para que se ventilen antes de volver a hacerla.

METERSE EN [LA] CAMA. Acostarse.

SALTAR DE LA CAMA. Levantarse después de haber dormido, para empezar la jornada.

V. «SALTO de cama, SOFÁ cama».

□ CATÁLOGO

Barbacoa, barbacuá, brezo, brizo, cadalecho, cama nido, camastro, camilla, carriola, catre, catricofre, cribete, cucheta, cuna, escanilla, lechiga, lecho, litera, piltra, sobre, tálamo, tapesco, triclinio, yacija. ➤ Chinchorro, coy, hamaca [o maca]. ➤ Dormilona, meridiana, SOFÁ cama. ➤ Petate. ➤ Blanda, camera, dura, frailera, de matrimonio, de uno. ➤ Echadero. ➤ Bastidor, cabecero, COLCHÓN de muelles, cuja, largueros, somier, tablado, tambor. ➤ Cabecera, pie. ➤ *Colchón, jergón, plumazo, plumón. ➤ Cobija, petate. ➤ Almohada, apretador, cabezal, lencería, ROPA blanca, sábana, sábano, tapas, toalla. ➤ *Manta. ➤ Alhamar, alifafe, almozala [o almozalla], almuzala [o almuzalla], centón, cobertor, cobija, *colcha, cubrecama, frazada, lichera, márfaga [o márfega], sabanilla, sobrecama, telliza, vánova, veralca. ➤ Cubrepiés, edredón. ➤ Embozo. ➤ Alcala, colgadura, dosel, gotera, mosquitera [o mosquitero]. ➤ Camón, cercha, rodapié, tornalecho. ➤ Almofrej [o almofrez]. ➤ Tumbilla. ➤ Acostarse, caer en [guardar o hacer] CAMA, dormir, poner los PIES en el suelo, postrado, pegarse las SÁBANAS. ➤ COCHE cama, dormitorio. ➤ Acamar[se], encamar[se].

cama[2] (del celtolat. «camba», corva) **1** f. Nombre dado a diversos objetos de forma curva. ⊙ Cada una de las dos varillas del *freno a cuyos extremos van sujetas las riendas. ≃ Camba. ⊙ Pieza encorvada del *arado, de madera o de metal, en la que encajan en los sitios correspondientes el dental, la reja, el timón y la esteva. ⊙ **Pina (cada uno de los trozos con que se forma el aro de la *rueda de carro).* **2** *Cada uno de los trozos de tafetán con que se ha-*

*cían los *mantos de las mujeres.* ⊙ (pl.) **Nesgas con que se completa el redondel de las capas.*

amá (Cuba) m. **Camao (paloma silvestre).*

amacero m. Árbol solanáceo que produce las camazas. ⇒ *Planta.

amachil (*Pithecelobium dulce*) m. Cierto árbol leguminoso de Filipinas. ⇒ *Planta.

amachuelo (¿de «cama[2]»?) m. **Pardillo (pájaro).*

amada (de «cama[1]») **1** f. Conjunto de crías de un mamífero, particularmente de la *coneja o la *loba, nacidos al mismo tiempo. ≃ Cachillada, cama, cría, lechigada, ventregada. ⇒ *Criar. **2** (inf.) Conjunto de *ladrones, pícaros o personas a las que se alude con desprecio. **3** Conjunto de cosas, o porción plana de una cosa, que se pone horizontalmente para servir de soporte a algo. ≃ *Capa, lecho. **4** Miner. *Cada piso de ademes en las galerías de una mina.*

amafeo (¿del fr. ant. «camaheu»?) **1** m. Figura tallada en relieve en ónice u otra *piedra preciosa. ⇒ *Joya. **2** La piedra con la talla.

amagón (*Diospyros discolor*) m. Cierto árbol ebenáceo de Filipinas de buena madera rojiza con vetas y manchas negras. ⇒ *Planta.

amagua (del nahua «camahuac») **1** (*Wallenia laurifolia*) f. Árbol pequeño, de madera blanca y fuerte, cuyo fruto sirve de comida a varios animales. **2** (Am. C., Méj.) **Maíz que empieza a madurar.* ⇒ Jilote, jojoto, muñequilla, sarazo.

amagüe (Guat.) m. *Camagua.*

amagüira (Cuba) f. *Árbol de buena madera, dura, de color amarillo veteado.* ≃ Camalara. ⇒ *Planta.

amahua **1** adj. y n. *Se aplica a los individuos de una tribu de *indios salvajes que vivía en las orillas del Ucayali en el Perú.* **2** (Salv.) f. *Elote.*

amahueto (Chi.) m. *«*Animal fabuloso acuático, al cual se atribuyen fuerzas enormes y misteriosas que, posiblemente, simboliza las tempestades y las inundaciones.*

amal (del lat. «camus», bozal) **1** m. *Cuerda que se ata al cuello o a la cabezada de las *caballerías para sujetarlas o conducirlas.* ≃ *Cabestro, ramal, ronzal. **2** (ant.) *Cadena con una argolla que se les ponía a los *esclavos para que no huyesen.* **3** (Ar.) **Rama gruesa.* **4** **Palo grueso del que se suspende por las patas el cerdo muerto.* **5** (Perú) **Matadero principal.*

amalara (Cuba) m. *Camagüira (árbol).*

amaldulense adj. y, aplicado a personas, también n. De la Camáldula, *orden monástica fundada por San Romualdo en el siglo xi, bajo la regla de San Benito. ≃ Camandulense.

amaleón (del lat. «chamaelĕon, -ōnis», del gr. «chamailéōn») **1** m. Nombre aplicado a varias especies de *reptiles saurios del género *Chamaeleo*, por ejemplo el *Chamaeleo chamaeleon*, que tienen cola prensil y son susceptibles de experimentar cambios en el color de su piel. ⇒ Chipojo. ➤ Lagarto. **2** Persona con habilidad para cambiar de actitud, adoptando en cada caso la más ventajosa. ⇒ *Acomodaticio. **3** (Bol.) **Iguana (reptil).* **4** (C. Rica) *Cierta ave de presa de pequeño tamaño.*

Camaleón mineral. **Permanganato potásico.*

amaleónico, -a (inf.) adj. De camaleón (persona *acomodaticia).

camalero (de «camal») **1** (Perú) m. *Matarife.* **2** (Perú) *Traficante en *carnes.*

camalotal (Hispam.) m. *Lugar abundante en camalotes.*

camalote (¿de «camelote», cierto tejido, por comparación del carácter impermeable de éste con el de la planta?) **1** m. Nombre dado a varias especies de *plantas pontederiáceas de los géneros *Pontederia* y *Eichhornia;* como la *Eichhornia crassipes* y la *Eichhornia azurea.* Se crían en los grandes ríos de América Meridional; tienen tallo largo y hueco, hojas en forma de plato y flores azules. ≃ Aguapé, aguapey. **2** (Méj.; *Paspalum plicatulum*) *Planta gramínea acuática, abundante en las costas, con cuya médula se hacen flores y otras figuras para adornar las *cajas de dulces.* **3** (Arg., Par., Ur.) *Isla flotante formada por estas plantas enredadas con otras y arrastradas por la corriente.*

camama (¿de or. expresivo?) f. *Engaño o *pamplina.*

camambert m. Queso camambert [o de Camembert].

camambú (del guaraní «camambú», ampolla; *Physalis viscosa*) m. *Planta solanácea silvestre de América que da un fruto pequeño, blanco y muy dulce.

camamila (de «camomila») f. **Manzanilla (planta compuesta).* ≃ Camomila.

camanance (del nahua «camac», boca, y «nance», fruto; C. Rica) m. **Hoyuelo de las mejillas.*

camanchaca (Chi., Perú) f. **Niebla espesa en el desierto de Tarapacá.*

camándula (de «Camáldula», orden monástica toscana del s. xi) **1** f. **Rosario de uno o tres dieces.* **2** (inf.) **Hipocresía o *astucia.*

camandulear (de «camándula») **1** (Sal.) intr. **Callejear: ir de casa en casa.* ⊙ (Ar., Sal.) **Curiosear o ir enterándose de lo que pasa.* **2** *Ostentar falsa devoción.* ⇒ *Beato. **3** (Hispam.) *Actuar con hipocresía o intrigar.*

camandulense adj. y n. Camaldulense.

camandulería f. *Cualidad de camandulero.* ⊙ *Actividad del camandulero.* ⊙ *Religiosidad afectada.* ⇒ *Beato.

camandulero, -a **1** (n. calif.) adj. y n. *Astuto e hipócrita.* ≃ *Cazurro. **2** (Ar.) *Chismoso o *callejero.*

camanonca f. *Cierta *tela antigua empleada para forros.*

camao (Cuba) m. *Cierta *paloma silvestre, pequeña, de color pardo.* ≃ Camá.

cámara (del lat. «camăra», del gr. «kamára», bóveda) **1** f. *Antiguamente, habitación.* ⊙ *Particularmente, la principal de una casa.* ⊙ Hoy se aplica solamente a las habitaciones privadas de los reyes, papas, etc., y a otros casos particulares, como los que siguen. ⇒ Antecámara, bicameral, encamarar, encambrar, recámara, unicameral. **2** Cámara real. **3** Mar. *Departamento de un *barco de los destinados a los jefes u oficiales, o al servicio común de los pasajeros.* **4** *Local alto destinado en las casas de labranza a almacenar los granos y frutos.* **5** Se aplica a algunos objetos consistentes esencialmente en un recinto. ⇒ Cámara cinematográfica [clara, fotográfica, frigorífica, lúcida u oscura]. ⊙ Específicamente, cámara fotográfica, cinematográfica o de vídeo. ⊙ n. Profesional que maneja una cámara de cine, televisión o vídeo. **6** f. Hueco o recinto en el interior de algunos utensilios o máquinas; como la cámara de combustión en los motores de explosión. ⊙ Específicamente, espacio destinado a la carga en las *armas de fuego. **7** *Espacio hueco con cierta función, en el interior del *cuerpo: 'Cámara anterior y posterior del ojo, cámara anterior y posterior de la boca'. **8** Metal. *Departamento que está en comunicación con el *horno, en el que se transforman los productos volatilizados.* **9** Rueda hueca de goma que contiene el aire en los *neumáticos. **10** Especie de bolsa de goma que se hincha en el interior de ciertos balones deportivos para que mantengan la presión adecuada. **11** *Ayuntamiento. **12** Nombre aplicado a algunas *asambleas. ⊙ Particularmente, a cada uno de los cuerpos colegisladores de los regímenes políticos democráticos. ⇒ Cámara alta [o baja]. ➤ Bicameral, unicameral. **13** También, en la misma forma, a ciertos *organismos oficiales que regulan determinados asuntos, hoy generalmente comerciales: 'Cámara agrícola, de comercio, de la propiedad'. **14** Artill. *Pieza pequeña de *artillería que se empleaba para salvas.* ≃ Morterete. **15** **Excremento humano.* **16** *Diarrea.*

Cámara alta. Senado.

C. anterior de la boca. Anat. Espacio comprendido entre los dientes y las fauces.

C. apostólica. **1** *Tesoro pontificio.* **2** *Junta que lo administra, presidida por el cardenal camarlengo.*

C. baja. Congreso.

C. de Castilla. *Organismo ejecutivo, dentro del *Consejo de Castilla, que resolvía los asuntos de trámite y urgentes.*

C. cinematográfica. Máquina de fotografía con que se impresionan películas. ≃ Cámara.

C. clara [o lúcida]. Por oposición a «oscura», dispositivo óptico en el que, mediante un prisma, se forman imágenes en una pantalla, sobre la cual pueden ser dibujadas.

C. de compensación. Econ. Organismo financiero que a diario compensa los cargos (cheques, letras, etc.) que los bancos tienen unos frente a otros, evitando al máximo el movimiento de dinero.

C. de los comunes. Cámara legislativa correspondiente en Inglaterra al congreso.

C. fotográfica. Máquina de hacer *fotografías. ≃ Cámara.

C. frigorífica. Recinto refrigerado en el que se guardan los alimentos.

C. de gas. Nombre dado a los recintos donde, inyectando gases tóxicos, se ejecuta a personas condenadas a muerte.

C. de Indias. *Organismo ejecutivo, dentro del *Consejo de Indias, con las mismas funciones con respecto a las Indias que la de Castilla con respecto a España.*

C. lenta. Cine., Telev. Toma acelerada, a fin de que, al proyectarla a la velocidad normal, resulte lento el movimiento.

C. de los lores. Cámara legislativa correspondiente en Inglaterra al senado.

C. lúcida. Cámara clara.

C. mortuoria. Habitación en que se tiene de cuerpo presente a una persona recién fallecida hasta que se lleva a enterrar. ⇒ Capilla ardiente. ➤ *Cadáver.

C. oscura. Dispositivo con el que se forman imágenes en una pantalla por medio de una lente, dentro de un recinto oscuro.

C. de los paños. *Cargo antiguo del palacio real, al que correspondía el cuidado de las ropas.* ⇒ *Rey.

C. posterior de la boca. Anat. Espacio comprendido entre el istmo de las fauces y la parte posterior de la faringe.

C. posterior del ojo. Anat. *Espacio comprendido entre el iris y el cristalino.*

C. de proyección. Aparato con que se proyectan sobre una pantalla dibujos o fotografías inmóviles o animados. ⇒ Linterna mágica, linterna de proyección.

C. real. *Habitación del *palacio real en que sólo entraban los gentileshombres y ayudas de cámara, los embajadores y algunas otras personas.*

C. de vídeo. La que permite grabar imágenes y, en algunos modelos, sonido en una cinta de vídeo que se acopla en su interior.

A cámara lenta (inf.). Muy despacio.

V. «ayuda de cámara».

¡Cámara, acción! En los rodajes cinematográficos, s emplea para indicar a los actores y técnicos que se empie za a filmar una secuencia.

Chupar cámara (inf.). En una fotografía, en una tom de televisión, etc., situarse en primer plano para tener ma yor protagonismo.

De cámara. Se aplica a los nombres de ciertos cargos cuando se ejercen en el *palacio real: 'Médico de cámara'

V. «gentilhombre de cámara, música de cámara, orques ta de cámara, ujier de cámara».

camarada (de «cámara») **1** n. *Con respecto a un hombre otro que le acompañaba y vivía en su compañía.* **2** *Com pañero de colegio, de profesión, de partido político, etc. de otra persona determinada y amigo de ella: 'Fuimos ca maradas en el colegio. Somos buenos [o antiguos] cama radas'. **3** f. *Reunión de camaradas.* **4** (ant.) Artill. Fort. *Batería (conjunto de piezas de *artillería y obra d fortificación para albergarlas).*

camaradería f. Relación entre camaradas. ⊙ Relació como de camaradas o amigos: 'Entre profesores y alum nos hay una verdadera camaradería'.

camaraje m. *Lo que se paga por el arriendo de la cámar de guardar *granos.*

camaranchón (de «cámara») m. *Desván: departament alto de las casas, debajo del tejado; particularmente, cuar do sirve para guardar cosas desechadas.

camarero, -a (del lat. «camararĭus», de cámara) **1** n Funcionario o criado que sirve en la cámara de un perso naje; por ejemplo, del papa o de los reyes. ⇒ Camarleng gentilhombre de Cámara, sumiller de corps. **2** f. Dam que sirve a una *reina. **3** Criada de más respeto entre la que *servían en una casa principal. **4** En una cofradí mujer encargada de vestir las imágenes. **5** n. Persona qu sirve a los consumidores en cafés, bares, etc. ⇒ Mozo ➤ Echador. ⊙ Persona que arregla las habitaciones atiende al público en los hoteles, *barcos, etc. ⇒ Azafata camarotero. **6** f. Carrito de cocina que sirve para lleva comidas o bebidas. **7** m. *Encargado de un *pósito o cáma ra de granos.* ⇒ Cillero, depositario.

Camarero mayor. *Camarero del *rey.*

camareta (dim. de «cámara») **1** (Arg., Chi., Perú) f. *Espe cie de *cañoncito que se dispara en las fiestas de lo *indios.* **2** Mar. *Cámara de los *barcos pequeños.* **3** Ma *Departamento que, en los barcos de guerra, ocupan lo guardias marinas.*

camareto (Cuba) m. **Planta semejante al boniato o aje, cuyos tubérculos son morados por fuera, así como tallo y los nervios de las hojas.*

camarico (de or. quechua) **1** m. *Ofrenda que hacían lo *indios americanos a los sacerdotes y, después, a los es pañoles.* **2** (Chi.) **Lugar preferido de una person* **3** (Chi.; inf.) **Lío amoroso.*

camariento, -a (ant.) adj. *Se dice del que padece cáma ras (diarrea).*

camarilla (dim. de «cámara») **1** f. Grupo de personas qu *influyen extraoficialmente en los asuntos de estado o las decisiones de alguna autoridad. **2** (inf.) Grupo de pe sonas que se apropia la dirección de algún asunto excl yendo de ella a los demás interesados: 'La administració de la cooperativa está en manos de una camarilla'.

camarín (dim. de «cámara») **1** m. Camerino. ⊙ Habit ción en las *iglesias donde se tienen guardadas las ropas joyas de la imagen de la Virgen que se venera en ella **2** Capilla con una *imagen, al lado de un altar. **3** *Nomb aplicado antes a ciertas piezas pequeñas o retiradas las casas.* ⊙ *Cuartito tocador.* ⊙ **Habitación retira* *para despachar los asuntos.* ⊙ *Cuarto donde se tenían guardados los objetos de porcelana, cristal, etc.* **4** (Ál.) **Rellano de escalera.* ≃ Cambarín.

camarina (del gall. port. «camarinha», baya de ciertas plantas; *Empetrum nigrum*) m. Arbusto que se da en la península Ibérica y es muy común en Moguer (Huelva). ≃ Camariñas, camariñera. ⇒ *Planta.

camariñas o **camariñera** f. *Camarina.*

camarista 1 f. Criada distinguida de la *reina. **2** (ant.) m. *Hombre que se recluía en su habitación en la posada y no trataba con los otros huéspedes.* ⇒ *Insociable.

camarlengo (del sup. germ. «kamerling», camarero) **1** m. *Cardenal que preside la «cámara apostólica» o junta que administra el tesoro pontificio. **2** *Cargo de la casa real de Aragón, equivalente al de «camarero» en la de Castilla.* ⇒ *Rey.

cámaro (del lat. «cammărus») m. **Camarón.*

camarógrafo, -a (de «cámara» y «-grafo») n. Operador cinematográfico o de televisión.

camarón (aum. de «cámaro») **1** m. Nombre dado a varias especies de *crustáceos de la familia de los palemónidos, especialmente al *Palaemon serratus* y al *Palaemom elegans*, que son de la misma forma que las gambas, pero muy pequeños. ≃ Cámaro, chacalín, esguila, ESGUILA de agua, esquila, gámbaro, quisquilla. **2** (C. Rica) *Propina o gratificación.* **3** (Perú) *Persona voluble.* ≃ Camaleón. **4** (R. Dom.) *Espía.*

camaronear 1 (Méj.) intr. *Pescar camarones.* **2** (Perú) *Cambiar con ligereza de bando o de opinión en beneficio propio.*

camaronera f. **Red de pescar camarones.* ≃ Esguilero, esquilero.

camaronero (Perú) m. **MARTÍN pescador (pájaro).*

camarote (de «cámara») **1** m. Dormitorio de *barco. ⇒ Cámara, camareta, celda. **2** (C. Rica, P. Rico, R. Dom.) *Vagón del tren con camas.* ⇒ *COCHE cama.

camarotero m. MAR. *Camarero de *barco.*

camarroya f. **Achicoria (planta compuesta).*

camarú (de or. guaraní) m. *Árbol fagáceo de América del Sur del género *Nothofagus*, de madera parecida a la del roble y cuya corteza se parece a la de la quina y tiene también propiedades medicinales. ≃ ROBLE de Orán. ⇒ *Planta.

camasquince n. *Persona entrometida.*

camastra (de «cama[1]»; Chi.) f. **Astucia.*

camastrear (de «camastra»; Chi.) intr. *Disimular, obrar con astucia.*

camastro (de «cama[1]») m. Cama pobre.

camastrón, -a adj. y n. Se aplica a una persona *astuta y con mucha *experiencia. ⊙ O cazurra, *astuta e hipócrita.

camatón (Ar.) m. *Haz pequeño de leña.*

camauro m. *Gorro de tela que usa el *papa, de forma de casquete, un poco prolongado por la parte de las orejas, a las que cubre.

camaza (Am. C.) f. *Fruto semejante a la totuma, que puede utilizarse como ésta, serrado por la mitad, como *vasija.*

camba (del celtolat. «camba», corva) *Se aplica a distintos objetos curvos.* **1** f. *Cama de freno.* **2** (Ast., Cantb., Sal.) **Pina de rueda de carro.* **3** (Cantb.) *Cada faja de prado que se *siega de un lado a otro de él.* ⇒ Ducha. ⊙ *Cada montón alargado que forma la hierba segada en estas fajas.* ⇒ Baraño, cambada. **4** (pl.) *Nesgas con que se completa el redondel de la capa. ≃ Camas.

cambada 1 (Cantb.) f. AGRIC. *Extensión alargada de terreno que un segador abarca y *siega con la guadaña, en cada una de sus idas y venidas a lo largo de un *prado.* ⊙ (Cantb.) AGRIC. *La misma extensión de terreno si la siega se hace con una segadora o un cortacésped.* **2** (Cantb.) AGRIC. *Hilera de *hierba que va quedando cortada tras el segador.* ≃ Baraño.

cambado, -a (de «camba») **1** (Col., R. Pl., Ven.) adj. *Patizambo o estevado.* ≃ Cambeto. **2** (Can., Ven.) *Combado.*

cambalachar tr. *Cambalachear.*

cambalache (quizá de «cambio», influido por el b. lat. «combinatio», combinación) **1** («Hacer, Andar en, Traerse») m. Cambio recíproco de objetos de poco valor: 'Los chicos están siempre haciendo cambalaches'; tiene generalmente sentido despectivo o peyorativo. ⇒ *Chanchullo. ➤ Cambalachear [o cambalachar]. ➤ Cambalachero. **2** (Arg.) **Prendería (tienda de compraventa de objetos usados).*

cambalachear tr. Hacer cambalaches.

cambalachero, -a adj. y n. Aficionado a hacer cambalaches.

cambalada (de «camba»; And.) f. **Tumbo de los que da un borracho.*

cambaleo m. *Compañía de cómicos; es uno de los tipos que se citaban en el Siglo de Oro, compuesta de cinco hombres y una mujer que cantaba.*

cambalud (de «camba»; Sal.) m. *Tumbo violento que da una persona sin llegar a caerse.*

cambaluz m. *Representación *teatral, especie de entremés.*

cambar (del celtolat. «camba»; Can., Arg., Ven.) tr. *Combar.*

cámbara (de «cámbaro»; región cantábrica) f. **Centolla (cangrejo).*

cambará (de or. guaraní; *Moquinia polymorpha*) m. Árbol de América del Sur, de hojas blancas y verdes; la corteza se emplea como febrífugo y las hojas, en cataplasma, contra la tos. ⇒ *Planta.

cambarín (de «cambra»; Ál.) m. *Rellano de *escalera.* ≃ Camarín.

cámbaro (del lat. «cammărus») m. *Crustáceo braquiuro; especialmente, el *Carcinus maenas*. ≃ *CANGREJO de mar, jaiba.

CÁMBARO MAZORGANO (*Portunus puber*). *Crustáceo marino braquiuro, común en el Cantábrico, velloso y con el último par de patas terminado en paleta. ≃ Noca.

C. VOLADOR (*Polybius henslowi*). *Crustáceo marino braquiuro que se encuentra en alta mar y en tanta abundancia que en Galicia lo emplean a veces para abono.

cambera (de «camba») **1** f. **Red pequeña para pescar cámbaros y otros crustáceos.* **2** (Cantb.) **Camino de carros.*

cambero (de «camba»; Ast.) m. *Rama delgada de sauce terminada en un gancho, usada por los pescadores para ensartar los peces.* ⇒ Lercha.

cambeto, -a (de «camba»; Ven.) adj. *De piernas arqueadas.* ≃ Estevado.

cambia f. DER. *Permuta.*

cambiable adj. Susceptible de ser cambiado.

cambiada 1 f. EQUIT. *Cambio.* **2** MAR. *Cambio del aparejo, el rumbo, etc.*

cambiadizo, -a (ant.) adj. *Propenso o sujeto a cambios frecuentes.*

cambiador 1 (Chi., Méj.) m. **Guardagujas.* **2** (Chi.) *Pieza que sirve para cambiar la dirección, la velocidad, etc., en las *máquinas.* **3** (Chi.) *Cuerda que enlaza la polea fija y la móvil.*

cambiamiento m. *Cambio.*

cambiante 1 adj. Se aplica a lo que, por naturaleza, toma distintos aspectos sucesivamente. ⇒ *Cambiar. **2** («Hacer, Tener»; pl.) m. Variación en los *colores, por ejemplo en el nácar o en la forma de los *reflejos, como ocurre en la tela de moaré, según en qué dirección se mira el objeto. ≃ Aguas, *reflejos, tornasoles, visos. ⇒ *Brillo. **3** *Cambista.*

cambiar (del lat. tardío «cambiāre») **1** («con, por») tr. Dar una ↘cosa y recibir otra en reciprocidad: 'He cambiado la pluma que tenía por esta otra. Le he cambiado mi sortija por su alfiler. Cambié con él el puesto. Nos cambiamos los libros. Hemos cambiado las [o nuestras] raquetas. He cambiado el [mi o de] puesto con un compañero'. ≃ Canjear, permutar, trocar. ⊙ Devolver a la tienda un ↘*género por no encontrarlo conveniente después de comprado, y obtener otro de precio equivalente. ⊙ («en») tr. o abs. Dar una clase de ↘moneda y recibir el equivalente en otras más pequeñas o de otro país: 'Cambié un duro en pesetas. He cambiado mil pesetas en francos'. 'Tengo que cambiar porque no me queda suelto para llamar por teléfono'. ≃ Reducir, trocar. ⊙ («de») tr. Quitar unos vestidos y poner otros. Más frec. reflex.: 'Se cambió de zapatos'. Si no lleva complemento, puede entenderse de ropa interior: 'Se cambia todos los días'. ≃ Mudarse. **2** intr. Ponerse una cosa o una persona de manera distinta de como era o estaba: 'Ha cambiado el tiempo. No has cambiado nada en estos años'. ≃ Alterarse, mudar, variar. **3** tr. El objeto del cambio pueden ser saludos, felicitaciones, miradas o cualquier otra cosa que se realiza en reciprocidad: 'Cambiamos una mirada de inteligencia'. **4** Poner una ↘cosa de manera distinta de como era o estaba: 'Han cambiado el horario del comercio'. ≃ Alterar, mudar, variar. ⊙ («en») Hacer de una ↘cosa otra que se expresa: 'Cambiar la tranquilidad en angustia'. ≃ Transformar, convertir. ⊙ («en») prnl. Transformarse, convertirse: 'La risa se cambió en llanto'. **5** («de») tr. e intr. Emplear, tomar, etc., una cosa en vez de ↘otra: 'Cada nuevo profesor cambia el libro de texto [o de libro de texto]. Cambiar de casa [de asistenta, de costumbres o de parecer]'. ≃ Mudar, variar. **6** («de») tr. Llevar una ↘cosa de un sitio a otro: 'Hemos cambiado el piano a la otra habitación. Han cambiado las oficinas de piso'. ≃ Mudar, trasladar. ⊙ («de», «a», «de... a») intr. y prnl. Irse de una vivienda a otra: 'Cambiarse de domicilio [a una casa mayor o de este piso al de enfrente]'. ≃ Mudarse. **7** tr. MAR. *Maniobrar el ↘aparejo para orientarlo por la banda contraria.* **8** EQUIT. *Hacer que galope con pie y mano derechos el ↘que lo iba haciendo con los izquierdos, o viceversa.* **9** («de») tr. o abs. e intr. En los vehículos de motor, pasar de una ↘marcha a otra: 'Cambia [la o de marcha] cuando notes que el motor va muy revolucionado'. **10** intr. MAR. Cambiar de dirección el barco o el viento. ≃ Virar, volverse.

V. «cambiar de CAMISA [de CASACA o de CHAQUETA], cambiar IMPRESIONES, cambiar la PESETA».

☐ CATÁLOGO

Prefijos, «meta-, trans- [o tras-]»: 'metamorfosis; transbordar, trasvasar'. ➤ *Alterar[se], *alternar, baratar, canmiar, cambiar [o volver] la CASACA, sacar de sus CASILLAS, chamar, cambiar [o volver] la CHAQUETA, conmutar, contrapasar, convertir[se], corregir[se], DECLINAR de... en, *deformar[se], demudar[se], derretir, desamoldar, descambiar, desdibujar[se], desemejar[se], desencajar[se], desfigurar[se], desnaturalizar[se], despintar[se], *desviar, desvirtuar[se], devenir, disfrazar[se], disimular, distorsionar[se], encantar, enmascarar[se], equivocar[se], evolucionar, pasar de un EXTREMO a otro, dar un GIRO de 180 grados, hacer[se], ir de HERODES a Pilatos, volver la HOJA, se otro HOMBRE, innovar, *invertir[se], IR a mejor [a peor], I de mal en peor, LLEGAR a ser, manipular, metamorfosear[se], modificar[se], revisar, romper MOLDES, muda[se], mutar, oscilar, ser OTRO, parar en, no parar en ninguna PARTE, pasar, pasar a, salir[se] de su PASO, permuta[r], poner[se], preternaturalizar, reducir[se] a, reemplazar, reestructurar, reformar, remodelar, *renovar[se], resellar[se], resolverse en, trucar, volver[se] del revés, sofistica[r], *sustituir, *tergiversar, tornar[se], volver[se] la TORTILLA, traducir, transfigurar[se], transformar[se], transmudar[se], transmutar[se], transustanciar[se], trasmudar[se], trasmutar[se], *trastornar[se], trastrocar[se], trocar[se], varia[r], VENIR a ser [o a parar], virar, voltear, volver[se], dar l VUELTA. ➤ Alteración, barata, cambalache, cambiada, cambiamiento, cambiazo, cambio, camio, chambo, conmuta, conmutación, contracambio, crisis, derivación (par cambios en las palabras), desarrollo, desenvolvimiento, *desviación, distorsión, enmienda, evolución, GIRO copernicano, GOLPE de fortuna, GOLPE de timón, GUÁJETE po guájete, innovación, intercambio, inversión, metamorfosis, modificación, mudanza, mutación, novedad, nutación, reforma, revolución, sacudida, salto, tergiversación, transfiguración, transformación, transición, transustanciación, trasmudación, trasmutación, trastrocamiento, trastrueco, trastrueque, trocatinta, trueque, vaivén, variación, vicisitud, virazón, vuelta. ➤ *Accidente, *alternativa, *aspecto, avatar, cambiante, fase, luna, *variedad. ➤ Absoluto, completo, profundo, total. ➤ Desigual, diferente. ➤ ¡Quién te h[a] VISTO y quién te ve! ➤ A cambio, en compensación, en correspondencia, en lugar de, mutatis mutandis, en pagas, e[n] pago, en vez de. ➤ *Por. ➤ Muda, recambio, repuesto, revezo. ➤ Equivalencia. ➤ Cambiable, cambiadizo, cambiante, caprichoso, casquivano, coqueta, CULO de ma[l] asiento, errátil, FLOR de la maravilla, incierto, inconsecuente, inconstante, inestable, inquieto, inseguro, mudable, polifacético, proteico, proteiforme, reversible, tornadizo, variable, veleidoso, veleta, versátil, vertible, voltario, voluble. ➤ Eso es otra COSA, VÁYASE lo uno por lo otro. ➤ Inercia. ➤ A la NOCHE, chichirimoche..., bien está Sa[n] PEDRO en Roma, TOMA y daca. ➤ Inmutable, invariable. ➤ *Alterar. *Confundir. *Convertir. *Corregir. *Equivoca[r]se. *Estropear. *Falsificar. *Mejorar. *Mover. *Trastornar.

☐ CONJUG. A diferencia de otros verbos acabados e[n] «-iar», la «i» de la raíz es siempre átona y forma diptong[o] con la vocal que le sigue: 'cambio, cambias, cambia'. ⇒ Apénd. II, PRONUNCIACIÓN (verbos en «-iar»).

cambiario, -a adj. De [la] letra de cambio o del negoci[o] de cambio.

cambiavía (de «cambiar» y «vía»; Cuba, Méj.) m. **Guardagujas.*

cambiazo m. Aum. de «cambio».

DAR EL [O UN] CAMBIAZO (inf.). Sustituir una cosa po[r] otra fraudulentamente: 'Me han dado el cambiazo: ésta n[o] es la tela que yo he elegido'.

cambija (de «camba») f. **Depósito de agua situado* [a] *cierta altura sobre el suelo.* ⇒ Encambijar.

cambil (¿del ár. «qanbīl», del persa «qanbil», cierta tierr[a] roja de uso terapéutico, a través del lat.?) m. VET. *Compuesto de bol de Armenia que se usó como medicina contra la diarrea de los *perros.*

cambímbora (P. Rico) f. *Hoyo o abertura en el suelo cubierto de vegetación y peligroso para el hombre y lo[s] animales.*

cambín (relac. con «cama[2]») m. **Nasa de junco redonda que se usa para cierta clase de pesca.*

cambio 1 («Ocurrir, Operar[se], Producir[se]») m. Acción y efecto de *cambiar[se] en cualquier acepción. **2** Suelto (monedas de poco valor): 'No tengo cambio'. ⊙ Conjunto de *monedas o billetes de menos valor que se dan en equivalencia de otros, o como vuelta al cobrar una cosa de menos valor que la moneda o billete recibidos en pago: 'No puedo cobrarle porque no tengo cambio de mil pesetas'. **3** («Alterarse, Estabilizarse, Bajar, Subir») Precio de cotización de los *valores mercantiles: 'Ha subido el cambio de las acciones de esta compañía'. **4** Valor relativo de la moneda de dos países. **5** CAMBIO de vía. **6** CAMBIO de marchas [o de velocidades]. **7** *Cantidad que se abona sobre el valor de una *letra de cambio o, en otros casos, se descuenta de él.* **8** *Permuta (derecho).* **9** *Cambista.*

CAMBIO DE EDAD. Paso de una de las edades consideradas en el desarrollo de la vida humana a otra; particularmente, paso de la infancia a la juventud. ⇒ Andropausia, climaterio, desarrollo, EDAD crítica, menopausia, PERIODO crítico.

C. DE ESTADO. **1** Fís. Paso de un cuerpo de un estado físico a otro. **2** Cambio del estado civil de una persona; corrientemente, paso de soltero a casado.

C. DE MARCHAS. En ciertos mecanismos, por ejemplo en los *automóviles, dispositivo que permite desarrollar más fuerza a expensas de la velocidad, o viceversa.

C. A LA PAR. Situación del cambio entre monedas de distintos países cuando las que tienen el mismo valor representativo con respecto al oro se consideran como equivalentes.

C. DE RASANTE. En una *carretera, punto más alto de una cuesta que oculta la siguiente bajada.

C. DE VELOCIDADES. CAMBIO de marchas.

C. DE VÍA. Dispositivo en las vías de *ferrocarril o tranvía que permite que los trenes o vehículos sigan una u otra en una bifurcación.

LIBRE CAMBIO. Sistema de *comercio internacional fundado en el cambio libre de productos entre las naciones, sin limitaciones aduaneras o de otra clase.

A CAMBIO [DE]. Por o por ello: 'Le di una bola de cristal y él me dio a cambio un capicúa. Le han ofrecido un piso nuevo a cambio del que ocupa'.

A LAS PRIMERAS DE CAMBIO (inf.). Sin preámbulos, sin espera o sin preparación. 'A las primeras de cambio, se puso a dar órdenes'. ⇒ *Enseguida.

DAR una cosa A CAMBIO de otra. V. «a cambio».

EN CAMBIO. **1** En *reciprocidad: 'Ella me regaló una corbata y yo le regalé en cambio un pañuelo'. ⊙ Por cambio: 'Borró el nombre Juan y puso en cambio Pedro'. **2** Puede también, con sentido *adversativo, expresar *diferencia o *contraste: 'Yo le escribo todas las semanas y ella, en cambio, me escribe una vez al mes. El hermano mayor es muy trabajador; el pequeño, en cambio, es un granuja'. **3** También *compensación: 'No es tan guapa como su hermana, pero es, en cambio, más simpática'.

V. «AGENTE de cambio, CAJA de cambio [y bolsa], LETRA de cambio».

cambista 1 n. Persona dedicada a cambiar *moneda. ≃ Cambiante, cambio. **2** *Banquero: persona dedicada a operaciones bancarias.*

cambiza (de «camba»; Sal.) f. AGRIC. *Madera encorvada con la que, tirando de ella una caballería, se *arrastra la mies ya trillada para amontonarla.*

cambizar (Sal.) tr. AGRIC. *Amontonar la ↘parva con la cambiza.*

cambizo (de «camba»; Sal.) m. AGRIC. *Timón del *trillo.*

cambo (de «camba»; Sal.) m. *Cuarto con varales donde se cuelgan los chorizos, morcillas, etc., para que se curen.* ⇒ *Despensa.

cambocho (de «camba»; Ál.) m. *Uno de los palos con que se juega al *calderón.*

cambón (de «camba»; Ast.) m. *Trozo de la *rueda de la *carreta que sirve de soporte a las cambas y por el que pasa el eje.* ⇒ Camón.

camboyano, -a adj. y, aplicado a personas, también n. De Camboya, estado del sudeste asiático.

cambra (del lat. «camĕra»; ant.) f. *Cámara.*

cambray m. *Tela blanca de algodón, muy fina, cuyo nombre se debe a la ciudad donde se fabricaba antiguamente.

cambrayado, -a (de «cambray») adj. *Acambrayado: hecho de modo semejante al cambray.*

cambrayón m. **Tela semejante al cambray, pero menos fina.*

cambriano, -a o **cámbrico, -a** (de «Cambria», nombre latinizado de «Cymry», en Gales) **1** adj. y n. m. GEOL. Se aplica al primer periodo de la era primaria y a sus cosas. **2** adj. y, aplicado a personas, también n. *Se aplica a los primeros habitantes del país de Gales, y a sus cosas.* ⇒ *Pueblo.

cambrillón (del fr. «cambrillon») m., gralm. pl. *Suela que ponen los zapateros entre la exterior y la plantilla, para relleno y para armar.* ⇒ *Calzado.

cambrón (del lat. «crabro, -ōnis», abejorro, por comparación del aspecto de la planta con el aguijón y las alas de este insecto) **1** (*Lycium intrincatum*) m. Arbusto solanáceo de ramas retorcidas y espinosas. ⇒ *Planta. **2** *Espino cerval (planta ramnácea).* ≃ Escambrón. **3** **Zarza (planta rosácea).* ⇒ Encambronar. **4** (pl.) **Espina santa (planta ramnácea).*

cambronera f. Nombre aplicado a varios arbustos espinosos del género del cambrón, que se utilizan para formar setos. ≃ Arto[s]. ⇒ Artina.

cambroño (de «cambrón») m. *Piorno (codeso o gayomba) de las sierras de Guadarrama, Gata y Peña de Francia.*

cambrún (Col.) m. *Cierta *tela de lana.*

cambucha (de «camba») **1** (Ast.) m. *Pina (pieza de la rueda de un carro).* **2** (Chi.) f. *Cometa pequeña.*

cambucho (de «camba») **1** (Chi., Perú) m. *Cucurucho.* **2** (Chi., Perú) *Forro de paja que se pone a las botellas para que no se rompan.* **3** (Chi.) *Papelera o cesto de la ropa sucia.* **4** (Chi.) *Habitación muy pequeña.* ≃ Cuchitril.

cambuí (de or. guaraní; Arg.) m. *Cierto árbol semejante al guayabo, de frutos rojos en racimos, llamados del mismo modo.* ⇒ *Planta.

cambuj (del ár. and. «kanbúš», del lat. «caputĭum») **1** m. *Especie de gorro que les ponían a los niños muy pequeños para mantenerles derecha la cabeza.* ≃ Gambeto, gambox, gambuj, gambujo, gambux. **2** **Careta.*

cambujo, -a (de «camba») **1** adj. y n. *Se aplica a las *caballerías de color negro rojizo.* ≃ Morcillo. **2** (Méj.) adj. *Se aplicaba antiguamente a los descendientes de *mestizos de indio y negro y hoy a cualquier persona de color oscuro.* **3** (Méj.) *Se aplica al *ave que tiene las plumas y la carne negras.*

cambullo o **cambullón** (del port. «cambulhão»; Can., Hispam.) m. *Cambalache, *chanchullo, intriga o *trampa.*

cambur (*Musa paradisiaca*) m. *Planta musácea que da frutos semejantes al plátano. ≃ Banano.

cambute 1 (*Paspalum conjugatum* y otras especies afines) m. Cierta *planta tropical gramínácea. **2** (Cuba; *Ipomoea* *quamoclit) Bejuco trepador, de la familia de las convolvuláceas, de flores rojas de forma de estrella, que se cultiva en los jardines.* ≃ Cambutera. ⊙ *Flor de esta planta.* ⊙ *Fruto de ella.* **3** (C. Rica) *Caracol grande, comestible.*

cambutera 1 (Cuba) f. *Cambute (planta convolvulácea).* **2** (C. Rica) *Caracol grande comestible de las costas del Pacífico y Caribe.*

cambuto, -a (de «camba»; Perú) adj. **Rechoncho.*

camedrio o **camedris** (del gr. «chamaídryos», genitivo de «chamaídrys», encina enana; *Teucrium chamaedrys)* m. *Planta labiada de hojas parecidas a las de la encina, y flores purpúreas que se usan como febrífugo. ≃ Carrasquilla.

camedrita f. *Vino preparado con la infusión del camedrio.*

camelador, -a adj. *Aplicable al que camela.*

camelar (de «camelo[2]») **1** (inf., impropio del lenguaje esmerado) tr. *Ganarse la simpatía o el favor de ↘alguien adulándole, halagándole, lisonjeándole o aparentando ciertas buenas cualidades que no se tienen realmente: 'Hace lo que puede por camelarse al jefe'. ≃ *Conquistar, engatusar. ⊙ (inf., impropio del lenguaje esmerado) *Enamorar o tratar de *enamorar a una ↘persona del otro sexo. **2** (Méj.) *Acechar, mirar o ver.*

camelete (de «camello») m. ARTILL. *Pieza antigua de *artillería, grande, usada para batir murallas.*

camelia (de «G. J. Kamel», botánico moravo del siglo XVII) **1** *(Camellia japonica)* f. Árbol o arbusto teáceo de jardín, de hojas coriáceas perennes y flores, llamadas del mismo modo, semejantes a rosas, pero de forma muy regular y con los pétalos redondeados y convexos. ⇒ *Planta. **2** (Cuba) **Amapola.* **3** (Chi.) **Tela de lana semejante al merino, más fina.*

cameliáceo, -a (de «camelia») adj. y n. f. BOT. *Teáceo.* ≃ Camelieo.

camélido, -a (del lat. «camēlus») adj. y n. m. ZOOL. Se aplica a los *rumiantes de la familia a que pertenece y da nombre el camello. ⊙ m. pl. ZOOL. Esa familia. ⇒ Auquénido.

camelieo, -a (de «camelia») adj. y n. f. BOT. *Teáceo.* ≃ Cameliáceo.

camelina (del b. lat. «camelīna», de «chamaemelina», adj. deriv. del lat. «chamaemelum»; *Camelina sativa)* f. *Planta crucífera oleaginosa, de flores amarillentas.

camelista (inf.) adj. y n. Se aplica a la persona que usa camelos para engañar o que es aficionada a hablar en camelo por broma.

camella (del lat. «camēlla», escudilla) **1** f. *Cada uno de los dos arcos que tiene el yugo en uno y otro extremo.* ≃ Gamella. **2** *Artesa en que se da de comer a los animales, se friega, etc.* ≃ Gamella.

camellero m. Persona que cuida o conduce camellos.

camello, -a (del lat. «camēlus», del gr. «kámēlos») **1** *(Camelus bactrianus)* n. Mamífero *rumiante camélido, alto, de cuello muy largo y con dos jorobas sobre el lomo, formadas por acumulación de grasa. ⇒ Gamello. ➤ Garañón. ➤ Caravana. **2** m. ARTILL. *Cierta pieza de *artillería antigua para balas* gruesas. **3** MAR. *Mecanismo flotante para suspender un *barco o elevarlo por uno de sus extremos.* **4** (inf.) Traficante que vende droga al por menor.

CAMELLO PARDAL. *Jirafa.*

V. «PELO de camello».

camellón[1] 1 m. **Caballón de la tierra labrada.* **2** *Camelote (*tela).*

camellón[2] (de «camella») m. **Artesa en que se da de beber a las vacas.*

camelo[1] (Cuba) m. **Malva roja y sin olor, más grande que las ordinarias.*

camelo[2] 1 (inf., impropio del lenguaje esmerado) m. *Galanteo.* **2** (inf., impropio del lenguaje esmerado) Cosa que aparenta ser algo bueno que no es en la realidad o que se hace pasar por algo bueno que no es: 'Ese específico es un camelo. Me dieron un pastel muy grande, pero era un camelo, porque estaba hueco'. ≃ Engañifa. ⊙ (inf., impropio del lenguaje esmerado) También se usa con el significado de «*broma»: cosa que se dice sin ser verdad, pero sin pretender que sea creída: 'Todo eso que está diciendo es camelo'. ⇒ En camelo. **3** (inf., impropio del lenguaje esmerado) Bulo o noticia falsa.

DAR [EL] CAMELO (inf.). *Engañar o *estafar haciendo creer que una cosa es buena o mejor de lo que es.

EN CAMELO (inf.). Con «decir, hablar», etc., hacerlo sin formalidad, por broma o burla: 'Deja de hablar en camelo y contéstame seriamente'.

camelotado, -a adj. *Se aplica al tejido hecho imitando al camelote.*

camelote (del fr. ant. «camelot», variante dialectal de «chamelot») **1** m. **Tela peluda de pelo de camello tejido con lana o de lana sola.* ≃ Camellón, chamelote, gamella. **2** *(Paspalum plicatulum)* *Planta gramínea tropical.

camelotina f. *Especie de camelote (tela).*

camelotón m. **Tela semejante al camelote.*

camembert m. QUESO camambert [o de Camembert].

camena (del lat. «camēna»; lit.) f. MIT. **Musa.*

camenal adj. MIT. *De las camenas o musas.*

camerá (Col.) f. *Especie de *conejo grande, negro y de carne gustosa.*

cámera (del lat. «camĕra»; ant.) f. *Cámara.*

cameraman (ingl.; pl. «cameramen») m. Fotógrafo periodístico u operador de una cámara cinematográfica.

camerino (del it. «camerino») m. Cada uno de los cuartos que hay en los teatros y sitios semejantes para que se vistan y arreglen los artistas. ≃ Camarín.

camero, -a 1 adj. Se aplica a la cama de tamaño intermedio entre la individual y la de matrimonio, así como a las cosas que sirven para ella: 'Colchón camero, sábana camera'. **2** n. *Persona que alquilaba camas.* **3** *Persona que hacia colgaduras u otras ropas para cama.* ⇒ *Tapiz.

camerunés, -a adj. y, aplicado a personas, también n. De Camerún, país africano.

camestres m. *Uno de los modos posibles del *silogismo, perteneciente a la segunda figura.*

camia *(Averrhoa bilimbi)* f. Árbol frutal oxalidáceo de Filipinas, que produce el fruto en el tronco en vez de en las ramas. ⇒ *Planta.

camiar (del lat. «cambiāre») **1** (ant.) tr. *Cambiar.* **2** (ant.) **Vomitar.*

camibar o **camíbar 1** (Am. C.) m. **Copayero (árbol leguminoso).* **2** (Am. C.) **Bálsamo de copaiba.*

cámica (¿del célt. «cambīca»?; Chi.) f. **Pendiente del *tejado.*

camicace (del jap. «kamikaze», viento divino) **1** m. Piloto suicida japonés de la Segunda Guerra Mundial que lanzaba su aparato contra el barco que quería destruir. ⊙ Avión usado en esta misión. ⊙ adj. y n. Se aplica a la persona que realiza un acto terrorista sabiendo que perderá la vida en él, y a sus actos. **2** (n. calif. y en comparaciones) adj. y

n. Se aplica a la persona muy temeraria: 'Un conductor camicace'.

camilla (dim. de «cama») **1** f. *Angarillas para transportar enfermos. **2** **Cama en que se estaba medio vestido; por ejemplo, para convalecientes.* **3** Mesa con una tarima entre las patas en la que hay un orificio para encajar el *brasero. ≃ Mesa camilla. ⇒ Faldas.

camillero m. Persona que transporta las camillas de enfermos o heridos, por ejemplo en la guerra.

camilo[1] (del lat. «camillus», ministro) m. *Muchacho que los romanos empleaban en el servicio del *culto.*

camilo[2] adj. y n. m. *Se aplica a los sacerdotes de cierta *congregación fundada en Roma por San Camilo de Lelis para la asistencia a los enfermos.*

camilucho, -a (Hispam.) n. *Jornalero del campo, *indio.*

caminada 1 (ant.) f. *Camino recorrido en una marcha.* ⇒ *Jornada. **2** (ant.) *Cada viaje de los hechos por una persona llevando cosas a uno o distintos sitios; por ejemplo, por un aguador.*

caminador, -a adj. *Andariego o capaz de andar mucho.*

caminante 1 n. Persona que va caminando. ≃ Viandante. **2** m. Mozo de espuela. **3** *(Certhilauda cunicularia)* *Ave chilena, muy parecida a la alondra, que tiene el pico largo, algo encorvado, y plumaje de color terroso.

caminar (de «camino») **1** intr. Ir alguien de un sitio a otro en cualquier forma: 'Caminamos durante una semana, unas veces en carros, otras en caballerías y otras a pie'. ⊙ Ir con los propios medios de locomoción: 'Los reptiles caminan arrastrándose'. ≃ *Andar, marchar. ⊙ Puede decirse 'caminamos 20 Km sin detenernos'. **2** Seguir las cosas su curso; como los astros o un río. **3** Obrar de manera que conduce al resultado que se expresa: 'Camina a su perdición'. ≃ *Ir.

caminata (del it. «camminata»; «Darse») f. Recorrido largo a pie.

caminero, -a (ant.) adj. *Caminante.*

V. «PEÓN caminero».

caminí m. *Caamini.*

camino (del celtolat. «cammīnus») **1** («Abrir, Construir, Hacer, Allanar, Desbrozar, Desembarazar, Cortar, Interceptar, Obstaculizar, Torcer, Volver, Abrirse, Emprender, Tomar, Llevar, Seguir, Tirar por, Abandonar, Apartarse, Dejar, Equivocar, Errar, Abreviar, Acortar, Alargar») m. Banda de terreno más llana y cómoda de pisar que el terreno adyacente, que se utiliza para ir de un sitio a otro. ⊙ Cualquier clase de construcción, como carretera o ferrocarril, que enlaza un lugar con otro. ⊙ (Hispam.) *Carretera.* **2** («En, Por») Sucesión de lugares por donde se pasa o se tiene que pasar para ir de cierto sitio a otro determinado: 'Me lo encontré en el camino de mi casa a la oficina'. ≃ *Itinerario, ruta, trayecto. ⊙ Línea que sigue una cosa que se mueve: 'El camino de un astro'. ≃ Curso, recorrido, ruta, trayectoria. ⊙ Acción de caminar o de ir de un sitio a otro: 'Hace cuatro veces el camino de casa al colegio'. ≃ Viaje. **3** *Medio para hacer o conseguir una cosa, salir de un apuro, etc.: 'Ése no es el camino para hacerse rico'. ⊙ *Conducta o *género de vida. ≃ Senda, ruta.

CAMINO DE CABRAS. Camino estrecho y accidentado, en terreno montañoso.

C. CUBIERTO. FORT. *Camino que rodea el foso, con una banqueta a todo lo largo, desde la cual se puede disparar por encima del glacis.* ≃ Corredor.

C. DERECHO [o DIRECTO]. **1** El que va en línea recta de un sitio a otro. **2** Procedimiento directo, legítimo o acertado para hacer algo. ≃ CAMINO recto.

C. DE HERRADURA. El apto sólo para el paso de caballerías, pero no para el de vehículos.

C. DE HIERRO. *Ferrocarril.

C. PROVINCIAL. El construido y conservado por una diputación provincial.

C. RECTO. CAMINO derecho.

C. DE RUEDAS. El adecuado para vehículos con ruedas.

C. DE SIRGA. El que bordea ríos o canales, y que servía para arrastrar las embarcaciones desde la ribera.

C. TRILLADO. Procedimiento usual y sabido de todos para cierta cosa: 'Lo más práctico es no salirse del camino trillado'. ⇒ Acostumbrar, *experimentar.

C. VECINAL. El construido y conservado por el ayuntamiento de un lugar.

ABRIR CAMINO. *Desembarazar, por ejemplo entre una multitud o en un bosque, un sitio por donde se pueda pasar.

ABRIR [EL] CAMINO. *Empezar algo: dar los primeros pasos en ello, resolviendo las dificultades iniciales.

ABRIRSE [o HACERSE] CAMINO algo. Hacerse un lugar para pasar; por ejemplo, el agua. ⊙ Puede decirse también de una opinión, una moda, etc. ⇒ *Pasar, *propagarse, *triunfar.

ABRIRSE CAMINO alguien. Encontrar un medio de vida conveniente. ≃ HACERSE camino. ⇒ *Situarse.

ATRAVESARSE EN EL CAMINO de alguien. Cruzarse en el CAMINO.

COGER EL CAMINO. Ponerse en CAMINO.

CRUZARSE EN EL CAMINO de alguien. Estorbar sus propósitos, voluntaria o involuntariamente. ≃ Atravesarse en el CAMINO.

DE CAMINO. **1** Propio para ir de viaje: 'Traje de camino'. **2** («Estar») Referido a la estancia en un sitio, solamente de paso para otro. ⊙ («Ir») Pasando por el sitio de que se trata: 'Un refugio para los que van de camino por aquellos sitios'. ⊙ («Venir») En el camino que alguien tiene que seguir para ir a otro sitio: 'Tu casa me viene de camino'. ≃ De paso. ⇒ *Pasar.

V. «no llamar DIOS por ese camino».

EN CAMINO DE. Marchando *hacia cierto resultado: 'Está en camino de arruinarse'.

HACERSE CAMINO. Abrirse CAMINO.

V. «INGENIERO de caminos».

IR CADA CUAL [o CADA UNO] POR SU CAMINO. Estar en *desacuerdo.

IR DE CAMINO. V. «de CAMINO».

IR POR BUEN [o MAL] CAMINO. Estar obrando *acertada [o desacertadamente] o estar marchando hacia un buen [o un mal] resultado. ≃ Llevar buen [o mal] CAMINO.

LLEVAR BUEN [o MAL] CAMINO una persona o una cosa. Ir por buen [o mal] CAMINO.

LLEVAR CAMINO DE. Estar *desarrollándose o actuando de manera que permite prever el resultado que se expresa: 'Esas obras llevan camino de no acabar nunca'.

PONERSE EN CAMINO. Emprender una expedición, viaje, etc.

POR ESE CAMINO. De esa *manera: 'Por ese camino no vas a ninguna parte'.

QUEDARSE A MITAD DE CAMINO. No llegar al final de algo que se hace o dice. ⇒ *Incompleto.

SALIR AL CAMINO. *Saltear. ⊙ *Salir al encuentro de alguien. ≃ Salir al PASO. ⊙ *Detener o apresar a alguien interceptando su camino.

□ CATÁLOGO

Otra raíz, «itin-»: 'itinerario'. ➤ Abra, acceso, alcorce, andada, arrastradero, arriate, atajo, azagadero, azagador, bajada, batidero, cabañal, cabañera, calada, *calle, cancha, cañada, cañón, carrera, *carretera, carruna, ceja, colada, coladero, congostra, derecera [o derechera], derrota, desvío, enderecera, estrada, ferrocarril, huella, pasil, *paso, rodeo, senda, sendero, serventía, subida, trillo, trocha, vereda, vial. ➤ Caño, galería. ➤ Batido, derecho, impracticable, recto. ➤ Cembo, cuneta, holladero, margen, *ribazo, terraplén, trinchera, veril. ➤ Cuesta, meandro, revuelta, vuelta, zigzag. ➤ Alcantarilla, apartadero, atarjea, estriberón, guardacantón, guardarruedas, guía, marmolillo, *puente, tajea, viaducto. ➤ Albardilla, bache, *rodera. ➤ Ortodromia. ➤ Trayecto. ➤ Vialidad. ➤ Abrir, asenderear, senderear. ➤ Cuartear. ➤ Gastador, machetero. ➤ Bifurcación, bivio, confluencia, *cruce, cruzada, cuadrivio, derivación, despartidero, *encrucijada, horqueta. ➤ Aba, acto, braza, cordel, cuadra, cuerda, echada, estadal, estadio, hexápeda, hora, legua, milla, parasanga, pértica, pical, quilómetro, soga, toesa, topo, versta, yarda. ➤ A CAMPO traviesa. ➤ *Andar. *Carretera. *Viajar.

camio (ant.) m. *Cambio.*

camión (del fr. «camion») **1** m. Automóvil grande para el *transporte de mercancías. **2** (Méj.) **Autobús.*

C. CISTERNA. El que lleva un deposito especial para el transporte de líquidos (agua, carburantes, etc.). ⇒ CAMIÓN estanque, CAMIÓN [de] tanque, CARRO tanque, cisterna, pipa, tanquero.

C. DE CONCRETO (Chi., Guat., Perú). **Hormigonera.*

C. ESTANQUE (Chi.). *CAMIÓN cisterna.*

C. [DE] TANQUE (Méj., Pan., Par., Perú, P. Rico, Ur.). *CAMIÓN cisterna.*

C. DE TUMBA (Chi., Ven.). **Volquete.*

C. VOLCADOR (Arg., Cuba, Ur.). **Volquete.*

C. DE VOLTEO (Arg., Cuba, Méj., R. Dom., Salv., Ven.). **Volquete.*

ESTAR COMO UN CAMIÓN (inf.). Ser muy atractiva físicamente una persona. ≃ Estar como un TREN.

camionada f. Mercancía transportada de una vez en un camión.

camionaje m. Transporte mediante camiones. ⊙ Precio del transporte en camión.

camioncito (dim. de «camión»; P. Rico) m. **Furgoneta.*

camionero, -a n. Persona cuyo oficio es conducir camiones.

camioneta (del fr. «camionette», dim. de «camion») **1** f. Camión pequeño. **2** (pop.) Autobús que presta servicios en barrios periféricos de algunas grandes ciudades. **3** (Antill., Chi., C. Rica, Méj., Perú, Ur., Ven.) **Furgoneta.*

camionetita (dim. de «camioneta»; R. Dom.) f. **Furgoneta.*

camisa (del b. lat. «camisĭa») **1** f. Prenda de *vestir abrochada delante, para cubrir la parte superior del cuerpo, que puede llevarse debajo de la chaqueta o el jersey, o como prenda exterior, por ejemplo en verano. ⊙ Considerada como la última prenda de que uno puede desprenderse, se usa en muchas frases figuradas en que el perderla o haberla perdido es considerado como el extremo de pobreza: 'Quedarse en camisa. Perder la camisa. Vender hasta la camisa'. **2** (ant.) *Alba del *sacerdote.* **3** Cualquier revestimiento en forma de capa o película que recubre el interior o el exterior de una cosa. ⊙ Cualquier membrana natural diferenciada que reviste un órgano vegetal; por ejemplo, un fruto. ⊙ Revestimiento interior de una máquina o una pieza mecánica. ⊙ Revestimiento interior de un *horno. ⊙ Capa de cal con que se enluce o se blanquea una pared. ⊙ Capa de harina, pan rallado, etc., con que se recubre una vianda. **4** *Red de algún metal raro, con que se recubren los *mecheros de gas, que, poniéndose incandescente, aumenta la potencia luminosa.* **5** AGRÁF. Tela que se pone encima del muletón o pañete en el rodillo de imprimir. **6** Carpeta o pliego de papel doblado con que se cubre un *documento o expediente, con la expresión del contenido. ⊙ AGRÁF. Funda de papel que se pone suelta sobre la encuadernación de los *libros, generalmente con dibujos o títulos más llamativos que los de la cubierta ≃ Sobrecubierta. **7** (Chi.) *Entre los empapeladores de habitaciones, papel más basto que se pone debajo del que ha de quedar a la vista.* **8** *Parte de la muralla, hacia el campo, que solía revestirse de piedras de colores claros.* **9** Piel abandonada por un *reptil. **10** (ant.) *Fichas, piedrecillas, etc., que toma cada jugador al empezar el *juego, para darlas unos a otros al perder o ganar.* ≃ Dote. **11** *Menstruación.* **12** *Suerte del juego de la *rentilla que consiste en salir en blanco los seis dados.*

CAMISA AZUL. La de ese color, que forma parte del uniforme de los falangistas. ⊙ Por extensión, miembro de ese partido.

C. DE DORMIR. La que tiene este uso. ⇒ Camisón.

C. DE FUERZA. Prenda fuerte, semejante a una camisa cerrada por detrás, que se les pone a los locos cuando es preciso inmovilizarlos.

C. NEGRA. La que formaba parte del uniforme de los fascistas italianos. ⊙ Por extensión, miembro de ese partido.

C. PARDA. La que formaba parte del uniforme de los nazis alemanes. ⊙ Por extensión, miembro de ese partido.

C. VIEJA. Falangista que lo era ya antes de la Guerra Civil Española.

CAMBIAR [O MUDAR] DE CAMISA. Cambiar de ideas o de partido. ⇒ *Acomodaticio, *versátil.

DEJAR a alguien SIN [O EN] CAMISA. *Arruinarle.

V. «en MANGAS de camisa».

METERSE EN CAMISA DE ONCE VARAS. *Inmiscuirse alguien en lo que no le corresponde, particularmente cuando va a traerle más contratiempos que beneficios.

NO LLEGARLE a alguien LA CAMISA AL CUERPO. Estar con mucho *miedo por algo que puede ocurrir.

QUEDARSE SIN [O EN] CAMISA. *Arruinarse o quedarse muy *pobre.

□ CATÁLOGO

Caracol, cástula, cerristopa, cusma, sayuela, tipoy, túnica, tunicela. ➤ Centro. ➤ Árbol, asiento, cabezo, cabezón, canesú, chorrera, contramangas, cuadradillo, cuello, encosadura, escote, faldón, follado, guirindola, hombrillo, lacayo, lechuguilla, pañal, pechera, puño, rodo, tensor, tirilla, vistas, vuelta. ➤ Palomino. ➤ Encapillarse. ➤ Pañalón. ➤ *Blusa. *Camiseta. Chambra. Jubón. ➤ Opal. ➤ Descamisado, descamisar, encamisado, encamisar. ➤ *ROPA interior. *Vestir.

camisería m. Establecimiento donde se venden o hacen camisas. ⊙ Actividad industrial de confeccionar camisas.

camisero, -a **1** adj. De [las] camisas. **2** n. Persona que confecciona camisas.

V. «BLUSA camisera».

camiseta f. Prenda de punto, de hombre o mujer, con o sin mangas, que se lleva pegada al cuerpo. Algunos tipos se usan como ropa interior y otros, como prenda exterior. ⇒ Capisayo, cotona, elástica, franela, maillot, niqui, playera, polera, pulóver, remera. ➤ *ROPA interior.

SUDAR LA CAMISETA (inf.). Trabajar duro; particularmente, esforzarse un deportista.

camisola (del it. «camisola») **1** f. Prenda interior de hombre o de mujer, consistente generalmente en un cuerpo sin mangas, que sirve de soporte al cuello y la pechera, a veces adornados de encajes, bordados, etc., que quedan a la vista. ⇒ *Vestir. **2** Camisa amplia, generalmente con cuello camisero. **3** (inf.) Camiseta deportiva, particularmente la de un jugador de fútbol, que es distintiva del club a que pertenece.

camisolín (dim. de «camisola») m. Camisola (prenda interior). ⊙ Camisola reducida al cuello y la pechera que se ven.

camisón (aum. de «camisa») **1** m. *Especie de camisa larga que usaban los hombres para dormir.* ⊙ Prenda de longitud variable que usan las mujeres para el mismo fin. ⇒ Caracol. **2** (Antill., C. Rica) *Camisa de mujer.* **3** (Col., Chi., Ven.) *Vestido de mujer, excepto cuando es de seda negra.*

camisote (de «camisa») m. **Cota de mallas con mangas que llegaban hasta las manos.*

camita adj. y n. Descendiente de Cam. ⇒ *Biblia.

camoatí (de or. guaraní) **1** (Arg., Bol., Ur.; *Polybia scutellaris*) m. *Cierta especie de *avispa.* **2** (Arg., Bol., Ur.) *Panal fabricado por esta clase de avispas.*

camocán (del persa «kamḫā», brocado, a través del fr. o cat. y ár.) m. *Cierto *brocado usado en Oriente y en España, en la Edad Media.*

camochar (Hond.) tr. **Desmochar ↘árboles o plantas.*

camomila (del b. lat. «camomilla») f. *Manzanilla (planta compuesta).

camón[1] (aum. de «cama[1]») **1** m. *Cierre de cristales con que se rodeaban a veces las *camas en los palacios.* **2** *Trono portátil que se colocaba junto al presbiterio cuando asistían los *reyes a la real capilla.* **3** **Balcón cerrado por cristales.* ≃ Mirador.

camón[2] (aum. de «cama[2]») **1** m. **Pina de rueda de carro o carreta.* ≃ Cama, cambón. **2** *Cada una de las dos piezas curvas que forman los anillos o cercos de las *ruedas hidráulicas.* **3** Arq. *Armazón de cañas o listones con que se forman las *bóvedas llamadas encamonadas o fingidas.*

camonadura f. *Conjunto de los camones con que se forran las pinas de las ruedas de carreta.*

camoncillo (de «camón[2]») m. **Taburete de los que se colocaban en los estrados.*

camorra **1** («Armar»; inf.) f. *Discusión violenta y ruidosa o riña. **2** (Ar.) *Panecillo con un trozo de longaniza dentro.* ⇒ *Bocadillo.

Buscar camorra. *Provocar a una persona con ganas de enfurecerla o de reñir con ella.

camorrear (And., Arg., Ur.) intr. *Armar camorra.*

camorrero, -a adj. y n. *Camorrista.*

camorrista adj. y n. Se aplica al que arma camorras con facilidad. ≃ Pendenciero.

camota (del cat. «cabota», cabezota) **1** (Burg.; hum.) f. **Cabeza.* ⊙ (Burg.) *Cabeza de clavo o alfiler.* **2** (Mur.) n. *Persona de cabeza grande.* **3** (Mur.) *Persona *torpe o tozuda.*

camote (del nahua «camotli») **1** (Hispam.) m. **Bulbo.* **2** (Hispam.) *Batata o *boniato.* **3** (Hispam.) *Bobo.* **4** (Hispam.) *Verdugón o *cardenal.* **5** (Hispam.) *Enamoramiento.* **6** (Hispam.) **Amante.* **7** (Hispam.) **Mentira o *engaño.* **8** (Hispam.) **Granuja.*

Tomar camote (Hispam.). **Enamorarse o encariñarse.*

Tragar camote (Méj.; inf.). **Hablar sin claridad, voluntariamente o por incapacidad.*

camotear (Méj.) intr. **Vagar sin encontrar lo que se busca.*

camotillo (dim. de «camote») **1** (Perú) m. *Dulce de batata machacada.* **2** (Méj.) *Cierta *madera de color violado con vetas negras.* **3** (Am. C.) **Cúrcuma (planta zingiberácea).* **4** (C. Rica) **Yuquilla* (planta acantácea).

camp (ingl.) adj. Se aplica al estilo, manifestación artística, etc., propios de una época pasada, especialmente de los años treinta y cuarenta.

campa (de «campo») adj. V. «tierra campa».

cámpago o **campago** (del lat. «campăgus») m. *Cierto *calzado usado por los antiguos *romanos y los *bizantinos.*

campal **1** (ant.) adj. *De [o del] campo.* **2** V. «batalla campal».

campamento **1** m. *Acción de acampar.* ≃ *Acampamento, acampamiento.* **2** Conjunto de gente instalada en el campo, junto con las tiendas, barracas, etc., en que se *albergan y las demás instalaciones. ⊙ Particularmente, instalación semejante de un ejército en campaña. ⇒ Almofalla, blocao, camuatí, posada, quintana, rancho, toldería, vivac, vivaque. ➤ Acampada, camping. ➤ Saco de dormir. ➤ Acampar, campar, marcar el campo, asentar el campo, asentar los reales. ➤ Levantar el campo, decampar, alzar los reales, batir tiendas. ➤ Real[es]. ➤ Tálea. ➤ Castrametación. ➤ *Tienda. **3** Mil. Periodo del servicio militar en que los reclutas reciben la primera instrucción: 'Hice el campamento en Cádiz y luego me destinaron a Melilla'.

campana (del lat. «campāna», de «Campania», región italiana de donde procedía el mejor bronce) **1** f. Instrumento sonoro constituido por una pieza hueca, en general de bronce, de forma aproximadamente troncocónica, dentro de la cual cuelga un macillo que la golpea al cambiarla de posición. ⊙ Su *forma es característica y se emplea para designar o para describir muchos objetos que la tienen semejante; por ejemplo, flores. ⊙ Aparato sonoro del reloj, que da las horas. **2** Boca ensanchada de la *chimenea, encima del hogar. ⇒ Alcabor. **3** Objeto de vidrio de forma semejante a una campana que se coloca encima de algunas cosas para *protegerlas; por ejemplo, encima del queso u otra comida, o de un objeto decorativo. ⇒ Recipiente. ➤ *Fanal. **4** Campana de buzo. **5** *Iglesia o *parroquia.* ⊙ (ant.) *Territorio correspondiente a ellas.* **6** *Campana de tocar a *queda.* **7** *Juego que consiste en ponerse dos personas espalda contra espalda y enlazadas por los brazos e inclinarse alternativamente, levantando el que se inclina al otro.

Campana batallada. Heráld. *Campana con lenguas de distinto esmalte.*

C. de buzo [o de inmersión]. Aparato consistente en una caja de forma acampanada dentro de la cual se sumergían los *buzos, hasta la adopción de la escafandra, respirando el aire contenido en ella o renovándolo por medio de tubos.

C. extractora. Aparato que sirve para extraer el humo de las cocinas y otros lugares, formado por un cuerpo colocado horizontalmente sobre la fuente de los humos, que está conectado a un tubo de salida de gases.

C. neumática. Recipiente de la «*máquina neumática» en cuyo interior se hace el vacío. ≃ Recipiente. ⊙ Máquina neumática.

Doblar la campanas. Tocar a muerto.

Echar las campanas al [o menos frec., a] vuelo. **1** *Voltearlas todas a la vez dejando los badajos sueltos. **2** Dar mucha *publicidad a una noticia. **3** *Alegrarse mucho por alguna cosa o dar muestras de alegría por algo. Se usa generalmente en frases que expresan que esta alegría no está justificada todavía: 'Antes de echar las campanas al vuelo, espera a que te den el resultado del examen'.

OÍR CAMPANAS Y NO SABER DÓNDE (inf.). Tergiversar una información por tener una noticia vaga del asunto o suceso de que se trata o por desconocer lo fundamental de ellos. ⇒ *Desorientar.

REPICAR LAS CAMPANAS. Echar las CAMPANAS al vuelo.

V. «SALTO de campana, A TOQUE de campana, VUELTA de campana».

□ CATÁLOGO

Bronce, metal. ➤ Aljaraz, arrancadera, batintín, campanilla, campanillo, cañón, cencerra, cencerrillas, *cencerro, changarra, cimbalillo, címbalo, cimbanillo, esquila, esquilón, segundilla, truco, zumba. ➤ Alambre, carillón, sonería. ➤ Badajo, cabeza, cigüeña, espiga, lengua, mazo. ➤ Canaula, castigadera, espárrago, torniquete, yugo. ➤ Bozal. ➤ Campanillear, cencerrear, clamorear, doblar, encordar, tocar a FUEGO, repicar, repiquetear, sonar, tañer, tintinar, tintinear, tocar, voltear. ➤ Agonía, alba, ángelus, ánimas, apelde, campanada, campaneo, campanilleo, clamor, doble, muerto, oración, plegaria, posa, queda, rebato, repique, repiquete, repiqueteo, tintineo, *toque. ➤ Badajada, retintín, TALÁN talán, TAN tan, TILÍN tilín. ➤ Descamisar, enyugar, fundir. ➤ A pino. ➤ Campanario, campanil, clochel, espadaña, torre. ➤ Caloto. ➤ Acampanado, campanólogo, encampanado. ➤ Cascabel. *Gong.

campanada 1 («Dar, Tocar») f. Cada toque de una campana: 'El reloj ha dado cinco campanadas'. 2 («Dar la») Acción inesperada de alguien, que provoca *escándalo o sorpresa, o muchos comentarios, en el medio social en que vive, por ser impropia de su categoría, posición o respetabilidad.

campanario 1 m. *Torre pequeña o espadaña donde están colocadas las campanas de una iglesia. 2 *Una de las dos partes principales que forman el telar de mano.* 3 (Sal.) *Flor de la piña.*

DE CAMPANARIO. Se aplica al hecho, propósito, mentalidad, etc., mezquinos.

campanear 1 intr. Tocar las campanas con insistencia. 2 *Propalar una noticia.* 3 intr. y prnl. *Balancearse, oscilar.*

campanela (del it. «campanella», campanilla) 1 f. Paso de danza que consiste en dar un salto mientras se describe un círculo con uno de los pies. 2 *Sonido que se toca en la *guitarra en vacío, en medio de un acorde hecho a bastante distancia del puente.*

campaneo 1 m. Toque de campanas. 2 Contoneo.

campanero 1 m. El que hace campanas o las tañe. 2 (*Procnias alba*) *Pájaro de Venezuela cuyo canto se asemeja al sonido de una campana. 3 *Mantis religiosa (insecto dictióptero).*

campaniforme adj. *En forma de campana.*

V. «VASO campaniforme».

campanil (de «campana») 1 m. Campanario. 2 (Ál.) *Término *municipal.* 3 (Ar.) *Cierta clase de *piedra de sillería.*

campanilla (dim. de «campana») 1 f. Campana pequeña; por ejemplo, la que se toca agitándola con la mano en algunos momentos de la *misa, o la que hay en las puertas para *llamar. ⇒ *Campana. 2 Adorno, por ejemplo de *pasamanería, de forma de pequeña campana. 3 Lóbulo carnoso que cuelga de la parte posterior del paladar, a la entrada de la *garganta. ≃ Úvula. 4 Flor de forma de campana; por ejemplo, la de la correhüela. 5 (*Convolvulus arvensis, Convolvulus tricolor* y otras especies) Nombre de diversas *plantas, en especial convolvuláceas, cuyas flores tienen forma de pequeñas campanas. 6 **Burbuja.* 7 AGRÁF. *Letra mal encajada que, por ello, cae haciendo ruido sobre la platina.*

DE [MUCHAS] CAMPANILLAS. Aplicado a personas, muy importante o muy sobresaliente en su clase: 'Un torero de campanillas. Un personaje de muchas campanillas'.

V. «TORO de campanilla».

campanillazo m. Toque enérgico con una campanilla.

campanillear intr. Sonar campanillas. ⊙ Tocarlas.

campanilleo m. Acción de campanillear. ⊙ Sonido de campanillas. ⇒ Tintineo.

campanillo (Ál.) m. *Campana de cobre o bronce que llevan los animales como *cencerro.*

campano (de «campana») 1 m. **Cencerro o esquila.* 2 (Col.) *Samán (árbol leguminoso).*

campanología m. Arte del campanólogo.

campanólogo, -a n. Persona que toca piezas musicales haciendo sonar campanas o vasos de cristal de diferentes tamaños.

campante (de «campar»; «Estar tan, Quedarse tan») adj. Ostensiblemente despreocupado o *satisfecho, habiendo motivos para otra cosa: 'Le dicen que falta dinero de la caja que él guarda y se queda tan campante'. ≃ *Tranquilo. ⊙ *Satisfecho de sí mismo: 'Va tan campante con su abrigo nuevo'. ≃ *Ufano.

campanudo, -a (inf.) adj. Aplicado a las palabras, al lenguaje o a quien los usa, *ampuloso o *grandilocuente; afectadamente solemne.

campánula (culto o en botánica) f. Campanilla.

campanuláceo, -a (de «Campanula», nombre de un género de plantas, y «-áceo») adj. y n. f. BOT. *Se aplica a las *plantas herbáceas, raramente arbustos, de la misma familia que el farolillo, que tienen las flores con los pétalos soldados, de color azul, amarillo o purpúreo, muy populares en jardinería.* ⊙ f. pl. BOT. *Familia que forman.*

campaña (del sup. lat. «campanĕa», de «campus», campo) 1 f. **Campo no montañoso.* ≃ Campiña. ⊙ (Hispam.) *Campo, en general.* 2 *Actividad en que hay lucha o esfuerzo, en favor o en contra de una cosa: 'La campaña antituberculosa. Una campaña periodística'. ⊙ Particularmente, periodo de actividad bélica no interrumpida o correspondiente a cierta época: 'La campaña de 1941'. ⊙ También, de actividad política o comercial: 'La campaña electoral. La campaña azucarera de este año'. 3 MAR. *Periodo de operaciones o servicio de un buque o de una escuadra, desde que sale de puerto hasta que vuelve a él.* 4 HERÁLD. *Pieza de honor, en forma de faja, que ocupa la parte inferior del escudo en toda su anchura y hasta la mitad de su altura.*

V. «CAMA de Campaña, TIENDA de campaña».

campañista (Chi.) m. **Pastor que cuida el ganado en el campo de una finca.*

campañol m. Nombre aplicado a varios mamíferos roedores de la familia de los múridos. ⇒ *Ratón.

campar (de «campo») 1 (ant.) intr. *Acampar.* 2 **Distinguirse o *sobresalir una persona o una cosa entre otras.*

V. «campar por sus RESPETOS».

camparín (Ál.) m. *Rellano de escalera.* ≃ Camarín, cambarín.

campeada (de «campear») 1 (ant.) f. MIL. *Salida súbita de soldados a realizar una *correría contra el enemigo.* 2 (Chi.) *Acción de campear (salir al campo en busca de alguien).*

campeado m. *Trabajo hecho sobre la superficie de un material, especialmente de un metal, quitando parte de él, por ejemplo para *incrustar otro o rellenar las cavidades* *con *esmalte; o, también, en una plancha de *grabar, para hacer los blancos.* ≃ Champlevé.

campeador (de «campear») adj. Se aplicaba al que guerreaba o se distinguía en la *guerra. Por antonomasia, se aplica al Cid.

campear (de «campo») **1** intr. MIL. *Reconocer el campo en la *guerra.* **2** MIL. *Sacar al ejército a combatir en campo raso.* **3** MIL. *Estar en campaña: guerrear.* **4** (Arg., Chi.) *Salir a recorrer el campo en busca de alguien o algo.* ⇒ *Batida. **5** *Salir a *pastar al campo los animales domésticos o silvestres.* **6** *Empezar a verdear las sementeras.* **7** *Aparecer o estar visible una cosa en algún sitio: 'En lo alto campea la bandera española. En su escudo campean cuatro rosas'. **8** (ant.) tr. **Tremolar ↘banderas o estandartes.*

campechana 1 f. MAR. *Enrejado de tablillas que llevan algunas embarcaciones menores en la parte exterior de la popa.* **2** (Cuba, Méj.) *Cierta bebida compuesta de varios licores mezclados.* **3** (Ven.) **Hamaca.* **4** (Ven.) *Prostituta.*

campechanamente adv. Con campechanía.

campechanía f. Cualidad de campechano. ⊙ Actitud campechana.

campechano, -a 1 adj. y, aplicado a personas, también n. *De Campeche, estado mejicano.* **2** adj. Se dice del que trata a todo el mundo sin *ceremonia y sin tener en cuenta las diferencias de categoría o de posición social, con llaneza y buen humor, y de su carácter, modo de obrar, etc. ⇒ Campechanote, comunero, confianzudo. ➤ Campechanía, confianzas, familiaridades, *libertades, dar PIE. ➤ *Llano. **3** **Generoso.* ≃ Dadivoso.

campechanote adj. Aum. de «campechano». Puede lo mismo tener tono aprobatorio que lo contrario, implicando exceso o afectación: 'Es un hombre de esos campechanotes que dan palmadas en la espalda a todo el mundo'.

campeche (de «Campeche», estado mejicano) m. V. «PALO campeche [o de Campeche].

campecico, campecillo o **campecito** m. *Dim. de «campo».*

campejar (ant.) intr. *Campear.*

campeo (de «campear»; Sal.) m. *Sitio donde puede esparcirse el ganado.*

campeón, -a (del it. «campione», del germ. «kamp», campo de batalla, y éste del lat. «campus», nombre con que se designaba el Campo de Marte, donde se adiestraba a los soldados germanos del ejército romano) **1** m. **Héroe guerrero.* **2** El que tomaba parte en los *desafíos y *torneos antiguos. **3** n. *Vencedor en una lucha o en una competición deportiva. ⇒ Finalista, olímpico. **4** Defensor o sostenedor esforzado de una causa o doctrina. ≃ Paladín.

campeonato («Ganar; de») m. Competición deportiva en que se disputa el título de campeón. ⇒ CUARTOS de final, final, OCTAVOS de final, semifinal.

DE CAMPEONATO (inf.). Muy grande o muy fuerte: 'Tenía un constipado de campeonato'.

cámper (del ingl. «camper»; Chi.) f. **Caravana (vehículo).*

camperear (Ur.) tr. *Buscar algo o a alguien en el campo.* ≃ Campear.

camperero, -a (de «campero»; Sal.) n. *Persona que cuida los *cerdos en la montanera.*

campería (de «campero»; Sal.) f. *Temporada que pasan los cerdos en montanera.*

campero, -a (del lat. «camparíus», del campo) **1** adj. *Se aplica a lo que está en pleno aire libre, sin ningún resguardo.* ⊙ Se dice de lo que se hace en el campo o es propio del campo: 'Fiesta [o bota] campera'. ⊙ *Se aplica al *ganado que duerme en el campo y no se recoge a lugar cubierto.* **2** (Hispam.) *Se aplica a los *animales adiestrados en el paso de montes, ríos, etc.* **3** (Méj.) *Se aplica a cierto *paso del caballo, especie de trote suave.* **4** (And., Arg., Par., Ur.) *Se aplica a la persona muy entendida en cosas del campo y en las actividades propias de él.* **5** AGRIC. *Se aplica a las *plantas que se extienden horizontalmente, por el suelo o en el aire.* **6** (Sal.) m. **Cerdo en montanera o campería.* **7** *En algunas *órdenes, religioso que cuida las haciendas del campo.* **8** (Col.) *Vehículo con cuatro ruedas motrices, que permite el desplazamiento por cualquier terreno.* ≃ Jeep. **9** (ant.) adj. *Se aplicaba al *guarda que recorría y vigilaba el campo.* **10** (gralm. pl.) f. Bota campera. **11** (Arg., Bol., Par., Ur.) **Cazadora (prenda de vestir).*

campés, -a (de «campo»; ant.) adj. **Silvestre o campestre.*

campesino, -a 1 adj. Propio del campo: 'La vida campesina'. **2** n. Persona que vive en el campo o en una población rural, dedicada a los trabajos del campo. ≃ Labrador, labriego, rústico. ⇒ Babazorro, barbaján, baturro, campirano, capipardo, cateto, chagra, charro, churro, destripaterrones, forano, guajiro, guanaco, guaso, isidro, jaro, jarocho, jíbaro, *labrador, labrantín, labriego, lugareño, machín, matiego, meleno, montubio, mujik, paisano, *paleto, palurdo, páparo, payés, payo, pegujalero, poblano, pueblerino, rahalí, *rústico, zarrio. ➤ Paisanada. ➤ *Campo.

campestre (del lat. «campestris») **1** adj. De [o del] campo: 'Una excursión campestre'. **2** m. *Cierta danza antigua de Méjico.*

campichuelo (Arg.) m. *Campo pequeño cubierto de hierba.*

campiello (ant.) m. *Dim. de «campo».*

campilán m. **Sable recto y ensanchado hacia la punta, con puño de madera.*

campillo (dim. de «campo») V. «el SASTRE Campillo [o del campillo]».

campilógrafo m. *Cierto utensilio para trazar líneas *curvas.*

camping (ingl.) **1** m. Actividad de acampar al aire libre. **2** Lugar equipado con instalaciones adecuadas para realizar esta actividad.

CAMPING GAS. Utensilio portátil que consta de una bombona pequeña de gas ajustada a un quemador; suele usarse en las acampadas al aire libre.

campiña (del sup. rom. y ár. and. «kanpínya», del lat. «campanĭa») f. Extensión de la superficie terrestre no ocupada por una población. ≃ Campo. ⊙ Particularmente, cuando es sin montañas. ⊙ Generalmente se emplea para referirse al campo como espectáculo bello: 'La campiña riente al amanecer'. ≃ Paisaje. ⊙ O como terreno cultivado: 'La campiña presenta un aspecto inmejorable'.

campiñés, -a adj. y, aplicado a personas, también n. *De Villacarrillo, población de Jaén.*

campión (del it. «campione»; ant.) m. *Campeón.*

campirano, -a (de «campero») **1** (C. Rica) adj. y n. **Rústico o patán.* **2** (Méj.) adj. y n. m. **Campesino.* **3** (Méj.) adj. y n. *Se aplica al hombre entendido en las faenas del campo.* **4** (Méj.) *Diestro en el manejo del *caballo o en *domar caballos u otros animales.*

campista 1 (Hond.) m. *Persona que tiene a su cargo recorrer los bosques o sabanas para inspeccionar los *ganados.* **2** (Hispam.) MINER. *Arrendatario o partidario de *minas.* **3** n. Persona que practica el camping.

campizal m. *Terreno cubierto a trechos de césped.*

campo[1] (del lat. «campus», llanura) **1** (unitario y partitivo) m. Parte de la superficie terrestre no ocupada por casas: 'Desde mi ventana se ve un trozo de campo. Iba asomado a la ventanilla del tren para ver el campo'. ⊙ Parte de esa superficie en que se desarrolla la agricultura: 'Los obreros del campo'. ⊙ En ese concepto se incluyen también a veces los pueblos agrícolas: 'La gente emigra del campo a la ciudad'. ⊙ Esa superficie con las plantas cultivadas en ella: 'El campo está magnífico después de las últimas lluvias'. ⊙ Se emplea también en contraposición a *montaña y a *monte o terreno inculto. ⊙ Trozo de tierra cultivable: 'Tiene un campo contiguo a otro mío'. **2** Término o terreno perteneciente a cierta población. ⇒ *Municipio. **3** *Terreno allanado y limitado, destinado a cierto uso: 'Campo de deportes [de tenis o de fútbol]'. ⊙ Sitio en que se desarrolla una lucha: 'Campo de batalla [o del honor]'. ⇒ Arena, liza, palenque, *palestra. ⊙ Sitio en que se desarrolla cierta actividad: 'En el campo de sus hazañas'. **4** Comarca ocupada por cada uno de los ejércitos beligerantes en tiempo de *guerra: 'Se oían los toques de corneta del campo enemigo'. **5** El *ejército mismo: 'Traía un mensaje del campo carlista'. **6** Partido o *sector político: 'Procede del campo conservador'. **7** Conjunto de todo lo que está comprendido en cierta actividad: 'El campo de la medicina'. ⊙ Conjunto de todo aquello a que alcanza la autoridad, competencia o jurisdicción de alguien: 'De esto no entiendo porque no es mi campo'. ⇒ Ámbito, esfera, órbita, terreno. **8** **Fondo de una tela o papel con dibujos, o de un cuadro, grabado, etc.* **9** HERÁLD. Superficie total inferior del escudo. **10** Espacio o distancia que abarca una acción o fenómeno: 'Campo visual'. ⊙ FÍS. Región del espacio en que se ejerce una acción eléctrica o magnética, o en que actúa la fuerza de la *gravedad. ⊙ Generalmente se usa por «intensidad del campo». **11** INFORM. Cada una de las áreas en que se divide el registro de una base de datos, para alojar los datos de una misma clase.

CAMPO ABONADO. Situación en que se dan unas condiciones favorables para que se produzca algo: 'La falta de higiene es un campo abonado para las enfermedades'. ≃ TERRENO abonado.

C. DE AGRAMANTE. Lugar en que hay muchas *riñas o disputas.

C. DE BATALLA. Sitio en que se desarrolla.

C. DE CONCENTRACIÓN. Terreno cercado donde se tiene recluidas a ciertas personas, como *castigo o para tenerlas vigiladas; por ejemplo, en la guerra, o por motivos políticos.

C. DE CULTIVO. Trozo de campo dedicado a la agricultura. ≃ Campo.

C. DEL HONOR. Sitio donde se celebra un *duelo; se usa solamente para significar el duelo mismo: 'Eso se ventila en el campo del honor'.

C. MAGNÉTICO. FÍS. Región del espacio sobre la que actúa una masa magnética.

C. RASO. Campo llano, sin árboles ni casas. ⇒ A CAMPO raso.

C. DE REFUGIADOS. Terreno destinado a albergar a un gran número de personas que huyen de su país por motivos políticos.

C. SANTO. *Cementerio. ≃ Camposanto.

C. SEMÁNTICO. LING. *Conjunto de vocablos que se refieren a una misma realidad o idea. Los nombres que designan ciencias, artes, oficios, deportes, vicios, virtudes, enfermedades, etc., constituyen otros tantos campos semánticos.*

C. DE TIRO. **1** Lugar donde los soldados se ejercitan en el manejo de las armas de fuego. **2** Terreno que se halla expuesto o al alcance de una o más armas de fuego.

C. DE TRABAJO. Lugar al que se acude para realizar un trabajo por motivos altruistas, para aprender una actividad, ocupar el ocio, etc., y no como medio de ganarse la vida.

C. VISUAL. Extensión abarcada por la vista en una cierta posición del ojo. ⇒ *Ver.

CAMPOS ELÍSEOS. MIT. Nombre dado por los antiguos al lugar delicioso a donde suponían que iban las almas después de la muerte. ⇒ *Cielo.

A CAMPO RASO. Con «dormir, vivir» o verbo equivalente, en el campo, sin resguardarse en ningún albergue: 'He dormido muchas noches a campo raso'. ≃ A la *intemperie.

A CAMPO TRAVIESA. Cruzando el campo, sin seguir un *camino.

ABANDONAR EL CAMPO. Retirarse del campo de batalla un ejército beligerante. ≃ LEVANTAR el campo. ⊙ Abandonar cualquier clase de lucha, una discusión, un empeño, etc. ⇒ *Ceder, *desistir.

ASENTAR EL CAMPO. MIL. Instalar el campamento un ejército.

V. «CASA de campo».

DEJAR EL CAMPO LIBRE a alguien. *Retirarse de una empresa, con lo que se beneficia a algún competidor.

DEL CAMPO. Aplicado a «hombre, mujer», etc., *campesino.

V. «DÍA de campo».

EN CAMPO ABIERTO [O EN CAMPO LIBRE]. Aplicado particularmente a la práctica de deportes, no en un recinto, por ejemplo un velódromo, sino en el campo.

HACER CAMPO. *Desembarazar de personas o cosas un espacio para que se pueda hacer en él cierta cosa.

V. «JUEZ de campo».

LEVANTAR EL CAMPO. **1** MIL. Levantar el campamento un ejército. **2** MIL. Abandonar el CAMPO.

V. «MAESTRE de campo».

MARCAR EL CAMPO. *Señalar con estacas o de otro modo el emplazamiento de un *campamento militar.*

V. «MARISCAL de campo, MOZO de campo y plaza, PARTIDA de campo».

PARTIR EL CAMPO. *Partir el SOL en un *desafío.*

V. «poner PUERTAS al campo».

QUEDAR EN EL CAMPO. *Morir en el campo de batalla o en un desafío.

V. «RATA de campo, TRABAJO de campo».

VIVIR SOBRE EL CAMPO. MIL. Referido particularmente a un ejército, *mantenerse con lo que hay en el terreno ocupado, sin llevar abastecimientos.

□ CATÁLOGO

Otras raíces, «agr-, rur-[o rus-]»: 'agrario, agreste, *agricultura, agrología; rural; *rústico', etc. ➤ Agro, aire libre, campaña, campiña, descampado, despoblado, naturaleza, *paisaje, suelo, *superficie, *terreno, terrones, terruño, terruzo, *tierra. ➤ Bucólico, terreño. ➤ Acampo, albar, albardón, albero, alfaba, almagral, almajara, añada, añojal, arada, aradura, aramio, arijo, artica, artiga, balate, *barbecho, bermejal, blanquizal, bosque, calmil, campecico, campichuelo, campiello, campizal, cantero, cecesmil, cenero, cercado, conuco, corro, *cortinal, cortiña, cosera, coto, COTO redondo, cuartel, cuartón, curvo, *dehesa, donadío, ejido, encerramiento, entrepanes, era, ería, *erial, escalio, explanada, fajina, gleba, hato, haza, herrenal, HIERBAS viejas, hoja, hondonada, huebra, huerta, *huerto, *jardín, labrada, lagar, llosa, longuera, majadal, mangada, mata, mies, milpa, *monte, mozada, paradina, parcela, pardina, pegujal, *plantación, plantío, pólder, prado, quiñón, rain, rastrojo, rebujal, repajo, ricial, ricio, rocha, rojal, roza, rulo, secadal, secano, sembradío, sembrado, senara, sequero, sequío, serna, solar, tempranal, temprano, terraje, terrazgo, terrera, tranzón, veril, yermo, zarzal. ➤ Véanse los nombres de los campos o plantaciones de ciertas plantas en los nombres de éstas, así como los de los terrenos abundantes en cierta sustancia en el nombre de ésta. ➤ Amelga, banca, *bancal, besana, cabecera, cabezada, calva, calvero, camba, chorra, *claro, cornijal, emelga, era, espuenda, estórdiga, hoja, longuera, mancha, medianil, melga, mielga, parata, patio, poyato, quinto, suerte, tabla, *terraza, tramo. ➤ Almunia, alquería, cafería, casería, cortijo, decania, estancia, *finca, fundo, gañanía, gleba, *granja, *hacienda, heredad, hijuela, josa, labranza, llosa, potrero, predio, *quinta, quintería, rafal, rancho, senara, TÉRMINO redondo, *terreno, *tierra, villoría. ➤ *Bienes, BIENES inmuebles, BIENES raíces, BIENES sedientes, cabal. ➤ Absentismo, latifundio, minifundio. ➤ *Monte, ombría, solana, solejar, tempranal, umbría, vega, verdegal. ➤ Llanura, montaña, valle. ➤ Abertal, abierto, aboyado, *abrupto, accidentado, agarrado, ahurragado, albarizo, aperado, arable, arijo, arrompido, arroto, aurragado, calverizo, cencío, codero, de cultivo, delgado, desavahado, desazonado, ennatado, estéril, fariño, fértil, labradío, labrantío, de labranza, llano, noval, paniego, pantanoso, plantío, de realengo, recio, redondo, regadío, de regadío, renadío, rizal, rompido, terregoso, TIERRA campa, TIERRA de pan llevar, TIERRA de sembradura, triguero. ➤ Desazón, *sazón, tempero. ➤ Asurcano. ➤ Abancalar, allanar, cansar, acercar, cultivar, derrubiar, desmajolar, desmatar, desmontar, enronar, esquilmar, fosfatar, *labrar, meteorizar, *roturar, talar, terraplenar. ➤ *Limitar. ➤ Enverdecer, reverdecer, verdear. ➤ Agostarse, secarse. ➤ Descabezar, embosquecer, empastarse, enmalecerse, enmatarse, enmontarse, ensilvecerse, enyerbarse, rusticar. ➤ Arcilla, arena, *barro, cal, légamo, lodo, mantillo, piedra, sílice, TIERRA vegetal. ➤ Gasón, gleba, tabón, terrón, tormo. ➤ Campero, *campesino, campirano, campista. ➤ Véase medidas en «*superficie». ➤ Caballero, torrontera, torrontero. ➤ Subsuelo. ➤ *Excursión, gira, jira. ➤ Escampar. ➤ *Abono. *Agricultura. *Campesino. *Cultivar. *Pasto. *Superficie.

campo[2], **-a** adj. V. «TIERRA campa».

camposanto m. Cementerio: recinto donde se entierra a los muertos. ≃ CAMPO santo, necrópolis.

camposino, -a adj. y, aplicado a personas, también n. *De Villalcampo (Zamora).*

campuroso, -a (Sal.) adj. **Espacioso.*

campurriano, -a adj. y, aplicado a personas, también n. *De Aguilar de Campoo, población de la provincia de Palencia.*

campus (del lat. «campus», a través del ingl.) m. Conjunto de terrenos, edificios e instalaciones pertenecientes a una universidad.

camuatí (de or. guaraní) m. *En los barrancos del Paraná, rancho de *leñadores o caleros.*

camuesa f. Cierta variedad de *manzana muy estimada.

camueso m. *MANZANO silvestre.

camuflaje (del fr. «camouflage») m. Acción de camuflar[se], particularmente las tropas, el armamento, etc.

camuflar (del fr. «camoufler») **1** tr. Ocultar ↘algo, especialmente tropas, armamento, etc., haciendo que se confunda con el terreno. ⊙ prnl. Ocultarse confundiéndose con el terreno: 'La patrulla se camufló con ramas para no ser vista por la aviación enemiga'. **2** *Disimular u ocultar una ↘cosa con cierta apariencia falsa: 'Se muestra así de amable para camuflar sus verdaderas intenciones'.

camuliano, -a (del nahua «camiliui»; Hond.) adj. *Se aplica a las frutas que empiezan a *madurar.*

camungo (Perú) m. *Chajá (ave zancuda).*

camuña (de «comuña»; colectivo) f. *Cualquier clase de semillas de cereales, menos trigo y centeno.*

camuñas (inf.) m. *Personaje fantástico con que se asusta a los niños.* ≃ *Coco.

camuza (del lat. tardío «camox, -ōcis») f. **Gamuza (animal rumiante).*

can[1] (del lat. «canis») **1** (lit.) m. *Perro. **2** ARQ. Cabeza de una viga que, sobresaliendo por la parte exterior del muro, sostiene la cornisa. ≃ Canecillo. ⇒ Encanamento. **3** ARQ. Modillón: soporte simulado de una cornisa. ≃ Canecillo. **4** **Gatillo de arma de fuego.* **5** ARTILL. *Antigua pieza pequeña de *artillería de bronce.* **6** (Ál., Pal.) *Golpe de los que se dan al *peón que ha perdido, en el juego del peón.* **7** (ant.) *Punto único de una de las caras del *dado.* ≃ As.

can[2] m. Forma castellanizada de «khan» o «kan».

cana[1] (del lat. «cana», de «canus», blanco) f. *Pelo que se ha vuelto blanco. ⇒ Cano, encanecer.

ECHAR UNA CANA AL AIRE. Permitirse ocasionalmente una diversión o expansión alguien que de ordinario vive sin ellas.

V. «HIERBA cana, PALMA cana».

PEINAR CANAS. Ser ya *viejo o maduro.

V. «UVA cana».

cana[2] (del lat. «canna», caña) **1** f. *Medida de *longitud, distinta en los diversos sitios; en algunos equivale a 2 varas aproximadamente.* ≃ Estado. **2** (Cuba) *Variedad del guano silvestre.*

cana[3] (Hispam.; inf.) m. *Cárcel.*

canaballa (del lat. tardío «carabus», con influencia de «carabela»; ant.) f. *Cierto *barco de pesca antiguo.*

canabíneo, -a (del lat. «cannăbis», cáñamo) adj. y n. f. BOT. *Cannabáceo.*

canaca (voz de Oceanía) **1** (Chi.) m. *Nombre despectivo aplicado a las personas de raza *amarilla.* **2** (Chi.) *Dueño de un burdel.*

canáceo, -a (del lat. «canna», caña, y «-áceo») adj. y n. f. BOT. *Cannáceo.*

canaco, -a adj. y, aplicado a personas, también n. *Se aplica a los indígenas de Tahití y otras islas de Oceanía, y a sus cosas.*

canacuate (del nahua «canuatli», pato, y «coatl», culebra) **1** (Méj.; varias especies del género *Thamnophis;* especialmente, la *Thamnophis melanogaster)* m. **Serpiente acuática de gran tamaño.* **2** **Curiyú (boa acuática).*

Canadá V. «BÁLSAMO del Canadá».

canadiella (de «cañada») f. *Cierta medida antigua de *capacidad.*

canadiense adj. y, aplicado a personas, también n. Del Canadá.

canadillo m. **Belcho (planta efedrácea).*

canadio m. QUÍM. *Nombre que se dio a un supuesto nuevo elemento del grupo del platino.*

canado (del lat. «catenātus»; ant.) m. *Candado.*

canal (del lat. «canālis») **1** m. *Cauce excavado en el terreno para conducir agua u otra cosa. **2** Paso natural o artificial que comunica dos mares, que da entrada a un puerto, etc. **3** Nombre propio a algunos «estrechos» naturales: 'Canal de la Mancha'. **4** f. *Teja especial, más combada y delgada que las ordinarias, que se emplea para formar el canal de desagüe de los tejados.* ⇒ Canaliega. **5** Conducto formado por esas tejas o hecho de cinc u otro material que recoge las aguas de lluvia y las lleva hasta el suelo. ≃ Canalón. ⇒ Canoa. ➤ Gárgola. **6** m. *Parte más profunda y limpia, a la entrada de un *puerto.* **7** (pop.) **Faringe.* **8** ANAT. Cualquier conducto del *cuerpo. **9** *Cualquier *conducto o vía natural por el que circulan gases o líquidos, en el interior de la Tierra.* **10** *Surco que se forma en la juntura de las nalgas del *caballo cuando está muy gordo.* **11** *Llanura alargada entre montañas.* ⇒ *Valle. **12** *Ranura, particularmente en un miembro arquitectónico. ≃ Estría, canaladura. ⇒ Acanalar. **13** AGRÁF. En un *libro encuadernado, corte opuesto al lomo, cuando es cóncavo. **14** **Artesa donde se da de comer a las vacas.* **15** f. Res muerta para el consumo de su *carne, limpia de despojos. **16** m. *Peine que usan los tejedores.* **17** **Cáñamo que se saca limpio de la primera operación en el rastrillo.* **18** Banda de frecuencia en que emite una estación de radio o televisión. **19** (Cuba) **Tobogán (pista inclinada para deslizarse sobre ella).*

CANAL DE BALLESTA. *Hueso largo colocado en la cara del tablero de la *ballesta, más arriba de la nuez.*

C. MAESTRA. **1** *La principal de un tejado, a donde afluyen otras.* **2** **Cauce de un río.*

C. VOCAL. FON. *Conducto dejado para el paso del aire por los órganos que articulan la voz.*

ABRIR[SE] EN CANAL. *Rajar[se] una cosa de arriba abajo o de un extremo a otro.

EN CANAL. Referido a la manera de estar los *animales destinados al consumo, abierto y despojado de las vísceras: 'Un cordero en canal. Precio en canal'.

V. «SOMBRERO de canal, TABLA de canal».

□ CATÁLOGO

*Acequia, agogía, agüera, alcantarilla, alfagra, almatriche, almenara, atajea, atajía, atarjea, azarbe, azarbeta, cacera, canaliega, canalizo, canalón, cancillera, canoa, cañariega, caz, cazarro, cequeta, cequión, cicoleta, comuna, contracanal, contrarreguera, desaguadero, desaguador, desagüe, encanamento, escorredero, escorredor, febrera, madre, maritata, regata, *reguera, reguero, reguerón, roza, saetín, sobradero, tajea. ➤ Hidrología. ➤ Avenamiento, palería. ➤ Corrivación. ➤ Balate, banzo, cembo, espuenda, quijero, riba, ribacera. ➤ Cajero, *cauce. ➤ Solera, tablero. ➤ Venora. ➤ Boquera, boquilla, busco, compuerta, esclusa, escorredor, fortacán, ladrón, partidor, *presa, rafa, rastrillo, repartidor, sangradera, sangradura, sobradero, tapa. ➤ Brazal, derivación. ➤ Sifón. ➤ Gallipuente. ➤ Cieno. ➤ Desbrozar, galguear, mondar. ➤ Aguallevado. ➤ Esquiparte. ➤ Acequiero, manobrero, zabacequia. ➤ Acanalar, canalizar, encanalar, encanalizar. ➤ *Cauce. *Conducto. *Regar.

canaladura (de «canal» y «-dura») f. ARQ.*Ranura vertical en algún miembro arquitectónico. ≃ Canal.

canalé (fr.) m. Cierto tipo de tejido de *punto en que, alternando el sentido de los puntos, se forman estrías en la dirección en que se fabrica la tela.

canaleja (del lat. «canalicŭla», canalita) f. *Pieza de madera unida a la tolva de los molinos, por donde pasa el grano a la muela.* ≃ Canaleta. ⇒ Babilar.

canalera (Ar.) f. *Canal del *tejado.* ⊙ (Ar.) *Chorro de agua que cae por él cuando llueve.*

canaleta **1** (Ar., Chi.) f. *Canaleja del molino.* **2** *Pieza de madera en forma de teja en los telares de *terciopelo, en la que apoya el pecho el obrero.* **3** (Hispam.) *Canalón.*

canalete (¿de or. indoamericano?) **1** m. **Remo de pala muy ancha, generalmente ovalada y postiza, a veces con pala en ambos extremos, con el cual se rema sin escálamo ni chumacera y que sirve también para dirigir la embarcación.* **2** *Devanadera para hacer meollar.*

canaleto (de «canal») m. *Mediacaña (moldura).*

canalí (¿de or. indoamericano?; Cuba) m. *Remo o paleta hecho de palma cana, que se empleaba para mover y dirigir la canoa.*

canaliega (ant.) f. *Teja con que se forman las canales en el tejado.* ≃ Canal.

canalillo m. Dim. de «canal».

canalizable adj. Que se puede canalizar.

canalización **1** f. Acción de canalizar. **2** Canales, tuberías y otras instalaciones mediante los cuales se conduce una corriente de agua. **3** (Hispam.) *Alcantarillado.*

canalizar **1** tr. Abrir canales en un ↘sitio. **2** Regularizar una ↘*corriente de agua para hacerla apta para la navegación, el riego o para controlar su caudal. **3** Recoger ↘corrientes de opinión, iniciativas, aspiraciones o cosa semejante y orientarlas de manera útil o eficaz: 'Se ha creado una comisión para canalizar las ayudas al tercer mundo'. ≃ Encauzar.

canalizo m. MAR. *Canal estrecho entre islas o bajos.*

canalla (del it. «canaglia») **1** (ant.) f. *Conjunto de perros.* **2** (inf.) Conjunto de gente soez. ≃ *Chusma. **3** adj. y n. m. Se aplica a un hombre que comete o es capaz de cometer acciones *viles contra otros. ≃ *Miserable. ⊙ Puede usarse en broma, como «*granuja».

□ CATÁLOGO

Bandido, bellaco, mala BESTIA, mal BICHO, felón, follón *granuja, indeseable, ladrón, malandrín, miserable, mal NACIDO, perro, sinvergüenza. ➤ Canallada, faena, ignominia, indignidad, infamia, iniquidad, *jugada, ruindad, sinvergüencería, vileza, villanía. ➤ Acanallar, encanallar.

canallada f. Acción cometida ruinmente contra alguien. ⇒ *Canalla.

canallescamente adv. De manera canallesca.

canallesco, -a adj. Propio de un canalla.

canalón (aum. de «canal») **1** m. Cañería que conduce el agua de lluvia de los tejados por el borde de ellos o hasta el suelo. ≃ Canal. ⇒ Escarpidor, fiador. **2** (gralm. pl.) Canelón (lámina de *pasta de harina). ⇒ *PASTA alimenticia. **3** *SOMBRERO de teja.*

canana f. *Cinturón ancho o estuche sujeto al correaje, con compartimentos para meter cartuchos, usado especialmente por los cazadores. ≃ Cartuchera.

cananeo, -a adj. y, aplicado a personas, también n. Del país de Canaán. ⇒ *Biblia.

cananga (de or. malayo; *Cananga odorata)* f. *Planta anonácea olorosa de Siam, usada en perfumería, de la que se obtiene la esencia «ilang-ilang». ≃ Ilang-ilang.

canapé (del fr. «canapé») **1** m. Mueble mullido, con o sin respaldo y con o sin brazos, sobre el que se puede estar sentado o acostado; a veces es más alto por uno de los extremos, para poder estar reclinado. ≃ *Diván. **2** Trozo pequeño de pan de molde, pieza de hojaldre, etc., con algún alimento apetitoso, que se toma como aperitivo.

canard (fr.) m. *Bulo o *infundio.*

canariense adj. y n. *Canario.*

canariera **1** f. *Jaula de canarios o sitio donde se crían. **2** (inf.) **Habitación o *vivienda con mucha luz natural y muy alegre.*

canario, -a **1** adj. y, aplicado a personas, también n. De Canarias. ⇒ Canariense, guanche. **2** m. Variedad del castellano hablada en Canarias. **3** *(Serinus canarius)* *Pájaro granívoro, muy cantor, de color corrientemente amarillo, pero también verdoso, blanco, pardo o de color naranja, que se cría mucho en domesticidad. ⇒ Culero, granillo, helera. **4** *Barco de velas latinas que se emplea en Canarias y en el Mediterráneo.* **5** *Danza canaria antigua, zapateada, en compás ternario.* ⊙ *Música para ella.* **6** Nombre aplicado a diversas *plantas. ⊙ (C. Rica) *Planta de flores amarillas que crece en los terrenos pantanosos.* ⊙ *(Rosa sulphurea)* Planta rosácea. ⊙ (Cuba; *Allamanda cathartica) Planta apocinácea venenosa.* ⊙ (Filip.; *Canarium commune) Planta burserácea.* ⊙ *(Tropaeolum aduncum* y *Tropaeolum majus)* Planta tropeolácea. ⊙ *(Spartium junceum)* Planta leguminosa textil. **7** (Chi.) **Vasija de barro que, llena de agua hasta cierta altura, se emplea como pito.* ≃ Pito. **8** (Chi.) *Nombre aplicado en los hoteles a la persona que da buena *propina.* ⇒ *Generoso.

¡CANARIO[S]! Interjección de asombro, sorpresa, *protesta, *disgusto o *enfado, semejante a «¡*caramba!».

V. «BORDADO canario, PAMPLINA de canarios».

canasta (de «canasto», influido por «cesta») **1** f. *Cesta, particularmente, la grande y ancha y con dos asas. ≃ Banasta, banasto, canasto. **2** *Medida para *aceitunas, equivalente a media fanega, usada en Sevilla.* **3** DEP. Receptáculo formado por un aro y una red sin fondo colgando alrededor, en que el jugador de *baloncesto tiene que introducir la pelota para conseguir un tanto. ⊙ DEP. Tanto conseguido al introducir la pelota en la canasta. **4** MAR. *Conjunto de vueltas de cuerda con que se mantiene atada una vela o bandera mientras se *iza, hechas de tal modo que, una vez realizada la operación, se sueltan con un tirón.* **5** Juego de naipes que se juega con dos o más *barajas francesas entre dos bandos; gana el que consigue formar más series de siete cartas del mismo valor. **6** (Col., C. Rica) **Baca de un automóvil.*

canastero, -a **1** n. *Persona que hace o vende canastos.* **2** (Chi.) m. *Vendedor ambulante de frutas y *verduras.* **3** (Chi.) *Mozo que, en las panaderías, traslada el *pan en canastos desde el horno al enfriadero.* **4** (Chi.; *Synallaxis sordida*) **Ave del tamaño de un mirlo, de garganta y pecho amarillos, cuyo nido parece un canasto alargado.* **5** *(Glareola pratincola)* f. Pájaro de cuerpo alargado y esbelto, con alas muy largas y cola bifurcada, que se encuentra en Europa, Asia Menor y norte de África.

canastilla (dim. de «canasta») **1** f. *Cesto pequeño o delicadamente trabajado: 'La canastilla de la costura'. **2** Equipo de ropa para un niño recién nacido. **3** *Regalo de dulces que se hacía a las damas de palacio o a los miembros de los Consejos, que asistían a los toros u otra *fiesta pública.* **4** (Cuba, Méj.) **Baca de un automóvil.*

canastillo (del lat. «canistellum») m. Canastilla (cesto pequeño).

canastita (dim. de «canasta»; Arg.) f. *Pequeña *ave de laguna.*

canasto (de «canastro») m. *Cesta grande, alta y con dos asas. ≃ Canasta.

¡CANASTOS! Interjección de sorpresa, *disgusto, *enfado o *protesta, semejante a «¡caramba!».

canastro (del gr. «kánastron») m. *Canasto.*

canaula (del lat. «cannabŭla»; Ar.) f. **Collar de madera del que se suspende el *cencerro.*

cancagua (de or. mapuche; Chi., Ec.) f. *Cierta *tierra empleada para *ladrillos, hornos, etc., y como *argamasa.*

cáncamo[1] (del lat. «cancămum») m. *Cierta sustancia nombrada por los antiguos que debía de ser *resina de algún árbol oriental.*

cáncamo[2] (del gr. «kánkamon», anillo) m. Tornillo con una anilla en vez de cabeza. ≃ Armella, *hembrilla, TORNILLO de ojo. ⊙ MAR. Particularmente, los grandes de esta forma que se fijan en distintas partes de las embarcaciones, por ejemplo para *atar *cabos en ellos.

CÁNCAMO DE MAR. **Ola grande o golpe de mar.*

cancamurria (de «cancán[1]» y «murria[2]»; inf.) f. *Tristeza o abatimiento.* ≃ Murria.

cancamusa (de «cancamurria», por influencia de «musa»; ant., inf.) f. *Cosa con que se distrae o deslumbra a alguien para *engañarle.* ≃ Candonga, recancamusa. ⇒ Trapacería.

cancán[1] (del fr. «cancan») **1** (Mur.; n. calif.) m. *Cosa fastidiosa, molesta o *pesada.* **2** Danza ligera y atrevida que estuvo de moda en París en la primera mitad del siglo XIX y se extendió en la segunda al resto de Europa y a América. **3** Armazón interior para dar volumen a una falda de vuelo. **4** Enagua con muchos volantes.

cancán[2] **1** (C. Rica) m. *Cierto *loro que no aprende a hablar.* **2** *(Larus dominicanus)* Gaviota dominicana.

cáncana[1] (del b. lat. «carcannum», picota, del gr. «karkínos», tenaza) f. *Banquillo que había en las *escuelas, en el que el maestro hacía sentar a los chicos como *castigo vergonzoso.*

cáncana[2] *(Tegenaria domestica* y otras especies del mismo género) f. *Araña grande, de patas cortas y color oscuro.

cancaneado, -a (Cantb., C. Rica) adj. *Se aplica a la persona picada de *viruelas.*

cancanear (de or. expresivo) **1** intr. **Vagar sin objeto determinado.* **2** (Col., C. Rica, Méj., Nic.) *Tartamudear.* **3** (Cuba) *Vibrar ruidosamente un motor que empieza a fallar.*

cancaneo m. *Acción de cancanear.*

cancano, -a (Sal.) adj. **Tonto.*

cáncano m. **Piojo.*

cancanoso, -a (de «cancano»; Mur.) adj. y n. *Se aplica a la persona *pesada o molesta.* ≃ Latoso.

cancel (del fr. ant. «cancel») **1** m. Dispositivo añadido a una *puerta para evitar las corrientes de aire dentro del recinto cuando ésta se abre; por ejemplo, el formado por un techo y tres paredes, con puertas en las dos laterales. **2** Segunda hoja de puerta que se pone aplicada a la principal y suple a ésta cuando queda abierta por algún tiempo, formada generalmente por un bastidor oscilante de tela o piel. ≃ Mampara. **3** Dispositivo acomodaticio, de cristales u otra cosa, con que se divide una habitación. ≃ Mampara. ⇒ Antipara, biombo, CAMÓN de vidrios, canselo, romanilla. ➤ *Cierre. *Pantalla. **4** *Vidriera tras la cual se ponía de incógnito el *rey, en la capilla de palacio.* **5** (ant.) *Término o *límite a que puede llegar una cosa.* **6** Reja o balaustrada que en una iglesia separa el presbiterio o el coro de la nave. **7** (Méj.) **Biombo o *persiana.*

cancela (de «cancel») f. *Verja baja que cierra el paso en algunas entradas cuando están abiertas las puertas, o que se pone para establecer una separación en cualquier sitio; por ejemplo, las que suele haber a la entrada en los patios andaluces.

cancelación f. Acción de cancelar.

cancelado, -a Participio adjetivo de «cancelar».

cancelar (del lat. «cancellāre») **1** tr. Dejar sin valor alguna ˃obligación o limitación; por ejemplo, consignada en alguna inscripción o documento público: 'Le han cancelado la nota desfavorable de su expediente'. ≃ *Anular. **2** Declarar el cese de la vigencia de un ˃contrato o compromiso: 'Ha cancelado su contrato para torear en Madrid en las próximas fiestas'. ≃ *Anular, rescindir. **3** Olvidar. **4** Pagar totalmente o dejar inexistente en cualquier forma una ˃deuda. ≃ Saldar.

cancelaría (de «cancelería») f. *Tribunal del Vaticano que despacha las gracias apostólicas.* ≃ Cancelería.

cancelariato m. *Cargo de cancelario.*

cancelario (del lat. «cancellarĭus») m. *Hombre que tenía en las *universidades la autoridad pontificia y regia para dar los grados.* ≃ Canciller, maestrescuela. ⊙ (Bol.) *Rector de una *universidad.*

cancelería (de «canceller», canciller) f. *Cancelaría.*

canceller o **cancellero** 1 (ant.) m. *Canciller.* 2 (ant.) *En algunas catedrales, maestrescuela.*

cáncer (del lat. «cancer») **1** adj. y n. Se aplica a la persona nacida bajo el signo de Cáncer (cuarta zona del *Zodiaco que recorre aparentemente el Sol al comenzar el verano). **2** m. Enfermedad que consiste en la proliferación incontrolada de ciertas células que invaden los tejidos vecinos, ocasionando la aparición de tumores que pueden extenderse a otras partes del organismo. ⊙ («Un») Tumor maligno. **3** *Mal moral que progresa en la sociedad sin que se le pueda poner remedio.

□ CATÁLOGO

Otra raíz, «carcino-»: 'carcinógeno, carcinología'. ➤ Cancro, cangro, carcinoma, cefaloma, epitelioma, escirro, leucemia, linfoma, osteosarcoma, papiloma, sarcoma, sarcomatosis, TUMOR canceroso, TUMOR maligno, zaratán. ➤ Canceriforme, cancerígeno, cancerológico, canceroso, cancroide, cancroideo. ➤ Metástasis, retropulsión. ➤ Neoplasia. ➤ Cancerología, oncología. ➤ Cancerólogo, oncólogo. ➤ Cancerar[se], encancerarse, malignizarse. ➤ Quimioterapia, radioterapia. ➤ BOMBA de cobalto.

cancerado, -a Participio adjetivo de «cancerar[se]».

cancerar 1 tr. MED. Producir un cáncer. **2** Producir *daño moral. **3** prnl. y, menos frec., intr. MED. Contraer cáncer. **4** MED. Degenerar en canceroso un tumor o lesión.

cancerbero (de «Cancerbero», perro mitológico de tres cabezas que guardaba las puertas del infierno) **1** (culto) m. *Portero o guardián muy celoso. **2** (culto, desp.) Portero de modales bruscos o groseros. **3** (inf.) DEP. Entre periodistas, portero, sobre todo el de *fútbol.

canceriforme (de «cáncer» y «-forme») adj. MED. De aspecto de cáncer.

cancerígeno, -a adj. MED. Que puede producir cáncer o favorece su desarrollo: 'Sustancias cancerígenas'.

cancerología f. Parte de la *medicina que estudia el cáncer. ≃ Oncología.

cancerológico, -a adj. MED. De la cancerología. ≃ Oncológico.

cancerólogo, -a n. Médico o investigador especializado en cancerología. ≃ Oncólogo.

canceroso, -a adj. MED. Con carácter de cáncer: 'Tumor canceroso'.

cancha[1] (del quechua «camcha», maíz tostado; Am. S.) **1** f. **Maíz o *habas tostados.* **2** (Perú) *CANCHA blanca.*

CANCHA BLANCA (Perú). *Palomitas de maíz.*

cancha[2] (del quechua «cancha», recinto, patio) **1** f. DEP. Terreno de *juego para ciertos deportes, como el baloncesto o el tenis. **2** (Hispam.) DEP. *Terreno para cualquier deporte.* **3** (Hispam.) *Local destinado a ciertos juegos; particularmente, a la *pelota o a las peleas de gallos.* ⊙ (Chi., Perú, R. Pl.) DEP. *Campo de fútbol.* **4** (Hispam.) **Hipódromo.* **5** (Hispam.) *En general, terreno llano y desembarazado.* ⊙ (Hispam.) **Solar o cercado espacioso que sirve de *depósito para cierta cosa.* **6** (Hispam.) *Lugar en que el cauce de un *río es amplio y desembarazado.* **7** (Ur.) *Senda o *camino.* **8** (Col.) *Lo que cobra el dueño de una *timba.*

¡CANCHA! (Arg.). *Grito para abrirse* paso.

ABRIR [o DAR] CANCHA a alguien. **1** (Hispam.) *Abrir paso o dejar campo libre.* **2** (Hispam.) *Conceder alguna ventaja.*

DAR CANCHA a alguien (inf.). Darle una oportunidad de intervenir o actuar en algo.

ESTAR alguien EN SU CANCHA (Arg., Chi.). *Estar en su elemento (a gusto o con *naturalidad).*

TENER CANCHA (Arg.). *Tener experiencia.*

canchal (de «cancho[2]») **1** m. *Sitio cubierto de grandes piedras.* ≃ Peñascal. **2** (Sal.) **Dineral.*

canchalagua (del araucano «cachanlagua», hierba medicinal para el dolor del costado) f. Nombre aplicado a varias *plantas americanas gencianáceas, parecidas a la centaura menor, que se usan en medicina. ≃ Cachanlagua, canchelagua, ESCOBA amargosa.

CANCHALAGUA DE ARAGÓN. **Lino purgante.*

canchamina (Chi.) f. MINER. *Espacio cercado en las *minas, donde se deposita el mineral para escogerlo.*

canchear[1] (de «cancha[2]»; Hispam.) intr. *Pasar el tiempo en distintas cosas, sin ponerse a trabajar seriamente.* ⇒ *Vagar.

canchear[2] (de «cancho[2]») intr. *Trepar por los peñascos.*

canchelagua f. **Canchalagua.*

cancheo (Chi.) m. *Acción de canchear.*

canchera (Sal.) f. *Herida o llaga grande.*

canchero, -a 1 (Hispam.) adj. *Hombre que tiene o cuida una cancha de *juego.* **2** (Chi.) *Hombre que señala los tantos en el juego.* **3** (Arg.) **Diestro en determinada actividad.* **4** (Chi.) m. *Muchacho *maletero.* **5** (Perú; n. calif.) adj. y n. m. *Se aplica al *párroco que saca dinero a sus feligreses.*

cancho[1] (de «cancha[2]»; inf.; Chi.) m. **Retribución que exigen por el más pequeño servicio algunas personas, particularmente abogados y clérigos.*

cancho[2] **1** m. *Piedra muy grande.* ≃ *Peñasco. **2** (gralm. pl.) m. *Canchal.* **3** (Sal.) **Canto o grosor de un objeto.* **4** (Sal.) **Casco de cebolla o parte carnosa del pimiento.*

canchón 1 m. *Aum. de «cancha».* ⊙ *Particularmente, explanada situada frente a los ingenios de *azúcar.* **2** (Chi.) **Hoyo en que se cultivan hortalizas aprovechando la capa de tierra buena existente debajo de la salitrosa.* ⇒ *Huerto.

cancilla (del lat. «cancellus», celosía, con terminación femenina) f. *Puerta de barras o listones en el cercado de un jardín, huerto, corral, etc. ⇒ Cañizo, portilla, portillera, portillo, tranquera. ➤ Bance.

canciller (de «chanciller», con influencia de «cancelario») **1** m. Antiguamente, alto funcionario palatino, encargado del *sello real. **2** En algunos estados europeos, por ejemplo en Alemania, jefe del *gobierno. ⇒ Vicecanciller. **3** *Jefe de la cancillería apostólica.* ⇒ *Vaticano. **4** (ant.) *Cancelario (el que confería los grados en las universidades).* **5** Cierto empleado auxiliar de las embajadas y consulados. ⇒ *Diplomacia. **6** En algunos países, ministro de asuntos exteriores.

CANCILLER DEL SELLO DE LA PURIDAD. *El que, antiguamente, tenía el *sello que se ponía en las cartas reservadas del *rey.*

cancillera (de «calce[2]»; Sal.) f. **Canal de desagüe en las lindes de los campos.*

cancilleresco adj. Propio de las cancillerías; propio de la *diplomacia: 'Lenguaje cancilleresco'.

cancillería **1** f. Dignidad, cargo o residencia del canciller. **2** Cierta oficina de las embajadas y demás representaciones diplomáticas. **3** A veces, organismo desde el que se dirige la política exterior de un país. **4** (ant.) *Chancillería.*

CANCILLERÍA APOSTÓLICA. Una de las cinco oficinas que forman la Curia Romana, encargada de la expedición de las bulas y letras apostólicas que se refieren a la provisión de beneficios, erección de diócesis y otros asuntos importantes. ⇒ *Vaticano.

cancín, -a **1** m. **Cordero de más de un año y menos de dos.* **2** (Vall.) f. *Cordera de menos de un año que tiene ya cría.*

canción (del lat. «cantĭo, -ōnis») **1** f. Composición, generalmente en verso, que se canta con *música. ≃ *Cantar. ⊙ Composición poética, normalmente popular, que puede adaptarse a una música. ⊙ También se aplica este nombre a distintas composiciones poéticas de forma semejante, hechas sin pensar en ponerles música. ⇒ Deshecha, maya. **2** *Música de una canción. **3** Composición *lírica de origen italiano (Petrarca), que se cultivó sobre todo en el siglo XVI, de asunto amoroso y tono melancólico. **4** (inf.) Cosa que se dice y que resulta fastidiosa a alguien por reiterada o falta de fundamento. Se usa en frases como «siempre con la misma canción», «no me vengas con canciones», etc.

CANCIÓN DE CUNA. Canción destinada particularmente a adormecer a los niños. ⇒ Nana, rurrupata.

C. DE GESTA. Composición *épica de la Edad Media. ≃ CANTAR de gesta.

C. PROTESTA. Género de canción de denuncia política y social, en auge en torno a los años setenta.

C. REGIONAL. Canción popular típica de una región.

ÉSA ES OTRA CANCIÓN. Ése es otro CANTAR.

PONER EN CANCIÓN a alguien de cierta cosa. *Hacerle concebir *deseo de ella o *ilusiones de conseguirla.* ≃ Engolosinar.

cancioneril **1** adj. *Se aplica al estilo poético propio de las canciones.* **2** De los cancioneros (colecciones de poesías): 'Poesía cancioneril'.

cancionero m. Colección de canciones. ⊙ Nombre de ciertas colecciones de *poesías de uno o de varios autores; en particular las del siglo XV, como el «Cancionero de Baena» y el de «Estúñiga».

cancionista n. *Persona que compone o canta canciones.*

canco (del mapuche «can», cántaro, y «co», agua) **1** (Chi.) m. *Especie de *olla hecha de greda.* **2** (Chi.) **Botijo.* **3** (Chi.) **Tiesto para plantas.* **4** (Bol.) **Nalga.* ⊙ (Bol.) *Particularmente, en plural, las de una mujer cuando son exageradamente voluminosas.* **5** (Chi.; pl.) *Caderas anchas en la mujer.*

cancón m. Ser imaginario con que se asusta a los niños. ≃ *Coco. ⇒ *Demonio.

cancona (del mapuche «can», cántaro, y «co», agua; Chi.) adj. y n. f. *Se aplica a la mujer de nalgas exageradamente voluminosas.* ⇒ Culona.

cancro (del lat. «cancer, -cri») **1** m. **Cáncer (enfermedad).* **2** *Daño de los árboles consistente en manchas blancas o rosadas en la corteza, que segregan un líquido rojizo acre.* ⇒ *Plaga.

cancroide o **cancroideo, -a** (de «cancro» y «-oide» u «-oideo») adj. *De carácter de cáncer.*

candado (del lat. «catenātus») **1** m. Cerradura de llave, que consiste normalmente en una caja donde está el mecanismo, con un asa que tiene un extremo fijo y el otro libre o sujeto, según que el candado esté abierto o cerrado; para utilizarlo se pasa el asa por dos armellas puestas una en cada parte de las que se quiere mantener juntas. ⇒ Calnado [o canado]. **2** (Extr.) **Zarcillo (pendiente).* **3** (inf.) *Cláusula en un proyecto de *ley que especifica que ésta regirá desde el momento en que el proyecto ha sido presentado.* **4** Concavidad que tienen las *caballerías en las patas, junto a las ranillas. **5** (Col.) **Perilla (barba).*

V. «LEY del candado».

candajón, -a (Sal.) adj. *Se aplica a la persona muy amiga de salir de casa y hacer visitas.* ⇒ *Callejear.

candalera (Vall.) f. *Montón de cándalos.*

candaliza f. MAR. *Cada uno de los *cabos que hacen en los «cangrejos» oficio de brioles.* ≃ Candeleta.

candalo (ant.) m. *Cierta variedad de *pino.*

cándalo (relac. con el lat. «candēre», arder) **1** (Sal.) m. **Rama deshojada o *vara.* **2** (Sal.) *Panoja de maíz desgranada.* ⇒ *Zuro. **3** (Vall.) *Rama de las intermedias del *pino, preferida como combustible.*

candamo (¿relac. con «Candamius», divinidad celtibérica?) m. *Antigua danza rústica.*

cándano (relac. con el lat. «candēre», arder; Sal.) m. **Sedimento que deja un líquido.*

candar (del lat. «catenāre», sujetar con cadenas) tr. **Cerrar con llave.* ⊙ *Por extensión, cerrar de cualquier modo.*

cándara (Ar.) f. **Criba.*

cande[1] (del ár. «qand», del persa «kand», y éste del sánscrito «khaṇḍa», polvo de azúcar) adj. V. «AZÚCAR cande».

cande[2] (del lat. «candĭdus»; Ast.) adj. **Blanco.*

candeal (de «cande[2]») **1** adj. y n. m. V. «PAN candeal, TRIGO candeal». ⇒ Albarejo, albarico. **2** (Sal.) adj. **Franco o *leal.* **3** (Arg., Par.) m. *Ponche hecho con leche, huevos, canela y aguardiente.*

candeda f. *Flor del castaño.* ≃ Candela.

candela (del lat. «candēla») **1** (más bien en los pueblos) f. *Vela. **2** (Ál.) **Carámbano.* **3** *Cualquier objeto con mecha que sirve para dar una *luz muy pequeña.* **4** (Ál.) **Luciérnaga.* **5** Fís. Unidad de intensidad luminosa en el Sistema Internacional. Símb.: «cd». ≃ Bujía. **6** *Fuego, especialmente para encender un cigarrillo. ≃ Lumbre. **7** (inf.; «Dar, Arrimar, Atizar») Palos, *golpes o castigos: 'A ese le han dado candela'. ≃ Leña. **8** *Distancia entre el fiel de la *balanza y el punto de equilibrio, cuando no están equilibrados los pesos.* **9** *Candelero.*

ACABARSE LA CANDELA. **1** (inf.) **Morirse.* **2** *Acabarse en una *subasta el tiempo dado para licitar, que se media por la duración de una* vela.

A MATA CANDELA. *A punto de acabarse en una *subasta el tiempo para licitar.*

candela[2] (de «candelilla») f. *Flor de la encina y del alcornoque.* ≃ Candelilla. ⊙ *Flor del castaño.* ⇒ *Inflorescencia.

candelabro (del lat. «candelābrum») **1** m. *Candelero con varios brazos para varias velas. ⇒ Centellero, centillero, ceriolario, cornucopia, crecal, flamero, tenebrario. **2** (varias especies del género *Cereus)* *Planta cactácea de la Argentina, cuyos frutos se llaman «tunas, peladas» o «chulas».

candelada (de «candela[1]») f. **Hoguera.*

candelaria (de «candela[1]») **1** («La») f. Nombre popular de la fiesta de la Purificación de la *Virgen (2 de febrero) en que se hace una procesión con candelas dentro de la iglesia y se asiste con ellas a la misa. ≃ Candelera, candelor. **2** **Gordolobo (planta escrofulariácea).* ⊙ *Flor de esta planta.

candelecho (de «cadalecho») m. **Cabaña levantada sobre estacas dispuesta para *vigilar desde ella la viña.*

candeleja (dim. de «candela[1]»; Chi., Perú) f. *Arandela, semejante a las que se ponen en los *candeleros o en las velas, que se pone con agua alrededor del tronco de los árboles para que no suban las hormigas.*

candelejón (aum. de «candela[1]»; Chi., Col., Perú) m. **Ingenuo o bobalicón.* ≃ Cándido.

candelera 1 (ant. o pop.) f. *Candelaria (fiesta).* 2 *Gordolobo (planta escrofulariácea).*

candelero (de «candela[1]») 1 m. Utensilio más alto que la palmatoria, que se emplea para sostener una *vela. ⇒ Almenara, ambleo, antorchera, antorchero, apuracabos, apurador, araña, bizarrón, blandón, *candelabro, candil, centellero, centillero, ceriolario, cirial, cornucopia, crecal, cubo, flamero, hachero, melampo, paletilla, palmatoria, tedero, tenebrario, velador. ➤ *Arandela, brazo, candeleja, mechero. ➤ Pajecillo. 2 *Utensilio con que se *pesca, deslumbrando a los peces con teas encendidas.* 3 MAR. *Cualquiera de los puntales, generalmente de metal, que se colocan en distintos sitios del *barco para, asegurando en ellos cabos, telas, listones, etc., formar barandales, batayolas y cosas semejantes.* 4 FORT. *Defensa formada por una armazón de tres maderos, uno horizontal en el suelo y dos verticales, entre los que se colocaban fajos de leña, sacos de tierra, etc.* ⇒ *Fortificar.

ESTAR alguien o algo EN EL CANDELERO. Disfrutar una persona circunstancialmente de mucha *influencia o *prestigio o tener una cosa mucha actualidad o difusión.

candeleta f. *Candaliza.*

candelilla (dim. de «candela[1]») 1 f. Candela (vela). 2 (Arg., Chi.) *FUEGO fatuo.* 3 (Chi., C. Rica, Hond.) **Luciérnaga.* 4 **Inflorescencia en amento.* ⊙ *Flor del *alcornoque y la *encina.* 5 CIR. *Instrumento de goma u otro material elástico que se emplea para explorar y dilatar la *uretra y otros conductos del cuerpo.* ⇒ *Sonda. 6 (Cuba) **Hilván o bastilla.* 7 *(Euphorbia antisyphilitica)* *Planta euforbiácea que tiene un jugo lechoso purgante.

HACERLE a alguien CANDELILLAS LOS OJOS (inf.). Brillarle por los efectos del alcohol o porque algo le hace ilusión.

candelizo (de «candela[2]» e «-izo») m. **Carámbano.*

candelón (Méj.) m. **Mangle (planta verbenácea).*

candelor (ant.) m. *Candelaria (fiesta de la Virgen).*

candelorio m. *Carbonada: cantidad exagerada o grande de carbón echada al *fuego.*

candencia (del lat. «candentĭa») f. *Cualidad o estado de candente.*

candente (del lat. «candens, -entis», brillante) 1 adj. Se aplica a las cosas, por ejemplo el carbón o los metales, que se ponen a temperatura tan elevada que despiden luz roja o blanca. ≃ Ardiendo, *incandescente, rusiente, al rojo. 2 Aplicado a «cuestión, problema, interés» o palabras semejantes, muy *vivo y de *ahora. ≃ Palpitante.

candi adj. *Blanco.* ≃ Cande.

candidación (de «cándido») f. *Acción de cristalizar[se] el azúcar.*

candidado (ant.) m. *Candidato.*

cándidamente adv. Con candidez.

candidato, -a (del lat. «candidātus», por la toga blanca que vestían; en la 3.ª acep., del lunfardo) 1 n. Persona que pretende cierto cargo, distinción, *premio, etc.: 'Hay cinco candidatos para una sola plaza. Ya tiene un candidato para la finca que quiere vender'. ⇒ Aspirante, candidado, pretendiente, tapado. ➤ Chimbador. ➤ Papable. ➤ *Elegir. ⊙ Particularmente, persona que se presenta para ser elegida en una votación: 'Candidato a la presidencia'. 2 Persona propuesta para un cargo, aunque no sea a solicitud suya. 3 (Arg.; inf.) *Persona ingenua.*

candidatura 1 («Presentar, Retirar; a, para») f. Presentación de alguien como candidato a cierta cosa: 'El ministro ha retirado su candidatura para la presidencia'. 2 Conjunto de los candidatos presentados, por ejemplo por un mismo partido. 3 Papeleta que se utiliza para *votar, en la que va escrito el nombre de uno o varios candidatos: 'Repartía candidaturas del partido socialista'.

candidez f. Cualidad de cándido: ingenuidad exagerada. ≃ Candor.

cándido, -a (del lat. «candĭdus») 1 (lit.) adj. Blanco. 2 (lit.) *Puro. 3 (inf.) *Ingenuo, sin malicia y fácil de engañar.

candiel m. *Dulce hecho con vino blanco, yemas de huevo, azúcar y algún otro ingrediente.* ⇒ *PLATO dulce.

candil (del ár. and. «qandíl») 1 m. Utensilio para *alumbrar formado por un pequeño recipiente provisto de un gancho para colgarlo y con un pico en el borde por donde asoma la mecha, la cual, por el otro extremo, queda sumergida en el aceite que contiene el recipiente. ⇒ Crisuelo, pendil. ➤ Crisuela, pico. ➤ Acandilado, atizacandiles. 2 (ant.) *Velón.* 3 (ant.) **Candelero.* 4 (Méj.) *Lámpara con varios brazos colgada del techo.* ≃ Araña. 5 *Pico de los del *sombrero de candil.* 6 *Pico que forma al caer más por algún sitio un vestido de mujer.* 7 **Pliegue no planchado en una falda, que se va ensanchando hacia abajo.* 8 *Punta de las del *cuerno de los venados.* ⊙ *Particularmente, la más alta.* 9 (Cuba; *Myripristis jacobeus* y *Holocentrum malejuelo*) **Pez teleósteo con grandes escamas que, así como sus ojos, brillan en la oscuridad, circunstancia a la que debe su nombre.* 10 *Planta muy semejante al aro, del que difiere en que la espata es amarillenta y las hojas están veteadas de blanco. 11 *Arísaro (planta arácea). ≃ Candilillo. 12 *(Aristolochia baetica;* pl.) Planta aristoloquiácea, común en Andalucía, que trepa por los árboles.

V. «BAILE de candil, SOMBRERO de candil [o de tres candiles]».

NI AUN BUSCÁNDOLO [O NI AUNQUE LO BUSQUES, etc.] CON CANDIL. Expresión con que se pondera la dificultad de *encontrar cierta cosa.

NI BUSCADO CON CANDIL. Expresión con que se pondera lo *adecuada que resulta cierta cosa para algo.

PESCAR AL CANDIL. *Pescar por la noche con algún foco de luz que ilumine la superficie del agua.*

candilada f. *Aceite derramado de un candil.*

candileja (dim. de «candil») 1 (pl.) f. Fila de luces en el proscenio del *teatro. ⇒ Batería. 2 **Neguilla (planta cariofilácea).* ≃ Candilejo.

candilejo (dim. de «candil») m. *Neguilla (planta cariofilácea).* ≃ Candileja.

candilera (de «candil»; *Phlomis lychnitis*) f. *Planta labiada de flores amarillas con el cáliz cubierto de pelos largos.

candilero (Mur.) m. *Listón de madera con huecos para colgar los candiles.*

candiletear (de «candil»; Ar.) intr. *Ir por distintos sitios *curioseando.* ⇒ *Callejear.

candiletero, -a (de «candiletear»; Ar.) adj. **Callejero, chismoso o entrometido.*

candilillo (dim. de «candil») m., gralm. pl. **Arisaro (planta arácea).* ≃ Candil.

candín (Sal.) adj. **Cojo.*

candinga **1** (Chi.) f. *Cosa *pesada o fastidiosa.* ≃ Lata. **2** (Chi.) **Majadería o *despropósito.* **3** (Hond.) **Revoltijo.*

candiota **1** adj. y, aplicado a personas, también n. De Candía, isla del Mediterráneo. **2** f. *Recipiente, especie de tonel, para transportar vino o licores. **3** Recipiente parecido a una tinaja de barro, empegado por dentro y con una espita en la parte inferior, colocado generalmente sobre un pie, que se emplea para tener *vino.

candiotera (de «candiota») **1** f. *Local donde están almacenados los envases donde se cría y guarda el *vino.* **2** *Conjunto de esos envases.*

candiotero m. *Hombre que hace o vende candiotas.*

candirse (¿del lat. «candēre», arder, consumirse?; Ar.) prnl. *Ir consumiéndose alguien poco a poco por una *enfermedad.*

candombe (de or. africano) **1** m. Cierta danza ruidosa de los negros de América del Sur. ⊙ Lugar donde se baila el candombe. **2** **Tambor alargado, de un solo parche, con que se acompaña ese baile.*

candonga (de «candongo») **1** f. **Broma, *burla o trapacería.* **2** (inf.) *Mula de tiro.* **3** (Hond.) *Lienzo doblado con que se faja el vientre de los *niños recién nacidos.* **4** MAR. **Vela triangular que en algunas embarcaciones latinas se larga en el palo de mesana para capear un temporal.* **5** (Col.; pl.) **Pendientes.*

candongo, -a **1** adj. y n. *Se aplica a una persona *astuta y zalamera.* **2** *También, a la persona hábil para rehuir el trabajo.* ⇒ *Holgazán.

candonguear intr. *Hacer el candongo.*

candor (del lat. «candor, -ōris») **1** m. *Blancura.* **2** Inocencia, ingenuidad o pureza: 'El candor de un niño'. **3** Ingenuidad o credulidad. ≃ Candidez.

candorga (¿relac. con «candongo»?; Sal.) f. *Cierta *planta cuyas hojas, largas y carnosas, se ponen las mujeres pegadas a la piel cerca de la cintura, atribuyéndoles virtud contra los maleficios.* ⇒ *Amuleto.

candorosamente adv. De manera candorosa.

candoroso, -a adj. Que tiene candor, puro, inocente; por ejemplo, la sonrisa de un niño.

candray m. **Barco pequeño de dos proas que se usa en el tráfico de algunos puertos.*

canducho, -a (Sal.) adj. *Fornido.* ⇒ *Robusto.

cané (de or. caló) m. *Cierto juego de *baraja parecido al monte.*

canear (de «cano») **1** (And.) intr. *Encanecer.* **2** (Mur.) tr. **Calentar al sol alguna ˘cosa.* **3** (inf.) Pegar a ˘alguien. ≃ Calentar.

caneca (del port. «caneca») **1** f. **Vasija cilíndrica de barro vidriado que se emplea para ginebra u otros licores.* ≃ Caneco. **2** (Arg., Par.) **Cubo de madera.* ⊙ (Col.) **Cubo de la *basura.* **3** (Cuba) *Botella de barro que, llena de agua caliente, se emplea como *calentador.* **4** (Cuba) *Medida de *capacidad para líquidos, equivalente a 19 litros.* **5** (Ec.) *Alcarraza (vasija de arcilla porosa para refrescar el agua).* ⇒ *Botijo.

canecer (del lat. «canescĕre») **1** (ant.) intr. *Encanecer.* **2** prnl. *Enmohecerse el pan.*

caneciente (ant.) adj. *Encanecido.*

canecillo m. ARQ. Can (cabeza de viga o soporte simulado de cornisa).

caneco, -a (del port. «caneco») **1** m. *Caneca (vasija cilíndrica).* **2** (Bol.) adj. *Algo *borracho.*

canéfora (del lat. «canephŏra») f. Nombre aplicado a las jóvenes que, en algunas fiestas griegas y romanas, llevaban a la cabeza un canastillo con flores u ofrendas. ⊙ Su representación escultórica en función de *cariátide.

caneisito (de «Caney», pueblo de Cuba; Cuba; sing. o, más frec., pl.) m. **Fiesta popular con música, puestos de dulces, rifas, etc.* ⇒ *Verbena.

canela (¿del fr. ant. «canele»?) **1** f. Corteza del canelo despojada de la epidermis, cuyos trozos tienen forma abarquillada; en esta forma o molida se emplea como *condimento, particularmente para dar sabor al *chocolate y a los platos dulces. ⇒ Otra raíz, «cinam-»: 'cinámico'. ➤ Cinamomo, FOLIO índico. **2** (n. calif.; sin artículo) Se aplica a una cosa muy *buena o que gusta mucho: 'Este melón es canela. Esa chica es canela'. ≃ CANELA fina [o en rama]. **3** Color *ocre como el de la canela 'Unos pantalones color [de] canela'. ⇒ Acanelado, canelado, canelo. **4** (Col.) *Fuerza, energía.*

CANELA BLANCA. Corteza del canelo blanco, que es aromática y se usa en ocasiones en sustitución de la canela auténtica. ≃ Falsa CANELA.

C. EN POLVO. Canela molida.

C. EN RAMA. **1** La no molida, que se presenta en forma de cortezas largas abarquilladas. **2** CANELA fina.

C. FINA (n. calif.). Cosa muy buena: '¡Eso es canela fina!'. ≃ Canela.

FALSA CANELA. CANELA blanca.

V. «AZÚCAR y canela, la FLOR de la canela, LECHE de canela».

caneláceo, -a (de «Canella», nombre de un género de plantas) adj. y n. f. BOT. *Se aplica a las *plantas de la familia del canelo blanco, que son árboles tropicales de África y América, ricos en aceites aromáticos, hojas coriáceas, flores bisexuales y fruto en baya con varias semillas; tienen uso como condimento y en medicina.* ⊙ f. pl. BOT. *Familia que forman.*

canelada f. CETR. *Cierta comida que se daba a los halcones.*

canelado, -a adj. *Acanelado.*

canelar m. *Plantación de canelos.*

canelero m. **Canelo (árbol de la canela).*

canelilla (Col.; *Aniba canelilla*) f. *Árbol lauráceo de América tropical cuya corteza es aromática y medicinal.* ⇒ *Planta.

canelillo (C. Rica) m. **Canelo (árbol lauráceo).*

canelina f. QUÍM. Sustancia cristalizable contenida en la canela blanca.

canelita f. *Cierta roca meteórica.* ⇒ *Mineral.

canelo, -a **1** adj. Se aplica al color de la canela y a las cosas que lo tienen; particularmente, a las *caballerías. **2** (*Cinnamomum zeylanicum*) m. Árbol lauráceo de India, Ceilán, Polinesia y América tropical que se cultiva por su corteza, que recibe el nombre de «canela», muy usada como condimento; de distintas partes del árbol se obtiene un aceite empleado en perfumería. ≃ Canelero, ÁRBOL de la canela, CANELO de Ceilán. **3** (Méj.; *Melia azedarach*) *Árbol meliáceo.* ≃ Cinamomo. **4** (*Nectandra cinnamomoides*) Árbol lauráceo de América del Sur cultivado por su corteza y flores, que se usan como condimento.

CANELO BLANCO (*Canella alba*). Árbol caneláceo de las Antillas cuya corteza, llamada «falsa canela», es aromática y se utiliza en sustitución de la canela auténtica.

C. DE CEILÁN. **Canelo (árbol lauráceo).*

C. DEL PÁRAMO (*Drimys winteri*). Árbol winteráceo americano que se encuentra desde Méjico al estrecho de Magallanes, cuya corteza se ha usado para combatir el escorbuto y otras afecciones.

HACER EL CANELO (inf.). Salir perjudicada una persona debido a su ingenuidad, por ejemplo por haberse dejado engañar o por hacer algo que no va a ser recompensado ni valorado: 'Creo que he hecho el canelo al prestarle dinero'. ≃ Hacer el PRIMO.

canelón[1] (de «canela») **1** m. *Especie de *caramelo alargado con un trozo de canela o de acitrón dentro.* **2** *Extremo de las cuerdas o correas que forman el azote, más grueso que el resto.* **3** Objeto de *pasamanería alargado y hueco con el que se forman, por ejemplo, los flecos o las charreteras. **4** (Méj.) **Golpe que se da con una *trompa (juguete) en otra.* ≃ Cachada. **5** (Arg.) m. *Capororoca (árbol mirsináceo).* **6** (Ven.) **Rizo hecho en el pelo con tenacillas.*

canelón[2] (relac. con «canalón») **1** m. Canalón: canal o cañería que vierte el agua de los tejados. **2** *Carámbano largo y puntiagudo.

canelón[3] (del it. «cannellone») m. Lámina de *pasta de harina que, una vez hervida, se rellena de alguna vianda y se guisa en diferentes formas. ≃ Canalón.

canequí m. *Caniquí.*

canequita (dim. de «caneca»; Cuba) f. *Medida de capacidad para líquidos, equivalente a algo más de 2 litros.*

canero (del lat. «canarĭus», perruno; Ar.) m. **Salvado grueso.*

canesú (del fr. «canezou») **1** m. Pieza superior del cuerpo de los vestidos, formada por dos partes que recogen respectivamente el vuelo del delantero y de la espalda. **2** Parte superior de una camisa o blusa a la que van unidos el cuello, las mangas y el resto de la prenda.

caney (de or. taíno) **1** (Cuba) m. *Recodo de un *río.* **2** (Col., Cuba, Ven.) **Choza.* ≃ Bohío. **3** (Antill.) **Casa grande de los *caciques *indios.*

canez (de «cano»; ant.) f. *Canicie.*

canfín (¿del ingl. «candle fine», marca que llevaban ciertos bidones de petróleo?; Am. C.) m. **Petróleo.*

canfinflero (del lunfardo; Arg.; inf. y desp.) m. *Hombre que se gana dinero a costa de las prostitutas.* ≃ Rufián.

canfor o **canfora** (del ár. and. «kafúr», cl. «kāfūr», de or. sánscrito; ant.) m. o f. *Alcanfor.*

canga[1] (del celtolat. «cambĭca», madera curva) **1** (And.) f. *Yunta de *caballerías.* **2** (Sal.) **Arado para una sola caballería.*

canga[2] (del port. «canga», yugo) f. *Instrumento de suplicio usado en China, consistente en un círculo, un cuadrado o un triángulo de madera o, también, una tabla pesada con tres agujeros, en que se aprisionan la cabeza y las manos del condenado.* ⊙ *Suplicio aplicado con él.*

canga[3] (de «ganga²»; Am. S.) f. *Mineral de *hierro con arcilla.*

cangagua (Ec.) f. *Tierra que se emplea para hacer *adobes.*

cangalla[1] (de «canga¹») **1** (Sal.) f. **Andrajo.* **2** (Bol.) *Aparejo con *albarda para llevar carga.* **3** (Col.) n. *Persona o animal *flacos.* **4** (Arg., Perú) *Persona *cobarde o apocada.*

cangalla[2] (de «canga³»; Arg., Chi.) f. *Desperdicios de los *minerales.*

cangallar **1** (Chi.) tr. **Robar en las *minas ↘metales o minerales.* **2** (Chi.) **Defraudar al fisco.*

cangallero **1** (Chi., Perú) m. *Operario que roba metal o mineral en la mina donde trabaja.* **2** (Chi.) *Hombre que compra cangalla robada.* **3** (Perú) *Vendedor de objetos a bajo precio.*

cangallo (de «canga¹») **1** (Sal.) m. **Talón.* **2** (Sal.) *Objeto estropeado.* **3** (And.) *Persona *alta o muy *flaca.*

cangar (de «canga¹») **1** (Ast.) tr. **Ocupar un ↘sitio en donde se estorba, o indebidamente.* **2** (Sal.) *Quitar el turno uno a ↘otro, jugando a la *pina.*

cangilón (¿del lat. «congĭus», congio?) **1** m. Recipiente de los que sacan el agua en una *noria o el barro en una *draga. ≃ *Arcaduz. **2** *Cántaro o recipiente de otra forma, de barro o metal, que sirve para guardar o transportar líquidos o para medirlos.* **3** **Pliegue de los hechos con molde en los *cuellos apanalados o escarolados.*

cangre (Cuba) m. *Mata o tallo de yuca que se reserva para la siembra.*

cangreja (de «Cangrejo», nebulosa de la constelación de Toro) f. MAR. VELA cangreja.

cangrejal (Arg.) m. *Terreno pantanoso en que abundan ciertos cangrejos negruzcos.*

cangrejera f. *Agujero donde se meten los cangrejos.*

cangrejero **1** (*Ardeola ralloides*) m. *Ave zancuda parecida a la garza. **2** (Guat.; *Procyon lator* y *Procyon cancrivorus*) Animal mamífero carnívoro parecido al perro, que se alimenta de cangrejos.

cangrejito (dim. de «cangrejo»; Cuba) m. **Cruasán.*

cangrejo (dim. de «cangro») **1** m. Nombre aplicado vulgarmente a los *crustáceos decápodos de cuerpo redondeado. ⇒ Andarica, apancora, ARAÑA de mar, ástaco, barrilete, bogavante, cabrajo, cámbara, *cámbaro, cárabo, carramarro, cayarí, centola [centolla o centollo], ELEFANTE marino, jaiba, juey, lobagante, meya [noca o nocla], seboro, taracol. ➤ Caro. ➤ *Crustáceo. Decápodo. Macruro. *Marisco. **2** CANGREJO de río. **3** MAR. *Verga terminada por un extremo en una pieza semicircular llamada «boca de cangrejo», mediante la cual se ajusta al palo y puede subir y bajar a lo largo de él y girar a su alrededor.* ≃ PICO cangrejo. ⇒ Osta. **4** MAR. *Vela que se coloca en esa verga. **5** (inf.) *Nombre que se daba en Madrid a ciertos tranvías pintados de rojo que hacían el servicio en líneas largas y accidentadas y con muchas paradas.* **6** (C. Rica) **Cruasán.*

CANGREJO ERMITAÑO (especialmente, *Eupagurus bernardus*). Crustáceo decápodo de cuerpo blando que se aloja en las conchas vacías de caracoles marinos. ≃ Paguro, solitario.

C. DE MAR. *Cámbaro.

C. MORO (And., Hispam.). *Cangrejo de mar con manchas rojas.* ⇒ Jaiba.

C. DE RÍO (*Astacus fluviatilis*). Cierto *crustáceo macruro de río, comestible, de caparazón verdoso que se vuelve de un rojo intenso al cocerlo, con las patas delanteras grandes y provistas de pinzas. ≃ Ástaco.

COMO UN CANGREJO (inf.). Muy rojo por haber tomado el sol en exceso: 'Tiene la espalda como un cangrejo'.

V. «OJOS de cangrejo».

cangrena (ant.) f. *Gangrena.*

cangrenarse (ant.) prnl. *Gangrenarse.*

cangro (de «cancro») **1** (Col., Guat., Méj.) m. **Cáncer (tumor).* **2** (ant.) *Cangrejo.*

canguelo (¿del caló «kandela»?; inf.) m. *Miedo.

cangüeso (varias especies de los géneros *Gobius* y *Blennius*) m. *Pez de color pardo con manchas más oscuras, que exuda una materia viscosa.

canguil (Ec.) m. *Variedad de *maíz pequeño, muy estimada.*

canguis (inf.) m. Miedo. ≃ Canguelo.

canguro (del fr. «cangourou», del ingl. ant. «kangooroo», de or. australiano) **1** (varias especies, las más grandes del género *Macropus;* especialmente, el *Macropus giganteus* y el *Macropus rufus)* m. Mamífero marsupial de Australia y Nueva Guinea, herbívoro, con las patas posteriores mucho más largas que las anteriores; cuando está quieto, se apoya en ellas y en la cola, que es muy robusta. **2** n. Persona que cuida bebés o niños pequeños a domicilio por horas. ≃ Baby-sitter.

cania (del lat. «canĭa») f. **Ortiga menor (planta urticácea).*

caníbal (de «caríbal») **1** adj. y n. *Antropófago de las Antillas. ⊙ Antropófago en general. **2** adj. *Se aplica al *animal que come carne de los de su misma especie.* **3** (inf.) *Bruto o *salvaje.

canibalismo m. Cualidad de caníbal. ⊙ Circunstancia de existir caníbales.

canica[1] (del neerl. «knikker») f. *Bolita, generalmente de vidrio, que usan los niños para jugar, particularmente al «gua» o juego «de las canicas», que consiste en hacerlas rodar por el suelo, pegar a una con otra, e introducirlas en un pequeño hoyo, según ciertas reglas. ≃ Bola de gua. ⇒ Bolas, chócolo, gua, mochiliuna, pitas, pitos, trinca. ➤ Pitón. ➤ Boche, bote, gua, hoyo, vico.

canica[2] (del port. «cana», caña, canela) f. *Canela silvestre de la isla de Cuba.

caniche (fr.) m. Perro de pequeño o mediano tamaño, con abundante pelo ensortijado.

canicie (del lat. «canitĭes») f. Cualidad de cano.

canícula (del lat. «canicŭla», nombre dado a la estrella de Sirio) **1** f. Astron. *Tiempo en que la estrella de Sirio aparece aproximadamente a la misma hora que el Sol, antiguamente en la época más calurosa del año y ahora a fines de agosto.* **2** (lit.) Época más calurosa del año. ⇒ *Verano.

canicular 1 adj. De la canícula. **2** m. pl. **Días de la canícula.*

canicülario (del lat. «canicŭla», perrita) m. **Perrero (hombre encargado de expulsar los perros en las catedrales).*

cánido (del lat. «canis», perro) adj. y n. m. Zool. Se aplica a los animales *mamíferos carnívoros de la familia del perro y el lobo. ⊙ m. pl. Zool. Esa familia. ⇒ Adiva, adive, cangrejero, chacal, coyote, culpeo, dingo, lobo, papialbillo, patialbillo, *perro, zorro [o zorra].

canijo, -a (¿del lat. «canicŭla», perrita, aludiendo al hambre que pasan estos animales?; inf.) adj. y n. Se aplica a la persona o animal *débil, *enfermizo o *raquítico.

canil (de «can[1]») **1** m. *Pan de *perro.* ≃ Morena. **2** (Ast.) **Colmillo.*

canilla[1] (de «cano») adj. V. «uva canilla».

canilla[2] (del sup. lat. «cannella», dim. de «canna», caña) **1** f. Cualquier *hueso largo y delgado de la pierna o brazo. ⇒ Caña. ➤ Cañilavado. **2** *Hueso de los del ala del *ave.* **3** Parte más baja y delgada de la pierna. ≃ Garrón. **4** (inf.; n. calif.) Pierna muy delgada. ⇒ Canijo. **5** (Col., Perú) *Pantorrilla.* **6** (Arg., Chi.) *Espinilla de la pierna.* **7** Carrete en que se devana el hilo que forma la costura por la parte inferior en las máquinas de coser (el cual, en las antiguas, era largo y delgado). ⊙ Utensilio semejante en las máquinas de *tejer. ⇒ Encanillar. **8** *Tubo en la parte inferior de una *cuba o *tinaja, para dar salida al líquido.* ⇒ Canillero. ➤ *Espita. **9** (Arg., Par., Ur.) **Grifo (dispositivo que se puede abrir o cerrar para regular el paso de un líquido).* **10** Defecto de los tejidos consistente en una barra o lista formada por unas hebras de distinto color o grueso. **11** (Perú) *Juego de *dados.*

canillado, -a adj. *Se aplica al tejido en que hay canillas.* ≃ Acanillado.

canillera (de «canilla[2]») **1** f. *Pieza de la *armadura que protegía la espinilla.* ≃ Espinillera. **2** (Arg., Chi.) *Protección para las espinillas usada en algunos deportes.* ≃ Espinillera. **3** (Hispam.) *Temblor de piernas causado por miedo u otro motivo.*

canillero, -a 1 n. *Persona que hace canillas para tejer.* **2** m. *Agujero hecho en las tinajas o cubas para poner la canilla.* **3** (Sal.) **Mundillo (planta caprifoliácea).*

canillita (dim. de «canilla[2]»; Hispam.) m. *Vendedor callejero de periódicos.*

canilludo, -a (Hispam.) adj. *Zanquilargo.*

canime 1 m. (Col.; *Copaifera canime) Cierto árbol leguminoso del cual se obtiene un aceite medicinal.* **2** *(Dimorphandra oleifera)* Otro árbol leguminoso. ⇒ *Planta.

canina (de «canino») **1** f. **Excrementos de perro.* **2** (ant.) *Canícula.*

caninamente adv. **Rabiosamente.*

caninero m. *Hombre dedicado a recoger la canina para las tenerías.*

caninez f. **Hambre canina.*

canino, -a (del lat. «canīnus») **1** adj. De [o del] perro. ⊙ Como de perro. **2** adj. y n. m. Diente canino.
V. «hambre canina, lengua canina, letra canina».

caniquí (del port. «canequi») m. *Cierta *tela de algodón que venía antiguamente de la India.* ≃ Canequí.

canistel (Cuba; *Pouteria caimito) m. Árbol sapotáceo del grupo «sapote», de fruto comestible semejante al mango.* ⇒ *Planta.

canistro (del lat. «canistrum») m. *En arqueología, *cesta de junco.*

canivete (¿del cat. ant. o del gascón ant. «canivet», del fránc. «knif», cuchillo?; Sal.) m. **Navaja que usa la gente del campo, en forma de podadera.*

canje m. Acción de canjear: 'Canje de prisioneros [de notas diplomáticas o de valores]'.

canjeable («por») adj. Destinado a ser canjeado por una cosa que generalmente se expresa.

canjear (del it. «cangiare») («por») tr. *Cambiar una ↘cosa con ciertas formalidades. ⊙ («por») Entregarse recíprocamente ↘prisioneros de guerra, notas diplomáticas, etc. ⊙ («por») Entregar un ↘documento y recibir, a cambio, otro o la cosa que se expresa: 'Canjear un vale por comestibles'.

canjura (Hond.) f. *Cierto *veneno tan activo como la estricnina.*

canjuro (C. Rica; *Rourea glabra) m. Árbol conaráceo de cuyas raíces se obtiene una fibra muy resistente para hacer tejidos.* ⇒ *Planta.

canmiar (ant.) tr. **Cambiar.*

cannabáceo, -a (del lat. «cannăbis», cáñamo) adj. y n. f. Bot. *Se aplica a las plantas de la misma familia que el cáñamo y el lúpulo, que tienen el tallo con fibras tenaces, la flor en cima y el fruto en forma de pequeña nuez.* ⊙ f. pl. Bot. *Familia que forman.*

cánnabis (del lat. «cannăbis», cáñamo) m. Cáñamo índico.

cannáceo, -a (del lat. «canna», caña, y «-áceo») adj. y n. f. Bot. *Se aplica a las plantas de la misma familia que el cañacoro, que tienen hojas envainadoras en la base del tallo, flores en racimo o panoja y fruto en cápsula.* ⊙ f. pl. Bot. *Esa familia.*

cano, -a (del lat. «canus», blanco) adj. Se aplica al pelo, la barba o el bigote que tienen *canas, o a las personas que los tienen así.

canoa (de or. taíno) **1** f. *Barco pequeño de remo o con motor. ≃ Bote. ⇒ Acal, almadía, bote. ⊙ Barco muy ligero que llevan a bordo algunos buques, generalmente para uso del capitán o comandante. ⇒ *Lancha. **2** **Recipiente alargado, de forma y usos semejantes a los de la *artesa.* ⊙ (Chi.) *El empleado para dar de comer a los cerdos.* ⊙ (Col., C. Rica, Méj.) *El de una pieza en que se echa miel o leche, o se da de comer a los animales.* ⊙ (Cuba) **Recipiente en forma de cajón o de canal cerrado por los extremos.* ⊙ (C. Rica, Hond.) **Pesebre, o recipiente en que comen los animales.* **3** (Hispam.) **Canal, a veces de madera, para conducir agua.* **4** (Chi., C. Rica) *Canal de los *tejados, generalmente de cinc.* **5** (Chi., Nic.) *Vaina, grande y ancha, de los *coquitos de la palmera.*

canódromo (del lat. «canis», perro, y «-dromo») m. Lugar destinado a hacer *carreras de galgos. ⇒ Totalizador.

canon (del lat. «canon», del gr. «kanṓn», norma, regla) **1** (culto) m. Precepto sobre la manera de hacer algo: 'Esas obras no se ajustaban a los cánones del teatro clásico. Según los cánones de la cortesía'. ≃ *Norma, regla. **2** Decisión establecida por los concilios de la *Iglesia. **3** (culto) Tipo que se considera como perfecto e ideal entre los de su especie. ≃ Ejemplar, *modelo, prototipo. ⊙ Particularmente, figura humana de las proporciones ideales: 'El canon de Policleto'. ⇒ *Armonía. *Belleza. **4** Se aplica en ciertos casos particulares a una *renta o cantidad que se paga periódicamente a cambio del disfrute o uso de una cosa propiedad de alguien, particularmente del Estado, como reconocimiento de esa propiedad. ⊙ MINER. *Particularmente, cantidad que se paga por unidad métrica del producto extraído de las *minas.* ⇒ *Tributo. **5** DER. *Precio de un *arrendamiento rústico.* **6** **Censo.* **7** AGRÁF. **Tipo de letra de veinticuatro puntos.* **8** MÚS. Composición musical en que van entrando las voces sucesivamente, repitiendo cada una la melodía de la anterior. **9** Parte de la *misa que empieza con «te igitur» y acaba con el «páter nóster». **10** *Libro que usan los *obispos en la misa desde el principio del canon hasta terminar las abluciones.* **11** *Catálogo o *lista.* **12** *Catálogo de los libros sagrados admitidos como auténticos por la Iglesia católica.* ⇒ *Biblia. **13** (pl.) DERECHO canónico. **14** (inf.; pl.) Normas que, según la costumbre, rigen una actividad cualquiera: 'Pinta como mandan los cánones'.

CANON DE SUPERFICIE. MINER. *Canon pagado por la explotación de las minas.*

canonesa (de «canonisa») f. Mujer que en las abadías flamencas y alemanas hace vida conventual, pero sin hacer votos solemnes ni obligarse perpetuamente.

canonical adj. De canónigo.

canónicamente adv. De manera canónica.

canonicato m. Canonjía.

canónico, -a (del lat. «canonĭcus», regular) adj. Ajustado a los cánones; en lenguaje corriente, sólo refiriéndose a los cánones de la Iglesia. ⇒ Anticanónico.

V. «DERECHO canónico, HORAS canónicas, LIBROS canónicos».

canóniga (de «canónigo») f. **Siesta del CARNERO: siesta que se duerme antes de comer.*

canónigo (del lat. «canonĭcus») **1** m. *Eclesiástico que tiene un cargo y disfruta una prebenda en una iglesia catedral. ⇒ Calonge, canonje, dignidad. ➤ Catedral, colegiata. ➤ Arcediano, archidiácono, arcipreste, *chantre, deán, doctoral, lectoral, magistral, pavorde, penitenciario, prelado consistorial, racionero, tesorero. ➤ Cabildo, capítulo. ➤ Terzuelo. ➤ Concanónigo. ➤ *Eclesiástico. **2** (inf.) Por considerarse que los canónigos disfrutan una vida *regalada, se usa su nombre en muchas frases tales como 'bocado [o vida] de canónigo'.

CANÓNIGO DOCTORAL. El que es asesor jurídico del cabildo.

C. LECTORAL. El que es asesor del cabildo en cuestiones de teología.

C. MAGISTRAL. El que es predicador oficial del cabildo.

C. PENITENCIARIO. El que es confesor del cabildo.

canonisa (del b. lat. «canonissa») f. *Canonesa.*

canonista n. Persona que se dedica al derecho canónico.

canonización f. Acción de *canonizar.

canonizar (del b. lat. «canonizāre», del gr. «kanonízō») **1** tr. Declarar el papa *santa a cierta ↘persona anteriormente beatificada e incluirla en el catálogo de los santos. ⇒ Postulador. **2** **Alabar exagerada o inmerecidamente a ↘alguien o algo.*

canonje (del occit. «canonge»; ant.) m. **Canónigo.*

canonjía (de «canonje») **1** f. Cargo y *prebenda de *canónigo. **2** (inf.) Cargo de mucho provecho y poco trabajo. ≃ *Prebenda.

canonjible (ant.) adj. *De [o del] canónigo o de [la] canonjía.*

canope (del fr. «canope») m. **Vasija destinada en las tumbas egipcias a contener las vísceras de los *cadáveres momificados.*

canoro, -a (del lat. «canōrus»; culto) adj. Se aplica a las *aves o *pájaros que *cantan: 'Las aves canoras. El canoro ruiseñor'.

canoso, -a (del lat. «canōsus») adj. Se aplica a la persona que tiene abundantes canas. ⇒ Rucio.

canotier (del fr. «canot», canoa, porque este sombrero era típico de los excursionistas de las orillas del Sena o del Marne que paseaban en canoa; pronunc. [canotié]) adj. y n. m. SOMBRERO canotier.

canquén (del mapuche «canqueñ»; Chi.; *Chloephaga picta* y otras especies del mismo género) m. *Nombre de varias especies de anátidas sudamericanas.* ≃ Cauquén.

cansadamente 1 adv. Con cansancio. **2** Con pesadez.

cansado, -a Participio de «cansar[se]». ⊙ («Estar») adj. Con cansancio, con las fuerzas físicas o espirituales muy disminuidas; por ejemplo, por la edad, el trabajo o las penalidades: 'Estoy cansado de oír siempre lo mismo. Está cansado de esperar. Si estáis cansados, nos sentaremos debajo de este árbol'. ≃ Agotado, trabajado. ⊙ («Estar») Se aplica a la *tierra falta de sustancia por haber producido ya muchas plantas. ⊙ *Aplicado a personas, *pesado.* ⊙ («Estar») Haber hecho ya muchas veces cierta cosa y estar muy *acostumbrado a hacerla o tenerla muy sabida: 'Estoy cansado de hacer problemas de ese tipo'. ≃ Harto. ⇒ *Experiencia. ⊙ («Ser») Se aplica a la acción que produce cansancio: 'Es cansado subir a pie hasta la cima'. ≃ Fatigoso, pesado. ⊙ («Ser») Aplicado a cosas, fastidioso por insistente: 'Es cansado oír todos los días la misma recomendación'. ≃ Aburrido, *pesado.

V. «VISTA cansada».

cansancio 1 m. Acción y efecto de cansar[se]. ⊙ Sensación de estar cansado, de no poder moverse, no poder trabajar más, etc. **2** Aburrimiento o *fastidio.

CAERSE DE CANSANCIO. Estar muy cansado.

cansar (del lat. «campsāre», entre marineros, volver, doblar, del gr. «kámpsai») **1** tr. Gastar las fuerzas físicas de

↘alguien un trabajo o esfuerzo: 'Me cansa subir las escaleras'. ≃ Fatigar. **2** intr. Acabar una cosa produciendo *disgusto, por ser muy persistente o repetirse mucho: 'Ir todos los días al cine cansa. Siempre la misma comida, aunque sea buena, acaba por cansar'. ≃ Aburrir, hartar, hastiar. **3** AGRIC. Agotar las plantas la sustancia de la ↘tierra. **4** («de», «con») prnl. Experimentar cansancio físico. **5** («de, con») Sentir disgusto por la excesiva persistencia o repetición de algo. **6** AGRIC. Agotarse las sustancias de la tierra.

NO CANSARSE DE cierta acción. Realizarla una y otra vez por considerar necesaria o conveniente la insistencia: 'No me cansaré de repetirte que vayas con cuidado en este asunto'.

SIN CANSARSE. Insistente o *pesadamente.

□ CATÁLOGO

*Abrumar, agobiar, dejar [o quedar] AGOTADO, agotar[se], no poder con su ALMA, echar los BOFES, delaxar, dejar [o quedar] DERRENGADO, *derrengar, desalentar, descoyuntar[se], dejar [o quedar] DESLOMADO, deslomar[se], dejar [o quedar] DESRIÑONADO, desriñonar[se], destroncar[se], destrozar[se], extenuar[se], fatigar[se], herniarse, hipar, no poder con sus HUESOS, tener los HUESOS molidos, dejar [o quedar] HUNDIDO, hundir, lasarse, echar la LENGUA, llevar la LENGUA fuera, machacar, moler, dejar MOLIDO, caerse a PEDAZOS, no poder tenerse de PIE, no PODER consigo mismo, no PODER más, rendir[se], no poder RESPIRAR, reventar[se], pasar TRABAJOS, TRAER a mal traer, tronchar[se], tronzar[se]. ➤ Agotado, anheloso, hecho AÑICOS, atrabajado, hecho una BRAGA, cansado, cansino, cansío, canso, cascado, cefrado, hecho CISCO, derrotado, desfallecido, deshecho, deslomado, despernado, destrozado, exhausto, extenuado, hecho FOSFATINA, gandido, gastado, hecho un GUIÑAPO, hecho HARINA, jadeante, laso, con la LENGUA [o un PALMO de lengua] fuera, *maltrecho, matado, hecho MIGAS, medio MUERTO, muerto, hecho PAPILLA, hecho PEDAZOS, hecho PICADILLO, hecho POLVO, hecho PURÉ, rendido, sin respiración, reventado, roto, hecho TABACO, trabajado, hecho TRIZAS, tullido, hecho unos ZORROS. ➤ Moledura, molienda, molimiento, paliza. ➤ Agotamiento, cansancio, cansera, desfallecimiento, desmadejamiento, flojedad, lasitud, surmenage. ➤ Agotador, cansoso, extenuante, fatigoso, trabajoso. ➤ Agujetas. ➤ *Jadear. ➤ Aborrecer, *aburrir, doler el ALMA de..., cargar[se], enhastiar[se], estar hasta el GOLLETE, hartar[se], heder, hincharse las NARICES. ➤ Ahíto, hasta [por encima de] la CABEZA, hasta la CORONILLA, *harto, hasta las NARICES, hasta los PELOS, hasta la PUNTA de los pelos. ➤ Aburrimiento, *fastidio, *pesadez, saciedad. ➤ *Pesado. ➤ ¡BUENO está lo bueno! ➤ Suspiro. ➤ ¡Uf! ➤ *Descansar, *incansable. ➤ *Aburrir. *Ajetrear. *Baquetear. *Exasperar. *Fastidiar. *Maltratar. *Marear. *Molestar. *Trabajar.

canselo (Nic.) m. *Cancel.*

cansera (de «cansar») **1** f. **Lata o *fastidio.* **2** (Sal.) **Pereza producida por cansancio.* **3** (Hispam., Mur.) **Pesadez.* ⊙ *Pesadez con que marcha un asunto.*

cansí m. **Choza del *cacique entre los *indios de Cuba en la época del descubrimiento.*

cansino, -a adj. Se dice del que muestra pocas fuerzas o energías por estar cansado. ⊙ *Lento o *perezoso: 'Paso cansino. Un burro cansino'.

cansío, -a (Sal.) adj. *Cansado.*

canso, -a (Ar., Cast. V., Hispam.) adj. *Cansado o cansino.*

cansoso, -a (ant.) adj. *Cansado (causante de cansancio).*

canstadiense adj. y n. m. GEOL. *Se aplica a la época geológica que corresponde a la presencia del hombre de Canstadt, llamado así por haber sido hallados por primera vez sus restos fósiles en esa ciudad.*

canta (Ar.) f. *Canción.*

cantabile (it.; pronunc. [cantábile]) m. MÚS. Anotación con que se indica en las partituras que el pasaje debe ser ejecutado acentuando la melodía. ⊙ MÚS. Pasaje que se ejecuta de esta forma.

cantable 1 adj. Apto para ser cantado. **2** m. MÚS. Fragmento de una obra musical donde tiene especial relevancia la melodía. **3** MÚS. Parte cantada del libreto de una zarzuela. **4** MÚS. Escena de una zarzuela en que los protagonistas cantan, para distinguirla del pasaje en que sólo hablan.

cantábrico, -a (del lat. «Cantabrĭcus») **1** adj. Se aplica como denominación al mar que baña la costa norte de España y a la cordillera que se extiende paralela a la costa en esta zona. **2** De Cantabria, del mar Cantábrico y sus costas o de la cordillera Cantábrica.

cantabrio, -a (del lat. «Cantabrĭus») adj. y, aplicado a personas, también n. *De la antigua Cantabria.* ≃ Cántabro.

cántabro, -a (del lat. «Cantăber, -bri») adj. y, aplicado a personas, también n. De Cantabria, antigua región del norte de España y actuales provincia y comunidad autónoma. ⇒ *Santanderino.

cantaclaro (inf.) m. Persona que no tiene reparo y hasta encuentra gusto en decirles a otras lo que piensa de ellas aunque sea desagradable. ⇒ *Verdades.

cantada f. *Cantata.*

cantadera (de «cantar[1]»; ant.) f. *Cantadora.*

cantado, -a Participio adjetivo de «cantar».

ESTAR algo CANTADO (inf.). Ser muy evidente que iba a ocurrir: 'La elección del nuevo presidente estaba cantada'.

V. «MISA cantada».

cantador 1 (ant.) adj. y n. *Cantor.* **2** n. *Persona que se dedica a cantar.* ⇒ Cantaor.

cantal 1 m. *Canto (piedra).* **2** *Cantizal.*

cantalapetrense adj. y, aplicado a personas, también n. *De Cantalapiedra, población de la provincia de Salamanca.*

cantalear (de «cantar[1]») intr. **Arrullar las palomas.*

cantaleta (de «cantar[1]») **1** («Dar») f. *Ruido o confusión de voces e instrumentos con que se hacía *burla de alguien.* ⊙ *Canción burlesca que se le cantaba a alguien, generalmente por la noche.* **2** **Chasco dado a alguien.* **3** Cantinela.

cantaletear 1 (Méj.) intr. *Dar cantaleta (hacer burla).* **2** (Hispam.) *Repetir insistentemente las cosas.*

cantalinoso, -a (de «cantal») adj. **Pedregoso.*

cantamañanas (inf.) n. Persona a la que no se le otorga crédito ni consideración.

cantante n. Persona que canta. ⊙ Particularmente, el que se dedica profesionalmente a cantar.

cantaor, -a n. Cantante de flamenco.

cantar[1] (del lat. «cantāre») **1** tr. o abs. Emitir con la boca abriéndola y cerrándola (no silbando) *sonidos musicales, formando o sin formar palabras: 'Se pasa el día cantando. Canta muy bien la jota'. **2** tr. *Decir ↘algo con entonación en que se aprecia cierta melodía; como los números de la lotería. **3** Decir literariamente, en prosa o en verso, las ↘excelencias de ↘algo o dirigirse a ↘alguien *alabándole: 'Cantar la naturaleza. Cantar a la amada'. En tono irónico, se aplica también al lenguaje corriente: 'Se pasó la tarde cantándome las excelencias de su país [o las ventajas de vivir solo]'. **4** tr. o abs. En algunos juegos de *baraja, tener dos figuras del mismo palo, rey y sota o rey y caballo, según se convenga, lo que vale 40 ó 20 puntos, según que sean del mismo o de distinto palo que el triunfo, y manifestarlo: 'Estaba esperando hacer una baza para cantar las cuarenta'. **5** tr. En el juego del bingo, anunciar en voz alta que se ha obtenido un ↘premio: 'Cantar un bingo [o una línea]'. **6** intr. *En ciertos juegos de naipes, decir el punto y calidades.* **7** Producir sonidos armoniosos los *pájaros. ⊙ Emitir el gallo su voz característica. **8** Producir su voz o sonido propio algunos insectos, como la cigarra o el grillo, y otros animales, como la rana. **9** MÚS. *Ejecutar con el instrumento correspondiente el canto de una pieza concertante.* **10** *Producir algunos objetos en determinadas circunstancias ciertos sonidos no desagradables; por ejemplo, un cántaro u otra vasija de boca estrecha cuando ya le falta poco para acabar de llenarse:* 'Ya canta el botijo'. **11** (inf.) *De los instrumentos musicales se dice que cantan bien o mal, refiriéndose a la armonía de sus voces.* ≃ *Sonar. ⊙ (inf.) *Producir ciertos objetos al apretarlos, al funcionar, etc., un sonido por el cual se aprecia su calidad:* 'Esta sandía canta bien. El motor de mi coche canta que da gusto'. **12** Rechinar o sonar los ejes u otras piezas de los *carruajes cuando éstos se mueven. ⊙ (inf.) *Sonar las abrazaderas del fusil chocando contra el cañón.* **13** MAR. **Avisar.* ⊙ *O hacer sonar el pito para dar una señal de *mando.* **14** *Salomar (acompañar un esfuerzo o trabajo con una cadencia).* **15** (inf.) *Confesar: 'Le han hecho cantar y ha descubierto a sus cómplices'. **16** (inf.) Llamar excesivamente la atención una cosa: 'El cuadro nuevo canta mucho en esa pared'. **17** (inf.) Oler mal: '¡Cómo le cantan los pies!'.

CANTARLAS CLARAS. *Reprender a una persona o decirle abiertamente las quejas que se tienen de ella. ⇒ *Desahogarse, descararse.

CANTAR DE PLANO alguien. Decir todo lo que sabe de cierta cosa; particularmente, en una declaración judicial.

V. «cantar la CARTILLA, COSER y cantar, cantar las CUARENTA».

V. «en menos que canta un GALLO».

V. «cantar el KIRIELEISÓN, cantar la PALINODIA, cantar el TRÁGALA, cantar VICTORIA».

□ CATÁLOGO

Otra raíz, «melo-»: 'filomela, melodrama, melómano'. ➤ Lírico, mélico. ➤ Canticar, canturrear, canturriar, cantusar, capitular, contrapuntear, coplear, corear, discantar, entonar, gargantear, gorgorear, gorgoritear, impostar, jacarear, jalear, jijear, jipiar, modular, salmear, salmodiar, salomar, solfear, tararear [o tatarear], vocalizar. ➤ Afinar, arrancarse, entrar, repentizar, responder. ➤ Berrear, chirriar, desafinar, desentonar, graznar. ➤ Hacer el BARBO. ➤ Estar en VOZ. ➤ AVES Y PÁJAROS: chirlear, chirriar, gorgorito, gorjear, piar, trinar. ➤ Arrullar. ➤ ¡Quiquiriquí! ➤ Arpado, canoro, cantador, cantarín, cantor, gárrulo, gorjeador, harpado, parlero. ➤ Acento, aire, MÚSICA armónica, MÚSICA llana, MÚSICA vocal. ➤ Melodía. ➤ Sinfonía. ➤ Recitado, ESTILO recitativo. ➤ Pieza. ➤ Epinicio, nenia, tragedia. ➤ Alabado, aleluya, angélica, antífona, benedictus, gozos, *himno, hosanna, improperios, invitatorio, magníficat, motete, oratorio, pange lingua, pasillo, salmo, salmodia, stabat, tantum ergo, tedéum, trisagio, vísperas. ➤ Gorigori, miserere, obsequias, treno. ➤ Antifonal, antifonario, antifonero, cantoral, himnario, LIBRO antifonal, LIBRO antifonario, LIBRO de coro, LIBRO entonatorio, pasionario, santoral, tonario, vesperal. ➤ Albada, albazo, alborada, antistrofa, balata, barcarola, blues, canción, CANCIÓN de cuna, CANCIÓN protesta, canta, cantada, cantaleta, cantata, cántico, cantiga, cantilena, canto, chacona, concento, concertante, contrabajete, copla, coral, cuarteto, cuatro, cuplé [o couplet], dueto, dúo, endecha, epodo, estrofa, *himno, lied, melisma, monodia, nana, nocturno, pastorela, quinteto, romanza, rurrupata, serena, serenata, sexteto, terceto, tonada, tonadilla, trípili, trova. ➤ AIRE popular, alalá, alboreada, alegrías, andola, areito, bolero, bulerías, cachucha, calesera, cante, CANTE flamenco, caña, carcelera, caracol, chacona, copla, corea, corralera, corrido, CORRIDO de la costa, cumbia [o cumbiamba], debla, fado, farruca, granadina, guaiño, guajira, HABAS verdes, jabera, jacarandina, liviana, malagueña, mañanitas, martinete, marzas, mayos, milonga, minera, payada, PAYADA de contrapunto, pesamedello, petenera, playera, polo, praviana, ranchera, rondeña, rumba, saeta, seguidillas, SEGUIDILLAS manchegas, seguiriya [o siguiriya], serrana, soleá, soleares, soledad, son, tango, taranta, temporera, tirana, toná, triste, verdiales, vidalita, villancejo, villancete, villancico, villanesca, vito, yaraví, zarabanda, zorcico, zorongo. ➤ Guayado. ➤ Carmañola, HIMNO de Riego, internacional, marsellesa, trágala. ➤ *Aria, bel canto, cantable, cavatina, ópera, zarzuela. ➤ *Saloma. ➤ Karaoke. ➤ Almea, bayadera, cantadera, cantador, cantante, cantaor, cantatriz, cantautor, cantor, capiscol, *chantre, CHICA de conjunto, comprimario, corista, cupletista, divo, escolano, evangelista, evangelistero, infante, INFANTE de coro, infantico, infantillo, jacarero, jacarista, juglar, MAESTRO concertador, milonguero, *NIÑO de coro, operista, orfeonista, pallador, partiquino, pasionero, pasionista, payador, prima donna, primicerio, primiclerio, rapsoda, romancero, saetero, saetista, seise, socapiscol, sochantre, solista, solo, suripanta, tonadillera, vedette, veintenero, versiculario, vicetiple, vocalista, voz. ➤ VOZ de cabeza. ➤ Capilla, coral, *coro, escolanía, orfeón. ➤ Concierto, recital. ➤ Ronda, rondalla. ➤ Zarabandista. ➤ Bajo, bajón, BAJO cantante, BAJO profundo, barítono, contrabajo, contralto, mezzosoprano, soprano, tiple, TIPLE ligera. ➤ Cantábile, cantable. ➤ Cola, despedida, obligado, preludio, retornelo, tercio. ➤ Disyunta, falsete, gallipavo, gallo, gorgorita, gorgorito, hipido, jipío, PASO de garganta. ➤ Mordente, neuma. ➤ Contrapunto, fabordón. ➤ Alectomancia. ➤ Letra. ➤ Tetragrama. ➤ *Tono, voz. ➤ Pegarse al OÍDO. ➤ *Música.

cantar[2] (de «cantar[1]») **1** m. Composición poética de carácter popular, a propósito para ser cantada. ⊙ La misma composición, cantada. **2** *Cierta saloma de los trabajadores.*

CANTAR DE GESTA. Poema épico medieval. ≃ Canción de GESTA.

V. «cantar con la CABEZA».

ÉSE ES OTRO CANTAR (inf.). Se dice para significar que lo que acaba de decirse por alguien modifica la situación, cambia el aspecto de las cosas o es cosa distinta de lo que se había dicho antes. Expresa también que cierta cosa o asunto a que se alude es distinto y no tiene nada que ver con lo que se está tratando. ≃ Ésa es otra CANCIÓN. ⇒ *Incongruente. *Diferir.

cántara **1** f. En algunos sitios, cántaro. **2** *Vasija de metal de forma de cántaro que se usa particularmente para el transporte de *leche.

cantarada (en algunos pueblos) f. *Obsequio de un cántaro de vino que los mozos del pueblo exigen al forastero para dejarle hablar por primera vez en la reja con una joven.* ⇒ *Cortejar.

cantaral (de «cántaro»; Ar.) m. *Cantarera.*

cantarano m. *Mueble mitad cómoda, mitad escritorio.*

cantarela (del it. ant. «cantarello», cantador) f. *Cuerda prima del violín o la guitarra.

cantarera f. Poyo de albañilería o armazón de madera en que se ponen los cántaros. ⇒ Zafariche.

cantarero (de «cántaro») m. Alfarero.

cantárida (del lat. «canthăris, -ĭdis»; *Lytta vesicatoria)* f. Insecto coleóptero, de élitros casi cilíndricos, de color verde metálico, que vive en las ramas de los tilos y los fresnos y se empleaba en medicina como *vejigatorio. ⇒ *Carraleja.

cantarilla (dim. de «cántara») f. **Jarra de barro sin barnizar.*

cantarín, -a (inf.) adj. Se aplica a quien le gusta cantar. ⊙ Se aplica a lo que produce un sonido armonioso, como las fuentes, ríos y cosas semejantes. ⇒ *Cantar.

cántaro (del lat. «canthărus», cierta vasija con dos asas, del gr. «kántharos») **1** m. *Recipiente, generalmente de barro, panzudo y de boca y fondo estrechos, que se emplea, particularmente en los pueblos, para transportar y tener el *agua. ⇒ Cántara, múcura. ➤ Alcarraza, *botijo. **2** Medida usual para *vino, diferente en las distintas regiones. **3** (Ar.) *Cierto *tributo municipal sobre el aceite y el vino, que se pagaba al vender la cosecha.* **4** *Recipiente en que se echaban las bolas o papeletas para *votar o hacer *sorteos.* ⇒ Desencantarar. **5** (Méj.) **Bajón (instrumento musical).*

V. «ALMA de cántaro».

LLOVER A CÁNTAROS. *Llover mucho.

V. «MOZA de cántaro».

TANTO VA EL CÁNTARO A LA FUENTE... Refrán con que se comenta o se advierte el peligro de ponerse repetidamente en ocasión de recibir daño. Antiguamente solía terminarse con «que deja el asa o la frente». Hoy suele dejarse en la forma suspensiva escrita antes o terminarse con «que, al fin, se rompe». ⇒ Imprudencia.

cantarrana (de «cantar[1]» y «rana»; Ál.) f. **Juguete hecho con una cáscara de nuez tapada con un pergamino y sujeta a un hilo, con el que se imita el croar de la rana.*

cantata (del it. «cantata») **1** f. LITER. Composición poética de alguna extensión destinada a ser puesta en música para ser cantada. **2** **Cantinela.* **3** MÚS. Composición musical para coro y orquesta, surgida en Italia en el siglo XVII, muy cultivada durante el Barroco.

cantatriz (del lat. «cantātrix, -īcis») f. *Mujer cantante.*

cantautor, -a n. Cantante que compone las canciones que él mismo interpreta.

cantazo (aum. de «canto[2]»; pop.) m. *Pedrada.

cante (de «canto[1]») **1** m. *Canto.* **2** Canto popular. ⊙ Particularmente, el flamenco. **3** (inf.) Olor desagradable.

CANTE FLAMENCO. Estilo de canto popular andaluz, emparentado por su melodía y ritmo con el canto árabe y caracterizado por su ritmo ondulante y recargado de inflexiones. Entre los estilos de cante flamenco están las bulerías, el fandango, las malagueñas, etc. ≃ Cante. ⇒ Bulerías, cartagenera, fandango, malagueña, petenera, seguidilla, soleá, sevillana, tango. ➤ Macho.

C. JONDO (la «j» se debe a la pronunciación andaluza de «hondo»). Modalidad del cante flamenco de profundo sentimiento, generalmente de carácter melancólico o quejumbroso.

DAR EL CANTE. **1** (inf.) Llamar la atención alguien por tener un comportamiento o una forma de vestir censurable: 'Un grupo de colegiales iban dando el cante en el autobús. Con esos pantalones tan desgastados va dando el cante'. ⊙ (inf.) Resultar algo muy llamativo; como un fallo, error, equivocación, etc.: 'La obra tiene algunos fallos que dan mucho el cante'. **2** (inf.) Avisar a alguien de lo que está haciendo otro; particularmente, para denunciarlo: 'La policía se incautó de varios kilos de droga porque alguien les había dado el cante'.

canteado, -a *Participio de «cantear».* ⊙ adj. Se aplica a la piedra, ladrillo, etc., colocado de canto.

cantear (de «canto[2]») **1** tr. *Labrar los *bordes de una ↘piedra, una tabla, etc.* ⊙ (Chi.) *Labrar los sillares.* ⇒ *Cantería. **2** *Poner de canto piedras o ladrillos.* **3** (Sal.) **Apedrear.*

cantegriles (Ur.) m. pl. *Chabolas.*

cantel (del cat. «cantell») m. MAR. *Pedazo de *cabo que se emplea para sujetar la pipería.*

cantera (de «canto[2]») **1** f. Sitio de donde se extrae *piedra. ⇒ Lanchar, lapizar, pedrera ➤ Escombros. **2** Lugar donde surgen o se forman muchas personas capacitadas para ejercer determinada profesión o actividad: 'Ese colegio ha sido siempre cantera de políticos'.

cantería (de «cantero») f. Arte de labrar las *piedras para la construcción. ⊙ Trabajo de construcción hecho de piedra labrada.

□ CATÁLOGO

Estereotomía, montea. ➤ Almohadillar, aplantillar, asalmerar, desbastar, despezar, dolar, dovelar, encorchetar, encuartar, escasear, escodar, escuadrar, falsear, labrar, picar, recuñar, relabrar. ➤ Almohadado [o almohadillado], ÁNGULO de corte, despezo, falseo. ➤ Almohadilla, chambilla, dovela, lápida, losa, mampostería, sillar, tranquero. ➤ Mano. ➤ Rocalla, saltadura. ➤ Laja, lancha, lancho, lasca, lastra, tasquil. ➤ Baivel, chantillón, cincel, cintrel, cucarda, doladera, dolobre, escantillón, escoda, escoplo, escota, fija, garlopín, gnomon, maceta, martellina, norma, pica, pico, puntero, sierra, tirador, trinchante. ➤ Litocola. ➤ Cantero, labrante, lapidario, pedrero, picapedrero. ➤ *Piedra.

canterios (del lat. «cantherĭus», caballo castrado) m. pl. CONSTR. *Vigas transversales en una *armadura de tejado.*

canterito m. *Pedazo pequeño de *pan.*

canterla (Ast.) f. *Cantesa.*

cantero (de «canto[2]») **1** m. Hombre que tiene por oficio labrar piedras. ⇒ Cantería. **2** (pop.) CANTO de pan. ⇒ Descanterar. **3** (pop.) **Esquina.* **4** (Ar., Sal.) *Trozo de una *finca, de cierta extensión.* **5** (Hispam.) *Cuadro de jardín.* ⇒ *Bancal.

cantesa (de «canto[2]») f. *Abrazadera de hierro o alambre con que se refuerzan los *zuecos cuando se agrietan.* ≃ Canterla.

cantía (ant.) f. *Cuantía.*

cántica (del lat. «cantĭca», pl. de «cantĭcum», cántico; ant.) f. *Cantar.*

canticar (del lat. «canticāre»; ant.) intr. *Cantar.*

canticio (de «cantar[1]») m. *Canto repetido y pesado.*

cántico (del lat. «cantĭcum») **1** m. Canto religioso, solemne o de exaltación: 'Cánticos de alegría'. **2** Canto (poesía).

cantidad (del lat. «quantĭtas, -ātis») **1** f. *Aspecto por el que se diferencian entre sí las porciones de la misma cosa o los conjuntos de la misma clase de cosas, por el cual esas porciones o esos conjuntos se pueden medir o contar. **2** *Porción de una cosa, de cierta magnitud, peso o número: 'Ésta es la cantidad de tela que necesitas. La cantidad de albúmina [o de glóbulos rojos] que hay en la sangre'. **3** (inf.) Porción o número grande de una cosa: 'Ha recibido cantidad de cartas'. ⊙ (inf.) adv. Mucho: 'Me gustó cantidad el concierto'. **4** f. Número, cifra: 'Apuntó una cantidad en el papel'. **5** Cantidad de *dinero. Se usa, por ejemplo, en el texto que hay que rellenar en los recibos 'He recibido de Pérez S. A. la cantidad de cincuenta mil pesetas'. ⇒ Una cantidad. **6** FON. Duración de un sonido.

CANTIDAD DE... (inf.). Expresa gran cantidad o alto grado: 'Había cantidad de gente en el concierto'.

EN CANTIDAD. En cantidad importante: 'Necesitamos adquirir tejidos de algodón en cantidad'. ⊙ (inf.) Mucho: 'Me reí en cantidad con la película'.

EN CANTIDADES INDUSTRIALES (inf.). Mucho: 'Tiene dinero en cantidades industriales'.

UNA CANTIDAD. Una cantidad de *dinero: 'Le presté una cantidad que todavía no me ha devuelto'.

□ FORMAS DE EXPRESIÓN

Las notas que siguen se refieren a la expresión de la cantidad de «una cosa», no a la cantidad o número «de cosas», de la que se trata en «número».

La cantidad determinada de una cosa se expresa con un nombre de medida seguido de «de»: 'Cuatro litros de leche'. La cantidad indeterminada, pero calificada, se expresa con adjetivos-adverbios de cantidad: «algo, bastante, demasiado, más, mucho, poco, suficiente». De ellos, «algo» es solamente adverbio y se aplica a un nombre sólo en forma partitiva: 'Me queda algo de dinero'. Los otros se pueden usar como adverbios, 'trabaja demasiado', o como adjetivos, 'tiene demasiadas pretensiones'. «Poco» se sustantiva y se emplea en forma partitiva como «algo»: 'Me dio un poco de vergüenza. El poco de pan que le quedó se lo dio a un perro'.

Para referirse a una cantidad indeterminada y no calificada, en las oraciones interrogativas y de relativo, así como en la unión de oraciones, se emplea «cuanto»: '¿Cuánto cuesta? Me gustaría saber cuántos años tiene. Tiene todo cuanto necesita. Ofrezco cuanto tengo'. En lenguaje familiar, este pronombre se sustituye por «qué» o «que» en estas dos formas: 'Quiero saber qué tela necesito. Quiero saber la tela que necesito'. Puede «cuanto» sustituirse por «lo que», si se emplea en forma partitiva: 'Lo que le falta de inteligencia lo tiene de pillo'. Si la cosa es dinero o bienes de fortuna, no hace falta expresarlo: 'Nadie sabe lo que tiene ese hombre. No sé lo que cuesta'.

□ CATÁLOGO

Cuantía, cuantidad, cuánto, suma, un tanto. ➤ Parte, porcentaje, porción, TANTO por ciento, tasa. ➤ Pico. ➤ Unidad. ➤ Aproximada, negativa, positiva, redonda. ➤ Acuantiar, alcanzar, ascender, aumentar, disminuir, hacer, importar, llegar, montar, remontarse, subir, sumar. ➤ Tasar. ➤ Función, incógnita, resultado. ➤ Doblería, dosis, *ración, toma, tomadura. ➤ Bocado, bocanada, brazada, brazado, capada, capillada, carga, carretada, cucharada, cucharadita, culín [o culito], dedada, haldada, manada, miaja, paletada, pellizco, *pizca, porción, pulgarada, puñado, puño, ración, sartenada, sombrerada, sorbo, trago, viaje. ➤ V. para cantidades de lo que cabe en ciertos recipientes, los nombres de los recipientes; y para cantidades o medidas particulares de ciertas cosas, el nombre de estas cosas. ➤ *Bastante, *excesivo, *grande, *insignificante, *insuficiente, *mayor, *mediano, *menor, *mucho, *pequeño, *poco, suficiente. ➤ Alrededor de, aproximadamente, casi, cuan, harto, *más, a lo MÁS, cuando MÁS, cuanto MÁS, mientras MÁS, *menos, a lo menos, cuando MENOS, por lo menos, la MITAD y otro tanto, *mucho, cuando MUCHO, *nada, en NÚMEROS redondos, *poco, por poco [muy poco], prácticamente, tan, tanto, por TÉRMINO medio. ➤ En comparación, en proporción, relativamente. ➤ *Cuenta. *Dimensión. *Magnitud. *Medir. *Miaja. *Número.

cantiga o, menos frec., **cántiga** f. Nombre de ciertas composiciones poéticas destinadas a ser cantadas, particularmente las de Alfonso X el Sabio a la Virgen María.

cantil (de «canto²») **1** m. Suelo en forma de escalón en la *costa o en el fondo del mar. ⇒ Acantilado, acantilar. **2** (Hispam.) *Borde de un *despeñadero.* **3** (Guat.) *Cierta *serpiente grande.*

cantilena (del lat. «cantilēna») **1** f. LITER. Composición poética breve, hecha para ser cantada. ≃ *Canción. **2** *Cantinela.*

cantiléver (ingl.) m. *Voladizo.*

cantillo **1** m. *Dim. de «canto».* ⇒ Descantillar, escantillar. ⊙ *Piedra pequeña con que se juega al *juego llamado «de los cantillos», que consiste en echar cuatro de ellas al suelo e irlas recogiendo a la vez que se lanza otra al aire, según ciertas reglas.* ⇒ Chinata, pedreta, pita, pito, pitón, taquichuela. ➤ *Taba. **2** **Esquina.* ≃ Cantón.

cantimpla (Arg.) adj. y n. **Bobo o boba.*

cantimplora (del cat. «cantimplora») **1** f. **Sifón de trasvasar líquidos.* **2** Vasija para llevar *agua en viajes o excursiones, aplanada, con cuello estrecho como el de un frasco; generalmente son de aluminio revestidas de fieltro. ≃ Caramañola, caramayola. **3** (Col.) *Frasco de la *pólvora.* **4** (Sal.) **Olla grande.* **5** (Sal.) **Odre o vasija grande para vino.* **6** (Guat.) **Bocio.*

cantina (del it. «cantina») **1** f. *Sótano donde se guarda el *vino para el consumo de la casa.* **2** *Pieza de la casa donde se tenía el *agua para beber.* **3** *Local público, aislado o formando parte de algún establecimiento, por ejemplo en una universidad o en una estación de ferrocarril, donde se venden bebidas y cosas de comer. ≃ Caramanchel. **4** (Am. S.) *Restaurante rústico o taberna.* **5** (ant.) **Caja o estuche para llevar provisiones en los viajes, excursiones, etc.* **6** (Méj.; pl.) *Dos estuches cuadrados de cuero con tapa, colocados junto al borrén trasero de la silla, uno a cada lado, para llevar provisiones.* ⇒ *Guarnición.

cantinela (inf.) f. Cosa que se repite pesadamente. ≃ Cantaleta, cantata, cantilena. ⇒ Canción.

cantinera (de «cantinero») f. *Mujer que va con la tropa sirviendo bebidas a los *soldados.* ⇒ Rifarrafa, vendedora, vivandera.

cantinero, -a n. Persona que tiene o atiende una cantina.

cantinflear (de «Cantinflas», famoso personaje del cine mejicano) **1** (Méj.) intr. *Hablar de forma incongruente y sin decir nada.* **2** (Méj.) *Actuar de forma disparatada.*

cantiña (gall.) f. **Copla para ser cantada.*

cantizal m. Terreno en que hay muchos cantos rodados. ≃ Cantal, cantorral.

canto¹ (del lat. «cantus») **1** m. Nombre genérico de la actividad o del arte de cantar: 'Se dedica al canto'. ⊙ Acción de cantar una cosa determinada: 'Durante el canto del himno'. ⊙ Lo que se canta: 'Se oían unos cantos tristes'. **2** (lit.) Canción (composición poética). ⊙ Particularmente, *himno. **3** Cada una de las divisiones de un poema épico: 'Poema en cinco cantos'. **4** MÚS. Parte melódica de una composición musical.

CANTO DE CISNE. Obra notable que precede inmediatamente a la muerte o desaparición del que la produce: 'Aquel discurso fue su canto de cisne, porque al día siguiente dejó de ser presidente'. ⇒ *Último.

C. FIGURADO. MÚS. *Canto cuyas notas adquieren distinto valor según su figura, en lo que se diferencia del canto llano.

C. GREGORIANO [o LLANO]. MÚS. El propio del *culto cristiano, de notas uniformes en el tono y en la duración.

canto² (del lat. «canthus», del gr. «kanthós», esquina) **1** m. En un objeto delgado, superficie estrecha o filo que limita su forma: 'El canto de una peseta [o de un papel]'.

≃ *Borde. ⇒ Acantilado, decantar. **2** En un *cuchillo o *sable, lado opuesto al filo. **3** Corte de un *libro opuesto al lomo. ⇒ Canal. **4** *Grosor de una cosa. **5** *Dimensión menor de la escuadría de los *maderos.* **6** *Esquina o *arista. **7** *Pedazo de alguna cosa, de la punta o el borde. ⇒ CANTO de pan. **8** *Piedra; particularmente, la redondeada y alisada por el arrastre. ⇒ Echacantos, tiracantos. **9** **Juego que consiste en tirar una piedra de modo convenido, ganando el que la tira más lejos.* **10** (Ar.) **Bizcocho que en algunos sitios reparten las cofradías a sus cofrades el día del santo titular.*

CANTO DE PAN. Trozo de *pan de un extremo o del borde, con mucha corteza. ≃ Cantero, CORNERO de pan. ⇒ Codorno. ➤ Coscurro. ➤ Descanterar.

C. RODADO. El alisado y redondeado por el arrastre. ⇒ *Guijarro.

AL CANTO. **1** Junto al canto o borde: 'Un pañuelo con un festón al canto'. **2** Expresión con que se forman frases enfáticas sin verbo que expresan un resultado o consecuencia, seguro o previsible por *acostumbrado, de algo dicho antes: 'Cada vez que llevo un paquete, propinilla al canto. Si se entera tu padre, disgusto al canto'.

V. «CAL y canto».

DARSE CON UN CANTO EN LOS DIENTES [o, no frec., PECHOS] (inf.). Generalmente con «poder», estar *contento o satisfecho porque una cosa resulta mejor o menos mal de lo que podía haber resultado: 'Si le dan esa plaza, puede darse con un canto en los dientes'.

DE CANTO. Sobre el canto o con el canto de frente: 'Los libros colocados de canto'. ⇒ De plano. ➤ *Posición.

EL CANTO DE UN DURO. Se usa en algunas frases para expresar lo poco que falta para que ocurra algo malo: 'No he perdido el tren por el canto de un duro. Ha faltado el canto de un duro para que le pillase el coche'. ⇒ *Casi.

cantón (de «canto²») **1** m. **Esquina o *arista.* ≃ Cantillo, cantonada. **2** MIL. *Acantonamiento de tropas.* **3** (Hond.) **Monte o *elevación pequeña del terreno aislada en una llanura.* **4** HERÁLD. Cada uno de los cuatro ángulos que pueden considerarse en el escudo. **5** HERÁLD. *Novena parte del campo, situada a cualquier lado del jefe.* **6** HERÁLD. **Ángulo de los cuatro que quedan entre los brazos de una *cruz.* **7** División territorial de ciertos países, como Suiza, Francia y algunos americanos. ⇒ *Distrito.

CANTÓN DE HONOR. HERÁLD. *Franco CUARTEL.*

C. REDONDO. **Lima redonda, de grano grueso.* ≃ Limatón.

cantonada (Ar.) f. **Esquina.* ≃ Cantón.

DAR CANTONADA (Ar.). *Dar ESQUINAZO.*

cantonado, -a adj. HERÁLD. *Se aplica a la cruz o sotuer en cuyos cantones hay otras figuras.*

cantonal adj. De [los] cantones (división territorial) o del cantonalismo.

cantonalismo (de «cantonal») m. Tendencia al fraccionamiento de un país en unidades políticas casi independientes. ⊙ Situación política de un país consistente en que, por debilitamiento del poder supremo, adquieren excesiva independencia los que deberían ser subordinados.

cantonar (de «cantón») tr. *Acantonar.*

cantonear (de «cantón») intr. **Vagar sin hacer nada de provecho.* ⇒ *Callejear.

cantonearse (inf.) prnl. **Contonearse.*

cantoneo (inf.) m. *Contoneo.*

cantonera (de «cantón») **1** f. Protección de material distinto que se pone en las puntas de las tapas de los libros o cuadernos, en las esquinas de los muebles, etc. **2** *Mesita, *estante u otro mueble de forma adecuada para ocupar un rincón.* ≃ Rinconera.

cantonero, -a (de «cantón») **1** adj. y n. *Se aplica al que cantonea (callejea).* **2** m. AGRÁF. *Utensilio empleado por los encuadernadores para dorar los cantos de los libros.*

cantor, -a **1** adj. Se aplica al que canta o es aficionado a *cantar: 'Un canario muy cantor. Los niños cantores de la catedral'. ⊙ («de») n. El que canta en poesías cierta cosa: 'El cantor de Laura'. ⊙ Persona que canta, por ejemplo en un coro. ⊙ adj. y n. f. Se aplica a las *aves que, por tener la siringe acondicionada para ello, pueden cantar; como el canario o el jilguero. **2** (ant.) m. *Compositor de cánticos y salmos.* **3** (Chi.; inf.) f. **Bacín.*

cantoral (de «cantor») m. Libro grande y, generalmente, de pergamino, que tiene la letra y la música de los *himnos religiosos y se tiene sobre un atril en el coro de las iglesias. ≃ LIBRO de coro.

cantoría (ant.) f. *Cantoría (acción de cantar; canto).*

cantorral m. *Cantizal.*

cantoso, -a adj. *Se aplica al terreno cubierto de piedras.*

cantú *(Cantua buxifolia)* m. Arbusto polemoniáceo de jardín, del Perú, de hermosas flores y cuya madera y hojas tiñen de *amarillo. ⇒ *Planta.

cantúa (Cuba) f. **Dulce seco compuesto de boniato, coco, ajonjolí y azúcar.* ⇒ *Cafiroleta.

cantuariense (del lat. «Cantuariensis», de «Cantuarĭa», Canterbury) adj. y, aplicado a personas, también n. *De Canterbury, ciudad inglesa.*

cantueso (¿del sup. lat. «chamaetusĭus», forma latinizada del gr. «chamaí thyos», incienso de la tierra?; *Lavandula stoechas)* m. *Planta labiada, de flores moradas en espiga, de cuya parte superior salen tres hojillas largas y estrechas, del mismo color. ≃ Azaya.

canturía **1** f. *Canto (acción de cantar).* **2** *Canto monótono.* **3** *Calidad o modalidad del canto de una composición musical:* 'Esta composición tiene buena canturía'.

canturrear intr. Cantar con poca voz y descuidadamente.

canturreo m. Acción de canturrear.

canturria (And., Perú) f. *Canto monótono.*

canturriar (pop.) intr. *Canturrear.*
□ CONJUG. como «cambiar».

cantusar (de «cantar») **1** (And., Mur.) intr. *Canturrear.* **2** (ant.) tr. *Engatusar.*

cantuta (de or. quechua; Hispam.) f. *Clavelina (planta de clavel de flores sencillas).*

canudo, -a (del lat. «canūtus») **1** (ant.) adj. *Canoso.* **2** (ant.) *Anciano.* **3** (ant.) **Antiguo.*

cánula (del lat. «cannŭla», cañita) f. Dim. culto o científico de *caña. ⊙ Tubo corto de goma u otro material que se aplica a diversos aparatos médicos y de laboratorio; por ejemplo, el tubo por donde sale el líquido en las lavativas o el colocado al final del tubo de goma en los irrigadores. ⇒ Bitoque.

canular adj. De forma de cánula.

canutas PASARLAS CANUTAS (inf.). Pasarlo muy mal. ≃ Pasarlas MORADAS.

canutazo (And., Cuba) m. *Chivatazo.*

canute (del cat. «canut») **1** (Mur.) m. *Canuto, *cerbatana.* **2** (Mur.) *Gusano de *seda que enferma a poco de despertar y muere a los pocos días.*

canutero **1** m. *Canuto.* **2** (Hispam.) **Portaplumas.*

canutillo 1 m. Canuto pequeño. ⊙ Particularmente, cuenta de vidrio larga de las que se emplean en adornos, o *adorno de pasamanería de forma de canuto. ≃ Cañutillo. 2 *Moldura convexa estrecha.

V. «BORDADO a canutillo».

canuto[1] 1 m. Trozo de caña cortado entre dos nudos. ≃ Cañuto. ⇒ Encanutar. ⊙ *Cerbatana. 2 Tubo cerrado por un extremo y, a veces, con una tapadera en el otro, aplicable a distintos usos. ⊙ Particularmente, alfiletero. ⊙ En general, cualquier trozo de tubo no muy grande. 3 («Dar») **Licencia absoluta dada a un soldado, que iba antiguamente guardada en un canuto.* 4 *Tubo, formado por la tierra adherida a la materia viscosa que los envuelve, en que queda encerrada la puesta de huevos del *saltamontes y otros *ortópteros.* ≃ Canutillo, ooteca. 5 (Méj.) **Helado de huevo y leche cuajado en moldes de forma de canuto.* 6 (argot) Porro: cigarrillo de hachís o marihuana. 7 (Am. C., Méj., Ven.) *Portaplumas.* ≃ Canutero.

V. «No saber hacer la o con un canuto».

canuto[2] (de «Canut», nombre de un famoso pastor protestante; Chi., Méj.) m. *Pastor protestante.*

canzonetista f. Cantante que interpretaba canciones de asunto ligero, generalmente en locales públicos.

caña (del lat. «canna») 1 f. Tallo de las *plantas gramínea, hueco, dividido en segmentos por nudos: 'La caña del trigo. Una caña de bambú'. 2 *(Arundo donax)* *Planta gramínea propia especialmente de lugares húmedos, que alcanza hasta unos 4 m de altura, cuyos tallos, leñosos cuando están secos, tienen múltiples aplicaciones. ≃ Carrizo. 3 («Correr»; pl.) *Fiesta en que distintas cuadrillas de jinetes se lanzaban cañas recíprocamente. 4 *Eje del *ancla.* 5 Puede aplicarse como nombre de *forma a cualquier objeto, parte o pieza cilíndrica, alargada y hueca como la caña. 6 Parte más delgada de la *pierna. ≃ Canilla. 7 **Médula de los huesos.* ≃ Tuétano. 8 Parte de la *bota, de la *media o del *calcetín, que cubre el tobillo o la pierna. 9 *Vaso estrecho y no muy grande de *vino o *cerveza, y contenido de este vaso o de otro recipiente de capacidad similar. 10 ARQ. *Fuste de la *columna.* 11 MINER. *Galería.* 12 (Col.) **Tronco de árbol.* 13 ARTILL. *Parte de la caja en que encaja el cañón de las *armas de fuego portátiles.* 14 ARTILL. *Tercer cuerpo del *cañón antiguo.* 15 **Grieta en la hoja de la *espada.* 16 *Cierta medida de *capacidad para vino.* 17 AGRIC. *Medida agraria de *superficie usada en el sudeste de España, equivalente a 6 codos cuadrados.* 18 *Cierta *canción popular antigua de Andalucía.*

CAÑA AGRIA. Nombre aplicado a varias especies de *costos, cuyo jugo se emplea en la medicina popular.

C. AMARGA *(Gynerium sagitatum)*. *Planta graminácea de América tropical.

C. DEL ANCLA. Parte del *ancla comprendida entre la cruz y el arganeo.

C. DE AZÚCAR *(Saccharum officinarum)*. *Planta gramínea perenne de gran porte, propia de regiones tropicales y subtropicales, que se cultiva por el azúcar que se extrae de sus tallos, llamado «de caña». ≃ CAÑA de Castilla, CAÑA dulce, CAÑA melar, cañaduz, cañamelar, cañamiel. ⇒ Alifa. ➤ Ragua, tlazol. ➤ Caldo, miel, remiel. ➤ Bagazo, fraile. ➤ Calzón. ➤ Atopile, cañero, machetero. ➤ Tazmía. ➤ *Azúcar.

C. DE BATAVIA *(Saccharum violaceum)*. *Especie de *caña de azúcar, de tallos de color violáceo, de poco contenido de azúcar.*

C. DE BENGALA. **Rota (palmera).*

C. BORDE. **Carrizo (planta gramínea).*

C. BRAVA (géneros *Gynerium* y *Guadua)*. Nombre de diversas plantas gramíneas utilizadas en cestería y otras actividades.

C. DE CASTILLA (Col., Méj.). *CAÑA de azúcar.*

C. DE CUENTAS. **Cañacoro (planta cannácea).*

C. DANTA (C. Rica). *Cierta *palmera.*

C. DULCE. CAÑA de azúcar.

C. ESPINA *(Bambusa spinosa)*. Especie de *bambú de nudos espinosos. ⇒ Bombón.

C. HUECA (C. Rica). *Variedad de caña muy dura y lustrosa que se emplea en distintas industrias.*

C. DE LA INDIA. **Cañacoro (planta cannácea).*

C. DE INDIAS. **Rota (palmera).*

C. MELAR. **CAÑA de azucar.*

C. DE PESCAR. Utensilio hecho con una caña de bambú, una serie de tubos de fibra de vidrio unidos, etc., que se utiliza para *pescar. ⇒ *Anzuelo, carrete, carretel, hamo, mediana, rabiza, *sedal, sotileza, tanza, veleta.

C. DEL PULMÓN. Tráquea.

C. DEL TIMÓN. MAR. Palanca encajada en la cabeza del *timón, con la cual se maneja.

C. DE VACA. Hueso de la pierna de la vaca, empleado para hacer *caldo. ⊙ Tuétano de este hueso.

MEDIA CAÑA («de»). Se aplica a los *listones, *molduras, etc., huecos, cuyo perfil es de media circunferencia. ⊙ Particularmente, a las barras o perfiles laminados de *acero de esa forma.

V. «AGUARDIENTE de caña».

DARLE [o METERLE] CAÑA a algo (inf.). Actuar sobre algo para que vaya más deprisa, funcione con más fuerza, etc.: 'Dale caña, a ver si cogemos a aquel coche'.

DARLE [o METERLE] CAÑA a alguien. 1 (inf.) Pegar a una persona. 2 (inf.) Hostigar o presionar a alguien: 'Métele caña porque está tardando demasiado en acabar el trabajo.'.

V. «MIEL de caña, PAPA de caña, PATATA de caña».

□ CATÁLOGO

Otra raíz, «arund-»: 'arundíneo'. ➤ Cálamo, cánula. ➤ Anea, bajareque, bambú [o bambuc], bengala, calo, cañacoro, capacho, carrizo, cisca, enea, guadua [o guáduba], jisca, quila, sacuara, tacuara, tibisí. ➤ Estabón. ➤ Litocálamo. ➤ Articulación, canuto, cañuto, entrenudo, güin, nudo, tlazol. ➤ Flauta, huibá, narvaso, pipiritaña. ➤ Bardiza, cañizo, enrejado, zarzo. ➤ Acañaverear, descañar, encanar[se], encañar, etc., encañizado, mediacaña.

cañacoro (de «caña» y «ácoro»; *Canna indica)* m. *Planta cannácea con flores en hermosas espigas rojas, de semillas globosas con las que se hacen cuentas de rosario. ≃ Achira, CAÑA de cuentas, CAÑA de la India.

cañada (del lat. «canna», caño) 1 f. Pequeño *valle o *paso entre dos alturas de poca importancia. 2 *Camino natural frecuentado por los ganados trashumantes. ⇒ Cabañal, cabañera, cajón, cordel, galiana. ➤ Derrame. ➤ Cañariego. 3 (Arg., Par., Ur.) *Depresión en el terreno, con agua y vegetación, situada entre dos lomas.* 4 (Sal.) *Tributo que pagaban los ganaderos a los guardas del campo por el paso de los *ganados.* 5 (Ar., Ast.) *Cierta medida de *capacidad para *vino.* ⇒ Cañado. 6 *Médula de los huesos.* ⊙ *Particularmente, tuétano del hueso de la pierna de la vaca.* ≃ CAÑA de vaca.

cañadilla (dim. de «cañada»; *Murex brandaris)* f. Cierto molusco gasterópodo comestible que empleaban los romanos para obtener la *púrpura. El opérculo de una de las especies de «cañadilla», la «cañadilla índica», es la «uña olorosa», que se empleaba antiguamente en *farmacia. ⇒ *Múrice, peñasco.

cañado (del lat. «canna», recipiente) m. *Medida de *capacidad para líquidos usada en Galicia, equivalente a unos 37 litros.*

cañadón 1 m. *Cañada (pequeño valle o paso) grande.* ⊙ (And., Ar.) *Cañada honda.* **2** (Arg.) *Hondonada donde se deposita el agua de lluvia.*

cañaduz (de «caña» y «duz»; And., Col.) m. *CAÑA de azúcar.*

cañafístola o **cañafístula** (de «caña» y «fístula», tubo; *Cassia fistula)* f. Árbol leguminoso tropical de flores amarillas en racimos colgantes, cuyo fruto tiene una pulpa dulce que se emplea en medicina. ⇒ *Planta.

cañaheja (de «cañaherla»; *Ferula communis)* f. *Planta umbelífera de tallo hueco de la cual, mediante incisiones en la base, se saca una gomorresina parecida al sagapeno. ≃ Cañaherla, cañahierla, cañajelga, cañareja, cañerla, carraleja, férula.

CAÑAHEJA HEDIONDA. Tapsia (planta umbelífera).

cañaherla o **cañahierla** (del lat. «canna ferŭla») f. *Cañaheja.*

cañahua 1 (Perú; *Panicum miliaceum)* f. *Planta gramínea, especie de *mijo que sirve de alimento a los indios y del que, fermentado, se hace chicha.* **2** *Cañahuate.*

cañahuate *(Tecoma spectabilis)* m. Árbol bignoniáceo de Colombia, especie de guayaco, maderable. ≃ Cañahua. ⇒ *Planta.

cañahueca (inf.) n. *Persona que habla demasiado y dice cosas que, por discreción, debería callar.* ⇒ *Hablador.

cañajelga (de «cañaherla») f. **Cañaheja (planta umbelífera).*

cañal 1 m. *Cañaveral.* **2** *Cerco de cañas que se hace en los ríos para *pescar.* ≃ Cañaliega, cañar. **3** **Canal estrecho que se hace al lado de un río para pescar en él con más facilidad.*

cañaliega f. *Cañal (cerco de cañas para pescar en un río).*

cáñama (¿del lat. tardío «canăba», tienda, barraca de soldados?) f. *Repartimiento de cierta contribución, unas veces proporcionalmente a los bienes y otras por cabeza.* ⇒ Tributo.

cañamar m. *Campo de cáñamo.*

cañamazo (del sup. lat. «cannabacĕus», de «cannăbum», cáñamo) **1** (Hispam.) m. *Nombre aplicado a distintas *plantas herbáceas, generalmente gramíneas, que se cultivan para forraje y para pasto de los animales.* **2** **Estopa de cáñamo.* **3** **Tela tosca de cáñamo.* ⇒ *Arpillera. **4** Tejido con los hilos muy separados, que se emplea para *bordar, bien solamente sobre él, cuando el bordado lo ha de cubrir totalmente, bien aplicándolo sobre la tela en que ha de quedar hecho el bordado, para que sirva de pauta y hacerlo desaparecer después sacando los hilos. ⇒ Esterilla. **5** Bosquejo o proyecto de algo.

cañamelar (de «cañamiel») m. *Plantación de caña de azúcar.*

cañamero, -a 1 adj. De [o del] cáñamo. **2** **Pardillo (pájaro).* **3** (Ál.) m. *Verderón (pájaro).*

cañamiel (de «caña» y «miel») f. CAÑA de azúcar.

cañamiza (de «cáñamo») f. *Tallos quebrantados que quedan del *cáñamo o *lino después de agramados.* ≃ Agramiza.

cáñamo (del lat. «cannăbum») **1** *(Cannabis sativa)* m. *Planta cannabácea de cuyos tallos se obtiene una fibra textil llamada de la misma manera, de la que se hacen principalmente cuerdas y telas de *arpillera, y cuyas semillas son los cañamones. ≃ Bangue, linabera. **2** (Hispam.) *Nombre aplicado a distintas *plantas textiles.* **3** (Chi., C. Rica, Hond.) **Bramante (cuerda delgada).* **4** *Se aplica por sinécdoque a algunas cosas hechas de cáñamo, como la honda, las redes o las jarcias.*

CÁÑAMO ÍNDICO [o INDIO] *(Cannabis indica).* Tipo de cáñamo de escaso valor textil, del que se obtiene el *hachís. ≃ Cánnabis.

C. DE MANILA. **Abacá (planta musácea).*

C. SISAL. *Sisal (fibra textil).

□ CATÁLOGO

Cánnabis, CÁÑAMO índico [o indio]. ➤ Canal. ➤ Cerro, cerrotino, chorrón, COPO, pelluzgón, quif. ➤ Agramar, arriazar, asedar, desbagar, desgargolar, empozar, enriar, espadar, espadillar, farachar, jimenzar, rastrillar, tascar. ➤ Agramadera, agramador, alberca, caballete, espadilla, faracha, gramilla, macla, maza, poza, rastrillo, sedadera, tascador. ➤ Agramiza, alrota, arista, arlota, cañamiza, carrasca, estopa, estopilla, estopón, tasco. ➤ *Grifa, hachís, marihuana [o mariguana]. ➤ Angulema, *arpillera, brinete, cañamazo, *cuerda, malacuenda, *saco. ➤ *Lino. *Tela.

cañamón m. Semilla del cáñamo, pequeña, redonda, que se da de comer a los *pájaros y de la que se obtiene un *aceite que se emplea para pinturas, barnices y jabones.

cañamonado, -a (And.) adj. *Se aplica a algunas *aves de *color verde, semejante al del cañamón.*

cañamoncillo (de «cañamón») m. **Arena fina que se emplea para la argamasa.*

cañar 1 m. *Cañaveral.* **2** *Cañal (cerco de cañas para pescar).*

cañareja f. **Cañaheja.*

cañarí (And.) adj. *Se aplica a las cosas *huecas como la caña.*

cañariega (de «cañar»; Sal.) f. **Canal que se abre en las presas de los molinos para repartir el agua y que la arena no se acumule en un solo sitio.*

cañariego, -a (de «cañada») **1** adj. *Relacionado con las *cañadas del ganado; se aplica, por ejemplo, a los hombres y animales que acompañan a los ganados trashumantes.* **2** *Se aplica a la *piel de la res que muere en la cañada.*

cañarroya (de «caña» y «royo») f. **Parietaria (planta urticácea).*

cañavera (del lat. «canna vera», caña verdadera) f. **Carrizo (planta gramínea).*

cañaveral (de «cañavera») m. Espesura de cañas. ≃ Cañal, cañar, cañedo, cañizal, cañizar.

cañaverar (ant.) tr. *Cañaverear.*

cañaverear (de «cañavera») tr. **Herir por suplicio o *matar con cañas aguzadas.* ≃ Acañaverear.

cañavería (de «cañaverero») f. *Sitio donde se vendían cañas.*

cañaverero (de «cañavera») m. *Hombre que vendía cañas.*

cañazo 1 m. *Golpe dado con una caña. **2** (Hispam.) **Aguardiente de caña.* **3** (Cuba) *Herida que se hace o recibe el gallo de *pelea en las patas.*

V. «AVE de paso, cañazo».

DARSE alguien UN CAÑAZO (Cuba; inf.). *Recibir un chasco.*

cañear (inf.) intr. Tomar cañas de cerveza o vino.

cañedo (del lat. «cannētum») m. *Cañaveral.*

cañera (And.) f. *Cañero (bandeja).*

cañería (de «caño») f. *Tubo, generalmente de plomo, hierro o cobre, que sirve para la *conducción de *agua u otro líquido. ⊙ Serie de tubos de cualquier material, utilizada para eso mismo. ≃ Tubería.

cañerla f. **Cañaheja (planta umbelífera).*

cañero, -a **1** (Méj.) adj. *Usado en los trabajos de la *caña.* **2** (Hond.) m. *Propietario de una hacienda de caña de *azúcar, que destila *aguardiente.* **3** (Cuba) *Vendedor de caña dulce.* **4** (Méj.) *Lugar en que se deposita la caña en los ingenios.* **5** (Extr.) *Pescador de caña.* **6** (And.) **Bandeja formada por dos superpuestas, con agujeros en la superior para encajar las cañas de vino para servirlas.* ≃ Cañera.

cañeta (dim. de «caña») f. **Carrizo (planta gramínea).*

cañete (dim. de «caño») m. V. «AJO cañete».

cañí (¿por confusión del caló «calí», gitana, con «cañí», gallina?) **1** adj. y n. *Gitano o chulo. **2** adj. Folclórico de influencia andaluza; se aplica particularmente a España.

cañiceras (de «caña»; Sal.) f. pl. **Polainas de vaqueta.*

cañifla (de «caña»; Hispam.) f. *Pierna o *brazo flacos.*

cañiherla (ant.) f. **Cañaheja.*

cañihueco (de «caña» y «hueco») adj. V. «TRIGO cañihueco».

cañilavado, -a (de «caña» y «lavado») adj. *Se aplica a los *caballos y yeguas que tienen las canillas delgadas.*

cañilero (de «cañirla»; Sal.) m. **Saúco (planta sambucácea).*

cañilla (Chi.) f. *Pequeña caña o papel doblado donde se enrolla el hilo de la *cometa.* ≃ Cañuela.

cañillera f. *Espinillera de la *armadura.* ≃ Canillera.

cañinque (Hispam.) adj. *Enclenque: *débil o *raquítico.*

cañirla (de «cañaherla») f. **Caña.*

cañista (de «caña») **1** m. *Hombre que hace *cañizos.* **2** *Hombre que los coloca en las obras.*

cañita (dim. de «caña»; Chi., Perú) f. **Pajita: tubo delgado para sorber líquidos.*

cañivano (de «caña» y «vano») adj. *Cañihueco.*

cañivete (de «canivete»; ant.) m. **Cuchillo pequeño.*

cañiza (del lat. «cannicĭa») **1** (León, Sal.) f. *Conjunto de cañizos unidos con pielgas con que se forma un redil para encerrar el *ganado en el campo.* ⇒ *Aprisco. **2** *Especie de *lienzo.*

cañizal o **cañizar** (de «cañiza») m. *Cañaveral.*

cañizo (del lat. «cannicĭus», de «canna», caña) **1** m. Tejido hecho con cañas partidas longitudinalmente, en forma de planchas rectangulares, de los que se emplean para construir los *techos y cielos rasos, para tener los gusanos de *seda y para otras muchas cosas. ⇒ Barbacoa, tapesco, tartana, zarzo. ➤ Cañista. ➤ Lisera. **2** *Especie de esterilla hecha de cañas delgadas cosidas unas junto a otras con alambre o cuerda, empleada para sombrajos, para toldos de carro, etc.* **3** (Sal.) **Cancilla (puerta de travesaños en los corrales, etc.).* **4** *Timón del *trillo.*

caño (de «caña») **1** m. *Tubo corto. ⊙ Particularmente, los que, unidos uno a continuación de otro, forman las cañerías o tuberías, y, en especial, los de cerámica. **2** Tubo por donde sale el agua en una fuente: 'Fuente de los siete caños'. **3** (Perú) **Grifo (dispositivo que se puede abrir o cerrar para regular el paso de un líquido).* **4** *Conducto del *órgano que lleva el aire que produce el sonido.* **5** **Albañal (cauce por donde corren las aguas sucias).* **6** MAR. **Canal estrecho, navegable, en un puerto o bahía.* ⊙ MAR. *Canal estrecho en el *mar, entre islas o bajos.* ≃ Canalizo. **7** MINER. *Mina o *camino subterráneo.* **8** MINER. **Galería.* **9** (Ar.) **Cueva o pequeño departamento en los cimientos de las casas, donde se conservan frescas las cosas.* **10** *Departamento subterráneo de las *bodegas, donde están las cubas.* **11** (Ar.) *Vivar de *conejos.*

CAÑO DE ESCAPE (Arg., Par.). *Tubo de escape.*

cañocal (¿del cat. «canoca» o «canyoca», troncho, tallo de espadaña?) adj. MAR. *Se aplica a la madera que se raja fácilmente.*

cañocazo adj. V. «LINO cañocazo».

cañón (aum. de «caño») **1** m. Tubo que forma parte de distintas cosas; por ejemplo, de un *órgano, de un *anteojo o de un *fuelle. ⊙ Particularmente, tubo de las *armas de fuego por donde sale el proyectil. ⇒ Arrancadero, encañonar, surcado. **2** *Tubo de hierro por donde sale el humo de cocinas, estufas, etc. **3** Vástago hueco de las *plumas de ave, o la pluma entera cuando empieza a crecer y aún no tiene barbas. ⊙ Por extensión, pelos de los de la *barba cuando están cortos. ⇒ Descañonar. **4** **Pluma de ave con que se escribía.* **5** *Doblez en una prenda de tela más o menos semejante a un tubo; por ejemplo, en el rizado o plegado que se llama «encañonado».* **6** Pieza de artillería de gran longitud y calibre. ⇒ Boca, BOCA de fuego, bronce, ingenio, MÁQUINA de guerra, PIEZA de artillería, PIEZA de batir, tormento. ➤ Acañonear. ➤ *Artillería. **7** Puede emplearse para describir una perforación larga y redonda en cualquier cosa. **8** (Perú) **Camino.* **9** *Paso estrecho y abrupto entre montañas, que, generalmente, es el cauce de un río: 'El cañón del Colorado' ≃ Cortadura, desfiladero, garganta, tajo. **10** *Cada uno de los dos hierros redondos que forman la embocadura de los *frenos de los caballos.* **11** *Pieza del brazal en la antigua *armadura.* **12** **Cencerro más pequeño que la zumba.* **13** (Col.) **Tronco de árbol.*

V. «BÓVEDA de cañón».

CAÑÓN DE CHIMENEA. Cañería por donde sale el humo, por ejemplo de una estufa. ⇒ Humero.

C. DE ESTUFA. Cañería por donde sale el humo de la estufa.

C. LANZACABOS. MAR. Pequeño cañón que permite lanzar cabos para que los náufragos puedan salvarse.

C. DE NIEVE. Máquina que proyecta nieve artificial, utilizada para acondicionar las pistas de esquí.

V. «CARNE de cañón».

ESTAR CAÑÓN una persona (inf.). Ser atractiva por tener muy buen tipo.

V. «al PIE del cañón».

cañonazo **1** m. Disparo o impacto de cañón. ⇒ Detonación. **2** DEP. En *fútbol, disparo muy potente.

cañonear tr. Disparar cañonazos.

cañoneo m. Acción de cañonear.

cañonera **1** f. ARTILL. **Aspillera a través de la cual se dispara un cañón.* ≃ Tronera. ⊙ MAR. *Porta para el servicio de la *artillería.* ≃ Portañola. **2** ARTILL. *Espacio en la batería (fortificación) para colocar los cañones.* **3** (Hispam.) *Pistolera.* **4** MIL. **Tienda de campaña para soldados.*

cañonería **1** f. MÚS. *Conjunto de los cañones de un *órgano.* **2** ARTILL. *Conjunto de los cañones de *artillería de cierto sitio.*

cañonero, -a adj. y n. Se aplica a un *barco o lancha armados de algún cañón.

cañota (de «caña») f. **Carrizo (planta gramínácea).*

cañucela f. *Caña delgada.*

cañuela (dim. de «caña») **1** (Chi.) f. *Cañilla de la *cometa.* **2** (*Festuca pratensis* y otras especies del mismo género) *Planta gramínea utilizada como forraje.

cañutazo (de «cañuto»; inf.) m. *Delación o *chisme.*

añutería (de «cañuto») **1** f. *Cañonería de un *órgano.* **2** *Bordado de oro o plata hecho con cañutillos.*

añutero (de «cañuto») m. **Alfiletero.*

añutillo (dim. de «cañuto») **1** m. *Cuenta de vidrio alargada que se emplea en trabajos de *pasamanería y bordado.* ≃ Canutillo. ⇒ *Bordar. **2** *Hilo de plata u oro rizado, que se emplea para *bordar.* **3** *Tubo que envuelve los *huevos del saltamontes.* ≃ Canuto. **4** (Cuba; *Commelina virginica* y otras especies) **Planta commelinácea medicinal, de flores azules.* **5** *(Axonopus compressus)* *Planta gramínea americana utilizada como pasto.

)E CAÑUTILLO. *Modo de *injertar que consiste en colocar en la rama descortezada del patrón un tubito de corteza de la planta que se injerta, con una yema.*

añuto (de «caño») **1** m. Canuto. **2** (Ar.) **Alfiletero.* **3** (inf.) *Delator.* **4** (ant.) *Cañutazo (soplo o chisme).*

ao (Cuba; *Corvus jamaicensis*) m. **Ave semejante al cuervo, pero más pequeña, que se alimenta de carne.* ≃ Pinatero.

aoba (de or. caribe) **1** *(Swietenia mahagoni)* f. Árbol meliáceo cuya madera, llamada del mismo modo, de color rojizo, es muy apreciada en ebanistería. ⇒ Caobana, caobilla, caobo, caracolillo. ➤ *Planta. **2** Color rojizo semejante al de la madera de este árbol: 'Se ha teñido el pelo de color caoba'.

CAOBA DE ACAJÚ. *Madera del anacardo. ≃ LEÑO de acajú.

caobana f. *Caoba.*

caobilla (de «caoba»; *Swietenia humilis*) f. Árbol de las Antillas, de madera parecida a la de la caoba. ⇒ *Planta.

caobo m. *Caoba.*

caolín (del fr. «kaolin», del chino «Kao ling», lugar del norte de China de donde procedía este mineral) m. Mineral (silicato de alúmina hidratado) que es una *arcilla blanca muy pura, que se emplea para la fabricación de porcelana, y también en la del papel.

caolinización f. GEOL. *Conversión de diferentes silicatos en caolín, debido a la acción de los fenómenos meteorológicos.*

caos (del lat. «chaos») **1** m. Confusión y *desorden que precedió a la ordenación del *mundo. **2** Situación, asunto o cualquier cosa en que hay mucho desorden y confusión.

caostra (ant.) f. *Claustro.*

caótico, -a 1 adj. De [o del] caos. **2** Muy desordenado y confuso.

cap[1] (relac. con el cat. «cap», cabeza; Ar.) m. *Cabeza o principal.*

cap[2] (del ingl. «cup») m. *Bebida preparada con una mezcla de bebidas alcohólicas y espumosas, jugos y algunos trozos pequeños de frutas.*

capa[1] f. **Paca (roedor).*

capa[2] (del lat. tardío «cappa», prenda para la cabeza) **1** f. Prenda de abrigo sin mangas que cubre desde el cuello, ensanchándose gradualmente hacia la parte inferior. Se llama «española» o «pañosa» a la de hombre, de paño, amplísima de vuelo y con unas bandas de terciopelo de color vivo como forro en los bordes delanteros. **2** Porción de una materia, extendida uniformemente sobre otra: 'Un bizcocho recubierto de una capa de chocolate. Una capa de pintura. Una capa de tierra sobre la roca'. ⊙ Cada una de las partes diferenciadas que, superpuestas, constituyen un objeto o lo recubren: 'La Tierra está formada por distintas capas'. ⊙ Cada una de las porciones superpuestas, de espesor uniforme o casi uniforme y diferenciadas o separadas entre sí, en que se disponen algunas cosas, como huevos o ladrillos. ⊙ Cualidad que alguien posee sólo superficialmente. ⇒ Baño, barniz, pátina, tinte. **3** FORT. *Revestimiento de tierra y tepes que se pone sobre el talud de un parapeto para disimularlo y dar consistencia a la tierra que lo forma.* **4** Encubridor: 'Capa de ladrones'. **5** Cada sector social que se considera diferenciado del resto y ocupando un cierto nivel más alto o más bajo que otros, constituido por personas de situación social o económica semejante. ≃ *Clase social. **6** Cosa que *encubre otra diferente: 'Bajo esa capa de abnegación esconde un gran egoísmo'. ⊙ *Pretexto con que se encubre la verdadera intención o razón de algo. **7** Hoja de *tabaco seleccionada, con la que se envuelve la tripa del *cigarro puro. **8** *Color de los *caballos y otros cuadrúpedos. **9** (ant.) *Plumaje del lomo de las *aves.* **10** **Bienes de una persona.* **11** HERÁLD. *Conjunto de dos rayas que dividen el escudo partiendo del mismo punto del jefe y yendo a parar cada una al centro de uno de los flancos.* **12** MAR. *Cantidad pagada al *capitán de un barco mercante, que se hace constar en la póliza de fletamiento.*

CAPA AGUADERA. **1** *Capa hecha de tela impermeable.* **2** MAR. *Trozo de tela embreada clavado alrededor del pie de los palos para impedir que entre agua por la fogonadura.* ⇒ *Barco.

C. DEL CIELO. *Cielo (bóveda celeste). Se emplea particularmente con «bajo» o «debajo de» en frases negativas de ponderación: 'No hay hombre más bueno debajo de la capa del cielo'.

C. CONSISTORIAL. CAPA magna.

C. GEOLÓGICA. Estrato.

C. MAGNA. La que usan los obispos y arzobispos en las grandes solemnidades. ≃ CAPA consistorial.

C. PLUVIAL. La que se ponen los *prelados o los *sacerdotes que dicen la misa mayor o celebran otros actos solemnes asistidos por otros.

C. DE REY. **1** **Papagayo (planta amarantácea).* **2** *Cierto *lienzo.*

C. SUPERFICIAL. Cualidad que se tiene más en la apariencia que en el fondo: 'Tiene una capa superficial de cortesía'. ≃ Baño, barniz, *capa, pátina, tinte.

A LA CAPA. Con «esperar, estar, estarse, mantenerse» o «ponerse», maniobrar con un barco de vela de modo que quede casi parado aunque sople el viento, sin arriar velas. ≃ A la trinca, a la corda.

ANDAR DE CAPA CAÍDA. V. «de CAPA caída».

BAJO CAPA DE. Con la *apariencia o el *pretexto de la cosa que se expresa. ≃ So capa de.

BAJO [O DEBAJO DE] LA CAPA DEL CIELO. V. «CAPA del cielo».

V. «COMEDIA de capa y espada».

DE CAPA CAÍDA («Andar, Estar, Ir»). *Decayendo de categoría, fortuna, posición, salud, etc. ⊙ Perdiendo fuerza o intensidad.

DE CAPA Y ESPADA. V. «COMEDIA de capa y espada».

DEBAJO DE UNA MALA CAPA PUEDE [O SUELE] HABER UN BUEN BEBEDOR. Refrán que advierte de que pueden encontrarse en una persona cualidades o circunstancias que su aspecto exterior hace inesperadas.

DEFENDER algo A CAPA Y ESPADA. *Defenderlo con mucho celo o ardor.

ESTAR DE CAPA CAÍDA. V. «de CAPA caída».

V. «GENTE de capa parda».

HACER alguien DE SU CAPA UN SAYO. Hacer alguien en sus asuntos o con sus cosas lo que quiera, aunque no sea razonable o sensato. ⇒ *Libertad.

IR DE CAPA CAÍDA. V. «de CAPA caída».

LA CAPA TODO LO TAPA. Originariamente tenía sentido figurado; ahora, si se usa alguna vez, es con su sentido material, significando que, aunque se lleve un vestido poco presentable, con una capa o un abrigo encima no se nota.
V. «MINISTRO de capa y espada».
SO CAPA DE. Bajo CAPA de.
□ CATÁLOGO
I Aguadera, albornoz, almalafa, alquicel, bernia [o bernio], capingo, capotillo, capuz, clámide, coroza, dragona, ferreruelo, herreruelo, jaique, manteo, palio, pañosa, tapado, tilma. ➤ Almucia, beca, dengue, esclavina, gregorillo, manteleta, mañanita, muceta, pavana, pelerina, talma, toquilla. ➤ Arrebozo, camba, cauda, contraembozo, embozo, redondel, vistas, vueltas. ➤ Brochadura, fiador. ➤ Desembozarse, embozarse. ➤ Rebozo. ➤ Arrebatacapas, capisayo, desencapar, desencapotar, encaparse, etc. ➤ *Capote. *Manto. *Vestir.
II Alfombra, baño, cobertura, *costra, cubierta, empegadura, encostradura, envoltura, recubrimiento, revestimiento. ➤ *Superficial. ➤ Horizontalidad, paralelismo. ➤ *Corteza, *costra, *membrana, *película, *piel. ➤ Estrato, tertel, *yacimiento. ➤ Andana, cama, camada, daga, dómida, lecho, manta, piso, tanda, tapa, toba, tonga, tongada. ➤ *Fila, *hilada. ➤ Aplicar, extender, *recubrir, revestir, *untar. ➤ Decapar. ➤ Mano, pasada, untadura.

capá (de or. indoamericano; *Cordia alba* y *Cordia alliodora)* m. Árbol borragináceo de las Antillas del género *Cordia,* muy semejante al roble, cuya madera se emplea para la construcción de buques, porque no la ataca la broma. ⇒ *Planta.

capacear 1 (Mur.) tr. **Transportar ˘algo en capazos.* 2 (Ar.) intr. *Entretenerse en conversaciones largas, por ejemplo en la calle.* ⇒ *Charlar.

capaceta f. *Capa de hojas grandes, por ejemplo de higuera o de vid, con que se *recubre el fondo de un *cesto, por ejemplo para poner en él fruta.* ≃ Capaza.

capacete (del fr. «cabasset») 1 m. Dim. aplicado acomodaticiamente, como nombre de forma, a cosas de figura más o menos semejante a la de un capazo. 2 *Parte de la *armadura que cubría la *cabeza.* 3 (Cuba) *Pieza de paño con que se cubría por delante el *quitrín para que no se mojasen los que iban dentro.*

capacha (de «capacho») 1 f. **Espuerta pequeña de palma para llevar fruta y cosas semejantes.* 2 *«Capacho» (trozo de tejido de esparto).* 3 (inf.) **Orden religiosa de San Juan de Dios, cuyos miembros llevaban un capazo para recoger las limosnas.*

capachero m. *Hombre que transportaba mercancías en capazos o seras.* ⇒ *Porteador.

capacho (de «capazo») 1 m. *Cesta flexible hecha de esparto o de palma, más ancha por arriba que por abajo y con dos asas en el borde, una frente a otra, que se agarran juntas, con lo cual toma forma aplanada. ≃ Capazo. 2 *Tejido de esparto, como media sera, con que se tapan los cestos de fruta, las seras de carbón, etc., y en que se les pone la comida a los bueyes.* 3 *Recipiente de esparto formado por dos piezas redondas unidas por los bordes, cada una de ellas con un orificio en el centro, mayor en la una que en la otra, que se llena con la *aceituna ya molida para prensarla.* ≃ Capaza. 4 *Especie de espuerta de cuero o de cáñamo en que los albañiles llevan la mezcla de cal y arena desde el montón a la obra.* 5 (inf.) *Religioso de la *orden de San Juan de Dios.* 6 *(Canna coccinea* y *Canna edulis) Planta cannácea americana.* 7 *Chotacabras (pájaro).* 8 *Zumaya (ave zancuda).*

capacidad (del lat. «capacĭtas, -ātis») 1 f. *Espacio, mayor o menor, disponible en el interior de algo: 'La capacidad de un local'. ≃ Cabida. ⊙ Posibilidad de contener una cantidad, mayor o menor, de cierta cosa: 'La capacidad de un conductor eléctrico'. 2 Cualidad o circunstancia consistente en ser capaz de cierta cosa: 'Inteligencia es la capacidad de pensar. Tenacidad es la capacidad de resistir sin romperse. No tiene capacidad de trabajo. Han aumentado la capacidad de producción de la fábrica'. ⇒ Sufijos «-dera, -deras»: 'aguantaderas, entendederas'. ➤ Acción, actividad, *aptitud, eficacia, eficiencia, *energía, facultad, fuerza, *poder, posibilidad, potencia, potencial, virtualidad, virtud. 3 *Inteligencia, en general o para determinada cosa: 'Un niño de mucha capacidad para las matemáticas'. 4 DER. *Aptitud jurídica para realizar un acto civil o ejercer un derecho: 'No tiene capacidad para testar'.
□ CATÁLOGO
Bucosidad, buque, cabida, cabimiento, castillo, corbe, cupo, desplazamiento, espacio, espaciosidad, tonelaje. ➤ Aforo, arqueo. ➤ Aforar, arquear, calar las CUBAS, cubicar. ➤ Acetábulo, almodí, almorzada, almozada, almud, almudí, almudín, almuerza, almueza, almuezada, alquez, ambuesta, ánfora, apatán, arroba, arrobeta, ataúd, azumbre, balsa, barchilla, bota, botella, caballo, cachucho, cafiz, cahíz, caíz, canadiella, caneca, canequita, cántara, cántaro, caña, cañada, cañado, caván, celemín, centilitro, chico, chupa, CODO geométrico cúbico, CODO de ribera cúbico, colodro, congio, copa, copín, coro, cortadillo, cotofre, cuadrantal, cuartal, cuartán, cuartera, cuarterola, cuartilla, cuartillo, cuartón, cuchar, cuezo, decalitro, decilitro, escudilla, fanega, ferrado, galón, ganta, hanega, hectolitro, hemina, jarro, libra, litro, quilolitro, maquila, maravedinada, metreta, mililitro, modio, moyo, ocho, panilla, pichella, pichola, picotín, pinta, puñera, robo, saco, salserón, sesquiáltero, sesquimodio, sextario, tina, tinaja, tonel, TONEL macho, tonelada, TONELADA de arqueo [TONELADA métrica de arqueo], urna. Para la capacidad representada por un recipiente, véanse los nombres de éstos. ➤ Aspilla. ➤ Contraste, FIEL contraste, raedor. ➤ Admitir, caber, coger, entrar, hacer. ➤ Arrasar, descolmar, rasar, resisar, sisar. ➤ Arrasadura, rasadura. ➤ Raedor, rasera, rasero. ➤ *Propina. ➤ Derrame. ➤ *Anchura. *Cantidad. *Cargar. *Medir.

capacitación f. Acción de capacitar.

capacitar 1 tr. Hacer a ˘alguien *apto o darle derecho para cierta cosa: 'Este título no le capacita para ejercer la medicina en España. Se trata de capacitar en tres meses a estos muchachos para pilotar un avión'. ≃ Habilitar. ⇒ Poner[se] en CONDICIONES, dar DERECHO a. ➤ *Apto. 2 prnl. Hacerse apto o adquirir el derecho para algo.

capada[1] f. **Cantidad de una cosa que se transportaba en una punta de la capa.*

capada[2] (ant.) f. **Alondra.*

capadillo (de «capar»; ant.) m. *Especie de *chilindrón (juego de baraja).* ⊙ (ant.) *Cierta parte del juego de chilindrón.*

capado, -a Participio adjetivo de «capar».

capadocio, -a adj. y, aplicado a personas, también n. De Capadocia, región de Asia.

capador 1 m. El que tiene el oficio de capar animales. 2 *Silbato usado por ellos para anunciarse.* ≃ Castrapuercas [o castrapuercos].

capadura 1 f. Acción y efecto de capar. ⊙ Cicatriz que queda de esa operación. 2 Hoja de *tabaco de calidad inferior que se emplea para picadura o para tripas de los cigarros.

capar (de «capón») tr. *Castrar a los ˘animales. ⊙ (vulg.) Castrar al ˘hombre. ⇒ Capolar, capón y demás palabras de la familia.

caparáceo, -a (de «Capparis», género de plantas) adj. y n. f. BOT. *Se aplica a las plantas, hierbas y arbustos de la familia de la alcaparra, casi todos tropicales.* ⊙ f. pl. BOT. *Esa familia.*

capararoch (probablemente, *Speolyto cunicularia)* m. **Ave rapaz nocturna americana.*

caparazón (del occit. «capairon») **1** m. *Cubierta que se le pone al caballo de montar cuando no va montado, para tapar la silla, o a los caballos de tiro, para preservarles de la lluvia.* ≃ Telliz. ⇒ *Guarnición. **2** Esqueleto externo o cubierta dura que protege el cuerpo de los *crustáceos y de los quelonios. ⇒ Carapacho, garapacho. ➤ *Recubrir. **3** Cubierta semejante con que se protege una cosa: 'El caparazón de un motor [o de una empanada]'. **4** *Esqueleto del cuerpo de un *ave.* **5** *Serón con el pienso, que se cuelga de la cabeza de la *caballería.*

caparidáceo, -a o **caparídeo, -a** adj. y n. f. BOT. *Caparáceo.*

caparina (Ast.) f. **Mariposa.*

caparra[1] (del sup. lat. «crabrus», de «crabro, -ōnis», tábano) **1** f. **Garrapata.* **2** (Ar.) *Persona *pesada o molesta.*

caparra[2] f. **Alcaparra (planta caparácea).*

caparra[3] (del it. «caparra») f. *Señal que se adelanta para *garantía de un trato.* ⇒ Acaparrarse.

caparro (Perú, Ven.; *Lagothrix lagothricha)* m. **Mono lanudo de pelo blanco.* ≃ Choco.

caparrón (de «caparra[2]») **1** m. **Yema o botón de las plantas.* ⇒ Alcaparra. **2** (Ál.) *Cierta variedad de *judía más redonda que la corriente.* **3** (Rioj.) *Cierta variedad de judías de vaina sin hilos y de semilla redondeada llamada del mismo modo.*

caparrós (Ar.) m. *Caparrosa.*

caparrosa f. *Sulfato de cinc, cobre o hierro. ⇒ Aceche, aciche, acije.

CAPARROSA AZUL. Sulfato de *cobre. ⇒ Copaquira.

C. BLANCA. Sulfato de *cinc natural que se precipita del agua que escurre en las minas de plomo. ≃ Goslarita.

C. VERDE. Sulfato de *hierro. ≃ VITRIOLO verde.

capasurí (C. Rica) m. *Venado con los cuernos cubiertos por la piel.* ⇒ *Ciervo.

capataz (del lat. «caput, -ĭtis», cabeza) **1** m. Encargado de dirigir y vigilar un grupo o cuadrilla de *obreros. ⊙ Encargado general de una *finca o explotación agrícola. ⇒ Alguacil, aperador, cachicán, calpixque, caporal, conde, contramaestre, manigero [o manijero], mayoral, obrajero, roncador, sobrestante, vílico. **2** *Empleado encargado de recibir el metal en las «casas de la moneda».*

capaz (del lat. «capax, -ācis») **1** («para») adj. Aplicado a *espacios o recipientes, suficiente para contener lo que se expresa: 'Un estadio capaz para diez mil espectadores'. ⊙ (con «bastante, muy, etc.») De considerable capacidad: 'Un local muy capaz'. ≃ *Espacioso. **2** («de») Aplicado a una persona, tal o en tal disposición o estado que puede esperarse o temerse de ella la cosa que se expresa: 'Es capaz de plantarle una fresca al lucero del alba. Soy capaz de denunciarle. No es capaz de tal bajeza. Es capaz de todo [o de cualquier cosa]. Es capaz de clavar un clavo con la cabeza'. ⇒ *Atreverse, caber, *poder, *saber, *valer. ➤ *Apto, *hábil, *susceptible. ➤ NO DAR para más, incapaz. **3** («para») De tales condiciones de inteligencia, preparación, actividad, etc., que sirve para el trabajo o misión de que se trata: 'Un obrero [funcionario o gobernante] capaz. Para ese cargo hace falta un hombre capaz'. ≃ *Apto. ⇒ Incapaz. ⊙ Aplicado a cosas, que puede producir el efecto que se expresa. **4** («para») Con *aptitud jurídica para hacer cierta cosa: 'Capaz para testar'. No es corriente decir 'ser capaz', sino 'tener capacidad'. **5** Inteligente.

ES CAPAZ QUE (Hispam.). *Es probable que.*

SER alguien CAPAZ DE TODO (a veces desp.). Expresión hiperbólica empleada para ponderar bien el valor o aptitud de una persona, o bien su temeridad o falta de escrúpulos: 'No me extraña lo más mínimo lo que me cuentas: ése es capaz de todo'.

capaza (de «capazo») **1** (Ar., Mur.) f. *Capacho de molino de aceite.* **2** (Sal.) *Capaceta (hojas puestas en el fondo de un cesto).*

capazo (de «capax, -ācis», capaz) **1** m. Capacho: *cesta flexible hecha de esparto o de palma, más ancha por arriba que por abajo y con dos asas en el borde, una frente a otra, que se agarran juntas, con lo cual toma forma aplanada. ⇒ Ateca, cabás, capacha, capaza, cenacho, escriño, *espuerta, esportillo, esportón, sera, serón, zoncho. ➤ Cargo. ➤ Empleita, emplenta, esparto, palma, pleita. ⊙ Receptáculo similar acondicionado como cuna. **2** (Ar.; inf.) **Conversación larga en que se entretiene alguien, por ejemplo en la calle.*

A CAPAZOS. En mucha abundancia.

capción (del lat. «captĭo, -ōnis») **1** f. Captación. **2** DER. *Captura.*

capcionar (de «capción») tr. DER. *Capturar.*

capciosamente adv. De manera capciosa.

capciosidad **1** f. Cualidad de capcioso. **2** Cosa que sin ser una mentira, induce a *engaño.

capcioso, -a (del lat. «captiōsus») adj. Se aplica al argumento, razonamiento, pregunta, etc., hecho con habilidad para hacer caer al contrario en una trampa. ≃ *Insidioso.

capdal (del lat. «capitālis», capital; ant.) adj. *Cabdal: principal, caudaloso o caudal.*

capea **1** f. Acción de capear. **2** TAUROM. Lidia informal de becerros o novillos; por ejemplo, las que se hacen en las fiestas de los pueblos, en las plazas cerradas para ello con carros y tablados.

capeada (Guat.) f. *Acción de capear (hacer novillos).*

capeadera (Guat.) f. *Acción de capear (hacer novillos) repetidamente.*

capeador, -a **1** m. **Ladrón de capas.* **2** *Diestro en torear con la capa.* **3** (Guat.) n. *Estudiante que hace novillos.*

capear **1** tr. TAUROM.*Torear con la capa a una ↘res. **2** *Entretener a ↘alguien con engaños o evasivas para no cumplirle alguna obligación o promesa. ≃ Torear. **3** *Sortear con habilidad alguna dificultad o las consecuencias desagradables de algo: 'Ha capeado bien las consecuencias de la quiebra'. ≃ Torear. **4** **Robar la capa a ↘alguien, particularmente de noche.* **5** MAR. *Estarse a la* CAPA. **6** (Guat.) *Hacer novillos.* ⇒ Capeada, capeadera.

V. «capear el TEMPORAL».

capel (del cat. «capell»; Ar.) m. **Capullo del gusano de seda.*

capelán (*Mallotus villosus)* m. *Pez de color verde oscuro, que se usa en los mares del norte como cebo para pescar el bacalao.

capelardente (del sup. lat. «capella», capilla, y «ardens, -entis», ardiente; ant.) f. *Capilla ardiente.*

capelina **1** f. Nombre de distintas prendas para cubrir la *cabeza, tanto de hombre como de mujer. ≃ Capellina. **2** *Capellina (vendaje).*

capellada (de «capilla») **1** f. *Puntera de los zapatos.* ⊙ *Pala del *calzado o remiendo en ella.* **2** *Cuchilla de curtidor.* ≃ Pala.

capellán (¿del occit. «capelán»?) **1** m. *Sacerdote titular de una capellanía, que desempeña los cultos previstos en ella y se beneficia de sus rentas. **2** Sacerdote adscrito al servicio religioso de un establecimiento religioso o seglar: 'El capellán de las monjas [del hospital o del convento]'. **3** En algunos sitios, cualquier sacerdote.

CAPELLÁN DE ALTAR. **1** *El que cantaba las misas solemnes en palacio cuando no había capilla pública.* **2** *Sacerdote que asiste al que celebra la misa.*

C. DE HONOR. Sacerdote adscrito a la capilla real.

C. MAYOR DEL REY. *Prelado que tenía la jurisdicción eclesiástica en el palacio real. ⇒ *Rey.

capellanía («Establecer, Fundar») f. Fundación establecida por una persona adscribiendo algunos bienes suyos al pago de una pensión a un clérigo para que diga misas o celebre otros cultos. ⇒ OBRA pía. ➤ Nutual. ➤ *BENEFICIO eclesiástico.

capellar (del sup. lat. «capella», dim. de «cappa», capa) m. *Cierto *manto de estilo morisco que se usó en España.*

capellina (del sup. lat. «cappella», dim. de «cappa», capa) **1** f. *Pieza de la *armadura que cubría la parte superior de la cabeza.* **2** **Soldado de a caballo que usaba capellina.* **3** *Nombre dado a distintas prendas para cubrir la cabeza, de hombre o de mujer.* **4** **Vendaje en forma de gorro.* ≃ Capelina. **5** METAL. *Campana de hierro o bronce bajo la cual se desazogaba y afinaba la *plata.* **6** METAL. **Mufla de grandes dimensiones para afinar la plata.* ⇒ *Horno.

capelo (del it. «cappello») **1** (ant.) m. *Sombrero.* **2** Sombrero propio de los cardenales, rojo, con ala plana. El nombre se usa representativamente como dignidad de *cardenal: 'Vacar un capelo. Dar un capelo el Papa'. ≃ Píleo. **3** HERÁLD. *Insignia del escudo de los *prelados, consistente en un sombrero.* **4** *Cierto derecho que percibían los *obispos.* **5** (Arg.) *Campana de cristal para resguardar alimentos; por ejemplo, el queso.*

CAPELO DE DOCTOR (Hispam.). *Capirote (muceta).*

capeo m. *Acción de capear.*

capeón m. **Novillo que se capea.*

capero (de «capa») **1** m. **Canónigo que asiste por turno con capa pluvial al coro o al altar.* **2** **Percha para las capas o los abrigos.* ≃ Cuelgacapas. **3** V. «TABACO capero».

caperol (de «capa») m. MAR. *Extremo superior de cualquier pieza de la estructura del *barco; especialmente, el de la roda en las embarcaciones menores.*

caperuza (del sup. lat. «cappero») **1** f. *Gorro terminado en punta por detrás. ⇒ *Capucha, *sombrero. ⊙ Se puede aplicar como designación genérica a cualquier pieza que cubre o protege la punta o el extremo de algo: 'La torre tiene una caperuza de nieve. La caperuza de la pluma de escribir'. ≃ *Capuchón. **2** MINER. *Cilindro hueco de barro con que se cubría la *plata mientras se la desazogaba.*

caperuzado, -a adj. HERÁLD. *Capirotado.*

capeta (dim. de «capa») f. *Capa sin esclavina y que no pasa de la rodilla.*

capetonada (por «chapetonada») f. **Vómito violento que acomete a veces a los europeos que pasan a la zona tórrida.*

capi (de or. quechua) **1** (Am. S.) m. **Maíz.* ⊙ (Bol.) *Harina blanca de maíz.* **2** (Chi.) **Vaina verde de las *legumbres, particularmente de la judía.*

capia (del quechua «qaphia», frágil, quebradizo) **1** (Arg., Col., Perú) f. **Maíz blanco, muy dulce, que se emplea para hacer golosinas.* **2** (Arg., Col.) **Dulce hecho con harina de capia y azúcar.* **3** (Bol.) *Harina de maíz tostado.* ⊙ (Bol.) *Masa que se hace con esta harina.*

capialzado, -a Participio de «capialzar». ⊙ adj. y n. m. ARQ. *Se aplica al arco o dintel que tiene derrame.*

capialzar (de «cap[1]» y «alzar») tr. ARQ. Dar mayor amplitud o altura a un arco o dintel por uno de los paramentos del muro que por el otro. ⇒ *Derrame.

capialzo m. ARQ. Disminución en el intradós de un arco o bóveda, de modo que es más amplio por un paramento que por el otro. ≃ Derrame.

capiatí (del guaraní «captii», pasto, y «ati», espina; Arg.) m. **Planta celastrácea cuyas hojas se emplean contra las enfermedades de la boca.*

capibara f. *Carpincho (mamífero roedor).

capicatí (del guaraní «capii catí», pasto oloroso; Arg., Par.; *Cyperus longus*) m. **Planta ciperácea de raíz muy aromática que se emplea para fabricar un licor.*

capichola (del it. «capicciola», tejido grosero de cáñamo) f. *Nombre antiguo de una* tela de seda que forma cordoncillo.*

capicúa (del cat. «cap-i-cua», cabeza y cola) **1** adj. y n. m. Se aplica al número y también al billete de autobús, tren, etc., que lo tiene, cuyas cifras son simétricas, de modo que resulta lo mismo leído al derecho que al revés. ⊙ adj. También, a la palabra, expresión o frase semejante. ⇒ Palíndromo. ➤ *Invertir. **2** m. Lance del juego de *dominó, en que se gana colocando una ficha susceptible de ser colocada en ambos extremos.

capidengue (de «capa» y «dengue») m. *Nombre antiguo de cierta prenda del traje femenino, especie de pañuelo o *manto pequeño.*

capigorra (de «capa» y «gorra») m. *Capigorrón (vagabundo).*

capigorrista adj. y n. m. *Capigorrón (vagabundo).*

capigorrón **1** adj. y n. m. **Vagabundo, holgazán.* **2** *Se aplicaba al *eclesiástico que tenía órdenes menores y se mantenía así sin pasar a las mayores.*

capiguara (del guaraní «capiiguá»; Hispam.) m. **Carpincho (mamífero roedor).* ≃ Capibara.

capilar (del lat. «capillāris», de «capillus», cabello) **1** adj. Del *pelo o relacionado con él: 'Loción capilar'. **2** Fís. Del fenómeno de capilaridad. **3** adj. y n. m. Se aplica a los *tubos de diámetro muy pequeño. ⇒ Capilaridad. **4** ANAT. Se aplica a las últimas ramificaciones de los vasos sanguíneos. ⇒ *Vena.

capilaridad **1** f. Cualidad de capilar. **2** Fís. Fenómeno por el cual un *líquido asciende espontáneamente por conductos capilares; por ejemplo, por un terrón de azúcar. ⊙ Fís. Fenómeno por el cual la superficie de un líquido en contacto con un sólido, por ejemplo dentro de un tubo, asciende o desciende por la línea de contacto, de modo que esa superficie resulta convexa o cóncava según que el líquido moje o no al sólido. ⇒ Menisco.

capilarímetro m. QUÍM. *Aparato para medir la pureza de los alcoholes.*

capilla (del sup. lat. «cappella», dim. de «cappa», capa, por el trozo de la suya que dio San Martín a un pobre y el santuario en que se guardaba esa reliquia) **1** f. Pequeña iglesia, generalmente con un solo altar, a veces aneja a un establecimiento religioso o seglar, o instalada en una casa particular. ⇒ Cripta, cubículo, hipogeo. ➤ Ermita, oratorio. **2** Cada departamento de una *iglesia con *altar y advocación o *imagen particular. **3** *Altar portátil del Ejército. **4** Departamentos o *cavidad semejante a una capilla en el interior de algunos *muebles, como las cómodas y *armarios, o en otra cosa. ≃ Capilleta. 5 *Capucha unida a la capa, el hábito, etc.* 6 AGRÁF. Pliego que se entrega suelto durante la impresión de una obra. 7 (ant.) *Vaina de algunas semillas.* 8 Cuerpo o comunidad de capellanes. 9 Cuerpo de músicos retribuidos de una iglesia. 10 *En los colegios, *junta o cabildo de colegiales, para tratar asuntos de su comunidad.* 11 (inf.) Capillita (*alianza de personas). 12 (inf.) *Eclesiástico regular, a diferencia del secular.*

CAPILLA ARDIENTE. Habitación o instalación en la casa de un difunto, en la iglesia, en un hospital, etc., donde se le coloca para recibir las primeras honras fúnebres. ⇒ Capelardente, CÁMARA mortuoria, CUERPO presente. ➤ *Muerte.

C. REAL. 1 La del *palacio real. ⇒ Procapellán. ➤ Cancel. ➤ Cortina. 2 *Capilla perteneciente al patronato real.*

EN CAPILLA. 1 Situación de los condenados a *muerte desde que les es comunicada la sentencia. 2 (inf.) A punto de sufrir una prueba, como un examen, de conocer un resultado ansiosamente esperado o de estar en cierta situación: 'Los que se van a examinar ya están capilla'. ⇒ *Intranquilo.

V. «MAESTRO de capilla».

capillada f. **Cantidad de alguna cosa transportada, medida, etc., con el gorro o capillo.*

capilleja (dim. de «capilla»; ant.) f. *Caperuza o capucha.*

capillejo (dim. de «capillo») 1 m. **Cofia que se usaba antiguamente.* 2 *Madeja de *seda doblada y torcida.*

capilleta (dim. de «capilla») f. **Nicho o *cavidad en forma de capilla.*

capillita (inf.) f. *Grupo de personas que se mantienen unidas para ayudarse recíprocamente a encumbrarse.

capillo (del sup. lat. «cappellus», dim. de «cappa», capa) m. *Nombre que se ha aplicado a distintas prendas para cubrir la cabeza, a objetos distintos destinados a cubrir la punta o extremo de una cosa, de los que ahora se denominan «caperuza, capucha, *capuchón, gorro», etc., y a otras prendas para cubrir distintas cosas.* ⇒ Encapillar[se]. Sombrero. 1 **Mantilla usada por las mujeres de Tierra de Campos (comarca leonesa).* 2 *Prenda de *vestir consistente en una esclavina con capucha.* ≃ Capirucho. 3 **Gorro con que se les cubría la cabeza a los niños recién nacidos.* ⊙ *Particularmente, el que se les ponía para llevarlos a *bautizar.* ≃ Incapel. 4 *Derechos que cobraba la iglesia cuando se usaba capillo de ella.* 5 *Paño con que se cubrían las *ofrendas de pan u otras cosas que se llevaban a la iglesia.* 6 CETR. *Capirote.* 7 **Capota de carruaje.* 8 *Refuerzo interior para ahuecar y dar rigidez a la punta del calzado.* 9 *Cubierta que se pone a la piña donde se coloca el copo en la rueca de hilar.* ≃ *Rocadero. 10 CAZA. *Red que se coloca en la boca de los viveros después de meter el hurón, para apresar los *conejos que salen.* 11 (Sal.) *Trampa o *engaño.* 12 *Manga de lienzo para *colar el *café, la *cera, etc.* 13 **Capullo de flor.* 14 *Capullo del gusano de *seda y otras larvas.* 15 **Prepucio.* ≃ Capullo. 16 *Hoja de *tabaco que forma la primera envoltura de la tripa de los *cigarros puros.* 17 MAR. *Cubierta de madera u hojalata con que se preservan de humedad las bitácoras.* 18 MAR. *Trozo de lona con que se recubren los chicotes de los obenques.*

CAPILLO DE HIERRO. *Capacete de la *armadura de guerra.*

capín (Am. S.; *Cynodon dactylon*) m. **Planta gramínea forrajera.*

capincho (Arg.) m. **Carpincho (mamífero roedor).*

capingo m. *Capa corta y de poco vuelo que se usó en Chile.*

capipardo (de «capa parda») m. **Campesino.*

capirón (del sup. lat. «cappero, -ōnis», de «cappa», capa; ant.) m. *Cualquier prenda para cubrir la cabeza.*

capirotada (de «capirote») 1 f. *Aderezo para *rebozar viandas hecho con huevo, ajos y algunas hierbas.* 2 (Hispam.) **Guiso hecho con carne, maíz tostado, queso y manteca.* 3 (Méj.; inf.) *Fosa común del *cementerio.*

capirotado, -a (de «capirote») adj. HERÁLD. *Se aplica a las figuras, particularmente aves de cetrería, con capirote o caperuza.* ≃ Caperuzado.

capirotazo m. Golpe ligero dado en la *cabeza; particularmente, el dado con un dedo dejándolo escapar bruscamente después de tenerlo sujeto con la yema de otro aplicada sobre su uña. ≃ *Papirotazo. ⇒ *Capón, *papirotazo.

capirote (de «capirón») m. Nombre de distintas prendas para cubrir la cabeza. ⇒ Encapirotar[se]. 1 Particularmente, «*cucurucho»: gorro puntiagudo que llevan los que van en las procesiones de Semana Santa. 2 **Capucha unida a distintas prendas de vestir antiguas; por ejemplo, a la loba cerrada.* 3 **Esclavina con capucha.* ≃ Capirucho. ⊙ Muceta con capucha, del color de cada facultad, que usan los *catedráticos en los actos solemnes. ⇒ CAPELO de doctor. 4 *Beca de paño negro, cuadrada por detrás y cayendo en dos bandas por delante, que usaban los colegiales militares de Salamanca.* 5 CETR. *Caperuza de cuero que se les ponía a las *aves de *cetrería para que se estuviesen quietas, hasta que se las soltaba.* ≃ Capillo. 6 **Capota de carruaje.* 7 *Papirotazo.* ≃ Capirotazo. 8 adj. *Se aplica a la res vacuna que tiene la cabeza de distinto color que el cuerpo.* ≃ Chaperón, chapirón, chapirote.

BOBO DE CAPIROTE. Expresión intensiva de «bobo». ≃ Tonto de capirote.

CAPIROTE DE COLMENA. APIC. *Barreño o cesto con que se cubren las colmenas cuando tienen mucha miel.* ⇒ *Abeja.

V. «hacer MANGAS y capirotes».

capirotera (de «capirote»; ant.) f. **Caperuza o *gorro.*

capirotero, -a adj. *Se aplicaba al *halcón acostumbrado al capirote.*

capirucho m. *Esclavina con *capucha.* ≃ Capirote.

capisayo 1 m. **Vestidura corta a manera de capotillo abierto, que sirve de capa y* sayo. 2 (inf.) Nombre con que se designa un vestido cuando se quiere expresar que no está hecho o ajustado con cuidado ni con determinada aplicación. ≃ Sayo. 3 *Vestidura común de los *obispos.* 4 (Col.) **Camiseta.*

capiscol (del b. lat. «capischolus») m. **Chantre.* ⊙ *Sochantre.*

capistro (del lat. «capistrum») m. **Armadura con que los romanos protegían la cabeza del caballo.*

capitá (Am. S.; *Paroaria cucullata*) m. **Pájaro de cuerpo negro y cabeza de color rojo encendido.*

capitación (del lat. «capitatĭo, -ōnis») f. **Reparto de una contribución por cabezas.*

capital (del lat. «capitālis») 1 adj. *De la *cabeza.* 2 Aplicado a «importancia, interés, error, defecto, vicio, pecado» y palabras semejantes, de mucha *importancia; tal que no se puede descuidar o desdeñar. ⇒ PECADOS capitales. 3 f. *Población donde reside el gobierno de una nación o los organismos administrativos de una provincia, distrito, etc. ⊙ Población que más destaca en una actividad o a la que se ha otorgado un papel preponderante en determinado acontecimiento: 'La capital del vino. La capital cultural de Europa'. ⇒ Cabeza, corte. ➤ Metrópoli. ➤ Pandemónium. 4 adj. y n. f. Se aplica a la *letra de tamaño excepcionalmente grande y, a veces, artísticamente decorada, con que empieza un capítulo. **5** adj. Se aplica a «pena», para designar la de muerte. ⇒ *Ejecutar. **6** m. *Dinero o conjunto de cosas convertibles en él que posee alguien. ≃ *Bienes, caudal, fortuna. **7** Dinero invertido en una empresa o que produce una renta en cualquier forma. ⇒ Principal. ➤ *Negocio. **8** (inf.; «El») m. Conjunto de capitales, organizaciones o personas que dominan el mundo de las finanzas. ⊙ ECON. Factor económico constituido por el dinero: 'El capital y la mano de obra'. **9** *Caudal aportado por el marido al *matrimonio.* ⊙ f. *Bisectriz imaginaria de un ángulo saliente de una muralla.*

CAPITAL SOCIAL [O NOMINAL]. ECON. Aportación económica inicial de los socios o accionistas de una empresa, a la que se añaden eventualmente posteriores ampliaciones de capital.

V. «PENA capital».

capitalidad f. Cualidad o circunstancia de ser capital una población.

capitalino, -a adj. De la capital de un estado.

capitalismo m. ECON. Régimen basado en la existencia del capital privado. ⇒ Plutocracia. ➤ *Economía, *política, *rico, *sociología. ➤ *CLASES sociales.

capitalista **1** adj. Del capitalismo o seguidor de este sistema económico. **2** n. Persona que tiene *rentas. **3** Persona que participa con su capital en un negocio. ≃ SOCIO capitalista. ⊙ (inf.) Persona con mucho dinero. **4** TAUROM. (Inf.) Muchacho que toma parte inesperadamente en una novillada. ⊙ TAUROM. Espontáneo: espectador de una corrida que se lanza al ruedo a torear.

capitalizable adj. Que se puede capitalizar.

capitalización f. Acción de capitalizar.

capitalizar **1** tr. Atribuir un valor como capital a una ↘cosa que produce determinada renta. **2** Acumular al capital los ↘intereses producidos por él. **3** Obtener un beneficio de un determinado ↘hecho, aunque esté protagonizado por otros: 'El partido mayoritario de la oposición está capitalizando el desgaste y los errores cometidos por el gobierno'.

capitalmente **1** adv. *Gravemente.* **2** **Mortalmente.*

capitán (del b. lat. «capitānus») **1** m. En sentido amplio, *caudillo de guerra. ⇒ Cabo, caboral. **2** Jefe de una *banda. **3** Oficial del Ejército que manda una compañía, escuadrón o batería. ⇒ *Milicia. **4** En sentido general, el que manda en un *barco: 'El capitán pirata'. ⇒ *Patrón. **5** Oficial de marina que manda un buque mercante. ⇒ Capa. **6** DEP. Deportista que dirige y representa a sus compañeros de equipo. **7** (Cuba, Méj.) *Jefe de comedor de un restaurante.*

CAPITÁN DE CORBETA. MIL. Oficial de Armada cuyo grado equivale al de comandante del Ejército de Tierra.

C. DE FRAGATA. MIL. Oficial de la Armada cuyo grado equivale al de teniente coronel del Ejército de Tierra.

C. GENERAL. **1** MIL. Militar que ostenta el grado máximo de los tres Ejércitos españoles. **2** MIL. Jefe de una capitanía general o departamento marítimo. ⇒ *Milicia.

C. DE LLAVES. FORT. *Encargado de abrir y cerrar las puertas a las horas de ordenanza en las* fortalezas.*

C. DE MAESTRANZA (ant.). MAR. *Comandante de un arsenal.*

C. DE NAVÍO. MIL. Oficial de la Armada de grado equivalente al de coronel del Ejército de Tierra.

V. «las CUENTAS del Gran Capitán».

capitana **1** adj. y n. f. MAR. Se aplica al *barco en que va y lleva su insignia el jefe de una escuadra. **2** (inf.) f. Mujer que dirige una tropa. **3** (pop.) Mujer del capitán.

capitanear tr. *Mandar o *dirigir ↘gente de guerra, una ↘sublevación o una acción semejante. ≃ *Acaudillar. ⊙ Actuar de capitán en cualquier cosa.

capitaneja (C. Rica, Nic.; *Loranthus americanus)* f. **Planta compuesta que la gente emplea como medicinal.*

capitanía **1** f. MIL. Empleo de capitán. **2** MIL. CAPITANÍA general (edificio y oficinas). **3** MIL. *Hasta el siglo XVI, fuerza militar equivalente al batallón o regimiento modernos.* **4** (ant.) **Dominio sobre algo.* ⊙ (ant.) **Territorio perteneciente al *señor.* **5** (ant.) *Gobierno militar.* **4** MAR. **Derecho que se paga por fondear en un puerto.* ≃ Anclaje.

CAPITANÍA GENERAL. **1** MIL. Cargo de capitán general. ⊙ MIL. Edificio donde reside y tiene sus oficinas el capitán general de una región militar o departamento marítimo. ≃ Capitanía. ⊙ MIL. Territorio bajo su mando. **2** En América, durante la dominación española, extenso *territorio gobernado con relativa independencia del virreinato a que pertenecía.

capitel (del occit. «capitel») m. ARQ. Pieza decorada con molduras u otra cosa que remata la *columna por la parte superior y sobre la que descansa el arquitrabe. ⇒ Corintio, dórico, jónico, toscano. ➤ Acanto, caulículo, voluta. ➤ Cálato. ➤ Ábaco.

capítol (del cat. «capítol»; ant.) m. *Capítulo o cabildo.*

capitolino, -a **1** adj. Del Capitolio de Roma: 'Júpiter capitolino. Loba capitolina'. **2** m. *Cabezuela o punta de adorno formada por una *piedra preciosa.*

capitolio (del lat. «capitolĭum») **1** m. *Acrópolis. **2** *Edificio majestuoso.*

capitón (del lat. «capĭto, -ōnis») **1** m. **Mújol (pez).* **2** (Sal.) **Cabezazo (golpe con o en la cabeza).* **3** (Sal.) **Voltereta.*

capitoné (del fr. «capitonné», acolchado) m. Vehículo grande, a veces acolchado, que se emplea para transportar muebles.

capitoso, -a (del lat. «capĭto, -ōnis», cabezudo; ant.) adj. *Obstinado o caprichoso.*

capitoste (del cat. «capitost»; desp.) m. Persona con responsabilidad o mando en cualquier entidad o empresa: 'Ahí donde lo ves, es uno de los capitostes de esta organización'.

capítula (del lat. «capitŭla», capítulos) f. *Pasaje de la *Biblia que se reza después de los salmos y las antífonas en todas las horas canónicas, excepto los maitines.*

capitulación (del lat. «capitulatĭo, -ōnis») **1** f. Acción de capitular (rendirse). **2** (gralm. pl.) *Contrato o conjunto de condiciones relativas a un acto solemne, como una rendición o el matrimonio, que se estipulan por escrito entre dos personas o partes. ⊙ (gralm. pl.) Especialmente, capitulaciones matrimoniales.

capitulado, -a (del lat. «capitulātus») **1** adj. Dispuesto en capítulos. **2** *Resumido.* **3** m. Conjunto de los capítulos numerados de un escrito. **4** *Disposición capitular, capitulación, concierto constante de capítulos.*

capitulante adj. y n. *Aplicable al que capitula (se rinde).*

capitular[1] **1** adj. De [o del] capítulo o cabildo: 'Sala capitular'. **2** m. Miembro de un cabildo catedral. ⊙ *Miembro de algunos organismos, con voto en ellos; por ejemplo del ayuntamiento.* **3** adj. y n. f. AGRÁF. Se aplica a la letra mayúscula adornada que encabeza el capítulo de un escrito. ≃ Capital. ⊙ También, a cualquier mayúscula, manuscrita o de imprenta.

V. «SALA capitular».

capitular[2] (de «capítulo») **1** («de») tr. *Imputar cargos a ↘alguien por faltas o delitos cometidos en el ejercicio de un *empleo:* 'Capitular a alguien de malversación'. **2** intr.

Llevar a cabo dos personas o partes un pacto o acuerdo. **3** *Rendirse al enemigo estipulando condiciones. **4** Declararse vencido o *someterse en cualquier cosa. ≃ Rendirse. **5** *Cantar las capítulas del *oficio divino.*

apitulario m. **Libro de coro que contiene las capítulas.*

apitulero, -a (Perú) adj. y n. *Se aplica a la persona que hace propaganda de determinado líder o partido para ganarle votos.*

apítulo (del lat. «capitŭlum») **1** m. *Asamblea de religiosos de una *orden, para tratar asuntos relacionados con ella; por ejemplo, para elegir *prelados. ⇒ Congregación. **2** *Junta de los individuos de una *orden militar.* **3** (Ar.) *Cuerpo formado por los *canónigos de una catedral.* ≃ Cabildo. ⊙ *Reunión de ese cuerpo.* **4** (Ar.) *Cuerpo formado por ciertos *eclesiásticos privilegiados, en una población.* ≃ Cabildo. **5** **Reprensión grave que se dirige a un religioso en presencia de la comunidad.* **6** *Cargo que se imputa a alguien que ha ejercido un *empleo.* **7** *Determinación, resolución.* **8** Cada una de las partes numeradas en que se *divide una obra literaria, un tratado, un presupuesto, una ley, etc. ⇒ Cabeza, cabo. ➤ Artículo, concepto, partida, renglón. ⊙ Por extensión, cada uno de los apartados en que se divide algo. **9** Bot. *Inflorescencia formada por flores contenidas todas en un receptáculo común, rodeadas de brácteas y haciendo todo el conjunto el efecto de una sola flor. Es característica, aunque no exclusiva, de las plantas compuestas como la margarita. ≃ Cabezuela. ⇒ Flósculo, semiflósculo. **10** (pl.) Capitulaciones (contrato o conjunto de condiciones).

LLAMAR [o TRAER] a alguien A CAPÍTULO. Exigirle que dé cuentas de sus actos. ⇒ *Acusar. *Reprender. *Responsabilidad.

SER CAPÍTULO APARTE. **1** Ser cuestión distinta. **2** Se aplica a personas, cosas o circunstancias que, en conversación o razonamiento, merecen consideración distinta de la que se está efectuando: 'Estos chicos son muy responsables, aunque algunos son capítulo aparte.'

apizana (¿del cat. «capçana», correas que sujetan la cabeza de la caballería?) f. *Pieza de la *armadura del caballo que cubría la parte superior del cuello, formada por launas imbricadas.*

apnomancia o **capnomancía** (del gr. «kapnós», humo, y «-mancia» o «-mancía») f. *Adivinación por el humo.*

apo (it.) m. Jefe de una mafia.

apó (del fr. «capot») m. Cubierta del motor del automóvil. ⇒ Bonete, capota, cofre.

apolar (del cat. «capolar») **1** (ant.) tr. **Partir una* ↘*cosa en trozos.* ⊙ **Picar* ↘*carne.* **2** (Ar.) **Cercenar o *descabalar una* ↘*cosa.* **3** (Mur.) **Degollar.*

apón (del sup. lat. vulg. «cappo, -ōnis») **1** m. *Pollo cebado, al cual se ha castrado para hacer su carne más delicada. **2** adj. y n. m. *Se aplica a cualquier animal castrado.* **3** m. *Haz de *sarmientos.* **4** Mar. *Cadena o cabo grueso fijo en la serviola de la que se cuelga el ancla de un barco.* **5** *Golpe dado en la cabeza con los nudillos. ≃ Coscacho, coco, coscorrón, macoca, toba. ⇒ *Papirotazo.

CAPÓN DE GALERA. *Especie de gazpacho que se hace con bizcocho de barco, aceite, vinagre, ajos, aceitunas, etc.* ⇒ *Sopa.

apona (de «capón[1]») **1** f. Mil. **Distintivo militar como la charretera pero sin canelones o flecos.* **2** *Sobrepelliz (vestidura del *sacerdote) sin mangas.*

V. «LLAVE capona».

aponación f. *Capadura del gallo.*

aponada (de «capón[1]»; Ál.) f. **Fogata que se hace con leña menuda o ramaje.*

caponar (de «capón[1]») **1** (ant.) tr. *Capar.* **2** Agric. *Atar los sarmientos de la *vid para que no estorben al labrar.*

caponera 1 f. **Jaula de madera que se ponía a veces en las cocinas de los pueblos, donde se tenían los capones para cebarlos.* **2** Fort. *Antiguamente, estacada con aspilleras y troneras para defender el foso.* ⊙ Fort. *Posteriormente, galería o casamata que flanquea un foso.* **3** (inf.) **Cárcel.* **4** (inf.) *Sitio o casa en que se recibe buen trato sin ningún coste.* ⇒ *Ganga.

caponero, -a adj. V. «YEGUA caponera».

caporal (del it. «caporale») **1** (ant.) adj. *Capital o *principal, aplicado sólo a algunas cosas, como los *vientos.* **2** m. Mil. *Cabo de escuadra.* **3** En algunos casos particulares, el que manda alguna gente. ⇒ *Jefe. **4** El que tiene a su cargo el *ganado de la labranza. **5** (Hispam.) **Capataz de una estancia.*

caporo, -a (del lat. «Capori, -ōrum») n. *Individuo de cierto pueblo primitivo que ocupó una parte de Galicia.* ⊙ m. pl. *Ese *pueblo.*

capororoca (del guaraní «caá» y «pororog», hierba que estalla; Arg.; varias especies de los géneros *Myrsine* y *Rapanea*) m. *Árbol mirsináceo, cuyas hojas tienen la particularidad de que, arrojadas al fuego, estallan ruidosamente.* ≃ Canelón.

capota (del lat. «caput», cabeza) **1** f. Cubierta plegable de algunos vehículos. ⇒ Capillo, capirote. ➤ Compás, fuelle. **2** (Par.) **Capó.* **3** *Sombrero femenino que cubre la cabeza hasta la nuca y también por los lados, sin ala o con ella sólo por delante, y con cintas para atarlo por debajo de la barbilla. **4** *Cabeza de la *cardencha.* **5** *Tela del *paracaídas.*

capotar (del fr. «capoter») **1** intr. Caer un avión pegando en el suelo con su extremo delantero y dando la vuelta verticalmente. **2** Volcar un vehículo quedando con el techo en el suelo.

capotasto m. *Ceja de los instrumentos musicales de cuerda.*

capotazo 1 m. Taurom. Movimiento hecho con el capote para atraer o desviar al toro. **2** («Dar un») Intervención con que se ayuda a alguien o se *evade una cuestión peligrosa. ⇒ Echar un CAPOTE.

capote (del fr. «capot») **1** m. Prenda de *abrigo de forma de manta con un agujero en el centro para pasarla por la cabeza. ⇒ Albornoz, anguarina, cabriolé, capuz, chiricatana, fieltro, fringa, gabán, gallaruza, gambeto, guardamonte, hongarina, manga, paletoque, poncho, puyo, redingote, roclo, ruana, sarape, tabardo, tudesco. ➤ Descapotar. ➤ *Abrigo. *Capa. *Vestir. **2** Abrigo muy amplio y largo que llevan los militares. **3** Taurom. CAPOTE de brega. **4** Taurom. CAPOTE de paseo. **5** (inf.) *Acumulación de *nubes que amenaza tormenta.* ≃ Cargazón. **6** (inf.)**Ceño de enfado.* **7** («Dar, Hacer») *Lance de los juegos de *baraja que consiste en hacer un jugador todas las bazas de una partida.* ⊙ *En el del *monte, en ganar un jugador las tres partidas de un juego.*

CAPOTE DE BREGA. Taurom. El de color rojo vivo empleado para torear antes de pasar a la suerte de muleta.

C. DE MONTE. Capote usado para salir al campo.

C. DE PASEO. Taurom. Capote muy adornado, con bordados de oro o plata y lentejuelas, que llevan puesto los toreros al salir a la plaza y al hacer el paseíllo.

DECIR alguien una cosa PARA SU CAPOTE. *Pensarla, o decirla hablando consigo mismo.

ECHAR UN CAPOTE. Acudir oportunamente en *ayuda de ↘alguien; por ejemplo, terciando en una conversación para desviar algo que le puede perjudicar, o encubriendo una falta.

capotear **1** tr. Dar pases al ↘toro con el capote. ≃ Capear. **2** Entretener a ↘alguien con evasivas o engaños. ≃ Capear.

capoteo m. Acción de capotear.

capotera (de «capote») **1** (Hispam.) f. **Percha.* **2** (Ven.) *Especie de maleta o bolsa de viaje hecha de lienzo, abierta por los dos extremos.*

capotero m. *Hombre que hacía capotes.*

capotillo (dim. de «capote») **1** m. **Capa o capote que llegaba sólo hasta la cintura.* **2** *Capote que ponía la *Inquisición a los penitentes reconciliados.*

capotudo, -a (de «capote», ceño; inf.) adj. **Ceñudo.*

cappa f. Variante ortográfica de kappa (letra griega).

caprario, -a (del lat. «caprarĭus») adj. *Caprino.*

capricante adj. V. «PULSO capricante».

capricho (del it. «capriccio») **1** m. *Deseo o *propósito no fundados en ninguna causa razonable: 'Se lo ha comprado sin necesitarlo, por puro capricho. Aunque no sea más que un capricho, tiene derecho a permitírselo'. ≃ Antojo. ⊙ Variación injustificada en la actitud o conducta de alguien o en las cosas: 'Los caprichos de la moda'. ⇒ Antojo, birria, desvarío, emperramiento, extravagancia, golondro, gustazo, maña, perra, petera, tema. ➤ Empeñarse, emperrarse, encapricharse. ➤ Ponerse [meterse] en la CABEZA, ponerse [o meterse] entre CEJA y ceja. ➤ Más vale un GUSTO que cien panderos. ➤ Desencapricharse. *Deseo. *Obstinación. **2** Detalle de buen o mal gusto en una cosa cualquiera, que no obedece a una necesidad o conveniencia. ≃ *Adorno. ⊙ Detalle en una obra de arte que rompe con lo acostumbrado y en que se manifiesta la fantasía del autor. ≃ Fantasía. ⊙ En la denominación «caprichos» con que son conocidas ciertas obras de Goya, significa obra de pura imaginación. **3** Se aplica este nombre en ocasiones a una obra musical corta.

A CAPRICHO. Sin sujeción a normas, o sin orden, al menos aparente. ≃ *Caprichosamente.

A MI [TU, etc.] CAPRICHO. Como le parece a la persona de que se trata, sin sujetarse a ninguna regla o sin tener en cuenta el parecer de otros. ⇒ *Arbitrario.

caprichosamente **1** adv. Sin razón o motivo determinados. **2** Sin norma u orden: 'Las flores esparcidas caprichosamente sobre la mesa' ≃ A capricho. ⇒ *Arbitrario, *desorden, *libertad.

caprichoso, -a **1** adj. Propenso a tener caprichos. ⊙ *Inconstante en sus gustos o deseos. **2** Injustificado o *arbitrario; hecho a capricho.

caprichudo, -a (inf.) adj. *Aplicado a personas, caprichoso.*

capricornio (del lat. «capricornus», cuerno de cabra) adj. y n. Se aplica a la persona nacida bajo el signo de Capricornio (décima zona del *Zodiaco que el Sol recorre aparentemente al comenzar el invierno).

caprifoliáceo, -a (del lat. «caprifolĭum», madreselva) adj. y n. f. BOT. *Se aplica a las plantas de la misma familia que el saúco, la bola de nieve o la madreselva, que son pequeños árboles o arbustos, con flores bisexuales dispuestas en inflorescencias y fruto generalmente en baya. Se cultivan como ornamentales.* ⊙ f. pl. BOT. *Esa familia.*

caprimúlgido adj. y n. m. ZOOL. *Se aplica a los *pájaros de la familia del chotacabras o caprimulgo y del nacunda.* ⊙ m. pl. ZOOL. *Esa familia.*

caprimulgo m. **Chotacabras (pájaro).*

caprino, -a (del lat. «caprīnus») adj. De [la, las] cabra[s]. ≃ Caprario.

caprípede o **caprípedo, -a** (del lat. «caprĭpes, -ĕdis») adj. *De pies de *cabra.*

caprizante adj. *Capricante.*

capsueldo (del cat. «capsou», influido por «sueldo»; Ar. m. *Beneficio que se concede al que anticipa el pago de a go.* ⇒ *Descontar.

cápsula (del lat. «capsŭla», dim. de «capsa», caja) f. S aplica a distintas cosas en forma de *cajita, de pequeñ *recipiente o de bolsa: **1** Fruto en forma de bolsa en cuy interior están las semillas. ⊙ Fruto como el del algodón el lino. ⇒ Baga, gárgola. **2** ANAT. Membrana en forma d bolsa que, conteniendo algo, forma parte del *cuerpo an mal. **3** Envoltura en que se encierran a veces las medici nas. ⊙ Conjunto de la medicina y la envoltura. **4** Rec piente de forma de casquete esférico que se utiliza, po ejemplo, en los *laboratorios. **5** Pieza en la base de lo *cartuchos en la que va el fulminante. ≃ Casquillo. **6** *Ta pa metálica con la que se cierran a veces las *botellas ≃ Casquillo.

CÁPSULA ATRABILIARIA [o RENAL] (ant.). ANAT. *CÁ SULA suprarrenal.*

C. ESPACIAL. Compartimento separable y autopropulsad de una nave espacial, que contiene los mandos y diferente instrumentos de exploración, transmisión, etc., y even tualmente a los tripulantes.

C. SINOVIAL. ANAT. Cápsula de las que forran las articu laciones de los huesos y segregan la sinovia. ⊙ ANA Particularmente, la de la *rodilla. ≃ BOLSA sinovial.

C. SUPRARRENAL. ANAT. Cada una de las dos situada sobre los riñones, que contienen la adrenalina. ≃ GLÁN DULA suprarrenal, CÁPSULA atrabiliaria [o renal]. ⇒ Co ticoide [o corticosteroide].

capsular[1] adj. De cápsula. ⊙ En forma de cápsula.

capsular[2] tr. *Poner las cápsulas para cerrar las ↘botellas*

captable adj. Susceptible de ser captado.

captación f. Acción de captar.

captador, -a adj. y n. Que capta.

captar (del lat. «captāre») **1** tr. *Coger alguien o algo un ↘cosa e incorporársela o hacer uso de ella. ≃ Recoge ⊙ Se aplica particularmente a «aguas»: 'El río [o el pan tano] capta las aguas de esta zona. Las aguas de un ma nantial se captan para aprovecharlas'. **2** *Percibir con lo sentidos o mediante un aparato adecuado una ↘onda, u mensaje, un rumor, etc., débiles o producidos lejos y n perceptibles en cualquier circunstancia. ⊙ Percibir ↘cosa no físicas de esas mismas cualidades con la inteligencia como indicios, matices o el sentido de una cosa. **3** Atraer retener la ↘*atención, las miradas, el interés, etc., de a guien: 'El conferenciante no consiguió captar la atenció del público'. ≃ Captarse. **4** Ganarse la voluntad de ↘a guien para que entre a formar parte de un grupo, a vece por medios poco lícitos: 'Esa secta religiosa utiliza publi cidad engañosa para captar adeptos'. **5** (con un pron. re flex.) Con «↘simpatía, antipatía, cariño, adhesión, amis tad», etc., *inspirar, o conseguir: 'Es un maestro que s capta la voluntad de los niños'.

captatorio, -a adj. Que sirve para captar.

captener (del lat. «caput», cabeza y «tenēre», guarda ant.) tr. **Conservar o *defender una ↘cosa.*

captivar (ant.) tr. *Cautivar.*

captiverio (ant.) m. *Cautiverio.*

captividad (ant.) f. *Cautividad.*

captivo, -a (del lat. «captīvus») **1** (ant.) adj y n. *Cautivo* **2** (ant.) **Desgraciado.* **3** (ant.) m. *Cautiverio.*

captor, -a (del lat. «captor, -ōris») **1** adj. y n. *Que capta o captura.* **2** (Hispam.) m. *Constructor de una presa marítima.*

captura (del lat «captūra») f. Acción de capturar. ⊙ Lo que se ha capturado, sobre todo en la caza.

capturar (de «captura») tr. *Coger a ↘alguien a quien se persigue como delincuente. ≃ Aprehender, apresar, detener, prender. ⊙ Se aplica también a la caza de animales salvajes y peligrosos, y a la pesca: 'Los cazadores capturaron un lobo'.

capuana (¿por alusión a las delicias de «Capua», por las que Aníbal fue derrotado?; inf.) f. **Paliza.*

capuceta (de «capuz») f. *Dim. de «capuz» o «chapuz» (chapuzón).*

capucete (de «capuzar») **1** (Ar., Nav.) m. *Capuceta.* **2** (Ar., Nav.) **Chapuzón.*

capucha (de «capucho») **1** f. *Gorro, generalmente unido a una capa, abrigo o hábito, formado generalmente por dos trozos de tela aproximadamente cuadrados, unidos por dos de sus lados contiguos, de modo que resulta un pico en la unión de ambas costuras. ⇒ Almocela, capilla, capillo, capirote, capirucho, capuchón, capuz, carapucho, cogulla, dominó. ⊙ Puede ser también una bufanda o tira de tela semejante doblada transversalmente por la mitad y con los bordes cosidos a partir de la dobladura en un pequeño tramo por uno de los lados, de modo que sirve de capucha y de bufanda. ⊙ El nombre se puede aplicar a describir cualquier objeto de *forma semejante a la de una capucha. **2** Capuchón (prenda de vestir con capucha). **3** Objeto con que se cubre o protege el extremo de una cosa. ≃ *Capuchón. **4** ZOOL. *Conjunto de las *plumas de la cabeza de las aves.* **5** AGRÁF. **Acento circunflejo.*

capuchina (de «capucha») **1** (ant.) f. **Lamparilla portátil con un apagador en forma de capucha.* **2** Cierto dulce de *yema, primitivamente de forma de capucha. **3** AGRÁF. *Conjunto de dos o más chibaletes (armazón donde se colocan las cajas de componer) unidos por la parte superior.* **4** AGRÁF. *Especie de pinza que se hinca en la «cama» con que se recubre el tímpano de las minervas, para marcar los topes, o «tacones» en lenguaje de impresores, que determinan la «escuadra» que fija la posición de las hojas que se imprimen.* **5** **Cometa hecha sólo de papel, doblado en forma semejante a un cucurucho.* **6** (*Tropaeolum majus*) Planta tropeolácea americana, trepadora, de hojas redondas y flores con espuela, de un hermoso color entre amarillo y anaranjado. Su nombre se emplea a veces aplicado a su *color en otras cosas. ≃ Acríviola, ALCAPARRA de Indias.

capuchino, -a (del it. «cappuccino») **1** adj. y n. Se aplica a ciertos monjes y monjas de la *orden franciscana. Los monjes llevan barba y un manto corto con capucha. **2** (Chi.) adj. *Se aplica a la *fruta muy pequeña.* **3** (P. Rico, R. Dom.) m. **Cometa pequeña de papel.* **4** adj. y n. m. V. «CAFÉ capuchino».

V. «MONO capuchino, POLVO de capuchino».

capucho (del it. «cappucio») **1** m. *Capucha, en cualquier acepción. ≃ Capuz. **2** (ant.) **Capullo.*

capuchón (aum. de «capucha») **1** m. Capucha para cubrir la cabeza. **2** Prenda de vestir con capucha. ≃ Capucha. **3** **Dominó de carnaval, corto.* **4** Prenda que se les ponía a los *presos para impedir que se comunicasen cuando estaban fuera de las celdas. **5** Se puede aplicar a una cosa que cubre o está hecha para cubrir el *extremo de algo: 'El capuchón de la pluma estilográfica. Se ponía unos capuchones en las puntas de los dedos'. ≃ Caperuza, capucha. ⇒ Capucho, guardapuntas, puntera. ➤ Casquillo. *Contera. *Cubrir. *Proteger.

capuera (del port. brasileño «capueira», del guaraní «cácuera»; Arg., Par.) f. *Terreno que se ha rozado para ponerlo en cultivo.*

capuleto (del it. «Capuletto»; gralm. con mayúsc.) m. Miembro de una familia de Verona, enemiga tradicional de la de los Montescos.

CAPULETOS Y MONTESCOS. Expresión que se emplea para referirse al caso de dos familias gravemente enemistadas, cuando un joven de una de ellas y una joven de la otra se aman. ⇒ *Bandos, luchas.

capulí (de «capulín»; *Prunus serotina*) m. Árbol rosáceo de América que da una fruta pequeña, semejante a la *cereza, llamada del mismo modo y también «capulina». ≃ Capulín, costomate. ⇒ Capultamal. ➤ *Planta.

capúlido, -a (de «cápulo») adj. y n. m. ZOOL. *Se aplica a los *moluscos de la familia del cápulo.* ⊙ m. pl. ZOOL. *Esa familia.*

capulín (de or. nahua) m. *Capulí.*

capulina **1** f. *Fruto del capulí.* **2** (Hispam.; *Muntingia calabura*) *Árbol flacurtiáceo de madera fina, dura y amarillenta, con venas pardas, cuyo fruto es de sabor agradable.* ⇒ *Planta. **3** (Méj.) **Araña negra muy venenosa.* **4** (Méj.) *Prostituta.* **5** (Méj.) V. «VIDA capulina».

capullina (de «capullo»; Sal.) f. **Copa de árbol.*

capullo (¿de «capillo», influido por la terminación del lat. «cucullus», capucho?) **1** m. *Flor sin acabar de abrirse. ⊙ Particularmente, rosa a medio abrir: 'Dos docenas de capullos'. ⇒ Bellota, botón, capillo, pimpollo. **2** Cubierta fabricada con las secreciones filamentosas de las *larvas de algunos insectos, especialmente los lepidópteros, como el gusano de *seda, para encerrarse en ella y verificar su metamorfosis hasta el estado adulto. ⇒ Capel, capillo, cáscara, horadado, ocal, zurrón. **3** *Tela basta de seda.* **4** **Cascabillo o cúpula de la *bellota.* **5** *Manojo de *lino cocido, atado por las puntas.* **6** (vulg.) Glande. **7** (vulg.; n. calif.; se usa como insulto) Hombre torpe. **8** (vulg.; n. calif.; se usa como insulto) Hombre de malas intenciones.

CAPULLO OCAL. *Capullo de *seda en que se encierran dos gusanos juntos.*

EN CAPULLO. Se aplica a una cosa que todavía no está completamente formada pero ya muestra lo que va a ser: 'Una mujer en capullo'. ⇒ Anuncio, promesa.

cápulo (del lat. «capŭlus», puño de espada; *Capulus hungaricus*) m. *Molusco gasterópodo, de concha en forma de bonete y pie grande y ancho.

capultamal (Méj.) m. *Tamal o *torta de capulí.*

capuz (del fr. «capuce», del it. «cappuccio») **1** m. *Nombre aplicado, como «capucho», a algunas prendas con capucha; por ejemplo, a una prenda larga y holgada que se llevaba en los *lutos, o a cierta *capa que se llevaba como traje de gala.* **2** **Chapuzón.* ≃ Capuzón.

capuzar (del lat. «caput», cabeza, y el sup. lat. «puteāre», sumergir) **1** tr. Meter a ↘alguien de cabeza o bruscamente en el agua. ≃ Chapuzar, zambullir. ⊙ prnl. Meterse en el agua de cabeza o bruscamente. **2** tr. Meter una ↘cosa bruscamente en el agua. **3** MAR. **Cargar y hacer calar el barco de proa.*

capuzón (de «capuzar»; «Dar, Darse») m. *Chapuzón.

caquebal m. *Forma castellanizada de «cake walk».*

caquéctico, -a (del gr. «kachektikós», de mala constitución física) adj. y n. MED. *Se aplica al que padece caquexia.* ⊙ (inf. y hum.) *Se emplea a veces como «raquítico», incluso aplicado a cosas.*

caquexia (del gr. «kachexía», mala constitución física) f. MED. *Desnutrición.* ⇒ *Débil.

caqui[1] (del ingl. «khaki», del urdu «khāki», de color de polvo; n. calif., en aposición) m. Se aplica al *color *ocre, mezcla de amarillo y pardo, a veces algo verdoso, que se emplea en los uniformes militares, y a las cosas que lo tienen. ⊙ *Tela de ese color. ⊙ (inf.; colectivo) Ropa militar.

caqui[2] *(Diospyros kaki)* m. Árbol ebenáceo cuyos frutos, llamados de la misma manera, son bayas de color rojo intenso, de carne muy dulce y algo gelatinosa cuando está bien maduro, y áspera cuando no lo está. ≃ PALO santo. ⇒ *Planta.

caquino (del lat. «cachinnus»; Méj.) m., gralm. pl. **Carcajada o *risa muy ruidosa.*

car[1] (del gr. medieval «károion») m. MAR. *Extremo inferior de la entena.* ⇒ *Palo.

car[2] (del lat. «quare»; ant.) conj. **Porque.*

cara (del lat. «cara») **1** f. Parte delantera de la cabeza de las personas, donde están los ojos, la nariz, la boca, etc., y de los animales en que es distinguible una parte semejante. ≃ Faz, rostro. **2** Conjunto de las facciones y la expresión natural de la cara, que dan a la persona de que se trata el *aspecto que se expresa: 'Una cara simpática [o inteligente]'. ≃ Fisonomía, rostro, semblante. **3** («Poner, Tener») *Gesto que denota un estado de ánimo: 'Puso cara agria. Tenía cara de estar disgustado' ⊙ *Aspecto de la cara que denota cierto estado de salud o cualquier otro estado físico: 'Ha traído buena cara del campo. Ha puesto mala cara cuando se lo he dicho. Tienes cara de no haber dormido'. ⊙ (gralm. desp.) Forma de manifestarse o comportarse ante los demás, particularmente si es fingida: 'Es una persona con muchas caras'. **4** En algunas frases, persona: 'Había muchas caras conocidas en la ceremonia de entrega de los premios'. **5** *Aspecto o *apariencia. Manera de presentarse una cosa, por la cual produce cierta impresión: 'Ese pastel tiene muy buena cara'. ⊙ También, aplicado a cosas no materiales: 'No me gusta la cara que presenta el negocio'. ≃ Cariz. **6** En un objeto laminar, cada una de sus dos *superficies: 'Cabría en una hoja de papel escrita por las dos caras'. ⇒ Carilla, llana, página, paramento. ⊙ En sentido restringido, y por oposición a «dorso» o «reverso», la que se considera principal de esas dos superficies. ⇒ Anverso, derecho, faz, haz. ⊙ En una *moneda, *medalla o *estampa, la superficie en que está representada una cara o figura humana o de animal, o la figura más representativa. **7** GEOM. Cada uno de los planos que forman un ángulo diedro o sólido, o cada una de las superficies que limitan un poliedro. ⇒ Otra raíz, «-edr»: 'poliedro, tetraedro'. ➤ Faceta. ⊙ MINERAL. Cada plano de un *cristal mineral. ⊙ Superficie de las que limitan una cosa: 'La cara de arriba del cajón'. ≃ *Lado. ⊙ *Fachada de un edificio o parte delantera de otra cosa: 'La cara del altar'. ⇒ *Delante. ➤ Dorso, espalda. **8** **Pala del zapato.* **9** *En mecánica, superficie que trabaja de una *herramienta o una *pieza; por ejemplo, del cotillo del martillo o de un diente de engranaje.* **10** *Base del pan de *azúcar.* **11** AGRIC. *Conjunto de entalladuras contiguas hechas en un *árbol.* **12** (inf.; «Mucha») CARA dura (desvergüenza, frescura). ⊙ (inf.; n. calif.) n. Persona fresca, desvergonzada. ≃ CARA dura [o caradura]. **13** adv. Delante de un adverbio que empieza por «a», como «arriba» o «adelante», equivale a «cara a».

BUENA CARA. La que denota buen estado de salud. ⊙ La que denota satisfacción o *actitud amable.

CARA DE ÁNGEL. Cara de *bueno, a veces engañosa. ≃ CARITA de ángel.

C. DE ANVERSO. *La que tiene o ha tenido el pelo, en una piel.*

C. DE ASCO. Gesto de desagrado o aburrimiento.

C. DE ASIENTO. CANT. *Superficie por la que se asienta o junta a otra una *piedra de sillería.*

C. DE CIRCUNSTANCIAS («Poner»). Expresión afectadamente triste o seria con que alguien trata de ponerse a tono con cierta situación.

C. DURA. (inf.) *Cinismo, *desvergüenza o frescura: '¡Qué cara más dura tienes!' ⊙ Se aplica también a la persona que la tiene: 'Eres un cara dura'. ≃ Caradura.

C. DE [JUSTO] JUEZ. Semblante *severo o de reproche. ⇒ CARA de perro.

C. LARGA. Semblante serio, generalmente por enfado.

C. DE PASCUA. Semblante muy *alegre.

C. DE PERRO. Gesto de hostilidad o enfado.

C. DE POCOS AMIGOS [O DE VINAGRE]. Semblante *adusto y desagradable. ⇒ Malcarado.

C. DE PÓQUER (inf.). Semblante inexpresivo de la persona que no deja traslucir sus sentimientos.

MALA CARA. La que denota mal estado de salud o enfado, o inspira desconfianza. ⇒ Enfermo, *enfado, sospechoso.

A CARA O [O Y] CRUZ. Con «echar», *tirar a lo alto un objeto con dos caras, por ejemplo una moneda, para ver cuál de ellas queda hacia arriba. ⊙ Con «echar» o «jugar», decidir por ese procedimiento alguna cosa o la posesión de algo. ⊙ Por extensión, encomendar la *decisión de algo al *azar, en cualquier forma.

A CARA DESCUBIERTA. Noble o *abiertamente; sin ocultarse.

CAÉRSELE a alguien LA CARA DE VERGÜENZA. Sentirse extraordinariamente avergonzado. Se emplea particularmente en reconvenciones: 'No sé cómo no se te cae la cara de vergüenza por lo que has hecho'.

CARA A (inf.). **1** Expresión prepositiva equivalente a «hacia»: 'Caminábamos cara al norte. Voy cara a casa. Va cara a un desastre'. ≃ De cara a. **2** Significa también «frente a» o «mirando hacia»: 'Cara a la pared'. ≃ De cara a.

CARA A CARA. **1** Refiriéndose a la manera de decir o hacer algo que afecta a determinada persona, sin ocultarse, delante de ella misma y arrostrando su enfado o sus represalias. ⇒ *Abiertamente, claramente. ➤ *Sincero. ➤ En la cara. **2** («Estar») Frente a frente: en franca rivalidad u *oposición.

C. ABAJO. Aplicado a personas y a cosas, *tumbado, con la cara hacia abajo. ≃ BOCA abajo.

C. ARRIBA. Aplicado a personas y a cosas, *tumbado, con la cara hacia arriba: 'Pon las cartas cara arriba'. ≃ BOCA arriba.

V. «al que al CIELO escupe, a la cara le cae; sacar los COLORES a la cara».

CONOCÉRSELE [O VÉRSELE] a alguien una cosa EN LA CARA. Ser evidente por el gesto de su cara su forma de ser, sus intenciones, etc.: 'Se le ve en la cara que es buena persona'. ≃ SALIR a la cara. ⇒ *Notar.

CRUZAR LA CARA a alguien. Darle una bofetada, un latigazo, etc., en la cara. ⇒ Romper [o terciar] la CARA.

DAR CARA. Plantar CARA.

DAR LA CARA. **1** *Responder uno de sus propios actos. **2** *Afrontar un peligro.

DAR [O SACAR] alguien LA CARA por otro. *Responder por la persona de que se trata. ⊙ Salir en su *defensa si alguien la ataca o critica.

DE CARA. Por *delante: 'Nos daba el sol de cara'. ⊙ O en contra, desde delante: 'Teníamos el viento de cara'. ⇒ *Oponerse.

DE CARA A. **1** Cara a. **2** En relación con lo que se expresa: 'Las agencias de viajes ya están haciendo los preparativos de cara a la nueva temporada turística'.

DECIRLE a alguien una cosa EN LA [o SU] CARA. V. «en la cara».

V. «poner los cinco DEDOS en la cara».

ECHAR algo A CARA O CRUZ. V. «CARA o cruz».

ECHAR EN CARA. *Reprochar. ⊙ *Recordar a alguien inoportunamente algún beneficio que se le ha hecho. ⇒ Champar, enrostrar, fazferir, zaherir.

ECHARSE A LA CARA una escopeta, un fusil, etc. Ponerse en posición de apuntar con ellos.

EN LA CARA de alguien. En su presencia o, si se trata de decir, a él mismo. ⇒ CARA a cara, plantar CARA.

V. «ENCAJE de la cara».

ESTAR SIEMPRE MIRANDO A LA CARA a alguien. *Contemplarle. ⊙ Procurar *complacerle en todo.

ESCUPIR A LA CARA a alguien. Hacerlo así en señal de *desprecio. ⊙ Se emplea simbólicamente por «despreciar».

GUARDAR LA CARA. *Disimular alguien su intervención en cierto asunto o tratar de no ser visto en un sitio.

HACER CARA a algo. *Afrontarlo.

HACER CARA a alguien. **1** *Oponérsele o *desafiarle. **2** *Hacer caso de lo que dice.* ⇒ *Atender.

LAVAR LA CARA a una cosa. Darle buen aspecto con un *arreglo superficial.

V. «MIEL de caras».

NO MIRAR a una persona A LA CARA. Negarle el saludo o mostrarse muy ofendido con ella huyendo su trato. ⇒ *Enemistarse, *enfadarse.

NO TENER A QUIEN VOLVER LA CARA. No tener a quien *recurrir en busca de ayuda o apoyo.

NO TENER CARA para hacer cierta cosa. Verse impedido por la *vergüenza para hacerla.

NO VOLVER LA CARA ATRÁS. Seguir adelante en una empresa, sin vacilar. ⇒ *Decidir, *perseverar.

NOTÁRSELE EN LA CARA una cosa a alguien. Conocérsele en la CARA.

V. «como a los OJOS de su cara, costar un OJO de la cara».

PARTIR LA CARA. Romper la CARA.

PLANTAR CARA a alguien. *Desafiarle, *discutir lo que dice, *afrontar su enfado o *resistir a su autoridad. ⇒ Hacer CARA. ➤ *Entereza.

PONER BUENA [o MALA] CARA a algo o a alguien. Mostrar *agrado [o desagrado] con la cosa o persona de que se trata.

PONER CARA DE... Adoptar el *gesto que se expresa.

POR TU [SU, etc.] CARA BONITA (inf.). Expresión irónica para expresar que se considera sin fundamento cierta pretensión de alguien: 'No creas que te van a aprobar sin estudiar por tu cara bonita'. ⇒ *Gratis, *inmerecido.

POR TU [SU, etc.] LINDA CARA (inf.). Por tu [su, etc.] CARA bonita.

QUITAR LA CARA a alguien. Expresión de amenaza.

ROMPER LA CARA a alguien. Expresión de amenaza.

ROMPERSE LA CARA por alguien o algo. Defenderlos a capa y espada.

SACAR LA CARA por alguien. Dar la CARA.

SALIRLE a alguien una cosa A LA CARA. Conocérsele en la CARA.

SALTAR una cosa A LA CARA. Ser *clara y *evidente.

TENER CARA DE CORCHO (inf.). Tener mucha cara, ser fresco o desvergonzado.

TENER [o NO TENER] CARA para cierta cosa. Tener [o no tener] atrevimiento (desfachatez) para ella: 'No tendrá cara para presentarse delante de mí'.

TENER MÁS CARA QUE ESPALDA (inf.). Ser muy fresco o desvergonzado.

TERCIAR LA CARA a alguien. Cruzarle la CARA.

V. «a mal TIEMPO buena cara, más vale VERGÜENZA en cara que dolor de corazón».

VERSE LAS CARAS. Se usa, generalmente en futuro, como amenaza de que se piensa maltratar o provocar a una persona, en respuesta a alguna ofensa recibida de ella.

VÉRSELE EN LA CARA una cosa a alguien. Conocérsele en la CARA.

VOLVER LA CARA a alguien. *Mirar en otra dirección cuando se le encuentra, para no saludarle o para mostrarle *desprecio.

□ CATÁLOGO

Facies, faz, figura, fisionomía [o fisonomía], frontispicio, haz, jeme, jeta, palmito, rostro, semblante, vulto. ➤ Facial. ➤ *Adusto, bien [o mal] AGESTADO, aguileño, amulatado, apiñonado, arrebatado, bien [o mal] ARROSTRADO, blanco, cadavérico, bien [o mal] CARADO, carantamaula, cetrino, chicharrón, quebrado de COLOR, colorado, coloradote, bien [o mal] ENCARADO, feo, fosco, fresco, gestudo, hocicón, hocicudo, hosco, malcarado, moreno, mulato, pálido, bien PARECIDO, perfilado, rostritorcido, rostrituerto, rubicundo, sesgo, torvo, virolento, vultuoso. ➤ Cariacontecido, cariaguileño, carialzado, cariancho, caribello, carichato, caridoliente, carifruncido, carigordo, cariharto, carilargo, carilleno, carilucio, carinegro, carininfo, carirredondo. ➤ Alterarse, asolearse, curtirse, *demudarse, desemblantarse, desencajarse, desfigurarse, desrostrarse, gestear, gesticular, inmutarse, ponerse LÍVIDO, palidecer, quemarse, ruborizarse, mudar de SEMBLANTE, sentarse el SOL, sonrojarse, tostarse. ➤ Aurora, bochorno, rubor, sonrojo, sonroseo. ➤ *Facciones, rasgos. ➤ ENCAJES de la cara, *perfil. ➤ Tez. ➤ Catadura, ceño, continente, *gesto, mohín, mueca, visaje. ➤ Barba, *barbilla, *boca, carrillo, ceja, entrecejo, frente, FRENTE calzada, *labio, *mandíbula, *mejilla, mentón, *nariz, *ojo, *oreja, *pómulo, *sien, sobreceja. ➤ *Papada, perigallo. ➤ *Arruga, barrillo, cacaraña, comedón, *grano, paño, *PICADURA de viruela, surco. ➤ Afeite, *cosmético, maquillaje, polvos. ➤ Rostrillo. ➤ Beso, *bofetada, cachete, caricia, cascaruleta, palmada. ➤ Máscara, mascarilla, mascarón. ➤ Embozarse. ➤ Bifronte. ➤ Acaronar, descarado, encarar.

caraba (del ár. and. «qarába»; Extr., León, Sal.) f. **Conversación, *broma, *bulla o *algazara.*

cáraba (de «cárabo») f. *Cierto *barco usado en Levante.*

SER LA CARABA [EN BICICLETA] (inf.). Expresión ponderativa que se aplica a cualquier persona o cosa *extraordinaria, tanto si produce enfado o disgusto como si, por el contrario, produce regocijo o admiración: 'Estas cerillas son la caraba: se descabezan todas. Hace unos juegos de manos que son la caraba. Este chico es la caraba en bicicleta'.

carabalí (de «Calabar», región africana) adj. y, aplicado a personas, también n. *Se aplica a los individuos de un pueblo de raza *negra que vive en la región africana del mismo nombre, tenidos por indómitos, y a sus cosas.*

carabao (del bisaya «karabáw»; *Bubalus bubalus)* m. *Búfalo de color gris azulado, que se emplea como animal de tiro en Filipinas.

cárabe (del ár. and. «qáhraba», cl. «kahrabā'», del persa «kāhrubāy», ladrón de paja) m. **Ámbar (resina fósil).*

carabear (de «caraba»; Sal.) intr. **Descuidarse o *distraerse.* ⊙ **Detenerse o *esperar. Particularmente, en la frase 'el tiempo no carabea'.*

carabela (del port. o gall. «caravela») **1** f. Antiguo *barco de vela con tres palos. **2** (Gal.) **Cesto muy grande que suelen llevar las mujeres a la cabeza.*

carabelón m. *Carabela pequeña.*

carabero, -a (de «caraba») adj. *Amigo de diversiones.*

carábido (de «cárabo[1]») adj. y n. m. ZOOL. *Se aplica a los insectos *coleópteros de la familia del cárabo, beneficiosos para la agricultura porque destruyen muchas orugas y otros animales perjudiciales.* ⊙ m. pl. ZOOL. *Familia de esos insectos.*

carabina (del fr. «carabine») **1** f. *Arma de fuego semejante a un fusil, pero más corta. ⇒ Choco, mosquetón. ➤ Portacarabina. **2** (inf.) Señora de compañía, particularmente la que acompañaba a una señorita para que no saliera sola con el novio. ⊙ (inf.) En general, cualquier persona que acompaña a una pareja, a veces por indicación de uno de sus miembros, para que no quede en situación de excesiva intimidad: 'He quedado con Roberto, pero me llevo a mi hermana de carabina'.

SER una cosa LA CARABINA DE AMBROSIO (inf.). Ser *inútil.

carabinazo m. *Disparo o herida de carabina.*

carabinera (Sal.) f. **Cogujada (pájaro semejante a la alondra).*

carabinero **1** m. Soldado armado con carabina. **2** Miembro de un cuerpo destinado a perseguir el *contrabando, llamado «de carabineros». ⇒ Casilla. ➤ *Aduana. *Vigilar. **3** Miembro de la policía italiana. **4** *(Plesiopenaeus edwardsianus)* *Crustáceo de la familia de los peneidos, parecido al langostino, pero de tamaño algo mayor y color rojo oscuro. Es un marisco muy apreciado.

carablanca (Col., C. Rica; *Cebus capucinus)* m. **Mono americano, también llamado en Colombia «mico maicero».* ≃ Cariblanca.

cárabo[1] (del lat. «carăbus») **1** (ant.) m. **Cangrejo.* **2** Insecto *coleóptero del género *Carabus,* de antenas filiformes. **3** **Barco pequeño de vela y remo usado por los moros.* **4** (ant.) *Cáraba.*

cárabo[2] m. *Autillo (ave rapaz).

cárabo[3] (ant.) m. *Cierto *perro de caza.*

carabritear (de «cabrito») intr. Perseguir el *macho cabrío montés en celo a la hembra.

caraca (Cuba) f. *Especie de *bollo de *maíz.*

caracal (del turco «kara kulak», orejas negras; *Lynx caracal)* m. *Mamífero carnívoro, especie de lince.

caracalla (de «Caracalla», emperador romano) **1** f. *Cierta prenda de *vestir, de origen galo, adoptada por los romanos.* **2** *Cierto *peinado usado en el siglo XVIII.*

caracar[1] o **cará-cará** (de or. guaraní, por reduplicación de «cará», hábil) adj. y, aplicado a personas, también n. *Se aplica a ciertos *indios que habitaban en el oeste del Paraná y también en las islas e inmediaciones de la laguna Iberá.*

caracar[2] o **caracare** (de or. guaraní, onomatopeya del canto de esta ave; Arg.; *Polyborus plancus* y otras especies del mismo género) m. **Ave rapaz falcónida, de color pardo, con alas y cola blanquecinas.*

caracas[1] (de «Caracas», capital de Venezuela) **1** m. **Cacao procedente de la costa de Caracas.* **2** (Hispam.) *Cacao.* ⊙ (Hispam.) **Chocolate.*

caracas[2] m. pl. Tribu *india guaraní que, en la época de la conquista, habitaba en el Río de la Plata.

caracatey (Cuba; *Chordeiles minor)* m. *Cierta *ave crepuscular, de color ceniciento salpicado de verde, con una mancha blanca.* ≃ Craqueté, crequeté.

caracense adj. y, aplicado a personas, también n. **Guadalajareño (de la ciudad de Guadalajara, posiblemente la antigua Caracea).*

caracha o **carache** (de or. quechua) **1** m. *Especie de sarna de las llamas y otros animales.* ≃ *Caratea. **2** (Chi., Perú) *Sarna.*

carachento, -a adj. *Afectado de caracha.*

¡caracho! interj. *Eufemismo por «¡carajo!».*

caracho, -a adj. *De *color morado.*

carachoso, -a (Perú) adj. *Sarnoso.*

carachupa (Perú) f. **Zarigüeya (mamífero didelfo).*

caracoa (de or. malayo) f. *Cierto *barco de remo usado en Filipinas.*

caracol (¿de or. expresivo?) **1** m. Nombre de diversas especies de *moluscos gasterópodos terrestres o marinos, de concha en espiral, cuya carne suele comerse. **2** *Concha de ese molusco. **3** ANAT. Una de las tres partes del *oído interno, constituida por un cono hueco arrollado en espiral. ≃ Cóclea. **4** *Rizo corto de pelo. ≃ Sortija. **5** EQUIT. Vuelta dada por el *caballo, cuando está inquieto o a voluntad del jinete. **6** *Pieza del *reloj con un surco en el cual se enrolla la cuerda.* **7** (Méj.) **Blusa bordada que usan las mujeres.* ⊙ (Méj.) *Chambra.* **8** (Méj.) **Camisón de dormir de mujer, ancho y corto.* ⇒ *ROPA interior. **9** (pl.) Variedad del *cante andaluz en que se repite como estribillo la palabra «caracoles».

CARACOL CHUPALANDERO. Cierta especie de Murcia.

C. REAL. *Caracola (planta leguminosa).*

V. «ESCALERA de caracol».

¡CARACOLES! Exclamación de asombro, *disgusto, *enfado, sorpresa, etc., semejante a «¡caramba!».

□ CATÁLOGO

Otra raíz, «cocl-»: 'cóclea, coclear'. ➤ Churo, gasterópodo. ➤ Altramuz. ➤ Abrojín, babaza, babosa, babosilla, bígaro, bigarro, bocina, boquinegro, buccino, burgado, cambute, cañadilla, caracola, caramujo, caraquilla, casis, chapa, chuchango, cigua, cobo, conchil, fotuto [o fututo], glauco, guarura, HUEVO de pulpo, lapa, lápade, LIEBRE de mar [o marina], limaco, limaza, lumiaco, margarita, *múrice, nerita, OREJA de mar [o marina], peñasco, púrpura, sapenco, sigua, tafón, trompo. ➤ Antena, baba, cuerno, limazo, manto. ➤ Malacología. ➤ Desbabar. ➤ Acaracolado. ➤ *Marisco. *Molusco.

caracola **1** f. Nombre aplicado a los moluscos gasterópodos marinos con concha en espiral; y, particularmente, a cualquier concha de estos moluscos. **2** *Concha cónica de molusco marino que, abierta por el ápice, produce un sonido como el de la trompa. ≃ Bocina, trompa. **3** (Ar.) **Tuerca.* **4** *(Phasolus caracalla)* Planta leguminosa, trepadora, de flores vistosas reunidas en racimos, cultivada como planta de jardín por la belleza de sus flores. **5** *Bollo redondo con forma de espiral, generalmente con trocitos de fruta escarchada por encima.

caracolada f. Guiso abundante de caracoles.

caracolear intr. EQUIT. Hacer giros o caracoles el caballo. ≃ *Escarcear.

caracoleo m. EQUIT. Acción de caracolear.

caracoleta (de «caracol»; Ar.) f. *Niña *vivaracha y traviesa.*

caracolí (Col.) m. **Anacardo (planta anacardiácea).*

caracolillo (dim. de «caracol») **1** *(Phaseolus caracalla)* m. *Planta leguminosa trepadora cuyas flores tienen forma de caracol o hélice. **2** Variedad de *café de grano pequeño. **3** *Variedad de *caoba que tiene muchas vetas.* **4** (pl.) Cierto *adorno que se ponía en el borde de los vestidos. **5** (pl.) *Caracol pequeño de los que se usaban para *votar.* ⇒ Altramuz.

carácter (del lat. «character», hierro de marcar; pl. «caracteres», palabra llana como en latín) **1** m. **Señal o marca que se imprime, dibuja o esculpe en cualquier cosa.* **2** Signo de cualquier sistema de *escritura. ⊙ Con una determinación, cierto estilo o forma particular de escritura, a mano o de imprenta: 'Carácter cursivo [o redondo]. Caracteres góticos [o elzevirianos]'. ⇒ *Letra. **3** **Marca con que se distinguen los animales de un rebaño.* ≃ Hierro. **4** *Figura o *señal mágica.* ⇒ *Hechicería. **5** («Imprimir») Huella imborrable dejada en el alma por ciertos *sacramentos. ⊙ («Imprimir») Por extensión, huella imborrable dejada en la manera de ser de alguien por una experiencia vivida o una actividad: 'La milicia imprime carácter'. **6** Característica o *particularidad; *manera de ser que distingue a una cosa o una persona de otras. ⊙ BIOL. Rasgo acusado que es propio de una especie y se transmite de padres a hijos. ⊙ Manera de ser de una cosa que se expresa con un adjetivo aplicado a «carácter»: 'La cosa tiene carácter oficial [reservado o de acontecimiento internacional]'. ⊙ *Modo general de ser que tienen a veces las cosas, con determinadas consecuencias: 'Este trabajo, por su especial carácter, sólo puede desempeñarlo un especialista. El carácter de su ofrecimiento lo hacía inaceptable para mí. Es una obra más adecuada, por su carácter, para ser leída que para representarla'. ≃ Índole. ⇒ *Clase. **7** *Aspecto de las cosas en el cual pueden variar tomando distintas formas sin dejar de ser en todas ellas la misma cosa designada por el nombre: 'El sexo es un carácter de los seres vivos, por el cual pueden ser machos o hembras'. **8** Manera de ser de una persona, con referencia a su actitud y reacciones frente a la vida en general y en su trato con otras: 'Una persona de carácter abierto'. **9** Cualidad de la persona que se mantiene firme en su línea de conducta y es capaz de dirigir a otros. ≃ *Energía, entereza, firmeza. ⇒ Empuje, fibra, nervio, tesón, voluntad. ➤ *Calzonazos, *infeliz, *nadie, *títere. ➤ *Personalidad. **10** Conjunto de rasgos bien definidos en la manera de ser o de actuar de alguien, particularmente un artista, o en su estilo. ⇒ *Estilo, originalidad, *personalidad. ⊙ En una obra humana, particularmente de arte, conjunto de cualidades, independientes de su valor según ciertos cánones, relacionadas con la personalidad del autor, que la hacen destacarse y distinguirse de otras: 'Éste es un dibujo infantil, pero tiene carácter'.

BUEN CARÁCTER. El de la persona *apacible, no propensa a enfadarse o irritarse y que se *aviene bien con otras.

CARÁCTER ADQUIRIDO. BIOL. Carácter biológico no heredado, debido a la influencia del medio.

C. DISTINTIVO. *Particularidad o *característica.

C. DOMINANTE. **1** BIOL. Cualquier carácter de un progenitor que, si existe en el descendiente, está forzosamente manifiesto, pudiendo, en cambio, quedar oculto, como «carácter recesivo», otro carácter opuesto heredado del otro progenitor. **2** CARÁCTER distintivo.

C. HEREDADO. BIOL. El transmitido por herencia.

C. RECESIVO. BIOL. Carácter *heredado y, aunque no manifiesto, existente en potencia para ser transmitido.

MAL CARÁCTER. El de la persona propensa a *enfadarse o *irritarse. ⇒ Agrio, amargado, avinagrado, casquite. ➤ *Adusto, *arisco, *brusco, *malhumorado.

POCO CARÁCTER. Falta de energía o personalidad. ⇒ *Débil.

V. «COMEDIA de carácter».

CON CARÁCTER DE. Con la significación, *función, papel o cargo que se expresa: 'Estaba allí con carácter de invitado'. ≃ *Como.

DAR CARÁCTER a una persona o cosa. Contribuir a que tenga carácter o rasgos definidos por los que es inconfundible con otras. ⇒ *Distinguir.

V. «FIRMEZA de carácter, INCOMPATIBILIDAD de caracteres».

POR SU CARÁCTER DE. Por ser la cosa que se expresa: 'Por su carácter de pariente del procesado, podía negarse a declarar'. ≃ *Como.

□ CATÁLOGO

Condición, corte, idiosincrasia, inclín, índole, MANERA de ser, natural, naturaleza, pasta, temperamento. ➤ Etopeya, grafología. ➤ Agriarse. ➤ Lunar. ➤ *Adusto, agradable, *alegre, apacible, áspero, bonachón, bonancible, brusco, buenazo, débil, desabrido, depresivo, descontentadizo, dulce, enfadadizo, esquinado, esquivo, excitable, geniazo, de mal genio, gruñón, hosco, iracundo, irascible, irritable, malhumorado, malo, manso, nervioso, pacífico, PALOMA sin hiel, de buena PASTA, de PASTA flora, plácido, que no PUEDE consigo mismo, pólvora, polvorilla, de malas PULGAS, regañón, renegón, reposado, sacudido, sardesco, secarrón, seco, *sensible, sereno, *serio, sosegado, *suave, súbito, sufrido, *susceptible, tarasca, *tranquilo, violento, etc. ➤ Configurar, conformar. ➤ Anular, despersonalizar, masificar. ➤ Fisonomía. ➤ *Genio. *Humor. *Psicología.

caracteriología f. Caracterología.

caracteriológico, -a adj. Caracterológico.

característica 1 f. Carácter peculiar de una persona o una cosa: 'La hospitalidad es una característica de los españoles. Las características del nuevo aparato'. ⇒ Atributo, CARÁCTER distintivo [o dominante], distintivo, NOTA distintiva, peculiaridad, RASGO característico [o distintivo], tónica. ➤ *Cualidad. *Particularidad. **2** MAT. *Parte entera de un logaritmo.* ⇒ Mantisa. **3** (Arg., Ur.) *Prefijo de un número de teléfono.*

característico, -a 1 adj. Se aplica a lo que caracteriza: 'Un rasgo característico'. ≃ Distintivo, particular, peculiar, propio. **2** n. *Actor o actriz de teatro que representa papeles de persona madura. Corrientemente se aplica sólo a las actrices, y se emplea «barba» para los actores.

caracterización m. Acción y efecto de caracterizar[se].

caracterizado, -a 1 Participio de caracterizar[se]. **2** adj. Aplicado a personas, autorizado o prestigioso: 'Hemos preguntado sobre el nuevo descubrimiento a un caracterizado científico. Un caracterizado miembro del partido'.

caracterizador, -a 1 adj. Que caracteriza. **2** n. Maquillador.

caracterizar 1 tr. Dar carácter a una ↘persona o cosa o constituir un rasgo característico de ella: 'Lo que le caracteriza es su amor al trabajo bien hecho'. ≃ *Distinguir. **2** Presentar o *describir una ↘cosa con sus rasgos característicos, de manera que resulte inconfundible. ⊙ («por») prnl. Tener las notas características que se expresan. **3** tr. Distinguir a ↘alguien con algún cargo o dignidad. **4** *Representar un actor de *teatro su papel con los rasgos que corresponden al ↘personaje representado. **5** («de») Vestir, maquillar, etc., a ↘alguien para que represente cierto *papel. También reflex.

caracterología (de «carácter» y «-logía») **1** f. PSI. Rama de la *psicología que estudia los rasgos de carácter individuales y colectivos. **2** PSI. Conjunto de rasgos que constituyen el carácter de una persona.

caracterológico, -a adj. PSI. De [la] caracterología.

caracú (de or. guaraní; Am. S.) m. *Hueso con tuétano que se echa en algunos guisos.*

caracul (del «Karakul», en Uzbequistán) **1** («De» o en aposición) m. Raza de *carneros de Asia occidental, de lana larga y ondulada: 'Carnero [de] caracul'. ⊙ Piel de ese carnero, usada en peletería. **2** *Piel curtida de *lince persa, de color pardo rojizo, teñida a veces de negro, empleada en peletería.

carado, -a (de «cara») adj. Con «bien» y, más frecuentemente, con «mal», con cara que inspira confianza o desconfianza. ⇒ *Aspecto.

caradriforme (del gr. «charadriós», chorlito y «-forme») adj. y n. f. ZOOL. *Se aplica a un grupo de aves de pequeño o mediano tamaño, generalmente costeras o marinas, al que pertenecen los chorlitos, las gaviotas, etc.* ⊙ f. pl. ZOOL. *Orden constituido por estas aves.*

caradura (inf.; n. calif.) n. Persona fresca o *cínica. ≃ CARA dura.

caragilate adj. *Se aplica a cierta variedad de *judía.*

carago (Am. C.) m. **Carao (árbol leguminoso).*

caraguatá (de or. guaraní) **1** (Hispam.) f. Nombre dado a varias especies de *plantas bromeliáceas textiles americanas, semejantes a la pita; entre ellas *Bromelia serra.* ≃ Cháguar. **2** (Par.) **Pita.*

caraguay (Bol.) m. *Cierto *lagarto de gran tamaño, especie de iguana.*

caraina f. **Caracará (ave rapaz).*

caraipo *(Caraipa fasciculata)* m. *Planta hipericácea de América del Sur.

caraira (Cuba; varias especies del género *Polyborus;* particularmente, el *Polyborus plancus)* f. *Cierta *ave de rapiña de color pardo y cabeza negra.* ≃ Caracará, traro.

caraíta (del hebr. «qārā'ī», a través del fr.) n. *Miembro de cierta secta judaica escrupulosamente fiel al texto de la Escritura.* ⊙ m. pl. *Esa secta.*

caraja[1] f. MAR. **Vela cuadrada que los pescadores de Veracruz colocan en un botalón.*

caraja[2] n. *Individuo de una tribu indígena del Brasil, del grupo de los tapuyas.* ⊙ m. pl. *Esa tribu.* ⇒ *Indio.

carajillo (inf.) m. Café al que se añade algo de licor, generalmente coñac.

carajo **1** (vulg.) m. *Pene. **2** (vulg.) interj. Se emplea generalmente para expresar enfado.

DEL CARAJO (vulg.). Muy *grande o intenso: 'Hace un frío del carajo'.

IMPORTARLE UN CARAJO una cosa a alguien (vulg.). No importarle nada. ⇒ *Indiferente.

IRSE una cosa AL CARAJO (vulg.). Echarse a perder. ⇒ *Fracasar.

MANDAR AL CARAJO a alguien o algo (vulg.). Rechazarlos violentamente. ⇒ *Rechazar.

NO VALER una cosa UN CARAJO (vulg.). No valer nada.

¡UN CARAJO! [o ¡Y UN CARAJO!] (vulg.). Se usa con frecuencia en respuestas para rehusar algo.

caralla m. *Cierto *higo de pepita negra.*

carama f. *Escarcha.

caramanchel (del sup. «camaranchel», de «cámara») **1** m. **Desván.* **2** **Cuchitril.* **3** **Tugurio.* **4** (Arg.) **Casa de comidas o *merendero.* **5** (Chi.) **Cantina.* **6** (Ec.) **Caseta de vendedor.* ≃ Cajón. **7** (Perú) **Cobertizo.* **8** MAR. *Cubierta fija o móvil, a modo de tejadillo, en las escotillas de algunos *barcos.*

caramanchelero, -a n. *Persona que vende en un caramanchel.*

caramanchón m. *Camaranchón.*

caramañola (del fr. «carmagnole», de «Carmagnola», ciudad piamontesa) **1** (León) f. *Cierta *vasija con un tubo para beber.* **2** (Arg., Chi.) **Cantimplora.*

caramarama (Cuba) f. *Cierta *planta forrajera.*

caramayola (de «caramañola»; Chi.) f. *Cantimplora.* ≃ Caramañola.

caramba[1] (de «Caramba», nombre propio) f. *Cierto *adorno en forma de moña que llevaban las mujeres sobre la cofia en el siglo XVIII.*

¡caramba[2]**!** (euf. por «carajo») interj. Exclamación de sorpresa y, a veces, de *enfado, *protesta o *disgusto: '¡Caramba... si son ya las doce! Podías haber venido antes, ¡caramba!'. ⇒ ¡Ah!, ¡anda!, ¡atiza!, ¡canario[s]!, ¡canastos!, ¡caracoles!, ¡carajo!, ¡carape!, ¡caray!, ¡cáscaras!, ¡cáspita!, ¡córcholis!, ¡demonio!, ¡demontre!, ¡diablo!, ¡diantre!, ¡Dios!, ¡gua!, ¡oh!, ¡la órdiga!, ¡recórcholis!, ¡sopla!, ¡to!, ¡zapatetas!

¡CARAMBA CON...! Exclamación con la que se muestra disgusto con la cosa o persona que se expresa, o sorpresa o admiración por algún hecho de alguien: '¡Caramba con el niño este, qué genio tiene! ¡Caramba con este chico, cuánto ha aprendido!'

¡QUÉ CARAMBA! Exclamación con que se refuerza una manifestación: 'Usted, ¡qué caramba!, está en mejor situación que yo para hacer eso'. ⇒ ¡Qué caracoles [córcholis, demonios, demontre, diablo o diantre]! ➤ *Énfasis.

carámbano (del sup. lat. «calamŭlus», de «calămus», caña) m. Pedazo de *hielo que queda colgando al helarse el agua que cae o gotea de algún sitio; por ejemplo, de los tejados. ⇒ Calamoco, candela, candelizo, cencerrión, cerrión, pinganello, pinganillo.

carambillo m. **Caramillo (planta barrillera).*

¡carambita! interj. Dim., usado a veces, de «¡caramba!».

carambola (relac. con el port. «carambola», fruto del carambolo, enredo) **1** f. Fruto del carambolo, que es de sabor agrio. **2** **Trampa, *embuste o *enredo con que se engaña a alguien.* **3** Resultado afortunado obtenido por *suerte y no por habilidad. ⊙ Suerte: 'Lo acertó por pura carambola'. **4** («Hacer») Lance del juego de *billar en que una bola pega a otras dos («carambola limpia») o pega a una y ésta a una tercera («carambola sucia» o «rusa»). **5** *En el billar, juego con tres bolas y sin palillos.* **6** *En el juego del *revesino, lance que consiste en sacar el caballo y el as de copas en la misma jugada.*

carambolero (Arg.) m. *Carambolista.*

carambolí (Cuba) m. *Cierta *flor de color anaranjado vivo, que crece en ramilletes.*

carambolista (de «carambola») m. *Jugador, o jugador hábil, de billar.*

carambolo (del port. «carambolo», del malayo «karambil»; *Averrhoa carambola)* m. Árbol oxalidáceo tropical, cuyo fruto, llamado «carambola», amarillento y del tamaño de un huevo, es comestible. ⇒ *Planta.

caramel (del port. «caramelo», carámbano, caramelo) m. *Variedad de *sardina del Mediterráneo.*

caramela (ant.) f. *Caramillo (flauta).*

caramelear (Col.) tr. **Entretener a ˋalguien con pretextos sin resolver lo que le interesa.* ≃ Dar largas, trastear.

carameleo (Col.; inf.) m. *Acción de caramelear.*

caramelizar tr. Revestir un ˋmolde con caramelo para que no se pegue el manjar que se confecciona; por ejemplo, un flan.

caramelo (del port. «caramelo», carámbano, caramelo) m. *Azúcar fundido y dejado después enfriar. ⊙ Esa misma sustancia aromatizada con alguna esencia y hecha en trozos de distintas formas y tamaños y, a veces, rellena con pasta de fruta, chocolate, etc. ⇒ Adoquín, alfandoque, alfeñique, bala, barreta, canelón, casquiñón, charamusca, chocho, chupa-chups, chupón, crocante, gominola, gota,

lágrima, periquillo, piruleta, pirulí, rajadillo, tofe. ➤ *Bombón. *Confite. *Golosina. ➤ *Chupar.
V. «a PUNTO de caramelo».

caramente **1** adv. *Costosamente.* **2** **Encarecidamente.* **3** *Usado en las fórmulas de los juramentos, *rigurosamente.*

caramera (Ven.) f. *Dentadura desigual y mal conformada.*

caramida (del ár. «qaramīṭ», del gr. «kalamítēs», relativo a la caña, porque antes de la invención de la brújula, los navegantes ponían un imán sobre un trozo de caña que marcaba el Norte flotando libremente en un vaso de agua) f. **Imán (hierro imantado).*

caramiello (relac. con «encaramar») m. *Cierto *sombrero semejante a una mitra, usado por las mujeres de Asturias y León.*

caramilla f. *Calamina (mineral de *cinc).*

caramilleras (del sup. lat. «cremacŭlum», del gr. «kremastér», colgador; Cantb.) f. pl. *Llares.* ≃ Calamillera.

caramillo[1] (del lat. «calamellus», cañita) **1** m. *Flauta simple de caña, madera o hueso. ≃ Flautillo, zampoña. ⇒ Pipiritaña. **2** *(Salsola vermiculata)* *Planta quenopodiácea del mismo género y usos que la *barrilla, con hojas agudas de color verde claro. ≃ Carambillo, jijallo, salado, sisallo, tarrico.

caramillo[2] **1** (inf.; «Armar, Levantar, Mover») m. Chisme o embuste. **2** (inf.; «Armar, Levantar, Mover») Discusión, riña, jaleo o confusión de cualquier clase. ⊙ (inf.; «Armar, Levantar, Mover») Exceso de palabras, comentarios, quejas, movimiento, etc., con motivo de algo: 'Por cualquier tontería arma un caramillo'. ≃ Jaleo. ⇒ Encaramillotar. ➤ *Aspaviento. **3** *Montón mal hecho.*

caramilloso, -a (de «caramillo[2]», enredo; inf.) adj. *Susceptible. ≃ Quisquilloso.

caramujo m. *Caracol pequeño, de los géneros *Trochus*, *Littorina* y otros, que se pega al casco de los *barcos. ⇒ Escaramujo.

caramullo (del lat. «cumŭlus», con influencia de «cululus»; Ar.) m. *Parte del contenido de un recipiente que rebasa los bordes de éste:* 'Una cucharada de azúcar con caramullo'. ≃ *Colmo.

caramuzal (del turco «karamusal») m. **Barco mercante turco con tres palos, con la popa muy elevada.*

carancho **1** (Bol., Arg.) m. *Caracará (ave rapaz).* **2** (Perú) **Búho.*

carandaí o **caranday** (voz guaraní que significa fruta redonda; Arg.; *Copernicia cerifera*) m. *Elegante *palmera que produce cera vegetal y de la que se aprovecha además la madera, buena para la construcción, y sus hojas, de las que se hacen abanicos y otros objetos.* ≃ Carnauba, PALMA negra.

carandero m. *Palmera pequeña de la isla de Ceilán.

caranegra **1** (Arg.) adj. y n. f. *Se aplica a las *ovejas de cierta raza, que tienen la cara negra.* **2** (Col., C. Rica, Ven.) m. *Cierto *mono del género Ateles.*

caranga (Hond.) f. *Carángano (*piojo).*

caranganal (León) m. **Terreno poco profundo y de mala calidad.*

carángano **1** (Hispam.) m. **Piojo.* ≃ Cáncano. **2** (Col.) *Instrumento musical de los *indios del Chaco consistente en una tira muy larga de guadua (especie de bambú) sobre la cual, mantenida separada de ella por dos cuñas, se pone una tira de corteza de la misma planta que se hace vibrar golpeándola con un palillo.*

carantamaula (relac. con «carátula») **1** f. **Careta de aspecto horrible.* **2** (ant.) n., más frec. m. *Persona *fea o mal encarada.*

carantoña (relac. con «carátula») **1** (inf.; «Hacer[se]»; gralm. pl.) f. Demostración de cariño hecha a una persona con caricias o con palabras, particularmente cuando es interesada. ≃ *Zalamería. **2** *Carantamaula.*

carantoñero, -a adj. y n. Aficionado a hacer o recibir carantoñas, mimos o caricias.

caraña (de or. indoamericano) **1** f. **Resina medicinal de ciertos árboles anacardiáceos americanos.* **2** (C. Rica) *Nombre aplicado a los árboles que la producen, que son las *plantas Protium heptaphyllun, Tetragastris altissima y otras.*

carao (Am. C.; *Cassia grandis*) m. *Árbol leguminoso tropical americano de flores en racimos rosados y fruto de medio metro de largo que tiene en su interior una melaza de propiedades tónicas y depurativas.* ≃ Carago. ⇒ *Planta.

caraos (ant.) m. *Carauz.*

caraota (Ven.) f. **Judía (legumbre).*

carapa *(Carapa guianensis)* f. *Planta meliácea de las Antillas de la que extraían los indios un aceite que, mezclado con bija, les servía para teñirse el cuerpo. ≃ Nandiroba.

carapachay **1** (R. Pl.) m. *Antiguo habitante del delta del Paraná.* **2** (Arg., Par.) **Leñador *carbonero.*

carapacho **1** m. Caparazón: cubierta dura del cuerpo de las *tortugas, *crustáceos, etc. **2** (Cuba) **Guiso que se hace en la misma concha de los *mariscos que se guisan.* **3** m. **Indio del departamento de Huánaco, en el *Perú.*

carapato (de «carapa») m. **Aceite de ricino.*

¡carape! interj. Expresión de asombro o sorpresa, equivalente a «¡*caramba!».

carapela (Sal.) f. **Alboroto.*

carapico o **carapicho** **1** *(Urena lobata)* m. *Planta malvácea de la Guayana. **2** *(Triumfetta semitriloba* y *Triumfetta sepium)* *Planta tiliácea.

carapitear (Sal.) intr. **Gritar.*

carapopela f. Especie de *lagarto muy venenoso del Brasil.

carapucho (de «capirucho») **1** (Ast.) m. **Capucha.* **2** (Ast.) **Sombrero ridículo.* **3** *(Bromus catharticus)* m. *Cierta *planta gramínácea cuyas semillas embriagan y producen delirio.*

carapulca (de or. quechua) f. *Cierto *guiso de Hispanoamérica, hecho con carne, patatas y ají.*

caraqueño, -a adj. y, aplicado a personas, también n. De Caracas, capital de Venezuela.

caraquilla (de «caracol»; Ál.) f. *Cierto *caracol pequeño.*

carare m. **Caratea (enfermedad tropical).*

carasol (de «cara al sol») m. **Solana.*

carate (relac. con «caracha») **1** (Hispam.) m. **Enfermedad parecida a la sarna.* **2** (Col.) *Caratea.*

caratea (Col., Ec., Ven.) f. **Enfermedad escrofulosa propia de países cálidos y húmedos de América, especialmente de Colombia.* ≃ Caracha, carache, carare, cute.

carato[1] (Hispam.) m. **Jagua (árbol rubiáceo).*

carato[2] (Ven.) m. *Bebida refrescante hecha con arroz o maíz molido, con jugo de piña o guanábana y azúcar o papelón.* ⇒ Casquite.

carátula (del ant. «carátura», brujería, del lat. «character», signo mágico) **1** f. *Careta o maquillaje espeso con que se desfigura la cara; por ejemplo, la que se ponen los *payasos. **2** Por extensión, farsa: profesión de actor teatral o mundo del *teatro. **3** (inf.) Cara rara y *fea o persona que la tiene. **4** Hoja de papel o *etiqueta que se pone encima de un legajo o un conjunto de otras hojas escritas, expresando su contenido. ≃ Careta. **5** Portada de un disco, casete, cinta de video, etc.

caraú o **carau** (de or. guaraní, del grito de esta ave; Arg.; *Aramus vociferus*) m. *Cierta *ave zancuda de color pardo.* ≃ Carrao, carrau.

carauz (del al. «gar aus», acabando del todo; ant.) m. *Acto de *brindar apurando el vaso.*

carava f. **Reunión de los labradores en los días de fiesta, para recrearse.* ⇒ Caraba.

caravana (del persa «kārvān», a través del ár. y el fr. o it.) **1** f. Grupo de personas, mercaderes, peregrinos, etc., que, en los países orientales, viajan en *camellos por un desierto, por un país infestado de ladrones, etc. ⇒ Caravasar. ➤ Safari. ⊙ Grupo de *gitanos nómadas. **2** Por extensión, grupo numeroso de gente, caballerías o coches que van juntos a algún sitio, particularmente al campo: 'Nos reunimos una caravana de veinte coches'. ⇒ Cáfila, *expedición, partida, tropa. ➤ *Muchedumbre, *reunión. ⊙ Larga fila de vehículos que circulan con gran lentitud, a causa de la densidad del tráfico. **3** Remolque o vehículo con motor propio en cuyo interior hay una pequeña vivienda. Se utiliza con fines turísticos o como alojamiento habitual para personas que viven desplazándose de un lugar a otro. ≃ Roulotte. ⇒ Cámper, CASA rodante, tráiler. **4** **Expedición marítima de los caballeros de Malta para perseguir a los piratas.* **5** (Cuba) *Cierta *trampa para cazar pájaros.* **6** (Hond., Méj.) **Cortesía.* **7** (Arg., Bol., Chi.; pl.) **Pendientes.*

CORRER [o HACER] LAS CARAVANAS. *Pasar los caballeros novicios tres años de servicio en corso en los barcos o en la defensa de un castillo, requisito necesario antes de profesar.* ⇒ *ORDEN militar.

caravanero m. *Conductor de una caravana.*

caravasar (del persa «kārvānsarā», a través del port. o del fr.) m. **Posada en Oriente destinada a las caravanas.*

caray[1] m. *Carey.*

¡caray[2]**!** (inf.) interj. Expresión de sorpresa, *disgusto, *enfado o *protesta, equivalente a «¡caramba!».

carayá (de or. guaraní; Arg., Col., Par.; *Alouatta caraya*) m. **Mono grande, aullador.* ≃ Carayaca.

carayaca (Ven.) f. *Carayá.*

carba (¿de or. prerromano?) **1** (Sal.) f. *Matorral espeso de carbizos.* **2** (Sal.) *Sitio donde sestea el *ganado.*

carbalí adj. *Carabalí.*

cárbaso (del lat. «carbăsus») **1** m. *Variedad de *lino muy fino que cita Plinio como originario de España.* ⊙ **Vestidura hecha con él.* **2** (lit.) **Lino.*

carbinol (de «carbono» y «-ol[1]») m. QUÍM. **Alcohol metílico.*

carbizal (Sal.) m. *Sitio donde hay carbizos.* ≃ Carba.

carbizo (de «carba» e «-izo»; Sal.) m. *Variedad de *roble, de hoja ancha como la del castaño, que produce unas bellotas gordas y ásperas.* ⇒ Acarbarse.

carbodinamita (de «carbono y dinamita») f. QUÍM. *Materia explosiva derivada de la nitroglicerina.*

carbógeno (de «carbono» y «-geno») m. *Sustancia en polvo con la que se prepara «*agua de seltz».*

carbohidrato m. QUÍM. HIDRATO de carbono.

carbol m. QUÍM. *Fenol: cuerpo sólido que se obtiene por destilación de los aceites de alquitrán, de propiedades *antisépticas.*

carbólico (de «carbol») adj. QUÍM. *Fénico.*

carbolíneo (de «carbón» y el lat. «olĕum», aceite) m. QUÍM. Sustancia líquida y grasa obtenida de la destilación del alquitrán de la hulla, que se emplea para hacer *impermeable la *madera.

carbón (del lat. «carbo, -ōnis») **1** m. Sustancia sólida, negra, que procede de la combustión incompleta de la madera o de otros cuerpos orgánicos. **2** *Carboncillo de dibujar. **3** (Col.) *Carbunco.*

CARBÓN ANIMAL. El que se obtiene a partir de huesos.

C. DE PIEDRA [o MINERAL]. El que existe en minas, procedente de depósitos antiguos de materias orgánicas.

C. VEGETAL. El obtenido de la leña en hornos especiales.

AL CARBÓN. Al carboncillo.

V. «PAPEL carbón».

□ CATÁLOGO

Antracita, cok, coque, erraj, herraj [o herraje], hornaguera, hulla, lignito, picón, turba. ➤ Mineral, vegetal. ➤ Aglomerado, almendrilla, briqueta, carbonada, carbonilla, cisco, ciscón, escarbillos, galleta, huevos, menudo, ovoides, piñuelo, tizana, zaragalla. ➤ Tizo, tizón. ➤ Cepeda, cepera, monte. ➤ Orujo. ➤ Alquitrán, benceno, BREA líquida, BREA mineral, morenillo. ➤ Boliche, carbonera, coquería, horno. ➤ Bufarda. ➤ Montaracía. ➤ Sacadera. ➤ Encañar. ➤ Carapachay, fabriquero. ➤ Foya. ➤ Paniego, sera. ➤ Emboquera. ➤ *Planta (grupo de las utilizadas para hacer carbón). ➤ Candelorio, carbonada. ➤ Badil, cogedor, coquera. ➤ Antracosis.

carbonada 1 («Una») f. Mucho carbón puesto de una vez en el fuego de un hornillo, caldera, etc. **2** **Guiso hecho en algunos sitios con carne picada después de cocida, amasada y después *asada en la parrilla o en las ascuas.* **3** (Arg., Chi., Perú) **Guisado hecho con carne desmenuzada, choclos en rebanadas, zapallo, patatas y arroz.* **4** *Golosina hecha con huevo, leche y azúcar y frita en manteca.* ⇒ *MASA frita.

carbonado m. **Diamante negro.*

carbonalla f. *Mezcla de arena, arcilla y carbón con que se hace el suelo de los *hornos de reverbero.*

carbonar tr. *Hacer carbón.*

carbonario, -a (del it. «carbonaro») adj. y n. Se aplica a los miembros de una asociación secreta *revolucionaria, afín a la *masonería, que actuó principalmente en Italia y en Francia a principios del siglo XIX. ⊙ m. pl. Esa asociación.

carbonatado, -a Participio de «carbonatar». ⊙ adj. QUÍM. Se aplica a las sustancias en que hay ácido carbónico. ⊙ QUÍM. Particularmente, al agua saturada con dióxido de carbono bajo presión (agua carbonatada), que se emplea como bebida.

carbonatar tr. QUÍM. Combinar una ↘sustancia con ácido carbónico o introducirlo en ella. ⇒ Descarbonatar.

carbonato (de «carbono») m. QUÍM. Sal o éster del ácido carbónico. ⇒ Bicarbonato. ➤ Barrilla, TIERRA de Segovia, trona, urao.

carboncillo (dim. de «carbón») **1** m. Palo delgado de brezo, sauce u otra madera ligera carbonizado, que se utiliza para *dibujar. ≃ Carbón. ⇒ Chite, cisquero. ⊙ Dibujo hecho con este instrumento. **2** (Chi., Cuba) *Carbonilla (trocitos de carbón a medio quemar).* **3** **Tizón (parásito).* **4** **Hongo.* **5** *Cierta *arena de color oscuro.* **6** (*Calliandra* *grandiflora)* Árbol leguminoso tropical americano, de flores grandes rosadas, provistas de largos estambres rojos y blancos, circunstancia por la que se llama también «cabello de ángel». Su nombre hace referencia a su utilización para elaborar carbón vegetal. ⇒ *Planta.

AL CARBONCILLO. Se aplica al dibujo hecho con carboncillo. ≃ Al carbón.

carbonear 1 tr. Hacer carbón, por ejemplo en un monte. ⊙ Convertir en carbón la ↘leña. 2 Cargar carbón en un barco, bien para su transporte, bien para consumo del propio barco.

carboneo m. Acción de carbonear.

carbonera 1 f. Pila de leña, cubierta de arcilla, preparada a manera de horno para hacer *carbón. 2 Depósito donde se guarda el carbón en las casas. 3 (Col.) *Mina de carbón.* 4 (Chi.) *Parte del ténder de la locomotora donde va el carbón.* 5 (Chi.; *Pithecolobium brevifolium*) *Cierta planta de jardín.* 6 MAR. *Nombre vulgar de la *vela de estay mayor.*

carbonería 1 f. Tienda de carbón. 2 (Chi.) *Instalación en el campo para hacer carbón de leña.*

carbonerica (Ál.) f. **PARO carbonero (pájaro).*

carbonero, -a 1 adj. De [o del] carbón. 2 n. Persona que hace o vende carbón. 3 (Cuba; *Capparis flexuosa)* m. *Árbol carparáceo de América tropical cultivado por sus frutos comestibles y por sus hojas corteza y raíces de propiedades medicinales.* ⇒ *Planta. 4 (P. Rico; *Albizzia carbonaria) Árbol leguminoso de América tropical que se cultiva para aprovechar sus hojas como forraje.* 5 Nombre de varios pájaros de la familia de los páridos; por ejemplo, el «paro carbonero».

V. «PARO carbonero».

TIZNAR AL CARBONERO (Méj.). **Engañar al que presume de astuto.*

carbónico, -a adj. QUÍM. De [o del] carbono.

V. «ÁCIDO carbónico».

carbónido, -a m. QUÍM. *Nombre aplicado a las sustancias formadas por carbono puro o por sus combinaciones.*

carbonífero, -a (de «carbón» y «-fero») 1 adj. Que contiene carbón. 2 adj. y n. m. GEOL. Se aplica al quinto periodo de la era *paleozoica, en el que aparecieron los primeros reptiles y crecieron grandes bosques que, al quedar sepultados, originaron depósitos de carbón. ⊙ adj. GEOL. De este periodo: 'Fauna carbonífera'.

carbonilla 1 f. Carbón menudo que queda como residuo en donde ha habido carbón. ⇒ Carboncillo. 2 *Trocitos de carbón a medio quemar que salen a través de la parrilla de los hogares.* 3 Residuos de carbón desprendidos de algo, por ejemplo de las antiguas locomotoras.

carbonilo m. QUÍM. *Radical formado por un átomo de carbono y otro de oxígeno.*

carbonita (de «carbón») 1 f. *Sustancia semejante al *coque, de las hulleras de Virginia.* 2 *Sustancia *explosiva compuesta de nitroglicerina, sulfuro de benzol y un polvo hecho con serrín, nitrato de potasio o sodio y carbonato de sodio.*

carbonización f. Acción de carbonizar[se].

carbonizado, -a Participio adjetivo de «carbonizar[se]». ⊙ Quemado.

carbonizar 1 tr. y prnl. Reducir[se] una ↘sustancia orgánica a carbón *quemándola fuera del contacto del aire, con lo que se desprenden de ella gases y la parte líquida que contiene. Por ejemplo, la madera, para producir el carbón vegetal. ⇒ Destilar. 2 Abrasar[se], quemar[se].

carbono (del lat. «carbo, -ōnis», carbón) m. *Elemento químico no metálico, n.º atómico 6, sólido, componente principal de todas las sustancias orgánicas. Símb.: «C».

CARBONO 14. Isótopo del carbono que se utiliza para fechar restos orgánicos, fósiles, etc., de hasta cincuenta mil años de antigüedad.

V. «HIDRATO de carbono, SILICIURO de carbono».

carbonoso, -a adj. *De aspecto de carbón.*

carborundo (del ingl. «carborundum») m. Carburo de silicio, cuerpo de gran dureza, que se obtiene sometiendo a temperaturas muy elevadas una mezcla de coque, arena y sal; sustituye ventajosamente como *abrasivo al esmeril y al asperón, y se emplea también como material *refractario. ≃ CARBURO de silicio, SILICIURO de carbono. ⊙ En el comercio se da este mismo nombre a otras sustancias semejantes.

carboxilo m. QUÍM. *Radical que forma parte de los ácidos orgánicos.*

carbuncal adj. *Del carbunco o carbúnculo.*

carbunclo (del lat. «carbuncŭlus») 1 m. **Rubí.* ≃ Carbúnculo. 2 MED., VET. *Carbunco (enfermedad).*

carbunco (de «carbunclo») 1 m. MED., VET. Enfermedad muy grave propia del ganado, producida por la bacteria *Bacillus antracis;* se manifiesta en forma de *tumor y es transmisible al hombre, en el que produce el ántrax. ⇒ Alevosa, cerda. 2 (C. Rica) **Cocuyo (insecto).*

CARBUNCO SINTOMÁTICO. VET. *Enfermedad semejante a la anterior, pero producida por bacteria distinta y no transmisible al hombre.*

carbuncosis f. MED., VET. *Infección carbuncosa.*

carbuncoso, -a adj. MED., VET. *De [los] carbuncos o carbúnculos.*

carbúncula (ant.) f. *Carbúnculo.*

carbúnculo (del lat. «carbuncŭlus») m. **Rubí.* ≃ Carbunclo.

carburación 1 f. Acción y efecto de carburar[se]. 2 Combinación del hierro y el carbono para producir el *acero.

carburador 1 m. Dispositivo en los motores, por ejemplo en los de explosión de los *automóviles, destinado a mezclar el aire y el combustible volátil en la proporción conveniente. 2 Aparato de iluminación que utiliza el acetileno producido en un depósito donde se pone carburo con agua.

carburante 1 adj. y n. m. Se aplica a los cuerpos que contienen un hidrocarburo y son aptos para la carburación. 2 m. *Combustible en general.

carburar (de «carburo») 1 tr. y prnl. Mezclar[se] en los *motores de explosión el aire atmosférico con los ↘carburantes gaseosos o con los vapores de los combustibles líquidos; esta mezcla los hace inflamables y provoca la explosión. ⇒ Descarburar. 2 (inf.; gralm. en frases negativas) intr. Funcionar bien un aparato. ⊙ (inf.; gralm. en frases negativas) Razonar o actuar adecuadamente las personas: '¿Te vas ahora de viaje? Chico, tú no carburas'.

carburina f. *Sulfuro de carbono usado en tintorería para quitar las manchas de grasa en los tejidos.*

carburo m. QUÍM. Cuerpo químico compuesto de carbono y un cuerpo simple. ⊙ QUÍM. Si no se especifica, se entiende el «carburo de calcio», que se obtiene fundiendo caliza mezclada con antracita y se emplea para obtener el acetileno.

CARBURO DE HIDRÓGENO. QUÍM. *Hidrocarburo.*

C. DE SILICIO. QUÍM. *Carborundo.*

carca[1] (Hispam.) f. **Olla en que se cuece la chicha.*

carca[2] (de «carcunda») **1** (desp.) adj. y n. Nombre que daban a los carlistas sus adversarios en el siglo XIX. ≃ Carcunda. **2** (desp.) Por extensión, reaccionario. ≃ Carcunda.

carcabonera (Sal.) f. *Peñascal.*

carcaj (del fr. «carcais») **1** m. Caja, generalmente en forma de tubo, para llevar las flechas, llevada generalmente colgada del hombro. ≃ Aljaba, carcax, carcaza, churana, goldre. ⇒ Cachucho. **2** *Funda de cuero pendiente de un cinturón, que llevan los sacristanes para meter el palo de la *cruz cuando la llevan en alto.* **3** (Hispam.) *Funda de cuero en el arzón de la silla, para meter el *rifle.*

carcajada (de or. expresivo; «Soltar») f. *Risa ruidosa. ≃ Risotada. ⇒ Caquino.

CARCAJADA HOMÉRICA. Expresión literaria para referirse a una carcajada especialmente sonora, particularmente si hay en ella burla o ironía.

REÍRSE A CARCAJADAS. Hacerlo con risa ruidosa.

carcajearse (inf.) prnl. Reírse a carcajadas. ⊙ Se emplea con el significado de *despreciar una cosa y no creerla o no hacer caso de ella: 'Se carcajea de sus amenazas'.

carcamal (de «cárcamo»; como adjetivo sólo se aplica a «viejo»; «Ser un, Estar hecho un») adj. y n. m. Persona *vieja y achacosa. ≃ Vejancón, vejestorio.

carcamán (de «cárcamo») **1** (n. calif.) m. MAR. **Barco grande, pesado y malo.* **2** (Perú) *Persona de poco mérito y muchas *pretensiones.* ⊙ (Cuba) *Persona despreciable.* ⊙ (Cuba) *Se aplica despectivamente a un *extranjero.* **3** (Arg.) **Italiano; particularmente, genovés.*

cárcamo (de «cárcavo») **1** m. *Cárcavo del molino.* **2** *Hoyo, zanja.*

carcasa (del fr. «carcasse») **1** f. Cierto tipo de *bomba incendiaria. **2** Cierto tipo de artificio pirotécnico que se lanza al espacio con una especie de cañoncillo y que estalla al llegar arriba, descomponiéndose en lucecillas que caen formando palmeras, tirabuzones, etc. **3** Estructura que actúa como soporte en una máquina, aparato, etc. **4** Esqueleto de un ave; por ejemplo, el de pollo, que se emplea para hacer caldo.

cárcava (de «cárcavo») **1** f. *Zanja o *foso, particularmente de una fortificación. **2** Hoyo o zanja excavada en el terreno por el agua de lluvia. **3** *Hoyo de *sepultura.* ⇒ Encarcavinar.

carcavera (ant.) adj. y n. f. *Prostituta que frecuentaba las cárcavas.*

carcavina f. *Cárcava.*

carcavinar (de «carcavina»; Sal.) intr. **Heder las *sepulturas.* ⇒ Encarcavinar.

cárcavo (del ant. «cácavo», del lat. «caccăbus», cazuela, olla) **1** m. *Hoyo en que está la rueda hidráulica de un molino. **2** (ant.) **Concavidad del vientre de los animales.*

carcavón (aum. de «cárcava») m. **Hoyo o rambla que van excavando las lluvias torrenciales.* ≃ Cárcava.

carcavuezo (de «cárcavo») m. **Hoyo profundo en la tierra.*

carcax[1] (del fr. «carcais»; pl. «carcajes») m. **Carcaj.*

carcax[2] (del ár. and. «ẖalẖál», con influencia de «carcax[1]») m. *Ajorca.*

carcaza (ant.) f. **Carcaj.*

cárcel (del lat. «carcer, -ĕris») **1** f. Edificio destinado a tener encerrados a los presos. ≃ Presidio, *prisión. ⇒ Carcerar, desencarcelar, encarcelar, excarcelar. **2** Se aplica a distintos dispositivos en los que se sujeta o aprisiona algo. ⇒ Colisa, corredera. ⊙ *Ranura por donde corren los tablones de una *compuerta de presa. ⊙ CARP. Utensilio consistente en un barrote con dos salientes entre los que se colocan y comprimen las piezas de madera encoladas, para que se peguen. ⇒ Encarcelar. **3** AGRÁF. *Utensilio formado por dos tablas iguales que, afirmadas en las patas de la prensa, abrazan y sujetan el husillo.* **4** *Unidad de medida de *leñas, equivalente a 100 pies cúbicos en Segovia y a 160 en Valsaín.*

carcelario, -a adj. De [la] cárcel o como de cárcel: 'Régimen carcelario'.

carcelera f. *Cante popular andaluz cuyo tema son las lamentaciones de los presos.

carcelero, -a **1** adj. De [la] cárcel. **2** n. Persona que vigila a los presos en la cárcel. ⇒ Alcaide, bastonero, calabocero, grillero, OFICIAL de prisiones.

carcerar (ant.) tr. *Encarcelar.*

carcino- Elemento prefijo del gr. «karkínos», que aporta el significado de «cangrejo» o «cáncer».

carcinógeno, -a (de «carcino-» y «-geno») adj. Se aplica a las sustancias que pueden producir cáncer. ≃ Cancerígeno.

carcinología (de «carcino-» y «-logía») f. *Parte de la zoología que trata de los *crustáceos.*

carcinoma (del lat. «carcinōma», del gr. «karkínōma») m. MED. *Cáncer del tejido epitelial.

cárcola (del it. «càlcola», de «calcare», pisar) f. *Pedal de los telares manuales, consistente en un listón, unido por cuerdas a la viadera, con el cual se sube y baja ésta.* ≃ Premidera.

carcoma (¿de or. prerromano?; varias especies de los géneros *Anobium* y *Xestobium*, particularmente el *Xestobium rufovillosum*). **1** f. Insecto *coleóptero de color oscuro, cuya larva hace orificios en la madera. ⇒ Caroncho, caronjo, corca, coso, gardama, quera, tínea. ➤ Apolillarse, aquerarse, carcomerse, caroncharse, comiscar. ➤ Tueco. **2** Polvillo de la madera destruida por él. **3** Cualquier cosa o acción, particularmente no física, que causa la destrucción lenta de algo. **4** **Pesadumbre persistente.* **5** *Persona que va gastando poco a poco sus bienes o los de otros.*

carcomer **1** tr. *Destruir una ↘cosa la *carcoma. **2** *Corroer, en sentido material o figurado. **3** prnl. Ser destruido por la carcoma. **4** **Padecer continua y secretamente por algo.* ≃ Concomerse.

carcón m. *Correa con argollas en los extremos, con la que se lleva la «*silla de manos».*

carcunda (del gall. port. «carcunda», avaro, mezquino, egoísta; desp.) adj. y n. *Carca.*

carda **1** (ant.) f. **Barco semejante a la galeota.* **2** f. Acción de cardar las *fibras textiles. ≃ Cardado. **3** Cabeza de la *cardencha, que se emplea para cardar. **4** Por extensión, instrumento para el mismo objeto, que es como un cepillo formado por ganchitos de alambre. ≃ Peine. **5** Máquina empleada para la limpieza del algodón y otras fibras de la industria textil. **6** (inf.; «Dar una») *Reprensión áspera.

V. «GENTE de la carda».

cardada f. *Porción de lana que se carda de una vez.*

cardado, -a **1** Participio adjetivo de «cardar»: 'Lleva el pelo cardado'. **2** m. Operación de cardar las fibras textiles. ≃ Perchado, carda, cardadura.

cardador, -a **1** n. Persona que carda las fibras textiles. ⇒ Pelaire. **2** (*Julus terrestris* y otras especies) m. *Miriápodo de unos 5 cm de longitud, de color negruzco y con muchos pares de patas; cuando se le molesta segrega un líquido de olor fétido y se enrolla en espiral. ≃ Milpiés.

cardadura f. *Cardado.*

cardaestambre (de «cardar» y «estambre»; ant.) m. *Cardador.*

cardal m. *Cardizal.*

cardamina (del lat. «cardamīna») f. **Mastuerzo (planta crucífera).*

cardamomo (del lat. «cardamōmum»; *Elettaria cardamomum)* m. *Planta cingiberácea de la India y otras regiones tropicales y subtropicales, cuyas semillas se emplean como condimento. ≃ GRANA del Paraíso.

cardán (del fr. «cardan», del nombre del inventor italiano «Gerolamo Cardano») m. Mecanismo que permite transmitir el movimiento entre dos ejes que no se encuentran en línea.

cardancho (de «cardo»; Rioj.) m. *Cardo pequeño, no comestible.*

cardar (de «cardo») **1** tr. Peinar y limpiar con la carda una *materia textil antes de hilarla. ≃ Perchar. ⇒ Carmenar, emborrar, emborrizar, emprimar, perchar, traite. ➤ Capota, carmenador, cojal, escobilla, escureta, mano, palmar, peine, rastillo, rastrillo. ➤ Púa, regüeldo. ➤ Diabla. ➤ Pelaire, repasadora. ➤ *Borra, curesca, flojel. ➤ *Tejido. **2** Sacarle el pelo con la carda a un ˋtejido de lana. **3** Peinar o cepillar el *cabello en sentido contrario para darle volumen. También reflex.

V. «unos cobran la FAMA y otros cardan la lana».

cardario *(Raja fullonica)* m. *Pez del género de las rayas, que tiene el cuerpo cubierto de aguijones.

cardelina (del lat. vulg. «cardēlis», del lat. «carduēlis») f. **Jilguero (pájaro).*

cardenal[1] (del lat. «cardinālis», principal) **1** m. *Prelado de los que componen el Sacro Colegio de consejeros del Papa. **2** (varias especies del género *Richmondena,* especialmente el *Cardinalis cardinalis)* Hermoso *pájaro americano que tiene un penacho rojo sobre la cabeza. **3** (Chi.) **Geranio.*

CARDENAL IN PECTORE [O IN PETTO]. Eclesiástico elevado a cardenal pero cuya proclamación se reserva el papa hasta momento oportuno.

□ CATÁLOGO

Purpurado. ➤ Camarlengo, caudatario, LEGADO a látere, penitenciario, vicecanciller. ➤ Papable. ➤ Birreta, birrete, capelo, píleo, púrpura. ➤ Su [o vuestra] eminencia, eminentísimo, reverendísimo. ➤ COLEGIO de cardenales, sacro COLEGIO, cónclave, congregación, CURIA romana, consistorio. ➤ Consultor.

cardenal[2] (de «cárdeno») m. *Mancha amoratada que se hace en el cuerpo a consecuencia de un *golpe. ⇒ Camote, equimosis, hematoma, livor, morado, moradura, moratón, moretón, roncha, verdugón. ➤ *Chichón.

cardenaladgo (ant.) m. *Cardenalato.*

cardenalato m. Dignidad de cardenal.

cardenalazgo o **cardenalía** (ant.) m. *Cardenalato.*

cardenalicio, -a adj. De cardenal o de los cardenales.

cardencha (del sup. lat. «cardincŭlus», de «cardŭus», cardo; *Dypsacus sativus)* f. Planta dipsacácea con aspecto de cardo cuyas flores están en un receptáculo o cabeza cubierto de espinas en forma de ganchos diminutos, por lo cual se emplea para cardar. ≃ Aguabenditera, cardón, escobilla. ⊙ Esa misma cabeza o receptáculo. ≃ Capota, carda. ⇒ Regüeldo.

cardenchal m. *Sitio en que abundan las cardenchas.*

cardenilla (de «cárdeno») f. *Variedad de *uva tardía, menuda, de color amoratado.*

cardenillo (dim. de «cárdeno») **1** m. Sustancia (carbonato de *cobre) de color verde, venenosa, que se forma en la superficie del cobre. ≃ Verdete, verdín. **2** Se aplica, con o sin «de», al color *verde claro como el del cardenillo. **3** Acetato de cobre, que se emplea en pintura.

cárdeno, -a (del lat. «cardĭnus», azulado) **1** adj. Se aplica al *color morado y a las cosas que lo tienen. **2** TAUROM. Se aplica al *toro de color blanco y negro. **3** Se aplica a las aguas de un río o del mar cuando tienen color opalino.

cardeña 1 (ant.) f. **Piedra preciosa de color cárdeno.* **2** (Sal.) **Chispa de lumbre, o *pavesa.*

cardería f. *Taller de cardado de lana.*

cardi-, -cardia o **-cardio-** Elemento prefijo o sufijo del gr. «kardía», corazón.

cardiaca o **cardíaca** f. *Agripalma (planta labiada).

cardiáceo, -a (de «cardi-» y «-áceo») adj. *De forma de corazón.*

cardiaco, -a o **cardíaco, -a** (del lat. «cardiăcus») **1** adj. MED. Del *corazón. **2** adj. y n. MED. Se aplica a la persona que padece alguna afección del corazón. **3** (inf.) adj. Muy nervioso: 'En el examen del carné de conducir estaba cardiaco'. **4** ANAT. *Aplicado a *vena, coronaria.*

cardial (ant.) adj. *Cardiaco.*

cardialgia (del gr. «kardialgía») f. MED. *Dolor agudo que se siente en el corazón, producido en el cardias.

cardiálgico, -a adj. MED. De [la] cardialgia.

cardias (del gr. «kardía», estómago) m. ANAT. Orificio que comunica el *estómago y el esófago de los vertebrados terrestres.

cardigán o **cárdigan** (del conde de «Cardigan», militar inglés) m. *Chaqueta de punto con escote en pico.

cardillar m. *Sitio en que abundan los cardillos.*

cardillo[1] (Méj.) m. *Reflejo de la luz solar enviado sobre algún sitio o a alguien con un pequeño espejo, generalmente por *juego o *broma.* ≃ *Escardillo, rata.

cardillo[2] *(Scolymus hispanicus)* m. *Cardo pequeño que, cuando está tierno, se come, despojado de los pinchos y cocido. ≃ Tagarnina.

cardimuelle (de «cardo» y «muelle»; Ál.) m. **Cerraja (planta compuesta).* ≃ Cardinche.

cardina f., gralm. pl. *Hoja de cardo empleada como motivo decorativo.* ⇒ *Adorno (grupo de los arquitectónicos).

cardinal (del lat. «cardinālis») adj. *Principal. ⊙ Se aplica a los *números que expresan básicamente cantidad de cosas, como «diez, veinte», etc. ⇒ Apénd. II, NÚMERO CARDINAL. ⊙ V. «PUNTO cardinal». ⊙ V. «VIENTO cardinal». ⊙ V. «VIRTUD cardinal». ⊙ ASTRON. *Se aplica a los signos del *Zodiaco Aries, Cáncer, Libra y Capricornio, por corresponder a los puntos del Zodiaco en que empiezan las cuatro estaciones.*

cardinche (del sup. lat. «cardincŭlus»; Ál.) m. **Cerraja (planta compuesta).* ≃ Cardimuelle.

-cardio- V. «cardi-».

cardiocirujano, -a n. MED. Cirujano especialista en enfermedades de *corazón.

cardiografía (de «cardio» y «-grafía») **1** f. MED. MED. *Estudio y descripción del corazón.* **2** *Electrocardiografía.*

cardiógrafo m. MED. *Electrocardiógrafo.*

cardiograma (de «cardio-» y «-grama») m. MED. *Electrocardiograma.*

cardiología (de «cardio-» y «logía») f. Parte de la medicina que se ocupa del estudio de las enfermedades del corazón.

cardiólogo, -a n. Médico especialista del corazón.

cardiópata adj. y n. MED. Afectado de cardiopatía. ≃ Cardiaco.

cardiopatía (de «cardio-» y «-patía») f. MED. *Enfermedad del corazón.

cardiorrespiratorio, -a adj. MED. Del corazón y del aparato respiratorio.

cardiovascular (de «cardio-» y «vascular») adj. MED. Del corazón y los vasos sanguíneos: 'Enfermedad cardiovascular'.

carditis (del gr. «kardía», corazón, e «-itis») f. MED. Inflamación del tejido muscular y de las serosas del corazón, especialmente a consecuencia de reumatismo.

cardizal m. Terreno cubierto de cardos.

cardo (del lat. «cardus») **1** *(Cynara cardunculus)* m. *Planta compuesta semejante a la alcachofa, pero con las pencas de las hojas más carnosas; estas pencas se hacen muy blancas y tiernas cubriendo la planta y se comen cocidas o en ensalada. ⇒ Troncho. **2** Se aplica vulgarmente a diversas especies de *plantas silvestres de hojas espinosas de la familia de las compuestas. ⇒ Cardillo, caucha. ➤ Arrezafe, cardal, cardizal, carduzal. ➤ Escardillo, *vilano. **3** (inf.; n. calif.) Persona *arisca, *brusca o *insociable. **4** (inf.; n. calif.) Persona *fea.

CARDO AJONJERO [o, no frec., ALJONJERO]. Nombre común de las plantas compuestas *Atractylis gummifera, Carlina acaulis* y otras especies. ≃ ANGÉLICA carlina.

C. BENDITO. CARDO *santo.*

C. BORRIQUERO [o, menos frec., BORRIQUEÑO] *(Onopordum acanthium* y otras especies). Cardo que crece mucho en altura, con cabezuelas purpúreas. ≃ Acantio, CARDO yesquero, toba. ⊙ (inf.) «Cardo borriquero» se emplea como expresión calificativa aplicada a una persona arisca o brusca.

C. CABRERO *(Carthamus arborescens).* Cardo de la familia de las compuestas cubierto de un jugo lechoso. ≃ CARDO lechal [lechar o lechero], cardoncillo, CARDO cuco [de María, de Santa María o mariano].

C. CORREDOR *(Eryngium campestre).* *Planta umbelífera de flores blancas y fruto ovoide espinoso. ≃ CARDO setero, carlincho, eringe.

C. CUCO. CARDO *cabrero.*

C. CUNDIDOR *(Cirsium arvense).* Cardo de la familia de las compuestas, medicinal, muy abundante en España.

C. ESTRELLADO *(Centaurea calcitrapa).* Especie medicinal, de tallo velloso, flores blancas o purpúreas y espinas blancas, de la que se extrae centaurina. ≃ Calcitrapa, abrojo.

C. LECHAL [LECHAR O LECHERO]. CARDO *cabrero.*

C. DE [SANTA] MARÍA. CARDO cabrero.

C. MARIANO. CARDO *cabrero.*

C. SANTO *(Argemone mexicana).* *Planta papaverácea de tallo cuadrangular, con flores amarillas en cabezuelas terminales, de la que se extrae un aceite utilizado como combustible y para elaborar jabones y barnices. ≃ CARDO bendito, tallo.

C. SETERO. *CARDO corredor.*

C. YESQUERO. CARDO *borriquero.*

cardol m. *Jugo oleoso del mesocarpio del *anacardo.*

cardón (de «cardo») **1** (Hispam.) m. *Nombre dado a diversas *plantas espinosas de gran porte, pertenecientes a distintas familias; entre ellas, en Chile, a la Puya chilensis, cuyo fruto es el chagual.* ⊙ (Hispam.) *También al Cephalocereus senilis, que se emplea para setos y como planta forrajera.* ⊙ (Hispam.) *Y a la *pita, Agave americana.* **2** *Cardencha (planta).

cardona (de «cardón»; Antill.; *Melocactus communis* y otras especies) f. *Cacto que se cría en la costa.*

Cardona MÁS LISTO QUE CARDONA. Muy *listo.

cardonal m. *Sitio en que abundan los cardones.*

cardoncillo (dim. de «cardón») m. CARDO *cabrero.*

carducha f. *Carda gruesa de hierro.*

cardumen o **cardume** (del gall. port. «cardume») **1** m. *Banco de peces. **2** (Chi.) *Multitud o abundancia de cosas.*

carduza (ant.) f. *Carda (utensilio para cardar).*

carduzador, -a n. *Cardador.*

carduzal m. *Cardizal.*

carduzar (de «carduza») tr. *Cardar.*

carea f. *Acción de carear el ganado.*

careado, -a adj. *Se aplica al *ganado que está o va de careo.*

careador (de «carear») **1** adj. *Se aplica al *perro que guía las ovejas, a diferencia del mastín, que las defiende.* **2** (R. Dom.) m. *Hombre que cuida del gallo durante la *pelea.*

carear (de «cara») **1** tr. Interrogar juntas a dos o más ˋpersonas, particularmente en un *juicio, para confrontar lo que dicen y ver cómo reacciona cada una ante lo que dice la otra. **2** **Comparar o *confrontar una ˋcosa con otra.* ≃ Cotejar. **3** *Dirigir o tener dirigida la cara hacia cierto sitio.* ⇒ *Mirar. **4** **Afrontar ˋalgo o a alguien.* **5** *Dirigir el *ˋganado a pastar a algún sitio.* **6** (Sal.) **Pastar el ganado.* **7** *Dar la última mano a la cara del ˋpan de *azúcar, limpiándola.* **8** (Sal.) **Ahuyentar.* **9** prnl. *Entrevistarse con algún fin.* ⊙ *Entrevistarse por fin dos o más personas para algún asunto desagradable.*

carecer (del sup. lat. «carescĕre»; «de») intr. No tener la cosa que se expresa: 'Carecemos de medios para acometer esa empresa. Carece totalmente de sentido de responsabilidad'.

☐ CATÁLOGO

Afijo para expresar carencia, «des-»: 'desconfianza, despoblado'. ➤ Vacar. ➤ En ayunas, en blanco, carente, desabastecido, desacomodado, desalhajado, desapercibido, descalzo, desguarnecido, desnudo, despojado, desprevenido, *desprovisto, exhausto, falto, horro. ➤ Ausencia, carencia, carestía, inexistencia, negación, privación, *vacío. ➤ Ni aun, ni un mal, sin nada, ni para un remedio, sin, ni [tan] siquiera, ni un [o sin un] triste. ➤ *Caro. ➤ *Escasez. *Falta. *Necesitar. *Pobre.

☐ CONJUG. como «agradecer».

careicillo (Cuba; *Curatella americana)* m. *Arbusto dileniáceo de hojas ásperas, flores blancas en ramillete y frutos comestibles.* ⇒ *Planta.

carel m. MAR. *Borde superior de un *barco pequeño, donde se fijan los *remos.*

carena (del lat. «carīna», quilla de la nave) **1** f. MAR. Parte sumergida de un barco. ≃ OBRA viva. **2** MAR. Carenadura. **3** Carenado (recubrimiento de la estructura de un *vehículo). **3** *Penitencia hecha durante cuarenta días, ayunando a pan y agua.* **4** («Dar, Aguantar, Llevar, Sufrir») **Burla con que se *zahiere y *reprende a alguien.*

carenado 1 m. MAR. Acción de carenar un barco. ≃ Carena, carenadura. **2** Recubrimiento de la estructura de un vehículo, por ejemplo una motocicleta, que sirve para embellecerlo o para darle forma aerodinámica. ≃ Carena. **3** *Cubrimiento de la arista de un *tejado.* ≃ Caballete, morcillo.

carenadura f. MAR. Acción de carenar un barco.

carenar (del lat. «carināre») **1** tr. Mar. Reparar el casco de un *↘barco. **2** Poner una carena a un ↘vehículo.

carencia (del lat. «carentĭa») **1** f. Circunstancia de *carecer de cierta cosa: 'La carencia de dinero me impidió hacer el viaje'. **2** Med. Falta de determinadas sustancias en la dieta, especialmente vitaminas. **3** Periodo durante el cual no se puede disfrutar de determinados servicios en un seguro.

carencial adj. De [la] carencia.

carenero m. Mar. *Operario que carena los *barcos.*

carenóstilo m. Cierto insecto carábido, común en España.

carenote (de «carena») m. Mar. *Tablón de los que se aplican a los lados de la quilla de un *barco varado para que no se vuelque.*

carente (de «carecer»; «de») adj. *Desprovisto o falto. Se dice de lo que no tiene la cosa que se expresa; particularmente, tratándose de cosas no materiales o de dinero: 'Carente de dignidad [o de recursos]'.

careo 1 m. Acción de carear[se]. **2** (Extr.) *Porción de terreno dividido para la *montanera.* **3** (Sal.) *Pasto.* **4** (Sal.) *Charla, *jaleo o *algazara.*

carero, -a adj. y n. Se aplica al que vende *caro.

carestía (del b. lat. «carestia», influido por «caro») **1** f. *Carencia o escasez, particularmente de aprovisionamiento.* **2** Circunstancia de estar *cara una cosa.

careta (de «cara») **1** f. Cartón moldeado y pintado figurando una cara grotesca, con que se cubre la *cara, por ejemplo en *carnaval. ≃ Máscara, antifaz, cambuj. ⇒ Carantamaula, carátula, mascarilla. ⊙ Antifaz: pieza, generalmente de cartulina forrada de seda negra, con la que se recubre solamente la parte superior de la cara, dejando dos agujeros para los ojos. **2** Cualquier otro objeto destinado a cubrir o proteger la *cara; como la protección metálica que se ponen los que manejan colmenas o los que combaten a esgrima. **3** Parte delantera de la cabeza de un cerdo conservada con sal. **4** Simulación con que alguien encubre su manera de ser, ideas o intenciones. **5** *Etiqueta puesta en un legajo o un fajo de papeles.

Careta antigás. La que protege contra los gases tóxicos. ⇒ *Arma (sección de defensivas).

De careta. V. «judía de careta».

Quitarle a alguien la careta. Desenmascararle: descubrir sus verdaderas ideas, manera de ser o intenciones.

Quitarse la careta. Desenmascararse.

careto, -a (de «careta») **1** adj. *Se aplica a la *caballería o res que tiene la cara blanca y la frente y el resto de la cabeza de otro color.* ⊙ *También a otros animales:* 'Lirón careto'. **2** (Salv., Hond., Nic.) *Se aplica a quien tiene la cara sucia.* **3** (inf., algo desp.) m. Cara: 'Vaya careto que tiene cuando se levanta'.

carey (del taíno «carey») **1** (*Eretmochelys imbricata*) m. *Tortuga de mar de cuya concha se obtienen láminas del material llamado con el mismo nombre y también «concha», que se emplea para fabricar peines y otros objetos. **2** (Cuba; *Tetracera sessiliflora*) *Cierto *bejuco de la familia de las dileniáceas, de hojas tan fuertes y ásperas que se emplean como lija.* **3** (Cuba; *Cordia angiocarpa*) *Arbusto borragináceo de las costas que se emplea para hacer bastones.* ⇒ *Planta.

careza (de «caro») f. *Carestía.*

carfología f. *Movimiento particular de las *manos en los moribundos y en algunas *enfermedades, con el que arrugan las ropas o parece que quieren coger copos en el aire.*

carga 1 f. Acción de *cargar un vehículo: 'La carga del barco llevó mucho tiempo'. **2** Acción de *cargar (llenar): 'La carga de la caldera'. **3** Acción de *cargar un *arma de fuego. **4** En algunos deportes, acción de cargar: 'Carga reglamentaria [o antirreglamentaria]'. **5** Constr. *Peso sostenido por una viga, estructura, etc. **6** Econ. *Gravamen o *tributo: 'Cargas fiscales. La finca está libre de cargas'. **7** Cosa que carga o pesa sobre una persona: 'Las cargas económicas'. ⊙ *Obligación aneja a un cargo, estado, oficio, etc.: 'Las cargas de un gobernante [o de un padre de familia]'. ⊙ Efecto causado en el cuerpo o el espíritu de alguien por cosas que cansan, gastan, hacen padecer, etc.: 'La carga de los años [de la responsabilidad, de los desengaños]'. ⇒ *Pesadumbre, peso. **8** Conjunto de sensaciones, sentimientos o ideas que pueden llevar asociados una acción o situación, una manifestación artística, unas palabras, etc.: 'La carga afectiva del momento era tan grande que no lo pudo evitar y rompió a llorar'. **9** Cosa con que se *carga o llena algo, o con que está cargado o lleno: 'La carga de un barco, del cañón o de un barreno'. ⊙ Parte o pieza de un utensilio o aparato que contiene algo que se gasta y que, en algunos casos, se puede reponer: 'La carga de un bolígrafo'. ⊙ *Tapón del frasco u otra medida con que se mide la *pólvora usada en cada disparo.* ⊙ Cantidad de explosivo que se pone en un *barreno. **10** Resistencia que tiene que vencer una *máquina o motor en un momento dado. ⇒ Trabajar. **11** *Medida de *capacidad para granos, en unos sitios equivalente a tres fanegas, y en otros a cuatro, o sea alrededor de 150 a 200 litros.* **12** *Medida de ciertas cosas como leña, carbón, granos o frutos, que se fija teniendo en cuenta la *cantidad de la cosa de que se trata transportada por una caballería.* ⇒ Garrote. **13** Mil. Acción de cargar la *caballería en la guerra. ⇒ Espolonada. ➤ *Atacar. **14** (ant.) Mil. **Descarga simultánea de muchas armas de fuego.* **15** *Cierto emplasto empleado para las caballerías, compuesto de harina, clara de huevo, bol arménico y sangre del mismo animal.*

Carga cerrada. Mil. *Ataque al arma blanca en formación compacta.*

C. eléctrica. Electr. Cantidad de electricidad que tiene un cuerpo.

C. de profundidad. Mil. Artefacto explosivo que se lanza al mar y se hace estallar a cierta profundidad para destruir objetivos submarinos.

V. «animal de carga, barco de carga, bestia de carga, burro de carga».

De carga. Se aplica a los *animales o vehículos que están destinados al transporte: 'Bestia [vagón o buque] de carga'.

Llevar la carga de cierta cosa. Ser la persona que tiene que trabajar en ella o *encargarse de ella.

V. «a paso de carga».

Sentarse la carga. *Herir la carga a la *caballería por estar mal colocada.*

Terciar la carga. Repartirla convenientemente.

Volver a la carga. *Insistir de nuevo en un argumento o pretensión.

cargadal m. **Sedimento de tierra y suciedad en el fondo de las acequias u otro curso de agua.* ≃ *Cieno.

cargadas f. pl. *Cierto juego de *baraja.* ⇒ Bolo.

cargadera (de «cargar») f. Mar. **Cabo con que se facilita la operación de arriar las velas volantes y de cuchillo.*

cargadero 1 m. Sitio dispuesto para la carga y descarga de mercancías, por ejemplo en una *estación. **2** Arq. *Dintel.

cargadilla (de «cargar») f. *Aumento que va teniendo una *deuda por la acumulación de intereses.*

cargado, -a 1 Participio adjetivo de «cargar[se]». 'El carro va demasiado cargado. Los árboles están cargados de fruta. Un hombre cargado de años y de experiencia. La pluma [o la máquina fotográfica] está cargada. Un vestido cargado de adornos'. ⇒ Recargado. **2** Aplicado al tiempo o a la atmósfera, como de *tempestad. ≃ Pesado. **3** Refiriéndose al aire o atmósfera de un local, con humo, con olores desagradables, etc. ≃ *Impuro. **4** Refiriéndose a una *disolución, *infusión o cosa semejante, con mucha sustancia disuelta: 'Una taza de café bien cargado'. **5** *Se aplica a la *oveja próxima a parir.* **6** HERÁLD. *Se aplica a la pieza o armas sobre las que van otras que no sean brisura.* **7** *En el juego del *monte, se aplica a la carta a la que se ha puesto más dinero de las dos que forman el albur y el gallo.* **8** (inf.) Bebido, borracho. **9** (C. Rica) *Pelma, pesado, cargante.* **10** m. *Movimiento de la danza española que consiste en poner el pie derecho sobre el otro y quitar éste, quedando el derecho en su lugar.*

V. «cargado de ESPALDAS».

cargador 1 m. Hombre que tiene por oficio transportar carga, particularmente a los *barcos. ⇒ Estibador. **2** Cualquier dispositivo que sirve para cargar algo: 'El cargador de la estilográfica'. ⊙ Particularmente, especie de estuche para la munición, que se acopla a un arma de fuego ligera, y está provisto de un muelle que impulsa los proyectiles hacia la recámara. **3** AGRIC. *Bieldo grande para cargar la paja.* **4** CAZA. *Encargado de cargar las escopetas en la caza de ojeo.* **5** ARTILL. *Encargado de introducir la carga en las piezas de *artillería.* **6** (Guat., Méj., Salv.) **Mozo de cordel.* **7** (Chi.) AGRIC. *Sarmiento algo recortado que se deja en la poda de la *vid, para que lleve la carga del nuevo fruto.* **8** (Guat.) **Cohete pirotécnico muy ruidoso.* **9** (Col.) *Cuerda o correa con que se sujeta algún bulto que se lleva a la espalda.*

cargamento m. Carga de un barco.

cargancia (de «cargar»; Sal.) f. *Cosa molesta o *pesada.* ≃ Lata.

cargante adj. Se aplica a la persona que resulta fastidiosa: por *pesada, por exigir demasiada minuciosidad en cosas que no tienen importancia, por presumido, por remilgoso, etc.

cargar (del lat. vulg. «carricāre», del lat. «carrus», carro) **1** tr. Poner ↘cosas sobre un vehículo o sobre alguien, para que las transporte: 'Cargar sacos en un camión. Cargar un baúl a la espalda de un mozo de cuerda'. ⊙ («con, de») El complemento puede ser también el vehículo: 'Cargar un carro de paja. Cargaron cinco camiones con los escombros'. **2** *Poner en un ↘receptáculo o dispositivo la materia que está destinado a contener; particularmente, poner el proyectil o explosivo en un *arma: 'Cargar la estilográfica [un cañón o un barreno]'. ⊙ Poner en una máquina, dispositivo, etc., el material o energía que ha de consumir; por ejemplo, carbón en una caldera o electricidad en una batería. ⇒ Alimentar. ➤ Cebar. ⊙ intr. y prnl. Tomar un dispositivo la energía que necesita para su funcionamiento: 'La batería se carga cuando el motor está en marcha'. **3** tr. INFORM. Poner en ejecución un ↘programa. **4** INFORM. Copiar en la memoria principal de un ordenador todos los elementos de un ↘programa necesarios para poder ejecutarlo. **5** («con») Hacer *aguantar a ↘algo o alguien cualquier ↘cosa que pesa, obliga, molesta o hace padecer: 'Habéis cargado demasiado el piso con esas librerías. No se puede cargar la industria con más impuestos. Le han cargado con ese sambenito. Cargan sobre el niño demasiada responsabilidad. Cargan todas las culpas sobre él'. ⊙ *Imponer un *tributo, un *censo, etc., sobre una finca. ≃ Gravar. **6** («con») *Acusar a ↘alguien de cierta cosa: 'Le cargan además con el asalto al banco'. ⇒ *Atribuir. **7** **Añadir todavía algo a un ↘peso.* **8** *Aumentar, reforzar o intensificar una ↘cosa con una cantidad añadida: 'Cargar la factura con un tanto por ciento' o 'cargar un tanto por ciento sobre la factura'. ⊙ Aumentar, reforzar o intensificar una ↘cosa por cierto lado: 'Conviene cargar los tacones por donde más se desgastan'. **9** En algunos juegos de *baraja, echar sobre una ↘carta jugada otra que la gane. **10** *En el juego del *monte, aumentar la ↘puesta.* **11** HERÁLD. *Poner sobre una figura otra que no sea brisura.* **12** («de») Poner *mucho o demasiado de una cosa en cierto ↘sitio: 'Cargar un guiso de especias'. **13** ECON. Poner una ↘cantidad o partida en la cuenta o «*debe» de alguien: 'Le han cargado quinientas pesetas de comisión. Me han cargado en el recibo del mes un cristal que rompiste en el colegio'. ≃ Adeudar. **14** Resultar molesta para ↘alguien otra persona o lo que dice o hace: 'Me carga con su presunción. Le carga la gente aduladora'. ⇒ *Molestar. **15** («de») prnl. Llegar a tener bastante o mucha cantidad de cierta cosa que ocupa espacio, pesa o preocupa: 'Cargarse los ojos de lágrimas [o la atmósfera de vapor]. Cargarse de preocupaciones [o de hijos]'. ≃ *Llenarse. **16** («con») *Encargarse, con o sin repugnancia, de cierta cosa. **17** Aplicado a «tiempo, cielo, horizonte», etc., cubrirse de *nubes. **18** Llegar al punto en que ya no se puede aguantar cierta cosa o a alguien: 'Acabará por cargarse y mandarle a paseo'. Se suele usar en forma durativa: 'Me estoy cargando y no sé si podré contenerme'. ≃ Cansarse, *hartarse. **19** Enfadarse alguien por lo que le hacen o dicen y mostrarlo con el gesto o la actitud, pero sin manifestarlo expresamente. ≃ *Amostazarse. **20** («sobre») intr. Ser una cosa soportada por otra que se expresa: 'La cubierta carga sobre los pilares'. ≃ Apoyarse, descansar, descargar, *gravitar, pesar. ⊙ («sobre») También si se trata de cosas que no pesan físicamente: 'Los tributos deben cargar sobre la riqueza improductiva. La mayor parte del trabajo carga sobre ella'. ≃ Pesar, recaer. ⊙ («sobre») En *fútbol y otros deportes, apoyarse un jugador sobre otro o empujarle, en la disputa de un balón. **21** prnl. **Inclinar el cuerpo en la dirección que se expresa.* **22** («contra, sobre») intr. Arrojarse en masa un ejército o cosa semejante contra otro o contra alguien o algo: 'La caballería cargó sobre el flanco derecho. La fuerza pública cargó contra las manifestantes'. ≃ Acometer, arremeter, atacar, embestir. **23** **Concurrir mucha gente a un sitio.* **24** («sobre») **Insistir mucho con una persona para obtener de ella cierta cosa.* **25** *Hacerse cierta cosa más *fuerte o *intensa hacia cierta parte:* 'La tempestad cargó hacia el puerto'. **26** FON. Afectar el acento a determinada letra o sílaba. ≃ Recaer. ⇒ Herir. **27** («con») Tomar o llevar sobre sí un peso: 'Yo cargaré con la mochila. Tú cargaste todo el camino con la tienda de campaña'. ≃ Cargarse, coger. ⊙ («con») Soportar alguien, voluntariamente o por necesidad, algo como «culpa, responsabilidad, trabajo»: 'Como siempre, yo cargaré con las culpas'. ≃ Cargarse, llevarse. ⇒ *Apechugar. ➤ Mocho, mochuelo. **28** («con») Coger alguien una cosa de un sitio y llevársela para él: 'En las excursiones carga con todos los pedruscos que encuentra. Cargó con todos mis libros de filosofía'. ≃ Arramblar, llevarse. ⇒ *Apoderarse. **29** *Aprovisionarse de una cosa en mucha cantidad: 'No conviene cargar de géneros estampados porque se pasan de moda'. **30** **Comer o *beber mucho.* **31** Dar mucho fruto los árboles: 'Este año han cargado los manzanos'. **32** tr. *Admitir un receptáculo cierta ↘cantidad de la materia que está destinado a contener: 'Mi pluma carga doce gotas. El tanque carga dos mil litros'. **33** MAR. Cerrar o recoger las ↘velas para dejarlas listas para ser aferradas. **34** *En *veterinaria antigua, untar a las caballerías* *desde la cruz hasta las caderas con su propia sangre, después de haberlas sangrado.* **35** (inf.; con un pron. reflex.) *Romper una ↘cosa. ⊙ (inf.; con un pron. reflex.) Estropear o echar a perder completamente ↘algo. **36** (inf.; con un pron. reflex.) Matar a ↘alguien. **37** (inf.; con un pron. reflex.) *Suspender a ↘alguien en los exámenes de una asignatura, oposición, etc.: 'El nuevo profesor se ha cargado a la mitad de la clase'. ⊙ (inf.) Suspender un ↘examen, una ↘materia escolar, una oposición, etc.: 'He cargado las matemáticas'.

CARGÁRSELA. Recibir un castigo. Se usa para expresar amenaza o advertencia: 'Si el profesor descubre que has copiado en el examen, te la cargas'. ⇒ *Castigar.

V. «el DIABLO las carga, cargar la MANO, cargarse de PACIENCIA, cargarse de RAZÓN, cargar con el SANTO y la limosna».

□ CATÁLOGO

Otra raíz, «oner-»: 'exonerar, onerario, oneroso'. ➤ Abarrotar, abrumar, agobiar, arrumar, embalumar, embarcar, estibar, lastrar, ratigar. ➤ Arrimar el HOMBRO. ➤ Arruma. ➤ Sentarse la CARGA. ➤ Capuzar, enrabar. ➤ Recargar, sobrecargar. ➤ Terciar la CARGA. ➤ Requintar, romanear. ➤ Ajobo, bagaje, carga, cargamento, carguerío, carguío, fardaje, fardería, flete, impedimenta, rátigo, sarcia, tercio, traja. ➤ Barcada, carrada, carretada, galerada, lanchada. ➤ Pacotilla. ➤ Sobornal, sobrecarga, sobrepeso. ➤ Hasta los TOPES. ➤ Abarrote, enjunque, *lastre, lingote, zahorra. ➤ Bulto, fardo. ➤ Barcaza, camión, carguero, camioneta, *carreta, *carro, gabarra, triciclo, zorra. ➤ Carruco. ➤ Recua. ➤ A la cabeza, a la cadera, a carramanchas [-manchones], a corso, a cotenas, a *cuestas, a escarramanchones, a la[s] espalda[s], al hombro, a hombros, a lomo[s]. ➤ Aguaderas, *albarda, angarillas, aportadera, artolas, cangalla, cartolas, cuchugo, esportizo, pedreral, serón, taja. ➤ Cargador, carguillero, estibador. ➤ *Grúa, pluma. ➤ *Rodete, rodilla, rodillera, rosca, rueño, sorqui, tasín, yagual. ➤ *Lomo, renga. ➤ Baga, lazo, mecapal, pegual. ➤ Palanca, pinga. ➤ Cobijón. ➤ Embalaje. ➤ Aviento, estiba. ➤ Cabecear. ➤ Zaga. ➤ Zaguero. ➤ Cargadero, descargadero, muelle. ➤ Aligerar, alijar, aliviar. ➤ Desarrumar, desatorar, *descargar, desembarcar, deslastrar, fondear, hondear, posar. ➤ Sobordo. ➤ AVERÍA gruesa [o simple], echazón. ➤ Rodio. ➤ Desembarazado, en lastre, de vacío. ➤ Boyante. ➤ Guía, HOJA de ruta, manifiesto, póliza, sobordo. ➤ ¡Apa! ➤ Saloma. ➤ Avancarga, encargar, retrocarga. ➤ *Caballería. *Cantidad. *Capacidad. *Guarnición. *Peso. *Porteador. *Transportar. *Vehículo.

cargareme (de «cargaré» y «me») m. *Documento en que se hace constar el ingreso de una cantidad en caja.

cargazón (de «cargar») **1** f. Sensación de cansancio en la *cabeza o en los *ojos. ≃ Pesadez. ⊙ Pesadez sentida en el *estómago. **2** **Cieno o suciedad depositada en el fondo de las acequias, canales, etc.* **3** *Acumulación de nubes en la atmósfera.* ≃ *Nublado. **4** (Chi.) *Abundancia de *frutos en los árboles y plantas.* **5** (Arg.) *Obra hecha toscamente o mal terminada.* ⇒ Chapucero, *embarullar.

cargo **1** m. *Pila de *capazos de aceituna que se ponen de una vez debajo de la viga en los molinos de *aceite.* **2** *Cantidad de *uva ya pisada que se pone de una vez debajo de la viga en los lagares, para exprimirla.* **3** (Gran.) *Unidad de medida de *maderas, equivalente a una vara cúbica.* **4** *Medida de *piedra de mampostería equivalente aproximadamente a un tercio de metro cúbico.* **5** Conjunto de cantidades que se han recibido y que hay que justificar, que figuran en una cuenta. **6** Pago que se hace con los fondos de una cuenta. ⊙ Apunte en que queda reflejado. **7** («Hacer»; gralm. pl.) Acción de *atribuir a alguien una falta, culpa o delito. ≃ *Acusación, imputación, inculpación. ⇒ Capítulo. **8** Falta, etc., imputada. **9** Función retribuida que alguien desempeña en un establecimiento, un organismo, una oficina, una fábrica, etc.: 'Tiene el cargo de portero de un ministerio. Desempeña su cargo con mucha competencia'. ≃ Destino, *empleo, plaza, puesto. ⊙ Sin especificación, cargo gubernamental o político: 'Desempeñó distintos cargos durante la Dictadura'. **10** («Estar a cargo de, Hacerse cargo de, Tener a su, Tomar a su») Obligación o incumbencia que tiene una persona de cuidar cierta cosa o a otras personas: 'Tiene a su cargo las calderas. Los niños están a cargo de su abuela'. ≃ *Cuidado. **11** (Sal.) **Dintel.* **12** (Chi.) *Diligencia que el secretario judicial pone al pie de los escritos haciendo constar la fecha en que han sido presentados.* ⇒ *Tribunal.

A CARGO DE. **1** («Estar, Poner, Tener») Expresión que indica la relación de una cosa con la persona que tiene la obligación de cuidarla o atenderla: 'La recaudación está a cargo del secretario'. En vez de la preposición «de», puede emplearse un posesivo: 'Está a su cargo la sección de personal'. ≃ Al *cuidado de. ⇒ *Administrar, *dirigir, *manejar. **2** Con cargo a.

AL CARGO DE. Con «estar, poner, tener», o verbos equivalentes, significa cuidando u ocupándose de la cosa que se expresa: 'Está al cargo de una sección'.

ALTO CARGO. Puesto político o de otra clase de los de mayor importancia en la organización de que se trata. ⊙ Persona que lo ocupa: 'Varios altos cargos de la Administración comparecieron ante la comisión parlamentaria'.

CARGO DE CONCIENCIA. Motivo para sentirse culpable: 'Es un cargo de conciencia tener así a esos niños'. ⊙ *Lástima: cosa que constituye un despilfarro: 'Es un cargo de conciencia tirar eso a la basura'.

C. REPRESENTATIVO. Cargo que da importancia o autoridad a la persona que lo tiene.

CON CARGO A. Asignando el pago de cierta cosa a la entidad, cuenta, fondos, etc., que se expresan: 'La recepción se llevó a cabo con cargo al departamento de ventas'. ⇒ A [o por] cuenta de, a expensas de.

CORRER A CARGO DE. V. «a cargo de».

HACER CARGOS a alguien. *Acusarle de cierta cosa.

HACERSE CARGO. **1** *Recibir o tomar una cosa para *cuidar de ella: 'Me hice cargo del dinero'. ≃ Tomar a su CARGO. **2** *Comprender cierta cosa: 'No se hace cargo de las circunstancias'. **3** *Enterarse: 'Hazte bien cargo de todo lo que te digo'.

JURAR EL CARGO. Hacer el juramento de servir debidamente un cargo, con la fórmula y solemnidad establecidas.

V. «PINO de cargo, PLIEGO de cargos».

TENER alguien A SU CARGO una cosa. V. «a cargo de».

V. «TESTIGO de cargo».

TOMAR A SU CARGO. Hacerse CARGO (tomar o recibir una cosa para cuidar de ella).

cargosear (Arg., Chi., Ur.) tr. **Molestar o *fastidiar.* ≃ Cargar.

cargoso, -a (de «cargar») **1** (Arg., Chi.) adj. *Cargante.* **2** (Arg., Perú) *Gravoso.*

cargue m. MAR. *Operación de cargar una embarcación.*

carguerío (de «carguero»; ant.) m. *Carguío.*

carguero, -a **1** adj. *Que lleva carga.* **2** m. Buque, tren, etc., destinado al transporte de mercancías. **3** n. *Persona que se dedica a llevar cargas.* **4** (Hispam.) m. *Bestia de carga.*

carguillero (Sal.) m. *Hombre que lleva cargas de leña a los hornos.*

carguío m. *Carga (cosa o conjunto de cosas que se transportan).* ⇒ Carguerío.

cari (del mapuche «cari», verde) **1** (Hispam.) m. **Zarzamora (planta rosácea).* **2** (aplicado en aposición) De *color pardo: 'Manta cari'. **3** (Chi.) **Planta de pimienta de la India.*

caria f. ARQ. *Fuste de *columna.*

cariacedo, -a (de «cara» y «acedo») **1** («Ser») adj. **Adusto.* **2** («Estar») *Enfadado.*

cariaco[1] (del caribe «cariacu», corza) **1** (Guayana) m. *Bebida alcohólica hecha de jarabe de caña, cazabe y patatas.* **2** (Cuba) *Danza popular.*

cariaco[2] m. *Nombre aplicado a ciertos *indios caribes de las Antillas en la época del descubrimiento.*

cariacontecido, -a (de «cara» y «acontecido») adj. Con muestras de pesar en la cara, por ejemplo por arrepentimiento.

cariacuchillado, -a (de «cara» y «acuchillado») adj. *Con alguna *cicatriz en la cara.*

cariado, -a Participio de «cariar[se]». ⊙ adj. Con caries.

cariadura (de «cariar») f. *Daño producido por una caries.* ≃ Picadura.

cariaguileño, -a adj. *De cara alargada y nariz aguileña.*

carialegre adj. *De expresión jovial.*

carialzado, -a adj. *Con la cara levantada.*

cariampollado o **cariampollar** (de «cara» y «ampolla») adj. *Mofletudo.*

cariancho, -a adj. *De cara ancha.*

cariaquito (de or. caribe; *Lantana camara* y otras especies del mismo género) m. *Planta verbenácea, aromática, propia de países cálidos, con una pequeña baya comestible.

cariar (de «caries») **1** tr. Atacar la caries un ↘diente o muela. ≃ Picar. **2** prnl. Ser atacado de caries. ≃ Picarse.

☐ CONJUG. como «cambiar».

cariátide (del lat. «Caryătis, -ĭdis», del gr. «karyâtis») f. ARQ. *Escultura de mujer que hace oficio de *columna. ⇒ Canéfora.

caríbal (de «caribe») adj. y n. *Caníbal.*

Caribdis V. «entre ESCILA y Caribdis».

caribe 1 adj. y, aplicado a personas, también n. Se aplica a los indios de un pueblo que ocupaba parte de las Antillas en la época del descubrimiento, y a sus cosas. ⇒ Cariaco. ⊙ (pl.) m. Ese pueblo. ⊙ Idioma hablado por él. **2** (inf.) adj. Bruto. ≃ Salvaje. **3** m. **Piraña (pez).*

caribello (de «cara» y «bello») adj. TAUROM. *Se aplica al *toro que tiene la cabeza oscura y manchas blancas en la frente.*

caribeño, -a adj. y, aplicado a personas, también n. Del Caribe.

cariblanca (Col., C. Rica) m. **Carablanca.*

cariblanco (C. Rica; *Tayassu pecari*) m. *Especie de *jabalí más pequeño y más feroz que el europeo y de carne más estimada que el saino, que vive en grandes manadas en los bosques.*

caribú (*Rangifer tarandus*) m. *Reno salvaje del Canadá, cuya carne es comestible.

caricáceo, -a (de «Carica», género de plantas) adj. y n. f. BOT. *Se aplica a las *plantas de la familia a la que pertenece el papayo, que son pequeños árboles tropicales de América y África, cultivados por sus frutos* ≃ Papayáceo. ⊙ f. pl. BOT. *Familia constituida por estas plantas.*

caricare m. *Caracará (indio del Paraná).*

caricari (de or. caribe) m. Cierto *halcón brasileño.

caricarillo (Vall.) n. *Con respecto a un *hijo tenido en matrimonio anterior por una persona que se ha vuelto a casar, un hijo del otro cónyuge, tenido igualmente en matrimonio anterior.*

caricato (del it. «caricato», exagerado) **1** m. Cantante que representa el papel de bufo en las óperas. ⊙ Por extensión, artista o actor *cómico. **2** (Hispam.) *Caricatura.*

caricatura (del it. «caricatura») **1** f. Retrato de alguien o representación o copia de algo en que se deforman exageradamente sus rasgos característicos. ⇒ *Dibujo. ➤ Caricaturista. **2** Cosa que se pretende que sea copia o reproducción de otra, o del mismo valor que otra, pero que no es más que una imitación mala o ridícula de ella. ⇒ Caricaturar, caricaturesco, caricaturizar. **3** (Am. C., Antill., Arg., Bol., Chi., Ec., Méj., Par.) **Tebeo.*

caricaturar tr. *Caricaturizar.*

caricaturesco, -a adj. Con rasgos de caricatura.

caricaturista n. Dibujante de caricaturas.

caricaturizar (de «caricatura») tr. Representar o imitar ↘algo *exagerándolo, *ridiculizándolo o *desfigurándolo.

carichato, -a adj. **Chato o de cara aplanada.*

caricia (del it. «carizze», variante de «carezza») **1** f. Toque suave con la mano con que se muestra *cariño a alguien o delectación con un objeto. **2** *Roce, toque o impresión suave de algo, como el sol, la brisa o un sonido o rumor, que causa una sensación grata. **3** Beso, abrazo o cualquier aproximación corporal con que se demuestra cariño o *amor. En particular, acción de pasar suavemente la mano o las puntas de los dedos por la cara de una persona.

☐ CATÁLOGO

Abrazo, achuchón, amoricones, angulema, arremueco, arremuesco, arrumaco, beso, carantoña, cariño, caroca, ciquiricata, cirigaña, cucamona, dingolondango, fiesta, gachas, gachonería, garatusa, garzonía, ilécebra, jametería, lagotería, lamedor, mamola [o mamona], meguez, mimo, mojinete, monada, palmada, papacho, putería, ronce, roncería, terneza, *zalamería, zalema, zorrocloco. ➤ Abrazar, acariciar, barbear, besar, lagotear, mimar, morrear, popar, sobar. ➤ *Empalagoso, pegajoso, pulpo, sobón, tocón, zalamero. ➤ Caricioso, mimoso.

cariciosamente adv. *Con caricias.*

caricioso, -a adj. *Cariñoso.*

caridad (del lat. «carĭtas, -ātis») **1** f. Sentimiento que impulsa a auxiliar con dádivas a los pobres o con cuidados, consuelos, etc., a quien los necesita. ⊙ *Virtud que la Iglesia define como «amar a Dios sobre todas las cosas y al prójimo como a nosotros mismos». ⊙ Dádiva con que se auxilia a los pobres. ≃ *Limosna. ⇒ *AMOR al prójimo, humanidad. ➤ Benefactoría [o benefactría], limosna, buena OBRA, OBRA de beneficencia [de caridad o de misericordia]. ➤ CONFERENCIAS de San Vicente de Paúl, ropero, VISITA domiciliaria. ➤ Diaconía. ➤ Buen SAMARITANO. ➤ Caritatero, despensero. ➤ Humanitario. ➤ *Ayudar. *Beneficencia. *Compasión. **2** En lenguaje eclesiástico, de sermones, etc., benevolencia hacia el prójimo. **3** **Convite de vino, pan y queso que, en algunos pueblos, dan las *cofradías a los que asisten a la fiesta del santo de ellas.* **4** **Convite que se hacía en algunos pueblos en los *funerales.* **5** (Méj.) *Comida de los *presos.* **6** MAR. *Quinta *ancla de reserva que llevaban los barcos en la bodega.* **7** Con «su» o «vuestra», *tratamiento que se dan entre sí los religiosos o religiosas de algunas comunidades.

IMPLORAR LA CARIDAD [PÚBLICA]. Mendigar.

V. «HERMANA de la caridad, OBRA de caridad».

¡POR CARIDAD! Expresión con que se implora ayuda o benevolencia: 'Una limosnita, por caridad'. ⇒ *Suplicar.

caridelantero, -a (de «cara» y «delantero») adj. *Descarado y entrometido.*

caridoliente (de «cara» y «doliente») adj. *Con gesto de *dolor o *pena.*

cariedón (probablemente, la oruga del *Carpocapsa splendana)* m. Cierto insecto que roe las *nueces.

carientismo (del lat. «charientismos», del gr. «charientismós») m. **Figura retórica que consiste en disimular ingeniosa y delicadamente una ironía o una burla.*

caries (del lat. «carĭes») f. Infección de los huesos, particularmente de los *dientes y muelas, que acaba por destruirlos. ⇒ Guijón, neguijón. ➤ Cariar[se]. ➤ Empastar.

carifruncido, -a adj. **Ceñudo.*

carigordo, -a adj. *De cara gorda.*

cariharto, -a adj. *Carirredondo.*

carilampiño, -a adj. *Barbilampiño.*

carilargo, -a (inf.; «Estar» y, más frec., «Ponerse») adj. Con cara de *disgusto o *enfado.

carilindo, -a adj. *De cara linda.*

carilla (dim. de «cara») **1** f. Cara de una hoja de papel, particularmente si está escrita: 'Le escribió cinco hojas por las dos carillas'. **2** Apic. **Careta de colmenero.* **3** *Cierta *moneda acuñada en Valencia en tiempo de la dinastía austriaca, equivalente a dieciocho dinerillos.* ≃ Dieciocheno.

carilleno, -a (de «cara» y «lleno») adj. *De cara carnosa.*

carillo, -a (dim. de «caro») **1** adj. **Querido o amado.* ≃ Caro. **2** m. *Amado o *novio de una persona.*

carillón (del fr. «carillon») **1** m. Conjunto de *campanas acordadas, por ejemplo en un *reloj, que producen cierta melodía. ⊙ Juego de tubos o planchas de acero con el que se produce un sonido musical. **2** *Reloj con carillón. ⇒ Sonería.

carilucio, -a (de «cara» y «lucio») adj. *De cara lustrosa.*

carimba (de «calimba») **1** (Perú) f. *Marca que se ponía con hierro caliente a los *esclavos.* **2** (Cuba) *Calimba (hierro con que se marcan los animales).* ≃ Carimbo.

carimbo (de «calimbo») m. *Calimba.* ≃ Carimba.

carincho (Hispam.) m. **Guisado de carne, patatas enteras y salsa de ají.*

carinegro, -a (de «cara» y «negro») m. *Muy moreno.*

carininfo, -a (de «cara» y «ninfa»; ant.) adj. *De cara *afeminada.*

cariñana (por María de Borbón, princesa de «Carignan», que la introdujo en España) f. **Toca que usaban las mujeres en el siglo XVII, semejante a las que usan las monjas.*

cariñar (¿del lat. «carēre», carecer?; Ar.) intr. y prnl. *Sentir *añoranza una persona al separarse de otras o de un sitio:* 'El niño se cariñaba en el colegio y tuvieron que ir a buscarle'.

cariñena m. *Vino muy dulce y oloroso elaborado en Cariñena, ciudad de la provincia de Zaragoza.

cariñito (dim. de «cariño») **1** (inf.; gralm. pl.) m. Caricia: 'El niño le hace cariñitos a su hermana'. ≃ Cariño. **2** *Apelativo cariñoso. ≃ Cariño.

cariño (¿de «cariñar»?) **1** («Cobrar, *Coger, Tomar, Depositar, Poner, Profesar, Sentir, Tener, Inspirar; a, de, por») m. Sentimiento de una persona hacia otra por el cual desea su bien, se alegra o entristece por lo que es bueno o malo para ella y desea su compañía: 'El cariño de la familia. Ese muchacho te demuestra mucho cariño'. Puede también aplicarse a los animales; por ejemplo, a un perro. ⊙ Sentimiento amistoso hacia alguien. ⊙ Afición a un objeto del que uno no quiere separarse o desprenderse: 'Se coge cariño a la casa en que se vive. Tenía cariño al reloj que ha perdido porque era recuerdo de su madre'. **2** Delicadeza o *cuidado con que se trata una cosa: 'Trátame con cariño estos libros'. **3** (inf.; «Hacer»; gralm. pl.) *Caricia o mimo. ≃ Cariñito. **4** Se emplea como *apelativo cariñoso. ≃ Cariñito. **5** (Hispam.) *Regalo, obsequio.*

□ CATÁLOGO

Apego, chifladura, chochera, chochez, debilidad, devoción, dilección, dulzura, entrega, ilusión, inclinación, inhesión, ley, pasión, prisión, querencia, querer, solicitud, ternura. ➤ *Caricia. ➤ Amar, caerse la BABA, estar CHOCHO, ser como COSA de, derretirse, mirarse como en un ESPEJO, mirarse en, querer. ➤ Como a las NIÑAS de sus ojos, como a los OJOS de su cara. ➤ Afable, afectuoso, *amable, cálido, cariñoso, *cordial, dulce, efusivo, expansivo, expresivo, mego, meloso, querendón, tierno. ➤ Amartelado. ➤ Abrazar, *acariciar, besar. ➤ Con los BRAZOS abiertos. ➤ Quien bien te QUIERE te hará llorar. ➤ Alma mía, de mi alma, cariñito, de mi corazón, de mis entrañas, LUZ de mis ojos, PEDAZO de mi alma [de mi corazón o de mis entrañas], mi vida, vida mía, etc. ➤ APELATIVOS cariñosos. ➤ Hipocorístico, -ón. ➤ HOMENAJE de cariño. ➤ Cariñarse, encariñarse. ➤ Desafección, desafecto, desamor, descariño, desapego, despego. ➤ Frío, insensible. ➤ *Afecto. *Afición. *Amigo. *Amor. *Armonía. *Devoción. *Respeto. *Simpatía.

cariñosamente adv. Con cariño, con mimo o con dulzura.

cariñoso, -a («Ser») adj. Inclinado naturalmente a sentir cariño o a tratar a otros con cariño. ⊙ («Estar») Se aplica al que muestra o expresa cariño a alguien. ⊙ Demostrativo de cariño: 'Un saludo cariñoso'.

cario, -a (de la «Caria», antigua región asiática; Hispam.) adj. y n. **Guaraní.*

cario- Elemento prefijo del gr. «káryon», nódulo, núcleo, nuez, hueso de las frutas: 'cariocinesis, cariofiláceo, cariópside'.

carioca 1 adj. y, aplicado a personas, también n. De Río de Janeiro. **2** Por extensión, brasileño.

cariocar (varias especies de plantas caricáceas del género *Caryocar;* como el *Caryocar glabrum)* m. Árbol de Colombia de gran altura, de hojas digitadas y flores en racimos colgantes. ⇒ *Planta.

cariocariáceo, -a o **cariocaráceo, -a** (de «Cariocar», género de plantas) adj. y n. f. Bot. *Se aplica a las *plantas de la familia del cariocar, que son árboles o arbustos tropicales, con flores bisexuales en racimos terminales y frutos en baya.* ⊙ f. pl. Bot. *Familia que forman.*

cariocarpo, -a adj. Bot. *De fruto semejante a la nuez.*

cariocinesis (de «cario-» y el gr. «kínēsis», movimiento, con influencia acentual del fr. «caryonèse») f. Biol. Etapa de la división de las células, mediante mitosis o meiosis, en la que se divide el núcleo. ≃ Carioquinesis.

cariocinético, -a adj. Biol. *De la cariocinesis.*

cariofiláceo, -a (del lat. «caryophyllon», del gr. «karyóphyllon», clavo de especia) adj. y n. f. Bot. *Se aplica a las *plantas de la misma familia que el clavel, que son hierbas o matas arbustivas, de flores regulares y generalmente bisexuales, y fruto en cápsula.* ≃ Cariofileo, paroniquieo. ⊙ f. pl. Bot. *Esa familia.*

cariofileo, -a (del lat. «caryophyllon») adj. y n. f. Bot. *Cariofiláceo.*

cariofilina (del lat. «caryophyllon») f. Quím. *Sustancia contenida en gran cantidad en la especia llamada *clavo.*

cariópside o **cariopsis** (de «cario-» y el gr. «ópsis», vista, aspecto) f. BOT. Cierta clase de *fruto de una sola semilla, seco, indehiscente, con el pericarpio delgado pegado a la semilla; como el grano de trigo.

carioquinesis f. BIOL. *Cariocinesis.*

carioso, -a (del lat. «cariōsus») adj. *Propenso a la caries.*

cariotipo m. BIOL. *Conjunto de cromosomas de una especie animal o vegetal.*

cariparejo, -a (de «cara» y «parejo») adj. *De semblante *impasible.*

caripelado, -a (Col.) n. *Cierta especie de *mono.*

carirraído, -a (de «cara» y «raído») adj. *Descarado o desvergonzado.*

carirredondo, -a adj. De cara redonda.

carisea (¿del ingl. «kersey», de «Kersey», población donde se fabricaba esta tela antiguamente?) f. **Tela muy basta de estopa que se tejía en Inglaterra en los siglos XVI y XVII, la cual empleaba para sábanas la gente pobre.* ⊙ *Tela semejante, de lana.*

cariseto (del fr. «cariset») m. *Cierta *tela antigua de lana, basta.*

carisias (del gr. «charísia», de «cháris», gracia) adj. y n. f. pl. *Se aplica a ciertas *fiestas griegas nocturnas en honor de las Gracias.*

carisma (del lat. «charisma», del gr. «chárisma», de «charízomai», complacer, conceder una gracia) **1** m. TEOL. **Don abundante concedido por Dios a una criatura.* **2** Don de atraer y captar a la multitud.

carismático, -a 1 adj. De [o del] carisma. **2** Se aplica a la persona que posee carisma.

carisquio *(Albizzia lebbek)* m. Árbol leguminoso, especie de acacia, de Filipinas. ⇒ *Planta.

caristias (del lat. «charistĭa») f. pl. **Banquete familiar que celebraban los romanos el 18 y 20 de febrero de cada año, para restablecer la armonía entre los parientes.* ⇒ *Familia.

caristio, -a adj. y, aplicado a personas, también n. De un pueblo prerromano que vivió en las actuales provincias de Guipúzcoa y Vizcaya.

carita 1 f. Dim. muy frec. de «cara», usado generalmente con algún calificativo; particularmente, «carita de ángel», más frecuente que «cara de ángel». **2** (Arg.) *Cromo (estampa).*

caritán m. *Colector de las partes de planta con que se hace la *tuba en Filipinas.*

caritatero (del lat. «carĭtas, -ātis», caridad) m. **Canónigo encargado en la catedral de Zaragoza de repartir las limosnas previamente fijadas por el* cabildo.

caritativamente adv. Con caridad.

caritativo, -a («con, para, para con») adj. Inclinado a sentir caridad o hacer obras de caridad.

carite (Antill.; *Pristis pectinatus)* m. **Pez parecido al pez sierra, más largo y delgado que éste.*

cariz (¿del cat. «carís»?; «Presentar, Tener, Tomar») m. Con «buen, mal» o adjetivos semejantes, *aspecto de una cosa o asunto que permite esperar que resulte de la manera que se expresa: 'La herida [o el asunto] presenta mal cariz. El cariz de los acontecimientos no es nada tranquilizador' ⊙ Aspecto de la atmósfera. ⇒ *Meteorología.

carla f. **Tela pintada de las Indias.*

carlán (¿del cat. ant. «castlà», forma sincopada de «castellà»?; Ar.) m. *Antiguamente, *señor con cierta jurisdicción y derechos sobre un territorio.*

carlanca (¿del lat. tardío «carcannum»?) **1** f. *Collar con púas que se les pone a los *perros para defender su cuello de las mordeduras. ≃ Carranca. ⇒ Carranza. **2** (inf.; gralm. pl.) *Picardía, malicia o *astucia. **3** (Col., C. Rica) f. **Grillete.* **4** (Ec.) *Especie de trangallo, o sea palo que se les cuelga a las reses para que no entren en los sembrados.* **5** (Chi., Hond.) *Molestia causada por una persona pesada o fastidiosa.* ≃ Lata. **6** (Hond.) *Persona de esa clase.*

TENER MUCHAS CARLANCAS. Ser *astuto y *reservado.

carlanco m. **Carraca (ave).*

carlancón, -a (de «carlanca») adj. y n. *Persona astuta y reservada.* ≃ *Cazurro.

carlanga (de «carlanca»; Méj.) f. **Andrajo.*

carlear (¿de un sup. «calrear», síncopa de «calorear»?; ant.) intr. **Jadear.*

carleta (del fr. «carlette») **1** f. **Lima para el hierro.* **2** *Cierta clase de *pizarra procedente de Angers (Francia).*

carlín (del it. «carlino», de Carlos I de Anjou, rey de Nápoles, que hizo acuñar esta moneda) m. *Cierta *moneda pequeña de plata.*

carlincho (de «cardinche») m. *CARDO *corredor [o setero].*

carlinga (del fr. «carlingue») **1** f. MAR. *Hueco, generalmente cuadrado, en que se encaja algo; por ejemplo, un palo. **2** AERO. En los *aviones antiguos, abertura practicada en el fuselaje, donde se instalaba el piloto. ⊙ AERO. Por extensión, cabina del piloto, en los aviones modernos. ⊙ AERO. Todo el interior del avión.

carlismo m. Doctrina carlista. ⊙ Conjunto de los carlistas.

carlista n. Partidario de don Carlos en las guerras llamadas «carlistas». ⊙ Por extensión, partidario de sus sucesivos herederos en la aspiración al trono español, y de las ideas tradicionalistas que encarnan. ⊙ De [o del] carlismo. ⇒ Carca, jaimista, requeté, trabucaire, tradicionalista. ➤ Detente. ➤ Carlistón, conservador, *reaccionario.

carlistón m. *Aum. desp. de «carlista».* ⊙ *Reaccionario.*

carlita f. ÓPT. **Lente que sirve para leer.*

carló m. **Vino tinto de Sanlúcar de Barrameda, imitación del de Benicarló (Castellón).* ≃ Carlón.

carlón (And., Arg., Ur.) m. *Carló.*

carlota (de «Carlota», esposa de Jorge II de Inglaterra) f. *Cierta *torta.*

CARLOTA RUSA. Carlota.

carlovingio, -a adj. *Carolingio.*

carmañola (del fr. «carmagnole») **1** f. *Chaqueta corta que se usó en Francia en la época de la Revolución. **2** *Canción revolucionaria francesa de la época de la Revolución.

carme (del ár. and. «kárm», viñedo) m. *Carmen (*quinta).*

carmel *(Plantago major)* m. Especie de llantén (*planta plantaginácea).

carmela f. Sartén con el fondo ondulado, usada para asar alimentos sin aceite o con poco aceite.

carmelina (de «carmenar») f. *Segunda *lana que se saca de la vicuña.*

carmelita (del hebr. «karmĕl», a través del ár. y del it.) **1** adj. y n. Se aplica a los religiosos o religiosas de la *orden del Carmen. ⊙ («Los, Las») n. pl. Esa orden. ⇒ Carmelitano, teresa, teresiana. **2** (Chi., Cuba) adj. *Se aplica al *color pardo claro.* **3** m. *Flor de la capuchina, que, en algunos sitios, se come en ensalada.

carmelitano, -a adj. Se aplica a la *orden del Carmen, a los religiosos y religiosas de ella, y a sus cosas.

carmen[1] (del ár. «karm», viñedo) m. En Granada, *quinta con huerto o jardín. ≃ Carme, hormazo.

carmen[2] (del lat. «carmen»; culto o lit.) m. LITER. **Verso, particularmente refiriéndose a los latinos.*

Carmen (de la advocación «Virgen del Carmen») n. p. f. Nombre de mujer. Completo, «María del Carmen». ⇒ FORMAS HIPOCORÍSTICAS: Carmela, Carmina, Carmiña, Mari Carmen.

carmenador (del lat. «carmĭnātor, -ōris») **1** m. *Operario que carmena.* **2** *Utensilio para carmenar.* **3** *Peine claro.* ≃ *Batidor.

carmenar (del lat. «carmĭnāre») **1** tr. *Limpiar, desenredar y *peinar el *↘pelo, la *lana, etc.* ⇒ *Cardar, escarmenar, perchar, repasar. **2** (inf.) **Repelar (tirar del pelo).* **3** (inf.) *Dejar a ↘alguien sin nada de dinero o de otra cosa estimable.* ≃ *Desvalijar.

carmentales (del lat. «carmentalĭa») adj. y n. f. *Fiestas *romanas hechas en honor de la ninfa Carmenta.

carmentina f. *Cierta *planta acantácea medicinal.*

carmes m. *Variante de «quermes».*

carmesí (del ár. and. «qarmazí», adj. de «qármaz», cl. «qirmiz», del persa «kirm e azi», gusano de teñir) **1** adj. y n. m. Se aplica al color *carmín dado por el quermes animal, y a las cosas que lo tienen. ≃ Cármeso, cremesín, cremesino. **2** m. *Polvos de ese color.* **3** **Tela de seda roja.*

carmesín (ant.) adj. *Carmesí.*

carmesita f. *Mineral constituido por silicato de hierro y alúmina.*

cármeso (ant.) m. *Carmesí.*

carmín (¿del fr. «carmin»?) **1** m. Materia colorante de color *rojo intenso que puede representarse por el de los granos de la granada, que se obtiene principalmente de la cochinilla del nopal. ⇒ Alquermes, carmes, cochinilla, cochinilla del nopal, grana. ➤ Airampo, alizarina. **2** (en aposición) Se aplica a ese color y a las cosas que lo tienen. **3** Pasta para colorear los *labios. **4** Variedad de *rosal silvestre cuyas flores, llamadas del mismo modo, son de color carmesí.

CARMÍN BAJO. *El hecho mezclando yeso mate y cochinilla.* ⇒ *Pintar.

V. «HIERBA carmín».

carminante (ant.) adj. *Carminativo.*

carminar (del lat. «carmĭnāre», cardar; ant.) tr. **Expeler.*

carminativo, -a (de «carminar») adj. y n. m. Se aplica a las *medicinas que favorecen la expulsión de los gases intestinales. ⇒ *Planta (grupo de las carminativas).

carmíneo, -a adj. *De color carmín.*

carminita (de «carmín») f. *Mineral constituido por arseniato anhidro de hierro y plomo.*

carnación (de «carne») f. Manera de representar la carne, o color con que se representa en la pintura de personas. ≃ Encarnación. ⊙ HERÁLD. *Color natural y no heráldico que se da en el escudo a figuras que representan partes del cuerpo humano.*

carnada (de «carne») **1** f. Cebo de carne para *pescar o *cazar. ≃ Carnaza. **2** (inf.) **Trampa para atraer con engaño.*

carnadura (de «carne») **1** f. *Robustez; abundancia de carne en el cuerpo.* **2** Encarnadura: disposición natural, buena o mala, que tienen los tejidos de cada persona para curar las lesiones o cicatrizar.

carnaje 1 m. **Cecina; particularmente, la que se lleva en las embarcaciones.* **2** (ant.) **Mortandad en una batalla.*

carnal (del lat. «carnālis») adj. De la carne y no del espíritu: 'Amor carnal'. ⇒ *Materia.

V. «ACTO carnal, COMERCIO carnal, PRIMO [SOBRINO O TÍO] carnal».

carnalidad (del lat. «carnalĭtas, -ātis») f. Sensualidad.

carnalmente adv. De manera carnal.

carnario (del lat. «carnarĭum»; ant.) m. *Carnero.*

carnauba (Hispam.) m. **Carandaí (palmera).*

carnaval (del it. «carnevale», del lat. «carnem levare», quitar la carne) m. Período de tres días que precede a la cuaresma, y *fiestas que se celebran en ellos, consistentes en mascaradas, bailes con disfraces, etc.

□ CATÁLOGO

Antruejo, carnestolendas, entruejo. ➤ BAILE de máscaras, chaya, confeti, diablillo, ENTIERRO de la sardina, al higuí, huevo, maza, pelele, REY de gallos, serpentina. ➤ Disfraz: botarga, travestido. ➤ Antifaz, careta, máscara. ➤ Arlequín, capuchón, colombina, dominó, pierrot. ➤ Chirigota, comparsa, estudiantina, tuna. ➤ JUEVES de comadres, JUEVES de compadres, JUEVES gordo, JUEVES lardero.

carnavalada 1 (desp.) f. *Broma o fiesta propia de carnaval. **2** (desp.) Asunto o reunión en que hay *ficción o en que se hacen u ocurren cosas *grotescas, impropias de la seriedad del caso.

carnavalesco, -a adj. Propio de carnaval o con aspecto de carnavalada.

carnaválico, -a adj. *Carnavalesco.*

carnavalito (de «carnaval»; Arg.) m. *Música de carácter alegre que se ejecuta con instrumentos populares con la que, a veces, se cantan ciertas coplas.* ⊙ (Arg.) *Danza que se baila al compás, en la que participa un grupo numeroso de personas formando corros y filas.*

carnaza 1 f. Aum. desp. de «carne. **2** *Carne de animales muertos. **3** *Carnada: cebo de carne.* **4** *Cara de las *pieles que ha estado en contacto con la carne.* **5** (Col., C. Rica, Hond., Méj.) *Papel desempeñado por alguien que sufre un *daño al que otro le expone para librarse él mismo:* 'Echar a alguien de carnaza'. **6** (desp.) Suceso, noticia, etc., generalmente de carácter cruel o violento, que alimenta sentimientos malsanos: 'Aquel periodista sólo buscaba dar carnaza al describir todos los detalles del asesinato'. ⇒ Morbo.

carnazón (Sal.) f. *Inflamación de una herida.*

carne (del lat. «caro, carnis») **1** f. Parte blanda, constituida principalmente por los músculos, del cuerpo de los animales. ⊙ Por oposición a «pescado», esa parte cuando no corresponde a peces. ⊙ En sentido más restringido, la de las reses, troceada para el consumo. **2** Parte blanda de las frutas y frutos. ≃ *Pulpa. **3** (no frec. más que en «carne de membrillo») *Dulce compacto, hecho con la carne de la fruta que se especifica. **4** Por oposición a «espíritu», parte material del hombre, particularmente como asiento de los sentidos y de la sensualidad: 'Los placeres de la carne'. ⇒ Materia. **5** (pl.) Gordura en el cuerpo humano. **6** (Hispam.) *Cerne (parte mejor de las *maderas).* **7** *De las dos caras estrechas de la *taba de jugar, la que tiene un hoyo y una figura semejante a una «S».* ≃ Suerte.

CARNE BLANCA (sing. o pl.). La de algunas aves y reses tiernas, que se considera apta para ser comida por personas sometidas a un régimen alimenticio delicado.

C. DE CABALLO. **Bornita (mineral de cobre).*

C. DE CAÑÓN. Gente que es destinada en una guerra a ocupar los puestos de más *peligro o a sostener materialmente la lucha. ⊙ (n. calif.) Se aplica a la persona o personas a las que se expone a sufrir cualquier clase de *daño.

C. CEDIZA. *Carne podrida.*

C. DE DONCELLA. 1 *Nombre dado en el siglo XVII al color *rosado de algunas *telas.* 2 (Cuba; *Byrsonima lucida*) *Árbol malpigiáceo de América tropical de frutos comestibles y corteza tónica.* ⇒ *Planta.

C. DE GALLINA. 1 Aspecto que toma la *piel de las personas, semejante a la de un ave pelada, por efecto del *frío o del *miedo. ⇒ Erizarse, escarapelarse. 2 *Daño que aparece en algunas *maderas, que se aprecia por el color blanco amarillento que toman en algunos puntos.*

C. MAGRA. De la destinada al consumo, la limpia, sin partes grasas ni nervios.

C. DE MEMBRILLO. Dulce compacto hecho con la pulpa del membrillo. ≃ Codoñate.

C. SIN HUESO. Se aplica a una cosa o asunto en que todo es conveniente, sin trabajo o molestias. ⇒ *Ganga.

C. TRIFA. *La que vendían los carniceros judíos.*

C. DE PLUMA. *La de ave comestible.*

C. VICIOSA. *Fungosidad.*

C. VIVA. 1 V. «en CARNE viva». 2 Carne sana con que se va cerrando una herida.

ABRÍRSELE a alguien LAS CARNES (inf.; gralm. en 1.ª persona). Sentir angustia o compasión por algo, especialmente por el sufrimiento de otros.

V. «el DIABLO harto de carne...»

ECHAR CARNE[S]. Engordar. ≃ Poner CARNE[S].

ECHAR TODA LA CARNE EN EL ASADOR. Poner en juego de una vez, para conseguir cierto propósito, todos los *recursos de que se dispone. ≃ Poner toda la CARNE en el asador.

EN CARNE VIVA. 1 Se aplica a una porción del cuerpo que está, por lesión, despojada de *piel. 2 («Estar») Se aplica a la persona que está irritable o extraordinariamente *sensible. 3 («Estar, Tener») Refiriéndose a una ofensa, un recuerdo, u otra cosa semejante que causa padecimiento, muy *reciente o todavía sensible o doloroso.

ENTRADO EN CARNES (inf.). Metido en CARNES.

EN CARNES VIVAS. *Desnudo. ≃ En cueros.

HACER CARNE. 1 *Hacer una carnicería.* ⊙ *Aplicado a los animales carnívoros, *matar o *devorar a otros.* ⊙ *Entre personas, *herir o matar.* 2 (inf.) *Tener efectividad una cosa para causar *daño o hacerse sentir:* 'La circular de la dirección ha hecho carne'.

METIDO EN CARNES (inf.). Se aplica a la persona algo gruesa.

NI CARNE NI PESCADO. Se dice de una cosa o una persona que no tiene carácter definido. ≃ Ni CHICHA ni limonada. ➤ *Indefinido.

V. «PEDAZO de carne [o de carne con ojos]».

PONER [o PONÉRSELE] LA CARNE DE GALLINA a alguien. *Aterrorizar[se] o *impresionar[se] mucho.

PONER CARNE[S]. Echar CARNE[S].

PONER TODA LA CARNE EN EL ASADOR. Echar toda la CARNE en el asador.

V. «RESURRECCIÓN de la carne».

SER una persona DE CARNE Y HUESO. 1 Expresión con que se indica que es *sensible a los trabajos, ofensas, etc. 2 También, que es real, auténtico: 'Los personajes de esta película son seres de carne y hueso'.

SER dos personas CARNE Y UÑA. Ser UÑA y carne.

TEMBLARLE a alguien LAS CARNES. Tener *miedo.

□ CATÁLOGO

Otras raíces, «cre-, sarc-»: 'creosota, páncreas; sarcoma, polisarcia'. ➤ Chicha, molla[s], músculo, vianda. ➤ Buey, caballo, cabra, cabrito, carnero, cerdo, *cordero, cutral, oveja, *res, ternera, toro, vaca. ➤ Atronar, matar, sacrificar. ➤ Camal, degolladero, desolladero, macelo, matadero. ➤ Tablada. ➤ Bramadero, brete. ➤ Jamerdana. ➤ Chulo, destazador, encerrador, jifero, matachín, matarife. ➤ Cachete, cachetero. ➤ Carniza, jifa, zarandajas. ➤ Hacer el HERBERO. ➤ *Canal, entripado, escalado. ➤ Beneficiar, carnear, cuartear, descargar, *descuartizar, deshuesar, desollar, desosar, *despellejar, despostar, jamerdar. ➤ Acecinar, adobar, ahumar, atasajar, curar, desvenar, escabechar, manir, picar, salar, salpresar. ➤ Varal. ➤ Aguja, aleta, almilla, babilla, badal, CAÑA de vaca, chuleta, chulla, CINTA de lomo, costilla, cuete, delgados, descargadura, entrecuesto, espaldilla, falda, garrón, lomillo, lomo, magro, malaya, matambre, morcillo, ocote, paletilla, picana, pierna, rabada, rabadilla, riñonada, *solomillo, solomo, tapa, tollo. ➤ Chateaubriand, entrecot, escalope, *filete, FILETE ruso, hamburguesa, kebab, lonja, magra, ossobuco, PINCHO moruno, pulpeta, pulpetón, posta, rosbif, tajada, tarazón. ➤ Ala, alón, cacha, *despojo, higadilla, higadillos, menudillos, menudo, muslo, pechuga. ➤ Achura, rasadura, bofe [bofena, bofeña, bohena o boheña], cabeza, callos, carrillada, cascos, chofe[s], corada, coradela, corazonada, cordilla, criadillas, *despojos, DOBLÓN de vaca, entrañas, escritillas, gandinga, gordo, grosura, hígado, hueso, lechecillas, liviano, malcocinado, mano, menudencia, menudo, meollada, molleja, mondongo, patas, revoltillo, sesada, tripicallos, UÑA de vaca, vientre. ➤ Landrecilla, magra, molla, pulpa, pulpejo. ➤ Grasa, hebra, hilo, hueso, nervio, sebo, tendón, *tocino. ➤ Piltraca, piltrafa. ➤ Duro, jasco, mortecino, tierno. ➤ Osmazomo, papaína. ➤ Carnaza, carroña. ➤ Hijuela. ➤ Rastrear. ➤ Carnecería, carnicería, casquería, rastro, tabla, tablajería, tripería. ➤ Abastero, camalero, carnicero, casquero, chacinero, chanchero, chinda, cortador, cortante, gatunero, menudero, mondonguero, oficial, rastrero, tablajero, tajante, tripero, tripicallero. ➤ Tajadera, tajadero, tajador, tajo, tajón. ➤ Barbacoa, varal. ➤ Arrela [o arrelde]. ➤ Barbacoa, chanfaina, chicharrón, churrasco, DUELOS y quebrantos, entreverado, gallinejas, mole, pachamanca, papillote. ➤ Cecina, chacina, chalona, charque, charqui, embutido, fiambre, jambón, jamón, lacón, matanza, mojama, pernicote, pizpierno, sabadeño, sabadiego, *salazón, salón, tasajo. ➤ Perdigar. ➤ Tropezón. ➤ Torcida. ➤ Abstinencia, DÍA de grosura, vigilia. ➤ Promiscuar. ➤ Calecerse, picar la MOSCARDA. ➤ Estadiza. ➤ Calesa, moscarda. ➤ Papayo. ➤ Descarnar, desencarnar, encarnado, encarnar, encarnizado, encarnizar. ➤ *Asar. *Comer. *Guiso.

carné (del fr. «carnet») 1 m. Tarjeta que sirve para acreditar la personalidad o la pertenencia a un cuerpo o entidad. ⇒ CARNÉ de identidad, DOCUMENTO Nacional de Identidad, papela. 2 *Cuaderno o librillo de notas.*

CARNÉ DE IDENTIDAD. El que sirve para acreditar la personalidad de su poseedor. ⇒ *Identidad, *personalidad.

carneada (Hispam.) f. *Acción de carnear las reses.*

carnear (de «carne») 1 (Hispam.) tr. *Matar y *descuartizar las ↘reses para el consumo.* 2 (Méj.) tr. o abs. **Matar con arma blanca en una pelea o en una agresión.* 3 (Chi.) tr. **Estafar o perjudicar a ↘alguien con un *engaño.*

cárneas (del gr. «Kárneia», de «Kárneios», sobrenombre de Apolo) adj. y n. f. pl. *Fiestas de Esparta en honor de Apolo.*

carnecería (pop., tildada en ocasiones de incorrecta) f. Carnicería (tienda).

carnecilla (dim. de «carne») f. *Carnosidad pequeña que se forma en alguna parte del cuerpo.*

cárneo, -a (del lat. «carnĕus»; ant.) adj. *Se aplica a lo que tiene carne.*

carnerada f. **Rebaño de carneros.*

carneraje 1 m. **Derecho o *tributo pagado por los carneros.* 2 (Hispam.) *Carnerada.*

carnerario (de «carnero²»; Ar.) m. *Fosa donde se echan los cadáveres en el *cementerio.* ≃ Carnero.

carnereamiento (de «carnerear») m. **Multa que se impone por los daños causados por los carneros en un campo.*

carnerear (de «carnero¹») tr. *Matar ˃reses de un *ganado en castigo por el daño causado por él en algún sitio.*

carnerero m. **Pastor de carneros.*

carneril adj. *De carneros:* 'Dehesa carneril'.

carnero¹ (del lat. «agnus carnarĭus», cordero de carne) **1** m. Macho de la *oveja, con cuernos divergentes y arrollados en espiral. **2** (menos usado que «oveja») Nombre de la especie, formada por el macho y la hembra. ≃ *Oveja. ⇒ Otra raíz, «arie-»: 'ariete, arietino'. ➤ Bidente, borrego, cordero, morueco, ramiro. ➤ *Oveja. ➤ Collejas, fanón. ➤ Morocada, topetada. ➤ Acarnerado. **3** (ant.) **Ariete (máquina de guerra).* **4** (Ar.) **Piel de carnero u oveja curtida.* **5** (Arg., Chi.; inf.) *Persona sin voluntad o *energía.* ≃ Borrego. **6** (Arg., Bol., Chi.) *Llama (animal rumiante).* **7** (pl.) Conjunto de *nubes blancas, pequeñas y redondeadas. ≃ Borregos.

CARNERO DEL CABO *(Diomedea exulans)*. *Ave palmípeda, especie de albatros, que habita en el Pacífico, cuyo plumaje tiene alguna semejanza con la lana del carnero.

C. LLANO. *Carnero castrado.*

C. VERDE. **Guiso de carnero con ajo, perejil, lonjas de tocino y especias.*

V. «BOTE de carnero, SIESTA del carnero».

carnero² **1** m. *Lugar donde se echan los cadáveres.* ⇒ *Cementerio. **2** **Osario.* **3** **Sepulcro de alguna familia en una iglesia.*

CANTAR PARA EL CARNERO (Arg., Ur.). *Morir.*

carnestolendas (del lat. «caro, carnis», carne, y «tollendus», de «tollĕre», quitar) f. pl. Nombre aplicado a los días de *carnaval en el calendario eclesiástico.

carnet (del fr. «carnet»; pronunc. [carné]; pl. «carnets») m. Carné.

carnicería (de «carnicero») **1** f. Tienda de carne. **2** (Ec.) *Matadero.* **3** Mucho *destrozo hecho en la carne, por ejemplo para curar algo, para sacar una espina, etc. **4** («Haber, Hacer una») Gran *mortandad habida en una batalla, una catástrofe, etc. **5** («Haber, Hacer una») Por extensión, degollina, *escabechina: castigo aplicado a muchas personas; por ejemplo, gran proporción de suspensos en unos exámenes: 'El catedrático de latín ha hecho una carnicería este año' ⊙ («Haber, Hacer una») *Destrozo hecho en cualquier cosa.

carnicero, -a (de «carniza») **1** adj. y n. ZOOL. Se aplica a los animales que matan y devoran a otros. ≃ Carnívoro. ⇒ *Mamífero. **2** Aplicado a personas, *cruel o sanguinario. **3** n. Persona que vende carne. **4** adj. *Se aplica al pasto que se dedica al ganado destinado a la producción de carne.*

cárnico, -a adj. De [la] carne como alimento: 'Industrias cárnicas'.

carnicol (de «carne» y una terminación de origen incierto) **1** m. *Pesuño: cada parte de la pata de los animales que tienen pezuña o pata hendida.* **2** (gralm. pl.) **Taba (juego).*

carnicoles (del lat. «carnicŭla», carnecita) m. pl. EN CARNICOLES (Sal.). *Se aplica al ave desplumada o implume.*

carnificación f. MED. *Acción y efecto de carnificarse.*

carnificarse (del lat. «carnificāre») prnl. MED. *Transformarse anormalmente un tejido, por ejemplo el pulmonar, en otro de aspecto musculoso.* ⇒ *Enfermedad.

carnífice (del lat. «carnĭfex, -ĭcis», carnicero) **1** m. *En alquimia, *fuego.* **2** (ant.) **Verdugo.*

carniforme adj. *De aspecto de carne.*

carnina f. QUÍM. *Principio contenido en la carne.*

carnio, -a adj. y n. *Se aplica a los individuos del *pueblo primitivo que habitó la Italia septentrional y dio nombre a la Carniola.* ⊙ m. pl. *Ese pueblo.*

carniola (de «Carniola», antigua región de la Italia septentrional) f. Variedad de *calcedonia de color rojo amarillento.

carniseco, -a (de «carne» y «seco») adj. *Delgado. ≃ Enjuto.

carnívoro, -a (del lat. «carnivŏrus») **1** adj. Que se *alimenta de carne. ⊙ Se aplica a las plantas que se nutren de insectos. **2** adj. y n. m. ZOOL. Se aplica a los mamíferos pertenecientes a un orden caracterizado por poseer una dentición adaptada al consumo de carne; por ejemplo, los félidos (león, tigre, leopardo) y los cánidos (perro, lobo). ⊙ m. pl. ZOOL. Orden constituido por estos animales.

carniza (del sup. lat. «carnicĕus, -a», de «caro, carnis», carne) **1** f. *Desperdicio de los animales que se matan para el consumo.* **2** (inf.) *Carne muerta.*

carnosidad (del lat. «carnosĭtas, -ātis») **1** f. Carne que se forma irregularmente en alguna parte del cuerpo; por ejemplo, en una llaga. ⇒ Carnecilla, cenca, *cresta, fungosidad. **2** Exceso de carne en alguna parte del cuerpo. ⇒ *Gordo.

carnoso, -a (del lat. «carnōsus») **1** adj. Se aplica a las cosas, por ejemplo frutos o frutas, que son tiernas y con mucha masa de carne: 'La sandía, el melocotón, son frutos carnosos'. **2** *Se aplica a la cara no suave de las *pieles.* ⇒ Carnaza.

carnotita f. **Mineral constituido por vanadato de uranio y potasio, existente en Colorado, que constituye una fuente importante de *radio.*

carnudo, -a (de «carne» y «-udo») adj. *De mucha carne o pulpa.* ≃ Carnoso.

carnuz (de «carne»; Ar.) f. **Carroña.*

carnuza f. *Desp. de carne, particularmente aplicado a la de comer.*

caro¹ (Cuba) m. *Comida hecha con huevas de *cangrejo y cazabe.* ⊙ *Las mismas *huevas.*

caro², -a (del lat. «carus») **1** adj. Se aplica a lo que cuesta mucho dinero. ⊙ («Ser») De mucho precio, por su naturaleza: 'El caviar es caro. Fuma siempre tabaco caro'. ⊙ («Estar, Resultar, Salir») Se aplica a lo que cuesta mucho dinero, por las circunstancias: 'Los pisos están muy caros. Este abrigo me ha resultado caro'. ⊙ Aplicado a lugares, significa que la vida está cara en ellos: 'Una ciudad cara'. ⊙ Con los verbos «comprar, vender» y «costar», se emplea como adverbio: 'En esta tienda venden muy caro'; pero si se expresa la cosa comprada, etc., «caro» concierta con el nombre de ella: 'Vendieron cara su vida'. ⊙ («Costar, Ser») Se aplica a lo que cuesta más dinero del que es justo o razonable: 'Este piso es caro en ese precio'. **2** (ant.) *Gravoso.* **3** (ant.) **Difícil.* **4** (culto o lit.) *Querido: '¡Mi caro amigo! Caros recuerdos, caras ilusiones'.

V. «caro BOCADO, COSTAR caro, cara MITAD, SALIR caro, VENDER cara, venderse CARO».

□ CATÁLOGO

Costoso, dispendioso, insume, por las nubes, a PESO de oro. ➤ Fuera del ALCANCE, alto, inaccesible, prohibitivo, subido. ➤ Estar por las NUBES, Costar [o valer] un OJO de la cara, costar un RIÑÓN, costar [o valer] un SENTIDO, costar la TORTA un pan. ➤ Carestía. ➤ Sobreprecio. ➤ Alza, aumento, elevación, encarecimiento, subida. ➤ Abusar, calmar, clavar, desollar, cargar la MANO, dejarse PEDIR. ➤ Abusón, carero, desollador, sobrecaro. ➤ Caramente, *carecer, encarecer, encarecidamente. ➤ *Barato. *Precio.

caroba (Arg.; *Jacaranda nicrantha* y *Jacaranda semiserrala)* f. *Árbol bignoniáceo americano, de flores vistosas azul-púrpura, explotado por su madera.* ⇒ *Planta.

caroca 1 f. **Decoración de lienzos y bastidores con representaciones burlescas, que se ponía en la calle en ciertas solemnidades, o con la que se armaban *teatros ambulantes, sobre todo en el Corpus.* **2** *Representación *teatral bufa, semejante a los mimos antiguos.* **3** **Zalamería o *lisonja.*

carocha (del lat. «cariōsus», carcomido) f. *Carrocha.*

carochar (de «carocha») tr. *Carrochar.*

carola (del fr. «carole») **1** f. *Cierta danza antigua acompañada generalmente de canto.* **2** (Chi.) **Carona (tela para debajo de la albarda).*

carolina (Cuba) f. **Cuyá (árbol sapotáceo).*

carolingio, -a adj. De Carlomagno o de su familia o dinastía. ≃ Carlovingio.

carolino, -a 1 adj. y, aplicado a personas, también n. *De las Carolinas, archipiélago de la Micronesia, en el Pacífico occidental.* **2** adj. De alguno de los reyes llamados Carlos y, particularmente, de Carlos I. **3** *Se aplica a un tipo de letra desarrollada en el reino franco en el siglo* VIII *que, posteriormente, daría origen a la letra gótica.*

carolo (¿del lat. «collȳra», pan basto?; Sal.) m. *Trozo de *pan que se da en algunos lugares a los *jornaleros como merienda.*

cárolus (del neerl. «carolusgulden», florín de Carlos) m. *Cierta *moneda flamenca que se usó en España en tiempo de Carlos I.*

caromomia (del lat. «caro», carne, y «momia») f. **Carne humana momificada que se empleaba antiguamente en medicina; se daba mucha importancia a la que procedía de Egipto.* ⇒ *Farmacia.

carona (¿de or. prerromano?) **1** f. *Pedazo de tela gruesa acolchada que se pone entre la *silla o *albarda y el sudadero para que no se lastimen las caballerías.* ⇒ Carola. **2** *Parte interior de la albarda.* **3** *Parte del lomo de la *caballería sobre la que se pone la carona:* 'Corto [o largo] de carona'.

BLANDO DE CARONA. *Se aplica a la *caballería a la cual hiere fácilmente la albarda o la silla.*

HACER LA CARONA. *Esquilársela a las *caballerías.*

caronchado, -a (Sal.) *Participio de «caroncharse».* ⊙ (Sal.) adj. *Aplicado a la madera, carcomido.*

caroncharse (de «caroncho»; Sal.) prnl. *Carcomerse la madera.*

caroncho (¿del sup. lat. «cariuncŭla», dim. de «carĭes», carcoma?; Ast., Sal.) m. *Carcoma.*

caronjo (León) m. *Caroncho.*

caroñoso, -a (de «carona») adj. *Se aplica a las *caballerías que tienen *mataduras.*

carosiero m. *Especie de *palmera del Brasil cuyo fruto, llamado «carosiera», es muy parecido a la manzana.*

carosis (del sup. lat. «carōsis», del gr. «kárōsis», adormecimiento) f. MED. **Sueño profundo acompañado de insensibilidad.* ⇒ *Coma.

carota (inf.) n. Aum. de «cara» en la acepción de «caradura» (descarado, desvergonzado o *cínico).

caroteno (del lat. «carōta», zanahoria) m. QUÍM. Pigmento natural presente en algunos vegetales, precursor de la vitamina A. ≃ Carotina.

carótida (del gr. «karōtídes», de «karóō», adormecer) adj. y n. f. ANAT. Se aplica a cada una de las dos *arterias que, por ambos lados del cuello, llevan la sangre a la cabeza.

carotina (del lat. «carōta», zanahoria) f. QUÍM. *Caroteno.*

caroto (Ec.) m. *Cierto árbol maderable.* ⇒ *Planta.

carozo (del lat. vulg. «carudĭum», del gr. «karýdion», avellana, nuez pequeña) **1** m. *Núcleo de la espiga de maíz, despojado de granos.* ≃ *Zuro. **2** *Hueso de la *aceituna triturado para servir de comida a los cerdos.* **3** (Hispam.) **Hueso del albaricoque y otras frutas.*

carpa[1] (del lat. vulg. «carpa», del sup. gót. «karpa»; *Cyprinus carpio)* f. *Pez teleósteo de agua dulce, generalmente pardo verdoso por el lomo, aunque existen variedades de vivos colores, obtenidas mediante la cría selectiva. Tiene una aleta dorsal larga, grandes escamas y cuatro barbillas bajo la boca.

carpa[2] (del germ. «krappa», gancho) f. *Gajo de *uvas.* ≃ Garpa.

carpa[3] (¿del quechua «carppa», toldo, chozo de paja?) **1** (Am. S.) f. **Toldo o tenderete de feria.* **2** (Am. S., Guat., P. Rico, R. Dom.) **Tienda de campaña.* **3** (Arg., Par., Ur.) *Tienda de playa.* **4** Entoldado grande, como el que cubre los circos.

carpancho (del célt. «carpan»; Cantb.) m. **Cesta redonda y plana en que se transporta el pescado, hortalizas, etc., frecuentemente sobre la cabeza.*

carpanel (de «zarpanel») adj. V. «ARCO carpanel».

carpanta 1 (inf.) f. **Hambre.* **2** (Sal.; inf.) **Pereza.* **3** (Méj.; inf.) **Cuadrilla de maleantes.* ≃ Pandilla. ⇒ *Hampa.

carpe (del occit. «carpe», del lat. «carpĭnus») **1** *(Carpinus betulus)* m. *Planta betulácea con las flores femeninas en racimos, y los frutos con brácteas mucho mayores que ellos. ≃ Hojaranzo, ojaranzo. **2** (Cuba) **Árbol de madera dura y resistente que se emplea para empalizadas y entramados.*

carpe diem (expresión latina aparecida en una oda de Horacio; pronunc. [cárpe díem]) m. LITER. Tópico literario que ensalza el disfrute del presente.

carpelo (del fr. «carpelle», del gr. «karpós», fruto) m. BOT. Cada una de las piezas florales que forman el «gineceo» u órgano femenino de la planta.

carpentear (del lat. «carpens, -entis», part. pres. de «carpĕre», arrancar; ant.) tr. **Labrar la tierra superficialmente.* ≃ Arrejacar.

carpeta (del fr. «carpette», del ingl. «carpet», alfombra, y éste del it. ant. «carpita», manta peluda) **1** f. Pareja de cartones o tablas, enlazados por cintas, con que se empaqueta un *legajo. ⇒ Cartapacio. ➤ Encarpetar. **2** Cartón doblado por la mitad, a veces forrado, a veces con departamentos en el interior, a veces con gomas para mantenerlo cerrado, que sirve sobre todo para guardar *papeles. ⇒ Cartapacio, file, folder, portafolio [o portafolios], vade. **3** *Relación detallada de valores comerciales que se presentan al cobro, canje, amortización, etc.* ⇒ *Negocio. **4** (Ar.) **Sobre de carta.* **5** **Cubierta de cuero o de tela que se ponía sobre las mesas, arcas,* etc. **6** (Arg., Ur.) *Tapete verde de las mesas de juego.* ⊙ (Arg., Ur.) *Tapete de adorno.* **7** (ant.) **Cortina que se ponía en las puertas de las tabernas.* **8** («Hacer la») Petaca: *broma, usada a veces como *novatada, consistente en disponer las ropas de la cama del embromado poniendo la sábana de encima doblada, de modo que no se puede meter en la cama y tiene que arreglarla para acostarse, cosa desagradable, sobre todo en invierno. **9** (Cuba) *Recepción de un hotel.*

carpetano, -a (del lat. «Carpetānus») adj. y, aplicado a personas, también n. Se aplica a los individuos de un pueblo de la España primitiva que ocupaba aproximadamente lo que hoy es Madrid, Toledo, Ciudad Real y Guadalajara. ⊙ m. pl. Ese pueblo.

carpetazo (de «carpeta») m. DAR CARPETAZO. Suspender la tramitación de un *expediente. ⊙ Dar por terminado un *asunto, en general de manera repentina o arbitraria.

carpetero, -a (Cuba) n. *Recepcionista de un hotel.*

carpetovetónico, -a 1 adj. De los carpetanos y los vetones. **2** Se aplica las personas, y a sus ideas, costumbres, etc., que representan lo español tradicional a ultranza, oponiéndose a cualquier influencia extranjera.

carpiano, -a adj. ANAT. *Del carpo.*

carpidor m. *Utensilio usado para carpir.* ⇒ Escarpidor.

carpincho (Hispam.; *Hydrochoerus hydrochaeris*) m. **Mamífero roedor, el mayor de los conocidos, de un metro de largo, que vive a orillas de los ríos y lagunas, alimentándose de peces y hierbas; es fácilmente domesticable.* ≃ Capibara, capiguara, capincho, chigüiro.

carpintear intr. *Trabajar de carpintero.*

carpintería 1 f. Oficio o actividad de carpintero. **2** Taller de carpintero. **3** Conjunto de las cosas de *madera (puertas, ventanas, pisos, etc.) de un *edificio: 'La carpintería de esta casa es de primera'. ⊙ Por extensión, de otros materiales: 'Carpintería metálica'.

carpinteril adj. De [o del] carpintero o de [la] carpintería.

carpintero, -a (del lat. «carpentarĭus») n. Persona que tiene por oficio hacer objetos útiles de madera; particularmente, cosas tales como puertas y ventanas o muebles poco delicados.

CARPINTERO DE ARMAR [O DE OBRA DE AFUERA]. *El que trabaja en la misma obra en construcción, en la armadura o estructura.*

C. DE CÁMARA. *Ebanista de un buque de pasajeros.*

C. DE RIBERA. El que trabaja en hacer *barcos y otras obras de carpintería para la marina. ≃ MAESTRO de aja.

V. «ABEJA carpintera, PÁJARO carpintero, PICO carpintero».

□ CATÁLOGO

Aladrero, calafate, ebanista, fijador, fustero, maderero, MAESTRO de aja [o de hacha], portaventanero, remolar, remollar, remollero, tablajero. ➤ Carpintería, ebanistería, estereotomía, marquetería. ➤ Acepillar, acoplar, acuñar, agalibar, *alisar, almarbatar, aparar, aplantillar, apomazar, ayustar, azolar, cabecear, cajear, cepillar, chapar, chapear, contrapear, cuadrar, desalabear, desbastar, desensamblar, desguazar, despatillar, desquijerar, dolar, embarbillar, encabezar, encarcelar, encepar, enchapar, enchuletar, engalabernar, engargolar, enmaderar, enmasillar, *ensamblar, entallar, entrejuntar, escasear, escofinar, escoplear, escuadrar, espigar, fijar, lijar, listonar, machihembrar, *pulir, *raspar, relabrar, renvalsar. ➤ Peinar. ➤ Almilla, armadura, armazón, barbilla, barrote, boquilla, cárcel, cercha, codal, COLA de milano, COLA de pato, cotana, deja, despatillado, enclavadura, engargolado, enlistonado, ensambladura, ensamblaje, ensamble, *entalladura, entrepañado, entrepaño, escopleadura, espaldón, espera, espiga, espigo, farda, galce, gárgol, lengüeta, listonado, maderaje, maderamen, mecha, *muesca, *puerta, quijera, ranura, rebajo, renvalso, samblaje, taladro, uña, *ventana. ➤ A COLA de milano, a CRUZ y escuadra, ajustado a FLOR, a inglete, a media MADERA, a RANURA y lengüeta, a tope. ➤ Acanalador, azuela, barrena, barrilete, cartabón, cazo, cepillo, CEPILLO bocel, chaira [o cheira], contrapunzón, cotana, desbastador, desclavador, escarpelo, escofina, escofina de AJUSTAR, escoplo, escuadra, *formón, galera, garlopa, garlopín, gato, gramil, grapón, guillame, guimbarda, juntera, junterilla, lima, limpiadera, *martillo, puntilla, repasadera, *sierra, siete, torno, trinchete. ➤ Asnilla, banco, borrico, borriquete, burro, *caballete, caballo, cabrilla, cárcel, corchete, picadero. ➤ Lumbrera, telera. ➤ Cola, lija, PAPEL de lija. ➤ RÚBRICA fabril. ➤ Ataire, avivador, codal, contrapilastra, cuarterón, cubrejuntas, cuña, despezo, junquillo, larguero, *listón, mediacaña, *moldura, peinazo, *tabla, tapo, tapajuntas, *tarugo, zoquete. ➤ Ampelita. ➤ Colocho, escobina, fraga, garepa, serraduras, serrín, viruta. ➤ Carpintería, serrería, taller. ➤ *Madera. *Madero. *Mueble.

carpintesa (Zam.) f. *Santateresa (insecto ortóptero).*

carpir (del lat. «carpĕre», arrancar, coger) **1** tr. o abs. **Arañar.* **2** **Lastimar.* **3** **Rasgar.* **4** (Hispam.) **Escardar la tierra o limpiarla de hierba, con el carpidor.* **5** *Dejar pasmado a alguien.* ⊙ prnl. **Pasmarse.*

carpo (del lat. «carpus», del gr. «karpós») m. ANAT. Conjunto de los huesos de la muñeca. ⇒ Escafoides [o navicular], ganchoso, piramidal, pisiforme, semilunar, trapecio, trapezoide, unciforme. ➤ Metacarpo. ➤ Muñeca.

carpobálsamo (del lat. «carpobalsămum», del gr. «karpobálsamon») m. *Fruto del balsamero.*

carpófago, -a (del gr. «karpós», fruto, y «-fago») adj. ZOOL. *Se dice del animal que se *alimenta de frutos.*

carpología (del gr. «karpós», fruto, y «-logía») f. BOT. *Parte de la *botánica que estudia el fruto.*

carqueja (¿del lat. «colocasĭa», del gr. «kolokasía»?) f. Planta leguminosa de la que en España se conocen las especies *Chamaespartium tridentatum* y *Chamaespartium sagittale.* ≃ Carquesia.

carquerol (del cat. «carquerol») m. *Cada una de ciertas piezas de los telares de *terciopelo, de las que penden unas cuerdas que se fijan en las cárcolas.* ⇒ *Tejer.

carquesa (del lat. «carchesĭum») f. **Horno para templar objetos de *vidrio.*

carquesia (del lat. «carchesĭum») f. *Carqueja (planta leguminosa).*

carquiñol (del cat. «carquinyol») m. Se aplica a unas *pastas de dulce, duras, hechas con harina, huevo y almendra molida. ≃ Corruco. ⇒ Casquiñón.

carra f. Plataforma móvil sobre la que va montado un decorado de teatro.

carraca[1] (¿del ár. and. «ḥarrák»?) **1** f. *Antiguo *barco de transporte de hasta 2.000 toneladas, inventado por los italianos.* **2** (desp.; n. calif.) MAR. Se aplica a un *barco viejo o pesado. **3** (n. calif.; «Ser [o Estar hecho] una») Se aplica a una cosa que funciona mal, por vieja o por mala: 'Este coche es una carraca'. ≃ Cacharro, cascajo, *trasto. ⊙ (n. calif.; «Ser [o Estar hecho] una») Se aplica a una persona *achacosa. ≃ *Cataplasma, chanca, chancleta, emplasto. **4** MAR. *Antiguamente, sitio en que se construían los *barcos. Se conserva en el nombre propio del astillero de Cádiz.*

carraca[2] (de or. expresivo) **1** f. Instrumento consistente principalmente en una rueda dentada cuyos dientes van pasando por una lengüeta flexible; cuando se hace girar alrededor de un palillo que le sirve de mango, produce un *sonido característico. Se emplea para significar el terremoto al final del oficio de tinieblas en *Semana Santa, y como juguete propio especialmente de los días de *Navidad. ⇒ Tarabilla. **2** *Dispositivo consistente en una rueda dentada y una lengüeta, que tienen algunas herra-*

mientas y mecanismos para que puedan moverse sólo en una dirección. ≃ *Trinquete. **3** **Berbiquí accionado por una rueda dentada que se mueve con una palanca, adecuado para trabajar en espacios reducidos.* **4** (Col.) **Quijada descarnada de algunos animales.* **5** *(Coracias garrulus)* f. *Pájaro relativamente abundante en España, de plumaje de tonalidades azules. ≃ Azulejo, carlanco.

carraco, -a (¿de or. expresivo?) **1** adj. y n. **Viejo achacoso o impedido.* **2** (Col.) m. **Aura (ave rapaz).* **3** (C. Rica; *Aix sponsa)* **Pato con el cuello tornasolado y las alas oscuras.*

carracón (de «carraca[1]») m. *Cierto *barco de la Edad Media.*

Carracuca n. p. m. Se usa en expresiones comparativas informales que ponderan el alto grado en que es aplicable a alguien una calificación despectiva: 'Más feo [o más viejo] que Carracuca'. También se dice 'más listo que Carracuca' cuando en la listeza va envuelta picardía.

carrada (de «carro[1]») f. **Carga o *cantidad de cierta cosa transportada por un carro.*

carrafa (del cat. «carrofa», del ár. and. «alharrúba»; Sal.) f. *Algarroba (fruto del *algarrobo).*

carral[1] (Mur., Sal.) m. **Pincarrasco (árbol conífero).*

carral[2] (de «carro[1]») m. **Tonel para acarrear vino.*

carraleja[1] (de «carro[1]»; varias especies del género *Meloe;* como el *Meloe coralinus)* f. Insecto *coleóptero de la misma familia que la cantárida y de propiedades terapéuticas semejantes a las de ésta. ≃ Curita, matahombres.

carraleja[2] (de «cañaheja»; ant.) f. **Cañaheja.*

carralero m. *Hombre que hace carrales.*

carramanchas o **carramanchones** A CARRAMANCHAS [O CARRAMANCHONES] (Ar.). *Se aplica a la manera de *llevar una persona a otra, bien sobre los hombros con una pierna pasada por cada lado del cuello o bien sobre el lomo o una cadera con una pierna a cada lado del cuerpo.* ≃ A escarramanchones. ⇒ A *cuestas, a *horcajadas.

carramarro (Ál.) m. *Cámbaro.* ⇒ *Cangrejo.

carramplón (del fr. «crampon», tachuela del calzado) **1** (Col.) m. *Instrumento musical rústico de los negros.* **2** *Clavo saliente en la suela del *calzado.* **3** (Col., Méj., Ven.) *Fusil viejo.*

carranca[1] (¿del lat. tardío «carcannum», collar?) f. **Carlanca (collar de perro).*

carranca[2] (del vasc. «carra», hielo; Ál.) f. *Capa de *hielo en las charcas, ríos, etc.*

carrancudo, -a adj. *Orgulloso, altanero.*

carranza (¿del lat. tardío «carcannum», collar?) f. *Cada una de las puntas de hierro de la carlanca.*

carraña (del sup. «cañarra», del sup. «caña», perra, y éste del sup. lat. vulg. «cania», perra) **1** (Ar.; inf.) f. *Ataque de *cólera.* ≃ Rabieta. **2** (Ar.; inf.) *Persona que se irrita con facilidad.* ≃ *Cascarrabias.

carrañón, -a o **carrañoso, -a** (de «carraña»; Ar.; inf.) adj. y n. *Renegón.*

carrao (P. Rico, Ven.) m. **Caraú (ave zancuda).*

carraón (¿de or. prerromano?; *Triticum monococcum)* m. Planta leguminosa, especie de *trigo semejante a la escanda, de espigas dísticas comprimidas y grano también comprimido.

carraos (Col., Cuba) m. pl. *Zapatos malos, viejos, feos, etc.* ⇒ *Calzado.

carrasca[1] (de or. prerromano) **1** (Cast., Cat.) f. **Encina.* ≃ Carrasco. **2** (Huelva) *Coscoja.* ≃ Carrasco. **3** (Gal.; *Calluna vulgaris)* *Planta ericácea.*

carrasca[2] (Ál.) f. *Residuo del rastrillado del *cáñamo o el *lino, que se emplea como *relleno.*

carrasca[3] (Hispam.) f. *Instrumento musical que consiste en un palo con muescas que se raspa con un palillo.*

carrascal **1** m. *Monte (terreno inculto) poblado de carrascas. **2** (Chi.) *Pedregal.*

carrasco **1** adj. V. «PINO carrasco». **2** m. Carrasca. **3** (Hispam.) *Extensión grande cubierta de vegetación leñosa.* ⇒ *Monte.

carrascoso, -a adj. *Se aplica al terreno poblado de carrascas.*

carraspada (de «carraspear») f. Bebida compuesta de vino tinto aguado o del pie de este vino, con miel y especias.

carraspear (de or. expresivo) intr. Hacer voluntaria o involuntariamente con la garganta una especie de tosecilla para dejarla limpia para empezar a hablar, por nerviosidad, por burla, etc.

carraspeño, -a (de «carraspear») adj. **Áspero o bronco.*

carraspeo m. Acción de carraspear.

carraspera (inf.) f. Irritación de *garganta.

carraspina (Ál.) f. **Colmenilla (hongo).*

carraspique (del occit. «taraspic»; *Iberis linifolia)* m. *Planta crucífera de jardín con flores moradas o blancas en corimbos redondos muy apretados.

carrasposa (de or. expresivo; Col.; *Calea bertereoana* y *Calea pennelli)* f. *Cierta *planta compuesta de hojas ásperas de uso medicinal.*

carrasposo, -a (de or. expresivo) **1** adj. Se aplica al que carraspea o tose habitualmente. ⇒ *Ronco. **2** (inf.) **Áspero.* ≃ Rasposo.

carrasquear (de or. expresivo; Ál.) intr. **Crujir entre los dientes algo duro y quebradizo.*

carrasqueño, -a **1** adj. De la carrasca. ⊙ Parecido a ella. **2** *Fuerte, *duro o falto de suavidad.
V. «ROBLE carrasqueño».

carrasquera f. *Monte poblado de carrascas.* ≃ Carrascal.

carrasquilla (de «carrasca[1]») **1** (Ál., Ar.) f. **Aladierna (planta ramnácea).* **2** **Camedrio (planta labiada).*

carrasquizo (Ar.) m. *Arbusto semejante a la carrasca por sus hojas y fruto.*

carrau m. **Caraú (ave zancuda).*

carraza (¿del gr. «charákia»?; Ar.) f. **Ristra.*

carrazo (¿del gr. «charákia»?; Ar.) m. *Racimo pequeño.*

carrazón (del ár. «qarasṭūn», del gr. «charistíōn», balanza) **1** (Ar.) m. **Romana grande.* **2** (Ar.) *Dispositivo para colgarla.*

carrear (de «carro[1]»; ant.) tr. *Acarrear.*

carredano, -a adj. y, aplicado a personas, también n. *De Villacarriedo, población de Cantabria.*

carrejar (de «carro[1]»; ant.) tr. *Acarrear.*

carrejo (del lat. «curricŭlum», carrera) m. **Pasillo de una casa.*

carrendera (Sal.) f. *Carretera.*

carrendilla (de «carro[1]»; Chi.) f. **Sarta o hilera.*
DE CARRENDILLA. *De *carrerilla.*

carreña (León) f. **Sarmiento con muchos racimos de *uva.*

carrera (del sup. lat. «carrarĭa», de «carrus», carro) **1** («En una, Echar una, Darse, Pegarse una») f. Acción de ir de un sitio a otro corriendo: 'He venido en una carrera para llegar a tiempo'. ≃ Corrida, estampida. **2** («En una, Echar una, Darse, Pegarse una») Por extensión, acción de darse mucha prisa en cualquier trabajo u operación: 'Después de la carrera que me di para hacerle el traje, resulta que no lo necesitaba para ese día'. ⇒ Rapidez. **3** *En danza, carrerilla.* **4** Serie de sitios por donde pasa algo; por ejemplo una procesión. ≃ Camino, *recorrido. ⊙ Recorrido que hace un vehículo, por ejemplo un taxi, transportando a gente de un lugar a otro. ⊙ Recorrido de un astro: 'El Sol estaba a la mitad de su carrera'. ≃ Curso, *órbita. **5** **Vida de una persona desde que nace hasta que muere.* **6** **Línea de conducta seguida por alguien.* ≃ Camino. **7** *Camino, medio o modo de hacer alguna cosa.* **8** Competición de velocidad entre personas, *caballos, perros, liebres, vehículos, etc.: 'Carrera de galgos'. ⊙ Por extensión, competición o competencia. **9** *Fiesta de parejas o apuestas, que se hace a pie o a caballo por diversión para probar la ligereza.* **10** Entra a veces en el nombre particular de un camino o de una *calle que, como la «Carrera de San Jerónimo» de Madrid, se ha formado donde había un camino. **11** *Fila o *serie*: 'Una carrera de sillas [o de árboles]'. **12** **Raya del pelo.* **13** («Cursar, Hacer, Seguir, Ejercer, Abandonar, Dejar») Conjunto de estudios, repartidos en cursos, que capacitan para ejercer una profesión: 'Estudia la carrera de abogado. Tiene la carrera de ingeniero'. ⊙ La misma *profesión. ⇒ AHORCAR los hábitos. ➤ *Estudiar. *Ocupación. **14** Línea de puntos sueltos en una media u otra prenda de *punto. ≃ Punto. **15** CONSTR. *Madero o *viga horizontal que sostiene otras o enlaza elementos de la *armadura. ≃ Cabrio. ⇒ Encuentro. **16** CONSTR. *Pieza que forma el borde superior de una *balaustrada.*

CARRERA ARMAMENTISTA [o DE ARMAMENTOS]. Rápido aumento del equipamiento bélico en los diferentes países, buscando la supremacía militar sobre los demás.

C. DE CONSOLACIÓN. La organizada después de otra con los competidores que no han obtenido premio.

C. DIPLOMÁTICA. Profesión de las personas que se dedican a la *diplomacia al servicio del Estado.

C. DE ENTALEGADOS. CARRERA de sacos.

C. ESPECIAL (ya en desuso). Carrera técnica superior; como la de ingeniero o arquitecto.

C. DEL ESTADO. Carrera con la que se obtienen *empleos en organismos oficiales.

C. DE OBSTÁCULOS. **1** Carrera en que hay instalados obstáculos, que hay que saltar, en el camino. **2** Curso accidentado o sembrado de dificultades de un asunto.

C. PEDESTRE [o, no frec., A PIE]. DEP. La realizada por los competidores corriendo con sus propias piernas.

C. DE RELEVOS. DEP. Carrera en la que los miembros de un mismo equipo se relevan, de tal modo que cada uno realiza sólo un tramo del recorrido.

C. DE SACOS. Carrera en la que se llevan las piernas metidas en un saco que se ata a la cintura y se tiene, por tanto, que avanzar a saltos.

A LA CARRERA. Corriendo. ⊙ Con mucha rapidez.

DAR CARRERA a alguien. Costeársela: 'Ha dado carrera a todos sus hijos. Le da la carrera un tío suyo que es soltero'.

DE CARRERA. De carrerilla.

DE CARRERAS. Destinado a hacer carreras: 'Caballo [o coche] de carreras'.

EN UNA CARRERA. Refiriéndose a la manera de ir a un sitio y, generalmente, también volver de él, en una corrida: muy deprisa e invirtiendo muy poco tiempo. ⊙ Se aplica con el mismo significado a otras acciones: 'Voy a acabar esto en una carrera'. ⇒ *Rápido.

HACER CARRERA. **1** Estudiar una carrera. **2** Haber alcanzado un puesto destacado en una determinada profesión.

HACER LA CARRERA (inf.). Ejercer una mujer la prostitución, especialmente si lo hace en la calle.

NO [PODER] HACER CARRERA con [o de] alguien o algo. No conseguir que haga o hacer con ello lo que uno se propone o que se porte como es debido. ⇒ *Rebelde.

TOMAR CARRERA. Coger carrerilla.

□ CATÁLOGO

Otra raíz, «-dromo»: 'canódromo, velódromo'. ➤ Carrerilla, cosetada. ➤ Correr [o jugar] ALCANCÍAS, correr CAÑAS, CARRERA de automóviles [de bicicletas, de caballos, de consolación, de entalegados, de galgos, de gallos, de liebres, de obstáculos, pedestre o a pie], CONCURSO hípico, cross, correr GALLOS [o GANSOS], luge, maratón, marcha, correr la PÓLVORA, regata, correr SORTIJA. ➤ De carreras, parejero. ➤ Ciclismo, hipismo, motorismo, pedestrismo. ➤ Carrerista, corredor, fondista, jinete, jockey, lebrero, mediofondista, motorista, yóquey [o yoqui], velocista. ➤ Tongo. ➤ Cancha, canódromo, *circo, corredera, coso, estadio, hipódromo, pista, turf, velódromo. ➤ Espina, PARRILLA de salida. ➤ Arrancadero, meta, taina. ➤ Apretón, demarraje, remesón, repelón, salto, sprint. ➤ Testigo. ➤ Dar la SALIDA. ➤ Adelantar, arrancar, demarrar, dispararse, doblar, exhalarse, rodar. ➤ Descolgarse. ➤ Hándicap. ➤ Parejas. ➤ JUEZ de raya. ➤ *Caballería. *Correr. *Deporte. *Equitación.

carrerilla (dim. de «carrera») **1** f. Carrera corta. ≃ Correndilla. ⊙ («Coger, tomar») Carrera corta con que se toma impulso; por ejemplo, para saltar. **2** *En danza, dos pasos cortos hacia delante, inclinándose a un lado.* ≃ Carrera. **3** MÚS. *Subida o bajada, generalmente de una octava, pasando rápidamente por las notas intermedias.*

DE CARRERILLA (inf.). Aplicado a la manera de decir una cosa, sin detenerse, de memoria y sin pensar lo que se dice. ≃ De *corrida, de carrera, de carrendilla, de carretilla. ⇒ *Rutina. ⊙ (inf.) Referido a la manera de hacer cierta cosa, de prisa y sin detenerse en detalles.

DE UNA CARRERILLA (inf.). De una vez, sin detenerse.

carrerista **1** n. Persona que concurre, como corredor o espectador, a las carreras de caballos, o que apuesta en ellas. **2** m. *Caballerizo que precedía a la carroza de las personas reales.* ⇒ *Rey.

carrero **1** m. Conductor de un carro. ≃ Carretero. **2** Constructor de carros. ≃ Carretero. **3** (Ast.) **Huella que deja en los caminos el tránsito por ellos.* **4** (Ast.) **Estela dejada por el paso de algo en la superficie del agua.*

carreta f. *Carro tosco con las ruedas sin herrar, con una sola lanza que es prolongación de uno de los maderos que forman la plataforma, en la cual va el yugo al que van uncidos los animales de tiro, generalmente bueyes. ⇒ Tropa. ➤ Camba, cambón, camón, dentejón, frailecillo, tendal, trasga, trinchera, verdugo, yugo. ➤ *Carro.

carretada **1** f. *Carga de una carreta o de un carro. ⊙ Medida de ciertas cosas que es lo que se considera que una carreta o un carro pueden transportar: 'Comprar veinte carretadas de paja'. **2** (Méj.) *Medida para la *cal, equivalente a 120 arrobas (unos 1.300 Kg).* **3** (inf.) Gran cantidad de algo.

A CARRETADAS (inf.). En gran abundancia.

carretaje m. **Transporte por medio de carretas.*

carretal (de «carreta») m. *Sillar toscamente desbastado.* ⇒ *Piedra.

carrete (de «carro[1]») **1** m. Utensilio consistente en una varilla o tubo con dos discos en los extremos, que sirve para devanar en él *hilo, *alambre, una *película, etc.

⇒ Bobina, broche, carretel, lanzadera, tambor. ⊙ Especificando el contenido, ese soporte con la cosa enrollada en él. ⊙ Sin necesidad de especificación, banda de película fotográfica enrollada en su carrete. **2** Instrumento que se acopla a una caña de pescar para recoger o soltar sedal; está provisto de un mecanismo con una manivela mediante el cual se hacer girar una bobina en la que está devanado el sedal.

DAR CARRETE. **1** Soltar sedal de la caña de pescar cuando ha picado un pez grande para que no lo parta. **2** (inf.) Dar largas: retrasar deliberadamente con pretextos hacer o resolver alguna cosa solicitada por alguien. **3** (inf.) Dar conversación a alguien, propiciando generalmente que el diálogo se alargue en exceso.

TENER CARRETE (inf.). Tener una persona tema de conversación para hablar indefinidamente: 'Todavía está hablando por teléfono, creo que tiene carrete para rato'.

carretear[1] **1** tr. **Transportar ↘algo en carro o carreta.* **2** *Conducir un ↘carro o carreta.* **3** prnl. *Inclinarse hacia delante los *bueyes o *caballerías tirando del carro o carreta.*

carretear[2] (de or. expresivo; Cuba) intr. *Chillar los *loros o cotorras.*

carretel 1 m. MAR. **Carrete en que se arrolla un cable; particularmente, el cordel de la corredera.* **2** (Extr.) *Carrete de *pescar.* **3** (Can., Hispam.) *Carrete de hilo.*

carretela (del it. «carrettella») **1** f. *Carruaje de cuatro asientos, de caja poco profunda y cubierta plegable. **2** (Chi.) **Diligencia u ómnibus.*

carretera (de «carreta») **1** f. *Camino ancho, pavimentado, destinado al paso de vehículos. **2** (Sal.) **Cobertizo hecho en el *corral para colocar los carros y aperos de labranza.*

CARRETERA DE CIRCUNVALACIÓN. La que rodea una ciudad.

C. Y MANTA (inf.). Expresión con que se destaca el hecho de que se va de viaje: 'El lunes que viene a estas horas, carretera y manta'.

C. DE PRIMER ORDEN. La del conjunto de las principales de un país.

C. SECUNDARIA. La de menos importancia que la de primer orden.

□ CATÁLOGO

Arcén, arrecife, arriate, autopista, autovía, calzada, carrendera, carrera, carril, mediana, pista, raqueta, refugio, senda, vía. ➤ Travesía. ➤ Bus VAO. ➤ Almendrilla, asfalto, balasto, cascajo, cascote, casquijo, *grava, gravilla, guijo, recebo, ripio, tapacantos, zaborra. ➤ Apisonadora, rodillo. ➤ Abrir, apisonar, bachear, escarificar, peralte, recebar, señalizar, terraplenar, trazado. ➤ Hacer CLAVO. ➤ Encachado, firme, *pavimento. ➤ Desmonte, préstamo. ➤ Bache, badén, CAMBIO de rasante, cuesta, meandro, *pendiente, revuelta, vuelta, zigzag. ➤ Alcantarilla, cuneta, margen, ribazo, terraplén, trinchera, veril. ➤ PIEDRA miliaria, PIEDRA millar, poste, *puente, viaducto. ➤ Bifurcación, bivio, confluencia, cruce, cuadrivio, derivación, *desviación, desvío, nudo, ramal, red, trivio. ➤ ÁREA de servicio. ➤ Desembocar, salir. ➤ Trayecto. ➤ Hectómetro, quilómetro. ➤ AYUDANTE de obras públicas, INGENIERO de caminos, PEÓN caminero. ➤ OBRAS públicas. ➤ *Calle. *Camino. *Ferrocarril.

carretería 1 f. Taller donde se construyen y arreglan carros. ⊙ *Barrio en que están concentrados esos talleres.* **2** *Oficio de carretero.* ⊙ *Actividad de carretear.* **3** *Lugar al aire libre donde, antiguamente, se dejaban durante la noche las carretas.* **4** *Danza del siglo XVII usada por los carreteros y trajinantes, o imitada de ésta.*

carreteril adj. *Propio de carreteros.*

carretero 1 m. Hombre que conduce un *carro. **2** Constructor de carros.

FUMAR COMO UN CARRETERO (inf.). Fumar mucho.

JURAR [O BLASFEMAR, MALDECIR, etc.] COMO UN CARRETERO (inf.). Hacerlo con palabras muy soeces.

carretil adj. *De [la] carreta.*

carretilla (dim. de «carreta») **1** f. Utensilio de transporte, consistente en un receptáculo, generalmente de forma de artesa, apoyado en una rueda por la parte delantera y con dos vástagos en la parte posterior, por donde la agarra el que la empuja. **2** (Arg., Chi.) **Quijada o *mandíbula.* **3** Utensilio con ruedas del que se asen los niños que están aprendiendo a *andar. **4** (Arg., Ur.) *Carro tirado por tres mulas emparejadas, en una de las cuales va montado el conductor.* **5** (Chi.) *Carreta.* **6** Utensilio con una ruedecilla que se emplea para adornar la cara del pan, para recortar el borde de las *empanadas, etc. ≃ Pintadera. **7** Pequeña carga de pólvora, como un cohete sin varilla, que, en vez de dispararse hacia arriba, corre por el suelo. ≃ *Buscapiés. ⇒ *Pirotecnia. **8** (Arg.) *Fruto del trébol «de carretilla», que se enreda en la *lana de las ovejas.*

DE CARRETILLA. De carrerilla.

carretillada f. *Cantidad de alguna cosa transportada en una carretilla.

carretillero 1 m. *Hombre que lleva una carretilla.* **2** (Arg.) *Carretero.*

carretillo m. *Especie de *polea que tienen los telares de galones.*

carretón 1 m. Carro pequeño. **2** Se aplica a diversos utensilios que constan esencialmente de una plataforma con ruedas, empleados para distintos usos. ⊙ La armazón en que llevan la rueda los afiladores. ⊙ La armazón en que se pone a los niños que aún no *andan. **3** Cada una de las pequeñas plataformas giratorias sostenidas por dos o tres pares de ruedas, que constituyen el soporte de *vehículos tales como una locomotora o un vagón de ferrocarril. ≃ Bogi. **4** (Tol.) *Carro sobre el que se representaban los *autos sacramentales.* **5** (ant.) **Cureña.*

CARRETÓN DE LÁMPARA. **Polea para subir y bajar las lámparas de las iglesias.*

carretoncillo (dim. de «carretón») m. *Especie de trineo.*

carretonero 1 m. *Hombre que lleva un carretón.* **2** (Col.) **Trébol (planta leguminosa).*

carric (del fr. «carrick», del ingl. «carrick», coche ligero, gabán de cochero) m. *Abrigo con varias esclavinas superpuestas que se usó a principios del siglo XIX. ≃ Carrique.

carricar (del lat. «carricāre»; ant.) m. Acarrear.

carricera (de «carrizo»; *Saccharum ravennae*) f. *Planta gramínea con hojas surcadas por canalillos y flores blanquecinas en panojas. ≃ RABO de zorra, vulpino.

carricerín m. Nombre de diversos pájaros pertenecientes al género *Acrocephalus.*

carricero (género *Acrocephalus*) m. *Ave paseriforme de cuerpo esbelto, cabeza alargada y pico recto, que vive en zonas pantanosas.

carricillo (dim. de «carrizo») **1** (Cuba; *Panicum maximum*) m. *Cierta hierba de *pasto.* **2** (Chi.; *Calystegia sepium*) **Planta convolvulácea de raíces comestibles.* **3** (Méj.; *Arundo donax*) *Cierta *planta gramínea.*

carricoche 1 m. Carro cubierto. ⇒ *Carruaje. **2** (desp. o jocoso) Coche.

carricuba f. **Carro con una cuba para transportar líquidos.* ⇒ *Tanque.

carriego (de «carro[1]» y «-iego») **1** m. **Buitrón (arte de pesca).* **2** **Cesta grande donde se ponen en *colada para blanquearlas las madejas de *lino.*

carriel **1** (Col., C. Rica, Ec., Ven.) m. **Bolsa de cuero.* ≃ *Garniel. **2** (C. Rica) *Cierto *bolso usado por las mujeres.* ⊙ (C. Rica) *Cierto bolso de viaje.*

carril **1** m. *Surco que deja en el suelo blando la *rueda de un carruaje, que suele quedar permanente por el paso continuo de las ruedas por el mismo sitio. ≃ *Rodera. **2** **Surco hecho con el *arado.* **3** Cada una de las *barras sobre las que ruedan el tren o el tranvía. ≃ Raíl, riel, vía. ⇒ Contracarril, descarrilar, encarrilar, tractocarril. **4** Pieza alargada sobre la que se acopla y se desliza un elemento móvil; por ejemplo, una puerta de corredera. ≃ Raíl, riel. **5** Cada una de las bandas en que se halla dividida la calzada de una vía pública, por la que únicamente puede circular una hilera de vehículos. **6** **Camino de carro.*

carrilada **1** f. **Rodera.* ≃ Carril. **2** (C. Rica) *Serie de puntos sueltos uno tras otro en una media o prenda de *punto.* ≃ Carrera.

carrilano **1** (Chi.) m. *Ferroviario.* **2** (Chi.) *Bandolero o *ladrón.*

carrilera **1** f. **Rodera.* ≃ Carril. **2** (Cuba) **Apartadero en una vía férrea.* **3** (Col.) *Emparrado o zampeado (entramado para dar solidez a los *cimientos).*

carrilete m. *Instrumento antiguo de *cirugía.*

carrillada (de «carrillo») **1** f. *Grasa que tiene el *cerdo a cada lado de la cara.* **2** (ant.) *Quijada.* **3** (ant.; Cantb.) **Bofetada.* **4** (gralm. pl.) *Temblor que hace chocar las mandíbulas.* **5** (Extr.; pl.) *Cascos (o *despojos) de carnero o de vaca.*

carrillera (de «carrillo») **1** f. **Quijada de algunos animales.* **2** *Correa, generalmente cubierta de escamas de metal, del *barboquejo del chacó.*

carrillo **1** m. **Polea.* **2** Parte carnosa, a cada lado de la cara. ≃ *Mejilla.

COMER [o MASTICAR] A DOS CARRILLOS. **1** Comer con voracidad. **2** Tener *empleos muy lucrativos. ⊙ Vivir opulentamente. ⇒ *Rico.

carrilludo, -a adj. Aplicado a personas, de mejillas grandes. ≃ Cachetón, cachetudo. ⇒ *Mofletudo.

carriño (de «carro») m. *Avantrén, en la *artillería antigua.*

carriola (del siciliano «carriola») **1** f. **Cama baja o tarima, con ruedas.* **2** **Carruaje con tres ruedas, adornado, en que se paseaban las personas reales.* **3** (Cuba) *Patinete.* ⇒ *Patín.

carriona (¿del lat. «caryon», nuez?; Ál.) adj. y n. f. *Se aplica a la *nuez ferreña, o sea mal desarrollada y dura.*

carrique (del fr. «carrick») m. *Cierto *abrigo.* ≃ Carric.

carriquí (Col.) m. *Cierto *pájaro de canto agradable.*

carriza *(Troglodytes troglodytes)* f. Pajarillo muy común, de color pardo, pequeño y con la cola corta y erguida, que anida en roquedos o matorrales densos. ≃ Carrizo, chochín.

carrizada f. *Fila de *toneles atados que se conducen a remolque flotando sobre el agua.*

carrizal m. Terreno poblado de carrizos.

carrizo (del sup. lat. «caricĕus», de «carex, -ĭcis») **1** *(Phragmites australis)* m. *Planta semejante a la caña, pero de tallos más delgados, que se cría en los lugares húmedos. ≃ CAÑA borde, cañavera, cañeta, cañota, cisca, jisca, millaca, sisca. **2** (Arg., C. Rica, Ven.; *Arundo donax) *Planta gramínea cuyo tallo contiene agua.* **3** *Carriza (pájaro).* **4** (Pan.) **Pajita: tubo delgado para sorber líquidos.*

carro[1] (del lat. «carrus») **1** m. Vehículo empleado para el transporte, que consta de una plataforma sobre dos ruedas, con barandillas a los costados y una o dos varas delante en las que se enganchan los animales que tiran de él. **2** (Hispam.) **Automóvil.* **3** *Coche, sin la caja.* **4** Dispositivo con ruedas que se usa para transportar objetos; por ejemplo, el provisto de un receptáculo para llevar la compra o el que hay en los aeropuertos para el equipaje. **5** Pieza móvil de ciertos aparatos. ⊙ La de la *máquina de escribir, que corre a un lado y a otro, y sobre la que va aplicado el papel y golpean los macillos de las letras. **6** AGRÁF. *Plancha de hierro sobre la que se coloca lo que se va a imprimir, que corre sobre las bandas de la máquina.*

CARRO DE ASALTO. MIL. *Tanque de guerra potente.*

C. DE COMBATE. MIL. Tanque de guerra.

C. DORMITORIO. (Salv., Méj.) *Vagón de tren con camas para dormir.* ⇒ *COCHE cama.

C. DE ORO. *Cierta *tela antigua de lana muy fina.*

C. TANQUE (Col.). *CAMIÓN cisterna.*

C. TRIUNFAL. *Carruaje adornado usado en procesiones o festejos.* ⇒ Carroza.

C. FALCADO. MIL. *Carro de guerra antiguo armado de cuchillas en los ejes de las ruedas.*

AGUANTAR CARROS Y CARRETAS. *Aguantar o *padecer mucho.

PARAR EL CARRO. *Detenerse o contenerse; no seguir adelante en un arrebato en que se dicen cosas improcedentes. Se usa más en imperativo: '¡Eh, eh...! ¡Para el carro!'

PONER EL CARRO DELANTE DE LAS MULAS. *Anticipar una acción que, razonablemente, debe seguir a otra que todavía no se ha realizado.

TIRAR DEL CARRO (inf.). Pesar en alguien un trabajo o responsabilidad que debería ser compartido: 'En esta familia la única que tira del carro es la madre'.

UNTAR EL CARRO. *Sobornar o tratar de sobornar a alguien.

□ CATÁLOGO

Basterna, biga, carreta, carretón, carricoche, carricuba, carromato, carruco, catanga, charriote, cisio, cuadriga, cuadriyugo, diablo, golondrina, plaustro, rodal, triga, vagón, volquete, zorra. ➤ Tropa. ➤ Abismal, adral, álabe, armón, bocín, bolsa, cabra, calzadera, calzadura, cama, camba, cambón, cambucha, camón, cartolas, cibica, cibicón, contravaral, costana, dentejón, eje, entalamadura, escalera, estacadura, estadojo, estandorio, estaquero, estirpia, estornija, estranguadera, estribo, frailecillo, freno, galga, galguero, garrotera, gobén, lado, ladral, *lanza, lecho, lladral, mozo, narria, pernales, pértigo, pezón, pezonera, pina, puente, rabera, recalzón, retranca, *rueda, sobeo, sortija, tablado, tablar, tapial, telera, telerín, telero, tendal, tentemozo, tienda, tijera, timón, toldo, tornija, torno, traba, trasga, traversa, travesaña, trinchera, vara, vara alcándara, varal, ventril, verdugo, violín, volandera. ➤ Chirrión, forcaz, retorno, trasero, zaguero. ➤ Castillo. ➤ Rátigo. ➤ Calza, estrenque [o estrinque], falca. ➤ Acular, apear, aperar, arrecular, calzar, engalgar, enganchar, enejar, enrabar, enrayar, fletar, frenar, guiar, ratigar. ➤ Cuartear. ➤ Barquinazo, cantar, cejar, chirriar, entorcarse, patinar, sonrodarse, volcar. ➤ Aperador, carretero, zagal. ➤ Plantilla. ➤ Gestación. ➤ Acarrear, carricar, descarriar, descarrilar, encarrilar. ➤ *Carreta. *Carruaje. *Guarnición. *Rueda. *Vehículo.

carro[2] (C. Rica) m. *Cierto árbol de la vertiente del Pacífico de fruto comestible.* ⇒ *Planta.

carro[3], -a (Ál.) adj. *Aplicado particularmente a la fruta, *podrido.*

carrocería (de «carrocero») **1** f. *Tienda o taller de coches.* **2** Parte de un vehículo que va sobre las ruedas y en cuyo interior se colocan las personas o la carga. ≃ Chapa.

carrocero (de «carroza») **1** m. *Constructor de coches.* **2** *Cochero.* **3** Hombre que arregla carrocerías.

carrocha (de «carocha») f. *Huevecillos de pulgón u otro insecto.*

carrochar intr. *Poner sus huevecillos los *insectos.*

carrocín (dim. de «carroza») m. **Silla volante (coche de dos ruedas y dos asientos).*

carromatero m. *Hombre que lleva un carromato.*

carromato (del it. ant. «carro matto») **1** m. *Carro grande con toldo, arrastrado generalmente por más de una caballería. **2** (desp.) Carruaje grande e incómodo.

carrón (de «carro[1]») **1** m. *Cantidad de *ladrillos que transporta en un viaje un obrero al sitio en que se emplean.* ⇒ Carruco. **2** *Cierta pieza maciza de hierro colado usada en los ingenios de *azúcar.*

carronada (del ingl. «carronade», de «Carron», ciudad de Escocia donde se fabricó por primera vez) f. Artill. **Cañón de marina antiguo, corto y montado sobre ruedas.*

carroña (del it. «carogna») **1** f. *Carne *podrida, particularmente la de un animal muerto y abandonado en el campo. ⇒ Carnuz. **2** (n. calif.) Persona o grupo de personas despreciables.

carroñar (de «carroña») tr. *Causar o transmitir roña al ˘ganado lanar.*

carroñero, -a adj. y n. Se aplica al animal que se alimenta de carroña.

carroño, -a (de «carroña») adj. **Podrido.*

carroñoso, -a adj. *Que huele a carroña.*

carroza (del it. «carrozza») **1** f. Carruaje lujoso y ricamente adornado. **2** Carruaje decorado, generalmente representando alguna cosa real o fantástica, de los que figuran en los desfiles de las *fiestas. **3** Mar. *Armazón cubierta con una funda o toldo con que se protegen algunas partes del *barco, en particular la cámara de las góndolas y falúas.* **4** (n. calif.) adj. y n. Persona mayor o de ideas anticuadas.

carrozar tr. *Poner carrocería a un ˘vehículo.*

carruaje (del occit. «cariatge») m. *Vehículo consistente fundamentalmente en una plataforma sobre ruedas. ⊙ Particularmente, el de tracción animal para el transporte de personas y, en especial, si es de considerable tamaño y de lujo.

□ Catálogo

Araña, barrocho, bávara, berlina, biga, birlocho, bombé, break, cabra, cabriolé, calchona, calés, calesa, calesín, carretela, carricoche, carriola, carro triunfal, carrocín, carroza, carruca, chaparra, charabán, charrete, cisio, clarens, coche, cuadriga, cupé, diablo, diligencia, enfermería, estufa, faetón, familiar, forcaz, forlón, furlón, galera, góndola, guayín, jardinera, landó, manuela, mensajería, milord, ómnibus, pesetero, quitrín, silla de posta, silla volante, simón, solitaria, tándem, tartana, tílburi, triga, troica, tumbón, victoria, volante. ➤ Avance, baca, berlina, caja, culata, delantera, empanadilla, imperial, interior, ladillo, pescante, pesebrón, popa, rotonda, testera, traspontín, trasportín, traspuntín, vidrio. ➤ Abarcón, alerón, antepecho, balancín [grande o pequeño], ballesta, ballestilla, bigotera, bocatijera, brancal, buje, cabezal, capillo, capirote, cejadero [o cejador], cibica [o cibicón], clavija maestra, codillo, cogotillo, compás, correón, eje, esteva, estornija, estribo, fuelle, guardacantón, guardapolvos, juego, *lanza, limón, limonera, lonja, mangueta, miriñaque, palo de esteva, palomilla, parachoques, pértigo, pezón, pezonera, pie de gallo, pina, plancha, portezuela, puente, rodete, *rueda, sopanda, tejadillo, tijera, timón, tumba, vara de guardia, viga, virote, volantín, zancajera. ➤ Manga. ➤ Bocín, compuerta, cortinilla. ➤ Batalla. ➤ Plantilla. ➤ Punto. ➤ Cochera, cocherón. ➤ *Tiro. ➤ Escaleta, estrenque [o estrinque]. ➤ Auriga, automedonte, calesero, calesinero, carrero, carretero, carretillero, carretonero, carromatero, carruajero, cochero, *conductor, maestro de coches, mayoral, postillón, tartanero, tronquista, zagal. ➤ A la calesera. ➤ Desembanastar[se], desembarcar, desenganchar, enejar, engalgar, enganchar, enrayar, guiar, manejar. ➤ Vectación. ➤ Retorno. ➤ Encochado. ➤ *Transporte. *Vehículo. *Automóvil.

carruajero **1** m. *Hombre que lleva un carruaje.* **2** (Hispam.) *Constructor de carruajes.*

carruata (género *Agave)* f. Especie de pita de la Guayana y otros sitios de América de la que se hacen cuerdas muy resistentes.

carruca (del lat. «carrūca») f. **Carruaje de lujo usado en Roma en la época imperial.*

carrucar (Sal.) intr. *Correr la *peonza.*

carrucha (de «carro[1]») f. **Polea.* ≃ Garrucha.

carruchera (Mur.) f. *Dirección, vía.*

carruco **1** m. **Carro pequeño o tosco.* **2** *Cantidad de tejas que lleva de una vez el obrero al sitio donde se emplean.*

carrujo m. **Copa de un árbol.*

carruna (El Bierzo) f. **Camino de carro.*

carrusel (del fr. «carrousel») **1** m. Ejercicio vistoso ejecutado por jinetes en sus *caballos. ⊙ Festejo en que se realizan esos ejercicios. **2** *Caballitos, *tiovivo. **3** *Exhibición vistosa: 'Carrusel deportivo'.

carst (de «Karst», meseta cercana a Trieste) m. Geol. Conjunto de fenómenos del relieve producidos por la disolución de ciertas rocas, como la caliza, que da origen a un paisaje caracterizado por la presencia de grietas, cañones, cuevas, etc.

cárstico, -a adj. Geol. Se aplica al conjunto de fenómenos denominados «carst», y a lo relativo a ellos: 'Paisaje [o relieve] cárstico'.

carta (del lat. «charta», del gr. «chártēs») **1** f. En muchos casos particulares, como se ve en los derivados y frases que se citan después, equivale a «*documento». ⇒ Encartar. **2** Escrito de carácter privado dirigido por una persona a otra. **3** Cada una de las cartulinas que forman la *baraja. ≃ Naipe. **4** *Ley dada por un soberano, en que limita su propia soberanía concediendo a los ciudadanos ciertos derechos fundamentales. ⇒ *Constitución. **5** *Mapa: representación gráfica de una parte de la Tierra, con sus accidentes naturales, poblaciones, etc. **6** Impreso en que se ofrece la lista de comidas y bebidas que se pueden tomar en un restaurante, cafetería o establecimiento similar.

Carta abierta. **1** La que, aun dirigida a una persona determinada, se destina a ser difundida por un medio de comunicación. **2** *Carta de crédito por cuantía ilimitada.* ⇒ *Negocio. **3** **Despacho del rey dirigido en general a ciertas personas.*

C. de ahorría [o de ahorro]. *Carta de horro.*

C. de ajuste. Dibujo geométrico formado por figuras, franjas y líneas de diferentes formas y colores, que aparece en las pantallas de televisión para comprobar la calidad de la imagen.

C. astral. Representación gráfica de la posición de los planetas y otros elementos en el momento del nacimiento de una persona, a partir de la cual los astrólogos interpretan los rasgos de la personalidad de ésta.

C. BLANCA. 1 («Dar») Nombramiento para un *empleo, en que se deja sin poner el nombre del designado. 2 («Dar») Autorización que se concede a alguien para obrar en un asunto según su propio criterio. 3 En algunos juegos de *baraja, carta sin valor.

C. DE CONTRAMARCA. *Patente de corso dada por un soberano perjudicado por las cartas de marca dadas por otro, contra éste.* ⇒ *Pirata.

C. CREDENCIAL (gralm. pl.). Documento que llevan los representantes diplomáticos de un país en otro, que les acredita como tales.

C. DE CRÉDITO. La dirigida a alguien para que dé dinero a otro por cuenta del que la escribe.

C. DESAFORADA. 1 *Documento en que se anulaba un *privilegio.* 2 *Orden dada contra justicia o fuero para prender, matar, etc., a alguien y que no debía cumplirse.*

C. FALSA. En el juego de *baraja, la que no tiene asignado ningún valor ni es triunfo.

C. FORERA. *Disposición conforme con los fueros.*

C. DE GUÍA. *Documento dado a alguien para que se le permitiese paso libre por un país.* ⇒ *Pasaporte.

C. DE HERMANDAD. *Título expedido por el prior de una *orden religiosa admitiendo en ella a cierta persona.*

C. DE HIDALGUÍA. *Ejecutoria de *nobleza.*

C. DE HORRO. *Documento dado al *esclavo libertado.* ≃ CARTA de ahorría [o de ahorro].

C. DE LLAMADA. Carta o documento en que consta que una persona es llamada por algún familiar o para desempeñar algún cargo en un país extranjero, necesaria para obtener el permiso para ir a él o los visados correspondientes de *pasaporte.

C. MAGNA. La Constitución de un país.

C. DE MANCEBÍA. *Especie de contrato con que se formalizaba la situación de amancebamiento.*

C. DE MARCA. *PATENTE de corso.* ⇒ CARTA de contramarca. ➤ *Pirata.

C. DE MAREAR. La que representa una parte del mar con los datos útiles para la *navegación.

C. DE MÁS. V. «por CARTA de más o por carta de menos».

C. DE MENOS. V. «por CARTA de más o por carta de menos».

C. DE NATURALEZA. 1 («Conceder, obtener») Derecho concedido en un país a un extranjero a ser considerado como natural de él. ⇒ *Nacionalizarse. 2 Con verbos como «adquirir, tomar, etc.», llegar a tener determinado fenómeno una entidad digna de consideración.

C. DE PAGO («Dar, librar»). ECON. Documento en que se declara haber recibido cierta cantidad como pago de una deuda. ⇒ Liberación, quitanza. ➤ *Recibo.

C. PARTIDA POR A.B.C. *Documento del que se hacían dos copias, una a continuación de otra, escribiendo entre ambas las letras A, B, C, las cuales se separaban luego con un corte en zigzag, de modo que, para comprobar la autenticidad de una de ellas bastaba ver si al juntarla con la otra, casaban el corte y las letras cortadas.

C. PASTORAL. Escrito o discurso dirigido por un *prelado a sus diocesanos.

C. PUEBLA. Documento en que se contenían las concesiones y privilegios concedidos por un soberano a los que iban a *poblar un lugar recién conquistado o fundado.

C. DE VECINDAD. Documento en que se concedía a alguien el avecindamiento en un sitio.

C. VISTA. Carta de *baraja que da el que reparte a un jugador descubriéndola al tiempo de darla.

CARTAS CREDENCIALES. V. «CARTA credencial».

CARTAS DIMISORIAS. Dimisorias: permiso que dan los *obispos a sus súbditos para que puedan recibir las órdenes de otro obispo.

A CARTA CABAL. Se aplica a un adjetivo o nombre calificativo significando que la persona o cosa de que se trata posee íntegramente y en el más alto grado las cualidades que expresan: 'Un hombre honrado a carta cabal. Un majadero a carta cabal'. ⇒ *Perfecto.

DAR CARTA BLANCA. V. «CARTA blanca».

ECHAR LAS CARTAS. Hacer con las cartas de la baraja ciertas combinaciones con las que se pretende *adivinar el porvenir o cosas ocultas.

ENSEÑAR LAS CARTAS. Mostrar alguien los medios de que dispone o que piensa poner en juego para cierta cosa. V. «JUEGO de cartas».

JUGAR alguien BIEN SUS CARTAS. Utilizar con astucia o habilidad en un asunto los medios de que dispone. ⇒ *Manejarse.

JUGÁRSELO TODO A UNA CARTA. Arriesgarse en una empresa en que hay pocas esperanzas de evitar un desenlace adverso y poner en práctica el último recurso de que se dispone. ≃ Jugarse el TODO por el todo.

JUGAR alguien LA [o SU] ÚLTIMA CARTA. Apelar al último recurso de que dispone para lograr cierta cosa.

NO VER CARTA. *En el juego de *baraja, tener malas cartas.*

V. «PAPEL de cartas».

PONER LAS CARTAS BOCA ARRIBA. Poner al *descubierto, al tratar de un asunto, todo lo que se guardaba oculto; por ejemplo, los verdaderos móviles o intenciones de una acción.

POR CARTA DE MÁS [o DE MENOS]. Por sobra [o por falta]: 'Más vale pecar por carta de más que por carta de menos'.

SACAR CARTAS. *Juego en que va tomando la *baraja un jugador detrás de otro y cada uno va pasando todas las cartas y diciendo en orden los puntos, quedándose con aquellas cuyo punto coincida con el dicho; gana el jugador que reúne más puntos al quedar acabada la baraja.*

TOMAR CARTAS EN EL ASUNTO. *Intervenir en el asunto de que se trata alguien que tiene autoridad: 'La policía tuvo que tomar cartas en el asunto'.

□ CATÁLOGO

Anónimo, besalamano, billete, cartazo, circular, *comunicación, continental, encíclica, epístola, escrito, esquela, invitación, letra, *mensaje, mensajería, misiva, nudillo, oficio, parte, participación, pastoral, paulina, pliego, postal, la presente, TARJETA postal. ➤ Mailing. ➤ Cuatro LETRAS, dos LETRAS, unas LETRAS. ➤ Borrador. ➤ Epistolar, misivo. ➤ Epistológrafo. ➤ Epistolario, epistolio. ➤ Certificado, recomendado. ➤ Cartearse, cerrar, corresponderse, dirigir, echar, encabezar, escribir, franquear, acusar RECIBO, *responder, sellar, sobrescribir. ➤ A VUELTA de correo. ➤ Corresponsal, dador, destinatario, remitente. ➤ Secretario, SECRETARIO particular. ➤ Cortesía, despedida, dirección, *encabezamiento, *fecha, *firma, membrete, posdata [o postdata], post scriptum. ➤ Carpeta, cubierta, faja, PAPEL de cartas [o timbrado], sobre, sobrecarta, sobrescrito, tarjeta, tarjetón. ➤ Lacre, nema, sello. ➤ LISTA de correos. ➤ Cartapacio, cartapel, cartógrafo, cartomancia, pancarta, pesacartas, portacartas. ➤ *Comunicación. *Correo. *Escribir. *Recado.

cartabón (¿del occit. «escartabon»?) **1** m. Utensilio de *dibujo constituido por una plantilla en forma de triángulo rectángulo escaleno. ⇒ Escuadra, marco, punto. ➤ Inglete. ➤ *Regla. **2** CONSTR. *Ángulo que forman en el caballete las vertientes de un tejado.* **3** **Regla graduada con dos topes, uno fijo y otro corredizo, usado por los zapateros para *medir el *pie.* **4** TOPOGR. *Prisma octogonal con una rendija vertical en cada cara, que permite dirigir visuales que formen entre sí ángulos rectos.* **5** CARP. *Ins-*

trumento constituido por dos reglas ortogonales, que se utiliza para ensamblar piezas en ángulo recto.

cartagenero, -a 1 adj. y, aplicado a personas, también n. De Cartagena (España) o Cartagena de Indias (Col.). 2 f. Modalidad de cante flamenco típico de los mineros de la región de Cartagena (Murcia).

cartaginense o **cartaginés, -a** adj. y, aplicado a personas, también n. De Cartago, ciudad-estado del África antigua. ≃ Peno, púnico.

cartaginiense adj. y n. *Cartaginés.*

cártama o **cártamo** (del lat. cient. «carthamus», del ár. «qurṭum» o «qirṭim») f. o m. **Alazor (planta compuesta).*

cartapacio (¿del b. lat. «chartapacium», carta de paz?) 1 m. *Cuaderno de *notas. 2 *Carpeta con *papeles, libros, etc., dentro. 3 Carpeta que se tiene sobre la mesa con papeles dentro y para escribir sobre ella. ≃ Vade.

cartapel (de «carta» y «papel») 1 m. *Escrito impertinente o necio.* 2 (ant.) **Cartel o edicto.* 3 (Sal.) *Envoltura que se ponía en la piña de la *rueca, para asegurar el copo.* ≃ Rocadero.

cartazo (aum. de «carta»; inf.) m. *Carta o escrito cuyo contenido es impresionante; por ejemplo, una reprensión o una noticia importante.*

carteado, -a adj. y n. m. V. «JUEGO carteado».

cartear 1 intr. *Jugar en el juego de *baraja cartas de poco valor, para tantear el juego.* 2 (ant.) tr. **Hojear un ↘libro.* 3 prnl. recípr. Escribirse cartas.

cartel[1] (del cat. «cartell», del it. «cartello») 1 m. Escrito o *dibujo con un aviso o anuncio, por ejemplo de las obras de teatro o películas que se exhiben, generalmente de gran tamaño, destinado a ser fijado o exhibido en los lugares públicos. ⇒ Cartapel, pancarta, placarte, póster, valla. ➤ *Inscripción. *Letrero. 2 **Pasquín: escrito anónimo en que se ataca a alguien, que se pega en la pared en sitio público.* 3 Escrito o dibujo, generalmente sobre papel reforzado con tela, de gran tamaño y enrollable, que se emplea para ponerlo como *modelo o para mostrarlo, para *enseñar; particularmente, en las *escuelas de primera enseñanza. 4 (ant.) *Escrito dirigido en la *guerra por un combatiente a otro con una propuesta, por ejemplo para el canje de prisioneros.* 5 CARTEL de desafío. 6 **Red utilizada para la pesca de la sardina.*

CARTEL DE DESAFÍO. Escrito que se hacía público, en que un hombre *desafiaba a otro.

DE CARTEL. De *fama.

EN CARTEL. Se emplea a veces en vez de «en el cartel», cuando se trata de carteles de espectáculos. ⊙ Se aplica a la obra teatral, cinematográfica, etc., que se está representando o exhibiendo: 'Esta comedia lleva en cartel dos meses'.

TENER CARTEL. Tener renombre. ⊙ Tener buena o mala reputación: 'Es un director que tiene buen cartel entre los críticos'.

cartel[2] o **cártel** (del al. «Kartell») m. ECON. Asociación de varias entidades, financieras, industriales o políticas, para conseguir un objetivo común. ⊙ ECON. Particularmente, convenio entre varias empresas industriales para evitar la competencia, regular la producción y los precios, realizar compras y ventas recíprocas, etc. ⊙ Acuerdo entre agrupaciones profesionales, políticas, etc., para una acción común: 'El cartel de derechas'. ⊙ Agrupación de traficantes, particularmente de droga, que pretende controlar el mercado.

cartela (del it. «cartella») 1 f. Trozo de cartón, madera u otra materia en que se escribe algo, por ejemplo para servir de *etiqueta. 2 Pieza triangular que sirve como *refuerzo para sujetar dos piezas que forman ángulo, de modo que éste no se deforme. ⇒ Flanja. 3 Ménsula, palomilla o pieza de cualquier material que, apoyada por un extremo o un lado en una superficie vertical, *sostiene por el otro una horizontal que forma ángulo con la primera; por ejemplo, una repisa, un balcón o el alero de un tejado. ⇒ Ménsula, palomilla. ➤ *Sostén. 4 HERÁLD. *Figura de forma rectangular de las que se ponen en serie en la parte superior del escudo.*

CARTELA ABIERTA. HERÁLD. *La que lleva en el centro un dibujo redondo o cuadrado.*

C. ACOSTADA. HERÁLD. *La que tiene la dimensión mayor en sentido horizontal.*

cartelado, -a adj. HERÁLD. *Se aplica al escudo que tiene cartelas.* ≃ Billetado.

cartelear (ant.) tr. *Poner *pasquines o carteles infamatorios.*

cartelera 1 f. Armazón donde se colocan los carteles o anuncios, en la calle o en un lugar público. 2 Cartel en que se anuncia un espectáculo. 3 Sección de los *periódicos destinada a anunciar los espectáculos.

cartelero, -a 1 n. Persona que pega carteles. 2 adj. *Se aplica a los artistas, deportistas, espectáculos, etc., que tienen mucho éxito de público.* ≃ De cartel.

cartelista n. Persona que se dedica a la realización de carteles.

cartelón m. Cartel grande. ⊙ (R. Dom.) *Cartel.*

carteo m. Acción de cartear[se].

cárter (de «J. H. Carter», nombre de su inventor) m. Caja de metal que encierra determinados órganos de un *motor, especialmente el cigüeñal y las bielas, y, a veces, sirve de depósito del lubricante. ⊙ En las *bicicletas cubre la cadena de transmisión.

cartera (de «carta») 1 f. Utensilio de piel u otro material flexible, semejante a las tapas de un libro, de tamaño adecuado para poder llevarlo en el bolsillo, que tiene uno o más departamentos en cada una de las dos partes, y se emplea para llevar *documentos, billetes de banco, tarjetas de visita, etc. ⇒ Billetero, CARTERA de bolsillo, tarjetero. ➤ Fuelle, infierno. ⊙ Receptáculo que puede constar también de dos partes aplicadas una sobre otra o sólo de una en forma de bolsa, con asa, que se emplea para llevar documentos, libros, etc. ⇒ CARTERA de documentos, maletín, portadocumentos, portafolios, portapliegos. ⊙ El que usan los colegiales, a veces con correas para llevarlo a la espalda. ⇒ Cabás. 2 *Carpeta formada por un trozo rectangular de cartulina, papel, piel, etc., doblado por la mitad. 3 (Hispam.) *Bolso de mujer.* 4 Cargo y funciones de un *ministro: 'La cartera de Interior'. 5 *Valores comerciales que forman el activo de un comerciante o una empresa. ⇒ *Negocio. 6 Conjunto de clientes de una empresa o de encargos que realizan: 'Cartera de clientes [o de pedidos]'. 7 Tira de tela que cubre la abertura de un *bolsillo. ⇒ *Tapa. 8 Vuelta de tela que llevan a veces las bocamangas. ⇒ Manga. ➤ *Vestir.

EN CARTERA. 1 Se aplica a los *valores que posee en su activo una entidad comercial. 2 Se aplica a cierta cosa que alguien proyecta hacer: 'Tenemos en cartera una reforma total del establecimiento'. ≃ En *proyecto.

cartería f. Oficina de *correos donde se recibe y despacha la correspondencia.

carterista n. *Ladrón de carteras. ⇒ *Ratero.

cartero, -a n. Empleado que reparte las cartas del servicio de *correos. ⇒ Hijuelero, peatón, portacartas.

cartesianismo 1 m. Doctrina de Descartes. 2 Cualidad de cartesiano.

cartesiano, -a 1 adj. y, aplicado a personas, también n. De Descartes. ⊙ Adepto al cartesianismo. 2 adj. Se aplica, por referencia al pensamiento y doctrina de Descartes y a su manera de exponerlos, a las construcciones de la mente *claras y metódicas y que son producto de la *razón, operando con independencia y *serenidad. ⊙ También, a las personas cuyo pensamiento, escritos, etc., tienen esas cualidades.

V. «COORDENADAS cartesianas».

carteta (de «carta») f. *Parar (juego de *baraja).*

cartiero (del lat. «quartarĭus», cuarta parte; ant.) m. *Una de las cuatro partes en que se dividía el *año para algunos fines.*

cartilagíneo, -a (del lat. «cartilaginĕus») adj. y n. m. ZOOL. *Se aplica a los *peces de cierto grupo comprendido ahora en la subclase de los elasmobranquios, que tienen el neuroesqueleto cartilaginoso.* ⊙ m. pl. ZOOL. *Ese grupo.*

cartilaginoso, -a adj. ANAT., ZOOL. De [los] cartílagos. ⊙ ANAT., ZOOL. De naturaleza de cartílago.

cartílago (del lat. «cartilāgo») m. ANAT. *Tejido conjuntivo elástico que forma el esqueleto de algunos animales inferiores y, en los superiores, constituye algunas partes de él y el sostén de algunos órganos, como la nariz, la oreja o la laringe. ⇒ Otra raíz, «condr-»: 'condritis, condrografía, condrología, condroma, condroesqueleto'. ➤ Fibrocartílago, ternilla. ➤ Aritenoides, cricoides, epiglotis, menisco, xifoides.

cartilla (dim. de «carta») 1 f. Librillo con las letras del alfabeto y los primeros ejercicios para aprender a *leer. ⇒ Cristus. 2 Pequeño *cuaderno particularmente dispuesto para hacer ciertas anotaciones de naturaleza personal y oficial o para hacer cierto uso de sus hojas: 'Cartilla militar [o de racionamiento]'. ⇒ *Documento. ⊙ Particularmente, CARTILLA de ahorros. ⊙ O la de afiliación a la Seguridad Social. 3 Se aplica a veces, como nombre genérico o como nombre particular, a un *tratado muy elemental de cierta cosa: 'Cartilla del Automovilista'. 4 *Testimonio entregado a los ordenados de *sacerdotes para acreditar que lo están.* 5 *Añalejo.

CARTILLA DE AHORROS. Cartilla que conserva en su poder el interesado, en la que se van anotando las cantidades que impone o que saca, en un establecimiento de ahorro.

C. MILITAR. La cartilla que se entrega a cada soldado cuando se licencia, en la que se reflejan sus datos personales, las distintas circunstancias de su servicio y las obligaciones a que queda sujeto una vez licenciado.

LEERLE a alguien LA CARTILLA. 1 Aleccionarle. 2 *Reprenderle.

NO SABER alguien [NI] LA CARTILLA. No saber ni lo más elemental de un arte u oficio. ⇒ *Ignorar.

SABERSE LA CARTILLA [O TENER LA CARTILLA APRENDIDA]. Haber aprendido alguien las instrucciones que otro le ha dado sobre cómo debe proceder en una situación: 'El detenido tenía la cartilla bien aprendida y sólo contestó lo que le había indicado su abogado'.

cartillero, -a (inf.) adj. *Se aplica a las obras de *teatro que se representan frecuentemente.* ⊙ *Se aplica a los *actores amanerados y vulgares.*

cartivana (de «carta» y «vana») f. AGRÁF. *Escartivana: tira de papel o tela puesta en uno de los bordes de las láminas u hojas sueltas de otra clase para que se puedan *encuadernar.*

cartografía (de «carta» y «-grafía») f. Arte de trazar *mapas o cartas geográficas.

cartografiar (de «cartografía») tr. Confeccionar la carta de una ˇporción de superficie terrestre.

□ CONJUG. como «desviar».

cartográfico, -a adj. Relacionado con los *mapas o cartas geográficas, o con la cartografía.

cartógrafo, -a n. Persona que se dedica a la cartografía.

cartolas (del vasc. «kartolak», jamugas) 1 f. pl. *Armazón con dos asientos que se coloca encima de las *caballerías.* ≃ Artolas. 2 (Ál.) **Adrales (costados del carro) de tablas.*

cartomancia o **cartomancía** (de «carta» y «-mancia o -mancía») f. Adivinación por las cartas de la *baraja.

cartomántico, -a 1 adj. De [la] cartomancia. 2 n. Persona que practica la cartomancia.

cartometría (de «cartómetro») f. *Medición de las líneas trazadas en los mapas.*

cartométrico, -a adj. *De la cartometría.*

cartómetro (de «carta» y «-metro») m. *Aparato para medir las líneas que figuran en los mapas.* ≃ Curvímetro.

cartón (de «carta») 1 m. Material consistente en pasta de *papel de baja calidad, en planchas gruesas y duras. ⇒ Pasta. ➤ Enjugador. ➤ *Carpeta. ➤ Acartonarse, encartonar. 2 *Dibujo o *bosquejo hecho corrientemente sobre cartón, que sirve de *modelo para frescos, *tapices o cuadros de grandes dimensiones. 3 Envase hecho con cartón. ⊙ Particularmente, el de forma rectangular para bebidas: 'Un cartón de leche [o de vino]'. ⊙ Y el que contiene diez cajetillas de cigarrillos. 4 *Nombre dado, desde que los *huevos se clasifican mecánicamente por su tamaño para la venta, a cada clase de ellos.* 5 *Prominencia, generalmente con una hoja de acanto sobrepuesta, en las *dovelas de los arcos romanos.* 6 **Adorno de metal imitando una hoja larga de planta.*

CARTÓN PIEDRA. Material hecho de pasta de papel, yeso, y algún componente endurecedor, que resulta muy duro después de seco y se utiliza para hacer figuras y diversos objetos, o imitar otros materiales.

DE CARTÓN PIEDRA. Falso, artificial: 'Los personajes de la película eran de cartón piedra'.

cartonaje m. Conjunto de cartones u objetos de cartón.

cartoné (del fr. «cartonné», de «cartonner», encartonar) m. AGRÁF. Encuadernación con tapas de cartón. ≃ Encartonado.

cartonera (Hispam.) f. *Nombre dado a varias especies de *himenópteros semejantes a la avispa (por ejemplo, al Polistes gallicus, la Vespula germanica y la Vespula vulgaris) cuyo nido semeja una caja de cartón.*

cartonería f. Fábrica en que se elabora el cartón o tienda donde se vende.

cartonero, -a 1 adj. Del cartón. 2 n. Fabricante o vendedor de cartón o de cosas hechas con cartón.

cartonista n. Pintor de cartones para tapices o alfombras.

cartuchera 1 f. Estuche de cuero donde se llevan los cartuchos. ≃ Canana. ⇒ Guardacartuchos. ➤ Fornitura[s]. ➤ *Caza. 2 Cinturón ancho con compartimentos para llevar los cartuchos. ≃ Canana.

cartucho (del it. «cartoccio») 1 m. Receptáculo cilíndrico, generalmente de cartón, que se llena con un explosivo. ⊙ En las armas portátiles constituye el *proyectil y la carga de proyección. ⊙ En los cañones, la carga de proyección. ⇒ Cápsula, casquete, casquillo. 2 *Carrete de película fotográfica tal que puede cargarse en la máquina a plena luz.* 3 Envoltura cilíndrica de papel o cartón. ⊙ También, todo el envoltorio o paquete; en particular, los de monedas. ⊙ Envoltura o envoltorio de forma de *cucurucho. ⇒ Encartuchar. 4 Dispositivo extraíble que contiene algo que se gasta y debe reponerse en ciertos aparatos e instrumentos; por ejemplo, el de tinta de una impresora de ordenador.

EL ÚLTIMO CARTUCHO (inf.). El último recurso para salir de una situación comprometida.

cartujano, -a 1 adj. y n. m. *Cartujo.* **2** adj. Se aplica al caballo de raza andaluza.

cartujo, -a 1 adj. y, aplicado a personas, también n. m. Se aplica a la *orden de la Cartuja, a los *monjes de ella y a sus cosas. **2** («La») f. *Orden religiosa fundada por San Bruno en el siglo XI. **3** *Convento de esa orden. **4** Se aplica a un hombre que vive *apartado del trato con la gente y de las diversiones.

cartulario (del lat. «chartularĭum») m. Conjunto encuadernado de los pergaminos que contienen los antiguos privilegios de alguna *iglesia o *monasterio. ≃ Becerro, LIBRO becerro.

cartulina (del it. «cartolina», del lat. «chartŭla», dim. de «charta», papel) f. Material consistente en *papel grueso o cartón delgado, flexible y más suave y de mejor calidad que el llamado corrientemente cartón. ⇒ Tarjeta.

cartusana f. **Galón de *pasamanería, de bordes ondulados.*

caruata (Ven.) f. *Especie de pita de la que se hacen cuerdas muy fuertes.* ⇒ *Planta.

caruja (¿del lat. «carўon», nuez?; León) f. *Cierta variedad de *pera, dura y desabrida, pero buena para dulce.*

carúncula (del lat. «caruncŭla», dim. de «caro», carne) **1** f. ZOOL. *Carnosidad roja y eréctil de las que tienen, encima de la cabeza y colgando debajo de ella, algunas *aves, como el *pavo o el *gallo. ⇒ Barba, coral, cresta, MOCO de pavo. **2** MED. *Cualquier pequeña *excrecencia carnosa.*

CARÚNCULA LAGRIMAL. ANAT. *Grupo de pequeñas glándulas en el ángulo interno del *ojo, cubierto por una membrana mucosa.*

carunculado, -a adj. Que tiene carúnculas.

caruncular adj. De la carúncula.

carurú (de or. guaraní; *Amaranthus hybridus)* m. Planta amarantácea americana de cuyas semillas se obtiene harina para alimento humano. ≃ YUYO colorado.

caruto *(Genipa americana)* m. *Planta rubiácea, especie de jagua, de la región del Orinoco.

carvajal m. *Robledal.*

carvajo (de «carba») m. **Roble (árbol fagáceo).*

carvallada f. *Robledal.* ≃ Carvajal, carvallar, carvalledo.

carvallar o **carvalledo** m. *Robledal.*

carvallo o **carvayo** (de «carba») m. **Roble (árbol fagáceo).* ≃ Carvajo.

carvi (del lat. «carĕum») m. FARM. **Simiente de la alcaravea.*

cas[1] *(Psidium friedrichsthalianum)* m. Cierto árbol mirtáceo de Costa Rica, de fruto semejante a la guayaba, pero ácido, que se emplea para hacer refrescos, y de buena madera. ⇒ *Planta.

cas[2] f. *Apócope de «casa», de uso popular en algunas comarcas.*

casa (del lat. «casa», choza, cabaña) **1** f. Edificio destinado a *vivienda: 'Una casa rodeada de jardín'. **2** Piso o local, aunque no constituya un edificio entero, con las instalaciones necesarias para que una familia pueda vivir con independencia: 'No encuentran casa y viven con su madre'. En esta acepción, cuando «casa» lleva una preposición con la que forma una expresión de lugar, va directamente unida a ella sin artículo ni adjetivo posesivo, a menos que éste sea necesario para determinar de quién es la casa de que se trata: 'Vámonos a casa. No le encontré en casa. Seguramente lo tendrás por casa'. En cambio, 'vivía con sus suegros, pero ahora se ha ido a su casa'. ≃ *Domicilio, vivienda. ⊙ Con referencia a los que lo ocupan, cualquier lugar cerrado y cubierto que se utiliza como *vivienda, aunque no esté hecho de obra de albañilería; como una choza o una cueva. **3** *Colocación de un *servidor doméstico: 'Busca casa. Tiene muy buena casa'. ≃ Acomodo. ⊙ Cada uno de los sitios a donde va a trabajar habitualmente un trabajador manual de los que trabajan a domicilio, o a donde sirve su mercancía un vendedor que la reparte en esa misma forma: 'Es una modista que tiene muchas casas. Es el lechero que tiene más casas del barrio'. No se dice, por ejemplo, ni de un médico, que no es un trabajador manual, ni de un zapatero remendón, que no hace su trabajo a domicilio. **4** Conjunto de los miembros de una *familia, particularmente si es noble, antepasados y vivientes; en especial de una familia real: 'La casa de Alba. La casa de Saboya'. ≃ Familia. **5** Conjunto de las personas y las propiedades que están bajo la autoridad del cabeza de una familia *noble o acaudalada. ⊙ Conjunto de las personas con un cargo en el palacio del rey o de ciertos Jefes de Estado. ≃ Cuarto. ⇒ *Rey. **6** Establecimiento o *empresa comercial: 'Ésta es la casa más importante en su ramo'. **7** Cada una de las delegaciones o *sucursales de una casa comercial: 'En nuestra casa de Sevilla'. **8** ASTROL. *CASA celeste.* **9** *Casilla o *escaque.* **10** *En el juego de «*tablas reales», cada uno de los semicírculos laterales cortados en el mismo tablero, destinados a ir colocando las piezas retiradas.* **11** *Cabaña de una mesa de billar.*

CASA ABIERTA. V. «tener CASA abierta».

C. DE ALTOS (Hispam.). *Edificio de dos o más plantas.*

C. DE BANCA. Banco (establecimiento bancario).

C. DE BAÑOS. Establecimiento público de *baños. ⇒ Balneario.

C. DE BENEFICENCIA. *Asilo.

C. DE CAMAS. **Burdel.*

C. DE CAMPAÑA (Antill.). **TIENDA de campaña.*

C. DE CAMPO. Casa en el campo. ⊙ Particularmente, *quinta, casa en el campo rodeada de tierras, en la que los propietarios pasan temporadas por recreo.

C. CELESTE. ASTROL. *Cada parte de las doce en que se considera dividido el cielo por círculos de longitud o por los del atacir.*

C. DE CITAS. *Burdel.

C. CIVIL. V. «CASA».

C. DE COMIDAS. Establecimiento donde se sirven comidas baratas. ≃ Bodegón, cocinería, estado, figón, taberna, tasca.

C. CONSISTORIAL. Ayuntamiento. ≃ CASA de la villa.

C. DE CONTRATACIÓN DE LAS INDIAS. *Tribunal que entendía en los asuntos relacionados con el comercio con América, instalado primero en Sevilla y luego en Cádiz.

C. DE CONVERSACIÓN. *En el siglo XVII, sitio de *reunión, especie de casino o círculo de recreo.*

C. CUARTEL. Cuartel en el que se alojan los guardias civiles y sus familiares.

C. CUNA. Establecimiento donde se recoge a niños huérfanos. ⇒ *Hospicio.

C. DE DEVOCIÓN. *Santuario dedicado a una imagen en particular.* ⇒ *Ermita.

C. DEZMERA. *La del vecino que se elegía para percibir los *diezmos.* ≃ CASA excusada.

C. DE DIOS [O DEL SEÑOR] («La»). *Iglesia.

C. DE DORMIR. **Posada sólo para pasar la noche.*

C. DE EMPEÑOS. Establecimiento donde se *presta dinero dejando objetos como prenda. ≃ CASA de préstamos ⇒ Agencia, MONTE de piedad, MONTE pío, peñaranda.

C. EXCUSADA. *CASA dezmera.*

C. DE FIERAS. *Denominación popular del antiguo *parque zoológico de Madrid.*
C. FUERTE. *Vivienda fortificada.*
C. DE GANADO (Ast.). *Casa en el campo, con una parte baja en que se aloja el ganado y otra alta que es el henal.* ⇒ *Cuadra.
C. GRANDE. 1 Casa de gente rica: 'Portero de casa grande'. 2 **Rey de la baraja.*
C. DE HUÉSPEDES. Casa donde se tienen alojadas algunas personas que pagan por su hospedaje. ≃ *Pensión.
C. DE JUEGO. Establecimiento donde se juega a juegos de azar. ≃ Casino. ⇒ *Timba.
C. DE LABOR [o DE LABRANZA]. Casa ocupada por labradores, con las dependencias y enseres para el *trabajo de la tierra. ⇒ *Granja, *hacienda.
C. DE LENOCINIO. *Burdel.
C. LLANA. **Burdel.*
C. DE LOCOS. *Manicomio.
C. DE MANCEBÍA. **Burdel.*
C. DE MATERNIDAD. Establecimiento de beneficencia que estaba destinado a asistir a las parturientas.
C. MATRIZ. En una organización con distintas *sucursales, la casa primeramente establecida y que ha dado origen a las otras. ⇒ *Establecimiento.
C. MILITAR. V. «casa».
C. DE MODAS. TIENDA de modas.
C. DE LA MONEDA. Establecimiento en que se fabrica, acuña o imprime *moneda o papel moneda. ⇒ CECA, sete. ➤ Apartado. ➤ Apartador general, balancero, balanzario, blanquecedor, capataz, guardacuños, guardamateriales, JUEZ de balanza, MAESTRO de balanza.
C. MORTUORIA. Casa de una persona que acaba de *morir.
C. NON SANCTA. **Burdel.*
C. DE ORACIÓN. *Iglesia.
C. DE ORATES. **Manicomio.*
C. PATERNA. Para una persona, la casa donde vive o ha vivido con sus padres.
C. DE POSTAS. Casa donde se renovaban los tiros de las *diligencias.
C. DE PRÉSTAMOS. CASA de empeños.
C. DE PROSTITUCIÓN. *Burdel.
C. PÚBLICA *Burdel.
C. DEL PUEBLO. Lugar de reunión y esparcimiento promovido por una organización política, particularmente socialista.
C. DE PUPILOS. **Pensión.*
C. DE PUTAS. 1 (vulg.) Burdel. 2 (vulg.; n. calif.) Lugar donde cada uno hace lo que quiere, sin respetar ninguna norma.
C. REAL. 1 («La») *Palacio de los *reyes. 2 Conjunto de todas las personas de la familia real.
C. DE RECREO. Casa de campo en donde los propietarios pasan temporadas por placer. ⇒ *Quinta.
C. RODANTE (Am. S., Méj., P. Rico, R. Dom.). **Caravana (vehículo).*
C. DEL SEÑOR. *Iglesia.
C. DE SOCORRO. *Clínica en donde se prestan gratuitamente servicios médicos de urgencia.
C. SOLAR. *CASA solariega.*
C. SOLARIEGA. Casa a la que está vinculada una familia, que ha vivido en ella durante varias generaciones. ≃ CASA solar. ⇒ Casada, casal, pazo.
C. DE TÉ. Establecimiento público de China y Japón en que se desarrolla un espectáculo musical y se sirve té a los asistentes.
C. DE TÓCAME ROQUE (por referencia a una casa de vecindad así llamada que hubo en Madrid en la calle del Barquillo, la cual figura en un sainete de D. Ramón de la Cruz). Casa donde cada uno, de ella o de fuera de ella, hace lo que le parece, sin respetos o cortapisas. ⇒ *Libertad.
C. DE TOLERANCIA [o DE TRATO]. **Burdel.*
C. DE VECINDAD [o DE VECINOS]. Edificio en que habitan varias familias, en distintos pisos o departamentos.
C. DE LA VILLA. *Ayuntamiento (edificio).
V. «ALCALDE de casa y corte, AMA de casa, AMIGO de la casa».
ARDA [o QUÉMESE] LA CASA, PERO QUE NO SALGA HUMO. Expresión con que se aconseja que, pase lo que pase en el seno de la familia, no se dé que hablar.
V. «BARRER para casa».
CADA UNO EN SU CASA [Y DIOS EN LA DE TODOS]. Frase con que se expresa la conveniencia de que cada uno esté en su casa y no en la de los demás. ⇒ *Separar.
CAÉRSELE a alguien LA CASA ENCIMA [o, menos frec., A CUESTAS]. Encontrarse a disgusto en casa y estar siempre deseando salir a otros sitios. ⇒ *Callejear.
CASA CON DOS PUERTAS MALA [ES] DE GUARDAR. Frase de sentido claro usada con significado material.
V. «el CASADO casa quiere, CASCO de casa».
COMO UNA CASA (inf.). Expresión ponderativa usada para indicar que algo es lo que es sin lugar a dudas o posee en alto grado las cualidades que le son propias: 'Eso es una mentira como una casa'. ⇒ *Grande.
DE ANDAR POR CASA Expresión calificativa que se aplica a las cosas que no son muy rigurosas o no están hechas con mucho cuidado: 'Ésa es una definición de andar por casa'. ⇒ *Descuidar, chapucero.
DE CASA. Aplicado a vestidos o calzado, propio sólo para estar en casa. ≃ Para [dentro de] CASA.
DE LA CASA. 1 Aplicado a «amigo» o palabras equivalentes, de la familia: 'Es un amigo de la casa que ha venido a pasar las fiestas con nosotros'. 2 Se aplica a las comidas y bebidas que se consideran peculiares de un restaurante, bar, etc., por estar elaborados en el propio establecimiento, a veces de manera especial, y no envasados, o por servirse habitualmente en él de una determinada clase: 'Flan [postre o vino] de la casa'.
DE FUERA VENDRÁ QUIEN DE CASA NOS ECHARÁ (inf.). Frase con que alguien expresa aversión hacia personas que no son de la propia familia o del lugar en que vive por temor a que le arrebaten sus pertenencias.
DESHACERSE UNA CASA. *Arruinarse o tener un final malo una familia.
ECHAR [o TIRAR] LA CASA POR LA VENTANA. *Derrochar alegremente en una ocasión.
EMPEZAR LA CASA POR EL TEJADO. Empezar algo por donde debiera terminarse.
EN CASA (inf.). En fútbol y otros deportes, en el propio campo: 'Este domingo jugamos en casa'. ⇒ Casero.
EN CASA DE (pop.). A casa de: 'Voy en casa de mi suegra'. ≃ En ca.
EN CASA DEL HERRERO, CUCHILLO [o, menos frec., SARTÉN] DE PALO. Frase con que se comenta que precisamente en la casa donde, por profesión, se hace o se trabaja en algo, se *carece de ello.
V. «GENTILHOMBRE de la casa».
LEVANTAR LA CASA. 1 Desmontar la casa en que se vive por irse a vivir a otro sitio o por otra causa. 2 Restablecer la *prosperidad de una familia que estaba arruinada.
V. «MUJER de su casa».
MUY DE CASA. Muy casero. ⊙ Muy pendiente de los asuntos de una casa: 'Es una mujer muy de su casa'.
NO PARAR EN CASA. No estar en su casa casi nunca.
NO TENER CASA NI HOGAR. Vivir errante, sin domicilio propio.
OFRECER LA CASA. Realizar alguien el acto de *cortesía de comunicar a las amistades y relaciones el nuevo domi-

cilio en que se ha instalado o, a los posibles clientes, el local en que ha establecido sus servicios.

PARA ANDAR POR CASA. De andar por CASA.

V. «en todas PARTES cuecen habas y en mi casa a calderadas, como PEDRO por su casa».

PONER CASA. *Instalar una casa para vivir en ella: 'Van a poner casa en Madrid'.

PONER CASA a alguien. *Instalar por cuenta propia a la persona de que se trata en una casa. ⊙ Por ejemplo, a una mujer para vivir con ella. ⇒ *Amancebarse.

PONER LA CASA. Amueblarla y acondicionarla para vivir en ella.

POR CASA. Con «andar» o «estar», en casa: 'Unas zapatillas para estar por casa'.

V. «PORTERO de casa grande».

V. «ha tomado usted [has tomado, etc.] POSESIÓN de su [tu, etc.] casa».

QUEDAR TODO EN CASA (inf.). No intervenir extraños en algo; por ejemplo, no enterarse de algo deshonroso los que no son de la familia, o beneficiarse únicamente de una cosa los que pertenecen a un mismo grupo u organización.

QUÉMESE LA CASA Y QUE NO SALGA HUMO. Arda [o quémese] la CASA, pero que no salga humo.

QUITAR LA CASA. Levantar la CASA.

ROPA DE CASA. Conjunto de sábanas, mantelerías, etc., que se emplean para la casa.

SALIR DE CASA. Ir de paseo, a visitas, a espectáculos, etc.; se usa muy frecuentemente en forma negativa: 'No sale de casa porque está muy ocupada'. ⇒ No pisar la CALLE.

SIN CASA NI HOGAR. V. «no tener CASA ni hogar».

V. «mentar la SOGA en casa del ahorcado».

TENER CASA ABIERTA en algún sitio. Tener una casa en donde se habita continua o temporalmente o un despacho o sitio de trabajo. Tratándose de una empresa comercial, tener un establecimiento, *tienda, sucursal, etc., en el sitio de que se trata.

TIRAR LA CASA POR LA VENTANA. Echar la CASA por la ventana.

UNOS POR OTROS, [y] LA CASA POR [O SIN] BARRER. Frase con que se comenta el hecho de que, aunque en un lugar hay varias personas a las que les corresponde hacer algo, ninguna de ellas tiene la diligencia necesaria para hacerlo.

VIVIR UNA CASA. Habitarla.

□ CATÁLOGO

Adosado, albergue, almacería, alojamiento, alquería, ambiente, apartamento [o apartamiento], *asilo, bajareque, barbacoa, *barraca, barracón, bastimento, botica, bungalow, *cabaña, cajón, cantegriles, *cárcel, CASA de vecindad [o de vecinos], casada, casal, casatienda, caserón, caseta, casilla, casona, *castillo, casuca, casucha, celda, chabola, CHALÉ [O CHALET] [adosado], *choza, *cobertizo, cobijo, COLONIAS proletarias, construcción, conventico [-illo], CORRAL de vecindad, corrala, corralón, *cuartel, cuarto, *cueva, dacha, departamento, *domicilio, *edificio, *escuela, falansterio, favela, fuegos, garita, *guarida, habitación, habitáculo, *hogar, hospedaje, *hospital, *hotel, humos, jovenado, *local, manida, mansión, mediagua, morada, nagüela, nido, palacete, *palacio, palafito, piso, *posada, queli, *quinta, refugio, residencia, sobreclaustro, solar, *TIENDA de campaña, *vivienda. ➤ Bombonera, *cuchitril, leonera, pajarera, tapera, *tugurio. ➤ Bloque, cuadra, *manzana. ➤ Doméstico. ➤ *Acera, *arcada, caja [CAJA de la escalera], *chimenea, CHIMENEA de ventilación, compluvio, *cornisa, crujía, *escalera, *esquina, fachada, *hueco, impluvio, *muro, *suelo, *techo, *tejado. ➤ Accesorias, alcoba, alguarín, altillo, antecámara, antecocina, antesala, aposento, aula, bajo, *balcón, *bodega, buharda, buhardilla, caída, calefactorio, cámara, camareta, camarín, camarote, claustro, cocina, comedor, condensa, corredor, cuadra, cuarto, cuarto de baño [de los baúles, de la costura, de desahogo, de estar, de la muchacha, oscuro, de la plancha, ropero, tocador, trastero], departamento, dependencia, despacho, despensa, *desván, dormitorio, escritorio, *establo, estancia, estrado, estudio, gabinete, *galería, gineceo, guardilla, habitación, hipocausto, oratorio, *pasillo, patio, penetral, pieza, PIEZA de recibo, *piso, *portal, portería, recámara, recibidor [o recibimiento], *recocina, reservado, *retrete, rincón, ropería, ropero, rotonda [o rotunda], *sala, salón, sobreclaustro, sotabanco, sótano, tambor, tarbea, *terraza, tocador, trascocina, trascuarto, traspuesta, trastero, *vestíbulo, vestidor. ➤ Abuhardillado [o aguardillado], exterior, habitable, inhabitable, interior, subterráneo, terrero, vividero. ➤ Plano, planta, *solar. ➤ Emplazamiento, *orientación, *señas, sitio, *situación. ➤ Acimentarse, alzar[se], *construir, *derribar, edificar, emplazar, erigir. ➤ Avecindarse, poner CASA, tomar CASA, tener CASA abierta, domiciliarse, *establecerse, naturalizarse, sentar los REALES. ➤ *Albergar[se], *alojar[se], anidar[se], aposentarse, convivir, *habitar, hacinarse, morar, mudarse, parar, residir, trasladarse, vivir. ➤ Alquilar, amueblar, anidiar, *arrendar, blanquear, levantar [quitar] la CASA, decorar, desalojar, desamueblar, desocupar, ocupar, trasladarse. ➤ Casero, inquilino, propietario, vecino. ➤ *Ajuar, *electrodoméstico, menaje, *mueble. ➤ Dispuesta, faenera, hacendosa, MUJER de su casa. ➤ Casería, FAENAS domésticas, LABORES propias de su sexo. ➤ Ca, en ca. ➤ Enfurción. ➤ Lar, dios[es] LAR[ES]. ➤ Acaserarse. ➤ *Vivienda.

casabe 1 (Cuba; *Chloroscombrus chrysurus*) m. **Pez del mar de las Antillas con la cola de forma de media luna, amarillento y sin escamas.* **2** **Cazabe: torta de tapioca.*

CASABE DE BRUJA (Cuba). *Cierto *hongo.*

casabillo (Cuba) m. **Mancha o lunar blanco en el rostro, generalmente en las proximidades de los ojos.*

casaca (¿del it. «casacca»?) **1** f. Prenda de *vestir antigua, masculina, de la forma del chaqué moderno, pero de colores vivos y adornada con bordados. ⇒ Futraque. ➤ Falbalá, trape. ⊙ Prenda semejante usada como uniforme, por ejemplo de palaciegos o de algunos cargos importantes, como diplomáticos o ministros. **2** *Chaqueta o abrigo corto de mujer. ⇒ Chaquetón, saco. **3** (Chi., Perú) **Cazadora (prenda de vestir).* **4** (inf.) *Casamiento.*

CAMBIAR DE [O VOLVER LA] CASACA. *Cambiar de ideas o de partido. ⇒ *Acomodaticio, *tránsfuga, *voluble.

casación f. DER. Acción de casar (anular).

V. «RECURSO de casación».

casacón m. Casaca holgada.

casada (Ar.) f. *Casal (casa solariega).*

casadero, -a adj. En edad ya de casarse. ⇒ Viripotente.

casado[1] (de «casar[1]») m. AGRÁF. *Operación de colocar las páginas en la platina de modo que, al doblar el pliego, queden en el orden debido.*

casado[2], **-a 1** («Estar, Ser») Participio adjetivo de «casar[se]»: 'Está casado desde hace dos años. No sé si es casada o soltera'. ⇒ *Casar. **2** n. Persona casada: 'Los casados hacen grupo aparte'.

BIEN CASADO. Casado con persona estimable.

EL CASADO CASA QUIERE. Proverbio que expresa la conveniencia de que los que se casan vivan independientes.

MAL CASADO. Casado con persona no estimable o con la que no se vive en armonía.

RECIÉN CASADO. Se aplica al que se acaba de casar: 'Los recién casados salieron en viaje de novios'. ⇒ *Casarse.

casador, -a (ant.) n. DER. *El que casa (anula), por ejemplo una escritura.*

casaisaco (Cuba; género *Psittacanthus)* m. *Cierta *planta lorantácea *parásita de hojas anchas de color amoratado, que crece en el tronco de las palmeras.*

casal (del lat. «casāle») **1** m. CASA de campo o de labranza. **2** CASA solariega. **3** (Ál.) **Solar sin edificar o sitio donde hubo edificio.* **4** (Arg.) **Pareja de macho y hembra.*

casalero, -a (ant.) n. *Habitante de un casal o caserío.*

casalicio m. *Conjunto de edificaciones, particularmente en el campo.* ≃ Caserío.

casamata (del it. «casamatta») m. FORT. Bóveda muy resistente en que se instalan piezas de artillería. ⇒ Caserna. ➤ *Fortificar.

casamentar (de «casamiento»; ant.) intr. *Casar.*

casamentero, -a adj. y n. Aficionado a arreglar casamientos.

casamiento **1** m. Acción de *casar[se]. ≃ Matrimonio. **2** Ceremonia de *casarse. ≃ Boda, matrimonio. **3** (ant.) **Dote.*

casampulga f. **Cazampulga (araña).*

casamuro (de «casa» y «muro») m. FORT. *Muralla ordinaria y sin terraplén.* ⇒ *Fortificar.

casandra (de «Casandra», personaje mitológico, hija de Príamo, rey de Troya; n. calif.) f. *Persona que augura terribles males.*

casanova (de «Casanova», aventurero italiano del siglo XVIII, célebre por sus aventuras amorosas; n. calif.) m. Hombre conquistador.

casapuerta (de «casa» y «puerta») f. **Portal.*

casaquilla f. Casaca corta.

casaquín m. Casaquilla.

casar[1] (de «casa») **1** tr. Celebrar el sacerdote, el juez, etc., las ceremonias o formalidades establecidas para unir en *matrimonio a dos ↘personas. ≃ Desposar, unir en matrimonio. **2** («con») prnl. recípr. Unirse con otra persona mediante las ceremonias establecidas, para constituir un *matrimonio. **3** intr. Casarse. **4** tr. Disponer alguien el casamiento de una ↘persona que depende de él: 'Ya ha casado a todos sus hijos. Casó muy bien a la sobrina que vivía con él'. ≃ Colocar. **5** («con») Hacer que dos o más cosas se junten en un punto, *coincidan, estén *conformes o se *correspondan: 'Casar los extremos de dos curvas [el haber y el debe, dos noticias]. Uní los dos trozos de tela casando las listas'. ⇒ Desencasar. ⊙ intr. *Coincidir, estar de acuerdo o corresponderse dos o más cosas: 'Este trozo del dibujo casa con este otro. Las noticias que tú me das no casan con las que yo tenía. No casa tanto orgullo con pedir dinero prestado'. ⊙ Formar una cosa con otra un conjunto bello o agradable: 'La alfombra no casa con las cortinas'. ≃ *Armonizar. ⇒ *Encajar, *orden, *relación, *unión. **6** tr. **Jugar el banquero y un jugador cantidades iguales a una carta en los juegos de azar.*

CASARSE POR LA IGLESIA. Contraer matrimonio religioso.

CASARSE POR LO CIVIL. Contraer matrimonio civil.

NO CASARSE CON NADIE. No dejarse influir en un asunto por consideraciones de amistad o personales ajenas al asunto mismo. ⊙ No ser indulgente con nadie aunque sea amigo o allegado. ⇒ *Independiente.

□ CATÁLOGO

Llevar al ALTAR, amarrarse, colocarse, desposarse, emplearse, enmaridar, enyugarse, tomar ESTADO, llevar a la IGLESIA, maridar, contraer MATRIMONIO, tomar MUJER, dar el sí, unir[se], pasar por la VICARÍA. ➤ Dar BRAGUETAZO. ➤ *Depositar, SACAR manifestada, sacar por el VICARIO. ➤ Adventajas [o aventajas], axovar, capital, capitulaciones, capítulos, donación, dotación, dote, esponsalicia, excrex, otorgo. ➤ Amonestación [o amonestamiento], banas, dichos, pregón, proclama. ➤ Bendición, boda, casaca, casamiento, casorio, confarreación, connubio, consorcio, conyugio, coyunda, desposorio[s], ENLACE matrimonial, himeneo, matrimonio, nupcias, unión. ➤ Alaroza, casado, contrayente, desposado, esposado, madrina, novia, novio, padrino, proco, prónuba. ➤ Acidaque, ajuar, alianza, ANILLO de boda, arras, donas, espiga, flámeo, gala, PULSERA de pedida, vistas, yugo. ➤ PAN de la boda. ➤ Tálamo. ➤ Epitalamio. ➤ TEAS maritales, TEAS nupciales. ➤ Tornaboda. ➤ LUNA de miel, VIAJE de novios. ➤ Bígamo, bínubo, madrigada. ➤ Alaroza, mantón, novios. ➤ ESTADO civil. ➤ Descasarse, incasable, malcasada. ➤ Ser un buen PARTIDO. ➤ Cazadotes, cazafortunas. ➤ *Matrimonio.

casar[2] (del lat. «cassāre», anular, destruir) tr. DER. *Anular. ⊙ DER. Particularmente, anular un *tribunal una *↘sentencia dada por otro. ⇒ Concuasar.

casar[3] **1** m. Conjunto de casas que no constituyen pueblo. **2** **Ruinas de un pueblo o edificio.*

casariego, -a (Ast.) adj. *Aficionado a estar en casa o atento a las cosas de su casa.* ≃ Casero.

casarón m. *Caserón.*

casateniente (ant.) m. *Persona que tenía *casa en un pueblo y era jefe de familia.* ⇒ *Habitante.

casatienda f. *Conjunto de tienda y vivienda del comerciante.*

casbah o **casba** f. Variantes ortográficas de «kasbah».

casca (de «cascar») **1** f. *Cáscara.* **2** **Hollejo de uva exprimida.* **3** *Corteza de ciertos árboles, que se usa para *curtir pieles.* **4** (pl.) *Trozos de cáscara de sandía, batata, calabaza, etc., confitados.* ⇒ FRUTA seca. **5** *Rosca de *mazapán con frutas secas.* **6** (Tol.) **Aguapié (vino sacado del orujo ya exprimido).*

cascabel (del occit. «cascavel», del lat. «cascăbus», por «caccăbus», puchero) **1** m. Bola de metal hueca, con una ranura o unos orificios; tiene en su interior una piedrecilla o una partícula de metal que, al chocar con las paredes de la bola cuando se agita ésta, produce un tintineo agradable. ⇒ Encascabelar. **2** AGRÁF. *Letra suelta que se levanta al pasar el rodillo.* **3** Serie de anillos córneos, que son escamas modificadas, que tiene en la cola la *serpiente de cascabel. **4** (inf.) Persona *alegre, particularmente si se quiere indicar a la vez que es algo aturdida. **5** ARTILL. Remate posterior, en forma casi esférica, de algunos cañones. ≃ Contera.

DE CASCABEL GORDO. Se aplica a las obras, particularmente artísticas, a la gracia, etc., *toscas, carentes de delicadeza o refinamiento.

V. «BAILE de cascabel gordo».

PONER EL CASCABEL AL GATO. Ser alguien, entre varios interesados, el que se *atreve a ejecutar cierta cosa difícil o embarazosa; particularmente, decirle a alguien cierta cosa: 'Ese plan está muy bien, pero veremos quién le pone el cascabel al gato'.

V. «SERPIENTE de cascabel».

cascabela (C. Rica) f. *SERPIENTE de cascabel.*

cascabelada **1** f. *Cierta *fiesta campesina, ruidosa, que se animaba con los pretales de cascabeles.* **2** Dicho o hecho que revela *ligereza de carácter o irreflexión.

cascabelear (de «cascabel») **1** (inf.) tr. Hablar a una ↘persona de manera que conciba deseos de cierta cosa o *ilusiones de que la va a conseguir, por ejemplo para obtener de ella algo que se pretende. **2** intr. Hacer sonar cascabeles o producir un sonido similar. **3** *Obrar con *ligereza o poco juicio.*

cascabeleo m. Sonido de cascabeles, o semejante o comparable a él; por ejemplo, de risas provocadas por la alegría entre gente joven. ⇒ *Algazara.

cascabelero, -a (de «cascabel») **1** adj. y n. *Se aplica a una persona *alegre y de poco juicio.* ⇒ *Aturdido. **2** m. **Sonajero.*

cascabelillo (del lat. «cascăbus» por «caccăbus», olla) m. Variedad de *ciruela.

cascabillo 1 m. Cascabel. **2** Cascarilla o *bráctea que envuelve el grano del trigo, la cebada, arroz y otros *cereales. **3** Cúpula de la *bellota. ≃ Cascabullo, cúpula, escriño.

cascabullo (Sal.) m. *Cúpula de la bellota.* ≃ Cascabillo.

cascaciruelas (de «cascar» y «ciruela») n. *Persona *inútil y despreciable.*

cascada (del it. «cascata», caída) **1** f. Caída ruidosa del agua de una corriente en una ruptura o desnivel del terreno. ⇒ Catarata, salto. **2** ELECTR. *Se aplica a una serie de dispositivos en que cada uno actúa sobre el siguiente:* 'En cascada'. **3** Se emplea para nombrar o describir cosas que sugieren por su *forma o *aspecto una cascada: 'Una cascada de encajes'.

cascado, -a 1 Participio adjetivo de «cascar[se]». ⊙ Se aplica especialmente a la *voz o el *sonido que no tienen la sonoridad que les es propia; como la voz de las personas viejas, o el sonido de una vasija rajada. ⇒ *Ronco. **2** (inf.) adj. Se aplica a la persona cansada o con sus facultades mermadas por haber trabajado mucho, haber tenido mala vida, etc. ⊙ (inf.) Se aplica también a las cosas gastadas o casi estropeadas por el uso.

cascador m. Utensilio que sirve para *cascar frutos. ⇒ Cascanueces, cascapiñones.

cascadura f. *Acción y efecto de cascar[se].*

cascajal m. *Cascajar: sitio donde hay *cascajo o guijo.*

cascajar 1 m. *Sitio donde hay *cascajo o guijo.* ≃ Cascajal, cascajera. **2** *Sitio donde se arroja el hollejo de la *uva ya pisada en el lagar.*

cascajera f. *Cascajar: sitio donde hay *cascajo o guijo.*

cascajo (de «cascar») **1** (colectivo) m. *Fragmentos menudos de cualquier cosa dura; por ejemplo, de cáscaras de frutos de vasijas rotas o de ladrillos. **2** *Grava o *guijo: conjunto de fragmentos pequeños de *piedra, o piedra menuda, que se emplea, por ejemplo, en la construcción de pavimentos. En lenguaje propio de la construcción se aplica especialmente a la piedra más gruesa que la grava y menos que los cantos rodados. ⇒ Almendrilla, balasto, *cascote, casquijo, garbancillo, glera, *grava, gravilla, *guijo, llera, recebo, ripio, rocalla, zaborra. ➤ Cascajal, cascajar, guijarral. ➤ Camino. *Carretera. **3** Mezcla de grava y arcilla con que se cubre el *piso de los senderos y plazoletas de los jardines. **4** (colectivo) Conjunto de frutas de cáscara, secas; como almendras, avellanas o nueces. ⇒ Cascaruja, garulla. **5** («Ser, Estar hecho un»; n. calif.) Persona vieja o achacosa, o cosa *rota, vieja o inservible. ⇒ *Chanca, *trasto. **6** **MONEDA de vellón.*

cascajoso, -a adj. *Pedregoso.*

cascalbo (de «casca» y «albo») adj. V. «PINO cascalbo, TRIGO cascalbo».

cascalleja (Ál.) f. **Grosellero alpino.*

cascalote m. Dividivi (árbol leguminoso).

cascamajar (de «cascar» y «majar») tr. *Triturar ligeramente una ↘cosa machacándola.

cascanueces 1 m. Utensilio que sirve para cascar nueces y otros frutos secos. ⇒ Cascador, cascapiñones, rompenueces. **2** *(Nucifraga caryocatactes)* *Ave paseriforme de color oscuro con manchas blancas.

cascapiñones m. *Utensilio para cascar piñones; generalmente, es el mismo «cascanueces».*

cascar (del sup. lat. «quassicāre») **1** tr. y prnl. *Romper[se] una cosa quebradiza; particularmente, la envoltura leñosa de los ↘frutos secos como nueces, avellanas o piñones. ≃ Quebrantar[se]. ⊙ Romper[se] un ↘objeto de esa clase sin que lleguen a separarse los trozos: 'El vaso se ha cascado al caerse'. ≃ *Agrietar[se], *rajar[se]. ⇒ Frañer, partir, quebrantar. ➤ Descascar, descascarar, descascarillar. ➤ Cascanueces, cascapiñones, cascarrabias. ➤ *Picar. **2** (inf.) tr. **Debilitar la ↘salud de alguien.* **3** Volver ronca la ↘voz o hacer que pierda su sonoridad. **4** (inf.) *Pegar: darle golpes a ↘alguien para hacerle daño. **5** (inf.) *Atacar duramente a ↘alguien en una discusión o impugnación. **6** (inf.; «a») intr. Trabajar mucho en una cosa, particularmente en el *estudio de algo: 'Le está cascando al derecho civil'. ≃ Darle, machacar. **7** (inf.) Hablar mucho una persona, o varias en conversación. ≃ *Charlar, parlotear. **8** (inf.) *Morir.

V. «cascar las LIENDRES».

cáscara (de «cascar») **1** f. Cubierta envolvente, dura y quebradiza de cualquier cosa; como de los *huevos o de algunos frutos. ⇒ Calucha. **2** *Corteza o piel gruesa de frutos como la naranja o el plátano. ⊙ *Corteza de los árboles.* **3** (Mur.) **Capullo del que se extrae el gusano de *seda muerto, para hacer el filadiz.* **4** (ant.) **Cráneo.* **5** (Mur.) **Pimiento ya desecado para molerlo.*

CÁSCARA DE HUEVO. *Cierta *porcelana o china muy fina y transparente.*

C. SAGRADA *(Rhamnus pursianus).* Arbusto o arbolito ramnáceo de América del Norte y Kenia que se cultiva por las propiedades medicinales de su corteza.

¡CÁSCARAS! Interjección de asombro, sorpresa o *enfado, equivalente a ¡*caramba!

DE LA CÁSCARA AMARGA. **1** (inf. y desp.) Se aplica a las personas de ideas izquierdistas. ⇒ *Política. **2** (inf. y desp.) Homosexual.

NO HABER MÁS CÁSCARAS QUE (inf.). No haber más remedio que: 'Se ha estropeado el embrague; no hay más cáscaras que llamar a una grúa'.

cascarela (¿del it. «cascherella»?) f. **Cuatrillo (juego de baraja).*

cascarilla (dim. de «cáscara») **1** f. Cubierta delgada y quebradiza de algunas cosas; como la de los granos de los *cereales o la interior, pegada a la semilla, de los cacahuetes o las almendras tostados. ⊙ Laminilla muy fina, de metal u otro material duro, con que se recubre algún objeto. ⊙ Fragmento de una cubierta de esa clase; por ejemplo, las laminillas desprendidas del enlucido de un muro. ⇒ Poisa. ➤ *Salvado. ➤ Caliche, concha. ➤ Descascarillar. ➤ *Desconchar. **2** (Perú) *Quino (árbol rubiáceo).* **3** **Corteza medicinal de un árbol euforbiáceo de América (el Cascarilla hexandra) que, cuando se quema, despide olor de almizcle, y tiene propiedades medicinales semejantes a las de la quina.* **4** **Quina delgada; particularmente, la llamada de Loja.* **5** *Cáscara de *cacao tostada, con la que se hace una infusión que se toma caliente.* **6** *Blanquete o afeite hecho de cáscaras de huevo.*

cascarillal (Perú) m. *Lugar poblado de árboles silvestres de quina.*

cascarillero, -a 1 n. *Persona que recoge y vende cascarilla (quina).* **2** *Cascarillo.*

cascarillina f. QUÍM. *Principio amargo de la corteza del cascarillo.*

cascarillo m. Arbusto que produce la quina o cascarilla. ⇒ *Planta.

cascarón (aum. de «cáscara») **1** m. Cáscara del huevo, particularmente considerada como envoltura del *polluelo. ⊙ (inf.) Se usa en algunas expresiones que hacen referencia a la juventud o inexperiencia de una persona: 'Está recién salido del cascarón. Aún no ha roto el cascarón'. **2** (Arg., Ur.; *Cascaronia astragalina) Árbol leguminoso de gruesa y suberosa corteza.* ⇒ *Planta. **3** CONSTR. **Bóveda de cuarto de esfera.* **4** *Lance del juego de la cascarela que consiste en robar con espada y basto.*

CASCARÓN [DE NUEZ] (inf.). *Barco pequeño o frágil.

cascarrabias (de «cascar» y «rabia»; n. calif.) n. Se aplica a la persona que se *encoleriza por poco motivo. ≃ Rabietas, rabietillas, bejín, berrín, berrinchudo, corajudo, paparrabias, perrengue, rabietas, rabietillas, tufillas.

cascarria **1** (gralm. pl.) f. Cazcarria (salpicadura de *barro). **2** (pl.) **Lana con grumos formados por la suciedad.*

cascarrina (de «casca»; Ál.) f. **Granizo.*

cascarrinada (Ál.) f. *Granizada.*

cascarrinar (Ál.) intr. *Granizar.*

cascarrioso, -a adj. *Cazcarriento (salpicado de barro).*

cascarrojas (de «casca») m. pl. *Insectos o gusanillos que se crían en los *barcos.*

cascarrón, -a (de «cascar») **1** adj. *Aplicado a sonidos, *ronco, áspero o desapacible.* **2** MAR. *Se aplica al *viento fuerte que obliga a recoger en parte las gavias.*

cascarudo, -a adj. *De cáscara muy gruesa.*

cascaruja (de «cascar»; Mur.; colectivo) n. **Frutos secos: almendras, avellanas, cacahuetes, etc.* ≃ Cascajo.

cascaruleta (de «cascar») **1** f. Entrechocamiento de los *dientes que se produce, como juego, dándose o dando a otro golpes en la *barbilla. **2** *Cierta variedad de *trigo de Andalucía, con las espigas muy cortas y algo vellosas.* ≃ Cuchareta.

cascás (Chi.) m. *Insecto *coleóptero de la familia de los lucánidos con las mandíbulas en forma de gancho.*

cascatreguas (de «cascar» y «tregua»; ant.) m. *Se aplicaba al que quebrantaba las treguas.*

casco (de «cascar») **1** m. Trozo de *vasija rota. **2** Pieza de metal para cubrir y defender la cabeza, que se usaba en la guerra, formando parte de la *armadura o suelta. ⊙ Pieza redondeada, de forma semejante, que se emplea para distintos usos, en la guerra y fuera de ella; por ejemplo, el de los bomberos o el de los motoristas. **3** HERÁLD. *Pieza en forma de casco colocada encima o en el interior del escudo. Hay diez formas distintas, según el color o según que sea «cerrado» o «abierto», o esté colocado de frente o de perfil; el de perfil mirando a la izquierda del escudo es signo de bastardía.* **4** Parte redondeada del *sombrero, que se ajusta a la cabeza, particularmente antes de ponerle el ala y confeccionarlo completamente. ≃ Copa. **5** *Casquete: recubrimiento de pez y otras sustancias, que se les ponía a los tiñosos.* **6** (pl.) *Cabeza de las reses despedazadas para el consumo, despojada de los sesos y la lengua. ≃ Carrillada. **7** (inf.; pl.) En frases como «alegre [barrenado o ligero] de cascos, levantar de cascos; soliviantar los cascos» a alguien, «meterle» a alguien una cosa «en los cascos o romperse los cascos», equivale a «cabeza», con el significado de «*mente» o «*razón». **8** (inf.; pl.) Auriculares de audición individual ajustables a la cabeza. **9** (gralm. pl.) Parte córnea del pie de las caballerías en donde se clava la herradura. ≃ Pezuña, uña. ⇒ Bajos, empeine, suelo, uña, vaso, zapatilla. ➤ Acopado. ➤ Huello, palma, pulpejo, ranilla, saúco, talón, tapa. ➤ Madera. ➤ Bolillo, tejuelo. ➤ Ceño, gabarro, raza, respigón. ➤ Casquiacopado, casquiblando, casquiderramado, casquimuleño, gafo, palmitieso, zapatudo. ➤ Desvasar. ➤ *Herrar. *Pezuña. *Veterinaria. **10** Cuerpo del *barco, sin la arboladura, la maquinaria, etc. **11** Puede aplicarse acomodaticiamente a la parte semejante de otras cosas, o sea a lo que solamente cierra el espacio de ellas, sin complementos o guarniciones: 'El casco del edificio'. ⇒ *Escueto. **12** **Barco filipino de costados verticales y fondo plano, con batangas y vela de estera.* **13** *Recipiente, particularmente una *botella, destinado a encerrar un líquido. ≃ Envase. **14** Trozo grande de una capa de *cebolla o de la carne del *pimiento. ≃ Gajo, cancho. **15** Núcleo de una *población, donde la edificación es compacta: 'Casco antiguo'. **16** *Armazón de la silla de montar.*

CASCO AZUL (gralm. pl.). Soldado de la ONU, llamado así por el color de su casco.

C. DE BURRO. Cierto *molusco del género *Arca.*

C. DE CASA. *El edificio solo, sin muebles u otros elementos añadidos.*

C. DE MULA (Guat.). *Cierta *tortuga.*

C. URBANO. Parte central de una población.

ABAJAR EL CASCO. *Quitar mucho del casco de las caballerías para *herrarlas.*

CALENTARSE LOS CASCOS. *Estudiar mucho, *cavilar o *pensar mucho sobre una cosa.

V. «CORONA del casco».

LEVANTAR DE CASCOS a alguien. Hacerle concebir *ambición o *deseo de cierta cosa, o *ilusiones de conseguirla.

LIGERO DE CASCOS. Se aplica a una persona *informal o irreflexiva. ⇒ *Aturdido, *botarate. ⊙ Se aplica a la mujer *coqueta, *frívola o *liviana.

ROMPERSE LOS CASCOS. Calentarse los CASCOS.

SENTAR LOS CASCOS. Hacerse *formal alguien que no lo era.

□ CATÁLOGO

Almete, bacinete, capacete, CAPILLO de hierro, casquete, celada, cervillera, gálea, morrión, yelmo. ➤ Amento [o amiento], babera, baberol, barbera, barbote, barbuta, CALVA de almete, capellina, casquete, cimera, cofia, colla, cresta [o crestón], cubrenuca, gola, gorguera, gorjal, guardapapo, mentonera, orejera, rodete, ventalle, visera, vista. ➤ Almófar.

cascol m. **Resina de cierto árbol de la Guayana con la que se fabricaba *lacre negro.*

cascolitro m. Cierta *planta gramínácea de América del Sur.

cascoporro (And.) m. *Especie de *gazpacho hecho con pimiento y tomate.*

cascote (de «casco») **1** (colectivo o pl.) m. Fragmentos de *ladrillos, etc., de una obra de albañilería derribada. ≃ *Escombros. ⊙ (colectivo) Esos fragmentos utilizados como material de *relleno o para hacer *argamasa. ⇒ Broma, *cascajo, ripio. ➤ Encascotar. **2** (inf.) **Hojarasca o *ripio: palabras innecesarias que se utilizan como relleno en el verso, en un discurso, etc.*

cascudo, -a adj. *Se aplica al animal de cascos grandes.*

cascué m. *Especie de esturión del río Nilo.*

cascún o **cascuno, -a** (del lat. «quisque unus»; ant.) adj. **Cada uno.*

caseación (del lat. «casĕus», queso) f. *Fenómeno de *coagularse la leche.*

caseico, -a **1** adj. *Caseoso.* **2** QUÍM. *Se aplica al *ácido producido en la descomposición del queso.*

caseificación 1 f. QUÍM. Acción y efecto de caseificar[se]. **2** MED. *Proceso por el que un tejido adquiere aspecto semejante al queso; por ejemplo, por la infección tuberculosa.*

caseificar (del lat. «casěus», queso, y «-ficāre») tr. QUÍM. Precipitar[se] la caseína de la ↘leche.

caseína (del lat. «casěus», queso) f. QUÍM. *Albuminoide que constituye el principal elemento de la leche y del *queso, existente también en algunos jugos vegetales. Tiene mucha aplicación en la industria, como material *plástico y *aislante.*

cáseo, -a (del lat. «casěus», queso) **1** adj. *Caseoso.* **2** m. *Cuajada o *requesón.*

caseoso, -a (del lat. «casěus», queso) **1** (cient.) adj. *Del *queso o parecido a él.* **2** MED. *Se aplica al tejido infectado en que aparece un proceso de caseificación.*

casera (marca registrada; algo pop.) f. Gaseosa.

caseramente adv. *Con llaneza.*

casería 1 f. *Conjunto de edificios de una finca rústica.* ≃ Caserío. **2** (ant.) *Cría de *gallinas en casa.* **3** *Gobierno de la casa; actividad de las *mujeres en su casa.*

caserillo m. *Cierto *lienzo hecho en casa.*

caserío m. Conjunto de casas en el campo, que no llegan a constituir un pueblo. ⇒ Casalicio, casar. ➤ *Aldea. ⊙ Casa de labranza grande con edificios anejos. ≃ Casería.

caserna (del occit. «cazerna») **1** (Cuen.) f. *Casa; particularmente, *posada o parador en un camino.* **2** FORT. Bóveda fortificada construida debajo de los baluartes, que servía de almacén, etc.

casero, -a (de «casa») **1** adj. Hecho en casa y no comprado o encargado fuera: 'Dulce casero. Vestido de confección casera'. **2** *Doméstico: 'Conejo casero'. **3** Hecho en casa y entre gente de confianza: 'Una fiesta casera'. **4** (ant.) *Aplicado a árboles, cultivado.* **5** Aficionado a permanecer en casa. ≃ Muy de CASA, casariego. **6** Muy atento a las cosas de su casa. ≃ Muy de su CASA, casariego. **7** En algunos deportes, se aplica al arbitraje o al árbitro de un partido que favorece al equipo en cuyo campo se celebra el partido. **8** n. Propietario de una vivienda, con relación al inquilino que la habita. **9** *Administrador de una casa, con relación al inquilino.* **10** Persona que cuida una casa, particularmente de campo, al servicio de los dueños de ella, ausentes; o que tiene arrendadas las tierras anejas o un caserío. ⇒ *Colono. **11** *Inquilino.* **12** (ant.) **Habitante o *vecino.* **13** (Chi., Ec., Perú) *Cliente asiduo de una tienda.* **14** (Chi., Ec.) *Vendedor respecto a su cliente habitual.* **15** (Ar.) f. *Ama de gobierno que *sirve a un hombre solo; particularmente, a un *eclesiástico.*

caserón m. Casa o vivienda grande y destartalada.

caseta 1 f. Casa pequeña; particularmente, la de un solo piso en el campo. **2** Construcción pequeña con alguna función, pero no para habitarla: 'Las casetas de baño de la playa'. ⇒ *Barbacoa, barraca, barracón, cajón, caramanchel, caseto, casilla, *cobertizo, garita, garito, gayola, *puesto, tendejón, visera. **3** Vestuario de una instalación deportiva. **4** Barraca de feria.

casete (del fr. «cassette») **1** amb. Conjunto formado por una cinta magnética para grabar y reproducir sonidos y la carcasa de plástico que la contiene. ≃ Cinta. ⇒ Musicasete. ⊙ Dispositivo similar para el almacenamiento y lectura de datos informáticos. ≃ Cinta. **2** m. Aparato en que se introducen cintas magnéticas de grabación y reproducción de sonidos. Frecuentemente lleva incorporada una radio. ⇒ Grabadora, magnetófono, pasacasete, radiocasete. ➤ Casetera, platina [o pletina]. ➤ Autorreverse.

casetera f. Dispositivo donde se inserta una casete.

casetero m. Estuche, mueble, etc., para guardar casetes.

caseto (Sal.) m. *Caseta.

casetón (de «casa») **1** m. ARQ. Cada uno de los espacios cóncavos en que queda dividido un techo *artesonado. ≃ Artesón. ⊙ División semejante en cualquier otra cosa. **2** MAR. *Superestructura de los *barcos que no llega de banda a banda.*

casette (fr.; pronunc. [casét]) amb. *Casete.

cash-flow (ingl.; pronunc. [cásh flóu]) m. ECON. Diferencia entre costes e ingresos, flujo de dinero que entra y sale de una empresa.

casi (del lat. «quasi», como si) adv. Expresa que la cualidad, manera, estado o acción expresados por la palabra a que afecta, existen, ocurren o se realizan no completamente, pero faltando muy poco para ello. ⊙ Se emplea mucho en frases que muestran indecisión: 'Casi me gusta más este otro'; muy frecuentemente, seguido de «estar por»: 'Casi estoy por irme contigo'; y también, con mucha frecuencia, repetido: 'Casi, casi preferiría quedarme'. ⇒ Al BORDE de, cuasi, no DIGAMOS que..., a dos DEDOS de, lindar, estar en NADA, estar en un PELO, faltar un PELO, picar en, a pique, por poco, a *punto de, PUNTO menos que, rayar en, TANTO como..., TANTO como eso..., tocar. ➤ Si ASÍ como..., si lo MISMO que... ➤ *Acercar. *Inminente.

¡CASI NADA! Exclamación irónica con que se expresa que, por el contrario, la cosa que la motiva, tiene mucha importancia: 'Dice que necesita un millón de pesetas. —¡Casi nada!'

CASI QUE (pop.). Casi: 'Casi que me voy porque aquí no tengo nada que hacer'.

SIN CASI. Expresión informal con que se rectifica otra anterior con «casi»: 'Está casi loco. —Sin casi'.

casia (del lat. «casĭa», del gr. «kasía») **1** *(Cassia angustifolia)* f. Cierto arbusto leguminoso de la India, semejante a la acacia, de flores aromáticas. ⇒ *Planta. **2** (ant.) **Canela (especia).*

casicontrato m. *Cuasicontrato.*

casida (del ár. «qaṣīdah») f. Composición poética arábiga y también persa, corta, de asunto casi siempre amoroso.

casidulina (de «casis») f. *Cierto foraminífero del Mediterráneo y otros mares.*

casiella (ant.) f. *Casilla.*

casilla (dim. de «casa») **1** f. Casa pequeña; particularmente, algunas de cierto destino particular; como las de carabineros o de guardagujas. ≃ *Caseta. ⊙ *Puesto de venta en un *mercado.* **2** Cada uno de los espacios en que queda dividido el *papel rayado para ciertos usos, tanto si las rayas son sólo verticales como si forman cuadros. ⇒ Cuadrícula. ➤ Encasillar. **3** Cada uno de los cuadrados o rectángulos en que quedan divididos los tableros de ciertos juegos, como el *ajedrez o el parchís. ≃ *Escaque. ⇒ Calle. **4** Cada uno de los departamentos en que está dividido un casillero. **5** *Despacho de billetes de los teatros.* ≃ *Taquilla. **6** (Ec.) **Retrete.* **7** (Cuba) **Trampa para cazar pájaros.*

CASILLA POSTAL [O DE CORREOS] (Hispam.). *Apartado de correos.*

SACAR a alguien DE SUS CASILLAS. **1** Enfurecerle. **2** *Trastornarle: hacerle salirse de su vida metódica.

SALIRSE DE SUS CASILLAS. **1** *Enfurecerse. **2** Salirse ocasionalmente de la vida metódica. ⇒ *Extraordinario.

casiller (de «casilla», retrete) m. *Antiguamente, mozo que sacaba y limpiaba los orinales en palacio.*

casillero (de «casilla») **1** m. *Mueble con filas de departamentos o divisiones, sin cajones ni cierres particulares, para tener clasificados documentos u objetos; por ejemplo, cartas para distintos destinatarios. ≃ Taquilla. **2** Marcador: dispositivo colocado en los campos de *deportes para marcar los tantos.

casimba (Cuba, Perú) f. *Cacimba (hoyo hecho en la playa).* ⊙ *Cisterna cavada en el cauce de un río que lleva muy poca agua.*

casimir o **casimira** (de «Kashmir», Cachemira, país al oeste del Himalaya donde se fabricaba esta tela) m. o f. **Cachemir (tela).*

casimpulga (Nav., Nic.) f. *Casampulga (araña).*

casina f. Especie de *té.

casineta o **casinete** (del fr. «cassinette») f. o m. *Ciertas telas, especie de pañetes, de calidad inferior al casimir.*

casinita f. *Mineral, feldespato de barita.*

casino (del it. «casino», pequeña casa elegante) **1** m. Lugar de *reunión de una asociación de personas formada para reunirse en él a conversar, jugar, a veces organizar conferencias u otras actividades culturales, etc. Alternan con este nombre para sociedades semejantes «ateneo, centro, círculo, club, liceo, peña, sociedad, tertulia». **2** Establecimiento instalado en lugares de recreo, como playas y balnearios, en que se puede bailar, participar en juegos de azar o asistir a los espectáculos que se ofrecen. **3** CASA de juegos.

Casio (médico del siglo XVII que descubrió el precipitado de oro que lleva su nombre) V. «PÚRPURA de Casio».

casiopiri m. Arbusto espontáneo en la India, que se cultiva en los jardines europeos. ⇒ *Planta.

casis (del lat. «cassis», casco) **1** f. *Grosellero negro. **2** m. Cualquier *molusco del género *Cassis;* viven en el Mediterráneo y otros mares cálidos.

casita f. Dim. de «casa», usado muchas veces para referirse a la vivienda: 'Vámonos a casita'.

casitérido (del lat. «cassitĕrum», del gr. «kassíteros», estaño) m. QUÍM. *Cualquiera de los *elementos químicos del grupo que comprende el estaño, el antimonio, el cinc y el cadmio.*

casiterita (del lat. «cassitĕrum», del gr. «kassíteros», estaño) f. Mineral, bióxido de *estaño, de color pardo.

casmodia (del gr. «chasmōdía») f. MED. *Afección consistente en *bostezar mucho.* ⇒ *Enfermedad.

caso[1] (del lat. «casus») **1** m. Cada *situación, *ocasión o conjunto de *circunstancias posible: 'Puedes obrar en cada caso como te parezca más conveniente. Mi caso es distinto del tuyo. En ciertos casos lo mejor es callarse'. ⊙ *Suceso: 'Presencié un caso que me dejó asombrado'. ⊙ Cada realización individual o particular de cierto tipo de cosas o situaciones: 'Ese hombre es un caso de cinismo como yo no he visto otro. Se dan casos de despido por falta de puntualidad. Ha habido varios casos de tifus en el pueblo. Hay pocos casos de gemelos de distinto sexo'. ⊙ *Asunto, cuestión o situación determinados: 'Le expuse el caso en pocas palabras'. ⊙ Suceso o situación determinada a que se alude como posible: 'En ese caso, avísame por teléfono'. ≃ Eventualidad. ⊙ Cada una de las manifestaciones de una enfermedad. ≃ CASO clínico. ⊙ Juicio: 'El abogado ganó el caso sin dificultad'. ⊙ Hecho que es objeto de una investigación policial: 'La policía aún no ha resuelto el caso del asesinato del comerciante'. **2** *Casualidad.* **3** (inf.; n. calif.; «Ser un») Persona fuera de lo corriente; más frecuentemente por algún defecto: 'Ese chico es un caso'. ⇒ CASO perdido. **4** GRAM. Cierto accidente o posibilidad de variación que tienen algunas palabras para expresar la relación en que están con otras de la misma oración. En español solamente conserva restos de caso el pronombre personal. ≃ Declinación. ⇒ *Gramática. ⊙ GRAM. Cada una de las formas posibles dentro de esa variación. ⇒ Ablativo, acusativo, dativo, genitivo, locativo, nominativo, vocativo. ➤ Apénd. II., PRONOMBRE PERSONAL.

CASO CLÍNICO. **1** MED. Cada manifestación individual de una enfermedad, especialmente si no es habitual. **2** (inf.; n. calif.) Persona cuyo comportamiento se sale de lo normal.

C. DE CONCIENCIA. **1** Acción o situación acerca de cuya moralidad se tienen dudas y sobre la que se consulta con una persona a la que se concede autoridad: 'Consultar un caso de conciencia con el confesor'. **2** (con o sin artículo) Situación que plantea un *deber moral o este mismo deber: 'La situación de este pobre hombre es un caso de conciencia. Es caso de conciencia tenderle una mano a esa muchacha'.

C. EXTREMO. V. «En [un] CASO extremo».

C. FORTUITO. Caso imprevisto. ⊙ DER. Circunstancia ajena a la voluntad de la persona de que se trata, que la exime de *responsabilidad.

C. DE FUERZA MAYOR. Situación en que es *necesario hacer cierta cosa y no hay libertad para obrar de otro modo: 'Es un caso de fuerza mayor. Sólo en caso de fuerza mayor dejará de venir'.

C. IMPREVISTO. Situación que se presenta por *accidente. ≃ CASO fortuito.

C. PARTICULAR. Cosa, suceso o acción que tiene alguna cualidad o circunstancia que lo *distingue entre los de su clase: 'Se exceptúan de la disposición ciertos casos particulares. El triángulo rectángulo es un caso particular de triángulos'.

C. PERDIDO. Persona de la que no cabe esperar provecho ni enmienda. ≃ *Calamidad, COSA perdida.

A CASO HECHO. *Intencionadamente.

A UN CASO RODADO. *En un CASO rodado.*

CASO DE. En CASO de.

CASO QUE. En CASO de que.

DADO EL CASO [DE] QUE. En CASO de que.

DARSE EL CASO [DE] QUE. *Suceder que.

EL CASO ES QUE. **1** Se emplea con diferentes matices en muchos casos en que hay una contradicción u oposición íntima entre lo que se va a decir y algo que piensa o proyecta el mismo que habla o supone que piensan los que escuchan: 'El caso es que se nos ha hecho muy tarde para ir allí. El caso es que, a pesar de todo, deseo verle. No sé de qué, pero el caso es que estoy cansado. Sea como sea, el caso es que te he ganado'. Se usa muy frecuentemente en la forma «y el caso es que». ⇒ Conjunción, *adversativo. **2** Lo que importa es que: 'Aunque vengas tarde, el caso es que vengas'. **3** Se antepone muy frecuentemente a frases que expresan *duda o indecisión: 'El caso es que no sé qué hacer'.

EN CASO. *En todo CASO.*

EN CASO DE. Expresión *hipotética equivalente a «si», empleada con el verbo en infinitivo: 'En caso de decidirte, dímelo'. ≃ Supuesto [de] que.

EN CASO DE NECESIDAD. Expresión de significado claro conocido el de «en caso de». ⇒ *Eventualidad, *necesidad, *recurso. ➤ A un CASO, en CASO extremo, en todo CASO, en un CASO extremo, en un CASO rodado, si llega el CASO.

EN CASO DE QUE. Tiene el mismo valor que «en caso de», pero se emplea con el verbo en subjuntivo: 'En caso de que no puedas venir, llama por teléfono'. ≃ CASO que, dado CASO [el CASO] de que, dado CASO [el CASO] que.

EN [UN] CASO EXTREMO. Si no se puede evitar, o después de haber agotado cualquier otro medio o *recurso. ⇒ En CASO de necesidad.

EN CUALQUIER CASO. Pase lo que pase o sean cualesquiera las circunstancias: 'En cualquier caso, no tienes más que avisarme e iré a ayudarte'. ≃ En todos los CASOS. ⇒ *Seguro.

EN ESE CASO. Expresión *hipotética que equivale a «siendo [o si son] las cosas de esa manera»: 'En ese caso, no hay más que hablar'.

EN OTRO CASO. Expresión *hipotética que equivale a «si ocurre de otro modo».

EN TODO CASO. **1** Expresión con que se admite una desvirtuación parcial de una negativa expresada antes: 'Creo que no tengo nada que trate de eso; en todo caso, algún libro viejo'. ≃ Si acaso. **2** También sirve para dar una orden o hacer una indicación vacilantemente: 'Puede ser que le convenga; en todo caso, díselo a él'. **3** Puede significar también «en cualquier caso o circunstancia». **4** En CASO de necesidad.

EN TODOS LOS CASOS. En cualquier CASO.

EN TU [VUESTRO, etc.] CASO. Equivale a «si estuviese en la misma situación que tú [vosotros, etc.]».

EN ÚLTIMO CASO. Si no hay otro medio o remedio o después de fallar otros: 'En último caso (si no tienes con quien enviármelo), iré yo mismo a recogerlo. En último caso, espera a que yo vuelva y lo resolveré'. ⇒ En [un] CASO extremo, en CASO de necesidad.

EN UN CASO EXTREMO. En CASO extremo.

EN UN CASO RODADO. *En caso de que las cosas lleguen a ponerse de tal manera que sea necesario:* 'En un caso rodado, hipotecaré la finca'. ≃ A un CASO rodado. ⇒ En CASO de necesidad.

ESTAR EN EL CASO. **1** («de») Haber llegado a una situación en que se hace necesaria la cosa que se expresa: 'Estamos en el caso de tomar una decisión enérgica'. ≃ Haber llegado el CASO. **2** *Estar al corriente de algo.*

HABER CASO (usado con frecuencia en forma negativa). Presentarse oportunidad para cierta cosa, haber *ocasión de hacerla o ser necesario hacerla: 'Si hay caso, dices que vas de mi parte. No hubo caso de decirle nada, porque no vino. No hubo caso de echarle, porque se marchó por su voluntad'. También se emplea la frase sola como respuesta: 'Ten mucho cuidado. —No hay caso'.

HABLAR AL CASO. *Hablar en el momento oportuno.*

HACER AL CASO (usado con frecuencia en forma negativa). Tener la cosa de que se trata relación con lo que se está tratando o interés para ello: 'Eso no hace ahora al caso'. ≃ Ser del CASO, venir al CASO. ⇒ *Oportuno.

HACER CASO («a, de»). Prestar *atención o, si se trata de personas, mostrar *consideración: 'Haz caso de mi advertencia. Vi que le hacían mucho caso en la fiesta'. ⊙ Obedecer. ⊙ Seguir las indicaciones de alguien. ⊙ Prestar oídos a comentarios, rumores, noticias.

HACER CASO OMISO de algo. No hacer CASO.

LLEGADO EL CASO. Si llega el CASO.

NI CASO (inf.) Expresión elíptica equivalente a «no hacer ni caso»: 'Se lo dije mil veces, pero él ni caso. Si te vienen con ese cuento, tú ni caso'.

NO HACER [NI] CASO. **1** No prestar *atención. ⊙ Tratándose de personas, no ocuparse de ellas o no *obedecerlas, escucharlas o atenderlas. ⇒ No prestar ATENCIÓN, burlarse, hacer CASO omiso, no tomar en CONSIDERACIÓN, no creer, no tomar en CUENTA, *desatender, no obedecer, no ocuparse, hacer OÍDOS de mercader, hacer OÍDOS sordos, echar [o mandar] a PASEO, no PREOCUPARSE, prescindir, reírse, tomar a RISA, hacerse el SORDO, hacerse el SUECO. ➤ ¡Vete a PASEO! ➤ *Desentenderse. *Desobedecer. *Despreciar. *Despreocuparse. *Prescindir. **2** No dar importancia; se usa mucho en frases en imperativo, que se dicen para tranquilizar: 'No hagas caso; ya se le pasará'.

NO SEA CASO QUE. Expresión preventiva con que se expone algo que se hace como precaución: 'Me llevaré el abrigo, no sea caso que refresque por la noche'. ⇒ *Prevenir.

PARA EL CASO. Indica que para cierta cosa o situación es suficiente o es *indiferente lo que se expresa: 'Ya vas bastante elegante para el caso. Para el caso es igual que sea inglés o americano. Para el caso es como si estuviera aquí'. Se emplea mucho en respuestas con tono suspensivo: '¿Por qué no te pones el traje nuevo? —Para el caso...'.

PARA CADA CASO. Hecho en el momento y para la cosa que se necesita y no ya hecho de antemano. ⇒ Ad hoc, facticio, a medida, a propósito.

PONER a alguien EN EL CASO DE hacer cierta cosa. Ponerle, con lo que se le dice o se le hace, en situación de tener que hacerla. ⇒ *Coacción, *obligar, *provocar.

PONER POR CASO. Poner por *ejemplo o *suponer; particularmente, en la frase 'pongamos por caso'.

PUESTO [EL] CASO [DE] QUE. *En CASO de que.*

SER UN CASO. V. «caso» (3.ª acep.).

SI HAY CASO. V. «haber caso».

SI LLEGA [EL] CASO. Si la cosa que se expresa o consabida llega a ser necesaria: 'Si llega el caso, no vaciles en llamarme'. ⇒ En CASO de necesidad. ➤ Expresiones *hipotéticas.

SIN SER DEL CASO. Sin hacer al caso.

SIN VENIR AL CASO. V. «venir al CASO».

VAMOS AL CASO. Se dice para llevar la conversación al punto que interesa y no *divagar.

VENIR AL CASO. Hacer al CASO.

Y EL CASO ES QUE. El CASO es que.

caso², **-a** (del lat. «cassus», vano; ant.) DER. *Nulo.*

casón o **casona** m. o f. Aum. de «casa». ⇒ Caserón.

casorio 1 (inf.) m. Desp. de casamiento. ≃ Bodorrio. **2** (inf.) Preparativos, jaleo, fiesta, etc., que acompañan a una boda.

caspa (¿de or. prerromano?) **1** (colectivo) f. Escamillas de materia blancuzca que se forman en el *cuero cabelludo. ⇒ Fórfolas. ➤ Descaspar, escoscar. ➤ *Pelo. **2** (colectivo) Se aplica a otras cosas semejantes, en forma de escamillas blanquecinas. ⊙ (colectivo) Las que se forman en algunas afecciones de la piel. ⊙ (colectivo) MINER. *Las de óxido que recubren el *cobre antes de fundirlo.* ⊙ (Sal.; colectivo) *Costra de musgos y líquenes que cubre los troncos de árboles viejos.*

caspera (de «caspa») f. **Lendrera (peine de púas finas y espesas).*

caspia (de «caspa»; Ast.) f. **Orujo de las *manzanas con que se hace la sidra.*

caspicias (de «caspa») f. pl. **Restos o sobras de una cosa.*

caspio, -a (del lat. «Caspĭus») adj. y, aplicado a personas, también n. *Se aplica a los individuos y cosas de un *pueblo antiguo de Hircania.* ⊙ m. pl. *Ese pueblo.*

caspiroleta (de «caspa»; Hispam.) f. *Bebida compuesta de leche caliente, huevos, canela, aguardiente, azúcar, etc.*

¡cáspita! (del it. «càspita») interj. Expresión de asombro, *enfado o sorpresa casi en desuso o empleada con refinamiento irónico. Equivale a «¡*caramba!».

caspolino, -a adj. y, aplicado a personas, también n. *De Caspe, población de Zaragoza.*

casposo, -a («Estar; Ser») adj. Se aplica a la persona que tiene caspa o que es propensa a tenerla.

casquería f. Tienda donde se venden las entrañas, pezuñas y demás partes de las reses que no son la *carne. ⇒ *Despojos.

casquero, -a (de «casco») **1** n. Persona que tiene una casquería o vende en ella. ⇒ Chinda, tripicallero. **2** m. *Lugar donde se cascan los *piñones.*

casquetada (de «casquete») f. *Exceso cometido por alguien.* ≃ Calaverada.

casquetazo (de «casquete») m. **Cabezazo.*

casquete (de «casco») **1** m. Cualquier prenda o parte de ella, por ejemplo en el *casco de la armadura, que cubre la parte superior de la cabeza. **2** **Casquillo del cartucho.* **3** *Casquillo que protege la punta de cualquier cosa. **4** *Recubrimiento de pez y otros ingredientes que les ponían en la cabeza a los tiñosos para curarles.* ≃ Casco. **5** **Peluca que cubre sólo una parte de la cabeza.* **6** *Fleco de *pelo postizo que se pone alrededor de la cabeza.* ≃ Cairel. **7** *Conjunto de hebras de seda a las cuales sujetan primeramente el pelo los peluqueros, para después hacer la peluca.* ≃ Cairel. **8** (vulg.; «Echar un») Coito.

CASQUETE ESFÉRICO. GEOM. Sector de *esfera menor que una semiesfera.

C. GLACIAR. Superficie cubierta de hielo en las regiones polares.

C. POLAR. Superficie del globo terráqueo comprendida entre el circulo polar y el polo correspondiente.

casquiacopado, -a adj. *Se aplica al *caballo o yegua que tiene el *casco hueco, parecido al hueco de una copa.*

casquiblando, -a adj. *Se aplica al *caballo o yegua que tiene blandos los *cascos.*

casquiderramado, -a (de «casco» y «derramado») adj. *Se aplica al caballo o yegua que tiene el casco ancho de palma.*

casquijo (de «casco») m. *Piedra menuda que se emplea para hacer hormigón o como grava en las carreteras. ≃ *Guijo.

casquilla (de «casco») **1** f. APIC. *Cúpula que cubre la celda en que se cría la reina.* ⇒ *Abeja. **2** (pl.) *Cápsulas de plata que emplean los plateros para graduar en la balanza el peso de los ensayos.*

casquillo (dim. de «casco») **1** m. Nombre dado a distintas piezas metálicas, cilíndricas o de forma de platillo, con que se *refuerzan, *protegen o *cubren algunas cosas. ⇒ *Capuchón, *contera, *punta. ⊙ La que refuerza y protege la *punta de un bastón o de una vara de carruaje. ⇒ *Contera. ⊙ La que refuerza interiormente el orificio en que ha de entrar un *eje o un *tornillo. ⊙ La «cápsula» o parte metálica del *cartucho de cartón. ⊙ La pieza que cierra una *lámpara eléctrica, en la cual están los extremos del filamento y por la que se fija a su soporte. ⊙ También, este soporte. **2** Cartucho metálico vacío. **3** (Hispam.) *Herradura.* **4** *Hierro de la flecha.* **5** (Hond.) *Forro de piel que se pone en los sombreros.*

casquilucio, -a adj. *Casquivano.*

casquimuleño, -a (de «casco» y «mulo») adj. *Se aplica al *caballo o yegua que tiene los cascos pequeños, duros y huecos como los de las mulas.*

casquiñón (relac. con «carquiñol») m. *Especie de *caramelo con trocitos de almendra o avellana.* ⇒ Carquiñol. ➤ *Guirlache.

casquite 1 (Ven.) adj. *Se aplica a la bebida llamada «carato», cuando está agriada.* **2** (Ven.; inf.) *Se aplica por extensión a las personas de mal *carácter.*

casquivano, -a (de «casco» y «vano»; n. calif.) adj. y n. Se aplica a la persona que obra sin formalidad. ≃ Ligero de CASCOS, casquilucio. ⇒ *Ligero. ⊙ Sólo se aplica corrientemente a las mujeres, significando que se comportan con poca formalidad en sus relaciones con el otro sexo. ⇒ Ligera de CASCOS, coqueta, fresca, frívola, *ligera, *liviana.

casta (del sup. gót. «kasts», grupo de animales, nidada de pájaros) **1** f. Variedad formada dentro de una especie *animal por ciertos caracteres transmitidos por herencia. ≃ Raza. **2** Familia y ascendencia de una persona. ⊙ Particularmente, *abolengo: familia o ascendencia noble: 'Orgulloso de su casta'. ⇒ Descastado, encastar. **3** *Clase social en las sociedades en que hay establecida una división clara entre las de distinta *categoría; como ocurre, por ejemplo, en la India. ⇒ Bracmán, chatria, sudra, vaisía. ➤ Paria. **4** Grupo constituido por los individuos de cierta clase, profesión, etc., que disfrutan *privilegios especiales o se mantienen aparte y como superiores a los demás: 'Los militares forman una casta en el país'.

DE CASTA. Se aplica a la persona que posee en alto grado las cualidades que hacen de ella un buen *ejemplar de lo que expresa el nombre: 'Un torero de casta'. ≃ De pura cepa, de raza. ⇒ Castizo.

DE CASTA LE VIENE AL GALGO (inf.). Expresión con que se comenta que la cualidad que una persona tiene la ha heredado de su familia.

castálidas (del lat. «Castalĭdes», por «Castalia», fuente consagrada a ellas; culto o lit.; «Las») f. MIT. *Las *musas.*

castalio, -a (del lat. «castalĭum»; culto o lit.) adj. MIT. *De la fuente Castalia, consagrada a las *musas.* ⊙ MIT. *De las musas.*

castamente adv. Con castidad.

castaña (del lat. «castanĕa») **1** f. Fruto del castaño. ⇒ Regoldo. ➤ Candela, erizo. ➤ Asada, calbote, callonca, pilonga, regoldana. ➤ Codina. ➤ Barago, cuerria, sarda, sardo. ➤ Magosta [o magosto]. ➤ Calboche, calpuchero. ➤ Regañar. ➤ Asar, escabuchar. **2** El nombre puede aplicarse, con o sin «de», al color similar al de este fruto. **3** *Vasija abombada para contener liquidos.* ≃ *Garrafa. **4** (Méj.) **Tonel pequeño.* **5** *Moño de pelo de forma semejante a una castaña. **6** (Cuba) *Pieza que sirve de chumacera a la maza mayor de los ingenios de *azúcar.* **7** (inf.) Borrachera. **8** (inf.) *Golpe. **9** (inf.; n. calif.) Cosa de mala calidad, mal hecha o aburrida: 'La película que vimos era una castaña'. **10** (inf.) Se emplea para expresar la *edad de una persona: 'Mañana cumple cuarenta castañas'.

CASTAÑA PILONGA. Castaña desecada.

C. DE TIERRA. Bunio (arbusto umbelífero).

DAR LA CASTAÑA a alguien. **1** (inf.) *Darle un *chasco.* **2** (inf.) *Molestarle, fastidiarle.*

V. «parecerse como un HUEVO a una castaña».

SACARLE a alguien LAS CASTAÑAS DEL FUEGO. Hacerle algo que le corresponde hacer a él mismo, para sacarle de un apuro en el que se ha metido. ⇒ *Ayudar.

¡TOMA CASTAÑA! (inf.). Expresión con que se muestra satisfacción ante un mal ajeno, generalmente por considerarlo merecido, o por algo que llama la atención a causa de su valor o mérito: '¿Que le han robado el coche? ¡Toma castaña!; por estar presumiendo con él todo el día. ¡Toma castaña!; ha sacado un diez en latín'. ⇒ ¡TOMA!

castañar m. Sitio poblado de castaños.

castañazo (inf.) m. Cualquier golpe. ≃ Castaña.

castañear intr. Castañetear los dientes.

castañeda o **castañedo** f. o m. Castañar.

castañero, -a 1 n. Persona que vende castañas en puestecillos callejeros donde tiene un hogar en que las asa. **2** m.

*Nombre dado a varias *aves palmípedas del género Colymbus.*

castañeta (de «castaña», por su forma) **1** f. *Castañuela.* **2** Chasquido que se produce con el dedo medio y el pulgar juntándolos con fuerza y separándolos bruscamente resbalando el uno sobre el otro, de modo que el medio choca con el pulpejo. ≃ Pito. **3** *Lazo negro que se ponen los toreros en la *coleta.* ≃ Moña. **4** Nombre de diversos *peces de ríos americanos, como el *Pomacentrus leucostictus*. **5** *Reyezuelo (pájaro).

castañetada f. *Castañetazo.*

castañetazo 1 m. *Estallido que da la castaña si se pone en el fuego sin hacerle algún corte.* ⊙ *Chasquido semejante de cualquier cosa.* **2** **Golpe fuerte dado con los dedos juntos o golpe semejante dado con otra cosa sobre la mejilla, la pantorrilla, etc., de alguien.*

castañete adj. V. «AJO castañete».

castañeteado m. Repique de castañuelas con que se acompañan algunos bailes.

castañetear 1 tr. Hacer *sonar las castañuelas u otra ˘cosa con sonido semejante al de ellas. ⊙ intr. Particularmente, chocar los dientes de una mandíbula con los de otra con temblor producido por miedo, frío, etc.: 'Le castañeteaban los dientes'. ⇒ Dentellar, dar DIENTE con diente. *Tiritar. ⊙ tr. *Hacerlos chocar:* 'Castañeteaba los dientes'. **2** intr. Producir cierto *sonido con una articulación del cuerpo; por ejemplo con las rótulas al andar. **3** *Producir el macho de la *perdiz ciertos sonidos como chasquidos.* ≃ Piñonear.

castañeteo m. Acción de castañetear.

castaño, -a 1 adj. y n. m. Se aplica al *color marrón oscuro como el de la castaña y a las cosas que lo tienen. ⊙ Particularmente, al pelo y a los ojos de ese *color. ⊙ adj. Y a las personas o animales con el pelo castaño: 'Una yegua castaña'. **2** *(Castanea sativa)* m. Árbol cupulífero de copa ancha y redonda que da las *castañas.

CASTAÑO DE INDIAS *(Aesculus hippocastanum)*. Árbol hipocastanáceo de follaje espeso, de hojas anchas palmeadas, con flores blancas o rosadas en racimos erectos que dan al árbol un bello aspecto en primavera. Los frutos se llaman también castañas; son semejantes a las comestibles, pero más redondas y brillantes. ⇒ *Planta.

PASAR una cosa DE CASTAÑO OSCURO. Ser ya abusiva e intolerable.

castañola (del cat. «castanyola»; *Brama brama)* f. Pez teleósteo del Mediterráneo, de color de acero, comestible, pero poco sabroso.

castañuela (dim. de «castaña») **1** f. Pieza de madera, cóncava por un lado y convexa por el otro, de perfil redondeado, con un saliente en el que hay unos orificios; por éstos se pasa un cordón o cinta para sujetarlas una con otra de modo que puedan entrechocarse por su lado cóncavo. Se produce con ellas un sonido característico con el que, llevando un par en cada mano, se acompañan cantos y danzas populares. ⇒ Castañetas, crótalos, palillos, postizas. ➤ Tarreñas. ➤ *Música. **2** (Chi.; pl.) *Tarreñas (especie de castañuelas de barro cocido).* **3** Nombre de varias plantas ciperáceas, como *Cyperus rotundus,* y de ciertas umbelíferas, como *Bulbocastanum linaei*.

COMO UNAS CASTAÑUELAS (inf.). Muy contento.

castañuelo, -a (dim. de «castaño») adj. *Aplicado a *caballos y yeguas, castaño.*

V. «AJO castañuelo».

castel (ant.) m. *Castillo.*

castelar (de «Emilio Castelar», político español del siglo XIX, célebre por su elocuencia; n. calif.; mayúsc. o minúsc.) n. Persona (generalmente hombre) que habla con gran elocuencia.

castellán m. V. «castellán de AMPOSTA».

castellana f. LITER. **Estrofa de cuatro versos de romance octosílabo.*

CASTELLANA DE ORO. *Castellano (moneda).*

castellanamente adv. *Al modo de Castilla o de los castellanos.*

castellanía (de «castellano») f. *Territorio o jurisdicción independiente, con leyes particulares y jurisdicción separada para el gobierno de su capital y pueblos de su distrito.*

castellanidad f. Características que se consideran propias de Castilla y lo castellano.

castellanismo m. *Expresión propia del castellano.

castellanización f. Acción de castellanizar[se].

castellanizar tr. Dar carácter castellano. ⊙ Dar forma castellana a una palabra de otro idioma. ⊙ prnl. Tomar ese carácter o forma.

castellano, -a (del lat. «Castellānus») **1** m. Señor de un castillo. **2** Alcaide o gobernador de un castillo. **3** adj. y, aplicado a personas, también n. De Castilla. ⇒ Castellanoleonés [o castellano-leonés], castellanomanchego [o castellano-manchego]. **4** m. Lengua hablada en España e Hispanoamérica, procedente de una variedad lingüística originaria de Castilla. ≃ Español. **5** *Cierta *moneda castellana de oro, de la Edad Media.* **6** *Cincuentava parte del marco de oro, equivalente a 0,46 gr.* **7** **Lanza (hombre de armas.* **8** adj. y n. f. *Se aplica a cierta raza de *gallinas.* **9** (Chi.) *Raza de gallinas de color gris con pintas rojizas.* **10** (Ál.) m. **Viento del sur.*

CASTELLANO NUEVO. De Castilla la Nueva.

C. VIEJO. De Castilla la Vieja.

V. «LANZA castellana».

castellanohablante adj. y n. Hablante de castellano.

castellanoleonés, -a o **castellano-leonés, -a** adj. y, aplicado a personas, también n. De Castilla y León. ⊙ Particularmente de la comunidad autónoma de Castilla y León.

castellanomanchego, -a o **castellano-manchego, -a** adj. y, aplicado a personas, también n. De Castilla-La Mancha, comunidad autónoma española.

castellar (del sup. lat. «castellāris») **1** m. *Lugar donde hay o hubo castillo. Se conserva como nombre propio topográfico.* **2** **Todabuena (planta gutífera).*

castellería (ant.) f. *Castillería (derecho).*

castellero (del lat. «castellarĭus»; ant.) m. *Castillero.*

castellonense adj. y, aplicado a personas, también n. De Castellón, provincia española, o de Castellón de la Plana, su capital.

casticidad f. *Casticismo.*

casticismo m. Cualidad de castizo.

casticista adj. y n. Purista: 'Se aplica a la persona preocupada por el casticismo del lenguaje'.

castidad (del lat. «castĭtas, -ātis») f. Cualidad de casto. ⊙ Comportamiento casto.

V. «VOTO de castidad».

castigación (del lat. «castigatĭo, -ōnis») f. *Castigo.*

castigadamente (ant.) adv. **Correctamente.*

castigadera (de «castigar») f. *Entre arrieros, correa o cuerda con que se ata el badajo del *cencerro.*

castigado, -a 1 («Estar, Dejar, Quedarse; por, a, de») Participio adjetivo de «castigar»: 'El niño está castigado a no ir al cine. Los trigos han quedado muy castigados con el granizo'. **2** Mermado o *disminuido: 'La paga del mes queda muy castigada con tantos descuentos'.

castigador, -a 1 adj. y n. Se aplica al que castiga. **2** (inf.) n. Se aplica a la persona que despierta *amor en las del otro sexo, proponiéndoselo con coqueterías, o sin proponérselo.

castigamento o **castigamiento** (ant.) m. *Castigo.*

castigar (del lat. «castigāre») **1** («con») tr. Infligir un *daño a ↘alguien que ha cometido un delito o falta, o que ha ofendido o causado algún daño a quien le castiga. **2** Hacer padecer física o moralmente a ↘alguien aunque no sea por faltas cometidas. ⊙ Particularmente, *atormentar, *mortificar: hacer padecer al propio ↘cuerpo por móviles religiosos. **3** (ant.) **Reprender, amonestar o *advertir.* **4** **Escarmentar.* **5** (inf.) Referido particularmente a las mujeres, *enamorar a ↘alguien con coqueterías. **6** *Estropear una ↘cosa un fenómeno natural: 'Las heladas han castigado mucho los frutales. El viento castiga las empalizadas'. ≃ Dañar, perjudicar. **7** Estimular a una *caballería para que camine más deprisa. **8** *Enmendar o *corregir un ↘escrito.* **9** Disminuir considerablemente una ↘cosa gastando de ella. ⊙ Disminuir ciertas cosas quitando algo de ellas; por ejemplo, las partidas de un ↘presupuesto de ↘gastos. ⇒ *Cercenar. **10** (ant.) prnl. **Privarse o *abstenerse de algo.*

V. «Dios castiga y sin palo».

□ CATÁLOGO

Otra raíz, «pun-»: 'punir, punitivo, impune'. ➤ Acañaverear, afrentar, ahorcar, ajusticiar, apedrear, apenar, aprisionar, arcabucear, pasar por las ARMAS, arrestar, aspar, atenacear, atenazar, atormentar, azotar, sentenciar a BAJELES, cañaverear, meter en CINTURA, colgar, sentar las COSTURAS, crucificar, pasar CRUJÍA, decalvar, decapitar, degollar, degradar, descuartizar, desollar, *desterrar, diezmar, *ejecutar, empalar, emparedar, empicotar, emplumar, *encarcelar, encentar, encestar, encorozar, encubar, enrodar, escarmenar, escarmentar, estemar, estrangular, excomulgar, cortar FALDAS [o las faldas], felpear, fusilar, fustigar, echar [o mandar] a GALERAS, dar GARROTE, golpear, guindar, herrar, inhabilitar, internar, lapidar, lardear, linchar, descargar [o sentar] la MANO, matar, multar, calentar las OREJAS, meter un PAQUETE, penalizar, PENAR, sacudir el POLVO, pringar, meter un PURO, sancionar, setenar, talionar, sacar a la VERGÜENZA. ➤ Carnerear. ➤ Cargársela, ganársela, caérsele el PELO. ➤ Expiar, pagar, pagarla, purgar, pagar con las SETENAS. ➤ Afrenta, apenamiento, arresto, AUTO de fe, azote, bolina, caloña, cáncana, canga, castigación, castigamento, castigamiento, castigo, catatán, CEPO de campaña, CEPO colombiano, comiso, confiscación, coqueta, coroza, correctivo, crucifixión, cuaderno, cúleo, decalvación, degradación, destierro, escarmiento, estema, estigma, excomunión, felpeada, fervencia, fusilamiento, galeras, galopeado, garrote, gemonias, hervencia, inhabilitación, julepe, linchamiento, merecido, muerte, MUERTE civil, multa, palmetazo, palo, PALO de ciego, pena, PENA accesoria, PENA aflictiva, PENA capital, PENA correccional, PENA pecuniaria, PENA de talión, PENA de la vida, PENITENCIA, poste, postergación, pringue, punición, relegación, remo, rocadero, sanción, sepancuantos, suplicio, último SUPLICIO, SUSPENSIÓN de empleo [o de empleo y sueldo], talión, *tormento, tortura, TRABAJOS forzados, trepa. ➤ Mero [o mixto] IMPERIO. ➤ VINDICTA pública. ➤ Expiación. ➤ A PAN y agua. ➤ Disciplinario, infamante. ➤ Recargo. ➤ CAMPO de concentración, galeras, infierno, *prisión, *purgatorio. ➤ Ahogadero, argolla, brasero, cadalso, cadenas, cruz, degolladero, dogal, ENE de palo, férula, flagelo, guardamigo, guillotina, hacha, hopa, horca, knut, látigo, palmatoria, palmeta, patíbulo, picota, quemadero, rollo, tablado, tajo. ➤ Cuarto. ➤ En capilla. ➤ Castigador, *verdugo. ➤ DERECHO criminal, DERECHO penal. ➤ Oler la CABEZA a chamusquina, el que al CIELO escupe, a la cara le cae, clamar al CIELO [a Dios], el que [quien] a HIERRO mata, a hierro muere, llorar LÁGRIMAS de sangre, bajo [so] PENA de. ➤ *Absolver, *perdonar, *tolerar. ➤ *Advertir. *Amenazar. *Condenar. *Delito. *Ejecutar. *Justicia. *Reprensión. *Sentencia. *Tribunal.

castigo 1 («Merecer, Aplicar, Imponer, Infligir, Señalar, Incurrir en, Merecer, Llevarse, Recibir, Levantar») m. Acción de *castigar. ⊙ Pena con que se castiga: 'El castigo ha sido desproporcionado a la falta'. **2** Cosa o persona que causa padecimiento continuado: 'Ese hijo es su castigo'. ≃ Tormento. **3** (ant.) *Amonestación, aviso, consejo o reprensión.* **4** (ant.) *Enseñanza.* **5** (ant.) **Enmienda.* **6** (Chi.) *Reducción de gastos.*

CASTIGO AFRENTOSO. CASTIGO infamante.

C. EJEMPLAR. Castigo muy severo aplicado para que sirva de escarmiento al mismo que lo recibe o a otros.

C. INFAMANTE. Castigo que consiste en obligar al reo a algo vergonzoso o humillante. ≃ CASTIGO afrentoso.

MÁXIMO CASTIGO. En el fútbol y otros *deportes, penalti.

castila (de «Castilla») **1** (Filip.) adj. y, aplicado a personas, también n. *Español.* **2** (Filip.) m. *Idioma español.*

castilla (de «Castilla», nombre del reino medieval en que se formó el castellano.) **1** (Filip.) adj. y n. *Español.* ⇒ Castila. **2** (Chi.) f. **Bayetón (tela).*

ANCHA ES CASTILLA. **1** Expresión con que se anima a obrar sin cortapisas o con que se comenta tal actitud o los despilfarros de alguien. ⇒ *Atropellar, *derrochar. **2** También expresa a veces que en el asunto de que se trata se puede ya obrar sin obstáculos o inconvenientes: 'Ya tenemos el dinero. —Pues, entonces, ¡ancha es Castilla!'.

V. «ALFÉREZ mayor de Castilla, CAÑA de Castilla, CONSEJO de Castilla».

castillado, -a adj. HERÁLD. *Con castillos.*

castillaje m. *Castillería (derecho).*

castillejo (dim. de «castillo») **1** m. *Armazón en que se ponía a los niños cuando estaban aprendiendo a *andar.* **2** *Cierto andamio o armazón para levantar pesos considerables, generalmente en la construcción de edificios.* ⇒ Encastillar. **3** *Pieza del telar de mano, de las que hay dos.* **4** (Méj.) *Armazón vertical de hierro de las dos colocadas a ambos lados del trapiche, en las cuales descansan los ejes de los cilindros moledores.* ⇒ *Azúcar. **5** **Juego de niños que consiste en formar un montoncito o «castillo» con cuatro nueces y tirar a derribarlo con otra.*

castillería 1 f. **Derecho que se pagaba al pasar por el territorio de un castillo.* ≃ Castellería, castillaje. **2** (ant.) *Alcaidía de un castillo.*

castillero (ant.) m. *Castellano: alcaide de un castillo.*

castillete (dim. de «castillo») m. *Armazón de tablas hecha con algún objeto; por ejemplo, las que se armaban para tirar lanzas contra ellas en los *juegos caballerescos.* ⇒ Tablado.

castillo (del lat. «castellum») **1** m. Edificio o conjunto de edificios, *fortificados para la guerra, con murallas, fosos, etc. ⇒ Castel. ➤ Alcolea. ➤ Desencastillar, encastillar. ➤ *Fortificar. **2** *Máquina de guerra antigua de madera, en forma de torre, que se ponía sobre elefantes.* **3** HERÁLD. Figura que representa una torre, o varias unidas por muros; es la pieza principal del escudo de España. **4** *Celdilla del panal de miel en donde se realiza la transforma-*

ción de la larva en reina. ≃ Maestril. ⇒ *Abeja. **5** *Cabida de un *carro, desde la escalera hasta la parte superior de los varales.* **6** MAR. Parte de la cubierta alta del *barco comprendida entre el trinquete y la proa. **7** MAR. Cubierta parcial que tienen algunos barcos en esa parte a la altura de la borda.

CASTILLO DE FUEGOS ARTIFICIALES [o, menos frec, DE FUEGO]. Combinación de mucho aparato de fuegos artificiales y cohetes lanzados desde distintos sitios.

C. DE NAIPES. **1** Construcción hecha colocando hábilmente cartas de *baraja que se sostienen unas sobre otras, puestas de canto. **2** *Proyecto desprovisto de base sólida. ⇒ Hacer CASTILLOS de naipes.

C. DE POPA. MAR. Toldilla de un *barco.

HACER CASTILLOS DE NAIPES. Poner demasiadas esperanzas en una empresa acometida con medios inadecuados o insuficientes.

HACER CASTILLOS EN EL AIRE. Concebir demasiadas esperanzas sobre algo.

castimonia (del lat. «castimonĭa»; ant.) f. *Castidad.*

castina (del al. «Kalkstein», de «Kalk», cal, y «Stein», piedra) f. METAL. *Fundente calcáreo que se usa cuando el mineral que se quiere fundir contiene mucha arcilla.*

casting (ingl.; pronunc. [cástin]; pl. «castings») m. Conjunto de pruebas que se realizan para seleccionar actores o modelos.

castizamente adv. De manera castiza.

castizo, -a (de «casta» e «-izo») **1** adj. Aplicado al lenguaje, costumbres, tradiciones, rasgos y otras manifestaciones, verdaderamente del país, región, etc., de que se trata y no falseado, espurio, advenedizo o mezclado con cosas ajenas: 'Palabras castizas. Lenguaje castizo. Bailes castizos'. ≃ Genuino, propio, *puro. ⊙ Se aplica al escritor que emplea un lenguaje castizo. ⊙ Se aplica a la persona que tiene las cualidades que caracterizan a los de la región, profesión, etc., a que pertenece: 'Un aragonés castizo. Un torero castizo'. ≃ De casta. ⇒ *Auténtico. ⊙ (n. calif.) adj. y n. Se aplica particularmente a los madrileños que tienen la gracia desenfadada que se considera propia de las clases populares de esta ciudad: 'Una madrileña castiza. ⇒ *Chulo. ⊙ Y a los andaluces con la gracia propia de su región. ⊙ (n. calif.) n. Persona con desenfado y graciosa *desenvoltura: '¡Eres un castizo!'. ≃ Barbián, chulo. **2** adj. *Muy fecundo.* **3** (Méj.) *Cuarterón (*mestizo).*

casto, -a (del lat. «castus») adj. Se aplica a la persona que se abstiene del trato sexual o es moderada en él o se atiene a lo que se considera virtuoso. ⊙ Aplicado a personas, a su comportamiento, etc., exento de sensualidad, no provocativo. ≃ Honesto, modesto, recatado.

□ CATÁLOGO

Anafrodita, continente, *honesto, inocente, limpio, modesto, pudibundo, púdico, pudoroso, puro, quieto, recatado, virgen. ➤ Platónico. ➤ Castidad, castimonia, continencia, decencia, decoro, honestidad, incorrupción, inocencia, limpieza, modestia, modosidad, *pudor, pureza, vergüenza, virginidad, virtud. ➤ Honor. ➤ VOTO de castidad. ➤ FLOR de azahar.

castor (del lat. «castor, -ōris») **1** *(Castor fiber* y otras especies del mismo género) m. Mamífero *roedor de cuerpo grueso, de hasta 65 cm de largo, de pelo castaño muy fino, patas cortas, pies con cinco dedos palmeados y cola aplastada, de forma oval y escamosa; construye sus viviendas a orillas de ríos y lagos, haciendo verdaderos diques de gran extensión. ⇒ Befre, bíbaro. ➤ Caudimano [o caudímano]. ➤ Coipo. ⊙ Pelo del castor. **2** *Tela de lana de pelo suave. **3** **Fieltro hecho de pelo de castor.*

Cástor y Pólux (hijos de Júpiter y Leda que fueron transportados al cielo y convertidos en dos estrellas) m. *FUEGO de Santelmo.*

castora (de «castor»; And.) f. *Cierto *sombrero de copa alta.*

castorcillo (dim. de «castor») m. *Cierta *tela de lana tejida como la estameña y con pelo como el paño.*

castoreño (de «castor») m. *Sombrero usado por los picadores de toros.

castóreo (del lat. «castorĕum») m. *Sustancia resinosa, de olor fuerte y desagradable, segregada por dos glándulas abdominales que tiene el castor, usada en *medicina como antiespasmódico.*

castorina **1** f. *Materia grasa contenida en el castóreo.* **2** *Cierta *tela parecida a la llamada castor.*

castorio (ant.) m. *Castóreo.*

castra f. APIC. *Acción de castrar las colmenas.* ⊙ APIC. *Tiempo en que se realiza esa operación.*

castración f. Acción de castrar.

V. «COMPLEJO de castración».

castradera f. APIC. *Utensilio para castrar las colmenas.*

castrado, -a **1** Participio adjetivo de «castrar»; aplicado también en sentido moral. **2** m. Hombre que ha sufrido la emasculación.

castrador m. Hombre que se dedica a castrar animales.

castradura **1** f. *Castración.* **2** *Capadura: *cicatriz que queda de la operación de castrar.*

castrametación (del lat. «castra», campamento, y «metatĭo, -ōnis», medición, limitación) f. *Arte de ordenar los *campamentos militares.*

castrapuercas o **castrapuercos** (de «castrar» y «puerco, -a») m. **Silbato usado por los castradores para anunciarse.*

castrar (del lat. «castrāre») **1** tr. Privar a un ↘animal o al hombre de los órganos de la *reproducción. **2** Quitar a los ↘hombres valor o energías. ⇒ *Enervar. **3** APIC. Quitar panales de miel a las ↘colmenas. ⇒ Brescar, catar, cortar, desmelar. ➤ *Abeja. **4** **Podar los ↘árboles.* **5** AGRIC. *Arrancar de una ↘plantación de *maiz las matas sobrantes.* **6** tr. y prnl. *Secar[se] las ↘llagas, por ejemplo cauterizándolas.* ⇒ *Medicina.

□ CATÁLOGO

Capar, emascular, esterilizar. ➤ Tienta. ➤ Infibulación. ➤ Mordaza. ➤ Acaponado, capado, *eunuco. ➤ *Afeminado. ➤ Buey, capón, CARNERO llano, castrón, cojudo, espadón, eunuco, OVEJA renil, soprano. ➤ Capador, castrador. ➤ Castrapuercos [o castrapuercas]. ➤ Entero.

castrato (it.; pl. «castrati») m., gralm. pl. Cantante que era emasculado antes de la pubertad para que mantuviera voz de soprano o contralto.

castrazón f. *Operación de castrar las colmenas.* ≃ Castra. ⊙ *Tiempo en que se hace.*

castrense (del lat. «castrensis», perteneciente al campamento) adj. Propio de la profesión militar. ⊙ Se aplica también a los cargos de profesionales no militares incorporados al Ejército: 'Vida [o profesión] castrense. Cura castrense'.

V. «CORONA castrense».

castreño, -a adj. y, aplicado a personas, también n. *De Castrogeriz, población de la provincia de Burgos.*

castrismo m. Régimen político instaurado en Cuba por Fidel Castro.

castrista adj. y, aplicado a personas, también n. Del castrismo o seguidor de este régimen político.

castro (del lat. «castrum») **1** m. Castillo o fortificación iberorromana. **2** (ant.) *Sitio en que estaba acampado y fortificado un ejército.* **3** (Ast., Gal.) *Altura en que hay restos de fortificaciones romanas o anteriores.* **4** (Ast., Cantb.) **Peñasco que avanza hacia el *mar.* **5** *Juego de chicos que consiste en hacer avanzar unas piedrecitas por unas rayas según ciertas reglas.*

castrón **1** m. *Macho cabrío castrado.* **2** (Cuba) **Cerdo grande castrado.*

castuga (Hispam.) f. *Cierto insecto *lepidóptero.*

cástula (del lat. «castŭla») f. **Túnica larga que las mujeres *romanas usaban como vestido interior.*

castúo, -a (de «casta») **1** adj. y, aplicado a personas, también n. *Extremeño.* **2** m. *Variedad del castellano hablada en Extremadura.*

casual (del lat. «casuālis») **1** adj. Se aplica a los sucesos, generalmente coincidencias, que ni son intencionados ni obedecen a una ley, una costumbre o cualquier otra causa que los haga necesarios o previsibles: 'Un encuentro casual con un amigo me hizo decidir este viaje'. **2** GRAM. *De [o del] caso.*

POR UN CASUAL (inf.). Por casualidad.

□ CATÁLOGO

Accidental, aleatorio, eventual, fortuito, impensado, impredecible, *imprevisible, imprevisto, *inesperado, inopinado, ocasional, volandero. ➤ Acaso, caso, casualidad, coincidencia, LANCE de fortuna, *ocasión, relance. ➤ Bamba, bambarria, carambola, *chamba, chiripa, churro. ➤ Sin *intención, sin necesidad, sin *plan, sin querer, de rebote, de rechazo, de relance. ➤ Cabalmente, por carambola, por un CASUAL, por casualidad, casualmente, por chamba, por chiripa, por eso mismo, justamente, *precisamente, por ventura. ➤ Acertar a. ➤ Ex profeso. ➤ *Azar. *Circunstancia. *Ocasión. *Suerte.

casualidad (de «casual») **1** («La, Por, Una») f. Supuesta causa de los sucesos no debidos a una necesidad natural ni a una intervención intencionada: 'La casualidad hizo que yo llegase aquel día más pronto. Nos encontramos allí por casualidad'. ≃ Acaso, *azar. **2** («Ser, Darse, Ocurrir») Suceso o coincidencia casual: 'Fue una casualidad encontrarnos. Ocurren a veces casualidades increíbles'.

casualismo (de «casual») m. *Teoría que defiende que todo cuanto ocurre es fruto del azar.*

casualista n. *Partidario del casualismo.*

casualmente **1** adv. De manera casual: 'Lo descubrí casualmente'. ≃ Por casualidad. **2** (pop.) Se emplea como expresión enfática para subrayar una manifestación con la que se *contradice algo sostenido por otro: 'Lo que tú quieres es quedarte con su puesto. —Casualmente, es un trabajo que no me gusta'. ≃ Cabalmente, justamente, *precisamente. ⇒ *Casual.

casuariforme adj. y n. f. ZOOL. *Se aplica a las *aves del orden al que pertenece el emú; son aves de gran tamaño que poseen alas rudimentarias y patas con tres dedos.* ⊙ f. pl. ZOOL. *Orden que forman.*

casuarina (de «casuario», por la semejanza de sus hojas con las plumas de esta ave; *Casuarina equiselifolia)* f. Árbol casuariáceo tropical de Australia, Java, etc., de hojas parecidas a las plumas del casuario, que producen con el viento un sonido musical. ⇒ *Planta.

casuarináceo, -a (de «casuarina») adj. y n. f. BOT. *Se aplica a las *plantas de la familia de la casuarina, que son árboles o arbustos propios del sudeste asiático y Australia, adaptados a los sitios secos y caracterizados por tener las hojas reducidas a escamas.* ⊙ f. pl. BOT. *Esa familia.*

casuario (del malayo «casuguaris»; género *Casuarius)* m. Nombre dado a varias especies de *aves semejantes al avestruz, pero más pequeñas; son incapaces de volar y tienen una protuberancia ósea en la cabeza y las plumas con las barbas poco sueltas, lo que les da aspecto de crines. Habitan en Australia y Nueva Guinea.

casuca **1** f. Dim. afectuoso de «casa». **2** Casucha.

casucha o **casucho** f. o m. Desp. de «casa».

casuismo m. Casuística.

casuista (del lat. «casus») adj. y n. *Tratadista de casuística.* ⊙ *Se aplica al que acomoda los principios morales a cada caso particular, a veces según su conveniencia.*

casuística **1** f. Conjunto de *casos o ejemplos con que se ilustra un tratado, una teoría, etc. ⊙ *Particularmente, parte de la *teología *moral que trata de los casos de conciencia.* **2** Conjunto de casos particulares correspondientes a una regla, doctrina, fenómeno, etc.

casuístico, -a **1** adj. De la casuística. **2** Se aplica a las *normas que rigen casos especiales y no son de aplicación general.

casulla (del b. lat. «casubla», capa con capucha) **1** f. Vestidura que se pone el sacerdote sobre todas las demás para celebrar la misa, consistente en una pieza alargada, con un agujero en el centro para pasar la cabeza, que cae por delante y por detrás en dos partes iguales redondeadas por abajo. ⇒ Cenefa, planeta. **2** *Grano de *arroz con su cáscara que queda entre el arroz blanco.*

casullero m. *Hombre que confecciona casullas y otros ornamentos del *culto.*

casus belli Frase latina con que se designa el caso o motivo que provoca o puede provocar una *guerra.

cat- V. «cata-»

cata[1] (de «Catalina», apodo aplicado a esta ave; Hispam.) f. **Loro o perico (aves del orden de las trepadoras).*

cata[2] **1** f. Acción de catar. **2** Acción de *examinar el interior de algo. ⇒ Cala, CALA y cata, calicata. **3** (Col., Méj.) *Calicata: cala hecha para descubrir minerales.* **4** *Trozo que se separa de algo para catarlo o para realizar con ello alguna *prueba o examinar el interior del lugar de donde se separa.* **5** (ant.) *Cordel con un plomo en el extremo, usado para medir alturas.* ⇒ *Sonda. **6** (Col.) *Cosa *oculta o encerrada.*

cata- Elemento prefijo del gr. «katá» que significa «abajo» o «hacia abajo»: 'cataplasma'.

catabejas (de «catar» y «abeja») m. **Paro carbonero (pájaro).*

catabólico, -a adj. Fís. Del catabolismo.

catabolismo (de «cata-» y el gr. «bállō», echar) m. Fís. Fase del *metabolismo en que predominan las reacciones químicas que producen la desintegración de las materias constitutivas del protoplasma. ⇒ Anabolismo.

catabre o **catabro** (del mismo or. que «catauro»; Col.) m. **Gachumbo hecho de una calabaza, en que se lleva el grano para sembrar. En otros sitios de Hispanoamérica, catauro.*

catacaldos (de «catar» y «caldo») **1** (inf.) n. Persona *inconstante, que emprende muchas cosas y no persevera en ninguna. ≃ Catasalsas. **2** (inf.) Persona entrometida.

catachín (Ál.) m. **Pinzón (pájaro).*

cataclismo (del lat. «cataclysmus», del gr. «kataklysmós», inundación) **1** m. *Desastre de proporciones desusadas;

por ejemplo, un terremoto o un hundimiento que produce la desaparición de una ciudad. **2** Hiperbólicamente, *suceso que causa mucho trastorno material o no material: 'Un cambio de casa es un cataclismo. Un cambio de gobierno en estas circunstancias sería un cataclismo'.

catacresis (del lat. «catachrēsis», del gr. «katáchrēsis», abuso) f. LING. **Figura del lenguaje que consiste en aplicar el nombre de una cosa a otra semejante que no lo tiene particular; por ejemplo, llamar «hoja» a la de la espada.*

catacumbas (del lat. tardío «catacumbae») f. pl. Galerías subterráneas en que los primitivos cristianos enterraban a sus muertos y practicaban las ceremonias del culto. ⇒ Cubículo. ➤ *Cementerio. *Cueva. *Sepultura.

catadióptrico, -a (de «cata-» y «dióptrico») adj. y n. m. ÓPT. Se aplica al aparato o dispositivo compuesto de espejos y *lentes; por ejemplo, el utilizado en los faros traseros de los vehículos.

catador, -a 1 n. Persona que cata (prueba). **2** *Conocedor experto de cierta cosa: 'Buen catador de arte'. **3** *Persona que cata las colmenas.*

catadura 1 f. *Cata (acción de catar).* **2** (se usa con adjetivos que expresan cualidades negativas, como «fea», «mala», etc.) *Aspecto de una persona por su cara: 'No me gusta la catadura de ese hombre'.

catafalco (del it. «catafalco») m. Representación de un sepulcro, cubierta de paños negros, que se coloca en la iglesia para celebrar un *funeral.

catáfora (del gr. «kataphorá», que lleva hacia abajo) f. LING. *Función que desempeñan ciertas palabras de anticipar algo que se va mencionar después; por ejemplo, «esto» en la frase «y esto es lo que me dijo: no pienso ir con ellos a la fiesta».* ⇒ Anáfora.

catafórico, -a adj. LING. *De la catáfora o que cumple esta función:* 'Pronombre catafórico'. ⇒ Anafórico.

catafracta f. *Armadura de guerra cubierta de escamas de acero.*

catalán, -a 1 adj. y, aplicado a personas, también n. De Cataluña. **2** m. Lengua hablada en Cataluña y otros territorios que pertenecieron al antiguo reino de Aragón.

catalanidad f. Catalanismo: cualidad de catalán.

catalanismo 1 m. Cualidad de catalán. ≃ Catalanidad. **2** Expresión del idioma catalán usada en español u otro idioma. **3** Tendencia *política que defiende la autonomía o la independencia de Cataluña.

catalanista adj. y, aplicado a personas, también n. Del catalanismo o seguidor de esta tendencia política.

catalanohablante adj. y n. Hablante de catalán.

cataláunico, -a adj. De la antigua Catalaunia (hoy Châlons sur Marne). ⊙ Se emplea especialmente en la expresión «Campos Cataláunicos», aplicada al lugar en que fue derrotado Atila.

cataldo (¿del it. ant. «cataldo»?) m. MAR. **Vela triangular que los bombos, quechemarines y lugres usan a modo de arrastradera.*

cataléctico (del lat. «catalectĭcus», del gr. «katalēktikós») adj. V. «VERSO cataléctico».

catalecto (del lat. «catalectus») **1** adj. MÉTR. *Cataléctico.* **2** m. MÉTR. *VERSO cataléctico.*

catalejo (de «catar», ver, y «lejos») m. *Anteojo para mirar a larga distancia. ⇒ Encatalejar.

catalepsia (del fr. «catalepsie», del lat. medieval «catalepsis», y éste del gr. «katálēpsis», acción de coger) f. MED. Pérdida de la contractilidad voluntaria de los músculos y de la sensibilidad, que ocurre en algunos trastornos neurológicos, en la histeria, en algunos tipos de esquizofrenia y en el sueño hipnótico. ⇒ Cataplexia. ➤ Cataléptico, *insensible.

cataléptico, -a adj. MED. De [la] catalepsia. ⊙ adj. y n. MED. Que sufre catalepsia.

catalicón m. FARM. *Diacatolicón (purgante).* ≃ Catolicón.

catalicores (de «cata» y «licor») m. **Pipeta muy larga con que se sacan líquidos de los recipientes en que están.*

catalina[1] adj. V. «¡que si quieres ARROZ, Catalina!, RUEDA catalina, RUEDA de Santa Catalina».

catalina[2] (inf.) f. Deposición (*excremento).

catalineta (de «Catalina», nombre propio; Cuba; *Anisotremus* o *Pristimona virginicus*) f. **Pez de unos 30 cm, de color amarillo con franjas oscuras.* ≃ Catalufa, cataluja.

catálisis (del gr. «katálysis», disolución) f. QUÍM. Acción activadora (o, más raramente, retardadora) de las reacciones químicas, realizada por cuerpos que, al terminar la reacción, permanecen inalterados. ≃ ACCIÓN de presencia.

catalítico, -a adj. QUÍM. De [la] catálisis.

catalizador, -a 1 adj. y n. QUÍM. Se aplica a los cuerpos que producen la catálisis. **2** Persona o cosa que impulsa o aglutina las distintas fuerzas que intervienen en una reacción colectiva importante: 'Fue uno de los catalizadores del movimiento estudiantil de los años sesenta'. **3** m. Dispositivo instalado en ciertos vehículos que transforma los gases de escape en otros no contaminantes antes de ser expulsados.

catalizar 1 tr. QUÍM. *Producir la catálisis.* **2** Impulsar o canalizar un ↘movimiento colectivo: 'La carta publicada en la prensa catalizó la protesta ciudadana'.

catalnica (de «Catalinica», dim. del n. p. «Catalina»; inf.) f. **Cotorra (ave).*

catalogación f. Acción de catalogar.

catalogador, -a adj. y n. Que [o el que] cataloga.

catalogar 1 tr. Redactar catálogos o el catálogo de ciertas ↘cosas. **2** Incluir una ↘cosa en un catálogo. ⊙ Tratándose de *↘libros, redactar la ficha correspondiente para incluirla en el catálogo. **3** Considerar a ↘alguien o algo incluido en cierto partido, clase o grupo. ≃ Adscribir, clasificar, encasillar. ⇒ *Asignar, *calificar.

catálogo (del lat. «catalŏgus», del gr. «katálogos», lista) m. Relación ordenada, en listas y, particularmente, en fichas, de libros u otras cosas: 'Catálogo de una biblioteca [o de los productos de una casa comercial]'. ⊙ Folleto o libro que contiene esa relación. ⇒ Elenco, fichero, índice, nomenclátor, sílabo. ➤ Cédula, *ficha, tarjeta. ➤ Referencia. ➤ Guía. ➤ Casillero, fichero. ⊙ Se aplica el nombre en este diccionario a las listas, incluidas en algunos artículos, de las palabras o expresiones afines a la del encabezamiento o relacionadas con ella.

catalpa (del ingl. «catalpa», de or. indoamericano; *Catalpa bignonioides*) f. Árbol bignoniáceo de adorno, originario de América del Norte. ⇒ *Planta.

catalufa[1] (del it. ant. «cataluffa», cierto paño que se fabricaba en Venecia) **1** f. *Nombre de un tejido de lana antiguo, tupido y afelpado y con dibujos de distintos colores, con el que se hacían *alfombras.* **2** (ant.) **Tafetán doble labrado.*

catalufa[2] o **cataluja** (del n. propio «Catalina»; Cuba) f. **Catalineta (pez).*

catamarán (del ingl. «catamaran», de or. tamil) m. Embarcación formada por dos cascos estrechos y paralelos, unidos por una plataforma, que se usa sobre todo en la navegación deportiva a vela. ⇒ *Barco.

catamenial (del gr. «katamḗnios», mensual) adj. MED. *Relacionado con la función *menstrual.*

catamiento (de «catar»; ant.) m. *Observación o advertencia.*

catán (del jap. «katana») m. *Especie de *alfanje que usaban los indios y otros pueblos de Oriente.*

catana[1] 1 f. *Catán.* 2 (Arg., Chi.) *Nombre despectivo aplicado a un *sable; particularmente, al que usan los policías.* 3 (Cuba; n. calif.) *Cosa *tosca, pesada o deforme.*

catana[2] (de «Catalina», n. propio; *Pyrrhura hoffmani*) f. Cierto perico de América Central.

catanga (del quechua «aka», excremento y «tankay», empujar) 1 f. (Arg., Chi.) **Escarabajo pelotero de color verde.* ≃ Acatanca. 2 (Col.) **Nasa (arte de pesca).* 3 (Bol.) **Carrito tirado por un caballo, usado para transportar fruta.*

¡cataplam! o **¡cataplán!** V. «¡cataplum!».

cataplasma (del lat. «cataplasma», del gr. «katáplasma») 1 f. Masa hecha con ciertas sustancias excitantes, por ejemplo linaza o mostaza, que, húmeda y arreglada en forma plana, por ejemplo envuelta en una tela, y generalmente caliente, se aplica a alguna parte del cuerpo con fines curativos; particularmente, como *emoliente, revulsivo o *supurativo. 2 (inf.; n. calif.) Persona achacosa. ≃ *Chanca. 3 (inf.; n. calif.) Cosa mal hecha o que ha resultado de mal aspecto. ≃ *Chapuza. 4 Persona molesta por *pesada, quejumbrosa, etc.

□ CATÁLOGO

Bilma, bizma, blandura, cayanco, cernada, embroca, emplasto, epítema, epítima, fomento, pítima, sinapismo. ➤ Epitimar. ➤ *Apósito, tópico. ➤ Demulcente, demulciente, *emoliente, resolutivo, revulsivo, supurativo. ➤ Topiquero. ➤ Linaza, mostaza. ➤ *Curar. *Remedio. ➤ *Planta (grupo de las usadas como emolientes).

cataplejía o **cataplexia** (del fr. «cataplexie», del lat. «cataplexis», y éste del gr. «kataplḗssō», dejar estupefacto, derribar) 1 f. *Especie de asombro o estupefacción anormal en la mirada.* 2 MED. *Pérdida de la *sensibilidad en una parte del cuerpo.* 3 ZOOL. *Estado de imitación de la *muerte adoptado por algunos animales cuando se ven en peligro.* 4 MED. *Ataque de *parálisis producido por una emoción violenta, en que el paciente queda privado de movimiento, pero no pierde el conocimiento.* 5 (ant.) MED. **Apoplejía.* 6 VET. **Catalepsia de los animales.*

cataplín (inf.; gralm. pl.) m. Testículo.

¡cataplum! Exclamación onomatopéyica con que se acompaña la *caída de algo o se imita el ruido que produce el *golpe. ≃ ¡Cataplam!, ¡cataplán!, ¡catapum!, ¡pum!

catapulta (del lat. «catapulta») 1 f. Máquina de guerra antigua con la que se lanzaban piedras o saetas. 2 Dispositivo para el lanzamiento de *aviones que deben despegar en espacios muy reducidos.

catapultar 1 tr. Impulsar los ↘aviones mediante una catapulta para que despeguen, por ejemplo de la cubierta de un portaviones. 2 Promover o favorecer a ↘alguien o algo con resultados espectaculares: 'El gran éxito de su última novela le ha catapultado a la fama'.

catapum o **catapún** 1 ¡Cataplum! 2 (inf.) m. Se usa en algunas expresiones que hacen referencia a un tiempo muy antiguo: 'Esta película es del año catapum. Eso es de los tiempos del catapum'.

catar (del lat. «captāre», tratar de coger) 1 tr. Tomar una pequeña porción de ↘algo para ver cómo sabe. ≃ *Probar. ⊙ Experimentar alguien por primera vez la impresión o sensación que produce cualquier ↘cosa. ≃ Probar. 2 APIC. **Castrar las ↘colmenas.* 3 **Mirar u *observar una ↘cosa.* 4 (ant.) *Atender a que se haga u ocurra cierta ↘cosa, o *procurarlo.* ≃ *Mirar.* 5 (ant.) *Estar orientado hacia cierto sitio.* ≃ *Mirar.* 6 (ant.) *Considerar cierta ↘cosa o *pensar o reflexionar sobre ella.* ≃ *Mirar.* 7 *Se ha empleado en imperativo para llamar la atención, con el mismo significado que «¡mira!», etc.* 8 (ant.) **Curar a un ↘enfermo.* 9 (ant.; en imperativo) **Guardar o *tener una ↘cosa.*

cataraña (¿de or. expresivo?) 1 (*Ardea purpurea*) f. **Ave zancuda, variedad de garza, de cuerpo blanco y con el pico, los pies y los ojos de color verde y rojo.* 2 *Cierto *lagarto de las Antillas.*

catarata (del lat. «cataracta», del gr. «kataráktēs») 1 f. Caída brusca del *agua de una corriente importante en algún accidente del terreno. ≃ Cascada. ⊙ Se aplica a una lluvia torrencial en la frase 'abrirse las cataratas del cielo'. 2 Enfermedad del *ojo que consiste en la opacidad del cristalino.

BATIR LA CATARATA. CIR. *Hacerla bajar a la parte inferior de la cámara posterior del ojo.*

catarinita (dim. del n. propio «Catalina») 1 (Méj.) f. *Cierta *cotorra.* 2 (Méj.) *Cierto insecto *coleóptero pequeño, de color* rojo.

cátaro, -a (del lat. medieval «cathări», del gr. «katharós», puro) adj. y n. Se aplica a ciertos *herejes de los siglos XI y XII que admitían la existencia de dos principios universales, el bien y el mal, rechazaban los sacramentos y el culto a las imágenes, propugnaban como forma fundamental de culto una gran sencillez en las costumbres y justificaban el suicidio. ⊙ m. pl. Esta secta.

catarral adj. De [o del] catarro: 'Afección catarral'.

catarribera (de «catar», ver, y «ribera») 1 m. CETR. *Sirviente a caballo que seguía a los halcones y los recogía cuando bajaban con la presa.* 2 (inf.) **Abogado que se empleaba en residencias y pesquisas, alcalde mayor o corregidor de letras, o pretendiente de estas plazas.*

catarrino, -a (de «cata-» y «-rino») adj. y n. m. *Catirrino.*

catarro (del lat. «catarrhus», del gr. «katárrhoos», de «katarrhéō», afluir) m. Inflamación de una membrana mucosa, con aumento de su secreción. ⊙ («Agarrar, Coger, Pescar, Tener») Particularmente, inflamación de alguna mucosa del aparato respiratorio, provocada por infecciones, en general víricas, que produce aumento de la secreción nasal, tos, etc. ⇒ Constipado, coriza, decenso, enfriamiento, gripe, influenza, resfriado, resfriamiento, resfrío, romadizo. ➤ Cimorra. ➤ Acatarrarse. ➤ *Enfermedad.

catarrocín (Mur.) **Alharma (planta zigofilácea).*

catarroso, -a adj. Que padece catarro o es propenso a padecerlo.

catarsis (del sup. lat. «catharsis», del gr. «kátharsis», purificación) 1 f. *Entre los griegos, purificación de las pasiones por la contemplación de las obras de *arte, especialmente de la tragedia.* 2 MED. *Eliminación de sustancias nocivas para el organismo.* 3 (culto) Eliminación de recuerdos o ideas que perturban el estado psíquico.

catártico, -a 1 adj. *De [la]* catarsis. 2 adj. y n. m. MED. **Purgante.*

catartina f. QUÍM. *Sustancia del sen considerada como su principio purgante.* ≃ ÁCIDO catártico.

catasalsas (de «catar», probar, y «salsa») 1 (n. calif.) n. Persona que prueba muchas actividades. ≃ Catacaldos. 2 (n. calif.) Persona entrometida. ≃ Catacaldos.

catascopio (del lat. «catascopĭum», del gr. «kataskopéō», espiar) m. **Barco muy ligero que se empleaba para transmitir noticias o hacer las descubiertas en los combates.*

catasta (del lat. «catasta») f. *Potro de *tormento en que se descoyuntaba al condenado.*

catástasis (del gr. «katástasis», constitución, temperamento) f. LITER. *Punto culminante en la trama o *argumento de una obra literaria.*

catastral adj. De [o del] catastro.

catastrar tr. Hacer el catastro de un ↘lugar.

catastro (¿del fr. ant. «catastre», hoy «cadastre»?) m. Relación de las fincas rústicas y urbanas de un lugar con la expresión de sus propietarios.

CATASTRO PARCELARIO. El hecho parcela por parcela.

catástrofe (del lat. «catastrŏphe», del gr. «katastrophḗ», de «katastréphō», destruir) **1** m. **Desenlace, particularmente cuando es desgraciado, de un poema dramático.* **2** Suceso en que hay gran destrucción y muchas desgracias; como un accidente ferroviario grave, un incendio o una inundación. ≃ Cataclismo, *desastre, hecatombe. ⊙ Se aplica también a una *desgracia o un trastorno moral grave: 'La muerte de su hijo fue una catástrofe para él. La quiebra ha sido una catástrofe'. ⊙ (inf.) Se emplea mucho hiperbólicamente, aplicado a sucesos y también a una cosa muy mal hecha: 'Han hecho un monumento que es una catástrofe'.

catastróficamente adv. Desastrosamente: 'El asunto terminó catastróficamente. Pronuncia el francés catastróficamente'.

catastrófico, -a adj. Desastroso: 'Una baja catastrófica de la bolsa. Esos cortinajes con esos muebles hacen un efecto catastrófico'.

catastrofismo (de «catástrofe») **1** m. *Teoría científica según la cual la mayoría de los cambios geológicos y biológicos en la Tierra se produjeron por cataclismos.* **2** Actitud de quien pronostica sistemáticamente finales desastrosos para cualquier situación, particularmente en lo político, social o económico.

catastrofista 1 adj. y n. *Del catastrofismo o partidario de esta teoría científica.* **2** Del catastrofismo o que tiene esta actitud.

catata (Cuba) f. *Mate (*calabaza) amarillo, grande y aplastado.*

catatán (Chi.; inf.) m. **Castigo.*

catatar 1 (Hispam.) tr. **Fascinar.* **2** (Hispam.) **Hechizar.*

catatè (Cuba) adj. y n. *Se aplica a una persona vanidosa y despreciable.*

catatipia (de «catálisis» y «-tipia») f. FOT. *Procedimiento basado en la catálisis, para obtener pruebas fotográficas.*

catatonía f. MED. Síndrome caracterizado por perturbaciones en la movilidad y la voluntad, propio de ciertas enfermedades psiquiátricas, en especial la esquizofrenia.

catatónico, -a 1 adj. MED. De [la] catatonía. **2** adj. y n. MED. Se aplica a la persona que la padece.

cataubas m. pl. *Cierta tribu de *indios, ya extinguida, de América del Norte.*

catauro (¿de or. taíno?) **1** m. **Cesta de yaguas usada en las Antillas.* **2** (Hispam.) **Gachumbo para el grano que se siembra.* ≃ Catabre.

cataviento (de «catar» y «viento») m. MAR. *Hilo que lleva ensartadas unas rodajas de corcho con plumas, que sirve, colgándolo en la borda de barlovento, para indicar la dirección del *viento.* ⇒ Grímpola.

catavino (de «catar» y «vino») **1** m. *Jarro o taza empleado para sacar *vino de las cubas o tinajas para probarlo.* **2** *Pequeño agujero en la parte superior de la tinaja, para probar el vino.*

catavinos (de «catar» y «vino») **1** n. Persona que tiene por oficio catar los *vinos para informar sobre su calidad y sazón. ≃ Catador, mojón. **2** **Borracho.*

cate[1] (del caló «caté», bastón) **1** (inf.; «dar un») m. *Bofetada o golpe de otra clase. **2** (inf.; «dar un») *Suspenso en los exámenes. ≃ Calabaza.

cate[2] m. **Peso antiguo de Filipinas, equivalente a 532,63 gr.*

cateador, -a 1 (Hispam.) m. MINER. *Hombre que hace catas en busca de minerales.* **2** MINER. *Martillo empleado para romper muestras de minerales.*

catear[1] (de «cata²») **1** tr. *Tratar de encontrar o de conseguir cierta cosa.* ≃ *Buscar. **2** **Observar o *acechar.* ≃ Catar. **3** (Arg., Chi., Perú) *Reconocer y *explorar los ↘terrenos en busca de minerales.* **4** **Allanar la ↘casa de alguien.*

catear[2] (de «cate¹»; inf.) tr. *Suspender a ↘alguien en un examen. ⊙ (inf) Suspender un ↘examen, asignatura, etc.

catecismo (del lat. «catechismus», del gr. «katēchismós», de «katēchéō», instruir) **1** m. Tratado resumido de cualquier cosa. ≃ *Compendio. ⊙ Particularmente, el de la doctrina *cristiana. ⇒ Doctrina, DOCTRINA cristiana, oraciones. ➤ Catequista, catequizador, mistagogo. **2** *Tratado redactado en forma de *preguntas y respuestas.*

catecú (¿del port. «cate» y «cachu»?) m. *Cato (sustancia medicinal).*

catecumenado m. Ejercicio de instruir a otros en los principios de la religión cristiana para que puedan ser bautizados. ⊙ Tiempo que dura esta instrucción.

catecumenia (del gr. «katēchoumeneîa») f. *Galería alta en las *iglesias primitivas, donde se colocaban los catecúmenos.*

catecúmeno, -a (del lat. «catechumĕnus», del gr. «katēchoúmenos») n. Persona que se está instruyendo en los principios de la religión *cristiana para recibir el bautismo. ⊙ Se aplica, por extensión, a los neófitos de una doctrina cualquiera. ⇒ Competente.

cátedra (del lat. «cathĕdra», silla, del gr. «kathédra», asiento) **1** f. *Asiento elevado desde donde explica un *profesor. ⊙ Local en que está instalado ese asiento, donde se dan las clases. ⇒ Aula. **2** («Desempeñar, Ocupar, Ganar») Cargo de catedrático: 'Ganar una cátedra por oposición'. ⊙ Materia que imparte. ⊙ Lugar donde está instalado su despacho. **3** *Cargo o dignidad de *Papa u *obispo.* ⇒ Ex cáthedra.

CÁTEDRA DEL ESPÍRITU SANTO. **1** Púlpito, como lugar de predicación. **2** *Predicación.

C. DE SAN PEDRO. Dignidad de *Papa.

PODER PONER CÁTEDRA de cierta cosa. **Saber mucho de ella o ser muy *hábil en ella*: 'Puede poner cátedra de toreo'.

SENTAR CÁTEDRA. Hablar o actuar con gran autoridad en una materia.

catedral (de «cátedra») adj. y n. f. V. «IGLESIA catedral».

COMO UNA CATEDRAL (inf.). Expresión ponderativa usada para indicar que algo es lo que es sin lugar a dudas o posee en alto grado las cualidades que le son propias: 'Lo que acabo de decir es una verdad como una catedral'. ⇒ *Grande.

catedralicio, -a adj. De [la] catedral.

catedralidad f. *Circunstancia de ser catedral una iglesia.*

catedrar (ant.) intr. *Obtener una cátedra.*

catedrático, -a (del lat. «cathedratĭcus») n. Profesor que posee el rango superior dentro de los de enseñanza media y superior. ≃ Cátedro. ⇒ Birrete, capirote, muceta, toga. ➤ Pavorde. ➤ *Enseñar. *Estudio. *Universidad.

catedrilla (dim. de «cátedra») f. *Cátedra desempeñada en las *universidades antiguas por bachilleres que aspiraban a la licenciatura.*

cátedro (inf.) m. Catedrático.

categorema (del lat. «categorēma», del gr. «katēgórēma») m. Lóg. **Cualidad por la que un objeto se clasifica en determinada categoría.*

categoría (del lat. «categoria», del gr. «katēgoria», cualidad que se atribuye a un objeto) **1** f. Cada grupo de cosas o personas de la misma especie de los que resultan al ser clasificadas por su importancia, grado o jerarquía: 'Categorías sociales. Las categorías de un escalafón'. ⊙ *Importancia o valor de una cosa con arreglo a esa clasificación: 'Poblaciones de distinta categoría'. **2** (inf.; «De») Referido a personas, *clase social elevada: 'Tiene parientes de categoría'. ≃ Alta categoría. ⊙ (inf.; «De») Referido a cargos o puestos, importancia: 'Tiene un puesto de categoría en el ministerio'. ⊙ (inf.; «De») Aplicado a cosas, importancia, intensidad, lujo, calidad, etc.: 'Vive en un piso de categoría. Ha cogido una borrachera de categoría'. **3** Fil. Se aplica este nombre con distintos matices a los conceptos que permiten una primera clasificación, en grupos muy amplios, de todos los seres reales y mentales. ⊙ Fil. Se han propuesto, por ejemplo, como categorías las cuatro nociones «sustancia, cualidad, fenómeno y relación». ⊙ Fil. Para Aristóteles eran las diez nociones siguientes: «sustancia, cantidad, cualidad, relación, acción, pasión, lugar, tiempo, situación y hábito». ⊙ Fil. En algún caso se han definido como «formas del entendimiento», que, para Kant, son «cantidad, cualidad, relación y modalidad». ⇒ Predicamento. ➤ *Aspecto, *carácter, *circunstancia.

□ Catálogo

Calidad, calimbo, carácter, *casta, *clase, *clase social, condición, consideración, cota, esfera, estado, estalación, fuste, *gradación, *grado, graduación, *importancia, jerarquía, laya, linaje, mundo, pelaje, *posición económica, posición social, *prestigio, ralea, rango, ranking, raza, representación, significación, significado, standing. ➤ Baja, elevada, inferior, *superior. ➤ De alcurnia, de alto copete, de alto coturno, de tres al cuarto, de cuenta, empingorotado, *encopetado, de poco más o menos, de elevada posición. ➤ *Ascender, aventajarse, empujar, encaramarse, encumbrarse, llegar a más, promocionar, *prosperar, pujar. ➤ No ser nadie [o nada], ser algo [o alguien]. ➤ Ser más, ser menos. ➤ Raso, suche. ➤ De igual a igual, todos unos, de tú, tú por tú. ➤ Hijo de sus obras. ➤ Degradar, *envilecer, *humillar, posponer, *rebajar, venir a menos. ➤ Dineros son calidad. ➤ *Importancia. *Oficio.

categóricamente adv. De manera categórica: 'Me dijo categóricamente que no'.

categórico, -a (del lat. «categorĭcus», del gr. «katēgorikós») adj. Se aplica a la afirmación, negación, juicio, etc., que se expresa sin duda, vacilación, reserva o posibilidad de rectificación. ≃ Rotundo, tajante, terminante.

□ Catálogo

Absoluto, apodíctico, concluyente, contundente, decisivo, dogmático, redondo, rotundo, seco, tajante, terminante. ➤ Asentadamente, categóricamente, de plano, redondamente, en redondo, rotundamente, terminantemente. ➤ Lo dijo Blas, punto redondo. ➤ Hablar ex cáthedra, poner cátedra, no admitir discusión. ➤ *Decidir. *Definitivo.

categorismo m. *Sistema de categorías.*

catela (del lat. «catella», dim. de «catena», cadena) f. *Cadenilla de oro o plata de las joyas *romanas.*

catenaria (del lat. «catenarĭus», propio de la cadena; cient.) f. *Curva formada por una cadena, cable, cuerda, etc., suspendido por sus extremos entre dos puntos, debida a su propio peso. ≃ Comba.

catenular (del lat. «catenŭla», cadenita) adj. *En forma de cadena.*

cateo (ant.; Hispam.) m. *Acción de catear (tratar de encontrar, observar, etc.).*

catequesis (del lat. «catechēsis», del gr. «katḗchēsis») **1** f. **Enseñanza mediante preguntas y respuestas.* ≃ Catequismo. **2** Enseñanza del catecismo. ⊙ Labor realizada por personas o entidades en ese aspecto. ≃ Catequismo.

catequismo (del lat. tardío «catechismus», del gr. «katēchismós», de «katēchéō», instruir) **1** m. *Catecismo.* **2** *Catequesis: *enseñanza mediante preguntas y respuestas.* **3** *Catequesis: enseñanza del *catecismo.*

catequista 1 adj. De [la] catequesis: 'Labor [o campaña] catequista'. **2** n. Persona que se dedica a la enseñanza del catecismo.

catequístico, -a 1 adj. De [o del] catecismo. **2** *Dispuesto en forma de preguntas y respuestas.*

catequizador, -a 1 n. *Catequista.* **2** Persona que intenta catequizar (convencer) a otras.

catequizar (del lat. «catechizāre», del gr. «katēchízō», instruir) **1** tr. Enseñar a ↘alguien el catecismo. **2** (inf.) *Convencer a ↘alguien hábilmente para que haga cierta cosa o acepte determinadas ideas. ≃ Conquistar, engatusar.

cateramba f. *Coloquíntida (planta cucurbitácea) de Egipto.

catéresis (del gr. «kathairesis», destrucción) f. Med. *Debilitamiento producido por un medicamento.*

caterético, -a adj. Med. *Se aplica a cualquier sustancia que hace cicatrizar superficialmente.* ≃ Escarótico.

catering (ingl.; pronunc. [cáterin]) m. Servicio de comidas precocinadas y envasadas; por ejemplo, el que ofrecen las líneas aéreas a los pasajeros durante el vuelo.

caterva (del lat. «caterva»; desp.) f. Conjunto de muchas cosas o personas: 'Nos asaltó una caterva de mendigos. Surgió una caterva de dificultades'. ≃ Infinidad, *muchedumbre, multitud.

catervario (del lat. «catervarĭus», caterva) m., gralm. pl. **Gladiador romano de cierta clase que luchaba en grupo.*

catete (Chi.) m. **Gachas hechas con caldo de cerdo.*

catéter (del lat. medieval «cathĕter», del gr. «kathetḗr») m. Med. Tubo que se introduce en una conducto o cavidad del cuerpo, particularmente en una vena o arteria, para establecer una vía de exploración. ⇒ Sonda.

cateterismo m. Med. Introducción de un catéter en un conducto o cavidad del cuerpo.

cateto[1] (del lat. «cathĕtus», del gr. «káthetos», perpendicular) m. Geom. Cada uno de los lados que forman el ángulo recto en un *triángulo rectángulo.

cateto[2], **-a** (inf. y desp.) n. *Paleto (hombre ignorante y tosco por ser *campesino, o de manera que hace que lo parezca).

catetómetro (de «cateto[1]» y «-metro») m. *Aparato para medir *alturas o distancias verticales de sólo algunos centímetros.*

catey (de la abrev. de «Catalina» y «-ey», terminación propia de la flora y fauna de Cuba) **1** (Cuba) m. **Perico (ave)*. **2** *(Acrocomia sclerocarpa)* *Palmera que crece en algunas islas de las Antillas.

cateya (del lat. «catēia», de or. célt.) f. **Arma arrojadiza utilizada en la antigüedad, de punta acerada, con una correa en el extremo opuesto a la punta, para recogerla después de arrojada.*

catgut m. CIR. Hilo empleado para coser los tejidos orgánicos, de intestino animal o de otra sustancia susceptible de ser reabsorbida una vez cicatrizada la herida.

cáthedra V. «ex cáthedra».

catibía (Cuba) f. **Raíz de yuca rallada y prensada para exprimir el anaiboa, con la que se hace una especie de *sopas.*

catibo (Cuba) m. **Pez de río, de forma de anguila, de cerca de 1 m de largo.*

catifa (del ár qaṭīfah; ant.) f. **Alfombra.* ≃ Alcatifa.

catiguá *(Casearia sylvestris)* f. Árbol flacurtiáceo que se cría en la Argentina. ⇒ *Planta.

catilinaria f. Por alusión a los discursos pronunciados por Cicerón contra Catilina, se aplica a un *discurso vehemente contra algo o alguien o a una *reprensión o crítica violenta, dirigida a la misma persona a quien se refiere o expresada hablando de ella con otras.

catimbao 1 (Chi., Perú) m. **Máscara o figura *grotesca que sale en la procesión del *Corpus.* **2** (Chi.) *Persona ridículamente *vestida.* **3** (Chi.) **Payaso.* **4** (Perú) *Persona gorda y *rechoncha.*

catimia (ant.) f. MINER. *Vena mineral honda de la que se saca *oro o *plata.*

catín m. *Crisol en que se refina el *cobre para obtener las rosetas o costras de metal puro rosado.*

catinga (de or. guaraní) **1** (Hispam.) f. *Mal *olor despedido por algún animal o planta.* **2** (Arg., Bol., Chi.) *Mal olor de la transpiración atribuido a los *negros e *indios.* **3** (Arg.) *Mal olor del sudor de las axilas.* ≃ *Sobaquina. **4** (Chi.) *Nombre aplicado despectivamente por los marinos a los *soldados de tierra.* **5** *Nombre aplicado a los *bosques del Brasil de árboles de hoja caduca.*

catingoso, -a o **catingudo, -a** (Arg., Bol.) adj. *Maloliente.*

catino (del lat. «catīnus») **1** (ant.) m. *Escudilla o *cazuela.* **2** METAL. *Cierto hoyo o cavidad donde se recogían los metales derretidos al salir del fuego.*

catión (de «cata-» e «ión») m. FÍS. Ión de un electrolito que transporta carga positiva y, en la *electrólisis, marcha hacia el cátodo o polo por donde sale la corriente de la pila.

catipunan (de or. tagalo) **1** m. *Consejo supremo de los conspiradores tagalos contra la dominación española en Filipinas.* **2** (inf.) *Conjunto de personas que forman un grupo aparte y se ayudan entre sí.*

catire, -a (de or. cumanagoto; Hispam.) adj. *Se aplica a la persona *rubia.* ⇒ Catiro, catirrucio.

catiro, -a (Ec.) adj. y n. *Se aplica a las personas *rubias.* ⇒ Catire, catirrucio.

catirrino, -a (de «cata-» y «-rrino») adj. y n. m. ZOOL. *Se aplica a los primates caracterizados por presentar el tabique nasal estrecho con los orificios hacia abajo; como el gibón, el gorila o el chimpancé.* ≃ Catarrino. ⊙ m. pl. ZOOL. *Grupo formado por éstos.*

catirrucio, -a (Ven.) adj. y n. *Se aplica a las personas *rubias.* ⇒ Catire, catiro.

catita (dim. de «Catalina»; Arg., Bol.; *Bolborhynchus aymara)* f. *Especie de cata o catarinita (*loros).*

catite 1 m. **Cachete (golpe).* **2** *Panecillo de *azúcar hecho del más refinado.* **3** (Méj.) *Cierta *tela de seda.* V. «SOMBRERO de catite».

catitear (de «catite») **1** (Arg.) intr. *Tener temblor de cabeza los ancianos.* **2** (inf.) *Estar escaso de dinero.*

cativar (ant.) tr. *Cautivar.*

cativí (Hond.) f. *Especie de *erupción o herpes consistente en manchas moradas esparcidas por todo el cuerpo.*

cativo[1] (C. Rica; *Prioria copaifera)* m. *Árbol leguminoso gigantesco, hasta de 60 m de altura, que vive en las llanuras cenagosas del litoral del Atlántico.* ⇒ *Planta.

cativo[2], **-a** (del lat. «captīvus») **1** (ant.) adj. y n. *Cautivo.* **2** (ant.; Gal.) adj. *Malo o *desgraciado.* **3** (Ast., Gal.) n. *Niño pequeño.*

cato[1] (del port. «cato») m. *Sustancia medicinal *astringente que se extrae del tronco de una especie de acacia y de los frutos verdes.* ≃ TIERRA japónica.

cato[2] (Bol.) m. *Medida de *superficie equivalente a 40 varas en cuadro.*

cato[3], **-a** adj. y, aplicado a personas, también n. *Se aplica a los individuos de un pueblo *germano que habitó el territorio de los ducados de Hesse, Nassau y Westfalia.*

catoche (Méj.) m. *Mal *humor o displicencia.* ≃ Murria.

catódico, -a adj. FÍS. Del cátodo.
V. «RAYOS catódicos».

cátodo (del gr. «káthodos», camino descendente) m. FÍS. Electrodo negativo.

catodonte (de «cata-» y el gr. «odoús, odóntos», diente) m. **Cachalote (cetáceo).*

catolicidad (culto) f. Universalidad; particularmente, referida a la religión católica. ⊙ Cualidad de católico. ≃ Catolicismo.

catolicísimo, -a adj. Superl. de «católico».

catolicismo 1 m. Doctrina de la iglesia católica, cuyo jefe es el Papa. ≃ Religión *católica. **2** Cualidad de católico.

católico, -a (del lat. «catholĭcus», del gr. «katholikós») **1** (culto) adj. *Universal. **2** adj. y, aplicado a personas, también n. Del catolicismo o que lo profesa. **3** adj. Se aplica al nombre «rey» o a la expresión «su majestad», o como sobrenombre con el artículo determinado antepuesto, refiriéndose a algunos *reyes de España, particularmente a Fernando V e Isabel I: 'Los Reyes Católicos. Isabel la Católica'

NO ESTAR alguien o algo MUY CATÓLICO (inf.). No estar muy bien de salud una persona o no estar bien hecha, no presentar buen aspecto, etc., una cosa.

□ CATÁLOGO

Cristiano, CRISTIANO nuevo, CRISTIANO viejo, fiel, nazareno, neocatólico, ortodoxo, papista, romano, rumí. ➤ Libelático. ➤ Armenio, cóptico, copto, maronita, mozárabe. ➤ Catecúmeno, competente, neófito. ➤ La COMUNIDAD [o la CONGREGACIÓN] de los fieles, los fieles, la iglesia, IGLESIA católica. ➤ Latitudinario. ➤ Muladí. ➤ Contrarreforma. ➤ Excomulgar. ➤ Heterodoxia. ➤ Anticatólico, descatolizar. ➤ *Cristianismo. *Herejía.

catolicón[1] (del gr. «katholikòn íama», remedio universal) m. FARM. *Diacatolicón (*purgante).*

catolicón[2], **-a** adj. y n. Aum. desp. de «católico». ⇒ *Beato.

catolizar tr. Introducir la religión católica en un ˣpaís.

catón 1 (n. calif.) m. Por alusión al personaje y escritor romano célebre por su severidad y austeridad que llevaba ese nombre, se aplica a un hombre que tiene en grado sumo esas cualidades. **2** *Por alusión al gramático latino «Dionisio Catón», libro para aprender a *leer, de dificultad mayor que la cartilla.*

catoniano, -a adj. *Severo como [de] Catón.

catonizar (de «Catón») intr. **Censurar severamente.*

catóptrica (del gr. «katoptrikḗ») f. *Parte de la *óptica que trata de la luz refleja.*

catóptrico, -a (del gr. «katoptrikós») adj. ÓPT. *Se aplica a los aparatos *ópticos fundados en la reflexión de la luz.*

catoptromancia o **catoptromancía** (del gr. «kátoptron», espejo, y «mancia» o «-mancía») f. *Adivinación por medio de un espejo.*

catoptroscopia (del gr. «kátoptron», espejo, y «-scopia») f. MED. *Exploración por medio de un espejo.*

catoquita (del gr. «kátochos», que retiene) f. *Piedra bituminosa de Córcega a la que se atribuye la propiedad de *atraer y retener la mano que se acerca a ella.* ⇒ *Mineral.

catorce (del lat. «quattuordĕcim») **1** adj., pron. y n. m. *Número cardinal equivalente a diez más cuatro. En la numeración arábiga se representa por «14» y en la romana por «XIV». ⇒ Apénd. II, NÚMERO CARDINAL. ⊙ adj. Puede usarse como ordinal: 'Ha quedado en el puesto catorce'. **2** m. *En el juego de la *báciga, reunión de dos parejas de cartas.*

catorceavo, -a (de «catorce» y «-avo») adj. y n. m. Numeral partitivo correspondiente a «catorce».

catorcén (Ar.) m. **Madero en rollo de 14 medias varas de largo, algo más de 5,5 m.*

catorceno, -a (de «catorce») **1** adj. *Decimocuarto.* **2** *De catorce *años.*

catorrazo o **catorro** (aum. de «cate[1]»; Méj.; inf.) m. **Porrazo (golpe violento).*

catorzal m. **Madero de 14 pies de longitud y escuadría de 8 pulgadas de tabla por 6 de canto.*

catorzavo, -a adj. y n. m. *Catorceavo.*

catotal (Méj.) m. *Especie de *verderón (pájaro).*

catraca (Méj.) f. **Ave semejante al faisán.*

catracho, -a (inf.) adj. y n. *Hondureño.*

catre (del port. «catre») **1** m. *Cama plegable consistente en una armazón de tijera que sostiene una tela. **2** Cama ligera individual. **3** (inf.) Cama. **4** (Cuba) **Tumbona (silla extensible que permite estar tumbado).*

catrecillo (dim. de «catre») m. **Silla pequeña de tijera.*

catricofre (ant.) m. **Cama que se puede recoger dentro de una *caja que, al desplegarla, le servía también de soporte.*

catrín (Méj., Nic.) m. **Petimetre (hombre que se acicala mucho).*

catrintre 1 (Chi.) m. **Queso hecho de leche desnatada.* **2** (Chi.) *Hombre de aspecto *miserable.*

catsup (ingl.; pronunc. «cátsup») m. Ketchup.

caturra (Chi.) f. **Cotorra o *loro pequeño.*

catuto (Chi.) m. *Cierto *pan de forma cilíndrica hecho de trigo machacado.*

catzo (Ec.) m. *Nombre aplicado a varias especies de *abejorros.*

cauba (¿de «caoba»?; Arg.; *Bauhinia candicans*) f. *Árbol leguminoso sudamericano, de pequeña talla, ramas espinosas y flores blanco-amarillentas, cultivado como ornamental, por su madera y sus propiedades medicinales.* ⇒ *Planta.

cauca 1 (Col., Ec.) m. *Cierta *planta forrajera.* **2** (Bol.) *Cierto *bizcocho.*

caucano, -a adj. y, aplicado a personas, también n. *De Cauca, departamento de Colombia.*

caucáseo, -a (del lat. «Caucasĕus») adj. y n. *Caucasiano.*

caucasiano, -a adj. y, aplicado a personas, también n. De la cordillera del Cáucaso.

caucásico, -a adj. Del Cáucaso. ≃ Caucasiano. ⊙ Se aplica a la raza *blanca. ⊙ Se aplica a un grupo de lenguas habladas en esta zona.

caucau (Perú) m. **Guiso picante hecho del estómago de la vaca partido en trozos.*

cauce (del lat. «calix, -ĭcis», vaso, tubo) **1** m. Concavidad del terreno, natural o artificial, por donde corre un río u otra *corriente; por ejemplo, para regar. **2** Límites entre los cuales se produce algo: 'La negociación ha vuelto a los cauces habituales'. ⊙ Procedimiento, vía: 'Para formular la reclamación hay que seguir los cauces establecidos para ello'.

V. «volver las AGUAS a su cauce».

DAR CAUCE. Permitir o facilitar la actividad o el desarrollo de algo: 'Dar cauce a la imaginación'.

□ CATÁLOGO

Abatidero, *acequia, agüera, álveo, arroyada, arroyo, azarbe, azarbeta, badén, barco, barranca, barrancal, barranco, barranquera, cacera, calce, *canal, CANAL maestra, cancillera, cárcava, carcavina, carcavón, caucera, caz, conducto, cubil, cuenca, cuérnago [o cuérrago], desagüe, febrera, madrejón, presa, rambla, *reguera, rehoya [o rehoyo], socaz, tijera, torrentera, tragante, vaguada, valle, zanja, zanjón, zubia. ➤ Atajadero, banzo, boquera, cancha, certeneja, codera, curva, fondo, lecho, madre, meandro, orilla, portillo, *presa, quijero, riba, ribacera, riera, vado, vuelta. ➤ Canalizar, champear, desviar, enrafar, mondar. ➤ Encachado. ➤ Pontana. ➤ Cargazón, *cieno, enruna, fango, horrura, lama, légamo, limo, lodo, pecina, reboño, retirada, tarquín. ➤ Esquiparte. ➤ Leja. ➤ Ramblar. ➤ Robadizo. ➤ A PIE enjuto. ➤ Encauzar. ➤ *Corriente. *Río.

caucel (del nahua «quauh-ocelotl», tigre del árbol; C. Rica, Hond.; *Felis pardalis*) m. **Gato montés americano, inofensivo, con la piel manchada como el jaguar.* ≃ Causuelo.

caucense (de «Cauca», Coca) adj. y, aplicado a personas, también n. *De Coca, población de la provincia de Segovia.*

caucera (de «cauce»; ant.) f. **Reguera.* ≃ Cacera.

caucha (Chi.; *Eryngium rostratum*) f. *Planta umbelífera, especie de cardo que se emplea como *antídoto de la picadura de la araña venenosa.*

cauchal m. Sitio poblado de plantas de caucho.

cauchau (Chi.) m. *Fruto de la *luma, semejante en la forma y gusto a la murtilla. Los indios hacían con él una bebida con la que se emborrachaban.*

cauchero, -a 1 adj. De [o del] caucho. **2** m. *Hombre que trabaja o negocia con el caucho.* **3** f. *Planta de la que se extrae el caucho.* **4** (Col.) **Tirador (juguete).*

cauchil (del sup. ár. y rom. and. «qawčíl», del sup. rom. and. «káwč», del lat. «calix, -ĭcis»; Gran.) m. *Depósito de agua.*

caucho (voz indoamericana que significa impermeable) **1** m. Sustancia *elástica y tenaz, de la que son, por ejemplo, los neumáticos, que se encuentra en un jugo lechoso de gran número de plantas tropicales. ⇒ Ebonita, GOMA elástica, gutapercha, hule, jebe, neopreno, PALO de hule, seringa. ➤ Gutífero. ➤ Tichela. ➤ Encauchar, vulcanizar. ➤ *Goma. *Gomorresina. *Resina. *Planta (grupo de las aprovechadas por sus secreciones). **2** (Hispam.; *Castilla elastica) Árbol moráceo del que se extrae esta sustancia.* **3** (Ven.) **Neumático.* **4** (Col., Ven.) *Cubierta del neumático.* **5** (Ven.) *Impermeable.* **6** (R. Dom.) **Goma (trozo de goma en forma de anillo).*

CAUCHO SINTÉTICO. Caucho fabricado químicamente. ⇒ Buna.

cauchotina f. *Compuesto de caucho usado en las tenerías para dar flexibilidad a las *pieles e impermeabilizarlas.*

caución (del lat. «cautĭo, -ōnis») **1** f. **Precaución.* **2** DER. Cosa o medio con que se asegura el cumplimiento por parte de alguien de una obligación contraída. ≃ *Garantía.

caucionar 1 tr. DER. *Dar caución.* **2** prnl. *Tomar caución.*

caucionero (ant.) m. DER. *Persona que da caución.*

cauco, -a (del lat. «Cauci, -ōrum») **1** adj. y, aplicado a personas, también n. *Se aplica a los individuos de un *pueblo antiguo del norte de Germania.* **2** m. pl. *Este pueblo.*

cauda (del lat. «cauda», cola) f. **Cola de la capa magna de los *obispos y arzobispos.*

caudado, -a (del lat. «caudātus») adj. *Se aplica a la estrella o *cometa que tiene cola o una punta más larga que las otras.* ⊙ *Particularmente, en *heráldica.*

caudal[1] (del lat. «cauda», cola; culto) adj. De [la] cola: 'Aleta caudal'.

caudal[2] (del lat. «capitālis», capital) **1** (ant.) adj. **Principal.* **2** Se aplica a los *ríos principales, que desembocan en el mar, en un lago, etc., a diferencia de los «afluentes» que van a otro río. **3** *Caudaloso.* **4** m. Conjunto del *dinero y las cosas convertibles en dinero que alguien posee. ≃ Cabal, cabdal. ⇒ Acaudalado. **5** Cantidad de *agua de una *corriente, un manantial u otra cosa semejante: 'Un arroyo con un pequeño caudal de agua. El caudal suministrado por una bomba'. **6** *Riqueza que significa para alguien la posesión de cierta cosa que se expresa: 'Tiene un caudal con esos ojos'. ≃ Tesoro. **7** Abundancia de cierta cosa: 'Tiene un caudal de simpatía'. ⊙ Conjunto de ciertas cosas que se tienen: 'Con ese caudal de conocimientos no tienes suficiente'.

V. «ÁGUILA caudal, CAJA de caudales».

caudalosamente adv. *Abundantemente.*

caudaloso, -a 1 adj. Se dice de la corriente o manantial de mucha agua. ≃ Caudal. ⇒ Cabdal. **2** **Rico.* ≃ Acaudalado.

caudatario (del b. lat. «caudatarĭus») m. **Eclesiástico doméstico de un *obispo o arzobispo, que le lleva la cola.*

caudato, -a (del lat. «caudātus», con cola) adj. *Caudado.*

caudatrémula (del lat. «cauda tremŭla», cola temblona) f. *Aguzanieves (*pájaro).*

caudillaje 1 m. Mando o gobierno del caudillo. **2** (Hispam.) *Caciquismo.* **3** (Arg., Chi.) **Gobierno por caudillos.*

caudillismo m. Sistema de gobierno o mando propio del caudillo.

caudillo (del sup. lat. «capitellum», por «capitŭlum», cabeza) m. *Jefe que dirige y manda gente, particularmente en la guerra. ⇒ Cabdellador, cabdiello, cabdillo, conductor, cónsul, ductor, jan [kan o khan]. ➤ Cabdal. ➤ Alzar BANDERA. ➤ Deseguir, alzar sobre el PAVÉS, seguir. ➤ Acaudillar, descaudillar. ➤ *Dirigir. *Jefe. *Soberano. ⊙ («El») Se aplicaba a Francisco Franco, jefe del Estado español de 1939 a 1975.

caudimano o **caudímano** (del lat. «cauda» y «manus») adj. y n. m. ZOOL. *Se aplica a los animales que tienen *cola prensil, y a los que se sirven de ella para trabajar, como el castor.*

caudino, -a (del lat. «Caudīnus») adj. V. «HORCAS caudinas».

caudón (del lat. «cauda», cola) m. **Alcaudón (pájaro).*

caujaro (*Cordia alba*) m. *Planta borraginácea americana, cuya madera se emplea en construcción.

cauje (Ec.; *Pouteria caimito*) m. *Cierto árbol sapotáceo del litoral, de fruto comestible, gelatinoso, semejante al caqui.* ⇒ *Planta.

caula (de «cábala»; Chi., Guat., Hond.) f. **Ardid.*

caulescente (del lat. «caulescens, -entis», de «caulescĕre», crecer en tallo) adj. BOT. *Se aplica a las *plantas de *tallo bien desarrollado.*

caulículo (del lat. «caulicŭlus») m. ARQ. *Cada uno de los vástagos que salen de las hojas de acanto del *capitel corintio y se enroscan sobre el ábaco.*

caulífero, -a (del lat. «caulis», tallo y «-fero») adj. BOT. *Caulifloro.*

caulifloro, -a (del lat. «caulis», tallo, y «flos, floris», flor) adj. BOT. *Se aplica a las *plantas cuyas flores nacen sobre el tallo o sobre las ramas añosas, como el algarrobo y el árbol del amor.*

cauliforme (del lat. «caulis», tallo, y «-forme») adj. BOT. *Relativo al tallo.*

caulinar (del lat. «caulis», tallo) adj. BOT. *Del tallo.*

caulote (del nahua «quauhziotl», herpe de árbol; *Heliocarpus donell-smithii*) m. Árbol tiliáceo americano de cuya fibra se fabrican cordeles. ≃ Cuanlote. ⇒ *Planta.

cauno m. **Chajá (ave zancuda).*

cauque 1 (Chi.; *Atherina caucus*) m. **Pejerrey grande de lomo plateado.* **2** (Chi.; n. calif.) *Persona *lista.* ⊙ (Chi.) *Se usa también irónicamente, con el significado opuesto: *torpe o desmañado.*

cauquén (Chi.) m. **Canquén (ave).*

cauri[1] (del hindí «kauri», del sánscrito «kaparda», a través del ingl.; *Cypraea moneta*) m. Cierto *molusco gasterópodo que abunda en las costas de Oriente, cuya concha blanca y brillante se usaba como *moneda en algunos sitios de la India y la costa africana.

cauri[2] (del ingl. «kauri») adj. V. «COPAL cauri [o kauri], PINO cauri [o kauri]».

cauriense adj. y, aplicado a personas, también n. *De Caurio, hoy Coria, población de la provincia de Cáceres.*

cauro (del lat. «caurus»; culto) m. **Viento noroeste.* ≃ Coro.

causa[1] (del lat. «causa») **1** («Por, Ser; de, para») f. Con relación a una cosa o suceso, otra cosa u otro suceso que es el que produce aquéllos: 'La causa de la inundación fue la rotura de un dique'. ⊙ («Por, Ser; de, para») CAUSA bastante. 'Eso no es causa para tal desesperación'. ⊙ («Por, Ser; de, para») Circunstancia cuya consideración mueve a alguien a hacer cierta cosa: 'La causa de mi venida ha sido saber que estabas solo'. ≃ *Motivo, razón. **2** («Abrazar, Seguir, Abandonar») *Ideal o *empresa a cuyo logro se consagran esfuerzos desinteresados: 'Dio su vida por la causa'. ⇒ *Dedicación, devoción, entrega. ➤ Defección, deserción. **3** («Celebrarse, Sustanciarse, Tramitarse, Verse, Conocer de, Entender en, Sentenciar») DER. Disputa sobre cierto derecho tramitada delante de un juez para que éste sentencie quién tiene razón. ≃ *Juicio, litigio, pleito, causa civil. ➤ *Tribunal. **4** («Celebrarse, Sustanciarse, Tramitarse, Verse, Conocer de, Entender en, Sentenciar, Seguir; contra») DER. Tramitación por un *tribunal de justicia de una acusación contra alguien, para determinar su culpabilidad y la sanción que le corresponde. ≃ Proceso, CAUSA criminal. ⇒ Encausar. ➤ *Procesar.

CAUSA BASTANTE. La capaz de determinar o producir la cosa de que se trata: 'Estar acatarrado no es causa bastante para que dejes de venir'. ≃ CAUSA suficiente.

C. CIVIL. DER. Causa seguida ante un *tribunal por disputa de un derecho entre dos partes.

C. CRIMINAL. DER. Causa tramitada ante un *tribunal para determinar la culpabilidad de alguien.

C. FINAL. Causa consistente en el fin que mueve a hacer una cosa.

C. MAYOR. Motivo importante para hacer o dejar de hacer una cosa: 'No faltará si no es por causa mayor'.

C. PRIMERA. FIL., TEOL. *Dios, como causa única que no tiene a su vez causa.

C. SEGUNDA. FIL., TEOL. Cualquier causa que no es Dios y que, por tanto, es a su vez efecto de otra.

C. SUFICIENTE. CAUSA bastante.

A CAUSA DE. Locución prepositiva empleada para expresar causa. ≃ Por causa.

V. «con CONOCIMIENTO de causa».

DAR LA CAUSA POR CONCLUSA [O PARA SENTENCIA]. DER. Declararla terminada y a punto para dictar sentencia.

HACER CAUSA COMÚN con alguien. *Solidarizarse en cierto asunto con la persona de que se trata.

POR CAUSA DE. Locución prepositiva empleada para expresar causa. ≃ A causa de.

□ CATÁLOGO

Elemento, *factor, fomes, justificación, madre, MADRE del cordero, materia, pábulo, porqué, principio, *quid. ➤ *Destino. ➤ Pretexto. ➤ Acarrear, arrastrar, decidir, desatar, desencadenar, determinar, engendrar, excitar, hacer que, irrogar, labrar, dar LUGAR, motivar, dar *MOTIVO, mover a, ocasionar, dar ORIGEN, originar, dar PIE, *producir, promover, provocar, redundar en, refluir, refundir, repercutir, resultar, suscitar, traer, TRAER consigo. ➤ Consistir en, estar en. ➤ Etiología, génesis, origen, teleología. ➤ Al, ante, por su calidad de, por su carácter de, como, como que, en consideración a, CONSIDERANDO que, por cuanto, teniendo en CUENTA que, DADO que, en definitiva, por eso, por eso mismo, al FIN y al cabo, al FIN y a la postre, a fuer de, a fuerza de..., a golpe de, en gracia a, gracias a, ipso facto, por, por POCO, porque, pues, puesto que, de puro..., que, como QUIERA que, SIENDO así que, supuesto que, TANTO más cuanto que, después de TODO, en vista de [que], visto que, ya que. ➤ Ob-. ➤ ¡Ya APARECIÓ aquello!, ¿CÓMO es que...?, ¿Qué MOSCA te [le, etc.] ha [o habrá] picado?, ¿por qué?, ¿a SANTO de qué...? ➤ Por CE o por be, por cualquier COSA, por unas COSAS o por otras, por FAS o por nefas, muerto el PERRO se acabó la rabia, por PITOS o flautas, aquellos POLVOS traen estos lodos. ➤ Espontáneo, *inmotivado, sin MÁS ni más. ➤ Causahabiente, causídico, concausa, encausar. ➤ *Atribuir. *Autor. *Consecuencia. *Contribuir. *Culpa. *Decidir. *Efecto. *Hacer. *Inducir. *Influir. *Motivo. *Proceder. *Producir.

□ FORMAS DE EXPRESIÓN

La preposición y la conjunción específicas para expresar la causa son «por» y «porque»: 'Se suspendió la función por la lluvia. No ha venido porque está enfermo'; también tiene valor causal a veces «ante»: 'Ante las dificultades que surgieron aplazamos el viaje'. También se expresa con «al» seguido de un infinitivo: 'Al no encontrarte, me volví a mi casa'. Cuando la causa se expresa con un adjetivo, la preposición «por» puede ser sustituida por «de»: 'Se deja engañar de puro bueno'. Para la expresión de la causa con gerundio ('no estando seguro, decidió esperar'), véase el artículo «gerundio».

La construcción normal de todas las conjunciones y expresiones causales es con indicativo; en los ejemplos siguientes puede también verse la posición relativa de las dos oraciones relacionadas por la conjunción; la colocación dada en los ejemplos es la normal; pero, salvo en el caso de «como quiera que» y «siendo así que», que exigen que la oración a que van aplicadas esté en primer lugar, y «tanto más cuanto que», que va siempre entre las dos oraciones, la construcción puede alterarse para derivar el énfasis de la expresión a una u otra de las dos oraciones relacionadas: 'Te lo digo porque me lo preguntas. Como quiera que él no lo sabía, no tiene culpa. Dado que no tenemos otro vehículo, utilizaremos una bicicleta. Date prisa, pues es tarde. Puesto que ése es tu gusto, hazlo así. Siendo así que es forzoso hacerlo, cuanto antes lo hagamos, mejor. Nos causó mucha impresión, tanto más cuanto que nos cogió de sorpresa. Ya que estamos todos juntos, vamos a celebrarlo'.

causa[2] (del quechua «causay», el sustento de la vida) **1** (Chi.; inf.) f. *Comida ligera o *merienda.* **2** (Perú; inf.) *Plato o *guiso criollo compuesto de puré de patatas, queso fresco, aceitunas, choclo y ají, que se come frío.*

causador, -a adj. y n. *Causante.*

causahabiente adj. y n. DER. *Persona que sustituye a otra en cualquier derecho; por ejemplo, por *heredarla.* ⇒ Causante.

causal adj. De [la] causa o [las] causas. ⊙ GRAM. Se aplica especialmente a las *conjunciones que expresan *causa, y a las oraciones que introducen.

causalidad f. Enlace o sucesión de causas y efectos. ⊙ Hecho de ser necesarias las causas. ⊙ Relación entre una cosa y otra de la que es causa.

causante 1 adj. y, aplicado a personas, también n. Se aplica a la persona o cosa causa de algo. **2** n. DER. *Persona de quien proviene cierto *derecho que tiene otra; por ejemplo, el testador en una herencia.* ⇒ Causahabiente.

causar (del lat. «causāre») tr. Ser causa de cierta ↘cosa; *producirla, activa o pasivamente, intencionada o inintencionadamente: 'El terremoto causó muchas víctimas. El virus que causa la enfermedad. El motivo que causa su tristeza'.

□ CONJUG. La «u» de la raíz siempre es átona y se combina formando diptongo con la vocal precedente: 'causo, causas, causa'.

causativo, -a adj. Con carácter de causa. ⊙ GRAM. Se aplica a los *verbos que significan hacer realizar a algo o alguien la acción que expresan. Frecuentemente, se trata de verbos intransitivos que pasan a usarse como transitivos en esa acepción causativa; como en 'subir un piano al tercer piso'. ≃ Factitivo.

causear 1 (Chi.) intr. *Tomar un causeo, o *merendar.* ⊙ (Chi.) tr. **Comer, en general.* **2** (Chi.) **Vencer a ↘alguien con facilidad.*

causeo (de «causear»; Chi.) m. *Comida que se hace entre horas, generalmente con fiambres o cosas secas.* ≃ *Aperitivo.

causeta (del lat. «capsa», caja; Chi.) f. *Cierta *planta que nace entre el lino.*

causía (del lat. «causĭa», del gr. «kausía») f. **Sombrero de fieltro de alas anchas usado por *griegos y *romanos.*

causídica f. ARQ. *Crucero de *iglesia.*

causídico, -a (del lat. «causidĭcus») **1** m. DER. **Abogado.* **2** adj. DER. *Relacionado con causas y pleitos.* ⇒ *Tribunal.

causón (del lat. «causon, -ōnis», del gr. «kaûsos», ardor) m. **Fiebre fuerte, pasajera y sin consecuencias.*

cáustica f. ÓPT. *Superficie curva a la que son tangentes los rayos reflejados o refractados cuando no se reúnen en un foco puntual, la cual, cortada por una pantalla que intercepte los rayos, aparece sobre ésta como una curva luminosa.*

cáusticamente adv. De manera cáustica (mordaz).

causticar tr. *Dar carácter cáustico.*

causticidad f. Cualidad de cáustico.

cáustico, -a (del lat. «caustĭcus», que quema) **1** adj. y n. m. Se aplica a las sustancias que como los ácidos o la lejía, atacan y destruyen otras. También, a las que destruyen los tejidos orgánicos, particularmente cuando se aplican como medio curativo para cicatrizar. ≃ *Corrosivo, mordiente. **2** m. Vejigatorio: sustancia irritante que se aplica para levantar vejigas, como procedimiento curativo. ⇒ Revulsivo. **3** adj. Se aplica a las palabras, lenguaje, estilo, humor, etc., en que hay ironía agresiva y maligna, y a quien las usa. ≃ *Mordaz.
V. «SOSA cáustica».

causuelo (Nic.) m. **Caucel (mamífero felino).*

cautamente adv. Con cautela.

cautela (del lat. «cautēla») f. *Precaución, *cuidado o *reserva y sigilo con que se ejecuta algo, en previsión de un riesgo o para no ser notado: 'Cogió con cautela el hierro por si aún quemaba. Me aproximé a la puerta con cautela'.

□ CATÁLOGO

Alevosía, circunspección, *cuidado, disimulo, miramiento, *moderación, *precaución, prevención, *prudencia, recámara, *reserva, sigilo, tiento, trastienda. ➤ Acautelarse, guardar el BULTO, cautelarse, andar con [ir con, o tener] CUIDADO, tener CUIDADO con lo que se hace, CUIDAR lo que se hace, estar sobre sí, guardarse, MIRAR lo que se hace, MIRAR[SE] mucho, andar con OJO, estar [o ir] con cien OJOS, medir las PALABRAS, parapetarse, precautelar[se], precaver[se], *prevenirse, resguardar[se], guardar la ROPA, tentarse la ROPA. ➤ Con CUENTA y razón, pasito, con PIES de plomo, quedo. ➤ En BOCA cerrada no entran moscas.

cautelar[1] (de «cautela») tr. y prnl. **Precaver[se].*

cautelar[2] adj. DER. Preventivo, precautorio. ⊙ Se aplica a las medidas dispuestas para lograr un objetivo o para evitar un peligro: 'Ante las amenazas terroristas se han tomado las medidas cautelares adecuadas'.

cautelosamente adv. Con precaución o con sigilo.

cauteloso, -a («Ser») adj. Prudente o cauto.

cauterio (del lat. «cauterĭum», del gr. «kautḗrion») **1** m. MED. Medio con que se *quema o destruye un tejido animal, como procedimiento curativo, o como precaución para evitar una infección, y se provoca la formación de una escara o costra. ⇒ Cáustico, galvanocauterio, moxa, termocauterio. ➤ *Medicina. **2** Remedio enérgico capaz de atajar un sufrimiento moral, un mal social, etc.

cauterización f. Acción de cauterizar.

cauterizador, -a adj. y n. Que cauteriza.

cauterizar (del lat. «cauterizāre») **1** tr. MED. Aplicar un cauterio a ˃algo. **2** Aplicar un *remedio enérgico para atajar un ˃mal social. **3** *Calificar o tildar.*

cautín (¿del lat. «cauterĭum», cauterio?) m. Varilla con un mango con la que se aplica el calor al *soldar.

cautivador, -a adj. Se aplica a la persona o cosa que cautiva con su gracia o encanto. ≃ *Encantador.

cautivar (del lat. «captivāre») **1** tr. Hacer cautivo a ˃alguien. ⊙ (ant.) intr. *Ser hecho cautivo.* **2** tr. o abs. *Conquistar o *embelesar. Atraer irresistiblemente la ˃atención, simpatía o amor de ˃alguien: 'Cautiva con su gracia. Desde las primeras palabras cautivó la atención del publico'.

cautiverio m. Estado de cautivo, con referencia particularmente al tiempo que dura: 'Pasó tres años en el cautiverio. Escribió esta novela durante su cautiverio'. ⊙ Particularmente, privación de la libertad a los animales salvajes. ≃ Cautividad.

cautividad f. Situación de cautivo, en especial de los animales salvajes: 'Estos pájaros no pueden vivir en cautividad'.

cautivo, -a (del lat. «captīvus») **1** («Hacer; por, de») adj. y n. Se aplica a la persona o animal retenido por fuerza en un lugar. ≃ *Preso, prisionero. ⊙ Particularmente, aplicado a animales, en lenguaje literario, o refiriéndose a los *cristianos prisioneros en tierra de infieles: 'Un pájaro cautivo. Cautivo en una mazmorra. Los cautivos de Argel'. ⇒ Captivo, cativo. ➤ Baños. ➤ Alfaqueque. ➤ *Redimir. ➤ *Prisión. **2** (lit.; «con, de») Sujeto por el *atractivo de una persona, particularmente del otro sexo: 'Le tiene cautivo de sus encantos'. ≃ Preso, prisionero.

cauto, -a (del lat. «cautus», part. pas. de «cavēre», tener cuidado; «Estar, Ser») adj. Se aplica a la persona que, en general o en cierto caso, obra con *precaución o *reserva: 'Es muy cauto. Fue [o estuvo] cauto'.

cauz (de «cauce») m. *Caz.*

cauza (del lat. «capsa», caja; Mur.) f. *Especie de caja de esparto donde se incuba la simiente del gusano de *seda.*

cava[1] (de «cavar») f. Acción de cavar una vez la tierra. ≃ Cavada.

cava[2] adj. y n. f. ANAT. Se aplica a cada una de las dos *venas más importantes del cuerpo, que desembocan en la aurícula derecha, procedente una, la superior, de la parte superior del cuerpo, y otra, la inferior, de los órganos situados debajo del diafragma.

cava[3] (del lat. «cava», zanja o cueva) **1** f. *Foso: excavación profunda que rodea un castillo o fortaleza. **2** (ant.) **Cueva u *hoyo.* **3** *Oficina del *palacio real donde se cuidaba el agua y el vino que bebían las personas reales.* **4** Foso u hoyo en los *garajes, desde donde se puede arreglar el motor de los coches colocados encima. **5** Cueva donde se elabora cierto vino espumoso español al estilo de la región francesa de Champaña. **6** m. Este vino. ⇒ Champán.

cavacote (¿de «cavar» y «coto»?) m. *Montoncillo de tierra hecho con la azada para que sirva de señal o de *mojón, por ejemplo para marcar *límites.*

cavada **1** («Dar una») f. Acción de cavar una vez la tierra de cultivo: 'Hay que dar una cavada para arrancar la hierba'. ≃ Cava. **2** (ant.) **Hoyo.* ≃ Cava.

cavadizo, -a **1** adj. *Fácil de cavar.* **2** *Se aplica a la tierra o arena que se remueve al cavar.*

cavado, -a **1** Participio adjetivo de «cavar». **2** (ant.) **Cóncavo.*

cavador **1** m. Trabajador que cava la tierra. **2** (ant.) **Sepulturero.*

cavadura f. Acción y efecto de cavar.

cavalillo (de «caballo») m. AGRIC. **Reguera entre dos fincas o campos.*

caván m. *Medida filipina de *capacidad para áridos, equivalente a 75 litros.*

cavanillero, -a (Sal.; n. calif.) n. *Persona que tiene las *piernas largas y* delgadas.

cavar (del lat. «cavāre») **1** tr. Abrir o remover la ˃*tierra con la azada o herramienta semejante, para cultivarla.

⊙ El complemento puede ser también la planta alrededor de la cual se cava: 'Cavar los avellanos [las cepas o las judías]'. ⇒ Alumbrar, arrejacar, binar, desacollar, desortijar, desterronar, entrecavar, escabuchar, escarificar, escavanar, escocar, escotorrar, excavar, jirpear, lampear, layar, mantornar, mullir, rebinar, terciar, tronquear. ➤ Excavar, socavar. ➤ *Agricultura. *Azada. *Labrar. **2** Hacer un ↘pozo, zanja, etc. **3** intr. *Ahondar o *profundizar en una cosa.* **4** (ant.) **Cavilar sobre algo.*

V. «cavar su FOSA [o su SEPULTURA]».

cavaria f. Cierta *ave americana que defiende a las demás contra algunas aves de rapiña.

cavaril (de «cavar»; Sal.) m. *Cavador.*

cavaro, -a (del lat. «Cavares») **1** adj. y, aplicado a personas, también n. *Se aplica a los individuos de un *pueblo antiguo de la Galia céltica, o mediodía de Francia.* **2** m. pl. *Ese pueblo.*

cavate V. «ARATE cavate».

cavatina (del it. «cavatina») f. *Aria corta, a veces en dos tiempos.

cavazón f. *Acción de cavar.* ≃ Cavío.

cávea (del lat. «cavĕa») **1** f. *Jaula *romana para aves y otros animales.* **2** *Cada una de ciertas galerías concéntricas del *teatro y del *circo romanos.*

cavedio (del lat. «cavaedĭum») m. **Patio de la casa *romana.*

caverna (del lat. «caverna») **1** f. Oquedad profunda en la tierra o en la roca. ⇒*Cueva. **2** MED. *Cavidad que queda en los tejidos animales, particularmente en los *pulmones, a consecuencia de la destrucción causada por una enfermedad; por ejemplo, por la *tuberculosis.

cavernario, -a adj. De la cavernas o con sus características. ⊙ Se aplica a los hombres prehistóricos que vivían en cavernas.

cavernícola 1 (culto) adj. y n. Se aplica a los hombres que habitan en cavernas. ≃ Troglodita. ⊙ (culto) Especialmente, a los de los tiempos prehistóricos. **2** (inf.; culto) De ideas políticas *reaccionarias. ≃ Troglodita.

cavernidad o **cavernosidad** f., gralm. pl. *Oquedad, cueva.*

cavernoso, -a 1 adj. Con cavernas. **2** Como de caverna o como una caverna. ⊙ Se aplica particularmente a la *voz humana de tono muy bajo, que tiene resonancias como de caverna.

cavero (de «cava³», zanja; Ál.) m. *Obrero dedicado a abrir zanjas en las tierras de cultivo, para *desecarlas.*

caveto (del it. «cavetto») m. **Moldura cóncava de perfil de cuarto de círculo.*

caví m. **Raíz seca y guisada de la oca del Perú.*

cavia¹ (del lat. «cavĕa») f. *Especie de alcorque, *hoyo o excavación.*

cavia² m. **CONEJILLO de Indias.*

cavial (del it. «caviale»; ant.) m. *Caviar.*

caviar (del turco «havyar», a través del it.) m. Conserva hecha de *huevas de *esturión. ⇒ Cavial. ➤ Beluga.

cavicornio (del lat. «cavus», hueco y «cornu», cuerno) m. ZOOL. **Bóvido.*

cavidad (del lat. «cavĭtas, -ātis») f. Espacio hueco que hay en el seno de cualquier cuerpo: 'La cavidad torácica'. ≃ Hueco, oquedad. ⊙ *Entrante que existe en la superficie de algo: 'Los ojos se alojan en unas cavidades del cráneo'. ≃ Concavidad, excavación, hoyo, hundimiento. ⊙ Cualquier forma cóncava: 'Formar una cavidad con la mano para beber agua'. ≃ *Concavidad, cuenco.

CAVIDAD TORÁCICA. Cavidad del *cuerpo situada entre el pecho y la espalda. ≃ Caja torácica.

□ CATÁLOGO

Otra raíz, «cel-»: 'celentéreo, celescopio'. ➤ *Abismo, abolladura, agadón, *agujero, alvéolo, *ampolla, barranco, bolladura, bolsa, cacaraña, capilla, capilleta, cárcava, *cauce, caverna, celdilla, célula, *concavidad, concha, coquera, cotila, cripta, cuenca, cuenco, *cueva, *depresión, *desigualdad, enfaldo, entrante, despacio, excavación, fosa, FOSA tectónica, *grieta, hendedura, hidrofilacio, hondón, hondonada, hornacho, hornacina, horno, hoya, *hoyo, *hueco, hundimiento, *nicho, oquedad, órbita, *pozo, precipicio, *ranura, *receptáculo, *recipiente, seno, sibil, *sima, sinuosidad, socarrena, sopeña, subterráneo, *surco, torca, *vacío, ventrículo. ➤ Bicóncavo, *cóncavo, concoideo, *hueco, *profundo, *vacío. ➤ Afollarse, ahuecarse, avejigarse, bufarse, cacarañar, *excavar. ➤ *Mucosa, pleura. ➤ Auscultar. ➤ Plesímetro. ➤ Timpánico, timpanizado. ➤ *Abertura.

cavilación 1 f. Acción de cavilar. **2** (gralm. pl.) Pensamiento del que está cavilando: 'Él, a solas con sus cavilaciones'. **3** *Cavilosidad.*

cavilar (del lat. «cavillāre»; «cómo, para, sobre») intr. *Pensar con preocupación en un asunto; por ejemplo, tratando de encontrar una explicación o una solución: 'Se pasa el día cavilando sobre cómo encontrar dinero'. ⇒ Bartulear, quebrarse [o romperse] la CABEZA, calabacearse, darse de CALABAZADAS [o CALABAZAZOS], romperse los CASCOS, cavar, quillotrar, rebinar, reinar, repensar, revolver, rumiar, devanarse los SESOS, tornear, torturar[se], dar VUELTAS, dar VUELTAS a la cabeza. ➤ *Pensar. *Preocupar.

cavilosamente adv. Con cavilosidad.

cavilosidad 1 f. Cualidad de caviloso. **2** *Aprensión o sospecha de algo desagradable o desgraciado. ≃ Cavilación.

caviloso, -a (del lat. «cavillōsus») adj. Propenso a cavilar, a preocuparse innecesaria o excesivamente de las cosas. ≃ *Preocupado.

cavío (de «cavar»; Sal.) m. *Acción de cavar.* ≃ Cavazón.

cavo¹ (del lat. «cavum») m. *Huronera o madriguera.*

cavo², -a (del lat. «cavus», hueco; ant.) adj. **Cóncavo.*

cay (voz guaraní de or. expresivo; Arg.) m. **MONO capuchino.*

cayá (del turco «kahya», mayordomo) m. *Cargo inmediatamente inferior al de «agá» en el ejército *turco.* ⇒ *Milicia.

cayada (del sup. hispanolat. «caiātus», del lat. «cāia», porra) **1** f. Cayado de pastor. **2** *Cayado, en cualquier otra acepción.*

cayadilla (de «cayada») f. *Hierro largo con que los forjadores amontonan el carbón en el centro del hogar.*

cayado (del sup. hispanolat. «caiātus», del lat. «cāia», porra) **1** m. *Bastón tosco, curvo por la parte por donde se agarra, usado particularmente por los *pastores. ≃ Cachava. ⇒ Cayada, gayata, lituo, porrudo. **2** *Báculo de los obispos. **3** *Vuelta en una corriente de agua, en un conducto, etc.; particularmente, la que forma la arteria aorta.

CAYADO DE LA AORTA. *Curva que forma esta arteria al salir del corazón.

cayajabo 1 (Antill.; *Canavalia ensiformis*) m. *Árbol leguminoso de semilla muy dura, de color rojo oscuro. Se usan* *estas semillas como dije o *amuleto, y los niños juegan con ellas.* **2** (Cuba) **Mate (*calabaza) amarillo.*

cayama (Cuba) f. *Ave zancuda que habita en medios acuáticos y construye su nido en la copa de los árboles.*

cayán m. **Toldo hecho con tiras de caña de bambú.* ≃ Tapanco.

cayana (Am. S.) f. *Callana (*recipiente tosco usado por los indios para tostar maíz o trigo).*

cayanco (Hond.) m. **Cataplasma de hierbas calientes.*

cayapear (Ven.) intr. *Reunirse muchos para *pegar a uno.*

cayapo, -a adj. y, aplicado a personas, también n. *Se aplica a los *indios de cierto pueblo del Goyas meridional (Brasil).*

cayapona (cualquier especie del género *Cayaponia)* f. *Planta cucurbitácea de cuyo jugo se extrae un purgante muy enérgico.

cayarí (Cuba) m. **Cangrejo pequeño de color rojo que vive en agujeros en las orillas de los ríos.*

cayaya 1 (Cuba; *Tournefortia hirsutissima)* f. **Planta borraginácea de frutos parecidos a la pimienta.* **2** (Guat.) *Especie de *chachalaca (ave).*

cayena (del tupí «quiynha», influido por «Cayena», nombre de la capital de la Guayana francesa) f. Especia muy picante obtenida de los frutos del guindillo de Indias.

cayeputi (del malayo «kāyu pūti», árbol blanco; *Melaleuca leucadendron)* m. Árbol mirtáceo de la India y de Oceanía con el tronco negro y las hojas blancas, de cuyas hojas se saca por destilación un aceite muy aromático que se emplea en medicina. ⇒ *Planta.

cayeté m. **Indio de uno de los pueblos que vivían en América del Sur en la época del descubrimiento.* ⊙ pl. *Ese pueblo.* ⇒ Caite.

cayo (de or. antillano) m. Se aplica a los islotes llanos y arenosos del mar de las Antillas y golfo de Méjico.

cayota o **cayote**[1] (del nahua «chayutli»; *Sechium edule)* f. o m. Especie de *calabaza de 10 a 12 cm de largo, oval, de color verde claro o blanquecino. ≃ Chayote.

V. «CIDRA cayote».

cayote[2] m. **Coyote (mamífero cánido).*

cayuco[1] (Hispam.) m. **Barco indio de una pieza, más pequeño que la canoa, con el fondo plano y sin quilla, que se gobierna y mueve con el canalete (remo de pala ancha postiza).*

cayuco[2]**, -a 1** (Cuba) adj. y n. *Se aplica a la persona que tiene la *cabeza comprimida por los lados y abultada por la frente.* **2** (Cuba) *Se aplica a la persona *torpe.*

cayuela (¿relac. con «escayola»?; Ál., Cantb.) f. *Roca caliza de color azulado en que abundan los fósiles.* ⇒ *Mineral.

cayumbo (Cuba) m. *Especie de *junco que nace en las ciénagas.*

cayutana *(Zanthoxylum piperatum)* f. *Planta rutácea de Filipinas cuyas semillas se utilizan como condimento.

caz (de «cauce») m. **Canal de derivación que lleva agua al sitio donde es aprovechada; por ejemplo, a un molino.* ⇒ Calce, cequión.

caza[1] **1** f. Acción de cazar. **2** (colectivo; «Aprehender, cobrar, coger») *Animales de los que se cazan: 'En este monte hay mucha caza'. ⊙ (colectivo; «Aprehender, cobrar, coger») Animales cazados: 'Tienda donde se vende caza'. ⊙ Carne de ellos: 'No le sienta bien la caza'. **3** *AVIÓN de caza.

CAZA DE BRUJAS. Persecución política. Se aplica especialmente a la acaecida en los Estados Unidos, tras la Segunda Guerra Mundial, contra los simpatizantes comunistas.

C. MAYOR. La de animales grandes, como jabalíes, ciervos, etc. ⊙ (colectivo) Estos animales.

C. MENOR. La de animales pequeños, como, perdices conejos, etc. ⊙ (colectivo) Estos mismos animales.

ANDAR [O IR] A [LA] CAZA de una cosa. Hacer esfuerzos o gestiones para conseguirla. ⇒ *Buscar, *perseguir.

V. «AVIÓN de caza, BUEY de caza».

DAR CAZA. *Perseguir animales hasta cazarlos, a alguien hasta apresarlo, etc.

ESPANTAR LA CAZA. *Malograr un propósito por *precipitarse.

LEVANTAR LA CAZA. *Descubrir antes de tiempo un propósito, dando lugar a que surjan oposiciones u obstáculos que lo dificulten o a que alguien se anticipe a realizarlo.

V. «PARTIDA de caza, a PROPÓSITO de caza, TROMPA de caza».

caza[2] (de «Gaza») f. **Tela antigua, semejante a la gasa.*

cazabe (del araucano «cazabí», pan de yuca; Hispam.) m. **Torta de tapioca.* ≃ Casabe, quitasolillo. ⇒ Pirón, sebucán, yare.

cazabombardero m. Avión de guerra que es a la vez de caza y bombardero.

cazadero, -a 1 adj. *Que puede ser cazado.* **2** m. *Sitio bueno para *cazar.*

cazador, -a 1 n. Persona que va de *caza. **2** adj. Se aplica a los animales aptos naturalmente para cazar; especialmente, los perros y los gatos. **3** m. *Soldado de los que forman los batallones de tropas ligeras. **4** (inf.) adj. *Que gana a otro, trayéndolo a su partido.*

CAZADOR DE ALFORJA. *El que no usa escopeta sino trampas, hurones, etc.*

C. MAYOR. *Oficio de mucho honor que ejercía en el palacio del *rey el montero mayor, como jefe de la volatería y *cetrería.*

cazadora 1 f. *Chaqueta fuerte y cómoda que se lleva para cazar, para excursiones, etc. **2** Prenda de *vestir que llega sólo hasta la cintura, generalmente quedando ajustada a ella por algún procedimiento. ⇒ Abrigo, campera, casaca, chamarra, chompa, chumpa, parca. **3** (C. Rica; varias especies del género *Icterus*, especialmente *Icterus spurius)* f. **Ave de color amarillo vivo y de canto agradable.* **4** (Col.) *Cierta serpiente de gran tamaño.*

cazadotes m. Hombre que trata de casarse con una mujer rica.

cazafortunas n. Persona que trata de casarse con otra rica.

cazaguate o **cazahuate** (Méj.; *Ipomoea purga)* m. **Planta convolvulácea cultivada por las propiedades medicinales de su raíz.*

cazalla f. *Aguardiente que se fabrica en Cazalla de la Sierra, localidad de la provincia de Sevilla.

cazallero, -a n. Persona aficionada a tomar cazalla.

cazaminas m. *Barco destinado a detectar minas.

cazampulga (Salv., Hond.; *Latrodectes curassaviensis)* f. **Araña venenosa del tamaño de un guisante.* ≃ Casampulga, casimpulga.

cazar (del sup. lat. «captiāre», de «captāre», coger) **1** tr. o abs. Perseguir o acechar ˘animales salvajes y matarlos o apresarlos. ⊙ Atrapar y matar un animal a ˘otro para comérselo. ⇒ Depredar. ➤ Depredador. **2** (inf.) tr. *Conseguir cierta ˘cosa buena: 'Ha cazado un buen empleo [o un premio de la lotería]'. ≃ Atrapar, pescar, pillar. **3** (inf.) Conseguir de ˘alguien con habilidad o *engaño cierta cosa a la que, de otro modo, no hubiese accedido. ≃ Coger, pescar, pillar. **4** (inf.) Obtener de ↘alguien que, en un descuido, *descubra algo que trataba de ocultar. ≃ Coger, pescar, pillar. **5** (inf.) *Percatarse de cierta ↘cosa con rapidez y perspicacia. ≃ Coger, pescar, pillar. **6** (inf.) Entender cierta ↘cosa: 'De la conversación sólo cacé alguna frase suelta'. ≃ Coger, pescar, pillar. **7** MAR. *Atirantar la escota hasta que el puño de la ↘*vela quede lo más cerca posible de la borda.

V. «cazar al ESPARTILLO, cazar a ESPERA, cazar al VUELO, cazarlas al VUELO».

□ CATÁLOGO

Aviceptología, ballestería, batida, cacera, cacería, *cetrería, cinegética, chaco, montería, PARTIDA de caza, sacadilla, venación, zorreada. ➤ Venatorio. ➤ Abarcar, acabestrillar, acechar, acosar, agamitar, alicortar, aojar, apealar, apegualar, apiolar, atraillar, batir, buitrear, cabestrar, chillar, chuchear, concertar, cucar, desapiolar, descogotar, desencarnar, embudar, empigüelar, emplazar, encañonar, encarnizar, encobrar, engalgar, engarronar, enlazar, enredar, enviscar, huchear, huronear, lacear, laquear, levantar, matear, batir el MONTE, montear, correr MONTES, ojear, pajarear, palomear, perchonar, *perseguir, recechar, reclamar, rematar, resalto, rondar, señolear, venar, volar, zorrear. ➤ Mano. ➤ Al volateo, al vuelo. ➤ De pico, PICO a viento, RABO a viento, redroviento. ➤ Acecho, ojeo, rececho. ➤ ALGUACIL de la montería, alimañero, bahurrero, batidor, buitrero, cazador, cechero, chuchero, cosario, escopeta, huronero, jaulero, lacero, manguero, montero, MONTERO mayor, ojeador, orillero, pajarero, paradislero, parancero, póstor, redero, sotamontero, venador, volatero, zorzalero. ➤ Armada, busca, manga. ➤ Boleadoras, *escopeta. ➤ Rallón, saetón. ➤ Cacerina, calderuela, canana, cartuchera, cazadora, escarcela, escaupil, mochila, morral, perdigonera, zurrón. ➤ Albanega, alero, añagaza, araña, arañuelo, arbolete, arbolillo, ballesta, buitrino, buitrón, callejo, capillo, caravana, carnada, carnaza, casilla, cebo, *cepo, cerda, cimbel, cimillo, contratela, enza, espejuelo, filopos, lancha, lazo, LAZO ciego, losa, losilla, manga, manganeta, oncejera [u oncijera], orzuelo, percha, ratonera, red, redejón, tela, *trampa, vareta, zalagarda. ➤ ALAMBRE de conejo, HILO de conejo, pitezna. ➤ Ajonje, hisca, liga, liria, yos. ➤ Cimbel, *halcón, *hurón, pájaro, perdigón, *perro. ➤ Balitadera, bretador, chifle, chilla, CORNETA de monte, gamitadera, TROMPA de caza. ➤ Reclamo, *señuelo. ➤ Talamera. ➤ Humazo. ➤ Boezuelo, BUEY de cabestrillo, BUEY de caza. ➤ Coto, parque, vedado. ➤ Acecho, aguardadero, aguardo, buitrera, cazadero, espera, esperadero, huta, paranza, puesto, tiradero. ➤ Paso. ➤ *PERRO: apernador, cárabo, perdiguero. ➤ Derecha, *traílla. ➤ Apernar, buscar, cobrar, encarnarse, hipar, matear, portar, tocar, trasconejarse, tomar el VIENTO, zarcear. ➤ Hurón: garigola, prisuelo, risuelo. ➤ Alimaña, gamusino, pieza, res, venado, volatería. ➤ Matacán. ➤ Andadas, ida, rastro, viento. ➤ Alastrarse, darse, embarrarse, empercharse, encadarse, encamarse, encobilarse, encodillarse, encogollarse, enligarse, enmatarse, enviscarse, frezar, gatada, rebudiar, rehuir, rehurtarse, responder, romper, roncar. ➤ Agazapada, aulladero, baña, bañadero, bañil, bramadero, caño, cebadero, huidero, perdedero, vivar. ➤ Cacha, codillo, cota, tollo. ➤ Día de fortuna, veda. ➤ Carlanca, trabanco, *trangallo. ➤ *Arma. *cetrería.

cazarete (del cat. «cassaret») m. *Una de las piezas de la jábega o del boliche (*redes de pescar).*

cazarra (de «cazo»; Ál.) f. **Comedero hecho del tronco de un árbol, en que se da el pienso al ganado en el campo; particularmente, a las *ovejas.*

cazarrica (dim. de «cazarra»; Ál.) f. **Artesa en que se da la comida a las aves de corral.*

cazarro (de «cazo»; Ál.) m. *Tronco ahuecado que se usa como *canal.*

cazata f. *Cacería.*

cazatalentos n. Persona encargada de contratar profesionales brillantes en una determinada actividad.

cazatorpedero m. *Barco de guerra pequeño y bien armado, de marcha muy rápida, destinado a la persecución de torpederos. ≃ Contratorpedero.

cazcalear (¿de «cascar» o «cáscara», en relación con la idea de meter ruido en vano?) intr. *Moverse mucho, como quien está muy ocupado, sin hacer nada de provecho.* ≃ *Zascandilear.

cazcarria f., gralm. pl. Salpicadura de *barro que se recoge al andar en la parte baja de la ropa. ≃ Cascarria, zarpa, zarrapastra, zarria.

cazcarriento o **cazcarrioso** adj. *Salpicado de cazcarrias.* ≃ Cascarrioso.

cazcorvo, -a (de «casco») **1** (ant.) m. **Hoz o podadera.* **2** adj. *Se aplica a las *caballerías que tienen las patas encorvadas.* ⊙ (ant.; Col., Ven.) *Patizambo o *zancajoso.*

cazo (¿del b. lat. «cattĭa»?) **1** m. Recipiente de *cocina generalmente más ancho por la boca que por el fondo, pero a veces cilíndrico, con mango largo, en ocasiones con un pico para verter. ⇒ Cacerola, cacillo. ⊙ *Vasija semejante usada por los *carpinteros para calentar la *cola.* **2** Utensilio de cocina consistente en un pequeño recipiente semiesférico, con un mango largo, a veces doblado por el extremo para colgarlo, que se usa para *trasvasar líquidos de un recipiente a otro. ≃ Cacillo. ⇒ Cuchara, escaza, venencia. **3** *Cuchara de *excavadora que se abre y cierra mecánicamente.* **4** *Parte del *cuchillo opuesta al filo.* **5** (inf.; n. calif.) Persona *fea o torpe.

METER EL CAZO (inf.). Meter la PATA.

cazolada f. Cantidad de comida guisada en una cazuela; se usa para significar una gran cantidad de comida: 'Se come todas las mañanas una cazolada de sopas'.

cazoleja f. *Cazoleta.*

cazolero (de «cazuela») adj. y n. m. *Hombre entrometido en los quehaceres propios de las mujeres.* ≃ Cazoletero, cocinilla, *cominero. ⇒ *Afeminado.

cazoleta (dim. de «cazuela») **1** f. Cazuela pequeña. **2** Se aplica a distintas piezas o partes de utensilios que tienen forma aproximadamente semiesférica. ⊙ Parte de la *pipa en que se coloca el tabaco. ⊙ Pieza que tienen las *espadas y *sables entre el puño y la hoja para proteger la mano. ⇒ *Guarnición. ⊙ *Pieza de forma semiesférica de las *armas de chispa, inmediata al oído del cañón, que se llenaba con pólvora que, al inflamarse, producía el disparo.* ⊙ *Pieza redonda de acero que cubre la empuñadura del *escudo.* **3** (ant.) *Cierto *perfume.*

cazoletear intr. **Curiosear o *entrometerse en los asuntos ajenos.* ≃ Cucharetear.

cazoletero adj. y n. m. *Cazolero.*

cazón[1] (del fr. «casson»; ant.) m. **Azúcar moreno por no estar bien refinado.*

cazón[2] (de «cazar») m. Nombre aplicado a varias especies de *peces selacios, muy voraces y temibles. Es apreciado como alimento y su pellejo sirve, una vez seco, como *lija. ≃ Nioto, PERRO marino, tollo.

cazonal **1** m. *Conjunto de arreos y aparejos para la *pesca de los cazones.* ⊙ **Red grande para ellos y otros peces grandes.* **2** **Apuro.*

cazonete m. MAR. *Palito que se ata por su centro en el extremo de un *cabo, para pasarlo por una gaza o presi-*

lla como procedimiento para cerrar o sujetar algo. ≃ *Muletilla.

cazorría (de «cazurro»; ant.) f. *Expresión grosera o soez.*

cazudo, -a (de «cazo»; ant.) adj. *Se aplica a las *armas blancas que tienen grande o pesada la cazoleta.*

cazuela (de «cazo») **1** f. Recipiente de *cocina, ancho y poco profundo, que se emplea para guisar. ⇒ Altamía, cacerola, cajete, catino, dornillo, escudilla, tarta, tartera, tortera». **2** Cualquier *guiso, hecho en cazuela o cacerola, de carne y, generalmente, patatas y legumbres. ⇒ *Guisado. **3** AGRÁF. *Componedor ancho que puede contener varias líneas.* **4** Sitio en los antiguos *teatros reservado a las mujeres. **5** Galería más alta de los *teatros. ≃ Paraíso. **6** Cada una de las partes huecas del sujetador que cubren los senos. ⊙ Relleno de almohadilla u otro material que se pone en la parte hueca de los senos en vestidos, bañadores, etc.

CAZUELA MOJÍ. *Especie de budín hecho en cazuela, con queso, pan rallado, berenjenas, miel y otras cosas.*

cazumbrar tr. *Juntar con cazumbre las ˃duelas de los *toneles y encajarlas en las tapas.*

cazumbre 1 m. *Cuerda de estopa poco retorcida con que se mantienen juntas las duelas de los *toneles mientras se unen a golpes de mazo.* **2** (Ast.) **Savia de las plantas y *jugo de las frutas.*

cazumbrón m. *Operario que cazumbra los *toneles.*

cazurrear intr. *Actuar como un cazurro.*

cazurrería f. Cualidad o actitud de cazurro.

cazurría f. *Cazorría o cazurrería.*

cazurro, -a 1 adj. y n. Se aplica a persona *callada y aparentemente *sumisa e ignorante, pero con *picardía o *astucia y que hace lo que le conviene. **2** (Ar.) *Obstinado.* **3** (ant.) *Aplicado a las personas o a su palabras y expresiones, *grosero o *soez.* **4** Torpe, de pocas luces.

□ CATÁLOGO

Buenecito, camastrón, carlancón, coscón, cuco, culebrón, gazapo, macandón, macuco, manso, marrajo, martagón, MÁTALAS callando, maxmordón, mego, mindango, morlaco, morlón, moscón, MOSQUITA muerta, samarugo, samugo, socarra, socarro, *socarrón, soga, somardón, taimado, tumbón, zamacuco, zamarro, zanguayo, zorrocloco. ➤ Conchas, escamas. ➤ *Astuto. *Hipocresía. *Taimado.

cazuz (del ár. and. «qassūs», cl. «qissūs», del gr. «kissós») m. **Hiedra (planta araliácea).*

Cb Símbolo químico del columbio.

Cd Símbolo químico del cadmio.

CD (pronunc. [cedé]) m. Sigla de «COMPACT disc».

CD-ROM (var. «CD-Rom»; sigla del ingl. «compact disc read-only memory»; pronunc. [céde róm]; pl. «CD-ROM») m. *Disco compacto que permite el almacenamiento de datos que pueden ser leídos mediante láser pero no modificados.

ce f. Letra «c». ⇒ Cedilla.

CE POR BE. Referido a la manera de contar una cosa, con todos los *detalles.

POR CE O POR BE (inf; usado es frases que expresan lamentación). Por una cosa o por otra; siempre: 'Al final, por ce o por be, nunca nos da tiempo a dar un paseo'. ≃ Por HACHE o por be.

Ce Símbolo químico del cerio.

cea (ant.) f. *Cía (hueso de la *cadera).*

ceajo, -a (Ar.) m. *Cegajo.*

ceanoto (del gr. «keánōthos»; género *Ceanotus)* m. Nombre dado a varias *plantas ramnáceas de América y Oceanía. La más importante es el «té de Jersey», que se emplea entre los indios como medicinal.

cearina f. FARM. *Pomada de color blanco que sirve de excipiente de otras pomadas, compuesta de cera, ceresina y parafina líquida.*

ceática (ant.) f. MED. *Ciática.*

ceba 1 f. Acción de cebar animales. ≃ Engorde. **2** (ant.) CAZA. *Cebo para atraer animales.* **3** Alimentación especial con que se ceba al ganado. **4** (Cantb.) *Hierba seca almacenada para el invierno.* ⇒ *Pienso.

cebada (del lat. «cibāta»; *Hordeum vulgare*) f. *Cereal muy parecido al trigo, pero de semillas más alargadas y puntiagudas. ⊙ (colectivo) Semillas de esta planta, que constituyen un *pienso muy importante y se emplean para hacer *cerveza. ⇒ Hordio. ➤ Alcacel, alcacer. ➤ Cebadazo. ➤ Despensa. ➤ Farro, hordiate, malta. ➤ Ladilla. ➤ Encebadar[se].

CEBADA LADILLA. *Cierta especie de cebada de granos chatos y pesados y con dos órdenes de ellos en la espiga.*

V. «MOZO de paja y cebada».

cebadal m. *Campo de cebada.*

cebadar tr. *Dar cebada a los ˃animales.*

cebadazo, -a adj. *De [la] cebada:* 'Paja cebadaza'.

cebadera 1 f. Morral o manta en que se les pone la comida a las caballerías en el campo. **2** Cajón en que tienen los posaderos y mayorales la cebada para los animales. **3** *Vela que se envergaba en una percha cruzada bajo el bauprés, fuera del barco. **4** En metalurgia, utensilio de forma de caja a la que falta una de las paredes, que se emplea para introducir el combustible por el cebadero del *horno.

cebadería (ant.) f. *Sitio donde se revende cebada.*

cebadero 1 m. *Caballería cargada de cebada que llevaban en prevención los *arrieros. **2** *Caballería que va delante, a la cual siguen las otras, en las cabañas de ganado mular. **3** *MOZO de paja y cebada. **4** CAZA. Sitio en que se pone el cebo a la *caza. **5** Instalación o lugar destinado a cebar animales. **6** METAL. Abertura por donde se introduce mineral en el *horno. **7** PINT. Cuadro de *aves domésticas comiendo.

cebadilla (dim. de «cebada») **1** *(Hordeum murinum)* f. *Planta gramínea, especie de cebada silvestre. ≃ Espigadilla. **2** *(Bromus catharticus)* *Planta gramínea americana que constituye un *pasto excelente. **3** (Méj.; *Schoenocaulon officinale* y otras especies) **Planta liliácea de la que se extrae un insecticida utilizado en veterinaria.* ⊙ (Méj.; colectivo) *Semillas de esta planta, semejantes a granos de cebada, cuyo polvo, que contiene veratrina, se emplea como *vomitivo, *purgante e *insecticida.* ⊙ (Méj.; colectivo) *Esos polvos, así como cualquier preparación insecticida hecha con las hojas o raíces de esa planta.* ≃ POLVO de capuchino. **4** *Raíz del *vedegambre o eléboro blanco, cuyo polvo es insecticida y estornutatorio.* **5** *(Pallenis spinosa)* *Planta compuesta.

cebado, -a 1 Participio adjetivo de «cebar». ⊙ Muy *gordo. **2** (Hispam.) *Se aplica a la *fiera que, por haber probado carne humana, es más temible.* ⇒ LOBO cebado.

cebador, -a 1 m. *Pequeño recipiente en que se llevaba la *pólvora para cebar las armas de fuego.* **2** Dispositivo que produce el encendido de las lámparas de gas, como los tubos fluorescentes. **3** (R. Pl.) n. *Persona que prepara el mate (infusión).*

cebadura 1 f. *Acción de cebar[se].* **2** (R. Pl.) *Cantidad de yerba que se pone en el mate para preparar la infusión.*

cebar (del lat. «cibāre») **1** tr. *Alimentar ˃animales para engordarlos y aprovechar su carne: 'Cebar capones [pavos, cerdos]'. ⊙ En lenguaje jocoso, se aplica también a las personas: '¡Cómo te ceban!' ⇒ Criar, embuchar, empapuzar, encarnar, encarnizar, endehesar, engargantar, engordar, recriar, sainar. ➤ Cibal, cibario, cibera, cibo, engorde, masón. ➤ *Montanera. ➤ Capón, cebón. ➤ Afreza, bayo, gueldo, LOMBRIZ de tierra, MOSCA artificial, raba. ➤ Enescar. ➤ Encarne. ➤ *Alimentar. *Comer. *Hartar. *Pasto. *Pienso. **2** Poner en un ↘anzuelo, un cepo, una trampa, etc., el alimento que ha de atraer a los animales. **3** Hacer en una ↘*máquina o utensilio cierta operación previa para que empiece a funcionar; por ejemplo, llenar de líquido un sifón o el tubo de una *bomba, o dar con una manivela las primeras vueltas a una rueda o volante que luego sigue accionada por un motor. ⇒ *Excitar. **4** *Poner una aguja de *brújula junto a un imán para comunicarle *magnetismo o renovárselo.* **5** Poner el cebo en las ↘*armas de fuego, barrenos, cohetes o cualquier cosa destinada a hacer explosión. **6** (R. Pl.) *Preparar el ↘mate añadiendo agua hirviendo a la yerba.* **7** *Fomentar un ↘sentimiento o pasión.* **8** intr. *Quedar sujetas ciertas cosas que se introducen en otras; por ejemplo, un tornillo o tuerca, o un clavo.* ≃ Agarrar. ⊙ tr. *Hacer que queden de este modo.* **9** («en») prnl. *Entregarse alguien con intensidad o afán a una cosa, de modo que no es capaz de dejarla: 'Se ha cebado en la lectura de esa novela'. ⊙ («en») Particularmente, entregarse a un vicio o pasión. ⇒ *Enfrascarse. **10** («en») Extremar la crueldad con una víctima. ≃ Encarnizarse, *ensañarse. ⊙ («en») Insistir demasiado o exagerar al *reprender a alguien.

cebellina (del fr. «zibeline» o del it. ant. «zibellino», del ruso «sobolj», marta) adj. V. «MARTA cebellina».

cebera (del lat. «cibarĭa») **1** (ant.) f. *Trigo que se echa en la tolva para cebar el molino.* ≃ Cibera. **2** (ant.; colectivo) *Semillas que sirven de *pienso.* ≃ Cibera.

cebero (del lat. «cibarĭus», de cebo; Mur.) m. *Capazo con que se les echa el *pienso a los animales.*

cebiche (de «cebo») m. *Guiso de pescado con pimiento, zumo de naranja o limón y otros ingredientes, típico de algunos países hispanoamericanos.

cebil (Arg.; *Anadenanthera macrocarpa*) m. *Árbol leguminoso de América del Sur, cuya corteza es curtiente por su alto contenido en taninos.* ⇒ *Planta.

cebipiro (*Cebipira virgiloides*) m. *Árbol leguminoso del Brasil, cuya corteza, de propiedades astringentes, se emplea en la preparación de baños y contra el reúma.* ⇒ *Planta.

cebique (de «cebo»; Sal.) m. *Comida que dan las aves a sus polluelos.*

cebo[1] (del lat. «cibus», alimento) **1** m. *Comida con que se *ceba a los animales.* **2** (Cantb.) *Hierba seca.* **3** Comida con que se ceba el anzuelo, el cepo, la trampa, etc., para *cazar o *pescar. ⇒ *Cebar. **4** METAL. *Porción de mineral que se echa de una vez en el *horno.* **5** Pequeña cantidad de *explosivo que se pone en las *armas de fuego, barrenos, etc., para que produzca al inflamarse la explosión de la carga. **6** Cosa agradable o atractiva que se emplea para llamar la atención de alguien hacia una cosa o para *inducirle a hacer algo: 'La rebaja de algunos artículos es el cebo para que el público compre otras cosas'. ≃ Aliciente, incentivo. ⇒ *Propaganda. **7** *Pábulo de la maledicencia, de un sentimiento o pasión, etc. **8** *Material, generalmente arcilla, con que se *rellenan las grietas de los embalses.*

cebo[2] (del lat. «cepus», del gr. «kêpos») m. *Cefo (mono).*

cebolla (del lat. «cepŭlla», cebolleta) **1** (*Allium cepa*) f. *Planta liliácea, cuyos bulbos, llamados del mismo modo, blancos y formados por capas superpuestas, tienen sabor y olor fuerte y picante que se consume de forma variada, en particular como condimento. ⇒ Cebolleta, cebollón, ceborrincha. ➤ Cancho, casco, gajo. ➤ Horca, horco, ristra. ➤ Cuello. ➤ Ajaspajas. **2** Por extensión, *bulbo de cualquier planta. **3** Se aplica a objetos de forma o de estructura de cebolla. ⊙ *A la parte de un *madero en que se han separado entre sí las capas leñosas.* ⊙ *A la parte redonda del *velón, en la cual se pone el aceite.* ⊙ A una pieza esférica, con agujeros como un colador, que se pone en las cañerías para interceptar la broza.

CEBOLLA ALBARRANA (*Urginea maritima*). *Planta liliácea medicinal, como de metro y medio de altura, de hojas lanceoladas, de bordes ondulados y de color verde oscuro. ≃ Escila, esquila.

C. ESCALONIA. *Chalote (planta liliácea).*

V. «contigo PAN y cebolla, PAPEL cebolla, TELA de cebolla».

cebollada f. *Guiso de cebolla.*

cebollana f. (*Allium schoenoprasum*) *Planta semejante a la cebolla, pero de bulbos pequeños y ovoides y de sabor dulce, y tallos jugosos que se comen en ensalada. ≃ Cebollino.

cebollar m. Campo o bancal de cebollas.

cebollero, -a **1** adj. De [la] cebolla. **2** n. Vendedor de cebollas.

V. «ALACRÁN cebollero, GRILLO cebollero».

cebolleta **1** (*Allium fistulosum*) f. *Planta semejante a la cebolla, de bulbo cilíndrico, de la que se come también parte del tallo. ≃ Cebollino. **2** Cebolla arrancada todavía tierna, que se come cruda. **3** (Cuba; *Cyperus rotundus*) *Especie de juncia cuyos tubérculos son semejantes a las chufas.*

cebollino **1** m. *Cebollana.* **2** Cebolleta. **3** *Planta de cebolla joven que se trasplanta. **4** (colectivo) *Simiente de cebolla. **5** (n. calif.) Persona *tonta o *indiscreta.

MANDAR a una persona A ESCARDAR CEBOLLINOS. Dejar de tratar con ella o de ocuparse de ella. ⇒ *Desentenderse. ⊙ *Echarla de un sitio.

cebollón (aum. de «cebolla») **1** m. *Variedad de cebolla de forma alargada, menos picante que la común.* **2** (inf.) Borrachera.

cebolludo, -a **1** adj. *Se aplica a las *plantas que nacen de cebolla.* **2** *Se aplica a la persona de figura o modales *bastos o *toscos.*

cebón, -a (de «cebar») **1** n. Animal cebado. **2** **Lechón.* **3** **Cerdo.* **3** (inf.) adj. y n. Persona *gorda.

ceborrincha f. Cebolla silvestre.

cebra (¿del sup. lat. vulg. «ecifĕrus», del lat. «equifĕrus», caballo salvaje?; varias especies del género *Equus*, como el *Equus zebra*) f. *Mamífero équido de África, parecido al asno, de pelaje amarillento, con listas transversales pardas o negras. ≃ Zebra. ⇒ Encebra [o encebro].

V. «PASO de cebra».

cebrado, -a adj. *Se aplica al animal, particularmente a la *caballería, que tiene listas semejantes a las de la cebra.*

cebratana f. **Cerbatana.*

cebrero (de «cebra»; ant.) m., gralm. pl. *Lugar escarpado, preferido por las cabras monteses.* ⇒ *Escarpado, *peñasco.

cebrión (*Cebrio gigas* y otras especies del mismo género) m. Insecto *coleóptero de cuerpo prolongado y élitros blandos.

cebro (de «cebra») m. *Asno salvaje.* ≃ *Onagro.

cebruno, -a adj. *Cervuno.*

cebtí (del ár. and. «sabtí», de «Sábta», Ceuta; ant.) adj. y n. *Ceutí (de Ceuta).*

cebú (de or. tibetano) **1** (*Bos indicus*) m. *Mamífero bovino de África y la India, parecido a un toro, con una o dos gibas de grasa sobre el lomo. **2** Variedad del *mono llamado «carayá».

ceburro adj. *Aplicado al trigo, *candeal.*
V. «MIJO ceburro».

ceca (del ár. and. «sákka») **1** f. Casa donde se hacía moneda. ⇒ *CASA de la moneda. **2** *En Marruecos, *moneda.*

Ceca f. IR DE LA CECA A LA MECA [o, menos frec, DE CECA EN MECA] (inf.). *Moverse mucho, yendo de un sitio a otro haciendo gestiones para conseguir algo o resolver un asunto.

cecal (del lat. «caecus», ciego) adj. ANAT. Del *intestino ciego.
V. «APÉNDICE cecal».

ceceante adj. Que cecea. ⊙ Con ceceo: 'Pronunciación ceceante'.

cecear intr. *Pronunciar las eses como ces, como peculiaridad lingüística de ciertas regiones o por defecto de pronunciación. ⇒ Ceceoso, zazo, zazoso, zopas.

ceceo m. Acción de cecear.

ceceoso, -a adj. y n. *Que cecea.*

cecesmil (del nahua «cecelic», tierno, y «milli», campo cultivado; Hond.) m. *Plantío de *maíz temprano.*

cechero m. CAZA. *Hombre que *acecha.* ≃ Acechador.

cecí (Cuba) m. **Sesí (pez).*

cecial (del sup. lat. «siccĭālis») adj. y n. m. *Se aplica a la merluza u otro pescado semejante, seco y curado al aire.*

cecias (del lat. «caecĭas», del gr. «kaikías») m. *Viento que sopla de nordeste.*

cecidio o **cecidia** m. o f. BOT. *Alteración de los tejidos vegetales producida por la acción de bacterias hongos o animales, principalmente insectos y ácaros.* ⇒ Agalla.

cecilia f. *Nombre aplicado a distintos *anfibios ápodos, que constituyen un género.*

cecina (del sup. lat. «siccīna») **1** f. *Carne salada y seca. ≃ Tasajo. ⇒ Carnaje, chalona, charque, charqui, tapa, tasajo. ➤ Acecinar. **2** (Chi., Par.) *Embutido de carne.* **3** (Arg., Par.) *Tira de carne delgada, seca y sin sal.* **4** (Ec.) *Loncha de carne fresca.*

cecinar 1 tr. *Convertir la carne en cecina.* **2** (Ec.) *Cortar la carne fresca en lonchas.*

ceción (ant.) f. **Fiebre intermitente.* ≃ Cesión, ción.

cecografía (del lat. «caecus», ciego, y «-grafía») f. *Escritura de los *ciegos.*

cécubo (del lat. «caecŭbum») m. **Vino célebre en Roma, que procedía de un territorio del mismo nombre en Campania.*

cecuciente (del lat. «caecutĭens, -entis») adj. *Se aplica a la persona que se está quedando ciega.*

ceda[1] f. Ceta (letra). ≃ Zeda, zeta.

ceda[2] (del lat. «seta») f. **Pelo grueso de la cola o las crines de los animales.* ≃ Cerda.

cedacear (de «cedazo») intr. *Nublarse la vista.* ⇒ *Ver.

cedacero m. *Hombre que hace o vende cedazos.*

cedacillo (dim. de «cedazo»; *Briza media*) m. *Planta graminácea anual, parecida a la tembladera pero con las espiguillas acorazonadas y violáceas.

cedazo (del lat. «saetacēum», criba hecha de cerdas) **1** m. Utensilio formado por un aro o cilindro, generalmente de madera, que lleva tensa, sujeta a uno de los bordes, una tela de tejido muy claro, generalmente de seda amarilla, o una tela metálica muy fina, y sirve para *cribar. **2** *Cierta *red de pesca, grande.*

cedente adj. y n. *Aplicable al que cede.*

ceder (del lat. «cedĕre») **1** tr. *Dar o *dejar voluntariamente a otro el disfrute de cierta ↘cosa, privándose de ella: 'Ceder el asiento en el autobús [el derecho a un coche o la vez en la cola]'. ⊙ Comunicar un cuerpo su ↘calor a otro en cuyo seno está o con el que está en contacto: 'Al licuarse el vapor cede calor al aire'. ⇒ Abdicar, quitarse el BOCADO de la boca, *desprenderse, enjurar, *prescindir, resignar. ➤ *Dar. *dejar. *Desprenderse. **2** («de») intr. *Renunciar en parte a una cosa, un derecho, etc.: 'Él cede de su derecho por evitar disgustos'. **3** *Disminuir, *debilitarse, *moderarse o *apaciguarse una cosa: 'Cede la tormenta. Va cediendo el frío. Parece que cede un poco el dolor'. **4** («a, ante; en») Cesar en una actitud de resistencia u oposición; por ejemplo, en una discusión o en una lucha: 'No cedió a razones y hubo que someterla por la fuerza. Los sitiados cedieron ante la superioridad numérica. Está dispuesto a no ceder en sus pretensiones'. **5** Ponerse una cosa menos tensa o resistente: 'Han cedido los cables de tender la ropa [o los muelles del sommier]'. ≃ Aflojar, aflojarse, *destensarse. **6** Romperse o soltarse algo sometido a una fuerza excesiva: 'Cedió la cuerda y cayeron todos al agua'. ≃ *Fallar. **7** («en») **Resultar de una cosa algo que se expresa, por ejemplo el beneficio o perjuicio de alguien*: 'Todo eso cede en desprestigio suyo'. **8** (gralm. en frases negativas) *En expresiones comparativas, ser inferior.*
V. «ceder el PASO».

□ CATÁLOGO

*Abandonarse, ablandarse, aflojar, ahocicar, allanarse, amainar, decir AMÉN, amollar, rendir las ARMAS, pasar por el ARO, *arrepentirse, arriar BANDERA, blandearse, apearse del BURRO, caer de su BURRO, doblar la CABEZA, abandonar el CAMPO, capitular, cejar, bajar [o doblar] la CERVIZ, claudicar, conceder, *condescender, consentir, *contemporizar, darse, debilitarse, DECIR que sí, deferir, perder de su DERECHO, desamotinarse, desistir, *detenerse, doblarse, doblegarse, ECHARSE atrás, ir [o salir] al ENCUENTRO, flaquear, pasar por las HORCAS caudinas, cantar el KIRIELEISÓN, abandonar la LUCHA, obtemperar, cantar la PALINODIA, pararse, parlamentar, darse a PARTIDO, pasar por, pastelear, hincar el PICO, plegarse, prestarse, ponerse en RAZÓN, reblar, recular, *rendirse, *retroceder, revenirse, doblar [o hincar] la RODILLA, temporizar, *tolerar, *transigir, dejarse VENCER, darse por VENCIDO. ➤ *Blando, cedente, complaciente, condescendiente, fácil de CONVENCER, dócil, manso. ➤ ¡Bien!, ¡está bien!, ¡bueno!, ¡hecho! ➤ *Resistir. ➤ *Abatirse. *Acceder. *Aceptar. *Achicarse. *Acomodarse. *Admitir. *Aguantar. *Asentir. *Conceder. *Conformarse. *Convenir. *Dignarse. *Obedecer. *Permitir. *Reconocer.

cedicio, -a (del sup. lat. «sedititĭus», de «sedēre», estar sentado; ant.) adj. *Lacio.*

cedilla (dim. de «ceda[1]») **1** f. *Signo formado por una «c» con una vírgula (ç), usado en el español medieval y clásico y en otras lenguas.* ≃ Zedilla. **2** Esta vírgula, que se escribe debajo de la «c» en ciertos casos en algunos idiomas, como el francés: 'Ce con cedilla'. ≃ Zedilla.

cedizo, -a (del sup. lat. «sedititĭus») adj. *Con principio de putrefacción.*

cedo (del lat. «cito», pronto, aprisa; ant.; usado en el norte de España) adv. **En seguida.*

cedoaria (del ár. «ǧadwār», del persa «zadvār», a través del lat. cient. medieval) f. *Raíz aromática, de sabor acre, algo amargo, de las plantas de la India *Curcuma aromatica* y *Curcuma zedoaria,* que tiene propiedades medicinales.

cedra (del lat. «cĭthara»; ant.) f. *Cítara.*

cedral m. **Bosque de cedros.*

cedras f. pl. **Alforjas de pellejo que usan los pastores.*

cedreleón (del gr. «kédros», cedro, y «élaion», aceite) m. *Aceite o *resina de cedro.

cedreno f. QUÍM. *Parte líquida de la esencia de cedro.*

cedria (del lat. «cedrĭa», del gr. «kedría») f. **Goma o *resina que destila el cedro.* ≃ Cidria.

cédride (del lat. «cedris, -ĭdis», del gr. «kedrís») f. *Piña del cedro.*

cedrino, -a (del lat. «cedrīnus») adj. *De [o del] cedro.*

cedrito m. *Bebida hecha con vino dulce y resina de cedro.*

cedro (del lat. «cedrus», del gr. «kédros»; *Cedrus libani* y otras especies del género *Cedrus)* m. Árbol pináceo de gran altura, de tronco recto y ramas horizontales, cuya madera, a la que se aplica el mismo nombre, es muy compacta e incorruptible. ≃ Cibui. ⇒ Cedreleón, cedria, cidria. ➤ Planta.

CEDRO AMARGO [O BLANCO] (Chi.; *Tetragastris altissima). Árbol burseráceo de la vertiente del Pacífico, muy estimado por su madera olorosa y resistente.*

C. DEL ATLAS. La especie *Cedrus atlantica*.

C. DEODARA. *CEDRO de la India.*

C. DE ESPAÑA. **Sabina (árbol cupresáceo).*

C. DEL HIMALAYA. *CEDRO de la India.*

C. DE LA INDIA *(Cedrus deodara).* Especie de ramas inclinadas y hojas no punzantes, que se cultiva como árbol de adorno. ≃ CEDRO deodara, CEDRO del Himalaya, deodara.

cedróleo (de «cedro» y «óleo») m. QUÍM. **Aceite esencial extraído del cedro.*

cedrón (de «cidro») **1** (Arg., Chi., Perú; *Lippia triphylla)* m. *Planta *verbenácea aromática y medicinal.* **2** (Am. C.; *Quassia cedron) *Planta simarubácea a cuyas semillas, muy amargas, se atribuye virtud contra las calenturas y el veneno de las serpientes.*

cédula (del lat. «schedŭla», hoja de papel) **1** f. *Documento. ⊙ Papel o pergamino escrito o para escribir sobre él. **2** *Ficha de catálogo, por ejemplo de una biblioteca.

CÉDULA HIPOTECARIA. Documento bancario que da fe de la concesión de un crédito hipotecario.

C. DE IDENTIDAD (Hispam.). *Carné de identidad.*

C. PERSONAL. *Documento que se obtenía anualmente mediante el pago de un impuesto y servía para acreditar la *personalidad.*

C. DE PREEMINENCIAS. *Certificación que se daba a los funcionarios que, habiendo servido durante mucho tiempo en un *empleo, tenían que dejarlo por enfermedad o por otra causa justificada.*

C. REAL. *Despacho firmado por el rey por el que concedía alguna merced o dictaba una disposición concerniente a la persona a quien se entregaba.

cedulaje m. **Derecho que se pagaba por la expedición de la cédulas reales.*

cedular (de «cédula») tr. **Publicar una* ↘*cosa por medio de carteles puestos en las paredes.*

cedulario m. *Colección de cédulas.*

cedulón (aum. de «cédula»; ant.) m. *Pasquín.*

cefalalgia (del lat. «cephalalgĭa», del gr. «kephalalgía») f. MED. *Dolor de cabeza.

cefalea (del lat. «cephalaea», del gr. «kephalaía», de «kephalḗ», cabeza) f. MED. Dolor de cabeza intenso y persistente.

cefálico, -a (del lat. «cephalĭcus», del gr. «kephalikós») **1** adj. ANAT. De [la] cabeza. **2** ANAT. *Se aplica a la *vena del *brazo, próxima al punto por donde se dobla, a la que, antiguamente, se creía en relación con la cabeza.*

cefalitis (de «cefalo-» e «-itis») f. MED. *Encefalitis.*

céfalo (del lat. «cephălus», del gr. «képhalos») m. *Róbalo (*pez).*

cefalo- o **-céfalo, -a** Elemento prefijo o sufijo del gr. «kephalḗ», cabeza, con el que se forman palabras cultas: 'cefalorraquídeo, dolicocéfalo'.

cefalocordado, -a adj. y n. m. ZOOL. *Se aplica a ciertos animales en forma de pez, de pequeño tamaño, que viven en fondos arenosos cercanos a la costa. Poseen un cordón dorsal llamado «notocordio» y tubo neural.* ⊙ m. pl. ZOOL. *Subgrupo que forman estos animales.*

cefaloma m. MED. **Cáncer de la médula.*

cefalómetro (de «cefalo-» y «-metro») m. Instrumento para hacer mediciones del cráneo.

cefalópodo (de «cefalo-» y «-podo») adj. y n. m. ZOOL. Se aplica a los *moluscos marinos sin concha de la clase del nautilo, el pulpo o el calamar. ⊙ m. pl. ZOOL. Clase formada por éstos. ⇒ Argonauta, calamar, chipirón, choco, jibia, jibión, lula, marinero, nautilo, pólipo, sepia. ➤ Octópodo, tetrabranquial. ➤ Tentáculo. ➤ *Marisco. *Molusco.

cefalorraquídeo, -a (de «cefalo-» y «raquídeo») adj. ANAT., FISIOL. Perteneciente a la cabeza y la columna vertebral.

LÍQUIDO CEFALORRAQUÍDEO. ANAT., FISIOL. *Líquido que se halla en las cavidades del sistema nervioso central y que protege y nutre los órganos de dicho sistema.*

cefalosporina f. FARM. Antibiótico de amplio espectro con numerosos derivados, algunos de los cuales se administran por vía oral y otros por vía parenteral.

cefalotórax (de «cefalo-» y «tórax») m. ZOOL. *Pieza del cuerpo de los *artrópodos formada por la cabeza y el tórax unidos.*

cefea (de «cefear»; Sal.) f. *Comida que buscan los *cerdos hozando en la tierra.*

cefear (Sal.) intr. *Hozar.*

cefeida f. **Estrella variable cuyo período guarda relación con su brillo absoluto, por lo que se puede calcular su distancia comparando ese brillo con el aparente.*

céfiro (del lat. «Zephўrus», del gr. «zéphiros») **1** m. *Viento cálido de poniente que sopla en el Mediterráneo. **2** (poét.) Viento suave y agradable. ≃ *Brisa. **3** *Tela de algodón casi transparente.

cefo (del lat. «cephus», del gr. «kêpos»; *Cercopithecus cephus)* m. Mamífero cuadrumano procedente de Nubia, de color rojo, excepto la nariz, que es blanca. ≃ Cebo, celfo, cepo. ⇒ *Mono.

cefrado, -a (Extr.) adj. *Rendido de cansancio, especialmente después de haber corrido.*

cegador, -a (de «cegar», deslumbrar) **1** adj. Deslumbrador. **2** (ant.) adj. y n. *Adulador.*

cegajear (de «cegajo») **1** intr. *Tener malos los *ojos.* **2** **Ver muy poco.*

cegajez (de «cegajo»; ant.) f. *Circunstancia de tener malos los ojos.*

cegajo, -a (del sup. lat. «caecacŭlus», dim. de «caecus», ciego) adj. y n. *Se aplica al *cordero o cabrito que no llega a primal.* ≃ Ceajo.

cegajoso, -a (pop.; n. calif.) adj. y n. Se aplica a la persona que tiene habitualmente malos los ojos.

cegama (Ál.) n. *Cegato.*

cegamiento (ant.) m. *Ceguera.*

cegar (del lat. «caecāre») **1** intr. Quedarse *ciego. **2** tr. Dejar *ciego a ˲alguien. ⊙ Particularmente, dejar momentáneamente sin poder ver: 'Me cegó el resplandor de la explosión'. ⇒ *Deslumbrar. **3** Quitar a ˲alguien la capacidad para juzgar o razonar debidamente. ≃ Obcecar, *ofuscar. **4** *Tapar un ˲hueco u orificio; por ejemplo, una puerta. ⊙ *Obstruir un ˲conducto. ⊙ *Llenar un hoyo o depresión y hacerlo desaparecer. **5** («de») prnl. *Ofuscarse: 'Se cegó de ira'. **6** *Obstruirse. ⊙ Particularmente, obstruirse una corriente de agua por los materiales de arrastre. ⇒ Embaucarse. ⊙ Taparse rellenándose una cavidad.

□ CONJUG. como «acertar».

cegarra o **cegarrita** (de «ciego»; inf.) adj. y n. *Cegato.* V. «a OJOS cegarritas».

cegatero, -a (¿del sup. ár. and. «siqáṭ», cl. «siqāṭ», tropiezo?; ant.) n. *Revendedor.*

cegato, -a (de «ciego»; inf.) n. Persona que ve muy poco; particularmente, por miopía que obliga a entornar mucho los ojos y acercarse mucho a las cosas para mirar. ⇒ Cegatón, cegatoso, lusco.

cegatón, -a (Hispam.) n. *Cegato.*

cegatoso, -a adj. y n. *Cegato.*

cegesimal (de «c», «g» y «s», iniciales de «centímetro, gramo» y «segundo») adj. V. «SISTEMA cegesimal».

cegrí (del ár. and. «zikrí»; gralm. con mayúsc.) m. Individuo de una familia del reino musulmán de Granada, célebre por su rivalidad y luchas con la de los Abencerrajes.

cegua (Nic.) f. *Cigua (fantasma).*

ceguedad (del lat. «caecĭtas, -ātis») f. *Ceguera.*

ceguera 1 f. Estado de *ciego. ⇒ Amaurosis. **2** Ofuscación o *pasión.

CEGUERA VERBAL. *Trastorno cerebral con alteración de la facultad de leer.* ≃ Alexia.

ceiba (voz indígena de la isla de Santo Domingo) **1** *(Ceiba pentandra)* f. Árbol bombacáceo americano de tronco grueso de color ceniciento, con frutos cónicos de unos 30 cm de largo, con las semillas envueltas en una gran cantidad de un algodón que se emplea para rellenar; con su madera se fabrica celulosa y de ella se cortan piezas para emplearlas como adoquines. ⇒ Curujey. ➤ *Planta. **2** Cierta *alga de forma de cinta.

ceibo *(Erythrina cristagalli)* m. Árbol leguminoso de adorno y medicinal, originario de América del Sur, notable por sus flores, de color rojo vivo y semejantes a una cresta de gallo. ⇒ *Planta.

ceibón (de «ceiba»; *Bombax septenatum*) m. Árbol bombacáceo, parecido a la ceiba, de corteza verdosa, flores blancas y grandes frutos. ≃ Guano, majagua. ⇒ *Planta.

ceilandés, -a adj. y, aplicado a personas, también n. De Ceilán, hoy Sri Lanka.

ceillero (ant.) m. *Cillero.*

ceína (del gr. «zéa», espelta) f. *Sustancia extraída del *maíz.*

ceisatita f. *Variedad de *ópalo.*

ceja (del lat. «cilĭa») **1** f. Borde superior de la *órbita del ojo, cubierto de pelo. **2** Conjunto de pelo que cubre cada uno de esos bordes. ⊙ *Cada pelillo de él.* ⇒ Otra forma de la raíz, «cil-»: 'ciliado, ciliar, cilio, superciliar'. ➤ Arquear, enarcar, fruncir. ➤ Cejo, ceño, entrecejo, gabelo. ➤ Cejijunto, cejudo. ➤ Sobreceja. **3** Se puede aplicar a un pequeño borde saliente en cualquier cosa; por ejemplo, en una costura. ⊙ AGRÁF. Específicamente, el de las tapas de las encuadernaciones. ⇒ *Sobresalir. **4** MÚS. Pieza de madera de los instrumentos musicales de cuerda colocada entre el clavijero y el mástil para mantener las cuerdas separadas entre sí y de la caja y el mástil. **5** MÚS. Pieza de madera, marfil, etc., que se coloca sobre las cuerdas para elevar el tono. **6** MÚS. Operación realizada con ese mismo efecto apoyando un dedo sobre todas las cuerdas. ≃ Cejilla, cejuela. ⇒ Barrado, capotasto. **7** *Banda de *nubes sobre la cumbre de un monte.* **8** **Cima de una sierra.* **9** (Cuba) *Senda en una faja de *bosque.* **10** (Arg., Bol.) *Sección de un bosque separada del resto por un *camino.*

ARQUEAR [O ENARCAR] LAS CEJAS. Hacer el *gesto de levantarlas, con lo que se expresa generalmente sorpresa o asombro.

ESTAR HASTA LAS CEJAS. Estar *harto de algo o de alguien.

FRUNCIR LAS CEJAS. Hacer el *gesto de arrugar el entrecejo, lo que expresa *enfado o *preocupación.

HASTA LAS CEJAS. **1** V. «estar hasta la CEJAS». **2** (inf.; «Ponerse») Referido generalmente al modo de mancharse, mojarse, etc., mucho, completamente: 'Se le ocurrió limpiar el motor del coche y se puso hasta las cejas de grasa'. **3** (inf.; «Ponerse») Referido al modo de comprometerse o involucrarse en algo, por completo, en grado máximo.

METÉRSELE [PONÉRSELE, LLEVAR O TENER] a alguien una cosa ENTRE CEJA Y CEJA (inf.). Obstinarse en ella. ⇒ *Capricho.

QUEMARSE LAS CEJAS. *Estudiar mucho.

TENER ENTRE CEJA Y CEJA [O ENTRE CEJAS] a alguien. Tener prevención contra él.

cejadero o **cejador** (de «cejar») m. *Tirante que sirve en los carruajes para *retroceder.* ⇒ Sajador.

cejar (del lat. «cessāre», retirarse) **1** intr. Andar hacia atrás; particularmente, las *caballerías que tiran de un carruaje. ≃ *Recular, ciar. **2** (usado sólo en frases negativas; «en») *Ceder o *desistir: 'No ceja en su empeño. No ceja en su propósito de marcharse a América'.

ceje (del cat. «setge»; Mur.; *Helianthemum cinereum)* m. *Cierta *planta cistácea que se emplea para curar las erupciones.*

cejijunto, -a (de «ceja» y «junto») **1** («Ser») adj. Se aplica a la persona que tiene las cejas muy juntas o muy poblado el entrecejo. **2** («Estar, Ser») Se aplica al que tiene habitualmente gesto *adusto por tener las cejas muy juntas o al que pone gesto de enfado juntándolas y arrugando el entrecejo. ≃ Ceñudo.

cejilla f. MÚS. *Ceja de los instrumentos de cuerda.

cejo[1] (del lat. «cilĭum», ceja) **1** (ant.) m. *Ceño.* ⇒ Entrecejo. **2** **Niebla que se levanta sobre los ríos inmediatamente después de salir el Sol.* **3** (Mur.) *Corte vertical profundo en una montaña.* ≃ *Despeñadero.

cejo[2] (del lat. «cingŭlum») m. *Atadura de *esparto con que se atan los manojos de la misma planta.*

cejudo, -a adj. Se aplica al que tiene las cejas muy grandes.

cejuela (dim. de «ceja») f. MÚS. *Ceja de los instrumentos de cuerda.

cejunto, -a adj. *Cejijunto.*

cela (del lat. «cella», dormitorio, hueco) **1** (ant.) f. *Celda.* **2** (ant.) **Cilla (almacén de granos).* **3** *Espacio interior en los *templos griegos y romanos, entre el pronaos y el pórtico.* ≃ Cella, naos.

celada[1] (de «celar[1]») **1** («Armar, Preparar, Tender, Caer en, Atraer a, Hacer caer en») f. Sitio adecuado hacia el cual se atrae con engaño al enemigo y en el que es fácil sorprenderle y derrotarle. ⇒ Asechanza, cepo, emboscada, encerrona, garlito, lazo. ➤ *Engaño. *Trampa. **2** Cualquier medio hábil y engañoso con que se coloca a una persona en situación difícil o se la obliga a aceptar, hacer o decir algo que no quería.

celada[2] (del lat. «cassis caelāta», yelmo cincelado) **1** f. Parte de la armadura que cubría la cabeza. ≃ *Casco, yelmo. **2** *Parte de la llave de la *ballesta próxima a la quijera.*

celadamente adv. Encubiertamente.

celado, -a Participio de «celar»: 'El Sol celado por la nubes'.

celadón m. *Verdeceledón.*

celador, -a (de «celar[3]») n. Se aplica en algunos casos a la persona que tiene a su cargo *cuidar de que se comporten debidamente otras en un sitio; por ejemplo, los niños en un colegio o los presos en la cárcel.

celaduría f. *Habitación o despacho del celador.*

celaje (de «cielo» y «-aje») **1** m. Conjunto de *nubes; especialmente, considerado como espectáculo o como tema pictórico. ⇒ Celajería. **2** **Claraboya o ventana.* ⊙ *Sección superior de ésta.* **3** **Presagio, anuncio o *principio de algo que se espera o desea.*

celajería f. MAR. *Celaje.*

celán m. *Especie de *arenque.*

celante **1** adj. *Se aplica al que cela.* **2** m. *Se aplica al religioso *franciscano que, a diferencia de los llamados «conventuales», observa la regla rígidamente en cuanto a no poseer bienes.*

celar[1] (del lat. «celāre») tr. Poner o mantener ↘algo, material o, más frecuentemente, inmaterial, de modo que no sea visto o notado: 'Celó cuidadosamente sus intenciones'. ≃ *Ocultar.

celar[2] (del lat. «caelāre») tr. **Grabar en metal o madera.* ⊙ ESCULT. *Cortar con buril o cinceles piedra o madera, para hacer una *escultura.* ≃ *Tallar.

celar[3] (del lat. «zelāre», emular) **1** tr. **Cuidar o *vigilar.* ⇒ Encelar. ⊙ *Vigilar a ↘alguien de quien se desconfía.* ⊙ *Vigilar a los ↘dependientes cuidando de que cumplan sus deberes.* ⊙ *Vigilar a la ↘persona amada por tener celos de ella.* **2** *Poner especial cuidado en la observancia de las ↘*leyes, obligaciones, etc.* **3** (ant.) **Sospechar.* ≃ Recelar.

celarent m. *Uno de los modos posibles del silogismo, perteneciente a la primera *figura.*

celastráceo, -a (de «Celastrus», género de plantas) adj. y n. f. BOT. *Se aplica a las *plantas de la misma familia que los celastros y el bonetero, que son árboles o arbustos, muchos trepadores o enredaderas, de hojas alternas u opuestas, flores pequeñas verdosas dispuestas en inflorescencias y fruto en cápsula.* ⊙ f. pl. BOT. *Esa familia.*

celastríneo, -a adj. y n. f. BOT. *Celastráceo.*

celastro (del gr. «kélastros», cambrón; género *Celastrus*) m. Nombre aplicado a varios arbustos trepadores celastráceos, alguno de los cuales se cultiva como ornamental. ⇒ *Planta.

celda (del lat. «cellŭla», dim. de «cella») **1** f. Cuarto o dormitorio individual pequeño en los *conventos, colegios, *prisiones, etc. **2** (ant.) *Aposento.* **3** (ant.) MAR. *Camarote del patrón del *barco.* **4** Cada uno de los departamentos de un panal de *abejas. ≃ Alveolo, celdilla. ⇒ *Maestril, vasillo. **5** Espacio cerrado semejante, de otras cosas; por ejemplo, compartimiento de la cápsula que encierra las semillas de algunos frutos.

CELDA CALIENTE. Compartimento aislado con control a distancia dentro del cual se puede manipular material radiactivo.

C. DE CASTIGO. Aquella en la que se encierra a un preso a quien se quiere castigar con especial dureza.

celdilla (dim. de «celda») f. Celda, sobre todo si es pequeña. ⊙ Particularmente, de un panal de abejas. ⊙ **Nicho en el espesor de un muro.*

celdrana (de «Celdrana», apellido del que introdujo el cultivo de esta especie; Mur.) f. *Variedad de *aceituna gorda.*

cele (C. Rica) adj. *Celeque.*

-cele Elemento sufijo del gr. «kḗlē», tumor: 'hematocele, varicocele'.

celebérrimo, -a adj. Superl. frec. de «célebre».

celebración f. Acción de celebrar.

celebrado, -a Participio adjetivo de «celebrar». Se aplica a lo que se aplaude o celebra mucho: 'Un autor muy celebrado. Una ocurrencia muy celebrada'.

celebrante adj. y n. m. Se aplica al sacerdote que dice la *misa. ≃ Oficiante.

celebrar (del lat. «celebrāre») **1** tr. *Alabar a ↘alguien o algo o *ponderar una buena cualidad: 'Ya los antiguos celebraban los vinos de Andalucía. Los que asistieron a la fiesta celebran su esplendor. Todos celebran su belleza'. **2** Hacer una *fiesta u organizar un acto solemne para señalar una ↘fecha determinada o algún acontecimiento: 'Da una fiesta para celebrar la vuelta de su hijo. Se ha celebrado el centenario de Cervantes con una solemne sesión académica'. ≃ Conmemorar, festejar, solemnizar. **3** Refiriéndose a ↘juntas, reuniones, actos formales semejantes o actos de culto, *realizarlos: 'Hoy celebran sesión las Cortes. Se ha celebrado el enlace matrimonial de Santiago y Marta'. ⇒ *Ceremonia. ⊙ Desempeñar su función un sacerdote en un oficio divino; particularmente, en la *misa. ≃ Oficiar. ⇒ Concelebrar. **4** *Alegrarse de cierta ↘cosa grata o beneficiosa para otra persona; se emplea particularmente en primera persona, para expresar ese sentimiento a la persona objeto de él: 'Celebro que el accidente no tuviera importancia'. ≃ Congratularse, lisonjearse. **5** Mostrar que se encuentra *gracioso a ↘alguien o lo que dice o hace: 'Si celebráis tanto las gracias del niño, se pondrá pesado'. ≃ Reír.

célebre (del lat. «celĕber, -bris») **1** adj. Se aplica a personas o cosas de las que se habla mucho y son conocidas en muchas partes: 'Un escritor [un torero, o un bandido] célebre'. ≃ *Famoso, renombrado. **2** (pop. e inf.) Se aplica a la persona que destaca por su gracia, ocurrencia, originalidad, etc.

celebrero (de «celebrar»; ant.) m. *Clérigo que asistía a los entierros.*

celebridad **1** m. Cualidad de célebre. ≃ *Fama. ⊙ Hecho de ser célebre: 'No apetece la celebridad'. **2** Persona célebre: 'Es una celebridad en el campo de la cirugía [como cirujano]'. **3** *Festejos y ceremonias con que se celebra algo.* ≃ Celebración.

celebro (ant.; pop.) m. **Cerebro.*

celedón m. *Cierto *color verde claro dado a las *telas en Oriente.* ≃ Verdeceledón.

celemí (¿del sup. ár. and. «ṯamaní», de un octavo?; ant.) m. *Celemín.*

celemín (¿del sup. ár. and. «ṯamaní», de un octavo?) **1** m. Medida de *capacidad para áridos, equivalente en Castilla a unos 4,6 litros. **2** Medida agraria antigua de Castilla, equivalente aproximadamente a 537 m^2. ⇒ *Superficie.

celeminada f. *Porción de grano de un celemín.*

celeminear (Sal.) intr. **Moverse mucho yendo de un sitio para otro.* ⇒ *Zascandilear.

celeminero (de «celemín») m. **Mozo de paja y cebada.*

celentéreo (del gr. «koîlos», hueco, y «énteron», intestino.) adj. y n. m. ZOOL. Se aplica a los *animales pertenecientes a un grupo de metazoos inferiores de simetría radiada, representados para las formas asexuadas por el pólipo, con una única cavidad denominada «cavidad gastrovascular». ≃ Cnidario. ⊙ m. pl. ZOOL. Grupo zoológico formado por estos animales. ⇒ Octocoralario, pólipo. ➤ Antozoo, escifozoo, hidrozoo. ➤ Acalefo, alcionario, tenóforo. ➤ Aguamala [o aguamar], alción [o alcionio], medusa, pólipo, PULMÓN marino.

celeque (del nahua «celic»; Am. C.) adj. *Se aplica a ciertos *frutos, por ejemplo las almendras, todavía en leche; o sea, no acabados de cuajar.* ≃ Cele.

celerado, -a o **celerario, -a** (del lat. «scelerātus», criminal; ant.) adj. *Malvado.*

célere (del lat. «celer, -ĕris») **1** (lit.) adj. **Rápido.* **2** m. *Individuo del «*orden ecuestre», en la Roma primitiva.* **3** (con mayúsc.; «Las») f. pl. MIT. *Las Horas.*

celeridad (del lat. «celerĭtas, -ātis») f. Gran rapidez.

celerizo (ant.) m. **Cillero (encargado de la cilla o depósito de los diezmos).*

celescopio (del gr. «koîlos», hueco, y «-scopio») m. *Aparato médico antiguo para iluminar las *cavidades del organismo.*

celesta f. Instrumento musical de teclado, cuyos macillos golpean en unas láminas de acero.

celeste (del lat. «caelestis») **1** adj. Del cielo o espacio en que están los astros. **2** Aplicado al color azul, claro.
V. «AZUL celeste, BÓVEDA celeste, CASA celeste, ESFERA celeste, ESTADO celeste, FIGURA celeste, GLOBO celeste, MECÁNICA celeste, TEMA celeste».

celestial (de «celeste») **1** adj. Del cielo, lugar donde están los santos y las almas de los justos. ⇒ Glorioso, santo, seráfico. ➤ *Terrenal. **2** *Delicioso: 'Un placer celestial'.
V. «CORTE celestial, MÚSICA celestial, PADRE celestial, PATRIA celestial».

celestialmente adv. De manera celestial.

celestina[1] (de «celeste») f. **Mineral (sulfato de estroncio) de color azulado, de fractura concoidea.*

celestina[2] f. *Pájaro del Tucumán, de cuerpo amarillo claro y alas verdes y azuladas, de canto agradable.

celestina[3] (De «Celestina», célebre personaje de la novela de Fernando de Rojas; desp.) f. Mujer que media para que un hombre consiga sus pretensiones amorosas respecto de una mujer. ≃ *Alcahueta.
V. «POLVOS de la madre Celestina».

celestinazgo m. *Acción de celestinear.*

celestinear intr. Alcahuetear.

celestinesco, -a adj. De celestina (alcahueta) o de *La Celestina,* novela de Fernando de Rojas.

celestino, -a adj. y n. m. *Se aplica a los *monjes de la orden de los eremitas, fundada por el papa Celestino V e incorporada después a la de San Benito.*

celestre (de «celeste», por el color) m. *Baño que se daba a los *paños.*

celéustica f. *Tratado de la transmisión de órdenes por medio de *toques de un instrumento musical; particularmente, de los toques militares.*

celfo m. *Cefo (mono).

celia f. *Bebida de los antiguos pobladores de la península Ibérica que se hacía con trigo puesto en infusión, de modo semejante a como se hacen la *cerveza o la chicha.*

celiaca o **celíaca** (del lat. «coeliăca», f. de «coeliăcus», celiaco) f. MED. Enfermedad infantil consistente en la mala absorción de las grasas, que se eliminan en exceso por las heces en forma de diarrea blanquecina.

celiaco, -a o **celíaco, -a** (del lat. «coeliăcus», del gr. «koiliakós», de «koilía», vientre) **1** adj. ANAT. *Del intestino o del *vientre.* **2** ANAT. Se aplica a la *arteria que lleva la sangre al estómago y otras vísceras. **3** adj. y n. MED. Enfermo de celiaca.

celibato n. Estado de célibe.

célibe (del lat. «caelebs, -ĭbis») adj. y n. *Soltero, particularmente por motivos religiosos.

célico, -a (del lat. «caelĭcus») **1** (lit.) adj. *Celeste (del cielo).* **2** (lit.) *Celestial (delicioso).*

celícola (del lat. «caelum», cielo, y «-cola») m. *Habitante del *cielo.*

celidonato m. QUÍM. *Sal del ácido celidónico.*

celidonia (del lat. tardío «celidonĭa», del lat. «chelidonĭa», y éste del gr. «chelidónion», de «chelidṓn», golondrina, por suponerse que usaban esta planta para la curación de los ojos de sus crías; *Chelidonium majus)* f. *Planta papaverácea de hojas verdes por encima, algo amarillentas por el envés, y pequeñas flores amarillas en umbela. Tiene un jugo cáustico que se ha empleado para quitar las verrugas. ≃ Golondrinera, HIERBA de las golondrinas, hirundinaria. ⇒ Celidueña.

CELIDONIA MENOR *(Ranunculus ficaria).* *Planta ranunculácea, que da muy temprano en primavera unas flores como estrellitas, de color amarillo brillante. ≃ CABEZA de perro.

celidónico, -a adj. QUÍM. *Se aplica al ácido que se encuentra en la celidonia.*

celidueña (ant.) f. **Celidonia.*

celinda o **celindo** (relac. con «jeringa», con influencia de otros nombres de plantas como «celidonia»; *Philadelphus coronarius)* f. o m. Arbusto saxifragáceo que da en primavera flores blancas algo amarillentas, muy olorosas, de un tamaño algo mayor que el de una violeta, en grupos abundantes. ≃ Jeringuilla. ⇒ *Planta.

celindrate (del cat. «celindrat») m. *Cierto *guiso condimentado con cilantro.*

cella (del lat. «cella») f. ARQ. *Espacio interior de los *templos griegos y romanos comprendido entre el pronaos y el pórtico.* ≃ Cela, naos.

cellenco, -a (del ant. «sellenco») **1** adj. *Se aplica a la persona que, por vejez o achaques, está *pesada o se maneja con dificultad.* **2** f. *Prostituta.*

cellerizo (ant.) m. *Cillerizo.*

cellero (ant.) m. *Cillero.*

cellisca f. Caída de *nieve menuda mezclada con agua, impelida por fuerte viento.

cellisquear intr. *Caer nieve menuda mezclada con agua.*

cello (del lat. «cingŭlum», cinturón) m. **Aro metálico de las *cubas.* ⇒ Cerco, cincho, rumo, sotalugo, zarcillo. ➤ Fleje. ➤ *Abrazadera.

celo[1] (del lat. «zelus», del gr. «zêlos») **1** («Con, Poner») m. *Cuidado, *diligencia e *interés con que alguien hace las cosas que tiene a su cargo: 'Cumplió mi encargo con mucho celo. Pone celo en su trabajo'. **2** («Estar en») Estado en que los *animales experimentan su impulso sexual. ⊙ Época en que lo tienen. ⇒ Brama, estro, furor uterino, garzonía, ronca, satiriasis. ➤ Alzado, ardiente, botiondo, cachondo, caliente, salida, toriondo, verriondo. ➤ Amorecer, carabritear, piñonear. ➤ Bramadero. ➤ Hipómanes. ➤ *Amor. *Sexo. **3** («Dar, Tener; de»; pl.) Sentimiento penoso experimentado por una persona por ver que otra cuyo cariño o amor desearía para sí sola lo comparte con una tercera, o por ver que otra persona es preferida a ella misma por alguien. El complemento con «de» puede ser la persona cuyo cariño se desea o la persona interpuesta: 'Tiene celos de su marido [o de sus compañeros]. Siente celos del aire'. ⊙ (pl.) Puede atribuirse a los animales. ⇒ Achares, celotipia, duda, martelo, pelusa, pelusilla, sospecha. ➤ Concomerse, corroer, rabiar, reconcomerse, roer. ➤ Acharar, dar ACHARES, amartelar, encelar[se]. ➤ *Rival. ➤ Otelo. ➤ *Amor. *Envidia.

DAR CELOS. Hacer una persona con su comportamiento que sienta celos de ella otra persona.

celo[2] (del ingl. «cellotape») m. Cinta adhesiva transparente. ≃ PAPEL celo.

celofán (del fr. «Cellophane», marca registrada) m. Material hecho de viscosa, en hojas transparentes semejantes a las de *papel, que se usa para envolver objetos, con el fin de preservarlos de la humedad, o para su buena presentación. ≃ Papel celofán.

celofana f. *Cuerdecilla para atar paquetes, hecha con una tira de papel celofán retorcida.

celoidina f. *Sustancia procedente de la evaporación incompleta del colodión, que se emplea en *fotografía, en *cirugía y para incluir preparaciones microscópicas.*

celoma (del gr. «koîlos», hueco, y «-oma») m. ZOOL. *Cavidad general del cuerpo que procede del desdoblamiento del mesenterio en el *embrión.*

celomado, -a adj. ZOOL. *Se aplica al organismo que presenta celoma.* ⊙ m. pl. ZOOL. *Grupo de animales que lo poseen.*

celomático, -a adj. ZOOL. *Del celoma.*

celosa (Cuba; *Duranta repens*) f. *Arbusto verbenáceo espinoso de flores azuladas en racimos y frutos amarillos, cultivada como ornamental para setos.* ⇒ *Planta.

celosamente adv. Con celo (*cuidado, *diligencia o *interés).

celosía (de «celoso») f. Enrejado tupido de listones de madera que se pone en las ventanas u otro sitio para celar el interior o lo que hay al otro lado. ⇒ Romanilla. ➤ *Cancel. *Cierre. *Pantalla. ⊙ Cualquier estructura formada por barras o listones que se entrecruzan diagonalmente.

celoso, -a (del lat. «zelōsus») **1** («de, en») adj. Se aplica a la persona que pone celo en la cosa que se expresa: 'Celoso del [o en el] cumplimiento de su deber'. ⇒ *Cuidadoso, *cumplidor, *diligente, *escrupuloso, *exacto, *fiel, *íntegro. **2** («de») Se aplica al que mantiene con rigor sus derechos, etc.: 'Es muy celoso de sus prerrogativas'. **3** («Estar, Ser; de») adj. y n. Se aplica al que siente celos o es propenso a sentirlos: 'Un marido celoso. Está celoso de su primo'. **4** adj. MAR. *Se aplica al *barco que, por falta de estabilidad, aguanta poca vela.*

celota n. *Zelote.*

celotipia (del lat. «zelotypĭa», del gr. «zēlotypía», de «zēlótypos», celoso) f. PSI. *Delirio causado por los *celos.*

celsitud (del lat. «celsitūdo») **1** (ant.) f. *Excelsitud.* **2** (ant.) **Tratamiento dado a las personas *reales.* ≃ Alteza.

Celsius (físico y astrónomo sueco) V. «ESCALA Celsius, GRADO Celsius».

celta (del lat. «Celta») **1** adj. y, aplicado a personas, también n. Se aplica a los individuos de un *pueblo primitivo establecido en el occidente de Europa, y a sus cosas. ⊙ (pl.) m. Ese pueblo. ⇒ Céltico, gaélico. ➤ Druida, druidesa. ➤ Santón. ➤ Celtíbero. **2** *Lengua hablada por ese pueblo.

celtibérico, -a adj. y n. Celtíbero.

celtiberio, -a (del lat. «Celtiberĭus») adj. y n. *Celtíbero.*

celtíbero, -a o, menos frec., **celtibero, -a** (del lat. «Celtĭber, -ēri») adj. y, aplicado a personas, también n. Se aplica a los individuos de un *pueblo primitivo que ocupaba gran parte de las actuales provincias de Zaragoza, Teruel, Cuenca, Guadalajara y Soria, y a sus cosas. ≃ Celtibérico, celtiberio. ⊙ m. pl. Ese pueblo.

céltico, -a (del lat. «Celtĭcus») **1** adj. De [los] celtas. **2** m. Lengua hablada por ellos.

celtidáceo, -a o **celtídeo, -a** (del lat. «celtis», almez) adj. y n. BOT. *Ulmáceo.*

celtismo **1** m. *Tendencia a atribuir a los celtas ciertas cosas; como la paternidad de la mayoría de las lenguas modernas o los monumentos megalíticos.* **2** *Conjunto de conocimientos o estudios sobre los celtas.* **3** LING. *Voz o expresión céltica utilizada en otra lengua, especialmente en el latín.*

celtista n. *Persona dedicada al estudio de los celtas.*

celtohispánico, -a o **celtohispano, -a** adj. *De la cultura céltica que se desarrolló en España.*

celtolatino, -a adj. LING. *Se aplica a las palabras o expresiones célticas incorporadas al latín.*

celtre (ant.) m. *Acetre.*

célula (del lat. «cellŭla», dim. de «cella», hueco) **1** f. Unidad estructural y funcional básica, generalmente microscópica, de los seres vivos. **2** En algunas organizaciones, cada grupo que funciona por separado dentro de la organización general: 'Una célula comunista [o masónica]'.

CÉLULA FOTOELÉCTRICA. ELECTR. Dispositivo capaz de transformar una señal luminosa en una acción mecánica, eléctrica, etc., fundado en la propiedad de la *luz de hacer emitir electrones a los metales. Se usa, por ejemplo, para abrir automáticamente una puerta cuando detecta la presencia de un cuerpo próximo. ⇒ *Electrónica.

C. HUEVO. BIOL. Cigoto.

C. PIGMENTARIA. BIOL. *La que contiene vesículas de pigmento; por ejemplo, las que dan coloración a la piel.*

□ CATÁLOGO

Raíz culta, «cit-, cito-»: 'citología, fagocito, leucocito, monocito'. ➤ Eucariota, procariota. ➤ CÉLULA huevo, cigoto, neuroblasto, neuroglia, *neurona, óvulo. ➤ ÁCIDO desoxirribonucleico (ADN), ÁCIDO ribonucleico (ARN), ÁCIDO nucleico, blastema, centrosoma, citoplasma, cloroplasto, cromatina, cromosoma, cutícula, ectoplasma, endoplasma, MEMBRANA celular, mitocondria, núcleo, nucléolo, nucleótido, orgánulo, PARED celular, protoplasma, purina, ribosoma, vacuola. ➤ Estroma. ➤ Amitosis, anafase, interfase, meiosis, metafase, mitosis, profase, telofase. ➤ Proliferar. ➤ Fagocitar. ➤ Intercelular, mononuclear, multicelular, pluricelular, subcelular, unicelular. ➤ Diploide, haploide, macrófago. ➤ Cariocinesis, citocinesis, ovogénesis [u oogénesis]. ➤ Citodiagnosis, citodiagnóstico. ➤ Citogenética, citología. ➤ *Biología. *Tejido.

celulado, -a adj. *Estructurado en forma de células.*

celular 1 adj. De [las] células. **2** m. COCHE celular.
V. «PRISIÓN celular».

celulario, -a adj. *Formado por muchas celdillas o células.*

celulita (de «célula») f. *Material *plástico sucedáneo de la ebonita, usado en la industria, fabricado con fibras leñosas trituradas.*

celulítico[1], **-a** adj. *De* [*la*] *celulita.*
V. «PAPEL celulítico».

celulítico[2], **-a** adj. De la celulitis o que la tiene.

celulitis 1 f. MED. *Inflamación de un tejido celular.* **2** Hinchamiento en el tejido conjuntivo subcutáneo, particularmente en las caderas y muslos de la mujer, que confiere a la piel un aspecto rugoso característico llamado «piel de naranja».

celuloide (del lat. «cellŭla», celda, y «-oide») **1** m. Material plástico, duro y elástico, de mucha aplicación en la industria, especialmente en la fotográfica y cinematográfica. ⇒ Nitrocelulosa. **2** Arte cinematográfico: 'Fue una de las grandes estrellas del celuloide de su época'.

celulosa (del lat. «cellŭla», celda) f. Sustancia orgánica que se halla formando la pared de todas las células vegetales. Se obtiene industrialmente, sobre todo de la madera, el algodón y otras fibras. Es la materia prima para fabricar papel y otras muchas cosas; por ejemplo, películas y seda artificial. ⇒ Nitrocelulosa. ➤ *Química.

celulósico, -a adj. De [la] celulosa.

cembo (León) m. **Ribazo a la orilla de una acequia, un *canal, un camino, un río, etc.*

cembrio (León) m. *Parte superior de la ladera de una *montaña, por la que es posible el *paso en tiempo de nieve.*

cementación f. Acción y efecto de cementar un metal.

cementado m. Solidificación o fraguado de un material plástico.

cementar (de «cemento») **1** tr. METAL. Calentar un ↘metal en contacto con otra materia en polvo o pasta; por ejemplo, el hierro con el carbón para fabricar el *acero. **2** METAL. *Meter barras de hierro en disoluciones de sales de ↘*cobre para que este metal se precipite.*

cementerial adj. *De* [*o del*] *cementerio.*

cementerio (del lat. «coemeterĭum», del gr. «koimētḗrion») m. Lugar dedicado a *enterrar a las personas muertas. ≃ Necrópolis. ⊙ Especificando el destino, también aquel en el que se entierran animales o, como en el caso de los elefantes, a donde ellos mismos van a morir.

CEMENTERIO DE COCHES [o AUTOMÓVILES]. Lugar donde se amontonan los automóviles inservibles.

C. NUCLEAR. Lugar especialmente acondicionado para depositar residuos radiactivos.

□ CATÁLOGO

Almacabra, bóveda, CAMPO santo, camposanto, capirotada, carnero, catacumbas, cimenterio, cripta, necrópolis, osar, osario, osero, panteón, rauda, sacramental. ➤ Galilea. ➤ FUEGOS fatuos. ➤ Calavernario, carnero, columbario, crematorio, fosa, FOSA común, HORNO crematorio, hoyanca, huesera, nicho, *sepultura, URNA cineraria. ➤ Monda.

cementero, -a adj. *De* [*o del*] *cemento.*

cemento (del lat. «caementum», piedra de construir, argamasa) **1** m. En sentido amplio, cualquier material empleado para aglutinar, que es plástico cuando se aplica y fragua después; como la cal, el yeso, los másticues, las colas, las resinas, etc. ⇒ *Adherente. **2** Específicamente, *material de construcción consistente en un polvo que se amasa con agua y adquiere al fraguar consistencia pétrea, el cual se usa como aglutinante y también en bloques, y para hacer objetos tales como tuberías o pilas. ⇒ *Argamasa. **3** GEOL. Masa *mineral que, en las rocas formadas por aglutinación, une los fragmentos o arenas de otras rocas. **4** *Material con que se cementa un metal.* **5** ANAT. Tejido fibroso que cubre el marfil en la raíz de los *dientes de los vertebrados.

CEMENTO ARMADO. Material de construcción consistente en cemento u hormigón reforzado interiormente con varillas de hierro: 'Estructura de cemento armado'.

C. HIDRÁULICO. El fabricado con cal hidráulica, que se endurece bajo el agua. ≃ CEMENTO puzolánico.

C. PORTLAND. Cemento de gran dureza, con el cual se fabrica, además de hormigón, cemento armado, piedra artificial y muchos elementos de construcción, tales como baldosas, depósitos y tuberías; resulta de color gris verdoso y la superficie, después de fraguado, es lisa y brillante.

C. PUZOLÁNICO. CEMENTO hidráulico.

cementoso, -a adj. *Que tiene las características del cemento.*

cemita (de «acemite») **1** (Bol., Chi., Ec.) f. **Pan hecho de acemite.* ≃ Acemita. ⊙ (Méj.) *Pan corriente, redondeado, amasado con un poco de grasa.* **2** (Salv., Nic.) *Pastel hecho de acemite y un relleno de dulce a base de frutas tropicales.*

cempasúchil (del nahua «cempoalli», veinte, y «xóchitl», flor) m. **Clavelón.*

cempoal (varias especies del género *Tagetes;* particularmente, la *Tagetes erecta)* m. Clavelón (*planta compuesta). ≃ CLAVEL de las Indias.

cena[1] (por el sup. «ecena», del lat. «scaena», escena; ant.) f. *Escena.*

cena[2] (del lat. «cena») **1** f. Última de las tres comidas formales que se hacen usualmente en el día, la cual se toma generalmente ya entrada la noche. **2** Lo que se toma para cenar: 'Toma una cena ligera'. **3** («La») La Santa [o Última] CENA.

SANTA [o ÚLTIMA] CENA. Última que hizo *Jesucristo con sus apóstoles, en la cual instituyó la Eucaristía.

cenaoscuras (de «cenar» y «a oscuras») **1** n. *Persona muy *huraña, que gusta de estar siempre sola.* **2** *Persona que, por tacañería, se priva de comodidades.*

cenacho (del ár. and. «ṣannáč») m. *Espuerta o «*capazo»; en especial, el usado para transportar frutas o verduras.

cenáculo (del lat. «cenacŭlum», cenador) **1** m. Sala en que tuvo lugar la última cena de *Jesucristo y sus discípulos. **2** Reunión o conjunto de personas que se mantienen aparte.

cenadero 1 m. *Lugar destinado a cenar.* **2** *Cenador (espacio).*

cenado, -a Participio de «cenar». ⊙ adj. Se aplica a la persona que ya ha cenado: 'Vengo ya cenado'.

cenador, -a 1 adj. *Aplicable al que cena o cena con exceso.* **2** m. Espacio en un *jardín o en cualquier sitio al aire libre, cubierto por plantas trepadoras sostenidas por una armadura. ⇒ Glorieta, lonjeta, marquesina, pérgola, quiosco, umbráculo. ➤ *Cobertizo. **3** **Galería que suele haber a uno y otro lado del patio en las casas de Granada, cuyo techo suele ser el piso de otra galería alta.*

cenaduría (de «cenador»; Méj.) f. **Casa de comidas donde se sirven cenas.*

cenagal (de «ciénaga») **1** m. Sitio en que hay mucho cieno. ≃ *Barrizal. **2** *Apuro.

cenagoso, -a (del sup. lat. «coenicōsus») adj. Cubierto de *cieno.

cenal (del lat. «seni», de seis en seis, por ser éste el número de los cabos de cuerda que lo componían) m. MAR. *Aparejo de *poleas de los faluchos, empleado para cargar la vela por alto.*

cenancle (Méj.) m. *Mazorca de *maíz.*

cenar (del lat. «cenāre») intr. Tomar la cena. ⊙ tr. Tomar cierta ˇcosa como cena: 'Cena sólo pescado'. ⇒ Sobrecenar, zahorar.

cenata (Col.) f. *Cena abundante hecha alegremente por una reunión de amigos.*

cenca (Perú) f. *Cresta de las *aves.*

cencapa (Perú) f. **Cabezada que se le pone a la llama.*

cencellada (de «cierzo»; Sal.) f. **Rocío o *escarcha.*

cenceño, -a (¿del lat. «cincĭnnus», sarmiento?) **1** adj. *Aplicado a personas, animales y hasta a plantas, *delgado.* **2** (ant.) **Puro, sencillo o *simple: sin mezcla o composición.*

cencerrada f. Ruido desagradable que se hace con cencerros, golpeando distintos utensilios, etc.; por ejemplo, como broma delante de la casa de un viudo que se ha vuelto a casar. ≃ Esquilada. ⇒ *Serenata.

cencerrado, -a (ant.) adj. *Encerrado.*

cencerrear 1 intr. Sonar o tocar insistentemente cencerros. **2** (inf.) *Tocar mal un instrumento o tocar un instrumento destemplado; se aplica particularmente a la guitarra. **3** *Sonar desagradablemente las puertas o ventanas, las piezas de *hierro o metal de algún sitio, etc., por no estar bien ajustadas. ⇒ Chacolotear, chapalear, chapear, guachapear, golpear, golpetear, *traquetear, zurriar, zurrir.

cencerreo m. Acción de cencerrear.

cencerrillas (Ál.) f. pl. *Colleras con *campanillas o cencerros.*

cencerrión (ant.) m. **Carámbano.* ≃ Cerrión.

cencerro (de or. expresivo, ¿del vasco «zinzerri», campanilla de perro?) m. *Campana tosca, hecha generalmente de hierro, que se cuelga al cuello de las reses. ⇒ Aljaraz, arrancadera, campanillo, campano, changarra, esquila, esquilón, truco, zumba, zumbo. ➤ Canaula, castigadera. ➤ *Campana.

A CENCERROS TAPADOS (alusión a cuando las reses entran a pastar en terreno prohibido con los cencerros llenos de hierba para que no suenen). *Con *secreto: sin dejar trascender lo que se hace.*

ESTAR COMO UN CENCERRO (inf.). Estar loco.

cencerrón (de «cencerro») m. **Racimillo de los que van quedando sin coger al vendimiar.* ≃ Redrojo.

cencha (del lat. «cingŭla») f. *Bastidor de listones que liga a veces los pies de los *muebles, particularmente de las *sillas y mesas para darles más solidez.*

cencido, -a (¿del lat. «sancītus», prohibido?) adj. *Se aplica a la hierba, campo, *prado o terreno no hollado, pastado o segado.* ⇒ Sencido. ➤ Cenero. ➤ *Intacto.

cencío 1 (Sal.) adj. **Fértil.* **2** (Sal.) m. **Frescor húmedo de la ribera.* ⊙ (Sal.) **Relente.*

cencivera (¿del lat. «zingĭber, -ĕris», jengibre, por comparación del gusto agridulce de las uvas tempranas con el sabor del jengibre?; Ar.) f. *Cierta variedad de *uva menuda, temprana.*

cenco m. Cierto *reptil ofidio de América.

cencuate (del nahua «centli», mazorca de maíz y «coatl», serpiente; Méj.; *Pituophis lineaticollis*) m. *Cierta *serpiente venenosa, muy pintada.*

cendal (del occit. «sendal», del lat. «sindon, -ōnis») **1** (ahora lit.) m. *Tela muy fina, transparente, de hilo o seda. **2** **Humeral (vestidura del sacerdote).* **3** (colectivo) *Barbas de la *pluma.* **4** (pl.) *Hilos u otra cosa que se ponían en el fondo del *tintero para que la pluma no cogiese demasiada tinta.* ≃ Algodones, gropos. **5** *Antiguo *barco de guerra moruno, de tres palos.* **6** (ant.) *Cierta guarnición del vestido.* **7** *Velo, en sentido material o figurado.

cendalí adj. *De [o del] cendal.*

céndea (Nav.) f. *Reunión de varios pueblos que forman un solo *municipio.*

cendolilla f. **Muchacha de poco juicio.*

cendra (de «cendrar») f. *Pasta de ceniza de huesos para hacer las copelas de afinar el *oro o la *plata.*

cendrada (de «cendrar») **1** f. *Cendra.* **2** *Capa de ceniza que se pone en el suelo del *horno de afinar la plata.*

cendradilla (dim. de «cendra») f. METAL. **Horno pequeño para afinar oro, plata, etc.*

cendrado, -a 1 *Participio de «cendrar».* **2** adj. *Acendrado.*

cendrar (del lat. «cinerāre», hacer ceniza) tr. *Acendrar.*

cendrazo (de «cendra») m. *Parte de la copela que se arranca con los pallones de *plata.*

cenefa (del ár. and. «ṣanífa») **1** f. *Banda de adorno puesta al *borde de algo; especialmente, de prendas de tela como toallas o pañuelos, o alrededor de techos, muros, pisos, etc.; suele consistir en un motivo o *dibujo repetido. **2** *Lista central de las tres en que se divide verticalmente la *casulla del sacerdote.* **3** MAR. *Madero grueso que rodea una cofa o en que se apoya su armazón.* **4** MAR. *Canto circular de la armazón de los tambores de las ruedas de un *barco.* **5** MAR. *Tira de lona que cuelga de las relingas del toldo para tapar el sol por el costado.*

ceneja 1 (Mur.) f. *Tejido de *esparto.* **2** (Mur.) **Cinturón, faja, etc.*

cenero (del lat. «sincērus», puro, intacto; Ar.) m. **Campo, prado o hierba no pacidos.* ⇒ *Cencido.

cenestesia (del fr. «cénesthésie», del gr. «koinós», común, y «aísthēsis», sensación) f. BIOL., PSI. *Complejo indiferenciado de *sensaciones procedentes de los órganos internos, por el cual el individuo tiene conciencia de su *cuerpo y de su estado corporal.*

cenestésico, -a adj. BIOL., PSI. *De la cenestesia.*

cenete (del ár. and. «zanáti») adj. y, aplicado a personas, también n. *De una tribu berberisca del África septentrional.* ⊙ m. pl. *Esa tribu, famosa por su caballería ligera.*

cenhegí (del ár. and. «ṣinhaǧí») adj. y, aplicado a personas, también n. *De la tribu de Zanhaga, del norte de África, de la que proceden los almorávides.* ⊙ m. pl. *Esa tribu.*

cení (del ár. and. «ṣíni», latón, cl. «ṣīnī», del persa «čīnī», chino) m. *Especie de *latón muy fino.*

cenia (del ár. «sāniyah», elevadora) **1** f. *Artefacto sencillo para elevar el *agua, muy usado en Valencia.* **2** *En Marruecos, *noria.* **3** *En Marruecos, *huerto o *jardín regado con cenia.*

cenicero m. En sentido amplio, cualquier *recipiente destinado a recoger *cenizas. ⊙ En sentido restringido, el destinado a echar las del *cigarro y las colillas. ⇒ Hornía.

cenícero (Am. S.) m. **Cenízaro (árbol leguminoso).*

cenicienta f. (n. calif.) Por alusión al personaje del cuento de este nombre, persona injustamente relegada a los *trabajos peores o más humildes. ⊙ (n. calif.) Puede también aplicarse a colectividades y a otras cosas.

ceniciento, -a 1 adj. Se aplica a lo que tiene ceniza. ≃ Cenizo, cenizoso. 2 De *color de ceniza. ⇒ Cenizo, cenizoso. ➤ Grullo, leucofeo.

cenicilla (dim. de «ceniza») f. *Enfermedad de la vid producida por el hongo Oidium.* ≃ Ceniza, cenizo.

cenismo (del gr. «koinismós») m. LING. *Mezcla de dialectos.* ⇒ *Lengua.

cenit (del ár. «samt», por confusión de «semt» con «senit») 1 m. Punto considerado en el *cielo en la vertical del punto de la Tierra de que se trata. ≃ Zenit. ⇒ Nadir. ➤ *Astronomía. 2 Situación o momento de *apogeo de cierta cosa: 'En el cenit de su gloria'.

□ NOTAS DE USO

La pronunciación [cénit] está muy extendida, incluso en el uso culto.

cenital 1 adj. De [o del] cenit. 2 Se aplica a la *luz natural que proviene de una ventana o claraboya abierta en el techo.

V. «ÁNGULO cenital».

ceniza (del sup. lat. vulg. «cinisĭa») 1 f. Polvo de color gris que queda como resto de una cosa que se *quema completamente. 2 Se aplica con o sin «de» a «*color» para designar el de la ceniza. 3 («Las»; pl.) Los restos de una persona *muerta: 'Donde reposan las cenizas de sus antepasados'. 4 **Oidio (plaga que ataca a la vid).* ≃ Cenicilla, cenizo. 5 PINT. *Mezcla de ceniza y cola con que se impriman los lienzos para *pintar, especialmente al temple.* ≃ Cernada.

V. «MIÉRCOLES de ceniza».

REDUCIR algo A CENIZAS. *Destruirlo, *arruinarlo o *devastarlo.

TOMAR alguien LA CENIZA. Serle puesta en la frente por el sacerdote en la ceremonia religiosa que se celebra el miércoles siguiente a carnaval, llamado «Miércoles de Ceniza», primer día de la Cuaresma. ⇒ *Devoción.

□ CATÁLOGO

Otras formas de la raíz, «cendr-, ciner-»: 'acendrar, cendra; cinéreo, cinericio, incinerar', etc. ➤ Bolisa, cardeña, cendra, cernada, favila, hormigo, monjas, *pavesa. ➤ Despavesar. ➤ Escarbillos, escoria. ➤ Badil, badila. ➤ Albero, buitrón, cenicero, cenizal, escorial, hornía. ➤ Lejía. ➤ Encernadar. ➤ Encenizar. ➤ *Colada.

cenizal m. *Cenicero: sitio donde se echa la ceniza.*

cenízaro (C. Rica; *Pithecellobium saman*) m. Árbol leguminoso que se cubre de flores rosadas o rojas, de madera dura y fina, y cuyas vainas sirven de pienso al ganado. ≃ Cenícero. ⇒ *Planta.

cenizo, -a (¿de «ceniza»?) 1 adj. *Ceniciento.* 2 m. *Oidio.* ≃ Ceniza. 3 (*Chenopodium album*) *Planta quenopodiácea de tallo blanquecino y hojas verdes por el haz y cenicientas por el envés. ≃ ARMUELLE borde, BERZA de pastor, ceñiglo. 4 (inf.; n. calif.) Se aplica a una persona que tiene mala *suerte o la da con su presencia.

TENER EL CENIZO (inf.). Tener mala suerte.

cenizoso, -a adj. *Ceniciento.* ⊙ *De ceniza o como la ceniza.* ⊙ *De color de ceniza.* ⊙ *Con ceniza.*

cenobio (del lat. «coenobĭum»; culto) m. Monasterio. ⇒ *Convento.

cenobita (del lat. «coenobīta») 1 m. *Monje que vive en un cenobio. 2 (n. calif. o en comparaciones) Persona que vive voluntariamente *sola o apartada del trato con la gente.

cenobítico, -a adj. De [o del] cenobita: 'Vida cenobítica'.

cenojil (del ant. «zenojil», del lat. «genucŭlum», rodilla) m. **Liga de sujetar las medias.* ≃ Senojil.

cenopegias (del lat. «scenopegĭa») f. pl. *FIESTA de los Tabernáculos.*

cenoso, -a (del lat. «coenōsus»; ant.) adj. *Cenagoso.*

cenotafio (del lat. «cenotaphĭum») m. Monumento funerario en el cual no está el cadáver de la persona a quien se dedica. ⇒ *Sepultura.

cenote (del maya «tz'onot», pozo, abismo; Hispam.) m. *Depósito de *agua subterráneo.*

cenozoico, -a (del gr. «kainós», nuevo, y «zôon», animal) adj. y n. m. GEOL. Se aplica a la tercera y última era en que se divide la historia de la Tierra, que comprende el periodo terciario y cuaternario, y a sus cosas. ⇒ Cuaternario, eoceno, holoceno, mioceno, oligoceno, paleoceno, paleógeno, pleistoceno, plioceno, terciario.

censal 1 adj. Censual. 2 n. *Censo establecido sobre una finca.*

censalero (Mur.) m. *Censatario.*

censalista (Ar.) n. *Censualista.*

censar tr. Hacer el censo o empadronamiento de los ˃habitantes de un lugar.

censatario, -a n. Persona obligada al pago de un censo.

censido, -a (ant.) adj. *Gravado con un censo.*

censista n. Persona que elabora censos.

censo (del lat. «census») 1 m. Lista que hacían los *romanos de las personas y sus propiedades. 2 Lista semejante que se hace actualmente. ≃ *Amillaramiento. 3 CENSO electoral. 4 Contribución que pagaban los romanos por cabeza como reconocimiento de un vasallaje. 5 («Constituir, Establecer, Instituir, Gravar con») Obligación o *carga que existe sobre alguna propiedad, por la cual el que la disfruta tiene que pagar cierta cantidad a otra persona, bien como intereses de un capital recibido de ella, bien como reconocimiento de su dominio sobre la finca.

CENSO ELECTORAL. Registro de los ciudadanos con derecho a votar.

C. ENFITÉUTICO. Enfiteusis.

C. IRREDIMIBLE. *Censo perpetuo que, por pacto, no podía redimirse nunca.*

C. DE POBLACIÓN. Estadística de los *habitantes de un lugar.

CONSTITUIR [O FUNDAR] UN CENSO. Establecerlo por un contrato sobre una finca determinada.

REDIMIR UN CENSO. Liberar de él a la finca mediante el pago de la cantidad correspondiente.

SER una persona o una cosa UN CENSO. Obligar a gastos continuos: 'Los grifos son un censo en esta casa'.

□ CATÁLOGO

CONTRATO enfitéutico, enfiteusis, feudo, foro, subforo, treudo, yantar. ➤ Alajor, canon, decursas, fadiga, GALLINA fría, pensión, treudo. ➤ DOMINIO directo, DOMINIO útil. ➤ Cargar, constituir, establecer, fundar, imponer, instituir, luir, redimir, señalar, situar, tributar. ➤ Acensuar, aforar, amortizar, atreudar, luición, redención. ➤ Antipoca. ➤ Cabezalero, censatario, enfiteuta, feudatario, forero, superficiario. ➤ Patrono, *señor. ➤ Levantar la voz. ➤ Fadiga. ➤ Laudemio, luismo. ➤ *Carga. *Gravamen. *Hipoteca. *Propiedad. *Renta. *Tributo.

censor, -a (del lat. «censor, -ōris») 1 m. Entre los romanos, *magistrado que formaba el censo de la ciudad y cuidaba la moralidad de las costumbres. 2 (n. calif.) n. Persona que juzga severamente las costumbres y la conducta de la gente. 3 *En algunas corporaciones, persona encargada* *de *vigilar la observancia de los estatutos o reglamentos y el cumplimiento de los acuerdos.* **4** Funcionario encargado oficialmente de la censura de los *impresos, obras literarias, películas, etc., o de las noticias destinadas a la publicidad.

censorino, -a o **censorio, -a** adj. *De [o del] censor o de [la] censura.*

censual adj. Del censo (obligación o carga).

censualista n. El que percibe un censo.

censuar (del lat. «census», censo; ant.) tr. *Acensuar: sujetar a censo una ↘finca, etc.*

censuario (del lat. «censuarĭus») m. *Censatario.*

censura (del lat. «censūra») **1** f. Acción de censurar. ⊙ («Dirigir, Fulminar, Lanzar») Expresión de censura. **2** («Aplicar, Ejercer») Práctica de la censura: 'En este país hay censura gubernativa'. ⊙ Entidad que la ejerce: 'Prohibido por la censura'. **3** *En derecho canónico, *castigo impuesto por algún delito, con arreglo a los cánones.* **4** *Cargo de censor.* **5** (ant.) **Padrón o registro.*

V. «VOTO de censura».

censurable adj. Susceptible de ser censurado. ⊙ Merecedor de reprobación. ≃ Condenable, recusable, reprobable, reprochable, vituperable.

censurar (de «censura») **1** tr. **Juzgar el valor de una ↘cosa, sus méritos y faltas.* **2** Examinar ↘correspondencia, escritos, películas, etc., para ver si hay algún inconveniente, desde un punto de vista político o moral, para darles curso, *publicarlos o exhibirlos. **3** Tachar o suprimir ↘algo en un escrito o en una obra destinada a la publicidad. ≃ Cortar. **4** Decir de ↘alguien que ha obrado mal o desacertadamente, o decir de alguna ↘cosa que no está bien hecha.

☐ CATÁLOGO

*Acusar, afear, atacar, catonizar, *condenar, *criticar, señalar con el DEDO, *desacreditar, desalabar, *desaprobar, fiscalizar, flagelar, fustigar, HABLAR mal, meterse con, motejar, *murmurar, notar, reparar, poner REPAROS, reprobar, *reprochar, tachar, TENER siempre que..., tildar, vituperar, zurrar. ➤ Alfilerazo, caloña, censura, crítica, diatriba, disfavor, distingo, nota, *repulsa, *sátira, tacha, tilde. ➤ Malas AUSENCIAS. ➤ Catón, censor, criticón, reparador, reparón. ➤ *Intachable. *Perfecto. ➤ ¡Y luego DICES [dice, dirás, dirá, etc.] que...!, ¡quién fue [o va] a HABLAR!, ¡mal HECHO!, ¡MIRA quién habla!, ¡ya te [le, etc.] VALE! ➤ Tener el TEJADO de vidrio. ➤ No haber quien le [me, etc.] TOSA. ➤ *Acusar. *Calumnia. *Corregir. *Criticar. *Desacreditar. *Desaprobar. *Maldecir. *Quejar. *Rechazar. *Reprender. *Reprochar. *Zaherir.

centalla (del lat. «scintilla») f. **Chispa de carbón.*

centaura (de «centaurea») f. Nombre dado a varias especies de *plantas compuestas del género *Centaurea* y otros afines. ≃ Centáurea.

CENTAURA AZUL. **Azulejo (planta compuesta).*

C. MAYOR *(Centaurea centaurium).* *Planta compuesta usada como tónica y febrífuga.

C. MENOR *(Centaurium erythraea).* *Planta gencianácea de tallo cuadrangular, hojas radicales y flores blancas o rosadas de forma de embudo, en ramillete. ≃ HIEL de la tierra, sietesangrías.

centaurea (del lat. «centaurēa») f. Centaura.

centaurina (de «centaura») f. QUÍM. *Sustancia existente en ciertas plantas amargas; particularmente, en el cardo bendito y el cardo estrellado.*

centauro (del lat. «centaurus») m. *Animal mitológico mitad hombre y mitad caballo. ≃ Hipocentauro.

centavo, -a (de «ciento» y «-avo») **1** adj. y n. m. *Centésimo (partitivo).* **2** m. Moneda estadounidense cuyo valor es la centésima parte de un dólar. **3** *La de algunas unidades monetarias hispanoamericanas.*

centella (del lat. «scintilla») **1** f. Descarga eléctrica entre nubes; particularmente, si es pequeña. ≃ Exhalación, *rayo. **2** Partícula incandescente que salta; por ejemplo, del pedernal. ≃ *Chispa. **3** Punto de luz muy viva, procedente de un foco o reflejada, que aparece y desaparece. ≃ Destello, *resplandor. **4** Se aplica como nombre calificativo o como término de comparación a una cosa muy *breve, veloz o fugaz. **5** (Sal.; *Caltha palustris*) *Cierta hierba ranunculácea que se cría en las hondonadas.* ≃ HIERBA centella. **6** Nombre de algunas plantas ranunculáceas, como *Ranunculus ficaria* y *Ranunculus montanus.* **7** (Arg.) *Cierta *plaga del trigo que seca la espiga.*

V. «HIERBA centella, ¡RAYOS y centellas!».

centellador, -a adj. *Centelleante.*

centelleante adj. Se dice de lo que centellea.

centellear (de «centella») intr. Despedir destellos rápidos y vivos o bien oscilantes y cambiantes. ≃ Cintilar. ⇒ *Brillar. ⊙ Tener las *estrellas su característica oscilación de luz. ≃ Parpadear, titilar.

centelleo m. Acción y efecto de centellear. ⊙ Oscilación de la luz de las estrellas. ⊙ *Luminosidad momentánea producida sobre una pantalla de sulfuro de cinc por una radiación y, principalmente, por las partículas alfa.* ⇒ Centilación, cintilación. ➤ Cabrillear, centellear, rielar.

centellero m. *Centillero.*

centellón m. *Aum. de «centella» (rayo).*

centén (de «centeno[2]») m. **Moneda de oro antigua que valía cien reales.*

centena **1** (numeral colectivo) f. MAT. Conjunto de cien unidades. ≃ Centenar. **2** (numeral colectivo) Centenar (conjunto de cien cosas).

A CENTENAS. *A centenares.*

centenada (de «centeno[2]»; numeral colectivo) f. *Conjunto de cien cosas aproximadamente.*

A CENTENADAS. *A centenares.*

centenal[1] **1** (numeral colectivo) m. *Centena.* ≃ Centenar. **2** (Ar.) *Hilo con que se ata la *madeja para que no se enrede.* ≃ Cuenda.

centenal[2] m. Campo de centeno.

centenar[1] **1** (numeral colectivo) m. Centena (conjunto de cien unidades). **2** (numeral colectivo; «de») Conjunto de cien cosas. ≃ Centena. **3** (numeral colectivo; «de»; pl.) Muchas cosas de las que se expresan: 'Recibió centenares de felicitaciones'.

centenar[2] m. Campo de centeno. ≃ Centenal.

centenario, -a (del lat. «centenarĭus») **1** adj. y, aplicado a personas, también n. Que tiene alrededor de cien años. ⇒ Quintañón. **2** m. *Periodo de cien *años.* ≃ *Siglo. **3** *Fecha en que se cumplen uno o más centenares de años de un acontecimiento o del nacimiento o la muerte de una persona. ⇒ *Aniversario. ⊙ *Fiesta o *ceremonia con que se conmemora esa fecha.

centenaza adj. y n. f. *Se aplica a la paja del centeno.*

centenero, -a adj. *Aplicado a *terrenos, bueno para centeno.*

centenilla (Hispam.) f. *Nombre aplicado a diversas especies de *plantas de un género de primuláceas.*

centeno[1] (del lat. «centēnum», porque se le atribuía que daba cien granos por cada uno de sembradura; *Secale cereale*) m. *Planta gramínea parecida al trigo pero de espigas más delgadas. ⊙ (colectivo) Semillas de esa planta, que son puntiagudas por un extremo y tienen aplicaciones semejantes a las del trigo, pues, en algunos sitios, se hace pan de su harina. ⇒ Mestura, mitadenco, morcacho, morcajo, tranquillón. ➤ Camuñas. ➤ Cornezuelo. ➤ Gabijón, vencejera.

centeno[2], **-a** (del lat. «centēnus») adj. *Centésimo.*

centenoso, -a adj. *Mezclado con mucho o demasiado centeno.*

centesimal 1 adj. Basado en el número cien o relacionado con la centésima parte. ⊙ GEOM. Se aplica al sistema de medición de ángulos en que el ángulo recto vale 100º, y a cada uno de los grados utilizados en este sistema. **2** *Se aplica a los números del uno al cien, ambos inclusive.*

centésimo, -a (del lat. «centesĭmus») **1** adj. Numeral ordinal y partitivo correspondiente a «cien». ⇒ Centavo, centeno. **2** f. Centésima parte de un segundo.

centi- o **centí-** (del lat. «centi-») Elemento prefijo que significa «cien» o «centésima parte».

☐ NOTAS DE USO

La «i» se pronuncia tónica en «centímetro» y «centígrado», y átona en «centigramo» y «centilitro».

centiárea (de «centi-» y «área») f. Medida de *superficie, centésima parte de un área, o sea un metro cuadrado. Abrev.: «ca».

centígrado, -a (de «centí-» y «grado») adj. Se aplica a la escala termométrica en que el cero corresponde al punto de fusión del hielo y el cien al de ebullición del agua. ⊙ También, a los grados de esta escala y al *termómetro basado en ella. ⇒ ESCALA [o GRADO] Celsius.

centigramo (de «centi-» y «gramo») m. Centésima parte del gramo. Abrev.: «cgr».

centilación (del lat. «scintillatĭo, -ōnis») f. *Centelleo.* ≃ Cintilación.

centilitro (de «centi-» y «litro») m. Medida de *capacidad, que es la centésima parte del litro. Abrev.: «cl».

centillero (del lat. «scintilla», centella) m. **Candelabro de siete luces que se emplea en la exposición del Santísimo Sacramento.*

centiloquio (de «centi-» y el lat. «eloquĭum», habla, discurso) m. *Obra literaria escrita en cien partes o tratados.*

centimano o **centímano** (de «centi-» y «mano») adj. *De cien manos; se aplica a los *monstruos mitológicos y, en particular, como epíteto, al gigante Briareo.*

centímetro (de «centí-» y «metro») **1** m. Medida de *longitud, que es la centésima parte de un metro. Abrev.: «cm». **2** (Chi., Cuba, Par., Perú, R. Dom., Ur.) **Metro (cinta graduada para medir).*

céntimo (del fr. «centime», con cambio de acento por influencia de «décimo») **1** adj. *Centésimo (numeral partitivo).* **2** m. Centésima parte de una peseta. **3** *Moneda de ese valor, que ya no circula. ⇒ Centavo.

CINCO [o DIEZ] CÉNTIMOS. Monedas de esos valores. ⇒ Chavo, PERRA chica, PERRA gorda, PERRA grande, PERRO chico, PERRO gordo, PERRO grande.

NI [o SIN] CINCO CÉNTIMOS. Nada [o sin nada] de dinero. ≃ Ni [o sin] CINCO. ⇒ Arruinado, mal de *DINERO.

centinela (del it. «sentinella»; «Estar [o hacer] de») m. Soldado que está de vigilancia en un sitio.

centinodia (del lat. «centinodĭa») **1** *(Polygonum aviculare)* f. *Planta poligonácea medicinal de tallos rastreros, cuyas semillas comen las aves. ≃ Altamandría, correhuela, SANGUINARIA mayor, saucillo. **2** *(Polygonum equiseliforme)* *Planta de la misma familia que la anterior, de tallos erguidos, con nudos muy abultados.

centinodio m. *Centinodia de tallos rastreros.*

centiplicado, -a (de «centi-» y el lat. «plicātus», doblado) adj. *Centuplicado.*

centipondio (de «centi-» y el lat. «pondus», peso) m. **Quintal.*

centola f. Centollo.

centollo o **centolla** (¿de or. céltico?; *Maja squinado)* m. o f. Crustáceo marino, similar a un *cangrejo muy grande, de caparazón casi redondo, con espinas, y largas patas vellosas. Es un marisco muy apreciado. ≃ Cámbara, centola.

centón (del lat. «cento, -ōnis») **1** m. *Manta o *colcha hecha de *retales de telas diferentes. **2** ARTILL. **Manta tosca con que se cubrían antiguamente las máquinas de guerra.* ⇒ Cilio. ➤ *Artillería. **3** *Colección de frases y sentencias o de trozos literarios de diversos autores.

centonar (de «centón») **1** tr. **Amontonar ˋcosas sin orden.* **2** *Componer una ˋobra literaria con trozos de otras.*

centrado, -a 1 Participio de «centrar[se]». ⊙ adj. Aplicado a la colocación de una pieza, con el centro exactamente en el sitio debido. ⊙ Aplicado a otras cosas, debidamente colocada en el centro de algo: 'Ese cuadro no está bien centrado' (no ocupa el centro del muro). ⊙ Aplicado a personas, con la actitud o en la posición que le corresponde o en que se encuentra bien: 'Al principio no sabía guardar su puesto, pero ya está centrado. Ya estoy centrado en la nueva oficina'. ⊙ Mentalmente equilibrado y conforme con su forma de vida: 'Le veo muy centrado desde que se casó'. **2** V. «GLOBO centrado, MUNDO centrado».

central 1 adj. Situado en el centro: 'El estante central'. ⊙ Se aplica a lo que extiende su acción a todo el conjunto de cosas o sistema de que forma parte: 'El gobierno central'. ⊙ A lo que funciona con un dispositivo que acciona todo el sistema: 'Calefacción central'. **2** Principal, fundamental. **3** f. *Oficina, instalación, etc., central de una organización: 'La central de correos [o de teléfonos]'. ⇒ Estación. ⊙ Casa principal de una entidad comercial o industrial: 'La central de esta compañía de seguros está en Madrid'. ≃ Casa central. **4** Instalación de producción de electricidad. **5** (Am. C., Antill.) *Ingenio o fábrica de azúcar.* **6** n. Jugador de *fútbol que actúa en el centro de la defensa.

CENTRAL AUTOMÁTICA. La de *teléfonos en que las conexiones entre los abonados se establecen automáticamente.

C. HIDROELÉCTRICA. La que produce energía eléctrica a partir de la fuerza hidráulica.

C. NUCLEAR. La que produce energía a partir de la fisión del núcleo del uranio o el plutonio.

C. TÉRMICA. La eléctrica accionada por turbinas de vapor o motores de combustión interna.

centralismo m. Cualidad del sistema político o administrativo en que el poder central absorbe todas las funciones, incluso las que podían desempeñar organismos provinciales, locales, etc.

centralista adj. Se aplica al sistema basado en el centralismo y a los partidarios de él.

centralita (dim. de «central») f. Aparato que enlaza una o varias líneas telefónicas con los teléfonos interiores de un mismo edificio o centro. ⇒ Conmutador. ⊙ Lugar donde está instalado este aparato.

centralización f. Acción de centralizar.

centralizador, -a adj. Que centraliza.

centralizar (de «central») tr. Reunir en un centro común. ⊙ Hacer que un poder central asuma las ˘atribuciones de la administración provincial, local, etc.

centrar **1** tr. Colocar una ˘cosa en el centro de algo o con su propio centro en el sitio debido; por ejemplo, una *rueda. **2** («en») tr. y prnl. Dirigir[se] ciertas ˘acciones hacia un objetivo preciso: 'Ha centrado sus investigaciones en la historia de los Reyes Católicos. El discurso del presidente se centró en la política económica'. ⇒ *Concretar, *fijar. **3** tr. Colocar ˘algo o a ˘alguien en la posición, situación o actitud convenientes. ⇒ *Regular. ⊙ Colocar una persona a ˘otra en la actitud, particularmente de consideración o respeto hacia la primera, que debe tener. ⇒ *Moderar. ⊙ Proporcionar a ˘alguien un estado de equilibrio mental o de conformidad con su forma de vida: 'El chico con el que sale la ha centrado mucho'. ⊙ prnl. Llegar a ese estado: 'Desde que ha empezado a trabajar se ha centrado mucho'. ⊙ Llegar alguien a estar en un lugar, ambiente, empleo, etc., conociendo lo que le rodea y obrando con seguridad: 'Estarás al principio un poco desorientado, pero ya te centrarás'. **4** tr. Atraer alguien o algo hacia sí las ˘miradas, la atención, el interés, etc., de los circunstantes. ⇒*Acaparar, *concentrar, monopolizar, polarizar. **5** intr. Dep. En *fútbol y otros deportes, pasar el balón un jugador que se encuentra en un lateral del campo a un compañero que está situado en la zona central cercana a la portería contraria.

centrarco (del gr. «kéntron», aguijón; Hispam.; género *Centrarchus*) m. **Pez teleósteo que tiene muchas espinas en las aletas.*

céntrico, -a adj. Se aplica a lo que constituye el centro geométrico de algo o está en él. ⊙ Particularmente, a lo que está en el centro de una *población: 'Un piso céntrico'.
V. «punto céntrico».

centrifugación o **centrifugado** f. o m. Acción de centrifugar.

centrifugador, -a **1** adj. Que centrifuga. **2** f. Aparato que sirve para centrifugar.

centrifugar tr. Someter una ˘mezcla a una rotación rápida para obtener por la fuerza centrífuga la *separación de sus distintos componentes, en virtud de la diferencia de sus densidades. ⊙ Particularmente, hacerlo con la ropa mojada para secarla.

centrífugo, -a (del lat. cient. «centrifŭgus») adj. Fís. Se aplica a la fuerza que tiende a *alejar del *centro alrededor del cual gira, el cuerpo a que se aplica.

centrina (del gr. «kéntron», aguijón) f. *Nombre dado a varios *peces de las familias de los escuálidos y de los espinácidos, especie de «arañas de mar».*

centrípeto, -a (del lat. cient. «centripetus») adj. Fís. Se aplica a la fuerza que tiende a *acercar al *centro alrededor del cual gira, el objeto a que se aplica.

centris m. Cierto insecto *himenóptero de América Meridional.

centrisco (del gr. «kentrískos»; *Macrorhamphosus scolopax*) m. *Pez del Mediterráneo. ≃ Chocha de mar, trompetero.

centrismo m. Ideología del centro político.

centrista adj. Del centrismo. ⊙ adj. y n. Seguidor de las ideas políticas de centro.

centro (del lat. «centrum», del gr. «kéntron», aguijón, por alusión a la punta del compás que se clava para trazar círculos) **1** m. Punto o *lugar de cualquier cosa que está más alejada de sus extremos, de su orilla o de su superficie: 'El centro de la mesa [de la corriente del río, de la Tierra]'. ⊙ Lugar que ocupa, entre varias cosas colocadas en serie, la que tiene a cada lado igual número de las otras: 'Mi hermana es la que va en el centro'. ⊙ Geom. Con referencia a una circunferencia, punto que equidista de todos los de ella. ⊙ Geom. Tratándose de una esfera, el que equidista de todos los de su superficie. ⊙ Geom. Tratándose de un polígono o poliedro regular, el que divide a todas sus diagonales en dos partes iguales. ⊙ Centro de mesa. ⇒ Cogollo, comedio, corazón, eje, entraña, foco, interior, interioridad, medio, médula, mitad, *núcleo, polo, punto medio, yema. ➤ Promedio. ➤ Centrífugo, centrípeto. ➤ Centralizar, centrar, céntrico, *concentrar, concéntrico, descentrado, descentralizar, descentrar, epicentro, excéntrico, metacentro, reconcentrar. ➤ *Equilibrio. *Moderación. *Vértice. **2** Cosa o punto en donde *convergen o de donde *irradian ciertas cosas: 'Un centro de comunicaciones. Un centro de recaudación'. ⊙ Punto o cosa hacia donde se *dirigen las miradas, el interés, la atención, etc., de los circunstantes: 'Ella era el centro de la curiosidad de todos los invitados'. ⊙ Cosa o punto a que se dirigen insistentemente los pensamientos, la atención, la preocupación, etc., de alguien. **3** Lugar en que se concentra o es más intensa que en otros cierta actividad: 'Barcelona es un centro industrial de mucha importancia'. ⊙ Lugar de donde irradia influencia o dirección a otros o a una organización: 'Roma es el centro de la catolicidad. Un centro coordinador de bibliotecas'. ⇒ Sede. **4** Zona de una *población, generalmente en el centro espacial, en que es más intensa la actividad de ella: 'Tengo que ir al centro a hacer unas compras'. **5** Organización con fines culturales o benéficos: 'Un centro docente. Un centro de investigación. Un centro benéfico'. ≃ Establecimiento, institución, *organismo. ⊙ Se aplica como nombre particular, alternando con los de «ateneo, casino, círculo, club», etc., a una asociación de personas, sostenida con cuotas que éstas aportan, que se reúnen en un local para conversar, jugar, celebrar actos culturales, etc. ⊙ Local en donde se celebran esas reuniones. **6** Establecimiento en que se desarrolla una actividad de enseñanza, sanitaria, comercial, etc.: 'Centro de salud. Centro cultural'. **7** Esgr. *Punto en que, según la posición, está la fuerza del cuerpo.* **8** Mil. *Parte no extrema ni lateral de una *formación.* **9** (Ec.) *Vestido corto de bayeta que usan las *indias y mestizas.* **10** (Cuba) *Viso de color que se transparenta debajo de otra *falda.* **11** (Cuba) *Conjunto de *pantalón, *camisa y *chaleco.* **12** (Hond., Méj.) *Pantalón y chaleco, o sólo chaleco.* **13** (Cuba) *Asiento o tirilla sobre la que va montado el cuello de la *camisa.* **14** Opción política que se considera ideológicamente equidistante de la derecha y la izquierda. **15** Dep. En *fútbol y otros deportes, acción de centrar.

Centro de gravedad. Fís. Punto tal de un cuerpo que una fuerza vertical aplicada en él haría el mismo efecto que la suma de las acciones de la gravedad sobre todos sus puntos. ⇒ Centrobárico, metacentro.

C. de mesa. *Vasija artística, generalmente adecuada para colocar flores en ella, u otro adorno, que se coloca sobre una mesa, particularmente la del comedor.

C. nervioso. Anat. Agrupamiento de células nerviosas que tiene una función determinada.

C. óptico. Ópt. *Punto sobre el eje de una *lente en el que convergen todos los rayos que inciden paralelamente a ese eje.*

C. de población [o urbano]. *Población, o conjunto de viviendas en el que existen los servicios comunes necesarios para sus habitantes.

Estar alguien en su centro. Encontrarse completamente *bien y a gusto en el sitio o ambiente en donde está.

centroafricano, -a **1** adj. y, aplicado a personas, también n. De África central. **2** De la República Centroafricana, país de África.

centroamericano, -a adj. y, aplicado a personas, también n. De América Central.

centrobárico, -a (del gr. «kéntron», aguijón, y «báros», pesadez) adj. Fís. *Del centro de gravedad.*

centrocampista n. Dep. En *fútbol y otros deportes, jugador que se sitúa en una demarcación próxima a la mitad del campo.

centroeuropeo, -a adj. y, aplicado a personas, también n. De Europa central.

centrosoma m. Biol. Corpúsculo celular próximo al núcleo, que desempeña un papel importante en la cariocinesis.

centunviral adj. *De [los] centunviros o de [o del] centunvirato.*

centunvirato m. **Consejo o *tribunal de los centunviros.*

centunviro (del lat. «centumvir, -ĭri») m. *Miembro de un consejo o *tribunal de la antigua *Roma, que juzgaba en los asuntos civiles.*

centuplicado, -a Participio adjetivo de «centuplicar».

centuplicar (del lat. «centuplicāre») tr. Hacer una ↘cosa cien veces mayor. ⇒ *Aumentar. ⊙ Se usa hiperbólicamente, significando hacer una ↘cosa mucho mayor: 'Todos juntos, centuplicamos nuestras fuerzas'.

céntuplo, -a (del lat. «centŭplus») adj. y n. m. Se aplica a la cantidad o magnitud que contiene cien veces a otra que se expresa: 'Un kilómetro es céntuplo de un decámetro'.

centuria (del lat. «centurĭa») **1** (culto) f. *Siglo. **2** Compañía de cien hombres en el ejército *romano.

centurión (del lat. «centurĭo, -ōnis») m. Jefe de una centuria.

cenuro (del gr. «koinós», común, y «-uro») m. *Larva de la *tenia que se aloja en el cerebro de las reses lanares produciendo la enfermedad llamada «modorra».*

cenurosis (de «cenuro» y «-osis») f. **Modorra (enfermedad) de las reses lanares.*

cenutrio, -a (inf.) adj. y n. Persona torpe o ignorante.

cénzalo (de or. expresivo) m. **Mosquito.*

cenzaya (del vasc. «sein», niño, y «zai», guarda; Ál.) f. *Niñera.* ≃ Cinzaya.

cenzayo (de «cenzaya»; Ál.) m. *Nombre que se da en una casa al marido de la que es o ha sido niñera en ella.*

cenzonte o **cenzontle** (del nahua «centzuntli», cuatrocientas lenguas, por la facilidad que este pájaro tiene para imitar voces; Am. C., Méj.) m. **Sinsonte (pájaro).*

ceñar (de «ceño»; Ar.) tr. **Guiñar los ojos para hacer señas.*

ceñideras (de «ceñir») f. pl. *Prenda de tela muy fuerte que se ponen a veces encima del pantalón para *protegerlo algunos trabajadores; por ejemplo, los del campo o los carboneros.*

ceñido, -a **1** Participio adjetivo de «ceñir»: 'La frente ceñida por una diadema'. **2** adj. Se aplica a lo que rodea ajustando: 'Un vestido muy ceñido'. ≃ Ajustado, *apretado, estrecho, justo. **3** *Ajustado: 'Ceñido al tema'. **4** *Se aplica a los *insectos que tienen muy señalada la división entre el tórax y el abdomen.* ⊙ m. pl. *Grupo que forman.*

ceñidor (no frec.) m. *Faja o *cinturón que ajusta la cintura. ≃ Apretador. ⊙ *Prenda interior femenina que ajusta el pecho.*

ceñiglo m. **Cenizo (planta quenopodiácea).*

ceñir (del lat. «cingĕre») **1** tr. Rodear una cosa a ↘otra apretándola o no permitiendo que se extienda: 'Ese vestido te ciñe demasiado' ⊙ Rodear completamente: 'Las murallas ciñen la ciudad'. **2** («a, con, de») Poner una ↘cosa alrededor de otra de modo que la ajuste: 'Ceñir su cabeza con una corona. Ceñir una corona a su cabeza. Ceñir su frente de rosas'. ⊙ Puede emplearse en sentido figurado: 'Ceñirse la corona del martirio'. ⊙ Puede usarse como «llevar ceñido»: 'Ciñó, todavía niño, la corona real'. Puede ponerse como complemento directo la cosa que se cuelga o sujeta mediante la que propiamente ciñe: 'Ceñirse la espada'. **3** Poner más tirante una ↘cosa que está alrededor de otra: 'Ceñir un vestido'. ≃ Ajustar, apretar. **4** **Disminuir una ↘cosa. Particularmente, reducir los gastos.* **5** Mar. *Navegar de bolina.* **6** («a, en») prnl. Mantenerse, en lo que se dice o hace, sin separarse de cierto tema o sin salirse de ciertos límites: 'Cíñase a contestar a lo que se le pregunta. Tiene que ceñirse a un sueldo muy modesto'. ≃ *Ajustarse, atenerse, limitarse, sujetarse.

V. «ceñir la plaza, ceñir el viento».

□ Catálogo

*Ajustar, *apretar, cinchar, cingir, recinchar. ➤ Alezo, apretadera, ceñidor, *corsé, *faja, fajero, *cinturón, *venda, vincha. ➤ Zunchado. ➤ Hebilla, pretina, trabilla, trincha. ➤ Punto». ➤ De la misma raíz: 'cimbra, cincha, cincho, cinta, cinto, cinturón, desceñir, descinto, receñir, recincho, recinto, sucinto'. ➤ *Abrazar. *Ajustar. *Amoldar. *Apretar. *Atar. *Rodear.

□ Conjug. irreg. Ind. pres.: ciño, ciñes, ciñe, ceñimos, ceñís, ciñen; subj. pres.: ciña, ciñas, ciña, ciñamos, ciñáis, ciñan; pret. imperf.: ciñera,-ese, ciñeras,-eses, ciñera,-ese, ciñéramos,-ésemos, ciñerais,-eseis, ciñeran, -esen; fut. imperf.: ciñere, ciñeres, ciñere, ciñéremos, ciñereis, ciñeren; imperat.: ciñe, ciña, ceñid, ciñan; ger.: ciñendo.

ceño[1] (del lat. «cingŭlum») **1** m. **Abrazadera, cerco o *aro que ciñe alguna cosa.* **2** Vet. *Cerco saliente que se les hace a veces en la tapa del *casco a las caballerías.* ≃ Cincho.

ceño[2] (del lat. tardío «cĭnnus») **1** m. *Gesto consistente en aproximar las *cejas arrugando el entrecejo, que se hace generalmente por enfado. ⊙ A veces se usa con el significado de «entrecejo»: 'Fruncir el ceño'. ⇒ Capote, cejo, encapotadura, entrecejo, sobrecejo, zumbel, zuño. **2** Aspecto de algo como el cielo, el tiempo o un asunto, cuando es amenazador o malo: 'No me gusta hoy el ceño del mar'.

Poner ceño. Poner gesto de enfado.

ceñoso, -a adj. Vet. *Con ceño.*

ceñudo, -a («Estar; Ser») adj. Se aplica a la persona que tiene ceño, circunstancial o habitualmente, o que tiene cara de enfado o de cólera. ⇒ *Adusto, aferruzado, cejijunto, malhumorado. ⊙ Aplicado a cosas, de aspecto amenazador: 'El cielo está ceñudo'.

ceo (del lat. «zēus», del gr. «zaiós») m. **Gallo (pez).*

ceoán (Méj.; *Turdus migratorius*) m. **Pájaro parecido al tordo, pero mayor.* ≃ Primavera.

cepa (de «cepo[1]») **1** f. Parte del *tronco de una planta, particularmente de un *árbol, que está bajo tierra, de la cual arrancan las *raíces. ⇒ *Tocón, torgo, zoca. ➤ Descepar. **2** Planta de *vid: 'Tiene un campo con dos mil cepas'. ⊙ Tronco y parte gruesa de la raíz de ella. **3** *Tronco de una familia o *linaje.* **4** *Raíz de la cola o los cuernos de los animales.* **5** (Hond., P. Rico) *Cada conjunto de variedades de algunas *plantas, como el *plátano, de origen común.* **6** *Núcleo de un *nublado.* **7** Arq. *Parte del *machón que sostiene un arco, desde el suelo a la imposta.* **8** (Méj.) **Hoyo grande o foso.*

Cepa bacteriana. Biol. Conjunto de bacterias de la misma especie surgidas por bipartición sucesiva a partir de un único individuo.

C. CABALLO *(Xanthium spinosum).* Planta compuesta.
C. VIRGEN. **Planta sarmentosa parecida a la vid.*
DE BUENA CEPA. De buenas cualidades.
DE PURA CEPA. Aplicado a personas, *auténtico: con los caracteres que corresponden a una clase: 'Un español de pura cepa'.

cepadgo m. *Cantidad que pagaba el reo al que le ponía en el cepo.* ⇒ *Prisión.

cepeda f. *Lugar abundante en matas de cuya cepa se hace *carbón.* ≃ Cepera.

cepejón (de «cepa») m. **Raíz gruesa inmediata al tronco.*

cepellón (de «cepa») m. Masa de tierra que se deja alrededor de las raíces de una planta para trasplantarla. ⇒ Champa. ➤ *Plantar.

cepera (de «cepa») **1** f. *Cepeda.* **2** (Sal.) *Inflamación de las pezuñas en el ganado cabrío.*

cepillado m. Acción de cepillar.

cepilladura f. *Acción de cepillar.* ⊙ *Viruta que sale de la madera al cepillarla.*

cepillar 1 tr. *Limpiar una ˘cosa con un cepillo. También reflex. ⇒ Acepillar. **2** *Alisar la ˘madera con el cepillo. ⇒ Viruta. ➤ *Carpintero. **3** Peinar el ˘pelo con un cepillo. También reflex. **4** (inf.) Quitarle a ˘alguien todo el dinero que lleva encima, ganárselo en el juego, etc. ≃ Desplumar, *desvalijar, limpiar. **5** (inf.; con un pron. reflex.) Matar a ˘alguien. **6** (inf.; con un pron. reflex.) Suspender el profesor a los ˘alumnos. **7** (inf.; con un pron. reflex.) Terminar o resolver ˘algo con rapidez: 'Se cepilló la novela en un día'. **8** (vulg.; con un pron. reflex.) Tener relaciones sexuales con ˘alguien.

cepillo (dim. de «cepo») **1** m. Nombre aplicado a ciertos utensilios de diversos tamaños y formas, formados por una plancha en una de cuyas caras van sujetos manojitos de cerdas que forman un conjunto espeso; como los que se emplean para *limpiar de polvo la ropa, limpiarse los dientes o barrer los suelos. ⇒ Almohaza, brocha, bruza, escobeta, escobilla, escobillón, estregadera, estrigila. ➤ Cerda, cerdamen. ➤ Brucero, pincelero. **2** CARP. Utensilio que consiste en una pieza de madera en la que va inserta una cuchilla movible, que se emplea para *alisar la madera arrancando de ella delgadas láminas que se llaman virutas. ⇒ Garlopa, guillame, guimbarda. ➤ Lumbrera. ➤ Contrahoja. **3** Receptáculo con una ranura para introducir cosas en él, que se coloca en algunos sitios; especialmente, en las *iglesias para recoger *limosnas. ≃ Cepo. ⇒ Tolva.
CEPILLO BOCEL. CARP. Cepillo con corte de perfil circular, con que se hacen ranuras.
A CEPILLO. Referido a la forma de cortar el pelo, muy corto y de punta: 'Le han cortado [o lleva] el pelo a cepillo'.

cepita (del lat. «cepa», cebolla) f. **Ágata de colores en capas superpuestas en forma semejante a las de una cebolla.*

cepo[1] (del lat. «cippus», mojón y palo puntiagudo de los que se ponían en el suelo para impedir el paso al enemigo.) **1** m. **Rama de árbol.* **2** *Trozo de *tronco de árbol que, puesto de pie, emplean para trabajar sobre él algunos artesanos; como herreros o cerrajeros.* ⇒ *Tajo. **3** **Cepillo (caja con una ranura).* **4** Artefacto con distintas formas y sistemas que sirve para *cazar animales mediante un dispositivo que se cierra aprisionando al animal cuando éste lo toca. ⇒ Ballesta, orzuelo. ➤ Lengüeta, pitezna. ➤ Armar. ➤ Caer. ➤ Encepar. ➤ *Trampa. **5** Utensilio empleado antiguamente para dar *tormento, formado por dos trozos gruesos de madera que, al unirse, dejan un agujero entre ellos, en el cual se aprisionaba el cuello o un miembro del condenado. **6** (inf.; «Caer [o hacer caer] en») *Ardid o *trampa en que se hace caer a alguien. **7** Cualquier artefacto con que se sujetan los pies de los *presos para que no puedan escapar. **8** Se aplica además este nombre a distintos utensilios que sirven para aprisionar o *sujetar alguna cosa. ⊙ *Instrumento de madera con que se fija al carro la pieza de *artillería.* ⊙ CONSTR. *Conjunto de dos vigas entre las que se sujetan otras piezas; por ejemplo, los pilotes de una cimentación.* ⊙ *Utensilio formado por una o dos varillas de metal o madera con que se sujetan los *periódicos y revistas en cafés, hoteles y otros sitios públicos.* ⊙ *Engarce de madera con que se *empalman dos piezas.* ⊙ Artefacto utilizado por la policía para inmovilizar vehículos aparcados en zona prohibida. **9** *Cierto instrumento para devanar la *seda antes de torcerla.*
CEPO DEL ANCLA. *Pieza de madera o hierro que se fija a la caña del *ancla en sentido perpendicular a ella y al plano de los brazos y sirve para que agarre más fácilmente en el fondo alguna de las uñas.*
C. DE CAMPAÑA [o COLOMBIANO] (Arg., Hond., Ur.). **Castigo militar que consistía en oprimir al reo, sujeto con las correas de un soldado, entre dos fusiles o entre un fusil y otra cosa.*

cepo[2] (del lat. «cephus») m. **Cefo (mono).*

cepola *(Cepola macrophthalma)* f. *Pez de largas aletas, del Mediterráneo y el Atlántico.

ceporro, -a 1 m. Cepa dispuesta para emplearla como leña. **2** (n. calif.) adj. y n. m. Se aplica a una persona *torpe o *tosca.
DORMIR COMO UN CEPORRO (inf.). Dormir profundamente.

cepote (de «cepo[1]») m. *Pieza de hierro del *fusil, que aseguraba por la parte inferior el arco del guardamonte.* ⇒ *Arma.

ceprén (del cat. «alçaprem»; Ar.) m. **Palanca.*

ceptí (ant.) adj. y n. *Ceutí (de Ceuta).*

cequeta (Mur.) f. *Dim. de «cequia».*

cequí (del ár. and. «sikkí», adj. de «síkka», acuñado por la ceca) m. **Moneda antigua de oro.*

cequia (del ár. «sāqiyah») f. *Acequia.*

cequiaje (de «cequia») m. *Tributo que se paga por la conservación de las acequias.* ≃ Acequiaje.

cequión (aum. de «cequia») **1** (Mur.) m. *Caz o *canal de un molino.* **2** (Chi., Perú) *Canal o acequia grande.*

cera (del lat. «cera») **1** f. Nombre aplicado en sentido amplio a distintas sustancias de origen vegetal, animal o mineral, que contienen fundamentalmente ésteres. ⊙ En sentido restringido, a la segregada por las *abejas, con la cual fabrican los panales. ⊙ Otra se encuentra recubriendo las hojas, flores y frutos de algunas plantas. ⇒ Brumo, chapote, macón, marqueta, naftadil, pimientilla, propóleos, reseco, secón, tanque. ➤ *Colmena. ➤ Despuntar. ➤ Ingenio. ➤ Aloquín, arropador, capillo, melificador. ➤ Enrehojar. ➤ Cirio, encáustico, sello, vela. ➤ Descerar, encerar. ➤ Cerapez, ceroleína, ceromancia, ceromiel, ceroplástica. ➤ *Abeja. **2** Se da este nombre también a otras sustancias parecidas. ⊙ Cerumen. **3** Se aplica como término de comparación a una cosa muy *blanda y moldeable. ⊙ También, a una persona dócil y *manejable. **4** Conjunto de *velas que hay o se emplean en un sitio. **5** *Entre colmeneros, conjunto de las casillas de cera de un panal.* **6** *Membrana que rodea la base del *pico de algunas aves; como las rapaces, las gallinas y las palomas.*
CERA ALEDA. *Sustancia con que las *abejas untan primeramente la colmena por dentro.*

C. AMARILLA. *La dejada en su color natural.*
C. DE CANDELILLA. *La obtenida de la planta euforbiácea americana llamada «*candelilla».*
C. DE LOS OÍDOS. Cerumen.
C. VIRGEN. Cera tal como sale del panal.
AMARILLO [BLANCO O PÁLIDO] COMO LA CERA (inf.). Muy *pálido.
DAR CERA (inf.). Dar palos o golpes a alguien.
HACER DE alguien CERA Y PABILO. *Hacer de él lo que se quiere.*
HACER LA CERA. Eliminar el vello de la piel extendiendo sobre ella cierto tipo de cera derretida y despegándola cuando se solidifica para arrancar los pelos.
NO HAY MÁS CERA QUE LA QUE ARDE (inf.). Expresión con la que se manifiesta que de cierta cosa no hay más que lo que está a la vista o se conoce.
SACAR LA CERA. Frotar el piso u otro objeto al que se ha aplicado cera, para darle *brillo.

ceracate (de «cera» y «ácates») m. *Variedad de *ágata de color de cera.*

ceración (de «cera») f. METAL. *Operación de *fundir metales.*

cerafolio (del lat. «chaerefolĭum», del gr. «chairéphyllon», hoja elegante) m. **Perifollo (planta umbelífera).*

ceragallo (C. Rica; *Lobelia laxiflora*) m. *Planta lobeliácea de flores rojas y amarillas.*

cerámica (del gr. «keramikḗ», f. de «keramikós», hecho de arcilla) **1** f. *Arte de fabricar objetos de arcilla cocida; desde objetos bastos, como ladrillos, hasta los de porcelana fina. **2** Género de los objetos de esa clase: 'Tienda de cerámica'. **3** Objeto decorativo de esa clase: 'Le regalaré una cerámica'. **4** *Estudio y conocimientos relativos a los objetos arqueológicos de cerámica.*

□ CATÁLOGO

*Azulejo, *baldosa, CACHARRO de barro, china, fayenza, guaco, *ladrillo, loza, mayólica, *porcelana, teja, tiesto. ➤ *Alfar, alfarería. ➤ *Horno. ➤ Daga. ➤ Alaria, alpañata, atifle, caballete, tabanque, torno. ➤ Alquifol, *arcilla, *barniz, barro, BARRO de hierbas, esmalte, gres, hornaza, mogate, zafre. ➤ Sigillata. ➤ Alcaller, alcarracero, alfaharero, alfarero, barrero, botijero, cacharrero, ceramista, jarrero, ollero, pichelero, pilero, tinajero. ➤ Lañador. ➤ Bizcocho, cocer, escarchar, esturgar, frita, fritar, modelar, moldear, sajelar, servir, vidriar. ➤ A torno, vidriado. ➤ Caliche, cuarteado. ➤ Alamina. ➤ *Vasija.

cerámico, -a adj. De [la] cerámica.

ceramista n. Persona que fabrica piezas de cerámica.

ceramita (del lat. «ceramītes») **1** f. **Ladrillo muy resistente.* **2** *Cierta *piedra preciosa.*

cerapez (de «cera» y «pez²») f. *Cerote.*

cerasiote (del lat. «cerasĭum», cereza) m. FARM. **Purgante que contiene jugo de *cerezas.*

cerasita f. **Mineral: silicato de alúmina y magnesia.*

cerasta o **cerastas** (del lat. «cerasta», del gr. «kerástēs», de «kéras», cuerno; *Cerastes cerastes*) f. *Víbora muy venenosa de los arenales de África que tiene una especie de cuernecillos. ≃ Hemorroo. ⇒ *Serpiente.

ceraste o **cerastes** (del lat. «cerastes») m. *Cerasta.*

cerástide (de «cerasta») m. Cierta *mariposa nocturna de Europa, del género *Cerastis.*

cerate m. *Cierta pesa usada antiguamente.*

ceratias (del lat. «ceratĭas», del gr. «keratías») m. ASTRON. **Cometa de dos colas.*

cerato (del lat. «cerātum») m. FARM. *Medicina hecha con cera y aceite, que a diferencia del ungüento, no contiene resinas.*
CERATO SIMPLE. FARM. *El hecho sólo con cera y aceite.*

ceratoideo, -a adj. *De forma de cuerno.*

ceratotomía (del gr. «kéras, kératos», cuerno, y «-tomía») f. *Acción de cortar la córnea transparente, por ejemplo en la operación de cataratas.*

ceraunia (del lat. «ceraunĭa») f. *PIEDRA de *rayo.*

ceraunomancia o **ceraunomancía** (del gr. «keraunós», rayo, y «-mancia» o «-mancía») f. *Adivinación por la observación de las *tempestades.*

ceraunómetro (del gr. «keraunós», rayo, y «-metro») m. FÍS. *Aparato con que se mide la intensidad de los *relámpagos.*

cerbas m. *Cierto árbol muy corpulento de la India.* ⇒ *Planta.

cerbatana (del sup. ár. and. «zarbaṭána», cl. «sabaṭānah») **1** f. Trozo de caña o canuto de cualquier otra cosa que se emplea para disparar bolitas o flechas, colocándolas dentro y soplando por un extremo. ⇒ Bodoquera, canuto, cebratana. ➤ *Taco, tirabala, tiratacos, trabuco. ⊙ Utensilio semejante, hecho de carrizo, que emplean para cazar algunos indios de América. ⇒ *Arma. **2** ARTILL. *Culebrina de muy poco calibre usada antiguamente.* **3** *Trompetilla para los *sordos.*

cerbillera f. *Capacete de la *armadura.*

cerca¹ (del lat. «circa», alrededor) **1** adv. A poca distancia en el espacio: 'Mi casa está cerca'. ⇒ Aprés. ➤ AHÍ mismo, al borde de, a continuación, a dos DEDOS de, al ladito, al lado, a la orilla, orilla de, a un paso, por un pelo [o los pelos], al pie de, a la puerta, a punto de, a TIRO de piedra, a la vera. ➤ Cerquita, pegando, rayando, tocando. ➤ Cercanías. ➤ *Junto. *Pronto. *Próximo. **2** A poca distancia en el *tiempo futuro: 'Ya está cerca la Pascua'. **3** («Los») m. pl. PINT. Primer término de un cuadro.
CERCA DE. **1** A poca distancia de: 'Toledo está cerca de Madrid. Estamos cerca de Navidad'. Aplicado a una cantidad, «*casi»: 'Había cerca de cien personas'. **2** Con «intervenir, mediar» o verbo equivalente, equivale a «con»: 'Yo medié cerca del director para que no le expulsase'. **3** Tratándose de *embajadores, representantes, etc., une este nombre con el de la persona o país con quien o en donde ejerce su representación: 'Embajador de España cerca de la Santa Sede'.
DE CERCA. Desde cerca: 'Voy allá para ver las cosas de cerca'.
V. «TOCAR de cerca».

cerca² (de «cercar²») **1** f. Construcción hecha con cualquier material, con que se *cerca un terreno. **2** **Cerco de una plaza.* **3** MIL. **Formación de infantería, semejante al cuadro moderno, en que la tropa presentaba por todas partes el frente al enemigo.*

cercado, -a **1** Participio adjetivo de «cercar». **2** m. *Campo o terreno cercado. **3** Cerca, vallado. **4** (Perú) *División territorial que comprende la capital de un estado o provincia y las poblaciones que de ellos dependen.*
V. «FRUTA del cercado ajeno».

cercador (del lat. «circātor, -ōris») m. AGRÁF. *Utensilio de grabador, adelgazado pero sin corte, que se emplea para trazar un dibujo en chapa delgada de modo que quede en relieve por la cara opuesta.*

cercadura (ant.) f. *Cerca (construcción).*

cercal adj. ZOOL. *De [la] *cola.* ≃ Caudal.

cercamiento (ant.) m. *Acción de cercar.*

cercanamente adv. Cerca o de cerca.

cercanía **1** f. Cualidad de *cercano o *próximo. **2** (pl.) Territorio que rodea un sitio que se expresa: 'En las cercanías del campamento'. ≃ *Alrededores. ⊙ (pl.) Particularmente, territorio que rodea una *población: 'Un pueblo en las cercanías de Madrid. Trenes de cercanías'.

cercanidad f. **Proximidad.*

cercano, -a («a») adj. Se aplica a lo que está *cerca: 'Vive en una casa cercana a la mía'. ≃ *Próximo. ⊙ *Afín o *semejante.

cercar[1] (de «cerca[1]»; ant.) tr. *Acercar.*

cercar[2] (del lat. «circāre», rodear) **1** tr. Ponerse una serie de cosas *rodeando completamente a ↘otra: 'Le cercaron los periodistas'. **2** Rodear un ↘terreno con cerca. ≃ Tapiar, vallar. **3** Poner cerco a una ↘plaza. ≃ Asediar, bloquear, *sitiar.

□ CATÁLOGO

Acotar, chantar, circuir, claustrar, encambronar, enlatar, espinar, estacar, llatar, *rodear, tapiar, vallar. ➤ *Aprisco, campo, *CAMPO de concentración, cercado, cerco, clausura, corral, corraliza, cortina, cortinal, cortiña, coto, cuerria, curvo, palenque, rain, redil, repajo, tentadero, vedado. ➤ Alambrada, albarrada, albitana, arrimo, bardiza, barrera, cerca, cercamiento, *cerramiento, chantado, *cierre, cierro, contratela, costrada, duba, empalizada, emperchado, enrejado, estacada, horma, hormazo, *muro, palanquera, palizada, pared, paredilla, pilca, ribero, SALTO de lobo, sebe, *seto, talanquera, tálea, *tapia, tapial, telera, *valla, varaseto, *verja. ➤ Chanto, pielga, várgano. ➤ ESPINO artificial. ➤ *Cancilla, portilla, portillera, portillo. ➤ Bance, hito. ➤ Barda, erizo. ➤ Emplenta. ➤ Descercar, sobrecerco. ➤ *Límite.

cercear intr. *Soplar el cierzo, particularmente cuando va acompañado de llovizna.*

cercén o, menos frec., **cercen** (del lat. «cĭrcen, -ĭnis», círculo) A CERCÉN. Con «cortar» o verbo equivalente, completamente y por el arranque de la cosa de que se trata: 'Cortar un brazo a cercén'.

cercenadura **1** f. Cercenamiento. **2** Parte separada al cercenar algo. **3** Huella o cicatriz que queda al cercenar.

cercenamiento m. Acción de cercenar.

cercenar (del lat. «circināre») **1** tr. *Cortar una ↘cosa a cercén. **2** **Recortar lo que sobra de una ↘cosa para que tenga la forma o tamaño debidos; por ejemplo, de una *moneda o en un seto.* **3** Dejar una ↘cosa *incompleta o disminuida quitándole una parte; particularmente, «cercenar las atribuciones, los derechos, la autoridad». ⇒ Amputar, camochar, castigar, chapodar, comiscar, *descabalar, descabezar, descantillar, desmochar, limar, *menoscabar, mochar, *mutilar, recortar, trasquilar. ➤ Guacho. ➤ *Disminuir. *Quitar .

cércene (del lat. «cĭrcen, -ĭnis», círculo; Sal.) adv. *Cercén.*

cérceno, -a (del lat. «circĭnus», círculo; Sal.) adj. *Cortado a cercén o de un solo golpe.*

cercera (de «cierzo»; Ar.) f. *Cierzo muy fuerte y seguido.*

cerceta[1] (del sup. lat. «cercedŭla», por «querquedŭla»; *Anas crecca* y otras especies) f. *Ave palmípeda del tamaño de una paloma, de color pardo y ceniciento y salpicada de lunares más oscuros. ≃ Zarceta.

cerceta[2] (de «cercillo», con cambio de sufijo) **1** (ant.) f. *Coleta: conjunto del *pelo recogido desde el cogote en una cinta y cayendo sobre la espalda.* ≃ **2** (pl.) Pitones blancos que nacen al *ciervo en la frente.

cercha (de un sup. «cercho», del lat. «circŭlus») f. Listón, palo o tabla curvada: **1** Pieza curvada sobre la cual se apoya el tablero de una mesa redonda. ⇒ *Carpintero. **2** CONSTR. Armadura que sirve de soporte a un arco o bóveda mientras se construye. ≃ *Cimbra. **3** *Vara encorvada de las que sostienen el mosquitero o las colgaduras de una *cama.* **4** (Cuba) *Vara encorvada de las que sostienen el *toldo de los quitrines.* **5** **Regla flexible que se utiliza para medir superficies curvas.* ≃ REGLA lesbia. **6** MAR. *Aro de madera que forma la rueda del *timón.* **7** (Guat.) **Percha (utensilio para colgar prendas de vestir).*

cerchar (del lat. «circulāre», encorvar) **1** tr. **Curvar una ↘tabla o cosa semejante.* **2** AGRIC. *Acodar las *vides.*

cerchearse (de «cercha») prnl. *Encorvarse las vigas u otra pieza de madera que sostiene una carga.* ≃ *Combarse.

cerchón m. CONSTR. *Cercha (cimbra).*

cercillo (del lat. «circellus», circulillo) **1** (ant.) m. *Zarcillo (*pendiente).* **2** (Sal.) *Corte que se les hace a veces a los animales en una oreja, como *marca, de modo que un trozo de ella se queda colgando como un pendiente.*

cerciorar (del b. lat. «certiorāre») tr. Dar a ↘alguien la certeza de una cosa. ≃ *Convencer. ⊙ («de») prnl. Adquirirla: 'Tiene que cerciorarse por sí mismo de que todo está en orden'. ≃ Asegurarse, *convencerse, persuadirse.

cerco (del lat. «circus», círculo) **1** m. Acción de cercar. **2** Banda de cualquier material, zona de luz, zona de distinto color, etc., que está alrededor de una cosa: 'Un cerco de plata alrededor de la taza. Un cerco luminoso alrededor de un astro. Un cerco rojo alrededor de la herida'. ⊙ Aro de *cuba, de *tonel, etc. ⇒ Brocal, orla, ribete. ➤ Areola, aureola, corona, gloria, halo, laureola, nimbo. ➤ *Aro. *Borde. ⊙ Conjunto de cosas dispuestas en forma de anillo alrededor de otra: 'Un cerco de pequeños poblados alrededor de la ciudad'. ≃ Cinturón. ⊙ **Corrillo de personas.* **3** Cerca. ⊙ (Hond.) **Seto vivo.* **4** («Poner, Apretar, Apurar, Estrechar») Acción de establecerse un ejército alrededor de una plaza enemiga para incomunicarla con el exterior y conquistarla. ≃ Asedio, bloqueo, *sitio. **5** *Marco de puerta o ventana. **6** *Figura que trazan en el suelo los hechiceros para marcar el recinto dentro del cual hacen sus conjuros.* ≃ Círculo. **7** **Giro (movimiento circular).* **8** *Halo de los astros.*

cerco- o **-cerco, -a** Elemento prefijo o sufijo del gr. «kérkos», cola, con el que se forman palabras cultas: 'Cercopiteco, heterocerco'.

cercopiteco (del lat. «cercopithēcus»; varias especies del género *Cercopithecus*) m. *Mono catirrino de África, de formas ligeras y graciosas, con abazones y callosidades en las nalgas.

cércopo (del lat. «cercŏpis») m. Cierto insecto *hemíptero del género *Cercopis*, de cabeza alargada, con dos alas membranosas y dos coriáceas.

cercote (de «cerco») m. **Red para cercar a los peces.*

cerda (¿del lat. «setŭla»?) **1** f. *Pelo grueso y duro de los que cubren el cuerpo de algunos animales como el cerdo o el jabalí; o los de algunas partes de otros, como los de la crin o la cola del caballo. ⊙ Se emplea como colectivo: 'Un cepillo de cerda'. ⇒ Ceda, porcipelo, seta. ⊙ Por extensión, pelo de *cepillo, aunque sea de otra materia, por ejemplo de fibra artificial. **2** *Lazo de cerda, para cazar *perdices.* **3** (colectivo) **Mies segada:* 'Cinco carros de cerda'. **4** **Manojo pequeño de *lino sin rastrillar.* **5** **Tumor carbuncoso que se le forma al cerdo en las partes laterales del cuello.*

V. «GANADO de cerda».

cerdada (de «cerdo») **1** (inf.) f. Acción sucia o indecente. ⇒ *Indecencia. **2** (inf.) Acción *innoble que perjudica a alguien. ≃ Jugarreta.

cerdamen m. *Manojo de cerdas atadas y dispuestas para hacer cepillos, brochas, etc.*

cerdear[1] (de «cerdo», por su forma de andar) **1** intr. **Andar mal un animal por tener estropeadas las patas delanteras.* **2** (inf.) *Cometer alguna cerdada.* ⊙ (inf.) *Portarse mal; por ejemplo, no prestar alguien en un asunto la colaboración que se espera de él.* **3** (inf.) *Funcionar mal una máquina*: 'Este coche empieza a cerdear'. **4** (inf.) *Retrasar con pretextos la ejecución o el despacho de algo.* ⊙ (inf.) *Mostrar *repugnancia en la ejecución de algo, *resistirse a hacerlo, hacerse el remolón.* **5** *Sonar mal o ásperamente las cuerdas de un instrumento musical.* ≃ *Chirriar.

cerdear[2] tr. *Cortar la cerda a los animales, especialmente a las caballerías.*

cerdo, -a (de «cerda», pelo grueso) **1** *(Sus scrofa)* n. Mamífero ungulado, doméstico, de cuerpo grueso, patas cortas, orejas caídas y hocico casi cilíndrico, que se cría para aprovechar en muy diversas formas su grasa y su *carne. **2** adj. y n. Lo mismo que sus sinónimos, se emplea como insulto aplicado a una persona *sucia. **3** También a una persona que procede con indelicadeza o falta de escrúpulos o a la que, por cualquier causa, se considera despreciable.

CERDO MARINO. **Marsopa (cetáceo).*

A CADA CERDO LE LLEGA SU SAN MARTÍN. Frase que expresa que cada cual tendrá su merecido, por alusión al hecho de que por San Martín suele hacerse en las casas de los pueblos la matanza del cerdo.

COMER COMO UN CERDO. Comer mucho o de forma indelicada.

V. «echar MARGARITAS a los cerdos [o puercos], MATANZA del cerdo, QUESO de cerdo».

□ CATÁLOGO

ANIMAL de bellota, chancho, coche, cochino, COCHINO chino, COCHINO de monte, cocho, cuchí, gocho, gorrín, gorrino, guarro, macho, marrano, porcachón, porcallón, puerco, sancho, sute, tocino, tunco. ➤ Cerduno, porcino, porcuno, suido. ➤ Agostón, castrón, cebón, frajenco, garrapo, gurriato, malandar, manfla, PUERCO de simiente, rungo, tarasca, verraco, verrón. ➤ Chicharrón, cochinillo, *corezuelo, guarín, *lechón, rostrizo, tostón. ➤ GANADO de cerda, GANADO moreno, jarique, piara, vara, varada, vecera, vecería, vez. ➤ Campero, cariblanco, granillero, jaro, verriondo. ➤ Carrillada, chacina, cochevira, cogullada, congo, empella, espaldilla, HOJA de *tocino, jamón, jeta, lacón, lomo, lunada, magro, mondongo, moraga, pajarilla, papada, *pernil, porcipelo, sabanilla, tempanil, témpano, *tocino. ➤ Ibérico, de recebo. ➤ Bellotera, bellotero, campería, montanera. ➤ Aguacatillo, bellota, macagua, YAYA cimarrona. ➤ *Planta (grupo de las útiles como pienso). ➤ Camperero, guarrero, porquerizo, porquero, rey, varitero. ➤ Corneta. ➤ ¡Cochi, cochi! ➤ Pernear, perneo. ➤ Bellotear, ensobinarse, gruñir, guañir, hocicar [u hociquear], hozar, entrar en VARA. ➤ Engorde. ➤ Ceba, cefea, puchada, salón. ➤ Chacina, *embutido. ➤ Porcicultura. ➤ San Martín, *matanza, mondongo, presentes, sanmartín, sanmartinada. ➤ Engordadero, humero, peladero. ➤ Camal. ➤ Chiquero, cochiquera, cochitril, cuchitril, gorrinera, lagareta, *pocilga, porqueriza, teña. ➤ Ajonjolí, humillo, sajumaya. ➤ Horca, vinco. ➤ Babirusa, *jabalí.

cerdoso, -a 1 adj. *Cubierto de cerdas.* **2** *Aplicado a filamentos, de rigidez propia de cerdas.* **3** m. *Jabalí.*

cerdudo, -a 1 adj. *Cerdoso.* **2** *Se aplica al hombre que tiene en el pecho mucho *vello y fuerte.* **3** (ant.) m. *Cerdo.*

cerduno, -a (desp.) adj. *Propio de cerdo o como de cerdo*: 'De *aspecto cerduno. Manera cerduna de comer. Ojos cerdunos'.

cereal (del lat. «cereālis») **1** adj. *De la diosa Ceres.* ⊙ adj. y n. f. pl. *Se aplica a las fiestas que se celebraban en honor de esa diosa.* **2** adj. y n. m. Se aplica a las plantas de semillas farináceas, como las gramíneas panificables, que se cultivan para *alimento de las personas o para *pienso: 'La cebada es un cereal'. ⊙ m. pl. Conjunto de las semillas de esa clase de plantas: 'El mercado de cereales'. ⊙ Alimento elaborado con estas semillas, a veces enriquecido con vitaminas y otras sustancias, que suele tomarse en el desayuno.

□ CATÁLOGO

*Granos, herbal, *mies, panes. ➤ Frumentario, frumenticio, meseguero. ➤ *Arroz, *avena, *cebada, *centeno, *maíz, rubión, *trigo, TRIGO sarraceno, zahína. ➤ Frangollo. ➤ Ceriondo, cerollo, fallo. ➤ Alheñarse, apuntarse, ardalear, en cierne, descabezarse, empajarse, empanarse, encamarse, encañar, encañutar, espigar, granar, matear, ralear. ➤ Soguear. ➤ Arista, bráctea, cascabillo, cáscara, cascarilla, espiga, gluten, grano, harina, paja, poisa, porreta, salvado. ➤ *Granero. ➤ De PAN llevar, paniego, ricial, rizal, de sembradura. ➤ Porrina. ➤ En verde. ➤ Gramináceo. ➤ *Lonja. ➤ *Plagas.

cerealina (de «cereal») f. QUÍM. *Fermento nitrogenado contenido en el salvado.*

cerealista adj. De [los] cereales.

cerebelo (del lat. «cerebellum») m. ANAT. Porción menor del encéfalo, situado en la parte inferior y posterior de éste. ⇒ Vermis.

cerebración f. *Actividad mental debida al funcionamiento del cerebro.*

cerebral 1 adj. De [o del] cerebro. **2** Del tipo psicológico en que predomina la actividad cerebral sobre la afectiva o la fisiológica. ⇒ *Tipo. **3** FON. *Cacuminal.*

cerebralismo m. *Predominio de la actividad cerebral sobre la afectiva o la fisiológica.*

cerebrina (de «cerebro») f. FARM. *Medicina para combatir la neuralgia compuesta de antipirina, cocaína y cafeína.*

cerebro (del lat. «cerebrum») **1** m. Órgano del sistema nervioso central, que ocupa la mayor parte del cráneo y está situado sobre el cerebelo y el bulbo raquídeo. **2** Persona que dirige a un equipo o grupo de personas: 'La policía ha logrado detener al cerebro de la banda'. ⊙ O el que elabora un plan o proyecto. **3** Capacidad, más o menos desarrollada, de pensar: 'Tiene un cerebro privilegiado'. ≃ *Inteligencia. **4** (n. calif.) Persona destacada por su inteligencia.

CEREBRO ELECTRÓNICO. Aparato electrónico que regula un proceso mecánico, de cálculo, etc.

C. GRIS. Persona que planea la ejecución de algo, sin figurar expresamente: 'La policía detuvo al cerebro gris de la banda'.

LAVAR EL CEREBRO. Anular la personalidad de alguien y hacer que adopte otras convicciones y hábitos de vida, particularmente con técnicas de manipulación psicológica. ⇒ *Convencer.

SECAR[SE] EL CEREBRO. Dejarlo [o quedarse] incapaz para discurrir. ⇒ *Loco, *mente.

□ CATÁLOGO

Encéfalo, masa encefálica. ➤ Encefálico. ➤ Encefalitis, encefalomielitis, encefalopatía. ➤ Electroencefalograma, encefalografía, encefalograma, ➤ Celebro, meollada, meollo, sesada, sesos. ➤ Aracnoides, ÁRBOL de la vida, BULBO raquídeo, *cerebelo, córtex, corteza, CUERPO calloso, duramadre [o duramáter], epéndimo, GLÁNDULA pineal, hemisferio, hipófisis, ISTMO del encéfalo, lóbulo, meninge, piamadre [o piamáter], SUSTANCIA blanca, SUSTANCIA gris, TÁLAMO óptico. ➤ Endorfina. ➤ Anfractuosidad, circunvolución, cisura. ➤ Ventrículo. ➤ Diástole. ➤ *Cráneo. ➤ Frenología. ➤ CONMOCIÓN cerebral. ➤ Apoplejía, meningitis. ➤ Leucotomía, trepanación, ventriculografía. ➤ Cerebroespinal. ➤ Descerebrar. ➤ *Locura. *Mente.

cerebroespinal adj. ANAT. Del *cerebro y la *médula espinal.

cereceda (de «cereza») f. *Cerezal.*

cerecilla f. *Guindilla (variedad de pimiento, picante).

ceremonia (del lat. «caeremonĭa») **1** f. Acto, público o privado, celebrado con solemnidad y según ciertas normas establecidas; como un casamiento, una función religiosa, la coronación de un rey o la toma de posesión de un ministro. **2** Saludo u otro acto con que se muestra amabilidad, respeto, reverencia o acatamiento a una persona. ⊙ Implica generalmente afectación o exageración: 'Dejate de ceremonias y vamos al grano'. **3** Manera de tratar una persona a otra guardándole todas las consideraciones formularias. ≃ Etiqueta. ⇒ *Cortesía.

V. «MAESTRO de ceremonias, TRAJE de ceremonia».

□ CATÁLOGO

Acto, ACTO público, aniversario, apertura, bautizo, bendición, besamanos, boda, celebración, certamen, cobertura, COLOCACIÓN de la primera piedra, clausura, primera COMUNIÓN, conmemoración, consagración, coronación, despedida, entierro, exequias, *fiesta, función, funeral, inauguración, INGRESO en la Academia, JUEGOS florales, lavatorio, ordenación, parentación, PETICIÓN de mano, *PROCESIÓN, REPARTO de premios [o de títulos, etc.], *reunión, *sesión, SESIÓN solemne, solemnidad, TOMA de hábito, TOMA de posesión, tonsura, velada. ➤ Aparato, ceremonial, etiqueta, fausto, formalidad, fórmula, gala, levítico, pompa, protocolo, rito, ritual. ➤ Cortejo. ➤ MAESTRO de ceremonias, pontífice, REY de armas. ➤ *Heraldo, macero. ➤ Madrina, padrino. ➤ Celebrar, *solemnizar. ➤ *SOMBRERO de copa, toga, TRAJE de ceremonia, TRAJE de etiqueta, TRAJE de noche. ➤ DÍA de gala, DÍA de media gala. ➤ Hierático, solemne. ➤ Ceremonioso, cumplimentero, etiquetero, politicón, rubriquista. ➤ Campechano, *llano, *sencillo. ➤ Confianza. ➤ *Cortesía.

ceremonial («Observar») m. Conjunto de reglas establecidas para cada clase de *ceremonias: 'El ceremonial palatino'.

ceremoniático, -a o **ceremoniero, -a** adj. *Ceremonioso.*

ceremoniosamente adv. Con ceremonia, de modo ceremonioso.

ceremonioso, -a 1 adj. *Solemne. **2** *Formulario. **3** Se aplica a la persona que trata o gusta de ser tratada con *ceremonia.

cereño[1], -a adj. *Aplicado a perros, de *color de cera.*

cereño[2], -a (relac. con «seda»; Ar.) adj. **Fuerte, *duro o *resistente.*

céreo, -a (del lat. «cerĕus») adj. Se aplica al *color o al *brillo como los de la cera, y a las cosas que lo tienen.

cerería 1 f. Tienda donde venden cera y velas. **2** *Pieza del *palacio real donde se repartía la cera.*

cerero m. Hombre que hace o vende cera.

CERERO MAYOR. *Empleado del palacio del *rey encargado de la cerería.*

cerevisina (del celtolat. «cerevisĭa») f. Levadura de *cerveza, usada como *medicina.

cereza (del lat. vulg. «ceresĭa») **1** f. Fruto comestible del cerezo, redondo, de alrededor de 2 cm de diámetro, de color rojo vivo u oscuro, con un pedúnculo muy largo. ⊙ Se emplea en frases como 'esas cosas se enredan como las cerezas', aludiendo a que estas frutas se enredan unas con otras por sus largos pedúnculos y, cuando se quieren coger algunas, salen otras muchas enganchadas con ellas. ⊙ Se emplea también el nombre, con o sin «de», para especificar el *color rojo como el de algunas de las variedades de cerezas. ⇒ Ambrunesa, gayera, guinda, picota, tomatillo. ➤ Calabazón, capulí [o capulín], cerezal, cerezo, guindo, GUINDO griego. ➤ Cerasiote, marrasquino. **2** (C. Rica) *Cierta fruta empalagosa (no parecida a la cereza).* **3** (Hispam.) *Cáscara del grano de café.*

CEREZA MOLLAR. *Cereza corriente, de carne blanda y dulce.*

C. PICOTA. Picota.

C. PÓNTICA. **Guinda.*

cerezal 1 m. *Campo de cerezos.* **2** (regional) *Cerezo.*

cerezo (del lat. «cerasĭus»; *Prunus avium)* **1** m. Árbol rosáceo que da las cerezas. **2** (Hispam.) **Chaparro (arbusto malpigiáceo).*

CEREZO ÁCIDO. **Guindo (árbol rosáceo).*

C. DE LOS HOTENTOTES. **Celastro (planta celastrácea).*

C. SILVESTRE. **Cornejo (planta cornácea).*

ceriballo (Sal.) m. **Rastro o vestigio.*

ceribón (del lat. «cede bona»; ant.) m. **Cesión de bienes.*

cérido adj. y n. m. QUÍM. *Se aplica a los elementos químicos de un grupo del que es tipo el cerio.*

cerífero, -a (del lat. «cera», cera, y «-fero») adj. *Se aplica a lo que produce cera.*

cerífica (del lat. «cera», cera, y «facĕre», hacer) adj. V. «PINTURA cerífica».

ceriflor (de «cera» y «flor»; *Cerinthe major)* m. *Planta borraginácea que da como fruto dos especies de nuececillas en el fondo del cáliz, que es persistente. Existe la creencia popular de que es la planta de donde sacan preferentemente la cera las abejas. ≃ Becoquino.

cerilla (dim. de «cera») **1** f. **Vela de cera muy delgada, que se arrolla en distintas formas.* **2** Varilla muy fina consistente en una mecha envuelta en cera o palito, con un extremo recubierto de fósforo u otra sustancia susceptible de encenderse por frotación, que se emplea para *encender el cigarro, el fuego, etc. ⇒ Cerillo, fósforo, fuego, lumbre, mixto, velilla. ➤ Alegrador. ➤ Cerillera, fosforera. **3** **Juego de prendas en que se va pasando una cerilla encendida de mano en mano; paga prenda la persona en cuya mano se apaga.* **4** *Sustancia hecha de cera que se usaba como afeite.* **5** Cerumen. ≃ Cera de los oídos.

cerillera f. Fosforera (caja, estuche, etc.).

cerillero, -a n. Vendedor de cerillas.

cerillo 1 m. **Cerilla (vela delgada).* **2** (And., Méj., R. Dom.) **Cerilla para encender.* **3** (Cuba; *Exostema caribaeum) Árbol rubiáceo de madera muy estimada en carpintería por sus vetas, y que se emplea también para hacer bastones.* **4** (C. Rica; *Symphonia globulifera) *Planta gutífera tropical de la que mana una goma amarilla parecida a la cera, con usos medicinales.* **5** (Nic.) *Cerito (arbusto).*

cerina 1 f. QUÍM. *Sustancia que se obtiene de la cera blanca.* **2** *Especie de cera que se extrae del alcornoque.* **3** *Silicato natural de cerio, de color pardo rojizo.*

cerio (del n. del asteroide «Ceres» —el mismo de la diosa—, con cuyo descubrimiento coincidió el de este metal) m. *Metal raro, de color gris brillante, n.º atómico 58, que se emplea en aleaciones de hierro para piedras de encendedores y otros elementos de ignición. Símb.: «Ce».

ceriolario (del lat. «ceriolarĭum») m. **Candelabro romano.*

ceriondo, -a (del lat. «serotĭnus»; Sal.) adj. *Se aplica a los *cereales que empiezan a tomar color de *maduros.*

cerita (de «cerio») f. **Mineral formado por los silicatos de cerio, lantano y didimio, que tiene lustre como de cera y se encuentra en masas amorfas en el gneis del norte de Europa.*

cerito (C. Rica; *Casearia corymbosa)* m. *Arbusto flacurtiáceo de la costa, cuyas flores parecen de cera.* ⇒ *Planta.

cermeña (del lat. «sarminĭa», perifollo) f. *Variedad de *pera, pequeña y muy sabrosa.* ≃ Abubo.

cermeño m. *Peral que da las cermeñas.*

cerna (del lat. «circĭnus», círculo; Gal.) f. *Cerne: parte interior y más dura del *tronco de los árboles maderables.*

cernada (del lat. «cinis, cinĕris», ceniza, a través de un sup. «cenerada».) **1** f. **Ceniza que queda en el cernadero, al hacer la *lejía para la *colada de la ropa.* **2** Pint. *Mezcla de ceniza y cola que se emplea para imprimar los lienzos para *pintar, particularmente al temple.* **3** Vet. **Cataplasma de ceniza que se les ponía a las caballerías para fortalecer alguna parte de su cuerpo.*

cernadero (de «cernada») **1** m. *Lienzo grueso que se pone sobre la ropa para colar la *lejía de *ceniza que se echa sobre ella.* **2** *Nombre de cierta *tela antigua, de hilo o de hilo y seda, de que se hacían valonas.*

cernaja (de «cerneja»; Sal.) f., gralm. pl. *Especie de fleco con borlitas que se les pone a los *bueyes en el testuz para que les espante las moscas.*

cerne (del lat. «circen, -ĭnis», círculo) adj. *Sólido o fuerte.* ⊙ *Se aplica particularmente a las *maderas.* ⊙ m. Parte más dura y sana del *tronco de los árboles maderables. ≃ Carne, cerna, cerno.

cernear (de «cerner»; Sal.) tr. **Mover con violencia alguna cosa.*

cernedera f. *Bastidor de madera que se coloca sobre la artesa para mover sobre él, golpeteando sus listones, el cedazo con que se cierne, con lo que se activa el paso de la harina.* ≃ Cernera. ⇒ Varillas.

cernedero **1** m. *Pieza de tela que se pone por delante la persona que cierne, para no ensuciarse.* **2** *Sitio destinado al cernido de la harina.*

cernedor m. Utensilio para *cerner o *cribar, formado por un aro o cilindro, una de cuyas bases está tapada por una tela clara o una tela metálica a través de la cual pasa la parte fina de lo que se cierne. ≃ Cedazo, *criba, harnero, tamiz.

cerneja (del lat. «cernicŭlum», separación de los cabellos) f. Mechón de *pelo que tienen las *caballerías detrás del menudillo, de longitud y grosor diferentes según las razas. ⇒ Calcha.

cernejudo, -a adj. *Con muchas cernejas.*

cerner (del lat. «cernĕre», separar) **1** tr. *Separar la harina que resulta de moler los granos y semillas en lo que es propiamente harina y el salvado; o, en otras cosas, separar la parte más fina de la más gruesa. ≃ *Cribar, tamizar, cernir. **2** **Observar o *examinar.* **3** intr. *Caer una lluvia menuda y suave.* **4** *Estar las plantas en el momento en que se desprende el *polen y se produce la fecundación; se emplea particularmente hablando de la vid, el olivo y el trigo.* ⇒ Cierne. **5** prnl. Mover con *afectación el cuerpo a uno y otro lado al *andar. ⇒ *Contonearse. **6** Referido a las *aves, mantenerse en el aire moviendo las alas sin avanzar. **7** *Pender sobre alguien un peligro o una amenaza: 'Se cernía sobre Europa la amenaza de la guerra'.
V. «cerner el cuerpo».
□ Conjug. como «entender».

cernera (Mur.) f. *Cernedera.*

cernícalo (del lat. «cernicŭlum», criba, cedazo) **1** *(Falco tinnunculus)* m. *Ave rapaz falcónida de cabeza grande y plumaje rojizo manchado de negro. ≃ Mochete. ⇒ Primilla. **2** (n. calif.) adj. y n. m. Se aplica a una persona despreciable por *grosera, *insociable, falta de amabilidad, falta de sensibilidad o de *espíritu, o incapaz de afecto. ⇒ *Bruto, mastuerzo.

Coger un cernícalo (ant.). **Emborracharse.*

cernidero (Sal.) m. *Cernedero.*

cernidillo (dim. de «cernido») **1** m. *Lluvia muy menuda.* **2** (inf.) *Modo de *andar haciendo el paso menudo o contoneándose con *afectación.*

cernido, -a **1** Participio adjetivo de «cerner[se]». **2** m. *Harina cernida para hacer el pan.* **3** Acción de cerner.

cernidura **1** f. *Cernido (operación de cerner).* **2** *Residuos de cerner la harina.* ⇒ *Salvado.

cernina (Ast.) f. **Trampa en el juego.*

cernir tr. y prnl. Cerner[se].
□ Conjug. como «discernir».

cerno (del lat. «circĭnus», círculo; Ast.) m. *Cerne de los árboles.*

cero (del ár. and. «ṣífr», vacío, a través del lat. cient. medieval) **1** m. Designa en matemáticas la *falta de valor, cantidad o número: 'Un número compuesto de cinco decenas y cero unidades. Un cuerpo con potencial cero'. ⊙ Signo que lo representa: 'Un uno seguido de ceros'. ⊙ Ese signo, utilizado por los profesores para calificar en *clase las actuaciones o ejercicios de los alumnos cuando revelan una completa falta de preparación: 'Hoy me han puesto un cero en geografía'. ⇒ Rosco, roscón. **2** Punto desde el cual se empieza a contar en una escala o cosa semejante: 'El cero del termómetro. Cinco grados bajo cero'.

Cero absoluto. Fís. Temperatura teórica a la que un gas perfecto, mantenido a volumen constante, no ejercería presión.

Al cero. Referido a la forma de cortar el pelo, al rape.

De [o desde] cero. Expresión que indica que alguien empieza una tarea o actividad desde el principio, sin tener nada hecho o sin contar con recursos: 'Empezó en el negocio de la hostelería desde cero'.

Ser alguien un cero a la izquierda. No tener ninguna influencia o no ser tenido en consideración en cierto asunto o lugar. ⇒ *Insignificante.

ceroferario (del lat. «ceroferarĭus») m. **Monaguillo que lleva el cirio en las procesiones y ceremonias religiosas.*

cerógrafo (del lat. «cerogrăphus») m. *Anillo con que los *romanos imprimían sobre los *sellos de cera.*

ceroleína (del lat. «cera», cera, y «olĕum», aceite) f. Quím. *Sustancia que se encuentra en la cera de abeja.*

cerollo, -a (del sup. lat. «serucŭlus») adj. *Se aplica a las *mieses que, al tiempo de segarlas, están algo verdes y correosas.*

ceroma (del lat. «cerōma», del gr. «kḗrōma») f. *Ungüento hecho con cera con que se frotaban el cuerpo los *gladiadores romanos antes de empezar la lucha.*

ceromancia o **ceromancía** (del gr. «kērós», cera, y «-mancia» o «-mancía») f. *Adivinación por las figuras* *formadas por las gotas de cera derretida al echarlas en el agua.*

ceromático, -a (del lat. «ceromatĭcus») adj. FARM. *Se aplica a los medicamentos en que entran cera y miel.*

ceromiel m. FARM. *Mezcla de una parte de cera y dos de miel que se empleaba antiguamente para curar las heridas y úlceras.*

cerón m. APIC. *Residuo de los panales de cera.*

ceronero m. *Hombre que se dedica a comprar cerones.*

ceroplástica (del gr. «kēroplastikḗ») f. *Arte de modelar la cera.* ⇒ *Escultura.

cerorrinco (del gr. «kéras, -atos», cuerno, y «rhýnchos», pico) m. *Ave de rapiña de América, parecida al halcón.

ceroso, -a adj. *Se dice de lo que tiene cera o semejanza con ella.*

cerote (de «cera») **1** m. Mezcla de pez y cera o de pez y aceite empleado por los zapateros para encerar el *hilo de coser. ≃ Cerapez. ⇒ Encerotar. **2** (inf.) *Miedo.*

cerotear 1 tr. *Dar cerote los zapateros al ↘hilo empleado para coser.* **2** (Chi.) intr. *Gotear cera las *velas.*

cerotero (de «cerote») m. *En *pirotecnia, trozo de fieltro con que se untan de pez los cohetes.*

ceroto (del lat. «cerōtum», del gr. «kērōtón») m. FARM. *Cerato.*

cerpa (relac. con «zarpa»; Ar.) f. *Cantidad de lana que una persona es capaz de coger con los dedos.*

cerquillo (dim. de «cerco») **1** m. *Cerco de *pelo que se dejan los religiosos de ciertas órdenes, rapándose la parte superior e inferior de la cabeza.* **2** *Vira de *calzado.*

cerquita adv. Dim. muy frec. de «cerca», en lenguaje amable.

cerracatín, -a (¿del ár. and. «sarráq attín», ladrón de higos?; inf.) n. **Tacaño.*

cerrada[1] f. *Acción y efecto de cerrar.*

cerrada[2] (de «cerro») f. *Parte de la *piel del animal que corresponde al lomo.*

cerradamente (ant.) adv. *Implícitamente.*

cerradera f. ECHAR LA CERRADERA. *Negarse *rotundamente y sin dejar lugar a discusión a una cosa.* ≃ Cerrarse.

cerradero[1] **1** m. *Pieza metálica con un agujero, que se coloca en los marcos de las puertas o en los muebles para que penetre en ella el pestillo de la cerradura.* ⊙ *Agujero hecho en la misma madera con ese mismo objeto.* **2** *Cordón con que se abre y cierra una *bolsa o cosa semejante.*

cerradero[2], **-a** o **cerradizo, -a** adj. *Susceptible de ser cerrado.*

cerrado, -a 1 Participio adjetivo de «cerrar[se]». ⊙ Sin *comunicación con el exterior: 'Un espacio cerrado'. Se aplica a la *línea que encierra completamente un espacio: 'Una curva cerrada'. ⊙ Cercado. **2** Aplicado al tiempo o al cielo, cubierto de *nubes. **3** Aplicado a un lugar, rodeado de árboles, casas, montañas, etc., de tal modo que desde él se ve poco espacio. ⊙ Se aplica con el mismo significado a «horizontes, perspectivas», etc., en sentido material o figurado. **4** Refiriéndose a la actitud de alguien, *intransigente u obstinado: 'Está en una actitud cerrada y es inútil tratar de convencerle'. **5** Aplicado a personas, *torpe. **6** FON. Se dice, por oposición a «abierta», de la articulación en que se deja poco paso al aire. ⊙ FON. Particularmente, se aplica a las vocales «u» e «i», por el dejado entre la lengua y el paladar. **7** Se aplica al acento de un hablante cuando presenta muy pronunciados sus rasgos propios, lo que le hace difícilmente inteligible para los foráneos. ⊙ También al hablante que los tiene así: 'Es un andaluz cerrado'.

V. «ARCA cerrada, BARBA cerrada, en BOCA cerrada no entran moscas, cerrado de CORVEJONES, DESCARGA cerrada, LOBA cerrada, NOCHE cerrada, con los OJOS cerrados, a PUERTA cerrada, tener todas las PUERTAS cerradas, a PUÑO cerrado».

cerrador, -a adj. y n. m. *Se puede aplicar a cualquier cosa que sirve para cerrar (puertas, cajas, etc.).*

cerradura 1 («Forzar, Fracturar, Violentar») f. Mecanismo con llave que sirve para cerrar una puerta, tapa, etc. ⇒ *Cerrar. **2** (ant.) **Cerramiento (acción de cerrar).* **3** (ant.) *Cercado (cerca o terreno cercado).* **4** (ant.) *Encerramiento.*

cerraduría (ant.) f. *Cerramiento.*

cerraja[1] (del lat. «seracŭlum», de «serāre», serrar) f. *Cerradura.* ⇒ Descerrajar.

cerraja[2] (del lat. vulg. «serralĭa»; *Sonchus oleraceus)* f. *Planta compuesta, de tallo hueco y ramoso, empleada en medicina. ≃ Cardimuelle, cardinche, gardubera. V. «quedar en AGUA de borrajas [o de cerrajas]»

cerraje (de «serrallo»; ant.) m. **Serrallo.* ≃ Cerralle.

cerrajear intr. *Trabajar como cerrajero.*

cerrajería f. Actividad, oficio, taller, etc., de cerrajero.

cerrajerillo (Ál.) m. **Reyezuelo (pájaro).*

cerrajero (de «cerraja[1]») **1** n. Persona que hace o arregla cerraduras o llaves, y que también suele trabajar el hierro y otros metales. **2** (Sev.) **Herrerillo (pájaro).*

cerrajillo m. **Herrerillo (pájaro).*

cerrajón m. *Cerro alto y escarpado.*

cerralle[1] (ant.) m. *Serrallo.* ≃ Cerraje.

cerralle[2] (del lat. «seracŭlum», cierre; ant.) m. *Cerco o cerramiento.*

cerramiento 1 m. Acción de cerrar. **2** Cosa sin nombre particular que sirve para *cerrar algo. ≃ Cierre. ⊙ Particularmente, una valla, una pared o cualquier dispositivo con que se limita o *cerca un espacio. **3** ARQ. **Remate superior de un edificio.*

cerrar (del sup. lat. vulg. «serrāre», del lat. «serāre», cerrar, con influencia de «serrāre», serrar) **1** tr. o abs. Estar una cosa separando un ↘lugar de lo que le rodea: 'Una verja cierra el jardín'. ⊙ Estar una cosa impidiendo la ↘comunicación de un ↘recinto con el exterior o el paso por un sitio; el complemento es generalmente la abertura tapada o una de las palabras «acceso, entrada, salida», etc.: 'Una gran piedra cierra la boca de la cueva. Una sólida puerta nos cerraba el paso. Unas compuertas cierran la salida del agua'. También puede ser el recinto: 'Este tapón cierra herméticamente la botella'. Cuando se trata de fluidos, también éstos pueden hacer, en lenguaje coloquial, de complemento directo: 'Cierra el agua cuando yo te diga'. Lo que impide el paso puede ser también una persona, un perro, etc.: 'Un guarda les cerró el paso'. ⊙ Puede usarse también en sentido figurado: 'Este fracaso me cierra otra posibilidad. Su negativa me cerraría el camino para otras gestiones'. ⊙ intr. Poder quedar cerrado un receptáculo: 'Esta botella de gaseosa no cierra bien, por eso se va el gas'. **2** tr. Mover o manejar la ↘cosa que sirve para *obstruir el paso de algo, de modo que quede en la posición en que lo hace: 'Cerrar la ventana [el grifo, las compuertas, la boca, los ojos]'. **3** Asegurar con el dispositivo adecuado, pestillo, cerradura, llave, etc., la ↘puerta o tapa de un recinto. El complemento puede ser la cosa que tapa o el recinto que se incomunica: 'Cerrar la puerta con un candado. Cerrar el cajón con llave'. **4** Pegar, soldar, etc., la pieza que tapa ↘algo: 'Cerrar un sobre [o un bote]'. **5** Hacer desaparecer con alguna cosa un ↘agujero u hoyo: 'Cerrar un ojal'. ≃ *Tapar. **6** («con, contra») intr. Atacar: 'La caballería cerró contra el enemigo'. **7** intr. y prnl. Cicatrizar una herida. **8** tr. *Juntar ↘cosas o ↘partes de una ↘cosa que están separadas o desplegadas: 'Cerrar las alas [un paraguas, un libro, el escuadrón]'. ⊙ Asegurar esas ↘cosas con el dispositivo adecuado para que no se separen: 'Cerrar el libro con el broche'. **9** intr. y prnl. *Coincidir el principio y el final de una cosa; particularmente, de una *curva. ⊙ Terminar el trazado de una ↘circunferencia u otra curva cerrada exactamente en el punto en que se ha empezado. **10** (inf.) intr. **Coincidir, por ejemplo la cuenta del dinero recibido y la del gastado.* ≃ Ajustar, casar. **11** tr. *Colocar la clave o última piedra de un ↘*arco o ↘*bóveda.* **12** intr. Poner en el juego de *dominó una ficha que impida seguir colocando las que todavía quedan en poder de los jugadores. **13** tr. *Interrumpir definitiva o temporalmente el funcionamiento de cualquier ↘establecimiento público: 'Cerrar un banco [la universidad, un establecimiento comercial]'. El complemento puede ser también la actividad: 'Cerrar las sesiones de cortes'. ⇒ Dar CERROJAZO, clausurar. ➤ *Cesar. *Terminar. **14** Dar por *terminado cierto ↘trabajo haciendo la última operación en él: 'Cerrar una cuenta, un libro de comercio'. Esa última operación puede constituir un complemento con «con»: 'Se cerró el acto con unas palabras del presidente'. ⇒ Sellar. ⊙ Ajustar la última página de un *periódico, o sea, terminar su confección y darlo a la estereotipia. ⊙ Ser el *último o actuar el último en una ↘sucesión de cosas o en una acción: 'El discurso del presidente cerró el debate. Cerraba la procesión una compañía de alabarderos'. **15** Dar por terminado un ↘*plazo o el tiempo hábil para realizar cierta operación: 'El plazo de admisión de instancias se cierra el día cinco. Se ha cerrado la suscripción del empréstito'. ⇒ Vencer. **16** intr. Llegar las *caballerías a tener todos los dientes iguales, lo que es señal de completo desarrollo. **17** tr. *Terminar y dar por completamente establecido un ↘trato: 'Aún no he cerrado [el] trato con el dueño de la casa'. ≃ Ultimar. ⇒ *Acordar, *ajustar. **18** FON. Estrechar el canal del paso del aire por aproximación de los órganos fonadores. **19** prnl. Experimentar la cosa correspondiente la acción de cerrar: 'La puerta se ha cerrado de golpe. Las anémonas se cierran por la noche. Se me cierran todos los caminos'. **20** («a») Colocarse en actitud *intransigente, negándose a un arreglo o transacción, etc.: 'Se cierra a cualquier concesión'. ⇒ Cerrarse en BANDA. ⊙ («en») Obstinarse: 'Se cierra en callar'. **21** No mostrarse comunicativo con los demás.

CERRARSE EN FALSO. **1** Referido a heridas o *úlceras, formar costra sin haberse curado la infección interiormente. **2** No quedar algo definitivamente resuelto.

V. «cerrarse en BANDA, cerrar [o no cerrar] la BOCA, cerrar el LABIO, cerrar la NOCHE, cerrar los OÍDOS, a cierra OJOS, cerrar [o no cerrar] los OJOS, en un abrir y cerrar de OJOS, cerrar el PARÉNTESIS, cerrar el PICO, cerrar a PIEDRA y lodo, cerrar las PILAS, cerrar la PUERTA, cerrarse [todas] las PUERTAS, ¡SANTIAGO y cierra España!, cerrar un TRATO».

□ CATÁLOGO

Abotonar, *abrochar, acerrojar, afianzar, atancar, atrancar, barbotear, candar, chapar, clausurar, condenar, echar, encajar, entornar, juntar, lacrar, echar la LLAVE, pechar, dar con la PUERTA en las narices, recesar, sellar, *tapar, trancar, tranquear, traspellar, traspillar, volver. ➤ Herméticamente, bajo [o debajo de] LLAVE, a PIEDRA y lodo. ➤ Atramparse, encajarse, golpearse, dar un PORTAZO, portearse. ➤ Golpe, portazo, taque. ➤ Alamud, *aldaba, *aldabilla, *barra, cafela, candado, cerradura, cerraja, *cerrojo, cierre, colanilla, *cremona, españoleta, falleba, fiador, golpe, herrojo, llave, pasador, pechil, *pestillo, picaporte, PICAPORTE de resbalón, resbalón, tarabilla, tarambana, tirador, tranca, trinquete, verrojo ➤ *Broche. ➤ *Espita, *grifo, válvula. ➤ Esfínter. ➤ Sello. ➤ Bocallave, escudete, escudo, ojo. ➤ Armella, caja, cajetín, cerradera, cerradero, nariz. ➤ Cacheta, dentellón, gacheta, grapón, guardas, palastro, picolete, rastrillo, rodaplancha, rodete, secreto. ➤ Segunda, segunda VUELTA, vuelta. ➤ Desvolvedor, parahúso. ➤ Hermético. ➤ *Aislar, *cercar, *limitar, pircar, tabicar, tapiar. ➤ Estanco. ➤ En FONDO de saco. ➤ Antipara, biombo, CAMÓN de vidrios, *cancel, celosía, *cerca, cercado, cercamiento, cerramiento, certeneja, cierre, *empalizada, *enrejado, mampara, *muro, pared, persiana, rastrillo, oreja, rejilla, *seto, valla, varaseto, verja. ➤ Chambilla. ➤ Bance. ➤ Claustrofobia. ➤ Cegar, incomunicar, *interceptar, obliterar, *obstruir, obturar, ocluir. ➤ Constrictura, imperforación. ➤ Encerrar, entrecerrar, sobrecerrado. ➤ *Abrir, descerrajar, deschapar, desechar. ➤ *Broche. *Sello.

□ CONJUG. como «acertar».

cerras (de «cerro»; León) f. pl. *Flecos:* 'Un pañuelo de cerras'.

cerrazón[1] (de «cerrar») **1** f. Cualidad de cerrado (*torpe). **2** Actitud cerrada: *obstinación. **3** Estado del cielo cuando está completamente cubierto de nubes oscuras y que amenazan *tempestad. **4** (Arg.) *Niebla densa.*

cerrazón[2] (de «cerro») **1** f. *Cerrajón.* **2** (Col.) *Contrafuerte de una cordillera.*

cerrebojar (de «rebojo»; Sal.) tr. **Rebuscar los restos de ↘frutos que quedan en el campo después de la recolección.*

cerrejón m. *Cerro pequeño.*

cerrería (de «cerrero»; ant.) f. **Desenfreno en las costumbres.*

cerrero, -a (de «cerro») **1** adj. *Se aplica al animal o la persona que va libre y suelto por el monte.* ⇒ *Salvaje, *vagabundo. **2** *Cerril.* **3** (ant.) *Orgulloso.* **4** (Col., Cuba, Ven.) *Aplicado al café y a otras bebidas, amargo o no bastante dulce.* ⊙ *También se aplica a ciertas cosas de comer, menos dulces o delicadas que otras; «bizcocho cerrero» es, por ejemplo, el hecho de maíz.*

cerreta (de «cerrar») f. MAR. *Cada uno de los maderos que van de la serviola al tajamar y sirven para sujetar éste y el mascarón de proa, y para formar los enjaretados y beques.* ≃ Brazal.

cerretano, -a adj. y n. *Se aplica a los habitantes primitivos de la Cerretania, hoy Cerdaña.* ⇒ *Pueblo.

cerrevedijón (de «cerro» y «vedija[1]»; ant.) m. **Vedija grande.*

cerrica (de or. expresivo; Ast.) f. *Cierta *ave muy pequeña.*

cerril (de «cerro») **1** adj. *Aplicado al terreno, *abrupto.* **2** *Aplicado a caballerías, *salvaje: sin domar.* **3** Aplicado a personas y a su actitud o comportamiento, *tosco, *grosero o *torpe. **4** Obstinado, difícil de convencer con razones.

cerrilidad f. *Cerrilismo.*

cerrilismo m. Cualidad de cerril. ⊙ Actitud cerril. ⊙ Obstinación o terquedad. ⊙ Actitud de alguien a quien no se puede convencer de una cosa razonable.

cerrilla (de «cerrillar») f. *Utensilio para hacer el cordoncillo a las *monedas o *medallas.*

cerrillar (de «cerrillo») tr. *Hacer el cordoncillo a las ↘monedas o medallas.*

errillo (dim. de «cerro») **1** m. GRAMA *del norte (planta gramínea).* **2** (pl.) *Hierros que se emplean para cerrillar.*

errilmente adv. Con cerrilismo.

errión (¿de un sup. «cirión», de «cirio», por su forma?) m. **Carámbano.*

erristopa (Sal.) m. **Camisa de fiesta de los labradores con la parte superior de lino y el faldón de estopa.*

erro (del lat. «cirrus», rizo, copete) **1** m. *Manojo de *lino o *cáñamo, después de rastrillado y limpio.* **2** *Cuello de los animales. **3** Espinazo de los animales. **4** Elevación del terreno, de poca extensión pero de considerable altura con relación a él, escarpada, de tierra o rocosa. ⇒ *Monte. **5** *Peñasco. ⊙ (pl.) Terreno *abrupto: 'Van por esos cerros como cabras'.

CERRO TESTIGO. Cerro aislado que constituye el residuo de una meseta destruida por la erosión.

EN CERRO. *Referido a la manera de *montar a caballo, a pelo: sin silla.*

IRSE POR LOS CERROS DE ÚBEDA. Separarse o *desviarse mucho del asunto de que se está tratando.

errojazo m. Acción de echar bruscamente el cerrojo para *cerrar algo. Se usa en sentido figurado.

DAR CERROJAZO. **1** Cerrar las sesiones de cortes bruscamente. ⇒ *Asamblea. **2** *Interrumpir una actividad aun sin haber acabado la cosa de que se trata.

cerrojillo o **cerrojito** (dim. de «cerrojo») m. **Papamoscas (pájaro).*

cerrojo (del lat. «verucŭlum», con influencia de «cerrar») **1** («Correr, Echar») m. Barra de hierro que se corre dentro de unas anillas o armellas y sirve para *cerrar puertas o ventanas. ⇒ Cafela, herrojo. ➤ Acerrojar. **2** MINER. *Encuentro de dos galerías en forma de «T».* **3** Mecanismo de las armas de fuego ligeras que cierra la recámara y contiene los elementos de percusión y extracción del casquillo. **4** DEP. En *fútbol y otros deportes, táctica defensiva que consiste en permanecer un equipo replegado en su propia área.

cerrón (de «cerro», manojo de lino o cáñamo) m. *Cierto *lienzo de estopa, algo mejor que el ordinario, fabricado en Galicia.*

cerrotino (ant.) m. *Cerro o manojo de *cáñamo o *lino.*

cerruma (del lat. «cirrus», copo) f. VET. *Cuartilla.* ≃ Ceruma.

certamen (del lat. «certāmen») **1** m. *Lucha entre personas.* ⇒ Justa, *torneo. **2** *Discusión literaria. **3** Competición de carácter literario, artístico o científico en que se *disputa un premio. ≃ Concurso. ⊙ *Ceremonia o *fiesta con que se celebra.

certanedad (de «certano» y «-edad»; ant.) f. *Certeza.*

certano, -a (ant.) adj. *Cierto.*

certeneja (de «sarteneja») **1** (Méj.) f. **Pantano pequeño, pero profundo.* **2** (Chi.) *Hoyo hecho en el *cauce de un río.* **3** **Cerramiento de un terreno hecho con hoyos muy próximos, por el que no puede atravesar el ganado.*

certeramente adv. De manera certera.

certería (de «certero») f. *Acierto o tino.*

certero, -a (de «cierto») **1** adj. Se aplica a los tiros o disparos que dan en el blanco y al cazador por ellos: 'Un cazador [o un tiro] certero'. **2** Conforme a lo verdadero, justo o razonable: 'Una decisión certera'. ≃ *Acertado.

certeza **1** f. Cualidad de *cierto: 'Le garantizo la certeza de la noticia'. **2** («Adquirir, Tener») Conocimiento cierto de una cosa: 'Tengo no sólo la creencia, sino la certeza de que vendrá'. ≃ Certidumbre, evidencia, *seguridad. ⇒ *Convencimiento. ⊙ Manera de saber o de afirmar una cosa, cuando no se tiene ninguna duda sobre ella: 'No lo digas si no lo sabes con certeza'. ≃ Seguridad.

certidumbre (del lat. «certitūdo, -ĭnis») f. Estado del que sabe con certeza una cosa. ≃ Certeza.

certificación **1** f. Acción de certificar. **2** *Documento o escrito en que se certifica algo. ≃ Certificado. ⇒ Contenta, partida, patente.

certificado, -a **1** Participio adjetivo de «certificar»: 'Un paquete certificado. Una carta certificada'. Se llama también «correo certificado» al servicio de cartas y paquetes certificados. **2** m. Certificación. **3** *Carta, paquete, etc., que se envían certificados por correo.

certificar (del lat. «certificāre») **1** tr. Declarar cierta una ↘cosa; particularmente, hacerlo así un funcionario con autoridad para ello, en un documento oficial. ⇒ *Atestiguar. **2** Al enviar una ↘carta u otra cosa por *correo, hacerlo con cierta formalidad por la cual el remitente obtiene un resguardo que acredita el envío, y el servicio de correos confirma la entrega recogiendo en el momento la firma del destinatario.

certificatorio, -a adj. Se aplica a lo que sirve para certificar o acreditar la autenticidad de una cosa.

certinidad (ant.) f. *Certeza.*

certísimo, -a adj. *Ciertísimo.*

certitud (del lat. «certitūdo») f. *Certidumbre.*

cerúleo, -a (del lat. «caerulĕus»; lit.) adj. Aplicado al cielo, el mar o los lagos, *azul.

cerulina (de «cerúleo») f. QUÍM. *Azul de añil soluble.*

ceruma f. VET. **Cuartilla de las caballerías.* ≃ Cerruma.

cerumen (de «cera») **1** m. Secreción del interior de los *oídos, semejante a la cera. ≃ CERA de los oídos, cerilla. **2** APIC. *Sustancia de color pardo segregada por ciertas *abejas.*

cerusa o **cerusita** (del lat. «cerussa») f. **Mineral formado por carbonato de *plomo.*

cerval adj. De *ciervo. Se usa sólo en algunas expresiones como «GATO cerval, JARA cerval, LENGUA cerval, LOBO cerval, MIEDO cerval».

cervantesco, -a o **cervantino, -a** adj. Propio o característico de Cervantes como autor literario.

cervantismo **1** m. Influencia literaria de Cervantes. **2** Estudio de la vida y la obra de Cervantes. **3** Palabra o expresión propia de este escritor.

cervantista n. Estudioso de la vida y la obra de Cervantes.

cervariense adj. y, aplicado a personas, también n. *De Cervera, población de la provincia de Lérida.*

cervario, -a (del lat. «cervarĭus») adj. *De [o del] ciervo.*

cervatica f. *Langostón (insecto ortóptero).*

cervatillo **1** m. Dim. muy frec. de «cervato». **2** **Almizclero.*

cervato m. *Ciervo menor de seis meses.

cerveceo m. *Proceso de fermentación de la cerveza.*

cervecería f. Sitio donde se vende cerveza y, particularmente, establecimiento donde se toma.

cervecero, -a **1** adj. De la cerveza. **2** (inf.) Muy aficionado a tomar cerveza. **3** n. Persona que fabrica o vende cerveza.

cerveza (del lat. «cerevisĭa») f. Bebida alcohólica obtenida de los granos de la cebada u otros cereales, fermentados y aromatizados con lúpulo. ⇒ Birra. ➤ Clara. ➤ Faro, pelel. ➤ Celia. ➤ *Cebada, lúpulo, malta. ➤ Braceado. ➤ Bock, caña, CAÑA doble, schop. ➤ Lager. ➤ Cerevisina, giste, liste, levadura, templa. ➤ Concho. ➤ BEBIDA alcohólica. *LOCAL público.

cervicabra (de «ciervo» y «cabra») f. Especie de antílope de la India, de cuernos retorcidos como de 80 cm de largo.

cervical (del lat. «cervicālis») **1** adj. De [o para] la cerviz: 'Almohada cervical'. **2** adj. y n. f. VÉRTEBRA cervical.

cervicular adj. *Cervical.*

cérvido (del lat. «cervus», ciervo) adj. y n. m. ZOOL. Se aplica a los rumiantes cuyos machos (rara vez las hembras) tienen cuernos óseos, ramificados, que caen y se renuevan periódicamente; como el alce, el ciervo, el corzo, el gamo, el huemul, el pudú o la taruga. ⊙ m. pl. ZOOL. Familia formada por estos animales.

cervigal m. **Almohada.*

cervigón, -a adj. *Cerviguillo.*

cervigudo, -a 1 adj. **Cogotudo.* **2** *Obstinado.*

cerviguillo m. *Carnosidad de la cerviz.* ≃ Morrillo.

cervilera (del cat. «cervellera») f. *Capacete de la armadura de guerra.* ⇒ *Casco.

cervino, -a (del lat. «cervīnus») adj. *Cervuno.*

cerviz (del lat. «cervix, -īcis») f. Región que comprende la parte posterior inferior de la cabeza y la posterior superior del cuello. ≃ Cogote, *nuca, occipucio.

BAJAR [AGACHAR O DOBLAR] LA CERVIZ. *Someterse o *humillarse.

LEVANTAR LA CERVIZ. *Ensoberbecerse o cobrar atrevimiento o altivez después de haber estado humillado.

cervuno, -a 1 adj. *De [o del] ciervo.* ≃ Cervino. **2** *Se aplica al caballo que tiene el pelo entre oscuro y zaino, o que tiene los ojos parecidos a los del ciervo o la cabra.*

cesación f. Acción de cesar o acabar. ≃ Interrupción.

cesante 1 adj. *Aplicable al que o a lo que cesa.* **2** («Dejar, Quedarse») adj. y n. Empleado público relevado de su puesto. **3** (Chi.) Persona que se ha quedado sin trabajo. ≃ Parado.

cesantía 1 f. Estado del empleado cesante. ⊙ Paga que recibe en determinadas circunstancias el cesante. **2** Suspensión del empleo como medida disciplinaria.

cesar (del lat. «cessāre») **1** intr. Dejar de producirse cierta acción o fenómeno: 'Cesar el baile [la música, el viento, la lluvia]'. ≃ Detenerse, interrumpirse, pararse. ⊙ («de») Dejar de hacer cierta cosa que se estaba haciendo: 'No ceso de pensar en lo ocurrido'. ⇒ Darse de BAJA, cerrar, ciar, cortarse la COLETA, dejar de, *descansar, *detenerse, escampar, *interrumpir[se], dar de MANO, parar de, pararse, suspender. ➤ Armisticio, cesación, cese, *fin, intermisión, intermitencia, interrupción, paro, suspensión, tregua. ➤ *Continuar. ➤ *Acabar. *Desaparecer. **2** («en») Dejar de desempeñar cierto cargo o *empleo: 'Ha cesado en el mando de la provincia'. ⇒ Caer, *destituir.

césar (del lat. «Caesar») m. Jefe supremo del Imperio Romano y, por extensión, de otros imperios. ≃ *Emperador.

DAR AL CÉSAR LO QUE ES DEL CÉSAR Y A DIOS LO QUE ES DE DIOS. Frase bíblica que significa que hay que dar a cada uno lo que le corresponde. ⇒ *Justicia.

cesaraugustano, -a adj. y, aplicado a personas, también n. De la antigua Cesaraugusta, actual Zaragoza.

cesare m. *Uno de los modos posibles del *silogismo, perteneciente a la segunda figura.*

cesáreo, -a (del lat. «Caesarĕus») **1** adj. De [o del] *emperador. **2** adj. y, más frec., n. f. CIR. Operación quirúrgica que se practica en algunos casos para extraer el hijo del vientre de la madre. ⇒ *Parir.

cesariano, -a (del lat. «Caesariānus») **1** adj. De Julio César. ⊙ adj. y, aplicado a personas, también n. Partidario de este emperador. **2** adj. Del césar.

cesariense adj. y, aplicado a personas, también n. *De Cesárea, nombre de diversas ciudades antiguas; particularmente, de la de Capadocia, en Asia Menor.*

cesarismo (de «césar») m. Tendencia al gobierno personal y absoluto. ⊙ Doctrina favorable al imperio. ⇒ *Déspota.

cesarista adj. y n. Partidario o servidor del cesarismo.

cese 1 m. Acción de cesar en un cargo, por ejemplo por traslado a otro. **2** («Dar, Poner el») Formalidad oficial con que se declara. ⊙ Diligencia o escrito con que se hace constar.

cesible (del lat. «cessus») adj. *Susceptible de ser cedido.*

cesio (del lat. «caesĭus», azul verdoso) m. *Metal alcalino de color blanco de plata, n.º atómico 55. Símb.: «Cs».

cesión[1] (del lat. «cessĭo, -ōnis») f. Acción de ceder. ⇒ *Ceder.

CESIÓN DE BIENES. DER. *Acción de dejar el deudor sus bienes a disposición de los acreedores para que éstos cobren de ellos sus créditos.*

cesión[2] (del lat. «accessĭo, -ōnis», entrada; ant.) f. **Fiebre intermitente que entra con frío.* ≃ Cición.

cesionario, -a (de «cesión») n. Persona que recibe una cosa cedida por otra. ≃ Cesonario.

cesionista n. Persona que cede algo a otra.

ceso (del lat. «cessus», cedido; ant.) m. *Cesión.*

cesolfaút (de la letra «c» y de las notas musicales «sol, fa, ut»; ant.) m. MÚS. *Indicación del tono que empieza en el primer grado de la escala diatónica de do y se desarrolla según los preceptos del canto llano y del canto gregoriano.*

cesonario, -a n. *Cesionario.*

césped (del lat. «caespes, -ĭtis») **1** m. Hierba corta y espesa que cubre el suelo, crecida naturalmente, o criada artificialmente en un parque o jardín. ⇒ Campizal, gasón, grama, gleba, pasto, prado, zacate. ➤ *Ballico. ➤ *Prado. ➤ Cortacésped, cortagrama, podadora. **2** Trozo de tierra con césped, hecha compacta por las raíces de éste, que se utiliza para construir paredillas, para interceptar una corriente de agua, etc. ≃ *Tepe. **3** DEP. En el fútbol y otros deportes, terreno de juego. **4** *Corteza aterciopelada que se forma en el corte por donde han sido *podados los sarmientos.*

CÉSPED INGLÉS. **Ballico (planta gramínea de prado).*

cespedera f. *Terreno cubierto de césped, de donde se sacan tepes.*

cespitar (del lat. «caespitāre», tropezar en el césped; ant.) intr. **Vacilar.*

cespitoso, -a (del lat. «caespes, -ĭtis», césped, y «-oso») adj. BOT. *Se aplica a las plantas que crecen formando césped, como sucede con muchas gramíneas.*

cesta (del lat. «cista») **1** f. Recipiente hecho de mimbre, cañas partidas o material semejante, entretejido. El nombre más frecuente es, en general, «cesta»; pero según las distintas regiones se usan palabras equivalentes como «canasta, canasto, cesto», etc., y se da, a veces, aplicación particular a cada una. ≃ Banasta, banasto. **2** Utensilio hecho de tiras de madera de castaño entretejidas, alargado, estrecho y encorvado, y formando una concavidad, que se utiliza, sujetándolo con la mano, para una variedad de juego de frontón. ⇒ CESTA punta. **3** Canasta de baloncesto.

CESTA DE LA COMPRA. Conjunto de alimentos y otros productos básicos que se tienen en cuenta al estudiar la variación de los precios.

C. PUNTA. DEP. Modalidad de pelota vasca que se juega con el utensilio descrito en la segunda acepción.
C. DE REMONTE. DEP. La utilizada en cierta modalidad de juego de pelota, más corta que la ordinaria.
LLEVAR LA CESTA (inf. y hum.). Estar presente mientras dos enamorados están conversando íntimamente.
□ CATÁLOGO
Albarsa, alguinio, altabaque, anguilero, azafate, balay, banasta, banasto, cabás, cálato, cambucho, canasta, canastilla [o canastillo], canasto, canistro, carabela, carpancho, carriego, catauro, cestaño, cesto, chigua, chiquigüite, chipa, chistera, cofazo, cofín, coloño, colote, comporta, corbe, corbona, covanilla [o covanillo], cuenco, cuévano, cuezo, escriño, escripia, escusabaraja [o excusabaraja], fayanco, fiambrera, gallinero, garrote, goja, guacal, jaba, macona, macuto, nasa, ñapo, orón, oroya, panera, panero, quilco, roscadero, sacadera, sarán, sobrepuesto, tabahia, tabaque, talega, tipa, tortero. ➤ Terrero. ➤ *Planta (grupo de las utilizadas para hacer cestas). ➤ Bringas, costillas. ➤ Desembanastar, embanastar, encestar. ➤ *Capazo. *Espuerta.

cestada f. *Cantidad de una cosa que se lleva o ha llevado en una cesta: 'Una cestada de manzanas'.

cestaño (de «cesta» y «-año»; Rioj.) m. *Canastilla.*

cestería f. Establecimiento en que se hacen o venden cestas y otros objetos de la misma clase de trabajo. ⊙ Trabajo hecho *tejiendo mimbres.

cestero, -a n. Persona que hace o vende cestas.

cestiario (del lat. «caestiarĭus») m. **Gladiador que combatía con cesto.*

cesto[1] m. Cesta. En algunos sitios, se llama «cesta» a la ancha y baja y «cesto» al estrecho y alto.
CESTO DE [LA] BASURA (Cuba). *Cubo de la *basura.*
C. DE LOS PAPELES. Recipiente en donde se echan los *papeles inútiles.
ECHAR una carta, documento, etc., AL CESTO DE LOS PAPELES. Se supone que se hace o ha hecho así cuando no surten ningún efecto en el sitio a donde han sido enviados. ⇒ *Desatender.

cesto[2] (del lat. «caestus») m. Armadura que se ponían en la *mano los antiguos *gladiadores, consistente en correas guarnecidas de puntas de metal.

cestodo (del fr. «cestode») adj. y n. m. ZOOL. *Se aplica a los *gusanos platelmintos de forma de cinta, que viven parásitos en el interior de otros animales, como la tenia.* ⊙ m. pl. ZOOL. *Clase que forman.*

cestón (aum. de «cesto[1]») m. *Cesto lleno de tierra o piedras usado como *defensa en la guerra y en obras hidráulicas.* ≃ Gavión.

cestonada f. *Fortificación hecha con cestones.*

cestro (del lat. «sistrum», del gr. «seîstron»; ant.) m. **Sistro (instrumento musical).*

cesura (del lat. «caesūra», corte) **1** f. MÉTR. En la poesía griega y latina, pausa rítmica, obligatoria o esperable, en el interior de un verso. **2** MÉTR. En la poesía románica, pausa introducida en muchos versos de arte mayor, que quedan de este modo divididos en dos partes, iguales o no, llamadas hemistiquios. **3** MÉTR. *En la poesía moderna, pausa que se hace en el recitado del verso después de cada acento de los que regulan su armonía.*

ceta f. Letra «z». ≃ Ceda, zeda, zeta.

cetáceo, -a (del lat. «cetus», del gr. «kêtos», monstruo acuático) adj. y n. m. ZOOL. Se aplica a ciertos mamíferos adaptados a la vida acuática, como la ballena, el cachalote, el *delfín, el narval o la orca. ⇒ Balénidos. ⊙ m. pl. ZOOL. Familia que forman.

cetacismo m. FON. *Transformación de un sonido en el sonido ceta.*

cetaria (del lat. «cetarĭa») f. *Vivero que comunica con el mar donde se *crían diversos crustáceos dedicados al consumo.*

cetario (del lat. «cetarĭa») m. *Lugar a donde van a *criar las ballenas y otros vivíparos marinos.*

cético, -a (del lat. «cetus», cetáceo) adj. QUÍM. *Se aplica al *ácido extraído de la cetina.*

cetil (del ár. and. «sabtí», de «Sábta», Ceuta, porque esta moneda se acuñó en memoria de la toma de dicha ciudad) m. **Moneda portuguesa del siglo XVI, de valor equivalente a un tercio de la blanca.*

cetilato m. *Sal que se forma añadiendo una base al ácido de cetilo.*

cetina (del lat. «cetus», cetáceo) f. **Esperma de la ballena y del cachalote.*

cetís (del ár. and. «sabtí», de «Sábta», Ceuta, porque esta moneda se acuñó en memoria de la toma de dicha ciudad) m. **Moneda portuguesa que tuvo también curso en Galicia; valía la sexta parte del maravedí de plata.*

cetme (sigla de «Centro de Estudios Técnicos de Materiales Especiales») m. *Fusil repetidor usado en el Ejército español.

cetona f. QUÍM. Nombre de ciertas sustancias orgánicas, de las que la más sencilla es la acetona.

cetonia (varias especies del género *Cetonia,* particularmente la *Cetonia aurata)* f. *Insecto coleóptero que tiene reflejos metálicos.

cetra (del lat. «cetra») f. **Escudo de cuero que usaban los españoles primitivos.*

cetrarina f. FARM. *Principio activo que se encuentra en el liquen Cetraria islandica, eficaz contra las afecciones pulmonares e intestinales.*

cetre **1** (ant.) m. *Acetre (caldero).* **2** (Sal.) *Sacristán o *monaguillo que lleva el acetre de las aspersiones.*

cetrería (de «cetrero[2]») **1** f. Procedimiento de *caza en que se utilizaban para perseguir y apresar las piezas halcones y otras aves de presa. **2** Arte de criar aves para la caza de cetrería.
□ CATÁLOGO
Altanería, halconería, volatería. ➤ Vuelo. ➤ Alcaudón, alferraz, *azor, aztor, búho, caudón, desollador, ferre, *halcón, palumbario, milano, nebí, neblí, pega reborda, picagrega, PICAZA chillona o manchada, terzuelo, verdugo, zurdal. ➤ Pollez, pollo. ➤ Presa. ➤ Arañero, capirotero, gallinero, gotoso, raleón, recreído, zahareño. ➤ Apiolar, desainar, desbuchar, desemballestar, encapillar, encapirotar, enjardinar, guarnecer, manjolar, señolear, templar, volar. ➤ Choca, grita, plumada. ➤ ¡Hucho!, ¡huchohó...! ➤ Derribar, pelar, HACER la plumada, caer a la PRESA, rejitar, caer al SEÑUELO, tollir[se], tullir. ➤ Calada, contenencia, falsada. ➤ Cuento, gazmol, güérmeces, hamez, morrión, muda. ➤ Tollimiento, tulliduras. ➤ Alar[es], alcándara, alcándora, capillo, capirote, cetro, fiador, lonja, palo, *percha, pihuela, prisión. ➤ Canelada, gorga, masón, papo, pasto, sainete. ➤ Alcatenes, curalle. ➤ Herida. ➤ De empuesta, al HILO del viento. ➤ PICO por sí. ➤ Buhero, buitrero, catarribera, CAZADOR mayor, cebadero, cetrero, manero. ➤ Buitrera. ➤ Presa, ralea. ➤ *Caza.

cetrero[1] (de «cetro») m. **Sacerdote que asistía con capa y cetro a las funciones de la iglesia.*

cetrero[2] (de «acetrero») m. *Hombre que practicaba la caza de *cetrería.*

cetrino, -a (del lat. «citrīnus») **1** adj. *De cidra.* **2** Se aplica a las cosas, particularmente a las personas, que tienen el color de la *cara amarillo verdoso, y a este color. ≃ Aceitunado. **3** *Aplicado a personas, melancólico y *adusto.*

cetro (del lat. «sceptrum», del gr. «skêptron») **1** m. Objeto en forma de vara con molduras y adornos, que usan como *insignia ciertas dignidades. ⊙ El de oro de los *reyes y *emperadores. ⇒ Esceptro. ⊙ El que usan los prebendados o los capellanes que acompañan al celebrante en el coro o el altar. ⊙ El que lleva el mayordomo o diputado de una cofradía en las funciones. **2** Se usa como símbolo de la dignidad de rey o de emperador en frases como 'empuñar el cetro'. ⊙ También con el significado de «supremacía» en cierta cosa: 'Le corresponde el cetro de la elocuencia'. **3** *Vara de la *percha donde se posan las aves.*

ceugma (del lat. «zeugma») f. Gram. **Figura de dicción que consiste en la elipsis en una oración de un término enunciado en otra contigua. Como en 'la vi marchar, pero no (la vi) volver'.* ≃ Adjunción, zeugma, zeuma.

ceutí (del ár. and. «sabtí», de «Sábta», Ceuta) **1** adj. y, aplicado a personas, también n. De Ceuta, ciudad española en el norte de África. ⇒ Ceptí. **2** m. **Moneda antigua de Ceuta.*

ceviche m. Variante ortográfica de «cebiche».

Cf Símbolo químico del californio.

cf. o **cfr.** Abrev. de «confer», imperativo del latín «conferre», comparar, que se lee «compárese» y se usa como *nota en los escritos.

cgs (de «centímetro, gramo, segundo») Fís. Abrev. de «cegesimal».

ch f. *Letra o combinación de letras que representan el sonido palatal africado sordo, para cuya pronunciación la lengua se mantiene levantada en forma convexa tocando a la vez el paladar en una zona amplia desde los molares y los alvéolos superiores, hasta que, separándose bruscamente, deja un estrecho canal por donde el aire escapa rápidamente. Se nombra como «che» o, en ocasiones, mediante la expresión «ce hache».

En el alfabeto español ha sido considerada como una sola letra por representar un sonido único y, con arreglo a este criterio, están ordenadas en numerosos diccionarios españoles las palabras que contienen este signo. En la edición actual de éste, como en la primera, se sigue el criterio general en los otros países, adoptado también por la RAE en 1994 para la futuras ediciones de su diccionario, y se considera esta letra, para la ordenación de la palabra, como un signo doble.

El sonido que representa es en alto grado expresivo o imitativo, es decir, forma palabras que no son, o no son sólo, representativo-objetivas, sino que expresan una actitud afectiva o intencional del sujeto (sirven, sobre todo, para despreciar o para llamar), o imitan o sugieren un sonido, un movimiento, etc. Basta recorrer las palabras de esta letra del diccionario para ver el gran número de ellas que tienen ese carácter; por ejemplo: 'chanclo, chapucero, chocar'. Y no sólo actúa así como letra inicial, sino también en sufijos o en el interior de las palabras: 'aguaducho, casucha, curriche; desgalichado, pachorra, rechoncho, zancocho'. ⇒ Z...c. ➤ Sonido expresivo.

cha (del port. «cha»; Filip., Hispam.) m. *Té.*

chabacanada f. Chabacanería (cosa chabacana).

chabacanamente adj. Con chabacanería.

chabacanería 1 f. Cualidad de chabacano. **2** Cosa, particularmente dicho, chabacano.

chabacano, -a (¿de «chavo», de poco valor) **1** adj. *Basto y de mal gusto: 'Lenguaje [o espectáculo] chabacano'. ⇒ Achabacanar. ➤ *Chocarrero. *Soez. **2** m. Lengua híbrida de español y dialectos indígenas, hablada en Filipinas. **3** (Méj.) *Albaricoque o albaricoquero.*

chabasca (colectivo) f. **Ramas delgadas que resultan de la *poda.*

chabela (Bol.) f. *Bebida hecha mezclando vino y chicha.*

chabisque (de or. expresivo; Ar.) m. **Barro.*

chabola (del vasc. «txabola») f. *Choza o *casa muy pequeña; particularmente, la construida en el campo. ⊙ Casucha pequeña construida con materiales de mala calidad, de deshecho incluso, generalmente en los suburbios de las grandes ciudades.

chabolismo m. Existencia de chabolas como sistema de vivienda en zonas suburbanas.

chabolista n. Persona que vive en una chabola.

chabuco (de or. expresivo; Extr.) m. *Charco.*

chac- V. «chic-».

chaca (Chi.; *Venus thaca* o *Venus dombeyi*) f. *Cierto *molusco comestible.*

chacachaca Onomatopeya con que se imita o describe el *ruido que se hace al andar u otro semejante.

chacal (del fr. «chacal», del turco «çakal», y éste del persa «šagal»; varias especies, particularmente el *Canis aureus*) m. Mamífero carnívoro cánido, parecido al *lobo, pero algo menor que él, que vive, a veces en manadas, en las regiones templadas de Asia y África. Se alimenta preferentemente de carne muerta.

chacalín (Hond.) m. **Camarón (crustáceo decápodo).*

chacana 1 (Ec.) f. *Camilla o *angarillas.* **2** (Perú) **Desván donde se guardan frutos.*

chacanear (Chi.) tr. *Espolear con fuerza a la *caballería.*

chácara[1] (Hispam.) f. **Granja o finca rústica.* ≃ Chacra.

chácara[2] (de or. quechua; Col.) f. *Monedero.*

chacarera (de «chácara[1]»; Arg.) f. *Baile popular de parejas sueltas, con ritmo variable según las regiones.*

chacarero, -a (de «chácara[1]»; Am. S.) adj. y n. **Campesino.*

chacarona 1 (*Dentex canariensis*) f. *Pez perciforme, parecido al dentón, propio de las costas canarias y saharianas.* **2** (Can.) **Pescado curado.*

chacarrachaca (inf.) Onomatopeya con que se representa el *ruido de una disputa u otro semejante.

chacate (Méj.; *Krameria grayi* y *Krameria canescens*) m. **Planta poligalácea.*

chacha[1] (de or. nahua) f. *Chachalaca.*

chacha[2] (afér. de «muchacha») **1** f. *Niñera.* **2** Criada.

cha-cha-cha o **chachachá** m. Baile de origen cubano, derivado de la rumba y el mambo.

chachacoma (Chi.; *Senecio eriophylon*) f. **Planta de los Andes, de flores amarillas, usada como medicinal.*

chachafruto (Col.; *Erythryna edulis*) m. *Planta leguminosa de fruto comestible.*

chachajo (Col.; *Aniba perulilis*) m. *Árbol de la familia de las lauráceas, de madera muy estimada por su color y por ser incorruptible a la humedad.*

chachal 1 (Perú) m. **Grafito.* **2** (Guat.) *Collar de origen indio, con monedas u otros objetos como adorno.*

chachalaca (de or. nahua) **1** (Am. C., Méj.; *Ortalis canicollis* y otras especies del mismo género) f. **Ave parecida a la gallina, de color pardo, cola y cuello largos, sin* *cresta ni barbas, de carne delicada y sabrosa.* ≃ Chacha, guacharaca. ⇒ Cayaya, charata. ➤ Canjuro. **2** (Am. C., Méj.; n. calif.) *Persona que habla mucho*

cháchara (del it. «chiàcchiera», influido en pronunciación por «ciacciare») **1** (inf.) f. Conversación animada, pero insustancial. ≃ Charla, palique. **2** (pl.) *Baratijas, cosas de poco valor.*

chacharear (de «cháchara») **1** (inf.) intr. Hablar mucho. **2** (Méj.) *Comerciar con cosas de poco valor.*

chacharero, -a (de «cháchara») **1** (inf.) adj. y n. *Se aplica a la persona que habla mucho.* **2** (Méj.) n. *Comerciante que negocia con cosas de poco valor.*

chacharón, -a adj. y n. *Chacharero (persona que habla mucho).*

chachi (inf.) adj. Muy bueno, estupendo. ≃ Chanchi. ⊙ (inf.) Muy bien, estupendamente: 'Lo pasamos chachi en la sierra con la nieve'. ≃ Chanchi.

chacho, -a (afér. de «muchacho») **1** (inf.) n. Muchacho. **2** m. *Puesta en el juego de baraja del hombre.*

chacina (del sup. lat. «siccīna, carne seca») **1** f. *Carne de *cerdo salada o preparada para hacer embutidos. **2** Conjunto de los *embutidos y otros productos hechos con carne de cerdo.

chacinería f. Tienda donde se vende chacina.

chacinero, -a n. Persona que hace o vende chacina.

chaco (del quechua «chacu») m. *Cacería con ojeo, encerrando la caza en un círculo, que hacían antiguamente los indios de América.*

chacó (del húngaro «csákó») m. Morrión que usaban los soldados de caballería y, después, los de otras armas. ⇒ *Sombrero.

chacolí (del vasc. «txakolin») m. *Vino ligero y algo agrio que se elabora en el País Vasco y Cantabria.

chacolotear (de or. expresivo) intr. *Hacer *ruido la herradura por estar poco sujeta.* ⊙ *Hacer ruido semejante otras cosas duras que se entrechocan o golpean repetidamente.* ≃ *Traquetear.

chacoloteo m. *Ruido producido por lo que chacolotea.*

chacón (voz imitativa del grito de este animal) m. Especie de *lagarto de Filipinas, de unos 30 cm, parecido a la salamanquesa, que vive en las grietas de los muros.

chacona (de or. expresivo) f. Danza española de los siglos XVI y XVII. ⊙ Pieza musical y poema compuestos para esta danza.

chaconada (del fr. «jaconas») f. **Tela fina de algodón, de colores vivos, que se usaba para vestidos de mujer en la segunda mitad del siglo XIX.*

chacota (de or. expresivo) f. *Regocijo, risas, bromas o *burlas que promueve un suceso o la presencia, actuación o palabras de alguien.

ECHAR [O TOMAR] A CHACOTA una cosa o a alguien. No dar la importancia debida a la cosa o persona de que se trata. ⇒ *Desatender.

chacotear (de «chacota») intr. *Hacer *burla.* ⊙ («de») prnl. *Burlarse de algo o alguien.*

chacoteo m. *Acción de chacotear[se].*

chacotero, -a adj. y n. *Inclinado a chacotearse.*

chacra (del ant. quechua «chacra»; Hispam.) f. *Chácara: *granja o finca rústica.*

chacuaco (de or. indoamericano) **1** (Hispam.) m. METAL. **Horno de manga empleado para fundir minerales de *plata.* **2** (Méj.) *Chimenea (conducto).*

chadiano, -a adj. y, aplicado a personas, también n. Del Chad, país africano.

chador (del persa «čādar», a través del hindi e ingl.) m. *Velo con que se cubren el cabello, el cuerpo hasta los pies y a veces el rostro las mujeres musulmanas.

chafado, -a 1 Participio adjetivo de «chafar[se]». **2** (inf.; «Dejar, Estar, Quedarse») Sin atreverse a responder o sin saber qué decir: 'Le dejaste chafado con tu respuesta'. ≃ Confundido. **3** (inf.; «Dejar, Estar, Quedarse») Abatido física o moralmente: 'Se ha quedado muy chafado después de la enfermedad. Le dejó muy chafado el desengaño'. ⇒ *Abatir.

chafaldete (¿relac. con «zafar²»?) m. MAR. **Cabo que sirve para cargar los puños de las gavias y juanetes llevándolos al centro de sus vergas.*

chafaldita (de «chafar»; inf.) f. **Pulla ligera e inofensiva.*

chafallada (de «chafallo»; And.; inf.) f. **Escuela de párvulos.*

chafallar (de «chafallo») tr. *Hacer o remendar ↘algo chapuceramente.*

chafallo (de «chafar») **1** m. *Remiendo chapucero.* **2** *Borrón en un escrito.*

chafallón, -a adj. y n. *Chapucero.*

chafalmejas (de «chafar» y «almejas»; inf.) n. *Nombre burlesco o despectivo para «*pintor».* ≃ Pintamonas.

chafalonía (de «chafallón») f. *Conjunto de objetos de *plata y *oro inservibles, para fundir.*

chafandín (de «chafar») m. *Persona vanidosa y poco juiciosa o de poco valer.* ⇒ *Botarate.

chafar (de or. expresivo) **1** (inf.) tr. y prnl. *Aplastar[se] una ↘cosa cuyo contenido se desparrama al romperse la envoltura; como un huevo o un grano de uva. ⊙ Deshacer[se] una cosa blanda al apretujarla; como un plátano con un tenedor. **2** Poner[se] arrugada, aplastada, estropeada o ajada una ↘cosa al apretarla, pisarla, etc.; como la hierba pisándola, el peinado con el sombrero o un colchón echándose encima. **3** (inf.) tr. *Abatir física o moralmente a ↘alguien: 'Este fracaso ha acabado de chafarle'. **4** (inf.) *Dominar o *confundir a ↘alguien en una discusión. **5** (inf.) Quitarle a ↘alguien la *presunción o desengañarle en ciertas *pretensiones impertinentes con algo que se le dice o hace. ⇒ *Humillar.

chafariz (del ár. and. «ṣahríǧ») m. *Parte superior de una *fuente monumental, donde están los caños por donde sale el agua.*

chafarote (del ár. and. «šífra» o «šáfra») **1** m. **Alfanje corto y ancho, generalmente corvo hacia la punta.* **2** (inf.) **Espada o *sable ancho o muy largo.*

chafarraño (de «chafar»; Can.) m. *Galleta de *maíz.*

chafarrinada f. **Chafarrinón.*

chafarrinar (de «chafar») tr. *Llenar ↘algo de manchas o borrones.*

chafarrinón (de «chafar») **1** («Echar, Llenar de») m. *Mancha irregular, por ejemplo de cal o de pintura. ≃ Manchurrón. **2** Pintura (cuadro) mal hecha. **3** (inf.) *Cosa que es una *deshonra o *descrédito para alguien.* ≃ Mancha.

chafirete, -a (Méj.; desp.) n. *Chófer.*

chaflán (del fr. «chanfrein») m. Cara que resulta en un objeto al cortar una esquina o *arista de él. ⊙ Particularmente, ochava (fachada que sustituye en un edificio a una esquina). ≃ Chanfle. ⇒ Bisel. ➤ Achaflanar, chanflear.

HACER CHAFLÁN. Formarlo. ⊙ Ocupar un chaflán: 'La tienda que hace chaflán'.

chaflanar tr. *Achaflanar.*

chagolla 1 (Méj.) f. **Moneda falsa o muy gastada.* **2** (Méj.; n. calif.) *Cosa sin valor.*

chagorra (Méj.) f. **Mujer ordinaria.*

chagra 1 (Col., Ec.) f. *Chacra.* **2** (Ec.) n. *Campesino.* **3** (Ec.) adj. *Inculto, grosero.*

chagrín (del fr. «chagrin») **1** m. *Tafilete. **2** Curtido hecho de manera que hace resaltar el granulado de la *piel.

chagual (del quechua «chahuar», estopa) **1** (*Bromelia serra*) m. *Planta bromeliácea de tronco escamoso; la médula del tallo tierno es comestible; con las fibras se hacen cuerdas, y madera se emplea como suavizador para las navaja de afeitar. **2** (Chi.) *Fruto del cardón (planta bromeliácea de Chile).*

chaguala 1 f. **Pendiente que llevaban los *indios en la nariz.* **2** (Méj.) **Chancleta (zapato o zapatilla).* **3** (Col.) **Calzado viejo.* **4** (Col.) *Herida o *cicatriz en la cara.* ≃ Chirlo.

chagualón (Col.) m. **Árbol del incienso.*

cháguar (¿del quechua «ch'áhuar»?; Hispam.) m. *Caraguatá (planta).*

chaguarama o **chaguaramo** (Am. C.; *Roystonea regia*). f. o m. *Especie de *palmera gigantesca, de fruto harinoso y nutritivo, la cual se emplea también como ornamental.*

chaguarzo (relac. con «jaguarzo»; Sal.) m. *Cierta *planta de color violáceo, parecida al tomillo, pero inodora.*

chagüí (Ec.) m. Cierto *pájaro abundante en el litoral.

cháhuar 1 (Hispam.) m. **Caraguatá (planta).* **2** (Ec.) adj. *Aplicado a las *caballerías, bayo.*

chahuistle (del nahua «chiahuiztli», humor, humedad; Méj.) m. **Roya del maíz.*

chaima adj. y, aplicado a personas, también n. *Se aplica a los *indios de una tribu del noroeste de Venezuela, y a sus cosas.* ⊙ m. *Lengua hablada por estos indios.*

chaira (del gall. «chaira») **1** f. Cuchilla que usan los zapateros para cortar la suela. ≃ Cheira, trinchete. **2** Barra de acero que usan, por ejemplo los carniceros, para *afilar las cuchillas. ≃ Cheira, eslabón. **3** Barra semejante que usan los *carpinteros para adelgazar el filo de las cuchillas de raspar. ≃ Cheira. **4** (argot) Navaja. ≃ Cheira, sirla.

chaise longue (pronunc. [cheslón]) f. *Diván.

chajá (de or. expresivo; Arg., Par., Ur.; *Chauna torquata*) m. **Ave zancuda del tamaño del pavo, con dos púas en la parte anterior de las alas.* ≃ Camungo, cauno.

chajal 1 (Ec.) m. **Indio que estaba al servicio del cura en las parroquias.* **2** (Ec.) **Criado.*

chajuán (Col.) m. *Calor bochornoso.*

chajuanado, -a (Col.) *Participio adjetivo de «chajuanar[se]».*

chajuanar (Col.) tr. y prnl. *Cansar[se].*

chal (del fr. «châle», del persa «šāl») m. Prenda que se ponen las mujeres sobre la espalda y los hombros como adorno o para abrigarse. ≃ Echarpe. ⊙ Prenda de lana, generalmente de punto, que se pone sobre los hombros y espalda como abrigo o con la que se envuelve a los niños. ⇒ Chalina, dengue, echarpe, estola, estolón, gabacha, gregorillo, lliclla, manteleta, nube, palatina, pañoleta. ➤ *Mantón. *Toquilla. *Vestir.

chala (de or. quechua) **1** (Am. S.) f. **Espata verde del *maíz.* ⇒ Chicholo, chigüil, choclo, humita. **2** (Chi.) *Chalala.*

chalaco, -a (Perú) adj. y n. *Natural del Callao (puerto del Perú).*

chalado, -a (de «chalar») **1** (inf.; «Estar, Tener») adj. y n. Se aplica al que comete extravagancias de persona que no tiene todo su juicio. ≃ Chiflado, trastornado. ⇒ *Loco. **2** («por») adj. Perdidamente *enamorado: 'Está chalado por esa chica'.

chaladura 1 (inf; «Dar la; de») f. Extravagancia o *manía: 'Le ha dado la chaladura de irse solo'. **2** (inf.) Enamoramiento.

chalala (Chi.) f. **Sandalia tosca de cuero usada por los *indios.*

chalán (del fr. «chaland», cliente de un mercader) **1** m. Hombre que negocia con compras y ventas, particularmente de *caballerías. ≃ Tratante. **2** (n. calif.) *Negociante o cualquier clase de persona que engaña en los tratos. **3** (Hispam.) **Picador (el que doma caballos).*

chalana (del fr. «chaland», cliente) f. *Barco de fondo plano, proa aguda y popa cuadrada, que se emplea para transportes en sitios de poco fondo. ≃ Chata.

chalanear 1 tr. Hacer negocios con habilidad propia de un chalán. **2** (Hispam.) *Domar ↘caballos.*

chalaneo m. Acción de chalanear.

chalanería f. Artimaña propia de un chalán.

chalanesco, -a (desp.) adj. Propio de chalán.

chalar (del caló «chalar», enloquecer) **1** (inf.) tr. *Poner a alguien en estado de no discurrir bien; particularmente, por enamorarle. Se usa más «tener chalado».* ≃ Chiflar, trastornar, hacer perder la cabeza. **2** (inf.) prnl. *Volverse loco.* **3** (inf.) **Enamorarse perdidamente.*

chalate (Méj.) m. **Caballo matalón.*

chalaza (del gr. «chálaza», galladura de huevo) f. Cada uno de los dos ligamentos que mantienen la yema del *huevo en medio de la clara.

chalazión (del fr. «chalaze») m. *Pequeño *tumor que se produce en el párpado por inflamación de las glándulas sebáceas.*

chalcha (de or. mapuche; Chi.) f., gralm. pl. **Papada.*

chalchal (Arg.; *Schmidelia edulis*) m. *Cierto árbol frutal.* ⇒ *Planta.

chalchihuite (del nahua «chalchiuitl») **1** (Méj.) m. *Especie de *esmeralda basta.* **2** (Guat., Salv.) **Chuchería.*

chalé (de «chalet») m. *Casa unifamiliar, generalmente de más de una planta, con jardín. ≃ Chalet, hotel. ⇒ *Quinta.

CHALÉ ADOSADO. El que forma parte de un conjunto de chalés de muros exteriores contiguos.

chaleco (del turco «yelek», ¿a través del it.?) **1** m. Prenda sin mangas que llega de los hombros a la cintura. Forma, con la chaqueta y el pantalón, un traje completo de hombre o «terno». ⇒ Bolero, chomba, coletillo, coleto, corpiño, jaco, jubete, *jubón, monillo, torera. ➤ *Vestir. **2** (Cuba) *Americana (*chaqueta).* **3** (Cuba) **Jersey.* **4** (Chi.) *Rebeca.*

CHALECO ANTIBALAS. Chaleco que sirve de protección contra las balas.

C. SALVAVIDAS. Chaleco neumático dispuesto para casos de naufragio, etc. ⇒ *Salvar.

chalequero, -a n. Persona que hace chalecos. ⊙ f. Oficiala de sastre.

chalet (fr.; pronunc. [chalé]; pl. «chalets») m. Chalé.

chalina 1 f. **Chal estrecho usado por las mujeres.* **2** *Corbata ancha y sin armadura que se ata con lazadas. ⇒ Golilla.

challar (de or. quechua) **1** (Bol.) tr. *Rociar el suelo con licor en honor de la Pachamama o madre tierra.* **2** (Bol.) *Celebrar un hecho favorable con comida y bebida.*

challulla (Perú) f. *Cierto *pez fluvial sin escamas.*

chalón (de «chal»; Ur.) m. **Manto o mantón negro*

chalona (Bol.) f. **Carne de oveja, salada y seca al sol.* ⊙ (Perú) *Carne de carnero acecinada.* ⇒ *Cecina.

chalota o **chalote** (del fr. «échalote»; *Allium ascalonicum)* f. o m. *Planta hortense liliácea de bulbos agregados como los del ajo, blancos por dentro y rojizos por fuera, llamados de la misma manera, que se emplean como condimento. ≃ AJO chalote, ascalonia, CEBOLLA escalonia, escalona, escaloña.

chalupa (del fr. «chaloupe», del neerl. «sloep») **1** f. *Barco pequeño o *lancha; por ejemplo, la de mayor tamaño de las que llevan a bordo los buques. ⊙ *Canoa usada para navegar entre las chinampas de Méjico.* **2** (Méj.) *Cierta *torta de *maíz de forma ovalada.*

chalupero m. *Patrón o dueño de una chalupa.*

chaluquero m. *Entre gente de mar, hombre que se dedica al cabotaje.*

chama f. *Acción de chamar.*

chamaco, -a (Méj.) n. **Niño o *muchacho.*

chamada (del gall. port. «chama») **1** f. *Chamarasca.* **2** (And.) *Racha de acontecimientos desfavorables.*

chamagoso, -a (del nahua «chiamahuia», embadurnar algo con aceite de chía) **1** (Méj.) adj. *Aplicado a personas, de mal aspecto, *descuidado o *sucio.* **2** (Méj.) *Aplicado a cosas, *basto o *vulgar.*

chamagua (Méj.) f. *Campo de *maíz que empieza a sazonarse.* ≃ Camagua.

chamal[1] **1** (Arg., Chi.) m. *Tela con que los *indios araucanos se cubrían de cintura para abajo; a veces, volvía hacia delante por entre las piernas, a modo de pantalones.* ⇒ Chiripá. **2** (Chi.) *Manta usada como *mantón por las indias araucanas.*

chamal[2] m. **Viento estival de Mesopotamia, del noroeste.*

chamán (de or. siberiano, a través del ruso) m. Hechicero.

chamanismo m. Actividad de los chamanes.

chamanístico, -a adj. Propio del chamanismo.

chamanto (Chi.) m. **Manto de lana fina con listas de colores, que usan los campesinos.*

chamar (¿de un cruce del port. ant. «cambar» con el fr. «changer»?) tr. *Entre chamarileros, *cambiar una cosa por otra.*

chámara f. Chamarasca.

chamarasca (del gall. port. «chama») **1** f. *Leña menuda que hace llamarada de poca duración. ≃ Brusca, chamada, chámara. **2** Esa llama. ⇒ Charada.

chamarilear **1** tr. *Chamar.* **2** Comprar y vender cosas viejas.

chamarileo m. Acción de chamarilear.

chamarilero, -a n. Persona que compra y vende cosas viejas. ⇒ *Prendero.

chamarillero, -a **1** n. *Chamarilero.* **2** m. **Tahúr.*

chamarillón, -a (de «chamarilero») adj. y n. *Se aplica al que juega mal a la *baraja.*

chamariz (del port. «chamariz», reclamo, señuelo; *Carduelis spinus)* m. *Pájaro fringílido, más pequeño que el jilguero, de plumaje verdoso con manchas y fajas oscuras en la cabeza, dorso y alas.

chamarón (aum. de «chamariz»; *Aegithalos caudatus)* m. *Pájaro conirrostro, pequeño, de cola muy larga, con el plumaje blanco y negro. ≃ Mito.

chamarra f. *Especie de *zamarra de jerga o paño basto.*

chamarreta f. *Casaquilla o *chaqueta holgada que llegaba hasta poco más abajo de la cintura.*

chamarro (Hond.) m. *Zamarro.*

chamba[1] (del port. ant. «chamba») **1** (inf.; «Por») f. *Casualidad afortunada que evita un inconveniente o proporciona una *ventaja: 'He llegado a tiempo por chamba'. ⊙ (inf.; «Por») Acierto casual: 'Le has dado a la pelota por chamba'. ⇒ Bamba, bambarria, carambola, chiripa, churro, sapo, zapallo. ➤ *Casualidad. **2** (Guat., Méj.; inf.) *Trabajo, empleo.*

chamba[2] (del quechua «champa»; la 3.ª acep., por alusión a lo enmarañado de la «champa») **1** (Arg., Ec.) f. *Champa (tepe).* **2** (Col., Ven.) *Zanja o vallado que limita una finca.* **3** (Ec.) *Enredo de ideas.*

chambado (Arg., Chi.) m. **Cuerna (vaso de cuerno) o *vaso rústico.*

chambaril (¿del port. ant. «chamba», pierna?; Sal.) m. **Talón del pie.*

chambelán (del fr. «chambellan», del germ. «kamerlinc», camarero) m. Persona noble que acompañaba al *rey. ≃ Camarlengo, GENTILHOMBRE de cámara.

chamberga (And.) f. **Cinta de seda muy estrecha.*

A LA CHAMBERGA. *Vestido con una casaca parecida a la de los soldados chambergos.*

chambergo, -a **1** adj. *Se aplica a una casaca que trajeron el general Schomberg y sus tropas cuando vinieron de Francia a la guerra de Cataluña, hacia 1650.* **2** Se aplica a cierto regimiento que se creó en tiempo de Carlos II para su guardia personal que usaba una casaca de este tipo. ⊙ adj. y n. m. También a los *soldados de él y a las prendas de su uniforme; particularmente, al sombrero. ⊙ (inf.) m. Cualquier *sombrero. ⊙ (inf.) Chaquetón. **3** **Moneda de plata que corría en Cataluña en el siglo XVIII y valía algo menos que el real de Castilla.*

chambilla (¿de «jamba», con influencia de «chamba[1]»?) f. *Cerco de *piedra sobre el que se coloca una *reja.*

chambo (Chi.) m. **Cambio de granos y semillas por otros artículos.*

chambón, -a (de «chamba[1]») **1** (inf.; n. calif) adj. y n. Se aplica al que, sin ser hábil en el *juego, hace buenas jugadas por casualidad. **2** *Poco hábil en el juego.* ⊙ *Poco hábil en cualquier otra cosa.* ⇒ *Torpe. **3** **Desgarbado en su porte, o vestido sin cuidado.* ≃ Desgalichado.

chambonada **1** (inf.) f. *Chamba: acierto casual.* **2** (inf.) **Desacierto del chambón (torpe).*

chambonear (Hispam.) intr. *Hacer chambonadas.*

chamborote **1** (Ec.) adj. *Se aplica al pimiento blanco.* **2** (Ec.) *Se aplica a la persona de *nariz larga.*

chambra (del fr. «robe de chambre») **1** f. **Vestidura interior, no ajustada, de mujer o de niño, que cubre la parte superior del cuerpo.* ⇒ Chapona, cubrecorsé, jubón. **2** (pop.) **Blusa de mujer.* **3** (R. Dom.) **Imperdible.*

chambrana (del fr. ant. «chambrande») **1** f. CONSTR. Adorno de piedra que se pone alrededor de las puertas, ventanas, chimeneas, etc. **2** *Travesaño que une las patas de una mesa, de una silla u otro mueble.*

chambre (Mál.) m. **Granuja.*

chambucho (Chi.) m. **Tugurio.* ≃ Cambucho.

chamburo o **chamburú** m. Pie femenino del papayero, o sea el que produce las papayas.

chamelador **1** m. *El que chamela.* **2** *Nombre que, en el juego del chamelo, se da a ciertos jugadores.*

chamelar intr. *En el juego del dominó llamado «chamelo», cambiar un jugador las fichas que le han correspondido por otras de la mesa.*

chamelo (del cat. «xamelo») m. *Variante del juego del dominó.*

chamelote (del fr. ant. «chamelot», de «chamel», camello) m. *Camelote: *tejido de pelo de camello, o imitación de él.*

chamelotón m. *Camelote basto.*

chamerluco (del turco «yağmurluk», prenda para la lluvia) m. *Cierto vestido femenino antiguo, ajustado y con una especie de collarín.*

chamicado, -a 1 (Chi., Perú; «Estar») adj. *Melancólico.* **2** (Chi., Perú; «Estar») **Borracho.*

chamicera (de «chamizo») f. *Zona de monte quemada.*

chamicero, -a 1 adj. *Del chamizo o parecido a él.* **2** m. Lugar donde abunda la leña menuda.

chamico (de or. quechua; Am. S., Cuba) m. **Estramonio (planta solanácea).*

DAR CHAMICO (Arg., Ec.). **Hechizar.*

chamiza (del gall. port. «chamiça») **1** f. *Planta gramínácea que crece en los sitios húmedos, usada para cubrir la techumbre de las chozas. **2** **Leña menuda.*

chamizo (de «chamiza») **1** m. **Árbol o leño chamuscado o medio quemado.* **2** **Choza con cubierta de chamiza, cañas o ramaje de otra clase.* **3** Casa o vivienda miserable. ≃ Casucha.

chamorra (inf.) f. **Cabeza trasquilada.*

chamorrar (de «chamorra»; ant.) tr. **Trasquilar.*

chamorro, -a (¿de or. prerromano?) adj. y n. *Se aplica al que lleva la cabeza trasquilada.*

V. «TRIGO chamorro».

champa (de or. expresivo) **1** (Am. S.) f. *Tepe, cepellón.* **2** (Am. C.) *Chamizo hecho de palmas.*

champagne (fr.) m. Champán (*vino espumoso, blanco o rosado, elaborado en la región francesa de Champagne).

champán[1] (del malayo «čampāń», del chino «san pan», tres tablas) m. *Sampán (embarcación).*

champán[2] (de «champagne») m. *Vino espumoso, blanco o rosado, elaborado en la región francesa de Champagne. ⊙ Vino similar elaborado en otros lugares. ≃ Cava. ⇒ Achampañado.

champaña (de «Champagne», región francesa donde se hace este vino) m. Champán (*vino espumoso, blanco o rosado).

champañazo (Chi.) m. **Fiesta de sociedad en que se bebe champán.*

champar (de or. expresivo) **1** tr. *Decirle a alguien una ↘brusquedad o una *verdad molesta.* ≃ *Endilgar. **2** *Echarle en *cara un beneficio.* ⇒ SONIDO expresivo, z...p.

champear tr. **Cerrar con champas una ↘presa o portillo.*

champiñón (del fr. «champignon»; *Agaricus campestris*) m. Variedad de *hongos muy usada como comestible.

champión (Par., P. Rico, Ur.) m. **Zapatilla de deporte.*

champlevé (fr.) m. *Trabajo hecho sobre una superficie lisa quitando material, por ejemplo para *incrustar otro, o bien, tratándose de una plancha de *grabar, para hacer blancos.* ≃ Campeado.

champola 1 (Cuba, Am. C., R. Dom.) f. *Bebida refrescante hecha con pulpa de guanábana, agua y azúcar.* **2** (Chi.) *Bebida refrescante hecha con chirimoya.*

champú (del ingl. «shampoo», lavar la cabeza, del hindi «chāmpnā», apretar, sobar) **1** m. *Jugo de la corteza interna del árbol chileno llamado quillay, que se empleaba para lavarse el *pelo.* **2** Cualquier jabón líquido especial para lavarse el pelo.

champurrar tr. *Chapurrar: *mezclar dos o más licores.*

champuz (Ec., Perú) m. **Gachas de harina de maíz, o de maíz cocido, con azúcar y zumo de naranjilla.*

chamuchina 1 f. *Cosa de poco valor.* ≃ Chuchería, *pequeñez. **2** (Hispam.) **Gente ordinaria.* ⇒ *Chusma.

chamullar (caló; inf.) tr. e intr. Hablar.

chamurrar (del sup. lat. «semiurāre», medio quemar) tr. *Chamuscar.*

chamuscado, -a 1 Participio de «chamuscar[se]». ⊙ adj. Algo quemado. **2** (inf.) *Aplicado a personas, con indicios de estar contaminado de ciertas ideas, cierto vicio, etc.*

chamuscar (del port. «chamuscar») tr. y prnl. Quemar[se] ↘algo superficialmente o por las puntas: 'El gato se ha chamuscado los bigotes'. ≃ *Socarrar, chamurrar, jamuscar.

chamusco m. *Chamusquina.*

chamusquina 1 f. Acción de chamuscarse algo. **2** (inf.) **Riña.*

OLER A CHAMUSQUINA. Haber indicios de que va a ocurrir algo como una riña, un *castigo o una reprensión. ⊙ (ant.) *Ser un escrito o acto sospechoso de *herejía, lo que podía originar la intervención de la *Inquisición.*

V. «oler la CABEZA a chamusquina».

chan (*Salvia tiliaefolia*) m. Planta herbácea labiada de Méjico y América Central, con cuyas semillas se elabora una bebida; las hojas tienen propiedades insecticidas.

chana m. **Cielo de los *musulmanes.*

chaná adj. y, aplicado a personas, también n. *Se aplica a un pueblo indio que en la época de la conquista habitaba al nordeste de la actual Argentina, y a sus cosas.* ⊙ m. *Lengua hablada por este pueblo.*

chanada (¿del caló «chanar», saber, entender?; inf.) f. **Engaño, *chasco o *burla.*

chanca[1] **1** (And.) f. *Depósito a manera de troje donde se ponen a curar boquerones, caballas, etc., para *conservarlos.* **2** (And.) *Industria pequeña de *salazón de pescado.*

chanca[2] (del ár. y rom. and. «čanka») **1** f. *Chancla (calzado viejo con el contrafuerte doblado).* **2** (inf.) **Trasto inútil.* ≃ Chancla. ⊙ *Cosa, por ejemplo que se compra, mala e inservible.* ⇒ Macana. **3** *Persona *achacosa.* ⇒ Carraca, cataplasma, chancla, chancleta, emplasto, piltrafa, sotreta. **4** (Sal.) **Zueco.*

ESTAR HECHO UNA CHANCA. *Estar viejo o *achacoso.*

chanca[3] («chancar») **1** (Am. S.) f. *Trituración.* **2** (Bol.) *Guisado de carne de pollo o conejo machacada con ají.* **3** (Chi., Perú) *Paliza.*

chancaca (del nahua «chiancaca», azúcar moreno, o del quechua «chánkkay», machacar) **1** (Hispam.) f. **Azúcar de segunda, en panes prismáticos.* ≃ Panela. **2** (Ec.) *Pasta hecha con *maíz o trigo tostado y molido, y miel.*

chancacazo 1 (Chi., Perú) m. **Golpe; especialmente pedrada.* **2** (Chi.) *Paliza o pateadura.*

chancadora (Chi.) f. *Trituradora.*

chancaquita (Hispam.) f. **Pasta hecha con chancaca, nueces, coco, etc.*

chancar (del quechua «chánkkay»; Chi.) tr. *Triturar.*

chancear (de «chanza») **1** intr. Bromear. **2** prnl. *Burlarse por diversión, sin mala intención.

chanceler (ant.) m. *Canciller.*

chancellar (ant.) tr. *Cancelar.*

chanceller (ant.) m. *Canciller.*

chancero, -a adj. Aficionado a gastar chanzas.

chancha (de «chanza»; ant.) f. **Engaño o *embuste.*

cháncharras máncharras («Andar, Venir con, Gastar»...; inf.) f. pl. **Rodeos o *pretextos para no hacer cierta cosa.*

chanchería (Hispam.) f. *Tienda donde se vende carne de cerdo y embutidos.*

chanchero, -a (Am. S.) n. *Persona que cría cerdos o negocia con ellos.*

chanchi (inf.) adj. Muy bueno, estupendo. ≃ Chachi. ⊙ (inf.) adv. Muy bien. ≃ Chachi.

chancho, -a (de «sancho») **1** (Hispam.) n. **Cerdo.* **2** (Hispam.) adj. y n. **Sucio o *desaseado.* **3** (Hispam.) m. *Peón que ha quedado inmovilizado, en los juegos de *damas o *ajedrez.*

chanchullero, -a (inf.) adj. y n. Se aplica a la persona que hace chanchullos.

chanchullo (de «chancha»; «Hacer») m. Acción realizada por una persona, o acuerdo, trato o asunto en que intervienen varias, en que se obra con desaprensión para beneficiarse. ⇒ Amasijo, apañico, apañijo, apaño, arreglico, arreglito, arreglo, cambalache, cambullón, combinación, componenda, embrollo, empanada, enjuague, enredo, manejo, menjurje, pastel, tamal, tinterillada. ➤ Buenos OFICIOS. ➤ *Conspirar. *Contubernio. *Intrigar. *Trampa.

chanciller (del fr. «chanceller») m. *Canciller.*

chancillería **1** f. Antiguo *tribunal superior de justicia. **2** (ant.) *Cancillería: cargo de canciller o chanciller.*

chancla (del ár. y rom. and. «čánka», de or. prerromano) f. Chancleta (calzado).

EN CHANCLA. En chancletas.

ESTAR HECHO UNA CHANCLA. *Estar hecho una* CHANCA.

chancleta (dim. de «chancla») **1** f. Calzado que se lleva con el contrafuerte pisado con el talón. **2** *Zapatilla que deja descubierto el talón, que se usa para dentro de casa. ≃ Babucha, chancla. ⇒ Chaguala. **3** También se aplica a otros tipos de calzado que dejan descubierto gran parte del pie, como el usado para andar por playas y piscinas. **4** (Hispam.; inf. y desp.) *Mujer o, especialmente, niña recién nacida.*

EN CHANCLETAS («Andar, Ir»). Con los zapatos o zapatillas con el contrafuerte doblado, pisándolo con el talón. ⇒ Descarcañalar. ➤ *Calzado.

ESTAR HECHO UN[A] CHANCLETA. *Estar hecho una* CHANCA.

TIRAR LA CHANCLETA. **1** (Arg.; inf. y hum.) *Abandonar una mujer la formalidad, especialmente en asuntos amorosos.* ⊙ (Arg.; inf. y hum.) *Perder la virginidad una mujer soltera.* **2** (Arg.; inf. y hum.) *Descuidar una persona sus responsabilidades.*

chancletear intr. Hacer el ruido particular que se produce al andar con chancletas. ⇒ *Traquetear.

chancleteo m. Acción de chancletear. ⊙ Ruido producido al chancletear.

chanclo (de «chanca[2]») **1** m. *Zueco: zapato de madera, con la punta levantada y unos pivotes en la suela, que se emplea en algunas regiones para andar por el *barro. **2** Zapato de caucho que se pone sobre el *calzado ordinario para preservarlo del barro o la lluvia. ⇒ Choclo.

chanco (de «chanca[2]»; ant.) m. **Chapín de corcho.*

chancón, -a (de «chancar»; Perú) adj. y n. *Empollón.*

chancro (del fr. «chancre») m. **Úlcera de origen sifilítico.*

chancuco **1** (Col.) m. **Tabaco de *contrabando.* **2** (Col.) *Contrabando.*

chanda (de or. quechua; Col.) f. *Sarna.*

chándal (del fr. «chandail», jersey de los vendedores de verdura) m. Traje deportivo formado por un pantalón y una blusa o chaqueta. ⇒ Buzo, hot-pants, jogging, mono, pants, sudadera, sudador, TRAJE deportivo.

chandoso, -a (Col.) adj. *Aplicado especialmente a los perros, sarnoso.*

chanela (¿de «cianella», forma dialectal del it. «pianella»?; ant.) f. *Chinela.*

chanfaina (¿del ant. «sanfoina», del lat. «symphonĭa», con cambio de sufijo?) **1** f. *Guiso de *asadura hecha en trozos menudos.* **2** (And.) *Cierto *guiso de carne y morcilla o asadura de cerdo con una salsa espesa hecha con distintos ingredientes.* **3** **Fritada.* **4** (Col.) *Empleo o negocio muy conveniente.* ≃ Bicoca.

chanfle **1** (Arg., Méj.) m. *Chaflán.* **2** (Arg.) *Golpe o corte oblicuo sobre algo.*

DE CHANFLE (Arg.). *Oblicuamente.*

chanflear (Arg.) tr. *Achaflanar.*

chanflón, -a (del fr. «chanfrein») **1** adj. y n. *Se aplica a la moneda falsa.* **2** adj. y, aplicado a personas, también n. **Tosco, *basto, de pocas cualidades.* **3** m. **Moneda antigua de dos cuartos.* **4** *Disco de metal o moneda para jugar al chito.*

V. «CLAVO chanflón».

changa[1] (relac. con «chamba», quizá por cruce con «ganga») **1** («Hacer») f. *Trato o negocio de poca importancia.* **2** (Am. S.) *Servicio de *transporte hecho a hombros.* **3** (And., Am. S., Cuba) *Burla, broma.*

changa[2] **1** (P. Rico) f. *Insecto dañino para las plantas.* **2** (P. Rico; n. calif.) *Persona malvada.* **3** (P. Rico; argot) *Colilla de cigarrillo de marihuana.*

changado, -a Participio de «changar[se]». ⊙ adj. Roto, estropeado.

changador (¿del port. «jangada», almadía?; Am. S.) m. **Mozo de cuerda.*

changallo, -a (relac. con «zángano»; Can.) adj. **Perezoso.*

changar (de or. expresivo; inf.) tr. y prnl. Estropear[se], romper[se].

changarra (Sal.) f. **Cencerro.*

changarro (de or. expresivo) **1** m. *Cencerro.* **2** (Méj.) *Tienda pequeña.*

changle (Chi.; *Clavaria coralloides*) m. **Hongo comestible que crece en los robles.*

chango, -a **1** (Chi.) adj. y n. *Se aplica a la persona torpe o molesta.* **2** (Méj.) *Listo, astuto.* **3** (P. Rico, R. Dom., Ven.) *Bromista.* **4** (Arg., Bol., Méj.; en Col. sólo f.) n. *Apelativo cariñoso que se aplica a un niño o muchacho.* **5** (P. Rico) *Persona de poco juicio y modales afectados.* **6** (Méj.) m. *Mono.*

changuería (Hond., Méj., P. Rico) f. *Broma.*

changüí **1** (inf.; «Dar») m. **Engaño, *broma o *burla.* **2** (Cuba) *Cierta danza antigua de gente ordinaria.* **3** (Arg.; inf.) *Ventaja que se concede a alguien, especialmente en un juego o competición.* ⊙ (Arg.; inf.) *Particularmente, la engañosa para que el adversario se confíe.*

changurro (del vasc. «txangurro») m. Plato típico vasco hecho con centollo cocido y desmenuzado en su caparazón.

chano, chano (inf.) adv. *Paso a paso, poco a poco.*

chanquete (*Aphya minuta*) m. Pez muy pequeño, semejante a la cría del boquerón, que se pesca en particular en Andalucía y constituye un plato muy apreciado.

chantado m. **Cerco de chantos.*

chantaje (del fr. «chantage») m. Procedimiento para conseguir algo que se pretende de una persona, amenazándola, particularmente con la difamación, si no accede a ello. ⇒ Tapar la BOCA, chantajear. ➤ *Coacción.

chantajear tr. Hacer chantaje a ↘alguien.

chantajista n. Persona que utiliza el chantaje.

chantar (del gall. «chantar») **1** tr. *Hincar.* **2** (inf.) *Ponerle a alguien un ↘vestido inadecuado o que no le va bien.* ≃ Plantar. **3** *Decirle a alguien una ↘brusquedad, una impertinencia o una *verdad molesta.* ≃ Plantar. **4** **Cercar con chantos una ↘finca.*

chantillí (de «Chantilly», ciudad francesa) **1** m. Crema de pastelería hecha con huevos, de los que se baten por separado las claras a punto de nieve, y a la que se incorpora crema de leche cruda. **2** *Encaje de bolillos en colores blanco y negro.

chantillón (del fr. «échantillon») m. *Patrón al que se han de ajustar las dimensiones de una *piedra que se labra.* ≃ Escantillón.

chanto (de «chantar») **1** (noroeste de España) m. **Madero o *piedra que se clava verticalmente en el suelo.* **2** (Gal.) **Piedra plana que se saca de las canteras en grandes planchas y se emplea para formar cercados y para pavimentar.*

chantre (del fr. «chantre») m. *Canónigo al que antiguamente correspondía cuidarse del *canto en el coro. ⇒ Capiscol, socapiscol, sochantre, sucentor, veintenero.

chanza (¿del it. «ciancia»?; «Decir, Gastar») f. Dicho con que una persona se burla de otra sin malignidad. ≃ *Broma.

chanzoneta[1] (del fr. «chansonnette») f. *Cierto género de *canciones que se cantaban en Navidad y otras fiestas.*

chanzoneta[2] f. *Chanza.*

chañar (de or. quechua; Am. S.; *Geofroea decorticans)* m. *Árbol leguminoso parecido al olivo en el tamaño y forma de las hojas, pero espinoso y de corteza amarilla; da un fruto de sabor parecido a la azufaifa.* ⇒ *Planta.

chaño (Chi.) m. **Manta basta con listas rojas y fleco, que se usa también como sudadero.*

¡chao! (del it. «ciao»; inf.) interj. ¡Adiós!

chaola (del fr. «geôle») f. *Chabola.*

chapa (de or. expresivo) **1** f. Trozo plano, delgado y de grosor uniforme de cualquier material duro. ≃ *Placa, plancha. ⊙ Particularmente, de metal. ⊙ Específicamente, de *hierro o *acero. ⊙ También, la muy delgada de madera fina con que se reviste un objeto de madera más basta. ⊙ Se aplica muchas veces como nombre particular a *piezas de esa forma en cualquier máquina o dispositivo: 'La chapa del horno'. ⊙ Pequeño trozo de chapa, redondo o de otra forma, que se utiliza para diversas cosas; por ejemplo, como contraseña en un guardarropas. ⇒ Escudo, escudete, ficha, medalla, tarja. ➤ Guachapear. **2** (Arg., Cuba, Par., Ur.) **Matrícula de un vehículo.* **3** Tapón metálico que cierra herméticamente ciertas botellas. ⊙ («Jugar a las»; pl.) Juego de niños en que se utilizan estos tapones; por ejemplo, el que consiste en echar carreras con ellos sobre un camino pintado con tiza en el suelo. **4** Carrocería del automóvil. **5** (Hispam.) *Cerradura.* **6** Chapa de *madera formada por láminas muy delgadas encoladas entre sí de modo que las que van juntas tengan la veta en sentido contrario. ≃ Contrachapado. **7** *Pequeño trozo plano y delgado de cartón (muchas veces la cara iluminada de una caja de cerillas) o de otro material, empleado para jugar a «las chapas», juego que consiste en tirar algunos de esos trozos o unas monedas a lo alto, pasando a propiedad de uno u otro de los jugadores según de qué lado caen.* ⇒ PAN o vino. **8** *Trozo pequeño de piel fina con que se refuerzan los finales de las costuras con que se unen las piezas del *calzado.* **9** **Lunar rojo artificial que se ponían las mujeres como *adorno.* **10** Chapeta: *mancha roja en las mejillas. **11** *(Iberus gualtierianus)* *Caracol terrestre, endémico de la región mediterránea ibérica, de gran tamaño y de color terroso, y con muchas variedades. **12** (inf.) *Formalidad, seriedad:* 'Hombre de chapa'.

ESTAR SIN CHAPA (inf.). Estar sin *dinero.

NO DAR [O PEGAR] NI CHAPA (inf.). No trabajar o no estudiar.

NO TENER NI CHAPA. **1** (inf.) No saber nada de algo. **2** (inf.) Estar sin CHAPA.

chapadamente (ant.) adv. **Perfectamente.*

chapado, -a Participio adjetivo de «chapar». ⊙ Recubierto de chapa: 'Un armario chapado de caoba'. ⊙ Recubierto de una capa, particularmente de un metal precioso: 'Un reloj chapado en oro'. ⇒ Enchapado.

CHAPADO A LA ANTIGUA. De ideas o costumbres *anticuadas.

chapalear **1** intr. **Chapotear.* **2** *Sonar entrechocándose cosas duras que están poco sujetas; por ejemplo, las herraduras de las caballerías.* ≃ *Traquetear.

chapaleo m. *Chapoteo.*

chapaleta (de «chapalear») f. *Válvula de la *bomba de sacar agua.*

chapaletear intr. *Hacer ruido el *agua, al caer o tropezar con un obstáculo.* ≃ Chapotear.

chapaleteo m. *Ruido del *agua al chocar con algo.*

chapapote (de or. nahua) **1** m. **Asfalto de las Antillas.* ≃ Chapopote. **2** (Cuba) **Alquitrán.*

chapar **1** («con, de, en») tr. *Recubrir una cosa con chapa o con una capa de un metal precioso. ≃ Enchapar. **2** («con, de») *Revestir de baldosines o azulejos una ↘pared.* ≃ *Alicatar. **3** intr. *Remar de modo que salpique el agua.* **4** tr. *Decir a alguien una ↘brusquedad, una *impertinencia o una *verdad desagradable.* ≃ *Plantar. **5** intr. *Iniciar el juego del *marro saliendo un jugador de cada bando.* **6** (inf.) Trabajar o estudiar una materia académica. **7** (inf.) Cerrar un establecimiento.

chaparra (de «chaparro») **1** f. Planta de *encina o de *roble que crece formando matorral en vez de árbol. ≃ MATA parda. **2** *Cierto *carruaje de caja ancha y baja, usado antiguamente.*

chaparrada f. *Chaparrón.*

chaparral m. Lugar poblado de chaparras.

chaparrazo (Hond.) m. *Chaparrón.*

chaparrear (inf.) intr. *Llover mucho.

chaparreras (Méj.) f. **Pantalones de piel.* ≃ Zahones.

chaparro (del vasc. «txaparro») **1** m. Chaparra (planta de encina o roble). **2** (varias especies del género *Byrsonima*, como *Byrsonima verbascifolia)* *Planta malpigiácea de América Central, de cuyas ramas se hacen bastones. ≃ Cerezo, MATA parda. **3** (inf.) Se aplica a una persona *rechoncha.

chaparrón (de or. expresivo) **1** m. Lluvia más o menos violenta que dura sólo unos momentos. ≃ Chubasco. ⇒ *Aguacero. **2** (inf.) *Afluencia grande de cosas: 'Un chaparrón de preguntas'. ≃ Aluvión. **3** (inf.) Reprimenda: 'Aguantó el chaparrón como pudo'.

LLOVER A CHAPARRÓN. Llover con violencia.

LLOVER A CHAPARRONES. Llover con intermitencia. ⇒ Llover seguido.

chapata f. Pan aplastado de forma rectangular, con la corteza gruesa.

chapatal (de or. expresivo) m. *Barrizal.*

chape 1 (Chi., Col.) m. **Trenza de pelo.* **2** (Chi.) *Nombre aplicado a distintas especies de *moluscos, algunos comestibles.*

chapear 1 tr. Chapar: recubrir con chapas o con azulejos o baldosines. **2** intr. *Chacolotear.* ⇒ *Traquetear. **3** (Cuba) tr. *Limpiar la ↘tierra de hierba o maleza con el machete.* ≃ Desbrozar, *rozar. **4** (Chi.) prnl. *Mejorar de situación económica.* ≃ *Prosperar.

chapeca 1 (Arg.) f. *Trenza de pelo.* **2** (Arg.) *Ristra de ajos.*

chapecar (Chi.) tr. *Hacer *trenzas con ↘algo.* ⊙ *Poner en ristras los ↘*ajos o cebollas.*

chapel (del fr. ant. «chapel»; ant.) m. *Chapelete.*

chapela (del vasc. «txapela», del fr. ant. «chapel») f. Boina grande, típica del País Vasco.

chapelete (de «chapelo»; Ar.) m. **Gorro o *sombrero.*

chapelo (del fr. ant. «chapel»; ant.) m. *Gorro o *sombrero.*

chapeo (del fr. ant. «chapeau»; ant.) m. **Sombrero.* ≃ Chápiro.

chapera (de «chapa») f. CONSTR. *Plano inclinado hecho con maderos sujetos con listones transversales, que se pone en las obras como *escalera provisional.*

chapería f. *Adorno formado con chapas.*

chapero (argot) m. Homosexual masculino que ejerce la prostitución.

chaperón (del fr. «chaperon») **1** (ant.) m. **Capirote.* ≃ Chapirón. **2** CONSTR. *Alero de madera que se pone a veces en los patios para servir de apoyo a los canalones.* ⇒ *Tejado.

chaperonado, -a (de «chaperón») adj. HERÁLD. *Capirotado.*

chapeta (dim. de «chapa») f. Rubor en las mejillas. ≃ Chapa.

chapetón[1] (aum. de «chapeta»; Méj.) m. *Rodaja de plata con que se adornan los arneses de montar.* ⇒ *Guarnición.

chapetón[2]**, -a** (de «chapeta») **1** (Hispam., principalmente Perú) adj. y n. *Se llamaba así al español o al europeo recién llegado a Hispanoamérica.* **2** m. *Chapetonada.*

chapetón[3] (de or. expresivo) m. *Aguacero.*

PASAR EL CHAPETÓN (inf.). *Pasar el peligro.*

chapetonada (de «chapetón²») **1** f. **Enfermedad que padecían los españoles al llegar a América, antes de aclimatarse.* **2** (Ec.) **Novatada.*

chapico (Chi.; *Desfontainia spinosa*) m. *Arbusto longaniáceo, siempre verde, con hojas espinosas que se usan para teñir de *amarillo.* ⇒ *Planta.

chapín[1] (de or. expresivo) **1** m. *Calzado con suela gruesa de corcho que usaron antiguamente las mujeres. ⇒ Chanco, chinela. **2** (Nav.) **Escarpín de lana usado para dormir.* **3** (Cuba, P. Rico; *Lactophrys trigona*) **Pez tetraodontiforme, parecido al cofre, que vive en los mares tropicales.*

chapín[2]**, -a 1** (Am. C.) adj. y n. *Guatemalteco.* ⇒ Chapinada, chapinismo. ➤ Chapinizarse. **2** (Am. C., Col.) *Se dice del que tiene torcidas las *piernas.* ≃ Patituerto.

chapinada (Am. C.) f. *Dicho o hecho propio de un guatemalteco.*

chapinete m. *Cierto *madero de los entramados.*

chapinismo (Am. C.) m. *Palabra o giro propio del habla guatemalteca.*

chapinizarse (Am. C.; inf.) prnl. *Adoptar el habla o los modales de los guatemaltecos.*

chápiro (de «chapirón»; hum.) m. *Sombrero.

V. «¡por VIDA del chápiro verde!»

chapirón (del fr. ant. «chaperon»; ant.) adj. *Chapirote.*

chapirote (del fr. ant. «chaperot») m. *Variante antigua de «capirote» (*color de vaca).*

chapisca (Hispam.) f. **Recolección del *maíz.* ≃ Tapisca.

chapista 1 n. Operario que trabaja en la fabricación de chapas metálicas. **2** Especialista en la fabricación o reparación de carrocerías de automóviles.

chapistería 1 f. Trabajo de la chapa. **2** Taller donde se trabaja la chapa.

chapitel (del fr. ant. «chapitel») **1** m. *Remate en punta de una *torre. **2** **Capitel de columna.* **3** *Pieza cóncava de ágata incrustada en el centro de la aguja de la *brújula, por la que se apoya sobre el estilete.*

chaple (del fr. «chaple», de «chapler», cortar, tallar) adj. V. «BURIL chaple».

chapó (del fr. «chapeau») m. *Cierta clase de partida de *billar jugada en mesa grande o de troneras, generalmente entre cuatro jugadores.*

¡CHAPÓ! Exclamación empleada para mostrar aprobación entusiasta por lo que ha hecho alguien.

HACER CHAPÓ. *En la modalidad de billar llamada «chapó», derribar en una sola jugada los cinco palos colocados en el centro de la mesa, ganando de este modo la partida.*

chapodar (del lat. «subputāre») **1** tr. **Podar.* **2** **Disminuir o *cercenar.*

chapodo 1 m. *Muñón de la rama podada.* **2** *Acción de chapodar.*

chapola (Col.) f. **Mariposa (insecto).*

chapón (de «chapa», mancha) m. **Borrón grande de *tinta.*

chapona 1 f. **Chambra.* **2** (And., R. Pl.) **Chaqueta.*

chapopote (del nahua «chapopotli»; Méj.) m. *Chapapote (*asfalto).*

chapote m. *Cierta pasta, especie de *cera, negra, que *mascan en América para limpiarse los dientes.*

chapotear (de or. expresivo) **1** intr. Hacer ruido en el *agua, en el barro, etc., *golpeándolos o moviéndolos desordenadamente, por ejemplo con los pies o las manos: 'A los niños les encanta chapotear en el agua. He venido chapoteando en el barro'. ≃ Chapalear. ⇒ Guachapear. **2** **Mojar ↘algo dando golpes sobre ello con otra cosa mojada.*

chapoteo m. Acción de chapotear.

chapucear (de «chapuz¹») tr. o abs. Hacer un ↘*trabajo de prisa y mal, o emborronarlo, ensuciarlo, etc., al hacerlo.

chapuceramente adv. Con chapucería.

chapucería f. Chapuza (*trabajo mal hecho o sucio). ⊙ Cualidad de chapucero.

chapucero, -a 1 adj. y n. Se aplica al que trabaja con poco esmero o con poca limpieza. ⊙ adj. Y a las cosas que están hechas de este modo. **2** adj. y n. **Mentiroso.* **3** m. *Herrero que fabrica objetos bastos de hierro.* **4** *Vendedor de hierro usado.*

chapul (Col.) m. *Libélula.*

chapulete m. **Marejada de olas pequeñas.*

chapulín (Hispam.) m. *Langosta (insecto).*

chapurrado (de «chapurrar») **1** (Cuba) m. *Bebida hecha con ciruelas cocidas, azúcar y clavo.* **2** *Bebida hecha con licores mezclados con agua.*

chapurrar (de or. expresivo) **1** tr. Chapurrear. **2** (inf.) **Mezclar dos o más ↘licores.* ⇒ Champurrar.

chapurrear tr. *Hablar imperfectamente un ↘idioma extranjero: 'Habla bien el francés y chapurrea el inglés'.

chapurreo m. Acción de chapurrear.

chapuz[1] (del fr. ant. «chapuis», pedazo de madera grueso sobre el que se trabaja) **1** m. MAR. *Cualquier pieza que se añade a las principales que forman el *palo de un *barco, para completar su redondez.* **2** (inf.) *Chapuza.*

chapuz[2] (de «chapuzar») m. *Chapuzón.*

chapuza (de «chapuz[1]») **1** f. Trabajo mal hecho o sucio. ≃ Chapucería. **2** Trabajo de poca importancia que hace un *obrero por su cuenta, generalmente fuera de las horas de jornal. **3** (inf.) Por extensión, *trabajo de poca importancia realizado libremente por cualquier profesional.

□ CATÁLOGO

Un asco, *birria, buñuelo, cataplasma, chapucería, churro, *desastre, emplasto, *mamarracho, morcilla, un PAN como unas hostias, parche, pastel, patata, pegote, plasta, sancocho, zafarrancho, zancocho. ➤ Fulastre, fulero, furris, galopeado, perfunctorio, zaborrero, zoquetudo. ➤ Atrapañar, atropellar, chapucear, chafallar, *embarullar, enjaretar, farfullar, fuñicar, guachapear. ➤ Chapuceramente, DEPRISA y corriendo, desaliñadamente, descuidadamente, desengañadamente, a la diabla, embarulladamente, a la ligera, de cualquier MANERA, de cualquier MODO, de medio MOGATE, para salir del PASO, con los PIES, a la REMANGUILLÉ. ➤ Chafallón, chapucero, chapuzas, charanguero, *descuidado, embarullador, farfallón, farfullero, fargallón, frangollón, fulastre, fulero, fullero, zaborrero, zamborondón, zamborotudo, zamborrotudo, zarramplín. ➤ *Defectuoso. *Descuidado. *Embarullar. *Expeditivo. *Feo. *Fracasar. *Imperfecto. *Mamarracho. *Tosco.

chapuzar (del sup. lat. «subputeāre», sumergir) **1** tr. *Zambullir a ↘alguien de cabeza en el agua. ⊙ prnl. Meterse en el agua de este modo. ≃ Capuzar, zapuzar. **2** tr. Meter una ↘cosa en el agua de golpe. ≃ Capuzar, zapuzar.

chapuzas (inf.) n. Persona que hace chapuzas (trabajo mal hecho o sucio).

chapuzón m. Acción de chapuzar[se]. ≃ Capuceta, capucete, capuz, capuzón, chapuz, cole.

chaqué (del fr. «jaquette») m. Especie de levita cuyos faldones se van estrechando hacia atrás desde la cintura, terminando en cola. Es prenda de mucha etiqueta, que se lleva, con pantalón rayado, en ceremonias muy solemnes; por ejemplo, en una boda o una recepción oficial.

chaqueño, -a adj. y, aplicado a personas, también n. *Del Chaco, región sudamericana y provincia de Argentina.*

chaquet (fr.; pl. «chaquets») m. Chaqué.

chaqueta (de «jaqueta») **1** f. Prenda de vestir que cubre la parte superior del cuerpo hasta los muslos. Es prenda del traje masculino, que forma con el chaleco y los pantalones el traje completo o «terno», y también del traje femenino. ⇒ Americana, batín, blazer, casaca, cazadora, chaleco, chamarra, chapona, chaqué, chaquetilla, *chaquetón, cotona, frac, gabán, guayabera, jaqueta, marsellés, pelliza, saco, tricota, vestón, zamarra. ➤ *Vestir. **2** Prenda de punto, abierta por delante, que cubre la parte superior del cuerpo. ⇒ Cárdigan, chaleco, chompa, rebeca.

CAMBIAR LA [O DE] CHAQUETA. *Cambiar de opiniones, en especial de ideología o partido político. ≃ Cambiar [o mudar] de CAMISA, cambiar de [o volver la] CASACA. ⇒ *Acomodaticio, *tránsfuga, *voluble.

V. «TRAJE de chaqueta».

VOLVER LA CHAQUETA. Cambiar la [o de] CHAQUETA.

chaquete (del fr. «jacquet») m. *Juego parecido al de *damas, que se empieza poniendo peones en todas las casillas.

chaquetear **1** intr. Cambiar de ideas o de partido. ≃ Cambiar la [o de] *CHAQUETA. **2** *Retroceder o *arrepentirse al ir a realizar un acto arriesgado: 'Algunos de los que habían prometido firmar la protesta chaquetearon'.

chaqueteo m. Cambio de ideas o de partido.

chaquetero, -a **1** (inf.) adj. y n. Se aplica a la persona que cambia de parecer, especialmente de ideas o partido político, por pura conveniencia. **2** (inf.) *Adulador, lisonjeador.* **3** (inf.) *Pusilánime.*

chaquetilla f. Chaqueta corta. ⇒ Cuera. ➤ *Bolero. ⊙ Particularmente, la que forma parte del traje de luces.

chaquetón (aum. de «chaqueta») m. Chaqueta de abrigo. ⊙ Abrigo corto. ≃ *Casaca, chambergo, sacón.

chaquira (de or. indoamericano; colectivo) f. **Aljófar o *abalorios que llevaban los españoles para vender a los indios de América.*

charabán (del fr. «char-à-bancs», carro de bancos) m. *Cierto *carruaje antiguo, descubierto, con dos o más filas de asientos.*

charada[1] (del fr. «charade») f. Pasatiempo en que se propone para que sea adivinada una palabra, de la que, como clave, se da el significado, así como el de cada una de sus sílabas, consideradas como otras tantas palabras; todo ello, algunas veces en verso. ≃ *Acertijo, adivinanza.

charada[2] (de or. expresivo; Ar.) f. **Fuego de *llama que se pasa pronto, hecho con rama menuda u hojarasca.* ≃ Llamarada.

charadrio m. **Chorlito (ave).*

charal (del tarasco «charare»; *Chirostoma jordani* y otras especies del mismo género; Méj.) m. **Pez de cuerpo comprimido que se cría en las lagunas de Méjico; curado al sol, es artículo de comercio bastante importante.* ⊙ (Méj.) *Se emplea como término de comparación aplicado a una persona muy *flaca.*

charambita o **charamita** (del fr. ant. «chalemie»; Burg., Pal., Vall.) f. **Dulzaina (instrumento musical).*

charamusca[1] (de or. expresivo) **1** (Gal.) f. **Chispa que salta del fuego de leña.* **2** (Can., Hispam.; pl.) **Leña menuda con que se hace fuego en el campo.*

charamusca[2] (Méj.) f. *Cierto dulce, especie de *caramelo, de forma de tirabuzón.*

charanga (de or. expresivo) f. *Banda de música de poca importancia, formada con instrumentos de viento, generalmente de metal. ⇒ Chinchín.

charango (de or. expresivo) m. Especie de guitarra pequeña de cinco cuerdas, típica de América del Sur, hecha a veces con el caparazón del armadillo.

charanguero, -a (de «charanga») **1** m. **Barco que se usa en Andalucía para el tráfico entre puertos próximos.* **2** (en los puertos de And.) *Vendedor ambulante.* **3** adj. *Chapucero.*

charapa (Ec., Perú; género *Podocnemis*) f. *Cierta *tortuga pequeña comestible.*

charape (var. de «jarabe» y «jarope»; Méj.) m. *Bebida fermentada hecha con pulque, maíz, miel, clavo y canela.*

charata (Arg., Bol.) f. **Ave gallinácea parecida a la chachalaca.*

charca[1] (de or. expresivo) f. *Charco grande y permanente o bastante duradero, o *laguna pequeña.

charca[2] adj. y, aplicado a personas, también n. *Se aplica a los *indios aimaras de Bolivia.* ⊙ m. pl. **Pueblo formado por ellos.*

charcal m. *Sitio donde hay muchos charcos.* ≃ Charquetal.

charco (¿de or. expresivo?) **1** m. Pequeño depósito de *agua que se forma en los hoyos del terreno, por ejemplo cuando llueve. **2** (inf.; «El») El mar. **3** (Col.) *Remanso de un río.*

CRUZAR [O PASAR] EL CHARCO. Cruzar el mar. ⊙ Marcharse a América.

□ CATÁLOGO

Aguachar, aguazal, bache, badina, *balsa, barrizal, bodón, buhedo, cenagal, charca, chilanco, cilanco, cocha, guedir, lagareta, *lago, *laguna, lagunajo, lagunazo, lavajo, lodazal, lucio, navajo, ontrón, pecinal, poza, pozanco, regajo, tabora, tolla, tolladar, tollo, torco. ➤ Charcal, charquetal. ➤ Empozar, encharcar. ➤ Alagadizo, anegadizo. ➤ *Barro. *Pantano.

charcón, -a (Arg., Bol.) adj. y n. *Se aplica a una persona *flaca.* ⊙ *También, al animal al que no se consigue engordar.*

charcutería (del fr. «charcuterie») f. Establecimiento donde se fabrican o venden especialmente embutidos. ≃ Chacinería.

charcutero, -a n. Persona que fabrica o vende embutidos. ≃ Chacinero.

charla (de «charlar») **1** f. *Conversación sin trascendencia. **2** A veces, se llama «charla», para darle un carácter más informal, a una *conferencia sobre algún tema. ⊙ *Género literario que consiste en una disertación que evoca en estilo brillante algún suceso, personaje, etc.* **3** *Cagaaceite (pájaro).

DAR [O ECHAR] LA [O UNA] CHARLA a alguien (inf.). Reprenderle o decirle cómo debe proceder.

charlador, -a adj. y n. Aficionado a charlar.

charlar (del it. «ciartare») intr. *Hablar entre sí dos o más personas sobre temas sin trascendencia. ⊙ Hablar una persona demasiado y sin sustancia.

□ CATÁLOGO

Badajear, cascar, chacharear, charlatanear, charlotear, charrar, chirlar, hablar por los CODOS, desembanastar, desparpajar, encanarse, garlar, pegar la HEBRA, darle a la sin HUESO, estar de PALIQUE, parlar, patullar, picotear, rajar, vanear. ➤ Cháchara, charla, charlatanería, charloteo, chicoleo, chirlería, faramalla, farándula, filatería, garla, habladuría, palique, parla, parleta, parloteo, parola, parrafada, parrafeo, plática, retartalillas. ➤ Bazagón, boquirroto, cañahueca, chacharero, chacharón, charlador, charlatán, chicharra, churrullero, descosido, faramallero, filatero, fodolí, garlador, gárrulo, hablador, hablanchín, hablantín, lenguaraz, lenguaz, locuaz, parlador, parlanchín, parlero, parlón, prosador. ➤ Que [si] ARRIBA que [que si] abajo, que si ESTO que si lo otro, que si FUE que si vino, que si PATATÍN que si PATATÁN, que si TAL que si cual. ➤ *Chisme. *Conversación. *Hablar.

charlatán, -a (del it. «ciarlatano») **1** (desp.) adj. y n. Se aplica a la persona que habla demasiado. ≃ *Hablador. ⊙ (desp.) O a la que dice indiscretamente cosas que debería callar. ≃ *Hablador. **2** Embaucador o *engañador. ⊙ (desp.) Persona que engaña con palabras, ofreciendo o prometiendo cosas irrealizables o que no ha de cumplir. ⊙ Particularmente, el que ofrece en esa forma remedios o soluciones. ⊙ *Curandero. **3** m. Vendedor callejero que hace la propaganda de su mercancía hablando mucho y a voces. ≃ Sacamuelas. **4** n. Cualquier persona que hace lo mismo exhibiendo cualquier clase de trabajo, ejercicios de habilidad, etc.

charlatanear (de «charlatán») intr. Hablar mucho y sin sustancia. ⊙ Hablar indiscretamente.

charlatanería **1** f. Cualidad de charlatán. **2** Cosas que dice un charlatán o que no tienen ningún valor o que no son verdad. ⇒ *Palabrería.

charlatanismo (de «charlatán») m. Vicio de hablar, ofrecer o prometer mucho sin sinceridad o sin fundamento.

charlear (de «charlar») intr. **Croar.*

charlestón m. Baile de ritmo rápido, creado por los negros de Estados Unidos, que estuvo de moda en Europa en los años veinte.

charlón, -a (de «charlar»; Ec.) adj. y n. *Charlatán.*

charlotada (de «Charlot», apodo de un torero bufo que imitaba al actor de cine Charles Chaplin, «Charlot») **1** f. Festejo taurino bufo. **2** Cualquier actuación que, indeliberadamente, resulta ridícula. ⇒ *Grotesco.

charlotear (inf.) intr. Charlar.

charloteo (inf.) m. Charla.

charneca (¿del port. «charneca», terreno estéril?) f. **Lentisco (planta anacardiácea).*

charnego, -a (de «lucharniego», a través del cat. «xarnego»; inf. y desp.) adj. y n. Se aplica, en Cataluña, a los hijos de inmigrantes no catalanizados, y a sus cosas.

charnela (del fr. «charnière») f. Bisagra: objeto formado por dos planchas *articuladas entre sí con que se fijan al marco las hojas de las puertas y ventanas y, en general, cualquier pieza que tiene que girar sobre el punto por el que se une a otra. ≃ *Gozne. ⊙ ZOOL. *Articulación que une las dos *conchas de los moluscos bivalvos.

charneta (de «charnela», con cambio de sufijo) f. *Charnela.*

charol (del port. «charão», del chino «chat liao») **1** m. *Barniz celulósico muy lustroso, flexible, que se adhiere perfectamente al material, particularmente *cuero, sobre el cual se aplica. **2** *Cuero barnizado con este barniz, del que son, por ejemplo, los tricornios de los guardias civiles y, a veces, el *calzado. **3** (Hispam.) *Bandeja.*

DARSE CHAROL. **Presumir.*

charola (Hispam.) f. *Bandeja.* ≃ Charol.

charolado, -a Participio de «charolar». ⊙ adj. De charol o *brillante como él.

charolar tr. Recubrir ↘algo con charol.

charolista m. *Hombre que tiene por oficio charolar o *dorar.*

charpa (del fr. «écharpe», del sup. germ. «skerpa», banda) **1** f. **Tahalí que lleva añadido un trozo de cuero con ganchos para colgar de él un arma de fuego.* **2** **Cabestrillo (dispositivo para llevar colgado un brazo lesionado).*

charpe (Méj.) m. **Tirador (juguete).*

charque (Arg., Méj.) m. *Charqui (tasajo).*

charquear (Hispam.) tr. *Hacer charqui.*

charquecillo (Perú) m. *Congrio *salado y seco.*

charquetal m. *Lugar con muchos charcos.* ≃ Charcal.

charqui (Am. S.) m. *Tasajo (*carne desecada).* ≃ Charque.

charquicán (Hispam.) m. **Guiso hecho con charque, ají (pimiento), patatas, judías y otros ingredientes.* ≃ Chatasca.

charra (de «charro»; Hond.) f. **Sombrero corriente, ancho de ala y bajo de copa.*

charrada **1** f. *Acción o dicho propio de charros.* **2** *Danza charra.* **3** *Adorno excesivo o cosa *recargada de adornos.*

charrán[1] (¿del sup. ár. and. «šarrál», vendedor de jureles?) m. *Originariamente, esportillero que vendía *pescado en Málaga.* ⊙ Hombre que procede sin honradez o escrúpulos. ≃ *Granuja.

charrán[2] m. GOLONDRINA de mar. ⇒ Charrancito.

charranada (inf.) f. Granujada. ⊙ *Jugada: acción injusta o falta de rectitud con que una persona perjudica a otra, generalmente por beneficiarse a sí misma o a una tercera: 'Le hicieron una charranada y le dieron la plaza a otro'.

charrancho m. MAR. *Barrote con que se sujetan las cuadernas en su sitio mientras se colocan.*

charrancito (dim. de «charrán²») m. *Ave similar al charrán o golondrina de mar pero de menor tamaño.

charranear intr. *Llevar vida propia de charrán.*

charranería f. *Cualidad de charrán.*

charrar (de «charlar») **1** intr. *Conversar, charlar.* **2** tr. *Decir alguien ↘algo que debería callarse.*

charrasca o **charrasco** (de or. expresivo; inf. y hum.) f. o m. *Sable, u otra *arma que, al desenvainarla o abrirla rápidamente, produce un ruido semejante al que hace el sable al desenvainarlo; por ejemplo, la navaja grande de muelles.

charrete (del fr. «charrette») m. *Cierto *carruaje antiguo de dos ruedas y dos o cuatro asientos.*

charretera (del fr. «jarretière», del célt. «garra», pierna) **1** f. *Insignia del uniforme militar consistente en una pieza forrada de tejido de seda, oro o plata, con un fleco, la cual se lleva en el hombro de la guerrera. ⇒ Jineta. ➤ Capona, dragona. ➤ Pala. **2** **Almohadilla que llevan los aguadores sobre el hombro para apoyar la cuba.* ≃ Albardilla. **3** *Jarretera: *liga que se llevaba para sujetar la media o el calzón.* ⊙ **Hebilla de esa liga.*

charriote (del fr. «chariot»; ant.) m. **Carro.*

charro, -a (¿del vasco «txar», malo, defectuoso?) **1** adj. y, aplicado a personas, también n. De la provincia de Salamanca. ⊙ Particularmente, *campesino de ella. **2** adj. De mal gusto por tener muchos *colores mal combinados o estar excesivamente recargado de adornos; se aplica particularmente a vestidos. ≃ Abigarrado, chillón, *llamativo. ⇒ *Vistoso. **3** *Basto o rústico.* **4** m. *Jinete mejicano que viste cierto traje típico, compuesto de chaqueta con bordados, pantalón ajustado, camisa blanca y sombrero de ala ancha y alta copa cónica.

charrúa[1] (del fr. «charrue», arado, del célt. «carruca») **1** (And.) f. AGRIC. *Cierta clase de *arado.* **2** (ant.) *Urca (*barco).* **3** **Barco pequeño que servía para remolcar.*

charrúa[2] adj. y n. *Se aplica a los individuos de las tribus que habitaban la costa norte del Río de la Plata.* ⇒ *Indio.

chárter (ingl., abrev. de «charter party», alquiler de un barco u otro vehículo, o una parte de él, para su aprovechamiento por otra empresa) m. V. «VUELO chárter».

chartreuse m. *Licor famoso de origen francés, que toma su nombre del convento donde originariamente se fabricaba, fabricado más tarde por los padres cartujos de Tarragona.

¡chas! Onomatopeya con que se imita un chasquido; por ejemplo, el producido por una bofetada. ≃ ¡Zas! ⇒ Choz.

chasa f. **Juego de chicos que consiste en dejar caer un hueso de albaricoque por una tabla inclinada; gana el que pega con el suyo en el de otro que lo ha dejado caer antes.*

chasca (de or. expresivo) **1** f. *Leña menuda procedente de la poda de los árboles. **2** (Am. S.) *Pelo enmarañado.*

chascar (de or. expresivo) **1** intr. Hacer un *ruido especial con la lengua, aplicándola al paladar y separándola bruscamente. ≃ Chasquear. ⊙ Se usa también como transitivo: 'chascar la lengua'. ≃ Chasquear. ⊙ Hacer un ruido semejante, por ejemplo un látigo al sacudirlo o la madera al abrirse bruscamente por efecto de la sequedad. ≃ Chasquear, dar chasquidos. ⇒ Chasquear, crepitar, estallar, rastrallar, restallar, restañar. ➤ Astillazo, castañetazo, chasquido, estallido, traquido. ➤ ¡Chas!, ¡choz!, ¡crac! ➤ *Ruido. *Sonar. **2** tr. Restallar: sacudir el ↘*látigo bruscamente en el aire, produciendo un chasquido. ⊙ Hacer un movimiento y ruido semejante con cualquier otra ↘cosa. **3** tr. e intr. **Engullir.*

chascarrillo (de «chascarro») m. Cuentecillo o *narración que contiene un chiste. ≃ Chascarro, chiste.

chascarro (de «chasco¹») m. *Chascarrillo.*

chascás (del polaco «czapcka») m. *Morrión con la parte superior plana, usado primero por los polacos y después por los lanceros de toda Europa.* ⇒ *Sombrero.

chasco[1] (de or. expresivo; «Dar, Darse, Llevarse, Sufrir, Tener un») m. Impresión que recibe alguien cuando espera una cosa agradable, que va a producirle placer, etc., y resulta que no ocurre o que no es agradable o que, por el contrario, es desagradable: 'Le dieron un chasco haciéndole creer que le llamaba una chica. Me he llevado un chasco con esta tela que parecía tan buena'. ⊙ Cosa que produce esa impresión: 'La apertura de la caja fue un chasco'.

□ CATÁLOGO

Chueca, como, culebra, culebrazo, decepción, jaquimazo, pega, plancha, planchazo. ➤ Caerse el ALMA a los pies, ir APAÑADO [ARREGLADO, AVIADO, BIEN, BUENO, LUCIDO], dar con la BADILA en los nudillos, dar la CASTAÑA, dar CHANGÜÍ, dar un CHASCO, dejar [o quedar] CHASQUEADO, chasquear, dejar [o quedar] COLGADO, ir de CRÁNEO, ir de CULO, dejar [o quedar] DECEPCIONADO, dejar [o quedar] DEFRAUDADO, embromar, enchilar[se], dar ESQUINAZO, dejar [o quedar] FRESCO, dejar [o quedar] en JOLITO, ir de LADO, estar [o ir] LISTO, lucirse, dejar [o quedarse] a la LUNA de Valencia, dar el MICO, quedarse compuesta y sin NOVIO, volar el PÁJARO, dar el PEGO, dejar [o quedarse] con un PALMO de narices, dejar [o quedarse] PLANTADO, dar [un] PLANTÓN, traspintarse. ➤ ¡Anda!, ¡CHÚPATE ésa!, ¡para que te EMPAPES! [se EMPAPE, etc.], ¡para que te ENTERES [se ENTERE, etc.]!, ¡para que RABIES [RABIE, etc.]!, ¡para que lo SEPAS [lo SEPA, etc.]!, no hay tu TÍA, ¡para que VEAS [VEA, etc.]! ➤ *Broma. *Burla. *Desaire. *Desengaño. *Desilusión. *Engaño. *Fracasar. *Sorprender.

chasco[2], **-a** (Am. C., Arg., Bol.) adj. *Se aplica al pelo o plumaje enmarañado y al animal que lo tiene así.*

chascón, -a (Chi.) adj. **Greñudo o enredado.*

chasconear **1** (Chi.) tr. *Enmarañar.* **2** (Chi.) **Repelar (tirar del pelo).*

chasis (del fr. «châssis», marco) m. Armazón de forma más o menos cuadrada que sostiene algo. Particularmente, la que sostiene la carrocería de un vagón, un automóvil, etc. ⊙ *Marco en donde se colocan hojas de papel o cosas semejantes en ciertas máquinas; por ejemplo, el que sirve para colocar las placas en la máquina fotográfica.

QUEDARSE alguien EN EL CHASIS (inf.). Quedarse muy *flaco.

chaspe m. *Señal que se hace en la corteza de un árbol con un pequeño golpe de hacha.*

chaspear tr. *Hacer chaspes en la corteza de los ↘árboles.*

chasponazo m. **Rozadura o *señal que deja una *bala en un cuerpo duro al pasar rozándolo.* ⊙ *Rozadura o señal semejante causada por cualquier otra cosa.*

chasque 1 (Am. S.) m. *Chasqui.* 2 (Am. S.) *Mensajero.*

chasqueado, -a («Dejar, Quedar[se]») Participio adjetivo de «chasquear» (dar un chasco).

chasquear 1 tr. Dar un chasco a ↘alguien. Es mucho más frecuente «dar un chasco» o «dejar chasqueado. 2 intr. Dar chasquidos. ≃ Chascar.

chasquero, -a (Arg., Ur.) adj. *De [del o propio del] chasque.*

chasqui (de or. quechua; Perú) m. **Indio que hace de *correo.* ≃ Chasque.

chasquido («Dar») m. Ruido que se produce al chascar.

chasquir (de or. expresivo; Extr.) intr. *Chascar.*

chata 1 f. *Orinal de cama redondo.* ≃ Galanga. 2 **Chalana (*barco).*

chátara 1 (gralm. pl.) f. *Cierto *calzado de cuero sin curtir usado por los pasiegos (naturales del valle del Pas, en Cantabria).* 2 **Pezuña.*

cháturo, -a adj. y n. *Se aplica a los pasiegos porque usan cháturas.*

chatarra (del vasc. «txatarra», lo viejo) 1 f. *Escoria del mineral de *hierro. 2 Metal de utensilios viejos. ⊙ Particularmente, el que se recoge, compra, vende, etc., para recuperarlo. 3 (inf.; n. calif.; colectivo) Se aplica hiperbólicamente a las cosas de hierro, como *máquinas o aparatos, que son ya casi inservibles: 'Esta máquina de escribir es chatarra'. 4 (inf.; n. calif.; colectivo) Se aplica a las condecoraciones o, incluso, joyas o bisutería: 'Mira cuánta chatarra lleva encima'. 5 (inf.) Calderilla: conjunto de monedas de poco valor.

chatarrear tr. Convertir algo en ↘chatarra.

chatarrería f. Establecimiento donde se comercia con chatarra (metal).

chatarrero, -a n. Persona que comercia con chatarra.

chatasca (Arg.) f. *Charquicán (*guiso).*

chateaubriand (de «François René, vizconde de Chateaubriand», escritor francés; pronunc. [chatobrián]) m. Solomillo grueso a la parrilla.

chato, -a (del b. lat. «platus», plano, aplastado, del gr. «platýs», ancho, plano, con influencia del gall. port.) 1 adj. Aplicado a la *nariz, poco prominente, aplanada o con la punta redondeada. ⊙ adj. y n. Aplicado a personas o animales, con la nariz de esa forma. ⊙ adj. Aplicado a cosas, de forma más plana, menos prominente o menos aguda que la que tienen normalmente las cosas de la misma especie, o sin punta: 'Torre [o embarcación] chata'. ⊙ Se usa en ocasiones en sentido figurado: 'Un presupuesto chato'. ⊙ n. Se emplea como *apelativo cariñoso, dirigido particularmente a niños. Se oye también como *requiebro castizo dirigido a las mujeres. ⇒ Chatungo, chingo, desmochado, mocho, nacho, ñato, romo. ➤ Achatar. ➤ *Aplastar. 2 m. *Vaso para vino, más bien bajo y ancho, que se usa en las tabernas y bares. ⊙ Bebida tomada en él, o en un vaso pequeño aunque no sea de esa forma: '¡Vamos a tomar unos chatos!' ⇒ *Beber.

chatón[1] (del fr. «chaton», del sup. germ. «kasto», caja) m. *Piedra preciosa de gran tamaño engastada en una joya.*

chatón[2] (de «chato»; ant.) m. **Clavo de cabeza grande, de adorno.*

chatre (Chi., Ec.) adj. *Acicalado, *elegante o endomingado.*

chatria (del sánscrito «kšatríya», dominador, a través del fr.) m. En la India, individuo perteneciente a la segunda *casta, o sea la de los nobles y guerreros.

chatungo, -a adj. y n. (inf.) Desp. afectuoso de «chato», usado como *apelativo cariñoso, dirigido especialmente a mujeres y niños.

chaucha (de or. indoamericano) 1 (Arg.) f. **Moneda pequeña de plata o níquel.* ⊙ (Chi.) *Moneda de baja ley.* 2 (Arg., Ur.) **Judía verde.* 3 (Chi.; colectivo) **Patatas menudas que se dejan para simiente.* 4 (Arg.; pl.) *Cantidad de dinero muy pequeña.*

chauche (del fr. ant. dialectal «enchauser») m. *Pintura roja hecha con minio, a veces mezclado con litargirio, empleada en Castilla para pintar los suelos.*

chauchera (Chi.) f. **Portamonedas.*

chaúl (del ingl. «shawl», pañuelo grande) m. **Tela de *seda de China, semejante en el tejido al gro.*

chauvinismo m. Variante ortográfica de «chovinismo».

chauvinista adj. y n. Variante ortográfica de «chovinista».

chauz (del turco «çavuş», ¿a través del port. «chaus»?) m. *Entre los árabes, *alguacil u ordenanza del juez o de los *tribunales.*

chaval, -a (del caló «chavale», pl. de «chavó», muchacho; inf.) n. *Niño o *muchacho: 'Tiene tres chavales muy salados. Llama al chaval de los periódicos'. ≃ Chavea, chavó.

ESTAR HECHO UN CHAVAL (inf.). Parecer o sentirse muy *joven una persona que ya no lo es.

SER UN CHAVAL (inf.). Ser todavía muy joven.

chavalillo, -a adj. y n. Dim. frec. de «chaval».

chavarí (ant.) m. *Cierto *lienzo.*

chavasca f. **Leña menuda.* ≃ Chasca.

chavea (del caló «chavaia»; inf. y pop.) m. *Chaval.

chaveta (del it. dialectal «ciavetta») f. Clavo o pasador que se pasa por un orificio hecho en el extremo de un eje, una varilla, una espiga, un pernio, etc., para que no se salgan las cosas metidas en ellos o para que no se salgan ellos del sitio en que se meten. Generalmente está dividido en dos ramas, que se separan después de colocado. ⇒ *Sujetar.

ESTAR alguien [MAL DE LA] CHAVETA (inf.). Estar loco, haber perdido el juicio.

PERDER LA CHAVETA (inf.). Volverse *loco o trastornarse de la mente. ⊙ (inf.) Perder la paciencia o irritarse mucho.

chavo m. **Moneda de metal de poco valor; se ha aplicado particularmente a la de dos céntimos y a la de diez céntimos.* ≃ Ochavo. ⊙ (inf.) Se usa en frases como 'sin un chavo, no tener un chavo', que significan falta absoluta de dinero o de bienes, o arruinado.

chavo, -a (Méj., Ven.) n. *Chico, *muchacho. Se usa también como apelativo.*

chavó (de or. caló; inf. y pop.) m. *Chaval.*

chavola f. *Variante ortográfica de «chabola».*

chaya (Chi.; colectivo) f. **Burlas y juegos propios de los días de *carnaval.*

chayo (de or. cubano; Cuba, Méj.; *Jatropha urens*) m. *Arbusto euforbiáceo de tallo recto y ramoso, que segrega una especie de resina.* ⇒ *Planta.

chayote (del nahua «chayutli») 1 m. Fruto comestible, especie de *calabaza, de forma de pera, con la piel rugosa o con surcos, de color blanquecino o verde claro. ≃ Cayota, cayote. 2 **Chayotera.*

chayotera f. *Planta trepadora que produce el chayote; se cría en América y también en Canarias y Valencia. ≃ Chayote, chote, cidrayota.

chaza 1 f. *Suerte del juego de pelota que consiste en chazar.* 2 *Señal que se hace en el sitio donde es detenida la pelota.* 3 MAR. *Espacio que media entre dos portas de una batería.*

HACER CHAZAS. EQUIT. *Mantenerse el *caballo con las manos levantadas y dar pequeños saltos sobre las patas traseras.*

chazador **1** m. *Jugador que chaza.* **2** *El que señala el lugar de la chaza.*

chazar (del fr. «chasser») **1** tr. *En los juegos de *pelota, detener ↘ésta antes de que llegue al sitio señalado para hacer tanto.* **2** *Señalar el lugar de la chaza.*

chazo (Can.) m. *Pedazo, remiendo.*

ch...c V. «t...c, z...c».

che[1] f. Letra «ch», o combinación de las letras «c» y «h».

¡che[2]**!** (de la voz «che» con que se llama a personas y animales; usado especialmente en Val. e Hispam.) interj. Se emplea para *llamar la atención de alguien o para mostrar ligero *disgusto.

checa (acrón. ruso que designaba la policía secreta hasta 1922) **1** f. Comité de policía política de la antigua Unión Soviética. ⊙ Organismo semejante que ha funcionado en otros países. **2** Local utilizado por una policía política.

cheche (¿de or. expresivo?) **1** (P. Rico) m. **Director o *jefe.* **2** (P. Rico) *Persona inteligente.*

checheno, -a adj. y, aplicado a personas, también n. De Chechenia, república rusa.

chécheres (Col., C. Rica; pl.) m. *Féferes: *trastos.*

checo, -a **1** adj. y, aplicado a personas, también n. Bohemio de raza eslava. ⊙ Checoslovaco. ⊙ De la República Checa, estado centroeuropeo. **2** m. Lengua hablada por los miembros del mencionado pueblo, en la antigua Checoslovaquia y en la República Checa.

checoeslovaco, -a o **checoslovaco, -a** adj. y, aplicado a personas, también n. De la antigua Checoslovaquia. ≃ Checo.

chef (fr.) m. Jefe de cocineros de un restaurante, hotel o establecimiento similar.

cheira f. Chaira.

cheje (Salv., Hond.) m. *Eslabón de cadena.*

chele (del nahua «celic», cosa verde o tierna) **1** (Am. C.) m. *Legaña.* **2** (Am. C.) adj. y n. *Se aplica a la persona rubia o de tez muy blanca.*

ESTAR CHELE (Nic.). *Estar muerto.*

cheli m. Jerga castiza madrileña.

chelín[1] (del ingl. «shilling».) m. *Moneda inglesa equivalente a la vigésima parte de una libra.

chelín[2] (del al. «Shilling») m. Moneda de Austria.

chelo m. Violonchelo.

Chelo n. p. f. Forma hipocorística del nombre de mujer «Consuelo».

cheloso, -a (Salv.) adj. *Legañoso.*

chencha (Méj.; n. calif.) adj. y n. **Holgazán.*

chepa (del arag. «chepa», jorobado) **1** (inf.) f. Protuberancia en la espalda o el pecho o en ambos, producida por la torcedura de la columna vertebral. ≃ *Joroba. **2** (inf.) adj. y n. m. Jorobado.

SUBÍRSELE una persona A LA CHEPA a alguien (inf.). Perderle el respeto.

chépica (Chi.) f. **Grama (planta gramínea).*

cheposo, -a (inf. y desp.) adj. y n. Se aplica a la persona que tiene chepa. ≃ *Jorobado.

chepudo, -a (inf. y desp.) adj. y n. Cheposo.

cheque (del ingl. «cheque») m. Documento de pago mediante el cual una persona o entidad puede *cobrar cierta cantidad de los fondos que el que lo expide tiene en un banco. ≃ Talón. ⇒ Eurocheque. ➤ Talonario.

CHEQUE EN BLANCO. El que se entrega al tenedor sin especificar la cantidad por la que se libra. ⊙ Se usa también en sentido figurado: 'El editor le ofreció un cheque en blanco por su obra'.

CH. CRUZADO. Cheque en cuyo anverso y al través escribe el expedidor el nombre de un banco o sociedad a quien se ha de hacer entrega del importe. ⊙ También, el que lleva dos rayas transversales paralelas, lo cual indica que el tenedor sólo puede cobrarlo ingresándolo en una cuenta a su nombre.

CH. NOMINATIVO. El que sólo puede ser cobrado por la persona o entidad a cuyo nombre está extendido.

CH. AL PORTADOR. El que puede ser cobrado por cualquier persona, y en el cual se escribe «al portador» en el espacio reservado para el nombre del beneficiario.

CH. DE VIAJE [O DE VIAJERO]. Cheque nominativo, extendido por un banco y utilizado para viajar, que permite obtener dinero en otro banco o pagar en hoteles, comercios, etc., y que mediante un sistema de doble firma dificulta el robo.

chequear (del ingl. «to check», comprobar) **1** tr. Examinar ↘algo para comprobar su calidad o buen funcionamiento: 'Chequear un sistema de producción industrial'. **2** (reflex.) Someterse a un chequeo médico. **3** (Am. C.) *Rellenar un ↘cheque.*

chequén (del araucano «chequeñ»; Chi.; «Eugenia checken») m. **Planta mirtácea.*

chequeo **1** m. Reconocimiento médico general. **2** Acción de chequear (examinar para comprobar la calidad o buen funcionamiento de algo).

chequera **1** f. Talonario de banco. **2** Cartera para guardar el talonario.

chercán (del mapuche «chedcañ»; Chi.; *Troglodytes platensis*) m. **Pájaro muy domesticable, parecido en la forma y el color al ruiseñor.*

chercha (Hond., Ven.) f. **Burla o *chacota.*

cherchar (Hond., Ven.) intr. *Bromear o hacer *burla.*

cherlicrés (Ec.) m. **Ave trepadora, especie de *loro.*

cherna (del rom. and. «čérniya», del b. lat. «acernia», y éste del b. gr. «ácherna») f. **Mero (pez).*

cherokee (pronunc. [cheróqui]) adj y, aplicado a personas, también n. Se aplica a los miembros de una tribu indoamericana que habitaba en los territorios del actual estado de Tennessee, en Estados Unidos, y a sus cosas.

cherva (del ár. «ẖirwaʿ», a través del lat.) f. **Ricino (planta euforbiácea).*

chervonetz m. **Moneda rusa que equivalía a diez rublos.*

cheso, -a adj. y, aplicado a personas, también n. *De Hecho, valle de la provincia de Huesca.*

chéster (de «Chester», condado de Inglaterra de donde procede este queso) m. Queso inglés semejante al manchego, elaborado con leche de vaca, la tercera parte desnatada y caliente; tardaría tres años en madurar si no se recurriera a procedimientos artificiales.

cheuque **1** (Chi.) m. *Flamenco (ave zancuda).* **2** (Chi.) **Ñandú (ave corredora).*

cheurón (del fr. «chevron») m. HERÁLD. **Macho cabrío.*

cheuto, -a (Chi.) adj. *Se aplica a las personas que tienen el labio partido o deformado.*

chévere **1** (Ec., Perú, P. Rico, Ven.) adj. *Bonito, primoroso o gracioso.* **2** (Cuba, Perú, Ven.) *Benévolo: no riguroso:* 'Un profesor [o examen] chévere'. **3** (Col., Méj., Ven.) *Excelente, estupendo.* **4** (Ven.) m. *Valentón.* **5** (Cuba, P. Rico, Ven.) *Lechuguino, pisaverde.*

chevió o **cheviot** (de «Cheviot», montes en la frontera de Inglaterra y Escocia, de donde procede esta tela; pl. «cheviós» o «cheviots») m. *Tela inglesa de lana de Escocia

⊙ Tela hecha a imitación de ésa, que es más suave y esponjosa y con más pelo que la llamada «estambre».

cheyene adj. y, aplicado a personas, también n. Se aplica a los miembros de una tribu amerindia que habitaba al sur del lago Superior, en Estados Unidos, y que posteriormente se estableció en Montana y Oklahoma; también a sus cosas.

chía[1] (¿del ár. and. «šáya»?) **1** f. **Manto negro corto, generalmente de bayeta, que se usaba antiguamente en los *lutos.* ⊙ m. *Hombre vestido con un manto negro, que en algunas regiones encabeza a la procesión del Santo Entierro.* **2** f. *Cierto *tocado que, como *insignia de nobleza o autoridad, acompañaba a la vestidura llamada «beca»; consistía en un rodete del que pendían dos faldones: uno corto, que llegaba hasta el cuello y otro largo hasta la mitad de la espalda.* ⊙ *Este último faldón.*

chía[2] (Arg., Méj.; *Salvia chia*) f. *Hierba labiada de América tropical que se cultiva por sus semillas, con las que se elaborar una bebida, llamada del mismo modo; también se extrae de la planta un aceite usado en la industria*

chianti (it.; pronunc. [quianti]) m. Quianti (vino).

chiapaneco, -a adj. y, aplicado a personas, también n. *De Chiapas, estado de Méjico.*

chiar (de or. expresivo; ant.) intr. **Piar.*

chibalete (del fr. «chevalet») m. AGRÁF. Armazón de madera sobre la que se colocan las cajas para componer.

chibarrón (Ar.) m. *Manchurrón.*

chibcha adj. y, aplicado a personas, también n. Se aplica a los individuos de un pueblo *indio que habitó la región de Bogotá, y a sus cosas. ⊙ m. *Lengua de este pueblo.

chibera (ant.; Méj.) f. **Látigo usado por los cocheros.*

chibolo **1** (Ec.) m. *Cualquier objeto pequeño y *redondo.* **2** (Ec.) **Chichón (bulto producido por un golpe).*

chiborra (de «chivo») m. **Botarga (máscara o figura grotesca) que en algunas fiestas acompañaba a los danzantes, llevando una vejiga hinchada colgada de un palo, con la que pegaba a los chiquillos.*

chibuquí (del fr. «chibouque», del turco «çubuk») m. **Pipa turca, de tubo largo y recto.*

chic (fr.) adj. *Elegante, distinguido.

chica f. *Cierta danza de negros.*

chicada **1** f. *Chiquillada: acción propia de chicos.* **2** *Rebaño de *corderos tardíos y poco robustos que, por necesitar más cuidados, son apartados del rebaño.*

chicalé (Am. C.) m. *Cierto *pájaro de plumaje de colores vistosos.*

chicalote (del nahua «chicalotl») m. *Argemone (planta papaverácea).

chicana (del fr. «chicane») **1** f. *Artimaña empleada particularmente en los pleitos.* ≃ Artería. **2** *Broma, burla.*

chicanear intr. *Buscar chicanas en vez de resolver un asunto con franqueza y buena fe.*

chicanero, -a **1** adj. *Picapleitos.* **2** *Artero.*

chicano, -a (aféresis de «mexicano») adj. y, aplicado a personas, también n. Se aplica al ciudadano estadounidense de origen mejicano, y a todo lo relacionado con él.

chicarrón, -a (de «chico») n. Muchacho robusto.

chicazo **1** m. *Chico mal educado, de los que vagabundean por la calle.* **2** Chicarrón.

chicha[1] (voz infantil, como el it. «ciccia») **1** f. En lenguaje infantil, *carne comestible. **2** (inf.; gralm. pl.) Carne del cuerpo humano: 'Tiene pocas chichas'.

DE CHICHA Y NABO (inf.). Aplicado a personas o cosas, de poca importancia o calidad: 'Un empleíllo de chicha y nabo. Sus amigos son gente de chicha y nabo'. ≃ De chichinabo. ⇒ *Insignificante.

chicha[2] (del fr. «chiche», escaso) adj. V. «CALMA chicha».

chicha[3] (de «chichab», maíz, voz aborigen de Panamá) f. Bebida alcohólica que resulta de la fermentación del maíz en agua azucarada, que se toma en Hispanoamérica, especialmente en Perú y Chile. ⊙ Se aplica el nombre también a bebidas resultantes de la fermentación de distintos jugos de frutas y también de otras partes de plantas. ⊙ Por ejemplo, en Chile, la del zumo de la uva o la manzana; en Panamá, la resultante de la fermentación del fruto del nance, del quilo, etc. ⇒ Permaná. ➤ Concho. ➤ Llaullau. ➤ *Planta (grupo de las usadas para bebidas).

NO SER una cosa NI CHICHA NI LIMONADA (en la lengua hablada gralm. se dice «limoná»; inf. y algo desp.). Referido a personas o cosas, no tener carácter definido. ≃ No ser ni CARNE ni pescado ⇒ *Indiferente.

chícharo (del rom. and. «čičaro», del lat. «cĭcera») m. *Guisante, garbanzo o judía.*

chicharra (de «cigarra», influido por la onomatopeya «chich») **1** f. *Cigarra: insecto hemíptero; el macho tiene en el abdomen un aparato con el que produce un sonido estridente muy característico del verano en el campo. **2** (inf.; n. calif. o en comparaciones) Persona muy charlatana. **3** Juguete de sonido, construido con un canuto, semejante a una zambomba. **4** *Timbre eléctrico de sonido sordo. ≃ Zumbador. **5** *Cierto *berbiquí.* ≃ Carraca.

chicharrar (de or. expresivo) tr. *Achicharrar.*

chicharrear intr. *Imitar el ruido de la chicharra.*

chicharrera (inf.) f. Calor sofocante.

chicharrero (inf.) m. Lugar en que hace un calor sofocante.

chicharrina (inf.) f. Calor sofocante.

chicharro (de or. expresivo) **1** m. Jurel (pez perciforme). **2** Chicharrón (residuo muy frito de manteca).

chicharrón[1]**, -a** **1** (Cuba) adj. *Adulador.* **2** (Cuba) *Chismoso.*

chicharrón[2] (de or. expresivo) **1** m. Residuo muy frito que queda al derretir las pellas de *manteca de cerdo o el *sebo de otros animales. ≃ Chicharro, gorrón. **2** (pl.) Cierto *fiambre consistente en un conglomerado prensado en moldes de trozos de distintas partes del cerdo, la mayor parte gelatinosas. ⇒ CABEZA de jabalí. **3** (inf.) Carne que se ha *tostado demasiado. **4** (inf.; n. calif.) Persona muy tostada por el sol. ⇒ *Moreno.

chicharrón[3] (Cuba) m. *Cierta *moneda de plata.*

chicharrón[4] (varias especies de árboles combretáceos, particularmente el *Terminalia calappa*) m. Árbol de madera muy dura. ⇒ *Planta.

chiche (del nahua «chichi», mama) **1** (Hispam.; en El Salvador, f.) m. *Pecho de mujer.* ⊙ (Méj.) *Nodriza.* **2** (Am. S.) *Alhaja.* ⊙ (Am. S.) *Juguete.* **3** (Arg.; inf.; n. calif.) *Cosa bella y delicada, generalmente pequeña.* **3** (Am. C.) adj. *Cómodo, sencillo.*

chichear (de or. expresivo) tr. e intr. *Sisear.*

chicheo m. *Siseo.*

chichería (Hispam.) f. *Establecimiento donde se vende chicha.*

chichero, -a **1** (Hispam.) adj. *De [la] chicha.* **2** (Hispam.) n. *Fabricante o vendedor de chicha.* **3** (Perú) m. *Chichería.*

chichi[1] (Am. C.) adj. *Fácil, cómodo.* ≃ Chiche.

chichi[2] (vulg.) m. *Vulva.

chichicaste (del nahua «tzitzicastli»; Am. C., Cuba, Méj.; *Urera baccifera)* m. *Arbusto urticáceo cuyas fibras se emplean en cordelería.* ⇒ *Planta.

chichicuilote (Méj.; la más común, *Tringa melanoleuca)* m. **Ave zancuda comestible, semejante al zarapito, pero más pequeña.*

chichigua (del nahua «chichihua») **1** (Am. C., Méj.) f. **Ama de cría.* **2** (Col.) *Cosa o cantidad pequeña y de poco valor.* **3** (R. Dom.) **Cometa (juguete).*

chichilasa 1 (Méj.) f. *Cierta *hormiga de color rojo, pequeña y maligna.* **2** (Méj.; n. calif.) **Mujer hermosa y *arisca.*

chichilo (Bol.; *Cebuella pygmaea)* m. **Mono amarillento, especie de tití.*

chichimeca o **chichimeco, -a** (del nahua «chichimecatl») **1** adj. y, aplicado a personas, también n. *Se aplica a los individuos de una tribu de *indios que fundó en Tezcuco el reino de Acolhuacán, y a sus cosas.* **2** *Se aplica a los *indios que habitaban el norte y oeste de Méjico, y a sus cosas.*

chichinabo DE CHICHINABO (inf.). De CHICHA y nabo.

chichirimoche m. A LA NOCHE, CHICHIRIMOCHE Y A LA MAÑANA CHICHIRINADA. *Frase caprichosa en que «chichirimoche» y «chichirinada» equivalen respectivamente a «mucho» y «nada», que alude a las *alternativas de abundancia y escasez.*

chichirinada f. V. «chichirimoche».

chichisbeo (del it. «cicisbeo») **1** m. *Obsequiosidad de un hombre con una mujer.* ⇒ *Galantear. **2** *Hombre que está obsequioso con cierta mujer.*

chichito 1 m. **Niño pequeño.* **2** (Hispam.; inf. y desp.) **Criollo.*

chicho (inf.) m. **Rizo pequeño de pelo, que cae sobre la frente, propio de mujeres y niños.*

chicholo (Arg.) m. *Cierto *dulce envuelto en la *chala o espata del maíz verde.*

chichón (¿del lat. «abscessĭo, -ōnis»?; «Hacer, Levantar») m. *Bulto que se forma a consecuencia de un *golpe en la cabeza o en la frente. ⇒ Brocino, chibolo, hematoma, porcino, tolondro, tolondrón, turumbón. ➤ *Cardenal.

chichonera (de «chichón») f. *Gorro duro para *protegerles a los *niños la cabeza.

chichorro 1 (Ar.) m. *Trozo de *intestino; por ejemplo, del de cerdo empleado para hacer *embutidos.* **2** (Ar.) *Final de la tripa de un embutido que queda después de la *atadura.* ⊙ (Ar.) **Apéndice semejante que queda en algunas cosas; como el cuello de la cámara de aire de un balón o la boca atada de un saco.*

chichota (de «chicha[1]») f. *Parte mínima de algo.* ≃ *Pizca.
SIN FALTAR CHICHOTA. *Sin faltar lo más mínimo.*

chichurro (de «chicha[1]») m. **Caldo en que se han cocido las *morcillas al hacerlas.*

chiclán (And.) m. **Ciclán (animal con un solo testículo).*

chiclanero, -a adj. y, aplicado a personas, también n. *De Chiclana, nombre de dos poblaciones españolas, una en Cádiz y otra en Jaén.*

chicle (del nahua «tzictli».) **1** m. *Gomorresina obtenida del «chicozapote», árbol de Méjico y América Central. Se emplea en la manufactura de emplastos adhesivos, barnices resistentes al agua, materiales plásticos, y, con caucho, como aislante. Y, muy particularmente, para hacer *goma de mascar. **2** GOMA de mascar. ⇒ Chiclear. *Chupar, *masticar.

chiclé m. Pieza de un aparato o máquina que regula el paso de un fluido.

chiclear 1 (Méj.) intr. *Mascar chicle.* **2** (Méj.) *Extraer el chicle del chicozapote.*

chico, -a (del lat. «ciccum», cosa insignificante, pizca) **1** (inf.) adj. *Pequeño; particularmente, pequeño para cierta cosa: 'Este sombrero es chico para ti'. **2** n. *Niño o muchacho. ⊙ Aprendiz o «chico para los recados» de un establecimiento: 'Puedo mandarle los paquetes con el chico'. ⊙ (inf.) Se emplea para referirse a una persona, aunque sea adulta y no joven, con la que se tiene familiaridad: 'Este chico ha tenido suerte en los negocios. Bueno, chico: me marcho. Mira, chica, no lo entiendo'. En exclamaciones como '¡anda, chico!, ¡vamos, chico!' tiene tono despectivo. **3** f. *Muchacha de servicio doméstico. ≃ *Criada. **4** **Botella pequeña.* **5** (Méj.) **Moneda de plata de tres centavos.* **6** m. *Medida aplicada al *vino, aproximadamente la sexta parte de 1 litro.*
CHICA DE CONJUNTO. Chica que canta y baila en grupo en las revistas musicales y otros espectáculos parecidos. ≃ Corista, girl.
¡CHICO! (inf.). Exclamación de sorpresa.
CHICO DE [O PARA] LOS RECADOS. Chico o muchacho al que se emplea para llevar encargos y hacer otros *recados un establecimiento comercial, oficina, etc. ⇒ Botones.
V. «decir con la BOCA chica».
CHICO CON GRANDE. Aplicado a la manera de vender o comprar ciertas cosas, todas mezcladas, sin separación de las grandes y las pequeñas.
COMO CHICO CON ZAPATOS NUEVOS (inf.). Muy *alegre.
V. «GÉNERO chico, PERRA chica, PERRO chico».

□ CATÁLOGO

Arrapiezo, bribonzuelo, caballerete, chicarrón, chicazo, chiquillo, cipote, codujo, galopín, golfillo, golfo, *granuja, granujilla, guaja, jovencito, jovenzuelo, maltrapillo, mataperros, mocarra, mocito, mocoso, mozalbete, mozo, mozuelo, *muchacho, *niño, petizo, pícaro, pillete, *pilluelo, rapaz, redrojo, tunante. ➤ Chiquillería, chirpia, chirpial. ➤ Chicorrotico [o chicorrotillo, chicorrotín, chicorrotito], chicuelo, chiquirritico [o chiquirritillo, chiquirritín, chiquirritito].

chicolear (de or. expresivo) intr. Estar de chicoleo.

chicoleo (de «chicolear») m. Frase amable o de admiración dicha por un hombre a una mujer en tono alegre o de broma. ≃ *Requiebro ⊙ («Estar de») Conversación entre hombre y mujer en tono de broma, en la que se mezclan requiebros. ⇒ *Charlar, *coquetear.

chicoria (del lat. «cichorĭum») f. **Achicoria (planta compuesta).*

chicorrar (Nav.) tr. **Chamuscar.*

chicorrotico, -a, chicorrotillo, -a, chicorrotito, -a o **chicorrotín, -a** adj. *Dim. de «chico».*

chicotazo (de «chicote»; Hispam.) m. *Latigazo.*

chicote[1], -a n. Aum. cariñoso de «chico».

chicote[2] (del fr. «chicot») **1** (inf.) m. **Cigarro puro.* **2** (Hispam.; inf.) **Látigo.* **3** (inf.) MAR. *Extremo de un *cabo, o trozo pequeño de cabo.*

chicotear (Hispam.) tr. *Dar chicotazos.*

chicozapote (¿del nahua «xicotzapotl», peruétano?) (C. Rica) m. **Zapote.*

chicuelina f. TAUROM. Pase con la capa en el cual el torero gira en sentido contrario a la embestida del *toro.

chicuelo, -a n. Dim. de «chico».

chicura (Méj.) f. **Guaco (planta sapindácea).*

chiffon (fr.) m. Cierta *tela de seda, muy suave al tacto.

chiffonnier (fr.; pronunc. [chifoniér]) m. *Mueble con cajones más alto que ancho.

chifla[1] (del ár. «šifra», navaja) **1** f. **Cuchilla casi cuadrada con filo corvo en uno de los lados y con un agarrador de madera, que usan los encuadernadores, guanteros, etc., para raspar y adelgazar las *pieles.* **2** (ant.) **As de espadas.*

chifla[2] **1** f. *Acción de chiflar.* ⊙ *De silbar.* ⊙ *De hacer *burla.* **2** *Cierto tipo de silbato.*

chifladera f. *Chifla (silbato).*

chiflado, -a **1** Participio de «chiflar[se]». **2** (inf.; «Estar») adj. y n. Con la *mente algo perturbada. ⊙ Se aplica a la persona que tiene rarezas o comete extravagancias. ≃ *Loco. **3** («Estar; con») adj. Exageradamente aficionado a cierta cosa. ⊙ («Estar; por») Muy *enamorado de alguien. ≃ *Loco.

chifladura **1** (inf.) f. Estado de chiflado. ⊙ (inf.) *Afición exagerada por algo. ⊙ (inf.) Objeto de esa afición: 'Su chifladura es el ajedrez'. ⊙ (inf.) *Deseo violento o caprichoso de algo. ⊙ (inf.) *Cariño o *amor exagerado por alguien. **2** (inf.) *Manía: trastorno leve de la mente.

chiflar[1] tr. *Afinar las ↘pieles con la chifla.*

chiflar[2] (del lat. «sifilāre») **1** (pop.) intr. **Silbar.* ⊙ (pop.) *Tocar un silbato.* **2** (inf.; «de») tr. y prnl. *Hacer *burla de ↘algo o alguien.* ⇒ Rechifla. **3** (inf.) tr. **Beber mucho y deprisa bebidas alcohólicas.* **4** (inf.) intr. *Gustar mucho cierta cosa a alguien. ⊙ Particularmente, «tener chiflado»: gustar mucho una persona a ↘otra de distinto sexo. ≃ Trastornar. **5** («con, por») prnl. *Ansiar una cosa, desvivirse por ella o *encapricharse con ella. ⊙ («con, por») Tener extraordinaria *afición a cierta cosa: 'Se chifla por las motos'. **6** Perder la sensatez, particularmente por enamorarse. ≃ Trastornarse.

chiflato (del lat. «sifilātus», por «sibilātus», silbo) m. **Silbato.*

chifle (de «chiflar[2]») **1** m. Caza. **Silbato o *reclamo para cazar aves.* **2** Artill. *Especie de frasco hecho* de **cuerno en que se llevaba la *pólvora fina para cebar las piezas de artillería.*

chiflete m. **Silbato.*

chiflido m. *Silbido.*

chiflo (del lat. «sifilum», silbo) m. **Silbato.*

chiflón (de «chiflar[2]») **1** (Hispam.) m. **Viento colado, o frío y molesto aunque de poca violencia.* **2** (Méj.) **Caño por donde sale el agua con fuerza.* **3** (Chi., Méj.) *Derrumbe de piedra suelta en el interior de una *mina.*

chifonier m. Forma castellanizada de «chiffonnier».

chigla o **chiglán** (Ec.) m. **Ciclán.*

chigre[1] (Ast.) m. *Tienda donde se vende *sidra al por menor.*

chigre[2] m. Mar. *Especie de torno.* ⇒ *Cabrestante.

chigrero **1** (Ast.) m. *Dueño de un chigre (tienda donde se vende sidra).* **2** (Ec.) *Vendedor que lleva artículos de la sierra al litoral.*

chigua (Chi.) f. **Cesto hecho de mimbres o de corteza de árbol, usado para distintas cosas; entre ellas, para *cuna.*

chigüí (Am. C.) m. *Chigüín.*

chigüil (Ec.) m. *Masa de maíz, manteca, huevo y queso, envuelta en *chala (espata verde del maíz) y cocida al vapor.*

chigüín (relac. con «chico»; Am. C.) m. *Muchacho esmirriado.* ≃ Chigüí.

chigüiro (Ven.) m. **Carpincho (mamífero roedor).*

chihuahua[1] (de «Chihuahua», estado de Méjico) adj. y n. m. Se aplica al perro de una raza oriunda de Méjico, de talla muy pequeña.

chihuahua[2] (Ec.) m. *Especie de *muñeco hecho con cañas y papel y relleno de pólvora, que se quema en los festejos.* ⇒ *Pirotecnia.

chihuahuense adj. y, aplicado a personas, también n. *De Chihuahua, estado de Méjico.*

chií adj. y n. Chiita.

chiismo (del ár. «šī'ah», allegados, a través del fr.) m. Rama del Islam que considera a Alí, yerno de Mahoma, y sus descendientes los únicos califas legítimos.

chiita adj. y, aplicado a personas, también n. Del chiismo o seguidor de este movimiento religioso. ≃ Chií. ⇒ Chiismo. ➤ Sunnita [o sunní].

chijetada f. **Chorro que sale bruscamente.*

chijete **1** (Arg.; inf.) m. *Chorrillo que sale con fuerza.* ≃ Chisguete. **2** (Arg.; inf.) *Corriente de aire que penetra en un lugar cerrado.*

chilaba (del ár. marroquí «žellaba») f. Especie de túnica con capucha que usan los *musulmanes.

chilacayote (del nahua «tzilacayutli», calabaza blanca y lisa) m. **Cidra cayote (planta cucurbitácea).*

chilacoa (Col.) f. *Especie de *chocha, muy abundante.*

chilanco m. *Cilanco (*charco).*

chilaquil (Méj.) m. *Guiso consistente en tortillas de maíz partidas y cocidas con caldo de chile.*

chilaquila (Guat.) f. *Vianda consistente en tortillas de maíz rellenas con queso, hierbas y chile.*

chilar m. *Campo de chiles.*

chilate (Am. C.) m. *Bebida hecha con chile, maíz tostado y cacao.*

chilatole (Méj.) m. **Guiso de *maíz entero, chile y carne de cerdo.*

chilca (del quechua «chillca»; Am. S.; *Thevetia neriiflora*) f. *Arbusto apocináceo de cuya semilla se extrae un aceite utilizado en la fabricación de jabones.* ≃ Chirca, chilindrón. ⇒ *Planta.

chilchote (de «chile»; Méj.; *Capsicum frutescens*) m. *Cierto *pimiento muy picante.*

chilco (del mapuche «chillco»; Chi.) m. **Fucsia silvestre.*

chile (del nahua «chilli») **1** (Am. C., Méj.) m. **Pimiento, muy usado como condimento y picante en algunas de sus variedades.* ≃ Ají. **2** (Am. C.; gralm. pl.) *Patraña.*

chilena f. Dep. En *fútbol, disparo de espaldas a la portería contraria levantando las piernas con un movimiento de tijera.

chilenismo m. Americanismo de Chile.

chileno, -a adj. y, aplicado a personas, también n. De Chile. ⇒ Roto. ➤ Chilote, pehuenche. ➤ Chilenismo. ➤ Zamacueca. ➤ Chaucha, cinco, cóndor.

chilero, -a **1** (Guat., Méj.) n. *Persona que cultiva, compra y vende chile.* **2** (Méj.; desp.) *Tendero de comestibles.* ⇒ *Tienda de comestibles. **3** (Guat.) adj. y n. *Mentiroso.*

chili m. **Viento sur de Túnez, semejante al siroco.*

chilindrina (de «chilindrón», juego de baraja) **1** (inf.) f. **Pequeñez: cosa sin importancia.* **2** (inf.) *Anécdota, chiste, narración, a veces picante, con que se ameniza la conversación.* **3** (inf.) **Broma inocente.* ≃ Chafaldita.

chilindrón (¿de «chirlo» y «tolondrón»?) **1** m. *Cierto juego de *baraja.* ≃ Capadillo. ⇒ Garatusa. **2** amb. Pisto de tomate, pimiento y cebolla en que se guisan ciertas carnes. **3** (Hond.) m. **Chilca (arbusto apocináceo).*

AL [A LA O EN] CHILINDRÓN. Guisado con «chilindrón»: 'Pollo al chilindrón'.

chilla[1] (de or. mapuche; Arg., Chi.; varias especies del género *Dusicyon,* como *Dusicyon gymnocercus)* f. *Especie de *zorra, más pequeña que la europea.*

chilla[2] (del lat. «scindŭla») f. **Tabla delgada, de mala calidad.*

chilla[3] (de «chillar») f. CAZA. *Utensilio con que los cazadores imitan el chillido de algunos animales.*

chillado m. CONSTR. **Techo hecho de listones y tablas de chilla.* ⊙ (Extr.) CONSTR. **Cielo raso hecho con tablas o cañizos y recubierto de yeso o cal.*

chillar (del sup. lat. «cisclāre» por «fistulāre», tocar la flauta) **1** intr. Emitir con la boca sonidos fuertes, agudos y estridentes. ≃ *Gritar. **2** Hablar chillando. ≃ *Gritar. **3** Hablar a alguien de manera descompuesta o *desconsiderada. ≃ *Gritar. **4** CAZA. *Hacer sonar la «chilla».* **5** PINT. *Resultar chillón un color.*

chillera (del sup. lat. «cellarĭa», almacén) f. MAR. *Barra con los extremos doblados que se encaja en la amurada o en las brazolas para sujetar la carga de municiones o cosa semejante, de modo que no pueda moverse.*

chillería (de «chillar»; «Haber, Armarse una») f. *Alboroto de gritos de personas.

chillido (de «chillar») m. Sonido fuerte y agudo emitido de una vez con la boca.

chillo m. *Chilla (*tabla delgada, de mala calidad).*
V. «CLAVO de chillo».

chillón[1] m. **Clavo que se emplea para tablas de chilla.*
CHILLÓN REAL. **Clavo más grande que el chillón.*

chillón[2], **-a 1** adj. y n. Aplicado a personas, propenso a chillar. **2** adj. Aplicado a sonido, voz, etc., agudo y desagradable. ≃ *Estridente. **3** Aplicado a colores o a las cosas por ellos, demasiado vivo o en contraste desagradable con otro u otros colores próximos. ⇒ Charro, *estridente, gaitero, *llamativo. ➤ *Vistoso.
V. «PICAZA chillona».

chilmole (del nahua «chilli», chile, y «molli» o «mulli», guiso; Méj.) m. *Salsa elaborada con chile, tomate y otros ingredientes.*

chilomonas Nombre aplicado a ciertos *protozoos flagelados, muy abundantes en las aguas dulces que contienen sustancias en putrefacción.

¿chi lo sa? (pronunc. [quí lo sá]; inf.) Frase italiana, usada a veces en España en lugar de «¿quién sabe?». ⇒ *Dudar.

chilostra (And.; inf.) f. **Cabeza.* ⊙ *También en sentido figurado.*

chilote[1] (Méj.) m. *Bebida hecha con pulque y chile.*

chilote[2], **-a** adj. y, aplicado a personas, también n. *De Chiloé, isla y archipiélago de Chile.*

chilpancingueño, -a adj. y, aplicado a personas, también n. *De Chilpancingo, capital del estado mejicano de Guerrero.*

chilpe 1 (Ec.) m. *Tira de hoja de pita.* **2** (Ec.) **Cuerda de pita.* ≃ Cabuya. **3** (Ec.) *Hoja seca del maíz.* **4** (Chi.) **Andrajo.*

chilposo, -a (Chi.) adj. *Andrajoso.*

chiltepe (del nahua «chilli», chile, y «tecpintli», pulga; Guat.; *Capsicum baccatum)* m. *Chile silvestre, con propiedades medicinales.*

chiltipiquín (del nahua «chilli», chile, y «tecpín», pulga) m. *Chile (*pimiento o pimentón).*

chiltote (Am. C., Méj.) m. *Turpial (pájaro).*

chiltuca o **chiltuga** (Salv.) f. *Casampulga (araña).*

chimachima o **chimango** (de or. expresivo; Arg., Bol., Perú; *Milvago chimango)* m. **Ave de rapiña.*

chimbador, -a 1 (Perú) m. *Indígena hábil en atravesar ríos.* ⇒ *Guía. **2** (Ec.; inf.) adj. *Se aplica al candidato que no busca la victoria electoral propia, sino impedir la de otro.*

chimbo[1], **-a** (Hispam.) adj. y n. *Se aplica a una especie de *dulce hecho con huevo, almendras y almíbar.*

chimbo[2], **-a** (de or. vasc.) **1** (País Vasco) m. *Nombre vulgar que se da varias especies de pájaros: alcaudón, curruca, etc.* **2** (hum.) n. *Bilbaíno.*

chimenea (del fr. «cheminée») **1** f. *Conducto destinado a la salida del humo del fuego de una cocina o de cualquier otra cosa, como un barco o una fábrica. ⇒ Mambrú, torre. ➤ Alcabor, caballete, campana, cintura, faldón, fraile, lengüeta, manto, revellín, sombrerete. ➤ Tiro. ➤ Deshollinador, fumista, limpiachimeneas. **2** Hueco hecho en la pared de una habitación, comunicando con el exterior por una chimenea, en el cual se hace fuego para *calentarse. ⇒ Alcobilla. ➤ Chambrana. **3** Se puede aplicar a un conducto semejante por su forma o su función a una chimenea; por ejemplo, al conducto por donde suben y bajan las pesas de la tramoya en un teatro. **4** En las *armas de fuego de pistón, pequeño tubo colocado en la recámara, donde se pone la cápsula. **5** GEOL. Conducto de un volcán por donde se expulsan la lava y otros materiales durante la erupción.
CHIMENEA FRANCESA. La de una habitación, usada sólo para calentarse, con un marco y una repisa en su parte superior, donde suelen colocarse objetos de adorno.
CH. DE VENTILACIÓN. Patio muy estrecho, que sirve para proporcionar ventilación pero no luz, en un *edificio.

chiminango (Col.; *Pithecelobium dulce)* m. *Árbol leguminoso muy corpulento que abunda en el Cauca.* ⇒ *Planta.

chimó (Ven.) m. *Pasta hecha de extracto de *tabaco cocido y sal de urao, que saborean llevándola en la boca los habitantes de la cordillera occidental de Venezuela.* ⇒ *Chupar.

chimojo (de or. taíno; Cuba) m. *Sustancia empleada como *antiespasmódica, compuesta de tabaco, cáscara de plátano, salvia y otros ingredientes.*

chimpancé (del bantú «kampenzi»; *Pan troglodytes* y otras especies del género *Pan)* m. *Mono antropomorfo del centro de África, poco más bajo que un hombre, con brazos muy largos que le llegan, estando en posición vertical, hasta las rodillas; es fácilmente domesticable.

china[1] (de la voz infantil «chin») **1** f. *Piedra pequeña y redondeada. ≃ Chino, guijarro. **2** (inf.) **Dinero.* **3** (argot) Pequeña porción de hachís prensado. **4** (Ven.) **Tirador (juguete).*
ECHAR [A LA] CHINA (inf.). Echar a *suerte una cosa, particularmente los chicos cuando juegan, cogiendo una china o cualquier objeto pequeño y ocultándolo en una mano; el que la tiene presenta las dos manos cerradas a otro jugador y éste pega en una de ellas; si ésta es la que tiene la china, corresponde pagar o quedarse al que ha pegado en ella.
PONER CHINAS. a alguien (inf.) Ponerle dificultades, inconvenientes u obstáculos: 'En vez de animarle, no hacen más que ponerle chinas'.
TOCAR a alguien LA CHINA (inf.). Ser a él, entre varios, a quien ha correspondido una mala *suerte.

china² (de «China», país asiático) **1** f. *Cerámica fina y traslúcida de que se hacen platos, tazas, etc. y objetos decorativos. ⊙ Conjunto de objetos de este material. ≃ Porcelana. **2** *Cierta *tela de seda procedente de China.* ⊙ **Tela imitada de esa.* **3** (*Smilax pseudo-china*) Planta esmilacácea, especie de zarzaparrilla, que se cría en América y en la China, cuya raíz, del mismo nombre, es medicinal. ≃ Lampatán.
MEDIA CHINA. **Tela más ordinaria que la «china».*
V. «NARANJAS de la China, TINTA china».

china³ (Seg., Sor.) f. *Hoguera.*

chinaca (Méj.) f. **Gente miserable.*

chinacate **1** (Méj.) m. *Murciélago.* **2** (Méj.) *Gallo sin plumas.*

chinaje (Arg., Ur.) m. *Chinerío.*

chinama (Guat.) f. **Cobertizo de cañas y ramaje.*

chinampa (del nahua «chinamitl», cobertizo de cañas; Méj.) f. *Especie de *huerto pequeño en las lagunas próximas a la ciudad de Méjico, en que se cultivan flores y verduras.*

chinampero, -a **1** adj. *De chinampa o de las chinampas:* 'Clavel chinampero'. **2** m. *Hombre que cuida una chinampa.*

chinanta f. *Medida de *peso usada en Filipinas, equivalente a 6,326 Kg.*

chinapo (del tarasco «trinupu»; Méj.) m. *Obsidiana (*mineral).*

chinar (de or. expresivo; ant.) intr. **Rechinar.*

chinarrazo m. Chinazo.

chinarro m. China que se considera grande en el caso de que se trata: 'Se me metió un chinarro en el zapato'.

chinata (de «china¹»; Cuba) f. **Cantillo de jugar.*

chinateado (de «china¹») m. METAL. *Capa de piedras menudas que se echa sobre el mineral grueso al cargar los hornos de mercurio de Almadén.*

chinazo (aum. de «china¹») m. *Golpe dado arrojando una china. ≃ Chinarrazo.

chincate m. **Azúcar moreno, último que sale de las calderas.*

chinchar (de «chinche»; inf.) tr. Fastidiar a ↘alguien con *impertinencias: 'Continuamente está chinchando a sus empleados con exigencias ridículas'. ⊙ Causar *fastidio a ↘alguien cierta cosa: 'Me chincha tener que saludarle'. ⊙ prnl. *Fastidiarse. ⊙ Se emplea mucho en frases informales en imperativo, equivaliendo a «fastidiarse» o «aguantarse»: 'Tú lo has querido, así que chínchate'. Se emplea mucho en exclamaciones, particularmente entre chicos; por ejemplo, con la exclamación '¡para que te chinches!' se subraya una información que se supone ha de hacer rabiar al que la recibe: 'Pues no me han castigado... ¡para que te chinches!'. ⇒ *Mortificar.

chincharrazo (inf.) m. **Cintarazo: golpe dado de plano con la espada.*

chincharrero **1** m. *Sitio en que hay muchas chinches.* **2** **Barco pequeño usado en Hispanoamérica para pescar.*

chinche (del lat. «cimex, -ĭcis») **1** (*Cimex lectuarius;* pop., m.) f. Insecto *hemíptero, de cuerpo rojizo casi elíptico, parásito del hombre, que anida en las paredes y muebles; particularmente, en las camas. **2** Chincheta. **3** (inf.; n. calif.) adj. y n. *Chinchorrero.
CAER [O MORIR] COMO CHINCHES. Morir en gran número, por ejemplo en una epidemia.

chinchel (de «chinche»; Chi.) m. *Cantina.*

chinchemolle (de «chinche» y «molle»; Chi.; *Anisomorpha crassa*) m. *Cierto *insecto sin alas que vive debajo de las piedras y se distingue por su olor repugnante.*

chinchero m. *Dispositivo hecho de mimbres o de madera agujereada que se ponía alrededor de las camas para que las chinches pasasen por los agujeros a la parte superior, desde donde se sacudían luego.*

chincheta (de «chinche») m. Clavo de punta corta y fina y cabeza grande y plana, que se emplea para fijar cosas como avisos en un tablero, el papel de dibujo, etc. ≃ Chinche.

chinchilla (de or. aimara; *Chinchilla laniger*) f. Mamífero *roedor de América del Sur, muy semejante a la ardilla, de *piel muy suave, llamada del mismo modo, muy estimada en peletería.

chinchimén (Chi.; *Lutra felina*) m. *Especie de *nutria de mar, de unos 30 cm de longitud.*

chinchín¹ (de or. expresivo; burlesco) m. Música en que hay platillos; particularmente, la de una *banda o charanga callejera.

chinchín² (del ingl. «chin-chin», del chino pequinés «ching-ching») interj. Expresión con que se acompaña el choque de las copas o vasos en un brindis.

chinchín³ (Chi.; *Azara microphylla*) m. *Arbusto flacurtiáceo de madera muy dura, hojas perennes mellizas y flores en espiga amarillas y olorosas.*

chinchintor (Hond.) m. *Cierta *víbora muy venenosa.* ≃ SIERPE volante.

chinchirrinete (Alb.) m. *Juego de *saltacabrilla.*

chinchón¹ m. Anís fabricado en Chinchón, pueblo de la provincia de Madrid.

chinchón² m. Cierto juego de baraja.

chinchona (de la condesa de «Chinchón», virreina del Perú, que se curó con la corteza de este árbol) f. **Quino (árbol).*

chinchorrear **1** intr. *Chismorrear.* **2** tr. *Molestar, fastidiar.*

chinchorrería **1** f. Cualidad de chinchorrero. ⊙ Exigencia o minuciosidad exagerada. **2** Habladuría o murmuración sobre cosas que no merecen la pena de ser comentadas: 'Le gusta mucho que le cuenten chinchorrerías'. ≃ *Chisme.

chinchorrero, -a (de «chinche») **1** adj. y n. Se dice de la persona difícil de contentar, excesivamente exigente en los detalles del trabajo o servicio que se le hace, muy celosa de que se le guarden las consideraciones o el respeto debidos, etc. ≃ Chinche, chinchoso, cominero, quisquilloso, reparador, reparón, SANGRE pesada. ⇒ Delicado, *descontentadizo, exigente, fastidioso, impertinente, meticuloso. **2** Aficionado a contar o escuchar chinchorrerías (chismes).

chinchorro (de «chinche») **1** m. *Barco de remos muy pequeño; por ejemplo, la *lancha menor de las que llevan a bordo los barcos. **2** **Red de pescar a manera de barredera, semejante a la jábega, pero menor.* **3** **Hamaca ligera, tejida de cordeles, como el esparavel, que usan corrientemente para dormir los indios de Venezuela.*

chinchoso, -a **1** adj. Se aplica al sitio donde se crían chinches. **2** adj. y n. *Chinchorrero.

chinchulín (del quechua «chunchulli», tripas menudas; Bol., Ec., R. Pl.) m., gralm. pl. *Intestino asado de ovino o vacuno.*

chincol (Am. S.; *Zonotrichia albicollis*) m. **Pájaro semejante al gorrión, pero cantor.* ≃ Chingol, chingolo.

chincual (Hispam.) m. **Sarampión.*

chinda n. *Persona que vende *despojos de reses.* ≃ Casquero.

chiné (del fr. «chiné») n. **Tela de seda de muchos colores; los colores se estampan en el hilo antes de tejer.* ⊙ adj. *Se aplica a esa tela y a los vestidos hechos con ella.*

chinear (de «chino³») **1** (Am. C.) tr. *Llevar a *cuestas o en brazos a ↘alguien.* **2** (C. Rica) *Mimar, cuidar con especial cariño.*

chinela (de «chanela») **1** f. *Zapatilla sin talón. ⇒ Pantufla. **2** *Cierto *calzado, especie de chapín, que se ponían las mujeres sobre el otro en tiempo de lluvias o barro.*

chinelón (aum. de «chinela»; Ven.) m. **Calzado antiguo, especie de zapato con orejas, sin hebillas, botones ni cordones, más alto que la chinela.*

chinerío (Arg., Chi., Ur.) m. *Conjunto de chinas (mujeres aindiadas).*

chinero (de «china²») m. *Armario de comedor o alacena donde se guarda la vajilla.

chinesco, -a 1 adj. De China o parecido a las cosas de China. **2** m. *Instrumento musical propio de banda, consistente en un aro del que penden campanillas y cascabeles, y que se toca agitándolo.*

V. «SOMBRAS chinescas».

chinga (de or. expresivo) **1** (Hispam.) f. **Mofeta (mamífero carnívoro).* **2** (Hond.) *Chunga: *burla, broma.* **3** (C. Rica) **Colilla de cigarro.* **4** (C. Rica) *Barato (en el juego).* **5** (Hispam.) *Borrachera.*

chingada (Méj.; inf.; «La») f. *Nombre que se da a la muerte.*

V. «HIJO de la chingada».

chingado m. *Planta convolvulácea semejante al boniato. ⊙ Fruto de ella.

chingana (de «chingar»; Hispam.) f. **Taberna en que se suele cantar y bailar.*

chingar (de or. expresivo) **1** tr. o abs. **Beber *vino o licores.* ⊙ prnl. **Emborracharse.* **2** (inf.) tr. **Fastidiar o *molestar a ↘alguien.* ⊙ (Can., Hispam.) prnl. **Frustrarse una cosa.* **3** (vulg.) intr. Realizar el acto sexual. **4** (Can.) *Salpicar.* **5** (Pal.) *Tintinear.* **6** (Arg.) *Caer un vestido más de un lado que de otro.* ≃ Pingar. **7** (Am. C.) tr. *Cortar el *rabo a un ↘animal.*

chinglar (de or. expresivo) tr. o abs. *Beber ↘vino.*

chingo, -a (de «chingar») **1** (Am. C.) adj. **Rabón.* **2** (Am. C., Ven.) **Chato.* **3** (Col., Cuba; pop.) *Muy pequeño.* **4** (Nic.) *Bajo de estatura.* **5** (Am. C.) *Aplicado a prendas de vestir, corto.* **6** (C. Rica) *Desnudo o medio desnudo.* **7** (Ven.) *Deseoso, ansioso.*

chingol o **chingolo** (Arg.) m. *Chincol.*

chingue (Chi.) m. *Mofeta.* ≃ Chinga.

chinguear (de «chingar») **1** (Hond.) intr. *Bromear.* **2** (C. Rica) *Cobrar la chinga (el barato).* ⇒ *Jugar.

chinguero (de «chinga»; C. Rica) m. *Propietario de un garito de *juego.* ≃ Garitero.

chinguirito m. **Aguardiente de caña de mala calidad.*

chinita f. Dim. frec. de «china».

PONER CHINITAS a alguien. Poner CHINAS a alguien.

chino¹ 1 (And.) m. *China (piedra pequeña).* **2** («Jugar a los»; pl.) Juego que consiste en adivinar la cantidad de piedrecillas, monedas, etc., que esconde en la mano el contrincante.

chino², -a 1 adj., y aplicado a personas, también n. De China. ⇒ Achinado, chinesco, sínico. ➤ Sinólogo. ➤ Taoísmo. ➤ Yuan. ➤ Coleta. ➤ Pinyin. **2** m. Idioma hablado en China. **3** En frases como «hablar en chino» o «eso es chino para mí», significa que una manera de hablar o una cosa es *incomprensible. **4** (inf.) Borrón (mancha producida en un dibujo, escrito, etc., por tinta vertida en ellos). **5** (inf.; «Pasar por») Pasapurés. **6** (argot) Heroína que se quema sobre papel de plata y se inhala.

V. «COCHINO chino».

DE CHINOS (inf.). Se aplica con valor ponderativo al trabajo extremadamente laborioso, generalmente por su minuciosidad.

ENGAÑAR a alguien COMO A UN CHINO (inf.). *Engañar completamente a la persona de que se trata.

V. «PERRO chino».

TRABAJAR COMO UN CHINO (inf.). Trabajar mucho.

chino³, -a (del quechua «china», hembra.) **1** (Am. S.) adj. y n. *Se aplica a los *indios y a los *mestizos.* **2** (Am. S.) n. **Sirviente o persona de clase baja.* **3** (Am. S.) *Se usa como apelativo cariñoso o despectivo referido a personas.* **4** (Am. C., Arg.) f. *Niñera.* **5** (Chi.) **Amante.*

chip (ingl.) m. ELECTR. Pequeño circuito integrado montado en una cápsula, con una serie de patillas que permiten realizar las conexiones. ≃ Microchip.

chipa (Am. S.) **1** f. **Cesto o *ruedo de paja que se emplea para recoger frutas y legumbres.* **2** (Col.) *Rodete para llevar cosas a la cabeza, sostener una vasija y otros fines.*

chipá (Arg.) f. **Torta de maíz o mandioca.*

chipaco (Arg.) m. **Torta de acemite (salvado con algo de harina).*

chipe (Chi.; inf.; gralm. pl.) m. *Dinero.*

TENER [O DAR] CHIPE (Chi.). *Tener [o dar] libertad para llevar a cabo alguna cosa.*

chipé (del caló «chipé», verdad) f. *Chipén.*

DE CHIPÉ. *De chipén*

chipén (del caló «chipén», vida y «chipé», verdad) inf.; «La») **1** (inf.; «La») f. La verdad. **2** (inf.) adj. Estupendo. ⊙ adv. Estupendamente.

DE CHIPÉN. Estupendo o estupendamente: 'Una chica de chipén. He comido de chipén'.

chipendal (del ingl. «Chippendale», apellido del creador de este estilo.) m. Estilo de muebles desarrollado en Inglaterra en la segunda mitad del siglo XVIII, recargado de adornos de caracolas, volutas y calados y, frecuentemente, con las patas de la forma llamada de «cabra».

chipichape (de or. expresivo) **1** m. **Zipizape.* **2** *Golpe o *choque.* ⇒ T...p.

chipichipi (de or. expresivo; Méj.) m. **Llovizna.*

chipile o **chipilín¹** (Méj.; *Crotolaria guatemalensis*) m. **Planta leguminosa de hojas comestibles.*

chipilín², -a 1 adj. *Chiquilín.* **2** n. *Niño muy pequeño.*

chipilo (Bol.; colectivo) m. *Rodajas de *plátano fritas que sirven como provisión en los viajes.*

chipirón (del lat. «sepĭa», jibia) m. *Calamar pequeño.

chipojo (Cuba) m. **Camaleón (reptil).*

chipolo (Col., Ec., Perú) m. *Juego de *baraja parecido al tresillo.*

chipotazo o **chipote** (Am. C.) m. **Manotada.*

chipriota adj. y, aplicado a personas, también n. De Chipre. ≃ Chipriote, ciprino, ciprio, cipriota. ➤ Pafio.

chipriote n. *Chipriota.*

chique m. MAR. Madero de refuerzo en un barco.

chiqueadores 1 m. pl. *Rodajas de carey que usaban antiguamente las mejicanas como *adorno.* **2** (Méj.) *Rodajas de papel, como de 1 cm de diámetro, que, untadas* *de sebo u otras sustancias, se pegan en las sienes para curar el dolor de cabeza.* ⇒ *Medicina.

chiquear (Cuba, Méj.) tr. *Hacer *zalamerías o *lisonjear a* ↘alguien. ≃ *Lagotear.*

chiqueo (Cuba, Méj.) m. **Zalamería.*

chiquero[1] (¿del ár. y rom. and. «širkáyr», del sup. lat. «circarĭum»?) **1** m. **Choza donde se guardan por la noche los *cerdos.* ⊙ (Extr.) *Choza donde se guardan por la noche los cabritos.* **2** TAUROM. Sitio donde se tienen encerrados los toros hasta que salen a la plaza para ser lidiados. ≃ Toril. ⇒ Enchiquerar.

chiquero[2]**, -a** adj. Se aplica a la persona a la que le gustan los niños o chicos.

chiquichaque 1 m. **Onomatopeya con que se imita cualquier sonido semejante; por ejemplo, el que se produce al masticar o al *serrar.* **2** *Hombre que tenía por oficio serrar piezas gruesas de madera.*

chiquigüite (del nahua «chiquihuitl»; Guat., Hond., Méj.) m. *Cierto *cesto sin asas.*

chiquilicuatre o **chiquilicuatro** (de «chico») m. Hombre joven, informal, al que no se da importancia. ≃ *Mequetrefe.

chiquilín, -a adj. y n. Dim. cariñoso de chico, usado para referirse a los niños.

chiquillada f. Acción propia de chiquillos. ⊙ Acción poco sensata o razonable.

chiquillería o **chiquillerío 1** (inf.) f. o m. Conjunto de chiquillos. **2** (inf.) f. *Chiquillada.*

chiquillo, -a n. Dim. aplicado frecuentemente a los niños: 'Tengo que llevar a los chiquillos al colegio'. ⊙ A veces con enfado: 'Estos chiquillos no me dejan trabajar'.

NO SER CHIQUILLO. Se usa en frases en imperativo para tratar de apartar a alguien de una idea poco *razonable, una creencia demasiado ingenua, etc.: 'No seas chiquillo y déjate de tonterías'.

chiquirín (Guat.) m. *Insecto *hemíptero parecido a la cigarra, pero de canto más estridente.*

chiquirritico, -a o **chiquirritillo, -a** adj. Dim. de «chico» (pequeño).

chiquirritín, -a adj. Dim. de «chico» (pequeño). ⊙ n. Niño muy pequeño.

chiquirritito, -a adj. Dim. de «chico» (pequeño).

chiquitas NO ANDARSE CON CHIQUITAS. V. «chiquito».

chiquitín, -a adj. Dim. de «chico» (pequeño). ⊙ n. Niño muy pequeño.

chiquitito, -a adj. Dim. de «chico» (pequeño).

chiquito, -a 1 adj. Dim. de «chico» (pequeño). **2** n. Dim. de «chico» (muchacho). **3** (inf.) m. Vaso pequeño de vino.

DEJAR CHIQUITO (inf.). *Superar algo o a alguien determinado.

NO ANDARSE CON CHIQUITAS (inf.). Actuar sin contemplaciones.

chira 1 (Col.) f. **Andrajo, jirón.* **2** (C. Rica) *Espata que envuelve la inflorescencia del *plátano.* **3** (Salv.) **Úlcera.*

chirapa 1 (Bol.) f. **Andrajo.* **2** (Perú) *Lluvia con sol.*

chirca (de «chilca»; Hispam.) f. **Chilca (arbusto apocináceo).*

chircal (Col.) m. **Tejar.*

chircate (Col.) m. **Falda de tela tosca.*

chiribico (Cuba; *Pomacanthus parus*) m. **Pez plectognato pequeño, de forma elíptica y color morado.*

chiribita (de or. expresivo) **1** f. *Chispa. **2** **Margarita (planta compuesta).* **3** (inf.; «Hacer»; pl.) Especie de lucecillas que se ven por alguna anormalidad en los *ojos: 'Después de haberme deslumbrado el coche, me hacían los ojos chiribitas'. ⊙ (inf.) Se usa también en sentido figurado: 'Le hacían los ojos chiribitas al ver el coche nuevo'. **4** (Cuba; *Pomacanthus arcuatus* y otras especies) *Nombre aplicado a varias especies de *peces perciformes de vivos colores, que habitan en los fondos coralinos o rocosos de las aguas tropicales.*

ECHAR [O ESTAR QUE ECHA] CHIRIBITAS (inf.). Estar *colérico.

chiribital (Col.) m. **Erial: terreno inculto.*

chiribitil (de «chivitil») m. *Desván o habitación baja de techo y pequeña.* ≃ *Cuchitril.

chiricatana (Ec.) f. *Poncho de tela basta.* ⇒ *Capote.

chiricaya (Hond.) f. *Cierto «*plato dulce» de leche y huevo.*

chiricote (de or. guaraní; Arg., Par.; *Aramides cajanea*) m. *Cierta ave que vive a orillas de las lagunas y esteros, de cabeza y cuello de color gris azulado, pecho de color ocre y abdomen negro.*

chirigaita (de «chilacayote»; Mur.) f. **Cidra cayote (especie de calabaza).*

chirigota (¿del port. «girigoto, gerigoto, geringoto», ligero, listo, tramposo?; «Decir, Gastar, Tomarse a») **1** f. Frase o dicho con que se *burla uno alegremente de algo o alguien, sin desprecio ni intención ofensiva. ≃ *Broma, cuchufleta, chanza. **2** Grupo musical que canta canciones festivas en carnaval.

chirigotear intr. *Decir chirigotas.*

chirigotero, -a adj. y n. Aficionado a decir chirigotas.

chirigua (Chi.) f. *Chirigüe.*

chiriguare (Ven.) m. *Cierta *ave de presa muy voraz.*

chirigüe (de or. araucano; Chi.; *Sicalis uropygialis*) m. **Ave de color aceitunado por encima, amarillo por abajo y con las alas negras.* ≃ Chirigua.

chirimbolo (del vasc. «chirimbol», rodaja, bola) **1** (inf. o desp.) m. Cosa, generalmente de forma algo complicada, que no se sabe cómo nombrar: 'Llevaba en la mano un chirimbolo que no pude adivinar lo que era'. ≃ *Trasto. ⊙ (inf. o desp.; pl.) *Cosas heterogéneas: 'Tiene la mesa llena de chirimbolos'. ≃ Bártulos, chismes, enredos, *trastos, trebejos. ⊙ (inf. o desp.) *Utensilios para algún trabajo u operación. **2** (inf. o desp.) Remate torneado, por ejemplo en un mueble. ≃ *Bolillo.

chirimía (del fr. ant. «chalemie») **1** f. Especie de *flauta con diez agujeros y lengüeta de caña. **2** (Guat.; inf.; n. calif.) *Persona que habla con voz chillona.*

chirimoya f. *Fruta del tamaño aproximado de una manzana, de forma ovalada, de color verde por fuera, con la superficie tallada en pequeños planos, y de carne blanca y muy dulce en la que están incrustadas numerosas semillas grandes y negras.

chirimoyo (de or. indoamericano; *Annona cherimola*) m. Árbol anonáceo cuyo fruto es la chirimoya. ≃ ANONA del Perú. ⇒ Araticú. ➤ *Planta.

chirinada (de «Victor Chirino», cabecilla de una revuelta frustrada que hubo en el siglo XIX en Argentina; Arg., Ur.; a veces desp.) f. *Fracaso, particularmente de un motín o revolución.*

chiringa (Cuba, P. Rico) f. **Cometa pequeña.*

chiringo[1] (Sev.) m. *Vaso de aguardiente.*

chiringo[2] **1** (Hispam.) m. **Fragmento pequeño de algo.* **2** (P. Rico) **Caballo pequeño.*

chiringuito (inf.) m. Bar de poca categoría, a menudo al aire libre, donde a veces también se sirven comidas.

chirinola (de la batalla de «Ceriñola») **1** f. **Riña no muy violenta.* ≃ Gresca. **2** *Discusión acalorada.* **3** **Conversación larga y animada.* **4** (inf.) *Cosa sin importancia.* ≃ *Pequeñez. **5** **Juego de chicos parecido al de *bolos.* ⇒ Cuatro.

chiripa («Por») f. Acierto *casual o *casualidad favorable, rara. ≃ *Chamba. ⊙ Particularmente en el *juego y especialmente en el de *billar.

POR [O DE] CHIRIPA. Por casualidad.

chiripá **1** (Hispam.) m. *Chamal de los *indios cuando lo llevan vuelto hacia delante por entre las piernas, a modo de pantalón.* ⊙ (Hispam.) *Pantalón de los gauchos.* **2** (Arg.) *Pañal de niño de forma parecida al chiripá de los gauchos.*

chiripear tr. *Ganar tantos por chiripa en el juego de *billar.*

chiripero, -a adj. y n. Se aplica a la persona que tiene aciertos en el juego por chiripa. ⊙ O a la que resulta favorecida repetidamente por casualidades.

chirivía (del ár. and. «alkarawíyya») **1** *(Pastinaca sativa)* f. *Planta umbelífera, de raíz carnosa comestible, parecida al nabo. ≃ Pastinaca. ⇒ Secácul. **2** *Aguzanieves (pájaro).*

chirivín (de or. expresivo; Extr.) m. *Cierto *pájaro pequeño.*

chirivisco (Guat.) m. *Leña seca menuda.*

chirla (del vasc. «txirla», del lat. «scilla», cebolla marina, por «squilla», especie de crustáceo) f. Molusco parecido a la almeja pero de menor tamaño.

chirlar (de «chillar») intr. **Hablar atropellada y ruidosamente.*

chirlata **1** f. *Timba de poca categoría. ≃ Garito. **2** MAR. *Trozo de madera con que se completa o remienda otro.*

chirlatar tr. *Completar o remendar una ↘cosa con chirlatas.*

chirlazo m. Chirlo.

chirle (de or. expresivo) **1** m. **Excremento del ganado lanar o el cabrío.* ≃ Sirle. **2** adj. *Desaborido o *insustancial:* 'Un caldo chirle'. ⇒ Aguachirle. **3** *Sin gracia o interés:* 'Una comedia chirle'; se usa particularmente en «poeta chirle».

chirlear (de or. expresivo; Ec.) intr. **Cantar los pájaros al amanecer.*

chirlería f. *Charla o *habladuría.*

chirlero, -a adj. *Chismoso o *hablador.*

chirlido (Sal.) m. *Chillido.*

chirlo (¿de «chirlar»?) m. Herida de corte en la cara: 'Se hizo un chirlo afeitándose'. ≃ Chirlazo. ⊙ *Cicatriz de ella. ≃ Chirlazo.

chirlomirlo (de «chirle») **1** (inf.) m. *Cosa de poco *alimento.* **2** *Estribillo de cierto *juego infantil.* **3** (Sal.) **Tordo (pájaro).*

chirmol (Ec.) m. *Cierta *ensalada o fritada de pimiento, tomate, cebolla y otras cosas semejantes.*

chirmolero, -a o **chirmoloso, -a** (Guat.) adj. *Se dice de la persona que anda con chismes y enredos.*

chirola (Arg.) f. *Cierta *moneda antigua.*

chirona (inf.) f. *Prisión: 'Meter [o estar] en chirona'. ⇒ Enchironar.

chirotada **1** (Ec.) f. *Tontería.* **2** (Am. C.) *Inconveniencia.*

chirote **1** (Ec., Perú; *Sturnella militaris)* m. **Pájaro, especie de gorrión, domesticable.* **2** (Ec., Perú) adj. y n. **Bobo o *torpe.* **3** (C. Rica) **Grande, hermoso.*

chirpia o **chirpial** (del lat. «scĭrpĕa», de juncos) **1** (Ál.) f. o m. **Plantel de árboles.* **2** (Ál.) *Chiquillería: conjunto de chiquillos.*

chirraca (C. Rica; *Myroxylon balsamum)* m. *Cierto árbol leguminoso que produce una goma llamada también «chirraca».* ⇒ *Planta.

chirrear (de or. expresivo) intr. *Chirriar.*

chirriante adj. Se aplica a las cosas que chirrían y al sonido producido por ellas.

chirriar (de or. expresivo) intr. Producir un ruido como el que hacen, por ejemplo, los goznes de las puertas o el eje de un carro cuando están mal engrasados. ⊙ O como el que hace una cosa al freírse. ⊙ *Piar los pájaros cuando lo hacen sin armonía. ⊙ (inf.) *Cantar mal.* ⇒ Cerdear. ➤ *Rechinar.

□ CONJUG. como «desviar».

chirrichote (Man.; n. calif.) adj. y n. m. *Presumido.*

chirrido m. Sonido producido al chirriar.

chirrión (de or. expresivo) **1** m. **Carro fuerte de dos ruedas y eje móvil, que chirría mucho cuando anda.* **2** (Hispam.) *Látigo fuerte de cuero.*

chirrisquear (de or. expresivo; Pal.) intr. *Crujir algo entre los dientes.*

chirucas (marca registrada) f. pl. Botas de campo ligeras, fabricadas en lona resistente con la suela de goma, que cubren hasta el tobillo y tienen cordones.

chirula (del vasc. «txirula», flauta) f. *Cierta *flauta pequeña usada en el País Vasco.*

chirulí (de or. expresivo, imitativo del canto de esta ave; varias especies del género *Euphonia)* m. **Ave paseriforme que habita en América Central y Meridional, particularmente en la región andina y en las Antillas.*

chirulio **1** (Hond.) m. **Guiso hecho con huevo, maíz, pimiento, achiote y sal.* **2** *Bija (planta bixácea).

chirumba (Sal., etc.) f. **Tala (juego de chicos).*

chirumbela **1** f. *Instrumento *musical de viento.* ≃ Churumbela. **2** *Bombilla de tomar el mate.* ≃ Churumbela.

chirumen (del port. «chorume»; inf.) m. **Inteligencia.*

chirusa o **chiruza** (Hispam.) f. *Mujer joven del pueblo, *tosca o *ignorante.*

¡chis! V. «chsss».

chis, chas *Onomatopeya con que se imita el sonido de algunas cosas; por ejemplo, el de dos espadas al entrechocarse. ≃ Chischás.

chisa (Col.) f. **Larva de cierto escarabajo, que, por contener algo de grasa, comen frita los indios.*

chiscar (de or. expresivo) tr. *Sacar chispas haciendo chocar el eslabón con el pedernal.*

chiscarra f. *Roca caliza, muy disgregable.* ⇒ *Mineral.

chischás V. «chis, chas».

chiscón m. *Habitación o vivienda muy pequeña.* ≃ *Cuchitril. ⊙ Cuarto muy pequeño con diferentes usos, por ejemplo el que hay en algunas porterías para que esté el portero, o el que se utiliza como almacén o para guardar trastos.

chisgarabís (de or. expresivo; pl. «chisgarabises»; n. calif.) adj. y n. m. Se aplica a la persona *informal o aturdida. ⊙ También, a la persona embarulladora o atropellada.

chisguete (de or. expresivo) **1** («Echar un») m. **Trago o chorrillo de vino.* **2** *Chorrillo de cualquier líquido, que sale bruscamente.*

chisguetear intr. **Beber repetidamente de la bota o el porrón.*

chisma (del lat. «schisma», división, cisma, del gr. «schísma») f. **Chisme (cuento).*

chismar (de «chisma») intr. *Chismorrear.*

chisme[1] (de «chismar»; «Andar, Ir, Venir con, Llevar, Traer») m. Noticia o información verdadera o falsa que se cuenta para difamar o desacreditar a alguien o para enemistar a una persona con otra.

CHISMES Y CUENTOS. Chismes.

□ CATÁLOGO

Alcahuetería, alcamonías, alparcería, balsamía, calandrajo, cañutazo, caramillo, chinchorrería, chisma, chismería, CHISMES y cuentos, chismorreo, chismorrería, chismoteo, chispazo, comadreo, cuento, DIMES y diretes, embolismo, embrollo, *embuste, *enredo, gallofa, *habladuría, hablilla, historia, jisma, lío, maledicencia, maraña, *mentira, murmuración, parlería, patraña, reporte, soplo, trápala, trónica. ➤ Alcahuetear, camandulear, chinchorrear, chismar, chismear, chismorrear, chismosear, comadrear, cotillear, cuchuchear, venir con CUENTOS, embolismar, enredar, *malquistar, TRAER y llevar. ➤ Alcahuete, alparcero, azuzador, camandulero, chinchorrero, chirlero, chismero, chismoso, comadrero, correveidile, corrillero, cotarrera, cotilla, critiqueo, cuentero, cuentista, cuentón, embarrador, embolismador, enredador, gacetilla, lioso, marañero, marañoso, *mentiroso, novelero, parlero, pitoflero, polizón, portera, profazador, viltrotera. ➤ Que [o que si] ARRIBA que [o que si] abajo, que si ESTO que si lo otro, que si FUE que si vino, que [si] PATATÍN que [si] patatán, que [si] TAL que [si] cual. ➤ *Callejear. *Calumnia. *Charlar. *Criticar. *Curioso. *Delatar. *Desacreditar. *Difamar. *Engrescar. *Intrigar. *Murmurar. *Noticia. *Rumor.

chisme[2] (¿del lat. «cimex», chinche?) m. *Utensilio o instrumento al que no se sabe cómo llamar o que se nombra informalmente: '¿Para qué sirve ese chisme? El paraguas es un chisme incómodo'. ≃ Adminículo, chirimbolo, *trasto, trebejo. ⊙ (pl.) Cosas heterogéneas de poca importancia, que generalmente estorban donde están: 'Quita todos esos chismes de encima de la mesa'. ≃ Bártulos, chirimbolos, enredos *trastos.

chismear intr. *Chismorrear.*

chismería f. *Chismorrería.*

chismero, -a adj. *Chismoso.*

chismografía (inf.) f. Chismorreo.

chismorrear intr. Contar *chismes. ≃ Chinchorrear. ⊙ Hablar con alguien con mala intención o indiscretamente de las cosas privadas de otros.

chismorreo m. Acción de chismorrear.

chismorrería 1 f. Chismorreo. **2** (gralm. pl.) Chisme.

chismosear (Ar.) intr. *Chismorrear.*

chismoso, -a 1 adj. y n. Aficionado a contar chismes. **2** (pop.) *Curioso o entrometido.

chismoteo m. *Chismorrería.*

chispa (de or. expresivo) **1** («Brotar, Saltar») f. Partícula incandescente que salta de una cosa que se está *quemando. ⇒ Cardeña, centalla, centella, charamusca, chispazo, chiribita, morcella, morceña, mosca, moscella. ➤ Monjas. ➤ Chiscar, chispear, chisporrotear. **2** («Saltar») CHISPA eléctrica. **3** Punto de luz, por ejemplo de los que se ven en una cosa *brillante. ≃ *Destello. **4** *Gota muy pequeña de agua; particularmente, de lluvia. **5** **Diamante muy pequeño.* **6** (inf.) Porción muy pequeña de algo, material o inmaterial: 'Una chispa de pan. Una chispa de inteligencia'. ≃ Miaja, *pizca. ⊙ En frases negativas, *nada: 'La cosa no tiene [ni] chispa de gracia'. ≃ *Pizca. **7** *Gracia, ingenio, en personas o en cosas: 'Tu hermano tiene mucha chispa. El cuento tiene chispa'. **8** (inf.) *Borrachera.*

CHISPA ELÉCTRICA («Saltar»). Descarga luminosa entre dos conductores eléctricos realizada a través del aire u otro material aislante. ⊙ Particularmente, *rayo o *relámpago.

DAR CHISPA[S] (inf.). Tener *inteligencia o viveza. Se usa más en frases negativas.

ESTAR alguien QUE ECHA CHISPAS [o, menos frec., ESTAR CHISPAS]. Estar muy enfadado, indignado o *colérico.

NI CHISPA (inf.). *Nada: 'No estoy ni chispa de cansado'.

chispazo 1 («Dar») m. Chispa: salto, generalmente accidental, de una chispa, entre dos conductores. **2** Suceso o manifestación súbita y pasajera de un fenómeno o actividad que, generalmente, es la iniciación que precede al desarrollo continuo de la misma cosa: 'Los primeros chispazos de la guerra'. **3** **Chisme o cuento.* **4** Trago de una bebida alcohólica fuerte: 'Un chispazo de coñac'.

chispeante 1 adj. Se aplica a lo que despide chispas. **2** Aplicado a dichos o frases, y a las personas por ellos, así como a su ingenio o talento, lleno de *ingenio.

chispear 1 intr. Despedir chispas. ≃ Chisporrotear. ⊙ Despedir destellos. ⇒ *Brillar. **2** *Lloviznar.

chispero (de «chispa») m. Nombre que se daba a los hombres de las clases populares de ciertos barrios de Madrid. ⇒ *Majo.

chispita f. **Cagachín (pájaro).*

chispo, -a (de «chispa») adj. *Achispado.*

chispoleto, -a adj. **Listo, vivo.*

chisporrotear intr. Despedir chispas. ≃ Chispear.

chisporroteo m. Acción de chisporrotear.

chisposo, -a adj. *Que arroja muchas chispas.*

chisquero (de «yesquero») **1** m. **Bolsa de cuero que se llevaba antiguamente sujeta al cinturón, con la yesca y el pedernal, el dinero u otras cosas.* ≃ Esquero. **2** *Encendedor antiguo de bolsillo.

chisss V. «chssss».

chistar (de «chisss») **1** intr. Rechistar: *hablar o *decir algo. Se usa solamente en frases negativas con el significado de «no [o sin] decir nada, ni siquiera emitir un sonido»: 'Bajó la cabeza y se marchó sin chistar. Ni chistó mientras le curaban'. **2** tr. Llamar a ↘alguien emitiendo un sonido que podría transcribirse como «chsss».

chiste (de «chistar») **1** («Contar, Decir, Hacer») m. Frase, cuento breve o historieta relatada o dibujada que contiene algún doble sentido, alguna alusión burlesca, algún disparate, etc., que provoca risa. ⇒ *Agudeza, astracanada, cosa, cuento, discreción, donaire, facecia, golpe, gracia, historieta, ingeniosidad, JUEGO de palabras, *ocurrencia, retruécano, salida. ➤ *Broma. *Gracia. **2** Cualidad de las cosas que hace reír: 'La cosa no tiene chiste'. ≃ Gracia. **3** (Guat., Perú) **Tebeo.*

HACER CHISTE de algo. Tomarlo a broma, no hacer *caso de ello.

TENER CHISTE una cosa. Se dice en tono de queja por cierta acción o trato que el que habla considera abusivo, desconsiderado o injusto. ≃ Ser chistoso, tener GRACIA.

chistera (del vasc. «txistera») **1** f. **Cesta de fondo ancho y boca estrecha que usan los pescadores para echar lo que pescan.* **2** (inf.) *Sombrero de copa: sombrero con la copa muy alta y cilíndrica, que se emplea para las *ceremonias o solemnidades. **3** **Cesta de jugar a la pelota.*

chistorra f. Embutido parecido al chorizo, pero más delgado, que suele comerse frito.

chistosamente adv. De manera chistosa.

chistoso, -a **1** adj. Se aplica a las personas que cuentan o hacen chistes o que tienen gracia y hacen reír con lo que dicen o hacen, así como a los dichos, situaciones, etc., que contienen chiste. **2** Se aplica irónicamente a una cosa que constituye un abuso y «no tiene ninguna gracia»: 'Es chistoso que siendo mío el coche tenga que pedirte permiso para usarlo'. ⇒ Tener GRACIA, tener CHISTE.

chistu (del vasc. «txistu») m. *Flauta de sonido agudo, típica del País Vasco.

chistulari (del vasc. «txistulari») m. Tocador de chistu.

chita[1] f. *Guepardo (mamífero carnívoro).

chita[2] (de «chito[1]») **1** f. *Taba: hueso del tarso de una res pequeña, que emplean los chicos para jugar. **2** *Juego que se hace poniendo una taba de pie y tirando con tejos o piedras para derribarla. ≃ Chito, tejo, tejuelo. **3** (Méj.) **Bolsa de red.*

¡POR LA CHITA! (Chi.; inf.). *¡Caramba!*

chita[3] A LA CHITA CALLANDO. En *secreto o sin llamar la atención.

chitar (de or. expresivo) intr. *Chistar.*

chite (Col.; género *Hypericum*) m. *Nombre de diversas plantas gutíferas, pequeños arbustos de ramas delgadas; algunas tienen uso medicinal y con otras se hacen escobas.*

chiticalla (de «chito[2]» y «callar») **1** f. *Cosa mantenida en *secreto.* **2** (inf.; n. calif.) n. *Persona *reservada.*

chiticallando (de «chito[2]» y «callando»; inf.) *A la* CHITA *callando.*

A LA CHITICALLANDO (inf.). *A la* CHITA *callando.*

chito[1] (¿del lenguaje infantil?) m. Pieza de madera o de otro material que se pone vertical en el suelo, colocando encima de ella las puestas de los jugadores para jugar al *juego del mismo nombre, que consiste en que los jugadores tiren con tejos a derribar esa pieza, ganando las puestas el que consigue hacerlo. ⇒ Mojón, tanga, tángana, tángano, tango, tarusa, tajo, totoloque, turra, tuta. ⊙ Juego de la chita.

¡chito[2]**!** (de or. expresivo) interj. *Chitón.*

chitón[1] m. **Quitón (molusco).*

¡chitón[2]**!** interj. Expresión con que se ordena a alguien que se *calle.

chiva **1** (Am. C.) f. **Manta o *colcha.* **2** (Ven.) **Red para llevar legumbres y verduras.*

chival (ant.) m. *Hato de chivos.*

chivar (de «gibar») **1** (Can., León, Hispam.) tr. **Molestar, *fastidiar o *engañar a ↘alguien.* **2** (inf.; «de, a, con») prnl. *Acusar; particularmente, entre chicos: 'Siempre se está chivando de los compañeros al profesor'. **3** *Sentir fastidio.* ⊙ **Fastidiarse.* **4** (Am. S., Cuba, Guat.) *Enfadarse.*

chivarras (Méj.) f. pl. **Pantalones de piel de chivo con su pelo.*

chivarro, -a n. *Chivo entre uno y dos años.*

chivata f. **Porra que usan los pastores.*

chivatada (inf.) f. Chivatazo.

chivatazo (inf.; «Dar») m. Delación.

chivatear[1] **1** (Hispam.) intr. *Gritar imitando la algarabía de los araucanos cuando *atacaban.* **2** (Arg.) *Retozar ruidosamente los niños.*

chivatear[2] (Col., Cuba, P. Rico) tr. *Acusar o delatar a ↘alguien.*

chivateo (Hispam.) m. **Bulla o *algazara.*

chivato, -a **1** (inf. y desp.) adj. y n. Proclive a *acusar o delatar a los demás. ⇒ *Acusón, acusica. **2** m. Dispositivo luminoso o sonoro que advierte sobre alguna cosa; por ejemplo, el que, en ciertas máquinas o aparatos, indica falta de combustible o avería. **3** n. Chivo de entre seis meses y un año. **4** (Pan.) m. *Fantasma en forma de chivo que echa fuego por los ojos y que representa al demonio.* **5** (Col.) *Cierta clase de ají.*

chivaza (Col.) f. *Cierto junco pequeño cuyo *bulbo se usa como perfume.*

chivetero m. **Corral o *aprisco donde se encierran los chivos.* ≃ Chivital, chivitil.

chivicoyo (Méj.; *Lophortyx gambelii*) m. **Ave gallinácea, de carne estimada.*

chivillo (Perú; *Cacicus solitarius*) m. *Especie de *estornino de color negro con visos azules, de cuerpo muy airoso y canto agradable, y domesticable.*

chivín (Chi.) m. **Isla flotante formada por plantas.*

chivital o **chivitil** m. **Corral o *aprisco donde se encierran los chivos.*

chivo[1] (del ár. «ǵubb») m. *Pozo donde se recogen las heces en los molinos de *aceite.*

chivo[2]**, -a** (de «chib», voz de llamada para que acuda el animal) **1** n. Cabrito o *cabra joven, pero que ya no mama. **2** (Hispam.) f. *Perilla* (barba).

CHIVO EXPIATORIO. **1** Macho cabrío que los israelitas sacrificaban para expiar sus culpas ante la divinidad. **2** Individuo en quien se descargan las culpas de las cosas malas que ocurren. ≃ CABEZA de turco.

V. «BARBAS de chivo».

ESTAR COMO UNA CHIVA (inf.). Estar chiflado. ≃ Estar como una CABRA.

chivudo (de «chiva», barba; Hispam.) adj. y n. m. *Se aplica a quien lleva la barba larga.*

chiza (Col.) m. *Cierto gusano que ataca a la *patata.* ⇒ *Plaga.

chizcal (Col.) m. *Tejar.*

choapino (de «Choapa», región de Chile) m. **Alfombra tejida a mano.*

choba (Cantb.) f. **Embuste.*

choca (del cat. «joca», lugar donde las aves pasan la noche) f. CETR. *Práctica de dejar al azor pasar la noche con la perdiz cazada por él, para cebarle.*

chocallero, -a (de «chocallo»; Can.) adj. **Hablador o chismoso.*

chocallo (del port. y leon. «chocallo», cencerro; ant.) m. **Pendiente para las orejas.* ≃ Chucallo.

chocante[1] (del lat. «iocāri», bromear; aunque de distinta etimología que «chocante[2]», ambas palabras interfieren en sus aplicaciones) adj. Aplicado a personas, a la vez gracioso u ocurrente y extravagante. ⊙ Aplicado a personas, la vez gracioso y sorprendente.

chocante[2] (de «chocar») **1** adj. *Sorprendente o *extraño. ⊙ Se usa mucho en frases terciopersonales: 'Es chocante que no haya venido todavía. ⊙ Aplicado a personas, *raro: 'Es un tipo muy chocante'. **2** (Hispam.) *Fastidioso, antipático.*

chocantería (And., Hispam.) f. *Impertinencia o cosa molesta.*

chocar (de or. expresivo) **1** («con, contra, en») intr. Juntarse dos cosas con un golpe, bien moviéndose ambas, bien permaneciendo quieta una de ellas: 'Han chocado dos camiones. La pelota choca contra la pared'. **2** tr. Hacer chocar; por ejemplo, los ↘vasos o copas para *brindar. **3** (inf.) Darse la ↘mano. Se usa sobre todo en imperativo, en expresiones como «choca esos cinco» o «chócala» con que alguien anima a otro a darle la mano, en señal de amistad, felicitación o acuerdo. **4** intr. Tener un encuentro, entrar en lucha dos fuerzas enemigas. ⊙ Tener discusión o riña una persona con otra: 'A los pocos días de estar en la oficina ya había chocado con todos los compañeros'. ⊙ Provocar una persona antipatía u oposición en otra: 'Con el carácter que tiene, choca con todo el mundo'. **5** (inf.) *Extrañar o *sorprender: 'Me choca que no esté aquí todavía. Me choca que haya sido tan espléndido'.

□ CATÁLOGO

Besarse, dar, encontrarse, entrechocar, estampar, estrellarse, golpetear, dar de HOCICOS, impactar, pegar, tocar, topar, trastabillar, trompezar, trompicar, trompillar, tropezar. ➤ Abordaje, beso, bodocazo, cambalud, carambola, chipichape, choque, colisión, coz, encontronazo, encuentro, estrellón, impacto, pechugón, portazo, quiñazo, recuentro [o reencuentro], topada, tope, topetada [o topetazo], topetón, trastabillón, trompada [o trompazo], trompezón, trompicón, trompilladura, trompis, trompón, tropezón, tropiezo. ➤ De lleno, de plano, de rebote, de rechazo. ➤ Chis chas [o chischás]. ➤ *Botar. *Golpe. *Reflejar.

chocarrear intr. y prnl. *Decir chocarrerías.*

chocarrería 1 f. Cualidad de chocarrero (groseramente gracioso). **2** Dicho o acción chocarrera. **3** *Fullería: *trampa en el juego.*

chocarrero, -a (de «chocarrar», variante navarra de «socarrar») **1** adj. Aplicado a dichos y acciones y a las personas por ellos, con gracia grosera. ⇒ Chabacano, chucán, chusco. ➤ Bufonada, chocarrería, chuscada, gracejada. ➤ *Bufón. *Gracioso. *Payaso. *Soez. **2** adj. y n. **Fullero (tramposo en el juego).*

chocha (de or. expresivo; *Scolopax rusticola)* f. *Ave zancuda algo menor que una perdiz, muy estimada por su carne. Es muy común en España, sobre todo en sitios sombríos. ≃ Arcea, becada, chochaperdiz, chorcha, coalla, gallineta, picarúa, pitorra. ⇒ Chilacoa.

CHOCHA DE MAR. **Centrisco (pez).*

chochaperdiz f. *Chocha.

chochear intr. Estar chocho.

chochera f. Chochez.

chochez f. Estado de chocho. ⊙ *Cariño o admiración excesiva por alguien. ⊙ Dicho, acción o cosa que muestra chochez. ≃ Chochera.

chochín m. **Carriza (pájaro).*

chocho¹ (del rom. and. «šóš», del lat. «salsus», salado, porque este fruto se preparaba con agua y sal) **1** m. Altramuz (fruto). **2** **Canelón (dulce).* **3** (pl.) *Cualquier *golosina que se ofrece a los niños para que hagan o dejen de hacer algo.* **4** (Col.; *Erythrina rubinervia) Árbol leguminoso.* **5** (vulg.) *Vulva.

chocho², -a (de or. expresivo) **1** («Estar») adj. Se aplica a la persona que, por vejez, tiene debilitadas sus facultades mentales: 'Un viejo chocho'. ⇒ Calamocano, cellenco, clueco. ➤ *Caduco. **2** (inf.; «por») Se aplica a la persona que tiene mucho *cariño, *admiración o *simpatía por otra; por ejemplo, por un niño: 'Está chocho por su nieto'.

chochocol (Méj.) m. *Tinaja.*

choclar (de «choclo¹») **1** intr. *Meter de golpe la bola por las barras, en el juego de la *argolla.* **2** (ant.) *Colarse: *entrar bruscamente en un sitio.*

choclo¹ (del lat. «soccŭlus») m. **Chanclo.*

choclo² (del quechua «chocllo») **1** (Am. S.) m. *Mazorca de *maíz tierna.* ≃ Chócolo. **2** (Am. S.) *Pasta hecha de *maíz tierno rallado, pimiento y otros condimentos que, dividida en trozos, se envuelve en *chala (hojas verdes de la mazorca), se cuece y luego se asa en la brasa.* ≃ Chócolo, humita.

choclón 1 m. *Acción de choclar en el juego de la argolla.* **2** *Entrometido.*

choco, -a 1 (Bol.) adj. *De *color rojo oscuro.* **2** (Col.) *De tez *morena.* **3** (Chi.) *Aplicado a personas, de *pelo ensortijado.* **4** (Chi.) *Rabón.* **5** (Hispam.) *Falto de un órgano o miembro, como una *pierna, una oreja, un ojo, etc.* **6** m. *Jibia pequeña. **7** (Perú) **Caparro (mono).* **8** (Am. S.) *PERRO de aguas.* **9** (Chi.) **Tocón.* ≃ Tueco. **10** (Bol.) *Sombrero de copa.* **11** *Cierta *carabina de cañón corto.* ≃ Retaco.

chocolate (de or. nahua) **1** m. Mezcla hecha fundamentalmente de cacao y azúcar, con algún ingrediente como canela o vainilla para aromatizarla. Se expende en forma de tabletas, pastillas, bombones y en polvo. ⊙ Esa sustancia desleída y cocida en leche o agua. **2** (argot) Hachís.

EL CHOCOLATE DEL LORO (inf.). Ahorro innecesario por insignificante.

V. «las COSAS claras y el chocolate espeso».

□ CATÁLOGO

Chorote, soconusco. ➤ Racahut. ➤ Ladrillo, libra, media LIBRA, millar, onza, porción, tableta. ➤ Cacao, canela, caracas, guayaquil, macazuchil, pinol [o pinole], POLVO[s] de soconusco, soconusco, teobroma, vainilla. ➤ Hataca, metate, refinadera, rollo, silleta. ➤ Molendero. ➤ Bombón, chocolatina, diabolín, LENGUA de gato. ➤ Praliné. ➤ Chorote, molinillo. ➤ Jícara, *mancerina, PAPEL de plata, pocillo, ruchique, salvilla, tocasalva. ➤ Achocolatado. ➤ Bebida.

chocolatera 1 f. *Recipiente para cocer chocolate, que es alto, con mango largo y una tapadera con un agujero para dejar paso al mango del molinillo. ⇒ Olleta. **2** (inf.; n. calif.) *Objeto, particularmente máquina, viejo o inservible:* 'Ese coche es una chocolatera'. ≃ Cafetera. ⇒ *Trasto.

chocolatería f. Tienda o fábrica de chocolate. ⊙ Establecimiento donde se sirven al público chocolate cocido y otras cosas, como leche o bollos. ⇒ *LOCALES públicos.

chocolatero, -a 1 n. Persona que hace o vende chocolate. **2** adj. y n. Se aplica a la persona muy aficionada al chocolate. **3** (And.) m. *Chocolatera (recipiente).*

chocolatina f. Pequeña tableta de chocolate para tomar en crudo.

chócolo¹ (del quechua «chocllo») m. *Choclo.*

chócolo² m. **Hoyuelo (juego de chicos).*

chocoyo 1 (Hond.) m. **Hoyuelo (juego de chicos).* **2** (Guat.) m. **Herreruelo (pájaro).*

chofe m., gralm. pl. *Bofe: pulmón de res.* ⇒ *Despojos.

chofer (más frec. en Hispam.) m. Variante menos usual de «chófer», que se ajusta en la pronunciación a su origen francés.

chófer (del fr. «chauffeur») m. *Conductor de automóvil, pagado. ⊙ Particularmente, el que está al servicio particular de alguien: 'Tiene coche con chófer'. ⇒ Mecánico.

chofeta (del fr. «chaufferette») f. *Especie de *braserillo que se empleaba para encender el cigarro.*

chofista m. *Nombre que se aplicaba a los estudiantes pobres, porque comían chofes, comida barata.*

chola (inf.) f. *Cabeza. ≃ Cholla. ⊙ (inf.) Inteligencia. ≃ Cholla.

cholgua (Chi.) f. **Mejillón (molusco).*

cholla (¿del fr. ant. «cholle», bola, pelota?) f. *Chola.*

chollo (inf.) m. *Ganga o bicoca.

cholo, -a 1 (Hispam.) n. *Nombre aplicado al *indio civilizado.* **2** (Hispam.) adj. y n. *Se aplica al *mestizo de blanco e india.* ⇒ Acholado.

choloque m. *Jaboncillo (planta).*

chomba (del ingl «jumper») **1** (Arg., Chi.) f. *Chaleco de lana cerrado.* **2** (Bol., Chi., Perú) **Jersey.*

chompa (del ingl. «jumper») **1** (Am. S.) f. *Jersey ligero, suéter.* **2** (Bol., Perú) *Rebeca.* **3** (Ec., Col., Salv.) **Cazadora (prenda de vestir).*

chompipe (C. Rica, Nic.) m. *Pavo (ave gallinácea).* ≃ Chumpipe.

chongo[1] 1 (Méj.) m. **Moño de pelo.* ⇒ Zorongo. **2** (Guat.) **Rizo de pelo.* **3** (Chi.) **Cuchillo malo, que no corta.* **4** (Méj.) *Dulce elaborado con pan frito, miel y queso.*

chongo[2] (Méj.) m. **Broma.*

chonguearse (Méj.) prnl. *Chunguearse.*

chonta (del quechua «chunta»; Am. S.; diversas especies de los géneros *Astrocaryum, Bactris* y *Guillielma)* f. *Nombre aplicado a varias especies de palmeras espinosas cuya madera, dura y fuerte, se emplea en bastones por su hermoso color oscuro jaspeado.*

chontaduro (Col., Ec., Perú; *Guilelma gasipaes)* m. *Palmera de América Central y del Sur, cultivada por sus yemas y frutos, que se comen como verdura, y por sus semillas comestibles, de las que se extrae un aceite para usos culinarios.*

chontal 1 adj. y n. *Se aplica a los individuos de una tribu de *indios de América Central, de costumbres muy groseras.* **2** (n. calif.) *Se aplica a la persona muy *inculta.*

¡chooo! interj. *¡Sooo!*

chopa[1] (del lat. «clupĕus», escudo) f. MAR. *Cobertizo colocado en la popa de un *barco, junto al asta de la bandera.*

chopa[2] (del gall. «choupa»; *Spondyliosoma cantharus* y *Oblada melanura)* f. *Pez semejante a la dorada.

chopa[3] (R. Dom.; gralm. desp.) f. *Criada.*

chopal o **chopalera** m. o f. *Chopera.*

chopazo (de «chope»; Chi.) m. *Golpe, puñetazo.*

chope 1 (Chi.) m. *Palo con un extremo plano, que se emplea para sacar de la tierra tubérculos y raíces, y para otros usos agrícolas.* **2** (Chi.) **Raño (garfio de hierro).* **3** (Chi.) *Chopazo.*

chopear (Chi.) intr. *Trabajar con el chope.*

chóped (del ingl. «chopped») m. Embutido parecido a la mortadela.

chopera f. Sitio poblado de chopos.

chopí (Arg.) m. *Especie de *tordo, de figura esbelta y con un penacho pequeño en la cabeza.*

chopo[1] (del lat. «popŭlus», álamo; género *Populus)* m. Árbol muy común en España, particularmente a orillas del agua, que, si no se corta para formar copa ancha, crece alto y esbelto; las hojas son anchas y tersas, con el peciolo largo, por lo que, al más leve movimiento del aire, se agitan con un alegre espejeo. ≃ *Álamo.

chopo[2] (del it. «schioppo»; inf.) m. Entre militares, *fusil.

chopo[3] (And.) m. *Variedad de jibia.*

choque[1] 1 m. Acción y efecto de chocar una vez. **2** *Conflicto, lucha, *batalla, *discusión o *riña.
V. «COCHES de choque, TRATAMIENTO de choque».

choque[2] (del ingl. «shock») m. Shock: suspensión súbita de la actividad orgánica, sin pérdida de la conciencia, por efecto de una conmoción violenta, de carácter psíquico, como un susto, o físico, como una operación quirúrgica. ⇒ Trauma. ➤ *Desmayarse.
CHOQUE ANAFILÁCTICO. MED. *Trastorno que sobreviene en el organismo al serle *inyectada una proteína para la que está sensibilizado.*

choquear tr. *Remover la ➘sosa con la chueca para hacer *jabón.*

choquezuela (dim. de «chueca») f. *Rótula (hueso de la rodilla).

chorato (Sal.) m. **Ternero.*

chorbo, -a 1 (inf.) n. Persona indeterminada. ≃ Fulano. **2** (inf.) Novio o pareja sentimental de alguien.

chorcha (de or. expresivo) f. **Chocha (ave zancuda).*

chordón (¿de or. prerromano?; Ar.) m. Frambueso.

choricear (de «chorizo[2]»; inf.) tr. Robar. ≃ Chorizar.

choricero, -a[1] n. Fabricante o vendedor de chorizos. ⊙ *Apelativo informal aplicado a los extremeños.*

choricero, -a[2] (de «chorizo[2]»; inf.) n. Chorizo, ladrón.

chorizar (inf.) tr. Robar.

chorizo[1] (del lat. «salsicĭum») **1** m. *Embutido de cerdo, duro y muy rojo por la gran cantidad de pimentón que contiene. **2** Palo que usan como *balancín los equilibristas.

chorizo[2], -a (del caló «chori», ladrón; inf.) n. Ladrón de poca monta.

chorla (de or. expresivo) f. *Ave gallinácea, especie de ganga, de mayor tamaño que ésta.

chorlitejo (dim. de «chorlito»; *Charadrius dubius)* m. *Ave limícola de menor tamaño que el chorlito.

chorlito (de «chorla»; *Pluvialis apricaria)* m. *Ave limícola de unos 30 cm de longitud, de plumaje gris con rayas pardas por encima y blanco con manchas por debajo. ≃ Charadrio.
V. «CABEZA de chorlito».

chorlo (del al. «schörl») **1** m. **Turmalina (mineral).* **2** *Silicato natural de alúmina, de color azul celeste, que se encuentra en algunas rocas gnéisicas y micáceas.* ⇒ *Mineral.

choro[1] (Chi.) m. **Mejillón (molusco).*

choro[2] (del caló «choró»; inf.) m. Chorizo (*ladrón).

chorote 1 (Col.) m. *Chocolatera sin vidriar.* **2** (Ven.) **Chocolate cocido, hecho con cacao y papelón.* **3** (Cuba) **Gachas o papilla.*

choroy (Chi.; *Enicognathus leptorhynchus)* m. *Especie de *loro pequeño.*

chorra 1 (Sal.) f. *Trozo de tierra que queda sin arar por impedirlo algún obstáculo; por ejemplo, un peñasco.* ⇒ *Campo. ⊙ (Sal.) *Ese *obstáculo.* **2** (inf.; «Tener») Suerte. **3** (vulg.) *Pene. **4** (inf.; n. calif.) n. Persona que hace o dice tonterías.

chorrada (de «chorrar») **1** f. *Chorrito de líquido, por ejemplo de leche, que se da de *propina, añadido a la *medida justa.* **2** (inf.) Chinchorrería. **3** (inf.) Tontería, sandez. ⊙ (inf.) Adorno o detalle superfluo o excesivo.
CON CHORRADA. *Con *propina: con algo más de lo justo, como regalo.*

chorrar (ant.) intr. *Chorrear.*

chorreado, -a (de «chorrear») **1** adj. *Se aplica a la res vacuna que tiene la piel con listas verticales de color más oscuro que el fondo.* **2** (Hispam.) *Sucio, manchado.* **3** f. Pequeño chorro de líquido.

V. «RASO chorreado».

chorreadura 1 f. *Chorreo.* **2** **Mancha dejada en algún sitio por el paso de un chorro o escurridura de algún líquido.*

chorrear 1 intr. Salir o caer un líquido a chorro de algún sitio: 'Chorrea el agua de los canalones. Chorrean los canalones'. ⊙ Hiperbólicamente, estar una cosa tan empapada que escurre o casi escurre líquido. Generalmente, se emplea el gerundio: 'La ropa que he tendido está todavía chorreando. Traigo el abrigo chorreando de tanto como llueve'. **2** *Salir o producirse una cosa poco a poco y con intermitencias, como algo que se está acabando*: 'Aún chorrean las solicitudes'. ⇒ *Resto.

chorreo 1 m. Acción de chorrear. **2** (inf.) Se aplica en tono de lamento a la acción de ir gastándose continuamente una cosa, particularmente el dinero, por entregas sucesivas, aunque pequeñas, o a la causa de ese gasto: 'El arreglo de zapatos es un chorreo'. **3** (inf.) Reprimenda, bronca.

chorrera 1 f. *Sitio por donde cae un chorro pequeño de *agua u otro líquido.* **2** *Señal que deja el agua en un sitio por donde pasa continuamente.* ≃ Chorreadura. **3** Trecho corto de un *río en que el agua corre con más velocidad. ⇒ *Rápido. **4** *Adorno del que pendía la venera que se ponían los caballeros de las *órdenes militares en día de gala, formado por varios lazos de tamaño decreciente de arriba abajo.* **5** Adorno consistente en una especie de cascada de encaje que baja desde el cuello cubriendo el cierre del vestido por delante. ≃ Guirindola. **6** (P. Rico) **Tobogán (pista inclinada para deslizarse sobre ella)*

V. «JAMÓN con chorreras».

chorretada 1 f. *Chorro que sale bruscamente. **2** *Chorrada (cantidad añadida a la *medida justa).*

chorretón m. Chorretada: chorro que sale bruscamente. ⊙ Mancha o huella que deja.

chorrillo 1 m. Dim. frec. de «*chorro». **2** Cantidad pequeña pero seguida que se va gastando o recibiendo de algo.

A CHORRILLO. AGRIC. *Se aplica a la manera de *sembrar cuando se hace dejando caer en el surco un chorro continuo de simiente, generalmente con un utensilio adecuado.*

ch...p V. «t...p».

chorro (de or. expresivo) **1** m. Masa de forma estrecha, de *agua u otro *líquido, que sale de un orificio o por un caño o cae a través del aire desde cualquier sitio. ⊙ Se aplica también a una masa semejante de un árido o de cualquier sustancia disgregada. ⊙ También a un caudal de agua muy pequeño, que corre por un cauce. **2** Flujo *abundante de cualquier cosa: 'Un chorro de palabras [o de voz]'.

CHORRO DE ARENA. *Procedimiento utilizado en la industria para limpiar la superficie de los metales o para hacerla áspera a fin de que coja mejor el acabado, consistente en un chorro de arena o de perdigones lanzado con gran violencia por una tobera.*

CH. DE VOZ. Emisión muy potente de *voz, por ejemplo, de un cantante. ⊙ Gran potencia de voz.

A CHORRO. Manera de caer un líquido, de *beber, etc., cuando el líquido forma chorro.

A CHORROS. *Abundante, *incontenible o rápidamente.

COMO LOS CHORROS DEL ORO (inf.). Aplicado a cosas, muy limpio.

HABLAR A CHORROS. *Hablar mucho y atropelladamente.

SOLTAR EL CHORRO. *Prorrumpir en algo como risa, palabras o insultos.*

□ CATÁLOGO

Cachón, chijetada, chijete, chisguete, chorrada, chorreada, chorreo, chorretada, chorretón, hilo, jeringazo, VENA líquida. ➤ *Brotar, chorrar, chorrear, fluir, *manar, salir, saltar. ➤ Caño, *espita, *fuente, grifo, manantial, saltadero, surgidor, surtidero, surtidor. ➤ Pitón, pitorro. ➤ Ducha. ➤ *Corriente. *Hidráulica.

chorroborro (de or. expresivo) m. **Afluencia excesiva o *aglomeración de cosas o personas.*

chorrón m. **Cáñamo que se saca limpio al repasar las estopas después de la primera rastrillada.*

chortal m. *Pequeña *laguna que se forma por un manantial que brota en su fondo.*

chota (de «choto») **1** (inf.) n. *Delator.* **2** (P. Rico) *Persona cobarde o de poco carácter.*

chotacabras (de «chotar» y «cabra»; varias especies del género *Caprimulgus*, entre ellas el *Caprimulgus europaeus)* amb. Nombre vulgar de varias especies de *aves que vuelan por la noche con un vuelo muy silencioso gracias a su plumaje fofo, y son beneficiosas porque destruyen muchos insectos dañinos. Según creencia popular, acuden a los establos a chupar la leche de las cabras u ovejas. ≃ Engañabobos, engañapastores, tontito, zumaya. ⇒ Aguaitacamino, tapacamino.

chotar (del lat. «suctāre», mamar; ant.) intr. *Mamar el choto.*

chote (Cuba) m. **Chayotera.*

chotear (de «choto») **1** (Ar.) intr. *Retozar o dar muestras de *alegria.* **2** (inf.) prnl. *Burlarse.

choteo (de «chotear»; inf.) m. *Burla: 'En cuanto empezó a hablar, empezó el choteo'.

chotería (de «chota»; Cuba) f. *Delación.*

chotis (del al. «schottisch», escocés.) m. Danza de parejas, de moda a principios del siglo xx, de aire parecido a la mazurca. ≃ POLCA alemana. ⊙ Canción y música con que se acompaña.

choto, -a (de «chotar») **1** n. Cría de la *vaca, mientras mama. ⇒ *Ternero. **2** Cabrito.

ESTAR COMO UNA CHOTA (inf.). Estar chiflado. ≃ Estar como una CABRA.

chotuno, -a 1 adj. Se aplica al ganado cabrío formado por reses que maman todavía. **2** *Se aplica a los *corderos flacos o enfermizos.*

OLER A CHOTUNO (inf.). Oler a sudor o cuerpo sucio.

choucroute (fr.; pronunc. [chucrút]) m. Col fermentada que suele tomarse para acompañar otros alimentos: 'Salchichas con choucroute'.

chova (del fr. ant. «choue») **1** *(Pyrrhocorax pyrrhocorax)* f. *Pájaro córvido de plumaje negro con reflejos verdes. **2** *Corneja (especie de cuervo).

chovinismo (del fr. «chauvinisme») m. Patriotismo exclusivista: fervor exagerado por las cosas de la patria propia acompañado de desprecio por las extranjeras. ≃ Chauvinismo.

chovinista adj. y n. Que muestra chovinismo. ≃ Chauvinista.

chow-chow (pronunc. [chóu chóu]) adj. y n. m. Se aplica a un *perro originario de China, de pelo largo y cabeza grande, con la lengua azul.

choya (Guat.) f. *Abulia, pereza.*

choyudo, -a (Guat.) adj. *Perezoso, lento, desganado.*

choz (¿del sup. «zucho», del ár. and. «zúǧǧ»?; «Dar, hacer») f. *Golpe, novedad, extrañeza.*
DE CHOZ (ant.). *De repente.*

choza (del gall. o port. «choza») **1** f. *Vivienda o recinto hecho con palos o estacas y ramaje o cañas. **2** *Vivienda miserable construida con cualquier clase de materiales.
□ CATÁLOGO
Alzada, bajareque, barbacoa, barraca, bienteveo, bohío, borda, buhío, cabaña, cabreriza, cachapera, candelecho, caney, cansí, chamizo, chinama, chiquero, chozo, gayola, hornachuela, huta, jacal, palloza, paranza, quilombo, ruca, toldo, tugurio, varga. ➤ *Planta (grupo de las utilizadas para construir chozas). ➤ Acabañar. ➤ Rancho.

chozno, -a n. *Cuarto *nieto de una persona, o sea, hijo de su tataranieto.*

chozo m. *Choza pequeña.*

chozpar (de «choz») intr. *Triscar: *saltar alegremente los cabritos, corderos, etc.*

chozpo m. **Salto.*

chozpón, -a adj. *Saltador.*

christma o **christmas** (del ingl. «christmas»; pronunc. [crísma] o [crísmas]) m. Tarjeta decorada que se emplea como felicitación de Navidad. ≃ Crisma [o crismas].

¡chsss! Transcripción de un sonido de formación expresiva o imitativa, que se emite para recomendar *silencio, acompañándolo generalmente del gesto de poner el dedo índice cruzado sobre los labios. ⊙ También se emplea, repetido y en emisiones más cortas, para llamar a alguien; por ejemplo, a algún desconocido en la calle. Se transcribe también por «¡chis!» y por «¡chisss!». ⇒ ¡Chitón! ➤ Chistar. ➤ Sisear.

chubascada f. *Chubasco (lluvia).*

chubasco (del port. «chuva», lluvia) **1** m. Lluvia de más o menos violencia, que sólo dura unos momentos. ≃ *Aguacero. **2** (inf.) Racha de *contratiempos o sinsabores que trastorna pasajeramente la vida de alguien. ≃ Mala racha. **3** MAR. *Nubarrón oscuro que aparece repentinamente en el cielo empujado por el viento; unas veces descarga lluvia («chubasco de agua»); y otras pasa sin descargar («chubasco de viento»).*

chubasquería f. MAR. *Aglomeración de chubascos en el cielo.*

chubasquero m. *Impermeable ligero.

chubazo (del gall. port. «chuvia»; ant.) m. *Chubasco.*

chubesqui (de «Choubertsky», marca registrada) m. Recipiente cerrado de barro o metal, que, lleno de agua caliente, se empleaba para calentar un local, la cama, los pies, etc. ≃ Calentador.

chuca (¿de «chueca», taba?) f. *De las dos caras anchas de la *taba con que se juega, la cóncava.* ≃ Budil, chuque, hoyo.

chucallo (ant.) m. **Pendiente para las orejas.* ≃ Chocallo.

chucán, -a (Guat.) adj. **Chocarrero o *bufón.*

chucanear (Guat.) intr. *Bromear.*

chucao (de or. mapuche; Chi.; *Scelorchilus rubecula)* m. **Pájaro de color pardo, cuyo canto, según creencia popular, anuncia desgracia.*

chúcaro, -a (del quechua «chucru», duro) **1** (Hispam.) adj. **Arisco.* **2** (Hispam.) *Aplicado al ganado vacuno y caballar, sin domesticar.* ⇒ *Salvaje.

chucero m. **Soldado armado de chuzo.*

chucha f. V. «chucho, -a».

chuchango (Can.) m. **Caracol terrestre.*

chuchear (de or. expresivo) **1** intr. **Cuchichear.* **2** **Cazar con señuelo, lazo o red.*

chuchería (de «chocho[1]») **1** f. Objeto de poco valor y sin utilidad, pero que puede ser estimado: 'Le regalé una chuchería. Tiene su cuarto lleno de chucherías'. **2** Cosa de *comer, ligera pero apetitosa. particularmente, chicle, caramelo o dulce parecido. ≃ *Golosina.
□ CATÁLOGO
Bagatela, baratija, bibelot, bujería, capricho, chalchihuite, cosilla, féferes, friolera, fruslería, futesa, guagua, *insignificancia, maritatas, menudencia, minucia, munúsculo, nadería, nimiedad, nonada, papasal, pelitrique, *pequeñez, poquedad, porquería, sacadineros, sacaperras, simpleza, tiliche, tontada, tontería. ➤ Baladí. ➤ *Quincalla. *Trivial.

chuchero[1] m. CAZA. *Hombre que chuchea.*

chuchero[2] (de «chucho[4]»; Cuba) m. **Guardagujas.*

chucho[1], -a (de or. expresivo) **1** (desp.) n. *Perro. ⊙ (algo desp.) Perro que no es de raza. **2** (inf.) f. Pereza. **3** (inf.) Borrachera. **4** (inf.) Peseta.
¡CHUCHO! *Interjección con que se echa a los perros.*

chucho[2] (del quechua «chujchu», frío de calentura) **1** (Hispam.) m. **Escalofrío.* **2** (Hispam.) **Fiebre intermitente.* **3** (Arg., Ur.; inf.) *Miedo.*

chucho[3] **1** (Cuba, Ven.) m. **Látigo.* **2** (Cuba, Ven.) **Aguja o pincho.* (Am. S.) **3** *Cierto *pez pequeño de carne muy estimada.* **4** (Cuba) **Obispo (pez).* **5** (Cuba) *Cierta *ave de rapiña, cuyo graznido se toma como de mal agüero.*

chucho[4] (del ingl. «switch».) **1** (Cuba) m. *Llave de luz eléctrica.* ≃ *Interruptor. **2** (Cuba) *Aguja de la vía del tren.* ⇒ Chuchero.

chuchoca (Am. S.) f. *Especie de frangollo o maíz cocido y seco, que se emplea como *condimento.*

chuchumeco **1** adj. y n. m. *Se aplica al hombre *tacaño.* **2** (Méj.) *Chichimeco.*

chuchurrido, -a adj. *Chuchurrío.*

chuchurrío, -a (de «chuchurrido»; inf.) adj. Estropeado, ajado.

chucua (Col.) f. **Barrizal o *pantano.*

chucuru (Ec.; *Mustela frenata* y otras especies afines) m. *Cierto *mamífero parecido a la comadreja.*

chucuto, -a (Ven.) adj. **Rabón.*

chueca (del lat. «soccus», zueco) **1** f. **Tocón de un árbol cortado.* **2** *Hueso redondeado, o cabeza o *extremo de un hueso que encaja en un hueco de otro para formar una articulación.* ⇒ Choquezuela. **3** *Palo con que se remueve la sosa al hacer *jabón.* **4** *Bola pequeña con que se juega al juego del mismo nombre, usado entre campesinos, el cual consiste en, divididos los jugadores en dos bandos, dar golpes a esa bola con unos palos, procurando cada bando pasar con ella la raya del contrario e impedir que éste pase la suya.* ⇒ *Mallo. **5** (inf.; «Jugar, Gastar») **Burla o *chasco.*

chueco, -a (Hispam.) adj. *Aplicado a personas, con las *piernas torcidas.* ≃ Estevado, patituerto.

chuela (por «hachuela»; Chi.) f. **Hacha pequeña o destral.*

chueta (del mallorquín «xueta»; Baleares y Levante; pronunc. [chu-éta]) n. *Descendiente de *judíos conversos.*

chufa (¿del lat. «cyphi», perfume de juncia?) **1** *(Cyperus esculentus)* f. *Planta ciperácea que produce unos pequeños tubérculos llamados del mismo modo, de forma ovalada irregular, de sabor dulce, que se comen secos o remojados y con los que se prepara la horchata. ≃ Cuca. **2** (ant.) *Burla o escarnio.* **3** (inf.) Bofetada, puñetazo.

chufar o **chufear** (de «chuflar»; ant.) intr. *Hacer *burla de algo.* ⇒ Perchufar.

chufería f. *Establecimiento donde se hace o vende horchata de chufas.*

chufeta[1] (de «chufa») f. *Chufleta.*

chufeta[2] f. **Braserillo.* ≃ Chofeta.

chufla (de «chuflar»; inf.) f. *Broma, burla.

chuflar (del lat. «sifilāre»; Ar.) intr. **Silbar.*

chuflarse (de «chufla[2]») prnl. **Burlarse.*

chufleta f. **Cuchufleta.*

chufletear intr. *Decir cuchufletas.*

chufletero, -a (de «chufleta») adj. y n. *Bromista.*

chuflido (de «chuflar»; Ar.) m. *Silbido.*

chufo m. Moñito que se hace en el pelo para *rizarlo, con un bigudí u otro utensilio.

chuico (del mapuche «chuyco», tinajita; Chi.) m. *Especie de *garrafa grande y cilíndrica.*

chula f. *Fruto del *candelabro (planta).*

chulada 1 f. Chulería. **2** Insolencia o *bravuconada. **3** (inf.; n. calif.) Cosa vistosa o bonita.

chulapo, -a 1 n. Chulo (madrileño castizo). **2** *Chulo (bravucón o insolente).*

chulapón, -a n. Chulo (madrileño castizo).

chulear 1 tr. y prnl. **Burlarse de* ˃*alguien con buen humor.* **2** (inf.) tr. Abusar alguien de una ˃persona, sacando provecho de su relación con ella, a veces con intimidación. ⊙ (inf.) Aprovecharse, particularmente en lo económico, un hombre de una mujer que lo consiente, por estar enamorada o encaprichada de él. ⇒ Enchularse. **3** (inf.) prnl. Pavonearse, jactarse: 'Se pasa el día chuleándose en la calle con su moto nueva'.

chulería 1 f. Cualidad o actitud de chulo. ≃ Chulada. **2** *Conjunto de chulos.* ⇒ *Chusma.

chulesco, -a adj. Propio de chulo.

chuleta[1] (del valenciano «xulleta», del cat. «xulla») **1** (Ar.) f. *Lonja de *carne; particularmente, de la pierna de la res.* ≃ Chulla. **2** *Costilla de una res junto con la carne pegada a ella. **3** *Pieza que se *añade a veces en la confección de algunas prendas para completar la anchura o largura necesaria en algún sitio.* ⇒ Cuchillo, *nesga. **4** Carp. *Pieza delgada de madera con que se *rellena alguna grieta.* **5** (inf.) Entre estudiantes, *nota o papel pequeño en que lleva apuntado algo para mirarlo disimuladamente en los exámenes. **6** (inf.) *Bofetada. **7** (inf.; pl.) **Patillas.*

Chuleta de huerta. **1** (Mur.) *Zanahoria (la raíz comestible).* **2** (Madr.) *Patata asada.*

chuleta[2] m. Chulo (bravucón).

chuletada f. Comida formada por chuletas en abundancia.

chulla[1] (del cat. «xulla»; Ar.) f. *Lonja de *carne.* ≃ Chuleta.

chulla[2] (Bol., Col., Ec., Perú) adj. **Desparejado:* 'Zapato [o guante] chulla'.

chullo, -a (Bol., Ec., Perú) n. *Persona de posición económica media.*

chulo, -a (del rom. and. «šúlo», del lat. «sciŏlus», sabihondo) **1** n. Persona de las clases populares de ciertos barrios de Madrid, con cierta manera de hablar y ciertos modales desenfadados típicos. ⊙ (n. calif.) adj. y n. Se aplica a cualquier persona con esa manera de hablar y esos modales. ⇒ Achulado, achulapado, agitanado, barbián, cañí, castizo, chispero, chulapo, chulapón, flamenco, *majo, manolo. **2** («Ser un, Ser muy») *Bravucón. ≃ Chuleta. ⊙ adj. Se aplica a sus modales, manera de hablar, etc. ≃ Chulesco. ⊙ (inf. y desp.; «Estar, Ser») Atrevido o exento de miedo o servilismo: 'Ha estado muy chulo con el jefe'. ≃ Pincho, rufo. ⊙ (inf.) *Insolente: 'No te pongas chulo, porque será peor'. ⊙ (inf.) Presumido o *ufano: 'Iba muy chulo del brazo de una chica muy guapa'. **3** m. Hombre que trafica con mujeres públicas o con otro medio de vida deshonroso. ≃ *Rufián. **4** (inf.) adj. *Vistoso y de buen *efecto: 'Te has comprado unos zapatos muy chulos'. **5** m. *Empleado que *ayuda en el matadero al encierro de las reses mayores.* ⇒ *Carne. **6** Taurom. *El que atiende a los toreros, dándoles las banderillas, las garrochas, etc.*

V. «más chulo que un ocho».

chumacera (del port. «chumaceira») **1** f. Pieza de una *máquina sobre la cual gira un eje u otra pieza. ⇒ Castaña. **2** Mar. *Tablilla sobre la que va el tolete, que tiene por objeto que el *remo no roce el borde del barco.* **3** Mar. *Hendidura hecha en la falca de los botes para sustituir al tolete, generalmente forrada de metal.*

chumar (del port. «chumbo», plomo, bala; inf.) tr. **Beber (bebidas alcohólicas).*

chumba[1] f. *Sulfato de *zinc.*

chumba[2] f. **Chaleco de lana cerrado.*

chumbe (del quechua «chumpi», faja; Arg., Col., Perú) m. **Faja ancha con que se ciñe a la cintura el tipoy (especie de túnica que visten las indias) u otra vestidura.* ≃ Maure.

chumbera *(Opuntia vulgaris)* f. *Planta cactácea propia de países cálidos, con los tallos en forma de palas con espinas, que da los higos chumbos. ≃ Nopal, palera, tuna, tunal, tunera.

chumbo, -a 1 adj. V. «higo chumbo». **2** V. «higuera chumba».

chuminada (vulg.) f. Tontería, sandez. ⊙ (vulg.) Objeto inútil o de poco valor.

chumino (vulg.) m. *Vulva.

chumpa (Guat.) f. **Cazadora (prenda de vestir).*

chumpipe (Guat.) m. **Pavo (ave gallinácea).* ≃ Chompipe.

chuncho, -a (del quechua «ch'unchu») **1** (Perú) adj. y n. *Se aplica a los *indios de la selva amazónica en los que ha influido poco la civilización occidental.* **2** (Perú; inf.) *Rústico, huraño.* **3** (Perú) m. *Caléndula (planta compuesta).*

chunga f. V. «chungo, -a».

chungarse prnl. *Chunguearse.*

chungo, -a (del caló «chungo», feo, pesado) **1** (inf.) adj. En mal estado, de mal aspecto. **2** (inf.) Difícil. **3** (inf.; «Estar de, Tomar a») f. *Broma o *burla: 'Lo dijo en tono de chunga'. ≃ Chinga, chongo.

De [o en] chunga (inf.). En tono de chunga: en broma o para burlarse.

chungón, -a adj. y n. Bromista, guasón.

chunguearse prnl. *Burlarse de alguien, particularmente halagándole falsamente.

chuña 1 f. *Ave zancuda, semejante a la grulla, de cola larga y plumaje grisáceo y con un grupo de plumas en forma de abanico en el arranque del pico. **2** (Chi.) **Arrebatiña.*

chuño (del quechua «ch'uñu», patata helada y secada al sol; Am. S.) m. *Fécula de *patata.*

chupa[1] (del ár. «ǧubbah», a través del fr.) **1** f. *Prenda de *vestir antigua, de mangas ajustadas, que cubría el cuerpo y tenía una faldilla dividida en cuatro partes de arriba abajo.* **2** (inf.) *Cazadora o prenda similar.

Poner a alguien como chupa de dómine. *Insultarle, *censurarle, o *reprenderle duramente.

chupa[2] f. *Medida de *capacidad para líquidos y para áridos, usada en Filipinas, equivalente a 0,37 litros.*

chupa[3] **1** (Ven.) f. **Tetina.* **2** (Ven.) **Chupete.*

chupa-chups (marca registrada; pronunc. [chupachús], pl. «chupa-chups») m. Bola de caramelo con un palito como mango.

chupacirios n. **Beato.*

chupada («Dar») f. Acción de chupar una vez: 'Dar una chupada [o chupadas] al cigarro'. ≃ Chupetada, chupetazo, chupetón, chupón.

chupadero, -a 1 adj. *Se aplica a lo que chupa.* **2** m. *Chupete.*

chupado, -a 1 Participio adjetivo de «chupar»: despojado de jugo. **2** Aplicado a personas, *flaco. **3** (inf.; «Estar») Fácil: 'Este problema de matemáticas está chupado'.

chupador, -a 1 adj. y n. Se aplica al o a lo que chupa. **2** m. *Chupete.*

chupadura f. *Acción y efecto de chupar*[*se*].

chupaflor m. Especie de *colibrí de Venezuela, en donde se llama también «tucuso».

chupalámparas (de «chupar» y «lámpara») n. *Beato, santurrón.* ≃ Chupacirios.

chupalandero (de «chupar») adj. V. «CARACOL chupalandero».

chupalla 1 (Chi.) m. *Achupalla (planta bromeliácea).* **2** (Chi.) **Sombrero de paja hecho con tiras de las hojas de esa planta.*

chupamiel m. **Dragón (planta escrofulariácea).*

chupamirto (Méj.) m. **Colibrí.*

chupapiedras m. *Juguete consistente en una rodaja de cuero con un bramante sujeto al centro; se moja el cuero y así se adhiere a los objetos, que pueden arrastrarse o levantarse tirando de la cuerda.*

chupapoto (Méj.) m. *Chupapiedras.*

chupar (de or. expresivo) **1** tr. Extraer un ↘jugo alimenticio u otra cosa fluida del sitio donde está, aplicando los labios o el órgano adecuado, y provocando con la boca una corriente de aire que lo arrastra al interior de ella: 'Los parásitos chupan la sangre de otros animales. Los insectos chupan el néctar de las flores'. ⊙ El complemento puede ser la cosa en que está el jugo o fluido: 'Chupar el cigarrillo'. ⊙ Oprimir una ↘cosa entre los labios o con la lengua, etc., para extraerle el jugo: 'Chupar espárragos'. ⊙ Absorber las plantas los ↘jugos de la tierra. ⊙ Pasear ↘algo por la boca, particularmente un caramelo, para disolverlo e ingerirlo. ⊙ Poner una ↘cosa entre los labios y humedecerla con saliva, aunque no se extraiga nada de ella. ⊙ Pasar la lengua húmeda de saliva por una ↘cosa: 'Chupar un sello para pegarlo'. ≃ Lamer. ⇒ Libar, mamar, sorber, succionar. ➤ Cachimbo, caramelo, chapote, chicle, chimó, coca. ➤ Vampiro. ➤ *Absorber. *Beber. *Empapar. *Masticar. **2** Mamar. **3** Coger una cosa esponjosa en su masa un ↘líquido: 'El papel secante chupa la tinta'. ≃ *Absorber. ⊙ También, 'los polvos de talco chupan la grasa'. **4** *Despojar a alguien de una cosa: 'Los abogados le chupan el dinero. Las preocupaciones le están chupando la salud'. **5** (inf.; «de») intr. Beneficiarse ilícitamente de una situación, especialmente en lo económico. ≃ Chupar del BOTE. **6** (inf.) En algunos deportes, especialmente en fútbol, practicar un juego demasiado individual; por ejemplo, deteniéndose en regatear al contrario, sin pasar el balón en el momento oportuno. **7** prnl. Ir quedándose *delgada una persona. **8** (inf.; con un pron. reflex.) tr. Soportar algo penoso: 'Su abuelo se chupó tres años de mili porque le pilló la guerra haciendo el servicio militar'.

V. «chupar del BOTE, chupar CACHIMBO, chupar RUEDA».

¡CHÚPATE ÉSA! Exclamación con que se pone *énfasis en una cosa aguda u oportuna, que se le acaba de decir a alguien por el mismo que profiere la exclamación o por otro. ⊙ Generalmente, expresa aprobación o aplauso para alguien que se apunta un tanto en una discusión. ⇒ *Confundir, *mortificar, *zaherir.

V. «chuparse el DEDO, chuparse los DEDOS, chupar la SANGRE».

chuparrosa (Méj.) amb. *Colibrí.*

chupatintas (hum. o desp.) n. Oficinista de poca importancia y, particularmente, escribiente. ≃ Cagatintas. ⇒ Empleado.

chupe (de «chupar») **1** (inf.) m. Chupete. **2** (Chi., Perú) **Guiso muy común, semejante a la cazuela chilena, que se hace con patatas, carne o pescado, mariscos, huevos, leche, queso, pimiento, tomate, etc.*

chupeta[1] f. **Chupete.*

chupeta[2] (dim. de «chopa[1]») f. *Pequeña cámara que hay a la parte de popa sobre la cubierta principal de algunos *barcos.*

chupetada f. Chupada.

chupetazo m. Chupada.

chupete (de «chupar») m. Pieza de goma del *biberón a la que se aplican los labios. ⇒ *Tetina. ⊙ Objeto semejante que se da a chupar a los *niños de pecho para que se distraigan. ⇒ Chupa, chupadero, chupador, chupeta, chupón.

chupetear tr. o abs. Chupar ↘algo con insistencia. ≃ Rechupetear.

chupeteo m. Acción de chupetear.

chupetín m. *Prenda de vestir antigua, especie de *jubón con unas faldillas pequeñas.*

chupetón m. Chupada que se da con fuerza.

chupi (inf.) adj. Estupendo. ⊙ (inf.) adv. Estupendamente: 'Se lo pasó chupi con sus amigas'.

chupín m. *Chupa corta.*

chupinazo 1 m. *Disparo de fuegos artificiales consistentes en muchas lucecillas, que se hace con una especie de mortero.* ⊙ («El») Particularmente, cohete que se lanza en Pamplona para indicar el comienzo de las fiestas de San Fermín. ⇒ *Pirotecnia. **2** DEP. En *fútbol, disparo de gran potencia.

chupito m. Sorbito de vino o de licor.

chupo (del quechua «ch'upu», tumor; Hispam.) m. **Forúnculo.*

chupón, -a 1 adj. y n. Se aplica al que chupa. **2** Se aplica a la persona que saca dinero a otros con engaños o vive parásitamente a costa de otro. **3** (inf.) DEP. En ciertos deportes, especialmente en *fútbol, jugador que chupa mucho. **4** m. **Caramelo largo que se va chupando sin meterlo del todo en la boca.* **5** (más frec. en Hispam.) **Chupete.* **6** **Brote superfluo de las plantas.* **7** **Pluma de ave no desarrollada del todo, que sale con sangre si se arranca.* **8** *Émbolo de las *bombas de desagüe.* **9** (ant.; Hispam.) *Chupetón.* **10** (C. Rica) *Biberón.* **11** (Hispam.) **Tetina.* **12** (Chi.) Forúnculo. ≃ Chupo. **13** (Chi.; *Bromelia spacelata) Planta bromeliácea de hojas espinosas y flores rosadas.* ⊙ (Chi.) *Baya de esta planta.*

chupóptero, -a (por analogía burlesca con los nombres de órdenes de insectos) n. Persona que disfruta un sueldo sin trabajar o que vive sin trabajar. ≃ *Parásito.

chuque m. *Cara de las anchas de la *taba con que se juega, que tiene un hoyo.* ≃ Chuca.

chuquiragua (Ec., Perú; *Chuquiragua diacanthoides)* f. *Cierta *planta de los Andes que se emplea como febrífugo.*

chuquisa (Chi., Perú) f. **Mujer de vida alegre o prostituta.*

churana (Am. S.) f. **Carcaj de los *indios.*

churcha f. *Nombre que daban los indios de Tierra Firme a la zarigüeya (mamífero didelfo).*

churco (Chi.; *Acacia cavenia)* m. *Arbolito leguminoso de cuyas flores se extrae un aceite esencial.*

churdón (de or. prerromano) m. Frambueso, frambuesa, o pasta hecha con ésta, que se emplea para hacer refrescos.

churlo o **churla** (Hispam.) m. o f. **Saco de pita cubierto con otro de cuero, en que se transportan ciertas sustancias delicadas, como la canela.*

churo 1 (Ec.) m. **Caracol (molusco).* 2 (Col., Ec.) **Rizo de pelo.*

churra[1] (¿de or. expresivo?) f. **Ortega (ave gallinácea).*

churra[2] (Sal.) f. *Prisión.*

churra[3] f. V. «churro, -a».

churrasca f. *Cierto tipo de *masa frita.*

churrascar (And., Hispam., León.) tr. y prnl. **Socarrar[se].* ≃ Churruscar.

churrasco (de or. expresivo) m. Trozo de *carne asado a la brasa.

churrasquear (Arg., Par., Ur.) intr. *Hacer y comer churrascos.*

churre (¿de or. prerromano?) m. *Suciedad grasienta que escurre de algo.* ⊙ *Suciedad de la *lana.*

churrería f. Sitio donde se hacen o venden churros.

churrero, -a 1 n. Persona que se dedica a hacer o vender churros. 2 f. Utensilio de forma de jeringa por el que se hace salir en forma de cordón la masa de los churros, para freírla.

churretada f. Churrete.

churrete (de «churre») m. *Mancha de suciedad en alguna parte; particularmente, en alguna parte del cuerpo y sobre todo en la cara; por ejemplo, las que les quedan a los niños después de comer alguna cosa que escurre.

churretón m. Churrete grande.

churretoso, -a adj. Lleno de churretes.

churriana (de «churre»; inf) f. *Prostituta.*

churriburri (de or. expresivo) m. *Zurriburri.*

churriento, -a adj. *Con churre.*

churrigueresco, -a 1 adj. y n. Se aplica al estilo barroco propagado en España por Churriguera y otros arquitectos. 2 adj. Excesivamente recargado de adornos.

churriguerismo m. Cualidad de churrigueresco. ⊙ Movimiento artístico churrigueresco.

churrillero, -a (del it. «Cerriglio», hostería de Nápoles; ant.) adj. *Churrullero.*

churrinche (Arg., Ur.; *Pyrocephalus rubinus)* m. *Ave insectívora de pequeño tamaño, de color rojo, y con las alas, lomo y cola pardo oscuro.*

churritar (de or. expresivo) intr. *Gruñir el verraco.*

churro[1] 1 m. *Fritura consistente en un trozo de masa de harina y agua, cilíndrico, generalmente con las puntas unidas, que se hace haciendo salir la masa de un utensilio especial por presión, y cortándola y friéndola a medida que va saliendo; suelen venderse por la mañana para tomarlos en el desayuno y se venden abundantemente en las verbenas y fiestas callejeras. ⇒ Calentito, cohombro, porra, taco, tejeringo. ➤ *MASA frita. 2 (inf.; n. calif.; «Ser, Resultar, Salir») Cosa que resulta mal hecha: 'Este dibujo me ha salido un churro'. ≃ *Mamarracho. 3 (inf.) Acierto casual, por ejemplo en el juego. ≃ *Chamba.

churro[2], **-a** 1 adj. Se aplica a cierta *lana más basta que la merina y al ganado que la produce. ⊙ f. Oveja churra. 2 (Sal.) n. *Añojo: *cordero o *ternero de un año cumplido.*

MEZCLAR [O CONFUNDIR] CHURRAS CON MERINAS (inf.). Mezclar cosas muy diferentes entre sí.

churro[3], **-a** (Val.) adj. y n. **Paleto o pueblerino, en particular procedente de Aragón.*

churroso, -a (Col., Pan.) adj. *Crespo, ensortijado.* ≃ Churrusco.

churrullero, -a (de «churrillero») adj. y n. **Hablador.* ≃ Churrillero.

churrupear (inf.) intr. **Beber vino a menudo, aunque en poca cantidad, saboreándolo.*

churruscar (de or. expresivo, influido por «chamuscar») tr. y prnl. *Socarrar[se] el ˋpan o una comida puesta al fuego.

churrusco[1] (de «churruscar») m. Trozo de pan requemado o demasiado tostado.

churrusco[2], **-a** (Col., Pan.) adj. *Rizado, ensortijado.* ≃ Churroso.

churumbel (de or. caló; inf.) m. Particularmente entre gitanos, *niño muy pequeño.

churumbela (de «charambita») 1 f. *Instrumento musical de viento, semejante a la chirimía.* ≃ Chirumbela. 2 *Bombilla que se utiliza en Hispanoamérica para tomar el mate.* ≃ Chirumbela.

churumen (del port. «chorume»; inf.) m. **Cabeza.* ⊙ **Inteligencia.* ≃ Chirumen

churumo (de «churumen») 1 m. **Jugo o *sustancia.* 2 *También, en sentido figurado.*

POCO CHURUMO. **Poco de la cosa que interesa: poca sustancia, poca inteligencia, poco dinero, etc.*

chus[1] NO [O SIN] DECIR CHUS NI MUS. *No [o sin] decir [ni]* TUS *ni mus.*

¡chus[2]**!** interj. *Voz empleada para llamar a los *perros.*

Chus n. p. m. Forma hipocorística del nombre «Jesús».

chuscada f. Gracia o chiste basto.

chuscarrar (alteración de «socarrar[se]»; And., Mur..) tr. y prnl. *Socarrar[se].*

chusco, -a 1 m. Pieza de pan de munición. 2 adj. *Gracioso. ⊙ Aplicado a personas significa *chocarrero, gracioso, con gracia basta. ⊙ Aplicado a cosas significa gracioso y sorprendente a la vez: 'Me ha pasado una cosa muy chusca: me dejé la pluma en la oficina y la he encontrado en mi casa'. 3 (Chi., Perú) *Se aplica al animal, especialmente al perro, que no es de raza.*

chusma (del it. «ciusma», canalla) 1 f. *Conjunto de galeotes que servían en las *galeras reales.* 2 (colectivo) Gente *soez o despreciable: 'Se junta con la chusma. Todos esos son chusma'. ≃ Gentuza. 3 (Hispam.) *Entre los indios salvajes, toda la gente no apta para la guerra: mujeres, viejos y niños.*

□ CATÁLOGO

Bahorrina, briba, bribonería, canalla, chamuchina, chusmaje, bajos FONDOS, GENTE baja [de mal vivir, de mala vida, maleante, non sancta, de seguida o de vida airada], gentalla, gentecilla, gentualla, gentuza, golfería, granujería, *hampa, hez, mala hierba, malevaje, marranalla, morralla, pacotilla, palomilla, patulea, picaresca, pillería, plebe, populacho, purria, purriela, rotería. ➤ Coluvie, conejera, corrincho, *cuadrilla, cueva, gatería, gavilla, gazapera, gazapina, gorrionera, hato, grullada [o gurullada], lechigada, *madriguera, nido, patulea, taifa.

chusmaje (Hispam.) m. *Chusma (gente soez).*

chuspa (del quechua «chchuspa»; Hispam.) f. **Bolsa o *zurrón.*

chusque (Col.; *Chusquea scandens*) m. **Planta gramínea, especie de bambú, de gran altura, con el tallo nudoso y las hojas estrechas.*

chusquero (inf.) adj. y n. m. Se aplica al oficial o suboficial que ha ascendido desde soldado raso. ≃ De cuchara.

chut m. DEP. En *fútbol, acción de chutar.

chutar (del ingl. «to shoot», disparar, tirar) **1** intr. Lanzar la pelota con un golpe del pie, en el juego de *fútbol. **2** (argot; reflex.) tr. Inyectarse droga.

IR una cosa QUE CHUTA (inf.). Marchar muy *bien. ⇒ VA que chuta.

VA QUE CHUTA [O VAS QUE CHUTAS, etc.] (inf.; a veces con «Y»). Expresión con que se indica a la persona a quien se dirige que ya tiene bastante y puede darse por *satisfecho con lo que se le ha dado o ha recibido. ≃ Va que ARDE [o vas que ardes, etc.].

chute (argot) m. Inyección de droga.

chuva (Perú; *Ateles belzebuth*) f. *Cierto *mono de América del Sur.*

chuyo, -a (del quechua «chullu», remojar; Bol., Ec.) adj. *Aplicado a alimentos, caldoso, poco espeso.*

chuza (de «chuzo») **1** (Méj.) f. *Lance en el juego de bolos, que consiste en derribar todos los palos de una vez, con una bola.* **2** (Arg., Ur.) *Especie de chuzo, empleado a modo de lanza.* **3** *Chuzo (palo con un pincho).*

chuzar (Col.) tr. **Herir o *pinchar.*

chuzazo m. *Golpe dado con el chuzo.*

chuznieto, -a (Ec.) n. *Chozno.*

chuzo (¿del sup. «zucho», del ár. and. «zúǧǧ»?) **1** m. Palo con un *pincho utilizable como *arma; por ejemplo, el que usaban los serenos o vigilantes nocturnos en las ciudades. **2** (Chi.) *Barra de hierro puntiaguda empleada para abrir agujeros en la tierra.* **3** (Cuba) **Látigo de tiras de cuero trenzadas.*

AUNQUE CAIGAN CHUZOS DE PUNTA. Frase ponderativa con que se expresa la *decisión de ir a un sitio, aunque el tiempo sea muy malo.

CAER [o, menos frec., LLOVER O NEVAR] CHUZOS [DE PUNTA]. Llover [o, menos frec., nevar o granizar] con mucha fuerza.

chuzón[1] **1** m. *Chuzo o *pica con que iban armados los soldados de infantería llamados antiguamente «suizos».* ≃ Suizón, zuizón. **2** (ant.) **Botarga o persona vestida grotescamente, que figuraba en las comedias antiguas.*

chuzón[2], **-a** (de «chusco») **1** adj. *Difícil de engañar.* ≃ *Astuto. **2** *Chusco (*gracioso).*

chuzonada f. *Bufonada.*

chuzonería (de «chuzón²») f. **Burla.*

cía[1] (de «cilla»; Ar.) f. **Silo.* ⇒ *Granero.

cía[2] (del lat. «scias»; ant.) f. **Hueso de la *cadera.* ≃ Cea.

cía. Abrev. de «compañía».

ciaboga (de «ciar» y «bogar») f. MAR. Vuelta que se hace dar a una embarcación manejando los *remos de ambas bandas en sentido inverso. ⊙ MAR. Por extensión, maniobra semejante en un vapor, sirviéndose del timón y la máquina.

ciabogar intr. MAR. *Dar ciaboga (efectuar esta maniobra con una embarcación).*

cian- (var. «ciano-») Elemento prefijo del gr. «kýanos», azul, usado en palabras científicas: 'cianofícea, cianuro'.

cianato m. QUÍM. *Sal derivada del acido ciánico.*

cianea (del gr. «kýanos», azul, y «-eo²») f. **Lapislázuli (mineral).*

cianhídrico (de «cian-» y el gr. «hýdōr», agua) adj. V. «ÁCIDO cianhídrico».

cianí (del ár. «Abū Zayān», rey de Tremecén) m. **Moneda de oro de baja ley, de los moros de África.*

cianita (del gr. «kýanos», azul) f. **Turmalina azul.*

ciano- V. «cian-».

cianofíceo, -a (de «ciano-» y «-fíceo») adj. y n. f. BOT. *Se aplica a ciertas *plantas protofitas caracterizadas por la presencia de un pigmento azul.* ⊙ f. pl. BOT. *Clase que forman estas plantas.*

cianógeno (de «ciano-» y «-geno») **1** m. QUÍM. *Radical compuesto de carbono y nitrógeno.* **2** **Gas muy venenoso que huele a almendras amargas.*

cianosis (del lat. «cyanōsis», del gr. «kyánōsis») f. MED. Coloración azulada de la *piel, debida a alguna alteración de la circulación. ⇒ *Trastornar.

cianótico, -a **1** adj. MED. De la cianosis. **2** adj. y n. MED. Que padece cianosis.

cianuro m. QUÍM. Cualquier sal de las derivadas del cianógeno, que son altamente tóxicas.

ciar (¿de «cía²», por el esfuerzo de esta parte del cuerpo al ciar?) **1** intr. **Retroceder, andar hacia atrás.* ⊙ MAR. *Remar hacia atrás. **2** **Cejar o abandonar un propósito o una empresa.* ⇒ *Cesar, *ceder.

□ CONJUG. como «desviar».

ciática[1] (Perú) f. **Planta de hojas largas y estrechas, cuyo tallo, al ser cortado, gotea un liquido blanquecino que es venenoso, así como el fruto, parecido a la nuez vómica.*

ciática[2] f. Neuralgia del nervio ciático.

ciático, -a (del lat. «sciatĭcus») adj. *De la *cadera.* ⊙ V. «NERVIO ciático».

ciato (del gr. «kýathos») m. **Vasija usada por los romanos para trasegar liquidos.*

cibaje (Hispam.) m. *Cierta especie de *pino.*

cibal (del lat. «cibus», alimento) adj. *De la *alimentación.*

cibarco, -a (del lat. «Cibarci, -ōrum») adj. y n. *Se aplica a los individuos de un *pueblo primitivo que habitaba la costa norte de Galicia.*

cibario, -a (del lat. «cibarĭus», de «cibus», comida) adj. *Se aplica a las leyes *romanas que regulaban las comidas y convites del pueblo.*

cibeleo, -a adj. MIT. *De la diosa Cibeles.*

cibelina (del fr. «zibeline», del ruso «sobolj») adj. V. «MARTA cebellina [o cibelina]».

ciber- Elemento prefijo correspondiente a «cibernética».

cibera (del lat. «cibarĭa», trigo, alimento) **1** adj. *Que sirve para *cebar.* **2** (colectivo) f. *Cualquier simiente que sirve para pienso.* **3** *Porción de grano que se echa en la tolva del molino para que empiece a funcionar.* **4** *Restos de los frutos después de extraido el jugo.* ⇒ *Bagazo. **5** **Tolva de molino.*

V. «AGUA cibera».

ciberespacio (de «ciber-» y «espacio») m. Espacio virtual creado por medios informáticos; particularmente, aquel por el que se desplazan imaginariamente los usuarios de *Internet.

cibernauta (de «ciber-» y «nauta») n. Persona que navega por el ciberespacio.

cibernética (del gr. «kybernētikḗ», arte del gobernante o piloto) **1** f. MED. *Ciencia que estudia el mecanismo de las conexiones *nerviosas en los seres vivos.* **2** Ciencia que estudia comparativamente los mecanismos de comunicación y regulación en los seres vivos y las máquinas. ⇒ CALCULADORA electrónica, relé, servomecanismo, servomotor. ➤ Bit, información. ➤ Biónica. ➤ *Informática. *Electrónica.

cibernético, -a **1** adj. De [la] cibernética. **2** adj. y n. Especialista en cibernética.

cibi (Cuba) m. *Nombre dado a ciertos *peces del género Caranx, como el Caranx ruber o cojinúa, que son comestibles, aunque algunas especies producen la ciguatera.*

cibiaca (¿de or. prerromano?) f. **Angarillas.*

cibica (del ár. and. «sabíka») **1** f. *Barra de hierro dulce que se embute como refuerzo en la parte superior de la manga de los ejes de madera de los *carruajes.* **2** MAR. *En un *barco, grapa con que se sujeta una pieza a otra mayor.*

cibicón (aum. de «cibica») m. *Barra más gruesa que la cibica, que se embute en la parte inferior de la manga del eje de madera del carruaje, para reforzarlo.*

cibo (ant.) m. *Cebo.*

cíbolo, -a n. *Bisonte.*

ciborio (del lat. «ciborĭum», copa) **1** m. **Copa para beber usada por *griegos y *romanos.* **2** Techo sostenido por columnas que cubría el altar mayor cuando, como en las basílicas e *iglesias más antiguas, estaba constituido por una mesa exenta. ≃ Baldaquino.

cibucán (de or. antillano; Antill., Col., Ven.) m. **Espuerta grande que se hacia antiguamente con fibras sacadas de la corteza de algunos árboles.*

cibui (Perú) m. **Cedro (árbol pináceo).*

cica (del gr. «kýïx, -ikos») f. Nombre de varias plantas cicadáceas del género *Cycas*, como *Cycas circinalis*, originaria de Indonesia y Malasia, cultivada en diferentes regiones como ornamental. Son plantas leñosas, parecidas a una palmera de varios metros de altura.

cicadáceo, -a (de «Cycas», género de plantas) adj. y n. f. BOT. *Se aplica a las *plantas de una familia de gimnospermas leñosas, muy parecidas a las palmeras, con las que a menudo se confunden; son propias de regiones intertropicales y muchas se cultivan como ornamentales.* ⊙ f. pl. BOT. *Familia formada por estas plantas.*

cicádeo, -a (del lat. «cicāda», cigarra, y «-eo²») adj. ZOOL. *Parecido a la *cigarra.*

cicádido, -a (del lat. «cicāda», cigarra) adj. y n. m. ZOOL. *Se aplica a los *insectos de la familia de la cigarra, que tienen en el abdomen un aparato con una membrana que puede vibrar produciendo un sonido estridente y monótono.* ⊙ m. pl. ZOOL. *Esa familia.* ⇒ *Hemíptero.

cicatear (del sup. ár. and. «siqáṭ», cl. «siqāṭ», remoloneo del caballo) intr. Procurar dar o gastar lo menos posible. ≃ *Escatimar, regatear.

cicatería f. Cualidad o actitud de cicatero.

cicatero, -a (del sup. ár. and. «siqáṭ», cl. «siqāṭ», remoloneo del caballo) adj. y n. Se aplica a la persona que escatima lo que da o gasta. ≃ *Tacaño.

cicatricera (de «cicatriz») f. *Mujer que, en el ejército antiguo, curaba a los heridos.* ⇒ *Curandero.

cicatricial adj. *De [la] cicatriz.*

cicatriz (del lat. «cicātrix») **1** f. Señal que queda en los tejidos orgánicos después de cerrarse una herida o lesión. **2** Huella que deja en el espíritu una *pena, un desengaño, etc.

□ CATÁLOGO

Alforza, botana, bregadura, cacaraña, chirlo, costurón, matadura, *señal. ➤ Cicatrizar[se], encorar, encorecer. ➤ Bálsamo, caterético, cáustico, cicatrizante, escarótico, sarcótico. ➤ Cariacuchillado. ➤ Carnadura, encarnadura. ➤ *Planta (grupo de las empleadas como cicatrizantes). ➤ *Herir.

cicatrización f. Acción de cicatrizar.

cicatrizal adj. *De la cicatriz.*

cicatrizamiento m. *Cicatrización.*

cicatrizante adj. y n. m. Que hace cicatrizar.

cicatrizar tr. Hacer que se cierre completamente una herida o lesión con tejido sano. ⊙ intr. y prnl. Cerrarse de este modo. ⊙ tr., intr. y prnl. Se usa también en sentido figurado: 'Con el tiempo, las heridas causadas por la guerra cicatrizaron'.

cicatrizativo, -a adj. *Cicatrizante.*

cicca (Bol.; *Phyllanthus distichus*) f. **Planta euforbiácea cuyas semillas son purgantes.*

cicercha o **cicércula** (del lat. «cicercŭla») f. **Almorta (planta).*

cícero¹ (del lat. «Cicĕro», Cicerón, por haberse empleado en la impresión de una de las primeras ediciones de sus obras) **1** m. AGRÁF. **Letra intermedia entre el entredós y la atanasia.* ≃ Lectura. **2** AGRÁF. Unidad de medida para líneas, páginas, etc., equivalente a 12 puntos, o sea, un poco más de 4,5 mm.

cícero² (del lat. «cicĕra»; Cuba, P. Rico; *Dolichos lablab*) f. *Planta leguminosa trepadora tropical que se cultiva por sus semillas y legumbres comestibles.*

cicerón (de «Cicerón», famoso orador romano; con mayúsc. o minúsc.) m. Hombre muy elocuente.

cicerone (del it. «Cicerone», Cicerón, por la locuacidad de estas personas) m. Persona que acompaña a los visitantes o turistas y les enseña y *explica las cosas de interés de un lugar, un museo, etc. ≃ *Guía.

ciceroniano, -a adj. Aplicado a «discurso, elocuencia», etc., de Cicerón o propio de él como escritor u orador.

cicial (del sup. lat. «sicciālis»; ant.) m. *Cecial (pescado curado al aire).*

cicimate (de «cimate»; Méj.; *Senecio vulneraria*) m. *Especie de hierba cana medicinal, una de las llamadas «zuzón».*

cicindela (del lat. «cicindēla», luciérnaga) f. Insecto *coleóptero de forma esbelta y reflejos metálicos.

cicindélido, -a (de «cicindela») adj. y n. m. ZOOL. *Se aplica a los *insectos de la familia de la cicindela.* ⊙ m. pl. ZOOL. *Esa familia.* ⇒ *Coleóptero.

cición (del lat. «accessĭo, -ōnis»; ant.) f. **Fiebre intermitente que entra con frío.* ⊙ (Tol.) **Terciana.*

ciclada (del lat. «cyclas, -ădis», del gr. «kyklás, -ádos») f. *Cierta *vestidura larga de mujer, antigua.*

ciclamen m. *Pamporcino (planta primulácea).*

ciclamino (del lat. «cyclamīnum», del gr. «kykláminon») m. *Pamporcino (planta primulácea).*

ciclamor (del lat. «sycomŏrus», del gr. «sykómoron»; *Cercis siliquastrum*) m. Árbol leguminoso de jardín, de tronco y ramas tortuosos, con flores de color carmesí en racimos abundantes. ≃ ALGARROBO loco, ÁRBOL de Judas, ÁRBOL del amor, arjorán, sicamor. ⇒ *Planta.

ciclán (del ár. and. «siqláb», del b. lat. «sclavus», esclavo) adj. *Se aplica al animal al que le falta un testículo o que los tiene ocultos.* ≃ Chiclán, chiglán.

ciclantáceo, -a adj. y n. f. BOT. *Se aplica a las *plantas de la familia del bombonaje, que son propias de América tropical, acaules o trepadoras, notables por sus hojas, que se emplean en Panamá en la fabricación de sombreros.* ⊙ f. pl. BOT. *Esa familia.*

ciclar (del sup. ár. and. «ṣiqál», cl. «ṣiqāl», instrumento para pulir) tr. *Dar *brillo a las ↘*piedras preciosas.*

ciclatón (del ár. and. «siqlaṭún», del lat. «sigillātus» quizá a través del gr. bizantino) m. *Cierta *vestidura de lujo usada en la Edad Media, de forma de túnica o de manto.* ⊙ **Tela de seda y oro con que se hacía.*

cíclicamente adv. De manera cíclica.

cíclico, -a 1 adj. Que se desarrolla en ciclos: 'La sucesión de las estaciones del año constituye un proceso cíclico'. **2** LITER. *Se aplica a la poesía que abarca todo un ciclo épico, y al poeta que la cultiva.* **3** MED. *Se aplica a un antiguo método curativo para enfermedades crónicas.*

ciclismo (del fr. «cyclisme») m. Ejercicio de ir en bicicleta. ⊙ Deporte que consiste en hacer *carreras de *bicicleta.

ciclista 1 adj. Del ciclismo. **2** n. Persona que va en *bicicleta. ⊙ Persona que se dedica al ciclismo (*deporte).

ciclístico, -a adj. Del ciclismo.

ciclo (del lat. «cyclus», del gr. «kýklos», círculo) **1** m. BOT. *Espira o cada una de las espiras que forman las inserciones de las hojas alrededor del tallo.* **2** *Periodo de tiempo que se considera completo desde cierto punto de vista: 'La invasión de los bárbaros cierra un ciclo de la historia'. **3** *Serie de acciones, acontecimientos o fenómenos que se suceden hasta uno desde el cual vuelven a *repetirse en el mismo orden: 'El ciclo de las transformaciones del agua en la naturaleza. El ciclo de las estaciones. Ciclo biológico. Ciclo económico'. ⊙ Espacio de tiempo o *serie de años, transcurridos los cuales se recomienza el cómputo. ⊙ Cada uno de los periodos en que se dividen los estudios académicos en virtud de la dificultad y especialización de las materias impartidas. **4** Conjunto de poemas u obras literarias de otra clase, todas alrededor de los mismos héroes o acontecimientos: 'Ciclo troyano. Ciclo del rey Arturo'. **5** Conjunto de actos culturales relativos a determinado asunto, como conferencias, debates, etc. ⇒ Cursillo, curso. **6** Vehículo provisto de pedales que se mueve exclusivamente por el esfuerzo muscular, como la bicicleta: 'Este carril está reservado para ciclos'. **7** FÍS. Vibración completa.

CICLO DECEMNOVENAL [DECEMNOVENARIO O LUNAR]. **1** ASTRON. *Periodo de diecinueve años, al cabo del cual las fases de la *Luna vuelven a caer en los mismos días del mes; estos periodos empiezan a contarse en el nacimiento de Jesucristo; de modo que el año primero de la era cristiana es el segundo del ciclo.* **2** ASTRON. *Número de años en que excede el de una fecha a la terminación del ciclo lunar.* ⇒ Calípico, áureo NÚMERO.

C. PASCUAL. ASTRON. *Producto de los números de los ciclos lunar y solar, igual a 532, que se creyó que sería el número de años que tardarían en repetirse las coincidencias de los días de Pascua y demás fiestas movibles con determinados días del año.* ⇒ *Astronomía.

C. SOLAR. ASTRON. *Periodo de veintiocho años del calendario juliano que tardaban en repetirse las coincidencias de los días de la semana con determinados del mes.*

ciclocross m. Modalidad de ciclismo que se practica sobre terreno muy accidentado.

cicloidal adj. *De [la] cicloide.*

cicloide (del gr. «kykloeidḗs») f. GEOM. *Curva plana descrita por un punto de una circunferencia cuando ésta rueda sobre una recta. ⇒ Trocoide.

RELOJ DE CICLOIDE. *Reloj provisto de un péndulo cicloidal.*

ciclomotor (del fr. «cyclomoteur») m. Vehículo de dos ruedas provisto de pedales, con un motor de pequeña cilindrada y cambio automático. ≃ Velomotor.

ciclón (del gr. «kyklôn», part. pres. de «kykló̄ō», remolinarse) **1** m. *Viento muy violento producido por una depresión atmosférica de pequeña extensión pero muy brusca, que generalmente se produce al final de las estaciones cálidas junto a las orillas occidentales de los océanos. **2** METEOR. Región atmosférica en la que el aire gira alrededor de un centro de bajas presiones. ⇒ Anticiclón. **3** *Aparato cónico purificador de aire que se usa para recuperar por centrifugación partículas o para triturado fino.* **4** QUÍM. *Recipiente de reacción inmóvil en el que los fluidos por reacción forman un vórtice.* **5** (n. calif.) Persona de mucho empuje: 'Esta mujer es un ciclón'.

ciclónico, -a adj. De [o como de] ciclón.

cíclope, o, menos frec., **ciclope** (del lat. «cyclops», del gr. «kýklōps») m. Nombre dado a unos *gigantes mitológicos, hijos del Cielo y de la Tierra, que tenían un solo ojo en medio de la frente. ⇒ Ojanco.

ciclópeo, -a adj. Propio de los cíclopes, especialmente por su tamaño. ≃ Gigantesco. ⊙ Se aplica particularmente a las construcciones prehistóricas hechas con enormes piedras sin tallar, superpuestas generalmente sin argamasa; como las de las murallas de Tarragona.

ciclorama (del gr. «kýklos», círculo, y «-orama») **1** m. *Vista desarrollada en forma de cilindro, en el interior del cual había una plataforma para los espectadores.* ≃ Panorama. ⇒ *Cosmorama. **2** Superficie cóncava dispuesta verticalmente en el fondo de los escenarios de teatro que, con la iluminación adecuada, produce una sensación de profundidad y sobre la cual se proyectan diversos efectos cinematográficos, que pueden representar el cielo, las nubes, tormentas, etc.

ciclorrafo adj. y n. m. ZOOL. *Se aplica a los *insectos dípteros cuya pupa tiene cubierta rígida con forma de barril, con una abertura más o menos circular por donde emerge el adulto.*

ciclostil o **ciclostilo** (del ingl. «cyclostyle») m. AGRÁF. Técnica que sirve para obtener repetidas copias de un escrito o dibujo mediante una plancha gelatinosa en la que se escribe o dibuja con una tinta especial. ⊙ AGRÁF. Máquina utilizada para ello.

ciclóstomo (del gr. «kýklos», círculo, y «stóma», boca) adj. y n. m. ZOOL. *Se aplica a ciertos *peces de organización primitiva, de cuerpo muy alargado, con la boca en forma de ventosa, como la lamprea.* ⊙ m. pl. ZOOL. *Orden de esos peces.*

ciclotimia (del gr. «kýklos», círculo, y «thymós», ánimo) f. PSI. Estado mental caracterizado por alternativas de exaltación y depresión del ánimo y, en general, de todas las actividades vitales. ⇒ MANÍA depresiva, PSICOSIS maniaco-depresiva.

ciclotímico, -a adj. y n. PSI. Que padece de ciclotimia.

ciclotrón (del fr. «cyclotron», del gr. «kýklos», círculo, y la terminación de «electrón») m. Fís. Aparato que, mediante fuerzas magnéticas, imprime a determinadas partículas un movimiento en espiral y luego las hace avanzar a gran velocidad, para que actúen como proyectiles con que bombardear el núcleo del átomo que se pretende desintegrar. ⇒ ACELERADOR de partículas.

cicloturismo m. Turismo en bicicleta.

cicloturista n. Persona que practica el cicloturismo.

-cico, -a V. «-ico».

cicoleta (de «cieca», cequia; Ar.) f. AGRIC. **Acequia muy pequeña.*

ciconiforme (del lat. «ciconĭa», cigüeña, y «-forme») adj. y n. m. ZOOL. *Se aplica a ciertas *aves caracterizadas por tener las patas y el cuello largos, y grandes alas, como la garza, la cigüeña, etc.* ⊙ m. pl. ZOOL. *Orden formado por estas aves.*

cicuta (del lat. «cicūta»; *Conium maculatum)* f. *Planta umbelífera de olor desagradable, con el tallo manchado de color rojo oscuro, hojas muy divididas y flores blancas en umbela; contiene un veneno muy activo, célebre por ser el que ingirió Sócrates cuando fue condenado por el tribunal de Atenas. ≃ CICUTA mayor.

CICUTA MAYOR. Cicuta.

C. MENOR *(Cicuta virosa)*. *Planta umbelífera semejante a la anterior, también venenosa. ≃ Etusa, PEREJIL de perro.

-cida Elemento sufijo del lat. «caedĕre», matar, que forma adjetivos y nombres con significado de agente: 'regicida, tiranicida'.

cidiano, -a adj. Relativo al Cid: 'Estudios cidianos'.

-cidio Elemento sufijo del lat. «caedĕre», matar, que forma nombres de acción: 'infanticidio, parricidio'.

cidra (del lat. «citra») f. *Fruto del cidro, en hesperidio, semejante al limón, pero mayor y redondo, de pulpa ácida, que se emplea para hacer confitura y en los mismos usos medicinales que el limón. ⇒ Acimboga, acitrón, azamboa, cidrato, cimboga, zamboa. ➤ Cidrada, diacitrón. ➤ Pomelo, poncil, toronja.

CIDRA CAYOTE *(Cucurbita ficifolia)*. *Calabaza con la corteza blanca y lisa, que se emplea para hacer cabello de ángel. ≃ Chilacayote, chirigaita.

cidrada f. Dulce hecho de cidra.

cidral 1 m. *Campo de cidros.* **2** *Cidro.*

cidrato m. *Azamboa (variedad de *cidra).*

cidrayota (Chi.) f. **Chayotera (planta cucurbitácea).*

cidrera f. *Cidro.*

cidria (del lat. «citrĕa») f. *Cedria (resina del cedro).*

cidro (del lat. «citrus»; *Citrus medica)* m. *Árbol rutáceo de flores encarnadas olorosas, que da las cidras.

cidronela (de «cidra», por el olor de esta planta) f. **Toronjil (planta labiada).*

cieca (And., Ar., Mur.) f. *Acequia.*

ciegamente adv. Irreflexivamente o sin pensar por sí mismo en la cosa de que se trata: 'Lanzarse ciegamente a la aventura. Creer ciegamente'.

ciego, -a (del lat. «caecus») **1** («Estar, Ser») adj. y n. Incapacitado fisiológicamente para ver. ⇒ Otras formas de la raíz, «cec-, ceg-»: 'cecal, cecografía, obcecar', etc.; 'cegar', etc. ➤ Cecuciente, cegajoso, cegarra, cegarrita, cegato, cegatoso, invidente, tientaparedes. ➤ Vistoso. ➤ Amaurosis, ceguedad, ceguera, invidencia. ➤ Lazarillo. ➤ Tiento. ➤ ESCRITURA Braille. ➤ A tientas. ➤ Cegar, *deslumbrar, enceguecer, ofuscar. ➤ *Inválido. **2** («Estar, Ser»; «para, con») adj. Se dice de la persona que no percibe cierta cosa patente: 'Para los defectos de sus hijos, está ciega'. ⊙ («de») Dominado por una pasión hasta el punto de ser incapaz de juzgar o de obrar razonablemente: 'Ciego de ira [o celos]'. ≃ Obcecado, ofuscado. ⊙ Se aplica a los sentimientos o actitudes que se manifiestan sin ninguna reserva: 'Amor ciego. Confianza ciega'. ⊙ («con, por») Dominado por el *deseo de cierta cosa o por una *afición exagerada a algo: 'El niño está ciego con el juego. Está ciego con las quinielas'. ≃ *Loco. ⇒ Apasionar. **3** Aplicado a un conducto u orificio, obstruido. **4** (inf.) Aplicado a personas, con las facultades perceptivas alteradas por estar bajo los efectos de las drogas o del alcohol. **5** m. (inf.) Borrachera o estado producido por alguna droga. **6** adj. y n. m. V. «INTESTINO ciego». ⇒ Cecal, ileocecal. **7** f. *Variedad del juego del *julepe en que se vuelven las cartas sin mirarlas.* **8** adj. *Aplicado al *pan o al *queso, sin ojos.*

A CIEGAS («Andar, Ir, Obrar», etc.). Sin conocimiento de la cosa de que se trata: desorientado.

V. «COCUYO ciego, COPLAS de ciego, GALLINA ciega, INTESTINO ciego, LAZO ciego, OBEDIENCIA ciega, ORACIÓN de ciego, PALO de ciego».

PONERSE CIEGO (inf.). Hartarse de comida, bebida, etc.

V. «ROMANCE de ciego, en TIERRA de [o en el PAÍS de los] ciegos el tuerto es rey».

cieguecito, -a adj. y n. Dim. frec. de «ciego».

cielín m. Dim. de «cielo», empleado como *apelativo cariñoso.

cielito 1 m. Cielín. **2** (Arg., Ur.) *Cierta danza gaucha tradicional.*

ciella (del lat. «cella», granero; ant.) m. *Cilla (depósito de granos).*

cielo (del lat. «caelum») **1** m. Espacio que vemos sobre nuestras cabezas, azul de día y poblado de estrellas por la noche. ≃ Firmamento. **2** Cubierta superior de algunos espacios cerrados o recintos, considerada desde el interior de ellos: 'Cielo de la boca'. ⇒ *Techo. **3** Morada de *Dios, los ángeles y los justos, en el mundo sobrenatural. **4** Bienaventuranza: 'Está gozando del cielo'. **5** *Dios, la Providencia divina: 'Quiera el cielo que no le ocurra nada'. **6** Se emplea como *apelativo cariñoso, particularmente dirigido a un niño. ≃ Cielín, cielito.

CIELO DE LA BOCA. *Paladar.

C. SIN NUBES. Situación de la persona que no tiene motivo de padecimiento, tristeza o preocupación. ⇒ *Feliz.

C. RASO. CONSTR. *Techo en que no están las vigas a la vista. ⊙ CONSTR. Revestimiento con que se tapan éstas. ⇒ *Techo. ➤ Chillado, encañizado, enlatado, tumbado. ➤ *Cabio CAÑIZO, forjado, listón, LISTÓN de enlatar, reglón, teguillo, VIGUETA de enlatado, VIGUETA de techo. ➤ *Suelo.

MEDIO CIELO. ASTRON. *Meridiano superior, o sea parte de un meridiano que queda sobre el horizonte.*

A CIELO ABIERTO [o DESCUBIERTO]. Sin techo encima: 'Dormimos a cielo descubierto'. ≃ Al raso. ⇒ *Intemperie.

AGARRAR EL CIELO CON LAS MANOS. *Coger el cielo con las manos.*

AL QUE AL CIELO ESCUPE A LA CARA LE CAE. Refrán que expresa que el que ataca a cosas elevadas o superiores a él, se desacredita, se perjudica con ello o recibe el *castigo correspondiente. ⇒ *Atreverse.

V. «muchos AMENES al cielo llegan, ÁNGEL echado del cielo a patatazos, ÁRBOL del cielo».

BAJADO DEL CIELO. Caído del CIELO.

CAÍDO DEL CIELO. **1** Llegado o sucedido con mucha oportunidad. **2** *Inesperado; ocurrido sin saber cómo. **3** Obtenido sin esfuerzo. ⇒ *Gratis.
V. «debajo de la CAPA del cielo».
¡CIELO MÍO! Expresión de cariño.
¡CIELOS! Exclamación de asombro o sorpresa.
CLAMAR AL CIELO una cosa. Ser merecedora de condenación por ser muy injusta, cruel o abusiva.
COGER EL CIELO CON LAS MANOS. *Llegar al colmo de la indignación, de la *cólera o de la desesperación.*
COMO CAÍDO [O LLOVIDO] DEL CIELO. V. «caído del CIELO».
DESGAJARSE [O DESCARGAR] EL CIELO. *Llover muy intensamente.
EN EL [SÉPTIMO] CIELO (inf.). Muy *bien o muy a gusto.
ESTAR HECHO UN CIELO. *Estar muy iluminado un templo u otro lugar.*
GANAR[SE] alguien EL CIELO. Hacerlo así con su *virtud. ⊙ (gralm. inf.) Se usa figuradamente en frases en que se pondera la *paciencia de alguien: ¡Me voy a ganar el cielo aguantando a estos niños!
V. «poner el GRITO en el cielo».
HERIR EL CIELO con voces, quejas, etc. *Lamentarse en voz alta.* ≃ Herir el AIRE.
IRSE AL CIELO CALZADO Y VESTIDO [O VESTIDO Y CALZADO]. *Ganarlo sin pasar por el purgatorio.*
JUNTÁRSELE a alguien EL CIELO CON LA TIERRA (inf.). Encontrarse inesperadamente en una difícil situación.
LLOVIDO DEL CIELO. Caído del CIELO.
V. «con PACIENCIA se gana el cielo».
REMOVER [EL] CIELO Y [LA] TIERRA para algo. *Buscar mucho, hacer muchas gestiones o agotar todos los *medios para conseguirlo.
V. «irse el SANTO al cielo».
SER una persona UN CIELO. Ser encantadora.
TOCAR EL CIELO CON LAS MANOS. *Coger el CIELO con las manos.*
V. «TOCINO de cielo»
VENIRSE EL CIELO ABAJO. Ser muy grande la violencia de una *tempestad. ⊙ Ocurrir un *escándalo, *ruido, etc., muy grande.
VER EL CIELO ABIERTO. Ver, con algún suceso o circunstancia, la *solución para conseguir una cosa o librarse de algo.
V. «VOZ del cielo».

□ CATÁLOGO

I *Aire, *AIRE libre, lo alto, alturas, *atmósfera, BÓVEDA celeste, CAPA del cielo, CIELO descubierto, ESFERA celeste, *espacio, éter, intemperie, de TEJAS arriba. ➤ Claro, cubierto, descubierto, *despejado, limpio, neblinoso, *nublado, raso, sereno, transparente. ➤ Celeste, uranio. ➤ Rosicler. ➤ Atacir, cenit, estrellamiento, FIGURA celeste, nadir, SIGNOS del Zodiaco, TEMA celeste, zenit. ➤ Entrecielo. ➤ *Astronomía. *Nube.

II Lo alto, gloria, limbo, MANSIÓN de los bienaventurados, MANSIÓN de los justos, paraíso, PATRIA celestial, REINO de los cielos, SENO de Abraham, de TEJAS arriba. ➤ Novísimos. ➤ CAMPOS Elíseos, chana, elíseo, empíreo, glasor, nirvana, olimpo, PARAÍSO de Mahoma, valhala. ➤ Hurí. ➤ Accidental, celeste, celestial, divino, elíseo, glorioso, paradisiaco, santo, sobrecelestial. ➤ Aureola, beatitud, bienaventuranza, salvación, VIDA eterna, VISIÓN beatífica. ➤ Ángel, *bienaventurado, celícola, comprensor, CUERPO glorioso, justo, *santo. ➤ CORTE celestial, IGLESIA triunfante. ➤ Gozar de DIOS, salvarse.

ciempiés (de «cien pies»; pl. «ciempiés») **1** m. Nombre de diversos artrópodos con el cuerpo dividido en numerosos anillos provistos de otros tantos pares de patas, cuyas mandíbulas están modificadas en forma de pinzas, con las que puede inocular veneno. Entre las numerosas especies de ciempiés destaca la «escolopendra». ⇒ Congorocho. **2** (n. calif.) Cosa, especialmente trabajo intelectual, en que hay confusión, incoherencia o falta de unidad. ≃ Galimatías. ⇒ *Disparate.

cien (apóc. de «ciento»; pronunc. acentuado, excepto cuando precede a «mil»: [cién niños, cienmíl pesétas]) adj., pron. y n. m. Numero cardinal equivalente a diez veces diez. En la numeración arábiga se representa por «100» y en la romana por «C». ⇒ Apénd. II, NÚMERO CARDINAL. ⊙ adj. Puede usarse como ordinal: 'Ha quedado en el puesto cien'. ⇒ *Ciento.
CIEN POR CIEN. Totalmente: 'Este es un zumo cien por cien natural'. ≃ Ciento por ciento.
AL CIEN POR CIEN. Completamente: 'Estoy al cien por cien a tu disposición'.
EL CIEN (inf.; ya en desuso). El *retrete, que solía tener en los hoteles el número cien. ≃ El NÚMERO cien.
V. «que se ve a [de] cien LEGUAS, andar [estar, ir] con cien OJOS, dar cien PATADAS».
PONER a alguien A CIEN. **1** (inf.) Irritarle mucho. **2** (vulg.) Producirle intensa excitación sexual.
POR CIEN (pop.). Se utiliza con frecuencia en vez de «por ciento» en la expresión de porcentajes, aunque algunos autores consideran este uso incorrecto.

ciénaga (de «ciénega») f. Terreno cubierto de *barro, o pantanoso.

ciénago (de «ciénego») **1** (ant.) m. *Cieno.* **2** (ant.) *Cenagal.*

ciencia (del lat. «scientĭa») **1** f. Conjunto de *conocimientos que alguien tiene, adquiridos por el estudio, la investigación o la meditación: 'Su ciencia abarca múltiples aspectos. Ese hombre es un pozo de ciencia'. ⊙ Conjunto de los conocimientos poseídos por la humanidad acerca del mundo físico y del espiritual, de sus leyes y de su aplicación a la actividad humana para el mejoramiento de la vida. ⊙ *Actividad humana en ese campo: 'Los que consagran su vida a la ciencia'. ⊙ Cada rama de ese conocimiento que se considera por separado: 'La biología es la ciencia que estudia los seres vivos'. ⇒ *Saber. **2** Conjunto de conocimientos que se aplican a cualquier actividad: 'La ciencia del comerciante'. ⇒ *Arte. **3** (pl.) Por oposición a «letras», estudios de cosas que obedecen a leyes físicas o matemáticas: 'La Facultad de Ciencias de la Universidad comprende las secciones de Exactas, Físicas, Químicas y Naturales'.
CIENCIA FICCIÓN. Género literario o cinematográfico en el que las obras ofrecen argumentos basados en hipotéticos adelantos científicos o técnicos.
C. INFUSA. **1** La comunicada directamente por *Dios al hombre. ⇒ ARTE angélico, ARTE notoria. **2** (inf. y hum.) Se aplica a lo que alguien sabe o cree saber sin haberlo aprendido o estudiado.
CIENCIAS EXACTAS. *Matemáticas.
C. HUMANAS. Las que, a diferencia de las naturales, estudian hechos directamente relacionados con el hombre, a menudo difícilmente medibles.
C. NATURALES. En sentido amplio, todas las relativas a la naturaleza: «astronomía, meteorología, geología, biología, física, mineralogía y química». ⊙ En sentido restringido, geología, mineralogía y biología. ≃ HISTORIA natural.
C. OCULTAS. Ocultismo. ⇒ *Hechicería.
C. SOCIALES. Las que estudian al hombre atendiendo a su comportamiento tanto a nivel individual como social. Son ciencias sociales la sociología, la historia, la economía, etc.
GAYA CIENCIA (lit.; «La»). La *poesía.
A CIENCIA CIERTA («Saber»). Con *certeza.

A CIENCIA Y PACIENCIA de alguien. *Sabiéndolo y *tolerándolo la persona de que se trata.
V. «ÁRBOL de la ciencia, HOMBRE de ciencia».
NO TENER CIENCIA una cosa. Tener poca CIENCIA.
V. «POZO de ciencia».
TENER POCA CIENCIA una cosa. Ser *fácil de hacer: 'Ir en bicicleta tiene poca ciencia'.

ciénega (del sup. lat. «caenĭca») f. *Ciénaga.*

ciénego (del sup. lat. «caenĭcum») m. *Ciénago.*

cienmilésimo, -a adj. y n. Numeral partitivo correspondiente a «cien mil».

cienmilímetro m. Centésima parte de un milímetro. Abrev.: «cmm».

cienmillonésimo, -a adj. Numeral partitivo que corresponde a «cien millones».

cienmilmillonésimo, -a adj. Numeral partitivo que corresponde a «cien mil millones».

cieno (del lat. «caenum») **1** m. Mezcla de tierra y agua, a veces con restos orgánicos, que se forma en el terreno. ⊙ Particularmente, *depósito de esa clase en un *cauce o *depósito de agua. **2** En ingeniería sanitaria, conjunto de materias sólidas sedimentadas en los depósitos o fosas a donde van a parar las aguas residuales. ⇒ Otra forma de la raíz, «cen-»: 'Cenagal, cenagoso, cenoso, encenagar'. ➤ *Barro, broza, cargadal [o cargazón], ciénaga, ciénago, enruna, fango, horrura, légamo, limo, lodo, pecina, reboño, robo, *sedimento, suciedad. ➤ ESCLUSA de limpia. **3** *Deshonra o *descrédito: 'Cubrirse de cieno'.

cienoso, -a (de «cieno» y «-oso») adj. *Cenagoso.*

ciensayos (de «cien» y «sayo») m. Cierto *pájaro con plumaje de varios colores y, bajo él, espeso vello. ⊙ *Antiguamente, se daba este nombre a un *ave, posiblemente fabulosa.*

ciente (del lat. «sciens, -entis»; ant.) adj. *Esciente.*

científicamente adv. De manera científica: 'Científicamente demostrado'.

cientificismo m. Tendencia a otorgar una excesiva importancia al conocimiento propio de las ciencias empíricas, preconizando la aplicación de sus métodos a otras esferas del saber. ≃ Cientifismo.

cientificista adj. y n. Del cientificismo o seguidor de esta tendencia.

científico, -a (del lat. «scientifĭcus») **1** adj. De [la] ciencia o de acuerdo con ella. **2** n. Persona dedicada a la investigación científica.

cientifismo m. Cientificismo.

ciento (del lat. «centum») **1** adj., pron. y n. Numeral cardinal: diez veces diez. Se emplea en lugar de «cien» cuando aparece en combinación con otros numerales: 'Ciento cuarenta'. En la numeración arábiga se representa por «100» y en la romana por «C». ⇒ Apénd. II, NÚMERO CARDINAL. ⊙ Se emplea también como ordinal: 'El puesto ciento cuarenta'. ⇒ Otras formas de la raíz, «cent-, hect-»: 'centena, centenar, centésimo; hectógrafo, hectogramo, hectolitro, hectómetro'. ➤ Cien. **2** m. Centena: 'Había varios cientos de personas manifestándose en la puerta de la embajada'. ≃ Centenar. **3** (pl.) *Cierto *tributo antiguo.* **4** (pl.) *Juego de baraja en que gana el primero que hace cien puntos. ⇒ Cuarta, IDA y venida, picar, pique, quinta, repicar, secansa, sexta, tercera, TERCERA mayor, TERCERA real.
CIENTO POR CIENTO. Cien por cien: totalmente.
CIENTO Y LA MADRE (inf., algo desp.). Gran número de personas: 'Vinieron ciento y la madre a la fiesta y no había mesas para todos'.
CIENTO PIES. *Ciempiés.*
A CIENTOS. En gran número.
V. «dar una en el CLAVO y ciento en la herradura, CONSEJO de ciento, los cien CONTINUOS, DOBLÓN de a ciento, un LOCO hace ciento, CIENTO y la madre, no hay MAL que cien años dure, andarse con cien OJOS».
POR CIENTO. Se usa en la expresión de porcentajes. Se construye a continuación de una cifra, precediendo a toda la expresión el artículo «el»: 'El cincuenta por ciento de la mercancía se estropeó'. Cuando el complemento está en plural, el verbo puede, por concordancia de sentido, ponerse en plural: 'El treinta por ciento de los presentes se abstuvieron de votar'. Suele escribirse con el signo %: 'Un interés del 5%'. ≃ Por cien.
V. «dar ciento y RAYA, TANTO por ciento, cien VECES, cien mil VECES, dar cien VUELTAS».

cientoemboca (de «ciento en boca»; And.) m. **Mostachón pequeño.*

cientopiés m. *Ciempiés.*

cierna (de «cerner») f. **Antera de la flor de diversas plantas cultivadas.*

cierne m. Acción de cerner las plantas.
EN CIERNE. **1** Aplicado a algunas plantas, particularmente a la *vid, el *olivo y el *trigo, en flor. **2** (también pl.) Unido a un nombre de empleo o situación, expresa la del que está en camino de ser lo que ese nombre expresa: 'Un abogado en cierne[s]'. ⇒ *Futuro. ⊙ (también pl.) Se aplica también a nombres de sucesos para expresar que se *prepara lo que ese nombre expresa: 'Una tormenta [o una revolución] en cierne[s]'.

cierre **1** m. Acción y efecto de cerrar en cualquier acepción: 'La hora del cierre de los cafés. El cierre de la edición de un periódico. El cierre temporal de la universidad'. **2** Cualquier dispositivo o mecanismo que sirve para *cerrar o mantener cerrado algo. **3** Cualquier *cerca, pared u objeto semejante con que se limita un espacio. ⊙ Particularmente, cualquier clase de persiana, reja, etc., que defiende las puertas o escaparates de un *establecimiento: 'Echar los cierres. Cierres metálicos'. **4** AGRÁF. *Orla o filete con que se encuadran a veces los textos.* ≃ Cerco. **5** Departamento donde se distribuyen los *periódicos para el reparto y envío. **6** Operación de empaquetarlos. **7** (Arg., Bol., Chi., Ec., Méj., Par., Perú, Ur., Ven.) **Cremallera de las prendas de vestir, bolsos, etc.*
CIERRE CENTRALIZADO. Mecanismo que tienen ciertos automóviles, que permite abrir o cerrar todas las puertas del vehículo desde una sola de sus cerraduras.
C. ECLAIR (Chi.). **Cremallera de las prendas de vestir, bolsos, etc.*
C. EN FUNDIDO. CINE. Desaparición gradual de una imagen hasta alcanzar la oscuridad total.
C. RELÁMPAGO (Arg., Par., Perú, Ur.). **Cremallera de las prendas de vestir, bolsos, etc.*
ECHAR EL CIERRE (inf.). Cerrar un establecimiento.

cierro **1** (Chi.) m. **Cerco.* **2** (Chi.) **Sobre de carta.*
CIERRO DE CRISTALES (And.). **Mirador.*

ciertamente **1** adv. De manera cierta. ⊙ Se emplea con frecuencia para reafirmarse en lo que se está diciendo: 'Es difícil saber quién está detrás de esta campaña de descrédito, pero ciertamente es gente próxima al partido de la oposición'. **2** Se emplea como respuesta de asentimiento, equivaliendo a «*cierto, claro, indudable, seguro, sin duda» y a los adverbios en «-mente» correspondientes a los sinónimos de «cierto». **3** Equivale a «es verdad que» en expresiones en las que se introduce una salvedad, corrección o discrepancia: 'Ciertamente fue condenado por desfalco, aunque luego se demostró su inocencia'.

ciertísimo, -a adj. Superl. frec. de «cierto».

cierto, -a (del lat. «certus») **1** adj. Sustituye a «verdadero» en su significado lógico de «conforme a la verdad» en los casos en que este adjetivo no es usual: 'Mis noticias han resultado ciertas. Eso es cierto. Eso no es cierto'. **2** Se aplica a las cosas acerca de las cuales no se tiene ninguna duda: 'Lo cierto es que él no está aquí'. ⊙ O a aquellas que no dejan lugar a duda: 'Hay indicios ciertos de mejoría'. **3** («de») Junto con «estar», aplicado a personas, significa tener la certeza o *seguridad de cierta cosa: 'Estoy cierto de que la persona que vi era él'. **4** Seguido de una oración con «que», seguida a su vez de otra con «pero», puede interpretarse como equivalente de «ciertamente» o como una contracción de la oración «es cierto»: 'Cierto que él no lo sabía, pero eso no le disculpa'. **5** Ese mismo significado tiene como respuesta de asentimiento: 'Hay que pensarlo mucho. —Cierto'. **6** Sustituye al artículo «un», siempre precediendo al nombre, cuando la cosa de que se trata es una determinada aunque desconocida del que escucha y, a veces, también del que habla, y no una cualquiera de las designadas por el nombre; por ejemplo, su empleo se hace necesario en algunas definiciones: definiendo «moaré» como «tela de seda», puede interpretarse que ese nombre es aplicable a cualquier tela de seda; es necesario decir 'cierta tela de seda' para que no ocurra así. ≃ *Determinado. ⊙ Otras veces, sustituye con respecto al nombre a cualquier otra determinación que el que habla no puede establecer: 'Tenía ciertos presentimientos que él mismo no sabía expresar. Notaba cierto malestar que no podía localizar'. **7** En muchos casos equivale a «*algo de» o «un poco de»: 'Me da cierta pena marcharme. Lo ha hecho con cierta violencia'. Por influencia francesa, es frecuente el empleo de «un cierto, una cierta», en vez de «cierto, -a», en las dos últimas acepciones. **8** CAZA. *Se aplica a los *perros que descubren y levantan con seguridad la *caza.*

V. «a CIENCIA cierta».

DE CIERTO. Con *seguridad: 'Sé de cierto que él no piensa venir'.

DEJAR LO CIERTO POR LO DUDOSO. Dejar alguien lo seguro por algo que probablemente no logrará. ⇒ *Arriesgar.

ESTAR EN LO CIERTO. Tener razón o estar procediendo acertadamente.

LO CIERTO ES QUE. Locución que precede a la expresión de algo que está en contradicción con otra cosa dicha anteriormente: 'Todos aquí son muy honrados, pero lo cierto es que el dinero ha desaparecido'. ⇒ *Adversativo.

NO ES CIERTO. Expresión frecuente, enérgica y poco respetuosa, pero no grosera, que se emplea para *contradecir o *denegar.

NO POR CIERTO. Equivale a «no», pero con algún matiz, por ejemplo, de ironía, de indignación o de extrañeza.

POR CIERTO. Introducción para decir algo que ha sido *sugerido o recordado por lo que se acaba de decir o hacer: '¿Has visto a Manuel? —No. Por cierto que tengo que decirle una cosa'.

V. «hasta cierto PUNTO».

SI BIEN ES CIERTO QUE. Aunque.

SÍ POR CIERTO. Equivale a «sí», con los mismos matices anotados en «no por cierto».

V. «ciertos son los TOROS».

UN CIERTO. Por influencia francesa, se emplea en algunos casos con los significados de «cierto» de la 6.ª y 7.ª acep.: 'Notaba un cierto malestar. Me da una cierta pena'.

□ CATÁLOGO

Otra forma de la raíz, «cert-»: 'certificar, desacertar'. ➤ Auténtico, averiguado, axiomático, científico, ciertísimo, absolutamente [positivamente o rigurosamente] CIERTO, derecho, deserrado, efectivo, *evidente, fijo, HABAS contadas, histórico, indudable, inequívoco, inerrable, innegable, matemático, mortal, positivo, *seguro, verdadero. ➤ Averiguadamente, a CIENCIA cierta, de CIENCIA cierta, ciertamente, de cierto, en fija, de juro, a PUNTO fijo, de *seguro, como el SOL que nos alumbra, por supuesto, como TRES y dos son cinco. ➤ Sí por cierto, CLARO está, por descontado, ni que DECIR tiene, sin disputa, sin duda, ¡pues!, QUIZÁ y sin quizá, ¡si lo SABRÉ yo!, a buen SEGURO, por supuesto. ➤ Constar, no tener VUELTA de hoja. ➤ ARTÍCULO de fe, axioma, dogma. ➤ Certeza, certidumbre, certinidad, certitud, evidencia. ➤ Acertar, certidumbre, incierto. ➤ *Auténtico. *Categórico. *Claro. *Indiscutible. *Infalible. *Real. *Saber. *Seguro. *Terminante. *Verdad.

ciervo, -a (del lat. «cervus»; *Cervus elaphus*) n. Mamífero *rumiante cérvido; el macho tiene cuernos estriados y ramificados, llegando a tener hasta diez candiles o puntas en cada uno.

CIERVO VOLANTE (*Lucanus cervus*). Insecto *coleóptero, de gran tamaño; el macho tiene unas mandíbulas muy grandes y ramificadas que recuerdan las astas del ciervo.

V. «LENGUA de ciervo».

□ CATÁLOGO

Palabras que empiezan por «cerv-». ➤ Cohobo, guazubirá, rengífero, reno, tarando, venado. ➤ Alero, cervatillo, cervato, enodio, estaquero, gabato, varetón. ➤ Alce, anta [o ante], antílope, berrendo, camuza, caribú, cervicabra, corzo, dama, danta [o dante], gacel, gacela, gamo, gamuza, güemul, impala, paletero, paleto, pudú, rebeco, robeco, robezo, rupicabra [rupicapra], sarrio, taruga, wapiti. ➤ Cebruno, cerval, cervario, cérvido, cervino, cervuno. ➤ Descorrear[se], desmogar, escodar. ➤ Balar, balitar, gamitar, rebudiar, roncar. ➤ Balitadera, gamitadera. ➤ Brama, ronca. ➤ Escodadero, picadero, venadero. ➤ Descogotar. ➤ Asta, cuerna, cuerno. ➤ Tollo. ➤ Cercetas. ➤ Candil, garceta, punta, tiza. ➤ PERRO venadero.

cierzas f. pl. *Vástagos de la *vid.*

cierzo (del lat. «cercĭus») m. *Viento norte. ≃ Norte. ⇒ Cercear, cercera, zarzagán, zarzaganillo.

ciesis (del gr. «kýēsis») f. MED. **Embarazo o gestación.*

cifac o **cifaque** (del ár. «ṣifāq», a través del lat. medieval; ant.) m. **Peritoneo.*

cifela (del lat. «cyphella», del gr. «kýphella», nubes) f. *Cualquier *hongo del género Cyphella, de los que crecen entre el musgo de los tejados.*

cifosis (del gr. «kýphos», encorvado, y «-osis») f. MED. Encorvadura de la *columna vertebral con la convexidad hacia fuera. ⇒ *Joroba.

cifra (del ár. and. «ṣífr», vacío, a través del lat. cient. medieval) **1** f. Cada uno de los *signos separados con que se representa un *número: 'En nuestra numeración empleamos diez cifras. 357 tiene tres cifras'. ≃ Guarismo, número. **2** Frecuentemente con los adjetivos «elevada, baja» o equivalentes, número expresado con cifras: 'Una elevada cifra de mortalidad'. **3** («En») Escritura cifrada: 'Un mensaje en cifra'. ≃ *Clave. ⇒ Contracifra, descifrar, indescifrable. **4** Dibujo de las *letras iniciales enlazadas de dos o más nombres u otras palabras; por ejemplo, un sello o una marca de ropa. ≃ Monograma. **5** Cosa que reúne o resume en sí lo que se expresa: 'La generosidad es la cifra de todas las virtudes'. ≃ *Compendio, resumen, suma. **6** («En») Escritura musical simplificada, mediante números. **7** *Abreviatura.*

BARAJAR [O MANEJAR] CIFRAS. Hacer cálculos, presupuestos, etc., con *números.

EN CIFRA. Cifrado.

cifradamente 1 adv. *En cifra.* 2 *En *resumen.*

cifrado, -a 1 Participio de «cifrar»: 'Tiene cifradas en su hijo todas sus esperanzas'. 2 adj. Se aplica a un escrito o a la escritura hecha con signos, números, letras cambiadas de valor, etc., con sujeción a una *clave: 'Un telegrama cifrado'. ⇒ *Oculto, *secreto.

cifrar 1 («En») tr. *Reducir una ˘cosa a otra de menos valor a juicio del que habla, o hacerla *consistir en ella: 'Cifra la felicidad en la riqueza'. ⊙ Hacer *consistir por entero en cierta cosa ˘otra que se expresa: 'Cifra su ilusión en ese viaje'. 2 Valorar cuantitativamente, sobre todo ganancias o pérdidas. Se usa mucho en forma pronominal pasiva: 'Las daños ocasionados por el pedrisco se cifran en más de veinte millones de pesetas'. 3 Escribir un ˘mensaje en cifra (clave).

cigala[1] (del lat. «cicāda»; *Nephrops norvegicus*) f. *Crustáceo decápodo, algo mayor que un langostino, con un duro caparazón y pinzas muy grandes. Es un marisco muy apreciado y se utiliza habitualmente como ingrediente de la paella.

cigala[2] o **cigallo** (del fr. «cigale») f. o m. MAR. *Forro, generalmente de cuerda delgada, que se pone al arganeo de anclotes y rezones.*

cigarra (del lat. «cicāda», con influencia onomatopéyica) 1 (*Lyristes plebeius*) f. Insecto *hemíptero de color oscuro, cabeza grande y alas membranosas; los machos tienen en la base del abdomen unas membranas con las que producen un sonido chirriante monótono. ≃ Chicharra, dille. ⇒ Cicádidos. ➤ Chiquirín, cogollo, coyuyo, tetigonia. 2 Timbre de sonido sordo. ≃ Chicharra, zumbador.

CIGARRA DE MAR. Crustáceo decápodo parecido a la langosta, abundante en el Mediterráneo.

cigarral (de «cigarra») m. En Toledo, *finca de recreo en las afueras de la ciudad.

cigarralero, -a n. *Persona que vive en un cigarral cuidando de él.*

cigarrera 1 f. Mujer que trabaja en la elaboración de cigarros o que los vende. 2 Caja, estuche, etc., para guardar cigarros.

cigarrería (Hispam.) f. *Tienda de cigarros.*

cigarrillo (dim. de «cigarro») m. Envoltura cilíndrica de tabaco picado hecha con un papel especial, que se fuma así. ≃ *Cigarro, pitillo.

cigarro (del maya «siyar») m. Objeto hecho con una hoja de tabaco preparada en cierta forma y arrollada, que se *fuma así. ⊙ Cigarrillo.

CIGARRO DE PAPEL. *Cigarrillo.*

C. PURO. Puro.

□ CATÁLOGO

Bocadito, boleta, breva, chicote, cigarrillo, CIGARRO de papel, CIGARRO puro, coracero, emboquillado, entreacto, habano, panetela, papelillo, pitillo, puro, tagarnina, trompetilla, túbano, veguero. ➤ Pajilla, tusa. ➤ Cabecilla, capa, capillo, *colilla, perilla, punta, tirulo, tripa, yegua. ➤ Mortaja, PAPEL de fumar. ➤ Librillo. ➤ Cortacigarros, cortapuros, tenacillas. ➤ Horro, infumable. ➤ Cigarrería, estanco, expendeduría, saca. ➤ Cigarrera, pitillera. ➤ Cabecear, torcer. ➤ Uña. ➤ Mena, vitola. ➤ *Fumar. *Tabaco.

cigarrón (aum. de «cigarra») m. *Saltamontes (insecto ortóptero).

cigofiláceo, -a adj. y n. f. BOT. *Variante ortográfica de «zigofiláceo».*

cigofileo, -a adj. y n. f. BOT. *Zigofiláceo.*

cigomático, -a (del gr. «zýgōma, -atos», pómulo) adj. ANAT. *De la *mejilla.* ≃ Zigomático.

cigomorfa adj. BOT. *Variante ortográfica de «zigomorfa».*

cigoñal (de «cigüeña», por semejanza con su forma, y «-al») 1 m. *Dispositivo para sacar *agua de un río o un pozo poco profundo, consistente en un palo apoyado en una horquilla de modo que puede girar en todas direcciones, con un cubo sujeto en un extremo y que se maneja desde el otro.* ≃ Zangaburra. ⇒ *Noria. 2 FORT. *Viga a que va sujeta la cadena de que pende un *puente levadizo de una fortificación.* ⇒ *Fortificar.

cigoñino (del lat. «ciconīnus», con influencia de «cigüeña») m. *Pollo de cigüeña.

cigoñuela (dim. de «cigüeña»; *Himantopus himantopus*) f. *Cigüeñuela.*

cigoto (del gr. «zygōtós») m. BIOL. *Célula resultante de la unión de dos gametos. ≃ CÉLULA huevo, huevo, zigoto. ⇒ *Óvulo.

cigua (de «ciguanaba») 1 (*Laurus martinicensis* y *Nectandra cigua*) f. Árbol lauráceo de las Antillas, de tronco maderable. ≃ Sigua. 2 (Cuba; *Livona pica*) *Especie de *caracol de mar.* 3 (Am. C.) *Fantasma en forma de mujer con cara de caballo, que camina de noche para asustar a la gente.* ≃ Cegua, ciguanaba. ⇒ *SERES fantásticos.

ciguanaba (del nahua «cihuat», mujer y «nahual», espanto; Am. C.) f. *Cigua (fantasma).*

ciguapa (de or. indoamericano) 1 f. *Ave de rapiña nocturna, más pequeña que la lechuza. ≃ Siguapa. 2 (C. Rica; *Cocuma salicifolium*) m. *Árbol que produce una especie de zapotillos de carne de color de yema de huevo y semillas parecidas a las del mamey.* ⇒ *Planta. 3 (R. Dom.) f. *Fantasma que, en forma de mujer vieja y con los pies hacia atrás, se aparece de noche junto a los arroyos, ríos, etc.*

ciguapate (del nahua «cihuapatli», remedio femenino; Hond., Salv.; *Eriocoma tomentosa*) f. **Planta umbelífera de hojas tomentosas aromáticas y medicinales, que crece a orillas de los ríos.*

ciguaraya (Cuba; *Trichilia glabra*) f. **Planta meliácea a la que se atribuyen propiedades medicinales, particularmente contra la erisipela.*

ciguatarse prnl. *Aciguatarse: contraer ciguatera.*

ciguatera f. *Cierta *enfermedad que padecen a veces algunos *peces y crustáceos de las costas del golfo de Méjico, por ejemplo el cibi o la picuda, que los hace perjudiciales para los que los comen.* ⊙ *Trastorno producido en quien come estos peces o crustáceos.*

ciguato, -a (¿de or. antillano?, quizá del cubano «cigua», caracol de mar) adj. y n. *Se aplica a quien padece ciguatera.*

cigüeña (del lat. «ciconĭa») 1 (*Ciconia ciconia*) f. *Ave zancuda migratoria, hasta de 1 m de alta, de cuello y pico muy largos, que anida en lugares elevados, particularmente en las torres y espadañas. ⇒ Baguarí. ➤ Crotorar. 2 *Manivela de una máquina, en forma de manubrio. ≃ Cigüeñuela. 3 Hierro de la cabeza de la campana en el que se sujeta la cuerda con que se toca. 4 *Cierta máquina de guerra antigua.*

ESPERAR A LA CIGÜEÑA. Esperar un hijo.

V. «PICO de cigüeña».

VENIR LA CIGÜEÑA. Nacer un niño.

cigüeñal m. Pieza muy importante en los *motores de combustión interna, que consiste en un *eje doblado en uno o más codos, en cada uno de cuyos sectores va ajustada una biela unida al pistón, de modo que el movimiento rectilíneo de éste se transforma en circular en el eje.

cigüeño m. *Cigüeña macho.*

cigüeñuela 1 f. *Cigüeña (manivela).* 2 *Ave zancuda más pequeña que la cigüeña, de plumaje blanco algo sonrosado por el pecho, nuca, espalda y alas negras, y cola cenicienta. ≃ Cigoñuela.

cigüete adj. V. «UVA cigüete».

cija (del lat. «sedilĭa», asientos) **1** (Ar.) f. *Cilla o *silo.* **2** *Pajar.* **3** **Establo para encerrar el ganado.* **4** (Ar.) **Prisión estrecha o calabozo.*

cilampa (del quechua «tzirapa»; C. Rica, Salv.) f. **Llovizna.*

cilanco m. *Balsa o *charco formado a la orilla de los ríos.* ≃ Chilanco.

cilantro (de «culantro»; *Coriandrum sativum)* m. *Planta umbelífera de hojas filiformes y flores rojizas; es aromática y se emplea como condimento y como estomacal. ≃ Coriandro, culantro. ⇒ Celindrate.

ciliado, -a adj. Provisto de cilios. ⊙ adj. y n. m. ZOOL. Particularmente, se aplica a un grupo de protozoos que se caracterizan por poseer cilios para desplazarse; por ejemplo, el paramecio y la vorticela. ⊙ m. pl. ZOOL. Tipo constituido por estos protozoos.

ciliar (de «cilio»; cient.) adj. *De las cejas o los cilios.*

cilicio (del lat. «cilicĭum») **1** m. Vestidura de tela de saco o de otra clase, áspera, que se lleva sobre la carne para mortificarse por *penitencia. **2** Por extensión, cinturón con cerdas o pinchos, o cadena que se lleva con el mismo objeto. **3** ARTILL. *Centón con que se cubrían las máquinas de guerra.*

cilindrada f. Capacidad del cilindro o cilindros de un motor. Particularmente, los del motor de un vehículo.

cilindrado m. *Operación de cilindrar.*

cilindrar 1 tr. *Prensar una ↘cosa con un cilindro o rodillo.* **2** *Dar forma cilíndrica a una ↘pieza en el torno.*

cilíndrico, -a adj. De *forma de cilindro.

cilindro (del lat. «cylindrus», del gr. «kýlindros») **1** m. *Cuerpo de sección circular, del mismo grosor en toda su longitud. ⊙ GEOM. Cuerpo geométrico limitado por una superficie engendrada por una recta que se mueve manteniendo dos de sus puntos en dos circunferencias iguales y paralelas. ⊙ GEOM. También, el engendrado por una recta que se mueve sobre dos curvas cerradas y paralelas de otra clase. ⊙ Cualquier pieza de *máquina, de forma cilíndrica; por ejemplo, de una apisonadora. ⇒ Calandria, carrete, rodillo, rollo, rulo, tambor, tubo. **2** En mecánica, *tubo dentro del cual se mueve el émbolo de una máquina. ⊙ Pieza cilíndrica en que se mueve el pistón del *automóvil, dentro de la cual se realiza la explosión. **3** AGRÁF. Pieza cilíndrica que, girando sobre el molde o, si los moldes van en ella, sobre el papel, produce la impresión. **4** AGRÁF. *Pieza que toma la tinta con que los rodillos impregnan el molde.* **5** *Tambor sobre el que se enrosca la cuerda del *reloj.* **6** (Col., C. Rica, P. Rico, R. Dom.; no frec. en España) **Bombona metálica y hermética que se utiliza para contener gases y líquidos muy volátiles.*

cilindroeje m. ANAT. Prolongación de la neurona que comunica a ésta con otras células (musculares, glandulares, nerviosas) con el fin de transmitirles los impulsos nerviosos. ≃ Axón, neurita.

cilio (del lat. «cilĭum», ceja) m. BIOL. Filamento de protoplasma de los protozoos y algunas *células, que se distingue del flagelo por ser más corto y por ser numerosos los de una misma célula.

cilla (del lat. «cella») **1** f. *Casa o almacén donde antiguamente se guardaban los granos.* ≃ Cija, cillero. ⇒ Cela, ciella. ➤ *Granero. **2** **Diezmo.*

cillazgo m. *Derecho que pagaban los recaudadores de los diezmos por tener guardados en la cilla los granos y demás productos de ellos.*

cillerero (de «cillero») m. *En algunas *órdenes religiosas, mayordomo del monasterio.*

cillería f. *Cargo de cillerero o cilleriza.*

cilleriza (de «cillero») f. *Mayordoma del convento en los de monjas de la orden de Alcántara.*

cillerizo m. *Cillero.*

cillero (del lat. «cellarĭus») **1** m. *Hombre que tenía a su cargo la cilla.* ≃ Cillerizo. ⇒ Ceillero. **2** *Cilla.* **3** **Bodega, *despensa o sitio seguro para guardar algunas cosas.*

-cillo, -a V. «-illo».

cima (del lat. «cyma», del gr. «kŷma», hinchazón, onda, brote) **1** f. Parte más alta de una montaña. ➤ Altura, ápice, cabeza, cabezo, ceja, copete, corona, cresta, cuerda, culmen, cumbre, cumbrera, cúspide, esquienta, fastigio, lomo, mamelón, picacho, pico, pingorota [pingorote o pingoroto], *punta, somo, teso, tozal. ➤ Divisoria. ➤ *Alto. *Montaña. **2** Se puede aplicar a otras cosas semejantes; por ejemplo, a la cresta de las olas. **3** Parte más alta de un *árbol. **4** Situación más alta a que se puede llegar en cierta cosa: 'La cima de la gloria'. ≃ *Apogeo **5** BOT. *Inflorescencia con un eje principal terminado en una flor y ramificaciones laterales con sus flores respectivas.

DAR CIMA a una empresa o trabajo (form.). *Terminarlo completamente.

cimacio (del lat. «cymatĭum») m. Moldura de perfil en forma de «S». ≃ *Gola.

cimar (de «cima») tr. **Recortar las puntas de algunas ↘cosas; como del pelo de los paños, de la hierba o de los árboles.*

cimarrón, -a (de «cima», por alusión a los cerros adonde huían) **1** (Hispam.) adj. *Se aplica al animal o la planta *salvajes para distinguirlos de los de igual especie domésticos o cultivados.* ⊙ También, al animal que ha huido y se ha hecho salvaje. **2** m. *Se aplicaba en América al *esclavo que huía y vivía por el campo.* **3** (n. calif.) adj. y n. m. MAR. **Holgazán.* **4** (R. Pl.) *Se aplica al *mate negro y sin azúcar.*

V. «APIO cimarrón, YAYA cimarrona».

cimarronada f. **Manada de animales salvajes.*

cimate (Méj.) m. *Cierta *planta cuyas raíces se emplean como condimento.*

cimba[1] (del lat. «cymba») f. **Barco pequeño que utilizaban los *romanos en los ríos.*

cimba[2] (del quechua «simpna»; Bol.) f. **Trenza, especialmente la hecha con el cabello.*

cimbado (Bol.) m. **Látigo trenzado.*

cimbalaria (de «címbalo», por la forma de la flor, y «-aria»; *Cymbalaria muralis)* f. *Planta escrofulariácea de hojas carnosas y flores purpúreas con una mancha amarilla, que crece silvestre en las rocas y paredes, y se cultiva también como adorno de las paredes o como planta colgante.

cimbalero m. Músico que toca el címbalo.

cimbalillo (dim. de «címbalo») m. **Campana pequeña; particularmente, la que se toca en las catedrales y otras iglesias después de las campanas grandes para entrar en el coro.*

cimbalista m. Cimbalero.

címbalo (del lat. «cymbălum», del gr. «kýmbalon») **1** m. Platillos (instrumento musical); particularmente, para referirse a los usados por los *griegos y *romanos en sus ceremonias religiosas. **2** *Campana pequeña.

cimbanillo m. *Cimbalillo.*

címbara (del ár. and. «zabbára», podadera) f. *Especie de *guadaña.* ≃ Rozón.

cimbel (del cat. «cimbell») **1** m. *Cordel con que mueve el cazador el cimillo.* **2** Ave, real o imitada, que se emplea como *señuelo.

cimboga (del ár. and. «azzanbú'») f. **Naranjo* *amargo (árbol rutáceo).*

cimborio o **cimborrio** (del lat. «ciborĭum», especie de copa, del gr. «kibṓrion», fruto del nenúfar de Egipto o copa de forma semejante a la de este fruto) **1** m. Arq. Construcción cilíndrica situada entre la *cúpula y los arcos que la soportan. **2** Arq. En el arte románico y gótico, cúpula.

cimbra (del fr. ant. y dial. «cindre», ¿de «cindrer», y éste del lat. vulg. «cincturāre», de «cinctūra», acto de ceñir?) **1** f. Arq. *Armadura sobre la que se construye un *arco o bóveda. ≃ Cercha, formaleta, galápago. ⇒ Cimbria. ➤ Costilla. **2** Arq. Curvatura interior de un arco o bóveda. **3** Mar. *Curvatura de las tablas del forro del casco de un *barco.*

Plena cimbra. Arq. *Cimbra semicircular de un arco o bóveda.*

cimbrado m. *Paso de danza que se hace doblando rápidamente el cuerpo por la cintura.*

cimbrar[1] tr. Arq. Colocar las cimbras en una bóveda o arco. ⇒ Descimbrar.

cimbrar[2] (¿relac. con «mimbre»?) **1** tr. y prnl. *Cimbrear[se] una ↘vara o cosa semejante.* **2** *Golpear a ↘alguien.*

cimbre (de «cimbrar[1]») m. *Galería *subterránea.*

cimbreante adj. *Delgado y *flexible. ⊙ Aplicado al talle, manera de andar, etc., de una persona, flexible, ondulante o *garboso.

cimbrear[1] tr. *Curvar una ↘pieza; particularmente, un listón de madera.* ≃ Cerchar.

cimbrear[2] **1** tr. Hacer *vibrar ↘algo largo y flexible que está sujeto por un extremo. **2** prnl. Hacerlo, por ejemplo los tallos flexibles de las plantas movidos por el viento. ⇒ *Balancearse. **3** Mover con garbo alguna ↘parte del cuerpo al andar, particularmente las caderas. **4** Hacerlo así alguien o una parte de su cuerpo. ≃ Contonearse.

cimbreño, -a adj. Cimbreante.

cimbreo m. Acción de cimbrear[se].

cimbria (de «fimbria») **1** f. Arq. **Filete (moldura).* **2** (ant.) Arq. *Cimbra.*

címbrico, -a adj. *De los cimbrios.*

cimbrio, -a (del lat. «Cimbrĭcus») **1** adj. y, aplicado a personas, también n. Se aplica a los individuos de un pueblo *germano que habitó en la península de Jutlandia, que, junto con los teutones, infligió una gran derrota a los romanos en el siglo ii. ⊙ (pl.) m. Ese pueblo. **2** Idioma de ese pueblo.

cimbro, -a adj. y n. Cimbrio.

cimbrón (de «cimbrar[2]») **1** (Ec.) m. *Punzada de *dolor.* **2** (Arg., Col., C. Rica) *Tirón brusco de una cuerda.* ≃ Cimbronazo.

cimbronazo (de «cimbrón») **1** m. Cintarazo: *golpe dado con la espada o el sable, de plano. **2** (Arg., Col., C. Rica) *Estremecimiento nervioso muy fuerte.* **3** (Arg.) *Cimbrón: tirón brusco de una cuerda.* **4** (Ven.) *Temblor de tierra.*

cimentación f. Acción y efecto de cimentar[se].

cimentado m. *Afinamiento del *oro pasándolo por el cimiento real.*

cimentador, -a adj. y n. Se aplica a lo que cimienta.

cimental (de «cimiento» y «-al»; ant.) adj. *Fundamental.*

cimentar **1** tr. Poner los cimientos de algo. ⊙ Se usa también en sentido figurado: 'Cimentar un acuerdo de paz'. **2** Construir, edificar. **3** Afinar el ↘*oro pasándolo por el cimiento real. **4** prnl. Tomar solidez o estabilidad alguna cosa.

cimenterio m. *Cementerio.*

cimera (del lat. «chimaera», animal fabuloso, del gr. «chímaira») **1** f. Parte superior de la *celada que se adornaba con plumas u otras cosas. **2** Heráld. *Cualquier adorno que se pone sobre la celada; por ejemplo, una cabeza de perro, un grifo o un castillo.*

cimerio, -a (del lat. «Cimmerĭus») adj. y n. *Se aplica a los individuos de un *pueblo primitivo que vivió en la orilla oriental del mar de Azof.* ⊙ m. pl. *Ese pueblo.*

cimero, -a adj. Se aplica a lo que está en la cima o, en sentido material o figurado, en la parte más *alta de algo. ⇒ *Destacado.

cimia (ant.) f. **Marrubio (planta labiada).*

cimicaria (del lat. «cimex, -ĭcis», chinche, y «-aria») f. **Yezgo (planta caprifoliácea).*

cimiento (del lat. «caementum») **1** (gralm. pl.) m. Parte de un *edificio que está más baja que el suelo y sirve para darle solidez. **2** Terreno sobre el que descansa un edificio. **3** Apoyo sobre el que se sostiene algo no material.

Cimiento real. *Composición de vinagre, sal y polvo de ladrillo que se empleaba para afinar el *oro al fuego.*

Desde los cimientos. **1** En sentido material, refiriéndose a una construcción, «de nueva planta»: sin aprovechar nada existente antes. **2** En sentido figurado, desde el principio mismo, sin respetar o aprovechar nada de lo que ya existe. ⇒ *Nuevo.

Poner [o echar] los cimientos de una cosa. Hacer algo que sirve de preparación sólida para ella: 'Poner los cimientos para la paz'.

□ Catálogo

Alacet, cimentación, fundamentos. ➤ Firme. ➤ Escollera. ➤ Tientaguja. ➤ Vaciado, zanja. ➤ Carrilera, cepo, emparrillado, enrejado. ➤ Bolón, broma, estaca, piedra fundamental, pilote, zampa. ➤ Zarpa. ➤ Azuche, ficha. ➤ Maza. ➤ Cimentar, fundamentar, zampear, zanjar. ➤ Emplantillar, encajonar, recalzar. ➤ Recalzo, socalce, zampeado. ➤ De planta. ➤ *Apoyar. *Edificio.

cimillo (del lat. vulg. «cimbellum», del lat. «cymbălum») m. *Vara flexible que se sujeta a un árbol para colocar en ella el ave que se emplea como *señuelo.*

cimitarra (del ár. «ṣimṣāmah ṭāri'a», espada gitana) f. *Sable curvo usado por los guerreros de algunos países orientales, como turcos o persas.

cimofana (del gr. «kŷma», ola, y «phaínō», resplandecer) f. *Mineral (aluminato de glucina) que constituye una piedra preciosa; es una variedad del crisoberilo, de color verde con irisaciones. ≃ Crisoberilo esmeralda, ojo de gato oriental.

cimógeno, -a (del gr. «zýmē», fermento, y «-geno») adj. Bioquím. *Se aplica a las *bacterias que originan fermentaciones.*

cimorra (¿del b. lat. «chimorrea», del gr. «cheîma», frío, y «rhéō», manar?; ant.) f. Vet. *Especie de catarro nasal de las caballerías.*

cimorro (del lat. «ciborĭum») m. **Torre de iglesia.*

cimpa (de «cimba[2]»; Perú) f. *Trenza, especialmente la hecha de pelo.* ≃ *Simpa.

cina (Ec.) f. *Cierta *planta gramínea.*

cinabrio (del lat. «cinnabăris», del gr. «kinnábari») m. *Mineral (sulfuro de mercurio) de color rojo, muy pesado, del que se extrae el *mercurio. ⇒ Bermellón.

cinacina (Arg.; *Parkinsonia aculeata)* f. **Planta leguminosa de flor amarilla y roja, que se emplea en *setos vivos.*

cinámico, -a (del lat. «cinnămum», canela) adj. QUÍM. *De la canela.*

cinamomo (del lat. «cinnamōmum», del gr. «kinnámōmon») **1** *(Melia azedarach)* m. Árbol meliáceo de madera dura y aromática; del fruto, semejante a una cereza pequeña, se extrae un aceite usado en medicina y en la industria; las cápsulas se emplean como cuentas de rosario. ≃ Acederaque, agriaz, agrión, rosariera. ⇒ *Planta. **2** (género *Cinnamomum)* Varias especies de árboles lauráceos de Asia, de las cuales se obtienen canela y otros productos industriales. **3** *(Elaeagnus angustifolia)* Árbol eleagnáceo, de hojas parecidas a las del olivo, y flores de olor penetrante. **4** (Filip.) **Alheña (planta oleácea).* **5** Cierta sustancia aromática citada por los antiguos, que podía ser la mirra o la canela.

cinarra (Ar.) f. *Nieve menuda.*

cinc (del al. «Zink»; pl. «cines») m. *Metal blanco azulado, n.º atómico 30, de estructura laminosa, que se oxida con facilidad en contacto con el aire formando una capa blanquecina. Se fabrican con él cubos y otras vasijas y se emplea en aleaciones. Símb.: «Zn». ≃ Zinc. ⇒ Blenda, calamina, caramilla, chumba, esmitsonita, marasmolita, PIEDRA calaminar. ➤ Alpaca, latón, METAL blanco, peltre, similor. ➤ *Atutía, cadmia, FLORES de cinc, LANA filosófica, tocía, tucía, tutía. ➤ Cadmio. ➤ Galvanizar. ➤ Cincograbado, cincografía, cinquero.

V. «FLOR de cinc, ÓXIDO de cinc».

cinca (de «cinco») f. *Cualquier falta en el juego de *bolos, que hace perder cinco puntos.*

cincado, -a 1 adj. *Cubierto con un baño de cinc.* **2** m. *Operación de recubrir un objeto con un baño de cinc.*

cincel (del b. lat. «scisellum», del lat. «scindĕre», hender) f. Herramienta de boca de acero, recta y de doble bisel, que se emplea para labrar piedras y metales, por ejemplo en el trabajo de *escultura o *cantería. ⇒ Bedano. ➤ Uñeta.

cincelado, -a 1 Participio adjetivo de «cincelar». **2** m. Acción de cincelar. ≃ Cinceladura.

cinceladura m. *Cincelado: acción de cincelar.*

cincelar tr. Hacer una ↘obra con cincel.

cincha (del lat. «cingŭla», ceñidores) **1** f. Banda de cuero o tejida con la que se sujeta la silla o la albarda por debajo del vientre de la caballería ciñéndola estrechamente por medio de hebillas. ⇒ Braguero, cincho, pegual, tapinga. ➤ Chinchón, sifué, sobrecincha, sobrecincho. ➤ Encimera, floreta, látigo, latiguera, tarabita. ➤ Descinchar[se], recinchar, recincho. ➤ *Guarnición. **2** (C. Rica) *Machete usado por la *policía, con el cual golpea de plano.*

A RAJA CINCHA (Arg.). *Con mucha prisa, atropelladamente.* ≃ A mata CABALLO.

cinchado, -a (And., Hispam.) adj. *Se aplica al animal que presenta una o mas fajas de distinto color en el pelaje de la barriga.*

cinchadura f. Acción de cinchar.

cinchar[1] 1 tr. Poner la cincha a una ↘*caballería. **2** Rodear una ↘cosa con cinchos (aros). **3** (Arg., Ur.) intr. *Trabajar con mucho afán.* **4** (Arg., Ur.) *Poner mucho afán o empeño en algún propósito o deseo.*

cinchar[2] (ant.) m. *Cinchera (parte del cuerpo de la caballería).*

cinchera 1 f. Parte del cuerpo de las *caballerías en que se pone la cincha. ⇒ Cinchar. **2** VET. *Enfermedad padecida por las caballerías en el sitio por donde pasa la cincha, o sea, por detrás de los codillos, en la región de las costillas verdaderas.*

cincho (del lat. «cingŭlum», cinturón) **1** (Méj.) m. *Cincha de caballería.* **2** *Faja o *cinturón.* **3** *Aro con que se rodean algunas cosas; particularmente, las ruedas del *carro para reforzarlas o los *toneles para sujetar las duelas. **4** *Trenza de esparto que rodea el borde de la encella de hacer el *queso.* **5** ARQ. *Saliente que forman los *arcos en el interior de una bóveda de cañón.* **6** VET. *Ceño: enfermedad del casco de las caballerías.*

cinchón 1 (R. Pl.) m. *Guasca estrecha que sirve de sobrecincha.* **2** (Col.) *Cuerda con que se sujeta la *carga en una caballería o en un carro.* ≃ Sobrecarga. **3** (Ec.) *Cincho que sujeta las duelas de las cubas.*

cinchuela (dim. de «cincha») f. **Banda estrecha.*

cinchuelo m. *Cincha de adorno.*

cinco (del lat. «quinque») **1** adj., pron. y n. m. Número cardinal equivalente a cuatro más uno. En la numeración arábiga se representa por «5» y en la romana por «V». ⇒ Apénd. II, NÚMERO CARDINAL. ⊙ adj. Puede usarse como ordinal: 'Ha llegado en el puesto cinco. Estás el cinco de la lista'. ⇒ Otra forma de la raíz, «quin-»: 'quina, quince'. Otra raíz, «penta-»: 'pentágono'. ➤ Cincuenta, cincuentavo, quinientos, quinto, quíntuple, quíntuplo. ➤ *Número. **2** (Chi., C. Rica) m. **Moneda de cinco centavos.* **3** *Cierta *guitarrilla venezolana de cinco cuerdas.* **4** *Bolo que se pone delante, separado de los otros, en el juego de *bolos.* **5** *Lance de ciertos juegos de baraja que consiste en hacer seguidas el mismo jugador las cinco primeras bazas, lo cual se computa con un determinado número de puntos.* **6** Se usa en expresiones como 'choca esos cinco' o 'venga esos cinco', refiriéndose a los dedos.

NI [o SIN] CINCO (sobreentendido «céntimos»; inf.). Nada [o sin nada] de *dinero: 'No tengo ni cinco. Estoy sin cinco'.

V. «sin cinco CÉNTIMOS, DAR cinco de corto, DAR cinco de largo, DECIR cuántas son cinco, con los cinco SENTIDOS, como TRES y dos son cinco».

cincoañal (ant.) adj. *De cinco años.*

cincoenrama (de «cinco», «en» y «rama»; *Potentilla reptans)* f. *Planta rosácea cuya *raíz se usa en medicina. ≃ Cinquenfolio, quinquefolio.

cincograbado m. AGRÁF. *Grabado en cinc hecho por medio de un mordiente.

cincografía (de «cinc» y «-grafía») f. AGRÁF. Arte de *grabar en una plancha de cinc preparada convenientemente.

cincollagas (Cuba; *Martinica ugnata)* m. **Planta parecida al ajonjolí, pero con la flor en ramillete manchado de color de sangre.*

cincomesino, -a adj. *De cinco *meses.*

cincona 1 f. **Quina.* **2** *Cualquiera de los *alcaloides que se extraen de la quina.*

cinconegritos (Am. C.; *Lantana camara)* m. *Cierta *planta verbenácea de hojas aromáticas.*

cinconina f. *Uno de los *alcaloides que se extraen de la quina.*

cincuenta (del lat. «quinquaginta») adj., pron. y n. m. Numero cardinal equivalente a cinco veces diez. En la numeración arábiga se representa por «50» y en la romana por «L». ⇒ Apénd. II, NÚMERO CARDINAL. ⊙ adj. Puede usarse como ordinal. ⇒ Quincuagésimo. ➤ BODAS de oro.

cincuentavo, -a (de «cincuenta» y «-avo») adj. y n. Numeral partitivo correspondiente a cincuenta: 'La cincuentava parte. Un cincuentavo de kilo son 20 gr'. ⇒ Apénd. II, NÚMERO PARTITIVO.

cincuentén (Pirineo aragonés) adj. y n. m. *Se aplica al *madero de 50 palmos de longitud, 3 de tabla y 2 de canto.*

cincuentena (colectivo numeral) f. Conjunto de cincuenta unidades de cualquier cosa; particularmente, de años.

cincuentenario m. Fecha en que se cumplen cincuenta años de algún suceso. ⇒ *Aniversario.

cincuenteno, -a 1 adj. *Quincuagésimo.* **2** (Col.) *Cincuentón.*

cincuentín m. **Moneda de plata grande, de cincuenta reales de valor, que se acuñó en Segovia en los reinados de Felipe III, Felipe IV y Carlos II.*

cincuentón, -a adj. y n. Persona que tiene alrededor de cincuenta *años. ≃ Cincuenteno, quincuagenario.

cincuesma (del lat. «quinquagesĭma»; ant.) f. **Pentecostés (cincuenta días después de la Pascua de Resurrección).*

cine (de «cinematógrafo») m. Arte e industria de la cinematografía. ≃ Cinema, cinematógrafo. ⊙ Local público donde se proyectan películas.

CINE DE BARRIO. Local de cine situado generalmente en barrio no céntrico, en el que no proyectan películas de estreno.

C. DE ESTRENO. Local de cine donde se proyectan las películas por primera vez en la población de que se trata.

C. FÓRUM. Acto en que se proyecta una película que posteriormente es objeto de debate por parte de los asistentes.

C. MUDO. Cine sin conversación o sonidos.

C. DE REESTRENO. Local de cine que seguía en categoría a los llamados «de estreno» y de precio intermedio entre el de éstos y el de los de barrio.

C. SONORO. Cine con música, conversación, etc.

DE CINE (inf.). Estupendo o estupendamente. ⊙ (inf.) Particularmente, lujoso: 'Se ha comprado una casa de cine'.

□ CATÁLOGO

Séptimo ARTE. ➤ Zoótropo. ➤ Doblar, filmar, impresionar, *proyectar, rebobinar, rodar, sincronizar. ➤ Cámara, claxon, filmadora, tomavistas, truca. ➤ Cinema, cinematógrafo, proyector, retroproyector. ➤ Banda, BANDA de sonido [o sonora], cinta, film, filme, *película, sound track. ➤ Filmografía. ➤ Guión. ➤ Escenario. ➤ Montaje. ➤ Visor. ➤ Escenografía, exteriores, interiores. ➤ Avance, [o tráiler]. ➤ Escena, panorámica, plano. ➤ COPIA intermedia [o lavender], copión. ➤ Play-back [o previo], en off. ➤ CIERRE en fundido, contracampo, contraplano, contrapicado, encadenado, fundido, picado, travelling, trucaje. ➤ Flash back. ➤ Subtítulo. ➤ CÁMARA lenta, ralentí. ➤ Cinemascope, cinerama, panavisión, tecnicolor. ➤ Actor, anotador, cameraman, cineasta, director, escenógrafo, especialista, estrella, extra, figuración, guionista, intérprete, montador, operador, productor, protagonista, realizador, regidor, script, script-girl, vedette. ➤ Claqueta. ➤ Cinéfilo. ➤ Cortometraje [o corto], largometraje. ➤ Documental, No-Do, noticiario, reportaje. ➤ SERIE B. ➤ Gag, sketch, suspense. ➤ Doblaje. ➤ Pantalla. ➤ Gasas. ➤ Programa, SESIÓN continua [o numerada]. ➤ Cineclub. ➤ Autocine, cinemateca, cinematógrafo, filmoteca, minicines, motocine, multicines. ➤ Neorrealismo, nouvelle vague. ➤ Gore, película del Oeste, road movie, thriller, spaghetti western, western. ➤ Hollywoodiano [o hollywoodiense]. ➤ Oscar. ➤ Mudo, sonoro.

cine- Elemento prefijo de «cinematógrafo»: 'Cineclub, cinéfilo'.

cineasta (del fr. «cinéaste»; form.) n. Persona que trabaja en cualquier aspecto artístico de la cinematografía. ⊙ Particularmente, director cinematográfico.

cineclub m. Club de aficionados al cine.

cinéfilo, -a adj. y n. Aficionado al cine.

cinegética (del lat. «cynegetĭca», f. de «cynegetĭcus») f. Arte de la caza.

cinegético, -a (del lat. «cynegetĭcus», del gr. «kynēgetikós»; form.) adj. De [la] caza.

cinema (de «cinematógrafo») m. *Cine.*

cinema- (var., «cinemato-») Elemento prefijo del gr. «kínēma, -atos», movimiento: 'cinemática, cinematógrafo'. ⊙ Es también forma prefija de «cinematógrafo»: 'Cinemateca'. ⇒ Cine-.

cinemascope (marca registrada) m. Procedimiento cinematográfico que consiste en la toma de imágenes algo comprimidas, lo que permite proyectar la película en pantallas muy extensas, con sensación de realidad en cuanto a la perspectiva.

cinemateca f. Filmoteca.

cinemática (del gr. «kínēma, -atos», movimiento) f. Fís. Parte de la *mecánica que se ocupa del estudio del movimiento sin tener en cuenta las fuerzas que lo producen.

cinemato- V. «cinema-».

cinematografía (de «cinematógrafo») f. Arte de reproducir imágenes en movimiento proyectando sucesivamente sobre una pantalla una serie de fotografías de las distintas fases de ese movimiento.

cinematografiar tr. Tomar ᵔimágenes en una película cinematográfica. ≃ Filmar.

□ CONJUG. como «desviar».

cinematográfico, -a adj. De [la] cinematografía.

V. «CINTA cinematográfica».

cinematógrafo (del fr. «cinématographe», del gr. «kínēma, -atos», movimiento, y «gráphō», escribir) **1** m. Aparato que permite reproducir imágenes cinematográficas. **2** Cine (arte y local).

cineración f. *Incineración.*

cinerama (marca registrada) m. Técnica cinematográfica que consiste en proyectar tres imágenes superpuestas para conseguir una mayor sensación de relieve.

cineraria (del lat. «cinerarĭus», de ceniza) f. Nombre que se aplica a diversas *plantas compuestas del género *Senecio,* especialmente *Senecio vulgaris.*

cinerario, -a (del lat. «cinerarĭus») **1** adj. *Ceniciento.* **2** Empleado para encerrar cenizas de *cadáveres: 'Urna cineraria'.

V. «URNA cineraria».

cinéreo, -a (del lat. «cinerĕus») adj. *Ceniciento.*

cinería f. Conjunto de objetos o materiales de cinc.

cinericio, -a (del lat. «cinericĭus»; ant.) adj. *Ceniciento.*

cines m. Plural de «cinc»; 'Los cines de los vierteaguas'.

cinesiterapia f. *Kinesiterapia.*

cinético, -a (del gr. «kinētikós», que mueve) **1** (cient.) adj. De [o del] *movimiento: 'Energía cinética'. **2** f. Parte de la *mecánica que estudia el movimiento.

V. «ENERGÍA cinética».

cingalés, -a adj. y n. De Ceilán, isla de Asia, actual estado de Sri Lanka. ≃ Singalés. ⊙ m. Lengua hablada en Ceilán. ≃ Singalés.

cíngaro, -a (del it. «zingaro») adj. y n. Se aplica a los *gitanos; particularmente, a los de Europa Central.

cingiberáceo, -a adj. y n. f. *Variante ortográfica de «zingiberáceo».*

cingir (del lat. «cingĕre»; ant.) tr. *Ceñir.*

cingla f. *Accidente orográfico que tiene un lado en pendiente montañosa y el otro en llanuras escalonadas.* ⇒ *Montaña.

cinglado m. METAL. *Operación de cinglar el hierro.* ⊙ METAL. *Depuración de cualquier *metal por el fuego.*

cinglar[1] (del occit. y cat. «cinglar») tr. METAL. *Forjar el ↘*hierro para limpiarlo de escorias.*

cinglar[2] (de «singlar») tr. MAR. *Hacer desplazarse un ↘*barco con un solo remo puesto a popa.*

cingleta (de «cingla²») f. MAR. *Cuerda con un corcho en un extremo que se arrolla a los cabos de la *jábega para tirar de ellos.*

cíngulo (del lat. «cingŭlum») **1** m. *Cordón con que el *sacerdote se ciñe el alba a la cintura. **2** Cordón que llevaban como insignia los *soldados romanos. ≃ Bálteo.

cinia f. *Zinnia (planta compuesta).*

cínicamente adv. Con cinismo.

cínico, -a (del lat. «cynĭcus», del gr. «kynikós») **1** adj. y n. Se aplica a los filósofos griegos de la escuela de Antistenes, de los que el más destacado es Diógenes. **2** Se aplica a la persona que comete actos vergonzosos, particularmente mentir, sin ocultarse y sin sentir vergüenza por ellos. ≃ Desvergonzado, impúdico, sinvergüenza. ⇒ *Cinismo.

cínife (del lat. «cinĭfes» o «cinĭphes», del gr. «knífps»; cient.) m. *Mosquito (insecto díptero).

cinismo (del lat. «cynismus», del gr. «kynismós») m. Cualidad o actitud de cínico.

□ CATÁLOGO

Avilantez, cara, CARA dura, carota, desahogo, *desaprensión, descoco, despreocupación, desvergüenza, FALTA de aprensión, FALTA de escrúpulos, frescura, impudencia, impudor, inverecundia. ➤ Cara, CARA dura, caradura, caridelantero, carirraído, carota, desahogado, desfachatado, despachado, desvergonzado, fresco, impúdico, inverecundo, poca LACHA, sinvergüenza, tranquilo, poca VERGÜENZA. ➤ *Descaro. *Vergüenza.

cino- Elemento prefijo del gr. «kýōn, kynós», perro.

cinocéfalo (del lat. «cynocephălus», del gr. «kynoképhalos», cabeza de perro) **1** (varias especies del género *Cynocephalus,* como el *Cynocephalus variegatus* y el *Cynocephalus volans)* m. Mamífero dermóptero del sudeste asiático. **2** adj. y n. m. ZOOL. Se aplica a ciertos simios de África que tienen la cabeza parecida a la de un perro, como el papión.

cinoglosa (del fr. «cynoglosse», del lat. «cynoglossos», y éste del gr. «kynóglōssos», lengua de perro; *Cynoglossum officinale)* f. *Planta borraginácea de tallo y hojas vellosos y flores violáceas en racimos erectos. ≃ Lapilla, LENGUA canina, LENGUA de perro, viniebla.

cinografía (de «cino-» y «grafía») f. *Estudio del *perro y de sus razas.*

cinomorfo, -a (de «cino-» y «-morfo») adj. y n. m. ZOOL. *Se aplica a *monos de cierto grupo de catirrinos, de aspecto de *perro, con la caja torácica deprimida, con abazones y con callosidades en las nalgas.* ⊙ m. pl. ZOOL. *Ese grupo.*

cinquén (de «cincueno») m. **Moneda castellana antigua que valía medio cornado.*

cinquena (ant.) f. *Conjunto de cinco unidades.*

cinquenfolio m. **Cincoenrama (planta rosácea).*

cinqueno, -a (de «cinco»; ant.) adj. **Quinto.*

cinqueño m. *Juego de *baraja del hombre, jugado entre cinco personas.* ≃ Cinquillo.

cinquero m. *Hombre que trabaja el cinc.*

cinquillo **1** m. *Cinqueño.* **2** Juego de *baraja en que partiendo del cinco se van colocando por orden el resto de las cartas de cada palo.

cinquina **1** f. *Cuadernillo de cinco pliegos de *papel.* **2** *Quinterna (suerte del juego de la *lotería de cartones).*

cinquino m. **Moneda portuguesa que valía cinco maravedís, que circulaba en España en el siglo* XVI.

cinta (del lat. «cincta») **1** f. Tira de tela que se emplea para atar o como *adorno: 'Una cinta para el pelo'. ⊙ Tira semejante, de cualquier material. **2** Adorno, dibujo o relieve de esa forma. ≃ *Banda. **3** CINTA cinematográfica. ⊙ Película (obra cinematográfica): 'Es una de las mejores cintas de Buñuel'. **4** TOPOGR. *Tira graduada de acero o de otro material, que se emplea para medir distancias.* **5** *Hilera de *baldosas que rodea una habitación junto a la pared.* ≃ Almoharrefa, almorrefa. **6** MAR. *En un *barco, conjunto de tablones que refuerzan la tablazón por la parte exterior.* **7** (ant.) **Cintura (del cuerpo).* **8** (ant.) **Cinturón.* **9** (ant.) **Correa (tira de cuero).* **10** (Cuba) **Listón con que se tapan las junturas de las maderas en los tejados.* **11** ARQ. **Filete (moldura).* ⊙ ARQ. *Cualquier adorno en forma de cinta, que forma dibujos.* **12** HERÁLD. *Faja de la tercera parte de la anchura normal.* ≃ Divisa. **13** **Red fuerte de cáñamo para pescar *atunes.* **14** VET. *Corona del *casco de las caballerías.* **15** *(Phalaris arundinacea)* Cierta *planta gramínea de adorno, de tallos estriados, hojas listadas de blanco y verde y flores en panoja de color blanco y violeta. **16** Casete: conjunto formado por una cinta magnetofónica y la carcasa que la contiene. **17** Casete: dispositivo similar al anterior utilizado para el almacenamiento y reproducción de datos informáticos.

CINTA AISLANTE [o, menos frec., AISLADORA]. Cinta impregnada de una solución adhesiva, que se emplea sobre todo para recubrir los empalmes de los conductores eléctricos.

C. CINEMATOGRÁFICA. *Película cinematográfica.

C. FOTOFÓNICA. V. «BANDA de sonido».

C. DE LOMO. Pieza de carne larga y de sección ovalada, que se obtiene del lomo del cerdo y se consume en rodajas, con frecuencia adobada.

C. MAGNÉTICA. Cinta recubierta de una emulsión especial que permite la grabación y reproducción de *sonidos, imágenes o datos informáticos.

C. MAGNETOFÓNICA («Impresionar, Registrar en»). Cinta magnética para la grabación y reproducción de sonidos.

C. MANCHEGA. **Pineda (cinta tejida con hilos de varios colores).*

C. MÉTRICA. Cinta, generalmente de tela recubierta de caucho, dividida en centímetros y milímetros, que se emplea para *medir longitudes.

C. TRANSPORTADORA. Dispositivo constituido por una banda de material resistente, movida automáticamente, que se utiliza para transportar objetos; por ejemplo, las piezas de una cadena de producción o el equipaje en los aeropuertos.

C. DE VÍDEO. Cinta magnética que permite el registro de señales de vídeo. ≃ Videocinta. ⊙ Videocasete: conjunto formado por esta cinta y la carcasa que la contiene. ≃ Vídeo, videocinta.

V. «CARRERA de cintas».

□ CATÁLOGO

Agremán, agujeta, balduque, barbicacho, barboquejo, barbuquejo, bocadillo, cadarzo, chamberga, colonia, espiguilla, estringa, galga; galón, hiladillo, huincha, listón, pineda, prendedero, reforzado, rehiladillo, ribete, terciado, trencilla, trenzadera, vincha. ➤ Bigotera, caramba, escarapela, favor, lacayo, lazo, lemnisco, moña, moño, pedrada, pena, perigallo, rosa, siguemepollo, tocado. ➤ Cordelado. ➤ Lazada, *nudo. ➤ Gro. ➤ Herrete. ➤ Clavetear, herretear. ➤ Lacear. ➤ Al tirón. ➤ Encintar, entrecinta. ➤ *Adorno. *Atar. *Banda. *Pasamanería.

cintadero m. *Parte del tablero de la *ballesta donde se aseguraba la cuerda de ésta.*

cintagorda f. **Red fuerte de cáñamo que rodea la primera con que se pescan los *atunes, para reforzar ésta al sacarla.*

cintajo m. Desp. de cinta. ⊙ (gralm. pl.) *Adorno excesivo o de mal gusto en vestidos o sombreros. ⇒ *Arrequive.

cintar tr. o abs. ARQ. *Poner fajas como *adorno en las ↘construcciones.*

cintarazo (de «cinta» y «-azo») **1** m. *Golpe dado con la espada de plano. ≃ Chincharrazo, cimbronazo, cinchazo. **2** O el dado con un látigo, cinturón, etc.

cintarear tr. *Dar cintarazos a ↘alguien.*

cinteado, -a adj. *Adornado o guarnecido con cintas.*

cintería f. *Conjunto de cintas.* ⊙ *Comercio de cintas.* ⊙ *Tienda en que se venden.*

cintero 1 m. **Cinturón que usaban antiguamente las aldeanas de algunos sitios, adornado con tachones.* **2** *Cualquier *cuerda que se pone alrededor de algo; por ejemplo, alrededor de los cuernos de un toro o del torno de una máquina.* ⇒ Encintar. **3** (Ar.) *Braguero para *hernias.* **4** MINER. *Cable que sirve para subir y bajar las jaulas, los cubos, etc., en los pozos.*

cinteta f. *Cierta *red para pescar que se usa en Levante.*

cintilación f. *Centelleo.*

cintilar (del lat. «scintillāre») tr. *Despedir destellos de luz.* ≃ *Centellear.

cintillo (dim. de «cinto») **1** m. *Cualquier cinta estrecha que se lleva como *adorno; por ejemplo, la que se llevaba con dibujos y, a veces, con piedras preciosas, alrededor del *sombrero, o la negra que se ponen algunas señoras de edad alrededor del cuello.* **2** **Sortija pequeña en forma de banda o aro, de oro o plata y guarnecida de piedras preciosas.*

cinto, -a (del lat. «cinctus») **1** *Participio antiguo de «*ceñir».* **2** m. *Cinturón. **3** **Cintura.* **4** (ant.) **Cíngulo.* **5** (ant.) FORT. *Recinto murado.*

AL CINTO. En el cinturón o en la cintura: 'Un puñal al cinto'.

cintra (del fr. «cintre») f. ARQ. Curvatura de un arco o bóveda. ⇒ *Cimbra.

cintrado, -a adj. ARQ. *Curvado a modo de cintra.*

cintrel (del fr. «cintre») m. CONSTR. *Cuerda o regla que, sujeta por un extremo en el centro de curvatura de un *arco o *bóveda, sirve para señalar la dirección de las juntas de las piedras o ladrillos.*

cintura (del lat. «cinctūra») **1** f. Estrechamiento en el *cuerpo humano entre el torso y el vientre. ≃ Talle. ⇒ Cinta, cinto, *cinturón. **2** Parte de los vestidos que corresponde a la cintura del cuerpo. ≃ Talle. **3** ARQ. *Parte de una *chimenea donde se estrecha y empieza el cañón.* **4** Puede aplicarse, como nombre de forma, a un *estrechamiento en el perímetro de cualquier cosa, que la divide en dos partes. **5** MAR. *Atadura de las jarcias o *cabos del barco a sus respectivos palos.*

CINTURA DE AVISPA. Cintura muy estrecha: 'Esa actriz tiene una cintura de avispa'. ≃ Talle de avispa.

METER a alguien EN CINTURA. *Obligarle a comportarse como es debido o con *disciplina o regularidad.

QUEBRADO DE CINTURA. Se aplica a la persona en cuya cintura se aprecia por la parte posterior un entrante muy pronunciado o una dobladura hacia dentro.

cinturilla 1 f. Cinta o tira de tela fuerte o armada, que se pone a veces en la cintura de los vestidos de mujer, particularmente en las faldas. **2** *Faja estrecha con la forma de la cintura, que usan a veces las mujeres para ceñirse ésta, en vez de la faja que llega hasta los muslos.

cinturón (aum. de «cintura») **1** m. *Banda, por ejemplo de cuero, con que se sujetan los vestidos a la cintura; tanto si es suelta como si forma parte del vestido. ⇒ Biricú, bridecú, canana, ceñidor, charpa, cilicio, cincho, cinta, cintero, cinto, cinturilla, correa, forrajera, pretina, pretinilla, talabarte, tejillo, tirador, trarigüe, trena. ➤ Agujeta. ➤ Pretina, trabilla, trincha. ➤ Punto. ➤ Tahalí. ➤ *Adorno. *Faja. **2** Serie o fila de cosas que *rodea algo: 'Un cinturón de defensas. Cinturón industrial'. ≃ Cerco.

CINTURÓN DE CASTIDAD. El de cuero o metal con una cerradura que se utilizaba en la Edad Media para asegurarse de que una mujer no fuera infiel a su marido.

C. DE SEGURIDAD. Cinturón o correaje que sujeta a sus asientos al conductor y los ocupantes de un vehículo, como medida de seguridad ante un accidente.

APRETARSE EL CINTURÓN (inf.). Reducir gastos.

cinzaya (del vasc. «seinsaín» o «seintzai», de «sein», niño, y «sain» o «tzai», guarda; Ál., Burg.) f. *Niñera.* ≃ Cenzaya.

cinzolín (del fr. «zinzolin») adj. y n. m. *Se aplica al color *morado rojizo y a las cosas que lo tienen.*

ciñuela (Mur.) f. *Variedad de *granada más agria que la albar.*

-ción (del lat. «-tĭo, -ōnis») Elemento sufijo con que se forman nombres de acción a partir de verbos: 'mediación, aparición, reparación'. ⊙ También, nombres de significado derivado de éste; por ejemplo, de dignidad o cargo, designando impersonalmente a quienes los desempeñan: 'inspección, representación, dirección, legación.; o lugar donde se realiza determinada actividad: 'fundición'.

cipariso (del lat. «cyparissus», del gr. «kypárissos»; lit.) m. *Ciprés.*

cipayo (del persa «sepāhi», soldado, ¿a través del port.?) m. *Soldado *indio en una unidad militar al servicio de una potencia europea.

cipera (del lat. «cippus») f. ARQ. *Asiento que se hace sobre los tirantes para servir de soporte a una linterna.*

ciperáceo, -a (del lat. «cypērus», del gr. «kýpeiros», juncia) adj. y n. f. BOT. *Se aplica a las *plantas de la familia a que pertenece el papiro, que son herbáceas, con rizoma, tallo generalmente triangular sin nudos, hojas envainadoras y flores en espiga; se distribuyen por todas las partes del mundo.* ⊙ f. pl. BOT. *Familia que forman estas plantas.*

cipión (del lat. «scipĭo, -ōnis», del gr. «skípōn»; ant.) m. **Báculo.*

cipo (del lat. «cippus») **1** m. *Pilastra o columna colocada en memoria de un *muerto.* **2** **Señal o poste colocado en los *caminos para indicar la dirección o la distancia.* **3** **Mojón.*

cipolino, -a (del it. «cipollino») adj. y n. m. *Se aplica a una especie de *mármol micáceo.*

cipotada o **cipotazo** (de «cipote») f. o m. *Porrazo.*

cipote (de «cipo») **1** m. *Mojón de piedra.* **2** **Bobo.* **3** **Gordo o *rechoncho.* **4** (Am. C.) **Chico o golfillo.* **5** (vulg.) *Pene.

cipotero 1 (Guad.) m. **Ribazo.* **2** (Guad.) *Mojonera.*

cipotón (de «cipote») m. **Porrazo.*

ciprés (del lat. tardío «cypressus») **1** *(Cupressus sempervirens)* m. Árbol conífero cupresáceo, de tronco recto y ramas erguidas pegadas a él que forman un follaje muy apretado de color verde oscuro, con la copa estrecha y acabada en punta. Se tiene por árbol propio para cementerios. También, recortado convenientemente, se emplea para *setos. ≃ Cipariso. ⇒ Gálbula, piñuela. ➤ Cupresino. ➤ *Planta. **2** Se emplea en imágenes como símbolo de la tristeza o del humor sombrío: 'Ese hombre es un ciprés'.

CIPRÉS DE LEVANTE. Variedad de ramas abiertas.

cipresal m. Lugar poblado de cipreses.

cipresillo m. **Abrótano hembra (planta compuesta).*

cipresino, -a adj. *De [o del] ciprés.* ⊙ *Semejante al ciprés.*

ciprínido, -a adj. y n. m. ZOOL. *Se aplica a los *peces de la familia de la carpa, el barbo, la tenca y otros.* ⊙ m. pl. ZOOL. *Familia formada por estos peces.*

cipriniforme adj. y n. m. ZOOL. *Se aplica a los *peces del orden al que pertenece la carpa, que se caracterizan por tener una serie de huesecillos que unen la vejiga natatoria con el oído; la mayoría de los peces de agua dulce pertenecen a este grupo.* ⊙ m. pl. ZOOL. *Orden que forman.*

ciprino[1], -a adj. *Cipresino.*

ciprino[2], -a, ciprio, -a o **cipriota** (ant.) adj. y n. *Chipriota.*

ciquiricata (inf.) f. *Ademán, actitud, etc., con que se lisonjea a alguien.* ⇒ *Zalamería.

ciquitroque m. *Pisto o *fritada de pimiento, tomate, etc.*

circadiano, -a (del lat. «circa», cerca, y «dies», día, y «-ano[1]») adj. Se aplica al periodo de aproximadamente veinticuatro horas. ⊙ BIOL. Particularmente, al fenómeno biológico cuyos ciclos duran aproximadamente un día; por ejemplo la fotosíntesis en las plantas y la alternancia vigilia-sueño de los animales.

circe (nombre de la hechicera que encantó a Ulises; n. calif.; con mayúsc. o minúsc.) f. *Mujer *astuta y engañadora.*

circense adj. De [o del] circo: 'El arte circense'.

circo (del lat. «circus») **1** m. Espacio rodeado de gradas, donde los antiguos romanos daban *espectáculos de carreras, luchas, etc. ⇒ Anfiteatro, estadio. ➤ *Arena, cúneo, espina, gradería, meta, pista, vomitorio. ➤ Bestiario, *gladiador, luchador, púgil. ➤ Carrera, lucha. **2** Local moderno de *espectáculos, estable o desmontable, en que los artistas realizan sus ejercicios de agilidad, habilidad o fuerza, sobre la pista; con esos ejercicios alternan las intervenciones de los payasos y, a veces, algún número de variedades. **3** *Espectáculo que suele darse en estos locales: 'A los niños les gusta mucho el circo'. **4** Conjunto de los artistas y elementos que toman parte en él: 'Un circo ambulante'. **5** (inf.; n. calif.) Situación en la que debería haber seriedad y no la hay. **6** GEOL. Espacio semicircular rodeado de montañas, formado naturalmente por la erosión de las aguas que afluyen a él. ≃ Anfiteatro. **7** (ant.) *Conjunto de asientos dispuestos para los que asisten invitados a alguna función.* ⊙ *Conjunto de personas que los ocupan.* **8** (ant.) *Cerco o círculo dentro del cual hacen sus invocaciones los hechiceros.*

CIRCO GLACIAR. GEOL. Espacio semicircular rodeado de montañas situado en la zona de nieves perpetuas, de donde se alimenta un glaciar.

V. «PAN y circo».

□ CATÁLOGO

Pista. ➤ *Acróbata, alambrista, augusto, clon [o clown], contorsionista, domador, *equilibrista, faquir, funámbulo, gimnasta, histrión, malabarista, *payaso, prestidigitador, saltimbanqui, titiritero, tragasables, transformista, trapecista, volatinero. ➤ Títeres. ➤ *Variedades. ➤ Circense, cirquero. ➤ *Espectáculo.

circón (del ár. «zarqūn», del persa «zargun», color de oro, a través del lat. cient.) m. *Mineral (silicato de circonio) más o menos transparente, que posee en alto grado la doble refracción y constituye una piedra preciosa. ≃ Jacinto, JACINTO de Ceilán, zircón. ⇒ Jergón.

circona f. *Óxido de circonio.*

circonio (de «circón») m. Elemento químico de color y aspecto metálicos, n.º atómico 40, que se presenta en forma de polvo coherente negro; se emplea para preparar una pólvora que se usa en *fotografía para producir relámpagos. Símb.: «Zr». ≃ Zircón.

circonita f. Variedad de circón usada en joyería.

circuir (del lat. «circuīre»; culto) tr. Estar alrededor de una ↘cosa: 'Una aureola circuye la cabeza de la Virgen'. ≃ *Rodear. ⊙ Poner algo alrededor de una ↘cosa: 'Circuyó el campamento con una alambrada'. ≃ *Rodear.

CONJUG. como «huir».

circuito (del lat. «circuĭtus») **1** m. *Espacio circuido o limitado por algo. **2** Límite, material o ideal, que existe alrededor de algo: 'Las casas comprendidas dentro del circuito de la ciudad'. ≃ *Contorno. **3** *Camino que vuelve al punto de partida. Por ejemplo, la pista que debe recorrerse en una carrera. ≃ Recorrido. **4** Conductor o conjunto de conductores conectados entre sí por donde pasa electricidad. ⇒ Devanado, solenoide. ➤ Cable. ➤ Cortacircuitos.

CIRCUITO ABIERTO. ELECTR. Circuito interrumpido, por el que, por tanto, no pasa corriente.

C. CERRADO. Aplicado particularmente al de las corrientes eléctricas, circuito no interrumpido.

C. INTEGRADO. ELECTR. Circuito de reducidas dimensiones, formado por un bloque sólido cuyos componentes electrónicos no son separables unos de otros.

C. PRIMARIO. ELECTR. Circuito por el que pasa la corriente procedente del generador.

C. SECUNDARIO. ELECTR. Circuito por el que pasa la corriente transformada en un *transformador eléctrico.

CORTO CIRCUITO. ELECTR. Accidente eléctrico que se produce cuando, por ponerse en contacto los terminales de una instalación o quedar una resistencia demasiado pequeña entre ellos, hay un aumento brusco de intensidad y se produce una descarga que funde la instalación o los fusibles.

circulación 1 f. Acción de circular. Se aplica particularmente a la de la *sangre, al *tráfico en las vías urbanas y en las carreteras y al movimiento de la moneda, los artículos de comercio o los valores bancarios. ⇒ Curso, uso. **2** QUÍM. *Operación que consiste en obtener en uno de los matraces de un vaso de reencuentro vapores de una sustancia, que se condensan en el otro matraz y vuelven a la masa de que salieron.*

CIRCULACIÓN FIDUCIARIA. ECON. *Dinero existente en billetes de banco.

PONER EN CIRCULACIÓN. Hacer que cierta cosa que estaba quieta o guardada, por ejemplo billetes de banco, empiece a correr o circular. ≃ Lanzar, sacar, poner en USO. ⊙ Decir cierta cosa que después se va transmitiendo de unos a otros. ≃ Hacer circular, *publicar.

RETIRAR DE LA CIRCULACIÓN. Recoger la autoridad competente cosas tales como alguna *moneda para que deje de circular o algún *periódico para que no sea leído.

circulante adj. Se dice de lo que pasa de unos a otros o está organizado en forma que las cosas pasan de unos a otros: 'Una biblioteca circulante'.

circular[1] (del lat. «circulāre») **1** intr. Moverse o dar vueltas en un circuito: 'La corriente circula por la red eléctrica. La sangre circula por las venas y arterias'. **2** Por extensión, *pasar, moverse dentro de un conducto o camino: 'El agua circula por la cañería. La gente y los coches circulan por la calle. Por esta vía ya no circulan trenes'. ⊙ También se dice de las corrientes de aire: 'Si se abre ese balcón circula demasiado aire'. ⊙ Moverse algo o alguien en una dirección; no quedarse estacionado: '¡Circulen, señores, no se estacionen en la entrada! En las plantaciones de arroz, unos molinos hacen circular el agua'. ⊙ Andar, correr o propagarse cosas como noticias, rumores o infundios: 'La noticia circuló rápidamente'. **3** Pasar repetidamente de una persona a otra cosas como *monedas, o *valores o artículos de *comercio. **4** tr. *Enviar una ˇorden, aviso o cosa semejante, generalmente mediante circulares, a varias personas: 'El gobernador circuló una orden secreta. Se circularon instrucciones a los alcaldes de la región'.

circular[2] (del lat. «circulāris») **1** adj. Del círculo o con su forma: 'Una moneda circular'. **2** f. *Comunicación o aviso enviado con el mismo contenido a varios destinatarios. **3** m. Autobús urbano cuyo recorrido es aproximadamente una circunferencia.

circularmente adv. Describiendo un círculo.

circulatorio, -a adj. De la circulación; particularmente, de la circulación de la sangre: 'Torrente [o aparato] circulatorio'.

círculo (del lat. «circŭlus») **1** m. Porción de superficie limitada por una circunferencia. **2** En geografía y astronomía, cada una de las líneas imaginarias que se consideran sobre la esfera terrestre y la celeste, que resultan de la intersección con ellas de planos que pasan por el eje o perpendiculares a él. **3** Referido en especial a dibujos, *circunferencia. ⊙ Particularmente, circunferencia formada por una serie de cosas: 'Pusieron las sillas formando un círculo alrededor de la estufa'. **4** Monumento megalítico o prehistórico formado por un círculo de menhires. **5** Conjunto de *amigos y relaciones de una persona. ⊙ Conjunto de cosas y personas entre las que alguien se desenvuelve. ≃ Medio. ⇒ Camarilla, capilla, capillita, cenáculo, corrillo, hermandad, medio, mundillo, mundo, peña, rancho, tertulia. **6** Nombre de los varios aplicados a una asociación formada por un grupo de personas que se reúnen para conversar, jugar o desarrollar alguna otra actividad. ⊙ Local o edificio donde esa asociación está domiciliada y donde se reúnen sus miembros. **7** *Círculo mágico que trazan los hechiceros para hacer dentro de él sus invocaciones y conjuros.* ≃ Cerco.

CÍRCULO DE DECLINACIÓN. ASTRON. *Con respecto a un astro, círculo máximo que pasa por él y por los polos celestes cortando perpendicularmente al Ecuador celeste.*

C. HORARIO. **1** ASTRON. *Círculo de declinación.* **2** *Círculo graduado de un telescopio ecuatorial, donde se lee el tiempo sidéreo y la ascensión recta.*

C. MÁXIMO. GEOM. En una *esfera, intersección de ella con un plano que pasa por su centro y que, por tanto, la divide en dos partes iguales. ⊙ Particularmente, en astronomía y geografía, el Ecuador y los círculos que pasan por los polos de las esferas celeste y terrestre respectivamente.

C. MENOR. GEOM. Cualquier círculo en una esfera que la divide en dos partes desiguales. ⊙ En las esferas celeste y terrestre, los paralelos que no son el Ecuador.

C. POLAR. En las esferas celeste y terrestre, cada uno de los paralelos, uno en el hemisferio norte y otro en el sur, que pasan por los polos de la Eclíptica, llamados respectivamente «círculo polar ártico» y «círculo polar antártico», que están a 66º 33' de latitud.

C. DE REFLEXIÓN. *En astronomía náutica, instrumento constituido por un círculo graduado y dos alidadas provistas de sus respectivos espejos, que sirve para medir ángulos en cualquier plano.*

C. VERTICAL [o DE ALTURA]. ASTRON. *Con relación a un punto, círculo que pasa por el cenit y el nadir de él.*

C. VICIOSO. Defecto en un razonamiento que consiste en explicar dos cosas cada una por la otra, inmediata o mediatamente, de modo que, en definitiva, la idea no queda aclarada. ⇒ Tautología. ⊙ Por extensión, situación que resulta insoluble por existir dos circunstancias que son a la vez causa y efecto, cada una de la otra; por ejemplo: 'Cuanto más débil está, tiene menos ganas de comer; y cuanto menos come, más débil está'. ⇒ Ser la PESCADILLA que se muerde la cola.

V. «CUADRATURA del círculo».

EN CÍRCULO. Aplicado a la manera de moverse o estar colocadas una serie de cosas, formando una circunferencia.

□ CATÁLOGO

Otra raíz, «cicl- [o ciclo-]»: 'bicicleta, cicloide, ciclorama, ciclostilo, motocicleta'. ➤ Aureola, ciclo, corro, disco, ecuador, lunar, meridiano, mota, orbe, paralelo, pinta, punto, redondel, redondón, *rodaja, rolde, *rueda, ruedo, tejo. ➤ Circular, lenticular, orbicular, *redondo. ➤ Corona, cuadrante, grado, hemiciclo, minuto, SECTOR [circular], SEGMENTO [circular], segundo, semicírculo, tercero. ➤ Cuerda, diámetro, radio. ➤ *Circunferencia. *Curvo. *Redondo.

circumpolar (de «circum-» y «polar») adj. Se aplica a las regiones de alrededor de los *polos y a sus cosas.

circun- («circum-» delante de «p») Elemento prefijo latino que significa «*alrededor»: 'circunvolar, circunvecinos, circumpolar'.

circuncidar (de «circunciso») tr. Cortar circularmente una porción del prepucio a ˇalguien. ≃ Retajar.

circuncisión f. Acción de circuncidar. ⊙ (con mayúsc.; «La») Por antonomasia, la de *Jesucristo, y festividad religiosa con que se conmemora (día 1 de enero).

circunciso, -a (del lat. «circumcīsus») Participio irregular de «circuncidar», usado sólo como adjetivo. ⇒ Incircunciso.

circundante adj. Situado alrededor. Se usa mucho, porque de los verbos equivalentes no se usan los participios presentes, pero aplicado siempre a espacios amplios: 'Las aldeas circundantes. El bosque circundante'.

circundar (del lat. «circumdāre») (lit.) tr. Rodear: estar alrededor de ˇalgo: 'La aureola que circunda su cabeza'. ⊙ (lit.) Se emplea frecuentemente en sentido figurado: 'Le circunda una aureola de respeto'. ⊙ (lit.) Poner algo rodeando a otra ˇcosa.

circunferencia (del lat. «circumferentĭa») **1** f. Línea curva cerrada, cuyos puntos están todos a la misma distancia de uno situado en el interior y en el mismo plano de ella, que se llama «centro». **2** *Contorno de una cosa redondeada.

□ CATÁLOGO

*Anillo, *aro, aureola, ciclo, corro, Ecuador, halo, lendel, meridiano, nimbo, paralelo, redondel, *rueda, virol. ➤ Arco, cuadrante, grado, minuto, segundo, semicircunferencia. ➤ Lúnula. ➤ Cuerda, diámetro, radio, semidiámetro. ➤ Circunscribir, inscribir. ➤ Compás. ➤ *Círculo. *Curvo. *Redondo.

circunferencial adj. GEOM. *De la circunferencia.*

circunferente adj. *Que circunscribe.*

circunferir (del lat. «circumfĕro, -erre») tr. *Circunscribir, limitar.*

circunflejo (del lat. «circumflexus») adj. Se aplica a la tilde de forma de ángulo (^), usada, por ejemplo, en francés.

circunfuso, -a (del lat. «circumfūsus») adj. *Extendido alrededor.*

circunlocución (del lat. «circumlocutĭo, -ōnis») f. Perífrasis: expresión pluriverbal que equivale a una palabra. ⇒ *Rodeo. ⊙ Frase en que, por elegancia o por dar más energía o expresión a lo que se dice, se nombra o expresa algo por sus relaciones o cualidades, en vez de directamente. Se incluye entre las *figuras retóricas.

circunloquio (del lat. «circumloquĭum»; «Andar con, Gastar») m. Manera de decir algo cuando se emplean para ello muchas explicaciones, por timidez o por falta de franqueza o de decisión: 'No andes con circunloquios y di de una vez lo que quieres'. ≃ Ambages, *rodeos.

circunnavegación f. Acción de circunnavegar: 'Viaje de circunnavegación'. ⇒ Periplo.

circunnavegar (de «circun-» y «navegar») tr. *Navegar alrededor de cierto ↘lugar: 'Circunnavegar una isla'. ⊙ Dar un barco la vuelta al mundo.

circunscribir (del lat. «circumscribĕre»; participio, «circunscrito») **1** («a») tr. GEOM. Dibujar una ↘figura regular alrededor de otra, de manera que la toque en el mayor número posible de puntos; por ejemplo, circunscribir una *circunferencia a un hexágono. ⇒ Inscribir. **2** (form.; «a») Mantener una ↘acción, un asunto, una exposición, etc., dentro de ciertos límites: 'Circunscribió su intervención a mantener el orden'. ≃ *Limitar. ⊙ prnl. Mantenerse dentro de ciertos límites: 'La borrasca se circunscribe a la región central. Circunscríbete a exponer el plan, sin comentarlo'. ≃ *Limitarse, reducirse.

circunscripción 1 f. Acción de circunscribir[se]. **2** Cada una de las porciones en que se divide un territorio para determinado fin; por ejemplo, para unas elecciones. ≃ Demarcación, *distrito, zona. ⊙ *Territorio a que se extiende la jurisdicción de cierta *autoridad.

circunscrito, -a Participio adjetivo de «circunscribir-[se]».

circunsolar (de «circun-» y «solar») adj. *De alrededor del Sol.*

circunspección (del lat. «circumspectĭo, -ōnis») f. Cualidad de circunspecto.

circunspecto, -a (del lat. «circumspectus»; «Ser, Estar, Mantenerse») adj. Se aplica a la persona que tiene en presencia de otras una actitud reservada y digna. ⊙ Que no deja traslucir sus estados afectivos o su intimidad. ⊙ Que no se permite confianzas o familiaridades con la gente, ni superior ni inferior en posición. ⇒ Cauto, *comedido, compuesto, contenido, *digno, distante, grave, gravedoso, mesurado, mirado, parco, ponderado, ponderoso, recatado, seco. ➤ *Cautela, circunspección, compostura, convencionalismo, conveniencias, respetos. ➤ Guardar su PUESTO. ➤ *Discreción. *Inexpresivo. *Moderado. *Prudente. *Reservado. *Serio.

circunstancia (del lat. «circumstantĭa»; «Concurrir, Mediar, Militar») f. Con respecto a una cosa, hecho de existir en ella o fuera de ella o de ser de cierto modo algo que puede influir en su propia manera de ser: 'La altura sobre el nivel del mar es una circunstancia que no influye en el fenómeno. La edad es una circunstancia que se tiene muy en cuenta'. ⊙ (pl.) Situación: 'La nación pasa por circunstancias críticas'. Si no se especifica, se entiende circunstancias desfavorables: 'En estas circunstancias no podemos pensar en lujos'.

CIRCUNSTANCIA AGRAVANTE. DER. Circunstancia que agrava un delito. ⇒ ABUSO de confianza, ABUSO de superioridad, alevosía, en cuadrilla, en despoblado, desprecio, nocturnidad, premeditación, reincidencia.

C. ATENUANTE. DER. La que atenúa un delito. ⇒ ARREBATO y obcecación.

C. EXIMENTE. DER. La que exime de un delito. ⇒ Legítima defensa, locura.

V. «CONCURSO de circunstancias».

DE CIRCUNSTANCIAS. **1** Circunstancial: 'Yo estaba en París en un viaje de circunstancias'. **2** Con «cara, gesto, voz», etc., significa con esas cosas adaptadas afectadamente a una situación lamentable: 'Con cara de circunstancias, me dio la noticia de mi destitución'. **3** Hecho para hacer frente a una necesidad momentánea: 'Un mobiliario [o un gobierno] de circunstancias'. ⇒ *Provisional.

□ CATÁLOGO

*Accidente. ➤ *Ambiente, CAMPO abonado, clima, contexto, coyuntura, escenario, medio, tesitura. ➤ *Clase, *condición, *cualidad, *dato, *detalle, disposición, *estado, *manera, *modo, momento, *ocasión, *particularidad, pormenor, situación. ➤ Con PELOS y señales. ➤ *Accesorio, *accidental, *casual, circunstancial, episódico, *eventual, imprevisible, imprevisto, improvisado, inseguro, momentáneo, de momento, para el momento, por el momento, *ocasional, *pasajero. ➤ Caso, *casualidad, coincidencia. ➤ Oportunismo. ➤ En todo CASO, de todas MANERAS, de todos MODOS, SEGÚN y cómo, siempre que. ➤ Inmanente. ➤ *Aspecto. *Ocasión.

circunstanciadamente adv. De manera circunstanciada.

circunstanciado, -a adj. Con los detalles pertinentes: 'Un relato circunstanciado del suceso'.

circunstancial 1 adj. Debido a cierta *circunstancia y, por tanto, no permanente o fijo: 'Mi estancia en Madrid es circunstancial'. **2** GRAM. Se aplica al complemento del verbo que expresa principalmente circunstancia. ⇒ Apénd. II, COMPLEMENTO.

circunstancialmente adv. De manera circunstancial: 'El establecimiento está circunstancialmente cerrado'.

circunstante (del lat. «circumstans, -antis») adj. Aplicable a lo que está alrededor. ⊙ n. pl. Personas que están en un sitio cuando ocurre cierta cosa: 'Lo oyeron todos los circunstantes'.

circunvalación 1 f. *Acción de circunvalar.* **2** FORT. *Línea de trincheras o cualquier medio de defensa con que se rodea una plaza o posición.*

DE CIRCUNVALACIÓN. Se aplica a las líneas de *transporte de trayecto cerrado: 'Tranvía [o línea] de circunvalación'.

V. «CARRETERA de circunvalación».

circunvalar (del lat. «circumvallāre») tr. **Rodear un ↘lugar.*

circunvecino, -a (de «circun-» y «vecino») adj. *Con respecto a una cosa, otra que está en los alrededores de ella.* ⇒ *Próximo.

circunvolar (de «circun-» y «volar») tr. *Volar alrededor de cierta ↘cosa.

circunvolución (de «circun-» y el lat. «volutĭo, -ōnis», vuelta; form. o cient.) f. *Vuelta formada en una cosa alargada, como un tubo o un cordón. ⊙ Particularmente, las formadas por los salientes en forma de cordón del cerebro, separados por los surcos llamados «anfractuosidades».

circunyacente (de «circun-» y «yacente») adj. *Aplicable a lo que yace o está situado *alrededor de cierta cosa.* ≃ Circunstante.

cirenaico, -a **1** adj. y, aplicado a personas, también n. *De Cirene, ciudad de Cirenaica, región del África antigua.* ≃ Cireneo, cirineo. **2** *Se aplica también a la escuela filosófica de Aristipo, discípulo de Sócrates, a sus seguidores y a las cosas de esta escuela.*

cireneo, -a adj. y n. *Cirenaico (de Cirene).*

cirial (de «cirio») m. **Candelero alto que llevan los monaguillos en algunas funciones de iglesia.*

cirigallo, -a (inf.) n. *Persona que se *mueve mucho o pasa el tiempo yendo de un lado para otro sin hacer nada de provecho.* ⇒ *Zascandil.

cirigaña (And.) f. *Adulación, *lisonja o *zalamería.*

cirílico, -a (de «San Cirilo», maestro de San Clemente de Ocrida, creador de este alfabeto) adj. y n. m. Se aplica al *alfabeto usado en ruso y otras lenguas eslavas, y a lo relativo a él.

cirimonia (pop.) f. *Ceremonia.*

cirineo **1** adj. y n. Cirenaico (de Cirene). **2** (del nombre «Simón Cirineo», personaje bíblico que ayudó a Jesucristo a llevar la cruz; n. calif.) m. Respecto de una persona, otra que le *ayuda a soportar penalidades.

cirio (del lat. «cerĕus», de cera) **1** m. *Vela gruesa y larga. ⇒ Ceroferario. **2** (inf.; «Armar[se]») Alboroto, follón. ⇒ *Desorden.

CIRIO PASCUAL. Cirio muy grueso en el que se incrustan cinco piñas de incienso formando una cruz, que se bendice el Sábado Santo y arde en la misa y en ciertas solemnidades hasta el día de la Ascensión en que se apaga después del Evangelio.

cirolero m. *Ciruelo.*

cirquero, -a **1** (Arg.) adj. *Del circo.* ≃ Circense. **2** (Arg.; inf.) adj. y n. *Ridículo, extravagante.* **3** (Arg.) n. *Persona que forma parte de una compañía de circo.*

cirrípedo (del lat. «cirrus», cirro, y «pes, pedis», pie) adj. y n. m. *Cirrópodo.*

cirro¹ (de «escirro») m. MED. Cierto *tumor duro.

cirro² (del lat. «cirrus», rizo) **1** m. BOT. **Zarcillo.* **2** ZOOL. *Nombre dado a las patas de los *crustáceos cirrópodos, que son articuladas, flexibles y bifurcadas en dos largas ramas.* **3** METEOR. *Nube blanca, de aspecto filamentoso, que se forma en las regiones altas de la atmósfera. ≃ Cirrus.

cirrópodo (del lat. «cirrus», cirro², y «-podo») adj. y n. m. ZOOL. *Se aplica a los *crustáceos entomostráceos marinos que viven adheridos a las rocas y tienen el cuerpo protegido por dos valvas; como el bálano o el percebe.* ⇒ Cirro. ⊙ m. pl. ZOOL. *Orden que forman estos crustáceos.*

cirrosis (de «cirro¹» y «-osis») f. MED. Endurecimiento de un tejido conjuntivo. ⊙ MED. Particularmente, enfermedad del hígado en que hay aumento del tejido fibroso y destrucción de células hepáticas.

cirrótico, -a **1** adj. MED. De [la] cirrosis. **2** adj. y n. MED. Que padece cirrosis.

cirrus m. METEOR. Cirro (nube).

ciruela (del lat. «cereŏla», de «cereola pruna», ciruelas de color de cera) f. Fruto del ciruelo, redondo u ovalado, de piel suave y delgada, de color amarillo, verde o rojo y con carne jugosa y dulce pero tendiendo a la acidez por la parte pegada a la piel o al hueso. ⇒ Pruna. ➤ Abricotina, almacena, almeiza, amacena, amargaleja, andrina, bruno, bruño, cascabelillo, claudia, damacena [o damascena], de data, diaprea, *endrina, francesilla, rodreja. ➤ Pansida, pasa, pernigón. ➤ Ciruelo, pruno. ➤ Abruño, andrino, aran, arañón, asarero, *endrino.

CIRUELA DAMASCENA. La de color morado, forma oval y algo ácida.

C. PASA [o SECA]. Ciruela conservada.

C. ZARAGOCÍ. *Cierta variedad amarilla originaria de Zaragoza.* ≃ Zaragocí.

ciruelillo (dim. de «ciruelo»; Hispam.; *Embothrium coccineum*) m. *Árbol proteáceo de madera fina, con flores de color escarlata.* ≃ Notro.

ciruelo **1** (*Prunus domestica*) m. Árbol rosáceo de hojas ovaladas y flores blancas o rosadas, que produce las ciruelas. **2** (inf.; n. calif.) *Hombre necio y torpe.*

cirugía (del lat. «chirurgĭa», del gr. «cheirourgía») f. Parte de la ciencia médica dedicada a la curación de las enfermedades mediante operaciones aplicadas a la parte enferma, como son la cura de heridas o abscesos o la separación por corte de tejidos u órganos dañados.

CIRUGÍA ESTÉTICA. Rama de la cirugía que tiene como finalidad embellecer o rejuvenecer alguna parte del cuerpo, fundamentalmente el rostro.

C. PLÁSTICA. Rama de la cirugía que tiene como objetivo restablecer la forma de alguna parte del organismo; por ejemplo, injertando piel en zonas quemadas.

□ CATÁLOGO

Otra forma de la raíz, «quir-»: 'quirúrgico, quirurgo'. ➤ Álgebra, microcirugía, operación, OPERACIÓN quirúrgica, sacrificio, zurugía. ➤ Ablación, acupuntura, aglutinar, alegrar, algebrar, aliñar, amputar, anastomosis, autoplastia, avulsión, blefaroplastia, BOTÓN de fuego, bypass, batir la CATARATA, cateterizar, cauterizar, cefalotomía, cesárea, circuncidar, cistotomía, cisión, cisura, coaptación, craneotomía, primera CURA, desbridar, descorticar, diéresis, dilatación, divulsión, drenar, emascular, encasar, ensalmar, entablar, entablillar, enterotomía, enucleación, enyesar, episiotomía, escarificar, escarizar, escayolar, escisión, estrangular, extirpar, extraer, flebotomía, heteroplastia, histerectomía, implantar, injertar, intervenir, intubación, invaginación, jasar, laparotomía, laringotomía, lavaje, legrar, leucotomía, lifting, ligadura, liposucción, litotomía, litotricia, lobectomía, lobotomía, mastectomía, moxa, neoplastia, obstetricia, osteoplastia, osteosíntesis, osteotomía, ovariotomía, paracentesis, prótesis, punción, punto, queratoplastia, raspado, reducir, resección, rinoplastia, sajar, *sangrar, síntesis, sondar, sutura, talla, taponar, tentar, toracentesis, TRANSFUSIÓN de sangre, traqueotomía, trasplante, trepanar, vagotomía, vasectomía, vendar, ventosa. ➤ Anestesia. ➤ Ortopedia. ➤ Deligación. ➤ Algebrista, aliñador, cirujano, comadrón, comadrona, componedor, dentista, ensalmador, ESTUCHE del rey, hernista, jasador, maestro, oculista, operador, ortopédico, ortopedista, pedicuro, postemero, practicante, quirurgo, sacapotras, sangrador, SANGRADOR del común, tablajero, tocólogo. ➤ Cicatrizar, encorecer, unir. ➤ Quirófano. ➤ Algalia, apostemero, bisturí, bujía, buscabala, cala, calador, cánula, carrilete, catéter, cornezuelo, craneótomo, ductor, dren, endoscopio, erina, escalera, escalpelo, escarificador, escarpelo, escodegino, espéculo, estilete, fanón, flebótomo, fontanela, fórceps, galvanocauterio, grapa, instrumental, jasador, lanceta, legra, legrón, mandril, neurótomo, pinzas, postemero, raquítomo, sacabala, sajador, sangradera, sonda, tenáculo, tienta, tirafondo, torniquete, trépano, trocar. ➤ Incisorio. ➤ Aglutinante, aparato, apósito, argalia, bordón, braguero, cabestrillo, cabezal, candelilla, cánula, capelina, capellina, *cataplasma, catgut, cáustico, cauterio, cicatrizante, clavo, colodión, compresa, CRUZ de Malta, escudo, esparadrapo, espica, férula, fronda, galápago, GASA esterilizada, HOJA berberisca, lechino, lengüeta, longuetas, mecha, monóculo, moxa, ombliguero, PIEDRA infernal, píldora, pulsera, rayos x, sarcótico, sedal, suspensorio, tafetán, tapón, termocauterio, toracoplastia, torunda, *venda, vendaje. ➤ Accidente. ➤ Adherencias, bridas, CARNE viciosa, CARNE viva, charpa, *cicatriz, colgajo, fungosidad, icor, *muñón, secuestro, tocón. ➤ A CORAZÓN abierto. ➤ [Curso] postoperatorio. ➤ *Medicina.

cirujano, -a adj. y n. Se aplica al médico que se dedica a la *cirugía. ≃ Operador.

CIRUJANO DENTISTA. *Dentista.

C. ROMANCISTA. *El que no sabía latín.*

cis- (var. «citra-») Elemento prefijo del lat. «cis-», que significa «del lado de acá de»: 'cisalpino, cismontano, citramontano'. ⇒ Trans- [o tras-].

cisalpino, -a (de «cis-» y «alpino») adj. Se aplica en lenguaje histórico a la región situada del lado de acá de los Alpes, considerados desde Roma: 'Galia Cisalpina'.

cisandino, -a (de «cis-» y «andino») adj. Del lado de acá de los Andes, considerado desde el Atlántico.

cisca (del celta «sessca») f. **Carrizo (planta graminea).*

ciscar (de «cisco») **1** tr. **Ensuciar una ˃cosa.* **2** prnl. Eufemismo con que a veces se sustituye la palabra grosera «cagarse»; por ejemplo, en las interjecciones y modismos («ciscarse de miedo») o al citar lo dicho por otro. ⇒ Hacer de *VIENTRE.

cisco 1 m. *Carbón vegetal menudo, empleado particularmente para el *brasero. ⇒ Erraj, picón, piñuelo, tizana, zaragalla. ➤ Emboquera. **2** (inf.) Ruido, voces y agitación de personas que gritan, se insultan, discuten o riñen. ≃ *Jaleo, *bulla.

HACER CISCO a alguien. Dejar abatido, apabullado, apenado, confundido, *derrotado, *maltrecho o rendido de cansancio.

HACER[SE] CISCO una cosa. *Romperla [o romperse] en fragmentos muy pequeños. ⊙ Destrozarla [o destrozarse] completamente.

HECHO CISCO («Dejar, Estar», etc.). V. «hacer CISCO a alguien o algo».

ciscón (aum. de «cisco») m. *Restos que quedan en los *hornos de carbón después de apagados.*

cisio m. **Carruaje *romano de dos ruedas en que se iba sentado.*

cisión (del lat. «scissĭo, -ōnis») f. *Cisura o incisión.*

cisípedo (del lat. «scissus», dividido, y «pes, pedis», pie) adj. ZOOL. *Con el *pie dividido en dedos.*

cisma (del lat. «schisma», del gr. «schísma», separación) **1** m. Acción de separarse del resto una parte de los individuos que profesan una doctrina, particularmente religiosa, por una disidencia en ésta. ⊙ Parte separada. ⊙ Doctrina profesada por ella: 'El cisma arriano'. ≃ *División. ⇒ *Herejía, *religión. **2** *Desacuerdo o *discordia: desaparición de la armonía o la paz en una colectividad, por surgir diferencias de opinión entre sus miembros.

cismar (de «cisma»; Sal.) intr. *Promover discordia entre las ˃personas.* ≃ *Encismar.

cismático, -a (del lat. «schismatĭcus», del gr. «schismatikós», separación) adj. Aplicado a ideas, textos o personas, en desacuerdo con el dogma o la doctrina de que se trata. ⇒ *Hereje.

cismontano, -a (de «cis-» y el lat. «montānus», monte) adj. Se aplica a lo que está del lado de acá de la *montaña, considerada desde el punto en que se encuentra el que habla o desde el lugar de que se trata.

cisne (del fr. ant. «cisne») **1** *(Cygnus olor)* m. *Ave palmípeda, de cuello largo y flexible, con las patas cortas y las alas grandes; suelen tenerse como elemento decorativo en los estanques de los parques o jardines. ⇒ Coscoroba. **2** *(Cygnus atratus)* Especie semejante a la anterior, de color negro. **3** (n. calif.) *Se aplica laudatoriamente a un poeta o músico.*

V. «CANTO de cisne».

cisoria (del lat. «cisorĭum») adj. V. «ARTE cisoria».

cispadano, -a (del lat. «Cispadānus») adj. *En lenguaje histórico, situado del lado de acá del rio Po, considerado desde Roma.*

cisquera 1 f. *Lugar donde se almacena el cisco.* **2** *Caldera de metal en la que se apaga la brasa.*

cisquero m. DIB. *Muñeca de trapo con polvo de carbón, que se utilizaba para pasarla por encima de un *dibujo picado, dejándolo así marcado en el papel o tela colocado debajo.*

cist- (var. «cisto-») Elemento prefijo del gr. «kýstis», vejiga: 'cistitis, cistoscopio, cistotomía, quiste'.

cistáceo, -a (de «Cistus», género de plantas) adj. y n. f. BOT. *Se aplica a las *plantas de la misma familia que la jara, que son generalmente matas o arbustos de regiones templadas; algunas son cultivadas como ornamentales.* ⊙ f. pl. BOT. *Esa familia.*

cisterciense adj. y, aplicado a personas, también n. m. De la orden del Cister. ≃ Bernardo. ⊙ m. pl. Esta orden.

cisterna (del lat. «cisterna») **1** f. *Depósito, generalmente subterráneo, donde se recoge y guarda *agua procedente de lluvia o de un manantial. ≃ Aljibe. **2** Recipiente para el agua en los retretes o urinarios. ⇒ CAJA de agua, depósito, estanque, tanque. **3** Se emplea en aposición para designar los medios de transporte acondicionados como depósitos para el transporte de agua, petróleo, etc.: 'Buque cisterna'. **4** (C. Rica) **CAMIÓN cisterna.*

cisticerco (de «cist-» y el gr. «kérkos», cola) m. MED., VET. *Larva de la *tenia que se aloja en la carne del cerdo o de la vaca, y que si la ingiere el hombre, se desarrolla en su intestino.*

cisticercosis f. MED., VET. *Enfermedad causada por la presencia de cisticercos en el organismo del hombre o de un animal.*

cístico (del gr. «kýstis», vejiga) adj. ANAT. *Se aplica al conducto que va desde la *vesícula biliar a unirse con el conducto hepático a la entrada del colédoco.*

cistíneo, -a (del lat. «cistus», jara, e «-íneo») adj. y n. f. BOT. *Cistáceo.*

cistitis («de cist-» e «-itis») f. MED. Inflamación de la *vejiga de la orina.

cisto- V. «cist-».

cistoscopia f. MED. *Examen de la parte interna de la vejiga de la orina.* ≃ Endoscopio.

cistoscopio (de «cisto-» y «-scopio») m. MED. *Endoscopio empleado para examinar el interior de la *vejiga de la orina.*

cistotomía (de «cisto-» y «-tomía») f. CIR. *Incisión en la vejiga de la orina.*

cisura (del lat. «scissūra») **1** (culto) f. Hendidura o *grieta muy fina. **2** ANAT. *Línea de unión de dos partes de un órgano.* **3** Herida de la *sangradura. **4** MED. **Cicatriz.*

cita 1 («Dar») f. Acción de citar. **2** («Darse, Tener») Acuerdo entre dos o más personas de acudir a entrevistarse: 'Ten-

go una cita con mi abogado'. **3** («Aportar, Barajar, Contener, Incluir, Sacar, Traer») Frase, texto, etc., que se cita o menciona: 'Trae una cita de Séneca'.
V. «CASA de citas».

citación f. Acción de citar (o llamar), en particular para comparecer ante un juez.

citado, -a Participio adjetivo de «citar». ⊙ *Mencionado.

citania (del port. «citania») f. *Ciudad fortificada de los pueblos prerromanos que habitaban el noroeste de España.*

citano, -a (¿del sup. lat. «scitānus»?) n. *Zutano.*

citar (del lat. «citāre») **1** tr. Decirle a ↘alguien que acuda a una *reunión o entrevista en determinado sitio. ⊙ Particularmente, llamar el juez a una ↘persona. ⊙ («con») prnl. recípr. Convenir dos o más personas entrevistarse en cierto sitio. ⇒ Convocar, emplazar, dar HORA, reunir, hacer VENIR. ➤ Cita, citación, convocatoria. ➤ Entrevista. ➤ Pedir [o tomar] HORA. ➤ Dar ESQUINAZO, dar MICO, dejar PLANTADO, dar PLANTÓN. ➤ Desconvocar. ➤ *Llamar. **2** tr. TAUROM. Llamar la atención del ↘*toro con el capote o de otra manera para que acuda. ⇒ Azomar. **3** Nombrar a ↘alguien o repetir ↘palabras de alguien en apoyo o como confirmación de una cosa que se dice: 'Cita muchas veces a Aristóteles. Cita palabras de San Agustín'. **4** Mencionar ↘algo o a ↘alguien o ↘aludir a ello en una conversación, discurso o escrito: 'Entre las obras de Cervantes no cita La Tía Fingida'.

□ CATÁLOGO

Aducir, barajar CITAS, sacar [traer] a COLACIÓN, connumerar, traer a CUENTO, dementar, enumerar, hablar de, hacer MENCIÓN, *mencionar, mentar, nombrar, hacer REFERENCIA, *referirse, sacar, SACAR a relucir, tocar, traer. ➤ Antedicho, avandicho, citado, devandicho, sobredicho, susodicho. ➤ Alusión, cita, dialogismo, enmiente, idolopeya. ➤ Apud, como dijo el OTRO, según. ➤ Textualmente. ➤ Aludir. *Autoridad. *Nota.

citara (del ár. and. «assitára») **1** f. CONSTR. *Pared cuyo grueso es del ancho de un ladrillo.* ≃ Acitara. **2** MIL. *Tropas que formaban en los *flancos del cuerpo principal combatiente.* **3** (ant.) *Cojín o *almohada.*

cítara (del lat. «cithăra», del gr. «kithára») f. Instrumento musical antiguo, semejante a la lira, pero con la caja de resonancia de madera. ⇒ Cedra, cítola.

citaredo (del lat. «citharoedus»; ant.) m. *Citarista.*

citarilla sardinel f. CONSTR. *Pared hecha con ladrillos puestos alternativamente de plano y de canto u oblicuos formando ángulo uno con otro, de modo que quedan en la obra huecos que se dejan así o se rellenan con argamasa.* ⇒ *Muro.

citarista n. Persona que toca la cítara.

citarizar intr. *Tocar la cítara.*

citarón (aum. de «citara») m. CONSTR. **Zócalo de albañilería sobre el que se pone un entramado de madera.*

citatorio, -a adj. Empleado para citar o llamar: 'Mandamiento citatorio'.

citereo, -a (del lat. «Cytherēus») adj. MIT. *Aplicado a la diosa Venus, de la isla Citeres, Chipre, donde era adorada.* ⊙ MIT. *De la diosa Venus.*

citerior (del lat. «citerĭor, -ōris») adj. Del lado de acá. Como se usaba entre los romanos, se entendía considerado el lugar desde Roma. De este modo, la «Hispania citerior» era la más próxima a Roma de las dos separadas por el Ebro. ⇒ *Próximo.

cítiso (del lat. «cytĭsus», del gr. «kýtisos») m. **Codeso (planta leguminosa).*

¡cito! interj. *Voz empleada para llamar a los *perros.*

-cito- Elemento prefijo o sufijo del gr. «kýtos», cavidad, urna, célula y, también, envoltura, piel, que se emplea en la formación de palabras científicas: 'citología, citoplasma, eritrocito, fagocito'.

citocinesis (de «cito-» y el gr. «kínēsis», movimiento, con influencia acentual del fr.) f. BIOL. *División del citoplasma después de la división celular.*

citodiagnosis (de «cito-» y «diagnosis») f. MED. *Método diagnóstico consistente en el examen de las células.*

citodiagnóstico **1** m. MED. *Citodiagnosis.* **2** MED. *Resultado de la citodiagnosis.*

citogenética (de «cito-» y «genética») f. BIOL. *Parte de la genética que estudia las estructuras celulares relativas a la herencia, en particular los cromosomas.*

cítola (del lat. «cithăra») **1** (ant.) f. *Cítara.* **2** *Tablilla que cuelga sobre la piedra del molino harinero, la cual, al girar la piedra, tropieza contra la tolva y, además de hacer que se desprenda de las paredes de ésta la molienda, produce un ruido que, al cesar, avisa de que el molino se ha parado.* ≃ Tarabilla.

citología (de «cito-» y «-logía») **1** f. Parte de la *biología que estudia la célula y todos los aspectos relacionados con ella. **2** MED. Método diagnóstico basado en el examen de las células contenidas en la sangre, las secreciones, etc.

citológico, -a (cient.) adj. De las células: 'Examen citológico'.

citólogo, -a n. BIOL. Especialista en citología.

citoplasma (de «cito-» y «plasma») m. BIOL. Contenido celular situado entre la membrana plasmática y la nuclear.

citoplasmático, -a o **citoplásmico, -a** adj. BIOL. Del citoplasma.

citora (del lat. «cithăra», cítara; Mur.) f. *Especie de arpón con cuatro o seis puntas, que se emplea para ensartar los peces que se ocultan en la arena al sacar la redada.* ⇒ *Pesca.

citote (de «cito» y «te») **1** m. *Citación o invitación que se hace a alguien.* **2** (ant.) *Persona que hacía la citación.*

citra- V. «cis-».

citramontano, -a (de «citra-» y el lat. «montānus», monte) adj. *Cismontano.*

citrato (del lat. «citrātus») m. QUÍM. *Cualquier sal del ácido cítrico.*

cítrico, -a (del lat. «citrus», limón, e «-ico¹») **1** adj. Del *limón. **2** m., gralm. pl. Fruto más o menos ácido, como la naranja, el limón, el pomelo, etc. ≃ Agrio.
V. «ÁCIDO cítrico».

citrícola (del lat. «citrus», limón, y «-cola») adj. De [o del] cultivo de cítricos.

citricultura (del lat. «citrus», limón, y «-cultura») f. Cultivo de cítricos.

citrina (del lat. «citrus») f. QUÍM. *Aceite esencial del limón.*

citrino, -a (del lat. «citrīnus») adj. *Particularmente en botánica, de [o del] limón.* ⊙ *Se aplica al color del limón y a las cosas que lo tienen.*

citrón (del lat. «citrus», con influencia de «limón¹» o del fr. «citron») m. *Limón.*

ciudad (del lat. «civĭtas, -ātis») **1** f. *Población importante. A las antiguas, por ejemplo a las griegas y romanas, no se aplica el nombre «población» y sí sólo el de «ciudad». ⇒ Otras raíces, «civ-, urb-»: 'cívico, civil, urbano, interurbano, suburbano'. ➤ Capital, megalópolis, urbe. ➤ Anfictionía. ➤ Acrópolis, capitolio, foro. ➤ *Población. ➤ Conurbación. ⊙ Antiguamente, *población de categoría superior a la de villa. **2** **Ayuntamiento de una ciudad.* **3** *Conjunto de los diputados que representaban a las ciudades, en las *cortes antiguas.* **4** (usado genéricamente) Por oposición a «campo», población no rural: 'La gente emigra del campo a la ciudad'.

CIUDAD ABIERTA. La no fortificada.

C. DORMITORIO. Ciudad cuya población laboral se ausenta durante el día para ir a trabajar a una gran urbe próxima, regresando a sus hogares sólo para descansar.

C. JARDÍN. Urbanización de viviendas unifamiliares con abundancia de zonas verdes.

C. LINEAL. Urbanización que se extiende longitudinalmente a lo largo de una vía de tráfico.

C. NATAL («Mi, Tu, Su», etc.; «de»). Ciudad de nacimiento de alguien.

C. SATÉLITE. Núcleo urbano desarrollado al amparo de la actividad económica de una gran urbe próxima.

C. UNIVERSITARIA. **1** La que tiene universidad y, por lo tanto, una población estudiantil considerable. **2** Conjunto de edificios e instalaciones que sirven de asiento a una universidad.

LA CIUDAD ETERNA. Roma.

LA CIUDAD SANTA. Jerusalén.

ciudadanía **1** f. Cualidad de ciudadano de cierto sitio. ⊙ Derechos de ciudadano de cierto país. ⇒ Nacionalidad, naturaleza. **2** Civismo: comportamiento propio de un buen ciudadano: 'Hay que votar por ciudadanía'. **3** Conjunto de los ciudadanos de una ciudad, un país, etc.

ciudadano, -a **1** adj. y n. *Natural o vecino de cierta ciudad.* **2** adj. De la ciudad: 'La vida ciudadana'. **3** n. Personas de una ciudad antigua o de un estado moderno con los derechos y deberes que ello implica: 'Es ciudadano americano'. ⊙ A causa de esos deberes y derechos, la palabra lleva en sí o recibe mediante determinaciones una valoración moral y un contenido afectivo: 'No es buen ciudadano el que no respeta las leyes. ⇒ Natural, súbdito. ➤ Patricio, quirite, republicano. ➤ Civismo, VALOR cívico. ➤ Nacionalizarse, naturalizarse. ➤ Libre. ➤ Conciudadano. **4** m. *Antiguamente, habitante de la ciudad, de *clase intermedia entre la de «caballero» y la de «artesano».* **5** *Hombre bueno: hombre perteneciente al estado llano.*

ciudadela (del it. «cittadella», influido por «ciudad») f. Recinto fortificado en el interior de una ciudad, que servía para dominarla y como último refugio de la guarnición.

ciudadrealeño, -a adj. y, aplicado a personas, también n. De Ciudad Real, provincia española y su capital.

civeta (del fr. «civette», del ár. «qiṭṭ azzabād», gato de algalia; *Viverra zivetta)* f. *Mamífero carnívoro de pequeño tamaño, de la familia de los vivérridos; es de color gris con listas negras, con unas crines cortas en el lomo, y tiene cerca del ano una bolsa en la que segrega la algalia. ≃ GATO de algalia.

civeto (del mismo or. que «civeta») m. *Algalia.*

cívico, -a (del lat. «civĭcus») **1** adj. *De la *ciudad o de los ciudadanos.* ≃ Ciudadano, civil. **2** De las personas como ciudadanos: 'Virtudes cívicas'. ⊙ Particularmente, de los buenos ciudadanos: 'Un acto cívico'. **3** **Doméstico (del hogar).*

V. «CORONA cívica, VALOR cívico».

civil (del lat. «civīlis») **1** adj. De la *ciudad o de los ciudadanos. ≃ Ciudadano, cívico. ⊙ Se aplica particularmente a la rama del derecho que regula las relaciones entre las personas en cuanto a sus derechos y deberes recíprocos. **2** No eclesiástico o religioso: 'Fiesta [o matrimonio] civil'. ⇒ *Laico. **3** No militar: 'Traje civil'. ⇒ *Paisano. **4** (inf.) m. *GUARDIA civil (individuo): '¡Que vienen los civiles!'. **5** adj. Se aplica a las personas que se comportan debidamente en sus relaciones con otras y a su comportamiento, maneras, etc. ⇒ *Amable, *correcto, *cortés, educado, *sociable. ➤ Incívico, incivil. ➤ Incivismo. **6** (ant.) *Mezquino, *vil o *grosero.*

V. «AÑO civil, ARQUITECTURA civil, CUARTO civil, DERECHO civil, DÍA civil, ESTADO civil, FUERO civil, GUARDIA civil, GUERRA civil, INGENIERO civil, MATRIMONIO civil, ORDEN civil, PLEITO civil, REGISTRO civil».

civilidad (del lat. «civilĭtas, -ātis») **1** f. Civismo. **2** Amabilidad.

civilista n. Especialista en derecho civil.

civilización **1** f. Acción de civilizar. **2** Desarrollo en todos los aspectos alcanzado por la humanidad en su continua evolución. ⇒ *Progreso. **3** Estado de la humanidad en cuanto a ese desarrollo en cierto lugar o en cierto tiempo: 'La civilización egipcia. La civilización del Renacimiento'. ⊙ En lenguaje corriente suelen usarse indistintamente los términos «civilización» y «cultura»; pero se ha intentado diferenciarlos, designando con el primero el progreso científico y material y con el segundo el mejoramiento espiritual, que facilita las relaciones humanas. Así, puede decirse de un país o de una persona que es muy civilizado pero poco culto, y a la inversa.

civilizado, -a Participio adjetivo de «civilizar[se]»: 'Un pueblo civilizado, una persona civilizada'.

civilizador, -a adj. y n. Que civiliza.

civilizar (de «civil») **1** tr. Introducir en un ˘país la civilización de otros más adelantados. ⊙ prnl. Adoptar un pueblo la civilización de otro más adelantado. **2** tr. Convertir a una ˘persona tosca o insociable en educada o sociable. ⇒ Afinar, desasnar, desbastar, descortezar, *educar, *enseñar, quitar el PELO de la dehesa, pulir. ⊙ prnl. Hacerse una persona más educada y sociable.

civilmente **1** adv. Cortésmente. **2** DER. Con arreglo al *derecho civil.

civismo (del fr. «civisme») **1** m. Cualidad, comportamiento, etc., de buen ciudadano. ≃ Ciudadanía. **2** Cualidad de *cortés o educado.

cizalla (del fr. «cisaille») **1** (sing. o pl.) f. Herramienta similar a unas *tijeras grandes y muy fuertes o máquina que se usa especialmente para cortar metal en frío. **2** *Recortes o fragmentos de metal que resultan de su manipulación; particularmente, los que quedan del metal de que se cortan *monedas.* **3** Especie de guillotina para cortar papel, cartulina o cartón en pequeña cantidad.

cizallar tr. *Cortar con la cizalla.*

cizaña (del lat. «zizanĭa», del gr. «zizánia», pl. de «zizánion») **1** *(Lolium temulentum)* f. *Planta gramínea que perjudica los sembrados y es muy difícil de eliminar. ≃ Borrachuela, cominillo, joyo, lolio, llollo, luello. **2** (n. calif.) Se aplica a alguna cosa *mala que surge entre otras buenas a las que estropea. **3** («Meter, Sembrar») Recelo o *discordia que alguien introduce en las relaciones entre personas.

cizañador, -a adj. y n. *Que cizaña.*

cizañar tr. Sembrar la cizaña entre ˘personas. ≃ *Engrescar, *encizañar.

cizañear tr. *Cizañar.*

cizañero, -a adj. y n. Aficionado a cizañar.

cl Abrev. de «centilitro».

Cl Símbolo químico del cloro.

clac (del fr. «claque») **1** m. *Sombrero de tres picos cuyas partes laterales se podían juntar, resultando así fácil de llevar debajo del brazo. ⊙ *Sombrero de copa que, mediante muelles, podía plegarse en sentido vertical, con el mismo resultado. ≃ SOMBRERO de muelles. **2** (pronunc. gralm. [cla]) f. Grupo de personas que asiste gratis a los espectáculos para aplaudir. ≃ Claque, tifus. ⇒ Alabardero.

clachique (Méj.) m. **Pulque sin fermentar.*

claco (de «tlaco»; Méj.) m. **Moneda antigua de cobre.*

clacopacle (del nahua «tlacotl», vara, y «patli», medicina; Méj.) m. **Aristoloquia (planta aristoloquiácea).*

clacote (Méj.) m. *Tlacote: *forúnculo.*

cladócero (del gr. «kládos», rama, y «kéras, -atos», cuerno) adj. y n. m. ZOOL. *Se aplica a ciertos *crustáceos, generalmente de agua dulce, microscópicos, con concha bivalva que no les cubre la cabeza, antenas natatorias y seis pares de patas.* ⊙ m. pl. ZOOL. *Orden de estos animales.*

cladodio (del lat. moderno «cladodĭum», del gr. «kládos», rama) m. BOT. **Tallo o rama aplanados que toman aspecto y funciones de *hoja; como los que rodean los tallos del brusco.*

clamadora adj. y n. f. ZOOL. *Se aplica a un grupo de *aves con la garganta no adaptada para el canto; como el vencejo.*

clamar (del lat. «clamāre») **1** (ant.) tr. **Llamar.* **2** intr. Quejarse con gritos, como pidiendo ayuda. **3** («por») tr. e intr. Pedir o exigir con vehemencia: 'Clamar por justicia, clamar venganza'. ⊙ («por») Se aplica también a cosas inanimadas, significando «pedir, exigir, necesitar»: 'Ese insulto clama por venganza. La tierra está clamando por agua'. **4** intr. **Hablar enfática o solemnemente.*

V. «clamar al CIELO, clamar en el DESIERTO, clamar a DIOS».

clámide (del lat. «chlamys, -y̆dis», del gr. «chlamýs, -ýdos») f. *Capa corta usada por *griegos y *romanos.

clamídeo adj. BOT. *Del perianto o perigonio (envoltura floral).*

clamor (del lat. «clamor, -ōris») **1** m. **Grito.* **2** *Gritos de *dolor o *queja.* **3** Conjunto confuso de las voces de la gente que grita pidiendo algo o expresando entusiasmo, indignación, etc.: 'La gente interrumpía de vez en cuando el discurso con clamores de entusiasmo. Llegaba hasta los balcones el clamor de la multitud'. ≃ Griterío. **4** **Toque de *campanas por los difuntos.* **5** (ant.) **Fama.* ⊙ **Voz pública.* **6** (Ar.) **Barranco o *arroyo por el que, a consecuencia de las lluvias, corre el agua con violencia.*

clamoreada f. *Clamor: grito o quejas proferidas a* gritos.

clamorear **1** intr. Producir clamor. **2** tr. **Pedir ↘algo con gritos lastimeros o *quejas.* **3** *Doblar las *campanas.*

clamoreo m. Clamor insistente.

clamoroso, -a **1** adj. Acompañado de *clamor: 'Un recibimiento [o éxito] clamoroso. Aplausos, vivas clamorosos'. ⊙ Se usa también en sentido figurado, a veces irónicamente: 'Una mentira clamorosa'. **2** *Vocinglero.*

clamosidad f. *Cualidad de clamoso o clamoroso.*

clamoso, -a (del lat. «clamōsus») adj. *Clamoroso.*

clan (del gaél. «clann», hijos, descendencia; aplicado especialmente a los celtas y en algunos países como Irlanda y Escocia) **1** m. Entre los celtas y en Irlanda y Escocia, *grupo humano formado por un conjunto de familias procedentes de un tronco común, que obedece a un jefe. ≃ *Tribu. ⊙ Se usa en sociología para denominar en general a cualquier organización social de similares características. **2** (desp.) Grupo organizado de personas unidas por intereses comunes.

clandestinamente adv. De manera clandestina.

clandestinidad f. Cualidad o situación de clandestino.

clandestino, -a (del lat. «clandestīnus») adj. Hecho *ocultándose de las autoridades: 'Una reunión [o una publicación] clandestina'. ⇒ Encubierto, pirata, subrepticio. ➤ Clandestinamente, a escondidas, furtivamente, a hurtadillas, en la oscuridad, en la sombra. ➤ *Oculto. ➤ *Ilegal. *Prohibir.

clanga (del lat. «clanga») f. **Planga (ave rapaz).*

clangor (del lat. «clangor, -ōris»; lit.) m. **Sonido de la trompeta o del clarín.*

clapa (Ar.) f. *Calva o *claro en un sembrado.*

claque (del fr. «claque») f. *Clac (grupo de personas).

claqué (del fr. «claquette») m. Baile en que se acompaña la melodía con un repiqueteo rítmico que se hace con la punta y el tacón del zapato.

claqueta f. CINE. Pizarra utilizada en los rodajes cinematográficos que lleva inscritos algunos datos técnicos de la toma que se va a grabar; está provista en su parte inferior de una pieza móvil que se hace chocar contra la pizarra, para sincronizar el sonido y la imagen de la toma.

claquetista n. CINE. El que maneja la claqueta en un rodaje.

clara (de «claro») **1** f. Parte transparente del interior de un *huevo de ave que rodea la yema y es el citoplasma de la célula. ⇒ Merengue, PUNTO de nieve. ➤ Batir, montar. **2** *Claro o zona más transparente que el resto en un tejido de *paño.* **3** **Calvicie.* **4** Cerveza mezclada con gaseosa.

LAS CLARAS. («Cantar, Decir») *Verdades desagradables que se dicen a una persona. ⇒ CANTAR las claras, CANTARLAS claras. ➤ *Brusco. *Verdades.

A LAS CLARAS [O BIEN A LAS CLARAS]. Con claridad, sin disimulo o encubrimiento. ⇒ *Abiertamente, sinceramente.

V. «CÁMARA clara».

CANTAR LAS CLARAS. V. «las claras».

claraboya (del fr. «claire-voie», del lat. «clara via») f. *Ventana abierta en el techo o en la parte alta de la pared. ⊙ Techo de cristales, por ejemplo sobre una caja de escalera. ⇒ Celale, claro, lucera, lucerna, lucernario, lumbrera, tragaluz. ➤ *Marquesina.

claramente adv. De manera clara, en cualquiera de las acepciones figuradas de «claro».

clarar (del lat. «clarāre»; ant.) tr. **Aclarar.*

clarea (de «claro») f. *Bebida hecha con vino claro, azúcar o miel, canela y otras sustancias aromáticas.*

clarear (de «claro») **1** intr. Empezar a *amanecer. **2** *Aclarar: empezar a disiparse un *nublado. **3** Presentarse una cosa a la vista de color más claro o más iluminada que lo que la rodea: 'Clareaba un punto en el horizonte'. **4** prnl. *Transparentarse un tejido, particularmente por estar ya muy desgastado, o por correrse los hilos. ⇒ Triarse. **5** *Descubrir alguien sus intenciones de manera indirecta o sin proponérselo. **6** intr. y prnl. Desgastarse, perder consistencia, dejar algo de estar lo suficientemente tupido, etc., de manera que deja entrever lo que cubre: 'Los años no pasan en balde, ya le va clareando el pelo'.

clarecer (del lat. «clarescĕre») intr. **Amanecer.*

clarens (del ingl. «clarence», del nombre del duque de Clarence) m. *Cierto *carruaje antiguo de dos asientos, con capota.*

clareo m. *Operación de aclarar un monte o bosque.*

clarete (del fr. ant. «claret») adj. y n. m. VINO clarete.

claretiano, -a adj. De San Antonio María Claret, su doctrina o sus fundaciones. ⊙ adj. y n. m. Particularmente, se aplica a los religiosos pertenecientes a la Congregación de Hijos del Corazón de María, fundada por San Antonio María Claret. ⊙ adj. y n. f. Se aplica también a las religiosas de la Congregación de Misioneras de María Inmaculada.

clareza f. *Claridad.*

claridad (del lat. «clarĭtas, -ātis») **1** f. Cualidad de lo que es, se percibe, etc., *claro. **2** Manera de hablar del que lo hace *abiertamente. **3** Cualidad de claro (lúcido o perspicaz): 'Claridad de juicio [o de vista]. Claridad meridiana'. **4** *Luz que, aunque escasa, permite ver. ≃ Claror. ⊙ Luz o zona luminosa que se ve a distancia, en medio de la oscuridad. ≃ Claror. **5** TEOL. *Una de las cuatro dotes atribuidas a los cuerpos de los *bienaventurados después de la resurrección, que consiste en despedir resplandor.* **6** (pl.) *Verdades desagradables que se dicen a alguien con brusquedad o rudeza. **7** **Prestigio o buen nombre.*

clarificación f. Acción de clarificar.

clarificador, -a **1** adj. Que clarifica (hace *claro o comprensible). **2** (Cuba) f. **Recipiente de forma cuadrada que se emplea para clarificar el guarapo del *azúcar.*

clarificar (del lat. «clarificāre») **1** tr. y prnl. Aclarar[se]: poner[se] *transparente o menos espeso un ˘líquido. ⊙ Particularmente, el *almíbar. ⊙ Aclarar[se]: hacer[se] clara o comprensible una ˘cosa. **2** tr. **Iluminar una ˘cosa.*

clarificativo, -a adj. *Útil para clarificar.*

clarífico, -a (del lat. «clarifĭcus») f. **Resplandeciente.*

clarilla (dim. de «clara»; And.) f. **Lejía de ceniza.*

clarimente (de «claro») m. *Cierta agua que usaban las mujeres como afeite.*

clarimento (de «claro») m., gralm. pl. PINT. *Color claro y vivo.*

clarín (de «claro») **1** m. Instrumento musical de viento parecido a la trompeta, pero más pequeño y de sonido más agudo. ⇒ Clangor, *toque. ⊙ Músico que lo toca. **2** MÚS. Registro del *órgano formado por tubos de estaño cuyos sonidos son una octava más altos que los del registro análogo llamado «trompeta». **3** *Cierta *tela fina de hilo.* **4** (Chi.) **GUISANTE de olor (planta leguminosa).*

CLARÍN DE LA SELVA. **Sinsonte (pájaro).*

clarinada (de «clarín») **1** f. *Clarinazo.* **2** (inf.) **Despropósito o *majadería.* ≃ Clarinazo.

clarinado, -a (calco del fr. «clariné») adj. HERÁLD. *Se aplica a los animales que llevan campanillas o cencerros.*

clarinazo **1** m. Toque aislado de clarín. **2** *Suceso que produce sorpresa y, al mismo tiempo, sirve de *aviso o advertencia: 'El resultado de las elecciones fue un clarinazo'. **3** *Despropósito. ≃ Clarinada.

clarinete (dim. de «clarín») m. Instrumento musical de viento compuesto de un tubo con agujeros que se tapan con los dedos o con llaves, con boquilla con una lengüeta de caña, y el pabellón en forma de bocina. ⇒ Requinto. ➤ Barrilete. ⊙ Músico que lo toca.

clarinetista n. Músico que toca el clarinete.

clarión (del fr. «crayon», ¿con influencia de «claro»?) m. *Tiza: pasta hecha con yeso y greda que se emplea en barritas para dibujar sobre los lienzos imprimados o sobre los encerados.*

clarioncillo (dim. de «clarión») m. PINT. *Cierta pasta blanca en forma de lápiz empleada para *pintar al pastel.*

clarisa adj. y n. f. Se aplica a las religiosas de la segunda *orden de San Francisco, fundada por Santa Clara en el siglo XIII. ⊙ f. pl. Esta orden.

clarividencia f. Cualidad de clarividente. ⊙ Acierto clarividente.

clarividente (de «claro» y «vidente»; «Ser», tanto en general como ocasionalmente) adj. y n. Se aplica a la persona que prevé o percibe algo que para otros pasa inadvertido: 'Él fue clarividente cuando anunció el resultado de la guerra'. ⇒ Lúcido. *Adivinar. *Inteligencia.

claro, -a (del lat. «clarus») **1** adj. Con luz o con mucha luz: 'El claro día. Una habitación clara'. ⇒ Luminoso. **2** m. Porción luminosa en un *dibujo o pintura o en una *fotografía. ⇒ Esplendor, realce, TOQUE de luz. **3** adj. **Ilustre*: 'Los claros varones de Castilla'. **4** Aplicado a *colores, pálido: con más mezcla de blanco que los llamados «fuertes» u «oscuros»: 'El color rosa es un color claro' **5** Transparente: no enturbiado por suciedad o impurezas: 'Cristal [o espejo] claro. Agua [o bebida] clara'. ⊙ Aplicado al tiempo o al cielo, *despejado, sin nubes: 'Un día claro'. **6** Aplicado a *telas, poco tupido, con intersticios entre el material. **7** Aplicado al pelo, a un bosque, una plantación o cosa semejante, poco poblado. ≃ *Ralo. **8** Aplicado a una masa pastosa, o a una mezcla, disolución o infusión líquida, con mucha proporción de *líquido: 'Un chocolate [o un puré] claro. Café [o té] claro'. ⇒ Fluido. ➤ Espeso, cargado. **9** *Perceptible por los sentidos o la inteligencia sin dificultad, sin duda o sin confusión. ⊙ *Fácil de notar o de entender: 'Muestra una clara preferencia por ti. Una explicación clara'. ≃ Evidente. ⊙ Tal que no se puede dudar de ello: 'Se nota una clara mejoría. Es claro que si no lo hace es porque no quiere'. ≃ *Evidente. ⊙ *Definido o *preciso: exento de confusión: 'Una imagen clara recogida en una pantalla'. ⊙ Tal que proporciona una idea o una imagen de las cosas exacta y precisa: 'Vista [cabeza, inteligencia o explicación] clara'. ⊙ Se aplica a la persona que se expresa o explica las cosas con claridad. **10** *Abierto o *sincero. Se aplica a la persona que habla u obra sin disimulo o sin rodeos, así como a su manera de hablar u obrar: 'Una persona clara en sus tratos. Una actitud clara'. ⊙ *Limpio: no chanchullero. **11** TAUROM. *Se aplica a los *toros de lidia que acometen de pronto, sin malicia.* **12** VET. *Se aplica al *caballo que, al andar, echa las manos hacia fuera, de modo que no puede rozarse una con otra.* **13** m. *Espacio libre en un conjunto de cosas: 'Un claro en el pelo [en el cielo cubierto de nubes o en una multitud]'. ⊙ Específicamente, en un *bosque, *plantación, *monte o sembrado. ⇒ Calva, calvero, *calvicie, calvijar, calvitar, clapa, clara, rodal, vendal. ➤ *Ralear, terrear. ⊙ Espacio entre cada dos cosas en una serie de ellas; por ejemplo, entre dos columnas: 'Sístilo se llama al edificio cuyos intercolumnios tienen cuatro módulos de claro'. ⊙ *Blanco: espacio entre una palabra y otra en la escritura.* **14** Tiempo durante el cual se *interrumpe cualquier fenómeno o actividad. ⊙ Particularmente, la lluvia o la caída de nieve: 'Nevó durante casi todo el día, pero aprovechamos un claro para salir'. **15** adv. Claramente: 'Hablar claro'. **16** (gralm. pl.) m. ARQ. *Cada una de las ventanas, balcones, etc., por donde un recinto comunica con el exterior.* ≃ *Hueco, luz, vano. ⊙ ARQ. **Claraboya, o abertura semejante.*

CLARO DE LUNA. Luz de la *Luna bañando el paisaje; particularmente, en la expresión «al claro de luna».

V. «claro como el AGUA [o más claro que el AGUA]».

CANTARLAS CLARAS. Cantar las CLARAS.

¡CLARO! **1** Exclamación de afirmación o asentimiento: '¿Crees que le parecerá bien? —¡Claro! Es lo mejor que podemos hacer. —¡Claro!'. **2** Expresa también que se encuentra razonable, *natural o lógica cierta cosa: 'Por fin me decido a ir contigo. —¡Claro!'. **3** También expresa que el que profiere la exclamación acaba de *percatarse de cierta cosa: '¡Claro!... Por eso no quiso venir con nosotros'. **4** En ocasiones tiene sentido irónico y expresa que no se encuentra razonable cierta proposición o no se piensa acceder a ella: 'Acompáñame a casa. —¡Claro...!'. ⇒ *Rehusar.

¡CLARO ESTÁ! [¡CLARO QUE SÍ! o ¡PUES CLARO!]. Exclamaciones de afirmación o asentimiento, equivalentes a «¡claro!».

DE CLARO EN CLARO. Aplicado a la manera de pasar la noche, en *vela, desde el principio hasta el fin; sin poder conciliar el sueño.

ESTAR CLARA una cosa. Ser indudable o *indiscutible.

V. «HABLAR claro; ¡claro [pues claro], HOMBRE!; claro como la LUZ del día».

METER EN CLAROS. PINT. *Hacer la distribución de los claros.*

V. «pasar la NOCHE en claro [o de claro en claro], PONER [o SACAR] en claro».

TENER alguien CLARO algo. **1** No tener dudas acerca de ello. **2** (inf.) Expresión irónica con que se alude al hecho de que alguien no va a conseguir aquello que espera: 'Si piensas que voy a dejarte el coche, lo tienes claro'.

□ CATÁLOGO

Como el AGUA, más claro que el AGUA, cartesiano, comprensible, *definido, indudable, inteligible, lúcido, luminoso, como la LUZ del día, paladino, palmar, palmario, palpable, patente, perspicuo, transparente, visible. ➤ Verde y con ASAS; si adivinas lo que traigo en el CESTO, te doy un racimo; las SEÑAS son mortales. ➤ Las COSAS claras y el chocolate espeso. ➤ Clarividente, claroscuro, declarar, entreclaro, esclarecer, preclaro. ➤ *Complicado. *Confundir. *Oscuro. *Rebozo. *Reserva. *Rodeo. ➤ *Abiertamente. *Aclarar. *Cierto. *Definido. *Destacado. *Determinado. *Distinto. *Evidente. *Fácil. *Indiscutible. *Inteligible. *Inteligencia. *Limpio. *Perceptible. *Sincero.

claror (del lat. «claror, -ōris») m. *Claridad o resplandor.*

claroscuro (de «claro» y «oscuro») **1** m. Efecto que resulta de la distribución o contraste de luces y sombras en un *dibujo, pintura, etc. **2** *Dibujo o pintura en que no hay más que luces y sombras, pero no colorido.* **3** *En caligrafía, efecto que resulta de la combinación en la *escritura de trazos gruesos y finos.* **4** Actitud de las personas o situación de las cosas no definida en un sentido o en otro o apartada igualmente de dos términos contrapuestos. ⇒ *Intermedio.

clarucho, -a adj. Desp. de «claro»: 'Una sopa [o una tela] clarucha'.

clascal (Méj.) m. **Tortilla de maíz.*

clase (del lat. «classis») **1** f. Cada grupo o *división que resulta de repartir o suponer repartidas las cosas de un conjunto poniendo juntas las que tienen el mismo valor o ciertas características comunes. ⊙ Calidad: manera de ser de una cosa, buena o mala, mejor o peor o especificada de cualquier manera, que es común a esa cosa y a otras: 'Lana de clase superior. Madera de mala clase. No me gusta esa clase de personas'. ⊙ Distinción o elegancia: 'Es una mujer con clase'. **2** BIOL. *Grupo taxonómico de animales o plantas intermedio entre el grupo y el orden: 'Clase de los mamíferos (en el reino animal) o de las monocotiledóneas (en el reino vegetal)'. **3** CLASE social. **4** En un *colegio, academia, etc., cada grupo de alumnos clasificados por su grado de adelanto en la *enseñanza de que se trate. **5** Conjunto de alumnos que reciben una enseñanza: 'La clase de física es muy numerosa'. **6** Local donde se dan las clases. ≃ Aula. **7** («Dar», tanto para el que enseña como para el que recibe la enseñanza; se puede usar sin artículo) Enseñanza dada por un profesor de una materia determinada: 'La clase de D. Manuel. La clase de historia. Da clase de español a un americano. Da clase de piano con un profesor del conservatorio. Hoy no hay clase. Lo dijo en clase. Entrar en clase. Salir de clase'. ⇒ Horario. ➤ Fumarse, hacer FUCHINA, hacer NOVILLOS, hacer PIMIENTA, hacer RABONA, hacer[se] la RATA ➤ Explicar, preguntar. ➤ Pasar LISTA. ➤ Poner [un] CERO, poner NOTA. ➤ Dar la HORA. ⊙ (sing. o pl.) Actividad docente: 'Hasta primeros de mes no hay clase en la universidad'.

CLASE SOCIAL. Capa o nivel que se considera en la sociedad, al establecer relaciones de igualdad, superioridad o inferioridad, por la riqueza o por la categoría, entre unas personas y otras. Se habla normalmente de tres clases sociales: alta, media y baja: 'Son aproximadamente de la misma clase social. Pertenece a una clase social superior'.

CLASE[S] DE TROPA. MIL. Escalafón inferior de los Ejércitos de Tierra y Aire y el Cuerpo de Infantería de Marina, formado por los soldados, cabos y cabos primeros.

CLASES PASIVAS. Conjunto de personas que perciben del Estado, sin realizar un trabajo, una *pensión como jubilación, retiro, viudedad u orfandad.

V. «ESPÍRITU de clase».

SIN NINGUNA CLASE DE. Expresión muy frecuente: 'Sin ninguna clase de dudas' (equivalente a «sin ninguna duda»).

¡VÉASE LA CLASE! Exclamación humorística con que, al mostrar una cosa, se pondera su bondad.

□ CATÁLOGO

I Arte, calidad, calaña, calimbo, carácter, *categoría, condición, especie, género, guisa, índole, jaez, jerarquía, laya, linaje, línea, manera, MANERA de ser, *modo, MODO de ser, *naturaleza, nivel, número, ralea, raza, suerte, tipo, variedad. ➤ *CLASE social. ➤ Escala, gradación. ➤ Baremo, tabla. ➤ Especie, familia, género, orden, reino, subclase, subespecie, subgénero, suborden, subreino, subtipo, tipo, tribu, variedad. ➤ *Grupo, *GRUPO taxonómico, taxón. ➤ Dicotomía, sistemática, taxonomía, tricotomía. ➤ Dicotómico, tricotómico, ➤ *Carácter, característica, categorema, *cualidad, *propiedad. ➤ Grado. ➤ Inferioridad, subordinación, superioridad. ➤ *Bueno, de CHICHA y nabo, *corriente, excelente, inferior, ínfimo, *malo, *mediano, ordinario, de pacotilla, para salir del PASO, rasca, superior. ➤ Congénere. ➤ Ejemplar, especie, individuo, mónada. ➤ Surtido. ➤ Clasificar, distribuir, *dividir, *repartir, *separar. ➤ Cada OVEJA con su pareja. ➤ Subordinación. ➤ *Asignar, *atribuir, *calificar, catalogar, colocar, contar[se], dar por, declarar, encartar, encasillar, encuadrar, llamar, motejar, *poner, SITUAR entre, tachar, tildar, tratar. ➤ *Criterio. ➤ Casillero, clasificador, fichero. ➤ Inclasificable.

II CLASE SOCIAL: Capa, *casta, *categoría, condición, esfera, estado, estalación, estamento, estrato, extracción, jerarquía, nivel, origen, *posición, situación. ➤ *Aristocracia, burguesía, burocracia, CLASE media, clero, ESTADO llano, GENTE adinerada [baja, de campanillas, de dinero, distinguida, humilde, de poca importancia, miserable, modesta, pobre, de poco más o menos, de buena posición, pudiente o rica]. ➤ Mesocracia, *nobleza, ORDEN ecuestre, plebe, plutocracia, proletariado, pueblo, realeza, buena SOCIEDAD, tecnocracia. ➤ *Aristócrata, *burgués, *caballero, capitalista, célere, ciudadano, cliente, *eclesiástico, équite, ermunio, *esclavo, *hidalgo, ilota, infanzón, intocable, *noble, *obrero, paria, productor, proletario, propietario, *señor, SIERVO de la gleba, valvasor. ➤ Igualdad. ➤ Interclasista. ➤ Clasismo.

clasiario m. **Soldado *romano de cierto grupo adiestrado para combatir a bordo; semejante a los de lo que hoy se llama infantería de marina.*

clásicamente adv. De manera clásica.

clasicismo m. Cualidad de clásico.

clasicista adj. y n Que sigue los principios del clasicismo.

clásico, -a (del lat. «classĭcus») **1** adj. y n. m. Se aplica a la *lengua, al *estilo, las obras, los artistas, etc., pertenecientes a la época de mayor esplendor de una evolución artística o literaria. ⊙ Igualmente, a los que se adaptan a las normas consideradas como fórmula de perfección. ⇒ Académico. ⊙ Perteneciente a los antiguos griegos y romanos; se aplica particularmente al arte y la literatura. ⊙ adj. Por oposición a «romántico», se aplica a cualquier creación del espíritu humano en que la *razón y el equilibrio predominan sobre la pasión o la exaltación. ⊙ Se aplica a la música de tradición culta. ⊙ En sentido restringido, a la de la segunda mitad del siglo XVIII. **2** Referido a costumbres, gustos, etc., conforme a principios tradicionales: 'Es muy clásico en su forma de vestir'. **3** (gralm. antepuesto) Típico: que posee claramente las cualidades que le son propias o que se expresan: 'Es la clásica ciudad de provincias'.

V. «EDIFICIO clásico».

clasificación f. Acción y efecto de clasificar.

clasificado, -a 1 Participio adjetivo de «clasificar[se]». **2** m. Anuncio por líneas o palabras en la prensa.

clasificador, -a 1 adj. y n. Que clasifica. **2** m. Mueble u otra cosa que sirve para tener algo clasificado, por ejemplo en una *oficina.

clasificar (del b. lat. «classificāre») **1** («por, según, atendiendo a») tr. *Dividir un conjunto de ↘cosas en *clases. **2** Asignar una ↘cosa a una determinada *clase o grupo. **3** prnl. Alcanzar el puesto que se expresa en una competición deportiva: 'El atleta español se clasificó en tercera posición'. ⊙ Pasar a la siguiente fase de una eliminatoria: 'Nuestro equipo se ha clasificado para los cuartos de final'. **4** tr. Declarar el gobierno que un ↘documento o información es materia reservada. ⇒ Desclasificar.

clasificatorio adj. Que sirve para una clasificación.

clasismo m. Defensa de la división de la sociedad en clases. ⊙ Particularmente, actitud de desprecio hacia los individuos de clases sociales inferiores.

clasista 1 adj. *Propio de una clase social.* **2** adj. y n. Del clasismo o partidario de las diferencias de clase.

clástico, -a (del gr. «klastós», fragmentado) adj. **Roto en fragmentos o separado o separable en partes.* ⊙ GEOL. *Se aplica a las rocas sedimentarias formadas por fragmentos de otras.* ⊙ GEOL. *En sentido amplio, sedimentario.* ⊙ *Se aplica a los modelos anatómicos de animales o vegetales, desarmables:* 'Hombre clástico'.

claudicación f. Acción de claudicar.

claudicante adj. Se aplica al que claudica. ⊙ O a lo que implica claudicación.

claudicar (del lat. «claudicāre», cojear) **1** (ant.) intr. *Cojear.* **2** Dejar de cumplir deberes o mantener principios. ⇒ *Incumplir. **3** *Ceder, *rendirse o *someterse; abandonar el esfuerzo o la resistencia en una empresa.

claudio, -a (de la reina «Claudia», esposa de Francisco I de Francia) adj. y n. f. Se aplica a una variedad de *ciruela muy dulce, que conserva color verde aunque esté completamente madura y tiene la particularidad de que el hueso se desprende fácilmente de la carne. ⊙ adj. También, al árbol que la produce.

clauquillar (del cat. ant. «clauquillar»; Ar.) tr. *Sellar los ↘cajones de mercancías en la *aduana.*

claustra f. *Claustro de iglesia o convento.*

claustral adj. De [o del] claustro: 'Vida claustral'.

claustrar (de «claustro»; ant.) adj. **Cercar.*

claustrero, -a adj. y n. *Enclaustrado.*

claustrillo (dim. de «claustro») m. *Salón en algunas *universidades, donde se celebraban actos de segundo orden.*

claustro (del lat. «claustrum») **1** m. *Galería que rodea el patio interior de un convento, iglesia, universidad, etc. ⊙ Por extensión, convento o estado monástico: 'Se retiró al claustro'. ≃ Caostra. ⇒ Atrio. ➤ Panda. ➤ Enclaustrar, exclaustrar. ➤ *ORDEN religiosa. **2** (ant.) **Habitación.* **3** Junta formada por el director (rector si es universidad) y los profesores de un centro de enseñanza. ⊙ Conjunto de los profesores de un centro docente en ciertos niveles de enseñanza. ⊙ Reunión de los miembros del claustro de un centro docente.

CLAUSTRO MATERNO. Seno materno: alojamiento de la criatura en el interior de la madre. ⇒ *Útero.

claustrofobia (del lat. «claustrum», encierro, y «-fobia») f. Aversión patológica a los espacios cerrados o temor experimentado al encontrarse en ellos. ⇒ *Manía.

claustrofóbico, -a adj. De [la] claustrofobia: 'Un ambiente claustrofóbico'.

cláusula (del lat. «clausŭla») **1** f. LITER. *En la literatura clásica, final del periodo, en el cual se intensifica el ritmo con combinaciones especiales de acentos, tonos y cantidades.* **2** GRAM. Oración o construcción, con mayor o menor independencia sintáctica, incluida dentro de una oración. **3** Cada una de las condiciones, disposiciones o estipulaciones de un testamento, contrato o *documento análogo.

CLÁUSULA ABSOLUTA. GRAM. *Frase incrustada en una oración sin depender gramaticalmente de ningún elemento de ella. ⇒ Apénd. II, CLÁUSULA ABSOLUTA.

clausulado, -a 1 m. Conjunto de cláusulas. **2** adj. *Aplicado al estilo, cortado.*

clausular (de «cláusula») **1** tr. *Cerrar el ↘periodo gramatical.* **2** **Terminar ↘lo que se estaba diciendo.*

clausura (del lat. «clausūra») **1** f. Acción de clausurar: 'La clausura del certamen'. ⊙ *Ceremonia con que se da algo por acabado. **2** Situación de los monjes obligados por su regla a no salir del *convento o a no dejar entrar en éste a personas ajenas a él o, por lo menos, a mujeres si el convento es de monjes, o a hombres, si es de monjas. ⇒ *Orden. **3** *Convento o lugar de él donde no se permite la entrada a personas ajenas o a hombres o mujeres, según que sea, respectivamente, de monjas o de monjes. **4** (ant.) *Sitio cercado o corral.*

clausurar (de «clausura») **1** tr. *Cerrar oficial o solemnemente un ↘centro oficial, como la universidad, las cortes o los tribunales, interrumpiendo sus sesiones para dar comienzo a las vacaciones. ⊙ Dar por *terminado un ↘congreso, una exposición, etc. **2** Cerrar un ↘edificio, local, etc., por orden gubernativa: 'Ha sido clausurada la discoteca por no cumplir la normativa de seguridad'.

clava (del lat. «clava») **1** f. Palo, generalmente un trozo de rama de árbol, muy grueso por uno de sus extremos y acabado en punta por el otro, que se emplea como *arma agarrándolo por el extremo delgado. ≃ *Porra, cachiporra, maza. **2** MAR. *Abertura hecha en el trancanil de la cubierta de proa de algunas embarcaciones menores para dar salida al agua que embarcan.*

clavadizo, -a adj. *Adornado con clavos.* ≃ Claveteado.

clavado, -a 1 Participio de «clavar[se]». 2 adj. *Claveteado.* 3 (inf.; «a») Muy semejante a alguien o algo que se expresa: 'Este niño es clavado a su abuelo. El pintor le ha sacado clavado en este retrato'. ≃ Pintiparado. 4 (inf.) *Seguro. 5 (inf.) *Acertado o *adecuado. 6 (Méj.) m. *Zambullida.*

DEJAR CLAVADO a alguien. Dejarle confuso o desconcertado, sin saber qué hacer o decir: 'La noticia me dejó clavado. Mi respuesta le dejó clavado'.

clavadora f. Máquina utilizada para clavar clavos.

clavadura f. *Herida que se les hace a las caballerías al clavar demasiado un clavo de la herradura.* ≃ Enclavadura.

claval (de «clavo») adj. V. «JUNTURA claval».

clavar (del lat. «clavāre») 1 («a, en») tr. y prnl. Introducir[se] un ↘clavo u otra cosa con punta en algún sitio: 'Clavar un clavo en la pared [o un palo en el suelo]. Me he clavado la aguja en el dedo. Se le ha clavado una espina del rosal'. ≃ Hincar. ⇒ *Clavo. *Pinchar[se]. 2 tr. VET. *Causar una clavadura a las ↘caballerías.* 3 Sujetar una ↘cosa con clavos: 'Clavar la tapa de un cajón'. 4 *Entre plateros, *engastar las piedras.* 5 Fijar intensamente los ↘ojos, la vista, la *mirada en algo o alguien. 6 ARTILL. *Inutilizar un ↘cañón clavando un clavo de acero en el oído.* 7 (ant.) *Poner herretes, por ejemplo en los extremos de los ↘cordones.* ≃ Herretear. 8 (inf.) Expresión ponderativa usada entre estudiantes con el significado de *acertar exactamente o hacerlo muy bien al contestar una ↘pregunta, resolver un ↘problema, desarrollar una ↘lección, etc.: 'De los tres problemas que nos han puesto en el examen, he clavado dos'. 9 Dejar clavado (o estupefacto). 10 *Abusar de ↘alguien cobrándole una cosa demasiado *cara. ⊙ El complemento puede ser también la cantidad de dinero cobrada: 'Me han clavado diez mil pesetas por el arreglo del coche'.

V. «clavarse en el ALMA, clavar un CLAVO con la cabeza, clavarse en el CORAZÓN».

clavario (del lat. «clavarĭus») m. *En algunas *órdenes militares, encargado de la custodia de un castillo o iglesia.* ≃ Clavero.

clavazón f. Conjunto de *clavos, particularmente los que hay en alguna obra o se tienen preparados para utilizarlos en algo.

clave (del lat. «clavis») 1 (ant.) f. **Llave.* 2 ARQ. Piedra con que se cierra por la parte superior un *arco o una *bóveda. ⇒ Rosetón, sagita, SILLAR de clave, trompillón. ➤ Contraclave. 3 Conjunto de *signos cuyo significado sólo conocen ciertas personas, que se emplea para escribir cosas secretas. ≃ Cifra. ⇒ Criptoanálisis, criptografía. ➤ Llave. ➤ Cifrar. ➤ Descifrar. 4 Lista de las correspondencias de los signos de una clave secreta con los signos de escritura corriente, que sirve para traducir los escritos hechos con aquélla. 5 Signo o combinación de signos que ponen en funcionamiento ciertos aparatos o dispositivos. 6 Algo que contiene la *explicación de una cosa que, sin ello, resulta inexplicable: 'En eso está la clave de su actitud'. ⇒ *Quid. 7 Se aplica en aposición a otros nombres, tales como «punto, cuestión», etc., para designar algo de cuya consideración no se puede prescindir en el asunto que se trata: 'Cómo disponer del dinero es la cuestión clave del asunto'. 8 Cada uno de los sistemas de lectura aplicables a la notación musical. ⊙ MÚS. Signo que indica al principio del pentagrama la nota que corresponde a cada figura según la línea o espacio que ocupe. 9 m. *Clavicordio (instrumento musical).

V. «SILLAR de clave».

clavecímbano (ant.) m. *Clavicémbalo.*

clavecín (del fr. «clavecin») m. Clavicémbalo.

clavecinista n. Músico que toca el clavecín.

clavel (del cat. «clavell»; *Dianthus caryophyllus*) m. *Planta cariofilácea, de tallos delgados con nudos muy acusados en los puntos de donde arrancan las hojas, las cuales son largas y estrechas; las flores, llamadas del mismo modo, tienen multitud de pétalos con el borde superior dentado, y son de diversos colores en las gamas del rojo, el rosa, el amarillo y el morado, blancas o con el fondo de uno de estos colores y salpicaduras de otro. ⇒ Bellota. ➤ Gariofilea.

CLAVEL DE CHINA (*Tagetes patula*). Planta compuesta americana cultivada por sus bellas flores amarillas.

C. CORONADO (*Dianthus plumarius*). Clavel de flores grandes, agradablemente perfumadas y de color blanco o rosa brillante; se cultiva como ornamental. ≃ CLAVELLINA de pluma.

C. REVENTÓN [o DOBLE]. El obtenido por cultivo, de flores tan grandes que el cáliz no puede contener los pétalos y se raja, desbordándose los pétalos por la grieta.

C. DE LA INDIA. **Damasquina (planta compuesta).*

C. DE LAS INDIAS. **Cempoal (planta compuesta).*

C. DE MUERTO. **Damasquina (planta compuesta).*

clavelina f. Clavellina.

clavelito (dim. de «clavel») m. Variedad de clavel con flores pequeñas en corimbos dispersos.

clavellina (del cat. «clavellina») 1 f. *Planta de claveles de flores sencillas. ≃ Clavelina, cantuta, FLOR de los incas. 2 ARTILL. *Tapón de estopa con que se tapaba el oído del cañón para que no entrase polvo.* ⇒ *Artillería.

CLAVELLINA DE PLUMA. CLAVEL coronado (planta cariofilácea).

clavelón (aum. de «clavel») 1 (*Tageles erecta*) m. *Planta de jardín con flores de forma parecida a la del clavel, amarillas y de olor desagradable. ≃ Cempoal, CLAVEL de las Indias. 2 **Caléndula (planta compuesta).*

claveque (de «Clavecq», población de Bélgica) m. **Cristal de roca en cantos rodados, que se talla como el diamante.* ⇒ *Mineral, *PIEDRA preciosa.

clavera 1 f. *Agujero o *molde en que se forman las cabezas de los clavos.* 2 **Agujero en que se introduce o ha estado un clavo.* 3 (Extr. y otros sitios) *Serie de *mojones que marca un *límite.*

clavería (Méj.) f. *Oficina en las iglesias catedrales que tiene a su cargo la administración de las rentas.*

clavero[1] (del lat. «clavarĭus») m. *Clavario.*

clavero[2] (de «clavo», especia; *Caryophyllus aromaticus*) m. Árbol mirtáceo tropical que da los clavos de especia. ≃ ÁRBOL del clavo, giroflé. ⇒ *Planta.

claveta f. *Estaquilla o clavo de madera.*

clavete (dim. de «clavo») m. MÚS. *Púa con que se toca la *bandurria.

clavetear (de «clavete») 1 tr. *Adornar con clavos. 2 Sujetar algo con clavos, especialmente si se clavan los clavos desordenadamente o se ponen más de los necesarios en algún sitio. 3 *Guarnecer con herretes las puntas de una *cinta, cordón, etc.* ≃ Herretear.

clavicembalista (pronunc. [clabichembalísta]) n. Músico que toca el clavicémbalo.

clavicémbalo (del it. «clavicembalo»; pronunc. [clabichémbalo]) m. Instrumento musical de cuerda de los numerosos antecesores del *piano, originado en la aplicación del teclado al salterio, competidor del clavicordio en cuanto a difusión en el siglo XVIII, y dispuesto como éste horizontalmente. ≃ Clavecín. ⇒ Clavicímbalo, clavicímbano. ➤ Clavicordio, *piano.

clavicímbalo (ant.) m. *Clavicémbalo.*

clavicímbano m. *Clavicémbalo.*

clavicordio (del lat. «clavis», llave, y «chorda», cuerda) m. Instrumento musical de cuerda, antecesor del piano, originado en la aplicación del teclado al monocordio y dispuesto horizontalmente; estuvo en boga principalmente en el siglo XVIII. ≃ Clave. ⇒ Clavicémbalo, *piano.

clavícula (del lat. «clavicŭla») f. Cada uno de dos huesos largos situados cerca del *hombro, articulados por un extremo con el esternón y por el otro con el omoplato. ⇒ Raíz culta, «cleid-»: 'acleido'. ➤ Horquilla, islilla.

claviculado, -a adj. Con clavículas.

clavicular adj. De las clavículas.

claviforme adj. *De forma de *porra o clava.*

clavija (del lat. «clavicŭla», llavecita) f. Cualquier pieza de metal o de madera semejante a un clavo, que se introduce en un orificio, en cualquier pieza y con cualquier objeto; por ejemplo, en un eje después de haber metido en él la pieza correspondiente, para *sujetarla. ⇒ Espiga, estaquilla, sobina, tarugo, tornija. ➤ Enclavijar. ⊙ Pieza de esa clase de las que sirven en los instrumentos de *música para enrollar en ellas uno de los extremos de las cuerdas, de modo que, dándoles vuelta, tensan éstas más o menos para ponerlas en el tono debido. ⇒ Clavijero. ⊙ Terminal de un cable eléctrico que se introduce en el enchufe para establecer una conexión. ⇒ Borne.

CLAVIJA MAESTRA. *Varilla con que se sujeta la caja de un *carruaje al juego delantero de ruedas.*

APRETAR LAS CLAVIJAS a una persona. Tratarla con severidad teniéndola sujeta, obligándola a trabajar, no permitiéndole que se descuide o falte a su deber, etc.

clavijera (de «clavijero»; Ar.) f. ARQ. *Agujero hecho en la parte baja de una tapia para que pase el agua de riego.*

clavijero 1 m. Pieza de cualquier instrumento o utensilio, con agujeros para meter una o más clavijas. ⊙ MÚS. En un instrumento de cuerda. ⊙ AGRIC. En el timón del *arado. **2** *Pieza con dos espigas metálicas que se introduce en un *enchufe eléctrico para conectar un aparato.* **3** **Percha para colgar.*

clavillo (dim. de «clavo») **1** m. Pasador que sujeta las varillas del *abanico, las dos hojas de las *tijeras o cosa semejante. ≃ Clavo. ⊙ *Cada una de las puntas clavadas en el puente y en el secreto del *piano, que sirven para dirigir las cuerdas.* **2** Cualquier cosa semejante a un clavo por la forma o por estar introducida en algún sitio; por ejemplo, la masa que obstruye al cabo de cierto tiempo un orificio como el de las *orejas cuando no se llevan *pendientes puestos. ≃ Clavo.

claviórgano m. *Cierto instrumento musical muy armonioso, con cuerdas como el *clave y tubos como el *órgano.*

clavo (del lat. «clavus») **1** m. Pieza de metal larga y delgada, con punta en un extremo y cabeza en el otro, que se usa para unir entre sí piezas de madera, para *sujetar una cosa a una madera o a la pared, etc. ⊙ Los hay de *adorno, por ejemplo con la cabeza dorada. **2** Capullo seco de la flor del clavero, de forma de clavo, que constituye una *especia. ⇒ Cariofilina, esencia de CLAVO, gariofilo, madreclavo. **3** Se aplica acomodaticiamente a distintos objetos semejantes a un clavo por la *forma o por la manera de estar introducidos en alguna parte. ⊙ A ciertos callos de forma apuntada. ⊙ Al clavillo de las tijeras o del abanico. ⊙ Al clavillo que se forma en los agujeros de las orejas hechos para pasar los pendientes, cuando no se llevan éstos puestos. **4** Masa de pus endurecido o de tejido muerto que se forma en el *absceso y que, al salir, suele señalar la curación de éste. **5** VET. **Tumor que se les hace a las caballerías entre el casco y el pelo.* **6** CIR. *Relleno de hilas puesto en el interior de las heridas para facilitar la supuración.* ≃ Lechino. **7** (inf.) Jaqueca: *dolor de cabeza. ⇒ CLAVO histérico. **8** *Pena o padecimiento moral intenso y continuado: 'Tiene el clavo de ese hijo inútil'. **9** Persona o cosa molesta engorrosa. **10** **Daño o *perjuicio.* **11** *Mercancía difícil de vender.*

BUEN CLAVO. *Se aplica a los estambres del *azafrán, cuando están bien desarrollados.*

CLAVO BALADÍ. *El de *herrar menor que el hechizo.*

C. BELLOTA [BELLOTILLO O BELLOTO]. *El grande, de forma de tachuela, empleado, por ejemplo, en las armaduras de tejado.*

C. CHANFLÓN. *El hecho toscamente.*

C. DE CHILLA. *Clavo de unos 6 cm de largo, que se emplea para clavar la tablazón de los techos.*

C. DE GANCHO. *Escarpia.

C. DE GOTA DE SEBO. El de cabeza semiesférica.

C. HISTÉRICO. **Dolor, con sensación de que penetra un clavo en la cabeza, que se presenta en la histeria.*

C. DE OLOR. Clavo (especia).

C. DE RETRANCA. *El que tiene la cabeza en forma de plancha perforada transversalmente a la longitud del clavo, de modo que, una vez clavado en una pieza, puede sujetarla, por ejemplo con un tornillo, a otra que forme ángulo con ella.*

C. TRABAL. *El que se emplea para clavar las vigas trabes.*

MAL CLAVO. *Se dice, con referencia a la flor del azafrán, cuando no están los estambres bien desarrollados.*

AGARRARSE A UN CLAVO ARDIENDO. Aprovechar cualquier medio que permite salir de un apuro.

ARRIMAR EL CLAVO. *Introducir demasiado el clavo al herrar a una caballería, de modo que se la hiere.*

CLAVAR [O SER CAPAZ DE CLAVAR] UN CLAVO CON LA CABEZA. Ser muy obstinado.

COMO UN CLAVO (inf.). Puntual: 'Estaba allí como un clavo a las siete'.

DAR EN EL CLAVO. *Acertar o *descubrir algo. Particularmente, decir algo con que se descubre el pensamiento o las intenciones ocultas de otra persona o que está en relación con ese pensamiento o intenciones. ⊙ *Descubrir la explicación de algo que antes parecía inexplicable.

DAR UNA EN EL CLAVO Y CIENTO EN LA HERRADURA. *Equivocarse muchas más veces de las que se acierta.

V. «ESENCIA de clavo».

HACER CLAVO. *Trabarse sólidamente los materiales de una construcción o del firme de una carretera.*

NO DAR [O PEGAR] NI CLAVO (inf.). Holgazanear.

¡POR LOS CLAVOS DE CRISTO! Exclamación de *protesta o *impaciencia, o exclamación con que se da tono patético a un *ruego o *mandato.

REMACHAR EL CLAVO. *Insistir en una torpeza o inconveniencia cometidas.

SACARSE alguien EL CLAVO (inf.). *Librarse de alguien o algo molesto.*

SER CAPAZ DE CLAVAR UN CLAVO CON LA CABEZA. V. «Clavar un CLAVO con la cabeza».

UN CLAVO SACA OTRO CLAVO. Expresión con que se indica que una preocupación o *pena hace olvidar otra o que una adquisición hace olvidar una pérdida.

□ CATÁLOGO

Abismal, agujuela, alcayata, alfiler, ALFILER de París, bellote, bollón, broca, calamón, cáncamo, chanflón, chatón, chillón, CHILLÓN real, DIENTE de lobo, entenga, escalzador, escarpia, estoperol, *hembrilla, hita, hito, hitón, muletilla, priego, PUNTA [de París], saetín, tabaque, tacha, tachón, tachuela, tiradera. ➤ Chaveta, chinche, chincheta, claveta, *clavija, espiga, espigón, estaca, estaquilla, perno, redoblón, remache, roblón, sobina, tarugo, *tornillo. ➤ Cabeza, punta. ➤ Agarrar, cebar, hincarse. ➤ Apuntar, chantar, clavar, clavetear, embutir, empernar, enterrar, estacar[se], hincar, hundir, *meter, pregar. ➤ Rebotar, redoblar, remachar, roblar. ➤ Martillo, martinete, mazo. ➤ Durmiente, nudillo, taco, taquete. ➤ Arrancaclavos, botador, desclavador, menestrete, sacabrocas, sacaclavos, tenaza[s], uñeta. ➤ Ramplús. ➤ Desroblar. ➤ Desclavar, desenclavar, enclavar. ➤ *Pincho.

claxon (del ingl. «klaxon», marca registrada; pl. [cláxones]) m. Utensilio sonoro, accionado eléctricamente, que llevan los *automóviles y que se emplea también en otros sitios, por ejemplo en los estudios cinematográficos, para dar señales.

claz (Sor.) m. *Caz.*

clazol (del nahua «tla», cosa y «zolli», viejo) **1** (Méj.) m. **Bagazo o residuo de la caña de *azúcar.* **2** **Estiércol.* **3** **Basura.*

clec (de or. expresivo) m. *Automático (broche).

cleda (del célt. «cleta», armazón de palos; ant.) f. *Mantelete (tablero forrado de hojalata, que se empleaba como defensa).* ⇒ *Arma (defensivas).

clemátide (del lat. «clemătis», del gr. «klēmatís»; *Clematis vitalba*) f. *Planta ranunculácea de tallo sarmentoso y trepador y flores blancas olorosas. ⊙ El nombre se aplica también a otras plantas del mismo género. ≃ Aján, crespillo, HIERBA de los lazarosos, HIERBA de los pordioseros, traba, virigaza. ⇒ Vidarra, vilorta [o vilorto].

clemencia (del lat. «clementĭa»; «Pedir, Tener») f. Cualidad de clemente. ⊙ Actitud clemente: 'Ha demostrado su clemencia en esta ocasión. No le sirvió pedir clemencia'.

clemente (del lat. «clemens») adj. Aplicado a personas y a su comportamiento o actitud, inclinado, al juzgar o castigar a alguien, a hacerlo sin rigor, por compasión hacia el juzgado: 'Un juez clemente'. ⇒ *Benévolo. ➤ Clemencia, *compasión. ➤ Inclemente.

clementina f. Variedad de *mandarina de piel más roja que las ordinarias, sin pepitas y muy dulce.

clepsidra (del lat. «clepsy̆dra», del gr. «klepsýdra») f. *Reloj de agua: utensilio con el que se mide el tiempo, sabiendo el que tarda en pasar el agua que contiene de uno a otro de dos recipientes que lo forman; estos recipientes están unidos por un cuello estrecho y el conjunto se invierte de posición cada vez que el agua ha pasado completamente al de abajo.

cleptomanía (del gr. «kléptō», quitar, y «-manía») f. Inclinación a hurtar cosas, procedente de una anomalía psíquica. ⇒ *Manía, *robar.

cleptomaniaco, -a o **cleptomaníaco, -a** adj. y n. *Cleptómano.*

cleptómano, -a adj. y n. Afectado de cleptomanía.

clerecía **1** f. Clero: clase formada por los clérigos. ⊙ Conjunto de clérigos; por ejemplo, los que asisten a una función de iglesia. **2** Estado de clérigo.

V. «MESTER de clerecía».

clergyman (ingl.; pronunc. [cléryiman]) m. Traje que llevan los sacerdotes compuesto de una chaqueta y un pantalón oscuros y una camisa con alzacuello.

clerical (del lat. «clericālis») **1** adj. De [los] clérigos. **2** Excesivamente relacionado con la *Iglesia, influido por ella o inclinado a darle excesiva influencia.

clericalismo m. Cualidad o actitud de clerical. ⊙ Influencia excesiva de la Iglesia en la *política de un Estado.

clericalmente adv. *Como corresponde al estado de clérigo.*

clericato o **clericatura** m. o f. Estado o dignidad de clérigo secular.

clerigalla (de «clérigo») f. Desp. de «clero».

clérigo (del lat. «clericus») **1** m. Hombre que ha recibido órdenes sagradas y ejerce funciones religiosas en una religión cristiana: 'Un clérigo protestante'. ≃ *Sacerdote. ⊙ Puede, en lenguaje corriente, tener tono poco respetuoso. ⇒ *Eclesiástico. **2** En la Edad Media, hombre dedicado al estudio, incluso refiriéndose a los antiguos o paganos. ⇒ Saber.

CLÉRIGO DE CÁMARA. *Cierto empleo honorífico del Vaticano.*

cleriguicia (de «clérigo») f. *Clerigalla.*

clerizángano m. *Desp. de «clérigo» (secular).*

clerizón (del fr. «clergeon») **1** m. *En algunas catedrales, *monaguillo.* **2** (ant.) *Clerizonte.*

clerizonte **1** m. *Hombre que usaba hábitos eclesiásticos sin estar ordenado.* **2** *Desp. de «clérigo».*

clero (del lat. «clerus») m. Clase sacerdotal de la iglesia católica, o conjunto de todos los hombres que han recibido órdenes sagradas, mayores o menores, o pertenecen a una orden religiosa.

CLERO REGULAR. El constituido por sacerdotes que pertenecen a una regla u orden religiosa.

C. SECULAR. El que no pertenece a una regla y, por tanto, vive en el siglo y no recluido en un convento.

clerofobia (de «clero» y «fobia») f. Aversión apasionada contra el clero. ⇒ Anticlericalismo.

clerófobo, -a n. Persona que siente clerofobia.

cleuasmo (del lat. «chleuasmos», del gr. «chleuasmós», sarcasmo) m. *Figura retórica de pensamiento que consiste en atribuir el que habla a otro sus propias buenas cualidades o acciones o en atribuirse a sí mismo las faltas de otro.* ⇒ Asociación.

clíbano (del lat. «clibănus») **1** m. *Horno portátil.* ≃ *Anafre. **2** *Especie de *coraza que usaban los persas.*

clic **1** Onomatopeya con que se representa un sonido instantáneo, seco y poco intenso. ⇒ T...c. **2** m. Acción de pulsar y soltar una vez alguno de los botones del ratón de un ordenador: 'Para cargar el programa hay que hacer doble clic sobre el icono correspondiente'.

clica (de or. expresivo; *Laevicardium norvegicum* y otras especies) f. Cierto *molusco comestible, común en las costas de España, con dos valvas de forma acorazonada.

cliché (del fr. «cliché») **1** m. AGRÁF., FOT. Clisé. **2** FOT. Película fotográfica revelada, con imágenes en negativo. ≃ Negativo. **3** *LUGAR común.

cliente, -a (del lat. «cliens, -entis»; pronunc. gralm. [cliénte]) **1** n. Plebeyo que estaba bajo la protección de un patricio en la antigua *Roma. ⊙ En el régimen feudal, persona que estaba bajo la protección de otra. **2** Respecto de una persona, otra que utiliza sus servicios profesionales: 'Un médico que desatiende a sus clientes'. ⊙ Respecto de un vendedor o un establecimiento comercial, persona que le compra o que compra en él. ≃ Comprador, consumidor, feligrés, parroquiano. ⇒ Clientela, consumidores, favorecedores, parroquia, público, vecero. ➤ Casero. ➤ Acaserarse, aparroquiarse. ➤ Aparroquiar. ➤ AVE de paso, cañazo.

clientela **1** f. Relación del cliente con el patrono. **2** Conjunto de los clientes de un profesional, una tienda, etc.

clientelismo m. Práctica social y política en la que personas u organizaciones poderosas recompensan a sus partidarios brindándoles protección y determinados favores.

clima (del lat. «clima», del gr. «klíma») **1** m. Conjunto de condiciones atmosféricas de determinado sitio, constituido por la temperatura, la humedad, la nubosidad, los vientos, la cantidad y frecuencia de las lluvias, etc. ⇒ Benigno, blando, continental, crudo, duro, frío, húmedo, inclemente, lluvioso, magnífico, mediterráneo, oceánico, riguroso, seco, severo, suave, templado, tórrido, tropical, variable. ➤ *Aire. *Atmósfera. *Meteorología. **2** Cada una de las zonas, limitadas por paralelos, en que se divide la Tierra, desde el Ecuador a los Polos, cada una de las cuales se diferencia de la siguiente en una cierta longitud del día más largo del año. **3** Conjunto de *circunstancias que caracterizan una situación o rodean a una persona: 'La reunión se celebró en un clima de concordia'. ≃ Ambiente.

climaterapia f. MED. *Climatoterapia.*

climatérico, -a (del lat. «climacterĭcus», del gr. «klimaktērikós») **1** adj. MED. De [o del] climaterio. ⊙ MED. Particularmente, de la edad en que cesa la actividad reproductora. **2** *Se aplica al tiempo que, por cualquier circunstancia, es *peligroso o *difícil.*

climaterio (del gr. «klimaktḗr», escalón) **1** m. MED. Periodo de la vida en el que cesa la actividad reproductora. ≃ EDAD crítica. ⇒ Andropausia, menopausia. **2** *Periodo de la *vida en que se pasa de la niñez a la edad adulta.* ≃ EDAD crítica.

climático, -a adj. Climatológico.

climatización f. Acondicionamiento de aire.

climatizado, -a Participio adjetivo de «climatizar».

climatizador, -a **1** adj. Que climatiza. **2** m. Acondicionador de aire.

climatizar (de «clima») tr. Dotar a un ↘lugar cerrado de la temperatura, grado de humedad y, eventualmente, presión atmosférica deseables para el bienestar de quienes se encuentran en él.

climatología (del gr. «klíma, -atos» y «-logía») **1** f. Tratado de los climas. **2** Conjunto de las características de un determinado clima.

climatológico, -a adj. De [o del] clima: 'Condiciones climatológicas'. ≃ Climático.

climatoterapia (del gr. «klíma, -atos» y «-terapia») f. *Aprovechamiento de las condiciones climáticas en *medicina.* ≃ Climaterapia.

clímax (del lat. «climax», del gr. «klîmax», escala) **1** m. **Gradación (figura retórica).* **2** Momento culminante en el desarrollo de una acción; por ejemplo, en el *teatro o el *cine. ⊙ BIOL. *Momento óptimo de una comunidad ecológica, en cuanto a su estabilidad y organización en un territorio determinado.*

climograma m. METEOR. *Gráfico que representa la temperatura y las precipitaciones de un lugar.*

clin (pop.) f. *Crin.*

clínex m. Forma castellanizada de «kleenex».

clínica **1** f. Parte práctica de la *medicina, o sea su aplicación al tratamiento de enfermos. ⊙ Departamento en que se lleva a cabo esta enseñanza. **2** («Internar en») Establecimiento sanitario privado que se dedica generalmente a intervenciones quirúrgicas. ⇒ Ambulatorio, CASA de socorro, consulta, consultorio, dispensario, *hospital, policlínica, posta, sanatorio.

clínico, -a (del lat. «clinĭcus», del gr. «klinikós», de «klínē», lecho) **1** adj. Médico. ⊙ Particularmente, de la clínica o parte práctica de la medicina. ⊙ adj. y n. m. Se aplica al *hospital donde se imparte la enseñanza de esta disciplina médica. ⊙ m. Médico que se dedica a la clínica o medicina práctica. **2** (ant.) n. *Persona que pedía el *bautismo en la cama por hallarse en peligro de muerte.*
V. «OJO clínico, TERMÓMETRO clínico».

clinógrafo (del gr. «klínein», inclinar, y «-grafo») m. *Utensilio consistente en una escuadra con el lado que forma la hipotenusa ajustable.*

clinómetro (del gr. «klínein», inclinar, y «-metro») **1** m. TOPOGR. *Especie de nivel para medir el ángulo de una *pendiente.* ⇒ Clitómetro. **2** MAR. *Utensilio que sirve para medir la diferencia de *calado entre la proa y la popa de un buque.*

clinopodio (del lat. «clinopodĭon»; *Calamintha clinopodium)* m. *Planta labiada, ligeramente aromática, de tallo cuadrado y velloso y flores en cabezuela, blancas o purpúreas.

clip[1] (del ingl. «clip»; pl. «clips» o, menos frec., «clipes») **1** m. Objeto consistente en una horquilla hecha con una banda estrecha de acero, en que la dobladura hace efecto de muelle manteniendo juntas las dos ramas; se emplea para sujetar el *pelo. **2** Utensilio constituido por un alambre doblado varias veces sobre sí mismo, que sirve para sujetar papeles. **3** Mecanismo de cierre por presión de ciertos pendientes.

clip[2] (ingl.; pl. «clips») m. Fragmento de una película o vídeo breve, generalmente musicales. ⇒ Videoclip.

clipeado, -a adj. *Particularmente en *botánica, de forma de escudo.*

clípeo (del lat. «clypĕus») m. **Escudo circular y abombado usado en la antigüedad.*

clíper (del ingl. «clipper») m. Barco de vela, fino y ligero. ⊙ Se ha aplicado también a un tipo de *avión.

clipiadora (P. Rico) f. *Grapadora.*

clisado m. AGRÁF. *Acción de clisar.* ⊙ AGRÁF. *Técnica del clisado.*

clisar tr. AGRÁF. *Imprimir ↘algo con clisés.*

clisé (del fr. «cliché») m. AGRÁF., FOT. Plancha donde está grabado un trabajo de *imprenta o una imagen fotográfica, con la cual se hacen las copias de éstos. ≃ Cliché. ⇒ Placa.

clistel o **clister** (del lat. «clyster», del gr. «klystḗr», de «klýzō», lavar) m. **Lavativa.*

clitómetro (del gr. «klítos», inclinación, y «-metro») m. TOPOGR. *Instrumento para medir la pendiente del terreno.* ⇒ Clinómetro.

clítoris (del gr. «kleitorís») m. Porción carnosa saliente, situada en la parte más alta de la *vulva.

clivoso, -a (del lat. «clivōsus»; lit.) adj. *En *pendiente.*

clo clo Onomatopeya con que se representa la voz de la gallina, particularmente de la clueca. ⇒ Clueca.

cloaca (del lat. «cloāca») **1** f. Concavidad del terreno, canal o cañería, por donde corren aguas sucias o productos excrementicios. ⇒ Albañal, albellón, albollón, *alcantarilla, arbollón, sumidero, trestiga, val. **2** Depósito de esas mismas aguas y residuos. **3** ZOOL. Porción final ensanchada del intestino de las *aves y otros animales, en la cual desembocan los conductos genital y urinario. **4** (frec. pl.)

Lugar inmundo; por ejemplo, un barrio donde se vive en condiciones infrahumanas o un ambiente en el que reina la degradación moral.

cloasma (del gr. «chlóasma», coloración verde) f. MED. *Coloración desigual, parda o amarillenta, de la piel, en particular de la cara, que aparece por diversas circunstancias; por ejemplo, en el embarazo.*

clocar intr. Hacer «clo clo» la gallina, particularmente la clueca.

cloche (del ingl. «clutch»; Hispam.) m. *Embrague de un vehículo de motor.*

clochel (del fr. «clocher»; ant.) m. *Campanario.*

clon[1] (del ingl. «clown») m. Payaso. ⊙ (desp.) También, en sentido figurado: 'Este chico es el clon de la clase'.

clon[2] (del gr. «klṓn», retoño) m. BIOL. En genética, conjunto de células o individuos producidos por división vegetativa a partir de una sola célula o individuo y, por tanto, genéticamente iguales.

clonación f. BIOL. Producción de clones.

clonar tr. BIOL. Someter a una ↘*célula o individuo a un proceso de clonación.

clónico, -a adj. BIOL. De los clones o la clonación. ⊙ BIOL. Se aplica a las células o individuos producidos mediante clonación.

clonqui (Chi.) m. *Planta semejante a la arzolla.*

cloque (de or. expresivo) m. MAR. **Bichero: palo largo con un gancho que sirve para atracar y desatracar las embarcaciones.* ⊙ MAR. *Palo semejante que sirve para enganchar los *atunes en las almadrabas.*

cloquear[1] intr. Clocar.

cloquear[2] tr. MAR. *Enganchar un ↘atún con el cloque.*

cloqueo (de «cloquear[1]») m. Cacareo, especialmente el de la gallina clueca.

cloquera (de «clocar») f. *Estado de las gallinas y otras aves propicio para *empollar.*

cloquero m. *Hombre que maneja el cloque.*

cloración f. Acción de clorar.

cloral m. QUÍM. *Cuerpo resultante de la acción del cloro sobre el alcohol etílico, que es un *hipnótico muy activo.*

cloranfenicol m. FARM. Cloromicetina.

clorar 1 tr. QUÍM. *Introducir cloro en un ↘compuesto.* **2** Añadir cloro al ↘agua.

cloratado, -a adj. QUÍM. *Con clorato.*

clorato (de «cloro») m. QUÍM. Nombre aplicado a las sales del ácido clórico, poderosos oxidantes y explosivos. ⊙ Específicamente, al clorato de potasa, usado en *medicina, en la fabricación de cerillas, en *pirotecnia y como manantial de oxígeno en los laboratorios.

clorhidrato m. QUÍM. *Sal de las procedentes del ácido clorhídrico.* ≃ Hidroclorato, muriato.

clorhídrico, -a (de «cloro» y el gr. «hýdōr», agua) adj. V. «ÁCIDO clorhídrico». ≃ Hidroclórico, muriático.

clórico, -a adj. QUÍM. *De [o del] cloro; especialmente, «ácido clórico».*

clorídeo, -a (del gr. «Chlōrís», diosa de la vegetación) adj. BOT. *Se aplica a las *plantas gramíneas con espiga.*

clorita (de «cloro») f. *Nombre aplicado a *minerales consistentes en silicatos hidratados de aluminio, hierro y magnesio, de color verdoso y brillo nacarado.*

clorítico, -a adj. GEOL. *Se aplica a la roca o al terreno que contiene clorita.*

cloro (del gr. «chlōrós», verde amarillento) m. *Elemento gaseoso, n.º atómico 17, amarillo verdoso, muy pesado, poderoso oxidante, sofocante y tóxico. Símb.: «Cl».

clorofíceo, -a (de «cloro» y «-fíceo») adj. y n. f. BOT. *Se aplica a las *algas de cierta subclase, que tienen color verde puro; como la lechuga de mar.* ⊙ f. pl. BOT. *Esa subclase.*

clorofila (del gr. «chlōrós», verde amarillento, y «-filo[2], -a») f. BOT. Pigmento verde de las plantas, que se acumula particularmente en las *hojas. ⇒ Clorosis. ➤ Cloroplasto.

clorofílico, -a adj. BOT. Con clorofila. ⊙ BOT. De [la] clorofila.

clorófilo, -a (del gr. «chlōrós», verde amarillento, y «phýllon», hoja) adj. BOT. *De hojas de color verde pálido o amarillentas.*

cloroformizar tr. Anestesiar a ↘alguien con cloroformo.

cloroformo (de «cloro» y «formo», abreviación de fórmico) m. Líquido incoloro de olor característico, empleado para anestesiar.

cloromicetina f. FARM. Sustancia medicamentosa obtenida de una especie del hongo *Streptomyces*, eficaz contra el tifus y otras infecciones. ≃ Cloranfenicol. ⇒ *Farmacia.

cloroplasto m. BOT. Orgánulo del citoplasma de las células vegetales que contiene la clorofila.

clorosis (del gr. «chlōrós», de color verde amarillento) **1** f. MED. *Anemia propia de mujeres jóvenes, que se manifiesta por una intensa palidez, debida a la disminución del hierro de los glóbulos rojos de la sangre o del número de éstos. **2** BOT. *Enfermedad de las plantas, denotada por su color amarillento.*

clorótico, -a adj. MED. De [la] clorosis. ⊙ adj. y n. f. MED. Afectado de clorosis.

cloruro m. QUÍM. Cualquier combinación del cloro con un metal o con ciertos cuerpos no metálicos. ⇒ Percloruro.

CLORURO DE CAL [o DE CALCIO]. QUÍM. Cuerpo resultante de la absorción de cloro por la cal apagada, que se emplea para desinfectar y para decolorar, particularmente en la fabricación de *lejías, y también, por su poder absorbente, para desecar los gases. ≃ POLVOS de blanqueo.

C. DE SODIO [o SÓDICO]. QUÍM. *Sal de cocina.

clóset (ingl.; Hispam.) m. *Armario empotrado.*

clota (del cat. «clot»; Ar.) f. **Hoyo que se hace en tierra para *plantar un árbol.*

clown (pronunc. [clon]; pl. «clowns») m. Forma inglesa, utilizada en ocasiones, de «clon» (payaso).

club (del ingl. «club»; pl. «clubs» o «clubes») **1** m. Asociación deportiva, política o de recreo: 'Club de natación'. ⊙ Local donde se reúnen sus miembros. ⊙ Puede usarse en sentido figurado: 'Es un país que acaba de entrar en el club de los más industrializados del mundo'. **2** En un teatro o cine, conjunto de localidades correspondientes a las filas delanteras del piso inmediatamente superior al patio de butacas. **3** *Local público de diversión donde se bebe o baila, y en el que suele ofrecerse algún espectáculo, generalmente por la noche: 'Club nocturno'.

clube m. *Forma castellanizada de «club».*

clubista n. *Socio o miembro de un club.*

clueco, -a (de «clocar») **1** adj. y n. f. Se aplica a las aves que están en estado de empollar o empollando. ≃ *Llueca. ⊙ Particularmente, a las gallinas que están así o cuidando la pollada. ⇒ Clocar [o cloquear]. ➤ Clo clo. **2** *Se* *aplica a la persona achacosa, débil e inútil, por vejez.* ≃ *Caduco.

cluniacense adj. y n. m. De la orden benedictina de Cluny, la cual nació en la abadía de este nombre en Borgoña (Francia), se extendió después a otros países y alcanzó gran importancia en los siglos x a xii.

clupeiforme adj. y n. m. Zool. *Se aplica a los *peces teleósteos marinos del orden al que pertenece la sardina, con aletas sin radios espinosos y una sola aleta dorsal corta.* ⊙ m. pl. Zool. *Orden que forman.*

cm Abrev. de «centímetro».

Cm Símbolo químico del curio.

cmm Abrev. de «cienmilímetro».

cneoráceo, -a (de «Cneorum», género de plantas) adj. y n. f. Bot. *Neoráceo.*

cnidario, -a (del gr. «knídē», ortiga) adj. y n. m. Zool. Se aplica a los *celentéreos caracterizados por poseer células urticantes y presentar en su ciclo vital dos formas: *pólipo (forma asexuada sedentaria) y *medusa (forma sexuada de vida libre y nadadora), aunque pueden tener sólo una de ellas.

Co Símbolo químico del cobalto.

co- V. «con-».

-co Terminación común a varios sufijos de adjetivos, unos que han pasado formados del griego o el latín, y otros de formación española: 'caldaico, farisaico; anteco, meteco, perieco; demoniaco, egipciaco; anímico, fantástico, lógico, mágico, magnífico, político; burranco, flamenco; mitadenco; curialesco, ternasco, aplanético, reumático, silvático'. Aparte del despectivo «-uco»: 'mameluco, papeluco'.

coa[1] (del nahua «coatl» o «coatli», palo, vara) **1** (Antill.) f. *Palo aguzado y endurecido al fuego con que los indios taínos abrían hoyos en los campos de labranza.* **2** (Hispam.) *Cierto palo usado en labranza.* **3** (Ven.) *La siembra o labranza.*

coa[2] (de «coba[1]»; Chi.) f. **Jerga de la gente del hampa.*

coacción (del lat. «coactĭo, -ōnis»; «Bajo; Por; Ejercer; sobre; para») f. Cualquier procedimiento violento con que se *obliga a alguien a hacer una cosa.

□ Catálogo

Amenaza, boicot, compulsión, enforcia, fuerza, imposición, intimación, mandato, presión, violencia. ➤ *Amenazar, apremiar, astringir, boicotear, poner en el caso de, coaccionar, compeler, conminar, constreñir, *empujar, estrechar, *forzar, hacer que..., sitiar por hambre, imponer, intimar, *mandar, *obligar, precisar, poner una pistola en el pecho, poner un puñal en el pecho, violentar. ➤ Coactivo, compulsivo, imperativo. ➤ Encerrona. ➤ A la fuerza, por [la] fuerza, mal de mi [tu, su, etc.] grado, quieras que no, velis nolis. ➤ A la fuerza ahorcan. ➤ Manifestación naval. ➤ *Mandar, *obligar.

coaccionar tr. Ejercer *coacción sobre ↘alguien para que haga cierta cosa.

coacervar (del lat. «coacervāre») tr. **Amontonar o *acumular.*

coactivo, -a (del lat. «coactus», impulso, coacción) adj. Se aplica a lo que implica coacción: 'Medios coactivos'.

coacusado, -a adj. y n. *Acusado juntamente con otros.*

coadjutor, -a (del lat. «coadiūtor, -ōris») **1** n. Persona que ayuda a otra en el desempeño de ciertos cargos. ⊙ Específicamente, en el de cura *párroco. ≃ Sotacura. **2** m. **Eclesiástico designado por bula pontificia para la sucesión en una prebenda eclesiástica, que la ocupaba interinamente.* **3** *En la Compañía de Jesús, individuo de la orden que no hace la profesión solemne.* ⇒ Sotoministro. ➤ *Jesuita.

coadjutoría f. Cargo de coadjutor.

coadministrador, -a 1 (acepción facticia) n. Administrador junto con otro. **2** (ant.) m. **Sacerdote que ejerce ciertas funciones por delegación del *obispo.*

coadquirir tr. **Adquirir en común.*

coadquisición f. *Adquisición en común.*

coadunación (del lat. «coadunatĭo, -ōnis») f. *Acción de coadunar.*

coadunamiento (de «coadunar») m. Coadunación.

coadunar (del lat. «coadunāre») tr. y prnl. *Unir[se], mezclar[se].*

coadyudador, -a (ant.) n. *Coadyuvador.*

coadyutor m. *Coadjutor.*

coadyutorio, -a (de «co-» y el lat. «adiutorĭum», ayuda) adj. *Que ayuda.*

coadyuvador, -a n. Persona que coadyuva.

coadyuvante adj. Que coadyuva.

coadyuvar (de «co-» y el lat. «adiuvāre», ayudar; «a, en») tr. Intervenir con otros o con otras cosas en la realización, consecución, etc., de algo. ≃ *Ayudar, colaborar, *cooperar.

coagente (de «co-» y «agente») adj. y, aplicado a personas, también. n. Se aplica al que o a lo que *ayuda o *contribuye a cierta cosa o colabora en cierta cosa.

coagulable adj. Que se puede coagular.

coagulación f. Acción de coagular[se].

coagulante adj. y n. m. Que coagula.

coagular (del lat. «coagulāre») tr. Hacer que se coagule una ↘cosa. ⊙ prnl. Sufrir un líquido que contiene una sustancia albuminosa, por ejemplo la leche, una transformación por la que esa sustancia se solidifica y se separa de la parte líquida. ⇒ Cortarse, cuajarse, helarse, triarse. ➤ Caseación, coagulación.

coágulo (del lat. «coagŭlum») m. Cada porción de una sustancia coagulada de las que se aprecian con cierta separación. ≃ Cuajarón, *grumo.

coaguloso, -a adj. *Que se coagula o está coagulado.*

coairón (de «cuairón»; Hues.) m. **Madero de 10 a 15 palmos de longitud y de escuadría variable.* ≃ Cuairón.

coaita (*Ateles belzebuth* y otras especies del mismo género) f. *Mono de América Central.

coala m. Variante ortográfica de «koala».

coalescencia (del lat. «coalescens, -entis»; culto) f. Tendencia de las cosas a unirse o fundirse. ⊙ Fís. Particularmente, tendencia a unirse las partículas de una suspensión o las gotas de una emulsión para formar granos o gotas mayores.

coalescente (del lat. «coalescens, -tis»; culto) adj. Que une o funde, o se une o funde con otros.

coalición (del lat. «coalĭtum», supino de «coalescĕre», reunirse) f. Asociación de varios países para la guerra o la defensa. ≃ *Alianza, coligación, liga. ⊙ O de varios partidos políticos para llevar a cabo una acción común: 'Gobierno de coalición'.

coalicionista n. Partidario de una coalición o miembro de ella.

coaligado, -a Participio adjetivo de «coaligarse».

coaligarse (de «coligarse», influido por «coalición») prnl. recípr. Asociarse con algún fin. ≃ Coligarse. ⊙ Particularmente, países o partidos políticos.

coalla (del sup. lat. «cuacŭla», codorniz) **1** f. **Chocha (ave zancuda).* **2** (ant.) **Codorniz (ave gallinácea).*

coamante (de «co-» y «amante»; ant.) n. **Amante.*

coana (del gr. «choánē», embudo de fundidor) f. ANAT. *Abertura posterior de las fosas nasales.* ⇒ *Nariz.

coandú m. Coendú (mamífero).

coaptación (del lat. «coaptatĭo, -ōnis») **1** f. CIR. *Reducción de una fractura, acomodando los fragmentos de *hueso.* **2** CIR. *Colocación de nuevo en su sitio de un hueso*

más duro que él, que entra en la composición de muchas pinturas y esmaltes. Símb.: «Co».

V. «AZUL [de] cobalto, BOMBA de cobalto, FLOR de cobalto».

cobarcho (relac. con «covacha») m. **Red que forma como una pared divisoria en la *almadraba.*

cobarde (del fr. «couard») **1** adj. y n. Se aplica a la persona que siente mucho miedo en los peligros o que no se atreve a exponerse a ellos, y, correspondientemente, a sus acciones, actitud, etc. **2** Se aplica como insulto a la persona que ataca o hace daño a otros ocultándose. ⇒ Traidor.

□ CATÁLOGO

Acojonado, *afeminado, ahuevado, *apocado, asustadizo, atacado, blanco, blancote, blando, caco, cacorro, cagado, cagao, cagón, cagueta, cangalla, capón, chota, cobardica, cobardón, collón, no haber de morir de CORNADA de burro, encogido, espantadizo, falso, fatulo, follón, gabacho, gallina, gallinoso, hominicaco, lebrón, liebre, mandilón, medroso, menguado, meticuloso, miedica, *miedoso, mierdica, montonero, pávido, pendejo, rajado, rajón, temeroso, vilote. ➤ Por la espalda; a MORO muerto, gran lanzada; a traición. ➤ CUARTEL de la salud. ➤ Cobardía, flaqueza. ➤ *Acobardar[se]. *Apocado. *Aprensión. *Asustar. *Miedo. *Pusilánime. *Tímido. *Vergüenza.

cobardear intr. *Actuar cobardemente.*

cobardemente adv. De manera cobarde.

cobardía f. Cualidad de cobarde. ⊙ Acción cobarde.

cobardica adj. y n. En lenguaje infantil, cobarde.

cobardón, -a (inf.) adj. y n. Cobarde o algo cobarde.

cobaya (de or. indoamericano; *Cavia porcellus*) amb. *Roedor originario de América, del tamaño de un conejo pequeño, que se emplea en experimentos de biología. ≃ *CONEJILLO de Indias. ⇒ Agutí.

cobayo m. *Cobaya.

cobea (Am. C.; *Cobaea scandens*) f. *Planta polemoniácea enredadera que da flores en forma de campanillas violáceas.

cobejera (relac. con «cobijera»; ant.) f. **Alcahueta.*

cobertera (del lat. «coopertorĭum») **1** f. Tapadera de cacharro de cocina. **2** (ant.) *Cubierta de cualquier cosa.* **3** **Alcahueta.* **4** *Pluma de las que cubren la base de la cola de las aves. **5** (Tol.) **Nenúfar (planta ninfeácea).*

coberteraza f. Aum. de «cobertera» (tapadera de cacharro de cocina).

cobertero (del lat. «coopertorĭum»; ant.) m. **Cubierta o tapa.*

cobertizo (del ant. «cobierto») **1** m. Techo sobre pilastras, o cualquier clase de soporte, adosado o no a un muro, destinado a proteger de la lluvia, dar *sombra, etc. **2** Lugar cubierto de manera tosca para proteger algo o protegerse de la intemperie.

□ CATÁLOGO

Abrigaño, abrigo, *albergue, alboyo, alpende, baldaquín, baldaquino, cadahalso, caramanchel, carpa, carretera, *cenador, chinama, colgadizo, corrido, dosel, *emparrado, enramada, entalamadura, entoldado, galera, galerón, galpón, glorieta, guango, hangar, hastiales, jacalón, kiosco, lonjeta, marquesa, marquesina, nave, palio, paragranizo, pérgola, porche, portegado, pórtico, quiosco, ramada, recova, sobrecielo, socarreña, sombra, sombraje [o sombrajo], soportal, sopórtico, sotechado, taina, tapacete, tapadizo, tapanco, teinada, tejavana, templete, tena, tenada, tendal, teña, tinada, tinado, tinador, tinglado, *toldo, umbráculo, vela, vestecha. ➤ *Almacén. *Atrio. *Choza. *Caseta. *Cubrir. *Refugio. *Tejado. *Tienda.

cobertor (del lat. «coopertorĭum») **1** m. *Colcha de cama o *manta. **2** (ant.) **Cubierta.*

cobertura (del lat. «coopertūra») **1** f. *Acción de cubrir.* ⇒ Descobertura. **2** Revestimiento o *capa. **3** Cualquier cosa con que se *recubre algo. **4** **Ceremonia en que los grandes de España tomaban posesión de esa dignidad cubriéndose delante del rey.* **5** (ant.) *Encubrimiento o ficción.* **6** Reserva de oro que garantiza el valor del papel moneda. ⊙ En general, conjunto de valores que sirven de garantía en una operación financiera o mercantil. **7** Aquello que permite estar protegido ante las consecuencias de una responsabilidad; por ejemplo, un seguro a terceros en caso de accidente. **8** Protección o apoyo en una operación militar o policial: 'Un ataque con cobertura aérea'. **9** Área que abarcan determinados servicios, particularmente los de telecomunicaciones. **10** Acción de cubrir una información un periodista o equipo de periodistas. ⊙ Conjunto de medios humanos y técnicos con que se lleva a cabo. **11** DEP. En fútbol, baloncesto y otros deportes, línea de defensa.

cobez (*Falco vespertinus*) m. *Ave rapaz falcónida.

cobija (del lat. «cubilĭa», lecho) **1** f. **Cubierta que resguarda cualquier cosa.* **2** *De las tejas con que se forma el tejado, se llaman así las que se ponen con la concavidad hacia abajo.* ≃ Roblón. **3** **Mantilla que usan las mujeres en algunas regiones para abrigarse la cabeza.* **4** Cada una de las *plumas pequeñas que cubren el arranque de las penas o plumas grandes de las alas y la cola de las aves. **5** (Arg., Col., Ec., Méj., R. Dom., Ur., Ven.) *Manta.* **6** (Hispam.) *Ropa de la cama.*

cobijadura (ant.) f. *Acción de cobijar[se].*

cobijamiento m. *Acción de cobijar[se].*

cobijar (¿de «cobija»?) **1** tr. **Cubrir o *tapar.* **2** Servir de *albergue o *refugio a ↘alguien. ≃ *Acoger, albergar, guarecer, dar asilo, dar albergue, dar cobijo. **3** Ofrecer albergue o refugio a ↘alguien en la propia casa o en otro sitio. **4** *Abrigar ciertos sentimientos. **5** *Amparar, *ayudar o *proteger a ↘alguien. **6** prnl. Meterse en un sitio para guardarse o defenderse de algo o alguien. ⊙ («con, en») Buscar protección o *consuelo en alguien.

cobijera (del lat. «cubicularĭa»; ant.) f. *Sirvienta dedicada a las faenas de la casa.* ≃ MOZA de cámara.

cobijo (del lat. «cubicŭlum», dormitorio) **1** m. Lugar donde se puede estar protegido de la intemperie o de otras cosas. ≃ *Albergue, *refugio. **2** Respecto de una persona, otra que la protege o consuela o a la cual se *acoge en busca de protección o consuelo. ≃ Amparo. **3** (ant.) *Hospedaje en que no se daba de comer.*

cobijón (de «cobija»; Col.) m. *Cuero o piel grande con que se tapa la *carga de las *caballerias.*

cobil (del lat. «cubīle», lecho; ant.) m. **Escondite o rincón.*

cobista (de «coba[1]») n. Lisonjeador.

cobla (del occit. «cobla») **1** f. *Copla: composición poética trovadoresca.* **2** *En Cataluña, conjunto instrumental popular que se dedica particularmente a tocar sardanas.*

cobo (*Birgus latro*) m. *Caracol marino de las Antillas, de unos 25 cm de diámetro, de concha nacarada.

cobra[1] (del lat. «copŭla») **1** f. **Yugo para uncir bueyes.* **2** *Cierto número de yeguas enlazadas, adiestradas para la trilla.* ≃ Collera. ⇒ *Caballería.

cobra[2] (del port. «cobra», culebra; *Naja naja* y otras especies del mismo género) f. *Serpiente muy venenosa de la India.

cobra[3] f. CAZA. *Acción de cobrar el perro la *caza.*

cobrable o **cobradero, -a** adj. Susceptible de ser cobrado.

cobrado, -a (ant.) adj. *Aplicado a personas, *bueno o cabal.*

cobrador, -a n. Persona encargada de cobrar recibos, cuotas, etc., yendo por las casas de los que tienen que pagarlos. ⊙ Persona que cobra a los viajeros en los servicios de transporte. ⇒ *Cobrar.

V. «PERRO cobrador».

cobraduría f. *Lugar en donde se cobra algo.* ⇒ Pagaduría.

cobramiento **1** (ant.) m. *Recuperación.* **2** (ant.) *Ganancia.*

cobranza **1** f. Acción u operación de cobrar, particularmente la contribución: 'Periodo de cobranza'. **2** CAZA. *Acción de cobrar las piezas.*

cobrar (de «recobrar») **1** («de, por») tr. o abs. *Recibir dinero como pago de ↘algo: 'Cobran en aquella ventanilla'. Puede tener como complemento la cosa por la que se paga, el documento en que se justifica el cobro o la cantidad cobrada: 'El médico me ha cobrado cinco visitas. Han venido a cobrar el recibo de la luz. Cobra doscientas mil pesetas al mes'. ⊙ (con un pron. reflex.) Cobrar, cuando lo cobrado es para el que lo percibe y la cantidad cobrada es un descuento que se hace de otra o un suplemento añadido a otra: 'Se ha cobrado mil pesetas por traerlo a casa. De la cantidad que tenía que darme se cobró una comisión'. ⊙ (con un pron. reflex.) También, en determinadas situaciones, como en la barra de un bar, tomar el dinero como pago de ↘algo: 'Cóbrese por favor. ¿Te cobras?'. ⊙ (con un pron. reflex.) Cobrar ↘algo como compensación de un gasto hecho antes o de un perjuicio. ≃ Reintegrarse. ⊙ (con un pron. reflex.) Arreglarse de manera que se obtiene una ↘compensación por algún ↘favor o servicio hecho: 'Verás cómo se cobra este favor'. ⊙ (con un pron. reflex.) Producir ↘víctimas un cataclismo, las enfermedades, los accidentes, etc.: 'La carretera se cobra muchas vidas los fines de semana'. **2** CAZA. Recoger las ↘piezas que se han herido o matado en una cacería: 'El perro consiguió cobrar todas las perdices'. ⊙ CAZA. *Cazar ciertas ↘piezas o cierto número de piezas: 'Cobraron un jabalí [o cincuenta perdices]'. **3** Coger al enemigo ↘botín o prisioneros en la guerra. ≃ *Apoderarse, aprehender, coger. **4** *Recoger una ↘cuerda o cabo tendidos, tirando de ellos. **5** *Adquirir o empezar a tener ciertas ↘cosas. ⊙ Un sentimiento: 'Le cobramos mucho afecto en el tiempo que estuvo con nosotros'. ⊙ Ánimos, fuerzas o cosa semejante. ⊙ Fama, prestigio, amigos, enemigos. ⊙ prnl. Recobrar el conocimiento después de un *desmayo. **6** (ant.) intr. *Repasar o *corregir.* **7** (inf.) Recibir golpes, bofetadas, etc., una persona de otra: 'Si no te callas, vas a cobrar'.

V. «unos cobran la FAMA y otros cardan la lana».

□ CATÁLOGO

Amontazgar, colectar, pasar [o presentar] la CUENTA, embolsar, exacción, llevar, montazgar, percibir, recabdar, recaudar, recibir, pasar [o presentar] el RECIBO, recolección, reembolsarse, reintegrarse. ➤ Abusar, calmar, clavar, estezar, hundir, cargar [o sentar] la MANO. ➤ Devengar. ➤ Ejecutar. ➤ Alcabalero, almojarife, cajero, cobrador, colector, consumero, cuartero, cullidor, derechero, exactor, factor, fiel, forero, lechuzo, lezdero, mampostero, mampostor, peajero, perceptor, portalero, portazguero, publicano, recabdador, *recaudador, receptor, recolector, rodero, sacamantas, serviciador, sobrecogedor, tablajero, tesorero. ➤ Cajetín. ➤ Habilitado. ➤ Fieldad, recudimiento. ➤ Cobranza, cobro. ➤ Coniecha. ➤ Caja, cobraduría, colecturía, receptoría, telonio. ➤ Boletín, cheque, comprobante, cuenta, factura, justificante, letra, libramiento, recibo. ➤ [Por] adelantado, atrasado, vencido.

➤ Retención. ➤ Incobrable, recobrar. ➤ *Derechos. *Pagar. *Tributo.

cobratorio, -a adj. De [la] cobranza: 'Documento cobratorio'.

cobre[1] (de «cobra[1]») **1** m. *Atado de dos *pescados secos.* **2** (ant.) **Ristra de ajos o cebollas.* **3** (ant.) **Reata de caballerías.*

cobre[2] (del lat. «cuprum», del gr. «Kýpros», Chipre, isla en la cual abundaba este metal) **1** m. *Metal, n.º atómico 29, de color pardo rojizo, muy dúctil y maleable; se emplea en muchas aleaciones para fabricar los cables de conducción eléctrica. Símb.: «Cu». **2** *Batería de *cocina, de cobre.* **3** (pl.) MÚS. *Conjunto de los instrumentos musicales de viento metálicos.*

BATIR[SE] EL COBRE. Intervenir con más *esfuerzo que los demás en un trabajo o asunto.

V. «SULFATO de cobre».

□ CATÁLOGO

Otra forma de la raíz, «cupr-»: 'cúprico, cuprífero, cuprita, cuproníquel, cuproso'. ➤ Otra raíz, del lat. «aes»: 'éneo'. ➤ Alambre, auricalco, oricalco, venus. ➤ Aceche, acetite, acije, alcaparrosa, atacamita, AZUL de montaña, azurita, *bornita, calcopirita, caparrosa, cardenillo, CARNE de caballo, caspa, crisocola, erubescita, ferrete, llanca, malaquita, PIEDRA lipes [o lipis], *pirita, SULFATO de *cobre, VERDE de montaña [o de tierra], VITRIOLO azul. ➤ Alhadida, alpaca, bronce, latón, similor, tumbaga, vellón. ➤ Oropel, roseta. ➤ Encobrar. ➤ Catín, galápago, telera, toral. ➤ Cementar.

cobreño, -a 1 adj. *De cobre*: 'Maravedí cobreño'. **2** *Cobrizo.*

cobrizo, -a adj. De *color parecido al del cobre, o sea dorado rojizo: 'Piel cobriza'.

cobro m. Acción de cobrar dinero.

A COBRO REVERTIDO. Se aplica a la comunicación telefónica que es abonada por la persona que recibe la llamada.

PONER recibos, etc. AL COBRO. Disponerlos para cobrar la contribución, servicio, etc., a que se refieren.

PONER una cosa EN COBRO. *Ponerla en sitio seguro.* ⇒ Encobrar. ➤ *Guardar.

PONERSE alguien EN COBRO. Marcharse a sitio donde no puede alcanzarle cierta persecución o refugiarse en sitio seguro.

PRESENTAR un recibo, una letra, etc. AL COBRO. Presentarlos para que sean pagados,

coca[1] (del lat. «concha», concha) **1** (inf.) f. Cabeza. **2** *Golpe dado en la cabeza con los nudillos.* ≃ *Capón. **3** *Golpe dado con una *peonza (juguete) en otra.* ≃ Cachada. **4** *Moño de pelo; particularmente, el que tiene forma de castaña o de rulo; y más aún, si se hacen dos, uno a cada lado de la cabeza, cubriendo las orejas o detrás de ellas. **5** MAR. *Vuelta o retorcimiento que se hace en un *cabo por efecto de su torcido.* **6** *Cierto *barco antiguo.*

coca[2] (del aimara «kkoka») **1** *(Erythroxylum coca)* f. Arbusto eritroxiláceo del Perú de cuyas hojas se extrae la cocaína. Los indios toman el cocimiento de sus hojas, a manera de té, o las *mascan para extraer y tragar su jugo. ≃ Hayo. ⇒ Acullico. ➤ Acullicar, coquear. **2** (colectivo) Hojas de ese arbusto. **3** (*Anamirta cocculus*) *Planta menispermácea de la India y Oceanía, de fruto venenoso. ⊙ Fruto de ella. ≃ COCA de Levante, COCO de Levante, morga.

COCA DE LEVANTE *(Anamirta cocculus)*. Planta menispermácea.

coca[3] (argot) f. Apóc. de «cocaína».

coca[4] (del cat. «coca»; Ar.; inf.) f. *Bollo, torta o golosina de cualquier clase.*

coca[5] (del lat. «coccus»; Hues.) f. *Nuez (fruto del nogal).*

coca[6] (de «coco[1]»; Gal. y otros sitios) f. *Tarasca o *figura grotesca que se saca el día del Corpus.*

cocacho (de «coscacho») **1** m. *Golpe dado en la cabeza con los nudillos.* ≃ *Capón, coca. **2** (Perú) **Judía que resulta dura después de cocida.*

cocada 1 f. *Pasta dulce hecha principalmente de coco rallado. **2** (Bol., Col., Perú) *Especie de *turrón.*

cocador, -a adj. *Aplicable al que hace cocos (guiños).*

cocadriz (del b. lat. «cocatrix, -īcis»; ant.) f. *Cocodrilo.*

cocaína f. *Alcaloide obtenido de las hojas de la coca, que se emplea como anestésico y como estupefaciente. ≃ Coca. ⇒ Nieve, perico. ➤ Cocainomanía, cocainómano.

cocainomanía (de «cocaína» y «-manía») f. Adicción a la cocaína.

cocainómano, -a adj. y n. Adicto a la cocaína.

cocal 1 (Perú) m. *Campo de cocas.* **2** (Ven.) *Cocotal.*

cocama n. *Nombre aplicado a los indios de una tribu del Perú que vive en el distrito de Omaguas.*

cocán (Perú) m. *Pechuga de *ave.*

cocar 1 intr. *Hacer cocos.* **2** (inf.) tr. **Acariciar.*

cocarar (ant.) tr. *Proveer de coca a ↘alguien.*

cocaví (Am. S.) m. **Provisión de víveres, por ejemplo de coca, que se lleva en los viajes.* ⇒ Cucayo.

coccidio (de «cóccido») **1** adj. y n. m. ZOOL. *Se aplica a los *protozoos esporozoos de cierto orden, que habitan en las células animales, muchos de los cuales son patógenos.* ⊙ m. pl. ZOOL. *Orden formado por estos animales.* **2** ZOOL. *Nombre desusado dado a ciertos *esporozoos.*

cóccido (del lat. «coccum», grana) adj. y n. m. ZOOL. *Se aplica a ciertos insectos *hemípteros de gran dimorfismo sexual, cuyas hembras son ápteras y permanecen inmóviles sobre las plantas de que se alimentan; algunos producen sustancias útiles, como la grana, la cochinilla, la goma laca, etc.* ⊙ m. pl. ZOOL. *Familia de estos insectos.*

coccígeo, -a adj. ANAT. *Del coxis.*

coccinela (del lat. «coccĭnum», de color escarlata; *Coccinella septempunctata)* f. *Mariquita (insecto).*

coccinélido (de «coccinela») adj. y n. m. ZOOL. *Se aplica a los insectos *coleópteros de la familia de la mariquita, que tienen el cuerpo hemisférico y los élitros lisos, y son de colores vivos con puntos negros en número constante para cada especie.* ⊙ m. pl. ZOOL. *Familia que forman.*

coccíneo, -a (del lat. «coccinĕus») adj. *Purpúreo (de color rojo violáceo).*

cocción f. Acción de cocer[se]. ≃ Cochura, cocedura, cocimiento, decocción.

cóccix (del lat. «coccyx», del gr. «kókkyx») m. ANAT. **Coxis.*

coce (del lat. «calx, calcis», talón; ant.) f. *Coz.*

coceador, -a adj. Se aplica a la caballería que cocea mucho.

coceadura o **coceamiento** f. o m. *Acción de cocear.*

cocear 1 intr. Dar coces una *caballería. **2** *Resistirse a hacer o admitir cierta cosa o hacerla o admitirla con *repugnancia.*

cocedera (de «cocer»; ant.) f. *Cocinera.*

cocedero, -a 1 adj. *Fácil de cocer.* ≃ Cocedizo. **2** m. *Sitio donde se cuece algo; particularmente, el *vino.*

COCEDERO DE MARISCOS. Establecimiento donde los clientes comen el marisco recién cocido allí mismo.

cocedizo, -a adj. *Fácil de cocer.* ≃ Cocedero.

cocedor 1 m. *Operario encargado de cocer en alguna industria.* **2** *Cocedero: lugar donde se cuece.*

cócedra (ant.) f. *Cólcedra (colchón o colcha).*

cocedura f. Cocción.

cocer (del lat. «coquĕre») **1** («a»: 'a fuego vivo'; «con»: 'con poca agua') tr. Mantener una ↘cosa en agua u otro líquido hirviente para hacerla comestible o útil para algo, o bien para utilizar el agua o líquido en que se cuece. ≃ Hervir. ⊙ Hacer hervir un ↘líquido, por ejemplo la leche, con alguna finalidad. ≃ Hervir. **2** Someter a la acción del fuego en un horno el ↘pan, objetos de cerámica o la piedra caliza. ⇒ *Arrebatar. ➤ Cochura. **3** prnl. Alcanzar una cosa el punto en que está cocida: 'Ya se ha cocido el huevo'. **4** intr. *Hervir: 'El chocolate está cociendo a borbotones'. **5** tr. Molestar mucho con *calor excesivo: 'Este abrigo me cuece'. ≃ Asar. ⊙ prnl. Pasar mucho *calor sufriendo molestia por él. ≃ Asarse. ⊙ *Consumirse o *exasperarse; estar inquieto por la persistencia o insistencia de una cosa molesta.* **6** intr. *Fermentar un líquido; por ejemplo, el *vino.* **7** (pop.) tr. **Digerir ↘algo en el estómago.* **8** **Meditar o planear una ↘cosa.* ⊙ prnl. *Prepararse algo sin manifestarse al exterior: 'No sé lo que se está cociendo en esa reunión'. ≃ *Tramarse. **9** (pop.) tr. *Hacer *supurar o madurar un ↘*absceso.* **10** *Macerar en agua el *lino o el *cáñamo.* ≃ Enriar.

□ CATÁLOGO

Cocinar, digerir, ebullición, elijar, herventar, hervir, dar un HERVOR, recocer, salcochar, sancochar. ➤ Asación, cocción, cocedura, cochura, cocimiento, decocción, infusión, poción. ➤ Cocho, descocho, recocido, recocho. ➤ Cochero, cochío, cochizo. ➤ Acorcharse. ➤ Acorchado, cocido, correoso, crudo, duro, sancocho, teniente, verriondo, zapatero. ➤ Al vapor. ➤ *Guisar.

□ CONJUG. como «mover».

cocha[1] (del quechua «kacha», laguna) **1** f. MINER. *Estanque separado del lavadero principal por una compuerta.* **2** (Chi., Ec.) **Laguna o *charco.* **3** (Perú) **Pampa, o extensión de *terreno grande y despejada.*

cocha[2] f. **Pocilga.* ≃ Cochiquera.

cochama (Col.) m. *Cierto *pez grande del río Magdalena.*

cochambre (de «cocho», puerco) **1** n. Capa de suciedad: 'La cochambre no deja ver de qué color es el suelo'. **2** Conjunto de cosas viejas, rotas y *sucias: 'Un montón de cochambre. No lleva encima más que cochambre'. ≃ *Basura.

cochambrería f. Cochambre; particularmente, conjunto de cosas viejas, rotas y *sucias.

cochambroso, -a o, menos frec., **cochambrero, -a** adj. Aplicado a personas y a cosas, muy *sucio o de aspecto descuidado, viejo, etc.

cocharro (relac. con «cuezo») m. **Vaso o *taza, a veces de madera.* ⊙ (pop.) *Cacharro.*

cochastro (de «cocho», puerco) m. **Jabalí de leche.*

cochayuyo (del quechua «kocha», laguna, y «yuyu», hortaliza; *Durvillaea utilis;* Bol., Chi., Perú) m. **Alga marina, de forma de cinta, comestible.* ⇒ Huilte.

coche[1] (de «cochi», voz con que se llama al cerdo) m. *Cerdo.* ≃ Cochino.

coche[2] (del magiar «kocsi», carruaje) m. Vehículo para viajeros tirado por caballerías: 'Coche de caballos'. ≃ *Carruaje. ⊙ Vehículo automóvil, generalmente con cuatro ruedas, destinado al transporte de un número reducido de personas. ≃ *Automóvil.

COCHE CAMA. Vagón de tren provisto de camas para dormir. ⇒ Camarote, CARRO dormitorio.

C. CELULAR. Vehículo para el traslado de arrestados.

C. DEPORTIVO. El de reducidas dimensiones, fácil de manejar y capaz de alcanzar gran velocidad. ≃ Deportivo.

C. ESCOBA. En una carrera pedestre o ciclista, el que recoge a los que abandonan la prueba.

C. FÚNEBRE. El que lleva el ataúd al cementerio.

C. DE LÍNEA. Autocar que realiza un servicio regular de viajeros entre dos o más poblaciones.

C. PARADO (inf.). Se aplica a un balcón o mirador en un sitio muy concurrido.

C. PATRULLA. El de policía en el que se patrulla.

C. RESTAURANTE. Vagón de tren en que está el comedor y la cocina.

C. UTILITARIO. Utilitario: automóvil no muy grande y no de lujo.

COCHES DE CHOQUE. Atracción de ferias y parques de atracciones que consiste en una pista por la que circulan pequeños coches movidos eléctricamente que pueden chocar entre sí.

EN EL COCHE DE SAN FERNANDO [o, menos frec., SAN FRANCISCO] (inf.). Andando.

V. «ya que me (te, etc.) lleve el DIABLO, que sea en coche; MAESTRO de coches, SOBRESTANTE de coches».

cochear intr. *Guiar un coche.* ⊙ *Ir con frecuencia en coche.*

¡coche, coche! interj. *¡Cochi, cochi!*

cochera f. Sitio donde se guardan los coches.

V. «PUERTA cochera».

cocheril adj. De [los] coches o de los cocheros.

cochero[1]**, -a** (de «cocho[1]») adj. *Que se cuece fácilmente.*

cochero[2] m. Hombre que conduce un coche de caballerías. ⇒ Auriga, automedonte, mayoral, tronquista. ➤ A la calesera.

cochero[3] (de «cocho[2]») m. *Porquerizo.*

cocherón m. *Cochera grande.*

cochevira (de «cocho[2]» y el lat. «butȳrum», manteca) f. **Manteca de cerdo.*

cochevís (del fr. «cochevis») f. **Cogujada (pájaro).*

¡cochi, cochi! (Hispam. y algunas regiones españolas) interj. *Voz con que se llama a los *cerdos.*

cochifrito (de «cocho[1]» y «frito») m. *Guiso muy usado entre pastores y ganaderos, hecho generalmente de tajadas de cordero o cabrito, fritas después de algo cocidas y sazonadas con especias, vinagre, etc.

cochigato (Méj.; *Jacana spinosa)* m. *Cierta *ave zancuda de cabeza y cuello negros con un collar rojo.* ≃ Gallito.

cochillo (ant.) m. *Cuchillo.*

cochinada (de «cochino») f. Cosa sucia físicamente. ≃ Cochinería ⊙ Acción *indelicada. ⊙ Acción injusta con que se perjudica a alguien. ≃ *Jugada.

cochinamente adv. Con cochinería. ⊙ Con indelicadeza.

cochinata (de «cochino») f. MAR. *Ero de los que van en la parte inferior de la popa de un *barco, endentados en el codaste y demás piezas de la armazón de esa parte.*

cochinería 1 f. Cualidad de cochino. **2** *Cochinada, en cualquier acepción.

cochinero, -a adj. *Se aplica a los *frutos que, por ser de calidad inferior, se dan a los cerdos.*

cochinilla 1 (géneros *Armadillium, Porcellio* y *Oniscus)* f. Nombre de varios *crustáceos terrestres, que se crían en parajes húmedos, por ejemplo debajo de las piedras, de color gris oscuro, que se arrollan en forma de bola al ser sorprendidos. ≃ COCHINILLA de humedad, cucaracha, milpiés, porqueta, puerca. **2** *(Coccus cacti)* Insecto hemíptero cóccido, cuyas hembras viven sobre el nopal y, desecadas y reducidas a polvo, constituyen una materia colorante roja, llamada con el mismo nombre y también con cualquiera de sus sinónimos, y, además, «*carmín». ≃ COCHINILLA del nopal, grana, quermes. ⇒ Aje, laca.

COCHINILLA DE HUMEDAD. Nombre vulgar dado a cualquier especie de isópodo terrestre; por ejemplo, a la cochinilla (crustáceo).

C. DEL NOPAL. *Cochinilla (insecto).*

cochinillo (dim. de «cochino») m. *Cerdo de leche; particularmente, guisado para comerlo. ≃ *Lechón.

cochinito de San Antón (And.) m. **Mariquita (insecto).*

cochino, -a (de «cocho²») **1** n. *Cerdo. ⇒ Cuino. **2** (n. calif.) adj. y, aplicado a personas, también n. *Sucio, *indelicado o indecoroso. **3** (Cuba; varias especies del género *Balistes* y otros afines) m. **Pez negruzco por el lomo y blanquecino por el vientre.*

COCHINO DE MONTE. Raza de *cerdo de patas largas y cerdas erizadas, arisco y ágil.

C. MONTÉS. **Jabalí.*

A CADA COCHINO LE LLEGA SU SAN MARTÍN. Forma menos frecuente de la frase «a cada CERDO le llega su San Martín».

V. «PALO cochino».

cochío, -a (ant.) adj. *Fácilmente cocible.*

cochiquera 1 f. *Pocilga. ≃ Cocha, cochitril. **2** (n. calif.) Pocilga: sitio muy sucio.

cochitril (de «cocho²» y «cortil») **1** m. **Pocilga.* ≃ Cochiquera. **2** *Cuartucho.* ≃ *Cuchitril.

cochizo¹, -a adj. *Que se cuece fácilmente.* ≃ Cochero, cochío.

cochizo² m. MINER. *Parte más rica de una mina.*

cocho¹, -a (del lat. «coctus») *Participio irregular de «cocer», usado sólo como adjetivo.*

cocho², -a (de la voz «coch», con que se llama al cerdo) n. *En algunas regiones, *cerdo.*

cochura (del lat. «coctūra») **1** f. Cocción en horno; por ejemplo, la del *pan o los objetos de *cerámica. **2** Conjunto de los panes, ladrillos, cacharros, etc., que se cuecen de una vez. **3** (Almadén) MINER. *Calcinación en los hornos de una carga de mineral de *mercurio.*

cochurero (de «cochura»; Almadén) m. MINER. *Operario que cuida el fuego.*

cochurra (Cuba) f. **Dulce de guayaba con la semilla.*

coci m. Apóc. popular o jocosa de «cocido» (guiso).

cocido, -a 1 Participio adjetivo de «cocer»: 'Patatas cocidas'. ⊙ Suficientemente cocido: 'Las lentejas no están aún cocidas'. ⊙ *Suficientemente madurado o supurado:* 'Ese grano está ya cocido y a punto de reventar'. **2** m. Cierto *guiso típico de España que era antes y sigue siendo aún en muchas partes la comida general a mediodía. Se hace cociendo juntos garbanzos, carne, tocino y algunas veces gallina, morcilla, chorizo y verduras, especialmente col. Con el caldo se hace la sopa, que se toma como primer plato; a continuación se sirven los garbanzos y la carne, bien a la vez, bien por separado. ≃ Olla. ⇒ Coci, puchera, puchero. ➤ Pringote. ➤ Escaldufar, escudillar. ➤ TUMBO de olla.

cociente (de «cuociente») m. MAT. Resultado que se obtiene *dividiendo una cantidad por otra: 'El cociente de ocho por cuatro es dos'. ≃ Cuociente. ⊙ MAT. Expresión indicada de una división: 'El cociente a/b'.

COCIENTE INTELECTUAL. PSI. Valoración numérica de la inteligencia de una persona a partir de sus respuestas a un test estandarizado.

cocimiento 1 m. Cocción. **2** Líquido utilizable para algo, que resulta de cocer en él una cosa: 'Un cocimiento de hierbas'. ⇒ Infusión. ➤ Asativo. **3** Baño compuesto con diversos ingredientes en que se sumerge la lana a fin de que se abran los poros y tome mejor el tinte. **4** (ant.) *Escozor o *picor en alguna parte del cuerpo.*

COCIMIENTO ASATIVO. FARM. *Cocimiento de una cosa hecho sólo con su propio jugo.*

cocina (del lat. «coquīna») **1** f. Habitación de las casas dispuesta con las instalaciones necesarias para *guisar y realizar las operaciones complementarias para la preparación y servicio de las comidas. **2** Dispositivo con una superficie horizontal plana, en el cual están los fuegos, el horno, etc., cuyo calor se utiliza para guisar: 'Cocina de carbón [de gas, eléctrica]'. ⇒ *Fogón. **3** Arte de cocinar. ⊙ Conjunto de los platos propios de un país, una región, una época, etc.: 'La cocina española'

COCINA DE BOCA. *La de palacio destinada a guisar para las personas reales.*

C. ECONÓMICA. Fogón en que se utiliza carbón mineral o leña que se queman en un departamento cerrado cubierto por arriba con una placa formada por arandelas sobre la que se ponen los cacharros, y desde el cual se comunica el calor a un horno, al termosifón, etc. ⇒ Tirar.

V. «ESCUYER de cocina».

□ CATÁLOGO

Coquinario. ➤ Culinario. ➤ Kitchenette. ➤ Camarera, CAMPANA extractora, chimenea, estufa, fogón, fregadero, fuego, *hogar, placa, plancha, termosifón. ➤ Cucharero, escurreplatos, escurridera, escurridero, escurridor, escurridora, espetera, vasar. ➤ BATERÍA de cocina, cobre. ➤ Alcuza, altamía, besuguera, budinera, cacerola, cajete, calboche, *caldero, callana, calpuchero, canco, cantimplora, cazo, *cazuela, cucharrena, ensaladera, estufador, flanera, fondue, *marmita, molde, olla, paella, paellera, perol, piñata, plato, pote, puchero, sartén, tacha, tacho, tartera, taza, tortera, tupín, vaso. ➤ Alambrera, cobertera, cobertero, tapadera. ➤ Abrelatas, AGUJA de mechar, AGUJA mechera, almirez, *asador, asnico, asnillo, badil, badila, batidora, brocheta, broqueta, caceta, cacillo, calderil, calientaplatos, chino, colador, *criba, cubilete, cuchara, digestor, *embudo, especiero, espetón, espiche, espumadera, estrelladera, estrelladero, filete, fruslero, grasera, hataca, horno, HORNO microondas, mano del almirez, maripérez, molinillo, *mortero, moza, mozo, padilla, paellera, paila, paleta, parrilla, pasador, pasapurés, picador, picudo, pintadera, rallador, rallo, rasera, *rodillo, rulo, salero, sartén, seso, tajador, tajo, trébedes, uslero. ➤ Albero, PAÑO de cocina. ➤ Chef, cocinero, cotufero, galopillo, galopín, GALOPÍN de cocina, gazpachero, guisandero, MAESTRO de cocina, marmitón, PÍCARO de cocina, pinche, ranchero, sollastre, sotoministro. ➤ Deshollinador, fumista. ➤ Antecocina, recocina. ➤ Vitrocerámica. ➤ *Comer. *Guisar. *Recipiente. *Vasija.

cocinar (del lat. «coquināre») **1** tr. o abs. Preparar los ↘alimentos con el fuego o de otra manera. ≃ *Guisar. **2** intr. **Curiosear o *entrometerse en los asuntos ajenos.*

cocinería (de «cocinero») **1** (ant.) f. *Manera de guisar.* **2** (Chi., Perú) *Figón o *casa de comidas.*

cocinero, -a n. Persona que tiene por oficio guisar, o que guisa: 'Mi mujer es muy buena cocinera'. ⇒ *Cocina.

HABER SIDO COCINERO ANTES QUE FRAILE. Se dice de quien sabe de cierta cosa por haberla practicado antes que aquella a que se dedica en el momento de que se trata; particularmente, al que antes de dirigir alguna actividad la ha practicado por sí mismo. ⇒ *Experiencia.

cocinilla (dim. de «cocina») **1** f. *Hornillo portátil, por ejemplo de alcohol o de gasolina. ≃ Infernillo. **2** (inf.; n. calif.) m. Hombre demasiado entrometido en las faenas propias de las mujeres. ≃ Cazolero, cazoletero, *cominero. ⇒ Afeminado.

cocker (ingl.; pronunc. [cóquer]) adj. y n. Se aplica a un perro de mediano tamaño y patas cortas, con el pelo suave y las orejas grandes y caídas.

cóclea (del lat. «cochlĕa», del gr. «kochlías») **1** f. ANAT. *Órgano o parte del *cuerpo en forma de *espiral.* ⊙ ANAT. Específicamente, caracol: porción del *oído interno de los mamíferos que contiene los órganos esenciales de la audición. **2** **Rosca de Arquímedes (aparato para elevar agua).*

cocleado, -a (cient.) adj. *En *espiral, como la concha del caracol.*

coclear[1] (del lat. «cochlĕa», caracol) **1** adj. BOT. *En espiral.* ≃ Cocleado. **2** BOT. *En forma de cuchara.*

coclear[2] m. *Unidad de *peso equivalente a media dracma.*

coclearia (del lat. «cochlearĭa», cucharas; *Cochlearia officinalis*) f. *Planta crucífera medicinal, de hojas de forma de cuchara, de sabor parecido a los berros.

coco[1] (del port. «côco») **1** (inf.) m. *Cabeza. **2** Fruto del cocotero, de unos 12 cm de longitud, con una cáscara muy dura recubierta de fibras que se usa a veces como *vasija; esta cáscara está revestida en su interior por una pulpa blanquísima, de sabor muy agradable, con la que se confeccionan dulces y de la que se extrae también un *aceite; también contiene un líquido de sabor igualmente agradable. ⇒ Bonote, cair, copra. **3** Cocotero. **4** *Ser fantástico, supuesto demonio, con el que se *asusta a los niños. ⇒ Bu, camuñas, cancón, cuco, papón. ⊙ Se emplea como nombre calificativo o término de comparación, aplicado a una persona muy *fea. **5** (inf.) *Gesto o mueca. **6** (inf.) *Caricia o mimo. **7** (Cuba; *Eudocimus albus*) **Ave zancuda, especie de ibis, generalmente blanca.*

COCO DE CHILE (*Jubaea spectabilis*). Palmera americana que se cultiva como ornamental y por sus frutos comestibles. ≃ Coquito, PALMA chilena.

C. DE INDIAS. *Cocotero.*

C. DE LEVANTE. **COCA de Levante (planta menispermácea).*

C. PRIETO. *Variedad negra de coco (ave zancuda), especie de ibis.*

C. ROJO. *Variedad de coco (ave zancuda) de color rosado.*

COMER EL COCO a alguien (inf.). Llevar a una persona a pensar algo o a actuar de cierta manera sin que exista en ella una verdadera determinación para hacerlo. ⇒ *Convencer. ➤ Comecocos.

COMERSE alguien EL COCO (inf.). Pensar mucho sobre algo o estar obsesionado con ello. ⇒ Comecocos.

ESTAR HASTA EL COCO de algo (inf.). Estar *harto. ≃ Estar hasta la CORONILLA.

HACER COCOS. Hacerse guiños o señas uno a otro los *enamorados. ≃ Cocar. ⊙ Hacer carantoñas. ≃ Cocar.

coco[2] m. **Percal (tela de algodón).*

coco[3] (de «coca[5]») m. *Nombre dado a unas bolitas procedentes de América, que se emplean para *cuentas de *rosario.*

coco[4] (del lat. «coccum», del gr. «kókkos») **1** m. *Cuco o *gorgojo: larva de insecto anidada en las semillas, frutas, etc. **2** BIOL. *Bacteria de forma redondeada. ⇒ -coco.

-coco- Elemento prefijo o sufijo que entra en la formación de muchos nombres de bacterias, significando que éstas tienen forma redondeada: 'cocobacilo, estafilococo, estreptococo, gonococo, meningococo, neumococo'.

cocó m. *Cierta tierra blanquecina que se emplea como *argamasa para obras de mampostería y suelos.*

cocobacilo m. **Microorganismo de forma de coco.*

cocobacteria f. **Bacteria de forma de coco.*

cocobálsamo m. **Carpobálsamo (fruto del opobálsamo).*

cocobolo (Am. C.; *Dalbergia retusa*) m. *Arbolito leguminoso cuya madera, de gran dureza, es empleada en trabajos de artesanía.*

cococha (del vasc. «kokotxa», barbilla de merluza) f. Protuberancia carnosa de la parte inferior de la cabeza de la *merluza y del *bacalao, que se tiene por bocado selecto.

cocodrilo (de «crocodilo»; géneros *Crocodilus* y *Osteolaemus*) m. Nombre dado a varias especies de *reptiles de gran tamaño, carnívoros y temibles por su voracidad. ⇒ Cocadriz, crocodilo. ➤ Gavial.

V. «LÁGRIMAS de cocodrilo».

cocol **1** (Méj.) m. *Cierto *panecillo de forma romboidal.* **2** (Méj.) *Motivo decorativo en forma de *rombo.*

ESTAR alguien [o IRLE a alguien] DEL COCOL (Méj.; inf.). *Irle muy mal.*

cocolera (Méj.; *Melopelia leucoptera*) f. *Especie de *tórtola.*

cocolía (Méj.) f. **Aversión o *antipatía hacia algo o alguien.*

cocoliche **1** m. En Argentina, *jerga de los extranjeros; particularmente, de los italianos. **2** (Arg.) **Italiano que habla esa jerga.*

cocoliste (del nahua «cocoliztli», enfermedad) **1** (Méj.) m. *Cualquier *enfermedad epidémica.* **2** (Méj.) *Tifus.*

cocolobo (Méj.; *Coccoloba uvifera*) m. **Arbusto poligonáceo de América y África tropical. Es planta tintórea y de propiedades medicinales, y su fruto es comestible.*

cocón, -a adj. *En la expresión «salir la nuez cocona», significa «con cocos».*

cócono (Méj.) m. *Pavo (ave).*

cócora (¿de «encocorar», fastidiar, molestar?; n. calif.) adj. y n. *Se aplica a la persona fastidiosa por *pesada.* ⇒ Encocorar.

cocorota **1** (inf.) f. *Cabeza. ≃ Cocota. **2** (inf.) Coronilla: parte más alta de la cabeza.

cocoso, -a adj. *Aplicado a frutas o frutos, con cocos.*

cocota (de «cocote»; inf.) f. *Cabeza.

cocotal m. Sitio poblado de cocoteros.

cocotazo (inf.) m. Golpe dado en la cabeza o recibido en ella. ≃ *Cabezazo.

cocote (inf.) m. Cogote: región del cuerpo que constituye la unión de la cabeza y el cuello por la parte posterior.

cocotero (*Cocos nucifera*) m. *Palmera que produce los cocos. ≃ Coco, COCO de Indias, PALMA indiana.

cocotología f. *Nombre aplicado por el escritor Miguel de Unamuno al arte de hacer *pajaritas de papel, al que él era aficionado.*

cocotriz (de «cocadriz»; ant.) f. *Cocodrilo (reptil).*

cóctel (del ingl. «cock-tail», literalmente, «cola de gallo») **1** m. Bebida compuesta de diversos licores mezclados a veces con otros ingredientes. ⇒ Campechana, combinación, combinado, copetín. **2** Mezcla de cosas dispares. **3** *Reunión o fiesta en que se toman bebidas y aperitivos, generalmente de pie.

CÓCTEL DE MARISCOS. Plato preparado con mariscos y alguna salsa que, generalmente, se toma frío.

C. MOLOTOV. *Bomba incendiaria de fabricación casera, hecha generalmente con una botella llena de líquido inflamable provista de una mecha.

coctelera f. *Vasija en que se mezclan los componentes del cóctel.

cocui (Ven.) m. **Pita (planta agavácea).*

cocuiza (Méj., Ven.) f. **Cuerda muy resistente, hecha de pita.*

cocuma (Perú) f. *Mazorca de *maíz asada.*

cocuy m. *Cocuyo (en cualquier acepción).*

cocuyo (de or. caribe) **1** (varias especies del género *Pyrophorus;* como el *Pyrophorus noctilucus* el *Pyrophorus phosphorescens* y el *Pyrophorus pellucens)* m. Insecto *coleóptero de la América tropical, con dos manchas amarillentas a los lados del tórax, por las que despide por la noche una luz azulada. ≃ Alúa, carbunco, curcusí. **2** (Cuba) *Nombre dado a varias especies de árboles de madera muy dura que se emplea en construcción.* ⇒ *Planta. **3** (Ven.) **Pita (planta agavácea).*

COCUYO CIEGO (Cuba; *Zophobas morio). Insecto parecido al cocuyo, pero negro y sin fosforescencia.*

C. DE SABANA (Cuba; *Bumelia retusa). Árbol más pequeño que el cocuyo corriente.*

coda[1] (del lat. «cauda», coda; la 2.ª acep., del it. «coda») **1** (ant.; Ar.) f. **Cola.* **2** MÚS. Parte que constituye el final de una pieza y es frecuentemente la repetición de uno de los motivos más salientes de ella. **3** *Repetición de una pieza bailable para fin de fiesta.* ⇒ Danza.

coda[2] (de «codo») f. CARP. *Triángulo de madera con que se *refuerza por la parte interior la unión de dos tablas en *ángulo recto.*

codada (ant.) f. *Codazo.*

codadura f. *Acodadura de un sarmiento de vid.*

codal (del lat. «cubitālis») **1** adj. *Se aplicaba a ciertas cosas de la longitud de un codo; por ejemplo, a una *vela de cera.* ⇒ Cubital. **2** *De forma de codo.* **3** m. *Pieza de la *armadura de guerra que cubría el codo.* **4** AGRIC. *Mugrón o sarmiento acodado de la *vid.* **5** CONSTR. *Madero horizontal sostenido entre dos pies derechos, entre puntos intermedios de dos vigas, entre las dos jambas de un vano, entre las paredes de una excavación para apuntalarlas, etc.* **6** MINER. *Arco de ladrillo apoyado por sus extremos en los hastiales, que se pone provisionalmente para contrarrestar la presión de otros.* **7** CARP. *Listón de los dos en que se asegura la hoja de la *sierra.* **8** CARP. *Cada uno de los dos listones que se colocan en los extremos de una *tabla para que no se alabee o para desalabearla.* **9** CONSTR. *Aguja del *tapial de construir muros.* **10** CONSTR. *Cada brazo de los dos del *nivel de albañil.*

codaste (del lat. «catasta», andamio, tablado) m. MAR. Pieza resistente del *barco que constituye una prolongación vertical de la quilla por la parte de popa y sirve de soporte a la armazón por esa parte, así como al timón.

codazo («Dar, Pegar») m. *Golpe dado con el codo; por ejemplo, como *señal o aviso disimulado a alguien.

codear 1 intr. Moverse dando con los codos a un lado y a otro, por ejemplo para abrirse *paso. **2** (Am. S.) **Pedir reiteradamente o con insistencia.* ⊙ **Sonsacar.* ≃ Socaliñar. **3** («con») prnl. Tener trato o amistad con cierta clase de personas: 'Se codea con lo más distinguido de Madrid'. ≃ Alternar, relacionarse, *tratarse.

codecildo (del lat. «codicillus»; ant.) m. *Codicilo.*

codecillar (ant.) intr. *Codicilar.*

codecillo (ant.) m. *Codicilo.*

codeína (del gr. «kṓdeia», cabeza de adormidera) f. *Alcaloide derivado de la morfina, que se emplea como *calmante.

codelincuente (de «co-» y «delincuente») m. *Delincuente junto con otro.*

codena (del sup. lat. «cutīna») f. *En la industria textil, grado de *resistencia de los tejidos.*

codeo (de «codear») **1** m. *Acción de pegar codazos.* **2** (Hispam.) *Sonsacamiento de dinero.* ≃ *Sablazo.

codera[1] (de «coda[1]») **1** (Ar.) f. AGRIC. *Última porción de un cauce de riego.* **2** MAR. **Cabo con que se amarra por la popa un barco a otro, a una boya, etc., para mantenerlo presentando el costado en determinada dirección.*

codera[2] f. Bulto o deformación que se hace en las *mangas de los vestidos por la parte del codo. ⊙ Rozadura o brillo que se hace en esa parte por el uso. ⊙ Pieza o remiendo en la manga por la parte del codo. ⊙ Cualquier cosa que se pone en los codos para protegerlos.

codero, -a (de «coda[1]») **1** (Ar.) adj. *Se aplica al *campo que recibe el agua de la codera.* **2** (Ar.) *También al labrador a quien corresponde utilizarla.*

codesera f. *Terreno poblado de codesos.*

codeso (del gr. «kýtisos»; *Adenocarpus hispanicus*) m. *Planta leguminosa, de flores amarillas. ≃ Cambroño, piorno.

codeudor, -a (de «co-» y «deudor») n. *Deudor junto con otro.*

codex (lat.; pronunc. [códex]) m. Códice.

códice (del lat. «codex, -ĭcis») **1** m. *Libro manuscrito antiguo. ≃ Codex, código. **2** *Parte del *misal y del breviario que contiene los oficios concedidos particularmente a una diócesis o corporación.*

codicia (del sup. lat. «cupiditĭa») **1** f. *Deseo exagerado de poseer o de tener mucho, de dinero o de otras cosas: 'Su codicia no se satisface con nada. Aunque ya no tiene hambre, pide más por codicia'. ⇒ Afán, *ambición, *anhelo, *ansia, aspiración, avaricia, *deseo, egoísmo, *interés. ⊙ Deseo violento de algo: 'Mirar con codicia'. ⊙ Puede referirse a cosas espirituales y no envolver censura: 'Codicia de saber'. **2** (ant.) *Deseo sexual.* **3** TAUROM. Acometividad del *toro.

codiciable adj. Digno de ser codiciado o deseado. ≃ Apetecible, deseable.

codiciado, -a Participio adjetivo de «codiciar»: 'Un puesto muy codiciado'.

codiciar (de «codicia») tr. Ambicionar o *ansiar. Desear alguien mucho una ↘cosa de importancia para su bienestar o su buena situación: 'Codiciaba el puesto de director. Lo que más codicio es la tranquilidad'.

□ CONJUG. como «cambiar».

codicilar[1] (ant.) intr. *Hacer codicilo.*

codicilar[2] (del lat. «codicillāris») adj. *De [o del] codicilo.*

codicilio o **codicillo** (ant.) m. *Codicilo.*

codicilo (del lat. «codicillus») **1** m. DER. Documento que, antes de promulgarse el Código Civil español, equivalía al *testamento. **2** DER. Disposición de última voluntad, no referente a la institución de herederos, hecha como *testamento o como adición a un testamento. ⇒ Codecildo, codecillo, codicilio, codicillo.

codiciosamente adv. Con codicia: 'Mirar codiciosamente'.

codicioso, -a («de»; «Ser») adj. y n. Inclinado a sentir codicia: 'Es un codicioso'. ⊙ («Estar, Mostrarse») adj. Se aplica al que siente codicia de cierta cosa: 'No se muestra codicioso de honores'. ⊙ Se aplica a lo que revela codicia: 'Ojos codiciosos'.

codificable adj. Que puede ser codificado.

codificación f. Acción de codificar.

codificador, -a adj. y n. m. Que codifica.

codificar (del lat. «codex, -ĭcis», código, e «-ificar») **1** tr. Organizar un conjunto de ↘leyes o disposiciones en forma de código. **2** Formular o transformar un ↘mensaje aplicando los signos y reglas de un código.

código (del sup. lat. «codĭcus», de «codicŭlus», codicilo) **1** m. Colección ordenada de *leyes: 'Código civil [penal o de comercio]'. ⊙ Recopilación de las de un país. ⊙ Por antonomasia, la hecha por Justiniano. ⇒ CUERPO legal. **2** Colección de *reglas o *normas sobre cualquier materia, aunque no sea de derecho: 'Código de la circulación'. **3** (ant.) *Códice.* **4** Conjunto de signos y reglas para su combinación que permiten expresar y comprender un mensaje: 'El código lingüístico. El código morse'. **5** Signo o conjunto de signos, a veces secretos, que aportan determinados datos sobre algo: 'Código postal. Código de barras'.

CÓDIGO DE BARRAS. Código de identificación de productos comerciales consistente en una combinación de líneas de diferentes grosores con números asociados, que indican determinados datos relativos al artículo, como el país de fabricación, el fabricante, etc.

C. GENÉTICO. BIOL. Información contenida en los genes para la expresión de los caracteres.

C. DE SEÑALES. MAR. Colección de las que se emplean para entenderse los buques entre sí o con los semáforos.

codillera f. VET. **Tumor del codillo de las caballerías.*

codillo (dim. de «codo») **1** m. VET. En los animales, particularmente en las *caballerías, articulación más alta del brazo. ≃ Codo. **2** VET. Parte comprendida entre esa articulación y la rodilla. **3** CAZA. Parte del cuerpo de la res situada debajo del brazuelo izquierdo. **4** Extremo delgado de un *jamón, ya con poca carne, que se suele comer cocido o asado. **5** *Tubo doblado en forma de «L». **6** Codo de una *cañería. **7** *Estribo de *carruaje.* **8** *Parte que queda unida al tronco de una rama que se corta.* ≃ *Gancho. **9** MAR. *Cada uno de los dos extremos de la quilla del *barco de los que arrancan la roda y el codaste.* **10** («Dar») *En el juego de *baraja del *hombre, lance consistente en hacer más bazas un jugador que el que ha entrado, con lo que pierde éste.* ⇒ Acodillar.

CODILLO Y MOQUILLO. *Expresión con que se acompaña en el juego del *hombre el hecho de ganar la puesta dando codillo.*

codín (de «codo»; Sal.) m. **Manga estrecha del jubón.*

codina (del lat. vulg. «cocīna»; Sal.) f. *Especie de *ensalada que se hace con *castañas cocidas.*

codirector, -a n. Persona que codirige algo con otra u otras.

codirigir tr. Dirigir dos o más personas ↘algo.

codo[1] (del lat. «cubĭtus») **1** m. Parte posterior de la articulación del brazo con el antebrazo, que forma, cuando el brazo está doblado, una punta. ⇒ Forma culta de la raíz, «cubit-»: 'cubital'. ➤ Epitróclea. ➤ Sangría. ➤ Acodar, acodillar, recodo. ➤ *Brazo. **2** *Dobladura en forma de *ángulo en una varilla, *cañería u objeto semejante. ⊙ Punto en que tuerce una galería u otro camino. ≃ Recodo. ⊙ Pieza curva de una *barandilla, que enlaza los tramos rectos. ⊙ Trozo de *cañería doblada formando un ángulo. **3** *Codillo de los cuadrúpedos.* **4** Medida de *longitud que es aproximadamente la distancia entre el codo y la extremidad de la mano. ⇒ Cubital, codal.

CODO COMÚN [O GEOMÉTRICO]. *Medida de *longitud equivalente a 418 mm.*

C. GEOMÉTRICO CÚBICO. *Medida de *capacidad equivalente a 173 dm³.*

C. REAL [DE REY O DE RIBERA]. *Medida de *longitud equivalente a 574 mm.*

C. DE RIBERA CÚBICO. *Medida de *capacidad equivalente a 319 dm³.*

ALZAR EL CODO. Empinar el CODO.

CODO CON CODO. **1** («Atar») Con los codos sujetos por detrás del cuerpo, como se lleva a los *presos. ⊙ Se usa simbólicamente para referirse al que va preso: 'Acabarán llevándole codo con codo'. **2** Cooperando o actuando en común: 'Trabajaron codo con codo para sacar adelante la empresa'.

COMERSE LOS CODOS DE HAMBRE. Estar muy *necesitado. Suele aplicarse en tono despectivo, por ejemplo a alguien que trata de aparentar otra cosa o a quien, a pesar de ello, no quiere trabajar.

DAR CON EL CODO. Hacer a alguien una *seña de esa manera.

DE CODOS. Apoyado en los codos. ⇒ *Postura.

DESGASTAR[SE] LOS CODOS. Hincar los CODOS.

EMPINAR EL CODO. *Beber con exceso bebidas alcohólicas. ≃ Alzar [o levantar] el CODO.

HABLAR POR LOS CODOS. *Hablar mucho.

HASTA LOS CODOS. Con «meterse, estar metido», etc., estar muy *comprometido en el asunto de que se trata.

HINCAR LOS CODOS. *Estudiar mucho. ≃ Desgastarse [o romperse] los CODOS.

LEVANTAR EL CODO. Empinar el CODO.

V. «meter la MANO [las MANOS] hasta el codo».

ROMPERSE LOS CODOS. Hincar los CODOS.

V. «TACTO de codos».

codo[2], **-a** (Méj.; inf.) adj. y n. **Tacaño.*

codón[1] (de «coda[1]») **1** m. *Bolsa de cuero que se pone a veces al caballo cubriéndole la *cola.* **2** (ant.) *Tronco de la cola de las caballerías.* ≃ Maslo.

codón[2] (del lat. «cos, cotis», piedra; Burg.) m. **Piedra (guijarro).*

codoñate (del cat. «codonyat») m. **CARNE de membrillo.*

codorniz (del lat. «coturnix, -ĭcis»; *Coturnix coturnix)* f. *Ave gallinácea de paso, más pequeña que la perdiz, con la cabeza, el lomo y las alas de color pardo oscuro y la parte inferior gris amarillenta. ≃ Parpayuela. ⇒ Coalla. ➤ Guarnigón. ➤ Colín, coyoleo, torillo. ➤ Redejón. ➤ Coturnicultura.

V. «REY de codornices».

codorno (Sal.) m. **Canto de pan.*

codorro, -a (Sal.) adj. y n. *Obstinado.*

codujo (de «codujón»; Ar.) m. *Persona *rechoncha o muy *baja.* ⊙ *Se aplica también como apelativo despectivo, en broma, a un niño pequeño.*

codujón (de «cogujón», con influencia de «codo»; Ar.) m. *Cogujón (punta de un colchón, etc.).*

coeducación (de «co-» y «educación») f. Práctica o sistema de *enseñanza en que acuden juntos a los mismos centros alumnos de ambos sexos.

coeficiencia (de «co-» y «eficiencia») f. *Cooperación o *ayuda de varias causas a un mismo efecto.*

coeficiente (de «co-» y «eficiente») **1** (culto) adj. Que juntamente con otro produce un efecto. **2** m. MAT. Factor numérico constante que en los cálculos o fórmulas multiplica a cada variable. **3** (cient.) Valor numérico que indica el grado de cierta propiedad o la intensidad de determinado fenómeno: 'Coeficiente de dilatación'.

coendú *(Coendou prehensilis)* m. Mamífero *roedor semejante a un puerco espín, de cola muy larga. ≃ Coandú.

coercer (del lat. «coercēre») tr. *Impedir a ↘alguien que haga cierta cosa.

coercible adj. Susceptible de ser reprimido o sujetado. ⇒ Incoercible.

coerción (del lat. tardío «coerctĭo, -ōnis») f. Acción de reprimir por la fuerza.

coercitivo, -a (del lat. «coercĭtum», supino de «coercēre», contener; es la más usada de las palabras de su familia) adj. Se aplica a lo que sirve o se emplea para *reprimir o no permitir: 'El poder coercitivo de la ley'.

coetáneo, -a (del lat. «coaetanĕus»; «de») adj. y n. De la misma época o tiempo que persona o otra cosa que se expresa: 'Cervantes fue coetáneo de Shakespeare. Cervantes y Shakespeare fueron coetáneos'. ⇒ Coevo. ➤ Alcanzar, convivir.

coeterno, -a (del lat. «coaeternus») adj. Teol. *Se aplica a las tres personas de la Trinidad, para expresar que son igualmente eternas.*

coevo, -a (del lat. «coaevus») adj. y n. **Coetáneo, aplicado particularmente a cosas antiguas.*

coexistencia f. Hecho de coexistir varias cosas.

coexistente adj. Que coexiste con otra u otras cosas.

coexistir (de «co-» y «existir»; «con») tr. *Existir varias cosas al mismo tiempo: 'Durante cierto tiempo coexistieron las dos tendencias. Coexisten en el mismo recinto los tres estados del agua'.

coextenderse (de «co-» y «extenderse») prnl. *Extenderse a la vez que otro.*

cofa (del ár. «quffah», cesto, por el tejido de cuerdas que formaba las cofas antiguas) f. Mar. Plataforma colocada en algunos de los *palos de barco, que sirve para maniobrar desde ella las velas altas, para *vigilar, etc. ⇒ Boca de lobo, gavia.

cofaina f. **Palangana.* ≃ Jofaina.

cofia (del lat. tardío «cofia», ¿de or. germánico?) **1** f. Prenda femenina que se pone sobre la cabeza recogiendo el pelo y cubriéndolo todo o en parte; particularmente, las blancas usadas por enfermeras, niñeras, etc. ⇒ Capillejo, escofia, escofieta, escofión, garbín, garvín, papalina, redecilla. ➤ *Sombrero. *Tocado. **2** *Gorro almohadillado que se llevaba debajo del *casco.* **3** *Pieza de la *armadura de guerra con que se reforzaba la calva del casco.* ⇒ Almófar, almofre. **4** Bot. *Parte superior del arquegonio de los musgos.* **5** Bot. Especie de casquete que protege el extremo inferior de la *raíz de las plantas. ≃ Pilorriza. **6** Artill. **Casquillo con que se recubre la espoleta del *proyectil para que no penetre en él la humedad.*

cofín (de «cofino») m. *Cesto más alto que ancho. ≃ Cuévano.

cofino (del lat. «cophĭnus», del gr. «kóphinos»; ant.) *Cofín.*

cofrada f. *Forma femenina de «cofrade».*

cofrade (del lat. «cum», con, y «frater», hermano) n. Persona que pertenece a una cofradía.

cofradero (ant.) m. *Criado u ordenanza de cofradía.*

cofradía **1** f. Asociación devota de personas para un fin religioso, como rendir culto a cierto santo o atender determinados servicios del culto. ⇒ Archicofradía, congregación, esclavitud, fratría, hermandad. ➤ Sacramental. ➤ Abogador, archicofrade, cofrade, cofradero, cohermano, concofrade, congregante, esclavo, hermano, mayordomo, mullidor, muñidor, patrón, plegador, prioste, sayón. ➤ Cabildo. ➤ Cetro, estandarte, patente. ➤ Bolla, canto, caridad. ➤ *Culto. *Devoción. **2** (hum.) *Reunión de personas de otra clase: 'Una cofradía de ladrones'. **3** (ant.) *Reunión de personas o pueblos para participar en ciertos privilegios.*

cofre (del fr. «coffre») **1** m. *Baúl. Aplicado a los de gran tamaño, para guardar ropas, ha quedado relegado al uso popular. Se aplica corrientemente a los de pequeño tamaño, por ejemplo para guardar joyas. ⇒ Escriño. **2** AGráf. *Armazón formada por cuatro listones que abrazaba y sujetaba la piedra en que se echaba el molde en la prensa.* **3** (géneros *Ostracion, Acanthostracion* y otros) Nombre aplicado a varias especies de *peces tetraodontiformes marinos, recubiertos de escudetes óseos. **4** (Méj.) **Capó.*

cofrear (del lat. «cum», con, y «fricāre», frotar; ant.) tr. **Frotar.*

cofto, -a adj. y n. *Copto.*

cofundador, -a (de «co-» y «fundador») n. Persona que junto con otra, u otras, funda una orden religiosa, empresa, partido político o cualquier tipo de institución.

cogecha (del lat. «collecta»; Burg., Sor.) f. **Cosecha.*

cogecho, -a (del lat. «collectus»; ant.) adj. *Cogido.*

cogedera f. *Nombre dado en distintos sitios a diversos utensilios que sirven para coger cierta cosa.* ⊙ *Varilla de hierro o madera con que se coge el *esparto.* ⊙ Apic. *Caja que sirve a los colmeneros para recoger el enjambre de *abejas cuando está parado en sitio conveniente.* ⊙ *Palo largo con algún dispositivo en el extremo para coger la *fruta a que no alcanza la mano.*

cogedero, -a **1** adj. Aplicado a frutos, en buena sazón para ser cogido. **2** m. Agarrador o *mango.

cogedizo, -a adj. *Susceptible de ser cogido.*

cogedor **1** m. Utensilio que se emplea para recoger la *basura o barreduras y otros usos. ≃ Pala, paleta, badil, badila, librador. **2** **Recaudador de tributos.*

cogedura f. *Acción de coger.*

coger (del lat. «colligĕre») **1** («con, de, por») tr. Aproximar las manos a ↘algo y moverlas para retenerlo entre ellas: 'Coger el cacharro por el [o del] asa'. ≃ *Agarrar, tomar. ⊙ *Sostener o *sujetar: tener entre las manos una ↘cosa: 'En la fotografía aparece cogiendo la brida del caballo'. ⊙ («a, de») prnl. Agarrar algo que permanece estable para sujetarse: 'Cógete de esta barra para no caerte'. **2** tr. Con el nombre de un ↘utensilio o medio de trabajo, se emplea particularmente en frases negativas para expresar la iniciación o la práctica del *trabajo correspondiente: 'No ha cogido la azada en su vida. No coge un libro en todo el día'. **3** Coger alguien una ↘cosa de otra persona para utilizarla o quedarse con ella: 'Me coge siempre mis lápices'. ⇒ *Quitar. **4** Descubrir una ↘cosa que alguien trata de pasar de contrabando o matute y *confiscarla: 'Le cogieron una radio que intentaba pasar por la frontera'. **5** *Recoger ↘*cosechas o frutos: 'Ya se ha cogido la uva. Él cogerá el fruto de su esfuerzo'. **6** *Alcanzar a ↘alguien y cogerle, por ejemplo jugando: '¡A que no me coges!'. ⊙ *Apresar a ↘alguien a quien se persigue: 'La guardia civil ha cogido al autor del robo'. ⊙ *Apoderarse de un ↘botín o de prisioneros en la guerra. ≃ Aprehender. ⊙ *Cazar o *pescar ↘algo. ≃ Cobrar. ⊙ *Tomar u ocupar cierto ↘sitio en una lucha: 'Están las puertas cogidas'. ⊙ En forma de exclamación y en pretérito perfecto o definido, expresa que se ha conseguido que ↘alguien *descubra o confirme por descuido algo que no quería descubrir o admitir: '¡Te he cogido! Llevas más dinero en la cartera'. ≃ Pillar. ⊙ *Apoderarse de una ↘cosa o *conseguirla, con trampa, habilidad o suerte: 'Coger peces en una red [un animal en una trampa o un buen marido]'. ≃ Cazar, pescar. 7 Herir o enganchar el *toro a ↘alguien con los cuernos. ≃ Pillar. ⊙ (pop.) Alcanzar a ↘alguien un vehículo y pasarle por encima. ≃ *Atropellar, pillar. ⊙ (pop.) Pillar o cortar involuntariamente una ↘parte del cuerpo. Más frec. reflex.: 'Como no tengas cuidado, te vas a coger el dedo con la puerta [o con el cuchillo]'. **8** *Aceptar alguien una ↘cosa que se le da: 'Si se les da propina, la cogen'. ⊙ (ant.) **Acoger; dar asilo.* **9** Comprometerse a cierto ↘trabajo: 'Ha cogido un trabajo por las tardes. No puedo coger más clases porque tengo todas las horas ocupadas'. ≃ Tomar. **10** Recibir alguien una ↘cosa que ocurre o que se le dice, con cierta actitud o estado de ánimo: 'No sé cómo cogerá su cambio de puesto. Cogió la noticia con frialdad'. ≃ *Acoger. **11** *Emprender cierta ↘acción o trabajo con la actitud que se expresa: 'Ha cogido el estudio con mucho entusiasmo'. ≃ Tomar. **12** *Encontrar a ↘alguien en cierta forma: 'Le cogí de buen talante y me dijo a todo que sí. La noticia me cogió desprevenido. La noche nos cogió en el camino'. ≃ Pescar, pillar. ⊙ Sobrevenir cierto momento o *suceder cierto acontecimiento cuando la ↘persona representada por el complemento está en la forma o el sitio que se expresa: 'El estallido de la guerra me cogió en Alemania. Nos cogerá el invierno sin haber terminado la obra'. ≃ Sorprender. **13** *Coincidir con cierto ↘tiempo o con ciertos acontecimientos: 'Hemos cogido tiempos difíciles. Cogí en Inglaterra el final de la guerra'. ⊙ Incorporarse a un ↘trabajo o actividad que está en curso, en cierto momento: 'Cogí el curso ya muy avanzado. Cogí la conferencia a la mitad'. **14** Pasar a tener cualquier ↘cosa, material o inmaterial, por cualquier procedimiento: 'Ya he cogido billete para el avión. Tengo que coger hora para el dentista. Coge puesto en la cola para ti y para mí'. ⊙ Contratar el alquiler de cierta ↘cosa: 'He cogido un piso para tres meses. Ha cogido una casa para veranear en la sierra'. ≃ Alquilar. ⊙ Contratar una ↘persona para cierto trabajo: 'Ha cogido un profesor de inglés. Acaban de coger cocinera nueva'. ≃ Tomar. **15** *Retener una cosa ↘algo que se le queda pegado o introducido en su materia: 'El perro ha cogido pulgas. Esta tapicería coge mucho polvo'. **16** Empezar a tener cierta ↘enfermedad: 'Cogió el tifus'. ≃ Contraer. ⊙ Experimentar cierta ↘sensación o estado por causa de los agentes atmosféricos: 'Coger un acaloramiento [o una insolación]. Cogió frío y se le cortó la digestión'. ⊙ (inf.) *Adquirir una ↘costumbre, un vicio o cosas semejantes: 'Ha cogido la costumbre de venir tarde [de morderse las uñas]'. ⊙ Es el único verbo usual aplicable a «borrachera» y palabras equivalentes. ⊙ Y lo mismo puede decirse respecto de «manía, estribillo, tranquillo», etc. ⊙ Empezar a tener cierto ↘sentimiento o estado de ánimo: 'Ha cogido cariño a los niños. Le ha cogido celos a su hermano. He cogido aversión a los espárragos'. ≃ *Cobrar, tomar. **17** *Adivinar, *entender o *notar cierta ↘cosa: 'No ha cogido el sentido del párrafo'. ⊙ Captar un ↘mensaje, una emisión, onda o estación de radio o cosa semejante: 'No he podido coger esta tarde la BBC'. ⊙ *Aprender cierta ↘cosa, adiestrarse en cierta cosa o acostumbrarse a cierta cosa: 'Los niños cogen las expresiones y gestos de los mayores. Ha cogido en seguida los pasos de baile. Cogió pronto la marcha de la casa. No tardará en coger nuestras costumbres'. **18** Poner por escrito un ↘discurso, conferencia, lección, etc., que se oye: 'Le cogieron el discurso taquigráficamente'. El complemento puede ser también los ↘apuntes, notas, etc.: 'Es el que mejor coge los apuntes de la clase'. ≃ Tomar, recoger, transcribir. **19** *Elegir; por ejemplo, cierto ↘momento para hacer algo: 'Cogiste mal momento para decírselo. Han cogido una buena coyuntura para montar ese negocio. Ha cogido un tema interesante para su tesis doctoral'. **20** Subirse a un ↘*vehículo: 'Fui en coche hasta Irún y allí cogí el tren'. ≃ Tomar. **21** *Cubrir el macho a la ↘hembra. ⊙ (Hispam.; vulg.) *Tener relaciones sexuales un hombre con una ↘mujer.* **22** intr. Prender: *arraigar una planta. **23** tr. Llenar cierto ↘espacio o cierta superficie: 'La alfombra coge casi todo el comedor. Los niños del colegio cogían casi todo el autobús'. ≃ *Ocupar. **24** (pop.) intr. *Caber. **25** (pop.) Aplicado a recipientes, tener la *capacidad que se expresa. **26** (ant.) tr. *Acogerse.* **27** (pop.) intr. Seguido de «y» y un verbo, *realizar la acción expresada por éste: 'Se cansó de esperar y cogió y se fue a América'. ≃ Agarrar y, ir y. **28** Quedar a determinada distancia en relación con alguien o con cierto recorrido: 'La parada del autobús le coge muy cerca'. ≃ Pillar.

V. «coger la CALLE, coger el CAMINO».

COGER DESPREVENIDO. *Sorprender a alguien con cierta acción, noticia, etc., para la que no estaba preparado.

COGER IN FRAGANTI [O EN FLAGRANTE]. *Sorprender a alguien en el momento en que está realizando un delito o cualquier acción que pretende ocultar.

COGER DE NUEVAS una cosa a alguien. Llegarle sin haber tenido antes ninguna noticia o sospecha sobre ella.

COGERLA (inf.). Emborracharse.

COGERLA CON. Tomarla con.

V. «coger la DELANTERA, no tener el DEMONIO [O DIABLO] por donde coger, DIOS nos coja confesados, antes se coge al EMBUSTERO que al cojo, tener cogido por el ESTÓMAGO, coger en el GARLITO, coger el GUSTO, coger con las MANOS en la masa, coger la MARCHA, coger en MENTIRA, tener cogido por las NARICES».

NO HABER POR DÓNDE COGER a alguien o algo. **1** Ser la persona o cosa de que se trata completamente mala o estar en malas condiciones. **2** No encontrarle ninguna falta.

NO TENER alguien o algo POR DÓNDE COGERLO. No haber por dónde COGER a alguien o algo.

V. «coger la OCASIÓN por los pelos, coger la PALABRA, coger el PASO, coger con PINZAS, coger la PUERTA, coger en RENUNCIO, coger por SORPRESA, coger el SUEÑO, coger el TOLE, coger el TRUCO, coger de VENA, coger las de VILLADIEGO, coger las VUELTAS».

□ NOTAS DE USO

En Hispanoamérica, debido al carácter indelicado de la 21.ª acepción, se evita el uso de «coger», y se sustituye por «tomar» u otro verbo equivalente.

□ CATÁLOGO

Otras raíces, «cap-, capt-, prens-, pres-, pris-»: 'capción; captación, capturar; prensil; preso; aprisionar'. ➤ Abarajar, *abarcar, abrazar, acapillar, aferrar, agafar, agarrar, agazapar, alcanzar, apandar, apañar, apañuscar, aparar, apercollar, apestillar, *apoderarse, aprehender, aprensión, apresar, apuñar, asir, captar, capturar, coller, empuñar, enganchar, engarabatar, engarrafar, engarrar, estrechar, gafar, garabatear, echar la GARFA, garfear, echar la GARRA, alargar la MANO, echar [la] MANO a, meter MANO a, morder, pellizcar, pescar, picar, pillar, hacer PRESA, sobarcar, tomar, echar la ZARPA. ➤ Alcanzar, *apresar, atrapar, echar el GANCHO, echar el GUANTE, echar el LAZO, haber, pescar, prender. ➤ A la rebatiña. ➤ Garabato, pala, pinzas, prendedero, prendedor, tenaza. ➤ Aldabón, anilla, *asa, asidero, asidor, asilla, astil, botón, cabero, cabo, cigüeña, cogedera, cogedero, cogedor, embrazadura, empuñadura, enarma, *mango, manigueta, manija, *manivela, orejuela, pezón, puño, tirador, tomadero. ➤ Pellizco, pelluzgón, pulgarada, puñado, toma. ➤ *Inaprensible. ➤ Acoger, antecoger, encoger, entrecoger, escoger, recoger, sobrecoger. ➤ *Soltar. ➤ *Absorber. *Apoderarse. *Sostener. *Sujetar.

cogermano, -a (de «co-» y «germano[2]»; ant.) n. *Cohermano.*

cogestión f. Participación de dos o más personas en la administración de una empresa. ⊙ En particular, la ejercida conjuntamente por la dirección y el personal.

cogida 1 f. Acción de coger; particularmente, accidente en una corrida de *toros, que consiste en «coger» el toro al torero. **2** *Recolección.

cogido, -a 1 Participio adjetivo de «coger». ⊙ *Sujeto: 'La ropa está cogida con pinzas de tender'. ⊙ («Estar, Tener») *Obligado o sujeto en cierta forma a hacer o dejar de hacer cierta cosa: 'Aunque quiera emplear añagazas, le tenemos cogido por todas partes'. **2** m. Sujeción hecha en alguna forma en la tela de un vestido para formar un *adorno o un *pliegue o darle cierta forma. ≃ Prendido.

cogienda (del lat. «colligenda»; ant.; Col.) f. **Cosecha.*

cogimiento (ant.) m. *Cogedura.*

cogitabundo, -a (del lat. «cogitabundus») adj. *Meditabundo.*

cogitar (del lat. «cogitāre»; culto) tr. **Pensar.*

cogitativo, -a (culto) adj. De la facultad de *pensar.

cognación (del lat. «cognatĭo, -ōnis») f. *Parentesco entre dos personas por línea femenina.* ⊙ *Por extensión, cualquier parentesco.*

cognado, -a (del lat. «cognātus») **1** m. **Pariente por cognación.* **2** adj. GRAM. **Semejante o asimilado a lo que expresa el nombre a que se aplica:* 'Adjetivo cognado'.

cognaticio, -a adj. *Se aplica al parentesco por cognación.*

cognición (del lat. «cognitĭo, -ōnis») f. FIL. Conocimiento. ⊙ PSI. Conocimiento por la inteligencia. Por extensión, se aplica a todas las actividades mentales.

cognitivo, -a (del lat. «cognĭtus») adj. FIL., PSI. De la cognición.

cognocer (del lat. «cognoscĕre»; ant.) tr. **Saber, conocer.*

cognombre (del lat. «cognōmen, -ĭnis»; ant.) m. **Sobrenombre.* ⊙ (ant.) *Apellido.*

cognomento (del lat. «cognomentum») m. **Sobrenombre añadido a un nombre propio por causa de alguna cualidad de la cosa o persona designada por éste.*

cognoscible (del lat. «cognoscibĭlis») adj. FIL. Conocible. ⇒ Escible.

cognoscitivo, -a (del lat. «cognĭtus») adj. FIL. Se aplica a lo que sirve para conocer.

cogolla (del lat. «cucullа», capucha; ant.) f. *Cogulla.*

cogollero (Cuba; *Chloridea virescens*) m. **Gusano blanco con rayas oscuras, que se instala en los cogollos del *tabaco y destruye las hojas.*

cogollo[1] (del lat. «cucullus», capuchón, cucurucho.) **1** m. Conjunto de las *hojas interiores, blancas, tiernas y apiñadas de algunas plantas; como la lechuga, el cardo o la col. ≃ Grumo, cohollo. ⇒ Repollo. ➤ Acogollarse. **2** *Brote o punta tierna de la rama o el tallo de un vegetal. ⊙ *Punta de la copa de un *pino.* ⇒ Encogollarse. **3** (n. calif.) Lo mejor o más *selecto de una cosa. ⊙ Las personas más distinguidas o importantes de algún sitio: 'Estaba en la fiesta el cogollo de la sociedad madrileña'. ≃ Crema. **4** *Centro o *núcleo de una cosa.

cogollo[2] (Arg.; *Tympanoterpes gigas*) m. *Insecto *hemíptero parecido a una cigarra grande, de canto parecido también al de ella.* ≃ Coyuyo.

cogolmar (del sup. lat. «concumulāre»; ant.) tr. *Colmar.*

cogombrillo m. **Cohombrillo amargo (planta cucurbitácea).*

cogombro m. **Cohombro.*

cogón (*Imperata arundinacea*) m. Cierta *planta gramínea tropical con panojas cilíndricas, con cuyas cañas se techan las chozas en Filipinas.

cogorza (¿del sup. ant. «cohorzar», celebrar un banquete fúnebre, del lat. vulg. «confortiāre»; inf.?) f. Borrachera.

cogotazo m. Cachete dado en el cogote. ≃ *Pescozón.

cogote (de «cocote») **1** m. Parte posterior inferior de la cabeza. ≃ *Occipucio. ⇒ Cocote. ➤ Acogotar, descogotar. **2** *Nuca. ≃ Cocote.

cogotera 1 f. Cualquier prenda o pieza de un vestido o *sombrero que sirve para resguardarles el cogote del frío o del sol a las personas o a los animales. ⇒ Cubrenuca. **2** (ant.) *Rizo de pelo que cae sobre la nuca.* ⇒ *Abuelos.

cogotillo (dim. de «cogote») m. *Arquillo de hierro que va detrás del herraje del extremo de la vara en los *carruajes.*

cogotudo, -a 1 adj. Se aplica a la persona que tiene muy grueso el cogote. ≃ Cervigudo. **2** *Orgulloso.* **3** (Hispam.) n. *Nuevo *rico.*

cogucho m. **Azúcar de inferior calidad que se produce en los ingenios.*

cogüerzo (del sup. ant. «cohorzar», celebrar un banquete fúnebre, del lat. vulg. «confortiāre»; ant.) m. *Banquete fúnebre. ≃ Confuerzo.

cóguil (del araucano «coghull») m. Fruto, comestible, del pilpil. ⊙ También del *boqui.

coguilera f. *Pilpil (planta lardizabalácea).*

cogujada (del sup. lat. «cuculliāta»; *Galerida cristata*) f. *Pájaro granívoro, parecido a la alondra, de plumaje pardo rojizo, con un penacho en la cabeza. ≃ Agachadera, ALONDRA moñuda, carabinera, cochevís, copada, cotovía, cugujada, galerita, totovía, tova, vejeta.

cogujón (del lat. «cucullĭo, -ōnis») m. **Punta (si se considera por fuera) o *rincón (si se considera por dentro) en un colchón, *almohada, saco o cosa semejante.* ≃ Codujón, cornijal, cugujón, cujón.

cogulla (del lat. «cuculla») **1** f. *Hábito que usaban los primeros monjes, consistente en una capa con *capucha. ⇒ Cogolla, cuculla, cugulla. **2** Hábito con *capucha. ⊙ Hábito semejante, aunque no sea de monje; por ejemplo, el traje con que se representa a Dante. **3** *Hábito con capa que usan ahora los monjes benedictinos, especialmente en el coro y en las grandes solemnidades. **4** *Capucha de hábito.

cogullada (de «cogulla») f. *Papada del *cerdo.*

cohabitación f. Acción de cohabitar. ⊙ Situación en que políticos o formaciones políticas de muy diferente ideología comparten circunstancialmente distintas instancias del poder: 'Después de las últimas elecciones, socialistas y democristianos gobiernan en cohabitación'.

cohabitar (del lat. «cohabitāre») **1** (no frec., por causa de la 2.ª acep.) intr. *Compartir la vivienda con otro.* ⇒ Convivir. **2** Copular el hombre y la mujer. **3** Compartir el poder políticos o formaciones políticas de ideología muy diferente.

□ CATÁLOGO

Acotejarse, ABUSO deshonesto, ACCESO carnal, acostarse con, ACOSTARSE juntos, ACTO carnal, allegamiento, ayuntamiento, AYUNTAMIENTO carnal, caer, concubinato, congreso, convenir, copularse, entregar su CUERPO, entregarse, estupro, facimiento, fornicar, gozar, poseer, tener TRATO, tener TRATO carnal, tener TRATO sexual, yacer, yogar. ➤ Íncubo, súcubo. ➤ *Cópula.

cohechador, -a adj. y n. Se aplica a la persona que cohecha a un funcionario público.

cohechar (del sup. lat. «confectāre», acabar, negociar) **1** tr. Ofrecer o hacer regalos a un ↘*juez o empleado, para que obre de determinada manera, sea o no justa. ≃ Comprar, corromper, *sobornar. **2** (ant.) **Obligar o coaccionar.* **3** (ant.) intr. *Dejarse cohechar.* **4** tr. AGRIC. *Levantar el barbecho o *labrar la tierra por última vez antes de sembrarla.*

cohecho m. Acción de cohechar en cualquier acepción, o de dejarse cohechar. ⊙ DER. *Delito consistente en ello.

coheredar (de «co-» y «heredar») tr. Heredar junto con otras personas.

coherencia (del lat. «cohaerentĭa») **1** f. *Relación entre cosas coherentes. ⇒ Cohesión. **2** FÍS. *Cohesión.*

coherente (del lat. «cohaerens, -entis») adj. Aplicado a cosas, ideas, doctrinas, etc., por sus relaciones o por su estructura u ordenación, tal que las cosas o partes de que constan se relacionan todas unas con otras de modo que constituyen un conjunto con unidad y sin contradicciones: 'Un sistema coherente de unidades físicas'. ≃ *Acorde, congruente.

cohermano (de «cogermano») **1** (ant.) m. **Primo hermano.* **2** (ant.) **Hermanastro.* **3** (ant.) *Cofrade.*

cohesión (del lat. «cohaesum», supino de «cohaerēre», estar unido) f. Cualidad de las cosas cuyas partes están fuertemente unidas física o espiritualmente: 'La cohesión del hormigón [o de un partido político]'. ≃ Coherencia. ⇒ *Aglutinación, compacidad, consistencia, densidad, *dureza. ➤ Disgregable. ⊙ FÍS. Fuerza que actúa entre las *moléculas y las mantiene unidas: 'Cohesión molecular'. ≃ Coherencia.

cohesionar tr. Dar cohesión, unir.

cohesivo, -a adj. Se aplica a lo que mantiene unido algo o contribuye a unir algo. ⇒ *Aglutinante.

cohesor (del lat. «cohaesus», unido) m. *Tubo de vidrio con limaduras metálicas que se empleó como detector en los primeros tiempos de la telegrafía sin hilos.*

cohete (del cat. «coet») **1** m. Artificio pirotécnico consistente en un cartucho lleno de pólvora y otros explosivos, con una varilla para sostenerlo, que se lanza a lo alto prendiéndolo por la parte inferior y, una vez arriba, explota produciendo un estampido y diversos efectos luminosos. ⇒ Cargador, follón, petardo, TRUENO gordo, volador. ➤ Timón. ➤ Traque. ➤ Cohetería, *pirotecnia. **2** Dispositivo volador sin alas, impulsado por un motor de reacción que no necesita aire para la combustión; se ha utilizado para el transporte de los satélites artificiales, es utilizable como arma para el transporte de bombas, etc. ⇒ Aviación. **3** (Méj.) **Barreno de pólvora.* **4** (Méj.) *Cartucho de dinamita.* **5** (Méj.) *Lío, enredo.* **6** (Méj.; inf.) *Borrachera.* **7** (Méj.; inf.) adj. y n. *Borracho.*

COMO UN COHETE (inf.). Con mucha rapidez: 'Salió de casa como un cohete'.

cohetería **1** f. Fabrica de material pirotécnico. **2** Tienda o tenderete donde se vende. **3** Conjunto de cohetes que se disparan juntos.

cohetero m. Fabricante o vendedor de material pirotécnico.

cohibición f. Acción y efecto de «cohibir».

cohibido, -a Participio adjetivo de «cohibir[se]».

cohibimiento m. Acción y efecto de cohibir[se].

cohibir (del lat. «cohibēre») tr. Ser algo o alguien causa de que una ↘persona no se desenvuelva con libertad: 'Le cohíbe la presencia de mujeres'. ≃ Coartar, embarazar. ⊙ También, 'los hábitos cohíben su natural desenvoltura, los vestidos apretados cohíben los movimientos de los niños'. ⊙ prnl. Sentirse cohibido. ⊙ Reprimir alguien sus deseos de hacer cierta cosa. ≃ *Contenerse.

□ CATÁLOGO

Agarrotar, cortar las ALAS, atar, atenazar, coartar, coercer, comprimir[se], constreñir[se], constringir[se], constriñir[se], contenerse, embarazar, embazar, empachar, encorsetar, entrabar, *estorbar, *impedir, *inmovilizar, quitar LIBERTAD, quitar LIBERTAD de movimientos, atar las MANOS, impedir los MOVIMIENTOS, atar de PIES y manos, reprimir[se], *sujetar, poner TRABAS. ➤ Apocado, aspado, atacado, atado, cohibido, corto, cuitado, encogido, como GALLINA en corral ajeno, intimidado, *parado, *pusilánime, *tímido, vergonzoso. ➤ Cohibición, cohibimiento, falta de CONFIANZA en sí mismo, falta de *DESENVOLTURA, embarazo, empacho, no hallarse, falta de NATURALIDAD, represión, falta de SOLTURA, timidez, vergüenza, violencia. ➤ Desenvuelto, a *gusto. *Libre. Con *naturalidad.

□ CONJUG. La «i» de la raíz es tónica en los presentes de indicativo y subjuntivo y en el imperativo, salvo en la 1.ª y 2.ª personas del plural: 'cohíbo, cohíbes, cohíbe, cohíben; cohíba, cohíbas, cohíba, cohíban; cohíbe, cohíba, cohíban'.

cohíta (del lat. «conficta»; ant.) f. *Conjunto de cosas contiguas.* ⊙ (ant.) *Particularmente, *manzana de casas.*

cohobación f. QUÍM. *Acción de cohobar.*

cohobar (del b. lat. «cohobāre»; ant.) tr. QUÍM. **Destilar varias veces seguidas una misma ↘sustancia.*

cohobo **1** m. **Piel de ciervo.* **2** (Ec., Perú) **Ciervo.*

cohol (del ár. and. «kuḥúl»; ant.) m. *Alcohol.*

cohollo m. *Cogollo.*

cohombrillo m. Dim. de «cohombro».

COHOMBRILLO AMARGO *(Ecballium elaterium)*. *Planta cucurbitácea medicinal cuyo fruto, una *calabaza del tamaño de un huevo de paloma llamada del mismo modo, contiene un jugo muy amargo. ≃ Calabacilla, cogombrillo, cohombrillo, PEPINO del diablo. ≃ PEPINILLO amargo.

cohombro (de «cogombro») **1** *(Cucumis flexuosus)* m. Variedad de pepino muy largo y torcido. ≃ Alficoz, alpicoz, cogombro. ⇒ Elaterio. ➤ Acohombrar. **2** **Churro (fritura).*

COHOMBRO DE MAR *(Holothuria edulis* y otras especies del mismo género). Equinodermo holoturioideo, de cuerpo cilíndrico, con tentáculos muy ramificados alrededor de la boca, y piel muy dura. ≃ Holoturia, PEPINO de mar.

cohonder (del lat. «confundĕre») **1** (ant.) tr. **Avergonzar.* ≃ *Confundir.* **2** (ant.) **Deshonrar.*

cohonestar (del lat. «cohonestāre») **1** tr. *Dar apariencia de *justa o *razonable a una ↘acción que no lo es.* ≃ Honestar. ⇒ *Pretexto, *simular. **2** (form.) Armonizar o hacer *compatible una ↘cualidad, actitud o acción con otra: 'Cohonestar la virtud con la alegría'.

cohortar (del lat. «cohortāre»; ant.) tr. **Fortalecer o *consolar.* ≃ Conhortar.

cohorte (del lat. «cohors, -ortis») **1** f. Unidad del ejército *romano compuesta de varias centurias. **2** (culto) *Muchedumbre de personas, animales o cosas materiales o inmateriales: 'Una cohorte de males'.

coición (del lat. «coitĭo, -ōnis»; ant.) f. *Conjunción o *reunión.*

coicoy (Chi.; *Cystignathus bibronii*) m. *Sapo pequeño que tiene en la espalda cuatro protuberancias que parecen ojos, por lo que se le llama también «sapo de cuatro ojos».*

coidar (ant.) tr. *Cuidar.*

coido (ant.) m. *Cuidado (asunto a cargo de alguien).*

coidoso, -a (ant.) adj. *Cuidadoso.*

coihue (Arg.) m. *Variedad de *jara pequeña, propia de los Andes patagónicos.*

coihué (de or. araucano; *Nothofagus dombeyi*) m. Árbol fagáceo muy alto, de madera parecida a la del roble, de hojas lanceoladas y flores en grupos de tres. ⇒ *Planta.

coillazo (Nav.) m. *Collazo (hermano de leche).*

coima[1] f. **Concubina.*

coima[2] (del lat. «calumnĭa», a través del port.) **1** f. *Lo que cobra el dueño del garito por preparar las mesas de *juego.* **2** (Am. S.) *Dinero con que se *soborna a un funcionario público.*

coime 1 m. *Hombre que cuida el garito de *juego y presta con usura a los jugadores.* **2** *Mozo de *billar.*

coimero, -a (de «coima[2]»; América de Sur) adj. y n. *Se aplica a la persona que *soborna o que se deja sobornar.*

coincidencia f. Hecho de coincidir dos o más cosas: 'La coincidencia de gustos entre ellos es perfecta'. ⊙ («Dar») Ese hecho, considerado como una *casualidad: 'Dio la coincidencia de que su jefe era amigo mío'.

coincidente adj. Que coincide.

coincidir (de «co-» y el lat. «incidĕre», acaecer) **1** intr. Encontrarse dos o más cosas o personas accidental o transitoriamente en un sitio, u ocurrir en el mismo momento: 'Coincidí con él en un congreso. Coincidimos a veces en el ascensor. Su viaje coincidió con el estallido de la guerra. Los extremos de las dos curvas coinciden exactamente. Cuando coincidan las manecillas del reloj'. **2** Ser *iguales o conducir al mismo resultado cosas tales como una información, una investigación o un cálculo: 'Tus noticias coinciden con las mías. No coinciden los resultados de las dos sumas'. **3** Estar de *acuerdo dos personas en cosas como opiniones, gustos, etc. **4** Aplicado a cosas que se *superponen, cubrir exactamente una de ellas a la otra.

☐ CATÁLOGO

Casar, cerrar, concurrir, converger, convergir, *encontrarse, *juntarse, rescontrar, reunirse, *unirse, VENIR bien. ➤ *Casualidad, coincidencia, concomitancia, conjunción. ➤ Cabalmente, casualmente, coincidente, crítico, justamente, precisamente. ➤ *Acomodar. *Acuerdo. *Concordar. *Coordinar. *Corresponder. *Relación. *Reunión.

coiné (del gr. «koinḗ», común) **1** f. LING. Lengua griega común que se formó tras la muerte de Alejandro Magno. ≃ Koiné. **2** LING. Lengua común que surge con la unificación de distintas variedades lingüísticas. ≃ Koiné.

coinquilino, -a (de «co-» e «inquilino») n. Persona que comparte con otras una vivienda en alquiler.

coinquinar (del lat. «coinquināre») **1** (ant.) tr. **Ensuciar o inficionar.* **2** (ant.) prnl. *Mancharse con algo indigno.*

cointeresado, -a (de «co-» e «interesado») adj. *Interesado con otro en una cosa.*

coipo (del araucano «coipu»; Arg., Chi.; *Myocastor coypus*) m. **Mamífero anfibio semejante al castor.*

coirón (Am. S.; *Andropogon argenteus*) m. *Planta gramínea de hojas duras y punzantes que se usa para techar las barracas.

coitar intr. *Realizar el coito.*

coito (del lat. «coĭtus») m. *Cópula de los animales superiores, particularmente la del hombre. ⇒ *Sexo.

coitus interruptus (lat.) m. Práctica *anticonceptiva consistente en la interrupción de la cópula en el momento de la eyaculación.

coja (del lat. «coxa», anca) **1** (ant.) f. *Corva.* **2** (inf.) *Prostituta.*

cojal (de «coja») m. *Pellejo que se ponen en la rodilla los cardadores para *cardar.*

cojate (Cuba; *Amomum thyrsoideum*) m. **Planta cingiberácea de hojas anchas y flores de color rojo oscuro; las raíces se emplean como diuréticas.*

cojatillo (de «cojate»; Cuba; *Amomum sylvester*) m. *Especie de jengibre silvestre que nace a orillas de los ríos y en los bosques espesos.* ⇒ *Planta.

cojear (de «cojo») **1** intr. Tener un andar desigual por alguna lesión o defecto físico. **2** No estar en equilibrio un mueble por desigualdad en sus patas o puntos de apoyo, o por irregularidad en el suelo. **3** (inf.) Tener algún defecto moral que se descubre en determinadas circunstancias: 'Se le ve fácilmente de qué pie cojea'.

cojera f. Lesión o defecto físico del que cojea.

cojijo (del lat. «cossis», gusano) **1** m. **Bicho (animalillo).* **2** **Desazón, *disgusto o resentimiento originado por causa pequeña.*

cojijoso, -a adj. **Quejón o *susceptible.*

cojín (del sup. lat. vulg. «coxinum») m. Saco cuadrado, redondo, etc., de tela más o menos rica o adornada, relleno de lana, espuma, plumas u otro material esponjoso, que se emplea para ponerlo en un *asiento, en un sofá, etc., para sentarse o *apoyarse sobre él. ≃ *Almohadón. ⇒ Acojinamiento. ⊙ MAR. *Defensa de cajeta que se pone a veces en los *palos y bordas de los barcos para evitar que se rocen los cabos.*

cojinete (dim. de «cojín») **1** m. *Almohadilla. **2** En mecánica, *pieza con que se ajusta una rueda en su eje. ⊙ Pieza con una muesca, en que se apoya un eje de máquina. ≃ Chumacera. **3** AGRÁF. Cada una de las piezas de metal que sujetan el cilindro. **4** Pieza metálica que fija los carriles a las traviesas del ferrocarril.

COJINETE DE BOLAS. Cojinete de eje, consistente en una corona de bolas de acero contenidas entre dos anillos, fijo el uno al eje y el otro a la rueda. ≃ RODAMIENTO de bolas [o a bolas].

cojinúa (Cuba, P. Rico; *Caranx pischelus*) f. **Pez de carne muy apreciada.* ⇒ Cibi.

cojitranco, -a (de «cojo» y «tranco»; desp. o hum.) adj. Cojo.

cojo, -a (del lat. «coxus») **1** («Andar, Ir, Estar, Ser; de»: 'de la pierna derecha') adj. y n. Se aplica a una persona o animal al que le falta un *pie o *pierna o los tiene defectuosos, por lo que anda imperfectamente. ⊙ Se aplica por extensión a un *mueble u objeto cualquiera que, por no tener completamente iguales las patas, se balancea. ⊙ También al pie o pata que es más corto o defectuoso. **2** adj. Se aplica al razonamiento, frase, etc., que queda *incompleto.

V. «antes se coge al EMBUSTERO que al cojo, a la PATA coja, cojear del mismo PIE, saber de qué PIE cojea».

NO SER alguien COJO NI MANCO (inf.). Ser muy competente en una actividad. ≃ No ser MANCO.

☐ CATÁLOGO

Candín, choco, cojitranco, paticojo, patituerto, patojo, renco, rengo. ➤ Cojera, recancanilla, renguera. ➤ PATA chula, PATA galana. ➤ Claudicar, cojear, coxquear, renguear, renquear. ➤ Coxcojilla, coxcojita, coxcox, a la PATA coja. ➤ Bastón, muleta, muletilla. ➤ Encojar. ➤ *Andar. *Inválido. *Pie. *Pierna.

cojobo (Cuba) m. *Jabí (árbol leguminoso).*

cojolite (Méj.; *Penelope purpurescens)* m. Especie de *faisán.

cojón (del lat. «colĕo, -ōnis») **1** (vulg.; gralm. pl.) m. *Testículo, en sentido propio y también como símbolo de hombría o de valor. ≃ Huevo, narices, pelotas. **2** (vulg.; forma pl.) interj. Expresa generalmente enfado: '¡Ven aquí, cojones!'

DE LOS COJONES (también con «huevos» y «narices»; vulg.). Se aplica despectivamente a alguien o algo que produce molestia o desagrado.

DE [TRES PARES DE] COJONES (también con «narices»; vulg.). Muy *grande, tremendo, extraordinario.

HASTA LOS COJONES (también con «huevos, pelotas» y «narices»; «Estar»; vulg.). *Harto de aguantar cierta cosa.

HINCHÁRSELE LOS COJONES a alguien (también con «huevos, pelotas» y «narices»; vulg.). Llegar a ponerse muy enfadado.

NO HABER MÁS COJONES (también con «huevos» y «narices»; vulg.). No haber más REMEDIO.

POR COJONES (también con «huevos, pelotas» y «narices»; vulg.). Necesariamente, obligatoriamente, sin mediar explicaciones.

¡QUÉ COJONES! (también con «narices»; vulg.). Expresión con que se subraya una manifestación de *protesta o *enfado.

¡QUÉ... NI QUÉ COJONES! (también con «narices»; vulg.). Expresión violenta de rechazo.

SALIRLE DE LOS COJONES (también con «huevos, pelotas» y «narices»; vulg.). Querer, dar la gana.

TENER a alguien AGARRADO [O COGIDO] POR LOS COJONES (también con «huevos, pelotas» y «narices»; vulg.). Tenerle dominado.

TENER COJONES una cosa (también con «huevos, pelotas» y «narices»; vulg.). Se usa para expresar que algo *molesta, es *inoportuno o causa desagrado.

TOCAR LOS COJONES a alguien (también con «pelotas, narices»; vulg.). Importunar, enfadar a alguien.

TOCARSE LOS COJONES (también con «huevos, pelotas» y «narices»; vulg.). Holgazanear.

¡TÓCATE LOS COJONES! (también con «narices»; vulg.). Sirve para expresar sorpresa ante algo que disgusta.

UN PAR DE COJONES (también con «narices» y «huevos», vulg.). Expresión que denota valor: 'Para meterse a policía hay que tener un par de cojones'. ⇒ *Valiente.

cojonudo, -a (vulg.) adj. Extraordinario, estupendo.

cojudo, -a (del sup. lat. vulg. «coleūtus», de «colĕus», testículo) **1** adj. *Se aplica al animal no castrado.* **2** (Hispam.) adj. y n. *Tonto.*

cojuelo, -a (dim. de «cojo») adj. V. «DIABLO cojuelo».

cok (del ingl. «coke».) m. *Coque.

col (del lat. «caulis»; *Brassica oleracea)* f. *Planta crucífera de huerta, de hojas anchas que forman cogollo, que se emplean como alimento para el hombre y los animales. ⇒ *Berza, brécol, brecolera, bretón, brócul, bróquil, coliflor, colinabo, colleta, llanta, lombarda, nabicol, posarmo, repollo, tallo. ➤ Colina, colino, respigo. ➤ Troncho. ➤ Choucroute.

COLES DE BRUSELAS. Variedad que, en vez de desarrollarse en un solo cogollo, tiene tallos alrededor de los cuales crecen apretados numerosos cogollos muy pequeños.

ENTRE COL Y COL, LECHUGA. Frase con que se expresa o comenta que, para evitar la monotonía, se intercalan o alternan unas con otras cosas de distinta naturaleza.

cola[1] (del lat. «colla») f. Sustancia gelatinosa obtenida generalmente cociendo restos de las pieles utilizadas para otras cosas junto con huesos, almidón, resinas, etc.; cuando está fría es dura, de color pardo negruzco y traslúcida; calentándola con algo de agua se pone blanda y se utiliza para *pegar, sobre todo en carpintería. ⇒ Ajicola. ➤ Apresto. ➤ Cazo. ➤ Colágeno, colodión, coloidal, coloide, desencolar, encolar. ⊙ Cualquier pasta parecida usada para pegar.

COLA DE ORO. Cola hecha con recortes de piel con la que se preparan los colores al temple y se aparejan los lienzos y piezas para el dorado.

C. DE PESCADO. Gelatina fabricada con la vejiga de los esturiones y pieles y despojos de pescado. Se vende en forma de láminas transparentes y se emplea para hacer jaleas y gelatinas, para clarificar los vinos, como apresto, para *pegar, etc. ≃ Colapez, colapiscis.

NO PEGAR una cosa NI CON COLA (inf.). No tener ninguna relación con otra con la que se pretende relacionarla. ⇒ *Inoportuno. ⊙ (inf.) Tratándose de versos, no *rimar en absoluto con otro verso con el que se pretende que rime. ⊙ (inf.) *Desentonar completamente una cosa con otra con la que está.

cola[2] (del lat. «caudŭla») **1** f. Prolongación de la columna vertebral, que forma en los animales un apéndice en la parte posterior del *cuerpo. ≃ Rabo. **2** Grupo de plumas largas que tienen las aves al final del cuerpo. **3** Parte de un vestido que cuelga por detrás y arrastra por el suelo. ⊙ Caída, generalmente defectuosa, que hace el borde de un vestido por alguna parte. ⊙ Punta o cada una de las puntas de la parte trasera de un frac o chaqué. **4** Por oposición a «cabeza», *extremo final o posterior de algo: 'La cola del escalafón'. ⊙ CINE. Trozo de película que queda entre la última fotografía de la obra y el final del rollo. ⊙ Parte posterior del *avión. **5** CONSTR. *Parte de una piedra *sillar que entra en la pared.* ≃ Entrega. **6** Cualquier *apéndice en la parte de *atrás de una cosa. ⊙ Particularmente, el luminoso que suelen tener los *cometas. **7** Coletilla: cosa añadida al final de algo; por ejemplo, de una carta. **8** MÚS. *Detención en la última sílaba de lo que se *canta.* **9** *Parte posterior de una explanada, trinchera o cualquier obra de fortificación.* **10** FORT. *Entrada desde la plaza al baluarte.* ≃ Gola. **11** («Hacer») *Serie de personas puestas una detrás de otra, *esperando *turno para algo. ≃ Fila. ⇒ Colarse. **12** («Traer») *Consecuencias o rastro que deja tras sí un suceso. **13** (vulg.) Pene. **14** (ant.) *Entre los antiguos estudiantes, palabra que se profería para *desaprobar, en contraposición a «¡vítor!».*

COLA DE CABALLO. **1** (varias especies del género *Equisetum*, como *Equisetum hiemale)* *Planta equisetácea cuyos tallos están divididos en segmentos enchufados unos en otros y terminan en un penacho de hojas filiformes semejante a una cola de caballo. ≃ POLVO de tierra. **2** Coleta formada con todo el *pelo, atado o sujeto en la parte posterior superior de la cabeza y dejado después caer suelto.

C. DEL DRAGÓN. **1** ASTRON. *Nodo descendente.* **2** ASTRON. *Extremo de la *constelación del Dragón.*

C. DE GOLONDRINA. FORT. *Defensa que forma ángulo entrante.*

C. DE MILANO [O DE PATO]. CARP. Espiga de *ensamblar maderas en forma de trapecio, más estrecha por donde está unida a la pieza. ⊙ CARP. Ensambladura con la espiga en esa forma. ⇒ Engargolado. ⊙ ARQ. Adorno arquitectónico en esta misma forma.

C. DE RATA. **1** **Lima de sección cilíndrica.* **2** *Cierto tipo de sedal usado en la pesca deportiva, mas fino por un extremo que por el otro, que permite lanzar con gran precisión la mosca artificial.*

C. DE ZORRA *(Alopecurus pratensis).* *Planta graminácea perenne que tiene la raíz articulada. ≃ Alopecuro.

A COLA DE MILANO [o DE PATO]. CARP. Forma de ensambladura hecha con cola de milano.

A LA COLA. Al final: detrás de todo[s] lo[s] demás.

APEARSE POR LA COLA. *Decir un *disparate o *despropósito o contestar con ellos.*

ARRIMADO A LA COLA (inf.). *Reaccionario en política.

V. «más vale ser CABEZA de sardina que cola de salmón, más vale ser CABEZA de ratón que cola de león».

HACER COLA. Ponerse en una cola para esperar turno.

PEDIR COLA (Ven.). *Hacer *autostop.*

V. «ser la PESCADILLA que se muerde la cola, PIANO de [media] cola».

SER ARRIMADO A LA COLA. V. «arrimado a la COLA».

TRAER COLA una cosa (inf.). Tener *consecuencias: 'Ese discurso traerá cola'.

□ CATÁLOGO

Otras raíces, «caud-, cerc-, ur-»: 'caudal; homocerco; anuro, macruro, urodelo'. ➤ Coda, hopo, jopo, mosqueador, rabo. ➤ Hembra. ➤ Abanico. ➤ Cauda. ➤ Paje. ➤ Rabadilla. ➤ Rabotada. ➤ Macho, maslo [o marlo], mástel, nabo, penca. ➤ Ruin. ➤ Colicano, rabicán [o rabicano], rabicorto, rabilargo, rabudo. ➤ Colear, espigar, hopear, jopear, rabear. ➤ Espadañar, hacer la RUEDA. ➤ Derrabar, descolar, desrabar, desrabotar, escodar, rabotear, raboteo, sorrabar. ➤ Arrabiatar, rabiatar. ➤ Chingo, choco, colín, curto, cuto, rabón. ➤ Francolino, reculo. ➤ Codón. ➤ Atacola, baticola. ➤ *Apéndice.

cola[3] f. Nombre de dos especies de árboles esterculiáceos tropicales *(Cola nitida* y *Cola acuminata)* cuyas semillas, llamadas colectivamente con el mismo nombre y también «nueces de cola», se emplean en medicina como tónico y para hacer refrescos. ⇒ *Planta.

-cola Elemento sufijo del lat. «colĕre», cultivar. ⊙ Forma nombres con que se designa a los habitantes de lo expresado por la otra raíz: 'cavernícola'. ⊙ Forma adjetivos correspondientes a los nombres terminados en «-cultor» o «-cultura»: 'oleícola, agrícola'.

colaboración («Prestar; de, con, entre») f. Acción de colaborar. ⊙ Parte de la obra hecha por el que colabora en ella. ⊙ Escrito del colaborador de un periódico o revista. ⊙ Trabajo del colaborador de una empresa.

EN COLABORACIÓN. Participando varios en la ejecución de la cosa de que se trata: 'Una obra escrita en colaboración'. ⇒ *Conjuntamente.

colaboracionismo m. Acción de colaborar durante una *guerra los naturales de un país con los ocupantes o invasores de él. ⊙ Fenómeno de existir tales colaboradores.

colaboracionista n. Persona que colaboraba con los invasores, admitiendo cargos dados por ellos o prestándoles ayuda en cualquier forma.

colaborador, -a **1** adj. y n. Con respecto a una persona o entidad, otra que trabaja con ella en la misma cosa o con el mismo fin: 'Cuenta con excelentes colaboradores'. ⊙ n. Particularmente, escritor que escribe un obra junto con otro. **2** Escritor que publica asiduamente en cierto periódico o revista trabajos de su invención. **3** Persona que realiza trabajos para una empresa sin formar parte de su plantilla.

colaborar (del b. lat. «collaborāre») **1** («con, en») intr. Contribuir con el propio trabajo a la consecución o ejecución de cierta cosa que se expresa con un nombre de acción: 'Colaboró conmigo en la organización del colegio'. Particularmente, escribir junto con otro una obra literaria, una obra de teatro lírica, etc. ≃ Coadyuvar, *cooperar. ⊙ Contribuir alguien con un donativo o con su trabajo a una obra de carácter altruista. **2** («en») Escribir habitualmente en cierto *periódico: 'Colabora los domingos en el periódico local'. **3** («con») Realizar determinados trabajos para una empresa sin formar parte de su plantilla.

colación (del lat. «collatĭo, -ōnis») **1** f. Acto de conferir un *beneficio eclesiástico, un *título universitario u otra dignidad. **2** Comida ligera; se aplica particularmente a las conventuales. ≃ Refacción. **3** *Porción de dulces que se daba a los criados el día de Nochebuena.* ⇒ *Aguinaldo. **4** *Conjunto de pastas, *dulces, fiambres, etc., con que se obsequia a alguien o se celebra algo.* **5** (Hispam.) *Dulce de diferentes formas cubierto de azúcar.* **6** *Territorio o vecindario correspondiente a cada *parroquia.* **7** *Antiguamente, conferencia o *conversación de los monjes sobre cosas espirituales.* **8** *Cotejo o confrontación.*

COLACIÓN DE BIENES. DER. *Relación que, al repartir una herencia, se hace de los bienes que un heredero forzoso recibió gratuitamente en vida del causante.*

SACAR [o TRAER] A COLACIÓN. Mencionar en la conversación, a veces de manera inoportuna o forzada, cierto asunto: 'Con cualquier pretexto saca a colación sus fincas'. ⇒ Sacar a la COLADA.

colacionar (de «colación») **1** tr. Colar un beneficio eclesiástico. **2** *Confrontar.

colactáneo, -a (del lat. «collactanĕus») n. *HERMANO de leche.*

colada[1] (del nombre de una espada del Cid) f. *Nombre con que se designa apreciativamente una *espada.*

colada[2] (de «colar[2]») **1** f. *Operación de blanquear la ropa *lavada, con lejía obtenida colando ceniza; por extensión, la misma operación con cualquier otra *lejía.* ⊙ («Hacer la») Lavado de la ropa de la casa: 'El lunes es día de colada'. ⇒ Bogada, bugada. ➤ Carriego, cuenco. ➤ Cernadero. ➤ *Ceniza, cernada, lejía. **2** METAL. Operación de sacar el hierro fundido en los altos hornos. **3** *Faja de terreno por donde es permitido el paso de los *ganados para ir de unos pastos a otros.* **4** **Paso difícil entre montañas.* **5** GEOL. Manto de lava que se desplaza siguiendo la inclinación de la pendiente del *volcán.

ECHAR A LA COLADA. Echar o dejar una pieza de ropa en el sitio destinado a ello, para que sea *lavada.

SACAR A LA COLADA una cosa. Mencionarla en ocasión en que se dicen cosas antes calladas prudentemente. ⇒ Sacar a COLACIÓN.

SALIR una cosa A [o EN] LA COLADA. *Aparecer o *descubrirse cuando ya parecía que no iba a ser conocida.

V. «sacar los TRAPOS a la colada».

coladera (de «colar[2]») **1** f. *Pequeño colador para licores.* **2** (Méj.) **Sumidero con agujeros.*

coladero (de «colar[2]») **1** m. *Colador.* **2** **Camino o *paso estrecho.* ⊙ *Sitio por donde se puede pasar, aunque con dificultad.* **3** (ant.) *Paso para *ganados.* ≃ Colada. **4** MINER. **Agujero que se deja entre dos galerías superpuestas de una *mina para echar el mineral desde la parte superior a la inferior.* **5** (inf.) Lugar por donde es fácil colarse a un recinto. **6** (inf.) Criterio de selección que por su ambigüedad o excesiva amplitud puede dar lugar a que sean aceptadas indebidamente cosas que quedarían excluidas con un criterio más claro o restrictivo: 'Ese supuesto de la ley es un coladero'. ⊙ (inf.) Entre estudiantes, centro de enseñanza en donde, por la benevolencia de los profesores, es fácil aprobar las asignaturas.

coladizo, -a adj. *Que se cuela o penetra fácilmente.*

colado, -a Participio adjetivo de «colar[se]». ⊙ Se aplica al *aire que, penetrando por una abertura o paso, forma una corriente; generalmente se alude a él como capaz de producir malestar o enfermedades. ⊙ (inf.; «por») Muy *enamorado.

colador[1] (de «colar[1]») m. *Persona que confiere una colación.*

colador[2] (de «colar[2]») **1** m. Utensilio, particularmente de *cocina, constituido fundamentalmente por una tela, una tela metálica o una plancha con agujeros, que sirve para colar. **2** AGRÁF. *Cubeta con el fondo perforado, que se llena de ceniza por la que se hace pasar agua para hacer lejía.*

coladora f. *Mujer que hace coladas.*

coladura 1 f. *Acción de colar.* **2** (inf.) Acción de colarse: cometer un error, desacierto o indiscreción. ⊙ Cosa en que consiste el error, etc.

colage (del fr. «collage») m. Collage.

colágeno (del gr. «kólla», cola, y «-geno») m. BIOQUÍM. Proteína fibrosa, elemento constitutivo de los tejidos conjuntivo, óseo y cartilaginoso que, por ebullición en agua, se convierte en gelatina. ⇒ *Cuerpo.

colagogo (del gr. «cholagōgós», que atrae la bilis) adj. FARM. *Se aplica a los *purgantes usados contra la acumulación de *bilis.*

colaina (del lat. «coriāgo, -ĭnis», enfermedad del cuero) f. *Acebolladura de los *árboles.*

colaire (de «colar» y «aire»; And.) m. *Sitio en que hay corriente de *aire.*

colambre f. *Corambre.*

colana (de «colar[2]», beber vino) f. **Trago de bebida.*

colandero, -a (Rioj.) n. *Persona que se dedica a colar la ropa.* ⇒ *Lavar.

colanilla (de «colar[2]») f. *Aldabilla o *pestillo con que se cierran puertas o ventanas.

colaña (¿del lat. «columna»?) **1** f. **Muro o tabique de poca altura; por ejemplo, el que forma la *barandilla de algunas escaleras o los que dividen los graneros.* **2** (Mur.) **Madero de 20 palmos de longitud, 6 pulgadas de tabla y de 4 canto.*

colapez (de «cola[1]» y «pez») f. *COLA de pescado.*

colapiscis (de «cola[1]» y el lat. «piscis», pez) f. *Colapez.*

colapsar (de «colapso») tr. Provocar la paralización accidental de una actividad: 'La nieve colapsó el tráfico por carretera'. ⊙ prnl. Paralizarse accidentalmente alguna actividad: 'Muchas empresas se han colapsado por falta de créditos'.

colapso (del lat. «collapsus», part. pas. de «collābi», caer; «Experimentar, Sufrir») **1** m. MED. Debilitamiento brusco y extremo de las actividades vitales, con insuficiencia circulatoria. ⇒ *Desmayo. ⊙ MED. Específicamente, fallo de la presión arterial en el curso de una enfermedad, operación quirúrgica, etc. **2** Paralización de una actividad cualquiera: 'La industria metalúrgica sufre un colapso por falta de materias primas'. ⇒ *Quietud.

colar[1] (del b. lat. «collāre», conferir) tr. *Conceder canónicamente un ↘*beneficio eclesiástico.*

colar[2] (del lat. «colāre») **1** tr. Hacer pasar un ↘líquido por una tela, una tela metálica o un utensilio de cualquier clase con agujeros, para separar de él las partículas sólidas que contiene: 'Colar el café'. ≃ Filtrar. ⇒ Pasar, recolar, trascolar. ➤ Capillo, cebolla, coladero, colador, escurridor, manga, pasador, sebucán. ➤ *Cribar. *Filtrar. **2** Hacer la *colada de la ↘ropa. **3** *Pasar ↘algo por un sitio, por ejemplo por la aduana, ocultándolo. ⊙ Dar con *engaño una ↘cosa falsa o mala: 'Trataba de colar un billete falso'. ⊙ *Engañar haciendo creer ↘algo que no es verdad: 'Es demasiado listo para que le cueles esa historia'. ⇒ Embocar, emborrar, embutir, meter, pasar, hacer tragar. ⊙ prnl. *Pasar una persona o una cosa por un sitio o entrar en alguna parte sin ser esperada, sin ser notada, con disimulo, aprovechando un descuido, por una entrada o paso estrecho o difícil, etc. ⊙ También, tratándose de cosas no materiales; por ejemplo, la *suerte, buena o mala. ⊙ Particularmente, pasar en algún sitio en que hay cola sin hacerla, o *anticiparse a los que están delante en ella. **4** intr. Ser creída una mentira: 'La mentira era demasiado burda para colar'. ≃ *Pasar. ⊙ Ser admitida una cosa tal como una moneda falsa. **5** **Beber vino.* **6** (inf.) prnl. Cometer un *error, un *desacierto o una indiscreción: 'Se ha colado en un problema. Se coló eligiendo ese número. No te cueles queriendo demostrarle que sabes más que él'. ≃ *Equivocarse.

V. «colarse de RONDÓN».

□ CONJUG. como «contar».

colateral (del lat. «collaterālis») **1** adj. Situado a uno u otro *lado de una cosa de la misma clase, que se considera principal: 'Altar [o nave] colateral. La avenida principal y las calles colaterales'. ≃ Lateral. **2** Lateral o *transversal. Se aplica especialmente al *pariente que no lo es por línea recta o a una rama genealógica que no es la principal.

V. «LÍNEA colateral».

colativo, -a (del lat. «collatīvus») adj. Se aplica a los beneficios eclesiásticos y otras cosas conferidas canónicamente.

colaudar (del lat. «collaudāre»; ant.) tr. **Alabar.*

colayo m. **Pimpido (pez parecido a la mielga).*

colbac m. MIL. *Cierta gorra o morrión de pelo.*

cólcedra (del lat. «culcĭtra») **1** (ant.) f. **Colchón de lana o pluma.* ≃ Acólcetra. **2** (ant.) **Colcha.*

colcha (del lat. «culcĭta») f. Prenda que se pone en la *cama encima de todas las demás ropas, para el buen aspecto de ella. ≃ Cubierta, cubrecama.

□ CATÁLOGO

Acólcetra, acolchado, alfamar, alhamar, alifafe, almofrej, almofrez, almozala [o almozalla], almuzala [o almuzalla], arambel, centón, chiva, cobertor, cobija, cólcedra, coriana, cubierta, cubrecama, harambel, lichera, márfaga, márfega, pellica, recel, sabanilla, sobrecama, telliza, vánova, veralca. ➤ Apañadura. ➤ Confitico [-llo, -to]. ➤ Edredón, plumazo, plumón. ➤ FUNDA nórdica. ➤ *Acolchar.

colchado, -a *Participio adjetivo de «colchar».*

colchadura f. *Acción de colchar.*

colchar[1] (de «colcha») tr. **Acolchar: hacer en una ↘prenda la labor que consiste en poner dos telas y entre ellas una capa de guata o algodón sujetando el conjunto con pespuntes.*

colchar[2] tr. MAR. *Corchar (unir, retorciéndolos, filásticas o *cabos).*

colchero, -a n. *Persona que confeccionaba o vendía colchas.*

colchón (de «colcha») m. Saco aplanado, relleno de lana u otra materia esponjosa o blanda, que se pone sobre la *cama o en otro sitio, para acostarse encima. ⊙ Por extensión, cualquier otro objeto que hace el mismo papel, aunque no sea saco o relleno; por ejemplo, los de muelles recubiertos de una ligera capa de lana o los de caucho esponjoso.

COLCHÓN DE AIRE. Capa de aire que lanzan a presión ciertos vehículos, como los aerodeslizadores, para disminuir el rozamiento con la superficie sobre la que se desplazan y, de este modo, aumentar su velocidad.

C. SIN BASTAS (Ar.). *Expresión calificativa que se aplica a una persona *gorda y de mala figura; particularmente, a una mujer.*

C. DE MUELLES. **1** Utensilio que se coloca en las camas debajo del colchón, consistente en una tela metálica que descansa sobre muelles. ⇒ Sopanda. **2** Colchón que tiene muelles en su interior, en vez de estar relleno de lana u otro material.

C. DE TELA METÁLICA. *Utensilio consistente en una tela metálica elástica sostenida en un bastidor, que se pone en las camas debajo del colchón.* ≃ Somier.

HACER UN COLCHÓN. *Renovar su calidad esponjosa sacando de él la lana y vareándola o ahuecándola por otro procedimiento, y volver a llenarlo y coserlo.*

□ CATÁLOGO

Acólcetra, alhanía, almadraque, cócedra, colchoneta, cólcedra, jerga, jergón, márfega, marragón, márrega, plumazo, traspontín, trasportín, traspuntín. ➤ Blando, mullido. ➤ Borra, crin, CRIN vegetal, hijuela, lana, miraguano, molsa, pluma, plumón, *relleno. ➤ Embastar, mullir, varear. ➤ Colchonero, marraguero. ➤ AGUJA colchonera. ➤ Codujón, cogujón, cornijal. ➤ Basta. ➤ *Cama. *Somier.

colchonería f. Establecimiento donde se venden, hacen o rehacen los colchones.

colchonero, -a n. Persona que hace colchones, los rehace ahuecando la lana, o los vende.

colchoneta f. Colchón más pequeño o delgado que los corrientes. ⊙ Utensilio de la forma y hechura del colchón, pero empleado para algo que no es una cama; por ejemplo, para poner sobre un asiento. ⇒ Almohadón.

colcótar (del ár. and. «qulquṭár», del siriaco «kalqaṭārin», y éste del gr. «chalkánthē») m. *Polvo de peróxido de *hierro que se usa en pintura y como *abrasivo para pulir metales.* ⇒ Colpa.

colcrem (del ingl. «cold cream») m. Crema de tocador hecha con grasa de cetáceo, almendras dulces y alguna sustancia aromática. ⇒ *Cosmético.

cold cream (ingl.) m. Colcrem.

cole[1] (Cantb.) m. **Chapuzón.*

cole[2] (inf.) m. Apóc. de «colegio», muy frecuente, especialmente entre colegiales.

coleada 1 f. *Coletazo.* **2** (Ven.) *Acción de colear (derribar a una res agarrándola por la cola).*

coleador 1 adj. *Aplicado a ciertos animales, que colea.* **2** (Ven.) m. *Hombre que derriba una res sujetándola por la cola.*

coleadura f. *Acción de colear.*

colear 1 intr. Menear la cola un animal. **2** (inf.) *Durar todavía las *consecuencias de cierta cosa o los comentarios sobre ella: 'Todavía colea el asunto de la estafa'. **3** tr. TAUROM. *Sujetar al ↘*toro por la cola, por ejemplo cuando embiste a un torero caído.* ⊙ (Méj.) *Coger el jinete la cola de la res que huye y, sujetándola con la pierna derecha contra la silla, *derribar a la ↘res por el impulso que lleva el caballo.* ⊙ (Ven.) *Tirar de la cola de una *res para derribarla, corriendo a pie o a caballo.*

V. «VIVITO y coleando».

colección (del lat. «collectĭo, -ōnis») **1** f. *Conjunto de cosas de la misma clase reunidas por alguien por gusto o curiosidad, o en un museo: 'Colección de sellos [de porcelanas, de cuadros]'. ⊙ Conjunto de cierto número de composiciones literarias del mismo género o con alguna característica que las une, reunidas en uno o más volúmenes, que suele llevar el nombre «colección» en el título: 'Colección de cuentos'. **2** (inf.) Gran número de ciertas cosas: 'Dijo una colección de disparates. Tiene una colección de sobrinos'. ≃ *Cúmulo. **3** *Acción y efecto de colectar o acumularse*: 'Una colección de líquido en una cavidad orgánica'. ≃ *Acumulación.

COLECCIÓN FACTICIA. Aplicado particularmente a obras literarias, la hecha con cosas unidas arbitrariamente y no por una relación natural existente entre ellas.

□ CATÁLOGO

Analectas, anecdotario, antología, centón, colectánea, compilación, copilación, crestomatía, diván, espicilegio, excerpta, excerta, fabulario, floresta, florilegio, miscelánea, muestrario, parnaso, poliantea, ramillete, recopilación, repertorio, romancero, selección, selectas, silva, suma. ➤ Código, instituciones. ➤ Herbario, herbolario. ➤ Archivo, biblioteca, discoteca, *exposición, gabinete, galería, mediateca, *museo, oploteca, panoplia, vitrina. ➤ Álbum. ➤ Pieza. ➤ Suelto. ➤ Recolección. ➤ *Conjunto. *Mezcla. *Montón. *Reunir. *Serie.

coleccionable adj. Que se puede coleccionar. ⊙ m. Particularmente, obra que se publica en fascículos de aparición periódica.

coleccionar tr. Formar una colección de ciertas ↘cosas.

coleccionismo m. Afición a coleccionar.

coleccionista n. Persona que se dedica a coleccionar cierta cosa.

colecistitis (del gr. «cholḗ», bilis, «kýstis», vejiga e «-itis») f. MED. *Inflamación de la vesícula biliar.*

colecta (del lat. «collecta») **1** f. *Repartimiento de tributos entre el vecindario.* **2** *Recaudación de donativos entregados voluntariamente, en general con un fin caritativo. ≃ Cuestación. ⇒ Postular. ➤ Banderita. **3** Cualquiera de las oraciones que el sacerdote recita en la *misa antes de la epístola. **4** *Entre los *cristianos primitivos, reunión para celebrar los oficios divinos.*

colectánea (del lat. «collectanĕa»; ant.) f. *Colección.*

colectar (de «colecta») tr. *Recoger o *reunir ↘cosas.* ⊙ *Particularmente, *recaudar dinero.*

colecticio, -a (del lat. «collectitĭus») adj. *Formado por cosas diversas reunidas arbitrariamente.* ⊙ MIL. *Se aplica al cuerpo de tropa formado por gente recogida de distintos sitios.* ⊙ LITER. *Se aplica al tomo formado con obras literarias antes dispersas.*

colectivamente adv. Se aplica a la manera de hacer algo varias personas juntas sin que exista separación o independencia en la actuación de cada una: 'Presentar colectivamente una petición. Poseer colectivamente una finca'. ≃ En *conjunto. ⇒ En común, mancomunadamente, pro indiviso.

colectividad f. *Entidad formada por personas unidas por algún nexo de orden moral. ⊙ Grupo social al que pertenece una persona, compartiendo con las demás de él, por ejemplo compatriotas o conciudadanos, ciertos intereses, ideales, etc.: 'Hay que sacrificar algo a la colectividad'. ≃ Comunidad. ⊙ («La») En el sentido más amplio, reunión de todos los seres humanos. ≃ *Comunidad, sociedad.

colectivismo m. Sistema *económico en que la propiedad y administración de ciertas cosas corresponde a la colectividad y no a los individuos. ⊙ Doctrina de ese sistema.

colectivista 1 adj. Del colectivismo. **2** adj. y n. Adepto al colectivismo.

colectivización f. Acción de colectivizar.

colectivizar tr. Convertir una ↘cosa en colectiva.

colectivo, -a (del lat. «collectīvus») **1** adj. De una colectividad o de un conjunto de personas o de cosas, o de la colectividad: 'Caracteres [o intereses] colectivos'. ⊙ GRAM. Se aplica particularmente a ciertos *nombres que representan en singular un conjunto de cosas. ⇒ Apénd. II, COLECTIVO. **2** (Arg., Par.) m. **Autobús.* **3** Grupo de personas que se unen para llevar a cabo una actividad común o defender reivindicaciones comunes: 'Colectivo artístico. Colectivo musulmán de Melilla'.

colector, -a (del lat. «collector, -ōris») **1** m. **Recaudador de *tributos.* **2** *En las iglesias, *eclesiástico que recoge las limosnas para misas y las distribuye entre los que las han de celebrar.* **3** n. *Coleccionista.* **4** m. *Cañería, *canal o galería que recoge las aguas de otros; particularmente, en las *alcantarillas. **5** ELECTR. Pieza de una *dinamo constituida por un conjunto de láminas de cobre aisladas entre sí y conectadas con las bobinas del devanado; la corriente es recogida de ellas por un juego de escobillas que rozan con su superficie.

V. «SEGMENTO de colector».

colecturía f. *Antiguamente, oficina en que se *recaudaba alguna renta pública.*

colédoco (del gr. «cholēdóchos», que contiene la bilis) m. ANAT. *Canal del hígado que reúne el hepático y el cístico y termina en el duodeno.* ⇒ *Cuerpo.

colega (del lat. «collēga») **1** n. Con respecto a una persona, otra que tiene su misma profesión; particularmente, tratándose de actividades intelectuales: 'Mi colega, el doctor Suárez'. ≃ *Compañero. **2** (inf., particularmente entre jóvenes) Amigo, compañero. Se usa también como apelativo: 'Estoy harto, colega'. ≃ Tío, tronco.

colegatario, -a (del lat. «collegatarĭus») n. *Legatario junto con otro u otros.*

colegiación f. Acción de colegiar[se].

colegiadamente adv. *Constituyendo colegio o comunidad.*

colegiado, -a 1 Participio adjetivo de «colegiar». Se aplica a la clase que está agrupada en un colegio: 'La nobleza colegiada. Las profesiones colegiadas'. ⊙ Inscrito en el colegio de su profesión, lo que autoriza para ejercerla: 'Es médico, pero no puede recetar porque aún no está colegiado'. **2** Se aplica al *tribunal y a otros órganos formados por varias personas y no por una sola. ⇒ *Múltiple. **3** m. DEP. En fútbol y otros *deportes, árbitro.

colegial[1] **1** adj. Del colegio [o de un] colegio. **2** De un cabildo de canónigos.

colegial[2]**, -a 1** n. Estudiante que vivía en un colegio mayor. **2** Niño que asiste a un colegio. **3** Se aplica como nombre calificativo o como término de comparación a una persona *inexperta o *tímida: 'Se ruboriza como una colegiala. Es todavía un colegial'. **4** (Chi.) m. *Cierto *pájaro que vive a orillas de los ríos y lagunas; el macho es negro y rojo.*

COLEGIAL CAPELLÁN. *Becario de un colegio mayor que tenía a su cargo la capilla.*

C. FREILE [O MILITAR]. *Miembro de un colegio de las *órdenes militares.*

colegialista (Ur.) adj. y n. *Partidario del sistema colegiado de gobierno.* ⇒ Anticolegialista. ➤ *Política.

colegialmente adv. *Colegiadamente.*

colegiar tr. Inscribir a ↘alguien en un colegio profesional. Más frec. reflex.

☐ CONJUG. como «cambiar».

colegiata (del lat. «collegiāta») f. IGLESIA colegiata.

colegiatura f. **Beca o plaza de colegial.*

colegio (del lat. «collegĭum») **1** m. Establecimiento, seglar o eclesiástico, dedicado a la *enseñanza o el *estudio. ⊙ Antiguamente, comunidad de personas que vivían en una casa destinada a la enseñanza de ciencias, artes u oficios, bajo el gobierno de ciertos superiores y reglas. ⊙ Casa o *convento de regulares destinado para estudios. ⊙ Actualmente, establecimiento privado de primera o segunda enseñanza. ⊙ (inf.) Clase en un colegio: 'Este lunes los niños no tienen colegio'. **2** Asociación oficial que forman los individuos de ciertas *profesiones o pertenecientes a cierta clase, que representa y defiende sus intereses colectivos: 'Colegio de médicos [de licenciados y doctores, de la nobleza]'.

COLEGIO DE CARDENALES. Sacro COLEGIO.

C. ELECTORAL. Conjunto de los electores de un distrito. ⊙ Local habilitado para realizar una votación. ⇒ *Votar.

C. MAYOR. *En las antiguas ciudades universitarias, conjunto de estudiantes que vivían en comunidad observando cierta clausura bajo la autoridad de un rector colegial elegido por ellos mismos.* ⊙ Actualmente, residencia oficial de estudiantes universitarios donde éstos se hospedan mediante el pago de una pensión.

C. UNIVERSITARIO. Centro docente adscrito a una universidad, donde puede cursarse el primer ciclo de ciertos estudios universitarios.

SACRO COLEGIO. Reunión de los cardenales consejeros del *Papa. ≃ COLEGIO de cardenales.

ENTRAR EN COLEGIO. *Ser admitido en una *orden o comunidad y empezar a usar el hábito correspondiente.*

☐ CATÁLOGO

Academia, collejo, *escuela. ➤ De frailes, de monjas, municipal, de pago, seglar, público. ➤ Celda. ➤ *Alumno, colegial, concolega, educando. ➤ Becario, externo, interno, pensionado, pensionista, medio PENSIONISTA. ➤ Cuida ➤ *Bolso, cabás, *cartera. ➤ *Uniforme. ➤ Cuaderno, palmeta. ➤ *Enseñar. *Escuela. *Estudiar.

colegir (del lat. «colligĕre») **1** tr. **Reunir ↘cosas que estaban esparcidas.* ⇒ Recolegir. **2** («de, por») Obtener una ↘idea partiendo de otras, mediante un razonamiento. ≃ *Deducir. ⊙ («de, por») Creer cierta ↘cosa por ciertos indicios. ≃ *Suponer.

☐ CONJUG. como «pedir».

colegislador, -a (de «co-» y «legislador») adj. Legislador junto con otro. Se aplica solamente en la expresión CUERPOS colegisladores.

colemia (del gr. «cholḗ», bilis, y «-emia») f. MED. *Presencia de *bilis en la sangre y estado patológico consiguiente.* ≃ Colihemia.

colendo (del lat. «colendus», venerable) adj. V. «DÍA colendo».

cóleo (*Solenostemon scutellarioides*) m. Planta labiada que se cultiva por la belleza de sus hojas, dentadas y de colores llamativos.

coleóptero (del gr. «koleópteros») adj. y n. m. ZOOL. Se aplica a ciertos *insectos masticadores, de metamorfosis complicada, como los escarabajos y gorgojos y la luciérnaga. ⊙ m. pl. ZOOL. Orden que forman.

□ CATÁLOGO
Alfazaque, alúa, asnillo, baticabeza, candela, candelilla, cárabo, carbunco, carraleja, catarinita, cebrión, cicindela, *cocuyo, crisomélido, cucubano, curita, dermesto, escarabajo [pelotero, de la patata], escarabajuelo, girino, gorgojo, GUSANO de luz, lucerna, *luciérnaga, macuba, mariquita, melolonta, necróforo, noctiluca, pilme, pololo, VÍBORA volante. ➤ Cicindélido, coccinélido, heterómero, lucánido, tetrámero, trímero.

colera f. *Adorno que se le pone al caballo en la cola.*

cólera[1] (del lat. «cholĕra», del gr. «choléra», de «cholḗ», bilis) **1** f. *Bilis.* **2** m. *Enfermedad epidémica muy grave, originaria de la India, caracterizada por vómitos y diarreas, calambres, etc. ≃ CÓLERA morbo. ⇒ Bacilocoma, comabacilo. ➤ Porráceo. **3** («Montar en, Sufrir un acceso [o ataque] de, Descargar, Deponer») f. Enfado muy violento en que el que lo experimenta grita, se agita y se muestra agresivo. ≃ *Furia, ira.

CÓLERA MORBO. MED. Cólera (enfermedad).

DESCARGAR una persona SU CÓLERA en alguien o algo. Hacer sufrir las consecuencias de ella a la persona o cosa en cuestión, aunque no tenga la culpa de la cosa que la provoca. ⇒ *Desahogarse.

□ CATÁLOGO
Arrebato, basca, berrenchín, berrinche, coraje, corajina, desesperación, despecho, furia, furor, ira, iracundia, irritación, IRRITACIÓN sorda, perra, perrera, perrería, petera, rabia, rabieta, saña, soberbia, veneno, vesania, violencia. ➤ Acceso, arranque, arrebato, arrechucho. ➤ Bramuras, brusquedad, bufido, estufido, sofión. ➤ A SANGRE caliente. ➤ Airado, ardiondo, arrebatadizo, bejín, berrín, borracho, botafuego, bravo, carraña, *cascarrabias, ceñudo, colérico, corajudo, crespo, energúmeno, fiero, frenético, fuguillas, furente, furibundo, furiente, furioso, furo, geniazo, iracundo, irascible, irritable, paparrabias, perrengue, pólvora, polvorilla, poseído, malas PULGAS, pulguillas, rabietas, rabietillas, rabioso, sierpe, hecho un TORETE, torvo, tufillas, violento. ➤ Ménade. ➤ *Apaciguar, *calmar, desarmar, desenconar, tranquilizar. ➤ ¡IRA de Dios!, ¡Vive DIOS!» y otras exclamaciones de amenaza, *enfado, etc. ➤ *Encolerizar[se]. *Enfadar[se]. *Irritar[se]. *Pasión.

cólera[2] f. *Cierta *tela de algodón engomada.*

colérico, -a («Estar») adj. Poseído de cólera. ≃ Descompuesto, encolerizado, enfurecido, furibundo, furioso. ⊙ («Ser») Propenso a la cólera. ≃ Irascible, violento. ⇒ *Carácter.

coleriforme (de «cólera[1]» y «-forme») adj. MED. *Aplicado a enfermedades, con síntomas semejantes a los del cólera.*

colerina (dim. de «cólera[1]») f. MED. *Nombre dado a distintos trastornos que tienen alguna semejanza con el cólera.*

colero (de «cola[2]») **1** (Hispam.) m. MINER. *Ayudante de capataz o jefe de los trabajos.* **2** adj. HERÁLD. *Se aplica al león que esconde la cola.*

colesterina (del fr. «cholestérine») f. BIOQUÍM. *Colesterol.*

colesterol (del fr. «cholestérol») m. BIOQUÍM. Sustancia de origen graso presente en las membranas de muchas células animales y en el plasma sanguíneo. El exceso de esta sustancia puede causar arteriosclerosis, al depositarse en las paredes de los vasos sanguíneos. ⇒ *Cuerpo.

colesterolhemia f. MED. *Contenido de colesterol en sangre.*

coleta (dim. de «cola[2]») **1** (inf.) f. *Añadidura. ≃ Coletilla. **2** *Trenza de pelo; particularmente, la que llevan en la parte posterior de la cabeza los toreros y los *chinos. ⇒ Moña. **3** Conjunto del *pelo, recogido con una cinta, pasador, etc., y colgando sobre la espalda. ⇒ Cerceta. **4** *Cierta *tela empleada para forros.* ≃ Crehuela.

CORTARSE LA COLETA. Retirarse los toreros del toreo. ⊙ Por extensión, abandonar una profesión o una actividad cualquiera.

coletazo **1** m. *Golpe dado con la cola. ≃ Coleada. **2** Manifestación violenta de algo que se está *terminando: 'El mal está vencido, pero aún puede dar algún coletazo'.

coletero m. *Hombre que hacía coletos.*

coletilla (dim. de «coleta»; inf.) f. Cosa breve que se añade después de lo que se ha escrito o dicho, como nota o explicación, para salvar un olvido, insistir en algo, etc. ≃ Apostilla.

coletillo (dim. de «coleto») m. **Jubón sin mangas usado por las serranas de Castilla.*

coleto (del it. «colletto») **1** m. *Vestido de piel ajustado al cuerpo, semejante a una *casaca.* **2** (inf.) Se usa en algunas expresiones con el significado de «cuerpo o interior de una persona»: 'Se echó al coleto dos copas de anís después de comer'.

DECIR alguien una cosa PARA SU COLETO (inf.). *Pensarla; decírsela a sí mismo.

ECHARSE alguien una cosa AL COLETO (inf.). *Comer o *beber una cosa que se considera exagerada: 'Se echó al coleto su vaso de vino de un trago'. Se puede decir también de «leer» y, quizás, de alguna otra operación semejante de las que implican meter algo dentro de sí: 'Me eché al coleto la novela en una tarde'.

coletón (de «coleta», tela; Ven.) m. *Tela de *arpillera.*

coletudo, -a adj. *Desvergonzado, caradura.*

coletuy m. Nombre aplicado a varias especies de *plantas leguminosas leñosas abundantes en España. Por ejemplo, la *Coronilla glauca* y la *Coronilla emerus*.

colgadero, -a **1** adj. *Se aplica a ciertos *frutos que se prestan a ser conservados colgándolos*: 'Uva [o tomates] colgaderos'. **2** m. Sitio, utensilio o dispositivo, por ejemplo de cables, destinado a colgar o *tender cosas en él. ⊙ Anilla o *asa por donde se cuelga una cosa.

colgadizo, -a **1** adj. *Colgadero.* **2** m. *Tejadillo adosado a un muro, sostenido con tornapuntas.*

colgado, -a **1** Participio adjetivo de «colgar». ⊙ Con «dejar» o «quedar», esperando algo con lo que se contaba, que, por fin, no llega o no se cumple: 'Si no me mandas esas notas antes de la conferencia, me dejas colgado'. ⇒ Burlado, *chasco, *fallar. ⊙ Se aplica al ordenador que se ha bloqueado. ⊙ También a la persona que lo está manejando: 'Me he quedado colgado'. **2** («Estar») **Dudoso.* **3** (inf.; «Estar») Se aplica a la persona que está bajos los efectos de una droga. ⊙ (inf.) n. Adicto a las drogas. **4** (inf.) adj. y n. *Loco, chalado.

V. «estar colgado de la BOCA de alguien, colgado de un CABELLO [de un HILO, de un PELO], TABIQUE colgado».

colgador **1** m. Cualquier utensilio que sirve para colgar; por ejemplo, percha o cruz de las que se usan para colocar en ellas los vestidos para colgarlos de la barra o percha de los armarios. ⊙ (Arg., Bol., Chi., C. Rica, Ec., Méj., Pan., Perú, Ven.) *Tendedero: dispositivo de alambres, cuerdas, etc., donde se tiende la ropa.* **2** AGRÁF. *Tablilla con que se cuelgan los pliegos recién impresos en las cuerdas donde se secan.*

colgadura (de «colgar») f. Tela que se pone colgando para adorno o para evitar el paso del aire, detrás de los balcones o ventanas y en las puertas, o, de manera semejante, en las camas y otros sitios. ⊙ Tela que se pone colgando en las barandillas de los balcones como adorno, por ejemplo cuando va a pasar una *procesión. ⇒ Alahílca, *cortina, cueros. ➤ Repostero. ➤ *Tapiz.

colgajo **1** (desp.) m. Cosa colgante o trozo que cuelga de algo. ⇒ *Andrajo. **2** *Conjunto de racimos de *uvas o de otros frutos, atados unos con otros para colgarlos.* **3** CIR. *Porción de piel que se reserva en las operaciones para cubrir la herida.*

colgamiento m. *Acción de colgar.*

colgandero, -a adj. *Colgante.*

colgante **1** adj. Se aplica a lo que cuelga. ≃ Colgandero. **2** m. Adorno de joyería que se lleva colgando, por ejemplo de una cadena. ⇒ Pinjante. **3** ARQ. *Adorno en forma de festón. ≃ Festón.

colgar (del lat. «collocāre», colocar) **1** («de, en») intr. Estar una cosa sujeta en algún sitio por un punto de ella, sin apoyarse por la parte inferior, de modo que la mayor parte de ella puede moverse u oscilar. ≃ Pender. ⊙ No estar igualados los bajos de un vestido, de unas cortinas, etc. **2** («de, en») tr. Poner una ↘cosa en un sitio de modo que quede colgando. **3** *Abandonar una ↘profesión o actividad, que se representa por algún objeto que es indispensable en ella o la caracteriza: 'Colgar los hábitos [o los libros]'. **4** *Ahorcar a ↘alguien. **5** tr. o abs. Interrumpir una conversación telefónica, generalmente colocando el ↘auricular en su sitio. ⊙ El complemento puede ser también la persona con la que se estaba hablando: 'Le colgué porque me estaba molestando lo que decía'. **6** prnl. Bloquearse un ordenador. **7** (inf.) tr. Atribuir a alguien cierta ↘cosa; generalmente, difamatoria y sin fundamento: 'Le han colgado ese sambenito. Me cuelgan esa frase que no es mía'. ≃ *Endilgar. **8** (inf.) *Suspender en un *examen.* **9** *Adornar una ↘habitación, pared, etc., con tapices o colgaduras.* ⇒ Descolgar. **10** (ant.) *Regalar a alguien una ↘cosa, por ejemplo con motivo de su santo, cumpleaños, etc. (por la costumbre de colgar la cosa regalada del cuello del obsequiado).*

V. «colgar de un HILO».

☐ NOTAS DE USO

Se construye con «de» cuando el complemento de lugar es de tal naturaleza que el verbo «colgar» no podría de ninguna manera ser sustituido por el verbo «estar»: 'La lámpara cuelga del techo'. Y con «en» cuando esa sustitución es posible: 'Las guirnaldas cuelgan todavía en la pared'. En muchos casos las dos interpretaciones, suspensión y situación, son posibles, y pueden usarse indistintamente «de» o «en»: 'Los racimos cuelgan de [en] la parra'.

Para la construcción transitiva vale una observación semejante a la anterior: 'Colgar un cuadro de un clavo. Colgar el sombrero en la percha'.

☐ CATÁLOGO

Palabras que empiezan por «cuelg-». ➤ Ahorcar, alotar, arrizar, bajar, caer en BANDA, estar en BANDA, bragar, decolgar, descender, descolgar, emperchar, guindar, pender, estar PENDIENTE, pinjar, suspender, tender. ➤ A la pendura, pensil, pinjante, volador, volandero. ➤ Péndulo. ➤ Alcándara, alcándora, balso, bandolera, barra, braga, candilero, capero, capotera, charpa, clavijero, colgadero, cuelgacapas, eslinga, espetera, estrobo, gancho, garabato, guindaste, honda, horca, mozo, *percha, pescante, pinga, serviola, suspensorio, tahalí, tárzano, *tendedero, tiracol, tiracuello, trapecio. ➤ Colgador, espenjador, guizque. ➤ Cuelga, horca, horco, huitrín, panoja, rastra, ristra. ➤ *Andrajo, colgajo, mengajo, pingajo, pingo. ➤ Descolgar. ➤ *Levantar. *Sostener.

☐ CONJUG. como «contar».

colibacilo (del gr. «kôlon», colon y «bacilo») m. BIOL. **Bacilo que se encuentra normalmente en el intestino, que puede adquirir virulencia patológica y producir septicemias.*

colibacilosis f. MED. **Septicemia producida por el colibacilo.*

colibrí (de or. caribe; *Trochilus colubris* y otras especies) m. *Pájaro americano muy pequeño, que pica el néctar de las flores. ≃ Chupaflor, chupamirto, chuparrosa, PÁJARO mosca, picaflor, rundún, tentenelaire, tomineja [o tominejo], tucuso. ⇒ Zunzún.

cólica f. *Cólico pasajero.* ⇒ *Pasacólica.*

colicano, -a (de «cola» y «cano») adj. *Se aplica al *animal que tiene pelos blancos en la cola.* ≃ Rabicán, rabicano.

coliche (inf.) m. *Baile o *fiesta a la que, sin necesidad de ser expresamente invitados, acuden los amigos del que la da.*

cólico, -a (del lat. «colĭcus», del gr. «kolikós») **1** adj. *Del colon*: 'Dolor cólico'. **2** m. Trastorno orgánico consistente en dolores muy agudos producido por contracciones espasmódicas del intestino, generalmente acompañados de evacuaciones diarreicas mezcladas a veces con mucosidades y sangre. ⊙ Trastorno con la misma clase de dolores en otro órgano abdominal, como el *riñón o la vesícula biliar. ⇒ Cólica, coliquera, pasacólica. ➤ Retortijón, torozón. ➤ *Diarrea. *Enfermedad.

CÓLICO BILIAR. MED. CÓLICO hepático.

C. CERRADO. MED. Cólico con estreñimiento, lo que aumenta su gravedad.

C. HEPÁTICO. MED. El producido por el paso de un cálculo por las vías biliares. ≃ CÓLICO biliar.

C. MISERERE. MED. Oclusión intestinal aguda debida a diferentes causas, gravísima; su síntoma característico es el vómito de los excrementos.

C. NEFRÍTICO [o RENAL]. MED. El producido por el paso de un cálculo por las vías urinarias.

colicoli (de or. mapuche; Chi.; género *Tabanus*) m. *Insecto *díptero muy común y muy molesto.*

colicuación **1** m. *Acción de colicuar[se].* **2** MED. *Enflaquecimiento causado por evacuaciones abundantes.*

colicuar (del lat. «colliquāre») tr. y prnl. *Disolver[se] o hacer[se] líquidas dos o más sustancias juntas.*

☐ CONJUG. como «averiguar».

colicuativo, -a adj. MED. *Se aplica a las *secreciones patológicas que producen enflaquecimiento*: 'Sudor colicuativo. Diarrea colicuativa'.

coliflor (de «col» y «flor»; *Brassica oleracea botrytis)* f. Variedad de col con una inflorescencia hipertrofiada que forma una pella blanca y compacta que constituye una *hortaliza comestible muy estimada. ⇒ Brócul.

coligación f. *Acción y efecto de coligarse.* ≃ *Coalición.

coligado, -a adj. y n. *Se aplica a los miembros de una coalición.*

coligadura o **coligamiento** f. o m. *Acción de coligarse.*

coligarse (del lat. «colligāre»; «con») prnl. recípr. *Aplicado particularmente a naciones, *asociarse para algún fin.* ≃ Coaligarse.

coliguacho (del araucano «collihuacho»; Chi.; *Tabanus depressus)* m. *Especie de tábano de color negro, con parte del cuerpo cubierta de pelos rojizos.*

coliguay (Chi.; *Colliguaja odorifera)* m. *Árbol euforbiáceo cuya corteza se usa como jabón.* ≃ Colliguay. ⇒ *Planta.

coligüe (del mapuche «coliu»; Arg., Chi.; *Chusquea colen)* m. **Planta gramínácea trepadora, de madera dura en algunas variedades, cuyas hojas come el ganado y con cuyas semillas se hace una clase de sopa.*

colihemia f. *Colemia.*

colilarga (Chi.; *Synallaxis aegythaloides)* f. **Pájaro de color rojizo con dos plumas largas en la cola.*

colilla 1 (inf.) Dim. frec. de «cola», aplicado sobre todo al *pene de los niños. 2 f. Extremo del *cigarro, que ya no se fuma. ⇒ Chinga, pucho, punta, toba, yegua. 3 *Tira ancha con que se prolongaban antiguamente por detrás los *mantos de mujer.*

colillero m. *Persona que recoge colillas tiradas por otros.*

colimación (del lat. «collimatĭo, -ōnis» por «collineatĭo») f. *Orientación de la vista en una dirección única en un aparato *óptico.* ⊙ *Alineación de las diversas partes del aparato, con la que se consigue.*

colimador 1 m. Ópt. *Dispositivo de un aparato óptico que tiene por objeto obtener un haz de rayos paralelos; en el espectroscopio es una fina rendija situada frente al foco principal de una lente convexa.* 2 Ópt. *Parte de un *anteojo astronómico con la que se obtiene la colimación.*

colimar (del b. lat. «collimāre», error de copia por «collineāre», alinear) tr. Ópt. *Obtener a partir de un foco luminoso un haz de rayos de luz paralelos.*

colimba 1 (Arg.; inf.) f. *Servicio militar.* 2 (Arg.; inf.) m. *Soldado que hace el servicio militar.*

colimbo (del gr. «kólymbos»; varias especies del género *Gavia)* m. Cierta *ave palmípeda voladora, propia de las costas de países fríos, que mantiene una posición casi vertical por tener las patas colocadas muy atrás.

colín[1] 1 m. Dim. de cola que se emplea particularmente para designar cosas semejantes a un «rabo»; por ejemplo, ciertas barras de *pan muy delgadas y largas. 2 *Piano de media cola. 3 (géneros *Dendrortyx, Oreortyx, Dactylortyx, Callipepla, Colinus, Cyrtonix, Philortyx, Rhynchortix)* Nombre de diferentes especies de *aves galliformes parecidas a la codorniz, propias del continente americano. ≃ Coyoleo.

colín[2]**, -a** o **colino, -a** adj. *Se aplica a la *caballería con el maslo cortado aproximadamente a un tercio de distancia de su nacimiento.*

colina[1] (del lat. «collīna») f. *Monte pequeño que puede abarcarse en conjunto con la mirada distinguiéndolo del terreno circundante.

colina[2] (de «col») 1 (colectivo) f. Semillas de coles o berzas. ≃ Colino. 2 *Plantel de coles o berzas.* ≃ Colino.

colina[3] (del gr. «cholḗ», bilis) f. Bioquím. *Sustancia existente en la *bilis.*

colinabo (de «col» y «nabo»; *Brassica napus* y *Brassica rapa)* m. Variedad de *col de raíz carnosa. ≃ Nabicol.

colindancia f. *Cualidad o situación de colindante.*

colindante (de «co-» y «lindante»; «de») adj. Con respecto a una casa, campo, finca, etc., otro que tiene un límite o una pared común con ellos. ≃ *Contiguo, limítrofe, lindante.

colindar (de «co-» y «lindar»; «con») intr. Tener una casa, campo, finca, etc., un *límite común con otra. ⇒ Linde.

colineta (de «colina[1]») f. *Conjunto de *dulces arreglados en un montón vistoso.* ≃ Ramillete.

colino[1] (de «col») m. *Colina (semillas o plantel).*

colino[2]**, -a** adj. *Colín, -a.*

colipava (de «cola[2]» y «pavo») adj. *Se aplica a las *palomas de cierta raza, que tienen la cola muy ancha.*

coliquera f. *Cólico persistente.*

colirio (del lat. «collyrĭum», del gr. «kollýrion») m. Cualquier medicamento líquido que se aplica a los *ojos.

colirrojo (de «cola[2]» y «rojo»; *Phoenicurus phoenicurus* y otras especies del mismo género) m. *Pájaro afín al petirrojo y el ruiseñor.

colisa (del fr. «coulisse», soporte con corredera) 1 f. Artill. *Plataforma giratoria que sirve para instalar un cañón en los barcos.* ≃ Coliza. 2 Artill. *Cañón instalado sobre colisa.* ≃ Coliza. 3 *En lenguaje técnico, *corredera (ranura o carril).* ≃ Coliza.

coliseo (del it. «Colosseo», famoso anfiteatro de Roma) m. Nombre aplicado en lenguaje literario o, a veces, como nombre particular, a un *teatro.

colisión (del lat. «collisĭo, -ōnis») 1 («Haber [una], Entrar en»; form.) f. *Choque: 'Dos átomos entran en colisión'. 2 Encuentro con lucha entre dos grupos de personas: 'Una colisión de la fuerza pública con un grupo de manifestantes'. 3 Choque u *oposición de sentimientos, ideas, intereses, etc., o de las personas por ellos. ≃ *Conflicto.

colisionar (form.; «con») intr. Chocar.

colista adj. y n. Se aplica a la deportista o equipo que ocupa el último lugar en una competición deportiva.

coliteja adj. *Se aplica a la paloma que tiene la cola en forma de teja árabe.*

colitigante n. *Litigante, junto con otro.*

colitis f. Med. Inflamación del *intestino colon. ⊙ (pop.) *Diarrea.

coliza f. *Colisa.*

colla[1] (del lat. «collum», cuello) f. *Gorjal de la *armadura.*

colla[2] (del lat. «copŭla», enlace) 1 f. *Traílla de *perros.* 2 Mar. *Conjunto de *nasas (redes de pescar) caladas en fila.* ⇒ Bigorrella. 3 (And.) **Cuadrilla de trabajadores de los puertos.*

colla[3] f. *Temporal en los mares de Filipinas con viento del sudoeste y alternativas de chubascos violentos y calmas.* ⇒ *Tempestad.

colla[4] f. Mar. *Se aplica a la última *estopa que se embute en las costuras del *barco.*

colla[5] (Arg., Bol.) adj. y n. *Se aplica a los habitantes de las mesetas andinas.*

collada[1] (ant.) f. **Cuello.*

collada[2] (de «colla[3]») f. Mar. **Viento desusadamente persistente.*

collada[3] f. *Collado (paso).*

colladía f. *Conjunto de collados (pasos).*

collado (del lat. «collis, -is», colina) 1 m. Pequeña elevación de terreno. ≃ Colina. ⇒ *Monte. 2 *Depresión entre montañas, por donde es fácil el paso.* ≃ *Paso.

collage (fr.; pronunc. [colásh]) m. Técnica pictórica que consiste en pegar sobre un lienzo o tabla trozos de diversos materiales, especialmente recortes de papel. ≃ Colage. ⊙ Obra realizada con esta técnica. ≃ Colage.

collalba (relac. con «cuello») 1 f. **Mazo de madera que emplean los jardineros para deshacer los *terrones.* 2 *(Oenanthe hispanica* y otras especies del mismo género) *Ave paseriforme de unos 15 cm de longitud, caracterizada por tener antifaz negro, alas negras y cola negra con la parte superior y lateral blancas. Vive en campos abiertos, o con poca vegetación, de la región mediterránea. ≃ Sacristán.

collar (del lat. «collāre») **1** m. Adorno que se pone alrededor del cuello. ⊙ A veces, constituye una *insignia; por ejemplo, de las *órdenes de caballería y de algunos altos cargos. ⊙ Objeto que se pone alrededor del cuello de los animales, particularmente de los perros. ⇒ Ahogadero, ahogador, argolla, bejuquillo, cabestrillo, cadena, corales, gargantilla, pena, torce, torques. ➤ Canaula, carlanca, carranca, *collera, horca, horcajo, horcate. ➤ *Abalorio, agallón, *cuenta, perla. ➤ Cañacoro, huairuro, llanca, pionía. ➤ Torce, vuelta. ➤ Acollarar. ➤Adorno. *Joya. **2** *Aro de hierro puesto al cuello de los malhechores o de los *esclavos.* **3** Conjunto de *plumas de distinto color que las contiguas, que rodea el cuello de algunas aves. **4** Se puede aplicar a cualquier *pieza que se pone alrededor de un objeto, particularmente si éste es cilíndrico y alargado. **5** (ant.) **Cuello del vestido.* **6** HERÁLD. *Collar que rodea el escudo llevando colgada la condecoración correspondiente.* **7** Cualquier aro que rodea una pieza de una *máquina, por ejemplo un eje, sin impedirla girar.
V. «ser los mismos PERROS con distintos collares».

collareja (de «collar») **1** (Col., C. Rica; *Columba corensis)* f. **Paloma de color azul, muy estimada por su carne.* **2** (C. Rica, Méj.) *Comadreja (*mamífero carnívoro).*

collarín **1** m. Dim. de «collar» aplicado a diversos objetos de forma semejante a un collar, y aplicable acomodaticiamente a otros. ⊙ Reborde de la espoleta de las *bombas, que facilita su manejo. ⊙ ARQ. Collarino de la *columna. **2** *Alzacuello de los eclesiásticos. **3** Aparato ortopédico que se coloca alrededor del cuello para mantener inmovilizadas las vértebras cervicales. ≃ Minerva.

collarino (del it. «collarino») m. ARQ. Parte del fuste de la *columna comprendida entre el astrágalo y el capitel. ≃ Collarín. ⇒ *Moldura.

collazo[1] (de «cuello».) m. *Pescozón.*

collazo[2] (And.) m. *Palo con que se cargan las gavillas.*

collazo[3], **-a** (del lat. «collactĕus») **1** n. **HERMANO de leche.* ⇒ Coillazo, colactáneo. **2** *Compañero de *servicio en una casa.* **3** *Criado.* **4** *Siervo dado en señorío junto con la tierra.* ⇒ Feudalismo.

colleja[1] (del lat. «caulicŭlus»; *Silene vulgaris)* f. *Planta cariofilácea silvestre que, en algunos sitios, comen como verdura. ≃ Tiratiros, verdezuela.

colleja[2] (de «cuello») **1** (inf.) f. Golpe dado en la nuca con la palma de la mano. **2** (pl.) *Ciertos *nervios delgados que se aprecian en el cuello de los *carneros.*

collejo (ant.) m. *Colegio.*

coller (ant.) tr. *Coger.*

collera[1] (de «cuello») **1** f. *Collar con relleno de paja, borra, etc., que se les pone a las caballerías para sujetar en él los arreos. ⇒ Cencerrillas, collerón, terrollo. ➤ Horca, horcajo, horcate. **2** **Adorno que se les pone al cuello a los *caballos, por ejemplo para funciones públicas.*

collera[2] (de «colla[2]») **1** (And.) f. **Pareja de ciertos animales:* 'Una collera de pavos'. **2** (Chi.; pl.) **Gemelos de camisa.* **3** **Cuerda de *presos.*

COLLERA DE YEGUAS. *Conjunto de yeguas enlazadas, adiestradas para la trilla.* ≃ Cobra.

collerón (aum. de «collera[1]») **1** m. *Collera. **2** Collera de lujo que llevan los caballos de coche.

colleta (del lat. «caulis») f. **Col o *berza pequeña.*

collie (ingl; pronunc. [cóli]) n. Perro pastor originario de Escocia, de elegante porte, con el hocico afilado y el pelo largo.

colliguay (de or. araucano) m. *Coliguay (planta euforbiácea).*

collón, -a (del it. «coglione», del lat. vulg. «colēone», testículo; inf.) adj. **Cobarde.*

collonada (inf.) f. *Acción cobarde.*

collonería (inf.) f. *Cobardía.*

colmadamente adv. Con abundancia. ≃ Cumplidamente.

colmado, -a **1** Participio adjetivo de «colmar»: *lleno: 'Una cesta colmada de manzanas. Una vida colmada de satisfacciones'. **2** (Cat.) m. **Tienda de comestibles.* **3** (And.). *Tienda de vinos al por menor.* **4** (And.) **Local público donde se sirven bebidas y refrescos, mariscos, etc.*

colmadura (ant.) f. *Colmo.*

colmar (del lat. «cumulāre», amontonar) **1** tr. *Llenar una sustancia un ˃recipiente hasta rebasar los bordes. ⇒ Cogolmar. **2** («de»; acepción causativa) Llenar un ˃recipiente, particularmente una *medida, con cierta cosa, hasta que ésta forma colmo: 'Colmar un cesto de manzanas'. **3** («de») Llenar ˃algo o a alguien de atenciones, alabanzas, insultos, maldiciones o cosa semejante: 'Le colmaron de bendiciones'. **4** Satisfacer completamente ˃deseos, ilusiones, esperanzas, aspiraciones o cosa parecida: 'Este triunfo colma sus ambiciones'.
V. «la GOTA de agua que colma la medida, colmar la MEDIDA».

colmatar (del fr. «colmater») tr. **Rellenar una hondonada en el terreno haciendo pasar por ella agua con barro.*

colmena (del lat. «crumēna», especie de saco) **1** f. Recinto hecho de madera u otro material, que sirve de habitación a las *abejas y en el que depositan la miel y la cera. ⇒ Arna, corcho, decuria, dujo, jeto, peón, VASO de colmena. ➤ Hatijo, piquera, témpano, trenca. ➤ Macón, propóleos, tanque. ➤ Empotrar, partir. ➤ *Abeja. **2** *Panal. **3** (n. calif.) Edificio con muchos pisos o lugar con muchos edificios donde vive un gran número de personas.
V. «ASIENTO de colmenas, POSADA de colmenas, VASO de colmenas».

colmenar m. Lugar donde están las colmenas.

colmenero, -a n. Persona que tiene, explota o cuida colmenas.
V. «OSO colmenero».

colmenilla (dim. de «colmena»; género *Morchella)* f. Nombre aplicado a varias especies de *hongos ascomicetos comestibles, de color amarillento oscuro y con el sombrerete aovado, con la superficie semejante a la de un panal, consistente y carnoso. ≃ Cagarria, carraspina, crespilla, morilla, múrgola.

colmillada f. Colmillazo.

colmillar adj. *De los colmillos.*

colmillazo m. Mordisco con los colmillos. ⊙ Herida producida por este mordisco.

colmillo (del lat. vulg. «columellus», de «columella») m. *Diente con punta, de los situados entre el último incisivo y el primer molar. ≃ Canil, canino, DIENTE canino, DIENTE columelar. ⊙ Particularmente, del *jabalí. ≃ Remolón, verroja. ⊙ Cada uno de los dos incisivos superiores prolongados en forma de cuerno que les salen a uno y otro lado de la boca a los *elefantes. ⇒ Marfil. ⊙ *Diente venenoso de las *serpientes venenosas.*

ENSEÑAR LOS COLMILLOS (inf.). Mostrar alguien que es capaz de obrar con energía o con violencia. ⇒ *Amenazar.

ESCUPIR POR EL COLMILLO (inf.). Decir fanfarronadas.

TENER alguien EL COLMILLO RETORCIDO (inf.). Ser difícil de engañar por su astucia y experiencia.

colmilludo, -a 1 adj. *De colmillos grandes.* 2 **Astuto; difícil de engañar.*

colmo[1] (del lat. «cumŭlus», montón) 1 m. Parte de una sustancia que rebasa de los bordes del recipiente que la contiene: 'Una cucharada de azúcar con colmo'. ≃ Caramullo, copete. 2 Grado más alto a que se puede llegar en una cosa: 'Su frescura ha llegado al colmo'. ≃ *Máximo, súmmum. 3 Cosa que tiene en el grado máximo la cualidad que se expresa: 'Este traje es el colmo de la elegancia'. ≃ Súmmum. 4 («Para») Cosa añadida todavía a algo ya importante o excesivo: 'Para colmo de males, le robaron el reloj'. ⇒ Coronación, culminación, inri, remate. ➤ Expresiones *culminativas. ➤ *Intolerable. *Máximo. 5 Se usa mucho en exclamaciones de *disgusto, indignación o *protesta, o bien de asombro o sorpresa, generalmente refiriéndose a estos estados de ánimo mezclados con disgusto: '¡El colmo! ¡Es el colmo! ¡Sería el colmo!'.

LLEGAR una cosa AL COLMO. Llegar a su grado máximo o a un punto en que ya es *intolerable o insostenible: 'El entusiasmo llegó al colmo cuando el cantante salió nuevamente a saludar. Mi paciencia ha llegado al [o a su] colmo'.

PARA COLMO. Expresión de *énfasis que se antepone al enunciado de una acción o suceso que se *añade a otros ya expresados, elevando al máximo el efecto de ellos: 'Y ahora, para colmo, se ha puesto enferma su mujer'.

SER algo EL COLMO. Ser sorprendente por su exageración en cierto aspecto. ⊙ Ser *intolerable. ⊙ Puede aplicarse también a una persona para significar que es extraordinaria, bien por su inutilidad, mala suerte o cualquier otra circunstancia desfavorable, por su gracia, originalidad u otra cualidad plausible.

colmo[2] (del lat. «culmus») 1 m. *Paja, generalmente de centeno, usada para techar.* 2 **Techo de paja de los que se hacen en Galicia.*

colmo[3], **-a** adj. *Colmado.*

colo (ant.) m. **Colon (porción del intestino).*

colobo (varias especies del género *Colobus)* m. *Mono catirrino de cuerpo delgado, cola muy larga y crines blancas y largas que cuelgan a los lados del cuerpo.

colocación 1 f. Acción de colocar. 2 Manera de estar colocada una cosa: 'No me gusta la colocación de ese cuadro'. 3 *Empleo o puesto permanente en que alguien se gana la vida: 'No encuentra colocación'. ⇒ *Empleo, *ocupación.

COLOCACIÓN DE LA PRIMERA PIEDRA. Acción y *ceremonia de colocar la de un *edificio.

colocado, -a 1 Participio adjetivo de «colocar[se]». ⊙ Se aplica a la persona que tiene colocación o *empleo. ⊙ (inf.) Se aplica a la persona que está bajos los efectos del alcohol o las drogas. 2 adj. y n. m. Se aplica al jugador de *pelota que queda en segundo lugar en las competiciones de este juego llamadas «quinielas». 3 Se aplica al caballo que llega en segundo lugar en una carrera hípica.

colocar (del lat. «collocāre») 1 tr. y prnl. Poner[se] una ↘cosa en el sitio donde le corresponde estar; poner una ↘cosa en un sitio con cuidado o con cierto *orden: 'Colocar los libros en el estante. Colocar las maletas en la red. Colocar los puntos exactamente sobre las íes'. ⊙ tr. Asignar o proporcionar a una ↘persona cierto puesto: 'Me colocó en un asiento en la primera fila'. ⊙ prnl. Ponerse una persona en cierto sitio. 2 tr. Se dice también de ↘cosas lanzadas hacia un *blanco: 'Colocó la bala en el mismo centro'. 3 Hacer tomar a una ↘cosa, un miembro, etc., cierta posición: 'Coloca bien el arco antes de disparar. Coloca la cabeza alta'. ≃ *Poner. 4 Proporcionar un *empleo o colocación a ↘alguien. ⊙ prnl. Conseguir una persona un empleo: 'Se ha colocado en una empresa de productos lácteos'. 5 (siempre con «bien» o adverbio equivalente) tr. *Casar alguien (llegar a tenerla casada) a una ↘mujer que tiene a su cargo: 'Ha colocado bien a las tres hijas'. 6 Hacer que alguien acepte, escuche, lleve, etc., alguna ↘cosa que resulta pesada o que toma, escucha, etc., sin su gusto o iniciativa: 'Me han colocado unos cuantos números para la rifa. Te colocará la historia de siempre'. ≃ *Endilgar. 7 *Invertir en algo una cantidad de ↘dinero, especialmente para que produzca beneficios. 8 (inf.) tr. o abs. Producir las bebidas alcohólicas o las drogas un efecto de euforia en ↘quien las consume. ⊙ (inf.) prnl. Empezar a experimentar ese efecto.

□ CATÁLOGO

*Acomodar, acondicionar, acoplar, adaptar, *ajustar, *amoldar, *anteponer, apilar, *aplicar, apostar, *apoyar, armar, arreglar, arrimar, asentar, basar, *casar, *centrar, contraponer, deponer, *depositar, disponer, distribuir, empilar, emplazar, *encajar, enclavar, encuadrar, enrejar, escalonar, establecer, estacionar, estibar, exponer, gualdrapear [o guadrapear], instalar, interponer, *invertir, *meter, montar, *ordenar, plantar, *poner, posponer, presentar, sentar, situar, superponer, tender, ubicar, yuxtaponer. ➤ Bornear. ➤ En abanico, en capas, en círculo, en columna, en cuadro, en fila, en semicírculo, en *serie, en triángulo. ➤ Bilocarse. ➤ *Clase. *Orden. *Postura. *Preparar. *Situación.

colocasia (del lat. «colocasĭa»; *Colocasia esculenta)* f. *Planta arácea, originaria de la India, de hojas grandes comestibles lo mismo que la raíz, que es feculenta. ≃ HABA de Egipto.

colocho, -a (del nahua «colotl», alacrán) 1 (Salv.) adj. y n. *Se aplica a la persona de pelo rizado.* 2 (Am. C.) m. *Viruta.* 3 (Am. C.) **Bucle.* 4 (Guat., Salv.) *Favor, servicio.*

colochón, -a (Am. C.) adj. y n. *Se aplica a la persona que tiene el pelo rizado.* ≃ Colocho.

colocolo (de or. mapuche) 1 *(Felis colocolo)* m. *Mamífero félido, parecido al gato montés, de hermoso pelo blanco manchado de amarillo y negro. ≃ Cudmu, huiña. 2 *(Dromiciops australis)* Mamífero marsupial cuya voz es semejante a su nombre. ≃ MONITO de monte.

colocón (inf.) m. Borrachera o estado producido por alguna droga.

colocutor, -a (del lat. «collocūtor, -ōris») n. *Participante en un coloquio.* ⇒ *Conversar.

colodión (del gr. «kollṓdēs», pegajoso) m. Disolución de celulosa nítrica en éter, que se emplea para *recubrir materiales, para la preparación de placas fotográficas y, en *cirugía, como aglutinante para tratar heridas y quemaduras.

colodra (¿de or. prerromano?) 1 f. **Cuenco que emplean los pastores para *ordeñar.* 2 *Recipiente de madera donde tienen en las tabernas el *vino que van vendiendo.* 3 **Cuerna (vaso hecho de un cuerno).* 4 (Cantb., Pal.) *Recipiente con agua que llevan los segadores sujeto a la cintura para tener en él la pizarra con que *afilan la *guadaña.* ≃ Gachapo.

colodrazgo m. **Tributo antiguo sobre la venta de *vino.*

colodrillo (de «colodra»; inf.) m. Parte posterior inferior de la cabeza. ≃ *Occipucio.

colodro (¿de or. prerromano?) **1** (ant.) m. *Cierto *calzado de madera.* **2** (ant. y Ar.) *Medida de *capacidad para líquidos.*
V. «andar de ZOCOS en colodros».

colofón (del lat. «colŏphon, -ōnis», del gr. «kolophṓn», fin) **1** m. Nota *final que se pone en algunos *libros; antiguamente se consignaban en ella algunos de los datos que hoy figuran en la portada; ahora, cuando se pone, suele expresar la fecha en que acabó de imprimirse y alguna circunstancia de la impresión. **2** Algo que se añade como *complemento después de terminada una obra, literaria o no.

colofonia (del lat. «colophonĭa», del gr. «kolophōnía») f. QUÍM. *Resina que queda como residuo al destilar de la miera o secreción del pino la trementina o aguarrás; se emplea en farmacia y sirve también entre otras cosas, para frotar las cerdas de los arcos de los instrumentos de cuerda. ⇒ BREA seca, PEZ griega. ➤ BREA crasa.

colofonita (de «colofonia») f. *Granate de color verde claro o amarillento rojizo.*

cologüina (Guat.) f. *Gallina de cierta raza.*

coloidal adj. FÍS., QUÍM. De [los] coloides. Particularmente, se aplica al estado de los cuerpos o a las disoluciones de ellos cuando las partículas dispersas varían de tamaño entre 10^{-5} y 10^{-7} cm, o sea que resulta una disolución turbia que está entre la disolución molecular, en que las partículas son moléculas y el líquido resulta claro, y la suspensión grosera en que las partículas son visibles a simple vista.

coloide (del gr. «kólla», cola, y «-oide») adj. y n. m. FÍS., QUÍM. Se aplica a ciertos cuerpos de molécula muy grande, como la cola o la albúmina del huevo, que, por esa circunstancia, no atraviesan una membrana porosa al atravesarla el líquido en que están disueltos. ⇒ Gel, gelatina. ➤ Cristaloide.

coloideo, -a adj. FÍS., QUÍM. *Coloidal.*

colombianismo m. LING. Americanismo de Colombia.

colombiano, -a adj. y, aplicado a personas, también n. De Colombia.
V. «CEPO colombiano».

colombicultura (del fr. «colombiculture», del lat. «colŭmba», paloma) **1** f. Cría de *palomas. **2** Colombofilia.

colombina f. *Disfraz convencional de carnaval que corresponde a «Colombina», personaje de la comedia italiana que representa a una mujer joven, atractiva y vivaracha, que hace a veces papel de sirvienta.

colombino, -a adj. De Cristóbal Colón.

colombo (*Jateorrhiza palmata*) m. *Planta menispermácea tropical cuya raíz, de sabor amargo, se emplea como astringente.

colombofilia (del lat. «columba», paloma y «-filia») f. Afición a la cría de palomas. ≃ Colombicultura. ⊙ En particular, a la cría y adiestramiento de palomas mensajeras.

colombófilo, -a (del lat. «columba», paloma, y «-filo[1]») n. Aficionado a la cría de *palomas. ⊙ adj. Relacionado con ella.

colombroño (de «con» y «nombre»; ant.) m. **Tocayo.*

colon[1] (del lat. «colon», del gr. «kôlon», miembro) **1** m. ANAT. Parte del *intestino grueso que está entre el ciego y el recto. ⇒ Colo. ➤ Cólico, colitis. **2** (ant.) *Cólico.*

colon[2] **1** m. GRAM. *Parte principal del periodo.* **2** *Signo de puntuación con que se separan esas partes: el punto y coma o los dos puntos.*

colón (de «Cristóbal Colón», por llevar grabada su efigie) m. Moneda de Costa Rica y El Salvador.
V. «el HUEVO de Colón».

colonato m. Sistema de cultivo en que éste se realiza mediante colonos.

colonche (Méj.) m. *Bebida capaz de embriagar, que se hace con el zumo de la tuna roja y azúcar.*

colonda (del lat. «columna») f. *Madero vertical que sirve de sostén en una construcción, particularmente en un tabique.*

colonia[1] (del lat. «colonĭa») **1** f. Grupo de gente de un país que se *establece en otro para aprovechar sus recursos naturales. ⊙ Lugar de tal establecimiento: 'Las colonias fenicias en el Mediterráneo'. ⊙ Territorio sujeto al dominio de un país de cultura más avanzada. ⇒ Asentamiento, condominio, dominio, establecimiento, factoría, posesión, protectorado. ➤ Metrópoli. ➤ Virrey. ➤ Filibusterismo. ➤ Emancipación. ➤ Colonialismo, neocolonialismo. ➤ Anticolonialismo. ➤ Colonizar, descolonizar. **2** Grupo de personas que se establece en una región de su propio país hasta ese momento sin explotar. **3** Conjunto de naturales de un país establecido fuera de su lugar de origen: 'La colonia francesa de Madrid celebró ayer su fiesta nacional'. **4** Barrio, en general periférico, con características arquitectónicas y urbanísticas propias. **5** (gralm. pl.) Residencia o campamento en que, bajo la tutela de monitores, pasan sus vacaciones grupos de niños realizando actividades al aire libre: 'Voy a ir a colonias este verano'. **6** BIOL. Conjunto de organismos de una misma especie que viven juntos en íntima asociación. **7** **Cinta de seda de 3 ó 4 cm de ancha.*
COLONIAS PROLETARIAS (Méj.). *Chabolas.*

colonia[2] (de «Colonia», ciudad alemana.) **1** f. Agua perfumada compuesta de una solución de alcohol con esencias de plantas aromáticas. ≃ AGUA de colonia. **2** (Cuba; *Alpinia nutans*) **Planta cingiberácea de jardín con la que se forman macizos, de hermosas flores aromáticas.* ≃ Pepú.

coloniaje (de «colonia[1]»; Hispam.) m. *Época en que las naciones hispanoamericanas dependían de España.*

colonial **1** adj. De [la o las] colonia[s]: 'Periodo colonial. Productos coloniales'. **2** (pl.) *Artículos alimenticios: café, canela, etc., procedentes de las colonias.* ⊙ (pl.) *Por extensión, comestibles en general, que se vendían en las llamadas «tiendas de coloniales».*

colonialismo m. Tendencia a la expansión colonial y a la conservación de las colonias.

colonialista adj. y n. Del colonialismo o partidario de él.

colonización f. Acción de colonizar.

colonizador, -a adj. y n. Que coloniza.

colonizar tr. Establecer colonias en un ↘país o territorio. ⇒ *Emigrar. ⊙ Desarrollar una acción civilizadora en un ↘país sobre el que se ejerce dominio.

colono (del lat. «colōnus», labrador) **1** m. Habitante de una colonia. **2** Persona que cultiva, mediante cierto contrato, tierras que son de otro. ⇒ Alijarero, aparcero, *arrendatario, casero, exarico, huertano, inquilino, locatario, masovero, mediero, quintero, rabasaire, rentero, solariego, superficiario, terrazguero, torrero, yanacón [o yanacona]. ➤ Labrar, llevar. ➤ Renta, rento. ➤ Conuco.

coloño (del sup. lat. «colloněus», de «collum», cuello) **1** (Cantb.) m. **Haz de *leña menuda o floja, de puntas de cañas de maíz, etc.* **2** (Burg.) **Cesta.*

coloquial (de «coloquio») adj. Se aplica a las expresiones propias del *lenguaje usado corrientemente en la conversación, pero impropias del lenguaje escrito o literario.

coloquialismo m. Expresión coloquial.

coloquíntida (del lat. «colocynthis, -ĭdis», del gr. «kolokynthís»; *Citrullus colocynthis)* f. *Planta cucurbitácea cuyo fruto, del tamaño de una naranja, llamado del mismo modo y también «alhandal» y «tuera», se emplea en medicina como purgante. ⇒ Cateramba.

coloquio (del lat. «colloquĭum») **1** m. Acción de hablar una con otra dos o más personas. ≃ Conversación. ⊙ Sesión en que se mantiene un coloquio, dirigido por uno o más conferenciantes, sobre un tema literario, filosófico, etc. **2** Se aplica este nombre como título, alternando con el de «diálogo», a una composición literaria no teatral, en forma dialogada.

color (del lat. «color, -ōris»; como f. es arcaico, rústico o literario) **1** m. Accidente de los objetos por el cual despiden unos u otros rayos de luz, impresionando la vista de distintas maneras: 'La vista percibe la forma y el color de las cosas'. ⊙ Por extensión, se llama también «color» al negro o ausencia de color o luz. ⊙ Cada una de esas maneras de impresionar la vista: 'Los colores del espectro solar'. **2** HERÁLD. Cualquiera de los colores heráldicos. **3** Conjunto de colores o manera de estar combinados los colores, particularmente en un cuadro o cosa semejante: 'Lo mejor de esa película [o de ese pintor] es el color'. ≃ Coloración, colorido. **4** Sustancia, pintura o tinte, con que se da color. ⊙ *Pintura usada como afeite.* ≃ Colorete. **5** (pl.) Combinación de colores que sirven como distintivo, por ejemplo los de la bandera de un país o los del atuendo de un equipo de fútbol: 'Los colores nacionales'. ⊙ Puede usarse en sentido figurado: 'Defender nuestros colores'. **6** Ideología o partido al que alguien pertenece: 'Todos los ciudadanos, sin distinción de color, deben ponerse al lado del gobierno'. **7** Manera de presentar o ver las cosas o de presentarse ellas mismas: 'Presentar [o ver] la situación con colores trágicos, sombríos, halagüeños...' **8** *Pretexto: 'So color de'. **9** Animación o *viveza que tiene una escena o que se da a una descripción o relato. ≃ Colorido. **10** Conjunto de cualidades que dan animación, peculiaridad e interés a una acción, una escena, una descripción, etc.: 'El color de las fiestas populares se ha perdido'. ≃ Carácter, *colorido. **11** *En el juego de baraja de *treinta y cuarenta, lance en que la carta que empieza la primera serie es del color de la serie que gana.* **12** Timbre de la voz, especialmente el de la voz de un cantante.

COLORES COMPLEMENTARIOS. FÍS. Los que, superpuestos sobre la retina, producen el efecto del color blanco.

C. HERÁLDICOS. Se llaman así los cinco siguientes: «azur» (azul), «gules» (rojo), «púrpura» (violeta), «sable» (negro) y «sinople» (verde).

C. LITÚRGICOS. Los seis que utiliza la Iglesia Católica en sus ceremonias.

A TODO COLOR. Aplicado principalmente a ilustraciones, con gran variedad de colores: 'Les hicieron un reportaje fotográfico a todo color'.

DAR COLOR. **1** Aplicar una pintura sobre un cuadro o sobre otra cosa cualquiera. **2** *Animar una cosa; comunicarle *peculiaridad e interés. ≃ Dar vida.

DE COLOR. **1** No negro ni blanco, sino con un color: 'Calzado de color'. **2** Se aplica a la persona de raza negra.

DE COLOR DE ROSA. De forma *agradable u optimista: 'Tú lo ves todo de color de rosa. El porvenir se presenta de color de rosa'.

DE COLORES. De diversos colores: 'Papeles de colores'.

DISTINGUIR DE COLORES (inf.; más usado en forma negativa). Saber una persona juzgar adecuadamente a las personas o las cosas.

EN COLOR. Aplicado a fotografías, películas, etc., no en blanco y negro.

V. «ESCALERA de color».

METER EN COLOR. *Repartir las pinturas en el cuadro.*

MUDAR DE COLOR. Cambiar el color o la expresión de la cara de alguien al recibir una fuerte impresión.

NO HABER COLOR entre dos personas o cosas (inf.). No haber comparación posible entre ambas, particularmente por ser una mucho mejor que la otra: 'No hay color entre este piso y el que vimos ayer'.

PONERSE DE MIL COLORES. Ruborizarse o cambiar de color por vergüenza o bajo el efecto de distintas emociones o estados de ánimo.

QUEBRADO DE COLOR. Aplicado a personas, *pálido.

SACARLE [o SALIRLE] a alguien LOS COLORES [A LA CARA]. *Avergonzar a alguien o avergonzarse.

SO COLOR DE cierta cosa. **1** Con *pretexto de hacer esa cosa. **2** Aparentando hacerla.

SUBIDO DE COLOR. Se dice de un chiste, anécdota, etc., en que hay mucha picardía de tipo sexual. ≃ *Escabroso, subido de TONO.

TOMAR COLOR. Ponerse una cosa del color que corresponde a cierta transformación que se está operando en ella; por ejemplo, al cocerse o freírse o al *madurar. ≃ Colorear.

TOMAR EL COLOR [O NO TOMAR] EL COLOR. Teñirse bien [o mal] una tela u otra cosa.

□ CATÁLOGO

Sufijo de verbos que significan «mostrarse una cosa de cierto color», «-ear»: 'blanquear, negrear, verdear'. Otra raíz, «crom-»: 'acromático, cromático, cromógeno, cromolitografía, cromotipia, monocromático, monocromo'. ➤ Capa, esmalte, *matiz, metal, pelaje. ➤ Pigmentación. ➤ Aberenjenado, aborrachado, abrasilado, aburelado, acabellado, acanelado, acaparrosado, acardenalado, aceitunado, aceitunil, acijado, acobrado, agamuzado, agarbanzado, agrisado, aleonado, almacigado, almagrado, aloque, amacigado, amarillo, ámbar, amoratado, amusco, anaranjado, ante, anteado, añil, apiñonado, apizarrado, aplomado, asalmonado, atabacado, áureo, azafrán, azafranado, azufrado, azul, AZUL de cobalto, AZUL de mar [o marino], AZUL de Prusia, AZUL de Sajonia, AZUL turquesa, AZUL de Ultramar [o ultramarino], azur, barquillo, barroso, bazo, beige, beis, bermejo, bermellón, blanco, blao, blavo, blondo, brasilado, bronceado, bruno, burdeos, buriel, burriel, cabellado, CAFÉ con leche, calamocha, canela, caoba, caqui, caracho, cardenillo, cárdeno, cari, carmelita, carmesí, carmín, castaño, ceniciento, ceniza, cenizo, cenizoso, cereza, cerúleo, cetrino, choco, chocolate, cinzolín, cobreño, cobrizo, coccíneo, COLOR de rosa, colorado, concho, coral, coralino, corinto, crema, crudo, datilado, dorado, encarnado, encobrado, endrino, escarlata, flavo, fosforito, franciscano, fresa, fucsia, fuego, galbanado, gamuzado, garzo, gilvo, glauco, grana, granate, gris, GRIS marengo, GRIS perla, GRIS pizarra, gualdo, habana, heliotropo, ígneo, índico, índigo, indio, jalde, jaldo, jaldre, lacre, lagartado, leonado, leucofeo, lila, limonado, lívido, loro, magenta, malva, marengo, marfil, marfileño, marrón, melado, minio, morado, musco, musgo, nacarado, naranja, negro, nidrio, nochielo, nogal, noguerado, *ocre, oliváceo, paja, pajado, pajizo, *pardo, pavonado, pavonazo, perla, perlado, perlino, pizarra, plomizo, plomoso, porcelana, porráceo, presado, prieto, punzó, púrpura, purpúreo, purpurino, requemado, retinto, retostado, rodeno, rojal, *rojo, rojo sangre, rosa, rosáceo, rosado, roseo, rosicler, rosmarino, royo, rúbeo, rubiales, rubio, rubor, rufo, rútilo, salmón, sangre, sangriento, sepia, sobermejo, solferino, sonrosado, tabaco, tapetado, teja, terroso, tinto, tostado, trigueño, turquesa, turquí, verde, verdegay, verdemar, verdemontaña, verdinegro, violáceo, violado, violeta, zafiro, zarco. ➤ Alizarina, atramento, azarcón, cardenillo, ESMALTE azul, frescor, MOREL de sal, purpurina, siena, tinta. ➤ Aguanés, albardado, albazano, alcoholado, AZÚCAR y canela, barceno, barcino, berrendo, calzado, cambujo, canelo, cañamonado, capirote, cárdeno, cereño, chaperón, chapirón, chapirote, chorreado, cuatralbo, culinegro, lombardo, meco, ojalado, ratino, remendado, resumbruno, rosillo, rubicán, rucio, sirgo, tozalbo, tresalbo. ➤ CARNE de doncella, celedón, grancé, verdeceledón. ➤ Columbino. ➤ Amarillo, blanco, bronceado, catire, catirrucio, cetrino, choco, de buen COLOR, coloradote, encarnado, lívido, moreno, morocho, mulato, negro, pálido, quebrado, rosicler, royo, rubiales, rubicundo, rubio, rufo, sanguíneo, trigueño. ➤ Discromasia, discromía. ➤ Alconcilla, arrebol, colorete, esplendor, maquillaje, rojete. ➤ Argén, azur, blao, carnación, esmalte, gules, mixtión, oro, plata, púrpura, sable, sinoble, sinople. ➤ *Tornasol. ➤ Abigarrado, ajedrezado, alagartado, albarazado, atigrado, azotado, bigarrado, charro, a cuadros, dicromático, ENSALADA rusa, gayo, iridiscente, irisado, jaspeado, JUEGO de damas, listado, mosaico, opalescente, opalino, *polícromo, primavera, a rayas, salpicado, SINFONÍA de colores, tricromía, trocatinte, variado, variegado, vistoso. ➤ Aguas, cambiantes, dicroísmo, irisación, reflejo, tornasol, viso. ➤ Agrio, alegre, apagado, ardiente, bajo, borracho, brillante, cálido, caliente, cambiante, *chillón, claro, complementario, desmayado, desvaído, elemental, encendido, fresco, frío, fuerte, intenso, liso, llamativo, mate, muerto, neutro, *oscuro, pálido, puro, serio, subido, sucio, sufrido, vivo. ➤ ARCO iris, escala, colorido, espectro, gama, gradación. ➤ Matiz, tonalidad, tono. ➤ Anilina, antocianina, antraceno, añil, azulete, bija, carmín, carotina, clorofila, colorante, fucsina, hematoxilina, hemoglobina, múrice, nogalina, orchilla, orcina, ostro, pigmento, pizmiento, sepia, urchilla, verdacho». ➤ ÁCIDO sulfúrico. ➤ *Planta (grupo de las colorantes o tintóreas). ➤ Fuellar. ➤ Fondo, mancha, toque. ➤ Pátina. ➤ Aherrumbrar, almagrar, añilar, arrebolar, colorar, colorear, colorir, dorar, embazar, encarnar, enrubescer, herrumbrar, iluminar, *pintar, pintarrajear, rubificar, sonrosar, sonrosear, *teñir. ➤ Aballar, asombrar, atenuar, avivar, matizar, *rebajar. ➤ Correrse, decolorar, desentonar, desteñirse, emborracharse, entonar, pasmarse, perder, rosear. ➤ Desgranzar. ➤ ABERRACIÓN cromática, discromatopsia. ➤ Bicolor, discolor, incoloro, multicolor, tricolor, unicolor. ➤ *Animal. *Heráldica. *Caballería. *Cara. *Pelo. *Pintar. *Tinte. ➤ Decolorante.

□ NOTAS DE USO

En general, «color» va precedido de «de»: 'Una tela de color azul'. Pero, a veces, también se hace preceder de «en»: 'Con detalles en color verde'. También se emplea «en» con el adjetivo solo cuando éste no va yuxtapuesto al nombre: 'Decorado en azul'. Los nombres de objetos o sustancias empleados para describir un color, 'color de café con leche', etc., se convierten en nombres de color en cuanto se hacen usuales, y se emplean en aposición: 'color barquillo, color fresa, color violeta'; pero no siempre se emplean en esta forma aplicados al objeto que tiene el color: se dice 'un vestido malva', pero no 'un vestido azafrán', sino 'un vestido de color azafrán'.

coloración 1 f. Acción de colorear. 2 Color dado a una cosa o tomado por una cosa. 3 Calidad del color de una cosa, formada por el tono, la intensidad, etc.: 'Estas rosas tienen distinta coloración por la mañana que por la tarde'. ≃ Color, tonalidad. 4 (ant.) **Rubor.* 5 *Carácter que distingue a una cosa. ≃ Color, matiz. ⊙ *Modo de ser una cosa. 6 (ant.) **Pretexto.*

coloradamente adv. *Con cierta *apariencia o *pretexto.* ⊙ *Con apariencia de *justo o *razonable.*

coloradilla (C. Rica, Hond.) f. *Nombre dado a diversas especies de *ácaros, especie de garrapatas pequeñas, de color rojizo.*

colorado, -a 1 *Participio de «colorar[se]».* ⊙ adj. *Colorado.* 2 *Rojo. Se aplica con frecuencia a la cara de las personas. 3 *Presentado con apariencia de *justo o *razonable.* 4 (ant.) *Aplicado a relatos, anécdotas, etc., *picante o *escabroso; con malicia sexual.* ≃ Subido de COLOR [o TONO].

PONER COLORADO a alguien. *Avergonzarle, por ejemplo, *reprendiéndole.

V. «poner las OREJAS coloradas».

coloradote, -a adj. Se aplica a las personas *robustas y de cara roja. ⇒ Bamboche, pepona.

coloramiento (ant.) m. *Coloración.*

colorante adj. y n. m. Se aplica a cualquier sustancia que da *color o sirve para teñir.

colorar (del lat. «colorāre») 1 tr. y prnl. *Colorear[se].* 2 *Ruborizar[se].*

colorativo, -a adj. *Colorante.*

coloreado, -a Participio de «colorear». ⊙ («de») adj. Teñido del color que se expresa. ⊙ («de») Ligeramente teñido del color que se expresa.

colorear 1 («de») tr. Dar [un] color a cierta ↘cosa: 'Colorear una preparación microscópica'. ≃ Colorar, *teñir. 2 intr. Empezar una cosa a *madurar y tomar el color que le es propio: 'Ya colorean las uvas'. ≃ Tomar color. 3 **Aparecer una cosa roja o tender a rojo.* ≃ Rojear. 4 *Hacer parecer *justa o *razonable una ↘cosa o dar un *pretexto para ella.*

colorete (inf.) m. Cosmético utilizado para dar color a las mejillas, generalmente rojizo. ≃ Color. ⇒ Rojete.

colorido 1 m. Conjunto de colores o tonalidades de una cosa; por ejemplo, de una tela o un cuadro. ≃ Color. 2 Animación o *viveza. ≃ Color. 3 Vistosidad. ≃ Color. 4 (ant.) **Apariencia o *pretexto.* ≃ Color.

coloridor, -a adj. y n. PINT. *Colorista.*

colorimetría f. QUÍM. *Procedimiento de análisis fundado en la intensidad del color de las disoluciones.*

colorímetro m. QUÍM. *Aparato usado en la colorimetría.*

colorín, -a (de «color») 1 (pl.) m. Colores llamativos o chillones. 2 *Jilguero (pájaro). 3 (pop.) **Sarampión.* 4 (P. Rico) **Tebeo.*

colorir 1 tr. *Dar color a una ↘cosa.* ≃ Colorear. 2 *Dar *razones o *pretextos para una ↘cosa.* ≃ Colorear. 3 intr. *Colorearse.*

colorismo 1 m. PINT. Tendencia a dar demasiada importancia al color. 2 LITER. Tendencia a abusar de los adjetivos sonoros en una obra literaria, a veces con redundancia e impropiedad. ⊙ En general, tendencia a abusar de lo llamativo o efectista en una obra literaria, en un discurso, etc. ⇒ *Lenguaje.

colorista 1 adj. y n. PINT. Se aplica al *pintor, y a sus obras, que se distingue por la riqueza y acierto del colorido de sus obras. 2 Que adolece de colorismo: 'Un poema [o discurso] colorista'.

colosal 1 adj. De magnitud extraordinaria, en sentido material o espiritual. ⇒ *Grande. 2 (inf. e hiperb.) Muy bueno: 'Nos dieron una comida colosal'. ≃ *Magnífico.

colosalmente (inf. e hiperb.) adv. Muy *bien: 'Lo hemos pasado colosalmente en la excursión'.

coloso (del lat. «colossus», del gr. «kolossós») 1 m. Estatua de tamaño mucho mayor que el natural. ≃ *Gigante. 2 (n. calif.) Persona que ha realizado una obra de grandísima importancia: 'Cervantes o Shakespeare son colosos de la literatura. Einstein es un coloso de la ciencia'. ≃ Gigante. ⊙ Nación, entidad, etc., que destaca en cierto ámbito. ⇒ *Sobresalir.

colote (del nahua «colotli»; Méj.) m. **Cesta.*

colotipia f. *Procedimiento para imprimir dibujos en que se utiliza un clisé, apto sin sufrir desgaste para grandes tiradas, de gelatina cromada, que tiene la propiedad de admitir las tintas grasas y admitir el agua.*

colpa (del quechua «kólpa», caparrosa) f. *Colcótar que se emplea como magistral en algunos procedimientos de amalgamación de la *plata.*

colpar (del sup. lat. «colaphāre», de «colăphus», golpe; ant.) tr. **Herir.*

colpe (de «colpar»; ant.) m. **Golpe.*

colpo- Elemento prefijo del gr. «kólpos», pliegue, seno, vagina, usado en palabras científicas.

colporragia (de «colpo-» y «-rragia») f. MED. *Flujo de la vagina.*

colposcopia (de «colpo-» y «-scopia») f. MED. *Endoscopia del conducto vaginal y del cuello del útero.*

colquicáceo, -a adj. y n. f. BOT. *Se aplicaba a las *plantas del grupo del cólquico comprendidas ahora en la familia de las liliáceas.*

cólquico (del lat. «colchĭcum», del gr. «kolchikón», de «Kolchís», Cólquida, país ribereño del Mar Negro; *Colchicum autumnale*) m. *Planta liliácea silvestre que da en el otoño flores rojas; toda la planta es venenosa y su raíz se emplea en medicina. ≃ Hermodátil, quitameriendas.

colt (ingl., de «Samuel Colt», su inventor) m. Revólver con un cilindro giratorio para varios cartuchos.

colúbrido, -a (del lat. «colubra», culebra) adj. y n. m. ZOOL. *Se aplica a los reptiles ofidios pertenecientes a la familia en la que se incluyen todas las culebras.* ⇒ *Serpiente. ⊙ m. pl. ZOOL. *Esta familia.*

coludir (del lat. «colludĕre») 1 (ant.) intr. **Restregar o *rozar.* ≃ Ludir. 2 DER. **Pactar algo dos personas. en perjuicio de una tercera.*

coludo, -a 1 (Hispam.) adj. *De cola larga.* 2 (Hispam.) *Se aplica al que por descuido no cierra la puerta al entrar o salir.*

columbario (del lat. «columbarĭum») m. En los *cementerios romanos, conjunto de nichos en que se colocaban las urnas cinerarias.

columbeta (del leon. «columbiar») f. **Voltereta.*

columbiforme adj. y n. f. ZOOL. *Se aplica a las *aves del orden al que pertenecen la paloma y la tórtola, arborícolas o terrestres, de vuelo rápido y potente y, en muchos casos, migradoras.* ⊙ f. pl. ZOOL. *Orden que forman.*

columbino, -a (del lat. «columbīnus») 1 adj. De [las] palomas. ⊙ *Candoroso, ingenuo.* 2 *Se aplica al color algo amoratado de ciertos *granates.*

V. «PIE columbino».

columbón (del leon. «columbiar»; León) m. **Columpio de balancín.*

columbrar (¿del lat. «colluminăre»?) tr. *Atisbar o *divisar: empezar a ver o percibir una ˋcosa, sin poder todavía precisarla: 'A lo lejos se columbra un caserío. Columbro una solución'.

columbrete m. Islote consistente en un montículo poco elevado. Se aplica en plural como nombre propio a un grupo de islas volcánicas de la costa de Castellón.

columelar (del lat. «columellāris») adj. V. «DIENTE columelar».

columna (del lat. «columna») 1 f. Elemento arquitectónico que consiste en una pieza alta y delgada, de sección generalmente redonda, que *sostiene un arco, techo, viga, etc. ⊙ También puede constituir una *señal, por ejemplo de *límite, o un elemento decorativo, por sí sola. ⊙ O un monumento conmemorativo. 2 Conjunto de cosas colocadas ordenadamente una sobre otra. ≃ *Pila. 3 Cada una de las partes en que se divide verticalmente una página impresa o manuscrita; particularmente, de *periódico: 'La noticia viene en la segunda columna de la primera página del periódico'. 4 En una *aduana, cada uno de los apartados en que se dividen las mercancías para la tributación: 'Tributar por la primera columna'. 5 Porción de líquido contenida dentro de un tubo. ⊙ Columna termométrica o semejante de otro utensilio. 6 MIL. Formación de tropa cuyos componentes están colocados paralelamente sobre un mismo eje. ⊙ MIL. Formación de tropa o de barcos dispuesta para operar. 7 En una disposición de cosas que forman líneas horizontales y verticales, por ejemplo en la tabla de Pitágoras, se aplica a las series *verticales. ⇒ *Fila. 8 Masa de algún fluido que se eleva a gran altura manteniendo aproximadamente la forma de un cilindro estrecho: 'Una columna de humo'. 9 En un equipo de sonido, bafle. 10 (n. calif.) Se aplica a la persona o cosa que constituye el *sostén o protección de cierta cosa no material: 'La más firme columna del catolicismo'. ≃ Pilar, puntal.

COLUMNA ÁTICA. ARQ. *La aislada y con base cuadrada.*

C. BLINDADA. MIL. Columna de tropa de infantería dotada de carros de asalto. ⇒ *Milicia.

C. EMBEBIDA. ARQ. La que parece que está parcialmente embutida en una pared. ≃ COLUMNA entregada.

C. ENTORCHADA. ARQ. *COLUMNA salomónica.*

C. ENTREGADA. ARQ. *COLUMNA embebida.*

C. ROSTRADA [o ROSTRAL]. ARQ. Columna en que se colgaban los rostros o espolones que constituían *trofeos de guerra en la antigua Roma.

C. SALOMÓNICA. ARQ. La propia del estilo barroco, que tiene el fuste retorcido en hélice. ≃ COLUMNA entorchada.

C. TERMOMÉTRICA. FÍS. Línea formada dentro del *termómetro por el líquido, generalmente mercurio, que se dilata y contrae.

C. VERTEBRAL. Eje del esqueleto de los animales vertebrados, situado en la espalda y formado por una serie de huesos llamados vértebras, unidos entre sí por cartílagos, los cuales forman como un tubo que protege la médula espinal. ≃ Espina, espina dorsal, espinazo, raquis.

QUINTA COLUMNA. Expresión surgida en la última guerra civil española, para designar al conjunto de personas que en la retaguardia de uno de los beligerantes ayudan en cualquier forma al enemigo. La aplicó por primera vez un general del campo «nacional» cuando, al hablar de las cuatro columnas que dirigía contra una plaza enemiga, se refirió a que contaba con una «quinta columna» dentro de la misma plaza. ⊙ Puede usarse en sentido figurado: 'La quinta columna de un partido político'. ⇒ Emboscado, quintacolumnista.

EN COLUMNA. **1** Aplicado a la *colocación de una serie de cosas, verticalmente, una sobre otra. **2** En fila (línea formada por cosas colocadas una detrás de otra): 'Poneos en columna'. ⇒ De a.

□ CATÁLOGO

I Raíz culta, «estilo-» o «stilo-»: 'estilita; anfipróstilo'. ➤ Coluna. ➤ Aitinal, *balaustre, barauste, cipo, marmolejo, montante, parteluz, picota, pilón, rollo. ➤ Atlante, cariátide, telamón. ➤ Pilar, pilastra, *poste. ➤ Ábaco, acanto, *anillo, ánulo, apófige, armilla, astrágalo, caña, *capitel, caria, caulícolo, caulículo, chapitel, collarín, collarino, dado, entrecanal, escapo, escocia, espira, estría, fuste, gálibo, garganta, gradecilla, imoscapo, joya, neto, sumoscapo, tambor, tondino, torés, voluta. ➤ Contractura, éntasis, módulo. ➤ Almohadilla, basa, basamento, embasamiento, estilóbato, intercolumnio, *pedestal, plinto, podio, zapata. ➤ Anfipróstilo, áptero, areosístilo, areóstilo, dístilo, éustilo, hipóstilo, monóptero, octóstilo, períptero, polistilo, próstilo, sístilo, tetrástilo. ➤ Columnario, columnata, peristilo. ➤ *Arcada. *Atrio. *Galería. ➤ Bornear. ➤ Apoyo.
II COLUMNA VERTEBRAL: cerro, entrecuesto, espina, ESPINA dorsal, espinazo, esquena, raquis, rosario. ➤ Cerviz, curcusilla, ensilladura, espalda, rabadilla. ➤ Espinal. ➤ Atlas, axis, cóccix, coxis, disco, espóndil, espóndilo, palomo, sacro, vértebra, VÉRTEBRA cervical, VÉRTEBRA dorsal, VÉRTEBRA lumbar. ➤ Lomo. ➤ Alomado, lominhiesto. ➤ Medula, notocordio. ➤ Cifosis, chepa, corcova, escoliosis, giba, joroba, lordosis, renga, sifosis. ➤ Cargado de ESPALDAS. ➤ Coxigodinia, raquialgia. ➤ CORSÉ ortopédico.

columnario, -a (del lat. «columnarĭus») **1** adj. *Se aplica a las *monedas de plata acuñadas en Hispanoamérica durante el siglo XVIII, en cuyo reverso había dos columnas sosteniendo un escudo.* **2** (ant.) m. *Columnata.*

columnata f. Serie de *columnas.

columnista n. Colaborador de un periódico que tiene reservada una sección fija dentro de éste.

columpiar (del leon. «columbiar», del gr. «kolymbáō») **1** tr. Impulsar a ↘alguien en un columpio o dar a cualquier cosa un movimiento semejante. ≃ *Balancear. ⊙ prnl. Balancearse alguien en el columpio o moverse algo de forma parecida. ≃ Mecerse. **2** **Contonearse al andar.* **3** (inf.) Equivocarse.

□ CONJUG. como «cambiar».

columpio m. Artefacto formado generalmente por un asiento suspendido por dos cuerdas, cadenas, etc., de una rama de árbol, de una barra u otra cosa, en el que se sienta una persona para *balancearse por placer. ⇒ Balancín, columbón, hamaca, mecedor, tambesco, trapecio. ➤ Columpiar.

coluna f. *Columna.*

coluro (del lat. «colūrus», del gr. «kólouros», sin cola) m. ASTRON. *Cada uno de los dos círculos máximos que pasan por los polos de la esfera celeste y cortan a la Eclíptica, el uno en los puntos equinocciales y el otro en los solsticiales.*

colusión f. DER. *Acción de coludir o pactar contra tercero.* ⊙ DER. *Pacto contra tercero.*

colutorio (del lat. «collūtum») m. FARM. Líquido medicinal para enjuagarse la boca. ≃ *Enjuagatorio.

coluvie (del lat. «colluvĭes») **1** f. *Cuadrilla de pícaros o gente maleante.* ⇒ *Hampa. **2** **Barrizal o *cloaca.*

colza (del fr. «colza», del neerl. «koolzaad»; *Brassica napus oleifera)* f. *Planta crucífera, variedad de nabo, de cuyas semillas se extrae un aceite que se aplica para diversos usos y, en el norte de Europa, para la condimentación.

com- Forma del elemento prefijo «con-» delante de «p».

coma[1] (del lat. «comma», del gr. «kómma», fragmento, miembro de un periodo) **1** f. *Signo ortográfico (,) que representa una pausa débil entre dos periodos. ⇒ Virgulilla, tilde. ➤ Entrecomar. ➤ Apénd. II, PUNTUACIÓN. ⊙ En la escritura de números se emplea para separar la parte entera de la decimal. **2** *Especie de ménsula que tienen las sillas de *oro debajo de los asientos movibles, que, al levantarse éstos, sirve de apoyo al ocupante mientras está de pie.* ≃ Misericordia. **3** MÚS. *Intervalo musical que es la fracción de tono que media entre una nota sostenida y la siguiente de la escala bemol.* **4** ÓPT. *Defecto de un instrumento óptico que reproduce con la forma de una coma lo que en realidad es un punto.*

COMA ALTA [O BAJA]. *En lenguaje *teatral, tono ascendente [o descendente], en la entonación del final de la frase.*

V. «con PUNTOS y comas, sin faltar PUNTO ni coma».

SIN FALTAR UNA COMA. Sin omitir ningún detalle en un relato, explicación o repetición de un texto. ⇒ Minuciosamente.

coma[2] (del gr. «kôma», sopor, sueño profundo) m. Estado de inconsciencia prolongado y, en ocasiones, irreversible, que se produce en algunas *enfermedades o a causa de traumatismos graves.

coma[3] (del lat. «coma», del gr. «kómē», cabellera; ant.) f. **Crin (pelo).*

comabacilo *(Bacillus virgula)* m. BIOL. **Bacilo productor del cólera.* ≃ Bacilocoma.

comadrazgo m. Parentesco o relación entre comadres.

comadre (del lat. «commāter, -tris») **1** (pop.) f. Comadrona. **2** La *madrina de un niño respecto de la madre, el padre o el padrino del mismo. ⊙ La madre, respecto de la madrina. ⇒ *Pariente. **3** Se dan este nombre entre sí las *mujeres de los pueblos de algunas regiones, vecinas o amigas. **4** (pop. y hum.; pl.) Mujeres, particularmente cuando se las considera en reunión, murmurando o charlando: 'Allí hay una reunión de comadres'. **5** *Alcahueta.

comadrear intr. *Chismorrear: estar de conversación, murmurando u ocupándose de los asuntos de los demás o ir de casa en casa haciendo lo mismo. ⇒ *Callejero.

comadreja (de «comadre»; *Mustela nivalis* y otras especies del mismo género») f. Pequeño *mamífero carnívoro, de unos 25 cm de largo, de color pardo rojizo por el lomo y blanco por el vientre, muy vivo, y perjudicial porque mata las crías de las aves y se come los huevos. ≃ Donosilla, satandera, villería. ⇒ Basáride, chucuru, quique.

comadreo m. Acción de comadrear.

comadrería f. *Chisme.

comadrero, -a adj. y n. *Amigo de comadrear.*

comadrón, -a (de «comadre») **1** m. **Cirujano que asiste en los partos.* ≃ Partero, tocólogo. **2** f. Mujer que asiste en los partos. ≃ Comadre matrona, partera.

comal (del nahua «comalli»; Méj.) m. *Especie de *cazuela de barro, delgada y muy plana, que se emplea para cocer las tortillas de maíz o para tostar el café y el cacao.*

comalecerse (de «co-» y «mal»; ant.) prnl. *Mustiarse o estropearse.*

comalia (de «co-» y «mal») f. VET. **Hidropesía general que acomete particularmente al ganado lanar.* ≃ Morriña, zangarriana.

comalido, -a (ant.) adj. VET. **Enfermizo.*

comanche adj. y n. Se aplica a los *indios de ciertas tribus de Tejas y Nuevo Méjico, y a sus cosas.

comandamiento 1 (ant.) m. *Mando.* **2** (ant.) *Orden o precepto.*

comandancia f. Grado o empleo de comandante. ⊙ *Territorio a que se extiende su jurisdicción, que constituye un *distrito en la división militar. ⊙ Edificio u oficinas en que está instalado.

comandanta f. MAR. Antiguamente, *barco en que iba el jefe de la escuadra.

comandante 1 m. MIL. Jefe de grado inmediatamente superior al de capitán. **2** MIL. Militar con mando en un puesto. **3** Piloto que está al mando de un avión.

COMANDANTE EN JEFE. MIL. Militar al mando de todas las fuerzas de un país, de un ejército o de una operación.

comandar (del it. «comandare») tr. MIL. *Mandar: ser el jefe de una ↘plaza, una unidad, etc.

comandita (del fr. «commandite», del it. «accomandita») f. EN COMANDITA. En sociedad comanditaria. ⊙ (inf. y hum.) En grupo: 'Fueron todos en comandita a pedir la subida de sueldo'.

V. «SOCIEDAD en comandita».

comanditar tr. Suministrar el capital para una ↘*empresa, sin contraer otras obligaciones mercantiles.

comanditario, -a 1 adj. Se aplica a la *sociedad mercantil en que hay una clase de socios que tienen limitados sus derechos y obligaciones dentro de la sociedad. **2** Se aplica a esos socios. **3** De [la] sociedad en comandita.

comando (de «comandar») **1** m. MIL. Mando militar. **2** MIL. Misión peligrosa en territorio enemigo, encargada a un grupo de hombres escogidos. ⊙ MIL. Este grupo. **3** Grupo de terroristas que actúan conjuntamente. **4** INFORM. Instrucción que se da al ordenador para que realice una operación específica.

comarca (de «co-» y «marca», territorio) f. Cierta extensión de la superficie terrestre, con o sin poblaciones. ≃ País, *territorio.

comarcal adj. De cierta comarca o de [las] comarcas: 'Es una costumbre comarcal. División comarcal'.

comarcano, -a adj. Aplicado a campos, pueblos, etc., *próximo; situado en las inmediaciones del lugar que se considera.

comarcar (de «comarca») **1** intr. **Limitar o confinar entre sí campos, fincas, etc.* **2** tr. **Plantar árboles en un ↘terreno, en líneas rectas, de modo que formen calles en todas direcciones.*

comatoso, -a (del gr. «kôma, -atos», coma) adj. De [o del] coma: 'Estado comatoso'. ⊙ Se aplica al enfermo en estado de coma.

comba (del lat. «cumba», del gr. «kýmbē», cosa cóncava) **1** f. *Curva que forma una cuerda, cable, viga, etc., que está sostenida por sus dos extremos. ≃ Catenaria. **2** («Dar a la») Cuerda que se usa para jugar a la comba. ≃ Saltador. **3** («Jugar a la, Saltar a la») *Juego, generalmente de niñas, que consiste en hacer dar vueltas en el aire a una cuerda sostenida por sus dos extremos y saltar por encima de ella cada vez que toca el suelo; puede hacerla girar la misma que salta, con un extremo en cada mano, o bien dos niñas cogiendo uno cada una. ⇒ Tocino.

DAR A LA COMBA. Hacer que se balancee o de un vuelta completa para que salten los demás.

HACER COMBAS (inf.). Balancear el cuerpo al andar.

NO PERDER COMBA (inf.). No dejar pasar la ocasión. ⇒ *Aprovechar.

combado, -a Participio de «combar[se]». ⊙ adj. De forma curva.

combadura f. Acción y efecto de combar[se]. ≃ Comba.

combar (de «comba») tr. Dar a un ↘objeto forma curva. ≃ *Curvar. ⊙ prnl. Ponerse combado. ⊙ Formar comba; por ejemplo, un cable, una cuerda o una viga. ⊙ Abombarse: por ejemplo, una pared. ⇒ Cerchearse, encorvarse, pandearse. ➤ Catenaria, garrote, sagita. ➤ Enzoquetar.

combate (de «combatir») m. Cada episodio de acción ininterrumpida en una guerra o una lucha material. ⇒ Asalto, *batalla, *desafío, duelo, HECHO [O TRANCE] de armas. ➤ Empeñar. ➤ Conflicto. ➤ *Luchar. *Riña. ⊙ Escena de personas que combaten. ⊙ Se usa específicamente en los deportes de lucha: 'Combate de boxeo'.

COMBATE DESIGUAL. Aquel en que hay mucha diferencia entre las fuerzas de los combatientes.

C. NULO. DEP. En boxeo, aquel en que no se otorga la victoria a ninguno de los púgiles por haber conseguido el mismo número de puntos.

C. SINGULAR. El que se realiza entre un único contendiente de una parte y otro de la contraria: 'Decidieron en combate singular la posesión del castillo'.

FUERA DE COMBATE. («Estar, Dejar, Quedar») *Vencido o inutilizado para continuar la lucha.

combatible 1 adj. Susceptible de ser combatido. ≃ Atacable, censurable, discutible, objetable, rebatible, refutable. **2** *Susceptible de ser conquistado.*

combatiente 1 m. Cada una de las personas, países, etc., que toman parte activa en una *guerra o en una lucha corporal. ≃ *Contendiente. **2** *(Philomachus pugnax)* Ave de plumaje apagado en las hembras y muy vistoso en los machos, que presenta una gorguera de plumas y se ve envuelta en un agitado baile nupcial en la época de celo. **3** *(Betta splendens)* *Pez de agua dulce, originario del sudeste asiático, de vivos colores y grandes aletas, muy apreciado en acuariofilia.

combatir (del b. lat. «combattuĕre») **1** («con, contra, por») intr. Emplear sus fuerzas o sus armas unos contra otros dos personas o dos grupos, cada uno con el fin de someter al otro a su voluntad o de destruirlo: 'Los dos ejércitos combatieron con igual ardor'. En lenguaje literario se aplica también a los animales. ≃ *Luchar. ⊙ («contra») tr. Tratar de destruir o de desvirtuar cierta ↘cosa: 'Combatir la tiranía. Combatir la enfermedad [la injusticia]'. ≃ Oponerse. ⇒ *Atacar, *censurar, contraír, ir contra, *oponerse. ⊙ («por») intr. Esforzarse y pasar trabajos o sacrificios para conseguir cierta cosa para sí mismo o para otros: 'Pasó su vida combatiendo por la justicia'. ≃ *Luchar. **2** tr. *Oponerse con argumentos a otros ↘argumentos, razones, etc.: 'El sector derechista de la cámara combatió la propuesta'. **3** Golpear con fuerza, por ejemplo el *mar o el *viento. ≃ Batir.

combatividad f. Inclinación natural a la lucha.

combativo, -a adj. Dispuesto por inclinación natural a la lucha, para defender lo que le interesa o para atacar lo que cree merecedor de ataque. ⇒ Batallador. ➤ *Agresivo, *belicoso, *pendenciero.

combazo (de «combo»; Chi., Perú) m. *Puñetazo.*

combés 1 m. **Espacio limitado.* ≃ Ámbito. ⊙ *Espacio descubierto.* **2** MAR. *Espacio de la cubierta superior de un *barco desde el palo mayor hasta el castillo de proa.*

combi 1 m. Frigorífico con dos motores independientes para el refrigerador y el congelador. **2** (Arg., Méj., Par., Perú, Ur.) f. **Furgoneta.*

combinación 1 f. Acción de combinar[se]. ⊙ Específicamente, en *química. **2** Cosa que resulta combinando otras. ⊙ Específicamente, en *química. **3** *Cóctel. ≃ Combinado. **4** Arreglo de cosas hecho para conseguir un objeto: 'Dice que tiene una combinación infalible para ganar a las quinielas'. ⊙ («Hacer, Andar, Tener») A veces, tiene sentido peyorativo, significando «*chanchullo». **5** (gralm. pl.) MAT. Cada uno de los conjuntos que se pueden formar con cierto número de elementos tomando cada vez igual número de ellos, que puede ser el total o menor que el total: 'Número de combinaciones de diez elementos tomados dos a dos'. **6** Clave numérica que permite abrir una caja fuerte. **7** Prenda interior femenina, que se usa debajo del traje y colgando de los hombros, generalmente mediante unos tirantes, llega hasta cerca del borde de la falda. ≃ *Enagua. **8** *En un *diccionario, serie de *palabras que tienen un grupo de letras igual.*

COMBINACIÓN MÉTRICA. LITER. Cada manera de combinar los versos y las estrofas. ⇒ *Poesía.

combinadamente adv. De forma combinada.

combinado **1** m. Bebida que se prepara mezclando otras, zumos de frutas, etc. ≃ Combinación, cóctel. **2** Equipo deportivo formado por jugadores de varios equipos: 'La selección nacional se enfrentó a un combinado de jugadores americanos'.

combinar (del lat. «combināre») **1** tr. *Unir ↘cosas de modo que formen un conjunto con unidad o armonía: 'Combinar los ingredientes de un cóctel. Combinar colores'. ⊙ Formar conjuntos con ciertas ↘cosas: 'Combinar las letras para formar palabras'. ⊙ Arreglar o *proyectar ciertas ↘acciones, de modo que no se estorben y el resultado sea satisfactorio: 'Combinar los permisos para que no se interrumpa el servicio'. ⇒ Cubiletear, matizar. ➤ *Acuerdo. *Armonía. *Componer. *Concertar. *Conjunto. *Coordinar. *Corresponder. *Juego. *Mezclar. *Orden. **2** QUÍM. Juntar una ↘sustancia con otra para formar una sustancia distinta. ⊙ prnl. QUÍM. Verificarse acciones químicas entre dos o más sustancias que están en contacto, resultando de ellas otra u otras sustancias distintas de las primitivas. ⇒ Reaccionar. **3** tr. MIL. *Juntar ↘ejércitos o escuadras.* **4** («con») intr. Hacer buen efecto una cosa al lado de otra determinada: 'Unos zapatos que combinen con el vestido'. ≃ *Armonizar. **5** prnl. recípr. Ponerse de *acuerdo varias personas para realizar cierta operación de manera conveniente para todas: 'Se combinan para repartirse las propinas'. ⊙ Particularmente, ponerse de acuerdo para una operación no lícita o en que hay engaño o trampa. ≃ Conchabarse.

combinatoria f. Parte de las *matemáticas que estudia las combinaciones, permutaciones y variaciones.

combinatorio, -a adj. MAT. De [las] combinaciones o de [la] combinatoria: 'Análisis combinatorio'.

combleza (ant.) f. **Concubina de un hombre casado.*

comblezado (ant.) adj. *Se aplicaba al hombre cuya mujer tenía un amante.* ⇒ *Cornudo.

comblezo (de «combruezo»; ant.) m. **Amante de una mujer casada.* ≃ Combruezo.

combluezo (de «combruezo»; ant.) m. **Enemigo o *rival.*

combo, -a (de «comba») **1** adj. *Combado.* **2** m. *Piedra o madero sobre el que se colocan los *toneles de vino.* **3** (Hispam.) *Mazo o almádena usado para partir las *piedras.* **4** (Chi.) **Puñetazo.*

comboso, -a adj. *Combado.*

combretáceo, -a (de «Combretum», género de plantas) adj. y n. f. BOT. *Se aplica a las plantas de la misma familia que el mirobálano, que son árboles, arbustos o lianas tropicales; algunas especies proporcionan maderas y otras son usadas como ornamentales o como fuente de alimento o medicamentos.* ⊙ f. pl. BOT. *Familia que forman.*

combruezo (del sup. lat. «convortĭum»; ant.) m. *Comblezo.*

comburente (del lat. «combūrens, -entis») adj. y n. m. QUÍM. Se aplica al cuerpo que provoca o favorece la combustión de otros.

combustibilidad f. Cualidad de combustible.

combustible (de «combusto») adj. y n. m. Se aplica a las sustancias que puede *arder. Particularmente, a las que se aprovechan para producir calor: 'Combustibles sólidos, líquidos y gaseosos'. ⇒ Aceite, alcohol, *carbón, carburante, fuel [o fuel-oil], GAS del alumbrado, butano, gasoil [o gasóleo], gasolina, *leña, LEÑA de oveja [o vaca], propano, propergol, supercarburante, turba. ➤ Índice de OCTANO, octanaje. ➤ Ignífugo. ➤ Incombustible. ➤ Comburente. ➤ Alimentar, cargar. ➤ Gasógeno. ➤ *Arder, quemar.

combustión (del lat. «combustĭo, -ōnis») **1** (form.) f. Acción de *quemarse un cuerpo. **2** QUÍM. *Acción de combinarse una sustancia con el oxígeno.*

combusto, -a (del lat. «combustus»; ant.) adj. *Quemado.*

comecocos (de «comer» y «coco[1]») **1** (inf.) n. Persona, doctrina, etc., que lleva a alguien a adoptar ideas o comportamientos que no le son propios. **2** (inf.) m. Cualquier cosa que obsesiona a alguien o absorbe por completo su atención: 'Las máquinas tragaperras son un comecocos'.

comecome (de «comer»; inf.) m. Comezón o desazón.

comedero[1] m. *Recipiente o lugar donde se da la comida a los animales. ⇒ *Artesa, cazarra, cazarrica, escriño, pesebre.

comedero[2], -a adj. *No demasiado malo para ser comido.* ≃ Comible.

comedia (del lat. «comoedĭa», del gr. «kōmōdía», de «kōmōdós», comediante) **1** f. En sentido amplio, obra dramática, o sea obra escrita para ser representada en el *teatro. **2** En sentido restringido y por oposición a «drama» o «tragedia», obra de teatro de asunto ligero y desenlace feliz. **3** («La») Género *teatral formado por esa clase de obras. **4** Escena que mueve a *risa. **5** Acción en que hay engaño o simulación: 'El reparto de premios es una comedia. El juicio fue una comedia'. ≃ *Farsa.

COMEDIA DEL ARTE. COMEDIA italiana.

C. DE CAPA Y ESPADA. Comedia de costumbres caballerescas, como muchas del siglo XVII.

C. DE CARÁCTER. Comedia en que se atiende particularmente a la pintura de caracteres.

C. DE COSTUMBRES. La de asunto sacado de la vida corriente y contemporánea del autor.

C. DE ENREDO. La de trama complicada e ingeniosa, que sorprende al espectador con sucesos inesperados.

C. DE FIGURÓN. Tipo de comedia del siglo XVII cuyo protagonista era un personaje ridículo o extravagante.

C. HEROICA. *Aquella en que intervienen personajes encumbrados, como príncipes o héroes.*

C. ITALIANA. Género teatral que surgió en Italia en el siglo XVI y prosiguió su desarrollo hasta principios del XIX; era fundamentalmente popular y de asunto cómico y producto en su mayor parte de la inspiración de los actores, que eran profesionales y representaban personajes estereotipados que se repetían en las distintas obras. Arlequín o Pantaleón, Colombina, Crispín, Pierrot, Polichinela son, por ejemplo, personajes célebres que han pasado al teatro universal de *guiñol, así como al mundo de las máscaras de carnaval. ≃ COMEDIA del arte, PANTOMIMA italiana.

C. DE MAGIA. *Aquella en que se representan efectos sorprendentes, de apariencia sobrenatural, logrados con los recursos de la tramoya.*

HACER LA [O UNA] COMEDIA. *Simular.

V. «PASO de comedia».

comediante, -a **1** n. Persona que se dedica a trabajar en el teatro representando las obras. ≃ *Actor, comedo. **2** Persona que *simula o *disimula. ≃ *Farsante.

comediar (de «comedio») **1** tr. **Promediar.* **2** (ant.) *Hacer comedido a* ↘*alguien.*

comedición (de «comedir»; ant.) f. **Pensamiento o meditación.*

comédico, -a (del lat. «comoedĭcus»; ant.) n. *Cómico.*

comedidamente adv. Con comedimiento.

comedido, -a («Estar, Ser») adj. Se aplica a la persona que, en general o en cierto momento, usa palabras o actitudes no exageradas, violentas, agresivas o irrespetuosas: 'Un hombre tan comedido como él debió de tener motivos muy fuertes para descomponerse'. ⇒ *Comedirse.

comedimiento m. Actitud comedida. ⊙ Cualidad de comedido. ⇒ *Comedirse.

comedio (de «co-» y «medio») **1** m. **Centro o punto medio de algún *país o *terreno.* **2** **Intervalo entre dos sucesos o épocas.*

comediógrafo, -a n. Escritor de comedias. ⇒ Dramaturgo.

comedión m. *Desp. de «comedia», aplicado particularmente a las largas y pesadas.*

comedir (del lat. «commetīri») **1** (ant.) tr. **Pensar o *reflexionar.* **2** prnl. Portarse con comedimiento. **3** **Prepararse para algo.*

□ CATÁLOGO

Parar el CARRO, CONTENERSE, andar [o ir] con CUIDADO, bajar el GALLO, medir las PALABRAS, reportarse, tentarse la ROPA, señorearse, hablar con TIENTO, bajar el TONO, cambiar [o mudar] de TONO. ➤ *Circunspecto, comedido, considerado, *cortés, *delicado, *humilde, *mesurado, mirado, *moderado, modoso, prudente, respetuoso, templado. ➤ Circunspección, compostura, consideración, corrección. *cortesía, mesura, miramiento, moderación. ➤ Compuestamente. ➤ ¡ALTO ahí!, ¡cuidado!, ¡despacio!, ¡ojo!, ¡POCO a poco!, ¡POQUITO a poco! ➤ *Prudencia. *Respeto.

comedo (del lat. «comoedus», del gr. «kōmōdós», de «kômos», fiesta con cantos y bailes, y «aoidós», cantor; ant.) m. *Comediante.*

comedón (relac. con «comer») m. *Granito de los que salen, generalmente en la cara, con un puntito negro.* ≃ *Espinilla.

comedor, -a **1** n. Se aplica a la persona que *come mucho de ordinario. **2** adj. Con «buen» o «mal», al que come de ordinario con mucho apetito o poco apetito, respectivamente. **3** m. Habitación donde se *come en las casas, hoteles, etc. ⊙ Local donde se sirven comidas: 'Un comedor de caridad'.

comedura f. Se usa en la expresión COMEDURA DE COCO [o DE TARRO] (inf.). Acción de comerse el coco [o el tarro] alguien.

comején (del arahuaco de las Antillas «comixén») m. *Termes (insecto isóptero).

comejenera (de «comején»; Ven.) f. *Sitio donde se reúne gente del *hampa.*

comelináceo, -a adj. y n. f. BOT. *Commelináceo.*

comendable (ant.) adj. *Recomendable.*

comendación **1** (ant.) f. **Encargo.* **2** (ant.) **Alabanza o *recomendación.*

comendadero (ant.) m. *Comendero.*

comendador (del lat. «commendātor, -ōris») **1** m. En las *órdenes militares, caballero de categoría superior, lo que suponía la percepción de ciertas rentas. ⇒ Encomienda. ➤ Compuerta. **2** **Superior de los conventos de algunas órdenes, como la Merced o San Antonio Abad.*

comendadora **1** f. **Superiora o prelada de los conventos de las órdenes militares o de la Merced.* **2** *Monja de ciertos conventos de las antiguas órdenes militares.*

comendamiento (ant.) m. **Mandamiento o *regla.*

comendar (del lat. «commendāre») **1** (ant.) tr. *Recomendar.* **2** (ant.) **Encargar.*

comendatario m. **Eclesiástico secular que disfruta en encomienda un beneficio regular.*

comendaticio, -a adj. *Se aplica a la carta de *recomendación dada por un prelado.*

comendatorio, -a adj. *De recomendación.*

comendero, -a n. *Persona que disfrutaba en *encomienda un lugar, a cambio de prestar juramento de homenaje al rey que se lo concedía.* ⇒ *Vasallo.

comensal (del lat. «cum», con, y «mensa», mesa) **1** m. Cada persona de las que están comiendo en cierto sitio. **2** BIOL. Animal que se beneficia en la relación de «comensalismo» del «huésped». ⇒ Inquilino, *parásito. ➤ Comensalismo.

comensalía f. *Circunstancia de ser *compañero, de vivienda o de mesa, de otro.*

comensalismo m. BIOL. Asociación biológica que se da entre dos animales, en la que uno se beneficia y el otro no es dañado ni beneficiado. ⇒ *Comensal.

comentación (ant.) f. *Acción de comentar.*

comentador, -a **1** n. *Persona que comenta.* ≃ Comentarista. **2** *Persona chismosa o liosa.*

comentar (del lat. «commentāre») **1** tr. Hablar de cierta ↘cosa expresando opiniones o impresiones personales acerca de ella: 'Estamos comentando las incidencias del partido de fútbol'. ⊙ Añadir comentarios a un ↘escrito. **2** Se usa a veces con los significados de «contar» y «decir»: 'Isabel me ha comentado que habrá esta tarde una reunión'.

□ CATÁLOGO

*Aclarar, apostillar, hacer COMENTARIOS, escoliar, glosar, ilustrar, interpretar, margenar, marginar, postilar. ➤ Correr mucha TINTA [o ríos de tinta]. ➤ Apostilla, comentación, comentario, comento, escolio, exégesis, glosa, ilustración, interpretación, margen, *nota, paráfrasis, postilla. ➤ *Criticar. *Murmurar.

comentario («Hacer, Levantar, Dar lugar a, Provocar, Suscitar») m. Cosa que se dice o escribe comentando algo. ⊙ Particularmente, las que tienen por objeto explicar o aclarar un texto; por ejemplo, la *Biblia. ⊙ (gralm. pl.) Murmuración. ⊙ (pl.) Título de ciertas obras históricas escritas en estilo conciso: 'Los Comentarios de Julio César'.

SIN COMENTARIOS. Expresión con que alguien indica que no desea hacer declaraciones sobre algo o que no merece la pena comentar algo.

comentarista n. Persona, particularmente escritor o periodista, que hace comentarios: 'El comentarista de política internacional'. ⊙ Particularmente, escritor sagrado que añade comentarios a la *Biblia.

comento **1** m. *Acción de comentar.* **2** *Comentario.* **3** **Lío, *chisme o *embuste.*

comenzar (del sup. lat. vulg. «cominitiāre») intr. Pasar a existir algo que no existía antes: 'Desde que comenzó la guerra'. ≃ Empezar, *principiar. ⊙ («a») tr. e intr. Con un verbo en infinitivo, que puede sustituirse por un nombre de acción, pasar de no realizar a realizar la acción de que se trata: 'Ha comenzado a nevar. Hemos comenzado la recolección'. ≃ Empezar. ⊙ («por») intr. Con un infinitivo o un verbo de acción, ser lo que éstos expresan lo primero que se hace al empezar cierta actividad: 'Comencemos por quitarnos los abrigos'. ≃ Empezar. ⇒ Escomenzar, recomenzar.

comer (del lat. «comedĕre») **1** tr. o abs. En sentido amplio, tomar alimentos por la boca: 'Sin comer no se puede vivir. No ha comido más que unas galletas y una taza de caldo'. Se puede usar con un partitivo: 'No comas de esa carne'. ⊙ (con un pron. reflex.) tr. Comer una cosa determinada, particularmente cuando se trata de un manjar sabroso o cuando se quiere sugerir cierta glotonería: 'Se comió él solo un pollo'. ⊙ Puede usarse en sentido hiperbólico: 'En esta playa te comen los mosquitos'. **2** tr. o abs. En sentido restringido, tomar alimento sólido: 'No puede comer por causa de las anginas y sólo toma líquidos'. **3** Tomar la comida de mediodía: 'En casa comemos a las dos. Hoy hemos comido paella'. ⊙ En ciertas regiones se usa «comer» refiriéndose a la comida de por la noche; y, entonces, se emplea «almorzar» referido a la de mediodía. tr. Destruir un agente físico o químico una ↘materia poco a poco. Más frec. con un pron. reflex. ≃ *Corroer. **4** Empalidecer los ↘*colores o hacerlos desaparecer, por ejemplo la luz o el sol. Más frec. con un pron. reflex. con valor expresivo. **5** En los *juegos, como el ajedrez o las damas, en que se manejan ↘piezas, inutilizar y retirar alguna de las del contrario: 'Te voy a comer esa torre'. **6** (inf.) Ser algo tan abundante que resulta imposible dominarlo o acabar con ello: 'Si seguís con esta falta de limpieza, os va a comer la mugre. Cerró el negocio porque le comían las deudas'. **7** (inf.) Debilitar a ↘alguien física o moralmente algo como un vicio o una pasión: 'La envidia [o el vicio] le come'. ≃ *Consumir, corroer. ⊙ prnl. **Concomerse*. **8** (inf.; con un pron. reflex.) tr. *Gastar inconsiderada o lamentablemente una ↘cosa: 'Se comió la herencia de sus hermanos. Se está comiendo los intereses y el capital. La enfermedad se ha comido los ahorros de la familia'. **9** (inf.; con un pron. reflex.) Omitir involuntariamente una ↘letra, sílaba, palabra, etc., al hablar o escribir. **10** (inf.; con un pron. reflex.) Llevar los calcetines o medias bajados y metiéndose por el zapato: 'Súbete los calcetines que te los vas comiendo'. **11** (inf.; con un pron. reflex.) Hacer una cosa que ↘otra quede anulada o reducida, por ejemplo por ocupar gran parte de su superficie: 'El pelo largo te come la cara. Este mueble se come el dormitorio'.

COMERSE UNOS A OTROS. Existir *discordias violentas en un sitio o entre ciertas personas.

V. «el que se pica, AJOS come; comer a dos CARRILLOS, comerse los CODOS».

COSA[S] DE COMER. V. «de comer».

DAR DE COMER. **1** Dar cosas para comer. ⊙ Servir la comida a alguien; en sentido restringido, la de mediodía. **2** *Mantener a alguien. ⊙ Servir para mantener: 'El ser guapo no le dará de comer'.

DE BUEN COMER. V. «ser de buen COMER».

DE COMER. **1** Se dice de las cosas que son o sirven para ser comidas: 'Tienda de cosas de comer'. **2** V. «dar de COMER, echar de COMER».

V. «estar DICIENDO cómeme».

ECHAR DE COMER. Dar de comer a los animales.

ECHAR [O DAR] DE COMER APARTE a alguien (inf.). Tratarle de manera diferente. Se usa para indicar que una persona es muy especial, generalmente en lo malo: 'A ése hay que echarle de comer aparte'.

ESTAR alguien PARA COMÉRSELO (inf.). Ser muy atractivo o encantador: 'Los niños a esa edad están para comérselos'.

V. «GANAS de comer, GUISÁRSELO y comérselo».

NO COMER NI DEJAR COMER. No aprovechar una cosa uno mismo y no permitir a otros que la aprovechen. ⇒ *Desperdiciar.

V. «comer[se] con los OJOS, comerse las PALABRAS, comer el PAN de..., comer a [todo] PASTO, comerse los SANTOS».

SER DE BUEN COMER. **1** Refiriéndose a personas, comer con buen apetito y no ser demasiado exigente en la comida. **2** Refiriéndose a cosas, resultar agradable al paladar.

SIN COMERLO NI BEBERLO (inf.). Sin haber hecho alguien nada para que le ocurra cierta cosa, buena o mala: 'Se encontró rico sin comerlo ni beberlo'. ⇒ *Inesperado.

TENER QUÉ COMER (gralm. en frases negativas). Tener lo necesario para *vivir.

V. «comerse las UÑAS, comerse con la VISTA».

□ CATÁLOGO

Otras raíces de «alimento», «al-, brom-, ceb- [cib-], tref- [trep-, trof-]»: 'alible, almo, bromatología, cebar, cibal, cibario, atréptico, trófico, trofología'. ➤ Otras raíces de «comer», «fago-, vor-»: 'antropófago; insectívoro'. ➤ Sufijos de nombres de comidas, «-da, -ate»: 'fritada, calabazate'. ➤ Abocadear, alimentar[se], hacer [o no hacer] ASCOS, asimilar, atiborrar[se], atizarse, atracar[se], *beber, menear el BIGOTE, hacer BOCA, bocezar, *cebar[se], comer como un CERDO, echarse al COLETO, comerse, comichear, comiscar, consumir, echarse al CUERPO, despachar, devorar, digerir, embaular, embuchar, empajarse, *empapuzar[se], engañar el HAMBRE, engolliparse, engullir, ensilar, gandir, jalar, jamar, matar el GUSANILLO, matar el HAMBRE, *hartar[se], hinchar[se], hacer los HONORES, ingerir, jamar, llenar[se], malcomer, manducar, mascar, *masticar, comer con los OJOS, paladear, papear, echar entre PECHO y espalda, hacer PENITENCIA, PICAR, promiscuar, repapilarse, saciar[se], soplarse, tapear, dar un TIENTO, tomar, *tragar, tripear, ventilarse, darse un VERDE, yantar, zamparse. ➤ *Pacer. ➤ Alible, almo, analéptico, cibal, cibario, comestible, comible, nutricio, nutrimental, nutritivo, trófico. ➤ Bromatología, gastronomía, nutrición, trofología. ➤ *Alimentar, *mantener, nutrir, pegarse al RIÑÓN, sobrealimentar. ➤ Antófago, antropófago, artófago, caníbal, carnívoro, escatófago, fitófago, frugívoro, geófago, granívoro, herbívoro, ictiófago, insectívoro, necrófago, omnívoro, ovívoro, ovovegetariano, piscívoro, polífago, rizófago, roedor, seminívoro, vegetariano, zoófago. ➤ Apetecer. ➤ Apetito, buen APETITO, avidez, buena BOCA, buen DIENTE, *gula, *hambre, buen SAQUE, buenas TRAGADERAS. ➤ Asqueroso, comedor, de buen COMER, comilón, frezador, gandido, *glotón, tragaldabas, tragón, voraz. ➤ Gourmand, gourmet. ➤ Abarrote, alimento, ARTÍCULO de primera necesidad, comercio, comestible, comida, gobierno, manduca, manducatoria, manjar, mantenimiento, nutrimento, nutrimiento, pábulo, pan, pasto, pitanza, provisiones, puchero, sostén, sostenimiento, subsistencias, sustento, vianda, victo, vida, vito, vitualla, víveres, zampa. ➤ Un PEDAZO de pan. ➤ Caridad, costo, estado, gallofa, hospedaje, mantención, manutención, muna, rancho, tanda. ➤ Amaitaco, *bocadillo, bocado, causa [o causeo], *chuchería, *fruslería, muleta, piscolabis, refrigerio, taco, tajada, tentempié. ➤ *Bazofia, bodrio, brodete, brodio, comistrajo, frangollo, gazofia, guisote, malcocinado, manjorrada, pelma, pelmazo, pistraje, pistraque, porquería, rancho, sancocho, zancocho. ➤ Química. ➤ Jera, manjar, regalo. ➤ Maná. ➤ Ambrosía, lectisternio. ➤ Compra, diario, ordinario, plaza, recado. ➤ Dinarada. ➤ Alforja, almudelio, anona, arenzata, avío, bastimento, cabañería, cocaví, cubierto, cucayo, cundido, matalotaje, provisión, *ración, repuesto, segundillo. ➤ COMIDA rápida. ➤ *Carne, *cereales, conservas, *embutido, enjutos, ensalada, espetón, fiambre, foie-gras, fruta, *FRUTO seco, *golosina, guiso, *hortaliza, hueva, huevo, *legumbre, manteca, *marisco, miel, *pan, *pasta, perla, pescado, picadillo, pringado, *tocino, torrezno, tostada, media TOSTADA, tropezón, untada, verdura. ➤ *Planta (grupo de las comestibles). ➤ Brete, gofio, pirón, rosetas y *maíz, soplillo. ➤ Companaje, compango, condumio. ➤ Maná. ➤ *Aceite, *condimento, especia, manteca, sainete. ➤ *Salsa. ➤ Canelada, cebique, cebo, cordilla, masón, *pasto, perruna, *pienso. ➤ Apetitoso, asimilable, digerible, digestible, empalagoso, estropajoso, excitante, excrementoso, imbebible, incomestible, incomible, indigesto, ligero, light, llamativo, opíparo, más bueno que el PAN, repugnante, sabroso, sano, sustancioso, suculento. ➤ Bodega, cambo, cillero, *despensa, fresquera, guardamangel, *lonja, nevera, refrigerador, sibil, tangán. ➤ Abacería, abaz, aduanilla, cajón, carnecería [o carnicería], colmado, coloniales, frutería, huevería, lechería, mantequería, pastelería, peso, PESO real, pollería, pulpería, recaudería, repostería, tabanco, TIENDA de coloniales, TIENDA de comestibles, TIENDA de ultramarinos, ultramarinos, verdulería. ➤ Ambigú, asador, asistencia, autoservicio, bar, barra, bodegón, botillería, bufete, buffet, burger, café, cafetería, cantina, caramanchel, *CASA de comidas, colmado, crepería, croissanterie, figón, hamburguesería, merendero, pizzería, restaurante, SNACK bar, taberna, tasca, ventorrillo. ➤ Carta, cubierto, menú, PLATO combinado, PLATO del día. ➤ Conducho, consumos. ➤ Colación, refacción. ➤ Almuerzo, cena, comida, desayuno, merienda, yanta. ➤ Acompañado, acompañamiento, ante, aperitivo, entrada, entrante, entremés, guarnición, plato, pos, postre, principio. ➤ Ágape, alifara, ambigú, *banquete, bufé [o bufet], cachupinada, caristias, cóctel, cogüerzo, comilitona, comilona, confuerzo, *convite, cuchipanda, festín, fiesta, gaudeamus, guateque, maesa, picnic, pipiripao, refresco, zahora. ➤ Pantagruélico. ➤ *Invitar, *obsequiar. ➤ Jira, merendola, merendona, merienda, moraga. ➤ Dieta, menú, minuta, régimen, RÉGIMEN alimenticio, vigilia. ➤ Abstinencia, ayuno. ➤ No haber para [no llegar a o no tener para] un DIENTE. ➤ Dieta. ➤ Concho, escamocho. ➤ Comedor, refectorio, tinelo. ➤ *Mesa. ➤ *Vajilla. ➤ Aparador, romanilla, triclinio, trinchero. ➤ Levantar los MANTELES, levantarse de la MESA, poner [o quitar] la MESA, sentarse a la MESA, servir la [a la] MESA, hacer PLATO. ➤ *Salva. ➤ Con el BOCADO en la boca, de sobre MESA, a los postres, de sobremesa. ➤ Bambochada, cebadero. ➤ Architriclino, cantinera, cillero, cocinero, guardamangier, maestresala, *pinche, racionero, ranchero, viandera. ➤ Concomerse, descomer, descomimiento, escomerse, incomible, recomerse. ➤ *Alimentar. *Cocina. *Guisar. *Mesa.

comerciable **1** adj. Se aplica a los productos con los que se puede comerciar. **2** (ant.) *Sociable.*

comercial **1** adj. De [o del] comercio: 'Aritmética comercial. Una operación comercial. Establecimiento comercial'. ≃ Mercantil. **2** Se aplica a lo que tiene mucha aceptación como producto de consumo: 'Música comercial'. **3** n. Persona encargada en una empresa de promocionar y vender un producto, generalmente mediante comisión.

comercialización f. Acción de comercializar un producto.

comercializar tr. Hacer de un ↘producto objeto apto para la venta: 'El ácido acetilsalicílico se comercializa con el nombre de «aspirina»'.

comerciante **1** n. Persona que se dedica al comercio; particularmente, dueño de una tienda. **2** (n. calif.) adj. y n. Se aplica a la persona que, en las cosas que hace, antepone el interés por el dinero a cualquier otro, o no prescinde nunca de él. ⇒ *Interesado.

comerciar **1** («con, en») intr. Realizar operaciones comerciales. ≃ Especular, negociar, traficar. **2** («con») Manejar cierta cosa con propósito ilícito de lucro: 'Comercia con los permisos de importación'. ≃ Especular, negociar, traficar. ⇒ *Corrupción.

□ CONJUG. como «cambiar».

comercio[1] m. *Desfiguración jocosa y achulada de «comer», por atracción de «comercio».*

comercio[2] (del lat. «commercĭum») **1** m. Actividad de *comprar, *vender, permutar, etc., para obtener provecho. ⊙ Mundo constituido por esta actividad y las personas dedicadas a ella: 'Persona de mucho prestigio en el comercio madrileño'. **2** Local donde se compra y se vende: 'Un comercio de tejidos'. ≃ *Tienda. **3** Conjunto de los establecimientos comerciales: 'Hoy cierra el comercio y la banca'. **4** (ant.; lit.) **Trato de la gente entre sí:* 'Huye del comercio con sus semejantes'. **5** Trato sexual. ≃ *Cópula. **6** *Cierto juego de *baraja.* ⊙ *Otro que se juega con dos barajas.* ⇒ CASA de comercio, DEPENDIENTE de comercio, LIBERTAD de comercio.

□ CATÁLOGO

Raíz en palabras derivadas, «merc- [merch-]»: 'mercancía, mercantil, merchante'. ➤ Atijara, chalanear, especular, jinetear, mancipación, marchantía, OPERACIÓN mercantil, traficar, tratar, trujamanear. ➤ Simonía. ➤ Mercurio. ➤ Caduceo. ➤ Ganancia, granjería. ➤ Barata, evicción, lesión, lesión enorme, lesión enormísima, mohatra. ➤ Aparroquiar, arbitraje, cambiar, comerciar, cometer, comisión, *comprar, consignar, correr, establecerse, exportar, fiar, importar, lanzar, mancipación, negociar, ofrecer, pedir, placear, pregonar, *regatear, remesar, remitir, retraer, retrovender, tantear, *vender. ➤ *Añadidura, *propina. ➤ Desonzar. ➤ Sanear. ➤ De boquilla, en bruto, en comisión, al contado, al fiado, en firme, de lance, de primera [o de segunda] MANO, por [o al por] mayor, por [o al por] menor, por menudo, de ocasión, al PIE de fábrica, al PIE de la obra, a plazos. ➤ Docenal. ➤ Abarrera, almacenista, buhonero, cangallero, chalán, chamarilero, chamarillero, chapucero, comercial, comerciante, consignador, consignatario, corresponsal, DEPENDIENTE de comercio, detallista, expendedor, feriante, FUERZAS vivas, gorgotero, intermediario, mangón, marchante, mayorista, mercachifle, mercader, merchán, merchante, negociante, placero, *prendero, representante, *revendedor, revendón, ropavejero, saldista, traficante, trapero, tratante, vendedor. ➤ SOCIEDAD mercantil. ➤ Antor. ➤ Vaisía. ➤ Acaserarse, cliente, comprador, comprero, consumidor, feligrés, parroquia, *parroquiano, público, vecero. ➤ *Alboroque, botijuela, corrobra, hoque, juanillo, robla, robra. ➤ Abarrote, ancheta, artículo, atijara, emplea, existencias, género, mercadería, *mercancía, merchandía, merchantería, partida, remesa, vendeja. ➤ Comercial, invendible, venable, venal, vendible. ➤ Chanca, macana. ➤ Envase, presentación. ➤ Tara. ➤ Demanda, despacho, lanzamiento, oferta, salida. ➤ Importe, *precio. ➤ *Barato, caro, neto, razonable. ➤ Almacenes, grandes ALMACENES, casa, CASA de *comercio, comercio, emporio, establecimiento, obligación, *sucursal, *tienda. ➤ Alcaná, *mercado, plaza, rastro, recova. ➤ Aljabibe, almoneda, compraventa, prendería, valentía. ➤ CAJA registradora, *libro. ➤ *Muestra, muestrario. ➤ Arqueo, balance, inventario. ➤ Entrega, reparto, SERVICIO a domicilio. ➤ CONTRATO de compraventa, PACTO de retro [o de retro venta], retracto, retroventa. ➤ Redimir. ➤ Redhibir. ➤ Atención. ➤ Comisión, vendaje. ➤ Conocimiento, guía, HOJA de ruta, póliza, vendí. ➤ Coto, tasa. ➤ Capa. ➤ Pancada. ➤ Racionamiento. ➤ Saca. ➤ Solvencia. ➤ Libre CAMBIO, LIBERTAD de comercio, proteccionismo. ➤ Contingente, divisas, dumping. ➤ *Aduanas, alcabala, consumos. ➤ *Contrabando, intérlope. ➤ Cónsul, consulado. ➤ Prior. ➤ Hansa. ➤ *Banco. *Bienes. *Contar. *Derechos. *Dinero. *Industria. *Negocio. *Tienda. *Transporte. *Tributo.

comestible (del lat. tardío «comestibĭlis») **1** adj. Susceptible de ser comido. **2** m. pl. Cosas de comer. ≃ Víveres. ⇒ TIENDA de comestibles.

cometa (del lat. «comēta», del gr. «komḗtēs», de «kómē», cabellera) **1** m. Astro formado generalmente por un núcleo poco denso acompañado de una larga cola de materia muy difusa, que describe una órbita muy excéntrica y, generalmente, se ve solamente cuando se aproxima al Sol. ⇒ Ceratias, ESTRELLA de rabo, rosa. ➤ Cabellera, cola, núcleo, rabo. ➤ *Astronomía. **2** f. *Juguete formado por una armazón ligera, por ejemplo de cañas, que sostiene tenso un papel o una tela y lleva colgando una cola formada de trozos de tela o papel atados uno tras otro en una cuerda; sujetándolo mediante un bramante largo, se hace que se eleve en el aire por la presión del viento. ⊙ Utensilio parecido empleado para experimentos científicos. ⇒ Barrilete, birlocha, cachirulo, cambucha, capuchina, chichigua, chiringa, coronel, dragón, güila, milocha, pájara, pájaro bitango, pandero, pandorga, papalote, papagayo, sierpe, tonelete, volador, volantín. ➤ Cañilla, cañuela, cola, cuerda, frenillo, tirante. ➤ Cabecear. ➤ Güin, sacuara. **3** *Cierto juego de *baraja.*

COMETA BARBATO. ASTRON. *Se llamaba así al que se mueve con la cola precediendo al núcleo.*

C. CRINITO. ASTRON. *El que tiene la cola dividida en varios ramales divergentes.*

cometedor, -a (ant.) adj. y n. *Autor de un delito o falta.*

cometer (del lat. «committĕre») **1** tr. **Comisionar una persona a otra o *delegar en ella para la realización de cierta ↘cosa.* **2** Hacer una ↘cosa que constituye un *delito, falta o desacierto: 'No será capaz de cometer ese disparate. Ha cometido varias estafas. En una página cometió cinco faltas de ortografía'. ⇒ Consumar, ejecutar, perpetrar. ➤ *Hacer. ⊙ *Puede aplicarse también a ↘figuras retóricas.* **3** (ant.) **Atacar.* ≃ Acometer. **4** *Dar comisión a ↘alguien.* ⇒ *Comercio. **5** (ant.) prnl. **Confiarse a ↘alguien.* **6** (ant.) **Arriesgarse.*

cometida (ant.) f. **Ataque.* ≃ Acometida.

cometido (de «cometer») m. *Comisión o *encargo dado a alguien: 'Lleva en este viaje un cometido difícil'. ⊙ *Trabajo o quehacer que alguien tiene a su cargo: 'He desempeñado mi cometido con la mejor voluntad'.

cometiente (ant.) adj. y n. *Aplicado al que comete.*

cometimiento (ant.) m. **Ataque.* ≃ Acometida.

comezón (del sup. lat. «comestĭo, -ōnis») **1** («Tener») f. Picazón u otra molestia física semejante que no deja estar quieto. ⇒ *Desazón. **2** («Sentir») Intranquilidad producida por el deseo de algo, la impaciencia, un resentimiento, un escrúpulo o remordimiento de conciencia, etc.

comible adj. Susceptible de ser comido. ⊙ No demasiado malo para ser comido. ≃ Comedero.

cómic (del ingl. «comic») m. Publicación que contiene historietas o relatos breves cuya acción se desarrolla en dibujos o viñetas sucesivas. Normalmente se reserva este nombre para las que están dirigidas a un público de mayor edad que el de los llamados «*tebeos». ⇒ Bocadillo. ⊙ Género constituido por este tipo de publicaciones.

cómicamente adj. De manera cómica.

comicastro m. Mal cómico.

comichear (Ar.) tr. *Comiscar.*

comicial adj. De [los] comicios.
V. «MORBO comicial».

comicidad f. Cualidad de cómico.

comicios (del lat. «comitĭum») **1** m. pl. Entre los *romanos, *asamblea en que se trataban los asuntos públicos. **2** Actividad electoral.

cómico, -a (del lat. «comĭcus») **1** adj. De [la] comedia: 'Teatro [o actor] cómico'. **2** n. *Actor o actriz que representa comedias. ⇒ ACTOR bufo, caricato, comicastro, mimo, *payaso. ⊙ Actor de cualquier género. **3** Humorista: persona que se dedica profesionalmente a hacer reír al público. **4** *Escritor de comedias.* **5** adj. Aplicado a personas y cosas, se aplica a lo que hace *reír, a menudo sin intención o sin estar hecho con intención de provocar risa, pero sin inspirar desprecio como lo ridículo: 'Una cara, una situación, una caída cómica'. ⇒ *Gracioso. *Ridículo.

CÓMICO DE LA LEGUA. El que va representando de pueblo en pueblo.
V. «VIS cómica».

comida **1** f. Conjunto de todas las cosas que sirven para comer. ⇒ *Comer. ⊙ Sustancias que se ingieren por la boca para nutrirse. **2** («Hacer, Dar, Ofrecer, Celebrar, Tener») Acto en que una o más personas, generalmente sentadas frente a una mesa, comen distintas cosas: 'Hace tres comidas al día. Ha tenido una comida con los compañeros. Ofrece mañana una comida de gala'. **3** En sentido restringido, generalmente la de mediodía. ⊙ Si no se llama a ésta «almuerzo» y, entonces, «comida» es la de la noche.
V. «CASA de comidas».

COMIDA RÁPIDA (inf.). La que se prepara y se consume de inmediato; como las hamburguesas y las pizzas.

DAR UNA COMIDA. *Obsequiar con una comida: 'Sus amigos le vamos a dar una comida de despedida'.

REPOSAR LA COMIDA. Guardar reposo después de comer.

comidilla (dim. de «comida») **1** f. Tema, motivo de murmuración: 'Esas relaciones son la comidilla del pueblo'. **2** *Cosa en la que alguien encuentra gusto especial:* 'La baraja es su comidilla'. ≃ *Afición.

comido, -a **1** («de, por») Participio adjetivo de «comer»: 'Lleva una chaqueta comida por los codos. Un queso comido de [o por los] ratones'. **2** («Estar, Venir, Ir») Se aplica al que ha comido ya: 'Comed vosotros, que yo ya vengo comido'. **3** («Estar», pero gralm. sin verbo) Se aplicaba a la situación del servidor que recibía la comida o manutención como salario o además de él: 'Cobra trescientas pesetas al mes, comida y vestida'.

COMIDO POR SERVIDO [O LO COMIDO POR LO SERVIDO]. Expresión con que se designa la situación de una persona que recibe en cambio de su trabajo estrictamente la manutención. ⇒ *Retribución. ⊙ (inf.) Se usa para indicar que en un trabajo, negocio, etc., no se ha obtenido ningún beneficio y únicamente se han cubierto gastos: 'Con la venta del piso salimos lo comido por lo servido'.

comienda (de «comendar»; ant.) f. **Encargo.* ≃ Encomienda.

comiente (ant.) adj. y n. *Se aplica al que come.*

comienzo **1** m. Acción de comenzar: 'Lo más difícil es el comienzo'. ≃ *Principio. **2** Parte de una acción o desarrollo con la que empieza o se empieza algo: 'El comienzo del mundo [de la guerra o de la enfermedad]'. ≃ Principio.

A COMIENZOS DE. Con «año, mes, semana, siglo» o un nombre de estación, en el principio de ellos: 'Esperamos a mi hermana a comienzos del verano'. ≃ A principios de.

AL COMIENZO. En el comienzo.

DAR COMIENZO una cosa. Comenzar.

DAR COMIENZO a una cosa. Comenzarla.

comigo (ant.) pron. pers. *Conmigo.*

comilitón m. *Conmilitón.*

comilitona f. *Comilona.*

comillas (dim. de «coma») f. pl. *Signo ortográfico («...», "...") con que se encierra en ciertos casos una parte de texto. Designa tanto el conjunto de los signos del principio y del final como cada uno de ellos. ⇒ Apénd. II, PUNTUACIÓN.

comilón, -a adj. y n. Aficionado a *comer y que come mucho. ≃ Glotón, tragón.

comilona f. Comida o *banquete muy abundante.

cominear (de «comino») intr. *Entrometerse una persona en menudencias impropias de ella. ⊙ Entrometerse un hombre en las cosas propias de las mujeres. ⇒ *Cominero.

cominería f. Cosa sin importancia de la que se hace tema de murmuración o motivo de queja. ≃ *Pequeñez.

cominero, -a (de «cominear») **1** adj. y n. *Chinchorrero o quisquilloso. Se aplica al que da demasiada importancia a pequeñeces, se queja por ellas o pierde el tiempo en ellas. **2** adj. y n. m. Hombre que se *entromete en las cosas propias de las mujeres. ≃ Cazolero, cazoletero, cocinilla. ⇒ *Afeminado.

cominillo (dim. de «comino») **1** m. **Cizaña (planta gramínea).* **2** (Chi., R. Pl.; inf.) *Escrúpulo, recelo.*

comino (del lat. «cumīnum», del gr. «kýminon») **1** *(Cuminum cyminum)* m. *Planta umbelífera que produce unas semillas diminutas, llamadas del mismo modo, que se emplean en medicina y como *condimento. ⇒ Cúmel, cumínico. **2** (n. calif.) Insignificancia. Cosa *pequeña y sin importancia. ⊙ Persona de baja estatura. Particularmente, se aplica como nombre calificativo o como insulto cariñoso a los niños. ⊙ Se emplea en frases de sentido negativo como: 'Eso [no] me importa un comino'. ⇒ *Nada.

comiquitas (Ven.) f. **Tebeo.*

comisar tr. *Decomisar.*

comisaría f. Cargo de comisario. ⊙ Oficina en que está instalado.

comisariato (del ingl. «commissariat») **1** (ant.) m. *Comisaría.* **2** (Col., Nic., Pan.) *Economato.*

comisario, -a (del b. lat. «commissarĭus») **1** n. En sentido amplio, persona que desempeña un cargo o una función especial por comisión o delegación de una autoridad superior. **2** COMISARIO de *policía. **3** COMISARIO europeo.

COMISARIO EUROPEO. Miembro de la Comisión Europea (órgano de gobierno supranacional de la Unión Europea). ≃ Comisario.

C. DE GUERRA. MIL. *Jefe de administración militar que tenía a su cargo la dirección de los servicios de intendencia e intervención, de categoría de teniente coronel o de comandante.*

C. DE LA INQUISICIÓN. *COMISARIO del Santo Oficio.*

C. DE POLICÍA. Jefe superior de *policía de un distrito. ≃ Comisario.

C. POLÍTICO. Representante de los organismos políticos directivos de un país, colocado al lado de los jefes militares, particularmente en tiempo de guerra, para intervenir en sus decisiones.

C. DEL SANTO OFICIO. *Delegado de la Inquisición en un pueblo.* ≃ COMISARIO de la Inquisición.

comiscar **1** tr. Comer de cuando en cuando muy pequeñas cantidades de cualquier ˘comida. **2** (ant.) **Carcomer.* **3** (ant.) **Cercenar: quitar algo de una ˘cosa.*

comisión (del lat. «commissĭo, -ōnis») **1** («Dar, Recibir, Evacuar») f. Misión encargada a alguien: 'Regresó una vez realizada su comisión'. ⇒ Agencia, cometido, *encargo, encomienda, incumbencia, mandado, *mensaje, *misión. ➤ *Delegar. *Recado. *Representar. **2** *Comité o *delegación. Conjunto de personas elegidas o designadas para obrar en cierto asunto en *representación de un conjunto más numeroso. ⇒ Subcomisión. ⊙ Forma parte del nombre propio de ciertos órganos o instituciones con esta función: 'Comisión Europea'. **3** Cantidad que se cobra por realizar una comisión de carácter comercial; particularmente, tanto por ciento que percibe el que negocia una compraventa: 'La comisión del corredor la paga el vendedor'. ⇒ Correduría, corretaje. ➤ *Retribución.

COMISIÓN ROGATORIA. DER. Comunicación entre *tribunales de países diferentes para la práctica de diligencias.

C. DE SERVICIO. Situación de un funcionario autorizado por el organismo de que depende a abandonar temporalmente el puesto que ocupa para desempeñar otra función. ⇒ Excedente.

A COMISIÓN. Aplicado a la manera de *vender, por cuenta de otro, cobrando una comisión por lo que se vende: 'Viajante a comisión'. ⇒ A sueldo.

EN COMISIÓN. **1** Cobrando una comisión. **2** Manera de tener una mercancía un comerciante en su tienda, la cual no ha sido pagada al dueño de ella, sino que se le va pagando a medida que se *vende, descontando un porcentaje el comerciante. ≃ En depósito. ⇒ En firme.

comisionado, -a **1** n. Persona *enviada a una comisión. **2** m. **Alguacil (empleado subalterno de justicia).*

comisionar tr. Encargar a ˘alguien una comisión. ⇒ *Delegar. ⊙ *Enviar a alguien a una comisión.

comisionista n. Persona que se dedica a vender por cuenta de otro, cobrando una comisión.

comiso (del lat. «commissum») m. *Confiscación.* ≃ Decomiso.

comisorio, -a (del lat. «commissorĭus») **1** adj. DER. *Obligatorio dentro de cierto plazo.* **2** DER. *Diferido para cierto día.*

comisquear tr. Comiscar.

comistión f. *Conmistión.*

comistrajo (de «conmisto») m. Comida mala, mal hecha o mal presentada. ≃ *Bazofia.

comisura (del lat. «commissūra», juntura) **1** f. *Ángulo, *rincón o punto de unión de los *labios o de los *párpados a ambos lados de la boca o de los ojos. ⊙ Se aplica también a la *unión semejante de otras cosas. **2** ANAT. *Sutura de los huesos del *cráneo, mediante bordes serrados.*

comité (del fr. «comité», del ingl. «committee») m. Conjunto de un número reducido de personas que, representando a una colectividad más numerosa, tiene a su cargo ciertas funciones o gestiones. ≃ *Comisión. ⇒ *Delegación, *representación.

cómite (del lat. «comes, -ĭtis»; ant.) m. *Conde.*

comitente (del lat. «committens, -entis», part. pres. de «committĕre», cometer) adj. y n. Persona que encarga su representación a otra. ≃ Poderdante.

comitiva (del lat. «comitīva») f. Conjunto de personas que acompañan a algún personaje o que van en procesión civil solemne de un sitio a otro: 'Una comitiva se dirigía al palacio de las Cortes para la solemne apertura'. ≃ *Acompañamiento, cortejo, séquito. ⇒ *Desfile.

cómitre (del lat. «comes, -ĭtis», ministro subalterno) **1** m. Hombre que dirigía la boga en las *galeras y a cuyo cargo estaba el castigo de los galeotes. **2** *Persona que hace *trabajar desconsideradamente a los que dependen de ella.* **3** (ant.) *Capitán de *barco.*

comiza (¿del lat. «coma», del gr. «kómē», barba?; *Barbus comiza)* f. Especie de *barbo, mayor que el común. ≃ Picón.

comme il faut (pronunc. [comíl fó]) Frase francesa que se intercala en la conversación y significa «como es debido» y, también, «de buen tono» o «distinguido». ⇒ Conveniente.

commelináceo, -a (de «Commelina», género de plantas) adj. y n. f. Bot. *Se aplica a las *plantas de la misma familia que el cañutillo y el amor de hombre, que son hierbas suculentas, perennes o anuales, muchas muy populares como plantas ornamentales; carecen de tallos o son articulados, con hojas alternas, inflorescencias cimosas y fruto en cápsula.* ⊙ f. pl. Bot. *Familia que forman.*

como[1] (¿del gr. «kômos», fiesta con cantos y bailes?; ant.; «Dar») m. **Burla o *chasco.*

como[2] (del lat. «quomŏdo») **1** adv. rel. Introduce oraciones de relativo cuyo antecedente son palabras como «modo» o «manera»: 'No acepta la manera como actúa'. ⊙ En Hispanoamérica es frecuente hacerlo tónico en este uso, reflejándolo incluso en la escritura. **2** De modo semejante a como lo hacen el relativo «que» y los adverbios «cuando, cuanto, donde», se transforma en partícula conjuntiva cuya función fundamental es establecer la comparación de igualdad. 'Habla como escribe. Tú andas como tu padre. Tengo una pluma como la tuya'. Equivale exactamente a «*igual que» y «lo mismo que», «tan grande como», etc. ⇒ *Comparación. ⊙ Precede a los ejemplos con que se completa una expresión: 'Las grandes ciudades como Madrid y Barcelona. Algunos idiomas extranjeros, como el inglés y el alemán'. **3** Intercalado entre un nombre y su adjetivo o entre un verbo y su complemento, equivale a «parecido a» o «como si fuese»: 'Tiene un acento como extranjero. Me sabe como a naranja'. ⇒ *Aproximar. **4** Aproximadamente: 'Me dio como dos docenas de rosas'. ⇒ Algo así como, como cosa de. **5** Desempeñando cierto papel o cierta *función que se expresa: 'Asistió a la boda como testigo'. ≃ En calidad de, con carácter de, en concepto de. ⊙ Con un nombre sin artículo, por ser la cosa que se expresa: 'Tú hablas como interesado'. ≃ A fuer de. **6** (pop.) Seguido de un adjetivo calificativo o de un infinitivo, equivale a «en cuanto a» o «en lo que se refiere a»: 'Como guapa, es guapa; ahora, es la mar de antipática'. **7** A veces, en la unión de dos oraciones, en vez de expresar igualdad, equivale a aplicar «*también» con énfasis a la oración principal: 'Le escribí a él como [te escribí] a ti'; lo que equivale a 'Te escribí a ti y también le escribí a él'. **8** Siguiendo a un participio usado en forma absoluta tiene sentido *causal: 'Cansado como llegará, se dormirá enseguida'. ⊙ Como conjunción, con verbos en indicativo o subjuntivo, tiene también valor causal: 'Como he acabado el trabajo, me voy. Como no te serviría de nada protestar, cállate. Como viniese cansado, se acostó'. La construcción con subjuntivo ha desaparecido de la lengua hablada, pero mantiene cierto uso literario. Y más aún si el verbo está en presente: 'Como sea la vida milicia, es menester vivir armados'. **9** Con un adjetivo o participio usados en forma absoluta, puede tener valor concesivo: 'Escaso de tiempo como estaba (a pesar de estar escaso de tiempo), todavía se detuvo a hablar conmigo'. **10** Hace también de conjunción hipotética: 'Como tardes (si tardas) nos comeremos tu parte'. Como se ve, en este uso se construye con subjuntivo, lo cual es de notar porque «si» se construye con indicativo. **11** También hace de conjunción copulativa, equivaliendo a «y», unido a «también» o «tampoco» y precedido o no de «así»: 'No me es simpática esa chica [así] como tampoco su hermana. Le gusta divertirse, como también trabajar'. Puede en estos casos suprimirse «tampoco» o «también», pero no es frecuente: '...y el prelado, y la dama de calidad... como la moza alegre y el soldado y el mercader...' **12** Con el verbo «ver» en futuro, en 2.ª y 3.ª personas, hace de conjunción completiva, en sustitución de «que»: 'Verás como no viene. Vais a ver como todo es mentira'. ⊙ Antiguamente, este uso completivo de «como» era mucho más amplio: 'Recibieron una orden como dispusieran los carruajes para partir inmediatamente'. Hoy se emplea todavía en lenguaje popular, particularmente en el principio de las cartas: 'Querido hijo: sabrás como nos encontramos bien de salud'. **13** También se usaba antes como conjunción temporal, equivaliendo a «así que» o «en cuanto»: 'Como llegamos a la posada, se dispuso la cena'. **14** Intercalada una oración con «como» en una *hipotética, inmediatamente después de «si», equivale a una oración *adversativa con «en vez de»: 'Si, como estuvo enfermo una semana, llega a estar un mes, habría acabado con todos nosotros'.

Como para. Expresa que la cosa o acción de que se ha hablado antes *merece o justifica lo que se dice a continuación. Suele tener valor ponderativo: 'Fue una contestación como para mandarle a paseo. Tengo un catarro como para meterme en la cama. Me ha hecho una jugada como para no mirarle más a la cara'.

Como que. **1** Significa *simulando o aparentando lo que se dice a continuación; equivale a «como si», pero se construye con indicativo. Actualmente sólo se usa detrás del verbo «hacer»: 'Hace como que está enfadado (como si estuviese enfadado)'. En escritos antiguos hay ejemplos de su uso con otros verbos: 'Tiene las flechas en la mano como que las quiere tirar'. **2** (pop. e inf.) Equivale a «que» o a «como si»: 'Él firmó como que había recibido esa cantidad'. **3** (pop.) Hace de conjunción *causal lo mismo que «como»: 'Como que no lo vas a creer, no te lo cuento'. **4** Se emplea para expresar algo que se le ocurre al que habla como *consecuencia de lo dicho o pensado antes: 'Estoy cansadísimo... Como que me voy a acostar'. Es muy frecuente completar la frase con «estoy por»: 'Está tardando ya demasiado: como que estoy por marcharme sin esperarle'. ⊙ Otras veces, en vez de expresar una consecuencia, expresa una *causa: 'Parece que comes con hambre. —Como que no he desayunado'. **5** Puede expresar incredulidad: 'Sí, sí... ¡Como que tu padre te va a dejar que hagas eso!'.

¡Como si...! Expresión de *énfasis con que se inicia una exclamación a propósito de una pretensión de alguien que obra o habla como si ocurriera lo que se expresa en la exclamación, lo cual dista mucho de ser verdad: '¡Como si supiera él algo de eso!'. ≃ Ni que. ⇒ Elipsis.

V. «así como, como cosa de, como por ejemplo, hacer como que».

V. «tan pronto como, como quiera que, según como, según y como, como sea, ser como para».

Si como. V. «como» (intercalado en oraciones hipotéticas).

Si... como si... Expresión con que se presentan dos hipótesis que, siendo contrapuestas, conducen al mismo resultado ya *decidido: 'Si quiere como si no quiere, tendrá que hacerlo'.

V. «tan... como; tanto si... como si...; verás como».

como[3] (del lat. «culmus», paja; Rioj.) m. *Paja de centeno que se usa para vencejos de las mieses.*

cómo 1 adv. interr. Sirve para preguntar por el *modo de ser o hacerse algo o para referirse indeterminadamente a ese modo: '¿Cómo has venido? Te diré cómo puedes conseguirlo'. ⊙ En algunas interrogaciones equivale a pedir explicaciones por algo que se encuentra extraño o irregular: '¿Cómo has llegado tan tarde?'. ⊙ A veces desaparece completamente el sentido interrogativo, expresando sola mente extrañeza: '¿Cómo es tan torpe que no se da cuenta?' ⊙ El mismo significado tiene en frases de interrogación indirecta: 'No sé cómo no se ha roto la cabeza'. Puede construirse precedido de una preposición: 'No podía hablar de cómo se impresionó. No se preocupa por cómo lo estarán pasando sus hijos'. **2** Equivale a «manera de» en frases como 'no hay cómo hablarle'. ⊙ Puede sustantivarse con el artículo «el»: 'No me importa el cómo ni el cuándo'. **3** adv. excl. En frases exclamativas tiene, delante de un verbo y refiriéndose a la cantidad, el mismo valor ponderativo que tiene «que» delante de un nombre o adjetivo refiriéndose a la calidad: '¡Cómo nieva! ¡Cómo suda para levantar la piedra!'.

¿A CÓMO? Se emplea para preguntar el *precio: '¿A cómo te han costado esas peras?'. ⊙ Equivale también a «¿a cuánto?» en otros casos: '¿A cómo tocamos?'

¿CÓMO? [o ¡CÓMO!]. Con tono más o menos exclamativo o en que predomina más la exclamación o la interrogación, se emplea para pedir aclaración de una cosa no bien entendida o para mostrar asombro, *extrañeza, *enfado, *disgusto o mezcla de esas impresiones.

¿CÓMO ES ESO? [o, menos frec., ¿CÓMO ASÍ?]. Se emplea para preguntar la explicación de algo que causa *extrañeza o asombro.

V. «como MUCHO».

¿CÓMO NO? Equivale a un asentimiento cortés: '¿Quieres pasarme el salero? —¿Cómo no?'. ⊙ (inf.) Expresa que algo no puede ser de otro modo: 'Su jefe le ha despedido. —¿Cómo no? Si todos los días llega tarde...'.

¡PERO CÓMO! Además de equivaler a la exclamación «¡cómo!», se emplea como exclamación ponderativa para ratificar algo dicho antes: 'Nos ha estado engañando. —¡Pero cómo!'. ≃ ¡Y cómo!

¡Y CÓMO! Expresión de *ponderación equivalente a «¡pero cómo!»: 'Está nevando. —¡Y cómo!'.

cómoda (del fr. «commode») **1** f. *Mueble más alto que una mesa, y menos que un *armario ropero, con cajones en toda su altura y un tablero horizontal en la parte superior. **2** Combinación del mueble anterior y un escritorio, o sea con la parte superior cerrada por una tapa oblicua con charnelas que, abierta del todo, puede hacer de mesa; y, en el interior, cajones pequeños y departamentos o capillas. A veces, tiene todavía encima un armario.

comodable (del lat. «commodāre», prestar) adj. DER. *Se aplica a las cosas que se pueden prestar.*

cómodamente **1** adv. Con comodidad: 'Estaba cómodamente arrellanado en su sillón'. **2** Sin esfuerzo excesivo: 'Se pueden hacer cómodamente cien piezas en un día'.

comodante n. DER. *Persona que da una cosa en comodato.*

comodatario m. DER. *Persona que toma una cosa en comodato.*

comodato (del lat. «commodātum», préstamo) m. DER. **Préstamo de cosas que no se consumen con el uso.*

comodidad **1** f. Cualidad de cómodo. ⊙ Estado de cómodo: 'Siéntate con comodidad'. ⊙ Estado del que se encuentra bien, sin molestias o sin tener que hacer esfuerzos: 'Sólo piensa en su comodidad'. ⊙ (gralm. pl.) Cosa o circunstancia que contribuye a que alguien se sienta cómodo o a gusto: 'Esta casa tiene muchas comodidades. No puedo vivir sin ciertas comodidades'. **2** Resistencia a tomarse molestias: 'No nos acompañó por comodidad'. ≃ Comodonería.

A LA COMODIDAD de alguien (¿del fr.?). Como le resulte cómodo a la persona de que se trata: 'Le rogamos pase por nuestras oficinas cualquier día laborable a su comodidad'.

comodín[1] m. Cómoda pequeña.

comodín[2] (de «cómodo») **1** m. En algunos juegos de *baraja y en los de *dados, carta o cara del dado cuyo valor es el que le da el jugador que las ha obtenido, con el fin de completar un grupo que constituye una suerte favorable. ⇒ Pericón. **2** Cosa que se puede hacer servir acomodaticiamente para distintos usos. **3** *Signo utilizado por los ordenadores para representar una clase de signos; por ejemplo, el signo «?» que equivale a un carácter cualquiera. **4** *Pretexto, razón o postura de que se abusa en provecho propio: 'El patriotismo es para él un comodín'.

comodista adj. *Comodón.*

cómodo, -a (del lat. «commŏdus») **1** («Ser») adj. Aplicado a cosas, manejable, realizable, etc., con facilidad o sin esfuerzo o molestia: 'Una plancha cómoda. Un empleo cómodo'. ⊙ Tal que proporciona *descanso al cuerpo: 'Un sillón cómodo'. ⊙ O que hace la vida fácil economizando esfuerzo y proporcionando bienestar: 'Una casa cómoda'. **2** («Estar») Aplicado a personas, a gusto, descansado o sin molestias físicas: 'Con otra almohada estarás más cómodo'. ⊙ Con este significado se puede emplear con otros verbos, en vez de «cómodamente»: 'Sin la chaqueta trabajarás más cómodo'.

□ CATÁLOGO

Con abandono, a sus [o mis, tus, etc.] anchas, *bien, blando, con comodidad, confortable, a CUERPO de rey, *descansado, a gusto, holgado, muelle. ➤ Manejable, manuable. ➤ Acomodar[se], acotejarse, arrepanchigarse, arrellanar[se], rellanar[se], repanchigarse, repantigarse. ➤ Comodonería, *molicie. ➤ Desacomodar, incómodo. ➤ *Agradable. *Bienestar. *Burgués. *Egoísta. *Fácil. *Pereza. *Regalo.

comodón, -a adj. y n. Exageradamente aficionado a estar cómodo y evitarse molestias. ≃ Poltrón. ⇒ *Acomodaticio, *egoísta, *perezoso, *regalón.

comodonería f. Cualidad o actitud de comodón.

comodoro (del ingl. «commodore») **1** m. MAR. En la *marina de algunos países, por ejemplo la inglesa o la americana, grado inferior al de contraalmirante. **2** MAR. En un club náutico, persona encargada de la inspección de las embarcaciones.

comoquiera que (var. «como quiera que») **1** conj. Equivale a «como» en función de conjunción *causal: 'Comoquiera que se ha de enterar de todos modos, mejor es decírselo ya'. **2** De cualquier manera: 'Comoquiera que sea'.

compacidad f. *Cualidad de compacto.* ≃ Compactibilidad.

compaciente (del lat. «compatiens, -entis»; ant.) adj. *Compasivo.*

compactación f. *Acción de compactar.*

compactar tr. *Hacer compacta una* ↘*cosa.*

compact disc (ingl.) m. *DISCO compacto. ⊙ Reproductor de discos compactos.

compactibilidad f. *Compacidad.*

compacto, -a (del lat. «compactus», part. pas. de «compingĕre», juntar, unir) **1** adj. Se aplica a una sustancia o a un conjunto de cosas en que hay pocos huecos o intersticios: 'Un pan compacto. Una muchedumbre compacta'. ⇒ Raíz culta, «picn-»: 'picnemia'. ➤ Apiñado, *apretado, coherente, consistente, *denso, *duro, macizo. ➤ Aglutinación, *cohesión, compactación. ➤ Disgregado, *esponjoso, *hueco. ⊙ AGRÁF. *Se aplica a la impresión en que hay mucho texto en poco espacio.* **2** m. *Equipo musical que reúne en un solo cuerpo varios aparatos que podrían estar en módulos independientes. **3** *DISCO compacto. ⊙ Reproductor de discos compactos.

compadecer (del lat. «compăti») **1** («de») tr. y prnl. Apenarse por el ↘padecimiento de ↘otros y desear aliviarlo: 'Se compadece de todo el mundo'. ≃ Apiadarse, compadecerse. **2** (culto o form.; «con») prnl. Ser *compatible una cosa con otra: 'La misericordia se compadece con la justicia'. ≃ Compaginarse. ⊙ (culto o form.; «con») Estar de *acuerdo una cosa con otra: 'No se compadece tanta soberbia con el estado eclesiástico'. ≃ Compaginarse, concordar.

COMPADECERSE MAL (culto o form.). No compadecerse; no estar de acuerdo: 'Su pretendida modestia se compadece mal con ese rasgo'.

□ CATÁLOGO

Ablandarse, arrancar [o partir] el ALMA, amancillar, apiadar[se], mover a COMPASIÓN, sentir COMPASIÓN, compiadarse, complañir, compungirse, condoler, condolerse, conmover[se], contristarse, atravesar [destrozar o partir] el CORAZÓN, deplorar, dolerse, tener DUELO, emblandecerse, enternecer[se], arrancar[se] las ENTRAÑAS, lamentar, mover a LÁSTIMA, sentir LÁSTIMA, lastimarse, sentir PENA, inspirar [o mover a] PIEDAD, sentir PIEDAD, ablandar [o quebrantar] las PIEDRAS, *sentir. ➤ Compartir. ➤ Blando, caritativo, compaciente, compasible, compasivo, blando de CORAZÓN, dolido, humanal, humanitario, misericordioso, piadoso, pío, *sensible, sentimental. ➤ Sensiblero, ternejón, ternerón. ➤ Altruismo, caridad, compasión, compunción, condolencia, conmiseración, dolor, humanidad, lástima, miseración, misericordia, pena, piedad, *sensibilidad, sentimiento. ➤ Sensiblería. ➤ Clemencia. ➤ Pésame, pésame. ➤ *Cruel, duro, *insensible; sin alma, sin corazón, sin entrañas. ➤ ¡Qué amargura!, ¡angelín!, ¡angelito!, ¡qué dolor!, ¡vaya, HOMBRE!, ¡qué lástima!, ¡qué pena!, el pobre..., ¡pobre!, ¡pobrecillo!, ¡vaya! ➤ *Amor. *Benévolo. *Bueno. *Caridad.

compadrada (Arg., Ur.; inf.) f. *Fanfarronada.*

compadraje m. *Alianza de dos o más personas para hacer algo ilícito o censurable. ≃ *Conchabamiento.

compadrar intr. *Adquirir parentesco o relación de compadres.*

compadrazgo **1** m. Relación o parentesco de compadre. ⇒ Cuñadería. **2** *Compadraje.

compadre (del lat. «compăter, -tris») **1** m. Padrino de un niño, respecto de la madre, el padre o la madrina del mismo. ⊙ Padre, respecto del padrino. ⇒ Compadrar, descompadrar. ➤ Parentesco. **2** En algunos sitios, particularmente en Andalucía, se llaman así los hombres entre sí cuando son amigos o conocidos. ⇒ *Tratamiento. **3** (ant.) *Protector.* **4** (Arg., Ur.; inf.) *Fanfarrón.*

ARREPÁSATE ACÁ, COMPADRE. **Juego de las cuatro* ESQUINAS.

compadrear **1** intr. *Mantener o contraer amistad con alguien; se entiende, generalmente, con fines poco lícitos.* ⇒ Compadraje, compadreo. **2** (Arg., Ur.; inf.) *Fanfarronear.*

compadreo m. *Compadraje.

compadrería f. *Relación entre compadres.* ⊙ *Trato hecho entre compadres o amigos.*

compadrito, -a (Arg., Ur.) m. *Tipo popular, fanfarrón y presumido en el vestir.* ⊙ (Arg., Ur.) adj. *Propio de un compadrito.*

compadrón, -a (de «compadre»; Arg., Ur.) adj. y n. m. *Compadrito.*

compagamiento (ant.) m. *Compage.*

compage (del lat. «compāges»; ant.) f. **Enlace o trabazón de una cosa con otra.*

compaginación f. Acción y efecto de compaginar[se].

compaginador, -a n. Persona que compagina.

compaginar (del lat. «compagināre») **1** («con») tr. Hacer compatible una ↘cosa con otra. ≃ *Armonizar. **2** AGRÁF. Combinar las galeradas para formar las planas. ≃ Ajustar. **3** («con») prnl. *Corresponder una cosa a otra o estar en *armonía con ella: 'No se compagina su seriedad con juergas como esa'. ≃ *Armonizar, casar.

compaisano, -a (Ur.) adj. y n. *Con relación a una persona, otra que es de su mismo país, región, etc.*

companaje (de «con» y «pan») m. *Cosa que se come acompañando al *pan; por ejemplo, queso o cebolla.*

compango (del sup. lat. «companĭcus», de «cum», con, y «panis», pan) m. *Companaje.*

ESTAR A COMPANGO. **Servir un criado del campo recibiendo el importe de su manutención en dinero, y el pan que le corresponde según contrato, en trigo.*

compaña (del sup. lat. «compania», de «cum», con, y «panis», pan; pop.) f. Compañía. ⊙ (pop.) Particularmente, persona o personas que están o van con otras: '¡Adiós, tío Juan y la compaña!'.

V. «en AMOR y compaña».

compañería (ant.) f. **Burdel.*

compañerismo m. *Amistad entre compañeros. ⊙ Buen comportamiento como compañero. ⊙ Buena disposición para ayudar a los compañeros.

compañero, -a (de «compaña») **1** («Ser, Ir de; de»: 'de equipo'; «en»: 'en el bridge') n. Respecto de una persona, otra que juega, trabaja o realiza alguna actividad junto con ella, que se dedica a lo mismo, que forma parte de la misma asociación, etc. ⇒ *Compañía. **2** *Individuo del grado segundo de la *masonería.* **3** Cosa que forma pareja o *conjunto con otra u otras: 'Estos calcetines no son compañeros. Un par de sillones compañeros del sofá'. **4** Persona con la que alguien hace vida de pareja sin estar casado con ella.

COMPAÑERO DE FATIGAS. Persona con la que se comparten las dificultades.

compañía (de «compaña») **1** («Hacer, Estar en») f. Acción y efecto de *acompañar: 'El tic-tac del reloj me hace compañía'. La compañía se expresa fundamentalmente con «con»; también con «en compañía de, junto con, al lado de». ⊙ Circunstancia de estar o ir *acompañado: 'No le gusta la compañía. Busca la compañía de cierta gente'. **2** Lo que acompaña: 'El gato es su única compañía'. **3** *Sociedad mercantil. **4** Conjunto de *actores de *teatro que representan juntos. ⇒ Bolo, pipirijaina. ➤ Bojiganga, bululú, cambaleo, compañía, farándula, gangarilla, garnacha, ñaque. ➤ Elenco. ➤ Autor. ➤ *Actor. *Teatro. **5** MIL. Unidad de infantería, de ingenieros o de servicio, al mando de un capitán.

COMPAÑÍA AÉREA. Empresa de transporte aéreo. ≃ Aerolíneas.

C. DE SEGUROS. *Sociedad que explota los contratos de seguros.

EN COMPAÑÍA DE. *Con; junto con: 'Vive en compañía de su madre'.

V. «REGLA de compañía, SEÑORA de compañía».

□ CATÁLOGO

Elementos prefijos que expresan «compañía», «co-, com-, con-». ➤ *Acompañamiento. ➤ En AMOR y compaña, MANO a mano. ➤ Achichinque, acólito, acompañante, a látere, apéndice, asociado, camarada, colega, comilitón, compañero, COMPAÑERO de fatigas, compaño, cómplice, comprofesor, concofrade, conmilitón, consocio, consorte, contubernal, edecán, feligrés, nagual, otáñez, pareja, par tenaire, rastra, rodrigón, satélite, socio. ➤ DIME con quién andas [vas] y te diré quién eres, encontrar la HORMA de su zapato. ➤ Gregario, parejero. ➤ No poder [o saber] dar un PASO sin. ➤ Descabalado, guacho, *solo, suelto. ➤ *Acompañar. *Amigo. *Compinche. *Grupo.

compaño (del sup. lat. «companĭus»; ant.) m. *Compañero.*

compañón (del sup. lat. «companĭo, -ōnis»; ant.; gralm. pl.) m. **Testículo.*

COMPAÑÓN DE PERRO *(Orchis morio).* *Planta orquidácea con dos hojas radicales lanceoladas y las del tallo lineares y sentadas, flores en espiga, y dos tubérculos redondos.

comparable («a») adj. Susceptible de ser equiparado a otra cosa. ≃ *Semejante.

comparación **1** f. Acción de *comparar. **2** Expresión de la igualdad o diferencia entre dos cosas o de una con otras. ⇒ Apénd. II, COMPARACIÓN.

ADMITIR COMPARACIÓN. Ser comparable una cosa a otra.

EN COMPARACIÓN. Relativamente: 'Esta comida es buena en comparación con la que nos dieron ayer'. ≃ Si se COMPARA.

V. «GRADO de comparación».

□ CATÁLOGO

Así de, así...como, como, cual, cuanto...tanto, idéntico a, igual a, de igual manera que, de igual modo que, igual que, de la misma manera que, del mismo modo que, lo mismo que, nada como, no hay nada como, no hay...como, según, tal como, tal cual, tal...como, tan [o tanto] como.

SIN COMPARACIÓN. Con mucha diferencia: 'La naranja es, sin comparación, la fruta más deliciosa'.

comparado, -a Participio adjetivo de «comparar»: 'Gramática comparada. Historia comparada de las religiones'. ⊙ Equivale a la expresión «si se compara»: 'Tu jefe es una malva comparado con el mío'.

comparanza (pop.) f. Comparación.

comparar (del lat. «comparāre») **1** («con») tr. *Examinar alternativamente dos o más ˋcosas para apreciar sus semejanzas y diferencias. **2** Expresar las semejanzas o diferencias que hay entre las ˋcosas. **3** («a») Establecer una semejanza entre una ˋcosa y otra que se expresa: 'Comparó la familia unida a un haz de mimbres'. ≃ *Equiparar.

SI SE COMPARA («con»). Indica que cierta calificación le es aplicable a una cosa solamente porque se aproxima más a lo que esa calificación expresa o se aparta más de la circunstancia contraria que otra cosa que se dice: 'Tu trabajo es divertido si se compara con el mío'. ≃ En comparación.

□ CATÁLOGO

Acarear, apodar, asimilar, asmar, carear, colacionar, comprobar, compulsar, concertar, conferir, *confrontar, conjugar, contraponer, contrapuntear, cotejar, *equiparar, poner FRENTE a frente, paragonar, parangonar, paralelar, hacer [o establecer] un PARALELO, parear, parificar, puntear. ➤ Colación, conferencia. ➤ Metáfora, símil. ➤ Comparable, diferente, distinto, *igual, más, mayor, inferior, mejor, menor, menos, peor, semejante. ➤ Expresiones *hipotéticas comparativas. ➤ *Comparación, comparanza, contraste, *diferencia, *igualdad. ➤ Hacer BUENO, contrastar, no haber COLOR, hacer CONTRASTE, *desmerecer, diferir, hacer buena [o mala] FIGURA, *oscurecer. ➤ TAL para cual. ➤ Relativamente. ➤ Corrector. ➤ Yuxtalineal. ➤ Incomparable. ➤ *Distinguir. *Relación.

comparativamente adv. Comparando: 'Estudiar una cosa comparativamente'.

comparativo, -a adj. Se aplica a lo que contiene una comparación o la expresa: 'Un juicio comparativo'. ⊙ GRAM. Particularmente, a la oración o frase en que se establece la comparación.

comparecencia f. Acción de comparecer; particularmente, acción de mostrarse parte en un juicio.

comparecer (del sup. lat. «comparescĕre», de «comparēre») **1** intr. *Presentarse alguien en un sitio a donde es llamado para realizar un acto legal. ⊙ Particularmente *presentarse ante el juez al ser llamado por él. **2** DER. Mostrarse parte en un juicio. ⇒ *Tribunal. **3** Se emplea en lenguaje corriente como «aparecer» o «*presentarse», cuando se considera que se hace en momento inoportuno o con retraso o de manera inesperada o sorprendente: 'Compareció cuando ya habíamos terminado el trabajo. Comparece todos los días en la oficina a las diez'.

compareciente adj. y n. Se aplica al que comparece.

comparendo (del lat. «comparendus», el que debe comparecer) m. DER. *Comunicación en que se ordena comparecer a alguien.*

comparición f. Acción de comparecer (aparecer o presentarse).

comparsa (del it. «comparsa») **1** f. *Reunión de personas que van en grupo por la calle. ⊙ Para divertirse, por ejemplo en carnaval, o para divertir a la gente: 'Una comparsa de gigantes y cabezudos'. ⊙ Grupo de máscaras vestidas con trajes iguales o formando un grupo de personajes de cierto significado. ⇒ Figurante. **2** n. Persona que toma parte en una representación *teatral solamente formando parte de un acompañamiento o de una multitud. ⇒ Alzapuertas, extra, figurante, maldito. ➤ *Actor. **3** Persona sin ningún protagonismo en un asunto. ≃ Figurante.

comparte (del lat. «compars, -artis») n. DER. *Litigante junto con otro.*

compartimentación f. Acción de compartimentar.

compartimentar tr. Dividir en compartimentos.

compartimento o **compartimiento** **1** m. *Acción de compartir.* **2** Cada una de las *partes que resultan de *dividir un espacio con paredes o de otra manera: 'Un cajón dividido en cuatro compartimentos'. ⊙ Espacio limitado dentro de otro: 'Yo tengo mi despacho en un compartimento de la oficina, dividido con mamparas de cristales'. ⇒ *Departamento.

COMPARTIMIENTO ESTANCO. Cada una de las partes incomunicadas entre sí en que está dividido algo; por ejemplo, cierto espacio de los *barcos o *submarinos. ⊙ Se emplea también en sentido figurado: 'El ministerio está dividido en compartimientos estancos'.

compartir (del lat. «compartīri») **1** tr. *Repartir una ˋcosa con cuidado para hacer de ella todas las *partes que es necesario hacer: 'Si compartimos, habrá para todos'. ≃ Distribuir. **2** («con») Tener, usar o consumir una ˋcosa entre varios: 'Él y yo compartimos una tienda de campaña'. ⊙ *Dar una persona a otra parte de ˋalgo que tiene: 'El niño compartió su merienda con un compañero'. ⊙ Usar o tomar parte de una ˋcosa de otro: 'Compartí su camarote durante la travesía'. **3** Tener cierto ˋsentimiento o estado de ánimo por simpatía con una persona que los tiene: 'Comparto su dolor. Todos compartimos tu alegría'. ≃ *Participar. ⊙ Tener la misma ˋopinión que otro: 'Comparto en todo su manera de apreciar la situación'. ≃ *Coincidir, *participar.

compás (de «compasar») **1** m. Instrumento de *dibujo que se emplea para trazar arcos de circunferencia y para *medir, formado por dos puntas articuladas entre sí por uno de sus extremos. ⇒ Alargadera, bigotera. ⊙ Es uno de los símbolos de la *masonería. **2** Pieza articulada, semejante a un compás, que servía para mantener levantada la capota de los coches. **3** Puede aplicarse acomodaticiamente a objetos semejantes por su *forma a un compás. **4** ESGR. *Movimiento que se hace separando las piernas para cambiar de lugar.* **5** MAR. *Brújula que se lleva en los barcos, en que la aguja imantada arrastra en su giro un círculo en que está señalada la rosa de los vientos, el cual se mueve sobre otro en que está marcada la dirección de la quilla del barco; por la comparación de las señales de ambos círculos se conoce la dirección de éste. ≃ Aguja, AGUJA de marear. **6** («Marcar, Llevar, Seguir, Ajustarse, Perder el») *Ritmo: cualidad de la *música por la que la duración de los sonidos está repartida en intervalos de tiempo regulares, de manera perceptible al oído. ⊙ Con el mismo significado se aplica a sonidos no musicales y a *movimientos: 'El compás del oleaje. Martillando a compás'. ⇒ Acompasar, descompasar. **7** MÚS. Cada manera de repartir el tiempo en intervalos iguales en los que se encaja la duración de las notas: 'Compás de dos por cuatro'. ⊙ MÚS. Acción de marcar esas divisiones con golpes o de otra manera: 'Estar atento al compás'. **8** MÚS. Cada uno de esos intervalos, que, en la escritura musical, se señalan con barras que cortan perpendicularmente el pentagrama. **9** MÚS. Cada manera característica de combinar las duraciones de las notas: 'Compás de vals'. ≃ *Ritmo. ⇒ Aire, cadencia. **10** *Cosa que sirve de *medida para valorar algo:* 'Es la medida y compás de todas las virtudes'. **11** **Tamaño.* **12** *Territorio asignado a un *monasterio, alrededor de él.* **13** **Atrio de un convento o iglesia.*

COMPÁS DE COMPASILLO. MÚS. El que tiene de duración cuatro negras. Se indica con una «C» colocada a continuación de la clave. ⇒ COMPÁS menor.

C. DE ESPERA. **1** MÚS. Silencio que dura un compás completo. **2** Detención transitoria en un proceso o actividad a la espera de algo.

C. MAYOR. MÚS. El que tiene de duración cuatro blancas; se indica por una «C» atravesada por una barra, colocada después de la clave.

C. MENOR. MÚS. *COMPÁS de compasillo.*

C. DE PROPORCIÓN. Compás de medir en que el clavillo de sujeción de las patas puede correr a lo largo de una ranura abierta en ellas, de modo que resultan dos pares de puntas y se puede variar la relación entre las distancias abarcadas por cada par, con lo que pueden hallarse distancias que estén con la que se mide en una relación dada. ⇒ Pantómetra [o pantómetro].

A COMPÁS. Sujetándose a compás: 'Marchan [o se mueven] a compás'. ⊙ Sujetándose al mismo compás que otro o que otra cosa: 'Uno martilla y otro mueve la pieza a compás'.

LLEVAR EL COMPÁS. **1** Ajustarse al compás cuando se toca, baila o canta. **2** MÚS. Marcarlo con el movimiento del pie o de la mano, o de otra manera.

SALIR alguien DE COMPÁS. *Incumplir sus obligaciones.*

compasadamente adv. *Con medida, con moderación.*

compasado, -a 1 Participio de «compasar». **2** adj. *Moderado, sensato.*

compasar (del lat. «cum», con, y «passus», paso) **1** tr. **Acomodar una ↘cosa a otra.* ≃ Acompasar. **2** **Medir una distancia con el compás.* **3** MÚS. *Marcar en un escrito de *música la división en compases mediante rayas verticales que dividen el pentagrama.* ≃ Compasear.

compasear tr. MÚS. *Compasar una ↘composición musical.*

compaseo m. MÚS. *Acción de compasear.*

compasible 1 adj. *Digno de compasión.* **2** *Compasivo.*

compasillo m. V. «COMPÁS de compasillo».

compasión (del lat. «compassĭo, -ōnis»; «Por; Sentir, Tener, Dar, Inspirar, Mover a, Provocar; de») f. Sentimiento de *pena provocado por el padecimiento de otros, e impulso de aliviarlo, remediarlo o evitarlo: 'No merece compasión porque él no la ha sentido nunca. No le despiden de la oficina por compasión. Le dio compasión del perro y se lo llevó'. ⇒ *Compadecer.

□ NOTAS DE USO

Esta palabra, «lástima», «piedad» y «conmiseración» pueden considerarse como equivalentes. Sin embargo, hay entre sus significados diferencias de matiz. «Lástima» es la menos patética y se emplea corrientemente con referencia a animales: 'Siente lástima por el toro'. «Compasión» es más apta que las otras para ser usada impersonalmente en cuanto al objeto de ella, lleva más carga afectiva e implica más participación en la desgracia ajena que «lástima», pero menos que «piedad»: 'Es una persona inclinada a la compasión'. «Piedad» es la más cargada de patetismo; solamente se siente piedad por seres muy desgraciados e implica una inclinación afectiva hacia ellos por esa desgracia y una participación dolorosa en ella. Por fin «conmiseración» se aproxima más que ninguna de las otras palabras del grupo al significado de «caridad» y es compatible con el desprecio.

compasionado, -a adj. *Apasionado.*

compasivamente adv. Con compasión.

compasivo, -a adj. Inclinado a sentir compasión.

compaternidad (de «con» y «paternidad») f. *Compadrazgo.*

compatía (del lat. «compăti», sentir, padecer, influido por «simpatía»; ant.) f. **Simpatia.*

compatibilidad f. Cualidad de compatible.

compatibilizar tr. Hacer compatibles dos o más ↘cosas.

compatible (del b. lat. «compatibĭlis») **1** («con») adj. Susceptible de estar, ocurrir, hacerse, funcionar, etc., con otra cosa que se expresa: 'Son compatibles la astucia y la falta de inteligencia. Son cargos compatibles porque el uno le ocupa la mañana y el otro la tarde'. ⊙ («con») Se aplica a los cargos que pueden ser desempeñados legalmente al mismo tiempo: 'Su actividad docente en la universidad es compatible con el trabajo en la empresa privada'. ⇒ Compatibilidad. ➤ Compatibilizar. ➤ *Acomodar. *Armonizar. Cohonestar. *Coordinar. ➤ Incompatible. **2** BOT. *Capaz de autofecundación.*

HACER COMPATIBLE. Expresión muy frecuente.

compatricio, -a (de «con» y «patricio») n. **Compatriota.*

compatriota (del lat. «compatriōta») n. Con relación a una persona, otra nacida en el mismo país. ⊙ Particularmente, en la misma nación ⇒ Compatricio, comprovinciano, conciudadano, connacional, conterráneo, convecino, coterráneo, *paisano. ➤ *Patria.

compatrón o **compatrono, -a** (del lat. «compatrōnus») n. *Persona que es patrón junto con otro u otros.*

compeler (del lat. «compellĕre»; «a») tr. Tratar una persona, con su fuerza o autoridad, de *obligar a ↘otra a que haga cierta cosa: 'Le compelieron a abandonar el piso que ocupaba. Nadie puede compelerle a que declare contra su hermano'.

compelir (ant.) tr. *Compeler.*

compendiado, -a Participio adjetivo de «compendiar».

compendiar (del lat. «compendiāre») tr. Reducir un ↘tratado a otro más breve que contenga lo esencial de él. ⊙ Ser una cosa expresión breve de ↘algo que se expresa o contenerlo en sí: 'Esas máximas compendian la moral budista'. ⇒ *Resumir.

□ CONJUG. como «cambiar».

compendiariamente adv. *Compendiosamente.*

compendio (del lat. «compendĭum») m. Tratado breve sobre algo. ⊙ *Extracto de un tratado. ⊙ (n. calif.) Se aplica a una cosa que reúne en sí todas las que se expresan: 'Este hotel es el compendio de todas las incomodidades'. ≃ *Síntesis. ⇒ Cartilla, catecismo, cifra, epítome, súmulas. ➤ Síntesis. ➤ Abreviar, compendiar, compendizar, condensar, recapitular. ➤ *Breve. *Manual. *Resumen. *Selección. *Tratado.

EN COMPENDIO. De forma resumida y precisa.

compendiosamente adv. De manera compendiosa.

compendioso, -a adj. Reducido en su expresión. ≃ Compendiado.

compendista n. *Autor de un compendio o de compendios.*

compendizar (ant.) tr. **Resumir una* ˇ*cosa.*

compenetración f. Acción y efecto de compenetrarse.

compenetrarse 1 prnl. recípr. *Mezclar dos sustancias sus moléculas de modo que penetren recíprocamente las de la una entre las de la otra. **2** Llegar a estar, o estar dos o más personas muy en armonía y de *acuerdo en sus ideas, gustos, etc. ⇒ Comprenderse, identificarse. ➤ *Acuerdo. *Avenirse.

compensable adj. Susceptible de ser compensado.

compensación 1 f. Acción de compensar. **2** Cosa que se hace o da para compensar. **3** MED. Modificación que ocurre en un órgano, tejido o función que remedia una deficiencia de estructura o funcional. ⊙ MED. Particularmente, sistema de regulación que posee normalmente el *corazón para adaptarse a condiciones impuestas por un estado patológico y no dejar de expulsar toda la sangre que recibe. ⇒ Descompensación. **4** DER. *Indemnización que antiguamente pagaba el causante de heridas o de muerte a la víctima o sus parientes, con lo que quedaba legalmente libre de delito y a salvo de la *venganza legal.* ≃ *Composición. **5** DER. Cómputo de las *deudas recíprocas de dos personas, por el cual se considera como pagado por una de ellas el equivalente de lo que le debe la otra. **6** ECON. Operaciones realizadas habitualmente para compensar los créditos recíprocos entre entidades bancarias. ⇒ CÁMARA de compensación. ➤ *Negocio. ⊙ ECON. También liquidación análoga realizada periódicamente entre naciones por los créditos procedentes del comercio internacional.

V. «CÁMARA de compensación».

EN COMPENSACIÓN. Como compensación o para compensar. ≃ En cambio.

compensador, -a 1 adj. Se aplica al que o lo que compensa. **2** m. FÍS. **Péndulo de *reloj cuya varilla está construida con barritas de distintos metales de tal manera que sus dilataciones respectivas se compensan y el centro de oscilación no varía con la temperatura.*

compensar (del lat. «compensāre») **1** («con, de») tr. Hacer una cosa que no se note ˇotra o los efectos, generalmente malos, de otra: 'La subida de los jornales no compensa el encarecimiento de la vida. La indemnización no le compensa del disgusto. Fue compensado de las molestias. Las molestias le fueron compensadas'. **2** (acep. causativa; «con, por») Utilizar una cosa para compensar ˇotra: 'Se compensa con unas pesas colocadas en el platillo la pérdida de peso sufrida'. ⊙ («con, por») Dar algo a una ˇpersona por un daño que se le ha causado: 'Le compensaron con quinientas pesetas por los cristales rotos'. ≃ *Indemnizar. **3** prnl. MED. Efectuar un órgano su compensación.

□ CATÁLOGO

Conformar, contrabalancear, contracambio, contrapesar, contrarrestar, desquitar[se], equilibrar, equivaler, *expiar, igualar, *indemnizar, neutralizar, *pagar, promediar, recompensar, remunerar, resarcir, rescontrar, sanear, subsanar. ➤ Tener en su HABER, tener a su FAVOR. ➤ Compensación, DAÑOS y perjuicios, despido, desquite, enmienda, garama, precio, QUEBRANTO de moneda, satisfacción, talión. ➤ Expiación. ➤ A [en] cambio, en compensación, en correspondencia, en lugar de, en pagas, en pago, en paz, *por, en vez de. ➤ COMIDO [o lo COMIDO] por servido [o lo servido], guájete por guájete, lo que no va en LÁGRIMAS va en suspiros, VÁYASE lo uno por lo otro, DAR por bien empleado. ➤ *Consolar. *Corregir. *Dar. *Justicia. *Reciprocidad. *Remedio. *Reparar.

compensativo, -a adj. *Compensatorio.*

compensatorio, -a adj. Que sirve para compensar. ≃ Compensativo.

competencia 1 («Estar en, Hacerse la») f. Acción de competir. ⊙ Relación entre los que compiten. ⊙ Hecho de haber personas que compiten: 'La competencia beneficia al consumidor'. ⊙ Con relación a un fabricante, vendedor, etc., nombre colectivo que se da a los que compiten con ellos para conquistar el mercado. **2** Circunstancia de ser una persona, empleado o autoridad la competente en cierto asunto. ⊙ Asunto en el que es competente determinada persona, entidad, etc.: 'El Ayuntamiento ha recibido nuevas competencias en materia de educación'. **3** Cualidad de competente (conocedor, experto, apto). ⇒ *Apto. **4** (Am. S., Méj.) *Competición deportiva.*

V. «CUESTIÓN de competencia».

competente (del lat. «compĕtens, -entis») **1** adj. Se aplica al que tiene *aptitud legal o autoridad para resolver cierto asunto: 'El juez competente'. **2** («en, para») *Conocedor de cierta ciencia o materia, o experto o apto en la cosa que se expresa o a la que se refiere el nombre afectado por «competente»: 'Es muy competente en historia de América. Un profesor competente. Una persona competente para un cargo directivo'. ⇒ Incompetente. **3** **Adecuado:* 'Competente, recompensa'. **4** n. *Entre los primitivos *cristianos, *catecúmeno apto ya para recibir el bautismo.*

competentemente adv. Con competencia (cualidad de competente).

competer (del lat. «compĕtĕre») intr. *Corresponder una cosa a la obligación, responsabilidad o jurisdicción de cierta persona: 'Compete al juez de instrucción instruir las primeras diligencias. A él no le compete castigar a los empleados'. ≃ Incumbir.

□ CONJUG. regular, aunque se confunde a veces con la de «competir».

competición 1 f. Lucha, no con armas ni física, entre dos o más personas, por la consecución de algo: 'Hubo una competición muy reñida por la cátedra. Una noble competición por el premio'. **2** Acto, fiesta o serie de ellos en que se compite por un premio: 'Los juegos florales son una competición poética. Una competición deportiva'. ⇒ *Competir.

competidor, -a n. Con respecto a una persona, otra que compite con ella en cualquier cosa: 'Tiene un competidor temible'.

competir (del lat. «compĕtĕre») **1** («con, por») intr. *Oponerse entre sí dos o más personas que aspiran a la misma cosa o a la superioridad en algo: 'Compite con otro niño por el primer puesto de la clase'. ≃ Rivalizar. **2** («en») Poseer dos o varias personas o cosas una cualidad o excelencia en grado *semejante: 'Las dos hermanas compiten en belleza. Las dos ciudades compiten en importancia'. ≃ *Rivalizar.

□ CATÁLOGO

*Apostar[las], apostárse[las], contrapuntear, *desafiar, emular, hombrear, IRSE allá, entrar en LIZA, medirse, estar al mismo NIVEL, ponerse con, retar, *rivalizar, pisar los TALONES. ➤ Eliminar. ➤ Repescar. ➤ La HORMA de su zapato. ➤ A CUAL más, a porfía. ➤ Antagonismo, celos, competencia, competitividad, envidia, pique, rivalidad. ➤ GUERRA de precios. ➤ Apuesta, *carrera, certamen, competición, competencia, concurrencia, concurso, desafío, emulación, gincana, juegos, JUEGOS florales, justa, oposiciones, partido, torneo. ➤ Repesca. ➤ Adversario, antagonista, combluezo, competidor, competitivo, contendiente, contrario, contrincante, coopositor, emulador, émulo, *rival. ➤ CUARTOS de final, eliminatoria, final, OCTAVOS de final, promoción, semifinal. ➤ Campeón, favorito, finalista, semifinalista, subcampeón, vencedor. ➤ Dorsal. ➤ Fórmula. ➤ NO HABER quien le tosa. ➤ *Premio. ➤ *Adjudicar. ➤ *Deporte. *Enemigo. *Litigio. *Luchar. *Oposición.

□ CONJUG. como «pedir».

competitividad f. Cualidad de competitivo.

competitivo, -a 1 adj. Capaz de competir, particularmente en deportes o en una actividad económica: 'Productos competitivos. Precios competitivos'. **2** Se aplica a la persona proclive a competir con los demás en las actividades en que interviene, y a su forma de actuar.

compiadarse (de «com-» y «piedad»; ant.) prnl. **Compadecerse.*

compilación 1 f. Acción de compilar. **2** Obra en que se recogen varios textos: 'Una compilación de leyes'.

compilador, -a 1 n. Autor de una compilación. **2** adj. y n. m. INFORM. Se aplica al programa que compila.

compilar (del lat. «compilāre») **1** tr. *Reunir en un volumen o en una obra partes de ↘otras, o juntar varias obras o textos, en razón de cierta analogía. **2** INFORM. Traducir un ↘programa escrito en cierto lenguaje igual o parecido al de la máquina.

compinchado, -a Participio adjetivo de «compincharse».

compincharse prnl. recípr. Ponerse de acuerdo dos o más personas para realizar algo no lícito o censurable.

compinche (de «com-» y «pinche») m. Respecto de una persona, otra que se relaciona con ella para algún fin no lícito, o censurable. ⇒ Amigacho, amigote, compadre, compinchado. ➤ *Conchabamiento, intriga. ➤ Compincharse. ➤ *Amigo. *Compañero.

compitales (del lat. «compitāles ludi») f. pl. **Fiestas que hacían los *romanos en honor de sus lares «compitales», o sea, los protectores de las encrucijadas.*

complacencia 1 f. Estado de la persona complacida. ≃ *Satisfacción. ⇒ *Placer. **2** Actitud complaciente: 'Me cedió su asiento [o me cepilló el abrigo] con mucha complacencia'. **3** (sing. o pl.) Actitud de dejar que alguien haga lo que quiera aunque sea inconveniente: 'Maleduca a sus hijos por exceso de complacencia. Ella tiene excesivas complacencias con sus compañeros de oficina'. ≃ Tolerancia.

complacer (del lat. «complacēre») tr. Proporcionar a ↘alguien gusto o alegría: 'Nos complace que haya usted venido'. ⊙ Hacer una persona con su comportamiento, con sus atenciones, etc., que ↘otra esté contenta de ella. ⊙ («con, en») Prestar a ↘alguien un servicio: 'Dígame en qué puedo complacerle'. ⊙ («en») prnl. Tener o encontrar gusto, placer o *satisfacción en una cosa: 'Se complace en enguiscar a los compañeros. Me complazco en notificarle a usted que ha obtenido el primer premio'. ⇒ *Recrearse.

□ CATÁLOGO

Acontentar, agradar, ir de CABEZA, camelar, mirar [o estar mirando] a la CARA, congraciarse, contentar, poner [o tener] CONTENTO, andar [bailar o ir] de CORONILLA, llevar [o seguir] la CORRIENTE, templar GAITAS, reír las GRACIAS, gratificar, dar GUSTO, dar por el GUSTO, estar pendiente de los LABIOS de, llevar en PALMAS [O PALMILLAS], propiciar, regalar, rodar por, satisfacer. ➤ *Amable, complaciente, gachón, *simpático. ➤ Con el ALMA, con ALMA y vida, con mil AMORES, pedir [pide, pida usted, etc.] por esa BOCA, con mucho GUSTO. ➤ Complacido, contento, encantado, satisfecho. ➤ *Agradar. *Condescender. *Conquistar. *Gustar. *Halagar. *Lisonjear. *Satisfacer.

complacido, -a («Dejar, Quedar») Participio adjetivo de «complacer[se]»: 'Hemos quedado complacidos de nuestra visita'. ≃ *Satisfecho.

complaciente adj. Dispuesto a hacer cosas para agradar a otros: 'Hay que ser complacientes con el público'. ≃ *Amable. ⊙ Se aplica también a los gestos, palabras, etc., que muestran esa actitud: 'Pone siempre gesto complaciente aunque le moleste hacer una cosa'.

V. «MARIDO complaciente».

complanar (del lat. «complanāre», allanar completamente; ant.) tr. **Explicar.*

complañir (de «com-» y «plañir»; ant.) intr. o prnl. **Compadecerse de alguien o lamentar algo que le pasa.*

compleción (del lat. «completĭo, -ōnis») **1** f. *Acción de completar.* **2** *Cualidad de completo.*

complejidad f. Cualidad de complejo. ⇒ *Complicar.

complejo, -a (del lat. «complexus») **1** adj. Formado por partes o por la *reunión de varias cosas. ≃ Compuesto. **2** Se aplica a un asunto en que hay que considerar muchos aspectos, por lo que no es fácil de comprender o resolver: 'El problema de los transportes es muy complejo'. ≃ Complicado. **3** m. Cosa constituida por varias. ⊙ Un complejo químico. Un complejo vitamínico. ⊙ Conjunto de establecimientos industriales, generalmente situados en el mismo sitio, que funcionan coordinados bajo una dirección común. ⊙ Se aplica también a otras instalaciones, aunque no sean industriales: 'Complejo deportivo'. **4** PSI. Conjunto de tendencias independientes de la voluntad del individuo, y a veces inconscientes, que condicionan su conducta. ⊙ Corrientemente, sentimiento que lleva a una persona a creer que posee cierta cualidad, positiva o negativa, que la hace superior o inferior a los demás: 'Complejo de superioridad. Tiene complejo de torpe'. Si no se especifica, se entiende normalmente como sentimiento de inferioridad: 'Tiene muchos complejos'. ⇒ Acomplejado. ➤ Sano. ➤ *Mente. *Psicología.

COMPLEJO DE CASTRACIÓN. PSI. En la teoría psicoanalítica, el formado alrededor del temor de verse privado del falo.

C. DE EDIPO. PSI. En la teoría psicoanalítica, el que se manifiesta en los niños varones por un sentimiento de rivalidad hacia el padre, por amor a la madre.

C. DE ELECTRA. PSI. En la teoría psicoanalítica, en las niñas, atracción hacia el padre y hostilidad hacia la madre.

C. DE INFERIORIDAD. Estado persistente de un sentimiento de inferioridad con relación a las demás personas; por ejemplo, a causa de algún defecto físico.

complementar («con») tr. Añadir un complemento a una ↘cosa.

complementariedad f. Cualidad o relación de complementario.

complementario, -a adj. Se aplica a lo que complementa una cosa.

V. «ÁNGULO complementario, ARCO complementario, COLOR complementario, DÍA complementario».

complemento (del lat. «complementum») **1** m. Cosa que acaba de hacer completa otra que se expresa: 'Ese sería el complemento de su felicidad'. ⊙ Cosa que añade gracia, belleza, etc., a otra: 'Las joyas son un complemento del arreglo femenino. El vino es un complemento de la comida'. ⇒ Addenda [o adenda], aditamento, adminículo, ajilimójili, alza, añadido, añadidura, apéndice, apódosis, apostura, colofón, remate, suplemento. ➤ *Accesorio. *Detalle. *Pareja. *Parte. ➤ *Guarnecer. **2** *Integridad o perfección de una cosa; estado de completa.* **3** GEOM. Con respecto a un *ángulo, otro que suma con él un recto. ⊙ GEOM. Con respecto a un *arco, otro que, sumado con él, completa un cuarto de círculo. **4** GRAM. Palabra o expresión que añade algo al significado de otra a la que está unida con o sin preposición. No se llama complemento al adjetivo o al verbo unidos a un nombre o un sujeto mediante concordancia. ⇒ Apénd. II, COMPLEMENTO. ➤ OBJETO directo [o indirecto], predicativo. **5** (pl.) Accesorios que completan la indumentaria masculina o femenina; por ejemplo, el cinturón, los guantes, la corbata.

DE COMPLEMENTO. MIL. Se aplica a los oficiales o suboficiales del Ejército que han prestado servicio en periodo de instrucción y quedan disponibles para ser utilizados en caso de movilización.

completamente adv. De manera completa.

completar tr. Hacer a una ↘cosa completa. ⇒ *Completo. ⊙ (recípr.) Constituir dos o más cosas una completa. ⊙ (recípr.) Tener una cosa o una persona cualidades complementarias de las de otra. ⊙ prnl. Quedar completo: 'La obra se completa con un útil glosario'.

□ FORMAS DE EXPRESIÓN

No existe en español el nombre correspondiente a «completar» para designar la acción de completar. Se emplea con este significado «perfeccionamiento», aunque sin precisión, e «integridad», para el estado de completo.

completas (de «completo») f. pl. Último rezo del día, con el que se terminan las *horas canónicas. ≃ Completorio.

completivo, -a adj. Se aplica a lo que completa o sirve para completar. ⊙ GRAM. Se usa específicamente aplicado a las oraciones subordinadas sustantivas, y a las conjunciones que las introducen, como «que» o «si». Antes era también corriente como completiva la partícula «como»: 'Ordenaron como dispusieran inmediatamente las caballerías'. Ahora, lo es sólo en oraciones completivas que dependen del verbo «ver»: 'Verás como no lo sabe. Vais a ver como todo es mentira'. Y en las cartas populares, que suelen empezar con la fórmula «sabrás como...»; en otros casos, esta construcción suena anticuada.

completo, -a (del lat. «complētus») **1** adj. Con todas las partes, todos los individuos, etc., que normalmente constituyen la cosa de que se trata: 'Una vajilla completa. La asamblea completa votó a su favor'. ≃ Entero, íntegro. ⊙ Sin falta o menoscabo: 'Hay un metro completo de cinta. Disfruta de completa salud'. ≃ Entero, íntegro. **2** («Ser») Dotado de todas las buenas cualidades deseables: 'Es un jugador muy completo'. ≃ *Perfecto. **3** («Ser») Sin disminución o atenuación: 'La fiesta ha sido un completo fracaso. El éxito del estreno ha sido completo'. ≃ Absoluto, rotundo, total. **4** («Estar») Ocupado todo: 'El teatro estaba completo. Todos los hoteles están completos'. ≃ *Lleno. **5** (inf.) m. La totalidad de los miembros de una asamblea o colectividad: 'En la sesión de anoche estaba el completo'.

V. «FLOR completa».

POR COMPLETO. Completamente.

□ CATÁLOGO

Absoluto, acabado, acabalado, cabal, cencido, cenero, cobrado, colmado, cuadrado, cumplido, entero, incólume, indiviso, *intacto, *íntegro, lleno, omnímodo, perfecto, plenario, pleno, radical, redondo, rotundo, sano, sencido, sinóptico, surtido, *todo, total, virgen. ➤ Acabalar, cabalar, no dejar CABO suelto, colmar, completar, coronar, enterar, integrar, reconstituir, reconstruir, rehacer, reinsertar, reintegrar, remendar, saturar, terciar. ➤ Accesorio, aditamento, adminículo, ajilimójili, añadido, *añadidura, apódosis, apostura, colofón, complemento, cumplido, *detalle, pareja, *parte, remate, suplemento. ➤ Absolutamente, en absoluto, apuradamente, de ARRIBA abajo, sin atenuaciones, a CARTA cabal, cabalmente, de CABO a cabo [o a rabo], hasta las CEJAS, hasta el CUELLO, sin faltar una COMA, sin concesiones, de la CRUZ a la fecha, en CUERPO y alma, como es DEBIDO, diametralmente, enteramente, por entero, en toda la EXTENSIÓN de la palabra, de extremo a extremo, a fondo, íntegramente, con todas las de la LEY, en toda la LÍNEA, de lleno, de ninguna MANERA, de MEDIO a medio, sin mengua, de PE a pa, perdido, en peso, de PIES a cabeza, de plano, plenamente, del PRINCIPIO al fin, de todo PUNTO, quitamente, radicalmente, de raíz, a rajatabla, rematadamente, sin reservas, sin salvedades, del todo, de TODO en todo, en TODO y por todo, hasta los TOPES, totalmente. ➤ Pedir [o estar pidiendo] a GRITOS, *necesitar, pedir, requerir. ➤ Todo hace FALTA, todo es MENESTER, todo es NECESARIO, todo es PRECISO, por más SEÑAS. ➤ *Acabar. *Añadir. *Bastar. *Bueno. Como es *DEBIDO. *Faltar. *Incompleto. *Perfecto.

completorio, -a **1** (ant.) adj. De las completas (*horas canónicas). **2** (ant.) m. *Completas (horas canónicas).* **3** (ant.) *Complementos o adornos.*

complexidad f. *Complejidad.*

complexión (del lat. «complexĭo, -ōnis») **1** f. Manera de ser de cada individuo desde el punto de vista fisiológico, determinada por el desarrollo y funcionamiento de sus órganos y aparatos: 'Complexión robusta [débil o sanguínea]'. ≃ *Constitución. ⇒ Complixión. **2** **Figura retórica que consiste en repetir la palabra primera y la última en varias oraciones o periodos consecutivos.*

complexionado, -a adj. *Con «bien» o «mal», de buena o mala complexión.*

complexional adj. *De la complexión.*

complexo, -a **1** adj. *Complejo.* **2** adj. y n. m. Se aplica al músculo que va desde la apófisis transversal de las vértebras de la cerviz hasta el hueso occipital, y que interviene en el movimiento de la cabeza.

complicación **1** f. Acción de complicar o hecho de complicarse algo. **2** Cualidad de complicado. **3** («Presentarse, Surgir»; gralm. pl.) Incidente o percance que dificulta una cosa: 'Surgieron complicaciones que retrasaron el viaje'. ≃ Dificultad. ⊙ («Presentarse, Surgir») Circunstancia imprevista que agrava una enfermedad, dificulta una intervención quirúrgica, etc. ⇒ *Complicar. **4** Situación complicada o difícil.

complicado, -a **1** adj. Se aplica a las cosas cuya estructura no se ve o no se comprende fácilmente, por constar de muchas partes, episodios, etc., mezclados y sin orden aparente: 'Una máquina [o una historia] complicada'. **2** Se aplica a las cosas *difíciles de resolver: 'Una situación complicada. Un problema [o un crucigrama] complicado'. ⊙ Aplicado a personas, falto de claridad en su comportamiento o de espontaneidad en sus reacciones; difícil de conocer o entender. **3** *Recargado de adornos o detalles: 'Una fachada complicada'. ⇒ *Complicar.

complicar (del lat. «complicāre») **1** tr. y prnl. Hacer[se] una ↘cosa difícil o falta de sencillez: 'Las fórmulas complican la exposición. Complicar la forma de los muebles'.

2 («con») Hacer[se] una ↘cosa más difícil o confusa con algo que se expresa: 'Con su terquedad complica las cosas'. ⊙ prnl. Surgir dificultades en una cosa o un asunto: 'Me parece que se nos va a complicar el tiempo para la excursión. Se le ha complicado el asunto'. **3** tr. *Comprometer o mezclar a ↘alguien en un asunto.
V. «complicarse la VIDA».

☐ CATÁLOGO
Meterse en DIBUJOS, embolicar[se], embrollar[se], encresparse, enmarañar[se], enredar[se], intrincar[se], liar[se]. ➤ Aparatoso, arrevesado, complejo, complexo, complicado, confuso, *difícil, embarullado, embrollado, enmarañado, enredoso, enrevesado, intrincado, laberíntico, revesado, revuelto. ➤ Avispero, complejidad, complexidad, complicación, confusión, dédalo, dificultad, embolismo, embrollo, *enredo, entresijo, intrincamiento, *jaleo, laberinto, labirinto, *lío, maraña, *rodeo, taco, vericuetos. ➤ *Claro. *Sencillo. ➤ *Confundir. *Desorden. *Difícil. *Mezcla.

cómplice (del lat. «complex, -ĭcis») n. Participante en un delito o falta cometido entre varios. ⊙ DER. Persona que contribuye, sin tomar parte en su ejecución material, a la comisión de un *delito o falta. ⇒ Coautor, encubridor, fautor, inductor, sabedor, santero. ⊙ Participante en algo injusto, perjudicial, etc., cometido entre varios: 'No quiero ser cómplice de tus mentiras'. ⊙ adj. Que denota complicidad: 'Una sonrisa cómplice'.

complicidad **1** f. *Intervención en un delito o en otra cosa como cómplice: 'Está demostrada su complicidad en el robo'. **2** Armonía entre dos o más personas que lleva espontáneamente a un compromiso tácito entre ellas: 'Una mirada de complicidad'.

complido, -a (ant.) adj. *Cumplido.*

complidura (de «complido»; ant.) f. *Medida o calidad convenientes de una cosa.*

complimiento (del lat. «complementum») **1** (ant.) m. *Perfección.* **2** (ant.) *Provisión de cierta cosa.* ⇒ *Aprovisionar.

complixión (ant.) f. *Complexión.*

complot (del fr. «complot»; pl. «complots») m. Trato secreto entre varias personas para obrar contra algo o alguien; particularmente, contra el gobierno establecido. ≃ Confabulación, conjura, *conspiración, maquinación, trama.

complutense (del lat. «Complutensis») adj. y, aplicado a personas, también. n. De Alcalá de Henares, antigua «Complutum». ⊙ Hasta el siglo XIX se aplicó a la universidad de Alcalá de Henares y, actualmente, a una de las de Madrid, por haberse trasladado a la capital de España aquella universidad.

compluvio (del lat. «compluvĭum») m. *Abertura en el centro del tejado de las *casas romanas, que proporcionaba luz a toda la casa por el interior de ella, y por la cual se recogía la lluvia caída sobre el *tejado.*

compón (del fr. «compon») m. HERÁLD. **Cuadrado de los combinados con el esmalte alternado para cubrir cualquier superficie del escudo.*

componado, -a adj. HERÁLD. *Se aplica a cualquier cosa formada por compones*: 'Banda componada de oro y gules'.

componedor, -a (de «componer») **1** (Arg., Chi.) n. *Persona que cura las fracturas y dislocaciones.* ⇒ *Curandero. **2** m. AGRÁF. *Regla sobre la que se compone un renglón.*

AMIGABLE COMPONEDOR. *Persona cuya decisión se comprometen a aceptar otras dos que están en desacuerdo o litigio.* ⇒ *Mediador.

componenda (del lat. «componenda», de «componĕre», arreglar) **1** (inf.) f. *Arreglo imperfecto o provisional de un asunto. ⊙ Solución o arreglo desaprensivo acordado entre varias personas. ≃ *Chanchullo. **2** *Cantidad que se paga por algunas bulas y licencias eclesiásticas que no tienen tasa fija.*

componente m. Sustancia, cosa, persona, etc., que forma parte de algo que se expresa: 'Los componentes del ácido carbónico [o de una comisión]'.

componer (del lat. «componĕre») **1** tr. Juntar varias cosas para formar ↘otra que se expresa: 'Componer un ramillete con diversas flores'. ⊙ prnl. **Juntarse varias cosas para componer otra.* ⊙ («de») Estar una cosa formada por las que se expresan. ≃ Constar. **2** tr. Ser ciertas cosas los elementos de que consta ↘otra que se expresa. La oración comienza generalmente con el verbo o con el nombre de la cosa formada: 'Componen el tribunal el presidente y el secretario'. ≃ Constituir, formar, integrar. ⊙ *Sumar: dar como resultado varios números al ser sumados el ↘número que se expresa.* ⊙ («de») prnl. Estar formada una cosa por los elementos que se indican. **3** tr. *Hacer una ↘obra de música o literaria. «Música» puede ser complemento: 'Compone música algunas veces'; en cambio, no se dice «componer poesía», aunque sí «componer versos». **4** AGRÁF. Preparar las galeradas o planas del ↘texto que se va a imprimir juntando los tipos en la galera o manejando la linotipia. **5** *Poner en las ↘comidas ciertos aditamentos que les dan mejor sabor. Es corriente sólo refiriéndose al aliño de las ensaladas con aceite, vinagre, sal, etc.* ≃ Condimentar. ⊙ *Añadir alguna sustancia al ↘*vino u otra cosa, para mejorarla o para adulterarla.* **6** *Arreglar: hacer algo en una ↘cosa rota para *reforzarla o para que siga sirviendo: '¡Se componen pucheros y cacerolas de porcelana! ¡Se componen paraguas y sombrillas!' (dos pregones típicos). ≃ Apañar, *remendar, reparar. ⊙ Restablecer el buen estado de ↘algo o alguien: 'Una taza de caldo te compondrá el estómago'. ≃ Arreglar. ⊙ *Moderar, corregir.* **7** *Poner en paz a ↘personas enemistadas.* ≃ *Reconciliar. **8** *Arreglar, *ordenar o *acicalar una ↘cosa para que tenga buen aspecto: 'Están componiendo la casa para la boda'. ⇒ Recomponer. ⊙ (Am. S., Guat., Méj.) *Poner en su lugar un ↘hueso dislocado.* ⊙ Poner vestidos y adornos a alguien para que esté elegante o guapo. Más frec. reflex. ≃ *Acicalarse, *arreglarse. **9** *Hacer algo, por ejemplo dar o prometer una cosa, para hacer *callar o *detener a ↘alguien de quien se teme un daño, por ejemplo una denuncia.* ⇒ *Composición. **10** MAT. *Reemplazar en una proporción cada antecedente por la suma del mismo con su consecuente.* **11** («con») prnl. *Hacer un *trato o ajuste con alguien con mutuas concesiones:* 'Componerse con los deudores'.

COMPONÉRSELAS. *Manejarse de manera conveniente.
V. «el que no compone la GOTERA...».

☐ CATÁLOGO
Combinar, compaginar, confeccionar, consistir, constar, constituir, construir, formar, *hacer, integrar, *juntar, *mezclar, *poner. ➤ Entrar en, *haber. ➤ Agregado, combinado, complejo, composición, compuesto, *conjunto, continuo, *mezcla, mixto, síntesis, todo. ➤ Fórmula, *receta. ➤ Componente, elemento, ingrediente. ➤ Miembro, *parte, *pieza. ➤ Descompuesto, descomponer, incomponible, incomposible. ➤ *Conjunto. *Reunir.

☐ CONJUG. como «poner».

componible adj. *Se aplica a lo que puede conciliarse o concordar con otra cosa.*

comporta (de «comportar», llevar) **1** f. *Cesta con dos asas que se emplea en la *vendimia para transportar la* *uva.* **2** (Perú) *Molde empleado para solidificar el *azufre refinado.*

comportable adj. *Soportable.*

comportamiento («Observar, Seguir») m. Manera de comportarse. ≃ *Conducta, proceder.

comportar (del lat. «comportāre») **1** (ant.) tr. **Llevar una ↘cosa junto con otro.* **2** *Implicar o llevar consigo ↘algo: 'La idea de culpabilidad comporta la de responsabilidad. La firma del documento no comporta ninguna obligación. Este trabajo no comporta ningún beneficio'. **3** (ant.) **Aguantar ↘algo o *conformarse con cierta cosa.* **4** prnl. Obrar, en general o en cierto caso, de la manera que se expresa: 'Comportarse bien [mal, insensatamente]. Comportarse como corresponde [o es debido]'. ≃ *Conducirse, portarse, proceder. ⊙ Comportarse correcta o cortésmente: 'No sabe comportarse'.

comporte **1** m. *Comportamiento.* **2** *Aire y aspecto de una persona.* ≃ *Porte. **3** (ant.) *Sufrimiento o aguante.*

composible (del fr. «composer»; ant.) adj. *Componible.*

composición **1** f. Acción de componer. ⇒ Composta. **2** Cosa compuesta. ⊙ Obra musical o poética. ⊙ Trabajo hecho por el alumno que aprende una *lengua, en ésta. ⊙ (ant.) *Antiguamente, oración dictada por el maestro de gramática en la lengua propia, para que fuese traducida por los alumnos a la que aprendían.* ⊙ Sustancia compuesta por otras. ≃ Compuesto, compostura. ⊙ **Medicina hecha con diversos ingredientes.* ⊙ AGRÁF. Texto dispuesto ya en galeradas para la impresión. **3** Manera de estar compuesta una sustancia o componentes que la constituyen, con sus proporciones. ⇒ *Receta. **4** PINT., ESCULT., FOT., etc., manera de estar dispuestos los elementos de la escena. **5** Parte de la *música que enseña el arte de componer. **6** GRAM. Procedimiento de formación de palabras mediante la unión de dos o más elementos con valor independiente; se trata generalmente de nombres, verbos o adjetivos a los que se añaden, bien afijos o raíces cultas, bien otros nombres, verbos o adjetivos. ⇒ Apénd. II, COMPOSICIÓN y AFIJO (formación de palabras mediante afijos y raíces cultas). ➤ *Afijo. **7** **Acuerdo a que llegan dos o más personas.* **8** *Arreglo, generalmente mediante una indemnización, que el derecho antiguo permitía entre el ofensor o delincuente y la víctima o su familia, con el cual el ofensor quedaba a salvo de otro castigo o de la «venganza legal».* ≃ Compensación, wergeld. **9** **Chanchullo.* ≃ Componenda. **10** **Recato o *comedimiento.* ≃ Compostura.

COMPOSICIÓN POÉTICA. Poesía (poema).

HACER [O FORMAR] alguien SU COMPOSICIÓN DE LUGAR. *Reflexionar sobre los pros y los contras o las circunstancias de un asunto y formar una idea, determinación o *proyecto: 'Yo tengo ya hecha mi composición de lugar, y sé lo que tengo que hacer'.

compositivo, -a (del lat. «compositīvus») adj. GRAM. *Utilizable para formar palabras compuestas.*

compositor, -a (del lat. «compositor, -ōris») **1** n. Persona que compone música. ⇒ Maestro. **2** (Arg., Chi.) m. *Curandero que compone huesos dislocados.*

composta (del lat. «composta», de «composita», compuesta; ant.) f. *Composición.*

Compostela V. «JACINTO de Compostela».

compostelano, -a adj. y, aplicado a personas, también n. De Santiago de Compostela.

compostura (del lat. «compositūra») **1** f. *Acción y efecto de componer o juntar.* ≃ *Composición. ⊙ *Mezcla con que se adultera o falsifica una sustancia.* **2** Acción y efecto de componer o volver a poner una cosa en estado de servir. ≃ *Arreglo, remiendo. **3** **Condimento de la comida; particularmente, el constituido por aceite, vinagre y sal.* **4** *Arreglo del aspecto de una persona o una cosa. **5** *Comedimiento, circunspección o *respeto en la manera de comportarse: falta de atrevimiento o de exceso de desenvoltura. ⊙ Particularmente, *recato en las mujeres. **6** **Acuerdo o convenio entre personas.*

compota (del fr. «compote») f. Dulce hecho cociendo fruta entera o partida en trozos con azúcar, con menos proporción de éste que la mermelada, de modo que el jugo no llega a formar almíbar.

compotera f. Recipiente para tener y servir compota o mermelada.

compra **1** (numerable) f. Acción de comprar: 'Ir [o salir] de compras'. ⊙ («Hacer, Ir a»; sólo en sing.) Acción de comprar las provisiones necesarias cada día para la casa: 'Mi madre se ha ido a la compra'. **2** Cosa comprada: 'Te voy a enseñar la última compra de mi mujer'. ⊙ Conjunto de los víveres comprados para el día: 'En esta cesta no me cabe toda la compra'. **3** **Soborno.*

comprable adj. Adquirible o pagable con dinero. ⊙ Sobornable. ≃ Compradero, compradizo.

comprachilla (Guat.) f. *Cierto *pájaro conirrostro semejante al mirlo.*

comprada (ant.) f. *Compra.*

compradero, -a adj. *Comprable.*

compradillo m. *Comprado: juego de *baraja.*

compradizo, -a adj. *Comprable.*

comprado, -a **1** Participio adjetivo de «comprar»: adquirido por compra; no obtenido por regalo o hecho por el mismo que lo tiene, etc. **2** m. *Cierto juego de *baraja.* ≃ Compradillo. **3** (ant.) f. *Compra.*

comprador, -a **1** adj. y n. Se aplica a la persona que compra una cosa. **2** m. Se dice del que tiene intención de comprar o interés por comprar cierta cosa que se expresa, o está en tratos para ello; especialmente, tratándose de una finca.

comprante adj. y n. *Comprador.*

comprar (del lat. «comparāre», adquirir, proporcionar) **1** («a, de, en, por») tr. o abs. *Adquirir una ↘cosa mediante dinero: 'Ha comprado una finca. Comprar a los vendedores ambulantes [directamente del productor, en la tienda de la esquina, por metros, por litros]'. ⊙ El complemento de persona puede ser la persona de quien se adquiere y aquella para quien se adquiere; si existen los dos, el segundo va con «para»: 'Le compré su pluma. Les compra todo lo que le piden. Le compró al viajante un abrigo para su mujer'. ⇒ Adquirir, fincar, hacendarse, hacerse con, quitar de las MANOS, mercar. ➤ Mancipación, merca. ➤ Compra, comprada, compraventa, cómpreda, diario, mandados, plato, plaza, recompra, telecompra. ➤ Ocasión. ➤ Prisa. ➤ *Cliente, comprador, comprero, consumidor, parroquiano, público. ➤ Regatear. ➤ *Comercio. *Pagar. *Tienda. *Vender. **2** Conseguir una decisión favorable de un ↘*juez u otra *autoridad mediante dinero u otra recompensa: 'Intentó comprar al oficial de aduanas'. ≃ *Sobornar. **3** (ant.) *Pagar.*

compraventa f. Acción de *comprar y *vender, vista en ambos aspectos.

V. «CONTRATO de compraventa».

cómpreda (de «compra», con influencia de «véndida»; ant. o, en algunos sitios, pop.) f. *Compra.*

comprehender (del lat. «comprehendĕre»; ant.) tr. *Comprender.*

comprehensible (ant.) adj. *Comprensible.*

compremimiento (ant.) m. *Compresión.*

comprender (de «comprehender») **1** tr. Tener una cosa dentro de sí y formando parte de ella a ↘otra: 'La finca comprende una dehesa y un monte de caza'. ⇒ *Abarcar, abarcuzar, abrazar, alcanzar, caer dentro de, circunscribir, comportar, comprehender, constar de, *contener, *encerrar, encuadrar, englobar, entrañar, esconder, *extenderse a, implicar, incluir, LLEVAR consigo, refundir. ➤ Enclavado, implícito, incluso. ➤ Enclave. ➤ *Guardar. *Limitar. *Meter. ≃ Abarcar, incluir. **2** *Abrazar, ceñir, rodear por todas partes una cosa».* **3** Percibir el significado de ↘algo: 'No comprendo bien este párrafo de la carta'. ≃ *Entender. ⊙ Percibir las ideas contenidas en ↘algo dicho o escrito: 'Le es difícil comprender una demostración matemática. Aunque hablaban en francés, comprendí de qué se trataba'. ≃ *Entender. **4** Encontrar naturales, razonables o justificados los ↘actos o sentimientos de alguien, los motivos de ellos, etc.: 'Comprendo su reserva [sus escrúpulos, su entusiasmo]'. ⇒ *Disculpar, *justificar. ➤ *Benévolo. ⊙ *Entender a una ↘persona; encontrarla estimable o admirable por sus ideas o sentimientos o a pesar de ellos: 'Dice que nadie le comprende'. También recípr. ≃ *Compenetrarse. ⇒ Incomprendido. ⊙ En forma negativa significa «no *concebir, no explicarse»; no poder encontrar razones o justificación de cierta cosa: 'No comprendo que rechace esa proposición'.

COMPRENDIDO. Expresión frecuente con que alguien se da por *enterado de lo que está oyendo. ⊙ O para preguntarle si se ha enterado de ello.

HACERSE [O DARSE A] COMPRENDER. Explicar o decir una cosa de manera que pueda ser comprendida.

comprendiente adj. *Aplicable al que comprende.*

comprensibilidad f. Cualidad de comprensible.

comprensible 1 («a, para») adj. Susceptible de ser entendido. ≃ Accesible, asequible, inteligible. **2** Tal que se puede *justificar.

comprensión 1 f. Total de las cosas comprendidas o abarcadas por otra. ⊙ LÓG. Específicamente, mayor o menor número de caracteres que abarca una idea; por ejemplo la comprensión de la idea «animal» es mayor que la de la idea «viviente». ⇒ Extensión. **2** Acción de comprender. **3** Facultad de comprender. ≃ *Entendimiento. **4** Facilidad para comprender. ≃ *Inteligencia. **5** Actitud benévola hacia los actos, comportamiento o sentimientos de otros. ⇒ Benevolencia, tolerancia.

comprensivo, -a 1 (form.; «de») adj. Se aplica a lo que comprende o abarca lo que se expresa: 'Un bloque comprensivo de doscientas viviendas'. **2** («con») Se aplica a la persona que muestra o es inclinada a mostrar comprensión, benevolencia o tolerancia.

comprenso, -a *Participio irregular, desusado, de «comprender».*

comprensor, -a (de «comprenso») adj. y n. TEOL. **Bienaventurado (el que disfruta del cielo).*

comprero, -a (de «comprar»; Ar.) adj. y n. m. *Comprador.*

compresa (del lat. «compressa», comprimida) f. *Almohadilla de algodón o gasa, o lienzo doblado en varios dobleces, que se aplica como medio curativo sobre una parte del cuerpo, empapada en agua u otro líquido o como soporte de una sustancia medicamentosa. ⊙ Trozo de gasa que se emplea para ese uso y para otros; por ejemplo, para empapar los líquidos que se producen en una operación quirúrgica. ⇒ *Apósito. ⊙ Especie de almohadilla, generalmente de celulosa, para absorber el flujo menstrual: 'Compresa higiénica'. ⇒ TOALLA higiénica, tampón.

compresamente (ant.) adv. *Compendiosamente.*

compresbítero (del lat. «compresbyter, -ĕri») m. **Eclesiástico que recibe o ha recibido la orden del presbiterado a la vez que otro.*

compresibilidad f. Cualidad de compresible; se incluía entre las propiedades fundamentales de la *materia. ⇒ Piezómetro.

compresible adj. Susceptible de ser comprimido. ≃ Comprimible.

compresión 1 f. Acción y efecto de comprimir. ⊙ Fase del funcionamiento de un motor de explosión en que se comprime la mezcla dentro del cilindro. **2** FON., MÉTR. *Reducción a una sola sílaba de sonidos que ordinariamente se *pronuncian en dos; como «(aho)ra» por «a-hora». Puede constituir una licencia poética.* ≃ Sinéresis.

compresivo, -a adj. Se aplica a lo que comprime.

compreso, -a *Participio irregular de «comprimir».*

compresor, -a 1 adj. Se aplica a lo que comprime o sirve para comprimir. **2** m. Cosa o dispositivo que sirve para comprimir. ⊙ Particularmente, aparato para comprimir un fluido.

comprimario, -a (de «com-» y «primario») n. *Cantante de teatro que hace los segundos papeles.*

comprimente adj. *Aplicable a lo que comprime.*

comprimible adj. *Compresible.*

comprimido, -a 1 Participio adjetivo de «comprimir[se]»: 'Un balón de aire comprimido'. ⇒ *Apretado. **2** m. Porción de medicamento dispuesta en una pieza más o menos redondeada, apta para ser tragada. ≃ Gragea, pastilla, *píldora.

comprimir (del lat. «comprimĕre») **1** tr. Obligar a una ↘sustancia mediante presión a ocupar menos volumen. ≃ *Apretar. ⇒ Descomprimir. ⊙ prnl. Pasar una cosa, persona, etc., a ocupar menos espacio sin perder materia, por su propio esfuerzo o por presión exterior. ⊙ Poder ser comprimido. **2** tr. INFORM. Reducir el tamaño de un ↘fichero aplicando determinados programas. ⇒ Descomprimir. **3** **Cohibir.* **4** prnl. Abstenerse con esfuerzo de exteriorizar deseos, emociones, etc.: 'Tuve que comprimirme para no echarme a reír'. ≃ Contenerse, *dominarse, reprimirse. ⊙ El complemento puede también ser «ganas, deseos», etc.: 'Me comprimí las ganas de decirle que mentía'. **5** *Moderarse o reducirse, por ejemplo en los gastos.

comprobable adj. Que puede ser comprobado.

comprobación f. Acción de comprobar.

comprobado, -a Participio adjetivo de «comprobar».

comprobante m. Cosa que sirve para comprobar. ⊙ Particularmente, *recibo o documento de los que justifican las partidas de una *cuenta.

comprobar (del lat. «comprobāre») **1** tr. Dar certeza a un ↘conocimiento anterior o una suposición: 'Esto comprueba lo que ya suponíamos'. ≃ *Confirmar. **2** Buscar u obtener la confirmación de ↘algo: 'Voy a comprobar si el dinero está donde lo dejé'. ⊙ Buscar la veracidad o exactitud de un ↘conocimiento o resultado obtenido antes: 'Comprobar una operación aritmética'. ⇒ Compulsar, confrontar, *experimentar, identificar, puntear, verificar. ➤ Acordada. ➤ *Confirmar. *Prueba.

comprobatorio, -a adj. Se aplica a lo que comprueba o sirve para comprobar.

comprofesor, -a (de «com-» y «profesor») **1** n. **Colega.* **2** *Compañero en el profesorado.* **3** *Compañero de profesión.*

comprometedor, -a adj. y n. Se aplica al que o lo que compromete: 'Es una comprometedora'.

comprometer (del lat. «compromittĕre») **1** tr. *Someter dos contendientes su ↘litigio a un *mediador, aceptando por anticipado su resolución.* **2** Acordar una persona con otra formalmente la compra, venta o arrendamiento de una ↘cosa. ≃ Contratar. ⊙ Asegurarse por anticipado la adquisición u obtención de ↘algo: 'He comprometido entradas para el concierto del domingo. Conviene comprometer habitaciones en el hotel por anticipado'. ≃ Apalabrar, reservar. **3** («a, en», o sin complemento) Poner en un compromiso. ⊙ Poner a ↘alguien en la necesidad de *intervenir en un asunto en que se arriesga, o de hacer o decir cierta cosa que no desea o no le conviene hacer o decir. ⊙ Poner a ↘alguien en una situación *apurada. ⊙ *Descubrir la responsabilidad de ↘alguien en un delito, una conspiración, etc.; por ejemplo, con una declaración: 'Si le detienen y le hacen hablar puede comprometer a sus amigos'. ⊙ El sujeto puede también ser una cosa: 'Quemó las cartas que le comprometían'. **4** Poner una ↘cosa en peligro de perderse o malograrse; por ejemplo, la libertad, la vida, la fortuna, el éxito de algo, la fama, la reputación o el honor: 'Si te precipitas, puedes comprometer el éxito de la empresa. Ha comprometido todo su capital en el negocio'. ≃ *Arriesgar, aventurar, exponer. ⊙ *Prometer alguien con su ↘palabra cierta cosa. ≃ Dar, empeñar. **5** Hacer que ↘alguien se sienta *obligado a tener cierta atención, o a ofrecer o prometer cierta cosa: 'Es ella la que le compromete a acompañarla'. ⊙ Significar a alguien que se le considera obligado seriamente a cumplir una promesa u ofrecimiento que ha hecho tal vez sin seriedad. ≃ Coger la PALABRA. **6** («a, con, en») prnl. *Prometer formalmente hacer cierta cosa: 'Se ha comprometido a terminarme el traje para el lunes'. ≃ Obligarse. ⊙ prnl. recípr. Prometerse en matrimonio. **7** prnl. *Descubrirse como responsable de un delito, de la participación en una conspiración, etc.: 'Si le hacen hablar, se comprometerá'.

□ CATÁLOGO

Asumir, contraer un COMPROMISO, ligarse, contraer una OBLIGACIÓN, *obligarse, dar [o empeñar] la PALABRA, no tener más que una PALABRA, *prometer. ➤ Apalabrar, contratar, reservar. ➤ Complicar, enredar[se], envolver, implicar, hacer *INTERVENIR, involucrar[se], liar[se], meter las MANOS hasta el codo, meter[se], estar muy METIDO, mezclar[se], mojarse, *obligar, coger la PALABRA, pringar[se], salpicar. ➤ Compromiso, *contrato, *documento. ➤ De boca, de boquilla. ➤ *Libre. ➤ Escurrir el BULTO, echar el CUERPO fuera, hurtar el CUERPO, *eludir, escabullirse, *evadir, *evitar, hurtar el HOMBRO, no dejar escapar [o no soltar] PALABRA, no soltar PRENDA, huir de la QUEMA, zafarse.

comprometido, -a **1** Participio adjetivo de «comprometer[se]». **2** *Delicado, *apurado, *escabroso o *peligroso: 'Una situación comprometida'. **3** Aplicado a personas, y a sus actos, obras, etc., activamente adscrito a una determinada ideología o actitud frente a los problemas sociales. ⇒ *Idea.

comprometimiento m. *Acción y efecto de comprometer[se].*

compromisario (del lat. «compromissarĭus») m. Persona que actúa en algún asunto en *representación de otra u otras, por delegación de éstas. ⊙ Particularmente, persona designada entre otras por *elección, para, a su vez, tomar parte en *representación de los que le han designado en la elección del que ha de ocupar cierto puesto; por ejemplo, el de presidente de los Estados Unidos.

compromiso (del lat. «compromissum») **1** m. *Designación de un compromisario.* **2** («Contraer, Suscribir, Anular, Cancelar, Rescindir, Romper») Obligación contraída por alguien con una promesa, *contrato, etc. ⊙ («Contraer, Suscribir, Anular, Cancelar, Rescindir, Romper») *Acuerdo por el que los que lo establecen se comprometen a algo. ⊙ Promesa de matrimonio: 'Anillo [o fiesta] de compromiso'. ⊙ Específicamente, convenio por el que dos litigantes se obligan a aceptar el fallo de un *mediador. **3** («Encontrarse en, Verse en, Poner en») Situación comprometida o apurada: 'Me vi en un compromiso por no llevar dinero'. ≃ *Apuro. **4** Obligación social; como una visita, comida, homenaje, etc.

COMPROMISO VERBAL. El establecido solamente de palabra, sin escribirlo.

PONER a alguien EN UN COMPROMISO. **1** Comprometerle; ponerle en situación apurada. **2** Poner a alguien en tal situación que no tiene más remedio que hacer cierta cosa, le guste o no le guste.

SIN COMPROMISO. Fórmula muy frecuente para expresar que de una acción, por ejemplo la de probar alguna cosa, no se deriva ninguna obligación: 'Pruebe usted en su casa este aparato sin compromiso'. ⊙ Libre de compromiso. ⊙ (inf.) Particularmente, sin *novio o novia: 'Soltero y sin compromiso'.

comprovinciano, -a (de «com-» y «provinciano») n. **Paisano (de la misma provincia).*

comprueba (de «comprobar») f. AGRÁF. *Prueba ya corregida que sirve para comprobar si las correcciones indicadas en ella se han hecho en las nuevas pruebas.*

compto (de «cómputo»; ant.) m. **Cuenta.*

compuerta **1** f. Obstáculo movible que, según que se cierre o abra, impide o deja paso al agua en *canales, *presas, etc. ⇒ Adufa, entrepuerta, esclusa, escorredor, maglaca, paradera, sangradera, tablacho, tajadera, templadera. ➤ Brenca, busco, cárcel. ➤ Bajar, escalar, levantar. ➤ *Presa. **2** Media *puerta que cierra solamente la parte inferior de alguna entrada, sólo para impedir el paso fácil de personas o animales, sin interceptar el de la luz. ⊙ En una puerta partida horizontalmente en dos partes que pueden moverse independientemente, la parte inferior. **3** **Cortina de tela encerada, cuero, etc., que suplía la puerta en algunos *carruajes antiguos.* **4** *Trozo de tela de la misma del vestido, con la cruz bordada, que llevaban sobrepuesta sobre el pecho, como *insignia, los *comendadores de las órdenes militares.*

compuestamente **1** adv. Con compostura. **2** Con *orden.

compuesto, -a **1** Participio de «componer[se]». **2** adj. No simple. ⊙ GRAM. Se aplica a las *palabras formadas por unión de dos o más. **3** *Arreglado (acicalado). **4** *Arreglado (reparado). **5** **Comedido, *circunspecto o recatado.* **6** ARQ. Se aplica a uno de los órdenes arquitectónicos clásicos caracterizado por el uso del capitel corintio con volutas jónicas y otros elementos no propiamente canónicos. **7** adj. y n. f. BOT. Se aplica a las *plantas de la familia de la margarita, el crisantemo o el áster, que son arbustos, matas o hierbas, con hojas alternas u opuestas y flores en capítulo. Se encuentran en todo el mundo y muchas son utilizadas como alimento y como ornamentales o medicinales. ⊙ f. pl. BOT. Esa familia. **8** m. *Sustancia compuesta: 'Los compuestos orgánicos'. ⊙ COMPUESTO químico.

COMPUESTO QUÍMICO. Sustancia química compuesta.

V. «INTERÉS compuesto, quedarse compuesta y sin NOVIO, ORACIÓN compuesta, REGLA de tres compuesta, TIEMPO compuesto».

compulsa **1** f. Compulsación, particularmente en lenguaje jurídico. **2** DER. *Copia de un documento o de autos sacada y cotejada con el original judicialmente.*

compulsación f. Acción de compulsar.

compulsar (del lat. «compulsāre») **1** (ant.) tr. *Compeler.* **2** *Comprobar o *confrontar. Comparar una ↘copia con el documento original para ver si es exacta. **3** DER. Sacar compulsas. ⇒ *Tribunal.

compulsión 1 (form.) f. Acción de compeler. **2** Inclinación irreprimible a hacer algo. ⇒ *Impulso.

compulsivo, -a (de «compulso») **1** adj. Obligatorio. **2** Que muestra *compulsión: 'Marta es una compradora compulsiva'.

compulso, -a *Participio pasado irregular, desusado, de «compeler».*

compulsorio, -a adj. y n. DER. *Se aplica al mandato que da un juez para que sea compulsado un documento.*

compunción f. Acción de compungirse. ⊙ Estado de compungido.

compungido, -a («Estar») adj. Apenado, particularmente por haber hecho alguna cosa mala o por compasión de sí mismo o de otro; se aplica más bien a un afligimiento de niños o infantil: 'Está muy compungida porque ha roto su muñeca. Empezó a hacer pucheros muy compungido cuando vio que pegaban a su hermanito'.

compungimiento m. Acción y efecto de compungirse.

compungir (del lat. «compungĕre») **1** (ant.) tr. *Punzar.* **2** **Remorder la conciencia.* **3** Hacer que ↘alguien se compunja. ⊙ prnl. Ponerse o estar compungido.

compurgación f. *Medio para declarar inocente a un acusado cuyo delito no estaba plenamente demostrado, basado en ciertas pruebas como la del agua hirviendo o la del hierro candente (compurgación vulgar) o en el juramento de otras personas que garantizaban la veracidad del juramento prestado por el reo (compurgación canónica).* ≃ Purgación.

compurgador m. *Persona que juraba en defensa de la veracidad del juramento del reo.*

compurgar (del lat. «compurgāre») tr. *Desvirtuar un reo la ↘acusación mediante la prueba de la compurgación.*

computable adj. Que se puede computar.

computación 1 f. Acción de computar. **2** (más frec. en Hispam.) *Informática.*

computacional f. De [la] informática: 'Lingüística computacional'.

computador, -a 1 adj y n. Apto para computar o dedicado a ello. **2** (más frec. en Hispam.) f. o, menos frec., m. Máquina electrónica que permite almacenar información y, mediante determinados programas, procesarla automáticamente. ≃ Ordenador. ⇒ *Informática.

computadorizar tr. Computarizar.

computar (del lat. «computāre») **1** («en») tr. Medir o expresar una ↘magnitud con ciertas unidades o medidas: 'El tiempo se computa en años, meses, días...'. ≃ *Contar. **2** («por») Tomar en cuenta una ↘cosa o tomarla en cuenta en cierta forma o como equivalente a cierto valor: 'Cada acierto se computa por diez puntos. También se computan a efectos de antigüedad los años servidos como interino'. ≃ Conmutar, contar.

computarizar o **computerizar** tr. Procesar una ↘información mediante una computadora. ≃ Informatizar.

cómputo (del lat. «compŭtus») m. *Cuenta, cálculo, o acción o procedimiento de contar: 'El cómputo del tiempo'. CÓMPUTO ECLESIÁSTICO. *Cálculo con que se determina la fecha de las *fiestas movibles.*

comto, -a (del lat. «comptus») adj. *Se aplica al lenguaje o estilo afectados por exceso de pulimento.*

comulgante adj. y n. Se aplica al que comulga.

comulgar (del lat. «communicāre», comunicar) **1** tr. **Dar la comunión.* **2** intr. Recibir la *Eucaristía. ⇒ Consumir, recibir a DIOS, cumplir con la IGLESIA, cumplir con la PARROQUIA, cumplir con el PRECEPTO, recibir al SEÑOR. ➤ Concorpóreo. ➤ Descomulgar, excomulgar. *Comunión. *Eucaristía. **3** («con, en») Tener en común ideas o ideales: 'No comulga con sus ideas. Comulgan en los mismos principios'. ⇒ *Participar.

V. «comulgar con RUEDAS de molino».

comulgatorio m. Barandilla colocada en las *iglesias delante del *altar, ante la que se arrodillan los fieles para recibir la comunión.

común (del lat. «commūnis») **1** («a») adj. Tenido o poseído por todas las cosas o personas de que se trata: 'Un carácter común a las plantas de clima seco. Una necesidad común a todos los hombres'. ⊙ Se aplica a lo que pertenece o se refiere a la vez a varios: 'Un dormitorio común. Dinero común. Los intereses comunes'. ⇒ Colectivo, compartido, *general, de [o para] TODOS. ➤ En común, pro indiviso, de mancomún, mancomunadamente. ➤ Comulgar, *participar. ➤ Comunidad, *condominio. **2** *Abundante o *frecuente: 'Los geranios son flores muy comunes. En este lugar de la carretera son muy comunes los accidentes'. ≃ *Corriente. ⊙ *Acostumbrado, *corriente o *usual. Muy difundido entre la gente: 'Es creencia común... Es una costumbre muy común en los pueblos eslavos'. **3** No especial o selecto: 'Naranjas de clase común'. ≃ *Corriente, ordinario, vulgar. **4** V. «NOMBRE común». **5** m. *Retrete. **6** En la expresión «Cámara de los Comunes», traducción de la inglesa «House of Commons», se refiere a los ciudadanos comunes.

V. «de común ACUERDO, CÁMARA de los comunes».

EL COMÚN. **1** La comunidad. ⊙ Específicamente, la municipal, o *municipio: 'Bienes del común'. **2** El COMÚN de las gentes.

EL COMÚN DE LAS GENTES. La mayor parte de la gente o la gente en general. ⇒ *Generalidad.

EN COMÚN. Todos o para todos a la vez: 'Tienen un estudio en común'.

V. «ERA común, FOSA común, GÉNERO común, LUGAR común, NOMBRE común».

POR LO COMÚN. Corrientemente: 'Por lo común, cenamos a las diez'. ≃ Comúnmente.

V. «SAL común, SANGRADOR del común, SENSORIO común, SENTIDO común».

comuna[1] (de «común») **1** f. **Municipio.* **2** (Mur.) **Acequia general.*

comuna[2] (del fr. «comunne») **1** f. Forma de organización social y económica basada en la propiedad colectiva de los bienes. **2** Grupo de personas que habitan una misma vivienda y llevan una vida en común en todos sus aspectos, generalmente al margen de la sociedad y en contacto con la naturaleza: 'Una comuna hippie'. ⇒ *Contracultura.

comunal adj. Del común o *municipio. ⇒ Concejil. ➤ BIENES comunales, BIENES de propios, propios.

comunaleza (de «comunal») **1** (ant.) f. *Comunidad de *pastos o aprovechamientos.* **2** (ant.) **Término medio.* **3** (ant.) **Comunicación o *trato entre personas.*

comunalia (de «comunal»; ant.) f. **Medianía.*

comunalmente 1 adv. *En común.* **2** *Comúnmente.*

comunero, -a (de «común») **1** adj. **Sociable, *amable o *campechano.* **2** n. **Participante en una posesión o un derecho.* **3** (pl.) m. *Se aplica a los pueblos que tienen comunidad de *pastos.* **4** adj. De las comunidades de Castilla. ⊙ Hombre de los que lucharon en ellas. ⇒ *Rebelarse.

comunicable 1 adj. Susceptible de ser comunicado. **2** **Sociable o *amable.*

comunicación 1 («Haber», etc.) f. Acción de comunicar[se]. ⊙ («Establecer, Poner en») Posibilidad de *comunicarse. ⊙ («Poner en, Tener, Estar en») *Relación entre dos o más puntos o personas que se comunican. **2** Medio por el cual una cosa se *comunica con otra. ⊙ *Abertura o camino que permite el *paso de un sitio a otro: 'Entre la dos casas había una comunicación secreta. La gruta tiene una comunicación con el acantilado. El estrecho de Gibraltar es la única comunicación del Mediterráneo con el océano Atlántico'. ⊙ (pl.) Medios que sirven para que se comuniquen los puntos geográficos entre sí: 'Por causa de la nieve están cortadas las comunicaciones con el norte por carretera'. ⇒ *Comunicar. **3** **Figura retórica que consiste en una pregunta dirigida por el que habla a sus oyentes, dando por supuesto su asentimiento.* **4** («Mandar, Cursar») Escrito, telegrama, etc., en que se *comunica algo. ≃ Comunicado. ⇒ *Comunicar. **5** Escrito sobre determinada materia que se expone en un congreso de especialistas para su conocimiento y discusión.
V. «MEDIOS de comunicación».

comunicado, -a 1 Participio adjetivo de «comunicar-[se]». ⊙ (acompañado de «bien» o «mal») Con buenos o malos medios de comunicación: 'La casa no es céntrica, pero está bien comunicada'. **2** m. Comunicación. **3** Escrito enviado a un *periódico por una persona a quien interesa y cuyo nombre o cargo se consigna al publicarlo. ⇒ Remitido.

comunicador, -a 1 adj. Que comunica o sirve para comunicar. **2** adj. y n. Se aplica a la persona pública capaz de conectar con gran facilidad con las masas: 'Ese político es un gran comunicador'.

comunicante adj. y n. Se aplica al que *comunica algo o se comunica con otra cosa u otra persona. ⊙ Particularmente, persona que comunica espontáneamente algo a un *periódico: 'Según nos asegura nuestro comunicante...'.
V. «VASOS comunicantes».

comunicar (del lat. «communicāre», compartir) **1** tr. Hacer saber a alguien cierta ↘cosa: 'Ya le he comunicado mis intenciones'. También recípr.: 'Nos comunicaremos nuestras impresiones. ⊙ prnl. recípr. Establecer comunicación: 'Se comunica con su familia por medio del ordenador. Se comunican a través de la Cruz Roja'. **2** («con, entre sí, por») intr. y prnl. recípr. Tener comunicación un recinto con otro: 'El dormitorio de los niños comunica con el de los padres. Los dos jardines comunican por una puerta'. Las casas se comunican entre sí por una galería'. ≃ Corresponderse. ⊙ tr. Hacer que se comuniquen dos ↘recintos: 'Hemos abierto una puerta para comunicar las dos habitaciones'. ≃ Poner en comunicación. **3** *Transmitir alguien ↘sentimientos, costumbres, enfermedades, etc., suyos o que lleva en sí a otro: 'Nos ha comunicado a todos su miedo. La mosca tse- tse comunica la enfermedad del sueño'. **4** Hacer una cosa o persona con su influencia o intervención que otra cosa u otra persona tenga ↘algo que se expresa: 'La rueda comunica al péndulo su movimiento. La carta le comunicó optimismo'. ≃ *Dar, infundir. **5** («a») prnl. Pasar un fuego, una epidemia o cosas semejantes a nuevas cosas o personas. ≃ *Transmitirse. **6** Pasar a otros las propias ↘ideas o sabiduría. ≃ *Enseñar. **7** («con») tr. **Tratar con otra persona de cierto ↘asunto propio:* 'Ya he comunicado mi proyecto con mi padre'. **8** (ant.) intr. **Comulgar; dar o recibir la comunión.* **9** Dar el teléfono un señal que indica que la línea está ocupada.

□ CATÁLOGO

*Anunciar, *avisar, dar a CONOCER, dar CONOCIMIENTO, poner en CONOCIMIENTO, dar CUENTA, dar a ENTENDER, enterar, escribir, *exponer, inculcar, *informar, insinuar, instilar, noticiar, notificar, oficiar, dar PARTE, participar, hacer PARTÍCIPE, hacer PRESENTE, proclamar, dar PUBLICIDAD, radiar, dar RAZÓN, revelar, hacer SABER, transmitir, vehicular. ➤ Contagiar, pasar, pegar, transmitir. ➤ Besalamano, cable, *carta, circular, comunicación, comunicado, despacho, embajada, epístola, escrito, esquela, fax, letras, *mensaje, *nota, *noticia, notificación, oficio, parte, pliego, recordatorio, saluda, TARJETA postal, telefax, telefonema, telegrama, vereda, volante. ➤ Pregón. ➤ Telepatía. ➤ *Abertura. ➤ Anastomosis, convección, irradiación, *paso, transmisión. ➤ Contacto, *relación, *trato. ➤ *Lenguaje, seña, señal, signo. ➤ Correo, heliografía, LÍNEA aérea, LÍNEA de comunicación, mass media, media, MEDIOS de comunicación, multimedia, mundovisión, radiotelefonía, radiotelegrafía, radiotelégrafo, *teléfono, *telégrafo, *VÍA de comunicación. ➤ Incomunicar. ➤ *Decir. *Difundir. *Enseñar.

comunicativo, -a («Estar, Ser») adj. Aplicado a personas, inclinado a comunicar a otros sus pensamientos, estados de ánimo, etc. ⇒ *Abierto, expansivo, *franco.

comunicatorio, -a adj. V. «LETRAS comunicatorias».

comunicología f. Ciencia que estudia la comunicación.

comunicólogo, -a n. Especialista en comunicología.

comunidad (del lat. «communĭtas, -ātis») **1** f. Circunstancia de ser tenido en común: 'Practicaban la comunidad de bienes'. **2** *Vecindario de una villa realenga representado por un ayuntamiento.* ≃ Común, *municipio. **3** Asociación de personas que tienen intereses comunes: 'Comunidad de propietarios'. ⊙ Se emplea particularmente en los nombres propios de algunas: 'Comunidad de regantes del Turia'. ⊙ Específicamente, conjunto de los individuos de una *orden religiosa que viven en un mismo convento. ⊙ Conjunto social de que se forma parte; en el sentido más amplio, conjunto de los seres humanos: 'Trabajar para la comunidad'. ⇒ Colectividad, los demás, FAMILIA humana, *humanidad, *nación, prójimo, semejantes, sociedad. ➤ BIEN [o INTERÉS] público, procomún, SALUD [o UTILIDAD] pública. ➤ Miembro. ➤ *Himno. ➤ *Excomulgar, expulsar. ➤ *Asociar. **4** (pl.) Se aplica a algunos levantamientos populares históricos. ⊙ (pl.) Particularmente a la *rebelión que tuvo lugar en Castilla en tiempo de Carlos I.
COMUNIDAD AUTÓNOMA. Cada una de las entidades territoriales en que está organizado el Estado español de acuerdo con la constitución de 1978, dotadas de competencias y representantes propios. ⇒ Consejería, consejero. ➤ *Territorio.
EN COMUNIDAD. Juntos: 'Vivir [o poseer] en comunidad'.

comunión (del lat. «communĭo, -ōnis») **1** f. Comunidad. ⊙ Aplicado a cosas no materiales, circunstancia de ser tenido en común: 'La comunión de ideales entre nosotros'. **2** Se aplica con sentido reverencial, generalmente por sus mismos miembros o *partidarios, a la unidad formada por los que tienen las mismas ideas religiosas, políticas, etc.: 'La comunión católica [tradicionalista, socialista]'. ≃ Comunidad. ⊙ También se dice «la comunión de los fieles». **3** *Sacramento consistente en recibir la Eucaristía. ⊙ *Ceremonia o acto en que se da y recibe. ⊙ Parte de la *misa en que comulga el sacerdote. ⇒ *Eucaristía. ➤ Consumir. ➤ *Comulgar, recibir a DIOS, cumplir con la IGLESIA, cumplir con [la] PARROQUIA, cumplir con el PRECEPTO, recibir al SEÑOR. ➤ Dar la COMUNIÓN, dar a DIOS, sacramentar, viaticar. ➤ Cratícula. ➤ Concorpóreo. ➤ Recordatorio. ➤ Descomunión, excomunión, poscomunión, postcomunión. ➤ Copón.
COMUNIÓN DE LOS FIELES. Conjunto de los *católicos.
C. DE LA IGLESIA. COMUNIÓN de los santos.

C. DE LOS SANTOS. Unión o reunión de todos los fieles *católicos de este mundo y el otro. ≃ COMUNIÓN de la Iglesia.
DE PRIMERA COMUNIÓN (inf.). Vestido o arreglado con lo mejor que se tiene.
PRIMERA COMUNIÓN. La primera que hace un niño, que suele solemnizarse con una *ceremonia, y para la que se le suele vestir con traje especial. ⇒ Limosnera.

comunismo (de «común») m. Posesión o administración de bienes en común. ⊙ Específicamente, doctrina y organización social y *política basadas en la posesión y administración de todas las fuentes de riqueza por el Estado. ⇒ Bolchevismo. ➤ Soviet.

comunista adj. Del comunismo. ⊙ Organizado con arreglo a las doctrinas comunistas. ⊙ adj. y n. Partidario del comunismo. ⊙ Específicamente, perteneciente a un partido comunista.

comunitario, -a adj. De la [o una] comunidad. ⊙ En particular, de la Unión Europea.

comúnmente adv. Casi siempre; salvo en casos excepcionales: 'Comúnmente me levanto a las ocho'. ≃ Corrientemente.

comuña (del lat. «communĭa», pl. neutro de «commūnis», común) **1** (Ast.) f. **Aparcería; especialmente, de *ganados.* **2** (colectivo de género) *Semillas de cualquier clase, excepto trigo, centeno o cebada.* ≃ Camuña. **3** **Trigo mezclado con *centeno.*

comuti m. *Curiyú (boa acuática).*

con (del lat. «cum») prep. Expresa diversas relaciones de las que, por recuerdo de la declinación latina, se llaman de ablativo. Las dudas respecto a su uso en casos particulares, lo mismo que en el caso de las otras preposiciones, deben resolverse consultando el artículo correspondiente a la palabra sobre cuyo régimen se duda. Relaciones expresables con ella: **1** *Compañía o colaboración: 'Está con sus amigos. Trabaja con su padre'. ⊙ *Reciprocidad: 'Discute con todos. Me escribo con ella'. **2** Contenido: 'Una frase con sentido. Un vestido con adornos'. ⇒ -ado, no SIN. ⊙ El complemento de los verbos «aguantarse, resignarse» y equivalentes: 'Apechugar con las consecuencias'. ⊙ El de los verbos «poder» y «atreverse»: 'No puede con la carga'. **3** *Medio, procedimiento o *instrumento y, a veces, *causa: 'Atar con una cuerda. Le premiaron con aplausos. Lo consiguió con súplicas. Con la ayuda de Dios. Se conforma con poca cosa. Se desgasta con el roce'. ⊙ El complemento de «contar»: 'Cuentas con mi ayuda'. **4** *Modo: 'Con dificultad. Con mucho gusto'. **5** Otras relaciones difícilmente pueden encajar en las anteriores, como son, por ejemplo, los complementos de los verbos «intervenir» o «mediar»: 'Medié con su padre para que le diera el permiso'. ⇒ Cerca de. ⊙ O los complementos de los verbos «condescender, humillarse» y semejantes, y sus contrarios: 'Se humilla con los poderosos. Se insolentó con el jefe'. **6** A veces, sustituye a «y» cuando además de la idea de adición hay en cierto modo la de compañía: 'El príncipe con su séquito se alojó en el hotel'. ⊙ A veces, en estos casos, el verbo concierta en plural: 'Un faquí con su discípulo habían ido a hacer oración' (M. Pidal, «La España del Cid»). **7** En frases como 'con decir que estuviste enfermo ya está justificado' o 'con salir a las seis ya es suficiente', o sea precediendo a un infinitivo o una oración con «que», expresa cierto *medio o antecedente *suficiente para que se realice la cosa que se expresa. **8** A veces, tiene valor *concesivo-*adversativo y significa «a pesar de» o «aunque»: 'Con ser su madre, no puede aguantarle. Con ser importante la pérdida de dinero, en esas circunstancias lo es más la de tiempo'. **9** Se emplea en exclamaciones de *queja con que se expresa algo que hace injusta o lamentable cierta cosa expresada antes o consabida: 'No me ha comunicado su boda... ¡con lo que yo la quiero! ¡Con los sacrificios que me ha costado! ¡Con lo contenta que yo estaba!'. ⇒ *Desengaño.
CON QUE. Seguido de subjuntivo, sirve para introducir oraciones condicionales *hipotéticas, frecuentemente con valor restrictivo: 'Con que lleguemos un cuarto de hora antes, es suficiente. Con que llueva un par de días, me conformo'. ≃ CON TAL que.
V. «OJO [u ojito] con, PARA con, con SOLO, con TAL que, con TODO y con eso».

con- (del lat. «cum»; var. «co-, com-») Elemento prefijo que expresa *participación o cooperación: 'consocio, conllevar, coheredero'.

conacaste (del nahua «cuahit», árbol, y «naçasti», oreja; Guat., Salv.; *Enterolobium cyclocarpum*) m. *Árbol leguminoso maderable.*

conacho (Perú) m. MINER. **Mortero de piedra en que se trituraban los minerales que tenían *oro o *plata.*

conaráceo, -a adj. y n. f. BOT. *Se aplica a las *plantas de la familia a la que pertenece el «árbol de la Guayana», que son árboles o arbustos trepadores tropicales, de gran importancia en la industria maderera, en usos medicinales, curtientes y en la obtención de fibras.* ⊙ f. pl. BOT. *Esa familia.*

conativo, -a 1 (culto o cient.) adj. *Del conato (inclinación, tendencia, propósito).* **2** LING. Se aplica a la función del lenguaje destinada a provocar una acción en el receptor del mensaje; es la función propia de las formas del imperativo.

conato (del lat. «conātus») **1** m. *Empeño y *esfuerzo puestos en la ejecución de algo.* **2** **Inclinación, tendencia o *propósito.* **3** Iniciación de un acto delictivo que no llega a consumarse: 'Un conato de robo'. ≃ *Intento. ⊙ Es el término empleado en derecho. ⊙ Por extensión, acción de cualquier clase que no llega a alcanzar completo desarrollo: 'Un conato de incendio'.

conca (del dial. «conca», y éste del lat. «concha») **1** f. **Concha o caracola.* **2** (ant.) *Cuenca.*

concadenar (del lat. «concatenāre»; culto) tr. y prnl. *Relacionar[se] ˘ideas o hechos en forma de causas y efectos o de otra manera real o lógica.* ≃ Concatenar[se], encadenar[se].

concambio m. *Canje.*

concanónigo m. *Con respecto a un canónigo, otro que lo es al mismo tiempo, en la misma iglesia.*

concatedralidad (de «con» y «catedralidad») **1** f. *Circunstancia de compartir dos iglesias la dignidad de *catedral, con un solo cabildo.* **2** *Relación entre dos catedrales cuyos respectivos canónigos tienen asiento en el coro de ambas.*

concatenación 1 f. Acción y efecto de concatenarse: 'Una concatenación de argumentos lleva a esta conclusión. Una concatenación de circunstancias impidió el viaje'. **2** **Figura retórica consistente en una conduplicación repetida.* ⇒ *Repetición.

concatenarse (del lat. «concatenāre») prnl. Relacionarse ideas mediante vínculos lógicos o sucederse hechos en forma de causas y efectos. ≃ Concadenarse.

concausa f. Cosa que contribuye con otras a cierto efecto. ⇒ *Causa, *factor.

concavidad f. Cualidad de cóncavo. ⊙ Parte cóncava: 'Un casquete con la concavidad hacia abajo'. ≃ *Cavidad. ⊙ Vacío, o lugar donde falta masa, en la superficie de un cuerpo: 'Una gruta es una concavidad en la roca'. ≃ Depresión, hoyo, hueco.

cóncavo, -a (del lat. «concăvus») **1** adj. Se aplica a las superficies curvas que forman una *cavidad u *hoyo: 'Lente cóncava'. ⇒ *Cavidad, bicóncavo, cavado, cavo, concoideo, cóncavo-convexo. **2** m. MINER. *Ensanchamiento alrededor de los pozos interiores de las minas para colocar y manejar los tornos.*

cóncavo-convexo, -a adj. Se aplica a un disco, particularmente a una *lente, convexo por una de sus caras y cóncavo por la otra. ⇒ Menisco.

concebible adj. Susceptible de ser concebido o comprendido. ⇒ Inconcebible.

concebir (del lat. «concipĕre») **1** tr. o abs. Quedar fecundada una hembra. ⇒ Quedar EMBARAZADA, embarazarse, quedarse ENCINTA [en ESTADO O PREÑADA], gestar. ➤ Superfetación. ➤ Anticonceptivo. **2** tr. Formar o empezar a tener ciertas ↘cosas en la mente o el ánimo. ⊙ Formar una ↘idea, proyecto, etc.: 'Concebir un plan'. ≃ *Idear. ⊙ («hacia, por») Empezar a experimentar cierto ↘sentimiento o *pasión: 'Concibió una antipatía súbita hacia el perro'. ⊙ Pensar en cierta ↘cosa como posible. Se usa más en frases negativas: 'No puedo concebir que estalle otra guerra'. ≃ *Imaginar. ⇒ Caber en la CABEZA. ⊙ Encontrar en la propia mente razones o explicación para cierta ↘cosa: 'Concibo que quiera cambiar de empleo, pero no concibo que cambie éste por otro peor'. ≃ *Comprender. ⊙ Llegar a tener ciertas ↘ilusiones. ≃ Crearse, forjarse, formarse, hacerse.

HACER CONCEBIR. Enlace muy frecuente: 'Eso me hizo concebir esperanzas'.

conceder (del lat. «concedĕre») **1** tr. *Dar cierta ↘cosa alguien que tiene autoridad o poder para ello: 'Concede a sus empleados un mes de vacaciones. Nos conceden un mes de plazo. Está dispuesto a concederme todo lo que le pida'. ⊙ Dedicar ↘atención, interés, etc., a algo o alguien. ⊙ Es el verbo específicamente usado con «crédito». ⊙ Reconocer que algo o alguien tiene ↘mérito, inteligencia, valor, etc. ⊙ *Acceder a que alguien haga la ↘cosa que se expresa: 'Me concede que no vaya a la oficina los sábados'. **2** En una discusión o argumentación, *admitir como verdad ↘algo de lo que dice el contrincante: 'Concedo que yo estuve brusco; pero fue él quien me irritó'.

□ CATÁLOGO

*Adjudicar, agraciar, asignar, *atribuir, colar, conferir, discernir, dispensar, escuchar, exaudir, franquear, hacer GRACIA de, hacer MERCED, otorgar, *permitir, *querer, ser SERVIDO de, *tolerar. ➤ Beneficio, concesión, dádiva, don, donación, donativo, favor, gracia, impetra, merced, *permiso, *privilegio, *regalo. ➤ Cortesía, transigencia. ➤ Albalá. ➤ Hacerse ROGAR. ➤ Quien CALLA otorga. ➤ *Acceder. *Asentir. *Condescender. *Dar. *Permitir.

concejal, -a n. Miembro del concejo o *ayuntamiento. ⇒ Conceller, regidor.

concejalía f. Cargo de concejal. ⊙ Cada uno de los departamentos administrativos de un ayuntamiento a cargo de un concejal: 'Concejalía de cultura'.

concejeramente **1** adv. **Públicamente, sin recato.* **2** (ant.) *Judicialmente.*

concejero, -a adj. *Público.*

concejil **1** adj. Del concejo. **2** *Comunal.* **3** adj. y n. m. MIL. *Se aplicaba a la gente enviada a la guerra por un concejo.* **4** (ant.) m. *Concejal.* **5** adj. y n. m. **Expósito.*

concejo (del lat. «concilĭum»; lit. y usado en algunos pueblos) m. *Municipio o *ayuntamiento. ⊙ Sesión celebrada por los miembros de un concejo.

CONCEJO DE LA MESTA. Asociación formada antiguamente por los ganaderos, la cual celebraba una junta anual en que se tomaban disposiciones concernientes a los asuntos de interés común. ⇒ Achaquero, ALCALDE de la Mesta, apartado. ➤ CABAÑA real. ➤ Acogido. ➤ Arreala. ➤ Mesteño. ➤ Cuadrilla. ➤ Alenguar, tributar.

concelebración m. Acción de concelebrar.

concelebrar tr. Celebrar un ↘misa varios sacerdotes conjuntamente.

conceller (del cat. «conseller») m. *Miembro del concejo en Cataluña.*

concello (ant.) m. *Concejo.*

concento (del lat. «concentus», armonía) m. **Canto acordado y armonioso de varias voces.*

concentración **1** f. Acción y efecto de concentrar[se]. **2** Grado de una disolución, en relación con la proporción mayor o menor de cuerpo disuelto. ≃ Densidad. **3** *Reunión de una multitud en un lugar para manifestarse públicamente: 'Una concentración de campesinos para pedir la supresión de las tasas'. ⇒ *Manifestación.

V. «CAMPO de concentración».

concentrado, -a **1** Participio adjetivo de «concentrar-[se]». **2** m. Preparado más o menos deshidratado de un alimento, una bebida, una medicina, etc.

concentrador, -a adj. y n. Que concentra.

concentrar (de «con» y «centrar») **1** tr. y prnl. *Reunir[se] en un solo sitio o dirigir hacia un solo sitio ↘cosas que están dispersas, que tienden a dispersarse o que se pueden dispersar: 'Concentrar con una lente los rayos solares. Concentrar el poder en pocas manos. Concentrar la atención en una cuestión'. ⇒ Centralizar, centrar, juntar, polarizar. ⊙ *Atraer una cosa hacia sí las ↘miradas, la atención, etc., de la gente presente en algún sitio. ⊙ prnl. Dirigirse éstas hacia la cosa de que se trata. ⇒ Acaparar, centrar, monopolizar, polarizar. **2** tr. y prnl. Aumentar la cantidad proporcional de sustancia disuelta en una ↘solución, disminuyendo la cantidad de líquido: 'Hervir la leche durante algún tiempo para concentrarla'. ≃ Condensar. ⇒ Consumir, enriquecer, esmerar, espiritualizar, extractar, quintaesenciar, reducir. ➤ *Destilar. **3** Centrar el ↘pensamiento en algo sin distraerse en otra cosa. ⇒ *Abstraerse.

concéntrico, -a adj. Aplicado a figuras geométricas, con el mismo *centro: 'Círculos concéntricos'.

concentuoso, -a (del lat. «concentus», armonía; ant.) adj. **Armonioso.*

concepción **1** f. Acción de concebir. **2** Por antonomasia, acción de concebir la Virgen a Jesucristo.

INMACULADA [O PURÍSIMA] CONCEPCIÓN («La»). Concepción de la *Virgen, advocación de la Virgen que alude a ella y *fiesta con que se celebra, el 8 de diciembre.

concepcionista adj. y n. f. Se aplica a las religiosas de la *orden franciscana de la Inmaculada Concepción.

conceptear intr. **Hablar intercalando conceptos agudos o ingeniosos.*

conceptible (de «concepto») **1** adj. **Concebible.* **2** **Conceptuoso.*

conceptismo m. Estilo conceptuoso. ⊙ Específicamente, estilo literario de cierto grupo de escritores del Barroco literario español, caracterizado por el gusto por la asociación ingeniosa de las ideas y la brevedad en la expresión. ⇒ Conceptuosidad, preciosismo, retorcimiento. ➤ Culteranismo, cultismo, gongorismo, marinismo.

conceptista adj. y n. Afectado de conceptismo. ⊙ Seguidor del conceptismo literario.

conceptivo, -a adj. *Capaz de concebir.*

concepto, -a (del lat. «conceptus») **1** (ant.) adj. *Conceptuoso.* **2** m. Representación mental de un objeto: 'Manejamos las palabras, que representan conceptos'. ≃ *Idea. ⊙ Relación establecida por la mente entre varias ideas: 'El caballo es un cuadrúpedo, es la expresión de un concepto'. ≃ *Idea, juicio, pensamiento. ⊙ Conocimiento descriptivo de lo que es o de cómo es una cosa: 'No tengo un concepto claro de lo que es el dadaísmo. Tienes un concepto equivocado de esa muchacha'. ≃ *Idea. ⊙ Evaluación hecha mentalmente de alguien o algo: 'Tengo un gran concepto de ese muchacho'. ≃ *Opinión. **3** Carácter que se atribuye a algo o alguien. **4** *Dicho ingenioso.* ≃ *Agudeza. **5** (ant.) *Feto.* **6** Cada una de las cosas a que se refieren las distintas *partidas que figuran, por ejemplo, en una *cuenta o un *presupuesto: 'Figuran cantidades por distintos conceptos'.

BAJO [O POR] NINGÚN CONCEPTO (usado en frases negativas). En ningún aspecto o desde ningún punto de vista: 'No tienes que arrepentirte por ningún concepto'.

EN CONCEPTO DE. *Como: con el significado o valor de la cosa que se expresa: 'Le dieron una cantidad en concepto de indemnización'.

EN MI [TU, etc.] CONCEPTO. Según le *parece a la persona de que se trata: 'En mi concepto no ha obrado bien'.

POR TODOS CONCEPTOS. En todos los aspectos o desde cualquier punto de vista: 'Es un asunto conveniente por todos conceptos'.

conceptuado, -a Participio adjetivo de «conceptuar», usado con «bien» o «mal», o adverbios semejantes: 'No está bien conceptuado entre sus compañeros'. ⇒ Desconceptuado.

conceptual 1 adj. Del concepto. **2** Del arte conceptual.

V. «ARTE conceptual».

conceptualismo (de «conceptual») **1** m. FIL. *Doctrina filosófica que trata de establecer un término medio entre el nominalismo y el realismo, admitiendo la existencia de conceptos universales en la mente, pero no fuera de ella.* **2** FIL. *Doctrina de Abelardo, según la cual las ideas generales son creaciones del espíritu.*

conceptualista adj. y n. FIL. *Del conceptualismo o adepto a él.*

conceptualizar 1 tr. Formar un concepto a partir de algo. **2** Organizar en conceptos.

conceptuar («de») tr. Tener formado cierto concepto o juicio sobre ↘alguien o algo: 'Le conceptúo poco apto para ese cargo. No conceptúo realizable ese proyecto. Le conceptúa de falso'. ≃ *Juzgar. ⇒ *Desconceptuar.

□ CONJUG. como «actuar».

conceptuosamente adv. Con conceptuosidad.

conceptuosidad f. Cualidad de conceptuoso. ⊙ Idea o expresión conceptuosa. ⇒ *Conceptismo.

conceptuoso, -a (desp.) adj. Se aplica al *lenguaje o el estilo, y a quien los usa, en los que prevalece el ingenio o el juego conceptual sobre otras consideraciones. ⊙ Oscuro, difícil de comprender. ⇒ *Conceptismo, *difícil, *incomprensible.

concercano, -a (de «con-» y «cercano») adj. *Situado en los *alrededores.*

concernencia f. *Hecho de concernir una cosa a otra.*

concerniente («a») adj. *Relacionado con la cosa que se expresa.

EN LO CONCERNIENTE A. En lo que concierne a.

concernir (del lat. «concernĕre») **1** («a») intr. *Corresponder a alguien cierta función; se usa más en frases negativas: 'A ti no te concierne juzgar si está bien o mal mandado'. ≃ Atañer. **2** («a») Tener una cosa interés para alguien determinado o *referirse a él o a su caso: 'A mí no me concierne la reciente disposición'. ≃ *Afectar.

EN LO QUE [O POR LO QUE] CONCIERNE A. Expresiones usuales, equivalentes a «en cuanto a». ⇒ Expresiones *RELATIVAS.

□ CONJUG. como «discernir». Sólo se usan las formas: concernir; concerniendo; concierne, conciernen; concernía, concernían; concierna, conciernan; concerniera, concernieran; concerniese, concerniesen.

concertación 1 (ant.) f. *Disputa o lucha.* **2** Acuerdo, convenio: 'La concertación social'.

concertadamente adv. De manera concertada.

concertado, -a 1 Participio adjetivo de «concertar». **2** Se aplica a la empresa privada que tiene un concierto con la administración pública, por ejemplo a los colegios privados que reciben una subvención del Estado. **3** (ant.) *Compuesto o *arreglado.*

concertador, -a adj. y n. *Aplicable al que concierta.*

V. «MAESTRO concertador».

concertante 1 adj. y n. *Aplicable al que concierta.* **2** adj. y n. m. MÚS. Se aplica a la pieza en que el canto se distribuye en varias voces.

concertar (del lat. «concertāre») **1** («con») intr. Sonar acordes las voces o instrumentos. ≃ *Acordarse, *armonizar, concordar. **2** («con»; acep. causativa) tr. Poner acordes, ↘voces o instrumentos. ⇒ *Afinar. **3** Colocar o relacionar ↘cosas de modo que cooperen todas convenientemente a un resultado o al buen efecto del conjunto. ≃ *Coordinar. **4** Poner de *acuerdo a dos o más ↘personas: 'Les he concertado para que emprendan juntos un negocio'. ⊙ *Reconciliar a dos o más ↘personas.* ⊙ («con») prnl. recípr. Ponerse de acuerdo dos o más personas. ≃ Arreglarse. ⊙ A veces, tiene sentido peyorativo, como «conchabarse». **5** («con») intr. *Concordar: estar de acuerdo una noticia, opinión, etc., con otra o con lo que ya se sabía: 'Lo que me dices concierta con las noticias que yo tenía'. **6** GRAM. *Concordar: tener iguales sus accidentes gramaticales comunes dos palabras que van juntas: 'El pronombre y el verbo conciertan en número y persona'. **7** («con, entre») tr. Decidir varias personas juntas ↘algo que satisface a todas: 'Hemos concertado reunirnos los sábados'. ≃ *Acordar, convenir, tratar. ⊙ («con, entre») Acordar una ↘venta, alquiler o servicio por determinado precio: 'Han concertado la venta de la casa en doce millones de pesetas'. Cuando el sujeto es el que compra, toma en alquiler, etc., pueden suprimirse las palabras «compra, alquiler», etc.: 'He concertado el piso en ochenta mil pesetas al mes'. ≃ *Ajustar. **8** CAZA. *Visitar los cazadores divididos en grupos el ↘monte para explorar por las huellas y pistas la caza que hay y cuáles son los sitios convenientes para *cazar.* **9** *Asear, vestir, etc. También reflex.* ≃ *Arreglarse.

concertina f. *Acordeón con las caras o cubiertas de forma hexagonal u octogonal, con teclado en ambas y de fuelle muy largo.

concertino (del it. «concertino») m. MÚS. Primer *violín de una orquesta.

concertista n. Persona que da conciertos como solista.

concesible (form.) adj. *Susceptible de ser concedido.*

concesión 1 f. Acción de *conceder. ⊙ Específicamente, cesión por el gobierno a un particular del derecho de explotar algo que pertenece a aquél, o un servicio público. ⇒ *Monopolio. ⊙ También, facultad que una empresa concede a otra o a un particular de vender o administrar sus productos en una zona determinada. **2** Cosa concedida.

⊙ Particularmente, por la administración pública. **3** Acción de ceder algo en una posición ideológica o en una actitud adoptada: 'Prefiere vivir en el destierro a hacer concesiones. Se ha trazado una línea de conducta y no está dispuesto a hacer la menor concesión'. **4** **Figura retórica que consiste en admitir una objeción posible, para demostrar que, aun así, la tesis que se sustenta resulta cierta.* ≃ Epítrope.

SIN CONCESIONES. Sin *atenuar por nada ni para nadie la cosa, generalmente una disposición o un comportamiento, de que se trata: 'Está dispuesto a hacer una política sin concesiones'. ⊙ Puede llevar un complemento: 'Hace lo que le parece justo, sin concesiones al qué dirán'. ≃ A rajatabla.

concesionario, -a adj. y n. m. Se aplica a la persona, entidad, etc., que disfruta una concesión: 'La compañía concesionaria de los transportes urbanos'.

concesivo, -a 1 adj. *Se aplica a lo que sirve para conceder.* ⊙ *Susceptible de ser concedido.* **2** GRAM. Se aplica a las *conjunciones que expresan que, en el caso de que se trata, queda desvirtuada la oposición que ordinariamente representa lo expresado por la oración afectada por la conjunción, para la realización de lo que expresa la otra oración. ⊙ GRAM. También se aplica a las oraciones introducidas por esta clase de conjunciones; por ejemplo, la encabezada por «aunque» en «iremos aunque llueva». ⇒ Apénd. II, EXPRESIONES CONCESIVAS.

□ CATÁLOGO

Así y todo, aun ASÍ, aun, aunque, BIEN que, si BIEN, si BIEN es cierto que, como, si... COMO si..., con, cuando, aun CUANDO, a DESPECHO de, no embargante, sin embargo, sin EMBARGO de que, empero, aun con ESO, y con ESO, y ESO que, maguer[a] que, mal que, de cualquier MANERA que, de todas MANERAS, más que, por MÁS que, cuando MENOS, al [a lo, por lo] MENOS, lo MISMO si... que si..., por MUCHO que, no por, no obstante, sin PERJUICIO de que, pero, a *PESAR de que, PESE a que, por, por... que, puesto que, que... que, quiera o no QUIERA, QUIERAS que no, con ser, si, sino, siquiera, ni siquiera, TANTO si... como si..., con todo, con TODO y con eso, con TODO y que, si bien es VERDAD que, y.

conceso, -a (ant.) *Participio pasado irregular de «conceder».*

conceto (ant.) m. *Concepto.*

conceyo 1 (ant.) m. *Concilio.* **2** (ant.) *Concejo.*

concha (del lat. «conchŭla») **1** f. Cubierta de distinta naturaleza, más o menos desarrollada, resistente, formada por una o más piezas, que típicamente protege el cuerpo de braquiópodos y *moluscos. ⊙ Por extensión, cualquier estructura que protege el cuerpo de algunos animales, como la que cubre a la *tortuga. ⇒ Coraza. ⊙ En lenguaje corriente, cada una de las valvas que forman una concha de las de dos piezas. **2** Material sacado de la concha de la tortuga «carey», que se emplea para fabricar diversos objetos; por ejemplo, peines. **3** Dispositivo en forma de concha colocado en la parte delantera del escenario para ocultar al apuntador de la vista del público. ⇒ *Teatro. **4** *Fragmento desprendido de un objeto de porcelana o semejante. ⇒ Caliche. ➤ Desconchar. **5** Puede aplicarse a cualquier objeto de *forma de concha. **6** (Hispam.; vulg.) *Vulva.* **7** *Solera del molino.* **8** **Ensenada muy pequeña.* **9** HERÁLD. *Venera.* **10** **Moneda antigua de cobre que valía ocho maravedís.*

CONCHA DE PEREGRINO. *Venera.

METERSE alguien EN SU CONCHA. *Apartarse del trato con la gente.

TENER MUCHAS CONCHAS. Tener más CONCHAS que un galápago

TENER MÁS CONCHAS QUE UN GALÁPAGO. Ser muy *astuto, y disimulado o *reservado.

□ CATÁLOGO

Caracol [o caracola], conca. ➤ Amonita [o amonites], belemnita, CUERNO de Amón, herátula, numulita. ➤ Fotuto [o fututo], guarura, madreperla, peche, pechina, taclobo, venera. ➤ Imbricada. ➤ Charnela, cutícula, espira, gozne, HABA marina, OMBLIGO marino, OMBLIGO de Venus, opérculo, valva. ➤ Nácar [o nacre], perla. ➤ Desbullar. ➤ *Molusco, bivalvo, conivalvo, polivalvo, univalvo. ➤ Conquiliología. ➤ Conquiliólogo. ➤ *Tortuga. ➤ Caparazón, carapacho. ➤ Caguama, carey. ➤ Conchoso, conchudo, concoideo, conquiforme, enconcharse.

Concha (¿de «conchita», y éste del it. «concetta»?) n. p. f. Forma hipocorística del *nombre de mujer «Concepción» (tomado de la fiesta con que celebra la Iglesia la Inmaculada Concepción de la Virgen).

conchabamiento o **conchabanza 1** m. o f. Alianza para alguna cosa no lícita. ⇒ Amaño, combi, combinación, compadraje, compadrazgo, confabulación, connivencia, *conspiración. ➤ *Chanchullo. *Compinche. *Contubernio. *Intrigar. **2** **Empleo o colocación conveniente que tiene alguien.* ≃ Acomodo.

conchabar (del lat. «conclavāre») **1** prnl. recípr. Ponerse de *acuerdo varias personas para algún fin no lícito o para perjudicar a otra ⊙ Puede usarse como transitivo pero no es frecuente. **2** tr. **Mezclar la ↘*lana de clase superior con otra de clase inferior.* **3** (Hispam.) *Contratar a ↘alguien como criado o para un *servicio subalterno.*

conchabo (de «conchabar»; And., Hispam.) m. *Contratación de un *servicio doméstico o semejante.*

conchado, -a adj. *Se aplica al animal que tiene concha.*

conchal adj. V. «SEDA conchal».

conchero m. *Depósito prehistórico de conchas y otros restos de moluscos y peces.*

conchesta (del lat. «congesta»; Ar.) f. **Nieve acumulada en los ventisqueros.*

conchífero, -a (de «concha» y «-fero») adj. y n. GEOL. *Se aplica al terreno *secundario que se caracteriza por la presencia de abundantes conchas.*

conchil (de «concha»; *Murex trunculus*) m. **Molusco gasterópodo de gran tamaño; segrega un liquido que fue usado en la antigüedad como tinte.*

concho[1] (del lat. «conchŭla») **1** (Ast., León) m. *Corteza verde de la *nuez.* **2** (Ec.) **Espata del *maíz.*

¡concho[2]**!** (euf. por «coño») interj. Expresa *enfado o *protesta.

concho[3]**, -a** (del quechua «qonchu», «cunchu», heces, posos) **1** (Ec.) adj. *Del *color de las heces de la *chicha o la *cerveza.* **2** (Hispam.) m. **Sedimento, residuo.* **3** (Hispam.; gralm. pl.) **Restos de comida.*

conchoso, -a (ant.) adj. **Astuto y *reservado (con muchas conchas).* ≃ Conchudo.

conchudo, -a 1 adj. Se aplica al animal que tiene concha. **2** (ant.; inf.) *Astuto, cauteloso.* **3** (Hispam.; inf.) *Sinvergüenza.* **4** (Méjico; inf.) *Indolente.*

conchuela (dim. de «concha») f. *Fondo del *mar formado por fragmentos de conchas.*

concia (del lat. «conscĭa») f. *Parte vedada de un monte.*

conciencia (del lat. «conscientĭa») **1** f. *Conocimiento que el espíritu humano tiene de sí mismo. ⊙ Facultad que hace posible ese conocimiento. ⊙ («Tener») Esa facultad considerada como censora de los propios actos. ⊙ («Tener») Por tanto, como móvil que impulsa a obrar bien, con rectitud o con consideración al prójimo: 'Un abogado de conciencia. Un hombre sin conciencia. Conciencia profesional. Puedes confiarte a él porque es hombre de conciencia'. ⇒ Intraversión, introspección, introversión, intuspección, *reflexión. ➤ Escarabajo, escrúpulo, remordimiento, rescoldo, roedor. ➤ Escarabajear, escarbar, remorder. ➤ Absolvederas, MANGA ancha. ➤ Inconsciencia, subconsciencia. ➤ *Moral. **2** («Tener») *Conocimiento de las cosas mediante el cual el sujeto se relaciona con el mundo: 'Ha perdido la conciencia de lo que le rodea'. ⊙ Conocimiento reflexivo de las cosas: 'Tiene plena conciencia de lo que está haciendo'.

CONCIENCIA ANCHA. La del que es excesivamente *indulgente consigo mismo o permite transgresiones de la ley o de la moral sin censurarlas.

C. ESTRECHA. La del que es excesivamente *severo o rígido consigo mismo.

C. LIMPIA. La del que no la tiene de haber cometido ninguna mala acción.

C. SUCIA. La de quien se siente *responsable de haber obrado mal.

C. TRANQUILA. La del que no se acusa de haber cometido actos reprobables. ⇒ En GRACIA [o en PAZ y en gracia] de Dios».)

MALA CONCIENCIA. La de quien siente remordimiento por algo que ha hecho.

A CONCIENCIA. Referido a la manera de *saber algo, con solidez y profundidad. ⊙ Referido a la manera de hacer algo, sin economizar trabajo y sin falsificación: 'Un mueble hecho a conciencia'. ⇒ *Bien.

A CONCIENCIA DE QUE. *Sabiendo que.

ACUSARLE a alguien LA CONCIENCIA. Sentir malestar íntimo por alguna mala acción que ha cometido. ⇒ *Remorder.

ANCHO DE CONCIENCIA. V. «CONCIENCIA ancha».

V. «CARGO de conciencia, CASO de conciencia».

DECIR una cosa EN CONCIENCIA. V. «en conciencia».

DESCARGAR LA CONCIENCIA. **1** *Confesarse con alguien de una cosa que uno se reprocha. **2** *Reparar una mala acción.

EN CONCIENCIA. **1** Con honradez o con *justicia: 'En conciencia, no merecía él la plaza'. **2** Sinceramente: 'Te digo en conciencia que no siento lástima por él'.

ESCARABAJEAR [O ESCARBAR] LA CONCIENCIA. *Inquietar por haber cometido alguna mala acción.* ⇒ *Remorder.

V. «ESCRÚPULOS de conciencia».

ESTRECHO DE CONCIENCIA. V. «CONCIENCIA estrecha».

V. «EXAMEN de conciencia, GUSANILLO [O GUSANO] de la conciencia, LIBERTAD de conciencia».

LIMPIO DE CONCIENCIA. V. «CONCIENCIA limpia».

V. «OBJECIÓN de conciencia, OBJETOR de conciencia».

REMORDER LA CONCIENCIA. Sufrir por alguna mala acción cometida. ≃ *Pesar.

TENER CONCIENCIA de algo. *Percatarse de ello.

TOMAR CONCIENCIA de algo. *Percatarse intencionadamente de ello.

V. «TRIBUNAL de la conciencia, VOZ de la conciencia».

concienciación f. Acción y efecto de concienciar[se].

concienciar («de») tr. Hacer que ↘alguien sea consciente de algo: 'Hay que concienciar a la población de que debe ahorrar agua'. ⊙ («de») prnl. Adquirir conciencia de algo.

☐ CONJUG. como «cambiar».

concienzudamente adv. Aplicado a la manera de hacer una cosa, con *cuidado de que lo que se hace resulte bien hecho, seguro, etc.: 'Un sobre lacrado concienzudamente'. ≃ A conciencia.

concienzudo, -a adj. Se aplica a la persona que hace las cosas a conciencia, con mucho *cuidado y sin escatimar trabajo: 'Un mecánico concienzudo'. ⊙ Hecho a conciencia: 'Un trabajo concienzudo'.

concierto **1** m. Acción y efecto de concertar una cosa o concertarse para algo. ≃ *Acuerdo. **2** Cosa concertada. ≃ *Acuerdo. **3** Armonía en la disposición de las cosas: 'Sin orden ni concierto'. **4** («Dar») Ejecución de obras musicales en público. ⇒ Discante, macroconcierto, recital. **5** Composición musical para varios instrumentos, uno o varios de los cuales desempeña un papel más destacado que el resto: 'Concierto para violín y orquesta'.

V. «sin ORDEN ni concierto».

DE CONCIERTO. De común acuerdo. ⇒ *Acordar.

conciliable adj. Susceptible de ser conciliado con otra cosa.

conciliábulo (del lat. «conciliabŭlum») **1** m. Concilio no convocado por autoridad legítima. **2** («Tener, Reunirse en, Andar en conciliábulos») *Reunión de gente para tratar reservadamente alguna cosa, generalmente no lícita o en perjuicio de alguien. ⇒ Calpul, cónclave, DIMES y diretes, sinagoga. ➤ Intriga.

conciliación f. Acción y efecto de conciliar[se].

conciliador, -a adj. Que concilia o pretende conciliar: 'Actitud conciliadora'.

conciliar[1] (del lat. «conciliāre») **1** tr. Poner de *acuerdo o en *paz a ↘los que estaban en desacuerdo o en lucha. ≃ *Reconciliar. ⊙ Poner de *acuerdo o hacer compatibles ↘cosas no materiales; como dos actitudes o dos ideas: 'Conciliar el valor con la prudencia. Conciliar la filosofía de Aristóteles con el cristianismo'. ≃ *Armonizar. ⊙ prnl. recípr. Estar o poder estar dos o más cosas juntas sin estorbarse: 'En este libro se concilia la claridad con la concisión'. ⊙ Ponerse de *acuerdo personas o cosas. ⊙ Ponerse en paz después de haber estado enemistados. ≃ *Reconciliarse. ⇒ Inconciliable. ➤ *Acomodar, *coordinar. **2** tr. *Inspirar una persona en otras, con su manera de ser, comportamiento, etc., cierto ↘sentimiento. Muy frec. con un pron. reflex.: 'Con su carácter [se] concilia la simpatía de todos'. ≃ Atraerse, granjearse. **3** Es el único verbo usable con «*sueño», con significado semejante al de «atraer»: 'No pude conciliar el sueño en toda la noche'.

☐ CONJUG. como «cambiar».

conciliar[2] adj. De un concilio o de [los] concilios: 'Decreto conciliar'.

conciliativo, -a adj. *Conciliador.*

conciliatorio, -a adj. Conciliador.

concilio (del lat. «concilĭum») **1** (inf. o hum., igual que «conciliábulo») m. Junta o *reunión de personas para tratar alguna cosa. **2** Junta o *reunión de los obispos y otros eclesiásticos de la Iglesia católica para tratar cuestiones importantes, por ejemplo de dogma. ⇒ Presbiterio, sínodo. ➤ Canon. **3** *Colección de los decretos de un concilio.* **4** *Asamblea a la vez eclesiástica y civil de las que se celebraban en la Edad Media en Toledo, convocadas por el rey, para asesorarle en los asuntos que él les proponía.

CONCILIO ECUMÉNICO [O GENERAL]. Aquel en el que participan los obispos católicos de todo el mundo.

concino, -a (del lat. «concinnus»; ant.) adj. *Aplicado al lenguaje, *elegante, armonioso.*

concíón (del lat. «contĭo, -ōnis», discurso; ant.) f. **Sermón.*

concisamente adv. Con concisión.

concisión f. Cualidad de conciso.

conciso, -a (del lat. «concīsus») adj. Aplicado a discursos, escritos, etc., así como al lenguaje o estilo de ellos, expresado con sólo las palabras precisas: 'Una explicación concisa'. ⊙ Poco extenso: 'Un tratado conciso de astronomía'. ⇒ Sucinto, sumario. ➤ Difuso. ➤ *Breve, *desnudo, *preciso, resumido, *sobrio.

concitar (del lat. «concitāre») tr. *Atraer una persona o una cosa contra sí misma o contra otra un ↘sentimiento o una actitud adversa: 'Concitó contra sí las iras de la muchedumbre. El ministro concitó contra el rey el odio del pueblo'. ⊙ (con un pron. reflex.) Concitar este ↘sentimiento o actitud contra sí misma: 'En pocos días se ha concitado la antipatía de todos'. ⇒ *Atraerse.

conciudadano, -a (de «con-» y «ciudadano») n. Con respecto a una persona, otra de la misma ciudad, tomado este nombre con el significado de conglomerado político que se le da al referirse a las ciudades antiguas, por ejemplo a Atenas; y tomada la palabra «ciudadano» con el sentido correspondiente con que se aplica a los romanos que tenían todos los derechos políticos. ⊙ Correspondientemente, «*compatriota» o ciudadano del mismo país: 'Merece la gratitud de sus conciudadanos'.

cónclave o, menos frec., **conclave** (del lat. «conclāve», lo que se cierra con llave) **1** m. Asamblea o *reunión en que los *cardenales eligen Papa. **2** (hum.) *Conciliábulo: 'En la portería hay un cónclave de cocineras'.

conclavista m. *Familiar o criado que entra en el cónclave para asistir a los cardenales*

concluir (del lat. «conclūdĕre») **1** tr. Dejar una ↘cosa completamente hecha: 'Sólo me falta un capítulo para concluir la novela. La guerra concluyó el año cuarenta y dos'. ≃ Acabar, finalizar, *terminar. ⊙ Consumir el final de una ↘cosa: 'Concluye tu plato de sopa'. ≃ Acabar, *terminar. ⊙ intr. y prnl. Llegar a su fin una cosa: 'Las vacaciones ya han concluido'. ≃ Acabar, finalizar, *terminar. ⊙ tr. *Rematar minuciosamente una ↘obra, especialmente artística.* ⊙ Der. *Se emplea refiriéndose a los alegatos en defensa de una parte, cuando ya no hay más que decir.* **2** («en, con») intr. Tener el final de cierta manera: 'Las palabras que concluyen en vocal. Todos los discursos concluyen con un viva'. ≃ Acabar, *terminar. **3** Con «por» y un verbo en infinitivo o con gerundio, significa que se realiza por fin la acción que expresa este verbo, después de alguna resistencia o dilación: 'Concluirás por ceder. Concluirá aceptando'. O bien que ese será el resultado de algo que ocurre: 'Concluiré por volverme loco'. ≃ Acabar. **4** tr. Llegar por cierto razonamiento a una ↘idea: 'Concluir una consecuencia falsa'. ≃ *Deducir. ⊙ Llegar a cierta ↘consecuencia o conclusión después de examinar o discutir un asunto: 'Concluimos de todo esto que el acusado obró con plena conciencia'. ⇒ *Decidir, *deducir. **5** (ant.) **Convencer a alguien con razones, de modo que no tenga qué responder ni replicar.* **6** Esgr. *Alcanzar la espada del ↘contrario por el puño, inmovilizándola.*

¡Hemos concluido! Exclamación de enfado con que se pone término a una *discusión o *disputa.

□ Conjug. como «huir».

conclusión 1 f. Acción de concluir[se]: 'La conclusión de la guerra'. ≃ Fin, *terminación, término. ⊙ Hecho de quedar concluida una cosa. **2** Conocimiento o idea a que se llega como final de un razonamiento. ≃ *Consecuencia. **3** *Decisión o *acuerdo tomado después de tratar una cosa o pensar sobre ella: 'Después de hablar tres horas no hemos llegado a ninguna conclusión'. **4** Proposición derivada de las premisas. ⇒ *Razonar. **5** (gralm. pl.) *Tesis que se sostenía en las discusiones escolásticas.* **6** (gralm. pl.) Der. Cada una de las afirmaciones contenidas en el escrito de calificación.

En conclusión. Expresión con que se pasa a decir una *consecuencia a que se ha llegado, generalmente con decepción o disgusto: 'En conclusión, que no has hecho el trabajo'.

Sacar en conclusión. Llegar por cierto razonamiento o por cierta información a la idea que se expresa: 'Después de todo eso, lo que saco en conclusión es que la culpa la has tenido tú'. ≃ *Deducir.

Sacar [o llegar a] la conclusión. Concluir o *deducir la cosa que se expresa.

conclusivo, -a adj. Se aplica al *argumento que pone fin a un razonamiento o discusión.

concluso, -a Participio irregular de «concluir», empleado en lenguaje de *tribunales: 'Concluso para sentencia' (terminado y en disposición de dictar sentencia).

concluyente (del lat. «conclūdens, -entis») adj. *Categórico o decisivo; se aplica a la razón o argumento que no admite duda, o a la manera de exponerlos que denota en el que habla que no admite discusión: 'Una razón [o respuesta] concluyente'. ⊙ Se aplica también a la persona que expone las cosas sin admitir posibilidad de contradicción: 'Eres demasiado concluyente en tus afirmaciones'.

concluyentemente adv. De manera concluyente.

concocción f. *Digestión de los alimentos.*

concofrade (de «con-» y «cofrade») m. *Compañero de *cofradía.*

concoide (del gr. «konchoeidḗs») **1** f. Geom. **Curva que se aproxima constantemente a una recta sin llegar a tocarla.* ⇒ Asíntota. **2** adj. *Concoideo.*

concoideo, -a (de «concoide») adj. De *forma de concha. Se aplica por ejemplo a la manera de partirse ciertas cosas: 'Fractura concoidea'.

concolega (de «con-» y «colega») m. **Compañero de *colegio.*

concomerse (de «con-» y «comer».) **1** prnl. *Mover los hombros y espalda para aliviarse la picazón.* **2** Estar muy *impaciente, o estar muy desazonado o rabioso por un sentimiento tal como envidia o humillación. ⇒ Comer, consumir[se], corroer, coscarse, desasosegar[se], *desazonar[se], *desesperar[se], escoscarse, escocer, hurgar, rabiar, recomer[se], reconcomer[se], remorder[se], repudrir[se], roer. ➤ Bilis, concomimiento, concomio, encono, hiel, rabia, reconcomio.

concomimiento o **concomio** m. *Acción de concomerse.* ⊙ *Estado del que se concome.*

concomitancia f. *Relación entre las acciones que *cooperan al mismo efecto.

concomitante adj. Se dice de lo que actúa en el mismo sentido que otra cosa y *coopera al mismo efecto: 'Acciones concomitantes'.

concomitar (del lat. «concomitāri») tr. *Acompañar una cosa a ↘otra en alguna acción.* ⇒ *Ayudar, *cooperar.

concón (de or. mapuche) **1** (Chi.) m. **Autillo (*ave rapaz).* **2** (Chi.) **Viento terral en la costa del Pacífico.*

concordancia 1 f. Acción y efecto de concordar. ⊙ *Relación entre cosas que concuerdan. ≃ *Conformidad. ⊙ En particular, gramaticalmente. ⊙ Mús. *Conformidad de las voces que suenan juntas.* **2** (pl.) **Índice alfabético de las materias tratadas en un libro, que se pone al final de él.*

Concordancia gramatical. **1** Gram. Conformidad en sus accidentes gramaticales de dos palabras unidas gramaticalmente. Los casos de concordancia son: 1.° Del adjetivo, nombre o pronombre con el nombre. 2.° Del verbo con su sujeto. 3.° Del pronombre relativo con su antecedente. **2** GRAM. Otro tipo de concordancia gramatical se refiere al uso correcto de las formas verbales en la coordinación y subordinación de oraciones. ⇒ Apénd. II, VERBO (uso de los modos y tiempos verbales).

C. LÓGICA. GRAM. Se llama así o simplemente «concordancia» a la conformidad entre los distintos elementos del discurso desde el punto de vista de la lógica y no de las relaciones gramaticales. Se dice, por ejemplo, que en la frase 'respeto la casa de mis amigos' hay concordancia lógica si con ella se alude a una sola casa en la cual viven varios amigos y que, en cambio, no la habría si con ella se quisiera aludir a las distintas casas de los distintos amigos, pues entonces habría que decir 'las casas de mis amigos'. ⇒ Apénd. II, CONCORDANCIA LÓGICA.

C. AD SENSUM (pronunc. [ad sénsum]). GRAM. Figura de construcción consistente en alterar la concordancia gramatical de las palabras atendiendo más al significado que a la forma; por ejemplo, haciendo concertar un verbo en plural con un sujeto singular colectivo. ≃ Silepsis.

concordante adj. Se aplica a lo que concuerda: 'Opiniones concordantes'.

concordar (del lat. «concordāre») intr. Decir o expresar lo mismo: 'Todas las noticias concuerdan en que ha sido un accidente grave. Todos los médicos concuerdan en el diagnóstico'. ≃ *Coincidir. ⊙ («con, en») Tener dos cosas ciertos aspectos iguales, por lo cual pueden estar o actuar juntas: 'Tu opinión concuerda con la mía. El marido y la mujer concuerdan en sus aficiones'. ≃ *Coincidir. ⊙ («con, en») GRAM. Tener dos palabras sus accidentes gramaticales comunes en la misma forma: 'El nombre y su adjetivo concuerdan en género y número'. ≃ Concertar.

□ CONJUG. como «contar».

concordata (ant.) f. *Concordato.*

concordatario, -a adj. De [o del] concordato.

concordativo, -a adj. *Aplicable a lo que pone de acuerdo.*

concordato (del lat. «concordātum») m. Tratado entre un estado y la Santa Sede, relativo a asuntos eclesiásticos. ⇒ *Diplomacia.

concorde (del lat. «concors, -ordis»; «con; en») m. De *acuerdo. ≃ Acorde, conforme. ⊙ Se aplica al que piensa lo mismo que otro: 'Estamos concordes en la necesidad de salir cuanto antes'. ⊙ Se aplica al que asiente a hacer cierta cosa: 'Yo estoy concorde en cobrar por meses en vez de por semanas'. ⇒ Desconcorde.

concordemente adv. *De común acuerdo.*

concordia (del lat. «concordĭa») **1** («Haber, Reinar»; poco usado como complemento) f. Relación entre las personas que se tratan con cariño y no riñen. ≃ Acuerdo, *armonía, *paz o *unión. **2** **Documento legal en que se contiene un acuerdo.* **3** **Sortija compuesta de dos enlazadas.* ≃ Unión.

concorpóreo, -a (de «con-» y «corpóreo») adj. TEOL. *Se aplica al que, mediante una *comunión digna, se hace un mismo cuerpo con Cristo.*

concorvado, -a (del lat. «concurvātus»; ant.) adj. **Jorobado.* ≃ Corcovado.

concovado, -a (ant.) adj. *Hundido u *oculto.* ≃ Encovado.

concreado, -a (del lat. «concreātus») adj. TEOL. *Se aplica a las *cualidades que existen en el hombre desde su creación.*

concreción 1 f. Acción y efecto de concretar. **2** Masa de alguna cosa, particularmente de un mineral, formada por depósito y desecación o endurecida o hecha *compacta por cualquier fenómeno: 'Una perla es una concreción de nácar'. ⇒ Bezoar, cálculo, drusa, druso, estalactita, estalagmita, perla, toba... ➤ *Apelotonarse, *apiñarse, *dureza, *grumo.

concrescencia (del lat. «concrescentĭa») f. BOT. *Se aplica al órgano que crece pegado a otro órgano.*

concrescente adj. BOT. *Se dice de los órganos o partes de la *planta que, pudiendo hallarse separados, se encuentran congénitamente unidos, como los sépalos del cáliz gamosépalo.*

concretamente adv. No en general o con vaguedad, sino con exactitud o precisión: 'Me refiero concretamente a ti. No sé concretamente a qué ha venido'.

concretar (de «concreto») **1** tr. o abs. y prnl. Hacer[se] concreta una ↘cosa en cualquiera de las acepciones del adjetivo: 'Se van concretando las noticias'. ⇒ Actualizar, individualizar, materializar, particularizar, realizar. ➤ Cristalizar, cuajar, definir[se], tomar forma, materializar[se], plasmar[se], realizar[se]. ➤ *Aclarar. *Definir. *Fijar. *Precisar. *Puntualizar. **2** tr. *Reducir una ↘exposición escrita o hablada, o una actuación o actitud a cierta cosa: 'El Sr. González concretó su intervención a explicar su voto. Él concreta sus aspiraciones a ganar lo necesario para vivir'. ≃ *Limitar. ⊙ prnl. Mantenerse dentro de ciertos límites: 'Se concretó a dar su opinión. Concrétese usted al tema'. ≃ *Limitarse.

concretera (Cuba) f. **Hormigonera.*

concretizar (del fr. «concrétiser») tr. Hacer concreto ↘lo que no lo es. ≃ Concretar.

concreto[1] (del ingl. «concrete»; Hispam.) m. **Hormigón armado.*

concreto[2], **-a** (del lat. «concrētus») **1** adj. Se aplica, como opuesto a «abstracto», a las cosas que existen, o son pensadas como existentes, en el mundo sensible o suprasensible, como individuos de la especie designada por su nombre, y no en la mente como representación de toda esa especie; así como a las ideas y nombres que representan a esos seres: la casa de la esquina, Troya, un centauro, el infierno, la luz, son cosas concretas; y las ideas y nombres que las representan son ideas y nombres concretos. ⊙ Se opone igualmente a «abstracto» aplicado a esas mismas cosas consideradas como capaces de existir por sí mismas y susceptibles de ser consideradas directamente por la mente; a diferencia de las cualidades, fenómenos o acciones que, por ser comunes a muchas cosas y susceptibles de existir en una infinidad de ellas, no pueden ser abarcados directamente en su totalidad por la mente y tienen que ser previamente abstraídos de las cosas en que están u ocurren para ser manejados como ideas. ⊙ También se puede decir que una cualidad existe concretamente en una cosa concreta a la que se atribuye con un adjetivo, a diferencia de la idea abstracta tenida de esa cualidad y representada por un nombre de cualidad. ⇒ *Real. **2** En lenguaje corriente, equivale a «*determinado»: no una cosa cualquiera de las designadas por el nombre, sino precisamente una: 'No busco un pañuelo cualquiera, sino uno concreto, un pañuelo que yo había dejado aquí'. ⊙ También en lenguaje corriente, se usa como «*preciso», no vago: 'No tengo noticias concretas de lo que pasó. Dime día y hora concretos para ir a verte'. **3** m. *Concreción.*

EN CONCRETO. Concretamente: 'Aún no hay nada en concreto de su nombramiento'.

concuasar (del lat. «conquassāre») **1** (ant.) tr. *Hacer pedazos ↘algo con un golpe.* ≃ *Romper. **2** (ant.) *Casar (*anular).*

concubina (del lat. «concubīna») f. Mujer que vive amancebada con cierto hombre. ⇒ Amante, amasia, amiga arreglito, arreglo, arrimo, barragana, coima, combleza, dama, entretenida, fulana, manceba, manfla, odalisca, querendona, querindanga, querida, quillotra, tronga. ➤ *Amancebarse. ➤ Prostituta.

concubinario m. *Hombre que tiene una concubina.*

concubinato m. Relación con una concubina.

concubio (del lat. «concubĭum»; ant.) m. *Hora de la *noche en que se suele dormir.*

concúbito (del lat. «concubĭtus») m. **Cópula.* ⇒ *Cohabitar.

concuerda (de «concordar») POR CONCUERDA. *Fórmula usada al pie de las copias para expresar que están conformes con el original.*

conculcación f. Acción de conculcar.

conculcador, -a adj. Que conculca.

conculcar (del lat. «conculcāre») **1** tr. *Hollar o pisotear.* **2** Obrar en contra de las ↘leyes, normas, principios, etc., establecidos: 'Ha conculcado todas las normas de convivencia humana'. ≃ *Infringir.

concuna (Col.) f. *Especie de *paloma torcaz.*

concuñado, -a (de «con-» y «cuñado») n. Con respecto a una persona, el cuñado de un hermano suyo o el cónyuge de un cuñado. ⇒ Concuño. ➤ *Pariente.

concuño, -a (Hispam.) n. *Concuñado.*

concupiscencia f. Cualidad de concupiscente.

concupiscente (del lat. «concupiscens, -entis») adj. Excesivamente deseoso de bienes materiales. ⊙ Dominado por la afición a los *placeres materiales, particularmente los sexuales.

concupiscible (del lat. «concupiscibĭlis») adj. V. «APETITO concupiscible».

concurrencia 1 f. Acción de concurrir o *reunirse varias circunstancias, sucesos, etc. **2** Conjunto de personas presentes en un espectáculo, fiesta, etc.: 'La concurrencia escuchó complacida'. ⇒ Asistencia, asistentes, concurso, entrada, gente, público, el respetable. ➤ Lucida, numerosa, nutrida, selecta. **3** **Ayuda o cooperación.* ≃ Concurso. **4** *Influjo.*

concurrente 1 adj. y, aplicado a personas, también. **2** n. Se aplica al que o lo que concurre a algún sitio o a algo.

concurrido, -a Participio de «concurrir». ⊙ adj. Se aplica a los lugares a que, en cierta ocasión o habitualmente, acude mucha gente: 'Es un café muy concurrido. La sesión estuvo ayer muy concurrida'. ⇒ Acompañado, cosario, frecuentado, transitado, visitado.

concurrir (del lat. «concurrĕre») **1** («en») intr. *Reunirse varias cosas en un sitio: 'Las tres carreteras concurren en Madrid'. ≃ Coincidir. **2** («a») Ir a un espectáculo, fiesta u otro sitio a donde van otros: 'Todos los que concurrieron al baile recibieron un regalo'. ≃ *Asistir. ⊙ Ir por costumbre a cierto sitio: 'Concurre a mi tertulia'. **3** («a») Influir, junto con otras cosas, en un suceso: 'A la derrota del equipo concurrieron una porción de circunstancias'. ≃ *Contribuir. **4** («en») Juntarse ciertas cualidades o circunstancias en alguien o algo: 'Concurren en ella todas las cualidades deseables en una secretaria'. ≃ *Coincidir. **5** Tomar parte en un concurso. ⇒ Concursar. **6** («a, con») **Contribuir a cierto fin con una cantidad.* **7** («con; en») *Estar de *acuerdo con otro en cierta opinión.* ≃ Convenir.

concursado, -a adj. y n. DER. *Se aplica al deudor declarado legalmente en concurso de acreedores.* ⇒ *Quiebra.

concursante n. Persona que toma parte como aspirante en un concurso celebrado para adjudicar un *empleo u otra cosa.

concursar (del lat. «concursāre») **1** tr. DER. *Declarar insolvente a un ↘comerciante en concurso de acreedores.* **2** tr. e intr. Presentarse como aspirante en un concurso para la adjudicación de un ↘*empleo u otra cosa: 'He concursado a la vacante de Madrid'.

concurso (del lat. «concursus») **1** m. *Concurrencia de gente. **2** Reunión de circunstancias, hechos, etc., que *cooperan a la realización de una cosa: 'Un concurso de circunstancias hizo posible mi viaje'. **3** Acción de concurrir con otros a la realización de cierta cosa: 'Todos prestaron su generoso concurso para el éxito de la obra'. ≃ Asistencia, ayuda, colaboración, contribución, cooperación, concurrencia. **4** («Convocar, Acudir, Presentarse, Fallar, Ganar, Quedar desierto») Competición en la cual se disputa y se adjudica un premio: 'Concurso de belleza [de novelas, de carteles]'. ≃ Certamen. ⊙ Procedimiento para la provisión de un *empleo que consiste en anunciarlo para que lo soliciten los que tengan derecho a él y lo deseen, y adjudicarlo en vista de los méritos o condiciones de los aspirantes: 'Se ha anunciado concurso para proveer una plaza de médico del hospital'. ⊙ Procedimiento semejante para la adjudicación de una cosa cualquiera: 'Concurso para la provisión de botas al ejército'. ⇒ Jurado, tribunal. ➤ Finalista. ➤ Contraseña, lema, plica. ➤ Desierto.

CONCURSO DE ACREEDORES. DER. Juicio para determinar los haberes de un deudor sujetos al pago de sus *deudas.

C. HÍPICO. *Carrera de caballos.

C. DE TRASLADO. El que se celebra entre empleados para proveer plazas vacantes de su cuerpo.

concusión (del lat. «concussĭo, -ōnis») **1** (culto) f. Sacudimiento. ⇒ Percusión. ⊙ (ant.) MED. **Golpe violento, especialmente en la cabeza.* **2** (culto) *Exacción o *cobro arbitrario realizado por un funcionario público en provecho propio.* ⇒ *Corromper.

concusionario, -a adj. y n. *Se aplica al que comete concusión.*

condado (del lat. «comitātus», cortejo, acompañamiento) **1** m. Título o dignidad de conde: 'El heredero del condado'. ⊙ *Territorio a que se extendía la jurisdicción de un conde. ⊙ Tierras y posesiones anejas al título de conde. **2** Circunscripciones administrativas del Reino Unido, Irlanda, Canadá y otros países.

condal adj. De [o del] conde: 'Escudo condal'.

conde, -sa (del lat. «comes, -ĭtis», acompañante; se aplicó primero a los nobles que acompañaban al soberano) **1** m. En la Edad Media, *señor de una comarca extensa, con ciudades, pueblos y castillos. ⊙ Noble cuyo título, por ejemplo en tiempo de los visigodos, llevaba anejo el desempeño de un cargo *palaciego. ⊙ n. Hoy, noble cuyo título sigue en categoría al de marqués. ⇒ Cuende. **2** (And.) m. *Hombre que, por debajo del manijero, dirige las cuadrillas que trabajan a destajo en el campo.* ⇒ *Capataz. **3** *Entre los *gitanos, jefe que elegían ellos.*

condecabo (de «con» y «de cabo»; ant.) adv. *Otra *vez.*

condecente (de «condecir»; ant.) adj. **Adecuado, conveniente o correspondiente.*

condecir (de «con» y «decir») intr. **Armonizar o ir bien una cosa con otra.*

condecoración 1 f. Acción de condecorar. **2** *Insignia de alguna *orden honorífica. ⇒ Chatarra, cruz, distinción, honor, medalla, placa. ➤ Distinguido, laureado. ➤ Pasador.

condecorado, -a Participio adjetivo de «condecorar».

condecorar (del lat. «condecorāre») tr. Conceder a ↘alguien el ingreso en un cuerpo honorífico, como una *orden civil o militar, que lleva anejo el uso de la insignia correspondiente. ⊙ Colocar a ↘alguien solemnemente esta insignia.

condena («Incurrir en, Cumplir») f. Acción de condenar. ⊙ Pena impuesta: 'Ha cumplido su condena'

condenable adj. Merecedor de condena o de censura. ⇒ *Malo.

condenación f. Acción de condenar[se]. ⊙ CONDENACIÓN eterna.

CONDENACIÓN ETERNA. Situación de los condenados a las penas eternas del *infierno.

SER una cosa o una persona LA CONDENACIÓN de alguien. Condenar: ser causa continua de *enfado e irritación.

condenadamente (inf.) adv. Aplicado a cosas malas o que pueden serlo, muy: 'Una bebida condenadamente amarga. Una mujer condenadamente lista'.

condenado, -a 1 Participio adjetivo de «condenar». ⊙ Particularmente, «réprobo»; persona que está en el *infierno. 2 (inf.) adj. y n. *Malo o *travieso, aplicado generalmente a niños. ⊙ (inf.) Se aplica a una persona o una cosa que causa *enfado o molestia: 'Este condenado me va a hacer llegar tarde. Estos condenados zapatos me van martirizando'. ⇒ *Maldito.

COMO UN CONDENADO (inf.). Mucho: 'Chillaba como un condenado'.

¡EL CONDENADO DE...! Exclamación con que se alude con *enfado a alguien; particularmente, a un niño.

condenar (del lat. «condemnāre») 1 («a», no frec. «con, en»: 'con una multa, en costas') tr. Decidir un juez u otra autoridad que ↘alguien reciba un *castigo, pague una multa o una indemnización, pague las costas de un juicio por haber sido sentenciado en su contra, etc.: 'Le condenaron a tres años de cárcel'. ≃ Sentenciar. ⊙ («a») Forzar a ↘alguien a sufrir algo penoso: 'Este trabajo me condena a una vida aburrida'. ⇒ Apenar, damnar, descargar [o sentar] la MANO, penar, sancionar, sentenciar. ➤ Condena, pena, *sentencia, veredicto. ➤ Cumplir, incurrir en. ➤ Dañado, forzado, galeote, penado, precito, prescito, presidiario, *preso, *reo, réprobo. ➤ Cadena, collera, cuerda, mancuerna. ➤ *Ejecución. ➤ *Acusar. *Castigar. *Juzgar. ⊙ prnl. Ir al *infierno. ⇒ Perecer. ➤ Infernar. ➤ Condenado, réprobo. 2 tr. Tachar a una ↘persona o una acción de moralmente mala, indebida o injusta y mostrarse opuesto a ella: 'Los periódicos condenan unánimemente el atentado'. ≃ Censurar, *desaprobar, reprobar. 3 (inf.) *Irritar mucho a ↘alguien *molestándole insistentemente, no dejándole tranquilo, obstinándose en una cosa, etc.*: 'Este chiquillo me condena con su terquedad'. ≃ Ser la CONDENACIÓN, *exasperar. ⊙ (inf.) prnl. *Irritarse mucho*: 'Me condeno esperando el autobús'. ≃ *Exasperarse. ⇒ Llevar[se] los DEMONIOS. 4 tr. Tabicar una ↘puerta o ventana, *taparlas o *cerrarlas de modo que no se puedan utilizar; dejar incomunicada una ↘habitación por ese medio: 'Hay que pasar por la otra puerta porque han condenado ésta. Hemos condenado esa habitación porque el piso amenaza ruina'. ≃ Inutilizar.

V. «condenar en COSTAS».

condenatorio, -a adj. Se aplica a la cosa que lleva en sí condena o condenación: 'Una sentencia condenatoria'.

condensa (del lat. «condensa»; ant.) f. **Habitación destinada a guardar cosas; como la despensa o el ropero.*

condensable adj. Que se puede condensar.

condensación f. Acción de condensar[se]. ⊙ Fís. Paso del estado gaseoso al estado líquido; particularmente, de vapor de agua a agua.

condensadamente adv. De manera condensada.

condensado, -a Participio adjetivo de «condensar[se]».

condensador, -a 1 adj. Se aplica a lo que condensa. 2 m. Fís. Aparato o dispositivo empleado en máquinas y laboratorios para condensar gases o vapores. ⇒ Serpentín. 3 ELECTR. Aparato formado por dos armaduras o conductores separados por un dieléctrico, que puede almacenar estáticamente una cantidad de *electricidad muy grande en relación con su volumen. ⇒ Armadura.

condensar (del lat. «condensāre») 1 tr. y prnl. Hacer[se] una ↘cosa más *densa; por ejemplo, una disolución. ≃ *Concentrar. 2 Fís. Convertir[se] en *líquido un ↘vapor; por ejemplo, el vapor de agua existente en la atmósfera, haciendo bajar la temperatura por debajo del punto de rocío. 3 («en») tr. *Abreviar o *resumir un ↘tratado o exposición *reduciéndola a lo que se expresa: 'Condensar en unas pocas páginas la teoría de la relatividad'.

condenso, -a *Participio irregular de «condensar[se]».*

condesa (de «condesar»; ant.) f. *Muchedumbre.*

condesar (del lat. «condensāre») tr. **Ahorrar.* ⊙ (ant.) **Guardar o reservar una ↘cosa.*

condescendencia f. Acción de condescender. ⊙ Cualidad de condescendiente. ⊙ Actitud condescendiente: 'Aceptó la invitación por condescendencia'. ⊙ Tolerancia, a veces excesiva, por exceso de bondad o benevolencia.

condescender (del lat. «condescendĕre»; «a», no frec. «en, con») intr. Acomodarse, por amabilidad, a los deseos o al gusto de otro: 'Condesciende a acompañar a su mujer a las fiestas, aunque a él no le gustan'. ≃ Deferir, transigir. ⊙ («a», no frec. «en, con») Convivir o participar en algo con persona de condición más modesta: 'La reina condesciende en esa ocasión a bailar con sus servidores'. Se emplea a veces con ironía: '¡Condesciende a darnos los buenos días!'. ⇒ Acomedirse, acomodarse, allanarse, *complacer, conceder, consentir en, contemporizar, deferir, dignarse, escuchar, igualarse, otorgar, servirse, transigir. ➤ Exorable, llano. ➤ Concesión, condescendencia, llaneza, obsecuencia. ➤ *Acceder, *amable, *benévolo, *ceder, *conformarse. *Prestarse.

condescendiente adj. Se dice del que no impone su voluntad, sino que se acomoda a los deseos de los otros. ≃ *Amable, complaciente, deferente.

condesijo (de «condesar»; ant.) m. **Depósito oculto o *escondite.*

condestable (del lat. «comes stabŭli», conde del establo) 1 m. MIL. Antiguamente, jefe supremo de la *milicia. 2 MIL. *Grado equivalente al de *sargento en las brigadas de *artillería de *marina.*

condición (del lat. «conditĭo, -ōnis») 1 f. *Modo de ser naturalmente una cosa o un género de cosas: 'Es propio de la condición del león ser fiero. La sociabilidad es propia de la condición humana'. ≃ Índole, *naturaleza. ⊙ Manera general de ser de una persona, desde el punto de vista moral: 'Hombre de condición mezquina [bonachona, perversa, rebelde]. Malo de condición.' ≃ Índole, *naturaleza. ⊙ (sing. o pl.) *Clase: manera de ser de las cosas por la cual se pueden clasificar o agrupar: 'Había allí coches de todas [las] condiciones. Cualquier condición de vehículo sirve para el caso'. ⊙ *Clase social o *categoría de las personas, particularmente refiriéndose a las antiguas de noble, plebeyo, hidalgo, esclavo o libre: 'Se casó con una mujer de distinta condición'. ⊙ (pl.) *Cualidades: 'Un muchacho de excelentes condiciones'. ⊙ Con cualquiera de los matices anteriores sirve, en esta acepción, lo mismo que «cualidad», para suplir nombres de cualidad que no existen: 'Condición de esclavo.' 2 Clase noble: 'Persona de condición'. 3 (pl.) *Modo de estar una cosa: 'La tierra está en buenas condiciones para labrarla. Vive en unas condiciones tristísimas. Sus condiciones de salud no le permiten el viaje. Está en mejores condiciones económicas que yo'. ≃ Estado, situación. ⊙ (pl.) Estado bueno o malo o adecuado para determinada cosa, en que está algo: 'Intoxicados por comer pescado en malas condiciones. Esta fruta no está en condiciones para ser exportada'. ⇒ Acondicionar. **4** («Dictar, Imponer, Poner, Cumplir, Llenar, Satisfacer, Ser condición para, A [o con la] condición de que») Cosa necesaria para que se verifique otra: 'Para obtener la plaza es condición necesaria ser español. Te dejaré mi coche a condición de que lo trates bien'. ⊙ Cada uno de los acuerdos que se establecen en un contrato: 'Entre las condiciones del contrato está la de no poder subarrendar el local'. **5** *Constitución primitiva y fundamental de un pueblo.*

CONDITIO SINE QUA NON. Expresión latina equivalente a «condición absolutamente necesaria».

A CONDICIÓN DE. Con la condición de.

DE CONDICIÓN. De elevada *clase social.

EN CONDICIONES. En buenas condiciones: 'Este jamón que me han vendido no está en condiciones'. ⇒ *Bien.

V. «PLIEGO de condiciones».

SIN CONDICIONES. Particularmente con «rendirse, *someterse» o verbos semejantes, sin exigir ninguna condición para hacer la cosa de que se trata.

□ CATÁLOGO

*Antecedente, calidad, cláusula, condicionamiento, condicionante, conque, cortapisa, estipulación, *impedimento, PIE forzado, *requisito, reserva, restricción, salvedad, términos. ➤ Contrato, convenio. ➤ Condicionar, hacer DEPENDER, someter, sujetar, supeditar, vincular. ➤ Cumplir. ➤ Adimplemento. ➤ A base de [que], a CALIDAD de que, CON que, a condición de que, bien ENTENDIDO que, en el entendimiento de que, en función de, en la inteligencia de que, a menos que, SEGÚN como, SEGÚN y conforme, SEGÚN que [o qué], si no ES que, a no SER que, si, SI ya, siempre que, SIEMPRE [y] cuando, SIEMPRE y cuando que, solamente que, con SÓLO que, con tal que. ➤ Acondicionar. ➤ *Limitar. *Obligación.

condicionado, -a («Estar») Participio adjetivo de «condicionar»: 'La expedición está condicionada al tiempo'.

V. «REFLEJO condicionado».

condicional 1 adj. Sujeto para su validez o para su confirmación definitiva a una *condición o a un periodo de prueba: 'Venta [o colocación] condicional'. ⇒ En firme. **2** adj. y n. m. GRAM. Potencial. ⇒ Apénd. II, VERBO (uso de los modos y tiempos verbales). **3** adj. GRAM. Se aplica a las conjunciones con las que se expresa que el significado de la oración a la que afectan constituye una *condición para la realización de lo expresado en la oración principal. La conjunción condicional típica es «si». ⊙ adj. y n. f. GRAM. También, a las oraciones formadas con estas conjunciones.

condicionalmente adv. De manera condicional.

condicionamiento m. Acción de condicionar (hacer depender de ciertas condiciones). ⊙ Se usa específicamente en *psicología. ⊙ (gralm. pl.) Hecho que condiciona a una persona, particularmente si constituye una limitación.

condicionante adj. y n. m. Que condiciona.

condicionar (de «condición») **1** («a») tr. Hacer depender la realización de una ↘cosa de ciertas condiciones o circunstancias: 'Ha condicionado su aceptación del cargo a las ayudas que se le ofrezcan'. ≃ Supeditar. ⊙ Determinar el ↘comportamiento o actividad de un individuo, particularmente si constituye una limitación: 'El hecho de no dominar el inglés le ha condicionado mucho en sus estudios'. ⊙ PSI. Establecer una asociación entre un hecho que provoca una determinada ↘respuesta y otro hecho, en principio neutro, de tal manera que el primero se convierte en el estímulo que genera la respuesta. **2** *En la industria *textil, determinar para fines comerciales las condiciones de las ↘fibras.* **3** intr. **Acomodarse una cosa a otra.*

condido (de «condir[1]»; ant.) m. *Cundido (ración de aceite, vinagre y sal, etc.).*

condidor (del lat. «condĭtor, -ōris»; ant.) m. *Fundador.*

condidura (de «condir[1]») f. **Condimento de la comida.*

condigno, -a (del lat. «condignus») adj. *Correspondiente a la cosa de que se trata o derivado naturalmente de ella*: 'El condigno castigo'.

cóndilo (del lat. «condy̆lus», del gr. «kóndylos») m. Cabeza redondeada en la extremidad de un *hueso, que encaja en el hueco de otro para formar una articulación.

condimentación f. Acción de condimentar.

condimentar (de «condimento») tr. Poner en las ↘comidas ciertas sustancias que las hacen más sabrosas.

□ CATÁLOGO

Aconchar, aderezar, adobar, aliñar, aperar, arreglar, componer, condir, cundir, deliñar, drezar, enchilar, enderezar, escabechar, especiar, manir, marinar, salar, salpimentar, salsamentar, sazonar. ➤ En adobo. ➤ Aderezo, adobo, aliño, arreglo, caldo, compostura, *especia, gracia, sabor, sainete, salpimienta, *salsa. ➤ Aceite, ajedrea, ají, ajo, alcamonías, alcaparra, alcaparrón, alcaravea, alezna, alharma, aliaria, anís, *azafrán, cachumba, canela, caparra, cari, cebolla, chile, chuchoca, cimate, clavillo, *clavo, comino, criadilla, cúrbana, curry, dragoncillo, estragón, gariofilo, garo, guindilla, hierbabuena, hinojo, huacatay, jenabe, jenable, jengibre, laurel, MADRE de clavo, madreclavo, malagueta, matafalúa, matalahúga, matalahúva, menta, merquén, mostaza, mostazo, NUEZ de especia, NUEZ moscada, orégano, oruga, páprika, pebre, perejil, perifollo, perifollo oloroso, picante, pimentón, pimienta, pimiento, sal, taparote, tomillo, trufa, vainilla, vinagre, yuyos. ➤ Finas HIERBAS. ➤ *Guisar.

condimento (del lat. «condimentum») m. Sustancia o conjunto de las sustancias que se añaden a las comidas para hacerlas más agradables al paladar; como sal, manteca o aceite, vinagre y especias. ⇒ *Condimentar.

condir[1] (del lat. «condīre»; ant.) tr. *Condimentar.*

condir[2] (del lat. «condĕre»; ant.) tr. **Fundar.*

condiscípulo, -a (del lat. «condiscipŭlus») n. Con relación a una persona, otra que asiste o ha asistido con ella al mismo centro de enseñanza o recibe o ha recibido junto con ella las enseñanzas de un mismo maestro. ⇒ *Alumno, estudiante.

condistinguir (ant.) tr. **Distinguir.*

condolecerse prnl. *Condolerse.*

condolencia f. Acción de condolerse. ⊙ Sentimiento del que se conduele. ⊙ Expresión con que alguien muestra su participación en el sentimiento de otro, particularmente por la muerte de alguien; en lenguaje formulario puede hacerse con la misma palabra: 'Le expreso mi sincera condolencia'. ≃ *Pésame.

condoler (del lat. «condolēre») **1** (ant.) tr. *Condolerse.* ≃ *Compadecer. **2** («de») prnl. Participar en el sentimiento de alguien que ha sufrido una desgracia. ⊙ Particularmente, expresarlo así a la persona que la ha sufrido. ⇒ Lamentar, *sentir. ➤ Poner cara de CIRCUNSTANCIAS, dar el *PÉSAME. ➤ *Compadecer.

condominio (del lat. medieval «condominium») **1** m. *Posesión de una cosa por varias personas en común, o de un territorio por varios países. ⇒ Indivisión. **2** Territorio así poseído.

condómino (del lat. «cum», con, y «domĭnus», señor) m. *Condueño.*

condón (de «Condom», apellido de su inventor; inf.) m. *Preservativo.

condonación f. Acción de condonar.

condonar (del lat. «condonāre») tr. *Perdonar la ↘pena de muerte o una deuda a alguien.

cóndor (del quechua «cúntur») **1** *(Vultur gryphus)* m. Ave rapaz de gran tamaño que habita en los Andes; es negra, con un collar y la parte superior de las alas y del cuerpo blancos. ⇒ *Buitre. **2** *Moneda de oro de Chile y Ecuador. **3** Otra moneda de Chile.

condotiero (del it. «condottiero», de «condotta», conducta, acto de tomar tropas a sueldo) **1** m. Jefe de mercenarios de la Italia medieval y renacentista y, por extensión, de otros países. **2** Soldado mercenario.

condrila (del lat. «chondrilla», del gr. «chondrílē»; *Chondrilla juncea)* f. *Planta compuesta, de tallo velloso y flores amarillas; es comestible y de su raíz se obtiene un tipo de liga. ≃ AJONJERA juncal.

condrín m. **Peso usado en Filipinas para metales preciosos, equivalente a la décima parte del «mas», o sea 37,6 cgr.*

condritis (del gr. «chóndros», cartílago, e «-itis») f. MED. *Inflamación del tejido cartilaginoso.*

condroesqueleto m. ANAT. *Porción cartilaginosa del *esqueleto de los vertebrados.*

condrografía (del gr. «chóndros» y «-grafía») f. *Parte de la anatomía que trata de la descripción de los *cartílagos.*

condrología (del gr. «chóndros» y «-logía») f. *Parte de la anatomía que trata de los *cartílagos en todos sus aspectos.*

condroma (del gr. «chóndros» y «-oma») m. MED. **Tumor del tejido cartilaginoso.*

conducción 1 f. Acción de conducir. ≃ *Transporte. **2** Conjunto de tuberías, cables, etc., para conducir algo, particularmente un fluido: 'Una conducción de agua para el abastecimiento de una ciudad'. **3** (ant.) *Contrato de un servicio por cierto precio. Particularmente, de los servicios de médico o veterinario, farmacia y entierro.* ≃ Conducta, *iguala.

conducencia f. *Conducción.*

conducente adj. Se aplica a lo que conduce al resultado que se expresa: 'Medidas conducentes a la resolución del problema de la vivienda'. ⇒ *Adecuado, *apto, oportuno.

conducho (del lat. «conductus») **1** m. *Antiguamente, conjunto de especies que tenían derecho a exigir los *señores a sus vasallos.* ⇒ *Tributo. **2** *Provisiones de comida.*

conducido, -a adj. y n. *Se aplica a la persona abonada mediante el pago de cierta cuota a los servicios de médico, farmacia, etc.* ≃ Igualado.

conducir (del lat. «conducĕre») **1** tr. Ser el conducto por el que un ↘fluido, la electricidad, etc., va de un sitio a otro: 'El canal conduce el agua de riego. El cable conduce electricidad'. **2** Llevar un vehículo ↘cosas o, particularmente, personas, de un sitio a otro. **3** Manejar un ↘*vehículo para hacerlo ir de un sitio a otro. ≃ Guiar, llevar. ⇒ Dirigir, pilotar, rodar. ➤ Chófer, mecánico, motorista, piloto, taxista. **4** *Llevar a ↘alguien por el camino por donde debe ir; por ejemplo, a una persona cogida de la mano o a un caballo sujeto por la brida. ⇒ Cornaca. **5** Llevar ↘personas, asuntos, etc., por el camino debido, en sentido material o figurado. ≃ Dirigir, *guiar. ⊙ Dirigir la ↘educación, comportamiento, etc., de alguien. ≃ Guiar. ⊙ Ir delante haciéndose seguir por otros. ≃ Guiar. ⊙ *Dirigir o *mandar a otras ↘personas en la guerra, en una sublevación o en otra empresa: 'Conducir un ejército [o un pueblo]'. ≃ Guiar. ⊙ También, 'conducir a la victoria [o a la derrota]'. ≃ Llevar. ⊙ Ser causa de que una ↘persona o una cosa lleguen a cierto resultado: 'Su imprevisión le ha conducido a la ruina. Su tenacidad le conducirá al triunfo. Esta política conduce a la catástrofe'. ≃ Llevar. **6** intr. **Convenir: ser bueno para cierta cosa.* **7** prnl. Obrar de cierta manera: 'Sabe muy bien cómo conducirse en la vida'. ≃ Comportarse. **8** (reflex.) tr. *Abonarse a la asistencia de un médico o una sociedad médica o que asegura los servicios de médico, farmacia y, a veces, entierro.* ≃ *Igualarse.

¡A QUÉ CONDUCE...? Con entonación mezcla de interrogación y de exclamación, sirve para expresar la inoportunidad o inutilidad de la cosa que se dice: '¡A qué conduce lamentarse ahora? ¡A qué conduce hacerle reproches, si ya no tiene remedio?' ⊙ Se emplea también en frases de *reprensión.

NO CONDUCIR A NADA [O A NINGUNA PARTE] cierta acción. Ser *inútil o *inoportuna: 'No conduce a nada mostrarse resentido'.

□ CATÁLOGO

I Raíz, «duc-»: 'dúcil, ductivo, ductor'. Elemento sufijo, «-foro»: 'reóforo'. ➤ Amenazar, *dirigir, encañar, gobernar, *guiar, *llevar, *transportar. ➤ *Acequia, acueducto, *albañal [o albañar], alcantarilla, *canal, *cauce, cazarro, conducto, condutal, dala, desagüe, encañado, *reguera, roza, sumidero, tajea, vertedor, *vía. ➤ Arteria, *cañería, fístula, manga, nervio, tubo, vaso, vena. ➤ Válvula. ➤ *Cable. ➤ *Chimenea. ➤ Brazo, *derivación, desviación, rama, ramal, ramificación, tronco. ➤ Acometida, atabe, atajea [atajía o atarjea], banqueta, cambija, colector, estrangulación, meato, partidor, *presa, respiradero, sifón, toma, ventosa. ➤ Aferente, eferente. ➤ *Cieno. ➤ *Torcer. ➤ Cambiar. ➤ *Cabestro, *rienda, volante. ➤ *Guía.

II Actuar, cubrir las APARIENCIAS, comportarse, gastarlas, hacer HONOR a, *obrar, pajear, portarse, proceder, QUEDAR bien [o mal]. ➤ Ir cada uno por su LADO. ➤ Camino, comportamiento, conducta, costumbres, GÉNERO de vida, línea, LÍNEA de conducta, MANERA de obrar [de proceder, etc.], marcha, orientación, política, proceder, rumbo, ruta, senda, sendero, táctica, vida, VIDA y milagros, VIDA privada. ➤ Lema, *moral, norma, principios, RESPETO a las conveniencias, RESPETOS humanos, *virtud. ➤ Despreocupación, inmoralidad. ➤ Lunar. ➤ ANTECEDENTES penales.

□ CONJUG. IRREG. IND. PRES.: conduzco, conduces, conduce, conducimos, conducís, conducen; PRET. INDEF.: conduje, condujiste, condujo, condujimos, condujisteis, condujeron; SUBJ. PRES.: conduzca, conduzcas, conduzca; conduzcamos, conduzcáis, conduzcan; PRET. IMP.: condujera,-ese, condujeras,-eses, condujera,-ese, condujéramos, -ésemos, condujerais,-eseis, condujeran,-esen. IMPERAT.: conduce, conduzca, conduzcamos, conducid, conduzcan.

conducta (del lat. «conducta», part. pas. f. de «conducĕre») **1** («Observar, Seguir») f. *Modo de conducirse: 'Una conducta acertada [caballerosa, intachable]'. ≃ Comportamiento. **2** *Conducción.* **3** *Convoy de mulas o carros que transportaba *moneda de un sitio a otro.* ⊙ *Moneda así transportada.* **4** **Dirección (guía o mando).* **5** *Comisión para *reclutar y conducir gente de guerra.* **6** MIL. **Tropa reclutada que se llevaba a incorporar.* **7** (ant.) **Contrato o capitulación.* **8** **Iguala.* ≃ Conducción.

V. «LÍNEA de conducta, NORMA de conducta».

conductancia f. FÍS. *Propiedad de las sustancias inversa de la «resistencia», o sea cualidad de ofrecer paso más o* *menos fácil a la corriente eléctrica.* ⇒ Siemens [o siemensio].

conductero **1** m. *Conductor.* **2** *Hombre encargado de una conducta de moneda.*

conductibilidad (de «conductible») f. Fís. Conductividad. ⊙ Fís. Medida de la conductancia para cada cuerpo; es el valor inverso de la «resistividad».

conducticio, -a (del lat. «conductus», part. pas. m. de «conducĕre») adj. *En derecho antiguo, relacionado con el *arrendamiento rústico*: 'Canon conducticio'.

conductismo (traducción del ingl. «behaviorism») m. Psi. Corriente de investigación psicológica que sostiene que la conducta ha de ser considerada únicamente como una respuesta a los estímulos externos, y que su estudio debe atenerse a los hechos objetivamente observables. ≃ Behaviorismo.

conductista adj. y n. Psi. Del conductismo o seguidor de esta corriente de la psicológía. ≃ Behaviorista.

conductividad f. Fís. Cualidad de buen conductor del calor o la electricidad.

conductivo, -a adj. **Conductor: apto para conducir.*

conducto (del lat. «conductus», part. pas. m. de «conducĕre») **1** m. *Canal o *tubo construido para que por él circule un fluido, o existente en un organismo. ⇒ *Conducir. **2** Camino que sigue una instancia, comunicación, orden u otro documento: 'Envié la instancia por conducto oficial'. **3** En general, camino o vía para conseguir algo. ⇒ *Procedimiento.

CONDUCTO AUDITIVO EXTERNO. ANAT. Tubo existente en el *oído de los mamíferos, que va desde el meato auditivo externo a la membrana del tímpano. ≃ Alveario.

C. AUDITIVO INTERNO. ANAT. Conducto existente en el hueso temporal, por donde pasan los nervios auditivo y facial y los vasos del *oído interno.

C. DEFERENTE. ANAT. El que va del *testículo al órgano eyaculatorio o al exterior.

C. LACRIMAL. ANAT. El que va desde la cavidad nasal al ángulo interior del *ojo.

POR CONDUCTO DE. Por, a través de: 'Lo he sabido por conducto de tu hermano. Le envié un regalo por conducto de un amigo'. ≃ A través de. ⇒ Por *MEDIO de.

conductor, -a n. Se aplica al que conduce. ⊙ Particularmente, al que guía un vehículo; por ejemplo, de transporte público. ⇒ *Conducir. ⊙ Hombre que conduce una colectividad: 'Un conductor de multitudes'. ≃ *Caudillo. ⊙ adj. y n. m. Fís. Se aplica a los cuerpos que ofrecen poca resistencia al paso del calor o la electricidad. ⊙ Fís. También, se aplica a los cuerpos según conduzcan bien o mal el calor o la electricidad: 'Es buen [o mal] conductor'.

conductual adj. Psi. De la conducta.

condueño (de «con-» y «dueño») n. *Dueño de una cosa junto con otro u otros.* ≃ *Copropietario.

conduerma (de «con-» y «dormir»; Ven.) f. **Modorra (sueño pesado).*

condumio (¿de una alteración de «conducho» o del sup. lat. vulg. «condomĭum», accesorios, pertenencias?) **1** m. *Comida que se toma con el pan.* **2** (ahora culto o hum. culto) Comida (sustento o conjunto de cosas dispuestas para ser comidas): 'Ganarse el condumio. Nos espera el condumio'.

conduplicación (del lat. «conduplicatĭo, -ōnis») f. **Figura retórica que consiste en *repetir al principio de una cláusula la última o últimas palabras de la cláusula anterior.* ≃ Epanadiplosis, epanalepsis, epanástrofe. ⇒ Concatenación, conversión, derivación, *repetición.

condurango (Ec.; *Marsdenia condurango*) m. **Planta sarmentosa, tintórea y medicinal.*

condurar (del lat. «condurāre»; Extr.) tr. *Hacer *durar una* cosa.

condutal (de «conducto») m. CONSTR. **Conducto de una construcción por donde se evacuan las aguas pluviales.*

conectar (del ingl. «to connect») **1** tr. Poner una ↘pieza o parte de una *máquina en relación con otra de modo que el movimiento o funcionamiento de una produzca el de la otra. ⊙ Particularmente, poner un ↘aparato o una línea en comunicación con una red eléctrica. ⇒ Enchufar. ➤ Desconectar. ➤ *Relación. *Unir. **2** («con») tr. e intr. Unir, poner en contacto o comunicación una ↘cosa con otra: 'Esta nueva línea de autobuses conecta la zona este con el centro de la ciudad'. **3** («con») intr. Llegar a una plena comunicación o armonía con alguien, generalmente con un grupo numeroso de personas: 'Es un político que logra conectar con las masas'.

conectivo, -a (cient.) adj. *Se aplica a lo que sirve para *unir.* ⇒ Conjuntivo.

conector adj. y n. m. Que conecta.

conejal o **conejar** m. *Vivero de conejos.*

conejera f. Madriguera de conejos, hecha por ellos mismos o construida. ⊙ (inf.) Puede usarse en sentido figurado para referirse a lugares pequeños, especialmente si en ellos hay muchas personas. ⇒ *Cuchitril.

conejero, -a **1** n. Vendedor de conejos. **2** adj. Aplicado a *perros, bueno para cazar conejos. **3** adj. y, aplicado a personas, también n. *De Villaconejos, población de la provincia de Madrid.*

conejillo m. Dim. frec. de «conejo».

CONEJILLO DE INDIAS. **1** Mamífero *roedor semejante al conejo pero más pequeño, con orejas cortas y cola casi nula; se emplea mucho para experimentos de biología y como animal doméstico. ≃ Cobaya [o cobayo]. ⇒ Acure, agutí, cavia, cui, cuin, cuy. ➤ Corí, curiel. **2** (inf.) Persona en quien se *ensaya algo; por ejemplo, una medicina o tratamiento de efectos todavía no bien conocidos.

conejo, -a (del lat. «cunicŭlus») **1** (*Oryctolagus cuniculus*) n. *Mamífero de largas orejas, cola pequeña y pelo suave, muy prolífico, que vive salvaje o en domesticidad; se aprovecha por su carne y por su pelo. **2** (vulg.) m. *Vulva. **3** (inf.; n. calif. o en comparaciones) f. Mujer que *pare con mucha frecuencia.

CONEJO DE INDIAS. **Conejillo de Indias.*

V. «ALAMBRE conejo, RISA de conejo».

□ CATÁLOGO

Otra forma de la raíz, «cunic-»: 'cunicular, cunicultura'. ➤ Acure, agutí, camerá, cavia, cobayo, CONEJO de Indias, *CONEJILLO de Indias, corí, cuin, curiel, cuy. ➤ CARNE de pelo. ➤ Roedor. ➤ Gazapo. ➤ Cacha. ➤ Camada, caño, conejal, conejar, conejera, gazapera, *madriguera, vivar. ➤ Liebre, quemí, tapetí. ➤ Albanega, capillo. ➤ *Hurón. ➤ Encodillarse, gatada, zapatear. ➤ Engalgar.

conejuna f. **Pelo de conejo.*

conexidad (de «conexo») **1** (ant.) f. *Conexión.* **2** (ant.; pl.) *Junto con «anexidades», se empleaba en los documentos públicos para referirse a los *derechos o *bienes anejos a otro principal.*

conexión (del lat. «connexĭo, -ōnis») **1** f. *Relación o *enlace entre cosas, ideas, personas, etc.: 'No hay conexión entre lo que dices y el asunto de que estamos hablando. Hay una íntima conexión entre los dos fenómenos'. **2** En una *máquina, relación entre piezas conectadas. ⇒ Embrague, engranaje, transmisión. ⊙ Enlace de un conductor, aparato, etc., con un terminal de una *corriente eléctrica. ⊙ Terminal de una corriente eléctrica con el que se conecta por medio de un enchufe u otro dispositivo.

conexionarse prnl. *Contraer conexiones.*

conexivo, -a adj. *Conectivo.*

conexo, -a (del lat. «connexus») adj. *Relacionado o *afín: 'Asuntos conexos'. ⇒ Inconexo.

confabulación 1 f. *Acción de confabular.* **2** («Formar, Organizar, Tramar, Intervenir, Meterse en») Acuerdo entre varios para llevar a cabo una acción contra alguien.

confabulado, -a Participio adjetivo de «confabularse». ⊙ n. Persona confabulada con otra u otras.

confabulador, -a n. Persona que toma parte en una confabulación.

confabular (del lat. «confabulāri») **1** intr. **Conversar.* **2** (ant.) **Narrar fábulas.* **3** prnl. recipr. *Asociarse o ponerse de *acuerdo varias personas para realizar una acción contra alguien. ⇒ *Conspirar.

confalón (del it. ant. «confalone») m. **Estandarte.* ≃ Gonfalón.

confalonier o **confaloniero** (del it. ant. «confaloniere») m. *Soldado, etc., que lleva el *estandarte.* ≃ Gonfalonero, gonfalonier, gonfaloniero, portaestandarte.

confarreación (del lat. «confarreatĭo, -ōnis») f. *Entre los *romanos, modalidad de *matrimonio, reservado a los patricios, por la cual la mujer entraba en comunidad de bienes con el marido, y los hijos tenían ciertos privilegios.* ⊙ *Ceremonia con que se celebraba ese matrimonio, en la cual se ofrecía un sacrificio esparciendo farro (cebada) sobre la víctima y se comía pan de farro.* ⇒ Difarreación. ➤ Farro.

confección (del lat. «confectĭo, -ōnis») **1** f. Acción de confeccionar. ≃ Hechura. ⇒ *Hacer. ⊙ Actividad de confeccionar ropa para personas: 'Ramo de la confección'. ⇒ Costura, modistería, sastrería. ➤ Prêt à porter. ➤ *Vestir. **2** FARM. *Nombre dado a las medicinas hechas con sustancias pulverizadas aglutinadas con jarabe o miel.* ⇒ Confingir. ➤ *Farmacia.

V. «CORTE y confección».

DE CONFECCIÓN. Se aplica a las prendas de vestir que se venden ya hechas: 'Un traje [o abrigo] de confección'. ⇒ A medida. ⊙ Con el verbo «vestir», usar este tipo de prendas.

V. «TIENDA de confecciones».

confeccionado, -a Participio adjetivo de «confeccionar». ⊙ Ya hecho y no a medida. ≃ De confección.

confeccionador, -a adj. y n. Aplicable al que confecciona.

confeccionar (de «confección») tr. *Hacer. Se refiere corrientemente a los vestidos, sombreros y calzado, a relaciones o listas y a *medicinas, bebidas y comidas: 'Confeccionar un traje [el censo de población, un jarabe, un plato dulce]'.

confeccionista n. Persona que fabrica o vende ropa de confección.

confector m. **Gladiador.*

confederación 1 f. Acción de confederar[se]. **2** Conjunto de países u organizaciones confederados. ≃ Federación. ⇒ Estado. ➤ LIGA Hanseática. ➤ Dieta. ➤ *Alianza.

confederado, -a Participio adjetivo de «confederar[se]». ⊙ Se aplica al país u organización que forma parte de una confederación. ⊙ adj. y, aplicado a personas, también n. De los estados del sur de la Unión Americana, que lucharon contra los federales en la Guerra de Secesión. ⇒ Sudista.

confederar (del lat. «confoederāre») **1** tr. *Hacer confederarse a varios estados u organizaciones.* **2** («con») prnl. recipr. Unirse varios estados organizándose con algunos organismos políticos comunes. ≃ Federarse. ⊙ («con») *Asociarse cualquier clase de organismos para ciertos fines. ≃ Federarse.

conferencia (del lat. «conferentĭa») **1** («Celebrar, Reunirse en») f. *Conversación o *entrevista de varias personas para tratar de asuntos importantes, políticos, científicos, etc. Se dice también de los países, cuando se reúnen por medio de sus representantes: 'Una conferencia de las grandes potencias'. **2** («Dar») Acción de hablar en público una persona sobre un asunto científico o literario. ≃ Disertación. ⊙ A veces, se aplica este nombre a las *lecciones explicadas por un profesor. ⊙ Y también a los sermones de carácter instructivo. ⇒ Charla, colación, coloquio. ➤ Ciclo. ➤ *Discurso. *Oratoria. **3** Comunicación telefónica interurbana o internacional. **4** *Reunión celebrada por las agrupaciones de la Sociedad de San Vicente de Paúl de asistencia a los pobres.* ⊙ (pl.) *Esa sociedad.* ⇒ *Caridad. **5** (ant.) **Cotejo.*

CONFERENCIA EPISCOPAL. Junta de los obispos católicos de un país.

C. DE PRENSA. Reunión convocada por uno o varios personajes públicos para hacer declaraciones ante los periodistas y someterse a sus preguntas. ≃ RUEDA de prensa.

conferenciante 1 n. Persona que pronuncia una conferencia. **2** Persona que participa en una conferencia para tratar de un asunto importante.

conferenciar (form.) intr. Celebrar una conferencia (conversación).

☐ CONJUG. como «cambiar».

conferencista (Hispam.) n. *Conferenciante.*

conferir (del lat. «conferre») **1** («con, entre») tr. **Tratar varias personas entre ellas una ↘cuestión.* **2** («con, entre») intr. *Conferenciar.* **3** («con, entre») tr. **Cotejar.* **4** *Dar a alguien cierta cosa como un ↘honor, un *empleo o ciertas atribuciones: 'Le confirieron la más alta distinción'. ≃ *Conceder, discernir. **5** (form.) *Comunicar una cosa a otra o a una persona, a las que se incorpora, una ↘cualidad no física que las mejora o ennoblece: 'Los sacramentos confieren la gracia. Las colgaduras confieren dignidad al local'.

☐ CONJUG. como «hervir».

confesa (de «confeso»; ant.) f. **Viuda que entraba a ser monja.*

confesable adj. Susceptible de ser confesado. ⊙ No vergonzoso. ⇒ Inconfesable.

confesado, -a Participio adjetivo de «confesar». Se aplica a la persona que acaba de confesarse. ⊙ (inf.) *Respecto de un confesor, persona que se confiesa habitualmente con él.* ≃ HIJO de confesión [o espiritual].

V. «DIOS nos coja confesados».

confesante 1 (ant.) adj. y n. *Persona que se confiesa.* ≃ Penitente. **2** DER. *Acusado que confiesa el delito.* ≃ Confeso.

confesar (de «confeso») **1** tr. Decir alguien una ↘cosa que antes o a otras personas ha procurado ocultar: 'Me ha confesado que tiene más de treinta años'. ⊙ («con») prnl. Confesar secretos o intimidades propias a alguien. ⊙ tr. o abs. y prnl. Reconocer alguien, particularmente en una declaración judicial, el ↘delito de que se le acusa: 'Después de varias horas de interrogatorio, confesó [que había participado en el robo]. Se confesó culpable de los hechos que le imputaban'. Confesar abiertamente [de plano o sin reservas]. ≃ *Declarar[se]. ⊙ Decir los ↘pecados al confesor. También, como prnl., puede llevar un complemento con «a» o con «de»: 'Me confieso a Dios. Se confesó de sus culpas'. **2** tr. Recibir el confesor la confesión de un ↘penitente. **3** (culto) *Reconocer o proclamar la fe en ↘algo o alguien: 'El buen ladrón confesó a Jesucristo'.

□ CATÁLOGO

Acusarse, arrepentirse, atrición, descargar la CONCIENCIA, ponerse a bien con DIOS, expiar, cumplir con la IGLESIA, cumplir con [la] PARROQUIA, cumplir la PENITENCIA, cumplir con el PRECEPTO, reconciliarse. ➤ Absolver, oír la CONFESIÓN, reconciliar. ➤ Confesado, confesante, confidente, HIJO de confesión, HIJO espiritual, penitente. ➤ Confesor, DIRECTOR espiritual, PADRE espiritual, TRIBUNAL de la penitencia. ➤ Absolvederas, MANGA ancha. ➤ ACTO de contrición, arrepentimiento, confesión, confiesa, confíteor, contrición, DOLOR de corazón, EXAMEN de conciencia, YO PECADOR, penitencia, perdón, PROPÓSITO de [la] enmienda, satisfacción. ➤ SECRETO de confesión, SIGILO sacramental. ➤ Retractarse. ➤ Confesionario, confesonario, confesorio, rejilla. ➤ Sacramentalmente. ➤ De plano. ➤ Inconfeso. ➤ *Admitir, cantar, conocer, declarar, escupir, cantar la GALLINA, *reconocer. ➤ Tomar DECLARACIÓN, sacar, *sonsacar.

□ CONJUG. como «acertar».

confesión **1** f. Acción de confesar[se]. **2** Cosas que se confiesan. ⊙ (pl.) Obra en la que un autor hace un relato de su propia vida y expone sus más íntimas reflexiones: 'Las Confesiones de San Agustín'. **3** *Sacramento que consiste en decir los pecados a un sacerdote y escucharlos éste para aplicar la penitencia correspondiente y dar la absolución. ≃ Penitencia. **4** *Creencia; particularmente, *religión a que alguien está adscrito: 'No declaró su confesión'.

V. «HIJO de confesión, SECRETO de confesión».

OÍR LA [O EN] CONFESIÓN. Recibir la confesión de un penitente. ≃ Confesar.

confesional adj. De [la] confesión: 'Secreto confesional'. ⊙ Aplicado a instituciones, adscrito a cierta religión: 'Escuelas no confesionales'.

confesionalidad f. Adscripción a determinada religión de una persona o de una entidad.

confesionariera f. *Monja encargada del cuidado de los confesionarios.* ≃ Confesionera.

confesionario **1** m. Confesonario. **2** *Tratado en que se dan instrucciones para confesar y confesarse.*

confesionera f. *Confesionariera.*

confesionista adj. y n. *Se aplica a los que profesaban la confesión o declaración de fe luterana de Augsburgo.* ⇒ Protestante.

confeso, -a (del lat. «confessus», part. pas. de «confitēri», confesar) **1** adj. y, aplicado a un reo, también n. Se aplica al que ha confesado su delito. **2** adj. y n. Se aplicaba al *judío convertido. **3** m. *En algunas *órdenes religiosas, lego o donado (servidor).*

V. «CONVICTO y confeso».

confesonario m. Mueble o pequeño recinto que hay en las *iglesias, donde se instala el confesor para confesar. ≃ Confesionario, confesorio.

confesor **1** m. Sacerdote que confiesa o tiene por misión confesar. **2** Aplicado a los *santos, significa que declararon públicamente su fe cristiana exponiéndose al martirio.

confesorio m. *Confesonario.*

confeti (del it. «confetti», confites; colectivo) m. Trocitos de papel de colores, que se tiran las personas unas a otras a puñados en las fiestas; particularmente, en las de *carnaval. ⇒ PAPEL picado.

confiabilidad f. *Cualidad de confiable.*

confiable adj. *Merecedor de confianza.*

confiadamente adv. Con confianza (tranquilamente).

confiado, -a **1** Participio adjetivo de «confiar[se]». ⊙ («Ser») Inclinado a confiar en la gente. ⊙ («Estar, Ser») Se aplica al que obra, en cierta ocasión o por temperamento, con confianza. ⊙ («Ser») Seguro de sí mismo o poco precavido. **2** («Estar») Esperanzado.

confianza **1** («Tener»; «Exceso de, Falta de») f. Actitud o estado de confiado. ⊙ («Depositar, Poner») Actitud hacia alguien en quien se confía. **2** *Ánimo para obrar, fundado en la confianza en el éxito: 'Emprendieron la expedición llenos de confianza'. **3** *Exceso de confianza en el propio valer.* ≃ *Presunción. **4** (ant.) *Convenio secreto, particularmente en asuntos de *comercio.* **5** («Tener, Tratarse con, Dar, Tomar») Manera natural de *tratarse, propia de los que tienen parentesco, amistad o mucho trato: 'Hemos sido compañeros de colegio y tenemos mucha confianza. Le trato con mucha confianza porque es hijo de un íntimo amigo mío. Quiero que me tratéis con confianza y no hagáis por mí ningún extraordinario'. ≃ *Familiaridad, franqueza. ⇒ *Confiar. ⊙ Falta de cohibimiento para expresar o hacer algo: 'Si no puedes hacerlo, dímelo con confianza'. ≃ *Franqueza. **6** («Dar, Tomarse»; pl.) Comportamiento impertinentemente familiar de una persona con otra: 'Se tomaba demasiadas confianzas y tuve que pararle los pies. Si no quieres que se propase no le des confianzas'. ≃ Familiaridades, *libertades.

V. «ABUSO de confianza, plantear la CUESTIÓN de confianza».

CONFIANZA EN SÍ MISMO. Cualidad o actitud de la persona que, por temperamento o en cierto caso, confía en sus aptitudes. Particularmente, de la persona capaz de expresarse o tratar con otras con aplomo. ⇒ Suficiente.

DE [TODA] CONFIANZA. **1** Se aplica a las personas o cosas en que se puede confiar: 'Tengo una muchacha de confianza. Este embutido es de toda confianza'. **2** También a personas a las que se trata con confianza: 'Hoy tengo invitados, pero son de confianza'.

EN CONFIANZA. **1** Reservadamente o en *secreto: 'Se lo digo a usted en confianza'. **2** Sin ceremonia.

V. «MARGEN de confianza, VOTO de confianza».

confianzudo, -a adj. *Propenso a tomarse excesivas confianzas en el trato con otros.* ⇒ *Campechano.

confiar (del sup. lat. «confidāre», por «confidĕre») **1** («en») intr. *Suponer alguien que ocurre o se hace o *esperar que ocurrirá o se hará cierta cosa necesaria para su tranquilidad: 'Confío en que la cuerda resistirá. Confiemos en que todo esté en regla'. ⊙ («en») *Esperar o *suponer alguien, para su tranquilidad, que tendrá cierta cosa o que esa cosa será suficiente o como la necesita: 'Confío en tu ayuda. No confío en mi memoria. Confiemos en la ayuda de Dios. Confía demasiado en sus fuerzas'. ⊙ («en») Estar tranquilo respecto del comportamiento de alguien por considerarlo honrado, leal, eficiente, etc.: 'Puedes confiar en él para todo'. ≃ Fiar[se]. ⊙ («a, en») prnl. Ponerse en manos de alguien: 'Me confié a su buena fe. Me confié en su manos'. **2** («a») tr. Dar o dejar el *cuidado de cierta ↘cosa a alguien o algo determinado: 'Le han confiado la dirección del negocio. Hiciste mal en confiar al correo un secreto de tanta importancia'. ≃ *Encargar, encomendar, entregar. ⊙ («a») Desentenderse de una ↘cosa dejándola depender de algo inanimado: 'Lo confía todo al azar. Confiemos a la corriente la dirección de la barca'. ≃ Abandonar, dejar, encomendar, entregar, fiar. ⊙ («a») Se dice también 'confiar una cosa a la memoria'. ⊙ («a») prnl. Lanzarse a hacer algo que implica riesgo: 'Se sujeto el paracaídas y se confió al espacio'. **3** tr. Decir en confianza a alguien cierta ↘cosa que atañe a la intimidad de quien la dice. ⊙ prnl. *Franquearse con alguien. **4** Actuar con excesiva seguridad, sin tomar las debidas precauciones, en algo: 'Se confió demasiado, y se ha hecho un corte en el dedo con la sierra'.

□ CATÁLOGO

*Abandonar[se], apostar por, echarse en BRAZOS de, cometerse, contar con, descansar[se], enfiuzar[se], enfuciar, fiar[se], dar la FIRMA a; abandonar[se], dejar[se], entregar[se], poner[se] en MANOS de. ➤ FIRMA [o FIRMAR] en blanco. ➤ LADRAN, luego andamos. ➤ El MESÍAS. ➤ Alzar los OJOS a, alzar la VISTA a. ➤ Confianza, crédito, creencia, enhoto, esperanza, fe, fiducia, fiucia, fucia, hoto, hucia, *seguridad. ➤ Ahotado, alegre, confiado, crédulo, *seguro, *SEGURO de sí mismo, *tranquilo. ➤ Adul, fiable, *fidedigno, fiel, leal, oráculo, solvente. ➤ Ahuciar. ➤ Ciegamente, confiadamente, con los OJOS cerrados. ➤ DIOS dirá, que sea lo que [DIOS] quiera, todo quiere EMPEZAR, por algo se EMPIEZA, PRINCIPIO quieren las cosas, fíate de la VIRGEN, y no corras [o pero corre]. ➤ Depositar. ➤ Desconfiar. ➤ Insolvente. ➤ Desahogarse, explayarse. ➤ Amistad, confianza, familiaridad, franqueza, intimidad, naturalidad. ➤ Privanza. ➤ Casero, familiar, íntimo. ➤ Favorito, *privado, valido. ➤ De MÍ para ti, inter nos, en SECRETO, de TI para mí. ➤ *Creer.

□ CONJUG. como «desviar».

confidencia (del lat. «confidentĭa») («Hacer») f. Acción de comunicar algo a alguien reservadamente o en *secreto. ⊙ Particularmente, algo que afecta muy íntimamente a la persona que lo comunica: 'Me ha hecho confidencias muy delicadas'. ⊙ *Noticia o cosa que se comunica: 'No me gusta oír sus confidencias'.

confidencial adj. *Reservado o *secreto.

confidencialidad f. Cualidad de confidencial.

confidencialmente adv. De manera confidencial. ≃ Confidentemente, reservadamente.

confidente, -a (del lat. «confīdens, -entis», part. pres. de «confīdĕre», confiar; como f. es inf.) **1** n. Persona con la que se suelen tratar la cosas íntimas: 'Tú que eres su confidente debes de saber lo que le pasa'. ⊙ Frecuentemente, implica que se busca *consuelo en la persona de que se trata. ⇒ PAÑO de lágrimas. **2** Persona que lleva *noticias de otras con quien convive o entre las que se mueve a alguien a cuyo servicio está; por ejemplo, a la policía o a los enemigos en la guerra. ⇒ *Espía. **3** m. *Asiento doble.

confidentemente **1** adv. *Confidencialmente.* **2** *Con fidelidad.* ≃ Fielmente.

confiesa (de «confesar»; ant.) f. *Confesión.*

confieso, -a (ant.) adj. *Confeso.*

configuración **1** f. Acción de configurar[se]. **2** *Forma o aspecto exterior de las cosas; se aplica particularmente a cosas naturales: 'La configuración del terreno [de la costa, del cráneo]'.

configurar (del lat. «configurāre») tr. Dar a una ↘cosa una *forma: 'El viento dominante en la región configura los árboles'. ≃ Conformar. ⊙ También en sentido figurado: 'El ambiente familiar contribuye a configurar el carácter'. ≃ *Formar. ⊙ prnl. Tomar una cosa cierta forma o carácter, en sentido material o figurado.

confín (del lat. «confīnis») **1** adj. Confinante. **2** («de, entre»; gralm. pl.) m. *Límite entre dos territorios extensos: 'Los confines de España y Portugal'. **3** (gralm. con un complemento con «de»; sing. o pl.) Sitio más lejano a donde alcanza la vista: 'En los confines del desierto. En los confines del horizonte'. ⊙ (gralm. con un complemento con «de»; sing. o pl.) Se aplica frecuentemente, por extensión, a lo más apartado del centro en un territorio o país o del sitio en que está el que habla: 'En los confines del mundo [de la isla, de Europa]'.

confinación f. **Confinamiento.*

confinado, -a adj. y n. Se aplica a la persona que sufre pena de confinamiento o de destierro.

confinamiento m. Acción de confinar. ≃ Confinación. ⊙ Situación de confinado. ≃ Confinación.

confinante adj. Con respecto a un territorio, otro que confina con él. ≃ *Limítrofe.

confinar (de «confín») **1** («con») intr. Tener un territorio límites comunes con otro determinado o con el mar: 'España confina al norte con Francia'. Puede usarse en sentido figurado con el significado de «estar *próximo» a cierta cosa: 'Su estado confina con la locura'. ≃ *Limitar. **2** («a, en») tr. *Desterrar a ↘alguien a un sitio determinado, no permitiéndole salir de ciertos límites: 'Estuvo confinado en Lanzarote'. ⊙ («a, en») *Aprisionar a ↘alguien en un campo de concentración. ⊙ («a, en») Prohibir a ↘alguien salir de cierto sitio: 'Está confinado en su domicilio por orden del juez'. ≃ *Arrestar. **3** Tener un grupo de personas apartado del trato con ellas a ↘alguien naturalmente perteneciente al grupo: 'Los compañeros le tienen confinado'. ≃ *Aislar.

confingir (del lat. «confingĕre»; ant.) tr. FARM. *Incorporar sustancias a un líquido y formar una ↘masa o «confección».*

confirmación **1** f. Acción de confirmar. ≃ Corroboración, ratificación. ⊙ *Sacramento y ceremonia con que se revalida la condición de *cristiano adquirida por el bautismo. **2** LÓG. *Parte del discurso en que se aducen las pruebas de la proposición que se trata de demostrar.*

confirmadamente adv. *Con *seguridad o con ratificación.*

confirmador, -a adj. y n. *Que confirma.*

confirmamiento (ant.) m. *Acción de confirmar.*

confirmando, -a n. Persona que va a recibir el sacramento de la confirmación.

confirmante adj. y n. Aplicable al que o lo que confirma.

confirmar (del lat. «confirmāre») **1** tr. Corroborar, *ratificar. ⊙ Afirmar ↘algo de nuevo o asegurar ↘algo que era dudoso: 'Los periódicos confirman hoy la noticia. Los rumores de crisis no han sido confirmados'. ⊙ prnl. Adquirir certeza definitiva algo que era dudoso: 'Se han confirmado los rumores'. ⊙ tr. Repetir o decir que es verdad ↘lo que ha dicho otro. ⊙ Dar validez definitivamente a ↘algo que era sólo provisional: 'El juez ha confirmado la sentencia'. ⊙ («en») Dar a ↘alguien la seguridad o más seguridad de cierta creencia o sospecha: 'Su actitud me confirmó en mis sospechas. Las últimas noticias me confirman en que no es prudente salir al extranjero'. ⊙ («como, por») Añadir validez a un juicio sobre ↘alguien: 'Este nuevo libro lo confirma como uno de nuestros mejores ensayistas'. ⊙ («en») prnl. Adquirir más certeza de cierta cosa: 'Cada vez me confirmo más en la creencia de que le van mal los negocios'. ≃ Afianzarse, afirmarse, *asegurarse. **2** tr. Dar nueva validez a la condición de ↘*cristiano adquirida por el bautismo, mediante el sacramento llamado «confirmación». ⇒ Crismar. **3** DER. **Remediar un defecto que invalidaba un ↘*contrato u otro acto jurídico.*

□ CATÁLOGO

Acreditar, autorizar, hacer BUENO, cerciorar[se], certificar, citar, *comprobar, concretar[se], convalidar, corroborar, demostrar, ejemplificar, homologar, legalizar, *ratificar, realizar[se], refirmar, refrendar, reiterar, renovar, revalidar, roborar, sancionar. ➤ Confirmación, confirmamiento, garantía, prueba, ratificación, ratihabición, VISTO bueno.

➤ CUANTO más que; lo dicho, DICHO; en efecto, efectivamente, ¡eso!, ¡ESO mismo!, ¿estamos?, MÁS aún, como lo [lo que] OYES, así SEA, ES más, así como SUENA, TANTO es así que, TANTO más cuanto que, está VISTO, ¡estaba VISTO!, lo estaba VIENDO, ciertos son los TOROS, ¡velay! ➤ ¿No? ➤ *Apoyar. *Asegurarse. *Asentir. *Demostrar. *Fortalecer. *Insistir.

confirmativo, -a adj. Se aplica a lo que confirma o sirve para *confirmar. ⊙ En este diccionario, a las expresiones conjuntivas o adverbiales que sirven para formar frases de confirmación.

confirmatorio, -a adj. Se aplica a lo que confirma. ⊙ Específicamente, a la sentencia o auto que confirma otro anterior.

confiscable adj. Que se puede confiscar.

confiscación f. Acción de confiscar.

confiscado, -a 1 Participio de «confiscar». **2** (And., Can., Ven.) adj. *Confisgado.*

confiscar (del lat. «confiscāre») tr. *Embargar ↘bienes de alguien y adjudicarlos al fisco o tesoro público. ⊙ Apoderarse los agentes del gobierno de cierta ↘cosa; por ejemplo, de *contrabando. ⇒ Aprehender, *coger, comisar, decomisar, desamortizar, descaminar, *embargar, expropiar, incautarse, requisar. ➤ Mazarrón. ➤ *Adquirir. *Castigo. *Quitar. *Retener.

confiscatorio, -a adj. De [la] confiscación.

confisgado, -a (And., Can., Am. C., Col., Ven.) adj. *Bribón, pícaro.* ≃ Confiscado.

confitado, -a 1 Participio adjetivo de «confitar» aplicado a las frutas que se conservan secas después de cocidas en almíbar. ⇒ Acitrón, calabazate, casca, diacitrón, espejuelo. **2** (inf.) *Se aplica al que piensa con ilusión, tal vez vanamente, en algo bueno que va a tener o hacer*: 'Ella está muy confitada con ir a la fiesta, pero, a lo mejor, no la dejan ir'. ≃ Ilusionado.

confitar (de «confite») **1** tr. Cocer en almíbar las ↘frutas o algunas otras cosas, como la batata, para conservarlas convertidas en *dulce. ⊙ Recubrir de azúcar ↘almendras, piñones, etc., para hacer confites. **2** (inf., más bien pop.) *Hacer concebir a ↘alguien esperanzas o *ilusiones que luego pueden no realizarse.* ≃ *Engolosinar.

confite (del cat. «confit»; pop.) m. Cualquier *golosina de pequeño tamaño hecha de azúcar; particularmente, las de pasta blanca o coloreada, hechas en forma de bolitas, a veces con anises, piñones o almendras en el interior. ⇒ ALMENDRA garrapiñada, anís, bola, bolita, gragea, peladilla, piñón.

confitente (del lat. «confĭtens, -entis», que confiesa) adj. *Confeso.*

confiteor (del lat. «confitĕor», confieso) **1** m. Palabra latina con que se designa la oración que empieza por esa palabra, que se dice en la misa y en la confesión. Dicha en español, empieza por «yo pecador», y con esta expresión, además de la de «Confesión General», se llama en español. ⇒ *Rezar. **2** **Confesión sin reservas de alguna falta.*

confitería f. Tienda donde se venden dulces; especialmente, caramelos y bombones. ⇒ Bizcochería, *pastelería, zucrería. ⊙ En algunos lugares, cafetería, salón de té, etc., donde además se venden dulces.

confitero, -a 1 n. Persona que hace o vende dulces. **2** *Recipiente o caja donde se tienen u ofrecen los confites.*

confitico, confitillo o **confitito** (dim. de «confite») m. *Labor menuda que tienen algunas colchas, parecida a los confites pequeños.*

confitura (del fr. «confiture») f. Fruta en dulce en cualquier forma: escarchada, en compota o en mermelada.

conflación (del lat. «conflatĭo, -ōnis»; ant.) f. *Fundición (acción de fundir).*

conflagración (del lat. «conflagratĭo, -ōnis») **1** (ant.) f. *Incendio.* **2** Acción de estallar un conflicto violento, particularmente la guerra, entre dos o más naciones. ⊙ Por extensión, guerra.

CONFLAGRACIÓN BÉLICA. Estallido de una guerra. ⊙ La guerra misma.

conflagrar (del lat. «conflagrāre») tr. *Incendiar o inflamar.*

conflátil (del lat. «conflatĭlis»; ant.) adj. *Susceptible de ser fundido.*

conflictividad f. Cualidad de conflictivo. ⊙ Conjunto de hechos conflictivos: 'Conflictividad laboral'.

conflictivo, -a 1 adj. Que causa conflicto. **2** Se aplica al momento, la época, la situación, etc., en los que hay conflicto.

conflicto (del lat. «conflictus») **1** (ant.) m. *Momento más violento de un combate.* ⊙ *Momento en que el combate está indeciso.* **2** («Causar, Mover, Ocasionar, Promover, Suscitar un»; «de, entre») Choque, o situación permanente de oposición, desacuerdo o lucha entre personas o cosas: 'Un incidente de fronteras provocó un conflicto entre los dos países. Conflicto de jurisdicciones [de pasiones, de intereses]'. ⇒ Choque, conflictividad, colisión, cuestión, *desacuerdo, diferencia, discrepancia, *discusión, disgusto, encuentro, pugna. ➤ *Contrario. *Luchar. *Oposición. **3** («Estar en, Tener un») Situación en que no se puede hacer lo que es necesario o en que no se sabe qué hacer: 'Se encontró en un conflicto porque no podía pagar la letra. Tiene un conflicto porque la han invitado a la vez a dos fiestas'. ⇒ *Apuro.

CONFLICTO COLECTIVO. Situación de enfrentamiento laboral entre empresarios y trabajadores, cuando las posiciones de ambos son difícilmente conciliables.

confluencia f. Acción de confluir. ⊙ Punto en donde confluyen dos o más cosas. ⇒ Cuadrivio, horcajo, trifinio, trivio. ➤ Horqueta.

confluentes 1 adj. Se aplica a dos corrientes, calles, etc., que confluyen una con otra. **2** MED. *Se aplica a las erupciones de la piel, por ejemplo viruelas, que salen muy juntas, en gran cantidad.*

confluir (del lat. «confluĕre»; «a, con, en») intr. Juntarse en un sitio una corriente, por ejemplo un río, con otra; o un camino o calle con otro: 'El Pisuerga confluye con el Duero cerca de Simancas. A esta plaza confluyen diez calles. En Madrid confluyen casi todas las líneas importantes de comunicación'. ≃ *Afluir. ⊙ Reunirse en un sitio cosas, personas, etc., que vienen de distintas direcciones. ≃ *Afluir.

☐ CONJUG. como «huir».

conformación (del lat. «conformatĭo, -ōnis») f. Forma de una cosa; particularmente, del cuerpo o de parte de él: 'Necesita un calzado especial por la conformación de sus pies'. ≃ Configuración.

conformadizo, -a (inf.) adj. Aplicado a personas, fácil de contentar o conformar. ≃ Conformado.

conformado, -a 1 Participio de «conformar[se]». **2** adj. Con «bien» o «mal», con buena o mala conformación: 'Un niño bien conformado'. ≃ Configurado, hecho, constituido. **3** («Ser») Capaz de sufrir sin protesta contrariedades, padecimientos o malos tratos. ≃ Paciente, resignado, sufrido. ⊙ («Estar») En actitud de aceptar una cosa penosa o desagradable sin luchar contra ella. ⇒ *Conformarse.

conformador (de «conformar») m. *Utensilio con que los sombreros toman la medida y forma de la cabeza.*

conformar (del lat. «conformāre») **1** tr. *Dar forma a una ↘cosa; particularmente, *adaptar: dar a un objeto su forma propia o darle cierta forma para que se adapte a otra cosa; por ejemplo, conformar un sombrero o un traje sobre la persona que los ha de usar.* ≃ *Formar. ⊙ Se aplica más a cosas no materiales: 'Conformar el carácter'. ≃ *Formar. ⇒ *Educar. ⊙ prnl. Estar de acuerdo, adaptarse o corresponder una cosa a otra: 'Si tus planes se conforman con los míos, podemos trabajar juntos'. ⊙ Particularmente, adaptarse una cosa a la forma de otra. **2** tr. *Reconciliar o poner de acuerdo a ↘personas que estaban enfadadas o enemistadas una con otra.* **3** («a, con») Igualar o hacer coincidir una ↘cosa con otra: 'Conformar los gastos a los ingresos'. ≃ *Acomodar, adaptar, ajustar. **4** («con») intr. *Estar de acuerdo una persona con otra.* ≃ Estar conformes. ⇒ Desconformar. **5** tr. Dejar a ↘alguien conforme con poca cosa: 'Le conformé con dos duros, que es todo lo que llevaba'. ≃ Contentar. ⊙ Dejar a ↘alguien contento o tranquilo con cierta cosa que se le da en compensación de algo: 'El niño se quería venir conmigo, pero le conformé con un caramelo'. ≃ Contentar. ⇒ *Engañar. ⊙ («con») prnl. No pedir alguien más o no quejarse cuando tiene o recibe algo que puede considerarse poco, insuficiente o no satisfactorio: 'Me conformaría con la mitad de lo que le dan a él. Si te conformas con cualquier cosa, abusarán de ti. Me conformo con estar a tu lado' ≃ Contentarse.

□ CATÁLOGO

*Aceptar, *acomodarse, adaptarse, *aguantar[se], amoldarse, arreglarse, asimilar, atemperarse, *avenirse, darse BARATO, bajar [o doblar] la CABEZA, darse con un CANTO en los dientes [o pechos], conllevar, contentarse, tomar las COSAS como vienen, darse por CONTENTO, doblegarse, encabezarse, firmar, hacerse, encoger[se] de HOMBROS, encoger los HOMBROS, plegarse, *resignarse, satisfacerse, *someterse, *sujetarse, acomodarse al TIEMPO, tomar el TIEMPO como viene, *tolerar, *transigir. ➤ Aguantarse, amoldarse, chincharse, fastidiarse. ➤ Aguante, buena BOCA, cabronada, conformidad, estoicismo, filosofía, longanimidad, mansedumbre, *paciencia, *resignación, tragaderas. ➤ Borricón, cabrón, conformadizo, conformado, conformista, *consentido, manso, paciente, sufrido, yunque. ➤ ¡Bah!, ¡bien!, ¡bien ESTÁ!, ¡ya está BIEN!, ¡bueno!, ¡BUENO está!, ¡alabado sea DIOS!, ¡bendito sea DIOS!, ¡todo sea por DIOS!, ¡vaya por DIOS!, ¡qué le vamos [o qué se le va] a HACER!, ¡ya está HECHO!, del MAL el menos, no hay MAL que cien años dure, no hay MAL que por bien no venga, a falta de PAN buenas son tortas, a lo hecho, PECHO; ¡qué QUIERES!, ¡qué QUIERES que te [quiere que le, etc.] haga!, aunque nada más [sólo] SEA, ¡cómo ha de SER! ➤ *Protestar, *quejarse. ➤ *Transigir (expresiones transactivas). ➤ *Aguantar. *Asentir. *Ceder. *Condescender. *Limitarse.

conforme (del lat. «conformis») **1** («Ser conforme a») adj. De acuerdo. ⊙ Se aplica a las cosas que se adaptan a otra cosa, a una situación, etc., o son como conviene o corresponde a ellas: 'Un plan de reformas conforme a la realidad del país. El premio es conforme a sus méritos. La respuesta es conforme a su edad'. ⊙ De acuerdo con los deseos, esperanzas, etc., de alguien: 'El resultado es conforme a nuestras esperanzas'. ≃ Según. ⊙ Con «a» y las palabras «derecho, ley» o semejantes forma frases adjetivales: 'La resolución es conforme a derecho'. **2** conj. Del mismo *modo que: 'Lo he hecho todo conforme me has dicho'. ≃ *Como. **3** («Estar; con, en») adj. Se dice de la persona que encuentra satisfactorio lo que otra piensa, dice, hace o propone: 'Estamos conformes en el precio de la finca. Estoy conforme contigo en que debemos salir cuanto antes'. ≃ De acuerdo. ⇒ *Asentir, *convenir. **4** *Aplicado a personas, en paz o buena amistad: no enfadados o enemistados.* **5** («Estar, Quedarse; con») Aplicado a personas, contento, *satisfecho. En actitud de encontrar suficiente o satisfactorio algo que se le da, dice, etc.: 'No parece que se haya quedado muy conforme con la propina que le has dado'. ⊙ De acuerdo con cierta cosa: 'Se mostró conforme con la proposición'. **6** conj. (pop.) Denota el desarrollo simultáneo de las acciones expresadas por las dos oraciones que une: 'Nosotros nos íbamos comiendo las patatas conforme ella las iba sacando de la sartén'. ≃ *Según. **7** adj. Corriente (en regla) o preparado. **8** m. Se aplica como nombre al escrito «conforme» puesto al pie de un documento por la persona que lo aprueba: 'Poner el conforme'. ⊙ También se dice «dar el conforme», significando «dar la aprobación».

CONFORME A. Locución prepositiva que indica que algo condiciona o regula a otra cosa que se expresa: 'Te atenderán conforme a lo que pagues'. ≃ *Según.

V. «SEGÚN y conforme».

conformidad (del lat. «conformĭtas, -ātis») **1** f. Relación entre cosas que se adaptan o están de acuerdo entre sí. ⇒ Afijo, «ana-»: 'analogía'. ➤ Acuerdo, *armonía, *concordancia, congruencia, coherencia, *enlace, maridaje, proporción. ➤ Disconformidad. **2** («Dar, Mostrar, Prestar») Actitud de estar conforme con algo o manifestación de que se está conforme: 'Cuenten con mi conformidad para cualquier cosa que decidan. Dio su conformidad para que empezaran las obras'. ≃ Aprobación, aquiescencia, asentimiento, consenso, consentimiento. **3** («Tener, Llevar, Soportar con; con, ante, delante de») Actitud del que acepta una desgracia, contratiempo o molestia sin quejas, protesta o rebeldía: 'Lleva su enfermedad con mucha conformidad'. ⇒ *Conformarse.

EN CONFORMIDAD CON. *Según: 'En conformidad con lo que tratamos'. ≃ Conforme a.

conformismo m. Actitud conformista. ⊙ Cualidad de conformista.

conformista (de «conformar») adj. y n. Aplicado al que, por temperamento o sistema, está en actitud de conformidad con lo establecido. ⊙ Específicamente, persona que, en Inglaterra, está conforme con la religión oficial.

confort (fr.; pronunc. [confór]) m. Comodidad.

confortable **1** adj. *Confortante.* **2** Cómodo: 'Una casa confortable'.

confortablemente adv. Con comodidad.

confortación f. *Acción de confortar.*

confortador, -a adj. Que conforta.

confortante **1** adj. Se aplica a algo que conforta. **2** m. *Mitón.*

confortar (del lat. «confortāre») **1** tr. Dar fuerzas a ↘alguien que está debilitado o agotado: 'Esta taza de caldo te confortará'. ≃ *Fortalecer. **2** Dar a ↘alguien ánimo para resistir trabajos o penalidades: 'Me conforta ver que hacéis lo que podéis por ayudarme'. ≃ *Animar. ⇒ *Aliviar. ➤ Confortador, confortante, confortativo.

confortativo, -a adj. y n. m. *Se aplica a lo que conforta.*

conforte o **conforto** (de «confortar») **1** (ant.) m. *Confortación.* **2** (ant.) *Confortativo.* ⇒ Confort.

confracción (del lat. «confractĭo, -ōnis»; ant.) f. *Acción de quebrar o romper.*

confrade (ant.) m. *Cofrade*

confradía (ant.) f. *Cofradía.*

confragoso, -a (del lat. «confragōsus»; ant.) adj. *Fragoso.*

confraternar (de «con-» y «fraterno») intr. *Confraternizar.*

confraternidad (de «con-» y «fraternidad») **1** f. Amistad muy íntima, como de hermanos, entre personas que tienen los mismos sentimientos, aspiraciones o ideales: 'La confraternidad entre España y Portugal'. ≃ *Fraternidad. **2** Unión formada con esa clase de amistad: 'La confraternidad hispanoamericana'.

confraternizar **1** intr. Tratarse con mutua camaradería y simpatía: 'Al cabo de un mes de servicio militar, ambos reclutas confraternizaban'. **2** Tratarse entre sí varias personas, de distintas clases sociales o pertenecientes a distintas esferas, como iguales y unidas en hermandad: 'En ese día confraterniza todo el personal de la empresa, desde el más alto empleado al más humilde'.

confricar (del lat. «confricāre») tr. *Frotar.*

confrontación f. Acción y efecto de confrontar[se].

confrontar (de «con-» y «frons, -tis», la frente) **1** («con, entre sí») tr. Comparar o cotejar. Examinar dos o más cosas juntas para comprobar que son iguales o para apreciar sus semejanzas y diferencias: 'Confrontar una copia con su original [o dos ediciones del Quijote]'. **2** Poner a dos ↘personas, particularmente en un juicio, una frente a otra para que sostengan sus respectivas afirmaciones. ≃ *Carear. **3** Tener delante cierta ↘cosa o llegar ante cierta ↘cosa: 'Al día siguiente confrontamos una playa desconocida. Confrontó peligros sin cuento'. ≃ *Enfrentarse. ⊙ Mirar con entereza o con el estado de ánimo que se expresa alguna ↘dificultad o peligro que se presenta delante: 'Es mejor confrontar la realidad que engañarse. Confrontemos con serenidad la situación'. ≃ *Afrontar. ⊙ prnl. Tener ante sí cierta cosa como un peligro o una dificultad: 'Nos confrontamos en este momento con una situación delicada'. ≃ *Enfrentarse. **4** intr. *Limitar.* **5** (ant.) *Parecerse una cosa a otra.* ⊙ (ant.) *Corresponder una cosa a otra.* ⊙ (ant.) intr. y prnl. *Avenirse o congeniar una persona con otra.*

confucianismo m. Conjunto de las doctrinas morales, políticas y religiosas predicadas por Confucio, en el siglo V antes de Jesucristo, profesadas en China y Japón. ≃ Confucionismo.

confucianista adj. y n. Del confucianismo o seguidor de esta doctrina.

confuciano, -a adj. De la doctrina del filósofo chino Confucio.

confucionismo m. Confucianismo.

confuerzo (del lat. «confortāre») **1** (ant.) m. *Acción y efecto de fortalecer.* ≃ Confortación. **2** (ant.) *Banquete fúnebre.*

confugio (del lat. «confugĭum»; ant.) m. *Refugio.*

confuir (del lat. «confugĕre») **1** (ant.) intr. *Huir con otro.* **2** (ant.) *Recurrir.*

confulgencia (del lat. «confulgēre», brillar mucho) f. *Brillo simultáneo:* 'Confulgencia de muchas estrellas'.

confundido, -a Participio adjetivo en todas las acepciones de «confundir[se]».

confundidor, -a adj. Tal que confunde (induce a confusión).

confundir (del lat. «confundĕre») **1** tr. Borrar o hacer desaparecer los ↘límites o perfiles de las ↘cosas, de modo que no se ve su separación: 'La niebla confunde los perfiles de las montañas. El grabado del cristal confundía las figuras de detrás'. ⊙ prnl. Ponerse o aparecer confuso o borroso: 'En la lejanía se confunden las formas'. **2** tr. Tomar, usar o entender una ↘cosa por otra: 'Confundimos la carretera y llegamos a Ávila en vez de a Segovia. Siempre confundo los nombres de tus hijos'. ≃ *Equivocar, trastocar, trocar. ⊙ Hacer que alguien se confunda: 'Fui yo quien le confundí con mis explicaciones'. ≃ Equivocar. ⊙ prnl. Equivocarse: 'Me confundo cada vez que tengo que llamar a una de las dos hermanas'. **3** tr. *Mezclar, material o no materialmente, unas ↘cosas con otras, de modo que no se entienden o no se ven con claridad. **4** **Juntar ↘cosas de modo que quedan incorporadas unas a otras.* **5** *Perder: hacer que no se sepa dónde está una ↘cosa por no haberla puesto en su sitio: 'Ya me habéis confundido otra vez las tijeras'. **6** Dejar confuso: dejar alguien a la ↘persona con quien discute, que le acusa, le ataca, etc., desarmada, sin argumentos, sin saber qué decir. ⊙ A veces, implica también avergonzar o humillar: 'Confundió a sus acusadores con su entereza'. ⊙ prnl. *Ponerse o quedar confuso.* **7** tr. Hacer perder el aplomo a ↘alguien. ≃ *Turbar. ⊙ Hacer que ↘alguien se sienta turbado por exceso de amabilidad o de alabanzas; el mismo verbo se emplea para expresar la situación el que la experimenta: 'Me confunde usted con tantas atenciones'. ≃ Abrumar, agobiar, embarazar.

□ CATÁLOGO

I Armar un BARULLO, cohonder, desdibujar[se], *desorientar, desvanecer, emborronar, encasquillarse, enredar, *equivocar, hacer [o armar] un LÍO, oscurecer, hacerse la PICHA un lío, hacer [o armar] un TACO, trabucar. ➤ Ambigüedad, bruma, ciempiés, complejidad, *complicación, confusión, dédalo, DIARREA mental, embrollo, EMPANADA mental, *enredo, intríngulis, galimatías, laberinto, *lío, maraña, nebulosidad, niebla, nube, oscuridad, preñez, taco, tinieblas, tomate. ➤ Ambiguo, borroso, confuso, denso, desdibujado, equívoco, *impreciso, incierto, indeciso, indeterminado, indistinto, nebuloso, oscuro, a medias PALABRAS, plegadamente, turbio, *vago. ➤ Inconfundible. ➤ *Complicar. *Desorden. *Desorientar. *Difícil. *Dudar. *Engañar. *Equivocar. *Impreciso. *Incomprensible. *Juntar. *Mezclar. *Montón. *Ofuscar. *Perplejo. *Vacilar.

II Abrumar, achancar, achicar, acogotar, ahocicar, aniquilar, anonadar, anular, hacer [o dejar hecho] AÑICOS, *apabullar, aplastar, dar una BUENA, cachifollar, calar, chafar, hacer [o dejar hecho] CISCO, dejar CLAVADO, clavar, dejar fuera de COMBATE, dejar CONFUSO, correr, dejar CORRIDO, dejar CORTADO, cortar, dar en la CRESTA, *derrotar, dejar DESARMADO, desarmar, dejar DESCONCERTADO, *desconcertar, deshacer, dejar DESHECHO, desinflar[se], despachurrar, destrozar, dejar DESTROZADO, partir por el EJE, dejar hecho un GUIÑAPO, dejar HUNDIDO, hundir, dejar K.O., dejar MALTRECHO, hacer [o dejar hecho] MIGAS, dar una PALIZA, dejar hecho PAPILLA, dejar pegado a la PARED, hacer [o dejar hecho] PEDAZOS, dejar PEGADO, dar para el PELO, dejar PLANCHADO, hacer [o dejar hecho] POLVO, hacer morder el POLVO, sacudir el POLVO, reducir, revolcar, dar un revolcón, dejar sin SABER qué decir [o qué responder], hacer [o dejar hecho] un TACO, triturar, hacer [o dejar hecho] TRIZAS, vapulear, dar un VAPULEO, zurrar. ➤ ¡CHÚPATE esa!, ¡PÁPATE esa! ➤ *Disputar. *Dominar. *Superar. *Vencer. *Vergüenza.

confusamente adv. De manera confusa.

confusión (del lat. «confusĭo, -ōnis») **1** f. Falta de claridad. **2** Equivocación. **3** *Desorden. **4** Turbación o vergüenza. **5** *Afrenta, ignominia.* **6** DER. *Modo de extinción de una obligación por reunirse en un mismo sujeto el crédito y la deuda.*

V. «un MAR de confusiones».

confusionismo m. Falta de claridad en las ideas, a veces intencionada: 'Las nuevas declaraciones sólo han servido para aumentar el confusionismo sobre la noticia'. ≃ Confusión.

confuso, -a (del lat. «confūsus») **1** adj. Falto de claridad, de precisión o de orden. **2** Indeciso, perplejo o turbado: sin saber qué hacer o qué decir. **3** Avergonzado.

confutar (del lat. «confutāre») tr. *Refutar.*

conga[1] **1** f. Cierta danza, de origen cubano, en que los participantes avanzan en fila al ritmo de la música, cogidos por la cintura, dando una sacudida con todo el cuerpo cada tres pasos. ⊙ Música de esta danza. ⇒ Congo. **2** (pl.) Tambores con los que se ejecuta esta danza.

conga[2] (Cuba; *Capromys auritus* y *Capromys prehensilis*) f. *Especie de hutia, muy grande, de unos 40 cm de larga, de color gris o rojizo.*

conga[3] (Col.) f. *Hormiga grande, venenosa.*

congelación f. Acción de congelar[se]: 'La congelación de los alimentos'.

congelado, -a Participio adjetivo de «congelar[se]»: 'Esta merluza es congelada. Me quedé congelado esperando el autobús'. ⊙ m., gralm. pl. Alimento congelado.

congelador m. Departamento de un frigorífico que sirve para congelar.

congelamiento m. Acción de congelar[se]: 'Varios montañeros murieron por congelamiento'.

congelar (del lat. «congelāre») **1** tr. y prnl. Convertir[se] en *hielo un ↘líquido. ⊙ Enfriar[se] una ↘cosa sólida hasta que se congela la parte líquida que tiene embebida: 'Congelar carne'. **2** tr. Disponer la autoridad que queden inmovilizados ciertos ↘fondos o propiedades de alguien, de modo que no puede su propietario disponer de ellos. **3** Declarar una autoridad que no pueden modificarse los ↘precios o los salarios. ⇒ *Confiscar. **4** (inf.) prnl. Sentir mucho frío: 'Cierra esa puerta que me congelo'.

congénere (del lat. «congĕner, -ĕris»; frec. desp.) adj. y n. Del mismo género o clase: 'No quiero nada con tus congéneres'. ⇒ Calaño. ➤ *Igual. *Semejante.

congenial (de «con-» y «genio») adj. *Del mismo genio que otro.*

congeniar (de «con-» y «genio»; «con») intr. Vivir o estar bien una persona con otra por ser del mismo carácter: 'No congenia con su cuñada'. Si la frase es afirmativa, se le añade redundantemente «bien»: 'Las dos primas congenian muy bien'. Y, como consecuencia, se dice a veces también «congeniar mal». ≃ *Avenirse, entenderse [o llevarse] bien, unir.

□ CONJUG. como «cambiar».

congénito, -a (del lat. «congenĭtus»; «en»: 'en el hombre') adj. Aplicado a una cualidad o carácter, nacido con el ser que lo tiene y no adquirido o aprendido: 'Ceguera congénita'. ≃ Connatural, ingénito, *innato.

congerie (del lat. «congerĭes»; ant.) f. *Cúmulo o montón.*

congestión (del lat. «congestĭo, -ōnis») **1** f. Afluencia anormal de sangre a una parte del cuerpo: 'Congestión cerebral. Congestión pulmonar'. ⇒ Hiperemia. ➤ Congestionar, descongestionar. ➤ Inflamación. **2** Acumulación de cierta cosa en un sitio por una obstrucción o entorpecimiento en su circulación o movimiento. ⊙ Particularmente, entorpecimiento del tráfico en una vía pública por acumulación de vehículos.

congestionado, -a Participio adjetivo de «congestionar[se]». ⊙ Con el rostro rojo por la afluencia de sangre. ⇒ Vultuoso.

congestionar tr. Producir congestión en ↘alguien o algo ⊙ prnl. Empezar a sufrir congestión: 'Se congestiona en cuanto bebe un poco'.

congestivo, -a («Temperamento») adj. MED. De [la] congestión. ⊙ Propenso a la congestión: 'Temperamento congestivo'. ⇒*Constitución.

congiario (del lat. «congiarĭum») m. *Donativo que en algunas ocasiones distribuían los emperadores romanos al pueblo.*

congio (del lat. «congĭus») m. *Medida romana de capacidad para líquidos, equivalente a un octavo de ánfora, o sea unos 3 litros.*

conglobación (del lat. «conglobatĭo, -ōnis») f. *Reunión; particularmente, de cosas no materiales, como sentimientos o afectos.*

conglobar (del lat. «conglobāre») tr. y prnl. *Englobar[se] o reunir[se].*

conglomeración 1 f. Acción de conglomerar. **2** Conglomerado.

conglomerado, -a 1 Participio adjetivo de «conglomerar». **2** adj. BOT. *Se aplica a las flores que forman una inflorescencia muy apretada.* **3** m. Reunión de cosas o fragmentos conglomerados. ⇒ Aglomerado, agregado, briqueta. ➤ Clástico. ➤ *Cemento. *Concreción. ⊙ GEOL. Masa formada por fragmentos redondeados de roca o mineral, unidos por un cemento. **4** Acumulación de ciertas cosas inmateriales: 'Un conglomerado de intereses'. ≃ Amalgama, cúmulo.

conglomerante adj. y n. m. Se aplica a la sustancia apta para conglomerar materiales; especialmente, si su acción es química.

conglomerar (del lat. «conglomerāre») tr. Unir fuertemente ↘fragmentos de la misma o de distintas sustancias, bien por simple presión, bien mediante una sustancia aglutinante, de modo que el conjunto resulta compacto, pero se aprecian a simple vista los fragmentos componentes.

conglutinación f. *Acción de conglutinar[se].*

conglutinante adj. y n. m. *Que conglutina.*

conglutinar (del lat. «conglutināre») tr. y prnl. *Aglutinar[se].*

conglutinativo, -a adj. y n. m. *Capaz de conglutinar.*

conglutinoso, -a adj. *Conglutinativo.*

congo 1 (Cuba) m. *Antigua danza popular, ejecutada en parejas.* ⇒ Conga[1]. **2** (Cuba, Méj.) *Hueso de los grandes de las patas traseras del cerdo.* **3** (Hond.) *Cierto pez.* **4** (C. Rica, Salv.; *Alouatta palliata*) *Cierto mono aullador.*

congoja (del cat. «congoixa») **1** f. Dificultad fisiológica para respirar, muy penosa. ⇒ *Asma. **2** Intenso padecimiento físico indefinido que se manifiesta con sudor, respiración fatigosa, inquietud, etc. ≃ *Angustia. ⇒ Angoja, acongojar. **3** Padecimiento moral producido, por ejemplo, por el temor fundado de una gran desgracia. ≃ *Angustia, ansiedad. ⊙ *Pena muy intensa exteriorizada con quejas, llanto, etc., incontenibles. ⇒ *Afligir.

congojar (de «congoja») tr. y prnl. *Acongojar.*

congojoso, -a 1 adj. *Acongojado.* ≃ Angojoso. **2** *Causante de congoja.*

congola (Col.) f. **Pipa de fumar.*

congoleño, -a o **congolés, -a** adj. y, aplicado a personas, también, n. Del Congo. ⇒ Pamue.

congolona (C. Rica) f. **Gallina silvestre, algo mayor que una perdiz, de carne muy estimada.*

congona (del quechua «concona»; Chi., Ec., Perú; *Piper dolabriformis)* f. **Planta piperácea, aromática y medicinal.*

congorocho (Ven.) m. *Especie de *ciempiés que vive en terrenos húmedos.*

congosto (del lat. «coangustus») m. **Paso estrecho entre montañas.* ≃ Desfiladero.

congostra f. **Callejuela, o *camino estrecho entre paredes o ribazos.*

congraciamiento m. Acción de congraciar[se].

congraciante adj. Aplicado a cosas, útil para congraciar o dirigido a ello: 'Le dirigió una sonrisa congraciante'.

congraciar (de «con-» y «gracia») **1** («con») prnl. y, no frec., intr. Atraerse la benevolencia, simpatía, etc., de alguien. **2** («con») tr. Atraer hacia una ↘persona, por ejemplo una acción, una actitud o una cualidad suyas, la benevolencia, la simpatía o el afecto de otra. ⇒ Bienquistar, disponer [inclinar o predisponer] a FAVOR [favorablemente], PONER bien [o a bien].

□ CONJUG. como «cambiar».

congratulación (form.) f. Acción de congratular[se]. Con frecuencia, expresándolo con la propia palabra «congratulación»: 'Reciba usted mis sinceras congratulaciones'.

congratular (del lat. «congratulāri»; form.) prnl. y, no frec., tr. Expresar una persona a ↘otra su satisfacción por algo bueno o agradable que le ha ocurrido: 'Todos le [o se] congratulaban por el éxito de su novela'. Se emplea el mismo verbo para realizar la acción que expresa: 'Me congratulo de que el accidente no tuviera consecuencias'. ≃ Celebrar, *felicitar[se].

congratulatorio, -a adj. Que expresa o conlleva congratulación.

congregación 1 f. Acción de congregar[se]. **2** *Asamblea o *reunión de personas para tratar de ciertas cosas. **3** *Nombre usado antiguamente por algunos *bandos o parcialidades.* **4** *Conjunto de *monasterios de la misma orden bajo la dirección de un superior general.* **5** **Capítulo, en algunas órdenes religiosas.* **6** Nombre que reciben unas comunidades de *sacerdotes seculares formadas bajo ciertos estatutos; como la del Salvador o la de San Felipe Neri u Oratorio. ⊙ También se designa así al Opus Dei. ⇒ Camilo. ➤ *Orden. **7** Asociación de personas bajo la advocación de algún santo u otro objeto de devoción para rendirle culto y hacer ejercicios piadosos. ≃ *Cofradía. **8** Nombre de las distintas secciones formadas en el *Vaticano por cardenales, prelados y otras personas, para el despacho de los distintos asuntos: 'Congregación del Concilio, de Propaganda, de Ritos'.

CONGREGACIÓN DE LOS FIELES. Iglesia *católica.

congregante n. Miembro de alguna congregación (cofradía).

congregar (del lat. «congregāre») tr. *Reunir ↘gente llamándola o atrayéndola a un sitio: 'El partido de fútbol congregó en Madrid a los aficionados de toda España'. ⊙ prnl. Reunirse gente en un sitio.

congresal (Hispam.) n. *Congresista (asistente a un congreso).*

congresista 1 n. Asistente a un congreso. **2** Miembro del congreso (asamblea legislativa).

congreso (del lat. «congressus») **1** m. *Reunión de personas procedentes de distintos sitios para tratar asuntos importantes de interés general, aportando cada uno su conocimiento del asunto. Este nombre alterna en distintas ocasiones con los de «asamblea, conferencia» o «reunión», siendo empleado preferentemente en el caso de tratarse de una reunión de personas dedicadas a la misma profesión o actividad científica, para tratar cuestiones relacionadas con ésta: 'Congreso de neurocirugía'. ⇒ Jornadas, simposio. ➤ Congresal, congresista. **2** *Asamblea legislativa formada por los diputados a cortes. ⇒ Congresista. ⊙ Edificio donde celebra sus sesiones. ⇒ CÁMARA baja. ➤ BANCO azul, escaño, hemiciclo, SALÓN de sesiones, tribuna. ➤ *Asamblea. *Cortes. **3** (ant.) **Cópula.*

congrio (del lat. «conger, -gri»; género *Conger*, especialmente *Conger conger)* m. *Pez marino teleósteo, comestible, de cuerpo cilíndrico, muy largo y resbaladizo. ⇒ Anguilo, charquecillo. ➤ Negrilla, safío, varga.

congrua (del lat. «congrŭa») **1** f. Cantidad supletoria que paga el Estado a algunos funcionarios que cobran de los particulares, hasta alcanzar un mínimo establecido. ⇒ *Retribución. **2** *Renta que debe tener el que recibe órdenes sagradas.* ⇒ Pasada. ➤ Incongruo. ➤ *Eclesiástico.

congruamente adv. *De manera congruente.*

congruencia 1 f. Cualidad de congruente. ⇒ Incongruencia. ⊙ *Relación entre cosas congruentes. ⊙ Relación lógica entre dos acciones, dichos, etc. **2** **Conveniencia.* **3** *Oportunidad.* **4** MAT. *Fórmula que expresa la igualdad de los restos de dos números al dividirlos por un tercero (módulo); el signo de esta expresión es «≡».* **5** DER. *Conformidad de extensión, concepto y alcance entre el fallo y las pretensiones de las partes formuladas en el juicio.*

congruente (del lat. «congrŭens, -entis», part. pres. de «congruĕre», convenir) **1** adj. *Acorde, en *concordancia o *correspondencia con otra cosa determinada; se usa más en frases negativas: 'Sus palabras y sus hechos no son congruentes. Nada de lo que estás diciendo es congruente con el asunto de que tratamos'. ⇒ Incongruente. **2** MAT. *Con relación a un número, otro tal que el cociente de cada uno de ellos por un tercer número deja el mismo resto; por ejemplo, 4 y 7 son números congruentes con respecto a 3.*

congruentemente adv. De manera congruente.

congruidad (del lat. «congruĭtas, -ātis») f. *Congruencia.*

congruismo (de «congruente») m. TEOL. *Doctrina sobre la *gracia divina, expuesta principalmente por Francisco Suárez, según la cual la gracia concedida por Dios a un alma es eficaz gracias a la aceptación de ella por esa alma, prevista por Dios al concederla.*

congruista adj. y n. TEOL. *Adepto al congruismo.*

congruo, -a (del lat. «congrŭus», conveniente; culto) adj. Congruente.

conguito (Hispam.) m. **Pimiento o pimentón.* ≃ Ají.

conhortar (del lat. «confortāre»; ant.) tr. *Confortar o *consolar.* ⇒ Aconhortar, cohortar. ⊙ (ant.) prnl. **Consolarse.*

conhorte (ant.) m. *Acción de conhortar.*

cónica f. GEOM. *SECCIÓN cónica.*

conicidad 1 f. GEOM. *Circunstancia de ser cónico.* **2** *Figura o forma cónica.*

cónico, -a adj. De forma de cono. ≃ Conoidal, conoideo. V. «SECCIÓN cónica, SUPERFICIE cónica».

conidio (del gr. «kónis», polvo) m. BOT. *Espora de las que se forman en el extremo de una hifa diferenciada del micelio de los *hongos.*

coniecha (del lat. «coniecta», echada) **1** (ant.) f. **Recolección.* **2** (ant.) **Recaudación.*

conífero, -a (del lat. «conĭfer, -ĕri») adj. y n. f. BOT. Se aplica a las *plantas gimnospermas de la misma clase que el pino, la sabina o el ciprés, o sea de hojas persistentes, aciculares o en escamas, y fruto en cono o piña. ⊙ f. pl. Bot. Esta clase o subclase de plantas.

conimbricense (del lat. «Conimbricensis», de «Conimbrĭca», Coimbra) adj. y, aplicado a personas, también n. De Coimbra.

conirrostro (del lat. «conus», cono, y «rostrum», pico) adj. y n. m. Zool. *Se aplica a los *pájaros que tienen el pico corto y cónico, como el gorrión.*

conivalvo, -a (del lat. «conus», cono, y «valva», hoja de la puerta) adj. Zool. *De *concha cónica.*

coniza (del lat. «conȳza», del gr. «kónyza») **1** *(Inula conyza)* f. *Planta compuesta medicinal, con flores amarillas en umbela, con el cáliz con escamas desiguales. **2** **Zaragatona (planta plantaginácea).*

conjetura (del lat. «coniectūra»; «Hacer»; gralm. pl.) f. *Idea acerca de cierta cosa, que se deduce de alguna señal o noticia: 'Esa es una conjetura muy verosímil'. ⊙ A veces con poco fundamento: 'Todo se vuelven conjeturas'.

conjeturable adj. *Que se puede conjeturar.*

conjeturador, -a adj. *Que conjetura.*

conjetural adj. *Basado en conjeturas.*

conjeturar (del lat. «coniecturāre»; «de, por») tr. Formar un ↘juicio a partir de alguna señal o noticia, a veces con poco fundamento.

conjuez (del lat. «coniŭdex, -ĭcis») m. *Juez que actúa junto con otro en un asunto.*

conjugación 1 f. Acción y efecto de conjugar (coordinar). **2** Biol. *Reproducción sexual en algunos organismos unicelulares por la cual el material genético es transferido de una célula a otra mediante contacto directo entre ellas.* **3** Conjunto de las formas que toma un *verbo para expresar los accidentes de modo, tiempo, número y persona. ⊙ Acción de decirlas. ⊙ Cada uno de los tres tipos en que se dividen los *verbos según la terminación del infinitivo: la primera conjugación es la de los acabados en «ar»; la segunda, la de los acabados en «er», y la tercera, la de los acabados en «ir». ⇒ Apénd. II, conjugación. **4** En general, se llama también «conjugación» a cada una de las maneras posibles de ser la conjugación: activa y pasiva; regular e irregular; perifrástica, recíproca, reflexiva, impersonal, terciopersonal, pronominal. ⇒ Apénd. II, verbo.

conjugado, -a 1 Participio adjetivo de «conjugar». **2** adj. y n. f. Biol. *Se aplica a ciertas *algas y *hongos verdes, unicelulares y filamentosos.* ⊙ f. pl. Biol. *Clase que forman.* **3** adj. *Se aplica a las *máquinas cuyas acciones están coordinadas.* **4** Biol. *Se aplica a los órganos, etc., que están en parejas.* **5** Mat. *Se aplica a las cantidades o líneas relacionadas por cierta ley.*

conjugar (del lat. «coniugāre», unir) **1** tr. *Coordinar varias ↘cosas. 'Es difícil conjugar los deseos de todos'. **2** (ant.) **Cotejar.* **3** Poner un ↘*verbo en las distintas formas que adopta para expresar los accidentes de modo, tiempo, número y persona.

conjunción (del lat. «coniunctĭo, -ōnis») **1** f. Coincidencia: 'Una conjunción de circunstancias hizo que yo no estuviese allí aquel día'. **2** Astron. *Situación relativa de dos astros que tienen la misma longitud.* ⊙ Astron. *Situación de la Tierra con respecto a un astro cuando está en línea recta con él y el Sol, y entre ambos.* ⇒ Sinodo. ➤ Interlunio. **3** Astrol. *Situación de dos astros que ocupan una misma casa celeste.* **4** *Palabra cuyo papel es enlazar dos oraciones, o dos elementos de una oración que realizan la misma función con respecto al verbo o con respecto a cualquier otra palabra: 'Tu padre ha venido pero se ha vuelto a marchar. Han venido Juan y Pedro. Una casa grande y cómoda'. Pueden también unir al verbo un elemento de la oración añadiendo una relación de tipo conjuntivo a su papel como tal elemento: 'No me dijo ni adiós'. ⇒ Apénd. II, conjunción. ➤ Asíndeton, polisíndeton.

conjuntado, -a Participio adjetivo de «conjuntar»: 'Lleva siempre la ropa y los zapatos muy bien conjuntados'.

conjuntamente adv. De manera conjunta: 'Actúan conjuntamente la iniciativa privada y la del Estado'. ⇒ Al alimón, en colaboración, en conjunto, en cooperación, de consuno, *juntamente, en masa, simultáneamente.

conjuntar (del lat. «coniunctāre») **1** (ant.) tr. *Juntar.* **2** tr. e intr. Combinar armónicamente los distintos ↘elementos de un conjunto: 'Ha sabido conjuntar muy bien los colores de la decoración. La lámpara y la tapicería del sofá conjuntan perfectamente'.

conjuntiva f. Anat. Membrana mucosa que recubre el interior del *párpado. ⇒ Adnata.

conjuntivitis f. Med. Inflamación de la conjuntiva.

conjuntivo, -a (del lat. «coniunctīvus») **1** adj. Se aplica a lo que sirve para *juntar o para *unir. ⊙ Gram. De [la] conjunción, o con función de conjunción: 'Locución conjuntiva'. **2** (ant.) m. Gram. **Subjuntivo.*

V. «tejido conjuntivo».

conjunto, -a (del lat. «coniunctus») **1** adj. Aplicado a acciones, *unido a cierta cosa, simultáneo con ella o tendente al mismo fin; en plural: 'Los esfuerzos conjuntos de todos. El disfrute conjunto de la finca'. **2** *Unido o contiguo a otra cosa.* **3** *Mezclado, incorporado con otra cosa diversa.* **4** *Aliado, unido a otro por parentesco o amistad.* **5** m. Cosa que siendo una *reunión de varias, se considera en el caso de que se trata como una sola: 'Un conjunto de muchas personas es una multitud. Un conjunto de árboles es una arboleda'. ⊙ Conjunto musical. ⊙ Juego de dos o más prendas de vestir: 'Un conjunto de chaqueta y pantalón'. ⊙ Mat. Grupo bien definido de elementos. ⊙ Mat. *Nombre común aplicado a las «combinaciones, permutaciones» y «variaciones».*

Conjunto musical. Conjunto de músicos o cantantes o de ambas cosas, que actúan juntos. ⇒ *Banda, charanga, chinchín, comparsa, cuarteto, estudiantina, mariachi, murga, música, orquesta, parranda, quinteto, ronda, rondalla, septeto, sexteto, terceto, trío, tuna. ➤ Concertino, solista.

C. vacío. Mat. El que carece de elementos.

Conjuntos disjuntos. Mat. Los que no poseen ningún elemento en común.

V. «aspecto de conjunto».

En conjunto. Considerado en su totalidad, sin particularizar los distintos aspectos o detalles: 'El libro, en conjunto, me parece bueno'.

□ Catálogo

Sufijos de nombres de conjunto: «-ación»: 'población'; «-ada»: 'vacada'; «-ado»: 'alcantarillado'; «-aje»: 'correaje'; «-al»: 'instrumental'; «-alla»: 'morralla'; «-ambre»: 'pelambre'; «-amen»: 'velamen'; «-anza»: 'mezcolanza'; «-ario»: 'vestuario'; «-eda»: 'arboleda'; «-ela»: 'parentela'; «-era»: 'sesera'; «-ería»: 'sillería'; «-erío»: 'averío'; «-esca»: 'soldadesca'; «-eto»: 'terceto'; «-menta»: 'cornamenta'; «-mento»: 'reglamento'. ➤ Abanico, *aglomeración, agregado, agrupación, allegamiento, animalada, animalero, apiñamiento, *asamblea, asociación, atajo, *banda, bandada, binca, brigada, cáfila, cardume [o cardumen], caterva, ciclo, *colección, combinación, complejo, composición, compuesto, concreción, conglomerado, copla, corpus, *cuadrilla, cuarteto, cuatrinca, cuerpo, cúmulo, dúo, enjambre, estructura, frente, *ganado, globalidad, gruesa, *grupo, hatajo, hato, hornada, juego, kit, lote, macolla, manada, mano, *manojo, masa, mazo, montón, morralla, *muchedumbre, muestrario, nube, *par, pared, *pareja, partida, partido, patrulla, patulea, permutación, personal, piara, pico, piélago, pila, piña, pléyade, porción, porretada, potrada, promoción, punta, quina, quincena, quincuagena, quinterna [o quinterno], quinteto, ramillete, *rebaño, recua, *reunión, rimero, ristra, runfla, rutel, sarta, sección, semana, sena, septena, serie, set, setena, sexteto, sinfonía, sistema, subconjunto, surtido, tanda, tándem, terceto, terna [terno], total, totalidad, trecenario, trinca, trinidad, trío, tropa, tropilla, vacada, variación, varios, yeguada. ➤ *NÚMERO colectivo. ➤ Sinóptico. ➤ Abarrisco, al alimón, a barrisco, en bloque, CHICO con grande, en colaboración, en cooperación, globalmente, en globo, en grueso, en [por] junto, simultáneamente, en total. ➤ Compañero, individuo, parte, unidad. ➤ Aislado, suelto. ➤ *Asociar. *Mezcla. *Juntar.

conjura o **conjuración** (de «conjurar») f. Acuerdo entre varias personas para actuar juntas contra algo o alguien; particularmente, contra el que gobierna o manda. ≃ Complot, confabulación, *conspiración. ⇒ Intriga, *rebeldía.

conjurado, -a Participio de conjurar[se]. ⊙ adj. y n. Se aplica al que participa en una conjuración.

conjurar (del lat. «coniurāre) **1** intr. *Conjurarse.* **2** tr. Conminar a los ↘*demonios o espíritus malignos que se suponen alojados en algún sitio o en alguien a que se retiren. ≃ Exorcizar. ⇒ *Hechicería, *requerir. **3** *Alejar un ↘peligro o una situación delicada que amenazaba producirse: 'Por el momento está conjurada la crisis'. Generalmente, se intercala la palabra «peligro»: 'Tratan de conjurar el peligro de inflación'. **4** *Alejar de la mente de alguien ↘preocupaciones o estados de ánimo perturbadores: 'Su sonrisa tiene el poder de conjurar los pensamientos tristes'. **5** prnl. recípr. Unirse en una conjura.

conjuro 1 m. Fórmula para conjurar los malos espíritus. ≃ Exorcismo. **2** Fórmula mágica para realizar *hechicerías. **3** **Ruego encarecido.*

AL CONJURO DE. Por la *acción, como de magia, de la cosa (palabras, gestos, presencia o cosa semejante) que se expresa: 'Al conjuro de sus palabras se desvanecieron mis temores'.

conllevador, -a adj. y n. Que conlleva.

conllevar 1 (ant.) tr. **Ayudar a ↘alguien a soportar trabajos.* **2** Vivir procurando atenuar los efectos de una ↘enfermedad u otro motivo de malestar: 'Conlleva su diabetes como puede'. ≃ Sobrellevar. ⊙ Sufrir ↘algo con conformidad o resignación: 'Conlleva su ceguera con mucha paciencia'. ≃ Sobrellevar, soportar. **3** *Tratar hábilmente a una ↘persona de carácter raro o difícil: 'Es la única que sabe conllevar al abuelo'. ≃ Llevar. ⇒ Llevar el AIRE, dar CUERDA, llevar la CORRIENTE, llevar el GENIO, seguir el HUMOR, lidiar, dar SOGA, torear. **4** *Entretener a ↘alguien con promesas que no se cumplen. **5** Llevar una cosa como compañera o como consecuencia inevitable la ↘acción, circunstancia o suceso que se expresa. ≃ *Implicar.

conloar (del lat. «collaudāre»; ant.) tr. **Alabar junto con otro.*

conmemoración 1 f. Acción de conmemorar. **2** *Mención que se hace de cierto santo, vigilia, feria o infraoctava en las vísperas, laudes y misa cuando el *rezo pertenece a otro santo o festividad.*

CONMEMORACIÓN DE LOS DIFUNTOS. Sufragios celebrados por la Iglesia el 2 de noviembre por todos los fieles difuntos que están en el purgatorio.

conmemorar (del lat. «commemorāre») **1** tr. Servir para guardar el recuerdo de cierto ↘suceso: 'Este obelisco conmemora el 2 de mayo'. ≃ *Recordar. ⊙ No hay inconveniente en decir 'esta lápida conmemora a los héroes de aquella jornada'; pero no es frecuente aplicado a personas. **2** *Celebrar una ceremonia o fiesta para recordar un ↘suceso ocurrido en la misma fecha en un año anterior: 'Hoy conmemoramos [el aniversario de] la fundación de esta institución'.

conmemorativo, -a adj. Destinado a conmemorar cierta cosa.

conmensal n. *Comensal*

conmensalía f. *Comensalía.*

conmensurable (del lat. «commensurabĭlis») **1** adj. Susceptible de ser *medido. **2** MAT. *Se aplica a las cantidades que pueden ser medidas con una medida común.*

conmensuración f. *Acción y efecto de conmensurar.*

conmensurar (del lat. «commensurāre») tr. *Medir con igualdad o debida proporción.*

conmensurativo, -a adj. *Útil para medir o conmensurar.*

conmigo (del lat. «cum», con, y «mecum», conmigo) pron. pers. Con la persona representada por «*yo».

conmilitón (del lat. «commilĭto, -ōnis») m. *Con respecto a un *soldado, otro, *compañero suyo de guerra.*

conminación f. Acción de conminar. ⊙ **Figura retórica que consiste en amenazar con males terribles.*

conminar (del lat. «comminări») **1** tr. **Amenazar.* **2** («con») *Amenazar con un castigo a ↘alguien si no cumple algo que se le ordena: 'Se le conmina con una multa si no acude a la citación'. **3** *Requerir a ↘alguien quien tiene autoridad o poder para ello para que haga cierta cosa, llevando el mandato una amenaza implícita o explícita para el caso de no ser obedecido: 'El casero le ha conminado a abandonar el piso en el término de un mes'. ≃ Intimar.

conminatorio, -a adj. Se aplica a lo que contiene conminación o amenaza: 'Una carta conminatoria'.

conminuto, -a (del lat. «comminūtus») adj. *Reducido a pequeños fragmentos.* ⇒ *Partir.
V. «FRACTURA conminuta».

conmiseración (del lat. «commiseratĭo, -ōnis») f. Sentimiento de *pena por alguien que padece. ≃ *Compasión, lástima, misericordia, piedad.

conmistión (del lat. «commixtĭo, -ōnis») f. *Mezcla.*

conmisto, -a (del lat. «commixtus») adj. *Mezclado.*

conmistura (del lat. «commixtūra») f. *Mezcla.*

conmixtión f. *Conmistión.*

conmixto, -a adj. *Conmisto.*

conmoción f. Acción y efecto de conmover (*sacudir o *trastornar física o moralmente): 'Una conmoción geológica. Una conmoción social'. ⊙ *Terremoto.

CONMOCIÓN CEREBRAL. Estado de aturdimiento o pérdida del conocimiento causado especialmente por un golpe fuerte en la cabeza.

conmocionar tr. Producir una conmoción: 'La noticia del desastre aéreo ha conmocionado a la opinión pública'. ⊙ prnl. Sufrirla. ⇒ *Trastornar.

conmonitorio (del lat. «commonitorĭum») **1** (ant.) m. **Memoria o *narración escrita de una cosa.* **2** DER. *Comunicado en que se avisaba su obligación a un juez subalterno.*

conmoración (del lat. «commoratĭo, -ōnis») f. *Expolición (*figura retórica).*

conmovedor, -a adj. Que conmueve (emociona, enternece): 'La escena del vagabundo dando de comer a su perro era verdaderamente conmovedora'.

conmover (del lat. «commovēre») **1** tr. Hacer *temblar una ↘cosa apoyada pesadamente en un sitio: 'Los golpes en la puerta conmovían la casa. Un terremoto conmovió la ciudad'. ≃ Estremecer, *sacudir. ⊙ También en sentido figurado: 'Un cambio de costumbres que conmueve los cimientos de la sociedad'. ⊙ prnl. Sufrir este movimiento, tanto en sentido material como figurado: 'Se conmovió el edificio'. ≃ Estremecerse. **2** tr. Causar *emoción en ↘alguien una desgracia ocurrida a otro; particularmente, a una persona por la que se tiene afecto, admiración o respeto: 'No le conmovió ni la muerte de su mejor amigo'. ≃ Afectar, impresionar. ⊙ Inspirar *compasión a ↘alguien una cosa o inclinarle a la benevolencia. ⊙ Causar en ↘alguien una alteración afectiva con tendencia al llanto una demostración de cariño: 'Le conmovió mucho el homenaje'. ≃ Emocionar. ⊙ Causar alteración semejante una escena de ternura, amor o padecimiento de seres humanos: 'Me conmovió ver cómo cuidaba a su hermanito pequeño. Le conmueven mucho las películas sentimentales'. ≃ Emocionar, enternecer. ⊙ prnl. Experimentar cualquiera de los sentimientos arriba descritos: 'Se conmueve por cualquier cosa'. ≃ Emocionarse, enternecerse.
☐ CONJUG. como «mover».

conmuta (de «conmutar») f. Conmutación, permuta.

conmutable adj. Susceptible de ser conmutado por otra cosa.

conmutación 1 f. Acción de conmutar: 'Conmutación de pena'. **2** *Retruécano (*figura retórica).*

conmutador, -a 1 adj. Se aplica a lo que sirve para conmutar. **2** m. Dispositivo con que se *cambia la dirección de la corriente en una instalación eléctrica. ⊙ Dispositivo con que se cambia el sentido del movimiento en cualquier *máquina. **3** (Hispam.) *Centralita telefónica.*

conmutar (del lat. «commutāre») **1** (form. o cient.; «con, por») tr. *Cambiar una ↘cosa por otra. ⊙ («en») **Convertir una ↘cosa en otra.* ⊙ DER. Cambiar una ↘pena impuesta por otra más leve. **2** Tomar en cuenta una ↘cosa en sustitución de otra: 'Le conmutan algunas asignaturas del bachillerato por las equivalentes de la carrera de comercio'. ≃ *Computar, convalidar.

conmutatividad f. *Cualidad de conmutativo.*

conmutativo, -a adj. De [la] conmutación. ⊙ MAT. Se aplica a la propiedad de las operaciones en virtud de la cual el cambio del orden de los datos no altera el resultado: 'Propiedad conmutativa de la suma [o la multiplicación]'.
V. «JUSTICIA conmutativa».

conmutatriz (de «conmutar») f. ELECTR. *Aparato con que se cambia la corriente alterna en continua o viceversa.* ≃ *Rectificador.

connacional n. *De la misma nación que otra persona determinada.* ⇒ *Compatriota.

connatural (del lat. «connaturālis») adj. Propio de la naturaleza del ser de que se trata y no adquirido o superpuesto. ≃ Natural. ⇒ *Innato.

connaturalización f. *Acción de connaturalizar.*

connaturalizar («con») tr. **Acostumbrar ↘algo o a alguien a cosas que antes le resultaban extrañas.* ⊙ prnl. *Acostumbrarse a ellas.*

connivencia (del lat. «conniventĭa») **1** («Estar en») f. *Tolerancia de un superior con un inferior.* **2** (form.; «En, Estar, Ponerse en») *Acuerdo entre dos o más personas para llevar a cabo una treta, o un fraude del que se benefician todas: 'Está en connivencia con un empleado de aduanas para pasar contrabando. El prestidigitador está en connivencia con algunas personas de la sala'. ⇒ *Conchabanza.

connivente (del lat. «connīvens, -entis», part. pres. de «conivēre», cerrar los ojos) **1** adj. BOT. *Se aplica a las partes u órganos de la planta que, estando más o menos separados en la base, tienden a juntarse.* **2** *Que comete connivencia.*

connombrar (del lat. «cognomināre»; ant.) tr. *Nombrar.*

connombre (del lat. «cognōmen»; ant.) m. *Nombre.*

connosco (del lat. «cum», con y «noscum», con nosotros; ant.) pron. pers. *Con nosotros.* ≃ Connusco.

connotación 1 f. Acción de connotar. ⊙ Idea complementaria asociada a las palabras o las ideas. ⊙ LING. Particularmente, matiz secundario que rodea al sentido de una expresión, de acuerdo con los sentimientos o valores del hablante. **2** *Parentesco lejano.* ≃ Connotado.

connotado, -a (de «connotar») **1** Participio de «connotar». **2** (Hispam.) adj. *Distinguido, notable.* **3** m. *Parentesco lejano.* ≃ Connotación.

connotar (de «con-» y «notar») **1** tr. *Hacer relación.* **2** Llevar en sí las palabras o las ideas ↘otras complementarias asociadas a ellas: 'Engaño connota mala intención'. ≃ *Denotar, implicar. ⊙ LING. Particularmente, tener determinadas ↘connotaciones una expresión.

connotativo, -a adj. LING. De la connotación (matiz secundario que rodea al sentido de una expresión).

connovicio, -a n. *Compañero de noviciado en una *orden religiosa.*

connubio (del lat. «connubĭum»; culto) m. *Matrimonio.

connumerar (del lat. «connumerāre»; ant.) tr. **Enumerar o *nombrar una ↘cosa entre otras.*

connusco (de «connosco»; ant.) pron. pers. *Con nosotros.* ≃ Connosco.

cono (del lat. «conus», del gr. «kônos») **1** m. GEOM. Cuerpo limitado por una superficie engendrada por una línea que mantiene fijo uno de sus puntos y describe con los otros curvas cerradas. ⊙ GEOM. Superficie que limita este cuerpo. ⊙ En lenguaje corriente se entiende limitado por una base circular. ⇒ Pilón. **2** Cualquier objeto de forma de cono de sección circular: 'Cono de luz'. ⊙ **Piña de conífera.* ⊙ ASTRON. *Espacio dejado en sombra por un astro que intercepta los rayos *solares.* ⇒ *Eclipse.
CONO SUR. Región de América del Sur que comprende Chile, Argentina y Uruguay; a veces se incluye también Paraguay.
C. TRUNCADO. GEOM. Porción de cono limitada por dos planos que lo cortan.
C. VOLCÁNICO. GEOL. Amontonamiento en forma cónica de lava, ceniza y otras materias alrededor de una chimenea volcánica.
V. «TRONCO de cono».

conocedor, -a 1 («Ser») adj. Se aplica al que *conoce lo bueno y lo malo en cierta clase de cosas: 'Eres buen conocedor de hombres'. ≃ Entendido, experto. **2** («Ser») *Enterado: 'Yo no sabía que él fuese conocedor de nuestras relaciones'. **3** (And.) m. **Mayoral de una vacada o torada.*

conocencia (del lat. «cognoscentĭa») **1** (pop.) f. *Conocimiento de una persona.* ⊙ *Persona conocida.* **2** *En derecho antiguo, *confesión que hacía el reo o demandado en el juicio.*

conocer (del lat. «cognoscĕre») **1** tr. o abs. Tener alguien en la mente, o tener la mente misma, la representación de las cosas o de cierta ↘cosa: 'Desde que nace, el niño ejercita la facultad de conocer'. ⊙ tr. Conocer lo que es o cómo es cierta ↘cosa o cierta persona, por haberla visto, haber oído hablar de ella, etc.: 'Ya conocía ese procedimiento. No conozco ese país'; se usa mucho con «bien, mal, mucho, poco» y adverbios semejantes: 'Conozco bien a esa familia'; lleva frecuentemente un complemento con «de» que expresa el origen del conocimiento: 'Le conozco de haber trabajado con él en una función de aficionados. Conocer de vista [de oídas]'. ⊙ Tener *trato con una ↘persona sin llegar a ser su amigo: 'Le conozco, pero no tengo confianza con él para pedirle ese favor'. Referido a personas, también reflex. o recípr.: 'Conócete a ti mismo. Nos conocemos desde hace mucho tiempo'. ⊙ *Enterarse o estar enterado de cierto ↘suceso o noticia: 'Conocemos a los pocos momentos lo que pasa en cualquier parte del mundo. Conozco las dificultades que me esperan'. ≃ Saber. ⊙ Tener en la inteligencia *ideas acerca de cierta ↘cosa, adquiridas por el estudio o la práctica: 'Conoce dos idiomas además del suyo. No conoce nada de filosofía. Conoce perfectamente la asignatura que explica. Conoce por ciertas señales el tiempo que va a hacer. Conoce su oficio [o la marcha del negocio]'. ≃ Saber. ⊙ tr. o abs. *Saber entre varias cosas cuál es cuál o cuál es ↘una determinada: 'El enfermo ya no conoce. El perro conoce a su dueño. El niño empieza a conocer a su madre'. ≃ *Distinguir, reconocer. ⊙ tr. Ser capaz de encontrar diferencia entre unas ↘cosas y otras o saber cuáles son buenas y cuáles malas de las de cierto género: 'Yo no conozco los melones. Él conoce los vinos mejor que yo'. A veces, lleva un complemento con «por»: 'Se conoce si está maduro por el color'. ≃ *Entender. ⊙ intr. A veces, se construye en esa misma acepción con «de»: 'Conoce de mujeres'. ≃ *Entender, *saber. ⊙ (en forma impersonal con «se») tr. Notarse la cosa que se expresa: 'Se le conocía la satisfacción en la cara'. **2** (culto o lit., particularmente en la traducción de los textos sagrados) tr. Tener o haber tenido trato sexual, en general o con una persona determinada: 'No conoce varón [o mujer]'. **3** («de» o «en») tr. e intr. Entender un *juez en un asunto: 'El juez que conoce [de o en] la causa'. **4** (ant.) tr. *Reconocer o *confesar una ↘cosa.*

V. «conocer [o saber manejar] la AGUJA de marear».

DAR A CONOCER una cosa. *Anunciarla o *publicarla o *enterar de ella a alguien.

DARSE A CONOCER. Decir, declarar o descubrir alguien quién es.

V. «conocer al DEDILLO».

EL QUE NO TE CONOZCA TE COMPRE. *Frase con que se expresa que se conoce demasiado a una persona para fiarse de ella.* ⇒ *Desconfiar.

V. «conocer como la PALMA de la mano, conocer PALMO a palmo, conocer el PAÑO, conocer de VISTA».

SE CONOCE QUE... (pop.). Se usa para introducir algo que se dice sin total seguridad, por haberlo dicho otros o porque se deduce de alguna cosa: 'Se conoce que no les iba bien, y cerraron la tienda'. ≃ Al parecer, parece ser que.

□ NOTAS DE USO

Aunque, como se deduce de su definición, «conocer» es un verbo envolvente respecto de «saber», no son intercambiables en el terreno del uso: aunque sean comprensibles, por ejemplo, las frases 'conoce mucha física, no conozco si le gustará, no conoce qué hacer', no son usables; la primera porque «conocer» no admite complemento partitivo —razón por la cual tampoco se puede decir 'conoce mucho', aunque sí 'conoce muchas cosas'—; y la segunda porque tampoco admite un complemento problemático. Por otro lado, no teniendo «conocer» el carácter de auxiliar que tiene «saber», no puede aplicarse directamente a un infinitivo; no se puede decir 'conoce manejar la aguja de marear', sino que habría que decir 'conoce cómo manejar la aguja de marear'. Se han expuesto los usos específicos de «conocer» y aquellos en que ambos verbos son intercambiables; y deben mirarse en «saber» los particulares de este verbo.

□ CATÁLOGO

Formas cultas de la raíz, «cogn-, gnos-, not-»: 'cognoscible, agnóstico, gnosis, notorio'. ➤ Estar en el AJO, estar en ANTECEDENTES, estar en AUTOS, estar al CABO de, estar al CABO de la calle, poner CÁTEDRA, cognocer, tener CONOCIMIENTO, [saber] DISTINGUIR, estar FUERTE en, tener NOTICIA, conocer como la PALMA de la mano, conocer el PERCAL, percatarse, poseer, no ser RANA, estar al TANTO, estar de VUELTA. ➤ Sujeto. ➤ Alfaquí, amauta, autoridad, bachiller, calador, catador, competente, conocedor, *entendido, familiarizado, noticioso, perito, *sabedor, técnico, versado. ➤ Ciencia, cognición, conciencia, conocimiento[s], doctrina, elementos, epistemología, escuela, experiencia, fuerte, *idea, información, instituciones, nociones, *noticia[s], palillos, práctica, preparación, principios, rudimentos. ➤ *Materia. ➤ Perogrullada. ➤ Notoriedad. ➤ Conocido, consabido, del DOMINIO público, exotérico, manifiesto, de primera MANO, de marras, noto, notorio, proverbial, público, sabido, de siempre, más visto que el TEBEO, trillado, de toda la VIDA, vivido. ➤ Acreditado, afamado, célebre, famoso, renombrado. ➤ De buena TINTA. ➤ A CIENCIA y paciencia, con CONOCIMIENTO de causa, conscientemente, deliberadamente, bien ENTENDIDO que, en el entendimiento de que, en la inteligencia de que, a sabiendas. ➤ Clave, *criterio, criticismo, dato, llave, PIEDRA de toque. ➤ Impenetrable, incógnito, incognoscible. ➤ Insuficiencia. ➤ *Ignorar. ➤ Desconocer, reconocer. ➤ *Aprender. *Distinguir. *Entender. *Enterarse. *Inteligencia. *Notar. *Razón. *Saber. *Sagaz. *Verdad.

□ CONJUG. como «agradecer».

conocible adj. Que puede ser conocido.

conocidamente adv. *Claramente.*

conocido, -a 1 Participio de «conocer». ⊙ adj. Sabido por muchos: 'Un remedio muy conocido'. ⊙ Conocido entre mucha gente: 'Un conocido cirujano'. ⇒ *Conocer. **2** n. Con relación a una persona, otra con quien tiene algún trato que no llega a amistad: 'Es un conocido mío'. ⇒ *Amigo.

conocimiento 1 m. Acción de conocer. **2** Efecto de conocer, o presencia en la mente de *ideas acerca de una cosa. ⊙ (pl.) Cosas que se saben de cierta ciencia, arte, etc.: 'Tiene algunos conocimientos de contabilidad'. ≃ Ideas, nociones. **3** Facultad de saber lo que es o no es conveniente y de obrar de acuerdo con ese conocimiento: 'Los niños no tienen conocimiento y hay que apartar de ellos los peligros. Salir sin abrigo en un día como éste es no tener conocimiento'. ⇒ *Prudencia, sensatez. **4** («Perder el, Recobrar el, Tener; Con, Sin») Facultad de relacionarse con el mundo exterior, que se puede perder en un accidente: 'Perdió el conocimiento con el golpe y no lo ha recobrado todavía'. ≃ *Sensibilidad, sentido. ⇒ *Desmayarse. **5** (ant.) *Agradecimiento.* ≃ Reconocimiento. **6** (ant.) **Documento en que alguien declara haber *recibido cierta cosa de otro y se obliga a devolverla.* **7** MAR. *Documento en que el capitán de un barco mercante declara tener embarcadas ciertas mercancias que entregará en el puerto y a la persona designados por el remitente.* **8** *Documento o firma con que se garantiza la personalidad de alguien para que pueda cobrar cierta cosa, cuando el pagador no le conoce.* **9** (gralm. pl.) Persona con la que se tiene amistad o relación. ≃ *Relaciones.

CON CONOCIMIENTO. **1** Conscientemente. **2** *Sensatamente.

CON CONOCIMIENTO DE CAUSA. No a la ligera, sino conociendo debidamente los motivos o antecedentes que justifican la determinación o acción de que se trata.

DAR CONOCIMIENTO de cierta cosa. *Comunicarla a alguien.

ESTAR alguien EN SU PLENO CONOCIMIENTO. Estar *cuerdo; no estar inconsciente, loco o trastornado.

LLEGAR una cosa A CONOCIMIENTO de alguien. Llegar a ser conocida por él.

PERDER EL CONOCIMIENTO. *Desmayarse.

RECOBRAR EL CONOCIMIENTO. Volver a tener *sensibilidad, después de haberla perdido accidentalmente. ≃ Recobrarse.

SIN CONOCIMIENTO. **1** Falto [todavía] de raciocinio: 'Un niño [o una mujer] sin conocimiento'. **2** *Inconsciente.

TENER CONOCIMIENTO. Haber llegado a la madurez o estado en que se puede discernir entre lo bueno y lo malo, lo conveniente o no conveniente, etc. ⊙ Ser *sensato o razonable.

TENER CONOCIMIENTO de cierta cosa. Estar *enterado de ella.

VENIR EN CONOCIMIENTO de cierta cosa. *Averiguarla o *enterarse de ella.

conoidal (de «conoide») adj. GEOM. *Aproximadamente cónico.*

conoide (del gr. «kōnoeidḗs», en forma de cono) m. GEOM. *Cualquier superficie engendrada por una recta que mantiene fijo un punto y recorre una curva cerrada fija.*

conoideo, -a (de «conoide») adj. *Aplicado particularmente a las conchas, cónico.*

conopeo (del lat. «conopēum», del gr. «kōnōpeîon», mosquitero, colgadura de cama) m. *Cortina con que se cubre el *sagrario.*

conopial (del mismo or. que «conopeo») adj. V. «ARCO conopial».

conoto (de or. caribe; Ven.; *Psarocolius decumanus)* m. **Pájaro semejante al gorrión, pero mayor, que imita el canto de otras aves.*

conque (de «con» y «que») **1** conj. Introduce oraciones *consecutivas que expresan una conclusión a la que se llega en vista de algo dicho antes: 'No entiendes nada de esto; conque cállate'. ≃ Así [es] que, de modo que, en consecuencia, por consiguiente, por tanto. **2** (inf.) m. **Condición o circunstancia que significa una limitación para cierta cosa*: 'Ha accedido, pero con sus conques'.

□ NOTAS DE USO

Muy frecuentemente, en vez de «conque» solo, se emplea la expresión «conque ya [lo] sabes [sabe, etc.]», seguida de dos puntos: 'Conque ya sabes: si no estás aquí a las dos en punto nos iremos sin ti'. Otras veces precede a una pregunta que es consecuencia de algo hablado antes: 'Conque ¿vienes o te quedas?'. A veces, con la pregunta se busca la confirmación de algo de lo que el que habla ya está enterado, pudiendo expresar sorpresa o reproche: '¿Conque te mudas de casa? ¿Conque has aprobado? ¿Conque pensabas llegar a las seis?'.

Puede haber confusión entre la conjunción «conque» y la expresión «con que», en la cual «que» es pronombre relativo, lo cual tiene interés para la escritura. Se resuelve la duda probando a sustituir este «que» por «lo [o la] cual»: 'Me regaló la pluma con que (con la cual) había firmado el contrato'. Algo más de fundamento hay para la confusión de «conque» con la expresión «con que» cuando este «que» es conjunción: 'Con que lo sepamos la víspera es bastante'. No es difícil encontrar razones para demostrar que se trata aquí de una oración sustantivada con «que» precedida de la preposición «con», con independencia entre ambas partículas; la más clara es que esa oración puede ser sustituida por una de infinitivo: 'Con saberlo la víspera es bastante'. Por otro lado, nunca una oración con «conque» precede a la oración unida a ella con esa conjunción.

conquense adj. y, aplicado a personas, también n. De Cuenca, provincia española y capital de ella.

conquerir (del lat. «conquirĕre», reunir; ant.) tr. **Conquistar.*

conquesta (ant.) f. *Conquista.*

conquiforme (del lat. «concha» y «-forme») adj. *De *forma de concha.*

conquiliología (del gr. «konchýlion», conchita, y «-logía») f. ZOOL. *Tratado de los *moluscos y, particularmente, de sus *conchas.*

conquiliólogo, -a n. ZOOL. *Especialista en conquiliología.*

conquiso, -a (del sup. lat. «conquīsus», por «conquīsītus», buscado; ant.) adj. *Conquistado.*

conquista f. Acción de conquistar. ⊙ En la guerra o con esfuerzo: 'La conquista de Valencia por el Cid. La conquista de la libertad'. ⊙ («Hacer, Ir de») Acción de conquistar el amor o la admiración de una persona del otro sexo. ⊙ Cosa o persona conquistada: 'Me ha presentado a su última conquista'. ⇒ *Enamorar.

conquistable adj. Susceptible de ser conquistado.

conquistador, -a 1 adj. y n. Se aplica al que ha realizado conquistas: 'D. Jaime I el Conquistador'. ⊙ Se aplica muy particularmente, como nombre, a los españoles que llevaron a cabo la conquista de América. **2** Se aplica también a la persona que enamora a muchas del otro sexo. ⇒ Casanova, coquetón, donjuán, mariposón, moscardón, tenorio. ➤ Coqueta, vampi, vampiresa.

conquistar (del sup. lat. «conquistāre», de «conquīsītum», ganado) **1** tr. *Adquirir o *conseguir ↘algo con esfuerzo: 'Ha conquistado una buena posición económica a fuerza de trabajo. Conquistó su plaza en unas oposiciones muy reñidas'. **2** Hacerse dueño en la *guerra de una ↘plaza, posición o territorio enemigo: 'Conquistaron todo el país en menos de dos meses'. ≃ Adueñarse, *apoderarse, tomar. ⇒ Aquistar, conquerir, dominar, enseñorearse, entrar, expugnar, ganar, interprender, invadir, ocupar, rendir, sojuzgar, *someter. ➤ Colonizar. ➤ *Botín, despojo, pecorea, pendolaje, peonía, pillaje, piratería, presa, trofeo. ➤ Caer bajo el PODER. ➤ Inconquistable, reconquistar. ➤ *Adquirir. *Conseguir. *Derrotar. **3** Hacerse querer de ↘alguien, embelesar o *enamorar a alguien o atraerse la simpatía de alguien: 'Conquista a todos con su simpatía'. ≃ Atraer. ⊙ *Inspirar simpatía, cariño, amor, etc., en ↘alguien. Muy frec. con un pron. reflex. ≃ Atraerse, captarse, conquistarse, despertar, ganarse, granjearse. **4** (inf.) *Convencer con palabras amables, caricias, lisonjas, etc., a ↘alguien para que haga cierta cosa: 'Por fin le han conquistado para que vaya con ellos'. ⇒ Camelar, catequizar, engatusar.

conrear (del sup. lat. «conredāre», del gót. «garēdan», cuidar de) tr. **Preparar una ↘cosa o hacer cierta operación en ella con la que se perfecciona; por ejemplo, dar la segunda reja en las tierras de labor o poner el aceite en los *paños tejidos.*

consabido, -a (de «con-» y «sabido») adj. Sabido ya por el que habla y el que escucha. ⊙ Nombrado antes: 'El consabido testigo' ⊙ *Acostumbrado. ⊙ Repetido ya muchas veces: 'Nos gastó la consabida broma de apagarnos la luz'. ⊙ Usado por costumbre: 'Estaba fumando el consabido cigarro'. ⇒ De cajón, de marras, de rigor, de turno. ➤ *Conocido.

consabidor, -a (de «con-» y «sabidor») adj. y n. *Se aplica al que está enterado de cierta cosa, junto con otro; parti-*

*cularmente, cuando por ello le alcanza cierta responsabilidad, por ejemplo en un *delito.* ≃ *Sabedor.

consaburense adj. y, aplicado a personas, también n. *De Consuegra, población de la provincia de Toledo.*

consagrable adj. Susceptible de ser consagrado.

consagración 1 f. Acción de consagrar[se]. ⊙ *Ceremonia con que se consagra una cosa. **2** Específicamente, pasaje de la *misa en que el sacerdote pronuncia las palabras rituales para que el pan y el vino se transformen en el cuerpo y la sangre de Jesucristo. ⇒ *Eucaristía.

consagrado, -a Participio adjetivo de «consagrar[se]». V. «HOSTIA consagrada».

consagrante adj. y n. Que [o el que] consagra.

consagrar (de «consegrar») **1** tr. Convertir una ↘cosa en sagrada o dedicarla mediante la *ceremonia adecuada a fines sagrados. ⇒ Poner bajo la ADVOCACIÓN, bendecir, poner bajo el PATROCINIO, sacrificar, sagrar, santificar. ➤ Profesar, prometerse. ➤ Inhalar. ➤ Crisma, óleo. ➤ Ánforas. ➤ Jesnato. **2** Realizar el sacerdote en la *misa la consagración del ↘pan y el vino. **3** Dedicar a Dios, por *devoción o voto, un ↘sacrificio, a una persona, etc. **4** *Deificar los romanos a sus ↘emperadores, o concederles la apoteosis.* **5** («a») Dar a una ↘cosa cierta aplicación o finalidad: 'Esta obra consagra un capítulo a la poesía española contemporánea'. ≃ *Dedicar, destinar. ⊙ tr. y prnl. Particularmente, dedicar ↘esfuerzos, sacrificios, etc., a un fin elevado: 'Consagró su vida a la ciencia'. Puede referirse a acciones laudables o reprobables; pero, generalmente, envuelve un sentido laudatorio y frecuentemente implica abnegación o sacrificio: 'Se consagra a hacer obras de caridad'. ⊙ tr. Dedicar un ↘monumento u otro recuerdo a una persona, un suceso, etc.: 'Le han consagrado una lápida en la casa donde nació'. **6** Hacer o ser causa de que ↘alguien sea reconocido definitivamente como la cosa que se expresa: 'Esa operación le consagra como un cirujano excepcional'. ≃ *Acreditar, confirmar. ⊙ prnl. Conseguir alguien su consagración en lo que se expresa: 'Se ha consagrado como un gran novelista'. **7** tr. *Destinar una ↘expresión o palabra para una particular y determinada significación.*

consanguíneo, -a (del lat. «consanguinĕus») **1** adj. y n. Se aplica a la persona que es *pariente de otra por tener la misma sangre, o sea por tener antepasados comunes. **2** adj. Se aplica a los hermanos que lo son sólo de padre.

consanguinidad (del lat. «consanguinĭtas, -ātis») f. Parentesco entre personas que proceden de antepasados comunes.

consciencia (del lat. «conscientĭa»; culto) f. Conciencia. ⇒ Inconsciencia, subconsciencia.

consciente (del lat. «conscĭens, -entis», part. pres. de «conscīre», tener conciencia de) **1** («Ser») adj. Se aplica a la persona que obra con conciencia, o sea sabiendo lo que hace y el valor y significado de ello: 'El procesado es plenamente consciente'. **2** («Estar») Se aplica a la persona que está en estado normal, con capacidad para percibir el mundo exterior y pensar; que no ha perdido el conocimiento. **3** («Ser») Se aplica a la persona que obra con sensatez y sentido de *responsabilidad: 'Un funcionario consciente'.

conscientemente adv. Con *conocimiento de lo que se hace.

conscripción (del lat. «conscriptĭo, -ōnis»; Hispam.) f. **Reclutamiento.*

conscripto (del lat. «conscriptus»; Hispam.) m. *Recluta.* V. «PADRE conscripto».

consectario, -a (del lat. «consectarĭus», consiguiente) **1** (ant.) adj. *Anejo a otra cosa.* ≃ *Accesorio. **2** (ant.) m. **Consecuencia.* ≃ Corolario.

consecución f. Acción de conseguir.

consecuencia (del lat. «consequentĭa») **1** («Derivarse, *Resultar, Seguirse, Ser consecuencia de; Experimentar, Sufrir, Tocar las consecuencias de») f. Hecho que procede de otro como un efecto suyo: 'Cada uno debe aceptar las consecuencias de sus actos'. ⇒ Apénd. II, EXPRESIONES CONSECUTIVAS. **2** («Deducir, Derivar, Inducir, Sacar») *Idea que procede de otra. **3** Cualidad o comportamiento de la persona que es fiel a unas ideas, que no las cambia y que ajusta a ellas sus actos. ≃ *Firmeza. ⇒ Inconsecuencia.

A CONSECUENCIA DE. Como consecuencia de lo que se expresa: 'La cosecha se perdió a consecuencia de las plagas'.

EN [o, menos frec., POR] CONSECUENCIA. Como consecuencia de lo expresado anteriormente: 'No ha conseguido reunir toda la documentación y, en consecuencia, no ha sido admitida su solicitud'.

SACAR EN CONSECUENCIA. Obtener una conclusión de ciertas cosas habladas, ocurridas, etc.

TENER [o TRAER] CONSECUENCIAS una cosa. Producir consecuencias de importancia, generalmente malas.

□ CATÁLOGO

Alcance, cola, conclusión, consectario, corolario, derivación, estela, fruto, implicancia, ramificación, rastra, rastro, resulta, resultado, secuela, séquito, trascendencia. ➤ Fecundo. ➤ Importante, inevitable, lógica, natural, trascendental. ➤ Ceder en, tener [o traer] COLA, colear, tener CONSECUENCIAS, deducirse, implicar, pagar, venir a PARAR, llevar en el PECADO la penitencia, pagar su PECADO, redundar, repercutir, refluir, tener [amplia, amplias] REPERCUSIÓN [REPERCUSIONES], tener [amplia, amplias] RESONANCIA[s], *resultar, salir, seguirse. ➤ Condigno, consectario, consiguiente. ➤ Por carambola, de rebote, de rechazo. ➤ CONJUNCIONES Y EXPRESIONES CONSECUTIVAS: De AHÍ que, AHORA bien, al, de AQUÍ que, así, ASÍ pues, ASÍ que, y así, y bien, en ese caso, en *conclusión, conque, en [por] consecuencia, por consiguiente, consiguientemente, poniendo [puestas, si pones, etc.] las COSAS así, en resumidas CUENTAS, en definitiva, por ende, entonces, ergo, por eso, a [o en] FIN de cuentas, al FIN y al cabo [o a la postre], de FORMA que, si a eso VAMOS, luego, de [por] manera que, de modo que, naturalmente, en una palabra, a la postre, pues, en resumen, de suerte que, en suma, por [lo] tanto, TANTO es así que, total, en total. ➤ Que sea lo que DIOS quiera, cada PALO aguante su vela, PASE lo que pase [lo que quiera]; a lo hecho, PECHO; el que VENGA detrás, que arree; VENGA lo que viniere, quien siembra VIENTO[s] recoge tempestades. ➤ Pagano. ➤ Siempre se quiebra [o se rompe] la SOGA [o la CUERDA] por lo más delgado. ➤ *Causa. *Desenlace. *Efecto. *Fin. *Resultar.

consecuente (del lat. «consĕquens, -entis», part. pres. de «consĕqui», seguir) **1** m. *Con respecto a una cosa, otra que la *sigue inmediatamente.* **2** LÓG. Proposición que se *deduce de otra llamada «antecedente». ≃ Consiguiente. **3** GRAM. *Segundo de los términos de la relación gramatical.* **4** MAT. Segundo término de una *razón. ⇒ Antecedente. **5** adj. Se aplica a la persona que es *constante en sus ideas u opiniones. ⊙ También a la que obra de acuerdo con las ideas o teorías que sostiene. ⊙ Se aplica también a las ideas y a los actos. ⇒ Como el que [o lo que, quien] SOY [ERES, etc.]. ➤ Predicar con el EJEMPLO. ➤ *Inconsecuente.

consecuentemente adv. De manera consecuente.

consecutio temporum (lat.; pronunc. [consecútio témporum]) f. GRAM. *Relación de tiempos en la oración compuesta entre una oración subordinada y la principal.*

consecutivamente adv. De manera consecutiva.

consecutivo, -a (del lat. «consecūtus», part. pas. de «consĕqui», seguir) **1** adj. Se aplica a lo que *sigue inmediatamente a otra cosa. Se usa generalmente en plural: 'El cuatro y el cinco son números consecutivos. Le dieron tres ataques consecutivos'. ≃ Seguido. **2** GRAM. Se aplica a las conjunciones que sirven para expresar una *consecuencia derivada de lo dicho en la oración principal, y a las oraciones introducidas por ellas. ≃ Continuativa, ilativa. ⇒ Apénd. II, EXPRESIONES CONSECUTIVAS.

consegrar (del lat. «consecrāre»; ant.) tr. *Consagrar.*

conseguido, -a Participio adjetivo de «conseguir». ⊙ *Bien hecho o de buen efecto. ≃ Logrado.

conseguimiento m. *Consecución.*

conseguir (del lat. «consĕqui») tr. Llegar a tener ↘algo que se desea: 'He conseguido un permiso especial'. ≃ Alcanzar, lograr, obtener. ⊙ También se emplea con verbos en infinitivo: 'He conseguido arrancar el clavo'. ≃ Lograr.

□ CATÁLOGO

Acabdar, acabtar, agarrar, agenciarse, alcanzar, aquistar, arrancar, arribar, aseguir, atrapar, beneficiar, calzarse, cazar, cumplirse el DESEO [o los deseos], ganar, llevarse el GATO al agua, granjear[se], guindar, hacerse con, impetrar, llevarse, lograr, mamarse, venir[se] a las MANOS, merendarse, *obtener, matar dos PÁJAROS de un tiro, pescar, poner una [buena] PICA en Flandes, pillar, sacar a PULSO, sacar, salirse con, SALIRSE con la suya, llegar y besar el SANTO, sacar TAJADA, sacar de debajo de TIERRA, cantar VICTORIA. ➤ PODER poco si [no]... ➤ Hartura, logro. ➤ Asequible, exequible, granjeable. ➤ Gracias a. ➤ *Ganga. ➤ Poner la VISTA en ➤ A la TERCERA va la vencida. ➤ Llevarse un *chasco, *fracasar, muchos son los LLAMADOS..., salir con las MANOS vacías, QUEDARSE in albis, trasquilado. ➤ *Adquirir. *Chamba. *Conquistar. *Encontrar. *Llegar. *Obtener. *Proporcionar.

conseja (del lat. «consilĭa», pl. neutro de «consilĭum», consejo) f. *Narración de un suceso fantástico, que se refiere como sucedido en tiempos lejanos. ≃ Fábula, leyenda.

consejar (de «consejo») **1** (ant.) tr. *Aconsejar.* **2** (ant.) intr. *Celebrar consejo o conferencia.*

consejería **1** f. Cargo de consejero. **2** Cada uno de los departamentos en que se divide el gobierno de las comunidades autónomas españolas. ⊙ Edificio en que está instalado.

consejero, -a **1** n. Persona que aconseja. **2** m. Miembro de un consejo. **3** m. **Ministro de alguno de los antiguos Consejos.* **4** n. Titular de una consejería (departamento de gobierno autónomo).

consejo (del lat. «consilĭum») **1** («Dar, Seguir») m. Cosa que se dice a alguien sobre lo que debe o no debe hacer: 'Sigue fielmente los consejos del médico. Me dio un consejo muy útil para quitar las manchas'. **2** *Acuerdo o *decisión que alguien toma por sí mismo.* **3** (ant.) **Medio de conseguir una cosa.* **4** *Organismo formado por un conjunto de personas que tiene a su cargo la administración o dirección de una empresa o entidad, una función del Estado o el mismo gobierno de la nación: 'Consejo de administración de un banco. Consejo de Ministros'. ⊙ *Reunión celebrada por ese organismo.

CONSEJO DE ADMINISTRACIÓN. Organismo consultivo y administrativo de una *sociedad mercantil.

C. DE CASTILLA. Antiguo organismo que hacía a la vez de tribunal supremo en los asuntos contenciosos y de órgano consultivo para el rey. ⇒ CONSEJO Real, CÁMARA de Castilla. ➤ ALCALDE de casa y corte.

C. DE CIENTO. *Nombre que llevaba antiguamente el *ayuntamiento de Barcelona.*

C. DE DISCIPLINA. *Tribunal constituido en un organismo oficial, por ejemplo en un centro docente, para juzgar y sancionar las faltas cometidas por los pertenecientes a él.

C. DE FAMILIA. Conjunto de personas designadas legalmente para ocuparse de un menor o incapacitado. ⇒ *Tutor.

C. DE GUERRA. *Tribunal formado por jefes y oficiales del Ejército que, con asistencia de un asesor jurídico, entiende en las causas de la jurisdicción militar.

C. DE INDIAS. Organismo que intervenía en los asuntos relacionados con las colonias españolas de ultramar. ⇒ CÁMARA de Indias. ➤ Recepta.

C. DE LA INQUISICIÓN. Tribunal de la INQUISICIÓN.

C. DE LA MESTA. **CONCEJO de la Mesta.*

C. DE MINISTROS. Conjunto de ellos, que constituye el *gobierno de un país. ⊙ *Reunión de los ministros para asuntos de gobierno.

C. DE LAS ÓRDENES. *Tribunal con jurisdicción sobre los caballeros de las *órdenes militares españolas.* ⇒ Definitorio.

C. REAL. CONSEJO de Castilla.

PEDIR [o TOMAR] CONSEJO de alguien. Expresiones frecuentes. ⇒ Aconsejarse, *consultar.

□ CATÁLOGO

Admonición, advertencia, aviso, dictamen, *dirección, documento, exhortación, indicación, lección, *máxima, monición, parénesis, recomendación, reflexión. ➤ Asesor, consejero, consiliario, consultor, DIABLO predicador, EMINENCIA gris, guía, lados, mentor, monitor, NINFA Egeria, viceconsiliario. ➤ Consultorio. ➤ Pedir PARECER. ➤ Más ven cuatro OJOS que dos. ➤ Sacro COLEGIO, comisión, consejo, consistorio, diván, gabinete, junta, ministerio, patronato, sanedrín, suprema. ➤ Plenario. ➤ Junta, pleno, sesión. ➤ Consejero, presidente, secretario, vocal. ➤ Escucha. ➤ *Aconsejar, desaconsejar.

consenciente adj. y n. *Aplicable al que consiente.*

consenso (del lat. «consensus») **1** (form.; «con», «de») m. Consentimiento: 'Con el consenso de todos'. **2** (form.; «con», «de») *Conformidad de una persona con una cosa o *acuerdo de varias personas entre sí: 'De mutuo [o común] consenso. La fuerzas políticas han logrado el consenso para afrontar los graves problemas económicos'.

consensual adj. V. «CONTRATO consensual, UNIÓN consensual».

consensuar (form.; «con») tr. Adoptar una ↘decisión por consenso: 'El gobierno y la oposición consensuaron la política autonómica'.

□ CONJUG. como «averiguar».

consentido, -a **1** Participio adjetivo de «consentir». **2** Se aplica a la persona, particularmente a un niño, demasiado *mimado y al que se consiente demasiado que haga lo que quiere. **3** Demasiado tolerante. ⊙ adj. y n. m. Se aplica al marido que consiente las infidelidades de su mujer. ⇒ Cabrón, gurrumino. ➤ MARIDO complaciente, paciente, predestinado, sufrido. ➤ *Adulterio. ➤ *Cornudo.

consentidor, -a adj. y n. Consentido (demasiado tolerante).

consentimiento («Dar, Pedir, Recibir, Tener») m. Autorización, licencia, *permiso: acción de consentir. ⊙ Palabras o escrito con que se expresa.

consentir (del lat. «consentīre») **1** tr. Decir a ↘alguien que puede hacer cierta ↘cosa o no oponerse a que la haga: 'Le consienten salir de la oficina media hora antes. Aquí no consienten hablar'. ≃ Autorizar, dejar, *permitir. ⊙ Permitir alguien que los ↘niños o personas que dependen de su autoridad obren a su gusto, sin corregirles o castigarles: 'Les consienten tanto en su casa que el profesor no puede hacer carrera de ellos'. ⇒ *Mimar. **2** («en»; más frec. en frases negativas) intr. No oponerse alguien a hacer o a que le sea hecha cierta cosa: 'El niño no consiente en que le cambien la camiseta. Consiente en marcharse a cambio de una indemnización'. ⇒ *Acceder. **3** tr. Poder todavía una cosa realizar cierto ↘trabajo o servicio o sufrir cierta operación sin perjuicio o con provecho: 'Este estante no consiente más peso. Ese abrigo consiente todavía un arreglo'. ≃ Admitir, aguantar, resistir. ⇒ *Aguantar. **4** prnl. *Agrietarse o *debilitarse de otra manera una cosa; particularmente, un utensilio: 'Con tu peso se ha consentido la pata de la silla'.

□ CONJUG. como «hervir».

conserje (del fr. «concierge») **1** n. *Empleado *subalterno que está al frente de los otros de la misma clase en un centro oficial o en un establecimiento público.* ⇒ Chauz, conservador, hujier, mayor, portero, PORTERO de estrados, PORTERO mayor, ujier, usier. **2** Empleado que se encarga de realizar ciertas tareas auxiliares en un edificio público; por ejemplo, custodiar las llaves, controlar el acceso o, eventualmente, informar a los visitantes. **3** Persona que desempeña funciones parecidas en un edificio de viviendas.

conserjería f. Cargo de conserje. ⊙ Habitación en donde está.

conserva 1 f. Operación de conservar (hacer conservas). **2** Cualquier comida preparada en conserva; corrientemente, se aplica el nombre a las guardadas en latas o tarros, dulces o saladas, y no a las desecadas. ⇒ *Conservar. **3** («Dar, Ir en, Navegar en, Llevar en [la]») MAR. *Escolta o acompañamiento que hace una embarcación a otra o se hacen recíprocamente para auxiliarse o protegerse.*

CONSERVA TROJEZADA. *La hecha de trozos muy menudos.*

conservación f. Acción y efecto de conservar[se].

conservador, -a 1 adj. Se aplica a la persona que guarda o hace *durar las cosas que tiene. **2** adj. y n. Se aplica a la persona que, con carácter de empleado *subalterno o con el de técnico, tiene a su cargo conservar un museo o cosa semejante. **3** Se aplica a la persona que, particularmente en *política, es partidaria de mantener la tradición y frenar las reformas. ⇒ De derechas, derechista, moderado, *reaccionario, tradicionalista. ➤ Ultraderechista, facha, fachoso, fascista, fascistoide. ➤ Misoneísta. ➤ Carpetovetónico. **4** adj. y n. m. V. «JUEZ conservador».

conservaduría f. *Cargo de conservador o de juez conservador.* ⊙ *Oficina o despacho del conservador.*

conservadurismo m. Doctrina *política conservadora. ⊙ Conjunto de los conservadores, su doctrina y su actuación.

conservante adj. Que conserva. ⊙ m. Particularmente, sustancia que se añade a los alimentos, en especial a las conservas, para que no se alteren sus propiedades.

conservar (del lat. «conservāre») **1** tr. Guardar, mantener: hacer que *dure una ↘cosa, que dure en un sitio o que dure en buen estado: 'El ejercicio conserva la salud. Una capa aislante conserva el calor del termo. El frío conserva los alimentos'. **2** Hacer la conserva de una ↘cosa: 'Es el tiempo de conservar los tomates'. ≃ Poner en conserva. **3** *Tener guardado: 'Conservo una carta autógrafa de él'. ⊙ Tener todavía: 'Conserva una cicatriz de la guerra'. ⊙ Ser capaz de «retener» por mucho tiempo: 'La arcilla conserva el calor'. ⊙ Seguir practicando una ↘costumbre, una virtud, etc.: 'Conserva, a pesar de sus años, la costumbre de ducharse con agua fría'. ⊙ prnl. Existir todavía: 'Se conserva la belleza del lugar'. ≃ *Durar, perdurar, persistir, subsistir. ⊙ *Seguir en la forma que se expresa: 'Se conserva intacta la fachada norte'. ⊙ Mantenerse una persona con aspecto joven en relación con su edad.

□ CATÁLOGO

Captener, hacer *DURAR, entretener, guardar, mantener, preservar, *recordar, reservar, salvar, sostener. ➤ Criamiento. ➤ Ahumar, curar, desecar, disecar, encurtir, escabechar, marinar, salar, salpimentar, salpresar, secar. ➤ Humero, saladero, secadero. ➤ Calcurado, calseco, conserva, curado, embutido, encurtido, fiambre, jalea, mermelada, *pasa, salazón, salpreso, semiconserva, zarajo. ➤ *Agriarse, fermentar, rehervir[se], revenirse. ➤ Chanca. ➤ Fresquera, nevera, refrigerador. ➤ Bisulfito, conservante. ➤ Bote, lata, orza, tarro, tubo. ➤ Abrelatas. ➤ Salmuera. ➤ Al natural. ➤ *Embutido. *Encurtidos.

conservativo, -a (del lat. «conservatīvus») adj. *Aplicable a lo que sirve para conservar.*

conservatoría 1 f. *Cargo y jurisdicción de un juez conservador.* ≃ Conservaduría. **2** *Despacho del *Papa por el que se concedía a alguna comunidad que nombrase juez conservador.* **3** (pl.) *Despachos librados por los jueces conservadores a favor de los que disfrutaban su fuero.*

conservatorio (del lat. «conservatorĭus») m. Establecimiento oficial para la enseñanza de la *música, la danza y otras artes relacionadas.

conservería f. Industria de preparar conservas de comestibles.

conservero, -a 1 adj. De [las] conservas o de la industria de las conservas: 'Industria conservera'. **2** n. Persona que se dedica a la fabricación de conservas.

conseyo (ant.) m. *Consejo.*

considerable (de «considerar») adj. Bastante *grande o bastante importante para que se tome en cuenta: 'Le han ofrecido una cantidad considerable por la renuncia. Hay una considerable diferencia entre una cosa y otra'.

considerablemente adv. En cantidad, medida o número considerable: 'Esta casa es considerablemente mayor que la otra'. ≃ Bastante. ⇒ Algo, bastante, un tantico.

consideración 1 («Dirigir, Fijar, Atraer, Merecer») f. Acción de considerar o *pensar sobre las ventajas, inconvenientes y circunstancias de una cosa. ⊙ (pl.) Reflexiones sobre un asunto acerca del cual hay que tomar una resolución. ⊙ Pensamiento sobre cierto inconveniente de una cosa o sobre cierto perjuicio que puede causar, que detiene de hacerla: 'Cuando le apetece algo no le detiene ninguna consideración'. **2** («Guardar, Tener, Tratar con») *Respeto a los derechos o conveniencias de otros: 'Pone la radio con toda la fuerza, sin ninguna consideración hacia los vecinos'. ⊙ Buen trato a los subordinados: 'Tiene mucha consideración con sus empleados'. ⊙ *Cuidado para tratar las cosas: 'Trata los libros sin consideración'. **3** («Tener por, Tratar con, hacia») Actitud de estimación o respeto hacia una persona: 'Tengo por él una gran consideración. Todos le tratan con mucha consideración en la empresa'. ⊙ («Guardar, Tener»; sing. o pl.) *Trato respetuoso o deferente: 'Me tuvieron muchas consideraciones mientras estuve allí'. ⊙ Trato de excepción concedido a alguien: 'Hazle trabajar como a todos y no le tengas ninguna consideración'. ≃ *Contemplaciones. ⇒ *Considerar.

DE CONSIDERACIÓN. Importante, grave: 'Una herida de consideración'. ≃ Considerable.

EN CONSIDERACIÓN. V. «TOMAR en consideración».

EN CONSIDERACIÓN A. Teniendo en cuenta la cosa que se expresa: 'Le han dado la plaza en consideración a los servicios que prestó en la guerra'. ≃ *Por.
V. «FALTA de consideración».
PONER ANTE LA CONSIDERACIÓN. *Mostrar.
POR CONSIDERACIÓN A. *Por: 'No le despiden por consideración a su madre'.
TOMAR [o TENER] EN CONSIDERACIÓN. Dejar alguien que cierta cosa influya en sus determinaciones: 'El profesor no toma en consideración las faltas de ortografía'. ≃ *Atender, hacer caso, considerar. ⊙ No desechar una sugerencia, proposición, etc., sino recogerla con intención de examinarla: 'La asamblea tomó en consideración la propuesta'.

consideradamente adv. Con consideración.

considerado, -a **1** Participio adjetivo de «considerar». ⊙ Examinado: 'Los aspectos considerados'. ⊙ Estimado: 'Una persona muy considerada en el pueblo'. **2** Se aplica al que obra con consideración. ⊙ Particularmente, al que trata con consideración a las personas, por ejemplo a las que dependen de él: 'Un jefe muy considerado con los empleados'. ⇒ *Benévolo. *Bueno. *Comedido. *Delicado. *Tolerar. **3** **Sensato o *comedido.*
BIEN CONSIDERADO. **1** Expresión con que se expone una conclusión que contradice cierta idea que se ha formado antes: 'Bien considerado, su intervención no ha sido inoportuna'. ≃ CONSIDERÁNDOLO bien. ⇒ Expresiones *correctivas. ➤ *Corregir. **2** («Estar») Aplicado a personas, estimado o rodeado de *prestigio.
MAL CONSIDERADO («Estar»). Aplicado a personas, considerado como indigno de estimación. ⇒ Malquisto, MAL visto.

considerador, -a adj. y n. *Aplicable al que considera.*

considerando **1** Gerundio de «considerar» de uso muy frecuente, que equivale a «en atención a, en consideración a, teniendo en cuenta que, en vista de que». **2** m. DER. Cada una de las razones que sirven de fundamento a una *sentencia o resolución, que se encabezan con esta palabra.
CONSIDERÁNDOLO BIEN. Bien CONSIDERADO.

considerante adj. *Aplicable al que está considerando.*

considerar (del lat. «considerāre») **1** tr. Dirigir el pensamiento a una ↘cosa para conocer sus distintos aspectos o para valorarla. Es usual sólo en los tiempos perfectivos: 'Consideré la oferta y decidí rechazarla'. En los tiempos no perfectivos, presente y pretérito imperfecto, se emplea la forma progresiva: 'Estoy considerando los pros y los contras del viaje'. ≃ *Examinar. ⊙ Empleado en tiempo no perfectivo y en forma no progresiva tiene, o bien el significado de la acepción siguiente, o bien, quizá por influencia del inglés, en frases como 'consideramos su proposición' o 'consideraba la posibilidad de un traslado', el de «tener en cuenta» o «no descartar». **2** Pensar en cierta ↘cosa; no olvidarla o prescindir de ella al juzgar o hacer algo: 'Considera que se lo debes todo a él. Hay que considerar que es joven'. ≃ Tener en cuenta [o presente]. **3** Atribuir a una ↘persona o una cosa la cualidad o circunstancia que se expresa: 'Considero difícil que nos veamos esta tarde. No le considero capaz de eso'. También reflex.: 'Con eso me considero bien pagado'. ≃ Conceptuar, creer, encontrar, *juzgar. **4** Tener consideración o estima a una ↘persona: 'Se le considera mucho en los medios intelectuales'. **5** *Tratar con consideración; tratar bien a los ↘servidores, subordinados, etc.*: 'Considera mucho a la servidumbre'.
CONSIDERAR POR SEPARADO. Enlace frecuente.
SI SE CONSIDERA BIEN. Bien CONSIDERADO.

□ CATÁLOGO
Tener [o tomar] en CONSIDERACIÓN, contar, contemplar, habida CUENTA, tener en CUENTA, examinar, fijarse en, parar MIENTES en, tener PRESENTE, mirar [o pesar] el PRO y el contra, los PROS y los contras. ➤ Consideración, *criterio, PUNTO de vista. ➤ Conceptuar, contar, creer, deñar, encontrar, *juzgar, reconocer, reputar, tener por. ➤ *Suponer. ➤ Considerado, creído, fichado, juzgado, mirado, presunto, señalado, supuesto, tenido, tildado, visto. ➤ Ser CONSIDERADO como, tener FAMA de, pasar por, ser TENIDO por. ➤ Atención [atenciones], consideración, contemplación [o contemplaciones], *cortesía, dalgo, deferencia, estimación, humanidad, miramiento[s], *respeto. ➤ En atención a, en gracia a; a todo SEÑOR, todo honor. ➤ Por. ➤ Desconsiderado, inconsiderado. ➤ *Agasajar. *Juzgar. *Reflexionar. *Suponer. *Valer.

consiervo (del lat. «conservus») m. *Siervo del mismo *señor que otro.*

consigna (de «consignar») **1** («Circular, Dar, Pasar, Recibir, Tener») f. *Orden o *instrucción de carácter general que se da, o que se transmiten unas a otras las personas que intervienen en una misión, conjura, etc.: 'Circuló entre los estudiantes la consigna de no entrar en clase'. ⊙ MIL. Particularmente, la que se da al jefe de un puesto o a un centinela: 'Tenemos la consigna de no retroceder ocurra lo que ocurra'. ⇒ Slogan [o eslogan]. ➤ Pancarta. **2** (gralm. sin artículo) Lugar en las estaciones de *ferrocarril y otros medios de transporte donde se pueden dejar depositados los equipajes para recogerlos posteriormente.

consignación f. Acción de consignar. ⊙ Cantidad consignada: 'No hay consignación en el presupuesto para esa atención'.

consignador, -a adj. y n. Se aplica al que consigna o envía mercancías o naves a un corresponsal suyo. ⇒ *Comercio.

consignar (del lat. «consignāre») **1** tr. **Designar una ↘finca o propiedad para que con sus productos se pague cierta renta que se debe o que se establece.* **2** *Designar la ↘tesorería o pagaduría que ha de atender a cierta obligación.* **3** Designar el ↘sitio en donde se ha de poner o a donde se ha de enviar cierta cosa. **4** *Enviar, remitir una ↘mercancía a cierto destinatario: 'El paquete viene consignado a mi nombre'. **5** Entregar una ↘cosa en *depósito. **6** Hacer *constar por escrito un ↘dato, una declaración, una opinión, un voto o cosa semejante. **7** Hacer constar cierto ↘dato en un escrito: 'Olvidé consignar mi domicilio en la instancia'. ≃ *Anotar. **8** Señalar en un presupuesto cierta ↘cantidad para determinado fin: 'Consigna una cantidad mensual para libros'. ≃ *Asignar. **9** (Méj.) *Enviar a ↘alguien a *prisión.* **10** (ant.) **Persignar a ↘alguien o hacer sobre él la señal de la cruz.*
V. «consignar las ÓRDENES».

consignatario m. Persona a quien va consignada una mercancía. ⊙ DER., ECON. *Persona que tiene o administra algo en *depósito.* ⊙ MAR. *Persona que representa en un *puerto al armador de un buque para intervenir en los asuntos relacionados con la carga y pasaje.*

consignativo, -a adj. *Consignado sobre ciertos bienes.*

consigo (del lat. «cum», con, y «secum», consigo) pron. pers. Equivale a «con *él mismo»: 'Lleva siempre consigo tu retrato'.
CONSIGO MISMO. Se emplea con el mismo significado que «consigo», con «hablar» o verbos semejantes.
V. «entrar en CUENTAS consigo mismo, LLEVAR consigo, no PODER consigo mismo, dar consigo en el SUELO [o en el

santo SUELO], no TENERLAS todas consigo, dar consigo en TIERRA».

consiguiente (del lat. «consĕquens, -entis», part. pres. de «consĕqui», seguir) **1** adj. Derivado de la cosa que se acaba de decir o de algo consabido: 'Recibimos la noticia con la consiguiente alegría. Creí que había perdido la cartera y me llevé el susto consiguiente'. ≃ Natural. **2** m. LÓG. *Consecuente.*

POR CONSIGUIENTE. Expresión que se aplica a la oración que expresa una *consecuencia de lo dicho en la anterior: 'Te lo avisé a tiempo; por consiguiente, sólo a ti mismo puedes echar la culpa'. Se puede hacer preceder de «y» suprimiendo el punto y coma delante y poniendo «por consiguiente» entre comas que, en puntuación no muy escrupulosa, pueden suprimirse: 'He trabajado más que tú y, por consiguiente, tengo derecho a irme a descansar'. ≃ *Conque, luego, por lo TANTO. ⇒ Apénd. II., EXPRESIONES CONSECUTIVAS.

consiguientemente adv. Por consiguiente.

consiliario, -a (del lat. «consiliarĭus») n. Se aplica a veces a un consejero nombrado en un organismo o corporación, por ejemplo para asesorar al presidente. ⇒ Viceconsiliario.

consistencia (de «consistente») **1** f. Cualidad, medible, de las cosas que no ceden, se rompen, se disgregan o se deforman con facilidad: 'Depende de la consistencia de la masa'. **2** Cualidad no física de las cosas que tienen *estabilidad, fundamento o solidez y no desaparecen fácilmente: 'Una teoría [o un partido político] sin consistencia'.

consistente (del lat. «consistens, -entis») **1** («en») adj. Se aplica a lo que consiste en la cosa que se expresa: 'Un adorno consistente en unas plumas'. **2** Tal que no cede, se rompe, se disgrega o se deforma con facilidad: 'Una cola [una cuerda o una envoltura] consistente'. ≃ *Compacto, *duro, *firme, *fuerte, *rígido. ⊙ *Denso o *duro: 'Una masa consistente'. ⇒ Inconsistente.

consistir (del lat. «consistĕre», colocarse, detenerse) **1** («en») intr. Tener una cosa su *causa o *explicación en otra determinada: 'No sé en qué consiste que no ande el coche. Su atractivo consiste en su naturalidad'. ≃ Estar, estribar. ⇒ Basarse, cifrarse, ser COSA [sólo cosa, todo cosa o CUESTIÓN] de, descansar, radicar, residir, ser. ➤ Cifrar, condensar, *reducir a, resumir. ➤ *Efecto. **2** («en») Se emplea en lugar de «ser» para enlazar la designación de una cosa con una descripción de ella suficiente para saber lo que es: 'Un dedal consiste en una caperuza de la forma de la punta del dedo'. ≃ *Ser, ser lo mismo que. **3** («en») Estar formada una cosa solamente por lo que se expresa: 'Toda su fortuna consiste en una casa que le dejaron sus padres' ≃ *Componerse. **4** (ant.) *Estar y criarse una cosa encerrada en otra.*

consistorial **1** adj. Del consistorio. ⊙ Decidido por él. **2** Del *ayuntamiento. **3** *Se aplica a los cargos, como ciertos obispados y abadías, que se adjudicaban en el consistorio del Papa.*

V. «CASA consistorial, PRELADO consistorial».

consistorio (del lat. «consistorĭum») **1** m. Se ha aplicado en otras épocas a ciertos organismos semejantes a *consejos o juntas; como, por ejemplo, cierto consejo que tenían los emperadores romanos. Hoy se aplica sólo a las reuniones que celebra el *Papa con los *cardenales. **2** **Ayuntamiento.*

consocio, -a (del lat. «consocĭus») n. Persona que forma sociedad con otra o que pertenece a la misma asociación que otra determinada. ≃ Socio.

consograr (ant.) intr. *Contraer parentesco de *consuegros. ≃ Consuegrar.*

consola (del fr. «console») **1** f. *Mesa de adorno, hecha para estar arrimada a la pared, sobre la que se ponen objetos tales como un reloj, candelabros o jarrones. **2** MÚS. *Sitio del *órgano donde están las teclas y registros con que se maneja.* **3** ARQ. *Pieza saliente de las que soportan una cornisa.* ≃ *Ménsula. **4** Panel de mandos e indicadores de un aparato o sistema; por ejemplo, de un avión. ⊙ Conjunto formado por el teclado y la pantalla de un ordenador. **5** Aparato de videojuegos. ≃ Videoconsola.

consolable adj. *Susceptible de ser consolado.* ⇒ Inconsolable.

consolación **1** f. Consuelo: 'Premio de consolación'. **2** (ant.) **Limosna.* **3** *En algunos juegos de *baraja, cantidad que paga a los demás jugadores el que juega solo y pierde.*

V. «CARRERA de consolación, PREMIO de consolación».

consolador, -a **1** adj. Se aplica al que consuela: 'Unas frases consoladoras. Es consolador sentirse acompañado'. **2** (inf.) m. Aparato en forma de pene usado para la estimulación sexual.

consolar (del lat. «consolāre»; «de; en») tr. Ayudar a ↘alguien cierta consideración o circunstancia a soportar o sentir menos una *pena o *disgusto: 'No me consuela que tú sufras lo mismo que yo'. ⊙ («de, en») Proporcionar a ↘alguien con palabras o caricias ayuda para soportar o sentir menos una pena: 'Le cogió las manos tratando de consolarla'. ⊙ («de») Constituir una cosa para ↘alguien una *compensación de algo que le causa sentimiento: 'Tu venida me consuela de no haber podido yo hacer el viaje'. ⊙ (reflex.; «con») Buscar consuelo, por ejemplo hablando con alguien. ⊙ prnl. Experimentar consuelo: 'Se consolará con el tiempo. Consolarse en Dios'.

□ CATÁLOGO

Aconhortar, cicatrizar, cohortar, confortar, conhortar, endulzar, mitigar. ➤ Cobijarse. ➤ Bálsamo, cobijo, consuelo, cueslo, DEDADA de miel, lenitivo, quitapesares, refrigerio, sedante, sedativo. ➤ Cirineo, PAÑO de lágrimas. ➤ Los DUELOS con pan son menos. ➤ Más se perdió en la GUERRA, MAL de muchos..., en MEDIO de todo, después de TODO. ➤ A REY muerto, rey puesto. ➤ Desconsolar. *Inconsolable. ➤ *Aliviar. *Animar. *Compensar.

consoldar (del lat. «consolidāre», dar fuerza; ant.) tr. *Consolidar.*

consólida (del lat. «consolĭda») f. **Consuelda (planta borraginácea).*

CONSÓLIDA REAL. **ESPUELA de caballero (planta ranunculácea).*

consolidación f. Acción y efecto de consolidar.

consolidado, -a Participio adjetivo de «consolidar[se]»: 'La democracia está plenamente consolidada en ese país'.

consolidar (del lat. «consolidāre») **1** tr. *Asegurar, *fijar, *fortalecer, *reforzar o *sujetar una ↘cosa; darle solidez; por ejemplo, un edificio, un mueble, una institución o una situación: 'Consolidar un muro con un estribo [o las patas de la mesa con unas escuadras]. Consolidar la situación política [o la amistad entre dos países]'. ⊙ prnl. Adquirir firmeza o solidez una cosa. ⇒ Consoldar. **2** tr. Convertir en fija una ↘*deuda flotante.

consomé (del fr. «consommé») m. *Caldo, particularmente si es de carne y constituye en sí mismo un plato: 'Consomé con yema [o al jerez]'.

consonamiento (de «consonar»; ant.) m. *Sonido de una voz.*

consonancia (del lat. «consonantĭa») **1** («Haber, Estar en») f. Efecto armonioso de varios sonidos simultáneos. **2** («Haber, Estar en») Identidad en los sonidos finales en dos o más palabras a partir de la última vocal acentuada.

⊙ («Haber, Estar en») LITER. Particularmente, en los versos de una composición poética. ≃ RIMA consonante. 3 («Haber, Estar en») Relación de conformidad entre unas cosas y otras.

EN CONSONANCIA CON. Según: 'En consonancia con lo tratado, las tropas se retiraron a la línea que ocupaban antes del ataque'. ≃ De *acuerdo con.

consonante 1 adj. Que produce consonancia (efecto armonioso). **2** adj. y n. m. LITER. Se aplica a las palabras y a los versos entre los cuales se da consonancia. ⊙ LITER. También, a la rima que forman. **3** adj. y n. f. Se aplica a los sonidos del lenguaje que, a diferencia de los vocales, se producen estrechando los órganos de articulación y abriéndolos después, y a las *letras que los representan. Acompañan a la vocal en la formación de la sílaba, pero no forman sílaba ellos solos. ⇒ Consonantismo. ➤ Consonantizar. ➤ Vocal. ➤ *Fonética. ➤ Apénd. II, ORTOGRAFÍA (grupos consonantes iniciales). **4** Que está en consonancia (conformidad) con algo.

V. «FUGA de consonantes».

consonantemente adv. *En consonancia o de manera consonante.*

consonántico, -a adj. De [las] consonantes o la consonancia: 'Sonido consonántico'.

consonantismo m. FON. *Sistema consonántico de una lengua.*

consonantización f. FON. *Acción de consonantizar[se].*

consonantizar tr. y prnl. FON. *Transformar[se] una ↘vocal en consonante.* ⇒ Consonantización.

consonar (del lat. «consonāre») **1** intr. *Producir varios *sonidos juntos un conjunto agradable al oído.* ≃ *Armonizar. **2** tr. *Aconsonantar.* **3** intr. *Estar en consonancia.*

□ CONJUG. como «contar».

cónsone adj. *Cónsono.*

cónsono, -a (del lat. «consŏnus») adj. *Consonante.*

consorcio (del lat. «consortĭum») **1** m. *Unión de cosas que contribuyen al mismo efecto: 'Un consorcio de circunstancias me puso en el trance de dimitir'. ≃ Asociación. ⊙ Unión de personas con intereses comunes: 'Un consorcio de fabricantes de pan'. ⇒ *Asociar. **2** *Matrimonio.*

consorte (del lat. «consors, -ortis», participante) **1** n. *Con respecto a una persona, otra que participa de su misma *suerte.* **2** El marido o la mujer, cada uno con respecto al otro. ≃ *Cónyuge. **3** DER. Se aplica a los que son responsables conjuntamente de un delito. **4** DER. O a los que *litigan conjuntamente como una sola parte.

conspicuo, -a (del lat. «conspicŭus») **1** (culto) adj. Muy visible. **2** (culto) *Notable o sobresaliente: 'Un conspicuo cirujano'.

conspiración f. Acción de *conspirar. ≃ Complot, conjura. ⊙ Organización y actividad de los conspiradores.

conspirado, -a n. *Conspirador.*

conspirador, -a n. Persona que conspira.

conspirar (del lat. «conspirāre») **1** (ant.) intr. *Convocar, llamar uno en su favor.* **2** («contra, para, con, en») Unirse varias personas contra algo o alguien; particularmente, contra quien manda o gobierna. ≃ Confabularse, conjurarse. ⊙ Intervenir en una conspiración. **3** («a») Se dice también de cosas que *contribuyen al mismo resultado, bueno o, más frecuentemente, malo: 'Todo conspiró al fracaso de la empresa'.

□ CATÁLOGO

Conchabarse, confabularse, conjurarse, entenderse, juramentarse. ➤ Calpul, cambullón, complot, *conchabanza, conciliábulo, confabulación, conjuración, conspiración, conventícula [o conventículo], entruchada [o entruchado]. ➤ Conspirado, conspirador, laborante. ➤ *Concertarse. *Intrigar. *Rebeldía. *Sublevar.

constable (del lat. «constabĭlis»; ant.) adj. *Constante.*

constancia[1] f. Cualidad de constante.

constancia[2] («Haber, Dejar»; «de») f. Circunstancia de constar o ser sabida con certeza una cosa.

constante (del lat. «constans, -antis») **1** adj. Se aplica a las cosas que no se interrumpen, debilitan o varían: 'Viento [o amor] constante'. ⊙ («en») Se dice de quien no varía con facilidad de sentimientos o ideas, de quien no se deja vencer por las dificultades o no se cansa con facilidad de trabajar o luchar, y de su actitud. ⇒ Asiduo, consecuente, constable, continuado, *continuo, de DÍA y de noche, todo el santo DÍA, *firme, a todas HORAS, *igual, inalterable, *incesante, ininterrumpido, mantenido, persistente, seguido, sempiterno, sostenido, todo el TIEMPO. ➤ DÍA a [o por] día, la GOTA de agua que horada la piedra. ➤ *Continuo. *Durar. *Insistir. *Invariable. *Permanente. *Perpetuo. *Perseverante. **2** A veces, tiene el significado de «muy *frecuente»: 'Le molestan con constantes peticiones. Recibimos constantes llamadas por teléfono'. ≃ Continuo, incesante. **3** f. En matemáticas, física y otras disciplinas científicas, valor que se mantiene constante; por ejemplo, el número π (3,1416). ⇒ Variable.

CONSTANTES VITALES. BIOL. Conjunto de datos acerca del funcionamiento de un organismo, como el ritmo cardiaco y respiratorio, la tensión arterial, etc., cuyo valor debe estar comprendido dentro de determinados límites para que la vida continúe con normalidad.

constantemente 1 adv. Sin cesar: 'La veleta gira constantemente'. ≃ Continuamente, incesantemente. **2** Muchas veces y con cortos intervalos: 'Está constantemente pidiéndole dinero. Se lo digo constantemente'. ⇒ *Frecuente.

constantinopolitano, -a adj. y, aplicado a personas, también n. De Constantinopla, capital del imperio bizantino, hoy Estambul.

constar (del lat. «constāre») **1** (terciop.) intr. Ser cierta cosa sabida con *certeza: 'Consta que estaba en París en aquella fecha'. Se usa mucho en 3.ª persona de imperativo: 'Conste que yo no lo sabía'. Puede llevar complemento de persona: 'Me consta que él no estaba allí'. **2** Estar algo o alguien registrado, inscrito o escrito en alguna parte: 'Consta en el Registro de la Propiedad. Esa comunicación no consta en el registro de salida. En su documento de identidad no consta su edad'. ≃ *Figurar. **3** («de») Estar formado por ciertas cosas o cierto número de cosas: 'Una mesa consta de un tablero y unas patas. Una baraja consta de cuarenta cartas'. ≃ *Componerse. **4** LITER. *Tener los versos la medida y acentuación que les corresponde.* **5** (ant.) **Consistir.*

V. «constar en ACTA».

HACER CONSTAR. Manifestar algo; por ejemplo, hacerlo *figurar en un escrito para que conste o sea tenido en cuenta: 'Haga constar en la instancia que es soltero. Me interesa hacer constar que yo no fui avisado'. ⇒ *Atestiguar, consignar, constatar.

V. «constar en [de] AUTOS».

constatación f. Acción de constatar.

constatar (del fr. «constater») **1** tr. *Confirmar. **2** Hacer constar.

constelación (del lat. «constellatĭo, -ōnis») f. Conjunto de estrellas, de forma determinada, al que se aplica un nombre propio. ⊙ (inf.) Se emplea a veces para designar un conjunto semejante de ciertas cosas, indicando que hay más de una: 'No es una mancha; es una constelación de manchas'. ⇒ Asterismo. ➤ Nebulosa. ➤ *Astrología. *Astronomía. *Estrella. *Zodiaco.

CORRER UNA CONSTELACIÓN (ant.). *Haber una *epidemia.*

constelado, -a (lit.; «de») Participio adjetivo de «constelar».

constelar (del fr. «consteller»; lit.; «de») tr. Cubrir una ˎsuperficie esparciendo algo sobre ella.

consternación (del lat. «consternatĭo, -ōnis») f. Abatimiento, *disgusto, *pena o indignación, o mezcla de estos sentimientos.

consternado, -a adj. Participio adjetivo de «consternar[se]»: 'Dejar [o estar] consternado'.

consternar (del lat. «consternāre) tr. Causar a ˎalguien abatimiento, *disgusto, *pena o indignación, o una mezcla de esos sentimientos, una cosa que ocurre: 'Nos consternó la noticia del accidente. Su resolución de dimitir ha consternado a sus amigos. El anuncio de la suspensión de permisos ha consternado a los empleados'. Se usa con más frecuencia «dejar consternado». ⊙ prnl. Quedar consternado.

constipación (del lat. «constipatĭo, -ōnis») f. MED. *Irritación de las mucosas del intestino, que produce estreñimiento.* ⇒ *Astringir.

constipado, -a 1 Participio de «constipar[se]». ⊙ adj. Afectado de constipado. **2** («Agarrar, Coger, Contraer, Pescar») m. Enfermedad que se manifiesta por la inflamación de las mucosas del aparato respiratorio, que produce, entre otras molestias, estornudos o tos. ≃ *Catarro, enfriamiento, resfriado.

constipar (del lat. «constipāre», embutir) **1** tr. *Cerrar y apretar los poros, impidiendo la transpiración.* **2** Hacer que ˎalguien se constipe: 'Le constipa un soplo de aire'. ⊙ prnl. Contraer un constipado. ≃ *Acatarrarse, enfriarse, resfriarse.

constitución 1 f. Acción de constituir. **2** Manera de estar constituido algo: 'La constitución de la materia. La constitución de un tribunal'. ≃ *Estructura. **3** Manera de estar constituido el organismo de un individuo orgánico, particularmente una persona, dependiente del desarrollo y funcionamiento de sus órganos. ⇒ Complexión, contextura, físico, fisiología, naturaleza, temperamento, *TIPO psicosomático. ➤ *Débil, *fuerte, recia, *robusta. ➤ Eucrático. **4** (referido a una en particular, con mayúsc.) Ley fundamental que fija la organización política de un Estado y establece los derechos y obligaciones básicos de los ciudadanos y los gobernantes. ⇒ Doceañista. **5** *En derecho *romano, *ley dada por el soberano.* **6** (pl.) Normas por las que se rige una asociación. ⇒ *Reglamento.

JURAR LA CONSTITUCIÓN. Jurar fidelidad a ella un soberano o gobernante al empezar su gobierno.

constitucional 1 adj. Se aplica al rey, régimen, gobierno, etc., atenidos a una constitución. ⊙ Según lo dispuesto por la Constitución. ⇒ Anticonstitucional, inconstitucional. **2** Partidario del gobierno constitucional. **3** De la constitución de un individuo: 'Debilidad constitucional'.

constitucionalidad f. Cualidad de constitucional (conforme a una constitución). ⇒ Anticonstitucionalidad.

constitucionalmente adv. Según lo establecido en la Constitución.

constituido, -a Participio adjetivo de «constituir». ⊙ Referido a personas, se emplea con «bien o mal», significando bien o mal *conformado o proporcionado; o bien, con los órganos y miembros debida o normalmente formados, o lo contrario.

constituir (del lat. «constituĕre») **1** tr. Ser ciertas cosas las *partes o *elementos de ˎotra que se expresa: 'Los padres y los hijos constituyen la familia. Constituyen el equipo once jugadores'. ≃ *Componer, formar, integrar. ⊙ *Ser la ˎcosa en que consiste otra que se expresa: 'La casa incendiada constituía toda su fortuna. El río constituía la principal defensa de la ciudad. La agricultura constituye la riqueza más importante del país. Atender a los clientes constituye su principal obligación'. ≃ Formar. **2** Sirve para enlazar el nombre de una cosa con otro ˎnombre que la califica: 'Emborracharse no constituye un delito. Él no constituye un estorbo para ti. Ayudarte constituye un placer para mí. Esa finca constituye realmente una carga'. ≃ *Ser **3** («en») Hacer de ˎalgo o de alguien cierta cosa: 'Felipe II constituyó Madrid en capital de España. Constituyeron la nación en una república. Me han constituido en árbitro de sus diferencias'. En algunos casos, se construye sin «en»: 'Constituyó heredero universal a su sobrino'. ≃ Erigir. ⇒ *Convertir. ⊙ («en») prnl. Convertirse en lo que se expresa: 'Desde aquel momento se constituyó en defensor de la causa'. ≃ Erigirse. **4** tr. Hacer un ˎ*depósito de dinero o mercancías con ciertas formalidades y para ciertos fines: 'Para tomar parte en la subasta hay que constituir previamente un depósito. Constituir una dote [una fianza, una beca]'. ≃ *Establecer. **5** («sobre») *Establecer una ˎobligación o carga, por ejemplo un censo o una hipoteca, sobre una finca. **6** *Con «en» y un nombre como «apuro, obligación, necesidad», etc., *poner a ˎalguien en lo que esos nombres expresan.* **7** **Disponer o *mandar.* **8** prnl. *Reunirse para actuar las personas que forman algo como un tribunal, la presidencia de un acto o la mesa de una votación. **9** *Presentarse alguien en un sitio donde tiene que realizar una función: 'El juez se constituyó en el lugar del accidente. Se le ordenó que se constituyera inmediatamente en el lugar de su destino'. ≃ Personarse.

☐ CONJUG. como «huir».

constitutivo, -a 1 adj. Se aplica, con relación a una cosa, a lo que constituye una parte o elemento de ella: 'Los elementos constitutivos de las rocas'. ≃ Constituyente. **2** («de») Se aplica a lo que constituye (es) la cosa que se expresa: 'El juez estimó que los hechos no eran constitutivos de delito'. ⇒ Sufijos, «-tivo, -torio»: 'delictivo, meritorio'.

constituyente 1 adj. Se aplica a lo que constituye cierta cosa. ≃ Constitutivo. **2** Se aplica a las Cortes convocadas o reunidas para redactar o reformar la Constitución del Estado.

constreñimiento m. Acción y efecto de constreñir[se].

constreñir (del lat. «constringĕre) **1** tr. Ser alguien o algo causa de que una ˎpersona haga cierta cosa contra su gusto: 'Su situación económica le constriñó a aceptar ese empleo'. ≃ Compeler, forzar, *obligar. ⇒ *Coacción. ⊙ prnl. *Esforzarse o violentarse para hacer algo. **2** Quitar libertad; obligar a ˎalgo o a alguien a mantenerse dentro de ciertos límites: 'Su falta de salud constriñe sus iniciativas'. ≃ Coartar, *cohibir. **3** MED. *Oprimir alguna ˎparte del cuerpo, por ejemplo con un vendaje.* ⊙ prnl. *Limitarse o reducirse en cierta acción: 'Sería más extenso, pero tengo que constreñirme por la escasez de espacio'. ⊙ *Moderarse.

☐ CONJUG. como «ceñir».

constricción f. Acción y efecto de constreñir[se]. ≃ Constreñimiento. ⊙ *Específicamente, en ciencias naturales, *estrechamiento; por ejemplo, de un tallo o tronco.*

constrictivo, -a adj. Se aplica a lo que constriñe o sirve para constreñir.

constrictor, -a 1 adj. ANAT. Se aplica a los órganos del *cuerpo que sirven para constreñir: 'Músculo constrictor'. **2** m. *Dispositivo empleado para constreñir (apretar).* **3** adj. y n. m. FARM. Se aplica al medicamento que sirve para estrechar o reducir, por ejemplo los vasos sanguíneos. ⇒ Vasoconstrictor.

constrictura (del lat. «constrictūra»; ant.) f. **Estrechamiento o *cerramiento.*

constringente (ant.) adj. *Constrictivo o constrictor.*

constringir (del lat. «constringĕre»; ant) tr. *Constreñir.*

constriñimiento (ant.) m. *Constricción.*

constriñir (ant.) tr. *Constreñir.*

construcción 1 f. Acción y efecto de *construir. **2** Arte y actividad de construir edificios: 'El ramo de la construcción'. **3** Cosa construida. ⊙ Particularmente, *edificio u obra de albañilería: 'El nuevo parlamento es una hermosa construcción. Una construcción de cemento'. ⊙ (pl.) Juego que consta de un conjunto de piezas de madera u otro material que sirven para construir edificios y otras cosas a escala reducida. **4** GRAM. Dentro de la división tradicional de la sintaxis en «concordancia, régimen» y «construcción», queda reservado a ésta todo lo relativo a la unión de las palabras en la frase que cae fuera del campo de las otras dos. **5** GRAM. Disposición de las palabras en la frase según las reglas de la *gramática. ⇒ Apénd. II, CONSTRUCCIÓN. ⊙ GRAM. Grupo de palabras que constituye una unidad sintáctica.

V. «FIGURA de construcción».

constructivismo (del ruso «konstruktivizm») m. Movimiento artístico surgido en Rusia en la segunda década del siglo XX, influido por la estética funcional y la tecnología, y caracterizado por el uso de materiales propios de la industria, como el cristal, los metales o el plástico.

constructivo, -a adj. Se aplica, por oposición a «destructivo», a la crítica, labor, etc., que no se limita a atacar o procurar destruir lo existente, sino que ayuda a mejorarlo. ⇒ Creador, positivo.

constructor, -a adj. y n. Se aplica al que o lo que construye: 'La empresa constructora'. ⊙ Particularmente, persona que se dedica a construir obras de arquitectura o ingeniería.

construir (del lat. «construĕre») **1** tr. En general, *hacer una ˇcosa juntando los elementos necesarios: 'Construir un barco [un puente, una mesa, una cometa]'. ⊙ Puede aplicarse también a cosas inmateriales: 'Construir una teoría'. ⇒ *Idear. **2** Específicamente, edificar: hacer una ˇobra de albañilería: 'Construir un palacio [una pared, una chimenea]'. **3** Disponer las palabras en la ˇfrase según las reglas de la *gramática. ⊙ («con») Usar una ˇpalabra con otra determinada. 'El nombre «admiración» se construye con el verbo «despertar». El verbo «acordarse» se construye con la preposición «de»'. ⇒ Construcción. ⊙ («en») Usar una ˇpalabra preceptivamente con los accidentes gramaticales que se especifican: 'En este caso, el verbo se construye en subjuntivo'. **4** *En las antiguas escuelas de gramática, *traducir del latín o del griego al castellano.*

☐ CATÁLOGO

Alzar, bastir, edificar, elevar, erigir, levantar, obrar. ➤ Abolsarse, acicalar, agramilar, aguada, cubrir AGUAS, albañear, *alicatar, altear, aplomar, azulejar, blanquear, bornear, cala, calicata, cantear, cata, chapar, crispir, embarrar, empañetar, encachar, encajonar, encalar, encañizar, encarcelar, encascotar, enchufar, encofrar, encorozar, encostradura, enfoscar, engatillar, enjalbegar, enjebar, enjutar, enlardado, *enlucir, enrasar, enrasillar, enripiar, ensabanar, entomizar, entrevigar, entunicar, estropajear, estucar, fijar, forjar, guarnecer, jaharrar, jalbegar, jarrar [o jarrear], lavar, llaguear, dar de LLANA, dar de MANO, marmoración, paletada, picar, rafear, recalzo, recibir, rejuntar, repellar, resanar, retranquear, retundir, revocar, ripiar, socalzar, tender, trasdosear, voltear, dar de YESO, zaboyar. ➤ Albañilería, fábrica, obra. ➤ CAL y canto, froga, mampostería, mampuesta, mazonería. ➤ *Casa, *cobertizo, construcción, crómlech [o crónlech], cubo, *edificio, exedra, *puente, recova, *sepultura, tapia, torre, *vivienda. ➤ Ciclópeo. ➤ Arbotante, *arco, *armadura, falsaarmadura, *bóveda, bovedilla, camisa, *chimenea, *cimbra, cipera, citarón, *columna, contignación, contraarmadura, contrapilastra, *cornisa, *cúpula, encachado, *entramado, *escalera, espigón, forjado, galápago, *hilada, HILADA de asiento, jabielgo, luneta, luneto, macho [o machón], *ménsula, modillón, *muro, *pechina, pilar, pilastra, retropilastra, saledizo, *saliente, *techo, *tejado, traspilastra, trompa, verdugada, verdugo, voladizo, zapata. ➤ Bancada. ➤ En alberca, de asta, a media ASTA, a contralecho, a hueso, saledizo, a [de] sardinel, en seco, a [de] soga, a tizón, en voladizo. ➤ Adaraja, degolladura, *diente, encuentro, endeja, enjarje, junta, llaga, mechinal, mocheta, sofito. ➤ Alizace, *cimientos. ➤ Afollarse, alambor, hacer ASIENTO, hacer CLAVO, escalfado, falseo, fraguar, hacer MOVIMIENTO, sentarse, sentarse la OBRA. ➤ Antosta, caliche. ➤ Alamín, *albañil, añacal, añacalero, aparejador, arquitecto, constructor, contratista, empresario, MAESTRO de obras. ➤ Hormiguillo. ➤ Alcotana, angazo, badilejo, batidera, brochón, capacho, cintrel, codal, CORDEL guía, cuerda, cuezo, escoda, esparavel, formaleta, fratás, frontera, gaveta, hondilla, iguala, lengüetilla, llaguero, *llana, maestra, mira, nivel, nudillo, *paleta, palustre, perpendículo, petalla, picoleta, piocha, piqueta, piquetilla, *plomada, plomo, raedera, *regla, reglón, talocha, tendel, terraja, trinchante, trulla, zapapico. ➤ *Andamio, braga, briaga, castillejo. ➤ Adobe, almohadón, arcatifa, arcosa, *argamasa, *baldosa, baldosín, bocateja, broma, *cal, *cañizo, cemento, emplaste, enarenación, escayola, *escombro, fibrocemento, gasón, hormigón, *ladrillo, lechada, luneta, masa, mezcla, mortero, *piedra, ripio, teja, *yeso, yesón. ➤ Pella, tendel, tiento, tortada. ➤ Cabio, cabrio, carrera, jabalcón, lima, *viga. ➤ Administración, contrata. ➤ *Destruir, reconstruir. ➤ *Arquitectura.

☐ CONJUG. como «huir».

constuprar (del lat. «constuprāre»; ant.) tr. *Estuprar.*

consubstanciación f. TEOL. Consustanciación.

consubstancial adj. Consustancial.

consubstancialidad f. Consustancialidad.

consuegrar intr. *Contraer parentesco de consuegros.* ⇒ Consograr.

consuegro, -a (del lat. «consŏcer, -ĕri») n. Padre o madre de un cónyuge con respecto a los del otro. ⇒ *Suegro.

consuelda (del lat. «consolĭda»; *Symphytum officinale*) f. *Planta borraginácea silvestre cuyo rizoma se ha empleado en medicina. ≃ Consólida, sínfito, suelda.

CONSUELDA MENOR. **1** (*Prunella vulgaris*) *Planta labiada de flores azules, que se ha empleado para las heridas. **2** (*Symphytum tuberosum*) *Planta borraginácea.

C. ROJA. *Tormentila (planta rosácea).*

consuelo 1 m. Acción y efecto de consolar[se]. ≃ *Alivio. ⊙ Sentimiento de alivio en una pena. ⊙ Cosa que consuela: 'Es un consuelo saber que tiene quien le cuide'. **2** (con mayúsc.) n. p. f. Nombre de mujer, tomado de una de las advocaciones de la Virgen. ⇒ Chelo.

consueta (del lat. «consuēta») m. **Apuntador de teatro.*

consueto, -a (del lat. «consuētus», part. pas. de «consuescĕre», acostumbrar) **1** (ant.) adj. *Acostumbrado.* **2** f. *Conjunto de las *reglas consuetudinarias por las que se rige un *cabildo eclesiástico, o cada una de ellas.* **3** (pl.) *Conmemoraciones que se dicen ciertos días en el *oficio divino al fin de las laudes y vísperas.* **4** (Ar.) **Añalejo (calendario eclesiástico que contiene el rito y rezos del oficio divino de todo el año).*

consuetud (del lat. «consuetūdo»; ant.) f. **Costumbre.*

consuetudinario, -a (del lat. «consuetudinarĭus») **1** adj. De [la] costumbre: 'Derecho consuetudinario'. **2** Teol. *Se aplica a la persona que comete un *pecado habitualmente.*

cónsul (del lat. «consul, -ŭlis») **1** m. Se ha aplicado en distintas épocas a distintos *magistrados. ⊙ En la república *romana, al que ejercía la autoridad suprema. ⇒ Fasces, segur. ⊙ En Francia, a Napoleón como soberano. **2** (ant.) **Caudillo.* **3** Agente diplomático que representa y cuida los intereses de los súbditos de un país en otro país extranjero, interviniendo, por ejemplo, en asuntos comerciales. **4** *Cada uno de los jueces que formaban el «consulado», antiguo tribunal comercial.*

cónsula f. *Consulesa.*

consulado 1 m. Gobierno u organización *política en que el gobernante es un cónsul. ⇒ Tribunado. ⊙ Cargo de cónsul. ⊙ Casa u oficina donde está instalado. ⊙ *Territorio de la jurisdicción de un cónsul. **2** *Cierto *tribunal antiguo formado por un presidente llamado «prior» y varios miembros llamados «cónsules», que entendía en asuntos comerciales.*

consulaje (ant.) m. *Consulado (dignidad de cónsul romano).* ≃ Consulazgo.

consular adj. De [o del] cónsul o de [o del] consulado.

consulazgo (ant.) m. *Consulado* (1.ª acep.).

consulesa f. Mujer cónsul o mujer del cónsul. ≃ Cónsula.

consulta 1 f. Acción de consultar. **2** Reunión de médicos para examinar a un enfermo grave e intercambiar sus opiniones. ≃ Apelación. **3** («Pasar la, Tener») Acción de examinar el médico a sus enfermos: 'El doctor Ibáñez no pasa consulta hoy. Mi médico tiene la consulta de 4 a 8'. ⊙ («Abrir») Local donde el médico examina a los enfermos: 'Tiene una consulta con los aparatos más modernos'. ≃ Clínica. **4** **Opinión dada al rey por un consejo, tribunal, etc.* ⊙ *Propuesta de persona para un *empleo, hecha por esos mismos organismos.*

consultable adj. Susceptible de ser consultado.

consultación f. *Acción de consultar.*

consultante adj. y n. Se aplica a la persona que consulta: 'El consultante de una enciclopedia'.

consultar (del lat. «consultāre») **1** tr. *Preguntar su opinión a otra u otras personas y tratar con ellas cierto ↘asunto. El complemento directo puede ser la persona a quien se consulta y entonces la cosa lleva la preposición «sobre», o la cosa, y entonces la persona lleva la preposición «con»: 'Consultaré el asunto con mi abogado. Consultaré a mi abogado sobre el asunto'. ≃ Aconsejarse, asesorarse. ⊙ Particularmente, hacerse examinar por un médico. ⇒ Aconsejarse, asesorarse, comunicar, pedir consejo, pedir parecer. ➤ Comunicación, consulta. ➤ Plebiscito, referéndum. ➤ *Tratar. **2** Mirar un ↘texto para *aprender ↘algo o aclarar una duda. Lo consultado puede ser el texto: 'Consultar el diccionario para saber el significado exacto de una palabra'. O la cosa sobre que se duda: 'Consultar la pronunciación de una palabra en el diccionario'.
V. «consultar con la almohada».

consulting (ingl.) m. Consultoría.

consultivo, -a 1 adj. Destinado a ser consultado: 'Un organismo consultivo'. **2** *Se aplica a las materias que los tribunales, consejos, etc., deben consultar con el jefe del Estado.*

consulto, -a (del lat. «consultus»; ant.) adj. *Sabio.* ≃ Docto.

consultor, -a 1 adj. y n. *Consultante.* **2** n. *Se aplica a la persona a quien se consulta.* **3** m. *Individuo de los que, no siendo cardenales, forman parte de alguna de las congregaciones de la *curia romana por designación del Papa o por razón de sus cargos.* **4** Persona dedicada a la consultoría. **5** f. Empresa dedicada a la consultoría.

Consultor del Santo Oficio. *Magistrado del Tribunal de la *Inquisición que daba su parecer antes que el «ordinario».* ⊙ *Posteriormente, hacía de suplente de los abogados defensores de los acusados pobres.*

consultoría f. Asesoramiento de empresas; por ejemplo, en materia de marketing o fiscalidad. ≃ Consulting. ⇒ Consultor. ➤ *Negocio. ⊙ Entidad que se dedica a este tipo de asesoramiento.

consultorio (del lat. «consultorĭus») **1** m. Establecimiento donde se informa sobre determinados asuntos. **2** Establecimiento sanitario donde pasan consulta varios médicos de distintas especialidades. **3** Sección de una revista, programa de radio o televisión, etc., dedicados a contestar preguntas formuladas por el público sobre determinadas materias: 'Consultorio sentimental [o de belleza]'.

consumación f. Acción de consumar[se]: 'La consumación del crimen'.

La consumación de los siglos. El *fin del mundo.

consumadamente (culto) adv. *Perfecta o refinadamente: 'Trabaja consumadamente en esta comedia. Es consumadamente coqueta'.

consumado, -a (del lat. «consummātus») **1** Participio de «consumar[se]». **2** adj. Se aplica al que realiza con perfección la acción a que se refiere el nombre de actor a que se aplica este adjetivo: 'Un consumado ladrón [hipócrita, prestidigitador]'. ≃ Acabado, *perfecto. **3** m. **Caldo o extracto hecho con la sustancia de diversas carnes, cociéndolas, a veces al baño María.*

consumador, -a adj. y n. *Aplicable al que consuma.*

consumar (del lat. «consummāre») **1** tr. Realizar completamente o llevar a cabo el acto que se considera la culminación de ↘algo. Se aplica a ↘acciones relevantes o especiales y también a las delictivas, pero no a hechos corrientes: 'No llegó a consumar el robo porque lo impidió el vigilante. Consumó su sacrificio. Consumar el matrimonio'. ⇒ *Cumplir, *terminar. ⊙ prnl. Producirse este tipo de hechos: 'Se consumó su ruina'. **2** tr. Der. Dar cumplimiento a un ↘contrato u otro acto jurídico: 'Consumar la sentencia'.

consumativo, -a adj. *Que consuma o perfecciona. Se aplica al sacramento de la *Eucaristía, que se considera como la culminación de los demás.*

consumero m. *Empleado encargado de la percepción del impuesto de *consumos.*

consumible adj. Susceptible de ser consumido. ⊙ *Fungible: tal que se consume con el uso.

consumición 1 f. Acción de consumir[se]. **2** Lo que se consume en un bar, discoteca, etc.: 'Cuesta mil pesetas la entrada con consumición'.

consumido, -a 1 Participio de «consumir[se]». ⊙ adj. Gastado completamente. ≃ *Agotado. ⊙ Más o menos gastado. ⊙ Muy *delgado o débil: 'Aunque no es todavía viejo, tiene la cara muy consumida'. ⊙ Aplicado a líquidos, frutas, etc., disminuido de volumen, arrugado, etc., por haber perdido la humedad. ⇒ Consumirse. **2** *Se aplica a la persona que se apura con poco motivo.* ≃ Encogido.

TENER CONSUMIDO a alguien. Tenerle desazonado o desesperado, con molestias o disgustos.

consumidor, -a adj. y n. Se aplica al que consume. ⊙ m. Particularmente, persona de las que compran los productos de la industria, la agricultura, etc. ≃ Comprador.

V. «del PRODUCTOR al consumidor».

consumiente adj. *Que consume.*

consumimiento m. *Acción de consumir.*

consumir (del lat. «consumĕre») **1** tr. Emplear una persona o una cosa, para su sostenimiento, en su funcionamiento, etc., la ↘cosa que se expresa: 'La caldera consume mucho carbón. Hemos consumido más electricidad que el mes pasado'. ≃ *Gastar. ⊙ *Comer o *beber cierta ↘cantidad de una cosa. ⊙ prnl. Gastarse aquello que alguien o algo emplea en su sostenimiento funcionamiento, etc.: 'La vela se ha consumido'. ⊙ tr. o abs. Tomar ↘cosas en un establecimiento de comidas o bebidas. **2** Comulgar el sacerdote en la *misa. **3** tr. Hacer que se consuma (por evaporación o desecación) una ↘cosa. ⊙ prnl. Quedarse una cosa *seca y arrugada al perder la humedad que tiene naturalmente; por ejemplo, una fruta: 'Se ha consumido como una pasa'. ⊙ Reducirse una sustancia al *evaporarse el líquido que la constituye en su mayor parte. ⊙ Particularmente, consumirse el caldo o una salsa. **4** tr. Poner *flaco o *débil a ↘alguien. **5** Poner a ↘alguien en estado de intensa *desazón o *ansiedad. ⊙ La impaciencia: 'Me consume el deseo de verle'. ⊙ Un sentimiento apasionado: 'Le consumía el amor divino'. ⊙ La envidia, los celos, la rabia, etc. ⊙ La insistencia o pesadez de una cosa: 'Me consume la terquedad de esta criatura'. ⊙ prnl. Experimentar alguien alguno de los procesos o sentimientos descritos en la 4.ª y 5.ª acepción: 'La pobre se está consumiendo con tanto trabajar. Se consume de envidia. Me consumo de verle todo el día sin hacer nada. Me consumo de ver que no puedo atender a todo'. ⇒ Abrasarse, arder, candirse, derretirse, devorar, entregar, freír. ➤ *Concomer. *Desazón. *Desesperar. *Exasperar.

consumismo m. Tendencia al consumo indiscriminado de bienes no completamente necesarios, por razones de moda, prestigio social, etc.

consumista adj. y n. Del consumismo o con esta tendencia.

consummátum est Últimas palabras de *Jesucristo en la cruz, que se repiten, a veces jocosamente, cuando una cosa no tiene ya remedio. ⇒ Irremisible.

consumo 1 m. Acción de consumir o gastar: 'El consumo de electricidad aumenta en los meses de invierno'. ⇒ Consumismo, consumista. **2** (pl.) Impuesto municipal sobre los comestibles y otros artículos que se introducen en una población para ser consumidos en ella. ⇒ Octava, octavilla, salga, tegual. ➤ Fielato. ➤ Matute. ➤ Consumero, portalero. ➤ *Contrabando. *Derecho. **3** (ant.) *Extinción del derecho a cobrar libranzas, créditos, etc., de la real hacienda.* ⇒ *Prescribir.

consunción (del lat. «consumptĭo, -ōnis») **1** f. Acción y efecto de «consumir[se]» (*adelgazar o *desazonar[se]). ≃ Acabamiento, consumición. **2** **Tuberculosis pulmonar.*

consuno (de la locución antigua «de con so uno», alteración de «de so uno», juntamente) DE CONSUNO. De común *acuerdo.

consuntivo, -a (de «consunto») adj. *Capaz de consumir.*

consunto, -a (del lat. «consumptus») adj. *Consumido.*

consustanciación f. TEOL. Doctrina luterana según la cual la sangre y el cuerpo de Jesucristo están en la Eucaristía sin que, por ello, ésta deje de ser pan y vino. La doctrina católica es la «transustanciación». ⇒ *Protestantismo.

consustancial (del lat. «consubstantiālis») adj. Se aplica a las cualidades que tienen los seres por su propia naturaleza, de modo que no pueden dejar de tenerlas: 'La inteligencia es consustancial al hombre. La blancura es consustancial a la nieve'. Se usa mucho hiperbólicamente: 'La vehemencia es consustancial a los españoles'. ≃ Connatural, inherente, propio. ⇒ Ingénito, *innato, intrínseco, natural.

consustancialidad f. Cualidad de consustancial. ⊙ Circunstancia de ser una cosa consustancial a otra.

contabilidad (de «contable») f. Actividad que consiste en llevar las *cuentas de una administración. ⊙ Dichas cuentas.

contabilizar 1 tr. Incluir ↘algo en las *cuentas de una administración. **2** Contar, calcular el número de ↘algo: 'Las organizaciones internacionales han contabilizado cerca de mil presos políticos en ese país'.

contable (del lat. «computabĭlis») **1** adj. Susceptible de ser contado. **2** n. Empleado que lleva la contabilidad de una casa comercial. ≃ Contador, TENEDOR de libros.

contacto (del lat. «contactus») **1** («Haber, Estar en, Tener, Perder el, Poner en») m. *Relación entre cosas que se *tocan. ⊙ O entran en relación de alguna manera. **2** («Haber, Estar en, Tener, Perder el, Poner en») *Trato o comunicación entre personas: 'El testigo dijo que no había tenido ningún contacto con el acusado en los últimos tiempos'. ≃ Relación. **3** *Comienzo de un *eclipse.* **4** («Hacer») Conexión entre las partes de un circuito eléctrico. ⊙ Dispositivo con que se establece esa conexión. ⊙ Particularmente, el que sirve para arrancar el motor de un vehículo. **5** («Tener») Persona conocida que sirve de *medio para conseguir algo en un lugar o ámbito determinados.

contadero, -a 1 adj. Susceptible de ser contado. ≃ Contable. **2** m. *Dispositivo colocado en una entrada, que permite contar las personas o animales que entran o salen por ella.* ⇒ *Torniquete.

contado, -a 1 Participio adjetivo de «contar». **2** (pl.) *Pocos: 'Nos vemos en contadas ocasiones'. **3** *Determinado, señalado.*

AL CONTADO. Aplicado a la manera de comprar o *vender, *pagando inmediatamente. ≃ En [la] MANO, a toca TEJA. ⇒ A plazos.

V. «HABAS contadas».

POR DE CONTADO. Por descontado. ≃ Por *supuesto.

contador, -a 1 adj. Se aplica al que o lo que cuenta o sirve para contar. **2** (ant.) **Hablador* **3** m. Aparato que sirve para contar o medir: el número de vueltas que da una rueda de máquina, la cantidad de gas o de electricidad que se consumen, los kilómetros recorridos, etc. ⇒ Medidor, taxímetro, *torniquete. **4** **Mesa de madera donde contaban el dinero los mercaderes y cambistas.* **5** *Especie de escritorio, sin portezuelas ni adornos.* ⇒ *Mueble. **6** (en España se ha usado en lenguaje administrativo; usual en Hispam.) n. Contable: persona que lleva las *cuentas en una empresa, casa comercial, etc. **7** DER. *Persona nombrada por un juez para liquidar una cuenta.* **8** m. *Nombre aplicado a ciertas fichas que se empleaban antiguamente en el *bureo u oficina administrativa del palacio real, para contar.* **9** (ant.) *Contaduría.*

CONTADOR GEIGER (de «Hans Geiger», físico alemán). FÍS. Aparato que sirve para detectar y medir la *radiactividad en un cuerpo.

V. «TABLERO contador».

contaduría **1** f. *Oficina del contador, donde se llevan las cuentas de un establecimiento u oficina: 'La contaduría de Hacienda'. **2** En *teatros, cines, etc., expendeduría o despacho en donde se obtienen los *billetes con anticipación, pagando un sobreprecio.

contagiar (de «contagio») tr. *Comunicar alguien una ↘enfermedad que tiene a otro. ≃ Contaminar. ⊙ Comunicar a ↘otro costumbres, gustos, vicios, etc. ⊙ («de, por») prnl. Contraer una *enfermedad, adquirir una costumbre, etc., por contagio: 'El niño se contagió de su hermano. Me he contagiado de su aversión al vino'. ⊙ («de, por») *Pasar una enfermedad, costumbre, vicio, etc., de unos a otros: 'También la tontería se contagia'. ≃ Pegarse, transmitirse.

□ CATÁLOGO

Apestar, comunicar[se], infectar, inocular, lacrar, pasar, pegar, propagar[se], *transmitir[se], *transportar. ➤ Contagio, endemia, epidemia, epizootia, infección, peste, pestilencia, plaga. ➤ Estafilococia, estreptococia, septicemia [o sepsis]. ➤ Caso. ➤ Germen, miasma, microbio, prión, virus. ➤ Un LOCO hace ciento. ➤ Acordonar, cuarentena, desinfección, *higiene, lazareto, vacunación. ➤ A libre PLÁTICA. ➤ *Corromper. *Infectar.

□ CONJUG. como «cambiar».

contagio (del lat. «contagĭum») **1** m. Acción de contagiar[se]. **2** *Epidemia de poca importancia: 'Hay un contagio de gripe'.

contagiosidad f. Cualidad de contagioso.

contagioso, -a adj. Susceptible de ser transmitido por contagio.

container (ingl.; pl. «containers») **1** m. *En los transportes de ferrocarril, *vagón que se monta con su contenido sobre otro de forma de plataforma.* ⇒ Batea. **2** Contenedor.

contal (de «cuenta»; ant.) m. **Sarta de cuentas o piedras para contar.*

contaminación f. Acción y efecto de contaminar[se].

contaminado, -a adj. Participio adjetivo de «contaminar[se]».

contaminador, -a adj. Que contamina.

contaminante adj. y n. m. Que contamina: 'Agente contaminante'.

contaminar (del lat. «contamināre», ensuciar tocando) **1** tr. *Penetrar la suciedad en un cuerpo, produciendo en él manchas y mal olor.* **2** («con, de») *Transmitir a algo o alguien una mala ↘cualidad o un mal estado: 'Acabarás contaminándome con [o de] tu pesimismo'. ≃ *Contagiar, infectar, inficionar. ⊙ *Transmitir a un alimento, al agua, al aire o al medio ambiente en general, gérmenes o sustancias capaces de envenenar o de perjudicar la salud: 'Una letrina próxima ha contaminado el agua del pozo'. ≃ Corromper, infectar, inficionar, impurificar. ⇒ Contaminación, polución. ➤ MAREA negra. ⊙ Volver ↘algo impuro o despreciable: 'Contamina cuanto toca con sus labios'. ≃ Corromper, infectar, inficionar, impurificar. ⊙ («con, de») prnl. Sufrir alguien o algo el efecto de estas acciones. ≃ Contagiarse, infectarse, corromperse. ⇒ Cancerar, emponzoñar, envilecer, impurificar, infecir, infectar, infestar, gangrenar, malear, malignar, malingrar, perder. ➤ Chamuscado. ➤ *Contagiar. *Estropear. *Pervertir.

contante (del fr. «comptant») adj. Aplicado a «*dinero», efectivo. Se usa sobre todo en la expresión «CONTANTE y sonante».

CONTANTE Y SONANTE (inf.). En efectivo: 'Quiero que me paguen en dinero contante y sonante'.

contar (del lat. «computāre») **1** tr. Decir por orden los *números: 'Contar de uno a diez'. ⊙ Ir asignando a cada ↘cosa de un conjunto un número por orden, para saber al final cuántas hay: 'Estoy contando los coches que pasan'. ≃ Contabilizar, enumerar, numerar. ⇒ *Cuenta. **2** Sumar, etc., distintas ↘partidas para obtener el resultado que interesa: 'Cuenta lo que hemos gastado en correspondencia'. ≃ Calcular. ⊙ Incluir ↘algo en una *cuenta: 'Cuenta también los sellos de los periódicos'. ⊙ intr. *Calcular o hacer *cuentas; no gastar:* 'Hay que contar mucho para llegar con la paga al final de mes'. **3** («por») tr. Tomar en cuenta una ↘cosa como equivalente de otra o de cierto número que se expresa: 'Al niño le cuento por medio. Cada vaca se cuenta por diez ovejas'. ≃ *Computar. ⊙ («por») intr. *Equivaler en una cuenta a cierta cosa o cierta cantidad: 'Tiene mucha fuerza y cuenta por dos'. **4** (inf.) Entrar en cuenta: 'Las estropeadas no cuentan'. **5** *Importar: 'Lo que cuenta son las aptitudes y no los títulos'. **6** («con») *Incluir algo o a alguien entre las cosas o personas que han de intervenir en cierta cosa: 'No han contado conmigo para la fiesta'. ⊙ («entre») prnl. *Figurar entre la clase de cosas o personas que se expresa: 'Me cuento entre sus admiradores. Se cuenta entre los descontentos'. **7** («con») intr. Tener presente cierta cosa: 'Te dije que vinieras hoy, sin contar con que era domingo'. ≃ Tener en cuenta. **8** («con») *Considerar: 'Cuenta con que ya no eres un chiquillo'. ≃ Tener en cuenta. **9** («con», «por seguro, cierto, etc.») *Disponer o (en pretérito) creer que se dispone de cierta cosa: 'Cuenta con buenas recomendaciones. Contaba con tu ayuda. Cuento por segura su asistencia'. **10** («como, entre») tr. *Juzgar una ↘cosa como lo que se expresa: 'Le cuento entre [o como uno de] mis mejores amigos'. ≃ Considerar. **11** *Referir a otros una ↘historia, un cuento o algo sucedido: 'No estuve en la reunión, pero me contaron lo que pasó'. ≃ Narrar, relatar.

A CONTAR DE [o DESDE]. Expresión con «a» del grupo de los equivalentes a un gerundio o expresión de obligación: 'Tienes que andar 5 Km a contar desde el cruce de carreteras ('contando desde' o 'que se han de contar desde').

V. «cuéntaselo [que se lo cuente, etc.] a tu [su, etc.] ABUELA».

V. «contar con los DEDOS, contarse con los DEDOS de la mano, no contar con la HUÉSPEDA, contar MARAVILLAS».

¡MIRA [o MIRE USTED, etc.] A QUIEN SE LO VAS A CONTAR [o SE LO CUENTAS, etc.]! Exclamación con que alguien expresa que es innecesario que su interlocutor siga hablando o tratando de *convencerle de cierta cosa, pues ya la *sabe o está convencido de ella.

V. «Y PARA [o pare usted] de contar».

¿QUÉ CUENTAS [CUENTA USTED, etc.]? Expresión familiar de saludo.

¿QUÉ ME CUENTAS [CUENTA USTED, etc.]! Interrogación mezclada de exclamación con que se muestra asombro o *extrañeza.

SIN CONTAR CON QUE. Expresión conjuntiva con que se menciona algo que añade fuerza a una cosa ya dicha: 'Él solo no puede hacer ese trabajo sin contar con que tiene poca salud'. ⇒ Expresiones *aditivas.

□ CONJUG. IRREG. PRES. IND.: cuento, cuentas, cuenta, contamos, contáis, cuentan; PRES. SUBJ.: cuente, cuentes, cuente, contemos, contéis, cuenten; IMPERAT.: cuenta, cuente, contemos, contad, cuenten.

contario (de «cuenta») m. *Moldura arquitectónica formada por una sucesión de bultitos semejantes a cuentas.* ≃ Contero.

contecer (del lat. vulg. «contingescĕre»; ant.) intr. *Acontecer: *suceder.*

contejido, -a (de «con-» y «tejido»; ant.) adj. *Tejido (participio adjetivo).*

contemperar (del lat. «contemperāre») tr. *Atemperar.*

contemplación 1 f. Acción de contemplar (mirar). **2** (pl.) Acción de contemplar: tratar con mucho cuidado a una persona para que no se disguste o enfade: 'Tenéis demasiadas contemplaciones con él. Tratar con [o sin] contemplaciones'. ≃ *Consideraciones, miramientos. ⇒ No andarse con CHIQUITAS. **3** Estado de la persona que está absorta en la contemplación de Dios. ⇒ *Místico.

contemplado, -a 1 Participio de «contemplar». **2** adj. *Mimado*: 'Este niño está demasiado contemplado'.

contemplar (del lat. «contemplāre») **1** tr. *Mirar una ↘cosa o prestar atención a un acontecimiento, con placer, tranquila o pasivamente: 'Un grupo de turistas estaban contemplando la Giralda. Contempla desde su rincón el desarrollo de los acontecimientos. Dos de los chicos estaban riñendo y el otro los contemplaba tranquilamente'. ⇒ *Observar. **2** *Estar en contemplación de Dios.* **3** *Considerar una ↘cosa de cierto modo. ⊙ Considerar cierta ↘posibilidad: 'Contemplamos la posibilidad de una guerra. La ley no contempla ese supuesto'. **4** Tratar a una ↘persona con mucho cuidado para que esté contenta o propicia o no se disguste o enfade. Se usa más «tratar con contemplaciones». ⇒ Acontentar, camelar, mirar [o estar mirando] a la CARA, *complacer, congraciar[se], contentar, templar GAITAS, *mimar, llevar en PALMAS [en PALMILLAS o en PALMITAS], regalar. ➤ *Consideración [consideraciones], contemplaciones, miramiento[s]. ➤ *Agradar. *Complacer. *Lisonjear. *Mimar.

contemplativamente, -a adv. De manera contemplativa.

contemplativo, -a 1 adj. De contemplación: 'En actitud contemplativa'. **2** Aplicado a personas, más inclinado a la contemplación y a la meditación que a la acción. ⇒ *Pasivo. ➤ Activo. ⊙ Particularmente, dedicado a la contemplación divina. **3** *Inclinado a contemplar o complacer a otros, por bondad o por interés.* ⇒ *Amable, *servicial.

contemplatorio, -a (del lat. «contemplatorĭus»; ant.) adj. y n. m. *Se aplicaba a un sitio bueno para *observatorio.*

contemporáneamente adv. Al mismo tiempo. ⇒ Simultáneamente.

contemporaneidad f. Cualidad de contemporáneo; circunstancia de ser contemporáneas dos cosas, personas, etc.

contemporáneo, -a (del lat. «contemporanĕus») **1** adj. y n. De la misma época que una persona, un suceso, etc., que se menciona: 'Mi abuelo fue contemporáneo de Napoleón'. ≃ Coetáneo. ⇒ Coevo. **2** De la época actual: 'La historia contemporánea'. ⇒ *Ahora, *moderno.

V. «EDAD Contemporánea».

contemporización f. Acción de contemporizar. ⊙ A veces tiene sentido peyorativo, como falta de consecuencia o de escrúpulos.

contemporizador, -a adj. Se aplica al que contemporiza o es inclinado a contemporizar.

contemporizar (del lat. «con-» y «temporizar»; «con») intr. Tener tolerancia con una persona; tratar de *acomodarse a su carácter o a su manera de ser o de actuar, para evitar un choque o conflicto: 'No tenemos más remedio que trabajar juntos y tengo que contemporizar con él. Contemporizar un gobierno con la oposición. Contemporizar un estado con otro para evitar la guerra'. ≃ *Transigir. ⊙ A veces tiene sentido peyorativo, significando *acomodarse con falta de escrúpulos o de consecuencia: 'Contemporiza con todas las situaciones'.

□ CATÁLOGO

*Bandearse, estar [mantenerse o permanecer] a CABALLO en la tapia, cambiar de CAMISA [o de CHAQUETA], bailar en la CUERDA floja, hacer EQUILIBRIOS, no tomar PARTIDO, no *SIGNIFICARSE, arrimarse al SOL que más calienta, encender una VELA a San Miguel [o a Dios] y otra al diablo. ➤ Camaleón, chaquetero, contemporizador, convenenciero, pancista. ➤ *Acomodaticio. *Inconstante.

contemptible (del lat. «contemptibĭlis»; ant.) adj. *Despreciable.*

contención[1] (del lat. «contentĭo») **1** f. *Contienda.* **2** (ant.) **Esfuerzo* o **intento.* **3** DER. **Pleito.*

contención[2] f. Acción de contener[se]. ⊙ Actitud de contener o moderar los propios impulsos, instintos, pasiones, etc. ≃ Continencia, *moderación. ⊙ Actitud del que refrena la manifestación de sus estados de ánimo. ≃ Circunspección.

contencioso, -a (del lat. «contentiōsus») **1** adj. *Disputador.* **2** DER. Se aplica a la cuestión sobre la que hay *pleito. ⊙ DER. Se aplica al procedimiento consistente en litigar. ⊙ adj. y n. m. DER. También a los asuntos sometidos a la jurisdicción de los tribunales y no dependientes de una autoridad.

V. «ADMINISTRACIÓN contenciosa, JUICIO contencioso, VÍA contenciosa».

CONTENCIOSO ADMINISTRATIVO. DER. Se aplica a los asuntos que, afectando a la administración pública, son resueltos por los *tribunales de justicia, y a los juicios sobre ellos. ⇒ RECURSO contencioso administrativo.

contendedor m. *Contendiente.*

contender (del lat «contendĕre»; «con, contra; por, sobre») intr. Emplear sus fuerzas una contra otra dos personas, naciones, etc., que pretenden la misma cosa, por conseguirla: 'Contendían por un lado Alemania y Austria y por otro Francia e Inglaterra. Contienden en la carrera cincuenta automóviles. Contender en unas oposiciones'. ≃ Competir, disputar, *luchar. ⊙ («en»: 'en hidalguía') *Esforzarse por obtener o mantener la *superioridad en cierta cosa, frente a otro u otros.* ⇒ *Rivalizar.

□ CONJUG. como «entender».

contendiente (de «contender») adj. y n. Se aplica al que *lucha. (Conviene advertir que es el único nombre usual de actor para la acción de *luchar materialmente con otro.) ⇒ Adversario, agonista, antagonista, combatiente, competidor, *contrario, contrincante, *enemigo, *rival.

contendor (de «contender») m. *Contendedor.*

contenedor m. Embalaje grande, de forma y tamaño normalizados, y con algún dispositivo que facilite su manejo. ≃ Container. ⊙ Recipiente grande para depositar y trasladar escombros. ≃ Container. ⊙ O para basuras y otros residuos.

contenencia[1] (de «contender»; ant.) f. *Contienda.*

contenencia[2] (de «contener») **1** f. *Parada que hacen en el vuelo algunas aves, particularmente las de *cetrería.* **2** *Paso de lado en que parece que se detiene el que danza.* **3** (ant.) *Contenido (de un recipiente).*

contener (del lat. «continēre») **1** tr. Tener una cosa en sí misma o en su interior a ↘otra: 'El primer tomo contiene las novelas. Esta caja contiene unos zapatos'. ⊙ Decir un escrito cierta ↘cosa: 'El oficio contenía su destitución'. ⇒ Embeber, encerrar, encovar, envolver, guardar, traer. ➤ Tenor. **2** («de») Impedir el movimiento, la salida, la aparición, etc., de una ↘cosa: 'Contener un caballo [la sangre de la herida, la indignación]'. ⊙ prnl. Esforzarse para no exteriorizar un sentimiento o un estado de ánimo violento, o no cometer una violencia: 'Tuve que contenerme para no darle una bofetada. Su impulso fue echarse a correr, pero se contuvo'. ≃ Dominarse, frenarse, sobreponerse. ⊙ («de») Mantenerse sin satisfacer un deseo o una necesidad: 'Conteneos de beber hasta que lleguemos arriba'. ≃ Aguantarse, reprimirse.

□ CATÁLOGO

*Abstener[se], *aguantarse, atar, ATAR corto, tragar BILIS, centrar, coercer, *cohibir[se], *comedirse, comprimirse, constreñir[se], tirar de la CUERDA, *detener, domar, dominar[se], embozar, encogerse, enfrenar[se], entorpecer, estrecharse, frenar[se], poner FRENO, tragar HIEL, inhibir[se], limitar[se], *moderar[se], parar los PIES, plantar, poner PUERTAS al campo, reducirse, refrenar[se], reportarse, *reprimir[se], *retenerse, tirar de la RIENDA, poner en su SITIO, sofrenar, sufrirse, sujetar[se], vencerse, violentarse, cortar los VUELOS. ➤ Atadura, cadena, cortapisa, dificultad, dique, embarazo, entorpecimiento, estorbo, *freno, *impedimento, inconveniente, lastre, lazo, ligadura, limitación, óbice, *obstáculo, pega, *pihuela, rémora, rienda, sujeción, traba. ➤ Contención, continencia, *moderación, represalia, represión, restricción, serretazo, sofrenada. ➤ ¡Alto!, ¡ALTO ahí!, ¡cuidado!, ¡VAMOS despacio!, ¡nada de...!, ¡ojito [con]!, ¡ojo [con...]!, ¡vamos por PARTES!, ¡POCO a poco!, ¡quedo! ➤ Arrollador, incoercible, incontenible, irrefrenable, irreprimible, *irresistible. ➤ Desaforado, desatado, desatentado, desatinado, descomedido, desenfrenado, desinhibido, desmedido, desmesurado. ➤ A RIENDA suelta, dar RIENDA suelta. ➤ *Descomponerse. ➤ *Aguantar[se]. *Cohibir[se]. *Comedirse. *Detener. *Impedir. *Oponerse. *Prohibir.

□ CONJUG. como «tener».

contenido, -a 1 Participio adjetivo de «contener»: 'Un impulso contenido'. ⊙ adj. *Circunspecto o *reservado; se aplica al que se contiene y no exterioriza sus emociones o sentimientos. 2 m. Cosa contenida: 'El contenido del sobre'. ⊙ *Asunto, *sustancia o *fondo de un escrito, discurso, etc. 3 LING. Significado del signo lingüístico, por oposición a la expresión.

□ FORMAS DE EXPRESIÓN

El contenido se expresa normalmente con «con»: 'Una caja con monedas. Una carta con instrucciones'. Pero, si se expresa conjuntamente el contenido y el continente, particularmente si éste es el continente natural de la cosa de que se trata, o bien si se sobrentiende «lleno de» con sentido ponderativo, se expresa con «de»: 'Un vaso de leche. Una caja de puros. Tiene una caja de sellos'.

contenta (de «contentar») 1 f. MIL. *Certificado que daba el alcalde de un lugar en que había estado alojada la tropa de que ésta no había cometido ningún desmán.* ⊙ MIL. *Certificado semejante que daba el comandante, de haber sido tratada la tropa satisfactoriamente.* ⊙ MAR. *Certificado de solvencia que se da a los oficiales de cargo de los barcos al cesar en su cometido.* 2 *Obsequio con que se contenta a alguien.* ⊙ ECON. **Endoso.* 3 *Certificado laudatorio que se daba al acabar los estudios en algunas universidades de América, que, a veces, eximía del pago de los derechos para la obtención del título.* ⇒ *Premio.

contentación (ant.) f. *Contento.*

contentadizo, -a adj. Fácil de contentar.

contentamiento m. *Contento.

contentar (del lat. «contentāre»; más frec. las perífrasis con «contento»: 'dejar, poner, tener contento') 1 tr. *Alegrar o *satisfacer a ↘alguien: 'Nada de lo que ve le contenta'. ⊙ *Complacer a ↘alguien: hacer lo necesario para que esté contento o no se disguste: Aunque no me gusta el fútbol, voy para contentar a mi marido. No podemos contentar a todos porque hay pocas invitaciones'. ⊙ («con», no frec. «de») prnl. No pedir o no desear más que algo que se expresa: 'Me contento con que me dejéis en paz'. Se usa mucho en potencial: 'Me contentaría con poco'. ≃ *Conformarse, darse por contento. ⊙ *Desenfadarse o *reconciliarse los que estaban enfadados o enemistados entre sí. 2 tr. *Endosar (traspasar un documento de crédito).*

contenteza (ant.) f. *Contento.*

contentible (de «contemptible») adj. *Despreciable.*

contentivo, -a (de «contento», contenido) 1 adj. Destinado a contener. 2 m. MED. *Se aplicaba a la parte de un *apósito que sirve para sujetarlo.*

contento, -a (del lat. «contentus», part. pas. de «continēre», contener, reprimir) 1 (ant.) adj. *Contenido.* 2 En el estado de ánimo que predispone a la risa: 'Los niños están muy contentos con sus juguetes'. ≃ Alborozado, *alegre. ⊙ («con, de») Se aplica a la persona que encuentra buena cierta cosa que tiene: 'Estoy verdaderamente contenta con mi nueva modista'. ≃ *Satisfecho. ⊙ («con, de») Se dice del que encuentra felicidad o motivos de alegría en cierta cosa que se expresa: 'Están muy contentos de la boda de su hija'. ≃ Satisfecho. ⊙ Se dice del que no pide o desea más que cierta cosa que, generalmente, se expresa: 'Está contento con su suerte. Vive contento y feliz'. Con este significado forma «contento» muchas frases que son más expresivas y de uso más frecuente que «contentar» o «contentarse»: 'Dejar [estar, poner, quedar, tener] contento'. ≃ *Conformado, conforme, *satisfecho. ⊙ (inf.) Se dice del que está alegre por efecto del alcohol. 3 m. *Alegría, *placer o *satisfacción: 'Se le nota el contento en la cara'. ≃ Contentamiento. ⊙ *Alegría o *regocijo en una reunión de personas: 'Viendo el contento general, acabó por animarse'. 4 *Carta de pago que obtenía el deudor condenado en juicio de su acreedor, dentro de las veinticuatro horas siguientes a la sentencia, para evitarse pagar la décima.*

DARSE POR CONTENTO. Encontrar alguien satisfactoria cierta cosa, aunque no sea todo lo que desea o espera: 'Si le ofrecen diez mil pesetas al mes ya puede darse por contento'. ⇒ *Conformarse.

contentor (del lat. «contentus», part. de «contenděre», esforzarse, luchar; ant.) m. *Contendiente.* ≃ Contendedor.

contera (de «cuento[2]») 1 f. Pieza de metal u otro material resistente que se pone en la *punta del bastón, el paraguas y otras cosas, para protegerlas. ≃ Regatón. ⇒ Cuento, regatón. ➤ *Capuchón. 2 *Cascabel del *cañón.* 3 (inf.) Cosa pequeña que se *añade a algo para rematarlo. 4 LITER. **Estribillo de una composición poética.* 5 LITER. **Estrofa de tres versos con que termina la sextina.*

POR CONTERA. *Se emplea para referirse a algo que se *añade todavía a una cosa ya pesada o molesta o a una serie de contrariedades o molestias*: 'Y, por contera, le han despedido del piso'. ≃ Para *colmo. ⇒ Expresiones *culminativas.

contérmino, -a (del lat. «conterminus»; ant.) adj. **Limítrofe.*

contero (de «cuenta») m. ARQ. *Moldura en forma de cuentas alineadas.* ≃ Contario.

conterráneo, -a n. *Coterráneo: con respecto a una persona, otra del mismo país.* ≃ *Compatriota.

contertuliano, -a n. *Contertulio.*

contertulio, -a n. Con respecto a una persona, otra que asiste a la misma *tertulia.

contesta (Hispam.) f. *Respuesta.*

contestable 1 adj. Susceptible de ser contestado. 2 *Susceptible de ser *discutido.* ⇒ Incontestable.

contestación 1 f. Acción de contestar. ≃ Respuesta. ⇒ Contesta. ⊙ Palabras con que se contesta. ⊙ Manifestación de disconformidad o protesta, a veces con violencia, contra algo establecido. **2** **Riña o *disputa.* **3** DER. *Escrito en que el demandado en juicio refuta las alegaciones del demandante.* ≃ CONTESTACIÓN a la demanda.

UNA MALA CONTESTACIÓN. Una contestación irrespetuosa o desconsiderada.

CONTESTACIÓN A LA DEMANDA. *Contestación (escrito).*

contestador, -a adj. Que contesta.

CONTESTADOR AUTOMÁTICO. Aparato conectado a un *teléfono que registra automáticamente las llamadas, después de emitir un mensaje previamente grabado.

contestano, -a (de «Contestania», región de la Hispania Tarraconense) adj. y n. *Se aplica a los individuos del *pueblo primitivo que ocupaba parte de lo que hoy es Valencia, Alicante y Murcia.* ⊙ pl. *Ese pueblo.*

contestar (del lat. «contestāri», atestiguar; la 3.ª acep. del fr.) **1** («a») tr. o abs. Decir ↘algo a otro que ha expresado una cosa anteriormente, en relación con lo que ha dicho: 'Le contesté que no necesitaba su ayuda. Le insultaron pero no quiso contestar'. ≃ Responder. ⊙ («a») Se aplica también a los sonidos que emiten los animales: 'Ladró un perro y otro le contestó'. ⊙ («a») Particularmente, decir ↘algo una persona a quien le pregunta, en relación con la pregunta que se le ha hecho: 'Le contestó que sí. Ya ha contestado [a] las preguntas del juez'. ≃ Responder. ⊙ («a») Escribir a la persona o entidad de quien se ha recibido una ↘carta. ≃ Responder. ⊙ («a») Ser una cosa la respuesta de ↘otra: '¿Contesta eso [a] tu pregunta?' ⊙ («a») Demostrar de alguna manera que se ha oído una *llamada: 'Llamé por teléfono a su casa pero no contestó nadie'. ⊙ («a») Satisfacer una ↘pregunta o desarrollar un tema en un *examen o ejercicio de *oposición. ≃ Responder. ⊙ («con») intr. Hacer algo o portarse de cierta manera en relación o como consecuencia de lo dicho o hecho por otro: 'A mi amabilidad contesta con grosería'. ≃ Responder. **2** (inf.) Oponer alguien objeciones o inconvenientes a lo que se le manda o indica: 'Haz lo que te dicen y no contestes'. ≃ *Replicar, responder. **3** tr. Adoptar una actitud de oposición o protesta, a veces violenta, contra ↘algo establecido. ⇒ Contestación, contestatario. **4** (ant.; «con») intr. **Concordar lo que alguien dice en una declaración o testimonio con lo declarado o atestiguado por otros.* ≃ Estar CONTESTE. **5** **Concordar una cosa con otra.* **6** (ant.) tr. *Comprobar, *atestiguar o *confirmar una ↘cosa.*

V. «contestar la DEMANDA».

contestatario, -a adj. y, aplicado a personas, también n. Se aplica a las palabras o actos que implican oposición o protesta, y a las personas que muestran esta actitud.

conteste (del lat. «cum», con, y «testis», testigo; «Estar») adj. *Se aplica, con respecto a un autor, un testigo o un texto, etc., a otro que dice lo mismo:* 'Están contestes todos los tratadistas'. ≃ Coincidente, *conforme.

contestón, -a (inf.) adj. y n. Inclinado a replicar. ≃ Respondón.

contexto (del lat. «contextus») **1** m. *Textura o contextura.* **2** (ant.) **Enredo de cosas filamentosas.* **3** Hilo o *curso de un escrito, *discurso, etc.: 'Las palabras que no conozco las deduzco del contexto'. **4** Entorno lingüístico que acompaña a una palabra, expresión, etc., del cual depende en muchas ocasiones el sentido de éstas. ⇒ Contextual, contextualizar. ➤ Descontextualizar. **5** Conjunto de circunstancias políticas, económicas, culturales, etc., que rodean un hecho: 'Ese fenómeno se produjo en el contexto de la revolución industrial'.

contextual adj. Del contexto.

contextualizar tr. Interpretar un ↘hecho, unas palabras, etc., dentro de un contexto.

contextuar tr. *Autorizar o *demostrar con textos.*

□ CONJUG. como «actuar».

contextura (de «contexto») **1** f. Manera de estar dispuestos los elementos de un tejido orgánico o de estar enlazadas las fibras en una *tela o de otro objeto formado o hecho de modo semejante: 'La contextura del tallo [de la madera, de una alfombra]'. **2** Manera, calificada de algún modo, de estar constituido el cuerpo de una persona: 'Contextura musculosa [o enfermiza]'. ≃ *Constitución, naturaleza.

contía (ant.) f. **Cantidad.* ≃ Cuantía.

conticinio (del lat. «conticinĭum») m. *Hora de la *noche en que todo está en *silencio.*

contienda f. Acción de contender. ≃ Lucha. ⊙ *Guerra. ⊙ *Riña.

contignación (del lat. «contignatĭo, -ōnis») f. CONSTR. **Entramado de los suelos o techos.*

contigo (del lat. «cum», con, y «tecum», contigo) pron. pers. Con la persona representada por «tú».

V. «contigo PAN y cebolla».

contigüidad f. *Relación entre cosas contiguas. ⊙ Circunstancia de estar contiguas dos cosas: 'La contigüidad de sus fincas es causa de que se vean a menudo'.

contiguo, -a (del lat. «contigŭus»; «a») adj. Se aplica a una cosa que está *junto a otra determinada. ≃ Adyacente, inmediato.

□ CATÁLOGO

Prefijo, «para-»: 'parafernales, paralelo'. ➤ Adyacente, aledaño, aplicado, arrimado, asurcano, colindante, comarcano, confinante, en contacto, contérmino, a continuación, finítimo, fronterizo, inmediato, al lado de, limítrofe, *lindante, medianero, PARED por medio, paredaño, al pie de, raspar, rozar, a surco, tangente, vecino, a la vera. ➤ Afín. ➤ Besarse, descabezar, *lindar, pegar, partir la TIERRA, *tocar, unirse, yuxtaponer. ➤ Adherido, adosado. ➤ *Juntar. *Límite.

continencia (del lat. «continentĭa») **1** f. *Moderación en la satisfacción de los placeres; particularmente, de los sexuales. **2** (ant.) *Continente (*actitud o *aspecto).* **3** (ant.) *Continente (receptáculo).* **4** *En danza, especie de graciosa cortesía.*

continental[1] **1** adj. De un continente o del continente de que se trate. **2** METEOR. Se aplica a un tipo de *clima caracterizado por la escasez de lluvias y la fuerte diferencia de temperaturas entre el verano y el invierno.

continental[2] (del nombre de una agencia de mensajes) **1** m. *Agencia que se encarga de llevar *comunicaciones o *recados a domicilio dentro de una población.* **2** **Carta enviada por medio de una de estas agencias.*

continente **1** adj. y n. m. Se aplica a la cosa, vasija, envoltura, etc., que contiene a otra: 'Vale más el continente que el contenido'. **2** adj. Se aplica a la persona que tiene continencia. ≃ *Moderado, templado. **3** m. *Aspecto de una persona; particularmente, cuando se emplea laudatoriamente: 'De continente digno [distinguido, noble, severo]. Se aprecia por su continente que pertenece a una familia noble'. **4** (con mayúsc. en «Antiguo Continente» y «Nuevo Continente») Cada una de las grandes porciones de la superficie *terrestre separadas entre sí por los océanos. ⇒ TIERRA firme. ➤ Isla, península, subcontinente. ➤ Continental, intercontinental. ➤ DERIVA continental.

contingencia **1** f. Cualidad de contingente (posible, o no seguro): 'No hay que descartar la contingencia de una guerra. La contingencia de tu venida impide que fundemos ningún plan sobre ella'. ≃ Eventualidad, *posibilidad. **2** Suceso posible: 'Esa contingencia es muy improbable'. **3** n. **Peligro: posibilidad de que ocurra un suceso adverso.*

contingente (del lat. «contingens, -entis», part. pres. de «contingĕre», sucerder) **1** adj. Se aplica a las cosas que pueden *suceder y no suceder: no seguras o no necesarias. **2** m. *Contingencia (cosa posible).* **3** Parte asignada a cada partícipe en un pago colectivo. ≃ *Cuota. ⊙ Número de mozos que componen la *quinta de cada año. ⊙ Número de ellos que correspondía a cada municipio cuando se sorteaba. ⊙ *Parte asignada a cada participante en un trabajo o cualquier otra cosa realizada colectivamente. **4** Fuerzas militares disponibles. **5** En *comercio internacional, cantidad fijada para cada mercancía de las que se han de importar o exportar. **6** Grupo de personas o cosas.

CONTINGENTE PROVINCIAL. *Cantidad consignada anualmente en los presupuestos de los *ayuntamientos a favor de la diputación provincial.*

contingentemente adv. *De manera contingente.*

contingible (del lat. «contingĕre», acontecer) adj. **Posible.*

contingiblemente (ant.) adv. *Contingentemente.*

contino, -a (ant.) adj. *Continuo.*

continuación 1 f. Acción de continuar: 'Se ha tratado de la continuación de las obras del ferrocarril'. **2** Cosa o parte con que continúa algo: 'La continuación de la novela'.

A CONTINUACIÓN. Inmediatamente *detrás o *después de la cosa que se expresa: 'A continuación pronunció su discurso el ministro. Mi calle está a continuación de la suya'.

continuadamente adv. *Continuamente.*

continuado, -a Participio de «continuar». ⊙ adj. Continuo.

continuador, -a adj. y n. Se aplica al que continúa una obra. ⊙ Particularmente, al autor de la continuación de una obra literaria.

continuamente 1 adv. De manera continua: sin interrupción: 'La fuente mana continuamente'. ≃ *Constantemente, incesantemente, ininterrumpidamente. **2** Repetida y frecuentemente: 'Continuamente me está pidiendo dinero'. ≃ Constantemente, incesantemente.

continuamiento (ant.) m. *Continuación.*

continuar (del lat. «continuāre») **1** intr. Con un nombre de acción o estado o un verbo en gerundio, estar realizándose o existir *todavía la acción o estado que expresan: 'Continúa lloviendo. Continúan las restricciones. Continúa el peligro de una recaída'. ≃ Proseguir, seguir. ⊙ Con un adjetivo o una expresión de modo, ser o estar todavía la cosa de que se trata como se expresa: 'Continúa tan guapa como siempre. La puerta continúa cerrada. Continuamos en la misma situación'. ≃ Seguir. ⊙ Seguir haciendo alguien lo que antes hacía otro: 'Lee tú hasta el final de la página y después continuaré leyendo yo'. ⊙ («en») Estar una cosa todavía en cierto sitio: 'Mi hermano continúa en Inglaterra'. ≃ Seguir. ⊙ No detenerse en cierta acción: 'Me vio, pero continuó andando [su camino]'. ≃ Seguir. **2** Pasar un camino, una línea, etc., más allá de cierto sitio: 'La carretera continúa más allá de la frontera'. A veces, se expresa la dirección o el término: 'La frontera continúa desde aquí hacia el oeste'. A veces lleva un complemento con «por»: 'El ferrocarril continúa por el litoral'. ≃ Prolongarse, seguir. **3** tr. Empezar de nuevo a hacer una ˘cosa que se había interrumpido. ≃ Proseguir, seguir. ⇒ *Reanudar.

□ CATÁLOGO

*Adelantar, aguantar, alargarse, aturar, avanzar, conservar[se], *durar, *insistir, mantener[se], marchar, perdurar, permanecer, persistir, prolongar[se], proseguir, provagar, quedarse, resistir, seguir, sobrevivir, sostener[se], subsistir, tirar; no volver la CARA [o la VISTA] atrás, seguir el HILO, pasarse las HORAS muertas, IR adelante, LLEVAR adelante, no dejar de la MANO, ir MARCHANDO, ir PASANDO, PASAR de largo, ir TIRANDO. ➤ Empalmar, *reanudar[se]. ➤ *Curso, hebra, hilo, proceso, progresión, prórroga, seguida. ➤ Corrido, entero, macizo, seguido, sólido. ➤ Consecutivo, constable, *constante, continuado, *continuo, crónico, diuturno, estable, incesante, ininterrumpido, mantenido, monótono, perenne, permanente, perpetuo, persistente, progresivo, seguido, sempiterno, sostenido. ➤ Arreo, sin levantar CABEZA [o la cabeza], con constancia, con continuidad, de continuo, cada día, de DÍA en día, DÍA a [o por] día, de un golpe, cada hora, de HORA en hora, por instantes, sin interrupción, sin levantar MANO, por momentos, sin parar, a RENGLÓN seguido, sin respirar, de una sentada, de una tacada, de una tirada, de un tirón, de una vez. ➤ La GOTA de agua que horada la peña. ➤ A lo LARGO. ➤ Aún, todavía. ➤ ¡Adelante! ➤ SUMA y sigue. ➤ *Discontinuo. ➤ *Constante. *Durar. *Permanente. *Perseverar. *Persistir.

□ CONJUG. como «actuar».

continuativo, -a adj. Se aplica a lo que sirve para continuar o constituye una continuación de algo. ⊙ GRAM. *Se aplica a veces a las conjunciones consecutivas.*

continuidad f. Cualidad de continuo. ⊙ Circunstancia de ocurrir o realizarse una cosa sin interrupción.

PERDER [O ROMPER] LA CONTINUIDAD. Interrumpir o interrumpirse algo, por ejemplo por interposición de otra cosa.

V. «SOLUCIÓN de continuidad».

continuismo m. Ausencia de cambio o renovación en un proceso o situación, particularmente en política. ⇒ Continuista.

continuista adj. Que practica el continuismo o es partidario de él: 'Un político [o un gobierno] continuista'.

continuo, -a (del lat. «continŭus») **1** adj. Sin interrupción en el espacio o en el tiempo: 'Una fila continua de árboles. Un dolor continuo' ≃ Ininterrumpido, seguido. ⇒ *Continuar. **2** Se aplica a la corriente eléctrica que circula siempre en la misma dirección. **3** Se aplica a lo que ocurre o se hace con *frecuencia y reiteración: 'Me aburre con sus continuas quejas'. **4** m. Todo compuesto de partes entre las que no hay separación. **5** *Antiguamente, hombre favorecido y mantenido por un *señor, que estaba obligado a *servirle y escoltarle y, en tiempos más antiguos, a vengarle si llegaba el caso.* ⊙ *Individuo del cuerpo de los «cien continuos» que antiguamente servía en la casa del *rey para la vigilancia de su persona y la del palacio.* **6** adv. *Continuamente:* 'No es posible que esté continuo el arco armado'.

V. «ACTO continuo».

DE CONTINUO. Continuamente.

V. «MOVIMIENTO continuo, PAPEL continuo».

contioso, -a (de «contía»; ant.) adj. *Cuantioso.*

contir (del lat. «contingĕre») intr. **Suceder.*

conto 1 m. *Moneda imaginaria brasileña equivalente a mil reis. **2** Moneda portuguesa equivalente a mil escudos.

contonearse (de «cantonearse») prnl. Mover al *andar los hombros y, sobre todo, las caderas, a veces con afectación para presumir de garboso. ⇒ Anadear, *balancearse, campaneo, cantonearse, cernerse, cernidillo, columpiarse, cerner el CUERPO, cunearse, nalguear, nanear, zarandearse. ➤ Contoneo.

contoneo m. Acción de contonearse.

contornado, -a **1** *Participio de «contornar».* **2** adj. HERÁLD. *Se aplica a los animales o cabezas vueltos hacia la izquierda del escudo.*

contornar **1** tr. *Contornear.* **2** (ant.) *Volver.*

contornear tr. Trazar o seguir el contorno de ↘algo: 'Contornear la cabeza de una figura en un dibujo. Contornear una isla [o un cabo]'. ⇒ *Contorno.

contorneo m. Acción de contornear.

contorno (de «con-» y «torno») **1** m. Línea formada por el límite de una superficie o un *dibujo: 'El contorno de una isla en un mapa'. ⊙ Línea que se puede suponer rodeando un cuerpo y cuya medida es su grosor. ≃ Perímetro. ⊙ Medida de esa línea: 'Contorno de cintura [de caderas, de un árbol]'. **2** *En numismática, canto o borde de las *monedas o *medallas.* **3** (sing. o pl.) Territorio o conjunto de lugares que rodean a otro: 'Madrid y sus contornos'. ≃ *Alrededores, cercanías, inmediaciones, proximidades.

□ CATÁLOGO

Boj, bojeo, bojo, circunferencia, dintorno, marco, orilla, perfil, periferia, perímetro. ➤ Isoperímetro. ➤ Derredor, rededor, redor, ruedo, silueta. ➤ Bojar, bojear, contornar, contornear, despuntar, doblar, galibar. ➤ Periplo. ➤ *Alrededor, al [en] derredor, al [en] rededor, en torno. ➤ *Alrededores. *Borde. *Cerco. *Envolver. *Límite. *Rodear.

contorsión (del lat. «contorsĭo, -ōnis») f. *Movimiento del cuerpo, *ademán o *gesto con retorcimiento violento. ⇒ Contorsionarse, descoyuntarse, descuajaringarse, desgobernarse, desgoznarse. ⊙ Ese movimiento, hecho a veces para hacer reír, por ejemplo por un *bufón o un *payaso.

contorsionarse prnl. Hacer contorsiones.

contorsionista n. Artista de *circo que ejecuta contorsiones difíciles.

contra (del lat. «contra») **1** prep. Expresa *oposición material o inmaterial, activa o pasiva: 'Luchan unos contra otros. Todos estáis contra mí. Fui allí contra mi voluntad. Contra lo que esperábamos, llegó a tiempo'. Por excepción, esta preposición no admite con naturalidad la adición de «que» para formar una expresión conjuntiva: no suena bien 'yo voto contra que vengan'; habría que decir 'voto en contra de que vengan'. Es vulgarismo el uso de «contra» en sustitución de «cuanto» en las expresiones «cuanto más», etc. ⇒ *Abominar, *atacar, *combatir, *criticar, *desaprobar, *detestar, *oponerse, *perseguir, *rechazar. ➤ *Animadversión, *antipatía, *aversión, hostilidad, odio, *repugnancia. **2** *Enfrente.* **3** **Hacia o frente a:* 'Esta habitación está contra el norte'. ≃ Escontra. **4** Expresa la posición de una cosa apoyada en otra vertical: 'Se apoyó contra la pared. Dejó la escopeta contra el árbol'. **5** En ciertas expresiones, «a cambio de»: 'Recibí el paquete contra reembolso'. **6** m. Dificultad o *inconveniente que hay en cierta cosa o que existe para que se realice: 'Es un buen plan, pero no deja de tener sus contras'. Se usa mucho contrapuesto a «pro»: 'Discutiremos el pro [o los pros] y el contra [o los contras] de la cuestión'. **7** También contrapuesto a «pro», se emplea como «actitud en contra»: 'Él sostenía el pro y yo el contra'. **8** MÚS. *Pedal del *órgano.* **9** (pl.) MÚS. *Bajos más profundos que tienen algunos *órganos.* **10** f. ESGR. *Parada hecha con un movimiento circular rapidísimo de la espada.* **11** Guerrilla contrarrevolucionaria, particularmente la que se formó en Nicaragua contra la revolución sandinista. ⊙ m. Persona que hace la contrarrevolución. **12** f. DEP. En boxeo, contraataque. **13** interj. Expresa sorpresa, contrariedad o enfado.

V. «darse con la CABEZA [o CABEZADAS] contra la pared, CERRAR contra, dar COCES contra el aguijón, ir [o navegar] contra la CORRIENTE».

EN CONTRA. Contra la cosa de que se trata: 'Yo he votado en contra'.

EN CONTRA DE. Contra: 'No le obligues a obrar en contra de sus aficiones'. En ésta, como en otras locuciones prepositivas formadas con un nombre de disposición y «de» (a pesar de, en favor de...) es frecuente, si va aplicada a un pronombre personal, sustituir este pronombre precedido de «de» por su forma posesiva concertada con «contra»: 'Todo se vuelve en contra suya'.

ESTAR CONTRA [O EN CONTRA DE]. *Oponerse o combatir la cosa o a la persona que se expresa. ≃ IR CONTRA.

HACER [O LLEVAR] LA CONTRA. *Oponerse por sistema a lo que alguien dice o pretende hacer.

IR CONTRA [O EN CONTRA DE]. Estar CONTRA.

POR CONTRA (del fr.). En cambio, por el contrario.

V. «pecado contra NATURA, levantarse [hasta] las PIEDRAS contra, medir [o pesar] el PRO y el contra [o los PROS y los contras], al PRÓJIMO contra una esquina, TANTO en contra, contra TODO, contra TODOS, contra el VICIO de pedir..., contra VIENTO y marea, VOLVERSE contra [o en contra]».

contra- **1** Elemento prefijo que forma palabras que designan cosas que son una rectificación o respuesta a la designada por la palabra primitiva, o que se oponen a ella. Son, como se puede ver a continuación, innumerables; unas usuales y otras completamente desusadas; y no hay inconveniente en formar acomodaticiamente otras. **2** Se utiliza también en multitud de palabras que designan un objeto que *refuerza el designado por la palabra simple, se *superpone a él o es una duplicación de él; y, también con este significado, puede emplearse acomodaticiamente; no hay, por ejemplo, inconveniente en llamar «contratapa» a una segunda tapa de un reloj. **3** Antepuesto a algunos nombres de categoría o cargo, expresa otro de la *categoría o grado inmediato inferior: 'contraalmirante, contramaestre, contrabajo'.

contraalisios adj. V. «vientos contraalisios».

contraalmirante m. MIL. Jefe de la Armada, de grado inmediatamente inferior al de vicealmirante. ≃ Contralmirante. ⇒ *Marina.

contraamantillo m. MAR. **Cabo con que se refuerza el amantillo.*

contraamura (de «contra-» y «amura») f. MAR. **Cabo grueso con que se refuerza en casos de necesidad la amura de las velas mayores.*

contraaproches (de «contra-» y «aproches») m. pl. FORT. *Trinchera que los sitiados hacen para descubrir y deshacer los trabajos de los sitiadores.*

contraarmadura (de «contra-[2]» y «armadura») f. CONSTR. *Segunda vertiente que se construye en un tejado cuando los pares de la *armadura están demasiado inclinados, poniendo contrapares que salgan más.* ≃ Falsaarmadura.

contraarmiños m. pl. HERÁLD. *Armiños con los esmaltes cambiados (sable el campo y plata las motas).*

contraatacar (de «contra-[2]» y «atacar») tr. o, más frec., abs. Reaccionar uno de los beligerantes contra un ataque enemigo, atacando a su vez. ⊙ Atacar los sitiados. ⊙ Puede usarse referido a una confrontación deportiva o dialéctica.

contraataguía f. *Ataguía (impedimento puesto al paso del agua) de refuerzo.*

contraataque m. Acción de contraatacar.

contraaviso m. *Aviso que desvirtúa uno anterior.

contrabajete (de «contrabajo») m. MÚS. *Composición musical para voz de bajo profundo.*

contrabajista n. Músico que toca el contrabajo.

contrabajo (del it. «contrabasso») **1** m. Instrumento musical de cuerda, más grande que el violonchelo, el más grave de los instrumentos de esta clase. ⊙ n. Músico que lo toca. **2** m. Mús. *Voz más baja que la del bajo ordinario. ⊙ m. Mús. Hombre que la tiene.

contrabajón m. *Instrumento musical que suena una octava mas grave que el bajón.*

contrabajonista n. *Persona que toca el contrabajo o el contrabajón.*

contrabalancear (de «contra-» y «balancear») **1** tr. *Compensar con pesas en un platillo de la balanza el ↘peso del objeto puesto en el otro platillo. ≃ Contrapesar, equilibrar. **2** Anular o atenuar el efecto de una ↘cosa con otra o con una acción opuesta: 'Su mujer tiene que ahorrar para contrabalancear sus despilfarros'. ≃ *Compensar.

contrabalanza (de «contra-» y «balanza») f. Cosa que compensa otra. ≃ *Compensación.

contrabandado adj. Heráld. *Se aplica al escudo bandado y cortado, rajado, etc., en que las separaciones se marcan con esmaltes opuestos.*

contrabandear intr. Ejercer el contrabando.

contrabandista n. Persona que se dedica a introducir contrabando por las fronteras o costas. ⇒ *Contrabando.

contrabando (de «contra-» y «bando», ley) **1** («De; Ser, Hacer, Entrar [de], Introducir, Pasar, Aprehender, Coger») m. Actividad consistente en introducir en un país mercancías sin pagar los derechos de aduanas correspondientes; o en introducir mercancías prohibidas: 'Tabaco de contrabando'. ⇒ Intérlope, matute, meteduría. ➤ Alijo, jarampa. ➤ Chancuco. ➤ Bodoquero, contrabandista, gatunero, jarampero, mazarrón, metedor, paquetero. ➤ *Carabinero, resguardo. ➤ Escampavía, guardacostas. ➤ *Aduana. *Comercio. *Defraudar. **2** Ejercicio de una industria o comercio prohibido por las leyes. **3** (colectivo de género) Mercancías introducidas, vendidas o fabricadas de contrabando. **4** Cualquier cosa que hay que *ocultar por no ser de curso lícito.

De contrabando. Clandestinamente.

contrabarrera (de «contra-» y «barrera») f. Taurom. *Segunda fila de asientos en los tendidos de la *plaza de toros.*

contrabasa (de «contra-» y «basa») f. Arq. *Pedestal que sostiene una columna, estatua, etc.*

contrabatería (de «contra-» y «batería») f. Artill. Batería con que se dispara contra una batería enemiga.

contrabatir (de «contra-» y «batir») tr. Artill. *Disparar contra la ↘artillería enemiga.

contrabita f. Mar. *Pieza curva de las dos que sostienen las bitas por la parte de proa.*

contrabloqueo (de «contra-» y «bloqueo») m. Mil. Conjunto de operaciones con que se contrarresta un bloqueo.

contrabolina (de «contra-» y «bolina») f. Mar. *Segunda bolina, con la que se refuerza la primera.* ⇒ *Cabo.

contrabranque (de «contra-» y «branque») m. Mar. **Contrarroda: pieza de un *barco de igual forma que la roda, fija en ésta por su parte interior.*

contrabraza f. Mar. **Cabo con que se refuerza la braza.*

contracaja f. AGráf. *Se llama así el departamento de la caja alta en que se ponen los signos de poco uso.*

contracambio (de «contra-» y «cambio») m. **Cambio o *compensación.*

contracampo m. Cine., Telev. Ruptura de la continuidad de una escena con fines expresivos, cambiando el punto de vista de la cámara en el encuadre. ≃ Contraplano.

contracanal (de «contra-» y «canal») m. **Canal derivado de uno principal, por ejemplo para desagüe.*

contracancha (de «contra-» y «cancha») f. Dep. En un frontón, zona que separa la cancha del público.

contracandela (de «contra-» y «candela»; Cuba) f. **Incendio que se provoca intencionadamente en algún cañaveral o campo para que ese trozo sirva de aislamiento a otros cañaverales o campos contra un fuego procedente del mismo lado en que él está.* ≃ Contrafuego.

contracarril (de «contra-» y «carril») m. Carril puesto como refuerzo al lado de otro en un paso a nivel, cruce de líneas, etc., o en las curvas para evitar descarrilamientos. ⇒ *Ferrocarril.

contracarta (de «contra-» y «carta») f. *Contraescritura.*

contracción **1** f. Acción de *contraer[se]: 'La contracción de un músculo'. **2** Gram. Fenómeno de unirse dos palabras en una, con pérdida de alguna vocal; como en «al» o «del». ⇒ Crasis. ⊙ Gram. Palabra así formada. **3** Fon. *Pronunciación en diptongo de dos sílabas que podrían también pronunciarse separadas.* ≃ *Sinéresis. ⊙ Métr. *Puede constituir una *licencia poética.*

contracebadera f. Mar. *Sobrecebadera (cierta verga).* ⇒ *Palo.

contracédula f. *Cédula o *despacho con que se revoca otro anterior.*

contracepción f. Anticoncepción.

contraceptivo, -a adj. *Anticonceptivo.

contrachapado, -a **1** Participio adjetivo de «contrachapar». ⊙ m. Tablero formado por varias láminas de madera encoladas de manera que las fibras de éstas quedan perpendiculares entre sí. **2** Operación de contrachapar.

contrachapar tr. Encolar láminas de madera para fabricar contrachapado.

contrachapeado, -a **1** Participio adjetivo de «contrachapear». **2** m. Contrachapado.

contrachapear tr. Contrachapar.

contracifra (de «contra-» y «cifra») f. **Clave de signos.*

contraclave f. Arq. *Dovela de las inmediatas a la clave de un arco o bóveda.

contracodaste m. Mar. *Pieza de la misma forma que el codaste, con que se refuerza éste.* ≃ Albitana.

contracolor m. *En el juego de *baraja del treinta y cuarenta, lance afortunado que consiste en que la primera carta de la primera serie sea de color contrario al de la suerte que gana.*

contraconcepción f. Anticoncepción.

contraconceptivo, -a adj. y n. m. Anticonceptivo*.

contracorriente f. *Corriente de aire, de agua, etc., derivada de otra y de dirección contraria.

A contracorriente. En contra de la corriente del agua: 'Nadar a contracorriente'. ⊙ Con verbos como «ir, nadar, etc.», opinar o actuar de modo opuesto al de la mayoría.

contracosta f. *Costa de una isla o península situada en el lado opuesto a aquel por el que se suele llegar a ella. Se emplea particularmente en el mar de la India.*

contracostado m. Mar. *Embono (forro de tablones).*

contractibilidad f. *Contractilidad.*

contráctil adj. Capaz de contraerse.

contractilidad f. Capacidad para contraerse que tienen ciertas cosas.

contractivo, -a adj. *Que contrae.*

contracto, -a **1** Participio adjetivo irregular de «contraer». Se usa casi exclusivamente en gramática: 'Artículo contracto'. **2** (ant.) m. *Contrato.*

contractual (del lat. «contractus», contrato) adj. Del contrato [o de los contratos].

contractura **1** f. ARQ. *Disminución del diámetro de una *columna desde un tercio de su altura hasta el astrágalo.* **2** MED. Contracción involuntaria y persistente de los músculos.

contracuartelado, -a adj. HERÁLD. *Con cuarteles opuestos en metal o color.*

contracubierta **1** f. AGRÁF. Parte interior de la cubierta de un libro. **2** AGRÁF. Parte posterior de la cubierta de un libro o revista.

contracultura (del ingl. «counterculture») f. Conjunto de movimientos sociales, artísticos, etc., surgidos a partir de los años sesenta como alternativa a la cultura y formas de vida convencionales. ⇒ Psicodelia. ➤ Beat, beatnik, CABEZA rapada, freak, grunge, heavy [metal], hippie [o hippy], mod, psicodélico, punk [o punki], rocker, skin [head], yeyé. ➤ Okupa. ➤ TRIBU urbana. ➤ Comuna.

contracultural adj. De [la] contracultura.

contrada (del b. lat. «contrata»; región que se extiende delante de uno; ant.) f. **Lugar.*

contradanza (del fr. «contredanse») f. Cierta danza ejecutada por varias parejas que se combinan en figuras. ⊙ Música para ella.

contradecidor, -a (ant.) adj. *Contradictor.*

contradecimiento (ant.) m. *Contradicción.*

contradecir (del lat. «contradicĕre») tr. Desmentir o rectificar: decir que cierta ˋcosa afirmada por ˋotro no es verdad, o decir que no es tal como él la dice: 'Me ha molestado que me contradijera delante de todo el mundo'. ⊙ (reflex.) Decir cosas que están en *oposición o *desacuerdo dos o más personas o una misma: 'En la declaración se contradecía a cada paso'. ⊙ prnl. Estar en contradicción una cosa dicha, escrita o de cualquier clase, con otra: 'Lo que dices ahora se contradice con lo que has dicho antes. Sus actos se contradicen con sus teorías'.

□ CATÁLOGO

Argüir, argumentar, desmentir, desnegar, *discutir, impugnar, *negar, *objetar, opugnar, rebatir, rectificar, *refutar. ➤ Antífrasis, antinomia, contradicción, contradictoria, contrarea, contraría, entredicho, incoherencia, incongruencia, paradoja. ➤ Para que luego DIGAN [digas, diga, etc.], aunque DIGAS [diga, etc.], por más que DIGAS [diga, etc.], ¿en qué QUEDAMOS?, pero VEN [venga usted, etc.] acá. ➤ Cabalmente, casualmente, justamente, precisamente. ➤ *Oposición.

□ FORMAS DE EXPRESIÓN

Expresiones corrientes para contradecir son «no es así, no es eso, no es cierto [exacto, verdad], no es como tú lo dices [usted lo dice, etc.]». La brusquedad de la contradicción puede atenuarse con las expresiones «me parece, perdona [o perdone usted] pero..., permíteme [permítame, etc.] que te [le, etc.] diga, etc.». Un eufemismo que ha dejado de serlo es «te equivocas [se equivoca usted, etc.]». La manera más brusca de contradecir o desmentir, sólo usada en lenguaje grosero o de violencia, es emplear el verbo «mentir» o el nombre «mentira»: '¡Mientes [miente usted, etc.]! ¡mentira!, ¡es mentira!' Menos dureza tienen las expresiones «¡falso!, ¡eso es falso!, faltas [falta usted, etc.] a la verdad».

□ CONJUG. como «decir».

contradicción f. Acción de contradecir[se]. ⊙ («Haber, Estar en») Relación entre cosas que se contradicen. ⊙ Conjunto de dos cosas que se contradicen: 'Este libro está lleno de contradicciones'. ⇒ *Desacuerdo, *oposición.

contradicente (del lat. «contradīcens, -entis»; ant.) adj. y n. *Contradictor.*

contradicho, -a Participio de «contradecir».

contradictor, -a adj. y n. Se aplica al que contradice.

contradictoria f. LÓG. *Cada una de dos proposiciones que se contradicen y no pueden ser simultáneamente verdaderas o falsas.* ≃ Proposición contradictoria.

contradictoriamente adv. De manera contradictoria.

contradictorio, -a adj. Se aplica a lo que está en contradicción con otra cosa.

contradique m. *Segundo dique con que se refuerza el efecto de otro.*

contradizo, -a (ant.) adj. *Encontradizo.*

contradriza f. MAR. *Segunda driza con que se ayuda a la principal.* ⇒ *Cabo.

contradurmente o **contradurmiente** m. MAR. *Tablón que refuerza el durmiente por la parte inferior.*

contraemboscada f. *Operación con que se invierte el efecto de una emboscada.*

contraembozo m. *Tira de tela de distinto color que el embozo, que se cose al lado de éste en el interior de la *capa.*

contraendosar tr. *Dar como pago una ˋ*letra de cambio a un endosante de la misma.*

contraenvite m. *En algunos *juegos, envite en falso.*

contraer (del lat. «contrahĕre») **1** tr. y prnl. Hacer[se] más pequeña una ˋcosa en longitud o volumen: 'La humedad contrae las cuerdas. Contraer un músculo'. ≃ *Disminuir, encoger. ⇒ Crispar, retraer. ➤ *Calambre, contracción, contractura, espasmo, sístole, tono, trismo. ➤ *Apretar. **2** («a») Referir[se] un ˋrelato, tratado, cuenta, etc., sólo a ciertas cosas o casos: 'Por ahora contrae su teoría a los animales inferiores. El anuario contrae la estadística a los últimos cinco años. El informe se contrae al aspecto económico'. ≃ Concretar, *limitar[se]. **3** prnl. LING. Sufrir contracción dos palabras. **4** tr. *Adquirir ciertas cosas como ˋenfermedades, compromisos, obligaciones o deudas. En los artículos correspondientes se indican los nombres que se construyen con este verbo. ⊙ También se dice «contraer matrimonio» y «contraer parentesco».

□ CONJUG. como «traer».

contraescarpa f. FORT. Pared del foso, enfrente de la escarpa, también en *pendiente.

contraescota f. MAR. **Cabo con que se refuerza la escota.*

contraescotín m. MAR. **Cabo con que se refuerza el escotín.*

contraescritura f. *Escritura en que se anula otra otorgada anteriormente.* ≃ Contracarta. ⇒ *Documento.

contraespionaje m. Servicio de seguridad de un país contra el espionaje de otro.

contraestay m. MAR.**Cabo grueso que ayuda al estay a sostener el palo tirando de él hacia proa.*

contrafacción (del lat. «contrafactĭo, -ōnis»; ant.) f. **Infracción.*

contrafacer (del lat. «contra» y «facĕre», hacer) **1** (ant.) tr. *Contravenir una ˋorden, etc.* ⇒ *Desobedecer. **2** (ant.) **Imitar una ˋcosa.* ≃ Contrahacer.

contrafajado, -a (de «contra-» y «fajado») adj. HERÁLD. *Se aplica a lo que tiene fajas que son la mitad de un color y la mitad de otro.*

contrafallar tr. *En algunos juegos de *baraja, echar un triunfo superior ↘al echado por otro jugador que ha fallado antes.*

contrafecho (ant.) *Participio adjetivo de «contrafacer».*

contrafigura (de «contra-» y «figura») f. **Muñeco que imita a una persona, o persona tan semejante a otra que puede tomarse por ella misma; se aplica particularmente a los que sustituyen en algunos casos al *actor principal en las representaciones teatrales.* ⇒ *Doble.

contrafilo m. *Filo que se hace a veces en las hojas de los cuchillos o armas por el lado opuesto al corte, cerca de la punta.

contrafirma (Ar.) f. DER. *Recurso presentado contra la firma o decisión de un *tribunal.* ⊙ (Ar.) DER. *Despacho expedido por el tribunal al que utilizaba ese recurso.*

contrafirmante n. *Litigante que presentaba contrafirma.*

contrafirmar tr. *Ganar el recurso de contrafirma.*

contraflorado, -a adj. HERÁLD. *Con flores unidas por las bases, contrapuestas en el color y metal.*

contrafoque m. MAR. *Foque más pequeño y de lona más gruesa que el principal, que se enverga y orienta más hacia popa que éste.*

contrafoso 1 m. *Segundo foso, hecho en los *teatros debajo del primero.* **2** FORT. *Foso que se hace a veces alrededor de la explanada, paralelo a la contraescarpa.*

contrafrente m. FORT. *Baluarte supletorio con que se refuerza alguna cara del principal.*

contrafuego m. *Cualquier procedimiento para *apagar o atajar un *incendio.* ⊙ *Quema de sustancias en que se producen gases no comburentes, que se lleva a cabo para atajar un *incendio.*

contrafuero m. Transgresión de un fuero. ≃ Desafuero.

contrafuerte 1 m. ARQ. Pilar o arco adosado a un *muro para reforzarlo o sostenerlo. ⇒ Arbotante, botarel, contrahorte, estribo, macho, machón, *refuerzo. ➤ Encajonar. **2** Saliente en la pared de un valle situado entre *montañas. **3** Pieza de cuero con que se refuerza interiormente la parte de detrás del *calzado. ⊙ Por extensión, esa parte del calzado o la costura que hay en ella: 'Me ha hecho una herida el contrafuerte del zapato'. **4** FORT. *Fuerte situado frente a otro.* **5** *Correa de la silla de montar, donde se sujeta la cincha.*

contrafuga f. MÚS. *Especie de fuga en que la repetición del tema se hace invirtiendo el orden de las notas.*

contragolpe 1 m. *Golpe o ataque en respuesta a otro. ≃ Contraataque. ⊙ Puede usarse referido a una confrontación deportiva. ≃ Contraataque. **2** *Efecto *reflejo de un golpe sentido en sitio del cuerpo distinto de aquel en que se recibe.*

contraguardia (de «contra-» y «guardia») f. FORT. *Obra exterior compuesta de dos caras que forman ángulo, edificada delante de los baluartes para cubrir sus frentes.*

contraguerrilla f. MIL. *Tropa ligera organizada para operar contra las guerrillas.*

contraguía (de «contra-» y «guía») f. *En un tiro en que las *caballerías van por parejas, la que va delante y a la izquierda.*

contraguiñada f. *Acción de contraguiñar.*

contraguiñar intr. MAR. *Ejecutar con el timón una maniobra para corregir la guiñada.*

contrahacer (de «contra-» y «hacer») **1** tr. *Hacer una copia exacta de una ↘cosa.* ⊙ **Imitar o *falsificar una ↘cosa.* **2** prnl. **Simular alguien que es cierta cosa o que tiene o padece cierta cosa.* ≃ Hacerse.

contrahacimiento (ant.) m. *Acción y efecto de contrahacer.*

contrahaz (compuesto con «haz») f. **Dorso de una tela.*

contrahecho, -a (¿en la 2.ª acep., alteración de «contrecho», influido por «contrahacer»?) **1** *Participio adjetivo de «contrahacer»:* 'Una flor [o moneda] contrahecha'. **2** Aplicado a personas, *jorobado o torcido. ≃ Malhecho. ⇒ *Deforme.

contrahechura f. *Cosa falsificada.*

contrahierba (de «contra-» y «hierba», veneno) **1** f. *Cualquier hierba usada como *antídoto.* **2** *(Dorstenia contrajerva)* Específicamente, *planta morácea de América Meridional, cuya raíz se ha usado como antídoto. ≃ Daudá. **3** *Cualquier cosa que sirve para *contrarrestar o hacer inefectiva una cosa perjudicial.* ≃ Antídoto.

contrahilera f. CONSTR. **Madero con que se refuerza una hilera.*

contrahílo A CONTRAHÍLO. Aplicado a *telas, en *dirección contraria a aquella en que se suelen utilizar las telas, que es con los hilos de la trama en sentido vertical, o contraria a la dirección en que se coloca otro trozo de la misma prenda: 'Un canesú a contrahílo'.

contrahoja 1 f. CARP. *Pieza del *cepillo que sostiene en posición la cuchilla.* **2** CANT. *Cara de una *piedra opuesta a la parte por donde estaba unida a la cantera.*

contrahorte (del lat. «contra», contra, y «fortis», fuerte; ant.) m. ARQ. **Contrafuerte.*

contrahuella (de «contra-» y «huella») f. Cara vertical de un peldaño de *escalera.

contraindicación f. Cualidad de contraindicado. ⊙ Circunstancia de estar contraindicada una cosa. ⊙ Particularmente, un medicamento: 'Esta medicina no tiene contraindicaciones'.

contraindicado, -a Participio de «contraindicar». ⊙ adj. Perjudicial o no conveniente para cierta enfermedad: 'Las sulfamidas están contraindicadas en este caso'.

contraindicante adj. MED. *Se aplica al síntoma o circunstancia que es causa de que cierta medicación propia en general para el caso de que se trata sea contraindicada.*

contraindicar (de «contra-» e «indicar») tr. Recomendar la abstención de cierta ↘cosa. Sólo los derivados se usan corrientemente. ⇒ *Prohibir.

contraír (del lat. «contraīre») tr. *Ir en contra de cierta cosa; *oponerse a ella.*

contrajudía f. *En el juego de baraja del *monte, carta contraria a la llamada «judía».*

contralar tr. *Contradecir.* ≃ Contrallar.

contralecho (de «contra-» y «lecho») A CONTRALECHO. CONSTR. *Refiriéndose a la manera de colocar los sillares, de modo que su estratificación natural queda vertical en vez de horizontal.*

contralizo m. *Varilla del telar de las que sirven para mover los lizos.*

contralmirante m. MIL. Contraalmirante.

contralor (del fr. «contrôleur») **1** m. *Nombre aplicado en la casa de Borgoña a un oficio honorífico equivalente a lo que en Castilla se llamaba «veedor», o sea el funcionario palatino que se ocupaba de las cuentas.* ⇒ *Rey. **2** MIL. *Militar que, en los cuerpos de artillería y en los hospitales militares, interviene en la cuenta de los caudales y efec-*

tos. **3** *En algunos países de Hispanoamérica, funcionario que examina las *cuentas oficiales.*

contralorear tr. **Autorizar el contralor los documentos de su incumbencia.*

contraloría (de «contralor») f. *En algunos países de Hispanoamérica, organismo encargado de examinar la contabilidad de los servicios públicos.* ⇒ *Fisco.

contralto (del it. «contralto») **1** m. Mús. *Voz media entre la de soprano y la de tenor. **2** n. Mús. Persona que la tiene.

contraluz f. Aspecto que presenta una cosa vista desde el lado opuesto a aquel por el que le viene la luz. ⊙ *Fotografía o pintura tomada en esta forma.

A CONTRALUZ. De manera que la cosa de que se trata es vista por el lado opuesto al iluminado.

contramaestre (de «contra-» y «maestre») m. Oficial encargado de la marinería. ⇒ Nostramo, nuestramo. ⊙ *En algunos talleres o fábricas se aplica este nombre al encargado de los obreros.* ⇒ *Capataz.

contramalla (de «contra-» y «malla») f. Mar. *Segunda malla de las *redes de pescar.*

contramalladura f. Mar. *Contramalla.*

contramallar tr. Mar. *Hacer contramallas.* ⊙ Mar. *Poner contramallas en las ↘redes.*

contramandar tr. *Contraordenar.*

contramandato m. *Contraorden.*

contramangas f. pl. *Mangas sobrepuestas antiguamente como adorno a las de la *camisa o blusa de hombres y mujeres.*

contramano A CONTRAMANO. *Aplicado a la manera de *andar, por el lado opuesto al establecido.* ⇒ Mano.

contramarca **1** f. *Segunda *marca añadida a la primera, puesta en fardos, animales, etc.* **2** *Nueva marca o señal que se pone en una *moneda o *medalla acuñada anteriormente.* **3** *Derecho de cobrar un impuesto poniendo su señal en las mercaderías que ya lo pagaron.* **4** *Ese mismo impuesto.*

contramarcar tr. *Poner contramarca en una ↘cosa.*

contramarcha (de «contra-» y «marcha») **1** f. Vuelta atrás en una *marcha, particularmente militar. ⊙ («Dar») Marcha atrás en un coche. ⇒ Contramarchar. ➤ *Retroceder. **2** También, en sentido figurado. **3** Mar. *Cambio sucesivo de rumbo que efectúan los buques de una línea al llegar a determinado punto.*

contramarchar intr. Mar. Hacer contramarcha (vuelta en una marcha militar).

contramarco m. Carp. *Segundo *marco que se pone en una puerta o ventana.*

contramarea f. *Marea contraria a otra.*

contramesana f. Mar. **Palo pequeño que hay en algunos barcos entre la popa y el palo mesana.*

contramina **1** f. Mil. *Mina hecha contra otra del enemigo, por ejemplo para volarla.* **2** Miner. *Comunicación que se abre entre dos o más minas para sacar el mineral o los residuos.*

contraminar tr. Mil. *Hacer minas en algún ↘sitio contra otra mina.*

contramotivo m. Mús. *Motivo o tema melódico que se entremezcla con el principal.*

contramuelle m. *Muelle cuyo efecto es contrario al de otro.*

contramuñón m. Artill. *Refuerzo metálico de los muñones del *cañón.*

contramuralla (de «contra-» y «muralla») f. Fort. *Muro bajo que se levanta a veces delante del principal.* ≃ Contramuro, falsabraga.

contramuro (de «contra-» y «muro») m. Fort. *Contramuralla.*

contranatural (de «contra-» y «natural») adj. Antinatural.

contranota (de «contra-» y «nota») f. *Resolución o *propuesta razonada que da una autoridad disintiendo del informe presentado por otra inferior.*

contraofensiva f. Ofensiva emprendida a continuación de otra del enemigo haciendo pasar a éste a la defensiva.

contraoferta f. Oferta que se hace como respuesta a otra.

contraorden («Dar») f. *Orden con que se revoca otra dada antes.

contraordenar tr. Decir que no se haga una ↘cosa ordenada antes. ≃ Contramandar. ⇒ Desavisar.

contrapalado, -a (de «contra-» y «palado») adj. Heráld. *Se aplica a lo que tiene palos opuestos por las bases con contraposición de color o metal.*

contrapalanquín m. Mar. *Segundo *palo con que se refuerza un palanquín.*

contrapar (de «contra-» y «par») m. Constr. *Cabrio (*madero).*

contrapariente adj. y n. **Pariente de pariente.*

contrapartida (de «contra-» y «partida») **1** f. *Asiento que se hace en una *cuenta para remediar una *equivocación.* **2** *Asiento del haber que tiene su compensación en el debe, o viceversa.* **3** Algo que produce efectos opuestos a otra cosa: 'Como contrapartida de aquella pérdida, luego hicimos un buen negocio'. ≃ *Compensación.

contrapás (del fr. «contrepas») m. *Cierta figura o paso de danza.*

contrapasamiento m. *Acción de contrapasar.*

contrapasar **1** intr. *Pasarse al bando contrario.* ⇒ *Desertor. **2** Heráld. *Estar dos figuras de animales en actitud de marchar en sentidos opuestos.*

contrapaso **1** m. *Paso de danza que se da en dirección opuesta al dado antes.* **2** (ant.) **Cambio o sustitución de una cosa por otra.* **3** Mús. *Segundo pasaje que cantan unas voces mientras otras cantan el primero.*

contrapear **1** tr. Carp. Aplicar una ↘pieza de madera sobre otra de manera que las fibras estén cruzadas. **2** Colocar otras ↘cosas en posición alternada; por ejemplo, libros unos sobre otros presentando alternativamente los lomos y los cortes.

contrapechar tr. *En las justas y *torneos, hacer un jinete que su caballo chocase con el pecho contra el de su contrario.*

contrapelear (de «contra-» y «pelear»; ant.) intr. *Pelear para defenderse.*

contrapelo A CONTRAPELO. **1** En dirección opuesta a aquella en que se inclina naturalmente el pelo, en la piel animal o en un tejido. **2** *Forzando las cosas; en contra de su tendencia natural. ⊙ Particularmente, en contra de la inclinación de alguien o en contra de lo que es tendencia general: 'Hace la carrera a contrapelo. De este niño no conseguirás nada a contrapelo'. ⊙ Con inoportunidad: 'Sus intervenciones son siempre a contrapelo'. ⇒ Pospelo, redopelo, redropelo, repelo, rodapelo. ➤ *Contrario. *Violento.

contrapesar (de «contra-» y «pesar») **1** tr. *Compensar el peso de una ↘cosa, por ejemplo de la carga de un barco, en un lado, poniendo peso o carga en el opuesto. ⇒ Romanear. **2** Hacer contrapeso. **3** Destruir el efecto de cierta

ˋcosa produciendo otro efecto de sentido contrario: 'Las ganancias de esta operación contrapesan las pérdidas de la otra'. ≃ Compensar, contrabalancear, contrarrestar, equilibrar.

contrapeso 1 m. *Peso ejercido en contra de otro: 'Hacer más [o menos] contrapeso'. **2** Cosa que contrapesa. ⊙ Por ejemplo, la pieza que se pone para moderar la bajada del ascensor en el otro extremo del cable. **3** *Porción de una mercancía que se pone para completar el peso.* **4** **Balancín de equilibrista.* **5** *Conjunto de monedas o cizalla que se refundía en la casa de la *moneda para acuñarlas nuevamente.*

contrapeste m. *Remedio contra la *peste.*

contrapicado m. CINE., TELEV. Toma que se realiza con la cámara inclinada de abajo arriba. ⇒ Picado.

contrapié m. **Zancadilla.*

A CONTRAPIÉ. Con el pie mal colocado para lo que se quiere hacer: 'El disparo cogió a contrapié al portero, que no pudo evitar el gol'. ⇒ *Postura.

contrapilastra 1 f. ARQ. *Resalto hecho en un muro a ambos lados de una pilastra o media columna adosada a él.* ≃ Retropilastra, traspilastra. **2** CARP. *Mediacaña de madera que se pone en el marco de una *puerta o *ventana para tapar la rendija.*

contraplano m. CINE., TELEV. Contracampo.

contraponer (del lat. «contraponĕre») **1** («a, con») tr. *Oponer una ˋcosa a otra para impedir su acción: 'Contraponer un dique a la fuerza del oleaje'. ⊙ («a, con») Particularmente, contraponer una ˋidea [una actitud, etc.] a otra. **2** *Poner dos ˋcosas juntas o una frente a otra para apreciar sus diferencias o buscando el efecto de contraste: 'Contraponer colores'. ⊙ Mostrar las diferencias entre dos ˋcosas, generalmente para que se vean las ventajas de una de ellas. ⇒ *Comparar. **3** («a») prnl. recípr. *Oponerse: ser una cosa opuesta a otra.

□ CONJUG. como «poner».

contraportada f. AGRÁF. Página anterior a la portada de un *libro, donde suele estar indicada la serie a la que pertenece la obra y otros datos.

contraposición f. Acción de contraponer[se]: 'De la contraposición de criterios puede salir una solución media'. ⊙ Relación entre cosas completamente distintas u opuestas: 'Existe una contraposición de intereses'.

contrapotenzado, -a adj. HERÁLD. *Se aplica a lo que tiene potenzas contrapuestas en color o metal.*

contrapozo (de «contra-» y «pozo») m. FORT. **Barreno empleado contra una galería del enemigo.*

contraprestación f. Prestación que debe cada una de las partes de un *contrato a cambio de la que recibe.

contraprincipio m. *Afirmación contraria a un principio establecido.*

contraproducente adj. Se aplica a lo que produce efectos contrarios a los que se buscan o convienen: 'Es contraproducente abrigar demasiado a los niños'. ≃ Perjudicial.

contraproposición o **contrapropuesta** f. En cualquier negociación o debate, proposición formulada en respuesta a otra con la que no se está conforme.

contraprotesto m. *Protesto de una *letra de cambio por haberla pagado ya.*

contraproyecto m. *Proyecto, por ejemplo de una obra de ingeniería o arquitectura, presentado frente a otro anterior.

contraprueba 1 f. AGRÁF. *Segunda prueba.* **2** MAT. *Segunda prueba de una operación, hecha para comprobar la exactitud de la primera.*

contrapuerta 1 f. *Puerta colocada inmediatamente detrás de otra.* **2** **Puerta que separa el *portal del resto de la casa.* ≃ Portón. **3** FORT. *Antepuerta (puerta interior de las dos que cierran una fortaleza).*

contrapuesto, -a Participio adjetivo de «contraponer[se]»: 'Fuerzas contrapuestas'.

contrapunta (de «contra-» y «punta») f. *Pieza del *torno opuesta al cabezal al que puede acercarse más o menos para ajustarse al tamaño de la pieza que se tornea.*

contrapuntante m. MÚS. *El que canta de contrapunto.*

contrapuntarse prnl. *Contrapuntearse.*

contrapuntear 1 tr. *Decir una persona a ˋotra cosas con que le causa molestia o disgusto.* ≃ Pinchar, *zaherir. **2** prnl. **Amostazarse o *enfadarse una con otra dos personas.* ≃ Contrapuntarse. **3** (ant.) tr. *Puntear un ˋescrito al *cotejarlo con otro.* **4** *Cantar de contrapunto.* **5** (Hispam.) intr. *Cantar en competencia versos improvisados dos o más cantantes populares.* **6** (Hispam.) *Competir, rivalizar.*

contrapunteo m. *Acción de contrapuntear[se].* ⊙ (Hispam.) *Discusión, disputa.*

contrapuntista m. MÚS. Compositor que practica con frecuencia o domina el contrapunto.

contrapunto (del b. lat. «cantus contrapunctus») **1** m. MÚS. Combinación armoniosa de voces contrapuestas. **2** MÚS. Arte de combinar, según determinadas reglas, varias melodías diferentes. ⇒ Fabordón. ➤ Discantar. **3** Hecho que contrasta en una determinada situación: 'El chiste del diputado catalán fue el contrapunto simpático a la dura sesión parlamentaria'. **4** (Hispam.) *Desafío entre dos o más poetas populares que cantan versos improvisados.*

contrapunzar tr. *Remachar una ˋcosa con el contrapunzón.*

contrapunzón 1 m. *Herramienta semejante a un punzón con la que, por ejemplo, se acaban de remachar los clavos en un sitio donde ya no se les puede dar con el martillo.* **2** *Matriz de punzón con que hacen los grabadores de *monedas los que ellos utilizan.* **3** *Marca que ponían los arcabuceros entre la marca y la cruz en la recámara de los cañones de las *armas que construían, para que no las imitase otro.*

contraquilla f. MAR. *Pieza que recubre la quilla por la parte interior del *barco.*

contrarea (ant.) f. *Contradicción.*

contraria f. LLEVAR LA CONTRARIA a una persona. Decir o hacer por sistema precisamente lo *contrario de lo que ella dice, hace o desea: 'Lo dice sólo por llevarme la contraria'.

contraría (ant.) f. *Contradicción.*

contrariado, -a Participio adjetivo de «contrariar».

contrariamente («a») adv. De forma contraria, en contra: 'Contrariamente a lo que tú crees, ese día es laborable'.

contrariar (de «contrario»; ¿la 2.ª acep., de or. fr.?) **1** tr. Poner obstáculos o dificultades a ˋalgo o alguien: 'No debes contrariar la vocación del muchacho'. ≃ *Oponerse. ⊙ No dejar a ˋalguien hacer lo que desea. **2** Producir disgusto a ˋalguien una cosa: 'Me contraría mucho que no podáis venir hoy'. ≃ *Disgustar.

□ CONJUG. como «desviar».

contrariedad 1 f. *Cualidad de contrario.* ⊙ *Relación entre cosas contrarias.* **2** Dificultad o *contratiempo; suceso imprevisto que dificulta o retrasa algo: 'Ya nos hubiésemos marchado si no hubiese surgido esa contrariedad'. **3** *Disgusto de poca importancia: 'Le produjo contrariedad que no le consultasen a él'.

contrario, -a (del lat. «contrarĭus») **1** («a») adj. Se aplica a la cosa que no puede existir a la vez que otra que se expresa, o que es lo más diferente posible de ella: 'La generosidad es contraria al egoísmo. Cada cualidad y su contraria'. ≃ Opuesto. ⊙ Con un complemento con «en», se aplica a las cosas que, desde el punto de vista que expresa ese complemento, están en posiciones tan distintas como es posible: 'Son contrarios en gustos'. ≃ Opuesto. **2** Aplicado a «dirección, sentido» o palabra equivalente, tal que las cosas de que se trata se mueven en el mismo camino o en la misma forma y la una hacia la otra: 'Íbamos por la misma acera, en dirección contraria. Se mueve en sentido contrario al de las manecillas del reloj'. ⊙ También, en sentido figurado: 'Tomó sus palabras en sentido contrario del que tenían'. **3** («a») Desfavorable, *malo o perjudicial para cierta cosa: 'Eso es contrario a nuestros intereses'. ⊙ Aplicado a «viento» y refiriéndose a la navegación, «adverso»: *opuesto a la marcha del buque. **4** («Ser; a») adj. y n. Se aplica al que opina en contra de cierta cosa: 'Yo soy contrario a la reforma'. ≃ Adversario, *opuesto, refractario. **5** («de») Adversario, *enemigo o *rival: 'Militaban en bandos contrarios. Su equipo es contrario del mío'.

AL CONTRARIO. Expresión *adversativa, equivalente a «por el contrario», pero empleada siempre al principio de la exposición y seguida de una pausa que, en la escritura, se representa por dos puntos: 'Tal vez estoy molestándole. —Al contrario: le escucho con mucho gusto'. ≃ «Todo lo CONTRARIO». ⇒ Por el CONTRARIO.

AL CONTRARIO DE. De manera contraria o completamente distinta de como se expresa: 'Todo ha salido al contrario de como yo esperaba' ≃ *Inversamente.

DE LO CONTRARIO. En caso contrario: 'Tiene que someterse a las normas; de lo contrario, le obligarán a abandonar la organización'.

EN CONTRARIO. Contra la cosa de que se trata: 'No tengo nada que decir en contrario'. ≃ En contra.

LO CONTRARIO. La cosa contraria: 'Dice lo contrario de lo que piensa'. ⊙ Se emplea mucho como expresión calificativa en vez del adjetivo solo: 'Claro es lo contrario de oscuro'.

POR EL CONTRARIO. Expresión *adversativa que se emplea para exponer algo opuesto a otra cosa ya dicha; en una respuesta puede ir sola, bien seguida de dos puntos o bien entre comas: 'Debió de hacer mal tiempo. —Por el contrario: nos hizo un día espléndido. Yo creí que no te iba a recibir. —Estuvo, por el contrario, muy amable conmigo'. Pero intercalada en una exposición va generalmente acompañada de otra expresión adversativa: 'No sólo no me parece mal, sino que, por el contrario, estoy contento de que lo hayas hecho'.

TODO LO CONTRARIO. Al contrario.

□ CATÁLOGO

Elementos prefijos, «anti-, contra-, des-»: 'anticatarral, antisemita, contraindicado, contraguerrilla, desandar, deshacer'. ➤ De la otra ACERA, adversario, adverso, agonista, antagónico, antagonista, antípoda, antónimo, combruezo, competidor, conflictivo, contendedor, *contendiente, contrallo, contrarioso, contrincante, dispar, encontrado, *enemigo, hostil, incompatible, inconciliable, inverso, irreconciliable, del otro LADO, *opuesto, POLO opuesto, *recíproco, refractario, reluctante, reñido, el REVERSO de la medalla, *rival. ➤ Antilogía, antinomia, antipatía, antiperístasis, antítesis, colisión, conflicto, *desacuerdo, dificultad, dilema, disconformidad, *discordia, discrepancia, disentimiento, disyuntiva, divergencia, encuentro, hostilidad, incompatibilidad, *ironía, *oposición, paradoja, pugna, rivalidad. ➤ Afrontar, *atacar, dar con la BADILA en los nudillos, dar en la CABEZA, hacer CARA, carearse, *competir, hacer [o llevar] la CONTRA, contrabalancear, *contradecir, contraír, contrapesar, contraponer, llevar la CONTRARIA, contrariar, contrarrestar, contrastar, bajar la CRESTA, encarar, enfrentarse, hacer FRENTE, poner[se] FRENTE a frente, bajar los HUMOS, impugnar, IR contra, IR en contra de, *objetar, obstar, *oponerse, PONERSE en contra de, poner la PROA a, hacer RABIAR, *refutar, *repugnar, vetar. ➤ AGUAS arriba, *contra, en contra, a contrapelo, contra la CORRIENTE, FRENTE a frente, a la inversa, inversamente, recíprocamente, viceversa. ➤ Basta que, tú que no puedes, llévame a CUESTAS, justamente [cabalmente, casualmente o precisamente] por ESO, por ESO mismo, mal de su GRADO, por lo MISMO, mal que le PESE. ➤ V. «dos TAZAS [tres tazas o taza y media]». ➤ Por la otra PUNTA. ➤ Expresiones *adversativas. ➤ *Contra. *Contradecir. *Diferente. *Discutir. *Enemigo. *Luchar. *Negar. *Obstáculo. *Oponer. *Refutar. *Replicar. *Responder.

contrarioso, -a (ant.) adj. *Contrario.*

contrarracamento m. MAR. *Segundo racamento que se pone debajo del primero.*

contrarraya f. AGRÁF. *En un *grabado, raya de las que se cruzan con otras.*

contrarreforma f. Movimiento producido dentro del *catolicismo para oponerse a la reforma protestante: conjunto de los concilios, escritos, etc.

contrarregistro (de «contra-» y «registro») m. *Revisión y comprobación de los adeudos hechos en una primera línea fiscal.*

contrarreguera f. AGRIC. **Reguera oblicua hecha en los campos para que el agua se distribuya convenientemente y no arrastre la simiente.*

contrarreloj adj. y n. f. Se aplica a la carrera, especialmente ciclista, en que los participantes toman la salida de uno en uno y se clasifican según el tiempo que tardan en efectuar el recorrido.

contrarrelojista n. Ciclista especializado en carreras contrarreloj.

contrarréplica f. Contestación a una réplica. ⊙ DER. Escrito en que el demandado responde a la réplica del demandante.

contrarrestar (del lat. «contra», contra, y «restāre», resistir) **1** tr. **Resistir, hacer frente y oposición.* **2** Neutralizar una cosa el efecto o influencia de ↘otra con los suyos propios: 'La altura contrarresta en las regiones montañosos la proximidad al Ecuador. Contrarrestar el efecto de un veneno'. ≃ Desvirtuar. ⊙ Utilizar una cosa para contrarrestar ↘otra. **3** *En el juego de *pelota, devolverla desde la parte del saque.*

contrarresto 1 m. *Acción y efecto de contrarrestar.* **2** *Persona encargada en el juego de *pelota de devolverla al que saca.*

contrarrevolución f. Reacción contra una revolución, que ocurre a continuación de ella.

contrarrevolucionario, -a adj. De la contrarrevolución. ⊙ adj. y n. Se aplica a la persona que toma parte en una contrarrevolución o es partidaria de ella.

contrarroda f. MAR. *Pieza de un *barco de igual forma que la roda, fija en ésta por su parte interior.* ≃ Contrabranque. ⇒ Albitana. ➤ Contracodaste.

contrarronda f. MIL. *Segunda ronda con que se refuerza la vigilancia.* ≃ Sobrerronda.

contrarrotura f. VET. *Emplasto o parche que se pega sobre la piel para curar una rotura, luxación o relajación.*

contrasalva f. ARTILL. *Salva con que se responde a otra.*

contraseguro m. *Contrato por el que el asegurador se obliga, en ciertas condiciones, a devolver al asegurado las primas entregadas por éste.* ⇒ *Seguro.

contrasellar tr. *Marcar un ↘documento con un contrasello.*

contrasello m. *Sello más pequeño puesto sobre otro para dificultar las falsificaciones.*

contrasentido 1 m. **Interpretación contraria al sentido natural de las palabras o expresiones.* **2** **Deducción opuesta a la que es natural dados los antecedentes.* **3** Acción, actitud, comportamiento, etc., en que hay falta de correspondencia lógica: 'Es un contrasentido que queramos ganar tiempo y sigamos el camino más largo'. ⇒ *Disparate, *ilógico.

contraseña 1 f. *Segunda *marca añadida a una ya puesta en fardos, animales, etc.* ≃ Contramarca. **2** *Señal, sólo conocida por el que la pone, que alguien deja en un objeto para reconocerlo entre otros. **3** Palabra o frase sólo conocida por los que están en el mismo bando, organización, etc., que les sirve, diciéndola, para *reconocerse entre sí. ⊙ Palabra usada en forma semejante en la *milicia para ser reconocido por los centinelas. ⊙ Palabra que se da en la orden del día y que, añadida al santo y seña, sirve para el reconocimiento y recibo de las rondas. ⇒ Nombre, santo, SANTO y seña, seña, símbolo. ➤ *Guardar. **4** *Papel, cartón, etc., que se da en los *teatros y otros espectáculos a los que necesitan salir para que puedan volver a entrar.* ⇒ Chapa, tarja, tésera.

contrastable adj. Que se puede contrastar.

contrastar (del lat. «contrastāre») **1** tr. *Mantenerse firme frente a ↘algo o alguien.* ≃ *Resistir. **2** («con») intr. Aparecer una cosa como muy distinta de otra con la que se compara o a cuyo lado está; generalmente, implica que, con ello, resaltan las cualidades respectivas: 'Parece fea porque contrasta con sus hermanas. Los dos colores contrastan agradablemente'. ⇒ Hacer CONTRASTE, hacer RAYA. ➤ Chocar, desentonar, discordar, distinguirse. ➤ Resaltar. ➤ En cambio, mientras que, y mientras, para. ➤ *Comparar. *Diferir. **3** tr. Someter a *prueba el valor, la autenticidad o la pureza de una ↘cosa: 'Quiso contrastar la lealtad de sus amigos'. ⊙ Específicamente, comprobar la *ley del ↘oro, la plata o las monedas, o la exactitud de las pesas y *medidas. ⇒ Aferir, aherir, empatronar, potar, referir. ➤ Alamín, almotacén, almotalafe, almotazaf, almudero, almutacén, FIEL contraste, FIEL ejecutor, FIEL medidor, FIEL de romana, manferidor, marcador, motacén, potero, romanador, romanero. ➤ Marco, patrón, pote. ➤ Parragón. ➤ *Probar.

contraste 1 m. *Lucha o combate.* **2** MAR. *Cambio brusco de un *viento en otro contrario.* **3** («Estar en, Formar, Hacer») Relación entre cosas que contrastan. ⊙ Aspecto del conjunto de dos cosas que contrastan. **4** Acción de contrastar pesas, medidas, etc. ⇒ *Contrastar. **5** Sitio donde se hacía esa operación. **6** Empleado encargado de realizar esa operación. **7** *Señal que se imprime en los objetos de plata y oro para acreditar que están contrastados oficialmente. **8** Cualidad de una imagen fotográfica o televisiva inversamente proporcional a la mayor o menor presencia de tonos intermedios entre el blanco y el negro. **9** Sustancia que se introduce en el organismo para hacer visible un órgano mediante rayos X y otros métodos exploratorios.

contrastivo, -a adj. LING. Se aplica al estudio, método de investigación, etc., en que se comparan los elementos de dos o más lenguas para establecer sus diferencias: 'Gramática contrastiva'.

contrasto (de «contrastar»; ant.) m. **Contrario.*

contrata[1] (del b. lat. «contrata»; región que se extiende delante de uno; ant.) f. **Lugar.* ≃ Contrada.

contrata[2] **1** f. *Contrato escrito.* **2** Contrato de un *servicio. ⊙ Particularmente, el de un *servicio público, hecho por una entidad oficial con un particular que ha de realizarlo: 'Una contrata para el servicio de limpieza [para la construcción de una escuela]'. ⊙ También el de los artistas hecho por las empresas de espectáculos: 'El torero colombiano ha firmado una magnífica contrata'. **3** Procedimiento para la construcción de una obra en que, a diferencia del llamado «por administración», se contrata la ejecución con un contratista por una cantidad fija. ⇒ Precio [o tanto] ALZADO. ➤ SUBASTA.

contratación f. Acción de contratar.
V. «CASA de Contratación de las Indias».

contratamiento m. *Contratación.*

contratante adj. Que contrata.

contratapa f. *Pieza de las reses descuartizadas para el consumo, constituida por un músculo grande situado en la parte trasera de la res, debajo de la cadera, entre la babilla y la tapa.* ⇒ *Carne.

contratar (del lat. «contractāre»; «en, por») tr. *Obligarse dos personas recíprocamente, de modo que la una da cierta ↘cosa a la otra o hace cierta cosa para ella mediante el pago correspondiente o la satisfacción de otra obligación: 'Hemos contratado el arriendo del piso en tres mil pesetas. Contratar la limpieza de cristales con una empresa'. ⊙ Tomar un ↘*servidor, *obreros o personas para cualquier clase de *trabajo, ajustando el precio y las condiciones: 'Contratar un profesor de baile [o artistas para la temporada teatral]. Le han contratado por un año' ⊙ prnl. Hacer un contrato para prestar un servicio o para actuar como artista: 'Se ha contratado en una brigada de trabajo [o para cantar en París]'. ⇒ *Contrato.

contratela f. *Antiguamente, *cerca hecha con lienzos u otra cosa con que se cerraba un espacio, bien para estrechar a la *caza, bien para hacer una fiesta o celebrar una competición.* ⇒ *Palestra.

contratiempo (de «contra-» y «tiempo») **1** («Sufrir, Tener, Deplorar, Lamentar») m. Suceso que causa algún *perjuicio a alguien: 'A consecuencia de algunos contratiempos, han tenido que vender la casa'. ⊙ *Accidente que dificulta algo que se pretende: 'No tuvimos ni un solo contratiempo en el viaje'. ⇒ Contrariedad, coscorrón, dificultad, malaventura, mal PASO, percance, quebranto, sinsabor, mala SUERTE, tropiezo, varapalo, zamarrazo. ➤ La mala, pelota. ➤ Lucirse. ➤ AL FREÍR será el reír. ➤ *Daño. *Desgracia. *Perjuicio. **2** (pl.) EQUIT. *Movimientos desordenados que hace el *caballo.*

A CONTRATIEMPO. MÚS. Se aplica al sonido articulado sobre un tiempo débil o una parte débil del compás y que no se prolonga sobre un tiempo fuerte o una parte de él, lo que produce un efecto rítmico característico.

contratista n. Persona que ejecuta una obra por contrata.

CONTRATISTA DE OBRAS. Persona que se dedica a construir obras por contrata.

contrato (del lat. «contractus») m. *Acuerdo establecido con ciertas formalidades entre dos o más personas, por el cual se *obligan recíprocamente a ciertas cosas. ⊙ *Documento en que se consigna.

CONTRATO BLINDADO. Contrato de algunos altos cargos que fija una indemnización muy elevada en caso de rescisión.

C. DE COMPRAVENTA. Contrato de compra y venta.
C. CONSENSUAL. DER. *Aquel para cuya efectividad basta el mutuo consentimiento.*
C. ENFITÉUTICO. DER. *El que se establece entre el propietario de una finca y otra persona a la que se cede el dominio útil de ella a cambio del pago de un canon.*
C. DE RETROVENDENDO. DER. *Aquel en que se estipula que el vendedor podrá recuperar la cosa vendida dentro de cierto plazo, devolviendo la cantidad recibida.*

□ CATÁLOGO
Aparcería, asiento, capitulación[es], casicontrato, censo, comodato, compraventa, *compromiso, conchabo, concierto, conducción, conducta, contrata, convenio, cuasicontrato, fichaje, *feudo, *iguala, *obligación, permuta, precontrato, *préstamo, promesa, *seguro, *servicio, subcontrata, subforo, transacción. ➤ *Abonar[se], ajornalar, ajustar, alenguar, alfarrazar, amarrar, apalabrar, *arrendar, coger, comprometer, concertar, conchabar, conducir[se], contratar, convenir, destajar, estipular, fichar, firmar, igualar[se], jornalar, logar, obligarse, pactar, subcontratar, suscribirse, tomar. ➤ Novación. ➤ Contractual. ➤ Cláusula, condición, contraprestación, estipulación, prestación. ➤ Abolir, anular, cancelar, confirmar, cumplir, derogar, estipular, extinguirse, firmar, hacer, incumplir, otorgar, perfeccionar, redhibir, rescindir, revocar, romper, suscribir, terminar. ➤ Administración, TANTO alzado. ➤ Guarenticio [o guarentigio], leonino. ➤ Distracto. ➤ Mutuo DISENSO. ➤ Dolo, equidad. ➤ Solemnidad. ➤ Parte. ➤ *Acordar. *Comprometer. *Documento.

contratorpedero m. *Barco destinado a la persecución de torpederos. ≃ Cazatorpedero.

contratrancanil m. MAR. *Hilada de tablones de la cubierta más gruesos que los otros, de las inmediatas al trancanil del *barco.*

contratreta f. *Treta con que se desbarata otra.*

contratrinchera (de «contra-» y «trinchera») f. FORT. *Contraaproches.*

contratuerca f. *Tuerca que se superpone a otra para evitar que ésta se afloje, por efecto de la vibración.

contravalar (del lat. «contra», enfrente, y «vallāre», fortificar) tr. FORT. *Construir una línea fortificada que se llama «de contravalación» delante del frente del ejército que sitia una plaza. La construida en la retaguardia se llama «de circunvalación».*

contravapor m. DAR CONTRAVAPOR. *Hacer actuar al vapor en una *máquina en sentido inverso del normal, para detenerla.*

contravaral m. *Pieza de madera de los *carros catalanes sobre la que se apoya el varal.*

contravención f. Acción de contravenir. ⊙ Falta que se comete desobedeciendo una disposición.

contraveneno m. Medicamento o medio para combatir los efectos de un veneno. ≃ *Antídoto. ⊙ Se puede también usar en sentido figurado, aplicado a algo que evita los malos efectos morales de una cosa. ≃ *Antídoto.

contravenir (del lat. «contravenīre»; «a») tr. Obrar en contra de lo dispuesto por una ↘ley u orden: 'Fue multado por contravenir las ordenanzas municipales. Contravenir a la ley'. ≃ Desobedecer, faltar, incumplir, *infringir, quebrantar, vulnerar.
□ CONJUG. como «venir».

contraventana f. Puerta pequeña colocada detrás de las vidrieras de las *ventanas o balcones para poder cerrar el paso a la luz. ≃ Postigo, puertaventana. ⇒ Frailero.

contraventor, -a adj. y n. Se aplica al que contraviene una orden o disposición: 'El contraventor será severamente castigado'.

contraventura (de «contra-» y «ventura») f. *Desventura.*

contraverado, -a adj. HERÁLD. *Con contraveros.*

contraveros m. pl. HERÁLD. *Veros o campanillas unidos de dos en dos por su base.*

contravidriera f. *Segunda vidriera añadida a otra para defenderse más eficazmente del frío.*

contraviento m. CONSTR. **Madero de los dos que se cruzan en aspa entre cada dos vigas.* ⊙ (pl.) CONSTR. *Armazón de *maderos cruzados diagonalmente entre cada dos vigas.*

contravirar intr. MAR. *Virar otra vez, en sentido contrario a la anterior.*

contravoluta f. ARQ. *Voluta añadida a otra.*

contray (de «Contray», nombre que daban los españoles a la ciudad de Courtrai en Flandes) m. **Paño fino que se fabricaba en Courtrai (Flandes).*

contrayente n. Cada una de dos personas que contraen *matrimonio.

contre (Chi.) m. *Molleja de las aves.* ≃ Contri.

contrecho, -a (del lat. «contractus») adj. **Paralítico.* ⇒ Contrecto.

contrecto, -a (del lat. «contractus»; ant.) adj. **Paralítico.* ≃ Contrecho.

contremecer (del lat. «contremiscĕre»; ant.) intr. **Temblar.*

contrete 1 m. **Puntal.* ⊙ *Para sostener una pieza horizontal.* ⊙ (Ec.) *Para sostener una pared.* ⊙ (Cuba) *Para sujetar los largueros del trapiche o fábrica de *azúcar.* **2** MAR. *Travesaño que divide en dos los eslabones de la *cadena del ancla.* ⇒ Dado.

contri (del mapuche «conthi» o «conthùl»; Chi.) m. *Contre.*

contribución 1 f. Acción de contribuir. **2** Cosa que se hace o da para contribuir a algo. **3** Nombre que reciben determinados impuestos; particularmente, los municipales. ⇒ *Tributo.
CONTRIBUCIÓN TERRITORIAL. Impuesto sobre fincas rústicas.
C. URBANA. Impuesto sobre bienes inmuebles en zona urbana.
PONER A CONTRIBUCIÓN. Hacer uso en una ocasión de cierta cosa, con determinado fin: 'Tendrás que poner a contribución tu diplomacia'.

contribuidor, -a adj. y n. *Que contribuye.*

contribuir (del lat. «contribuĕre») **1** («a, con, para») tr. o, más frec., intr. *Dar, como otras personas, cierta cantidad para algún fin: 'También él contribuyó con una pequeña cantidad'. ⇒ Aportar, apuntarse, cotizar. ➤ Contribución, cotización, cuota, participación. **2** intr. Pagar impuestos. ≃ *Tributar. ⊙ tr. Pagar cierta ↘cantidad por un impuesto: 'Contribuye diez mil pesetas por el impuesto de utilidades'. **3** («a») intr. Ser, junto con otras personas o cosas, causa de un suceso: 'La humedad contribuyó al hundimiento de la pared. Contribuyó mucho con sus artículos al éxito de la campaña'. ≃ Coadyuvar, *cooperar.
□ CONJUG. como «huir».

contributario, -a n. *Persona que paga un tributo junto con otras.*

contributivo, -a adj. De las contribuciones y otros impuestos.

contribuyente adj. y n. Se aplica a la persona que paga impuestos. ≃ Tributario. ⊙ *Ciudadano de un país.

contrición (del lat. «contritĭo, -ōnis») f. Arrepentimiento por haber ofendido a Dios.

contrín m. **Peso usado en Filipinas, equivalente a 0,39 gr.*

contrincante (de «con-» y «trinca[1]») n. Con respecto a una persona, otra que procura, a la vez que ella, obtener cierta cosa: 'Fue contrincante mío en unas oposiciones'. ≃ Adversario, antagonista, competidor, *rival.

contristado, -a Participio adjetivo de «contristar[se]»: entristecido o apenado.

contristar (del lat. «contristāre»; lit.) tr. y prnl. *Entristecer[se] o *apenar[se].

contrito, -a (del lat. «contrītus») adj. Abatido y triste por haber cometido una falta, aunque no sea pecado. Se usa a veces jocosamente. ≃ *Arrepentido.

V. «ACTO de contrición».

control (del. fr. «contrôle») **1** («Ejercer, Establecer, Llevar») m. Acción de mantenerse conscientemente enterado de cierta cosa cuyo conocimiento interesa para determinada finalidad: 'Tiene a su cargo el control de las entradas y salidas en el almacén'. ⇒ Comprobación, *inspección, observación, vigilancia; cuenta, medida. **2** Limitación de la libertad o espontaneidad de una acción o fenómeno: 'Los servomecanismos son dispositivos de control automático. Control electrónico'. ⇒ Autoridad, dirección, *dominio, intervención, mando, preponderancia, regulación. **3** Dispositivo con que se maneja o regula algo. **4** Oficina, dependencia, etc., donde se lleva a cabo el control de algo. **5** (gralm. pl.) Panel donde se encuentran los mandos de un aparato, sistema, etc. **6** Prueba sobre una parte de una materia escolar con la cual el profesor controla la marcha de los alumnos. **7** Puesto de vigilancia situado en un punto de una carretera, donde se inspeccionan los vehículos que pasan por él: 'Tras el atentado, pusieron controles en todas las carreteras de salida de la capital'.

CONTROL DE CALIDAD. Comprobación de que un producto cumple los requisitos establecidos de calidad.

C. REMOTO. **1** Sistema que permite accionar o modificar a distancia el funcionamiento de un aparato. **2** (Hispam.) *MANDO a distancia.*

controlable adj. Que se puede controlar.

controlador, -a n. Persona que controla alguna cosa. ⊙ (Hispam.) *Revisor.*

CONTROLADOR AÉREO. Técnico situado en la torre de control de un aeropuerto, encargado de orientar y vigilar el despegue, vuelo y aterrizaje de los aviones.

controlar (del fr. «contrôler») tr. Ejercer control. ⊙ Efectuar una comprobación o cómputo de alguna ↘cosa: 'Controlar la eficacia de un medicamento. Controlar el tiempo que se invierte en una operación'. ⊙ Limitar la libertad o espontaneidad de una ↘acción o fenómeno: 'Una válvula especial controla la salida de agua. Se vio desde el primer momento que no controlaba el aparato. El gobierno controla los estados de opinión. Una sola empresa controla toda la producción de penicilina'. ⇒ *Dirigir, *dominar, *intervenir, *regular. ⊙ prnl. *Dominarse o *moderarse; no abandonarse a impulsos o arrebatos.

controversia (del lat. «controversĭa») f. Acción de discutir de palabra o por escrito sobre cierto punto. ≃ Debate, *discusión, disputa, polémica. ⊙ Particularmente, de *religión.

controversial adj. *De la controversia.* ⊙ *Que la provoca o la busca.*

controvertible (de «controvertir») adj. Que se puede discutir.

controvertido, -a Participio de «controvertir». ⊙ adj. Que es frecuente objeto de discusión.

controvertir (del lat. «controvertĕre») tr. e intr. *Discutir una ↘cuestión.

☐ CONJUG. como «hervir».

contubernio (del lat. «contubernĭum») **1** m. *Convivencia con otra persona.* **2** *Cohabitación ilícita.* ⇒ *Amancebarse. **3** *Alianza de personas o asociación de intereses, ambiciones, etc., censurable o ilícita: 'Un contubernio de intereses mantiene la actual situación'. ⇒ Maridaje. ➤ *Alianza, *chanchullo, *conspiración, intriga.

contumace (del lat. «contŭmax, -ăcis»; ant.) adj. *Contumaz.*

contumacia f. Cualidad de contumaz. ⊙ Actitud contumaz.

contumaz (del lat. «contŭmax, -ăcis») **1** adj. Aplicado a las personas y a su actitud, obstinado o *rebelde: se dice del que se mantiene en una actitud equivocada o censurable, a pesar de consejos, desengaños, castigos, etc. ⇒ Empedernido, impenitente, *incorregible, recalcitrante. ➤ *Obstinación. *Rebelde. **2** *Se aplica a las sustancias apropiadas para conservar los gérmenes infecciosos.* **3** DER. *Rebelde.*

contumelia (del lat. «contumelĭa»; culto) f. *Insulto u ofensa dirigida a una persona.*

contundencia f. Cualidad de contundente.

contundente (del lat. «contundens, -entis») **1** adj. De [o para] golpear: 'Un arma contundente'. **2** Aplicado a argumentos, razones, etc., tan convincente o expuesto con tal energía que no deja lugar a ser discutido. ≃ *Categórico, concluyente, decisivo, terminante. ⊙ («Estar, Ser») Se dice de la persona que emplea en cierta ocasión o por hábito un tono que no admite réplica o discusión.

contundentemente («Hablar, Expresarse» o verbo equivalente) adv. Con *firmeza y seguridad: 'Habla contundentemente, como quien está seguro de lo que dice'.

contundir (del lat. «contundĕre») tr. y prnl. *Golpear[se] o magullar[se].*

conturbación f. *Turbación.*

conturbado, -a (culto) Participio adjetivo de «conturbar[se]».

conturbar (del lat. «conturbāre») **1** (culto) tr. *Impresionar fuertemente a ↘alguien un suceso desgraciado. ⊙ (culto) prnl. Impresionarse fuertemente por un suceso desgraciado. **2** (culto) tr. Hacer perder la serenidad a ↘alguien: 'Le conturbó visiblemente la pregunta del juez'. ≃ *Turbar. ⇒ *Trastornar. ⊙ (culto) prnl. Perder la serenidad. ≃ Turbarse.

contusión (del lat. «contusĭo, -ōnis»; form.; «Sufrir») f. *Daño causado en el cuerpo por un golpe, con rotura de algunos vasos sanguíneos, pero sin rotura de la piel. ⇒ *Cardenal, equimosis, *golpe, hematoma, moradura, verdugón. ➤ Chichón. ➤ Nidrio.

contusionar tr. Producir contusión en alguna ↘parte del cuerpo. ⊙ prnl. Sufrir contusión una parte del cuerpo.

contuso, -a (del lat. «contūsus»; form.) adj. Se aplica a la persona o a la parte del cuerpo que ha sufrido una contusión.

contutor (de «con-» y «tutor») m. *Tutor junto con otro.*

conuco (de or. indoamericano) **1** (Antill.) m. *Porción de tierra de cultivo de los indios taínos.* **2** (Cuba) *Parcela de tierra que concedían los dueños a sus esclavos para que la cultivasen por su cuenta.* ⇒ *Campo, *colono.

conurbación (del ingl. «conurbation») f. Conjunto de centros urbanos próximos que al crecer llegan a constituir una sola unidad.

conusco (del lat. «cum», con, y «noscum», por «nobiscum»; ant.) pron. pers. *Con nosotros.* ≃ Connusco.

convalecencia 1 f. Estado de convaleciente. ⊙ Periodo que dura. **2** *Establecimiento para residencia de convalecientes.*

convalecer (del lat. «convalescĕre»; «de») intr. Estar recuperando las fuerzas perdidas en una *enfermedad, después de curada ésta, tras sufrir una lesión, intervención quirúrgica, etc. ≃ Recuperarse, recobrarse. ⇒ Arribar, levantar CABEZA, recobrar [o recuperar] FUERZAS, pelechar, echar el mal PELO fuera, hacer un PINITO [o pino], recobrarse, recuperarse, rehacerse, reponerse, *restablecerse. ➤ Convalecencia, convalecimiento, lisis, rusticación. ➤ Analéptico. ➤ Sobreparto. ➤ Enfermo. ⊙ («de») Puede usarse en sentido figurado: 'El país convalece todavía de una aguda crisis económica'.

□ CONJUG. como «agradecer».

convaleciente adj. y n. Se aplica a la persona que convalece de una enfermedad, lesión, intervención quirúrgica, etc.

convalecimiento (ant.) m. *Convalecencia.*

convalidación f. Acción de convalidar.

convalidar (del lat. «convalidāre») tr. Declarar válida o *confirmar como válida una ˃cosa: 'Le han convalidado su título de médico para ejercer en España'. ⊙ Dar por válidos para un centro de enseñanza o una carrera los ˃estudios hechos en otra. ≃ *Computar, conmutar.

convección (del lat. «convectĭo») f. Fís. Transmisión del *calor en el seno de un fluido por movimiento dentro de él de las masas que, por estar a distinta temperatura, tienen diferente densidad.

convecino, -a 1 n. Con respecto a una persona, otra que está avecindada en el mismo sitio. ⇒ *Compatriota. **2** Con respecto a una persona, otra que vive en la misma casa. ≃ *Vecino.

convector m. Aparato de calefacción que propaga el calor por convección.

convelerse (del lat. «convellĕre»; ant.) prnl. **Agitarse una persona con movimientos convulsivos por causa sobrenatural.*

convencer (del lat. «convincĕre») **1** («de») tr. Conseguir con razones que ˃alguien se decida a hacer cierta cosa: 'La he convencido de que se corte el pelo'. ≃ Persuadir. ⊙ Conseguir que ˃alguien crea o piense cierta cosa: 'Nos ha convencido de que es mejor aplazar el viaje'. Se usa mucho en forma progresiva: 'Le voy convenciendo poco a poco'. ⊙ prnl. Llegar a creer o pensar cierta cosa, por las razones de otro o por propia reflexión. ≃ Persuadirse. ⊙ Adquirir el convencimiento o *seguridad de una cosa: 'Levanté el picaporte para convencerme que la puerta estaba cerrada'. ≃ Afianzarse, asegurarse, cerciorarse, persuadirse. **2** (inf.; gralm. en frases interrogativas o negativas) intr. *Gustar o *satisfacer: 'No me convence esa muchacha. No me ha convencido del todo la conferencia'.

¡CONVÉNCETE! Expresión de énfasis con que se refuerza una afirmación. ≃ ¡Desengáñate!

V. «convencerse con sus propios OJOS».

□ CATÁLOGO

Ahormar, arrastrar, asediar, atraer, blandear, abrir BRECHA, meter en la CABEZA, camelar, candonguear, cantusar, meter en los CASCOS, catequizar, lavar el CEREBRO, comer el COCO, concienciar, concluir, conquistar, *decidir, empalicar, encantusar, encatusar, engaratusar, *engatusar, enrollar, ganar[se], hacerse con, inclinar, *inducir, jonjabar, llevar, manipular, mentalizar, vender la MOTO, mover, persuadir, quebrantar, hacer entrar en RAZÓN, reducir, suadir, comer el TARRO, llevar a su TERRENO, tocar, traer, vampirizar, ganar[se] la VOLUNTAD. ➤ *Disuadir. ➤ Acometer, acosar, *apremiar, apretar, asediar, atacar, CARGAR sobre, cortejar, empujar, entrar, estrechar, importunar, incitar, *insistir, *instar, instigar, manejar, perseguir, hacer PRESIÓN, presionar, roncear, rondar, trabajar. ➤ Ascendiente, autoridad, DON de palabra, elocuencia, *influencia, labia, predicamento, *prestigio. ➤ RAZÓN convincente [decisiva, de peso, poderosa o sólida], razones. ➤ Misionero, propagandista, proselitista. ➤ Pesado, porfiado. ➤ Marrullero. ➤ Persuasiva. ➤ Madurativo. ➤ Proselitismo. ➤ Por las BUENAS. ➤ *Acceder, asentir, apearse [o caer] de su [del] BURRO [del MACHO o del MACHITO], *ceder, concluir, venir a CUENTAS, exaudir, dejarse LLEVAR, venir a PARTIDO, venir a RAZONES, venir. ➤ *Dócil, mollar, sugestionable. ➤ Convencimiento, convicción. ➤ ¡Mira a quien se lo CUENTAS [lo vas a contar, lo cuenta usted, etc.]!, ¡mira a quién se lo DICES [lo vas a decir, lo dice usted, etc.]! ➤ Obstinado. ➤ Inconvencible. ➤ *Decidir. *Halagar. *Vencer.

convencible adj. *Que puede ser convencido.*

convencido, -a Participio de «convencer[se]». ⊙ («de») adj. *Seguro: se aplica al que cree una cosa sin tener ninguna duda sobre ella: 'Está plenamente convencido de lo que dice'. ⊙ («Estar») *Se aplica al que está convencido de su propio valer y lo muestra en su actitud.* ≃ Persuadido, *engreído.

convencimiento 1 m. Estado de convencido. ≃ Convicción, *seguridad. ⊙ *Creencia firme. **2** *Engreimiento.*

LLEGAR AL CONVENCIMIENTO de algo. Convencerse.

LLEVAR algo AL CONVENCIMIENTO de alguien. Convencerle.

TENER EL CONVENCIMIENTO DE. Estar convencido de la cosa que se expresa.

convención (del lat. «conventĭo, -ōnis») **1** f. Acción de convenir. ≃ *Acuerdo. ⊙ Particularmente, *acuerdo solemne, por ejemplo entre naciones. **2** Resultado de un acuerdo general expreso o tácito: 'Las normas de cortesía son convenciones que cambian de unas generaciones a otras'. ≃ Convencionalismo. **3** (con mayúsc.) En la Revolución Francesa, asamblea política que asumió todos los poderes en 1792. **4** Reunión de los representantes de una organización. ⊙ Especialmente, en Estados Unidos, asamblea de un partido político para la elección de candidatos.

convencional (del lat. «conventionālis») **1** adj. Con valor o significado establecido por un convenio expreso o por el asentimiento general: 'Se emplean unos signos de valor convencional'. ⊙ Se aplica a un nombre de cualidad para expresar que, en el caso de que se trata, ese nombre es empleado con un valor falsamente establecido o aceptado: 'Un espectáculo de un españolismo convencional'. ⊙ Hecho como fórmula de valor convenido, pero no espontáneo o expresivo, de sentimientos auténticos: 'Un ofrecimiento [o una carta] convencional'. ≃ *Formulario. **2** n. *Se aplica a los miembros de la Convención francesa.*

□ CATÁLOGO

De cajón, *consabido, convenido, *falso, ficticio, formulario, de marras, *obligado, de protocolo, de rigor, de rúbrica. ➤ *Afectación, ceremonia, convención, convencionalismo, conveniencia, etiqueta, fórmula, miramientos, paripé, prejuicios, RESPETO al qué dirán, respetos. ➤ Por cubrir las APARIENCIAS, convencionalmente, convenialmente, por cumplido, por cumplir, por cubrir las FORMAS, por fórmula, por el bien [o buen] PARECER, por QUEDAR bien, por no QUEDAR mal. ➤ Despreocupación. ➤ Saltar[se] las VALLAS. ➤ *Circunspecto. *Simular.

convencionalismo 1 m. Cualidad de convencional. **2** Fórmula, expresión o acto convencional. ⊙ (a veces desp.;

gralm. pl.) Norma de comportamiento social. ≃ CONVENIENCIAS [sociales].

convencionalmente adv. De manera convencional.

convenencia (ant.) f. *Conveniencia.*

convenenciero, -a (Ar., Tol. y otros lugares; inf.) adj. *Se aplica a la persona que busca sólo su conveniencia, sin preocuparse de principios o ideales.* ⇒ *Acomodaticio, *aprovechado.

convenialmente (ant.) adv. *Convencionalmente.*

convenible 1 adj. *Conveniente.* **2** *Se aplica a la persona *dócil y que se *aviene fácilmente con otras.* **3** *Aplicado al *precio, moderado.*

convenido, -a Participio adjetivo de «convenir»: 'Precio convenido. Valor convenido'.

conveniencia 1 f. Cualidad de conveniente: 'No me he parado a pensar en la conveniencia o inconveniencia de la proposición'. **2** Cosa o situación conveniente para alguien: 'No atiende más que a su[s] conveniencia[s]'. ≃ CONVENIENCIAS personales. **3** **Acuerdo o convenio entre personas.* ⊙ (pl.) CONVENIENCIAS sociales: 'Respetar las conveniencias'. **4** **Conformidad entre cosas.* **5** **Colocación como servidor en una casa.* **6** (pl.) *Cosas que se daban o concedían a los *servidores además del sueldo; como algunas legumbres o el permiso de guisarse su comida.* **7** (pl.) **Bienes o rentas.*

CONVENIENCIAS SOCIALES. Normas aceptadas comúnmente sobre lo que debe hacer o no debe hacer una persona para convivir en sociedad o ser bien considerada, independientemente de la moral abstracta o del derecho. ≃ Convencionalismos, conveniencias.

conveniente adj. Se aplica a lo que conviene: 'Me lo ofrecen por un precio conveniente'. Se emplea mucho con «ser», en vez de «convenir», en frases terciopersonales: 'No es conveniente que os alejéis mucho'.

convenientemente adv. De manera conveniente.

convenio («Hacer, Llevar a cabo») m. Cosa convenida o acordada. ≃ *Acuerdo, ajuste. ⊙ Particularmente, entre estados. ⊙ Texto en que se contiene lo que se conviene o acuerda.

CONVENIO COLECTIVO. Acuerdo suscrito entre la patronal y las sindicatos de trabajadores de un determinado ramo respecto a las condiciones laborales.

convenir (del lat. «convenīre») **1** intr. **Acudir varias personas al mismo lugar o *reunirse en él.* **2** («en») tr. e intr. Decidir ↘algo junto con otra u otras personas: 'Hemos convenido [en] reunirnos el próximo sábado. No han convenido todavía [en] el precio de venta'. ≃ *Acordar, ajustar, concertar, establecer, pactar. ⊙ («en») Llegar junto con otra u otras personas a una conclusión o creencia en que todas están conformes: 'Convinimos [en] que lo mejor es no decirle nada'. Se construye siempre con «en» cuando se trata de una creencia y no de un acuerdo: 'Hemos convenido en que es un perfecto majadero'. ⊙ También se construye siempre con «en» cuando significa asentir alguien, como concesión, a cierta cosa sostenida por otro: 'Convengo en que no siempre ocurre lo mismo'. ⊙ prnl. recípr. Ponerse de *acuerdo: 'No nos convinimos en el precio'. **3** intr. **Cohabitar con una mujer.* **4** («a») Ser bueno o útil para algo o alguien: 'Me conviene quedarme en casa hoy. Este hombre no te conviene para ese trabajo. Esa mujer no le conviene a ese muchacho. A este bizcocho le conviene el fuego lento'. ≃ Ser conveniente. ⊙ Resultar bien económicamente: 'No me conviene ese trato [o precio]'. **5** («a, con») **Concordar, o *acomodarse una a otra dos cosas*: 'Conviene lo que dice él con lo que ya sabíamos'. ⊙ (form.; «a») Ser propio o adecuado: 'Es un hombre culto y afable, como conviene a un embajador'. ≃ Corresponder.

□ CATÁLOGO

Abondar, *acomodar[se], venir como ANILLO al dedo, armar, atalantar, ir BIEN, caler, ser COSA de, cuadrar, salir [tener o traer] CUENTA, cumplir, hacer, llenar, ser MEJOR, hacer PAPEL [o buen PAPEL], venir como PEDRADA en ojo de boticario, hacer PLAN [o buen PLAN], ser a PROPÓSITO, *servir, hacer buen TERCIO, VENIR bien. ➤ Pedir a GRITOS. ➤ Debidamente, como es *DEBIDO, en debida FORMA, en buen PUNTO, en su PUNTO. ➤ Aconsejable, beneficioso, condecente, convenible, conveniente, deseable, favorable, *propicio, prudente, recomendable. ➤ Adquisición, bicoca, buen BOCADO, breva, canonjía, CARNE sin hueso, chollo, cucaña, enchufe, *ganga, gollería, mamandurria, mina, momio, pera, *prebenda, sinecura. ➤ Por la CUENTA que me [te, etc.] trae. ➤ Desventajoso, creer que todo el MONTE es orégano. ➤ Desconvenir, reconvenir. ➤ *Acertado. *Adecuado. *Apto. *Beneficiar. *Bueno. *Correcto. *Ganga. *Necesario. *Oportuno. *Provecho. *Útil.

□ CONJUG. como «venir».

conventico 1 m. **Casa de vecindad.* **2** **Burdel.*

conventícula f. *Conventículo.*

conventículo (del lat. «conventicŭlum») m. **Reunión clandestina de personas para tramar algo ilícito o censurable.* ⇒ *Conspiración, intriga.

conventillo (ant.) m. *Conventico.*

convento (del lat. «conventus», reunión) **1** m. Casa donde viven en comunidad los monjes o monjas de una *orden religiosa. **2** *Comunidad que habita en el convento.* **3** (ant.) **Reunión de muchas personas.*

□ CATÁLOGO

Abadía, asciterio, beaterio, cartuja, CASA profesa, cenobio, colegio, monasterio, monjía, recolección, residencia. ➤ Porciúncula, priorato. ➤ Rábida, rápita. ➤ Dúplice. ➤ Custodia, lengua, provincia, viceprovincia. ➤ Barbería, calefactorio, capilla, celda, claustro, clausura, comulgatorio, coro, definitorio, discretorio, enfermería, escucha, hospedería, iglesia conventual, infierno, jovenado, libratorio, locutorio, noviciado, parlatorio, piso, provisoría, refectorio, ropería, SALA capitular, sobreclaustro. ➤ Celosía, cratícula, esquila, grada, MESA traviesa, PUERTA reglar, segundilla, torno. ➤ Compás, decanía, degaña, guardianía, manso. ➤ Bodrio. ➤ *Fraile. *Monje. *ORDEN religiosa.

conventual 1 adj. De [o del] convento: 'Misa [o vida] conventual'. **2** m. **Monje.* **3** *Se aplica a la orden *franciscana cuyos miembros poseen recursos económicos.* **4** *En algunas órdenes religiosas, *predicador del convento.*

conventualidad 1 f. *Residencia en un convento.* **2** *Asignación de un religioso a determinado convento.*

conventualmente adv. De manera conventual.

convergencia f. Acción de converger. ⊙ Lugar o punto en que convergen dos cosas.

convergente («con» o pl.) adj. Se aplica a lo que converge: 'Líneas [o caminos] convergentes. Actividades convergentes'.

converger o **convergir** (del lat. «convergĕre») **1** intr. Unirse dos líneas, caminos, etc., en cierto punto: 'Nos esperábamos en el punto en que convergen las dos carreteras'. ≃ *Juntarse, reunirse. ⊙ Tender a juntarse en algún punto: 'Líneas paralelas y líneas que convergen'. ⇒ Concurrir, confluir. ➤ Centro. ➤ *Juntarse. **2** Aplicado a acciones, propósitos, ideas, etc., tener el mismo objetivo o cierto objetivo en común: 'Los esfuerzos de todos convergen al bien común'. ⇒ *Cooperar.

conversa (de «conversar»; pop. en algunos sitios) f. *Conversación.*

conversable (de «conversar») adj. **Amable.*

conversación 1 («Entablar, Trabar, Mantener, Sostener, Tener una, Dirigir, Enderezar, Llevar la, Recaer, Cambiar de, Terciar en la, Salpicar la, Decaer») f. Acción de *conversar. En una obra escrita se indica la conversación colocando un guión delante de cada intervención de los distintos interlocutores. ≃ Charla, coloquio. **2** Sesión, generalmente pública, en que un grupo de personas entendidas disertan, entablando a veces diálogos, sobre temas de ciencia, filosofía, política, etc. ≃ Coloquio. ⇒ *Conferencia. **3** Manera de conversar: 'Persona de conversación amena'. **4** (ant.) **Concurrencia.* **5** (ant.) **Compañía.* **6** (ant.) *Cohabitación sexual.* **7** (ant.) *Amancebamiento.*

V. «casa de conversación».

Dar conversación a alguien. Hablar con él, generalmente para entretenerle. ≃ Dar palique.

Dejar caer algo en la conversación. *Decirlo como de pasada.

Sacar la conversación de algo. Hacer que recaiga la conversación sobre ello.

conversacional adj. Se dice de las expresiones o palabras propias del *lenguaje hablado corrientemente por las personas entre sí, a diferencia del esmerado, del culto o del literario, así como a aquel lenguaje. ≃ Coloquial.

conversador, -a adj y n. Se aplica al que conversa; particularmente, solo o con un adjetivo laudatorio, a la persona de conversación amena.

conversamiento (ant.) m. *Conversación.*

conversar (del lat. «conversāri») **1** («con, de»; poco frec. «en») intr. *Hablar unas personas con otras. ≃ *Charlar, departir, platicar. **2** (ant.) **Convivir.* **3** (ant.) **Tratar o tener amistad una persona con otra.* **4** Mil. *Cambiar de frente una fila de soldados girando sobre uno de sus extremos.* ⇒ *Formación.

□ Catálogo

*Comentar, hacer comentarios, conferenciar, conferir, trabar conversación, dialogar, dialogizar, empalmarla, enzarzarse, *hablar, pegar la hebra, *murmurar, hacer [mantener o tener] palacio, parlamentar, echar una parrafada [o un párrafo], patullar, tertuliar. ➤ Baturrillo, calandraca, caraba, careo, cháchara, echarla, chicoleo, colación, coloquio, conferencia, confidencia, conversa, conversación, conversamiento, cotorreo, *diálogo, diálogo de besugos, diálogo de sordos, discreteo, entrevista, fabulación, floreo, foro, garla, interlocución, interview, mano a mano, murmuración, palillo, palique, parlamento, parleta, parola, parrafada, plática, visita. ➤ Amena, animada, fútil, *insustancial. ➤ Confidencial, de solo a solo. ➤ Dialogístico. ➤ Meter baza, sacar [o traer] a colación, sacar la conversación, cortar, echar su cuarto a espadas, meter su cuchara, meter el cuezo, hacer el gasto, hablar por no callar, tomar el hilo, volver la hoja, interrumpir[se], preguntar, *responder, salpicar, tallar, hablar sin ton ni son. ➤ *Asunto, tela, tema, *tópico. ➤ ¡Vamos a ver! ➤ Alcoba, corrillo, mentidero, *tertulia. ➤ Locutorio, parlatorio. ➤ Colocutor, contertulio, conversador, departidor, interlocutor, internuncio, tertuliano, tertuliante, tertulio. ➤ Desconversar. ➤ Cortar. ➤ *Decir. *Discutir. *Hablar. *Tratar.

conversativo, -a (de «conversar»; ant.) adj. **Amable.* ≃ Conversable.

conversión 1 f. Acción y efecto de convertir[se]. **2** Mil. *Cambio de frente de una fila de soldados girando sobre uno de sus extremos.* **3** **Figura retórica que consiste en *repetir una misma palabra al final de varias cláusulas.* ≃ Epístrofe.

V. «cuarto de conversión».

conversivo, -a (del lat. «conversīvus») adj. *Apto para convertir.*

converso, -a (del lat. «conversus») **1** adj. y n. Se aplica a la persona convertida al cristianismo; particularmente, a los que eran antes musulmanes o judíos. ⇒ *Convertir. **2** m. *En algunas *órdenes religiosas, lego.*

convertibilidad adj. Cualidad de convertible.

convertible 1 adj. Susceptible de ser convertido en la cosa que se expresa. **2** (Hispam.) adj. y n. m. *Se aplica al automóvil descapotable.*

convertido, -a Participio adjetivo de «convertir[se]».

convertidor, -a adj. y n. m. Se aplica al aparato, sistema, etc., que transforma una cosa en otra. ⊙ m. Metal. *Utensilio en que se transforma la fundición líquida en *acero, consistente en un *recipiente en que un chorro de aire inyectado quema el carbono que contiene la fundición.*

convertir (del lat. «convertěre») **1** («en») tr. Hacer de una ↘cosa otra distinta. ≃ Mudar, transformar, trocar. ⊙ («en») Hacer que ↘alguien o algo llegue a ser cierta cosa que se expresa: 'Ha convertido su casa en el punto de reunión de todos los amigos. La guerra le convirtió en el hombre más rico del mundo' ≃ Hacer de. ⊙ («en») Hacer que a una ↘cualidad, una situación, un estado de ánimo, etc., suceda otro distinto: 'Convertir lo blanco en negro [o la pena en alegría]'. ≃ ⊙ («en») prnl. *Cambiarse: dejar de ser una cosa para ser otra: 'Todo se convirtió en alegría'. ≃ Mudarse, hacerse, transformarse, trocarse. ⊙ («en») Llegar a ser cierta cosa. ≃ Mudarse, hacerse, transformarse, trocarse. **2** («en, a») tr. Hacer que ↘alguien adquiera ciertas creencias estimadas como buenas, particularmente religiosas, o que abandone sus malas costumbres o su mal comportamiento: 'Los misioneros van a convertir infieles'. ⊙ («a») prnl. Adoptar una religión.

V. «convertir en humo».

□ Catálogo

*Cambiar, devenir, *erigirse en, hacerse, llegar a [ser], metamorfosear[se], mudar[se], parar en, venir a parar en, resolverse, *resultar, resumirse, tornar[se], transfigurar[se], transformar[se], transmudar[se], transmutar[se], transustanciar[se], trasmutar[se], volver[se]. ➤ Constituir en, erigir en. ➤ *Corregirse, enmendarse, regenerarse. ➤ Bautizar[se], catolizar, cristianizar. ➤ Retractarse. ➤ Catecúmeno, confeso, converso, cristiano nuevo, doctrino, gazí, judío de señal, morisco, neófito, prosélito. ➤ Doctrina, reducción. ➤ Mies. ➤ Proselitismo.

□ Conjug. como «hervir».

convexidad f. Cualidad de convexo. ⊙ Forma o parte convexa: 'La convexidad de la mano'. ⇒ *Bulto, *saliente.

convexo, -a (del lat. «convexus») **1** adj. Aplicado a las *superficies y a los objetos por la *forma de su superficie, redondeada y saliente: 'Una lente convexa'. ⇒ Biconvexo. ➤ *Abultado. **2** Geom. Se aplica a la figura plana o sólida cuando el segmento definido por cualquier par de puntos pertenecientes a ella está contenido en ella.

V. «cóncavo-convexo».

convicción (del lat. «convictĭo, -ōnis») **1** f. Convencimiento. **2** (pl.) Cosas que alguien cree en religión, política o moral: 'Eso está reñido con mis convicciones y no puedo hacerlo'. ≃ Creencias, ideas, *opiniones, principios.

convicio (del lat. «convicĭum»; ant.) m. *Insulto u ofensa.*

convicto, -a (del lat. «convictus», de «convincĕre», convencer) Participio irregular de «convencer» usado sólo como adjetivo, aplicado al *reo a quien se le ha probado su delito. Se usa corrientemente en la expresión «convicto y confeso», que equivale a «confeso» sólo.

convictor (del lat. «convictor, -ōris») m. *En algunos seminarios y colegios de *órdenes religiosas, persona que vive en ellos sin pertenecer a la comunidad.*

convictorio (de «convictor») m. *En los colegios de *jesuitas, internado.* ⊙ *Conjunto de todo lo que tienen o hacen los colegiales internos, distinto de lo que, como las clases, tienen en común con los externos.*

convidada (de «convidar») f. *Invitación, generalmente a *beber.*

convidado, -a Participio adjetivo de «convidar». ⊙ n. Persona que está convidada; particularmente, en un convite. ≃ Invitado. ⇒ Aconvido.

COMO EL CONVIDADO DE PIEDRA (alusión al personaje de «El burlador de Sevilla y convidado de piedra», comedia de Tirso de Molina). Completamente *callado y sin moverse.

convidar (del b. lat. «convitāre», por «invitāre») **1** («a») tr. Ofrecer a ↘alguien que haga cierta cosa que se supone grata para él, generalmente junto con el que le convida; particularmente, comer o ser huésped suyo: 'Me ha convidado a pasar una semana en su finca'; si la acción consiste en comer o tomar algo, puede suprimirse el verbo: 'Te convido a una cerveza'; puede también, aunque no es frecuente, construirse con «con» la cosa a que se convida: 'Me convidaron con una taza de café' ≃ *Invitar. ⇒ Desconvidar. **2** Ofrecer un lugar o una circunstancia buena oportunidad para hacer cierta cosa, e inspirar ganas de hacerla: 'La soledad convidaba a la meditación'. ≃ Invitar. ⇒ *Incitar. **3** (inf.; reflex.) Sumarse espontáneamente a una fiesta o convite. **4** (inf.) prnl. **Ofrecerse para una cosa.*

convincente adj. Se aplica a la cosa que convence: 'Tono [o argumento] convincente'.

convincentemente adv. De manera convincente.

convite (del cat. «convit») m. Acción de convidar. ≃ Invitación. ⊙ Comida, banquete o fiesta con cosas para comer y beber, en que hay personas invitadas. ⇒ Ágape, agasajo, alifara, cacharpari, cachupinada, caridad, caristias, guateque, lifara, maesa, merienda, pipiripao, refresco. ➤ ¡Bomba!, ¡BOMBA va! ➤ *Banquete. *Comer. *Fiesta. *Invitar. *Obsequiar.

convival (del lat. «convivālis») adj. *De [o del] convite.*

convivencia f. Acción de *convivir. ⊙ Relación entre los que conviven. ⊙ Particularmente, hecho de vivir en buena armonía unas personas con otras: 'La cortesía ayuda a la convivencia humana'.

conviviente n. *Cada uno de los que conviven con otro u otros.*

convivio (del lat. «convivĭum»; ant.) m. *Banquete de la antigüedad.*

convivir (del lat. «convivĕre»; «con») intr. *Vivir o *habitar con otros: 'Convivir en la misma época. En el campamento conviven profesores y alumnos'. ⊙ («con») Vivir en buena armonía: 'Así aprenden a convivir'. ⇒ Coexistir, cohabitar, conversar. ➤ Tolerar. ➤ Coexistencia, convivencia, sociedad. ➤ Incompatibilidad, insociabilidad, intolerancia. ➤ Conviviente.

convocación f. *Convocatoria.*

convocar (del lat. «convocāre») **1** («a») tr. *Citar o *llamar a ciertas ↘personas de alguna manera para que acudan a *reunirse en cierto sitio o en donde está el que las llama: 'Han convocado a todos los socios a una junta general'. La cosa convocada puede ser también la ↘asamblea o reunión: 'Se ha convocado una asamblea de padres de familia'. ⇒ *Avisar. **2** Anunciar un concurso o competición de cualquier clase para que los ↘interesados acudan a tomar parte en él: 'Han convocado a los opositores para el lunes'. ⊙ El complemento puede ser también «concurso», etc.: 'Se van a convocar oposiciones para médicos'. **3** *Dar vítores, etc., en honor de ↘alguien.* ≃ *Aclamar.

convocatoria f. Acción de convocar. ≃ Convocación. ⊙ Anuncio con que se convoca.

convolar (del lat. «convolāre»; ant.) intr. **Volar.*

convolvuláceo, -a (del lat. «convolvŭlus», nombre genérico de la enredadera) adj. y n. f. BOT. *Se aplica a las *plantas de la familia de la correhuela, que son herbáceas y leñosas, a menudo trepadoras, de hojas alternas simples, flores regulares, generalmente en forma de campanilla y fruto en cápsula; algunas se cultivan como ornamentales y otras como alimento o por su propiedades medicinales.* ⊙ f. pl. BOT. *Esa familia.*

convólvulo (del lat. «convolvŭlus»; *Tortrix viridana)* m. Oruga de la vid, de cuerpo amarillo verdoso y cabeza parda. ≃ Arrevolvedor, GUSANO revoltón.

convoy (del fr. «convoi») **1** m. *Acompañamiento que *protege el transporte de provisiones o efectos, por mar o por tierra, particularmente en tiempo de guerra. ⇒ Brigada. ⊙ Conjunto de los efectos transportados, los vehículos, barcos, etc., que hacen el *transporte y los que les acompañan. **2** (inf.) *Séquito o *acompañamiento.* **3** *Vinagreras del servicio de mesa.

convoyar (del fr. «convoyer») tr. Escoltar ↘provisiones o efectos que se transportan.

convulsión (del lat. «convulsĭo, -ōnis») **1** f. Contracción y distensión bruscas y violentas, involuntarias y generalmente repetidas, de un músculo de los que ordinariamente obedecen a la voluntad. ⇒ *Espasmo, *sacudida, temblor. ➤ Convelerse, convulsionar, RISA sardónica. ➤ Convulsionante. ➤ Antiespasmódico. **2** Movimiento semejante de una cosa inanimada; por ejemplo, de la tierra, a causa de un *terremoto. **3** Alteración brusca que destruye la tranquilidad en una sociedad: 'Convulsiones políticas [o sociales]'. ≃ *Agitación.

convulsionante 1 adj. *Causante de convulsiones* **2** *Se dice de los medicamentos o medios curativos aplicados a enfermedades nerviosas, basados en la producción de convulsiones en el enfermo.*

convulsionar tr. y prnl. Producir [o sufrir] convulsiones, sobre todo en sentido figurado: 'El anuncio de una fuerte devaluación de la moneda convulsionó el mercado de valores'.

convulsionario, -a adj. y n. *Se aplica al que padece convulsiones.*

convulsivo, -a adj. De [o con] convulsiones: 'Movimiento [o ataque] convulsivo'.

convulso, -a (del lat. «convulsus») adj. Se dice del que está sufriendo una convulsión o convulsiones. ⊙ O del que está tembloroso por la irritación o la *cólera.

convusco (del lat. «cum», con, y «voscum»; ant.) pron. pers. *Con vosotros.*

conyugado, -a (del lat. «coniugātus», unido; ant.) adj. *Casado.*

conyugal (del lat. «coniugālis») adj. De [o del] *matrimonio: 'Vida conyugal'.

V. «FIDELIDAD [O INFIDELIDAD] conyugal».

cónyuge (del lat. «coniux, -ŭgis»; form.) n. Con relación a una persona, la otra, marido o mujer, que está casada con ella. ≃ *Consorte.

conyugicida adj. y n. Se aplica a la persona que mata a su cónyuge.

conyugicidio m. Acción de *matar uno de los cónyuges al otro. ⇒ Parricidio.

conyugio m. **Matrimonio.*

conyunto, -a (ant.) adj. *Conjunto.*

coña 1 (vulg.; «Ir [o Estar] de; con, de») f. *Burla consistente en lo que se dice o, particularmente, en el tono con que se dice: 'Lo dijo con [o de] coña'. **2** (vulg.; «Dar la») Molestia, fastidio.

coñac o **coñá** (pl. «coñacs») **1** m. Aguardiente fabricado por la destilación de vinos flojos en la comarca de la ciudad francesa de Cognac. **2** Aguardiente fabricado en otros lugares con procedimiento similar. ≃ Brandy.

coñazo (vulg.; n. calif.) m. Persona o cosa molesta o pesada.
DAR EL COÑAZO (vulg.). Molestar.

coñearse (vulg.) prnl. Burlarse.

coñete (Chi., Perú) adj. *Tacaño.*

coño (del lat. «cŭnnus») **1** (vulg.) m. *Vulva. ≃ Chichi, chocho, chumino, conejo. ⇒ Concha. **2** (vulg.) interj. Expresa sorpresa, por lo general ante algo agradable, o enfado.

coolie (ingl.; pronunc. [cúli]) m. Culi.

coona f. Cierta *planta venenosa americana, con cuyo jugo envenenaban sus flechas los indios. ⊙ Hojas de esta planta.

cooperación f. Acción de cooperar.
EN COOPERACIÓN. Aplicado a la manera de trabajar o hacer alguna cosa, entre varios.

cooperador, -a adj. y n. Que coopera.

cooperante adj. y n. Que coopera. ⊙ n. Persona profesionalmente cualificada que, en virtud de un acuerdo internacional, es enviada a un país extranjero para colaborar en su desarrollo.

cooperar (del lat. «cooperāri»; «a, en, con») intr. *Ayudar o influir. Unir la propia acción o influencia a otras para producir cierto resultado: 'El vecindario cooperó con los bomberos a [en] la extinción del incendio. Diversos factores han cooperado a nuestro fracaso'. ⊙ Colaborar en el desarrollo de un país extranjero.

□ CATÁLOGO
Afijos, «co-, com-, con-»: 'colaborar, compartir, conllevar...'. ➤ Aportar, *ayudar, caber, coadyuvar, colaborar, concomitar, concurrir, *contribuir, arrimar el HOMBRO, *intervenir, hacer lo que está en su MANO, poner [o hacer] de su PARTE, ser PARTE a [o para] que, tener [o tomar] PARTE, tener PARTICIPACIÓN, *participar. ➤ *Ayuda, *causa, coeficiencia, concausa, concomitancia, concurrencia, concurso, cooperación, mano, participación. ➤ GRANITO de arena, GRANO de arena, óbolo. ➤ Coagente, coautor, cómplice, cooperador, cooperante, cooperativista, copartícipe, partícipe. ➤ Conjuntamente. ➤ Cooperativa, economato, hermandad, mutualidad. ➤ A DIOS rogando y con el mazo dando, fíate de la VIRGEN, pero corre [y no corras...] ➤ *Asociarse. *Auxiliar. *Ayudar. *Influir. *Reforzar.

cooperativa f. V. «cooperativo, -a».

cooperativismo m. Movimiento a favor de las cooperativas. ⊙ Existencia de ellas.

cooperativista n. Partidario del cooperativismo. ⊙ Persona que forma parte de una cooperativa.

cooperativo, -a 1 adj. De cooperación: 'Sociedad cooperativa. Espíritu cooperativo'. **2** f. *Organismo cuyo fin es suministrar ciertos artículos o servicios a sus asociados en condiciones beneficiosas. ≃ Sociedad cooperativa. ⊙ *Establecimiento comercial en que se venden los artículos suministrados por la cooperativa. ⊙ Asociación para llevar a cabo algo en común o defender intereses comunes: 'Cooperativa de viviendas. Cooperativa vinícola'. ⇒ *Cooperar.

coopositor, -a (de «co-» y «opositor») n. Con relación a una persona, otra que hace las mismas oposiciones. ≃ Contrincante. ⇒ *Rival.

cooptación f. *Acción de cooptar (elegir a alguien como miembro de una corporación).*

cooptar 1 intr. DER. *Optar a cierta cosa junto con otro u otros.* **2** *Elegir a una persona como miembro de una corporación, mediante el voto de los integrantes de ésta.*

coordenado, -a (de «co-» y «ordenado») **1** adj. V. «EJE coordenado». **2** (gralm. pl.) f. En *geometría, *geografía o *astronomía, cada una de las líneas que se cortan en un punto cuya situación interesa determinar, las cuales inciden también en otras líneas, llamadas «ejes»; la situación del punto en cuestión queda determinada por su distancia a cada uno de los ejes contada sobre la coordenada correspondiente. ≃ COORDENADA cartesiana. ⇒ Abscisa, ordenada. ➤ EJE de coordenadas [o coordenado]. ➤ Origen. ➤ Curva. ➤ Gráfico. ➤ Círculo, ecuador, meridiano, paralelo. ➤ ÁNGULO acimutal, ASCENSIÓN oblicua, ASCENSIÓN recta. ➤ Latitud, longitud. ➤ *Astronomía. ⊙ (pl.) Par de números que representan el punto donde se cortan dos coordenadas. ≃ COORDENADAS cartesianas.
COORDENADA CARTESIANA (gralm. pl.). Coordenada (línea). ⊙ (pl.) Coordenadas (par de números).
V. «EJE de coordenadas [o coordenado]».

coordinación 1 f. Acción de coordinar. **2** Cualidad de coordinado. ⊙ GRAM. Relación entre oraciones coordinadas. ⇒ Paratáctico, parataxis. ➤ Apénd. II, ORACIÓN COMPUESTA.

coordinadamente adv. De manera coordinada.

coordinado, -a Participio adjetivo de «coordinar». ⊙ GRAM. Se aplica específicamente a las oraciones unidas por conjunciones y entre las cuales no hay subordinación.

coordinador, -a adj. y n. Que coordina.

coordinamiento m. *Acción de coordinar.*

coordinante adj. Se aplica a lo que coordina. ⊙ GRAM. Se aplica específicamente a las conjunciones que unen *oraciones mediante coordinación.

coordinar (del lat. «co», por «cum», con, y «ordināre», ordenar) **1** tr. Disponer diversas ↘cosas de manera que sean compatibles y no se estorben unas a otras o al resultado que se pretende: 'Coordinar los permisos de verano para que no quede desatendido el servicio. Coordinar los gustos de todos. Coordinar voluntades. El centro cerebral que coordina los movimientos'. ≃ Armonizar. ⇒ Acoplar, acordar, adaptar, *armonizar, *arreglar, hacer COMPATIBLE, *concertar, conciliar, conjugar, encuadernar, IR a una. ➤ Coordinación, parataxis, *sistema. ➤ Incoordinación. ➤ Coordinado, coordinador, coordinante, coordinativo, paratáctico, sistemático. **2** GRAM. Unir sintácticamente dos ↘oraciones o dos elementos de la oración con la misma función sintáctica.

coordinativo, -a adj. *Coordinante.*

copa (del lat. «cuppa») **1** f. *Vasija para *beber, constituida por un cuenco, generalmente de forma acampanada, sostenido sobre un pie. ⇒ Cáliz, ciborio, copetín, copón, grial, múrrino, velicomen, vidercome. ➤ Sobrecopa. ➤ Cristalería. ➤ *Vaso. **2** Copa ornamental, generalmente de plata o plateada, que se entrega al vencedor en una competición deportiva. ⊙ *Premio que representa: 'Ganar la copa'. ⊙ Nombre que se da a ciertas competiciones deportivas: 'La copa de Europa'. **3** Copa o vaso de *vino, licor, etc.: 'Fuimos a tomar unas copas'. **4** Conjunto formado por las ramas de un *árbol. ⇒ Capullina, carrujo. ➤ Acopar. ➤ *Árbol. **5** **Constelación austral situada cerca y un poco al norte de la Hidra.* **6** Parte hueca del *sombrero, en que se encaja la cabeza. **7** Cada una de las dos partes huecas del sujetador. **8** (pl.) Uno de los palos de la *baraja española, en cuyas cartas hay dibujadas copas. ⊙ As de ese palo. ⊙ Cualquier carta de él. **9** **Brasero pequeño de forma de copa.* **10** *Medida de *capacidad para líquidos, equivalente a 0,126 litros.* **11** (gralm. pl.) *Cabeza del bocado del *freno de las caballerías.*

COPA DEL HORNO. *Bóveda que lo cubre.*

APURAR LA COPA [DE LA AMARGURA]. Llegar al extremo en un padecimiento moral. ⇒ *Apurar.

COMO LA COPA DE UN PINO (inf.). Expresión ponderativa usada para indicar que algo es lo que es sin lugar a dudas o posee en alto grado las cualidades que le son propias: 'Es un artista como la copa de un pino'. ⇒ *Grande.

LLEVAR [o TENER] alguien UNAS COPAS DE MÁS. Estar bebido.

V. «SOMBRERO de copa».

copada (de «copo[1]») f. *Cogujada (ave).

copado, -a adj. *Aplicado a las plantas, con las ramas formando copa.* ≃ Acopado, coposo.

copador (de «copar») m. *Mazo, o martillo de boca redondeada, que sirve para encorvar chapas.* ⇒ *Calderería.

copaiba (del port. «copaíba») **1** f. **Copayero (árbol leguminoso).* **2** *Bálsamo de copaiba.

copaína f. *Sustancia que se obtiene de la copaiba.*

copal (del nahua «copalli») **1** adj. y n. m. Nombre aplicado a varias *plantas (árboles) tropicales, en especial *Copaifera copallifera,* árbol leguminoso de África tropical, de las cuales se obtiene una resina copal. **2** Nombre aplicado a varias *resinas, recientes o fósiles de poca antigüedad, empleadas en la fabricación de barnices, tintas y pinturas.

COPAL KAURI [o CAURI]. Resina obtenida en Nueva Zelanda a partir del árbol araucaráceo *Agathis australis.*

copalillo 1 (Hond.; *Thouinia nervosa*) m. **Curbaril.* **2** (Méj.) *Se aplica a diversas especies de *plantas burseráceas, en especial al Protium copal, árbol cuya resina aromática se usa como incienso.*

cópano (del lat. «caupŭlus»; ant.) m. *Cierto *barco pequeño usado antiguamente.*

copaquira (Chi., Perú) f. *Caparrosa azul.*

copar (del fr. «couper», cortar) **1** tr. MIL. *Apresar o cortar la retirada a un ↘ejército o grupo de fuerzas enemigas con un golpe de mano. **2** En los *juegos de azar, hacer una puesta equivalente a todo el dinero de que dispone la ↘banca. **3** En unas *elecciones, ganar o coger todos los ↘puestos. ⊙ Se emplea también con referencia a otros asuntos o campos: 'Los atletas norteamericanos coparon los primeros puestos de la clasificación'.

coparticipación (de «co-» y «participación») f. Participación en la posesión de una cosa.

copartícipe adj. y n. Se aplica a la persona que participa con otros en la posesión o disfrute de cierta cosa. ⇒ *Copropietario.

copartidario, -a adj. y n. *Perteneciente al mismo partido político que otra persona determinada.*

copayero m. Nombre aplicado a varias especies de árboles leguminosos de América tropical del género *Copaifera,* especialmente *Copaifera officinalis,* de cuyo tronco se extrae el bálsamo de copaiba, que tiene aplicaciones medicinales. ≃ Camíbar, copaiba, copiba. ➤ *Planta.

cope (de «copo[2]») m. *Parte central, más espesa, de la *red de pescar.*

copé m. *Especie de nafta o betún existente en algunas regiones americanas, que se mezclaba con el *alquitrán.*

copear 1 (inf.) intr. *Beber copas o vasos de vino. **2** *Vender bebidas por copas.*

cópec, copeca o **copeck** (del fr. «copeck») m. *Moneda *rusa, centésima parte de un rublo.

copeicillo o **copeisillo** (de «copey»; *Clusia alba* y *Clusia minor*) m. Árbol gutífero americano, especie de *copey pequeño.

copela (del it. «coppella») **1** f. Plato casi plano, de fondo grueso, hecho de cenizas de huesos calcinados, usado en la obtención del *oro y la *plata de los minerales que los contienen. ⇒ Copellán. ➤ Cendra. ⊙ *Crisol de ese mismo material, en que se ensayan y purifican esos mismos metales. **2** Suelo del interior de los *hornos de copela, de arcilla apisonada.

V. «HORNO de copela».

copelación f. Acción y efecto de copelar los metales.

copelar tr. METAL. Fundir los ↘minerales de plomo para obtener el oro o la plata que contienen.

copellán (ant.) m. *Copela.*

copeo (inf.) m. Acción de copear: 'El sábado se va de copeo con los amigos'.

copépodo (del gr. «kṓpē», remo, y «-podo») adj. y n. m. ZOOL. *Se aplica a los *crustáceos entomostráceos con un solo ojo, sin caparazón ni extremidades abdominales, generalmente pequeños, y muchos parásitos, como el ciclope.* ⊙ m. pl. ZOOL. *Clase que forman.*

copera f. *Sitio donde se guardan o bandeja, etc., donde se sirven las copas.*

copernicano, -a adj. Se aplica al sistema astronómico de Copérnico.

V. «GIRO copernicano».

copero, -a 1 n. *Servidor encargado de ofrecer las copas de bebida; por ejemplo, el que las ofrecía a los dioses o el que las ofrecía al *rey: 'Copero mayor del rey [o la reina]'. ⇒ *Escanciador. **2** m. Mueble en que se guardan las copas para licores. **3** (inf.) adj. De la competición en que se disputa una copa.

copeta (dim. de «copa»; Ar.) f. *As de copas.*

copete (dim. de «copo[1]») **1** m. *Mechón de *pelo, a veces rizado, que se yergue sobre la frente. ≃ Tupé. **2** *Mechón de plumas que tienen sobre la cabeza algunas aves; como la abubilla.* ≃ *Moño. **3** **Mechón de crin que le cae al *caballo sobre la frente.* **4** *Parte de la pala del zapato que sale por encima de la hebilla.* ⇒ *Calzado. **5** **Cima de una montaña.* **6** Parte del contenido de una vasija que rebasa por encima del borde de ella. ≃ Caramullo, *colmo. ⊙ Particularmente, de un helado. **7** Remate que se pone como adorno en la parte superior de ciertos muebles, espejos, etc. **8** **Orgullo, *presunción o atrevimiento.*

DE ALTO COPETE. *Encumbrado: noble o de alta categoría. ≃ Encopetado.

V. «PAUJÍ de copete».

copetín (de «copa») **1** (Arg.) m. **Cóctel.* **2** (Hispam.) *Copita de *licor, o *aperitivo.*

copetón[1], -a (de «copa»; Col.) m. *Algo *borracho.*

copetón[2], -a (de «copete», mechón de plumas) **1** (Am. S.) adj. *Se aplica a algunas aves que tienen copete.* **2** (Col.;

Brachyspiza capensis) m. **Pájaro fringílido, especie de gorrión con moño.* ≃ Chingolo.

copetona (de «copete»; Arg., Ur.) f. *Martineta (ave).*

copetuda (de «copete») **1** f. *Alondra (pájaro). **2** (Cuba) **FLOR de la maravilla (planta iridácea).*

copetudo, -a 1 adj. Que tiene copete. **2** (inf.) *Encumbrado. ≃ Encopetado.

copey (de or. taíno; *Clusia rosea)* m. Árbol gutífero de América Meridional, de hermoso ramaje, flores amarillas y rojas de apariencia de cera y fruto venenoso. ⇒ *Planta.

copia (del lat. «copĭa») **1** (culto) f. Abundancia de ciertas cosas, de las que se hace algún uso: 'Con gran copia de citas [de datos, de argumentos, de provisiones, de combustible]'. **2** Acción de copiar. ⊙ («Hacer, Obtener, Sacar») Cosa hecha copiando: 'Tengo una copia de la carta'. ⊙ Cada ejemplar de los que se hacen iguales de un escrito, un dibujo, una película, una fotografía, etc.: 'Se hicieron tres copias del contrato'. ⊙ Cada ejemplar hecho a mano de una obra musical. **3** *Retrato, *dibujo o pintura hechos copiando del natural.* **4** (n. calif.) Cosa muy parecida a otra determinada.

COPIA INTERMEDIA (expresión adoptada para sustituir a la de origen inglés «copia lavender»). CINE. *Copia positiva de una película sacada en cinta de grano muy fino para obtener con ella nuevos negativos.*

C. LAVENDER. CINE. *COPIA intermedia.*

copiado, -a 1 Participio de «copiar». ⊙ («Estar») adj. Hecho copiando; puede expresarse o no el sitio de donde se copia: 'Esta figura está copiada [copiada de un cuadro de Rembrandt]'. **2** («Ser») Tan *parecido a otra cosa que parece una copia de ella.

copiador, -a 1 adj. Se aplica al que copia o se dedica a copiar. **2** m. LIBRO copiador. **3** f. Multicopista. **4** Máquina con la que se hacen copias de una pieza metálica; por ejemplo, de una llave.

copiante 1 n. *Copista.* **2** (inf., propio del lenguaje de los chicos) *Se dice del que copia sus ejercicios, trabajos, etc., de los otros, en vez de hacerlos por sí mismo.* ⊙ *O del que imita lo que hacen otros.*

copiar (de «copia»; «de») tr. Hacer una cosa *igual a ↘otra que ya está hecha, tomando ésta como modelo: 'Copiar un cuadro de Velázquez'. ⊙ *Escribir algo ya escrito, reproduciendo con exactitud el texto.: 'Copiar una página de un libro'. ⊙ Escribir ↘lo que alguien dice. ⊙ *Representar ↘algo que se tiene delante dibujando o pintando: 'Copiar un paisaje'. ⊙ Hacer, adoptar, etc., una ↘cosa igual que la hace, tiene, etc., ↘otro: 'Copiar el estilo de un escritor. Copiar a alguien en la manera de hablar'. ≃ Imitar. ⊙ tr. o abs. Tomar indebidamente las ↘respuestas de un examen de alguien que lo está haciendo también, o de apuntes, libros, etc.: 'Suspendió porque el profesor le pilló copiando'.

□ CATÁLOGO

Ampliar, calcar, contrahacer, poner en LIMPIO, transcribir, transflorar, trasladar, trasuntar. ➤ Degenerar, degollar, fusilar, piratear, plagiar. ➤ Imitar, remedar. ➤ Fotocopiar, microfilmar, mimeografiar, multicopiar, xerocopiar, xerografiar, *repetir, reproducir, vaciar. ➤ Apógrafo, auténtica, autografía, compulsa, copia, duplicado, extracta, minuta, saca, testimonio, transcripción, traslado, trasunto. ➤ Extraer, hacer, obtener, sacar. ➤ Por concuerda, exacta, al PIE de la letra, a PLANA y renglón, PUNTO por punto, sic, textual. ➤ Calco, copión, facsímil [o facsímile], fotocopia, imitación, prueba, recorte, réplica, reproducción, transparencia, xerocopia, xerografía. ➤ Variante. ➤ Positiva. ➤ Cliché, *clisé, negativo. ➤ Reprografía. ➤ Sacar, saltarse, *suprimir. ➤ *Modelo, original. ➤ Ciclostil [o ciclostilo], diágrafo, fotocopiadora, hectógrafo, mimeógrafo, multicopista, pantógrafo, policopia, velógrafo. ➤ Mordante, PAPEL carbón. ➤ Tijeras. ➤ Ecografía.

□ CONJUG. como «cambiar».

copiba (Ven.) f. **Copayero.*

copichuela (inf.) f. Dim. de «copa» (de vino o licor).

copihue (del mapuche «copiu»; Chi.; *Lapageria rosea)* m. *Enredadera esmilacácea muy común, de hermosas flores rojas, a veces blancas, y frutos parecidos al pimiento verde.* ⇒ *Planta.

copilación (ant.) f. *Compilación.*

copilador adj. y n. *Compilador.*

copilar tr. *Compilar.*

copilla (dim. de «copa») f. **Braserillo pequeño empleado, por ejemplo, para encender el cigarro.* ≃ Copa.

copiloto n. El que asiste, y en ocasiones sustituye, al piloto de un avión, un coche, etc.

copín (de «copa»; Ast.) m. *Medida de *capacidad para áridos, variable según las regiones.*

copina (del nahua «copina», sacar una cosa de otra; Méj.) f. **Piel de una res, sacada entera.*

copinar (de «copina») tr. *Desollar un ↘animal sacando entera la piel.*

copinol (del nahua «cuahuit», árbol, y «pinoli», harina; Guat.) m. **Curbaril (árbol leguminoso).*

copión, -a 1 (inf. y desp.) adj. y n. Que copia; por ejemplo, en un examen. **2** m. Copia mala de un cuadro o estatua. **3** CINE. Película revelada en blanco y negro sobre la que se efectúa el montaje.

copiosamente (form.) adv. De manera copiosa: 'Nieva copiosamente'.

copiosidad (del lat. «copiosĭtas, -ātis»; form.) f. Abundancia. ≃ Copia.

copioso, -a (del lat. «copiōsus»; form.) adj. *Abundante; se aplica a nombres de conjunto de cosas menudas: 'Una copiosa nevada. Una copiosa cabellera'. O formado por muchas cosas provechosas o estimables: 'Un copioso botín. Una copiosa cosecha de cereales. Una comida copiosa'.

copista n. Persona que copia o se dedica a copiar. ⊙ Autor de la copia de una obra anterior a la imprenta.

copla (del lat. «copŭla», unión) **1** f. **Pareja.* **2** Composición breve, generalmente de cuatro versos, destinada a ser *cantada con alguna música popular. ⊙ La misma composición, junto con la música. ⊙ (pop.; pl.) Versos. ⊙ Estrofa. ⇒ *Poesía. **3** Tonadilla, particularmente la de origen andaluz.

COPLA DE ARTE MAYOR. LITER. *Estrofa de ocho versos de doce sílabas, de los cuales riman entre sí el primero, cuarto, quinto y octavo; el segundo y tercero, y el sexto y séptimo.

C. DE PIE QUEBRADO. LITER. Combinación métrica en que alternan los versos cortos, generalmente de cuatro sílabas, con versos más largos.

COPLAS DE CALAÍNOS. *Cita, anécdota, etc., con que alguien interrumpe una conversación, sin relación con lo que se trata, o demasiado vieja para tener interés.* ⇒ *Inoportuno, *monserga.

ANDAR algo EN COPLAS (inf.). Ser del dominio público alguna cosa que perjudica el buen nombre de alguien.

coplanario, -a adj. *Aplicado a puntos, líneas y figuras, situado en el mismo plano.*

copleador (ant.) m. *Coplero.*

coplear intr. *Hacer, decir o cantar coplas.*

coplero, -a **1** n. *Persona que vende coplas, romances, etc.* **2** (desp. o hum.) Persona que compone versos. ⇒ Poeta.

coplista n. *Coplero.*

coplón (aum. de «copla») m. *Mala composición en verso.* ⇒ *Poesía.

copo[1] (de «copa») **1** m. Mechón o porción de cáñamo, lana, lino, algodón, etc., dispuesto para ser *hilado. ⇒ Estriga, husada, rocada. ➤ Pabilón. **2** Nombre dado a las porciones en que cae la *nieve. **3** Se aplica a las *partes de ciertas sustancias que, por lo ligeras, por su tamaño y por su aspecto, se asemejan a los copos de nieve; como los «copos de avena». **4** **Grumo o *coágulo.*

copo[2] **1** m. Acción de copar. **2** Bolsa de red en que terminan distintas artes de pesca. ⇒ Calimote. ➤ Enjuagar. **3** *Pesca cogida en esa bolsa.

copón (aum. de «copa») m. Copa cubierta en que se guarda el Santísimo Sacramento en el Sagrario. ⇒ *Eucaristía.

DEL COPÓN (inf.). Muy grande o intenso: 'Hace un frío del copón'.

coposesión f. *Copropiedad.*

coposesor, -a n. *Copropietario.*

coposo, -a (de «copa») adj. *Copado.*

copra f. Médula de la nuez de *coco desecada, de la que se extrae el aceite de coco.

copro- Elemento prefijo del gr. «kópros», excremento. ⇒ Escato-.

coproducción **1** f. Trabajo en el que colaboran varias personas o entidades. **2** Realización cinematográfica o televisiva financiada por distintas entidades.

coproducir tr. Realizar una coproducción.

coproductor, -a adj. y n. Que participa en una coproducción.

coprofagia (de «copro-» y «-fagia») f. Práctica que consiste en la ingestión de excrementos o materias sucias, que se da en los niños y en los afectados de ciertas enfermedades mentales.

coprófago, -a **1** adj. Que practica la coprofagia. **2** ZOOL. Se aplica a los animales que, como el escarabajo, *comen estiércol o excrementos de otros.

coprofilia (de «copro-» y «-filia») f. Tendencia patológica a manipular excrementos.

coprolalia (de «copro-» y el gr. «laleîn», hablar) f. PSI. Tendencia patológica a proferir expresiones obscenas o escatológicas. ⇒ *Mente, *PALABRA malsonante.

coprolito (de «copro-» y «-lito») **1** m. **Fósil de excrementos.* **2** *Concreción fecal dura.*

coprología f. BIOL. *Estudio de las heces.*

copropiedad f. Circunstancia de poseer una cosa colectivamente. ⊙ Cosa poseída en común por varios.

copropietario, -a n. Persona que posee una cosa junto con otras. ⇒ Comunero, condueño, copartícipe, coposesor, solidario.

cóptico, -a adj. *Copto.*

copto, -a (del gr. «Aígyptos», Egipto) **1** adj. y, aplicado a personas, también n. Se aplica a los *cristianos de Egipto, y a sus cosas. **2** m. Idioma *egipcio que se conserva en su liturgia.

copucha (de «copa») **1** (Chi.) f. **Vejiga empleada para diversos usos domésticos.* **2** (Chi.) *Mentira.*

HACER COPUCHAS (Chi.). *Hinchar los carrillos.*

copuchento, -a (Chi.) adj. *Mentiroso, exagerado.*

copudo, -a adj. Aplicado a *árboles, de copa grande.

cópula[1] (del lat. «copŭla», lazo, unión) f. Ligamento o *unión. Se usa solamente en los casos particulares de las acepciones siguientes: **1** BIOL. Unión sexual que permite la transferencia del esperma a las hembras. ⊙ Particularmente, unión del macho y la hembra de los animales superiores. ⇒ *Cohabitar, copular, *cubrir. **2** LING., LÓG. Término que une el sujeto con el atributo. ⊙ GRAM. *Conjunción, o sea, palabra o expresión que establece la relación entre dos oraciones.

cópula[2] f. *Cúpula.*

copular (del lat. «copulāre») **1** (ant.) tr. **Unir.* **2** intr. y, no frec., prnl. Unirse sexualmente macho y hembra.

copulativo, -a (del lat. «copulatīvus») **1** adj. GRAM. Se aplica a los verbos «ser» y «estar» que sirven para unir un sujeto con su atributo y a otros verbos cuando desempeñan esa misma función. **2** GRAM. Se aplica a las *conjunciones que unen dos oraciones cuyas acciones se suman. ⊙ GRAM. También, a las oraciones unidas mediante una de estas conjunciones para formar una *oración compuesta. ⇒ Apénd. II, EXPRESIONES COPULATIVAS.

copyright (ingl; pronunc. [copirráit]) m. AGRÁF. Indicación con que se consigna en los libros el hecho de estar registrado y garantizado el derecho exclusivo de su reproducción, con la expresión de la fecha y la persona o la entidad en favor de la cual se establece ese derecho. Se indica con el signo ©: 'El copyright es de 1990. © Joan Corominas, 1990'.

coque (del ingl. «coke») m. Carbón que queda como residuo al extraer del de piedra, mediante destilación, las sustancias volátiles. ≃ Cok. ⇒ Carbonita.

coquear (de «coca[2]»; Hispam.) intr. *Mascar coca.*

coquera[1] (de «coque») f. *Cajón que se tiene con el carbón, cerca de la chimenea.*

coquera[2] (de «coco[1]») f. *Hueco pequeño en la masa de una *piedra.*

coquera[3] (de «coca[1]», cabeza; entre chicos.) f. *Cabeza de la *trompa.*

coquería f. Fábrica donde se obtiene coque, quemando hulla.

coqueta[1] (de «coca[4]»; Ar.) f. **Panecillo de cierta forma.*

coqueta[2] (de «coco[1]»; Ar.) f. *Palmetazo.* ⇒ *Castigo.

coqueta[3] (de «coqueto») f. *Mueble, especie de tocador provisto de espejo generalmente de cuerpo entero, que se emplea para vestirse o *arreglarse delante de él.

coquetear (de «coqueto») **1** intr. Conversar o tratar una mujer con los hombres procurando *enamorarlos. ⊙ Puede aplicarse también a los hombres que tienen una actitud semejante respecto de las mujeres. ⊙ También, a la acción de conversar, bromear, etc., un hombre y una mujer tratando de agradarse recíprocamente. ⊙ Y a la de intentar atraer a otro sólo por pasatiempo. **2** Tener trato o contacto con una actividad, un partido o una ideología, sin entregarse seria o abiertamente a ellos: 'Coquetear con el comunismo [o con la literatura]'. ⇒ *Enredar.

coqueteo m. Acción de coquetear.

coquetería f. Cualidad o comportamiento de coqueta. ⊙ Habilidad para arreglarse o para *agradar en general. ⊙ Cosa que hace una *mujer para aumentar su *belleza o para agradar a un hombre o a los hombres.

coqueto, -a (del fr. «coquette», f. de «coquet», de «coqueter», presumir un hombre entre las mujeres, de «coq», gallo) **1** adj. y n. Se aplica a la mujer *presumida, que se preocupa mucho por su arreglo personal o de gustar a los hombres. ⊙ También puede aplicarse a los hombres en relación con las mujeres. ⊙ También a la mujer que toma el amor como una diversión y procura enamorar a distintos hombres. **2** adj. Se aplica a la cosa de aspecto agradable, especialmente si no es muy grande o lujosa: 'Un pisito muy coqueto'. ⇒ Vampi [o vampiresa]. ➤ Chicolear, coquetear, flirtear, tontear. ➤ *Inconstante. *Frívolo. ➤ *Conquistador.

coquetón, -a (de «coqueto») **1** adj. Se aplica a un adorno o vestidura, por ejemplo un lazo, que añade *atractivo a la persona o cosa en que se pone. **2** (desp.) m. Se aplica al *hombre que coquetea con las mujeres.

coquí (Cuba, P. Rico; *Hylodes martinicensis)* m. **Anfibio pequeño, al que se aplica ese nombre por el sonido de su grito.*

coquillo (Cuba) m. *Cierta *tela blanca de algodón que se empleaba para trajes antes de introducirse el dril.*

coquina **1** *(Donax trunculus* y otras especies del mismo género) f. Molusco *lamelibranquio comestible de valvas finas, ovales y aplastadas, que abunda, por ejemplo, en las costas de Cádiz. **2** **Roca formada en la costa de la Florida por depósito de conchas de ese molusco, la cual se empleaba en la construcción y de la que es, por ejemplo, el castillo de San Marcos.*

coquinario, -a (del lat. «coquinarĭus») **1** (ant.) adj. *De la *cocina.* **2** (ant.) m. *Cocinero.*

COQUINARIO DEL REY. *Funcionario palatino que se ocupaba de disponer la comida del *rey.*

coquinero, -a n. *Persona que coge y vende coquinas.*

coquino **1** m. Árbol quenopodiáceo, maderable y de fruto comestible del que se hace compota. ⇒ *Planta. **2** (Méj.; *Orbignya cohune) Cierta *palmera.*

coquito[1] (dim. de «coco[1]») **1** (Chi., Ec.) m. *Fruto de cierta especie de *palmera, del tamaño de una ciruela.* ≃ Coco de Chile. ⇒ Canoa. **2** *Gesto de los que se les hacen a los niños muy pequeños para hacerles reír.

coquito[2] (del nahua «cuculí», tórtola; *Scardafella inca* y *Columbina passerina) m. Cierta *ave gallinácea americana, parecida a la tórtola.* ≃ Tojosita, tucurpilla, urpila.

cor[1] (ant.) m. *Coro.*

cor[2] (del lat. «cor»; ant.) m. **Corazón.*

cora[1] (del ár. «kūrah», del gr. «chṓra») f. *Entre los árabes, división territorial poco extensa.*

cora[2] (Perú) f. *Cierta *planta que crece en los terrenos cultivados.*

coracán m. *(Eleusine caracana)* *Planta gramínea tropical, cuyas semillas se emplean en tiempo de escasez como alimento.

coráceo, -a adj. *Coriáceo.*

coracero **1** m. *Soldado armado de coraza. ⊙ Soldado de un cuerpo de la guardia real, que llevaba coraza. ⊙ (pl.) Ese cuerpo. **2** **Cigarro puro de tabaco muy fuerte y de mala calidad.*

coracha (del lat. «coriacĕa», de cuero; Hispam.) f. **Saco de piel que se emplea para transportar mercancías; por ejemplo, *tabaco.*

coraciforme adj. y n. f. *Se aplica a las *aves del orden al que pertenecen el martín pescador, el abejaruco y la abubilla, que están ampliamente distribuidas y se caracterizan por tener dos o tres dedos anteriores unidos en su base.* ⊙ f. pl. *Orden que forman.*

coracina f. *Coraza formada por launas imbricadas sujetas a una tela.*

coracoides (del gr. «korakoeidḗs», en forma de cuervo) adj. y n. f. ANAT. *Se aplica a la apófisis del *omoplato.*

corada (del lat. «cor», corazón; ant. y usado aún en Ast.) f. **Asadura de res.*

coradela (ant.) f. *Asadura de res.*

coraje (del fr. ant. «corage») **1** m. Actitud decidida y apasionada con que se acomete una empresa; particularmente, con que se acomete al enemigo o se arrostra un peligro o una dificultad. ⇒ Agresividad, *ánimo, *brío, *decisión, *furia, ímpetu, *valor. **2** («Dar, Tener, Estar lleno de») *Cólera o *rabia. Enfado muy violento; por ejemplo, por algún suceso adverso que se podía haber evitado; generalmente, emplea esa palabra para expresar su estado de ánimo el mismo que lo tiene: 'Me da coraje pensar que podía haber ganado si no hubiera sido por esa tontería'. ⇒ Encorajinarse.

DAR CORAJE. Dar *rabia.

corajina (de «coraje») f. Arrebato de cólera. ≃ *Rabieta.

corajudo, -a **1** adj. Capaz de hacer las cosas con coraje (acometividad). **2** Propenso a la *cólera.

coral[1] (de «cor[2]») adj. *Del corazón.*

coral[2] **1** adj. De [o del] coro: 'Música coral'. **2** f. Coro (conjunto de cantantes). **3** m. MÚS. Composición vocal polifónica de carácter religioso.

V. «MAESE [O MAESTRE] coral».

coral[3] (del fr. ant. y occit. «coral») **1** m. Cnidario antozoo que vive en colonias alojadas en estructuras calcáreas segregadas por los mismos animales. ≃ Coralina. **2** Materia segregada por esos animales, que forma esas estructuras, las cuales llegan a constituir arrecifes e islas. ⇒ Atolón. ➤ Rascle. ⊙ Esa secreción, de color rojo o rosado, como material de que se hacen objetos de adorno, tales como collares o figurillas. ⊙ Se emplea el nombre para designar o describir el color *rojo como el de esa materia. ⊙ También se ha dicho en lenguaje poético: 'labios de coral'. **3** *Conjunto de las carúnculas del cuello y la cabeza del *pavo.* **4** (Cuba; *Antigonon leptopus) Arbusto poligonáceo, que se cultiva por sus semillas, empleadas como *cuentas de collar.* **5** *(Micrurus corallinus)* *Serpiente de Venezuela muy venenosa, roja con anillos negros. ≃ Coralillo.

coralario, -a adj. y n. m. ZOOL. **Antozoo (cualquier *pólipo del grupo del coral).*

coralero, -a n. *Persona que trabaja en coral o comercia con él.*

coralífero, -a adj. De coral.

coralígeno, -a adj. *Se aplica a lo que produce coral.*

coralillo (dim. de «coral[3]») **1** m. Coral (serpiente). **2** *(Inga spuria)* Arbolito de Méjico, América Central y del Norte, cultivado por sus legumbres comestibles.

coralina **1** f. *Coral (animal).* **2** *Cualquier estructura marina de origen animal parecida al coral.* **3** *(Corallina officinalis)* *Alga rodofícea roja, gelatinosa, generalmente recubierta por una costra caliza, que vive adherida a las rocas submarinas; ha sido empleada en *medicina como vermífugo. ≃ MUSGO marino.

coralino, -a adj. *De coral.* ⊙ *De aspecto de coral.* ⊙ *Particularmente, de *color de coral.*

coralito (Col.) m. *Nombre dado a diversas especies de *plantas de frutos de color rojo. Particularmente, a la simarubácea Picramnia antidesma.*

corambre (del lat. «corĭum», piel del hombre o de los animales) **1** f. Conjunto de cueros o *pieles. **2** *Odre.

coram populo (pronunc. [córam pópulo]) Expresión latina que significa «ante el pueblo», o sea, de modo que todo el mundo lo oiga o lo vea, sin *ocultarse.

coramvobis (del lat. «coram vobis», ante vosostros; var. «coranvobis, coram vobis») m. *Buena estatura y *presencia de una persona.*

corana f. *Cierto tipo de *hoz que usan los *indios de algunos sitios de América.*

coránico, -a adj. Del Corán. ≃ Alcoránico.

corar (Hispam.) tr. **Cultivar ↘chacras (granjas) de *indios.*

coras (*Mandrillus sphinx*) m. Cierto *mono, especie de cinocéfalo.

corasí (Cuba; género *Culex*) m. **Mosquito de cabeza rojiza, cuya picadura es muy dolorosa.*

coraza (del lat. «coriacĕa», hecha de cuero) **1** f. *Armadura que se usaba para defender el cuerpo en la guerra, formada por dos piezas, una para la espalda y otra para el pecho llamadas «peto» y «espaldar». ⇒ Arnés, brigantina, clíbano, coselete, jubete, JUBÓN de nudillos, JUBÓN ojeteado. ➤ Espaldar, hoja. ➤ Almilla, brial, CUERA de armar, farseto, gambaj [o gambax], gambesina, gambesón, perpunte, velmez. ➤ Escaupil. ➤ Sobreveste. **2** MAR. Blindaje de un *barco. **3** Concha de la *tortuga y los otros quelonios. **4** Cosa no material que *protege o *defiende a alguien o algo: 'Su ingenuidad es su coraza'. **5** *Piel, generalmente con labores, que cubría el fuste de la *silla de montar.* ≃ Corete.

coraznada (de «corazón») **1** f. *Interior o *núcleo del tronco del *pino.* **2** *Guiso o *fritada de corazón de res.*

corazón (del lat. «cor») **1** m. Órgano central del aparato circulatorio, encargado de bombear la sangre que, en el hombre, esta situado en la cavidad torácica. **2** («Destrozar, Desgarrar, Lacerar, Romper, Abrir, Tocar») Ese órgano, considerado como asiento del *amor y de los sentimientos o sensibilidad afectiva: 'Le entregó su corazón. Un espectáculo que destroza el corazón'. ⊙ O como fuente de actos afectivos: 'Haz sólo lo que te dicte el corazón'. ⊙ También, considerado como fuente de bondad o «buenos sentimientos», o de maldad: 'Buen [o mal] corazón'. Si no se califica, equivale a «buen corazón»: 'Una persona de corazón'. ⊙ Origen supuesto de los actos con algún valor afectivo: 'No sé cómo tienes corazón para hacer eso'. **3** El mismo órgano, considerado como asiento del *valor: 'Hacía falta corazón para lanzarse al océano en aquellas cáscaras de nuez'. **4** Puede aplicarse a la parte de cualquier cosa que está en el *centro o en lo más íntimo de ella: 'En el corazón de la ciudad'. ⊙ Particularmente, en las frutas, parte del centro de ellas en que está el hueso o las semillas: 'Se comió la manzana y arrojó el corazón al suelo'. ⊙ En la sandía es la parte más dulce y no tiene semillas. **5** HERÁLD. *Punto central del *escudo.* **6** Se emplea como *apelativo cariñoso, solo o, más frecuentemente, con «mío»: '¡Ven aquí, corazón mío!'. ⊙ A veces se emplea con tono de impaciencia o leve *disgusto: '¡Pero, corazón mío!, ¿aún no has terminado?'. **7** Se emplea para describir los objetos que tienen aproximadamente la *forma del corazón, o esta forma. **8** (pl.) Uno de los palos de la baraja francesa.

BLANDO DE CORAZÓN. Aplicado a una persona, muy *benévolo o compasivo. ≃ De CORAZÓN blando.

BUEN CORAZÓN. *Bondad; particularmente, capacidad de *compasión.

MAL CORAZÓN. Crueldad o falta de *compasión.

A CORAZÓN ABIERTO. Se aplica a la técnica de cirugía en que se abren las cavidades cardiacas, después de derivar la sangre a un corazón artificial.

ABRIR alguien SU CORAZÓN a otra persona. Sincerarse con ella. ⇒ *Sincero.

ANUNCIAR algo EL CORAZÓN. *Presagiarlo. ≃ Dar el [o al] CORAZÓN.

ARRANCAR EL CORAZÓN. Partir el CORAZÓN.

BRINCARLE [DENTRO DEL PECHO] EL CORAZÓN a alguien. Estar muy emocionado por la *alegría o por la *impaciencia.

V. «dar BRINCOS el corazón».

CLAVÁRSELE una cosa EN EL CORAZÓN a alguien. Causarle mucha *pena o *compasión.

CON EL CORAZÓN. Con *sinceridad o verdadero sentimiento. ≃ Con todo el CORAZÓN, de CORAZÓN, de todo CORAZÓN.

CON EL CORAZÓN EN LA MANO («Hablar» o verbo equivalente). Tal como se siente.

CON EL CORAZÓN EN UN PUÑO («Estar, Tener»). En vilo, angustiado por lo que pueda ocurrir.

CON TODO EL CORAZÓN. Con el corazón.

DAR AL [o EL] CORAZÓN cierta cosa. Anunciarse con presentimientos.

DE CORAZÓN. **1** Se aplica como expresión calificativa a una persona compasiva o *generosa. **2** Con el corazón. **3** (ant.) *De memoria.* ≃ De coro.

DEL CORAZÓN. Se aplica a la prensa que recoge noticias relativas a personajes famosos, especialmente de su vida privada: 'Revista del corazón'.

DE MI CORAZÓN. Expresión cariñosa que se añade al nombre de la persona a quien uno se dirige: 'Hijita de mi corazón'. ⊙ Muy frecuentemente se emplea con tono de impaciencia o leve *disgusto: '¡Pero, Pepe de mi corazón, ya es hora de que te enteres!'.

DE TODO CORAZÓN. Con el corazón.

V. «DEDO corazón, DOLOR de corazón».

DURO DE CORAZÓN. *Cruel o incapaz de *compasión.

ENCOGER [o ENCOGÉRSELE] EL CORAZÓN a alguien. Hacer que alguien se sienta [o sentirse] anonadado o asustado: 'De ver aquel abismo se le encoge a uno el corazón'. ⊙ Hacer sentir [o sentir] aflicción o *compasión por un dolor ajeno: 'Ver a aquellas pobres criaturas encogía el corazón'.

GRAN CORAZÓN. Generosidad o *nobleza de sentimientos. ⊙ Persona que los tiene.

HABLAR CON EL CORAZÓN [EN LA MANO]. V. «con el corazón [en la mano]».

HELAR [o HELÁRSELE] a alguien EL CORAZÓN. Dejar [o quedarse] pasmado por un susto o una mala noticia.

LATIR EL CORAZÓN. **1** Realizar sus movimientos fisiológicos. ⊙ Realizarlos acelerada o perceptiblemente por efecto de una *emoción. **2** Estar bajo los efectos de una *impresión fuerte.

LATIR EL CORAZÓN por alguien (gralm. hum.). Sentir *amor por la persona de que se trata.

LEVANTAR EL CORAZÓN. *Animar o animarse.

LIMPIO DE CORAZÓN. En el Catecismo se dice entre las «bienaventuranzas»: 'bienaventurados los limpios de corazón, porque ellos verán a Dios', y explica que son «los que son del todo mortificados en sus pasiones». ⊙ Corrientemente, se aplica a la persona que no abriga sentimientos innobles.

LLEVAR EL CORAZÓN EN LA MANO. Hablar y obrar con *franqueza, sin disimulo o intenciones ocultas.

V. «MAL de corazón».

NO CABER EL CORAZÓN EN EL PECHO. Tener muy «buen corazón».

NO TENER CORAZÓN. Ser *cruel o *insensible.

NO TENER CORAZÓN para cierta cosa. No ser capaz de hacerla, o no ser capaz de verla porque causa *compasión.

V. «OJOS que no ven, corazón que no siente».

PALPITAR EL CORAZÓN. Latir el CORAZÓN.

PARTIR EL CORAZÓN a alguien una cosa [o PARTÍRSELE a alguien EL CORAZÓN con cierta cosa]. Producir o sentir mucha *pena o *lástima: 'Se me parte el corazón de no poder darles lo que me piden'.
V. «PEDAZO de mi corazón, tener PELOS en el corazón».
ROMPER [o ROMPÉRSELE] a alguien EL CORAZÓN. V. «partir el CORAZÓN».
SALIR UNA COSA DEL CORAZÓN. Ser *sincera o realmente sentida.
SECAR [o SECÁRSELE] a alguien EL CORAZÓN. Hacer[se] *insensible.
SIN CORAZÓN. *Cruel o sin *compasión.
V. «llegar a las TELAS del corazón».
TENER EL CORAZÓN EN SU SITIO. Ser *valiente o ser capaz de *entusiasmarse o *conmoverse por algo que lo merezca.
TODO CORAZÓN. Expresión calificativa que se aplica a la persona de «buen corazón» o *generosa.
V. «hacer de TRIPAS corazón, más vale VERGÜENZA en cara que dolor de corazón, dar un VUELCO el corazón».
□ CATÁLOGO
Otras formas de la raíz, «cardi-, cord-»: 'cardiopatía, cordialidad, cordiforme, precordial'. ➤ Cor, cuer. ➤ Aurícula, endocardio, miocardio, pericardio, VÁLVULA mitral, VÁLVULA tricúspide, ventrículo. ➤ Coronaria. ➤ Aleteo, diástole, golpe, latido, pulso, salto, sístole, TAC tac. ➤ Latir, palpitar. ➤ Aneurisma, ANGINA de pecho, arritmia, asistolia, bradicardia, cardialgia, cardiopatía, carditis, descompensación, dexiocardia, endocarditis, estenocardia, exocarditis, extrasístole, fibrilación, INSUFICIENCIA cardiaca, miocarditis, palpitación, pericarditis, taquicardia. ➤ Cardiaco [o cardíaco], cardiópata, cardiovascular, coronario. ➤ Cardiografía, cardiógrafo, cardiograma, cardiología, electrocardiograma (ECG). ➤ Cardiocirujano, cardiólogo. ➤ Digital, digitalina, esparteína. ➤ Desfibrilador, marcapasos.

corazonada (de «corazón») **1** («Tener, Dar una») f. Creencia vaga de que va a ocurrir algo feliz o desgraciado, no fundada en nada. ≃ *Presentimiento. ⇒ Pálpito. **2** («En, Por una, Dar una») *Impulso afectivo que mueve repentinamente a ejecutar cierta acción: 'En una corazonada le regaló su reloj'. ⊙ Acción ejecutada en esta forma.

corazoncillo (dim. de «corazón») *(Hypericum perforatum)* m. *Planta gutífera medicinal de hojas salpicadas de unas pequeñas glándulas traslúcidas y de manchas negras, y con fruto acorazonado, resinoso. ≃ Cori, HIERBA de San Juan, hipérico. ⇒ ACEITE de Aparicio.

corazonista adj. y n. m. Se aplica a la *orden religiosa de los Sagrados Corazones y a sus miembros.

corbacho (del ár. «kurbāǧ» o del turco «kırbaç») m. *Látigo con que el cómitre o encargado de los *galeotes azotaba a éstos.*

corbata (del it. «corvatta» o «crovatta», croata, corbata, porque la usaban los soldados de caballería croatas) **1** f. Banda de tela que se pone alrededor del cuello y atada por delante con un lazo o nudo, como adorno o complemento del vestido. ⊙ Particularmente, la que usan los hombres en esa forma, puesta alrededor del cuello de la camisa. ⊙ Puede aplicarse acomodaticiamente a algo semejante dispuesto alrededor de algo. ⇒ Chalina, CORBATA de cuello [o de gato], corbatín, golilla, humita, lacito, lazo, michi, moñita, moño, pajarita, pañoleta, plastrón. ➤ Nudo, pala. **2** MIL. Condecoración en forma de lazo que se pone en el asta de las *banderas o *estandartes. ≃ Corbatín. **3** *Insignia de ciertas *órdenes de caballería, civiles. **4** (Col.) *Parte anterior del cuello de los gallos.* **5** Lance del juego de *billar que consiste en pasar la bola del que juega por detrás de la del contrario, entre ella y una esquina de la mesa. **6** *Parte del escenario de un *teatro comprendida entre la batería y la concha del apuntador.* **7** m. *El que no sigue la carrera eclesiástica ni la de la toga.* **8** **MINISTRO de capa y espada.*
CORBATA DE CUELLO (Cuba). *Pajarita (lazo).*
C. DE GATO (Bol., R. Dom.). *Pajarita (lazo).*
C. DE LACITO. V. «lacito».
C. DE LAZO. V. «lazo».
C. MICHI. V. «michi».
C. DE MOÑO. V. «moño».

corbatín m. Se ha aplicado a distintos tipos de corbata; por ejemplo, a la que usaron algún tiempo los soldados, que se abrochaba por detrás con hebillas, o a la de lazo abrochada por detrás. ⊙ Se emplea particularmente en las aplicaciones acomodaticias de «corbata».

corbato (de «corvo») m. *Baño frío en que está sumergido el serpentín del *alambique.* ≃ Corvato, refrigerante, resfriante.

corbe (del lat. «corbis», canasto; ant.) m. **Cesta (como medida de *capacidad).*

corbeta (del fr. «corvette») f. *Barco de guerra semejante a la fragata, pero más pequeño.
V. «CAPITÁN de corbeta».

corbillo (del lat. «corbella», cestillo; Ar.) m. **Espuerta de mimbres.*

corbona (del hebreo «qorbān», ofrenda en el templo) f. **Cesta o canasto.*

corca (Ar., Mur.) f. **Carcoma.*

corcarse (Ar., Mur.) prnl. *Carcomerse.*

corcel (del fr. ant. «corsier»; lit.) m. *Caballo, en especial el de mucha alzada y bello porte.

corcesca (de «corso²») f. **Partesana de hierro largo con dos apéndices a los lados que le dan forma semejante a un arpón.*

corcha¹ f. MAR. *Acción de corchar.*

corcha² **1** (ant.) f. *Corcho.* **2** *Corcho arrancado del árbol, sin elaborar todavía.* **3** *Corchera.* **4** APIC. **Colmena.* **5** ARTILL. *Disco de corcho con que se tapa la boca del *cañón.*

corchapín (¿del cat. «escorxapí»?) m. **Barco antiguo que servía para transportar gente de guerra y bastimentos.* ≃ Escorchapín.

corchar (del fr. «crocher») tr. MAR. *Unir y retorcer ↘filásticas para formar un cordón, o cordones para formar un *cabo.* ≃ Acolchar, colchar.

corche (del lat. «cortex, -ĭcis») m. *Alcorque (*calzado).*

corchea (del fr. «crochée», torcido) f. MÚS. Figura de *nota musical que tiene de duración la mitad de una negra. ⇒ Semicorchea.

corchera **1** f. *Recipiente de corcho o de madera donde se ponía nieve o hielo para meter a *refrescar la garrafa de la bebida.* **2** *Trozo de corcho que usan los pescadores para tener recogido el sedal, los anzuelos, etc.*

corchero, -a **1** adj. De [o del] corcho. **2** n. *Operario encargado de descorchar alcornoques.*
V. «GARRAFA corchera».

corcheta f. De las dos piezas que forman un corchete, la que tiene el asa donde se engancha la otra.

corchete (del fr. «crochet», ganchito) **1** m. *Broche formado por dos piezas hechas de alambre, de las cuales una tiene un gancho y la otra un asa o presilla donde se engancha aquél. ≃ Gafete. ⇒ Encorchetar. **2** De esas dos piezas, la que tiene el gancho. **3** (ant.) *Antiguo funcionario de* *justicia encargado de prender a los delincuentes.* ⇒ *Alguacil. **4** *Signo [...], que se emplea en la escritura para diversos usos, sustituyendo a veces a los paréntesis redondos. En este diccionario se emplean para encerrar expresiones, sílabas o letras que pueden suprimirse o que pueden sustituir a otra que está inmediatamente antes. ≃ PARÉNTESIS cuadrado. ⇒ Apénd. II, PUNTUACIÓN. ⊙ El mismo signo, utilizado como la «*llave», para abarcar varias cifras, palabras, renglones, notas musicales, etc. ⊙ El mismo signo, utilizado, por ejemplo en los diccionarios, para unir a una línea un complemento de ella que, por no ocupar línea entera, se coloca encima o debajo del final de aquélla. ⊙ También se da este nombre al signo {...}, que más frecuentemente se denomina «llave». ⊙ Lo que encierran los corchetes. **5** CARP. *Utensilio de madera con unos dientes de hierro en el que los *carpinteros sujetan la pieza que trabajan.* **6** (Chi.) **Grapa (pieza de alambre).*

corchetera (Chi.) f. *Grapadora.*

corcho (del sup. rom. and. «kórčo» o «kórče», del lat. «cortex, -ĭcis», corteza) **1** m. Material constituido por el conjunto de estratos suberosos que se depositan sobre la corteza de las plantas leñosas; particularmente, del alcornoque. Por sus cualidades de elasticidad y porosidad se emplea en muchas cosas, como tapones o aislamientos. ⊙ Trozo de corcho, generalmente de forma de tronco de cono con poca diferencia entre las bases, que se emplea como tapón de *botella o de otra cosa. ≃ Tapón. ⊙ Flotador de pesca, generalmente de corcho. ⇒ Raíz culta, «suber-»: 'suberina, suberoso'. ➤ Corcha, zuro. ➤ *Alcornoque. ➤ Descasque, descortezar. ➤ Boya, calima, calimote, SERRÍN de corcho, tapón, témpano, VIRUTA de corcho. ➤ Culebra. ➤ Acorcharse, descorchar, encorchar. **2** *Corchera (recipiente).* **3** APIC. **Colmena.* **4** *Corche.* **5** Se puede aplicar en general a cualquier trozo de corcho empleado para un fin especial, o a cualquier recipiente de corcho: ⊙ *Caja de corcho que utilizan en algunos sitios para transportar cosas; como castañas o chorizos.* ⊙ *Plancha de corcho utilizada en algunos sitios para resguardar del aire frío una cama, una mesa, etc., o para detener las chispas de las chimeneas de leña.*

CORCHO BORNIZO. *El que se obtiene de la primera pela.*

FLOTAR COMO EL CORCHO EN EL AGUA. *Salir bien librado en cualquier circunstancia.*

¡córcholis! interj. Exclamación informal, semejante a «*¡caramba!».

corchoso, -a adj. De aspecto o cualidades de corcho.

corchotaponero, -a adj. Se aplica a la industria de los tapones de corcho y a lo relacionado con ella.

corcino m. *Corzo joven.*

corcolén (Chi.; *Azara serrata, Azara integrifolia* y otras especies de bixáceas) m. *Arbusto siempre verde, parecido al aromo por sus flores, pero menos oloroso.* ⇒ *Planta.

corconera (*Phalacocrorax carbo* y *Phalacocrorax aristotelis*) f. *Ave palmípeda, especie de cuervo marino, de color negruzco, abundante en las costas del Cantábrico. ≃ Cormorán.

corcova (del b. lat. «cucurvus») f. *Joroba: bulto producido en el pecho o en la espalda, o en ambos, por una torcedura de la columna vertebral. ≃ Chepa, giba.

corcovado, -a **1** Participio de «corcovar». **2** adj. y n. Se aplica a la persona que tiene corcova. ⊙ Aplicado a cosas, torcido o contrahecho.

corcovar tr. Encorvar.

corcovear intr. Hacer corcovos; particularmente, las *caballerías.

corcoveta (dim. de «corcova») n. *Persona corcovada.*

corcovo (de «corcovar») **1** («Dar, Hacer») m. *Salto que dan algunos animales, por ejemplo el *gato o las *caballerías, arqueando a la vez el lomo. **2** **Torcedura.*

corcusido m. Cosido mal hecho.

corcusir (¿de «con» y «cusir»?; inf.) tr. o abs. Tapar un ↘roto en una prenda con un *cosido mal hecho. ⇒ Cusir. ➤ Corcusido, culcusido, CULO de pollo.

corda (del cat. «corda», cuerda) f. ESTAR A LA CORDA. *Estar a la* CAPA.

cordada f. Grupo de alpinistas sujetos por una misma cuerda.

cordado, -a **1** adj. HERÁLD. *Se aplica al instrumento musical o al arco cuyas cuerdas son de distinto esmalte.* **2** adj. y n. m. ZOOL. Se aplica a los metazoos celomados, caracterizados por tener un eje esquelético llamado notocordio, el sistema nervioso central en el dorso, el corazón en la parte opuesta, y la faringe apta para respirar. ⊙ m. pl. ZOOL. Tipo constituido por estos animales.

cordaje m. Conjunto de cuerdas. ⊙ MÚS. Las de un instrumento musical, una raqueta, etc. ⊙ MAR. Particularmente, «jarcias»: conjunto de los *cabos de un barco.

cordal[1] (de «cuerdo») adj. V. «MUELA cordal».

cordal[2] **1** m. MÚS. *Pieza que, en los instrumentos musicales de cuerda, sujeta los extremos de las cuerdas opuestos a los que se sujetan en las clavijas.* ⇒ Puente. **2** (Ast.) **Cordillera pequeña.*

cordato, -a (del lat. «cordātus»; ant.) adj. **Sensato o *razonable.*

cordel (del cat. «cordell») **1** m. *Cuerda delgada. ⊙ *Cuerda.* **2** AGRÁF. *En encuadernación, hilo de cáñamo con que van cosidos los pliegos de un libro por el lomo.* **3** *Medida de *longitud equivalente a 5 pasos.* **4** (Cuba) *Medida de *longitud equivalente a algo más de 20 m.* **5** (Cuba) *Medida agraria de *superficie equivalente a algo menos de media hectárea.* **6** *Vía para el paso de los ganados trashumantes que, según la legislación de la Mesta, es de 45 varas de ancho.* ⇒ *Cañada.

CORDEL GUÍA. CONSTR. *Cuerda que ponen los albañiles para que les sirva de guía para la colocación regular de las hiladas de ladrillos.* ⇒ *Construir.

A CORDEL. Referido a edificios, árboles, caminos, etc., en línea recta.

DAR CORDEL (Ar.). **Atormentar: hacer padecer.* ≃ Dar DOGAL.

V. «MOZO de cordel, PLIEGO de cordel».

cordelado, -a adj. *Se decía de cierta *cinta o *liga de seda que imitaba el cordel.*

cordelar tr. *Acordelar.*

cordelejo (dim. de «cordel») m. DAR CORDELEJO. **1** *Dar un *chasco o gastar *bromas a alguien.* **2** (And., Méj.) *Dar largas.*

cordelería **1** f. Actividad del cordelero. **2** Lugar donde se hacen o venden cuerdas y otros objetos de cáñamo. **3** Conjunto de cuerdas.

cordelero, -a **1** adj. De la cordelería: 'Industria cordelera'. **2** n. Persona que se dedica a fabricar cuerdas y otros objetos de cáñamo. ⇒ Atarazana.

cordelete o **cordelillo** (dim. de «cordel») m. Cordel delgado.

cordellate (de «cordel») m. **Tela basta de lana, antigua, cuya trama formaba cordoncillo.*

corderaje (Chi.) m. *Rebaño de corderos.*

cordería f. *Conjunto de cuerdas.*

corderil o **corderino, -a** adj. *De [o del] cordero.*

corderillo, -a **1** n. Dim. frec. de «cordero». **2** m. **Piel de cordero curtida con su lana.*

corderina f. **Piel de cordero.*

cordero, -a (del sup. lat. vulg. «cordarius», del lat. «cordus», tardío) **1** n. Cría de *oveja que no pasa de un año. ≃ Borrego. ⇒ Añal, año, añojo, borra, borro, caloyo, cancín, chotuno, churro, lechal, lechar, lechazo, pascual, recental, ternasco. ➤ Ristrón. ➤ Chicada, corderaje. ➤ Lechecillas, zarajo. ➤ Rencoso. ➤ *Carne. *Ganado. *Oveja. **2** (n. calif. o en comparaciones) Se aplica a una persona muy *dócil. **3** CORDERO de Dios.

CORDERO DE DIOS. Uno de los nombres aplicados en lenguaje religioso o místico a *Jesucristo.

C. MUESO. *El que nace con las orejas muy pequeñas.*

C. PASCUAL. **1** El de más de dos meses. **2** Entre los *judíos, el que se comía con determinado ritual para celebrar su pascua, en la cual se conmemoraba su salida de Egipto.

V. «MADRE del cordero».

corderuna f. *Corderina.*

cordeta (del lat. «chorda», cuerda; Mur.) f. *Cuerda de esparto con que se atan algunas cosas; por ejemplo, los zarzos de los gusanos de *seda.*

cordiaco, -a o **cordíaco, -a** (ant.) adj. *Cardiaco.*

cordial (del lat. «cor, cordis», corazón, esfuerzo) **1** («Estar, Ser») adj. *Afectuoso y expresivo, en general o en cierta ocasión: 'Es un hombre cordial. Estuvo con nosotros más cordial que nunca'. ⇒ Afectivo, *afectuoso, efusivo, expansivo, expresivo. ➤ *Circunspecto, *frío, *insensible. ➤ *Amable. *Cariño. *Simpático. **2** adj. y n. m. Se aplica a las bebidas hechas con sustancias que tonifican el corazón o dan, en general, fuerzas a los enfermos.

V. «FLORES cordiales».

cordialidad f. Cualidad de cordial. ⊙ Actitud cordial. ⊙ Relación entre personas que se tratan con afecto y están contentas unas con otras: 'En la reunión reinó gran cordialidad'.

cordialmente adv. Con cordialidad.

cordiforme (del lat. «cor, cordis», corazón, y «-forme») adj. *De forma de corazón.* ≃ Acorazonado.

cordila (del lat. «cordȳla») f. **Atún recién nacido.*

cordilla (del lat. «chorda», intestino) f. *Originariamente, trenza hecha de *tripas de carnero u otro animal, que se daba de comida a los *gatos.* ⊙ *Ahora, cualquier desperdicio de tripas u otras partes de las reses, que se aplica al mismo uso.*

cordillera (de «cordel») f. *Montaña con una sucesión de cumbres. ≃ Sierra, cadena [o sistema] de montañas, cadena montañosa, sistema montañoso, cordal, tiramira.

cordillerano, -a (Hispam.) adj. *De la cordillera de los Andes.*

V. «PERDIZ cordillerana».

cordilo (del gr. «kordýlos») **1** (probablemente, una especie del género *Scincus)* m. Cierto *reptil saurio africano, negruzco, de unos 20 cm de largo. **2** Cierto reptil nombrado por los antiguos; posiblemente, la larva de una salamandra. ≃ Cordula.

cordita (de «cuerda») f. *Pólvora sin humo compuesta de nitroglicerina y algodón pólvora mezcladas con acetona y formando una pasta a la que se da forma de cuerda.* ⇒ *Explosión.

córdoba (del conquistador «Francisco Hernández de Córd.») m. Unidad monetaria de Nicaragua.

cordobán (de la ciudad de «Córdoba», por su fama en la preparación de estas pieles) **1** m. *Piel de cabra curtida; eran famosas las que se fabricaban en Córdoba. **2** (Cuba; géneros *Miconia* y *Clidemia) Nombre aplicado a varios árboles melastomatáceos cuyas semillas comen las aves y ciertos animales domésticos.* ⇒ *Planta.

cordobense adj. y, aplicado a personas, también n. *De Córdoba, departamento de Colombia.*

cordobés, -a adj. y, aplicado a personas, también n. De Córdoba, provincia española y su capital.

cordojo (del lat. «cordolĭum», dolor de corazón; ant.) m. **Angustia, *pena o aflicción grande.* ≃ Cordoyo. ⇒ Descordojo.

cordón (del fr. «cordon») **1** m. *Cuerda hecha de seda u otro material más fino que el cáñamo o el esparto, que se emplea para adorno o para atar cosas en que importa el buen aspecto: 'Los cordones de los zapatos'. ⇒ Bálteo, cíngulo, felpilla, forrajera, primal, soutache, sutás. ➤ Cadejo, rapacejo. ➤ Retorcer. ➤ Borla, fleco. ➤ Funículo. ➤ Acordonar. ➤ *Cuerda. *Pasamanería. **2** Cuerda con que se ciñen el hábito los religiosos de algunas *órdenes. **3** (pl.) MIL. Cordón de plata u oro con las puntas rematadas por herretes o borlas, que llevan como *insignia, pendiente del hombro, los militares de ciertos empleos o destinos. **4** MAR. *Conjunto de filásticas retorcidas de las que se emplean para hacer *cabos.* **5** *Cada uno de los alambres que forman un *cable metálico.* **6** Cable de los utensilios eléctricos: 'El cordón de la plancha'. **7** Se puede aplicar a cosas como un dibujo o un relieve, que tienen forma alargada y estrecha uniforme, semejante a la de una cuerda. ⊙ ARQ. Moldura cilíndrica lisa. ≃ *Bocel. **8** *Serie de cosas; por ejemplo, de puestos de vigilancia o de establecimientos con cierto objeto: 'Un cordón sanitario [o policial]'. **9** *Raya blanca que tienen a veces los *caballos desde la frente hasta la nariz.* **10** (Hispam.) *Bordillo de la *acera.*

CORDÓN UMBILICAL. Conjunto de vasos que unen el feto a la placenta de la madre durante el *embarazo. ⊙ Se aplica a veces en sentido figurado a algo que une un organismo o una entidad a cierta cosa que le suministra lo indispensable para vivir.

cordoncillo m. Dim. que se emplea especialmente en las aplicaciones acomodaticias de «cordón». ⊙ Línea en relieve de las que forma el tejido en algunas *telas; adorno del borde de las *monedas y *medallas; bordado que consiste en una línea. ⇒ *Bordar. ⊙ También se puede aplicar a cualquier resalto estrecho y alargado en un objeto, y se aplica específicamente al que se forma en la juntura de las dos partes de la cáscara de una *nuez. ⊙ Cordón (moldura).

cordonería f. *Actividad del cordonero.* ⊙ *Conjunto de objetos que fabrica o vende.* ⊙ *Lugar donde se hacen o venden.*

cordonero, -a n. *Persona que se dedica a fabricar o vender cordones, flecos, etc.* ⊙ MAR. *El que hace *cabos de barco.*

cordoyo m. *Cordojo.*

cordubense adj. y, aplicado a personas, también n. *De la antigua Córduba, ahora Córdoba.* ⊙ *Cordobés.*

cordula f. **Cordilo (*lagarto).*

cordura **1** f. Estado de *cuerdo (no loco). ≃ *Razón. **2** Cualidad de cuerdo, o sea del que piensa y obra con reflexión y acertadamente. ≃ Conocimiento, discernimiento, juicio, prudencia, sensatez.

corea (del lat. «chorēa», del gr. «choreía») **1** f. *Cierta danza antigua acompañada generalmente de *canto.* **2** MED.

BAILE de San Vito: *enfermedad nerviosa convulsiva, propia especialmente de los niños. ≃ Corea MENOR.

coreano, -a adj. y, aplicado a personas, también n. De Corea. ⊙ m. Lengua de Corea.

corear 1 tr. Repetir en coro una ↘cosa que canta un cantante, o unirse varias personas al canto de ↘alguien. **2** *Repetir o *apoyar servilmente ↘lo que otro dice. ≃ Hacer coro.

corecico o **corecillo** m. **Corezuelo.*

corega (del fr. «chorège») m. *Ciudadano griego que costeaba la enseñanza y vestido de los que formaban el *coro en los festivales dramáticos.* ≃ Corego.

corego (del gr. «chorēgós») *Corega.*

coreo[1] (del lat. «chorēus», del gr. «choreîos», de «chorós», coro) m. MÉTR. **Pie de la poesía clásica, compuesto de una sílaba larga y otra breve.*

coreo[2] (de «corear») m. MÚS. *Distribución de las intervenciones del coro.*

coreografía (de «coreógrafo») **1** f. Arte de componer bailes. ⊙ Conjunto de pasos y movimientos que componen un espectáculo de baile. ⊙ Arte de la danza. **2** *Arte de representar la danza con signos.*

coreografiar tr. Hacer la coreografía de un espectáculo. ☐ CONJUG. como «desviar».

coreográfico, -a adj. De [la] coreografía.

coreógrafo, -a (del gr. «choreía», baile, y «-grafo») n. Compositor o director de coreografías.

corepíscopo (del lat. «chorepiscŏpus», del gr. «chōrepískopos») m. *Prelado a quien se investía alguna vez del carácter episcopal, pero que no ejercía más jurisdicción que la delegada del prelado propio.*

corete m. *Disco de cuero que ponen los guarnicioneros debajo de las cabezas de los clavos o para tapar los remaches.*

coreuta (del gr. «choreutés») n. *Miembro del coro de una tragedia griega.*

corezuelo (dim. de «cuero») **1** m. **Cochinillo.* ≃ Corecico, corecillo. **2** **Piel del cochinillo asado.*

cori (del lat. «coris») m. **Corazoncillo (planta gutífera).*

corí (de or. indoamericano) m. *Nombre dado al «curiel» por los antiguos historiadores de América.*

Coria V. «BOBO de Coria».

coriáceo, -a (del lat. «coriacĕus») adj. De aspecto y tacto semejantes a los del cuero. ⊙ Se aplica a cosas flexibles que son, sin embargo, *duras y brillantes o tienen así la superficie; como la membrana que envuelve las semillas de la manzana o la piel de la misma manzana. ≃ Coráceo.

coriámbico, -a (del lat. «choriambĭcus») adj. y n. m. MÉTR. *Se aplica al verso o a la composición en que se emplean coriambos.*

coriambo (del lat. «choriambus», del gr. «choríambos») m. MÉTR. **Pie de la poesía clásica que consta de un coreo y un yambo.*

coriana (de «coriano», por alusión a las célebres mantas extremeñas; Col.) f. **Manta o *colcha.*

coriandro (del lat. «coriandrum», del gr. «koríandron»; ant.) m. **Cilantro (planta umbelífera).*

coriano, -a adj. y, aplicado a personas, también n. *De Coria, población de la provincia de Cáceres.*

coriariáceo, -a (de «Coriaria», género de plantas) adj. y n. f. BOT. *Se aplica a las *plantas de la misma familia que la emborrachacabras, que son arbustos, raramente herbáceas, de hojas opuestas o verticiladas y flores solitarias o en racimo.* ⊙ f. pl. BOT. *Familia que forman.*

coribante (del lat. «corўbas, -antis», del gr. «korýbas») m. *Sacerdote de Cibeles.*

corifeo (del lat. «coryphaeus», del gr. «korýphaîos», jefe) **1** m. Hombre que guiaba el coro y, a veces, hablaba por él, en las tragedias clásicas. **2** Por extensión, a veces con sentido despectivo, *portavoz: persona que asume la representación de otros, los dirige y se expresa por ellos: 'Habla tú, ya que pareces el corifeo de los descontentos'.

coriláceo, -a (del lat. «corўlus», avellano, y «-áceo») adj. y n. f. BOT. *Según algunos autores, se aplica a las *plantas de la familia en la que se incluye el avellano.*

corimbo (del lat. «corymbus», del gr. «kórymbos», cima) m. BOT. Grupo de flores que, naciendo en distintos puntos del tallo, llegan todas a la misma altura. ≃ Maceta. ⇒ *Inflorescencia.

corindón (del fr. «corindon», de or. sánscrito) m. *Mineral (alúmina nativa cristalizada) que sigue en dureza al diamante, por lo que se emplea como *abrasivo; algunas de sus variedades son *piedras preciosas; la variedad azul es el *zafiro. ≃ Corundo, ESMERALDA oriental, tibe. ⇒ RUBÍ oriental.

corintio, -a 1 adj. y, aplicado a personas, también n. De Corinto. **2** ARQ. Se aplica al *capitel ornamentado con hojas de acanto, así como a la columna que lo lleva y al orden de arquitectura clásica en que se usaba. ⇒ Caulículo.

corinto m. Color rojo oscuro, tirando a violáceo, parecido al de las pasas de Corinto.

V. «PASAS de Corinto».

corion (del lat. «corĭum», del gr. «chórion») m. ANAT. *Membrana exterior de las dos que envuelven el *feto.*

corisanto (género *Chorizanthe*) m. Nombre dado a varias especies de *plantas orquídeas originarias de California y Chile.

corista 1 n. Cantante o artista que pertenece al coro en un espectáculo. ⊙ f. Particularmente, chica que forma parte del coro en las revistas musicales. ≃ CHICA de conjunto. **2** m. *Religioso que asiste al coro.* ⊙ *Particularmente, el destinado al coro desde que profesa hasta que se ordena.*

corito, -a (del lat. «corĭum», piel) **1** adj. **Desnudo, en cueros.* **2** *Encogido o *tímido.* **3** m. *Obrero que lleva los pellejos de *vino desde el lagar a las cubas.* **4** *Nombre aplicado a los santanderinos y *asturianos.*

coriza[1] (del gr. «kóryza») f. Inflamación de la mucosa de la nariz, que provoca secreción molesta de moco. ≃ Romadizo, *catarro nasal.

coriza[2] (de «cuero»; Ast., etc.) f. **Abarca.*

corla (de «corlar») f. *Pintura aplicada sobre un metal, especialmente sobre plata u oro, y, generalmente, de color verde.* ≃ Transflor.

corlador, -a n. *Persona que tiene por oficio corlar.*

corladura (de «corlar») f. *Barniz que se da a superficies plateadas o bruñidas para que parezcan doradas.*

corlar (del lat. «colorāre») tr. *Cubrir las ↘superficies plateadas o bruñidas con un barniz especial, llamado «corladura», que las hace parecer doradas.*

corleador, -a n. *Corlador.*

corlear tr. *Corlar.*

corma (del ár. and. «qúrma», del ár. «qurmah», y éste del gr. «kórmos», pieza de madera) **1** f. *Especie de *cepo formado por dos trozos de madera, con que se sujeta el* *pie de una persona o un animal para impedirle andar.* **2** (ant.) **Impedimento o molestia.*

cormano 1 (ant.) m. **Hermanastro.* **2** (ant.) **Primo hermano.*

V. «PRIMO cormano».

cormiera (del fr. «corneier»; *Amelanchier ovalis)* f. Arbusto rosáceo silvestre, abundante en España, cuyos frutos, del tamaño de un guisante, son comestibles. ≃ Guillomo. ⇒ *Planta.

cormo 1 m. BOT. *Eje o cuerpo de una *planta con diferenciación de raíz, tallo y hojas.* ⇒ Cormofita. **2** BOT. **Tallo ensanchado por debajo de tierra, de forma de bulbo, pero no formado por capas.*

cormofita adj. y n. f. BOT. *Se aplica a las *plantas cuya estructura es un cormo.*

cormorán (del fr. «cormoran»; varias especies del género *Phalacrocorax)* m. *Ave palmípeda, del tamaño de un pato, de color gris oscuro y negro, cuello largo y pico ganchudo. ≃ Corvejón, CUERVO marino, mergánsar, mergo. ⇒ Yeco.

cormos m. BOT. *Cormo.*

cornac o **cornaca** (del port. «cornaca», del cingalés «kūruneka», amansador de elefantes) m. *Hombre que, en la India y otros países de Asia, doma, cuida o guía un *elefante.*

cornáceo, -a (de «Cornus», nombre de un género de plantas, y «-áceo») adj. y n. f. BOT. *Se aplica a las *plantas de la familia del cornejo, de flores generalmente tetrámeras y fruto en drupa con cuatro semillas.* ⊙ f. pl. BOT. *Esa familia.*

cornada 1 f. Embestida o *golpe dado con los *cuernos. ⊙ Herida producida con ellos. **2** ESGR. *Cierta estocada que se da poniéndose en el plano inferior para herir hacia arriba.*

NO MORIR DE CORNADA DE BURRO (con el verbo en futuro). Comentario humorístico que se hace cuando alguien se muestra excesivamente *prudente ante un ligero peligro. ⇒ *Cobarde.

cornado (de «coronado») m. **Moneda antigua de cobre con algo de plata, de valor variable desde un cuarto y un maravedí los más antiguos, hasta menos de la mitad de ese valor los más modernos.* ≃ Coronado.

cornadura f. *Cornamenta.*

cornal (de «cuerno») m. *Correa o soga con que se uncen los bueyes al *yugo.* ≃ Cornil, *coyunda.

cornalina (del fr. «cornaline») f. *Ágata de color de sangre o rojiza, traslúcida, variedad de calcedonia. ≃ Alaqueca, alaqueque, cornelina, cornerina, corniola, restañasangre.

cornalón adj. TAUROM. *Se aplica al toro que tiene muy grandes los *cuernos.*

cornamenta f. Conjunto formado por los cuernos de un animal cuadrúpedo, especialmente cuando son grandes. ≃ Cuerna. ⊙ (inf.) Se usa para aludir a la infidelidad matrimonial. ≃ Cuernos.

cornamusa (del fr. «cornemuse») **1** f. Trompeta larga de metal, con una vuelta en el tubo y el pabellón muy grande. ⇒ *Música. **2** Instrumento musical rústico compuesto de un odre y varios canutillos. **3** MAR. *Pieza de metal o madera encorvada por los extremos y fija por su punto medio, que sirve para amarrar los cabos en el *barco.* **4** METAL. *Cierto *alambique de barro o vidrio que se usó antiguamente para sublimar ciertos metales.*

cornatillo m. *Cierta variedad de *aceituna de forma algo parecida a un cuerno.* ≃ Cornezuelo.

córnea (del lat. «cornĕa», de cuerno, por ser dura y transparente como el cuerno) f. ANAT. Parte transparente, en forma de disco abombado de la capa exterior del globo del *ojo, situada en la parte anterior de éste, sobre el iris y la pupila. ⇒ Esclerótica. ➤ Albugo, LEUCOMA, pajazo, queratitis.

corneador, -a adj. Que cornea.

cornear tr. o abs. *Embestir o herir con los cuernos. ≃ Acornear. ⇒ Amochar, amorcar, amufar, amurcar, apitonar, embrocar, empitonar, encunar, morcar, topar, topetar, topetear. ➤ Cachada, cornada, encuentro, mochada, morocada, paletazo, puntazo, *topetazo, varetazo. ➤ *Cuerno.

cornecico, cornecillo o **cornecito** m. Dim. de «cuerno».

corneja (del lat. «cornicŭla») **1** *(Corvus corone)* f. *Ave paseriforme, de la familia del cuervo, de tamaño algo menor que el del cuervo y con el plumaje de color negro brillante o negro y gris. **2** **Autillo (ave rapaz).* **3** *BÚHO chico (ave rapaz).*

cornejal[1] (de «cuerno») m. **Rincón.* ≃ Cornijal.

cornejal[2] m. *Sitio poblado de cornejos.*

cornejo (del sup. lat. «cornicŭlus»; *Cornus sanguinea)* m. Arbusto cornáceo, de madera muy dura, propio del norte de España. ≃ Albellanino, CEREZO silvestre, cornizo, corno, durillo, sangüeño, sanguino, sanguiñuelo.⇒ *Planta.

cornelina (del fr. ant. «corneline») f. **Cornalina.*

córneo, -a (del lat. «cornĕus», de «cornu», cuerno) adj. De cuerno o de aspecto de cuerno.

córner (del ingl. «corner», esquina) m. DEP. En el *fútbol y otros deportes, falta que consiste en que la pelota sale del campo por la línea de fondo de una de las porterías, impulsada por un jugador del equipo al que pertenece ésta; por lo cual saca nuevamente la pelota al campo un jugador del equipo contrario, tirándola desde la esquina más próxima.

cornerina (de «cornelina») f. **Cornalina.*

cornero (de «cuerno») **1** m. *En algunos sitios, esquina; por ejemplo, de una mesa.* **2** (ant.) **Entrada (arco entrante que forma a veces el pelo sobre las sienes).*

CORNERO DE PAN. **CANTO de pan.*

corneta (dim. de «cuerno») **1** f. Instrumento musical de viento semejante al clarín, pero más grande y de sonidos más graves. ⊙ El usado en el Ejército para dar los toques reglamentarios. ⇒ Turuta. ⊙ m. El que toca la corneta; particularmente, el que da los toques de mando en la *milicia. **2** f. *Cuerno que usan los porqueros para llamar al ganado de *cerda.* **3** CORNETA acústica. **4** (Ven.) *Bafle.* **5** **Bandera pequeña con dos puntas o farpas.* **6** *Oficial que llevaba esa bandera en los regimientos de dragones.* **7** m. *Compañía antigua de soldados de a caballo.*

CORNETA ACÚSTICA. *Trompetilla que usaban los *sordos. ≃ Corneta.

C. DE MONTE. *Trompa de caza.*

cornete (dim. de «cuerno») **1** m. ANAT. Cada una de las dos láminas óseas, de forma abarquillada, situadas cada una en el interior de una de las fosas de la *nariz. **2** Helado de cucurucho.

cornetilla (dim. de «corneta») f. V. «PIMIENTO de cornetilla».

cornetín (dim. de «corneta») **1** m. Instrumento semejante a la corneta, con pistones o llaves, que ha sustituido a ésta en las orquestas y se toca, por ejemplo, cuando hay trozos en que se imita la *música popular. **2** MIL. CORNETÍN de órdenes.

CORNETÍN DE ÓRDENES. MIL. *Soldado que ejecuta los toques de corneta.

cornezuelo **1** m. Dim. de «cuerno», aplicado particularmente a cosas pequeñas de *forma de cuerno. **2** VET. *Instrumento hecho con una punta de cuerno que usaban los veterinarios para separar los tejidos en las curas.* ≃ Cuernezuelo. **3** **Cornatillo (variedad de aceituna).* **4** *Cornicabra (otra variedad de aceituna).* **5** *(Claviceps purpurea)* *Hongo ascomiceto parásito habitual del centeno, del cual se extrae la ergotina; utilizado en farmacia y para obtener la droga denominada «LSD».

corni- Elemento prefijo del lat. «cornu», cuerno.

corniabierto, -a adj. *Se aplica al *toro o *vaca que tiene los cuernos muy separados.*

cornial (del lat. «cornu», cuerno) adj. *De *forma de cuerno.*

corniapretado, -a adj. *Se aplica al toro o vaca que tiene los cuernos muy juntos.*

cornibrocho, -a (de «corni-» y el lat. «broccus», dentón) adj. *Se aplica al toro o la vaca que tiene los cuernos con la punta hacia dentro.*

cornicabra (de «corni-» y «cabra») **1** f. Variedad de *aceituna larga y puntiaguda. **2** **Terebinto (árbol anacardiáceo).* **3** **Higuera silvestre.* **4** *(Periploca laevigata)* *Planta periplocácea que crece en Canarias, África y costas de Levante, de fruto de 8 a 10 cm de largo, puntiagudo y encorvado.

corniforme (de «corni-» y «-forme») adj. *De *forma de cuerno.*

cornigacho, -a (de «corni-» y «gacho») adj. *Se aplica al *toro o a la *vaca que tiene los cuernos algo inclinados hacia abajo.*

cornígero, -a (del lat. «cornĭger, -ĕri»; lit.) adj. *Portador de cuernos.*

cornigordo, -a adj. *Se aplica al toro o la vaca de astas gruesas.*

cornija f. *Cornisa.*

cornijal (del lat. «cornicŭlum», cuerno) **1** m. **Punta o *esquina o, considerada por dentro, *rincón, de cualquier cosa; por ejemplo, de un *colchón, un *campo o un *edificio.* ⇒ *Cogujón. **2** *Paño con que se seca los dedos el sacerdote en el lavatorio de la *misa.*

cornijamento o **cornijamiento** m. ARQ. *Cornisamento (conjunto de arquitrabe, friso y cornisa).*

cornijón (de «cornija») **1** m. **Esquina de un *edificio.* **2** ARQ. *Cornisamento (conjunto de arquitrabe, friso y cornisa).*

cornil (de «cuerno») m. *Correa del *yugo.* ≃ Cornal, *coyunda.

corniola (del sup. lat. «corneŏla») f. **Cornalina (mineral).*

cornisa (¿del gr. «korōnís», remate, rasgo final?) **1** f. Conjunto de molduras que forma el remate superior de un edificio, debajo del tejado. ⊙ Adorno semejante en la parte alta de cualquier muro o de otra cosa, como un mueble o el *órgano. ⊙ En los edificios clásicos, ese mismo elemento formando la parte superior del *entablamento, debajo del frontón. ⇒ Anillo, cornija. ➤ Goterón, paflón [o plafón], sofito. ➤ Plantilla. ➤ Ancón, can, canecillo, modillón. ➤ Corona. ➤ Encofrar. ➤ *Entablamento. *Moldura. **2** Saliente estrecho en una montaña, acantilado, etc. **3** Costa acantilada: 'La cornisa cantábrica'.

cornisamento **1** m. ARQ. En los edificios clásicos o construidos a imitación de ellos, conjunto del arquitrabe, el friso y la cornisa, que está encima de las columnas y debajo del frontón. ≃ Cornijamento [o cornijamiento], cornijón, *entablamento. **2** ARQ. *Tejadillo decorativo adosado a un edificio, en voladizo o apoyado en columnas o pilares.*

cornisamiento m. ARQ. *Cornisamento.*

cornisón m. ARQ. *Cornisamento.* ≃ Cornijón.

corniveleto, -a (de «corni-» y «veleto») adj. *Se aplica al toro o vaca que tiene los cuernos rectos y dirigidos hacia arriba.*

cornizo (del sup. lat. «cornicĕus») m. **Cornejo.* ≃ Corno.

corno[1] (del lat. «cornus») m. **Cornejo (arbusto cornáceo).*

corno[2] (del it. «corno», cuerno) m. Nombre de varios instrumentos musicales de viento de la familia del oboe.

CORNO INGLÉS. Oboe de mayor tamaño que el ordinario y de sonido más grave.

cornucopia (del lat. «cornucopĭa») **1** f. Motivo de *adorno que consiste en un cuerno ancho rebosando flores y frutos. ≃ CUERNO de la abundancia. ⊙ Particularmente, ese motivo hecho en talla dorada para colgarlo como adorno en las paredes. **2** Por extensión, se han llamado así unos *marcos dorados, anchos, tallados, a veces con soportes para velas, con un pequeño *espejo, empleados como decoración. ⇒ *Candelabro.

cornudilla (del lat. «cornūta», pez) f. **Pez martillo.*

cornudo, -a **1** adj. Provisto de cuernos. **2** (inf.) adj. y n. m. Se aplica al hombre cuya mujer le es infiel. ⇒ Cabrito, cabrón, consentido, cornúpeta, cuclillo, gurrumino, MARIDO complaciente, novillo, paciente, predestinado, sufrido. ➤ *Adulterio.

TRAS DE CORNUDO, APALEADO (inf.). Frase con que se comenta, en tono de amargura, conmiseración o burla, el hecho de que alguien, después de sufrir un *perjuicio, es maltratado o culpado.

cornúpeta (del b. lat. «cornupĕta») **1** m. *Animal representado en las *monedas en actitud de embestir con los cuernos.* **2** adj. y n. m. (lit.). *Animal con cuernos.* **3** m. TAUROM. *Toro. **4** (inf., hum.) Cornudo (hombre cuya mujer le es infiel).

cornúpeto (de «cornúpeta») **1** m. En lenguaje de toreo y en lenguaje irónicamente culto, toro. ≃ Cornúpeta. **2** (Hond.) *Cierto *mono.*

cornuto (del lat. «cornūtus», cornudo) adj. V. «ARGUMENTO cornuto, SILOGISMO cornuto».

coro[1] (del lat. «chorus», del gr. «chorós») **1** m. Conjunto organizado de cantantes. ⊙ Asociación formada para constituir o sostener un conjunto de esa clase. ⊙ Conjunto de *eclesiásticos, monjas o monjes que cantan en una iglesia, convento, etc. ⇒ Capilla, cor, coral, escolanía, orfeón. ➤ Corista, suripanta. ➤ *Chantre, maestro CONCERTADOR. ➤ *NIÑO de coro. ➤ Atril, atrilera, cimbalillo, coma, estalo, misericordia, postrador. ➤ Recle. ➤ Desapuntar, puntar. ➤ Antecoro, socoro, trascoro. **2** *Cada uno de los dos lados, «derecho» e «izquierdo», en que se divide el coro para cantar alternadamente.* **3** (ant.) *Conjunto de danzantes que bailan juntos.* **4** Cada uno de los nueve grupos de espíritus angélicos o celestiales. ⇒ Jerarquía, milicia, orden. ➤ *Ángel. **5** Rezo o canto de las *horas canónicas en las iglesias o monasterios. **6** Lugar de las iglesias donde está el órgano y hay una serie de *asientos donde se colocan los cantores. ⊙ Esa serie de *asientos, generalmente decorados con relieves escultóricos. **7** En los *conventos de monjas, lugar donde se reúnen éstas para los rezos y devociones en común. **8** MÚS. Pieza musical o parte de ella destinada a ser cantada por un conjunto de voces. **9** En las tragedias griegas y romanas, conjunto de actores que tenía ciertas participaciones colectivas en la representación, generalmente en los entreactos, y permanecía en silencio mientras no le correspondía actuar. ⇒ Coreuta, corifeo. ➤ *Teatro. **10** Conjunto de personas que hablan a la vez para expresar su opinión: 'Un coro de protestas'.

A CORO. Unánimemente: 'Toda la familia pide a coro que te quedes unos días más'.

V. «CAPA de coro».

HACER CORO a alguien. *Apoyarle o *adherirse a lo que dice. ⊙ *Adularle o lisonjearle.

V. «INFANTE de coro, LIBRO de coro, *NIÑO de coro».

coro² (del lat. «caurus»; lit.) m. *Cauro (*viento).*

coro³ (del lat. «corus», del hebr. «kōr») m. *Medida de *capacidad para áridos de los *judíos, equivalente a 330 litros.*

coro⁴ (del lat. «cor, cordis») DE CORO (ant.). *De *memoria.* ⇒ Decorar.

corocha¹ f. *Cierta *vestidura antigua, larga y hueca.* ⇒ Coroza.

corocha² f. Larva del *escarabajuelo, de color negro verdoso, que devora las hojas de la *vid.

corografía (del lat. «chorographĭa», del gr. «chōrographía») f. *Descripción geográfica de un país.*

coroideo, -a adj. ANAT. *Perteneciente o relativo a la coroides.*

coroides (del gr. «chorioeidēs», con forma de cuero) f. ANAT. Membrana del globo del *ojo situada entre la esclerótica y la retina.

coroiditis f. MED. *Inflamación de la coroides.*

corojo (*Acrocomia sclerocarpa* y otras especies) m. Palma de cuyos frutos, del tamaño de un huevo de paloma, se obtiene por cocción una grasa empleada para guisar. ≃ Corozo, mantequero, pijibay.

V. «NUEZ de corojo».

corola (del lat. «corolla», coronilla) f. Conjunto de los pétalos de una *flor. ⇒ Pétalo. ➤ Amariposada, apétala, bilabiada, bostezante, coronaria, dialipétala, gamopétala, marcescente, monopétala, polipétala. ➤ Periantio, perigonio, verticilo. ➤ Corolíflora. ➤ Corolino. ➤ *Flor.

corolario (del lat. «corollarĭum»; culto) m. Afirmación o conocimiento que es *consecuencia clara e inmediata de algo demostrado o sentado antes; se usa frecuentemente en *matemáticas. ≃ Consectario.

corolíflora (de «corola» y «flor») adj. y n. f. BOT. *Se aplica a las *plantas dicotiledóneas caracterizadas por tener el periantio doble y la corola gamopétala; constituían antes una clase.*

corolino, -a adj. BOT. *De la *corola.*

corolla (del lat. «corolla»; ant.) f. **Corona pequeña.*

corona (del lat. «corōna») **1** f. *Adorno o *joya en forma de *aro para rodear la *cabeza, hecho con cualquier material; como metales preciosos, ramas o flores. ⊙ La hecha de metales y piedras preciosos, que constituye una *insignia de ciertas jerarquías o títulos nobiliarios, particularmente de la jerarquía de *rey o *soberano. ⊙ Se toma como representación de esas jerarquías o títulos: 'El heredero de la corona ducal'. Si no se especifica, se entiende la corona real: 'Heredó la corona de su madre, Isabel II. Atributos [privilegios, bienes] de la corona'. ⊙ Institución monárquica en cierto país: 'La corona inglesa. Historia de la corona española'. ≃ Monarquía. ⊙ La hecha con *hojas, particularmente de laurel o roble, naturales o imitadas en metal, con que se premia a un poeta, orador, etc., y, particularmente, con que se representa a los héroes y artistas que han alcanzado la gloria. ⇒ Aureola, corolla, diadema, laureola, pancarpia, tiara, venda. ➤ Lemnisco. ➤ Diadema. ➤ Enfilada. ➤ Ceñir. ➤ Coronar, coronizar, laurear. ➤ Descoronar. **2** *Moneda antigua española y antigua o actual de distintos países, en una de cuyas caras hay grabada una corona. ⊙ Unidad monetaria de Dinamarca, Noruega, Suecia y otros países. **3** *Aro, *cerco o aureola que se pone alrededor de la cabeza de los santos en las imágenes. ⊙ ASTRON. Aureola de un astro. ⊙ ASTRON. *Cerco luminoso que se ve en los *eclipses alrededor del astro interpuesto delante del Sol. ⊙ ASTRON. Meteoro consistente en un cerco luminoso que rodea a veces al Sol o a la Luna. ≃ Aureola, nimbo. **4** Conjunto de flores o de hojas o combinación de ambas, dispuestas formando un círculo: 'Corona fúnebre'. **5** GEOM. CORONA circular. **6** ANAT. Parte visible por fuera de la encía, de un *diente o muela. **7** Forro de oro u otro material conveniente con que se recubre esa parte en los arreglos odontológicos. **8** **Arandela.* **9** *En un *automóvil, rueda dentada que engrana en ángulo recto con un piñón unido al árbol que transmite el movimiento a las ruedas.* ⊙ Ruedecilla dentada que sirve para dar cuerda o poner en hora cierto tipo de relojes. **10** Se puede aplicar a cualquier cosa que adorna o rodea la parte más *alta de algo: 'Una corona de nubes rodeaba la cima de la montaña'. **11** Punto más alto de la cabeza. ≃ *Coronilla. **12** Zona circular que llevan despojada de pelo los *eclesiásticos en esa parte. ≃ Tonsura. **13** **Cima de una montaña.* **14** ARQ. *Parte de una *cornisa que está debajo del cimacio.* **15** Algo que *completa la perfección de una cosa o una obra. ≃ Coronamiento. **16** Virtud, cualidad, acción o circunstancia de una persona que le confiere *excelencia o *nobleza: 'La corona del martirio [de la abnegación, del sacrificio, de la maternidad]'. **17** **Rosario (rezo) de siete dieces.* ⊙ *Sarta de cuentas con que se reza.* **18** FORT. *Obra destacada que consta de un baluarte en el centro, dos cortinas a los lados de él y dos medios baluartes en los extremos.* **19** *Parte superior, plana, de un *diamante.* ≃ Plaza. **20** MAR. **Cabo grueso, fijo por su parte media en la extremidad alta de un palo y con dos grandes poleas en sus extremidades, a las que se sujetan aparejos reales, para reforzar la obencadura.*

CORONA DE BARÓN. HERÁLD. *La de oro, formada por un aro doble guarnecido de un hilo de perlas y esmaltada.*

C. DEL CASCO. VET. *Extremo de la piel que rodea el casco de las *caballerías.*

C. CASTRENSE. *La que se concedía al soldado que entraba el primero en el campamento enemigo.* ≃ CORONA valar [o vallar]. ⇒ *Premio.

C. CIRCULAR. GEOM. Superficie comprendida entre dos circunferencias concéntricas.

C. CÍVICA [o CIVIL]. *Corona de ramas de encina con que se premiaba al ciudadano romano que había salvado a otro en la guerra.*

C. DE CONDE. HERÁLD. *La de oro, rematada en dieciocho perlas.*

C. DUCAL. HERÁLD. *La de oro, sin diademas, con el aro guarnecido de pedrería y rematada en ocho florones.*

C. GRAMÍNEA. *CORONA obsidional.*

C. DE HIERRO. *Corona de los reyes lombardos, que recibían los emperadores de Alemania cuando se coronaban como tales reyes.*

C. IMPERIAL. **1** HERÁLD. *La de oro, con muchas perlas, ocho florones y coronada por un globo sostenido por dos diademas y con una cruz de oro encima.* **2** (*Fritillaria imperialis*) *Planta liliácea de flores azafranadas situadas en círculo en la extremidad del tallo.

C. DE INFANTE. HERÁLD. *La que es como la real pero sin diademas.*

C. DE MARQUÉS. HERÁLD. *La de oro, con cuatro florones separados por cuatro puntas coronadas por grupos de perlas en forma de trébol.*

C. MURAL. **1** HERÁLD. *La que tiene forma de muralla almenada, que remata el escudo de muchas poblaciones.* **2** MIL. *La que se concedía al soldado que escalaba el primero el muro de una ciudad sitiada.*

C. NAVAL. *La que se daba al soldado que saltaba el primero a la nave enemiga.*

C. OBSIDIONAL. *La de grama, cogida en el mismo campo donde había estado el campamento enemigo, que se daba al soldado que hacía levantar el cerco.* ≃ CORONA graminea.

C. OLÍMPICA. *La de olivo que recibía el vencedor en los juegos olímpicos.*

C. DE OVACIÓN [u OVAL]. *La de arrayán que usaba el general en la ceremonia de la ovación.*

C. DE PRÍNCIPE DE ASTURIAS. HERÁLD. *La que es como la real pero con sólo cuatro diademas.*

C. RADIADA [RADIAL, RADIATA O DE RAYOS]. *La que se ponía sobre la cabeza de los dioses o de los emperadores divinizados.*

C. REAL. **1** HERÁLD. *La que tiene ocho florones, generalmente cuatro mayores que los otros y ocho diademas que sostienen una cruz.* **2** CORONA de rey.

C. DE REY (*Globularia alypum*). *Planta globulariácea medicinal de flores amarillas irregulares, dispuestas en forma de corona.

C. ROSTRADA [ROSTRAL O ROSTRATA]. *CORONA naval.*

C. SOLAR. ASTRON. Halo que se ve rodeando al Sol en los eclipses totales.

C. TRIUNFAL. *La que se otorgaba en Roma al general que entraba triunfante en la ciudad, primero de laurel y después de oro.*

C. VALAR [O VALLAR]. CORONA castrense.

C. DE VIZCONDE. HERÁLD. *Es de oro con cuatro puntas rematadas en perlas gruesas.*

CEÑIR[SE] LA CORONA. Empezar a reinar.

coronación **1** f. Acción de coronar[se]. ⊙ *Ceremonia con que se solemniza la coronación de un rey. **2** Coronamiento (remate). **3** *Colmo.

CORONACIÓN DE ESPINAS. La de *Jesucristo.

coronado, -a **1** Participio adjetivo de «coronar». **2** m. **Eclesiástico que tiene órdenes menores.* **3** **Planta compuesta de jardín, anual, de flores de forma de moña, de 5 a 7 cm de diámetro, azuladas, rosadas o blancas.* **4** (ant.) **Cornado (moneda).*

V. «OBRA coronada, TESTA coronada».

coronador, -a adj. y n. *Aplicable al que corona.*

coronal (del lat. «coronālis») adj. y n. m. ANAT. *Aplicado a *hueso, frontal.* ⊙ adj. ANAT. *De ese hueso.*

coronamento m. *Coronamiento.*

coronamiento (de «coronar») **1** (ant.) m. *Coronación de un soberano.* **2** *Remate (acción, o parte o complemento material) con que termina o se perfecciona una cosa. ≃ Corona, coronación, coróníde. ⊙ Particularmente, parte superior ornamental de un *edificio. ⊙ Parte de la borda que corresponde a la popa del *barco.

coronar (del lat. «coronāre») **1** («con, de»; menos frec. «en»: 'en flores') tr. Colocarle una corona a ↘alguien. ⊙ («por»: 'por monarca') Particularmente, colocarla sobre la cabeza de un ↘rey para dar por comenzado su reinado, con la ceremonia correspondiente. **2** Hacer lo que constituye el final o *completa la perfección de una ↘cosa: 'Con eso ha coronado su carrera'. ≃ Acabar, concluir, rematar, *terminar. ⊙ Llegar a lo más alto de un ↘*monte. ⊙ Estar situado en lo alto de una ↘montaña, un edificio u otra cosa elevada. **3** Constituir algo el premio o final digno de ↘esfuerzos, sacrificios, virtudes, etc.: 'Una vejez serena coronó su vida. El éxito ha coronado nuestros esfuerzos'. **4** En el juego de *damas, poner otra ficha encima de la que ha llegado a ser ↘dama, para que se distinga de las otras. ⊙ En el de ajedrez, llegar a la octava casilla con un peón, lo que permite cambiarlo por la ficha que se desee. **5** intr. y prnl. MED. En obstetricia, asomar el feto la cabeza en el momento del parto.

PARA CORONARLO. Expresión de énfasis que precede a la de algo que se añade todavía a una cosa que ya resulta excesiva o es motivo de disgusto. ≃ Para *colmo.

coronario, -a **1** (cient.) adj. *Se aplica a algunas cosas de forma de corona o con alguna semejanza con una corona; por ejemplo, a las *flores de esa forma.* **2** adj. y n. f. Se aplica a cada una de las dos arterias en que se divide la aorta. **3** Se aplica a cada una de las *venas que coronan la aurícula derecha del corazón, en la que penetran juntas por un orificio. ≃ Cardiaca. ⊙ adj. Se aplica a las enfermedades causadas por insuficiencia de las coronarias. ⊙ De estas enfermedades: 'El enfermo ingresó en la unidad coronaria'. **4** f. *Rueda que mueve el segundero de los *relojes.*

coronda **1** adj. y n. *Se aplicaba a los *indios de ciertas tribus de las orillas e islas del Paraná.* **2** (Arg.) m. *Cierto árbol que da unas semillas parecidas a habas; la cáscara en que están contenidas, pulverizada, hace *estornudar.*

corondel (del cat. «corondell») **1** m. AGRÁF. Regla que se pone en el molde para dividir la plana en columnas. ⊙ AGRÁF. Raya o blanco que separa las columnas de un texto. **2** (pl.) AGRÁF. *En el *papel verjurado, se aplica a las rayas verticales.* ⇒ Puntizones.

coroneja (Mur.) f. *Juego del *tejo.*

coronel[1] (del fr. «coroner», de corona) **1** m. ARQ. **Moldura que remata un miembro arquitectónico.* **2** HERÁLD. *Corona heráldica.*

coronel[2] (del fr. «colonel», del it. «colonnello») **1** m. MIL. Jefe militar que manda un regimiento. ⊙ MIL. El de grado inmediatamente superior al de teniente coronel. **2** (Cuba) **Cometa (juguete) grande.*

coronela (del it. «colonnella») adj. MIL. *Se aplica a algunas cosas, *bandera, compañía, etc., del coronel.*

coronelía **1** f. MIL. *Empleo de coronel.* **2** (ant.) MIL. *Regimiento.*

corónica (ant.) f. *Crónica.*

coróníde (del lat. «corōnis, -ĭdis») f. **Remate de una cosa.* ≃ Coronamiento.

coronilla (dim. de «corona») **1** f. Punto en la parte superior y posterior de la cabeza, de donde arranca el pelo en distintas direcciones. ≃ Corona, vértice. ⇒ Tonsura. ➤ Remolino. **2** Tonsura de los clérigos. **3** (Arg., Ur.; *Scutia buxifolia*) *Árbol ramnáceo, espinoso y de hojas lustrosas y perennes; su madera es dura y pesada y se utiliza como leña y para hacer postes.* ≃ Coronillo. ⇒ *Planta.

ANDAR [BAILAR O IR] DE CORONILLA. *Estar muy diligente para *complacer o *servir a alguien.* ≃ Ir de CORONILLA.

ESTAR HASTA LA CORONILLA. Estar *harto de cierta cosa.

coronillo (Arg.) m. *Coronilla (árbol ramnáceo).*

coronio (de «corona») m. *Hierro fuertemente ionizado que se detectó por primera vez en la corona solar.*

coronista (ant.) n. *Cronista.*

coronizar (ant.) tr. *Coronar.*

coronta (del quechua «k'oronta»; Am. S.) f. **Zuro del maíz.*

corosol m. Cierta variedad de *anona (árbol anonáceo).

corota (Bol.) f. **Gallocresta (planta escrofulariácea).*

corotos (¿del quechua «'koróta», testículos?; Hispam.) m. pl. **Trastos: cosas inútiles o que estorban.*

coroza (del lat. «crocěa», vestido de color de azafrán) **1** f. *Gorro de papel, alto, de forma cónica, que se les ponía en la cabeza a ciertos delincuentes, a veces con dibujos alusivos a su delito.* ⇒ Rocadero. ➤ Encorozar. ➤ *Capirote. **2** **Capa de junco o de paja, con capucha, con que se protegen de la lluvia los campesinos en Galicia.* ⇒ Corocha.

corozo (de «carozo») m. **Corojo (palma).*

corpa f. MINER. *Trozo de *mineral en bruto.*

corpacho 1 m. *Desp. de «cuerpo».* **2** *Corpachón (cuerpo de ave).*

corpachón 1 m. Aum. de «cuerpo». **2** *Cuerpo de *ave despojado de la pechuga y las piernas.*

corpancho m. *Corpacho.*

corpecico, corpecillo o **corpecito** (dim. de «cuerpo») m. *Corpiño.*

corpiño (dim. de «cuerpo») **1** m. Prenda de vestir que cubre el cuerpo hasta la cintura, ajustada y sin mangas. ⇒ *Chaleco, *jubón. **2** (Arg., Chi., Méj., Par., Ur.) m. **Sostén (prenda femenina).*

corporación (del lat. «corporatĭo, -ōnis») f. *Organismo oficial, con domicilio propio, formado por una *reunión de personas que celebran sesiones para ocuparse de cuestiones científicas, económicas, etc., de interés general. Son corporaciones, por ejemplo, las Reales Academias o las Cámaras de la Propiedad, de Comercio, etc. Se llama también corporaciones a las *asambleas políticas, el senado, el congreso o el municipio; también a la universidad y a los cuerpos o conjuntos de personas de la misma profesión, cuando esta profesión es de carácter cultural: 'La corporación de catedráticos de universidad'. ⇒ *Asamblea, cámara. ➤ Miembro. ➤ Decano, presidente, secretario, tesorero. ➤ *Sesión.

corporal 1 adj. Del cuerpo: 'Trabajo corporal'. ⇒ Físico, manual, material. **2** m. pl. Paño que se extiende sobre el altar para colocar sobre él la hostia y el cáliz en la celebración de la *misa.

corporalidad f. *Cualidad de corporal.*

corporalmente adv. En el cuerpo o con el cuerpo: 'Trabajar corporalmente'.

corporativamente adv. Como corporación o en corporación: 'La Academia se dirigió corporativamente a la catedral.'

corporativismo 1 m. Doctrina política y económica, propia de regímenes totalitarios, que defiende la integración de trabajadores y empresarios bajo una misma organización profesional. ⇒ *Trabajar. **2** Tendencia de determinados grupos profesionales a defender sus propios intereses en detrimento de los de otros grupos o los generales de la sociedad. ⇒ *Profesión.

corporativista adj. Del corporativismo. ⊙ adj. y n. Partidario del corporativismo o que lo practica.

corporativo, -a (del lat. «corporatīvus») **1** adj. De [una] corporación: 'Informe corporativo'. **2** De [un] cuerpo de funcionarios: 'Espíritu corporativo'.

corpore insepulto (pronunc. [córpore insepúlto]) Expresión latina que significa «con el cuerpo sin sepultar», y se aplica al acto funerario que se celebra en presencia del cadáver. ⇒ De CUERPO presente.

corporeidad (culto) f. Cualidad de corpóreo.

corporeizar (culto) tr. y prnl. Hacer[se] material o real algo no físico, como una idea.

corpóreo, -a (del lat. «corporĕus»; culto) adj. Formado por materia. ≃ *Material.

corporiento, -a (del lat. «corpulentus»; ant.) adj. *Corpulento.*

corporificar tr. y prnl. *Corporeizar[se].*

corps (del fr. «corps», cuerpo) m. V. «GUARDIA [O SUMILLER] de corps».

corpulencia f. Cualidad de corpulento. ⊙ Cuerpo corpulento de alguien: 'Cayó con toda su corpulencia'.

corpulento, -a (del lat. «corpulentus») adj. Aplicado a personas, *alto y *gordo. ⊙ Aplicado a animales o árboles, *grande. ⇒ Corporiento, filisteo, fornido, fuerte, personudo, *robusto, vigoroso. ➤ Bigardo, pollancón, sargenta, tomo, toro. ➤ Armatoste, cuartazos, galavardo, *grandullón, mangón, pendón, zanguayo. ➤ Corpacho, corpachón, corpancho, humanidad, mole, volumen. ➤ *Cuerpo.

corpus (del lat. «corpus», cuerpo) **1** (con mayúsc.) m. Sexagésimo día después del domingo de Resurrección, que es jueves, en que la Iglesia conmemora la institución de la *Eucaristía. ≃ Día del Corpus. ⇒ Caroca, catimbao, minerva, recibimiento. **2** Conjunto de datos, textos, etc., que forman una unidad: 'Corpus legislativo'. ⊙ Particularmente, si sirve de base de documentación en una investigación.

corpuscular adj. De [o del] corpúsculo.

V. «TEORÍA corpuscular».

corpúsculo (del lat. «corpuscŭlum»; cient. o culto) m. *Partícula de materia de tamaño microscópico. ⊙ FÍS. Partícula de tamaño inferior al apreciable con el microscopio ordinario.

corra (León) f. **Aro o *anillo de metal.*

corral (¿del sup. lat. «currāle», de «currus», carro?) **1** m. Sitio cercado y descubierto, generalmente adosado a una casa, donde se tienen los *animales domésticos: *aves, conejos, etc. ⊙ Cercado más grande donde se tiene ganado de cualquier clase. **2** *Antiguamente, *patio de una casa de vecindad.* **3** Como en ellos se empezaron a representar las obras teatrales, se dio también ese nombre a los primeros locales construidos para *teatro. **4** (And.) *CORRAL de vecindad.* **5** *Cercado que se hace en los ríos o en la costa del mar para apresar la *pesca.* ⇒ Paranza. **6** (inf.; n. calif. o en comparaciones) Habitación o sitio muy *sucio.

CORRAL DE VECINDAD. *CASA de vecindad.*

ANTES EL CORRAL QUE LAS CABRAS. *Frase con que se comenta el que alguien se *precipite a preparar una cosa secundaria antes de contar con seguridad con la principal.*

V. «como GALLINA en corral ajeno».

□ CATÁLOGO

Apero, *aprisco, boíl, boyera, boyeriza, brosquil, chivetero, chivital, chivitil, corraliza, corte, cortil, cubilar, encerradero, majada, majadal, manguera, novillero, ovil, pampón, redil. ➤ Avería, averío, faisanería. ➤ Carretera, corrido, *gallinero, mullida. ➤ Cancilla, cañiza, cañizo, pielga, telera. ➤ Manga. ➤ Paradina. ➤ Traspuesta. ➤ Amajadar, arredilar, cubilar, embrosquilar, encorralar, majadear. ➤ Acorralar, desacorralar. ➤ Trascorral. ➤ *Establo.

corrala f. Casa de vecindad típica de Madrid, con galerías que dan a un gran patio interior.

corralera **1** f. *Canción andaluza de las que se *cantan y bailan en los corrales de vecindad.* **2** (And.) *Mujer desenvuelta y descarada.*

corralero, -a n. *Persona que tiene un corral donde almacena estiércol para venderlo y donde, a veces, cría animales de corral.*

corralito m. Armazón que encierra un espacio, donde se mete a los niños muy pequeños para que puedan jugar o moverse sin peligro. ≃ Parque.

corraliza f. Corral.

corralón **1** m. Aum. de «corral». **2** (Mál.) *CASA de vecindad.*

correa (del lat. «corrigĭa») **1** f. *Banda de cuero preparada para algún uso. **2** *Cinturón de cuero o material parecido. **3** CORREA de transmisión. **4** Tira de cuero dispuesta en un soporte con un mango para *afilar las navajas de afeitar. **5** (pl.) *Zorros de *sacudir, hechos de tiras de piel.* **6** *Cualidad de algunas masas, como la del pan, por la que pueden estirarse sin romperse, tendiendo a encogerse de nuevo.* ≃ Liga. ⇒ Elasticidad. ➤ Correoso. ⊙ Puede aplicarse a la cualidad de otras cosas susceptibles de doblarse sin romperse; por ejemplo, de una vara verde. **7** («Tener») Cualidad de las personas por la que son capaces de *aguantar sin enfadarse las *bromas o *burlas de otros. ⇒ Humor. **8** ARQ. *Madero de los que en una *armadura de cubierta se colocan horizontales sobre los pares de los cuchillos para servir de apoyo a los contrapares.*

CORREA DE TRANSMISIÓN. La que, en una *máquina, transmite el movimiento de una rueda o elemento giratorio a otro. ≃ Correa.

□ CATÁLOGO

Ación, afilador [o afilón], agujeta, alzatirantes, amiento, apretadera, atacola, bandolera, barzón, cabestro, charpa, cinta, *cinturón, cornal, cornil, correón, coyunda, estórdiga, fornitura, francalete, *guarniciones, guasca, guindaleta, huasca, laja, latigadera, lomera, lonja, majuela, manatí, mancuerna, mediana, pechera, pihuela, portabandera, portacaja, portafusil, portalibros, pretina, quijera, reata, retranca, sajador, sobeo, sopanda, subeo, *tahalí, tiento, tiracol, tiracuello, tirante, tirapié, tireta, tiros, traílla, trasca, túrdiga, ventril, zambarco, zarria. ➤ Correaje, rendaje. ➤ Correería, correjería, descorrear.

correaje m. Conjunto de correas que forman parte de algo. ⊙ Particularmente, del uniforme de los militares.

correal (de «correa») m. *Antiguamente, *piel de venado o de otro animal, de color de tabaco, que se usaba para prendas de vestir.*

correar tr. *Hacer alguna operación en las *telas o *lanas para preparar o completar su elaboración.* ≃ Conrear.

correazo m. *Golpe dado con una correa.

correcalle (Cuba) m. *Patinete.* ⇒ *Patín.

corrección **1** f. Acción de corregir. **2** Tachadura u otra señal que queda al corregir. ≃ Enmienda. **3** Acción de corregir (decir que algo no está bien hecho). ≃ Reprensión. ⊙ Palabras con que se corrige. **4** *Cortesía o educación. Comportamiento conforme a las normas del trato social. ⊙ Cualidad de correcto. **5** **Figura retórica que consiste en una rectificación o explicación con distintas palabras de algo que se acaba de decir.*

C. GREGORIANA. La introducida en el *calendario por el Papa Gregorio XII.

correccional **1** adj. Se aplica a lo que sirve o se emplea para corregir. **2** m. Establecimiento penitenciario donde se cumplen penas menores. ⇒ *Prisión. **3** CORRECCIONAL de menores.

CORRECCIONAL DE MENORES. Establecimiento donde se recluye a los *niños o *muchachos que han cometido algún delito y se les somete a un régimen muy severo.

V. «PENA correccional».

correccionalismo m. *Sistema penal que tiende a educar o reformar a los delincuentes.*

correccionalista adj. *Partidario o seguidor del correccionalismo.*

correccionalmente adv. *De manera correccional.* ⊙ *Con pena correccional.*

correcho, -a (del lat. «correctus»; León) adj. *Correcto, *firme o *recto.*

correctamente adv. Con corrección o de manera correcta. ≃ *Debidamente. ⊙ Se aplica a la manera de *vestir, particularmente de los hombres, cuando es cuidada y propia de persona no dedicada a trabajo corporal: 'Se me acercó un señor correctamente vestido'.

correctísimo, -a adj. Superl. de «correcto» (cortés): 'Es un señor correctísimo'.

correctivo, -a (de «correcto») **1** adj. Útil para corregir o aplicado a ello. **2** («Aplicar, Imponer») m. *Castigo aplicado para corregir. **3** adj. LING. Se aplica en este diccionario a ciertas expresiones conjuntivas o adverbiales que introducen una salvedad, rectificación o cambio en una cosa que se acaba de decir, consabida o en la que se piensa; por ejemplo, «si acaso, mejor dicho, salvo que», etc. ⇒ *Corregir (expresiones correctivas). ➤ *Atenuar (expresiones atenuativas). ➤ *Intenso (expresiones intensivas). ➤ Expresiones *restrictivas. ➤ *Transigir (expresiones transactivas).

correcto, -a **1** Participio irregular de «corregir», usado sólo como adjetivo (el regular es «corregido»). ⊙ adj. Hecho según las *normas o conforme al modelo que se tiene como *perfecto: 'Un dibujo correcto. Lenguaje correcto. Facciones correctas'. ⊙ Implica en ocasiones la carencia de otras cualidades, como belleza, gracia o inspiración. ⇒ Académico, correcho, correctísimo, impecable, intachable, irreprochable, perfilado, puro. ➤ Incorrecto. ➤ *Perfecto. *Pulido. **2** Se aplica a la persona que se comporta de acuerdo con las normas de cortesía, y a su conducta, palabras o actos: 'Estuvo con nosotros correcto, pero frío'. ≃ Atento, *cortés, educado. **3** Aplicado especialmente a la manera de obrar las personas, *delicado o *escrupuloso. Atenido exactamente a las normas morales de equidad, veracidad, honradez, etc.: 'No ha sido un proceder correcto echarle la culpa a su compañero'. ⇒ Bien HECHO. **4** Aplicado al traje de alguien, particularmente el de los hombres, cuidado y propio de persona no dedicada a trabajo corporal.

POLÍTICAMENTE CORRECTO. Se aplica a la actitud o al lenguaje que intentan eliminar todo aquello que va en contra de normas comúnmente aceptadas o que puede resultar ofensivo para ciertos grupos sociales. Se usa a veces en sentido peyorativo por considerar que conlleva cierto exceso y falsedad.

corrector, -a **1** adj. y n. Se aplica al que corrige. ⊙ n. AGRÁF. Persona encargada de corregir las pruebas en las imprentas y editoriales. **2** m. *Funcionario público que tenía a su cargo *comparar las obras impresas con el original y descubrir las erratas.* **3** **Superior de los conventos de la orden de San Francisco de Paula.*

corredentor, -a n. *Con relación a *Jesucristo, se aplica a alguien que colaboró en su obra de redención.*

corredera (de «correr») **1** f. Carril o *ranura en un mecanismo cualquiera, destinado a que por él resbale alguna pieza: 'Puertas de corredera'. ⇒ Cárcel, colisa, engargolado. ⊙ La pieza que corre; por ejemplo, la que, en las máquinas de vapor, abría y cerraba alternativamente la entrada de éste. **2** *Cucaracha (insecto ortóptero). **3** **Alcahueta.* **4** *Piedra superior de las dos del molino.* ⇒ *Volandera. **5** *Sitio destinado a que corran por él los *caballos.* ⊙ Algunas *calles que lo fueron llevan ese nombre como propio. **6** (ant.) **Carrera.* **7** ARTILL. *Plataforma formada por dos o tres maderos paralelos, enlazados por sus extremos, sobre la que se mueven las cureñas.* **8** MAR. *Cuerda sujeta por un extremo a un carretel y por el otro a la barquilla, junto con la cual sirve para medir lo que anda el *barco.* ⊙ MAR. *Este dispositivo completo u otro que sirva para lo mismo.* ⇒ Guindola, nudo.

DE CORREDERA. Se aplica a las puertas, ventanas, etc., dotadas de correderas. ≃ Corredera.

corredero, -a **1** (ant.) adj. y n. *Corredor (aplicado al que corre mucho).* **2** m. TAUROM. *Lugar donde se practica el acoso y derribo de las *reses vacunas.* **3** (más frec. que «de corredera») adj. Se aplica a las puertas y ventanas que se abren y cierran deslizándose sobre carriles.

corredizo, -a adj. V. «NUDO corredizo».

corredor, -a **1** adj. Se aplica al que tiene aptitud para correr. **2** n. Persona que toma parte en una *carrera. **3** m. **Soldado que se enviaba a recorrer el campo para descubrir y observar al enemigo.* **4** *Soldado de los que tomaban parte en una *correría.* **5** adj. y n. f. Se aplica a un grupo de *aves de gran tamaño, esternón sin quilla y alas que no les sirven para volar, dotadas de fuertes patas que les permiten correr a gran velocidad; por ejemplo, el avestruz, el casuario y otras parecidas. Este grupo no tiene actualmente valor taxonómico. ⇒ Brevipenne. **6** n. Persona que hace de intermediario en compras y ventas de fincas, acciones y en otros tipos de transacciones comerciales, cobrando comisión por ello. **7** m. *Pasillo. **8** *Galería que rodea el patio de ciertos edificios. **9** FORT. *Camino cubierto.* **10** *Vía de comunicación: 'Se ha conseguido abrir un corredor en la zona para que pueda llegar la ayuda humanitaria'. **11** Ruta asignada a un avión en sus desplazamientos regulares. ≃ Pasillo.

CORREDOR DE COMERCIO. Persona autorizada legalmente para servir de mediador en asuntos mercantiles.

V. «CARDO corredor».

corredoría (ant.) f. *Correduría.*

corredura (de «correr») **1** f. *Cantidad de líquido que rebosa de la medida al *medirlo.* **2** (ant.) *Correduría.*

correduría **1** f. Actividad de corredor de fincas. **2** Corretaje.

correería **1** f. *Oficio del correero.* **2** *Lugar donde se hacen o venden correas.*

correero, -a n. *El que hace o vende correas.*

corregente n. Persona que desempeña una regencia junto con otra.

corregibilidad f. Cualidad de corregible.

corregible adj. Susceptible de ser corregido: 'Un defecto corregible'. ⇒ Incorregible.

corregidor, -a (de «corregir») **1** m. Antiguamente, cierto *magistrado de justicia. ⇒ Veguer. ⊙ Cargo semejante al de alcalde en los antiguos *ayuntamientos. **2** f. *Mujer del corregidor.*

corregimiento (de «corregir») m. *Cargo de corregidor.* ⊙ **Territorio de su jurisdicción.* ⊙ *Local o edificio en que estaba instalado.*

corregir (del lat. «corrigĕre») **1** tr. Quitar las inexactitudes, los errores o las imperfecciones en una ↘cosa hecha por alguien. El complemento puede ser el autor de la cosa hecha, esta cosa o el aspecto a que se refiere la corrección: 'Dibuja como le parece, pues nadie le corrige. Corrige mucho sus escritos. Le corrigió el estilo de la carta'. ⊙ AGRÁF. Repasar las ↘pruebas de *imprenta, quitar los errores, hacer modificaciones en ellas, etc., antes de la impresión definitiva. ⊙ Repasar un profesor los ↘ejercicios de los alumnos y señalar las faltas, aunque no las corrija. **2** Quitar un ↘*defecto físico: 'Lleva un aparato para corregirle la torcedura del pie'. ⊙ Graduar la ↘vista defectuosa y disponer el uso de las gafas adecuadas. **3** Añadir o quitar una cantidad al resultado de una ↘medición que se sabe que, por alguna circunstancia, contiene un error. ≃ Rectificar. **4** Arreglar con el dispositivo adecuado un ↘aparato de medida que comete una inexactitud. ≃ *Ajustar, rectificar. **5** Decirle a ↘alguien que ha obrado mal o ha hecho mal cierta cosa. ≃ Censurar, *reprender. ⊙ Hacerlo así habitualmente, por ejemplo a los ↘niños, para *educar o *enseñar: 'Si no le corriges, no puede llegar a hacerlo bien. A los niños hay que corregirles'. **6** prnl. Dejar de tener o quitarse alguna falta o defecto: 'Se ha corregido mucho de su terquedad. Se le ha corregido el defecto de la vista'.

V. «corregir la PLANA, corregir el RUMBO».

□ CATÁLOGO

*Ajustar, *arreglar, sentar la CABEZA, traer a buen CAMINO, *cambiar[se], castigar[se], *censurar, *convertir[se], encauzar[se], enderezar[se], enmendar[se], escarmentar, morigerar, poner en ORDEN, corregir [o enmendar] la PLANA, poner en RAZÓN, reajustar, rectificar, reformar[se], regenerar[se], rehacer[se], remediar, *repasar, *retocar, revisar, salvar. ➤ Contrapartida, corrección, enmienda, reajuste, rectificación, retoque. ➤ Correccional, reformatorio. ➤ Disciplinario. ➤ Tropológico. ➤ Ortopedia. ➤ Banderilla, FE de erratas. ➤ EXPRESIONES CORRECTIVAS: si ACASO, AHORA que, antes [más] BIEN, en todo CASO, bien CONSIDERADO, CONSIDERÁNDOLO bien, si se CONSIDERA bien, otra COSA es [sería] que [si], mejor DICHO, no DIGAMOS que; o, por mejor DECIR...; al FIN y al cabo, en FIN de cuentas, de hecho, si a MANO viene, a MENOS que, al [a lo, cuando, por lo] MENOS, ¡MIENTO!, bien MIRADO, MIRÁNDOLO bien, si bien se MIRA, o si [y si] NO..., so PENA de que, bien PENSADO, PENSÁNDOLO bien, si bien se PIENSA, en realidad, la REALIDAD es que, realmente, a RESERVA de que, SALVO que [si], a no SER que, como no SEA que, después de TODO, en medio de TODO, vamos, si vamos a VER, es VERDAD que, la VERDAD es que, es [bien es] VERDAD que, VERDAD es que. ➤ Incorrecto, incorregible. ➤ *Arreglar. *Cambiar. *Compensar. *Educar. *Mejorar. *Perfecto. *Reprender. *Superar.

□ CONJUG. como «pedir».

corregüela o **correhuela** (dim. de «correa») **1** *(Convolvulus arvensis)* f. *Planta convolvulácea silvestre que crece rastrera y trepa si encuentra a donde agarrarse, con flores de forma de campanilla. ≃ Albohol, altabaquillo, correyuela. **2** **Centinodia (planta poligonácea).* **3** **Juego de chicos que consiste en doblar una correa o cinturón con sus extremos juntos, en varios dobleces, y presentarla a otro que mete un palito entre esos dobleces; si, al desdoblarla, queda el palito dentro de ella, gana el que metió el palito; y, si queda fuera, gana el otro.*

correinante n. *Reinante junto con otro.*

correjel (del cat. «correger») m. **Cuero fuerte usado para correones o suelas.*

correjería f. *Correería.* ⊙ *Ahora es nombre de *calle en algunas poblaciones.*

correlación f. *Relación entre dos acciones o fenómenos cuando se desarrollan, en el mismo sentido o en sentido opuesto, con correspondencia entre el aumento de uno y el aumento o decrecimiento del otro: 'No hay correlación entre el desarrollo de su cuerpo y el de su inteligencia'. ⊙ Si se trata de *series, la correlación supone que para cada elemento de una de ellas existe en la otra otro elemento, y que ambos están con respecto a los restantes de su serie respectiva en una relación semejante: 'Se observa correlación entre las cifras de una columna y las de la otra'.

□ CATÁLOGO

Comparación, correspondencia, homología, paralelismo. ➤ EXPRESIONES CORRELATIVAS: conforme, correlativamente, de igual MANERA que, a MEDIDA que, mientras, lo MISMO que, de igual MODO que, paralelamente, según, simultáneamente. ➤ CUAL... así, cuanto MÁS... más, cuanto MÁS... menos, cuanto MÁS... tanto más, cuanto MÁS... tanto menos, cuanto MENOS... más, cuanto MENOS... menos, cuanto MENOS... tanto más, cuanto MENOS... tanto menos, no SÓLO... sino, TAL... así, TAL... cual, TAL... tal, TAN... como, TANTO... tanto.

□ FORMAS DE EXPRESIÓN

En primer lugar, existe realmente correlación en cualquier oración construida con un gerundio: 'Pasan destruyendo cuanto encuentran'. Pero la expresión más frecuente y precisa para expresarla es «a medida que»: 'A medida que crece se hace más cauto'; menos frecuente es el empleo de «conforme» y «según»: 'Conforme [o según] pasa el tiempo pierdo las esperanzas'. Generalmente se pone en forma progresiva el verbo de una de las dos oraciones o el de ambas: 'Según van pasando les entregan [o les van entregando] su ración'. También se expresa correlación con los adverbios «correlativamente, paralelamente» y, a veces, «simultáneamente», así como con los adjetivos y nombres correspondientes: 'No existe paralelismo entre el tamaño del cerebro y el desarrollo de la inteligencia'. Existe además un grupo de expresiones conjuntivas que denotan correlación, las cuales se agrupan en este diccionario con el nombre de «correlativas».

correlativo, -a 1 adj. Con relación a una cosa o a una serie de cosas, otra que está en correlación con ella: 'Una serie de aumentos de temperatura y otra serie correlativa de aumentos de longitud de una varilla metálica. Dos series correlativas de valores'. 2 GRAM. Se aplica a dos oraciones unidas mediante un nexo que expresa que las acciones de ambas varían en relación una con otra; como 'cuanto más corramos, antes llegaremos'. ⊙ GRAM. También a las partículas o nexos que expresan esa relación, y, en general, a las partículas de una oración que están en relación con una partícula de otra; como ocurre, por ejemplo, en las oraciones comparativas: en 'es tan alto como era yo a su edad', «tan» y «como» son partículas correlativas. ⇒ *Correlación. 3 Con respecto a un elemento de una serie o un conjunto, otro de otra serie u otro conjunto que ocupa lugar semejante; por ejemplo, dos lados que unen ángulos iguales en dos triángulos semejantes. 4 Se aplica, con respecto a un *número, al que le sigue inmediatamente en la serie de números enteros: 'Tenemos números correlativos en la lista'. ≃ Consecutivo.

correlato, -a (de «co-» y el lat. «relātus») 1 (ant.) adj. *Correlativo.* 2 m. Elemento correlativo a otro.

correligionario, -a n. Con respecto a una persona, otra que tiene la misma *religión. ⊙ Más corrientemente, que tiene las mismas ideas *políticas.

correncia (de «correr») 1 f. **Diarrea.* 2 **Vergüenza.*

correndilla f. *Carrerilla.*

correntada (Hispam.) f. *Corriente impetuosa de agua desbordada.*

correntía (de «corriente»; Ar.) f. *Operación de correntiar.*

correntiar (Ar.) tr. o abs. **Inundar el terreno después de segado para que se pudran el rastrojo y sus raíces, y sirvan de *abono.*

correntío 1 adj. *Aplicado a líquidos, corriente.* 2 (inf.) *Aplicado a personas, desenvuelto o desembarazado.*

correntón, -a 1 adj. *Corretón.* 2 **Bromista.*

correntoso, -a (Hispam.) adj. *Se aplica al *río o *corriente de agua muy rápidos.*

correo (del cat. «correu») 1 m. Persona que tiene por oficio llevar correspondencia de un lugar a otro. ⊙ Persona que lleva un mensaje, un paquete, etc. 2 («El correo», o «correos» sin art.) Organización para el transporte de la correspondencia. 3 (gralm. pl.; sin art.) Edificio u oficina donde se organiza el transporte de la correspondencia: 'Si pasas por correos, haz el favor de echar esta carta'. 4 Conjunto de cartas, etc., recibidas por correo: 'Estoy despachando el correo de hoy'. ≃ Correspondencia. 5 TREN correo.

CORREO ELECTRÓNICO. Servicio que permite la transmisión y la recepción de mensajes de un ordenador a otro a través de la línea telefónica. ≃ E-mail. ⇒ Arroba.

C. DE GABINETE. *Funcionario diplomático encargado de llevar rápidamente correspondencia oficial al extranjero.*

V. «APARTADO de correos, BUZÓN de correos».

ECHAR AL CORREO. Depositar una carta u otra cosa en el buzón o sitio destinado a ello, para que sea transportada por correo.

V. «EMPLEADO de correos, LISTA de correos, TREN correo, a VUELTA de correo».

□ CATÁLOGO

Raíz culta, en derivados, «post-»: 'postal'. ➤ Mala, posta. ➤ Administración, alcance, apartado, buzón, caja, cajón, cartería, CASA de postas, estafeta, hijuela, LISTA de correos, MESA de batalla, saca, SALA de batalla, valija. ➤ Alfaqueque, alhaqueque, ambulante, cartero, chasqui, cursor, estafetero, hijuelero, peatón, valijero. ➤ Ambulancia, paquebote [o paquebot], SILLA de posta. ➤ Recogida, reparto. ➤ Franquear. ➤ FRANQUEO concertado. ➤ Estampilla, fechador, franqueo, matasellos, oblea, *sello. ➤ Filatelia. ➤ Correspondencia. ➤ Certificado, GIRO postal, impresos, OBJETO postal, PAPELES de negocios, PAQUETE postal, PRUEBAS de imprenta, contra REEMBOLSO, SOBRE monedero, VALORES declarados. ➤ Faja. ➤ *Comunicaciones. ➤ *Carta.

correón (aum. de «correa») m. *Correa ancha de las que se empleaban en la suspensión de los *carruajes antiguos.* ≃ Sopanda.

correoso, -a adj. Se aplica a lo que tiene correa (elasticidad). ⊙ (desp.) Se aplica a cosas que están blandas y flexibles, pero difíciles de partir, como el cuero; por ejemplo, el pan en algunas ocasiones y ciertas cosas cocidas o guisadas, como las patatas. ⇒ Acorchado, calloncо, encallecido, lento, zapatero, zocato. ➤ Revenirse.

correr (del lat. «currĕre») 1 («Arrancar a, Echarse a, Lanzarse a, Ponerse a; a, por») intr. *Ir rápidamente de un sitio a otro con pasos largos que son saltos, pues se levanta el pie del suelo antes de haber apoyado el otro. ⊙ Hacerlo como deporte, en especial profesionalmente: 'Ya hace varios años que no corre'. ⊙ tr. o abs. Participar en una ↘carrera. 2 intr. Ir deprisa en cualquier actividad. ≃ *Apresurarse, aligerar. 3 MAR. *Navegar sin velas o casi sin ellas, por la mucha fuerza del viento.* 4 *Anticiparse o *apresurarse: hacer o querer hacer algo antes del momento oportuno o más deprisa de lo conveniente: 'No corras, que todavía tenemos que buscar el dinero'. **5** *Apresurarse a hacer la cosa que se expresa: 'Tan pronto se enteró, corrió a decirlo a todo el mundo'. **6** *Dirigirse alguien rápidamente, con su manera de obrar, a la situación que se expresa, generalmente mala: 'Corre a su perdición [a la catástrofe]'. **7** *Recurrir a algo o alguien.* **8** tr. Visitar *viajando diversos ↘lugares: 'Es un hombre que ha corrido medio mundo'. ≃ Recorrer. **9** Refiriéndose a guerras antiguas, «recorrer» el ↘territorio enemigo en son de guerra, devastando, saqueando, etc. ⇒ *Correría. **10** («por») intr. Moverse el agua, el aire, etc., avanzando: 'El agua corre por el cauce. La electricidad corre por los cables. Corre mucho viento'. ≃ Deslizarse, *fluir. ⊙ Salir el agua u otro líquido formando chorro de un grifo, fuente, etc.: 'Deja correr el agua hasta que salga fresca'. También se dice que «corre el río», etc. Y, en lenguaje coloquial, es muy frecuente usar como sujeto «grifo, fuente», etc. ≃ Fluir. **11** Hacerse presente y después pasado el tiempo que estaba por venir: 'El tiempo corre y no tenemos nada preparado para el viaje'. ≃ Deslizarse, *pasar, transcurrir. **12** Pasar de unos a otros una noticia, un rumor, etc. ≃ Circular, *propagarse. **13** tr. *Propagar: hacer correr ↘rumores, etc., en esa forma. **14** intr. Ser admitida como *válida una cosa. ⊙ Especialmente, «circular»: ser de curso legal cierta *moneda. **15** *Pasar un asunto por la oficina correspondiente.* **16** Estar una cosa en cierta dirección: 'La Cordillera Pirenaica corre de este a oeste'. ≃ *Dirigirse. **17** Ser devengada una *retribución como sueldo o jornal: 'Ya está nombrado, pero no le empieza a correr el sueldo hasta primeros de mes'. ⊙ Tener que ser pagadas ciertas cosas como alquileres, rentas, intereses, etc.: 'Los alquileres corren y hay que aprovechar el local'. **18** («con») *Encargarse u *ocuparse de algo: 'Ella corre con la administración de la casa'. ⊙ («con») *Costear o estar dispuesto a costear cierta cosa: 'El padre del novio corrió con los gastos de la boda'. ⇒ Correr de CUENTA. **19** tr. *Mover una ↘cosa arrastrándola: 'Corre esa silla hacia acá'. ⊙ Hacer resbalar en su cárcel un ↘cerrojo, pestillo, etc. ≃ Echar. ⇒ Descorrer. ⊙ *Cambiar una ↘cosa de sitio poniéndola a poca distancia del que ocupaba: 'Hay que correr los botones de este abrigo'. **20** *Mover a un lado o a otro las ↘cortinas, visillos, etc., para cubrir o descubrir una ventana o puerta. ⇒ Descorrer. ⊙ prnl. *Deslizarse: 'Se ha corrido un poco el tablero'. ⊙ *Apartarse alguien o algo un poco del sitio donde estaba; por ejemplo, para dejar sitio para otra persona u otra cosa: 'Si te corres un poco podré sentarme yo también'. **21** Dar o hacer en una cosa más de lo que es prudente u oportuno; particularmente, ofrecer demasiado o pagar demasiado por algo: 'No hay cuidado de que se corra en la propina'. ≃ Deslizarse, *exagerar, excederse, pasarse. **22** tr. **Desatar el ↘nudo o lazada de un cordón o cuerda con que está sujeto o cerrado algo.* **23** Hacer correr o ejercitarse a un ↘*caballo montando sobre él. **24** Hacer correr a un ↘animal acosándolo o de otra manera: 'Correr ciervos'. **25** Lidiar ↘*toros. **26** Pasar o vivir ↘peligros, aventuras o cierta suerte: 'Los dos correremos la misma suerte'. ≃ *Experimentar. ⊙ Puede implicar también *afrontarlos, o *exponerse o estar expuesto a ellos: 'No correré ese riesgo. Aquí no corres ningún peligro'. **27** Hacer que se corran los ↘colores de una tela. ⇒ Desteñir[se], emborrachar[se], emborronar[se]. ⊙ prnl. Extenderse y mezclarse unos con otros los *colores de una tela u otra cosa, o extenderse la tinta de un escrito. ⇒ Remosquearse. **28** tr. Hacer caer el platillo de la balanza, en que se *pesa la mercancía. **29** intr. *Hacer de corredor en operaciones comerciales, como compraventas, subastas o arrendamientos.* **30** tr. *Sacar ↘algo a pública *subasta.* **31** **Valer o *costar una cosa el precio que se expresa.* **32** (inf.) *Arrebatar, saltear y llevarse alguna cosa.* **33** tr. y prnl. *Avergonzar[se]. Con este significado se usa más la expresión «dejar [o quedarse] corrido». **34** (inf.; con un pron. reflex.) tr. Con «↘*juerga», pasársela: 'Dicen que se han corrido una juerga fenomenal'. **35** prnl. Desgastarse o derretirse demasiado deprisa las *velas. **36** (vulg.) Tener un orgasmo o eyacular.

A TODO CORRER. Tan *deprisa como se puede.

V. «correr un ALBUR, correr ALCANCÍAS».

[AQUÍ] EL QUE NO CORRE VUELA. Comentario que se hace cuando se descubre que una persona está en cierto asunto tan avisada o dispuesta a sacar provecho de él como otras. ⇒ *Aprovechar.

V. «correr CAÑAS, correr las CARAVANAS, correr una CONSTELACIÓN».

CORRER alguien o algo QUE SE LAS PELA (inf.). Correr mucho.

CORRERLA. Ir de *juerga o ser un juerguista: 'El que no la corre de soltero la corre de casado'.

V. «correr la CORTINA, correr de CUENTA».

DEJAR CORRER [LAS COSAS]. No intervenir en el asunto de que se trata o no preocuparse por la marcha que sigue. ⇒ *Despreocuparse.

ECHAR[SE] A CORRER. *Marcharse precipitadamente de un sitio.

V. «correr FORTUNA, correr GALLOS, correr GANSOS, correr LANZAS, correr MONTES, correr la PALABRA, correr a PALO seco, correr la PÓLVORA, al correr de la PLUMA, correr PRISA, correr SORTIJA, correr un TEMPORAL, al correr del TIEMPO, los TIEMPOS que corremos, correr una TRINQUETADA, correr un VELO, correr malos VIENTOS, fíate de la VIRGEN [...pero corre], correr la VOZ.

□ CATÁLOGO

Apeonar, ir desempedrando CALLES, ir a la CARRERA, corretear, desalar, desalmarse, pegar una [o tomar la] DISPARADA, exhalarse, galopar, ir a GALOPE [a toda MARCHA, a toda PRISA], sin poner los PIES en el suelo, trotar, a UÑA de caballo, dejar atrás los VIENTOS, volar. ➤ Arrancar, dispararse, dar una ESPANTADA, esprintar [o sprintar], jalar, precipitarse, SALIR disparado, SALIR pitando, tomar [apretar de o picar de] SOLETA. ➤ *Carrera, carrerilla, correndilla, correteada, correteo, corrida, cosetada, disparada, esprint [o sprint]. ➤ *Apresurarse. *Carrera. *Perseguir. *Prisa.

correría (de «correr») **1** (pl.) f. Viaje por distintos sitios o acción de ir a distintos sitios sin detenerse mucho en ellos: 'En sus correrías por el Rastro siempre compra algo que no le sirve para nada. En los veranos hace sus correrías por el extranjero'. ≃ Andanza. **2** En una *guerra, acción de recorrer el territorio enemigo destrozando y saqueando. ⇒ Algara, algarada, algazara, cabalgada, campeada, corrida, incursión, maloca, razzia. ➤ Corredor. ➤ Almogavarear. ➤ *EXPEDICIÓN militar.

correspondencia **1** f. Acción de corresponder[se]. ⊙ *Relación entre cosas que se corresponden. **2** *Trato entre dos personas por *correo. ⊙ *Relaciones comerciales.* ⊙ («Despachar») Conjunto de *cartas o *comunicaciones enviadas o recibidas.

EN CORRESPONDENCIA. Para corresponder a algo. ≃ En pago.

corresponder (de «co-» y «responder») **1** intr. y prnl. Ser una cosa, entre otras, la que está con la que se expresa en la relación debida o en la relación de que se trata. ⊙ («a, con») Ser *adecuado: 'Es la contestación que corresponde a su indiscreción. Sus modales se corresponden con su falta de consideración'. ⊙ («a, con») Ser cierta cosa de medida, de clase, de aspecto, etc., tal que está bien o se encuentra natural que esté con otra que se expresa: 'Las cortinas no corresponden a los muebles. Su lenguaje corresponde a sus hechos'. ⊙ («a, con») Ser una descripción, definición o explicación la de cierta cosa: 'Las señas que me dio corresponden a esta casa. Esa descripción corresponde al hombre que yo vi'. ≃ Responder. ⊙ («a, con») Inversamente, ser cierta cosa la que resulta definida, descrita o explicada por la definición, etc., en cuestión: 'Llegaron a un lugar que correspondía exactamente a la descripción'. ⊙ intr. Ser cierta cosa destinada a realizar con ella la acción que se expresa: 'Éste es el paquete que corresponde llevar ahora'. Si el verbo que expresa la acción es «poner», puede elidirse: 'Aquí corresponde esta pieza'. **2** Ser la cosa de que se trata de cierto sitio o de otra cosa determinada: 'Este tornillo corresponde a esta pieza. Estos sillones corresponden a este despacho'. ≃ *Pertenecer. **3** (terciop.) Ser *oportuno, *razonable, natural o conforme a lo establecido: 'Le corresponde adelantarse a saludar al más joven'. ≃ Proceder. **4** (terciop.) Ser el tiempo *oportuno para hacer cierta cosa: 'Todavía no corresponde sembrar las violetas'. ⊙ (terciop.) Ser el *turno de alguien para hacer cierta cosa: 'Ahora me corresponde jugar a mí'. ≃ Tocar. **5** Ser cierta cosa o cantidad la que recibe o debe recibir cada participante o uno determinado en un *reparto: 'Corresponden mil pesetas a cada uno. A ti te corresponde la cuarta parte'. ≃ Caber, tocar. ⇒ Caber, caer, recaer, tocar. **6** Ser cierta cosa obligación o derecho de alguien que se expresa: 'Corresponde al Estado la administración de justicia. A ti te corresponde decir la última palabra'. ≃ *Incumbir. **7** («con») Pagar, responder. ⊙ tr. *Dar una persona a ↘otra cierta cosa por haber recibido antes algo de ella: 'Él le regaló un pañuelo y ella le correspondió con una corbata'. ⊙ Tener una persona hacia ↘otra cierto sentimiento, en reciprocidad por el que ella le inspira: 'Ella le admira y él le corresponde con desprecio'. ⊙ Particularmente, sentimiento amoroso: 'Pedro está enamorado de María, pero ella no le corresponde'. También recípr. ⊙ intr. Tener alguien hacia una persona cierta actitud, a cambio de la actitud de que es objeto por parte de ella: 'Le tratan con amabilidad y corresponde en la misma forma'. ⊙ Si no se especifica, se entiende que se corresponde con lo que es justo y merecido: 'Nunca podré corresponder a tu generosidad'. ⇒ *Agradecer, a [o en] cambio de, en compensación, donde las DAN, las toman, el que DA bien vende, si el que recibe lo entiende; pagar con la misma MONEDA, pagar, estar a la RECÍPROCA, reciprocar[se], bailar al SON que tocan, pagar con USURA. ➤ Pasar la CUENTA. ➤ Pago, *reciprocidad, responsión. ➤ VAYA por, VAYA[SE] lo uno por lo otro, en PAGO de, en VEZ de. ➤ AMOR con amor se paga. **8** prnl. recípr. **Escribirse: mantener correspondencia una persona con otra.* **9** («con») Se contigua una pieza de la casa a otra: 'El dormitorio se corresponde por aquí con el salón'.

□ CATÁLOGO

Estar de *ACUERDO, estar a la ALTURA, estar en ARMONÍA, avenirse, casar, combinar[se], compadecerse, compaginar[se], concertar[se], conciliar[se], concordar, conformarse, estar CONFORME, consonar, convenir, decir, no desdecir, no desentonar, encajar, entonar, hermanar, hacer HONOR a..., ir con, hacer JUEGO, pegar, ser PROPIO de, responder, resultar, SER el [la, etc.] de, estar [o ponerse] a TONO, VENIR bien. ➤ Coherente, condigno, conexo, congruente, consecuente, en consonancia, consonante, correcto, como CORRESPONDE, digno, la HORMA de su zapato, indicado, merecido, *oportuno, pertinente, pintiparado, procedente, propio, a propósito. ➤ Correlativo, correspondiente, homólogo, paralelo. ➤ Cohesión, *correlación, correspondencia, ilación, paralelismo, *proporción, responsión, *unión. ➤ Correspondientemente, relativamente, respectivamente. ➤ Dar al CÉSAR lo que es del césar y a DIOS lo que es de Dios; el que [quien] a HIERRO mata, a hierro muere; para quien es D. JUAN, con Doña María basta; a cada OLLAZA, su coberteraza; de tal PALO, tal astilla; a todo SEÑOR, todo honor. ➤ *Incongruente. ➤ *Acomodar. *Acorde. *Acuerdo. *Adecuado. *Ajustarse. *Armonizar. *Bien. *Bueno. *Coincidir. *Compensar. *Conforme. *Convenir. *Coordinar. *Correlación. *Orden. *Referirse.

correspondiente 1 adj. Se aplica a la cosa que corresponde a otra determinada: 'Dame la llave correspondiente a esta cerradura'. ⊙ Se usa mucho en correlación con «cada»: 'Cada niño se fue con su correspondiente regalo'. **2** Natural o como se puede suponer o esperar: 'Me he llevado el correspondiente desengaño, pero no por eso me desanimo'. ⊙ Corresponsal. Se emplea sólo en el título «académico correspondiente», que las Reales Academias o Academias semejantes conceden a personas que viven fuera del lugar donde la entidad está establecida y no toman parte en las sesiones que celebran los académicos «de número». **3** GEOM. *Se aplica, de los ángulos determinados por dos líneas paralelas cortadas por una secante, a dos que están situados al mismo lado de la secante y son uno interno y otro externo, y no adyacentes.*

correspondientemente adv. De manera correspondiente.

corresponsal n. Con respecto a una persona, otra con la que mantiene correspondencia. ⊙ Persona con quien un comerciante mantiene relaciones propias de su negocio en otro país o lugar. ⊙ Periodista que envía informaciones a su *periódico desde otro lugar u otro país.

corresponsalía f. Cargo de corresponsal de un periódico.

corretaje m. *Comisión que cobra un corredor por su gestión.

correteada (Chi.) f. *Acción de correr *persiguiendo a un animal.*

corretear intr. Ir corriendo de un lado para otro, como hacen los niños. ⊙ Ir sin necesidad de un lado para otro. ≃ *Callejear.

correteo m. Acción de corretear.

corretero, -a adj. *Aplicable al que corretea.*

corretón, -a (inf.) adj. *Callejeador. ⊙ (inf.) Aplicado particularmente a personas en las que, por su edad, no es ya propio, amigo de ir a diversiones.

corretora (de «correctora») f. *Monja que dirige el coro en algunas comunidades.*

correvedile n. *Correveidile.*

correveidile (de la frase «corre, ve y dile») **1** n. *Recadero. **2** Persona que va enterándose de cosas privadas de unos y contándoselas a otros. ≃ Chismoso.

correverás o **corriverás** (de la frase «corre y verás»; Ast.) m. *Juguete con resorte.*

correyuela (de «correa»; ant.) f. **Correhuela (planta convolvulácea).*

corrida 1 («Dar una») f. Acción de ir corriendo de un sitio a otro no muy lejano: 'Di una corrida y le alcancé antes de que doblara la esquina'. ≃ *Carrera. **2** *CORRIDA de toros. ⊙ Los toros que se lidian en ella. **3** (ant.) *Acción de correr un líquido.* **4** (gralm. pl.) **Canto popular andaluz.* ≃ Playeras. **5** (ant.) **Corr処ería.* **6** MINER. *Dirección de una veta.* **7** (vulg.) Eyaculación.

CORRIDA DE TOROS. Espectáculo consistente en lidiar *toros en una plaza cerrada.

DE CORRIDA. De *memoria o rutinariamente: 'Decir la lección de corrida'. ⇒ De *carrerilla, de corrido.

EN UNA CORRIDA. En muy poco tiempo: 'Voy en una corrida a la tienda de la esquina. En una corrida te preparo una taza de café'. ⇒ *Rápido.

corridamente adv. *Corrientemente.*

corrido, -a **1** Participio adjetivo de «correr». Algo *retirado del sitio que ocupaba o del que debe ocupar. **2** Aplicado al peso, con algo de *exceso sobre lo justo: 'Un kilo corrido'. ≃ Bien HECHO, fuerte. **3** Se aplica a algunas cosas, particularmente elementos de la fachada de una construcción, que van de un lado a otro sin interrupción: 'Las dos habitaciones dan a un balcón corrido. Un seto corrido'. ⇒ *Continuo. **4** («Estar, Quedarse») Avergonzado. ⊙ («Estar, Quedarse») Humillado. **5** («Estar, Ser») Se aplica al que ha llevado una vida de *libertinaje, es decir, que «la ha corrido». ⊙ («Estar, Ser») Con la *experiencia que da una vida irregular: 'No se asusta de nada: es una mujer muy corrida'. **6** (pl.) m. **Intereses ya *devengados.* ≃ Caídos. **7** *Romance cantado, propio de Andalucía.* ⊙ (Hispam.) **Romance, o composición octosilábica semejante al romance.* ⊙ Canto y baile típicos de Méjico.

CORRIDO DE LA COSTA. *Romance que se acompaña con la guitarra, con música de fandango.* ⇒ *Cantar.

V. «BALCÓN corrido».

DE CORRIDO. De corrida.

V. «corrido como una MONA, TORO corrido».

corriendo Gerundio de «correr» que se usa mucho como adverbio, en vez de «muy *deprisa» o «*enseguida»: 'Cóseme corriendo este botón. Voy corriendo a atenderle a usted'. Se usa también en diminutivo en lenguaje informal: 'Dame un vaso de agua, por favor. —Voy corriendito'.

DEPRISA Y CORRIENDO. Aplicado a la manera de hacer una cosa, con *prisa y chapuceramente.

corriente (del lat. «currens, -entis») **1** adj. Se aplica a lo que corre: 'Agua corriente'. ⊙ *Aplicado al estilo, *fluido.* ⊙ Aplicado a *monedas, en uso en el momento de que se trata. ⇒ De CURSO legal. ⊙ Aplicado a ciertos documentos, y a *periódicos o publicaciones, último aparecido: 'El recibo corriente de la contribución'. ⊙ Se emplea para referirse al *año y *mes (y, menos, a la semana) en que se está: 'En enero del año corriente'. ≃ En curso. ⊙ m. Con el número del día se puede suprimir la palabra «mes»: 'El 5 del corriente'. ⊙ adj. Se aplica también a «fecha». **2** Ni muy bueno ni muy malo, ni muy grande ni muy pequeño, etc.; no *especial, no *extraordinario, no sobresaliente: 'Una tela corriente. Una chica corriente (ni muy guapa ni muy fea)'. ≃ Ordinario. ⊙ Se dice de lo que ocurre muchas veces y no por excepción: 'Esto es aquí un espectáculo corriente'. ≃ *Acostumbrado. ⊙ De mucha gente y de muchos sitios: 'Eso es una costumbre muy corriente'. ≃ *Común. ⇒ De [o para] andar por CASA, común, CORRIENTE y moliente, extendido, frecuente, *general, generalizado, habitual, del montón, natural, ordinario, de a PIE, de siempre, sólito, *usual. ➤ Extraordinario. ➤ *Acostumbrado. *Familiar. *Normal. *Sencillo. *Vulgar. **3** («Estar; para») *Preparado o en regla: 'Todo está corriente para la partida. Tiene corriente su documentación'. **4** («Estar, Ir, Llevar, Tener») *Al corriente: sin *retraso*: 'Va corriente en el pago de los recibos'. ≃ Al día. **5** f. Masa de un fluido que avanza, bien por un cauce o cable, bien en el seno del mismo fluido: 'Una corriente de agua [de aire, marina]'. ⊙ La de aire que circula entre las puertas y ventanas de una casa. ⊙ Movimiento de esas masas: 'Corriente impetuosa [mansa, tranquila]'. ⊙ La «corriente eléctrica» se llama, si no cabe confusión, sólo «corriente»: 'Cortes semanales de corriente'. **6** Manera indeterminada de desenvolverse los acontecimientos o de comportarse la gente. ⇒ Ir contra [o seguir] la CORRIENTE. ⊙ *Dirección del pensamiento o de la evolución de una actividad humana: 'Las corrientes pro unidad europea. Las corrientes modernistas en arte. La corriente de la moda'. ⊙ Esas mismas tendencias trasladándose de un lugar a otro: 'Las corrientes innovadoras que llegan del otro lado de los Pirineos'. ⇒ *Curso, desarrollo, *dirección, directrices, *estilo, *evolución, línea, marcha, moda, *movimiento, *orientación, sesgo, *tendencia.

¡CORRIENTE! *Expresión con que alguien manifiesta que queda enterado de una cosa que se le dice y *conforme con ella:* 'Me esperarás a las cuatro. —¡Corriente!'.

CORRIENTE ALTERNA. ELECTR. La que cambia periódicamente de dirección.

C. ASTÁTICA. ELECTR. *La producida por agujas imantadas de modo que no pueda ser influida por la acción magnética de la Tierra.*

C. CONTINUA. ELECTR. La que va siempre en la misma dirección.

C. ELÉCTRICA. *Electricidad que se mueve por un cable o conductor.

AL CORRIENTE. **1** Sin *retraso: 'Tengo mi negociado al corriente. Estoy al corriente en el pago de la contribución'. ≃ Al día. **2** *Enterado: 'No estaba al corriente de lo que ocurre'.

CONTRA LA CORRIENTE. V. «ir contra la CORRIENTE».

CORRIENTE Y MOLIENTE. Sin nada extraordinario o notable: 'Nos dieron una comida corriente y moliente'. ≃ *Corriente.

V. «CUENTA corriente».

DEJARSE LLEVAR DE [O POR] LA CORRIENTE. Adoptar la postura cómoda de no *oponerse a la marcha espontánea de las cosas o a lo que hacen otros. ≃ Seguir la CORRIENTE.

ESTAR AL CORRIENTE. V. «al corriente».

IR CONTRA [LA] CORRIENTE. Hacer o querer hacer las cosas de manera contraria a la usual o admitida. ≃ Navegar contra la CORRIENTE. ⇒ A contracorriente.

LLEVAR [O SEGUIR] LA CORRIENTE a alguien. Asentir a lo que él dice, hacer lo que él quiere o no oponerse a lo que quiere hacer. ⇒ *Complacer.

V. «MONEDA corriente».

NAVEGAR CONTRA [LA] CORRIENTE. Ir contra la CORRIENTE.

PONERSE AL CORRIENTE. V. «al corriente».

SEGUIR LA CORRIENTE. Dejarse llevar por la CORRIENTE.

SEGUIR LA CORRIENTE a alguien. Llevar la CORRIENTE a alguien.

V. «TOMA de corriente».

□ CATÁLOGO

*Acequia, afluente, *arroyo, barranco, *canal, *chorro, correntada, coso, curso, desagüe, filete, hilero, manantial, regato, *reguera, *río, torrente, VENA líquida. ➤ Tributario. ➤ Caída, *cascada, *cauce, caudal, confluencia, contracorriente, coz, *derivación, *fondo, golpeadero, ladrón, lecho, *orilla, *presa, salto, superficie. ➤ *Cieno, leja. ➤ Arrastrar, batir, brotar, chorrear, confluir, correr, crecida, desbravarse, descender, discurrir, estiaje, fluir, llevar, manar, menguante, perderse, recial, refluir, regolfar [o regolfarse], regolfo, remansarse, remanso, *remolino, revesa, salir, saltar, sangrar, tributar, verter. ➤ Canalización, corrivación, desviación. ➤ Caudaloso, correntoso, flotable, HILO a hilo, impetuoso, navegable, robadizo, subálveo, subfluvial, submarino. ➤ Canalizar, destajar, desviar, encajonar, encañonar, escotar, sondar. ➤ Hidráulica, hidrógrafo, hidrometría, hidrómetro, reómetro. ➤ REAL de agua. ➤ *Acequia. *Agua. *Canal. *Líquido. *Regar. *Río.

corrientemente adv. De manera *corriente, en cualquiera de las acepciones del adjetivo.

corrigenda *Palabra latina que, sola o en la locución «addenda et corrigenda», equivale a «*fe de erratas». Su traducción literal es «cosas que han de ser corregidas».*

corrigendo, -a (del lat. «corrigendus», que ha de corregirse) adj. y n. *Se aplica a la persona recluida en un establecimiento correccional.* ⇒ *Preso.

corrillero, -a n. *Persona desocupada, siempre dispuesta a sumarse a un corrillo.* ⇒ *Vagabundo.

corrillo 1 m. Dim. frec. de «corro», aplicado particularmente a un grupo de personas en que se *conversa. **2** Reunión de personas que se *apartan o se mantienen apartadas de las demás. ≃ *Círculo.

corrimiento 1 m. Acción y efecto de correrse algo. ⊙ Desplazamiento de una gran extensión de tierra: 'Corrimiento de tierras'. **2** MED. **Flujo o *secreción anormal de algún humor del organismo.* **3** (ant.) *Correría.* **4** *Vergüenza. **5** AGRIC. *Accidente que sufre la *vid por efecto de las heladas, el viento, la lluvia, etc., por el que la flor se estropea y fructifica poco.*

corrincho (de «corro») m. *Reunión de gente despreciable.* ⇒ *Chusma, *hampa.

corrivación (del lat. «corrivatĭo, -ōnis») f. *Obra de canalización con la que se junta el agua de varios arroyos.*

corro (¿relac. con «corral» o con «correr»?) **1** m. *Círculo formado por personas cogidas de las manos. ⊙ Particularmente, el que forman los niños por *juego, dando vueltas y cantando: 'Jugar al corro'. ⊙ *Grupo de personas que se aglomeran alrededor de alguien o de algo dejando un espacio libre: 'En el centro del corro, un cíngaro hacía bailar a un oso'. ⇒ Rolde, rueda. **2** Cierta porción de una superficie distinguible del resto: 'El tinte ha quedado a corros. En algunos corros el trigo está más alto'. **3** *Campo pequeño cultivable: 'Le cedió un corro de terreno para que lo cultivase para él'.

HACER CORRO. **1** Formar corro la gente alrededor de alguien: 'Le hicieron corro en cuanto apareció'. **2** Apartar a la gente que está aglomerada para dejar un espacio en medio donde, por ejemplo, pueda hablar alguien para que le oigan todos.

corroboración f. Acción y efecto de corroborar.

corroborante 1 adj. Se aplica a lo que corrobora. **2** adj. y n. m. *Se aplicaba al medicamento usado para corroborar.* ⇒ *Tónico.

corroborar (del lat. «corroborāre») **1** (ant.) tr. **Fortalecer o *reanimar ↘al que está débil o abatido.* **2** *Confirmar o *ratificar; dar más seguridad a una ↘cosa ya conocida: 'Este experimento corrobora los resultados obtenidos anteriormente'.

corrobra (de «corroborar») f. *Agasajo que hacen los que cierran un trato de compra-venta al que ha mediado en él.* ≃ Robra, *alboroque.

corrocar tr. MAR. *En construcción de *barcos, trazar con el gramil las líneas que tienen que ser paralelas a otras en el dibujo de las piezas.* ⇒ Agramilar.

corroer (del lat. «corrodĕre») **1** tr. Destruir gradualmente cualquier agente, como un ácido, el oxígeno del aire, el paso del agua o una enfermedad, un ↘material inorgánico o un tejido orgánico ≃ Carcomer. ⇒ Comer, estiomenar, morder. ➤ Cáustico, corrosivo, corroyente, mordicante, mordiente. ➤ *Óxido. ⊙ prnl. Destruirse un material inorgánico o tejido orgánico a causa de cualquier agente. **2** tr. Causar destrozos en el ↘cuerpo o inquietar el espíritu una pasión o un padecimiento moral, como la *envidia, los *celos, el arrepentimiento o el remordimiento. ≃ *Concomer, consumir, roer. ⊙ prnl. Sufrir pasiones o padecimientos morales, como la envidia, los celos o el arrepentimiento. ≃ Carcomerse, *concomerse, consumirse.

□ CONJUG. como «roer».

corromper (del lat. «corrumpĕre») **1** tr. *Alterar, descomponer. ⊙ Cambiar la naturaleza de una ↘cosa volviéndola mala. ⊙ Particularmente, «*pudrir»: alterar una ↘sustancia orgánica de modo que se inutiliza, huele mal, etc. ⊙ *Impurificar y dar mal olor y sabor al ↘agua las cosas que se pudren en ella. ⊙ *Impurificar el ↘ambiente con miasmas o mal olor. ⊙ prnl. Alterarse una cosa haciéndose mala; particularmente, pudrirse o hacerse impura: 'El agua estancada se corrompe'. **2** (pop. o inf.) intr. *Echar mal olor*: 'Este pescado corrompe'. ≃ *Heder. **3** tr. Hacer moralmente malas a las ↘personas o las ↘cosas o *estropear cosas no materiales: 'Corromper a la juventud [o las costumbres]. Corromper el lenguaje'. ≃ Pervertir. ⊙ prnl. Hacerse inmoral una persona o estropearse cosas no materiales: 'Corromperse las costumbres'. ≃ Pervertirse. **4** tr. Quebrantar la moral de la ↘administración pública o de los funcionarios. ⊙ En especial, hacer con dádivas que un ↘juez o un empleado obren en cierto sentido que no es el debido. ⇒ Cohechar, comerciar, comprar, especular, negociar, *sobornar, *traficar. ➤ Cohecho, concusión, corrupción, corruptela, dicotomía, inmoralidad, *soborno. ➤ MERIENDA de negros, muladar, sentina. ➤ MANOS sucias. **5** **Forzar o *seducir a una ↘mujer.* ⊙ Cometer actos sexuales con un ↘menor de edad. **6** (inf.) *Hacer perder la paciencia a ↘alguien.* ≃ *Exasperar.

V. «corromper las ORACIONES, corromper los PERFILES».

corrompidamente adv. **Mal.*

corrompido, -a Participio adjetivo de «corromper[se]».

corrompimiento (ant.) m. *Corrupción.*

corroncho 1 (Col.; *Hypostomus aburrensis*) m. **Pez pequeño de río.* **2** (Ven.) adj. *Tardo o *lento.*

corrosal (¿de «Curasao», nombre de una isla de las Antill.?) m. *Anona (árbol anonáceo).

corrosca (Col.) f. *Cierto *sombrero de alas anchas, de paja gruesa tejida a mano, que usan los campesinos.*

corrosible (del sup. lat. «corrosibĭlis», de «corrōsus», corroído) adv. Susceptible de corroerse.

corrosión (del sup. lat. «corrosĭo, -ōnis», del lat. «corrōsus», corroído) f. Acción y efecto de corroer[se].

corrosivo, -a 1 adj. Se aplica a lo que corroe o tiene facultad de *corroer: 'Los ácidos son corrosivos'. ≃ Cáustico, mordiente. **2** Aplicado a personas y a su lenguaje o estilo, a su humor o a sus críticas, agresivamente irónico, e hiriente. ≃ Acerado, acre, afilado, cáustico, incisivo, mordaz.

V. «SUBLIMADO corrosivo».

corroyente adj. *Corrosivo.*

corruco (Mál.) m. *Pasta de almendra y harina, tostada al horno, semejante al *carquiñol.*

corrugación (de «corrugar») f. *Contracción o encogimiento.*

corrugar (del lat. «corrugāre; ant.) tr. **Arrugar.*

corrugo (del lat. «corrūgus»; ant.) m. **Acequia.*

corrulla f. MAR. **Pañol de las jarcias en las *galeras.* ≃ Corulla.

corrumpente (del lat. «corrumpens, -entis») adj. *Aplicable a lo que corrompe (pervierte).* ⊙ *Fastidioso o *pesado.*

corrupción 1 f. Acción y efecto de corromper[se]. ≃ Corrompimiento. 2 *Soborno. 3 (ant.) *Diarrea.*

CORRUPCIÓN DE MENORES. Acción de corromper a algún menor de edad; es un tipo jurídico de *delito.

corrupia V. «FIERA corrupia».

corruptamente adv. *Corrompidamente.*

corruptela (del lat. «corruptēla») f. Hecho, situación o costumbre en que hay corrupción o falta de honradez en la administración.

corruptibilidad f. Cualidad de corruptible.

corruptible adj. Que se puede corromper.

corruptivo, -a adj. *Que corrompe o puede corromper.*

corrupto, -a (del lat. «corruptus») Participio irregular de «corromper», usado sólo como adjetivo y sustantivo. El regular es «corrompido».

corruptor, -a adj. y n. Se aplica al que corrompe o intenta corromper; particularmente, corruptor de menores.

corruscante adj. Curruscante.

corrusco (de or. expresivo) 1 m. Trozo de pan duro. ≃ *Mendrugo. 2 Trozo de pan de la parte más tostada, especialmente del extremo de una barra. ≃ Coscurro, currusco, cuscurro.

corsa[1] (de «corso[1]»; ant.) f. MAR. *Viaje de cierto número de leguas, realizable en un día.*

corsa[2] (de «corzo»; Can.) f. *Narria o *rastra.*

corsariamente adv. *A lo corsario.*

corsario, -a 1 adj. y n. Se aplica a la nave o el navegante que hace corso. 2 m. *Pirata.

corsé (del fr. «corset», de «corps») m. Prenda interior con que se *ciñen el cuerpo las mujeres desde algo más arriba de la cintura hasta el comienzo de los muslos. ⇒ Apretador, corselete, cotilla, justillo. ➤ Cubrecorsé, encorsetar. ➤ *Faja.

CORSÉ ORTOPÉDICO. Sujeción rígida que llevan alrededor del tronco, y a veces del cuello, las personas que padecen alguna desviación de la columna vertebral.

corselete (del fr. «corselet») 1 m. Prenda femenina ajustada al talle que se ata con cordones sobre el cuerpo. ⇒ *Corsé. 2 Coselete (coraza).

corsetería f. Establecimiento donde se fabrican o venden corsés y otras prendas interiores femeninas.

corsetero, -a n. El que fabrica o vende corsés y otras prendas interiores femeninas.

corso[1] (del lat. «cursus», carrera) m. MAR. Persecución y saqueo de naves llevados a cabo no como acción de guerra, pero sí por barcos autorizados por su gobierno. ⇒ *Pirata.

A CORSO. *Aplicado a la manera de *transportar cargas, a lomo, con toda la rapidez posible y remudando las caballerías.*

ARMAR EN CORSO. MAR. Disponer una nave para el corso.

EN CORSO («Ir, Navegar», etc.). MAR. Haciendo corso.

V. «PATENTE de corso».

corso[2], **-a** (del lat. «Corsus») adj. y, aplicado a personas, también n. De Córcega. ⊙ m. Dialecto del italiano hablado en Córcega.

corta f. Operación de cortar árboles. ≃ *Tala.

cortable adj. Susceptible de ser cortado.

cortabolsas (de «cortar» y «bolsa»; ant.) n. **Ratero (ladrón).*

cortacallos m. *Utensilio de callista.*

cortacésped m. Máquina para cortar el *césped de los *jardines.

cortacigarros m. Cortapuros.

cortacircuito o **cortacircuitos** m. Dispositivo que corta automáticamente una corriente eléctrica, cuando, por algún accidente en la línea, la intensidad crece peligrosamente. ⇒ Plomos.

cortada 1 f. *Rebanada: 'Una cortada de pan'. 2 (Arg., Ur.) *Atajo.*

cortadera 1 f. *En herrería, *cuña de acero con un mango, que se emplea para cortar a golpe de mazo o martillo el hierro candente.* 2 APIC. *Utensilio que se emplea para cortar los panales de *abejas.* 3 (Arg., Chi., Cuba; *Paspalum virgatum*) **Planta gramínea de hojas estrechas y largas, de bordes cortantes; con su tallo se tejen cuerdas y sombreros.* 4 (Arg.; *Cortaderia selloana*) **Planta gramínea de adorno, de hojas de color verde azulado y flores grisáceas, de reflejos plateados, en panícula fusiforme.*

cortadillo, -a 1 adj. *Se aplica a las *monedas «cortadas» (no circulares).* 2 V. «AZÚCAR cortadillo». 3 m. Se aplica a veces a los *vasos de vino cilíndricos. Y, como medida de *capacidad, a un *vaso pequeño: 'Se toma por las mañanas un cortadillo de agua de carabaña'. 4 Pequeño pastel de forma cuadrada, relleno de cabello de ángel.

cortado, -a 1 Participio adjetivo de «cortar». Se aplica particularmente a un líquido o una masa, como la leche o las natillas, que se ha cortado. 2 Se aplica al *estilo literario caracterizado por periodos cortos formados por oraciones independientes o unidas por una conjunción copulativa. 3 HERÁLD. *Se aplica a las piezas que tienen la mitad superior de un esmalte y la inferior de otro.* 4 Avergonzado, turbado o *aturdido. ⊙ (inf.) n. Persona tímida. 5 (inf.) adj. *Muy *adecuado.* 6 (ant.) *Esculpido.* 7 (Mál.) m. *Copa pequeña de *aguardiente.* 8 («Un») Taza de *café con un poco de leche. ⇒ Perico. 9 *En danza, salto brusco.*

cortador, -a 1 adj. y n. Se aplica a lo que corta o sirve para cortar: 'Una máquina cortadora de jamón'. ⊙ n. Particularmente, persona que corta prendas de vestido o *calzado. 2 **Carnicero.* 3 m. *Oficial encargado de cortar las viandas en la mesa del *rey.*

cortadura 1 f. Abertura que queda al cortar. ≃ *Corte. ⊙ Borde o superficie que queda en cada una de las partes separadas, por el sitio por donde se ha cortado. 2 Raja profunda en el terreno. ≃ Corte, *grieta, hendidura. ⊙ Separación entre montañas, abierta por un desgajamiento o por un río. ≃ Cañón, garganta, *paso, tajo. 3 FORT. *Parapeto supletorio, a veces con foso, hecho en algunos casos.* 4 MINER. *Ensanchamiento de las galerías en su encuentro con el pozo principal.* 5 (pl.) Trozos que se cortan de una materia para darle la forma requerida. ≃ *Recortes.

cortafierro (de «cortar» y «fierro»; Arg., Ur.) m. *Cortafrío.*

cortafrío m. *Herramienta que consiste en una pequeña barra con corte en un extremo, que se emplea para cortar metales en frío, martillando sobre el otro extremo; también para otras cosas; por ejemplo, para abrir agujeros o rozas en las paredes.

cortafuego o **cortafuegos** (de «cortar» y «fuego») 1 m. Zanja o vereda ancha en el campo, en el monte, en un bosque, etc., hecha o dejada para impedir que se propaguen los *incendios. ⊙ Se usa también en sentido figurado: 'Hizo un cortafuegos para proteger a sus colaboradores'. 2 **Muro de arriba abajo del edificio, destinado a evitar que, si hay fuego en un lado de él, se propague al otro.*

cortagrama (R. Dom., Ven.) m. *Máquina de cortar césped.*

cortalápices m. *Sacapuntas.*

cortante **1** adj. Con filo capaz de cortar: 'Un instrumento cortante'. ⊙ Se aplica al *aire o *viento que corta. **2** m. *Carnicero.* ≃ Cortador.

cortao (del fr. ant. «courtaud») m. ARTILL. *Cierta máquina antigua de guerra.*

cortapapeles m. Utensilio semejante a un *cuchillo poco afilado, a veces decorado, que se emplea para cortar las hojas de los libros, o papeles previamente doblados. ≃ Plegadera.

cortapicos (de «cortar» y «pico»; *Forficula auricularia* y otras especies afines) m. Insecto dermáptero muy dañoso para las plantas, cuyo abdomen termina en una especie de pinzas que cortan. ≃ Tijereta.

cortapiés m. **Tajo de espada, cuchillo, etc., dirigido a las piernas.*

cortapisa (del cat. ant. «cortapisa») **1** f. *Condición o restricción con que se limita una concesión: 'Le han puesto en libertad, pero con muchas cortapisas'. ⊙ Dificultad, limitación, *obstáculo o prohibición puesto o impuesto por otros o por uno mismo, que quita o disminuye la libertad de obrar o de expresarse: 'Allí habla todo el mundo sin cortapisas. La iniciativa privada tropieza con demasiadas cortapisas. Él mismo se pone cortapisas con tantos prejuicios'. **2** (ant.) *Guarnición de distinto color que se ponía en una prenda de *vestir.* **3** *Adorno del *lenguaje o gracia con que se dice alguna cosa.*

cortaplumas m. *Navaja pequeña. ≃ Tajaplumas.

cortapuros m. Utensilio con que se les corta la punta a los *cigarros puros.

cortar (del lat. «curtāre») **1** tr. Penetrar un objeto afilado en una ↘materia haciendo una raja o separando una parte de ella: 'La sierra corta la madera'. ⊙ intr. Ser capaz de hacerlo: 'Estas tijeras no cortan'. ⊙ tr. Hacer una raja en una ↘materia o separar una parte de ella con un instrumento cortante: 'Cortó un trozo de queso con la navaja'. ⊙ Separar de esa manera una ↘parte, un miembro, etc.: 'Le tuvieron que cortar la pierna. Corté una rama'. ⊙ Separar la parte principal de un ↘árbol cortando el tronco, generalmente por el pie. ⊙ Quitar la parte sobrante de las ↘uñas o del pelo: 'Se corta el pelo cada quince días'. ⊙ Hacer lo mismo con cualquier otra cosa; por ejemplo, con la ↘pluma de ave con que se escribía (de ahí la frase figurada «una pluma bien cortada»). ⊙ Hacer de una ↘cosa dos o más partes, generalmente con un instrumento cortante: 'Cortar un papel por la mitad'. ⊙ Cortar, por ejemplo con una plegadera, los dobleces de los pliegos que forman un ↘*libro para separar las hojas: 'Ni siquiera había cortado el libro [o las hojas del libro]'. ⊙ (reflex.) Hacerse una herida con algo cortante. ⊙ prnl. *Rajarse, particularmente la tela de seda, por efecto del tiempo; especialmente por los dobleces o arrugas. ⊙ tr. GEOM. Dividir una línea a ↘otra, con un punto común, o una superficie a otra, con una línea común. ⊙ GEOM. prnl. Tener dos líneas un punto común o cruzarse dos superficies con una línea común. ≃ Intersecarse. **2** tr. Ir de un lado a otro por un ↘fluido: 'Un avión a reacción cortó el aire como una flecha. La quilla del barco corta el agua'. ≃ Atravesar, hender, surcar. **3** *Agrietar la ↘piel el frío. ⊙ prnl. Agrietarse la *piel por efecto del frío. **4** («de, en») tr. Sacar cortando de un trozo de papel, tela, etc., un ↘trozo de cierta forma: 'Cortar una flor en cartulina'. ≃ *Recortar. ⊙ Particularmente, cortar del material con que se va a hacer una ↘prenda de ropa las *piezas necesarias: 'Cortar un vestido [las mangas, una funda para un sillón]'. ⇒ Encarar. **5** intr. Cuando se juega a la *baraja, levantar, después de barajarla, parte de ella, para colocarla a continuación debajo de la parte que ha quedado, a fin de completar la alteración del orden de las cartas. ≃ Alzar, partir. ⇒ Alzar, destajar, levantar, partir. **6** tr. Mezclar un ↘líquido con otro para rebajarlo o cambiar su sabor; por ejemplo, el café con un poco de leche. **7** intr. Tomar un camino más corto para ir a un sitio: 'A la vuelta corté por el descampado'. **8** (Chi.) *Echarse a andar en una dirección.* **9** prnl. Perder la homogeneidad una sustancia, como la *leche o las natillas, por la solidificación dentro de ella en forma de grumos de la sustancia albuminoidea que contiene. ≃ *Coagularse, cuajarse. **10** (argot) tr. Mezclar una ↘droga, particularmente la heroína o la cocaína, con otra sustancia para aumentar la cantidad. **11** **Grabar.* **12** Interponerse o interponer algo entre una ↘cosa y otra, de modo que se impide la comunicación entre ellas. Particularmente, impedir la ↘comunicación entre un grupo de fuerzas enemigas y el resto de ellas o su base. ≃ Aislar, incomunicar, *separar. **13** Hacer cesar el paso o salida de ↘algo, o la comunicación entre dos cosas; la cosa cortada puede ser el paso o comunicación, la cosa que pasa, la corriente o paso, o el sitio por donde pasa: 'Cortar la retirada al enemigo. Han cortado el agua porque hay una avería en la cañería. Cortar la hemorragia. Está cortada la carretera'. ≃ *Detener. ⊙ Impedir de cualquier manera que una ↘cosa se extienda o pase a otros sitios: 'Una zanja para cortar el fuego'. ≃ *Aislar. ⊙ prnl. Cesar el paso o salida de algo: 'Se ha cortado la luz'. ⊙ Quedar cortada o interrumpida una *comunicación: 'Estábamos hablando por teléfono y se cortó la comunicación'. ≃ Interrumpirse. **14** tr. Impedir que una ↘cosa siga desarrollándose: 'Cortar el mal de raíz'. ⇒ *Detener. **15** *Interrumpir la ejecución de una ↘cosa, sin acabarla. ⊙ Cesar de hablar en un ↘discurso o conversación: 'Cortó el discurso en lo más interesante. Al acercarme yo, cortaron la conversación'. ⊙ Interrumpir a ↘alguien que está hablando: 'No me cortes y déjame llegar hasta el final'. ⊙ Particularmente, cortar una discusión. **16** **Decidir como árbitro un ↘asunto.* **17** *Dividir una ↘cosa atravesándola: 'La cordillera corta el país de este a oeste'. **18** Quitar, por ejemplo la censura, partes de un ↘escrito, un discurso, una obra literaria, una película, etc. ≃ Recortar, *suprimir, tachar. **19** Ser el *frío o el viento frío tan intensos que parece que cortan: 'Hace un frío que corta'. **20** (inf.) tr. y prnl. *Avergonzar[se], *turbar[se] o *aturdir[se]: 'Me corta hablar en público. Se corta mucho delante de los jefes'. **21** tr. *Aplicado a una ↘lengua, *pronunciarla, bien o mal.* ⊙ *Aplicado a los ↘versos, leerlos o *recitarlos, bien o mal.* **22** APIC. **Castrar una ↘colmena.* **23** (ant.) prnl. *Redimirse.*

V. «cortar las ALAS, cortar el BACALAO, cortar la CABEZA, cortarse la COLETA».

CORTAR POR LO SANO. Poner fin tajantemente con un acto de energía a una situación que causa disgusto. ⇒ *Decisión.

V. «cortar el CUELLO, cortar FALDAS, cortar el HILO, cortar el PASO, cortar un PELO en el aire, cortar la RETIRADA, cortar el REVESINO».

CORTARSE SOLO (Ur.). *Distanciarse de un grupo.*

V. «cortar los VUELOS».

□ CATÁLOGO

Otras raíces, «cis-, sec-, tom-, tond-[o tons-]»: 'ARTE cisoria, cisión, cisura; bisección, intersección, resección, secante, sección, trisección, vivisección; micrótomo, osteotomía; intonso'. ➤ Abrir, afeitar, amputar, apear, aserrar, atusar, bisecar, castrar, *cercenar, chapodar, chingar, circuncidar, decapitar, decentar, dedolar, degollar, derrabar, desbastar, descabezar, descolar, descotar, desjarretar, *desmochar, desmontar, desrabar [o desrabotar], destroncar, disecar, diseccionar, dividir, encentar, encetar, entretallar, escandalar, escasear, escindir, escodar, escotar, esquilar, *extirpar, hacer GIGOTE, *herir, incidir, jasar, mochar, mondar, morder, motilar, mutilar, *partir, pelar, picar, *podar, rabotear, *rajar, rapar, rasurar, rebanar, recortar, repelar, resecar, retajar, retazar, sajar, *segar, tajar, talar, tijeretear, tonsurar, tranzar, trasquilar, trinchar, trisecar, troncar, tronchar, trozar, truncar, tundir. ➤ A cercén, al cero, de raíz, al rape. ➤ Ablación, abscisión, autopsia, bisel, cala, cercillo, cesura, cirugía, chaflán, chirlo, cisura, corte, cospe, cortadura, cuchillada, derrame, disección, entalladura, escobado, escopleadura, escotadura, escote, estereotomía, farda, fisura, *grieta, hendedura, hendidura, herida, hiato, incisión, jabeque, *muesca, ochava, quebradura, quebraja, quebraza, *raja, rebajo, sesgo, sisa, taja, tajada, tajo, tala, talla, tijeretada [o tijeretazo], tronca. ➤ Cortante, incisivo, tajante. ➤ Tallar. ➤ *ARMA blanca, bodollo, calabozo, calagozo, *cincel, cortaúñas, *cuchillo, *cuña, cutter, escoplo, *espada, formón, *hacha, hocino, *hoz, *navaja, plegadera, podadera, podón, sacabocados, *sierra, *tijera[s]. ➤ *Filo, hoja. ➤ *Embotarse, mellarse. ➤ *Afilar. ➤ Tajador. ➤ *Gancho, muñón, testero, tetón, *tocón, uña. ➤ Desperdicio, escamocho, *recortes, residuo, serrín, *viruta. ➤ *Parte, *pedazo. ➤ *Blando, *duro. ➤ Entero, macizo, sólido. ➤ *Acortar, entrecortar, malcorte, *recortar. ➤ *Dividir. *Romper. *Separar.

cortaúñas m. Especie de tenacillas de boca afilada, que sirven para cortar las uñas.

cortaviento m. Dispositivo aerodinámico colocado en la parte delantera de ciertos vehículos.

corte[1] **1** m. Acción y efecto de cortar[se]. ⊙ Corta de *árboles. ⊙ *Acción y efecto de cortarse una emulsión.* ⊙ *Acción y efecto de cortar la *pluma de escribir.* ⊙ Abertura o *señal que queda al cortar. ⊙ Interrupción brusca de cualquier cosa, en el tiempo o en el espacio. ⊙ DIB. Sección. ⊙ Arte de cortar prendas de *vestir: 'Academia de corte'. **2** *Taller donde se cortan prendas para los soldados.* **3** Borde afilado de un instrumento o herramienta cortante, como un *cuchillo o una *azada. ≃ *Filo. **4** Trozo de tela u otro material semejante con que se confecciona una *prenda: 'Un corte de vestido'. **5** Cada uno de los cantos de un *libro que no son el lomo. **6** *Medio con que se corta un litigio o se pone de *acuerdo a los que estaban desavenidos.* **7** Manera de ser de una persona, o carácter o estilo de una cosa: 'Una persona de corte liberal. Un poema de corte vanguardista'. **8** (inf.; «Dar, Pegar») Réplica, a veces agresiva, que deja al que la recibe sin saber qué decir. **9** (inf.; «Dar») Apuro, vergüenza: 'Le da corte hablar con las chicas'. **10** Porción de helado de barra que se toma entre dos galletas. ≃ HELADO de corte.

CORTE Y CONFECCIÓN. Arte de cortar y confeccionar vestidos: 'Academia de corte y confección'.

CORTE REDONDO. Trozo de las reses descuartizadas para el consumo, de forma aproximadamente cilíndrica, situado junto a la contratapa. ≃ Gallón, *redondo.

V. «ÁNGULO de corte».

CORTE DE CUENTAS. *Decisión del deudor de dar por no existente la *deuda.*

DAR [O HACER] UN CORTE DE MANGAS (inf.). Hacer el gesto que consiste en apoyar la palma de una mano sobre el brazo contrario, al tiempo que se dobla éste hacia arriba, generalmente manteniendo estirado el dedo corazón. Es vulgar y tiene carácter ofensivo; se usa especialmente para mostrar total rechazo hacia algo que pide, propone o afirma otro. ⇒ *Rechazar. ⊙ (inf.) Se usa con frecuencia en sentido figurado: 'Gana lo suficiente como para hacer un corte de mangas a todas sus ataduras'.

corte[2] (del lat. «cohors, cohortis», recinto, parte de un campamento) **1** f. Conjunto de un *rey o *soberano con su familia y los servidores que habitan en el palacio. ⇒ Curia. ➤ Áulico, cortesano, curial, palaciego. ➤ *Palacio. *Rey. **2** («La») *Población donde tiene su residencia un monarca: 'Viena era la corte de Austria'. **3** (ant.) **Territorio de 5 leguas alrededor de la corte.* **4** Conjunto de personas que acompañan a un rey, príncipe o personaje real. ≃ *Acompañamiento, comitiva, séquito. **5** *Conjunto de las personas que acudían a un besamanos al palacio real los días de gala.* **6** (con mayúsc.; pl.) *Asamblea que formaban en los reinos españoles de la Edad Media las representaciones de las clases o estados y de las ciudades y villas, convocadas por el rey para intervenir en ciertos asuntos de gobierno y particularmente para autorizar la imposición de tributos. ⇒ DIPUTACIÓN general de los reinos. ➤ ASISTENTE a Cortes, diputado, DIPUTADO del reino, prócer, procurador, PROCURADOR a [de, en] Cortes, PROCURADOR del reino, síndico. ➤ Brazo, BRAZO eclesiástico, BRAZO de la nobleza, BRAZO del reino, ciudad, estado, ESTADO del reino, estamento, reino. ➤ Solio. ➤ CUADERNO de Cortes. **7** *Chancillería.* **8** (con mayúsc.; pl.) Cámara o cámaras en las que reside el poder legislativo del Estado. ⇒ *Asamblea. **9** (Hispam.) **Tribunal de justicia.* **10** **Corral, *establo o *aprisco.* **11** (Ast.) *Piso bajo de las «casas de ganado», en donde se alberga éste.*

CORTE CELESTIAL. Conjunto de los *bienaventurados, ángeles, etc., que rodean a Dios en el cielo.

C. O CORTIJO. Expresión con que se indica que uno quiere vivir en una gran ciudad o en el campo, pero no en *poblaciones pequeñas.

CORTES CONSTITUYENTES. Aquellas que se eligen y reúnen con el fin de redactar una constitución para el país.

V. «ALCALDE de casa y corte, ASISTENTE a Cortes, CUADERNO de Cortes, DIPUTADO a Cortes».

HACER LA CORTE. **1** *Halagar, *agasajar u *obsequiar a alguien con un fin interesado. ≃ *Cortejar. **2** Hacerlo un hombre para enamorar a una mujer. ≃ *Cortejar.

V. «PASEANTE en corte, PROCURADOR a [de, en] Cortes».

cortear intr. Estar una prenda de vestir más corta por una parte que se expresa que por el resto. Puede llevar complemento de persona: 'Te cortea la chaqueta por detrás'.

cortedad **1** f. Cualidad de corto. **2** Encogimiento, pusilanimidad, timidez o vergüenza.

cortega f. *Ortega (ave gallinácea).

cortejador m. Hombre que corteja a una mujer. ⇒ *Pretendiente.

cortejante adj. y n. m. *Aplicable al que corteja.*

cortejar (del it. «corteggiare»») **1** tr. Tratar de enamorar a una ↘mujer. ≃ Hacer la corte. ⊙ *Tener novia o novio.* ≃ *Festejar. ⊙ *Estar de conversación un novio con su novia.* **2** *Agasajar o *halagar interesadamente a ↘alguien. ≃ Hacer la corte.

□ CATÁLOGO

Acompañar, afilar, hacer el AMOR, arrullar, hacer la CORTE, desempedrar, piropear, pretender, recuestar, requebrar, seguir, tallar, tirar los TEJOS, tirar los TRASTOS. ➤ Festejar, hablar, pelar la PAVA, tener RELACIONES, salir, salir con. ➤ Acompañante, afilador, cortejador, cortejante, cortejo, enamorado, escolta, galanteador, garzón, paseante, *pretendiente, proco, seguidor. ➤ Cantarada. ➤ Lámpara. ➤ *Amor. *Novio.

cortejo (del it. «corteggio») **1** m. *Acompañamiento de un rey, un príncipe o un personaje. ≃ Comitiva, corte, séquito. **2** Conjunto brillante de personas que se trasladan solemnemente de un sitio a otro en una *ceremonia oficial. ≃ *Comitiva. **3** Acción de cortejar. **4** *Con relación a una persona, otra que tiene relaciones amorosas con ella, especialmente tratándose de relaciones irregulares.*

≃ *Amante. **5** Fase que precede a la cópula de algunos animales. **6** Multitud de ciertas cosas que vienen después de otra como *consecuencias de ella: 'La guerra con su cortejo de desdichas'. ≃ Secuela, séquito.

cortés (de «corte[2]») adj. Aplicado a personas y, correspondientemente, a sus palabras y a su comportamiento, guardador de las normas establecidas para el *trato social: 'Un hombre cortés. Un saludo cortés'. ≃ Correcto. ⊙ Implica a veces que la acción de que se trata es sólo cortés y carente de otro significado más afectuoso: 'Le hicieron un recibimiento cortés pero frío'.

LO CORTÉS NO QUITA LO VALIENTE. Frase que expresa que son compatibles la energía y la amabilidad.

□ CATÁLOGO

Raíz culta, «ast-»: 'asteísmo'. ➤ Acomedido, afable, atento, bienhablado, caballeroso, ceremoniático, ceremoniero, ceremonioso, civil, comedido, considerado, correcto, cortesanazo, cortesano, delicado, bien EDUCADO, bien ENSEÑADO, fino, galante, obsequioso, político, politicón, rendido, tratable, urbano. ➤ Afinar, educar, enseñar, pulir. ➤ Civilidad, *comedimiento, consideración, corrección, cortesanía, cortesía, buena CRIANZA, curialidad, delicadeza, educación, fineza, finura, galantería, gentileza, [buenas] MANERAS, mesura, modales, [buenos] MODALES, [buenos] MODOS, perfiles, policía, pulimento, *respeto, tacto, urbanidad. ➤ TRATO social. ➤ Atención, buz, caravana, *ceremonia, cumplido, cumplimiento, deferencia, descubrirse, despedida, *encabezamiento, encomiendas, genuflexión, inclinación, INCLINACIÓN de cabeza, alargar [apretar, besar, dar, estrechar o tender] la MANO, mocha, PALABRAS de buena crianza, rendibú, reverencia, saludo, visita. ➤ Afectación, azanahoriate, patarata, tiquismiquis, *zalamería, zalema. ➤ Caballero, señor. ➤ Acompañar, *agasajar, ofrecer la CASA, guardar CEREMONIAS, condolerse, congratular[se], convidar, cumplimentar, cumplir con, pedir por FAVOR, *felicitar, HABLAR bien, invitar, *obsequiar, ceder el PASO, dar el PÉSAME, presentar sus RESPETOS, *saludar, visitar. ➤ Por cumplido, por cumplimiento, por cumplir, por fórmula, por QUEDAR bien, por no QUEDAR mal. ➤ Etiquetero, formulario. ➤ De protocolo, de rigor, de rúbrica. ➤ Bienvenido, muchas COSAS a..., a tu [su, etc.] DISPOSICIÓN, expresiones, si GUSTAS [GUSTA Vd., etc.], con mucho GUSTO, para lo que GUSTES [guste usted, etc.] mandar, LAMENTO..., lo MISMO te [le, etc.] digo, de NADA, no HAY de qué, MEJORANDO lo presente, MEMORIAS, PERMÍTEME [permítame, etc.] que..., me PERMITO...; a los PIES de usted, a sus PIES, beso sus PIES, etc.; buen PROVECHO, un recadito, un recado, recuerdos, saludos, a su servicio, SERVIDOR de usted, un servidor, su seguro [o humilde] SERVIDOR, para SERVIRLE [SERVIRTE, SERVIR a usted, etc.], SÍRVASE. ➤ Falta. ➤ Libertad, llaneza, *naturalidad. ➤ *Amable. *Cumplir.

cortesanamente adv. *Cortésmente.*

cortesanazo, -a (aum. de «cortesano», cortés) adj. *Afectadamente cortés.*

cortesanía (de «cortesano») f. *Cortesía y amabilidad.*

cortesano, -a (del it. «cortigiano») **1** adj. De [la] corte. ≃ Palaciego. **2** *Aplicado particularmente a palabras, acciones, etc., cortés.* **3** m. Servidor del *rey o de la *corte, de alta categoría. **4** f. Mujer que vive manteniendo relaciones irregulares con algún hombre, pero no pública. ⇒ *MUJER de vida alegre.⊙ Prostituta refinada.

cortesía **1** f. Cualidad de cortés. **2** Conjunto de reglas mantenidas en el *trato social, con las que las personas se muestran entre sí consideración y respeto: 'Trata a todos con cortesía'. **3** *Expresiones de cortesía escritas antes de la firma en una *carta.* **4** **Tratamiento.* **5** **Regalo.* **6** *Merced (gracia). **7** *Días que se concedían para el pago de una *letra, después de su vencimiento.* ⊙ Cierto espacio de tiempo que se concede a los que tienen que estar en un sitio a una hora determinada, para que entren, aun después de pasada esa hora. ⊙ En general, prórroga de un plazo cualquiera por consideración a los que han de utilizarlo. **8** AGRÁF. Página o espacio que se deja en blanco en un libro.

V. «ACTO de cortesía».

DE CORTESÍA. Hecho solamente para cumplir las reglas sociales: 'Una visita de cortesía'. ≃ Formulario.

V. «FÓRMULA de cortesía».

cortésmente adv. Con cortesía.

córtex m. ANAT. Capa más superficial de un órgano; por ejemplo, del cerebro.

corteza[1] (del lat. «corticĕa», f. de «corticĕus», hecho de corteza) **1** f. Capa exterior del tronco y las ramas de los árboles y arbustos. ⊙ Capa exterior de los frutos, más dura y gruesa que la llamada piel y menos dura que la llamada cáscara; por ejemplo, la de la naranja, la calabaza o el melón. ⇒ *Envolver. ⊙ Capa endurecida que se forma *recubriendo algunas cosas; particularmente, el *pan. ≃ Costra. ⊙ ANAT. Capa más superficial de un órgano. ≃ Córtex. **2** CORTEZA terrestre. **3** (gralm. pl.) CORTEZA de cerdo. **4** *Aspecto o parte visible de algo, o alguien, que es distinta de la parte cubierta o la disimula. ≃ *Superficie. **5** Insensibilidad, tosquedad o grosería que se imagina como envolviendo a la persona que la tiene.

CORTEZA DE CERDO (gralm. pl.). Piel de cerdo frita que se toma como *aperitivo.

C. TERRESTRE. GEOL. Capa sólida, parcialmente cubierta por la líquida, que envuelve la *Tierra. ≃ Litosfera. ⇒ Tectónica.

□ CATÁLOGO

Cáscara, *costra, crústula, erizo, macis. ➤ Casca, cascarilla, cincona, corcho, huira, quina, quinaquina, roña, roñal, ruezno, tan, taño, tarsana, toba, toza. ➤ Alborno, albura, alburno, floema, líber, súber. ➤ Chigua, *gachumbo. ➤ Cascar, descascar, descascarar, descascarillar, descortezar, escarzar, mondar, pelar. ➤ Mondón. ➤ Cortical. ➤ *Árbol. *Recubrir. *Tronco.

corteza[2] f. *Ortega (ave gallinácea).

cortezudo, -a **1** adj. *De corteza dura o gruesa.* **2** *Se aplica a una persona tosca e inculta.*

cortical (del lat. «cortex, -ĭcis»; cient.) adj. De la corteza. V. «SUSTANCIA cortical».

corticoide o **corticosteroide** m. BIOQUÍM. *Hormona producida en la corteza de las cápsulas suprarrenales, de propiedades antiinflamatorias. ⊙ FARM. Compuesto sintético de similares propiedades.

cortijada **1** f. *Edificio o edificios de un cortijo.* **2** *Conjunto de cortijos.*

cortijero, -a **1** n. Persona encargada de un cortijo y que lo cultiva. ⇒ Cuartero. **2** m. *Capataz de un cortijo.

cortijo (de «corte[2]») m. Finca rústica típica de Andalucía con casa para los propietarios, que suelen pasar temporadas en ella. ≃ *Quinta. ⊙ Esa casa.

cortil (de «corte[2]») m. **Corral.*

cortina (del lat. «cortīna») **1** f. *Cortinal.* **2** («Correr, Descorrer, Alzar, Levantar, Bajar, Echar») Pieza de tela que se cuelga como *adorno o para abrigo detrás de las puertas o ventanas, para separar dos partes de una habitación, delante de los escenarios, ocultando una cama, etc. **3** Se aplica a algunas cosas que *ocultan lo que está tras ellas de manera semejante a una cortina: 'Cortina de fuego [o humo]'. **4** **Dosel bajo el cual estaba el sitial del rey en la* *capilla* real. **5** FORT. Lienzo de muralla comprendido entre dos baluartes. **6** **Dique.* **7** (inf.) *En las tabernas, residuo de *vino u otra bebida que dejan en la copa los bebedores.*

CORTINA DE AGUA. Masa muy densa de lluvia.

C. DE HIERRO (Hispam.). *TELÓN de acero.*

C. DE HUMO. MIL. Humareda que se provoca para ocultarse del enemigo. ⊙ Se usa en sentido figurado para referirse a algo que se utiliza para ocultar otra cosa.

C. DE MUELLE. MAR. *Muro de sostenimiento hecho a la orilla de un río o del mar para habilitarlo como lugar de carga y descarga.* ⇒ *Dique.

CORRER LA CORTINA. Se emplea generalmente en primera persona de imperativo, o con «más vale» o expresión semejante, como invitación a *callar o a no hablar de cierta cosa: 'Corramos la cortina...' ⇒ *Encubrir.

DESCORRER LA CORTINA. *Descubrir o *mostrar algo que se mantenía oculto o reservado.

LO DE DETRÁS DE LA CORTINA. Lo que queda oculto en un asunto y sólo es conocido por los que intervienen en él. ⇒ Intriga.

V. «SUMILLER de cortina».

□ CATÁLOGO

Alahílca, albenda, alcala, antecama, antepuerta, arambel, carpeta, colgadura, compuerta, cortinilla, cortinón, empaliada, estor, guardapuerta, harambel, palia, portier, sobrepuerta, telón, toldadura, tornalecho, transparente, visillo. ➤ Paramento. ➤ *Arremangar, correr, descorrer, recoger. ➤ Alzapaño, bandó, galería, guardamalleta. ➤ Baldaquín, baldaquino, dosel, pabellón, sobrecielo. ➤ *Alfombra. *Tapiz.

cortinado, -a adj. V. «ESCUDO cortinado».

cortinaje m. sing. o pl. Conjunto de cortinas suntuosas de una habitación o una casa.

cortinal (de «cortina») m. **Campo cercado inmediato a un pueblo o una casa de campo.* ⇒ Cortina, cortiña, rain.

cortinilla (dim. de «cortina») f. Cortina pequeña. ⊙ Particularmente, las que hay tras de los cristales en los autocares, trenes, etc. ⇒ Visillo.

cortinón (aum. de «cortina») m. Cortina pesada.

cortiña f. *Cortinal.*

cortisona (del ingl. «cortisone», del lat. «corticĕus», de la corteza) f. BIOQUÍM., FARM. Sustancia obtenida de la envoltura de las glándulas suprarrenales, empleada en el tratamiento de enfermedades reumáticas y otras afecciones inflamatorias.

corto, -a (del lat. «curtus», cortado, incompleto) **1** adj. De poca *longitud. ⊙ Aplicado a cosas como películas, discursos, escritos, etc., *breve. ⊙ Aplicado a prendas de vestir, menos largo de lo necesario: 'El abrigo del niño se le ha quedado corto'. ⊙ Se dice también de lo que no cubre toda la parte del cuerpo que está destinado a cubrir: 'Manga corta. Pantalón corto'. ⇒ Prefijo, «braqui-»: 'braquicéfalo, braquícero'. ➤ Bajo, breve, chato, chingo, tres CUARTOS, curto, escaso, *insuficiente, rabanero, rabicorto, truncado. ➤ Cortear, encortar. ➤ *Acortar. *Dimensión. *Magnitud. *Pequeño. **2** Menos grande o menos abundante de lo que se necesita o desea: 'La ración es corta'. ≃ *Escaso. **3** («Ser») Apocado, encogido, *pusilánime, *tímido o vergonzoso. ⇒ Encortar. ⊙ («Ser») Poco hablador o poco expresivo y que, en general, hace menos de lo conveniente cuando se trata de realizar actos de atención o cortesía o de relacionarse en cualquier forma con otras personas. **4** Poco inteligente. ≃ Corto de alcances. ⇒ *Tonto. **5** m. CINE. Apóc. de «cortometraje».

A LA CORTA O A LA LARGA. Significa que la cosa de que se trata ocurrirá más pronto o más tarde. ⇒ *Futuro.

V. «corto de ALCANCES, cortos ALCANCES, ATAR corto, corto de CARONA, dar CINCO de corto, corto CIRCUITO, corto de GENIO».

DE CORTO («Ir de, Poner de»). Aplicado a los niños muy pequeños, ya con vestidos que no les cubren los pies. ⇒ De pañales. ⊙ Aplicado a jovencitas, todavía no «de largo».

V. «corto METRAJE, LUZ corta».

NI CORTO NI PEREZOSO (inf.). Se usa para indicar que alguien obra con decisión o descaro en determinada circunstancia: 'Como se había equivocado, ni corto ni perezoso dio marcha atrás hasta llegar al desvío'.

V. «ONDA corta, PONER de corto».

QUEDARSE CORTO. **1** Hablando de un disparo o de quien lo hace, quedarse más acá del blanco. **2** Hacer, coger, etc., de una cosa menos de lo necesario o conveniente: 'Te quedaste corto en la provisión de gasolina'. ⊙ Decir, a pesar de decir mucho, menos de lo que la cosa de que se trata merece: 'Me hablaron muy mal de esto, pero aún se quedaron cortos'.

V. «TELÓN corto, corto de VISTA».

cortocircuito m. ELECTR. Circuito de muy baja resistencia y, particularmente, el que se produce por contacto entre conductores y que da lugar a una descarga. ⇒ *Electricidad.

cortometraje (del fr. «court-métrage») m. CINE. Película cinematográfica de muy corta duración. ≃ Corto.

cortón (de «cortar»; *Gryllotalpa gryllotalpa*) m. Insecto *ortóptero algo mayor que un grillo, con las patas delanteras semejantes a las de un topo; excava galerías bajo tierra y perjudica a las plantas porque, al hacerlo, les corta las raíces. ≃ ALACRÁN cebollero, GRILLO cebollero, GRILLO real, grillotalpa.

corúa (de or. cubano; Cuba; *Phalacrocorax graculus*) f. **Ave palmípeda, especie de cuervo marino, de color negro verdoso con algunas rayas blancas en el cuello, de unos 60 cm desde el pico a la cola.*

coruja f. **Lechuza (ave rapaz).*

corulla **1** f. MAR. **Pañol de las jarcias en las galeras.* ≃ *Corrulla.* **2** (ant.) MAR. *Crujía del *barco (espacio en la cubierta).*

corundo (del ingl. «corundum», de or. sánscrito) m. **Corindón (mineral).*

coruña f. **Tela de lienzo que se fabricaba en La Coruña.*

coruñés, -a adj. y, aplicado a personas, también n. De La Coruña, provincia española y su capital. ⇒ Brigantino.

corupán (Col.; *Piptadenia communis*) m. *Árbol leguminoso de buena madera; da goma y su corteza se emplea como curtiente.* ≃ Curupay. ⇒ *Planta (grupo de las curtientes).

coruscante **1** adj. *Brillante.* **2** (gralm. jocoso) *Deslumbrador*: 'Llevaba un traje de raso coruscante'.

coruscar (del lat. «coruscāre») intr. **Brillar.*

corusco, -a (del lat. «coruscus», resplandeciente; lit.) adj. **Brillante.*

corva (del lat. «curva») **1** f. Parte por donde se dobla la *pierna, detrás de la rodilla. ⇒ Coja. ➤ Poplíteo. **2** CETR. *Cada una de las cuatro *plumas que siguen a las remeras en las alas de las aves.* ≃ Aguadera. **3** **Tumor que se forma en la parte superior interna del corvejón.*

corvado, -a (ant.) Participio de «corvar». ⊙ adj. *Curvado o encorvado.*

corvadura 1 f. *Curvatura.* 2 ARQ. *Parte curva del *arco o la *bóveda.*

corval (de «corva»; León) m. *Correa con que se sujetan las *abarcas a las piernas.*
V. «ACEITUNA corval».

corvar (del lat. «curvāre»; ant.) tr. *Encorvar.*

corvato[1] m. Cría del *cuervo.

corvato[2] (de «corvo[2]») m. *Depósito de agua fría para refrigerar el serpentín del *alambique.*

corvaza (de «corva») f. VET. **Tumor que se les forma a las caballerías en la parte inferior de la cara externa del corvejón.*

corvedad (del lat. «curvĭtas, -ātis»; ant.) f. *Curvatura.*

corvejón[1] (del lat. «corvus», cuervo; Hispam.) m. **Cormorán.*

corvejón[2] (de «corva») m. Articulación de las *patas posteriores de los cuadrúpedos, entre el muslo y la caña. ≃ Jarrete.
CERRADO DE CORVEJONES. Se dice de la *caballería que los tiene excesivamente juntos. ≃ Zancajoso.

corvejos (de «corvo[2]») m. pl. VET. *Corvejones.*

corveta (del fr. «courbette»; «Hacer») f. EQUIT. Actitud del *caballo sosteniéndose o andando con las patas traseras, con las delanteras en el aire. ≃ Gambeta. ⇒ *Empinarse.

corvetear intr. EQUIT. Hacer corvetas.

córvido, -a (del lat. «corvus», cuervo) adj. y n. m. ZOOL. Se aplica a los *pájaros de la familia del cuervo, dentirrostros, de gran tamaño y necrófagos. ⊙ m. pl. ZOOL. Esa familia.

corvillo (del lat. «corbis», cesto) 1 m. *Especie de *hoz pequeña usada en los telares de terciopelo.* 2 AGRIC. **Cuchillo empleado para *podar.* 3 (Ar.) **Espuerta de mimbres.* 4 V. «MIÉRCOLES corvillo».

corvina (de «corvino», por el color) f. Nombre aplicado a varias especies de *peces marinos. Entre ellas, la más común es la *Agyrosomus regius*, comestible, abundante en el Mediterráneo, de color pardo, plateada por el vientre, con manchitas negras en las escamas. ≃ Corvo. ⇒ Seviche.

corvinera f. MAR. **Red para pescar corvinas.*

corvino, -a (del lat. «corvīnus») adj. *De [o del] cuervo.*

corvo[1] (del gall. port. «corvo», cuervo) m. Corvina.

corvo[2], **-a** (del lat. «curvus») 1 adj. Curvo. 2 m. **Gancho.*

corzo (del lat. vulg. «curtius»; *Capreolus capreolus*) m. Rumiante cérvido, de color rojizo, sin rabo y con cuernos cortos, verrugosos y con la punta ahorquillada. ⇒ Corcino.

corzuelo (del sup. lat. «corticeŏlus», de «corticĕus», hecho de corteza) m. AGRIC. *Porción de granos de trigo que, por conservar éstos la envoltura, se va con la paja al *aventar.*

cos. Abrev. de «coseno».

cosa (del lat. «causa») 1 f. Nombre equivalente en lenguaje corriente a «ente» o «ser» en lenguaje filosófico. Es aplicable a todo aquello que puede ser objeto del pensamiento o sujeto u objeto de un juicio o una oración gramatical: 'Eso es una cosa de la que no quiero acordarme. Las cosas raras llaman la atención. Pon cada cosa en su sitio'. Las acepciones siguientes representan usos más restringidos o usos específicos. ⊙ Objeto que existe fuera de la mente: 'Las cosas y las ideas que las representan'. ⊙ Cosa que se piensa, se dice o se hace: 'Piensa muchas cosas, pero no se decide por nada. No hace cosa a derechas. ¡No digas esas cosas, hombre! Es [una] cosa que no se me había ocurrido'. ⊙ (pl.) Lo que pasa, los sucesos que afectan a alguien: 'Las cosas van de mal en peor. Tomas las cosas demasiado en serio'. ⊙ *Diligencia, *encargo o quehacer: 'Tengo que hacer muchas cosas esta tarde'. ⊙ (pl.) Objetos que se emplean en conjunto para algo: 'Tráeme las cosas de escribir'. ⊙ (pl.) Objetos que pertenecen a alguien: 'Recoge tus cosas y vete'. 2 Objeto inanimado: 'Personas, animales y cosas'. 3 DER. *Por oposición a «persona», el objeto de la relación jurídica; por ejemplo, la cosa poseída; en este sentido, los esclavos eran cosas.* 4 («Ser, Tener; de»; gralm. pl.) *Dichos o *acciones de una persona, que se consideran extravagantes o chocantes y característicos de ella: 'Eso son cosas de tu tío. ¡Tienes unas cosas! ¡Luis tiene cada cosa!'. ≃ Caída, salida. ⇒ *Ocurrencia. 5 *Incumbencia: 'Eso es cosa tuya'. 6 (pl.) Invenciones de alguien: 'No creas nada de eso: son cosas suyas'. 7 *En oraciones negativas, *nada*: 'Eso no es cosa'.
COSA[S] DE BEBER. Bebida[s].
C. DE BROMA. COSA de risa.
COSA[S] DE COMER. Comida.
C. DISTINTA. Otra COSA.
C. DURA. Suceso, situación o circunstancia penosos o difíciles de soportar con paciencia. ≃ COSA fuerte [o FUERTE cosa]. ⇒ *Insoportable.
C. EXTRAÑA. COSA rara.
C. FÁCIL (usado gralm. en frases negativas). Enlace frecuente.
C. FINA. Expresión ponderativa para indicar que algo es excelente. ⊙ Puede usarse irónicamente.
C. FUERTE [O FUERTE COSA]. COSA dura.
C. DE GUASA (inf.). COSA de risa.
C. IGUAL. En frases de *ponderación, interrogativas o negativas, expresa asombro por algo insólito o por un atrevimiento de alguien: '¿Has visto cosa igual? ¡No había oído en mi vida cosa igual!'. ≃ COSA semejante.
C. DE MAGIA. Suceso *inexplicable, que parece ocurrido por arte de magia.
C. MALA (inf.). Expresión con que se pondera la cantidad o intensidad de algo.
C. NO [O NUNCA] VISTA. Cosa muy *sorprendente: '¡Ni que fuera una cosa nunca vista!'.
C. [O UNA COSA] DEL OTRO JUEVES [O MUNDO]. 1 En frases negativas, cosa *extraordinaria: 'Eso no es ninguna cosa del otro jueves. No me ha parecido esa película [una] cosa del otro mundo'. 2 *Lo que hace mucho tiempo que pasó.*
C. PASADA. V. «ser COSA[S] pasada[s]».
C. PERDIDA. Persona de la que no cabe esperar que se enmiende o haga algo de provecho. ≃ *Calamidad, CASO perdido.
C. RARA. Expresión muy frecuente, empleada para referirse a una cosa que extraña: 'Me lo encontré y, cosa rara, no se paró a saludarme'. ≃ COSA extraña.
C. DE RISA. Suceso o circunstancia que no merecen ser tomados seriamente; se emplea más frecuentemente en frases negativas. ≃ COSA de broma, COSA de guasa.
C. SEMEJANTE. COSA igual.
C. DE VER. V. «ser [o será] COSA de ver».
COSAS DEL MUNDO [O DE LA VIDA]. Frase con que se comentan las vicisitudes de la vida en que hay algo penoso o digno de comentario.
A COSA HECHA. 1 Intencionada o expresamente. ≃ *Adrede. 2 Con la seguridad de que se va a tener éxito.
ASÍ ESTÁN [ESTABAN, etc.] LAS COSAS. Equivale a «este es [era, etc.] el estado del asunto». ⇒ *Situación.
CADA COSA PARA SU COSA. Frase con que se recomienda no usar una cosa para aquello para lo que no es *adecuada.

Cada cosa por su lado. Frase con que se describe la situación de un conjunto de cosas que, debiendo estar reunidas y en orden, están separadas y en *desorden.

Como cosa de... Sirve para indicar aproximación: 'Estábamos como cosa de mil personas'. ≃ Cosa de.

Como la cosa más natural del mundo. Sin dar importancia a la cosa de que se trata: 'Me pidió que le cediese mi habitación como la cosa más natural del mundo'. ≃ Como si tal cosa. ⇒ *Naturalidad.

Como quien no quiere la cosa. **1** Con disimulo: como si no se pretendiera el resultado a que realmente se tiende. **2** Sin dar a la cosa de que se trata la importancia que realmente tiene. ⊙ Aunque la cosa de que se trata no parezca tener la importancia que se expresa: 'Como quien no quiere la cosa, estamos metidos en un verdadero conflicto'.

Como si tal cosa. **1** Como si no hubiese pasado nada: 'Riñen, se ponen de vuelta y media y al cabo de un momento están como si tal cosa'. ⇒ *Normal. **2** Se aplica a la manera de hacer o decir algo sin darle *importancia, cuando tiene mucha: 'Habla de montar una fábrica de automóviles como si tal cosa'. ≃ Alegremente, frívolamente, ligeramente. ⊙ Con facilidad, maña o disimulo; sin ningún aspaviento, esfuerzo, etc.: 'Le sacó el reloj del bolsillo como si tal cosa'. ⇒ Bonitamente, como la cosa más natural del mundo, guapamente, sin darle importancia, lindamente, como lo más natural del mundo, como si no hubiese pasado nada, tranquilamente. ➤ *Naturalidad.

Cosa con cosa. V. «no haber cosa con cosa».

Cosa de... **1** *Como cosa de. **2** V. «ser cosa de».

Cualquier cosa que... *Todo lo que.

Cuatro cosas. V. «decir cuatro cosas».

Decir cuatro cosas. *Desahogarse o decir algunas «*verdades».

Decir cuatro cosas a alguien. *Reconvenirle.

Decir una cosa por otra. **1** Eufemismo por «*mentir»: 'Ya sé que tú no eres capaz de decir una cosa por otra'. **2** *Equivocarse.

Dejar correr las cosas. No empeñarse en que sean u ocurran de cierta manera o no padecer porque no ocurran enteramente a gusto de uno. ⇒ *Despreocuparse.

Dejarse de cosas. Dejar de ocuparse de cosas que pueden causar perjuicio o que distraen de otras más importantes: 'Dile que se deje de cosas y se ponga a trabajar'. ≃ Quitarse de cosas. ⇒ *Desentenderse.

¡Déjate [déjese, etc.] de cosas! Exclamación con que se *desecha o *rechaza algo que se encuentra inadmisible. ≃ Quitarse de cosas.

Es cosa que... *Redundancia con que se refuerza y convierte en sujeto cualquier parte de la oración que no sea un complemento circunstancial: 'Estudiar es cosa que no me importa. Perezoso es cosa que no soy. Pedirle un favor es cosa que no haré nunca. Fumar es cosa a la que no puedo renunciar'.

Eso es otra cosa. V. «otra cosa».

V. «estado de cosas»

...Es una cosa, y [o pero]...es otra. Expresión con que se destaca la diferencia entre dos cosas: 'Que el profesor les regañe de vez en cuando es una cosa, pero que les pegue es otra'. ⇒ Una cosa es [o sería]... y otra...

V. «sí que tiene gracia la cosa».

¡Habrá cosa igual [parecida o semejante]! Exclamación de asombro y *disgusto.

Hace cosa de... Hace aproximadamente el tiempo que se expresa: 'Hace cosa de cinco años que se marcharon del pueblo'.

Hacerse poca cosa. *Achicarse, *intimidarse, *humillarse o dejarse *dominar por otro.

Infinidad de cosas. *Muchas cosas.

Ir bien [o mal] las cosas. Ser la *situación favorable o desfavorable; ofrecer buenas o malas *perspectivas.

La cosa [o pero la cosa] es que... **1** Expresión *adversativa con que se empieza a exponer un inconveniente para algo: 'Iría con gusto contigo; [pero] la cosa es que me están esperando en casa'. **2** Expresión de énfasis que equivale a «lo que *importa» o «lo que quiero» es que...: 'La cosa es que no se presente más por aquí'.

Las cosas claras y el chocolate espeso (inf.). Frase con que se reafirma la conveniencia de hablar claro.

Las cosas como son (inf.). Frase con que se refuerza algo que se quiere contar tal y como es, a pesar de la reacción que pueda provocar en el interlocutor: 'Siempre fue correcto conmigo; las cosas como son'.

Las cosas de palacio van despacio. Expresión con que se alude a la lentitud con que suelen ir las cosas en la Administración o, en general, las que dependen de una autoridad.

Lo que son las cosas. Se intercala en la exposición de algo para mostrar que en lo que se va a decir hay algo insólito o *extraño: 'Hoy he comido opíparamente y, lo que son las cosas, el estómago no me ha molestado nada'.

V. «maldita de Dios la cosa, manera de ver las cosas».

Meter cosas en la cabeza a alguien. *Soliviantarle haciéndole concebir esperanzas infundadas o deseos insensatos.

Muchas cosas. Además de ser expresión frecuentísima con su significado normal, se emplea, aunque poco, como «muchos recuerdos» o «muchos saludos»: '¡Muchas cosas a tu padre de parte mía!' ⇒ *Cortesía.

No es cosa de que... No es *razonable que: 'No es cosa de que dejes de ir tú porque yo no pueda ir'.

No haber en algún sitio cosa con cosa. Haber mucho *desorden o no haber las cosas necesarias para trabajar o vivir: 'En aquella casa no hay cosa con cosa'.

No hacer cosa a derechas. No hacer nada con acierto. ⇒ *Desacertar.

¡No hay tal cosa! Exclamación con que se *desmiente o se *niega algo.

No poder hacer otra cosa. Expresión frecuente de significado claro: 'Sé que esto no te satisface, pero no puedo hacer otra cosa'. ⇒ Forzoso, *inevitable. ➤ *Imposible.

No sea cosa que... En previsión de que: 'Vamos a recoger la ropa, no sea cosa que llueva esta noche'. ≃ No sea que. ⇒ *Prevenir (expresiones preventivas). ➤ *Eventualidad, *precaución.

No ser cosa de broma [de guasa, de juego o de risa]. V. «cosa de broma», etc.

No ser cosa del otro jueves [o del otro mundo]. V. «cosa del otro jueves».

No ser la cosa para menos. Estar muy justificada cierta acción de que se trata por la cosa que la ha motivado.

No ser otra cosa que... Ser precisamente la cosa que se expresa: 'Lo que tiene no es otra cosa que pereza'. ⇒ *Explicación.

...O cosa así. Expresión con que se acaba una explicación, descripción, etc., que es solamente aproximada.

Otra cosa. Hecho o situación que se presentan completamente distintos de como se presentaba antes: 'Eso que dices ahora ya es otra cosa'. ≃ Cosa distinta. ⊙ Con frecuencia, mejor: 'Este mueble que me enseñas ahora ya es otra cosa'.

Otra cosa es [o sería]... Expresión con que se expone una salvedad relativa a algo que se ha afirmado antes: 'Hay que obligarle a pagar como todos; otra cosa sería si no tuviese con qué hacerlo'. ⇒ *Corregir (expresiones correctivas).

Poner las cosas en su punto. *Puntualizar en un asunto: precisar, aclarar o rectificar lo que no está claro en él o no es enteramente exacto.
Poquita cosa. Se aplica a una persona de poco valor físico o moral: 'Su novio es poquita cosa'. ⇒ *Insignificante.
Por cualquier cosa. Con poco motivo: 'Por cualquier cosa llaman al médico'. ⇒ *Injustificado.
Por una[s] cosa[s] o por otra[s]. *Siempre o en todos los casos: 'Por una cosa o por otra, nunca tiene dinero'. ⇒ *Causa.
V. «principio quieren las cosas».
Puestas así las cosas... V. «si pones [pone usted, etc.] así las cosas...'
Quedarle a alguien otra cosa dentro del cuerpo. Pensar o sentir de distinto modo que manifiesta. ⇒ *Encubrir, *simular.
Quitarse de cosas. *Inhibirse en algún asunto, apartarse o *desentenderse de él.
Salir bien [o mal] las cosas. Tener resultado favorable o desfavorable.
Ser cosa de... (usado sólo en 3.ª pers. del sing.) Hacerse ya *necesario o conveniente pensar en cierta cosa: 'Es cosa de ir preparando los equipajes, porque estamos llegando a nuestra estación. Será cosa de ir a ver esa película de que tanto hablan'.
Ser algo [sólo] cosa de... *Consistir una cosa o la *solución de una cosa solamente en lo que se expresa: 'Todo es cosa de paciencia'. ≃ Ser [sólo] cuestión de, todo es cosa de.
Ser algo cosa de cierta persona. *Incumbirle.
Ser una cosa o una persona como cosa de alguien que se expresa. Ser objeto de mucho *cariño o *interés por parte de esa persona.
Ser cosa de ver. Ser cosa digna de *admiración.
Será cosa de ver. Expresión con que se manifiesta incredulidad o *curiosidad por algo que se anuncia: 'Dice que va a presentar la dimisión. —Será cosa de ver'.
Si pones [pone, etc.] así las cosas... Expresión equivalente a «en ese caso»: 'Si ponéis así las cosas, resulta que no hay solución'. ≃ Puestas así las cosas.
Tal cosa y tal otra [o tal y cual cosa]. Expresiones *indeterminadas con que en un relato o exposición se suplen citas que no interesa o no se sabe cómo especificar: 'Me dijo tal cosa y tal otra, pero ni me enteré'.
Todo es cosa de... V. «ser algo cosa de».
Tomar las cosas como vienen. Tomarlas con *conformidad.
Tomar una cosa por otra. *Equivocarse o *interpretar mal una cosa.
Una cosa es [o sería]... y otra... Expresión muy frecuente usada para enfatizar la diferencia entre dos cosas: 'Una cosa es que quieras invertir tu dinero en un piso y otra, que te empeñes para toda la vida'. ⇒ ...Es una cosa, y [o pero]...otra.
¡Vaya una cosa! Exclamación con que se *rebaja el valor o importancia de algo.
V. «dar vueltas a las cosas».

☐ Catálogo

Adminículo, apaños, aparejos, arreglos, arreos, artículo, avíos, bártulo, bulto, cacharpas, cacharro, cachivache, chirimbolo, chisme, cuerpo, efectos, ejemplar, enredo, enseres, ente, entelequia, entidad, esencia, espécimen, féferes, individuo, maritatas, *mercancía, monada, objeto, pieza, ser, sustancia, tal, tarantín, tareco, tereque, tiliche, *trasto, trebejo, unidad. ➤ Alpatana, *revoltijo.

cosaco, -a (del fr. «cosaque») adj. y n. Se aplica, además de a los naturales de varios distritos de Rusia, a los *soldados de un cuerpo que tiene su origen remoto en los colonos fugitivos de Ucrania y Moscovia que se establecieron a orillas del Dniéper, el Don y el Volga; contuvieron las invasiones de los mogoles y de los turcos; fueron más adelante organizados militarmente y acabaron formando un cuerpo de infantería ligera que mandaba, en tiempos del zarismo, el zarevitch. Son célebres sus cantos patrióticos. ⇒ Atamán.
Beber como un cosaco (inf.). *Beber mucho alcohol.

cosario, -a 1 m. *Corsario.* **2** (ant.) *Persona que lleva encargos de una población a otra.* ≃ Ordinario, *recadero. **3** **Cazador de oficio.* **4** adj. *De [o del] cosario.* **5** *Se aplica a los lugares muy *frecuentados o por donde se pasa mucho.*

coscachear (Chi., Perú) tr. *Dar coscachos.*

coscacho (de or. expresivo; Arg., Chi., Ec., Perú) m. *Coscorrón.*

coscarana (de or. expresivo; Ar.) f. *Cierta *torta delgada y seca, que cruje al ser masticada.*

coscarrón (P. Rico; *Elaeodendron xylocarpum*) m. *Árbol celastráceo, de madera muy dura.* ⇒ *Planta.

coscarse (del sup. lat. «coxicāre») **1** (inf.) prnl. **Ofenderse o *concomerse.* **2** (inf.; «de») Percatarse, darse cuenta: 'Se coscó de que estaban tramando algo'.

coscoja (de «coscojo») **1** *(Quercus coccifera)* f. Árbol o arbusto fagáceo, semejante a la carrasca o la encina, sobre el que vive preferentemente la cochinilla. ≃ Chaparra, maraña, mata rubia [o matarrubia]. ⇒ *Planta. **2** *Hojarasca de carrasca o encina. **3** *Tubito de hierro que, en las *hebillas y en los bocados, va suelto de modo que puede girar, cubriendo las varillas por donde tienen que deslizarse las correas, para que éstas corran fácilmente.*

coscojal o **coscojar** m. Sitio poblado de coscojas.

coscojero (Arg., Col., Ur.) adj. *Se aplica a la *caballería que agita mucho las coscojas del freno.*

coscojita f. *Coxcojita.*

coscojos (del lat. «cuscŭlium») m. pl. *Especie de cuentas de hierro pasadas en unos alambres eslabonados, que se ponen sujetas al freno de las caballerías, para que éstas se refresquen la boca y que, junto con la «salivera», constituyen los llamados «*sabores».*

coscolina (Méj.; inf.) f. *Prostituta o *mujer de vida alegre.*

coscomate (del nahua «cuezcomtl»; Méj.) m. *Depósito cerrado, de barro y zacate, donde se conserva el *maíz.* ⇒ *Granero.

coscón, -a (¿del lat. «cascus», muy viejo?) adj. y n. **Cazurro (persona que, callando o fingiéndose tonta, hace lo que le conviene).*

coscoroba (de or. expresivo; Arg., Chi.; *Cygnus coscoroba*) f. **Ave acuática, completamente blanca, semejante al cisne.*

coscorrón (de «cosque») **1** («Dar[se]») m. *Golpe fuerte en la cabeza dado intencionadamente o recibido al chocar con algo. ≃ *Cabezazo. **2** (inf.) *Contratiempo que alguien sufre, particularmente por inexperiencia o terquedad: 'Tendrá que darse muchos coscorrones para aprender'.
V. «perdonar el bollo por el coscorrón».

coscurro (de or. expresivo) m. *Corrusco.

cosecante f. Geom. Secante del complemento del ángulo o el arco de que se trata. ⇒ *Trigonometría.

cosecha (del ant. «cogecha») **1** f. Conjunto de *frutos o de cierto fruto que están en el campo y se recogen al llegar la época de hacerlo: 'Este año hay [o ha habido] buena cosecha de aceituna'. ⊙ Operación de recogerlos. ⊙ Tiempo de ella: 'Prometió que me pagaría para la cosecha'. **2** (ant.) *Colecta (repartimiento de una contribución).* **3** *Abundancia de algunas cosas no materiales, tales como virtudes o vicios.*

DE LA COSECHA DE alguien. *Inventado por la persona de que se trata e intercalado en un relato que hace: 'Cuéntame lo que pasó sin poner nada de tu cosecha'.

□ CATÁLOGO

Agosto, cogecha, cogida, cogienda, coniecha, *recolección, verano. ➤ Chapisca, pimienta, rosa, siega, tapisca, vendimia. ➤ Guilla, vendeja. ➤ Abundante, buena, copiosa, opima. ➤ Mala. ➤ Coger, cosechar, levantar, recoger. ➤ *Brusco, rebusca. ➤ Fuga. ➤ Tazmía. ➤ Encamarar, encambrar, engranerar, ensilar, entrojar. ➤ *Segar. *Vendimia.

cosechadora f. Máquina que se utiliza para cosechar.

cosechar (de «cosecha») **1** tr. *Obtener cierto ↘producto del campo en cierto sitio mediante el cultivo: 'En Castilla se cosechan principalmente cereales'. ≃ Coger, criar, cultivar, recoger. **2** *Obtener o *recibir alguien cierta ↘cosa no material con su manera de ser, comportamiento o acciones: 'Con todo su trabajo y preocupaciones sólo ha cosechado disgustos. Ha cosechado muchos triunfos'. ≃ Ganarse, recoger. ⊙ Particularmente, *inspirar cierto ↘sentimiento en otros: 'Con ese carácter sólo cosecharás antipatías. Ha cosechado más admiración que provecho'.

V. «cosechar LAURELES».

cosechero, -a n. Persona que cosecha cierta cosa: 'Los cosecheros de patatas'.

cosedera f. MAR. *Sobretrancanil: conjunto de piezas con que se refuerza el trancanil.*

cosedora (Col.) f. *Grapadora.*

cosedura f. *Cosido o costura.*

coselete (del fr. «corselet») **1** m. **Coraza ligera, generalmente de cuero.* **2** **Soldado de las compañías de arcabuceros que llevaba coselete y pica o albarda.* **3** *Tórax de los *insectos.*

coseno m. GEOM. Con respecto a un ángulo o al arco correspondiente, relación entre el cateto contiguo y la hipotenusa de cualquier triángulo rectángulo formado sobre dicho ángulo. Abrev.: «cos.». ⇒ *Trigonometría.

coser (del lat. «consuěre») **1** tr. o abs. Pasar un hilo, generalmente enhebrado en una aguja, a través de la tela o un material semejante, para *juntar dos trozos de ↘él, para tapar un agujero o roto, para hacer un adorno, etc.: 'Se pasa todo el día cosiendo. Coser un vestido. Coser un botón al abrigo'. **2** tr. Unir ↘hojas de papel con grapas. **3** («a») *Hacer numerosas heridas a ↘alguien con un arma blanca: 'Le cosieron a puñaladas'. ⊙ También se dice «coser a balazos». **4** («con, contra») prnl. Mantenerse muy pegado a algo; particularmente, a otra persona, en sentido material o figurado. ⇒ Cosido. ➤ *Acompañar. *Depender.

V. «coser[se] la BOCA, MÁQUINA de coser».

SER una cosa COSER Y CANTAR. Ser muy *fácil.

□ CATÁLOGO

Acojinar, acolchar, almohadillar, aparar, apuntar, asegurar, bastear, *bordar, cabecear, calar, *corcusir, cusir, desapuntar, descodar, descoser, desenhebrar[se], deshilar, deshilvanar, dobladillar, drapear, embastar, enhebrar, entornar, hilvanar, incrustar, labrar, meter, pegar, pespuntar, pespuntear, prender, dar unas PUNTADAS, puntear, dar PUNTOS, recoser, rematar, *remendar, repasar, repulgar, ribetear, sentar, sobrecargar, sobrehilar, zurcir. ➤ Confeccionar. ➤ Dechado. ➤ Labor, LABOR blanca. ➤ Hacer ENCAJE. ➤ Ceja, corcusido, cosedura, cosido, costura, costurón, culcusido, CULO de pollo, dobladillo, encosadura, ensanche, entorno, escudete, escudo, espiguilla, filete, flecha, frunce, guardilla, jareta, jaretón, lorza, metido, pegadura, pestaña, remiendo, sentadura, sobrehilo, sutura, zurcido. ➤ Basta, baste, bastilla, cadeneta, candelilla, derechuelo, DIENTE de perro, drapeado, hilván, lomillo, pasada, pasillo, paso, pespunte, medio PESPUNTE, punta, *punto, PUNTO atrás, PUNTO por encima, PUNTO de incrustación, repulgo, vainica, vainilla. ➤ Calado, dechado, deshilado, enrejado, filtiré, incrustación. ➤ Aguja, alferga, alfiler, *alfiletero, almohadilla, cojinete, costurero, dedal, hebra, hilo, MÁQUINA de coser, neceser, punzón, rempujo, tabaque. ➤ Bordadora, chalequera, costurera, laborera, labrandera, modista, pantalonera, sastra, sastre, vainiquera, zurcidora. ➤ Gorlita, nudo, oqueruela. ➤ Nacerse. ➤ Inconsútil. ➤ *Vestir.

cosera (de «coso[1]»; Rioj.) f. *Porción de tierra que se *riega con el agua de una tanda.*

cosetada (de «coso[1]») f. **Carrera o corrida.*

cosetano, -a (del lat. «Cosetānus») adj. y n. *Se aplica a los pobladores primitivos de lo que hoy es la provincia de Tarragona.* ⇒ *Pueblo.

cosetear (de «coso[1]») tr. *Lidiar ↘animales o luchar en un *torneo.*

cósico (de «cosa») adj. V. «NÚMERO cósico».

cosicosa (de la locución «cosa y cosa») f. *Quisicosa (pasatiempo).*

cosido, -a 1 Participio adjetivo de «coser». **2** Muy pegado a alguien, en sentido material o moral: 'Está cosido a las faldas de su madre'. **3** m. Acción y efecto de coser. ≃ Cosedura.

cosidura (de «coser») m. MAR. *Ligadura o *empalme de *cabos.*

cosificación f. Acción de cosificar.

cosificar 1 tr. Convertir ↘algo en cosa. **2** Considerar o tratar como cosa a ↘algo que no lo es; por ejemplo, a una persona.

cosijo, -a 1 (Méj.) n. *El que ha sido criado como hijo sin serlo.* ⊙ (Méj.) *Hijo putativo.* **2** m. *Desazón.* ≃ Cojijo.

cosilla f. *Chuchería o *insignificancia.

cosmética f. Técnica de la preparación y aplicación de cosméticos. ≃ Cosmetología.

cosmético, -a (del gr. «kosmētikós») adj. y n. m. Se aplica a los productos empleados para embellecer el cutis, el pelo, etc.

□ CATÁLOGO

Afeite, PRODUCTO de belleza [o de tocador]. ➤ Maquillaje. ➤ Abéñola [o abéñula], acondicionador, aftershave, aftersun, ajo, albarino, alcandor, alcohol, alconcilla, alfeñique, argentada, arrebol, atanquía, azucarado, badulaque, barniz, BARRA de labios, bija, BLANCO de huevo, blandura, blandurilla, blanquete, brasil, cacao, cascarilla, cerilla, chapa, clarimente, colcrem [o cold cream], color, colorete, crema, depilatorio, dropacismo, enrubio, ESMALTE de uñas, espuma, exfoliante, fijador, fijapelo, gel, hidratante, jalbegue, lanilla, laca, LACA de uñas, LECHE virginal, LÁPIZ de ojos, LÁPIZ de labios, lucentor, maquillaje, mascarilla, mejunje, muda, pasa, perfilador, pintalabios, pintaúñas, polvos, potingue, quitaesmalte, resplandor, rímel, rojete, ROJO de labios, sebillo, SOMBRA de ojos, tintura, tónico, vinagrillo. ➤ Peeling. ➤ *Arreglarse.

cosmetología f. *Cosmética.*

cósmico, -a 1 adj. Del cosmos: de todo el universo. **2** ASTRON. *Se aplica al orto o el ocaso de un astro cuando coincide con la salida del Sol.*

cosmo- Elemento prefijo del gr. «kósmos», mundo, universo: 'cosmología, cosmonauta'.

cosmogonía (del gr. «kosmogonía») f. Tratado de la formación del *mundo.

cosmogónico, -a adj. De la cosmogonía o de su objeto.

cosmogonista n. *Persona dedicada a la cosmogonía.*

cosmografía (del lat. «cosmographĭa») f. Parte de la astronomía que describe el cosmos.

cosmográfico, -a adj. De la cosmografía.

cosmógrafo, -a (del lat. «cosmogrăphus») n. Científico que se dedica a la cosmografía.

cosmología (de «cosmo-» y «-logía») **1** (ant.) f. *Tratado filosófico acerca de los principios que rigen el cosmos.* **2** Parte de la astronomía que se ocupa de las leyes generales del origen y evolución del universo.

cosmológico, -a adj. De la cosmología.

cosmólogo n. Persona dedicada a la cosmología.

cosmonauta (de «cosmo-» y «nauta») n. Tripulante de una cosmonave. ≃ Astronauta.

cosmonáutica (de «cosmo-» y «náutica») f. Ciencia y actividad relativas a la navegación por el espacio. ≃ Astronáutica.

cosmonáutico, -a adj. De la cosmonáutica. ≃ Astronáutico.

cosmonave f. Nave capaz de desplazarse por el espacio. ≃ Astronave.

cosmopolita (del gr. «kosmopolítēs») adj. y, aplicado a personas, también n. Se aplica a quien ha vivido en muchos *países, tiene intereses en ellos, etc.; también a las cosas, costumbres, etc., cuyo uso se extiende a muchos países; y a los lugares en donde hay gente o costumbres de muchos países.

cosmopolitismo m. Cualidad de cosmopolita.

cosmorama (de «cosmo-» y «-orama») m. Dispositivo consistente en una cámara oscura con la que, como diversión, se mostraban vistas a la gente. ⇒ Ciclorama, diorama, georama, mundinovi, el MUNDO entero por un agujero, mundonuevo, neorama, panorama, titirimundi, totilimundi, tutilimundi.

cosmos (del gr. «kósmos», mundo, universo) **1** (culto) m. Conjunto de todo lo que tiene existencia física en la Tierra y fuera de ella. ≃ *Mundo, universo. ⊙ Ese conjunto considerado como un todo ordenado, por oposición a «caos». **2** Nombre de diversas especies de un género de *plantas compuestas propias de la América tropical, de flores de colores diversos, semejantes a margaritas; la especie *Cosmos caudatus*, de flores purpúreas, blancas y rosadas, se cultiva en España.

cosmovisión (calco del al. «Weltanschauung»; culto) f. Visión e interpretación del mundo.

coso[1] (del lat. «cursus», carrera) **1** m. Lugar cercado donde se celebraban *fiestas. ⊙ En algunas ciudades lleva este nombre como nombre propio una *calle que era antiguamente ese lugar. **2** TAUROM. Coso taurino. **3** (ant.) **Carrera, curso o *corriente.*

COSO TAURINO. TAUROM. *Plaza de toros.

coso[2] (del lat. «cossus») m. *Carcoma (insecto coleóptero).

cosolí m. **Cuti: tela de algodón gruesa, asargada, a listas.*

cospe m. *Cada uno de los cortes que se hacen de trecho en trecho en un *madero para facilitar su desbaste.*

cospel (del fr. ant. «cospel») m. Disco de metal dispuesto para recibir la acuñación en la fabricación de *monedas. ≃ Flan, tejo.

cospillo (Ar.) m. **Orujo de la aceituna.*

cosque o **cosqui** (de or. expresivo; inf.) m. *Cabezazo (golpe en la cabeza). ≃ Coscorrón.

cosquillar tr. *Cosquillear.*

cosquillas (de or. expresivo) f. pl. Excitación que se manifiesta con *risa nerviosa que produce el contacto leve o repetido de algo sobre la piel, particularmente en algunas partes del cuerpo como las plantas de los pies o las axilas. ⇒ Gozquillas. ➤ Cosquilleo, hormigueo, mirmestesia, parestesia.

BUSCAR a alguien LAS COSQUILLAS. Tratar de hacerle enfadar. ≃ *Provocar.

HACER COSQUILLAS. Causarlas a alguien tocándole suavemente en los puntos sensibles.

HACER COSQUILLAS a alguien una cosa. *Gustarle o producirle *ilusión pensar en ella.

cosquillear **1** tr. Causar un miembro o parte del cuerpo sensación semejante a la de las cosquillas. ≃ Hormiguear. **2** Presentarse a la ↘imaginación un pensamiento, un proyecto, etc., causando placer: 'Me cosquillea la idea de irme a París esta primavera'. ⇒ *Gustar. **3** Aplicado a «*lágrimas, llanto» o «*risa», pugnar por salir o producirse.

cosquilleo **1** m. Sensación de o como de cosquillas. ≃ Hormigueo, hormiguillo. ⊙ Acción de cosquillear. **2** Inquietud o desasosiego.

cosquilloso, -a **1** adj. *Predispuesto a sentir cosquillas por contacto.* **2** **Susceptible.* ≃ Quisquilloso.

costa[1] (del gall. o cat. «costa») **1** (ant.) f. *Costilla.* **2** *Borde de la tierra bañado por el mar. ≃ Litoral. ⊙ Zona de tierra próxima a él. **3** *Instrumento como una cuchilla de madera, de unos 20 cm de largo por 4 ó 5 de ancho, que usan los zapateros para alisar y bruñir los cantos de la suela del *calzado.*

V. «CORRIDO de la costa».

□ CATÁLOGO

Borde, litoral, orilla, playa, ribera. ➤ Cornisa. ➤ Abertura, abra, abrigadero, abrigo, ancón, anconada, angla, angra, bahía, broa, cala, caleta, concha, *ensenada, estero, estuario, fiordo, fondeadero, golfo, grao, LENGUA de agua, *puerto, rada, regolfo, saco, seno. ➤ Cabo, castro, LENGUA de tierra, morro, pezón, promontorio, punta, repunta. ➤ Acantilado, arrecife, bajial, *bajo, batiente, cantil, duna, frontón, marisma, pedrero, a pique, plataforma continental, rompiente, surgidero. ➤ Despedir. ➤ Sable, sablera. ➤ Hacho. ➤ *Faro, marca, semáforo. ➤ *Marea, *resaca, tasca. ➤ Raque. ➤ Bojar, bojear, costear, perlongar. ➤ Contracosta, encostarse, guardacostas. ➤ Costanero, costeño, costero. ➤ *Mar.

costa[2] (form.) f. pl. Lo que cuestan en dinero u otra cosa las consecuencias de cierta acción o suceso: 'Las costas de su accidente las paga la empresa'. ⊙ (form.) DER. Específicamente, los gastos de un juicio: 'Perdió el juicio con costas'. ⇒ *Tribunal.

A COSTA DE. **1** Se emplea para expresar lo que cuesta, en trabajo o penalidades, cierta cosa: 'Hizo la carrera a costa de muchos sacrificios'. **2** Aprovechándose abusivamente de lo que otro que se expresa tiene o paga: 'Vive a costa de un hermano suyo. Fuma a costa de los amigos'. ⇒ A expensas de. ➤ Chupóptero, gorrón, *parásito.

A COSTA DE LO QUE SEA. A toda COSTA: 'Hay que acabar la casa a costa de lo que sea'.

A TODA COSTA. Sin detenerse ante ningún obstáculo, dificultad o esfuerzo: 'Hay que resolver a toda costa el problema de los transportes'. ≃ «A COSTA de lo que sea, CUESTE lo que cueste». ⇒ *Decisión, *necesidad.

CONDENAR EN COSTAS a alguien. DER. Obligar a pagar las costas del juicio a la persona contra la cual se falla, o al condenado.

costado (del lat. «costātus», que tiene costillas) **1** m. En el *cuerpo humano, parte que está debajo de cada brazo, entre el pecho y la espalda, considerada tanto interior como exteriormente. ⇒ Banda, costana, costanera, lado. ➤ Acostar, recostar. **2** (ant.) *Espalda o *revés.* **3** Cada una de las caras en una cosa que tiene cuatro, que no son el frente o la espalda: 'A los dos costados de mi casa hay edificios altos. Los dos costados de un armario'. ≃ *Lado. ⊙ Línea o zona entre la parte delantera y la trasera de una cosa: 'Las costuras de los costados del abrigo' ≃ Costanera. ⊙ MAR. Cada uno de los lados del casco de un *barco. ≃ Banda. ⊙ MIL. Parte de un ejército situada a la derecha o a la izquierda. **4** Aspecto parcial de una cosa. ≃ Lado. **5** (pl.) *En *genealogía, líneas de los cuatro abuelos de alguien.* ≃ Cuarto.

AL COSTADO. Sobre la parte lateral del cuerpo: 'Una espada al costado'. ≃ Al lado.

V. «ÁRBOL de costados».

DE COSTADO. Con un costado, y no con la parte del frente o de la espalda, hacia el lugar hacia donde se avanza o desde donde se es mirado: 'Por la abertura puede pasar un hombre de costado'. ≃ De lado. ⊙ Aplicado a la manera de estar tendido, sobre un costado.

V. «DOLOR de costado».

POR LOS CUATRO COSTADOS. **1** Por los cuatro lados: 'A la casa le da el sol por los cuatro costados'. **2** Hablando de la herencia o *genealogía de alguien, por los cuatro abuelos: 'Noble por los cuatro costados. Español por los cuatro costados'. ⊙ A veces, en sentido figurado: 'Es un gandul por los cuatro costados'. Y también aplicado a cosas: 'Este producto es español por los cuatro costados'.

V. «PUNTO de costado».

costal (del lat. «costa», costilla) **1** adj. *De las costillas.* **2** m. Bolsa grande, generalmente de arpillera, usada para envasar o transportar géneros, que suele llevarse a la espalda: 'Un costal de harina'. ≃ *Saco, talego. **3** CONSTR. *Cada uno de los barrotes verticales que, atravesados por las agujas, sirven para mantener en su posición los tablones del *tapial.*

EL COSTAL DE LOS PECADOS (inf.). *El *cuerpo del hombre.*

V. «ser HARINA de otro costal».

NO PARECER COSTAL DE PAJA una persona a otra del otro sexo (hum.). *Gustarle.*

NO SER COSTAL DE PAJA una cosa. *Tener valor o interés.*

costalada o **costalazo** (de «costal»; inf.; «Caerse una [o un]») f. o m. *Caída violenta, lo mismo si se recibe el *golpe en la espalda que si se recibe en otro sitio del cuerpo. ⊙ (inf.; «Darse, Pegarse una [o un]») *Golpe recibido en esa forma.

costalearse **1** (Chi.) prnl. *Sufrir una costalada.* **2** (Chi.) *Sufrir una decepción o desengaño.*

costalero (de «costal») **1** (And.) m. *Mozo de cordel o esportillero.* ⇒ *Porteador. **2** En Andalucía, hombre de los que llevan en hombros los pasos de *Semana Santa.

costana **1** f. MAR. *Costilla de *barco.* **2** *Calle en cuesta o *pendiente.* **3** (León) *Adral (costado del carro).*

costanera (de «costa[1]») **1** f. *Pendiente. ≃ Cuesta. **2** *Costado o *lado.* **3** (pl.) *Maderos que se apoyan en la viga principal que forma el caballete de la cubierta de un edificio.* ⇒ *Armadura. **4** (Arg.) *Avenida a lo largo de una costa.*

costanero, -a **1** adj. *Costero.* **2** *En cuesta o *pendiente.*

costanilla f. Dim. de costana, que llevan como nombre propio algunas calles en cuesta o *pendiente.

costar (del lat. «constāre») **1** intr. Ser pagada o tener que ser pagada una cosa con cierta cantidad: 'El piso en que vivo me cuesta cien mil pesetas al mes'. **2** Ocasionar una cosa ciertos disgustos, molestias o *perjuicios: 'El salir en tu defensa me costará enemistarme con él'. ⊙ Consumir un trabajo u ocupación cierto tiempo: 'Hacer este dibujo le ha costado cinco minutos'. ⇒ *Tardar. **3** Resultar una cosa *difícil, molesta o penosa para alguien: 'Le cuesta aprender las declinaciones. Parece que le cuesta saludar. Le costará hasta que se acostumbre a que ya no es él el que manda'. ≃ Costar TRABAJO.

COSTAR CARO algo. **1** Costar mucho dinero. **2** Resultarle a alguien un *daño o *perjuicio grave de cierta acción suya. ≃ Salir CARO.

V. «costar un OJO de la cara, costar un RIÑÓN, costar un SENTIDO, costar la TORTA un pan, costar TRABAJO».

CUESTE LO QUE CUESTE. A toda COSTA.

□ CATÁLOGO

*Ascender, ser un CENSO, ser un CHORREO, correr, estar a, estar en, ser un GOTEO, importar, resultar a, salir a [o por], ser, significar, suponer, *valer. ➤ *Caro, costoso, gravoso, inasequible, insume, oneroso, prohibitivo, salado. ➤ Caramente, costosamente. ➤ Costoso, gravoso, oneroso, penoso, *pesado, trabajoso. ➤ ARCO de iglesia, OBRA de romanos. ➤ A *costa de, a expensas de. ➤ *Gratis. ➤ *Pagar. *Precio.

□ CONJUG. como «contar».

costarricense adj. y, aplicado a personas, también n. De Costa Rica. ⇒ Cinco, colón. ➤ Túnica.

costarriqueñismo m. Americanismo de Costa Rica.

costarriqueño, -a adj. y n. Costarricense.

coste (de «costa[2]») m. Cantidad que se paga o *precio a que resulta algo: 'La ganancia es lo que resulta de restar del precio de venta el de coste'. ≃ Costo.

costeamiento m. Acción de costear.

costear[1] **1** tr. o abs. *Navegar sin perder de vista la costa o la costa de cierto ˇsitio que se expresa. **2** tr. *Ir por el costado de una cosa.* **3** *Rematar el costado de algo.* **4** (And.) prnl. **Apartarse hacia un lado.* ≃ Ladearse. **5** *Esquivar una dificultad o peligro.* **6** (Arg., Ur.) **Trasladarse penosamente a un lugar distinto o de difícil acceso.*

costear[2] tr. *Pagar cierta ˇcosa para alguien: 'Le costea los estudios a un sobrino suyo'. ≃ Sufragar. ⇒ Correr con los gastos, *dar, *mantener, *pagar, *sostener, subvenir, sufragar. ➤ Pensionar, subvencionar. ➤ A mi [tu, etc.] costa, a mis [tus, etc.] expensas.

costelación (ant.) f. **Constelación.*

costeño, -a adj. *De la costa.* ≃ Costero.

costera (de «costa[1]») **1** f. *Nombre aplicado a algunas cosas que están o se ponen al costado de algo.* ⊙ *Costado de un fardo o cosa semejante.* ⊙ AGRÁF. *Mano de papel estropeado de las que se ponen encima y debajo en las resmas de *papel de tina.* ⊙ (ant.) MIL. *Costado de un cuerpo de *ejército.* **2** **Costa del mar.* **3** MAR. *Tiempo que dura la *pesca de ciertos peces; por ejemplo, la del *bonito.* **4** *Cuesta (*pendiente).*

costero[1], -a (de «costa[1]») **1** adj. De la costa. ≃ Costanero, costeño. **2** m. MINER. *Hastial de un criadero.* **3** METAL. *Muro de los que forman los costados de un alto *horno.* **4** *Pieza de *madera, casi toda corteza, de las que resultan al serrar un tronco.*

costero[2], -a adj. *En cuesta o *pendiente.* ≃ Costanero.

costero[3], **-a** (de «costo»; And.) n. AGRIC. **Jornalero encargado de ir al pueblo a comprar la comida para todos los que están trabajando juntos en el campo, cuando se ajustan sin recibir la comida.*

costil (del lat. «costa», costilla) adj. *De las costillas.*

costilla (del lat. «costa») **1** f. Cada uno de los *huesos largos y arqueados que parten de la columna vertebral. ⇒ Costal. ➤ Descostillar. **2** Ese hueso, con la *carne adherida a él, de las reses despedazadas para el consumo. **3** MAR. Cada una de las piezas semejantes a una costilla que arrancan de la quilla de un *barco y forman la armadura del casco. ≃ *Cuaderna. **4** Puede aplicarse a cualquier otra pieza de forma o función semejante. ⊙ Los travesaños del respaldo de una silla. ⊙ Los mimbres gruesos sobre los que se tejen las «bringas» de una *cesta. **5** (hum.) Con respecto a un hombre, su *mujer. **6** ARQ. *Cada uno de los listones que se colocan horizontalmente sobre los cuchillos de la *cimbra para recibir las dovelas de un arco o bóveda.* **7** *Línea saliente en la superficie de algo; por ejemplo, en botánica, en la superficie de los *frutos o las *hojas.* **8** (inf.; pl.) *Espalda: 'Todo carga sobre mis costillas'.

COSTILLA FALSA. ANAT. La que no está unida directamente al esternón.

C. FLOTANTE. ANAT. La falsa que tiene el extremo anterior libre.

C. VERDADERA. ANAT. La que está unida directamente al esternón.

MEDIR [O MOLER] LAS COSTILLAS a una persona. Golpearla.

costillaje **1** m. Conjunto de costillas, por ejemplo de un barco. **2** Costillar.

costillar m. Parte del *cuerpo, particularmente de una res, en que están las costillas.

costiller (del fr. medio «coustillier») m. *Oficial palatino que antiguamente acompañaba al *rey a su capilla u otra iglesia, o de viaje.*

costilludo, -a (de «costilla») adj. *Ancho de *espaldas.* ⊙ **Robusto.*

costino[1], **-a** (de «costa[1]») adj. *Costero.*

costino[2], **-a** adj. *Del costo (planta).*

costo[1] **1** m. Coste. **2** *Gastos de manutención de un trabajador cuando se añaden al salario.* **3** (And.) **Ración mensual de aceite, vinagre, sal y trigo que se da en los cortijos a los guardas, vaqueros, yegüerizos y porqueros.* **4** (Cád.) *Comida que un trabajador se lleva a su lugar de trabajo para consumirla allí.*

costo[2] (del lat. «costus») **1** (*Costus villosissimus* y otras especies) m. *Planta zingiberácea de la cual se extrae un jugo que se usa en la medicina popular. ≃ CAÑA agria. **2** (argot) Hachís.

COSTO HORTENSE. **HIERBA de Santa María (planta compuesta).*

costomate (Méj.) m. **Capulí (planta rosácea).*

costón (de «cuesta[1]»; Mur.) adj. **Dique a orillas de un río.* V. «CUESTA».

costosamente adv. De manera costosa.

costoso, -a adj. Se aplica a lo que cuesta mucho, en dinero, trabajo, etc.

costra (del lat. «crusta») **1** f. *Recubrimiento duro que se forma en un cuerpo por depósito de algo extraño o por endurecimiento de su propia sustancia; como el que van formando las sales del agua en una cañería. ≃ Corteza. ⊙ Placa que se forma en las heridas al secarse. ⇒ *Corteza, escara, postilla, rasura, *sarro, tártaro, tastana. ➤ Caspa, fórfolas. ➤ Encaparse. ➤ Desencapar. ➤ *Capa. *Corteza. *Recubrimiento. **2** *Rebanada o trozo de bizcocho que se daba en las *galeras a la gente.* **3** *Extremidad candente del *pabilo de una vela que se tuerce por ser ya muy largo.* ≃ Moco.

COSTRA DE AZÚCAR. *Porción que queda pegada en la caldera al hacerlo, o que sale apelotonada.*

costrada **1** f. *Especie de *empanada cubierta con una costra de azúcar, huevo y pan.* **2** (Mur.) **Tapia enlucida con lechada de cal.*

costreñimiento (ant.) m. *Constreñimiento.*

costreñir (del lat. «constringĕre», apretar; ant.) tr. *Constreñir.*

costribar (del ant. «costibar», del lat. «constipāre») **1** (ant.) tr. *Estreñir.* **2** (ant.) intr. *Hacer fuerza; trabajar con vigor.* ≃ *Esforzarse.

costribo (de «costribar»; ant.) m. **Apoyo o *sostén.*

costroso, -a **1** adj. Con costras. **2** **Sucio, desaseado.*

costumado (de «costumnado», part. de «costumnar»; ant.) m. *Acostumbrado.*

costumbrar (de «costumnar»; ant.) intr. *Acostumbrar.*

costumbre (del ant. «costumne», del sup. lat. «consuetūmen») **1** («Adoptar, Adquirir, Coger, Contraer, Tomar; Pegarse, Tener [la] costumbre de, Tener por, Perder, Establecer, Instaurar, Instituir, Introducir, Naturalizar, Arrancar, Desarraigar, Quitar, Corromper, Viciar, Relajarse») f. Práctica repetida regularmente de una acción, por un individuo o una colectividad: 'Tengo costumbre de levantarme a las siete. Ha cogido la costumbre de dormirse en el sillón'. ⊙ Particularmente, práctica de esa clase, tradicional en un pueblo o región: 'Costumbres montañesas'. ⊙ Esa práctica, considerada como fuente de derecho. **2** **Menstruación.*

BUENAS COSTUMBRES. *Conducta moderada, sin vicios o excesos. ⇒ Virtuoso.

DE COSTUMBRE. **1** *Acostumbrado: 'Llegó a la hora de costumbre'. **2** Normalmente: 'De costumbre nos acostamos a las once'.

DE COSTUMBRES. Se aplica a las obras literarias en que se dedica especial atención a la descripción de las costumbres de un país o región: 'Novela de costumbres'.

V. «la FUERZA de la costumbre».

☐ CATÁLOGO

Aclimatación, arregosto, automatismo, avezadura, connaturalización, consuetud, hábito, inercia, maña, práctica, querencia, rito, *rutina, usanza, uso, vezo, *vicio. ➤ Antigua, arraigada, inveterada, popular, rancia, regional, vieja. ➤ Costumbrismo, etopeya, folclore [folklore, folclor]. ➤ Gastarlas. ➤ Al canto, que te PEGO. ➤ Sacar [o salirse] de sus CASILLAS, sacar [o salirse] de su PASO. ➤ Desuso. ➤ Descostumbre. ➤ ¡O TÉMPORA, o mores! ➤ *Acostumbrar. Conducirse. *Estilo. *Experiencia. *Fiesta. *Moda. *Regla. *Tradición.

☐ FORMAS DE EXPRESIÓN

Expresiones de costumbre se forman con «a»: 'a la española'.

costumbrismo m. Carácter de las obras literarias y otras manifestaciones artísticas que evocan las costumbres típicas de un determinado lugar.

costumbrista **1** adj. Del costumbrismo o que lo manifiesta. **2** n. Autor costumbrista.

costumnar (de «costumne»; ant.) intr. **Acostumbrar.* ≃ Costumbrar.

costura (del lat. «consutūra») **1** f. Acción y efecto de *coser. ≃ Cosido, cosedura. **2** Línea seguida de puntadas con que se unen dos trozos de tela: 'La costura de la manga'. **3** Actividad consistente en hacer vestidos para las personas. **4** (sing. o pl.) Cosas que están para coser o remendar: 'Ahí tienes el cesto de la costura'. **5** MAR. **Juntura de dos tablones de un *barco.*

V. «CUARTO de costura».

SENTAR LAS COSTURAS. Plancharlas para que queden planas.

SENTAR LAS COSTURAS a una persona. *Castigarla o ser severo con ella y *obligarla a hacer lo que debe.

costurera f. Mujer que tiene por oficio coser vestidos de poca importancia o ropa interior, hacer remiendos y en general todo lo que no requiere la habilidad de una modista.

costurero m. Caja, canastilla, o *mueble en forma de *mesita, donde se guardan los utensilios para coser.

costurón (aum. de «costura») **1** m. Costura hecha mal o toscamente. **2** (inf.) *Cicatriz muy visible.

cota[1] (del fr. ant. «cota») **1** f. Cubierta para proteger el cuerpo en la guerra, hecha de malla de hierro o de cuero guarnecido con clavos. ⇒ Brigantina, camisote, gramalla, jacerina, jaco, jubete, JUBÓN de nudillos, JUBÓN ojeteado, loriga, perpunte, plaquín, tinicla. ➤ Mallar. ➤ Escama. ➤ *Armadura. *Coraza. **2** *Vestidura de los *reyes de armas, sobre la que están bordados los escudos reales.* **3** (ant.) **Jubón o corpiño.* **4** CAZA. *Piel callosa que recubre la espalda del *jabalí.* **5** (Filip.) *Fortificación hecha con troncos de árboles, tierra y piedras.*

cota[2] (del lat. «quota») **1** f. **Cuota.* **2** (ant.) **Nota.* ≃ Acotación. **3** TOPOGR. Número que indica en los planos las *alturas sobre el nivel del mar. ⊙ Estas alturas. **4** (gralm. pl.) Nivel, grado: 'Alcanzó las más altas cotas del éxito'. ⇒ *Categoría.

cotana (de «cutir», golpear) **1** f. CARP. **Entalladura que se abre en una pieza de madera para encalar en ella otra pieza o una espiga; por ejemplo, en las duelas de los *toneles.* ⊙ **Muesca hecha con cualquier otro fin.* **2** **Escoplo o formón con que se hace esa entalladura.*

cotangente f. GEOM. Con respecto a un ángulo o a un arco, tangente de su complemento. ⇒ *Trigonometría.

cotanza f. *Cierta clase de *tela de lienzo semifino que se fabricaba en Coutances (Francia).*

cotar (de «cota²») tr. *Acotar.*

cotardía (del fr. «cotte hardie») f. *En la Edad Media, cierto *jubón o corpiño usado por hombres y mujeres.*

cotarra f. *Cotarro (ladera de un barranco).*

cotarrera (de «cotarro») f. *Mujer *callejera.*

cotarro (desp. de «coto¹») **1** m. Antiguamente, *albergue para vagabundos y peregrinos. **2** Ladera de un *barranco. **3** (inf.) Grupo de personas en estado de agitación. **4** (inf.) Se usa como palabra comodín para referirse a un asunto, situación, organización, etc.: '¿Quién es el jefe del cotarro?'.

ALBOROTAR [o ALBOROTARSE] EL COTARRO (inf.). *Alterar[se] la tranquilidad en un sitio donde hay gente reunida: 'En cuanto él llega, se alborota el cotarro'.

V. «ser el AMO del cotarro».

IR DE COTARRO EN COTARRO. **Callejear o vagabundear.*

cotear (de «coto¹»; ant.) tr. *Acotar.*

cotejable adj. Susceptible de ser cotejado.

cotejamiento m. *Cotejo.*

cotejar (de «cota²»; «con») tr. Comparar o confrontar dos ➘cosas para apreciar su igualdad, su semejanza o sus diferencias. ⊙ Particularmente, comparar una ➘copia con el original para ver si está conforme. ⇒ Acotejar, carear, comprobar, compulsar, conjugar, contrapuntear, puntear. ➤ Colación, conferencia, cotejo. ➤ *Comparar. *Confrontar.

cotejo m. Acción de cotejar. ≃ Cotejamiento.

cotenas A COTENAS (Ar.). *A las *espaldas de alguien, colocando las piernas bien a los lados del cuello, bien sobre las caderas.*

cotera o **cotero** (de «cota²»; Cantb.) f. o m. *Cerro pequeño, pero de pendiente rápida.* ⇒ *Montaña.

coterráneo, -a n. Con respecto a una persona, otra que es de su misma tierra o país. ≃ *Paisano.

cotg. Abrev. de «cotangente».

cotí (del fr. «coutil») m. **Cutí (tela gruesa de algodón).*

cotidianamente adv. Todos los días. ≃ Cuotidianamente.

cotidianidad f. Cualidad de cotidiano.

cotidiano, -a (del lat. «quotidiānus») adj. De o para cada día: 'Pan [o trabajo] cotidiano'. ≃ Cuotidiano, *diario. ⇒ Cutiano. ⊙ Que sucede todos o casi todos los días: 'Sus discusiones se han convertido en algo cotidiano'.

cotila (del gr. «kotýlē», cavidad) f. ANAT. *Cavidad de un *hueso en que penetra una cabeza de otro.*

cotiledón (del lat. «cotylēdon», del gr. «kotylēdṓn») m. BOT. En las plantas fanerógamas, hojilla o cada una de las dos hojillas (según que la planta sea mono o dicotiledónea) que aparecen al germinar una semilla, gruesas, por contener la reserva nutritiva que alimenta al principio a la planta.

cotiledóneo, -a **1** adj. Del cotiledón o los cotiledones. **2** adj. y n. BOT. Se aplica a las *plantas que poseen uno o más cotiledones. Estas plantas constituían un antiguo grupo taxonómico que incluía a las plantas fanerógamas. ⇒ Acotiledóneo, dicotiledóneo, monocotiledóneo.

cotilla[1] (dim. de «cota¹») f. **Corsé o *jubón.*

cotilla[2] (de «coto¹»; inf.) adj. y n. Persona que procura enterarse de las cosas privadas de otros y las cuenta indiscretamente. ≃ Alcahuete, chismoso.

cotillear **1** intr. Charlar por gusto sobre pequeñas faltas de alguien o contar cosas que afectan a otros. ≃ *Chismorrear. **2** Curiosear o fisgar: 'No me gusta que cotillees en mi armario'.

cotilleo m. Acción de cotillear. ⊙ Asunto sobre el que se cotillea.

cotillero, -a n. Amigo de cotillear y de ir enterándose de las cosas privadas de otros y contándolas después. ≃ Cotilla.

cotillo (de «cutir», golpear) m. Parte del martillo y *herramientas semejantes con que se golpea, o sea, la pieza que no es el mango. ⇒ Acotillo.

cotillón (del fr. «cotillon») **1** m. *Danza con figuras, generalmente con compás de vals, que se ejecutaba a veces al final en los bailes de sociedad.* ⊙ *Baile en que se ejecutaba esta danza.* **2** Fiesta con baile con que se celebra un día señalado, especialmente el de fin de año. ⊙ Artículos de fiesta, por ejemplo gorros, matasuegras, etc., que se entregan a los que asisten a una celebración de este tipo.

cotín[1] (de «cutir») m. *Golpe de revés alto con que en el juego de *pelota la devuelve al saque el que resta.*

cotín[2] m. *Cutí (tejido de algodón).*

cotinga (*Colinga cayana* y otras especies; Hispam.) f. Nombre dado a distintas especies de *pájaros de un género de dentirrostros, grandes y de plumaje vistoso.

cotiza[1] (de «coriza[2]», con influencia de una palabra indígena de la que procede «cutarra», sandalia; Ven.) f. *Especie de *sandalia que usa la gente del campo.*

cotiza[2] (del fr. «cotice») f. HERÁLD. *Banda de la tercera parte de anchura que la ordinaria.*

cotizable adj. Que puede cotizar[se]: 'Cotizable en bolsa'.

cotización f. Acción de cotizar. ⊙ Precio al que se cotiza algo.

cotizado[1], **-a** Participio adjetivo de «cotizar».

cotizado[2], **-a** (de «cotiza[2]») adj. HERÁLD. *Se aplica al campo o escudo que tiene cotizas de colores alternados (diez, si no se expresa otra cosa).*

cotizar (del fr. «cotiser», imponer a cada uno su cuota.) **1** tr. Publicar en la bolsa el precio alcanzado por un ↘valor. ⇒ *Negocio. ⊙ («en») intr. Entrar las acciones o valores en el mercado bursátil. ⊙ (en forma pronominal pasiva; «a») Alcanzar éstos determinado precio. **2** (en forma pronominal pasiva) Ser *pagada a cierto precio una mercancía determinada, en el mercado correspondiente: 'Los tomates de Murcia son los que más se cotizan'. **3** (en forma pronominal pasiva) Valorar cierta cosa en una mercancía: 'En la fruta se cotiza el tamaño y el color'. ⊙ (en forma pronominal pasiva) Valorar cualquier otra cosa: 'El conocimiento de idiomas se cotiza mucho hoy día'. **4** tr. o abs. Pagar la *cuota correspondiente a una asociación, organismo, etc.: 'Cotizar a la Seguridad Social'. ⊙ Contribuir a una suscripción con una cuota. **5** (Hispam.) tr. *Imponer una cuota.*

coto[1] (del lat. «cautus», garantizado, asegurado) **1** m. Terreno acotado. ≃ Vedado. ⊙ Particularmente, terreno de *caza o zona de pesca cercados o donde está prohibido cazar o pescar. ⇒ Encerramiento. ➤ Acotar, desacotar, descotar. **2** COTO redondo: 'El coto de Doñana'. **3** Señal, particularmente si es de piedra tosca, con que se marcan los límites de un terreno. ≃ Hito, marca, *mojón, poste. **4** *Límite. **5** *Antiguamente, en algunos sitios, *población de una o más parroquias situadas en territorio de señorío.* **6** (ant. y usado en Rioj.) **Multa o pena pecuniaria señalada por la ley.* **7** (ant.) **Norma.*

COTO REDONDO. *Finca rústica muy extensa.

PONER COTO. Impedir que siga adelante un abuso, desorden, etc.: 'Hay que poner coto al encarecimiento de la vida [o a los desmanes de los gamberros]'.

coto[2] (del lat. «quotus») **1** m. *Acuerdo tomado por los comerciantes de no vender una cosa sino a determinado *precio.* ⇒ *Tasa. **2** *En el *billar, partida en que uno de los jugadores ha de ganar tres mesas antes que el otro.*

coto[3] (del lat. «cubĭtus») m. *Medida de *longitud equivalente a medio palmo o a lo que abarcan juntos los cuatro dedos de la mano.*

coto[4] (del quechua «koto», papera; Am. S.) m. **Bocio o papera.*

coto[5] (del lat. cient. «cottus», del gr. «kóttos»; género *Cottus)* m. *Pez de río, comestible, de cabeza aplastada y cuerpo alargado.

cotobelo (del port. «cotovêlo», codo) m. *Abertura en la vuelta de la cama del freno.* ⇒ *Brida.

cotofre (de «cotrofe»; ant.) m. *Medida antigua de *capacidad, equivalente a medio litro.*

cotomono (Perú; género *Alouatta)* m. *Cierto *mono aullador, de cola prensil.*

cotón (del fr. «coton») m. **Tela de algodón estampada de varios colores.*

cotona **1** (Hispam.) f. **Camiseta fuerte.* **2** (Méj.) **Chaqueta de gamuza.*

cotonada (de «cotón») f. **Tela de algodón o de lino con flores en relieve o con fondo listado y flores.*

cotoncillo (dim. de «cotón») m. *Botón o pequeña pelota de badana y borra en que remata el tiento o bastoncillo que usan los *pintores.*

cotonía (del ár. «quṭniyyah») f. **Tela blanca de algodón, generalmente formando cordoncillo.* ⊙ *Cierta *lona delgada.*

cotorra (de «cotorrera») **1** f. Nombre aplicado vulgarmente a cualquier *ave habladora de los géneros *Amazona, Pionus* y otros. ≃ Catalnica, catarinita, caturra, loro. **2** **Urraca (pájaro).* **3** (n. calif. o en comparaciones) Persona muy *habladora.

cotorrear intr. *Hablar mucho sin decir nada interesante.

cotorreo m. Acción de cotorrear.

cotorrera (de «cotarrera») **1** f. Hembra del papagayo. **2** *Cotorra (persona habladora).*

cotorrón, -a (de «cotorra») (inf.) adj. y n. *Se aplica a las personas *viejas a las que les gusta pasar por jóvenes y frecuentan todavía diversiones.*

cotovía (¿de «totovía», con influencia de «cogujada»?) f. *Cogujada. ≃ Totovía.

cotral adj. y n. m. *Cutral (*vaca o *buey destinados por viejos al matadero).*

cotrofe (del gr. bizantino «koutroúphi», vasija, recipiente; ant.) m. **Vaso para beber.*

cotroso, -a (Ast., León y otros sitios) adj. **Sucio.* ≃ Costroso, cochambroso.

cotúa (Ven.) f. **Cuervo marino.*

cotudo[1], **-a** (de «coto[4]»; inf.) adj. *Afectado de bocio.*

cotudo[2], **-a** (de «cotón») adj. **Algodonoso o velloso.*

cotufa **1** f. *Tubérculo de la *aguaturma, que se come cocido.* **2** **Golosina.* **3** **Chufa (tubérculo).* **4** (Ven.; gralm. pl.) **Palomita de maíz.*

PEDIR COTUFAS [EN EL GOLFO]. *Pedir *gollerías.*

cotufero, -a adj. y n. *Se aplica a la persona que *guisa manjares delicados.*

coturnicultura (del lat. «coturnix» y «-cultura») f. *Cría industrial de codornices.*

coturno (del lat. «cothurnus», del gr. «kóthornos») **1** m. *Calzado *griego y *romano que cubría hasta la pantorrilla. **2** Calzado de suela muy gruesa con que aumentaban su estatura los actores de tragedia en el *teatro griego y romano.

CALZAR EL COTURNO (culto). *Emplear un estilo *solemne.*

DE ALTO COTURNO (culto). Aplicado a cosas o personas, de elevada *categoría.

cotuza (Salv., Guat.) f. *Aguti (roedor).*

coulomb (del físico francés «Coulomb») m. Fís. *Nombre del culombio en la nomenclatura internacional.*

country (ingl.; pronunc. [cáuntri]) adj. y n. m. Se aplica a un tipo de música popular de los Estados Unidos con influencias del folk y de la música vaquera, a sus intérpretes y a sus cosas.

couplet (fr.; pronunc. [cuplé]) m. Cuplé.

covacha **1** (desp.) f. *Cueva. **2** (desp.) Habitación o vivienda pobre y oscura. ⊙ (Antill., Guat.) *Casa humilde.* ⊙ *Trastero.* ⊙ *Perrera.* **3** (Ec.) *Tienda donde se venden patatas, cereales, legumbres.*

covachuela **1** f. Dim. de «covacha». **2** (inf.) *Nombre que se aplicaba a las antiguas «secretarías del Despacho universal», equivalentes a los modernos ministerios, porque* *estaban situadas en los sótanos del palacio real.* ⊙ (inf.) *Por extensión, *oficina pública.* **3** **Tienda de las que había por la parte exterior en los sótanos de algunas iglesias y otros edificios.*

covachuelista (de «covachuela»; desp.) m. *Oficinista.*

covadera (Chi., Perú) f. *Sitio de donde se extrae *guano.* ≃ Guanera.

covalonga *(Thevetia peruviana)* f. Cierta *planta apocinácea de Venezuela, cuyas semillas, muy amargas, se emplean como la quinina.

covanilla o **covanillo** f. o m. *Dim. de «cuévano».*

covezuela f. Cueva pequeña.

covín 1 (Chi.) m. **Maíz tostado.* **2** *En algunos sitios, *trigo tostado.*

cowboy (var. «cow-boy»; ingl; pronunc. [caobói]; pl. «cowboys») m. Vaquero de las grandes praderas del oeste de los Estados Unidos.

coxa (del lat. «coxa») f. *Cadera.*

coxal (de «coxa», cadera; cient.) adj. ANAT. De [la] cadera. ⊙ adj. y n. m. ANAT. *Se aplica al *hueso de la *cadera formado por tres partes: ilion, pubis e isquion.* ≃ Iliaco, innominado.

coxalgia (de «coxa» y «-algia») f. MED. *Artritis muy dolorosa en la *cadera, generalmente de origen tuberculoso.*

coxálgico, -a adj. MED. *De [la] coxalgia.*

coxcojilla (de «coxcox») f. **Tejo: juego de chicos, generalmente chicas, que consiste en empujar con el pie, saltando a la pata coja, un trozo de baldosa o cosa semejante que se va llevando según ciertas reglas por las distintas casillas de un dibujo trazado en el suelo.*

A COXCOJILLA. *A la* PATA *coja.* ≃ A coxcox.

coxcojita (de «coxocox») A COXCOJITA. *A la* PATA *coja.* ≃ A coxcox.

coxcox (del lat. «coxus coxus», cojo, cojo) A COXCOX (ant.). *A la *pata coja.*

coxigodinia f. MED. *Dolor en el coxis.*

coxis m. ANAT. Hueso en que remata la *columna vertebral, formado por cuatro vértebras rudimentarias soldadas. ≃ Cóccix, HUESO palomo, rabadilla.

coxquear (de «coxcox»; ant.) intr. *Cojear.*

coy (del neerl. «kooy», cama de a bordo) m. MAR. Trozo de lona que, colgado por las cuatro puntas, se emplea como cama en los *barcos.

coya f. **Reina o mujer del rey o emperador entre los antiguos peruanos.*

coyán (Chi.; *Nothofagus obliqua)* m. *Árbol fagáceo de gran porte, apreciado por su madera, que es prácticamente imputrescible.*

coyantino, -a adj. y, aplicado a personas, también n. *De Valencia de Don Juan, población de la provincia de León.*

coyocho (Chi.) m. **Nabo.*

coyol (del nahua «coyotli»; Am. C., Méj.; *Acrocomia vinifera)* m. **Palmera de mediana altura de cuyo tronco se extrae un jugo que fermenta rápidamente y se emplea como bebida.*

coyolar (Guat., Méj.) m. *Sitio poblado de coyoles.*

coyoleo (Hispam.; *Callipepla squamata)* m. *Especie de *codorniz.* ≃ Colín.

coyote (del nahua «coyotl», adive; *Canis latrans)* **1** m. Mamífero carnívoro, semejante al lobo, que vive en Méjico y otros países del oeste de América del Norte. ≃ Cayote. **2** (Méj.) *Persona que hace trámites de otros a cambio de una remuneración.*

coyotear (Méj.) intr. *Actuar como coyote (persona que hace trámites de otros).*

coyotero, -a 1 (Hispam.) adj. y n. *Se aplica al *perro amaestrado para perseguir coyotes.* **2** (Hispam.) m. *Trampa para coyotes.*

coyunda (del lat. «coniungŭla») **1** f. *Correa o soga con que se uncen los bueyes al *yugo.* ⇒ Barzón, cornal, cornil, correón. ➤ Sobeo [o subeo]. ➤ Frontil. **2** **Correa con que se atan las *abarcas.* **3** Sujeción o *dependencia que resulta pesada para el que la soporta. **4** (gralm. hum.) Unión conyugal. ⇒ *Matrimonio. **5** (Nic.) *Látigo.*

coyundazo (de «coyunda»; Nic.) m. *Latigazo.*

coyundear (de «coyunda»; Nic.) tr. *Castigar o pegar a alguien con el látigo.*

coyuntero m. **Labrador de los que juntan su buey o caballería con el otro para labrar juntos.* ≃ Acoyuntero.

coyuntura (del lat. «cum», con, y «iunctūra», unión) **1** f. Unión de un hueso con otro por la que se puede doblar el miembro en que están. ≃ *Articulación, junta, juntura. ⇒ Descoyuntar. **2** Circunstancia favorable para hacer o intentar cierta cosa: 'Tengo que esperar una coyuntura para decírselo'. ≃ *Ocasión, oportunidad. **3** Conjunto de *circunstancias sociales, políticas, económicas, etc., simultáneas a cualquier fenómeno o acontecimiento, al que de algún modo determinan: 'La coyuntura política actual favorece el acuerdo entre los partidos'.

V. «HIERBA de las coyunturas».

coyuntural adj. De la coyuntura (conjunto de circunstancias) de que se trata.

coyuyo (Arg.) f. *Cogollo (insecto).*

coz (del lat. «calx, calcis», talón) **1** («Dar, Pegar, Tirar una coz [o coces]»; cuando es con las dos patas, se dice «un par de coces») f. Sacudida violenta que hace una *caballería con una pata o las dos de detrás, como para dar un golpe con el extremo. ⊙ *Golpe dado con este movimiento. ⇒ Taina. ➤ Acocear, cocear. **2** Retroceso del agua de una *corriente al chocar con un obstáculo en su curso. **3** Retroceso del arma de fuego al *disparar. **4** *Culata de un *arma.* ⊙ *Parte inferior, más gruesa, de un *madero.* ⊙ MAR. *Extremo inferior de los masteleros de un *barco.* **5** (inf.; «Soltar una, Contestar con una») Dicho o hecho grosero o desconsiderado: 'Si le adviertes algo, te expones a que te conteste con una coz. Está acostumbrado a tratar a la gente a coces'. ≃ *Exabrupto.

DAR COCES CONTRA EL AGUIJÓN. Protestar contra una fuerza superior u obstinarse inútilmente en *oponerse a ella.

V. «un PAR de coces, ande la RUEDA y coz con ella».

TRATAR A COCES. *Mandar desconsideradamente a alguien.

cozcucho (del sup. ár. and. «alkuskús»; ant.) m. **Cuscús (cierta comida de origen árabe).*

cozolmeca (Méj.) f. *Cierta *planta esmilacácea.*

CPU (sigla del ingl. «central processing unit»; pronunc. [cé pé ú]) f. INFORM. UNIDAD central de proceso.

Cr Símbolo químico del cromo.

crabrón (del lat. «crabro, -ōnis», tábano) m. **Avispón (insecto himenóptero).*

crac (de or. expresivo) **1** Onomatopeya, común a otros idiomas pero, seguramente, no tomada en préstamo, con que se imita o describe el sonido producido por una cosa al quebrarse o cascarse: 'Hizo ¡crac! y se abrió en dos mitades'. ⇒ *Chascar. **2** («Dar, Hacer un»; adaptación de la palabra inglesa «crack») m. Se aplica a una *quiebra comercial y, por extensión, a una quiebra o caída brusca en la actividad, vitalidad, etc., de alguien: 'Abusa de sus fuerzas y cualquier día dará un crac'.

-cracia Elemento sufijo del gr. «krátos», fuerza, dominio, usado en palabras cultas con el significado de «gobierno»: 'democracia, tecnocracia'.

crack (ingl.) **1** m. Forma inglesa de «crac», que también se usa. **2** Droga derivada de la cocaína. ⇒ *Narcótico. **3** DEP. En fútbol y otros *deportes, jugador de gran calidad.

cracking (ingl.) m. Craqueo.

crampón m. Pieza metálica, usada particularmente para practicar el alpinismo, que se fija a la suela de las botas para poder andar por la nieve o el hielo.

cramponado, -a (del fr. «cramponné») adj. HERÁLD. *Se aplica a las piezas que tienen en su extremo una media potenza o un gancho.*

cran (del fr. «cran») m. AGRÁF. *Muesca hecha en el bloque de las *letras de *imprenta, que sirve para que, al componer, se perciba con facilidad si están en la posición debida las que pueden ser confundidas; como la «n» y la «u», la «d» y la «p».*

crancelín m. HERÁLD. *Banda de perfil recortado como el de aro de corona.*

craneal o **craneano** adj. Del cráneo.

cráneo (del b. lat. «cranĭum», del gr. «kraníon») m. Conjunto de huesos que forman la caja en que está encerrado el cerebro.

IR DE CRÁNEO. **1** (inf.) Estar equivocado, en mala situación o expuesto a un mal resultado: 'Si cree que voy a resolver sus asuntos, va de cráneo. Con este profesor, vamos de cráneo'. **2** (inf.) Estar excesivamente atareado: 'Este mes voy de cráneo con la mudanza del piso'.

□ CATÁLOGO

CAJA ósea, calavera, casco, TAPA de los sesos. ➤ ARCO superciliar, cornete, coronal, esfenoides, frontal, occipital, parietal, temporal, mastoides, SILLA turca. ➤ Peñasco. ➤ Comisura, sutura. ➤ Efracción. ➤ Braquicéfalo, dolicocéfalo, mesocéfalo. ➤ ÍNDICE cefálico. ➤ Cefalómetro. ➤ Trepanar. ➤ Hemicránea, pericráneo. ➤ *Cabeza.

craneoencefálico, -a adj. ANAT. Del cráneo y el encéfalo: 'Traumatismo craneoencefálico'.

craneología (de «cráneo» y «-logía») f. MED. *Tratado del cráneo.*

craneometría (de «cráneo» y «-metría») f. MED. *Estudio de las medidas del cráneo.*

craneopatía (de «cráneo» y «-patía») f. MED. *Enfermedad del cráneo.*

craneoscopia (de «cráneo» y «-scopia») f. MED. *Inspección de la superficie exterior del cráneo, pretendido medio de conocer las facultades *intelectuales de la persona a quien pertenece.*

cranequín m. *Cric o máquina de *elevar, que se usaba para armar la *ballesta.*

crápula (del lat. «crapŭla», del gr. «kraipálē») **1** (culto) f. Vida de *libertinaje o *vicio. **2** *Borrachera.* **3** m. Hombre de vida licenciosa.

crapuloso, -a (del lat. «crapulōsus») adj. Se aplica a la persona que lleva vida de libertino.

craquear (del ingl. «to crack») intr. Someter un hidrocarburo a la operación de craqueo.

craquelado (del fr. «craquelé») adj. *En cerámica, efecto de *cuarteado empleado como decorativo.*

craquelenque (del neerl. «krakelinc», galleta; ant.) m. *Cierto panecillo.*

craqueo m. Operación de manipular un hidrocarburo de molécula complicada, por ejemplo el petróleo, y transformarlo en otro de molécula más sencilla, como la *gasolina. En lenguaje técnico se usa también la palabra inglesa «cracking».

craqueté m. **Caracatey (ave).*

cras (del lat. «cras»; ant.) adv. **Mañana.*

crascitar (de «croscitar») intr. Emitir su voz el *cuervo. ≃ Graznar.

crasis **1** f. GRAM. **Contracción.* **2** GRAM. **Sinéresis.*

craso, -a (del lat. «crassus») **1** (cient. o culto) adj. Graso. **2** Aplicado solamente a «error, ignorancia» o palabras equivalentes, *grosero. ≃ Burdo.

crasuláceo, -a (del lat. medieval «crassŭla», dim. de «herba crassa», yerba crasa) adj. y n. f. BOT. *Se aplica a unas *plantas, generalmente herbáceas, de hojas carnosas, flores actinomorfas y frutos en cápsula, que crecen silvestres en los sitios menos favorables para otras plantas, como las grietas de las rocas y hasta de los tejados y paredes; como la uva de gato.* ⊙ f. pl. BOT. *Familia que forman.*

-crata Elemento sufijo del gr. «krátos», fuerza, dominio, que forma sustantivos de persona que incluyen la idea de «gobierno»: 'aristócrata, demócrata'.

cráter (del lat. «crater», del gr. «kratḗr», vasija) m. Boca de un *volcán.

crátera, o menos frec., **cratera** (del lat. «cratēra», del gr. «kratḗr», vasija) f. Nombre dado a ciertas *vasijas *griegas; la más corriente es como una copa con dos grandes asas, que salen de cerca del pie; otro tipo es de forma de ánfora de cuello ancho, con asas que rebasan del borde; se empleaban principalmente para mezclar el agua y el vino; las había también de mármol que se utilizarían posiblemente para decorar o como macetas, y de metal.

craticula (del lat. «craticŭla», reja pequeña) **1** f. *Ventanilla por donde se les da la *comunión a las monjas en los *conventos.* **2** ÓPT. *Dispositivo usado en espectroscopia para dispersar la luz, consistente fundamentalmente en una redecilla o enrejado formado, por ejemplo, con rayas finísimas hechas sobre una superficie pulimentada.*

crawl (ingl.; pronunc. «crol») m. DEP. Crol.

craza (¿de «caza», cazo para fundir metal, con influencia del cat. «cresol»?) f. **Crisol en que se funden el oro y la plata para hacer *monedas.*

crazada (de «craza») f. **Plata ya cendrada y dispuesta para ligarla.*

c...r...c Grupo onomatopéyico de significado semejante al de «c...s...c», que se da en palabras que designan el ruido que hacen las cosas quebradizas al romperse, esas mismas cosas, o acciones en que se produce ese ruido: 'carquiñol, corruco, crac, craquear, crocante, croqueta, croquis'. ⇒ Cresp-.

crea (del fr. «crée») f. *Nombre dado antiguamente a cierto *lienzo semifino.*

creación f. Acción de crear. ⊙ Cosa creada. ⊙ Específicamente, el *mundo, considerado como creación de Dios: 'Toda la creación'.

creacionismo **1** m. TEOL. *Doctrina que afirma que Dios creó el mundo de la nada e interviene directamente en la creación del alma humana en el momento de la concepción.* **2** BIOL. *Doctrina opuesta al evolucionismo, que defiende que las diferentes especies se han originado por* *actos particulares de creación.* **3** LITER. Movimiento poético vanguardista, surgido a comienzos del siglo xx, según el cual el poema no debe supeditarse a reflejar la naturaleza.

creacionista 1 adj. BIOL., LITER., TEOL. Del creacionismo. **2** adj. y n. BIOL., LITER., TEOL. Seguidor del creacionismo.

creado, -a Participio adjetivo de «crear». ⊙ Existente, por haber sido creado por Dios: 'Señor de todo lo creado'.

creador, -a 1 adj. y n. Se aplica al que [o lo que] crea. ⊙ (con mayúsc.) Por antonomasia, a *Dios. **2** Aplicado a personas, a su inteligencia, a su temperamento, etc., capaz de crear obras de arte, literarias o científicas originales.

creamiento (ant.) m. *Reparación o renovación.*

crear (del lat. «creāre») **1** tr. Hacer que empiece a existir una ↘cosa. ⊙ Particularmente, hacer Dios el ↘mundo. ⊙ Producir una ↘obra artística. ⊙ Iniciar una ↘empresa, una institución, etc. ⊙ Dar los medios económicos para establecerla: 'Él creó este hospital'. ⊙ Disponer la existencia de un ↘cargo, empleo, cuerpo de funcionarios, etc.: 'Crearon esa plaza para él. Una disposición por la que se crea el cuerpo de traductores...'. ⊙ Forjar, formar en la mente, imaginar. Más frec. con un pron. reflex.: 'Él se ha creado un mundo fantástico'. **2** *Referido a cargos eclesiásticos importantes, *elegir o designar:* 'Fue creado Papa [o cardenal]'. **3** Representar con arte muy personal un ↘personaje en el *teatro. Más frecuentemente, «hacer una creación». **4** (ant.) **Criar ↘niños, animales, etc.*

□ CATÁLOGO

Otra raíz, griega, «poe-»: 'poema, poesía, poeta'. ➤ Engendrar, establecer, dar existencia, fingir, forjar, formar, *fundar, idear, imaginar, *inventar, sacar de la NADA, *organizar, parir, plasmar, *producir, sacar, dar VIDA. ➤ Creación, génesis, hechura, parto. ➤ Hexamerón. ➤ Creatura, criatura, fruto, hechura, hijo, hijuela, obra, máquina, producto, proyecto. ➤ Autor, creador, hacedor, padre. ➤ Paternidad. ➤ Creatividad, imaginación, ingenio, inventiva. ➤ A su IMAGEN y semejanza. ➤ Increado, recrear. ➤ *Criar. *Hacer.

creatividad f. *Facultad de crear en general.* ⊙ Capacidad para realizar obras artísticas u otras cosas que requieren imaginación. ⇒ *Imaginar.

creativo, -a (ant.) adj. *Capaz de crear.* ⊙ Se aplica a las personas dotadas de creatividad, y a las cosas que la estimulan: 'Un trabajo creativo'. ⊙ n. Profesional encargado de idear campañas publicitarias.

creatura (del lat. «creatūra»; ant.) f. *Criatura.*

crébol (del cat. «crebol»; Ar.) m. **Acebo (planta aquifoliácea).*

crecal (del fr. «créquier», ciruelo) m. HERÁLD. **Candelabro de siete o más brazos.*

crecedero, -a 1 adj. *Capaz de crecer o hacerse más grande.* **2** Se aplica a la ropa de niño que se compra o se hace algo grande para que siga sirviéndole cuando crezca.

crecencia (del lat. «crescentĭa»; ant.) f. *Aumento.*

crecentar (del lat. «crescens, -entis»; ant.) tr. *Acrecentar.*

crecepelo (inf.) m. Producto que se utiliza para evitar la calvicie.

crecer (del lat. «crescĕre») **1** intr. Hacerse más grande, más intenso, más numeroso, etc.: 'La nube ha crecido de tamaño. Crece la intensidad del viento. Va creciendo el descontento. Los regadíos crecen rápidamente en extensión'. ≃ Aumentar. ⊙ Aplicado a personas, aumentar en importancia o valor: 'Con ese rasgo ha crecido a los ojos de todos'. ≃ *Ascender. ⊙ Experimentar crecimiento económico: 'La economía española ha crecido este año más de lo esperable.' ⊙ prnl. *Tomar alguien más *importancia.* ⊙ Engreírse o *envanecerse; creerse más importante después de conseguir algún éxito. ⊙ Tomar más ánimo o atrevimiento por algún motivo: 'Si queda bien esta vez, se crecerá. Si te ve acobardado, se crecerá'. ⇒ *Animarse, *envalentonarse. ➤ Recrecerse. ⊙ intr. Aumentar de tamaño o de estatura un ser orgánico: 'Este niño ha crecido mucho. El árbol ha crecido en anchura pero no en altura'. ≃ *Desarrollarse. ⊙ Aumentar un río de caudal o aumentar el caudal de un río. ⇒ *Crecida. ⊙ Subir la *marea. ⊙ Hacerse más grande la parte visible de la Luna: 'La Luna crece hasta hacerse luna llena'. **2** tr. Aumentar el número de ↘puntos en una labor de *punto de media o de ganchillo: 'Para dar la forma de la manga se crece un punto cada diez vueltas'. **3** *Aumentar de valor la *moneda.* **4** (ant.) *Aventajar.*

V. «ver crecer la HIERBA».

□ CATÁLOGO

Prefijo culto, «aux-»: 'auxología'. ➤ Acentuarse, acrecentarse, agigantarse, *agrandarse, alargarse, centuplicarse, cuadruplicarse, tomar CUERPO, cundir, *desarrollarse, desenvolverse, difundirse, dilatarse, duplicarse, elevarse, engordar, engrandecerse, engrosar, ensancharse, envaronar, espigarse, espumar, dar un ESTIRÓN, *extenderse, granar, hacerse, hincharse, hipertrofiarse, intensificarse, IR a más, medrar, multiplicarse, prevalecer, progresar, *prosperar, provecer, subir de PUNTO, quintuplicarse, reduplicarse, subir, triplicarse, tomar VUELO. ➤ Como la ESPUMA, como la mala HIERBA, lentamente, paulatinamente, progresivamente, rápidamente. ➤ Adiano, adulto, alto, bonillo, crecidito, crecido, desarrollado, espigado, ya GRANDECITO, buen MOZO, talludito, talludo. ➤ Crecencia, crecimiento, cremento, desarrollo, estirón, incremento, medra, multiplico, medranza, medro[s], subida. ➤ Pujante. ➤ Intususcepción, yuxtaposición. ➤ Vegetación. ➤ Ascendente, creciente. ➤ MÁS y más, cada VEZ más. ➤ La BOLA de nieve, enanismo, gigantismo. ➤ Acrecer, recrecer, sobrecrecer. ➤ *Aumentar. *Grande.

□ CONJUG. como «agradecer».

creces (de «crecer») **1** f. pl. *Aumento de volumen del *trigo u otra cosa semejante cuando se traspala de un sitio a otro.* **2** *Tanto más por fanega que tiene que devolver el agricultor que ha tomado trigo del silo en *préstamo.* **3** *Posibilidad de crecer o hacerse mayor una cosa; particularmente, tela que se deja reservada en las costuras de una prenda para poder agrandarla si es necesario*: 'A los niños hay que hacerles la ropa con creces'.

CON CRECES. Con *exceso. Más de lo necesario u obligado: 'Pagó con creces su deuda'. ⇒ *Ampliamente.

crecida (de «crecer») f. Aumento del caudal de una *corriente de agua. ≃ *Avenida. ⇒ Arroyada, arroyamiento, ejarbe, llena, riada, venida. ➤ Desbordarse, IR alto. ➤ *Desbordamiento. *Inundar.

crecidamente adv. *Con aumento o ventaja.*

crecidito, -a adj. Se aplica con tono de reconvención a un *niño o *muchacho que hace cosas que no son ya propias de su edad: 'Ya es crecidito y podía tener más conocimiento'. ≃ Talludito.

crecido, -a 1 Participio adjetivo de «crecer[se]»: 'El río baja crecido'. ⊙ Aplicado a un número, «elevado»: 'Una crecida proporción de enfermos se curan con la aplicación de esta nueva droga'. ⇒ *Mucho. **2** Ya considerablemente grande, en virtud de su crecimiento natural: 'Transplantamos los árboles ya crecidos'. ⊙ Se aplica particularmente a los *niños, pues «grande» se usa sólo en lenguaje familiar: 'Tiene dos hijos ya crecidos'. ⊙ A veces con el mismo significado de «crecidito»: 'Ya eres crecido para hacer esas cosas'. **3** *Engreído, envalentonado, envanecido o soberbio. **4** m. Cada aumento de un punto en una labor de *punto.

creciente **1** adj. Se aplica a lo que está creciendo. **2** f. **Levadura*. **3** *Crecida*. **4** m. HERÁLD. *Figura que representa la Luna en cuarto creciente, con las puntas hacia arriba.*

V. «AGUAS de creciente, CUARTO creciente, DIPTONGO creciente».

crecimiento m. Acción y efecto de crecer. ≃ Desarrollo. ⊙ Cantidad que ha crecido una cosa.

credencia (del lat. «credens, -entis», creyente) **1** f. Mesa o repisa que se pone inmediata al *altar para colocar en ella lo necesario para la celebración de la misa. **2** **Aparador donde se tenían las bebidas para el rey o señor.* **3** (ant.) *Carta credencial.*

credencial (de «credencia») **1** adj. *Destinado a acreditar algo.* **2** f. Documento que se entrega a un funcionario en que consta que ha sido nombrado para cierto *empleo, a fin de que se le dé posesión de él.

V. «CARTA[s] credencial[es]».

credenciero m. *Servidor que tenía a su cargo la credencia y hacía la salva antes de que bebiera el *rey o su señor.*

credibilidad f. Cualidad de creíble.

crediticio adj. De [o del] crédito público o privado.

crédito (del lat. «credĭtum») **1** («Conceder, Dar, Prestar, Merecer») m. Aceptación de algo como verdadero o como veraz: 'La noticia merece entero crédito. No doy crédito a nada de lo que dice ese hombre'. **2** («Tener crédito de») Atribución a cierta persona en la opinión general de la gente, de la cualidad buena que se expresa: 'Tiene crédito de hombre justo'. ⊙ Sin ninguna determinación, equivale a *prestigio o buena fama: 'Es un abogado de mucho crédito'. ⇒ Acreditar, desacreditar, descrédito. ⊙ («Tener») Particularmente, en el *comercio o los *negocios, fama de ser económicamente solvente: 'Un comerciante de crédito'. ⊙ Posibilidad, como consecuencia, de obtener dinero prestado o mercancías, sin pagarlas al contado: 'Tiene crédito para poder abrir un nuevo establecimiento'. ⊙ Este dinero: 'Crédito hipotecario'. ≃ Préstamo. ⇒ CUENTA abierta. ➤ Buena FIRMA. ➤ Solvente. ➤ *Confianza. ➤ Fiduciario. **3** («Tener un crédito a favor») Cantidad que alguien tiene derecho a cobrar como acreedor: 'Tengo por cobrar un crédito de ochenta mil pesetas'. ⇒ *Deuda. **4** (pl.) Lista donde figura el conjunto de personas que han intervenido en la realización de una obra: 'Los créditos de una película cinematográfica'. **5** Unidad que sirve para valorar un curso o asignatura para conseguir determinada titulación académica.

A CRÉDITO. Con referencia a la manera de *vender o comprar, fiado, sin pagar inmediatamente.

ABRIR UN CRÉDITO a favor de alguien. Autorizarle a cobrar, por ejemplo en un banco, hasta cierta cantidad.

V. «CARTA de crédito, CUENTA de crédito».

DAR A CRÉDITO. *Prestar dinero o suministrar mercancías sin más garantía que la confianza en la persona a quien se dan.

DAR CRÉDITO a algo. *Creerlo.

DE [O DIGNO DE] CRÉDITO. *Fidedigno.

V. «TARJETA de crédito».

credo (del lat. «credo», creo, primera palabra de la oración) **1** m. Creencias: 'Personas de cualquier credo religioso o político'. **2** Exposición condensada, que comienza con las palabras «creo en Dios Padre», instituida por los apóstoles, de los principales puntos de la fe cristiana, la cual repiten los cristianos a manera de *rezo. ≃ SÍMBOLO de los apóstoles, SÍMBOLO de la fe. ⇒ Incarnatus. ⊙ Parte de la *misa en que se dice el credo.

EN UN CREDO. Muy *deprisa, en muy poco tiempo.

crédulamente adv. Con credulidad.

credulidad f. Facilidad excesiva para *creer las cosas. ⊙ Cualidad de crédulo.

crédulo, -a (del lat. «credŭlus») adj. Se aplica a la persona que *cree lo que se le dice con excesiva facilidad.

creederas (inf.) f. *Con «buenas» o «malas», predisposición de alguien a creer lo que se le dice, o lo contrario.*

creedero, -a adj. *Creíble, verosímil.*

creedor, -a **1** adj. *Aplicable al que cree.* ⊙ *Crédulo.* **2** (ant.) n. **Acreedor.*

creencia (de «creer») **1** («Tener») f. *Idea que alguien tiene de que ocurre cierta cosa o de que algo es de cierta manera: 'Es creencia popular que el verterse la tinta trae mala suerte. Tenía la creencia de que allí había un tesoro enterrado'. **2** (pl.) Conjunto de nociones sobre una cosa trascendental, como *religión o *política, a que alguien presta asentimiento firme, considerándolas como verdades indudables. ≃ Convicciones, credo, *doctrina. ⊙ En sentido restringido, *religión positiva profesada por alguien. **3** (ant.) **Salva: prueba de la comida que había de ser servida a los reyes o señores, para asegurarse de que no estaba envenenada.* **4** (ant.) **Mensaje o embajada.*

creendero, -a (del lat. «credendus»; ant.) adj. *Recomendado o protegido de alguien.*

creer (del lat. «credĕre») **1** tr. Aceptar alguien como verdad una ↘cosa cuyo conocimiento no tiene por propia experiencia, sino que le es comunicado por otros: 'Lo creo porque lo dices tú'. Puede llevar un complemento con «por» o «sobre»: 'Le creí por [o sobre] su palabra'. ⊙ («en») intr. Tener fe religiosa en abstracto o sobre la cosa que se expresa: 'Hay que creer para salvarse. Creo en Dios Padre'. ⊙ («en») *Pensar que existe cierta cosa: 'Creo en la bondad humana'. ⊙ tr. *Esperar o temer que ocurrirá cierta cosa: 'Creo que vendrán esta noche. Creo que no hay remedio'. Esta clase de creencia puede expresarse con «ir», la preposición «a» y el infinitivo del verbo: 'Vas a pasar frío. Va a llevarse un chasco. Voy a encontrar la puerta cerrada'. ⊙ (inf.; con un pron. reflex.) Creer, con el significado de tener o aceptar algo como verdadero; particularmente, si en la creencia hay ingenuidad: 'Se cree todo lo que le dicen. Se creyó que le iban a dar la plaza a él'. **2** («en») intr. *Pensar que cierta cosa es buena o eficaz: 'Creo en la democracia. No creen en los potingues'. **3** tr. Creer de ↘algo o alguien que es cierta cosa que se expresa con un adjetivo o con un nombre: 'No le creo tan inteligente como dicen. Cree virtud lo que es comodidad. Creo deber mío advertírselo'. Puede expresarse lo mismo con una oración no atributiva, con un complemento con «de»: 'Creo de él que es sincero. Creo de mi deber advertírselo'. ≃ *Juzgar.

CREERSE ALGO [O ALGUIEN]. Estar alguien muy convencido de que es una persona importante.

A CREER... Construcción equivalente a «si se cree»: 'A creerle a él, allí no hay nadie inteligente'. ⇒ A.

DAR EN CREER. Creer infundadamente y con insistencia cierta cosa: 'Ha dado en creer que todos le engañan'. ⇒ *Aprensión.

HACER CREER. Hacer creer la *mentira que se expresa: 'Le hizo creer que era amigo de su hermano'. ⇒ *Colar. *Engañar. *Mentir.

V. «creer que todo el MONTE es orégano».

NO CREAS [CREA, etc.] (inf.). Frase enfática que suele añadirse a la afirmación de algo no evidente: 'Es más joven que yo, no creas. No crea usted, no es del todo tonto'.

NO CREAS [CREA, etc.] QUE NO (inf.). Frase enfática con que se reafirma algo que se dice: 'Al final conseguirá quedarse con todo, no creas que no'.

¿PERO TÚ [TE] CREES [USTED [SE] CREE, etc.] QUE...? (inf.). Pregunta con la que se busca en el interlocutor una respuesta o valoración negativas, a veces con indignación: '¿Pero tú crees que se va a darle lo que pide? ¿Pero usted se cree que está bien lo que han hecho con su cuñada?'. ⇒ *Indigno.

V. «creer a PIE juntillas, VER y creer».

¿QUÉ SE CREE [TE CREES, SE CREERÁ, HABRÁ CREÍDO, etc.]? (inf.). Interrogación exclamativa con que se comenta con *desprecio, *enfado o indignación una pretensión de alguien que se considera exagerada o abusiva. Generalmente, se designa el sujeto con una expresión despectiva: '¿Qué se habrá creído este tipo?' ⇒ *Indigno.

¡QUE TE CREES TÚ ESO! (inf. y algo achulado). Frase con que se busca desengañar a alguien de una creencia o esperanza. ⇒ *Incrédulo, *rehusar.

¿QUERRÁS [QUERRÁ, etc.] CREER QUE...? [o ¿QUIERES [QUIERE, etc.] CREER QUE...?] (inf.). Afirmación en forma de pregunta de algo que la persona a quien se dirige puede encontrar increíble: '¿Querrás creer que ha aprobado las oposiciones sin coger un solo libro? ¿Quieres creer que todavía no ha venido?'. ⇒ *Incrédulo.

¿TÚ CREES [USTED CREE, etc.] [QUE...]? Pregunta que entraña *duda de que la respuesta sea afirmativa: '¿Tú crees que con ese equipo se van a clasificar?'.

¡YA LO CREO [QUE...]! Exclamación frecuente con que se *asiente enérgicamente a algo: '¿Te gustaría ir a Sevilla? —¡Ya lo creo [que me gustaría]!'.

☐ CATÁLOGO

Admitir, dar ASENSO, dar CRÉDITO, dejarse ENGAÑAR, prestar FE, dar [o prestar] OÍDOS, tragarse la PÍLDORA, comulgar con RUEDAS de molino, tragarse. ➤ Entrever, figurarse, HACÉRSELE a uno, imaginarse, maliciarse, *PARECERLE a uno, *pensar, *sentir, TENER para sí, TENER por, dar [o conceder] VALOR. ➤ Admitido, ARTÍCULO de fe, convicción, credo, creencia, doctrina, dogma, evangelio, *religión. ➤ Asenso, crédito, fe. ➤ FE del carbonero. ➤ Credo, SÍMBOLO de los Apóstoles, SÍMBOLO de la fe. ➤ Fanatismo. ➤ Abandonar, abjurar, abrazar, adoptar, apartarse, apostatar, confesar, convertirse, disidir, profesar, protestar, renegar. ➤ Aprensión, escrúpulo. ➤ Superstición. ➤ Cándido, confiado, crédulo, creedor, incauto, infeliz, ingenuo, inocente, sin malicia, niño, papanatas, sin picardía, simple. ➤ Confitado. ➤ Certidumbre, convencimiento. ➤ Credulidad, creederas, tragaderas, BUENAS tragaderas. ➤ Tragantona. ➤ Creedero, creíble, fidedigno, plausible, *posible, *probable, verisímil, verosímil. ➤ Acérrimamente, inquebrantable, a macha MARTILLO, a PIE juntillas. ➤ Credibilidad. ➤ *Colar. ➤ No hacer CASO, poner en CUARENTENA, reírse, tomar a RISA, poner en SOLFA. ➤ ¿No IRÁS [IRÁ usted, IRÉIS, etc.] a...?, según PARECE. ➤ *Dudar. ➤ *Confiar. *Esperar. *Juzgar. *Opinión. *Persuadir. *Sospechar. *Suponer. *Verdad.

☐ CONJUG. como «leer».

crehuela f. *Crea más floja que la ordinaria.* ≃ Coleta.

creíble adj. Susceptible de ser creído sin dificultad. ≃ Aceptable, posible, *verosímil.

creíblemente adv. *Probablemente.*

creído, -a 1 Participio de «creer». **2** («Ser») adj. Muy convencido de su propio valor o superioridad. ≃ *Engreído, presumido, vanidoso. **3** («Estar») Confiado en obtener o en que ocurra cierta cosa que desea; se emplea especialmente cuando el que habla considera vana esa confianza. ≃ Confiado, confitado.

crema[1] (del fr. «crème») **1** f. Parte grasa de la *leche. ≃ Nata. ⊙ Se emplea, generalmente en aposición a «*color», aplicado al blanco un poco amarillento. ⇒ *Ocre. **2** *Plato dulce hecho con leche y huevos. ⊙ CREMA pastelera: 'Una bamba de crema'. **3** Sustancia *pastosa que, con diversos fines, se aplica en alguna parte del cuerpo; por ejemplo, la que se utiliza para suavizar el cutis. ⇒ *Cosmético. **4** La que se usa para proteger y dar brillo al calzado. **5** Especie de puré que se hace con algunos alimentos: 'Crema de calabacines [o de langosta]'. **6** Licor muy espeso: 'Crema de café [o de whisky]'. **7** («La») Se aplica a alguna cosa que es lo más *selecto en su especie. ⊙ («La») Particularmente, al conjunto de las personas más distinguidas de un sitio. A veces, humorísticamente: 'La crema de la intelectualidad'. ≃ La FLOR y nata.

CREMA CATALANA. Especie de natillas muy espesas con azúcar quemado por encima.

C. PASTELERA. Crema con que se rellenan ordinariamente los *pasteles, hecha con harina y huevo en más o menos cantidad, o, en su lugar, algún preparado comercial de los que lo sustituyen, y *leche.

crema[2] (del gr. «trêma», con probable influencia de «crema[1]») f. Diéresis: signo (¨) que se coloca, por ejemplo, encima de la «u» de las sílabas «gue, gui» cuando debe pronunciarse.

cremá f. Quema de las fallas en Valencia.

cremación (del lat. «crematĭo, -ōnis») f. Acción de quemar un *cadáver. ≃ Incineración. ⊙ También, operación de quemar las *basuras.

cremallera (del fr. «crémaillère») **1** f. Barra metálica con dientes que, *engranando con una rueda dentada, forma un sistema que sirve para transformar el movimiento circular en rectilíneo o viceversa. ⊙ En los *relojes, pieza con grupos de dientes que regula los golpes de la campana. **2** *Cierre para vestidos y otros objetos de tela, lona, cuero, etc., que consiste en dos filas de dientes insertos en dos cintas de modo que el conjunto resulta flexible, que, por la presión de una corredera que se desliza abrazando los de ambas filas, quedan intercalados a presión unos en otros y vuelven a separarse por la acción de la misma corredera movida en sentido inverso. ⇒ Cierre, CIERRE eclair, CIERRE relámpago, ziper. **3** Dispositivo que permite a un tren superar fuertes pendientes, que consiste en un raíl dentado sobre el que engrana un piñón dispuesto en la locomotora.

ECHAR LA CREMALLERA (inf.). Dejar de hablar.

crematística (del gr. «chrēmatistikḗ»; form.) f. ECON. Conjunto de conocimientos relacionados con el manejo del capital. ≃ *ECONOMÍA política. ⊙ (hum.) Asuntos relacionados con el *dinero.

crematístico, -a (form.) adj. Del dinero o de la crematística. ⊙ Se emplea también humorísticamente.

crematorio, -a (del lat. «cremātus», quemado) **1** adj. De [la] cremación. **2** m. Lugar donde se queman los cadáveres. ⊙ También, lugar donde se queman las *basuras.

V. «HORNO crematorio».

cremento (del lat. «crementum»; ant.) m. *Incremento.*

cremesín o **cremesino, -a** (ant.) adj. **Carmesí.*

cremómetro (de «crema[1]» y «-metro») m. *Utensilio con que se mide la cantidad de manteca de la *leche.*

cremona f. Dispositivo para *cerrar puertas o ventanas formado por dos varillas que encajan en piezas adecuadas colocadas en la parte superior e inferior del marco; las varillas se accionan simultáneamente con una manivela. ≃ Españoleta.

crémor (del lat. «cremor, -ōris») m. Nombre comercial del tartrato ácido de potasio, que se encuentra en la uva y otros frutos y se emplea en tintorería, como *purgante, etc. ≃ Crémor tártaro.

cremoso, -a 1 adj. Que tiene mucha crema. **2** Con aspecto de crema por su consistencia.

crencha (de «crenchar») **1** f. *Raya del pelo. **2** Cada una de las dos porciones en que queda partido el *pelo por la raya.

crenchar tr. *Hacer raya en el pelo.*

creolina f. FARM. *Preparación desodorante y desinfectante, de creosota de hulla y jabones resinosos.*

creosota (del fr. «créosote», del gr. «kréas», carne, y «sṓzein», preservar, salvar) f. Sustancia cáustica, de aspecto aceitoso, que se extrae del alquitrán y sirve para preservar de la *putrefacción la carne, la madera, etc., y para otros usos.

creosotar tr. *Impregnar de creosota.*

crep (del fr. «crêpe») m. Cierto caucho rugoso empleado para *suelas de calzado. ≃ Crepé. ⊙ También se emplea en vez de la palabra española «crespón», particularmente cuando se trata de telas no de seda, o en expresiones con la segunda parte francesa o castellanizada: 'crep georgette, crep marrocain, crep satén'.

crepe (del fr. «crêpe»; pronunc. gralm. [crep]) f. Tortita muy delgada, hecha de harina, leche y huevos, que suele servirse doblada y con un relleno dulce o salado. ⇒ *Torta.

crepé 1 m. Crep de *suela de calzado. **2** Relleno o postizo para el *peinado consistente en una masa de pelo o crin muy rizado.

V. «LIGAMENTO de crepé».

crepería f. Establecimiento donde se hacen y sirven crepes.

crepineta f. *Nombre dado a ciertos pastelillos de carne en que suele entrar algo de hígado y trufas, que se envuelven para asarlos o freírlos en trozos de la telilla del vientre de una res.* ⇒ Fardel.

crepitación 1 f. Acción de crepitar. **2** MED. *Ruido producido por la fricción de las dos partes de un *hueso fracturado.* **3** MED. *Cierto ruido producido a veces en los pulmones al *respirar.*

crepitante adj. Se aplica a lo que crepita.

crepitar (del lat. «crepitāre») intr. Producir chasquidos repetidos, como hacen, por ejemplo, algunas cosas al arder. ⇒ Decrepitar. ➤ *Chascar.

crepón (Ar.) m. **Rabadilla de las aves.*

crepuscular adj. De [o del] crepúsculo.

crepúsculo (del lat. «crepuscŭlum») **1** m. Claridad que precede a la salida del Sol y atenuación de la luz que sigue inmediatamente a su puesta. ⊙ Si no se especifica, se entiende el de la tarde. ⊙ Tiempo durante el cual ocurre. **2** (lit.) Estado de una cosa o una persona que camina a su desaparición o ruina o que está ya en periodo de descenso de su valor, vigor o energías. ≃ Decadencia, declinación.

CREPÚSCULO MATUTINO. *Amanecer.

C. VESPERTINO. *Atardecer.

□ CATÁLOGO

Lubricán, entre dos LUCES. ➤ Crepuscular, matutino, vespertino. ➤ Alba, albor, amanecer, amanecida, aurora, madrugada, orto, sojorno. ➤ Aclarar, alborear, alborecer, apuntar, clarecer, despuntar, hacerse de DÍA, amanecer DIOS, esclarecer, rayar, romper. ➤ Antes del DÍA, a primera LUZ, muy de MAÑANA. ➤ Anochecer, anochecida, atardecer, atardecida, CAÍDA de la tarde, entrelubricán, la fresca. ➤ Anochecer, atardecer, lobreguecer, hacerse de NOCHE, oscurecer, tramontar, transmontar, trasmontar. ➤ Ángelus, avemaría, maitines, vísperas.

crequeté (Cuba) m. **Caracatey (ave).*

cresa (de «queresa») **1** f. ZOOL. Conjunto de *huevos puestos por la abeja reina. ⊙ ZOOL. Montón de huevecillos depositados por los *insectos. ⊙ ZOOL. Particularmente, por las *moscas en la carne. ⇒ Queresa. ➤ Landrilla, lita, moscarda, saltón. **2** ZOOL. *Larva de ciertos dípteros, que se alimenta de materias orgánicas en descomposición.

crescendo (it; pronunc. gralm. [creshéndo]) m. MÚS. Anotación en la partitura que indica que debe ir aumentándose gradualmente la intensidad del sonido. ⊙ MÚS. Pasaje musical que se ejecuta de este modo.

IN CRESCENDO. Aumentando progresivamente.

creso (de «Creso», rey de Lidia célebre por sus riquezas; n. calif.) m. Hombre muy *rico.

crespa (de «crespo»; ant.) f. *Melena o *cabellera.*

crespar (del lat. «crispāre»; ant.) tr. *Encrespar o rizar.*

cresparse (ant.) prnl. *Irritarse.* ≃ Crisparse.

crespilla (de «crespo») f. **Colmenilla (hongo).*

crespillo (de «crespo»; Hond.) m. **Clemátide (planta ranunculácea).*

crespín (de «crespo») m. *Cierto *adorno usado antiguamente por las mujeres.*

crespina (de «crespa», melena) f. *Cofia o *redecilla que usaban antiguamente las mujeres para recogerse el *pelo y como *adorno de la cabeza.*

crespo, -a (del lat. «crispus») **1** adj. Se aplica al *pelo muy rizado y hueco; como el de los negros. También a otras cosas de aspecto arrugado, como las hojas de las plantas atacadas de alguna enfermedad. ⇒ Encrespar. **2** *Aplicado al lenguaje o estilo, retorcido o complicado.* **3** *Aplicado a personas, irritado o *colérico.* **4** m. *Rizo de *pelo.*

crespón (de «crespo») **1** m. *Tela de seda que resulta granulosa por tener la urdimbre muy retorcida. ⇒ Crep. **2** Tira de tela negra que se lleva en el traje, se coloca en la bandera, etc., en señal de duelo.

cresta (del lat. «crista») **1** f. *Carnosidad que forma un apéndice rojo sobre la cabeza de algunas aves, como el gallo o el pavo. ⇒ Cenca. **2** Por extensión, cualquier apéndice de pelo o plumas que tiene un animal en ese mismo sitio. **3** **Tupé.* ⊙ Mechón de pelo levantado, particularmente el que caracteriza el peinado de algunos grupos urbanos juveniles. **4** (ant.) *Crestón de *celada.* **5** Conjunto de picos o peñascos que forman la *cima de un monte recortándose sobre el cielo. **6** Cima espumosa de las *olas.

CRESTA DE LA EXPLANADA. FORT. *Parte más alta de la explanada, que forma el parapeto del camino cubierto.*

C. DE GALLO. **Gallocresta (planta escrofulariácea).*

DAR a alguien EN LA CRESTA. *Humillarle o desengañarle cuando él se envanece o cobra excesivo atrevimiento. ⇒ *Escaldar.

EN LA CRESTA DE LA OLA. En el momento de mayor apogeo: 'Es un cantante que se encuentra en la cresta de la ola'.

crestado, -a adj. Que tiene cresta.

crestería (de «cresta») **1** f. ARQ. Coronamiento de almenas. ⊙ ARQ. *Remate calado que corona la parte superior de los edificios, a lo largo de la cornisa o del caballete del tejado. ⊙ ARQ. Particularmente, en el estilo *gótico. **2** FORT. *Conjunto de las obras de defensa superiores.*

crestomatía (del gr. «chrēstomátheia», tratado de cosas útiles) f. *Colección de trozos literarios selectos, hecha para la enseñanza. ≃ Antología.

crestón (aum. de «cresta») **1** m. *Parte de la *celada que sobresale en forma de cresta, en la cual se ponen las plumas.* **2** MINER. *Parte de un filón o una roca que asoma por encima de la superficie del terreno.* ≃ Afloramiento.

crestudo, -a 1 adj. *Que tiene mucha cresta.* **2** *Arrogante, soberbio.*

creta (del lat. «creta», greda) f. Variedad de *caliza de grano muy fino, de aspecto terroso, muy absorbente. ≃ Greda.

cretáceo, -a adj. *De Creta.* ⊙ adj. y n. m. GEOL. Cretácico.

cretácico, -a adj. y n. m. GEOL. Se aplica al tercer y último periodo de la era mesozoica, y a sus cosas.

cretense adj. y, aplicado a personas, también n. De la isla de Creta.

crético (del lat. «Cretĭcus») m. MÉTR. *Anfímacro (*pie de la poesía clásica).*

cretinismo (de «cretino») **1** m. MED. Enfermedad debida a la falta o insuficiencia de la glándula tiroides, que provoca deficiencia mental y física. **2** Estupidez, falta de talento.

cretino, -a (del fr. «crétin») **1** adj. y n. MED. Que padece cretinismo. **2** (inf.) Estúpido o majadero: 'Ese escritor es un cretino'. ⇒ *Tonto.

cretona (del fr. «cretonne», de «Creton», lugar donde se fabricaba esta tela) f. Tela de algodón fuerte, con dibujos estampados, que se usa para cortinas, tapicería, etc.

creyente adj. y n. Se aplica a la persona que tiene determinada fe religiosa. ⊙ m. pl. Fieles: adeptos a la religión *católica.

crezneja f. **Trenza de pelo o soga.* ≃ Crizneja.

cría 1 f. Actividad de criar animales: 'La cría del conejo'. **2** *Animal recién nacido o salido del huevo. ⇒ *Criar. **3** Conjunto de los animales nacidos de una vez, mientras están en el nido o en la camada. ⇒ *Criar.

criadero 1 m. Lugar acondicionado para explotar ciertos animales que se *crían en él naturalmente. **2** Lugar donde se crían *plantas, particularmente árboles, desde que se trasplantan del semillero hasta que se llevan a su lugar definitivo. ≃ *Plantel. **3** MINER. Depósito de un mineral explotable, en el interior de la roca. ≃ Yacimiento, *mina. ⊙ MINER. Depósito de materiales de origen orgánico, susceptibles de explotación, que se encuentran en un terreno.

criadilla 1 (gralm. pl.) f. *Testículo de las reses descuartizadas para el consumo. ≃ Escritilla, turma. ⇒ *Carne. **2** CRIADILLA de tierra. **3** **Patata (tubérculo).* **4** *Se aplicaba antiguamente este nombre a un *panecillo de forma parecida a las criadillas del carnero.*

CRIADILLA DE MAR. Nombre aplicado a ciertos *pólipos alcionarios de forma globosa.

C. DE TIERRA (*Terfezia arenaria* y otras especies del mismo género). *Hongo ascomiceto comestible de forma redondeada, negruzco por fuera y blanco o pardo por dentro, que se cría bajo tierra y se emplea como *condimento. ≃ TURMA de tierra. ⇒ Trufa.

criado, -a 1 Participio de «criar[se]». **2** (ant.) n. *Con respecto a una persona, otra que ha sido criada y educada por ella.* **3** (ant.) *Persona que vive bajo la tutela y protección de un *señor.* ≃ Cliente. **4** Persona que sirve en una casa, recibiendo un salario y la manutención. El término «criada» es cada vez menos usado en las ciudades, siendo sustituido por «chica» o «*muchacha». ⇒ Asistenta, chacha, EMPLEADA de hogar. **5** adj. Con «bien» o «mal», bien o mal educado: 'Sus hijos están muy mal criados'.

SALIRLE a alguien LA CRIADA RESPONDONA. Verse increpado o confundido por alguien a quien se considera en situación de inferioridad.

criador, -a 1 adj. Aplicable al que cría o al que alimenta. **2** n. Persona que se dedica a criar ciertos animales: 'Criador de caballos'. **3** (con mayúsc.) m. **Dios.* ≃ Creador. **4** n. Persona que se dedica a elaborar *vinos.

criamiento 1 (ant.) m. *Creación.* **2** *Renovación y conservación de alguna cosa.*

criandera (Hispam.) f. **AMA de cría.*

crianza 1 f. Acción de criar. ⊙ Particularmente, conjunto de cuidados a los que se somete un vino después de su fermentación. **2** Con «buena» o «mala», buena o mala educación.

V. «PALABRAS de buena crianza».

criar (del lat. «creāre») **1** tr. *Alimentar las hembras de los animales mamíferos a las ↘crías con su leche. ≃ Amamantar. **2** Cuidar material o moralmente el crecimiento de un ↘*niño: 'Ella tiene bastante con criar a sus hijos'. ⊙ (con una especificación de modo, lugar, etc.) prnl. Estar siendo criado. 'Se cría muy robusto'. **3** tr. *Cultivar o plantar y *cuidar ↘plantas. ⊙ Hacer que se *reproduzcan los ↘animales y alimentarlos y cuidarlos. **4** Servir de *alimento o de alimento y soporte a ↘animales o plantas: 'Los perros crían pulgas. La lana cría polilla. Esta tierra cría mucha hierba'. ⊙ prnl. Nacer y desarrollarse en el medio que se expresa: 'Los helechos se crían en lugares húmedos'. **5** *Producir un organismo ↘algo que nace y crece en él y forma parte de él; como pelo o plumas. ≃ Echar. **6** intr. Tener crías las hembras de los *animales: 'La gata ha criado cuatro veces. Cuando críen los periquitos te regalaré una cría'. ≃ *Procrear. **7** tr. Someter el ↘*vino a los cuidados necesarios después de la fermentación tumultuosa. **8** *Hacer que empiece a existir una ↘cosa.* ≃ *Crear.

V. «cría CUERVOS, DIOS los cría y ellos se juntan, criar en ESTUFA, estar criando MALVAS, no [dejar] criar MOHO, criar a sus PECHOS, cuando la RANA críe pelo».

□ CATÁLOGO

*Alimentar, amamantar, atetar, *cebar, hacer las ENTRAÑAS, incubar, lactar, dar de MAMAR, *mantener, SACAR adelante, sostener, sustentar, DAR [la] teta. ➤ Echar, *producir. ➤ Almo. ➤ *AMA [de cría]. ➤ *Biberón. ➤ Calostro, pelo. ➤ Desahijar, desmadrar, *destetar. ➤ Abandonar, aborrecer, aburrir. ➤ Acuario, cetario, criadero, ostrero, vivar, vivero. ➤ Cachillada, *camada, cría, lechigada, parvada, *pollada, ventregada. ➤ Incubadora. ➤ -ato, -ezno. ➤ Cachorro, cría, guacho, mamantón, rastra. ➤ V. para los nombres particulares de las crías de los distintos animales, los nombres de éstos. ➤ De leche. ➤ CUENTA de leche. ➤ *Almáciga, chirpia, chirpial, hoya, injertera, *plantación, plantario, *plantel, plantío, sementera, semillero, seminario, viveral, vivero. ➤ Hidroponía. ➤ Cuidar, *cultivar. ➤ Crecer, darse. ➤ Descriarse, increado, malcriado, recriar. ➤ *Animal. *Crear. *Educar.

□ CONJUG. como «desviar».

criatura (del lat. «creatūra») **1** f. Con relación a *Dios, cualquier cosa creada. ⊙ Particularmente, los seres animados. ⊙ Ser fantástico. **2** (inf.) *Niño pequeño. ⊙ También, considerado en el seno de la madre. **3** *Con respecto a una persona, otra que le debe su *empleo o situación.* ≃ Hechura.

COMO UNA CRIATURA. Con *llorar u otro verbo con el que forme sentido, «ingenuamente» o «infantilmente»: 'Lloraba como una criatura. Habla como una criatura'.

¡CRIATURA [DE DIOS]! Exclamación dirigida frecuentemente a personas de cualquier edad, con susto al verlas en trance de sufrir algún percance o como protesta por algo que dicen o hacen y que se encuentra poco *razonable.

ESTAR HECHO UNA CRIATURA (inf.). *Estar joven de aspecto, etc., una persona que no lo es.*

SER UNA CRIATURA. **1** Ser una *persona todavía muy joven para la cosa de que se trata: 'Se quiere casar; pero es una criatura'. **2** (laudatorio o afectuoso) Tener cualidades de niño.

NO SEAS CRIATURA. Expresión con que se intenta *disuadir a alguien de una acción, idea, etc., *ingenua o poco *razonable.

criazón (del lat. «creatĭo, -ōnis»; ant.) f. **Familia (personas de la casa, o criados).*

criba (de «cribo») **1** f. Utensilio consistente en un aro más o menos profundo, al que va sujeto por uno de los bordes un fondo de tela metálica o de un material agujereado, que sirve para separar granos o partículas de distinto grosor o *separar lo útil de una sustancia de lo que es desperdicio. ≃ Cernedor, harnero, tamiz. ⊙ Aparato mecánico para el mismo objeto; por ejemplo, el empleado para *minerales. **2** Se emplea como nombre calificativo o como término de comparación para una cosa que tiene muchos *agujeros: 'Ese sombrero está hecho una criba'. **3** (inf.) Selección rigurosa que se realiza a partir de un conjunto muy numeroso de personas o cosas.

□ CATÁLOGO

Arel, cándara, cedazo, cernedera, cernedero, cernedor, cernidero, criba, cribador, garbillo, graneador, harnero, jibe, juera, manare, maritata, peñera, porgadero, rompedera, tambor, tamiz, torno, triguera, triguero, vano, zaranda, zarandillo. ➤ Abañar, acribar, ahechar, albainar, arelar, asemillar, azarandar, cerner, cernir, cribar, desgranzar, despajar, florear, garbillar, harnear, jorcar, peñerar, porgar, tamizar, zarandar, zarandear. ➤ Cernera, varillas. ➤ Ahechaduras, barcia, echaduras, garbillo, *granzas, granzón, harija, hormigo, povisa, rabera, rabo, triguillo. ➤ *Colar. *Filtrar. *Limpiar. *Puro. *Separar.

cribado, -a 1 Participio adjetivo de «cribar». **2** Acción de cribar.

cribador adj. y n. *Aplicable al que criba o a lo que sirve para cribar.*

cribar (del lat. «cribrāre») **1** tr. Pasar una ↘cosa por la *criba para separar de ella lo que interesa separar. ⊙ Particularmente, para separar el grano de la paja en la *recolección, o para limpiar los *minerales. **2** Limpiar una ↘cosa no material de impurezas o cosas no estimables. ≃ Cerner. **3** Hacer una selección de un conjunto muy numeroso de ↘personas o cosas.

cribelo (del lat. «cribellum», criba pequeña) m. ZOOL. *Órgano que tienen las *arañas en el abdomen, con el que producen la seda.* ≃ Hilera.

cribete (¿del lat. «grabatus» o «crebbatum»?) m. *Especie de camastro.*

cribo (del lat. «cribrum») m. *Criba.*

cric (de or. expresivo) m. Instrumento consistente fundamentalmente en una rueda dentada y una cremallera, que se emplea para *levantar grandes pesos; por ejemplo, un coche para cambiarle una rueda. ≃ Gato.

crica (de or. expresivo) f. *Parte externa del cuerpo de la *mujer, inmediata a los órganos sexuales.*

cricket (ingl.) m. Críquet.

cricoides (del gr. «kríkos», anillo, y «-oides») adj. y n. m. ANAT. *Se aplica al *cartílago anular inferior de la laringe de los mamíferos.*

crida (de «cridar»; ant) f. **Pregón.*

cridar (del lat. «quiritāre»; ant) intr. **Gritar.*

crimen (del lat «crimen») **1** m. *Delito muy grave, consistente en matar, herir o causar grandes daños a alguien. ⇒ Asesinato, atentado, conyugicidio, deicidio, *DELITO de sangre, feticidio, fratricidio, homicidio, matricidio, ofensa, parricidio, uxoricidio. ➤ *CIRCUNSTANCIA agravante [o atenuante]. ➤ Asesino, criminal, criminoso, destripador, estrangulador, nefario, sacamantecas, vulnerario. ➤ Nato. ➤ MANOS limpias de sangre. ➤ *Delito. *Matar. ➤ Criminología. **2** Hiperbólicamente, delito o falta que se considera muy grave. ⊙ (inf.) Cualquier cosa que el que habla considera mal hecha o lamentable: 'Ese cuadro es un crimen. Es un crimen cortar ese árbol'. ⇒ *Disparate, *lástima, *mamarracho.

CRIMEN DE LESA MAJESTAD. Delito de lesa majestad: atentado contra la vida de un soberano.

criminación f. *Acción de criminar.*

criminal 1 adj. De [o del] crimen. ⊙ Constitutivo de crimen: 'Un hecho criminal'. ≃ Criminoso. **2** Relacionado con los *delitos y su castigo: 'Causa [código, pleito] criminal'. ≃ Penal. **3** adj. y n. Se aplica a la persona que ha cometido un *crimen.

criminalidad f. Cualidad de criminal. ⊙ Grado en que un hecho es criminal. ⊙ Fenómeno de existir crímenes. ⊙ Estadística de los crímenes cometidos en cierto país, cierto periodo, etc.

criminalista n. Tratadista de derecho penal. ≃ Penalista. ⊙ Abogado que se dedica a las causas criminales.

criminalmente 1 adv. De manera criminal. **2** Por procedimiento judicial criminal.

criminar (del lat. «crimināre») tr. *Inculpar, *acusar o censurar a ↘alguien.*

criminología (del lat. «crimen, -ĭnis» y «-logía») f. Ciencia que se ocupa del estudio del delito.

criminológico, -a adj. De la criminología.

criminólogo, -a n. Especialista en criminología.

criminosamente (ant.) adv. *Criminalmente.*

criminoso, -a (del lat. «criminōsus») **1** adj. Criminal. **2** n. *Criminal (persona).*

crimno (del gr. «krîmnon») m. *Harina gruesa de trigo y espelta (especie de trigo basto) con que en algunos sitios hacen las *gachas.*

crin (del lat. «crīnis») **1** (sing. o pl.) f. Conjunto de *pelos largos que tienen algunos animales, particularmente el *caballo, sobre el cuello. ⇒ Clin, coma, gatillo, melena, tusa. ➤ Jaez, valona. ⊙ Uno de esos pelos. **2** CRIN vegetal.

CRIN VEGETAL. Fibras de esparto o de ciertas algas y musgos que, convenientemente preparadas, se emplean para *relleno de colchones y en tapicería.

crinado (del lat. «crinātus»; lit.) adj. *De largos cabellos.*

crinar (de «crin») tr. **Peinar.*

crinera f. *Parte del cuello de las *caballerías donde nace la crin.*

crinito, -a (del lat. «crinītus») adj. *Crinado.*
V. «COMETA crinito».

crinoideo adj. y n. m. ZOOL. *Se aplica a los *equinodermos con el disco en forma de cono invertido y los brazos con prolongaciones laterales como barbas de pluma, que viven generalmente adheridos al fondo del mar; como* *el lirio de mar, los pentacrinos y otras formas análogas.* ⊙ m. pl. ZOOL. *Clase que forman.*

crinolina (del fr. «crinoline») **1** f. *Tela clara y rígida hecha de crin, o hecha de otra fibra y engomada, empleada para armar. ⇒ Linón. **2** *Falda hecha de esa tela, que se empleaba debajo de la del vestido para mantenerla hueca.

crinología (del gr. «krínō», secretar, y «-logía») f. MED. *Estudio de las glándulas y sus secreciones.* ⇒ Endocrinología.

crio- Elemento prefijo del gr. «krýos», frío, usado en términos científicos: 'criómetro, crioscopia, crioterapia'.

crío, -a (de «criar») **1** (inf.) n. *Niño. **2** adj. y n. Se usa en algunas frases que expresan que alguien tiene carácter infantil por lo ingenuo o lo alegre. ⊙ O que es muy joven o demasiado joven: '¿Pero cómo se va a casar si es una cría?'.

criollismo 1 m. Cualidad de criollo. **2** Tendencia a exaltar lo criollo.

criollo, -a (del port. «crioulo», de «criar») **1** adj. y n. *Se aplica al hijo de padres *europeos nacido en cualquier parte del mundo que no sea Europa.* **2** Corrientemente se aplica a los hispanoamericanos nacidos o descendientes de padres españoles, y a las cosas de Hispanoamérica. ⇒ Chichito. ➤ Papiamento. ➤ Acriollarse. **3** **Negro nacido en América, a diferencia del que ha ido allí de su país de origen.* **4** adj. Se aplica al idioma mezclado de base europea surgido como instrumento de comunicación con los indígenas de las colonias.

criómetro (de «crio-» y «-metro») m. FÍS. **Termómetro especial destinado a la medición de temperaturas muy bajas.*

crioscopia (de «crio-» y «-scopia») f. QUÍM. *Método para determinar el *peso atómico de una sustancia basado en la observación del descenso del punto de congelación de otra en la cual se disuelve.*

crioterapia (de «crio-» y «-terapia») f. MED. *Medio curativo basado en el empleo de bajas temperaturas.*

cripta (del lat. «crypta», del gr. «krýptē») **1** f. *Cueva o lugar subterráneo en que se enterraba a los muertos. ⇒ Bóveda. ➤ *Cementerio, *sepultura. **2** Parte subterránea en donde se celebra culto, en una *iglesia. **3** ANAT. **Cavidad en el parénquima de un órgano*: 'Una cripta amigdalina'.

críptico, -a (del gr. «kryptikós», oculto) **1** adj. De [la] criptografía. **2** Oscuro, misterioso.

cripto- Elemento prefijo del gr. «kryptós», oculto: 'criptograma'.

criptoanálisis (de «cripto-» y «análisis») m. *Técnica de descifrar criptogramas.*

criptogamicida adj. y n. m. *Se aplica a las sustancias aptas para destruir las plantas criptógamas.*

criptógamo, -a (de «cripto-» y «-gamo») adj. y n. f. BOT. Se aplicaba, en la clasificación clásica de las plantas, a un tipo de los dos que abarcaban todas las existentes («criptógamas» y «fanerógamas»), que comprendía todas las carentes de flor; se dividía en «algas» y «hongos». ⇒ Arquegoniada, *embriofita. ➤ Acotiledóneo, *alga, azoláceo, *bacteria, briofito, diatomea, equisetáceo, equisetíneo, equiseto, helecho, hidropteríneo, hongo, licopodiáceo [o licopodíneo], licopodio, liquen, muscínea, musco, musgo, pteridofita, talasofita, *talofita. ➤ Moho, rumiaco, verdín. ➤ Anteridio, anterozoide.

criptografía (de «cripto-» y «-grafía») f. *Escritura cifrada. ⇒ Poligrafía.

criptográfico, -a adj. Escrito en clave.

criptograma m. Texto escrito en clave.

criptón (del gr. «kryptós», oculto) m. *Elemento gaseoso, n.º atómico 36, existente en el *aire. Símb.: «Kr».

criptónimo (de «cripto-» y «-ónimo») m. Nombre propio de persona escrito sólo con las iniciales. ⇒ *Abreviatura, *sigla.

criptorquidia (de «cripto-» y el gr. «órchis, -idos», testículo) f. MED. *Anormalidad consistente en la retención de uno o ambos *testículos en el abdomen sin descender al escroto.* ⇒ Ciclán [o chiclán], rencoso.

críquet (del ingl. «cricket») m. Juego de *pelota inglés que se juega en campo de hierba por dos equipos de once jugadores. Cada jugador defiende de las embestidas del contrario un rastrillo formado por tres palos verticales que sostienen un montante desmontable, a la vez que trata de derribar con la pelota, a la que se golpea con una pala, el montante del rastrillo contrario. ≃ Cricket.

cris m. *Cierta *arma blanca, usada en Filipinas.*

crisálida (del gr. «chrysallís, -idos», crisálida, de «chrysós», oro, por el color dorado de muchos de estos insectos) **1** f. ZOOL. *Insecto en la fase de su metamorfosis en que ha dejado el estado de larva y se dispone, generalmente dentro de un capullo, a tomar su forma perfecta. ≃ Ninfa. **2** ZOOL. Ese capullo. ≃ Pupa.

crisantema f. *Crisantemo.*

crisantemo (del lat. «chrysanthĕmum»; *Chrysanthemum coronarium* —el silvestre—) m. *Planta compuesta originaria de China, que da en otoño flores grandes y vistosas, blancas, rosadas o moradas, de pétalos alargados, muy numerosos, apiñados en forma semejante a una borla; por la época en que se producen, son las flores con que principalmente se adornan las *sepulturas en el día de ánimas o de difuntos. El silvestre se llama también «pajitos» y «santimonia».

crisis (del lat. «crisis», del gr. «krisís») **1** («Hacer, Estar en, Pasar [por] una») f. Momento en que se produce un *cambio muy marcado en algo; por ejemplo, en una *enfermedad o en la naturaleza o la *vida de una persona. **2** («Haber») Situación *política de un país cuando ha dimitido un gobierno, y todavía no se ha nombrado otro, o del gobierno cuando ha dimitido alguno de sus miembros. **3** En lenguaje corriente, cambio total o parcial de un *gobierno. **4** («Estar en, Haber [una], Pasar por una») Situación momentáneamente mala o *difícil de una persona, una empresa, un asunto, etc.: 'Crisis de crecimiento [nerviosa, económica, de producción de acero]'. ≃ Dificultad. ⊙ Mala situación económica. **5** **Juicio formado sobre una cosa después de examinarla cuidadosamente.*

crisma[1] (del lat. «chrisma», del gr. «chrîsma») **1** amb., más frec. m. Mezcla de aceite y bálsamo que consagran los obispos el Jueves Santo para *ungir a los que se bautizan, se confirman o se ordenan. ⇒ Crismera, oliera. **2** (inf.) f. En algunas frases, *cabeza.

ROMPER[SE] LA CRISMA (inf.). Romper[se] la cabeza. Se emplea generalmente en frases que expresan amenaza o advertencia: 'Si me dice algo, le rompo la crisma. ¡Baja de ahí, que te vas a romper la crisma!'. ⇒ Descrismar. ➤ *Golpe. ➤ *Advertir, *amenazar.

crisma[2] o **crismas** (pop.) m. Christma.

crismar (de «crisma»; ant.) intr. *Administrar el sacramento del *bautismo o de la *confirmación.*

crismera f. *Recipiente, generalmente de plata, donde se guarda el crisma.* ⇒ Puntero.

crismón (del gr. «chríō», ungir) **1** m. Estandarte del emperador romano Constantino en que éste hizo bordar la cruz y el monograma de Cristo, realizando así el primer acto de acatamiento oficial a la religión *cristiana. ≃ Lábaro. **2** Monograma de *Jesucristo.

crisneja f. *Crizneja.*

criso- Elemento prefijo del gr. «chrysós», oro: 'crisocola, crisopeya'.

crisobalanáceo, -a adj. y n. f. BOT. *Se aplica a unas *plantas leñosas tropicales parecidas a las rosáceas, que dan fruto en drupa, comestible; como el hicaco.* ⊙ f. pl. BOT. *Familia que forman.*

crisoberilo (del lat. «chrysoberyllus», del gr. «chrysobéryllos», berilo de oro) m. **Piedra preciosa (aluminato de berilo con óxido de hierro) de color verde amarillento.*

CRISOBERILO ESMERALDA. **Cimofana.*

crisocola (de «criso-» y el gr. «kólla», cola) f. *Sustancia empleada antiguamente para soldar el *oro, que era un hidrosilicato de cobre, con algo de sílice y agua.*

crisol (del cat. ant. y dial. «cresol», candil y crisol) **1** m. Recipiente de material refractario, que se emplea para fundir y *purificar materiales, por ejemplo el oro o la plata, a temperatura muy elevada. ⇒ Callana, catín, copela, mufla. ➤ Brasca. ➤ Dama, taca. ➤ Timpa. ➤ Talque, TIERRA refractaria. ➤ Tastaz. **2** METAL. Cavidad de la parte inferior de los *hornos, donde se recoge el material fundido. **3** AGRÁF. Depósito donde se mantiene fundido el plomo en las linotipias, del cual sale impulsado por un pistón a los moldes. **4** Situación o circunstancias que sirven para *purificar y hacer más firme una virtud o un afecto. ⇒ Acrisolar. **5** (n. calif.) Lugar en el que se mezclan distintos grupos raciales y culturales.

crisolada f. *Porción de metal con que se llena el crisol.*

crisolar (de «crisol») tr. *Acrisolar (purificar metales).*

crisólito (del lat. «chrysolĭthus») m. *Nombre mineralógico del olivino o silicato natural de hierro y magnesio, de color verdoso, particularmente cuando tiene calidad de *piedra preciosa.*

CRISÓLITO ORIENTAL. **Piedra preciosa que es un silicato de alúmina, de color amarillo verdoso.*

C. DE LOS VOLCANES. *Silicato de magnesia de color aceitunado, pardo, rojo o negro.*

crisomélido (del ingl. «chrysomelid», del gr. «chrysós», oro, y «mélos», miembro) adj. y n. m. ZOOL. *Se aplica a ciertos insectos *coleópteros que tienen la cabeza metida en el tórax hasta los ojos, antenas cortas, alas y élitros; algunos de ellos tienen colores metálicos.* ⊙ m. pl. ZOOL. *Familia que forman (género Chrysomela).*

crisopacio m. *Crisoprasa.*

crisopeya (de «criso-» y el gr. «poiéō», hacer) f. *Pretendido arte de transformar en *oro otros metales.* ⇒ *Alquimia.

crisoprasa (del fr. «chrysoprase») f. **Ágata, variedad de calcedonia, de color verde manzana.* ≃ Crisopacio.

crispación f. Acción y efecto de crispar[se].

crispado, -a **1** Participio adjetivo de «crispar[se]». **2** BOT. *Rizado.*

crispadura f. *Acción y efecto de crispar[se].*

crispamiento m. Acción y efecto de crispar[se].

crispar (del lat. «crispāre») **1** tr. y prnl. Poner[se] tensos o rígidos los ↘músculos, nervios o miembros: 'Manos y rostros crispados por la ira'. ≃ *Contraer. ⇒ Crespar. **2** (inf.) *Irritar[se] o *exasperar[se]: '¡Me crispa verle tan tranquilo!'.

V. «crispar los NERVIOS».

crispeta (Col.) f., gralm. pl. **Palomita de maíz.*

crispir (del fr. «crépir») tr. CONSTR. *Salpicar una obra de albañilería con pintura aplicada con una brochadura, para imitar el pórfido u otra piedra de grano.*

crista (del lat. «crista», cresta) f. HERÁLD. *Crestón de *celada.* ≃ Cresta.

cristal (del lat. «crystallus», del gr. «krýstallos») **1** m. Cada porción de una sustancia cristalizada con la forma geométrica característica: 'Un cristal de galena'. ⇒ *Cristalografía. **2** *Vidrio fino, muy transparente, que se emplea en vasijas, lentes, etc. **3** En lenguaje corriente, vidrio, como material de objetos elaborados: 'Cacharros de cristal'. ⊙ Placa de vidrio que se emplea para las ventanas, para cubrir cuadros, fabricar espejos, etc. ≃ Luna, vidrio. ⊙ (pl.) Conjunto de los vidrios de ventanas, puertas, etc., de una casa: 'Limpiar los cristales'. **4** *Espejo.* **5** (lit.) El *agua: 'El cristal de la fuente'. **6** *Cierta *tela de lana con mucho brillo.*

CRISTAL DE AUMENTO. *Lente o lupa.

C. ESMERILADO. Placa de vidrio frotada con arena para hacerla traslúcida en vez de transparente.

C. HILADO. Vidrio formando hilos, que se emplea como aislamiento térmico. ≃ Fibra de vidrio.

C. LÍQUIDO. Líquido de estructura cristalina utilizado para fabricar pantallas de dispositivos electrónicos.

C. DE ROCA. Cuarzo cristalizado, incoloro y transparente, que se usaba antiguamente para lentes y se emplea para vasijas, joyas y objetos de adorno. ⇒ Claveque, JACINTO de Compostela, prasio, RUBÍ de Bohemia, TOPACIO ahumado, falso TOPACIO, TOPACIO de Hinojosa.

MIRAR [O VER] CON CRISTAL DE AUMENTO. Mirar o ver un cosa, particularmente un defecto o una virtud de alguien, exagerados.

cristalera f. *Armario, cierre o *puerta de cristales.

cristalería **1** f. Establecimiento donde se fabrican o venden objetos de cristal o de vidrio. ⊙ Particularmente, establecimiento donde venden cristales para ventanas, etc., y espejos, generalmente encargándose también de colocar los primeros. **2** Juego de vasos o copas de vidrio o cristal con sus jarras correspondientes, para el servicio de *mesa: 'Una cristalería de Bohemia'. ⊙ Conjunto de objetos de cristal o vidrio.

cristalero, -a n. Persona que vende o coloca cristales (para ventanas, puertas, etc.).

cristalino, -a **1** adj. De cristal o cristales. **2** De aspecto, particularmente refiriéndose a la transparencia o al *brillo, de cristal; se aplica particularmente al agua. **3** Se aplica específicamente a la estructura de los cuerpos o sustancias cristalizados. **4** m. ANAT. Elemento del *ojo, situado detrás de la pupila, a través del cual convergen los rayos luminosos sobre la retina.

cristalizable adj. Susceptible de cristalizar.

cristalización **1** f. Acción de cristalizar[se]. **2** Agrupación de cristales naturales.

V. «AGUA de cristalización».

cristalizado, -a Participio de «cristalizar[se]». ⊙ adj. Se aplica a los cuerpos que tienen forma cristalina.

cristalizar (de «cristal») **1** («en») intr. Experimentar un cuerpo la agrupación de sus *moléculas en formas geométricas que se aprecian en la forma exterior de cualquier fragmento del mismo. ⊙ («en») Adoptar, por su naturaleza, determinada forma cristalina: 'Cristaliza en romboedros [o en el sistema cúbico]'. ⊙ prnl. Adoptar forma cristalina; particularmente, una sustancia disuelta, por ejemplo el azúcar, al evaporarse el disolvente. **2** tr. Hacer que una ↘sustancia tome forma cristalina. ⇒ Recristalizar. **3** («en») intr. Tomar forma *definida o convertirse en *realidad un proyecto, plan, negociación, etc.: 'Las negociaciones han cristalizado en un tratado comercial'. ≃ Concretarse, cuajar.

cristalografía (del gr. «krýstallos», cristal y «-grafía») f. Parte de la geología que trata de las formas cristalinas de los minerales. ⇒ ÁRBOL de Diana, ÁRBOL de Marte, ÁRBOL de Saturno, cristal, *CRISTAL de roca, drusa, JACINTO de Compostela, pírex. ➤ Arista, cara, faceta. ➤ AGUAS madres. ➤ Delitescencia, polarización, doble REFRACCIÓN, simetría. ➤ Cúbico, dimorfo, dual, isoédrico, isógono, isomorfo. ➤ Goniómetro. ➤ Sistema. ➤ Incristalizable, vítreo. ➤ *Mineral.

cristalográfico, -a adj. De las formas cristalinas o de la cristalografía.

cristaloide (del gr. «krýstallos», cristal, y «-oide») m. QUÍM. *Sustancia que, en disolución, atraviesa una membrana porosa, cosa que no hacen los coloides, o sea, que forma disoluciones verdaderas.*

cristel m. **Lavativa.* ≃ Clister.

cristero, -a adj. Se aplica a un movimiento clerical que, al grito ¡Viva Cristo Rey!, se alzó en Méjico hacia 1926 contra las medidas adoptadas por el gobierno. ⊙ adj. y n. Seguidor de este movimiento.

cristianamente adv. De acuerdo con la fe, virtudes o prácticas cristianas: 'Morir cristianamente'.

cristianar (de «cristiano») tr. *Bautizar. ⇒ Descristianar. V. «TRAPITOS de cristianar».

cristiandad (del lat. «christianĭtas, -ātis») f. Mundo cristiano. ⇒ *Iglesia.

cristianísimo, -a adj. Sobrenombre aplicado al *rey de Francia o al título «su majestad», referido al mismo.

cristianismo m. *Religión de Cristo. ⊙ Cristiandad. ⇒ *Cristiano.

cristianización f. Acción de cristianizar.

cristianizar (del lat. «christianizāre») tr. Extender a algún ↘país la religión de Cristo ≃ Evangelizar, convertir infieles. ⊙ Hacer que cierta ↘cosa esté de acuerdo con la doctrina o la moral cristiana.

cristiano, -a (del lat. «christiānus», del gr. «christianós») **1** adj. y n. Se aplica a la religión de Cristo y a los que la profesan. **2** adj. Del cristianismo: 'Civilización cristiana'. **3** m. *Expresión indeterminada para referirse a una *persona cualquiera: 'Cualquier cristiano'. **4** (inf.) *Referido al *vino, con agua.* ≃ Bautizado.

CRISTIANO NUEVO. El que se convierte al cristianismo y se bautiza siendo adulto.

CRISTIANO VIEJO. El que no tiene ascendientes moros o judíos.

V. «DOCTRINA cristiana, ERA cristiana».

EN CRISTIANO («Decir, Hablar»). En la lengua propia del que escucha o *abiertamente y de manera *clara y *comprensible para todos los presentes.

V. «MOROS y cristianos, haber MOROS y cristianos».

□ CATÁLOGO

Farfán, fiel, galileo, libelático, nazareno, rumí, sarmenticio. ➤ Abisinio, -a, armenio, *católico, copto, IGLESIA griega, IGLESIA ortodoxa, maronita, mozárabe, protestante. ➤ Romania. ➤ Advenedizo, catecúmeno, competente, confeso, converso, gazí, neófito. ➤ Doctrinero. ➤ Cautivo. ➤ *Biblia, catecismo, decálogo, DOCTRINA cristiana, evangelio. ➤ Mandamiento, precepto. ➤ Crismón, *cruz, lábaro. ➤ Acristianar, *bautizar, catequizar, catolizar, cristianar, cristianizar, evangelizar. ➤ Apóstol, misionero. ➤ Misión, reducción. ➤ Ortodoxia. ➤ Cisma, *herejía, heterodoxia. ➤ Dogma. ➤ *Iglesia. ➤ *Jesucristo. ➤ Enaciado, gentil, heterodoxo, muladí, pagano. ➤ Anticristiano, descristianizar. ➤ *Culto. *Religión. *Sacramentos.

cristina f. Cierto *bollo redondo cubierto de azúcar pulverizado.

cristino, -a adj. y n. Partidario de Isabel II, en contra del pretendiente D. Carlos, durante la regencia de la madre de aquélla, D.ª María Cristina de Borbón. ⇒ *Política.

cristo (del lat. «Christus», del gr. «Christós», el Ungido, de «chríō», ungir) **1** (con mayúsc.) m. *Nombre que daban los *judíos al que esperaban que vendría a salvarles.* **2** (con mayúsc.) *Jesucristo. ≃ Jesús. **3** Imagen de Cristo crucificado. ≃ *Crucifijo.

CRISTO SACRAMENTADO. *Hostia consagrada. ≃ JESÚS sacramentado.

V. «por los CLAVOS de Cristo».

COMO A UN [SANTO] CRISTO DOS [O UN PAR DE] PISTOLAS (inf.). Con «estar, ir, sentar» o verbo equivalente y con referencia al *efecto que hace una cosa sobre o al lado de otra o a cómo hace parecer a ésta, muy mal. ≃ Como a un SANTO dos [o un par de] pistolas.

V. «armarse la de DIOS es Cristo».

COMO [O HECHO] UN CRISTO. **1** (inf.) Muy sucio. **2** (inf.) Lleno de magulladuras, heridas, etc.

DONDE CRISTO DIO LAS TRES VOCES [O PERDIÓ EL GORRO] (inf.). En un lugar muy lejano o apartado.

HECHO UN CRISTO. Como un CRISTO.

NI CRISTO (inf.). *Nadie: 'A las doce no había llegado ni Cristo'. ≃ Ni Dios.

NI CRISTO QUE LO FUNDÓ (inf.). Frase con que se *niega con énfasis la veracidad o la posibilidad de algo.

PONER a alguien COMO UN CRISTO (inf.). Llenarle de insultos.

TODO CRISTO (inf.). Todas la personas. ≃ Todo DIOS, todo el MUNDO.

V. «TÚNICA de Cristo».

¡VIVE CRISTO! *Exclamación de enfado.*

¡VOTO A CRISTO! *Exclamación de enfado, juramento o amenaza.*

cristobalita f. *Cuarzo que se encuentra en el cerro de San Cristóbal, de Pachuca, Méjico.*

cristobita m. Muñeco de guiñol.

cristofué (porque cuando canta parece que dice las palabras «Cristo fue»; Ven.; *Pitangus sulphuratus*) m. **Pájaro algo mayor que la alondra, de color entre amarillo y verde.*

cristus (del lat. «Christus», Cristo) **1** m. **Cruz que se ponía antiguamente al principio del abecedario o la cartilla.* **2** *Por extensión, *abecedario (serie de las letras y, también, librito con el abecedario, para aprender a *leer).*

crisuela (de «crisol») f. *Cazoleta inferior del *candil.*

crisuelo (de «crisol»; ant.) m. *Candil.*

criterio (del gr. «kritḗrion»; «Aplicar, Servir de») m. *Norma para *juzgar una cosa. ⊙ Particularmente, para apreciar la *verdad o falsedad de una cosa. ⊙ En lenguaje poco preciso, aspecto de las cosas a que se atiende para clasificarlas o seleccionarlas: 'El criterio para seleccionar a los soldados para ese cuerpo es la estatura'. ⊙ («Aplicar, Tener») Manera personal de juzgar las cosas, dependiente de la actitud en que se coloca el que juzga, de su manera de pensar, de su particular psicología, etc.; se especifica con un adjetivo o una expresión calificativa: 'Juzga los cuadros con un criterio clasicista. Hay que aplicar un criterio europeísta al examen de la situación. Ese es el criterio de un hombre maduro'. ⊙ («Tener») Capacidad o preparación de alguien para *juzgar, seleccionar o apreciar ciertas cosas: 'No tiene criterio en cuestiones de arte'. ≃ Discernimiento. ⊙ («Tener») *Opinión: juicio que alguien forma sobre lo que se debe o conviene hacer en cierta cosa: 'Mi criterio es que no debemos movernos de aquí'. ⇒ Discernimiento, estimativa, gusto, instinto, *opinión, sentido. ➤ Ángulo, consideraciones, MANERA de pensar, MANERA de ver las cosas, óptica, perspectiva, PUNTO de vista, visión. ➤ Medida, *norma. ➤ Amplio, estrecho, seguro, vacilante; certero, erróneo. ➤ Discernir, distinguir. ➤ Tener buen OJO. ➤ No DISTINGUIR lo blanco de lo negro. ➤ *Escoger. *Razón.

critérium m. Competición no oficial en que intervienen deportistas de alto nivel.

crítica (del gr. «kritikḗ») **1** («Hacer la [o una]») f. Expresión de un juicio sobre algo; particularmente, sobre una obra literaria o artística o sobre la actuación de artistas, deportistas, etc. ⇒ Recensión, reseña. ➤ Autocrítica. ⊙ Conjunto de las opiniones expuestas sobre algo: 'La crítica le ha sido, en general, favorable'. ⊙ Mundo de los críticos de cierta actividad: 'La crítica teatral está desorientada'. ⊙ Actividad de los críticos: 'Se dedica a la crítica deportiva'. **2** («Hacer, Dirigir una crítica [o críticas]») *Ataque o censura; juicio en que se expresan faltas o defectos de alguien o algo: 'Se le han dirigido críticas muy duras por su actuación'. ⊙ Acción de hablar mal de alguien: 'Es muy aficionada a la crítica'. ≃ Murmuración.

criticable adj. Susceptible de ser criticado (atacado).

criticador adj. y n. *Criticón.*

críticamente adv. Con sentido crítico.

criticar (de «crítica») tr. Expresar un juicio desfavorable; decir faltas o defectos de una ↘persona o de una actuación, obra, etc., de alguien. ≃ Censurar.

□ CATÁLOGO

Blasmar, cauterizar, *chismorrear, poner como CHUPA de dómine, comentar, hacer COMENTARIOS, critiquizar, señalar con el DEDO, dejemplar, desalabar, desollar, DESOLLAR vivo, despellejar, hincar el DIENTE, poner como no digan DUEÑAS, ECHARSE encima, sacar FALTAS, hablar, HABLAR mal, poner como [o de] HOJA de perejil, meterse con, morder [mordiscar o mordisquear], *murmurar, poner de ORO y azul, pegar [un PALO], poner a PARIR, hablar PERIQUITOS, poner PEROS, echar PESTES, quitar la PIEL, quitar [o sacar] la PIEL a tiras, rajar, no dejar RESPIRAR, estar a la que SALTA, tijeretear, poner como un TRAPO, triturar, vapulear, dar un VAPULEO, poner VERDE, poner de VUELTA y media, zurrar. ➤ Acerada, *acre, agresiva, agria, áspera, cáustica, corrosiva, cruda, cruel, despiadada, envenenada, incisiva, mordaz, ponzoñosa, violenta. ➤ Despiadadamente. ➤ Comidilla, platillo, plato. ➤ Maledicencia. ➤ Crítica, habladuría. ➤ Comidilla, platillo, plato. ➤ Malas AUSENCIAS. ➤ Criticador, criticón, hipercrítico, juzgamundos, mala LENGUA, maldiciente, mordicante, sacafaltas, tachador, zoilo. ➤ Por detrás, a espaldas de. ➤ Tijeras. ➤ Andar [o ir] de BOCA en boca [en la BOCA de o en BOCAS], dar que DECIR, escandalizar, dar que HABLAR. ➤ Silbar [o zumbar] los OÍDOS. ➤ LADRAN, luego andamos. ➤ ¡Qué tres PIES para un banco! ➤ Perfecto. ➤ *Acusar. *Calumnia. *Censurar. *Chisme. *Desacreditar. *Desaprobar. *Deshonrar. *Difamar. *Insultar. *Murmurar. *Objetar. *Queja. *Rebajar. *Rechazar. *Reprender. *Reprochar.

criticastro m. Desp. de «crítico».

criticidad f. *Cualidad de crítico.*

criticismo (de «crítica») m. FIL. Sistema filosófico que considera el problema relativo a la legitimidad del conocimiento humano como previo a cualquier otro. ⊙ FIL. Específicamente, sistema filosófico de Kant.

crítico, -a (del lat. «critĭcus», del gr. «kritikós») **1** adj. De crisis (cambio o dificultad): 'Edad crítica'. ⊙ Se aplica al momento o punto de una situación tal que de lo que se haga u ocurra en él depende el éxito o fracaso: 'Cuando ella llegó, tenía yo el almíbar en el punto crítico y no podía dejarlo. Está en un momento crítico de su carrera'. ≃ Decisivo. ⇒ *Culminante, *supremo. ⊙ Se aplica a un momento, punto o lugar que son exactamente los de cierta cosa con la que *coincide la acción que se expresa: 'Llegó en el crítico momento en que yo salía de casa'. ≃ *Preciso. ⊙ Sin otra determinación, se entiende un momento o lugar muy *oportunos: 'Recibí el dinero en el momento crítico. Dio la pincelada en el punto crítico'. **2** De crítica (acción de juzgar): 'Examen crítico'. ⊙ Que tiende a expresar opiniones sobre las cosas, centrándose sobre todo en aquello en lo que no está de acuerdo. ⊙ Que expresa juicios desfavorables sobre algo: 'Estuvo muy crítico con la situación actual del ministerio. Es un informe muy crítico con las últimas decisiones adoptadas'. **3** n. Escritor de críticas: 'Un crítico de arte'. **4** adj. *Se aplica a la persona que habla afectada o pedantemente.*

V. «EDAD crítica, MOMENTO crítico, PUNTO crítico, TEMPERATURA crítica».

criticón, -a (de «crítico») adj. y n. Inclinado a encontrar faltas o a hablar mal de cosas o personas. ⇒ *Criticar.

critiqueo (inf.) m. Chismorreo. ⇒ *Chisme.

critiquizar (desp. y hum.) tr. *Criticar.*

crizneja (del sup. lat. vg. «crinicŭla», dim. de «crinis», crin) **1** f. **Trenza de pelo.* ≃ Crezneja, crisneja. **2** **Sogueta trenzada, de esparto o material semejante.* ≃ Crezneja, crisneja.

croajar (de «croar»; ant.) intr. **Graznar el cuervo.*

croar (de or. expresivo) intr. Hacer la *rana su ruido característico. ≃ Cantar, charlear, groar.

croata **1** adj. y, aplicado a personas, también n. De Croacia. **2** m. Lengua hablada en Croacia.

crocante (del fr. «croquant», quebradizo al comerlo) m. *Caramelo con trocitos de almendra incrustados. ≃ Guirlache.

crocanti m. Helado cubierto con una capa de chocolate con trocitos de almendra incrustados.

croché (del fr. «crochet») **1** m. Labor de *ganchillo. ≃ Crochet. **2** DEP. En *boxeo, gancho. ≃ Crochet. ⇒ Apénd. II, DERIVACIÓN.

crochel (del fr. «clocher»; ant.) m. **Torre de un edificio.*

crochet (fr.; pronunc. [croché]) m. Croché.

crocino, -a (del fr. «crocĭnus») adj. *De [o del] azafrán.*

crocitar (del lat. «crocitāre») intr. **Graznar el cuervo.*

croco (del lat. «crocus», del gr. «krókos») m. **Azafrán (planta iridácea).*

crocodilo (del lat. «crocodīlus»; pop.) m. *Cocodrilo.*

croissant (fr., significa «luna creciente»; pronunc. [cruasán]) m. Cruasán.

croissanterie (fr.; pronunc. [cruasanterí]) f. Establecimiento, generalmente con servicio de cafetería, donde se elaboran cruasanes que pueden tomarse en el mismo local.

crol (del ingl. «crawl»; «Nadar a») m. DEP. Estilo de natación en que el nadador hunde la cara en el agua sacándola sólo para respirar, y mueve los brazos alternativamente con movimiento rotatorio, mientras que los pies se mueven de arriba abajo batiendo el agua continuamente. ≃ Crawl.

cromado, -a **1** Participio de «cromar». ⊙ adj. Recubierto de cromo. **2** m. Acción de cromar. ⊙ Capa de cromo que recubre un objeto metálico.

Cro-Magnon o **Cromañón** (de «Cro-Magnon», abrigo rocoso al suroeste de Francia) V. «HOMBRE de Cro-Magnon [o Cromañón]».

cromar tr. Recubrir de cromo un ˃objeto de otro metal. ⇒ *Galvanoplastia.

cromat- o **cromato-** V. «-cromo-».

cromático, -a (del lat. «chromatĭcus», del gr. «chrōmatikós») **1** (form.) adj. De [los] colores: 'El cuadro presenta una rica variedad cromática'. **2** MÚS. Se aplica al sistema musical que se desarrolla en semitonos. ⇒ ESCALA cromática, SEMITONO cromático. ➤ Diatónico, enarmónico, semicromático. ➤ ESCALA cromática. **3** ÓPT. Se aplica a la *lente o instrumento óptico que no corrige la aberración cromática.

V. «ESCALA cromática, SEMITONO cromático».

cromatina (del gr. «chrôma», color) f. BIOQUÍM. *Masa densa constituida por DNA y proteínas que se encuentra en el núcleo de la *célula y se tiñe intensamente con los colorantes empleados en las preparaciones microscópicas. Cuando se condensa forma los cromosomas.*

cromatismo (del gr. «chrōmatismós») **1** m. MÚS. Cualidad de cromático. **2** ÓPT. Defecto de los cristales e instrumentos ópticos por el que presentan los objetos contorneados por los colores del arco iris. ≃ ABERRACIÓN cromática.

cromatografía (de «cromato-» y «-grafía») f. QUÍM. *Método que se utilizó en su origen para separar sustancias coloreadas y, en la actualidad, para separar mezclas de gases, líquidos o sólidos en disolución.*

cromatógrafo m. QUÍM. *Aparato para realizar cromatografías.*

cromaturia (de «cromat-» y «-uria») f. MED. *Secreción de *orina de color anormal.* ⇒ *Trastornar.

crómlech (del fr. «cromlech», de or. bretón) m. Construcción megalítica consistente en una serie de menhires que cierran un espacio circular o elíptico. ≃ Crónlech.

cromo[1] (del fr. «chrome») m. *Metal de color gris claro, n.º atómico 24, duro, quebradizo y susceptible de pulimento. Se emplea en aleaciones y en los aceros inoxidables; y sus combinaciones, que son de colores distintos, para fabricar pinturas. Símb.: «Cr».

cromo[2] **1** m. Abrev. de «cromolitografía» (*estampa). **2** Por extensión, estampa con un dibujo o fotografía realizada por cualquier procedimiento, que los niños coleccionan para pegarlas en un álbum o para jugar con ellas.

COMO [O HECHO] UN CROMO **1** (inf.). Muy sucio. **2** (inf.) Lleno de magulladuras, heridas, etc. **3** (inf.) Demasiado arreglado.

-cromo- (var. «cromat-, cromato-») Elemento prefijo o sufijo del gr. «chrôma», color: 'cromolitografía, cromosoma, acromático'.

cromógeno, -a (de «cromo-» y «-geno») adj. BIOL. *Se aplica a las *bacterias que producen coloraciones.*

cromolitografía (de «cromo-» y «litografía») **1** f. AGRÁF. Arte de hacer litografías con varios colores, imprimiéndolos sucesivamente. **2** AGRÁF. Litografía así obtenida. ⇒ Cromotipia.

cromolitografiar tr. AGRÁF. Realizar cromolitografías. □ CONJUG. como «desviar».

cromolitográfico, -a adj. AGRÁF. De [la] cromolitografía.

cromolitógrafo, -a n. AGRÁF. Persona que tiene por oficio realizar cromolitografías.

cromosfera (de «cromo-» y «esfera») f. ASTRON. Capa superior de las dos que se consideran en la envoltura gaseosa del *Sol, con gran cantidad de hidrógeno. ⇒ Fotosfera.

cromosoma (de «cromo-» y el gr. «sôma», cuerpo) m. BIOL. Cada uno de los cuerpos en forma de bastoncillo en que se divide la cromatina del núcleo de una *célula en la división celular, donde se almacena el material hereditario organizado en genes; el número de ellos es fijo para cada especie.

cromosómico, -a adj. BIOL. De los cromosomas: 'Una alteración cromosómica'.

cromotipia f. AGRÁF. **Impresión hecha en colores.* ⇒ Cromolitografía.

cromotipografía (de «cromo-» y «tipografía») f. AGRÁF. *Arte de imprimir en colores.* ⊙ AGRÁF. *Obra realizada por este procedimiento.*

cromotipográfico, -a adj. AGRÁF. *De [la] cromotipografía.*

cron m. GEOL. *Unidad de tiempo, equivalente a un millón de años.*

crónica (del lat. «chronĭca», del gr. «chroniká biblía», libros de cronología) **1** f. *Obra histórica en que se exponen los acontecimientos por el orden en que han ocurrido. ≃ Anales. ⇒ Diario, dietario, fastos. **2** Información periodística referente a sucesos actuales: 'Crónica de sucesos [o de sociedad]'.

crónicamente adv. De manera crónica.

cronicidad f. Cualidad de crónico.

crónico, -a (del lat. «chronĭcus», del gr. «chronikós») adj. Se aplica a los males o vicios que no son nuevos ni momentáneos: 'La mala administración es un mal crónico en este país'. ⇒ Arraigado, endémico, inveterado. ➤ *Permanente. ⊙ Se aplica particularmente a las *enfermedades, por oposición a «agudo»: 'Bronquitis crónica'.

cronicón m. Crónica histórica breve.

cronista 1 n. Autor de crónicas históricas: 'Los cronistas de Indias'. **2** *Periodista que escribe crónicas.

crónlech m. Crómlech.

crono (inf.) m. DEP. *Tiempo: 'La eterna lucha contra el crono'.

crono- Elemento prefijo del gr. «chrónos», tiempo: 'cronómetro'.

cronografía (del lat. «chronographĭa», del gr. «chronographía») f. *Cronología (ciencia).*

cronógrafo 1 m. *Persona dedicada a la cronografía.* **2** FÍS. *Aparato eléctrico utilizado para medir espacios de *tiempo muy pequeños.*

cronología (del gr. «chronología») **1** f. Ciencia de la medición del tiempo histórico y de la fijación de fechas. **2** Aspecto de la *historia que se refiere a la fecha y orden de los sucesos. **3** Serie de acontecimientos históricos, obras, etc., ordenados cronológicamente.

cronológicamente adv. Por orden de fechas: 'Ordenar cronológicamente'.

cronológico, -a adj. De [la] fecha: 'Orden [o criterio] cronológico'.

cronologista o **cronólogo, -a** n. Especialista en cronología.

cronometrador, -a n. Persona que cronometra.

cronometraje m. Acción de cronometrar.

cronometrar tr. *Medir el tiempo de una ˃acción o un fenómeno. ⊙ Se emplea, particularmente, en los deportes.

cronometría f. *Medida exacta del tiempo.*

cronométricamente adv. Con exactitud cronométrica.

cronométrico, -a adj. Exacto en la medida del tiempo: 'Reloj cronométrico'. ⊙ Hecho en el tiempo exacto.

cronómetro (de «crono-» y «-metro») m. *Reloj de especial exactitud que se emplea para medir el tiempo de duración de ciertos hechos. ⊙ Se emplea, particularmente, en los deportes.

cronoscopio (de «crono-» y «-scopio») m. *Instrumento físico con que se pueden medir fracciones de segundo.* ⇒ *Tiempo.

croque (de or. expresivo) **1** m. **Gancho con un mango largo, usado principalmente por los pescadores y marineros.* ≃ *Bichero, cloque. **2** **Cabezazo.* ≃ Coscorrón.

cróquet (del ingl. «croquet», del fr. «crochet») m. Juego que consiste en hacer pasar unas bolas de madera por unos arcos colocados en el suelo, impulsándolas con un mallo, y haciéndolas seguir cierto trayecto. ⇒ Mallo.

croqueta (del fr. «croquette») f. Porción de forma redonda u ovalada de una masa hecha con besamel y un alimento picado (carne de ave, jamón, pescado, etc.), que se come rebozada en huevo y pan rallado, y frita. ⇒ *Guisar.

croquis (del fr. «croquis») m. *Dibujo hecho sin medidas, sin regla o compás, etc., para dar idea de algo o como preparación para otro más detenido. ≃ Apunte, boceto, *bosquejo, diseño, esbozo, esquema.

croscitar (de «crocitar»; ant.) intr. **Graznar el cuervo.* ≃ Crascitar.

cross (forma abreviada del ingl. «cross-country race») m. DEP. Carrera a campo traviesa, generalmente de larga distancia.

crótalo (del lat. «crotălum», del gr. «krótalon») **1** m. Instrumento antiguo de percusión, semejante a las *castañuelas. **2** (lit.; pl.) Castañuelas. **3** *(Crotalus adamanteus)* SERPIENTE de cascabel: cierta *serpiente venenosa de América, que tiene en el extremo de la cola unos discos con los que hace un ruido particular. ≃ CULEBRA de cascabel, ocozoal.

crotón (del gr. «krótōn», ricino) m. **Ricino (planta euforbiácea).*

crotoniata (del lat. «Crotoniāta») adj. y, aplicado a personas, también n. *De Crotona, ciudad italiana.*

crotorar (de «crótalo») intr. Producir la *cigüeña cierto sonido peculiar haciendo chocar la parte superior del pico con la inferior.

croupier V. «crupier».

croza (del fr. «crosse»; ant.) f. **Báculo de *obispo.*

crúamente (ant.) adv. *Cruelmente.*

cruasán (del fr. «croissant», luna creciente) m. Bollo en forma de media luna, de masa hojaldrada. ≃ Croissant. ⇒ Cachito, cacho, cangrejito, cangrejo, cuernito, cuerno, medialuna, PAN camarón.

cruce **1** m. Acción de cruzar[se]. **2** Lugar en que se cruzan dos o más cosas; particularmente, dos *calles, *carreteras, etc. ⇒ Crucero, cuadrivio, *encrucijada, nudo, palca, PASO a nivel, pical, trivio. ➤ Semáforo. ➤ *Tráfico. **3** Lugar en una *calle en donde está señalado el paso de un lado a otro para peatones: 'En el momento de llegar yo al cruce, se encendió la luz roja'. ≃ Paso. **4** Interferencia en las comunicaciones telefónicas. **5** Intervención de individuos, vegetales o animales, de distintas razas, en la producción de un nuevo ser. ≃ Cruzamiento. ⊙ Ser *híbrido resultante. ⇒ Generación, *reproducción. **6** LING. Fenómeno por el cual dos o más palabras se combinan entre sí para formar otra; por ejemplo, «desparramar», que se ha formado a partir de «esparcir» y «derramar».

cruceiro m. Antigua *moneda de Brasil.

cruceño, -a adj. y, aplicado a personas, también, n. *De cualquiera de las poblaciones que llevan el nombre de «Cruz» o «Cruces».*

crucera (de «cruz») f. *Lugar de donde arrancan las agujas o costillas del cuarto delantero de las *caballerías.*

crucería (de «crucero») f. Conjunto de los nervios que se cruzan en la parte superior en las bóvedas góticas.
V. «BÓVEDA de crucería».

crucero (de «cruz») **1** m. ARQ. Espacio que resulta en una *iglesia en el cruce de la nave mayor con la transversal. ≃ Causídica. **2** *Hombre que lleva la cruz en las procesiones, entierros, etc.* ≃ Cruciferario. ⇒ Crucífero. **3** Cruz de piedra, generalmente sobre un pedestal, que se coloca en los cruces de caminos o junto a la entrada de la iglesias, muy típica de Galicia. **4** **Encrucijada.* **5** Viaje turístico por mar en que se hace escala en distintos puertos para visitarlos: 'Un crucero por el Mediterráneo'. **6** MAR. Acción de «cruzar» uno o más barcos. **7** MAR. *Extensión de *mar en la que «cruzan» uno o más barcos.* **8** MAR. Barco o conjunto de barcos que realizan ese servicio. **9** *Barco de guerra de mucha velocidad y radio de acción, y con fuerte armamento. **10** *Línea por donde queda doblado el pliego de *papel al ponerlo en resmas.* **11** **Madero de sierra de 22 pies de largo, 9 pulgadas de ancho y 3 de grueso.* ≃ Vigueta. **12** AGRÁF. *Listón de hierro de la imposición, que divide el molde en dos partes.* **13** GEOL. *Dirección de los planos de separación de las capas de las rocas.* ≃ Clivaje.
V. «VELOCIDAD de crucero».

cruceta **1** f. Cada una de las cruces que forma el hilo en la labor llamada «PUNTO de cruz» o «de cruceta». **2** Pieza en forma de cruz con que se manejan los hilos de las marionetas. **3** MAR. *Meseta de los masteleros, semejante a la cofa de los palos mayores.* **4** *Pieza de los motores de los automóviles y otras *máquinas que sirve de articulación entre el vástago del émbolo y la biela.*

crucial (del lat. «crux, crucis») **1** (culto) adj. Se aplica a lo que tiene forma de cruz. **2** Se aplica a algo, particularmente a «momento», que es decisivo en la cosa de que se trata; por ejemplo, en la vida de una persona.

cruciata *(Gentiana cruciata)* f. Especie de *genciana con flores azules y hojas dispuestas en cruz.

cruciferario (de «crucífero» y «-ario») m. *Hombre que lleva la cruz en procesiones, etc.* ≃ Crucero. ⇒ Crucífero.

crucífero, -a (del lat. «crucĭfer») **1** (lit.) adj. *Se aplica a lo que tiene o lleva la insignia de la *cruz.* **2** m. *Cruciferario.* **3** *Religioso de la extinguida *orden de Santa Cruz.* **4** adj. y n. f. BOT. *Se aplica a las *plantas de la familia de la col o el alhelí, que son hierbas anuales o perennes, raramente arbustos, de hojas alternas e inflorescencias en racimo, con flores típicas con cuatro pétalos dispuestos en forma de cruz y fruto en cápsula; se encuentran en todo el mundo y se incluyen muchas hortalizas, plantas para obtención de aceite y muchas ornamentales.* ⊙ f. pl. BOT. *Esa familia.*

crucificado, -a **1** Participio adjetivo de «crucificar». **2** (con mayúsc.) adj. y n. m. Se aplica por antonomasia a *Jesucristo.

crucificar (del sup. lat. «crucificāre») **1** tr. Clavar a ↘alguien en una cruz como *castigo, para atormentarle o *matarle. **2** *Atormentar material o moralmente a ↘alguien: 'Me están crucificando los mosquitos. Le crucifican con sus continuas quejas'.

crucifijo (del lat. «crucifixus», crucificado) m. *Imagen de *Jesucristo crucificado. ⇒ Cristo, cruz. ➤ Enagüillas, pañete. ➤ Descendimiento.

crucifixión (del lat. «crucifixĭo, -ōnis») f. Acción de crucificar. ⊙ Particularmente, a *Jesucristo. ⊙ Escena o *imagen de ésta.

crucifixor, -a (del lat. «crucifixor, -ōris») adj. y n. *Se aplica al que crucifica.*

cruciforme adj. De forma de cruz.

crucígero, -a (del lat. «crux, crucis», cruz, y «-gero»; lit.) adj. *Crucífero (portador de cruz).*

crucigrama (de «cruz» y «-grama»; «Descifrar, Sacar») m. *Pasatiempo que consiste en un casillero que hay que rellenar con las letras correspondientes para que formen en sentido vertical y horizontal ciertas palabras de las cuales se da como clave una equivalencia o su significación.

crucijada (ant.) f. **Encrucijada de caminos.*

crucillo (de «cruz») m. **Juego de los alfileres.*

crudelísimo, -a adj. Superl. de «cruel».

crudeza **1** f. Cualidad de crudo; particularmente, de *riguroso, refiriéndose al tiempo, o de *realista, refiriéndose a una escena o descripción. **2** *Franqueza y ausencia de atenuantes con que alguien expone a otros cierta situación o su propia opinión, aunque les desagrade, disguste u *ofenda. **3** *Cualidad de crudo (pendenciero o cruel).* **4** (pl.) *Alimentos detenidos en el estómago por indigestos.*

crudillo m. *Tela fuerte de color crudo, empleada para entretelas, bolsillos y, en calidad mejor, para fundas.

crudío, -a (de «crudo»; ant.) adj. *Bronco o *áspero.*

crudo, -a (del lat. «crudus», crudo, sangrante) **1** adj. No *cocido o *guisado: 'Carne cruda'. ⊙ Se aplica a lo que no ha llegado al punto debido o acostumbrado de cocción: 'Las patatas están todavía crudas. Prefiere la carne un poco cruda'. ⇒ Duro, royo, saltón. **2** *Se aplica a los alimentos que son indigestos.* **3** Se dice de algunas cosas cuando no han sido elaboradas o sometidas a ciertas manipulaciones. ⊙ También de la fibra textil o del tejido a los que se deja el color *natural: 'Seda cruda. Lienzo crudo'. **4** Se aplica al color como el de la seda o el lienzo crudo, o sea semejante al de la arena: 'Unos calcetines de color crudo'. ⇒ *Ocre. **5** *Se aplica a la fruta falta de madurez.* ≃ Verde. **6** MED. *Se aplica a los *tumores, *abscesos, etc., que todavía no están en estado de abrirse.* **7** Se aplica al tiempo o clima *riguroso y penoso de soportar. **8** *Cruel, *malo o despiadado.* **9** *Bravucón o *pendenciero.* **10** Se aplica también a una obra literaria, película, descripción, etc., en que se reflejan escenas o situaciones truculentas, repugnantes o inmorales con mucho *realismo. **11** (inf.; «Tenerlo») Difícil: 'Lo tienes crudo para aprobar'. **12** m. *Petróleo en bruto.

cruel (del lat. «crudēlis») **1** («con, para, para con») adj. Aplicado a personas y, por traslación, a animales, capaz de hacer padecer a otros o de ver que padecen sin conmoverse o con complacencia. **2** Aplicado a cosas inanimadas, especialmente al tiempo, *riguroso. **3** Aplicado a un padecimiento o *dolor, muy intenso. ≃ Acerbo, amargo, atroz, feroz, fiero, inhumano, tremendo. ⊙ Se aplica también a cualquier cosa que hace padecer o en que hay falta de piedad o suavidad: 'Un chasco cruel'.

V. «BURLA cruel».

□ CATÁLOGO

Alitero, sin alma, apedernalado, atroz, bárbaro, bestial, brutal, carnicero, sin *compasión, CORAZÓN de bronce, duro de CORAZÓN, sin corazón, crudelísimo, crudo, cuaima, desalmado, desapiadado, deshumano, desnaturalizado, despiadado, draconiano, duro, empedernido, malas [o sin] ENTRAÑAS, feral, feroz, fiera, fiero, herodes, hiena, guijeño, impiadoso, impiedoso, impío, implacable, inclemente, incompasible, incompasivo, inexorable, inhospitalario, inhumano, inicuo, *insensible, monstruo, nerón, ogro, como el [o un] PEDERNAL, perverso, pirata, sádico, sanguinario, sañoso, sañudo, sayón, sicario, tigre, verdugo. ➤ Acerbo, amargo, atroz, riguroso, sangriento, tremendo. ➤ Crueldad, crueleza, encarnizamiento, ensañamiento, refinamiento, saña, sevicia. ➤ Acorchar[se], cebarse, no tener CORAZÓN, empedernecer[se], empedernir[se], encarnizarse, encruelecer[se], endurecer[se], *ensañarse, insensibilizar[se], tener PELOS en el corazón. ➤ Truculento. ➤ Humanizar. ➤ Clamar al CIELO [o a DIOS]. ➤ *Bruto. *Malo. *Severo.

crueldad f. Cualidad de cruel. ⊙ Acción cruel.

crueleza (ant.) f. *Crueldad.*

cruelmente adv. De manera cruel.

cruentamente (culto) adv. Con derramamiento de sangre.

cruentar (del lat. «cruentāre»; ant.) tr. *Ensangrentar.*

cruentidad (de «cruento»; ant.) f. *Crueldad.*

cruento, -a (del lat. «cruentus»; culto) adj. Hecho con derramamiento de *sangre: 'Una operación cruenta'. ⇒ Incruento.

crueza (de «crúo»; ant.) f. *Crueldad.*

crujía (del it. «corsia», con influencia de crujir) **1** f. Cada una de las secciones en que queda dividido un *edificio de un lado a otro por los muros de carga o las filas de pilares. **2** Por extensión, cada fila de habitaciones o departamentos de los *pisos de una casa, que corresponde a un hueco de la fachada: 'El piso tiene tres balcones que corresponden a tres crujías'. **3** *Sala de *hospital larga, con hileras de camas.* **4** **Pasillo o *galería que da acceso a las habitaciones laterales de una casa.* **5** *Pasillo entre dos barandillas que, en algunas catedrales, une el coro con el presbiterio.* ⇒ *Iglesia. **6** MAR. Espacio de popa a proa en medio de la cubierta del *barco. ⇒ Corulla. **7** MAR. **Pasamano de un barco.*

BAJO CRUJÍA. MAR. Debajo de la crujía del barco.

PASAR CRUJÍA. *Estar pasando por una situación penosa o *difícil.*

crujidero adj. *Crujiente.*

crujido **1** m. *Sonido producido al crujir. **2** *Pelo o *grieta longitudinal en una hoja de *espada.*

crujiente adj. Se aplica a lo que cruje: 'La crujiente seda. Patatas fritas [o pan] crujientes'.

crujir (¿de or. expresivo?) tr. Hacer el *ruido que producen, por ejemplo, la seda al rozar consigo misma, un tronco o rama gruesa al doblarse por el viento, los muelles de un sillón al sentarse alguien de mucho peso, las hojas secas al moverlas, los dientes al apretarlos y moverlos unos contra otros o el pan recién hecho al aplastarlo. ⇒ Carrasquear, cerdear, *chirriar, chirrisquear, rechinar, recrujir, zurriar, zurrir. ➤ Crujidero, crujiente, corruscante [o curruscante]. ➤ Crujido, frufrú, susurro. ➤ C...r...c, c...s...c. ➤ *Ruido. *Sonido.

crúo, -a (del lat. «crudus»; ant.) adj. *Crudo, aplicado a la seda, el lienzo, etc.*

crúor (del lat. «cruor, -ōris») **1** (lit.) m. **Sangre.* **2** (cient.) *Coágulo de sangre.* **3** *En medicina antigua, se aplicaba al principio colorante de la sangre, o *hemoglobina, y a los glóbulos de la sangre.*

cruórico adj. *De [o del] crúor.*

crup (del ingl. «croup») m. *Difteria.

crupal adj. *De [o del] crup.*

crupier (del fr. «croupier», el que monta en la grupa) m. Hombre que en las casas de *juego talla por cuenta y a sueldo de la empresa.

crural (del lat. «crurālis»; cient.) adj. *Del muslo.*

crus m. ZOOL. **Muslo, o *pierna u otro órgano semejante.*

crustáceo, -a (del lat. «crusta», costra, y «-áceo») adj. y n. m. ZOOL. Se aplica a los artrópodos de respiración branquial con dos pares de antenas, cuerpo cubierto por un caparazón y algunas de las patas con pinzas; como la langosta o el percebe. ⊙ m. pl. ZOOL. Clase que forman.

□ CATÁLOGO

Artrópodo. ➤ Anfípodo, braquiuro, cirrípedo, *cirrópodo, cladócero, copépodo, decápodo, entomostráceo, estomatópodo, macruro, palinúrido, podoftalmo. ➤ Caparazón, carapacho, cefalotórax, cirro, manto, OJOS de cangrejo, pinza, telson. ➤ Acocil, apancora, ARAÑA de mar, ástaco, bálano, barrilete, bernardo, BOCA de la isla, bogavante, BUEY [de mar], cabrajo, cámaro, *camarón, *cámbaro, *cangrejo, CANGREJO [de mar, moro, de río], carabinero, cárabo, carramarro, cayarí, centola [o *centolla, -llo], chacalín, cigala, CIGARRA de mar, *cochinilla, ELEFANTE marino, ermitaño, escaramujo, esquila, ESQUILA de agua, galera, gamba, gámbaro, jaiba, langosta, langostino, lobagante, masera, matacandil, meya, milpiés, mulata, noca, nocla, paguro, palinuro, pato, percebe, pico, PIE de burro, pinuca, PIOJO de mar, porqueta, puerca, PULGA acuática [o de agua], PULGA de mar, quisquilla, taracol. ➤ Kril. ➤*Marisco.

crustoso, -a (del lat. «crustōsus»; ant.) adj. *Con costra.*

crústula (del lat. «crustŭla»; ant.) f. **Costra o cortecilla.*

cruz (del lat. «crux, crucis») **1** f. Figura formada por dos rayas, palos o barras que se cruzan perpendicularmente. ⊙ Utensilio de esa forma que se emplea para suspender de él a una persona, con los brazos sujetos a los palos horizontales, como castigo o para *ejecutarla; como aquel en que fue crucificado *Jesucristo. ⊙ Enseña, de esa forma, del *cristianismo. ⊙ En distintas formas particulares, como se ve más adelante, es la *insignia de las distintas *órdenes militares. ⊙ Puesta delante del nombre de una persona, indica que ya ha *muerto. ⊙ Puesta delante de una fecha, por ejemplo en una lápida sepulcral, indica que esa es la fecha de la muerte. ⊙ Construcción de esa forma, hecha de madera, piedra, etc., sencilla, adornada o monumental, con que se simboliza el cristianismo; como las que se colocan en las *sepulturas o en la entrada de los pueblos. ⊙ Cruz pequeña que se lleva por *devoción o como joya o adorno, a la vez que como enseña del cristianismo, o que se coloca como tal en distintos objetos; por ejemplo, en el *rosario. ⊙ *Marca formada por dos pequeños trazos que se cruzan, que se pone con cualquier valor en un escrito. ⊙ *En ciertos diccionarios latinos indica que la palabra afectada por ella pertenece al bajo *latín.* ⊙ La hacen como *firma los que no saben escribir. **2** («La») Fiesta de la «INVENCIÓN de la Santa Cruz». **3** Reverso de las *monedas y *medallas. **4** VET. En las *caballerías, parte más alta del lomo, donde se cruzan los huesos de las extremidades anteriores con el espinazo. ≃ Armos. **5** Parte alta del tronco de un *árbol, donde se divide. **6** (pl.) *En los molinos, etc., armazón formada por cuatro palos, cada dos de ellos paralelos y perpendiculares a los otros dos, que dejan entre los cuatro un espacio por el que pasa el eje de la rueda.* **7** HERÁLD. *Pieza de honor formada por el palo y la faja.* **8** MAR. *Punto medio de la verga de un barco de figura simétrica.* **9** MAR. *Unión de la caña del *ancla con los brazos.* **10** APIC. *Palo atravesado en la *colmena para sostener los panales.* ≃ Trenca. **11** MINER. *Pared que divide el suelo de los *hornos de reverbero españoles.* **12** («Llevar, Soportar la [o una]») Padecimiento continuado que aflige a alguien: 'Cada uno lleva su cruz'. ⇒ *Padecer.

CRUZ DE ALCÁNTARA. Es igual que la de Calatrava, pero verde y con un peral en el escudete del crucero.

C. DE ÁNCORA. La de brazos desiguales ensanchados hacia los extremos y hendidos en éstos en forma de cola de pez.

C. DE BORGOÑA. Aspa o CRUZ de San Andrés.

C. DE CALATRAVA. De color rojo, de brazos iguales terminados en flor de lis.

C. DE CARAVACA. La que tiene un segundo travesaño más corto encima del horizontal. Es la de la orden de Caravaca y la usan también como guión los patriarcas, primados y arzobispos. ≃ CRUZ patriarcal.

C. DECUSATA. Cruz de forma de aspa.

C. EGIPCIA. Tiene un asa sustituyendo al tramo superior.

C. FLORDELISADA. HERÁLD. *Cruz con los brazos terminados en flores de lis.*

C. GAMADA. La que tiene en el extremo de cada brazo un tramo formando con él ángulo recto, dirigidos todos en el mismo sentido. Fue adoptada como símbolo por el nacionalsocialismo alemán. ≃ Esvástica.

C. GEOMÉTRICA. *Ballestilla (utensilio de astronomía).*

C. GRIEGA. Cruz que, a diferencia de la latina, tiene los cuatro brazos iguales.

C. LATINA. La más frecuente como enseña cristiana, formada por un palo vertical cortado cerca de su extremo superior por otro horizontal más corto.

C. DE MALTA. **1** Está formada por cuatro brazos iguales, de forma triangular. **2** Nombre dado a un trozo de tela con las esquinas hendidas en sentido diagonal, empleado para colocar *apósitos.

C. DE MAYO. **1** (con mayúsc.; «La») Fiesta de la «INVENCIÓN de la Santa Cruz». **2** Cruz de las que se instalan o se hacen, por ejemplo de flores, en esa festividad.

C. DE MONTESA. Es como la de Calatrava, pero negra.

C. PAPAL. Tiene tres brazos horizontales que disminuyen de longitud desde el más bajo hacia el más alto, todos ellos, así como el extremo superior del brazo vertical, cruzados por pequeños travesaños cerca de sus extremos.

C. PATRIARCAL. CRUZ de Caravaca.

C. POTENZADA. La de brazos iguales con unos travesaños cortos en sus cuatro extremidades.

C. RECRUCETADA. HERÁLD. *Cruz cuyos brazos son, a su vez, cruces.*

C. DE SAN ANDRÉS. Aspa.

C. DE SAN ANTONIO. Es como la egipcia.

C. DE SANTIAGO. Es de color rojo, con forma de espada el brazo inferior, flordelisados los laterales, y con una estilización de flor de lis el superior.

C. DEL SANTO SEPULCRO. Es potenzada, con otra pequeña cruz también potenzada en cada uno de los cuatro espacios situados entre los brazos.

C. SENCILLA. En ciertas órdenes honoríficas en que hay tres grados de condecoraciones, la de grado inferior. ⇒ Gran CRUZ, encomienda.

GRAN CRUZ. La de categoría superior a la sencilla en ciertas *órdenes en que hay tres grados de condecoraciones; como la de San Fernando. Las otras categorías son «encomienda» y «cruz sencilla».

A CRUZ Y ESCUADRA. CARP. *Se aplica a los ensamblajes de maderas en que éstas forman casetones y lacerías.*

V. «ÁRBOL de la cruz».

V. «echar a CARA y cruz».

CRUZ Y RAYA. Expresión con que se da a entender el propósito de no volver a hacer o seguir haciendo cierta cosa o de *despreocuparse de algo o de alguien. ⇒ *Terminar.

DE LA CRUZ A LA FECHA (alusión a la costumbre de poner una cruz en el encabezamiento de las cartas y la fecha al final). *Completo.

V. «echar a CARA o cruz».

EN CRUZ. Con los brazos extendidos formando cruz con el cuerpo. ≃ Con los BRAZOS en cruz.

HACERSE CRUCES. Mostrar, santiguándose o de cualquier manera, *admiración, asombro o *escándalo exagerados.

V. «INVENCIÓN de la Santa Cruz, PUNTO de cruz, SEÑAL de la cruz».

□ CATÁLOGO

ÁRBOL de la cruz, ASPA [de San Andrés], cristus, crucero, crucifijo, esvástica, guión, humilladero, lábaro, lígnum crucis. ➤ Manga. ➤ Compuerta. ➤ Paté. ➤ Carcaj, muletilla. ➤ Brazo, inri. ➤ Peana, pedestal. ➤ Calvario, VÍA crucis. ➤ Aspar, crucificar. ➤ Persignar[se], santiguar[se], hacer la SEÑAL de la cruz, signar[se]. ➤ Descruzar, encrucijada, entrecruzar, sobrecruz.

cruza 1 (Chi., Cuba) f. **Bina (acción de labrar por segunda vez).* 2 (And., Hispam.) *Acción de cruzar animales o plantas.*

cruzada (por la «cruz» que llevaban los soldados en el pecho como insignia) 1 f. *Expedición militar dirigida contra infieles; particularmente, las realizadas en los siglos XI a XIII para reconquistar del poder de los turcos el sepulcro de Jesucristo y los lugares santos. 2 *BULA de la Santa Cruzada.* 3 Lucha o serie de esfuerzos hechos con un fin elevado. 4 **Encrucijada.*

cruzadillo m. **Tela sesgada de algodón, empleada principalmente para calzoncillos.*

cruzado, -a 1 Participio adjetivo de «cruzar[se]». ⊙ HERÁLD. *Se aplica a las piezas que llevan una cruz sobrepuesta.* ⊙ *Atravesado por la cosa que se expresa: 'Un río cruzado por varios puentes'. ⊙ Puesto de un lado a otro de algo: 'Un tronco de árbol cruzado en el camino'. ≃ Atravesado. ⊙ *Mestizo o *híbrido. 2 n. *Persona que tiene una cruz, por pertenecer a una *orden.* 3 m. Guerrero de las cruzadas. 4 **Moneda antigua, castellana.* 5 *Cierta *moneda de Portugal.* 6 *Moneda de Brasil. 7 *Mudanza en que los que bailan forman una cruz y vuelven a ocupar el lugar que tenían antes.* 8 *Postura de las manos en la *guitarra, en la cual se pisan las cuerdas primera y tercera en el segundo traste, y la segunda en el tercero.*

cruzamiento 1 m. *Acción de cruzar (investir).* 2 Acción de cruzar animales. ≃ Cruce.

cruzar 1 («de...a, por») tr. y prnl. Estar o ponerse una cosa de un lado a otro de ↘otra, formando cruz con ella: 'El puente del ferrocarril cruza la carretera. El carro se cruzó en la vía. Las dos carreteras se cruzan cerca de aquí'. ≃ *Atravesar. ⊙ prnl. recípr. Pasar dos cosas o dos personas por el mismo camino en distinta dirección: 'Me cruzo con él todos los días al ir a la oficina'. ⊙ tr. GEOM. Estar una línea con respecto a ↘otra de modo que, si se la traslada al mismo plano, la corta. ⊙ prnl. recípr. GEOM. Estar dos rectas en distintos planos. ⊙ tr. Ir de un lado a otro de una ↘cosa: 'Cruzar la calle'. ⊙ Poner, dibujar, llevar, etc., una cosa de un lado a otro de ↘otra o poner una cosa desde un sitio a otro a través de algo: 'Cruzar la página con una raya. Cruzar un cable de una ventana a otra'. ⊙ Particularmente, trazar dos rayas paralelas en un cheque para que el importe sólo se pueda cobrar en una cuenta. ⊙ intr. *Pasar por delante de algo o del que observa: 'Los carruajes cruzan en todas direcciones'. ⇒ *Atravesar, entrecortar[se], entretejer, pasar. ➤ Descruzar, entrecruzar. ⊙ tr. Intercambiar palabras, miradas, etc. También recípr.: 'Desde aquella discusión no [se] han vuelto a cruzar una sola palabra'. ⊙ prnl. recípr. Producirse este intercambio entre algunas de las mencionadas acciones: 'Sus miradas se cruzaron por un instante'. 2 tr. Juntar para que procreen un ↘macho y una ↘hembra de distintas razas. ⊙ Juntar ↘plantas de distinta variedad para obtener variedades nuevas de mejores condiciones. ⇒ Encastar. ➤ *Reproducción. 3 MAR. **Navegar en todas direcciones en una cierta ↘extensión de mar, para proteger el comercio, *vigilar, etc.* ⇒ Patrullar. ➤ Crucero. 4 AGRIC. **Arar la ↘tierra por segunda vez haciendo surcos perpendiculares a los hechos en la primera.* 5 **Jugar cierta ↘cantidad en un juego de azar.* 6 *Investir a ↘alguien con las insignias de una *orden de caballería.* 7 prnl. *Andar una *caballería cruzando los brazos o las piernas.* ≃ Cubrirse.

V. «cruzarse de BRAZOS, cruzarse en el CAMINO de alguien, cruzar la CARA a alguien, cruzar el CHARCO, cruzar las PIERNAS».

Cs Símbolo químico del cesio.

c...s...c Grupo onomatopéyico con que se forman palabras con la idea de golpe seco: 'coscarana, coscorrón, coscurro [o cuscurro], cuesco'. ⇒ C...r...c. ➤ *SONIDO expresivo.

ctenóforo (del gr. «ktênos», peine) adj. y n. m. ZOOL. *Se aplica a ciertos *celentéreos marinos de cuerpo transparente y gelatinoso, hermafroditas, con unos órganos en forma de paleta provistos de cilios, que utilizan para desplazarse en el agua.* ≃ Tenóforo. ⊙ m. pl. ZOOL. *Grupo que forman estos animales.*

cu[1] f. Nombre de la letra «q».

cu[2] (de or. maya) m. **Templo de los antiguos mejicanos.*

Cu Símbolo químico del cobre.

cuaba (de or. cubano; Cuba; *Amyris balsamifera*, *Croton lucidus* y otras especies) f. *Nombre aplicado a varios árboles rutáceos, cuya madera se emplea para antorchas.* ⇒ *Planta.

cuache (del nahua «cóatl», serpiente o mellizo; Am. C.) adj. y n. *Gemelo (hermano).* ≃ Cuate.

cuaco 1 (Méj.) m. *Jaco (caballo).* 2 (And.; n. calif.) *Persona *ignorante, *tosca o *grosera.* 3 *Harina de la raíz de la yuca.*

cuaderna (del lat. «quaterna») 1 (Ar.) f. **Cuarta parte de alguna cosa; por ejemplo, de un pan o de una moneda.* 2 **Moneda antigua, equivalente a ocho maravedís.* 3 *Doble pareja en el juego de *tablas reales.* 4 MAR. Cada una de las piezas curvas que, arrancando de la quilla, forman la armadura del *barco. ≃ Costilla. ⇒ Costana, costilla, orenga. ➤ *Varenga. ➤ Almogama, armadera, espaldón, flat, gallón, *redel. ➤ Aposturaje, barraganete, flanja, genol, ligazón, singlón, urnición. ➤ Enramado. ➤ Llena. ➤ Escoa. 5 MAR. Conjunto de las costillas de un barco.

CUADERNA DE ARMAR. MAR. *Cada una de las cuadernas que, colocadas con ciertos intervalos, determinan la forma del barco.* ≃ Armadera.

C. MAESTRA. MAR. *La más ancha del *barco, situada generalmente en su mitad.*

V. «cuaderna VÍA».

cuadernal (de «cuaderno») m. MAR. *Conjunto de dos o tres *poleas colocadas paralelamente dentro de la misma armadura.*

cuadernillo 1 m. Dim. de «cuaderno»: 'Un cuadernillo de caligrafía'. 2 AGRÁF. Conjunto de cinco pliegos de papel o sea la quinta parte de una mano. ⇒ Cinquina, duerno, quinterno. 3 **Añalejo: calendario con el rito y los rezos de todo el año, usado por los eclesiásticos.*

cuaderno (del lat. «quaterni») **1** m. Conjunto de pliegos de papel, originariamente cuatro, cosidos o encuadernados, que se emplea para escribir apuntes, cuentas, anotaciones, etc. ≃ Libreta. ⇒ Agenda, álbum, baremo, bastardelo, bloc, breviario, carnet, cartapacio, cartilla, cuadernillo, directorio, exfoliador, libreta, mamotreto, manual, memorándum, memorial, memorias, minutario, pandectas, proverbiador, registro, taco, talonario, vademécum. ➤ Cinquina, duerno, quinterno. ➤ Desencuadernar, encuadernar. ➤ *Libro. **2** *Libro empleado para el *registro de cierta cosa; como el «cuaderno de millones de la Mesta».* **3** AGRÁF. *Conjunto de cuatro pliegos uno dentro de otro.* **4** (inf.) **Baraja.* **5** **Castigo que se imponía a los colegiales por faltas leves.* **6** **Madero del marco de Valencia, de 30 palmos de largo, 17 dedos de tabla y 16 de canto.*

CUADERNO DE BITÁCORA. MAR. Libro en que se apuntan las incidencias de la navegación.

C. DE CORTES. *Cuaderno con la relación de los acuerdos tomados en cada sesión de ellas, que se redactaba desde el siglo XVI.*

cuado, -a adj. y, aplicado a personas, también n. *Se aplica a los individuos de un pueblo *germano vecino de los marcomanos, que habitó el sureste de la antigua Germania, y a sus cosas.*

cuadra (del lat. «quadra», figura cuadrada) **1** f. Lugar cerrado y cubierto donde están las *caballerías. ⇒ Acemillería, caballeriza, CASA de ganado, cija, *establo, regalada. **2** Conjunto de los caballos de un propietario que se dedica a su cría: 'Ganó la carrera el caballo de una cuadra argentina'. **3** (n. calif. o en comparaciones) Lugar muy sucio: 'Tiene una casa que parece una cuadra'. ≃ Corral, *pocilga. **4** **Sala espaciosa.* ⊙ *Sala de un *cuartel u *hospital en que duermen muchos.* **5** (Hispam.) **Distancia abarcada en una calle por una *manzana de casas.* **6** (Hispam.) *Medida de longitud que varía según los países entre 100 y 150 m aproximadamente.* **7** MAR. **Anchura del *barco a la cuarta parte de su longitud, contando desde la proa o desde la popa.* **8** *Medida de *longitud para distancias, equivalente a la cuarta parte de una milla.* **9** Grupa de una *caballería. **10** (ant.) ASTRON. *Cuadratura.*

NAVEGAR A LA CUADRA. MAR. *Navegar con «viento a la cuadra», o sea perpendicular al rumbo.*

cuadrada f. MÚS. *Nota de duración de dos compases mayores.

cuadradamente adv. *Exactamente.*

cuadradillo **1** m. *Regla de sección cuadrada con la que se pueden trazar rectas paralelas y a distancias iguales, volviéndola sobre el papel. ≃ Cuadrado. **2** *Barra laminada de acero, de sección cuadrada. ≃ Cuadrado. **3** Pieza de tela de forma cuadrada que se pone en algunas prendas de *vestir en sitios donde es preciso aumentar la anchura; como en la unión de las mangas de la *camisa o en la de las perneras. ⇒ *Añadir. **4** adj. Se aplica al *azúcar pilón cortado en trocitos prismáticos cuadrados.

cuadrado, -a (del lat. «quadrātus») **1** adj. De la forma de un cuadrado, exacta o aproximadamente: 'Un trozo cuadrado de tela'. **2** Se aplica también a cosas que tienen alguna cara o superficie cuadrada: 'Una casa [o una mesa] cuadrada'. **3** Se dice hiperbólicamente de algo, particularmente de una persona, poco esbelta o casi tan ancha como larga o alta, aunque no por exceso de grasa. ⇒ *Rechoncho. **4** (inf.; «Estar, Ponerse») Se aplica a la persona de cuerpo musculoso. **5** Se aplica por oposición a «redondo» o «redondeado», a las cosas que tienen ángulos o aristas: 'Un hombre de cabeza cuadrada. Un mueble de esquinas cuadradas'. **6** **Perfecto o *completo.* ≃ Redondo. **7** Aplicado a un nombre de medida de longitud, lo transforma en el de medida de superficie correspondiente, que equivale a un cuadrado que tiene por lado esa longitud: 'Un centímetro cuadrado'. **8** m. Figura formada por cuatro líneas, barras, palos, etc., de la misma longitud, que se cortan en ángulo recto. ≃ Cuadro. ⊙ Es el nombre usado específicamente en *geometría. ⊙ Superficie limitada por esa figura. ⇒ *Cuadrilátero, paralelogramo. ➤ Casilla, compón, cuadro, cuartel, escaque, jaquel, lienzo, losange, marco, mazonera, panel, *recuadro. ➤ Cuadrante. ➤ Ajedrezado, componado, cuadrícula, damas, escaqueado, jaquelado. ➤ Cuadrangular, cuadriforme, cuadrilongo. ➤ Cuadrar, encuadrar. ➤ Ochavo. ➤ Rectángulo, rombo, romboide, tetrágono, trapecio, trapezoide. **9** *Cuadradillo (*barra de *acero).* **10** AGRÁF. *Pieza de metal del tamaño de las letras, que se pone entre ellas para dejar los espacios que deben ir en blanco, o para sostenerlas.* ≃ Cuadratín, *espacio. **11** DIB. *Cuadradillo.* **12** *Parte formada con crecidos y menguados en las *medias y *calcetines para dar la forma en la unión de la pierna con el pie.* **13** *Adorno bordado que se hacía en las medias desde esa parte hasta la pantorrilla.* **14** ASTROL. *Posición o «aspecto» de un astro que dista de otro 90º.* ≃ Cuadro. **15** *Troquel o *molde con que se acuñan las *monedas y *medallas.* **16** MAT. Con respecto a un número, otro que resulta de multiplicarlo por sí mismo. ⇒ Cuadrático. ➤ *Potencia. **17** adj. ANAT. Se aplica a uno de los *huesos del *carpo, en el hombre en la segunda fila.

CUADRADO MÁGICO. *En *hechicería, conjunto de cifras dispuestas de modo que resulta el mismo número al sumar las de cualquier fila.*

V. «ACTO cuadrado».

AL CUADRADO. **1** Se aplica al *tabaco picado en partículas, para distinguirlo del «de hebra». ⇒ Picadura. **2** MAT. Aplicado a un número, elevado a la segunda *potencia. ⇒ Elevar.

V. «ASPECTO cuadrado, PARÉNTESIS cuadrado, RAÍZ cuadrada».

cuadradura (ant.) f. *Cuadratura.*

cuadrafonía f. Sistema de grabación y reproducción estereofónica del sonido mediante cuatro canales.

cuadrafónico, -a adj. De [la] cuadrafonía.

cuadragenario, -a (del lat. «quadragenarĭus») adj. y n. *Aplicado a personas, de cuarenta *años de *edad.*

cuadragésima (del lat. «quadragēsima dies»; culto o eclesiástico) f. **Cuaresma.*

cuadragesimal adj. *De la cuaresma.*

cuadragésimo, -a (del lat. «quadragesĭmus») adj. Numeral ordinal y partitivo correspondiente a «cuarenta». ⇒ Cuarenteno.

□ NOTAS DE USO

Se une a otro ordinal para formar los intermedios entre cuarenta y cincuenta: 'Cuadragésimo primero, cuadragésima segunda'. Ambos componentes pueden escribirse en una sola palabra y, en ese caso, el primero pierde el acento gráfico y la variación de género: 'Cuadragesimoprimero, cuadragesimosegunda'.

cuadral (de «cuadro») m. *Barra, madero o *listón colocado de lado a lado en una pieza en forma de *ángulo, para hacerla indeformable.* ≃ Cuadrante.

cuadrangulado (ant.) adj. *Cuadrangular.*

cuadrangular (de «cuadrángulo») adj. Que tiene cuatro ángulos. ≃ Cuadrángulo.

cuadrángulo, -a (del lat. «quadrangŭlus») **1** adj. *Cuadrangular.* **2** m. *Figura formada por cuatro lados y cuatro ángulos.* ≃ *Cuadrilátero.

cuadrantal (del lat. «quadrantālis») **1** m. *Medida romana de *capacidad para líquidos, equivalente a 48 sextarios, igual que el ánfora griega.* **2** adj. V. «TRIÁNGULO cuadrantal».

cuadrante (del lat. «quadrans, -antis») **1** m. GEOM. Cuarta parte de un *círculo, o de una *circunferencia, o sea la comprendida entre dos radios perpendiculares. **2** *Reloj de sol. **3** Dispositivo *indicador en que va la escala o graduación, en un aparato; por ejemplo, en un aparato de radio. ⇒ Dial, esfera. **4** ASTRON. Instrumento compuesto de un cuarto de círculo graduado y anteojos, utilizado para medir ángulos. **5** TOPOGR. Instrumento parecido al sextante, pero que abarca 90º o más. **6** MAR. Cada una de las cuatro partes en que se considera dividido el horizonte por el meridiano y el paralelo del lugar del observador. **7** ASTROL. *Cada una de las cuatro partes en que se considera dividida la semiesfera celeste situada encima del horizonte, por el meridiano y el primer vertical del punto de observación.* **8** *Cuadral.* **9** *Almohada de cama, cuadrada. **10** **Moneda *romana de cobre equivalente a la cuarta parte de un as.* **11** *Tabla que se pone en las *iglesias con la lista de las *misas del día.* **12** DER. *Cuarta parte del total de una herencia.*

CUADRANTE HIEMAL. ASTROL. *Cuarto del tema celeste.*
C. MELANCÓLICO. ASTROL. *CUADRANTE occidental.*
C. MERIDIANO. ASTROL. *Segundo del tema celeste.*
C. OCCIDENTAL. ASTROL. *Tercero del tema celeste.*
C. ORIENTAL. ASTROL. *Primero del tema celeste, que comprende de oriente a mediodía.* ≃ CUADRANTE pueril, CUADRANTE vernal.
C. PUERIL. ASTROL. *CUADRANTE oriental.*
C. SENIL. ASTROL. *CUADRANTE hiemal.*
C. VERNAL. ASTROL. *CUADRANTE oriental.*
C. VIRIL. ASTROL. *CUADRANTE occidental.*

cuadranura (del fr. «cadranure») f. *Daño que ataca a veces a los *árboles, que consiste en grietas que salen del centro radialmente.* ≃ PATA de gallina.

cuadrar (del lat. «quadrāre») **1** tr. Dar a un ↘objeto, por ejemplo de carpintería, forma cuadrada o con las esquinas en ángulo recto. **2** MAT. Hallar el cuadrado de superficie equivalente a la de cierta ↘figura. **3** MAT. *Elevar al cuadrado.* **4** PINT. *Cuadricular.* **5** («a») intr. Ser *adecuado: 'No le cuadra ese trabajo'. ≃ *Convenir. ⊙ (puede tener tono brusco; «a») Resultar cómodo o *gustar: 'Venga usted esta tarde si le cuadra'. ≃ *Acomodar, *convenir. ⊙ («con») Casar, *armonizar o estar de *acuerdo una cosa con otra: 'Lo que dices tú no cuadra con lo que dijo él. Esos muebles no cuadran con esa casa'. **6** prnl. Quedarse una persona, particularmente un soldado, quieto y erguido, con las piernas juntas. ⇒ Dar TACONAZO. ⊙ EQUIT. Quedarse un *caballo parado en firme. **7** tr. TAUROM. Dejar al toro quieto y sin que adelante o atrase ninguna pata, para poder entrar a matar. ⊙ prnl. TAUROM. Quedarse el toro en esta posición. **8** Mantenerse *firme en una actitud, sin acceder a lo que otro pretende: 'Se ha cuadrado y no hay modo de hacerle desistir'. ≃ Plantarse. **9** («con») intr. En contabilidad, en un conjunto de cantidades dispuestas en cuadro, coincidir la suma de las de cada fila horizontal con la suma de las de la fila vertical correspondiente. ⊙ tr. Hacer que coincidan.

cuadrático, -a 1 adj. MAT. *Del cuadrado.* **2** MAT. *Se aplica al polinomio que tiene la segunda potencia como la más alta.*

cuadratín (de «cuadrado») m. AGRÁF. *Espacio. ≃ Cuadrado.

cuadratura (del lat. «quadratūra») **1** f. Acción de cuadrar una figura. Se usa particularmente en la frase «LA CUADRATURA DEL CÍRCULO», con que se alude a algún intento *imposible. **2** ASTRON. *Situación relativa de dos astros que distan entre sí, en longitud o en ascensión recta, uno o tres cuartos de círculo respectivamente.*

cuadrejón m. MAR. **Barra de sección cuadrada que hace el uso de la cabilla.*

cuadri- (var., «cuadru-, cuatri-») Elemento prefijo correspondiente a «cuatro».

cuadricenal (de «cuadri-» y el lat. «decennālis», decenal) adj. *Hecho cada cuarenta años.*

cuádriceps adj. y n. m. ANAT. Se aplica al músculo situado en la parte anterior del muslo, dividido en cuatro partes, que interviene en la extensión de la pierna y en la flexión del muslo sobre la pelvis.

cuadrícula (de «cuadro») f. *Dibujo trazado, particularmente en el *papel destinado a ciertos usos, con líneas paralelas cortadas perpendicularmente por otras con las que forman cuadrados.

cuadriculado, -a 1 Participio adjetivo de «cuadricular». **2** adj. y n. m. Se aplica al *dibujo de cuadrículas. ⊙ Particularmente, «papel cuadriculado». ⇒ Casilla. **3** adj. Se aplica a la persona poco flexible en sus ideas o costumbres.

cuadricular[1] tr. Trazar una cuadrícula en un ↘*papel u otra superficie. ≃ Cuadrar, recuadrar.

cuadricular[2] adj. *De [la] cuadrícula.*

cuadrienal (del lat. «quadriennālis») adj. *Cuatrienal.*

cuadrienio (del lat. «quadriennĭum») m. *Cuatrienio.*

cuadrifoliado, -a adj. BOT. *Compuesto por cuatro *hojas.*

cuadrifolio, -a adj. BOT. *De cuatro *hojas.*

cuadriforme (del lat. «quadriformis») **1** adj. *De cuatro formas o de cuatro caras.* **2** *Cuadrado.*

cuadriga (del lat. «quadrīga») **1** f. Tiro formado por cuatro *caballos de frente. ⇒ Cuatrega. **2** *Carro *romano arrastrado por un tiro en esa forma. ⇒ Cuatrega.

cuadrigato (del lat. «quadrigātus») m. **Moneda *romana de plata que tenía en el reverso una cuadriga.*

cuadril (del sup. «cadril», de «cadera») m. *Hueso que forma el anca o *cadera de las *caballerías.* ⊙ **Anca.* ⊙ **Cadera.* ⇒ Descuadrillarse.

cuadrilátero, -a (del lat. «quadrilatĕrus») **1** adj. y, más frec., n. m. GEOM. *Polígono de cuatro lados y cuatro ángulos. ⇒ Cuadrángulo, tetrágono. ➤ Cuadrado, paralelogramo, rectángulo, rombo, romboide, trapecio, trapezoide. **2** m. DEP. Ring (espacio cerrado donde se practica el boxeo).

cuadrilítero, -a adj. GRAM. *De cuatro letras.*

cuadrilla (de «cuadro») **1** f. *Conjunto de cierta clase de personas. ⊙ De *obreros o de trabajadores agrícolas que realizan juntos un trabajo. ⇒ Brigada, dúa, gavia, negrería, varada. ➤ *Capataz, mayoral. ➤ Tajo. ⊙ *Conjunto de toreros que acompañan a un matador y torean siempre con él. ⊙ Grupo armado de la antigua Santa *Hermandad. ⊙ Reunión de *ladrones, estafadores, monederos falsos o malhechores semejantes. ≃ Banda. ⇒ Alcavela, alcavera, atajo, banda, cáfila, carpanta, caterva, coluvie, gavilla, grullada, gurullada, harca, manada, manga, panda, pandilla, *partida, patrulla, tropa. ➤ Acuadrillar[se], enguerrillarse, enhestar. ➤ Capitán. ➤ *Hampa. ⊙ (desp.) Grupo de personas relacionadas por alguna circunstancia: 'Mira qué cuadrilla se ha juntado allí'. ⊙ Cada grupo distinguido de los otros por sus colores y divisas, de los que tomaban parte en algunas *fiestas. **2** *Cada una de las cuatro secciones (Cuenca, León, Segovia y Soria) que componían* *el *Concejo de la Mesta.* **3** *Cierta *danza de salón ejecutada por cuatro parejas.*

EN CUADRILLA (inf. o desp.). En grupo.

cuadrillazo (de «cuadrilla»; Chi.) m. **Ataque de varias personas contra una.*

cuadrillero **1** m. *Individuo de una cuadrilla; particularmente, de la *Santa Hermandad.* **2** *Guardia de *policía urbana de Filipinas.* **3** *Cabo de una cuadrilla (probablemente de las de la Santa Hermandad).*

cuadrillo (de «cuadradillo») m. **Arma arrojadiza antigua, especie de *flecha de madera quemada, cuadrangular.*

cuadrilón, -a adj. *Se aplica a la caballería que tiene las ancas descarnadas.* ≃ *Anquiseco.

cuadrilongo, -a (de «cuadri-» y el lat. «longus», largo) **1** adj. *Rectangular.* **2** m. *Rectángulo.* **3** MIL. **Formación en forma de rectángulo.*

cuadrimestre m. *Cuatrimestre.*

cuadringentésimo, -a adj. Numeral ordinal y partitivo correspondiente a «cuatrocientos».

cuadrinieto, -a n. **Nieto cuarto.* ≃ Chozno.

cuadrinomio m. MAT. *Expresión algebraica que consta de cuatro miembros.*

cuadripartido, -a adj. *Dividido en cuatro partes.*

cuadriplicar (de «cuadruplicar», con influencia de «triplicar») tr. *Cuadruplicar.*

cuadrirreme adj. y n. m. MAR. *Se aplica a los *barcos de la antigüedad, de cuatro órdenes de remos.*

cuadrisílabo, -a adj. GRAM. De cuatro sílabas. ≃ Cuatrisílabo.

cuadrivio (del lat. «quadrivĭum») **1** m. *Lugar en que concurren cuatro caminos.* ⇒ *Cruce. ⊙ **Encrucijada de cuatro caminos en las vías *romanas.* **2** Conjunto de las cuatro materias *matemáticas (aritmética, geometría, música y astronomía) que, junto con las comprendidas en el «trivio», formaban el conjunto de la *enseñanza que se daba en la Edad Media. ≃ Quadrivium.

cuadrivista n. *Conocedor de las cuatro materias del cuadrivio.*

cuadriyugo (del lat. «quadriiŭgus») m. **Carro de cuatro caballos.*

cuadro, -a (del lat. «quadrus») **1** adj. *Cuadrado*: 'Vela cuadra'. **2** m. *Cuadrado dibujado con rayas, listones, etc. ⊙ (pl.; «A, De») Particularmente, cuando constituye el dibujo de una *tela: 'Una camisa de cuadros'. ⊙ O cuando lo forman objetos colocados «en cuadro». ⇒ *Cuadrado. **3** **Marco de cuadro, *puerta, *ventana, etc.* **4** Armadura de la *bicicleta, formada por las barras. **5** Pintura, *dibujo o *grabado ejecutado sobre papel, tela, etc., generalmente colocado en un marco. ⊙ Conjunto de esa pintura, etc., con el marco. **6** ASTROL. *Cuadrado («aspecto» de un astro).* **7** Cada trozo de tierra con plantas, que se arregla en un *jardín o *huerto, aproximadamente cuadrado y limitado por borduras, sendas, etc. ≃ *Bancal. **8** AGRÁF. *Tabla de madera o plancha de metal que baja al mismo tiempo que se mueve el husillo, para comprimir el pliego contra el molde a fin de que tome la tinta.* **9** Tablero o lugar en donde están colocados los dispositivos para *dirigir una instalación, particularmente eléctrica: 'Cuadro de distribución. Cuadro de mando'. **10** MIL. *Formación de infantería en forma de cuadro, dispuesta para hacer frente al enemigo en todas direcciones. **11** Cada una de las partes en que se dividen algunas obras teatrales, más breves que los actos, para cada una de las cuales se cambia la escena, a veces a la vista del público. **12** Aspecto que presenta el escenario en un momento dado en la representación de una obra teatral. **13** *Escena, *espectáculo o *suceso impresionante: 'Los campos inundados ofrecían un cuadro desolador'. ⊙ Situación de alguien, que *impresiona: 'Es un cuadro desgarrador el de esa familia'. **14** *Descripción literaria de una escena: 'Un cuadro de costumbres'. **15** («Trazar») Descripción breve de un hecho: 'En unas palabras trazó el cuadro del estado del asunto'. **16** CUADRO sinóptico. **17** CUADRO clínico. **18** Conjunto de los jefes o del *personal de cierta clase de una organización: 'El cuadro de profesores de un centro de enseñanza'. ⊙ MIL. Particularmente, conjunto de los jefes, oficiales, sargentos y cabos de un batallón o regimiento. ⊙ DEP. Equipo (conjunto de jugadores).

CUADRO CLÍNICO. MED. Conjunto de los *síntomas de un enfermo o una enfermedad.

C. DE DISTRIBUCIÓN. En una central eléctrica, tabla sobre la que están montados los dispositivos adecuados para establecer las conexiones entre los generadores y las líneas de servicio, así como, a veces, aparatos de medida, amperímetros, voltímetros, etc. ⊙ En una central telefónica, tabla semejante en donde están los dispositivos para establecer e interrumpir la comunicación entre los abonados. ⇒ *Dirigir.

C. PLÁSTICO. CUADRO vivo.

C. SINÓPTICO. Desarrollo de una clasificación, exposición de una materia, etc., en una plana, por ejemplo en forma de epígrafes comprendidos dentro de llaves, de modo que el conjunto puede ser abarcado de una vez con la vista. ⇒ *Resumen.

C. VIVO (gralm. pl.). Representación de un grupo escultórico por personas que permanecen inmóviles.

A CUADROS. Aplicado particularmente a las *telas y a sus dibujos, formando cuadros.

EN CUADRO. **1** Aplicado a la *colocación de las cosas, formando un cuadrado: 'Colocamos las sillas en cuadro'. **2** Cuadrado: se aplica a un nombre de longitud para expresar la extensión de un cuadrado cuyo lado tiene esa longitud: 'Una habitación de 3 m en cuadro'. **3** V. «estar [o quedarse] en CUADRO».

ESTAR EN CUADRO. Estar muy pocas personas en un sitio o reunión porque *faltan muchas de las que podían estar o corresponde que estén.

FORMAR EL CUADRO. *Unirse estrechamente un grupo de personas y disponerse a hacer frente a circunstancias difíciles.

QUEDARSE EN CUADRO. **1** Perder una unidad militar todos sus hombres y no quedar más que los jefes. **2** Quedar muy pocos en una reunión o conjunto de personas por haber ido marchándose o desapareciendo los demás. ⇒ *Disminuir.

cuadropea f. *Cuatropea.*

cuadru- V. «cuadri-».

cuadrumano, -a o **cuadrúmano, -a** (del lat. «quadrumănus») adj. y n. m. ZOOL. Se aplica a los animales que tienen las cuatro extremidades con el dedo pulgar oponible a los otros, de modo que sirven para agarrar como las *manos; como los *monos.

cuadrúpedo, -a (del lat. «quadrupĕdus») **1** adj. y n. m. Se aplica al animal (corrientemente *caballería) de cuatro patas. **2** ASTRON. *Se aplica en conjunto y a cada uno con «un» a los signos del Zodiaco Aries, Capricornio, Leo, Sagitario y Tauro.*

cuádruple (del lat. «quadrŭplus» o «quadrŭplex», ¿por influencia de «doble»?) **1** adj. y n. m. Se aplica, con relación a una cosa, a otra que equivale en magnitud a cuatro veces la primera: 'La población de Madrid es [el] cuádruple de la de Sevilla'. **2** Compuesto de cuatro de las cosas designadas por el nombre: 'Cuádruple salto mortal'.

cuadruplicación f. Acción de cuadruplicar.

cuadruplicar (del lat. «quadruplicāre») tr. Multiplicar por cuatro: 'Ha cuadruplicado el capital en diez años'. ≃ Cuadriplicar.

cuádruplo, -a (del lat. «quadrŭplus») adj. y n. m. Cuádruple.

cuaima (de or. chaima) **1** (Ven.; género *Crotalus)* f. **Serpiente muy ágil y venenosa, negra por encima y blanquecina por debajo.* **2** (Ven.) *Persona *astuta y peligrosa.* ⊙ (Ven.) *Persona *cruel.*

cuairón (del lat. «quadro, -ōnis»; Hues., Zar.) m. *Coairón (*madero).*

cuajada (de «cuajar[2]») f. Parte sólida de leche coagulada que suele tomarse como postre. ⇒ *Requesón.

cuajadera f. *Mujer que vendía cuajada por las calles antiguamente.*

cuajadillo (de «cuajado») m. *Labor espesa y menuda que se hace en los tejidos de seda.*

cuajado, -a **1** Participio adjetivo de «cuajar[se]»: 'Leche cuajada'. **2** Casi *cubierto de ciertas cosas: 'Una diadema cuajada de pedrería'. **3** *Pasmado de asombro o sorpresa.* **4** («Quedarse») *Dormido.* **5** m. **Guiso hecho con carne picada, hierbas, frutas, huevos y azúcar.*

cuajaleche (de «cuajar[2]» y «leche») m. *AMOR de hortelano (planta rubiácea).

cuajaní (de or. cubano; Cuba; *Bumelia palida)* m. *Árbol sapotáceo algo parecido al cedro, de madera resistente; sus semillas son venenosas y de su tronco se obtiene por incisión una goma parecida a la arábiga.* ⇒ *Planta.

cuajanicillo (Cuba; *Prunus sphaerocarpa)* m. *Árbol rosáceo.*

cuajar[1] (de «cuajo») m. ZOOL. Cuarta de las cuatro cavidades en que se divide el estómago de los *rumiantes. ≃ Abomaso.

cuajar[2] (del lat. «coagulāre») **1** intr. Tomar una cosa la consistencia *sólida que le corresponde tener: 'El grano de la almendra no ha cuajado todavía'. ⇒ *Endurecerse, *formarse. ➤ En leche. **2** Aplicado a la *nieve, llegar a formar una capa sobre el suelo. **3** tr. Hacer que se cuajen ↘cosas albuminosas, como la leche para hacer queso o requesón, el huevo para hacer una tortilla, la sangre de las reses, el flan, las natillas, etc. ≃ Coagular. ⊙ prnl. Transformarse una sustancia albuminosa, como la leche o la sangre, separándose la parte sólida, formada en su mayor parte por albúmina, de la parte líquida. ≃ *Coagularse. **4** intr. Llegar una cosa a *realizarse o a estabilizarse en forma definitiva: 'Los proyectos han cuajado en realidad. El noviazgo no cuajó'. ⇒ *Realizarse, *resultar. ⊙ Ser aceptada una *proposición o cosa semejante. **5** *Acomodar o gustar una cosa a alguien: 'No me cuaja ese plan'. **6** tr. Poner encima de una ↘cosa muchas de cierta clase que la cubren casi por entero: 'Han cuajado el tablero de manchas de tinta'. ≃ *Cubrir, llenar, plagar.

cuajará (Cuba) m. *Cierto árbol silvestre de madera buena para la construcción.* ⇒ *Planta.

cuajarón m. Porción coagulada de una sustancia; particularmente, de *sangre. ≃ *Coágulo.

cuajicote (Méj.; varias especies del género *Xylocopa)* m. *Especie de abejorro grande y negro que anida en el tronco de los árboles.*

cuajilote (del nahua «cuahuitl», árbol, y «xilotl», jilote) **1** (Am. C., Méj.; *Parmentiera edulis)* m. *Árbol bignoniáceo de fruto semejante a la espiga del maíz, con semillas jugosas y dulces.* ⇒ *Planta. **2** *(Aristolochia maxima) Árbol aristoloquiáceo.*

cuajiote (Am. C., Méj.; *Bursera microphylla)* m. *Árbol burseráceo que produce una goma que se usa en medicina.* ⇒ *Planta.

cuajo (del lat. «coagŭlum») **1** m. Sustancia que existe en el cuajar de las crías de los *mamíferos, que cuaja la *leche. ⊙ Cualquier otra sustancia que se emplea para cuajar. **2** (inf.; «Tener») *Flema (cualidad de flemático).

DE CUAJO. Con «arrancar, extirpar», etc., hacerlo completamente, sin dejar nada de la cosa arrancada. ≃ De raíz.

cuakerismo m. Variante ortográfica de «cuaquerismo».

cuákero, -a n. Variante ortográfica de «cuáquero».

cual (del lat. «qualis») **1** (sin tilde) pron. y adj. rel. Equivale a «que» y va precedido de un artículo que fija su género y número: 'Estaba allí su hermana, a la cual hacía mucho que no había visto'. ⇒ Apénd. II, RELATIVO. **2** (sin tilde) Con valor conjuntivo, sirve para expresar comparación o modo. ≃ Como. ⇒ Apénd. II, COMPARACIÓN. ⊙ (sin tilde) Es de uso más corriente en correlación con «tal»: 'Lo hizo tal cual se lo habían mandado'. ≃ Como. **3** (con tilde) pron. y adj. interr. Se emplea, en preguntas directas o indirectas, para pedir la determinación del nombre al cual precede. **4** (con tilde) adv. interr. y excl. *Cómo*: '¡Cuál gritan esos malditos!' (Zorrilla). **5** (con tilde) pron. indef. Se usa repetido con valor *distributivo: 'Todos ayudaban: cuál trayendo cubos de agua, cuál abriendo zanjas'.

CADA CUAL. *Todos (refiriéndose a personas): 'Cada cual tiene sus problemas'.

CUAL... ASÍ. Expresión correlativa de comparación, no frecuente: 'Cual llega el día tras la noche, así...'.

CUAL MÁS, CUAL MENOS. *QUIEN más, quien menos.

A CUAL MÁS. Se emplea para ponderar el grado de una cualidad o una actitud existente en dos o más cosas de tal modo que no se puede decir en cuál de ellas es mayor: 'Son a cual más embustero. Mienten a cual más. Lo detestamos a cual más'. ⇒ *Competir.

LO CUAL QUE. Frase estrictamente popular, equivalente a «por cierto que»: 'Me pidió un duro; lo cual que yo sólo llevaba cuatro pesetas y fue lo que le di'.

POR LO CUAL. Expresión conjuntiva consecutiva. ⇒ Onde.

V. «qué SÉ yo cual; que si TAL, que si cual; que TAL, que [y que] cual; TAL cual, TAL o cual, TAL para cual».

□ NOTAS DE USO

Puede haber ambigüedad respecto al nombre al que se refiere «cual» y, para evitarla, se repite este nombre después de «cual»: 'Me mandó una caja con una carta, la cual caja llegó vacía'. Aun sin existir ambigüedad, es frecuente el uso de esta construcción en expresiones enfáticas: 'Me encargó unos trabajos, los cuales trabajos aún no me ha pagado'. Es también frecuente, pero inelegante, la repetición del nombre al principio de la oración de relativo: 'Hizo un viaje alrededor del mundo, viaje sobre el cual va a escribir un libro'.

«Cual» se usa con preferencia a los otros pronombres relativos, «el [o la] que» y «quien», cuando va con preposición: 'Sin la cual. Desde el cual. A partir de los cuales'. Como sujeto o complemento directo se usa menos que esos otros pronombres; generalmente, en casos en que se quiere poner énfasis en la cosa representada por el pronombre: 'Tiene una hermana, la cual está casada con un primo mío'. Si la oración de relativo es especificativa y no explicativa, no se usa «cual», sino los otros relativos equivalentes. No se dice «el traje el cual llevas puesto», sino «el traje que llevas puesto».

Un caso en que solamente puede ser usado «cual» y no otro pronombre relativo es aquel en que el pronombre no va al principio de la oración: 'Empezó a llover, en vista de lo cual nos quedamos en casa. Hay una vuelta en la carretera, pasada la cual se ve ya la ciudad'.

El paso de «cual» pronombre relativo al papel de expresión conjuntiva, que, en este caso, es comparativa, es más oscuro que el del relativo «quien». Pueden distinguirse dos tipos de frases construidas con «cual» en este papel, según que el verbo sea predicativo o atributivo: 'Las llamas lamían el tronco cual lenguas de fuego. Las bodas fueron cual [o cuales] correspondían a su alcurnia'. En ambos, «cual» equivale a «como» y tiene significado cualitativo; pero en el primero es una partícula invariable, mientras que en el segundo puede funcionar, además de como invariable referida al verbo, como sujeto en plural de «correspondían», equivaliendo a «las que».

En frases de sabor anticuado, «cual», usado como relativo, tiene un papel más calificativo y se usa sin artículo: 'Sus ademanes eran cuales convenían a su dignidad. Algunos hombres malos, cuales tienen muchos los palacios'. Ahora, esta construcción se ha desdoblado: si no se hace hincapié en el valor calificativo de la oración, se emplea «que»: 'Sus ademanes eran los que correspondían a su dignidad'. Y si lo que se pretende es precisamente calificar la cosa de que se trata, se cambia la oración de relativo en una adverbial comparativa con «como»: 'Algunos hombres malos como hay muchos en los palacios'. El mismo valor cualitativo tiene «cual» en correlación con «tal» en expresiones anticuadas como 'las perdices eran tales cuales las podía pedir el más exigente'. En lenguaje moderno, en expresiones como ésta, «cual» y «tal» han perdido su valor de adjetivos y se han convertido en adverbios conjuntivos, poniéndose siempre en singular: 'Las perdices eran tal como las podía desear'. El valor cualitativo de «cual» se conserva hoy en lenguaje literario en frases comparativas en que sustituye a «como», refiriéndose al verbo del segundo término de la comparación, expreso o tácito: 'Huye cual [huye el] ciervo perseguido por el cazador'. En este uso puede «cual» ser correlativo de un adverbio de modo como «así» o «del mismo modo»: 'Cual realiza su presencia la dulce primavera, inadvertida, así tu amor entró en mi pecho'.

La determinación sobre la que interroga la pregunta introducida por «cuál» quedará hecha en la respuesta por un adjetivo calificativo o determinativo sustantivado o por una expresión que haga sus veces: '¿Cuál de los dos vestidos te gusta más? —El azul [o el que te pusiste ayer]'. En el caso de este ejemplo, o sea cuando el pronombre interrogativo lleva un complemento con «de» o «entre», el único pronombre posible es «cuál»; si bien, tratándose de personas, puede en algunos casos usarse «quién». En cambio, cuando no existe tal complemento, es más frecuente usar «qué» o «quién». Se puede decir «dime cuál color te gusta más» o «a cuál dependiente le compras»; pero es más frecuente decir 'qué color te gusta más' o 'a qué dependiente le compras'.

cualesquier o **cualesquiera** V. «cualquiera».

cualidad (del lat. «qualĭtas, -ātis») f. Cada *modo de ser una cosa por la cual es lo que es y como es: 'Las cualidades del hierro. Su cualidad distintiva es la simpatía'. ≃ Propiedad. ⊙ Cada posibilidad de cambio o de diferenciación entre ciertos seres: 'El tamaño es la cualidad a que se atiende principalmente para clasificar la fruta'. ≃ *Aspecto.

□ NOTAS DE USO

El nombre «cualidad» sirve, lo mismo que «calidad» o «condición», para formar expresiones con las cuales se sustituyen los nombres de cualidad: 'Bondad es la cualidad de bueno'; el empleo de tales expresiones es forzoso cuando, como ocurre muy frecuentemente en español, el nombre de cualidad correspondiente a cierto adjetivo no existe; por ejemplo, no existiendo nombre de cualidad correspondiente a «avieso», habrá que decir 'la cualidad de avieso'.

□ CATÁLOGO

Sufijos de nombres de cualidad, «-cia»: 'eficacia, malicia, elegancia'; «-dad»: 'maldad, ruindad'; «-dez»: 'pesadez, fluidez'; «-ería»: 'galantería'; «-eza»: 'crudeza'; «-ía»: 'alevosía, hombría'; «-icia»: 'malicia'; «-ismo»: 'heroísmo'; «-itud»: 'pulcritud'; «- or»: 'blancor'; «-tad»: 'lealtad'; «-ura»: 'blancura'. ➤ V. también los sufijos de formación de adjetivos. ➤ Accidente, adorno, airón, *aspecto, atributo, carácter, característica, categorema, distintivo, don, dotes, MANERA [o MODO] de ser, nota, *particularidad, peculiaridad, prenda, propiedad, no SÉ qué, título, valer, valía, valor, ventaja, virtud. ➤ Concreado, consustancial, cualitativo, distintivo, extrínseco, ingénito, *innato, intrínseco, peculiar, sobresaliente. ➤ Abstracto. ➤ Adquirir, heredar, tener. ➤ Apreciar, *atribuir, comunicar, diputar, dotar de, imputar, transferir. ➤ Adjetivar, calificar, clasificar, conceptuar, cualificar, tener por. ➤ Calaña, calidad, calimbo, casta, *clase, condición, especie, estofa, índole, jaez, laya, ley, linaje, madera, metal, naturaleza, pelaje, ralea, raza, suerte, tenor. ➤ Adjetivo, atributivo, calificativo, cualitativo, epíteto. ➤ Hombre de... ➤ Alhaja, de buenas CUALIDADES, dije, bien DOTADO, estuche, que da GUSTO, joya, majo, preciosidad, sol, que VALE lo que pesa. ➤ Pasarse de. ➤ *Cantidad. *Circunstancia. *Modo.

□ FORMAS DE EXPRESIÓN

Para asignar cualidades, además de los adjetivos, se emplean expresiones con «de» y el nombre de lo que la cosa tiene y le confiere la cualidad: en vez de 'hombre adinerado', se dice 'hombre de dinero', también, 'casa de lujo, hombre de recursos, persona de grandes virtudes'. También se puede emplear en la misma forma el nombre de la cualidad, pero se le añade siempre un adjetivo: 'Mujer de gran belleza'.

cualificación f. Aptitud profesional para determinada tarea.

cualificado, -a 1 *Participio de «cualificar».* **2** adj. Con cualificación profesional: 'Personal poco [o muy] cualificado'. ≃ Calificado. **3** (form.) Con autoridad en la materia o asunto de que se trata: 'Has de tener en consideración sus cualificadas opiniones'. ≃ Autorizado.

cualificar tr. *Calificar.*

cualitativo, -a adj. De [la] cualidad o de [las] cualidades: Diferencia [o cambio] cualitativo.

V. «ANÁLISIS cualitativo».

cualquier (pl. «cualesquier») adj. indef. Apóc. de «cualquiera», que se emplea delante de los nombres tanto femeninos como masculinos: 'Cualquier pelagatos. A cualquier hora del día'.

cualquiera (de «cual» y la forma verbal «quiera»; pl. «cualesquiera; apóc. «cualquier») **1** adj. y pron. indef. Se aplica a una cosa o una *persona indeterminada o indiferente en su género: 'Dame una silla cualquiera'. ⇒ Por ejemplo, mismo, el QUE más y el que menos, todo el QUE, quienquier[a], cada QUISQUE, todos. ➤ *Fulano, hulano, mengano, moya, perencejo, perengano, robiñano, sursuncorda, UNO de tantos. ➤ *EXPRESIÓN indeterminada. *Indeterminado. *Indiferente. *Persona. **2** A veces, significa una cosa de las expresadas por el nombre sin valor, sin importancia o no especial: 'Un trapo cualquiera me sirve'. ⇒ Quequier. **3** En exclamaciones, sirve para expresar la *duda de que alguien se atreva o pueda hacer cierta cosa que se expresa: '¡Cualquiera le dice nada con el genio que tiene! ¡Cualquiera arregla eso!'. **4** A veces, con nombres de tiempo, expresa *creencia, *esperanza, temor o *seguridad de que ocurra la cosa que se dice: 'Cualquier día aparecerá en tu casa'. **5** («Un [o Una]»; gralm. m.) n. Persona de poco valor o importancia: 'Ese médico es un cualquiera'. ⇒ Ser un don NADIE. **6** (inf.; «Una») f. Prostituta. V «cualquier COSA que, por cualquier COSA, ¡cualquiera lo DIRÍA!, cualquier DÍA, cualquier HIJO de vecino, de cualquier MANERA, de cualquier *MODO, en cualquier MOMENTO, a cualquier PRECIO, ¡cualquiera SABE!, cualquiera que SEA, en cualquier TIERRA de garbanzos».

☐ NOTAS DE USO

Puede ir antepuesto o pospuesto al nombre; en el primer caso, se apocopa en «cualquier»: 'Cualquier libro. Un libro cualquiera'. La forma plural «cualesquiera» se usa muy poco, pues el singular tiene el mismo significado: 'Cualquier ley es buena'. Menos todavía se usa la apócope «cualesquier».

cuan (del lat. «quam») adv. Con valor comparativo, equivaliendo a «tan... como» o «todo lo... que», se usa en la expresión «cuan largo»: 'Estaba tendido cuan largo era'.

☐ NOTAS DE USO

No hay razón gramatical para que «cuan» no se pueda usar con otros adjetivos y decir, por ejemplo, 'se mostró cuan estúpido es' (todo lo estúpido que es); pero no se usa en esta forma con significado comparativo, sino sólo, acentuado, con significado ponderativo.

«Cuan» se ha usado en frases comparativas con el significado de «como»: 'tan amigos de divertirse cuan enemigos de trabajar'; pero esta construcción es desusada.

cuán (del lat. «quam») adv. excl. Apóc. de «cuánto» que se antepone en lenguaje literario a un adjetivo o un adverbio, para expresar el alto grado en que se aplican: '¡Cuán diferente era todo entonces! Demostró cuán astuto era'.

☐ NOTAS DE USO

No se usa «cuán» con adjetivos o adverbios comparativos; no se dice, por ejemplo, 'cuán mejor es así'.

cuando (del lat. «quando») **1** adv. rel. Representa en una oración un tiempo del que se ha hablado en la anterior: 'El sábado es cuando más gente viene. Entonces es cuando conviene decírselo'. **2** Al suprimirse el antecedente, como ocurre también con los adverbios relativos semejantes («como, cuanto, donde»), toma funciones de conjunción, introduciendo oraciones que expresan el momento en que se realiza la acción del verbo de la oración principal: 'Cuando lleguemos a la estación te entregaré los billetes'. ⇒ A la [o lo] QUE, CUANDO quier [o quiera], deque, en cualquier MOMENTO que». ⊙ En lenguaje informal se deja muchas veces elíptico el verbo de la oración con «cuando»: 'Eso me pasó cuando niño. Nos conocimos cuando la guerra. Eso son historias de cuando los moros'. En todas estas expresiones puede «cuando» ser sustituido por una preposición: '...de niño, ...durante la guerra, ...del tiempo de los moros'. ⊙ En ocasiones, en lenguaje coloquial, con «cuando» se alude más al suceso mismo que al tiempo en que ocurre: '¿Te acuerdas cuando te reías de mí? ¿Te fijaste cuando le hizo un guiño?'. **3** conj. Con valor *adversativo, equivale a «siendo así que»: 'No sé cómo se atreve a censurarte, cuando él hace lo mismo. Me pide cuentas cuando soy yo quien tiene derecho a pedírselas a él'. **4** *Tiene también valor *concesivo en expresiones como 'no faltaría a la verdad cuando le fuera en ello la vida'.* **5** Equivale a «puesto que» en frases como 'cuando tú lo dices, verdad será'. **6** Hace de conjunción *inductiva en frases como 'cuando no dice nada es que le gusta'.

AUN CUANDO. Expresión *concesiva equivalente a «aunque». Puede construirse con subjuntivo o con indicativo: 'Aun cuando lo supiese, no lo diría. Aun cuando lo dice, no lo siente'.

V. «CADA y cuando».

CUANDO MÁS. Locución con que se expresa el *máximo de tiempo o de cualquier cosa que se calcula para algo: 'Cuando más, tardará cinco días'. ≃ Como MUCHO, CUANDO mucho.

CUANDO MENOS. Locución con que se expresa el *mínimo que se calcula para algo: 'Cuando menos, le habrá costado medio millón'. ≃ Como POCO, CUANDO poco.

CUANDO MUCHO. CUANDO más.

CUANDO NO. Expresión *hipotética equivalente a «si no»: 'Cuando no, aquí estoy yo para responder'.

CUANDO POCO. CUANDO menos.

DE CUANDO EN CUANDO. Algunas veces, dejando pasar algo de tiempo entre una y otra de las acciones de que se trata. ≃ De VEZ en cuando. ⇒ *Discontinuo.

V. «cuando el DIABLO no tiene quehacer..., cuando QUIERA, cuando el RÍO suena..., SIEMPRE [y] cuando, SIEMPRE [y] cuando que..., de VEZ en cuando».

☐ NOTAS DE USO

Si el antecedente de «cuando» es un nombre, éste precede inmediatamente a «cuando»: 'En julio, cuando más calor hace, nos vamos al campo'. Si la relación de tiempo expresada es tal que requiere preposición, en lenguaje moderno en vez de «cuando» se utiliza «que» con la preposición correspondiente; en lenguaje antiguo se empleaba «cuando»: 'Pasaron ya los tiempos / cuando lamiendo rosas / el céfiro bullía / y suspiraba aromas' (Lope de Vega, *Dorotea);* ahora se diría 'en que lamiendo rosas'. Únicamente se puede emplear «cuando» (o «el cual», pero nunca «que») con la preposición «para»: 'El tiempo para cuando lo esperamos'.

Forma oraciones que son respuesta a las interrogativas con «cuándo»: '¿Cuándo me vas a pagar? —Te pagaré cuando tenga dinero'. Expresa simultaneidad cuando ambos verbos son de acción durativa: 'Yo estudiaba ya cuando él era todavía un niño'. Si ambos son de acción instantánea, expresa que la del afectado por «cuando» precede inmediatamente a la del otro: 'Cuando amaneció, salimos del campamento'. Si uno es de acción instantánea y el otro de acción durativa, expresa que ambas acciones son simultáneas en el momento de realizarse la instantánea: 'Él estaba allí cuando yo entré'. Si la oración subordinada es la de acción durativa, se emplea «mientras» con preferencia a «cuando», a menos que se emplee la forma durativa del verbo: en vez de 'él entró cuando yo leía', se dice 'mientras yo leía' o 'cuando yo estaba leyendo'.

Una construcción intermedia entre la de «cuando» como adverbio y la de «cuando» como conjunción es ésta: 'Cuando más divertidos estamos, entonces tenemos que marcharnos'; en la cual ocurre como si el antecedente «entonces» volviese a aparecer después de haber sido suprimido y haberse invertido el orden de las oraciones.

Las oraciones con «cuando» no siempre tienen claramente carácter de subordinadas: 'Apenas habíamos salido de casa cuando empezó a llover'. En estos casos puede suprimirse «cuando» sin que apenas se altere el sentido: 'Apenas habíamos salido de casa empezó a llover'. Hay una ligera diferencia de matiz, pues en la primera forma se pone énfasis en la salida, y en la segunda en la lluvia.

cuándo (del lat. «quando») **1** adv. interr. y excl. Sirve para *preguntar por el tiempo en que ocurre algo, para referirse a la determinación de ese tiempo sin hacerla, o para mostrar cierto sentimiento, como impaciencia o admiración, en relación con la realización de cierta cosa: '¿Cuándo has llegado? No sé cuándo van a acabar. Si me dices cuándo vas a venir saldré a esperarte. ¡Cuándo llegará el día...! ¡Cuándo podía él haber soñado que conseguiría un empleo así!' **2** adv. *Tiene valor *distributivo en frases como 'siempre está riñendo: cuándo con motivo, cuándo sin él'.* **3** Puede usarse como nombre masculino: 'El cómo y el cuándo'.

¿DE CUÁNDO ACÁ? Expresión de asombro o *extrañeza por algo que se encuentra intolerable: '¿De cuándo acá son los hijos los que piden cuentas a los padres?'.

□ NOTAS DE USO

En la primera acepción, equivale a «en qué tiempo», lo que significa que lleva implícita la preposición «en» y, por esto, no se construye nunca con esta preposición. Pero sí se construye con otra cualquiera: '¿De cuándo es esa disposición? ¿Hacia cuándo piensas volver? ¿Para cuándo estará terminado?'.

cuanlote (Méj.) m. **Caulote (árbol tiliáceo).*

cuantía (de «cuanto») f. Cantidad, en el sentido de importancia o importe: 'Se desconoce la cuantía de las pérdidas. Es indiferente la cuantía de la deuda'. ⇒ Contía.

cuantiar (de «cuantía») tr. *Valorar ↘fincas.*

□ CONJUG. como «desviar».

cuántico, -a adj. FÍS. Se aplica a la teoría de los «cuantos», relativa al comportamiento de la *energía como magnitud discontinua, y a lo relacionado con ella o con los cuantos.

cuantidad (del lat. «quantĭtas, -ātis», cantidad; cient.) f. *Cantidad.*

cuantificable adj. Que se puede cuantificar.

cuantificación f. Acción de cuantificar.

cuantificar (de «cuanto[2]» e «-ificar») tr. Valorar numéricamente una ↘magnitud.

cuantimás (pop.) adv. Cuanto más.

CUANTIMÁS QUE (pop.). Tanto más cuanto que.

cuantiosamente adv. *Mucho. ≃ Abundantemente.

cuantioso, -a (de «cuantía») adj. Aplicado a cosas que suponen riqueza, *abundante: 'Tiene cuantiosos recursos naturales'. ⇒ Contioso.

cuantitativo, -a (del lat. «quantĭtas, -ātis») adj. Relacionado con la cantidad. 'Un estudio cuantitativo'.

V. «ANÁLISIS cuantitativo».

cuanto[1] (del lat. «quantum»; pl. «cuantos») m. FÍS. Cantidad mínima de energía emitida, propagada o absorbida de manera discontinua por la materia: 'Teoría de los cuantos'. ≃ CUANTO de acción, quanto, quantum.

CUANTO DE ACCIÓN. FÍS. Cuanto (cantidad mínima de energía).

cuanto[2], -a (del lat. «quantus») **1** adj., pron. y adv. rel. Equivale a todo el [o lo] o todo el que [o lo que]: 'Tendrás cuantas cosas desees. Consigue cuanto quiere'. ⊙ Se usa con los antecedentes «tanto» seguido de un nombre o «todo» usado en singular como neutro o en plural variable referido a personas: 'Emplearemos tantos obreros cuantos hagan falta. Tiene todo cuanto desea. Le quieren todos cuantos le tratan. Se enamora de todas cuantas ve'. **2** Puede suprimirse el antecedente «tanto» o «todo» y «cuanto» pasa a ser un nexo entre las dos oraciones, de manera semejante a lo que ocurre cuando los otros adverbios relativos se transforman en conjunciones, pero con la diferencia de que «cuanto» conserva su carácter de adjetivo y es variable: 'Tiene cuanto desea. Colocaremos cuantas mesas hagan falta'. **3** Desempeña también papel conjuntivo en presiones correlativas de *comparación: 'Cuanto antes te vayas, antes volverás. Cuantos más deseos muestres, menos te lo dará. Cuantos más vayamos, mejor lo pasaremos'. Como se ve en los ejemplos, «cuanto» hace aquí de adverbio, aplicado a «antes»; de adjetivo, aplicado a «deseos»; y de pronombre, equivaliendo a «cuantas más personas», como sujeto de «vayamos». **4** Perdido el valor correlativo de la construcción anterior, sigue haciendo papel conjuntivo en oraciones como 'ven cuanto antes puedas', la cual equivale a 'ven lo antes que puedas'. ⊙ Y puede dejarse elíptico el verbo «poder», con lo que resultan expresiones de uso frecuentísimo de la forma «escribe cuanto antes, procura llegar cuanto más tarde», las cuales equivalen a «escribe lo antes posible, procura llegar lo más tarde posible».

CUANTO A. En cuanto a.

CUANTO MÁS. Se emplea para expresar *correlación entre el aumento de una cosa y el aumento o disminución de otra en las frases siguientes: 'cuanto más... más, cuanto más... menos, cuanto más... tanto más, cuanto más... tanto menos, cuanto menos... más, cuanto menos... menos, cuanto menos... tanto más, cuanto menos... tanto menos'.

V. «DECIR cuántas son tres y dos».

EN CUANTO. **1** *Inmediatamente *después de hacer o de que ocurra lo que se expresa: 'Me levanté en cuanto amaneció'. ⇒ Deque. **2** *Como: 'Dios en cuanto creador. Tu padre en cuanto cabeza de familia'. ≃ En calidad de.

EN CUANTO A. **1** Expresión equivalente a «en *relación con», con la que el que habla pasa a *referirse a algo distinto de aquello de que venía hablando. **2** Como, considerando en la calidad que se expresa el adjetivo que sigue: 'En cuanto a sinvergüenza no le gana nadie'. ≃ Cuanto a. ⇒ Apénd. II, RELATIVO.

NO SÉ CUÁNTOS. Expresión informal empleada para sustituir un nombre de *persona que se ignora: 'Un Sr. no sé cuántos'. ⇒ *EXPRESIÓN indeterminada.

POR CUANTO. Expresión *causal equivalente a «puesto que»: 'No es cierto que estuviste allí, por cuanto no sabes lo que ocurrió'.

V. «TANTO más cuanto que».

UNOS CUANTOS. *Algunos: 'Me indicó unos cuantos libros'.

□ NOTAS DE USO

En expresiones relativas, en lenguaje coloquial, es mucho más natural el empleo de «todo [-a, -os, -as]», seguido de «el [la, los, las] que» en vez de «cuanto»: 'Emplearemos todos los obreros que hagan falta. Tiene todo lo que desea', etc. La sustitución de «cuanto» por «todo lo que» está especialmente indicada cuando hay delante una preposición: mucho más natural que «se atreve con todo cuanto le ponen delante» es «se atreve con todo lo que le ponen delante».

Hay que advertir que el adverbio «cuanto» en expresiones correlativas ('cuanto más...más...; cuanto menos...menos...'; etc.) es sustituido con frecuencia por «mientras» o «contra»; el primero de estos adverbios, popular, o, por lo menos, familiar; y el segundo, no admisible en lenguaje correcto.

cuánto, -a **1** adj., pron. y adv. interr. y excl. Sirve para preguntar sobre la cantidad de algo o para ponderarla: '¿Cuántos días nos quedan? ¿Cuántos han venido? ¡Cuántos pájaros! ¡Cuánto falta todavía!' ⇒ *Cantidad, qué. **2** m. Equivale a «cantidad»: 'Lo que me importa es el cuánto'.

A CUÁNTO. Equivale en preguntas a «¿a qué precio?».

□ NOTAS DE USO

Como adverbio es invariable y puede preceder a un verbo, a un adjetivo o a un adverbio: '¡Cuánto trabajas! ¿Cuánto más de prisa podemos ir?'.

Como adjetivo es variable y se refiere a un nombre: '¿Cuántos años tienes? ¡Cuánta gente!'.
Hace de pronombre cuando se refiere a personas y el nombre queda implícito en «cuántos»: '¿Cuántos vienen a comer? Veamos cuántos faltan'.
Delante de un adjetivo o un adverbio que no sea «más» o alguno de los comparativos orgánicos como «mayor» o «peor», «cuánto» se transforma en «cuán» en lenguaje literario o en «qué» o «cómo» en lenguaje corriente: '¡Cuán difícil es contentar a todos! ¡Qué guapa estás! ¿Cómo de largo era el lápiz?'. Delante de nombres que expresan magnitud, en vez de «cuánto» interrogativo se emplea «qué»: '¿Qué longitud tiene la cuerda? ¿Qué número de obreros necesitas? ¿Qué edad tiene tu padre?'. A veces, esta construcción se traslada a otros casos de sentido semejante: '¿Qué años tenías entonces?'.

cuaquerismo m. Movimiento religioso de los cuáqueros. ≃ Cuakerismo.

cuáquero, -a (del ingl. «quaker», tembloroso) adj. y n. Se aplica a los individuos de una secta protestante fundada en el siglo XVII por Jorge Fox, llamada así por los temblores que agitaban a sus primeros adeptos en la exaltación religiosa de sus reuniones. Se caracteriza por la poca carga dogmática, la importancia dada a la moral y la caridad, y la falta de clero; el culto se reduce a reuniones en el local social, en las cuales se medita, y habla para los demás cualquiera que cree que tiene algo edificante que comunicarles, y a la celebración de sínodos. ≃ Cuákero.

cuarango (de or. quechua; Perú; *Cinchona officinalis)* m. *Árbol rubiáceo, una de las especies de quino más apreciadas.* ⇒ *Planta.

cuarcífero, -a adj. GEOL. *Que contiene cuarzo.*

cuarcita f. *Roca granular compacta, compuesta de cuarzo.

cuarenta (del lat. «quadraginta») adj., pron. y n. m. Número cardinal equivalente a cuatro veces diez. En la numeración arábiga se representa por «40» y en la romana por «XL». ⇒ Apénd. II, NÚMERO CARDINAL. ⊙ adj. Puede usarse como ordinal.

LAS CUARENTA. («Hacer [o Cantar]; en bastos [copas, etc.]») Lance de algunos juegos de *baraja que consiste en reunir un jugador el rey y el caballo o, según los casos, la sota, del palo que es triunfo, con lo cual gana cuarenta puntos.

CANTAR LAS CUARENTA **1** (inf.). Decir claramente a alguien las quejas que se tienen de él. ⇒ *Reprochar, *verdades. **2** (inf.) Obtener un triunfo resonante.

DE LOS CUARENTA PARA ARRIBA NO TE MOJES LA BARRIGA (inf.). Frase con que se aconseja moderar los esfuerzos físicos a los que han cumplido cuarenta años.

V. «las cuarenta HORAS, TREINTA y cuarenta».

cuarentavo, -a adj. y n. m. Numeral partitivo correspondiente a «cuarenta». ≃ Cuadragésimo.

cuarentén m. **Madero del marco de Cataluña y Huesca, de 40 palmos de longitud, 3 de tabla y 2 de canto.*

cuarentena **1** (numeral colectivo) f. Conjunto de cuarenta unidades o de cuarenta cosas: 'Una cuarentena de hombres'. **2** Espacio de *tiempo de cuarenta días, meses o años. **3** *Cuaresma.* **4** *Espacio de tiempo que permanecen en el lazareto los viajeros procedentes de un lugar en que hay alguna *epidemia.* ⊙ Periodo de aislamiento preventivo por razones sanitarias de personas o animales. ⊙ Situación de observación en que se mantiene algo o a alguien antes de admitirlo en cierta cosa o como bueno o verdadero. **5** *Cuadragésima parte.*

PONER EN CUARENTENA. No tomar por cierta inmediatamente cierta noticia que se recibe. ≃ Poner en *duda.

cuarenteno, -a (ant.) adj. *Cuadragésimo (ordinal).*

cuarentón, -a adj. y n. Se aplica a la persona que tiene alrededor de cuarenta *años. ⇒ *Edad.

cuaresma (del lat. «quadragesĭma») **1** f. Periodo de cuarenta y seis días que comprende desde el miércoles de ceniza hasta el sábado santo, ambos inclusive, durante el cual se guardan ayunos y vigilias. ⇒ Cuadragésima, cuarentena, vieja. ➤ DOMINGO de piñata, DOMINGO de ramos, MIÉRCOLES de ceniza, MIÉRCOLES corvillo, *SEMANA Santa. ➤ *Ayuno, ceniza, miserere. ➤ Hornazo, piñata. ➤ Ramadán. ➤ *Carnaval. **2** *Conjunto de sermones para cuaresma.* ≃ Cuaresmario.

cuaresmal adj. De la cuaresma.

cuaresmar (ant.) intr. *Observar las prácticas devotas propias de la cuaresma.*

cuaresmario m. *Cuaresma (conjunto de sermones).*

cuark m. FÍS. Variante ortográfica de «quark».

cuarta **1** f. *Cuarto o cuarta parte.* **2** Longitud que se abarca con la mano extendida, entre el extremo del dedo pulgar y el del meñique. ≃ *Palmo. **3** **Madero de 11 a 25 pies de largo, 9 pulgadas de tabla y otras 9 de canto, marco de Burgos y Valladolid.* **4** *Cuartera (*madero).* **5** (And.) **Mula que va de guía en los coches.* **6** (Hispam.) **Látigo corto para las caballerías.* **7** (Méj.) *Disciplina (utensilio para *azotarse).* **8** ASTRON. *Cuadrante de la Eclíptica o del Zodíaco.* **9** MAR. *Cada una de las 32 divisiones de la *rosa náutica.* **10** (ant.) MIL. *Sección formada por la cuarta parte de una compañía de infantería, a las órdenes de un oficial o un sargento.* **11** MÚS. Intervalo de dos tonos y un semitono mayor, o sea el que hay entre una nota y la cuarta anterior o posterior a ella en la escala. **12** *En el juego de baraja de los *cientos, reunión de cuatro cartas de numeración seguida y del mismo palo; se denominan por la carta primera de ellas:* 'Cuarta al tres [al cuatro, etc.]'; *la que empieza por el as se llama «cuarta mayor»; y la que contiene al rey, «cuarta real».* **13** *Encuarte (*caballería o yunta que se añade a un tiro para reforzarlo).*

CUARTA TREBELÁNICA [o TREBELIÁNICA]. *Derecho que tenía el «heredero fiduciario» a retener para sí la cuarta parte de la herencia que le había sido confiada por el testador para transmitirla a otro.*

DE [o EN] CUARTAS y DE SOBRE CUARTAS. *Se designan así, respectivamente, los dos pares de mulas que siguen en primero y segundo lugar a las del tronco, para distinguirlas de las restantes si las hay.* ⇒ *Tiro.

cuartago (¿del fr. «courtaud», persona o animal de poca estatura?) **1** m. **Caballo de tamaño mediano.* **2** *Caballo de poca alzada.* ≃ *Jaca.

cuartal m. *Se aplica a algunas cosas que son la cuarta parte de otras de la misma clase que se consideran.* ⊙ *Pieza de *pan.* ⊙ *Medida de capacidad para áridos equivalente a la cuarta parte de la fanega, o sea 5,6 litros.* ⊙ *Duodécima parte de una cuartera.* ⊙ (Zar.) *Medida de *superficie agraria equivalente a 2,384 áreas.*

cuartamente (ant.) adv. *En cuarto lugar.*

cuartán (de «cuarto») **1** (Gerona) m. *Medida de *capacidad para áridos equivalente a 18,08 litros.* **2** (Barc.) *Medida para *aceite, equivalente a 4,15 litros.*

cuartanal adj. De [las] cuartanas.

cuartanario, -a **1** adj. *Afectado de cuartanas.* **2** *Cuartanal.*

cuartanas (del lat. «quartāna») adj. y n. f. pl. Se aplica a unas fiebres, variedad de *paludismo, que dan cada cuatro días.

cuartar tr. AGRIC. **Labrar por cuarta vez las ↘tierras, para sembrarlas.*

cuartazo (Méj.) m. **Golpe dado con la cuarta (*látigo o disciplina).*

cuartazos (inf.) m. *Hombre *corpulento, de aspecto *descuidado, y *perezoso.*

cuarteado, -a Participio de «cuartear[se]». ⊙ adj. Con resquebrajaduras: 'Una pared cuarteada'. ⊙ Aplicado a los objetos de *cerámica, con el esmalte resquebrajado. ⇒ Craquelado.

cuarteador (Arg.) m. *Encuarte (*caballería o yunta que se añade a un tiro para reforzarlo).*

cuarteamiento m. Acción y efecto de cuartear[se].

cuartear 1 tr. **Dividir una ↘cosa en cuatro trozos o partes iguales.* **2** **Descuartizar.* **3** prnl. *Agrietarse un *muro, el techo, etc. ⊙ *Agrietarse el esmalte de un objeto de *cerámica con grietas entrecruzadas. **4** tr. *Andar haciendo eses en un ↘camino en pendiente, para suavizar la subida o bajada.* ≃ Zigzaguear. **5** *Unirse a otros tres jugadores para completar el número de cuatro necesarios para algún ↘*juego.* **6** (Méj.) *Golpear a ↘alguien con la cuarta o *látigo.* **7** (Hispam.) *Encuartar un ↘vehículo.* **8** prnl. y, menos frec., intr. TAUROM. Encorvar el banderillero el cuerpo al hincar las banderillas, para evitar los cuernos del toro. ⇒ Cuarteo. **9** (Méj.) prnl. *Echarse atrás, acobardarse.*

cuartel (del fr. «quartier») **1** m. *Cuarta *parte.* **2** Cada una de las cuatro partes en que se dividen ciertas cosas, como una superficie, un terreno o una *población. ⊙ Cada una de las partes en que se dividen esas mismas cosas, aunque no sean cuatro. ⊙ HERÁLD. *Cada una de las cuatro partes de un escudo dividido por una cruz.* ⊙ HERÁLD. *Cualquiera de las divisiones de un escudo.* **3** *Cuadro de un *jardín.* **4** *Porción de un *terreno acotada para cierto objeto.* **5** (sing. o pl.) MIL. Lugar donde se concentra, acampa o se retira a descansar un ejército. **6** MIL. *Alojamiento que se señalaba a las tropas en los pueblos, al retirarse de campaña.* **7** MIL. *Tributo que pagaban los pueblos para el alojamiento de los soldados.* **8** *Edificio destinado a alojamiento de tropa. ⇒ CASA cuartel, cuadra, CUARTO de banderas. ➤ Acuartelar. **9** (inf.) *Con respecto a alguien determinado, sitio donde *habita.* **10** MAR. *Armazón de tablas con que se tapa una escotilla, una cañonera, etc., de un *barco.* **11** LITER. *Cuarteto de versos.*

CUARTEL GENERAL. MIL. Lugar donde está establecido el estado mayor de un ejército. ⊙ Lugar donde se establece la sede de una organización, por ejemplo de un partido político.

C. DE LA SALUD (hum.). MIL. **Refugio de cualquier clase, buscado por un *soldado para eludir pelear.*

FRANCO CUARTEL. HERÁLD. *Primer cuartel del escudo o cuartel diestro del jefe, cuando es menor de la cuarta parte del escudo, o sea más pequeño que el verdadero «cuartel».*

DAR CUARTEL. MIL. Usado generalmente en frases negativas, significa ofrecer condiciones *benévolas al enemigo para que se rinda. ⊙ Se usa también en sentido figurado. ⇒ GUERRA sin cuartel.

DE CUARTEL. **1** («Estar») MIL. *Situación del militar graduado que no estaba prestando servicio.* **2** MIL. *Se dice de la paga, disminuida, que cobraba el militar en esa situación.*

NO DAR CUARTEL. V. «dar CUARTEL».

SIN CUARTEL. Sin dar CUARTEL.

cuartelada (de «cuartel»; desp.) f. Sublevación militar.

cuartelado, -a 1 *Participio adjetivo de «cuartelar».* **2** m. *Escudo acuartelado.* ⇒ Contracuartelado.

cuartelar tr. HERÁLD. *Dividir un ↘escudo en cuarteles.*

cuartelazo (Hispam.) m. *Cuartelada.*

cuartelero, -a 1 (gralm. desp.) adj. De [o como de] cuartel: 'Lenguaje cuartelero'. **2** m. *Marinero especialmente dedicado a cuidar los equipajes.* **3** MIL. *Soldado que cuida del aseo y seguridad del dormitorio en los cuarteles.

cuartelillo m. MIL. Edificio en que se aloja una sección de soldados. ⊙ Particularmente, el de la guardia civil.

cuarteo m. Acción y efecto de cuartear[se] en cualquier acepción. ⊙ *También, *esguince; como el que hace el banderillero al cuartearse.*

cuartera (del cat. «quartera») **1** f. *Medida de *capacidad para áridos usada en Cataluña, equivalente a unos 70 litros.* **2** AGRIC. *Medida de *superficie agraria de Cataluña, equivalente a algo más de 36 áreas en la mayor parte del país.* **3** **Madero de dimensiones variables, la más corriente 15 pies de longitud, 8 pulgadas de tabla y otras tantas de canto.* ≃ Cuarta.

cuarterada (del cat. «quarterada») f. AGRIC. *Medida de *superficie agraria de las islas Baleares, equivalente a 7.103 m².*

cuartero, -a (del lat. «quartarĭus»; And.) n. *Persona a quien se encarga la cobranza de los granos que los cortijeros están obligados a dar al dueño del cortijo, generalmente la cuarta parte de la cosecha.*

cuarterola 1 f. *Barril que tiene de cabida la cuarta parte de un «tonel».* **2** *Medida de *capacidad para líquidos equivalente a la cuarta parte de una «bota».* **3** (Chi.) **Arma de fuego menor que la tercerola, usada por los soldados de caballería.*

cuarterón[1] (del lat. «quartarĭus») adj. y n. *Mestizo de español y mestizo indio. ≃ Cuatratuo. ⊙ Mestizo de mulato y blanco.

cuarterón[2], -a (del fr. «quarteron») **1** m. *Cuarta *parte.* **2** *Peso equivalente a la cuarta parte de una libra. No se emplea ya como medida pero, en cambio, se aplica aún a determinada cantidad empaquetada de ciertas cosas: 'Un cuarterón de tabaco'. **3** CARP. *Cada uno de los cuadrados o paneles que quedan entre los peinazos de las *puertas y *ventanas.* **4** **Postigo de ventana.* **5** (ant.) m. HERÁLD. *Cuartel.*

cuarteroncillo m. *Paquete de *tabaco más pequeño que el cuarterón.*

cuarteta (del it. «quartetta») **1** f. LITER. *Estrofa formada por cuatro versos de arte menor.* ≃ Redondilla. ⊙ LITER. *Combinación métrica de cuatro versos octosílabos con rima asonante en el segundo y el último.* ⇒ Cuartilla. ⊙ LITER. Estrofa formada por cuatro versos de arte menor que riman el primero con el tercero y el segundo con el cuarto. ⇒ Redondilla. **2** LITER. *Cualquier estrofa de cuatro versos.*

cuarteto (del it. «quartetto») **1** m. LITER. Combinación métrica de cuatro versos endecasílabos o de arte mayor con rima consonante o asonante. ⇒ Cuartel, serventesio. ⊙ LITER. Particularmente, estrofa formada por cuatro versos de arte mayor que riman en consonante el primero con el último y el segundo con el tercero. **2** MÚS. *Conjunto musical de cuatro voces o de cuatro instrumentos, generalmente de cuerda (dos violines, una viola y un violoncelo). ⊙ MÚS. Composición musical para ser *cantada a cuatro voces o tocada con cuatro instrumentos.

cuartilla (dim. de «cuarta») **1** f. Hoja de *papel de escribir de la cuarta parte del tamaño de un pliego. **2** (gralm. pl.) Escrito; particularmente, el destinado a ser publicado en un periódico: 'Cuando estas cuartillas vean la luz...' **3** *Me-*

*dida de *capacidad para áridos, cuarta parte de una fanega, equivalente a 13,87 litros.* **4** *Medida de *capacidad para líquidos, cuarta parte de la cántara.* **5** **Peso equivalente a la cuarta parte de una arroba.* **6** *Antigua *moneda mejicana de plata, que valía la cuarta parte de un real fuerte.* **7** *Parte que está entre los menudillos y la corona del casco de una *caballería.* ⇒ Cerruma, cerruma, trabadero. **8** (ant.) *Cuarteta.*

CUARTILLA PARTIDA. *Fractura de la segunda falange del caballo.*

cuartillero m. *Empleado de la redacción de un *periódico, encargado de traer a ella los originales (generalmente escritos en cuartillas).*

cuartillo (dim. de «cuarto») **1** m. Medida de *capacidad para líquidos, cuarta parte de un azumbre, equivalente a 0,504 litros. Se usaba para medir la *leche. **2** *Medida de *capacidad para áridos, cuarta parte de un celemín, equivalente a 1,156 litros.* **3** **Moneda de vellón ligada con plata, de Enrique IV de Castilla, que valía la cuarta parte de un real, o sea ocho maravedís y medio.*

cuartilludo adj. *Se aplica a las *caballerías que tienen largas las cuartillas.*

cuartizo m. *Cuartón (madero).*

cuarto, -a (del lat. «quartus») **1** adj. y n. Numeral ordinal y partitivo correspondiente a «cuatro»: 'Está el cuarto en la cola. El cuarto lugar. La cuarta parte de una naranja. Un cuarto de litro. Tres cuartos'. ⇒ Cuaderna, cuartel, cuarterón. **2** m. Cada una de las cuatro partes en que se divide un *ave, cada una con una pata o una ala: 'Un cuarto de gallina'. ⇒ *Descuartizar. **3** V. «CUARTO delantero» y «CUARTO trasero». **4** (pl.) Miembros de un animal. ⊙ Si no se especifica, se entiende «miembros bien proporcionados»; particularmente, refiriéndose a un *caballo. **5** *Cada una de las partes en que se dividía el cuerpo de los malhechores, después de cortada la cabeza, para exponerlas en distintos sitios.* ⇒ Descuartizar. **6** («En») Tamaño de *papel, de *libros, etc., de la cuarta parte del pliego. **7** *Cada una de las cuatro piezas de que suele componerse un vestido: dos delanteros y dos espaldas.* **8** *Cada una de las porciones (no necesariamente cuatro) en que se divide una extensión grande de terreno para vender los *pastos.* **9** *Cada una de las cuatro líneas de *antepasados correspondientes a los cuatro abuelos.* ⇒ *Genealogía. ⊙ *Por extensión, cualquier línea que se considera, correspondiente a un antepasado.* ⇒ Costado. **10** MIL. *Cada una de las cuatro partes en que se dividía la noche antiguamente para las *guardias.* **11** MIL. *Cada una de las secciones en que se divide la fuerza que tiene a su cargo una *guardia, para relevarse.* ⊙ MIL. *Tiempo que cada una de esas secciones está de vigilancia.* ⊙ MIL. *Tiempo que está de centinela un soldado.* **12** V. «CUARTO de Luna». **13** **Moneda de cobre española antigua, equivalente a unos tres céntimos de peseta.* **14** (inf.; pl.) *Dinero: 'Es hombre de muchos cuartos'. **15** *Habitación. ⊙ A algunas de ellas se les aplica como nombre particular: 'Cuarto de baño [de estar, de la plancha, etc.]'. **16** En algunos sitios, piso (*vivienda); particularmente, si es modesto: 'Viven en un cuarto interior'. **17** Conjunto de los servidores adscritos a la persona del *rey: 'Cuarto militar. Cuarto civil'. ≃ Casa. **18** VET. *Grieta longitudinal que se les hace a veces a las *caballerías en el casco.* **19** f. Cuarta velocidad de un vehículo.

CUARTO DE ASEO. En un piso o vivienda, departamento con servicios de higiene más pequeño que el cuarto de baño, con ducha en vez de éste, o sin ella.

C. DE BANDERAS. MIL. Sala de los *cuarteles en donde se custodian las banderas, que suele ser también lugar de reunión de los oficiales.

C. DE BAÑO. Cuarto de las casas en que está la bañera, el lavabo, el retrete y otros servicios de higiene.

C. CIVIL. V. «cuarto» (conjunto de los servidores adscritos a la persona del rey).

C. DE CONVERSIÓN. ESGR. *Movimiento que se realiza haciendo girar el brazo un cuarto de círculo.*

C. DE COSTURA. *Habitación destinada en una casa a la costura.

C. CRECIENTE. V. «CUARTO de Luna».

C. DE CULEBRINA. ARTILL. Sacre (pieza de *artillería).

C. DELANTERO. Parte anterior del cuerpo de los animales; particularmente, de las caballerías y las reses. ⇒ Espaldilla.

C. DE DESAHOGO. CUARTO trastero.

C. DE ESTAR. *Habitación de las casas en donde la familia pasa la mayor parte del tiempo. ⇒ Living.

C. DE HORA. Periodo de *tiempo de quince minutos, o sea la cuarta parte de una hora.

C. DE LUNA. Cada una de las cuatro posiciones de la *Luna cuando las rectas trazadas desde la Tierra a ella y al Sol forman ángulos de 90º, 180º, 270º y 0º. Las posiciones de 0º y 180º coinciden con la «luna nueva» y la «luna llena», respectivamente, y suelen llamarse así y no «cuartos». Las posiciones de 90º y 270º se llaman, respectivamente, «cuarto creciente» y «cuarto menguante», porque, en la primera, la Luna está a mitad de camino para convertirse de luna nueva en llena y, en la segunda, ocurre a la inversa. ⇒ Fase.

C. MAYOR. AGRÁF. *Tamaño de *papel o de *libros algo mayor que el cuarto ordinario.*

C. MENGUANTE. V. «CUARTO de Luna».

C. MENOR. AGRÁF. *Tamaño de *papel o de *libros algo menor que el cuarto ordinario.*

C. MILITAR. V. «cuarto» (conjunto de los servidores adscritos a la persona del rey).

C. OSCURO. **1** Departamento de las *casas sin luz natural, que se destina a «cuarto trastero». **2** Cuarto en que es posible tener una oscuridad absoluta, que se emplea principalmente en operaciones fotográficas.

C. DE LA PLANCHA. *Habitación destinada en las casas al planchado de la ropa.

C. ROPERO. Departamento en las *casas destinado a guardar las ropas de todas clases.

C. TRASERO. Parte posterior del cuerpo de algunos animales; particularmente, de las *caballerías. ⇒ Rabada.

C. SANITARIO (Col.). **Retrete.*

C. TRASTERO. Departamento de las *casas en donde se ponen las cosas en desuso. ≃ CUARTO de desahogo. ⇒ CUARTO oscuro.

C. VIGILANTE. MIL. *Fuerza que está en cada *guardia dispuesta a tomar las armas, además de la que está de centinela.*

CUARTOS DE FINAL. Fase de una competición en la que se enfrentan dos a dos ocho participantes, entre los cuales quedarán los cuatro semifinalistas. ⇒ *Campeonato.

CUATRO CUARTOS (desp.). Algún *dinero: 'Tiene cuatro cuartos y se cree que es alguien'.

DAR UN CUARTO [O TRES CUARTOS] AL PREGONERO. *Publicar las cosas que ocurren en la intimidad y que conviene tener reservadas.

DE TRES AL CUARTO. De poca *categoría: 'Un abogadillo de tres al cuarto'. ⇒ *Insignificante.

ECHAR alguien SU CUARTO A ESPADAS. *Intervenir en una *conversación o dar su *opinión en un asunto.

NO TENER UN CUARTO. No tener nada de dinero. ⇒ Pobre.

V. «cuarta PARTE, poner las PERAS a cuarto».

PONER CUARTO. **Instalar una vivienda amueblándola, etc., para habitarla.* ≃ Poner casa.

PONER CUARTO a alguien. *Alquilar, amueblar, etc., una vivienda para la persona de que se trata.* ⊙ *Particularmente, para una mujer con la que se mantienen relaciones irregulares.*

V. «a la cuarta PREGUNTA».

¡QUÉ... NI QUÉ OCHO CUARTOS! (inf.). Exclamación malhumorada con que se *rechaza una pretensión o una manifestación de otro: '¡Qué mala intención ni qué ocho cuartos!'. ⇒ ¡Qué... ni qué NIÑO muerto! ➤ *Negar.

TRES CUARTOS. Se aplica a cosas que tienen o abarcan aproximadamente las tres cuartas partes de la longitud usualmente completa: 'Retrato [abrigo, manga] tres cuartos'. ⊙ Particularmente, abrigo tres cuartos: 'Un tres cuartos'.

TRES CUARTOS DE LO MISMO (inf.). Igual: 'Ese chico es un caradura, y su hermano, tres cuartos de lo mismo'.

UN CUARTO. Se emplea en frases negativas para expresar la falta absoluta de *dinero: 'Estoy sin un cuarto'. ≃ Una perra.

cuartodecimano, -a (del lat. «quartodecimānus») adj. y n. *Se aplica a ciertos *herejes que colocaban la pascua en la luna de marzo, aunque no cayese en domingo, y a su doctrina.*

cuartogénito, -a (de «cuarto» y «-génito») adj. y n. *Nacido en cuarto lugar.*

cuartón (de «cuarto») **1** m. **Madero que resulta de serrar en cuatro partes, con cortes que forman cruz, una pieza enteriza. En Madrid suele tener 16 pies de largo, 9 dedos de tabla y 7 de canto.* ≃ Abitaque, cuartizo. **2** *Madero de construcción.* **3** *Trozo de tierra de cultivo; se le aplica particularmente si es cuadrangular.* ≃ *Campo, cuartel. **4** *Cierta medida de *capacidad para líquidos.*

cuartucho m. Desp. frec. de «cuarto». ⇒ *Cuchitril.

cuarzo (del al. «quarz») m. Mineral (*sílice anhidra) muy abundante, de colores muy variados, tan duro que raya el acero. En el granito es el componente de color blanco. El cuarzo cristalizado se presenta en prismas hexagonales y es el «cristal de roca».

CUARZO ROSADO. Variedad de este color debido probablemente a una pequeñísima proporción de titanio. El color se destruye exponiéndolo a la luz natural intensa.

cuásar m. ASTRON. Variante ortográfica de «quásar».

cuasi (ant. y pop. en algunos sitios) adv. *Casi.* ⊙ Se emplea en forma prefija para significar que el nombre es aplicado a la cosa de que se trata por aproximación: 'cuasicontrato, cuasidelito'.

cuasia *(Quassia amara)* f. *Planta simarubácea de corteza y raíz medicinales.

cuasicontrato (de «cuasi» y «contrato») m. DER. *Acto del que se derivan derechos u obligaciones recíprocos.* ⇒ *Contrato.

cuasidelito (de «cuasi» y «delito») m. DER. *Acción que, ejecutada sin intención de perjudicar, resulta sin embargo perjudicial para alguien y crea responsabilidad para el ejecutante,* ⊙ DER. *Acción ajena de la que alguien debe *responder por alguna causa.* ⇒ *Tribunal.

Cuasimodo (de las palabras latinas «Quasi modo», con que comienza el introito de la misa este domingo) V. «DOMINGO de Cuasimodo».

cuate (del nahua «cóatl», serpiente o mellizo) **1** (Méj.) adj. y n. **Gemelo (hermano).* **2** (Méj.) adj. *Muy semejante a otra cosa determinada.* **3** (Guat., Méj.) adj. y n. *Camarada, amigo.*

cuatequil (Méj.) m. **Maíz.*

cuaterna (del lat. «quaterna») f. *Suerte del juego de *lotería de cartones que consistía en que un jugador reuniera en la combinación de números que él tenía cuatro de los que habían salido.*

cuaternario, -a (del lat. «quaternarĭus») **1** adj. Se aplica a lo que consta de cuatro unidades de la cosa de que se trata. **2** adj. y n. m. GEOL. Se aplica al periodo geológico más moderno, en el cual aparece la especie humana, y a sus cosas.

cuaternidad (del lat. «quaternĭtas, -ātis») f. *Conjunto de cuatro personas o cosas.*

cuaterno, -a (del lat. «quaternus») adj. *Compuesto de cuatro cifras o números.*

cuatezón, -a (del nahua «cuatezón», pelón; Méj.) adj. *Se aplica al animal que, siendo de especie que tiene *cuernos, no los tiene.*

cuatí (de or. guaraní; Am. S.) m. *Coatí.*

cuatorceno (ant.) adj. *Catorceno.*

cuatorvirato (del lat. «quattuorvirātus») m. *Dignidad de cuatorviro.*

cuatorviro (del lat. «quattuorvir, -ĭri») m. **Magistrado *romano de los cuatro elegidos de entre los decuriones, que presidía el gobierno de la ciudad en los municipios y colonias.*

cuatralbo, -a 1 adj. *Se aplica al animal que tiene blancos los cuatro pies.* **2** m. *Jefe o cabo de cuatro *galeras.*

cuatrañal (ant.) adj. *Cuadrienal.*

cuatratuo, -a adj. *Cuarterón (*mestizo).*

cuatrega (ant.) f. *Cuadriga de *caballos.*

cuatreño adj. y n. *Se aplica al *ternero de cuatro años.*

cuatrero (de «cuatro», por alusión a los pies de las bestias) adj. y n. m. Se aplica al *ladrón de animales; particularmente, de caballos. ⇒ Abigeo, ATAJADOR de ganado.

cuatri- V. «cuadri-».

cuatricromía (de «cuatri-» y el gr. «chrôma», color) f. AGRÁF. Técnica de impresión en la que se utilizan los tres colores de la tricromía más un color neutro (negro, gris o pardo).

cuatridial (de «cuatro» y «día»; ant.) adj. *Cuatriduano.*

cuatriduano, -a (del lat. «quatriduānus») adj. *De cuatro días.* ≃ Cuatrodial.

cuatrienal adj. Se aplica a las cosas que se repiten cada cuatro años o que duran cuatro años. ≃ Cuadrienal.

cuatrienio m. Periodo de cuatro años. ≃ Cuadrienio.

cuatrillizo, -a (de «cuatri-» y «mellizo») adj. y n. Nacido en un parto cuádruple.

cuatrillo m. *Juego de *baraja semejante al tresillo, que se juega entre cuatro personas.* ≃ Cascarela. ⇒ Cascarón, pozo. ➤ Zanga.

cuatrillón m. Un millón de trillones, que se expresa por la unidad seguida de veinticuatro ceros. En lenguaje corriente tiene poca aplicación y, en matemáticas, se expresa más bien por 10^{24} (10 elevado a 24).

cuatrimestral adj. Se aplica a lo que dura un cuatrimestre. ⊙ Y a lo que se hace u ocurre cada cuatro meses.

cuatrimestre (del lat. «quadrimestris», influido por «cuatro») m. Espacio de *tiempo de cuatro *meses.

cuatrimotor adj. y n. m. Se aplica al *avión provisto de cuatro motores.

cuatrín (de «cuatro») m. *Cierta *moneda española antigua de poco valor.*

cuatrinca (de «cuatro», con la terminación de «trinca») **1** f. *Lista de cuatro personas o cosas; particularmente, de cuatro personas que se proponen para que se designe una de ellas para un cargo.* **2** *En el juego de la *báciga, reunión de cuatro cartas del mismo valor.*

cuatripartito, -a (del lat. «quatripartītus») adj. Que consta de cuatro partes. ⊙ Se aplica particularmente al acuerdo, reunión, etc., en los que intervienen cuatro personas o entidades.

cuatrisílabo, -a adj. y n. m. De cuatro sílabas. ≃ Cuadrisílabo.

cuatro (del lat. «quattŭor») **1** adj., pron. y n. m. Número cardinal equivalente a tres más uno. En la numeración arábiga se representa por «4» y en la romana por «IV». ⊙ adj. Puede usarse como ordinal: 'Tú eres el cuatro en la lista'. ⇒ Raíz culta, «tetra-»: 'tetrada, tetraedro'. Formas afijas, «cuadr-, cuatri-»: 'cuadrienal, cuatrienal'. ➤ Cuarto. ➤ Mano, tute. ➤ *Número. ⊙ (inf.) adj. Aplicado a ciertas cosas, expresa una cantidad pequeña de ellas: 'Con esos cuatro pelos no te puedes hacer un moño. Cayeron cuatro gotas. Vinieron cuatro gatos a clase'. **2** (ant.) m. *Hombre que tenía la voz o el voto de cuatro personas.* ⇒ *Representar. **3** *Composición musical que se canta a cuatro voces.* ≃ Cuarteto. **4** (P. Rico, Ven.) **Guitarrilla de cuatro cuerdas.* **5** *En el juego de *bolos de la chirinola, bolo que se pone separado de los otros nueve.* **6** *Cuadro que se hace en el centro, en el juego de la *rayuela.*

V. «cuatro COSAS, por los cuatro COSTADOS, cuatro CUARTOS, cuatro DEDOS, cuatro DÍAS, las cuatro ESQUINAS, cuatro GATOS, cuatro GOTAS, cuatro LETRAS».

MÁS DE CUATRO. *Muchos; en frases como 'más de cuatro te envidiarán'. ⇒ Más de UNO.

V. «cuatro OJOS, más ven cuatro OJOS que dos, entre cuatro PAREDES, a cuatro PATAS, cuatro PERRAS, a cuatro PIES, pegar cuatro TIROS, a los cuatro VIENTOS».

cuatrocentismo m. Movimiento artístico cuatrocentista.

cuatrocentista adj. Aplicado a manifestaciones culturales, del siglo XV: 'La pintura cuatrocentista'. ⇒ *Renacimiento.

cuatrocientos, -as **1** adj., pron. y n. m. Número cardinal equivalente a cuatro veces cien. En la numeración arábiga se representa por «400» y en la romana por «CD». ⊙ adj. Puede usarse como ordinal: 'El año cuatrocientos'. **2** («El»; culto) m. El siglo XV.

cuatrodial (ant.) adj. *De cuatro días.* ≃ Cuatridial, cuatriduano.

cuatrodoblar (de «cuatro» y «doblar») tr. *Cuadruplicar.*

cuatropea (del lat. «quadrupedĭa») **1** f. *Cuadrúpedo.* **2** **Derecho de alcabala que se pagaba por la venta de *ganado.* **3** *Lugar de la feria donde se vende el ganado.* ⇒ *Mercado.

cuatropeado (de «cuatro» y «pie») m. *Movimiento de danza que se hace levantando la pierna izquierda, bajándola, cruzando la otra encima rápidamente y, por fin, dando un paso adelante con la primera.*

cuatropear intr. **Andar a gatas.*

cuatrotanto (de «cuatro» y «tanto») m. *Cuádruplo.*

cuba (del lat. «cupa») **1** f. *Recipiente formado por dos bases circulares unidas por listones de madera que, por ser más anchos por el centro que por los extremos, dan al recipiente forma abombada característica. ≃ Barril, pipa, *tonel. ⇒ Alcubilla, encubar. **2** *Recipiente de la forma de media cuba aproximadamente, que se emplea para contener y transportar distintas cosas. ⇒ Portadera, tabal, tina. **3** (inf.; n. calif. o, especialmente, en comparaciones) Persona que ha bebido mucho alcohol o que tiene costumbre de hacerlo: 'Está como [o es] una cuba'. ⇒ *Borracho. **4** (inf.; n. calif. o, especialmente, en comparaciones) También, a una persona muy *gorda, especialmente de vientre. ≃ Tonel. **5** METAL. *Parte del *horno comprendida entre el vientre y el tragante.*

CALAR LAS CUBAS. *Sondearlas, para el cobro de derechos.*

V. «HORNO de cuba, como SARDINAS en cuba».

cubalibre m. Combinado de un refresco de cola con una bebida alcohólica, generalmente ron o ginebra. ≃ Cubata.

cubanicú (Cuba; *Erythroxylum novogranatense*) m. **Planta cuyas hojas pulverizadas se emplean para curar heridas.*

cubanismo m. Americanismo de Cuba.

cubano, -a adj. y, aplicado a personas, también n. De Cuba. ⇒ Guajiro, mambí [o mambís], muleque. ➤ Chicharrón, peso. ➤ Guayabera. ➤ Rumba.

cubata (inf.) m. Cubalibre.

cubeba (del ár. «kubābah»; *Piper cubeba*) f. Arbusto piperáceo trepador de fruto de color pardo oscuro semejante a la pimienta. ⇒ *Planta.

cubelo m. FORT. *Construcción redonda hecha en los ángulos de una fortificación.* ⇒ Cubo.

cubera (Cuba, P. Rico; *Lutjanus pargus*) f. **Pez de color aceitunado por el lomo y blanquecino por el vientre, con las aletas dorsal y anal amoratadas, y con rayas negras.*

cubería **1** f. Oficio de cubero. **2** Taller o tienda de cubero.

cubero m. El que hace o vende cubas.

V. «a OJO de buen cubero».

cubertería f. Servicio de *mesa formado por un conjunto de cubiertos a juego.

cubertura (ant.) f. *Cobertura (*ceremonia palaciega).*

cubeta (dim. de «cuba») **1** f. Nombre aplicado a cualquier *recipiente de forma semejante a la del cubo, utilizado para algún uso especial. **2** (R. Dom.) *Cubo de la *basura.* **3** *Cuba pequeña que usan los *aguadores.* **4** *Cierto *cubo con asa, hecho de tablas endebles.* **5** *Recipiente ancho y de paredes bajas, generalmente rectangular, usado para operaciones de laboratorio químico, fotográfico, etc. **6** Depósito de mercurio en el *barómetro de mercurio. **7** MÚS. *Parte inferior del *arpa, donde están los resortes de los pedales.* **8** GEOL. Depresión del terreno cerrada que alberga aguas temporales o permanentes.

cubeto (dim. de «cubo») m. **Cubo de madera más pequeño que la cubeta.*

cúbica f. *Nombre dado antiguamente a cierta *tela de lana, más fina que la estameña y más gruesa que el alepín.*

cubicación f. Acción de cubicar.

cubicar (de «cúbico») **1** tr. MAT. Elevar un ˃número o expresión a la tercera potencia o cubo. **2** *Medir la *capacidad de un ˃recipiente o recinto en unidades cúbicas o de otra clase.

cubichete **1** m. ARTILL. *Pieza de metal con que se cubría el oído y la llave de las piezas de *artillería.* **2** MAR. *Armazón de tablas en forma de caballete con que se impide la entrada del agua en el combés.*

cúbico, -a (del lat. «cubĭcus», del gr. «kybikós») **1** adj. De *forma de hexaedro. **2** En *cristalografía, se aplica al sistema de mayor grado de simetría, al que pertenecen el cubo y el octaedro. **3** MAT. Del cubo o tercera potencia. ⊙ Aplicado a un nombre de medida de longitud, significa un *volumen igual al de un cubo que tenga por arista esa longitud: 'Un metro cúbico'.

V. «NITRO cúbico, RAÍZ cúbica».

cubiculario (del lat. «cubicularĭus») m. **Servidor de un príncipe o *señor que le atendía en su aposento.*

cubículo (del lat. «cubicŭlum») **1** m. *Recinto pequeño. ⊙ *Celda utilizada como capilla en las *catacumbas.* **2** **Alcoba o aposento.*

cubierta (de «cubierto») **1** f. Cualquier cosa que sirve para cubrir. **2** **Colcha: prenda que se pone encima de la cama cubriendo todas las otras ropas.* **3** AGRÁF. *Hoja de papel o cartulina de las dos que cubren por delante y por detrás un *libro no encuadernado:* 'Cubierta anterior. Cubierta posterior'. **4** AGRÁF. Parte exterior y anterior del libro, de material resistente, que le sirve de protección y en la que suelen reproducirse los datos de la portada. ≃ Tapa. **5** ARQ. Construcción que cubre un edificio por arriba: 'Cubierta a dos [a cuatro] vertientes'. ≃ Techo, techumbre, *tejado. **6** Funda exterior de un *neumático de rueda de automóvil, bicicleta, etc. **7** *Sobre de carta.* **8** **Pretexto o simulación.* **9** MAR. Cada uno de los suelos que dividen horizontalmente un *barco. ⊙ MAR. Si no se especifica, se entiende la superior, rodeada por la borda. ⇒ Toldilla. ➤ Entrecubierta.

CUBIERTA EN MANSARDA [u HOLANDESA]. ARQ. *La del edificio que tiene la parte inferior del tejado muy inclinada y la superior, unida a la anterior por una lima tesa, menos inclinada.*

cubiertamente adv. *Encubiertamente.*

cubierto, -a (del lat. «coopertus») **1** Participio adjetivo de «cubrir»: 'El prado cubierto de hierba'. **2** Con *mucho o muchas cosas de las que se dicen, encima: 'La mesa cubierta de papeles'. ≃ Cuajado. **3** Vestido: 'Va cubierto de harapos'. **4** Aplicado a hombres, con el sombrero, gorro, etc., puesto. **5** Aplicado al cielo; también, a «día», *nublado. **6** m. Con «bajo» y un verbo como «dormir, estar» o «vivir», techumbre o cosa que cubre o resguarda de la intemperie: 'El ganado duerme bajo cubierto'. **7** (ant.) **Colcha.* ≃ Cubierta. **8** *Plato o *bandeja cubierta con una servilleta en que se sirve el pan, los bizcochos, etc.* **9** *Conjunto de las viandas que se ponen al mismo tiempo sobre la mesa.* **10** Comida que se sirve en los restaurantes, hoteles, etc., con una minuta fija y no a elección del cliente. ⇒ A la CARTA. **11** Servicio completo de *mesa para cada *comensal. **12** Conjunto de *cuchara, *tenedor y *cuchillo. ⊙ Conjunto de cuchara y tenedor. ⊙ (gralm. pl.) Cada uno de estos utensilios: 'Después de fregar las cacerolas, limpió los cubiertos'. ⇒ Cuchara, cuchillo, pala, tenedor, trinchante, trinche. ➤ Posada. ➤ Cucharero. ➤ Gallón. ➤ Cubertería. ➤ Servicio de *MESA.

A CUBIERTO. Protegido por algo.

A CUBIERTO DE. Protegido contra el riesgo que se expresa o libre de él: 'Así queda a cubierto de críticas'.

PONERSE A CUBIERTO. *Precaverse contra un riesgo.

V. «tener las ESPALDAS cubiertas, tener el RIÑÓN bien cubierto».

cubijar tr. y prnl. *Cobijar[se].*

cubil (del lat. «cubīle», lecho) **1** m. Lugar cubierto, por ejemplo una *cueva, que sirve de vivienda a las fieras, donde éstas duermen y tienen sus crías. ≃ *Guarida. **2** **Cauce de una corriente de agua.*

cubilar[1] **1** m. *Cubil (guarida).* **2** **Aprisco donde se recoge el ganado por la noche.*

cubilar[2] (de «cubil») intr. *Hacer noche el *ganado en el aprisco.*

cubilete (de «gubilete», con influencia de «cuba» y «cubil») **1** m. Pequeña vasija de forma de cubo, o sea de sección redonda y más ancha por la boca que por el fondo, o de forma similar, de madera, metal, cuero, plástico, etc., que se emplea para distintas cosas, por ejemplo, para menear y arrojar los dados, en juegos de *prestidigitación o para moldes de *pastelería. ⊙ Se emplea como nombre de forma: 'Un vaso de forma de cubilete'. ⇒ Gubilete. **2** **Pastel o *empanada hechos en un cubilete.*

cubiletear **1** intr. *Manejar el cubilete en *juegos de manos, de dados, etc.* **2** **Combinar hábilmente y generalmente con engaño o desaprensión distintas cosas, para conseguir un propósito.* ≃ Hacer cambalaches, hacer combinaciones.

cubileteo m. *Acción de cubiletear.* ⇒ Intriga, *manejo.

cubiletero **1** m. *Hombre que juega o hace juegos de prestidigitación con cubiletes o que hace cubileteos.* **2** *Cubilete (vasija de pastelería).*

cubilla f. **Carraleja (insecto coleóptero).* ≃ Cubillo.

cubillo (dim. de «cubo») **1** m. **Recipiente destinado a mantener fría el *agua de beber.* **2** *Especie de palco que había en la embocadura en los *teatros de Madrid, debajo de los palcos principales.* ≃ Faltriquera. **3** Carraleja (insecto). ≃ Cubilla.

cubilote (¿del fr. «cubilot»?) m. **Horno cilíndrico, de chapa de hierro revestida interiormente de ladrillos refractarios, en que se refunde el hierro colado para echarlo en los moldes.*

DE CUBILOTE. *Se aplica al *hierro así elaborado.*

cubismo (del fr. «cubisme») m. Movimiento artístico surgido a principios del siglo XX, que afecta a las artes plásticas y se caracteriza por el empleo generalizado de formas geométricas.

cubista adj. y n. Del cubismo o seguidor de este movimiento artístico.

cubital (del lat. «cubitālis») **1** (cient.) adj. Del codo. **2** adj. ANAT. *Se aplica a cada uno de los dos músculos del antebrazo.* **3** *De un codo de *longitud.*

cubitera f. Recipiente para cubitos de hielo.

cubito m. CUBITO de hielo.

CUBITO DE HIELO. Pequeña porción de hielo, generalmente en forma de cubo, que se añade a una bebida para enfriarla.

cúbito (del lat. «cubĭtus») m. ANAT. *Hueso más grueso de los dos que forman el antebrazo. ⇒ *Brazo.

cubo[1] (de «cuba») **1** m. Recipiente de sección redonda, más ancho por la boca que por el fondo, de metal, madera u otro material, que se emplea para contener o transportar líquidos; unas veces, es más alto que ancho y tiene una sola asa grande de un lado a otro del borde; otras, es más ancho que alto y tiene dos asas pequeñas, una frente a otra. Puede estar hecho de duelas como las cubas y, en este caso, si es de la segunda forma, se llama también «cuba». ⇒ Aportadera, balde, cacimba, caneca, cuba, ferrada [o herrada], mono, *portadera, pozal, tabal, tacho, timba, tina, tobo. ➤ *Recipiente. **2** Pieza central en que se insertan los radios de una *rueda, que gira sobre el eje. ⇒ Bocín, buje, sortija. **3** *Pieza cilíndrica de algunos objetos.* ⊙ *La que tienen las puntas de lanza o las bayonetas para *insertarlas en el asta o en el fusil.* ⊙ *Pieza de algunos *relojes de bolsillo en que se enrolla la cuerda.* ⊙ *Tubo de los candeleros en que se coloca la vela.* ≃ Mechero. **4** *Ciertas construcciones de forma cilíndrica.* ⊙ *Pozo que se hace junto a la rueda hidráulica de un molino para recoger el agua y aprovecharla mejor.* ⊙ FORT. *Torreón cilíndrico de una fortaleza.* ⇒ Cubelo.

CUBO DE LA BASURA. Recipiente en forma de cubo, o de forma similar, para tirar en él los desperdicios. ≃ Basurero. ⇒ Caneca.

cubo[2] (del lat. «cubus», del gr. «kýbos») **1** m. GEOM. Cuerpo regular limitado por seis caras que son cuadrados. ≃ Hexaedro. ⊙ Objeto con esta forma. ⇒ *Dado. **2** MAT. Con respecto a un número, otro que es el resultado de multiplicarlo dos veces por sí mismo. ≃ Tercera *potencia. **3** ARQ. *Pieza de forma cúbica de los techos *artesonados.*

AL CUBO. MAT. Aplicado a un número, elevado a la tercera potencia.

ELEVAR AL CUBO. MAT. Multiplicar un número dos veces por sí mismo.

cubocubo m. MAT. *Novena *potencia de un número.*

cuboides (del gr. «kýbos», cubo, y «-oides») adj. y n. m. ANAT. *Se aplica a uno de los *huesos del *tarso, situado en el hombre en el borde exterior del pie.*

cubre- Elemento inicial de muchas palabras que se pueden formar acomodaticiamente para designar objetos destinados a cubrir lo que expresa el nombre a que se antepone.

cubrecadena m. Pieza de las *bicicletas que cubre la cadena.

cubrecama m. Prenda que se pone encima de la cama sobre todas las otras ropas, para su buen aspecto. ≃ *Colcha, cubierta.

cubrecaras m. FORT. *Construcción angular hecha delante de los baluartes.* ≃ Contraguardias.

cubrechimenea m. *Pieza que protege la chimenea en las *armas de fuego.*

cubrecorsé m. *Prenda de *ropa interior femenina, que se ponía encima del corsé cubriendo la parte superior del cuerpo.* ⇒ *Chambra.

cubrejuntas m. CARP. *Listón con que se tapa una junta; por ejemplo, entre el marco de una puerta o ventana y la pared.*

cubrenuca f. *Parte del *casco o de la *armadura, que cubría la nuca.*

cubreobjetos m. Lámina delgada de cristal con que se cubren las preparaciones microscópicas.

cubrepán (de «cubre-» y «pan») m. *Hierro en escuadra y con un mango, que usan los *pastores para cubrir y descubrir con el fuego la torta que asan en las brasas.*

cubrepiés m. *Prenda de abrigo para la *cama, por ejemplo acolchada, que se pone solamente a los pies.*

cubrición f. *Acción de cubrir el animal macho a la hembra.*

cubrir (del lat. «cooperīre») **1** tr. Estar o poner una cosa encima de ↘otra resguardándola u ocultándola: 'La techumbre cubre la casa. Cubrir el cuerpo con vestidos'. ⊙ Estar o poner una cosa delante de ↘otra ocultándola: 'Las nubes cubren el Sol'. **2** MIL. Estar delante de una ↘posición, un ejército, etc., protegiéndolo: 'La caballería cubría el flanco derecho'. **3** prnl. *Construir defensas o fortificaciones los sitiados.* **4** MIL. En una *formación militar, desplazarse el soldado hasta quedar bien colocado en la misma hilera que el anterior. **5** tr. Servir de *defensa contra un riesgo. ⊙ («contra») prnl. *Precaverse alguien contra un riesgo, responsabilidad, etc. **6** tr. *Encubrir una cosa aparente a ↘otra real: 'Esa risa cubre una tristeza profunda'. **7** (causativo) Con la interposición de «capa, apariencia» o palabras equivalentes, *simular una cosa para ocultar ↘otra: 'Cubre su grosería con una capa de educación'. ⊙ («de») prnl. **Encubrir alguien su verdadera manera de ser con la apariencia de cierta cualidad*: 'Se cubre de inocencia'. ⇒ *Simular. **8** («de») tr. Hiperbólicamente, poner muchas cosas de cierta clase encima de ↘algo: 'Han cubierto el suelo de papeles'. ⊙ Particularmente, *llenar: hacer objeto de alabanzas, atenciones, insultos, etc., a ↘alguien: 'Le cubrieron de improperios'. ⊙ También, de vergüenza o gloria: 'Le han cubierto de oprobio [o de fango]'. ⊙ También, 'cubrir de besos, de caricias'. ⊙ prnl. Ser objeto de lo que se expresa: 'Cubrirse de gloria [o de vergüenza]'. **9** tr. Cubrir AGUAS. **10** Referido a animales, unirse el macho a la ↘hembra para fecundarla. **11** tr. o abs. Llegar el nivel del agua por encima de la cabeza de una persona: 'Por el centro del río ya me cubre. Tírate sin miedo al agua, que no cubre'. **12** prnl. Nublarse el cielo. **13** (reflex.) tr. Ponerse el *sombrero, la gorra, etc., un hombre que se lo había quitado, para saludar, como muestra de respeto, etc. ⊙ (reflex.) *Tener o adquirir el derecho a permanecer cubierto ante el *rey, privilegio que tenían los grandes de España.* **14** (reflex.) *Vestirse, particularmente con ropa insuficiente o con vestiduras no adaptadas a la forma del cuerpo: 'Se cubrían con pieles. Se cubren con harapos'. ⊙ (reflex.) En determinadas situaciones, taparse con la ropa, por ejemplo tras haber sido objeto de un reconocimiento médico: 'Cúbrase, por favor'. **15** (reflex.) *Cruzar las *caballerías las manos o los pies al andar.* **16** Ser una cosa suficiente para ↘algo que se expresa: 'El sueldo no cubre sus necesidades'. ≃ Alcanzar, *bastar. ⊙ (causativo) Satisfacer: 'Con el sueldo no cubre sus necesidades'. **17** prnl. **Pagar una deuda o alcance.* **18** tr. Recorrer una ↘distancia: 'Cubrió los 20 Km en una hora'. ⊙ También en sentido no material. **19** Ocupar una ↘vacante: 'Se han cubierto todas las plazas de bibliotecario en la última convocatoria'. **20** Asegurar la realización de un ↘servicio empleando los medios necesarios. **21** Encargarse un periodista, equipo de periodistas, etc., del seguimiento de un ↘hecho para informar sobre él. **22** ECON. Suscribir enteramente una emisión de deuda pública, acciones, etc.

V. «cubrir AGUAS, cubrir las APARIENCIAS, cubrir el EXPEDIENTE, cubrirse de GRANDE de España, el PABELLÓN cubre la mercancía».

□ CATÁLOGO

I Otra forma de la raiz, «cobert-»: 'cobertera, cobertizo'. ➤ Abovedar, abrigar[se], almibarar, arpillar, arrebozar[se], arrebullar[se], atapar, aterrar, azulejar, bañar, blindar, chapar, chapear, *cobijar, cubijar, descubrir, disimular, embaldosar, embozar[se], emburujarse, empanar, empapelar, emparamentar, empastar, empavesar, empegar, empedrar, empelechar, empellejar, empergaminar, enarenar, encamisar, encapuzar[se], encauchar, encenizar, encespedar, encobijar, encorar, encostrar, encubertar[se], encubrir, enfundar, enhenar, enlatar, enlozar, enmaderar, enmantar, ensabanar, ensayalar, enserar, ensogar, entablar, entalamar, entapizar[se], entapujar, *enterrar, *entoldar, entorchar, entrapajar, *envolver, enzarzar, *esconder, espartar, felpar, filtrar, *forrar, laminar, *nublar[se], ocultar[se], paramentar, planchear, quinchar, *rebozar[se], recatar, *recubrir[se], retobar, revestir[se], sobresanar, tapar[se], taperujarse, tapirujarse, tapujar[se], techar, toldar, tomarse, transparentar, *untar, velar[se], *vestir[se]. ➤ Imbricación, *montar, solapar, traslapar. ➤ Algaido, encobertado, encorazado, enlanado. ➤ Alfombra, *armadura, baño, barniz, camisa, campana, *capa, caparazón, caperuza, *capote, capucha, capucho, *capuchón, carpeta, *cartera, cielo, cobertera, cobertero, *cobertizo, cobertor, cobertura, cobija, cobijón, coraza, costra, cubierta, cubierto, *dosel, *embalaje, embozo, entable, entalamadura, entapizada, envoltura, envoltorio, erizo, fanal, *forro, *funda, gualdrapa, hatijo, HOJA de parra, integumento, laca, manguita, manguito, *manta, montera, *pañito, *paraguas, paramento, rebozo, rebujo, *recubrimiento, retobo, revestimiento, *ropa, sobrecubierta, sobrehaz, sombrero, sombrilla, *tapa, *tapete, *tapiz, *techo, teja, *tejado, telliz, toba, *toldo, urna, vaina, velo, vestido, viril, visillo. ➤ Solapa. ➤ La CAPA todo lo tapa. ➤ Abierto, descubierto. ➤ *Abrigar. *Defender. *Oculto. *Recubrir.

II Acaballar, acoplar[se], amarizarse, amorecer, aparearse, aparejarse, cabalgar, carabritear, coger, gallar, gallear, lujuriar, marizar[se], montar, padrear, pisar, prender, saltar, tomar, vaquear. ➤ Cubrición. ➤ Aparear, echar, recelar, torear. ➤ Amularse. ➤ Acaballadero, monta, parada, puesto, *remonta. ➤ Caballaje. ➤ Mamporrero. ➤ *Cohabitar.

cuca **1** f. *Cuco (oruga de cierta mariposa nocturna).* **2** (Chi.; *Ardea cocoi*) **Ave parecida a la garza europea, pero más grande y de vuelo torpe.* **3** *Chufa (tubérculo).* **4** **Golosina, tal como un confite, un higo seco, una almendra, etc.* ⊙ (pl.) *Conjunto de cosas de esa clase, que suelen venderse en puestos callejeros.* **5** *Mujer enviciada en el *juego.* **6** *CUCA y matacán.* **7** (inf.) Peseta.

CUCA Y MATACÁN. *Cierto juego de *baraja en que se llama «cuca» al dos de espadas y «matacán» al dos de bastos.*

cucamona (de «cucar» y «mona»; inf.) f., gralm. pl. Gesto o palabras cariñosas, superficiales, y algo ridículos para los que los presencian. ≃ Carantoñas. ⇒ *Caricia, *zalamería.

cucaña (del it. «cuccagna») **1** f. *Cosa que se *consigue con poco esfuerzo o a costa de otros.* ≃ Bicoca, *ganga. **2** (ironía respecto a la acep. anterior) Palo largo que se impregna de alguna sustancia para hacerlo resbaladizo y se coloca vertical u horizontal con alguna cosa en su extremo que constituye el premio para el que consigue llegar hasta él. ⊙ También el *ejercicio, *juego o *espectáculo de *trepar o andar por ese palo: 'La gente que está viendo la cucaña'.

cucañero, -a (de «cucaña») adj. y n. *Se aplica a la persona *hábil para conseguir lo que quiere con estratagemas.*

cucar (de «cuco[3]») **1** tr. *Guiñar: cerrar o semicerrar un ↘ojo para hacer una *seña. **2** *Entre cazadores, *avisarse unos a ↘otros la proximidad de una pieza.* **3** intr. **Espantarse un animal cuando le pica el tábano.*

cucaracha (de «cuco[1]») **1** (*Blatta orientalis*) f. Insecto dictióptero nocturno que constituye una plaga doméstica. ⊙ Se aplica el mismo nombre a otras especies, todas de la familia de los «blátidos», entre ellas una rojiza, con élitros más largos que el cuerpo, originaria de América, que infesta los barcos. ⇒ Barata, curiana, fótula. **2** **Cochinilla de humedad (crustáceo terrestre).*

cucarachera f. *Utensilio para coger cucarachas.*

cucarda (del fr. «cocarde») **1** f. *Escarapela (*adorno o *insignia).* **2** *Cada una de las dos piezas de adorno que se ponen a los lados de las frontaleras de la *brida.* **3** *Martillo de boca ancha cubierta de puntas de diamante, que usan los *canteros para el acabado de ciertas obras de sillería.*

cucarro (de «cuco[3]») adj. *Aplicado al *fraile aseglarado.* ⊙ *Apodo con que llamaban los chicos a otros vestidos de *fraile.*

cucayo (de «coca»; Bol., Ec.) m. *Provisiones de comida que se llevan en un viaje.* ≃ Cocaví.

cuchar[1] (del lat. «cochleāre», de «cochlĕa», concha.) **1** (ant.) f. *Cuchara.* **2** *Medida antigua de *capacidad para áridos, equivalente a un tercio de cuartillo.* **3** *Cierto *tributo que se pagaba sobre los granos.* **4** (ant.) **Tenedor.*

V. «AVE de cuchar».

CUCHAR HERRERA. *Cuchara de hierro.*

cuchar[2] (de «cucho[1]»; Ast.) tr. **Abonar la ↘tierra con estiércol.*

cuchara (de «cuchar[1]») **1** f. Utensilio de metal, madera, etc., formado por una pieza ovalada cóncava y un mango, que sirve especialmente para llevarse a la boca las cosas líquidas o muy disgregadas. ⇒ Forma afija, «cocl-»: 'coclearia'. ➤ Cuchar, CUCHAR herrera, cujara, hataca. ➤ Cucharetero. ➤ Escurrir. ➤ *Cubierto. *Mesa. **2** *Cacillo para sacar líquidos de las tinajas u otros recipientes.* **3** MAR. *Especie de cuchara grande de madera que sirve para achicar el agua.* ≃ Achicador. **4** ARTILL. *Plancha abarquillada, con un mango, que se empleaba para introducir la pólvora en los cañones cuando se cargaban a granel.* **5** Se llaman así algunas piezas semejantes por su forma o su función a una cuchara; por ejemplo, en una grúa, el *recipiente que se llena con la cosa que se transporta; o en una excavadora, el que arranca, recoge y transporta la tierra. ⇒ Cazo.

CUCHARA DE CAFÉ. Cucharilla o cucharita de café.

C. DE PALO. Cuchara de madera.

C. DE SOPA [o SOPERA]. La de tamaño grande utilizada corrientemente para comer.

DE CUCHARA (inf.). Aplicado a los militares con graduación que han ingresado en la *milicia de soldados. ≃ Chusquero.

METER alguien [SU] CUCHARA. *Intervenir en una conversación o en un asunto sin ser invitado a ello o con indiscreción.

METERLE a alguien una cosa CON CUCHARA. Hacérsela comprender con mucho trabajo. ⇒ *Explicar.

cucharada f. *Cantidad de cualquier cosa que se coge con una cuchara: 'Cucharada colmada [con colmo o rasa]'.

cucharadita f. Contenido de una cucharilla.

cucharal m. **Bolsa de piel que llevan los *pastores para guardar las cucharas.*

cucharear tr. e intr. *Cucharetear.*

cucharero m. *Cucharetero (soporte para las cucharas).*

cuchareta (dim. de «cuchara») **1** (*Platalea leucorodia* o *Platalea ajaja*) f. *Ave zancuda de América, de color blanco cuando joven y rosado de adulta, con el pico en forma de espátula. ≃ Espátula, platalea. **2** *Variedad de *trigo de Andalucía con las espigas vellosas y casi tan anchas como largas.* ≃ Cascaruleta. **3** (Ar.) *Renacuajo.* ⇒ Cría de la rana **4** *Inflamación del *hígado en el ganado lanar.* ⇒ *Oveja.

cucharetear **1** tr. Manipular en ↘algo con una cuchara. ≃ Cucharear. **2** (inf.) intr. *Entrometerse en los asuntos ajenos. ≃ Cucharear.

cucharetero **1** m. *Utensilio consistente en una tabla o una banda de tela con agujeros, que se tiene en las *cocinas de los pueblos para poner las cucharas.* **2** **Fleco que se ponía en el borde de las enaguas.*

cucharilla **1** f. Cuchara de café u otra de tamaño pequeño. **2** *Varilla de hierro con una de las puntas aplanada y doblada en ángulo recto, con la que se saca el polvo del fondo de los *barrenos.* **3** Señuelo de pesca que consiste en una plaquita brillante o de colores llamativos provista de anzuelos. **4** *Enfermedad del hígado, que ataca a los *cerdos.*

CUCHARILLA DE CAFÉ. Cuchara mucho más pequeña que la llamada «sopera», que se emplea para café, té, dulce, etc.

C. DE HELADO. Utensilio del tamaño de una cucharilla de café, pero de forma de pala.

C. DE MOCA [o MOKA]. Cucharilla de café aproximadamente de la mitad de tamaño que la ordinariamente llamada así, que se emplea para el café, particularmente cuando se sirve puro, en taza pequeña.

cucharón (aum. de «cuchara») m. Cuchara muy grande; por ejemplo la que se emplea en la *mesa para repartir la comida en los platos. ⇒ Hataca.

cucharrena (de «cuchara»; Seg., Sor.) f. *Rasera (utensilio de *cocina).*

cucharreta f. *Cucharro de popa.*

cucharro m. MAR. *Pedazo de tablón cortado irregularmente, con que se refuerzan algunas partes del barco, particularmente, la popa y la proa.*

cuché (del fr. «papier couché») adj. V. «PAPEL cuché».

cucheta (del fr. «couchette»; Arg., Chi., Ur.; menos frec. en España) f. *Litera de barco, ferrocarril, etc.*

cuchi (de «cuch», voz para llamar al cerdo; Perú) m. **Cerdo.*

cuchichear (de «cuchichiar») tr. Hablar en voz muy baja o sin voz, procurando que no se enteren de lo que se dice los demás que están presentes. ≃ Chuchear, cuchuchear. ⇒ Discretear.

cuchicheo m. Acción y efecto de cuchichear.

cuchichí (de or. expresivo) m. Canto de la perdiz.

cuchichiar (de «cuchichí») intr. Cantar la *perdiz.

cuchilla (de «cuchillo») **1** f. Lámina con un filo empleada para cortar; por ejemplo, formando parte de alguna máquina. ⊙ Instrumento cortante, de hoja ancha y pesada; por ejemplo, el que emplean los carniceros para partir los huesos o el que emplean los curtidores. **2** *Pieza del arado que hiende la tierra verticalmente completando el corte de la reja, para formar piezas prismáticas que son invertidas por la vertedera.* **3** Hoja de *afeitar. **4** **Arma antigua consistente en una cuchilla larga fija en el extremo de un asta.* ≃ Archa. ⇒ *Lanza. **5** (Hispam.) *Cortaplumas.* **6** **Montaña muy abrupta, no desgastada por la erosión.*

cuchillada 1 f. *Corte o herida hecha con cuchillo o cuchilla. **2** *Raja hecha como adorno en los vestidos, por la que asoma otra tela de distinto color.* **3** f. pl. **Riña.*
CUCHILLADA DE CIEN REALES. *Herida muy grande causada a alguien (probablemente porque ese era el precio en que se concertaba la agresión).*

cuchillar[1] adj. *De* [*o del*] *cuchillo.*

cuchillar[2] (del lat. «cultellāre»; ant.) tr. *Acuchillar.*

cuchillería 1 f. Establecimiento donde se fabrican, venden o afilan cuchillos, tijeras, etc. **2** Barrio en que estaban (hoy es nombre de calle en algunas ciudades).

cuchillero 1 m. Hombre que hace o vende cuchillos. **2** **Abrazadera o pieza con que se *sujeta o *refuerza algo.* **3** CONSTR. *Abrazadera de hierro que sujeta la viga tirante o transversal de las *armaduras, en el extremo inferior del pendolón.*

cuchillo (del lat. «cultellus») **1** m. Utensilio formado por una hoja con filo por un solo lado, inserta en un mango, que, hecho de diversas formas y tamaños, se utiliza para *cortar distintas cosas; como la comida en la *mesa o la carne en las carnicerías. **2** *Colmillo de los inferiores del *jabalí.* ⇒ *Diente. **3** Pieza o añadidura de forma triangular que se pone en algunos objetos, particularmente en algunas prendas de ropa; por ejemplo, en la parte inferior de una falda para hacerla más ancha de lo que permite el ancho de la tela. ≃ *Nesga. ⊙ Se aplica también a cosas que tienen forma triangular o con un ángulo agudo; como un trozo de terreno o una habitación con las paredes oblicuas. **4** *Corriente de *aire frío que se cuela por una rendija: 'Me acatarró un cuchillo de aire que entraba por la rendija de la ventana'. ≃ Filete. **5** CONSTR. CUCHILLO de armadura. **6** CETR. *Cada una de las *plumas grandes del ala del halcón, inmediatas a la principal o «tijera»; la primera de ellas se llama «cuchillo maestro».* **7** *Con referencia a los *señores feudales, *jurisdicción para imponer leyes, gobernar y castigar.*
CUCHILLO DE ARMADURA. CONSTR. Estructura en triángulo que forman dos pares y un tirante y las piezas complementarias, de las que, colocadas verticalmente, sirven de soporte a una *cubierta, un *puente, una cimbra, etc. ⇒ Tijera, tijeral.
C. MANGORRERO. Cuchillo tosco.
V. «como el FILO de un cuchillo, MANGO de cuchillo».
PASAR A CUCHILLO. *Matar a los enemigos cogidos prisioneros o a la población de un lugar conquistado.
V. «SEÑOR de horca y cuchillo».
□ CATÁLOGO
Otra forma de la raíz, «cult-»: 'cultiforme'. ➤ Belduque, boga, bolo, bullón, cachicuerno, cañivete, chongo, cochillo, corvillo, cultiello, dolabro, falce, flamenco, guadijeño, jifero, mojarra, recura, sacabuche, serranil. ➤ Bayoneta, bisturí, chifla, cuchilla, cuchillón, daga, desguince, desjarretadera, despalmador, dolabro, doladera, escalpelo, *espada, estira, faca, facón, guadaña, guillotina, *hacha, hachuela, *hoz, lanceta, media LUNA, macana, *machete, machinete, marrazo, *navaja, NAVAJA de afeitar, pala, peinilla, plegadera, *puñal, raspador, *sable, tajadera, tranchete, trinchete. ➤ Cacha, canto, cazo, contrafilo, *filo, hoja, lomo, mango, punta, recazo, virola. ➤ Rabón. ➤ Embotarse, mellarse. ➤ *Afilar, anillar, encachar. ➤ Corte, chirlo, jabeque, tajo, viaje. ➤ Descanso. ➤ CARRO falcado. ➤ Acuchillar, cuchillar.

cuchillón (aum. de «cuchillo»; Chi.) m. *Doladera (cuchilla de tonelero).*

cuchipanda (¿de un sup. «cochipanda», llena de guisados, de «cocho[1]», cocido y «pando»?; inf.) f. Reunión de gente para *comer y *divertirse. ≃ Francachela, juerga.

cuchitril (de «cocho[2]», cerdo) **1** m. *Pocilga. **2** *Habitación o vivienda pequeña y miserable o sucia. ⊙ Habitación o vivienda muy pequeña. ⇒ Bajareque, buchinche, caramanchel, chambucho, chamizo, chiribitil, chiscón, cochitril, conejera, *cuartucho, galpón, garigola, mechinal, ratonera, rincón, socucho [o sucucho], tabuco, zaquizamí.

cucho[1] (del lat. «cultus», abono; Ast.) m. *Estiércol.* ⇒ *Abono.

cucho[2] (de «cuch», voz para llamar a algunos animales; Chi.) m. *Palabra usada para llamar al *gato y para nombrarlo.*

cucho[3] (del lat. «coxa», cadera) A CUCHO (Cantb.). *A *hombros: montado o llevado sobre los hombros de una persona, pasando cada pierna por un lado del cuello.*

cucho[4], **-a 1** (Méj.) adj. y n. *Nacido con deformaciones en la boca, la nariz o las extremidades.* **2** (Am. C.) *Jorobado.*

cuchuchear 1 intr. **Cuchichear.* **2** (inf.) **Chismorrear.*

cuchuco (Col.) m. **Sopa de cebada con carne de cerdo.*

cuchufleta (de «chufleta»; inf.; «Decir, Gastar») f. Cosa que se dice para hacer reír o para *burlarse de alguien con buen humor. ≃ *Broma, chanza, chirigota, chufeta, chufla, chufleta.

cuchufletero, -a adj. y n. *Se aplica a la persona aficionada a gastar cuchufletas.*

cuchugo (Hispam.) m. *Cada una de las dos *cajas de cuero que suelen llevarse en el arzón de la *silla de montar.*

cuclillas (de «clueco») EN CUCLILLAS. En la postura como de estar *sentado, pero sin asiento o apoyándose en los propios talones. ⇒ Acoclarse, apotincarse, ñangotarse.

cuclillo (de «cuquillo», dim. de «cuco[2]») **1** m. Cuco (ave). **2** (inf.) *Hombre al que le es infiel su mujer.* ≃ *Cornudo.

cuco[1] (del lat. «cucus») **1** m. Cualquier insecto que anida dentro de las legumbres o los cereales. ≃ *Gorgojo, coco. ⇒ Descocar. ➤ *Bicho. **2** *Oruga de cierta mariposa nocturna, de 3 a 4 cm de longitud; tiene los costados con pintas blancas, vellosos, las tres articulaciones que siguen a la cabeza amarillas, y el resto del cuerpo pardo con una franja más clara en el lomo. ≃ Cuca.

cuco[2], **-a** (de or. expresivo, de la voz de esta ave) **1** *(Cuculus canorus)* m. *Ave cuculiforme de plumaje castaño o grisáceo, con la cola larga de color negro con pintas blancas; emite un canto repetitivo, muy característico, que se imita con la onomatopeya «cucú». ≃ Cuclillo. ⇒ Cucú. **2** *Cuco moñudo.* **3** Tahúr. **4** *Cierto juego de *baraja.* ≃ Malcontento. **5** (inf.) adj. y n. *Astuto o ladino; se dice de la persona que habla u obra como le conviene, con habilidad o disimulo. **6** adj. Se dice de una cosa *bonita y *graciosa. ≃ Coquetón.

CUCO MOÑUDO [MOÑÓN O REAL] *(Clamator glandarius)*. *Ave parecida al cuco, frecuente en el centro de España, que tiene la costumbre de poner un huevo en los nidos de otras aves; generalmente, de las urracas y rabilargos. ≃ Cuco, cuquillo.

V. «RELOJ de cuco».

cuco[3] m. *Coco: ser imaginario con el que se mete *miedo a los niños.*

cuco[4] m. Especie de cesto con asas usado para transportar a los bebés.

cucú (de or. expresivo) m. Canto del cuco.

cucubá (Cuba; *Gymnoglaux lawrencii*) m. *Ave nocturna parecida a la *lechuza, que vive en los huecos de los árboles, y cuyo grito se parece al ladrido de un perro.*

cucubano (P. Rico) m. **Cocuyo (insecto coleóptero).*

cucuiza (Hispam) f. **Hilo sacado de la pita.*

cuculí (de or. expresivo; Bol., Chi., Ec., Perú; *Columba meloda*) m. **Paloma torcaz de cierta raza pequeña, cuyo canto ha inspirado su nombre.*

cuculiforme adj. y n. f. ZOOL. *Se aplica a las *aves del orden al que pertenece el cuclillo o cuco, que se caracterizan por poseer cuatro dedos, dos hacia delante y dos hacia atrás, provistos de uñas largas y fuertes.* ⊙ f. pl. ZOOL. *Orden que forman estas aves.*

cuculla (del lat. «cuculla») f. *Prenda antigua con que se cubría la cabeza.* ⇒ *Sombrero. ⊙ **Cogulla.*

cucúrbita (del lat. «cucurbĭta», calabaza) f. *Retorta o *alambique de laboratorio.*

cucurbitáceo, -a (del lat. «cucurbĭta», calabaza, y «-áceo») adj. y n. f. BOT. Se aplica a las *plantas, rastreras o trepadoras, de grandes hojas, grandes flores amarillas de cinco pétalos y fruto en pepónide, que pertenecen a la misma familia que la *calabaza o el melón. ⊙ f. pl. BOT. Familia que forman.

cucurucho (del it. dialectal «cucuruccio») **1** m. *Bolsa o receptáculo hecho con un *papel enrollado en forma de cono, que se emplea muchas veces en los comercios para envasar ciertas mercancías compradas a granel. ⇒ Alcartaz, alcatraz, cambucha, cambucho, papeleta. ➤ Encartuchar. **2** Gorro de esa misma forma que llevan, por ejemplo, los que van en las procesiones formando parte de las cofradías. ≃ *Capirote, capirucho, coroza. **3** Se aplica a otras cosas semejantes; por ejemplo, a una *cometa con que juegan los chicos hecha solamente con un papel doblado en forma semejante a un cucurucho.

cucuy o **cucuyo** m. Cocuyo (insecto coleóptero).

cudicia (ant.) f. *Codicia.* ⇒ Acudiciarse.

cudmu m. *Colocolo (mamífero félido).*

cudría f. V. «cudrío, -a».

cudrío, -a (de «crudío», crudo) **1** adj. *Crudo, no curado; por ejemplo el cuero, las tierras, etc.* **2** f. **Soguilla de esparto entero trenzado, con que se ensogan los serones y *espuertas.*

cueca (de «zamacueca»; Chi. y otros sitios de Am. S.) f. **Zamacueca (danza originaria del Perú).*

cueita (de «coitar»; ant) f. *Cuita.*

cuélebre (del lat. «colŭber, -bris»; Ast.) m. *Dragón (animal fabuloso).*

cuelga **1** f. Operación de *colgar *uvas, tomates u otros frutos para conservarlos. **2** *Conjunto de los frutos colgados.* **3** **Regalo que se hace a alguien el día de su *cumpleaños.*

DE CUELGA. Se dice de la variedad de un fruto apta para ser colgada: 'Tomates [o uva] de cuelga'.

cuelgacapas m. **Perchero.*

cuelgue (inf.) m. Estado de colgado (*loco o bajo los efectos de una droga).

cuellicorto, -a adj. De cuello corto.

cuellidegollado, -a (ant.) adj. *Se aplicaba a los vestidos muy escotados y a la persona que los llevaba.*

cuellierguido, -a adj. *De cuello erguido.*

cuellilargo, -a adj. De cuello largo.

cuello (del lat. «collum») **1** m. Parte del cuerpo que une la cabeza al tronco. **2** Parte de un vestido que rodea el cuello. ⊙ Tira o adorno con que se guarnece esa parte. ⊙ Prenda de piel o de otra cosa que se pone alrededor del cuello. **3** Parte superior, estrecha, de una *vasija, donde está la boca. ⇒ Desgolletar, gollete. **4** ARQ. *Moldura estrecha, situada entre el capitel y el fuste.* **5** **Tallo de una cabeza de ajos, una cebolla o cosa semejante.* **6** Porción de hilo que se deja al coser un *botón, entre éste y la tela, para que no quede enteramente pegado y sea más fácil abotonarlo. **7** (ant.) *Garganta del *pie.* **8** Se aplica también a la parte *estrecha de cualquier objeto que, en conjunto, tiene semejanza con el conjunto de la cabeza y el cuello; por ejemplo, de una bombilla eléctrica. ⊙ MAR. *También, a la parte más estrecha de un *palo de barco.* **9** ANAT. CUELLO del útero. **10** *En los molinos de *aceite, parte de la viga más próxima a la tenaza.* **11** *Alzacuello.*

CUELLO ACANALADO [ALECHUGADO, APANALADO O ESCAROLADO]. Cuello usado antiguamente, almidonado y rizado formando cañones.

C. ALTO. Cuello de algunas prendas de vestir que cubre por completo esta parte del cuerpo y que suele llevarse doblado sobre sí mismo: 'Un jersey de cuello alto'.

C. BLANDO. Cuello de camisa no almidonado.

C. DE BOTELLA. Estrechamiento de cierta cosa que hace menos fluido el paso de algo: 'Las obras en la carretera han convertido uno de sus tramos en un cuello de botella'. ⊙ Se usa también referido a algo que entorpece la marcha de un proceso: 'El departamento de corrección es un cuello de botella porque tiene insuficiente personal'.

C. CISNE. Cuello alto.

C. DURO. El de camisa almidonado.

C. DE MARINERO. El que llevan los marineros en sus blusas y se pone también en los trajes de niño, que es cuadrado por detrás y adornado todo alrededor con trencillas blancas.

C. DE PAJARITA. Cuello, postizo o de camisa, almidonado y con las puntas dobladas.

C. POSTIZO. El de camisa que no va pegado a ésta, sino suelto.

C. DEL ÚTERO. ANAT. Parte alargada y estrecha del útero que se abre a la vagina.

V. «estar con el AGUA al cuello».

CORTAR EL CUELLO. *Degollar. ⊙ Se emplea como amenaza hiperbólica.

V. «con el DOGAL al cuello».

HABLAR PARA EL CUELLO DE SU CAMISA (inf.) Hablar en voz muy baja.

HASTA EL CUELLO (inf.). Referido al modo de comprometerse o involucrarse en algo, en grado máximo: 'Está metido hasta el cuello en ese asunto'.

V. «tener puesto el PIE al [sobre el] cuello, con la SOGA al cuello, a voz en cuello».

□ CATÁLOGO

Otras formas de la raíz, «coll-, goll-»: 'descolletado; gollete'. ➤ Cerro, collada, gaita, gollete, pescuezo. ➤ Cervigudo, cogotudo, cuellicorto, cuellierguido, cuellilargo, descogotado, pescozudo. ➤ Cerro, cerviguillo, cerviz, cocote, cogote, escote, *garganta, gatillo, gollete, hoyuela, morrillo, *nuca, nuez, *occipucio, papada, papo, parótida, perigallo, pestorejo, tiroides, tozo, tozuelo, yugular. ➤ *Tolano. ➤ Bocio, coto, papera, tortícolis. ➤ Abrazar, acocotar, acogotar, acollarar, *ahogar, *ahorcar, apercollar, *degollar, descervigar, desgolletar[se], desnucar, destozolar, estozar, estozolar, estrangular, guillotinar. ➤ Collazo, pescozón. ➤ Degolladura, descote, *escote. ➤ Alzacuello, boa, bufanda, chalina, cogotera, collar, collar, collarín, *corbata, esclavina, estola, orario, palatina, piel, sobrecuello, tapaboca[s]. ➤ Arandela, foque, *gola, golilla, gollete, gorguera, gorjal, lechuguilla, maragato, marquesota, valona. ➤ Abanillo, abanino, bobillo, bobo, cangilón, escarola. ➤ Collarín, minerva. ➤ Apanalado. ➤ Encañonar, escarolar. ➤ Enlechuguillado. ➤ Asiento, centro, tirilla. ➤ Desbocarse. ➤ Acollar, acollarar, apercollar, descollar, descolletado. ➤ Tensor.

cuelmo (del lat. «culmus», caña) **1** (León) m. **Paja de centeno que se usaba para hacer ataduras y para cubrir techos.* ≃ Colmo. **2** **Tea.*

cuemo (de «cuomo»; ant.) adv. *Como.*

cuenca (del lat. «concha») **1** f. En sentido amplio, *concavidad. ⊙ Específicamente, cada una de las concavidades en que están alojados los ojos. **2** Extensión de terreno que envía sus aguas a determinado *río, lago o mar: 'La cuenca del Ebro'. ⇒ *Valle. ➤ Divisoria. **3** Lugar en que abunda un determinado mineral: 'La cuenca minera de Asturias'. **4** **Escudilla de madera que acostumbraban a llevar los *mendigos, *peregrinos, etc.*

cuencano, -a adj. y, aplicado a personas, también n. *De Cuenca (ciudad de Ecuador).*

cuenco (de «cuenca») **1** m. *Concavidad de algunas cosas; por ejemplo, la de la *mano o la de una copa. **2** *Vasija semiesférica, sin pie ni reborde, de barro, madera, etc. ⇒ Barcal, batea, bol, camella, camellón, canal, canoa, colodra, colodro, cuezo, dornajo, *escudilla, gábata, gacha, gamella, gamellón, lavafrutas, mortera, tazón, zapita, zapito. ➤ *Artesa. *Recipiente. *Vasija. **3** (Ar.) *Cuezo de *colar la ropa.* **4** (Ar.) **Cesta de colar la ropa.*

cuenda (del lat. «computāre», contar) f. Cordón o hilo con que se ata una *madeja para que no se enrede. ≃ Centenal.

cuende (del lat. «comes, -ĭtis»; ant.) m. *Conde.*

cuenta 1 («Llevar, Perder») f. Acción y efecto de *contar: 'Yo llevo la cuenta de las veces que te equivocas'. **2** («Hacer, Sacar») *Operación aritmética de sumar, restar, multiplicar o dividir: 'Sabe escribir y hacer cuentas'. ⊙ Esas operaciones hechas con cantidades que se refieren a cosas concretas, para conocer un resultado que interesa, relacionado con ellas: 'Saqué la cuenta de lo que había ganado'. **3** Relación de partidas y cantidades que reflejan una actividad comercial o cualquier otra en que hay gastos e *ingresos: 'La cuenta de los gastos del mes'. **4** Conjunto de partidas que una persona tiene que *cobrar de otra o que una persona debe a otra: 'Tengo una cuenta importante que cobrar. Tiene cuentas con el sastre, con el tendero y con todo el mundo'. ⇒ *Deuda. ⊙ Recibo que se extiende para el *cobro de algo, detallando las partidas: 'Aquí tengo la última cuenta del sastre'. ⇒ Detalle, factura, minuta. ➤ Albaquía, CABO de barra. ➤ Trabacuenta. **5** *Número determinado de hilos que tenían las *telas, según su calidad; por ejemplo, dieciocho centenares el paño «dieciocheno» o treinta y dos el paño «treintaidoseno».* **6** («Ajustar, Liquidar, Saldar, Solventar») En frases como 'tener cuentas pendientes con alguien', significa «asuntos pendientes», cosas de las que hay que quejarse o hacer *responder a la persona de que se trata. **7** («Dar, Pedir»; sing. o pl.) *Explicación o *justificación de algún acto que una persona debe a otra o que se exige a alguien: 'No tengo que dar cuenta a nadie de mis actos. Si me piden cuentas de lo que he hecho, les contestaré adecuadamente'. **8** Asunto, responsabilidad, etc., que es de alguien determinado y no de otros: 'Si gasto o dejo de gastar es cuenta mía'. ≃ Asunto, cosa, incumbencia. ⊙ («Correr, Ser de») *Responsabilidad, obligación, ocupación o atribución de la persona que se expresa: 'Corre de mi cuenta convencerle'. ≃ Cargo. **9** («Echar, Fallar, Resultar [o Salir] fallidas»; sing. o más frec. pl.) *Planes o esperanzas que alguien tiene: 'Él echa cuentas de ganar mucho dinero con ese negocio'. **10** («Ensartar, Pasar») *Bolita o pieza perforada de cualquier forma con que se hacen *rosarios o *collares y otros adornos. ⇒ Abalorio, agallón, aljófar, avemaría, canutillo, cañacoro, chaquira, coco, coral, decenario, diez, frutilla, gargantilla, huairuro, mostacilla, mullo, rocalla, rostrillo. ➤ *Planta (grupo de aquellas cuyas semillas se emplean como cuentas). ➤ *Collar, *rosario.

CUENTA ABIERTA. *Crédito.

LA CUENTA ATRÁS («Comenzar» y palabras semejantes). La del tiempo cada vez menor que falta para algo.

C. CORRIENTE. Cuenta que una persona tiene en un banco sobre un depósito de dinero hecho por ella, para poder ingresar o retirar cantidades. ⇒ Cuentacorrentista. ➤ Abonar. ➤ *Negocio.

C. DE CRÉDITO. Cuenta corriente cuyo titular puede sacar más dinero del que tiene depositado en ella. ⇒ *Negocio.

C. DE LECHE. **Amuleto consistente en una bolita de calcedonia, que se ponían, para tener más leche, las mujeres que *criaban.*

C. DE PERDÓN. *Cuenta más gruesa que las ordinarias del *rosario, a la que se decía estar concedidas algunas indulgencias en favor de las almas del purgatorio.*

C. PRENDARIA. *La de crédito, cuando para responder del saldo negativo hay constituida una hipoteca, por ejemplo sobre valores depositados por el acreedor en el mismo banco.*

LA CUENTA DE LA VIEJA (inf.). Cuenta que se hace con los dedos u otro procedimiento rudimentario.

CUENTAS GALANAS. *Proyectos o cálculos ilusorios.*

LAS CUENTAS DEL GRAN CAPITÁN. Por alusión a las que, según la leyenda, le presentó este personaje al rey Fernando el Católico cuando se las pidió de su gestión en Italia, cuentas en que las partidas son exageradas o fantásticas.

A BUENA CUENTA [Y A MALA]. *A cuenta.*

A CUENTA. Se aplica a la acción de entregar una cantidad para un pago a reserva de precisar cuando se acabe el asunto de que se trata si sobra o falta algo.

A CUENTA DE. V. «vivir a CUENTA de».

ABRIR [UNA] CUENTA. Hacer un ingreso y la gestión correspondiente en un banco para tener en él cuenta corriente.

AJUSTAR CUENTAS. Hacer las cuentas dos o más personas de lo que se deben recíprocamente, de lo que tienen que pagar en un gasto común, etc.
AJUSTAR LAS CUENTAS a una persona. **1** *Reprenderla o decirle las quejas que se tienen de ella. **2** Vengarse.
V. «BORRÓN y cuenta nueva».
CAER EN LA CUENTA. *Percatarse de pronto de algo que no se comprendía, no se sabía o no se había notado: 'No caí en la cuenta de quién era hasta que me habló de ti. Entonces caí en la cuenta de por qué no había querido venir'. ≃ Dar en la CUENTA, dar en, caer en las MIENTES. ⇒ *Comprender, despertar, *notar, *ocurrirse, abrir los OJOS, *percatarse, *percibir, *recordar, reparar. ➤ ¡Ah!, ¡ahora...!, ¡anda!, ¡aguarda!, ¡claro!, ¡CLARO, hombre!, ¡espera!, ¡guarte!, ¡to!, ¡toma!, ¡ya! ➤ Darse una PALMADA en la frente.
CARGAR EN CUENTA. Poner en CUENTA.
CON CUENTA Y RAZÓN. Con *cautela o *moderación.
CON SU CUENTA Y RAZÓN. Se aplica a la manera de obrar de alguien cuando lo hace esperando obtener un *provecho: 'Es verdad que él me ha ayudado, pero con su cuenta y razón'.
CORRER una cosa DE CUENTA DE alguien determinado. Estar encargada de ella la persona de que se trata.
V. «CORTE de cuentas».
DAR CUENTA. *Comunicar: 'Un telegrama procedente de Tokio da cuenta de un terremoto. Lo hizo él solo sin darme a mí cuenta de nada'.
DAR CUENTA de algo. *Consumirlo enteramente: 'En diez minutos dio cuenta de la comida. Él solo ha dado cuenta de la herencia de todos los hermanos'. ⇒ *Derrochar.
DAR CUENTA[S] de algo a alguien. Hacer y enseñarle las cuentas de la cosa de que se trata.
DAR EN LA CUENTA. Caer en la CUENTA.
DAR LA CUENTA. Con referencia a *servidores, despedir a la persona de que se trata pagándole lo que se le debe por su servicio. ⇒ *Echar.
DARSE CUENTA. de algo *Percibir o *percatarse: 'No hace falta que me digas más: ya me doy cuenta. Él se da cuenta de que tiene que trabajar. Aunque es tan pequeño, se da cuenta de las cosas. Le basta una mirada para darse cuenta de todo'.
DE CUENTA. **1** V. «PÁJARO de cuenta». **2** *Expresión que se aplicaba a las danzas de figuras y a esa manera de bailar:* 'Bailar de cuenta'. **3** *De *importancia o de categoría.*
DE CUENTA DE. **1** Teniendo que *pagar la cosa de que se trata la persona que se expresa: 'Los portes son de cuenta del comprador'. ≃ Por cuenta de. **2** Bajo la responsabilidad de quien se trata. ⇒ Correr de CUENTA de.
DE CUENTA Y RIESGO DE alguien. Por CUENTA y riesgo.
DIGNO DE TENERSE EN CUENTA. V. «tener en CUENTA».
ECHAR CUENTAS. Reflexionar sobre un proyecto.
ECHAR [LAS] CUENTAS. Hacer las cuentas dos o más personas de lo que se deben recíprocamente, de lo que tienen que pagar en un gasto común, etc.
ECHAR CUENTA[S] CON. Contar con la cosa que se expresa: 'No eches cuentas conmigo para ayudarte'.
ECHAR CUENTA[S] DE algo. Planearlo o calcularlo: 'Echo cuentas de terminar para primeros de año. Echa cuentas de lo que puedes necesitar para el viaje'.
ECHAR[SE] [LA] CUENTA. Hacer[se] CUENTA.
ECHAR LA CUENTA. Hacerla: 'Echa la cuenta de lo que nos corresponde pagar a cada uno'.
ECHAR[SE] alguien SUS CUENTAS. *Reflexionar sobre las ventajas e inconvenientes de la cosa de que se trata: 'Antes de decir que sí o que no, tengo que echar mis cuentas'.
EN RESUMIDAS CUENTAS. **1** Expresión *consecutiva que significa «después de considerarlo todo y como resumen o consecuencia de todo lo dicho u ocurrido». **2** A veces tiene sentido *correctivo: 'En resumidas cuentas, nadie sabe lo que conviene'.
ENTRAR EN CUENTA. Ser tenido en *consideración. ⇒ Contar.
ENTRAR EN LAS CUENTAS de alguien cierta cosa. Contar con ello o tenerlo en cuenta en sus planes.
ENTRAR alguien EN CUENTAS CONSIGO MISMO. *Reflexionar sobre su conducta pasada y pensar lo que le conviene hacer en adelante. ⊙ Hacer examen de conciencia.
ESTAR FUERA DE CUENTA[S] una mujer. Haber cumplido ya el periodo de *embarazo.
EXIGIR [ESTRECHAS] CUENTAS. Pedir CUENTAS.
V. «a [o en] FIN de cuentas».
FUERA DE CUENTA[S]. V. «estar fuera de CUENTA[S]».
HABIDA CUENTA de algo. Considerándolo.
HACER[SE] [LA] CUENTA de cierta cosa. Suponer que ocurre y obrar como si en efecto ocurriera: 'Hazte cuenta de que no es tuyo. Que se hagan la cuenta de que estás enfermo'. ≃ Echar[se] la CUENTA.
LLEVAR LA CUENTA de algo. Ir contando o *anotando ciertas cosas para saber al final el total: 'Tú lleva la cuenta de los tantos'.
LLEVAR LAS CUENTAS de algo. Llevar la contabilidad en cualquier asunto: 'Él era el encargado de llevar las cuentas en la expedición'.
MÁS DE LA CUENTA. *Mucho, más de lo debido o conveniente: 'Bebe más de la cuenta'.
NO QUERER CUENTAS con una persona No querer *tratar o colaborar con ella.
PASAR LA CUENTA. **1** Presentar alguien a un acreedor la cuenta de lo que le debe, por un suministro, un servicio, etc.: 'Todavía no me ha pasado la cuenta la modista'. ≃ *Cobrar. **2** Recordar a alguien un favor que se le ha hecho, esperando que *corresponda a él.
PASAR [UNA] CUENTA [O CUENTAS]. Hacer la[s] cuenta[s] de que se trata; puede llevar un complemento de persona: 'Está pasándole la cuenta a la muchacha'. ≃ Tomar la CUENTA.
PEDIR CUENTAS a alguien. Exigirle que dé cuentas de su actuación, por ejemplo en un *empleo; hacerle *responder de lo que hace: 'Nadie le pide cuentas, así que hace lo que quiere'. ≃ Exigir CUENTAS.
PERDER LA CUENTA de algo. Dejar de llevarla, por ejemplo por haberse distraído: 'He perdido la cuenta de los años que hace de eso. Si me hablas me harás perder la cuenta'.
PERDERSE LA CUENTA de cierta cosa. Ser muy numerosa o muy *antigua.
PONER algo EN CUENTA. Incluirlo en la cuenta de lo que alguien debe. ≃ Cargar en CUENTA.
POR CUENTA DE. **1** De cuenta de. **2** En nombre de.
POR CUENTA Y RIESGO DE alguien. Correspondiendo a la persona de que se trata, pagar y sufrir los perjuicios si los hay. ≃ De CUENTA y riesgo.
POR LA CUENTA. Por lo que se deduce del *aspecto o de los *antecedentes de la cosa de que se trata.
POR LA CUENTA QUE ME [TE, etc.] TRAE. Por la propia *conveniencia de la persona de que se trata: 'Ya se preocupará él de no llegar tarde, por la cuenta que le trae'.
POR MI CUENTA. A mi juicio.
POR MI [TU, SU, etc.] CUENTA. Sin la participación o ayuda de otros.
QUEDAR algo DE CUENTA de alguien. Correr de CUENTA.
RESULTAR [O SALIR] BIEN [O MAL] LAS CUENTAS. Resultar cierta cosa como se pensaba y deseaba o no suceder así.
SALIR CUENTA una cosa. Traer CUENTA.
SALIR DE CUENTA[S]. Estar fuera de CUENTA[S].

SIN DARSE CUENTA. *Inadvertidamente: 'El tiempo pasa sin darse cuenta'.

TENER CUENTA. **1** Tener *cuidado. **2** Traer CUENTA.

TENER EN CUENTA cierta cosa. *Considerarla o contar con ella al tratar de cierto asunto o hacer algún plan: 'Ten en cuenta que por la noche hará frío'.

TENIENDO EN CUENTA... Expresión *causal muy frecuente: 'Teniendo en cuenta su poca edad, no le impusieron ningún castigo'. ⇒ *Considerar.

TOMAR EN CUENTA una cosa. *Atender a ella o concederle valor o significado y obrar en consecuencia. ⊙ Suele usarse en forma negativa con el sentido de no hacer caso a algo que puede considerarse una ofensa: 'No tomes en cuenta que no venga a visitarte'.

TOMAR LA[S] CUENTA[S]. Examinar las que una persona presenta o hacerla[s] con los datos que ella proporciona: 'Tomarle la cuenta a la muchacha'. Pasar la[s] CUENTA[S].

TRAER CUENTA una cosa. *Convenir: 'No me trae cuenta cambiar de destino'. ⊙ Resultar provechoso: 'Es un negocio que trae cuenta'. ≃ Salir [o tener] CUENTA.

TRAER A CUENTAS. *Convencer a alguien de que adopte una actitud *razonable. ≃ Venir a CUENTAS.

V. «TRIBUNAL de cuentas».

VAMOS A CUENTAS. Expresión con que se invita a alguien a *puntualizar o poner claro un asunto.

VENIR alguien A CUENTAS. *Convencerse y adoptar, por fin, en cierto asunto la posición que se considera *razonable.

VIVIR A CUENTA DE una persona. Estar *mantenido por la persona de que se trata. ≃ Vivir a COSTA.

□ CATÁLOGO

Apiaradero, cálculo, compto, cómputo, cuento, DARES y tomares, gallarín, epilogismo. ➤ Adición, división, dolorosa, multiplicación, resta, sustracción, suma. ➤ Descuento, estadística, estado, factura, gráfico, *presupuesto, razón, recado, receta, recuento, RELACIÓN jurada. ➤ Algoritmia, algoritmo, contabilidad, digrafía, *PARTIDA doble. ➤ Alcanzar, arrojar, *ascender, componer, cuadrar, extornar, hacer, importar, llegar, montar, remontarse, resultar, salir, subir, sumar. ➤ Averiguar, cabecear, calcular, cargar, cifrar, computar, connumerar, contar, contabilizar, convalidar, echar [o hacer] CUENTAS, llevar [o pasar] la[s] CUENTA[S], DAR, contar con los DEDOS, *deducir, descontar, *determinar, englobar, enumerar, numerar, barajar NÚMEROS, presuponer, presupuestar, promediar, rebajar, recontar, sacar, suputar, *tantear, tarjar. ➤ Abonar, acreditar, adatar, adeudar, ajustar, arreglar, bonificar, cancelar, cargar, abrir CUENTA, cargar [poner] en CUENTA, perder la CUENTA, datar, defenecer, facturar, finiquitar, fiscalizar, imputar, intervenir, llevar los LIBROS, *liquidar, pagar, pelotear, puntear, tomar RAZÓN, repasar, tranquilar. ➤ SUMA y sigue. ➤ TRIBUNAL de Cuentas. ➤ Adeudo, albaquía, alcance, arqueo, asiento, avance, avanzo, *balance, cargo, concepto, contrapartida, data, debe, defenecimiento, déficit, descargo, descubierto, descuento, egreso, entrada, estado, extorno, finiquito, glosa, *haber, ingreso, levantamiento, liquidación, líquido, monta, montante, monto, *partida, ratio, receta, renglón, reparo, rescuentro, resultado, saldo, salida, superávit, total. ➤ CABO de barra. ➤ Baremo, borrador, dietario, libro, LIBRO de cuentas ajustadas, LIBRO mayor, manual, pandectas, talonario, trapacete. ➤ Ábaco, aritmómetro, contadero, contador, contal, MÁQUINA de calcular, nomograma, quipo, sirena, tabla, tablero, tara, tarja, tarraja, *torniquete. ➤ Auditor, contable, contador, contralor, interventor, maestre, MAESTRE racional, TENEDOR de libros. ➤ TRIBUNAL de cuentas. ➤ Con los DEDOS, a OJO, al buen TUNTÚN. ➤ Ojo, tino. ➤ Gabarro. ➤ Ilíquido, incalculable, incontable. ➤ Punto. ➤ Exclusive, inclusive. ➤ Cuentacorrentista, cuentadante. ➤ Cuentagotas, cuentahílos, cuentakilómetros, cuentapasos. ➤ Descontar, incontable, recontar, trabacuenta, trascuenta. ➤ *Aritmética. *Cantidad. *Comercio. *Magnitud. *Matemáticas. *Medir. *Negocio.

cuentacacao (Hond.; una especie del género *Avicularia)* f. *Cierta *araña algo venenosa que produce un sarpullido al pasar por encima de la piel de las personas.*

cuentachiles (Méj.; inf.) n. *Persona que administra mezquinamente el dinero.*

cuentacorrentista n. Persona que tiene cuenta corriente en un banco. ⇒ *Negocio.

cuentadante adj. y n. *Persona que da o presenta cuentas.*

cuentagotas m. Utensilio, formado corrientemente por un tubito de vidrio con una punta muy fina y una goma en el otro extremo, que sirve para *verter un líquido gota o gota. ⇒ Gotero.

CON CUENTAGOTAS (inf.). Aplicado a la manera de dar o recibir algo, con tacañería o muy poco a poco.

cuentahílos 1 m. **Microscopio empleado en la industria textil para contar los hilos de los tejidos.* **2** *Lupa utilizada para observar el detalle de un grabado, fotografía, etc.*

cuentakilómetros 1 m. Aparato que llevan ciertos vehículos para contar los kilómetros que recorren. ⇒ Taxímetro, velocímetro. **2** Se usa con frecuencia, aunque impropiamente, para referirse al velocímetro de un vehículo.

cuentapasos m. Aparato que sirve para contar los pasos dados por la persona que lo lleva encima mientras va andando. ≃ Hodómetro, odómetro, podómetro.

cuentaquilómetros m. Variante ortográfica de «cuentakilómetros».

cuentarrevoluciones m. Aparato que registra el número de revoluciones de un motor; por ejemplo, el de un automóvil.

cuentero, -a adj. y n. Chismoso. ≃ Cuentista.

cuentista 1 n. Escritor de cuentos. **2** Persona aficionada a contar *chismes o *infundios. **3** Persona exagerada, aspaventera, *efectista, *presumida, o que se finge enferma, *simula sentimientos que no tiene, etc. ⇒ Cuento.

cuentístico, -a 1 adj. De los cuentos (narraciones breves). **2** f. Género literario constituido por los cuentos.

cuentitis (inf., hum.) f. Enfermedad que alguien finge para no tener que hacer algo.

cuento[1] (del lat. «compŭtus», cuenta) **1** m. **Narración.* **2** *Narración de hechos fantásticos con que se entretiene, por ejemplo, a los niños. ⇒ Anécdota, apólogo, balsamía, burlería, chascarrillo, conseja, fabliella, fábula, FÁBULA milesia, falordia, faloria, ficción, hablilla, *historia, historieta, integumento, *invención, *leyenda, *narración, parábola, relato. ➤ Duende, genio, gigante, hada, mago, ogro. ➤ Va de CUENTO, érase que se ERA, pues SEÑOR... era [había] una VEZ. ➤ Destripacuentos, discuento. **3** *Narración literaria breve. **4** *Narración breve con gracia o picardía. ≃ Chiste, historieta. ⇒ Destripacuentos. **5** Cosa que alguien cuenta como verdadera o sucedida siendo invención suya. ≃ *Mentira o *infundio. ⊙ *Pretexto o embrollo con que se trata de disimular algo. **6** *Chisme o delación. **7** (inf.; pl.) Algo que se cuenta o dice, que resulta inoportuno, fastidioso, pesado o sin interés para quien lo escucha: 'Dejaos de cuentos y vamos al asunto. No me vengas con cuentos'. ≃ Cosas, historietas, mojigangas, romances, tonterías. ⊙ (desp.; pl.) Cosa o suceso que da lugar a conversación, discusiones, etc.: 'Han tenido no sé qué cuentos entre ellos'. **8** (inf.; «Echar [mucho], Tener») Palabrería, exageración o *aspaviento con que alguien se da importancia o hace aparecer una cosa más importante o interesante de lo que realmente es: 'Sí, es inteligente; pero tiene también mucho cuento'. ⇒ Efectismo, *exagerar. **9** **Cuenta o cómputo.* **10** **Millón.*

CUENTO CHINO (inf.). Invención, mentira.

C. LARGO. V. «ser CUENTO largo».

EL CUENTO DE LA LECHERA. Se aplica como ejemplo al caso de alguien que hace cálculos o planes sobre ganancias que no es ni siquiera probable que obtenga. ⇒ *Ilusión.

EL CUENTO DE NUNCA ACABAR. Acción o asunto que una y otra vez se cree acabado o a punto de acabar, pero que no se acaba. ⇒ *Perdurable.

CUENTO DE VIEJAS. Leyenda o tradición de las que cuentan las personas ancianas, por ejemplo a los niños. ⊙ Cosa que no se cree.

¿A CUENTO DE QUÉ...? Expresión con que alguien comenta algo que le parece injustificado o *inoportuno. ≃ ¿A SANTO de qué...?

V. «CHISMES y cuentos».

¡ALLÁ CUENTOS! (inf.) Exclamación con que alguien se *desentiende de cierta cosa.

APLICARSE EL CUENTO (inf.). Tomar nota alguien de la experiencia de otro y actuar en consecuencia: '¿Has visto lo que le ha pasado a tu hermano? Así que aplícate el cuento'. ⇒ *Escarmentar.

DEJARSE DE CUENTOS. *Desentenderse de ciertas cosas que no son el asunto o actividad que interesa y que pueden perjudicarlos. ⊙ Se emplea generalmente en imperativo para invitar a alguien a no decir, al tratar de un asunto, cosas que no interesan, no son creíbles, suponen ingenuidad en el que las dice, etc.: 'Déjate de cuentos y dinos sólo lo que viste'. ⇒ *Rechazar.

ESE ES EL CUENTO. Frase con que se señala el punto en que consiste el *quid o dificultad de una cuestión.

ESTAR EN EL CUENTO. Estar *enterado de cierta cosa.

IR CON EL CUENTO a alguien. Ir a contarle a alguien indiscretamente o con mala intención cierta cosa: 'Le faltó tiempo para irle con el cuento al jefe'.

IR CON CUENTOS a alguien. Ir a contarle cosas con indiscreción o mala intención, o que no le importan. ≃ Venir con CUENTOS.

NO QUERER CUENTOS con alguien. No querer *tratos con la persona de que se trata.

NO VENIR A CUENTO una cosa (de uso más frecuente que «venir a cuento»). Ser *inoportuna o no tener relación con lo que se está tratando.

QUITARSE DE CUENTOS. Dejarse de CUENTOS.

¡SE ACABÓ [O Y SE ACABÓ] EL CUENTO! Frase con la que se da por acabado un relato o una cuestión cualquiera: 'A cada uno su parte... y se acabó el cuento'

SER una cosa MUCHO CUENTO. Resultar *pesada o abusiva.

SER UNA COSA [UN] CUENTO LARGO. Ser algo que viene ya de atrás, con muchos antecedentes o de la que hay mucho que decir. ⇒ Complicado.

SIN CUENTO. Frase calificativa, equivalente a «*muchos», que se usa pospuesta a un nombre: 'Esto le proporcionó disgustos sin cuento'. ≃ Incontable.

SIN VENIR A CUENTO. V. «no venir a CUENTO».

TENER MÁS CUENTO QUE CALLEJA (alusión a «Saturnino Calleja», conocido editor de cuentos infantiles; inf.). Tener mucho CUENTO.

TENER MUCHO CUENTO (inf.). Ser *exagerado, *efectista o presumido. ⇒ Cuentista, echar CUENTO.

TRAER A CUENTO. *Mencionar incidentalmente algo en un discurso o conversación. ≃ Traer a colación.

¡VA [O Y VA] DE CUENTO! *Expresión humorística con que se empieza a veces una *narración. ⊙ También, con que se expresa que no se da crédito a algo que se oye.* ⇒ *Incrédulo.

VENIR A CUENTO. Ser *oportuno o motivado.

VENIR CON CUENTOS. Ir con CUENTOS.

VIVIR DEL CUENTO (inf.). Vivir sin trabajar.

cuento[2] (del lat. «contus», del gr. «kontós») **1** m. Regatón o *contera del *bastón, la pica, la *lanza, etc. **2** **Puntal o pie derecho con que se sostiene algo.* **3** CETR. *Parte exterior por donde se dobla el *ala de las *aves.*

cuentón, -a adj. y n. *Cuentista (chismoso).*

cuer (del lat. «cor»; ant.) m. *Corazón.*

cuera (de «cuero») f. *Especie de *chaquetilla de piel usada antiguamente sobre el jubón.*

CUERA DE ARMAR. *La que se ponía debajo de la *armadura o la *coraza.*

cuerazo (Hispam.) m. *Latigazo.*

cuerda (del lat. «chorda», del gr. «chordḗ») **1** f. Conjunto de hilos o fibras, generalmente de *cáñamo o *esparto, retorcidos juntos, que se emplea principalmente para *atar o *sujetar cosas. **2** («Herir, Pulsar») Cada hilo, de tripa, metal o nailon, que en los instrumentos musicales llamados «de cuerda», vibran al ser pulsados y producen el sonido. ⊙ Conjunto de los instrumentos de cuerda de una orquesta. ⇒ Bordón, cantarela, prima, recuarta. **3** Cadena o cuerda que sostiene las pesas en los *relojes que marchan con este procedimiento, o que transmitía el movimiento del tambor en que estaba el muelle a la maquinaria, en los relojes antiguos. ⊙ Por extensión, resorte que la ha sustituido en los modernos. ⊙ También, por extensión, resorte semejante en cualquier mecanismo. **4** **Mecha de cuerda de cáñamo con que se prendía fuego a las *armas antiguas.* **5** (ant.) **Cordón.* **6** (pl.) **Tendones del cuerpo humano.* **7** TOPOGR. *Cuerda que se usa para las mediciones.* **8** *Medida antigua de *longitud, equivalente a ocho varas y media.* **9** AGRIC. *Medida de *superficie agraria equivalente a una fanega, o algo más, de sembradura.* **10** (P. Rico) *Medida de superficie equivalente a 39,29 áreas.* **11** MÚS. Cada una de las cuatro *voces fundamentales: bajo, tenor, contralto, soprano. **12** MÚS. *Extensión o conjunto de notas que abarca una voz.* **13** GEOM. Línea recta que une dos puntos de una curva. ≃ Subtensa. ⇒ Sagita. **14** Conjunto de *presos conducidos atados uno tras otro. ≃ Cadena, collera. **15** ARQ. *Línea de arranque de una *bóveda o *arco.* **16** **Cima aparente de las montañas.* **17** *Estrato de roca que sobresale en la falda de una montaña.* **18** *Talla normal del ganado caballar, equivalente a 1,47 m.* **19** (pl.) MAR. *Maderos derechos en que se apoyan los puntales de la cubierta de un *barco.*

CUERDA FALSA. MÚS. *Cuerda de un instrumento musical, disonante y difícil de templar.*

C. FLOJA. Cable sobre el que hacen sus ejercicios los *acróbatas.

C. SISAL. *Cuerda de sisal.*

CUERDAS VOCALES. Ligamentos existentes en la laringe que, con su vibración, producen la *voz.

A CUERDA. Aplicado a la manera de colocar cosas o de hacer ciertas cosas, en línea *recta.

AFLOJAR LA CUERDA. Disminuir el esfuerzo o la severidad en una cosa. ⇒ *Ceder.

BAJO CUERDA. Encubiertamente. ≃ Por debajo de CUERDA.

CALAR LA CUERDA. *Aplicar la mecha al mosquete.*

CONTRA LAS CUERDAS (inf.; «Poner, Estar»). En una situación muy comprometida de la que resulta difícil salir: 'Puso a su contrincante contra las cuerdas'.

DAR CUERDA a algo. **1** Referido a un *reloj u otro mecanismo, ponerlo en disposición de que marche, arrollando el resorte, o levantando la pesa que está abajo. **2** Hacer *durar algo más de lo regular.

DAR CUERDA a alguien. Animarle en sus inclinaciones. ⊙ Animarle a hablar de lo que él desea.

EN LA CUERDA FLOJA. **1** Con el verbo «bailar», mantenerse sin tomar partido entre opiniones o partidos opuestos, tratando de estar en buenas relaciones con todos. ≃ *Bandearse. **2** En situación *inestable, *difícil o peligrosa.

V. «INSTRUMENTO de cuerda, MOZO de cuerda».

NO SER DE LA CUERDA. No pertenecer al partido, ideología, etc., o al grupo de personas, de que se trata. ⇒ Ser de la misma CUERDA.

O SE TIRA LA CUERDA PARA TODOS O NO SE TIRA PARA NINGUNO. Expresión humorística con la que se protesta de que una artimaña ventajosa se aplique sólo a algunos. Parece que tiene su origen en un cuentecillo según el cual los parientes de un hombre que acababa de morir sin hacer testamento inventaron darle por vivo todavía ante el notario, y moviendo su cabeza con una cuerda, hacerle contestar afirmativamente cada vez que se le preguntaba si legaba tal cosa a cada uno de los presentes. Pero al quedarse la cabeza quieta después de una pregunta, sin duda porque no satisfacía al que manejaba la cuerda, el presunto favorecido lanzó esta exclamación. ⇒ *Justo.

POR DEBAJO DE CUERDA. Bajo CUERDA.

ROMPERSE LA CUERDA. Acabarse violentamente la resistencia de algo o la paciencia de alguien por *abusar de ellas.

SALTAR[SE] LA CUERDA. Romperse el resorte de un reloj u otro mecanismo.

SER DE LA MISMA CUERDA. Se aplica en sentido desfavorable a las personas, para indicar que tienen la misma manera de ser o de pensar. ⇒ *Igual.

SIEMPRE SE ROMPE LA CUERDA POR LO MÁS DELGADO. Frase con que se comenta el hecho de que siempre son los más débiles los que pagan las consecuencias de algún desacierto o falta cometidos entre varios. ⇒ *Pagano.

TENER CUERDA PARA RATO. **1** (inf.) Ser una persona muy habladora o parecer dispuesta a hablar mucho sobre algo. **2** (inf.) Poder tener larga vida o *durar mucho una persona en una actividad.

TIRAR DE LA CUERDA. **1** *Abusar de la resistencia de algo o la paciencia de alguien. **2** *Contener o frenar a alguien.

□ CATÁLOGO

Otra forma de la raíz, «cord-». ➤ Otra raíz, «fun-»: 'funicular, funículo'. ➤ Beta, bramante, briaga, cable, *cabo, cair, cordel, cordeta, crizneja, cudria, dogal, estrenque, fascal, filete, guindaleta, guita, HILO bramante, HILO [de] palomar, hiscal, lía, liatón, libán, maroma, mecate, meollar, pasadera, piolín, reata, reinal, soga, soguilla, toa, tomiza, tramilla. ➤ Cordería, liaza. ➤ Cabuya, celofana, chilpe, cocuiza, huira, laja. ➤ Aderra, amarra, andarivel, ANGUILA de cabo, apea, apretadera, arique, baga, boza, bozo, braga, braguero, briaga, *cabestro, calzadera, calzón, cazumbre, cintero, eslinga, estacha, estrobo, forrajera, frenillo, gómena, guasca, gúmena, hico, hondilla, huasca, jico, liñuelo, maesilla, mancuerna, *maniota, mecapal, peal [o pial], quipo, ramal, reata, rebenque, ronzal. ➤ Silga, sirga, sobrecarga, sondaleza, tendel, terigüela, traílla, tralla, viento, zumbel. ➤ Atarazana, cabestrería, cordelería, soguería. ➤ Galapo. ➤ Testigo. ➤ Catenaria. ➤ Cobrar, embrear, empalmar, entorchar, largar, recoger, tender. ➤ Amarrar, *atar, enmaromar, ligar, *sujetar. ➤ *Atadura, lazo, ligadura. ➤ Garrote. ➤ Cordita, descordar, encordar, encordelar. ➤ *Cinta. *Cordón. *Hilo. ➤ *Planta (grupo de las empleadas para hacer cuerdas).

cuerdamente adv. Con cordura. ≃ *Sensatamente.

cuerdo, -a (del lat. «cor, cordis», corazón) **1** («Estar») adj. y n. Aplicado a las personas y a sus actos, palabras, comportamiento, etc., con sus facultades mentales normales; no loco. ⇒ En sus cabales, con [pleno] conocimiento, en su pleno CONOCIMIENTO, en su sano JUICIO, SABER lo que se hace, en sus cinco SENTIDOS, en su seso. ➤ Cabeza, cordura, juicio, *razón, sindéresis. ➤ Regir, estar en sí. ➤ *Sensato. **2** («Ser») Se aplica al que piensa, obra o habla con reflexión y acertadamente. ≃ Juicioso, prudente, razonable, *sensato.

cuereada (de «cuero»; Am. S.) f. *Conjunto de operaciones en que consiste el cuerear y temporada durante la que se hacen.*

cuerear 1 (Am. S.) tr. *Realizar las distintas operaciones de la explotación de las *pieles, desde matar y desollar las reses hasta entregar las pieles al comercio.* **2** (Am. C.) **Azotar a ↘alguien.*

cueriza (Hispam.) f. **Paliza.*

cuerna 1 f. Conjunto formado por los cuernos de un animal. ≃ Astamenta, cornamenta. **2** Vaso de cuerno. ≃ Alhiara, aliara, cacho, chambado, colodra, guámparo, liara. **3** *Trompa sonora de forma de cuerno. **4** Cuerno macizo que los *ciervos mudan cada año.

cuérnago (de «cuérrago, con influencia de «cuerno»») m. **Cauce de una corriente de agua.* ≃ Cuérrago.

cuernezuelo (dim. de «cuerno») m. *Instrumento hecho con una punta de cuerno, usado antiguamente por los veterinarios en las curas.* ≃ Cornezuelo.

cuernito (dim. de «cuerno»; Méj.) m. **Cruasán.*

cuerno (del lat. «cornu») **1** m. *Apéndice óseo que tienen algunos *animales como el toro, el ciervo y, en general, los *rumiantes, a cada lado de la frente. ≃ Asta. ⊙ (pl.) Se usa en algunas expresiones como atributo simbólico de la infidelidad conyugal: 'Poner los cuernos'. **2** Aunque no es de la naturaleza del cuerno propiamente dicho, se aplica también este nombre a la protuberancia que tiene el *rinoceronte sobre la mandíbula superior. **3** *Antena de los *insectos y de otros animales, especialmente de los *caracoles. **4** *Vasija hecha de un cuerno. ≃ *Cuerna. **5** *Trompa hecha de un cuerno. ⇒ Turullo. ⊙ O de otro material y con forma y sonido similares. **6** Materia de la capa exterior de los cuernos, empleada en la industria para fabricar algunos objetos; por ejemplo, peines. **7** Cada punta de las dos que se aprecian en la forma de la *Luna en cuarto creciente o menguante. **8** Se aplica a objetos o partes de un objeto que tienen por su *forma semejanza con un cuerno; por ejemplo, a cierto *panecillo. **9** *Botón que formaba el remate de la varilla de los rollos que hacían las veces de *libros entre los antiguos.* **10** MAR. **Palo largo y delgado que se añadía a veces al de la entena o palo de la vela latina.* **11** *Lado de algunas cosas. Por ejemplo, *ala de un ejército o una escuadra. **12** (Bol., Méj.) **Cruasán.*

CUERNO DE LA ABUNDANCIA. *Cornucopia (figura decorativa en forma de cuerno del que rebosan frutos).

C. DE AMÓN. **Amonita (concha fósil).*

¡CUERNO! [o ¡CUERNOS!] (inf.). Exclamación de sorpresa o *enfado. Se emplea ya poco y, generalmente, en tono jocoso.

V. «coger el TORO por los cuernos».

ECHAR AL CUERNO (inf.). Mandar al CUERNO.

EN LOS CUERNOS DEL TORO. Especialmente con «dejar» o «verse», en un peligro o apuro. ≃ En las *ASTAS del toro.
IRSE AL CUERNO una cosa. *Malograrse.
LEVANTAR a alguien o algo A [HASTA, POR ENCIMA DE o SOBRE] EL CUERNO [o LOS CUERNOS] DE LA LUNA. *Alabarlo exageradamente. ≃ Poner en [o por] los CUERNOS de la Luna, subir hasta los CUERNOS de la Luna.
MANDAR algo AL CUERNO (inf.). *Prescindir o dejar de ocuparse de ello o de preocuparse por ello. ≃ *Desentenderse.
MANDAR a una persona AL CUERNO (inf.). *Enfadarse y *despedirla o *echarla bruscamente, *prescindir de ella o cortar la conversación o las relaciones con ella, a veces con la expresión 'vete [váyase, que se vaya, etc.] al cuerno'.
NO VALER UN CUERNO (inf.). Valer muy poco o nada.
OLER A CUERNO QUEMADO una cosa. **1** (inf.) Oler mal. **2** (inf.) Ser sospechosa. ≃ Oler a CHAMUSQUINA.
PONER LOS CUERNOS (inf.). Ser *infiel al marido o a la mujer.
PONER a alguien POR LOS CUERNOS DE LA LUNA. Levantar hasta los CUERNOS de la Luna.
ROMPERSE LOS CUERNOS (inf.). Trabajar o esforzarse mucho.
SABER una cosa a alguien A CUERNO QUEMADO (inf.). *Enfadarle o *disgustarle.
SUBIR a alguien HASTA LOS CUERNOS DE LA LUNA. Levantar a los CUERNOS de la Luna.
¡VETE [VÁYASE, QUE SE VAYA, etc.] AL CUERNO! (inf.). Expresión brusca con la que se *echa o *rechaza a alguien que importuna o enfada con lo que dice o hace.
¡[Y] UN CUERNO! (inf.). Expresión brusca de negación o rechazo.
□ CATÁLOGO
Raíz culta, «cer-»: 'ceratoideo, ceratotomía, rinoceronte'. Otra forma de la raíz, «corn-»: 'acornado, acornar, acornear, bicorne, cornada, cornadura, cornalón, cornamenta, cornear, córneo, cornete, cornezuelo, cornial, corniforme, cornígero, cornucopia, cornudo, cornúpeta, descornar[se], encornado, encornadura, encornudar, tricorne, tricornio'. ➤ Arma, asta, cacho, gama, guampa, herramienta, MADERA del aire, pitón, vela. ➤ Cuerna. ➤ Cercetas, paleta, pitón, punzón. ➤ Despitorrado. ➤ Husero, mogote. ➤ Branca, candil, estaca, garceta, hijo, punta, redro. ➤ Tiza. ➤ Descorrear, desmogar, destoconar, escodar. ➤ Amochar, amorcar, amufar, amurcar, apitonar, cachada, *cornear, embrocar, empitonar, encuentro, encunar, mochada, morcar, morocada, paletazo, pitonazo, puntazo, topada, topar, topetar, topetazo, topetear, varetazo. ➤ Aceitero, alhiara, aliara, cacho, chambado, chifle, colodra, cornezuelo, *cuerna, guámparo, liara, turullo. ➤ Enastado. ➤ Astifino, cachicuerno, corniabierto, corniapretado, cornibrocho, cornigacho, cornigordo, corniveleto, gacho, mogón. ➤ Afeitado, despitorrado, embolado. ➤ Cuna. ➤ Descogotar. ➤ Traba. ➤ Cuatezón. ➤ *Rumiante. *Toro.

cuero (del lat. «corĭum») **1** m. *Piel de los animales, *curtida. ⊙ Trozo de cuero empleado en algunas cosas; por ejemplo, en los *grifos para que el cierre sea perfecto. **2** Envase para *vino, *aceite, etc., hecho de una piel entera de cabra o de otro animal. ≃ *Odre, pellejo. **3** (ant.; pl.) **Colgaduras formadas por guadameciles (pieles labradas).* **4** (inf.) Balón de fútbol.
CUERO CABELLUDO. Piel de la *cabeza, donde nace el *pelo. ⇒ Caspa, fórfolas, plica.
EN CUEROS [VIVOS]. **1** Completamente *desnudo. **2** («Dejar, Estar, Quedarse») Sin bienes de fortuna. ⇒ Arruinado, *pobre. ➤ *Despojar.
HECHO UN CUERO. **Borracho.*

cuerpear 1 (R. Pl.) intr. *Esquivar el cuerpo.* **2** (Arg.) tr. *Evitar con astucia una dificultad, compromiso, etc.*

cuerpo (del lat. «corpus») **1** m. Cualquier porción de *materia: 'Veo un cuerpo flotando en el mar. Se le ha metido en el ojo un cuerpo extraño'. ⊙ GEOM. Objeto de tres dimensiones. ⊙ QUÍM. Cada una de las sustancias químicas de composición definida: 'Los cuerpos simples'. ⇒ *Bloque, *bulto, *cosa, grave, masa, objeto, partícula. ➤ Poliedro, sólido, volumen. ➤ *Elemento, véase la tabla de los cuerpos simples. **2** Materia completa de un animal: 'Las aves tienen el cuerpo cubierto de plumas'. **3** Figura de una *persona, considerada desde el punto de vista de su belleza: 'Tiene muy buen cuerpo'. ⇒ Formas. **4** Aplicado a personas, *cadáver. **5** CUERPO químico. **6** Porción más voluminosa y maciza de un animal, de la que salen los apéndices, como la cabeza, los brazos o las patas. ⇒ Torso, tronco. ⊙ Parte semejante en un objeto cualquiera: 'El cuerpo de un continente [o de una bomba]'. ⊙ Parte principal, por ejemplo de un libro, prescindiendo de accesorios como prólogo, índices, etc. ⇒ *Bloque. **7** Cada parte de un *edificio, un mueble, etc., separada de las otras de manera distinguible al exterior, vertical u horizontalmente: 'Un armario de tres cuerpos. El cuerpo inferior del edificio es de diferente estilo que el superior'. **8** Parte de un vestido que corresponde a la parte superior del cuerpo. **9** Colectividad a la que se supone dotada de personalidad: 'Con esta situación se resiente el cuerpo nacional'. ⊙ *Organismo del Estado, cultural o político, formado por un conjunto de personas que se reúnen a deliberar. ≃ Corporación. ⇒ *Asamblea. **10** *Conjunto de empleados o profesionales adscritos a determinada función, organizado en categorías: 'Cuerpo de bomberos [o de notarios]'. ⇒ Instituto. ➤ Escalafón, plantilla. ➤ Corporativo. ➤ ESPÍRITU de cuerpo. ➤ Personal. ➤ *Profesión. **11** MIL. Nombre dado a las unidades militares que forman parte del Ejército pero no están destinadas a la línea de fuego, distintas de las cuatro que lo están (artillería, aviación, caballería e infantería), llamadas «armas». ⇒ Carabinero, coracero, fusilero, granadero, guardia civil, húsar, policía, pontonero. ➤ *Milicia. **12** *Cada volumen o unidad material de una obra escrita:* 'Biblioteca de cinco mil cuerpos'. ⇒ *Libro. **13** Se puede aplicar a un conjunto de cosas o de ideas que forman una unidad. Particularmente, CUERPO de *leyes o CUERPO de doctrina. **14** AGRÁF. Cada tamaño de *letras de *imprenta, designado con un número de puntos: 'Caracteres del cuerpo 10'. **15** *Grosor mayor o menor de los tejidos, papeles, etc.: 'Un paño de mucho cuerpo'. ⊙ Aplicado a personas, corpulencia. ⊙ *Tamaño de las cosas: 'Aquí haría falta un mueble de más cuerpo'. **16** Grado mayor o menor de espesura de un líquido o una masa semilíquida o pastosa: 'Hacer hervir la masa hasta que tome bastante cuerpo'. ≃ Consistencia. **17** Cualidad del vino en función de su consistencia e intensidad de sabor y color. **18** **Figura con cierto significado, por ejemplo en un emblema.*
CUERPO AMARILLO. ANAT. *Masa de células amarillas que se forma mensualmente en el ovario, la cual produce una de las hormonas de esta glándula.*
C. DE BAILE. Conjunto de bailarines no solistas de un espectáculo.
C. DE BOMBA. Parte de ella que constituye el recinto dentro del cual se mueve el émbolo.
C. CALLOSO. ANAT. Masa blanca que conecta las capas corticales de los dos lóbulos del *cerebro.
C. CILIAR. ANAT. *Porción del *ojo correspondiente a la úvea, formada por los músculos que sirven para acomodar la visión a la distancia y por los pliegues que forman una orla alrededor del cristalino, detrás del iris.*

C. DEL DELITO. DER. Objeto con el cual o en el cual se ha cometido un *delito y que conserva huellas claras de él.

C. DIPLOMÁTICO. Conjunto de los representantes diplomáticos extranjeros en un país. ⇒ *Diplomacia.

C. DE DOCTRINA. Conjunto orgánico de *ideas.

C. DE EJÉRCITO. MIL. Unidad militar formada por varias divisiones.

C. EXTRAÑO. MED. Objeto alojado en un organismo, ajeno a él: 'En la radiografía se aprecia un cuerpo extraño en la cavidad torácica'.

C. FACULTATIVO. Cuerpo de empleados cuyos individuos necesitan poseer un título universitario o técnico.

C. GEOMÉTRICO. Objeto geométrico con volumen.

C. GLORIOSO. **1** TEOL. El de los *bienaventurados, que irá al cielo después de la resurrección de la carne. **2** (inf.) *Expresión empleada para referirse a las personas que pasan largo tiempo sin experimentar necesidades fisiológicas.*

C. DE GUARDIA. MIL. Grupo de soldados encargado de *vigilar en un lugar. ⊙ MIL. Lugar fijo en que está instalado.

C. LEGAL. DER. Compilación de *leyes. ≃ CUERPO de leyes.

C. LEGISLATIVO. *Asamblea política de las que elaboran las *leyes.

C. DE LEYES. CUERPO legal.

C. MUERTO. MAR. *Boya fondeada con mucha seguridad, provista de una argolla para que en ella se aten los barcos.*

C. NEGRO. FÍS. Cuerpo que absorbe todas las radiaciones que inciden sobre él.

C. QUÍMICO. QUÍM. Sustancia *química: sustancia de composición definida. ⇒ Anticuerpo.

C. SIMPLE. QUÍM. *Elemento: sustancia formada por un solo elemento o especie química.

CUERPOS COLEGISLADORES. Conjunto de las dos cámaras que componen el poder legislativo en un estado organizado democráticamente. ⇒ *Asamblea.

A CUERPO [GENTIL]. Sin *abrigo encima: 'Hoy se puede salir a cuerpo'.

A CUERPO DESCUBIERTO [O LIMPIO]. Sin resguardarse o *protegerse. ⊙ Sin *armas.

A CUERPO DE REY. Con «tratar, vivir» o verbos equivalentes, con mucho *regalo y *comodidad.

V. «pasearse el ALMA por el cuerpo, no llegar la CAMISA al cuerpo».

CERNER EL CUERPO. *Contonearse al andar.*

CUERPO A CUERPO. **1** Se aplica a la lucha que se hace empleando directamente sus fuerzas los contendientes en contacto uno con otro. **2** Se aplica a la *discusión en que se llega al ataque personal.

CUERPO DE JOTA (inf.; «Tener, Ponerse»). Ganas de divertirse.

DAR CON EL CUERPO EN TIERRA. *Caerse.

DAR CUERPO A una cosa. *Realizarla.

DARSE EN CUERPO Y ALMA. V. «en CUERPO y alma».

DE CUERPO ENTERO. **1** Aplicado a «*fotografía, retrato» o palabras equivalentes, comprensivo de todo el cuerpo del retratado. **2** (inf.) Aplicado a personas, *completo o como puede desearse: 'Un escritor de cuerpo entero'. ⇒ *Bueno.

DE CUERPO PRESENTE. Aplicado al *cadáver de la persona recién muerta dispuesto con el aparato acostumbrado, antes de ser conducido al enterramiento.

DE MEDIO CUERPO. Se dice del retrato que lo es sólo de la mitad superior del cuerpo o algo más.

DESCUBRIR EL CUERPO. **1** Dejar *indefensa una parte del cuerpo en la lucha. **2** Obrar sin recatarse en un asunto en que hay exposición. ⇒ A CUERPO descubierto [o limpio].

V. «tener el DIABLO en el cuerpo».

ECHAR EL CUERPO FUERA. *Eludir o *evitar un trabajo, compromiso, etc. ≃ Huir [o hurtar] el CUERPO.

ECHARSE AL CUERPO (inf.). *Beber o, menos frecuentemente, *comer algo que se considera exagerado: 'Se echó al cuerpo una botella de vino'.

EN CUERPO Y ALMA. V. «entregarse [estar] en CUERPO y alma».

ENTREGAR una mujer SU CUERPO a un hombre. *Cohabitar con él.

ENTREGARSE EN CUERPO Y ALMA a una cosa. Dedicarle todos los esfuerzos y atención de que se es capaz. ≃ Darse en CUERPO y alma. ⇒ *Consagrarse.

ENTREGARSE EN CUERPO Y ALMA a alguien. Ser completamente *adicto a la persona de que se trata o dejarse llevar completamente por ella. ≃ Darse en CUERPO y alma. ⇒ *Someterse.

V. «ESPÍRITU de cuerpo».

ESTAR EN CUERPO Y ALMA con alguien. Ser *partidario suyo sin ninguna reserva.

FALSEAR EL CUERPO. Hurtarlo físicamente.

V. «no quedar GOTA de sangre en el cuerpo, GUARDA mayor del cuerpo real».

HACER DE [O DEL] CUERPO (pop.). Hacer de *vientre.

HUIR [O HURTAR] EL CUERPO. **1** Hacer un *quiebro para evitar un golpe. ≃ Falsear el CUERPO. **2** Echar el CUERPO fuera.

V. «JACA de dos cuerpos».

NO HURTAR EL CUERPO. V. «hurtar el CUERPO».

NO PUDRIRSE [O QUEDARSE] una cosa EN EL CUERPO de una persona. No ser callada o reservada por ella. ⇒ *Decir, *desahogarse.

PEDIRLE a alguien una cosa EL CUERPO. Sentir ganas de hacerla. ⇒ *Desear.

QUEDAR OTRA COSA DENTRO DEL CUERPO. Ser distinto lo que se piensa o siente de lo que se dice. ⇒ *Simular.

QUEDARSE alguien con algo EN EL CUERPO. *Callarlo o quedarse con ganas de decirlo.

V. «tener un REY en el cuerpo».

TOMAR CUERPO una cosa. Tomar consistencia, concretarse en algo definido, empezar a *realizarse o tomar importancia: 'Van tomando cuerpo los rumores'. ⇒ *Crecer, *desarrollarse.

□ CATÁLOGO

Forma afija, «corp-»: 'corpachón, corpanchón, corpazo, corpecico, corporal, corpóreo, corporiento ➤ Raíz culta, «soma-»: 'somático, cromosoma, psicosomático'. ➤ El COSTAL de los pecados, físico, humanidad, organismo, soma. ➤ *Anatomía, anotomía, esplacnografía, esplacnología, *fisiología, histología, organografía, organología, somatología. ➤ Autopsia, disecación, disección. ➤ Carnación, complexión, configuración, conformación, *constitución, contextura, estatura, *figura, formas, hechura, morfología, *tipo. ➤ CONSTANTES vitales, ESTADO físico, ESTADO general. ➤ Psicomotricidad. ➤ Orgánico. ➤ Altura, corpulencia, volumen. ➤ *Alto, *bajo, *corpulento, *deforme, *delgado, *esbelto, espigado, feo, *flaco, fornido, fuerte, *gordo, hecho, huesudo, lacertoso, malhecho, membrudo, mole, molso, musculoso, personudo, *rechoncho, *robusto, tipejo, torneado, zamborondón, zamboro[rro]tudo. ➤ Región. ➤ Aboral, ciático, coxal, dorsal, epigástrico, frontal, glúteo, inguinal, intercostal, lumbar, mamario, onfálico, pectoral, pelviano, precordial, pubiano, sacro, sobacal, subclavio, subcostal, umbilical, visceral. ➤ Saceliforme. ➤ Cadáver. ➤ Cuarto, tercios. ➤ Aparato, apéndice, aponeurosis, argadillo, *arteria, articulación, cabo, canal, cápsula, carne, cartílago, cavidad, conducto, córtex, corteza, enjundia, entrañas, epidermis, *esqueleto, extremidad, gases, *glándula, grasa, *hueso, *humor, manteca, meato, membrana, *miembro, molla, molledo, mollero, *mucosa, *músculo, nervio, órgano, orificio, *piel, pulpejo, quimosina, reservorio, saín, sangre, sebo, serosa, *sentido, sistema, tendón, tubo, válvula, vaso, *vena, vía, víscera. ➤ Tracto. ➤ Abductor, aductor, aferente antagonista, constrictor, eferente, flexos, supinador, vasomotor, vibrátil. ➤ Albúmina, aminoácido, anabolizante, anticuerpo, antitoxina, colesterina, esteroide, fibrina, globulina, glúcido, HIDRATO de carbono, hormona, lípido, pepsina, proteína, toxina. ➤ ARCA del cuerpo, badán, busto, CAJA torácica, cuerpo, tórax, torso, tronco. ➤ APARATO circulatorio, APARATO digestivo, APARATO respiratorio, APARATO urinario, SISTEMA glandular, SISTEMA nervioso, SISTEMA vascular. ➤ Abdomen, antebrazo, asentaderas, bacinete, baltra, barriga, *boca, bragadura, *brazo, *cabeza, cadera, *cara, cerro, cerviz, cinto, cintura, codillo, codo, *cogote, coja, *cola, colodrillo, corva, costado, costilla, costillar, cuadril, *cuello, culo, *dedo, delgados, diente, empeine, entrepierna[s], escote, *espalda, espinazo, garfa, garra, genitales, hocico, hombro, ijada, ijar, ingle, intimidades, labio, lado, lóbulo, mandíbula, *mano, morrillo, *muñeca, muslo, *nalgas, nariz, *nuca, occipucio, *oído, *ojo, ombligo, *oreja, ÓRGANOS de la generación, *ÓRGANOS genitales, paletilla, pancha, pancho, panza, párpado, salva sea la PARTE, PARTE inferior, partes, PARTES pudendas, PARTES sexuales, *pata, pecho, pelvis, perineo [o periné], *pernil, *pie, *pierna, pinzas, pubes, pubis, *quijada, rabadilla, rabo, regazo, remo, *riñones, *rodilla, sangría, seno, *sien, tabla, talle, *talón, teta, tetilla, *tobillo, tozo, tozuelo, tripa, vedija, vergüenzas, verija, *vientre, *vulva, zarpa. ➤ Amígdala, asadura, bazo, bronquio, *cerebro, corazón, encéfalo, *estómago, garganchón, *garganta, hígado, hipocondrio, *intestinos, landrecilla, laringe, *médula, mondongo, *pulmón, *riñón, *tráquea, *tripas, TROMPA de Eustaquio, TROMPA de Falopio, vejiga, vesícula. ➤ CANAL vocal, uréter, uretra. ➤ Ano, arca, *axila, *boca, CAVIDAD abdominal, CAVIDAD torácica, comisura, divertículo, encuentro, espátula, fosa, islilla, rafe, sobaco, vacío. ➤ *Barba, *bigote, cabello, carúncula, *casco, ceja, cresta, cuerno, *diente, greña, *pelo, pestaña, pesuño, pezuña, *uña. ➤ Agachar, flexionar, levantar, sacar. ➤ *Dolor, *enfermedad. ➤ Anomalía, anormalidad, defecto físico, deformación, deformidad, discapacidad, estigma, fealdad, imperfección, lacra, monstruosidad. ➤ Aborto, engendro, *monstruo, siameses. ➤ Ectopia. ➤ Asimétrico, contrahecho, discapacitado, enano, gigante. ➤ Angioma, antojo, bulto, cadillo, callo, carnosidad, casabillo, chapa, juanete, lunar, *mancha, quiste, verruga, viruelas. ➤ V. para las deformidades que afectan a una parte determinada del cuerpo el nombre de esa parte: *brazo, *cabeza, *COLUMNA vertebral, *labio, *mano, *nariz, *oído, *ojo, *pie, *testículo. ➤ V. «hablar» para las alteraciones que afectan a la pronunciación y «mente», para las de la mente. ➤ Ortopedia, prótesis. ➤ Descuartizar. ➤ Calcificarse, decalcificarse [o descalcificarse]. ➤ Encarnar[se], reencarnar. ➤ Cenestesia. ➤ Maniquí. ➤ *Animal. *Persona.

cuérrago (del lat. «corrŭgus») m. *Cauce.* ≃ Cuérnago.

cuerria (de «corro»; Ast.) f. *Cercado pequeño circular, hecho con piedra sin argamasa, donde se echan las *castañas para que acaben de *madurar y se sequen algo, para quitarles más fácilmente el erizo.*

cuervo (del lat. «corvus») *(Corvus corax)* m. *Pájaro córvido carnívoro, mayor que una paloma, de color negro con reflejos metálicos y cola redondeada. ⇒ Palabras que empiezan por «corv-». ➤ Cacalote. ➤ Corvato. ➤ Crascitar, croajar, crocitar, croscitar, *graznar. ➤ Echacuervos.

CUERVO MARINO. **Cormorán.*

C. MERENDERO. **Grajo.*

CRÍA CUERVOS Y TE SACARÁN LOS OJOS. Frase con que se comenta algún caso en que los beneficios hechos a quien no los merece son correspondidos con *desagradecimiento.

cuesa (ant.) f. *Cuezo.* ≃ Cueza.

cuesco (de or. expresivo) **1** m. *Hueso de las frutas. **2** (Col., Ven.; *Bactris cuesco) Palmera de cuyo fruto se extrae aceite.* ⊙ *Fruto de esta palmera y aceite extraído de él.* **3** *En los molinos de *aceite, piedra redonda sobre la que la viga aprieta los capachos.* ⊙ (Méj.) *Masa redondeada de *mineral, de gran tamaño.* **4** MINER. *En las minas de Río Tinto, escoria procedente de los hornos de manga.* **5** (vulg.) *Ventosidad ruidosa.

cueslo (del ant. «coslar», del lat. «consolāri», consolar; ant.) m. **Consuelo.*

cuesta[1] (del lat. «costa», costilla, lado) **1** (ant.) f. **Costilla.* **2** *Pendiente. ⊙ Particularmente, trozo en pendiente de un *camino, *calle, *carretera, etc. ⊙ Se aplica mucho como nombre particular: 'Cuesta de las Perdices. Cuesta de Santo Domingo'. **3** (ant.; pl.) *Coste.*

CUESTA DE ENERO. Frase con que se alude a las dificultades económicas con que suele pasarse el mes de enero, a consecuencia de los gastos extraordinarios de las fiestas de *Navidad.

A CUESTAS. **1** Aplicado a cargas que lleva una persona, sobre los hombros y las espaldas, o sobre las espaldas y el lomo o las caderas. ⇒ Al apa, a babucha, a carramanchas, a carramanchones, a cotenas, a cucho, a escarramanchones, a la[s] espalda[s], a hombros. ➤ Ajobar, chinear. ➤ *Cargar. **2** Aplicado a trabajos, penas, etc., pesando sobre la persona de que se trata: 'Lleva a cuestas la enfermedad de su hijo'.

CAERSE LA CASA A CUESTAS a alguien. No poder aguantar mucho tiempo en casa. ⇒ *Callejear.

CUESTA ABAJO (pronunc. [cuestabájo]). Con «ir» o «andar», hacia abajo, por un camino en cuesta.

C. ARRIBA. (pronunc. [cuestarríba]) Hacia arriba, por una cuesta.

EN CUESTA. Tratándose de caminos o terrenos, inclinado, no horizontal. ≃ En pendiente. ⇒ Costanero, costero.

HACÉRSELE a alguien una cosa CUESTA ARRIBA. Costarle violencia o trabajo hacerla. ⇒ *Resistirse.

V. «al PIE de la cuesta».

TÚ QUE NO PUEDES, LLÉVAME A CUESTAS. *Frase con que se comenta el que alguien, ya muy apurado, sea cargado con nuevas obligaciones.* ⇒ *Sobrecargar.

cuesta[2] (del lat. «quaestus», negociación) f. *Cuestación.*

cuestación (del lat. «quaestus», part. pas. de «quaerĕre», pedir) f. *Petición de cantidades para algún fin benéfico: 'Cuestación anual para la Cruz Roja'. ≃ Colecta, *recaudación.

cuestión (del lat. «quaestĭo, -ōnis») **1** f. *Asunto de que hay que ocuparse, que requiere una solución o una respuesta: 'El ayuntamiento se ocupa de la cuestión de los transportes. El tribunal propuso tres cuestiones para ser desarrolladas por los opositores'. ⊙ Cosa que constituye una dificultad, *duda o *problema: 'La cuestión es [o está en] saber qué procedimiento resultará más barato'. **2** Acción de hablar entre sí con enfado personas que están en desacuerdo. ≃ Altercado, discusión, *disputa, gresca, polémica, trifulca. ⇒ *Conflicto, *riña. **3** Dificultad, *jaleo, lío o complicación: 'No quiero cuestiones con los empleados'. **4** Pregunta que hay que contestar en un examen escolar, en una encuesta, etc.

CUESTIÓN BATALLONA. Motivo permanente de *discusión o de dificultades en cierto asunto.

C. CANDENTE. Asunto de *interés actual y que apasiona a la gente.
C. DE COMPETENCIA. Disputa entre dos *autoridades por considerar ambas que les corresponde intervenir en cierto asunto.
C. DE CONFIANZA («Plantear, Hacer de cierta cosa cuestión de confianza, Presentar»). Asunto que un gobierno o los que dirigen cierta cosa presentan ante una *asamblea con el carácter de que su aprobación o desaprobación significa la del gobierno o dirigentes y entraña la continuación o caída de éstos. ⇒ *Política.
C. DETERMINADA. MAT. *Cuestión que tiene una sola solución o un número determinado de ellas.*
C. DIMINUTA. MAT. *La que tiene un número indeterminado de soluciones.* ≃ CUESTIÓN indeterminada.
C. DE GABINETE. Asunto de cuya solución hace depender un gobierno su permanencia en el poder.
C. INDETERMINADA. MAT. *CUESTIÓN diminuta.*
C. PERSONAL. *Discusión en que se pasa al ataque personal. ⇒ Hacer CUESTIÓN personal.
C. PREVIA. Asunto sobre el que hay que ponerse de acuerdo o que hay que conocer antes de pasar a tratar el que constituye propiamente la materia que hay que discutir. ⇒ *Preparar.
CUESTIÓN DE. Seguida de una expresión de cantidad, equivale a «aproximadamente»: '¿Cuánto tardarás? —Cuestión de cinco semanas'. ⊙ V. «en cuestión de, ser CUESTIÓN de».
EN CUESTIÓN. Aplicado a un sustantivo, sirve para aludir a algo de lo que ya se ha hablado: 'En resolver el problema en cuestión se le fue una hora'. ⇒ *Referirse.
EN CUESTIÓN DE. **1** En materia de: 'En cuestión de gustos no hay nada escrito'. **2** Aproximadamente en el *tiempo que se expresa: 'Lo hizo en cuestión de quince días'.
ESO ES OTRA CUESTIÓN [u OTRA CUESTIÓN ES [o SERÍA] SI...]. Frases frecuentes para referirse a la *diferencia introducida en un asunto por la cosa de que se trata: 'Otra cuestión sería si él estuviese enfermo'.
HACER de una cosa CUESTIÓN PERSONAL. Tomar una persona cierta cosa sobre la que se habla o discute o que se hace o ha de hacer como si le atañera personalmente y, por tanto, hablar u obrar con *pasión en relación con ella.
LA CUESTIÓN ES PASAR EL RATO (inf.). Frase muy frecuente con que se expresa que algo que se está haciendo o el asunto de que se trata no tiene *importancia o no merece que se le dé. ⇒ *Frívolo.
LA CUESTIÓN ES QUE... Expresión *adversativa con que se inicia la exposición de un inconveniente: 'El viaje me tienta; la cuestión es que no tengo dinero'.
NO ES CUESTIÓN DE QUE... No es *razonable: 'No es cuestión de que por un capricho tuyo perdamos el tren'.
NO SEA CUESTIÓN QUE... (pop.). Expresión preventiva: 'Lo mejor es que nos marchemos, no sea cuestión que las cosas se enreden'. ≃ No sea que.
OTRA CUESTIÓN SERÍA... V. «eso es otra CUESTIÓN».
PLANTEAR LA CUESTIÓN DE CONFIANZA. V. «CUESTIÓN de confianza».
SER CUESTIÓN DE. Ser ya *oportuno o *necesario hacer lo que se dice a continuación: 'Será cuestión de prepararse, porque tenemos que salir dentro de diez minutos'.
SER una cosa [TODO O SÓLO] CUESTIÓN DE... *Consistir solamente o ser solamente necesario para ella lo que se dice: 'Es cuestión de proponérselo. Todo es cuestión de paciencia. Es sólo cuestión de madrugar un poco'. ⇒ *Tratarse.
□ CATÁLOGO
Quistión. ➤ Achaque, artículo, *asunto, BASE de discusión, CABALLO de batalla, *cosa, facienda, *negocio, nudo, punto, quistión, tema, torete. ➤ De actualidad, batallona, candente, interesante, palpitante, viva. ➤ Estar sobre el TAPETE. ➤ Agitar, apartarse, dar CARPETAZO, concretarse, cuestionar, *desentenderse, desviarse, *discutir, encarpetar, estudiar, *examinar, hablar de, entrar en MATERIA, *pensar, *profundizar, *REFLEXIONAR sobre, *resolver, tocar, *tratar. ➤ ORDEN del día. ➤ *Difícil. *Discusión. *Duda. *Preguntar. *Problema.

cuestionable adj. *Dudoso.* ⊙ *Discutible.

cuestionar (del lat. «quaestionāre») tr. *Discutir, poner en duda. ⊙ **Reñir de palabra.* ⊙ **Enemistarse.*

cuestionario (del lat. «quaestionarĭus») m. Lista de temas o cuestiones que hay que tratar, por ejemplo en una reunión. ⊙ Relación de las cuestiones que comprende un curso de cierta materia, de temas para unas oposiciones, etc. ≃ Programa. ⊙ Lista de preguntas que se proponen con un fin determinado.

cuesto (de «cuesta») m. **Monte pequeño.* ≃ Cerro.

cuestor (del lat. «quaestor, -ōris») **1** m. Antiguo *magistrado *romano encargado de la administración o recaudación de los fondos públicos. **2** *Postulante.*

cuestuario, -a (del lat. «quaestuarĭus») adj. *Cuestuoso.*

cuestuoso, -a (del lat. «quaestuōsus») adj. *Se aplica a las cosas que *producen ganancia o interés.*

cuestura (del lat. «quaestūra») f. Empleo de cuestor.

cuétano (Salv.) m. *Cierta *oruga de mariposa.*

cuete m. **Loncha de *carne que se saca del muslo de la res.*

cueto (de «coto[1]») **1** m. *Sitio alto y defendido.* **2** *Sitio alto y peñascoso.* ⊙ *Cerro o *monte aislado de forma cónica, particularmente si es peñascoso.* ⇒ Vericueto.

cueva (del sup. lat. «cova», hueca) **1** f. *Cavidad en la superficie de la tierra o en el interior de ella, natural o artificial. ≃ Caverna. ⊙ Vivienda de *animales constituida por una de ellas. **2** *Vivienda de personas formada, en todo o en parte, por una cueva, aprovechada o excavada. **3** Parte de un edificio que queda más baja que el piso exterior. ≃ *Bodega, sótano. **4** (n. calif. o en comparaciones) Vivienda muy oscura.
CUEVA DE LADRONES. Sitio en donde vive gente desaprensiva, de la que hay que guardarse. ⊙ Sitio en donde *roban o *estafan con malas artes, cobran más de lo debido, etc.: 'Esa tienda es una cueva de ladrones'.
□ CATÁLOGO
Raíces cultas, «espel-»: 'espeleología'; «troglo-»: 'troglodita, troglodítico'. ➤ Abrigo, albergue, algar, alguarín, antro, cachulera, cado, canorca, *caño, catacumbas, cava, caverna, conejera, covacha, covachuela, covezuela, cripta, cubil, espelunca, gova, gruta, *guarida, horado, hornacho, hornachuela, LAGO de leones, lapa, latebra, *madriguera, nido, oquedad, *sima, socavón, sopeña, tuda. ➤ Bohedal, estalactita, estalagmita. ➤ Puerta, sopladero. ➤ Cenote. ➤ Mina. ➤ Túnel ➤ Encavarse, encovar, encuevar. ➤*Bodega. *Cavidad. *Subterráneo.

cuévano (del lat. «cophĭnus», del gr. «kóphinos») m. *Cesta más alta que ancha; por ejemplo, como las que se emplean para transportar la *uva en la vendimia o las que llevan a la espalda los campesinos de algunas regiones para transportar cosas, o las campesinas para llevar a los niños pequeños.

cueza 1 f. *Variante de cuezo.* **2** (ant.) *Cierta medida de *capacidad, para granos.*

cuezo 1 m. *Cuenco, por ejemplo para colar la ropa. **2** Artesa o gaveta grande en que amasan el *yeso los albañiles. ≃ Amasadera. **3** *Cuévano pequeño.*
METER EL CUEZO. **1** (inf.) *Entrometerse indiscretamente en un asunto o *conversación. **2** (inf.) Equivocarse.

cúfico, -a (del ár. «kūfī», gentilicio de «Alkūfah», ciudad de Iraq) adj. Se aplica a unos caracteres y una *escritura arábigos, antiguos.

cugujada f. **Cogujada (*pájaro).*

cugujón (ant.) m. *Cogujón (punta de algunas cosas).*

cugulla f. *Cogulla (hábito de monje).*

cui (Am. S.) m. **CONEJILLO de Indias.*

cuicacoche (Méj.; *Hylocichla mustelina*) f. *Cierto *pájaro canoro con las plumas del pecho y del vientre amarillas y las demás grises o negras.*

cuico, -a 1 (Arg., Chi.) adj. *Apelativo que se aplica por los de una región a los que proceden de otra.* ⇒ *Forastero. **2** (Méj.; desp.) m. *Agente de policía.*

cuicuy (del mapuche «cuycuy», puente; Chi.) m. *Árbol derribado sobre un cauce o un foso que sirve de puente.*

cuida 1 f. *Colegiala encargada en un *colegio de cuidar a otra más pequeña.* **2** (ant.) *Cuidado.*

cuidadito, -a 1 (gralm. con «muy») adj. Dim. desp. de «cuidado, -a»: excesivamente *pulido, minucioso o cuidado en los detalles. ≃ Relamido. **2** m. Dim. mimoso de «cuidado»: 'Llévalo con cuidadito, que no se te caiga'. ⊙ Puede usarse como interjección y, en este caso, suele tener carácter de advertencia o amenaza: 'Cuidadito con lo que haces'.

cuidado[1] (del lat. «cogitātus», pensamiento) **1** («Estar con») m. Intranquilidad o *preocupación por el temor de que haya ocurrido u ocurra algo malo: 'Está con cuidado porque hace mucho que no recibe carta de su hijo'. **2** («Con; Tener; con, de») *Interés y *atención que se pone en lo que se hace. ⊙ Para que salga lo mejor posible: 'Este dibujo está hecho con especial cuidado'. ⊙ Para evitar un riesgo: 'Ten cuidado al pasar la calle'. ⊙ Para evitar un mal efecto: 'Ten cuidado con cómo se lo dices para que no se asuste'. ⊙ Para que no se estropee una cosa delicada: 'Limpie usted la lámpara con mucho cuidado'. **3** Cosa de la que tiene que ocuparse la persona de que se trata: 'Eso no es cuidado mío'. ≃ Cargo, *incumbencia. **4** Acción de cuidar: 'El cuidado de la casa me lleva poco tiempo'.

AL CUIDADO DE. **1** Con «estar, dejar, poner», etc., se dice de la persona encargada de la cosa que se expresa: 'Está al cuidado de las compuertas'. **2** Con «estar», se dice también de la cosa cuidada por alguien que se expresa: 'Los niños están al cuidado de la abuela'.

¡ALLÁ CUIDADOS! (inf.) Exclamación con que alguien se *desentiende de una cosa que interesa a otros.

ANDAR CON CUIDADO. Tener cuidado: 'Anda con cuidado, no vayan a engañarte'.

CON CUIDADO DE. Con atención para que ocurra o se evite lo que se expresa: 'Lleva esto con cuidado de que no se vuelque'.

¡CUIDADO! Exclamación frecuentísima con que se recomienda *precaución o se trata de imponer *comedimiento a alguien: '¡Cuidado!; ahí hay un bache. ¡Cuidado!, no sigas hablando con ese tono'.

¡CUIDADO CON...! **1** Equivale a «¡cuidado!», pero especificando el motivo del aviso: '¡Cuidado con esa piedra! ¡Cuidado con lo que dices!'. **2** Seguido de un nombre, expresa asombro, *disgusto, *enfado o consternación por el comportamiento de lo que ese nombre designa: '¡Cuidado con el niño, cómo le contesta a su padre!'.

¡CUIDADO QUE [o SI]...! (pop.). Exclamaciones de *ponderación: '¡Cuidado que es guapa! ¡Cuidado si tiene tranquilidad! ¡Cuidado si se lo tengo dicho veces!'.

DE CUIDADO (inf.). Expresión calificativa que se aplica a algo de lo que hay que guardarse: 'Un sujeto [o un frío] de cuidado'. ⇒ *Granuja, *maligno.

ESTAR AL CUIDADO DE. V. «al CUIDADO».

ESTAR DE CUIDADO. Estar enfermo de gravedad.

IR CON CUIDADO [o LLEVAR CUIDADO]. Tener CUIDADO.

PERDER CUIDADO. Se usa en imperativo para recomendar a alguien que se despreocupe de cierta cosa: 'Pierde cuidado, que yo no me moveré de la puerta'.

TENER CUIDADO. Cuidar: 'Tiene cuidado de las gallinas'. Ten cuidado de que no se escape'. ⊙ En imperativo, se emplea para *advertir o *avisar a alguien que obre con cuidado o se abstenga de hacer cierta cosa o reflexione antes de hacerla: '¡Ten cuidado dónde te metes!'. ⊙ Puede usarse también como amenaza.

TENER [o TRAER] SIN CUIDADO una cosa a alguien. No preocuparle.

¡Y CUIDADO QUE... [o SI...]! ¡CUIDADO que... [o si...]!

cuidado[2], **-a** Participio adjetivo de «cuidar». ⊙ Se aplica a lo que revela esmero: 'Un peinado muy cuidado'. ⇒ Cuidadito. ➤ *Pulido.

cuidador, -a 1 (ant.; «Ser») adj. **Caviloso, *preocupado o *reservado.* **2** n. Persona encargada de atender a los animales, particularmente en un zoológico. **3** DEP. Preparador físico.

cuidadosamente adv. Con cuidado (esmero o precaución).

cuidadoso, -a («con, de») adj. Se dice de la persona que hace las cosas con atención, para hacerlas bien: 'Es una modista muy cuidadosa de los detalles'. ≃ Esmerado. ⊙ («con») Se dice del que trata las cosas con cuidado: 'Es cuidadoso con los documentos que se le entregan. Es muy cuidadoso con su ropa'. ⊙ («de») Se dice del que cuida o se preocupa de que sea bueno o como conviene cierto aspecto de su persona o que la afecta: 'Es muy cuidadosa de su buen nombre [o de su aseo personal]'. ≃ Celoso.

cuidar (del ant. «coidar», y éste del lat. «cogitāre», pensar) **1** tr. **Pensar o discurrir para algo.* **2** *Tener cierta *preocupación o temor:* 'Miraba a lo alto cuidando acaso que aquellas nubes se extendieran'. **3** tr. e intr. En imperativo con «con» o precediendo a una oración negativa, sirve para llamar la atención de alguien hacia un riesgo, como advertencia, *aviso o amenaza: 'Cuida con esa clase de amigos. Que cuide no le vaya a pasar a él lo mismo. Cuidad con lo que hacéis'. ⊙ prnl. Se usa en imperativo como expresión de advertencia: 'Cuídate muy bien [o muy mucho] de meterte en mis asuntos'. **4** («de») tr. e intr. Dedicar atención e interés a una ↘cosa: 'Es una mujer que cuida mucho [de] su arreglo personal'. ⊙ *Atender a que una cosa esté bien o no sufra daño: 'Cuida [de] la casa un guarda. La mujer que cuida a los niños'. También reflex.: 'Necesita cuidarse mucho'. ≃ Ocuparse. ⊙ *Asistir a un ↘enfermo: 'Ha venido para cuidar a su hija'. ⊙ («de») *Atender a que ocurra o se haga (o, por el contrario, a que no ocurra o no se haga) cierta cosa: 'Cuidaré de que todo esté a punto. Cuida de que no pase nadie por aquí'. ⊙ Forma reflexiva de «cuidar»: 'Necesita cuidarse mucho'. ⊙ («de») prnl. *Atender u ocuparse de algo: 'Cuídate de tus asuntos. Cuídate de que nadie me moleste'. ⊙ Preocuparse: 'No se cuida del qué dirán'. **5** (inf.) intr. *Vigilar en un examen para mantener el orden y evitar que copien los que se están examinando.

CUIDA [o QUE CUIDE, etc.] NO... Expresión de advertencia. ⇒ Ten CUIDADO.

□ CATÁLOGO

Raíz culta, «terap-»: 'hidroterapia, terapéutica'. ➤ Abrigar, acuciar, estar ALERTA, estar al CARGO, celar, coidar, conservar, criar, tener CUENTA, andar con [ir con, llevar o tener] CUIDADO, estar al CUIDADO, curar de, curiar, custodiar, desvelarse, *encargarse de, esmerarse, criar en ESTU-

FA, estudiar, extremarse, guardar[se], invigilar, despacio y buena LETRA, mimar, estar a la MIRA, mirar, mirar por, MIRAR lo que se hace, MIRARSE mucho, ocuparse, andar con OJO, andar [estar o ir] con cien OJOS, popar, preservar, procurar por, *proteger, proveer a, afinar la PUNTERÍA, remirarse, resguardarse, tentarse la ROPA, estar al TANTO, ir con TIENTO, estar en TODO, TOMAR sobre sí, trabajar, velar, *vigilar, echar una VISTA, estar a la VISTA, no perder de VISTA, echar un VISTAZO. ➤ Atención, *cautela, celo, circunspección, consideración, contemplación, cuidado, cuido, cura, curia, curiosidad, delicadeza, diligencia, escrupulosidad, esmero, exactitud, meticulosidad, mimo, minuciosidad, miramiento, ojo, precaución, primor, procuración, pulcritud, solicitud, vigilancia. ➤ Dispensar, prestar, prodigar. ➤ Incumbencia. ➤ Actuoso, acurado, *celoso, concienzudo, cuidadoso, cuidoso, curioso, *delicado, detallista, *diligente, escrupuloso, esmerado, *estricto, exacto, extremado, guardador, meticuloso, minucioso, negocioso, puntual, solícito. ➤ Nimio, preciosista, prolijo. ➤ *Capataz, celador, cuida, cuidador, guardián, *vigilante. ➤ Acabado, cuidado, elaborado, perfilado, pulido, trabajado. ➤ Atildado, lamido, *pulcro, refitolero, relamido, repulido, retocado, soplado, superferolítico. ➤ Fililí, gollerías, preciosismo. ➤ Cuidadosamente, cuidosamente, ponderosamente, con los cinco SENTIDOS. ➤ Como a las NIÑAS de sus ojos, como a los OJOS de su cara, como ORO en paño. ➤ *Confiar, *encargar. ➤ Atropellar, descuidar, *desentenderse. ➤ Chapuceramente, a la *ligera, de cualquier *MODO. ➤ Atropellador, chapucero. ➤ *Descuidar. ➤ *Asistir. *Atender. *Cumplidor. *Defender. *Delicado. *Diligente. *Moderar. *Proteger. *Prudencia. *Vigilar.

cuido m. *Acción de cuidar.* ≃ Cuidado.

cuidosamente (ant.) adv. *Cuidadosamente*

cuidoso, -a **1** adj. *Cuidadoso.* **2** (ant.) *Angustioso.*

cuija **1** (Méj.; *Hemidactylus frenatus*) f. *Cierta lagartija pequeña.* **2** (Méj.) **Mujer *flaca y *fea.*

cuin, -a (And. y otros lugares) n. **CONEJILLO de Indias.*

cuino (de or. expresivo) m. **Cerdo.* ≃ Cochino.

cuita[1] (de «cuitar») **1** f. *Pena: estado de abatimiento con tendencia al llanto, pasajero y por una cosa determinada. ⇒ Acoita, cueita. ⊙ Cosa que lo produce: 'Me contó sus cuitas'. **2** (ant.) **Deseo vehemente de algo.* ≃ Ansia.

cuita[2] (Am. C.) f. **Estiércol de las aves.*

cuitadamente adv. *Con cuita.*

cuitadez (ant.) f. *Propensión a tener cuitas.*

cuitado, -a **1** Participio de «cuitar[se]». ⊙ adj. y n. Apenado o afligido. **2** Encogido o *pusilánime; *tímido y de poca voluntad y energía.

cuitamiento m. *Apocamiento.*

cuitar (del occit. ant. «coitar», apurar) **1** (ant.) tr. e intr. *Acuitar.* ≃ Acoitar, coitar. **2** (ant.; «por») prnl. *Acuitarse.* **3** (ant.; «por») **Afanarse.* **4** (ant.; «por») **Ansiar algo.*

cuitear (de «cuita[2]»; Am. C.) intr. y prnl. **Defecar las aves.*

cuitoso (de «cuita[1]») **1** (ant.) adj. *Apresurado.* **2** (ant.) *Urgente.*

cuja[1] (del lat. «coxa», cadera) **1** (ant.) f. **Muslo.* **2** *Bolsa de cuero sujeta a la silla del caballo en que se metía el extremo de la *lanza o de la *bandera.* ⇒ Portabandera. ⊙ *Anilla de hierro sujeta al *estribo derecho del caballo de los soldados lanceros con ese mismo objeto.*

cuja[2] (del fr. «couche», lecho; ant.) f. *Armadura de la *cama.*

cujara (ant.) f. *Cuchara.*

cuje **1** (Cuba) m. *Nombre aplicado a distintas *plantas de tallos flexibles propias de terrenos pedregosos, particularmente del litoral.* **2** **Tallo flexible de cualquier planta.* **3** (Cuba) *Vara horizontal que se coloca entre otras dos verticales, en la que se cuelgan las mancuernas en la recolección del *tabaco.*

DAR [O ARRIMAR] CUJE (Cuba, P. Rico). **Azotar.*

cují (Col., Ven.) m. **Aromo (árbol leguminoso).*

cujisal (Ven.) m. *Terreno poblado de cujíes.*

cujón m. **Cogujón (punta de ciertas cosas).*

culada **1** (vulg.) f. *Caída en que uno queda sentado. **2** (vulg.; «Dar[se] una») *Desacierto o indiscreción. ≃ Coladura.

culantrillo (dim. de «culantro»; especialmente *Adiantum capillus-veneris*) m. *Helecho adiantáceo de frondas coriáceas muy divididas y tallos oscuros, que se cría en las paredes de los pozos y canales y otros sitios húmedos. ≃ Brenca, CULANTRILLO de pozo.

CULANTRILLO DE POZO. *Culantrillo.*

culantro (de «coriandro») m. **Cilantro (planta umbelífera).*

culas (de «culo») f. pl. *En el juego de la argolla, *bocas.*

culata (¿del it. «culatta»?) **1** f. Parte posterior de la caja de un *arma de fuego, por la que se apoya o sujeta para disparar. ⊙ Parte posterior del cañón de cualquier arma grande o pieza de artillería. ⇒ Encaro, mocho. ➤ Enculatar. **2** Se aplica a la parte plana en que terminan por la parte posterior algunas piezas de maquinaria; por ejemplo, los cilindros de un motor de explosión. **3** **Trasera o parte posterior de otras cosas; por ejemplo, de un *carruaje.* **4** *Anca de las caballerías.

V. «salir el TIRO por la culata».

culatazo **1** m. Golpe dado con la culata. **2** Retroceso del arma al *disparar. ≃ Coz.

culcusido m. *Corcusido: *cosido mal hecho. ⊙ Particularmente, remiendo en que se tapa el agujero juntando los bordes al coserlo y arrugando la tela.*

culebra (del lat. «colŭbra») **1** f. Nombre dado a cualquier especie de reptil ofidio, especialmente a los de pequeño y mediano tamaño. Entre gente supersticiosa, particularmente en Andalucía, se considera de mal agüero pronunciar la palabra «culebra» y la sustituyen por «bicha». ≃ *Serpiente. **2** *Serpentín de enfriamiento en *alambiques, etc.* **3** *Canal tortuoso que hace en el *corcho la larva de cierto insecto coleóptero que ataca a los *alcornoques.* **4** MAR. **Cabo delgado con que se sujetan las velas pequeñas o se amadrinan cabos o palos.* **5** **Chasco, particularmente el que hacían antiguamente los *presos de la cárcel al recién ingresado que no pagaba la patente.* **6** (inf.) **Escándalo promovido por algunos en una reunión pacífica.*

CULEBRA DE CASCABEL. **Crótalo.* ≃ SERPIENTE de cascabel.

C. DE CRISTAL. **Lución.*

HACER CULEBRA. *Culebrear.*

V. «SAPOS y culebras».

culebrazo m. *Culebra (*chasco).*

culebrear intr. Moverse o andar haciendo eses como la culebra. ≃ Serpentear, zigzaguear.

culebreo m. *Movimiento en zigzag como el de la culebra.*

culebrera f. *ÁGUILA culebrera.

culebrilla (dim. de «culebra») **1** f. **Dragontea (planta arácea).* **2** **Anfisbena (reptil).* **3** Nombre aplicable a cualquier dibujo u objeto delgado y que forma curvas o *zigzag. **4** *Enfermedad de la *piel, propia de los países tropicales, que produce una especie de herpes en forma de líneas onduladas.* **5** ARTILL. *Cierta hendedura que se ha-*

ce en los cañones de las armas de fuego por defecto del metal.

culebrina (de «culebra») **1** (inf.) f. **Relámpago en forma de líneas en zigzag.* **2** ARTILL. Pieza antigua de *artillería, larga y de poco calibre. ⇒ Grifalto, lantaca, moyana, pasavolante. ➤ CUARTO de culebrina, OCTAVA de culebrina.

culebro (ant.) m. *Culebra.*

culebrón (aum. de «culebra») **1** m. *Hombre *astuto, cauto y disimulado.* ≃ *Cazurro. ⊙ **Mujer intrigante y de mala fama.* **2** (inf.) Serial televisivo, con gran número de capítulos y carácter melodramático, generalmente de poca calidad.

culén (de or. mapuche) m. *Albahaquilla de Chile (planta leguminosa).*

cúleo m. **Castigo usado en *Roma, que consistía en echar al mar al reo metido en un saco de cuero junto con un mono, una culebra y un gato.*

culera (de «culo») f. Señal, *mancha, desgaste o remiendo en la parte de los *pantalones que cubre las nalgas.

culero[1] (de «culo») **1** m. Pieza que se ponía antes a los *niños pequeños, que consistía en una especie de taleguillo hecho con una tira de tela doblada y con las dos partes cosidas por uno de los lados contiguos a la dobladura, que se sujetaba con dos cintas puestas en los dos vértices no unidos. ≃ Talega. **2** *Tumorcillo que les sale a los canarios y jilgueros en la rabadilla.* ≃ *Granillo.

culero[2], **-a** adj. *Rezagado, por perezoso.*

culi (del ingl. «coolie») m. *Sirviente indígena de la India, China y otros países orientales. ≃ Coolie.

culícido (del lat. «culex, -ĭcis», mosquito, e «-ido[1]») adj. y n. m. ZOOL. *Se aplica a los insectos de cierta familia de *dípteros cuyas hembras tienen aguijón con el que perforan la piel del hombre o los animales y chupan su sangre, mientras que los machos viven de jugos vegetales; a ella pertenece la «estegomía», que transmite la fiebre amarilla.* ⊙ m. pl. ZOOL. *Esa familia.*

culillo 1 (inf.) m. Dim. de «culo». **2** (Hispam.; «Dar, Entrar, Tener») **Miedo.* **3** (Nic.) *Inquietud o preocupación.* **4** (Cuba) **Prisa, impaciencia.*

culín (inf.) m. Dim. de «culo». ⊙ (inf.) Pequeña cantidad de bebida que queda en el fondo del vaso, copa, etc.: 'Anda, bébete ese culín, que me llevo la copa'. ≃ Culito.

culinario, -a (del lat. «culinarĭus») adj. Del arte de guisar.

culinegro, -a adj. *Aplicado a animales, por ejemplo a las *caballerías, de culo negro.*

culito (inf.) m. Culín.

culle (Chi., Perú; *Oxalis rosea*) m. **Planta cuyo zumo se emplea como bebida refrescante.*

cullidor (ant.) m. **Recaudador.*

culmen (del lat. «culmen, -ĭnis») m. *Cima.

culminación 1 f. Acción de culminar. ⇒ *Colmo. **2** Situación de lo que ha llegado a su punto culminante. ⊙ Final de un proceso ascendente: 'Este triunfo es la culminación de su carrera'. **3** ASTRON. *Momento en que un astro alcanza su altura máxima o mínima, o sea al cruzar el meridiano del punto de observación.* ⊙ ASTRON. *Esa altura.*

culminante adj. Se aplica al punto o momento en que una cosa llega a su máxima *altura, intensidad, esplendor, interés, etc.: 'Estaba en el momento culminante de su fama. En el momento culminante de la fiesta, se apagaron las luces. Estoy en el punto culminante de la novela'. ⇒ Crítico, decisivo, supremo. ➤ Clímax. ➤ *Apogeo. *Máximo.

culminar (del lat. «culmināre», levantar, elevar) **1** intr. *Llegar una cosa a su mayor elevación:* 'La casa se empezó hace un mes y ya culmina'. **2** *Llegar la *marea a su mayor elevación, o sea la pleamar.* **3** ASTRON. *Pasar un astro por el meridiano del observador.* **4** Llegar una cosa a su *máximo o punto culminante: 'La juerga culminó a las tres de la madrugada'. **5** («con, en») Generalmente se expresa en qué consiste ese punto: 'La discusión culminó en un escandalazo'.

culminativo, -a adj. Expresivo de culminación. ⊙ Se aplica en este diccionario a las *expresiones adverbiales o conjuntivas que dan sentido ponderativo a la inclusión de cierto caso en la afirmación o negación que se hace en la oración, o bien expresan que el hecho o circunstancia a que se aplican constituye un colmo o máximo ya intolerable. ⇒ Ni aun, hasta, incluso, ni, ni siquiera, ni tan. ➤ Para acabar de ARREGLARLO, para colmo, por contera, para coronarlo, por si FALTABA algo, por si era POCO, para POSTRE, para REMATE. ➤ A FUERZA de ser, de puro, de tan.

culo (del lat. «culus») **1** (inf.) m. Nombre aplicado a las «nalgas» de las personas, a las ancas de los animales o a la parte semejante de cualquier animal. ⇒ *Nalgas. ⊙ (inf.) *Ano. **2** (inf.) Se aplica también al suelo de una vasija. **3** (inf.) O a la parte posterior de algo; por ejemplo, de un coche. **4** *En la *taba empleada para jugar, cara opuesta a la llamada «carne».*

CULO DE MAL ASIENTO (inf.). Se aplica a la persona que cambia mucho de empleo, residencia, etc. ⇒ *Inconstante.

C. DE POLLO (inf.). *Cosido mal hecho en que, para tapar el roto, se juntan con puntadas los bordes de él. ≃ Corcusido.

C. DE VASO (inf.). *Piedra sin valor que imita un *diamante.

A TOMAR POR CULO. **1** (vulg.) Muy lejos. ≃ A tomar por SACO. **2** (vulg.) Como interjección, expresa rechazo. ≃ A tomar por SACO.

CAERSE DE CULO (vulg.). Sorprenderse mucho: 'Si supieras lo que hizo, te caes de culo'.

CON EL CULO A RASTRAS (inf.). Mal de *DINERO.

CON EL CULO AL AIRE (vulg.). Sin los medios o protección suficientes para afrontar una situación comprometida.

CONFUNDIR EL CULO CON LAS TÉMPORAS (inf.). Expresión que se usa en frases con las que se comenta que alguien compara o relaciona cosas en realidad muy diferentes o inconexas: 'Me parece que eso es confundir el culo con las témporas'. ⇒ *Mezclar.

DAR POR [EL] CULO (vulg.). Sodomizar.

EL CULO EN POMPA (inf.; «Con, Estar, Tener, Poner»). Postura en que las nalgas sobresalen mucho por detrás.

EN EL CULO DEL MUNDO (vulg.). En lugar muy alejado.

IR DE CULO una persona o cosa (vulg.). Estar equivocado, en mala situación o expuesto a un mal resultado: 'Si cree que va a aprobar la oposición sin estudiar, va de culo. El negocio va de culo con estos gestores'.

V. «ir con la HORA pegada al culo».

LAMER EL CULO a alguien (vulg.). Adularle.

PERDER EL CULO. **1** (vulg.) Ir muy deprisa. **2** (vulg.; «por») Estar dispuesto a cualquier cosa por conseguir algo.

¡QUE TE [LE, etc.] DEN POR CULO! (vulg.). Frase empleada para rechazar tajantemente a otro o desentenderse de él.

TOMAR POR [EL] CULO (vulg.). Ser sodomizado.

V. «TONTO del culo».

VETE [VÁYASE, etc.] A TOMAR POR [EL] CULO (vulg.). Expresión de rechazo violento contra alguien.

-culo Sufijo átono, poco usado, de adjetivos: 'Mayúsculo, minúsculo, ridículo'.

culombio (del fr. «coulomb») m. Fís. Unidad de cantidad de *electricidad que es la transportada por una corriente de un amperio en un segundo, equivalente a la que, pasando por una disolución de plata, es capaz de separar de ella 1 mgr y 118 milésimas de ese metal. En la nomenclatura internacional, «coulomb». Abrev.: «C».

culón, -a (de «culo») **1** (vulg.) adj. Se aplica a la persona que tiene muy grandes las nalgas. ≃ Fondón. **2** m. **Soldado inválido.*

culotar tr. Ennegrecer una ↘*pipa con el humo al usarla.

culote[1] (del fr. «culot») **1** m. Artill. *Pieza maciza de hierro que tienen algunos *proyectiles en la parte opuesta a la boca de la espoleta.* **2** Metal. *Restos de fundición que quedan en el fondo del crisol.*

culote[2] (del fr. «culotte») m. Pantalón corto, de tejido elástico para que quede muy ajustado, que se usa en algunos deportes, especialmente en ciclismo.

culpa (del lat. «culpa»; «Tener, Estar en, Contraer, Incurrir en, Pagar, Purgar, Lavar»; numerable y partitivo: 'lavar sus culpas, pagar culpas ajenas, en estado de culpa, no le alcanza culpa') f. Con respecto al autor de un delito o falta, circunstancia de haberlo cometido, que le estigmatiza moralmente y le hace responsable de él ante la justicia, ante los demás o ante su conciencia. ⊙ («Tener la culpa de, Atribuir, Echar, Imputar, Ser [la] culpa de») Con respecto a un suceso o acción, causa de ellos, imputable a cierta persona: 'La culpa del accidente fue del conductor. Nadie tiene la culpa de lo ocurrido. Tuya será la culpa si pierdes esa oportunidad'. ⊙ La causa puede ser no sólo involuntaria, sino también inconsciente: 'Ella tiene la culpa de que se me haya hecho tarde'. ⊙ En este sentido, puede también atribuirse a cosas inanimadas: 'La culpa fue de los frenos. El reloj ha tenido la culpa'.

Echar la[s] culpa[s]. *Atribuir a alguien la responsabilidad o la causa de una cosa mala: 'Le echan la culpa del fracaso'. ≃ Culpar.

V. «mea culpa, tanto de culpa».

□ Catálogo

Cargo de conciencia, *causa, mocho, mochuelo. ➤ Recaer. ➤ Achacar, atribuir, cargar sobre, colgar, echar, expiar, imputar, incurrir, llevarse. ➤ Acriminar, acusar, aponer, llamar a capítulo, hacer un cargo, hacer cargos, culpabilizar, culpar, incriminar, inculpar, incusar, echar el muerto, echarse [pasarse o tirarse] la pelota, residenciar, hacer responsable. ➤ Incurso, volverse contra. ➤ Culposo, inculpado, inocente, *reo, responsable. ➤ Cabeza de turco, chivo expiatorio. ➤ *Expiar, lastar, pagar justos por pecadores, pagar el pato, pagar los platos rotos, purgar, pagar los vidrios rotos. ➤ Reprobable. ➤ Criminoso, culpable, culpado, culpante, culposo, delictivo, imperdonable. ➤ Mal *hecho. ➤ Entre todos la mataron..., por mis [tus, etc.] pecados. ➤ Con el rabo entre las piernas. ➤ Inocente. ➤ *Disculpar, exculpar. ➤ Daño. *Delito. *Falta. *Malo. *Pecado. *Responsabilidad.

culpabilidad («Incurrir en») f. Circunstancia de ser culpable.

culpabilizar tr. Culpar a ↘alguien: 'Los partidos de la oposición culpabilizan al gobierno de la situación de inestabilidad'.

culpable 1 («Ser, Declarar, Sentirse») adj. y n. Se aplica al que ha cometido un delito o una falta: 'El jurado le declaró culpable'. **2** También a la persona o la cosa que son *causa, aunque involuntaria, de una cosa mala: 'El culpable es el reglamento'. **3** Constitutivo de *falta o *delito: 'Es culpable callar la verdad'.

culpablemente adv. De manera culpable.

culpación f. *Acción de culpar.*

culpadamente adv. *Culpablemente.*

culpado, -a 1 Participio de «culpar». **2** adj. y n. *Culpable.*

culpante (ant.) adj. *Culpable.*

culpar (del lat. «culpāre»; «de») tr. *Atribuir a ↘alguien culpa o la culpa de cierta cosa: 'No culpes a nadie de lo que te ha pasado. Le culpan de haber falsificado un documento'.

culpeo (del mapuche «culpeu»; Chi.) m. *Especie de *zorra, más grande, de color más oscuro y de cola menos peluda que la europea.*

culposo, -a (de «culpa») **1** (form.) adj. Aplicado a cosas, culpable. **2** (ant.) *Inculpado.*

cultalatiniparla (de las palabras «culto», «latín» y «parla»; hum.) f. *Lenguaje *pedante.*

cultamente 1 adv. De manera culta. **2** *Con *afectación.*

cultedad (hum.) f. *Cualidad de culto o culterano.* ≃ Cultería.

culteranismo m. Cualidad de culterano. ⊙ Manera culterana de escribir. ⊙ Movimiento literario culterano.

culterano, -a (de «cultero») adj. Se aplica al estilo literario desarrollado a fines del siglo xvi y principios del xvii especialmente en la poesía lírica y representado señeramente por Góngora, caracterizado por la riqueza de imágenes y el uso de cultismos y de una sintaxis complicada, como dirigido a una minoría selecta. ⊙ adj. y n. Se aplica también a los escritores que lo cultivaron.

cultería (de «cultero»; hum.) f. *Cualidad de culto o culterano.* ≃ Cultedad.

cultero, -a (de «culto»; hum.) adj. y n. *Culterano.*

cultiello (del lat. «cultellus», cuchillo; ant.) m. *Cuchillo.*

cultiforme adj. Bot. *De *forma de cuchillo.*

cultiparlar (de «culto» y «parlar»; hum.) intr. *Usar un *lenguaje culto o culterano.*

cultiparlista adj. y n. *Aplicable al que cultiparla.*

cultipicaño, -a adj. *Culto, en el mal sentido, y picaresco al mismo tiempo.*

cultismo 1 m. Palabra o expresión incorporada a un idioma por vía culta. **2** *Culteranismo.*

cultivable adj. Que puede ser cultivado.

cultivación f. *Acción de cultivar.*

cultivado, -a Participio adjetivo de «cultivar»: 'Un campo cultivado'. ⊙ Se aplica particularmente a las plantas y otras cosas que crecen mediante el cultivo y no espontáneamente. ⊙ Se aplica también a las personas y, correspondientemente, a su espíritu, significando que la persona de que se trata posee cultura literaria y artística; implica generalmente que, además, sabe hacer uso de ella en la conversación y el trato social.

cultivador, -a 1 adj. y n. Se aplica al que se dedica al cultivo de cierta cosa. **2** m. Especie de arado arrastrado por el tractor.

cultivar (de «cultivo») **1** tr. Trabajar la ↘tierra para que produzca plantas y frutos. ⇒ Corar, laborar, labrar. ⊙ Plantar y cuidar ↘plantas. ≃ Criar. ⇒ Formas afijas, «-cola, cult-»: 'oleícola, oleicultor, arvicultura...' ➤ Criar, culturar, laborar, *labrar, trabajar. ➤ Geoponía, geopónica, granjería. ➤ Acuicultura, arboricultura, fruticultura, horticultura, hortofruticultura, jardinería, oleicultura, praticultura, salicultura, silvicultura, viticultura. ➤ Monocultivo. ➤ Casero, cultivado, de jardín, sativo. ➤ *Roturar. ➤ *Agricultura. *Campo. **2** Provocar el hombre el nacimiento y desarrollo de ciertos ↘seres vivos con fines científicos, comerciales, etc. 3 *Dedicarse a cierta rama de la ↘*ciencia o del *arte: 'Cultiva las ciencias naturales [la poesía, la danza]'. 4 Cuidar una ↘inclinación, aptitud, amistad, etc., para que se desenvuelva. ⊙ *Ejercitar la ↘inteligencia o el espíritu para que se perfeccionen.

cultivo (de «culto») m. Acción, actividad o arte de cultivar la tierra. ⊙ O de cultivar cierta planta: 'El cultivo del arroz'. ⊙ U otros seres vivos. ⊙ Particularmente, preparación experimental de un microorganismo al que se hace crecer en un medio adecuado. ⇒ Agar-agar. ➤ Estufa.

PONER EN CULTIVO. Limpiar de maleza un terreno antes yermo, labrarlo, etc., para dedicarlo al cultivo. ⇒ *Roturar, *rozar.

V. «ROTACIÓN de cultivos».

culto, -a (del lat. «cultus») 1 («Dar, Rendir, Tributar») m. *Respeto, veneración y acatamiento tributados a Dios o a los dioses: 'Rendían culto a Moloch'. ≃ Adoración. ⊙ Conjunto de ceremonias con que se exterioriza: 'El culto católico'. 2 Estimación extraordinaria por una cosa espiritual o material: 'El culto a la amistad [a la justicia, a la belleza, a la buena mesa]'. 3 adj. *Aplicado a la tierra, cultivado.* ⇒ Inculto. 4 Aplicado a las personas, poseedor de conocimientos aprendidos por el estudio, la lectura, etc. ≃ Ilustrado, instruido. ⇒ *Conocer, *saber. ⊙ Aplicado a países, en posesión de una cultura adelantada. ⊙ Se aplica a las palabras o expresiones usadas sólo por personas cultas o en lenguaje literario. ⊙ LING. Específicamente, a las expresiones adaptadas del latín o el griego a un idioma, que no han sufrido las modificaciones propias de la derivación popular; por ejemplo, «capítulo». Son muy frecuentes los dobletes constituidos por la palabra de derivación vulgar y la culta: 'colgar-colocar, colmo-cúmulo, tilde-título'; se llama también «vía culta» a esta forma de derivación; una y otra derivación pueden ser coetáneas: 'artículo, artejo' (siglo XIII); pero, generalmente, las palabras cultas son incorporaciones a un idioma, ya formado, para satisfacer nuevas necesidades expresivas: 'asceta, diagnóstico, lítote'. 5 *Culterano.*

CULTO DE DULÍA. TEOL. El dedicado a los *ángeles y *santos.

C. DE HIPERDULÍA. TEOL. El que se dedica a la *Virgen.

V. «DISPARIDAD de cultos, LIBERTAD de cultos».

□ CATÁLOGO

Raíz culta, «latr-»: 'androlatría, angelolatría, antropolatría, artolatría, demonolatría, egolatría, heliolatría, idolatría, latréutico, latría, libación, litolatría, necrolatría, ofiolatría, pirolatría, zoolatría'. ➤ Deificar. ➤ Devoción, dulía, latría, liturgia, macor, rito, rúbrica, *sacrificio, SERVICIO divino, SERVICIO religioso, veneración. ➤ Mozárabe. ➤ Apoteosis. ➤ Litúrgico, ritual, sagrado. ➤ Abstinencia, adorar, ayuno, bendecir, capitular, celebrar, tomar la CENIZA, ceremonia, colecta, empaliar, recorrer las ESTACIONES, *eucaristía, exequias, exorcismo, festividad, FUNCIÓN religiosa, hisopar, inhalar, *misa, mortificarse, oficiar, ofrendar, oración, peregrinación, *persignar[se], *predicar, propiciación, *procesión, reconciliar, revestirse, *rezar, romería, *sacramento, salmear, santificar, santiguar[se], descubrir el SANTÍSIMO, manifestar el SANTÍSIMO, reservar el SANTÍSIMO, hacer la SEÑAL de la cruz, servir, signar[se], velar, venerar, vigilia, visitar, voto. ➤ Colecta, completas, conmemoración, consueta[s], gozos, homilías, HORAS canónicas, cuarenta HORAS, laudes, maitines, matines, nocturno, nonas, novena, novenario, ochava, ochavario, octava, octavario, *OFICIO divino, oración, preces, prima, quinario, responso, responsorio, *rezo, rogativas, rosario, sabatina, septenario, sexta, tercia, ternario, triduo, versículo, vía crucis [o vía sacra], vigilia, vísperas. ➤ Misterios. ➤ Antífona, *canto, CANTO llano, coro, improperios, invitatorio, magníficat, pange lingua, parce, salmo, stabat, tedéum. ➤ Camilo, *eclesiástico, fiscal, flabelífero, rubriquista, *sacerdote, santero. ➤ *Añalejo, *biblia, breviario, burrillo, códice, consueta, cuadernillo, *devocionario, diurno, domínica, epacta, epactilla, episcopal, epistolario, eucologio, evangeliario, evangelios, gallofa, leccionario, LIBRO antifonal, LIBRO antifonario, LIBRO de coro, LIBRO procesionario, LIBRO ritual, manual, martirologio, misal, ordo, salterio, santoral, tonario, vía crucis [o VÍA sacra]. ➤ *Altar, ara, *templo. ➤ Calvario, estación, monumento, vía crucis. ➤ Acetre, AGNUS, agnusdéi, aleluya, ampolla, asperges, atrilera, BOLSA de corporales, caldereta, calderilla, cáliz, cantoral, copón, cornijal, corporales, cruz, custodia, flabelo, frontal, frontalera, frontalete, grial, hijuela, hisopo, hostiario, hostiero, jocalias, libatorio, mantel, ORNAMENTOS de iglesia [litúrgicos o sagrados], palia, palio, PAÑO de cáliz, PAÑO de púlpito, patena, píxide, PLATA labrada, portapaz, purificador, *reliquia, sábana, sabanilla, sacra, vinajera, VISO de altar. ➤ AGUA bendita, fuellar, incienso, óleo. ➤ Alba, almaizar, amito, banda, capa, CAPA consistorial, CAPA de coro, CAPA magna, CAPA pluvial, capillo, casulla, cauda, cendal, cíngulo, dalmática, efod, estola, estolón, giraldete, gorjal, gremial, *humeral, ínfulas, manípulo, PAÑO de hombros, PARAMENTOS sacerdotales, planeta, pontifical, racional, roquete, sobrepelliz, superhumeral, taled, terno, velo, VELO humeral u ofertorio, vestidura, vestimenta, vestimento. ➤ Cenefa. ➤ Escapulario, rosario. ➤ Adviento, AÑO eclesiástico [o litúrgico], calenda, cuaresma, DÍA de fiesta, festividad, FIESTA de guardar, FIESTA de precepto, galilea, infraoctava, octava, Pascua, quincuagésima, SEMANA grande, SEMANA Santa, septuagésima, sexagésima, témporas, TIEMPO de pasión, vigilia. ➤ Ocurrir. ➤ DÍA eclesiástico. ➤ Falismo, fetichismo, gentilidad, gentilismo, luciferismo, necrodulía, paganismo, superstición, totemismo. ➤ Guillatún, hecatombe, lectisternio, libación, misterios, ofrenda, *sacrificio. ➤ *Altar. *Dios. *Eclesiástico. *Himno. *Iglesia. *Misa. *OFICIO divino. *Religión. *Rezo. *Sacrificio.

cultor, -a (del lat. «cultor, -ōris») 1 (ant.) adj. y n. *Cultivador.* 2 *Aplicado al que rinde culto a alguien o algo determinado.*

-cultor, -a Elemento sufijo que significa «cultivador»: 'agricultor, oleicultor'.

cultrario (del lat. «cultrarĭus») m. *Sumo *sacerdote, que *sacrificaba las víctimas en la antigüedad.*

cultual adj. *Del culto.*

cultura (del lat. «cultūra») 1 f. En sentido amplio, cultivo. Este significado se encuentra en la forma sufija, así como en la expresión «cultura física» y en alguna otra, pero es desusado en general. 2 Conjunto de los *conocimientos no especializados, adquiridos por una persona mediante el estudio, las lecturas, los viajes, etc. ⊙ Conjunto de los conocimientos, grado de desarrollo científico e industrial, estado social, ideas, arte, etc., de un país o una época: 'La cultura clásica. La cultura moderna'. ⊙ Conjunto de la actividad espiritual de la humanidad: 'Historia de la cultura'. ≃ Civilización. ⊙ Se ha propuesto, sin que haya llegado a cuajar la idea, una distinción entre «cultura» y «civilización», aplicando la primera palabra al grado de perfeccionamiento social o de las relaciones humanas y reservando la segunda para el progreso científico y material. ⊙ Conjunto de valores compartidos por un grupo social que son favorables al hecho que se expresa: 'La cultura del ocio [o del pelotazo]'. ⇒ Aculturación, adelanto, avance, ciencia, civilización, *conocimientos, erudición, ilustración, instrucción, leche, lectura, literatura, luces, *progreso, saber, transculturación. ➤ Contracultura, subcultura. ➤ Deficiente, sólida, vasta. ➤ Adelantada, atrasada. ➤ Culturalista. ➤ Culturizar. ➤ Emporio. ➤ *Inculto. ➤ Oscurantista, retardatario.

-cultura Elemento sufijo que significa «cultivo» o «cuidado»: 'puericultura, silvicultura, agricultura'. ⇒ -cola, -cultor.

cultural adj. De la cultura.

culturalista adj. Se aplica a la tendencia intelectual a emplear numerosas referencias artísticas y literarias, que se manifiesta especialmente en las obras literarias. ⊙ adj. y n. Seguidor de esta tendencia.

culturar (de «cultura») tr. **Cultivar la ˃tierra.*

culturismo m. Práctica deportiva que busca el desarrollo muscular mediante la realización de determinados ejercicios y una alimentación especial. ⇒ *Gimnasia.

culturista adj. y n. Del culturismo o que lo practica.

culturización f. Acción de culturizar.

culturizar 1 tr. Difundir la cultura o una determinada cultura. **2** prnl. Adquirir cultura. Se usa con frecuencia en tono humorístico: 'Estoy leyendo un poco para culturizarme'.

cuma (Am. C.) f. **Machete corto.*

cumanagoto, -a 1 adj. y, aplicado a personas, también n. *De Cumaná, antigua provincia de Venezuela.* **2** m. *Dialecto caribe hablado en esta provincia.*

cumarú (de or. guaraní; Am. C.; *Dipteryx odorata*) m. *Árbol leguminoso gigantesco, cuyo fruto es una almendra de gran tamaño que se emplea en perfumería y de la que se hace también una bebida embriagadora.* ⇒ *Planta.

cumba 1 (Hond.) f. **Taza.* **2** (Hond.) **Calabaza de boca ancha.* ⇒ Cumbo.

cumbarí (Arg.) m. *Variedad de ají (*pimiento) muy rojo y picante.*

cumbé m. *Cierta danza de Guinea Ecuatorial.* ⊙ *Son con que se acompaña.*

cumbia f. Danza y canción populares de ritmo alegre, originarias de Colombia.

cumbiamba (Col.) f. *Cumbia.*

cumbó 1 (Hond.) m. **Calabaza de boca estrecha.* ⇒ Cumba. ⊙ (Hond.) *Recipiente hecho con esta calabaza.* **2** (Salv.) *Calabaza de boca cuadrada.* **3** (Hond.) *Adulación.*

cumbre (del lat. «culmen, -ĭnis») **1** f. Parte más *alta de una montaña. ≃ *Cima, cúspide, pico, vértice. **2** Punto de mayor grado o intensidad de una cosa: 'En la cumbre de su poderío [o de la fama]'. ≃ *Apogeo, auge. ⇒ Culminar, encumbrar. **3** Reunión de los máximos dirigentes o representantes de varios países: 'En la última cumbre, las dos potencias firmaron la paz. Cumbre árabe-israelí'. ⇒ *Reunir.

cumbrera 1 f. *Cumbre (*cima).* **2** *Madero que forma el lomo de la *armadura de la cubierta de un tejado.* ≃ *Hilera, parhilera.* **3** **Dintel.* **4** **Madero de 24 o más pies de longitud, 10 pulgadas de tabla y 9 de canto, marco usado en Cádiz y Canarias.*

cúmel (del al. «kümmel», comino) m. Bebida alcohólica que se toma en Alemania y Rusia, muy dulce, hecha con comino.

cumiche (Am. C.) m. *El más joven de los *hijos de una familia.* ≃ *Benjamín.

cumínico (del lat. «cumīnum», del gr. «kýminon») adj. QUÍM. *Aplicado al ácido del comino.*

cum laude Expresión latina que significa «con alabanza», y se aplica a ciertas calificaciones académicas: 'Apto cum laude'.

cúmplase (imperat. de «cumplir») m. Fórmula que se pone al pie de algunos *documentos antes de la firma de la autoridad de que proceden; se ponía antes, por ejemplo, en los títulos de los funcionarios y lo ponen los presidentes de algunas repúblicas americanas delante de su firma en las leyes.

cumpleaños m. Día en que la persona de que se trata cumple *años. ⊙ Fiesta con que se celebra. ⇒ Días, santo. ➤ Cuelga. ➤ *Aniversario.

cumplidamente adv. Por lo menos, todo lo debido: 'Si algún favor me debías, me lo has pagado cumplidamente'. ≃ *Ampliamente.

cumplidero, -a 1 adj. Se aplica al plazo que se ha de cumplir en la fecha que se expresa: 'Cumplidero el día de San Juan'. **2** *Se aplica a lo que conviene o importa para cierta cosa.*

cumplido, -a 1 adj. Se aplica a lo que posee en el más alto grado las cualidades que corresponden a la cosa designada por el nombre: 'Un cumplido caballero [labrador, soldado, granuja]'. ≃ Completo, *perfecto. **2** Algo más *grande de lo necesario: 'Hazle un abrigo cumplido para que le sirva para el año que viene'. ≃ *Holgado. **3** Se aplica a la persona que cumple, hasta con exageración, todas las reglas de *cortesía: 'Me extraña que no me haya felicitado con lo cumplido que es'. **4** («Por») m. Cosa que se hace por cumplir o ser cortés o amable con alguien. ⊙ Atención dedicada a una persona a la que se quiere mostrar *consideración: 'No me gusta que me tratéis con tantos cumplidos'. ⊙ Alabanza dirigida por amabilidad a una persona o a una cosa suya: 'No hubiera sobrado que le hubieras dirigido algún cumplido a su hija [o al traje nuevo]'. ⇒ Atención, ceremonia, pamema, pamplina, tiquismiquis. **5** MAR. **Longitud de una cosa.*

DE CUMPLIDO. *Formulario.

POR CUMPLIDO. Por cumplir.

cumplidor, -a adj. Se aplica al que cumple bien con sus obligaciones o compromisos: 'Un funcionario muy cumplidor'. ⇒ *Cumplir.

CUMPLIDOR DE SU DEBER. Frase frecuente.

cumplimentar (de «cumplimiento») **1** tr. Realizar ˃órdenes recibidas. ≃ Cumplir. ⊙ *Ejecutar una ˃diligencia o trámite. ≃ Cumplir, evacuar. **2** *Saludar en una visita formal o de cortesía a un ˃superior o una persona a la que se tiene mucha consideración: 'Los directores generales han cumplimentado al ministro con motivo de su santo'.

cumplimentero, -a adj. Demasiado aficionado a hacer o recibir cumplidos. ≃ Ceremonioso, etiquetero.

cumplimiento 1 m. Acción de cumplir. **2** *Cumplido (acto de *atención o *cortesía).* **3** (ant.) *Complemento.* **4** (ant.) *Abastecimiento.* **5** (ant.) **Sufragio por los difuntos.*

CUMPLIMIENTO PASCUAL. *Confesión y *comunión que se realizan por precepto religioso por el tiempo de pascua.

POR CUMPLIMIENTO. *Por cumplido.*

cumplir (del lat. «complēre») **1** tr. Realizar alguien ˃aquello a que está obligado. ⊙ Hacer lo que determina una ˃*ley o disposición semejante: 'Cumplir las ordenanzas municipales'. ≃ Acatar, *obedecer, respetar. ⊙ tr. e intr. Cuando se trata de preceptos religiosos, morales o tomados trascendentalmente, puede construirse con «con»: 'Cumplir [con] los mandamientos. Cumple [con] sus deberes, [con] las leyes'. ⊙ tr. Obrar en conformidad con un ˃*contrato o *compromiso: 'Si no cumple el contrato, no le pagarán'. ⊙ El sujeto puede también ser la cosa hecha en virtud del contrato: 'El edificio no cumple las condiciones de la contrata'. ⊙ Realizar ↘lo prometido; el complemento puede ser «promesa, palabra» o palabra equivalente: 'Ha cumplido su promesa como bueno'. ⊙ *Ejecutar alguien una ↘cosa que le es ordenada o encargada: 'Cumplió mi encargo al pie de la letra'. ⊙ Hacer alguien ↘lo que le corresponde por su cargo, posición, etc.: 'Cumple medianamente su cometido'. Puede en este caso, emplearse como absoluto: 'Si no cumple, le pondrán en la calle'. ≃ *Desempeñar, llenar. ⊙ Puede, también, referirse a cosas: 'Esta máquina cumple por ahora su papel'. ⊙ Referido lo mismo a cosas que a personas, realizar los ↘deseos, esperanzas, etc., propios o de otro: 'Cumpliendo sus deseos, le envío la documentación. No llegó a cumplir su gran ambición. El cargo cumple sus ambiciones'. ⊙ prnl. *Realizarse algo como «predicciones, esperanzas» o «deseos»: 'Se han cumplido exactamente tus predicciones'. **2** (ant) intr. **Bastar o ser suficiente una cosa.* **3** **Acomodar cierta cosa a alguien:* 'Ven mañana si te cumple a comer conmigo'. **4** («con») Hacer cierta cosa para cumplir un deber de *cortesía para con alguien: 'Cumplí con todos mis amigos mandándoles una postal a cada uno. Le felicité yo y así cumplí por toda la familia'. **5** tr. o abs. *Terminar el ↘servicio militar: 'Se casará en cuanto cumpla'. ⇒ Reengancharse. ⊙ tr. Con «condena» o palabra equivalente, estar alguien cumpliendo lo que le ha sido impuesto en una ↘condena: 'Cumple [o está cumpliendo] condena en un campo de concentración'. ⊙ *Terminar de cumplir la ↘condena: 'Salió de la cárcel antes de cumplir la condena'. **6** intr. *Terminarse un plazo: 'Mañana cumple el plazo de presentación de instancias'. ⊙ *Terminarse el plazo por el que se ha hecho un contrato, arriendo, etc.: 'El año que viene cumple el arriendo del local'. ⊙ Llegar el momento en que corresponde realizar cierto *pago periódico: 'La mensualidad del profesor cumple el día 15'. ≃ Vencer. ⊙ prnl. *Completarse cierto número exacto de años, meses, etc., en el momento que se expresa: 'Hoy se cumplen cien años de su nacimiento.' **7** tr. Llegar alguien en edad a cierto número exacto de ↘semanas, meses, años, etc.: 'Hoy cumple el niño tres semanas'. **8** intr. **Proveer a alguien de lo que necesita.* **9** **Convenir o *importar:* '... mas cumple tener buen tino para andar esta jornada sin errar. Cumple a tu buen nombre...'.

V. «cumplir con la IGLESIA, cumplir con la PARROQUIA, cumplir la PENITENCIA, cumplir con el PRECEPTO».

POR CUMPLIR. Meramente por *cortesía: 'Le ofrecí la casa por cumplir'. ≃ Por cumplido. ⇒ *Fórmula, *insincero.

□ CATÁLOGO

Ajustarse, atener, atenerse, *completar[se], *desempeñar, *ejecutar, evacuar, ser FIEL a, guardar, hacer HONOR a, llenar, mantener, *obedecer, observar, cumplir su PALABRA, realizar[se], respetar, satisfacer, servar, sostener, sujetarse. ➤ Aprensivo, asiduo, atento, *celoso, *cuidadoso, cumplidor, delicado, *diligente, ESCLAVO de su deber, escrupuloso, esmerado, estricto, exacto, fiel, *FORMAL guardador, HOMBRE de bien, HOMBRE de palabra, HOMBRE de pro, HOMBRE de provecho, honesto, *honrado, *íntegro, laborioso, leal, legal, meticuloso, mirado, observante, buen PAGADOR, esclavo de su PALABRA, probo, puntual, *recto, responsable, solvente. ➤ A CARTA cabal, como es DEBIDO. ➤ Adimplemento, celo, *cuidado, cumplimiento, exactitud, fidelidad, formalidad, guarecimiento, lealtad, observancia, rectitud, satisfacción, seriedad. ➤ Severo. ➤ Garantía, responsabilidad, supererogación. ➤ En buena HORA lo digas. ➤ El que [o quien] hace la LEY, hace la trampa, hecha la LEY, hecha la trampa. ➤ Frustrarse. ➤ QUEDAR mal. ➤ Obligar. ➤ Perdonar. ➤ *Condición *Contrato. *Cortesía. *Prometer.

cumquibus (del lat. «cum quibus», con los cuales; ant.; usado a veces jocosamente) m. **Dinero.*

cumulación (ant.) f. *Cúmulo.*

cumular (del lat. «cumulāre») tr. *Acumular o amontonar.*

cumulativamente adv. DER. *Acumulativamente.*

cumulativo, -a adj. *Acumulativo.*

cúmulo (del lat. «cumŭlus») **1** m. Reunión de gran cantidad o número de ciertas cosas: 'Ha reunido un cúmulo de datos. Se me presenta un cúmulo de dificultades'. ≃ *Acumulación, *montón o *multitud. **2** METEOR. Conjunto de *nubes en masas redondeadas, generalmente blancas con los bordes brillantes, y con la base del conjunto recta. ⇒ Tronero.

CÚMULO ESTELAR. ASTRON. *Acumulación particularmente densa de *estrellas en una zona del cielo.*

cuna[1] (del lat. «cuna») **1** f. *Cama para niños, con balancines en los pies para poder mecerla. ⇒ Blezo, brezo, brizo, chigua, escanilla. ➤ Acunar, arrollar, brizar, cunar, cunear, encunar. ➤ Cunera. ⊙ *Cama para niños con barandillas, aunque no se pueda mecer. **2** **Inclusa.* ≃ CASA cuna. **3** Principio de la *vida de una persona: 'Le conozco desde la cuna'. **4** Con adjetivos como «ilustre» o «humilde», *familia o *clase social en que alguien ha nacido: 'De humilde cuna, se elevó por sus méritos'. ≃ Pañales. **5** *Patria o lugar del nacimiento de una persona. **6** Lugar de donde cierta cosa *procede o en donde ha *empezado a existir. **7** Espacio comprendido entre los *cuernos de una res. **8** **Puente rústico formado por dos maromas paralelas y listones colocados sobre ellas.* **9** *Cavidad en que descansa una pieza móvil.* **10** MAR. **Basada para *botar los *barcos.* **11** *Juego consistente en enlazar de cierta manera entre los dedos un cordón o hilo con los extremos unidos; al ir pasándolo cogiendo los cruces de distintas formas de un jugador a otro, las figuras formadas por los hilos recuerdan más o menos una cuna, un espejo, una sierra, un par de velas, etc., y reciben estos nombres.

cuna[2] adj. y n. Se aplica a un grupo de indios que habita en algunas regiones de Colombia y Panamá, y a sus cosas.

cunaguaro (Ven.; *Felis tigrina*) m. **Mamífero carnívoro muy feroz, como de 1 m de largo, con piel roja con manchas sobre el lomo y los costados.*

cunar tr. *Acunar: *balancear a un ↘niño en una cuna.* ≃ Mecer.

cuncho (Col.) m. *Concho (sedimento, residuo).*

cuncuna[1] (Col.) f. **Paloma silvestre.*

cuncuna[2] (Chi.) f. **Oruga.*

cundango (Cuba; inf.) m. **Afeminado.*

cundeamor o **cundiamor** **1** (Cuba, Hond., Ven.; *Momordica cochinchinensis*) m. **Planta cucurbitácea de flores semejantes al jazmín y frutos amarillos con semillas rojas.* **2** (*Ipomoea quamoclit*) *Planta convolvulácea incluida entre los *bejucos.

cundido (de «cundir») **1** m. *Ración de *aceite, *vinagre y *sal que se da a los *pastores.* ⇒ Condido. **2** *Cosa que se les pone en el *pan o que se les da para comer con él a los chicos, por ejemplo para merendar.*

cundiente (ant.) adj. *Aplicable a lo que cunde.*

cundir[1] (relac. con «percudir») **1** (ant.) tr. *Llenar un espacio.* **2** («en, por») intr. *Ocupar cada vez más extensión; como hace, por ejemplo, una mancha de aceite.* ⊙ Hoy sólo se aplica a noticias, rumores, epidemias y otras cosas que se *propagan de unos a otros: 'La noticia de la muerte cundió rápidamente por la ciudad'. ≃ *Extenderse. **3** Hacer una cosa el servicio correspondiente a más o menos cantidad de ella: 'El aceite bueno cunde más que el malo. Esta lana cunde poco porque es muy gruesa'. ≃ Rendir, dar de sí. ⊙ Dar una cosa más o menos cantidad de resultado: 'Hoy no me ha cundido el trabajo'. ≃ *Aprovechar, lucir, rendir, aprovecer, DAR de sí, provecer.

cundir[2] (del lat. «condīre»; ant.) tr. **Condimentar.*

cunear **1** tr. *Cunar.* **2** prnl. **Balancearse.*

cuneiforme (del lat. «cunĕus», cuña y «-forme») **1** adj. De forma de *cuña. Se aplica particularmente a la *escritura de algunos pueblos antiguos de Asia. **2** BOT. *Se aplica a ciertas partes de la planta que tienen esa forma.* **3** adj. y n. m. ANAT. *Se aplica a ciertos *huesos del *tarso semejantes a una cuña.*

cuneo m. *Acción de cunar.*

cúneo (del lat. «cunĕus») **1** m. *En los *teatros y *circos *romanos, espacio comprendido entre los vomitorios.* **2** MIL. **Formación en forma de cuña con que se trataba de romper las líneas enemigas.*

cunera m. *Mujer que tenía el oficio de mecer la cuna de los infantes.* ⇒ *Rey.

cunero, -a (de «cuna», inclusa) **1** adj. y n. *Persona criada en el hospicio.* ≃ *Expósito. **2** adj. TAUROM. *Se aplica al *toro que no pertenece a una ganadería conocida.* **3** *Se aplica al candidato a diputado a *cortes extraño al distrito y patrocinado por el gobierno.*

cuneta (del it. «cunetta») f. Zanja que hay a cada lado de los *caminos y *carreteras para recoger las aguas de lluvia.

cunicular (del lat. «cunicularis», de «cunicŭlus») adj. De [o del] conejo.

cunicultor, -a (del lat. «cunicŭlus», conejo, y «-cultor») adj. y n. Se aplica a la persona que se dedica a la cría de conejos.

cunicultura (del lat. «cunicŭlus», conejo, y «-cultura») f. Cría del conejo.

cunnilinguo o **cunnilingus** m. Práctica sexual que consiste en poner en contacto la boca con los órganos genitales de la mujer.

cuntir (del sup. lat. «contigĕre», por «contingĕre», suceder; ant.) intr. **Suceder.* ≃ Acontecer.

cuña (de «cuño») **1** f. *Pieza de carpintería, de maquinaria, etc., de madera u otro material, que tiene dos caras que se juntan formando un ángulo muy agudo; se emplea para, introduciéndola por la arista que forman esas dos caras, *cortar, *apretar o *ajustar algo. ⇒ Raíz culta, «esfeno-»: 'esfenoides'. ➤ Alzaprima, *calce, calza, calzo, cortadera, escalmo, falca, llave, mallete, pescuño, tornija, traba, trasca. ➤ Dovela, ejión. ➤ Cuneiforme. ➤ Acuñar, atarugar, calzar, falcar, recuñar. ➤ Descalzar. ➤ *Tarugo. **2** AGRÁF. *Pieza de madera o metal con que se aseguran las formas en la rama.* **3** CONSTR. *Piedra usada para pavimentar, de forma de pirámide truncada.* **4** ANAT. *Hueso cuneiforme: hueso de los del *tarso, de forma de cuña.* **5** Orinal plano que usan los enfermos que no se pueden levantar de la cama. **6** *Cosa de cualquier clase, o persona, que se introduce a la fuerza en un sitio y causa molestia o violencia.* **7** *Medio para conseguir algo por el favor.* ≃ *Influencia. **8** Noticia breve que se incluye en un periódico. **9** CUÑA publicitaria.

CUÑA PUBLICITARIA. Breve espacio publicitario de radio o televisión.

METER CUÑA. Introducir en un sitio un motivo de malestar o discordia. ≃ *Encizañar.

NO HAY PEOR CUÑA QUE LA DE LA MISMA MADERA. *Frase con que se expresa de que el que procede de cierta clase social, profesión, etc., si llega a tener cualquier clase de superioridad sobre los de ella, los trata peor que si no existiera aquella circunstancia.* ⇒ *Ensoberbecerse.

cuñadadgo (ant.) m. *Cuñadía.*

cuñadería (de «cuñado»; ant.) f. *Compadrazgo.*

cuñaderío o **cuñadez** (ant.) m. o f. *Cuñadía.*

cuñadía o **cuñadío** (de «cuñado»; ant.) f. o m. *Parentesco por afinidad.* ≃ *Cuñadadgo.*

cuñado, -a (del lat. «cognātus») **1** n. Respecto de una persona, un hermano de su cónyuge o el cónyuge de un hermano suyo. ⇒ HERMANO político. ➤ Concuñado. **2** (ant.) **Pariente por afinidad.*

cuñal (ant.) adj. *Sellado con cuño.*

cuñar (del lat. «cuneāre») tr. *Acuñar ↘*monedas o *medallas.*

cuñete m. **Tonel pequeño para líquidos o para otras cosas como, por ejemplo, aceitunas.*

cuño (del lat. «cunĕus», cuña) **1** m. *Troquel con que se imprimen las *monedas, *medallas, etc. **2** *Sello para imprimir. ⊙ Dibujo o escritura que se imprime con él. ⇒ Acuñar, cuñar. **3** Acción de acuñar. **4** (ant.) **Cuña.* **5** (ant.) **Aglomeración.* **6** MIL. *Cúneo: *formación militar en cuña.*

DE NUEVO CUÑO. Aplicado particularmente a palabras o expresiones, aparecido recientemente.

cuociente (del lat. «quotĭens, -entis»; ant.) m. MAT. *Cociente.*

cuodlibeto (del b. lat. «quodlibetum», del lat. «quodlĭbet», lo que agrada) **1** m. *Ejercicio en las antiguas universidades en que el graduando *disertaba sobre un tema elegido por él.* **2** *Disertación de un autor sobre un tema de su gusto.* **3** *Dicho mordaz, agudo a veces, pero generalmente trivial, con el único fin de entretener.*

cuomo (del lat. «quomŏdo»; ant.) adv. *Como.*

cuota (del lat. «quota») f. Cantidad de *dinero o *parte que corresponde pagar a cada uno en un gasto colectivo o la que se paga por un *tributo, como socio de una entidad, etc.: 'Han subido la cuota del Ateneo'. ⇒ Cota, prorrata, rata. ➤ Cotizar.

CUOTA DE PANTALLA. TELEV. Porcentaje de audiencia de un programa. ≃ Share.

cuotidiano, -a (del lat. «quotidiānus») adj. *Cotidiano: de cada día. ≃ Cutiano.

cup (ingl.) m. Cap (bebida).

cupana (Col., Ven.; *Paullinia cupana*) f. *Árbol sapindáceo con cuyo fruto hacen los indios unas *tortas y una bebida estomacal.* ⇒ Paulinia. ➤ *Planta.

cupé (del fr. «coupé», cortado) **1** m. Carruaje cerrado, de dos asientos. ≃ *Berlina. **2** Automóvil de dos puertas y, generalmente, dos asientos. **3** En las antiguas *diligencias, compartimiento situado delante de la baca.

cupido (de «Cupido», dios del amor en la mitología romana) m. Figura de niño con alas y con los ojos vendados, con un carcaj y un arco, con que se representa a esa divinidad y el *amor entre personas de distinto sexo. ≃ Amorcillo.

cupilca (Chi.) f. **Gachas hechas con harina de trigo tostada mezclada con chacolí o chicha.*

cupitel TIRAR DE CUPITEL. *En el juego de *bochas, tirar la bola por alto para que, al caer, pegue en otra y la aparte.*

cuplé (del fr. «couplet», copla) m. *Cancioncilla ligera y, generalmente, picaresca, muy de moda en el primer tercio del siglo XX en los espectáculos de variedades.

cupletera f. Desp. de «cupletista».

cupletista f. Artista que cantaba cuplés.

cupo (del verbo «caber») **1** m. *Cantidad de dinero, de hombres, etc., con que cada uno de los obligados a ello contribuyen a una carga u obligación. ⇒ Contingente. **2** Número de quintos para ser incorporados en una *quinta que se asigna a cada pueblo. **3** Cantidad de alguna cosa racionada que se asigna a cada uno de los que tienen derecho a recibirla: 'El cupo de azúcar asignado a las fábricas de conservas'. **4** (Hispam.) *Aforo, cabida.*

EXCEDENTE DE CUPO. Se dice del mozo que, al sortear, saca un número superior al del cupo correspondiente y, por tanto, queda libre de hacer el servicio militar.

cupón (del fr. «coupon», de «couper», cortar) m. Cada una de las pequeñas porciones que van unidas a un título de la deuda o una acción, que se van cortando para canjearlas por los intereses correspondientes. ⊙ Cada trocito de *papel semejante que se puede fácilmente separar del resto, que forma parte de una colección u hoja de ellos y que se van entregando cada vez que se hace uso del derecho que el documento o la cartilla representan. ⊙ En general, cualquier trocito de papel que forma con otros iguales un conjunto y se puede separar para hacer algún uso de él; por ejemplo, para dar participación en una rifa o para hacer las veces de un recibo: 'El cupón de los ciegos'. ⇒ Vale.

cupresáceo, -a (del lat. «cupressus», ciprés) adj. y n. f. BOT. Se aplica a las *plantas de la misma familia que el ciprés y la sabina, que son gimnospermas de hojas perennes, largas y aciculares o cortas y anchas, con frutos que son estróbilos lignificados o gálbulas. ≃ Cupresíneo. ⊙ f. pl. BOT. Familia que forman.

cupresíneo, -a adj. y n. f. BOT. *Cupresáceo.*

cupresino, -a (del lat. «cupressĭnus») **1** (lit.) adj. *Del ciprés.* **2** *De madera de ciprés.*

cúprico, -a (del lat. «cuprum», cobre) adj. QUÍM. Aplicado a ciertos compuestos de cobre en que éste actúa como bivalente, los cuales tienen doble proporción de oxígeno que los compuestos del mismo nombre denominados «cuprosos».

cuprífero, -a (del lat. «cuprum», cobre, y «-fero») adj. Se aplica a lo que contiene cobre: 'Terrenos cupríferos. Plata cuprífera'.

cuprita f. *Mineral (óxido de cobre) generalmente de color rojo, abundante.

cuproníquel (del fr. «cupronickel») **1** m. *Aleación de cobre y níquel muy dúctil y resistente a la corrosión. **2** *Moneda española de antes de la última guerra civil, que valía veinticinco céntimos.

cuproso, -a (del lat. «cuprum», cobre) adj. QUÍM. Se aplica a ciertos compuestos de cobre en que éste actúa como monovalente. ⇒ Cúprico.

cúpula (del it. «cùpola») **1** f. *Cubierta de un edificio en forma de semiesfera o sector de esfera. ⇒ Cascarón, coba, cópula, dombo, domo, media NARANJA. ➤ Cimborio, cimborrio, cipera, cupulino, linterna, tambor. ➤ Enjuta, pechina, trompa. ➤ *Bóveda. **2** BOT. *Involucro que cubre total o parcialmente algunos *frutos, como la *bellota, la avellana o la *castaña.* ≃ Cascabillo. **3** *Torre de hierro cubierta, redonda, giratoria, en que algunos acorazados llevan uno o más cañones de grueso calibre.* **4** Conjunto formado por los máximos dirigentes de una empresa, organismo, etc.

cupulífero, -a (del lat. «cupŭla» y «-fero») adj. BOT. *Fagáceo.*

cupulino m. ARQ. Cuerpo con ventanas y una segunda *cúpula más pequeña, superpuesto a una cúpula. ≃ Linterna.

cuquear (Cuba) tr. **Azuzar.*

cuquera (de «cuco[1]»; Ar.) f. *Herida en la *cabeza.* ≃ Gusanera.

cuquería (de «cuco[2]») f. Cualidad de cuco. ≃ *Astucia.

cuquero m. *Cuco (*astuto).*

cuquillo (dim. de «cuco[2]») m. *Cuclillo.

cura (del lat. «cura», cuidado) **1** f. Procedimiento para curar o curarse: 'Cura de aguas'. ⊙ Curación realizada de cierta manera que se expresa: 'Una cura milagrosa'. ⊙ Aplicación de remedios y vendajes a una herida: 'La cura de la llaga es muy dolorosa'. ⇒ *Curar. **2** Conjunto de los materiales aplicados en esa operación. **3** (ant.) *Curaduría (cargo de curador o *tutor).* **4** (ant.) intr. *Cuidado.* ⊙ En la expresión «CURA DE ALMAS» designa la función de un cura párroco. **5** m. CURA párroco. ⊙ En lenguaje corriente, cualquier sacerdote; si se nombra con respeto se le antepone «señor». ⇒ *Eclesiástico.

CURA DE AGUAS. Cura realizada en un balneario.

C. DE ALMAS. Función del cura *párroco.

C. PÁRROCO. Sacerdote que regenta una *parroquia y tiene, por tanto, «cura de almas».

ESTE CURA (inf.). Expresión con que alguien se refiere a sí mismo. ⇒ *Yo.

PONERSE EN CURA. Someterse a tratamiento para curar una enfermedad.

PRIMERA CURA. Cura de urgencia aplicada a una herida.

curable adj. Susceptible de curarse o ser curado. ⇒ Incurable.

curaca (de or. quechua; Am. S.) m. **Cacique, potentado o gobernador.*

curación f. Acción y efecto de curar[se].

curadera (de «curar»; Chi.) f. *Borrachera.*

curadgo (ant.) m. **Curato.*

curadillo (de «curado») **1** m. **Bacalao curado.* **2** **LIENZO curado.*

curado, -a **1** Participio adjetivo de «curar[se]». Se aplica particularmente a las carnes y pescados *conservados secos. ⊙ *Acostumbrado o preparado para no sufrir lo que se expresa a continuación. Particularmente, en la frase informal «estar curado de espanto», que significa haber visto alguien ya tantas cosas que no le causa impresión la cosa de que se trata. **2** (Méj.) adj. y n. m. *Se aplica al pulque aromatizado.*

V. «LIENZO curado».

curador, -a **1** adj. y n. *Se aplica a la persona que tiene cuidado de alguna cosa.* **2** n. **Tutor de un menor.*

curadoría (ant.) f. *Curaduría.*

curaduría f. Cargo de curador. ≃ Tutoría, curatela. ⇒ Cura.

CURADURÍA EJEMPLAR. *Tutoría que se disponía para los incapacitados por causa de *locura.*

curagua (Am. S.) f. *Variedad de *maíz de grano muy duro y hojas dentadas.*

curalle (del fr. ant. «curaille», de «curer», limpiar) m. CETR. *Pelotilla hecha de plumas, tela blanda o algodón, impregnada de alguna sustancia medicinal o purgante, que se les daba a los halcones para limpiarles el buche.*

curalotodo (inf.) m. *Medicina o remedio del que se pretende que tiene aplicación a muchas cosas.

curamagüey (Cuba; *Cynanchum grandiflorum)* m. **Planta asclepiadácea trepadora, de tallos vellosos, de grandes flores; las hojas las come el ganado, y las partes leñosas, reducidas a polvo, constituyen un veneno.*

curandería f. Práctica de quien cura o pretende curar por medios no reconocidos por la medicina oficial.

curanderismo m. Curandería.

curandero, -a n. Persona que, sin tener la carrera de médico, se dedica a curar por procedimientos poco científicos. ⊙ Persona que arregla las dislocaciones de huesos mediante ciertas manipulaciones. ≃ Algebrista, componedor, compositor. ⇒ Charlatán, cicatricera, ensalmador, intruso, machi, medicastro, medicinante, mediquillo, melecinero, saltabanco[s], saludador, sobandero, yerbatero, yuyero. ➤ *Medicina.

curanto (Chi.) m. **Guiso hecho con mariscos, carne y legumbres, cocido en un hoyo sobre piedras muy calientes.*

curar (del lat. «curāre», cuidar) **1** («de») intr. *Cuidar de cierta cosa.* ⊙ («de») prnl. **Cuidarse de algo o alguien.* **2** («de, con») tr. Poner bien a una ↘persona o animal, a un organismo o a una parte de él que están enfermos: 'Estoy seguro de que ese médico me curará'. ≃ Sanar. ⊙ («de, con») Hacer desaparecer cierta ↘enfermedad: 'Estas pastillas curan la gripe'. ⊙ («de, con») intr. y prnl. Ponerse bien alguien o algo que estaba enfermo: 'Tiene esperanza de que curará. Ya verás como curas en seguida. La herida se curó sola'. ≃ Sanar. ⊙ («de, con») tr. Hacer en una ↘herida o hacerle a un herido las manipulaciones convenientes para que se cure: 'Le curan la herida dos veces al día. El perro deja dócilmente que le curen'. ⊙ («de, con») Aplicar a una ↘enfermedad cierto remedio: 'Le curan con penicilina'. ≃ Tratar. ⇒ Poner[se] BUENO, cicatrizar[se], desintoxicar, guacer, guarecer, guarir, operar, revelar, restablecer[se], devolver [o recobrar] la SALUD, sanar, secar, sobrecurar, sobresanar, tonificar, tratar. ➤ Delitescencia. ➤ *Farmacia. *Medicina. **3** Se aplica también a dolencias o padecimientos espirituales. **4** («a») Hacer alguna manipulación con las ↘carnes o los pescados, exponiéndolos al aire o al humo, *salándolos, etc., para *conservarlos. **5** Preparar o curtir las ↘*pieles para hacer objetos con ellas. **6** Tratar las ↘*telas para blanquearlas. **7** Tener las ↘*maderas cierto tiempo después de cortadas sometidas a ciertas condiciones, antes de usarlas. **8** **Remediar un ↘mal.* **9** (inf.) prnl. **Emborracharse.*
V. «curarse en SALUD».

curare (de or. caribe) m. *Veneno muy activo que los indios de América Meridional extraen de la raíz del bejuco «maracure» *(Strychnos nux-vomica)* y de la corteza de diversas plantas loganiáceas del género *Strychnos,* con el cual envenenan sus flechas.

curarina f. QUÍM. **Alcaloide del curare; es un tóxico paralizante y se usa en medicina y cirugía para paralizar los músculos.*

curasao (de «curazao») m. *Licor en cuya fabricación se utiliza la corteza de naranja. ≃ Curazao.

curatela (del lat. «curatorĭa», con influencia de «tutela») f. *Curaduría.*

curativa f. *Tratamiento curativo.*

curativo, -a adj. Apto para curar.

curato (del lat. «curātus») m. Cargo de cura *párroco. ⇒ Curadgo, curazgo. ⊙ Parroquia (territorio).

curazao (de «Curaçao», isla antillana) m. Curasao.

curazgo (del sup. lat. «curatĭcum», de «curāre», cuidar; ant.) m. *Curato.*

cúrbana (de or. cubano; Cuba; *Canella alba)* f. Arbusto caneláceo muy aromático del que se obtiene una especie de canela. ⇒ *Planta.

curbaril (de or. indoamericano; *Hymenaea courbaril)* m. Árbol leguminoso tropical americano, con flores amarillas en ramillete; su madera es buena para ebanistería y de su tronco y ramas se obtiene mediante incisiones la resina «anime», utilizada en inciensos y en la elaboración de barnices. ≃ Anime, copalillo, copinol. ⇒ *Planta.

curco (Ec.) adj. *Jorobado.*

curcucho (relac. con «corcovado»; Nic., Salv.) adj. *Jorobado.*

cúrcuma (del ár. «kurkum», del persa «kurkum», azafrán) f. Nombre aplicado a numerosas especies de *plantas tropicales zingiberáceas, de cuya *raíz se extrae una sustancia que se emplea en tintorería para dar color *amarillo, como condimento y como medicinal, y de las que algunas se cultivan como plantas de adorno, como la *Curcuma angustifolia* o la *Curcuma longa*. ≃ AZAFRÁN de las Indias, camotillo, yuquilla. ⇒ Cedoaria.

curcuncho, -a (relac. con «corcovado»; Arg., Chi.) adj. *Jorobado.*

curcusí (Bol.) m. *Especie de Cocuyo, menos luminoso.* ≃ Curucusi, curucusí.

curcusido m. Corcusido.

curcusilla (del ant. «culcasilla», del lat. «culi casella») f. *Rabadilla.*

curda (del fr. dial. «curda», calabaza) **1** (inf.; «Coger una») f. Borrachera. **2** (inf.; «Estar, Ser un») adj. y n. m. *Borracho.

curdo, -a (del ár. «kurdī», a través del fr.) adj. y, aplicado a personas, también n. Del Curdistán. ≃ Kurdo.

cureña (de «curueña») **1** f. ARTILL. Armazón con ruedas, sobre la que se monta un cañón. ⇒ Afuste, armón, carretón, curueña, encabalgamiento, montaje. ➤ Armón, avantrén, carriño. ➤ Brancal, gualdera, muñonera, telera, telerón. ➤ Colisa [o coliza]. ➤ *Artillería. **2** *Pieza de madera empezada a manipular para hacer la caja de un *fusil.* ≃ Escalaborne. **3** *Palo de apoyar la *ballesta.*

curesca f. **Borra que queda en las cardenchas al *cardar el paño.*

curetuí (Arg.) m. *Cierto *pájaro común, blanco y negro.*

curí, curiy o **cury** (del guaraní «curii»; Am. S.; *Araucaria angustifolia)* m. *Árbol araucariáceo de tronco recto y ramas que salen horizontalmente y luego se encorvan hacia arriba; sus piñas son voluminosas y ovoides y tienen unos piñones grandes y fusiformes, que se comen cocidos.* ≃ PINO parana. ⇒ *Planta.

curia (del lat. «curĭa») **1** (ant.) f. *Cuidado.* **2** *Subdivisión de la tribu entre los *romanos.* **3** *Corte de un soberano.* ⇒ *Rey. **4** Conjunto de abogados, procuradores y demás funcionarios que intervienen en la administración de justicia. ⇒ *Tribunales. **5** **Tribunal que se ocupa de los asuntos contenciosos.*

CURIA DIOCESANA. Conjunto de personas que auxilian al obispo en el gobierno de la diócesis.

C. PONTIFICIA [o ROMANA]. Conjunto de congregaciones, tribunales, etc., que auxilian al Papa en el gobierno de la Iglesia. ⇒ Dataria. ➤ Vicecanciller. ➤ *Vaticano.

curial (del lat. «curiālis») **1** (ant.) adj. *Práctico o experto.* **2** (ant.) *Cortesano.* **3** m. Empleado subalterno de los *tribunales de justicia, o persona cualquiera que se dedica a gestionar asuntos en ellos. ⇒ Golilla. **4** **Eclesiástico que* *tiene algún cargo en la curia romana.* **5** *El que tiene correspondencia en Roma para hacer traer las bulas y rescriptos pontificios.*

curialesco, -a (de «curial» y «-esco»; desp.) adj. De los *tribunales de justicia o como de ellos.

curialidad (de «curial» e «-idad»; ant.) f. **Cortesia.*

curiana (¿de «coriana», por alusión al traje negro de estas aldeanas?) f. **Cucaracha (insecto dictióptero).*

curiar (del lat. «curāre»; ant.) tr. **Cuidar, *guardar o pastorear.*

curiara (del caribe «culiala») f. *Cierto *barco de vela y remo de los indios de América Meridional.*

curibay (Arg.; *Araucaria angustifolia)* m. *Cierta especie de *pino, cuyo fruto es purgante.*

curiche 1 (Bol.) m. **Pantano o *laguna.* **2** (Chi.) *Persona de color oscuro o *negro.*

curie (de «Pierre Curie», físico y químico francés; pronunc. [curí]) m. Fís. *Unidad de medida de radiactividad.*

curiel (Cuba) m. *Roedor de grandes uñas, parecido al *conejillo de Indias.* ≃ Corí, cuy.

curio (de los esposos «Curie», físicos y químicos franceses) m. *Elemento químico, n.º atómico 96, con isótopos altamente radiactivos. Símb.: «Cm».

curiosamente 1 adv. Con curiosidad (aseo). **2** De tal manera que intriga o llama la atención: 'Este reloj es curiosamente parecido al que yo perdí'.

curiosear intr. Hacer por enterarse de alguna cosa privada de otro. ≃ Fisgonear, husmear. ⊙ Mirar o presenciar alguien una cosa que no tiene realmente interés para él: 'Voy a curiosear por los escaparates'. ⇒ *Curioso.

curioseo m. Acción de curiosear.

curiosidad 1 f. Cualidad de curioso: 'La curiosidad es un vicio'. ⊙ («Estar lleno [o muerto] de, Devorar la, Picar la, Morirse de curiosidad por, Causar, *Despertar; Saciar, Satisfacer») Deseo de enterarse de cierta cosa: 'Tengo mucha curiosidad por saber cómo acabó aquello. Está muerto de curiosidad por conocer a mi novio'. Con un nombre, se construye con «de»: 'La curiosidad de noticias me llevó allí'. **2** Objeto curioso (raro). ≃ Rareza. **3** Cualidad de curioso (aseado). ≃ Limpieza, pulcritud. **4** Cualidad de curioso (esmerado o cuidadoso). ≃ Esmero.

curioso, -a (del lat. «curiōsus») **1** (desp.) adj. y n. Preocupado por enterarse de los asuntos de otros. ⊙ (laudatorio) adj. Interesado en saber de cierta materia; se aplica particularmente a «espíritu»: 'Dotado de un espíritu curioso e inquieto'. ⊙ («Estar; por») Con curiosidad por cierta cosa: 'Estoy curioso por ver cómo sale del paso'. **2** Se aplica a lo que llama la atención o excita la curiosidad o el interés: 'Es un fenómeno muy curioso'. ≃ Interesante, *notable. ⇒ *Raro. **3** *Limpio y en *orden. ≃ Aseado. ⊙ Se aplica también al que tiene así sus cosas. ⊙ Se aplica al que hace su trabajo cuidadosamente.

□ CATÁLOGO

Camandulear, candiletear, cazoletear, cocinar, cotillear, curiosear, escarbar, escrutar, esculcar, espulgar, *fisgar, fisgonear, hurgar, huronear, andar a la HUSMA, husmear, *merodear, METERSE donde no le llaman [o en lo que no le importa], meter las NARICES, oler, olfatear, oliscar, ventear, meterse en VIDAS ajenas. ➤ Buscavidas, busquillo, camandulero, chismoso, desenvolvedor, deshollinador, entrometido, fisgón, husmeador, *indiscreto, mirón, olisco, oliscoso, paradislero, preguntón. ➤ Curiosidad, expectación. ➤ ¿Qué es ESO?, ¡a ver...? ➤ Intrigar. ➤ Discreto. ➤ *Acechar. *Chisme. *Entrometerse. *Escudriñar. *Espiar. *Indiscreto. *Interés. *Investigar. *Observar. *Ocio. *Preguntar. *Sonsacar.

curiquingue (Ec.; cierta especie del género *Polyborus)* m. **Ave parecida al buitre por su rostro desnudo. Era el ave sagrada de los incas.*

curita m. **Carraleja (insecto medicinal).*

curiyú (Arg., Par.; *Eunecles murinus)* m. **Serpiente acuática de la familia de las boas, de color oliváceo con manchas negras oceladas, que alcanza hasta 7 m de largo.* ≃ Canacuate, comuti.

curlandés, -a adj. y, aplicado a personas, también n. *De Curlandia, territorio de Letonia.*

currante 1 adj. y n. Se aplica a la persona que trabaja mucho. ≃ Trabajador. **2** n. Trabajador poco cualificado.

currar o **currelar** (inf.) intr. *Trabajar.

curre o **currelo** (inf.) m. Trabajo.

currican (del port. «corricão») m. Aparejo de *pesca de un solo anzuelo con distintos tipos de señuelo, que se va remolcando con la embarcación.

curricular adj. Del currículo.

currículo (del lat. «curricŭlum») **1** m. Plan de estudios. **2** Conjunto de estudios realizados para obtener cierto título. **3** Currículum vitae.

currículum (pl. «currículum» o, no frec., «currícula») m. Currículum vitae.

currículum vitae (pronunc. [currículum bítae] o, a veces, [currículum bíte]; pl. «currículum vitae») m. Expresión latina con que se designa el conjunto de datos biográficos, académicos, profesionales, etc., de una persona, que interesa aportar en determinadas circunstancias; por ejemplo, para solicitar un *empleo. ≃ Currículo, currículum, historial.

currinche 1 m. Entre *periodistas, gacetillero *principiante que realiza los trabajos de menos importancia. **2** (inf.) Persona de poca categoría mental, social, etc.: 'Un gobierno de currinches'. ⇒*Insignificante. ⊙ (inf.) Trabajador poco cualificado. ≃ Currito.

currito 1 (inf.) m. Trabajador poco cualificado. **2** (inf.) Golpe que se da a otro en la cabeza.

curro[1] (inf.) m. Trabajo.

curro[2]**, -a** (¿de «Curro», usado como progenérico?) **1** adj. Se aplica a la persona que ostenta satisfacción por su aspecto, por ejemplo por llevar un traje nuevo, vistoso, o elegante a su juicio. ≃ Pincho, *ufano. ⇒ *Presumir. ⊙ Aplicado a cosas, por ejemplo a un lazo, tieso y *vistoso. **2** *Chulo o *pincho: capaz de enfrentarse con alguien superior sin acobardarse.

curro[3]**, -a** (Ast., León) n. **Pato.*

Curro, -a n. p. Forma familiar del nombre «*Francisco, -a».

curruca[1] (del lat. «currūca»; *Sylvia undata* y otras especies del mismo género) f. *Pájaro cantor de plumaje pardo por encima y blanco por debajo, y negruzca la cabeza; el cuclillo lo escoge con preferencia para que empolle sus huevos. ≃ Cagachín. ⇒ Mosquita.

curruca[2] (Ar.) f. *Jauría de *perros.*

curruscante adj. Aplicado a los alimentos tostados, como el pan crujiente.

currusco m. *Corrusco.

currutaco, -a (¿de «curro» y «retaco»?) **1** (inf.; n. calif.) n. Se aplicaba a las personas que seguían muy escrupulosamente las modas. ≃ *Petimetre. ⇒ *Presumir. **2** (inf.) adj. y n. Aplicado particularmente a personas, pequeño o *insignificante.

curry m. Condimento originario de la India, mezcla de distintas especias (jengibre, clavo, azafrán, etc.).

cursado (de «cursar») **1** adj. **Frecuentado.* **2** *Experto en cierta cosa.*

cursar (del lat. «cursāre», correr) **1** tr. *Enviar ↘algo a su destino el que está encargado de hacerlo: 'Cursar un telegrama'. ≃ Dar curso. ⊙ Hacer que siga su tramitación un ↘*documento: 'Cursar una instancia'. ⊙ Enviar una ↘orden o comunicación a distintos sitios: 'El Director General ha cursado órdenes a todos los centros'. **2** Estar *estudiando cierta ↘materia, cierto curso, etc.: 'Cursa filosofía. Está cursando el primer año de la carrera'. ⇒ Seguir.

cursario, -a (del lat. «cursus», carrera; ant.) adj. y n. *Corsario.*

cursería f. *Cursilería.*

cursi adj. y n. Aplicado a personas, a sus actos o dichos, y a cosas, se dice de lo que, pretendiendo ser elegante, refinado o exquisito, resulta *afectado, remilgado o *ridículo. ⊙ Aplicado a cosas, excesivamente *pulido. ≃ Relamido. ⇒ Finolis, pije, superferolítico. ➤ Cursilada, cursilería.

cursilada f. Acción cursi.

cursilería **1** f. Cualidad de cursi. **2** Cosa cursi.

cursillista **1** n. Persona que sigue un cursillo. **2** *Se aplicaba a ciertos profesores de segunda enseñanza que fueron nombrados en virtud de un cursillo.*

cursillo (dim. de «curso») m. Curso breve con que se completa cierta preparación: 'Cursillo para bibliotecarios'. ⊙ Serie de *conferencias sobre determinada materia.

cursilón, -a adj. Aum. frec. de «cursi».

cursivo, -a (de «curso») adj. V. «LETRA cursiva».

curso (del lat. «cursus», carrera) **1** m. Movimiento del *agua u otro *líquido trasladándose en masa continua por un *cauce: 'Se dejaba llevar por el curso de la corriente'. ⇒ Flujo. ⊙ *Agua u otro *líquido, en movimiento: 'Un curso de agua'. ≃ *Corriente. ⊙ Recorrido del agua u otro líquido: 'El curso del río está trazado en el mapa'. ≃ *Camino. ⊙ Camino seguido por los astros. **2** («Seguir su; En, de») Serie de estados por que pasa una *acción, un *asunto o un proceso cualquiera o por los que le corresponde pasar: 'Surgió en el curso de la conversación. Ha aprendido mucho en el curso de su vida. El curso de la enfermedad. Dejar que las cosas sigan su curso'. **3** Paso de cierta cantidad de *tiempo: 'Ha estado enfermo dos veces en el curso de un mes'. ≃ Decurso, espacio, lapso, transcurso. **4** *Uso de algo que pasa de unos a otros: 'Moneda de curso legal. Palabra de curso admitido por la Academia'. ≃ Circulación. **5** («Abrir, Empezar, Cerrar, Clausurar, Acabar, Terminar») Periodo de clases en un centro de *enseñanza entre dos vacaciones de verano: 'Curso 1994-95. El curso académico termina en junio'. ⊙ Conjunto de alumnos que asisten a estas clases. **6** Serie de enseñanzas sobre una materia, desarrollada con unidad: 'Un curso de puericultura'. ⊙ Se aplica también a un *tratado de cierta materia destinado a ser desarrollado en un curso: 'Curso de física'. **7** (ant.) *Corso.* **8** (pl.) **Diarrea.*

CURSO POSTOPERATORIO. MED. Postoperatorio: periodo inmediatamente posterior a una intervención quirúrgica durante el cual el paciente es sometido a una vigilancia intensiva.

DAR CURSO. Dejar partir o hacer partir algo para que siga su curso. Se puede decir 'levantando la compuerta se da curso al agua del depósito'. Pero se aplica más a comunicaciones o documentos o a la expresión de estados de ánimo: 'Dar curso a una instancia. Dar curso alguien a su fantasía [a su indignación, al llanto]'. ≃ *Soltar.

EN CURSO. Corriente: 'El año [o la legislatura] en curso'.

EN CURSO DE. Siguiendo los trámites propios de la cosa que se expresa: 'El asunto está en curso de revisión'. ⇒ En vías de.

SEGUIR una cosa SU CURSO. Marchar normalmente, como le corresponde o como es costumbre: 'Las faenas de la recolección siguen su curso'.

□ CATÁLOGO

*Camino, carrera, continuación, continuidad, *corriente, derivación, derrotero, giro, itinerario, marcha, *movimiento, *orientación, rumbo, ruta, sentido, sesgo, singladura, tendencia, trayectoria, trazado, viraje. ➤ *Dirección. ➤ Enlace. ➤ Contexto, desarrollo, desenvolvimiento, *evolución, hebra, hilo, línea, marcha, procedimiento, proceso, progresión, secuencia, seguida, texto, tramitación, trámites, transcurso. ➤ Recurso. ➤ Estadio, etapa, fase, grado, momento, periodo, punto, situación, tramo. ➤ *Desarrollar. *Movimiento. *Serie.

cursor (del lat. «cursor, -ōris», corredor; en la 3ª. acep., tomado del ingl.) **1** (ant.) m. **Correo.* **2** (ant.) *Cierto escribano.* ⇒ *Notario. **3** Pieza pequeña de algún instrumento o *máquina, que se desliza, por ejemplo, a lo largo de una varilla o una ranura; como en una regla de cálculo. **4** INFORM. Marca móvil que aparece en la pantalla de los ordenadores que indica el punto en que va a quedar inserto lo que se escriba.

CURSOR DE PROCESIONES. *Persona encargada de ordenarlas.*

curtación (del lat. «curtātum»; ant.) f. ASTRON. *Diferencia entre la distancia de un planeta al Sol o a la Tierra y la proyección de ella sobre el plano de la Eclíptica.* ≃ Acortamiento.

curtido, -a **1** Participio adjetivo de «*curtir[se]»: 'Una piel curtida. Con la cara curtida por el sol. Es un hombre curtido en el trabajo'. **2** (gralm. pl.) m. Piel curtida. ≃ *Cuero. **3** Acción de curtir.

CURTIDO DÓNGOLA. *Procedimiento de curtir en que se utilizan adobos vegetales y minerales junto con alumbre y aceite, con el que se obtienen cueros de calidad superior.*

curtidor, -a adj. y n. Se aplica al que o lo que curte.

curtidura (ant.) f. *Curtido.*

curtiduría f. Taller donde se curte. ≃ Tenería.

curtiembre (Hispam.) f. *Curtiduría.*

curtiente adj. Se aplica a lo que sirve para curtir.

curtimiento m. *Acción y efecto de curtir.*

curtir (¿del lat. «conterĕre», machacar?) **1** tr. Someter las ↘pieles de los animales a cierto tratamiento que las hace flexibles y aptas para fabricar con ellas distintos objetos. **2** Poner morena la *piel el sol y la intemperie. ⇒ *Tostarse. ⊙ prnl. Ponerse moreno y con la piel endurecida con el sol y la intemperie. **3** tr. *Acostumbrar a ↘alguien a una vida dura, a ciertos trabajos o penalidades o a la vista de cierta cosa, de modo que esas cosas dejan de impresionarle. ⊙ prnl. *Acostumbrarse a trabajos o padecimientos. **4** (Arg., Ur.) tr. *Castigar a ↘alguien golpeándole.*

□ CATÁLOGO

I Abrevar, acharolar, aderezar, adobar, apelambrar, apellar, bojar, charolar, chiflar, alzar CORAMBRE, curar, despinzar, encurtir, estezar, herbar, pelambrar, remellar, sobar, tafiletear, zurrar. ➤ Adobería, curtiduría, peletería, pellejería, tafiletería, tenería. ➤ Desolladero, encalador, noque, sobadero. ➤ Adobo, cauchotina, lavadura, pelambre, pelamen, tan, tanino, taño. ➤ AGALLA de roble, casca, cascalote, charol, curtiente, garrobilla, glicerina, taño. ➤ *Planta (grupo de las curtientes). ➤ Fuligo. ➤ Roñal. ➤ Blanquero, cabritero, caninero, corambrero, curtidor, noquero, pelambrero, pellejero, pellijero, pergaminero, tanador, zurrador. ➤ Capellado, debó, escalplo, estira, garatura, pala. ➤ *Piel.

II *Acostumbrar, encallecer, endurecer, fortalecer, fortificar, *insensibilizar. ➤ Acostumbrado, acuchillado, curado, curtido, encallecido, endurecido, curado de ESPANTO, fortalecido, insensibilizado.

curto, -a (del lat. «curtus») **1** (Ar.) adj. **Corto*. **2** (Ar.) **Rabón*.

curú (Perú) m. **Larva de la *polilla*.

curubo (Col.; *Passiflora mollisima* y otras especies del mismo género) m. *Cierta *planta pasiflorácea enredadera, de Colombia.*

curuca m. **Lechuza (ave rapaz)*.

curucú (Nic.) m. **Quetzal (ave trepadora)*.

curucusi o **curucusí** m. Especie de *cocuyo, insecto coleóptero que da luz. ≃ Curcusí.

curueña (del lat. «columna», por influencia de «cuero»; ant.) f. *Cureña*.

curuguá (de or. guaraní; Am. S.; *Sicana odorifera)* m. **Planta cucurbitácea enredadera, cuyo fruto, de forma de calabaza, tiene un olor agradable y puede emplearse como *vasija.*

curuja f. **Lechuza (ave rapaz)*. ≃ Curuca.

curujey (Cuba; géneros *Guzmania* y *Tillandsia,* como *Tillandsia usneoides)* m. *Nombre aplicado a numerosas especies de *plantas bromeliáceas parásitas, particularmente de la ceiba.*

curul (del lat. «curūlis») adj. V. «SILLA curul».

curunda f. **Zuro del maíz*.

curupay (Arg., Bol., Par.) m. **Corupán (árbol leguminoso)*.

cururo (Chi.; *Spalacopus cyanus)* m. *Especie de *rata de campo, negra, muy dañina.*

cururú *(Pipa americana)* m. *Cierto anfibio anuro americano que transporta sus huevos en una especie de repliegue de su espada.*

curuvica (del guaraní «curuví», trozo, e «-ica»; Arg., Par.) f. *Fragmento diminuto de piedra u otro material.*

curva (del lat. «curva») **1** f. Línea curva. **2** Trozo curvo en algún objeto: 'Una curva de la carretera. Coger [o tomar] una curva'. ⊙ Forma curva: 'Las curvas del cuerpo'. ⊙ (inf.; pl.) Formas del cuerpo de una mujer. **3** Con la especificación del fenómeno a que se refiere, representación gráfica de un fenómeno mediante una curva cuyos puntos representan los distintos valores que toma sucesivamente el aspecto que se considera: 'Curva de temperatura [o de mortalidad]'. ⇒ *Coordenada, *gráfico, *medida. **4** MAR. *En un *barco, pieza de madera naturalmente curva que se emplea para asegurar dos maderos unidos en ángulo.*

CURVA CORAL. MAR. *Curva (pieza) que se emperna a la quilla y el codaste para reforzar su unión.*

C. DE LA FELICIDAD (inf. y hum.). Barriga abultada. Se usa particularmente referido a las personas que por cambiar de estado, por ejemplo por haber contraído matrimonio, se abandonan y empiezan a engordar.

C. DE NIVEL. TOPOGR. La que, en un plano o *mapa, une los puntos que están al mismo nivel.

V. «RADIO de los signos».

curvado, -a Participio adjetivo de «curvar[se]». ⊙ Se aplica a los *muebles construidos con planchas o barras de madera que se curvan para adaptarlas a la forma requerida; como, por ejemplo, las mecedoras.

curvar (del lat. «curvāre») tr. Dar a una ↘cosa forma curva. ≃ Arquear, combar, doblar, enarcar, encorvar. ⇒ *Curvo. ⊙ prnl. Tomar forma curva.

curvatón m. MAR. *«Curva» pequeña.*

curvatura **1** f. Cualidad de curvo. ⊙ Forma curva. **2** Acción de curvar[se].

curvidad f. *Curvatura.*

curvilíneo, -a (del lat. «curvilinĕus») **1** adj. Aplicado a cosas lineales, de forma curva. **2** Formado por líneas curvas.

curvímetro (del lat. «curvus», corvo, y «-metro») m. TOPOGR. *Utensilio empleado para medir las líneas de un plano.*

curvo, -a (del lat. «curvus») **1** adj. Se aplica a las líneas u objetos de forma lineal que cambian de dirección sin formar ángulos. ≃ Curvado, encorvado. ⊙ O a las superficies que se apartan de la forma plana sin formar aristas. ⊙ Es el adjetivo que se usa específicamente en *geometría. **2** (Gal.) m. *Campo cercado de poca extensión, destinado a pasto, arbolado o tojo.*

□ CATÁLOGO

Adunco, alabeado, cambado, combado, combo, comboso, corvo, curvado, curvilíneo, doblado, encorvado, ensenado, ensortijado, falcado, falciforme, gurbio, helicoidal, izquierdo, ondulante, oval, ovalado, pando, parabólico, recorvo, *redondo, *retorcido, retuerto, rizado, rosqueado, sigmoideo, sinuoso, sinusoidal, *torcido, tortuoso, tuerto, voltizo. ➤ Alabeo, arrufadura, catenaria, cayado, comba, combadura, corcovo, corvadura, culebrilla, curvatón, curvatura, curvidad, desviación, doblamiento, entortadura, ese, festón, flexura, giro, inflexión, lóbulo, meandro, onda, ondulación, órbita, recodo, recoveco, retorcimiento, revuelta, *rizo, rosca, seno, sigma, sinuosidad, *sortija, torcedura, torcimiento, torsión, vencimiento, vicio, vilera, voluta, vuelta. ➤ Alacrán, camba, *gancho. ➤ Arco, cicloide, *círculo, *circunferencia, concoide, elipse, epicicloide, espira, espiral, FOLIO de Descartes, hipérbola, hipocicloide, lemniscata, parábola, trocoide. ➤ Cimbra, cintra, concavidad, convexidad. ➤ Cilindro, cono, elipsoide, esfera, hélice. ➤ Centro, eje, foco, grado, parámetro, polo, radio, vértice. ➤ Hacer. ➤ Trazar. ➤ Peralte. ➤ Abangar[se], abarquillar[se], achiguarse, acodar, acodillar, acomodar, acoplar, agobiar[se], alabear[se], arquear[se], arrufar[se], bornear[se], cambar[se], cerchearse, cimbrear, combar[se], corcovar, curvar[se], doblar, empandar, enarcar, enchuecar, encorvar, engarabatar[se], engarabitar[se], enroscar[se], ensortijar[se], entortar[se], escarzar, gibar, *inclinar[se], incurvar[se], pandear[se], recodar, recorvar, retorcer, retornar, retortijar, *rizar, serpentear, *torcer[se], vencerse. ➤ Borneadizo. ➤ Derecho, recto. ➤ Destorcer, enderezar, rectificar. ➤ Campilógrafo, curvímetro, esferómetro. ➤ *Torcer.

cusca (inf.) f. HACER LA CUSCA. *Fastidiar o *perjudicar a alguien. ≃ Hacer la CUSQUI.

cusco (de «cuz», voz con que se llama al perro, con seseo y repetida; Hispam.) m. **Perro pequeño.* ≃ Cuzco.

cuscungo m. *Especie de *búho del Ecuador.* ≃ Morrocó, múcaro.

cuscurro (de «corrusco») m. *Corrusco.

cuscús m. Comida de origen árabe, consistente en pasta de harina en forma de granitos que se cuecen al vapor y se *guisan de distintas maneras. ≃ Alcuzcuz, cuzcuz. ⇒ Cozcucho.

cuscuta (del ár. «kušūṯā», del arameo «kāšūṯā», a través del lat. cient. medieval) f. Nombre aplicado a las *plantas cuscutáceas parásitas del género *Cuscuta,* que viven particularmente sobre la alfalfa, el cáñamo y otras plantas que necesitan agua abundante, de tallos filiformes y flores rosadas en glomérulos; como el rascalino o tiñuela, parásito del lino.

cusir (del lat. «consuĕre»; inf.) tr. **Corcusir (coser chapuceramente).*

cusita 1 adj. y n. Se aplica a los individuos del *pueblo descendiente de Cus, hijo de Cam y nieto de Noé. ⇒ *Biblia. **2** Se aplica a los *pueblos que, procedentes de la Bactriana, ocuparon parte de África y Asia y dominaron en Susiana y Caldea.

cusma (Perú) f. *Especie de *camisa que usan los *indios que viven en las selvas.*

cuspa f. *Nombre dado a diversas *plantas cuya corteza se usa como la quina.* ⊙ (Ven.; *Bonplandia trifoliata) Arbusto polemoniáceo de forma de palmera.* ⊙ (Cumaná) *Alsodea cuspa.* ⊙ (región del Orinoco) *Galipea cusparia y Galipea febrifuga, *plantas rutáceas.*

cúspide (del lat. «cuspis, -ĭdis», punta) **1** f. Parte más *alta, apuntada, de una montaña. ≃ *Cima, cumbre, pico, vértice. ⊙ GEOM. Punta de una pirámide o un cono. ⊙ *Punta en la parte más alta de cualquier cosa: 'La cúspide de la torre'. ⇒ Bicúspide, tricúspide. **2** En odontología, punta de un *diente. **3** Momento o situación en que cierta cosa llega a su grado *máximo: 'En la cúspide de la gloria'. ≃ *Apogeo, *cumbre, pináculo.

cusqui f. HACER LA CUSQUI (inf.). *Molestar o *perjudicar a alguien. ≃ Hacer la CUSCA.

custodia (del lat. «custodĭa») **1** f. Acción de custodiar. **2** *Persona encargada de custodiar algo.* **3** Vaso litúrgico destinado a exponer el Santísimo Sacramento a la adoración de los fieles; después del establecimiento de la festividad del «*Corpus Christi», tomó gran importancia, llegando a ser una rica construcción en que es expuesto el Sacramento en las grandes solemnidades y llevado en las procesiones; consta fundamentalmente de un depósito de forma circular en que se coloca la hostia consagrada, sostenido sobre un pie y rodeado de rayos y, a veces, de una construcción semejante a un templo, de oro, plata y piedras preciosas. ⇒ Lúnula, *Eucaristía, *sagrario. **4** (Chi.) *Lugar en las estaciones, aeropuertos, etc., donde los viajeros pueden dejar depositados por cierto tiempo sus equipajes.* ≃ Consigna. **5** *En la orden de los *franciscanos, agregado de conventos que no son suficientes para formar una provincia.*

custodiar (de «custodia») tr. Mantener alguien los cuidados necesarios para que cierta ˃cosa no sea robada o asaltada o se escape: 'Custodiar un tesoro [la puerta del castillo, a los presos]'. ≃ Guardar, *vigilar.

□ CONJUG. como «cambiar».

custodio 1 adj. y n. m. Se aplica al que custodia algo. **2** m. *En la *orden de San Francisco, superior de una custodia.* V. «ÁNGEL custodio».

cusubé (de or. taíno; Cuba) m. **Dulce seco hecho con almidón de yuca, agua, azúcar y, a veces, huevo, hecho en forma de bollitos.* ⇒ *Pasta.

cusumbe o **cusumbo** (Ec., Col.) m. *Coatí (mamífero *plantígrado).*

cususa (Am. C.) f. **Aguardiente de caña.*

cutacha (Hond.) f. *Cierto *cuchillo grande, recto.*

cutala (Cuba) f. **Zapatilla para estar en casa.*

cutama 1 (Chi.) m. **Saco.* **2** (Chi.) *Persona *torpe y *pesada.*

cutáneo, -a adj. Del cutis: 'Enfermedad cutánea'. ⇒ Subcutáneo.

cutarra (de or. indoamericano; Hond.) f. *Cierto *calzado que llega hasta la caña de la pierna, con orejas.* ⊙ (Cuba, C. Rica, Méj.) *Chancleta, zapato basto.*

cute m. **Caratea (enfermedad tropical).*

cúter (del ingl. «cutter») **1** m. **Lancha; por ejemplo, una de las que llevan a bordo los barcos, más pequeña que la chalupa y mayor que el chinchorro.* **2** *Barco de vela ligero, con un solo palo.

cutete (Guat.) m. *Nombre aplicado a los *reptiles de cierto género de iguánidos.*

cutí (del fr. «coutil») m. *Tela bastante gruesa de algodón, de tejido compacto, asargada, que se emplea para almohadas y colchones. ≃ Cosolí, cotí, cotín, terliz.

cutiano, -a (del lat. «quottidiānus»; ant., y en Ar.) adj. **Continuo o *diario.*

cutícula (del lat. «cuticŭla») **1** f. Membrana fina que cubre o envuelve algún organismo o parte de él. ⇒ *Película. ⊙ Particularmente, la que se encuentra en la base de las uñas. **2** ANAT. **Epidermis.* **3** BOT. *Capa de sustancia cérea que recubre la superficie externa de las células epidérmicas.* **4** ZOOL. *Cubierta protectora orgánica, no celular, producida por el epitelio externo de muchos invertebrados.*

cuticular adj. De [la] cutícula.

cutidero (de «cutir») **1** m. *Golpear repetido de una cosa con otra.* ≃ Batidero. **2** (ant.) **Golpe o *choque.*

cutio (de «cutiano»; ant.) adv. *Continuamente.* V. «DÍA de cutio».

cutir (del sup. lat. «cuttĕre») **1** (ant.) tr. *Batir, golpear una ˃cosa con otra.* **2** (ant.) **Luchar o *competir.* **3** (ant.) **Enfrentar: poner frente a frente.*

cutis (del lat. «cutis») f. *Piel de las personas, particularmente del rostro. ⇒ Tez. ➤ Alabastrino, aterciopelado, de rosa, de seda.

cuto, -a (del nahua «catuche», cortado) **1** (Salv.) adj. y n. **Manco o falto de algún miembro.* ⇒ *Mutilado. **2** (Salv.) *Aplicado a animales, rabón.* **3** (Salv.) *Se aplica a la prenda de vestir muy corta.*

cutral (del lat. «culter, -tri», cuchillo) adj. y n. m. *Se aplica al *buey o la *vaca viejos, que se destinan a *carne.*

cutre 1 adj. y n. **Tacaño.* **2** (inf.) adj. *Miserable, sucio: 'Este barrio está lleno de bares cutres'.

cutrez (inf.) f. Cualidad de cutre o cosa cutre.

cutter (ingl.; pronunc. [cúter]) m. Utensilio para *cortar formado por un mango y una cuchilla recambiable.

cutusa (Col.; *Chamaepelia rufipennis) f. Especie de tórtola.* ⇒ *Paloma.

cuy (de or. quechua; Am. S.) m. **CONEJILLO de Indias.*

cuyá (de or. cubano; Cuba; *Dipholis salicifolia) m. Cierto árbol sapotáceo de buena madera casi incorruptible.* ≃ Carolina. ⇒ *Planta.

cuyamel (Hond.) m. **Pez de río, de carne muy estimada.*

cuyo, -a (del lat. «cuius, -a, -um») **1** adj. rel. Expresa posesión o pertenencia: 'El abogado cuyas señas te di'. **2** (con tilde; completamente desusado) pron. interr. *Equivalía a ¿de quién?:* '¿Cúyos son estos campos?' **3** (ant., inf.) m. *Galán o *amante de una mujer.*

□ NOTAS DE USO

Hay que hacer hincapié en que «cuyo» se emplea únicamente como genitivo; es decir, cuando la relación entre la cosa representada por el nombre a que precede y la representada por el antecedente de «cuyo» es de posesión o pertenencia; pero no cuando es cualquier otra, origen, pro cedencia, causa, materia, etc., aunque se exprese también con la preposición «de». Son correctas las expresiones 'mi amigo, a cuya hermana conoces, una decisión cuyo motivo desconozco' o 'el acero, cuya producción ha aumentado'. No lo son 'Madrid cuyos viajeros van en este tren, el fútbol cuya conversación me aburre, el jefe cuya dependencia te pesa tanto' o 'el cemento cuyas obras son tan sólidas'. Tampoco es correcto el empleo de «cuyo» por «el cual» en frases como 'le ofrecieron la presidencia, cuya oferta rechazó' o 'contrajo una enfermedad, cuya enfermedad aún le dura'. Hay, sin embargo, que hacer notar que se encuentran ejemplos de este empleo en escritores antiguos: 'Acudieron luego, unos a quitarle las ataduras, otros a traer conservas... con cuyos remedios volvió en sí' (Cervantes, *Persiles)*. O 'no convenía para la quietud de aquel reino que residiese la potestad absoluta en persona de tan altos pensamientos. De cuyo principio resultaron...' (Solís).

En general, «cuyo» sigue a la oración en que está su antecedente. Pero, si no hay peligro de anfibología, no hay inconveniente en intercalar otras oraciones dependientes de aquélla: 'Los inconvenientes que resultan de restringir excesivamente las importaciones, a cuyo remedio tiende la presente disposición'.

cuyují (Cuba) m. *Variedad de *silice que, por su dureza, se emplea como término de comparación para expresar la de otras cosas, en sentido material o figurado.*

¡cuz, cuz! interj. *Voz con que, en algunos sitios, se llama a los *perros.*

cuzco (de «cuz») m. **Perro pequeño.* ≃ Gozquecillo.

cuzcuz (del sup. ár. and. «alkuskús») m. *Cuscús (comida de origen árabe).

cuzma (de or. quechua) f. **Vestidura de lana sin cuello ni mangas, que llega hasta los muslos, usada por los *indios de la montaña en algunos sitios de América.*

cuzo, -a (de «cuz»; Ast., León) n. **Perro pequeño.*

CV Abrev. de «CABALLO de vapor».

czar m. *Zar.*

czarda f. *Zarda.*

czarevitz m. *Zarevitz.*

czarina f. *Zarina.*

D

d 1 f. Cuarta *letra del alfabeto español. Representa un fonema dental oclusivo sonoro. Su nombre es «de». Letra griega correspondiente, «delta» (Δ, δ). La «-d» final suena generalmente muy suave; la pronunciación popular la suprime del todo y, en algunas palabras, como «usted» o «Madrid», la suprimen en lenguaje familiar hasta las personas cultas. También está muy extendida en esta posición la pronunciación como «z». En lenguaje hablado, la «d» de la terminación «-ado» de los participios se pronuncia muy relajada y hasta llega a desaparecer por completo, aunque tiende a mantenerse en lenguaje esmerado; fuera de éste, la articulación plena de «-ado» puede resultar afectada. En caso de suprimir la «d», es preferible pronunciar en diptongo la «a» y la «o», pues su pronunciación separada es de mal efecto; como lo es igualmente la pronunciación de «au» en vez de «ao», cosa que se hace en lenguaje descuidado en algunas regiones. **2** (con mayúsc.) *Signo de la numeración romana, procedente de la soldadura de una C invertida con una I antepuesta, y que representa el número 500.

D. Abrev. de «don».

D.ª Abrev. de «doña».

da Abrev. de «deciárea».

Da Abrev. de «decárea».

dabitis m. Lóg. *Voz mnemotécnica con que se representa el modo silogístico en que la premisa mayor es universal afirmativa y la menor y la conclusión particulares y también afirmativas.*

dable (de «dar») adj. Permitido o *posible: 'No es dable renunciar'.

dabuten o **dabuti** (inf.) adj. y adv. Estupendo: 'Lo pasamos dabuten'.

daca (de «da», imperat. de «dar» y el adv. «acá») *Expresión antigua por «dame acá» o «dame».* ⊙ Hoy sólo se usa en la expresión «TOMA y daca».

dacá (de «de acá»; ant.) adv. *De acá.*

da capo (del it. «daccapo», desde la cabeza, desde el principio) Mús. Expresión italiana que en la escritura musical significa que, desde el sitio en que está escrita, debe volverse al principio. Otras veces, se escribe «da capo al segno», significando que debe interrumpirse la repetición en la señal establecida.

dacha (de or. ruso) f. En Rusia, casa de campo.

dacio¹ (del lat. «datĭo», acción de dar; ant.) m. **Tributo o gravamen.*

dacio², -a adj. y, aplicado a personas, también n. De la Dacia.

dación (del lat. «datĭo, -ōnis») f. Der. *Cesión o *donación.*

dacorrumano adj. y n. m. *Se aplica al más importante de los dialectos rumanos.* ⇒ *Lengua, *romance.

dacriocistitis (del gr. «dákryon», lágrima, «kýstis», vejiga, e «-itis») f. Med. *Inflamación del *saco lagrimal.*

dactilado, -a (del lat. «dactȳlus») adj. *De *forma de dedo.*

dactilar (culto) adj. De los dedos. ≃ Digital.
V. «HUELLA dactilar».

dactílico, -a (del lat. «dactylĭcus», del gr. «daktylikós») **1** adj. Métr. Formado por dáctilos: 'Hexámetro dactílico'. **2** Métr. *Se aplica a la composición escrita en *versos de esa clase.*

dactilión (del lat. «dactȳlus», dedo) m. Mús. *Aparato que se colocaba en el teclado de los *pianos para contribuir a que el principiante adquiriera agilidad y seguridad en los dedos.*

-dactilo- Elemento prefijo o sufijo del gr. «dáktylos», dedo.

dáctilo (del lat. «dactȳlus», del gr. «dáktylos», dedo) m. Métr. **Pie de la versificación clásica formado por una sílaba larga y dos breves.*

dactilografía (de «dactilo-» y «-grafía») f. Mecanografía.

dactilografiado, -a Participio adjetivo de «dactilografiar».

dactilografiar tr. Mecanografiar.
□ Conjug. como «desviar».

dactilográfico, -a adj. De [la] dactilografía.

dactilógrafo, -a n. Mecanógrafo.

dactilograma (de «dactilo-» y «-grama») m. Huella dactilar impresa en un documento con fines legales de identificación.

dactilología (de «dactilo-» y «-logía») f. *Procedimiento para comunicarse consistente en signos hechos con los dedos, que representan letras.* ⇒ *Lenguaje.

dactiloscopia (de «dactilo-» y «-scopia») f. Tratado de las *huellas dactilares. ⊙ Sistema de identificación de las personas basado en el examen de esas huellas.

dactiloscópico, -a adj. De [las] huellas dactilares.

dactiloscopista n. Persona especializada en dactiloscopia.

-dad (del lat. «-tas, -tātis») Sufijo que, solo o tomando delante una «e» o una «i», forma nombres abstractos de cualidad, derivados de adjetivos: 'maldad, parquedad, agilidad'.

dadá 1 adj. y n. Dadaísta. **2** m. Dadaísmo.

dadaísmo (del fr. «dadaïsme») m. Movimiento artístico, particularmente pictórico y literario, que floreció durante la segunda mitad de la Primera Guerra Mundial y algunos años después de ella, llamado así por sus fundadores de la palabra «dada», considerada como la primera articulación de un niño. Se caracteriza por la ausencia absoluta de cualquier significado racional en la creación artística, incluso la literaria; de lo que son muestra, por ejemplo, la lectura simultánea en una ocasión de ocho discursos dadaístas o la formación de un poema con recortes de un artículo de periódico yuxtapuestos al azar. Contribuyó, junto con otros movimientos similares, al replanteamiento antirretórico de los problemas de la vida y del arte.

dadaísta adj. y n. Del dadaísmo o adepto a él.

dadero, -a (del lat. «datarĭus») **1** (ant.) adj. *Se aplica a lo que se ha de dar.* **2** (ant.) *Dadivoso.*

dádiva (del lat. «datīva», influido por «debĭta»; «Hacer») f. Acción de dar algo como merced: 'Ganó a los cortesanos con dádivas'. ⊙ Cosa que se da en esa forma.

DÁDIVAS QUEBRANTAN PEÑAS. Comentario para expresar que con regalos se consigue lo que se quiere hasta del que más se resiste. ⇒ *Sobornar.

dadivado, -a (ant.) *Participio de «dadivar».* ⊙ (ant.) adj. *Sobornado.*

dadivar (ant.) tr. *Hacer dádivas a* ↘*alguien.*

dadivosamente adv. Con generosidad.

dadivosidad f. Cualidad de dadivoso.

dadivoso, -a adj. Propenso a dar de lo que tiene. ≃ Desinteresado, desprendido, espléndido, *generoso, liberal.

dado[1] (del ár. «a'dād», números) **1** m. Pieza de marfil, hueso, madera, etc., de forma cúbica, que tiene en cada una de sus caras una cifra o cierto número de puntos (de 1 a 6), o una figura distinta, que se usa para jugar a los dados. **2** («Echar [o Tirar] los, Jugar a [los]»; pl.) *Juego que consiste en tirar uno o varios dados, contando a favor del jugador que los tira los puntos asignados como valor a la figura o número de la cara que queda arriba. ⇒ Arenilla, lebroncillo. ➤ Canilla. ➤ As, azar, brocha, cabra, comodín. ➤ MUELA de dados. ➤ Barajar. ➤ Can. ➤ Encuentro, escalera, ESCALERA de color, ESCALERA real, ful, parejas, dobles PAREJAS, póquer, suerte, terna, trío, zozobra. ➤ Cubilete. ➤ Punto. ➤ Aduana, JUEGO de sobremesa, maraca, oca, rentilla, sevenleven, tablas, TABLAS reales, treinta y una, veintiuna. ➤ Fullero. ➤ Fichas. **3** *Pieza cúbica que se usa para cualquier cosa; por ejemplo, en las *máquinas, para servir de apoyo a ejes, tornillos, etc. **4** *En las *banderas, paralelogramo de distinto color que el fondo.* **5** Porción de una cosa de forma más o menos cúbica: 'Dados de queso'. **6** ARTILL. *Nombre dado a unos pedacitos de hierro prismáticos que se introducían en la carga.* ⇒ *Proyectil. **7** ARQ. *Pedestal de la columna. ≃ Neto. **8** MAR. *Travesaño de hierro que divide los eslabones en algunas *cadenas.* ⇒ Contrete.

DADO FALSO. Dado arreglado de manera que tiende a caer por una de las caras.

CARGAR LOS DADOS. Introducir una partícula de plomo en un lado de ellos para que tienda a caer por cierta cara.

dado[2], -a 1 Participio adjetivo de «dar». ⊙ Se emplea, en expresiones absolutas, para presentar los *datos de un problema científico o los antecedentes que condicionan una cuestión: 'Dado un triángulo rectángulo... Dadas las circunstancias actuales, no cabe otra solución'. **2** («Ser») Posible o permitido: 'Si me es dado elegir...' **3** (ant.) m. *Donación.*

V. «dado CASO, dado CASO que».

DADO QUE. **1** Equivale como conjunción *causal a «dado, -a», cuando sigue una oración en vez de un nombre: 'Nos iremos el martes, dado que no hay modo de conseguir billetes para antes'. **2** También hace de conjunción *hipotética, equivaliendo a «si» o «siempre que»: 'Dado que te interese la colocación, ven a verme el martes'.

dador, -a 1 adj. y n. Se aplica al que da. ⊙ m. Particularmente, se usa para designar al que lleva una *carta a alguien, en la carta misma: 'Le ruego que preste atención al dador de la presente'. **2** Persona o entidad que libra una *letra de cambio.

daga[1] f. *Arma blanca antigua, semejante a una *espada corta. ⇒ Gumía.

daga[2] (del ár. and. «ṭáqa») f. *Cada una de las hiladas horizontales de ladrillos que se forman en el horno para cocerlos.* ⇒ *Fila.

dagame (Arg., Cuba, Par., Ven.; *Calycophyllum candidissimum*) m. *Árbol rubiáceo de tronco liso y alto, copa pequeña, flores blancas y madera dura y elástica que se emplea para herramientas; su fruto lo come el ganado.* ⇒ *Planta.

daguerrotipar tr. FOT. Retratar ↘algo por medio del daguerrotipo.

daguerrotipia f. FOT. Técnica de obtener imágenes por medio del daguerrotipo.

daguerrotipo (de «Daguerre», nombre de su inventor y «tipo») **1** m. FOT. Procedimiento fotográfico en que el negativo se obtenía sobre una plancha de cobre. ≃ Daguerrotipia. **2** FOT. Aparato empleado para esa clase de fotografía. **3** FOT. Fotografía así obtenida.

daguilla (dim. de «daga») **1** (And.) f. **Palillo que se coloca en la cintura para apoyar el extremo de la aguja que se mantiene quieta, al hacer *punto de media.* **2** (Cuba; *Lagetta lintearia*) *Árbol timeleáceo que crece entre peñascos, de las fibras de cuya corteza se hacen cuerdas y tejidos.* ⇒ *Planta.

dahír (del ár. marroquí «ḍahir», decreto; pronunc. [dajír]) m. *Carta con órdenes del sultán de Marruecos.* ⊙ *En el antiguo protectorado español, decreto del jalifa promulgado por el alto comisario.*

daifa (del ár. and. «ḍáyfa», señora) **1** f. **Manceba o prostituta.* **2** (ant.) **Huéspeda a la que se trata muy bien.*

daimio (de or. jap.) m. *Señor feudal del *Japón en el tiempo anterior a la revolución de 1868.*

daiquiri (del nombre de un barrio de El Caney, en Cuba) m. Cóctel que se prepara con ron, azúcar, zumo de limón y hielo picado.

dajao (del taíno «dahao»; Cuba, P. Rico; *Agonostomus monticula*) m. **Pez de río, de carne estimada.*

dala (del fr. «dalle», del neerl. «daal», tubo) f. MAR. *Canal o *conducto de tablas por donde salía al mar el agua extraída del *barco por la bomba.* ≃ Adala.

dalaga (Filip.) f. **Mujer joven soltera.*

dalai-lama (del mongol «dalai», océano, y el tibetano «lama», sacerdote) m. Sumo *sacerdote del lamaísmo.

dalgo (de «de algo») HACER MUCHO DALGO (ant.). **Obsequiar o *contemplar mucho a alguien.*

dalia (del nombre del botánico sueco «Dahl» que transportó esta planta de Méjico a Europa a fines del siglo XVIII; *Dahlia variabilis* y otras muchas especies del mismo género) f. *Planta compuesta de jardín que florece en verano y cuyas flores, llamadas del mismo modo, tienen numerosas lígulas de color, tamaño y forma muy variados.

dalind (del lat. «de ad ille inde»; ant.) adv. *De allá.*

dalla f. **Guadaña.* ≃ Dalle.

dallá (de «de allá»; ant.) adv. *De allá.*

dallador m. *Hombre que siega con dalla.*

dallar tr. **Segar con dalla.*

dalle (del occit. y cat. «dall», del lat. «dacŭlus») m. *Dalla.*

dallén (de «de allén»; ant.) adv. *De allende.*

dálmata (del lat. «Dalmăta») **1** adj. y, aplicado a personas, también n. De Dalmacia. **2** m. Lengua romance que se habló en esta región. ≃ Dalmático. **3** adj. y n. Se aplica a una raza de *perros, de tamaño mediano y pelo corto blanco con manchas negras o pardas.

dalmática (del lat. «dalmatĭca») **1** f. Especie de túnica blanca con mangas anchas y cortas y adornada con púrpura, que los *romanos tomaron de los dálmatas. **2** Vestidura *eclesiástica de seda y en general ricamente adornada, semejante a una casulla con mangas, formada por dos anchas bandas de tela, de modo que la prenda extendida forma una cruz; la usan los diáconos en la misa mayor y ceremonias solemnes. **3** Prenda semejante a la anterior, también ricamente adornada, que usaban los reyes de armas y usan todavía en las ceremonias los *heraldos y *maceros. ⇒ Almática. **4** Prenda interior, abierta por los lados, que usaban antiguamente los guerreros. ⇒ *Vestir.

dalmático, -a **1** adj. De Dalmacia. **2** m. Lengua romance que se habló en esta región. ≃ Dálmata.

daltónico, -a o **daltoniano, -a** adj. y n. Afectado de daltonismo.

daltonismo (de «Dalton», físico inglés) m. Defecto de la vista que consiste en no percibir ciertos colores o confundirlos con otros. ≃ Acromatopsia. ⇒ *Ojo.

dama[1] (del fr. «dame», del lat. «domĭna») **1** (pulido) f. *Señora distinguida. **2** Mujer galanteada o amada por un hombre: 'La dama de sus pensamientos'. ⇒ Adamarse. **3** Señora que acompaña o sirve a la *reina o a las princesas. **4** **Manceba.* **5** En el *teatro, actriz que desempeña papel principal: 'Primera, segunda, etc., dama. Dama joven'. **6** Reina del *ajedrez. **7** En el juego de *damas, pieza a la que, al llegar a la primera línea del contrario, se le superpone otra y puede moverse saltando cualquier número de cuadros en la línea. **8** (pl.) Juego que se juega sobre un tablero dividido en escaques, teniendo cada jugador cierto número de piezas con las que trata de comer las del contrario. ≃ *JUEGO de damas. ⇒ Damero, tablero. ➤ Calle, casa, casilla, escaque. ➤ Chancho, dama, peón, pieza. ➤ Acochinar, comer, coronar, encerrar, entablar, salir, saltar, soplar, hacer TABLAS. ➤ Forzosa, PIE de gallo. ➤ Al GANA pierde o al GANAPIERDE. ➤ Andarraya, chaquete, TABLAS [reales]. **9** *Danza antigua española.* **10** *Mojón de tierra que se deja a veces en las *minas y excavaciones, para calcular la tierra extraída.* ≃ Testigo.

DAMA DE HONOR. Título dado a las señoras que tenían en palacio el cargo inferior al de «dama». Se aplica a las jóvenes designadas como acompañantes de otras llamadas «reinas»; por ejemplo, en los concursos de belleza.

D. JOVEN. Actriz que hace papeles de mujer joven soltera, o de casada muy joven.

D. DE NOCHE *(Cestrum nocturnum).* *Planta de la familia de las solanáceas, de flores blancas, muy olorosas durante la noche.

D. DE LOS PENSAMIENTOS de alguien (ahora hum.). Mujer a quien *ama.

DAMAS Y GALANES (ant.). **Juego que solía jugarse en la víspera de año nuevo, consistente en formar parejas a la suerte con los jóvenes y las jóvenes.*

V. «JUEGO de damas».

PRIMERA DAMA. Esposa del jefe del Estado o del jefe del Gobierno.

dama[2] (del b. al. «damn», dique) f. METAL. *Losa o pared que cierra el crisol de un *horno por la parte delantera.*

dama[3] (del lat. «dama») f. *Gamo.*

damaceno, -a adj. y n. *Damasceno.*

damajagua (de or. taíno; Ec.; *Hibiscus tiliaceus)* m. *Árbol malváceo de cuya corteza interior hacen vestidos y esteras los indios cayapos.* ≃ Tamajagua. ⇒ Planta.

damajuana (del fr. «dame-jeanne») f. Vasija de vidrio de cuerpo voluminoso redondeado y cuello como el de una botella, a veces protegida por un revestimiento de mimbres o cañas. ≃ Bombona, castaña, *garrafa.

damasceno, -a **1** adj. y, aplicado a personas, también n. De Damasco. ≃ Damaceno. ⇒ Damasquino. **2** adj. y n. f. V. «CIRUELA damascena». ≃ Almacena, almeiza, amacena.

damasco (de «Damasco», ciudad de donde procede esta tela) **1** m. *Tela de seda de un solo color, con dibujos brillantes sobre fondo mate formados por contraste del ligamento. ⊙ Tejido de algodón de textura igual a la del anterior, que se emplea, por ejemplo, para mantelerías y telas de colchón; en estas últimas suele ser de dos colores. **2** Variedad de albaricoquero. ⊙ Fruto de este árbol. **3** (Hispam.) *Albaricoque.*

damasina (del fr. «damassin», de «Damas», Damasco) f. *Damasquillo (tela).*

damasonio (del lat. «damasonĭum», del gr. «damasṓnion») m. *Azúmbar (planta alismatácea).*

damasquillo (dim. de «damasco») **1** m. **Tela de lana o seda parecida al damasco en el tejido.* ≃ Damasina. **2** (And.) **Albaricoque.*

damasquina *(Tagetes patula)* f. *Planta compuesta originaria de Méjico, de flores axilares, solitarias, de color purpúreo mezclado de amarillo, que despiden mal olor. ≃ CLAVEL de la India, CLAVEL de muerto.

damasquinado (de «damasquino») m. Trabajo hecho en armas u otros objetos *embutiendo oro u otro metal fino en hierro o acero. Son célebres los trabajos de esta clase de Toledo y Éibar.

damasquinador, -a n. Persona que tiene el oficio de damasquinar.

damasquinar tr. Hacer trabajos de damasquinado en un ↘objeto.

damasquino, -a (de «Damasco», ciudad de Siria) **1** adj. De Damasco. ≃ Damasceno. **2** *De tela de damasco.* **3** *Se aplica a las *armas blancas de fino temple y hermosas aguas.* **4** (Tol.) *Se aplica a los objetos con trabajo de damasquinado.*

damería (de «dama») f. **Remilgo.*

damero **1** m. *Tablero de jugar a las damas. **2** Plano de una urbanización o de una ciudad, dividido en calles que se cortan en ángulo recto. **3** Variante del crucigrama en el que, una vez rellenas las casillas, aparece un texto, por lo general una cita literaria.

damiento (de «dar»; ant.) m. *Dádiva.*

damil (ant.) adj. *De [las] damas.*

damisela (del fr. ant. «dameisele», señorita) **1** f. Joven bonita, alegre y presumida. **2** (pulido) *Señorita. ⊙ Suele usarse en sentido humorístico. **3** *Prostituta.*

damnable 1 (ant.) adj. *Condenable.* **2** (ant.) *Perjudicable.*

damnación (ant.) f. *Acción de damnar.*

damnado, -a (ant.) *Participio de «damnar[se]».* ⊙ (ant.) adj. y. n. *Condenado.* ⊙ (ant.) *Perjudicado.*

damnar (del lat. «damnāre») **1** (ant.) tr. y prnl. *Condenar.* **2** (ant.) *Perjudicar.*

damnificación (form.) f. Acción de damnificar.

damnificado, -a (form.) Participio adjetivo de «damnificar». ⊙ n. Persona damnificada.

damnificador, -a (form.) adj. y n. Que damnifica.

damnificar (del lat. «damnificāre»; form.) tr. Causar daño, particularmente un desastre colectivo. ⇒ *Perjudicar.

Damocles V. «ESPADA de Damocles».

dan (del jap. «dan») m. DEP. En las artes marciales, cada uno de los diez grados superiores concedidos a partir del cinturón negro.

dance (de «danzar»; Ar.) m. *Danza de espadas.* ⊙ *Composición poética que se recita en este baile.*

danchado, -a (del fr. «denché», «danché») adj. HERÁLD. *Dentado.*

dancing (ingl.; pronunc. [dánsin]) m. Nombre con que se designan (o designaban, pues la palabra ha dejado de ser usual) algunas salas públicas de baile.

dandi (del ingl. «dandy») m. Hombre elegante y refinado.

dandismo m. Actitud propia del dandi.

danés, -a (del fr. «danois») **1** adj. y, aplicado a personas, también n. De Dinamarca ≃ Dánico, dinamarqués. **2** m. Lengua que se habla en este país.

GRAN DANÉS. Dogo.

V. «PERRO danés».

dango m. **Planga (ave rapaz).*

dánico, -a adj. *Danés.*

danta 1 f. **Tapir (mamífero perisodáctilo).* **2** **Alce (mamífero cérvido).* **3** adj. V. «CAÑA danta».

dante (del ár. and. «lámṭ», de sup. or. bereber) m. *Danta (mamífero cérvido).*

-dante Elemento sufijo que significa «el que da»: 'poderdante'.

dantellado, -a (del fr. «dentelé») adj. HERÁLD. *Dentellado.*

dantesco, -a 1 adj. Como de Dante. **2** Se aplica a las cosas o espectáculos terribles como ciertas descripciones de Dante: 'Tenía ante mis ojos una visión dantesca'.

danto (Am. C.; *Cephalopterus glabricollis*) m. **Pájaro de unos 30 cm de largo, de plumaje negro azulado, con el pecho sin plumas, cruzado por una especie de cordoncillo carnoso; tiene un penacho que llega hasta la extremidad del pico, presentando el conjunto cierta semejanza con la trompa del tapir; su voz semeja un mugido débil.*

danubiano, -a adj. Del Danubio o de los territorios colindantes con ese río.

danza 1 f. Acción de *danzar. ⊙ Escena o *espectáculo de personas que danzan. ⊙ Conjunto de movimientos que forman una pieza completa de baile: 'La danza del cisne'. ⊙ Cada estilo de danza adaptado a un determinado ritmo: 'La jota es la danza popular aragonesa'. **2** *Conjunto de danzantes que toman parte en unos *festejos populares.* **3** *Habanera.* **4** (inf.) *Movimiento o *actividad de algo o alguien que se mueve de un lado para otro. **5** (inf.; «Andar, Meterse en») *Enredo o *asunto: 'También Ramón anda metido en la danza'. **6** Riña o jaleo.

BAJA DANZA. *Alemanda.*

DANZA DE CINTAS. Danza en que los que la ejecutan van trenzando y luego destrenzando alrededor de un palo cintas de diversos colores que penden de él.

D. DE ESPADAS. *Cierta danza antigua en que se baila con espadas o con palos y escudos que se entrechocan.* ⇒ Dance.

D. HABLADA. *Danza acompañada de algunas palabras.*

D. DE LA MUERTE. Representación alegórica, característica de la literatura y la pintura medieval, en que la muerte saca a bailar a los representantes de todos los grupos sociales.

D. PRIMA. *Danza tradicional, en rueda, ejecutada en Asturias y Galicia, en la que uno de los bailarines canta una canción y los otros contestan con el estribillo.*

EN DANZA (inf.). En movimiento, en *actividad, dando quehacer o que hablar: 'Ya está otra vez en danza el asunto de los transportes'.

QUE SIGA LA DANZA [o ¡SIGA LA DANZA!]. Expresión para significar que alguien se *desentiende de cierta cosa que pasa y no se opone a ella: 'Por mí, que siga la danza'.

danzador, -a adj. y n. Que danza o es aficionado a danzar.

danzante 1 n. Persona que danza. ≃ Danzador, danzarín. ⇒ Bailarín. **2** (inf.) Persona entrometida o intrigante. **3** (inf.) Persona informal. ≃ *Botarate. ⊙ Persona que despliega mucha actividad, pero sin ningún provecho. ⇒ *Zascandil.

danzar (del fr. ant. «dancier», actual «danser») **1** intr. Moverse rítmicamente siguiendo el compás de una música. Se usa este verbo particularmente cuando se trata de bailes artísticos. En lenguaje corriente es más frecuente «*bailar». **2** Ir o *moverse de un lado para otro: 'Las hojas danzan llevadas por el viento'. ⊙ A veces, tiene sentido despectivo, como «*zascandilear»: 'Se pasa el día danzando, sin hacer nada de provecho'. **3** **Entrometerse alguien en asuntos que no le incumben.*

□ CATÁLOGO

Bailar, bailotear, ballar, coreografía, milonguear, rumbear, saltación, sotar, tripudiar. ➤ Coreográfico, gímnico, pírrico. ➤ Cadencia, compás, *música. ➤ Albarillo, galerón, saltarén. ➤ Jalear[se]. ➤ ¡Alza!, ¡faraón!, ¡ole! ➤ *Castañuelas. ➤ Baile, BAILE de candil [de cuenta, de disfraces, de etiqueta, de figuras, regional, de salón o de sociedad], coliche, danza, jorco, leila, saragüete, sarao, sundín, verbena, zambra, ZAMBRA gitana. ➤ Coda. ➤ Entreacto, intermedio. ➤ Haya. ➤ Chingana. ➤ Comer PAVO, sacar. ➤ Alboreada, alegrías, alemana, alemanda, alta, areito, atajaprimo, aurresku, bailete, bakalao [o bacalao], ballet, bambuco, bolero, bossa nova, BRAN de Inglaterra, break, bulerías, caballero, cacharpari, cachua, cachucha, cake walk, calinda [o calinga], calladito, caluyo, campanela, campestre, canario, cancán, candamo, candombe, caquebal, cariaco, carola, carretería, chacona, changüí, charlestón, charrada, chica, chotis, cielito, claqué, conga, congo, contradanza, corea, corralera, cotillón, cueca, cumbé, cumbia [o cumbiamba], czarda, dama, dance, danzón, encorvada, escarramán, escondido, españoleta, fandango, firmeza, folías, folijones, fox-trot, furlana, gallarda, gallegada, galop, garrotín, gato, gavota, giga, giraldilla, guaracha, guimbarda, guineo, habanera, habas verdes, hacha, huella, jácara, jarabe, jiga, joropo, jota, lambada, lanceros, malambo, mambo, manseque, marinera, mariona, marizápalos, mazurca, merengue, milonga, minué, minuete, mitote, MOROS y cristianos, muñeira, ole, paisana, pallas, palmadilla, paloteado, panaderos, paradeta, pasillo, PASO doble [o pasodoble], paspié, pataletilla, pavana, pericón, pericote, periquín, pesamedello, PIE de gibao, polca, polonesa, raspa, rastreado, redova, rigodón, rumba, sajuriana, salsa, saltarel, saltarelo, samba, sanguaraña, sardana, seguida, seguidillas, seguidillas manchegas, sevillanas, sirtaki, soleá [soleares o soledad], son, sueño, tajaraste, tango, tanguillo, tarantela, tárraga, titundia, tondero, torneo, trípili, triunfo, tumba, turdión, twist, vals, valse, varsoviana, villanesca, villano, vito, zamacueca, zambacueca, zambapalo, zapateado, zarabanda, zarambeque, zaranda, zorcico, zorongo. ➤ Balata. ➤ Abrir. ➤ Batimán, bornear, cabriola, cadena, campanela, cargado, carrera, carrerilla, cimbrado, contenencia, continencia, contrapás, contrapaso, cruzado, cuatropeado, derrengada, desgobernarse, desgoznarse, deshecha, despatarrada, despernada, desplantarse, desplante, diferencia, doble, escobillado, escobillar, espatarrada, figura, floreo, floreta, gambeta, girada, lazo, molinete, mudanza, deshacer la MUDANZA, paso, PASO grave, planta, puntas, quebradillo, remeneo, retirada, rey, SALTO y encaje, solo, sostenido, tejer, trenzado, vacío, voleo, zapatear. ➤ Momo. ➤ Alcalde, almea, bailarín, bailinista, bailista, bastonero, bayadera, coribante, danzador, danzante, danzarín, gogó, guión, histrionisa, matachín, moharracho, saltarín, saltatriz, sardanista, tripudiante, zangarrón, zarragón. ➤ Milonguero. ➤ Pareja. ➤ Coro, cuadrilla. ➤ Coreógrafo. ➤ *Divertir.

danzarín, -a **1** adj. y n. Danzante, particularmente de danzas artísticas. **2** (inf.) n. *Danzante, en las acepciones figuradas.*

danzón (aum. de «danza») m. *Baile cubano semejante a la habanera.* ⇒ *Danzar. ⊙ *Música para él.*

dañable (del lat. «damnabĭlis») **1** adj. *Perjudicial.* **2** **Gravoso.* **3** *Condenable.* **4** (ant.) *Culpable.*

dañación (ant.) f. *Acción y efecto de dañar.*

dañado, -a **1** Participio adjetivo de «dañar»: 'Las ciudades dañadas por la guerra'. ⊙ Aplicado a fruta, con alguna mancha por donde empieza a *pudrirse. ≃ Tocado. **2** **Malvado.* **3** (ant.) adj. y n. **Condenado.* **4** (Can.) adj. *Leproso.*

dañador, -a adj. y n. *Que daña.*

dañamiento (ant.) m. *Acción de dañar.*

dañar (del lat. «damnāre», condenar; puede llevar «a», aunque el complemento sea de cosa) **1** tr. *Estropear o *perjudicar ↘algo o a ↘alguien. ⊙ Particularmente, causar daño en un ↘organismo, un tejido orgánico o un fruto: 'Las heladas han dañado [a] los árboles'. ⊙ *Agusanar o *pudrir un ↘fruto: 'Los golpes han dañado [a] las manzanas'. ⊙ Causar un daño moral a ↘alguien o en una colectividad: 'Ese incidente daña [a] su reputación'. ⊙ prnl. Estropearse o sufrir un perjuicio alguien o algo. ⊙ *Pudrirse un fruto. ⊙ *Enfermar:* 'Dañarse del pulmón'. **2** (ant.) tr. **Condenar.*

dañino, -a adj. Se aplica a lo que causa un daño cualquiera: 'Sustancias dañinas'. ≃ Dañoso, malo, nocivo, perjudicial, pernicioso. ⊙ Se aplica particularmente a los *animales y *plantas que causan daño a otros útiles al hombre: 'La zorra es un animal dañino'. ⊙ También, a las personas que hacen daño. ⇒ *Malvado.

daño (del lat. «damnum») **1** («Acarrear, Asestar, Hacer, Inferir, Irrogar, Ocasionar, Producir») m. Efecto causado en algo o en alguien que le hace ser o estar peor: 'La tormenta ha causado grandes daños en las cosechas. Éste es un remedio que no puede hacerte daño'. **2** *Cualquier alteración del organismo que produce perjuicio en el mismo o sufrimiento: 'Los médicos no saben dónde tiene el daño'. ≃ Mal. ⊙ Se puede aplicar como nombre genérico a las alteraciones del cuerpo a las que no son aplicables otros; como una ampolla o un quiste. **3** («Hacer[se]») Dolor producido por un golpe, caída, etc.: 'Me he hecho daño contra la pata de la mesa [en el dedo meñique, al tirar de la cuerda]'.

DAÑOS Y PERJUICIOS. Expresión con que se designan jurídicamente los perjuicios causados por una persona a otra, voluntaria o involuntariamente, por los que tiene que indemnizarla.

HACER DAÑO. **1** Expresión frecuentísima en que «daño» tiene una amplia gama de significados: desde «daño físico» hasta «mal», en sentido muy general: 'Le hice daño con el codo, sin querer. La tormenta no hizo daño en aquella zona. Me hizo daño con esa pregunta. Gozan haciendo daño'. **2** *Indigestarse un alimento: 'Se enfrió y le hizo daño la comida'.

□ CATÁLOGO

Accidente, adversidad, autodestrucción, *avería, azote, calamidad, cáncer, *catástrofe, *contra, *contratiempo, corrupción, dañación, dañamiento, degollina, depredación, *desastre, desdicha, desgaste, *desgracia, desmoche, despeño, desperfecto, destrucción, *deterioro, detrimento, devastación, *disparate, embargo, entuerto, escabechina, estacazo, estrago, estropicio, *fechoría, gangrena, golpe, hecatombe, herejía, hidra, injuria, *jugada, lacra, latigazo, lepra, lesión, *mal, MAL de ojo, maldición, malogro, mazada, mengua, *menoscabo, noxa, ofensa, ofensión, PALO de ciego, percance, perdición, *pérdida, *perjuicio, pernicie, persecución, perturbación, peste, pestilencia, plaga, pupa, quebranto, ramalazo, revés, roña, *ruina, sarracina, siniestro, tequio, tiro, trastorno, tropiezo, tuerto, varapalo, vejación, veneno, yactura, zamarrazo, zurriagazo. ➤ *Absceso, *achaque, *ampolla, callo, clavo, contusión, desolladura, despellejadura, dolor, *enfermedad, escorchón, *escoriación, escozor, estigma, herida, indisposición, laceración, lacra, lesión, maca, magullamiento, molestia, mortificación, *peladura, pupa, rotura, *rozadura, trastorno. ➤ Amenaza, asechanza, hostilidad, intriga, precipicio. ➤ Arpía, ayacuá, basilisco, bruja, calchona, camahueto, *coco, *demonio, dracena, dragón, endriago, hechicero, hidra, hipnal, lémur, leviatán, minotauro, *monstruo, quimera, régulo, sirena. ➤ PENA del talión. ➤ Agredir, ajar[se], alcanzarse, amolar, arruinar, *atropellar, averiar, hacer la CAMA, cancerar, hacer CARNE, costar [o salir] CARO, castigar, costar, damnificar, dañar, decaer, tirar a DEGÜELLO, descalabrar, *descoyuntar, desgraciar, desollar, despellejar, *destruir, deszocar, deteriorar, ECHAR a perder, embromar, empecer, emponzoñar, poner ENFERMO, erosionar, *escoriar, estrellarse, *estropear[se], *fastidiar, gangrenar, *herir, hundir, infestar, injuriar, interesar, irritar, joder, jorobar, lacerar, lastimar, lesionar, magullar, hacer MAL, maleficiar, maliciar, malignar, poner MALO, *maltratar, mortificar, nucir, pelar, *perjudicar, tirar la PIEDRA y esconder la mano, poner la PROA, dar la PUNTILLA, ruinar, *sacrificar, hacer SANGRE, dar que SENTIR, volverse contra, zurrar. ➤ *Amenazar. ➤ Caer, contagiarse, hacerse SENTIR. ➤ Sufrir las CONSECUENCIAS, *padecer, pagar los PLATOS rotos, sufrir, ser VÍCTIMA. ➤ Doler, ver las ESTRELLAS. ➤ Leso, bien [o mal] PARADO. ➤ Autodestructivo, dañable, dañino, dañoso, deletéreo, depopulador, desfavorable, insalubre, insano, lesivo, maléfico, malsano, nocente, nocivo, nuciente, perjudicial, pernicioso, pestífero, pestilencial, pestilente, ponzoñoso, traidor. ➤ Insalubridad, maletía, nocividad. ➤ Enconoso, malo, perro. ➤ Encarnizarse, ensangrentarse, ensañarse. ➤ Cachetero. ➤ Vulnerable. ➤ CABEZA de turco, carnaza, CARNE de cañón, pagano. ➤ Ahí me las DEN todas. ➤ Culpa. ➤ *Defender. *Proteger. ➤ No tocar un HILO [o PELO] de la ropa, respetar. ➤ Indemne, inmune, invulnerable, a salvo, seguro. ➤ Inofensivo. ➤ *Remedio. ➤ *Castigo.

*Desgracia. *Disgusto. *Dolor. *Golpe. *Herida. *Mal. *Perjuicio.

dañoso, -a adj. Perjudicial para la cosa que se expresa: 'Un espectáculo dañoso para la juventud'. ≃ Dañino. ⇒ *Daño.

daquén (de «de aquén»; ant.) adv. *De aquende.*

daquí (de «de aquí»; ant.) adv. *De aquí.*

dar (del lat. «dare») **1** tr. Hacer alguien voluntariamente que una ↘cosa que tiene pase a ser tenida por otro. ⊙ Poner alguien una ↘cosa que tiene, en las manos de otro: 'Le daremos las maletas al mozo'. ⊙ Coger ↘algo y ponerlo en las manos de otro: 'Dame ese libro que está ahí'. ⊙ tr. e intr. También, con las cartas de la *baraja: 'Te toca dar a ti. Me has dado el 7 de bastos'. ⊙ («a») tr. Conquistar ↘algo para un soberano o señor: 'Le dio a Valencia'. ⊙ Poner un ↘producto del propio pensamiento a disposición de otro para que le sirva o lo utilice: 'Dar alguien la solución [un consejo, una idea, el tema para una conferencia]'. ≃ Facilitar, proporcionar, suministrar. ⊙ prnl. Dedicar alguien su actividad, afecto, inteligencia, etc., a alguien: 'Se da a los amigos. Se da toda a sus hijos'. ≃ *Consagrarse. ⊙ («a») Entregarse a un *vicio o a una actividad absorbente: 'Se dio a la bebida. Se ha dado a la lectura de novelas policiacas'. **2** tr. Ser una cosa origen de ↘algo que brota o se produce en ella misma: 'El peral ha dado muchas peras este año. La vaca da leche. La fuente ya no da agua. El negocio le da mucho dinero. La casa le da un seis por ciento de interés. El Sol da luz y calor. Su primera mujer le dio tres hijos'. ≃ *Producir, *proporcionar. ⊙ prnl. Producirse cierta *planta en el sitio que se expresa; generalmente, con los adverbios «bien» o «mal» o equivalentes: 'Allí se da bien el cacao'. ⊙ Suceder una cosa: 'Se da pocas veces un caso como éste. Se dan circunstancias extrañas en el suceso'. ⊙ Particularmente, existir cierto número de veces una cosa en un sitio, una ocasión, etc. 'Este giro se da siete veces en el texto'. ≃ Aparecer, ocurrir. ⊙ tr. *Despedir ↘olor, bueno o malo. ⊙ *Soltar: 'El requesón está dando el suero. Los caracoles se ponen en sal para que den la baba'. ⊙ Con nombres de ciertas ↘acciones intransitivas rápidas o repetidas, *realizarlas: 'Dar un paseo [un grito, un silbido, un suspiro, un soplo, un vistazo, una vuelta]. Dar voces [vueltas, pasos, latidos]'. ⊙ Con algunas acciones se usa también con un pron. reflex.: 'Darse un paseo. Darse una vuelta'. **3** *Producir un ↘resultado. ⊙ Ser causa de que algo o alguien tenga cierta ↘cosa, estado o cualidad: 'Una copita de coñac te dará fuerzas. Ha dado a sus hijos una buena educación. Le han dado un empleo. Eso nos da la clave de lo que ocurre. Dar un susto [disgustos, celos]. Dar consuelo [alegría, pena, tristeza]. Dar suerte. Dar aplicación a un objeto. Dar empleo al tiempo que uno tiene libre. Los condimentos dan sabor a los manjares'. ⊙ Aplicar a alguien o algo cierto ↘*nombre. ≃ *Asignar, imponer, poner. ⊙ Hacer que exista para alguien cierta ↘circunstancia: 'Dar ocasión [motivo, pretexto, una oportunidad]'. ≃ *Proporcionar. ⊙ *Conceder: 'Dar ↘permiso [o autorización]. Dar ↘beligerancia'. ⊙ Pagar ↘algo para otro: 'Le da la carrera un tío suyo'. ≃ *Costear. ⊙ Con ↘«baile, banquete, fiesta», etc., *ofrecer o *celebrar: 'Ha dado una fiesta en su casa'. ⊙ Junto con ↘«muestras, señales, pruebas» o palabra equivalente, *mostrar lo que expresa el nombre regido por esas palabras: 'Has dado pruebas de sensatez. No da señales de cansancio. Dieron muestras de valor'. ⇒ *Ofrecer. ⊙ *Alegar, *citar o *presentar ↘algo como «pruebas» o «ejemplos». ⊙ Con ↘«asentimiento, crédito, fe» y, quizá, alguna otra palabra semejante, «conceder, prestar». Tener hacia cierta cosa la disposición de ánimo expresada por esas palabras: 'No daba crédito a lo que veían mis ojos'. ⊙ Explicar una ↘lección, explicar en una ↘clase, pronunciar una ↘conferencia y, quizá, hacer alguna otra ↘cosa semejante. ⊙ También, recibir la enseñanza en una ↘clase o lección: 'El niño no quiere dar clase de música'. ⊙ *Decir o hacer saber ↘algo a alguien de cualquier manera: 'Dame las medidas exactas para hacer el estante. Nos han dado equivocados los datos del problema. Dar un aviso [una noticia, una orden o contraorden, la clave, el significado de algo, la señal de alarma]'. ⇒ *Comunicar. ⊙ Junto con ↘«conocimiento», hacer saber la cosa que se expresa: 'Dar conocimiento de un suceso al juzgado'. ⊙ *Publicar (dar a conocer): 'El periódico da hoy el texto completo del discurso. La radio dará a última hora el resultado de las elecciones. El tribunal no ha dado todavía el programa de las oposiciones. El ministro dará las normas para la aplicación de la ley'. ⊙ Dictar una ↘ley o disposición. ⊙ Presentar o ejecutar cierto ↘*espectáculo o programa: 'En el Teatro Español dan «El Alcalde de Zalamea». Vamos a ver qué películas dan esta tarde. No sé qué nos darán en el concierto'. ⇒ Echar, poner en ESCENA, hacer, poner, proyectar, *representar. ⊙ Cubrir la superficie de una cosa con una ↘capa de ↘algo: 'Dar una mano de pintura a un mueble. Dar crema a los zapatos. Dar un baño de plata'. ⊙ Al ejecutar una obra, hacer que tenga cierta ↘cualidad: 'Dales forma redondeada a las patas de la mesa. Dale bastante anchura a la manga. Dio poca brillantez a su discurso'. ⊙ Con el nombre de algunas ↘acciones que se realizan en o sobre alguien o algo, realizarlas: 'Dar un beso [un abrazo, un baño al perro, una jabonada a la ropa, unas puntadas en un vestido]'. ⊙ Con ↘«dirección, giro, orientación» o palabras semejantes, *imprimir: 'Al verme llegar, dieron otro giro a la conversación'. ⊙ Junto con ↘«prisa», *apresurar: 'Dar prisa a la cocinera [o a la comida]'. ⊙ Con ↘«plazo, treguas», etc., concederlos o señalarlos. ⊙ Hacer que llegue a un sitio para poder ser utilizado ↘algo que se *suministra por cañerías o cables: 'Ya nos han dado la luz. Han cortado el agua, pero la volverán a dar en seguida'. ⊙ Manejar la llave o dispositivo adecuado para dejar salir ↘algo que viene por tubos o cables: 'Da la luz. No des el gas hasta que tengas la cerilla encendida'. ⇒ *Abrir, *encender. ⊙ («a») *Manejar cualquier llave o dispositivo con que se mueve, regula o dirige algo: 'Dale al volante hacia la derecha. Dale a la llave de la luz cuando yo te diga'. ⊙ Poner con el pensamiento o la intención un cierto ↘significado o valor en una acción, suceso, etc.: 'No sé qué significado debo dar a tus palabras. No debes dar importancia a lo sucedido. Él da carácter oficial a su intervención'. ≃ *Atribuir. ⊙ *Decir o *expresar ciertas ↘cosas: 'Dar los buenos días [las buenas tardes, las buenas noches, la enhorabuena, el pésame, las gracias]. Dar satisfacciones, explicaciones, excusas'. ⊙ Decirle a alguien que transmita a otro esas mismas ↘expresiones u otras de saludo: 'Me dio recuerdos para ti'. **4** Hacer objeto a alguien o algo de una acción consistente en un ↘golpe: 'Dar una bofetada [un palo, una puñalada, un puntapié, un empujón]'. Puede llevar un complemento de instrumento, a veces suprimiendo el directo, que se sobreentiende: 'Le dio con el paraguas sin querer'. Y pueden quedar sobreentendidos ambos: 'Si le das a la primera, es que eres un buen tirador'. ≃ *Asestar. ⇒ Arrear, arrimar, asestar, atizar, cascar, descargar, estampar, pegar, plantar, propinar, soltar. ⊙ prnl. Golpearse: 'Darse contra la pared'. ⊙ tr. Con algunos otros nombres que expresan una ↘acción instantánea, súbita o brusca, realizarla: 'Dar una chupada al cigarro [un tirón de la cuerda, un brochazo, una pincelada, un salto]. Dar palmadas. La madera ha dado un chasquido. El globo ha dado un estallido'. ⇒ Pegar. ⊙ *Ejecutar una ↘acción rápidamente o a la ligera: 'Dar un planchazo a una prenda de ropa. Dar un barrido. Dar un riego'. **5** *Soltar un ↘cable, cuerda, etc. **6** («en, con, contra») intr. Pegar, *chocar o golpear: 'El tiro ha dado en el blanco. La piedra dio contra el cristal. El sol da en la pared. El aire me da en la cara. Las ramas dan en el tejado'. **7** tr. Hacer *sonar las campanadas el reloj: 'El reloj de la catedral ha dado las doce'. ⊙ intr. Sonar las horas o campanadas. Generalmente, con el sujeto pospuesto: 'Acaban de dar las cinco. Han dado tres campanadas en el reloj de la catedral'. **8** (terciop.) *Acometer cierto estado físico o de ánimo: 'Al ver esas cosas me dan ganas de marcharme. Me da vergüenza entrar yo sola. Después de comer, me da sueño. Me dan escalofríos sólo de pensarlo. Dar una manía [un ataque, un cólico]. A mí me va a dar algo'. ≃ Entrar. ⊙ Producir «alegría, gozo, gusto» o «satisfacción» o las muestras de esos estados de ánimo: 'Da risa cómo va vestida. Me da gusto veros a todos reunidos'. **9** En las expresiones «tanto da, tanto me [te, etc.] da», *importar. **10** Estar abierto u orientado a o hacia determinado sitio o en cierta dirección: 'Mi ventana da a un patio. La fachada principal da a mediodía. Mi habitación da a la sala. La puerta da a una calle secundaria'. ⇒ Estar ABIERTO a, abrirse, recaer, registrar, tener SALIDA a, salir a, tener VISTAS a. ⊙ *Afluir una *calle a otra que se expresa. **11** tr. Presentar o rendir ↘cuentas. **12** MAR. *Sujetar una cosa con un ↘cabo:* 'Dar una escota de fortuna al foque'. ⇒ Echar. ⊙ MAR. *Fondear el ↘ancla.* ⊙ MAR. *Maniobrar las ↘velas para empezar a navegar.* **13** prnl. *Resultar fácil para alguien una cosa por tener *habilidad o *aptitud para hacerla o aprenderla: 'No se me da el latín. Se le da bien escribir a máquina'. **14** **Ceder o *someterse.* **15** CAZA. *Pararse a descansar las aves en cierto sitio.*

V. «dar ABASTO, se ACABÓ lo que se daba».

¡AHÍ ME LAS DEN TODAS! Expresión informal con que alguien indica que no le importa o que le importa poco cierta cosa perjudicial, porque afecta a otro o porque ocurre de la manera menos perjudicial o tiene sus compensaciones. ⇒ *Desentenderse. ➤ *Despreocupado, *indiferente.

V. «dar AIRE, darse AIRE, darse buen AIRE, darse un AIRE con, darse AIRES de, dar ALAS, dar ALBERGUE, dar ALCANCE, dar de ALTA, darse de ALTA, dar la ALTERNATIVA, darse [o no darse] por ALUDIDO, AMAGAR y no dar, darse [o no darse] un ARDITE, dar ASCO, dar un ATAQUE, dar ATRIBUCIONES, dar con la BADILA en los nudillos, dar de BAJA, darse de BAJA, dar BARRENO, dar BASTÓN, dar en el BLANCO, dar una BOFETADA, dar BOLA, dar BOMBO, dar las BOQUEADAS, dar un BRAGUETAZO, dar el BRAZO, no dar alguien su BRAZO a torcer, dar BRILLO, dar de BRUCES, dar una BUENA, dar en la CABEZA, darse con la CABEZA contra la pared, darse de CABEZADAS, dar CALABAZAS, dar la CALLADA por respuesta, dar a CAMBIO, dar la CARA, dar la CARA por, dar CARÁCTER, dar una CARDA, dar CARPETAZO, dar CARRETE, dar la CASTAÑA, dar CAZA, dar CELOS, dar CERROJAZO, darse un CHASCO, dar en el CLAVO, dar una en el CLAVO y ciento en la herradura, dar COBIJO, darse COLORETE, dar de COMER, dar COMIENZO a, dar la COMUNIÓN, dar a CONOCER, darse por CONTENTO, dar el CORAZÓN, dar CORDEL, dar COCES contra el aguijón, dar a CRÉDITO, dar CRÉDITO, dar en la CRESTA, dar CUARTEL, dar un CUARTO al pregonero, dar CUENTA, dar CUENTA de, darse CUENTA, dar CUENTAS, dar CUERDA, dar con el CUERPO en, dar CURSO».

¡DALE! (inf.; gralm. con «Y»). Exclamación de *fastidio ante una cosa que resulta *pesada o ante la insistencia u *obstinación de alguien en una cosa: '¡Y dale! ¿Te quieres estar quieto de una vez?'.

DALE QUE TE PEGO [DALE QUE DALE O, menos frec., DALE QUE LE DAS O DALE QUE DARÁS] (inf.). Frases con que se expresa la insistencia *perseverante o *pesada en una cosa o la *repetición de ella: 'Estoy dale que dale a este problema y no consigo resolverlo. La vecina se pasa la mañana dale que te pego al piano'.

DAR A. **1** *Mover o hacer funcionar la cosa que se expresa: 'Dar a la manivela [a la comba, a la radio]'. **2** Con un verbo en infinitivo, darle a alguien una cosa para que haga en ella lo que dice ese verbo: 'Dar a bordar una mantelería. Dar a guardar una cantidad de dinero'. ⇒ *Encargar.

DAR ALGO. **1** Ir a DAR algo. **2** Dar un bebedizo. ⇒ *Hechicería.

DAR ALGO BUENO POR. DAR algo por.

DAR CINCO DE CORTO [O LARGO]. En el juego de bolos, pasar de la raya hasta donde puede llegar la bola.

DAR ALGO POR (en potencial o en pretérito imperfecto). Estar dispuesto, por el gran *deseo que se tiene de cierta cosa, a dar por conseguirla algo importante: 'Yo daría [o daba] algo por verle ahora. Seguramente que daría algo por oír lo que estamos diciendo'. ≃ DAR algo bueno.

DAR CON cierta cosa. *Encontrarla: 'No doy con la palabra adecuada'. ⊙ *Acertar: 'No darás con la solución'.

DAR CON cierta cosa EN el sitio que se expresa; generalmente, EN TIERRA O EN EL SUELO. Dejarla *caer: 'Dieron con el piano en tierra'.

DAR alguien CONSIGO EN el sitio que se expresa Ir a parar a él: 'Al final dio consigo en la cárcel. Después de muchas vueltas, di conmigo en el mismo sitio de donde había salido'. ≃ Dar con su CUERPO [sus HUESOS, su PERSONA] en. ⇒ Dar en. ➤ Llegar.

DAR DE. **1** Con un nombre de *golpes, darlos repetidamente: 'Dar de bofetadas [de palos, de puñaladas]'. También reflex., muchas veces en sentido figurado: 'Me daría de bofetadas'. **2** Con el nombre de una parte del cuerpo o de otra cosa, pegar con ella al caer o tropezar: 'Dar de narices [de cabeza, de canto, de plano]'. **3** Con «comer» o verbo semejante, darle a alguien con qué hacerlo: 'Dar de comer [de merendar, de beber, de mamar]'. **4** Con el nombre de ciertas cosas, *aplicarlas: 'Dar de betún'.

DAR DE LLENO una cosa [o con una cosa] en un sitio. *Chocar o pegar en ese sitio cogiéndolo por entero o cogiéndolo con la totalidad de la cosa que choca o golpea: 'La luz le daba de lleno en la cara'.

DAR una cosa DE SÍ. **1** *Estirarse materialmente: 'La cinturilla ha dado de sí'. **2** Con «mucho», «poco» o adverbios semejantes, *rendir o *producir mucho o poco.

DAR EN. **1** *Percatarse de una cosa o llegar a darse cuenta de ella: 'Ya he dado en la solución. No puedo dar en quién es'. **2** Con un verbo en infinitivo, como «decir, creer» o «pensar», *obstinarse en lo que esos verbos expresan de una manera injustificada o aprensivamente: 'La gente ha dado en decir que esa película es mala. Ha dado en creer que todos le engañan'. ⇒ Dar por. **3** Caerse al suelo, a tierra, etc. ⇒ DAR consigo en.

DAR GRACIOSAMENTE. Dar como merced. ≃ *Conceder, otorgar.

DAR IGUAL una cosa U [O QUE] otra. Ser *indiferente. ≃ DAR lo mismo.

DAR MASCADA una cosa a una persona (inf.). Dársela perfectamente explicada, de modo que ella no tiene que poner nada de su parte para entenderla o ejecutarla. ≃ Dar digerido. ⇒ *Fácil.

DAR LO MISMO una cosa QUE OTRA. DAR igual.

DAR NO SÉ QUÉ una cosa. Sentirse violento o desazonado por tener que hacerla o soportarla: 'Me da no sé qué verle tan apenado'. ⇒ *Desagradar.

V. «dar igual [o lo mismo] OCHO que ochenta».

DAR una cosa PARA. Ser *suficiente para lo que se expresa: 'Esta tela da para dos camisas'.

DAR POR. 1 (seguido de un adjetivo) *Considerar cierta cosa decididamente como ese adjetivo expresa: 'Dar por útil [por válido, por imposible]'. 2 (inf.; seguido de un infinitivo) Coger la *costumbre o la *manía de hacer la cosa extravagante que se expresa o hacer algo con exageración: 'Ahora le ha dado por dejarse la barba [o hacer gimnasia]'.

DAR POR AHÍ. Frase informal con que se alude a una actitud maniática o injustificada de alguien: 'Ahora le da por ahí. Le ha dado por ahí'.

DAR POR BUENO. V. «DAR por».

DAR QUE. Seguido de un infinitivo, dar motivo para que la gente haga lo que ese infinitivo («decir, hablar, pensar» o verbos semejantes) expresa: 'Están dando que comentar con esos paseos'.

DARLA (inf.). Burlarse de alguien haciéndole creer o tomar una cosa con engaño. ⇒ *Colar.

DARLE a una cosa. 1 (inf.) *Insistir o trabajar insistentemente en ella o *estudiarla insistentemente. 2 (inf.) Consumir algo considerado perjudicial, como bebidas alcohólicas, drogas, etc.

DARSE A. 1 Seguido de un verbo en infinitivo, hacer el sujeto de «dar» de modo que otros puedan realizar con él lo que expresa el infinitivo: 'Darse a conocer. Darse a comprender. Darse a ver. Darse a entender'. 2 Equivale a «dar en», con el significado de hacer sin razón o con exageración lo que expresa el infinitivo que sigue a esa expresión, en frases como 'Se dio a imaginar los mayores disparates'.

DARSE BARATO alguien. Aceptar o elegir una situación inferior a la que le corresponde por sus méritos, posición, etc. ⇒ *Modesto.

DARSE POR. *Considerarse de la manera que se expresa: 'Se dio por muerto. Ya te puedes dar por despedido'.

DÁRSELAS DE cierta cosa. *Presumir de ella o *simularla: 'Se las da de despreocupado. No te las des de inocente'.

DÁRSELE POCO a alguien de cierta cosa (inf.). *Importarle poco.

V. «dar que DECIR, dar DENTERA, dar DERECHO, dar por DESCONTADO, dar DESTINO, darse al DIABLO [a todos los DIABLOS], dar [o no dar] los buenos DÍAS, dar DIENTE con diente, a DIOS rogando y con el mazo dando, dar a DIOS lo que es de Dios..., DIOS da nueces al que no tiene muelas..., dar DOGAL».

DONDE LAS DAN LAS TOMAN. Expresión con que se comenta el que alguien que se ha portado mal con otro reciba el mismo trato, o se predice que así ocurrirá.

V. «dar EJEMPLO [el, buen ejemplo]».

EL QUE DA BIEN VENDE SI EL QUE RECIBE LO ENTIENDE. Refrán con que se expresa que el dar algo es a veces buen negocio porque se obliga a *corresponder al que lo recibe.

V. «darse [o no darse] por ENTENDIDO, darse [o no darse] por ENTERADO, dar ENTRADA, dar ENVIDIA, dar ESCÁNDALO, dar el ESPALDARAZO, dar las ESPALDAS, dar un ESPECTÁCULO, dar ESQUINAZO, dar ESTADO, dar a la ESTAMPA, dar EXISTENCIA, dar FE, dar FIN a, dar FIN de, dar en la FLOR de, dar FORMA, dar [o no dar] la GANA de, dar el GOLPE, dar demasiados GOLPES, no dar GOLPE, dar GOZO, dar en la GRACIA de, dar las GRACIAS, dar GUERRA, dar GUSTO, dar por el GUSTO, dar que HACER, dar un HERVOR, dar en el HITO, dar de HOCICOS, dar HORA, dar la HORA, dar a la sin HUESO, dar con sus HUESOS en, dar la IDEA de, dar IMPORTANCIA, darse IMPORTANCIA, dar a INTERÉS».

IR A DARLE ALGO a una persona (inf. o hum.). Frase con que se anuncia que a esa persona le va a dar un *ataque por tener que estar aguantando cierta cosa o reprimiéndose por cierta cosa: 'Si no se calla pronto ese hombre, me va a dar algo'.

V. «dar JABÓN, dar JAQUECA, dar JUEGO, dar de LADO, dar LARGAS, dar la LATA, dar LIBERTAD para, dar LUGAR a, dar LUSTRE, dar a LUZ, dar[se] MAL, dar de MANO, dar la MANO, dar la primera MANO, dar de MANOS a boca, dar en MANOS de, darse la MANO, dar MARCHA atrás, dar MATE, dar un MENTÍS, dar un METIDO, dar el MICO, dar el MITIN, dar MOTIVO[s], dar en las NARICES, darse de NARICES, dar en la NARIZ».

ME DA QUE... (inf.). Me parece que: 'Me da que hemos vuelto a confundirnos'.

NO DAR una cosa o una persona PARA MÁS. No ser capaz de producir más o mejor resultado. ⇒ Incapacidad, limitación.

NO DAR UNA. *Equivocarse siempre.

V. «dar su NOMBRE, dar OCASIÓN, dar OÍDOS, dar ÓRDENES, dar ORIGEN, dar [su] PALABRA, darse PALABRA de casamiento, dar un PALMETAZO, no dar PALOTADA, dar su PARECER, dar PARTE, darse a PARTIDO, dar PASAPORTE, dar un PASO, no dar un PASO atrás, dar PASOS, dar PATENTE de, dar el PECHO, dar el PEGO, dar para el PELO, dar PERMISO, dar PIE, dar el PIE, no dar PIE con bola, dar la última PINCELADA, darse PISTO, dar [un] PLANTÓN, dar PODER[ES], darse POTE, dar PRINCIPIO, dar PRISA, dar PROTECCIÓN, dar PUBLICIDAD, dar con la PUERTA en las narices, dar la PUNTILLA, darse un PUNTO en la boca, darse un mal RATO [malos RATOS], dar por SENTADO, darse por SENTIDO, darse un SUSTO».

NO DÁRSELE NADA a alguien de cierta cosa. No *importarle.

PARA DAR Y TOMAR (inf.). En abundancia: 'Había comida para dar y tomar'.

V. «dar que PENSAR».

¡QUÉ MÁS DA! Exclamación con que se quita *importancia a una alteración de lo previsto o esperado. ⇒ Dar IGUAL, dar lo MISMO, ¡TANTO da!

V. «dar QUEHACER, dar QUEJAS, darla con QUESO, dar en el QUID, dar ciento [o quince] y RAYA, dar la RAZÓN, dar RAZÓN de, dar REALCE, dar RELIEVE, dar REMATE, dar un RESBALÓN, dar RESOPLIDOS, dar un REVOLCÓN, dar RIENDA suelta, dar RODEOS, dar por SENTADO, dar que SENTIR, dar SEÑALES, dar SEÑAS, dar sus SEÑAS, dar SEPULTURA, dar el SÍ, dar en el SUELO con, dar SUELTA, dar por SUPUESTO, dar SUERTE, dar un SUSTO».

¡TANTO DA! Expresión con que se muestra indiferencia por cierta cosa o entre dos cosas: 'Tendrás que conformarte con una habitación interior. —¡Tanto da!' ⇒ DAR igual, DAR lo mismo, ¡qué más DA!

TANTO SE ME [o TE, etc.] DA. Expresión equivalente a «me da lo mismo» o «me es *indiferente».

V. «dar el TÉ, dar TÉRMINO, dar TESTIMONIO, dar TIEMPO, dar TIEMPO al tiempo, dar un TIENTO, dar [consigo] en TIERRA, darse TONO, dar el último TOQUE, dar un TOQUE, dar los primeros TOQUES, dar los últimos TOQUES, dar[se] TORMENTO, dar al TRASTE, dar TREGUA[s], más VALE un toma que dos te daré, dar VALIDEZ, quien [o el que] da primero da dos VECES, dar la VENA, darse por VENCIDO, darse a VER, darse un VERDE, dar VERGÜENZA, dar el VIÁTICO, contra el VICIO de pedir [hay] la virtud de no dar, dar la VIDA por, dar VIDA, dar mala VIDA, darse la gran VIDA, dar el VIENTO, dar VISTA a, dar VIVAS».

VIVO TE LO DOY. **Juego de la cerilla.*

V. «dar VOCES al viento, dar un VOTO de confianza, dar un VUELCO el corazón, dar [cien o demasiadas] VUELTAS, dar media VUELTA, dar VUELTAS a [o en] la cabeza, dar VUELTAS la cabeza».

Y DALE. V. «dale».

□ Notas de uso
Este verbo se emplea en multitud de expresiones, muchas de las cuales son casos intermedios entre modismos y acepciones, ya que con palabras de uso tan semejante que sería imposible distinguir en una definición, es aplicable en un caso y no lo es en otro. Por ejemplo, se dice 'dar un aviso', pero no 'dar una advertencia'. Sí, 'dar paso'; no, 'dar tránsito'. Sí, 'dar un grito'; no, 'dar un trino'. Sí, 'dar la enhorabuena'; no, 'dar una felicitación'. Sí, 'dar un escándalo'; no, 'dar un jaleo'. Sí, 'dar la bienvenida'; no, 'dar un saludo'. Sí, 'dar un paseo'; no, 'dar un viaje'. Sí, 'dar un beso'; no, 'dar una caricia'. Sí, 'dar un pellizco'; no, 'dar cosquillas'. Sí, 'dar alegría'; no, 'dar regocijo'. Sí, 'le da rabia'; no, 'le da despecho'. Sí, 'dar un quiebro'; no, 'dar un esguince'. Sí, 'dar vueltas'; no, 'dar oscilaciones'. Sí, 'dar (experimentar) un cambio [o un estirón]'; no, 'dar una alteración [o un alargamiento]'.

□ Catálogo
Otra forma de la raíz, «don-»: 'donación, donador, donante, donatario, donativo'. ➤ Acudir con, *adjudicar, administrar, aflojar, agasajar, *alargar, poner al alcance, alcanzar, apoquinar, aportar, *aprestar, apuntarse, apurrir, *asignar, *ceder, colar, colgar, colmar, concurrir, conferir, contribuir, *costear, cotizar, dadivar, dedicar, poner delante, delejar, delintar, delinterar, deparar, depositar, desembolsar, desentrañarse, *despojarse, desposeerse, *desprenderse, discernir, dispensar, disponer de, distribuir, donar, echar, *endilgar, *entregar, espigar, estirar, facilitar, feriar, gotear, gratificar, hacendar, heredar, impartir, impertir, infundir, largar, legar, mandar, mejorar, meter, ministrar, *obsequiar, *ofrecer, otorgar, hacer partícipe, pasar, posesionar, presentar, prestar, prevenir, privarse de, prodigar, *propinar, *proporcionar, *regalar, rematar, rendir, *servir, sobornar, *soltar, subvencionar, sudar, *suministrar, transferir, *transmitir, traspasar, untar. ➤ Sacar. ➤ Entrega, tradición, traspaso. ➤ Adehala, adiafa, agasajo, aguilando, aguinaldo, agujeta, *alboroque, albricias, alfileres, aliadas, añadidura, atención, ayuda de costa, botijuela, caída, canastilla, chorrada, congiario, contenta, corrobra, cortesía, cuelga, dádiva, don, donación, donadío, donas, donativo, doña, espiga, estrena, expresión, ferias, fineza, garama, gracia, *gratificación, habiz, habús, hallazgo, haya, herencia, hoque, jamona, joya, juanillo, largición, legado, *limosna, manda, mantillas, marzas, maula, merced, mejora, munúsculo, ñapa, óbolo, obsequio, *ofrenda, presente, *propina, pulsera de pedida, recado, recuerdo, refacción, regalaría, *regalo, robla, robra, sangría, saya, servicio, soborno, subsidio, subvención, vendaje, vistas, yapa. ➤ *Gratis, a troche y moche, a tutiplé, a tutiplén. ➤ ¡Ahí va!, ¡apara!, ¡sostén!, ¡ten!, ¡toma! ➤ Beneficiario, destinatario. ➤ *Generoso. ➤ *Pedir, sacar, *sonsacar. ➤ Dedicatoria, nuncupatorio. ➤ Título lucrativo. ➤ Retener. ➤ *Aprovisionar. *Atribuir. *Compensar. *Comunicar. *Conceder *Corresponder. *Costear. *Dejar. *Devolver. *Pagar. *Premiar. *Prestar. *Producir. *Proporcionar. *Renunciar. *Repartir. *Sobornar. *Sortear.

□ Conjug. irreg. Ind. pres.: doy, das, da, damos, dais, dan; pret. indef.: di, diste, dio, dimos, disteis, dieron; subj. pret. imperf.: diera,-ese, dieras,-eses, diera, -ese, diéramos,-ésemos, dierais,-eseis, dieran,-esen.

darapti Lóg. *Voz mnemotécnica que designa el modo posible de *silogismo, perteneciente a la segunda figura, en que las premisas son universales afirmativas, y la conclusión particular afirmativa.*

dardabasí *(Falco naumanni)* m. *Ave rapaz.

dardada (ant.) f. *Golpe o herida de dardo.*

dardanio, -a (del lat. «Dardanĭus») adj. *Dárdano.*

dárdano, -a (del lat. «Dardănus») adj. y, aplicado a personas, también n. **Troyano.*

dardo (del fr. «dard», del sup. germ. «daroth») **1** m. *Arma que se arroja con la mano, semejante a una lanza. ≃ Jabalina, venablo, gorguz, jáculo. ⇒ Flecha. **2** Dicho agudo y agresivo. **3** **Breca (pez).*

dares (de «dar») m. pl. Dares y tomares. **1** (inf.) *Cantidades dadas y recibidas.* ⇒ *Cuenta. **2** (inf.) *Dimes y diretes.* ⇒ *Chisme.

darga (del ár. and. «addárqa»; ant.) f. *Adarga.*

darico m. **Moneda *persa de oro que hizo acuñar Darío.*

darii m. *Uno de los *modos posibles de *silogismo, perteneciente a la primera figura.*

darna (Gal.) f. **Barco de pesca usado en las rías bajas.*

dársena (del sup. ár. and. «addár aṣṣán'a» por «dár aṣṣiná'a», cl. «dār aṣṣinā'ah», casa de la industria) **1** f. Mar. Pequeño *puerto artificial. ≃ Fondeadero. **2** Mar. Lugar acondicionado dentro de un puerto para fondear o para cargar y descargar los barcos. **3** Mar. *Compartimiento en la entrada de un *canal, esclusa o dique seco donde se acoplan los cajones flotantes con que se obstruye la entrada.*

darviniano, -a adj. Biol. Del darvinismo.

darvinismo m. Biol. Teoría del inglés Carlos Darwin, según el cual la evolución de las especies orgánicas se produce en virtud de una selección natural de individuos debida a la lucha por la existencia y perpetuada por la herencia. ≃ Darwinismo. ⇒ Neodarvinismo.

darvinista adj. y n. Biol. Del darvinismo o seguidor de esta teoría.

darwinismo m. Biol. Darvinismo.

dasocracia (del gr. «dásos», bosque, y «-cracia») f. *Parte de la dasonomía que se refiere a las cortas en los bosques y *montes.*

dasonomía (del gr. «dásos», bosque, y «-nomía») f. *Tratado de la conservación, cultivo y explotación de los *bosques.*

dasotomía (del gr. «dásos», bosque, y «-tomía») f. *Parte de la dasonomía que se refiere al régimen de explotación más conveniente para los bosques.*

data[1] (del lat. «data», dada) **1** f. Econ. Sección de una *cuenta por partida doble en que se consignan las partidas entregadas por el titular de la cuenta. ≃ *Haber. **2** (de «data charta», expresión puesta originariamente delante de la fecha de un documento) *Fecha puesta en un documento. **3** (ant.) **Permiso dado por escrito para hacer cierta cosa.* **4** **Agujero o abertura que se hace en los *depósitos de *agua para dar salida a cierta cantidad de ella.* ⇒ Desaguadero.

data[2] (del fr. «datte», dátil, del lat. «dactўlus») V. «ciruela de data».

datación f. Acción de datar.

datar (de «data¹») **1** tr. *Poner la fecha en una ˇcarta o documento. ≃ Fechar. ⇒ Antedatar. **2** («de») intr. Tener una cosa su origen o *principio en determinado tiempo: 'Este castillo data de tiempos de los romanos'. **3** tr. *Anotar en una *cuenta las ˇpartidas correspondientes a la data.*

dataría (de «datario») f. *Tribunal de la curia romana por donde se despachan las provisiones de beneficios no consistoriales y de oficios de la misma curia, las dispensas matrimoniales y otras, y los permisos para enajenar bienes eclesiásticos.* ⇒ *Vaticano.

datario (de «data¹», permiso) m. *Prelado que preside la dataría.*

dátil (del occit. y cat. «dátil») **1** m. Fruto de la palmera datilera. ⇒ Támaras. **2** (inf.; gralm. pl.) Dedo.

DÁTIL DE MAR *(Lithophaga lithophaga)*. *Molusco lamelibranquio cuya concha se asemeja a un dátil por la forma y el color.

datilado, -a adj. *De *color de dátil.*

datilera adj. y n. f. Se aplica a las palmeras que dan dátiles.

datisi m. *Modo posible del *silogismo, de los pertenecientes a la tercera figura.*

datismo (del gr. «datismós») m. LING. *Empleo innecesario e inútil de palabras sinónimas.* ≃ Batología. ⇒ Repetir.

dativo (del lat. «datīvus») m. GRAM. *Caso de las palabras que tienen declinación, que se emplea en el complemento indirecto. En español, las preposiciones propias de dativo son «a» y «para»: 'Te lo digo a ti. Lo trajo para mí'. ⇒ Apénd. II, PRONOMBRE PERSONAL.

dato[1] (del lat. «datum», dado; «Barajar, Manejar, Utilizar») m. *Información de un *detalle o *circunstancia que sirve para ayudar a formar idea de un asunto. ⇒ *Noticia. ⊙ Cada cantidad, magnitud o relación conocida de aquellas con que se opera para obtener la solución de un problema matemático. ⇒ Dado. ⊙ (gralm pl.) INFORM. Información dispuesta en forma adecuada para su tratamiento por ordenador.

V. «BANCO de datos».

dato[2] (del malayo «dátok») m. **Título de gran dignidad en algunos países de Oriente.*

daturina f. QUÍM. **Alcaloide existente en el estramonio, usado en farmacia.*

dauco (del rom. and. «dáwqu», del lat. «daucum» o «daucŏs», del gr. «daûkos» o «daûkon») **1** m. **Biznaga (planta umbelífera).* **2** **Zanahoria silvestre.*

daudá (del araucano «daldal»; Chi.) f. *Contrahierba (planta morácea).*

davalar intr. MAR. *Separarse del rumbo.* ≃ *Devalar.

David (rey de Israel) V. «LÁGRIMAS de David».

davídico, -a adj. *Del rey David.*

daza (del ár. and. «'alása») f. **Sorgo (planta gramínea).*

DDT m. Sigla de «dicloro-difenil-tricloroetano», insecticida.

de[1] f. Letra «d».

de[2] (del lat. «de») **1** prep. Denota posesión o pertenencia. **2** Expresa también otro tipo de relaciones. ⊙ Asunto: 'Hablábamos de eso'. ⊙ Causa: 'De puro bueno. De tan viejo'. ⊙ Contenido: 'Un vaso de leche'. ⊙ Se utiliza para introducir ciertos complementos del verbo «dar»: 'Dar de bofetadas'. ⊙ Se emplea en frases enfáticas: 'Por los siglos de los siglos. El sinvergüenza de los sinvergüenzas'. ⊙ Indica estado: 'De caza. De merienda. De mudanza. De paso'. ⊙ Empleo: 'Hace de secretaria'. ⊙ Se utiliza en expresiones de llamada: '¡Aquí de mis fieles vasallos! ⊙ Indica materia: 'Un reloj de oro'. ⊙ Momento: 'De amanecida. De día. De madrugada. De noche'. ⊙ Oportunidad: 'No es hora de hablar. No es cosa de que pagues tú. Sería cosa de pensarlo'. ⊙ Ponderación: '¡Qué de coches!' ⊙ Puede tener valor partitivo: 'Uno de tantos. Déme de eso'. ⊙ Se usa en expresiones calificativas: 'El granuja de tu hijo. Habitación alta de techo'. ⊙ Se usa también en expresiones de lástima, queja o amenaza: '¡Ay de los vencidos!'. ⊙ Indica procedencia: 'De acá para allá. Vinieron de África'. ⊙ O tiempo desde el cual se hace u ocurre algo: 'De un tiempo a esta parte. Del martes acá'. **3** Precediendo a verbos en infinitivo o nombres de acción, forma expresiones adjetivas de valor semejante a los adjetivos en «-ble»: 'de abono, de recibo, de desear, de temer, de creer'. **4** Se intercala entre el nombre genérico y el propio de las cosas: 'La constelación de Orión. La ciudad de Madrid'. **5** Forma infinidad de modismos que figuran en los correspondientes lugares del diccionario, como «de a FOLIO, de por sí, de mi ALMA, de MEMORIA, de PIE, de PRONTO, de por VIDA, de REPENTE, de VERAS, de buen TALANTE» o «de todo CORAZÓN». **6** Se emplea en la conjugación perifrástica con «haber»: 'He de decírselo'. **7** Puede sustituir a «si» en función de conjunción *hipotética, poniendo el verbo en infinitivo: 'De haberlo sabido, hubiera venido antes. De decidiros a venir, avisadme'. **8** Una particularidad del español es el gran uso que se hace de «de» seguido de un infinitivo o un nombre verbal para expresar relaciones que corrientemente se expresan con «para»: 'Goma de mascar. Máquina de escribir. ¿Qué tenemos hoy de cena?'. **9** Una función gramatical muy importante de «de» es transformar ciertos adverbios en expresiones prepositivas: 'Antes de salir el Sol. El libro que está encima de la mesa. Delante de mi casa'. ⇒ Del. ≻ Des-. ≻ Ablativo, contracción, EXPRESIÓN calificativa, genitivo.

DE A... Seguido de un número cardinal, con la cantidad de elementos en cada puesto o grupo que indica ese número: 'Poneos en fila de a tres'.

DE... EN... Con un nombre de lugar, repetido en vez de los puntos suspensivos, significa «recorriendo distintos lugares de ese nombre, uno tras otro»: 'Me han hecho ir de despacho en despacho'. ⇒ De CECA en meca, de MAL en peor.

DE QUE... V. apénd. II, CONJUNCIÓN (locuciones conjuntivas formadas con «de que»). ⇒ Dequeísmo.

de- 1 Prefijo de origen latino que aporta la idea de dirección de arriba abajo: 'depender'. **2** Separación: 'delimitar'. **3** Procedencia: 'deducir'. **4** Privación: 'decapar'. **5** Otras veces, simplemente, constituye un refuerzo del significado de la palabra a la que se aplica: 'denominar'.

dea (del lat. «dea») f. *Diosa.*

deal (ant.) adj. *De [los] dioses.*

deambular (del lat. «deambulāre») intr. *Andar sin objetivo determinado; no se aplica a distancias muy grandes: 'Deambular por el palacio [o la ciudad]'. ≃ Vagar. ⇒ *Callejear.

deambulatorio 1 adj. *Relativo a la acción de deambular.* **2** m. ARQ. Pasillo circular que, en las *iglesias, rodea el altar mayor por detrás. ≃ Girola.

deán (del fr. ant. «deiien», actual «doyen») **1** m. Dignidad catedralicia inmediatamente inferior a la de obispo. **2** *Graduado más antiguo de cada facultad en la antigua *universidad de Alcalá.* **3** (ant.) *Decurión (jefe de una decuria).*

deanato 1 m. Dignidad del deán. **2** Territorio de su jurisdicción.

deanazgo m. *Deanato.*

debacle (del fr. «débacle») f. *Desastre.

debajero 1 (Ec.) m. **Refajo.* **2** *Pellejo que se les pone a las *caballerías debajo de la *albarda para que ésta no les haga rozaduras.*

debajo (de «de-» y «bajo») **1** adv. Expresa un lugar más *bajo que una cosa que se considera, o la situación de una cosa que está más baja y tocando o próxima a otra determinada, o cubierta por ella: 'Mi abrigo es el de debajo. Dame el libro que está debajo'. **2** Se emplea generalmente formando una expresión prepositiva con «de»: 'Nos sentamos debajo de un árbol. Mi ventana está debajo de la suya'. ⇒ Prefijos, «soto-, su-, sub-, sus-»: 'sotoministro, sumergir, subcutáneo, subyacente, sustraer'. **3** *Antiguamente, se empleaba en sentido figurado, expresando sumi-*

sión: 'Lo tenía debajo de su autoridad'. Hoy se emplea en su lugar «bajo». ⇒ Embajo, so.

V. «debajo de una mala CAPA suele haber un buen bebedor, por debajo de CUERDA, por debajo de MANO, sacar de debajo de TIERRA».

debandar (de «de-» y «bando[1]»; ant.) tr. **Esparcir.*

debate m. Acción de debatir; particularmente, en una *asamblea. ≃ Controversia, *discusión.

debatir (del lat. «debattuĕre»; en 3.ª acep. tomado del fr.) **1** tr. Hablar sosteniendo opiniones distintas sobre cierto ↘asunto: 'Hoy se debatirá en la asamblea el proyecto de reforma'. ≃ *Discutir. **2** *Luchar por una cosa.* ≃ Combatir. **3** («en, entre») prnl. Luchar interiormente: 'Se debate en la duda. Se debate entre la vida y la muerte'.

debe (de «deber») m. ECON. En una *cuenta por partida doble, sección en que se anotan las partidas recibidas por el titular de la cuenta. ≃ Cargo, pasivo.

debelación (culto) f. *Acción de debelar.*

debelador, -a (culto) adj. y n. *Que debela.*

debelar (del lat. «debellāre»; culto) tr. **Vencer y sojuzgar al ↘enemigo.*

deber[1] (del lat. «debēre») **1** tr. Con un verbo en infinitivo, tener *obligación de hacer lo que ese verbo expresa. Corrientemente, expresa obligación moral: 'Debe venir, aunque le moleste hacerlo. Los ciudadanos deben obedecer las leyes'. ⊙ («a») prnl. Tener alguien la cosa que se expresa como misión u *obligación que tiene que anteponer a sus gustos o inclinaciones: 'Se debe a sus hijos'. **2** tr. Con un nombre, estar obligado a dar o hacer la ↘cosa expresada por ese nombre, bien por haber recibido antes un equivalente de la persona a quien se debe, bien como pago de un servicio, bien por cortesía, etc. El complemento puede ser también la cosa por la cual se contrae una obligación. 'Me debes cinco mil pesetas. Le debo carta [o visita]. Le debes una explicación. Le debo unas copias que me hizo a máquina'. ⇒ Deuda. **3** prnl. Obedecer a la cosa que se expresa: 'Eso se debe al estado de la atmósfera'. ≃ Ser debido. **4** aux. Con la preposición «de» y un verbo en infinitivo, haber *indicios o tener indicios el que habla de que ocurre lo que ese verbo expresa: 'El tren debe de llegar alrededor de las diez. No debe de haber nadie en casa, porque no hay ninguna luz encendida'.

DEJAR [o QUEDAR] A DEBER una cosa. No pagarla [o quedar pagada] en el momento de recibirla. ⇒ *Deuda.

LO QUE TE DEBES A TI MISMO [o SE DEBE A SÍ MISMO, etc.]. Expresión frecuente con que se alude a aquello a que una persona está obligada por su *dignidad. ⇒ SENTIDO [o SENTIMIENTO] del deber, como debe SER.

NO DEBER NADA una cosa A otra (inf.). No serle inferior en nada.

□ NOTAS DE USO

Es un verbo modal, o sea, de los que se emplean como auxiliares de un infinitivo en formas perifrásticas; de estos verbos pueden usarse con el mismo valor el pretérito imperfecto de subjuntivo y el potencial: 'Deberías [o debieras] ir'.

Es incorrecto, aunque no raro, emplear con el significado de obligación «deber de», diciendo, por ejemplo, 'debes de hacerlo'.

deber[2] (de «deber[1]») **1** («Ser deber de, Cumplir con su, Faltar a su, Pendiente de su») m. *Obligación moral que afecta a cada hombre de obrar según los principios de la moral, la justicia o su propia conciencia: 'La llamada del deber. Un hombre esclavo del deber'. ⊙ Con expresiones como «cumplir [con] el deber de, tener el deber de», esa obligación particularizada en un caso concreto, en algo que se debe hacer en virtud de ciertos principios naturales o establecidos. Puede llevar un adjetivo o un complemento con «de»: 'Deber de conciencia. Deber profesional'. Se usa mucho en plural: 'No cumple sus deberes de ciudadano'. ⊙ («Ser») Cosa que hay que hacer por deber: 'Ese es tu deber. Es un deber de conciencia ayudarle'. ⊙ Cosa que alguien tiene el deber de hacer por su cargo, por una misión recibida, etc.: 'Su deber es estar aquí a las ocho. Cumple escrupulosamente sus deberes de ama de casa'. ≃ Obligación. ⇒ Deontología. **2** («Poner, Hacer»; gralm. pl.) Trabajo que los alumnos tienen que realizar en su casa: 'El niño tiene que hacer los deberes del colegio'. ≃ Tareas. ⇒ *Estudiar.

V. «CONCIENCIA del deber».

CUMPLIDOR DE SU DEBER. Enlace frecuente.

debidamente adv. *Bien, según las normas establecidas o como corresponde al caso de que se trata: 'Un documento redactado debidamente. La carta iba debidamente franqueada'. «Como es debido» significa lo mismo que «debidamente», pero es de uso mucho más amplio.

debido, -a Participio adjetivo de «deber[se]». ⊙ Necesario, conveniente u *obligado: 'Con las debidas precauciones. A la temperatura debida. Con el respeto debido'.

COMO ES DEBIDO. Significa, como expresión adverbial, lo mismo que «debidamente»: 'Trata los libros como es debido. Siéntate [o coge el tenedor] como es debido'. ⊙ Se emplea también como expresión adjetival aplicada a personas y a cosas, significando «como debe ser»: 'Un padre como es debido no haría eso. Se le hizo una recepción como es debido'. ⇒ *Bien, convenientemente, correctamente, como *CORRESPONDE, como DIOS manda, en debida FORMA, reglamentariamente. ➤ *Adecuado, *bueno, *completo, conveniente, *correcto, *cortés, *cumplidor, *digno, educado, formal, *honrado, *íntegro, de ley, *moral.

DEBIDO A. Expresión usada con valor prepositivo para expresar la *causa de cierta cosa: 'Debido a ese retraso no pude asistir a la reunión'.

V. «en debida FORMA».

débil (del lat. «debĭlis») **1** («Ser, Estar») adj. De [o con] poco vigor, poca fuerza o poca intensidad: 'Es un niño débil. Está convaleciente y débil todavía. A esta hora es más débil la corriente eléctrica. Un débil tallo'. ⊙ Poco perceptible: 'Se nota una débil mejoría. Oí un débil rumor'. ⊙ n., gralm. m. Aplicado a personas y usado como genérico: 'El débil sucumbe en la lucha. Los débiles no pueden resistirlo'. ⊙ Se dice también «los económicamente débiles». **2** adj. y n. Se aplica a la persona que, por falta de *energía o exceso de afecto, cede excesivamente a la voluntad o al capricho de otros: 'Es muy débil con sus hijos'. **3** adj. FON. Se aplica a la sílaba no acentuada. ⊙ FON. También, a los sonidos poco perceptibles y, particularmente, a las vocales «i, u», que, correlativamente, son, también, las más cerradas.

V. «débil de CARÁCTER».

DÉBIL MENTAL. PSI. Se aplica a la persona que padece «debilidad mental». ⊙ Se emplea hiperbólicamente como insulto, con el significado de *bobo, *tonto, *torpe o *majadero.

V. «PUNTO débil».

□ CATÁLOGO

Raíz culta, «asten-»: 'neurastenia'. ➤ *Afeminado, agotado, aguado, alicaído, apagado, arruinado, bichoco, blandengue, blando, caquéctico, caído, canijo, cañinque, sin consistencia, poca COSA, debilucho, deble, decaído, delicado, depauperado, desmadejado, desmalazado, desmarrido, desmayado, desmejorado, desnutrido, encanijado, enclenque, *endeble, endeblucho, enerve, *enfermizo, enteco, escolimado, esmirriado, exánime, *exangüe, excullado, exhausto, exinanido, extenuado, feble, para pocas FIESTAS, flaco, flojo, FLOR de estufa, frágil, fútil, gaita, gastado, hembra, imbele, impotente, inane, inconsistente, indefenso, inseguro, insostenible, invertebrado, lánguido, laso, laxo, de MÍRAME y no me toques, mortecino, ñango, pachucho, para POCO, quebradizo, quebrado, relajado, remiso, sencillo, sute, sutil, tenue, tímido, trabajado, vacilante, valetudinario, zarrioso. ➤ Aleluya, alfeñique, badea, poca COSA, escamocho, escomendrijo, fifiriche, guiñapo, gurrumino, merengue, mesingo, neneque. ➤ Baldragas, bendito, blando, bonachón, bragazas, *calzonazos, débil de [o de poco] CARÁCTER, JUAN lanas, mandinga, mollejón. ➤ *Abatir[se], adelgazarse, afeblecerse, aflojar, amainar, aminorarse, amortiguar[se], amollar, *atenuar[se], bajar, candirse, cascar[se], castrar, comer, consentirse, consumirse, debilitar, *decaer, declinar, depauperar[se], desbravar[se], desbravecer, descriarse, desfallecer, desgastarse, desjarretar, deslavar, deslavazar, desmejorar[se], desnervar, desnutrir[se], despulsar, desvirtuar[se], embotar, enervar, enfermar, enflaquecer, enfriar[se], entibiar[se], esmorecer, extenuar, estar para pocas FIESTAS, no estar para FIESTAS, flaquear, flojear, hebetar, jarretar, languidecer, limar, menguar, minar, perder, [no poder] tenerse en PIE, postrar, quebrantar, relajar, resentirse, resquebrajar[se], socavar, no poder TENERSE, no tener ni media TORTA [u HOSTIA], traspillar[se]. ➤ Adinamia, astenia, atonía, atrepsia, debilidad, debilitación, debilitamiento, delicadez, depauperación, descaecimiento, desfallecimiento, desmadejamiento, enervamiento, exinanición, falsía, febledad, flojedad, fragilidad, hipostenia, humanidad, impotencia, inanición, langor, languidez, languor, lasitud, perlesía, reblandecimiento. ➤ Arremetedero, PUNTO débil, PUNTO flaco, TALÓN de Aquiles. ➤ Siempre se rompe [o quiebra] la CUERDA [o SOGA] por lo más delgado. ➤ Enérgico, fuerte. ➤ *Abatir. *Caduco. *Cansado. *Ceder. *Demacrado. *Enfermedad. *Flaco. *Inseguro. *Raquítico.

debilidad **1** f. Cualidad de débil. ⊙ Estado de débil. ⊙ (inf.) Específicamente, por no haber comido. **2** Falta de energía moral. **3** («Ser, Tener») Aspecto o detalle en la personalidad de alguien en que se muestra débil. ⊙ *Defecto perdonable: 'Su única debilidad es que gasta más de lo que tiene'. ≃ Flaqueza. ⊙ *Afición excesiva a algo: 'Su debilidad es el fútbol'. ⊙ *Preferencia afectiva o *cariño exagerado por alguien: 'Tiene debilidad por su sobrino mayor'.

DEBILIDAD MENTAL. PSI. Nivel intelectual significativamente por debajo del normal. Antiguamente los especialistas establecían los siguientes tipos: «idiotas» (edad mental de menos de dos años); «imbéciles» (entre dos y siete años); «tontos» (entre siete y doce). Actualmente se suelen diferenciar cuatro niveles de gravedad: leve, moderado, severo y profundo. ≃ DEFICIENCIA mental, oligofrenia, RETRASO mental.

debilitación f. FON. *Debilitamiento.*

debilitamiento m. Acción de debilitar[se]. ⊙ FON. *Conversión de un sonido en otro que supone menos esfuerzo; como en la sonorización.* ⇒ Apénd. II, DERIVACIÓN. ➤ *Fonética.

debilitante adj. Se aplica a lo que debilita.

debilitar (del lat. «debilitāre») **1** tr. y prnl. Hacer[se] una ↘cosa débil o más débil: 'El continuo roce había debilitado la cuerda. La enfermedad le ha debilitado mucho'. ⇒ Débil. **2** FON. *Relajar[se] un ↘sonido.*

débilmente adv. Con poca fuerza, energía o intensidad: 'La luz de una vela alumbraba débilmente la escena'. ⊙ También en sentido figurado: 'Protestó débilmente'.

debilucho, -a adj. Desp. de «débil». ⊙ Enclenque.

debitar tr. ECON. Apuntar algo en el debe de una cuenta.

débito (del lat. «debĭtum») m. Dinero que se debe. ≃ Deuda.

DÉBITO CONYUGAL (form. o hum.). Recíproca obligación de los cónyuges de amarse y procrear.

debla f. *Cante popular andaluz con coplas de cuatro versos, de tono melancólico.*

deble (del lat. «debĭlis», débil; ant.) adj. *Endeble.*

debó m. *Utensilio usado por los curtidores.*

debocar (Hispam.) tr. *Vomitar.*

debrocar (del sup. lat. «devolvicāre», de «devolvĕre», volver) **1** (León, Sal.) tr. *Inclinar una ↘vasija para *verter su contenido o beber de ella.* **2** (ant.) intr. *Enfermar.*

debut (fr.; pl. «debuts».) m. Primera actuación de un artista o una compañía en público o ante cierto público, o primera actuación en la temporada *teatral. ⊙ Se aplica por extensión a la primera actuación en una actividad cualquiera: 'Su debut como conferenciante'. ⇒ Debutar, *principiar.

debutante (en 2.ª acep. tomado del ingl.) **1** adj. y n. Que debuta. **2** f. Muchacha de clase acomodada que es presentada en sociedad.

debutar (del fr. «débuter») intr. Realizar alguien su primera actuación en cualquier cosa.

deca- o **decá-** Elemento prefijo del gr. «déka», que significa «diez».

□ NOTAS DE USO

Por razones de etimología, fundadas en que la primera vocal del nombre a que se adjunta fuese en latín breve o larga, se considera como forma correcta de este prefijo en unos casos la acentuada y en otros la no acentuada: 'decágono, decagramo, decalitro, decálogo, decámetro'. Como en las palabras a que el prefijo se adjunta no queda en español ningún rastro que pueda guiar el instinto lingüístico del hablante en esa diferenciación, el resultado es el desconcierto; de modo que, si bien las de significado no métrico se pronuncian sin vacilación esdrújulas, las que representan unidades métricas se pronuncian y se escriben tanto esdrújulas como graves, aunque, por influencia de aquellas otras, se tiende predominantemente a la pronunciación esdrújula de todas ellas.

década (del lat. «decas, -ădis», del gr. «dekás») **1** f. Espacio de tiempo de diez *años. **2** *Espacio de tiempo de diez *días.* **3** MIL. *Conjunto de diez hombres en el ejército *griego.* **4** *Se aplica en lenguaje culto a un conjunto de *diez cosas.* ⊙ *Se ha aplicado a cada división de un libro de historia formada por diez libros o diez capítulos.* ⊙ (pl.) *Libro distribuido en décadas:* 'Décadas de Tito Livio'. ⊙ *Conjunto de diez personajes históricos:* 'La década de Césares'.

decadencia f. Acción de decaer. ⊙ Periodo en que ocurre. Se aplica mucho a momentos de la historia general o de las *artes. ⊙ Estado de decaído.

decadente adj. Se dice de lo que está decayendo. ⊙ O de lo que pertenece a una época de decadencia, particularmente en arte o literatura: 'El arte gótico decadente'. ⊙ adj y n. LITER. Del decadentismo literario.

decadentismo m. Manera artística decadente. ⊙ LITER. Movimiento literario europeo de fines del siglo XIX marcado por el inconformismo, el gusto por los ambientes en crisis y el refinamiento en el estilo. ⊙ Periodo de decadencia.

decadentista adj. Perteneciente a un periodo de decadencia. ⊙ adj. y n. LITER. Del decadentismo literario. ≃ Decadente.

decaedro (de «deca-» y «-edro») m. GEOM. Cuerpo de diez caras.

decaer (del sup. lat. «decadĕre», por «decidĕre», caer) **1** («de, en») intr. Perder fuerza o intensidad una cosa o una cualidad: 'La fiebre ha empezado a decaer. Su ánimo no decae a pesar de tantas penalidades. Su inteligencia no decayó ni en la vejez'. ≃ Debilitarse, declinar. ⊙ *Perder una persona ánimo, fuerzas, energía, importancia u otras cualidades estimables: 'Ha decaído mucho: no es ya el hombre brillante que era'. **2** MAR. *Separarse el *barco de su rumbo por el viento, la corriente o la marejada.*

□ CATÁLOGO

Bajar de categoría o importancia, caer, ir de CAPA caída, descaecer, descaer, descender, desmayar, desmedrar, desmejorarse, desmerecer, desmoronarse, flaquear, flojear, marchar a su OCASO, periclitar. ➤ Acabamiento, bajada, caída, crepúsculo, decadencia, declive, decrepitud, ocaso, paracmé, ruina, ruinera. ➤ Alicaído, bichoco, caduco, caído, decadente, decaído, decrépito, delicuescente, *deslucido, marchito, murrio, mustio, pachucho, peor, pocho. ➤ *Abatirse. *Débil. *Degenerar. *Disminuir. *Empeorar. *Estropearse. *Moderarse. *Mustio. *Peor.

□ NOTAS DE USO

Generalmente, se expresa con «en» la cualidad en que se advierte la decadencia: 'Ha decaído en belleza'. También puede expresarse con «de» la situación anterior: 'Decayó de su poderío'.

□ CONJUG. como «caer».

decágono (del lat. «decagōnus», del gr. «dekágōnos») m. GEOM. *Polígono de diez lados.

decagramo (de «deca-» y «gramo») m. Unidad equivalente a diez gramos. Abrev.: «Dg» o «Dgr».

decaíble (de «decaer»; ant.) adj. *Caduco o perecedero.*

decaído, -a (de «decaer») Participio de «decaer». ⊙ adj. Debilitado físicamente, o sin ánimos. ≃ Abatido.

decaimiento m. Estado de decaído.

decalcificación f. MED. Acción y efecto de decalcificar[se].

decalcificar (de «de-» y «calcificar») tr. MED. Hacer perder calcio. ≃ Descalcificar. ⊙ prnl. MED. Perder calcio.

decalitro (de «deca-» y «litro») m. Medida de *capacidad equivalente a diez litros. Abrev.: «Dl».

decálogo (del lat. «decalŏgus», del gr. «dekálogos») **1** m. Conjunto de los diez mandamientos dictados por Dios a Moisés en el monte Sinaí. ≃ LEY de Dios, LEY escrita, LEY de Moisés. ⇒ TABLAS de la ley. **2** Conjunto de diez normas o principios fundamentales relativos a cualquier actividad.

decalvar (del lat. «decalvāre») tr. *Rasurar a ↘alguien el pelo de la *cabeza como *castigo infamante, cosa que se hacía entre los *visigodos.*

decamerón m. **Historia de lo ocurrido en diez días.*

decámetro (de «decá-» y «metro») m. Medida de *longitud de diez metros. Abrev.: «Dm».

decampar (de «de-» y «campo») intr. MIL. *Levantar el *campamento un ejército.*

decanato m. Cargo de decano. ⊙ Despacho del decano. ⊙ Periodo de tiempo durante el que un decano ejerce su cargo.

decania (del lat. «decanĭa») f. *Finca o iglesia rural propiedad de un monasterio.* ≃ Degaña. ⇒ *Convento.

decano, -a (del lat. «decānus», jefe de diez monjes en un monasterio) **1** n. *Director de algunas corporaciones, generalmente el miembro más antiguo de ellas. ⊙ Particularmente, director de cada facultad universitaria. **2** (n. calif.) adj. y n. Miembro más *antiguo o al más *viejo de una comunidad.

decantación f. Acción de decantar[se] (verter, etc.).

decantado, -a Participio adjetivo de «decantar (alabar)». Se usa en general irónicamente, significando que la alabanza ha resultado o se considera injustificada o exagerada: 'Su decantada sabiduría'. ≃ *Alabado, ponderado.

decantador m. *Vasija de *laboratorio empleada para decantar.

decantar[1] (de «de-» y «canto», esquina, borde) **1** tr. *Verter parte del ↘líquido de una vasija inclinando ésta suavemente para que caiga sólo el de la parte superior y no algún *sedimento o sustancia que está debajo. **2** (ant.) intr. **Desviarse de la línea por la que se marcha.* **3** («hacia, por») prnl. Inclinarse o tomar partido por algo.

decantar[2] (del lat. «decantāre») tr. **Alabar mucho o mucha gente una ↘cosa. Sólo se usa corrientemente el participio pasado.*

decapado m. Acción y efecto de decapar.

decapante adj. Que decapa. ⊙ m. Producto que sirve para decapar.

decapar (de «de-» y «capa») tr. Quitar la capa de óxido, pintura, etc., que cubre cualquier ↘objeto; por ejemplo, aplicando un producto químico.

decapitación f. Acción de decapitar.

decapitar (del lat. «decapitāre») tr. Cortar la cabeza a ↘alguien. ⇒ *Ejecutar.

decápodo (de «decá-» y «-podo») **1** adj. y n. m. ZOOL. Se aplica a los *crustáceos con ojos pedunculados y cinco pares de patas; como los *cangrejos, el *camarón, la gamba, la langosta o el langostino. ⊙ m. pl. ZOOL. Orden que forman. ⇒ Macruro. *Marisco. **2** adj. y n. m. ZOOL. Se aplica a los *cefalópodos que tienen diez tentáculos provistos de ventosas; como el calamar o la jibia. ⊙ m. pl. ZOOL. Orden que forman.

decárea (de «deca-» y «área») f. Medida de *superficie equivalente a diez áreas. Abrev.: «Da».

decasílabo, -a (del lat. «decasyllăbus», del gr. «dekasýllabos») adj. y n. m. MÉTR. Se aplica al verso de diez sílabas.

decatlón (de «deca-», según el modelo de «pentatlón») m. DEP. Competición de atletismo que comprende diez pruebas.

decebimiento (ant.) m. *Engaño.*

decebir (del lat. «decipĕre», deriv. de «capĕre», coger; ant.) *Engañar.*

deceleración (del fr. «décélération») f. Desaceleración.

decelerar tr. Desacelerar.

decemnovenal (del lat. «decemnovennālis») adj. V. «CICLO decemnovenal».

decena (del lat. «decēna», neutro de «decēni», de diez cada uno) **1** (numeral colectivo) f. Conjunto de *diez unidades: 'La centena tiene diez decenas'. ⊙ Conjunto de diez objetos cualesquiera. Como todos los numerales colectivos, se usa más bien con sentido aproximativo: 'Tiene trabajando una decena de obreros'. ⇒ Adecenar. **2** MÚS. *Octava de la tercera.*

decenal (del lat. «decennālis») adj. Se aplica a lo que se repite de decenio en decenio o dura un decenio.

decenar (de «decena») m. *Cuadrilla o patrulla de diez.*

decenario, -a (de «decena») **1** adj. *Relativo al número diez.* **2** m. *Decenio.* **3** *Sarta de diez cuentas y una más gruesa, que se empleaba para *rezar.*

decencia f. Cualidad de decente.

decendencia (ant.) f. *Descendencia.*

decender (ant.) intr. *Descender.*

decendida (ant.) f. *Descendida.*

decendiente (ant.) n. *Descendiente.*

decendimiento (ant.) m. *Descendimiento.*

decenio (del lat. «decennĭum») m. Periodo de *tiempo de diez años.

deceno, -a (del lat. «decēnus») adj. *Décimo.*

decenso (del lat. «descensus»; ant.) m. **Catarro o *reúma.*

decentar (¿de «encentar»?) **1** tr. *Empezar a cortar o *gastar de una ↘cosa; por ejemplo, de un pan o de un jamón.* ≃ Encentar, encetar. **2** *Empezar a *destruir la integridad de cierta ↘cosa; por ejemplo, la salud.* ⊙ prnl. *Ulcerarse una parte del cuerpo, por ejemplo por estar mucho tiempo seguido en la cama.*

decente (del lat «decens, -entis») **1** adj. Aplicado a las personas y a sus acciones y sus cosas, *honrado o *digno: incapaz de acciones delictivas o inmorales. ⊙ Comporta frecuentemente (pero no en la expresión «persona decente») la idea de modestia de posición social: 'Es una muchacha decente que se gana la vida con su trabajo'. **2** *Honesto, o *moral desde el punto de vista sexual: 'Ese escote no es decente. Un espectáculo decente'. ⊙ Aplicado generalmente a mujeres, irreprochable desde el punto de vista de la moral sexual. ≃ Honrada. **3** Aplicado a cosas, sin pobreza o miseria, pero sin lujo: 'Lleva un traje decente. Vive en una casa decente'. ≃ Decoroso. ⊙ Aplicado a «jornal, sueldo», etc., no demasiado pequeño; tal que permite vivir decentemente. ⇒ *Digno. **4** *Limpio y ordenado: 'Voy a poner decente este cuarto'. ≃ Aseado.

decentemente adv. Con decencia: 'Se comportó decentemente. Su sueldo le da para vivir decentemente'.

decenviro (del lat. «decemvir, -ĭri») m. *Magistrado de los que formaban parte en *Roma de ciertos cuerpos constituidos por diez; por ejemplo, el que tuvo a su cargo redactar la ley de las Doce Tablas.

decepar (ant.) tr. *Descepar.*

decepción (del lat. «deceptĭo, -ōnis») **1** f. *Engaño.* **2** («Causar, Producir [una], Recibir, Sufrir, Tener, Ser, Resultar una») Impresión causada por algo que no resulta tan bien o tan importante como se esperaba: 'Tuve una decepción cuando la vi a ella después de haber visto su retrato'. ≃ Chasco, desencanto, *desengaño, desilusión. ⊙ Cosa que causa esa impresión: 'El partido del domingo fue una decepción'. ⇒ *Chasco, *desengaño, desilusión.

decepcionado, -a Participio adjetivo de «decepcionar[se]».

decepcionante adj. Se aplica a lo que causa decepción.

decepcionar tr. Causar a ↘alguien una decepción. ≃ Defraudar. ⊙ prnl. Sentir decepción.

deceptorio, -a (del lat. «deceptorĭus»; ant.) adj. *Engañoso.*

decernir (del lat. «decernĕre»; ant.) tr. *Discernir.*

decerrumbar (ant.) tr. **Despeñar.* ≃ Derrumbar.

decesión (del lat. «decessĭo, -ōnis»; ant.) f. *Precedencia en el tiempo.*

deceso (del lat. «decessus»; form., corriente en Hispam.) m. *Muerte.

decesor, -a (del lat. «decessor, -ōris»; ant.) n. *Predecesor.* ⇒ *Preceder.

dechado (del lat. «dictātum», texto dictado por el maestro) **1** m. Muestra que se copia para aprender a hacer lo que hay en ella; por ejemplo, un dibujo o una labor. ≃ *Modelo. **2** Pañito que hacían las colegialas con muestras de distintos puntos y formas de *costura o de bordado, para aprender a hacerlos. Los que se conservan son hoy muy estimados como *pañitos de adorno. ≃ Muestrario. ⇒ *Bordar. **3** («de») Ejemplar de una especie que posee en el más alto grado o de la manera más completa las cualidades propias de ella. ≃ Arquetipo, ejemplo, *modelo. ⊙ Ser que posee en el más alto grado cierta cualidad. Es usual emplearlo con ironía: 'Ese edificio es un dechado de armonía'.

DECHADO DE PERFECCIONES. Enlace frecuente usado generalmente en tono jocoso: 'Según su mamá, esa niña es un dechado de perfecciones'.

deci- o **decí-** Elemento prefijo que significa la décima parte: 'decigramo, decímetro'. Le son aplicables las observaciones hechas en «deca-» o «decá-».

deciárea (de «deci-» y «área») f. Medida de *superficie de la décima parte del área. Abrev.: «da».

decibel m. Fís. Decibelio en la nomenclatura internacional.

decibelímetro m. Fís. Aparato para medir los decibelios.

decibelio (de «deci-» y «belio») m. Fís. Unidad práctica de medida de *sonido, décima parte del «belio», que es la mínima diferencia susceptible de ser apreciada entre dos sonidos.

decible (del lat. «dicibĭlis») adj. Susceptible de ser dicho o expresado. Se usa poco y generalmente en frases negativas, en vez de emplear «indecible» (pero esta palabra es mucho más frecuente): 'No es decible lo que me alegré'.

decididamente **1** adv. Sin vacilar: 'Entró decididamente en el salón'. ≃ Con decisión. **2** De manera decidida: 'Decididamente nos vamos el lunes'. ≃ Definitivamente, resueltamente.

decidido, -a **1** («Estar») Participio adjetivo de «decidir»: 'La cuestión está decidida. Él está decidido a marcharse'. **2** («Ser») Aplicado a personas, se dice del que no se asusta o se detiene ante las dificultades o peligros cuando se trata de hacer una cosa: 'Es un hombre decidido'. ≃ Animoso, determinado, resuelto, *valiente. ⊙ Aplicado a actitudes, movimientos, etc., con seguridad; sin mostrar vacilación o duda: 'Lo dijo con tono decidido. Entró con paso decidido'. ≃ Resuelto.

decidir (del lat. «decidĕre», cortar, resolver) **1** («de, en, sobre») tr. o intr. *Acordar una persona o entre varias cierta ↘conducta: 'Ha decidido marcharse. Han decidido suspender las obras. Allí estaba el que había de decidir de nuestras vidas. El gobierno no ha decidido todavía en esa cuestión. Era difícil decidir en favor de una de ellas. Tenemos que decidir sobre cuál nos conviene'. ⊙ («a, en, por») prnl. Decidir algo cuando ha habido una vacilación anterior o un examen previo de la cuestión; puede emplearse sin complemento: 'Si te decides, dímelo. Por fin se ha decidido a operarse. Nos hemos decidido en [o a] favor de la vuelta por avión'. ≃ Determinarse, resolverse. ⊙ tr. *Sentenciar o decir ↘lo que hay que hacer en un caso de duda o controversia: 'El juez decidirá quién tiene razón'. ⊙ Hacer tomar un camino u otro a un ↘asunto: 'Tu voto puede decidir la votación'. ⊙ Hacer que se realice, por fin, una ↘cosa demorada por vacilación u otra causa: 'Las nuevas armas decidieron el fin de la guerra'. **2** (acep. causativa) Hacer que ↘alguien se decida a hacer cierta cosa: 'Las circunstancias de su familia la decidieron a casarse'.

□ CATÁLOGO
Echarse al AGUA, animarse, arremangarse, arrestarse, *atreverse, no pararse en BARRAS, meterse de CABEZA, echar por la CALLE de enmedio, CORTAR por lo sano, tomar una DECISIÓN, tomar una DETERMINACIÓN, *disponerse, lanzarse, liarse la MANTA a la cabeza, quemar las NAVES, estar la PELOTA en el tejado de alguien, no PENSARLO [o pensárselo] dos veces, sacudir la PEREZA, *resolver[se], ROMPER por todo, pasar el RUBICÓN, jugarse el TODO por el todo. ➤ *Acordar, concluir, llegar a [o sacar] la CONCLUSIÓN, sacar en LIMPIO. ➤ Coger [o tomar] PARTIDO. ➤ Cortar, dar por, decantarse, decir, declarar, decretar, despachar, *determinar, *disponer, ser el DUEÑO de la situación, establecer, estatuir, *fallar, fijar, *inclinar[se], *juzgar, librar, mandar, decir la última PALABRA, pronunciar, proveer, tomar una PROVIDENCIA, providenciar, tomar una RESOLUCIÓN, sentar, *sentenciar, trinchar, venir en, VENIR a parar. ➤ Armarse de VALOR. ➤ Dar la [o una] VENTOLERA. ➤ Echar a cara o CRUZ, sortear, echar a SUERTES. ➤ Tener la SARTÉN por el mango. ➤ Arbitraje, conclusión, decisión, determinación, dictamen, fallo, fetua, laudo, libramiento, medida, pronunciamiento, proveído, providencia, REMEDIO heroico, resolución, *sentencia, *solución. ➤ Fleco. ➤ Considerando, resultando. ➤ Adoptar, tomar. ➤ Ultimátum. ➤ Acometividad, *afán, agresividad, aire, aliento, alma, *ánimo, ardimiento, ardor, arranque, arrestos, atrevimiento, audacia, autodeterminación, *brío, coraje, decisión, empuje, *entusiasmo, espíritu, fibra, fogosidad, fuego, fuerza, furia, furor, gana, buena GANA, ímpetu, impulsividad, impulso, iniciativa, moral, nervio, ñeque, redaños, remango, sobrevienta, *valor, vehemencia, virilidad, vitalidad. ➤ Arranque, ventolera. ➤ Acérrimo, *animoso, de ARMAS tomar, atrevido, decidido, dispuesto, ECHADO para adelante, emprendedor, enérgico, expeditivo, GENTE del bronce, impulsivo, lanzado, pronto, resuelto, sacudido, vivo. ➤ De CABEZA, ni CORTO ni perezoso, decididamente, sin encomendarse a DIOS ni al diablo, furiosamente, ¡nada: no hay más que HABLAR!, impetuosamente, sin PARARSE a pensar, sin pestañear, resueltamente, a ultranza, sin vacilar. ➤ No volver la CARA atrás, no PONERSE nada por delante. ➤ Apodíctico, *categórico, concluyente, contundente, decisivo, decisorio, *definitivo, *indiscutible, irrevocable, perentorio, resolutorio, terminante. ➤ *Crítico, crucial, culminante, decisivo, neurálgico, *supremo. ➤ La HORA de la verdad. ➤ ¡A...! ¡Ea! ➤ A COSTA de lo que sea, a toda COSTA, CUESTE lo que cueste, de frente, finalmente, de cualquier MANERA, PASE lo que pase, que PASE lo que quiera, PESE a quien pese, a cualquier PRECIO, como SEA, SEA como sea, que SEA lo que quiera, a todo TRANCE, arda TROYA, VENGA lo que viniere. ➤ Alea jacta est, cuanto ANTES mejor, herrar o quitar el BANCO, ¡DENTRO o fuera!, al VADO o a la puente. ➤ Para LUEGO es tarde. ➤ DIOS dirá, que sea lo que DIOS quiera, a MUERTE o vida [o a VIDA o muerte]. ➤ Si... COMO..., o SOMOS o no somos, a la TERCERA va la vencida. ➤ Estar la PELOTA en el tejado. ➤ Indeciso. ➤ *Acordar. *Causa. *Convencer. *Elegir. *Inducir. *Pensar. *Querer.

decidor, -a (de «decir») adj. y n. Se dice del que habla con soltura y con gracia. ≃ Chistoso, *gracioso, *ocurrente. ⊙ *Alegre o *bromista.

deciduo, -a (del lat. «decidŭus») **1** adj. BIOL. *Caduco; por ejemplo, los *dientes de la primera dentición.* **2** f. ANAT. *Placenta y membranas que envuelven el *feto.* ≃ Secundinas.

deciente[1] (del lat. «decĭdens, -entis», part. pres. de «decidĕre», caer) adj. y n. *Aplicado al que cae muerto.* ⇒ *Morir.

deciente[2] (ant.) adj. *Diciente.*

decigramo (de «deci-» y «gramo») m. Décima parte del gramo. Es poco usado; por debajo del gramo suele contarse por miligramos. Abrev: «dg» o «dgr». ⇒ Deca-.

decilitro (de «deci-» y «litro») m. *Capacidad de la décima parte de un litro. Es muy poco usado; por debajo del litro, el medio litro y el cuarto de litro suele contarse por centímetros cúbicos. Abrev.: «dl».

décima (del lat. «decĭma») **1** f. Cada una de las diez partes iguales en que se divide algo. ≃ Décima parte. **2** Décima de grado en la medida de la *temperatura. **3** Décima de segundo. **4** **Moneda de cobre antigua, equivalente a la décima parte del real de vellón.* **5** **Diezmo.* **6** LITER. Combinación *poética de diez versos octosílabos, de los cuales riman generalmente el primero con el cuarto y el quinto; el segundo con el tercero; el sexto con el séptimo y el décimo; y el octavo con el noveno, admitiendo punto final o dos puntos detrás del cuarto verso, pero no detrás del quinto. ≃ Espinela.

TENER DÉCIMAS. Tener alguien algunas décimas de temperatura por encima de la normal.

decimal (de «décimo») **1** adj. Se aplica al *sistema de numeración y al de pesas y medidas en que las distintas unidades constan de diez de las de grado inferior. **2** Se aplica al número que tiene parte entera y parte decimal. ⊙ También, a la parte que está a la derecha de la coma de estos números. ⊙ m. Cada una de las cifras de esta parte: 'En la división sacó dos decimales'. **3** adj. *De los *diezmos (tributos).*

V. «NÚMERO decimal».

decimanovena (de «décimo» y «noveno») f. MÚS. *Uno de los registros del *órgano.*

decimar (del lat. «decimāre»; ant.) tr. *Diezmar.*

decímetro (de «décimo» y «metro») m. Medida de *longitud de la décima parte de un metro. Abrev.: «dm».

décimo, -a (del lat. «decĭmus») **1** adj. y n. Numeral ordinal y partitivo correspondiente a «*diez»: 'Está en décimo lugar. El décimo de la lista. La décima parte. Un décimo de tonelada'. **2** m. Cada una de las partes en que se divide un billete de la *lotería nacional: 'Tengo un décimo para la lotería de Navidad'.

decimoctavo, -a **1** adj. Numeral ordinal y partitivo correspondiente a «dieciocho». **2** m. AGRÁF. *Tamaño del *papel o de los *libros que resulta de hacer dieciocho partes (treinta y seis páginas) del pliego.*

decimocuarto, -a adj. Numeral ordinal y partitivo correspondiente a «catorce».

decimonónico, -a (de «decimonono») **1** adj. Del siglo XIX. **2** Anticuado, pasado de moda.

decimonono, -a adj. Decimonoveno.

decimonoveno, -a adj. Numeral ordinal y partitivo correspondiente a «diecinueve».

decimoquinto, -a adj. Numeral ordinal y partitivo correspondiente a «quince».

decimoséptimo, -a adj. Numeral ordinal y partitivo correspondiente a «diecisiete».

decimosexto, -a adj. Numeral ordinal y partitivo correspondiente a «dieciséis».

decimotercero, -a adj. Numeral ordinal y partitivo correspondiente a «trece». ≃ Decimotercio, treceno, tredécimo.

decimotercio, -a (de «décimo» y «tercio») adj. *Decimotercero.*

deciocheno m. *Dieciocheno (*moneda).*

decir[1] (del lat. «dicĕre») **1** tr. *Hablar expresando cierta ↘cosa: 'Dice que le esperemos. Te he dicho que te vayas. No digas tonterías'. ⊙ Con «de», expresar un juicio sobre alguien o algo: 'Dicen de ella que es una coqueta'. ⊙ En algunas frases se emplea como intransitivo, equivaliendo a «*hablar»: 'Dicen y no acaban. No me digas. Por más que digas'. ⊙ Se usa mucho en frases de sentido impersonal con «se»: '¡Se dicen tantas cosas!'.También reflex.: 'Le oí cómo se expresaba y me dije «este es el hombre que necesitamos»'. ⊙ En el lenguaje popular se emplea en la forma redundante «decirse para sí»: 'Yo me dije para mí que aquella explicación sobraba'. **2** *Expresar una ↘cosa por escrito o de cualquier manera: 'En la última carta le decía que no se encontraba bien. Le dijo por señas que no subiera'. ⊙ *Precisar: 'Si no dice el año, no nos sirve para nada'. **3** *Contener un libro, un escrito, etc., cierta ↘cosa: 'La Biblia dice...'. ⇒ Rezar. **4** (inf.) *Murmurar de alguien: 'Está dando lugar a que la gente diga'. ≃ Hablar. **5** *Expresar o *mostrar cierta ↘cosa: 'Su cara dice lo que es. Su traje dice cómo anda de dinero'. **6** («con») *Armonizar: 'Ese collar no dice con ese traje'. Lleva frecuentemente el adverbio «bien» y puede llevar «mal», pero es menos frecuente: 'Ese color de labios dice bien con tu cutis'. ≃ *Casar, entonar, ir bien. **7** (ahora pop.) Nombrar o llamar a ↘alguien o algo de cierto modo: 'Le dicen Miguel. Le dicen el barranco del buitre'. **8** *Con «bien, mal» o adverbios equivalentes, darse o *resultar favorable o desfavorablemente cierta cosa; como la cosecha, la suerte en el juego o el tiempo.*

AL DECIR DE. Según dice la persona o personas que se expresan: 'Al decir de los que le conocen, es muy inteligente'.

V. «decir ADIÓS, en un decir AMÉN, decir BARBARIDADES; lo dijo BLAS, punto redondo; decir con la BOCA chica, decir todo lo que [se] viene a la BOCA, habló el BUEY y dijo mu, decir todo lo que [se] pasa por la CABEZA, decir para su CAPOTE, decir en la CARA, decir para su COLETO».

COMO QUIEN [O AQUEL QUE] DICE. Se emplea con un nombre o expresión que se aplica sólo por aproximación a la cosa de que se trata: 'Este hombre es como quien dice su administrador'. ≃ Como si DIJÉRAMOS, podríamos DECIR, por así DECIR [o por DECIRLO así]. ⇒ Digamos, es un DECIR, vamos a [o al] DECIR.

¿CÓMO DIRÍAMOS...? Expresión con que se busca la manera de expresar cierta cosa.

COMO QUIEN NO DICE NADA. Expresión irónica con que se *pondera lo que se dice a continuación o se acaba de decir: 'Le ha costado, como quien no dice nada, cien millones de pesetas'.

COMO SI DIJÉRAMOS. Como quien DICE.

COMO SI NO HUBIERA [O NO HUBIÉRAMOS, etc.] DICHO NADA. Frase con que alguien retira algo que ha dicho al ver que se ha equivocado o que produce mal efecto. ⇒ No he DICHO nada.

CON DECIR [O DECIRTE, DECIRLE A USTED, etc.] QUE... Expresión con que se *pondera lo que se dice a continuación: 'Con decirte que no pude ni tomar un taxi' (tan poco dinero tenía).

V. «decir en CONCIENCIA, decir cuatro COSAS, decir una COSA por otra, a CREER lo que tú dices [él dice, etc.]».

¡CUALQUIERA DIRÍA! Exclamación muy frecuente con que se comenta una actitud de alguien que se considera improcedente y como correspondiente a cierta circunstancia que se expresa a continuación, la cual está muy lejos de darse: 'Sólo quiere viajar en coche cama. —¡Cualquiera diría que no ha pasado incomodidades en su vida!'. Frecuentemente se deja sobreentendida la segunda parte y se dice sólo «¡cualquiera diría...!». ⇒ *Injustificado.

¡CUALQUIERA LO DIRÍA! Exclamación con que alguien muestra *extrañeza por cierta cosa de que se entera, muy distinta de las apariencias.

DAR alguien EN DECIR cierta cosa. Empezar a decirla insistentemente por *manía o sin motivo.

DAR QUE DECIR. Dar motivos de murmuración o de *escándalo. ≃ Dar que hablar.

¿DECÍAS [O DECÍA USTED, etc.]? Expresión con que se *pregunta o pide la repetición, o continuación de algo no bien oído o que se ha interrumpido.

DECIR BIEN DE alguien. **1** *Alabarle. **2** Redundar en alabanza de la persona de que se trata.

DECIR BIEN una cosa CON otra. *Armonizar.

DECIR a una persona CUÁNTOS SON CINCO [O CUÁNTAS SON TRES Y DOS]. *Reprenderla o expresarle las quejas que se tienen de ella. ⇒ *Verdades.

DECIR MAL una cosa CON otra. *Desdecir.

DECIR algo PARA SÍ [MISMO]. Concretar un pensamiento en una frase, como si se lo dijera uno a sí mismo. Se emplea frecuentemente por el mismo que realiza la acción: 'Yo dije para mí: si me enfado, va a ser peor'. ≃ *Pensar para sí mismo, decirse.

DECIR alguna cosa POR alguien o algo. *Referirse o aludir con ella a la cosa o persona que se expresa: 'Eso lo dijo por nosotros'.

DECIR POR DECIR. Decir una cosa sin objeto o sin oportunidad. ⇒ *Injustificado. ⊙ Decir algo sin pensarlo o sin sentirlo: 'No le hagas caso, lo dice por decir'.

DECIR alguien QUE NO. Contestar negativamente o *rehusar una cosa que se le pide.

DECIR QUE NONES. Decir que no. ≃ Decir nones.

DECIR QUE SÍ. *Acceder.

DECIR Y HACER. Hacer la cosa de que se trata *inmediatamente o con mucha rapidez.

DECIRLO TODO. Ser muy *hablador o *indiscreto.

DECÍRSELO TODO una persona. Decir ella lo que podría decirle o *responderle su interlocutor o podrían decirle otros; por ejemplo, alabarse ella misma o, por el contrario, *anticiparse a hacerse posibles objeciones: 'Yo no te he dicho todavía ni que sí ni que no; tú te lo dices todo'.

DEJAR a alguien SIN SABER QUÉ DECIR. Dejarle confundido.

DEJARSE DECIR alguien cierta cosa (inf.). Decirla como de pasada y sin propósito deliberado. ≃ Dejar CAER, soltar.

V. «del DICHO al hecho; lo DICHO, dicho; mejor DICHO, no ser para DICHO, propiamente DICHO».

¡DI [O DIGA]! Expresión con que se interpela a alguien de quien se espera que hable. Es la expresión corriente al atender una llamada telefónica. ⇒ Preguntar.

DÍGAME EN QUÉ PUEDO SERVIRLE [O SERLE ÚTIL]. Expresión *cortés para preguntar a alguien, por ejemplo a un cliente, qué quiere.

DIGAMOS... Se antepone a la expresión aproximada de una cantidad. ⊙ También, a una palabra o expresión que se emplean sin rigor absoluto: 'Es... digamos, un socio suyo'.

¡DIGO! (más usado en And.; pop.) Exclamación de *admiración, sorpresa o *ponderación. ⇒ ¡No DIGO nada!

DIJÉRASE QUE... Se DIRÍA que.

DIME CON QUIÉN ANDAS [O VAS] Y TE DIRÉ QUIÉN ERES (a veces se deja reducido a la primera oración seguida de puntos suspensivos). Refrán para significar que cada uno se junta con los que son *iguales que él.

V. «DIMES y diretes, DIOS dirá».

DIRÍASE QUE. Se DIRÍA que.

DONDE DIGO DIGO [, DIGO DIEGO]. Expresión a que se reduce generalmente el trabalenguas 'donde digo digo no digo digo, sino que digo Diego', con que se comenta el que alguien quiera hacer creer que no dijo cierta cosa o que no la dijo con cierta intención. ⇒ *Desdecirse.

EL QUÉ DIRÁN. La opinión pública: 'Por respeto al qué dirán'. ⇒ *Convencionalismo.

ES DECIR. Expresión *aclarativa que se antepone a la explicación o desarrollo de algo que se acaba de decir: 'Los madrileños, es decir, los naturales de Madrid...'

ESTAR una cosa DICIENDO CÓMEME. Estar muy apetitosa.

ESTAR alguien PENDIENTE DE LO QUE DICE otro. Escucharle con mucha *atención o estar dispuesto a *complacerle en todo.

V. «decir [mucho] a [o en] FAVOR, decir una FRESCA [al lucero del alba]».

¡HABERLO DICHO...! Expresión informal o familiar con que alguien explica un error o falta en que ha incurrido por el hecho de no haber sido bien informado. ≃ ¡Podías [podía usted, etc.] haberlo DICHO!

¡HE DICHO! Frase con que se da por *terminado un discurso, una conferencia o cualquier otra disertación en público. ⊙ A veces se emplea humorísticamente tras una enunciación dicha sin ninguna solemnidad.

V. «en buena HORA lo digas, en un decir JESÚS».

LO QUE SE DICE... Expresión de *ponderación con que se indica que no hay exageración al aplicar el calificativo que sigue: 'Lo que se dice un éxito clamoroso'. ≃ Lo que se LLAMA...

V. «decir MARAVILLAS, MIRA a quien se lo dices [o se lo dice usted, etc.], ya te [le, etc.] dirán de MISAS, los NIÑOS y los locos dicen las verdades».

NI QUE DECIR TIENE [QUE...]. Exclamación de enérgico asentimiento.

NO DECIR NADA una cosa **1** (gralm. con un complemento de persona) No significar nada en contra o a favor de algo. **2** No hacer ningún papel, no adornar ni añadir nada en el sitio donde está colocada. ⇒ *Inútil. ⊙ Ser una cosa *sosa o *inexpresiva.

NO DECIR NADA alguien. **1** No hablar. ⇒ *Callar. **2** Ser *soso o *inexpresivo.

NO DECIR alguien MALO NI BUENO (inf.). No contestar.

NO DIGAMOS QUE... Expresión atenuativa que sirve para expresar que la cosa de que se trata no llega a ser lo que se expresa a continuación, pero está cerca de ello: 'No digamos que están en la miseria, pero lo están pasando muy mal'. ⇒ *Aproximar (expresiones aproximativas).

¡NO DIGO NADA! Exclamación de ponderación con que alguien muestra la importancia que da a una cosa que le comunican. ⇒ ¡Digo...!

NO DIGO QUE... NO DIGAMOS que.

NO HE [o HEMOS] DICHO NADA. Frase con que se desvirtúa o quiere dar por no dicho algo dicho anteriormente: 'Si te molesta hacerlo... no he dicho nada'. ⇒ Como si no hubiera DICHO nada.

NO IRÁS [IRÁ USTED, etc.] A DECIR... Frase con que alguien, al adivinar cierta cosa sorprendente, chocante o desagradable que va a decir otra persona, se *anticipa a ella.

¡NO ME DIGAS [DIGA USTED, etc.]! Frase con que se muestra sorpresa ante una noticia que se recibe.

NO [O Y QUE NO]... QUE DIGAMOS. V. «QUE DIGAMOS».

NO QUERER DECIR NADA una cosa. No ser una objeción, un inconveniente o un obstáculo para algo que se dice o de que se trata: 'Ese chico es demasiado joven. —Eso no quiere decir nada'.

V. «no ser una cosa para DICHA».

O POR MEJOR DECIR... Expresión *correctiva: 'Tiene mucho dinero o, por mejor decir, lo tiene su padre'. ≃ Mejor DICHO.

V. «sin decir [ni] OSTE [u OXTE] ni moste [o moxte], decir de OVILLEJO, decir a medias PALABRAS, no decir ni PÍO».

PARA QUE LUEGO DIGAN [O DIGAS, DIGA, etc.] (inf.). Expresión con que se contradice lo que ha afirmado otro: 'Miles de jóvenes se manifiestan a favor de aumentar las ayudas a los países pobres. Para que luego digan que la juventud actual es más materialista'.

PODÍAS [PODÍA USTED, etc.] HABERLO DICHO. **1** Reproche hecho a alguien por no haber dicho o advertido cierta cosa, lo cual ha sido causa de algún perjuicio o contrariedad. **2** (en tono exclamativo) ¡Haberlo dicho!

PODRÍAMOS DECIR. Como quien DICE.

POR DECIRLO ASÍ [O POR ASÍ DECIR]. Expresión *aclarativa con que se acompaña una descripción o explicación que, sin ser enteramente exacta o precisa, da idea de lo que se quiere decir.

POR MÁS QUE DIGAS [O DIGA USTED, etc.]. Expresión *concesiva de *contradicción, que equivale a «aunque digas [diga, etc.] otra cosa»: 'Por más que diga, lo siente'.

PUEDE DECIRSE QUE... Se puede DECIR que...

... QUE DIGAMOS. Completando una frase negativa anterior, constituye una expresión, generalmente exclamativa, de *ponderación: 'Y que no presume la niña, que digamos'.

QUÉ DIRÁN. V. «el qué DIRÁN».

¡QUÉ ME DICES [O DICE USTED, etc.]! Expresión dicha con acento mezclado de interrogación y exclamación, con que se muestra sorpresa o *extrañeza.

... QUE SE DICE PRONTO (inf.). Expresión ponderativa con que se destaca cierta cosa que se considera *excesiva: 'El arreglo ha costado más de un millón de pesetas, que se dice pronto'.

QUERER DECIR. *Significar.

¡QUIÉN LO DIRÍA [LO HUBIERA DICHO O LO DIJERA]! O ¡QUIÉN DIRÍA [HUBIERA DICHO O DIJERA] QUE...! Expresa *extrañeza: 'Sólo tiene quince años. —¡Quién lo diría!'.

V. «SABER alguien lo que se dice, no SÉ qué te diga».

SE DIRÍA QUE... (pulido). Expresión equivalente a «parece que»: 'Se diría que esto es otra ciudad'. ≃ Dijérase, diríase.

SE PUEDE DECIR QUE... Expresión de aproximación que equivale a «casi»: 'Se puede decir que no he dormido en toda la noche'.

TE DIGO [O LE DIGO A USTED, etc.] QUE... Expresión con que se refuerza una afirmación o una negación, por ejemplo en una discusión.

V. «el TIEMPO dirá».

TODO LO QUE SE DIGA ES POCO. Frase de *ponderación de sentido claro.

VAMOS A [O AL] DECIR. Es un DECIR.

VAMOS, DIGO YO (inf.). Expresión que sigue a una afirmación del hablante para destacar que lo que ha dicho es sólo su opinión; a veces, se emplea para mostrar modestia ante el interlocutor o una falta de seguridad en lo que se acaba de decir: 'Es mejor no enfrentarnos con él. Vamos, digo yo'.

V. «por VER lo que dice, a decir VERDAD, decir las VERDADES del barquero».

¡Y LUEGO DICES [O DICE, DIRÁS, DIRÁ, etc.] QUE...! Expresión con que se censura a una persona porque hace algo de lo que puede derivarse para ella un perjuicio: 'No haces nunca un favor y luego dirás que nadie te ayuda'.

Y QUE LO DIGAS [O DIGA USTED, etc.] (inf.). Expresión de asentimiento.

□ CATÁLOGO

Abordar, admitir, *advertir, alegar, anticipar, anunciar, apuntar, asegurar, asentar, aseverar, *avisar, *balbucir, barbarizar, barbotar, barbotear, barbullar, blasfemar, echar [o soltar] por la [o esa] BOCA, no caerse de la BOCA, boquear, cacarear, dejar CAER, chapar, chuchear, *citar, sacar a COLACIÓN, *comunicar, conceder, concretar, confesar, connumerar, dar [o poner en] CONOCIMIENTO, consignar, hacer CONSTAR, llevar la CONTRARIA, dar un CUARTO al pregonero, echar su CUARTO a espadas, dar CUENTA, ir con el CUENTO, no pudrirse [o quedarse] una cosa [con una cosa, nada o con nada] en el [o dentro del] CUERPO, dar, declamar, *declarar, DEJARSE caer con, denotar, denunciar, *desahogarse, desbarrar, desbocarse, descolgarse, descoserse, descubrir, desembanastar, desembaular, desembuchar, desgranar, deslenguarse, deslizar, despampanar, desparar, *despotricar, destaparse, desvariar, dar DETALLES de, *difundir, dirigir, dirigirse a, dispararse, disparatar, divulgar, efundir, dar a ENTENDER, dejar ENTREVER, enumerar, enunciar, dejar ESCAPAR, escopetearse, *escribir, esparcir, *exclamar, expandir, *explicar, *exponer, *expresar, exprimir, exteriorizar, farfullar, formular, generalizar, poner el GRITO en el cielo, harbullar, *indicar, *informar, *insinuar, intimar, invitar, *jurar, maldecir, manifestar, poner de MANIFIESTO, mantener, mascujar, *mascullar, meldar, soltarse la MELENA, musitar, noticiar, notificar, observar, dar PARTE, participar, PASAR adelante, echar las PATAS por alto, no podrirse una cosa en el PECHO, soltarse el PELO, salirse por PETENERAS, echar los PIES por alto, *predecir, pregonar, preopinar, hacer PRESENTE, proclamar, proferir, producir, pronosticar, *pronunciar[se], propagar, propalar, proponer, prorrumpir, *publicar, dar PUBLICIDAD, hacer PÚBLICO, rebosar, *recitar, reconocer, *recordar, reflejar, *repetir, representar, revelar, hacer SABER, salir[se] con, saltar, significar, soltar, sonarse, soplar, ir con el SOPLO, sostener, sugerir, traicionar, transparentar, tronar, venir[se] con, vomitar. ➤ Champar, chantar, chapar, colgar, colocar, encajar, encasquetar, *endilgar, endosar, enflautar, enhilar, enjaretar, espetar, lanzar, largar, *plantar, *soltar. ➤ *Ensartar, hilvanar. ➤ Advertencia, agudeza, alegación, anuncio, arenga, arranque, aseveración, aviso, barbaridad, blasfemia, *bufido, caída, *chiste, cita, clarinada, comunicación, concepto, concesión, confesión, cosa, CUARTO a espaldas, cuodlibeto, dardo, decir, declaración, denuncia, desahogo, descaro, despropósito, dicharacha [o dicharacho], dicho, discreción, discurso, disparate, dito, donaire, enumeración, enunciado, *ex abrupto, exclamación, explicación, exposición, expresión, facecia, FRASE hecha, giro, golpe, gracia, indicación, información, ingeniosidad, insinuación, intimación, invitación, JUEGO de palabras, juramento, lindeza, *locución, maldición, manifestación, MAZA de Fraga, la mía, lo mío, noticia, notificación, la nuestra, lo nuestro, observación, ocurrencia, cuatro [dos o unas] PALABRADAS, parrafada, participación, PATA de gallo, patochada, *pensamiento, predicción, pregón, proclamación, pronóstico, proposición, pulla, recitación, recitado, relámpago, repetición, retahíla, retruécano, revelación, salida, SALIDA de tono, SALIDA de pie de banco, son, soplo, sugestión, la suya, lo suyo, la tuya, lo tuyo, la vuestra, lo vuestro. ➤ *Embarullarse. ➤ Dicho, expreso. ➤ En broma, en tu [su, etc.] cara, al dedillo, delante, detrás [o por detrás], entre dientes, entrecortadamente, a gritos, de improviso, de mentirijillas, a medias PALABRAS, como un PAPAGAYO, a quema ROPA, seriamente, en serio, sinceramente, en son de, de sopetón, en tono de, de veras, de verdad, a los cuatro VIENTOS, a VOZ en cuello... ➤ Buscar la BOCA, meter los DEDOS en la boca, tirar de la LENGUA, a saca MENTIRA saca verdad, sacar con SACA CORCHOS. ➤ Tener en la PUNTA de la lengua. ➤ Despropósito, *disparate, *mentira, salida. ➤ *Callar. ➤ Dicción, dicente, díceres, diz. ➤ *Acusar. *Afirmar. *Asentir. *Calificar. *Censurar. *Comentar. *Condenar. *Contestar. *Corregir. *Criticar. *Delatar. *Demostrar. *Desacreditar. *Describir. *Difamar. *Discutir. *Enseñar. *Gritar. *Gruñir. *Hablar. *Insistir. *Insultar. *Llamar. *Maldecir. *Mencionar. *Mentir. *Murmurar. *Narrar. *Negar. *Objetar. *Ofender. *Opinión. *Pedir. *Precisar. *Queja. *Replicar. *Reprender. *Reprochar. *Requerir. *Responder. *Rezar. *Rogar. *Subrayar. *Tachar. *Traducir. *Tratar.

□ CONJUG. IRREG. IND. PRES.: digo, dices, dice, decimos, decís, dicen; PRET. INDEF.: dije, dijiste, dijo, dijimos, dijisteis, dijeron; FUT. IMPERF.: diré, dirás, dirá, diremos, diréis, dirán; POT.: diría, dirías, diría, diríamos, diríais, dirían; SUBJ. PRES.: diga, digas, diga, digamos, digáis, digan; PRET. IMPERF.: dijera,-se, dijeras,-eses, dijera,-ese, dijéramos,-ésemos, dijerais,-eseis, dijeran,-esen; PART.: dicho; GER.: diciendo.

decir² (de «decir¹») **1** m. Dicho (*sentencia o frase). **2** (ant.) *Composición *poética breve.*

ES UN DECIR. Expresión coloquial equivalente a «digamos»: 'Si Madrid tiene, es un decir, veinte mil edificios...'. ≃ Vamos a DECIR. ⇒ Al decir de, como quien DICE.

decisión 1 («Adoptar, Tomar») f. Acción de decidir[se]. ≃ *Acuerdo, determinación, resolución. ⊙ («Tomar») Cosa decidida: 'Ha sido una decisión precipitada'. **2** Actitud del que está decidido a hacer una cosa sin vacilar. ⊙ Cualidad de decidido: 'Mostró mucha decisión en aquel momento'. ⇒ *Decidir.

CON DECISIÓN. Decididamente.

decisivamente adv. De manera decisiva.

decisivo, -a adj. Se aplica a lo que decide y a lo que expresa una decisión: 'Todavía no ha dado una respuesta decisiva. Tengo razones decisivas para quedarme'. ⊙ O a lo que decide el curso de una cosa trascendental: 'Fue un acontecimiento decisivo en mi vida'.

decisorio, -a adj. Con poder para decidir o zanjar una cuestión.

V. «JURAMENTO decisorio».

declamación f. Acción de declamar. ⊙ Arte de declamar.

declamador, -a adj. y n. Que declama.

declamar (de lat. «declamāre») tr. o abs. *Decir artísticamente una ↘composición literaria en prosa o en verso; particularmente, decir su parte los *actores en una representación *teatral. ⇒ Recitar. ➤ Oratoria.

declamatorio, -a adj. De [la] declamación. ⊙ Aplicado al estilo, el lenguaje, el tono, etc., *ampuloso o *grandilocuente: de afectada solemnidad o grandeza.

declaración («Hacer una, Hacer declaraciones») f. Acción de declarar. ⊙ Cosa que se declara.

PRESTAR DECLARACIÓN. Declarar ante un juez.

TOMAR DECLARACIÓN. Preguntar un juez o *tribunal de justicia a un acusado o un testigo sobre los hechos que se trata de aclarar.

declaradamente adv. De manera declarada. ⊙ Francamente, sin reservas.

declarado, -a Participio de «declarar[se]». ⊙ adj. *Ostensible y no encubierto: 'Hay una declarada enemistad entre los dos países'. ≃ Manifiesto. ⊙ Con un nombre de cualidad o actitud, indica que la persona a quien se aplica la declara abiertamente: 'Es un enemigo declarado del régimen'.

V. «tener GUERRA [o la guerra] declarada, VALORES declarados».

declarante adj. y n. Se aplica al que declara, particularmente ante el juez.

declarar (del lat. «declarāre») **1** tr. *Decir alguien cierta ↘cosa relativa a un asunto reservado en que tiene intervención, a otras personas: 'El presidente declaró a los periodistas que lo acordado en el consejo...' ≃ Manifestar. ⊙ Decir una ↘cosa que se mantenía oculta o callada o que pertenece a la intimidad del que la declara: 'No quiere declarar lo que gana'. ≃ *Confesar. ⊙ tr. y prnl. Confesar alguien su ↘*amor a la persona que es objeto de él: 'Le declaró su amor a María. ¿Todavía no se te ha declarado Luis?' ⇒ *Galantear. ⊙ tr. Decir alguien una ↘cosa con valor legal: 'Declaró sus ingresos para el pago del impuesto sobre la renta'. ⊙ tr. o abs. Decir una ↘cosa ante un juez o *tribunal de justicia, en un juicio. ⇒ Confesar, dar a CONOCER, hacer CONSTAR, darse por, deponer, deposar, *descubrir, manifestar, proclamar[se], pronunciarse, *publicar, reconocer, revelar, hacer SABER. ➤ Declaración, deposición, dicho, difidación, revelación. ➤ Indagatoria. ➤ Pentotal, SUERO de la verdad. ➤ *Decir. **2** tr. Decir una persona en las *aduanas o consumos o en otra situación semejante qué ↘cosas transporta sujetas al pago del impuesto de que se trate. ≃ Manifestar. **3** *Decir una persona con autoridad para ello que considera a ↘alguien o algo como cierta cosa, de cierta *clase o en cierta situación: 'El juez le ha declarado culpable. Declarar falso un documento. Le ha declarado su heredero. El ministro ha declarado grave la situación'. Puede llevar un complemento con «por»: 'Declarar por enemigo'. ⇒ Proclamar. ➤ *Calificar. ⊙ prnl. Reconocer o comunicar formalmente una persona un estado o condición: 'Se declara culpable de cinco robos. Se declara en contra de cualquier arreglo. Se declaró en huelga'. **4** *Aparecer claramente una cosa: 'Se ha declarado una epidemia de tifus. Se declaró un incendio en la sierra'. ≃ Producirse. **5** MAR. *Empezar a soplar claramente cierto *viento.*

V. «declarar la GUERRA».

declarativo, -a adj. *Se dice de lo que declara o sirve para declarar.* ⊙ GRAM. *Se aplica a los verbos de expresión, como «decir, contar» o «declarar».*

declaratorio, -a adj. DER. *Se aplica al pronunciamiento judicial que define una calidad o un derecho sin incluir mandamiento ejecutivo.*

declinable adj. GRAM. Susceptible de ser declinado.

declinación 1 f. Acción y efecto de declinar (desviarse o decaer). **2** **Pendiente hacia abajo.* ≃ Declive. **3** ASTRON. Distancia de un astro al Ecuador celeste. ⇒ Latitud. **4** TOPOGR. *Ángulo que forma una alineación o un plano vertical con el meridiano del lugar que se considera.* **5** GRAM. Posibilidad que existe para ciertas palabras de adoptar distintas formas para los distintos casos. ⊙ GRAM. Serie de esas formas para cierta palabra. ⊙ Parte de la gramática que trata de esos cambios. ⇒ *Caso. ➤ Ir por. ➤ *Pronombre.

DECLINACIÓN MAGNÉTICA. *Ángulo variable que forma la aguja de la brújula con el meridiano del lugar, por no coincidir el polo terrestre con el magnético.*

declinante 1 adj. *Se aplica a lo que está declinando o decayendo.* **2** *Se aplica al plano o pared que tiene declinación.*

declinar (del lat. «declināre») **1** intr. *Inclinarse una cosa hacia abajo o hacia un lado u otro. No se emplea corrientemente más que aplicado a la *brújula. ⇒ Maestralizar, variar. **2** Disminuir una cosa o una cualidad en fuerza, valor o intensidad: 'Su belleza está declinando. Declinar la fiebre. Declinaba la batalla'. Puede llevar un complemento con «en»: 'Mi padre ha declinado en fuerzas físicas, pero conserva su inteligencia'. ≃ *Decaer. ⊙ Marchar una cosa hacia su extinción o desaparición: 'Declinar el día [o el Sol]'. **3** («en») **Cambiar desde una manera de ser a la opuesta:* 'Declinar de la virtud en el vicio'. **4** tr. *Rechazar o no aceptar alguien ↘cosas como un honor o un nombramiento que se le ofrece, o una responsabilidad que puede derivarse de un acto a que se ve obligado. ⇒ Indeclinable. **5** (ant.) intr. *Reclinar.* **6** tr. GRAM. Poner una ↘palabra declinable en los distintos *casos. ⊙ (en forma pronominal pasiva o impersonal con «se») Ser declinable una palabra. Puede llevar un complemento con «por»: 'Se declina por la tercera declinación'.

declinatoria f. DER. *Petición en que un litigante declina el fuero o rechaza al juez que actúa en su caso.*

declinatorio m. **Brújula colocada en una caja rectangular cuyos dos lados largos son paralelos a la línea que va de 0 a 180º en la esfera de la brújula; de modo que, colocando uno de esos lados en una línea cualquiera, la aguja marca la declinación de ella.*

declinógrafo (del lat. «declināre», descender y «-grafo») m. ASTRON. *Aparato que registra automáticamente las variaciones de declinación de los astros.*

declinómetro (del lat. «declināre», descender y «-metro») m. MAR. *Instrumento que se usa para medir la declinación magnética.*

declive (del lat. «declīvis») **1** m. Inclinación de la superficie de un terreno, de un camino, de la ladera de una montaña o de otra cosa cualquiera. ≃ Desnivel, *pendiente. ⊙ Porción de terreno plana pero no horizontal. **2** Decadencia de una persona, institución, etc.

EN DECLIVE. **1** Aplicado a suelos o terrenos, inclinado: 'La terraza está en declive'. **2** En decadencia.

declividad f. *Declive.*

declivio m. *Declive.*

decocción (del lat. «decoctĭo, -ōnis») **1** (culto o cient.) f. *Cocción.* ⊙ (culto o cient.) *Caldo o sustancia que se obtiene *cociendo algo.* **2** (culto o cient.) **Amputación.*

decodificación f. Descodificación.

decodificador, -a adj. y n. m. Descodificador.

decodificar tr. Descodificar.

decolación (ant.) f. *Degollación.*

decolgar (ant.) intr. *Colgar.*

decoloración f. Acción y efecto de decolorar[se].

decolorante adj. Que decolora. ⊙ m. Sustancia que decolora.

decolorar (del lat. «decolorāre») tr. Rebajar o quitar el *color a ↘algo: 'El sol decolora los tejidos'. ≃ Descolorar. ⊙ Quitar el color a una ↘cosa, por ejemplo una *tela, y dejarla *blanca. ⇒ Desteñirse, perder. ⊙ prnl. Rebajarse o quitarse el color de algo.

decomisar tr. Incautarse el fisco de algún ↘objeto, como castigo al que ha querido hacer contrabando con él. ≃ Aprehender, *confiscar. ⇒ Coger, comisar. ➤ Decomiso. ➤ *Aduana. *Contrabando.

decomiso 1 m. Acción de decomisar. **2** Objeto decomisado. **3** (pl.) Establecimiento en que se venden objetos decomisados.

decor (del lat. «decor, -ōris»; ant.) m. *Decoro o decoración.*

decoración 1 f. Acción y efecto de decorar. ≃ Decorado. ⊙ Conjunto de las cosas puestas para decorar. ⊙ Particularmente, decoración arquitectónica. ⊙ Arte de decorar. **2** Decorado de una representación teatral, de una película, etc.

decorado, -a 1 Participio adjetivo de «decorar»: 'Cerámica decorada'. **2** m. Decoración. ⊙ Particularmente, conjunto de muebles y otros objetos con que se crea el ambiente para una representación *teatral, una película, etc. ≃ Escenografía. ⇒ PUESTA en escena.

decorador, -a adj. y n. Se aplica a la persona que se dedica a decorar; particularmente, interiores de edificios, establecimientos comerciales, etc. ⊙ Pintor que pinta decoraciones de *teatro. ≃ Escenógrafo, pintor decorador. ⇒ Adornista.

decorar[1] (de «coro[4]») **1** tr. *Aprenderse ↘algo de *memoria para poder repetirlo.* ⊙ *Repetir ↘algo de memoria.* **2** **Silabear.*

decorar[2] (del lat. «decorāre») **1** tr. *Adornar con dibujos, esculturas, luces, flores, etc., ↘cosas como un edificio, un lugar, un altar, un objeto de cerámica o un pastel (no un vestido o a una persona). ⇒ Condecorar. **2** Poner en una ↘casa o habitación los muebles y las cosas que la embellecen, como lámparas, alfombras o cuadros, pintarla, etc.: 'Le ha decorado la casa el mejor decorador de Madrid'. **3** (especialmente en poesía) *Condecorar.*

decorativo, -a 1 adj. Se aplica a lo que decora o sirve para decorar: 'Artes decorativas'. **2** O a lo que, por sí mismo, produce efecto vistoso y agradable a la vista, aunque no tenga una belleza refinada: 'Un cuadro muy decorativo'. Se aplica ahora incluso a mujeres que tienen un género semejante de belleza: 'Esa chica es decorativa, pero no es guapa'.

decoro[1] (del lat. «decōrum») **1** m. Dignidad. ⊙ Con referencia al comportamiento, aspecto, etc., de las personas, y a las personas o colectividades por ellos, circunstancia de merecer e inspirar respeto y estimación: 'El decoro de la profesión exige un traje cuidado'. ⊙ Conciencia de esa circunstancia y respeto a ella, por los que una persona se abstiene de hacer cosas vergonzosas: 'Es un hombre sin decoro'. ≃ Dignidad, honor, vergüenza. Propia estimación. **2** Cualidad de lo que, sin lujo, presenta un aspecto cuidado y correspondiente a su categoría: 'Con menos de eso no se puede vivir con decoro'. ≃ Decencia. **3** *Pudor o decencia desde el punto de vista de la moral sexual, en el vestido, el lenguaje, etc.: 'Una mujer sin decoro'. **4** *Parte de la *arquitectura que se ocupa de la consecución en los edificios del aspecto conveniente a su función.*

decoro[2], **-a** (del lat. «decōrus»; ant.) adj. *Decoroso.*

decorosamente adv. Con decoro. ⊙ Particularmente, con decencia, pero sin lujo.

decoroso, -a 1 adj. Se aplica a aquello que no tiene nada contrario al decoro o *dignidad: 'Una profesión decorosa'. **2** Aplicado a cosas, limpio y cuidado, aunque sin lujo: 'Un traje decoroso'. ≃ Decente. ⊙ Aplicado a cosas, no humillante o vergonzoso: 'Un empleo [o un sueldo] decoroso'. ⊙ Aplicado a cosas, conforme al *pudor y a lo que se estima moral o correcto desde el punto de vista sexual: 'Esos gestos no son decorosos en una mujer'. ≃ *Honesto.

decorticación f. CIR. *Acción de decorticar.*

decorticar tr. CIR. *Extirpar la corteza de ↘una formación orgánica normal o patológica.*

decrecer (del lat. «decrescĕre») intr. Hacerse menor en tamaño, cantidad, intensidad o importancia, por pérdida progresiva de esas cualidades: 'El río ha decrecido esta noche. Su importancia decrecerá con el tiempo. La fiebre ha decrecido en las últimas horas'. ≃ Aminorar, *disminuir, menguar.

decreciente adj. Que decrece.

V. «DIPTONGO decreciente».

decrecimiento m. Acción de decrecer.

decremento (del lat. «decrementum»; form.) m. *Disminución.

decrepitar (de «de-» y «crepitar») intr. *Crepitar.*

decrépito, -a (del lat. «decrepĭtus») adj. Se aplica a la persona que ha llegado, por lo avanzado de su edad, a una gran decadencia física y espiritual, y a la edad en que esto ocurre. ⊙ Se aplica también a cosas a las que se atribuye una especie de vida: 'Una civilización decrépita'. ⇒ Caduco, calamocano, carcamal, carraco, cellenco, chocho, clueco, senil. ➤ *Viejo.

decrepitud f. Estado de decrépito.

decrescendo (it.; pronunc. gralm. [decreshéndo]) m. MÚS. Debilitación gradual de la intensidad de la melodía o el canto. ⊙ MÚS. Pasaje ejecutado de esta forma.

decretación (ant.) f. *Acción de decretar.*

decretal (del lat. «decretālis») **1** f. *Epístola en que el *Papa contesta a una consulta particular, la cual sirve de norma para todos los casos semejantes.* ⊙ (pl.) *Libro en que están contenidas todas ellas.* **2** adj. *De [las] decretales.*

decretalista m. *Persona versada en decretales.*

decretar 1 tr. Disponer o *mandar ↘algo por decreto. ⊙ *Ordenar ↘algo una autoridad, aunque no sea por decreto: 'El alcalde ha decretado el cierre de los cafés a las doce'. ≃ Disponer. **2** Escribir o *anotar una autoridad en el margen de un documento la ↘resolución correspondiente para que sea ejecutada. **3** DER. Determinar el juez sobre las peticiones de las partes, concediéndolas, negándolas, etc. ⇒ *Tribunal.

decretero 1 m. DER. **Lista de reos que se entregaba a los jueces para que dispusieran lo que se había de hacer con cada uno.* **2** *Lista o colección de decretos.*

decretista m. *Comentarista o expositor del «Decreto» de Graciano.* ⇒ *Ley.

decreto (del lat. «decrētum») **1** m. *Orden, *disposición, decisión o *sentencia de cualquier clase dada por un soberano o una autoridad. ⇒ Dahír, degredo, firmán, ucase. ➤ *Ley. ⊙ («Dar, Promulgar») Se aplica en sentido restringido a las disposiciones emanadas del gobierno de una nación para poner en ejecución las leyes o para completarlas. **2** Disposición dictada por el *Papa consultando a los cardenales.

decretorio (del lat. «decretorĭus») adj. V. «DÍA decretorio».

decúbito (del lat. «decubĭtus», acostado; «En») m. *Posición del cuerpo cuando está horizontalmente.

DECÚBITO LATERAL. Posición de tumbado horizontalmente sobre un lado.

D. PRONO. Posición de tumbado sobre el pecho y vientre.

D. SUPINO. Posición de tumbado sobre la espalda.

decumbente (del lat. «decumbens, -entis», recostado) **1** adj. *Se aplica al que *yace en cama, por ejemplo por enfermedad.* **2** BOT. *Inclinado; se aplica principalmente a los tallos no erguidos.*

decuplar (del lat. «decuplāre») tr. *Decuplicar.*

decuplicar tr. Hacer una ↘cosa diez veces mayor.

décuplo, -a (del lat. «decŭplus») adj. y n. m. Se aplica a la cantidad o cosa que contiene *diez veces a otra que se expresa: 'Cien es [el] décuplo de diez'.

☐ NOTAS DE USO

No es usual aplicado a nombres que no son numerales: puede decirse 'necesito una cantidad décupla de la que tengo', pero corrientemente se diría 'necesito una cantidad diez veces mayor que la que tengo'.

decuria (del lat. «decurĭa») **1** f. En la antigua Roma, cuerpo o grupo formado por diez personas de determinada categoría. ⇒ Decurión, séviro. ⊙ En la antigua *milicia romana, décima parte de una centuria. **2** *En los antiguos «*estudios de gramática», grupo de diez alumnos o menos, asignado a un decurión.* **3** (ant.) **Colmena de abejas.*

decuriato (del lat. «decuriātus») m. *En los antiguos «*estudios de gramática», cada estudiante asignado a una decuria o a un decurión.*

decurión (del lat. «decurĭo, -ōnis») **1** m. En la antigua *milicia romana, jefe de una decuria. **2** *En las colonias o *municipios romanos, individuo de la corporación que gobernaba en ellos a la manera del senado en Roma.* ⇒ Duunviro. **3** *En los antiguos «*estudios de gramática», estudiante más adelantado al que se le encomendaba tomar las lecciones a un grupo de diez alumnos o menos.*

DECURIÓN DE DECURIONES. *Estudiante encargado de tomar la lección a los decuriones.*

decurrente (del lat. «decurrens, -entis») adj. BOT. *Se aplica a las *hojas cuyo limbo se extiende a lo largo del peciolo y hasta del tallo, formando como un ala.*

decursas (del lat. «decursas»; ant.) f. pl. DER. *Réditos vencidos de los *censos.*

decurso (del lat. «decursus») m. *Transcurso del tiempo o de cierto *espacio de tiempo.

decusado, -a (cient.) adj. *En forma de cruz o aspa.* ⊙ BOT. *Se aplica a las *hojas opuestas cuando los peciolos de cada par forman cruz con los del siguiente.*

decusata adj. Se aplica a la *cruz en forma de aspa.

decuso, -a (del lat. «decussis», aspa en forma de equis) adj. *Decusado.*

dedada **1** f. *Cantidad de algo que se coge con el dedo: 'Una dedada de miel'. **2** *Mancha que se deja con los dedos sucios: 'La puerta está llena de dedadas'.

DEDADA DE MIEL. Cosa de poca importancia que se da a alguien como *consuelo por no haberle dado otra más importante.

dedal (del lat. «digitāle», de «digĭtus», dedo) m. Objeto de metal u otro material duro que se pone en la punta del dedo con que se empuja la aguja al *coser. ⇒ Alferga, dedil, rempujo, uñeta.

dedalera (de «dedal») f. *Digital (planta escrofulariácea).

dédalo (del nombre del personaje mitológico a quien se atribuye la construcción del laberinto de Creta) **1** (lit.) m. Lugar, a veces construido para recreo, en que los caminos se entrecruzan de tal manera que, una vez dentro, es muy difícil encontrar la salida. ≃ Laberinto. **2** (lit.) Enredo o confusión en una cosa no material. ≃ Laberinto.

dedeo m. MÚS. *Digitación.*

dedicación f. Acción de dedicar[se]. ⊙ Actitud del que se dedica con fervor o abnegación a una cosa: 'Su dedicación a la causa'. ≃ Entrega. ⊙ *Consagración de una iglesia u otra cosa al culto divino y fiesta con que se conmemora. ⊙ Inscripción grabada en una piedra que se coloca en una iglesia u otra cosa para recordar la ceremonia de su consagración.

DEDICACIÓN PLENA [O EXCLUSIVA] («Tener, Estar en»). Situación laboral de la persona que dedica todo su tiempo disponible a un trabajo y no puede desempeñar ningún otro.

dedicar (del lat. «dedicāre») tr. *Aplicar una ↘cosa a determinado fin o empleo: 'Dedica un cuarto de hora a hacer gimnasia. Dedica a pastos una parte de la finca'. ≃ Consagrar, destinar. ⊙ prnl. Tener cierta *ocupación o *profesión: 'Se dedica a la enseñanza'. ⊙ (inf.) Ocupar alguien su tiempo en hacer cosas inconvenientes: 'Cuando están aburridos, se dedican a llamar a los timbres para molestar a los vecinos'. ⊙ tr. Tener para alguien cierto ↘sentimiento, como amor o admiración. ⊙ Tener con alguien cosas como ↘atenciones, consideraciones, miramientos o respeto. ⊙ *Consagrar ↘ofrendas, sacrificios, etc., a los dioses. ≃ Ofrecer, ofrendar. ⊙ Particularmente, consagrar una ↘*iglesia u otra cosa al *culto. ⊙ Pensar en determinada persona, por cariño, agradecimiento, admiración, etc., al realizar una ↘obra. ⊙ Hacerlo constar así en la obra misma, por ejemplo al principio de un libro, generalmente usando el mismo verbo «dedicar»: 'A mi esposa. Dedico esta obra a mi maestro.' ⊙ Escribir algo en un ↘objeto que se regala, una fotografía, etc., expresando a quien se regala, o firmar simplemente en esa cosa: 'Dedícame el libro que me has regalado'. ⇒ Aplicar, asignar, *consagrarse, cultivar, destinar, ejercer, ejercitar, entregar[se], guardar, hacer OBJETO de, *ofrecer, *practicar, reservar, sacrificar[se], tributar. ➤ Dedicado, devoto, esclavo. ➤ Dedicatoria, endereza, intitulación. ➤ Dedicación, devoción. ➤ Nuncupatorio. ➤ *Ocupación. *Profesión.

dedicativo, -a adj. *Dedicatorio.*

dedicatoria (de «dedicatorio») **1** f. Escrito puesto en una cosa, por ejemplo en un *libro, que se dedica a alguien: 'Me puso una dedicatoria muy expresiva en la fotografía'. **2** *Lápida o piedra que se coloca en la fachada de una *iglesia u otro *edificio con una inscripción en que se hace constar quién lo hizo erigir, su destino, etc.* **3** *Conmemoración del día en que fue *consagrado o dedicado un templo o altar.*

dedicatorio, -a adj. *Que tiene o supone dedicación.*

dedición (del lat. «deditĭo, -ōnis») f. *En la Roma antigua, sometimiento sin condiciones de un pueblo, una ciudad, etc.*

dedignar (del lat. «dedignāri»; ant.) tr. *Desdeñar.*

dedil **1** m. Funda de cuero, goma u otro material que se pone en los dedos, para protegerlos, cubrir una herida, etc. **2** (ant.) *Dedal.*

dedillo (dim. de «dedo») m. AL DEDILLO («*Saber, *Decir»). Refiriéndose a cosas sabidas, con todo detalle o sin dudar o dejarse nada: 'Me sé al dedillo la lección de hoy. Le dije la lista al dedillo'.

dedo (del lat. «digĭtus») **1** m. Cada una de las partes en que se dividen en su extremo la *mano, el *pie, o la *pezuña de los animales. Los dedos de la mano reciben los nombres que se verán a continuación; los del pie no tienen nombres particulares, pero, a veces, se llama «pulgar» y «meñique» a los semejantes a los de la mano que llevan esos nombres. **2** El grueso de un dedo, tomado como medida: 'Ponme dos dedos de vino en el vaso'. ⊙ *Medida antigua de *longitud, duodécima parte del palmo, o sea algo menos de 18 mm.*

DEDO ANULAR. El cuarto de la mano, empezando a contar por el pulgar.

D. AURICULAR. DEDO meñique.

D. CORAZÓN [O DEL CORAZÓN]. DEDO medio.

D. CORDIAL. DEDO medio.

EL DEDO DE DIOS. Omnipotencia divina.

D. GORDO. DEDO pulgar.

D. ÍNDICE. El segundo de la mano.

D. MEDIO. El que ocupa el lugar central en la mano.

D. MEÑIQUE. El quinto, o sea el más delgado y corto, que está en el extremo opuesto al pulgar, en la mano y, por extensión, en el pie.

D. PULGAR. El más grueso y que se opone a los otros para agarrar, en la mano y, por extensión, el semejante en el pie.

A DEDO. 1 (inf.; «Nombrar, Elegir») Refiriéndose a la forma en que se realiza un nombramiento o elección, por influencia o enchufe. 2 (inf.; «Ir») Haciendo autostop .

A DOS DEDOS DE... Muy cerca de hacer o de que ocurra cierta cosa, o de cierto estado: 'Estuvo a dos dedos de perder los estribos. Ha estado a dos dedos de la muerte'. ≃ A *punto de.

V. «como ANILLO al dedo, dar ATOLE con el dedo».

CHUPARSE EL DEDO. Ser *tonto o *ingenuo. Se emplea más en frases negativas o de sentido negativo: 'Que no crea que me chupo el dedo'.

CHUPARSE LOS DEDOS [DE GUSTO]. Sentir gran *placer con el *sabor de algo, con lo que se oye, se ve, etc. A veces con malignidad: '¡Cómo se chuparía los dedos de gusto si yo fracasara!' ⇒ De chuparse los DEDOS.

COGERSE [O PILLARSE] LOS DEDOS (inf.). Resultar perjudicado alguien en un asunto por un error de cálculo en las previsiones.

CONTAR CON LOS DEDOS. Servirse de ellos para contar. Se usa también hiperbólicamente.

CONTARSE CON LOS DEDOS DE LA MANO. Ser muy *pocos: 'Se pueden contar con los dedos de la mano las veces que ha venido a visitarnos'.

CUATRO DEDOS. Expresión muy usada como medida aproximada. ⊙ *Palmo menor.*

DARÍA UN DEDO DE LA MANO POR cierta cosa. *Desear mucho la cosa de que se trata.

DE CHUPARSE LOS DEDOS. Se aplica como expresión calificativa a una cosa que está muy *buena o que causa gran *placer o *gusta mucho.

DOS DEDOS DE FRENTE. V. «no tener dos DEDOS de frente».

HACER DEDO (inf.). Hacer *autostop.

HACER DEDOS (inf.). Hacer ejercicios con los dedos en un instrumento musical para adquirir soltura.

HACÉRSELE a alguien LOS DEDOS HUÉSPEDES. 1 Ver peligros o enemigos donde no los hay; por ejemplo, por estar escarmentado. ⇒ *Sospechar. 2 Forjarse *ilusiones de que se repitan sucesos favorables como los ya ocurridos.

METERLE a alguien LOS DEDOS EN LA BOCA. Ponerle en el caso de que hable o diga ciertas cosas. ⊙ *Sonsacarle.

NO CHUPARSE EL DEDO. V. «chuparse el DEDO».

NO MOVER UN DEDO (inf.). No tomarse ningún trabajo o molestia por alguien o por algo.

NO TENER DOS DEDOS DE FRENTE. Discurrir muy poco. ⇒ *Tonto.

PILLARSE LOS DEDOS (inf.). Cogerse los DEDOS.

PONER EL DEDO EN LA LLAGA. Aludir precisamente al punto delicado o que preocupa, o *acertar con él.

PONER LOS CINCO DEDOS EN LA CARA a alguien (inf.). Darle una *bofetada.

PONERSE EL DEDO EN LA BOCA. Poner el dedo índice cruzado sobre los labios para pedir u ordenar a alguien que se *calle.

SEÑALAR a alguien CON EL DEDO. Dirigir la atención hacia la persona de que se trata, por algo extravagante o censurable: 'No quiero que nadie me señale con el dedo'. ⊙ *Criticar a alguien o *murmurar de alguien.

TIRAR DEDO (Perú). *Hacer *autostop.*

□ CATÁLOGO

Otras formas de la raíz, «dactil-, digit-»: 'dactilado, dactilar, dactilografía, dactiloscopia, didáctilo, pterodáctilo, sindáctilo; digital, digitígrado, interdigital'. ➤ Dátiles, pesuño. ➤ Anular, auricular, cordial, gordo, índex, índice, medio, meñique, pequeño, pipeta, pólice, pulgar. ➤ Engarabitarse. ➤ Artejo, artículo, falange, falangeta, falangina, nudillo, ñudillo, pulpejo, *uña, yema. ➤ HUELLA dactilar. ➤ Carnicol, panadizo, panarizo, teste. ➤ Aporretado. ➤ Palmeado. ➤ Gafo, ñoco. ➤ Apulgarar, capirotazo, castañeta, castañetazo, papirotazo, pellizco, pito, pulgarada, *repiquetear, tabalear, tamborear, tamborilear, teclear. ➤ Jeme. ➤ Cisípedo. ➤ *Mano. *Pie.

dedocracia (inf., hum.) f. Sistema de nombramiento a dedo.

dedolar (del lat. «dedolāre») tr. CIR. **Cortar oblicuamente.*

deducción 1 f. Acción de deducir. ⊙ Cosa deducida. ≃ Consecuencia. 2 Acción de deducir una parte de cierta cantidad. ⊙ Cantidad deducida. 3 MÚS. *Serie de notas que van ascendiendo o descendiendo de tono en tono.*

deducible adj. Susceptible de ser deducido.

deducido, -a Participio adjetivo de «deducir»: 'Las consecuencias deducidas. La cantidad deducida'.

deducir (del lat. «deducĕre») 1 tr. Obtener una ↘*consecuencia, idea, conocimiento, etc., por su *relación con otra que es *antecedente suyo: 'Si partes de un principio falso, deducirás consecuencias falsas'. ≃ Derivar, sacar. ⊙ Formar una ↘idea por cualquier clase de razonamientos: 'Como estaban todas las luces apagadas, deduje que no había nadie en la casa'. ≃ Inferir, pensar. ⊙ LÓG. Obtener una ↘idea particular por aplicación de una general; como en 'si todos los inviernos nieva, podemos deducir que no acabará éste sin nevar'. ⊙ (pasiva pronominal o impersonal con «se») Ser deducible: 'De su actitud se deduce que se siente culpable'. ≃ Desprenderse, inferirse. 2 *Descontar una ↘parte de cierta cantidad. También con un pron. reflex.: 'Me deduje los gastos de enfermedad en el impuesto de la renta'. 3 DER. **Alegar las partes sus ↘razones, pruebas o derechos.*

□ CATÁLOGO

Colegir, concluir, llegar a la CONCLUSIÓN, sacar en CONCLUSIÓN, sacar una CONCLUSIÓN, conjeturar, venir en CONOCIMIENTO, sacar en DEFINITIVA, derivar, extraer, extrapolar, inducir, inferir, sacar, SACAR en limpio, subseguir[se], VENIR a parar. ➤ Desprenderse, inferirse, *resultar, salir, seguirse. ➤ Deducción, ilación. ➤ Suposición. ➤ Antecedente, consecuencia [-ente], consiguiente. ➤ En consecuencia, por la cuenta, en resumidas CUENTAS, a lo que [según] PARECE, al parecer, por esa REGLA de tres, por las señas, en suma, en total, total, por lo VISTO. ➤ *Consecuencia (expresiones consecutivas). ➤Apénd. II, EXPRESIONES CONSECUTIVAS. ➤ *Pensar. *Razonar.

deductivo, -a adj. De [la] deducción lógica: 'Procedimiento deductivo'.

deesa (de «dea»; ant.) f. *Diosa.*

defácile (de «de-» y el lat. «facĭle», fácilmente; ant.) adv. *Fácilmente.*

de facto Expresión latina que significa «de hecho», por oposición a «de iure».

defalcar tr. *Desfalcar.*

defalicido, a (ant.) adj. *Defallecido.*

defallecido, -a (de «de-» y «fallecido»; ant.) adj. **Necesitado o arruinado.*

defallecimiento 1 (ant.) m. *Desfallecimiento.* 2 (ant.) **Falta (carencia).*

defallicido, -a (ant.) adj. **Necesitado o arruinado.* ≃ Defallecido.

defatigante adj. y n. *Que quita la fatiga.*

defecación f. Acción de defecar. ⊙ Materias expulsadas al defecar. ≃ *Heces.

defecador, -a adj. *Que sirve para quitar las heces o impurezas de una sustancia.*

defecar (del lat. «defaecāre») **1** tr. *Clarificar, *filtrar o *purificar una ↘sustancia.* **2** (form.) intr. Expeler los *excrementos. ⇒ Hacer de *VIENTRE.

defección (del lat. «defectĭo, -ōnis»; culto) f. Abandono de la causa que se defendía o del partido a que se pertenecía.

defectibilidad f. *Cualidad de defectible.*

defectible (del lat. «defectibĭlis») adj. *Aplicado a lo que puede faltar.*

defectivo, -a (del lat. «defectīvus») adj. V. «VERBO defectivo».

defecto (del lat. «defectus») **1** m. Circunstancia de no estar en una cosa alguna parte de ella, por lo cual no es o está completa. ≃ *Falta. ⊙ Circunstancia de no llegar una cantidad a ser exactamente la cantidad de que trata. Se emplea sólo en la expresión «por defecto». **2** Circunstancia de una cosa por la que ésta no es enteramente como debe ser o como se desea, o no se ajusta a lo que se considera como modelo: 'Una tela rebajada de precio por tener defectos. No hay un solo defecto en su cara'. ≃ *Falta, imperfección. **3** (pl.) AGRÁF. *Pliegos que faltan o sobran en el número completo de la tirada.*

DEFECTO FÍSICO. Defecto permanente en el cuerpo de una persona. ⇒ *Anormalidad.

EN DEFECTO DE (form.; gralm. con «su» referido a algo mencionado anteriormente). A falta de la persona o cosa de que se trata: 'La documentación debe incluir el título académico o un certificado de estudios en su defecto'.

POR DEFECTO. **1** Expresión que, refiriéndose a una diferencia o inexactitud, significa que ésta consiste en menos: 'Cociente (inexacto) por defecto. Error por defecto'. **2** INFORM. Referido a una opción, indica que ésta se selecciona automáticamente si no se ha elegido previamente otra: 'El programa tiene por defecto este tipo de letra, pero se puede cambiar'.

defectuosamente adv. *Imperfectamente: 'Anda defectuosamente'.

defectuoso, -a adj. Con algún defecto. ≃ *Imperfecto.

defedación (del lat. «de», de y «foedatĭo, -ōnis», acción de afear; ant.) f. *Fealdad.*

defeminado, -a (del lat. «de» y «feminātus», de «femĭna», mujer; ant.) adj. **Afeminado.*

defendedero, -a adj. *Defendible.*

defender (del lat. «defendĕre») **1** («contra, de») tr. Servir para que no pueda causar daño o llegar a cierta ↘cosa otra perjudicial o dañosa; por ejemplo, cubriéndola o estando delante de ella: 'La montaña defiende del viento norte el lugar. El alcanfor defiende las ropas contra la polilla'. ≃ Guardar, preservar, *proteger, resguardar. ⇒ *Proteger, ver nota sobre la duplicidad que, en apariencia, significa la existencia de catálogo en ambos verbos. **2** (acep. causativa) Poner una cosa de modo que proteja a ↘otra contra algún daño: 'El labrador defiende las hortalizas con esteras contra las heladas'. ≃ Preservar, *proteger, resguardar. **3** *Luchar alguien contra los que atacan cierta ↘cosa: 'Los soldados defendieron la posición. Le quería pegar otro chico y yo le defendí'. ⊙ prnl. Luchar alguien contra el que le ataca: 'Intentó golpearme y yo me defendí'. ⊙ tr. Luchar alguien para impedir que le sea arrebatada una ↘cosa: 'Los pueblos defienden su libertad. Las fieras defienden su presa'. **4** Colocar tropas o hacer otra cosa para que una ↘posición no pueda ser tomada por el enemigo. ⇒ *Guerra. **5** *Argumentar en favor de ciertas ↘cosas, ideas o personas que son combatidas por otros: 'El ministro defenderá el proyecto de ley'. ≃ Sostener, sustentar. ⊙ prnl. Argumentar en favor de uno mismo: 'Me defendí de sus acusaciones'. ⊙ tr. Luchar en cualquier forma en favor de ciertas ↘ideas. ⊙ DER. Argumentar en favor de ↘alguien. **6** tr. y prnl. DEP. Obstaculizar el ataque del adversario. **7** prnl. *Desenvolverse más o menos bien en una situación o actividad: 'Me defiendo con el francés'. ⊙ Particularmente, en un negocio: 'Me voy defendiendo en la tienda'. **8** (ant.) tr. **Prohibir.* ⊙ (ant.) **Impedir.*

☐ CATÁLOGO

Otra raíz en la acep. de «excusar», apolog-: 'apologética, apologético, apología, apologista, apologizar, apólogo'. ➤ Abrigar, abroquelarse, *acoger[se], aconchar[se], acorazar[se], adargar[se], agarrar[se], albergar[se], amparar[se], *apoyar[se], buscar [o prestar] APOYO, arrimarse, atregar, atrincherarse, estar en la BRECHA, captener, dar [o sacar] la CARA por, cobijar, *cubrir, custodiar, *embalar, encartonar, encastillarse, encubertarse, *envolver, escorarse, escudar[se], espaldonarse, *forrar, fortificar[se], hacerse FUERTE en, guardar, guarecer[se], guarnecer, mamparar, parapetarse, preservar, presidiar, *proteger, recubrir, refugiarse, reparar, resguardar[se], respaldar[se], salvaguardar, socorrer, *sostener, tapar, tutelar. ➤ Abanderar, abogar, acudir, apadrinar, apatrocinar, *disculpar, cubrir [guardar, tener cubiertas o tener guardadas] las ESPALDAS, espaldear, exculpar, excusar[se], ponerse a FAVOR de, volver por los FUEROS de, ponerse del LADO de, romper LANZAS [o una lanza] por, mantener, mirar por, tener el PADRE alcalde, ponerse de PARTE de, patrocinar, preconizar, propugnar, estar al QUITE, salir por, volver por. ➤ Acérrimamente, a CAPA y espada. ➤ Antemural, antemuralla, antemuro, *antepecho, baluarte, barrera, barricada, blinda, blindaje, caballero, cai, *calzado, cantonera, caparazón, caperuza, capucha, capucho, capuchón, *careta, casquillo, cestón, chichonera, cobertizo, contera, cortina, defensa, dique, empalizada, empalletado, empavesada, envoltura, escudano, *escudo, espaldera, espaldón, espigón, estacada, filarete, fortificación, gavión, *guante, malecón, mamparo, marmolillo, mona, muralla, murallón, *muro, paredón, pavesada, plastrón, recantón, reparo, respaldo, respaldón, rompeolas, SACO terrero, salchichón, talanquera, trascantón, trascantonada, trinchera, vestido, zoqueta. ➤ Abrigadero, abrigaño, *abrigo, acorrimiento, acorro, agarradero, amparo, apoyo, *ARMA defensiva, *armadura, arrimadero, arrimo, asidero, asilo, auxilio, broquel, *cobertizo, *coraza, custodia, *disculpa, égida, encomienda, *escudo, fieldad, garantía, guarda; palabras compuestas con «guarda-»; guardia, guarnición, opósito, pabellón, paladión, propugnáculo, protección, *puerto, *refugio, resguardo, salvaguarda, seguridad, socaire, sombra, tuición, tutela, valladar. ➤ Campana, fanal, urna. ➤ Amuleto. ➤ Molinete, quite. ➤ Galeato. ➤ Abogado, campeón, defensor, paladín, patrón, patrono, quijote, servador, sostenedor, tutor, valedor, vocero. ➤ Piña. ➤ Polémica, poliorcética. ➤ Al abrigo, a cubierto, bajo la ÉGIDA, bajo la PROTECCIÓN, a buen RECAUDO, a salvo, al socaire, a la sombra de. ➤ Por, en PRO de. ➤ El MIEDO guarda la viña. ➤ Indefendible, indefensable, indefensible, indefensión, insostenible. ➤ *Abandonar, desamparar, desguarnecer. ➤ Desamparado, desnudo, huérfano, indefenso, inerme. ➤ A CUERPO limpio, a la descubierta. ➤ Apoyar. *Asegurar. *Auxiliar. *Ayudar. *Cuidar. *Dique. *Fortificar. *Proteger.

☐ CONJUG. como «entender».

defendible adj. Susceptible de ser defendido. ⊙ Refiriéndose a actos, actitudes, etc., *justificable.

defendido, -a Participio de «defender». ⊙ n. Persona a la que defiende un abogado.

defenecer (de «de-»y «fenecer»; Ar.) tr. *Liquidar una *cuenta.*

defenecimiento (de «defenecer»; Ar.) m. *Liquidación de una cuenta.*

defenestración f. Acción de defenestrar.

defenestrar 1 tr. *Arrojar a ↘alguien por una *ventana.* **2** *Destituir o expulsar a ↘alguien de su puesto.

defensa (del lat. «defensa») **1** f. Acción de defender[se]. **2** («Construir, Levantar») Construcción, dispositivo o cualquier objeto que sirve para *defender algo. **3** MAR. *Cosa que se pone en el costado de un *barco, formada por trozos viejos de cable, un rollo de esparto, un trozo de madera o algo semejante, para que no se estropee el costado en las operaciones de carga o descarga o en las atracadas.* **4** Palabras o discurso con que se defiende algo. ≃ Apología. ⊙ DER. Conjunto de argumentos con que un abogado defiende a su cliente. **5** DER. Defensor: 'La defensa [de la parte contraria] alega que su defendido no era responsable de sus actos'. **6** n. DEP. En *fútbol y otros deportes, jugador del equipo encargado de impedir que el balón se aproxime a la portería propia. ⇒ Cerrojo. ⊙ f. DEP. También, línea de jugadores que defienden su portería. **7** (pl.) FISIOL. Mecanismo natural de los seres vivos para oponerse a las enfermedades. **8** (pl.) Cuernos del toro, colmillos del elefante, etc. **9** (Col., Cuba, Méj., Pan., R. Dom.) **Parachoques.*

LEGÍTIMA DEFENSA. DER. Nombre jurídico de una circunstancia eximente del *delito.

V. «MECANISMO de defensa».

SALIR EN DEFENSA de alguien. Defenderle cuando otros le atacan de palabra o de obra.

defensable (ant.) adj. *Defendible.*

defensar (del lat. «defensāre», intens. de «defendĕre»; ant.) tr. *Defender.*

defensatriz (ant.) adj. *Defensora.*

defensible (ant.) adj. *Defendible.*

defensión (del lat. «defensĭo, -ōnis») **1** f. *Defensa o resguardo.* **2** (ant.) *Protección o amparo.* **3** (ant.) *Prohibición o *impedimento.* **4** (ant.) DER. *Descargo.*

defensiva f. Actitud de un beligerante, en una lucha o una controversia, cuando se limita a defenderse.

ESTAR [O PONERSE] A LA DEFENSIVA. **1** Estar o ponerse en actitud de defenderse y no de atacar. **2** Estar o ponerse receloso o desconfiado, con temor de ser atacado o maltratado material o moralmente por otros.

defensivo, -a 1 adj. Útil o utilizado para defender: 'Arma defensiva'. **2** m. *Defensa o resguardo.* **3** *Paño empapado en algún líquido que se aplica como medio curativo o para aliviar un dolor en una parte del cuerpo.* ⇒ *Apósito.

V. «*ARMA defensiva».

defensor, -a adj. y n. Se aplica al que defiende. ⊙ Particularmente, «ABOGADO defensor».

DEFENSOR DEL PUEBLO. Persona elegida por las Cortes para defender los derechos fundamentales de los ciudadanos frente a la Administración. ≃ Ombudsman.

defensoría f. DER. *Función del abogado defensor.*

defensorio m. *Escrito en que se defiende una cosa o a una persona.*

deferencia (del lat. «defĕrens, -entis») **1** («Por, Tener, Mostrar una») f. Amabilidad o *atención con que se muestra respeto o consideración hacia alguien, bien asintiendo a sus opiniones, aunque no se compartan, bien cediéndole un derecho o algo que uno disfruta, o reservándole un lugar preferente: 'No le contradije por deferencia. Le colocaron, por deferencia, en la cabecera de la mesa. Me cedió, por deferencia, su butaca'. ⇒ *Amable. **2** Acción o actitud de alternar por amabilidad con alguien de situación más modesta, aceptar sus obsequios, etc.: 'El presidente ha tenido la deferencia de aceptar mi invitación'. ≃ Condescendencia.

deferente (del lat. «defĕrens, -entis», part. pres. de «deferre», otorgar) **1** adj. Aplicado a personas y a sus actitudes y expresiones, *amable y respetuoso. **2** (ant.) ASTRON. *Se aplica al círculo que se suponía describía alrededor de la Tierra el centro del epiciclo de un planeta.*

V. «CONDUCTO deferente».

deferido, -a adj. V. «JURAMENTO deferido».

deferir (del lat. «deferre», conceder, dar noticia) **1** («a, con») intr. *Acceder a algo por amabilidad, cortesía o respeto. **2** tr. *Dar alguien a otro parte de su ↘*jurisdicción o poder.* **3** («a, con») intr. Hacer con una persona de inferior posición o jerarquía algo que acostumbra hacerse entre los que las tienen iguales. ≃ *Condescender.

☐ CONJUG. como «hervir».

defervescencia f. MED. *Descenso brusco de la *fiebre.*

defesa (del lat. «defensa», defendida; ant.) f. **Dehesa.*

defesar (del lat. «defensāre»; ant.) tr. *Adehesar.*

defeso, -a (del lat. «defensus», defendido; ant.) adj. *Vedado o prohibido.*

deficiencia f. Estado o cualidad de deficiente. ⊙ Cosa en la cual consiste que otra sea deficiente: 'Las deficiencias del servicio en el hotel'. ⇒ *Falta.

DEFICIENCIA MENTAL. Retraso mental de una persona. ≃ *Debilidad mental.

deficiente (del lat. «deficĭens, -entis», part. pres. de «deficĕre», tener necesidad) **1** adj. Tal que no alcanza el grado debido o conveniente: 'Una preparación [o una iluminación] deficiente'. ≃ *Insuficiente. ⊙ No completo: 'Una salud deficiente'. ≃ Defectuoso, incompleto. ⊙ No bien realizado: 'Un trabajo deficiente'. ≃ Defectuoso, imperfecto. **2** m. Calificación académica inferior al insuficiente.

DEFICIENTE MENTAL. PSI. *Débil mental.

MUY DEFICIENTE. Calificación académica mínima, inferior al deficiente.

déficit (del lat. «deficĕre», faltar; «Haber, Tener»; pl. «déficit» o «déficits») m. En general, lo que *falta para tener o para que haya de una cosa lo que es necesario o conviene: 'El año pasado hubo en España déficit de trigo. He acabado el mes con un déficit de dos mil pesetas'. ⊙ («Arrojar») En una cuenta, presupuesto, balance, etc., lo que falta para nivelar los ingresos con los gastos o el haber con el debe. ⇒ Alcance, descubierto, retraso. ➤ Empeñado.

deficitario, -a adj. Se aplica a la cuenta, presupuesto, balance, situación, etc., en que hay déficit.

definible adj. Susceptible de ser definido.

definición 1 f. Acción de definir. **2** Palabras con que se define. ⊙ Particularmente, *explicación del significado de una palabra en un diccionario. **3** *Resolución de una duda o cuestión por persona con autoridad para darla:* 'Las definiciones del Concilio de Trento [o del Papa]'. **4** (pl.) *En las *órdenes militares, excepto en la de Santiago, estatutos.* ⇒ *Reglamento. **5** FOT., ÓPT., TELEV. Nitidez con que se percibe la imagen en un instrumento óptico, pantalla de televisión, película fotográfica, etc. **6** ASTRON. *Poder separador de un *telescopio.*

ALTA DEFINICIÓN. TELEV. Sistema que ofrece la imagen muy nítida.

definido, -a 1 Participio de «definir». **2** adj. Se aplica a cosas que se aprecian por los sentidos, particularmente por el de la vista, sin posibilidad de confusión con lo que las rodea o con otras cosas: 'Un perfil definido'. ≃ Acusado, claro, delimitado, distinto, *preciso. ⊙ Claramente y sin vaguedad, de cierta manera: 'Una conducta [o una ideología] definida. Unas diferencias bien definidas'. ⇒ Delimitado, *desnudo, destacado, *distinto, inconfundible, *limpio, marcado, neto, nítido, *preciso. ➤ Al PAN, pan y al vino, vino. ➤ Indefinido. ➤ Claro. Evidente. *Perceptible. **3** GRAM. Aplicado al artículo, determinado.

definidor, -a **1** adj. y n. Se aplica al que define. ⊙ Particularmente, al que tiene a su cargo interpretar o definir cosas o casos dudosos; por ejemplo, en materia de religión. **2** *En las *órdenes religiosas, cada uno de los miembros del definitorio.*

DEFINIDOR GENERAL. *El que coopera con el general de la orden para el gobierno de toda ella.*

D. PROVINCIAL. *El que sólo actúa en una provincia.*

definir (del lat. «definīre») **1** tr. *Explicar lo que es una ↘cosa con una frase que equivale exactamente en significado a la palabra que designa la cosa. ⇒ Difinecer, difinir. ➤ Última DIFERENCIA, GÉNERO próximo. ➤ Indefinible. **2** tr. y prnl. Expresar alguien sin vaguedad o inseguridad cuál es su ↘actitud, opinión, etc., en cierto asunto: 'Es preciso que definas de una vez tu actitud y que sepamos a qué atenernos. El presidente se definió'. ≃ Aclarar, determinar, fijar, *precisar. ⊙ prnl. Aclararse o asegurarse algo. **3** tr. PINT. *Acabar una ↘obra con mucho *cuidado en todos sus detalles.* ≃ Perfilar.

☐ NOTAS DE USO

Si quiere establecerse diferencia entre definir la cosa misma y definir la palabra que la designa, se dice en el primer caso «definir el..., definir un..., definir lo que es..., definir lo que es el..., definir lo que es un...»; y, en el segundo, «definir la palabra...»: 'Definir el electrón, definir lo que es un asteroide, definir la palabra «condescender»'. Pero, generalmente, se dice sólo «definir»: 'Definir «universo», definir «nada»'.

☐ FORMAS DE EXPRESIÓN

La definición se hace valiéndose de una palabra de significado más amplio que el de la que se trata de definir y restringiendo ese significado con ciertas especificaciones que limitan su aplicación al caso en cuestión; por ejemplo: 'Observar es mirar con atención'.

definitivamente adv. De manera definitiva.

definitivo, -a (del lat. «definitīvus») adj. Ya como tiene que ser y no sujeto a cambios: 'La redacción definitiva del documento. La fecha definitiva de la boda. Una contestación definitiva'. ⇒ Decisivo, fijo, firme, en firme, irrevocable, último. ➤ De una VEZ, de una VEZ para siempre. ➤ CORTAR por lo sano. ➤ Condicional, momentáneo, provisional. ➤ *Invariable.

EN DEFINITIVA. **1** («Decidir, Decir, Sacar») Definitivamente: 'No sé aún lo que hace en definitiva'. **2** Con todo lo dicho, hecho u ocurrido: 'En definitiva, no nos ha dicho nada nuevo [o estamos igual que antes]'. ≃ En resumen. **3** Expresión *consecutiva que precede a una conclusión a la que se llega después de lo dicho antes: 'En definitiva, que no me conviene esa proposición'.

SACAR EN DEFINITIVA. Sacar en *conclusión.

definitorio, -a **1** adj. Se aplica a lo que sirve para definir o diferenciar. **2** m. *Cuerpo que forman con el general o provincial de una *orden otros individuos de ella, para regirla.* ⊙ *Reunión de este consejo.* ⊙ *Lugar en que se celebran las reuniones.*

deflación (del fr. «déflation», del ingl. «deflation») f. ECON. Reducción de la inflación. ⊙ ECON. Reducción de la circulación fiduciaria.

deflacionario, -a adj. ECON. De [la] deflación.

deflacionista **1** adj. ECON. Deflacionario. **2** n. ECON. Partidario de la deflación.

deflagración f. FÍS. Acción de deflagrar.

deflagrador m. *Utensilio que sirve para dar fuego a los *barrenos.*

deflagrar (del lat. «deflagrāre»; cient.) intr. FÍS. *Quemarse una sustancia bruscamente, con llama y sin hacer explosión.

deflaquecimiento (ant.) m. *Enflaquecimiento.*

deflector (deriv. del lat. «deflectĕre», doblar) **1** m. Pantalla u otro objeto semejante que desvía la dirección de un fluido. **2** Ventanilla triangular orientable que se abre en la parte delantera del automóvil para permitir su ventilación.

deflegmar (de «de-» y «flegma») tr. QUÍM. *Separar de ↘algo la parte acuosa.*

defoír (del lat. «defugĕre»; ant.) tr. *Defuir.*

defoliación (de «de-» y «foliación») **1** f. BOT. Desprendimiento natural de las hojas, principalmente de los árboles y arbustos. **2** BOT. Caída prematura de las hojas de una planta, que puede deberse a cambios bruscos del ambiente o a enfermedades.

defoliar (del lat. «defoliāre») tr. BOT. Provocar la caída de las hojas de una ↘planta, por ejemplo usando herbicidas.

☐ CONJUG. como «cambiar».

deforestación (del ingl. «deforestation», quizá a través del fr.) f. Acción y efecto de deforestar. ≃ Desforestación.

deforestar (de «de-» y el fr. ant. «forest», bosque, actual «forêt») tr. Destruir o eliminar la vegetación forestal de un ↘terreno. ≃ Desforestar.

deformable adj. Susceptible de deformarse o de ser deformado. No es forzoso que la deformación signifique menoscabo: 'Un sombrero de ala deformable'.

deformación f. Acción y efecto de deformar[se]. ⊙ MED. Alteración de las características morfológicas de una parte del organismo.

DEFORMACIÓN PROFESIONAL. Hábito o manera de pensar adquiridos al ejercer una determinada profesión que se aplican a la vida cotidiana.

deformador, -a adj. y n. Se aplica a algo o a alguien que deforma.

deformar (del lat. «deformāre») tr. y prnl. *Alterar[se] la *forma de una ↘cosa: 'La mojadura ha deformado el sombrero. Una lente que deforma los objetos'. ⇒ Desamoldar, desfigurar[se], deshonestar, *torcer[se], viciar[se]. ➤ Descoyuntar, *forzar. ➤ Cuadral. ➤ *Cambiar. ⊙ tr. *Cambiar una ↘cosa quitándole su genuina manera de ser: 'Deformar el carácter de un niño'. ≃ Alterar. ⊙ prnl. Cambiar una cosa perdiendo su genuina manera de ser. ⊙ tr. Alterar la ↘verdad en un relato: 'Una información que deforma la realidad'.

deformatorio, -a adj. *Deformador.*

deforme (del lat. «deformis») adj. De forma o tamaño anormal. ⇒ *Anormal, contrahecho, desproporcionado, disforme, informe, molso, monstruoso, piltrafa, *raro, teratológico, torcido. ➤ Catana. ➤ Ortopedia. ➤ V. «*cuerpo» y los nombres de sus diferentes partes, para las deformidades del cuerpo. ➤ *Feo.

deformidad (del lat. «deformĭtas, -ātis») f. *Anormalidad en la forma de una cosa. ⊙ Particularmente, en la del *cuerpo de una persona.

defraudación f. Acción y efecto de defraudar.

defraudado, -a Participio adjetivo de «defraudar»: 'Me siento defraudado'.

defraudador, -a adj. y n. Que defrauda.

defraudar (del lat. «defraudāre») **1** tr. Resultarle una cosa a ↘alguien menos buena, importante, interesante, etc., de lo que esperaba: 'Le han defraudado los toros'. El complemento puede ser también «esperanzas, confianza, ilusión», etc. ≃ *Decepcionar. **2** Eludir el pago a ↘alguien de lo que tiene derecho a cobrar: 'Los abonados defraudan a la compañía con trampas en los contadores eléctricos'. ⊙ Particularmente, eludir el pago de un tributo al ↘fisco. Puede también hacer de complemento directo el complemento de cosa: 'La cantidad que se defrauda'. ⇒ Cangallar, *engañar, *estafar, fraudar, *robar. ➤ Contrabando, defraudación, matute, mazarrón, ocultación, trampa. ➤ Mazarrón, VECINO mañero. ➤ *Fraude. **3** *Impedir el disfrute de una ↘cosa:* 'Defraudar la claridad del día. Defraudar el sueño'. **4** *Impedir que cierta ↘cosa llegue a cumplirse o realizarse.* ≃ *Frustrar.

defuera (del lat. «de» y «foras») adv. **Fuera o por fuera.*

defuir (del lat. «defugĕre»; ant.) tr. *Huir, evitar.* ≃ Defoír, desfuir.

defunción (del lat «defunctĭo, - ōnis»; form.) **1** f. *Muerte de una persona. ≃ Fallecimiento. **2** (ant.) **Funeral.*

V. «PARTIDA de defunción».

degano (del lat. «decānus», jefe; ant.) m. **Administrador de una finca de cultivo.*

degaña (del lat. «decanĭa»; ant.) f. *Finca o iglesia propiedad de un *convento.* ≃ Decania.

degañero (de «degaña»; ant.) m. *Granjero.*

degastar (del lat. «devastāre»; ant.) tr. **Devastar.*

degeneración **1** f. Acción de degenerar. **2** Cualidad o estado de degenerado. **3** MED. Alteración de un tejido o elemento anatómico con pérdida de sus caracteres funcionales. ⇒ *Enfermedad.

degenerado -a **1** Participio adjetivo de «degenerar». **2** adj. y n. Se aplica a la persona afectada de anormalidades mentales o morales que la hacen repugnante o despreciable.

degenerante adj. Que degenera.

degenerar (del lat. «degenerāre») **1** intr. Hacerse una cosa o un género de cosas de peor calidad que era. ⊙ Hacerse un organismo o una raza de animales o plantas menos vigoroso o de peor calidad. ⊙ Perder una raza de personas o una familia sus cualidades. ⊙ Ser un individuo vegetal, animal o humano de *peor calidad que sus antecesores: 'Los hijos han degenerado y no parecen de aquel padre'. ⊙ Transformarse una cosa en algo peor: 'El partido degeneró en una batalla campal entre los dos equipos'. **2** PINT. *Desfigurarse una cosa hasta el punto de parecer otra.*

□ CATÁLOGO

Acochinarse, bastardearse, ir de CAPA caída, *decaer, descender, deslinajarse, envilecerse, perder, *pervertirse, no SER lo que era. ➤ Desdecir, desentonar, desheredarse, desmentir, desmerecer, despintar. ➤ Degeneración, degradación, depravación, perversión. ➤ Bastardo, degenerado, deshonrabuenos, espurio. ➤ Regenerar. ➤ *Empeorar. *Estropearse. *Peor.

degenerativo, -a adj. Que produce degeneración o es propio de ella: 'Una enfermedad degenerativa'.

degestir (del lat. «digestum», supino de «digerĕre»; ant.) tr. **Digerir.*

deglución f. Acción de deglutir.

deglutir (del lat. «deglutīre») tr. o abs. Hacer pasar los ↘alimentos de la boca al esófago. ≃ *Tragar. ⇒ *Digerir.

degollación f. Acción de degollar, en cualquier acepción. ≃ Degüello.

DEGOLLACIÓN DE LOS INOCENTES. La de niños llevada a cabo por orden de Herodes, dirigida contra *Jesucristo.

degolladero **1** m. *Sitio destinado a degollar animales.* ⇒ *Carne. ⊙ **Cadalso en que se degollaba a los reos.* **2** *En los antiguos *teatros, tablón o viga que separaba la luneta del patio, dejando un espacio libre para los que asistían al espectáculo de pie.*

IR [O LLEVAR a alguien] AL DEGOLLADERO. Ir [o llevar] a afrontar un gran peligro. ⇒ *Arriesgar. ⊙ Se emplea también en sentido figurado o humorístico; por ejemplo, aplicado a los estudiantes cuando van a examinarse.

degollado m. *Degolladura (escote).*

degolladura **1** f. Herida que se hace al degollar **2** **Escote o corte en los vestidos de las mujeres.* ≃ Degollado. **3** ARQ. *Parte más estrecha de las columnas, balaustres, etc.* ≃ *Garganta. **4** CONSTR. *Junta entre dos *ladrillos de la misma hilada.* ≃ Llaga.

degollamiento (ant.) m. *Degollación.*

degollante (de «degollar») adj. *Aplicado a personas, *desagradable, *pesado o molesto.*

degollar (del lat. «decollāre») **1** tr. *Matar a ↘alguien cortándole la garganta o cortándole y separándole completamente la cabeza del cuerpo. ⇒ Cortar la CABEZA, capolar, cortar el CUELLO. ➤ Decolación, degollación, degollamiento. ➤ *Ejecutar. *Matar. **2** (inf.) TAUROM. *Matar al *toro el matador con mal arte, dirigiendo mal la estocada, de modo que, a veces, el animal echa sangre por la boca.* **3** **Escotar el cuello de un ↘vestido.* **4** MAR. *Rasgar una ↘*vela con un instrumento cortante cuando en un caso de peligro no puede ser recogida.* **5** (inf.) *Representar muy mal un ↘papel en una representación teatral. ⊙ *Recitar una ↘obra literaria o ejecutar una ↘pieza musical estropeándolas. ⊙ Imitar o *copiar cualquier ↘cosa de modo que la copia es mucho peor que el original.

□ CONJUG. como «contar».

degollina (de «degollar») **1** (inf.) f. *Matanza. **2** («Haber, Hacer») Gran *destrozo o *daño hecho en algún sitio. ≃ *Escabechina, sarracina. ⊙ Por ejemplo, acción de suspender un profesor a muchos alumnos en un examen. ⊙ Acción de *suprimir muchas cosas o una gran parte de una cosa; por ejemplo, al censurar un escrito.

degradable adj. Aplicado particularmente a residuos, detergentes y otros productos químicos, susceptible de degradarse.

degradación f. Acción de degradar[se]. ⊙ Estado de envilecimiento o bajeza. ⊙ Cualidad de degradado o envilecido.

degradado, -a Participio adjetivo de «degradar[se]».

degradante **1** adj. Se aplica a lo que degrada. **2** También a lo que *humilla.

degradar (del lat. «degradāre») **1** tr. *Rebajar a ↘alguien de dignidad, por ejemplo pasándole de un empleo o categoría a otro inferior. ⊙ Particularmente, en la *milicia. ⊙ Quitar a ↘alguien por *castigo un honor o dignidad. ⊙ *Rebajar a ↘alguien una cosa que hace, a la que se presta, etc.: 'Esa compañía le degrada'. ⇒ Desgradar. ⊙ prnl. Rebajarse o envilecerse alguien: 'Se degrada emborrachándose a diario'. ⊙ tr. y prnl. Reducir[se] o desgastar[se] las cualidades de personas o cosas: 'El medio ambiente se degrada'. **2** tr. Atenuar o *moderar la excesiva intensidad de una ↘cosa; particularmente, de la luz. ⊙ PINT. *Disminuir gradualmente la intensidad de color y el tamaño de las ↘figuras para dar la sensación de alejamiento.*

degredo (ant.) m. *Decreto.*

degüella 1 (ant.) f. *Degollación.* **2** **Castigo que se imponía por la entrada de un ganado en coto vedado.*

degüello 1 m. Degollación de muchos. **2** *Herramienta de *herrero que se fija al yunque, con un corte en la parte superior.* **3** *Parte más delgada de un dardo u otra cosa semejante.* ⇒ *Estrecho.

ENTRAR A DEGÜELLO. MIL. Asaltar una plaza enemiga sin dar cuartel y matando a los ocupantes. ⇒ *Guerra.

TIRAR A DEGÜELLO (inf.). Hacer o decir una cosa procurando causar el mayor *daño posible a alguien.

deguno, a (ant.) adj. y pron. *Ninguno.*

degustación f. Acción de degustar.

degustar (del lat. «degustāre») tr. *Probar una ↘cosa de comer o beber, para valorar su sabor.

dehesa (del lat. «defensa», protegida) f. *Campo acotado, generalmente de prados y dedicado a pastos. ⇒ Acampo, ahijadero, alijar, boalaje, boalar, defesa, redonda, redondo, rodeo. ➤ Carneril, novillero, potril. ➤ Cencido, cenero, sencido. ➤ Millar. ➤ Herbaje. ➤ Adehesar, defesar, dehesar, endehesar. ➤ *Pasto. *Prado.

DEHESA BOYAL. Dehesa o prado comunal donde el vecindario apacienta cualquier clase de ganado.

V. «el PELO de la dehesa».

dehesar tr. *Adehesar.*

dehiscencia (de «dehiscente») f. BOT. *Apertura espontánea de las anteras o los frutos, para dar salida, respectivamente, al polen o a las semillas.*

dehiscente (del lat. «dehiscens, -entis», part. pres. de «dehiscĕre», rajarse) adj. BOT. *Se aplica a los *frutos que se abren espontáneamente dejando salir las semillas y a las *anteras que se abren dejando salir el polen.*

dehortar (ant.) tr. **Disuadir o desaconsejar.*

deicida (del lat. «deicīda») adj. y n. Matador de Dios. Se aplica a los que mataron a *Jesucristo.

deicidio m. Crimen del deicida.

deíctico, -a (del gr. «deiktikós») adj. LING. De [la] deixis. ⊙ adj. y n. m. LING. Se aplica a los elementos como «esto, eso, allí» etc., que señalan o designan algo presente en el enunciado o en la memoria de los hablantes.

deidad (del lat. «deĭtas, -ātis») **1** f. Cualidad de divino. ≃ Divinidad. **2** Dios pagano. ⇒ *Mitología.

deificación f. Acción de deificar[se].

deificar (del lat. «deificāre») **1** tr. Elevar a ↘alguien a la categoría de dios, tributándole *culto y honores de tal. ⊙ Hiperbólicamente, rendir *culto a alguien o algo. ⇒ *Divinizar. **2** prnl. *En *mística, unirse el alma con Dios en el *éxtasis.*

deífico, -a (del lat. «deifĭcus») adj. *De Dios o de un dios.*

deísmo (del lat. «Deus, Dei», Dios) m. FIL., TEOL. Doctrina que admite la existencia de Dios, pero no su intervención en los actos humanos ni la revelación, y que rechaza el culto externo.

deísta adj. y n. FIL., TEOL. Del deísmo o adepto al deísmo.

deitano, -a adj. y, aplicado a personas, también n. *De Deitania, región de la España Tarraconense que ocupaba aproximadamente lo que hoy es Murcia.*

de iure Variante ortográfica de «de jure».

deixis o **deíxis 1** f. LING. Función desempeñada por los deícticos. **2** *Acción de señalar algo con un gesto, acompañada o no de un deíctico gramatical.*

deja (de «dejar») f. *Parte *saliente en cualquier objeto; por ejemplo, en una pieza de carpintería, entre dos muescas o cortaduras.*

dejación (de «dejar») f. Renuncia o abandono: 'Hacer dejación de un derecho'. ⊙ DER. *Desistimiento: abandono de un pleito.*

dejada 1 f. *Dejación.* **2** DEP. En tenis, pelota vasca y otros deportes, pelota que se lanza muy corta para que no llegue a ella el contrario.

dejadero, -a adj. *Susceptible de ser dejado o destinado a ello:* 'Los bienes terrenales son dejaderos'.

dejadez (de «dejado») f. Falta de cuidado en uno mismo, en sus cosas, en su trabajo, etc. ≃ Abandono. ⊙ Falta de actividad o de energía para actuar en cierto caso o en general. ≃ *Pereza. ⊙ Flojedad o desfallecimiento: falta de energías físicas.

dejado, -a (de «dejar») **1** Participio de «dejar[se]». ⊙ adj. Descuidado para su persona o sus cosas. ≃ Abandonado. **2** *Abatido física o moralmente.* **3** **Alumbrado (hereje).* **4** (ant.) m. *Dejo (final).*

V. «dejado de la MANO de Dios».

dejador, -a adj. y n. *Aplicable al que deja.*

dejamiento 1 m. *Dejación.* **2** *Dejadez (abandono, pereza, etc.).* **3** *Decaimiento o abatimiento.* **4** *Falta de apego a una cosa.* ≃ *Desasimiento.

dejante (de «dejar»; Chi., Col., Guat.) prep. *Además de, aparte de.*

DEJANTE QUE (Chi., Col., Guat.). *No obstante, además de que.*

dejar (de «lejar», con influencia de «dar») **1** tr. *Poner o *colocar alguien una ↘cosa que tiene cogida, en un sitio: 'Deja esa pera en el plato y coge otra. Deja el abrigo en la percha'. ⊙ (con un pron. reflex.) Dejar algo olvidado en algún sitio: 'Me he dejado la cartera en casa'. ⊙ (con un pron. reflex.) Dejar cierta cosa, por olvido, sin poner o hacer: 'Te has dejado tres líneas sin copiar'. **2** *Separarse de ↘algo o de alguien: 'Dejó su casa y su familia y se fue en busca de aventuras'. Puede especificarse cómo queda la cosa dejada: 'Ha dejado al niño solo. La he dejado arreglándose para salir'. ≃ *Abandonar. ⊙ Cesar de ocuparse de cierta ↘cosa o de trabajar en ella: 'Ha dejado la carrera y se dedica al negocio de su padre. Dejó la dirección de la sociedad'. ≃ *Abandonar. ⊙ («a, en manos de») Cesar de ocuparse de ↘algo, encargándolo a otro: 'Le dejó a su hija el gobierno de la casa'. ⊙ prnl. Dejar de esforzarse para algo o de luchar contra una adversidad. ≃ Abandonarse, *abatirse, desanimarse. ⊙ Descuidarse alguien en su limpieza y arreglo. ≃ *Abandonarse. ⊙ tr. Separarse de una ↘persona con la que se tiene una relación afectiva, rompiendo esta relación: 'Le ha dejado la novia. Por esa mujer ha dejado a su familia y a sus amigos'. También recípr.: 'Pedro y María se han dejado'. ⊙ Desaparecer o *marcharse de algún ↘sitio o de alguien cierta cosa buena o mala: 'No le dejan las preocupaciones de una u otra clase. Nos ha dejado el buen tiempo'. **3** Hacer que ↘algo o alguien *quede de cierta manera, con una operación, acción o influencia: 'Me han dejado el sombrero como nuevo. Por fin hemos dejado el paso libre. Con lo que le has dicho le has dejado preocupado. Dejar con la boca abierta [o con un palmo de narices]'. ⊙ *Producir una cosa cierto ↘efecto que queda como huella suya al marcharse, terminarse o desaparecer: 'Esta esencia deja mancha en la ropa. El fuego deja ceniza. Su discurso nos ha dejado muy buena impresión. La conversación con ella me ha dejado mal sabor de boca'. ⊙ *Producir un negocio u operación cierta ↘ganancia: 'Aquella contrata le dejó un millón de pesetas'. ⊙ aux. Con un participio, hacer alguien antes de marcharse de un sitio lo que expresa el participio: 'Si sales de casa, deja dicho dónde vas'. **4** tr. *Dar ↘algo al marcharse: 'Dejaré la llave a la portera'. **5** Dar ↘algo al morirse: 'Un tío suyo le ha dejado un millón de pesetas'. ≃ *Legar. ⊙ Tener ↘algo que queda al marcharse o al morir: 'Sólo ha dejado aquí lo que no le servía. No ha dejado herederos'. ⊙ Dar a alguien una ↘cosa o permitirle el uso de ella cuando uno mismo ya no la va a usar, ocupar, etc.: 'Me dejará su puesto cuando se vaya'. ≃ *Ceder, transferir, traspasar. **6** Dar a alguien cierta cosa para que la utilice o la disfrute durante cierto tiempo y, pasado éste, la devuelva: 'Me dejó su pluma para firmar. Le pidió que le dejase mil pesetas'. ≃ *Prestar. **7** No *coger o quitar una ↘cosa de donde está: 'Esta lavandera deja todas las manchas en la ropa. Ha dejado toda su comida en el plato'. ⊙ En imperativo sirve para ordenar no tocar o no *coger una ↘cosa: '¡Deja eso!'. ⊙ No ocuparse de un ↘asunto: 'Dejemos eso por ahora'. ⊙ No hacer con cierta cosa ↘la operación de que se trata: 'Hay que dejar diez puntos para la sisa'. ⊙ Con ↘«agujero, hueco» o palabra semejante, hacer que queden en una obra que se ejecuta, no poniendo material en el sitio correspondiente: 'Dejar un hueco en la tapia'. **8** Con «de, sin» o «por» y un verbo en infinitivo, no hacer lo que ese verbo expresa: 'Dejó sin colgar los cuadros. Ha dejado por resolver lo más importante. No dejes de decirle que venga cuanto antes'. ⇒ *Omitir. **9** aux. Con «de» y un verbo en infinitivo, *cesar o parar: 'No dejó de llover en toda la mañana. Deja de gritar y escúchame. Dejó de venir por aquí hace una temporada'. ⊙ Puede, en la misma forma, referirse a la omisión en cierta ocasión de la acción que expresa el infinitivo: 'Has dejado de venir el día en que más falta nos hacías'. ⊙ prnl. Seguido de «de» y un nombre o un verbo en infinitivo, cesar de *hacer, o no hacer, lo que expresan: 'Déjate de escribirle y vete a verle en persona. Por fin se ha dejado de diversiones y se ha puesto a trabajar'. **10** tr. No ocuparse o preocuparse de cierta ↘cosa: 'Deja esa cuestión por ahora. Deja que digan lo que quieran'. ⊙ *Desentenderse o *despreocuparse de ↘alguien: 'Déjale que se fastidie'. ⊙ A veces, lleva un complemento con «por»: 'Dejarlo por imposible'. ⊙ Se emplea en imperativo para invitar a alguien a no molestar, importunar o tratar de dirigir a ↘otro: 'Déjame, que yo sé lo que me conviene. Déjale que haga lo que le parezca'. Se usa mucho en exclamaciones: '¡Déjame! ¡Déjame en paz!'. ⊙ prnl. Se emplea particularmente con nombres despectivos, como «cosas, cuentos, historias, mojigangas, monsergas, romances, tonterías...»: 'Déjate de tonterías y vamos al grano'. ⊙ tr. Seguido de un pronombre complemento de persona y de «de», se emplea para rechazar a alguien que importuna o desechar una cosa importuna: 'Déjame de chismorreos'. ⊙ Con «para», no hacer o usar cierta ↘cosa, que se juzga propia para que la hagan o usen otros: 'Deja los crucigramas para los que tienen poco que hacer. Tienes que dejar ya las diversiones para los jóvenes'. ⊙ No hacer o usar una ↘cosa que es más oportuna en otros casos: 'Deja las lágrimas para cosas más serias. Deja tus consejos para quien los necesite'. ⊙ («para») Señalar para más adelante ↘algo que se pensaba hacer inmediatamente: 'Dejo el viaje para el verano. Dejaremos la fiesta para cuando se ponga bueno Manuel'. ≃ Aplazar, diferir, *retrasar. ⊙ («para, antes de») *Esperar que ocurra cierta cosa antes de hacer otra que se expresa: 'Deja que se le pase el enfado antes de hablarle. Deja que acabe de llover para salir de casa'. **11** No oponerse a la ↘acción expresada por un infinitivo, un nombre de acción o una oración con «que»: 'Dejar salir el agua. Dejar paso al público. Deja que tu hijo venga con nosotros'. ≃ *Permitir. ⊙ (con un pron. reflex.) *Permitir o *aguantar alguien que le hagan la acción que expresa un infinitivo: 'Dejarse tomar el pelo'. **12** (ant.) **Perdonar.* **13** *Nombrar, designar.* **14** *Faltar al cariño y estimación de una persona.*

V. «dejar ADIVINAR, dejar en el AIRE, dejar en las ASTAS del toro, dejar bien puesta la BANDERA, no dejar meter BAZA, dejar BIZCO, dejar con la BOCA abierta, dejar CAER, dejarse CAER, dejarse CAER con, dejar en la CALLE, dejar en CAMISA, dejar el CAMPO libre, dejar CORRER, dejarse llevar por la CORRIENTE, dejar en CUEROS, dejarse DECIR».

¡DEJA! **1** Exclamación empleada para *contener a alguien de hacer o decir algo o para sustituirle en lo que hace: '¡Deja! Yo llevaré la maleta'. **2** Constituye también una exclamación de sorpresa o *expectación.

¡DEJA ESO! [¡DÉJALO! o ¡DÉJALO ESTAR!]. Equivale a «no hables» o «no hablemos más de eso, no te *preocupes de eso», etc.

DEJAR APARTE una cosa. *Prescindir o no ocuparse o hablar de ella por el momento.

DEJAR ATRÁS. *Adelantar a alguien en una carrera o superarle en cualquier cosa. ⊙ *Superar una cosa a otra.

DEJAR [BASTANTE] QUE DESEAR. Distar una cosa de ser completamente buena o de estar bien hecha. ⇒ *Imperfecto.

DEJAR LO CIERTO POR LO DUDOSO. Frase de sentido claro. ⇒ *Arriesgarse.

DEJAR FUERA. *Apartar una cosa o a una persona del asunto de que se trata o *prescindir de ella.

DEJAR SIN. Expresión frecuentísima, empleada en vez de «despojar», que es un verbo culto: 'Me dejaron sin cigarrillos'.

DEJARSE ABATIR. Permitir una persona que se apodere de ella el abatimiento. ≃ DEJARSE caer.

DEJARSE PEDIR. *Pedir como cosa corriente y con naturalidad un precio a todas luces excesivo.* ⇒ *Caro.

¡DÉJATE [o DÉJESE USTED!, etc.] o ¡DÉJATE [o DÉJESE USTED, etc.] DE COSAS! Exclamación con que se *desecha algo que otro dice o propone.

V. «dejar DESARMADO, dejar EMPANTANADO, no dejarse ENSILLAR, dejar ENTREVER, dejar ESCAPAR, dejar ESPATARRADO, dejar en la ESTACADA, dejar FEO, dejar FRESCO, dejar FRÍO, dejar hecho un GUIÑAPO, no HABER por donde dejar, dejar HACER, dejar HUNDIDO, dejarse IR, dejar en JOLITO, dejar K. O., dejar a la LUNA de Valencia, dejarse LLEVAR, dejar de la MANO, dejar en MANOS de, dejarse en MANOS de, no me dejará MENTIR, dejar hecho MIGAS, no dejar criar MOHO, dejar MOLIDO».

NO DEJAR DE. Hacer sin interrupción o sin falta lo que se expresa: 'No deja de venir ni un solo día'. ⊙ En futuro denota propósito o promesa de hacer la cosa que se expresa: 'No dejaremos de venir. No dejaré de tenerlo en cuenta'. ⊙ Con este significado se emplea mucho en imperativo: 'No dejes de escribirme'. ⇒ Sin FALTA.

V. «no dejar escapar PALABRA, dejar con un PALMO de narices, dejar hecho PAPILLA, dejar PARADO, dejar PASAR, dejar PASMADO, dejar PATIDIFUSO, dejar PATITIESO, dejar en PAZ, dejar PEGADO, dejarse la PELLEJA, dejar el PELLEJO, dejarse tomar el PELO, dejar en PELOTA, dejar a PIE, no dejar PIEDRA sobre piedra, dejar[se] la PIEL, dejar PLANTADO, dejar hecho POLVO, dejarse QUERER, dejar entre RENGLONES, dejar sin SABER qué decir, dejar SECO, dejarse SENTIR, dejar en el SITIO, no dejar a SOL ni a sombra, dejar SOLO, dejar hecho un TACO, dejar TEMBLANDO, dejar TIESO, dejar en el TINTERO, dejar hecho TRIZAS, dejar TRANSPARENTAR, dejar TRASLUCIR, dejar TURULATO, dejarse las UÑAS, dejarse VENCER, dejar VER, dejarse VER, dejarse la

VIDA, dejar a la VISTA, no dejar VIVIR, dejar hecho unos ZORROS».

□ NOTAS DE USO

Etimológicamente, la acepción primaria de este verbo es «cesar de tener cogido»: 'Deja esa pera y coge otra'. Sin embargo, con eso no queda definido su verdadero carácter: no se puede decir que se deja una cosa si, a su vez, la cosa dejada no «queda»; no se puede decir, por ejemplo, 'dejar un globo' o 'dejar una piedra' por 'soltar un globo' o 'soltar una piedra'. La idea básica y permanente en todas las acepciones de «dejar» es la de apartamiento del sujeto de cierta cosa que, a su vez, permanece o queda.

En la tercera acepción tampoco son intercambiables «dejar» y «poner»; se dice 'poner rojo de vergüenza, el azafrán pone amarillo el arroz'; y, en cambio, 'dejar avergonzado' o 'dejar abatido'; «poner» no implica como «dejar» que la cosa «queda» de la manera como ha sido puesta al dejar de actuar la causa. En algunos casos son aplicables ambos verbos y se dice «poner triste» o «dejar triste» según que se trate de una tristeza momentánea que dura lo que la impresión que la causa o que se trate de un estado permanente, de más o menos duración.

□ CATÁLOGO

*Abandonar, abdicar, apartarse, *ceder, cortarse la COLETA, declinar, desamparar, desapropiarse, desasirse, descargarse, desentenderse, desentrañarse, desertar, deshacerse de, desistir, despedirse, despojarse, desposeerse, *desprenderse, despreocuparse, dimitir, *exceptuar, ahorcar [o colgar] los HÁBITOS, huir de, lejar, leijar, ahorcar [o colgar] los LIBROS, pasar, *prescindir, privarse, quitarse, remitir, *renunciar, resignar, respetar, retirarse, saltar[se], *separarse. ➤ Arrimar, arrinconar, *arrumbar, retirar. ➤ Derrelicto. ➤ No caerse de las MANOS. ➤ *Ceder. *Cesar. *Confiar. *Dar. *Desentenderse. *Encargar. *Marcharse. *Omitir. *Permitir. *Poner.

dejarretadera (ant.) f. *Desjarretadera.*

dejarretar (ant.) tr. *Desjarretar.*

dejativo, -a adj. *Dejado (abandonado o perezoso).*

deje (de «dejar») m. *Acento peculiar en la manera de hablar. ≃ Dejo.

dejemplar (de «de-» y «ejemplo»; ant.) tr. **Difamar.*

dejillo m. Dim. frec. de «dejo».

dejo (de «dejar») **1** m. *Dejación.* **2** *Flojedad.* **3** *Sabor que, aparte del que es propio de la cosa de que se trata, queda después de ingerida esta: 'Tiene un dejo amargo'. ≃ Regusto. **4** **Impresión, agradable o desagradable, que queda después de una acción, una conversación, un incidente, etc.* **5** Entonación peculiar de algunas regiones o de algunas personas; en Aragón, por ejemplo, consiste en elevar la voz al final de la frase. ≃ Tonillo, *tono. **6** *Descenso del tono al final de cada periodo, en el habla o en el canto.* **7** *Acento peculiar de una región. **8** **Fin a que llega una cosa.*

dejugar (de «de» y «jugo»; ant.) tr. *Quitar el *jugo a una ↘cosa.*

dejuramente (P. Rico, R. Pl.; inf.) adv. *Ciertamente.*

de jure (pronunc. «de iúre») Expresión latina que significa «de derecho», por oposición a «de facto». ≃ De iure. ⇒ *Legal.

del Contracción de la preposición «de» y el artículo «el»: 'El cultivo del arroz'.

dél *Contracción antigua de la preposición «de» y el pronombre «él»:* 'No te apartes dél'.

delación f. Acción de delatar.

delado (del lat. «delātus», acusado; ant.) m. *Bandido.* ≃ Delate.

delant (ant.) adv. *Delante.*

delantal (de «delante») m. Prenda de *vestir que se coloca por delante del cuerpo, encima de los otros vestidos, para evitar que se manchen éstos. ≃ Mandil. ⊙ Mandil de los masones. ⊙ También, vestido de tela lavable que se les pone a los niños encima de otro para que no ensucien éste, o que se les pone para estar en el colegio, en casa, etc. ⇒ Abental, angorra, cernedero, devantal, escusalí, excusalí, faldar, mandil, mantelo, zamarrón. ➤ *Bata, sobretodo.

delante (del ant. «denante») **1** adv. Designa el lugar que, con respecto a otros que se consideran, está más próximo al observador o al punto hacia donde se camina o a que se dirige la acción de que se trata: 'Que se pongan delante los más pequeños. Mi hermana es la que va delante. La fachada de delante. Inclinado hacia delante. Abierto por delante'. ⇒ Ante, *antes, a la cabeza, en cabeza, delant, al frente, al principio, en vanguardia. ➤ De cara, enfrente, frente a, de frente, FRENTE por frente. ➤ En las BARBAS, en la CARA, en las narices, en *presencia de. ➤ Cara, frente. ➤ Adelante. ➤ *Preceder. **2** En el lado que se considera *fachada o parte exterior principal de un edificio: 'La casa tiene balcones delante y ventanas a los lados'. ⊙ Tratándose de una persona o animal, en el lado en donde está la cara y, sobre todo, los ojos. ⊙ En los vestidos, en la parte que corresponde a ese lado del cuerpo: 'Lleva la botonadura delante'. **3** (inf.) Estando *presente la persona de que se trata y no a sus espaldas: 'Yo digo las cosas delante'. **4** Se usa más frecuentemente formando una expresión prepositiva con «de»: 'Él está delante de mí en el escalafón. La máquina va delante de los vagones'. **5** También solo o seguido de «de», expresa el lugar que está frente al lado que se considera fachada o parte principal de un edificio u otra cosa, o enfrente de la vista de una persona: 'Mi casa no tiene ningún edificio delante. Delante de su casa hay un árbol. Tengo tu libro delante mientras te escribo'. De dos cosas que están una frente a otra puede decirse de cualquiera de ellas que está delante de la otra; pero suele considerarse como punto de referencia la más grande o la más importante: 'El acusado estaba delante del juez. El árbol está delante de la casa'. A veces, la posición de un objeto con respecto a otro se expresa indistintamente con «detrás» o «delante», porque depende de cuál de las caras del objeto considera el que habla como delantera: 'Trabaja en una mesa colocada delante de la ventana. Hay un sofá detrás de la ventana'. ≃ Enfrente. **6** Estando presente la persona que se expresa: 'Lo dijo delante de testigos'. ≃ Ante, en *presencia de. **7** (ant.) *De delante.* **8** (ant.) *Delante de.*

DE DELANTE. Se dice de la cosa que está o va delante: 'El coche de delante. La palabra de delante'.

V. «LLEVAR[SE] por delante, poner delante de los OJOS, PASAR delante, no PONERSE nada por delante, PONERSE delante, QUITAR[SE] de delante».

delantera (de «delantero») **1** f. Parte de algunas cosas que está en la parte de delante de ellas. ⊙ Particularmente, en los *carruajes. **2** Delantero de un vestido. **3** (inf.) *Pecho de una mujer, sobre todo si es voluminoso. **4** *Asiento de la fila delantera de cada clase de localidades de un teatro, un cine, de la plaza de toros, etc.: 'He sacado dos delanteras de anfiteatro'. **5** («Llevar [la]») Circunstancia de ir más adelantado que otro en una carrera. ≃ *Ventaja. ⊙ Distancia en que consiste ese adelanto. **6** Dep. En los *deportes de equipo, línea de ataque. **7** AGráf. *Corte de un *libro opuesto al lomo, generalmente acanalado.* ≃ Canal. **8** (ant.) **Vanguardia.* **9** **Límite de una población, una finca, etc.* **10** (pl.) **Zahones (pantalones).*

COGER [o TOMAR] LA DELANTERA. *Adelantar a otro en una carrera o cosa semejante. ⊙ *Anticiparse a otro en hacer o conseguir algo.

LLEVAR LA DELANTERA. Ir delante de otro en una carrera u otra cosa, en sentido material o no material.

delantero, -a 1 adj. Se aplica a lo que está en cualquier cosa en la parte de delante: 'Pata delantera'. **2** n. En algunos *juegos y deportes, jugador que actúa en la línea más próxima a la meta del equipo contrario.

delasolré (de la letra «d» y las notas musicales «la», «sol», «re») m. *En *música antigua, indicación del tono que principia en el segundo grado de la escala diatónica de do y se desarrolla según los preceptos del canto llano y del canto figurado.*

delatador, -a adj. Aplicado a cosas, que delata.

delatar (del lat. «delātus», acusado) tr. Descubrir a ˎalguien que ha cometido un delito o falta, a quien ha de castigarlo. ⇒ *Acusar, chivarse, chivatear, ir con el CUENTO, *denunciar, *entregar, insimular, malsinar, mesturar, soplar, ir con el SOPLO. ➤ Acusica, *acusón, cañuto, chivato, chota, delator, fuelle, sindicador, soplón. ➤ Cañutazo, chivatazo, chotería, delación, soplo, viento. ➤ *Acusar. *Chisme. *Decir. *Traicionar.

delate (de «delatar»; ant.) m. *Bandido.* ≃ *Delado.*

delator, -a adj. y n. Aplicado a personas o cosas, se dice del que o lo que delata.

delaxar (del lat. «delassāre»; ant.) tr. **Cansar.*

delco (nombre comercial, sigla del ingl. «Dayton Engineering Laboratories Company») m. Dispositivo del *motor de explosión que distribuye la corriente a las bujías. ≃ Distribuidor.

dele (del lat., 2.ª pers. sing. del imperat. de «delēre», borrar) m. AGRÁF. Signo (ϑ) con que se indica en la corrección de pruebas de imprenta que hay que *suprimir algo.

deleatur (lat., 3.ª pers. sing. del imperat. de «delēre», borrar; pronunc. [deleátur]) *Expresión latina que significa «suprímase».*

deleble (del lat. «delebĭlis») adj. *Susceptible de ser borrado.* ⇒ Indeleble.

delectable (ant.) adj. *Deleitable.*

delectablemente (ant.) adv. *Deleitablemente.*

delectación (del lat. «delectatĭo, -ōnis»; culto) f. Sensación producida por lo que deleita: 'Los niños miraban con delectación el pastel'. ≃ Complacencia, deleite, placer.

delectamiento (de «delectar»; ant.) m. *Deleite.*

delectar (del lat. «delectāre»; ant.) tr. *Deleitar.*

delecto (del lat. «delectus»; ant.) m. **Criterio para juzgar y elegir.*

delegación 1 f. Acción de delegar. **2** Conjunto de personas en quien delegan otras para cierta cosa. ≃ *Comisión. **3** Cargo de delegado. ⊙ *Oficina o despacho de un delegado. ⊙ Muchas oficinas públicas llevan esa designación en su nombre propio. ⊙ Particularmente, las oficinas provinciales de Hacienda: 'Delegación de Hacienda.' ⊙ Cada una de las oficinas establecidas en distintos sitios por una casa o empresa comercial: 'Delegación de Madrid de la Cía...'. ⇒ *Sucursal.

delegado, -a Participio de «delegar» ⊙ n. Persona comisionada por otra para actuar en su nombre. ⊙ Se aplica como nombre propio a los jefes de algunos servicios oficiales. ⇒ Subdelegado. ➤ Empleado. ⊙ Particularmente, delegado de Hacienda.

delegar (del lat. «delegāre»; «en») tr. e intr. Autorizar una persona a ˎotra para que obre en *representación suya en algún ˎasunto: 'La asamblea delegó una comisión para examinar las pruebas. El ministro ha delegado en el director general para que le represente en la ceremonia. El director ha delegado la firma en el subdirector'.

□ CATÁLOGO

Apoderar, dar ATRIBUCIONES, *autorizar, dar CARTA blanca, cometer, comisionar, *confiar, dejar [o poner] al CUIDADO de, deferir, diputar, empoderar, *encargar, echar sobre las ESPALDAS de, dar [o dejar] la FIRMA a, subdelegar. ➤ Cometido, comisión, delegación, diputación, encomienda, fideicomiso, legacía, mandato, ratihabición. ➤ Poderdante, principal. ➤ Compromisario, delegado, *emisario, *representante. ➤ *Poder. ➤ Desapoderar. ➤ *Representar.

deleitable (culto o lit.) adj. Que produce deleite.

deleitablemente adv. De manera deleitable.

deleitación o **deleitamiento** f. o m. *Deleite.*

deleitante adj. Que produce deleite.

deleitar (del occit. «deleitar») tr. o abs Causar *placer en los ˎsentidos o en el ánimo; deleita, por ejemplo, una conversación agradable, la música, la lectura o una buena comida. ≃ Agradar, *gustar, recrear. ⇒ *Distraer, *divertir. ⊙ («con, en») prnl. Encontrar deleite en cierta cosa: 'Se deleita con [o en] la contemplación de la naturaleza'. ≃ *Gozar.

deleite (de «deleitar») m. Placer sensual o espiritual.

deleitoso, -a (culto o lit.) adj. Que proporciona deleite.

delejar (del lat. «delassāre»; ant.) tr. *Renunciar a ˎalgo o dar algo a otro.*

deletéreo, -a (del gr. «dēlētḗrios»; cient.) **1** adj. Aplicado particularmente a los gases, *venenoso, mortífero: 'Gas deletéreo'. **2** Por influencia de «etéreo» hay tendencia a usarlo erróneamente por «sutil».

deleto, -a (del lat. «delētus»; ant.) adj. *Quitado, suprimido o borrado.*

deletreado, -a (ant.) adj. **Publicado o divulgado.*

deletrear 1 tr. Decir con sus nombres las *letras de una ˎpalabra. **2** intr. Decir, al aprender a *leer, las letras de cada sílaba, después la sílaba y sucesivamente en la misma forma todas las sílabas de una palabra y, por fin, la palabra completa. Así: 'la pe con la a, pa; la te con la o, to: pa-to'.

deletreo m. Acción de deletrear.

deleznable (de «deleznarse») **1** adj. *Resbaladizo.* **2** De poca consistencia y fácilmente disgregable: 'El barro es un material deleznable'. ≃ Lezne. **3** Poco duradero: 'Los bienes deleznables de la tierra. Un amor deleznable'. ≃ *Pasajero. **4** Sin solidez: 'Razones deleznables'. ≃ *Fútil. **5** Se usa en ocasiones, erróneamente, con el significado de «reprobable».

deleznadero, -a (ant.) adj. *Deleznable.*

deleznadizo, -a (ant.) adj. *Resbaladizo.*

deleznamiento (ant.) m. *Acción de deleznarse.*

deleznarse (de «des-» y el lat. «lēnis») prnl. *Resbalarse.*

délfico, -a adj. Del oráculo de Delfos.

delfín[1] (del lat. «delphin, -īnis», del gr. «delphís»; varias especies del género *Delphinus*, *Delphinus delphis* el común) m. Mamífero *cetáceo de 2 o 3 m de largo, con la boca en forma de pico. ≃ Arroaz, golfín, tonina. ⇒ Calderón.

DELFÍN PASMADO. HERÁLD. *El que tiene la boca abierta y sin lengua.*

delfín[2] (del fr. «dauphin») **1** m. Título que tenía el heredero del trono de Francia. ⇒ *Soberano. **2** Persona preparada para suceder a otra en su cargo, particularmente en una organización política.

delga f. ELECTR. *Cada una de las pequeñas piezas conductoras que, aisladas entre sí, forman el colector de una *dinamo.* ≃ SEGMENTO de colector.

delgadamente **1** adv. *Delicadamente.* **2** *Ingeniosamente.*

delgadez f. Cualidad o estado de delgado.

delgado, -a (del lat. «delicātus») **1** («Ser») adj. Aplicado a cosas, de poco grosor: 'Un hilo delgado. Una tabla delgada'. ⊙ («*Ser, Estar, Quedarse») Aplicado a personas, con poca carne o grasa en el *cuerpo, por naturaleza o circunstancialmente: 'Es una chica alta y delgada. Te has quedado muy delgado'. **2** *Aplicado a la tierra de cultivo, de poca sustancia.* ≃ Magra, *pobre. **3** *Ingenioso o *sutil.* **4** **Delicado.* **5** (ant.) **Escaso.* **6** m. MAR. *Parte de los extremos de popa y de proa de un *barco en que se estrecha el pantoque.* ≃ Racel. **7** (pl.) *Parte inferior del *vientre de las caballerías.* ⊙ (pl.) *Falda de las reses destinadas al consumo.*

V. «siempre se rompe la CUERDA por lo más delgado, HILAR delgado, INTESTINO delgado».

□ CATÁLOGO

Raíz culta, «lepto-»: 'leptorrino'. ➤ Capilar, estrecho, fino, impalpable, ligero, lineal, linear, sencillo, *sutil, tenue, vaporoso. ➤ Afilado, aleluya, aplanado, arpía, cangalla, cangallo, canilla, cañifla, carniseco, cavanillero, cenceño, charcón, chigüín [o chigüí], chupado, cimbreño, consumido, delgaducho, delicado, *demacrado, descarnado, desmedrado, desmirriado, enjuto, entelerido, esbelto, escuálido, escuchimizado, escuerzo, escurrido, esmirriado, esparvel, espátula, espectro, espingarda, espiritado, esqueletado, esquelético, esqueleto, estantigua, estilizado, extendido, fariseo, fideo, *flaco, flacucho, famélico, grácil, hético, lambrija, lamido, lombriz, macilento, maganto, magro, menudo, minuto, momia, momio, oblea, palillo, perigallo, pilongo, reseco, seco, tirillas, trasijado, vomitado, zancarrón, ESPÍRITU de la golosina, en los huesos, en el pellejo. ➤ Cateresis, colicuación, delgadez, emaciación, enflaquecimiento, extenuación, marasmo, tabes. ➤ Acartonarse, acecinarse, *adelgazar[se], afeblecerse, *afilar[se], afinar[se], ahilar[se], alfeñicarse, amojamarse, *apergaminarse, asutilar, atenuar, avellanarse, chuparse, clarearse, demacrarse, desainar, desengordar, desengrasar, desengrosar, desgrasar, despezar, encanijar[se], endelgadecer, enflacar[se], enflaquecer[se], enjugarse, enmagrecer, escaecer, espigarse, espiritualizar[se], estilizar[se], guardar [o recobrar] la LÍNEA, secar[se], sutilizar, transparentarse. ➤ *Apéndice, banda, espiga, filo, hilo, lámina, punta. ➤ Chifla. ➤ Adelgazar, endelgadecer. ➤ *Dimensión. *Disminuir.

delgaducho, -a (desp.) adj. Delgado por falta de salud o de fortaleza. ≃ *Flaco.

deliberación[1] f. Acción de deliberar.

deliberación[2] (ant.) f. *Liberación.*

deliberadamente adv. *Reflexiva e *intencionadamente: no de manera impensada, sino con pleno conocimiento de lo que se hace y buscando las consecuencias que corresponden al acto de que se trata.

deliberado, -a **1** Participio de «deliberar». **2** adj. *Intencionado o *preconcebido: hecho o decidido después de pensar sobre ello.

deliberador, -a adj. *Liberador.*

deliberante adj. Se aplica a la *asamblea o reunión de personas que delibera o tiene por objeto deliberar.

deliberar (del lat. «deliberāre») intr. *Tratar un asunto entre varias personas. ⊙ *Pensar o *reflexionar una persona sobre un asunto.

deliberativo, -a **1** adj. De deliberación. **2** Encargado de deliberar.

delibración f. *Liberación.*

delibramiento m. *Libramiento.*

delibranza f. *Delibración.*

delibrar[1] intr. *Deliberar.*

delibrar[2] intr. *Liberar.*

delicadamente adv. Con delicadeza.

delicadez **1** f. *Delicadeza.* **2** **Debilidad física o de carácter.* **3** *Susceptibilidad.*

delicadeza **1** f. Cualidad de *delicado. ⊙ Suavidad o cuidado: 'Colocó al niño con delicadeza en la cuna'. **2** Cualidad o comportamiento de la persona delicada: 'No obró con delicadeza en aquella ocasión'. **3** Acción, obsequio, etc., delicado: 'Tuvo la delicadeza de llevarme un ramo de flores a la estación'.

FALTA DE DELICADEZA. Expresión muy frecuente usada en vez de «indelicadeza».

delicado, -a (del lat. «delicātus») **1** adj. Fácil de estropear, romper o lastimar: 'Un mecanismo delicado. Un color delicado. No son sus manos para manejar estas delicadas porcelanas. La piel delicada de un niño'. ⊙ («Estar, Ser») *Débil, enfermizo o algo enfermo, habitual u ocasionalmente: 'Es un niño delicado. Está delicado del estómago. No ha venido porque se encontraba algo delicado'. ⊙ Aplicado a personas, *sensible a las molestias e incomodidades físicas: 'Con lo delicado que es no podrá dormir en esa cama tan dura'. ⊙ Con frecuencia se usa peyorativamente: 'Es demasiado delicado para trabajar'. ⊙ Propenso a sentirse lastimado o herido por la falta de delicadeza en otros: 'Es una muchacha demasiado delicada para estar en esa oficina'. ≃ Sensible. **2** *Descontentadizo o *exigente en el trato, servicio, etc., que recibe: 'Su sastre le tiene por un cliente delicado. No le duran las chicas de la limpieza porque es demasiado delicada'. **3** Aplicado a asuntos, cuestiones, situaciones, etc., expuesto a disgustos y, por tanto, *difícil de tratar o manejar: 'Una situación delicada'. ⇒ *Apuro. ➤ *Escabroso. **4** Se aplica a las cosas que satisfacen un gusto no vulgar, sin impresionar violentamente: 'Un manjar delicado'. ⊙ A las cosas de formas suaves y onduladas: 'Los rasgos delicados de la mujer'. ⊙ Aplicado a las obras humanas, de arte o de otra clase, y, correspondientemente, a su clase de belleza, significa suavidad en las transiciones, falta de contrastes bruscos o angulosidades, en cuanto a la forma; dulzura y ternura en cuanto a los afectos reflejados o a la emoción despertada; primor y cuidado en los detalles: 'Una delicada obra de rejería'. ⊙ Propio de personas distinguidas: 'Un servicio de mesa delicado'. **5** Aplicado a personas, a su comportamiento, lenguaje, etc., especialmente cuidadoso de no ofender, humillar, molestar o perjudicar a otros: 'No sería delicado mostrarle desconfianza. No fue delicado en el reparto de las ganancias'. ⊙ Cuidadoso de su propia *dignidad: 'Una persona delicada no escucha detrás de la puerta'. ⊙ Poseedor de *tacto o *discreción en el trato social; se aplica particularmente a los actos, palabras, etc.: 'Un obsequio delicado. Una frase [o una alabanza] delicada'. **6** *Ingenioso o sutil.*

□ CATÁLOGO

Adamado, afiligranado, ático, delgado, *depurado, distinguido, *elegante, escogido, esmerado, exquisito, *fino, flauteado, de buen GUSTO, mórbido, primoroso, *pulido, *refinado, *selecto, *suave, *sutil, de buen TONO. ➤ Considerado, *cuidadoso, escrupuloso, exacto, fino, mirado, *noble, sensible, señor, *susceptible. ➤ Amorosamente, con mimo, delicadamante, suavemente. ➤ Tener DETALLES [o un DETALLE]. ➤ *Afeminado, alfeñique, fileno. ➤ Delicadez, delicadeza, detalle, filigrana, monís, primor, quintaesencia. ➤ *Tacto. ➤ Escrúpulo, *melindre, *remilgo. ➤ Alfeñicarse. ➤ *Áspero, *basto, desaprensivo, *grosero, ordinario, plebeyo, *rudo, *tosco, *vulgar. ➤ Indelicadeza. ➤ *Agradable. *Amable. *Armonía. *Bonito. *Comedido. *Cortés. *Cuidado.

delicaducho, -a adj. Algo delicado (débil o enfermizo).

delicatessen (ingl., y éste del al. «delikatessen») f. pl. *Comidas exquisitas que suelen venderse en establecimientos especializados.*

delicia (del lat. «delicĭa») **1** («Causar, Ser una») f. *Placer suave producido por cosas materiales o inmateriales, en los sentidos o en el ánimo: 'Causa delicia la brisa fresca. Pienso con delicia en zambullirme en el mar. No hay delicia comparable a la de una charla animada'. ≃ Deleite, goce. **2** («Ser la, Ser una») Cosa que causa *alegría o placer: 'El circo es la delicia de los chiquillos'. **3** (gralm. pl.) Especie de croqueta o buñuelo de pescado: 'Delicias de merluza'.

HACER LAS DELICIAS (¿del fr.?). *Divertir o regocijar: 'Un charlatán hacía las delicias del público'

... QUE ES UNA DELICIA. Frase que se pospone a la expresión de cierta cosa agradable para *ponderar lo muy *buena, *agradable o abundante que es: 'Hay allí tal cantidad de pesca, que es una delicia'. ≃ Que es una BENDICIÓN. ⊙ También se aplica irónicamente a cosas desagradables: 'Tiene un geniazo que es una delicia. Hay allí una cantidad de moscas que es una delicia'.

deliciarse (del lat. «deliciāri»; ant.) prnl. **Gozar.* ≃ Deleitarse.

delicio (del lat. «delicĭum»; ant.) m. *Delicia o diversión.*

deliciosamente adv. De manera deliciosa.

delicioso, -a (del lat. «deliciōsus») adj. Muy agradable: se aplica a lo que causa delicia o *placer: 'Un sabor [o aroma] delicioso. Está haciendo un tiempo delicioso. Aquél es un lugar delicioso'. ≃ Deleitable, deleitoso. ⊙ Se aplica a personas, particularmente a *mujeres, con el significado de «*encantador»: tal que su conversación o su trato proporcionan placer: 'Su hermana es una mujer deliciosa'. ⊙ (inf.) *Gracioso o regocijante: 'Te contaré de él una anécdota deliciosa'.

delictivo, -a adj. Constitutivo de delito.

delicto (del lat. «delictum»; ant.) m. *Delito.*

delictuoso, -a adj. *Delictivo.*

delicuescencia f. Cualidad de delicuescente.

delicuescente (del lat. «deliquescens, -entis», part. pres. de «deliquescĕre», derretirse) **1** adj. QUÍM. Se aplica a lo que se liquida lentamente al absorber la humedad del aire, como la sosa cáustica. **2** Aplicado a costumbres o movimientos artísticos o literarios, decadente.

deligación f. *Arte de aplicar vendajes o apósitos.*

delimitable adj. Que se puede delimitar.

delimitación f. Acción de delimitar.

delimitado, -a adj. Participio adjetivo de «delimitar». ⇒ *Definido, *preciso.

delimitador, -a adj. Que delimita.

delimitar tr. Encerrar ↘algo entre ciertos límites. ⊙ Poner límites a ↘algo. ≃ *Limitar. ⊙ Señalar los límites entre dos ↘cosas: 'Delimitar las atribuciones del presidente y del secretario'. ⊙ Trazar los límites de un ↘lugar.

delincuencia **1** f. *Cualidad de delincuente.* **2** Fenómeno de cometerse *delitos. ⊙ Cantidad, proporción o estadística de delitos en un país o una época: 'La delincuencia infantil en España'.

delincuente (del lat. «delinquens, -entis») adj. y n. Se aplica al que comete un *delito. ⇒ Quinqui.

delineación f. Acción de delinear.

delineador, -a adj. y n. Que delinea.

delineamiento m. Acción de delinear.

delineante n. Dibujante que traza planos o proyectos ideados por otro; por ejemplo, por un arquitecto o ingeniero.

DELINEANTE PROYECTISTA. Persona que dibuja, a veces ideándolos él mismo, planos o proyectos de objetos industriales.

delinear (del lat. «delineāre») **1** tr. Trazar las líneas de un ↘dibujo; particularmente, de un *plano o proyecto. ≃ Dibujar, diseñar. ⇒ Gramil. ➤ *Dibujo. **2** prnl. Aparecer bien distinto el perfil de una cosa. ≃ *Perfilarse.

☐ CONJUG. como «alinear».

delinquir (del lat. «delinquĕre») intr. Cometer un delito.

delintar o **delinterar** (ant.) tr. **Ceder o traspasar.*

deliñar (del lat. «delineāre»; ant.) tr. *Aliñar, componer, aderezar.*

deliquio (del lat. «deliquĭum») **1** m. **Desmayo ligero.* **2** (culto) Pérdida momentánea del uso de los sentidos por una entrega afectiva absoluta del espíritu a un objeto: 'Deliquio amoroso [o místico]'. ≃ Arrobamiento, *éxtasis, rapto.

delirante **1** adj. Se aplica al que delira. **2** Se aplica a lo que va acompañado de delirio: 'Fiebre [o deseo] delirante'. **3** Hiperbólicamente, absurdo, descabellado.

delirar (del lat. «delirāre») **1** intr. Decir cosas incoherentes por efecto de una *fiebre muy alta. ≃ Desvariar. ⇒ Vanear. ➤ Delirio, subdelirio. ➤ Delirante. ➤ Despejado, lúcido. **2** (inf.) Decir, creer o pensar cosas disparatadas o concebir *ilusiones insensatas. **3** («por») Estar dominado por una afición extraordinaria a cierta cosa. ≃ Volverse LOCO. ⇒ *Desear, *gustar.

delirio («En el») m. Acción de delirar. ≃ Desvarío. ⊙ MED. Se aplica al trastorno de la *mente, propio de los estados febriles y tóxicos, en que hay intranquilidad, alucinaciones, hablar incoherente, etc. ⊙ PSI. Trastorno del pensamiento consistente en obtener conclusiones equivocadas a partir de premisas falsas: 'Delirio persecutorio [de celos, de grandeza]'.

DELIRIO DE GRANDEZAS. Actitud de la persona que sueña con una situación o con lujos que no están a su alcance, o se empeña en sostener una posición o unas apariencias superiores a sus posibilidades. ≃ *Megalomanía, MANÍA de grandezas.

CON DELIRIO. Apasionadamente: 'Le quiere [o me gusta] con delirio'.

SER una cosa EL DELIRIO (inf.). Ser extraordinaria en su género. Se aplica especialmente a situaciones en que el entusiasmo, la *alegría o el escándalo llegan al colmo: 'Cuando acabó de hablar fue el delirio'. ≃ Ser el *colmo. ⇒ Ser la LOCURA.

delirium tremens (lat., significa «delirio acompañado de temblor»; pronunc. [delírium trémens]) m. Síndrome de abstinencia alcohólica que se manifiesta con delirio acompañado de temblor. ⇒ *Borracho.

delitescencia (del lat. «delitescĕre», ocultarse) **1** f. QUÍM. *Pérdida o eliminación en partículas pequeñas del agua que contiene un cuerpo, al cristalizarse éste.* **2** MED. *Desaparición de alguna afección local.*

delito (de «delicto») **1** («Achacar, Atribuir, Imputar, Cometer, Consumar, Incurrir en, Denunciar, Descubrir, Encubrir, Confesar, Expiar, Pagar, Purgar, Reparar, contra») m. Acción penada por las leyes por realizarse en perjuicio de alguien o por ser contraria a lo establecido por aquéllas. **2** Circunstancia de serle imputable a una persona un delito: 'En un irresponsable no cabe delito'. ≃ *Culpa.

DELITO CONSUMADO. DER. El que se realiza completamente.

D. FLAGRANTE (más frec. «flagrante delito»). DER. Delito en que el reo es sorprendido mientras lo comete, de modo que está plenamente probado. ≃ DELITO infraganti.

D. FRUSTRADO. DER. El que no llega a consumarse, por causas ajenas a la voluntad del reo.

D. INFRAGANTI. DER. DELITO flagrante.

D. DE LESA MAJESTAD. Antiguamente, cualquier acto contrario al respeto debido a la persona del *soberano o a la seguridad del *Estado. ⊙ En lenguaje actual, atentado contra la vida del *rey o regente o del sucesor a la corona.

D. POLÍTICO. DER. El ejecutado por móviles políticos.

D. DE SANGRE. DER. Delito en que se atenta contra la vida o la integridad corporal de alguien. ≃ *Crimen.

V. «CUERPO del delito».

□ CATÁLOGO

Otras formas de la raíz, «delict-, delinc- o delinqu-»: 'delictivo, delictuoso; delincuencia, delincuente; delinquimiento, delinquir'. ➤ Culpa. ➤ *Crimen, cuasidelito, demasía, desaguisado, desmán, exceso, extralimitación, *falta, fechoría, *infracción, transgresión. ➤ GOLPE de mano. ➤ Abducción, aborto, ABUSOS deshonestos, adulterio, AGRESIÓN a mano armada, ALLANAMIENTO de morada, ALZAMIENTO de bienes, amenaza, asesinato, ATENTADO contra la seguridad del Estado, baratería, bigamia, calumnia, cohecho, complicidad, concusión, contrabando, conyugicidio, crimen, CRIMEN de lesa majestad, DENEGACIÓN de auxilio, depredación, DESACATO a la autoridad, desafuero, desfalco, desobediencia, dolo, efracción, encubrimiento, escalamiento [o escalo], estafa, estupro, FALSEDAD en documento público, falsificación, feticidio, flagicio, fractura, *fraude, fullería, herida, implicación, imprudencia, imprudencia temeraria, incendio, infanticidio, irregularidad, lesiones, MALVERSACIÓN [de fondos], matricidio, muerte violenta, obrepción, peculado, perjurio, PERTURBACIÓN del orden público, prevaricación, rapto, *rebeldía, rebelión, *robo, *soborno, subrepción, alta *TRAICIÓN, usurpación, uxoricidio, vagancia, violación. ➤ Penable. ➤ Suceso. ➤ Atentación, atentado, conato, intentona, tentativa. ➤ Erostratismo. ➤ Flagrante, frustrado. ➤ *In fraganti. ➤ Cometer, desuñarse, andar con malos PASOS, perderse, perpetrar. ➤ ABUSO de confianza, ABUSO de superioridad, alevosía, ARREBATO y obcecación, CIRCUNSTANCIA agravante, CIRCUNSTANCIA atenuante, CIRCUNSTANCIA eximente, en cuadrilla, legítima DEFENSA, en despoblado, desprecio, DESPRECIO del ofendido, DESPRECIO del sexo, locura, menosprecio, nocturnidad, parentesco, premeditación, reincidencia. ➤ Mixti fori. ➤ CUERPO del delito. ➤ Abrigador, agresor, apache, asesino, autor, aventurero, bandido, bandolero, capa, coautor, codelincuente, cometedor, cómplice, concusionario, consabidor, consorte, criminal, culpable, delado, delincuente, desalmado, destripador, encubridor, estafador, EXPENDEDOR de moneda falsa, facineroso, falsificador, fautor, forajido, hechor, incendiario, inductor, infractor, irado, ladrón, maleante, *malhechor, MONEDERO falso, otor, perista, petrolero, quemador, *ratero, receptador, sabedor, sacamantecas, transgresor, traspasador, vagabundo, vulnerario. ➤ Arrepentido, confesante, confeso, convicto, forzado, inconfeso, indiciado, lapso, penado, penante, presidiable, reo. ➤ *Cuadrilla. ➤ Guarida. ➤ Bandir, desanidar, poner PRECIO, a la cabeza. ➤ Talla. ➤ FICHA antropométrica. ➤ Castigo, condena, expiación, pena. ➤ Absolver, amnistiar. ➤ GUARDIA Civil, Santa HERMANDAD, *policía. ➤ Confidente. ➤ Penable, punible. ➤ Criminal, penal. ➤ Ya que me lleve el DIABLO, que sea en coche. ➤ DERECHO criminal, DERECHO penal. ➤ *Justicia. *Tribunal.

dello, -a (ant.) *Contracción de «de ello» o «de ello».*

delta (del gr. «délta») **1** f. Cuarta *letra del alfabeto griego, correspondiente a nuestra «d» (Δ, δ). **2** m. Terreno formado en la *desembocadura de un *río por los materiales arrastrados por él, que queda entre los brazos en que se divide, tomando la forma de la letra delta.

V. «ALA delta».

deltoides (del gr. «délta» y «-oide») m. ANAT. *Músculo del hombro, en la articulación del brazo. ≃ Muñón.

deludir (del lat. «deludĕre») tr. **Engañar.*

delusión f. **Ilusión: engaño de los sentidos.*

delusivo -a (del lat. «delūsum», de «deludĕre», burlar) adj. *Delusorio.*

delusor, -a (del lat. «delūsor, -ōris») adj. *Engañador.*

delusoriamente adv. *Engañosamente.*

delusorio, -a (del lat. «delusorĭus») adj. *Engañoso.*

demacración f. Acción de demacrar[se]. ⊙ Estado de demacrado.

demacrado, -a Participio adjetivo de «demacrar[se]»: *pálido, ojeroso, *delgado y, en general, con aspecto de persona enferma. ⇒ Acabado, agotado, cadavérico, chupado, consumido, desmejorado, escuálido, espectro, macilento, maganto, marchito, momia, mustio, sumancio, trasnochado, trasojado. ➤ *Débil. *Delgado.

demacrar (de «de-» y el lat. «macrāre», enflaquecer) tr. Poner demacrado a ↘alguien. ⊙ prnl. Ponerse demacrado.

demagogia (del gr. «dēmagōgía») **1** f. **Gobierno por la plebe.* **2** («Hacer») Práctica política, que puede manifestarse, por ejemplo, en un discurso, que tiene como fin predominante agradar o exaltar a las masas, generalmente con medios poco lícitos.

demagógicamente adv. De manera demagógica.

demagógico, -a adj. De la demagogia o que la contiene.

demagogo, -a (del gr. «dēmagōgós») **1** n. *Jefe de una facción popular.* ≃ *Cabecilla. **2** (n. calif.) Político que practica la demagogia.

demanda (de «demandar») **1** f. *Petición. ⊙ («Interponer, Presentar una») DER. Se usa aplicado a las peticiones o requerimientos hechos por un juez o un *tribunal o por alguien a través de ellos. ≃ Queja, querella. ⊙ DER. Escrito de reclamación contra alguien, presentando a un juez o tribunal. **2** ECON. Cantidad de productos o servicios que los consumidores están dispuesto a adquirir a cambio de dinero. ⇒ Oferta. **3** *Pregunta. **4** Busca. **5** (enfático) Cosa que alguien se propone conseguir y por la que se esfuerza: 'Lo conseguiré o pereceré en la demanda'. ≃ Empeño, empresa, *intento. **6** *Acción de pedir limosna para una *iglesia, una imagen, una obra pía, etc.* ⊙ **Limosna así obtenida.* ⊙ *Imagen con que se pide.* ⊙ *Persona que la pide.*

CONTESTAR LA DEMANDA. DER. Responder el demandado a las imputaciones del que promueve el juicio.

EN DEMANDA DE. Pidiendo la cosa que se expresa: 'Vinieron en demanda de ayuda'.

demandable (ant.) adj. **Deseable.*

demandadero, -a n. **Mandadero.*

demandado, -a Participio adjetivo de «demandar». ⊙ n. DER. Persona demandada, particularmente la que lo es en juicio. ⇒ Otor, reo.

demandador, -a adj. y n. Se aplica a la persona que demanda o pide. ⊙ Particularmente, a la que lo hace con una imagen religiosa.

demandante n. Se aplica a la persona que demanda, particularmente en juicio. ⇒ Rancuroso.

demandanza (ant.) f. *Demanda, acción o derecho.*

demandar (del lat. «demandāre», confiar) **1** (form.) tr. *Pedir. **2** («ante»: 'ante el juez'; «por»: 'por calumnia'; no frec «de»: 'de calumnia') DER. Reclamar una cosa a ↘alguien por medio de la justicia. ≃ Agir. **3** **Preguntar.* **4** (ant.) **Intentar o *pretender.* **5** (ant.) **Reprender.* **6** *Desear.

demanial (ant.) adj. *Aplicable a lo que dimana o *procede de cierta cosa.*

demarcación 1 f. Acción y efecto de demarcar. **2** Territorio demarcado. ≃ Circunscripción, *distrito, zona. **3** Territorio a que se extiende la acción de una *autoridad. ≃ *Jurisdicción. **4** DEP. En fútbol y otros *deportes, parte del terreno de juego asignada a cada jugador.

demarcador, -a adj. Que demarca.

demarcar (de «de[2]» y «marcar») **1** tr. Señalar los límites de un ↘territorio. ≃ Delimitar, *deslindar, jalonar, limitar. **2** MAR. **Marcar o determinar el ángulo que forma la visual dirigida a un astro con el rumbo del barco.*

demarraje m. Acción de demarrar.

demarrar (del fr. «démarrer») intr. DEP. En ciclismo y otros deportes, aumentar un corredor bruscamente el ritmo para distanciarse de sus competidores.

demarrarse (de «de-» y «marrar»; ant.) prnl. **Perderse o descarriarse.*

demás (del lat. «de magis») **1** adj. Con el artículo neutro o aplicado a nombres en plural o colectivos, significa lo *otro o lo *restante; se coloca entre el artículo y el nombre: 'No me importa lo demás. La demás gente. Los demás compañeros'. **2** pron. Se usa también refiriéndose a personas: 'Los demás no han podido venir'. **3** adv. *Además.*

LOS DEMÁS. El *prójimo o la *colectividad de que la persona de que se trata forma parte: 'No le importa nada de los demás'.

POR DEMÁS. **1** *Inútil: 'Es por demás que trates de convencerle'. **2** Antepuesto o pospuesto a un adjetivo o adverbio, equivale a «muy» o «demasiado»: 'Tiene un padre por demás severo'.

POR LO DEMÁS. Expresión aditiva que significa «aparte de eso»: 'Estoy cansado, pero, por lo demás, me encuentro bien'.

Y DEMÁS. Equivale a «etcétera»: 'Le han enseñado a coser, guisar y demás'.

□ NOTAS DE USO

No puede emplearse con nombres masculinos o femeninos en singular y decir, por ejemplo, 'el demás dinero, la demás mantequilla'; se dice en su lugar 'el resto del dinero, el dinero restante, el resto de la mantequilla, etc.'

Detrás de «y» puede suprimirse el artículo: 'Francia, Inglaterra y demás países firmantes del acuerdo'.

Cabe confundir este adjetivo con el adverbio «de más» y escribirlo, como éste, en dos palabras; la distinción es clara si se recuerda que el adverbio puede contraponerse a «de menos».

demasía (de «demás») **1** f. Circunstancia de haber demasiado de cierta cosa. ≃ *Exceso. **2** *Abuso o *atropello: acto cometido contra las leyes u ordenanzas o atropellando los derechos de otros.* **3** *Atrevimiento, *descaro, falta de *respeto, insulto u ofensa cometidos contra alguien o dirigidos a alguien.* **4** MINER. *Terreno franco, pero no apto para concederlo independientemente por ser muy pequeño o irregular, que ha de adjudicarse a alguna de las concesiones con las que linda.*

EN DEMASÍA. Más de lo necesario o de lo conveniente: 'Come en demasía'. ≃ De más, de sobra[s].

demasiadamente adv. *Demasiado.*

demasiado, -a (de «demasía») **1** (actualmente, sólo antepuesto al nombre; pero se ha usado pospuesto: 'adorno demasiado') adj. En mayor número, cantidad, grado, etc., de los necesarios o convenientes: 'Hace demasiado calor. Tenemos demasiadas horas de clase'. **2** (ant.) *Excesivamente claro o libre en decir lo que piensa o siente.* ≃ Desahogado. ⇒ *Descaro, *franco. **3** adv. Más de lo debido: 'Está demasiado caliente. Vas demasiado deprisa'. ≃ *Excesivamente.

V. «dar demasiados GOLPES, IR demasiado lejos, dar demasiadas VUELTAS».

□ NOTAS DE USO

Corrientemente, «demasiado» se sustituye por «muy», y si el adjetivo a que iría aplicado o el contexto son suficientemente expresivos, se suprime. «Está caliente» y «está muy caliente» son expresiones prácticamente equivalentes. Otras veces, se sustituye por «mucho»: 'Se lo dejo en dos mil pesetas. —Es mucho'.

En Hispanoamérica, inversamente, se usa «demasiado» en vez de «muy» o «mucho»: 'Es demasiado guapa. Son demasiado amables'.

demasiarse (de «demasía») prnl. *Descararse, *excederse, *insolentarse o *propasarse.*

demediar (de «de-» y «mediar») **1** tr. *Dividir una ↘cosa en dos *mitades. **2** Estar una cosa en la *mitad de cierto ↘camino o actividad que ha de recorrer o realizar. **3** *Usar o *gastar una ↘cosa hasta dejarla en la mitad.

□ CONJUG. como «cambiar».

demencia (del lat. «dementĭa») f. Enfermedad del *cerebro, que causa el deterioro intelectual del individuo: 'Demencia senil'. ⇒ Amencia.

DEMENCIA PRECOZ. PSI. **Esquizofrenia.*

demencial 1 adj. De la demencia. **2** Disparatado: 'Salir con este tiempo es demencial'.

dementar[1] (de «de-» y «mente»; ant.) tr. **Mencionar.* ≃ Mentar.

dementar[2] (del lat. «dementāre») tr. *Volver loco a ↘alguien.*

demente 1 adj. y n. Que sufre demencia. **2** *Loco: se aplica a la persona que tiene la mente trastornada.

demergido, -a (del lat. «demergĕre», sumergir, sepultar; ant.) adj. *Abatido.*

demeritar (Hispam.) tr. *Quitar mérito.*

demérito (del lat. «demerĭtus») m. Cualidad, carácter, acción, etc., por los que algo o alguien pierde valor. Se usa con frecuencia oponiéndolo a «mérito»: 'El gran tamaño de este cuadro más que un mérito es un demérito'. ≃ *Falta.

demeritorio, -a (de «demérito») m. *Que desmerece.*

demersión f. *Inmersión.* ⇒ *Sumergir.

demesura (ant.) f. *Mal trato.*

demientra, demientre o **demientres** (del ant. «domientre», del lat. «dum», mientras e «intĕrim», entretanto; ant., pop. en algunos sitios) adv. **Mientras.*

demigar (de «de-» y «miga»; ant.) tr. *Disipar, esparcir.*

demisión (del lat. «demissĭo, -ōnis»; ant.) f. *Sumisión o abatimiento.*

demitir (del lat. «demittĕre»; ant.) tr. *Dimitir.*

demiurgo (del gr. «dēmiourgós», creador) m. FIL. En la filosofía de Platón y de los gnósticos, *dios creador o *alma universal, principio activo origen del *mundo.

demo f. Programa informático de demostración.

demo- Elemento prefijo del gr. «dêmos», pueblo. ⊙ Toma a veces el significado de «democrático»: 'Democristiano'.

democracia (del gr. «dēmokratía») **1** f. Sistema de *gobierno en que los gobernantes son elegidos por los ciudadanos mediante votación. **2** País con un sistema de gobierno democrático: 'Las democracias occidentales'. **3** Participación de todos los miembros de un grupo o asociación en la toma de decisiones.

DEMOCRACIA CRISTIANA. Corriente política que une a los principios democráticos los de la doctrina de la Iglesia católica.

demócrata n. Adepto a la democracia.

democratacristiano, -a adj. y n. De la democracia cristiana o seguidor de esta corriente política. ≃ Democristiano.

democráticamente adv. De manera democrática.

democrático, -a adj. Acorde con los principios de la democracia. ⊙ Se aplica también a otras organizaciones que no son de gobierno y a su funcionamiento.

democratización f. Acción de democratizar.

democratizar tr. Convertir en democrático un ˇpaís, una institución, etc.

democristiano, -a adj. y n. De la democracia cristiana o seguidor de esta corriente política. ≃ Democratacristiano.

demodé (del fr. «demodé»; inf.) adj. Pasado de moda.

demografía (de «demo-» y «-grafía») f. Parte de la *estadística que se refiere a la *población de un país.

demográfico, -a adj. Relacionado con la demografía o con la población.

demógrafo, -a n. Especialista en demografía.

demoledor, -a adj. Que demuele. ⊙ Suele usarse en sentido figurado: 'Una fuerza demoledora. Doctrinas demoledoras'.

demoler (del lat. «demolīre») tr. *Destruir con piqueta u otra herramienta un ˇedificio o construcción. ≃ Derribar, derruir. ⊙ Destruir una ˇorganización o sistema: 'Demoler los cimientos de la civilización'.

☐ CONJUG. como «mover».

demolición f. Acción de demoler.

demonche (inf.) m. **Demonio. Se usa particularmente como exclamación.*

demoniaco, -a o **demoníaco, -a** adj. Del demonio o como del demonio.

demonio (del lat. tardío «daemonĭum», del gr. «daimónion») **1** m. Entre los antiguos, divinidad o *espíritu bueno o malo, adscrito al destino de un hombre, de una ciudad, etc.: 'El demonio de Sócrates'. **2** Nombre dado a los seres que, siendo al principio *ángeles, fueron desterrados de la presencia de Dios por su rebeldía; los cuales habitan el infierno y fomentan el mal. Se usa generalmente en singular y con artículo, bien representando a Lucifer o príncipe de ellos, bien como una personificación del espíritu del mal: 'Tiene hecho pacto con el demonio'. ≃ Diablo. ⊙ Frecuentemente se particulariza como adscrito a un vicio o pecado: 'El demonio de la soberbia'. ⊙ También, a veces, en tono informal, a una falta: 'Le tentó el demonio de la curiosidad'. ⊙ En el catecismo se incluye entre los «enemigos del alma»: 'mundo, demonio y carne'. ⊙ Se emplea el nombre para *asustar a los niños. **3** (n. calif. o en comparaciones) Persona muy *fea. **4** (n. calif. o en comparaciones) Persona muy *mala.

A DEMONIOS (inf.). Con verbos como «saber» u «oler», muy *mal: 'Este huevo sabe a demonios'. ≃ A rayos.

¡AL DEMONIO [CON]! V. «¡Al diablo [con]!».

COMO EL [O UN] DEMONIO (también con «diablo, demontre» o «diantre»; inf.). Expresión para *ponderar o exagerar algo, aunque no sea malo: 'Esto amarga como un demonio'.

¿CÓMO DEMONIOS...? (también con «diablos» o «diantres»; inf.) Expresión empleada cuando se pregunta algo con *extrañeza, *disgusto o consternación: '¿Cómo demonios se te ha ocurrido tal cosa?'.

CUANDO EL DEMONIO NO TIENE QUE HACER CON EL RABO MATA [O CAZA] MOSCAS (también con «diablo»; inf.). Comentario que se hace cuando alguien pasa el tiempo en una tontería. ⇒ *Pasatiempo.

DARSE A [TODOS] LOS DEMONIOS (también con «diablos»). *Desesperarse, *encolerizarse o *maldecir.

DE MIL [O DE TODOS LOS] DEMONIOS (también con «diablos»; inf.). Grandísimo: 'Un escándalo [o borrachera] de todos los demonios'.

DEL DEMONIO (también con «diablo»; inf.). Expresión con que se *pondera la gran magnitud de algo, particularmente de un lío, jaleo o escándalo: 'Armaron un jaleo del demonio'.

¡DEMONIO[S]! (inf.). Interjección de sorpresa o *enfado. ≃ ¡Demontre!, ¡Diablo[s]!

¡DEMONIO CON...! (también con «diablo»; inf.). Equivale a «¡demonio!», precediendo al nombre de la cosa que provoca el enfado o asombro: '¡Demonio con esta mujer!'

¡DEMONIO DE...! (inf.). Forma interjecciones con las que se muestra enfado en relación con lo expresado por el nombre al que se antepone: '¡Demonio de niño!'.

¡EL DEMONIO DE...! (también con «diablo»; inf.). Expresión que se antepone al nombre de algo con lo que se muestra enfado: '¡El demonio del crío...! Me va a volver loca'. También expresa asombro por la habilidad o picardía de alguien: '¡El demonio de tu hermano...! Consigue todo lo que quiere'.

EL DEMONIO, HARTO DE CARNE, SE METIÓ A FRAILE. V. «el DIABLO, harto de carne, se metió a fraile».

EL DEMONIO LAS CARGA. V. «el DIABLO las carga».

EL DEMONIO QUE... (también con «diablo»; inf.). Expresión con que se pondera la dificultad de lo que expresa el verbo: 'El demonio que te entienda'.

LLEVARSE a alguien EL DEMONIO [LOS DEMONIOS o TODOS LOS DEMONIOS] (también con «diablo»; inf.). *Encolerizarse.

NO SEA EL DEMONIO QUE... V. «no sea el DIABLO que...».

NO TENER EL DEMONIO POR DÓNDE COGER a una persona. V. «no tener el DIABLO por dónde coger a una persona».

NO TENER EL DEMONIO POR DÓNDE DEJAR a alguien. V. «no tener el DIABLO por donde dejar a alguien».

¡QUÉ DEMONIO[S]! (también con «diablo, demontre» o «diantre»; inf.). Interjección con que se pone *énfasis en algo que se dice: 'Usted, ¡qué demonio!, también estaba asustado'. ⊙ También, intercalada en algo que se dice, expresa *enfado: 'Eso, ¡qué demonio!, no es a mí a quien se lo tienes que decir'.

SER EL [MISMO O MISMÍSIMO] DEMONIO. **1** Ser muy *malo. **2** Ser muy *travieso. **3** Ser muy *hábil.

TENER alguien EL DEMONIO [o LOS DEMONIOS] EN EL CUERPO (también con «diablo»). Aplicado particularmente a chicos, ser muy *inquieto o *travieso.

□ CATÁLOGO

ÁNGEL malo, ÁNGEL de tinieblas, antecristo, anticristo, ayacuá, el bu, cachano, camuñas, cancón, cuco, demonche, demontre, diabla, diablejo, diablesa, diablo, dianche, diantre, diaño, enemigo, ENEMIGO malo, energúmeno, ESPÍRITU infernal, ESPÍRITU inmundo, ESPÍRITU maligno, familiar, huerco, íncubo, el maligno, el malo, mengue, papón, Pateta, el pecado, PRÍNCIPE de las tinieblas, la serpiente, súcubo, el tentador. ➤ MISA negra. ➤ Lémures. ➤ Leviatán. ➤ Cachidiablo. ➤ Demoniaco, diablesco, diabólico, endemoniado, endiablado, mefistofélico, satánico. ➤ Luciferismo. ➤ Arrepticio, endemoniado, energúmeno, espiritado, poseído, poseso. ➤ Conjurar, desendemoniar, desendiablar, exorcizar. ➤ Demoniomanía, demonismo, demonografía, demonolatría, demonología, demonomanía. ➤ Pacto. ➤ Infierno. ➤ *Hechicería.

demoniomanía (de «demonio» y «-manía») f. *Demonomanía.*

demonismo m. *Creencia en el demonio y en los espíritus malignos.* ⊙ *Conjunto de prácticas mágicas relacionadas con esta creencia.*

demonización f. Acción y efecto de demonizar.

demonizar tr. Dar un cáracter demoniaco o muy perverso a ↘alguien o algo. ≃ Satanizar.

demonografía f. *Tratado de los demonios.* ≃ Demonología.

demonolatría f. **Culto al demonio.*

demonología f. *Demonografía.*

demonomancia o **demonomancía** f. *Adivinación por inspiración del demonio.*

demonomanía f. *Manía del que se cree poseído por el demonio.* ≃ Demoniomanía.

demontre m. Uno de los nombres que se dan en lenguaje informal al «demonio». Se usa solamente en interjecciones de *disgusto o *enfado ya desusadas que equivalen a las mismas expresiones con «demonio» o «diablo»: '¡Demontre[s]!, ¡demontre[s] con...!, el demontre de..., ¡Cómo demontre[s]!, ¡Qué demontre[s]!'.

demora 1 f. Acción de demorar[se]: 'Intereses de demora'. ≃ *Retraso. ⊙ Espacio de tiempo por el que se demora algo: 'Una pequeña demora'. **2** (Hispam.) *Temporada de ocho *meses que los indios estaban obligados a trabajar en las minas.* ⇒ *Prestación. **3** MAR. *Dirección o rumbo en que se halla u observa un objeto, con relación a la de otro dado o conocido.*

demoranza (ant.) f. *Demora (retraso).*

demorar (del lat. «demorāri») **1** intr. **Detenerse por algún tiempo en alguna parte.* ⊙ (muy frec. en Hispam.) prnl. Detenerse o entretenerse en alguna parte. **2** tr. y prnl. *Retrasar[se]: 'Tuvimos que demorar la entrega del trabajo'. ⇒ Indemorable, demoroso, moroso. **3** intr. MAR. *Corresponder un objeto a un rumbo o dirección determinada, respecto a otro lugar o al paraje desde donde se observa.*

demoroso, -a (Chi.) adj. y n. *Moroso, *lento o tardo.*

demoscopia (del al. «Demoskopie») f. Estudio estadístico de las opiniones y comportamientos de la sociedad por medio de encuestas.

demosofía (de «demo-» y el gr. «sophía», sabiduría) f. *Folklore.*

demóstenes (del nombre del famoso orador griego; n. calif.) m. Se aplica, generalmente con tono irónico, a un hombre muy elocuente. ⇒ Cicerón.

demostrable adj. Que se puede demostrar.

demostrablemente adv. *De manera demostrable.*

demostración 1 f. Acción de demostrar. ⊙ Palabras con que se demuestra algo. ⊙ Cosa o hecho que demuestra cierta cosa o es signo de ella: 'Las lágrimas no siempre son demostración de dolor'. ≃ Manifestación, *muestra, prueba. ⊙ MAT. Razonamiento con que se demuestra un teorema. **2** Acción de poner objetos o realizar ejercicios, juegos, etc., para que los vea la gente: 'Una demostración atlética [o industrial]'. ≃ *Exhibición.

demostrador, -a adj. y n. *Que demuestra.*

demostramiento (ant.) m. *Acción de demostrar.*

demostranza (ant.) f. *Exhibición o revista.*

demostrar (del lat. «demonstrāre») **1** tr. Hacer patente, sin que sea posible dudar de ella, la ↘verdad de cierta ↘cosa: 'Demostró con pruebas que él no había estado aquel día en el lugar del suceso. La expedición de Magallanes demostró la redondez de la Tierra'. ≃ Evidenciar, probar. ⊙ En lógica, matemáticas u otra ciencia, seguir cierto razonamiento que produce la certeza sobre una ↘afirmación: 'Demostrar un teorema'. ⊙ A veces, significa proporcionar un conocimiento que no llega a la evidencia, más bien con el significado de «indicar» que con el de «evidenciar»: 'Eso demuestra que no tiene mucho dinero'. **2** *Enseñar prácticamente una ↘cosa*: 'Nos demostró cómo se hacía el juego de manos'. ≃ Mostrar.

□ CATÁLOGO

Acreditar, compurgar, *confirmar, contextuar, demonstrar, documentar, ejemplificar, evidenciar, fundar, justificar, poner de MANIFIESTO, *mostrar, poner ante los OJOS, hacer OSTENSIBLE, parificar, hacer PATENTE, patentizar, probar, solidar, hacer VER, hacer VISIBLE, poner ante la VISTA. ➤ Contraprueba, demostración, demostramiento, demuesa, demuestra, INDICIOS vehementes, muestra, PIEZA de convicción, prueba, reprueba, señal, testimonio. ➤ En prueba de. ➤ JUICIO de Dios, ordalías. ➤ Argumento, autoridad, cita, ejemplo. ➤ Apodíctico, demostrador, demostrativo, fehaciente, probador, probatorio. ➤ Teorema. ➤ Aquél, aquese, aqueste, ese, esotro, este, estotro, tal. ➤ Indemostrable. ➤ *Comprobar. *Mostrar.

□ CONJUG. como «contar».

demostrativo, -a 1 adj. Se aplica a lo que demuestra o sirve para demostrar. **2** adj. y n. m. GRAM. Se aplica a los adjetivos y pronombres que sirven para mostrar o señalar la cosa designada por el nombre. Son: «este, esta, esto, estos, estas; ese, esa, eso, esos, esas; aquel, aquella, aquello, aquellos, aquellas». ⇒ Apénd. II, DEMOSTRATIVO.

demótico, -a (del gr. «dēmotikós») **1** adj. *Se aplica a un género de *escritura, simplificación de la hierática, empleado en Egipto desde el siglo* VI *a. de J. C.* **2** adj. y n. m. Se aplica a la lengua griega moderna hablada.

demudación o **demudamiento** f. o m. *Acción y efecto de demudar*[*se*].

demudar (del lat. «demutāre») tr. Alterar, por ejemplo una emoción, el ↘color o la expresión de la ↘cara de ↘alguien. ⇒ *Turbar. ⊙ prnl. Experimentar esta alteración: 'Al oír eso se demudó [o se le demudó visiblemente el rostro]'. ⇒ Alterarse, irse un COLOR y venirse otro, ponerse de mil COLORES, desemblantarse, desencajarse, ponerse LÍVIDO, ponerse PÁLIDO, ponerse ROJO. ➤ *Turbar.

demuesa o **demuestra** (ant.) f. **Demostración o *señal.*

demulcente o **demulciente** (del lat. «demulcens, -entis», part. pres. de «demulcēre», acariciar, encantar) adj. y n. m. FARM. **Emoliente: se aplica a lo que sirve para mitigar la irritación, o ablandar o deshinchar las partes inflamadas.*

demulcir (del lat. «demulcēre»; ant.) tr. **Deleitar.*

denante (del lat. «de in ante»; ant.) adv. *Denantes.*

denantes (de «denante», con la «s» de «detrás»; ant., actualmente pop.) adv. **Antes (antes del momento en que se está hablando).*

denario, -a (del lat. «denarĭus») **1** adj. *Del número diez.* **2** adj. y n. m. *Se aplica a un número múltiplo de diez.* **3** m. *Moneda *romana de plata. **4** Otra, de oro.

dende (del lat. «deinde», después) **1** (ant. y pop. en algunas regiones) adv. *Desde.* **2** (ant.) *Desde allí.* **3** (ant.) *De él o de ella.*

dendriforme (cient.) adj. *De forma de árbol.*

dendrita (del gr. «dendrítēs») **1** f. GEOL. *Concreción mineral arborescente que se encuentra rellenando las fisuras de alguna roca.* **2** *Árbol *fósil.* **3** MINERAL. *Cualquier formación cristalina en forma de árbol.* **4** BIOL. *Prolongación ramificada del protoplasma de las *células nerviosas que recogen señales y las transmiten a esa célula.*

dendrítico, -a (cient.) adj. *De forma de dendrita.* ⇒ *Nervio, *neurona.

-dendro- Elemento prefijo y sufijo del gr. «déndron», árbol: 'dendrómetro, rododendro'.

dendrografía (de «dendro-» y «-grafía») f. BOT. *Descripción de los árboles.*

dendroide (del «dendro-» y «-oide») adj. BOT. *Dendroideo.*

dendroideo adj. BOT. *Arborescente.*

dendrómetro (de «dendro-» y «-metro») m. *Instrumento con que se miden las dimensiones de los árboles en pie.*

denegación f. Acción de denegar.

DENEGACIÓN DE AUXILIO. DER. Expresión aplicada específicamente a una figura de *delito.

denegamiento (ant.) m. *Acción de denegar.*

denegar (del lat. «denegāre») tr. Contestar que no se concede una ˘cosa pedida: 'El juez ha denegado la libertad condicional'. El complemento directo puede ser también la palabra «petición, instancia, solicitud, etc.»: 'Le han denegado el recurso'. ≃ Negar, *rehusar.

denegatorio adj. *Que incluye denegación.*

denegrecer (de «de-» y «negrecer») **1** tr. y prnl. *Ennegrecer[se].* **2** (ant.) tr. **Denigrar.*

□ CONJUG. como «agradecer».

denegrido, -a Participio de «denegrir». ⊙ adj. *Ennegrecido.*

denegrir (de «de-» y el lat. «nigrēre») tr. y prnl. *Ennegrecer[se].*

dengoso, -a (de «dengue»; inf.) adj. Melindroso.

dengue (de or. expresivo) **1** («Hacer») m. Resistencia a hacer o tomar una cosa por afectada delicadeza o por hacerse rogar. ≃ Denguería, *melindre, remilgo. **2** (n. calif.) *Dengoso.* **3** MED. **Enfermedad tropical transmitida por cierto mosquito, que se manifiesta por fiebre, dolores en las articulaciones y sarpullido semejante al de la escarlatina.* **4** *A veces se ha llamado así a la *gripe.* **5** *Prenda de vestir femenina consistente en un *mantoncillo o *capita con puntas largas que se cruzaban y se sujetaban detrás.* ⇒ *Chal. **6** *Lance del juego del *tresillo, que consiste en reunir el as de espadas y el de bastos.* **7** (Chi.) **Dondiego (planta nictaginácea).*

denguear intr. *Hacer dengues.*

denguería f. *Dengue.*

denguero, -a (inf.) adj. *Dengoso.*

denier m. *En industria de *tejidos, unidad para medir el *grosor de los hilos de seda y rayón, que es el peso de 9.000 m del hilo de que se trata.*

denigración f. Acción de denigrar.

denigrador, -a adj. *Que denigra.*

denigrante adj. y n. Que denigra.

denigrar (del lat. «denigrāre», poner negro, manchar) tr. Desacreditar o *criticar a una ˘persona, o dirigirle a ella misma insultos o juicios despectivos.

□ CATÁLOGO

Afear, amancillar, amenguar, baldonar, echar en CARA, poner como CHUPA de dómine, sacar los COLORES a la cara, denegrecer, desalabar, poner como digan DUEÑAS, poner como [o de] HOJA de perejil, poner de ORO y azul, poner las PERAS a cuarto, poner TIBIO, poner como un TRAPO, decir las VERDADES [o las verdades del barquero], poner VERDE, VILIPENDIAR, vituperar, poner de VUELTA y media.

denigrativamente adv. *De forma denigrativa.*

denigrativo, -a adj. *Que denigra.*

denodadamente adv. Con denuedo.

denodado, -a (del lat. «denotātus», famoso; lit.) adj. Tal que no se detiene por miedo ante el peligro: 'Un grupo de hombres denodados se lanzó al ataque'. ≃ Arrojado, bravo, *valiente. ⊙ (form.) Se aplica al que no economiza esfuerzo en la defensa de una causa, y al propio esfuerzo: 'Un denodado defensor de la democracia. Denodados esfuerzos'. ≃ Decidido, esforzado.

denodarse (del lat. «denotāre», señalar; ant.) prnl. **Atreverse.*

denominación f. Acción de denominar. ⊙ *Nombre aplicado a una cosa: 'Esa denominación no corresponde exactamente a lo que la cosa es'.

DENOMINACIÓN DE ORIGEN. La que se asigna oficialmente a un producto como garantía de su calidad y su lugar de procedencia.

denominadamente adv. *Distinta o claramente.*

denominador, -a **1** adj. y n. *Aplicable al que o lo que denomina.* **2** m. MAT. Término de una fracción, colocado debajo de la raya de quebrado o detrás del signo «:», que representa el número de partes en que se considera dividida la unidad.

DENOMINADOR COMÚN [O COMÚN DENOMINADOR]. **1** MAT. El que se obtiene reduciendo varias *fracciones al mismo denominador, y que corresponde al múltiplo más bajo, común a todos los denominadores del conjunto. **2** Se usa en sentido figurado para referirse a algo que tienen en común varias cosas: 'La buena preparación física fue el común denominador de los jugadores de este equipo'.

denominar (del lat. «denomināre»; form.) tr. Aplicar un *nombre a una ˘cosa: 'Los romanos la denominaron Hispania'. ≃ Designar, *llamar. ⊙ (form.) prnl. *Llamarse.

denominativo, -a **1** adj. Que sirve para denominar. **2** GRAM. *Se aplica a las palabras formadas a partir de un nombre; por ejemplo, «encabezar», de «cabeza».*

denostable (de «denostar»; ant.) adj. *Censurable.*

denostada (ant.) f. *Denuesto.*

denostadamente adv. *Con denuesto.*

denostador, -a adj. *Que denuesta.*

denostamiento m. *Denuesto.*

denostar (del lat. «dehonestāre», deshonrar, infamar; culto en general y, en algunos sitios, pop.) tr. *Insultar.

□ CONJUG. como «contar».

denostosamente adv. *Denostadamente.*

denotación (del lat. «denotatĭo, -ōnis») f. LING. Significado primario de una expresión; es decir, su referencia a determinada realidad, excluyendo las connotaciones.

denotar (del lat. «denotāre») **1** tr. Servir una cosa para que se conozca o se sepa la existencia de ↘otra: 'El mal color denota falta de salud'. ≃ Demostrar, implicar, *indicar, revelar, significar. ⊙ Servir para hacer saber cierta ↘cosa: 'Las comillas denotan que lo que se escribe entre ellas es una cita'. ⊙ Aplicado a una palabra, significa generalmente que, aparte de su significado común con otra o a pesar de ser de la misma raíz, tiene cierto ↘matiz peculiar: 'Inefable denota placer, mientras que nefando denota horror'. ≃ Connotar, implicar. ⇒ Comportar, llevar ENVUELTO, llevar IMPLÍCITO, suponer. ➤ *Indicar. *Mostrar. *Significar. **2** LING. Tener determinada ↘denotación una expresión.

denotativo, -a adj. LING. De [la] denotación: 'Significado denotativo'.

densamente adv. Con densidad: 'Densamente poblado'.

densidad f. Cualidad, medible, de denso. ⊙ FÍS. Relación entre el peso de un cuerpo y su volumen: 'El plomo tiene mucha densidad; el corcho, poca'.

DENSIDAD DE POBLACIÓN. Número de habitantes por unidad de superficie.

densificar tr. y prnl. Hacer[se] una ↘cosa densa o más densa.

densimetría (de «denso» y «-metría») f. Medición de densidades. ⊙ Tratado de ella.

densímetro (de «denso» y «-metro») m. FÍS. Aparato para medir densidades.

denso, -a (del lat. «densus») **1** adj. Se aplica a las cosas que tienen mucha materia en relación con su volumen. Aplicado a gases o líquidos: 'Una densa niebla. Un humo denso. La miel es densa'. Aplicado, rara vez en lenguaje corriente, a sólidos, «pesado»: 'El plomo es muy denso'. ⊙ Aplicado a cosas disgregadas, «apiñado, apretado, *compacto»: tales que los elementos o partículas que las forman están muy próximos unos de otros: 'Bosque denso. Población densa'. **2** Con mucha materia o contenido: 'Un libro [o discurso] denso'. ≃ Sustancioso. **3** *Confuso.*

□ CATÁLOGO

Afijo, «picn-»: 'picnemia, picnómetro'. ➤ Alaste, apiñado, aplastado, *apretado, apretujado, caliginoso, *compacto, comprimido, concentrado, consistente, *espeso, impenetrable, macizo, mazorral, pastoso, pegajoso, pelmazo, *sólido, turbio, viscoso. ➤ Concentración, cuerpo, densidad, grado, graduación, groseza, PESO específico. ➤ Poderse CORTAR, hacer HEBRA, hacer MADEJA. ➤ Adensar, condensar, dar CUERPO, desmullir, espesar, trabar, tupir. ➤ Aerómetro, areómetro, densímetro, galactómetro, gravímetro, lactómetro, pesaleches, pesalicores, salerón. ➤ Claro, diluido, enrarecido, *esparcido, *esponjoso, *hueco. ➤ Cohesión. *Duro. *Mucho. *Pesado.

dentado, -a (del lat. «dentātus») **1** *Participio de «dentar».* **2** adj. Se aplica a cualquier objeto que tiene *dientes, o sea, puntas o muescas en el borde; por ejemplo, a las hojas de las plantas o a las ruedas de las máquinas. ⇒ Arpado, aserrado, danchado, dantellado, dentellado, denticulado, serrado. ➤ Desgranado. ➤ Piñón. *Pico. ⊙ HERÁLD. *Se aplica al escudo que tiene las particiones con dientes como los de sierra.* ⊙ adj. y n. m. Se aplica al sello de correos con el borde dentado; el número de dientes es una característica de la clase de emisión o serie.

dentadura f. Conjunto de los *dientes de una persona o animal.

dental[1] (del lat. «dentālis») **1** adj. De [los] dientes. **2** adj. y n. f. FON. Se aplica a los sonidos que se articulan con la punta de la lengua contra la cara interior de los incisivos superiores; por ejemplo, «t, d». ⇒ Alveolar, interdental, labiodental.

dental[2] (del lat. «dentāle») **1** m. AGRIC. Palo donde se encaja la reja del *arado. ≃ Galápago. **2** AGRIC. *Nombre aplicado a las piedras o cuchillas incrustadas en el *trillo, con las que se corta y tritura la mies.*

dentar tr. *Echar los dientes los *niños.* ≃ Endentecer.

dentario, -a (del lat. «dentarĭus») adj. *Dental.
V. «BULBO dentario».

dente (it.) AL DENTE. Referido a la pasta alimenticia, cocida de modo que no quede muy blanda: 'Tallarines al dente'.

dentejón (¿del lat. «denticŭlus»?) m. **Yugo de carreta.*

dentelete m. *Dentículo.*

dentellada (de «dentellar») f. Acción de clavar los dientes en una cosa: 'El perro ha partido la cuerda a dentelladas'. ≃ Bocado, *mordisco. ⊙ Señal o herida que queda de clavar los dientes.

dentellado, -a (part. pas. de «dentellar») adj. HERÁLD. *Se aplica a las piezas cuyos bordes tienen dientes separados por espacios curvos en vez de angulares como los que separan los de las dentadas.*

dentellar intr. *Tener castañeteo de dientes.* ≃ *Castañetear.

dentellear (de «dentellar») tr. **Mordisquear.*

dentellón (de «dentellar») **1** m. *Pieza de las cerraduras en forma de diente.* **2** CONSTR. *Cada parte saliente de la adaraja o corte de un muro en que se dejan enteras las piedras o ladrillos que sobresalen, en previsión de una prolongación.* ≃ *Diente. **3** *Dentículo.*

dentera 1 («Dar») f. Cierta sensación desagradable que se localiza en los dientes, experimentada por ejemplo con ciertos ruidos chirriantes o al comer o ver comer ciertas cosas *ácidas, como el limón. ≃ Repeluzno. ⇒ Acercarse, destemplarse. **2** (inf.; «Dar») *Envidia: 'Al mayor le da dentera que hagan fiestas al pequeño'.

denti- Elemento prefijo del lat. «dens, -ntis», diente.

dentición f. Acción de dentar. ⊙ Época en que echan los dientes los *niños. ⊙ Cada una de las series completas de dientes que echan de una vez los mamíferos que los mudan: 'Primera [o segunda] dentición'. ⇒ DIENTE de leche.

denticulación (de «dentículo») f. ZOOL. *Conjunto de dientecillos que presentan algunos órganos de ciertos animales.*

denticulado, -a adj. Con dentículos.

denticular (de «dentículo»; culto) adj. En forma de diente.

dentículo (del lat. «denticŭlus», dientecillo) m. Dientecillo o diente. Se aplica en lenguaje culto a cosas en forma de diente. ⊙ ARQ. Cada una de las piezas en forma de paralelepípedo que, formando una serie, decoran, por ejemplo, la parte superior del friso en el orden jónico. ≃ Dentelete, dentellón.

dentífrico (de «denti-» y el lat. «fricāre», frotar) m. Sustancia que se emplea para limpiarse los *dientes.

dentina f. ANAT. Marfil de los dientes.

dentirrostro (de «denti-» y el lat. «rostrum», pico) adj. y n. m. ZOOL. *Se aplica a los *pájaros que, como el cuervo o las cotingas, tienen un diente en el extremo de la pieza superior del pico.* ⊙ m. pl. ZOOL. *Suborden constituido por estas aves, actualmente sin valor taxonómico.*

dentista (de «diente») n. Médico que cuida y arregla la dentadura. ⇒ CIRUJANO dentista, odontólogo, sacamuelas. ➤ *Diente.

dentivano, -a (de «denti-» y «vano») adj. *Se aplica a las *caballerías que tienen los dientes grandes y claros.*

dentón, -a 1 (inf.) adj. Dentudo. **2** m. Dentudo (pez).

dentorno (de «de en torno»; ant.) adv. *De alrededor.*

dentrambos, -as *De entre ambos.*

dentro (del lat. «deintro») adv. Significa en el *interior de un lugar consabido: 'Mi madre está dentro' (en el interior de la casa). ⊙ Se emplea mucho más en la expresión prepositiva «dentro de», que significa «en» o «en el interior de»: 'Dentro del cajón. Dentro de mi alma'. ⇒ Prefijos, «endo-, entro-, in-, inter-, intest-, intim-, intr-, intra-, intro-». ➤ Adentro, en el interior de, en el seno de.

V. «BARRER para dentro, CAER dentro de».

DENTRO DE. Seguido de una expresión de tiempo sirve para fijar para una acción el plazo que se expresa: 'Ven dentro de una semana'. ⇒ *Tiempo.

DENTRO DE POCO. *Pronto: 'Se casa dentro de poco'.

DENTRO EN. *Forma anticuada de «dentro de»:* 'Pelarlas dentro en mi casa'.

¡DENTRO O FUERA! Exclamación con que se incita a tomar una actitud u otra entre dos contrapuestas. ⇒ *Decidir.

V. «dentro de cuatro DÍAS».

ESTAR una cosa DENTRO DE LO POSIBLE. Expresión frecuente, de significado claro.

POR DENTRO. Interiormente: 'Un puchero esmaltado por dentro'.

dentudo, -a 1 (inf.) adj. y n. Se aplica a las personas o animales que tienen los dientes grandes. **2** *(Dentex dentex)* m. *Pez comestible, de 30 a 80 cm, con los dientes muy salientes. ≃ Dentón.

denudación (del lat. «denudatĭo, -ōnis») f. GEOL. *Fenómeno de desintegrarse las rocas por acciones químicas y físicas y de ser arrastrados por el agua y el viento los materiales desprendidos.*

denudar (del lat. «denudāre») tr. GEOL. *Producir denudación en una ↘roca o suelo.*

denuedo (de «denodarse»; culto o lit.) m. *Valor y *brío en la lucha o al acometer una empresa.

denuesto (de «denostar»; culto o lit.) m. Insulto: 'La llenó de denuestos'.

denuncia f. Acción de denunciar (hacer saber a la autoridad una cosa que merece castigo).

DENUNCIA FALSA. Expresión de significado claro.

denunciable adj. Susceptible de ser denunciado.

denunciación f. *Acción de denunciar.*

denunciador, -a adj. y n. Que denuncia.

denunciante adj. y n. DER. Que denuncia ante un tribunal.

denunciar (del lat. «denuntiāre») **1** tr. *Comunicar a la autoridad un ↘delito: 'Mi vecino ha denunciado el robo de su automóvil'. ⊙ Hacer saber a la autoridad que ↘alguien ha cometido un delito: 'El inspector ha denunciado a varios comerciantes por adulterar la leche'. ⊙ Hablar de cierta ↘cosa irregular o abusiva, por ejemplo en un periódico, para que la conozcan las autoridades: 'En estas columnas hemos denunciado repetidas veces ese hecho'. ⇒ Mesturar. *Acusar. *Delatar. *Descubrir. ➤ Achaque, denuncia, denunciación. **2** MINER. *Comunicar a la autoridad correspondiente la existencia de una ↘*mina para que le sea reservada su explotación al que la denuncia.* **3** Servir para que se note la ↘presencia de cierta ↘cosa: 'El olor denuncia la presencia del gas'. ≃ *Indicar. **4** *Publicar solemnemente una ↘cosa. ≃ Promulgar. **5** Manifestar alguna de las partes de un contrato, tratado, etc., su voluntad de romperlo.

☐ CONJUG. como «cambiar».

denunciatorio, -a adj. *De denuncia:* 'Alegación denunciatoria'.

denuncio 1 m. MINER. *Acción de denunciar una *mina.* **2** MINER. *Concesión minera solicitada y todavía no obtenida.*

deñar (del lat. «dignāre»; ant.) tr. *Tener por *digno.* ⊙ (ant.) prnl. *Dignarse.*

Deo gracias (del lat. «Deo gratias», gracias a Dios) **1** *Saludo, usado todavía en algunos sitios, al entrar en una casa.* **2** (inf.) m. *Actitud *sumisa con que alguien se presenta a quien le puede favorecer:* 'Vino a verme con mucho Deo gracias'.

deodara (del hindi «deodār») adj. V. «CEDRO deodara».

deontología (del gr. «déon, -ontos», el deber, y «-logía»; culto) f. Tratado de los *deberes. Particularmente, en una actividad o campo determinado: 'Deontología profesional. Deontología médica'.

deontológico, -a adj. De la deontología: 'Código deontológico'.

Deo volente Expresión latina equivalente a «si Dios quiere».

deparar (del lat. «de», de, y «parāre», preparar) tr. *Proporcionar una cosa ↘motivo, ocasión, oportunidad, etc., para algo que constituye un placer o un disgusto: 'Esta coincidencia me ha deparado la ocasión de conocerle. El viaje me deparó un placer inesperado. Ese asunto me ha deparado uno de los disgustos más grandes de mi vida'. ≃ *Dar, ofrecer. ⊙ *Proporcionar el ↘medio, remedio, solución, etc., de algo.

V. «¡DIOS te la depare buena!»

departamental adj. De un departamento.

departamento (del fr. «departement») **1** m. Cada una de las partes en que se divide un local o espacio por medio de paredes u otro medio de separación. ⇒ Apartamento, apartamiento, capilla, compartimiento, *división, *parte, sección. ➤ *Tabique. ⊙ (Hispam.) *Apartamento, piso.* **2** Cada una de las partes en que se divide una *oficina, organismo, etc. ≃ Sección. ⊙ Particularmente, DEPARTAMENTO ministerial. **3** División territorial de Francia y otros países. ⇒ *Distrito.

DEPARTAMENTO MINISTERIAL. Ministerio.

departidamente (ant.) adv. *Por *separado.*

departidor, -a adj. y n. *Aplicable al que departe.*

departimiento (de «departir») **1** (ant.) m. **División o *separación.* **2** (ant.) **Diferencia.* **3** (ant.) **Acuerdo.* **4** (ant.) **Disputa o *pleito.* **5** (ant.) *Demarcación (trazado de *límites).* **6** (ant.) DER. **Divorcio.*

departir (del sup. lat. «departīre», de «de» y «partīre») **1** (ant.) tr. **Dividir.* **2** (ant.) **Repartir.* **3** (ant.) **Separar.* **4** (ant.) *Disolver el *matrimonio de dos ↘personas.* **5** (ant.) **Distinguir.* **6** (ant.) **Limitar.* **7** (ant.) **Impedir.* **8** (ant.) intr. **Reñir.* **9** (ant.) tr. **Enseñar o *explicar.* **10** (culto) intr. Hablar entre sí dos o más personas. ≃ *Conversar. **11** (ant.) tr. **Juzgar.* **12** (ant.) intr. **Razonar.*

depauperación (culto) f. Acción y efecto de depauperar[se].

depauperado, -a 1 Participio adjetivo de «depauperar[se]». **2** adj. BIOL. Debilitado por falta de algún elemento nutritivo necesario. ⇒ *Raquítico.

depauperar (del lat. «pauper, -ĕris», pobre) **1** tr. y prnl. (culto) Empobrecer[se]. **2** (culto) *Debilitar[se] física o moralmente.

dependencia 1 f. Situación de dependiente. ⊙ Estado de necesidad física o psicológica que es el resultado del consumo continuado de determinadas sustancias, como un medicamento o una droga: 'Este fármaco crea dependencia'. **2** Cada una de las secciones de una *oficina pública o particular: 'Trabaja en la misma oficina que yo, pero en distinta dependencia'. ⇒ Departamento, negociado, sección. ⊙ Cada *habitación de un edificio grande; por ejemplo, de un palacio. **3** *Sucursal o *delegación: establecimiento u oficina dependiente de otro principal. **4** *Relación de parentesco o amistad.* **5** (pl.) *Cosas *accesorias que acompañan a una principal.* **6** *Negocio, encargo, agencia.*

depender (del lat. «dependĕre», colgar) **1** intr. Estar una cosa con otra en tal relación que esta otra determina que aquella se realice o no se realice o que se realice de una manera o de otra: 'Mi viaje depende de lo que me digan en la carta que espero. Lo que yo le conteste depende de lo que él me diga'. **2** Estar una persona sometida a la autoridad o a la voluntad de otra: 'Dependen de él cincuenta operarios. Depende de quien le paga'. ⊙ Necesitar una persona a otra para su sustento: 'Depende todavía de sus padres'.

HACER DEPENDER. Expresión muy frecuente.

EN LO QUE DE MÍ [NOSOTROS, etc.] DEPENDE. Además de en su significado riguroso, se emplea como «por lo que se *refiere a mí», etc.: 'En lo que de mí depende, tendrás toda clase de facilidades. En lo que de mí depende, me alegraré de que así ocurra'.

□ CATÁLOGO

Estar al ARBITRIO de, estar COSIDO a, vivir a CUENTA de, ESTRIBAR, estar bajo la FÉRULA de, ir en, estar en JUEGO, jugarse, caer bajo la JURISDICCIÓN, estar en MANOS de, no poder [o saber] dar un PASO sin, pender, estar PENDIENTE. ➤ Estrechamente, inmediatamente, mediatamente. ➤ Dependiente, heterónomo. ➤ Accesorio, anexo, auxiliar, *consecuencia, dependencia, hijuela, *sucursal, sufragáneo, tributario. ➤ Achichinque, ancilario, dependiente, feudatario, inferior, sácope, satélite, subalterno, súbdito, subordinado, tributario, *vasallo. ➤ Coyunda, dependencia, esclavitud, filiación, jerarquía, menoría, minoría [MINORÍA de edad], obediencia, servidumbre, subordinación, sujeción, sumisión, supeditación, supeditación, vasallaje, vínculo. ➤ Yugo. ➤ Servilismo. ➤ INTERESES creados. ➤ EXPRESIONES CONDICIONALES: según, según como, según que, SEGÚN y conforme, si, SIEMPRE que. ➤ Bajo, debajo de, a merced de. ➤ Independiente, interdependencia. ➤ *Condición. *Influir. *Relación. *Servir. *Someter.

dependiente[1] adj. Se aplica al que *depende de otro.

dependiente[2], **-a** n. Empleado de establecimientos comerciales que atiende al público. ⇒ Hortera, motril.

DEPENDIENTE DE COMERCIO. Dependiente.

depilación f. Acción de depilar.

depilar (del lat. «depilāre») tr. Arrancar el *pelo o hacerlo caer con alguna sustancia. Particularmente, el vello o pelo superfluo. Muy frec. reflex.: 'Depilarse [las piernas]'.

depilatorio, -a adj. y n. m. Se aplica a la sustancia que sirve para depilar. ⇒ Atanquía, dropacismo. ➤ *Cosmético.

depleción (de lat. «depletĭo») f. MED. *Mengua notable de la cantidad de líquido del organismo; particularmente, de sangre.* ⇒ *Trastornar.

depletivo, -a adj. MED. *Causante de depleción; como es, por ejemplo, una *sangría.*

deplorable adj. Digno de ser deplorado. ⊙ Aplicado a «estado, situación, aspecto» o palabra equivalente, *pobre, *miserable, *sucio o malo en cualquier forma: 'Las calles están en un estado deplorable de suciedad. Lleva el traje en un estado deplorable. La familia está en una situación deplorable'. ≃ Lamentable, lastimoso. ⊙ De mal efecto: 'Dieron un espectáculo deplorable insultándose delante de todo el mundo'. ≃ Desagradable, *lamentable.

deplorar (del lat. «deplorāre»; form.) tr. Tener pena o disgusto por ↘algo: 'La pérdida que todos deploramos'. Particularmente, sentir alguien un ↘suceso que afecta a otro, en particular cuando uno mismo es causa de ese suceso o tiene con él cierta relación; se emplea el mismo verbo para expresar ese sentimiento: 'Deploro el percance que sufrieron ustedes. Deploro no poder ayudarte. Deploraría haberle causado alguna molestia'. ≃ Lamentar, *sentir. ⊙ A veces, implica «arrepentirse»: 'Ahora deplora haber perdido el tiempo'.

deponente 1 adj. *Aplicable al que depone.* **2** adj. y n. m. V. «VERBO deponente».

deponer (del lat. «deponĕre») **1** tr. **Bajar o *quitar una ↘cosa del sitio en que está.* **2** (ant.) **Depositar (colocar).* **3** *Destituir a ↘alguien de un empleo importante: 'Le depusieron de la dignidad consular. Le han depuesto del cargo de gobernador'. **4** Apartar de sí o *abandonar: 'Deponer las armas'. **5** intr. *Hacer de *vientre.* **6** (Am. C., Méj.) *Vomitar.* **7** tr. DER. *Declarar ante el juez. ⊙ *Declarar o *manifestar cualquier ↘cosa.*

depopulación (del lat. «depopulatĭo, -ōnis») **1** (ant.) f. *Despoblación.* **2** (ant.) *Devastación.*

depopulador, -a (del lat. «depopulātor, -ōris») adj. y n. *Devastador.*

deportación f. Acción de deportar. ⊙ Hecho de ser deportado.

deportar (del lat. «deportāre») **1** tr. Enviar el gobierno o el soberano a ↘alguien a un sitio lejano del que no puede salir, como castigo. ≃ *Desterrar. **2** (ant.) prnl. *Retirarse o detenerse a *descansar en algún sitio.* **3** (ant.) **Divertirse.*

deporte (de «deportar»; «Hacer, Dedicarse al») m. *Ejercicio físico, o juego en que se hace ejercicio físico, realizado, con o sin competición, con sujeción a ciertas reglas. Se puede emplear en singular como genérico, y como partitivo: 'Se dedica al deporte. Ya no hace deporte'.

DEPORTE DE INVIERNO (gralm. pl.). El que se realiza sobre la nieve; por ejemplo, el esquí.

POR DEPORTE (inf., gralm. irónico). Por gusto, sin ninguna intención determinada: 'Me quedo a trabajar hasta las nueve por deporte'. ⇒ *Indiferente.

□ CATÁLOGO

Sport. ➤ *Alpinismo, *ARTES marciales, *atletismo, *automovilismo, *baloncesto, balonmano, balonvolea, barranquismo, *béisbol, biatlón, *boxeo, *caza, *cetrería, ciclismo, cricket [crícquet o críquet], culturismo, deslizamiento, *equitación, escultismo, *esgrima, espeleología, *esquí, ESQUÍ acuático [o náutico], excursionismo, footing, full contact, *fútbol, FÚTBOL americano, gestación, *gimnasia, *golf, halterofilia, hidrospeed, hípica, hockey, jogging, lucha, *mallo, montañismo, motociclismo, motonáutica, motorismo, natación, NATACIÓN sincronizada, navegación, paddle [tenis], paracaidismo, parapente, patinaje, pedestrismo, *PELOTA vasca, pentatlón, *pesca, PESCA submarina, ping-pong, piragüismo, polo, puenting, rafting, rallye, *remo, *rugby, senderismo, squash, sumo, surf [o surfing], *tenis, *tiro, trekking, trial, triatlón, vela, voleibol, VUELO sin motor, waterpolo [o water-polo], windsurf [o windsurfing]. ➤ Aficionado, alevín, amateur, júnior, juvenil, infantil, profesional, sénior. ➤ Árbitro, atleta, campeón, centrocampista, defensa, delantero, deportista, entrenador, finalista, gimnasta, goleador, jugador, leñero, líder, maleta, manager, matagigantes, medallista, mediocampista, mundialista, outsider, parador, plusmarquista, portero, preparador, recordman, recordwoman, reserva, seleccionador, técnico, titular, zaguero. ➤ Defensa, delantera, zaga. ➤ Hincha, hooligan, tifosi. ➤ Club. ➤ Alineación, cuadro, equipo, escudería, plantilla, selección. ➤ Chandal. ➤ Campeonato, carrera, competencia, competición, critérium, derbi [o derby], encuentro, JUEGOS olímpicos, liga, liguilla, manga, match, mundial, olimpiada, prueba, paralimpiada [o paraolimpiada], partido, preolímpico, pretemporada, regata, torneo, universiada. ➤ Etapa. ➤ Prórroga. ➤ División. ➤ Marca, plusmarca, récord. ➤ Copa, medalla. ➤ Descalificar, fichar, homologar. ➤ Anotar, defender, despejar, desmarcarse, driblar, empatar, golear, lanzar [o sacar] una FALTA, marcar, no perdonar, puntuar, remontar, sacar, servir, tirar una FALTA, transformar. ➤ Entrenar, calentar. ➤ Estar [o ponerse] en FORMA. ➤ Desfondar. ➤ Dopar[se]. ➤ Doblete, handicap, igualada, ofensiva, partido, parcial, ventaja. ➤ Despeje, goleada, marcaje, obstrucción, pressing, rechace. ➤ GOL average. ➤ Tongo. ➤ Campo, cancha, estadio, foso, frontón, gimnasio, pista, polideportivo, terreno [de juego]. ➤ Demarcación. ➤ Casillero, marcador, medallero. ➤ Antidoping, doping. ➤ *Actividad. *Divertir. *Ejercicio. *Competir. *Entretener. *Juego. *Pasatiempo. *Pelota.

deportismo m. Práctica del deporte o afición a él.

deportista adj. y n. Que practica deportes o algún deporte, o es aficionados a ellos.

deportividad f. Espíritu deportivo: 'Reinó la deportividad en todo el encuentro'.

deportivismo m. *Deportividad.*

deportivo, -a 1 adj. Propio del deporte o para él. ⊙ Aplicado a las prendas de vestir, de sport. ⊙ Con las cualidades que se consideran propias del deporte, como el compañerismo, el respeto a las normas, la cortesía, etc. **2** m. COCHE deportivo.

deportoso, -a (de «deporte»; ant.) adj. **Alegre o *gracioso.* ≃ Divertido.

depós (de la prep. lat. «de» y el adv. «post», después; ant.) adv. *Después.*

deposar (de «de-» y «posar»; ant.) tr. **Declarar.* ≃ Deponer.

deposición (del lat. «depositĭo, -ōnis») f. Acción de deponer. ⊙ *Evacuación del vientre. ⊙ *Excrementos. ⊙ DER. Declaración ante el juez.

depositador, -a adj. y n. Que deposita.

depositante adj. Que deposita. ⊙ adj. y n. Particularmente, se aplica a la persona que establece un depósito de dinero, joyas, etc., para su custodia o como garantía de una obligación.

depositar (de «depósito») **1** tr. *Poner una ↘cosa cuidadosamente en un sitio: 'Depositó la pila de libros sobre la mesa'. ≃ Colocar, dejar. ⊙ Poner una ↘cosa en un sitio donde queda guardada: 'Depositó las alhajas en una caja fuerte [el dinero en el banco, la carta en el buzón]'. ⊙ *Dejar una ↘cosa provisionalmente en un sitio. ⊙ *Particularmente, colocar un ↘cadáver en sitio adecuado hasta que se entierra.* **2** («en manos de, en poder de») Entregar una ↘cosa a alguien para que la *guarde. **3** *Poner en algo o en alguien cierta ↘cosa no material, como esperanza, confianza, ilusiones o cariño, confiando en que la guardará o corresponderá a ella: 'Tengo depositada en él toda mi confianza. Tienen depositadas grandes esperanzas en ese proyecto'. **4** Poner por medio del juez a una ↘persona en sitio donde sea *libre de manifestar su voluntad, habiéndola sacado para ello de su casa o de otro sitio en que se teme que le sea hecha violencia; particularmente, hacerlo así un hombre con una mujer con la que se quiere *casar en contra de la voluntad de los padres de ella. ⇒ SACAR manifestada, *matrimonio. **5** Dejar un líquido en el fondo de la vasija o sitio donde está las ↘materias que estaban en suspensión en él. ≃ *Sedimentar. **6** **Contener.* **7** prnl. Ir poniéndose lenta o suavemente una cosa sobre algo: 'Se deposita la cal en las paredes del cubo [o el polvo en los muebles]'.

□ CATÁLOGO

Confiar, consignar, dar, deponer, entregar, fiar, situar. ➤ Consigna, depósito, fideicomiso, garantía, provisión, secuestro. ➤ Consignatario, depositario, receptor, tesorero. ➤ Desfalcar. ➤ Secuestrar. ➤ Caja, depositaría, receptoría, tesorería. ➤ *Resguardo. ➤ Almacenar, embotîcar, entrojar, entrujar. ➤ Alfolí [algorín, alholí, alhorí o alhorín], almacén, almagacén, almona, archivo, arsenal, barraca, bodega, caja, cía, cilla, *cobertizo, condesijo, depósito, *despensa, dock, escritorio, estanco, fondac, fundago, galeón, galera, *granero, guardarropa, lonja, magacén, *museo, nave, *pajar, parque, pontón, *pósito, reservorio, sibil, silo, tercena, tinglado, troj, troje. ➤ Almacenero, guardalmacén. ➤ Polín. ➤ Apilar, sallar. ➤ Alhondigaje. ➤ *Escondite, escondrijo, nido, *tesoro. ➤ Alcubilla, aljibe, ARCA de agua, balsa, cambija, cauchil, cenote, cetaria, chivo, cisterna, cocha, depósito, embalse, estanque, lagar, *pantano, pila, pilón, pozo, *recipiente, tanque, tinillo, trujal, zafareche. ➤ Desagüe, sobradero. ➤ Encambijar. ➤ Asentarse, depositarse, posarse, precipitar[se], sedimentarse, sentarse. ➤ Asiento, borra, broza, cabezuela, cándano, cargadal, cargazón, *cieno, concho, enruna, fango, fondillón, fondón, *heces, lama, légamo, lía[s], leja, limo, lodo, madre, morca, pecina, pie, precipitado, poso, reboño, *sarro, *sedimento, soldada, solera, suelo, tarquín, turbios, zupia. ➤ *Acaparar. *Acopiar. *Acumular. *Local. *Reunir. *Tienda.

depositaría f. Lugar en que está depositado el *dinero y en que se efectúan los pagos en un banco u oficina.

depositario, -a 1 n. Persona que guarda algo depositado o confiado por otros. ⊙ Persona que tiene a su cargo la custodia del *dinero en una oficina, banco, etc. ⊙ («Hacer»; «de») Persona en quien se ha depositado un sentimiento como «amor, confianza» o «cariño». **2** *Hombre que se designa en los pueblos para estar a cargo del *pósito.*

DEPOSITARIO DE LA FE PÚBLICA. *Notario.

HACER DEPOSITARIO. Expresión frecuente: 'Le hicimos a él depositario de lo recaudado. Le he hecho depositario de mi confianza [o de mi afecto]'.

depósito (del lat. «depositum») **1** m. Conjunto de cosas puestas o guardadas en un sitio para poder disponer de ellas en el momento necesario, o hasta que se realice con ellas alguna operación: 'Un depósito de armas [o de automóviles inutilizados]'. ⊙ («Constituir, Establecer, Consignar, Hacer, Retirar») Cantidad de *dinero depositada, por ejemplo en un banco. ⊙ Cosa acumulada o depositada natural o espontáneamente en un sitio: 'Un depósito de materiales de arrastre [o de restos prehistóricos]'. ⇒ *Depositar. **2** Acción de *depositar: 'Para tomar parte en la subasta es necesario el depósito de una fianza'. **3** Sitio, por ejemplo un almacén o un granero, en donde se *depositan cosas. **4** Recipiente fijo en un sitio, excavado en el suelo, existente en un utensilio, etc., destinado a contener *agua u otro líquido. ⇒ *Depositar. **5** DEPÓSITO de cadáveres. **6** (Arg., Cuba, Salv.) *Cisterna: recipiente para el agua del retrete.*

DEPÓSITO DE CADÁVERES. Lugar donde se depositan los cadáveres que, por razones judiciales, no pueden ser enterrados o incinerados inmediatamente.

D. LEGAL. AGRÁF. Entrega de tres ejemplares que la empresa editora de un libro, película, disco, etc., ha de hacer al organismo oficial pertinente. ⊙ AGRÁF. Código con que se indica esta entrega.

depravación **1** f. Cualidad o estado de depravado (vicioso). ≃ *Degeneración, vicio. **2** Cualidad de depravado (malo). ≃ Maldad, perversión.

depravadamente adv. Con depravación.

depravado, -a **1** Participio de «depravar[se]». **2** adj. Muy vicioso. **3** Muy *malo: inclinado a causar daño y hacer padecer. ≃ Malvado, perverso.

depravar (del lat. «depravāre») tr. y prnl. *Volver[se] *mala una ↘cosa.* ⇒ *Estropear. ⊙ *Pervertir a una ↘persona. ⊙ prnl. Pervertirse una persona.

depre (inf.) f. Apóc. de «depresión» (psicológica). ⊙ (inf.) adj. Deprimido.

deprecación (del lat. «deprecatĭo, -ōnis»; culto) f. *Súplica.* ⊙ **Figura retórica consistente en una súplica patética.* ⊙ Rezo. ≃ Oración.

deprecar (del lat. «deprecāri») tr. **Suplicar.*

deprecativo, -a adj. *De deprecación.*

deprecatorio, -a (culto) adj. De súplica: 'En tono deprecatorio'.

depreces (de «de-» y «preces»; ant.) m. pl. **Derechos pagados por algo.*

depreciación f. Acción de depreciar[se]. ⊙ Situación de depreciado: 'Mientras dure la depreciación de nuestra moneda. En estos tiempos de depreciación de los valores morales'.

depreciado, -a Participio adjetivo de «depreciar[se]». ⊙ Menos valorado de lo que es usual o corresponde.

depreciar (del lat. «depretiāre») tr. Hacer *disminuir el *precio o el valor material o moral de una ↘cosa: 'El anuncio de una gran cosecha ha depreciado el trigo' ≃ *Desvalorizar. ⊙ prnl. Perder precio o valor.

□ CONJUG. como «cambiar».

depredación (del lat. «depraedatĭo, -ōnis») **1** (culto; «Cometer, Llevar a cabo») f. Robo hecho en la guerra, particularmente cuando es con gran violencia y devastación. ≃ Despojo, pillaje, saqueo. **2** (culto) Abuso de un soberano, señor o gobernante que impone cargas o tributos injustos a sus súbditos.

depredador, -a adj. Que depreda. ⊙ adj. y n. Particularmente, se aplica a los animales que cazan a otros para alimentarse.

depredar (del lat. «depraedāri»; gralm. en infinitivo) **1** tr. *Robar con violencia y destrozo. ⊙ Particularmente, *saquear en la guerra. **2** Cazar un animal a otros para alimentarse.

deprehender (del lat. «deprehendĕre»; ant.) tr. **Aprender.*

deprendador, -a (del lat. «deprendĕre», apoderarse de; ant.) adj. y n. **Ladrón.*

deprender (ant., pop. en algunos sitios) tr. **Aprender.*

depresión **1** f. Acción y efecto de deprimir (hundir). ⊙ *Cavidad, *concavidad, *entrante, *hoyo, *hueco o *hundimiento: porción en la superficie de una cosa que está más baja o metida hacia el interior de ella que lo de alrededor. ⊙ Particularmente, accidente geográfico que consiste en eso. **2** Situación de deprimido o abatido moralmente. ⊙ MED. Trastorno que se caracteriza por el cansancio, desánimo, desinterés y, en general, disminución de la actividad psíquica y física. **3** Se aplica, particularmente en «depresión económica», al estado circunstancial de un asunto que sufre *disminución de actividad. **4** METEOR. Situación de bajas presiones atmosféricas.

DEPRESIÓN DE HORIZONTE. MAR. *Ángulo formado a la vista del observador por la línea horizontal y la tangente a la superficie del mar.*

□ CATÁLOGO

Abismo, amagamiento, atascadero, *barranco, *canal, carcavina, carcavón, *cauce, cava, certeneja, *concavidad, contrafoso, cortadura, cuenca, cuneta, *desigualdad, embudo, fonsario, fosa, *foso, freza, furnia, gavia, *hendidura, hondón, hondonada, hoyada, *hoyo, hueco, hundimiento, *pantano, *pozo, precipicio, quebrada, quebradura, rehoya, rehoyo, rehundimiento, SALTO de lobo, sarteneja, seno, socava, socavación, socavón, sopeña, soplado, *surco, tajo, torca, torrentera, zanja. ➤ *Elevación. *Saliente. ➤ *Cavidad. *Concavidad. *Entrante. *Hoyo. *Muesca. *Profundidad.

depresivo, -a **1** adj. De depresión: 'Estado depresivo'. ⊙ Deprimente. ⊙ Propenso a sufrir depresiones: 'Temperamento depresivo'. **2** *Se aplica a lo que produce sentimiento de humillación:* 'Es depresivo para mí tener que rogarle a ese hombre'. ≃ Humillante, vejatorio.

depresor, -a **1** adj. *Se aplica a lo que deprime o humilla.* **2** m. MED. *Instrumento para deprimir o apartar; por ejemplo, la base de la lengua para examinar la garganta.* ⇒ *Medicina. **3** MED. Se aplica a la sustancia capaz de reducir la actividad de un órgano: 'Un depresor del sistema nervioso'.

depreterición (ant.) f. DER. *Preterición.*

deprimente adj. Que deprime: 'Un clima [o un espectáculo] deprimente'. ≃ Aplanante, depresivo.

deprimido, -a **1** Participio adjetivo de «deprimir[se]». ⊙ Triste, abatido. ⊙ MED. Que sufre depresión. **2** ZOOL. Aplastado en sentido dorsoventral, como el cuerpo de determinados peces.

deprimir (del lat. «deprimĕre») **1** tr. Poner una parte de un ↘objeto más *baja o metida dentro de él de lo que la rodea. ≃ Hundir, rebajar. **2** Quitar a alguien los ánimos o la alegría: 'Es un espectáculo que deprime. El calor excesivo me deprime'. ≃ *Abatir. ⊙ prnl. *Abatirse.

deprisa (de «de²» y «prisa») **1** adv. Con rapidez. ≃ De prisa, rápidamente. **2** Con prisa: 'No hice más que saludarle porque iba deprisa.

¡DEPRISA! Exclamación con que se invita a *apresurarse en cualquier cosa.

DEPRISA Y CORRIENDO. Deprisa y con poco cuidado. ≃ Atropelladamente.

deprisita adv. Dim. frec. de «deprisa»: 'Arréglate deprisita, que es tarde'.

de profundis m. *Salmo, que empieza con estas palabras latinas, que significan «desde lo profundo», que suele decirse en plegarias por los difuntos.

depuesto, -a Participio adjetivo de «deponer».

depuración f. Acción de depurar.

depurado, -a **1** Participio adjetivo de «depurar». **2** Se aplica al gusto, el lenguaje, el estilo y manifestaciones semejantes del espíritu exentos de cualquier impureza, tosquedad o vulgaridad, y a las personas por ellos. ⇒ Alambicado, alquitarado, *delicado, escogido, exquisito, quintaesenciado, *refinado, selecto. ➤ Quintaesencia. ➤ *Puro.

depurador, -a adj. y, aplicado a personas, también. n. Se aplica a lo que o el que depura. ⊙ Particularmente, a un «juez depurador».

depuradora f. Aparato o instalación para depurar algo, especialmente las aguas.

depurar (del lat. «depurāre») **1** tr. y prnl. Limpiar[se] una ↘sustancia de lo que está mezclada con ella y la perjudica o no sirve: 'Depurar el agua'. ≃ *Purificar. **2** Se emplea particularmente en sentido no material, como «acrisolar, refinar» o «perfeccionar» hasta el máximo un ↘sentimiento, el gusto, etc. ⊙ prnl. Hacerse el sentimiento, el gusto, etc., más perfecto o refinado. **3** tr. Puede tener significado político: someter a investigación a un ↘cuerpo u organismo para eliminar de él a las personas consideradas peligrosas o desafectas al régimen que impera. El complemento directo puede ser el organismo, los que lo forman o cada uno de éstos en particular: 'Depurar la administración [el partido, a los catedráticos]. Fue depurado y expulsado de su cargo'. **4** *Rehabilitar mediante expediente a ↘alguien que estaba separado de su *empleo por causas políticas.

depurativo, -a adj. Se aplica a las cosas que sirven para depurar. ⊙ m. *Medicamento que sirve para depurar la sangre. ⇒ Apurativo. ➤ Oxicrato.

depuratorio, -a adj. *Depurativo.*

deputador, -a (ant.) adj. y n. *Diputador.*

deputar (del lat. «deputāre»; ant.) tr. *Diputar.*

deque (de «de[2]» y «que»; pop.) conj. **Cuando o en cuanto:* 'Deque le vi llegar me marché por la otra puerta'.

dequeísmo m. GRAM. Uso incorrecto de la preposición «de» ante oraciones introducidas por la conjunción «que»; por ejemplo, en la frase «pienso de que no tienes razón».

dequeísta adj. y n. GRAM. Se aplica al que practica el dequeísmo.

-deras Sufijo con que se forman nombres en plural, propios del lenguaje informal, que significan facultad de realizar la acción expresada por la raíz: 'entendederas, tragaderas'. Toma como vocal temática «a, e» o «i»: '-aderas, -ederas, -ideras'.

derbi m. DEP. Derby (partido).

derby (del ingl. «Derby», famosa carrera de caballos que se celebra en Epsom, Gran Bretaña) **1** m. DEP. Carrera hípica importante. **2** DEP. Partido, generalmente de fútbol, entre equipos de la misma localidad o región.

derecera (de «derezar»; ant.) f. *Derechera.*

derecha (en 4.ª y 5.ª acep. tomado del fr.) **1** (ant.) f. *Camino que siguen los perros de *caza soltados según ciertas reglas en persecución de la presa.* **2** (ant.) *Conjunto de los *perros que hacen esa persecución.* **3** Lado derecho: 'Siga hasta aquel edificio alto y tuerza a la derecha'. ⊙ Particularmente, refiriéndose a la situación de las viviendas o puertas a ambos lados de la escalera de un edificio: 'Tercero derecha'. **4** Sector de una *asamblea situado a la derecha del presidente y constituido por los miembros de los partidos más *conservadores representados en ella. **5** Ala, sector, o conjunto de partidos políticos conservadores, o sea, adictos a la tradición, contrarios a las reformas revolucionarias y preocupados sobre todo por el mantenimiento del orden: 'Pertenece a la derecha monárquica'.

EXTREMA DERECHA. La de ideología más radical: 'Un grupo de extrema derecha'.

A DERECHAS. **1** Se aplica a las formas o movimientos helicoidales cuyo giro se verifica en el sentido de las agujas del reloj. **2** Generalmente en frases negativas, *bien: 'No hacer nada a derechas'.

A LA DERECHA. Hacia el lado derecho o en el lado derecho: 'Tuerza a la derecha. Mi puerta es la segunda a la derecha'. ⇒ *Dirección, *situación.

DE DERECHA[S]. De ideas políticas *conservadoras.

derechamente adv. *Directamente: sin torcerse o hacer curvas: 'El coche fue derechamente a chocar con el árbol'. ⊙ Sin pasar por otro sitio o detenerse en otro sitio: 'Vamos derechamente a Londres'. ⊙ Sin rodeos: 'Ve derechamente al asunto'. ≃ Derecho, en derechura.

derechazo m. En deportes y actividades afines, golpe, pase, etc., dados con la pierna o mano derecha.

derechera f. **Camino sin rodeos.*

derechero, -a **1** adj. **Justo.* **2** m. *Empleado de los *tribunales u otras oficinas públicas, encargado de *cobrar los derechos.*

derechez o **derecheza** (ant.) f. *Derechura.*

derechista adj. y n. Se aplica a las personas de ideología *política de derecha. ⇒ *Conservador.

derechito, -a (inf.) adj. Derecho; en la dirección exacta: 'La piedra fue derechita a la cabeza de la estatua'.

derecho, -a (del lat. «directus», directo) **1** (ant.) *Participio de «dirigir».* **2** adj. Siempre en la misma dirección; sin ángulos o torceduras: 'Una línea derecha. Un camino derecho. Una fila derecha de árboles. Un alambre derecho'. ≃ *Recto. **3** Aplicado a «camino», sin rodeos: 'Ese es el camino derecho para conseguirlo'. ≃ *Directo. **4** (usado como atributo con verbos de movimiento) Sin dar rodeos: 'Ella va derecha a lo que le interesa'. ≃ Directo. ⊙ adv. Derechamente: 'Ella va derecho a lo suyo'. ⊙ Sin detenerse en el camino: 'Fui derecho a Berlín'. **5** adj. No encogido o encorvado: 'Va bien derecho, a pesar de sus años'. ≃ Erguido. **6** Aplicado a cosas que se sostienen sobre el suelo, en posición *vertical: 'Sostenido por dos pies derechos. Ya han puesto derecho el poste que se cayó'. **7** adj. y n. f. Se aplica a la *mano con que usualmente se realizan las operaciones manuales más importantes o difíciles, la cual se halla en el lado opuesto al corazón. ⊙ También a la pierna de este lado. ⊙ Se aplica a otras partes del cuerpo que están en el mismo lado que la mano derecha: 'El costado derecho'. ⊙ adj. Y a las extremidades del lado correspondiente en los animales. ⊙ Se aplica a cualquier parte del cuerpo que está en el mismo lado que la mano derecha: 'El costado derecho'. ⊙ Se aplica a las cosas que quedan en el lado correspondiente a la mano derecha del espectador. ⊙ En ciertos casos, se supone al espectador colocado en determinada posición; por ejemplo, en un río, la orilla derecha es la que queda a la derecha del espectador si este mira en dirección del lado hacia el cual se mueve el agua; en una iglesia, se entiende que el espectador mira hacia el altar mayor. ⇒ Otras raíces, «dexio-, dextr- [diestr-]: 'dexiocardia, dextrina, diestro'. **8** Se aplica a «cara» o «lado» para designar el que se considera principal de una cosa laminar: 'La cara derecha de la tela [o de la moneda]'. **9** m. Cara derecha de una cosa: 'No distingo el derecho y el revés de la tela'. ≃ Anverso, cara, faz, haz. ⇒ Al derecho, del derecho. **10** (ant.) **Cierto o verdadero.* **11** **Justo o razonable.* **12** (sin artículo, en expresiones estereotipadas: 'Corresponder en derecho, ser conforme a derecho, cuestión de derecho, reclamar en derecho') m. Esfera en que se determina lo que es debido y no debido en los actos y situaciones humanas que afectan a los intereses de otros, y se regulan los medios para garantizar que prevalezca lo debido. ⊙ Sistematización de esas materias en forma de tratado o *ciencia. ⊙ Conjunto de *estudios que constituyen la carrera de abogado: 'Estudia derecho. Facultad de derecho. Licenciado [o doctor] en derecho'. ⊙ Con la especificación correspondiente, cada una de las ramas en que se divide el derecho según de qué esfera de relaciones humanas se ocupa: 'Derecho civil. Derecho mercantil. Derecho marítimo'. **13** («Asistir el derecho de, Estar alguien en su derecho [o en el derecho de], Tener derecho a [o el derecho de], Ostentar derecho a, Ejercitar, Hacer valer, Utilizar; Invocar, Reclamar, Reivindicar, Vindicar, Dar, Hacer dejación de, Renunciar, Transferir, Prescribir») Con respecto a una persona, circunstancia de poder exigir una cosa porque es conforme a derecho: 'Tenemos derecho a que nos devuelvan el importe del billete. Tiene derecho a una pensión'. ⊙ Cosa a la que se tiene derecho: 'Cada uno debe conocer sus derechos y sus obligaciones'. **14** Se emplea también con referencia a cosas moralmente justas: 'Tiene derecho a vivir tranquilo. No tiene derecho a vivir sin trabajar. No tienes derecho a quejarte'. **15** **Privilegio o exención.* **16** **Camino.* **17** (pl.) Se da el nombre de «derechos» a ciertos tributos como el de *aduanas, que se pagan por razón de cierta concesión en relación con una cosa que está presente en el momento de pagarlos, o que, como el de pilotaje o el de pontaje, se pagan al Estado, al señor, etc., por un servicio o concesión en el momento de recibirlos. ⊙ También, a la *retribución por ciertos servicios, que se hace con arreglo a una tarifa; por ejemplo, la de un notario o un arquitecto por sus trabajos, lo que se paga por copia de documentos en archivos públicos o lo que se paga por matricularse en un centro oficial de enseñanza.

DERECHO DE ACRECER. Derecho de algún coheredero a hacerse cargo de la parte de herencia que otro rechaza o no puede adquirir.

D. ADMINISTRATIVO. Rama del derecho que establece las normas para el funcionamiento de los organismos de la administración y los servicios públicos.

D. ADQUIRIDO. El atribuido a alguien en virtud de una legislación o reglamento que debe respetarse en los posteriores.

D. DE ASILO. Circunstancia de no poder ser apresado un presunto delincuente en ciertos lugares que gozan de ese privilegio, o en país extranjero.

D. CANÓNICO. Conjunto de normas relativas a las autoridades eclesiásticas y a sus relaciones con los fieles. ⇒ Cánones. ➤ In utroque jure. ➤ *Iglesia.

D. CIVIL. Rama del derecho que regula las relaciones de los ciudadanos.

D. COMÚN. DERECHO civil.

D. CONSTITUCIONAL. El que deriva de la Constitución de un Estado.

D. CRIMINAL. DERECHO penal.

D. FORAL. El que se aplica en las regiones españolas con legislación particular.

D. DE GENTES. **1** Derecho que los romanos aplicaban a todas las personas, por oposición al que sólo atañía a los ciudadanos romanos. **2** A veces, se usa por «derecho internacional».

D. INTERNACIONAL. Conjunto de normas aceptadas internacionalmente, que regulan las relaciones entre los estados, en paz o en guerra, y entre los súbditos de distinta nación.

D. NATURAL. El basado en los principios fundamentales de la justicia, que sirve de base al positivo.

D. MARÍTIMO. El que se refiere especialmente a las cuestiones de navegación. ⇒ *Marina.

D. MERCANTIL. El que regula las relaciones comerciales.

D. AL PATALEO (inf.). Frase que se refiere al único recurso que le queda a alguien para consolarse de un perjuicio o mal trato sufrido por decisión de otros, que consiste en desahogarse protestando violentamente: 'No te queda más que el derecho al pataleo'.

D. PENAL. El que regula la aplicación de la justicia a los delitos. ≃ DERECHO criminal.

D. DE PERNADA. Ceremonia feudal que consistía en poner el *señor o su representante una pierna sobre el lecho de los vasallos el día en que se casaban. ⊙ Suele usarse figuradamente con el significado de «abuso de autoridad».

D. POLÍTICO. Ciencia que trata de las formas de *gobierno y de los organismos que legislan y gobiernan en los estados. ⊙ (gralm. pl.) Derechos que tienen los ciudadanos como tales. ⇒ GARANTÍAS constitucionales.

D. POSITIVO. Por oposición al derecho natural, el establecido por las leyes.

D. PROCESAL. Ciencia que trata de los procedimientos y funcionamiento de los *tribunales en la administración de justicia.

D. DE REGALÍA. El pagado por el *tabaco al ser introducido en España.

DERECHOS DE AUTOR. Los que cobra el autor de una obra literaria, científica o artística por la representación, reproducción o exhibición en público de ellas.

D. HUMANOS. Derechos fundamentales de toda persona.

D. PASIVOS. Pensión cobrada por los empleados que han servido al Estado o sus familias. ⇒ Jubilación, orfandad, paga[s] de tocas, retiro, tocas, viudedad.

D. REALES. Los que se pagan al Estado en las transmisiones de bienes. ⇒ Mañería.

PERFECTO DERECHO. Expresión muy frecuente equivalente a «derecho indiscutible»: 'Tiene perfecto derecho a marcharse si no está a gusto'.

AL DERECHO. **1** Del derecho. **2** En la dirección que se considera normal: 'Nosotros escribimos al derecho y los árabes al revés'.

V. «ANDAR derecho, ser el BRAZO [la MANO O EL OJO] derecho de alguien».

CONFORME A DERECHO. Con arreglo a las leyes. ≃ Según DERECHO.

DAR DERECHO. Servir para que alguien tenga derecho a cierta cosa: 'Este carnet te da derecho a entrar gratis en los museos'.

DE DERECHO. Por derecho o con arreglo al derecho: 'Te corresponde de derecho'.

DEL DERECHO. Con la parte que se considera derecho de una tela o cosa semejante hacia fuera o visible: 'Ponte el vestido del derecho'. ≃ Al derecho. ⊙ En la *posición que se considera correcta; por ejemplo, tratándose de libros o papeles escritos, en forma que se pueda leer. ≃ Al derecho. ⇒ CABEZA arriba.

ESTAR alguien EN SU DERECHO. Tener derecho a hacer lo que hace: 'Está en su derecho negándose a marcharse'.

V. «FICCIÓN de derecho, FIL derecho, ser la MANO derecha de alguien».

¡NO HAY DERECHO [A...]! (inf.). Exclamación de protesta contra algo que se encuentra *intolerable. ⊙ Se usa muy frecuentemente en tono humorístico: '¡No hay derecho a que ganes siempre!'.

V. «ser el OJO derecho de alguien».

PERDER alguien DE SU DERECHO. *Ceder de lo que cree su derecho por evitar conflictos.

V. «PIE derecho, con PIE derecho».

SEGÚN DERECHO. Conforme a DERECHO.

SER algo DE DERECHO. Ser justo o legal.

TODO DERECHO. Sin desviarse a un lado o a otro: 'Siga todo derecho hasta que encuentre una plaza'. ≃ Todo RECTO.

V. «en USO de su derecho».

□ CATÁLOGO
I Otra raíz, «jur-»: 'jur, jurídico, jurio, jurispericia, jurisprudencia'. ➤ Justo, legal, lícito, procedente. ➤ Imprescriptible, indeclinable, intransferible, irrenunciable, perfecto. ➤ Caducar, prescribir. ➤ Abandonar, derrelinquir, desamparar, desistir, ejercitar, lesionar, mantener, manutener. ➤ Atribución, autorización, capacidad, facultad, jurisdicción, prerrogativa, *propiedad, potestad. ➤ Clientela, dependencia. ➤ Ablegación, ADICCIÓN a díe [o in díem], alternativa, anexidades, ANEXIDADES y conexidades, anticresis, *arrendamiento, aucción, cedulaje, *censo, cesión, compra, concesión, conexidades, dextro, distracto, donación, egresión, feudo, futura, heredamiento, herencia, jurio, opción, postliminio, *privilegio, propiedad, regalía, supervención, transmisión, usucapión, venta. ➤ Brocárdico, constitución, *contrato, costumbre, estatuto, FICCIÓN de derecho, FICCIÓN legal, forma, fuero, hábeas corpus, INTERPRETACIÓN de la ley, *ley, *norma, *poder, regla, uso. ➤ Con justo TÍTULO, Epiqueya. ➤ Antípoca, escritura, título. ➤ Antidoral, bastante, dividuo, ejecutorio, justinianeo, remuneratorio. ➤ Autorizar, bastantear, certificar, ejecutoriar, legalizar, legitimar. ➤ Protesta. ➤ Ratihabición. ➤ Ciudadano, esclavo, IGUALDAD ante la ley, libre. ➤ *Abogado, administrativista, civilista, fuerista, jurisconsulto, jurisperito, *jurista, laboralista, legisperito, legista, leguleyo, matrimonialista, PERSONA de leyes, pragmático, procurador, romanista. ➤ Abogar. ➤ Foro. ➤ Casuística. ➤ Causahabiente, causante. ➤ DAÑOS y perjuicios. ➤ BENEFICIO de inventario. ➤ Competencia, buena FE. ➤ No por el HUEVO, sino por el fuero; el que se fue a SEVILLA perdió su silla. ➤ *Injusto, de precario, de prestado. ➤ *DERECHO internacional. *Justicia. *Ley. *Pleito. *Razón. *Tribunal.

II Sufijos, «- aje, -azgo, -o»: 'barcaje; pontazgo; acarreo, franqueo'. ➤ Depreces, honorarios. ➤ *Aduanas, alcabala, albergaje, alhavara, alhondigaje, almacenaje, almaja, almirantazgo, almocatracía, alquilate, amarraje, MEDIA anata, arreala, asadura, asequi, barcaje, cancha, cañada, castillaje, castillería, componenda, consumos, cuatropea, dominicatura, espórtula, franqueo, garfa, herbadgo, herbaje, holladura, hornaje, jea, levante, luctuosa, meaja, minción, monedaje, montazgo, muellaje, pasaje, pasturaje, peaje, pecio, pilotaje, pontaje, pontazgo, portazgo, poya [o poyo], practicaje, pregonería, puertas, quinto, recuaje, rompimiento, talaje, tegual, tira, tonelada [o tonelaje], vajilla. ➤ Consumero, derechero, portalero, portazguero. ➤ *Exención, pasanza. ➤ *Precio. *Tributo.

III DERECHO INTERNACIONAL: DERECHO de gentes, DERECHO marítimo. ➤ Acuerdo, concordato, convenio, estatuto, ESTATUTO formal, ESTATUTO personal, ESTATUTO real, modus vivendi, statu quo, tratado. ➤ Preliminar. ➤ Ciudadanía, extranjería, nacionalidad, naturalización, territorialidad. ➤ Colonia, condominio, dominio, protectorado, regencia. ➤ Imperio. ➤ Autónomo, dependiente, independiente, intervención, moviente, vasallo. ➤ LIBRO amarillo, LIBRO azul, LIBRO blanco, LIBRO rojo. ➤ Extradición, extraterritorialidad. ➤ Extraditar. ➤ El PABELLÓN cubre la mercancía. ➤ AGUAS jurisdiccionales, AGUAS territoriales. ➤ Piratería. ➤ MANIFESTACIÓN naval, represalia. ➤ Negociar. ➤ Reconocer. ➤ Translimitar. ➤ *Guerra. ➤ Ultimátum. ➤ Beligerante, neutral. ➤ Mediación. ➤ *Paz. ➤ COMUNIDAD de naciones, *ORGANISMOS internacionales. ➤ *Diplomacia.

derechohabiente adj. y n. *Se aplica a la persona que deriva un derecho en otra.*

derechora (ant.) f. *Derechura.*

derechorero, -a (ant.) adj. *Recto.* ≃ Derechurero.

derechuelo (de «derecho», recto) m. *Cierta costura con que empezaban a aprender a *coser las niñas.*

derechura **1** f. Cualidad de derecho. **2** (ant.) **Rectitud moral.* **3** (ant.) *Derecho que se tiene a cierta cosa.* **4** (ant.) **Salario de un criado.* **5** (ant.) **Destreza.*

EN DERECHURA. *Directamente.

derechureramente (ant.) adv. *Derechamente.*

derechurero, -a (de «dechurero»; ant.) adj. **Recto.*

derechuría (de «derechuro»; ant.) f. **Derecho o *justicia.*

derechuro, -a (ant.) adj. *Aplicado a cosas, *justo.*

derelinquir (del lat. «derelinquěre»; ant.) tr. DER. *Abandonar, desamparar.* ≃ Derrelinquir.

derezar (del sup. lat. «directiāre», de «directus», recto; ant.) tr. **Encaminar.* ≃ Enderezar. ⇒ Aderezar.

deriva (de «derivar») f. MAR. Desviación de una nave de su rumbo por efecto del viento, etc. ≃ Abatimiento. ⇒ Marina.

DERIVA CONTINENTAL. GEOL. Según algunas teorías, desplazamiento de los continentes sobre una masa viscosa de sima, tras formarse a partir de un único continente que se fragmentó.

A LA DERIVA. **1** MAR. Se aplica a la manera de ir o estar una embarcación o cualquier objeto que flota en el mar, a merced del viento, el oleaje o las corrientes. ≃ Al GARETE. **2** Con «ir» o «marchar», sin gobierno, dirección o rumbo fijo: 'Esa familia va a la deriva'. ⇒ *Mal.

derivación **1** f. Acción de derivar[se]. **2** Cable, conducción, canal, carretera, línea de ferrocarril, etc., que sale de otro. **3** GRAM. Hecho de derivarse unas palabras de otras. ⇒ Apénd. II, DERIVACIÓN. **4** ELECTR. Pérdida de fluido en una instalación por alguna causa; particularmente, por la humedad. **5** ELECTR. Conexión hecha «en derivación». **6** **Figura retórica que consiste en emplear en la misma frase dos o más palabras de la misma raíz.* **7** Cosa que se deriva de otra. ≃ *Consecuencia.

DERIVACIÓN REGRESIVA. GRAM. *La que consiste en sacar de una palabra otra con la forma de un supuesto primitivo de aquélla.*

EN DERIVACIÓN. ELECTR. Sistema de inserción de un aparato eléctrico en una red, de modo que la corriente se divide entre éste y otros, en vez de pasar sucesivamente por todos. ⇒ En serie.

□ CATÁLOGO
I Brazal, brazo, *desviación, fortacán, hijuela, ladrón, presa, rama, ramal, ramificación, toma. ➤ Acometida, conexión, sangradura. ➤ Bifurcación, derrame, *división, subdivisión. ➤ Derivar, escotar, sacar, sangrar, tomar. ➤ Madre.

II Derivado, étimo, primitivo. ➤ Culto, vulgar. ➤ Aglutinación, composición. ➤ Analogía, etimología. ➤ Aféresis, apócope, apofonía, asimilación, atracción, contracción, debilitación [o debilitamiento], diptongación, monoptongación, disimilación, elipsis, elisión, epéntesis, incremento, metaplasmo, metátesis, paragoge, parasíntesis, prótesis, rotacismo, síncopa[e], sonorización. ➤ Desinencia, radical, raíz, tema, terminación. ➤ Afijo, desinencia, infijo, interfijo, postfijo, prefijo, sufijo. ➤ Prefijación, sufijación. ➤ VÍA culta. ➤ Doblete. ➤ Denominativo. ➤ *Ortografía.

derivada f. MAT. Límite hacia el cual tiende la razón entre el incremento de una función y el correspondiente de la variable cuando éste tiende a cero.

derivado, -a **1** Participio adjetivo de «derivar[se]». Se aplica particularmente, por oposición a «primitivo», a la palabra que procede de otra de la misma lengua. **2** m. GRAM. Palabra derivada: 'Los derivados verbales'.

DERIVADO REGRESIVO. GRAM. *Palabra que procede de una derivación regresiva.*

derivar (del lat. «derivāre») **1** tr. y prnl. Cambiar la *dirección de una ↘cosa: 'Yo derivé la conversación hacia otro asunto. La conversación se derivó hacia caza'. **2** intr. Tomar una cosa una dirección nueva: 'Parece que sus aficiones derivan hacia la escultura'. **3** tr. Separar de una *corriente o un *conducto una ↘parte que se lleva otra dirección: 'Derivarán un ramal del canal'. **4** Atribuir cierta etimología a una ↘palabra. ⊙ («de») intr. y prnl. GRAM. *Proceder una palabra de otra que se expresa: '«Gitano» [se] deriva de «egiptano»'. **5** tr. MAT. Obtener la ↘función derivada de otra. **6** intr. y prnl. *Proceder, ser una cosa consecuencia de otra que se expresa: 'De ahí deriva su enemistad. De aquella decisión se derivaron felices consecuencias'. ⇒ *Resultar. **7** MAR. Desviarse un barco del rumbo que llevaba. ⇒ Abatir, derrotarse, devalar. **8** prnl. *Salir: 'Del tronco se derivan cuatro ramas'.

derivativo, -a **1** adj. GRAM. De [la] derivación. **2** m. GRAM. Aplicado a palabras, derivado de otra palabra. **3** (ant.) adj. FARM. *Se aplicaba al medicamento que se suponía que atraía humores que se habían acumulado en un sitio del cuerpo a otro sitio distinto.*

derivo (de «derivar») m. **Origen, procedencia.*

-derm- (var. «dermat-, dermato-, dermis-, -dermo-») Elemento prefijo o sufijo del gr. «dérma, -atos», piel: 'epidermis'.

dermalgia (de «derm-» y «-algia») f. MED. *Dolor nervioso en la piel.*

dermáptero (de «derma-» y «-ptero») adj. y n. m. ZOOL. *Se aplica a ciertos *insectos provistos de cuatro alas, cortas las dos anteriores y largas las posteriores, con unas pinzas en el extremo del abdomen que utilizan como defensa.* ⊙ m. pl. ZOOL. *Orden formado por estos insectos.*

dermatitis (de «dermat-» e «-itis») f. MED. Inflamación de la piel.

dermatoesqueleto (de «dermato-» y «esqueleto») m. ZOOL. *Caparazón duro de los artrópodos y otros *animales invertebrados.* ≃ Exosqueleto.

dermatografía (de «dermato-» y «-grafía») f. MED. *Dermografismo.*

dermatología (de «dermato-» y «-logía») f. Rama de la medicina que trata de las enfermedades de la piel.

dermatológico, -a adj. MED. De [la] dermatología.

dermatólogo, -a n. MED. Especialista en dermatología.

dermatosis (de «dermat-» y «-osis») f. MED. *Cualquier enfermedad de la piel; como costras, manchas o granos.*

dermesto (varias especies del género *Dermestes*) m. Cierto insecto *cleóptero que se cría en las despensas y en donde hay restos de animales, particularmente dañoso para las pieles. Una de sus especies, el *Dermestes lardarius*, ataca al tocino.

dérmico, -a (de «dermis») adj. ANAT. De la piel.

dermis (de «epidermis») f. ANAT. Capa inferior y más gruesa de la piel.

dermitis (de «dermis») f. MED. Dermatitis.

-dermo- V. «-derm-».

dermofarmacia (de «dermo-» y «farmacia») f. *Rama de la farmacia encargada del estudio, fabricación y venta de productos cosméticos.*

dermografismo (de «dermo-» y «grafismo») m. MED. *Peculiaridad de la piel de algunas personas que consiste en que queda escrito o dibujado en ella lo que se traza con pequeña presión de una cosa ligeramente apuntada.* ≃ Dermatografía.

dermoprotector, -a (de «dermo-» y «-protector») adj. Se aplicada al producto cosmético que protege la piel.

dermóptero (de «dermo-» y «-ptero») adj. y n. m. ZOOL. *Se aplica a los *mamíferos que poseen unas membranas a lo largo de los costados, desde las garras delantera hasta la cola, lo que les permite recorrer distancias considerables planeando; por ejemplo, el cinocéfalo.* ⊙ m. pl. ZOOL. *Orden que forman estos animales.*

-dero, -a (del lat. «-torĭus») Final común a los sufijos «-adero, -edero,-idero». **1** Forma adjetivos de *posibilidad: 'llevadero, hacedero, abridero'. **2** Nombres de *utensilio: 'pintadera, tapadera, agarradero'. **3** Nombres de *lugar: 'desfiladero, vertedero, paridera'. ⇒ -ero.

derogación f. Acción de derogar.

derogar (del lat. «derogāre») **1** tr. Dejar sin validez una ↘*ley o disposición. ≃ *Abolir. **2** *Destruir, reformar.*

derogatorio, -a adj. Que deroga.

derrabar (de «de-» y «rabo») tr. *Cortar o quitar la *cola a un ↘animal.*

derraigar (de «de-» y «raigar»; ant.) tr. *Desarraigar; arrancar ↘algo de *raíz.*

derrama (de «derramar») **1** f. Operación de *repartir entre todos los vecinos de una población una contribución u otra carga. ⇒ Garrama. **2** *Contribución temporal o extraordinaria.

derramadamente **1** adv. **Mucho.* **2** *Con generosidad o *derroche.*

derramadero (de «derramar») m. *Vertedero.*

derramado, -a (de «derramar») **1** Participio de «derramar[se]». **2** adj. **Malgastador.*

derramador, -a adj. y n. *Que derrama.*

derramadura f. *Acción de derramar.*

derramamiento m. Acción de derramar: 'Sin derramamiento de sangre'.

derramaplaceres (ant.) n. **Aguafiestas.*

derramar (de «ramo») **1** tr. Hacer, en general involuntariamente, que un ↘líquido o una sustancia disgregada contenida en un recipiente salga o caiga de él y se esparza: 'Derramar la tinta del tintero'. ≃ Tirar, verter. ⊙ prnl. Caerse o salirse de su recipiente un líquido o sustancia disgregada. ⇒ Efundir, extravenarse, regar, salirse, sembrar, tirar, verter. ➤ Derramadura, derramamiento, derrame, efusión, extravasación, polución. ➤ *Esparcir. **2** (lit.) Repartir abundantemente ↘dones, gracias, favores, etc. ≃ *Esparcir. **3** *Repartir entre los vecinos de un pueblo algún ↘impuesto que le corresponde satisfacer a éste en conjunto, o el importe de algún gasto. **4** **Difundir una ↘noticia.* **5** (ant.) **Separar.* **6** (ant.) intr. **Desmandarse.* **7** prnl. **Esparcirse en desorden, por ejemplo las reses de un rebaño.* ⇒ *Desmandarse. **8** **Desaguar un río o corriente de agua en donde se expresa.*

V. «derramar la VISTA».

derramasolaces (de «derramar» y «solaz»; ant.) n. **Aguafiestas.*

derrame **1** m. Derramamiento espontáneo de un líquido u otra cosa. ⊙ Salida de un líquido de la vasija en que está contenido por rotura de ella. ⊙ Cantidad de líquido perdida por esa causa. ⊙ Salida de un líquido orgánico por rotura de los vasos por los cuales circula. ⇒ Restañar. ⊙ Particularmente, de un líquido del cuerpo de un animal; por ejemplo, de *sangre. ⊙ Acumulación anormal de un líquido en una cavidad del cuerpo. ⇒ *Trastornar. **2** MAR.

*Corriente de aire que se escapa por las relingas de una *vela hinchada por el viento.* **3** *Bifurcación de un *valle o una *cañada en ramales más estrechos.* **4** *Porción de un líquido o un árido que se desperdicia al *medirlo.* **5** CONSTR. Corte oblicuo del muro en una *puerta o *ventana, por ejemplo para permitir que se abran más las hojas. ⇒ Capialzado, derramo. **6** FORT. *Parte inferior del corte de las *aspilleras, cañoneras o troneras.* **7** **Pendiente de la tierra por la que puede correr el agua.* **8** (Chi.; pl.) *Aguas sobrantes de un campo que caen en otro inferior.*

derramo m. *Derrame de una *puerta o *ventana.*

derrancadamente (ant.) adv. *Con *precipitación.*

derrancar (de «de-» y «rancar»; ant.) intr. **Acometer o empezar a luchar repentinamente o con ímpetu.*

derranchadamente adv. *Desordenadamente.*

derranchado, -a (ant.) *Participio adjetivo de «derranchar».*

derranchar (del fr. «déranger», del sup. germ. «hringa», anillo; ant.) intr. *Desordenarse o *desmandarse.*

derrapar (del fr. «déraper») intr. Patinar un vehículo desplazándose lateralmente. ⇒ *Deslizar.

derrape m. Acción de derrapar.

derraspado (de «de-» y «raspa») adj. *Desraspado.*

derredor (de «de²» y «redor») m. Con respecto a una cosa, espacio que la rodea : 'En su derredor'. ≃ Alrededor. ⇒ Redor.

AL DERREDOR. *Alrededor.*

EN DERREDOR. Alrededor: 'Ella estaba sentada y toda su familia en derredor'. ⊙ Con «de» tiene uso de preposición: 'En derredor de la mesa'.

derrelicto, -a (del lat. «derelictus») *Participio adjetivo de «derrelinquir».* ⊙ m. MAR. **Barco u objeto abandonado en el mar.*

derrelinquir (del lat. «derelinquĕre»; ant.) tr. DER. **Abandonar o desamparar.*

derrenegar (de «de-» y «renegar»; «de») intr. **Abominar de alguien o algo.* ≃ Renegar

derrengada (Man.) f. *Cierta mudanza de la danza.*

derrengado, -a («Dejar, Estar, Quedarse) Participio adjetivo de «derrenegar[se]», más usado que el resto de las formas del verbo.

derrengar (del sup. lat. «derenicāre», romper o lesionar los riñones) **1** tr. y prnl. *Lastimar[se] gravemente el espinazo de un ↘animal, en particular de una *caballería, o la columna vertebral de una persona por la parte de los *riñones.* ≃ Descaderar, deslomar, desriñonar. **2** tr. *Cansar a ↘alguien hasta el punto de dejarle incapaz para seguir moviéndose. Más usado, «dejar derrengado». ≃ Baldar, rendir. ⊙ prnl. Cansarse hasta no poder moverse. **3** tr. y prnl. *Inclinar[se] una ↘cosa por un lado. ≃ Torcer. **4** (Ast.) tr. *Derribar la ↘fruta de los árboles tirando un palo.* ⇒ *Recolección.

□ CONJUG. como «acertar». Las formas irregulares no son usuales y hay tendencia a hacerlas regulares.

derrengo (de «derrengar»; Ast.) m. **Palo que se emplea para derribar la fruta arrojándolo contra el árbol.*

derreniego (inf.) m. *Reniego.*

derrería (del cat. «darreria», del lat. «de» y «retro», atrás) A LA DERRERÍA (ant.). *Al *fin, después de todo.*

derretido, -a 1 Participio adjetivo de «derretir». ⊙ Muy *enamorado o amartelado. **2** m. *Hormigón de construir.* ⇒ *Argamasa.

derretimiento m. Acción de derretir[se].

derretir (¿de «reterĕre», con influencia de «deterĕre»?) **1** tr. y prnl. *Fundir[se] al fuego o con el calor una ↘sustancia blanda; como la manteca, el sebo o la nieve. **2** (inf.) tr. **Enamorar o poner a ↘alguien muy tierno, cariñoso o *amoroso.* ⊙ prnl. *Enamorarse o mostrarse muy tierno o enamorado. **3** tr. *En el juego, *cambiar moneda grande por pequeña.* **4** **Derrochar alguien su ↘fortuna.* **5** (inf.) *Excitar una persona a ↘otra con su pesadez.* ≃ *Exasperar. **6** («de») prnl. *Consumirse en un sentimiento muy intenso, por ejemplo en el amor divino, o de impaciencia.

derriba (Am. C., Col., Méj.) f. *Desmonte.*

derribado, -a 1 Participio de «derribar». **2** adj. *Se aplica a las ancas de las *caballerías que son más bajas que lo ordinario.* **3** (ant.) *Abatido o humilde.*

derribador m. *Hombre que derriba reses vacunas.*

derribamiento (ant.) m. *Acción de derribar.*

derribante (ant.) adj. *Que derriba.*

derribar (del sup. lat. «deripāre», de «ripa», ribera) **1** tr. Hacer caer al suelo una ↘cosa que está en un lugar alto: 'El caballo derribó al jinete. Derribar una estatua'. ≃ *Tirar. ⊙ Particularmente, hacer *caer a una ↘persona de un empleo, privanza o posición elevada. **2** Hacer caer al suelo una ↘cosa que está de pie: 'El viento ha derribado muchos árboles'. ≃ *Tumbar. ⊙ Hacer caer al suelo a una ↘persona o un animal, por ejemplo en lucha con ellos. ⊙ *Particularmente, hacer caer al suelo a los ↘*toros o las vacas corriendo tras ellos con la garrocha.* ⊙ prnl. *Echarse al suelo o caer al suelo alguien.* **3** tr. *Destruir un ↘edificio o construcción. ≃ Derruir. **4** EQUIT. *Obligar el jinete al ↘*caballo a aproximar lo más posible las patas a las manos para que baje las ancas.* **5** *Quitar fuerzas a ↘alguien.* ≃ *Debilitar, postrar. **6** **Abatir el ánimo de ↘alguien* **7** *Reprimir las ↘pasiones.* **8** (ant.) **Incitar, *inducir u *obligar.* **9** (ant.) tr. e intr. CETR. *Estropearse el *halcón.* **10** (ant.) CETR. *Perder el halcón las plumas.*

□ CATÁLOGO

Abatir, allanar[se], apear, aplanarse, aportillar, arruinar[se], aterrar, batir, birlar, abrir brecha, caducar, caer[se], hacer caer, colear, demoler, derrocar, derrochar, derruir, derrumbar, desarzonar, desmantelar, desmontar, desmoronar[se], desmurar, destapiar, destruir, *devastar, ECHAR abajo, reducir a ESCOMBROS, hundir, no dejar [o quedar] PIEDRA sobre piedra, precipitar, revolcar, echar [tirar o venirse] al SUELO, tirar, echar [tirar o venirse] a TIERRA, no dejar TÍTERE con cabeza, tumbar, VENIRSE abajo, volar, volcar, echar la ZANCADILLA, zancadillear. ➤ Decadencia. ➤ Cadente, ruinoso. ➤ Cascote, despojos, escombros, MATERIALES de derribo, ruinas. ➤ Catástrofe, estrago. ➤ Maceta, piqueta, piquetilla. ➤ Derrengo. ➤ *Destruir.

derribo 1 m. Operación de derribar. **2** Obra de derribo: 'Al final de la calle hay un derribo'.

V. «ACOSO y derribo, MATERIALES de derribo».

derriscar (de «de-» y «risco») **1** (ant.) tr. *Limpiar, desmontar, desembarazar.* **2** (Can., Cuba, P. Rico) tr. y prnl. *Despeñar[se].*

derrisión (del lat. «derisĭo, -ōnis»; ant.) f. *Irrisión.* ⇒ *Burla.

derrocadero (de «derrocar») m. Lugar escabroso en el que es fácil caer o despeñarse. ≃ *Despeñadero.

derrocamiento m. Acción de derrocar.

derrocar 1 tr. *Arrojar ↘algo desde una peña o roca.* ≃ *Despeñar. **2** *Derribar o *bajar ↘algo de un lugar alto.* **3** (ant.) *Derribar a ↘alguien en lucha.* **4** (ant.) **Derribar un ↘edificio.* **5** Hacer caer a ↘alguien de un puesto preeminente o hacer caer un sistema de gobierno: 'Un complot para derrocar el régimen'. ≃ Derribar. **6** (ant.) intr. y prnl. **Caerse al suelo una cosa.*

□ CONJUG. como «contar». En realidad, no se usan las formas irregulares, y, si se usan, tienden a hacerse regulares.

derrochador, -a («Ser») adj. y n. Persona inclinada a derrochar. ≃ Despilfarrador, malgastador.

derrochar (del fr. «dérocher», despeñar, deriv. de «roche») **1** tr. Gastar el ↘dinero u otra cosa con insensatez o exceso. ≃ Despilfarrar, dilapidar, disipar, malgastar, tirar. **2** (inf.) Tener gran abundancia de una ↘cosa buena: 'Derrocha salud [energía, buen humor]'. Irónicamente puede también aplicarse a ↘cosas malas: 'Derrocha fealdad [o mal genio]'. **3** (ant.) *Derribar a ↘alguien en lucha.*

□ CATÁLOGO

Abrasar, dar AIRE, comer[se], dar CUENTA de, derretir, derrotar, desbaratar, desaguar, desaprovechar, *desperdiciar, despilfarrar, llevarse el DIABLO, dilapidar, disipar, disparar, fumarse, fundirse, *gastar, convertir en HUMO, malbaratar, malemplear, malgastar, malmeter, malrotar, deshacerse entre las MANOS, perder, echar a PERROS, prodigar, pulir, quemar, rehundir, supurar, perder el TIEMPO, tirar, TIRAR de largo, llevarse la TRAMPA, dar al TRASTE con, triunfar, arrojar [o tirar] por la VENTANA. ➤ Barrumbada, derroche, despecio, desperdicio, despilfarro, dilapidación, dispendio, fausto, *lujo, ostentación, prodigalidad, profusión. ➤ *Calavera, derramado, derrochador, despendedor, despilfarrador, dilapidador, disipador, gastador, gastoso, malbaratador, malgastador, malrotador, manirroto, perdigón, perdulario, pródigo. ➤ ¡Ancha es CASTILLA! ➤ *Gastar. *Generoso.

derroche 1 m. Acción de derrochar. ≃ Despilfarro. ⊙ Gasto excesivo o innecesario. **2** Abundancia de cierta cosa: 'Un derroche de buen gusto'.

derrota[1] (del ant. «derromper», del lat. «dirumpĕre») **1** f. MAR. Dirección que lleva el barco. ≃ Derrotero, *rumbo. ⊙ MAR. Camino que ha de seguir un barco. ≃ Derrotero, *rumbo, ruta. ⊙ MAR. Línea que lo indica en el mapa. **2** **Camino o senda.* **3** *Levantamiento de la prohibición para que entren a pastar los ganados en un *coto.*

derrota[2] (de «rota[3]», con influencia del fr. «déroute»; «Infligir, Sufrir») f. Acción de derrotar o hecho de ser derrotado. ⇒ Malrotar.

derrotado, -a 1 Participio adjetivo de «derrotar». **2** Aplicado a los vestidos, *roto por desgastado, o *viejo. ⊙ («Ir») Se aplica también a la persona que lleva así los vestidos: 'El pobre hombre va muy derrotado'. ⇒ *Arruinar. **3** Vencido moralmente. **4** Muy cansado físicamente.

derrotar (de «derrota[2]») **1** tr. En la *guerra, en una *riña, en una *disputa o en una competición cualquiera, inutilizar al ↘enemigo para seguir luchando, o hacer u obtener la cosa por la que se disputa: 'César derrotó a Pompeyo. El equipo de fútbol español ha derrotado al sueco. Silvia ha derrotado a todos su oponentes en las oposiciones'. ≃ *Vencer. **2** *Estropear o *destrozar los ↘vestidos, muebles, etc., con el uso o mal trato. **3** (ant.) **Derrochar alguien su ↘hacienda.*

derrotarse (de «derrota[1]») prnl. MAR. *Apartarse el *barco de su rumbo, impelido por el viento.* ≃ *Derivar.

derrote (de «derrotar») m. TAUROM. **Cornada que da el toro levantando la cabeza.*

derrotero 1 m. MAR. *Derrota: dirección que lleva el barco.* **2** («Seguir, Tomar») *Camino o *dirección. ⊙ También en sentido figurado: 'Cualquiera que sea el derrotero que tomes en la vida'. ≃ Derrota.

derrotismo m. Actitud *pesimista de quien, sin objetividad, prevé la derrota en una guerra, el fracaso en una empresa, etc.

derrotista adj. De [o del] derrotismo. ⊙ adj. y n. Se aplica a la persona que muestra esta actitud.

derrubiar (del sup. lat. «derupāre», de «rupes», roca) tr. **Disgregar y arrastrar el agua de un río, de la lluvia, etc., la ↘tierra de un campo, una tapia u otra cosa.*

derrubio m. *Acción de derrubiar.* ⊙ **Amontonamiento de tierra u otro material formado por esa acción.*

derruir (del lat. «diruĕre») tr. *Derribar un ↘edificio u otra construcción. ⊙ prnl. Derrumbarse una construcción.

□ CONJUG. como «huir».

derrumbadero (de «derrumbar») m. *Despeñadero o *precipicio: pendiente escarpada o corte en el terreno.

derrumbamiento m. Acción de derrumbar[se]. ⊙ También en sentido figurado: 'Asistimos al derrumbamiento de una civilización'.

derrumbar (del sup. lat. «derupāre», deriv. de «rupes», roca) **1** tr. *Hacer caer una ↘cosa desde una roca o por una pendiente escarpada.* ≃ Arrojar, *despeñar, precipitar. **2** *Derribar o *hundir un ↘*edificio o construcción. ⊙ Hacer caer cualquier ↘cosa sostenida en equilibrio. ⊙ prnl. Caer o hundirse una construcción. ⊙ Se usa también en sentido figurado: 'Se derrumbaron todas mis esperanzas. Se ha derrumbado su entereza'.

derrumbe 1 m. **Despeñadero.* ≃ Derrumbadero. **2** MINER. *Derrumbamiento (*hundimiento).*

derviche (del turco «derviş», a través del fr.) m. *Especie de monje de cierta secta *musulmana.*

des[1] (ant.) *Contracción de «de ese».*

des[2] (ant.) *Apóc. de «desde».*

des- (de los prefijos latinos «de-», «ex-», «dis-», y a veces, «e-») **1** Prefijo cuyo sentido fundamental es de inversión del significado de la palabra primitiva: 'deshacer, desandar'. ⊙ Expresa también carencia o negación: 'desconfianza, desprovisto'. ⊙ También, eliminación o privación: 'desconcertar, desprestigiar'. ⊙ A veces, por semejanza con estas palabras en que tiene sentido privativo, forma otras con sentido negativo de otra especie: 'despesar'. **2** En «deslenguado», quizá por influencia de otras palabras como «desbocado» o «desenfrenado», significa sin freno en la lengua. **3** Sirve, con el mismo significado que «in-», para formar los adjetivos contrarios de algunos que no lo tienen autónomo: 'deshonesto, deslucido'. **4** En muchas formas antiguas o desusadas y populares, sustituye a «es» o «ex»: 'descoger, descomulgar, desguince, desplanar, desplayar'. **5** Puede significar intensificación: 'descocho, despechar' (imponer tributos excesivos); sobre todo, unido a palabras que expresan ya privación: 'desgastar, desinquieto, desmenguar, desperecerse, deslánguido, despizcar, desraspar'. **6** En cambio, en «deslavar» en vez de intensificar el sentido privativo, lo atenúa. **7** También hay casos en que «des-» equivale a «mal»: 'Desconceptuar'. **8** En muchas palabras desusadas, antiguas o de uso popular, es enteramente superfluo: 'descambiar, descascar, desmanchar'.

desabarrancar (de «des-» y «abarrancar») tr. **Desatascar.* ⊙ *Sacar ↘algo o a alguien de una dificultad.* ⇒ *Ayudar.

desabastecer tr. Dejar privado ↘algo o a alguien de los productos necesarios. ⊙ *Dejar de abastecer o proveer de algo.*

desabastecido, -a Participio adjetivo de «desabastecer»: 'El invierno nos coge desabastecidos de carbón'.

desabastecimiento m. Falta de abastecimiento.

desabatir (ant.) tr. **Descontar o rebajar una ˎcantidad de alguna cosa.*

desabejar tr. Apic. *Sacar las *abejas de la ˎcolmena.*

desabido, -a (de «des-» y «sabido») **1** (ant.) adj. *Ignorante.* **2** (ant.) **Extraordinario o *excesivo.*

desabocar intr. *Salir del puerto a alta mar.* ≃ *Zarpar.

desabollar tr. Quitar de un ˎobjeto los bollos o aplastamientos que tiene: 'Desabollar un sombrero [o una olla]'. ⇒ *Plano.

desabonarse (reflex.) tr. *Darse de baja en un abono, por ejemplo al *teatro.*

desabono 1 m. *Acción de desabonarse.* **2** *Acción de desacreditar a alguien.*

desabor 1 m. *Falta de sabor.* ≃ Insipidez. **2** (ant.) **Disgusto.* ≃ Sinsabor.

desaborado, -a (ant.) *Participio de «desaborar».* ⊙ (ant.) adj. *Desaborido.*

desaborar 1 (ant.) tr. *Quitar el sabor a una ˎcosa.* **2** (ant.) *Quitar a ˎalguien el gusto o placer por una cosa.* ⇒ *Amargar.

desabordarse prnl. Mar. *Separarse una embarcación de otra a la que ha abordado.*

desaborido, -a 1 adj. Sin sabor. ≃ Insípido. **2** Sin sustancia. ≃ Desustanciado. **3** Aplicado a personas, falto de gracia. En esta acepción, suele en lenguaje festivo, decirse al estilo andaluz o gitano: 'desaborío' o 'esaborío'. ≃ *Soso.

desaborío, -a adj. V. «desaborido».

desabotonar 1 tr. Sacar un ˎbotón del ojal para *abrir la ˎprenda cerrada por ellos: 'Tenía calor y se desabotonó el abrigo'. ≃ *Desabrochar. **2** intr. *Abrirse las *flores.*

desabridamente adv. Con desabrimiento: 'Le contestó desabridamente'.

desabrido, -a (de «desaborido») **1** Participio de «desabrir[se]». **2** adj. Desagradable por falta de *sabor, o con un sabor que no satisface al paladar: 'Encuentro desabrida la fruta de aquí'. **3** Aplicado al tiempo, con alternativas desagradables de lluvia, frío, viento, etc. ≃ *Desapacible, desigual, destemplado. **4** Aplicado a personas y a su carácter o su expresión, *adusto, *brusco, mal humorado o de mal *carácter: poco amable o afectuoso; desagradable en el trato: 'Tiene un carácter desabrido, aunque es bueno'. **5** *Aplicado a las armas, particularmente, a la *ballesta, *duro al disparar, de manera que da coz o culatazo fuerte.*

desabrigado, -a Participio adjetivo de «desabrigar». ⊙ Aplicado a un lugar, muy expuesto a los vientos. ⇒ *Descubierto.

desabrigar tr. Quitar de encima de ˎalgo o alguien la ropa o parte de la ropa que lo abriga: 'Desabrigar al niño poco a poco. Desabrigar la masa del pan'. ≃ Desarropar, *destapar. ⊙ (reflex.) Quitarse una persona la ropa o parte de la ropa que le abriga: 'El niño se desabriga en la cama y se acatarra'.

desabrigo 1 m. *Acción de desabrigar.* ⊙ *Falta de abrigo.* **2** *Abandono.* ≃ Desamparo.

desabrimiento 1 m. Cualidad de desabrido (en cualquier acepción). ⊙ Actitud desabrida. **2** **Pena o *disgusto.*

desabrir (de «dasaborir») **1** tr. *Dar mal gusto a la ˎcomida.* **2** tr. y prnl. *Inquietar[se], *disgustar[se] o desazonar[se].*

desabrochar tr. Separar o abrir los ˎ*broches, botones o cierres de cualquier clase que mantienen cerrada una ˎprenda de ropa u otro objeto. Puede ser complemento directo el de persona: 'Le desabroché para que respirase mejor'. ≃ *Soltar. ⊙ Muy frec. reflex.: 'Desabróchate el abrigo'. ⊙ prnl. Dejar de estar abrochada una cosa: 'Se te ha desabrochado el pendiente'. ⇒ Abrir, aflojar, desabotonar, desalforjarse, desatacar[se], soltar. ➤ Desbraguetado, despechugado.

desacalorarse prnl. Aliviarse alguien del *calor que padece, descansando, por ejemplo a la sombra, o de otra manera.

desacatadamente adv. *Con desacato.*

desacatador, -a adj. y n. *Que desacata.*

desacatamiento m. *Acción de desacatar.*

desacatar 1 tr. No acatar las ˎleyes u ˎórdenes que provienen de una ˎautoridad. ≃ *Desobedecer. **2** **Desobedecer, *insultar o calumniar a una ˎautoridad en el ejercicio de sus funciones.*

desacato m. Acción de desacatar. ⊙ Falta de *respeto o consideración cometida con una cosa particularmente respetable: 'Es un desacato a la bandera [o al Santísimo Sacramento] no descubrirse a su paso'. ⇒ Descomedimiento, *desconsideración, *irreverencia.

Desacato a la autoridad. Der. *Delito consistente en desacatar a la autoridad.

desacedar tr. *Quitar la acidez a una ˎcosa.*

desaceitar tr. *Quitar el aceite a las ˎ*telas o hilados de lana.* ⇒ *Paño.

desaceleración f. Acción y efecto de desacelerar.

desacelerar (de «des-» y «acelerar») tr. Reducir la aceleración.

desacerar tr. y prnl. *Desgastar[se] o quitar[se] la parte de acero que tiene una ˎherramienta.* ⇒ *Embotar.

desacertadamente adv. De manera desacertada.

desacertado, -a Participio de «desacertar». ⊙ adj. Falto de acierto. ⊙ Inadecuado o contraproducente para el fin que se persigue. ⊙ De mal efecto o de mal resultado: 'Las desacertadas medidas del gobierno'. ⊙ No bien elegido: 'El color de esas cortinas es desacertado'. ⊙ («Estar») Aplicado a personas, *inoportuno o *indiscreto en algo que se dice o hace: 'Estuvo muy desacertado en su intervención'. ⇒ *Desacertar.

desacertar (de «des-» y «acertar»; «en») intr. No tener acierto al hacer cierta cosa u obrar de cierta manera, de modo que los resultados son malos: 'Iba acertado en el fin, pero desacertó en los medios'. ≃ Equivocarse, errar.

□ Catálogo

Ir apañado, ir arreglado, ir aviado, perder la brújula, haberla hecho buena, ir por mal camino, dar una en el clavo y ciento en la herradura, no dar una en el clavo, remachar el clavo, colarse, no dar una, no hacer cosa [o nada] a derechas, ir desacertado, desatinar, discurrir poco, ir equivocado, *equivocar[se], ir errado, errar, fallar, errar el golpe, hacer mal, apearse por las orejas, no dar palotada, no dar pie con bola, apuntarse un tanto en contra, hacer el tonto. ➤ Poco acertado, mal aconsejado, poco afortunado, contraindicado, contraproducente, contrario, desacertado, desaconsejado, desafortunado, desalumbrado, desatalentado, desatinado, descaminado, desdichado, desgraciado, desorientado, *equivocado, enatío, errado, erróneo, fatal, poco hábil, impertinente, improcedente, impropio, imprudente, *inadecuado, *inconveniente, hacer el indio, *indiscreto, inhábil, *inoportuno, poco inspirado, fuera de lugar, malaconsejado, *malo, dejado de la mano de Dios, perjudicial, fuera de propósito, fuera de tino, fuera de tono. ➤ Mala mano, mal ojo, mala pata, mala sombra, falta de tacto, mal [falta de o fuera de] TINO. ➤ Animalada, caballada, cagada, caída, coladura, chambonada, desacierto, desacuerdo, desaguisado, desatino, desliz, disfraz, disparate, *equivocación, error, *falta, *imperfección, inconveniencia, indiscreción, inoportunidad, ligereza, locura, METEDURA de pata, pifia, plancha, resbalón, SALIDA de tono, torpeza, traspié, tropezón, zarramplinada. ➤ Desacertadamente, desaconsejadamente, desatinadamente, desengañadamente, equivocadamente, erradamente, erróneamente, imprudentemente. ➤ ¡Anda!, ¡la he [has, etc.] HECHO buena! ➤ *Disparate.

□ CONJUG. como «acertar».

desacidificar tr. Quitar o reducir la acidez de ↘algo.

desacierto («Cometer») m. Acción de desacertar. ≃ Equivocación, error. ⊙ Acción desacertada: 'Fue un desacierto emprender el viaje en verano'. ⇒ *Desacertar.

desacobardar tr. *Dar *ánimos ↘al que está falto de ellos.*

desacollar (de «des-» y «acollar»; Rioj.) tr. AGR. *Cavar las ↘vides dejando un hoyo o *alcorque alrededor para que se detenga el agua.*

desacomodadamente adv. *Incómodamente.*

desacomodado, -a 1 *Participio de «desacomodar».* 2 adj. *Aplicado particularmente a criados, sin *empleo.* 3 *Falto de medios económicos para vivir como corresponde a su posición social.* ⇒ *Pobre. ➤ *Acomodado. 4 **Incómodo o molesto.*

desacomodamiento m. *Acción de desacomodar[se].*

desacomodar 1 tr. *Privar de *comodidad a ↘alguien.* 2 *Dejar sin acomodo o *empleo a ↘alguien.* ⊙ prnl. *Quedarse sin *empleo o salirse del que se tenía. Se aplica particularmente a *servidores.*

desacomodo m. *Acción de desacomodar[se].*

desacompañamiento m. *Acción de desacompañar.*

desacompañar tr. *Alejarse de la compañía de ↘alguien.*

desaconsejadamente adv. *Desacertadamente.*

desaconsejado, -a 1 Participio de «desaconsejar». 2 («Estar, Ir») adj. Desacertado o imprudente en algo que se dice o hace.

desaconsejar (de «des-» y «aconsejar») tr. Recomendar a alguien que no haga cierta ↘cosa que piensa hacer. ≃ *Disuadir.

desacoplamiento m. Acción y efecto de desacoplar[se].

desacoplar tr. Deshacer el acoplamiento de una ↘cosa con otra. ⇒ *Desencajar.

desacordadamente adv. *Sin acuerdo o armonía.*

desacordado, -a adj. *Falto de acuerdo o de armonía.*

desacordamiento (ant.) m. *Desacuerdo.*

desacordante adj. *Que desacuerda.*

desacordanza (ant.) f. *Desacuerdo o discordancia.*

desacordar (de «des-» y «acordar») 1 tr. *Hacer desaparecer el *acuerdo entre ↘cosas o personas.* 2 intr. *Estar en desacuerdo con alguien.* 3 **Desafinar un instrumento musical.* 4 prnl. *Olvidarse.* 5 (ant.) **Desmayarse.*

□ CONJUG. como «contar».

desacorde adj. En desacuerdo. ⊙ Falto de acuerdo: 'Opiniones desacordes. Estamos desacordes en los puntos fundamentales'. ⊙ Falto de armonía: 'Colores desacordes'. ⊙ Falto de armonía musical: 'Sonidos desacordes'.

desacorralar 1 tr. *Sacar el ↘*ganado de los corrales o cercados.* 2 TAUROM. *Hacer salir al ↘toro al centro de la plaza o a lugar despejado.*

desacostumbradamente adv. De manera desacostumbrada.

desacostumbrado, -a Participio adjetivo de «desacostumbrar[se]». ⊙ *Desusado o *extraño: no acostumbrado: 'Un espectáculo desacostumbrado en este país'.

desacostumbrar tr. Hacer perder a ↘alguien la *costumbre de cierta cosa. ≃ Deshabituar[se]. ⇒ Desavezar. ⊙ («de») prnl. Perder la costumbre de algo: 'Me he desacostumbrado del paseo diario'. ⊙ («a») Perder la tolerancia o la resistencia para cierta cosa: 'Me he desacostumbrado al frío'.

desacotar[1] (de «des-» y «acotar[1]») 1 tr. Quitar a un ↘terreno el carácter de *coto o vedado. ⇒ Descotar. ➤ Derrota. ➤ *Permitir. 2 *Entre chicos, suspender las ↘reglas o prohibiciones en un *juego.* 3 **Rechazar una ↘cosa.*

desacotar[2] (de «des-» y «acotar[2]») intr. **Apartarse de ↘lo que se está tratando.*

desacralizar tr. Quitar el carácter sagrado a ↘algo que lo tenía.

desacreditado, -a Participio adjetivo de «desacreditar[se]»: 'Una marca desacreditada'.

desacreditar (de «des-» y «acreditar»; «a», aunque se trate de cosas; «con, en, entre») tr. Hacer perder su buen crédito a ↘algo o ↘alguien: 'Sus propios amigos le desacreditan. Este producto desacredita a la casa que lo fabrica'. ≃ Desprestigiar. ⊙ prnl. Perder la estimación de los demás.

□ CATÁLOGO

Ahuesarse, almagrar, quedar a la ALTURA del betún, amancillar, amenguar, anular, baldonar, echar un CHAFARRINÓN, poner como CHUPA de dómine, decir, señalar con el DEDO, dejemplar, demonizar, *denigrar, desautorizar, desconceptuar, desfamar, desgastar, deshonorar, deshonrar, deslucir, deslustrar, desopinar, despopularizar[se], desprestigiar[se], desvalorar, detractar, detraer, *difamar, disfamar, poner como digan DUEÑAS, entiznar, erosionar, estigmatizar, sacar FALTAS, empañar [u oscurecer] la FAMA, poner mala FAMA, funestar, hablar, HABLAR mal, poner como [o de] HOJA de perejil, infamar, maldecir, manchar, mancillar, *menoscabar, notar, oprobiar, poner de ORO y azul, decir PERRERÍAS, pringar, profanar, profazar, quemar, salar, sambenitar, satanizar, echar [o tirar] por los SUELOS, poner TIBIO, tildar, tiznar, poner como un TRAPO, poner VERDE, vilipendiar, vituperar, poner de VUELTA y media. ➤ Difamador. ➤ Chantaje, desabono, difamación, libelo. ➤ Baldón, borrón, *descrédito, deslustre, desprestigio, desreputación, impopularidad, profazo, mala REPUTACIÓN, sambenito, tilde, vergüenza, vilipendio. ➤ Andar en BOCA de la gente, andar en LENGUAS. ➤ De historia, impopular, malmirado, malquisto. ➤ *Calumnia. *Censurar. *Condenar. *Criticar. *Desaprobar. *Deshonrar. *Murmurar.

desactivación f. Acción de desactivar.

desactivar 1 tr. QUÍM. Neutralizar las propiedades agresivas o corrosivas de un ↘producto. 2 FÍS. Eliminar la *radiactividad de un ↘cuerpo o un lugar. 3 Anular la capacidad de funcionamiento de un aparato, sistema, etc. ⊙ Inutilizar un ↘artefacto explosivo desconectando el dispositivo que lo haría estallar.

desacuerdo 1 m. Falta de *acuerdo. ≃ Disconformidad. ⊙ Circunstancia de pensar de manera opuesta dos personas: 'El padre y el hijo están en completo desacuerdo'. ⊙ Aplicado a escritos, o cosas que se dicen, circunstancia de decir cosas inconciliables: 'Los dos textos están en desacuerdo. Lo que dice un día está en desacuerdo con lo que ha dicho el anterior'. ⊙ Falta de *correspondencia entre dos cosas: 'Lo que dice está en desacuerdo con lo que hace'. ⊙ Falta de armonía: 'La corbata está en desacuerdo con el traje'. **2** **Error o *desacierto.* **3** **Olvido.* **4** **Desmayo.*

□ CATÁLOGO

Cisma, conflicto, contradicción, contrariedad, desacordanza, desavenencia, desconcierto, desconcordia, desconformidad, desencuentro, diferencia, diferendo, dificultad, *disconformidad, *discordia, discrepancia, disensión, disentimiento, disidencia, divergencia, escisión, heterodoxia, incompatibilidad, inconformidad [o inconformismo], oposición, distinta POSICIÓN, pugna, distinto PUNTO de vista. ➤ Desacordar, desajustarse, desconcertarse, desconformarse, desconvenir. ➤ Ir cada cual [o cada uno] por su CAMINO, no ser de la CUERDA, diferir, discordar, discrepar, disentir, divergir, no entenderse, impugnar, ir cada cual [o cada uno] por su LADO. ➤ Mal AVENIDO, *contrario, desacordado, desacorde, discorde, disidente, inconformista. ➤ *Incompatible, inconciliable. ➤ *Solución. ➤ Zanjar. ➤ *Discordia. *Discusión. *Distinto.

desaderezar tr. **Desarreglar: ajar o descomponer el arreglo personal de alguien.*

desadeudar tr. y prnl. *Librar a ˲alguien [o librarse alguien] de sus *deudas.* ≃ Desempeñar[se].

desadorar tr. *Dejar de adorar.*

desadormecer tr. y prnl. *Despertar ˲algo o a alguien [o despertarse algo o alguien] que está dormido (entumecido) o adormecido.* ⊙ *También en sentido figurado.*

desadornar tr. *Quitar el adorno de ˲algo o alguien.*

desadvertidamente adv. *Inadvertidamente.*

desadvertido, -a *Participio de «desadvertir».* ⊙ adj. *Inadvertido.*

desadvertimiento m. *Inadvertencia.*

desadvertir tr. *No advertir (*notar).*

desafear 1 tr. *Quitar o disminuir la fealdad de ˲algo o alguien.* **2** (ant.) **Afear.*

desafección 1 f. Circunstancia de ser desafecto, particularmente a un régimen político. **2** *Falta de afecto.* ≃ Desafecto.

desafecto, -a 1 («a») adj. y n. No adicto, o contrario a cierta cosa; particularmente, al régimen político imperante: 'Los desafectos al régimen'. **2** («a, por»; no suele usarse como complemento) m. Falta de *afecto o *cariño: 'El desafecto con que nos trata'. ≃ Desafección, desapego, descariño, despego, desvío, frialdad, indiferencia.

desafeitar 1 (ant.) tr. *Quitar los afeites a ˲alguien.* ⊙ (ant.) **Desarreglar (ajar o estropear el arreglo personal de ˲alguien).* **2** (ant.) **Manchar o *afear.*

desaferrar 1 tr. *Soltar ˲lo que está aferrado. **2** MAR. *Levantar las ˲anclas de un barco para partir.* ≃ Desanclar. ⇒ *Zarpar. **3** («de») *Disuadir a ˲alguien de una opinión que sostiene tenazmente.

desafiador, -a adj. y n. *Aplicado al que desafía.* ⊙ adj. *Aplicado a acciones, palabras, gestos, etc., desafiante.*

desafiante adj. Como de desafío o en actitud de desafío: 'Actitud desafiante. Se plantó desafiante delante de la puerta'.

desafiar (de «des-» y «afiar») **1** («a») tr. Invitar o incitar una persona a ˲otra a que *luche o compita con ella en cualquier forma: 'Te desafío a una partida de ajedrez. Le desafió a comer angulas'. ≃ Retar. ⊙ Particularmente, proponer la lucha con armas a otra ˲persona, por una cuestión de honor. También recípr.: 'Se desafiaron a muerte'. **2** *Afrontar el ˲enfado o la ira de una persona no sometiéndose a ella o no dejándose intimidar por ella: 'Es el único que se atrevió a desafiar las iras del jefe'. **3** *Acometer una ˲empresa sin retroceder ante dificultades, peligros, etc., o ir en busca de ellos: 'Han emprendido la expedición desafiando todos los peligros'. ≃ Afrontar, arrostrar, enfrentarse, hacer frente. **4** **Competir una cosa con otra.* **5** *Romper la amistad con alguien.* ⇒ *Enemistarse. **6** (ant.) *Desarreglar cualquier ˲cosa.* ⇒ *Estropear, *trastornar. **7** (ant.; Ar.) **Desterrar el soberano a un ˲súbdito.* ≃ Desnaturalizar.

□ CATÁLOGO

*Afrontar, arrostrar, hacer [o plantar] CARA, encampanarse, enfrentarse, hacer FRENTE, insolentarse, *provocar, TENERLAS tiesas. ➤ Verse las CARAS, VÉRSELAS con. ➤ Apuesta, desafío, desplante, reto, ronca[s]. ➤ Publicar ARMAS, arrojar [o echar] el GUANTE, *provocar, retar, lavar con SANGRE. ➤ Aceptar, recoger el GUANTE. ➤ Batirse. ➤ Certamen, combate, COMBATE singular, duelo, LANCE de honor, monomaquia, paso [PASO de armas], recuesta, *torneo, TRANCE de armas. ➤ JUICIO de Dios, PURGACIÓN vulgar. ➤ Cartel. ➤ Gaje. ➤ Campo [o CAMPO del honor], estacada, plazo. ➤ Devisar, partir el CAMPO, partir el SOL. ➤ A muerte, a primera SANGRE. ➤ Quedar en el CAMPO. ➤ FIEL [de lides], JUEZ de campo, padrino, testigo. ➤ LEY de duelo. ➤ ¿Qué te APUESTAS [o JUEGAS] a que...? ¡para LUEGO es tarde... !, ¡a que NO!, ¿qué PASA [OCURRE O SUCEDE]?, ¡a que sí!, ¡a VER qué pasa [ocurre, sucede]...! ➤ *Atreverse. *Competir. *Entereza. *Esgrima. *Luchar. *Provocar. *Reñir.

□ CONJUG. como «desviar».

desafijar[1] (ant.) tr. **Separar una ˲cosa del sitio en que está fija.*

desafijar[2] (ant.) tr. *Negar la paternidad respecto de ˲alguien.* ⇒ *Hijo.

desafilado, -a Participio adjetivo de «desafilar[se]».

desafilar tr. y prnl. Estropear[se] el *filo de un instrumento cortante. ⇒ *Embotarse.

desafinadamente adv. De modo desafinado.

desafinado, -a Participio adjetivo de desafinar[se].

desafinamiento m. Acción y efecto de desafinar[se].

desafinar (de «des-» y «afinar») intr. Desviarse la voz en el *canto, o un instrumento musical, del tono debido. ⊙ prnl. Perder un instrumento musical la adecuada afinación. ⇒ Desacordar, desentonar, destemplar, discordar, disonar. ➤ Desacorde, desafinado, desentonado, destemplado, discordante, disonante, falso. ➤ Gallipavo, gallo. ➤ *Afinar. *Canto. *Música.

desafío 1 m. Acción de desafiar. ≃ Reto. **2** *Combate entre dos personas, provocado por una ofensa inferida por una de ellas a la otra y ejecutado conforme a ciertas reglas caballerescas. ≃ Duelo. ⇒ *Desafiar. **3** (ant.) *Carta en que los reyes de Aragón comunicaban las razones que tenían para desafiar (desnaturalizar) a algún caballero.*

desafiuciar (de «des-» y «afiuciar»; ant.) tr. **Desahuciar.*

desafiuzar (ant.) tr. *Desafiuciar.*

desaforadamente adv. De manera desaforada.

desaforado, -a 1 Participio adjetivo de «desaforar». ⊙ *Hecho contra los fueros.* **2** Aplicado a personas, a su comportamiento, lenguaje, etc., se aplica al que obra sin sujetarse a la ley o sin ninguna clase de consideraciones. ≃ Desatentado, *desenfrenado. ⊙ No sujeto a *contención o mesura: 'Daba unas voces desaforadas'. ≃ *Desmedido. V. «CARTA desaforada».

desaforar (de «des-» y «aforar») **1** tr. *Quebrantar los *fueros.* **2** *Privar a ˲alguien de sus fueros.* **3** prnl. *Descomedirse.* ⇒ *Insolentarse.

□ CONJUG. como «contar».

desaforrar tr. *Quitar el *forro a una ↘cosa.*

desafortunado, -a 1 adj. Se dice del que tiene, de ordinario o en cierta ocasión, mala *suerte: 'Desafortunado en amores'. ≃ *Desgraciado. ⊙ Acompañado de mala suerte: 'Un día desafortunado'. ≃ Desgraciado. **2** No acertado, prudente u oportuno: 'Las desafortunadas medidas del gobierno. Su desafortunada intervención'. ≃ Desacertado.

desafuciar (de «des-» y «afuciar»; ant.) tr. **Desahuciar.*

desafuero 1 m. DER. *Acto cometido contra el fuero.* **2** DER. *Acto que priva de fuero al que lo tenía.* **3** Abuso o *atropello cometido por una *autoridad o por cualquier persona, en contra de la ley, la justicia o la consideración debida a otros: 'Impuso multas arbitrarias y cometió otros desafueros. Las tropas cometieron toda clase de desafueros'.

desagitadera f. *Utensilio que sirve para desagitar las colmenas.*

desagitar tr. APIC. *Desprender los ↘panales de la colmena.* ⇒ *Abeja.

desagotar (de «des-» y «agotar»; ant.) tr. **Desaguar un ↘depósito o *agotar un ↘líquido.*

desagraciado, -a *Participio adjetivo de «desagraciar». Falto de gracia o de gracias.* ⇒ Mal ÁNGEL, desangelado, desdonado, desgraciado. ➤ *Patoso. *Soso.

desagraciar tr. *Hace una cosa con su presencia que ↘otra tenga menos gracia o belleza:* 'El lunar le desagracia la cara. Ese cuello desagracia el vestido'. ≃ Desgraciar. ⇒ *Afear, *estropear.

desagradable 1 («a»: 'al paladar'; «de»: 'de decir') adj. Causante de desagrado. ≃ Enfadoso, enojoso, fastidioso, molesto. **2** Se dice de lo que causa mala *impresión por su aspecto, o del aspecto mismo: 'Tiene aspecto desagradable, pero no sabe mal. A pesar de su gesto desagradable, es buena persona'.

desagradablemente adv. De manera desagradable: 'Me impresionó desagradablemente'.

desagradar intr. Causar la impresión correspondiente en el ánimo de alguien una cosa que sucede y desearía que no sucediese, o algo que encuentra *feo o le causa mala impresión en los sentidos: 'Me desagrada mucho tener que decir las cosas tantas veces. Me desagrada el olor de gasolina. Le desagradan mucho los ruidos'. ≃ *Disgustar, molestar.

□ CATÁLOGO

Acedar, agrazar, amargar, amohinar, atragantarse, atravesarse, contrariar, saber a CUERNO quemado, DAR no sé qué, desabrir, desasentar, desazonar, *descontentar, desgraciar, desgradar, desplacer, *disgustar, *enfadar, escocer, *fastidiar, dar GRIMA, indigestarse, *molestar, ofender, dar cien PATADAS, picar, no ser PLATO de [o del] gusto de, repatear, resquemar, SABER mal, no ser SANTO de la devoción de. ➤ Aburrido, amargo, antipático, árido, asco, asqueroso, brusco, deplorable, desabrido, desagraciado, desagradable, desapacible, desaplacible, desgraciado, disgustado, de mal EFECTO, fastidioso, *feo, inameno, infernal, ingrato, *insoportable, insufrible, irresistible, *malo, malsonante, de infausta [o mala] MEMORIA, molesto, repugnante, sensible, mala SOMBRA, vomitivo. ➤ *Aguafiestas. ➤ Deplorable, enfadoso, enojoso, lamentable, *sensible. ➤ Mal *PARECIDO. ➤ Amargor, amarulencia, dejo, *fastidio, hastío, incomodidad, lata, molestia, píldora, mal RATO. ➤ Displicente. ➤ Aburrimiento, asco, desagrado, fastidio, *repugnancia. ➤ Poner mala CARA, torcer el GESTO, poner JETA, patear, refunfuñar, *renegar, rezongar. ➤ Abroncar, abuchear, patear, silbar, sisear. ➤ CARA de asco, esguince, gruñido, hocico, morro. ➤ Estar a las DURAS y a las maduras. ➤ ¡Al cuerno!, ¡todo sea por DIOS!, ¡válgame DIOS!, ¡enhorabuena!, ¡qué le vamos a HACER!, ¡paciencia!, SUMA y sigue, ¡vaya! ➤ *Disgusto. *Enfado. *Fastidio. *Molestar.

desagradecer tr. *No tener agradecimiento por algún ↘beneficio o favor recibido.* ⇒ Olvidar. ➤ Desagradecido, descastado, desconocido, desgradecido, ingrato, malagradecido, flaco de MEMORIA, olvidadizo. ➤ Desagradecimiento, mal PAGO. ➤ ¡Con lo QUE...!, cría CUERVOS y te sacarán los ojos, si te he VISTO, no me acuerdo.

□ CONJUG. como «agradecer».

desagradecido, -a *Participio de «desagradecer».* ⊙ («Ser, Mostrarse; a, con, para con») adj. Falto de agradecimiento. ≃ Ingrato.

desagradecimiento m. Falta de agradecimiento. ≃ Ingratitud.

desagrado m. Efecto desagradable: 'Me enteré de la noticia con desagrado'. ⊙ Actitud con que se muestra falta de gusto o de amabilidad al hacer algo para otro: 'Hace lo que le mandan, pero con desagrado'.

desagraviar 1 tr. Quitar de alguna manera del ánimo de ↘alguien la impresión que le ha causado un agravio. ⇒ Despicar, dar EXPLICACIONES, dar [u ofrecer] una REPARACIÓN, dar SATISFACCIONES. **2** **Indemnizar a ↘alguien por el perjuicio que se le ha causado.* ⊙ prnl. *Tomar satisfacción de un agravio recibido o resarcirse de un perjuicio.*

□ CONJUG. como «cambiar».

desagravio («De, En») m. Acción de desagraviar: 'Un homenaje de desagravio'.

desagregación f. *Acción de desagregar[se].* ⊙ GEOL. *Particularmente, los componentes de un mineral o roca.*

desagregar (de «des-» y «agregar») tr. y prnl. *Separar[se] una cosa de otra.*

desaguadero 1 m. Desagüe. **2** (inf.) *Motivo de gasto continuo de dinero.*

desaguador m. *Desagüe.*

desaguar 1 tr. Extraer el agua de un ↘sitio; por ejemplo de un pantano, o de un terreno para *desecarlo. **2** («en, por») intr. *Salir un líquido del sitio en donde está por algún orificio, conducto, etc.: 'El agua sobrante desagua por un rebosadero'. ≃ Verter, verterse. ⊙ intr. y prnl. Vaciarse un depósito, etc., por cierto sitio. ≃ Desaguarse. **3** («en») intr. Ir a parar un *río u otra *corriente líquida a determinado sitio: 'El Tormes desagua en el Tajo'. ≃ *Afluir, confluir, desembocar, verter, verterse. **4** tr. *Vaciar el agua del ↘estanque o depósito donde está por un orificio o un conducto.* **5** **Derrochar una persona sus bienes.* **6** (inf.) intr. *Orinar.* **7** prnl. **Evacuar el estómago o el intestino por vómito o deposición.*

□ CATÁLOGO

Afluir, descargar, desembocar, entrar, vaciar, verter[se]. ➤ Sangrar. ➤ Abatidero, aguadera, aguanal, albañal, alcantarilla, almenara, arbellón, arbollón, bajada, BAJADA de aguas, *canal, canalón, cazarro, cloaca, *conducto, cuneta, data, desaguadero, desaguador, desagüe, despidida, emisario, escape, esclusa, escorredero, escorredor, gavia, husillo, jaguadero, surtidero, vaciadero, zanja. ➤ Aguatiello, aliviadero, boquera, buzón, buzonera, coladera, derramadero, embornal, escorrentía, gárgola, imbornal, rebosadero, sangrador, sobradero, sumidero, tragadero, vertedero. ➤ Sangradura. ➤ Caldera, pileta.

□ CONJUG. como «averiguar».

desaguazar («des-» y «aguazar») tr. *Limpiar un ↘sitio de agua encharcada.*

desagüe 1 m. Acción de *desaguar[se]. **2** Orificio, canal o conducto por donde se desagua algo.

desaguisadamente (ant.) adv. *Sin razón o sin justicia.*

desaguisado, -a (de «des-» y «aguisado») **1** adj. Aplicado a acciones, *ilegal, *injusto o mal *hecho; hecho contra la ley o hecho sin razón. **2** (ant.) **Inconveniente.* **3** (ant.) *Aplicado a personas, *insolente.* **4** m. *Delito, ofensa, insulto o *atropello: 'Le han metido en la cárcel por no sé qué desaguisado'. **5** *Destrozo o *fechoría: 'Ocurrió un desaguisado en el motor. Los chiquillos cuando están solos no hacen más que desaguisados. La modista me ha hecho un desaguisado en el vestido'.

desaherrojar tr. *Librar a alguien de los hierros que le aprisionan. También reflex.*

desahijar 1 tr. *Apartar las ↘crías de las madres.* **2** prnl. Apic. *Producir las *abejas muchos jabardos o enjambres pequeños, debilitando a la reina o dejando sin reina la colmena.*

desahitarse prnl. *Liberarse del empacho o sensación de ocupación del *estómago.*

desahogadamente adv. Con desahogo: 'Aquí se pueden colocar desahogadamente cincuenta mesas'.

desahogado, -a 1 Participio de «desahogar[se]». ⊙ adj. Amplio, *espacioso: 'Una casa desahogada'. ⊙ Amplio, ancho, *holgado: 'Ropa desahogada'. ⊙ Con suficiente espacio libre: 'Queda muy desahogada la habitación, a pesar de haber dos camas en ella'. ≃ Desembarazado. **2** («Estar, Ir, Vivir») Con *bienestar económico; teniendo más de lo necesario para vivir: 'Viven desahogados con el sueldo del padre'. Se aplica también a «posición» o «situación»: 'Tiene una posición desahogada'. ≃ Holgado. **3** (inf.) adj. y n. Aplicado a personas, descarado o *fresco: se dice del que hace o dice cosas con falta de escrúpulo o con desconsideración hacia otros y con toda tranquilidad: 'El muy desahogado se fumó todos mis cigarrillos'.

desahogar (de «des-» y «ahogar») **1** tr. *Aliviar a alguien en sus trabajos, aflicciones o necesidades.* **2** Expresar violentamente una ↘pena o un estado de ánimo pasional, aliviándose así de ellos: 'Desahogó su pena llorando. Necesita alguien en quien desahogar su furia'. ⊙ («de; con») prnl. *Descargarse de una pena, por ejemplo llorando, o de otro estado de ánimo reprimido, gritando, insultando a alguien, o diciendo cosas que no se dirían fríamente. ≃ Desfogarse. ⊙ *Abrirse o franquearse con alguien comunicándole una intimidad que causa angustia, pena, etc. **3** *Reponerse de la fatiga o desacalorarse.* ≃ *Descansar.

□ Catálogo

Aliviarse, decir todo lo que viene a la boca, echar [o soltar] por la boca, decir todo lo que se pasa por la cabeza, cantarlas claras, decir cuatro cosas, cantar las cuarenta, decir cuántas son tres y dos, no podrirse una cosa dentro del cuerpo, no quedarse con nada en el [o dentro del] cuerpo, *desatarse, desbarrar, desbocarse, descargar, desembuchar, desfogarse, deshinchar, despacharse, sacarse una espina, expansionarse, explayarse, despacharse a gusto, *jurar, echar las patas por alto, no podrirse una cosa en el pecho, soltarse el pelo, echar los pies por alto, no quedarse con nada dentro, dar rienda suelta a..., *soltarse, sacar los trapos a relucir [o a la colada], sacar los trapos sucios, decir las verdades del barquero, vomitar. ➤ De rabia mató la perra. ➤ *Abrirse. *Aliviarse. *Descansar. *Descomponerse. *Despotricar. *Franco. *Jurar. *Queja. *Soltarse. *Verdades.

desahogo 1 m. Acción de desahogar[se]. **2** Cualidad de desahogado (espacioso). ⊙ Situación de desahogado (desembarazado). **3** Cualidad de desahogado (descarado o *fresco). **4** Desahogo económico.

Desahogo económico. Buena situación económica. ≃ *Bienestar, holgura.

desahuciadamente adv. *Sin esperanza.*

desahuciar (de «des-» y «ahuciar») **1** tr. Quitar a ↘alguien completamente las esperanzas de algo que deseaba: 'Le han desahuciado negándole definitivamente la plaza'. ≃ Desengañar. **2** Declarar a un ↘enfermo incurable y sin esperanzas de sobrevivir. **3** Obligar a un ↘inquilino o arrendatario a abandonar el local, finca, etc., que tiene arrendado, especialmente si es con intervención del juez. ≃ *Despedir.

□ Conjug. como «cambiar».

desahucio m. Acción de desahuciar.

desahumado, -a 1 *Participio de «desahumar».* **2** adj. *Se aplica al licor que ha perdido fuerza al evaporarse parte de su sustancia.*

desahumar tr. *Quitar el humo o sabor a humo de algún ↘sitio o de algo.*

desainadura f. Vet. *Enfermedad que sufren las *caballerías, especialmente cuando están muy gordas, que consiste en derretírseles el saín dentro del cuerpo por el demasiado trabajo, en particular cuando hace calor.*

desainar tr. *Quitar el saín o grasa a un ↘*animal.* ≃ Desengrasar. ⊙ *Quitar la grasa o sustancia a una ↘cosa.* ⊙ Cetr. *debilitar al ↘*azor en la época de la muda, disminuyéndole la comida o purgándole.*

desairadamente 1 adv. *Sin garbo.* **2** Con desaire.

desairado, -a 1 adj. *Aplicado a personas y a sus movimientos, actitudes, etc., falto de garbo.* **2** Participio adjetivo de desairar. ⊙ («Quedar») Aplicado a personas, humillado por una prueba de falta de consideración. ⊙ Se aplica también a la situación o papel humillantes o de postergación de la persona así tratada: 'Me hizo quedar en una situación desairada. La pobre chica hizo un papel desairado en el baile'. ⇒ *Deslucir.

desairar (de «des-» y «aire»; «en»: 'en su pretensión') tr. *Humillar a una ↘persona no haciéndole caso, negándole algo que pide, rehusando alguna atención o regalo suyo o de manera semejante.

□ Catálogo

Volver la cara, *chasquear, dejar [o quedar] *desairado, hacer un desaire, dejar [o quedar] deslucido, *despreciar, hacer un desprecio, dar esquinazo, poner en evidencia, excusarse, dejar feo, hacer un feo, *humillar, dejar en mal lugar, dejar [o hacer quedar] mal, dar en las narices, con las orejas gachas, hacer mal papel, dejar con la palabra en la boca, dejar plantado, *rehusar, dejar [poner, quedar o hacer quedar] en ridículo. ➤ Bofe, bofetada, *chasco, desaire, descuerno, desgaire, *desprecio, disfavor, esguince, feo, portazo, ventanazo.

desaire («Hacer») m. Acción de desairar: 'Le hicieron el desaire de no aceptar su invitación'. «Hacer un desaire» es expresión más frecuente que «desairar». ≃ *Desprecio.

desajuntar (ant.) tr. y prnl. *Desunir[se].*

desajustar 1 tr. y prnl. Separar[se], aflojar[se], estropear[se], etc., algo que estaba ajustado. **2** prnl. Abandonar un acuerdo.

desajuste m. Acción de desajustar[se]. ⊙ Falta de ajuste.

desalabanza 1 f. *Lo contrario de una alabanza.* ⇒ Disfavor. ➤ *Censurar. *Crítica. **2** **Desprecio u ofensa.*

desalabar (de «des-» y «alabar») tr. *Decir las faltas o defectos de ↘algo o de alguien.* ≃ *Criticar o *censurar.

desalabear tr. Quitar el alabeo a una ˃cosa y ponerla *plana. ⇒ Codal.

desalación f. Acción de desalar (quitar la sal).

desalado, -a *Participio de «desalar[se]».* ⊙ adj. Se dice del que corre con precipitación o *aturdimiento: 'Corren desalados al lugar del accidente [o al lugar de su perdición]'. ≃ Apresurado, presuroso.

desalagar tr. **Desecar o desencharcar un terreno.*

desalar[1] tr. Quitar la *sal o el exceso de ella a ˃algo: 'Desalar el jamón [o el bacalao]'. ⊙ Particularmente, quitar la sal al ˃agua del mar para hacerla potable.

desalar[2] **1** tr. *Quitar las alas a ˃algo.* **2** (ant.) prnl. *Andar con las alas abiertas.*

desalarse (del lat. «exhalāre», anhelar) **1** prnl. *Correr precipitadamente.* **2** **Ansiar.*

desalbardar tr. Quitar la albarda a un ˃animal. ≃ Desenalbardar. ⇒ *Desaparejar.

desalentado, -a Participio adjetivo de «desalentar».

desalentador, -a adj. Que causa desaliento.

desalentar **1** tr. *Hacer dificultosa la *respiración, por ejemplo el cansancio.* **2** Quitar el ánimo para proseguir una lucha o una empresa: 'La muerte del jefe desalentó a las tropas'. ≃ *Desanimar, descorazonar. ⊙ prnl. Perder el ánimo para proseguir una lucha o una empresa.

□ CONJUG. como «acertar».

desalfombrar tr. Quitar las alfombras de una ˃casa, habitación, etc.; por ejemplo, al llegar el verano.

desalforjar **1** tr. **Sacar ˃algo de las alforjas.* **2** (ant.) *Quitar las alforjas a la ˃*caballería.* **3** (reflex.) **Desabrocharse o aflojarse la ropa para descansar o desacalorarse.*

desalhajar tr. *Quitar de una ˃habitación los *muebles, etc.*

desaliento («Cundir el, Apoderarse el desaliento de») m. Situación de desalentado: 'Después del segundo gol de los contrarios cundió el desaliento entre los jugadores'. ≃ Desánimo.

desalineación f. Acción y efecto de desalinear[se].

desalinear tr. Alterar la posición de ˃cosas que están alineadas, de modo que dejan de estarlo. ⊙ Descomponer el alineamiento de una ˃cosa. ⊙ prnl. Salirse algo o alguien, por ejemplo un soldado, de la línea que formaba con otras cosas o personas. ⊙ Perder una cosa el alineamiento que tenía.

desalinización f. Acción de desalinizar.

desalinizador, -a adj. Se aplica al procedimiento para desalinizar el agua de mar.

desalinizadora f. Instalación industrial donde se lleva a cabo la desalinización del agua del mar.

desalinizar tr. Quitar la sal al ˃agua de mar para hacerla potable.

desaliñadamente adv. De manera desaliñada.

desaliñado, -a Participio de «desaliñar». ⊙ adj. Descuidado en el arreglo personal.

desaliñar tr. *Ajar o estropear el arreglo personal de ˃alguien.* ≃ *Desarreglar.

desaliño **1** m. Falta de cuidado en el arreglo personal. ≃ *Descuido. **2** (pl.) **Pendientes guarnecidos de piedras preciosas que llegaban hasta el pecho.*

desalmadamente adv. De manera desalmada.

desalmado, -a **1** *Participio de «desalmar».* **2** adj. y n. Se aplica a la persona que causa daño voluntariamente: 'Un desalmado provocó la catástrofe'. ≃ *Malo, malvado.

desalmar (de «des-» y «alma») **1** tr. *Quitar la fuerza o eficacia a una ˃cosa.* ⇒ *Debilitar. **2** *Intranquilizar.* **3** prnl. *Desalarse (*correr con precipitación, o *ansiar).*

desalmenado, -a Participio adjetivo de «desalmenar»: sin almenas.

desalmenar tr. Quitar o destruir las almenas de un ˃castillo, etc.

desalmidonar tr. Quitar el almidón que se había puesto en la ˃ropa.

desalojamiento m. Acción de desalojar.

desalojar (de «des-» y «alojar») **1** («de») tr. Dejar vacío un ˃lugar marchándose de él: 'Las tropas desalojaron el pueblo hace unos días'. ≃ *Desocupar. **2** (acep. causativa) Dejar vacío un ˃lugar o recinto haciendo *salir de él a ˃alguien o algo que lo ocupa: 'La policía desalojó el local'. ≃ *Expulsar. ⊙ El complemento puede ser también la cosa que sale: 'Al entrar el agua en la vasija desaloja el aire'. ⇒ *Sacar.

desalojo m. Acción de desalojar.

desalquilado, -a Participio adjetivo de «desalquilar»: 'El piso que tiene en la playa está desalquilado'.

desalquilar tr. Dejar de alquilar una ˃cosa. Se usa con frecuencia en forma pronominal pasiva o impersonal con «se»: 'Se acaba de desalquilar un piso en esta casa'. ⇒ Desocuparse, QUEDAR desalquilado [libre, vacante, vacío]. ➤ Albarán, enguera, papel.

desalterar (de «des-» y «alterar») tr. y prnl. **Tranquilizar[se].*

desalumbradamente adv. *De forma desalumbrada.*

desalumbrado, -a **1** adj. *Deslumbrado.* **2** *Desacertado.*

desalumbramiento m. *Desacierto.*

desamable (de «des-» y «amable») adj. *Indigno de ser amado.*

desamador, -a adj. y n. *Aplicable al que desama.*

desamar **1** tr. *Dejar de amar.* **2** **Aborrecer.*

desamarrar tr. *Soltar las amarras de un ˃*barco.

desamartelar tr. y prnl. **Desenamorar[se].*

desamasado, -a (de «des-» y «amasado») adj. *Disgregado.*

desambientado, -a («Estar») adj. Se dice de la persona que se encuentra en un sitio fuera de su ambiente. ≃ *Inadaptado. ⊙ Aplicado a cosas, no bien acompañado por el ambiente o las cosas que tiene alrededor, para que produzca el efecto debido.

desambiguar tr. LING. *Hacer que deje de ser ambigua una ˃palabra o frase.* ⊙ LING. *Dejar de ser ambigua una palabra o frase.*

desamigo, -a (ant.) n. **Enemigo.*

desamistad (ant.) f. **Enemistad.*

desamistarse prnl. recípr. **Enemistarse.*

desamoblar tr. *Desamueblar.*

desamoldar **1** tr. *Quitarle a una ˃cosa su forma, recibida o no en un molde.* ≃ *Deformar. **2** **Cambiar el aspecto de una ˃cosa.* ≃ Desfigurar.

desamor **1** (lit.) m. Falta de *amor o *cariño. **2** **Aversión o *antipatía.*

desamoradamente adv. *Sin amor o cariño.*

desamorado, -a *Participio adjetivo de desamorar[se].*

desamorar tr. *Hacer perder el amor.* ⊙ prnl. *Perderlo.*

desamoroso, -a adj. *Que no siente amor o agrado.*

desamorrar (de «des-» y «amorrar»; inf.) tr. y prnl. *Hacer que ↘alguien levante la cabeza [o levantarla él mismo], abandonando la actitud de silencio o *enfado en que está.* ⇒ *Desenfadar.

desamortizable adj. Que se puede desamortizar.

desamortización f. Acción de desamortizar.

desamortizador, -a adj. y n. Que desamortiza.

desamortizar tr. Expropiar y poner en venta los ↘bienes amortizados, o sea pertenecientes a comunidades religiosas o a otras colectividades. ⇒ Secularizar. ➤ MANOS muertas.

desamotinarse prnl. *Dejar de participar en un motín.*

desamparado, -a **1** Participio adjetivo de «desamparar»: falto de amparo, ayuda o protección. **2** Aplicado a lugares, no protegido contra la inclemencia; particularmente, contra los *vientos. ≃ Desabrigado. **3** *Aplicado a lugares, *abandonado o solitario. Poco frecuentado, o sin habitantes.* **4** (ant.) *Separado o dislocado.*

desamparar **1** tr. No prestar a ↘alguien el amparo, ayuda o protección que busca o necesita. ≃ *Abandonar, desmamparar. **2** DER. *Abandonar una ↘cosa, perdiendo por ello todo derecho sobre ella.* ≃ *Abandonar, derrelinquir.

desamparo m. Situación de desamparado: falta de medios para subsistir y de ayuda o protección: 'Vive en el mayor desamparo'.

□ CATÁLOGO

Abandono, desabrigo, desarrimo, desvalimiento, orfandad, soledad. ➤ Desmadrado, desvalido, huérfano. ➤ No tener a donde [o a quien] volver la CABEZA, no tener a donde [o a quien] volver la CARA, no tener a donde [o a quien] volver la MIRADA, no tener a donde [o a quien] volver los OJOS, sin PADRE ni madre ni perro que le ladre, cerrarse todas las PUERTAS, no tener a quien RECURRIR, no tener a donde [o a quien] VOLVERSE, no tener a donde volver [o a quien alzar] la VISTA.

desamueblar tr. Dejar sin muebles un ↘lugar. ≃ Desamoblar.

desamurar tr. MAR. *Soltar las amuras de las ↘*velas.*

desanclar tr. MAR. Levantar las anclas para *zarpar. ≃ Levar anclas.

desancorar tr. MAR. *Desanclar.*

desandar tr. Recorrer en dirección contraria el mismo ↘camino recorrido antes. ≃ *Retroceder. ⊙ También, en sentido figurado.

DESANDAR LO ANDADO. *Retroceder y volver a encontrarse, en sentido material o figurado, en el mismo sitio o situación donde se estaba antes de avanzar en un camino o en otra cosa.

□ CONJUG. como «andar».

desangelado, -a adj. Aplicado a personas y a cosas, *soso, falto de gracia.

desangrado, -a Participio adjetivo de «desangrar[se]».

desangramiento m. Acción y efecto de desangrar[se].

desangrar (del lat. «desanguināre») **1** tr. Hacer que ↘alguien pierda mucha o toda su *sangre. ⊙ prnl. Perder mucha sangre o perderla toda. ⇒ *Desecar. **2** tr. *Vaciar un ↘lago, pantano, etc.* **3** *Empobrecer a ↘alguien haciéndole gastar dinero de manera continua.

desanidar **1** intr. Abandonar el nido las *aves. **2** tr. *Expulsar de su refugio a ↘alguien; particularmente, a los enemigos en la *guerra o a los *malhechores.

desanimado, -a Participio de «desanimar[se]». ⊙ adj. Aplicado a personas, a una fiesta, etc., falto de ánimo o de animación.

desanimar tr. Quitar ánimos a ↘alguien para hacer o proseguir una cosa: 'Me desanima el ver lo poco que adelanto en el trabajo'. ⊙ prnl. Perder los ánimos o las ganas de hacer cierta cosa, o las esperanzas de conseguir algo.

□ CATÁLOGO

*Abatir[se], *achicar[se], *acobardar[se], acochinar[se], acoquinar[se], amilanarse, aplanar[se], apocar[se], decaer, dejarse, deprimirse, desalentar[se], desaquellar[se], desconhortar[se], descorazonar[se], desesperanzar[se], desfallecer, desinflar[se], desmayar, desmoralizarse, desmoronarse, desmotivar, desnervar, desnerviar, encoger[se], enervar[se], enflaquecer, andar como [o parecer un] FANTASMA, flaquear, estar en baja FORMA, jarretar[se], tener la MORAL por los suelos. ➤ Bajotraer, dejadez, desánimo, desgana, galbana, murria, zangarriana. ➤ Abollado, apocado, AVE fría, derribado, desalentado, desanimado, lánguido. ➤ *Apatía. *Pereza. *Triste.

desánimo m. Referido a personas, situación de desanimado.

desanublarse prnl. **Despejarse de nubes el cielo.*

desanudar **1** tr. Deshacer un ↘*nudo. ⊙ *Soltar ↘algo que estaba atado con nudos. **2** *Resolver o aclarar una ↘situación que estaba confusa y poner las cosas de modo que puedan seguir su marcha.* ≃ Desatar. ⇒ *Desatascar, *soltar.

desañudadura f. *Desanudadura.*

desañudar tr. *Desanudar.*

desaojadera f. *Mujer a quien se atribuía poder para quitar el aojo.*

desaojar tr. *En hechicería, deshacer el aojo o *mal de ojo que pesa sobre ↘alguien.*

desapacibilidad f. *Cualidad de desapacible.*

desapacible (de «des-» y «apacible») **1** adj. *Desagradable para los sentidos por su falta de suavidad. ⊙ Aplicado al tiempo, desagradable por el viento, la lluvia, la amenaza de tormenta o esas alteraciones juntas o alternándose. ⇒ Desabrido, desigual, destemplado. ⊙ Aplicado a personas o a su carácter o manera de hablar o comportarse, *brusco, *malhumorado o de mal *carácter: falto de amabilidad y propenso a enfadarse o irritarse: 'Tiene pocos amigos, por su carácter desapacible'. **2** Aplicado a sonidos, falto de armonía y desagradable. ≃ Áspero, *estridente.

desapaciblemente adv. De modo desapacible.

desapadrinar tr. **Desaprobar una ↘cosa.*

desapañar tr. **Desarreglar.*

desapareado, -a *Participio de «desaparear».* ⊙ adj. *Sin su compañero o sin pareja:* 'Aquí hay un calcetín desapareado'. ≃ Desparejado.

desaparear tr. *Separar las ↘cosas que forman un par o pareja.* ≃ *Desparejar. ⊙ *Dejar incompleto un par de ciertas ↘cosas, por ejemplo de calcetines.* ≃ *Desparejar.

desaparecer (de «des-» y «aparecer») **1** intr. Dejar de ser visible o perceptible una cosa: 'La mancha ha desaparecido. Aún no ha desaparecido el olor a alcanfor de la ropa'. ⊙ Dejar de estar en un sitio: 'Desapareció de la reunión sin que nos diésemos cuenta. Me han desaparecido unos pañuelos de mi cajón'. ⊙ Dejar de existir: 'Los dinosaurios desaparecieron en el periodo cretácico'. **2** (ant.; acep. causativa) tr. *Hacer desaparecer alguna ↘cosa.*

□ CATÁLOGO

Anular[se], barrer, *borrar[se], dar CANTONADA, *cesar, deshacerse, despabilarse, desparecer, *destruir[se], *desvanecer[se], llevarse el DIABLO, disipar[se], disolver[se], dispersar[se], eclipsar[se], escamotar, escamotear, *esconder[se], esfumarse, dar ESQUINAZO, evaporar[se], *gastar[se], convertir[se] en HUMO, borrar del MAPA, desaparecer del MAPA, *marcharse, reducirse a la NADA, oscurecer[se], *ocultar[se], perderse, ponerse, quitar[se], no dar SEÑALES de vida, sepultar[se], *sucumbir, sumergir[se], sumir[se], *suprimir, tragárselo a uno la TIERRA, llevarse el VIENTO, volar, zambucar. ➤ Por ARTE de magia [o de birlibirloque], por escotillón, por foro. ➤ Prestidigitación. ➤ Ni señal, aquí fue TROYA, ¡volavérunt! ¡[volavérunt quiteria]! ➤ *Aparecer. *Reaparecer.

□ CONJUG. como «agradecer».

desaparecido, -a Participio adjetivo de «desaparecer». ⊙ n. Persona desaparecida, particularmente la que ha sido víctima de la represión de un régimen político.

desaparejar 1 tr. Quitar los aparejos a una ↘caballería. ⇒ Desalbardar, desalforjar, desarrendar, desencabestrar, desenganchar, desenjaezar, desenjalmar, desensillar, desguarnecer. **2** MAR. Dejar un ↘barco sin aparejo o con él destrozado. ≃ Desarmar.

desaparición f. Acción de «desaparecer».

desaparroquiar 1 tr. *Separar a alguien de su parroquia.* **2** *Quitar los parroquianos a un comercio.*

desapasionadamente adv. Sin pasión o apasionamiento: 'Juzgar desapasionadamente'. ≃ Equitativamente o imparcialmente.

desapasionado, -a *Participio de «desapasionar[se]».* ⊙ adj. Aplicado a las personas y a sus juicios o decisiones, guiado por la *razón y no por la *pasión. ⇒ Ecuánime, equilibrado, equitativo, frío, *imparcial, impasible, *justo, *neutral, objetivo, recto, *sereno. ➤ Calculadamente, desapasionadamente, equitativamente, fríamente, objetivamente, serenamente.

desapasionar tr. y prnl. *Hacer que alguien pierda [o perder él] la pasión que sentía por algo.*

desapegar 1 (pop.) tr. *Despegar.* **2** prnl. Perder el *cariño a alguien.

desapego m. Falta de apego: *desafecto por las personas o desasimiento o falta de interés por las cosas: 'Tiene desapego al dinero'. ⇒ Desprendimiento.

desapercebidamente (ant.) adv. *Desapercibidamente.*

desapercebido, -a (ant.) adj. *Desapercibido.*

desapercebir (ant.) tr. *No apercibir algo.*

desapercibidamente adv. *Inesperada o *repentinamente. De manera desapercibida.

desapercibido, -a 1 adj. *Desprovisto de lo necesario. **2** No percibido: 'No me ha pasado desapercibido su gesto'. ≃ *Inadvertido. **3** No apercibido (avisado): 'La noticia nos cogió desapercibidos'. ≃ Desprevenido.

PASAR DESAPERCIBIDA una cosa. Pasar inadvertida.

desapercibimiento m. *Falta de aprovisionamiento.* ≃ Desprevención.

desapercibo m. *Desapercibimiento.*

desapestar tr. **Desinfectar a un ↘apestado.*

desapiadadamente adv. *Despiadadamente.*

desapiadado, -a adj. *Despiadado.*

desapiolar (de «des-» y «apiolar») tr. CAZA. *Quitar las ligaduras con que los cazadores atan las patas de la caza menor y los picos de las aves cazadas para colgarlas.*

desaplacible adj. **Desagradable.*

desaplicación f. Falta de aplicación.

desaplicado, -a adj. No aplicado. Se dice de la persona que no pone esfuerzo o interés en el trabajo o en el estudio. ≃ Inaplicado. ⇒ *Holgazán.

desaplomar tr. y prnl. CONSTR. *Desviar[se] de la vertical.* ⇒ Desplantar, desplomarse. ➤ *Inclinar.

desapoderadamente adv. **Violenta o vehementemente.*

desapoderado, -a adj. *Aplicado a personas, pasiones, fuerzas de la naturaleza, *desenfrenado o *incontenible.*

desapoderamiento 1 m. *Acción de desapoderar[se].* ⊙ *Estado de desapoderado.* **2** **Desenfreno.*

desapoderar 1 tr. *Quitar a ↘alguien el *poder que tenía para actuar en representación de otro.* **2** («de») **Quitarle a ↘alguien algo de que se había apoderado.* **3** *Quitar cualquier cosa a ↘alguien.*

desapolillar 1 tr. *Quitar la *polilla a una ↘cosa.* **2** (inf.) prnl. Recibir el efecto agradable y beneficioso de *salir de casa después de haber estado algún tiempo encerrado, por ejemplo estudiando, o salir de viaje o a diversiones después de haber estado algún tiempo recluido. ≃ *Ventilarse. ⇒ *Distraerse.

desaporcar tr. *Descubrir una ↘planta que estaba aporcada.* ⇒ Alumbrar, escotorrar. ➤ *Aporcar.

desaposentar 1 tr. *Privar a alguien de su aposento.* **2** *Desechar: *rechazar de sí.*

desaposesionar (ant.) tr. *Desposeer: privar a alguien de la posesión de algo.*

desapostura 1 (ant.) f. *Falta de apostura.* **2** (ant.) **Descuido o suciedad.*

desapoyar tr. *Quitar el apoyo de algo.*

desapreciar tr. *No estimar.*

desaprender tr. Olvidar una ↘cosa aprendida.

desaprensar 1 tr. *Hacer perder a las ↘*telas el lustre y calidades que adquieren en la prensa.* **2** *Liberar de una opresión física.*

desaprensión f. Falta de aprensión o de *escrúpulos. Falta de preocupación por obrar honrada o justamente. ⇒ Cinismo, descaro, despreocupación, desvergüenza, estómago, FALTA de *escrúpulos, frescura, indelicadeza, inmoralidad, ratería, tragaderas, buenas TRAGADERAS. ➤ Bajo, desaprensivo, indelicado, sucio, ventajista. ➤ Tener [buen] ESTÓMAGO, no ser MANCO. ➤ CUEVA de ladrones, PUERTO de arrebatacapas. ➤ *Aprovechado. *Granuja.

desaprensivamente adv. Con desaprensión.

desaprensivo, -a adj. y n. Se aplica a la persona que actúa sin aprensión o escrúpulos.

desapretar 1 tr. *Aflojar lo que está apretado. **2** (ant.) **Ayudar a ↘alguien a salir de un *apuro.*

desaprir (ant.) intr. **Separarse.*

desaprisionar tr. *Dejar *libre.*

desaprobación f. Acción de desaprobar. ⊙ Palabras con que se desaprueba.

desaprobar (de «des-» y «aprobar») tr. Encontrar una ↘cosa mal hecha u opinar que ↘alguien ha obrado mal: 'Él desaprueba la conducta de su hijo'. Se emplea el mismo verbo para hacer lo que expresa: 'Desapruebo las resoluciones adoptadas'.

□ CATÁLOGO

*Condenar, desapadrinar, desautorizar, desopinar, no gustar, improbar, *objetar, no PARECER bien, no ser PARTIDARIO, poner PEROS, *rechazar, poner REPAROS, reprobar, repulsar. ➤ Censura, condena, desaprobación, objeción, reprobación, repulsa. ➤ Pero, reparo, tacha, tilde. ➤ Objetable, recusable, reprobable. ➤ Abroncar, abuchear, ahuchear, armar una BRONCA, grita, patear, pitar, rechifla, silbar, sisear. ➤ ¡Abajo!, ¡absit!, ¡afuera!, ¡cola!, no faltaba [o faltaría] más, ¡fuera!, ¡habrá...!, ¿habráse VISTO? ➤ V. expresiones de desaprobación en «bien, bonito» y «bueno». ➤ *Protestar.

☐ CONJUG. como «contar».

desaprobatorio, -a adj. Que incluye desaprobación. ≃ Condenatorio.

desapropiación f. *Desapropiamiento.*

desapropiamiento m. *Acción de desapropiarse.*

desapropiarse (de «des-» y «apropiar»; «de») prnl. **Renunciar a algo que se* posee. ≃ **Desprenderse.*

desapropio m. *Desapropiación.*

desaprovechado, -a 1 Participio adjetivo de «desaprovechar». 2 Se aplica a la persona que no aprovecha; que no obtiene de lo que tiene a su disposición, enseñanzas, oportunidades, etc., el fruto que puede o debe: 'Un alumno desaprovechado'.

desaprovechamiento m. Acción de desaprovechar.

desaprovechar tr. No obtener de ↘algo el *provecho que se podría obtener. ≃ *Desperdiciar, malemplear. ⊙ Dejar inservible o como inservible más porción de la necesaria.

desaprovechoso, -a (ant.) adj. *Perjudicial, dañoso.*

desapteza (ant.) f. *Falta de *aptitud.*

desapto, a (ant.) adj. *Falto de *aptitud.* ⇒ *Inútil.

desapuesto, -a 1 (ant.) adj. *Falto de apostura o garbo.* 2 (ant.) **Desarreglado.* 3 (con terminación m.; ant.) adv. *Desarreglada o feamente.*

desapuntar 1 tr. **Borrar ↘lo apuntado; por ejemplo, las faltas de asistencia al *coro en las catedrales.* ⊙ tr. Excluir de una lista. También reflex. 2 *Quitar las *puntadas de una ↘cosa cosida.* ≃ Descodar. ⇒ *Deshilvanar. 3 *Dejar de *apuntar con un ↘arma o hacer perder la puntería a ↘alguien.*

desaquellarse (de «des-» y «aquellar») 1 prnl. **Alterarse o *aturdirse.* 2 **Abatirse o *desanimarse.*

desarbolado, -a 1 Participio adjetivo de «desarbolar». 2 Se aplica al terreno que no tiene árboles o que ha sido despojado de ellos. 3 *Desangelado por falta de adornos.* 4 *Nervioso, tenso.*

desarbolar 1 tr. MAR. Dejar un ↘barco sin *palos. 2 tr. y prnl. Desbaratar[se]: 'El delantero desarboló la defensa del equipo contrario y marcó el primer gol'.

desarbolo m. MAR. *Acción de desarbolar.*

desarenar tr. *Quitar la arena de un ↘lugar.*

desareno m. *Acción de desarenar.*

desarmable adj. Se aplica al objeto que se puede desarmar. ≃ Desmontable.

desarmado, -a 1 Participio de «desarmar». 2 adj. Sin armas. ≃ Inerme. ⇒ A BRAZO partido, a CUERPO limpio, a PECHO descubierto. 3 («Dejar, Quedar[se]») Sin *autoridad moral para enfadarse, reprender o castigar. 4 Sin argumentos con que replicar. ⇒ Confundir. 5 Con las piezas separadas. ≃ Desmontado. 6 Aplicado a una cosa sostenida por armadura, sin colocar en la forma necesaria para ser usado. ≃ Desmontado.

desarmador m. **Disparador de las armas de fuego.*

desarmar 1 tr. Quitar o hacer entregar las *armas a una ↘persona, un ejército, una plaza, etc. ⇒ Deslinar. ⊙ tr. o abs. Suprimir o disminuir las fuerzas militares de un ↘país. Muy frec. reflex.: 'Las naciones se desarman'. 2 tr. Detener la cólera, el *enfado o cualquier intención agresiva de ↘alguien, de cualquier manera: 'Le desarmó con una sonrisa [con buenas razones, con una indemnización]'. ⇒ Componer. ➤ *Apaciguar. 3 Dejar a ↘alguien sin saber qué decir en una discusión. ≃ *Confundir. 4 ESGR. *Arrancar el arma de manos del ↘adversario con un movimiento de la propia.* 5 MAR. *Quitarle a un ↘*barco la artillería y el aparejo y amarrarlo en la dársena.* 6 *Hacer que el ↘*toro u otro animal de cuernos embista en falso, de modo que ya no puede volver a hacerlo sin cambiar la postura.* 7 *Quitar la ↘*ballesta del punto o gancho en que se ponía para dispararla.* 8 Separar las *piezas de una ↘cosa: 'Desarmar un reloj'. ≃ Desmontar. ⊙ Separar las partes de una ↘cosa que se monta sobre armadura, de modo que se pueda plegar o recoger; por ejemplo, una tienda de campaña. ≃ Desmontar. ⇒ Abatir, bajar, desacoplar, desarticular, descoyuntar, descuadernar, descuajaringar, desencajar, desenchufar, desguazar, desmantelar, *desmontar, *desvencijar. ⊙ prnl. Separarse las piezas de una cosa, o desmontarse algo: 'La cama se ha desmontado por no apretar los tornillos a tiempo'.

desarme m. Acción de desarmar[se] un país.

desaromatizado, -a Participio adjetivo de «desaromatizar[se]».

desaromatizar tr. Quitar el aroma a una ↘cosa. ⊙ prnl. Perder el aroma.

desarraigado, -a Participio de «desarraigar[se]». Se aplica al que no tiene lazos afectivos, intereses, etc., que le ligan al sitio o medio en que vive.

desarraigar (de «des-» y «arraigar») 1 («de») tr. *Arrancar una ↘planta con su *raíz. ≃ Derraigar. 2 *Separar a ↘alguien del sitio donde vive y donde tiene su familia, amigos, etc. ⇒ *Patria. ⊙ («de») prnl. Apartarse alguien de la *patria o sitio en que tiene su familia, afectos, intereses, etc. 3 tr. Suprimir o quitar completamente un ↘vicio, costumbre, pasión o sentimiento. ≃ Arrancar, *extirpar.

desarraigo 1 m. Acción de desarraigar[se]. 2 Situación de desarraigado.

desarrancarse prnl. **Separarse alguien de un cuerpo o asociación de que forma parte.*

desarrapado, -a adj. *Desharrapado: vestido con andrajos o miserablemente.

desarrebozadamente adv. **Clara o *abiertamente.*

desarrebozar 1 tr. *Quitar el rebozo de una ↘cosa.* 2 *Dejar patente una ↘cosa.* ⇒ *Aclarar, *descubrir. ⊙ prnl. **Descubrir alguien sus intenciones, etc.*

desarrebujar (de «des-» y «arrebujar») 1 tr. **Desarrugar ↘lo que está arrebujado.* ⊙ **Desenredar ↘lo que está enredado.* 2 *Explicar ↘algo que está confuso.*

desarregladamente adv. Con desarreglo.

desarreglado, -a 1 («Estar») Participio adjetivo de «desarreglar»: no arreglado, o con el arreglo que tenía, deshecho: 'Una mujer desarreglada. Una habitación desarreglada'. 2 («Ser») Aplicado a personas, a sus costumbres, etc., *descuidado en el arreglo u orden de sus cosas. ⊙ No sujeto en su vida o costumbres a orden o regla: 'Es muy desarreglado en las comidas'. ≃ *Desordenado.

desarreglar tr. Deshacer el arreglo, orden, organización o preparación de alguna ↘cosa: 'Los niños han desarreglado las camas jugando. El mal tiempo ha desarreglado nuestros planes'. ⊙ Particularmente, el arreglo personal o algún detalle de él: 'El viento te ha desarreglado el peinado'. ⊙ Se usa especialmente contraponiéndolo a «arreglar»: 'Se pasa la mañana arreglando y desarreglando su mesa de trabajo. Tú te lo arreglas y desarreglas todo'. ⇒ Desaderezar, desadornar, desafeitar, desaliñar, desapañar, desataviar, descomponer, descuajaringar, desenjaezar, desguarnecer. ➤ Desapuesto. ➤ Desarreglado, desceñido, descorregido. ➤ *Desorden. *Estropear. *Frustrar. *Trastornar.

desarreglo 1 m. Acción de desarreglar. 2 (gralm. pl.) Trastorno en el estado de salud o alteración en el funcionamiento de un órgano: 'Desde hace tiempo padece algunos desarreglos hormonales'. 3 Falta de arreglo. 4 («Llevar») *Desorden o *exceso, por ejemplo en el género de vida.

desarremangar tr. Deshacer las dobladuras hechas para arremangar las mangas, las perneras o la falda. Más frec. reflex. ⇒ Desenfaldarse.

desarrendado, -a Participio adjetivo de «desarrendar».

desarrendar[1] tr. Dejar alguien una ↘casa o finca que tiene arrendada. ⊙ Hacer que alguien deje una ↘casa o finca que tiene arrendada.

□ CONJUG. como «acertar».

desarrendar[2] tr. *Quitar la *rienda al ↘caballo.*

□ CONJUG. como «acertar».

desarrevolver (ant.) tr. y prnl. *Desenvolver[se], desembarazar[se].*

desarrimar 1 tr. **Separar.* 2 **Disuadir.*

desarrimo m. *Abandono o *desvalimiento: falta de arrimo o ayuda.*

desarrollable adj. Susceptible de desarrollarse o ser desarrollado. ⊙ GEOM. Aplicado a *superficies, susceptible de ser extendida y colocada en forma plana; como, por ejemplo, la cilíndrica o la cónica.

desarrollado, -a Participio adjetivo de «desarrollar[se]». ⊙ Admite grados: 'Una planta bien desarrollada'. ⊙ Si no se especifica, se entiende muy desarrollado: 'Un niño desarrollado'.

desarrollar (de «des-» y «arrollar») 1 tr. *Extender una ↘cosa que estaba arrollada. ≃ Desenrollar. 2 Hacer *crecer un ↘organismo hasta alcanzar su tamaño o estado adulto definitivo o de madurez: 'El sol y la humedad desarrollan la semilla'. ⊙ prnl. Crecer un organismo hasta alcanzar su estado de madurez: 'El trigo se desarrolla en seis meses'. 3 tr. Dar mayor amplitud o importancia a una ↘cosa o impulsar la actividad de algo: 'Ejercicios para desarrollar la memoria. Medidas para desarrollar la industria nacional'. ≃ *Ampliar, desenvolver. ⊙ prnl. *Aumentar la amplitud o importancia de algo, o el desarrollo de una actividad. ≃ *Crecer. 4 tr. *Exponer una ↘teoría, idea, etc., ampliamente y con detalles. 5 MAT. Efectuar las operaciones de cálculo necesarias para cambiar de forma una ↘expresión algebraica. 6 Con ↘«plan, proyecto» y palabras semejantes, *realizarlos: 'Es lástima que no pueda desarrollar sus iniciativas'. 7 Con los nombres de ciertas ↘posibilidades de las cosas o las personas, *usarlas o ponerlas en juego; esos nombres son pocos: «acción, actividad, arte, capacidad, inteligencia, poder, velocidad...» (se especifica en los artículos correspondientes): 'Para lo que le conviene, desarrolla una inteligencia pasmosa. El tren desarrolla una velocidad de 150 Km/h'. ⇒ *Desplegar, *ejecutar, realizar. 8 prnl. *Suceder cierta cosa de la manera que se expresa: 'Todo se desarrolló ante nuestra vista'. ≃ Desenvolverse, producirse.

□ CATÁLOGO

Adolecer, llevar CAMINO de, *crecer, tomar CUERPO, *desenvolverse, despegar, envaronar, espigarse, estirarse, dar un ESTIRÓN, formarse, germinar, granar, hacerse, *madurar, medrar, prevalecer, *prosperar, *subir, tomar VUELO. ➤ *Crecimiento, desarrollo, despegue, maduración, proceridad. ➤ Vitalidad. ➤ Adelantado, adiano, alto, bonillo, crecidito, crecido, espigado, grandecito, hermoso, mocetón, moscatel, buen MOZO, talludito, talludo. ➤ Anquilosis, anudarse, apolismarse, *atrofia, enanismo, ennudecer, gigantismo, hipertrofia, precocidad, *raquitismo, redrojo, subdesarrollo. ➤ Desarrollado, floreciente, gradual, lento, normal, paulatino, progresivo. ➤ Como la mala HIERBA, próspero, pujante, sobre RUEDAS, VIENTO en popa. ➤ Destroncar. ➤ En cierne[s]. ➤ En mitad de. ➤ Adolescente, *adulto, mayor de EDAD, hecho, hombre, mujer, niño, *púber. ➤ Acmé, adolescencia, CAMBIO de edad, climaterio, decadencia, EDAD adulta, EDAD crítica, infancia, madurez, menopausia, periodo crítico, pubescencia, pubertad, sazón, vejez. ➤ Avatar, *cambio, estadio, *estado, etapa, fase, *grado, momento, periodo, punto, PUNTO muerto, *situación. ➤ Todo quiere EMPEZAR, PRINCIPIO quieren las cosas. ➤ Epífisis. ➤ *Biología. *Curso.

desarrollo 1 m. Acción de *desarrollar[se]. ⊙ Conjunto de estados sucesivos por los que pasa un organismo, una acción, un fenómeno o una cosa cualquiera. ⊙ Grado mayor o menor de crecimiento: 'Este niño tiene demasiado desarrollo para su edad'. ⊙ Transformación del niño en adulto y periodo de la vida en que se verifica: 'Está en pleno desarrollo. En la edad del desarrollo'. 2 Combinación entre el plato y el piñón de una bicicleta de la cual depende la distancia recorrida por pedalada: 'Es un corredor capaz de mover grandes desarrollos'.

desarropar tr. Quitar de encima de ↘algo o de alguien la ropa que le abriga, o parte de ella. También reflex.: 'Todavía no está bastante seguro el tiempo para desarroparse'. ≃ Desabrigar[se], *destapar[se].

desarrugar tr. y prnl. Quitar[se] las arrugas de una ↘cosa; ponerla [o ponerse] *plana. ⇒ Desarrebujar, estirar, *extender. *planchar.

desarrumar (de «des-» y «arrumar») tr. MAR. *Deshacer la ↘estiba o remover la *carga que ya estaba colocada convenientemente.*

desarticulación f. Acción y efecto de desarticular.

desarticular 1 tr. Destruir la articulación de dos ↘huesos, dos piezas de una máquina, etc. ⇒ Descoyuntar, descuadernar, *desvencijar, *dislocar. 2 Destruir la coordinación en los preparativos o en las actividades de un ↘plan, de modo que se impide que sea realizado: 'El retraso de los víveres desarticuló nuestros planes. La policía ha desarticulado el complot'. ⇒ Frustrar. ⊙ El complemento puede ser también la ↘banda, organización, etc., generalmente clandestina, que pretende llevar a cabo este plan.

desartillar tr. ARTILL. Quitar la *artillería a un ↘buque, una fortaleza, etc.

desarzonar (de «arzón») tr. EQUIT. *Despedir el *caballo de la silla al ↘jinete o arrancarle de ella.* ≃ *Derribar.

desasado, -a adj. *Con las asas rotas:* 'Una taza desasada'. ⇒ Desorejado.

desaseadamente adv. Con desaseo.

desaseado, -a *Participio de «desasear».* ⊙ adj. Falto de aseo. *Desordenado, *sucio, roto, etc. ⇒ Desarreglado, *descuidado.

desasear tr. *Desordenar o *ensuciar un ↘sitio o una cosa.*

desasegurar 1 tr. *Quitar la seguridad o fijeza de una ↘cosa.* ⊙ prnl. *Perder una cosa la seguridad o fijeza.* 2 (reflex.) tr. *Anular un contrato de *seguro.*

desasentar 1 tr. *Mover una cosa de su lugar.* 2 intr. *Desagradar, sentar mal.* 3 prnl. *Levantarse del asiento.*

desaseo m. Falta de aseo.

desasimiento 1 m. *Acción de desasir[se].* 2 *Generosidad.* 3 *Falta de afán o interés por la posesión de cosas.* ≃ Desprendimiento.

desasimilación f. Fisiol. Acción de desasimilar.

desasimilar (de «des-» y «asimilar») tr. Fisiol. *Eliminar un organismo ↘sustancias que forman parte de él.

desasir 1 tr. Soltar ↘lo que se tiene asido. ⊙ prnl. *Soltarse. **2** **Desprenderse de la propiedad de algo.* ⊙ **Desprenderse de vicios, malas costumbres, etc.*

desasistencia f. Acción de desasistir.

desasistir (de «des-» y «asistir») tr. No prestar a una ↘persona la *ayuda necesitada o esperada por ella. ≃ *Abandonar, desatender.

desasnar (de «des-» y «asno»; inf.) tr. *Educar y *enseñar a ↘alguien sacándole del estado de rudeza e ignorancia en que estaba. ≃ Afinar, civilizar, desbastar.

desasociable adj. *Insociable.*

desasociar tr. *Disolver una asociación.*

desasosegadamente adv. Con desasosiego.

desasosegado, -a Participio adjetivo de «desasosegar[se]».

desasosegar tr. Quitar el sosiego o *tranquilidad. ≃ Desosegar. ⊙ prnl. Perder el sosiego. ⇒ *Agitar. *Angustia. *Impacientar. *Intranquilo. *Concomerse. *Consumir. *Desazón. *Exasperar. *Excitar. *Molestar. *Trastornar.

☐ Conjug. como «acertar».

desasosiego m. *Ansiedad, *desazón o intranquilidad física o moral.

desastradamente adv. De manera desastrada.

desastrado, -a («Ir, Ser») adj. Se aplica al que va sucio y desarreglado o tiene así sus cosas. ≃ *Descuidado. ⊙ (inf.) Aplicado a cosas, *descuidado, maltratado, sucio o de aspecto viejo aunque no lo sea: 'Lleva unos zapatos desastrados'.

desastre (del occit. «desastre») **1** m. Suceso en que hay mucho *daño y destrucción: 'Incendios, inundaciones y otros desastres'. ≃ Calamidad, catástrofe. ⇒ Accidente, accidente ferroviario, cataclismo, catástrofe, *daño, debacle, *desgracia, *destrozo, epidemia, hecatombe, hundimiento, incendio, inundación, hundirse el mundo, *naufragio, plaga, ruina, sequía, *terremoto, tormenta, tragedia. **2** En la guerra, *derrota muy grave. ≃ Descalabro. **3** (n. calif.) Se aplica hiperbólicamente a cualquier cosa frustrada o malograda, que funciona mal o que resulta mal o perjudicial: 'La excursión fue un desastre. Esa boda ha sido un desastre'. ≃ Fracaso. ⊙ (n. calif.) También se aplica hiperbólicamente a un suceso en que hay mucho *destrozo o trastorno. **4** (inf.; n. calif.) Se aplica a cualquier persona o cosa llena de *imperfecciones o con falta absoluta de *habilidad o de *suerte: 'Me ha hecho un traje que es un desastre. Ese muchacho es un desastre y no hará nunca nada de provecho. Esa mujer es un desastre, le sucede una calamidad detrás de otra'. ⇒ *Calamidad. *Chapuza. *Desgracia. *Fracasar. *Mamarracho.

desastrosamente adv. De manera desastrosa.

desastroso, -a 1 adj. Se aplica a lo que es un desastre o lo causa: 'La sequía en esta época del año es desastrosa. La actuación de la compañía ha sido desastrosa'. **2** Se aplica a lo que anuncia desastres o va acompañado de ellos: 'Un pronóstico [o un año] desastroso'. ≃ Aciago, *desgraciado. **3** Muy *malo; se aplica particularmente a «efecto» y «consecuencias».

desatacador m. *Utensilio para desatacar.*

desatacar 1 tr. *Quitar los tacos a las ↘*armas de fuego o a los barrenos.* **2** **Soltar los ↘broches, botones, cintas, etc., de la ↘ropa.* ⊙ (reflex.) **Soltarse los ↘pantalones.*

desatadamente adv. *Desatentadamente.*

desatado, -a 1 Participio adjetivo de «desatar[se]»: 'El paquete llegó desatado'. **2** (inf.; «Estar») *Desatentado.* **3** Desquiciado o *desenfrenado. Se aplica al que obra sin contención: 'Le ha cogido el gusto a divertirse y está desatada'.

desatador, -a adj. y n. *Que desata.*

desatadura f. *Acción y efecto de desatar[se].*

desatalentado, -a (de «des-», «a-» y «talento») adj. Desconcertado o *desatinado.

desatamiento m. *Desatadura.*

desatancar (de «des-» y «atancar») tr. y prnl. **Desatascar[se] o *desatrancar[se].*

desatapadura (ant.) f. *Destapadura.*

desatapar (ant.) tr. *Destapar.*

desatar 1 tr. y prnl. *Soltar[se] ↘lo que está atado: 'Desatar[se] el paquete'. ⇒ Correr, desanudar, destrincar, *soltar. ➤ Indisoluble. ➤ *Soltar. **2** Poner[se] en actividad ↘algo que estaba quieto o contenido: 'La promesa de una recompensa desató su lengua. ≃ Desanudar, *soltar. **3** Dejar [o quedar] en *libertad o poner[se] en actividad alguna ↘fuerza perjudicial que estaba contenida o inactiva: 'Desatar las malas pasiones. Desatarse el odio'. ≃ Desencadenar. **4** *Producir[se] una ↘explosión brusca de cierta manifestación: 'Las últimas palabras desataron una tempestad de aplausos. Tras el discurso final se desató el entusiasmo'. ≃ Provocar. **5** («en») prnl. Perder la contención en el lenguaje o la conducta: 'Desatarse en insultos'. ⇒ *Desahogarse, desatentarse, desbocarse, *descomponerse, desenfrenarse, desinhibirse, desporrondingarse, destorrentarse, dejarse ir, lanzarse, soltarse la melena, soltarse el pelo, soltarse. ➤*Desahogarse. *Desatinado. *Despotricar. **6** tr. **Desleír o *disolver.* **7** **Aclarar una ↘disolución o pasta.* **8** *Derretir.* **9** (ant.) **Anular un ↘contrato u obligación.*

V. «no atar ni desatar».

desatascador 1 m. Utensilio para desatascar un conducto obstruido que consiste en una ventosa unida a un mango. ≃ Sopapa. **2** adj. y n. m. Se aplica a ciertos productos corrosivos que se utilizan para desatascar conductos.

desatascar 1 tr. *Sacar una ↘cosa de un atascadero. ≃ Desabarrancar, desanudar, desatancar, desatar, desatollar. ➤ Estrenque. ➤ *Liberar. *Sacar. **2** Limpiar un ↘*conducto que está obstruido, dejando paso libre por él. El complemento puede también ser el recipiente que se desagua por el conducto: 'Desatascar el fregadero'. ≃ *Desatrancar. **3** Quitar un atasco no físico: poner en movimiento o *actividad ↘algo que estaba paralizado por una dificultad.

desatasco m. Acción de desatascar.

desataviar tr. *Quitar los atavíos. También reflex.* ≃ *Desarreglar[se].

desatavío m. *Falta de arreglo personal.* ≃ Desarreglo.

desate m. *Acción de desatarse (perder la contención en lenguaje o la conducta).*

Desate de vientre. *Diarrea.*

desatención 1 f. Acción de desatender. **2** Falta de amabilidad, de atención o de cortesía. ≃ *Desconsideración.

desatender 1 tr. No prestar alguien atención al ↘trabajo, profesión u otra cosa que tiene obligación de atender: 'Desde hace algún tiempo desatiende la consulta'. ≃ Abandonar, descuidar. **2** No prestar atención a ↘palabras, consejos, advertencias, etc., de alguien: 'Desatendiste mis indicaciones y éstas son las consecuencias'. **3** No prestar asistencia a ↘alguien que la necesita. ⇒ *Abandonar.

□ CATÁLOGO

*Abandonar, no prestar ATENCIÓN, tomar a BROMA, carabear, hacer CASO omiso, no hacer CASO, tomar a CHACOTA, dejar, desamparar, desasistir, *descuidar, *desentenderse, *desobedecer, desoír, *despreciar, distraerse, entretenerse, entrar por un OÍDO y salir por otro, hacer OÍDOS de mercader, hacer OÍDOS sordos, PASAR de largo, tomar a RISA, poner en SOLFA, hacerse el SORDO [o el SUECO]. ➤ Desatención, oscitancia. ➤ *Atención.

□ CONJUG. como «entender».

desatentadamente adv. De manera desatentada.

desatentado, -a *Participio de «desatentar[se]».* ⊙ adj. Aplicado a personas y a sus acciones o palabras, se aplica al que obra sin tino o prudencia: 'Corren desatentados a su perdición'. ≃ *Desatinado.

desatentamente adv. Con desatención.

desatentamiento m. *Desatiento.*

desatentar tr. y prnl. *Poner[se] desatentado.*

□ CONJUG. como «acertar».

desatento, -a 1 («Estar») adj. Sin prestar atención a algo: 'Está desatento en clase y no se entera de nada'. ≃ Distraído. **2** («Estar, Ser») Falto de amabilidad o *cortesía: 'Estuvo bastante desatento con nosotros. Es una persona desatenta'.

desaterrar (de «des-» y «aterrar[1]»; Hispam.) tr. **Desescombrar.*

desatesado, -a (de «des-» y «atesar»; ant.) adj. **Flojo.*

desatesorar tr. *Sacar o gastar ↘lo atesorado.*

desatestar tr. y prnl. **Desdecir[se] del testimonio otorgado.*

desatibar (de «des-» y «atibar») tr. MINER. *desescombrar una ↘excavación.*

desatiento 1 (ant.) m. *Falta de tiento o de tacto; como la siente el enfermo de gravedad cuando agita las manos y los brazos sin asir ninguna cosa.* **2** *Intranquilidad o *desazón.*

desatierre (Hispam.) m. *Escombrera.*

desatinadamente adv. De manera desatinada.

desatinado, -a Participio adjetivo de «desatinar». ⊙ Aplicado a las personas y a sus acciones, comportamiento, etc., desquiciado o *imprudente: 'Está desatinado y no hace nada a derechas. Esa manera de portarse es desatinada'. ≃ Desatado.

desatinar 1 intr. *Errar la puntería.* **2** Cometer desatinos o desaciertos. ≃ Perder el TINO. **3** tr. *Hacer perder a ↘alguien la paciencia, la contención o la serenidad.* ≃ Sacar de TINO. ⇒ *Exasperar.

desatino 1 m. Falta de tino, en cualquier acepción de este nombre. **2** Dicho o acción muy equivocado o desacertado: 'Un libro lleno de desatinos. Comete un desatino detrás de otro'. ≃ Barbaridad, dislate, *disparate.

desatollar tr. *Sacar una ↘cosa de un atolladero.*

desatolondrar tr. *Hacer que ↘alguien deje de estar atolondrado.* ⊙ prnl. *Dejar de estar atolondrado.*

desatontar tr. *Hacer que ↘alguien salga del atontamiento en que estaba.* ⊙ prnl. *Salir del atontamiento en que se estaba*

desatorar 1 tr. **Desatascar o *desatrancar.* **2** MINER. **Desescombrar una ↘excavación.* **3** MAR. *Desarrumar: deshacer la ↘estiba o *carga.*

desatornillador (más frec. en Hispam.) m. Destornillador: utensilio para atornillar o desatornillar. ≃ Atornillador.

desatornillar tr. *Sacar un ↘tornillo o tuerca dando vueltas en sentido contrario a aquel en que se atornilla. ≃ Destornillar, desentornillar.

desatracar 1 intr. MAR. Separarse un *barco del sitio en que está atracado. ⇒ *Zarpar. **2** tr. MAR. Separar un ↘barco de su atracadero.

desatraer tr. **Separar una ↘cosa de otra.*

desatraillar tr. *Quitarles la traílla a los ↘*perros.*

desatrampar tr. **Desatrancar.*

desatrancamiento m. Acción de desatrancar.

desatrancar 1 tr. Quitar la tranca o barra que asegura cerrada una ↘puerta, ventana, etc. **2** Quitar algo que obstruye un ↘conducto: 'Desatrancar una cañería'. El complemento puede ser también el recipiente que se desagua por el conducto: 'Desatrancar el lavabo'. ≃ Desatascar, desembozar. ⇒ Desatascar, desatollar, desatorar, desatrampar, desembozar, *desobstruir, desopilar. ➤ Zaracear. ➤ Desatascador, sopapa.

desatranco m. Acción de desatrancar un conducto.

desatravesar (ant.) tr. *Quitar una ↘cosa que estaba atravesada en algún sitio.*

desatufarse 1 prnl. *Desintoxicarse alguien del tufo o despejarse la cabeza cargada por el tufo o la atmósfera cargada de una habitación.* ⇒ *Ventilarse. **2** (inf.) **Desenfadarse.*

desaturdir tr. y prnl. *Quitar[se] el aturdimiento.*

desautoridad f. *Falta de *autoridad o de *prestigio.*

desautorización f. Acción de desautorizar.

desautorizadamente adv. *Sin autoridad o prestigio.*

desautorizado, -a 1 Participio adjetivo de «desautorizar». **2** *Carente de *autoridad o *prestigio.*

desautorizar 1 tr. Declarar que no se autoriza a ↘alguien para cierta cosa. ⊙ Declarar alguien que otra ↘persona no obra con su consentimiento. ⊙ Declarar que no son ciertas o fundadas ciertas ↘manifestaciones de ↘alguien: 'El presidente ha desautorizado las declaraciones del ministro de Hacienda'. ≃ *Desmentir. **2** *Desaprobar alguien con autoridad para ello alguna ↘cosa hecha por otra ↘persona. **3** Ser una persona con sus actos o palabras causa de que otra quede desmentida, desprestigiada o despojada de autoridad. ⇒ Dejar en mal LUGAR. ⊙ prnl. Obrar una persona de tal manera que pierde *autoridad o *prestigio.

desavahado, -a adj. *Aplicado al *campo, descubierto y libre de nieblas o vapores.*

desavahar 1 tr. *Dejar *enfriar una ↘cosa, por ejemplo, destapándola o desabrigándola, hasta que no echa vaho.* **2** **Ventilar.* ≃ Orear. **3** prnl. **Ventilarse o *esparcirse.*

desavecindado, -a 1 *Participio adjetivo de «desavecindarse».* **2** *Se aplica a la casa o lugar abandonado por los que lo habitaban.* ≃ Abandonado, *desierto.

desavecindarse («de») prnl. *Dejar de ser vecino de cierto lugar, *trasladándose a otro.* ⇒ *Avecindarse.

desavenencia f. Falta de avenencia o armonía entre las personas.

desavenido, -a Participio adjetivo de «desavenir[se]».

desavenimiento m. Acción y efecto de desavenir[se].

desavenir tr. *Hacer que dejen de estar en buena avenencia dos o más ↘personas.* ≃ Indisponer, *enemistar. ⊙ («con, entre sí») prnl. recípr. Dejar de estar bien avenidas dos o más personas.

□ CATÁLOGO
Desunir[se], dividir, encismar, *encizañar, *enemistar[se], *engrescar, esquinarse, indisponer[se], ponerse a MAL, malmeter, malquistar[se], partir[se], *separar[se]. ➤ No congeniar, no entenderse, LLEVARSE mal, hacer malas MIGAS, estar de PUNTA. ➤ Falta de ARMONÍA, choque, *desacuerdo, desavenencia, desavenimiento, descontentamiento, desferra, desunión, desvarío, diferencia, *discordia, disensión, disparcialidad, división, divorcio, *enemistad, extrañeza, incompatibilidad, indisposición, oposición, pugna, tropiezo.

□ CONJUG. como «venir».

desaventajado, -a 1 adj. **Peor que otra cosa con que se compara. 2 Desventajoso.*

desaventura (de «des-» y «aventura»; ant.) f. *Desventura.*

desaventuradamente (ant.) adv. *Desventuradamente.*

desaventurado, -a (ant.) adj. *Desventurado.*

desavezar (de «des-» y «avezar»; ant.) tr. y prnl. **Desacostumbrar[se].*

desaviar (de «des-» y «aviar») **1** tr. *Hacer ir a ↘alguien por camino equivocado.* ≃ Desviar, *descaminar. **2** *Dejar a ↘alguien sin el avío o conjunto de cosas necesarias para algo.* ⇒ *Desprovisto.

desavío 1 m. *Acción de desaviar.* **2** («Causar, Hacer») *Trastorno*: 'Ven esta tarde a mi casa, si no te hace desavío'.

desavisado, -a adj. **Incauto o *ignorante.*

desavisar tr. *Dar contraorden de algo a ↘alguien.*

desayudar tr. *Entorpecer la ayuda que puede recibir ↘alguien.*

desayunado, -a 1 Participio de «desayunar[se]». **2** adj. Se aplica a la persona que ya ha desayunado: 'El conserje viene desayunado'.

desayunar 1 tr. o abs. Tomar el ↘desayuno. ⊙ («con») prnl. Desayunar. **2** (inf.; «de») *Enterarse de algo cuando ya hace mucho que lo saben otros: '¿No sabías que han nombrado director a Medina? —Ahora me desayuno [de tal cosa]'.

desayuno m. Primera comida del día, que suele hacerse a primera hora de la mañana. ⇒ *Almuerzo, parva.

desazogar tr. y prnl. *Quitar[se] el azogue de una cosa.*

desazón 1 f. *Falta de sazón o *sabor en las comidas.* **2** *Falta de sazón o *humedad conveniente en los *campos.* **3** («Causar, Producir, Tener») Estado del que tiene alguna perturbación física o moral no graves, pero que le impiden estar *tranquilo o tener *alegría: 'Le causa desazón la inseguridad respecto a su destino. Esa desazón es producida por los remordimientos'. ≃ Desasosiego. ⊙ Puede también atribuirse a una colectividad: 'La tirantez entre el jefe y el secretario ha creado cierta desazón en el partido'. ⊙ Molestia causada por un picor.

□ CATÁLOGO
Agitación, alteración, ansia, ansiedad, comezón, cosquilleo, cojijo, cosijo, cuidado, desasosiego, desatiento, deshacimiento, desplacer, escarabajeo, ESTADO de alarma, gusanillo, hormigueo, hormiguillo, moña, nerviosidad, nerviosismo, mala NOCHE, prurito, QUEBRADERO de cabeza, quimera, repunta, sobresalto, sospecha, susidio, tensión, tormento, torozón, zozobra. ➤ Con el ALMA en un hilo, alterado, en ascuas, desasosegado, desazonado, *inquieto, nervioso, en vilo. ➤ Agitar, arder, asar, asurar, atormentar, brear, candirse, comerse, consumir[se], derretirse, desaborar, desabrir, causar DESAZÓN, desazonar, deshacerse, escarabajear, freír, impacientar, infernar, no poder PARAR, pudrirse, rabiar, reconcomerse, repudrirse, roer, ronronear. ➤ *Angustia. *Asediar. *Atormentar. *Concomerse. *Descontentar. *Disgustar. *Escrúpulo. *Fastidiar. *Impaciencia. *Inquieto. *Intranquilo. *Irritar. *Malestar. *Molestar. *Padecer. *Pena. *Preocupación. *Remorder. *Sentir. *Temer.

desazonado, -a Participio adjetivo de «desazonar[se]».

desazonar tr. Causar desazón a ↘alguien. ⊙ prnl. Empezar a sentir desazón.

desbabar 1 intr. *Expulsar la baba.* **2** tr. *Quitar a los ↘*caracoles la baba para guisarlos.* **3** (Méj., Perú, P. Rico, Ven.) *Quitar la baba al ↘café o al cacao.*

desbagar tr. *Sacar la ↘linaza de la baga.* ⇒ *Lino.

desbalagar tr. **Desaguar o quitar el agua de un ↘sitio y, con ella, la espuma o bálago.*

desballestar (ant.) tr. *Desarmar la *ballesta.*

desbancar 1 tr. *Quitar los bancos de un ↘sitio.* **2** En el *juego, ganar un jugador ↘al que tiene la banca todo el dinero que tiene puesto. **3** («de») Quitar a ↘alguien de una posición y ocuparla uno mismo: 'Ha desbancado al antiguo campeón'. ≃ *Suplantar. ⊙ Particularmente, sustituir a ↘otro en el cariño o favor de alguien.

desbandada («Haber, Hacer, Causar») f. Acción de desbandarse: 'Con este frío va a haber una desbandada de veraneantes. Desbandada general'.

A LA [o EN] DESBANDADA. Con «huir» o verbo semejante, por ejemplo después de una *derrota, en desorden y en distintas direcciones.

desbandarse (de «des-» y «bando[1]») prnl. Separarse marchando en distintas direcciones los que estaban o marchaban juntos. ≃ Desparramarse, desperdigarse, *dispersarse.

desbañado, -a adj. V. «AZOR desbañado».

desbarahustar tr. *Desbarajustar.*

desbarahuste m. *Desbarajuste.*

desbarajustado, -a Participio adjetivo de «desbarajustar».

desbarajustar (de «des-» y «barajustar») tr. Introducir confusión o *desorden en alguna ↘cosa.

desbarajuste m. Confusión, desorden: 'En esa oficina hay un desbarajuste total'.

desbaratadamente adv. **Alocada o disparatadamente.*

desbaratado, -a 1 Participio adjetivo de «desbaratar[se]». **2** *Aplicado a personas, se dice del que lleva vida *desordenada e irregular.* ≃ Disipado.

desbaratador, -a adj. y n. *Que desbarata.*

desbaratamiento m. Acción de desbaratar[se].

desbaratante adj. Que desbarata.

desbaratar (de «des-» y «baratar») **1** tr. y prnl. Quitar[se] el arreglo u orden de una ↘cosa: 'La mojadura ha desbaratado los pliegues del vestido'. ≃ *Desarreglar, *estropear[se]. **2** Deshacer[se] o arruinar[se] una ↘cosa. **3** *Frustrar[se] una ↘intriga, un plan, etc.: 'La guerra desbarató mis planes'. **4** MIL. *Descomponer[se] las ↘filas enemigas; introducir[se] en ellas el *desorden.* **5** tr. **Derrochar alguien sus ↘bienes.* **6** intr. *Disparatar.* **7** prnl. *Hablar u obrar sin sujeción a la razón o sin *serenidad.* ≃ *Descomponerse.

desbarate 1 m. *Desbaratamiento.* **2** **Cólico.*

desbarato m. *Desbaratamiento.*

desbaraustar (ant.) tr. *Desbarajustar.*

desbarbado m. *Operación de desbarbar.* ⊙ *Operación de limpiar los bordes o la superficie de una pieza terminada de los salientes o irregularidades que quedan, por* *ejemplo, al sacarla del molde o en las uniones.* ⇒ *Rebaba.

desbarbado, -a Participio de «desbarbar». ⊙ adj. Desprovisto de barba o despojado de ella.

desbarbar 1 tr. **Afeitar la barba a ↘alguien.* **2** *Quitar de las ↘cosas, particularmente del *papel, las hilachas o *rebabas.* **3** AGRIC. Quitarles a las ↘plantas las raicillas delgadas. ≃ Desbarbillar. ⊙ AGR. *Cortar las *raíces que echan los troncos de las ↘vides nuevas.* ⇒ Barbado.

desbarbillar tr. AGR. *Desbarbar las ↘*vides.*

desbarrada (ant.) f. **Desorden y *alboroto.*

desbarrar[1] (del ant. «desbarar», del lat. «divarāre») **1** intr. **Resbalar.* **2** Decir o hacer *disparates de cualquier clase. ≃ Disparatar.

desbarrar[2] intr. *Tirar la *barra en el juego de este nombre lo más lejos posible, pero sin preocuparse de hacer blanco.*

desbarretar tr. *Quitar las barretas de alguna cosa que está reforzada con ellas.*

desbarrigar tr. **Despanzurrar: abrir o herir el *vientre.*

desbarro m. *Acción de desbarrar.* ⊙ **Disparate.*

desbastador m. *Utensilio para desbastar.*

desbastadura f. *Desbaste.*

desbastar 1 tr. Hacer el primer *trabajo en una ↘pieza de carpintería, de cantería, de mecánica, etc., quitando las asperezas más gruesas. **2** Quitar las asperezas a un ↘objeto mediante frotamiento, raspado, etc. ≃ Suavizar. **3** Quitar a ↘alguien su tosquedad. ≃ *Civilizar.

desbaste m. Acción de desbastar.

EN DESBASTE. *Se aplica a los trozos de material de los que ha de salir una pieza que han empezado a ser desbastados.*

desbastecido, -a adj. *Desabastecido.*

desbautizarse (de «des-» y «bautizar») prnl. **Enfadarse mucho o *encolerizarse.*

desbazadero m. *Lugar húmedo y resbaladizo.*

desbeber (inf.) intr. *Orinar.*

desbecerrar tr. **Destetar los ↘becerros o separarlos de sus madres.*

desbinzar (Mur.) tr. AGRIC. *Quitarles la binza a los ↘*pimientos para molerlos.*

desblanquecido, -a o **desblanquiñado, -a** adj. *Blanquecino.*

desbloquear 1 tr. Levantar el bloqueo de ↘valores o dinero. **2** Devolver el movimiento a un pieza, mecanismo, etc., bloqueados. ⇒ *Soltar. **3** Eliminar los obstáculos que impiden el progreso o desarrollo de ↘algo: 'El cambio de actitud por ambas partes permitió desbloquear la negociación'.

desbloqueo m. Acción de desbloquear.

desbocadamente 1 adv. *Con *descaro.* **2** *Con desenfreno.*

desbocado, -a 1 Participio adjetivo de «desbocar[se]»: 'Un caballo [un jarro, un cuello] desbocado. Está desbocado desde que heredó'. **2** ARTILL. Aplicado a piezas de *artillería, con la boca más ancha que el resto del ánima. **3** Aplicado a herramientas, con la boca gastada. **4** *Aplicado a personas, *malhablado.*

desbocamiento m. Acción y efecto de desbocar[se].

desbocar 1 tr. y prnl. Romper[se] la boca de una ↘cosa, por ejemplo de una *vasija: 'Desbocar un jarro'. **2** Hacer que se abra [o abrirse] más de lo debido una abertura; particularmente, el cuello de una prenda de vestir. **3** intr. **Afluir.* ≃ Desembocar. **4** prnl. Dejar una *caballería de obedecer al freno y echarse a galopar alocadamente ⇒ Arrochelarse. ➤ *Desmandarse. *Espantarse. **5** *Perder la contención en la conducta o el lenguaje.* ≃ *Desatarse, *descomponerse.

desbonetar tr. *Quitar el bonete. También reflex.*

desboquillarse prnl. *Sufrir una cosa la rotura o pérdida de la boquilla.*

desbordamiento m. Acción de desbordar[se]; particularmente, un *río. ⇒ *Crecida.

desbordante adj. Se dice de lo que desborda o se desborda. ⊙ Se usa mucho hiperbólicamente: 'Los depósitos de aceite están desbordantes, después de almacenar la última cosecha. El teatro estaba desbordante de público'. ⊙ Se emplea mucho aplicado a alegría o el nombre de otro sentimiento o pasión: 'Un júbilo desbordante. Una muchedumbre desbordante de entusiasmo'.

desbordar 1 tr., intr. y prnl. *Salirse algo, especialmente un líquido, por encima de los bordes del ↘recipiente en que está contenido o del cauce por el que corre. El sujeto puede ser el depósito o lo contenido en él: 'Se desbordó el estanque. Se desborda el vino de la copa. El cesto desborda de papeles rotos. Todos los ríos desbordaron su cauce'. ⊙ Se aplica también, figuradamente, a los sentimientos, pasiones, estados de ánimo, etc.; particularmente, a los de exaltación: 'El entusiasmo se desbordó cuando el orador llegó a este punto. Se desborda la alegría de su corazón. La caridad desborda de su corazón'. ⇒ Abantar, derramarse, *inundar, *rebosar, redundar, reverter, sobreverterse, trasverter. ➤ Desbordante, rebosante, sobrelleno. ➤ Crecida. ➤ Corredura. ➤ Aliviadero, rebosadero, vertedero. **2** tr. *Pasar al otro lado de un ↘obstáculo, un límite, etc.: 'El ejército desbordó las líneas enemigas'. ≃ Rebasar, sobrepasar. ⊙ Ir un movimiento social o una masa humana más allá de lo que se proponía ↘quien los *dirige: 'Las masas desbordaron a los dirigentes'. ⊙ Con palabras como ↘«paciencia, aguante» o «capacidad», ser más de lo permitido por ellas: 'Esto desborda mi capacidad de comprensión'. ≃ Exceder, rebasar, sobrepasar.

desbornizar tr. *Arrancar de los ↘*alcornoques el corcho bornizo.*

desboronar (ant.) tr. y prnl. *Desmoronar[se].*

desborradora f. *Operaria que desborra los paños.*

desborrar 1 tr. *Quitar la *borra o los nudos a los ↘paños.* **2** (Mur.) AGRIC. *Quitar a las ↘plantas los vástagos inútiles.* ≃ *Deschuponar.

desboscar tr. *Limpiar un ↘*campo de matas y *maleza.* ≃ *Rozar.

desbotonar (Cuba) tr. AGRIC. *Quitar los brotes y la guía a la planta de ↘*tabaco para que se hagan más grandes las hojas.*

desbragado, -a 1 adj. *Sin bragas.* **2** **Miserable.* ≃ Descamisado.

desbragar (And.) tr. AGR. *Cavar alrededor de las ↘*vides un hoyo de unos 20 cm de profundidad para quitar las raíces superficiales y recoger los brotes para injertos.*

desbraguetado (inf.) adj. Se dice del que lleva desabrochada la *bragueta del pantalón.

desbravador m. *Hombre que se dedica a desbravar (domar) potros.*

desbravar[1] (de «des-» y «bravo») **1** tr. Hacer que un ↘*animal, particularmente un ↘caballo, se amanse y obedezca al hombre. ≃ Amansar, *domar, domesticar. **2** intr. y prnl. **Amansarse y obedecer al hombre un animal.* **3** *Perder su ímpetu o violencia una *corriente de agua.*

desbravar[2] (del lat. «evaporāre») intr. y prnl. *Perder su fortaleza las bebidas alcohólicas.*

desbravecer intr. y prnl. *Desbravar[se].*

desbrazarse prnl. *Estirar mucho los brazos o hacer movimientos violentos con ellos.*

desbrevarse prnl. *Desbravarse; particularmente, las bebidas.*

desbridar 1 tr. CIR. *Cortar algún ↘tejido fibroso que puede producir estrangulación de una parte del organismo.* **2** CIR. *Limpiar de bridas o adherencias fibrosas una ↘región dañada del organismo.*

desbriznar 1 tr. Convertir en briznas o migas una ↘cosa. ≃ *Desmenuzar. **2** tr. o abs. Sacar los estambres a la ↘flor del *azafrán. **3** tr. *Quitarles las briznas o hilos a las ↘legumbres verdes; por ejemplo, a las judías.* ≃ Deshebrar, *limpiar.

desbroce m. Acción de desbrozar. ≃ Desbrozo.

desbrozadora f. Máquina empleada para desbrozar.

desbrozar 1 tr. Limpiar de broza ↘algo; por ejemplo, un *canal. **2** Facilitar el ↘camino para algo suprimiendo obstáculos. ≃ Allanar, desembarazar.

desbrozo 1 m. Desbroce. **2** Suciedad que se quita al desbrozar. ⊙ *Ramaje quitado al podar los árboles. ≃ Ramulla. ⇒ *Leña.

desbruar (del fr. «ébrouer») tr. *En la fabricación de *paños, quitar al ↘paño la grasa antes de meterlo en el batán.* ⇒ *Tejido.

desbrujar tr. **Desmenuzar o *disgregar.*

desbuchar 1 tr. **Desembuchar.* **2** CETR. *Rebajar o aliviar el buche de las ↘aves.* **3** *Desgrasar o desengordar a un ↘animal.* ⇒ *Adelgazar.

desbulla f. *Lo que queda de la *ostra después de quitar el cuerpo del animal.*

desbullador m. **Tenedor para *ostras.*

desbullar 1 tr. *Quitar la cáscara o envoltura a una cosa.* **2** *Sacar las ↘ostras de la *concha.*

descabal adj. *No cabal: *incompleto.*

descabalado, -a 1 Participio de «descabalar[se]». ⊙ adj. *Incompleto. **2** Sin compañero: 'Un calcetín descabalado'.

descabalamiento m. Acción y efecto de descabalar[se].

descabalar tr. Dejar *incompleta una ↘cosa quitándole algo; particularmente, si está constituida por una serie de cosas: 'Descabalar la baraja'. ⊙ Dejar incompleto un ↘conjunto expresado por un numeral colectivo: 'Descabalar un par de calcetines. Descabalar la docena de huevos'. ⊙ prnl. Quedar descabalada una cosa o conjunto de cosas. ⇒ Baldar, capolar, desfalcar, *desparejar. ≻ Descabalado, desparejado, guacho. ≻ *Cercenar. *Incompleto.

descabalgar 1 intr. *Bajarse de la caballería. ≃ Apearse, desmontar, echar PIE a tierra. **2** tr. ARTILL. *Desmontar los ↘cañones.*

descabelladamente adv. De manera descabellada.

descabellado, -a adj. Contrario a la razón o a la prudencia: 'Un proyecto descabellado'. ≃ Desatinado, disparatado, insensato.

descabelladura f. *Acción y efecto de descabellar.*

descabellamiento m. **Disparate.*

descabellar (de «des-» y «cabello») **1** (ant.) tr. y prnl. **Despeinar[se].* ⇒ Descabeñarse. **2** tr. TAUROM. Matar el torero instantáneamente al ↘*toro con un pinchazo certero en la cerviz con el estoque; es suerte aplaudida si el toro estaba ya herido de muerte. ⇒ Descordar.

descabello m. TAUROM. Acción de descabellar al toro. ≃ Descabelladura.

descabeñarse (ant.) prnl. **Despeinarse o desgreñarse.*

descabestrar tr. *Desencabestrar.*

descabezado, -a 1 Participio adjetivo de «descabezar[se]». ⊙ Aplicado a personas, *alocado o *aturdido. ⊙ No razonable. **2** Desmemoriado.

descabezar 1 tr. Quitar la *cabeza a ↘alguien o algo: 'Descabezar una cerilla'. ⊙ Quitarle la parte superior a ↘algo: 'Descabezar las plantas de maíz'. ≃ Desmochar, *despuntar. **2** *Deshacer el ↘*encabezamiento hecho por los pueblos.* **3** («en») intr. AGR. *Acabar un *campo de cultivo en otro determinado.* **4** tr. MIL. *Ordenar las primeras hileras de una ↘*formación al iniciar una marcha de flanco.* **5** MIL. *Vencer un ↘*obstáculo *rebasándolo la cabeza de la columna.* **6** *Empezar a vencer una ↘dificultad u obstáculo.* ⇒ *Superar. **7** prnl. AGR. **Desgranarse las espigas de las mieses.* **8** (inf.) *Pensar mucho o *cavilar sobre algo. ≃ Calabacearse.

descabildadamente 1 (ant.) adv. *Disparatadamente.* ≃ Descabelladamente. **2** (ant.) *Sin *guía o *dirección.*

descabritar tr. *Destetar a los ↘cabritos.*

descabullirse prnl. *Escabullirse.*

descacharrante (inf.) adj. Se dice de lo que hace reír a carcajadas. ≃ Regocijante. ⊙ Se emplea también con ironía: 'Es descacharrante que quiera encima vendernos el favor'.

descacharrar 1 (inf.) tr. y prnl. *Romper[se] o *estropear[se] una ↘cosa. ⊙ (inf.) También, estropear[se] un ↘plan, etc. **2** (inf.) prnl. *Reírse a carcajadas.

descachazar (Hispam.) tr. *Quitar la cachaza (espuma) al ↘guarapo o jugo de la caña preparado para hacer *azúcar.*

descacilar (Antill.) tr. *Descafilar.*

descaderar tr. *Causar daño en las *caderas a un ↘animal.* ≃ *Derrengar. ⊙ *Dejarlo cojo con ese daño.* ≃ *Encojar. ⊙ prnl. *Sufrir un animal daño en las caderas.* ⊙ *Quedarse cojo por este motivo.*

descadillador, -a n. *Operario que descadilla.*

descadillar tr. *Limpiar la ↘*lana de cadillos, motas, etc.*

descaecer (ant.) intr. *Descaer.*
□ CONJUG. como «agradecer».

descaecido, -a *Participio de «descaer».* ⊙ adj. *Decaído.*

descaecimiento m. *Decaimiento.*

descaer intr. **Decaer, *abatirse o debilitarse.*
□ CONJUG. como «caer».

descafeinado, -a 1 adj. Se aplica al *café que no contiene cafeína. ⊙ m. Taza de ese tipo de café. **2** adj. Carente de fuerza o autenticidad: 'Es un versión bastante descafeinada de la novela'.

descafilar (del ár. and. «qaffál», cerrar) tr. CONSTR. *Quitar las desigualdades de los ↘*ladrillos o *baldosas para que ajusten bien, o quitarles el mortero que llevan pegado cuando proceden de una obra deshecha.* ≃ Descacilar, escafilar. ⇒ *Igualar.

descaimiento m. *Descaecimiento.*

descalabazarse (de «des-» y «calabaza») **1** (inf.) prnl. *Cavilar mucho. ≃ Calabacearse. **2** *Esforzarse.

descalabrado, -a 1 Participio adjetivo de «descalabrar[se]». **2** («Salir») Perjudicado en un negocio o *malparado en una intervención: 'Se metió en ese negocio y ha salido descalabrado. Si te metes entre ellos, saldrás descalabrado'.

descalabradura f. Herida recibida en la cabeza. ⊙ Cicatriz que queda de esa herida.

descalabrar (de «des-» y «calavera») **1** tr. Causar a ↘alguien una herida profunda en la *cabeza. ≃ Romper[se] la CRISMA, descrismar, ensalmar, escalabrar, destutanarse. ⇒ Descerebrar, ensalmar. ⊙ prnl. Hacerse una herida profunda en la cabeza. **2** tr. **Herir o *maltratar a ↘alguien de cualquier manera.* **3** *Causar un *perjuicio muy grande a ↘alguien.*

descalabro («Causar, Infligir») m. *Contratiempo en que se experimenta una gran pérdida. ≃ Desastre. ⊙ («Causar, Infligir») Particularmente, *derrota en la guerra.

descalandrajar tr. **Desgarrar una ↘prenda y hacerla andrajos.*

descalcador m. MAR. *Utensilio con que se descalca.* ≃ Magujo.

descalcar (de «des-» y «calcar») tr. o abs. MAR. *Sacar las estopas viejas de las costuras de un ↘barco para volver a *calafatearlo.*

descalce (de «descalzar») m. *Excavación que deja en falso lo que está situado encima de ella.* ≃ Socava.

descalcez f. *Estado de descalzo.*

descalcificación f. Acción de descalcificar[se].

descalcificar tr. MED. Hacer perder el calcio a un ↘tejido orgánico; particularmente, a los *huesos. ≃ Decalcificar[se]. ⊙ prnl. MED. Perder calcio un tejido orgánico.

descalicharse prnl. **Desconcharse por desprendimiento de caliches un muro o el enlucido de él.*

descalificación f. Acción y efecto de descalificar.

descalificado, -a Participio adjetivo de «descalificar». ⊙ Particularmente, «desacreditado».

descalificar (de «des-» y «calificar») **1** tr. Quitar el buen crédito a ↘algo o alguien una obra suya: 'Una construcción como esa descalifica a la empresa'. ≃ *Desacreditar. **2** Privar a ↘alguien de tomar parte en cierta actividad, como sanción por alguna actuación suya. Se emplea particularmente en lenguaje deportivo: 'Descalificar a un jugador [o a un equipo de fútbol]'. ≃ *Incapacitar.

descalimar intr. MAR. *Disiparse la calima (*neblina).*

descallador (de «des-» y «callo»; ant.) m. *Herrador.*

descalostrado, -a adj. *Se aplica al niño que ha pasado ya los días de mamar calostro.*

descalzadero (And.) m. *Puertecilla de un palomar en donde se pone una redecilla para coger a las *palomas.*

descalzar 1 tr. Quitar el *calzado a ↘alguien. También reflex.: 'Se descalzó porque le dolían los pies'. **2** prnl. *Perder una *caballería una o más herraduras.* **3** (reflex.) tr. *Pasar un *fraile calzado a descalzo.* **4** Quitar una *cuña, falca o calza que estaba puesta en un ↘objeto, como la rueda de un carro o un mueble. **5** **Excavar por debajo de una ↘cosa.* ≃ Socavar.

descalzo, -a 1 adj. Con los pies desnudos. **2** (inf.; «Estar») Desprovisto o mal provisto de calzado: 'Hay que comprar zapatos a los niños porque están descalzos'. **3** *Pobre y carente de medios para vivir. ≃ Desnudo. **4** adj. y n. pl. Se aplica a ciertas *órdenes religiosas cuyos individuos van descalzos, y a estos individuos.

descamación f. Acción de descamar[se].

descamar 1 tr. *Escamar (quitar las *escamas).* **2** prnl. Desprenderse la epidermis en forma de escamillas; por ejemplo, después de una enfermedad. **3** Exfoliarse cierto tipo de rocas, por ejemplo después de haber sufrido cambios bruscos de temperatura.

descambiar 1 tr. *Deshacer un cambio.* ≃ Destrocar. **2** (inf.) Devolver ↘algo que se había comprado a cambio de otra cosa o del dinero pagado.

□ CONJUG. como «cambiar».

descaminado, -a 1 Participio de «descaminar[se]». **2** («Ir») adj. Se dice del que va por un camino que no le lleva al sitio a donde se propone ir. ≃ *Equivocado. **3** («Estar, Ir») Se aplica al que obra o piensa desacertadamente. ≃ Desacertado, desorientado, equivocado, errado. ⊙ («Ser») Se aplica también a los actos, palabras, planes, etc. ⊙ («Estar, Ir») Se dice del que va mal orientado para *adivinar algo o en cierta cosa que *supone: 'Vas descaminado: no es lo que te figuras'.

descaminar 1 tr. Guiar a ↘alguien por camino *equivocado. ⊙ También en sentido figurado. ⊙ prnl. Tomar un camino equivocado, en sentido recto o figurado. ≃ Desaviar[se], descarriar[se], desencaminar, *desorientar[se], desviar[se], extraviar[se], *perder[se], torcer[se]. ⇒ Destajar. **2** **Confiscar la autoridad ↘cosas con las que se ha intentado hacer contrabando.* ≃ Decomisar.

descamino 1 m. *Acción de descaminar[se].* **2** *Circunstancia de ir descaminado.* **3** *Cosa que se quiere introducir de *contrabando.* ⊙ (ant.) **Derecho impuesto sobre las cosas decomisadas.* **4** (pop.) **Disparate.*

descamisado, -a 1 Participio de «descamisar[se]». ⊙ adj. Sin camisa. **2** *Pobre o *miserable; particularmente, con aspecto de serlo.

descamisar 1 (Hispam.) tr. **Arruinar o *desvalijar a ↘alguien; por ejemplo, en el *juego.* **2** Despojar a un ↘objeto de cualquiera de las cubiertas que se llaman «camisa»; por ejemplo, a algunos *frutos o a las mazorcas de maíz. ⇒ *Pelar. **3** METAL. *Sacar un ↘objeto fundido del *molde; por ejemplo, una *campana.*

descampado adj. y n. m. Se aplica a un campo sin árboles ni viviendas. ⊙ m. *Campo sin ninguna vegetación, en lugar inmediato a una población: 'Detrás de la casa hay un descampado'. ⇒ *Despoblado.

EN DESCAMPADO. En un descampado o lugar descampado, lejos de cualquier lugar habitado: 'Un robo en descampado'

descampar (terciop. de sujeto interno) intr. *Escampar: *despejarse el cielo o el tiempo.*

descansadamente adv. Sin trabajar o esforzarse mucho: 'Se pueden hacer descansadamente 5 Km en una hora'.

descansadero m. *Sitio donde se descansa o apropiado para descansar.*

descansado, -a 1 Participio adjetivo de «descansar». **2** Se dice de lo que no exige mucho trabajo o esfuerzo: 'Un oficio [o un trabajo] descansado'. ≃ *Cómodo, *fácil. **3** *Se aplica a las cosas que producen *tranquilidad o *satisfacción.*

descansar 1 («de»: 'de un viaje') intr. Interrumpir un *trabajo o esfuerzo de cualquier clase para que se pase el cansancio: 'Después de este esfuerzo necesitas descansar una temporada'. ≃ Reposar. ⊙ Puede aplicarse también a cosas inanimadas: 'La tierra necesita descansar'. ⊙ Sentarse interrumpiendo una marcha: 'Podemos descansar a la sombra de este árbol'. **2** Quedarse *tranquilo después de un dolor, una inquietud. **3** Estar sin trabajar. ≃ Holgar. ⇒ *Ocio. **4** *Dormir, tomado como descanso; por ejemplo, un enfermo, o la siesta. **5** Estar enterrado en cierto sitio. ≃ Reposar, *yacer. **6** («en») tr. e intr. Abandonar ↘trabajos o preocupaciones a cierta persona en la que se tiene confianza: 'Tiene una hija en la que descansa parte del trabajo de la casa'. ≃ *Confiar. ⊙ (inf.; «en, con») prnl. Buscar descanso o alivio en una persona, haciéndose ayudar por ella, contándole sus penas, etc.: 'Se descansa en su hijo para el trabajo de fuera de casa. Se descansa en mí [o conmigo] contándome sus calamidades'. ⇒ Descansarse. **7** tr. Contar a alguien ↘penas o intimidades buscando *aliviarse de ellas: 'De cuando en cuando descansa sus preocupaciones en mí'. **8** (acep. causativa) Hacer desaparecer el cansancio de ↘alguien o de algo: 'Un baño de sales para descansar los pies'. **9** intr. Estar una cosa sobre otra que la sostiene: 'La bóveda descansa sobre cuatro arcos'. ≃ *Apoyarse, cargar, gravitar. ⊙ Poner el ↘cuerpo o una parte de él sobre algo que lo sostiene. ≃ Apoyarse, reclinarse. ⊙ Basarse: 'El argumento descansa sobre una premisa falsa'. **10** tr. Colocar una ↘cosa encima de otra que la sostiene: 'Descansa los pies sobre este taburete [o los brazos sobre los del sillón]'. ≃ *Apoyar. **11** Hacer parte del trabajo de ↘otro: 'En el campo, los hijos descansan pronto a los padres'. ≃ *Ayudar.

V. «descansar en el SEÑOR».

□ CATÁLOGO

Desensebar, desudarse, hacer FIESTA, santificar las FIESTAS, holgar, librar, dar de MANO, parar, posar, relajarse, reposar, respirar, sabatizar, sosegar, quedarse TRANQUILO. ➤ Acomodarse, arrellanarse, rellanarse, *repanchigarse, repantigarse, sentarse, tumbarse. ➤ Airearse, desacalorarse, desahogarse, desalforjarse, desavaharse, *pasear, dar un PASEO, estirar las PIERNAS, refrescar, refrescarse, salir, ventilarse, dar una VUELTA. ➤ Aflojar la CUERDA, aflojar las RIENDAS. ➤ Asueto, descanso, desocupación, feria, holganza, inacción, jubilación, *ocio, pausa, posa, poso, quiete, recésit, recle, recre, recreo, reposo, respiro, *retiro, satis, solaz, sosiega, suelta, tregua, *vacación. ➤ Siesta. ➤ Apeadero, descansadero, descansillo, retiro, tránsito. ➤ Calma, tranquilidad. ➤ *Barbecho. ➤ DÍA feriado, DÍA festivo, festividad, fiesta. ➤ MES mangonero. ➤ Sabatismo. ➤ *Alivio. *Cesar. *Cómodo. *Detenerse. *Distraerse. *Divertir. *Ocio. *Placer. *Quietud.

descansillo (dim. de «descanso») m. Espacio llano entre dos tramos de escalera. ≃ Descanso, meseta, *rellano.

descanso 1 m. Acción de descansar. ⊙ Situación del que está descansando. ⊙ Cosa que sirve para que se descanse de una intranquilidad o pena: 'Es un descanso para su madre saber que no está solo'. ≃ *Alivio. **2** Descansillo: *rellano de escalera. **3** *Soporte triangular con un agujero en que se colocan los *candeleros en las funciones de *iglesia.* **4** *Soporte para apoyar la punta de los *cuchillos en la *mesa.* **5** Intermedio de un espectáculo o acto público.

V. «¡en su LUGAR descanso!».

descantar tr. *Limpiar de cantos o *piedras un ↘sitio.*

descantear tr. *Quitarle los cantos o *esquina a una ↘cosa.*

descanterar tr. *Descantear; especialmente, el ↘*pan.*

descantillar (de «des-» y «cantillo») **1** tr. *Hacer roturas en la esquina, borde o canto de una ↘cosa.* ≃ *Desportillar. **2** **Quitar algo de una ↘cantidad, particularmente de dinero.* ⇒ *Cercenar, *disminuir, *rebajar.

descantillón m. *Escantillón.*

descantonar (de «des-» y «cantón») tr. **Desportillar.* ≃ Descantillar.

descañar 1 tr. *Romper la caña de los ↘*cereales u otras plantas.* **2** (ant.) *Romper la caña del ↘*brazo o la *pierna de ↘alguien.*

descañonar 1 tr. *Quitar los cañones de las *plumas a las ↘*aves.* **2** *Apurar el afeitado pasando la navaja a contrapelo.* **3** (inf.) *Quitar o sonsacar a ↘alguien todo el dinero que lleva encima o despojarle de él en el juego.* ≃ *Desvalijar.

descaperuzar tr. *Quitar la caperuza de la cabeza. También reflex.*

descapitalización f. Acción y efecto de descapitalizar[se]: 'La descapitalización fue una de las causas del atraso rural español en el siglo XIX'.

descapitalizar tr. y prnl. Dejar [o quedar] una empresa, banco, etc., total o parcialmente sin fondos.

descapotable adj. y n. m. Se aplica a los coches cuyo techo puede retirarse dejándolos descubiertos. ≃ Convertible.

descapotar tr. Retirar la capota de un ↘*coche. ≃ Descubrir.

descaradamente adv. Con descaro: 'Pasa descaradamente sin pagar'.

descarado, -a Participio de «descararse». ⊙ adj. y n. Se aplica al que obra con atrevimiento irrespetuoso.

descararse (de «des-» y «cara») **1** prnl. Hablar u obrar con descaro. **2** Hacer o decir cierta cosa que cuesta violencia o causa vergüenza, por ejemplo porque puede ser ofensiva para la persona a quien se dice: 'Por fin tuve que descararme a pedirle lo que me debía'. ⇒ *Atreverse.

descarbonatar tr. y prnl. QUÍM. *Quitar [o perder] el ácido carbónico.*

descarburación f. QUÍM. *Operación de separar el carbono de los carburos de *hierro.*

descarburar tr. QUÍM. *Quitar total o parcialmente el carbono de algún ↘cuerpo; especialmente, de los carburos de hierro.*

descarcañalar tr. *Doblar hacia abajo la parte del ↘zapato que cubre el talón.* ⇒ *Chancleta.

descarga f. Acción de descargar, en cualquier acepción. ⊙ Acción de descargar al mismo tiempo un conjunto de armas. ≃ Carga.

DESCARGA CERRADA. MIL. Fuego simultáneo de todas las armas de una unidad: 'Una descarga de fusilería'. ⇒ Andanada.

D. ELÉCTRICA. Paso brusco de la electricidad a través de un gas, el aire, etc., en una interrupción del conductor o desde éste a tierra. ⊙ FÍS. Particularmente, el que se produce a través de un gas como resultado de su ionización, en los tubos «de descarga».

descargada f. *En el juego de *baraja del *monte, carta que no está cargada.*

descargadero m. Sitio por donde o en donde se descarga.

descargado, -a Participio adjetivo de «descargar[se]».

descargador 1 m. Hombre cuyo oficio es descargar mercancías. **2** *Sacatrapos: utensilio para extraer tacos, etc., del cañón de las *armas de fuego.*

descargadura (de «descargar») f. *Porción de hueso que se quita de la *carne al venderla; particularmente, del lomo o costillas.*

descargamiento 1 m. *Descarga (acción de descargar).* **2** *Descargo.*

descargar (del lat. «discarricāre») **1** tr. Quitar la ↘carga de ↘algo o hacerla menor: 'Descargar los sacos del camión. Descargar un barco'. ⇒ Alijar, desembarcar, desencargar, exonerar, hondear. ➤ *Cargar. ➤ Vaciar. **2** *Dispensar a ↘alguien de una preocupación u obligación. ≃ Liberar. ⊙ («en») prnl. Traspasar una persona a otra una obligación o responsabilidad que es suya. **3** tr. Declarar a ↘alguien exento de cierta culpa. ≃ *Absolver. ⊙ prnl. Responder alguien a los cargos o acusaciones que se le hacen, rechazándolos. ⇒ Disculparse. **4** tr. *Disparar un ↘arma de juego. ⊙ Extraer la carga de un ↘arma o un barreno. **5** Quitar la carga eléctrica de algún ↘sitio: 'Descargar la batería del coche'. ⊙ prnl. Perder la carga eléctrica: 'Se han descargado las pilas'. **6** tr. *Quitar de ciertas

↘cosas parte de algo superfluo o no estimado que tienen: 'Descargar las costillas de hueso'. **7** *Afluir un *río a cierto sitio. ≃ Desembocar. **8** tr. o abs. Producir ↘lluvia, granizo, etc., una *nube, nublado, tormenta, etc. **9** tr. Con ↘«golpe, tiro», etc., *asestarlos. **10** («de, en, contra, sobre») Hacer víctima a alguien dirigiéndole increpaciones, golpeándole, etc., del ↘enfado, la cólera, el mal humor, etc., de que uno está poseído. ⊙ («de, en, contra») prnl. *Desahogarse, desfogarse: exteriorizar violentamente un estado de enfado o cólera, generalmente haciendo objeto de ellos a alguien que se expresa. ⇒ Desahogarse.

descargo 1 m. Efecto de descargar o aliviar. **2** («Haber, Presentar, Tener en su») Acción y efecto de desvirtuar una acusación, judicial, administrativa o de la propia conciencia. ⇒ *Disculpa. **3** (gralm. pl.) Razón aducida para ello. **4** *Haber de una cuenta.

V. «PLIEGO de descargo, TESTIGO de descargo».

descargue m. *Descarga de un peso o transporte.*

descariño m. *Falta de cariño.* ≃ *Desafecto.

descarnada («La») f. *La muerte.*

descarnadamente adv. De manera descarnada (sin atenuaciones, rodeos, etc.).

descarnado, -a 1 Participio de «descarnar[se]». ⊙ adj. Despojado de carne. **2** Con poca carne. ≃ Delgado. **3** *Desnudo o *escueto, en ciertos casos. ⊙ Sin adornos. ⊙ Sin rodeos. ⊙ Sin atenuaciones. **4** Aplicado a «descripción, relato», etc., crudo, *realista.

descarnador m. CIR. *Utensilio empleado por los *dentistas para despegar la encía de la muela o *diente*

descarnar 1 tr. Separar la *carne del ↘hueso. **2** Dejar una ↘cosa dura *desnuda de otra blanda que ordinariamente la recubre: 'Descarnar la roca de tierra vegetal'.

descaro (de «descararse») m. Falta de pudor o recato para hacer algo censurable: 'Roban con el mayor descaro'. ≃ *Cinismo. ⊙ Falta de respeto: 'Tuvo el descaro de sacarme la lengua'. ≃ Insolencia. ⊙ Acción o dicho en que hay descaro.

□ CATÁLOGO

Desenvoltura, desgarro, desparpajo, osadía, petulancia. ➤ Atrevimiento, desplante, grosería, rabotada, sorrostrada. ➤ Atrevido, cantaclaro, demasiado, descomedido, desvergonzado, *irrespetuoso, pechugón. ➤ Arrabalera, corralera, descarado, descocado, desenfadado, desenvuelto, desgarrado, deslavado, capaz de decir una FRESCA al lucero del alba, *fresco, mocoso, moscona, rabalera, rabanera, rabisalsera, relamido, soleta, sota, tarasca, verdulera. ➤ CANTARLAS claras, cantar las CUARENTA, DECIR cuántas son tres y dos, demasiarse, descararse, descocarse, desihinibirse, desmadrarse, desmelenarse, demandarse, despelotarse, despendolarse, alzar el GALLO, echarle MORRO, por el morro, tener un MORRO que se lo pisa, no tener PELOS en la lengua, plantar, *propasarse, faltar al *RESPETO, decir las VERDADES del barquero, perder la VERGÜENZA. ➤ Rotamente. ➤ *Claro. *Desvergüenza. *Insolente. *Ostensiblemente.

descarozar (Hispam.) tr. *Despojar a las ↘frutas del carozo o hueso.* ≃ Deshuesar.

descarriado, -a Participio adjetivo de «descarriar[se]».

V. «OVEJA descarriada».

descarriar (de «des-» y «carro[1]») tr. *Apartar ↘algo o a alguien del camino que debe o le conviene seguir. ≃ *Descaminar, desorientar, extraviar. ⊙ Apartar a ↘alguien de la compañía con quien marcha; por ejemplo, a una res del resto del rebaño. ⊙ Apartar a ↘alguien de la conducta que debe seguir. ⊙ prnl. Perderse una res por apartarse del rebaño. ⊙ Apartarse alguien de la conducta debida. ⇒ Malearse.

□ CONJUG. como «desviar».

descarriladura f. Descarrilamiento.

descarrilamiento m. Acción de descarrilar un tren u otro vehículo.

descarrilar intr. y, menos frec., prnl. Salirse un tren u otro vehículo de los carriles sobre los que marcha. ⇒ Desrielar.

descarrío m. Acción y efecto de descarriarse.

descartar (de «des-» y «carta».) **1** tr. Dejar ↘algo aparte, sin cogerlo o sin tomarlo en cuenta, cuando se toman o eligen algunas cosas de entre varias: 'De los tres proyectos, ya hemos descartado uno'. ≃ *Desechar, eliminar, excluir, retirar, separar. ⊙ No admitir la ↘*posibilidad o la idea de que ocurra cierta cosa: 'Hay que descartar toda posibilidad de avenencia'. ≃ *Rechazar. **2** («de») prnl. En el juego de *baraja, dejar un jugador algunas de las cartas que tiene. **3** («de») **Excusarse de hacer cierta cosa.* ⊙ («de») **Eludir un compromiso.*

descarte m. Acción y efecto de descartar[se].

Descartes V. «DIABLILLO de Descartes, FOLIO de Descartes».

descasamiento m. Acción y efecto de descasar.

descasar 1 tr. Hacer que ↘cosas que casaban o se *correspondían entre sí dejen de hacerlo. **2** tr. y prnl. Deshacer un *casamiento. **3** tr. AGRAF. *Separar las ↘planas de un pliego, para colocarlas por orden.*

descascar 1 tr. **Descascarar.* **2** prnl. **Romperse en cascos.* **3** *Fanfarronear.*

descascarar tr. Quitar la cáscara de una ↘cosa; particularmente, de un ↘fruto. ⇒ Cascar, descascar, descascarillar. *Descortezar. *Pelar. ⊙ prnl. Levantarse o caerse la cáscara o superficie de una cosa.

descascarillado, -a 1 Participio adjetivo de «descascarillar[se]. **2** m. Acción y efecto de descascarillar[se]: 'Una pared con descascarillados'.

descascarillar tr. y prnl. Hacer que salte [o saltar] en cascarillas o escamas la superficie, el ↘esmalte, etc., de un objeto. ⇒ *Desconchar[se].

descaspar tr. Quitar la caspa a ↘alguien. ≃ Escoscar.

descasque m. *Operación de descortezar los árboles; particularmente, los *alcornoques.*

descastado, -a adj. y n. Se aplica al que se muestra desligado de las personas de su *familia. ⊙ O al que no corresponde al afecto de otras personas. ⇒ *Indiferente.

descastar tr. **Destruir una casta de ↘animales; se emplea particularmente cuando son dañinos.* ≃ Exterminar.

descatalogado, -a adj. Se aplica al libro que una editorial ya no tiene a la venta.

descatolización f. *Acción de descatolizar.*

descatolizar tr. y prnl. *Apartar[se] de la religión católica.*

descaudalado, -a adj. *Arruinado.*

descaudillar (ant.) intr. *Marchar o funcionar algo o alguien sin orden, por falta de caudillo o *dirección.*

descebar tr. *Quitar el cebo a las ↘*armas de fuego.*

descendencia 1 f. Circunstancia de descender de la persona, etc., que se expresa: 'Para probar su descendencia del Cid'. **2** Con respecto a una persona o un animal, conjunto de los que proceden de él por generaciones sucesivas: 'Maldijo a él y a toda su descendencia'. ⇒ Descendiente, familia, fijo, generación, hijos, nieto, posteridad, postremo, progenie, prole, sucesión. ➤ *Linaje.

descendente adj. Aplicado a cosas, se dice de lo que desciende: que va de arriba abajo. ⊙ También, de lo que está en posición inclinada hacia abajo. ⊙ O de lo que varía de más a menos. ⇒ *Disminuir.
V. «NODO descendente, PROGRESIÓN descendente, TREN descendente».

descender (del lat. «descendĕre») **1** («de, desde, por, hacia, hasta») intr. Ir de un sitio a otro más bajo. ≃ *Bajar. **2** (acep. causativa) tr. *Coger una ˃cosa y ponerla en el suelo o en sitio más bajo.* ≃ *Bajar. **3** intr. *Bajar o *caer. Perder una posición elevada o pasar a ocupar una más baja: 'Ha descendido mucho en la estimación del jefe'. ⊙ También, «descender de categoría». **4** Perder *nivel una cosa; particularmente, una *corriente de agua: 'El caudal del río ha descendido esta noche. Las aguas han descendido de nivel'. ≃ Bajar, disminuir, menguar. **5** («de»: 'de valor') Hacerse menor un valor que se expresa o puede expresarse con números; como la temperatura, la presión o los precios: 'La fiebre ha descendido bruscamente'. ≃ Bajar, *disminuir. **6** («de, en») Aplicado a personas, bajar, decaer o debilitarse, física o moralmente: 'Su padre ha descendido mucho en [o de] energías físicas'. **7** («de») *Proceder por generaciones sucesivas de cierto *antepasado, *linaje, pueblo o país: 'Desciende de un rey. Descienden de las mesetas del centro de Asia'. ≃ Provenir, venir. **8** *Colgar en cierta forma: 'Las cortinas descienden en pliegues regulares'. ≃ Bajar.
□ CONJUG. como «entender».

descendiente n. Con respecto a una persona o animal, otro que proviene de ellos por generaciones sucesivas: 'Un descendiente de Colón'.

descendimiento m. Descenso. ⊙ Particularmente, acción de bajar de la cruz el cuerpo de *Jesucristo. ⊙ ESCULT., PINT. Representación de ella: 'Un descendimiento del siglo XVI'. ≃ Desprendimiento.

descendir (ant.) intr. *Descender.*

descensión 1 f. *Descenso.* **2** (ant.) *Descendencia.*

descenso 1 m. Acción de descender. **2** Sitio por donde se desciende: 'El descenso hacia el río'. ≃ Bajada.

descentrado, -a Participio adjetivo de «descentrar[se]». ⊙ No centrado: 'Una rueda descentrada'. ⇒ Ladeado. ⊙ No bien acomodado a cierto ambiente o situación: 'Ha venido hace poco y está aún descentrado'. ≃ *Inadaptado.

descentralización f. Acción y efecto de descentralizar.

descentralizado, -a Participio adjetivo de «descentralizar».

descentralizador, -a adj. Que descentraliza.

descentralizar tr. Hacer que una ˃cosa deje de estar centralizada. ⊙ Particularmente, otorgar la Administración central determinadas competencias a entidades políticas locales, regionales, etc.

descentrar tr. Hacer que ˃algo deje de estar centrado. ⊙ prnl. Dejar de estar centrado.

desceñido, -a 1 Participio adjetivo de «desceñir[se]». ⊙ Aplicado particularmente a vestidos, poco ajustado. ⊙ Aplicado a personas, particularmente mujeres, sin algo, por ejemplo una faja, que ajuste su cuerpo, o con las vestiduras sin ajustar. ≃ *Suelto. **2** *Sin acabar de *arreglarse.*

desceñidura f. *Acción y efecto de desceñir[se].*

desceñir (del lat. «discingĕre») tr. y prnl. *Soltar[se] o aflojar[se] cualquier ˃cosa que *ciñe a otra. ⊙ *Soltar[se] o aflojar[se] cualquier ˃cosa ceñida por otra.
V. «desceñir la ESPADA».
□ CONJUG. como «ceñir».

descepar[1] **1** tr. AGR. *Arrancar de raíz las cepas o *vides de un ˃campo. ⊙ Arrancar de raíz ˃árboles o plantas que tienen cepa. **2** **Quitar completamente una ˃cosa no material:* 'Descepar un vicio'.

descepar[2] tr. MAR. *Quitar los cepos a las ˃*anclas o anclotes.*

descerar tr. APIC. *Quitar las celdillas vacías de las ˃colmenas de *abejas.* ≃ Despuntar.

descercado, -a Participio adjetivo de «descercar». ⊙ Aplicado a un lugar, sin cerca.

descercador, -a 1 m. *El que obliga en la guerra a levantar el cerco de una plaza.* **2** n. *Persona que quita la cerca que rodea algo.*

descercar 1 tr. *Obligar en la *guerra a levantar el cerco de una ˃plaza.* **2** Quitar la muralla de una ˃ciudad, la cerca de un campo, etc.

descerco m. *Acción de descercar.*

descerebración f. MED. Acción y efecto de descerebrar. ⊙ MED. Estado del enfermo que ha perdido la actividad funcional del cerebro.

descerebrado, -a 1 Participio adjetivo de «descerebrar». **2** (inf. y desp.) adj. y n. Falto de inteligencia. Se usa mucho en sentido hiperbólico.

descerebrar 1 (ant.) tr. **Descalabrar.* **2** MED. Provocar la inactividad funcional del *cerebro. **3** BIOL. Extraer el *cerebro de un ˃animal por razones experimentales.

descerezar tr. *Quitar a la semilla del ˃*café la carne de la baya en que está contenida.*

descerrajado, -a (inf.) adj. *Aplicado a personas, *perverso y de mal vivir.*

descerrajadura f. Acción de descerrajar.

descerrajar (de «des-» y «cerraja») **1** tr. *Abrir violentamente una ˃cerradura. El complemento puede ser también objeto cerrado: 'Descerrajar una cerradura [una puerta, un cajón]'. **2** *Disparar ˃tiros contra algo o alguien: 'Al volver la esquina le descerrajaron un tiro'.

descerrar tr. **Abrir.*

descerrumarse prnl. VET. *Descoyuntarse una *caballería la articulación del menudillo con la cerruma.*

descervigar tr. *Torcer la cerviz a un ˃animal.* ≃ *Desnucar.

deschapar (Hispam.) tr. *Descerrajar una cerradura.*

descharchar (del ingl. «discharge»; Am. C.) tr. *Destituir a ˃alguien de un cargo o despedirle del trabajo.*

deschavetado, -a (Hispam.) *Participio de «deschavetarse».* ⊙ (Hispam.) adj. *Trastornado mentalmente.* ≃ Chiflado. ⇒ *Loco. ➤ Perder la CHAVETA.

deschavetarse (Hispam.) prnl. *Perder la CHAVETA.*

deschuponar (de «des-» y «chupón») tr. *Limpiar las ˃plantas de vástagos superfluos. ⇒ Chapodar, desbotonar, desfollonar, deshijar, desmamonar, despampanar, despampanillar, despimpollar, desquejar, desroñar, destallar, desvaretar, desvastigar, esforrocinar. ➤ *Desyemar. *Podar.

descifrable adj. Que se puede descifrar.

descifrador, -a adj. y n. *Que descifra.*

desciframiento m. *Acción de descifrar.*

descifrar tr. *Averiguar el *significado oculto de ˃algo; por ejemplo, de una escritura cifrada o casi ilegible, de algún signo o de unas palabras con sentido oculto. ⇒ *Desentrañar, leer, penetrar, sacar, traducir. ➤ Clave. ➤ Indescifrable. ➤ *Averiguar. *Conocer.

descifre m. *Desciframiento.*

descimbramiento m. ARQ. Acción de descimbrar.

descimbrar tr. ARQ. Quitar las *cimbras de una ↘obra.

descimentar tr. *Quitar los cimientos.*

descinchar tr. Quitar o aflojar la cincha a una ↘caballería. ⊙ prnl. Quedar una caballería descinchada.

descingir (del lat. «discingĕre»; ant.) tr. *Desceñir.*

descinto, -a (del lat. «discinctus») adj. *Desceñido.*

desclasado, -a Participio adjetivo de «desclasarse». ⊙ n. Persona desclasada.

desclasarse (del fr. «déclasser») prnl. Dejar de estar integrado en una clase social.

desclasificar tr. Declarar el gobierno que determinado ↘documento o información deja de ser materia reservada. ⇒ Clasificar.

desclavador m. CARP. *Utensilio de *carpintero, consistente en un cincel poco afilado, empleado para sacar *clavos.*

desclavar 1 tr. *Sacar un ↘clavo del sitio donde está clavado. El complemento puede ser también la cosa sujeta con clavos: 'Desclavar los clavos de un cajón. Desclavar una tabla. Desclavar un cajón'. **2** *Desengastar las ↘*piedras preciosas.*

descobajar tr. *Quitar de la ↘uva el escobajo (raspa).* ≃ *Desraspar.

descobertura (ant.) f. **Descubrimiento.*

descobijadamente (ant.) adv. *Desabrigadamente.*

descobijar (de «des-» y «cobijar»; ant.) tr. **Destapar o *desabrigar.*

descocadamente adv. Con descoco.

descocado, -a 1 Participio de «descocarse». ⊙ adj. Descarado. **2** Aplicado especialmente a mujeres, y a su actitud, vestimenta, etc., demasiado desenvuelto o falto de pudor.

descocar (de «des-» y «coco[4]») tr. *Limpiar de *bichos los ↘árboles.*

descocarse (de «des-» y «coco[1]») prnl. Mostrar *desenvoltura excesiva o *descaro.

descocer (del lat. «discoquĕre») tr. **Digerir la comida.*

☐ CONJUG. como «mover».

descocho, -a (del lat. «discoctus», part. pas. de «discoquĕre», cocer bien; ant.) adj. *Muy *cocido.*

descoco m. *Descaro o *desenvoltura excesiva.

descodar (Ar.) tr. *Desapuntar o *deshilvanar una ↘obra de costura.*

descodificación f. Acción y efecto de descodificar.

descodificador, -a adj. y n. m. Aplicado particularmente a un dispositivo, que descodifica o sirve para descodificar.

descodificar tr. Descifrar un ↘mensaje transmitido mediante un código. ≃ Decodificar. ⊙ Particularmente, si está en clave.

descoger[1] (de «des-» y «coger») tr. **Soltar o *extender ↘lo que está fruncido o plegado.*

descoger[2] (ant. y pop. en algunos sitios) tr. *Escoger.*

descogollar tr. *Quitar yemas o brotes superfluos a las ↘plantas.* ⇒ *Desyemar.

descogotado, -a 1 *Participio adjetivo de «descogotar».* **2** *Con el cogote muy pelado.* ⊙ *Con la parte posterior del *cuello muy descubierta de vestido.*

descogotar 1 (ant.) tr. *Acogotar.* **2** CAZA. *Cortarle de raíz los *cuernos a un ↘*ciervo.*

descojonarse 1 (vulg.; «de») prnl. Reírse mucho. **2** (vulg.; «de») Burlarse.

descojone (vulg.) m. Acción de descojonarse.

descolar tr. *Quitar la cola a ↘alguien o algo.* ⊙ *Cortar de una ↘pieza de *tela el extremo opuesto al que lleva la marca.*

descolchar (de «des-» y «colchar[2]») tr. MAR. *Destorcer los ↘*cabos.* ⇒ Colchar [o corchar].

descolgado, -a Participio adjetivo de «descolgar[se]».

descolgar 1 tr. Quitar una ↘cosa de donde está colgada. ⊙ prnl. Soltarse algo y caer de donde está colgado. **2** tr. *Bajar lentamente una ↘cosa por el aire o por una pendiente, sujetándola desde arriba con cuerdas o cables. ⊙ («de, desde, por, hasta») prnl. Dejarse caer o *bajar por una cuerda, una pendiente, etc.: 'El rebaño se descuelga por la ladera de la montaña'. ⇒ Guindarse. **3** tr. *Quitar de un ↘sitio las *colgaduras u otros adornos.* **4** (inf.; «por») prnl. *Presentarse alguien en un sitio alguna vez o inesperadamente, o *aparecer como por casualidad, sin una finalidad determinada: 'Se descuelga por aquí de cuando en cuando'. ≃ Dejarse caer. **5** (inf.; «con», también con un gerundio) Decir algo inoportuno o inesperado: 'Ahora se nos descuelga con que no le conviene el negocio. Se descolgó pidiéndome dinero'. ≃ *Destaparse, salir, saltar, soltarse. **6** DEP. En una carrera, quedar distanciado por detrás del resto de los participantes. Se dice más «quedar descolgado».

☐ CONJUG. como «contar».

descoligado, -a adj. **Apartado de una liga o confederación.*

descolladamente 1 adv. *Con *superioridad o con *orgullo.* **2** *Con *desenvoltura.*

descollado, -a Participio adjetivo de «descollar».

descollamiento m. *Acción de descollar.*

descollar (de «des-» y «cuello») **1** («entre, sobre») intr. Ser más alto que lo que está alrededor: 'La torre descuella sobre los tejados del pueblo'. ≃ *Sobresalir, escollar. **2** («entre, sobre, en, por») Ser una cosa superior o más notable que las otras entre las que está: 'Descuella entre todas por su belleza'. ≃ Destacar, *distinguirse, sobresalir.

☐ CONJUG. como «contar».

descolletado, -a Participio adjetivo de «descolletar».

descolletar tr. Dejar el *cuello o garganta de ↘alguien al descubierto apartando la ropa. ≃ Desgolletar.

descolmar tr. *Quitar el colmo a una ↘*medida, pasando el rasero.*

descolmillar tr. *Quitarle o quebrantarle los colmillos a ↘alguien.*

descolocado, -a 1 Participio adjetivo de «descolocar». **2** («Estar») Sin colocación (empleo). **3** («Dejar, Quedar») Sin saber qué hacer o qué decir: 'Me dejó descolocado con su pregunta'.

descolocar tr. Apartar a ↘alguien o algo del sitio que le corresponde.

descolonización f. Proceso político por el que una colonia vuelve a ser independiente.

descolonizar tr. Llevar a cabo la descolonización de un ↘país.

descoloramiento m. *Acción de descolorarse.*

descolorar (pop.) tr. y prnl. *Decolorar[se].*

descolorido, -a Participio de «descolorir[se]». ⊙ adj. Con el color empalidecido. ⇒ Desvaído. ⊙ Aplicado a personas, *pálido.

descolorimiento m. *Acción y efecto de descolorir[se].*

descolorir tr. y prnl. Decolorar[se].

descombrar tr. *Desescombrar: limpiar un ↘lugar de escombros. ≃ Escombrar. ⊙ También, de otros materiales o cosas que estorban.

descombro m. Acción de descombrar.

descomedidamente adv. Con descomedimiento.

descomedido, -a 1 *Participio de «descomedirse».* ⊙ adj. Descarado, *descortés o *insolente: falto de comedimiento. **2** **Desmedido o desproporcionado.*

descomedimiento m. Falta de respeto; *descaro o insolencia. ⇒ *Insolente.

descomedirse (de «des-» y «comedir») prnl. *Faltar al respeto, ofender o insultar a alguien.* ≃ *Insolentarse.

descomer (pop. e inf.) intr. *Hacer de *vientre.*

descomimiento (ant.) m. *Falta de hambre.* ≃ Desgana, *inapetencia.

descomodidad 1 f. *Falto de comodidad.* **2** *Incomodidad.*

descómodo, -a (ant.) adj. *Incómodo.*

descompadrar 1 tr. *Descomponer la amistad de dos o más ↘personas.* ≃ *Enemistar. **2** **Enemistarse los que eran amigos.*

descompaginar (de «des-» y «compaginar») tr. *Desordenar, *estropear o *trastornar ↘algo.*

descompás m. *Falta de medida o proporción.* ⇒ *Desproporción.

descompasadamente adv. De manera descompasada, descompuesta, destemplada.

descompasado, -a 1 adj. Se aplica a lo que sobrepasa lo admitido como regular o normal: 'Viene por la noche a horas descompasadas. Un libro de un tamaño descompasado'. ≃ *Desmedido, excesivo, irregular. **2** *Participio de «descompasarse».* ⊙ adj. **Insolente o descarado.* ≃ Descomedido.

descompasarse prnl. *Faltar al respeto a alguien.* ≃ Descomedirse.

descompensación f. Acción y efecto de descompensar[se]. ⊙ MED. Pérdida de la compensación cardiaca.

descompensar tr. y prnl. Hacer que desaparezca [o desaparecer] la compensación por la que una ↘cosa está equilibrada. ⇒ *Desequilibrar. ⊙ prnl. MED. Perder el *corazón su capacidad de compensación para las alteraciones valvulares.

descomponedor, -a adj. y n. m. BIOL. *Se aplica al ser vivo que transforma la materia orgánica de otro ser vivo muerto en materia inorgánica.*

descomponer 1 tr. y prnl. Separar[se] los componentes de una ↘sustancia. ⇒ Atacar, disociar. **2** *Alterar[se] o podrir[se] una ↘sustancia orgánica. **3** tr. Separar las partes o elementos de cualquier ↘cosa o establecer separaciones en ella: 'Descomponer en partes un argumento'. **4** Hacer que una ↘cosa deje de funcionar bien: 'El helado me descompuso el vientre'. ≃ *Estropear. ⊙ prnl. Estropearse una cosa, dejar de funcionar bien: 'Se ha descompuesto el motor'. ⇒ *Destrozar, *romper. **5** tr. Hacer desaparecer el ↘arreglo, orden, buena disposición o armonía entre cosas o personas: 'No me descompongas el peinado'. ≃ *Desarreglar, *estropear o *trastornar. ⊙ prnl. Desaparecer el arreglo, la disposición, armonía, etc., entre personas o cosas. **6** tr. Hacer que no se realice cierta ↘cosa como está prevista: 'La enfermedad descompuso nuestros planes'. ≃ *Frustrar, *malograr o *trastornar. **7** Hacer perder la serenidad a ↘alguien: 'Esa pregunta del fiscal le descompuso'. ≃ *Aturdir, *turbar. ⊙ prnl. Perder la serenidad. **8** tr. y prnl. *Enfadar[se], *irritar[se] o *encolerizar[se]. ≃ Poner[se] DESCOMPUESTO. ⊙ prnl. Particularmente, mostrar la irritación o la cólera con palabras y ademanes descompuestos.

□ CATÁLOGO

Decir [o soltar] AJOS, alborotar[se], decir BARBARIDADES, barbarizar, blasfemar, echar [o soltar] por la BOCA, decir todo lo que se viene a la BOCA, decir todo lo que se pasa por la CABEZA, chillar, *desahogarse, *desatarse, desatinar, decir DESATINOS, desbaratar, desbarrar, desbocarse, descomedirse, descompasarse, desenfrenarse, desentonarse, deslenguarse, desmedirse, desmesurarse, *despotricar, dispararse, disparatar, *enfadarse, escandalizar, perder los ESTRIBOS, *gritar, despacharse a su GUSTO, *jurar, maldecir, soltarse la MELENA, perder la PACIENCIA, decir [o soltar] PALABROTAS, echar las PATAS por alto, soltarse el PELO, echar los PIES por alto, sacar los PIES de las alforjas [del plato], echar SAPOS y culebras, *SOLTARSE, decir [o soltar] TACOS, decir [o soltar] TERNOS, tronar. ➤ Desatentado, descompuesto, destemplado, loco, fuera de sí. ➤ De RABIA mató la perra. ➤ Cólera, *desahogarse. *Encolerizarse. *Insolentarse. *Soltarse.

descomposición 1 f. Acción y efecto de descomponer[se] (separar[se] los componentes o podrirse): 'La descomposición del agua [o del estiércol]'. **2** Diarrea.

DESCOMPOSICIÓN DE VIENTRE. Descomposición (diarrea).

descompostura 1 f. Acción de descomponer[se] (estropear o romper): 'La descompostura del reloj'. **2** Falta de compostura o de pudor; *desenvoltura excesiva en las actitudes, modales o lenguaje.

descompresión f. Acción y efecto de descomprimir.

descomprimir tr. Eliminar o reducir la compresión que actúa sobre ↘algo.

descompuestamente adv. Con ademanes, lenguaje, etc., descompuestos.

descompuesto, -a 1 Participio adjetivo de descomponer[se]. ⊙ Con sus elementos o partes constitutivas separadas. ⊙ *Podrido. ⊙ Estropeado e imposibilitado de funcionar. ⊙ Con *cólico o *diarrea. ⊙ *Aturdido o turbado. ⊙ Irritado o encolerizado. En esta última acepción se aplica muy frecuentemente a «palabras, gritos, modales», etc. **2** (Hispam.) *Borracho.*

PONER[SE] DESCOMPUESTO. Expresión que comparte por igual el uso con «descomponer[se]», con el significado de «*irritar[se]» o «*encolerizar[se]».

descomulgación f. *Excomunión.* ≃ Excomulgación.

descomulgadero, -a (ant.) adj. *Excomulgado.*

descomulgado, -a 1 Participio adjetivo de «descomulgar» ≃ Excomulgado. **2** *Aplicado particularmente a niños en increpaciones, malo o travieso.* ≃ *Condenado.

descomulgador, -a m. *El que descomulga.*

descomulgamiento (ant.) m. *Acción de descomulgar.*

descomulgar tr. *Excomulgar: expulsar de la comunidad católica.

descomunal 1 adj. *Fuera de lo común por algún motivo.* **2** (inf.) *Grandísimo: 'Un pastel descomunal. Una bronca descomunal'. ≃ Enorme, fenomenal.

descomunaleza (ant.) f. *Excomunión.*

descomunalmente adv. De manera descomunal.

descomunión f. *Excomunión.*

desconceptuado, -a Participio adjetivo de «desconceptuar». ⊙ Desacreditado, descalificado o desprestigiado; mal conceptuado.

desconceptuar tr. Formar mal concepto de ↘alguien. ⇒ *Juzgar.

□ CONJUG. como «actuar».

desconcertadamente adv. De manera desconcertada: sin orden ni concierto.

desconcertado, -a Participio adjetivo de «desconcertar[se]». ⊙ («Dejar, Estar») Desorientado o turbado; por ejemplo, por una mala noticia imprevista.

desconcertador, -a adj. y n. Que desconcierta.

desconcertadura f. *Acción y efecto de desconcertar[se].*

desconcertante adj. Se aplica a lo que produce desconcierto en alguien; por ejemplo, una sorpresa.

desconcertar 1 tr. y prnl. Perturbar[se] el *orden, *concierto o estado normal de ↘cosas o personas. ⇒ *Desarreglar[se], desordenar[se], *trastornar[se]. **2** **Dislocar[se] ↘huesos o articulaciones.* **3** tr. *Desorientar o *turbar a ↘alguien; dejarle sin saber realmente lo que pasa y, por consecuencia, sin saber qué decir o qué hacer: 'Le desconcertó verme allí'. ⊙ prnl. Quedarse alguien desconcertado o sin saber qué pensar. ⊙ tr. *Hacer en una *guerra o lucha que el ↘enemigo se encuentre en esa situación.* ⇒ Dejar ATÓNITO, atontar, aturullar, confundir, dejar CONFUSO, dejar DESCONCERTADO, hacer un LÍO, dejar *PERPLEJO, hacer un TACO. ➤ *Desorientar. *Turbar.

□ CONJUG. como «acertar».

desconchado, -a 1 Participio adjetivo de «desconchar[se]». **2** m. Acción de desconcharse. ⊙ Pequeña rotura que queda al desconcharse una cosa.

desconchar tr. Hacer saltar un trozo o concha del enlucido de una ↘pared, del vidriado de un objeto de loza o porcelana o de alguna cosa semejante. ≃ Descascarillar. ⊙ prnl. Sufrir un desconchado. ⇒ Descascarillar[se], escarapelar[se]. ➤ Caliche, cascarilla, concha, desconchado, desconchón, antosta. ➤ *Romper.

desconchón m. Desconchado grande.

desconcierto 1 («Introducir, Llevar, Sembrar») m. *Desorden o falta de concierto en las cosas. **2** Desorientación en las personas, causada por ejemplo por la sorpresa: 'La maniobra sembró el desconcierto en las filas enemigas'.

desconcorde (ant.) adj. *Desacorde.*

desconcordia f. *Desacuerdo.*

desconectado, -a Participio adjetivo de «desconectar[se]». ⊙ *Aislado o *separado o sin relación con cierta cosa.

desconectar 1 tr. y prnl. Deshacer[se] o *interrumpir[se] la conexión de una ↘cosa con otra; por ejemplo, una conexión eléctrica. **2** (inf.) intr. y prnl. Dejar de pensar alguien en una actividad que ocupa buena parte de su tiempo: 'Al salir del trabajo hay que desconectar para conseguir relajarse'. ⇒ *Olvido.

desconexión f. Falta de conexión o relación: 'La desconexión entre los distintos grupos dificulta el trabajo. La desconexión entre las distintas partes del libro'.

desconfiadamente adv. Con desconfianza.

desconfiado, -a 1 Participio de «desconfiar». **2** («Estar») adj. Con desconfianza acerca de cierta cosa o cierta persona. **3** («Ser») Inclinado a sentir desconfianza: 'Es desconfiada y tiene cerrado el cajón con llave'.

desconfiante (ant.) adj. *Desconfiado.*

desconfianza («Tener, Mostrar, Inspirar, Llevar, Sembrar») f. Falta de confianza. ⊙ Cualidad de desconfiado. ⊙ Actitud desconfiada.

desconfiar 1 («de») intr. No *confiar en algo o alguien: 'Desconfía de todos. Desconfía de sus fuerzas'. **2** No *creer: tener poca esperanza de cierta cosa: 'Desconfío de que llegue a tiempo'.

□ CATÁLOGO

Alarmarse, estar [o ponerse] ALERTA, alertarse, amusgar, estar [o ponerse] sobre AVISO, barruntar, cabrearse, celar, no *creer, poner en CUARENTENA, hacerse los DEDOS huéspedes, ponerse a la DEFENSIVA, descreer, dudar, escamarse, escamonearse, figurarse, forjarse, guardarse, estar [o ponerse] en GUARDIA, maliciarse, andar [o estar MOSCA], tener la MOSCA en la oreja, olerse, olfatear, PENSAR mal, presentir, presumir, recelarse, remosquearse, remusgar, reservarse, sollisparse, temerse, no tenerlas TODAS consigo. ➤ Escamar. ➤ Aprensión, cominillo, cuidado, desconfianza, desfianza, desfiuza, difidencia, duda, escama, inconfidencia, incredulidad, malicia, preocupación, presunción, prevención, recelo, suspicacia, temor. ➤ Entredicho. ➤ Caviloso, celoso, desconfiado, desconfiante, difidente, escaldado, escamón, escarmentado, *incrédulo, matrero, mal PENSADO, receloso, suspicaz. ➤ *Sospechoso. ➤ Muy largo me lo FÍAS [me lo FÍA usted, etc.], el GATO escaldado del agua fría huye, PIENSA mal y acertarás, VER y [o para] creer. ➤ ¡Hummm...!, ¡tararira! ➤ *Intranquilo. *Sospechar. *Susceptible. *Temer.

□ CONJUG. como «desviar».

desconformar intr. y prnl. *Estar [o ponerse] disconforme.*

desconforme adj. *Disconforme.*

desconformedad f. *Disconformidad.*

descongelación f. Acción de descongelar.

descongelar 1 tr. Hacer que deje de estar congelada una ↘cosa. ⊙ prnl. Dejar de estarlo: ¿Se han descongelado las judías verdes? **2** tr. y prnl. Dejar [o quedar] libre de hielo de un frigorífico desconectándolo para que el hielo se derrita. **3** tr. Liberar ↘créditos, alquileres, sueldos, impuestos, etc., que estaban congelados.

descongestión f. Disminución o desaparición de una congestión: 'La descongestión del tráfico'.

descongestionante adj. y n. m. Que descongestiona.

descongestionar tr. y prnl. Quitar[se] o disminuir la congestión de ↘algo o en algún sitio: 'Descongestionar la cabeza'.

deshonhortar (de «des-» y «conhortar»; ant.) tr. **Abatir o *desanimar.*

desconocedor, -a adj. Que desconoce cierta cosa.

desconocencia (ant.) f. DER. *Ingratitud.*

desconocer 1 tr. No *conocer: no haber tenido trato con una ↘persona o una cosa y no saber cómo es. ⇒ ESTAR desorientado, ESTAR despistado. ➤ Ajeno, anónimo, desconocido, *extraño, *ignorado, ignoto, incógnito, inédito, inexplorado, levente, *oculto. ➤ *Incógnita. ➤ Un TAL... ➤ *Ignorar. **2** No saber cierta ↘cosa: 'Desconozco qué planes son los suyos'. ≃ *Ignorar. **3** *No reconocer ↘algo.* **4** Encontrar a una ↘persona o una cosa completamente cambiadas o distintas de como se las creía: 'Te desconozco con ese rasgo de energía'. **5** **Negar alguien ser suya una ↘cosa que lo es o es tenida como tal:* 'Desconocer una obra [a un hijo]'. **6** *Afectar que se *ignora cierta ↘cosa.*

□ CONJUG. como «agradecer».

desconocidamente adv. Con desconocimiento.

desconocido, -a 1 Participio de «desconocer». **2** («de, para») adj. No conocido. ⊙ («Ser [un]») adj. y n. No conocido en el medio o por las personas de que se trata: 'Se me acercó un desconocido'. ⇒ *Desconocer. ⊙ No conocido como persona notable o distinguida: 'La obra premiada es de un muchacho desconocido'. ⇒ *Modesto. **3** adj. Muy cambiado o *distinto de como era antes: 'La ciudad está desconocida. El niño está desconocido desde la última vez que le vi'. **4** adj. y n. *Desagradecido.*

desconocimiento m. Falta de conocimiento de una cosa: 'Mi desconocimiento del asunto me impide hablar'. ≃ Ignorancia.

desconsideración f. Acción o dicho en que se muestra falta de *consideración o *respeto a alguien. ≃ Falta de consideración.

□ CATÁLOGO

Abuso, *arbitrariedad, *atropello, coz, *desacato, *descaro, descomedimiento, descortesía, exabrupto, FALTA de *respeto, grosería, inatención, insolencia. ➤ Abusar, atropellar, llevar [o tratar] a la BAQUETA, barajar, no pararse en BARRAS, llevarse de CALLE, tratar a COCES, chillar, desconsiderar, alzar [o levantar] el GALLO, gritar, *maltratar, tratar de cualquier MANERA, *molestar, *ofender, tratar a PATADAS, patear, pisotear, tratar a PUNTAPIÉS, rehollar, alzar [o levantar] la VOZ. ➤ Atrevido, bagual, *bruto, desconsiderado, gamberro, *impertinente, incivil, inconsiderado, inconveniente, *insolente, *irrespetuoso, malmirado. ➤ PORTERO de casa grande. ➤ *Consideración.

desconsideradamente adv. De manera desconsiderada.

desconsiderado, -a Participio de «desconsiderar». ⊙ adj. y n. Se aplica a la persona que obra o habla sin consideración a los otros. ⇒ *Desconsideración.

desconsiderar tr. *Tratar con desconsideración a ↘alguien.*

desconsolación f. *Desconsuelo (*pena).*

desconsoladamente adv. Con gran aflicción: 'Llorar desconsoladamente'.

desconsolado, -a 1 Participio de «desconsolar[se]». ⊙ adj. Muy afligido o apenado por algo. ⊙ Se usa mucho hiperbólicamente: 'Está desconsolado porque le ha caído una mancha en la corbata'. **2** *Se dice del *estómago cuando se tiene en él sensación de vacío o desfallecimiento.*

desconsolador, -a adj. Causante de desconsuelo.

desconsolar tr. y prnl. Causar [o sentir] desconsuelo.

desconsuelo 1 («Llenar de, Sumir en [en el o en el mayor], Sentir; por») m. *Pena con tendencia al llanto por la pérdida o falta para sí mismo o para un ser querido de una cosa deseada o muy querida: 'El desconsuelo de la viuda [del niño al que se le ha roto su juguete, de la jovencita a la que no le permiten ir a una fiesta]'. ≃ Aflicción. **2** Cosa que produce desconsuelo: 'Es un desconsuelo el estado de los campos con la sequía'. **3** («Sentir, Tener») Sensación de vacío en el estómago.

descontado, -a Participio adjetivo de «descontar».

DAR POR DESCONTADO. *Contar alguien con cierta cosa como segura y basar en ella sus planes.

POR DESCONTADO. Expresión que se emplea para *afirmar o *asentir mostrando seguridad o certeza.

descontagiar (de «des-» y «contagiar») tr. *Desinfectar.*

descontamiento (ant.) m. *Descuento.*

descontaminación f. Acción de descontaminar.

descontaminar tr. Hacer desaparecer mediante algún tratamiento los elementos nocivos de ↘algo (polución, radiactividad, veneno químico).

descontar 1 («de») tr. Quitar ↘algo de una cantidad de dinero, de un peso u otra medida, por algún motivo o concepto: 'Descontar el 10 % del importe de la factura. Descontar del peso total el del envase'. ≃ *Rebajar, restar. ⇒ Abonar, bonificar, deducir, desabatir, desquitar, rebajar, rebatir. ➤ Descontamiento, descuento, redescuento. **2** Anticipar el pago de un ↘pagaré o letra, cobrando un interés por ello. **3** (no frec.) Dar por descontado.

□ CONJUG. como «contar».

descontentadizo, -a adj. y n. Propenso a sentirse descontento con lo que se le hace o da. ⊙ Difícil de contentar. ⇒ *Descontentar.

descontentamiento 1 m. *Descontento.* **2** *Desavenencia, *discordia o *enemistad.*

descontentar tr. Causar descontento en ↘alguien: 'Con esa medida han descontentado a todo el mundo'.

□ CATÁLOGO

Desagradar, desplacer, *disgustar[se], *enfadar[se], enfurruñarse, enojar[se], poner[se] de mal HUMOR. ➤ Disgustado, fastidiado, molesto, murrio, pesaroso. ➤ Amargado, mal *CARÁCTER, chinche, chinchoso, criticón, *delicado, descontentadizo, descontento, desplazado, escolimoso, *exigente, fastidioso, frondio, gruñón, inadaptado, insatisfecho, jeremías, lacrimoso, lamentoso, llorador, llorica, llorón, malavenido, malcontento, *malhumorado, plañidero, quejica, quejicón, quejicoso, quejilloso, quejón, quejoso, quejumbroso, querelloso, quisquilloso, renegón, reparador, reparón, resentido, rostritorcido, sacafaltas, *severo, *susceptible, suspirón. ➤ Fruncir el CEÑO, torcer el GESTO, poner HOCICO, poner MORRO, refunfuñar. ➤ *Chasco, decepción, *desengaño. ➤ Agitación, *desazón, descontentamiento, descontento, efervescencia, excitación, inquietud, insatisfacción, irritación, MAR de fondo, marejada, mareta, revuelo. ➤ *Protestar. ➤ ¡Qué más QUIERES! ➤ *Desilusión.

descontento, -a 1 («con, de») adj. Se aplica al que tiene el estado de ánimo de quien se siente maltratado, se encuentra mal en cierto sitio o de cierta manera o no quiere que algo ocurra como ocurre: 'Los descontentos firmaron una protesta'. ⇒ *Descontentar. **2** m. Estado del que se siente descontento. ⊙ Se emplea mucho refiriéndose al de una colectividad: 'Cunde el descontento entre la población'. ⇒ *Descontentar.

descontextualizar tr. Sacar ↘unas palabras o un hecho de su contexto.

descontinuación f. *Discontinuidad.*

descontinuar tr. *No continuar.*

descontinuo, -a adj. *Discontinuo.*

descontrol m. Falta de control. ⇒ *Desorden.

descontrolado, -a Participio adjetivo de «descontrolar[se]».

descontrolar 1 Hacer perder el control sobre ↘algo. ⊙ prnl. Dejar algo de estar controlado. **2** Perder alguien el control sobre sí mismo. **3** Perder un mecanismo su ritmo normal de funcionamiento.

desconvenible (de «des-» y «convenible») adj. *Que no se ajusta a otra cosa o no guarda proporción con ella.*

desconveniencia 1 f. *Desventaja o inconveniente.* ⊙ *Circunstancia de desconvenir.* **2** *Incomodidad, molestia o *perjuicio.*

desconveniente adj. *No conveniente o inconveniente.*

desconvenir (del lat. «disconvenīre») **1** intr. *Estar en *desacuerdo cosas o personas.* ⊙ *No *corresponder una cosa a otra.* **2** *No convenir.*

desconversable adj. **Huraño o solitario.*

desconversar (ant.) tr. *Huir de la conversación y trato con la gente.*

desconvidar tr. *Revocar una invitación o *desdecirse de un ofrecimiento.*

desconvocar tr. Anular la convocatoria de una ↘huelga, una manifestación, etc.

desconvocatoria f. Acción de desconvocar.

descoordinación f. Falta de coordinación.

descopado, -a adj. *Se aplica a la *caballería que no tiene las rodillas o las ancas en la vertical debida.*

descoque (inf.) m. Descaro o desenvoltura excesiva. ≃ Descoco.

descoraznadamente (ant.) adv. *Descorazonadamente.*

descoraznado, -a (ant.) adj. *Descorazonado.*

descorazonadamente adv. *Con descorazonamiento.*

descorazonado, -a Participio adjetivo de «descorazonar[se]».

descorazonador, -a adj. Que descorazona.

descorazonamiento (de «descorazonar») m. *Fuerte desaliento.*

descorazonar (de «corazón») **1** tr. Quitar el ánimo o la esperanza: 'Me descorazona ver que no consigo nada con mi esfuerzo'. ≃ *Abatir, desanimar. ⊙ prnl. Desanimarse o perder la esperanza. **2** tr. y prnl. *Apenar[se] con desesperanza y abatimiento. ≃ Afligir[se], desconsolar, desolar.

descorchador 1 m. Hombre que descorcha. **2** Sacacorchos.

descorchar 1 tr. Arrancar el corcho al ↘*alcornoque. **2** *Destapar una ↘botella u otra vasija, sacando el tapón de corcho que la cierra. El complemento puede ser también el contenido de la vasija: 'Al descorchar el champán...'. **3** Apic. *Romper el corcho de la ↘colmena de *abejas para sacar la miel.* **4** *Abrir ↘algo por fuerza para *robar.*

descorche m. Acción de descorchar los alcornoques.

descordar[1] **1** tr. Mús. *Quitar las cuerdas a un ↘instrumento.* ≃ Desencordar. **2** Taurom. *Herir al ↘toro en la médula con el estoque, con lo que cae inerte; es suerte recusable.* ⇒ Descabellar.

□ Conjug. como «contar».

descordar[2] (del lat. «discordāre»; ant.) intr. *Estar en *desacuerdo.* ≃ Discordar.

descorderar tr. *Separar los ↘corderos de las ovejas para formar nuevos rebaños.*

descordojo (de «des-» y «cordojo»; ant.) m. **Gusto o *placer.*

descoritar tr. **Desnudar. También reflex.*

descornar 1 tr. Quitar los cuernos a un ↘animal. **2** (inf.) prnl. *Trabajar o *cavilar mucho para algo. ≃ Escornarse. ⇒ *Atarear.

□ Conjug. como «contar».

descoronar 1 tr. *Quitar la *corona a ↘alguien.* **2** *En las grandes *bodegas, bajar las ↘cubas ya vacías de la andana.*

descorrear (de «des-» y «correa») intr. y prnl. *Soltar el *ciervo y animales semejantes la piel que cubre los pitones de sus *cuernos, al crecer éstos.* ≃ Escodar.

descorregido, -a (de «des-» y «corregir»; ant.) adj. **Desarreglado o *imperfecto.*

descorrer 1 tr. *Correr una ↘cosa en sentido contrario a aquel en que se ha corrido antes. Particularmente, correr una cortina dejando al descubierto lo que cubría o correr un cerrojo o pestillo para que dejen de sujetar. **2** *Correr *retrocediendo el mismo ↘camino recorrido antes.* **3** intr. y prnl. *Correr o escurrirse una cosa líquida.*

V. «descorrer la cortina, descorrer el velo».

descorrimiento m. *Acción y efecto de descorrer[se] (correr o escurrirse una cosa líquida).*

descortés adj. Falto de cortesía.

□ Catálogo

Agreste, basto, cerril, mal criado, desatento, mal educado, mal enseñado, garbancero, *grosero, inatento, incivil, inconveniente, indelicado, ineducado, *insolente, jifero, ordinario, patán, sin principios, rudo, *tosco. ➤ Corteza, coz, mala crianza, desatención, descomedimiento, descortesía, falta de educación, frailada, impolítica, incivilidad, inconveniencia, incorrección, indelicadeza, inurbanidad, naranjada. ➤ Faltar. ➤ *Descaro. *Desconsideración. *Insolente. *Insultar. *Irrespetuoso. *Ofender.

descortesía f. Falta de cortesía.

descortésmente adv. Con descortesía.

descortezadura 1 f. *Trozo o trozos de corteza arrancados de algo.* **2** *Parte descortezada.*

descortezamiento m. Acción de descortezar[se].

descortezar 1 tr. Quitar la corteza de los ↘árboles u otra cosa. ⇒ Cascar, descascar, descascarar, descascarillar, descorchar, escarzar, mondar, *pelar. **2** *Quitar a ↘alguien su tosquedad.* ≃ Desbastar. ⇒ *Civilizar, *educar.

descortezo m. *Descortezamiento de los árboles.*

descortinar tr. Mil. **Derribar una cortina o muralla de una ↘fortificación, a cañonazos o de otro modo.*

descoser 1 tr. y prnl. Deshacer[se] una ↘costura: 'Descoser un pespunte'. ⊙ Deshacer[se] las costuras de una ↘prenda: 'Descoser un abrigo'. ⊙ Desprender[se] una ↘cosa deshaciendo las costuras que la unen a otra: 'Descoser una manga'. ≃ Despegar[se]. **2** (inf.) prnl. **Descubrir indiscretamente cosas que conviene callar.* **3** (inf.) *Dejar escapar *ventosidades.*

V. «no descoser la boca, no descoser los labios».

descosidamente 1 adv. Aplicado particularmente a «*hablar», mucho. **2** Aplicado particularmente a «*hablar», con *incoherencia o *desorden.

descosido, -a 1 Participio adjetivo de «descoser[se]». **2** (inf.) *Se aplica al que *habla mucho o indiscretamente.* **3** **Desordenado o *incoherente.* **4** m. Trozo de costura descosida en una prenda.

Como un descosido. **1** (inf.) Aplicado a «*hablar», *mucho. **2** (inf.) Aplicado a cualquier otra acción, *mucho o con mucho *afán: 'Está estudiando como un descosido'.

V. «nunca falta un roto para un descosido».

descostillar 1 tr. *Maltratar a ↘alguien golpeándole en las espaldas; es una manera de *amenazar, como 'romper las costillas'.* **2** prnl. **Caer violentamente de espaldas.*

descostreñimiento (de «des-» y «costreñimiento»; ant.) m. **Libertinaje.*

descostumbre (ant.) f. *Acción y efecto de desacostumbrarse.*

descotar[1] (de «coto[1]»; ant.) tr. *Suspender la veda en un ↘lugar, la prohibición de usar un camino, etc.* ≃ *Desacotar.

descotar[2] tr. *Hacer un escote en un ↘vestido.* ≃ *Escotar.

descote m. **Escote: *corte hecho en un vestido en el sitio donde se pega una manga o, particularmente, alrededor del cuello.*

descoyuntado, -a Participio adjetivo de «descoyuntar[se]».

descoyuntamiento m. Acción y efecto de descoyuntar[se].

descoyuntar (de «des-» y el lat. «coniunctāre», unir) **1** tr. Desencajar[se] un ↘hueso de su articulación. El sujeto o complemento puede ser también el miembro a que corresponde el hueso: 'Descoyuntar[se] un brazo'. ≃ *Dislocar **2** tr. *Cansar mucho. ≃ Rendir. **3** Desencajar una ↘cosa o arrancarla de su articulación. ⇒ *Desvencijar, *dislocar. ⊙ prnl. Desencajarse una cosa o desprenderse de su articulación. **4** Hacer un *movimiento violento. **5** tr. *Forzar o *deformar las ↘cosas o los hechos para acomodarlos a cierta tesis. **6** **Molestar a ↘alguien con pesadez.*

V. «descoyuntarse de RISA».

descoyunto m. *Descoyuntamiento.*

descrecencia f. *Decrecimiento.*

descrecer intr. *Decrecer.*

descrecimiento m. *Decrecimiento.*

descrédito m. Situación de desacreditado: fama de malo, no honrado, indigno, inútil, etc. ⇒ Demérito, descalificación, desdoro, deshonor, *deshonra, deslustre, desprestigio, desreputación, mala FAMA, impopularidad, LEYENDA negra. ➤ Barro, cieno, fango, ignominia, lodo, mancha, mengua. ➤ *Desacreditar. ➤ *Deshonra. *Vergüenza.

IR una cosa EN DESCRÉDITO de algo o alguien. Producir su descrédito: 'Esta falta de formalidad va en descrédito del establecimiento'.

descreencia m. *Descreimiento.*

descreer (de lat. «discredĕre») **1** tr. *Perder la fe.* ⇒ *Escéptico. **2** *Negar crédito o confianza a una ↘persona.* ⇒ *Desconfiar.

descreídamente adv. *Con descreimiento.*

descreído, -a adj. Participio adjetivo de «descreer». ⊙ adj. y n. Particularmente, se dice del que no tiene fe religiosa. ≃ *Incrédulo.

descreimiento m. *Falta de fe, particularmente religiosa.* ≃ Descreencia.

descremación f. Acción de descremar.

descremado, -a Participio adjetivo de «descremar». ≃ Desnatado.

descremadora f. Máquina de descremar.

descremar tr. Quitar la crema o grasa a la ↘*leche.

descrestar **1** tr. *Cortar la cresta a un ↘ave.* **2** (Col.) **Engañar.*

descriarse (de «des-» y «criarse») prnl. *Adelgazar, debilitarse o hacerse enfermizo o raquítico una persona o un animal.* ≃ *Desmedrarse.

describir (del lat. «describĕre») **1** tr. *Delinear, dibujar, figurar una cosa, representándola de modo que dé cabal idea de ella.* **2** *Trazar imaginariamente un punto al moverse determinada ↘figura: 'Los planetas describen órbitas elípticas alrededor del Sol'. **3** Decir cómo es una ↘cosa.

☐ CATÁLOGO

Otra raíz, «graf-»: 'geografía, organografía'. ➤ Copiar, dibujar, pintar, pormenorizar, representar, reseñar, retratar, dar las SEÑAS de, trazar. ➤ Cuadro, descripción, etopeya, ficha, filiación, fotografía, hipotiposis, imagen, pintura, plan, prosopografía, reseña, retrato, semblanza, señas. ➤ Exacta, gráfica, plástica. ➤ Por más SEÑAS. ➤ Indescriptible. ➤ *Explicar.

☐ CONJUG. como «escribir».

descrinar (de «des-» y «crinar»; ant.) tr. **Despeinar.* ≃ Desgreñar.

descripción **1** f. Acción y efecto de describir. ⇒ *Describir. **2** DER. **Inventario.*

descriptible adj. Susceptible de ser descrito. ⇒ Indescriptible.

descriptivo, -a adj. Se aplica a lo que describe o sirve para describir.

descripto, -a adj. *Descrito.*

descriptor **1** adj. y n. *Aplicable al que describe.* **2** m. *En documentación, palabra o conjunto de palabras de un tesauro que se asigna a un documento en función de su contenido, para clasificarlo.*

descriptorio (ant.) adj. *Descriptivo.*

descrismar **1** tr. *Quitar el crisma a ↘alguien.* **2** Golpear violentamente a ↘alguien en la cabeza. ⊙ prnl. Golpearse violentamente en la cabeza. ⊙ (usado sobre todo como amenaza hiperbólica) tr. y prnl. Abrir[se] una brecha en la cabeza. ≃ Abrir [o romper] la CABEZA, descristianar. **3** prnl. Pensar con ahínco para resolver algo. ≃ *Cavilar. ⊙ Trabajar mucho o demasiado. ≃ *Atarearse. **4** **Encolerizarse.*

descristianar tr. *Descrismar.* ⊙ *Quitar el crisma a ↘alguien.* ⊙ *Dar a ↘alguien un golpe fuerte en la *cabeza.*

descristianizar tr. Apartar del cristianismo a ↘personas, pueblos, etc.

descrito, -a Participio de «describir».

descruzar tr. y prnl. *Deshacer[se] la forma de cruz que presentan algunas cosas.*

descuadernado, -a **1** *Participio adjetivo de «descuadernar[se]».* **2** *Descoyuntado.* **3** *Aplicado a «ideas, planes» o cosas semejantes, descosido, deshilvanado, *incoherente; sin trabazón o sin lógica.*

descuadernar **1** tr y prnl. *Desencuadernar[se].* **2** **Descomponer[se] o *desvencijar[se].* **3** **Desarticular[se].* ≃ Descoyuntar[se].

descuadrillado, -a **1** *Participio adjetivo de «descuadrillarse».* **2** m. VET. *Enfermedad que padecen las *caballerías en el hueso de la cadera o cuadril.*

descuadrillarse prnl. VET. *Derrengarse una *caballería por el cuadril.*

descuajar **1** tr. *Hacer que deje de estar cuajada una ↘cosa.* **2** *Arrancar de raíz, particularmente un ↘*árbol: 'El vendaval ha descuajado muchos árboles'. **3** *Suprimir radicalmente ↘vicios, costumbres, etc. ≃ *Arrancar, extirpar. **4** **Desanimar o *abatir.*

descuajaringado, -a (inf.) Participio adjetivo de «descuajaringar[se]»: 'Este sofá está todo descuajaringado'.

descuajaringar (de «descuajar»; inf.) tr. y prnl. *Soltar[se] o separar[se] las partes de una ↘cosa, haciendo que queden cada una por su lado. ≃ Descuadernar[se], desencuadernar[se], *desvencijar[se]. ⊙ (inf.) prnl. Hiperbólicamente, descoyuntarse o *desarticularse las partes del cuerpo humano. ⊙ (inf.) *Reírse con risa violenta. ⊙ (inf.) Se usa simbólicamente refiriéndose a cosas que merecen risa de esa clase: 'Yo me estaba descuajaringando de oírle decir tales sandeces'. ⊙ (inf.) También, con ironía: 'Hay para descuajaringarse de que quiera mandarnos él'.

V. «descuajaringarse de RISA».

descuaje m. Acción de descuajar.

descuajeringado, -a (Hispam.) *Participio adjetivo de «descuajeringar[se]».*

descuajeringar (Hispam.) tr. y prnl. *Descuajaringar[se].*

descuajo m. Descuaje.

descuartizamiento m. Acción y efecto de descuartizar.

descuartizar tr. *Dividir en cuartos o trozos el ↘cuerpo de un ↘animal (por ejemplo, para *carne) o de una persona (por ejemplo, por *castigo). ⇒ Beneficiar, carnear, cuartear, desmembrar, despedazar, despostar, trucidar. ➤ *Cuarto.

descubierta f. **1** **Pastel relleno, sin la cubierta de hojaldre o pasta que llevan ordinariamente.* **2** (ant.) *Descubrimiento o revelación de una cosa.* **3** MAR. *Reconocimiento o *examen del horizonte que se hace al amanecer y al anochecer por medio de los buques ligeros o desde lo alto de los palos.* **4** MAR. *Reconocimiento o *examen del estado del aparejo del barco que hacen por la mañana y por la tarde los gavieros y juaneteros.* **5** MIL. Reconocimiento que hace una pequeña tropa dependiente de otra mayor.

descubierto, -a **1** Participio adjetivo de descubrir[se]: no cubierto: 'El cielo está descubierto'. ⊙ Sin *sombrero u otra prenda que cubra la cabeza. **2** *Expuesto a un ataque o una acusación. ⊙ MIL. Se aplica al terreno llano y raso. **3** m. Acto de exponer la *Eucaristía públicamente a la adoración de los fieles. **4** *Déficit en una *cuenta: exceso del debe sobre el haber.

V. «a CARA descubierta, a CIELO descubierto, a CUERPO descubierto».

AL DESCUBIERTO. **1** Sin techo encima. ≃ A *CIELO descubierto. **2** Sin protección.

EN [O AL] DESCUBIERTO. **1** Con déficit en un *cuenta. **2** Expuesto a una acusación.

V. «a PECHO descubierto».

PONER AL DESCUBIERTO. Hacer que se conozca una cosa que se mantenía oculta. ≃ *Descubrir.

descubrición (de «descubrir»; ant.) f. *Registro de una casa sobre otra.*

descubridero m. *Altura desde la que se divisa mucho espacio.* ⇒ *Mirador.

descubridor, -a **1** adj. y n. Se aplica al que descubre. ⊙ Particularmente, al autor de un descubrimiento geográfico o científico. ⇒ Inventor. **2** m. MIL. *Explorador o batidor del campo.*

descubrimiento **1** m. Acción y efecto de descubrir; particularmente, tierras o cosas científicas. **2** Cosa descubierta: 'La electricidad es un descubrimiento del siglo pasado'. ⇒ *Invento.

descubrir (del lat. «discooperīre») **1** tr. Hacer aparecer una ↘cosa quitando lo que la cubre. ⊙ tr. Quitar la ropa que cubre una ↘parte del cuerpo. También reflex.: 'Descubrirse el pecho para que lo ausculte el médico'. ⊙ (reflex.) Quitarse los hombres el *sombrero o la prenda que llevan sobre la cabeza, por ejemplo para *saludar o por *respeto o *cortesía. **2** Dejar de encubrir u *ocultar una ↘cosa: 'Descubrió sus intenciones [o su secreto]'. **3** (lit.) *Encubrir una cosa a ↘otra imperfectamente, de modo que se descubre a pesar de la cobertura: 'Una leve túnica descubre sus formas esculturales'. ⊙ Dejar alguien *entrever sus ↘intenciones, propósitos, etc. **4** Hacer que se *conozca la existencia de una ↘cosa o su verdadera naturaleza: 'Esas palabras descubren sus intenciones'. ⊙ («con») prnl. Descubrir alguien a otro su intimidad. ≃ Abrirse, franquearse. ⊙ tr. Hacer que se conozca la existencia de un ↘delito o falta o que se *sepa quién es el autor: 'Les descubrió a la policía el chófer que les condujo. El papel utilizado descubrió al autor del anónimo. Le descubrió el ladrido del perro'. **5** *Encontrar una ↘cosa que estaba oculta o era desconocida: 'Descubrir una mina. Colón descubrió América'. **6** *Enterarse de ↘cosas que se mantenían ocultas; por ejemplo, de una intriga. ⊙ *Enterarse de ↘algo en que antes no se había reparado: 'Descubrió de pronto que tenía canas. Descubrió que le estaban engañando'. **7** Enterarse de ↘quién o qué cosa es lo que expresa el complemento de «descubrir»: 'La policía ha descubierto a los ladrones. He descubierto la causa de su mal humor'. **8** Encontrar una nueva ↘ley de la naturaleza o una nueva explicación científica de sus fenómenos. ⇒ *Inventar. **9** Ver cierta ↘cosa desde lejos: 'Desde allí se descubría todo el valle'. ≃ *Divisar, dominar.

V. «descubrir el CUERPO, descubrir la HILAZA, descubrir la OREJA, descubrir el PASTEL, descubrir el SANTÍSIMO».

DESCUBRIRSE ANTE alguien o algo. Mostrar *admiración por ellos. La misma expresión se emplea simbólicamente: 'Me descubro ante tus dotes de cocinera'.

□ CATÁLOGO

Abrir, dejar ADIVINAR, atar CABOS, quitar[se] la CARETA, poner las CARTAS boca arriba, clarearse, coger, salir en [o a] la COLADA, comprometer[se], dar a CONOCER, correr [o descorrer] la CORTINA, denunciar, desabrigar, desarrebozar, descarnar, descobijar, descoserse, desembalar, desembozar[se], desempaquetar, desencapotar[se], desenfundar, desenmascarar[se], desenterrar, *desenvolver, desnudar[se], despechugarse, destapar[se], destocar[se], exhumar, *explorar, exteriorizar, franquear[se], descubrir la HILAZA, mostrar el JUEGO, levantar la LIEBRE, sacar a la LUZ, *manifestar, poner de MANIFIESTO, tirar de la MANTA, quitar la MÁSCARA, mesturar, asomar la OREJA, descubrir el PASTEL, pescar, coger en RENUNCIO, revelar, sofaldar, *transparentar[se], dejar TRANSPARENTAR, [dejar] TRASLUCIR, coger el TRUCO, correr el VELO, dejar VER, dejar [o poner] a la VISTA... ➤ Levantar la CAZA, levantar la LIEBRE. ➤ Catear, detectar, *divisar[se], hallar, invenir, *inventar, *investigar, coger en MENTIRA, penetrar. ➤ *Indiscreto. ➤ Descubierto, desnudo, destapado, manifiesto, patente, a la VISTA. ➤ Abierto, al AIRE libre, desabrigado, [en] descampado, desnudo, expuesto, a la inclemencia, a la intemperie, pelado, al raso, al sereno. ➤ Vivaquear. ➤ ¡Ahora!, ¡ahora CAIGO!, ¡claro!, ¡por eso...!, ¡ya!, ¡ya APARECIÓ [PARECIÓ O SALIÓ] aquello! ➤ Impenetrable. ➤ *Acertar. *Adivinar. *Aparecer. *Aprender. *Atisbar. *Averiguar. *Comunicar. *Decir. *Declarar. *Delatar. *Destapar. *Divisar. *Encontrar. *Enterarse. *Expresar. *Inventar. Mostrar. *Notar. *Publicar. *Resolver. *Saber. *Sacar.

descuello (de «descollar») **1** m. *Exceso de altura, estatura, etc., sobre la de otras cosas, por el que algo o alguien *sobresale entre ellas.* ⊙ *Superioridad notable en alguna cualidad.* **2** *Insolencia u *orgullo.*

descuento («Hacer [un]») m. Acción de descontar, particularmente en el precio de una cosa. ≃ Rebaja. ⊙ Cantidad descontada.

descuerar (de «des-» y «cuero») **1** tr. **Despellejar.* **2** (inf.) **Criticar o *desacreditar.* ≃ Desollar.

descuernacabras (de «descornar» y «cabra») m. **Viento fuerte y frío del norte.*

descuerno (de «descornar»; inf.) m. **Desaire, ofensa o insulto.*

descuidadamente adv. Con falta de cuidado.

descuidado, -a Participio adjetivo de «descuidar[se]». ⊙ Hecho con descuido. ⊙ No atendido convenientemente: 'Tienen aspecto de niños descuidados'. ≃ Mal cuidado. ⊙ («Estar») Aplicado a cosas, sucio, roto o en mal estado: 'Una casa descuidada'. ⊙ («Estar, Ir, Ser») Aplicado a personas, se aplica al que no cuida el arreglo y limpieza de su persona o de sus cosas. ≃ Desaseado, desastrado, desidioso. ⇒ *Descuidar. ⊙ («Estar, Ir, Ser») O al que no tiene el cuidado debido de las cosas que están a su cargo o dependen de él. ⊙ («Estar, Coger, Pillar») Se dice del que no espera algo que sobreviene o puede sobrevenir o no ha tomado *precauciones contra ello: 'Yo estaba descuidado y él se abalanzó sobre mí'. ≃ *Desprevenido. ⊙ («Estar») Sin preocupación: 'Puedes estar descuidado, que yo me encargo de todo'. ≃ Despreocupado, *tranquilo.

descuidamiento (ant.) m. *Descuido.*

descuidar 1 tr. No prestar a ˃algo el cuidado o la atención debidos. ≃ Abandonar, desatender. **2** Usado en imperativo, equivale a «no te preocupes [se preocupe usted, etc.]» o «está [esté usted, etc.] tranquilo»: 'Descuidad, que yo vigilaré por si alguien se acerca'. ⊙ Se usa mucho como respuesta: 'No te olvides de cerrar la llave del gas. —Descuida'. **3** (acep. causativa) *Hacer que ˃alguien descuide una cosa.* **4** *Descargar a ˃alguien de un cuidado u obligación.* ⇒ *Eximir. **5** («de, en») prnl. No tener el cuidado debido, conveniente o necesario: 'Me descuidé y se quemó la comida'. ⊙ No tener la diligencia o no darse la prisa necesaria: 'Si te descuidas, perderás el tren'. ⊙ No tener la precaución o vigilancia necesarias: 'Al que se descuida, le roban la cartera'. ⊙ No tener el cuidado necesario con la propia salud: 'Se ha descuidado esta temporada y ha caído enfermo'. **6** En presente y con «si», sirve para formar frases que expresan que ha habido gran *riesgo de la cosa que se expresa: 'Si me descuido cierran la puerta y me dejan dentro'. Estas frases, aunque están en presente, pueden referirse a tiempo pasado: 'Creyó que yo era tonto y, si me descuido, se va sin pagar'. ⇒ A *punto de.

A POCO QUE ME DESCUIDE [TE DESCUIDES, etc.]. Expresión con que se indica la facilidad con que ocurre cierta cosa: 'A poco que uno se descuide le ponen una multa'.

EN CUANTO ME DESCUIDO [TE DESCUIDAS, etc.]. A poco que me DESCUIDO [te descuidas, etc.].

NO DESCUIDARSE en cierta cosa u ocasión. Tener la vigilancia necesaria o tomar las *precauciones debidas.

□ CATÁLOGO

*Abandonar[se], echarse en BRAZOS de, dejar[se], desatender, *distraerse, echarse a DORMIR, dormirse, dejar ESCAPAR, bajar la GUARDIA, relegar, echarse al SURCO, tenderse, tumbarse. ➤ Abandono, dejadez, desaliño, desapostura, desaseo, descuidamiento, descuido, desgaire, desgana, desidia, desliz, desmaño, distracción, enatieza, hobachonería, imprevisión, imprudencia, inadvertencia, incomposición, incuria, negligencia, omisión, oscitancia, penseque. ➤ Atrapañar, atropellar, chafallar, chapucear, *embarullar, enjaretar, farfullar, fuñicar, guachapear. ➤ Fulastre, fulero, furris, galopeado, impresentable, zoquetudo. ➤ Atropelladamente, chapuceramente, DEPRISA y corriendo, con desaliño, descuidadamente, al descuido, al desdén, desengañadamente, al desgaire, a la diabla, embarulladamente, a la ligera, de cualquier MANERA, de cualquier *MODO, de medio MOGATE, para salir del PASO, por debajo de la PATA, perfunctoriamente, con los pies, SALGA lo que saliere, a media TALLA, zarrapastrosamente. ➤ Despachaderas. ➤ Chapucería. ➤ Chafallón, chapucero, charanguero, desaliñado, embarullador, farfallón, farfullero, fargallón, frangollón, fullero, gualdrapero, negligente, omiso, zaborrero, zamborotudo, zamborondón, zamborrotudo, zarramplín. ➤ *Abandonado, adán, *andrajoso, arlote, hecho un ASCO, astroso, chamagoso, chambón, chancho, cochambrero, cochambroso, cotroso, cuartazos, dejado, desaderezado, desaliñado, desapuesto, desarrapado, *desarreglado, desaseado, desastrado, descuidado, desgalichado, desharrapado, déside, desidioso, despeinado, despilfarrado, *despreocupado, destrozado, destrozón, espeso, estropajoso, fardel, frondio, galavardo, galocho, guiñaposo, haldraposo, harapiento, haraposo, incompuesto, incurioso, indecente, lechón, maltrapillo, mantillón, morcón, pañalón, pañoso, pazpuerca, pendón, perdulario, pililo, rompegalas, sacrismoche, trapajoso, trapiento, vainazas, zancajoso, zangarilleja, zarrapastrón, zarrapastroso. ➤ *Andrajo, jerapellina, pingajo, pingo. ➤ El que no compone la GOTERA... ➤ *Cuidado. ➤ Seguro. ➤ *Abandonar. *Chapuza. *Desatender. *Error. *Falta. *Holgazán. *Imperfecto. *Pereza. *Sucio.

descuidero, -a n. Ladrón que roba aprovechando el descuido de la gente; por ejemplo, en sitios donde hay aglomeración. ≃ *Ratero.

descuido 1 m. Falta de cuidado, o *distracción: 'El accidente ha ocurrido por un descuido del jefe de estación'. ⊙ *Estado del que no espera algo que sobreviene o no está preparado para ello:* 'El descuido en que estáis es una muestra de inconsciencia'. ≃ Inadvertencia. **2** Falta de cuidado en el arreglo personal. ≃ Abandono, desidia, incuria, negligencia. ⊙ Aspecto descuidado de una persona.

AL DESCUIDO. Como al DESCUIDO.

COMO AL [O POR] DESCUIDO. Con descuido afectado.

descuitado, -a (de «des-» y «cuita») adj. **Tranquilo (sin preocupaciones o penas).* ≃ Descuidado.

descular (vulg.) tr. y prnl. *Desfondar[se].*

desdar (de «des-» y «dar») tr. *Mover un ˃*dispositivo en sentido inverso de aquel en que se mueve para salir o actuar a cierta ˃cosa:* 'Desdar el agua. Desdar la llave. Desdar la cuerda'. ⊙ *También, «desdar la vuelta a la llave».*

desde (del lat. «de», «ex» y «de») prep. Sirve para expresar el tiempo o lugar en que empieza a realizarse la acción de que se habla: 'Desde Madrid hemos venido en coche. Desde el mes pasado no le he visto'. ⇒ Dende, des, desdel, desdende, desend, desende, después de [de que o que], desque, ende, de... a esta parte, a partir de. ➤ *Origen. *Principio. *Proceder.

V. «desde LUEGO, desde SIEMPRE, desde YA».

desdecir (de «des-» y «decir») **1** (ant.) tr. **Desmentir una ˃cosa o negar la autenticidad de una cosa.* ⊙ («de») prnl. Negar algo que se ha dicho antes, quitarle validez o decir lo contrario de ello: 'Ahora se desdice totalmente de su promesa'. **2** («de») intr. No ser una cosa tan buena como otras con las que está o de las que es naturalmente compañera, o no poseer alguna buena cualidad en tanto grado como ellas: 'La hermana mayor desdice de las otras'. ⊙ No *armonizar una cosa con otra que se expresa: 'Los zapatos desdicen del traje'. ⊙ No ser una cosa o persona tan buena o de tan buenas cualidades como le corresponde por su origen, clase, etc.: 'Desdice de su raza'. ⇒ *Contrastar. *Degenerar. *Desentonar. *Desmerecer. **3** *Descender de posición económica o social.* **4** **Desviarse una cosa del paralelismo o perpendicularidad que debería tener con respecto a otra; por ejemplo, el borde del extremo de un trozo de tela que no es perpendicular a las orillas.* ≃ Desmentir.

NO DESDECIR DE. Ser de tanto valor o mérito como la cosa que se expresa. ⊙ Estar en *correspondencia o *armonía con la cosa que se expresa.

□ CATÁLOGO

*Anular, contramandar, desatestar, desavisar, desconvidar, desmandar, desmentirse, desnegarse, ECHARSE [para] atrás, llamarse a ENGAÑO, quitar HIERRO, volver sobre sus PASOS, rajarse, reblar, recantación, rescindir, retirar, retractarse, *retroceder, *revocar, revotarse, recoger VELAS, VOLVERSE [VOLVERSE para] atrás. ➤ Donde digo DIGO..., ¡miento! ➤ *Arrepentirse. *Atenuar. *Flaquear. *Retroceder.

□ CONJUG. como «decir».

desdel (ant.) *Contracción de «desde» y «el».*

desdén (de «desdeño») m. Actitud de alguien hacia una persona o una cosa, considerándolas y tratándolas como indignas de su atención: 'Les muestra su desdén pasando sin mirarles'. ≃ *Desprecio.

AL DESDÉN. Con *descuido: 'Con un chal echado por los hombros al desdén'.

desdende (de «desde» y «ende»; ant.) adv. *Desde allí o desde entonces.*

desdentado, -a 1 adj. Se aplica al que no tiene *dientes o al que los ha perdido o ha perdido algunos. **2** adj. y n. m. ZOOL. Se aplica a los animales *mamíferos del mismo orden que el *perico ligero, el armadillo, el pangolín, el oso hormiguero, los cuales carecen de dientes incisivos y, a veces, también de caninos y molares, y tienen garras ganchudas. ⊙ m. pl. ZOOL. Orden que forman.

desdeñable adj. Sin importancia: 'Un error desdeñable'. Se usa frecuentemente precedido de «no» o en frases negativas: 'Una herencia no desdeñable'. ≃ Despreciable, *insignificante.

desdeñado, -a (ant.) adj. *Desdeñoso.*

desdeñador, -a adj. y n. *Se aplica al que desdeña o es inclinado a desdeñar.*

desdeñanza (ant.) f. *Desprecio.*

desdeñar (del lat. «dedignāre») **1** tr. Mostrar falta de aprecio o interés hacia una ↘persona o una cosa. ≃ *Despreciar, menospreciar. **2** Rechazar o no aceptar una ↘cosa, por *orgullo. ≃ *Despreciar. **3** No considerar de importancia una ↘cosa y no tomarla en consideración: 'Se puede desdeñar la diferencia de presión'. ⇒ Desdeñable, *insignificante. **4** («de») prnl. No hacer o aceptar alguien cierta cosa por considerarla indigna de su categoría: 'Se desdeña de comer con sus empleados'. ⇒ TENERSE a menos. ➤ Dignarse. ➤ *Orgullo.

desdeño (de «desdeñar»; ant.) m. *Desdén.*

desdeñosamente adv. Con desdén.

desdeñoso, -a («Estar, Mostrarse, Ser») adj. Se aplica al que muestra desdén en cierta ocasión o es inclinado a mostrarlo.

desdevanar tr. Deshacer el devanado de un ↘*hilo, alambre, etc., o deshacer un ↘ovillo, bobina, etc.

desdibujado, -a Participio de «desdibujar[se]». ⊙ adj. Falto de precisión o seguridad en sus contornos o en su forma. ⊙ No bien definido: 'Los caracteres de la novela están desdibujados'. ≃ *Indefinido.

desdibujar (de «des-» y «dibujar») **1** tr. y prnl. *Desvanecer[se] los contornos de una ↘cosa. ⇒ *Confundir[se], emborronar[se], oscurecer[se]. ➤ Desdibujado, *impreciso. **2** *Cambiar o desfigurar[se] una ↘cosa; por ejemplo, en la imaginación o la memoria: Las cosas se desdibujan en la memoria a medida que va pasando el tiempo'.

desdicha (de «des-» y «dicha») **1** («Caer, Llover, Ocurrir, Sufrir») f. Suceso que causa un daño grave o hace padecer. ≃ Calamidad, *desgracia, desventura, infortunio, penalidad. **2** (inf.; n. calif.) Se aplica a una persona inútil, con poca *habilidad o con mala *suerte: 'Ese chico es una desdicha: no se le puede encargar nada. Es una desdicha de criatura: después de tantas calamidades, ahora se ha roto la pierna'. ≃ *Calamidad. **3** (inf.; «Poner, Estar, etc., hecho una») Estropeado, sucio, roto o inservible: 'El traje quedó hecho una desdicha después de la mojadura'.

POR DESDICHA. Desdichadamente.

desdichadamente adv. Se emplea en la exposición de un suceso que implica desgracia o perjuicio grave: 'Desdichadamente, no hizo caso de mis consejos'. ≃ *Desgraciadamente.

desdichado, -a 1 («Ser; en») adj. y n. Se aplica al que sufre desdichas. ≃ *Desgraciado. **2** («Ser») Se aplica, generalmente con desprecio, a la persona de poco carácter o *insignificante en cualquier aspecto: 'Ese desdichado cree que se va a reír de mí'. ≃ Cuitado, desgraciado. **3** («Estar; en») Desacertado: 'Ha estado desdichado en la elección'. ≃ Desafortunado. **4** Aplicado a cosas, *desgraciado (aciago). Se aplica a lo que es causa de desdichas o va acompañado de ellas: 'Una decisión desdichada. Un día desdichado'. ≃ Desafortunado.

desdicho, -a Participio de «desdecir».

desdinerar tr. *Empobrecer un ↘país despojándolo de moneda.*

desdoblamiento 1 m. Acción y efecto de desdoblar[se]. **2** **Explicación o aclaración de un texto*

desdoblar 1 tr. y prnl. *Extender[se] o poner[se] recta un una ↘cosa que está doblada. **2** Convertir[se] una ↘cosa en dos o más iguales: 'Desdoblar un cargo. La lente desdobla la imagen'. ⇒ *Duplicar.

desdón (de «des-» y «don», gracia; ant.) m. *Falta de gracia o tacto.*

desdonadamente (ant.) adv. *Toscamente.*

desdonado, -a (de «desdón»; ant.) adj. **Desagraciado; falto de *gracia o de tacto para obrar.*

desdonar (ant.) tr. **Quitar ↘lo que se había dado a alguien.*

desdorar tr. Quitar el *oro que recubre ↘algo.

desdormido, -a (ant.) adj. **Despierto sólo a medias y aterrorizado.*

desdoro (de «desdorar»; «Ser un; Ir, Redundar, etc., en») m. Perjuicio para el crédito, prestigio o buena fama de alguien: 'Su conducta es un desdoro para la familia. Consideraban un desdoro trabajar'. ≃ *Descrédito, mengua *vergüenza.

desdoroso, -a adj. *Causante de desdoro.*

desdramatizar tr. Quitarle a un ↘asunto o situación su aspecto dramático.

dese, -a, -o (ant.) *De ese, de esa, de eso.*

deseable adj. Se aplica a las cosas cuya realización es conveniente: 'Es deseable que lleguen a un acuerdo'. ≃ Conveniente, de desear.

deseablemente adv. *De manera deseable.*

deseadero, -a (ant.) adj. *Deseable.*

deseador, -a adj. y n. *Que desea.*

deseante (ant.) adj. *Que desea.*

desear (de «deseo») **1** tr. Tender con el pensamiento al logro de la posesión o realización de ↘algo que proporcionaría alegría o pondría fin a un padecimiento o malestar: 'El niño desea una bicicleta. El pueblo desea libertad. Lo que más deseo es recobrar la salud'. Se usa mucho en forma progresiva: 'Estoy deseando que llegue el buen tiempo'. También es muy frecuente el empleo atenuativo del subjuntivo: 'Desearía que me escuchases'. ⊙ Con un complemento de persona expresa una ↘cosa que se desea para esa persona: 'Le deseo un buen viaje'. **2** Sentir apetito sexual hacia ↘alguien. **3** prnl. V. «VERSE y desearse».

DE DESEAR («Ser») Deseable

DEJAR una cosa BASTANTE [O MUCHO] QUE DESEAR. Ser *mala o mal hecha, *imperfecta o deficiente.

☐ CATÁLOGO

Otra forma de la raíz, «desider-»: 'desiderativo'. ➤ Abarcuzar, abrasarse, acezar, acuciar, acudiciarse, alamparse, dar ALGO [bueno] por, amalayar, ambicionar, anhelar, *ansiar, dar AÑOS de vida, apasionarse, apetecer, atagallar, hacerse la BOCA agua, ir de CABEZA por, ponerse [o meterse] entre CEJA y ceja, chiflarse, codiciar, consumirse, DAR algo por, dar un DEDO de la mano por, demandar, desalar, desalmar[se], venir en DESEO, arder en DESEOS, deshacerse, despepitarse, desperecerse, despulsarse, *desvivirse, emperrarse, envidiar, exhalarse, finarse, hipar, no ver la HORA de, interesarse por, ir tras, lampar[se], estar [o volverse] LOCO por, dar una MANO por, morirse por, estar MUERTO por, comerse [devorar o tragar] con los OJOS, irse los OJOS tras, saltarse los OJOS, penar por, perderse por, perecerse, pirrarse, querer, rabiar por, reventar, soñar con, suspirar por, beber los VIENTOS por, comerse [devorar o tragar] con la VISTA. ➤ Aficionarse, arregostarse, empicarse, picarse. ➤ Apuntar, *aspirar, echar el OJO, poner los OJOS en, *pretender, poner los PUNTOS, echar [o poner] la VISTA. ➤ Con toda el ALMA, anhelosamente, ardientemente, con todo el CORAZÓN. ➤ Antojarse, *apetecer, ponerse [o meterse] en la CABEZA, hacer COSQUILLAS, pedir el CUERPO. ➤ Alborotar, calentar la CABEZA, llenar la CABEZA de aire [de pájaros o de viento], poner en CANCIÓN, cascabelear, levantar de CASCOS, confitar, dar DENTERA, hacer *DESEAR, alargar[se] los DIENTES, poner[se] los DIENTES largos, *encalabrinar[se], encandilar[se], *encaprichar[se], engaitar, engolondrinar[se], engolosinar[se], enlaminar[se], *soliviantar. ➤ Acucia, *afán, *ambición, angurria, anhelo, *ansia, ansión, antojo, apetencia, apetito, ardicia, ardor, aspiración, avaricia, avidez, birria, *capricho, chifladura, *codicia, comezón, concupiscencia, cuita, *desazón, deseo, *empeño, emperramiento, gana, golondro, hambre, hipo, ideal, inclinación, interés, *manía, meta, norte, *objetivo, optación, *pasión, perra, pío, pretensión, prurito, pujo, rabanillo, reconcomio, regosto, sed, SED insaciable, sueño, SUEÑO dorado, tema, voluntad, voto. ➤ Ardiente, fervoroso, furioso, insaciable, rabioso, sincero, vehemente. ➤ Acariciar, cumplir, saciar, satisfacer. ➤ Avaricioso, avariento, candidato, caprichoso, chiflado, codicioso, desalado, deseoso, ganoso, goloso, hambriento, lisiado, ojalatero, sediento. ➤ Apetitivo, apetitoso, *bueno, chingo, codiciable, deseable, envidiable. ➤ *Arbitrario, caprichoso. ➤ Desiderátum, FRUTA prohibida. ➤ ¡Amén!, ¡así...!, ¡qué BIEN si!, ¡qué BUENO sería que...!, ¡DIOS quiera [o lo quiera]!, ¡DIOS te [le, etc.] oiga!, ¡permita DIOS que...!, ¡plega [plegue] a DIOS!, ¡quiera DIOS!, ¡si DIOS quisiera!, ¡lástima que!, ¡ojalá!, ¡que...!, ¡qué más QUISIERA [quieras, etc.] [yo, tu, etc.]!, ¡si...!, ¡siquiera...!, ¡a ver si...! ➤ Que. ➤ Apénd. II, VERBO (uso de los modos y tiempos verbales, pretérito imperfecto de subjuntivo). ➤ Desencaprichar[se], *despreciar, indiferencia, *repugnancia. ➤ Indeseable. ➤ *Agradar. *Ambición. *Apetecer. *Aspirar. *Avaro. *Convenir. *Esperanza. *Gustar. *Ilusión. *Intención. *Interés. *Objetivo. *Proyecto. *Vicio.

☐ FORMAS DE EXPRESIÓN

Además de con el verbo «desear» se expresa también un deseo en relación con otra persona con el imperativo de verbos como «ser» o «ir»: '¡Sé feliz! ¡Id con Dios!' También con el subjuntivo: '¡Que os vaya bien! ¡Que tengáis suerte!' Se expresa deseo con sentido retrospectivo con «¡ojalá!» y el verbo en pretérito perfecto o pluscuamperfecto de subjuntivo; y también con «si» en frases afirmativas y «nunca» en frases negativas y el verbo en la misma forma: '¡Ojalá no hubiera venido! ¡Si hubiera nacido hombre! ¡Nunca lo dijera! ¡Nunca hubiera dicho tal cosa!'.

desecación f. Acción de desecar[se].

desecador, -a adj. Que deseca.

desecamiento m. Desecación.

desecante adj. *Que deseca.*

desecar (del lat. «desiccāre») tr. Dejar *seca una ↘cosa quitándole la humedad que contiene. ⊙ Particularmente, quitar el agua o humedad de un terreno pantanoso o encharcado. ⇒ Achicar, agotar, avenar, desaguar, desalagar, desangrar, desrayar, drenar encañar, entarquinar, palería, sanear, tijera. ➤ Achichinque, cavero, palero. ➤ *Secar.

desecativo, -a adj. *Que puede desecar.*

desechable adj. Que se puede desechar. ⊙ Se aplica particularmente a ciertos instrumentos o productos que se tiran después de haberlos usado o gastado; por ejemplo, jeringuillas, maquinillas de afeitar, mecheros, etc.

desechadamente adv. *Despreciablemente.*

desechado, -a Participio adjetivo de «desechar».

desechar (del lat. «disiectāre») **1** tr. *Correr un ↘cerrojo, pestillo, etc., que están echados para que queden sin echar. ≃ Descorrer. ⊙ También se dice «desechar la llave». **2** Dejar una ↘cosa como *inútil. ⊙ Particularmente, una ↘prenda de *vestir. **3** *Apartar alguien de sí a una ↘persona o una cosa. ⊙ *Rechazar una ↘petición, sugerencia, proposición, etc. ⊙ Particularmente, *apartar de sí una ↘idea, una sospecha, un temor, un plan, un proyecto, etc.: 'Debes desechar esos pensamientos tristes'. **4** No tomar una ↘cosa cuando se eligen otras de un conjunto de ellas: 'Se desechan las naranjas que tienen algún deterioro'. ≃ *Apartar.

☐ CATÁLOGO

Abandonar, *apartar, arrimar, arrinconar, *arrumbar, darle BOLETO, descartar, *desembarazarse, despolvorear, *despreciar, dejar en DESUSO, *eliminar, *excluir, quitar del PASO, *prescindir, QUITAR de delante, QUITARSE de encima, QUITAR de en medio, *rechazar, redrar, retirar, tirar, quitar de la VISTA. ➤ *Basura, desecho, desperdicio, despojo[s], detritus, escoria, hez, purria, rebojo, rebusca, rebuscallas, regojo, rehús, repoyo, residuo[s], *resto[s], *retal, retobo, sobras, trastos. ➤ *CUARTO trastero, *desván. ➤ Rincón. ➤ Desechable, en desuso, echadizo. ➤ Déjate [o quítate] de COSAS, ¡anda [o vamos] HOMBRE!, ¡vete [váyase usted, etc.] a la PORRA!, ¡quita!, ¡QUITA de ahí! ➤ *Desentenderse. *Echar.

desechito m. **Tabaco de segunda calidad.*

desecho **1** m. Cosa o conjunto de cosas desechadas por inútiles. **2** *Resto que queda de un conjunto de cosas después de haber elegido las buenas o las mejores. **3** Lo más despreciable de una cosa: 'El desecho de la sociedad'. ≃ Escoria, hez. **4** (n. calif.) Persona inútil y llena de defectos: 'Ese muchacho es un desecho'. ≃ *Calamidad. **5** **Desprecio.* **6** **Tabaco de primera calidad, procedente de las hojas del cogollo.*

DE DESECHO. Expresión calificativa que se aplica a las cosas desechadas por inútiles: 'Los vestidos de desecho'.

desedificación (de «desedificar») f. *Mal *ejemplo.*

desedificar (de «des-» y «edificar») tr. *Dar mal ejemplo a ↘alguien.*

deseguir (de «de^2» y «seguir»; ant.) tr. **Seguir una ↘parcialidad o a un caudillo.*

deselectrización f. Acción de deselectrizar.

deselectrizar tr. Quitar la electricidad de un ↘cuerpo.

deselladura f. *Acción de desellar.*

desellar tr. *Quitar el sello que cierra una ↘cosa.* ⇒ *Abrir.

desembalaje m. Acción de desembalar.

desembalar tr. Sacar una ↘cosa de su embalaje.

desembaldosamiento m. Acción de desembaldosar.

desembaldosar tr. Quitar las baldosas de un ↘lugar.

desemballestar intr. CETR. *Disponerse a bajar el halcón cuando está en el aire.*

desembalsar tr. Dar salida al ↘*agua de un embalse.

desembalse m. Acción de desembalsar.

desembanastar 1 tr. **Sacar ↘algo de una banasta o cesta.* 2 **Hablar mucho y sin sentido.* 3 (inf.) **Desenvainar o desnudar la ↘espada u otra arma.* 4 (inf.) prnl. **Salirse un animal de su encierro.* 5 (inf.) *Salir de un *carruaje.*

desembarazadamente adv. Con desembarazo.

desembarazado, -a adj. Participio adjetivo de «desembarazar[se]».

desembarazar (de «des-» y «embarazar»; «de») tr. Dejar una ↘cosa libre de obstáculos o de cosas que estorban: 'Desembarazar el camino de nieve. Desembarazar de trastos una habitación'. ≃ Despejar. ⊙ («de») prnl. Librarse alguien de una persona o una cosa que le estorba: 'Se desembarazó de la muchacha enviándola a un recado'.

□ CATÁLOGO

Aclarar, allanar, *apartar, *arrojar [echar o tirar] por la BORDA, hacer CALLE, hacer CAMPO, hacer CORRO, derriscar, desalojar, desanidar, desatancar, *desatascar, desatibar, desatorar, desatrampar, *desatrancar, desbancar, desbrozar, descantar, descombrar, *desechar, desembargar, desembozar, desescombrar, deshacerse, desmontar, desobstruir, desocupar, desopilar, despedregar, despejar, dragar, echar, quitar[se] de ENCIMA, ensanchar, escampar, escombrar, espaciar, espejar, evacuar, *expurgar, facilitar, formejar, franquear, mondar la HAZA, librar[se], *limpiar, hacer LUGAR, mondar, abrir PASO, hacer PLAZA, prescindir, quitar, QUITARSE de encima, remover, *rozar, sacudirse, tirar, vaciar, zafar, zapear. ➤ Abierto, aforrecho, ancho, correntío, desahogado, descampado, descubierto, desembarazado, despejado, escotero, expedito, fluido, franco, horro, *libre, *limpio, *raso, [de] vacío, zafo. ➤ *Espacio. ➤ Zafarrancho, ¡Cancha!, ¡plaza!

desembarazo m. Falta de embarazo o entorpecimiento para hacer algo. ⊙ Falta de timidez: 'Hablar con desembarazo'. ≃ *Desenvoltura.

desembarcación (ant.) f. *Desembarco.*

desembarcadero m. Lugar destinado a desembarcar o donde se desembarca. ⇒ *Muelle.

desembarcar 1 («de, en») tr. *Descargar las ↘cosas que van en un *barco. 2 («de, en») intr. Salir de una embarcación. 3 *Dejar alguien de pertenecer a la dotación de un *barco.* 4 **Terminar una *escalera o tramo de escalera en cierto sitio o dar acceso a cierto sitio.* ≃ *Desembocar. 5 (inf.) *Salir de un *carruaje.* 6 («en») Llegar alguien a un ambiente o actividad nuevos para él.

desembarco 1 m. Acción y efecto de desembarcar. ⊙ Especialmente, operación militar consistente en desembarcar fuerzas en territorio enemigo. 2 *Espacio plano en que termina una *escalera o tramo de escalera, donde está la entrada a algún sitio.* ⇒ *Rellano.

desembargadamente adv. *Desembarazadamente.*

desembargar 1 tr. Quitar de una ↘cosa el embargo o secuestro. 2 **Desembarazar.* 3 (ant.) *Hacer de *vientre.*

desembargo m. Acción de desembargar algo.

desembarque m. Desembarco (acción de desembarcar algo o a alguien).

desembarrancar (de «des-» y «embarrancar») tr. e intr. MAR. Sacar [o salir] a *flote el barco que está *varado. ≃ Desvarar, desencallar.

desembarrar tr. **Limpiar el barro de ↘algo o algún sitio.*

desembaular 1 tr. **Sacar ↘algo de un baúl, etc.* 2 (inf.) *Exteriorizar alguien por fin una ↘cosa, por ejemplo un secreto o un resentimiento, que mantenía callado.* ≃ *Desembuchar.

desembebecerse prnl. *Dejar de estar embebecido.*

desembelesarse prnl. *Dejar de estar embelesado.*

desemblantado, -a *Participio de «desemblantarse».* ⊙ adj. *Demudado.*

desemblantarse prnl. **Demudarse.*

desemblante (de «des-» y «semblante»; ant.) adj. **Diferente.* ≃ Desemejante.

desemblanza (de «des-» y «semblanza»; ant.) f. *Desemejanza.*

desembocadero m. *Desembocadura.*

desembocadura f. *Salida o sitio por donde algo desemboca. ⊙ Última porción de una *corriente: 'Tortosa está en la desembocadura del Ebro'. ⇒ Alfaque, boca, ría. ➤ Delta.

desembocar (de «des-» y «embocar») 1 intr. *Salir o desocuparse por una boca o salida. ⊙ («en») Terminar un río u otra corriente, una calle, camino, conducto o vía de cualquier clase en un sitio: 'El río Ebro desemboca en el Mediterráneo. Es una calle que desemboca en la de Alcalá. La escalera desemboca en el lado norte de la terraza'. ≃ *Afluir, salir. 2 («en») Tener cierto desenlace o resultado un suceso, una acción, etc.: 'Estos incidentes desembocaron en una guerra'. ≃ *Terminar.

desembojar (de «des-» y «embojar») tr. *Recoger de las bojas los ↘capullos de *seda.*

desembolsar (de «des-» y «embolsar») tr. *Gastar o *pagar una ↘cantidad de ↘dinero.

desembolso m. Acción de desembolsar. ⊙ Cantidad desembolsada: 'Un desembolso inicial de diez mil pesetas'.

desemboque m. *Acción de desembocar.* ⊙ *Desembocadura.*

desemborrachar tr. y prnl. *Hacer que ↘alguien deje [o dejar] de estar borracho.*

desemboscarse tr. *Salir de un *bosque o espesura o de una *emboscada.*

desembotar tr. y prnl. *Hacer que ↘algo deje [o dejar] de estar embotado.*

desembozar 1 tr. Descubrir el ↘rostro apartando el embozo. También reflex. 2 tr. *Descubrir o desenmascarar a ↘alguien. 3 **Desatrancar un ↘conducto.*

desembozo 1 m. *Acción de desembozar.* 2 («con») Falta de embozo u ocultación en lo que se dice o hace. ≃ *Claridad.

desembragar tr. o abs. Quitar el embrague en una ↘*máquina, o sea desconectar el eje motor de la pieza movida por él.

desembrague m. Acción de desembragar.

desembrar (del lat. «dissemināre»; ant.) tr. **Esparcir.* ≃ Diseminar.

desembravecer tr. y prnl. *Amansar[se], quitar [o perder] la braveza.*

desembravecimiento m. *Acción de desembravecer[se].*

desembrazar tr. **Lanzar una ↘cosa con toda la fuerza del brazo.*

desembriagar tr. Quitar la embriaguez a ↘alguien.

desembridar tr. Quitar las bridas a una ↘caballería.

desembrollar 1 tr. Deshacer un embrollo o enredo en una ↘cosa: 'Desembrollar una madeja'. ≃ Aclarar, desenmarañar, *desenredar. 2 Poner *clara una ↘cuestión que estaba oscura o enredada: 'Por fin han desembrollado el asunto de la herencia'. ≃ Aclarar, desenmarañar, *desenredar. ⊙ *Explicar una ↘cosa confusa. ≃ Aclarar, desenmarañar, *desenredar.

desembrozar (de «des-», «en-» y «broza») tr. *Desbrozar.*

desembrujar tr. *Deshacer un embrujamiento o hechizo.*

desembuchar 1 tr. o abs. Echar las *aves ↘lo que tienen en el buche. ⇒ Desbuchar. **2** (inf.) *Decir alguien por fin una ↘cosa que se esforzaba en callar. ⊙ (inf.) *Declarar alguien todo ↘lo que sabe sobre cierto asunto. ⇒ Cantar, *confesar, desembaular, soltar. ➤ *Decir. *Desahogarse.

desemejable 1 (ant.) adj. *Desemejante.* **2** (ant.) **Terrible, *enorme o impresionante.*

desemejante (gralm. pl.) adj. No igual ni semejante. ≃ *Diferente.

desemejanza f. Relación entre cosas desemejantes.

desemejar (de «des-» y «semejar») **1** intr. y, menos frec., prnl. Diferenciarse. **2** tr. **Cambiar de aspecto a ↘alguien o algo.* **3** (ant.) **Disfrazar.*

desempacar 1 tr. Sacar ↘mercancías de las pacas o *fardos en que están. ≃ Desenfardar. **2** (Hispam.) *Deshacer el equipaje.*

desempacarse (de «des-» y «empacarse») prnl. *Apaciguarse o *desenfadarse alguien.*

desempachar 1 tr. Quitarle a ↘alguien un empacho o indigestión. ⊙ prnl. Curarse del empacho del estómago. **2** *Quitarse el empacho o encogimiento.* **3** (ant.) tr. *Despachar.*

desempacho m. *Desenvoltura: falta de empacho o timidez.

desempalagar 1 tr. Quitar a ↘alguien el empalago. **2** *Quitar en un ↘molino el agua sucia que dificulta el movimiento de la rueda.*

desempañar 1 tr. *Limpiar una ↘cosa empañada o devolverle el *brillo. ⊙ prnl. Dejar de estar empañada una cosa. **2** tr. *Quitar los *pañales a un ↘niño.*

desempapelar tr. Quitar el papel que envuelve una ↘cosa. ⊙ Particularmente, quitar el papel que reviste las paredes de una ↘habitación. ⇒ *Empapelar.

desempaque m. Acción de desempacar.

desempaquetar tr. Sacar las ↘cosas de los paquetes en que están.

desemparejar 1 tr. Hacer que las ↘cosas que iban emparejadas o a la par, dejen de ir así. ≃ Desigualar, desparejar. ⇒ *Desnivelar[se]. ⊙ prnl. Desigualarse o dejar de ir a la par: 'Los dos corredores se desemparejaron en la última vuelta'. **2** tr. Deshacer o dejar incompleta una pareja. ≃ *Desparejar.

desemparentado, -a adj. *Sin *parientes.*

desemparvar tr. AGRIC. *Deshacer la parva haciendo montón con ella.* ⇒ *Trillar.

desempastelar tr. AGRAF. *Redistribuir las ↘letras empasteladas.*

desempatar intr. Deshacer un empate: 'Hubo que hacer segunda votación para desempatar'.

desempate m. Acción de desempatar.

desempedrar 1 tr. Quitar las piedras de un ↘sitio empedrado. **2** (usado gralm. en gerundio, con «ir») *Pasar velozmente, por ejemplo a caballo, por un ↘sitio:* 'Pasó desempedrando la calle'. **3** **Pasar reiteradamente por un ↘sitio.* ⊙ *Particularmente, un hombre por delante de la casa de la mujer a quien *corteja.*

☐ CONJUG. como «acertar».

desempegar tr. Quitar el baño de *pez a una ↘tinaja, un pellejo, etc.

desempeñar 1 tr. Recuperar una ↘prenda, pagando la cantidad de la cual respondía. ⊙ Particularmente, sacar ↘prendas de una casa de empeños, pagando la cantidad que se obtuvo en préstamo sobre ellas. **2** («de») Dejar a ↘alguien sin *deudas, pagándolas por él o dándole dinero para que las pague. ≃ Desentrampar. ⊙ prnl. Quedar alguien libre de *deudas o atrasos económicos. ≃ Desendeudarse, desentramparse. **3** tr. *Sacar a ↘alguien de un *apuro o compromiso.* ⊙ prnl. *Salir de un empeño o *apuro.* **4** tr. Realizar las funciones o acciones que corresponden a un ↘empleo, ocupación, profesión o papel: 'Desempeña el cargo de secretario. Desempeña a la perfección su papel de niña ingenua'. ⊙ Particularmente, *representar los ↘papeles de una obra teatral, cinematográfica, etc.: 'La primera actriz desempeñó bien su papel'. **5** prnl. TAUROM. *En el toreo con toreros montados, apearse éstos del caballo para herir al toro con la espada cuando no pueden hacerlo con el rejón.*

desempeño 1 m. Acción de desempeñar[se]. **2** *Aptitud para desempeñar diferentes funciones con actividad y eficacia: 'Es una mujer de mucho desempeño, útil en cualquier casa'. ≃ Disposición, manejo.

desempeorarse prnl. *Recuperar la salud o las fuerzas perdidas.* ≃ *Restablecerse.

desemperezar intr. y, más frec., prnl. Librarse de la pereza y ponerse por fin a trabajar o a hacer cierta cosa: 'Tengo que desemperezarme y hacer unas cuantas visitas'.

desempleado, -a adj. y n. Se aplica a la persona en situación de paro laboral. ≃ Parado.

desempleo m. Situación de paro laboral.

desempolvadura f. *Acción y efecto de desempolvar.*

desempolvar 1 tr. Quitarle a ↘algo el *polvo. ⇒ *Limpiar. **2** Poner en *funciones ↘algo que estaba inactivo desde hace mucho tiempo o sacar ↘algo del olvido: 'Desempolvar viejos pergaminos. Tendré que desempolvar mis conocimientos de historia'. ⇒ *Renovar.

desempolvoradura f. *Acción de desempolvorar.*

desempolvorar tr. *Desempolvar.*

desemponzoñar tr. *Liberar a ↘alguien de los efectos de la ponzoña, o quitar las cualidades ponzoñosas de algo.*

desempotrar tr. Sacar una ↘cosa de donde estaba empotrada.

desempozar tr. *Sacar lo que esta empozado.*

desempulgadura f. *Acción de desempulgar.*

desempulgar tr. *Quitar la ↘cuerda de la *ballesta de las empulgaderas.*

desempuñar tr. *Dejar de empuñar una cosa.*

desenalbardar tr. Quitar las albardas y aparejos a las ↘caballerías. ≃ *Desaparejar, desalbardar.

desenamoramiento tr. Acción y efecto de desenamorarse.

desenamorar tr. Quitarle a ↘alguien el *amor o enamoramiento hacia una persona. ⊙ Particularmente, hacerlo así la misma persona que es objeto de él, con su conducta, aspecto, etc. ⊙ prnl. Perder el enamoramiento hacia cierta persona. ⇒ Aborrecer, desamartelarse.

desenastar tr. Quitar el asta a un ↘arma o herramienta.

desencabalgado, -a (ant.) adj. *Desmontado: no montado a caballo.*

desencabalgar tr. ARTILL. **Desmontar una ↘pieza.*

desencabestrar tr. *Desenredar del cabestro los pies de una ↘*caballería.*

desencadenamiento m. Acción de desencadenar[se].

desencadenante m. Circunstancia que desencadena una situación no deseada.

desencadenar **1** tr. Liberar de una cadena a ↘alguien que está sujeto con ella. ⇒ *Soltar. **2** Ser *causa de que empiecen a actuar violentamente ↘fuerzas materiales o espirituales, como vientos, tempestades, pasiones, ira, odio: 'El discurso desencadenó una tempestad de aplausos [de protestas]'. ≃ *Desatar, levantar. ⊙ prnl. Empezar a actuar violentamente fuerzas materiales o espirituales. ⇒ Desatar[se], desenfrenarse, desmandarse, encresparse, levantar[se]. ➤ *Enfurecer. ➤ *Producir.

desencajado, -a Participio adjetivo de «desencajar[se]». ⊙ Aplicado a la cara o rostro, o a las personas por él, alterado por el terror o un padecimiento muy intenso. ⇒ *Alterar.

desencajadura f. *Parte que queda sin unión cuando se quita la trabazón o encaje.*

desencajamiento m. Acción y efecto de desencajar[se].

desencajar **1** tr. *Sacar o *arrancar una ↘cosa del sitio donde está encajada. ≃ Desencasar. **2** prnl. Alterarse las facciones de la *cara por el *terror o un padecimiento muy intenso. ⇒ *Demudarse.

desencaje m. *Desencajamiento.*

desencajonar **1** tr. *Sacar ↘algo del cajón en que está embalado. **2** TAUROM. Sacar los ↘*toros del «cajón», especie de jaula de madera en que son transportados al lugar donde van a ser lidiados.

desencalcar (de «des-», «en-» y «calco») tr. *Aflojar lo que está apretado.*

desencallar tr. e intr. MAR. Poner[se] a *flote un *barco encallado.

desencaminar tr. Encaminar mal a ↘alguien o desviarle del camino conveniente. ≃ *Descaminar.

desencantamiento m. Acción y efecto de desencantar[se].

desencantar **1** tr. Quitar a ↘algo el encantamiento a que está sometido: 'El hada desencantó a la princesa'. ⇒ *Hechicería. **2** Desilusionar; hacer a ↘alguien perder la admiración, estima, ilusión, etc., que tiene por algo: 'Esperaba encontrarla como él la recordaba y su vista le desencantó'. ≃ Decepcionar. ⊙ prnl. Quedar alguien decepcionado.

desencantarar **1** tr. *Sacar del cántaro las ↘papeletas metidas en él, en una votación o sorteo.* ⇒ *Desinsacular. **2** *Excluir a ↘alguien de una *elección o *sorteo.*

desencanto («Sufrir, Recibir, Tener un») m. Acción y efecto de desencantar[se]: 'He tenido un desencanto al saber que por fin no vienes'. ≃ *Chasco, decepción, *desengaño, *desilusión.

desencapar (Ar.) tr. AGR. *Romper la *costra que se forma en la ↘tierra después de las lluvias.*

desencapotar **1** tr. *Quitar la *capa, o prenda semejante. También reflex.* **2** **Descubrir una ↘cosa.* **3** EQUIT. *Obligar a la ↘*caballería que tiene costumbre de llevar la cabeza baja a que la levante.* **4** prnl. Aplicado al cielo o al tiempo, *despejarse: quedar limpio de *nubes. **5** **Desenfadarse.*

V. «desencapotar las OREJAS».

desencaprichar tr. Hacer que alguien deje de estar encaprichado. ⊙ prnl. Dejar de estar encaprichado por algo.

desencarcelamiento m. Acción de desencarcelar.

desencarcelar tr. *Soltar a ↘alguien que está encarcelado. ≃ Excarcelar, libertar.

desencarecer tr. e intr. **Abaratar.*

desencargar **1** tr. **Revocar un encargo.* **2** (ant.) **Descargar.*

desencarnar **1** tr. CAZA. *Quitar a los ↘*perros la *carne de las reses muertas para que no se encarnicen.* **2** *Perder la *afición a una ↘cosa o *desprenderse de ella.*

desencasar (ant.) tr. *Desencajar.*

desencastillar **1** tr. *Hacer salir de un *castillo a la ↘guarnición que lo defiende.* **2** **Descubrir, *aclarar o *manifestar una ↘cosa oculta.* **3** prnl. *Franquearse.*

desencentrar (ant.) tr. *Descentrar.*

desencerrar **1** tr. **Sacar una ↘cosa del sitio donde está encerrada.* **2** *Abrir.* **3** **Descubrir una ↘cosa oculta.*

desenchufar tr. Hacer que ↘algo que estaba enchufado deje de estarlo: 'Desenchufar la plancha'. ⊙ *Desarmar un ↘objeto formado por piezas enchufadas.

desencintar **1** tr. *Quitar las cintas a una ↘cosa.* **2** *Quitar el encintado a un ↘*suelo.*

desenclavar tr. *Sacar a ↘alguien de un sitio donde está (cuando para ello hace falta violencia).* ⇒ *Arrancar.

desenclavijar **1** tr. *Quitar las clavijas a un instrumento musical.* **2** **Soltar o apartar ↘algo o a alguien de un sitio al que está fuertemente sujeto.*

desencofrar tr. Quitar el encofrado.

desencoger **1** tr. y prnl. **Extender[se] una ↘cosa que está arrugada, doblada, encogida o arrollada.* **2** prnl. *Perder el encogimiento o timidez.*

desencogimiento m. *Acción de desencogerse.*

desencoladura f. *Acción de desencolar[se].*

desencolar tr. y prnl. Despegar[se] lo que está pegado con *cola.

desencolerizar tr. *Calmar a ↘quien está encolerizado.* ⊙ prnl. *Dejar de estar colérica una persona.*

desenconamiento m. *Acción y efecto de desenconar[se].*

desenconar **1** tr. y prnl. *Quitar[se] la inflamación o congestión de algún ↘sitio.* ≃ *Desinflamar. **2** tr. *Quitar el encono o cólera a ↘alguien.* ≃ *Apaciguar. ⊙ prnl. *Dejar alguien de estar enconado o colérico.*

desencordar tr. *Quitar las cuerdas a un ↘instrumento musical.*

☐ CONJUG. como «contar».

desencorvar tr. Quitar la curvatura a ↘algo: ponerlo recto. ≃ *Enderezar.

desencovar tr. *Hacer salir a un ↘animal de su cueva.*

desencrespar tr. *Desrizar una ↘cosa rizada o *amansar una ↘cosa o a una persona encrespada.* ⇒ *Recto.

desencuadernado, -a **1** Participio adjetivo de «desencuadernar[se]». **2** (inf.) m. *Baraja.

desencuadernar tr. y prnl. Romper[se] o deshacer[se] la encuadernación de un ↘libro o cuaderno. ≃ *Descuadernar[se].

desencuentro **1** m. Encuentro fallido. **2** Falta de acuerdo.

desend **1** (ant.) adv. *Desde allí o desde *entonces.* **2** (ant.) **Luego.*

desende (del lat. «de-», «ex-» e «inde»; ant.) adv. *Desde allí o desde entonces.*

desendemoniar tr. *Echar a los *demonios del cuerpo de ↘alguien.* ≃ Desendiablar.

desendeudar tr. *Dejar a ↘alguien libre de *deudas.* ≃ *Desempeñar. ⊙ prnl. Quedarse libre de deudas. ≃ *Desempeñarse.

desendiablar tr. *Desendemoniar.*

desendiosar tr. **Humillar la soberbia de ↘alguien.*

desenfadadamente adv. Con desenfado.

desenfadaderas (inf.) f. pl. *Facilidad para salir de dificultades o apuros.* ≃ Despachaderas. ⇒ *Expeditivo.

desenfadado, -a 1 Participio de «desenfadar[se]». **2** adj. Se aplica a la persona que obra con desenfado. ≃ Desenvuelto. **3** Aplicado a «conducta, lenguaje», etc., libre: no cohibido por respetos o miramientos. **4** *Aplicado a un espacio, *amplio o desembarazado.*

desenfadar tr. Quitar a ↘alguien el enfado; generalmente, el mismo que lo había provocado. ⊙ prnl. Deponer el enfado. ⊙ *Reconciliarse con la persona con quien se estaba enfadado. ⇒ Ablandar[se], amansar[se], apacar, *apaciguar[se], aplacar[se], calmar[se], desamorrar[se], desarmar, desatufar[se], desempacar[se], desencapotarse, desenhadar[se], desenojar[se], desarrugar el ENTRECEJO, suavizar[se], *tranquilizar[se].

desenfado m. Falta de cohibimiento o timidez en el comportamiento o el lenguaje. ≃ *Desenvoltura, desparpajo. ⊙ *Descaro o insolencia; exceso de libertad o falta de respeto.

desenfaldarse (reflex.) tr. *Bajarse el enfaldo.* ⇒ Desarremangarse.

desenfardar tr. *Deshacer los *fardos de ↘mercancías.* ≃ Desempacar.

desenfardelar tr. *Desenfardar.*

desenfilar tr. y prnl. MAR., MIL. *Poner[se] las tropas o las naves a cubierto de los tiros directos del enemigo.*

desenfocar tr. y prnl. Perder[se] el enfoque

desenfoque m. Enfoque defectuoso.

desenfrailar 1 intr. *Dejar de ser fraile.* **2** (inf.) *Liberarse alguien de una opresión.* **3** (inf.) *Estar *desocupado o libre de ocupaciones por algún tiempo.*

desenfrenado, -a Participio de «desenfrenar[se]». ⊙ adj. Sin freno. ⊙ Aplicado a personas, a su lenguaje, comportamiento, etc., sin freno, *contención o moderación. ⇒ *Alocado, desatado, *desatinado, desquiciado, *imprudente, *libertino.

desenfrenar 1 tr. Quitar el freno a las ↘*caballerías. **2** prnl. Caer en el desenfreno. ≃ *Desatarse. **3** *Desencadenarse fuerzas naturales o morales; como la tempestad, el viento o las pasiones.

desenfreno m. Falta de *contención o freno en las pasiones, vicios, etc. ≃ *Libertinaje.

desenfundar tr. Sacar una ↘cosa de su funda.

desenfurecer tr. y prnl. Hacer que ↘alguien deje de estar enfurecido. ⊙ prnl. Dejar de estar enfurecido.

desenfurruñar (inf.) tr. Hacer que alguien deje de estar enfurruñado. ⊙ (inf.) prnl. Dejar de estar enfurruñado.

desenganchar 1 tr. y prnl. *Soltar[se] una ↘cosa que está enganchada. **2** Particularmente, de un *carruaje las ↘*caballerías de tiro. **3** prnl. Deshabituarse del consumo de drogas.

desengañadamente 1 adv. **Abiertamente, claramente o sin engaño.* **2** *Sin *recelo.* **3** *Sin *cuidado o sin acierto; mal.*

desengañado, -a Participio adjetivo de «desengañar[se]». ⊙ (n. calif.; «Estar, Ser») adj. y n. Se aplica a la persona que ha sufrido un desengaño, que ha perdido la fe en la cosa que se expresa o que no tiene ilusiones en la vida: 'Le han hecho una jugada y está desengañado. Está desengañado de la literatura [o de la política]. Es una mujer desengañada'. ≃ Desilusionado.

desengañar tr. Hacer saber a ↘alguien que está equivocado en cierta idea halagüeña que tiene: 'Si él tiene la esperanza de curarse, ¿para qué desengañarle?'. ⊙ Causar una cosa o una persona un *desengaño en ↘alguien, respecto de sí misma: 'Le creía inteligente, pero con este trabajo me ha desengañado'. ⊙ Quitar a ↘alguien ciertas *ilusiones o *humillarle en ciertas pretensiones exageradas. ⊙ prnl. Descubrir una persona que la realidad no responde a cierta idea halagüeña que ella tenía: 'Por fin se ha desengañado de que no sirve para pintar'. ⊙ Convencerse alguien, por fin, de una cosa que se resistía a admitir: '¿Te has desengañado de que tenía razón yo?' ⊙ Sufrir un desengaño con la cosa que se expresa: 'Se ha desengañado de mujeres'.

¡DESENGÁÑATE...! Expresión muy frecuente con que se apoya una afirmación: 'Desengáñate: como mejor se viaja es en avión'.

desengaño 1 («Llevarse, Padecer, Recibir, Sufrir...») m. Impresión que recibe alguien cuando la realidad desmiente la esperanza o confianza que tenía puestas en una persona o una cosa: 'Me he llevado un gran desengaño con ese muchacho. Ha sufrido un desengaño amoroso'. ⊙ Se usa mucho en plural, refiriéndose a los sufridos en la vida, que van creando una amarga experiencia: 'Los desengaños le enseñarán'. **2** («Ser un») Cosa que produce desengaño: 'Fue un desengaño para mí que no quisiera acompañarme'. **3** *Cosa desagradable que se dice a una persona expresando un juicio desfavorable sobre ella o alguna queja que se tiene de ella.* ⇒ *Reprender. ➤ *Verdad.

□ NOTAS DE USO

La diferencia entre el desengaño y la desilusión estriba en que el desengaño, al poner fin a una creencia mal fundada, no implica forzosamente un estado depresivo para el futuro; y la desilusión, sí.

□ CATÁLOGO

Decepción, desencanto, desesperanza, desilusión, DUCHA de agua fría, fracaso, frustración, malogro. ➤ Despecho. ➤ Caerse el ALMA a los pies, dar con la BADILA en los nudillos, sufrir [o tener] un CHASCO, dejar [o quedar] CHASQUEADO, dar en la CRESTA, sufrir [o tener] una DECEPCIÓN, dejar [o quedar] DECEPCIONADO, dejar [o quedar] DEFRAUDADO, desembelesar[se], sufrir un DESENCANTO, desengañar[se], desilusionar[se], desimpresionar[se], desinflarse, dejar [o quedar] DESPAGADO, despagarse, escaldar, dejar [o quedar] FRUSTRADO, echar un JARRO de agua fría, ir por LANA y salir trasquilado, abrir los OJOS, dar un PALMETAZO, salir con el RABO entre las piernas, salir el TIRO por la culata. ➤ Estar de VUELTA. ➤ Amargado, chasqueado, decepcionado, defraudado, desencantado, desengañado, desilusionado, despagado, escaldado, frustrado. ➤ Decepcionante, desilusionador, nugatorio. ➤ ¡Anda!, ¡con...!, ¡para ESO!, mi [tu, etc.] GOZO en un pozo, ¡FÍJATE [fíjese usted, etc.]...!, ¡mira!, ¡toma!, ¡vaya! ➤ *Chasco. *Disgusto. *Engañar. *Frustrar. *Malograr. *Pena.

desengarrafar (de «des-» y «engarrafar»; ant.) tr. **Soltar ↘algo que se tiene cogido con las garras o con los dedos encorvados en forma de garra.*

desengarzar tr. Hacer que ↘algo deje de estar engarzado con otra cosa. ⊙ prnl. Dejar de estar engarzada una cosa con otra.

desengastar tr. y prnl. Sacar [o salirse] algo de su engaste.

desengomado, -a Participio adjetivo de «desengomar[se]»: 'Este sello está desengomado'.

desengomar tr. Quitar a ↘algo la goma. ⊙ *Particularmente, a las ↘telas para que tomen el *tinte.* ⊙ prnl. Perder algo la goma que tenía.

desengordar tr. y prnl. *Adelgazar.*

desengoznar tr. y prnl. *Desgoznar[se].*

desengranar tr. Separar dos ↘piezas que *engranan. ⇒ Desembragar.

desengrasante adj. y n. m. Que sirve para desengrasar.

desengrasar 1 tr. Quitar la grasa a una ↘cosa. ⊙ *Limpiar una ↘cosa de grasa. **2** intr. *Adelgazar: perder grasas y ponerse más delgado. **3** Neutralizar el efecto de una comida grasienta; por ejemplo, tomando verduras, un poco de vino o licor, etc.

desengrase m. Acción de desengrasar.

desengrilletar tr. MAR. *Soltar un grillete de una ↘cadena.*

desengrosar tr. e intr. **Adelgazar.*

□ CONJUG. como «contar».

desengrudamiento m. *Acción de desengrudar[se].*

desengrudar tr. *Quitar el engrudo de ↘algo.* ⊙ prnl. *Perder algo el engrudo que tenía.*

desenguantar tr. Quitar los guantes. También reflex.

desenhadamiento (ant.) m. *Acción de desenfadar[se].*

desenhadar (de «des-» y «enhadar»; ant.) tr. y prnl. **Desenfadar[se].*

desenhastiar (ant.) tr. *Quitar el hastío.*

desenhebrar tr. y prnl. Sacar [o salirse] la hebra de una ↘aguja: 'No hace más que enhebrar y desenhebrar la aguja'. ⇒ *Coser.

desenhechizar (de «des-» y «enhechizar»; ant.) tr. *Deshechizar.*

desenhetrable (ant.) adj. *Aplicado al cabello, fácil de desenredar.*

desenhetramiento (ant.) m. *Acción de desenhetrar.*

desenhetrar (de «des-» y «enhetrar»; ant.) tr. **Desenredar el ↘*pelo.*

desenhornar tr. *Sacar ↘algo que se había introducido en el horno para cocerlo.*

desenjaezar tr. Quitar los jaeces al ↘*caballo.

desenjalmar tr. *Quitar la enjalma (cierto aparejo) a las ↘*caballerías.* ⇒ *Desaparejar.

desenjaular tr. Sacar de la jaula.

desenlabonar tr. **Deseslabonar.*

desenlace 1 m. Acción y efecto de desenlazar[se]. **2** *Final de un *suceso, de una *narración o de una obra de *teatro, en que se resuelve su trama. ⇒ Catástrofe, desenredo, fin, *final. ≻ Deus ex máchina. ≻ *Resultar.

desenladrillamiento m. Acción de desenladrillar.

desenladrillar tr. Quitar los ladrillos de un ↘lugar.

desenlazar 1 tr. y prnl. *Soltar[se] ↘*lo que está enlazado o anudado, o sujeto con lazos o nudos: 'Las bailarinas enlazan y desenlazan los brazos. Desenlazó su cabellera'. **2** tr. **Aclarar o *resolver un ↘asunto o una dificultad.* **3** tr. y prnl. Resolver[se] la trama de una obra teatral, narrativa o cinematográfica.

desenlodar tr. *Quitar el lodo a una ↘cosa.*

desenlosar tr. *Deshacer el enlosado, quitando las losas.*

desenlustrar (ant.) tr. *Deslustrar.*

desenlutar tr. *Quitar el luto. También reflex.*

desenmallar tr. *Sacar el ↘*pescado de las mallas.*

desenmarañar 1 tr. Hacer que ↘algo que está enmarañado o enredado deje de estarlo: 'Desenmarañar el pelo'. ≃ Desembrollar, *desenredar, desmarañar. **2** *Desenredar o poner claro un ↘asunto. ⊙ prnl. Librarse alguien de una maraña o enredo en que está cogido o metido.

desenmascaradamente adv. **Abierta, *franca, *manifiesta u *ostensiblemente.*

desenmascarar tr. *Descubrir los ↘planes, verdaderas intenciones, etc., de ↘alguien: 'No paró hasta desenmascararle [o hasta desenmascarar sus planes]'.

desenmohecer 1 tr. y, más frec., prnl. Dejar [o quedar] sin moho. **2** prnl. Recobrar el buen estado de funcionamiento algo o alguien que ha permanecido inactivo o recluido; se usa en particular en frases con que se expresa el propósito de conseguirlo saliendo al aire libre. ⇒ *Renovar, *ventilarse.

□ CONJUG. como «agradecer».

desenmohecimiento m. Acción y efecto de desenmohecer[se].

desenojar tr. Quitarle a ↘alguien el enojo; generalmente, el mismo que lo había provocado. ⊙ prnl. Dejar de estar enojado.

desenojo m. Cese del enojo.

desenojoso, -a adj. *Apto para quitar el enojo, *enfado o disgusto.* ⇒ *Agradar.

desenquietar (ant.) tr. *Inquietar.*

desenrazonado, -a (ant.) adj. *No razonable.*

desenredar 1 tr. Hacer que una ↘cosa que estaba enredada deje de estarlo. ≃ Desembrollar, desenmarañar. ⊙ prnl. Dejar de estar enredada una cosa. ⇒ Carmenar, desarrebujar, desembrollar, desenhetrar, desenmarañar, desenzarzar, desmarañar, desovillar, escarmenar. ≻ *Aclarar. *Explicar. *Peinar. **2** prnl. Librarse alguien o algo de un enredo en que estaba metido o retenido.

desenredo 1 m. *Acción de desenredar[se].* **2** **Desenlace.*

desenrizar tr. *Desrizar.*

desenrollar tr. *Extender ↘lo que estaba arrollado. ≃ Desarrollar.

desenronar (Ar.) tr. *Quitar la enrona o *escombros.*

desenroscar 1 tr. y prnl. *Extender[se] ↘lo que está enroscado. ≃ Desenrollar. **2** Sacar [o salirse] dando vueltas un ↘*tornillo, *tuerca o algo parecido.

desenrudecer tr. *Quitar a ↘alguien la rudeza.*

desensamblar tr. Separar ↘cosas que están ensambladas.

desensañar (de «des-» y «ensañar») tr. **Apaciguar a ↘alguien.*

desensartar tr. *Soltar ↘cosas que están ensartadas.

desensebar 1 tr. *Quitar el sebo a un ↘animal; particularmente, al ganado cabrío, en vivo.* **2** (inf.) intr. **Adelgazar una persona.* **3** *Quitarse el *sabor de la grasa tomando aceitunas, fruta, etc.* **4** *Cambiar de ocupación para *descansar.*

desenseñado, -a 1 *Participio de «desenseñar».* **2** (pop.) adj. *Falto de enseñanza.* ⊙ (pop.) *Falto de los conocimientos necesarios para hacer cierta cosa.* ⇒ *Ignorante.

desenseñamiento (ant.) m. *Ignorancia.*

desenseñar tr. **Corregir una ↘enseñanza incorrecta por medio de otra acertada.*

desensillar tr. Quitar la silla a un ↘*caballo.

desensoberbecer tr. Quitar la soberbia a una ↘persona. ⊙ prnl. Deponer alguien su soberbia.

desensortijado, -a 1 adj. *Desrizado.* **2** *Aplicado a un hueso, desencajado.*

desentablar 1 tr. *Quitar las *tablas de un ˃sitio.* ⊙ tr. o abs. *Desarmar un *tablado.* **2** tr. *Desbaratar, deshacer un ˃trato, una amistad o un asunto.* ⇒ Entablar. ➤ *Trastornar.

desentablillar tr. Quitar las tablillas a un ˃miembro entablillado.

desentalingar tr. MAR. *Soltar del arganeo del ˃*ancla el cable o cadena.*

desentarimar tr. *Quitar el entarimado de un ˃sitio.*

desentechar (Hispam.) tr. *Destechar.*

desentejar (Hispam.) tr. *Destejar.*

desentenderse 1 («de») prnl. Afectar ignorancia respecto de cierta cosa. **2** («de») Abstenerse de intervenir en cierta cosa, o dejar de ocuparse de cierta cosa.

□ CATÁLOGO

*Abandonar, llamarse ANDANA, dejar que ruede la BOLA, echarse en BRAZOS de, escurrir el BULTO, mandar a escardar CEBOLLINOS, dejarse de CUENTOS, echar [o mandar] al CUERNO, DEJAR para otros, *desatender, hacerse el DESENTENDIDO, *despreocuparse, echar [o mandar] al DIABLO, hacerse el DISTRAÍDO, no enredarse, no darse por ENTERADO, mandar a freír ESPÁRRAGOS, mandar a hacer GÁRGARAS, dejarse de HISTORIAS, encogerse de HOMBROS, *inhibirse, dar de LADO, dejar a un LADO, no romper LANZAS por nadie, hacerse el LOCO, hacerse el LONGUIS, dejar en MANOS de, lavarse las MANOS, OÍR, ver y callar. ➤ CRUZ y raya, allá CUENTOS, allá CUIDADOS, vete [váyase usted, etc.] al CUERNO, allá CUIDADOS, que siga la DANZA, ahí me las DEN todas, ¡que te [le, etc.] den dos DUROS!, a mí [a ti, etc.] qué me IMPORTA, al INFIERNO con algo, a mí [a ti, etc.] qué me VA, ni me viene, por MÍ..., cuéntaselo [cuénteselo usted, etc.] al MORO Muza, cada PALO aguante su vela, con su PAN se lo coma, dame PAN y llámame tonto, allá PELÍCULAS, a mí [a ti, etc.] QUÉ, hacerse el TONTO, el que VENGA detrás que arree, a la VUELTA lo venden tinto. ➤ *Desechar. *Despreocuparse. *Indiferente. *Inhibirse.

□ CONJUG. como «entender».

desentendido, -a 1 Participio adjetivo de «desentenderse». **2** (ant.) *Ignorante.*

HACERSE EL DESENTENDIDO. Fingir alguien que no oye, que no se entera o que no se da cuenta de algo que ocurre o se dice delante de él; particularmente, que no percibe que se le alude: 'Decimos esto por ti; no te hagas el desentendido'. ≃ *Disimular.

desentendimiento m. Acción de desentenderse.

desenterramiento m. Acción de desenterrar.

desenterrar 1 («de, de entre») tr. *Sacar de debajo de tierra ˃algo que está enterrado. ⇒ Desoterrar, exhumar. **2** Hablar o tratar de ˃cosas ya olvidadas: 'No desentierres asuntos desagradables'. ⇒ *Recordar.

□ CONJUG. como «acertar».

desentido, -a (de «des-» y «sentido»; ant.) adj. **Loco o *insensato.*

desentierramuertos (de «desenterrar» y «muerto») m. *Persona que acostumbra hablar mal de los muertos.* ⇒ *Murmurar.

desentierro m. Acción de desenterrar.

desentoldar 1 tr. o abs. Quitar los toldos. ⊙ Quitar los toldos de cierto ˃sitio. **2** tr. *Despojar una ˃cosa de su arreglo.*

desentollecer (de «des-» y «entullecer») **1** (ant.) tr. *Hacer que un ˃miembro recobre el movimiento perdido momentáneamente.* ⇒ *Desentumecer. **2** (ant.) *Librar de embarazos, impedimentos o daños.*

□ CONJUG. como «agradecer».

desentonación f. Acción y efecto de desentonar.

desentonadamente adv. Con desentonación.

desentonado, -a Participio adjetivo de «desentonar[se]». ⊙ Se aplica particularmente al *color que no entona con los que están al lado de él o a la pintura o conjunto de colores en que la entonación no es acertada.

desentonamiento m. *Desentonación.*

desentonar 1 intr. Dar una nota más alta o más baja de lo que corresponde. ⇒ Desafinar. **2** («con») Estar algo o alguien en contraste desagradable con lo que hay o sucede alrededor, se aplica particularmente a *colores. ⊙ («con») Decir o hacer algo inoportuno o que contrasta desagradablemente con lo que dicen o hacen otros. ⇒ No estar a la ALTURA, darse de BOFETADAS, no pegar ni con COLA, *contrastar, hacer CONTRASTE, desafinar, desdecir, desmentir, despegarse, despintar, discordar, disonar, no pegar, no PINTAR nada, no estar a TONO. ➤ *Armonizar. *Corresponder. ➤ *Degenerar. *Desafinar. *Desmerecer. *Despropósito. **3** *Rebajar el entono u *orgullo de ˃alguien.* ≃ *Humillar. **4** prnl. **Descomponerse y levantar la voz o faltar al *respeto a alguien.*

desentono 1 m. *Desentonación (no en la acepción musical).* **2** *Destemplanza o brusquedad en el tono de voz.*

desentornillar (pop.) tr. *Destornillar: dar vueltas a un ˃tornillo para sacarlo.

desentorpecer 1 tr. Quitar la torpeza a ˃alguien. ⇒ *Adiestrar. **2** Hacer que una ˃cosa que se mueve con dificultad o torpeza lo haga fácilmente o con suavidad.

desentrampar tr. y, más frec., prnl. Dejar [o quedar] libre de trampas o deudas. ≃ *Desempeñar[se].

desentrañar 1 tr. **Arrancar las entrañas a ˃alguien.* **2** Llegar a conocer el significado recóndito o profundo de ˃algo: 'No consigo desentrañar el sentido de estas palabras'. ≃ *Descifrar, penetrar. **3** prnl. **Desprenderse alguien de lo que tiene, dándolo a otro.*

desentrenado, -a Participio de «desentrenar[se]». ⊙ («Estar») adj. Falto de entrenamiento.

desentrenamiento m. Falta de entrenamiento.

desentrenar tr. y, más frec., prnl. Quitar [o perder] el entrenamiento en una cosa, la costumbre de hacerla o la destreza para hacerla, por no practicarla. Se usa más la expresión «estar desentrenado». ⇒ *Olvido.

desentronizar 1 tr. Bajar ˃algo o a alguien del trono en que está colocado. ⊙ También, en sentido figurado. ⇒ *Rebajar. **2** **Destronar.*

desentumecer tr. y, más frec., prnl. Devolver [o recobrar] la agilidad del cuerpo o de un miembro entumecido. ⇒ Desadormecer[se], desenmohecerse, desentollecer, desentumir[se]. ➤ *Desperezarse, estirarse. ➤ *Entumecer[se]. ➤ *Acción. *Función.

□ CONJUG. como «agradecer».

desentumecimiento m. Acción de desentumecer[se].

desentumir tr. y prnl. *Desentumecer[se].*

desenvainar 1 tr. *Sacar de su vaina un ˃arma; particularmente, la espada. ≃ Desembanastar. **2** *Sacar las ˃*uñas un animal.*

desenvelejar (de «des-», «en-» y «velaje») tr. o abs. MAR. *Quitar el *velamen de un ˃barco, o parte de él.*

desenvendar (de «des-», «en-» y «vendar») tr. *Desvendar.*

desenvergar tr. MAR. Soltar las ↘*velas que están envergadas.

desenviolar tr. **Purificar un ↘lugar sagrado que ha sido violado o profanado.*

desenviudar intr. *Volver a casarse un *viudo.*

desenvoltura f. Facilidad y gracia en los movimientos. ≃ Agilidad, garbo, soltura. ⊙ Falta de encogimiento o timidez en la expresión o el comportamiento. ≃ Desenfado, desparpajo, soltura. ⊙ A veces, tiene sentido peyorativo, como atrevimiento excesivo o *descaro. ⊙ Y, en las mujeres, *despreocupación o falta de recato.

□ CATÁLOGO

Desahogo, desembarazo, desempacho, desencogimiento, desenfado, despacho, *desparpajo, despejo, expedición, expedientes, facilidad, frescura, gracejo, libertad, lisura, manejo, *naturalidad, soltura, tablas. ➤ Atrevido, barbián, desahogado, desenfadado, desenvuelto, despachado, desparpajado, despejado, *expeditivo, pizpireta, rabisalsera, resuelto, de ROMPE y rasga, *ufano. ➤ Como en su CASA, como PEDRO [o Perico] por su casa. ➤ Desempacharse, desovillar, soltarse. ➤ Cohibido, encogido, parado, *tímido. ➤ *Agilidad. *Atreverse. *Descaro. Descoco. *Destreza. *Gallardo. *Gracia. *Habilidad. *Manejo.

desenvolvedor, -a adj. y n. *Se aplica a la persona aficionada a escudriñar y averiguar cosas.* ⇒ *Curioso.

desenvolver 1 tr. y prnl. *Sacar [o salirse] una ↘cosa de su envoltura: 'Desenvolver un caramelo'. ≃ Desliar[se]. **2** *Desenrollar[se]. **3** tr. *Aclarar o *explicar ampliamente un ↘tema, una lección, etc. ≃ Desarrollar, exponer. **4** *Dar más amplitud o desarrollo a una ↘cosa:* 'Desenvolver un negocio'. ≃ *Ampliar, desarrollar, incrementar. **5** prnl. *Desarrollarse, *crecer, progresar o *prosperar una cosa o una persona: 'El negocio se desenvolvió rápidamente'. ⊙ Particularmente, ir encontrando una persona la manera de ganarse la vida o crearse una posición económica o social: 'Lo importante es enseñarles a desenvolverse en la vida'. ⇒ Ir [o salir] ADELANTE, ir MARCHANDO, marchar, *prosperar, situarse. ➤ *Manejarse. **6** Generalmente con «bien, mal» o adverbio semejante, obrar o hablar alguien en cierta cosa o en general sin embarazo o cohibimiento, o con *habilidad, o lo contrario: 'Se desenvuelve muy bien explicando a los alumnos'. ≃ Arreglárse[las], componérse[las], defenderse, entendérse[las], gobernárse[las], *manejárse[las]. **7** *Suceder o *desarrollarse una cosa de la manera que se expresa: 'La entrevista se desenvolvió cordialmente'. **8** *Salir de una dificultad o *apuro.* ≃ Desenredarse. **9** *Perder el encogimiento.* ≃ *Desempacharse.* **10** (ant.) tr. *Hacer ágil, dar facilidad para ejecutar alguna cosa.* ≃ Agilizar.

□ CONJUG. como «volver».

desenvolvimiento m. Acción y efecto de desenvolver[se]. ⊙ Particularmente, manera de desenvolverse una cosa, o conjunto de las fases por que pasa una cosa que se desenvuelve: 'El desenvolvimiento de una planta'. ≃ Desarrollo.

desenvueltamente 1 adv. Con desenvoltura. **2** **Abiertamente.*

desenvuelto, -a Participio adjetivo «desenvolver[se]». ⊙ Se aplica a la persona que tiene desenvoltura. ⊙ (desp.) Aplicado a mujeres y a sus cosas, falto de recato.

desenzarzar 1 tr. y prnl. **Desenredar[se] y soltar[se] ↘algo que está enredado en las zarzas.* **2** (inf.) tr. Separar o *apaciguar a ↘los que riñen o disputan. ⊙ prnl. Separarse o apaciguarse los que riñen o disputan.

deseñamiento (ant.) m. *Falta de instrucción.* ⇒ Ignorancia.

deseñar (del lat. «designāre», señalar; ant.) intr. *Hacer señas.*

deseño (ant.) m. **Propósito.* ≃ Designio.

deseo (del lat. «desidium») **1** («Cumplirse, Realizarse, Llenar, Saciar, Satisfacer, Seguir, Venir [en]; de, por») m. Acción de desear. ⊙ Cosa deseada. **2** Apetito sexual.

ARDER EN DESEOS de una cosa. *Ansiarla.

BUEN DESEO. Deseo de hacer bien las cosas o de hacer un beneficio a alguien. ≃ Buena *intención.

CUMPLIRSE EL DESEO [o LOS DESEOS] de alguien. *Conseguir lo que desea.

V. «a la MEDIDA de mi [o tu, etc.] deseo».

VENIR EN DESEO de algo. Ser acometido del deseo de ello.

deseoso, -a («Estar; de») adj. Se aplica al que desea cierta cosa: 'Está deseosa de complacernos'. ⊙ («Estar; de») Particularmente, algo que le falta: 'Está deseoso de cariño'.

desequido, -a (de «des-» y «seco») adj. **Reseco.*

desequilibrado, -a 1 Participio adjetivo de «desequilibrar». ⊙ Falto de equilibrio: 'La barca está desequilibrada'. **2** adj. y n. Falto de equilibrio psíquico. ⊙ Afectado de alguna enfermedad nerviosa. ⇒ *Mente.

desequilibrar tr. y prnl. Deshacer[se] el equilibrio en un ↘*peso u otra cosa: 'Una pequeña pesa desequilibra la balanza'. ≃ Desnivelar[se]. ⊙ También, en sentido figurado: 'El nuevo beligerante desequilibró las fuerzas. El gol del equipo visitante desequilibró el partido'. ⇒ Descompensar[se], recargar, romanear, sobrecargar.

desequilibrio 1 m. Estado de desequilibrado. **2** Estado de la persona falta de equilibrio psíquico; ese estado puede ir desde un aturdimiento, nerviosismo, impresionabilidad, etc., exagerados hasta un estado próximo a la *locura.

deserción f. Acción de desertar.

deserrado, -a (de «des-» y «errado») adj. *Libre de error.*

desertar (del lat. «desertāre») **1** («de») intr. *Abandonar un *soldado su puesto. **2** («de») *Abandonar alguien una obligación o una comunidad a la que está adherido: 'Desertó de sus deberes de padre. Los que desertan del partido'. **3** (inf.; «de») Dejar de frecuentar una persona una reunión: 'Ha desertado de la tertulia'. **4** DER. *Abandonar alguien la ↘causa o apelación que tiene entablada.*

desértico, -a 1 adj. Desierto. **2** De naturaleza de desierto: 'Terrenos desérticos'.

desertificación f. Desertización.

desertificar tr. y prnl. Desertizar[se].

desertización f. Transformación de un terreno en desierto por falta de lluvia, por erosión y por otros factores naturales o por alteraciones provocadas por el hombre.

desertizar tr. y prnl. Transformar[se] una zona en desierto.

desertor, -a adj. y n. Se aplica a la persona que deserta; particularmente, a los soldados. ⇒ Golondrino, tornillero, tránsfuga. ➤ Hacer TORNILLO. ➤ *Apostatar. *Traidor.

deservicio m. *Negación a alguien de un servicio que se le debe.*

deservidor, -a adj. *Aplicable al que desirve.*

deservir (ant.) tr. *Dejar de prestar a ↘alguien un *servicio a que se está obligado.*

□ CONJUG. como «pedir».

desescombrar tr. Limpiar de escombros un ↘lugar. ≃ Descombrar, escombrar.

desescombro m. Acción de desescombrar.

deseslabonado, -a Participio adjetivo de «deseslabonar[se]». ⊙ **Deshilvanado o *inconexo:* 'Un discurso deseslabonado'.

deseslabonar 1 tr. Soltar un eslabón de otro en una ↘*cadena. ≃ Deslabonar. 2 *Desunir una ↘cosa de otra. ⊙ Separar una ↘cosa no material de otra a la que debe ir encadenada; por ejemplo, las partes de un argumento. 3 prnl. **Abandonar la compañía de alguien.*

desespaldar tr. y prnl. *Estropear[se] la espalda, rompiéndo[se] las costillas o desarticulando[se] la columna vertebral.* ≃ Despaldar[se]. ⇒ Despaletillar.

desespañolizar tr. y prnl. Quitar [o perder] el carácter o la condición de español.

desesperación 1 f. Desesperanza total. 2 Estado de desesperado (exasperado, impaciente o furioso). 3 Cosa que produce ese estado: 'Es una desesperación tener que hacer cola tanto rato'.

CON DESESPERACIÓN. 1 Mostrando desesperación: 'Rompió la carta con desesperación'. 2 Desesperadamente: 'Nadaba con desesperación'.

desesperadamente adv. Poniendo todo el esfuerzo o *coraje de que se es capaz: 'Luchan [o trabajan] desesperadamente'. ≃ Con desesperación.

desesperado, -a Participio adjetivo de «desesperar». ⊙ adj. y n. Atacado de desesperación.

A LA DESESPERADA. Expresión aplicada a las acciones que se realizan sin esperar ya nada de ellas realmente, pero en un supremo esfuerzo por lograr lo que se pretende o encontrar la salvación: 'Le operaron a la desesperada'. ⇒ *Recurso.

desesperamiento (ant.) m. *Desesperación.*

desesperante adj. Capaz de desesperar (*exasperar o *impacientar): 'Es desesperante tener que estar aquí sin hacer nada'.

desesperanza 1 f. Estado del que no tiene esperanzas o las ha perdido. ⇒ Abatimiento. 2 (ant.) *Desesperación.*

desesperanzador, -a adj. Que quita la esperanza.

desesperanzar tr. y prnl. Quitar [o perder] la esperanza.

desesperar 1 («de») intr. Perder la *esperanza de cierta cosa: 'Desespero ya de encontrarlo'. 2 tr. y prnl. *Desesperanzar[se].* 3 Quitar [o perder] la tranquilidad, poner[se] inquieto o desazonado: 'Le desesperaba ver que no podía hacer lo que quería'. ≃ Exasperar[se], *impacientar[se]. ⊙ Quitar [o perder] la tranquilidad por la insistencia en una cosa que molesta o disgusta: 'Me desespera con su terquedad. Me desespera verla todo el día mano sobre mano'. ≃ *Exasperar[se]. 4 prnl. Sentir y mostrar con lamentaciones, gestos, etc., *disgusto violento por un contratiempo grave. ⊙ Se emplea mucho hiperbólicamente; particularmente, aplicado al disgusto que produce haber perdido por culpa propia o descuido una buena oportunidad: 'Ahora se desespera por no haber aceptado'. 5 *Despecharse, intentado quitarse la vida, o quitándosela en efecto.*

V. «el que ESPERA desespera».

☐ CATÁLOGO

Darse con la CABEZA [cabezadas, cabezazos, calabazadas, calabazazos] contra la pared, tocar [coger o agarrar] el CIELO con las manos, caer en la DESESPERACIÓN, entregarse a la DESESPERACIÓN, DESHACERSE, ENFURECERSE, ponerse FURIOSO, ponerse como [volverse] LOCO, tirarse de los PELOS, ponerse RABIOSO. ➤ *Concomerse. Desazonarse. *Encolerizarse.

desespero (Ar., etc.) m. *Desesperación:* 'Esto es un desespero'.

desestabilización f. Acción y efecto de desestabilizar[se].

desestabilizador, -a adj. Que desestabiliza. ⊙ Se aplica particularmente a los factores que desestabilizan la política, la economía o la sociedad.

desestabilizar tr. y prnl. Quitar [o perder] la estabilidad. ⊙ Particularmente, crear[se] un ambiente político, económico y social inestable.

desestancar tr. *Dejar libre una ↘mercancia que estaba estancada o monopolizada.*

desestanco m. *Acción de desestancar.*

desestañar tr. y, más frec., prnl. Despegar[se] una cosa estañada.

desesterar tr. o abs. Quitar las esteras de algún ↘sitio; particularmente, al llegar la primavera.

desestero m. Acción de desesterar. ⊙ *Temporada en que se suele hacer esta operación.

desestibar tr. Sacar el cargamento de la bodega de un *barco para descargarlo.

desestima f. *Desestimación.*

desestimación f. Acción y efecto de desestimar.

desestimador, -a adj. y n. Que desestima.

desestimar 1 tr. *No estimar.* ⊙ *Tener poco aprecio por ↘algo o alguien.* ⇒ *Despreciar. 2 Contestar negativamente a una ↘petición la autoridad a quien ha sido hecha: 'Desestimar una instancia'. ≃ Denegar, desechar, negar, rechazar, *rehusar.

desfacción (ant.) f. *Deshacimiento.*

desfacedor, -a (ant.) adj. y n. *Deshacedor.* DESFACEDOR DE ENTUERTOS (inf. y hum.). Se usa, a menudo irónicamente, aplicado a una persona que venga agravios.

desfacer (ant.) tr. *Deshacer.*

desfachatadamente adv. Con desfachatez.

desfachatado, -a (del it. «sfacciato») adj. Desvergonzado o *sinvergüenza.

desfachatez (del it. «sfacciatezza») f. Cualidad o comportamiento del que obra sin preocuparse de si lo que hace es lícito o no. ≃ Desahogo, *cinismo, *descaro, *desvergüenza, frescura.

desfacimiento (ant.) m. *Deshacimiento.*

desfajar tr. Quitar la faja que *ciñe ↘algo o a alguien; particularmente, a un *niño de pañales.

desfalcación (ant.) f. *Acción de desfalcar.*

desfalcador, -a adj. y n. Que desfalca. ⊙ Particularmente, persona que se apodera de un dinero o bien que está bajo su custodia.

desfalcar (del it. «defalcare») 1 tr. *Quitar una falca de alguna ↘cosa.* 2 *Quitar algo de una ↘cosa, dejándola incompleta.* ≃ *Descabalar. 3 Apoderarse alguien de un ↘*dinero o de *bienes que tiene bajo su custodia. ⇒ *Estafar, *robar. 4 Hacer perder a ↘alguien un puesto o el favor o amistad de otra persona. ≃ *Derribar. 5 (ant.) *Desviar a ↘alguien de la *intención que tenía.* ⇒ *Disuadir.

desfalco m. *Delito que comete el que desfalca. ⇒ Peculado.

desfallecer 1 («de») intr. Quedar completamente sin fuerzas y estar a punto de *desmayarse, por el cansancio o por una emoción. ⊙ También, por caer en deliquio o *éxtasis. ⊙ *Abatirse, *abandonarse o *desanimarse en una empresa: 'Llegaremos al final sin desfallecer'. ≃ Flaquear. 2 (acep. causativa) tr. *Causar desfallecimiento a ↘alguien.* 3 (ant.) intr. **Faltar.*

☐ CONJUG. como «agradecer».

desfalleciente adj. Que desfallece.

desfallecimiento m. Pérdida de las fuerzas o del ánimo.

desfamamiento m. *Acción y efecto de desfamar.*

desfamar 1 (ant.) tr. *Declarar a ↘alguien infame.* 2 **Difamar o *desacreditar a ↘alguien.*

desfasado, -a Participio adjetivo de «desfasar[se]». ⊙ Se aplica a un *mecanismo o pieza que se mueve o actúa con una diferencia de fase respecto de otro. ⊙ (inf.; «Estar») Se aplica a la persona o cosa que no está a tono con el ambiente, el tiempo o la gente que la rodea. ⇒ *Descentrado.

desfasar 1 tr. y prnl. Producir[se] una diferencia de fase entre dos mecanismos o piezas que se mueven. 2 prnl. No ajustarse o corresponder una persona o cosa al ambiente o circunstancias del momento. Se usa más «estar desfasado».

desfavor («Hacer un») m. *Acción o juicio que *perjudica a alguien o le es desfavorable:* 'Le hiciste un desfavor diciendo de él que era muy independiente'. ≃ Disfavor.

desfavorable 1 adj. *Adverso, *contrario o perjudicial. Se aplica a lo que perjudica a la persona o cosa de que se trata o va en contra de ella: 'Un juicio desfavorable. Con viento desfavorable. En circunstancias desfavorables'. 2 Contrario a lo que conviene o se desea: 'La enfermedad ha hecho un cambio desfavorable'. ⇒ *Malo.

desfavorablemente adv. De manera desfavorable.

desfavorecer tr. *Perjudicar. ⊙ Particularmente, por oposición a «favorecer», sentar mal: perjudicar al aspecto o belleza de ↘alguien: 'Ese peinado la desfavorece'.

desfazado, -a (de «des-» y «faz»; ant.) adj. *Desvergonzado.* ≃ Desfachatado.

desfear (del lat. «defoedāre»; ant.) tr. **Afear.*

desfechar (ant.) tr. o abs. **Disparar la flecha con el ↘arco.*

desfecho, -a (ant.) adj. *Deshecho.*

desferra (de «des-» y «ferro»; ant.) f. **Disensión.*

desferrar (de «des-» y «ferrar»; ant.) tr. *Quitar los *hierros, *cadenas o grillos a ↘alguien.*

desfianza (de «des-»y «fianza»; ant.) f. *Desconfianza.*

desfibrado m. *Acción de desfibrar.*

desfibrador, -a adj. *Que desfibra.*

desfibradora f. *Máquina empleada para desfibrar.*

desfibrar tr. *Quitar las fibras a las materias que las contienen.*

desfibrilación f. MED. *Detención de la fibrilación cardíaca para restablecer el ritmo normal del *corazón.*

desfibrilador m. MED. *Instrumento que se usa para detener una fibrilación cardíaca.*

desfibrinación f. MED. *Separación de la fibrina de la *sangre.*

desfiguración f. Acción y efecto de desfigurar[se].

desfiguramiento m. Desfiguración.

desfigurar (del lat. «defigurāre») 1 tr. y prnl. *Cambiar[se] la forma o el aspecto de una ↘cosa, de modo que no se la reconoce. ≃ Alterar[se], deformar[se], transformar[se]. ⊙ Hacer[se] imprecisa la forma de una ↘cosa: 'La niebla desfigura los objetos'. ≃ Borrar[se], *confundir[se]. ⊙ tr. Hacer que una ↘cosa parezca otra distinta: 'La mesa no era más que un cajón desfigurado'. ≃ *Disfrazar. ⊙ *Cambiar un ↘suceso al referirlo: 'Desfiguró las cosas a su gusto'. ≃ Alterar. ⇒ *Tergiversar. 2 tr. y prnl. *Afear[se] una ↘cosa. ⊙ Suele tener sentido peyorativo, particularmente aplicado a la *cara: 'Una cicatriz le desfigura el rostro. El rostro se desfigura con los años y los sufrimientos'. ⊙ (ant.) prnl. **Demudarse.*

desfijar tr. *Quitar una ↘cosa del sitio en que está fijada.*

desfilachado, -a 1 Participio adjetivo de «desfilachar[se]». 2 Se aplica al *borde de una tela o prenda, o a la prenda misma, en que se han quitado o se han desgastado los hilos que van paralelos al borde y quedan los otros sueltos, formando fleco. 3 m. Efecto que resulta en una prenda o tela al desfilacharla o desfilacharse. ⇒ Deshilado.

desfilachar tr. y prnl. Separar[se] los hilos de una ↘tela, de manera que queda convertida en hilas o hilachas. ≃ Deshilachar[se].

desfiladero 1 m. **Paso estrecho por donde hay que pasar en fila.* 2 *Paso estrecho entre *montañas.

desfilar (de «des-» y «fila») 1 intr. Marchar en fila. ⊙ Pasar una formación militar, por ejemplo en una solemnidad, por delante de un superior o de algún personaje. ⊙ Pasar un conjunto de personas, por ejemplo una manifestación, por algún sitio. ⊙ Pasar sucesivamente varias personas por un empleo o cargo: 'Por este equipo han desfilado ya diez entrenadores'. 2 Ir *marchándose la gente de una reunión: 'A las once empezaron a desfilar los invitados'.

desfile («Abrir, Iniciar, Empezar, Continuar», etc.) m. Acción de desfilar. ⊙ Formación o conjunto de cosas o personas que desfila: 'Un desfile de carrozas'. ⇒ Cabalgata, cortejo, parada, PASE de modelos, tamborrada. ➤ Pasarela. ➤ Acompañamiento. *Procesión.

desfiuza (ant.) f. *Desconfianza.*

desfiuzar (de «des-» y «fiuciar») 1 (ant.) intr. **Desconfiar.* 2 (ant.) tr. **Desahuciar.*

desflecado, -a Participio adjetivo de «desflecar[se]». ⊙ m. Acción de desflecar.

desflecar tr. Formar fleco en el ↘*borde de una ↘*tela, cinta, etc., sacando hilos de los que van en dirección paralela a ese borde. ⇒ *Deshilar. ⊙ prnl. Deshilacharse.

desflemar 1 intr. Expulsar las flemas. ≃ *Expectorar. 2 tr. QUÍM. *Quitar o separar la flema de un líquido espiritoso.*

desfloración f. Acción de desflorar.

desflorado, -a Participio adjetivo de «desflorar».

desfloramiento m. Desfloración.

desflorar (del lat. «deflorāre») 1 tr. Quitarle a una ↘cosa su buena apariencia. ≃ *Ajar. 2 *Estropear una ↘cosa quitándole lo que tiene de más valor. 3 Quitarle la virginidad a una ↘mujer. 4 Tratar un ↘*asunto sólo superficialmente: 'El conferenciante no hizo más que desflorar el tema'. ≃ *Tocar.

desflorecer (del lat. «deflorescĕre») intr. *Perder la flor.*

desfogar (del it. «sfogare») 1 («en, con») tr. y prnl. Exteriorizar[se] violentamente una ↘*pasión o estado de ánimo: 'Desfoga su mal humor en [o con] su mujer'. ≃ *Desahogar[se], esfogar[se]. 2 tr. *Apagar la ↘cal.* 3 intr. MAR. *Estallar por fin una *tormenta que se estaba preparando.*

desfogonar tr. *Inutilizar el fogón de las ↘piezas de *artillería u otras *armas.*

desfogue m. Acción y efecto de desfogar[se].

desfolar o **desfollar** (del sup. lat. «exfollāre»; ant.) tr. *Desollar.*

desfollonar (de «des-» y «follón») tr. AGRIC. *Limpiar las ↘plantas de hojas y vástagos inútiles.* ⇒ *Deschuponar.

desfondar 1 tr. *Romper o quitar el fondo a un ↘*recipiente o vasija. 2 AGR.*Labrar profundamente la ↘tierra. 3 tr. y prnl. MAR. Agujerear[se] o abrir[se] el fondo del ↘barco. 4 DEP. Quitar [o perder] las fuerzas o el empuje.

desfonde m. Acción y efecto de desfondar[se].

desforestación f. Deforestación.

desforestar tr. Deforestar.

desformar (pop.) tr. **Deformar.*

desfortalecer tr. MIL. *Derribar las fortificaciones de un ↘lugar.* ⊙ MIL. *Quitar la guarnición de un ↘lugar.*

desforzarse (de «des-» y «forzar») prnl. **Vengarse o tomar *satisfacción de una ofensa.*
□ CONJUG. como «contar».

desfrenadamente adv. *Desenfrenadamente.*

desfrenamiento m. *Desenfrenamiento.*

desfrenar (del lat. «defrenāre») tr. *Desenfrenar.*

desfrez (ant.) m. **Desprecio.*

desfrezar (ant.) tr. **Disfrazar. También reflex.*

desfruncir tr. y prnl. Quitar[se] el frunce o pliegue de ↘algo. ⇒ Descoger, *desplegar[se].

desfrutar[1] **1** (ant.) tr. *Quitar el fruto a una ↘planta antes de que madure.* **2** (ant.) intr. *Perder una planta el fruto antes de madurar.*

desfrutar[2] tr. *Disfrutar.*

desfrute (ant., pop.) m. *Disfrute.*

desfuir (ant.) intr. **Huir.* ≃ Defuir.

desfundar (ant.) tr. *Desenfundar.*

desga (del lat. «discus», fuente, plato grande; Encartaciones, región de Vizcaya) f. **Artesa de madera hecha de una sola pieza.*

desgaire (del cat. «a escaire», oblicuamente, al sesgo) **1** m. Falta de preocupación en la manera de *vestir o de llevar alguna prenda, o en la manera de hacer algo: 'Viste con desgaire'. ≃ *Descuido, desmaño. **2** **Ademán con que se muestra *desprecio a una persona o por una cosa.* **3** Abandono o falta de garbo en la manera de andar o de moverse. ⇒ *Desgarbado.

AL DESGAIRE. Con descuido o despreocupación, a veces afectados: 'Lo dijo al desgaire, como si a él no le fuera nada en ello'. ≃ Al *descuido.

desgajadura f. Rotura irregular hecha en la rama de un árbol, sin un instrumento cortante.

desgajamiento m. Acción y efecto de desgajar[se].

desgajar (de «des-» y «gajo») **1** («de») tr. y prnl. Separar[se] una ↘rama de un árbol irregularmente, sin un instrumento cortante. ≃ *Arrancar[se]. ⊙ Romper[se], en la misma forma, el tronco o el tallo de una ↘planta. ⊙ *Arrancar[se] en la misma forma cualquier ↘cosa semejante: 'Desgajar un pliego de un libro'. ⊙ *Separar[se] una ↘parte de una cosa, dejándola [o quedando] incompleta. **2** («de») tr. *Separar violentamente a ↘alguien del lugar, de la comunidad, etc., en que vive: 'La guerra ha desgajado de su patria a muchos seres'. ⊙ prnl. Separarse violentamente del lugar, de la comunidad, etc., en que se vive. **3** (ant.; «de») *Abandonar la amistad de alguien.* ⇒ *Enemistarse.

desgaje m. Acción y efecto de desgajar[se].

desgalgadero **1** m. *Pedregal en una *pendiente.* **2** **Despeñadero.*

desgalgar (de «des-» y «galga», piedra.) tr. y prnl. **Despeñar[se].*

desgalichado, -a (del cruce de «desgalibado», deriv. de «gálibo», con «desdichado») **1** adj. *Desgarbado o de mal *tipo. **2** Vestido o arreglado con *descuido.

desgalichadura f. Falta de *garbo. ⊙ Desaliño.

desgalillarse (Hispam.) prnl. **Gritar mucho.* ≃ *Desgañitarse.

desgana **1** f. Falta de hambre. ≃ *Inapetencia. **2** Mala disposición de ánimo o falta de gana para hacer una cosa: 'Hace lo que le digo, pero con desgana. ⇒ Displicencia. **3** Pérdida de fuerzas que puede llegar hasta el *desmayo. ≃ Desfallecimiento.

desganado, -a Participio de «desganar[se]». ⊙ («Estar, Encontrarse») adj. Sin gana de comer. ⊙ («Estar, Encontrarse») Sin gana o ánimo para hacer una cosa.

desganar tr. y prnl. Quitar [o perder] el deseo o gana de comer o de hacer algo.

desganchar tr. y prnl. *Quitar[se] de los ↘árboles los *ganchos o restos de ramas rotas.*

desgano m. *Desgana.*

desgañifarse (de «gañir») prnl. *Desgañitarse.*

desgañirse (ant.) prnl. *Desgañitarse.*

desgañitarse (de «des-» y «gañir») **1** prnl. *Gritar o vocear esforzándose mucho. ≃ Desgalillarse, desgañifarse, desgañirse, desgargantarse, desgaznatarse. **2** Ponerse *ronco.

desgarbado, -a adj. Aplicado a las personas, a su manera de andar o moverse o, en sentido figurado, a su manera de hacer cualquier cosa, falto de *garbo. ⊙ Aplicado a personas, *alto, pero mal proporcionado y de actitud y movimientos abandonados. ⇒ Cuartazos, desairado, desapuesto, desgalichado, desgarbilado, desmadejado, desvaído, esparvel, espingarda, estantigua, galavardo, gansarón, larguirucho, molso, patoso, tagarote, mal *TIPO, zangón, zanguayo. ➤ Desgaire, desgarbo. ➤ Caerse a PEDAZOS.

desgarbilado, -a (And.) adj. *Desgarbado.*

desgarbo m. Falta de garbo.

desgargantarse (de «des-» y «garganta») prnl. **Desgañitarse.*

desgargolar (de «des-» y «gárgola[2]») tr. *Sacudir el ↘*lino o el *cáñamo una vez secos, para que suelten la linaza o los cañamones.*

desgaritar (de «des-» y «garete») **1** intr. y prnl. **Desorientarse.* **2** prnl. *Separarse una res del *ganado o escaparse del aprisco.* **3** **Separarse de la idea o propósito con que se había empezado una cosa.*

desgarradamente adv. Con desgarro o *descaro.

desgarrado, -a **1** Participio adjetivo de «desgarrar». **2** Descarado. **3** adj. y n. *Se aplica a la persona *disipada o *libertina.* **4** adj. Se aplica a lo que muestra un gran sufrimiento o pena: 'Su llanto desgarrado. Una voz desgarrada'.

desgarrador, -a **1** adj. Que desgarra o tiene fuerza para desgarrar. **2** Que causa mucha pena o compasión.

desgarradura f. Desgarrón.

desgarramiento m. Acción y efecto de desgarrar[se].

desgarrar (de «des-» y «garra») **1** tr. y prnl. *Partir[se] una ↘cosa, por ejemplo una *tela o un papel, al tirar de ella en direcciones opuestas. ≃ Rasgar[se]. ⇒ Arpar, arrancar, atarazar, carpir, descalandrajar, desgajar, dilacerar, rasgar. ➤ Desgarradura, desgarramiento, desgarro, desgarrón, guinchón, siete. ➤ *Romper. **2** tr. Causar mucha *pena o despertar mucha *compasión: 'Desgarrar el alma [o el corazón]. ≃ Destrozar, lacerar. **3** **Toser o carraspear para arrancar las flemas de las vías respiratorias y expelerlas.* ≃ Esgarrar.

desgarro **1** m. Desgarrón. **2** Desenvoltura basta, a veces, sobre todo en mujeres, no exenta de gracia. ≃ *Descaro. **3** Actitud jactanciosa y provocativa. ≃ Bravuconería, chulería. **4** (Hispam.) *Acción de desgarrar o esgarrar para expulsar las flemas.*

desgarrón m. *Rotura grande que se produce en una cosa al rasgarse.

desgastado, -a Participio adjetivo de «desgastar[se]».

desgastamiento m. *Prodigalidad o gran desperdicio.*

desgastar 1 tr. y prnl. Quitar[se] con el uso, por rozamiento, etc., parte de la superficie o el borde de una ˘cosa: 'El agua desgasta la piedra. Desgastar los tacones'. ≃ Gastar[se]. ⊙ *Estropear[se] una ˘cosa con el uso: 'Es muy cuidadosa y apenas desgasta la ropa'. ⊙ tr. o abs. y prnl. Quitar [o perder] fuerza, energía o interés: 'Ese trabajo desgasta mucho'. ⊙ tr. o abs. Deteriorar el ejercicio continuado de una actividad el prestigio que alguien o algo tenían: 'El poder desgasta'. ⊙ prnl. Perder una persona, institución, etc., el prestigio que tenía. **2** (ant.) tr. **Pervertir o viciar.* **3** (ant.) **Desperdiciar o malgastar.*

□ CATÁLOGO

Carcomer, *corroer, desfilachar[se], deshilachar[se], *deshilar[se], erosionar, escomerse, esmerar, gastar[se], irse, lijar, pasarse de ROSCA, rozar[se], transparentarse. ➤ Desfilachado, desgastado, deshilachado, esmerado, manido, raído, resobado, rozado, sobado, transparente, usado, viejo. ➤ Calce, codera, culera, rodillera. ➤ Flecos. ➤ *Destruir. *Disminuir. *Raspar. *Rozar. *Suave.

desgaste m. Acción y efecto de desgastar[se].

desgatar tr. AGR. *Arrancar de un ˘campo las malas hierbas llamadas «gatas».* ⇒ *Escardar.

desgay (del cat. «escai»; Ar.) m. **Retal.*

desgaznatarse prnl. **Desgañitarse.*

desglosar 1 tr. *Quitar las glosas o notas a un ˘escrito.* **2** *Separar ˘algo de un conjunto para considerarlo o tratarlo por separado. ≃ Desmembrar, segregar. ⊙ Particularmente, separar de un expediente o una pieza de autos judiciales algún ˘*documento. ⊙ Separar un ˘impreso de otros con los que está encuadernado.

desglose m. Acción y efecto de desglosar.

desgobernado, -a Participio adjetivo de «desgobernar[se]». ⊙ *Desarreglado o desordenado en su manera de vivir.

desgobernadura f. VET. *Operación de desgobernar.*

desgobernar (usado gralm. en contraposición a *gobernar) **1** tr. *Perturbar el gobierno o dirección de una ˘cosa.* **2** Gobernar mal. **3** MAR. *Descuidar el timonero el gobierno del ˘barco.* **4** tr. y prnl. **Dislocar[se] un ˘hueso.* ≃ *Descoyuntar[se]. **5** prnl. *Hacer contorsiones o movimientos violentos, por ejemplo en las danzas.* **6** tr. VET. *Realizar cierta operación antigua que consistía en ligar por dos sitios las venas cubital y radial del ˘animal y cortar el trozo comprendido entre las dos ligaduras.*

□ CONJUG. como «acertar».

desgobierno m. Falta de gobierno o mal gobierno. ⊙ *Desorden o desarreglo en el funcionamiento de una cosa, en la manera de vivir, etc.

desgolletado, -a *Participio adjetivo de «desgolletar».* ≃ Descolletado.

desgolletar 1 (ant.) tr. *Quitarle o romperle el cuello o gollete a una ˘*botella u otra *vasija; por ejemplo cuando no se puede destapar.* **2** (ant.) *Dejar el cuello al descubierto desabrochando, abriendo o apartando la ropa. También reflex.* ≃ *Despechugarse, descolletarse.

desgomar tr. *Quitar la goma a las ˘*telas, particularmente a las de seda, para que tomen mejor el tinte.* ≃ Desengomar.

desgonzar tr. y prnl. **Descoyuntar[se] o *desquiciar[se].* ≃ *Desgoznar[se].

desgorrarse (reflex.) tr. *Quitarse la gorra, el gorro, etc.*

desgotar (ant.) tr. **Exprimir una ˘cosa empapada.*

desgoznar 1 tr. y prnl. Arrancar [o salirse] una ˘cosa de sus goznes. ≃ Desengoznar[se], desgonzar[se], *desquiciar. **2** tr. Arrancar los goznes de una ˘cosa. **3** prnl. **Descoyuntarse: hacer contorsiones o movimientos violentos.* ≃ Desgobernarse.

desgracia (de «des-» y «gracia») **1** («Caer, Ocurrir, Sobrevenir, Acarrear, Causar, Producir, Traer, Deplorar, Lamentar, Sufrir, Afligir, Encajar, Sobrellevar») f. Suceso que causa padecimiento moral; como la muerte de un ser querido. ⊙ Suceso que produce menoscabo grande en la salud o en la integridad física de una o más personas; como una enfermedad grave o un accidente. ⊙ Suceso que causa la ruina o pérdidas económicas graves, o deja sin recursos. ≃ *Revés. ⊙ Cualquiera de esas cosas ocurridas a un ser querido. **2** Mala situación en la vida; como la del que ha perdido su fortuna, no puede ganar el sustento o es perseguido o encarcelado: 'En la desgracia se conoce a los amigos'. ≃ Infortunio. **3** («Caer en») Situación del que ha perdido la *gracia o favor de alguien: 'El favorito ha caído en desgracia'. ≃ Disfavor. **4** Suceso en que alguien resulta herido o muerto. ≃ *Accidente. **5** («Tener») Mala *suerte: 'Tiene desgracia en todo lo que emprende'.

DESGRACIAS PERSONALES. *Víctimas humanas en algún accidente: 'En el choque no hubo desgracias personales'.

ESTAR EN DESGRACIA alguien o algo. Ocurrirle un *contratiempo tras otro: 'Esta carta está en desgracia: cada vez que me pongo a escribirla, me interrumpen'.

POR DESGRACIA. Desgraciadamente. Su uso es, por lo menos, tan frecuente como el de este adverbio.

□ CATÁLOGO

Accidente, adversidad, aflicción, mala ANDANZA, azar, azote, calamidad, CASO fortuito, castigo, cataclismo, catástrofe, chubasco, contrariedad, *contratiempo, cuita, *daño, derrota, desamparo, *desastre, desaventura, descalabro, desdicha, desmán, desventura, *disgusto, drama, las duras, epidemia, flagelo, fracaso, frangente, golpe, GOLPE de gracia, hecatombe, hieles, infortunio, laceria, *mal, malandanza, malaventura, malaventuranza, maldición, malogro, mengua, miseria, *naufragio, penalidad, percance, *pérdida, *perjuicio, persecución, plaga, quebranto, mala RACHA, ramalazo, rayo, revés, ruina, sinsabor, tormenta, trabajo, tragedia, trago, través, tribulación, tropiezo, tuerce, las VACAS flacas, varapalo, zamarrazo, zarpazo, zurriagazo. ➤ Infelicidad, infortunio, la negra, mala PATA, con el PIE izquierdo, con mal PIE, mala SOMBRA, mala SUERTE. ➤ CÁLIZ de la amargura, calilla, calvario, tártago. ➤ Aciago, adverso, de mal AGÜERO, amargo, calamitoso, catastrófico, deplorable, desafortunado, desastroso, desfavorable, desgraciado, duro, fatal, fatídico, fúnebre, funesto, hadario, impróspero, infausto, infelice, infeliz, infortunado, malaventurado, malhadado, de mala MEMORIA, nefasto, negro, nubloso, ominoso, de infeliz RECORDACIÓN, siniestro, sombrío, trágico, *triste. ➤ Poco AFORTUNADO, mal APRESO, arrastrado, azaroso, *calamidad, cenicienta, cuitado, desafortunado, desastre, desdicha, desdichado, desgraciado, deshabido, *desvalido, desventurado, mal DOTADO, poco FAVORECIDO, infortuno, lacerado, maharón, malandante, malaventurado, dejado de la MANO de Dios, menesteroso, menguado, miserable, miserando, mísero, pobre, pobrete, pobreto, el RIGOR de las desdichas, salado, tirado. ➤ Gafe. ➤ ACABAR mal [en mal], *arruinarse, pasar CRUJÍA, darse mal, desgraciar, estrellarse, gafar, salir al GALLARÍN, ir mal, estar de MALAS, caer una MALDICIÓN, hundirse el MUNDO, PARAR [en] mal, ir al TRAVÉS, VENIR a menos. ➤ Pesimismo. ➤ Colarse de RONDÓN. ➤ Señalar con PIEDRA negra. ➤ Por desdicha, desdichadamente, por desgracia, desgraciadamente. ➤ Del ÁRBOL caído todos hacen [o todo el mundo hace] leña, a PERRO flaco todo son pulgas, aquellos POLVOS traen estos lodos; DESPUÉS de todo..., en MEDIO de todo... ➤ *Contratiempo. *Daño. *Disgusto. *Frustrarse. *Mal. *Malo. *Malograrse. *Padecer. *Peligro. *Pena. *Preocupación. *Suceso. *Suerte. *Triste.

desgraciadamente adv. Expresión muy frecuente antepuesta a la exposición de un suceso de malas consecuencias: 'Desgraciadamente, no llegué a tiempo para detenerle'. ≃ Por desgracia.

desgraciado, -a 1 Participio de «desgraciar[se]». **2** adj. Aplicado a personas, afectado por una desgracia. ≃ Desdichado, infortunado. **3** (gralm. pl.) Aplicado a personas, se aplica al que no tiene con qué vivir o vive pobre o míseramente: 'No piensa en los desgraciados'. ≃ *Desvalido, menesteroso. **4** Aplicado a cosas, se aplica a lo que anuncia desgracias o va acompañado de ellas. ≃ Desafortunado, desdichado, funesto, *malo. **5** Aplicado a personas o a lo que hacen o dicen, desacertado: 'Tuvo una intervención desgraciada. Estuvo desgraciado en su intervención'. ≃ Desdichado. ⊙ Aplicado a personas o a lo que hacen o dicen, falto de gracia, de belleza o atractivo: 'Un lazo desgraciado'. ≃ *Desagraciado. ⇒ *Patoso. *Soso. **6** («en») adj. y n. Aplicado a personas, se aplica al que tiene mala *suerte. ≃ Desafortunado, desdichado: 'Desgraciado en amores'. **7** (inf.) *Apocado. **8** (inf.) Se aplica despectivamente a una persona, para significar que tiene o se le da muy poco valor: '¿Qué se ha creído ese desgraciado?'. ⇒ *Insignificante. **9** (vulg.) Malintencionado. ⇒ *Malo. V. «desgraciado en el JUEGO...».

desgraciar 1 tr. Quitar la gracia o *estropear el aspecto de ↘algo: 'Esa arruga desgracia la chaqueta'. ⇒ *Perjudicar. **2** **Desagradar, *disgustar o *enfadar.* **3** Hacer que una ↘persona o cosa sufra *daño, se desgracie o se *malogre. ⊙ prnl. Destruirse o estropearse una cosa antes de estar terminada o llegar a su completo desarrollo: 'Uno de los hijos se desgració antes de nacer. Si no se desgracia, habrá buena cosecha de manzanas'. ≃ *Malograrse. **4** **Desavenirse o *enemistarse con alguien.* ⊙ *Perder la *gracia de alguien.* **5** (ant.) *No estar bueno.*
□ CONJUG. como «cambiar».

desgradar[1] (de «des-» y «grado²»; ant.) tr. **Degradar.*

desgradar[2] (de «des-» y «grado¹»; ant.) intr. **Desagradar.*

desgradecido, -a (ant.) adj. **Desagradecido.*

desgramar tr. *Quitar o arrancar la grama de un sitio.*

desgranado, -a Participio adjetivo de «desgranar[se]». ⊙ *Se aplica a la *rueda dentada que ha perdido todos o parte de sus dientes.*

desgranador, -a adj. Que desgrana.

desgranadora f. Máquina que desgrana el maíz, las plantas textiles y otros productos agrícolas.

desgranamiento 1 m. Acción de desgranar. **2** *Estrías que se forman en el ánima y el oído del cañón cuando la recámara es esférica.*

desgranar 1 tr. y prnl. Separar[se] los granos de una ↘cosa: 'Desgranar el maíz [una granada, un racimo de uva]. Desgranarse las espigas'. ⇒ Descabezarse, escomar, garraspar, tapiscar. ➤ Mangual. ➤ *Pelar. ⊙ Sacar [o salirse] los granos de una ↘*legumbre de su vaina: 'Desgranar guisantes'. ≃ Limpiar, tapiscar. ⊙ prnl. *Soltarse las cuentas de un collar, rosario, etc. **2** tr. *Pasar entre los dedos las ↘cuentas del ↘rosario mientras se reza. **3** *Decir una serie de ↘cosas una detrás de otra: 'Desgranar oraciones [imprecaciones, alabanzas]'. ≃ Ensartar. **4** *Pasar la ↘*pólvora por una serie de tamices para separar los granos de cada grosor.* **5** *Desgastarse el oído o el grano en las *armas de fuego.*

desgrane m. *Desgranamiento (acción de desgranar).*

desgranzar 1 tr. AGRIC. Separar las granzas del ↘grano. ⇒ *Criba. **2** PINT. *Hacer la primera trituración de los ↘colores.*

desgrasar tr. Quitar la grasa que impregna o mancha una ↘cosa; por ejemplo, la *lana. ≃ Desengrasar.

desgrase m. Acción y efecto de desgrasar.

desgravación f. Acción de desgravar.

desgravar (de «des-» y «gravar») tr. *Rebajar un impuesto que pesa sobre ↘algo; particularmente, los derechos de *aduanas. ⊙ Descontar las ↘cantidades que se pueden deducir del importe de un impuesto. También con un pron. reflex.: 'Me desgravé el capital invertido en la compra de vivienda'. ⊙ intr. Ser deducibles algunos gastos de un impuesto: 'Los gastos de enfermedad desgravan en el impuesto sobre la renta'.

desgreñado, -a («Estar, Ir, Ponerse») Participio adjetivo de «desgreñar[se]».

desgreñar (de «des-» y «greña») tr. *Despeinar. ⊙ prnl. Desarreglarse por sí mismos los cabellos. ⊙ El sujeto puede ser también la persona a quien se le desarreglan los cabellos.

desguace 1 m. Acción de desguazar; por ejemplo, coches y barcos viejos. **2** Lugar donde se desguaza. **3** Materiales que resultan de esta acción.

desguañangado, -a 1 *Participio adjetivo de «desguañangar[se]».* **2** (Arg., Chi., P. Rico) *Descuidado en el vestir.*

desguañangar (Hispam.) tr. y prnl. *Soltar[se] o separar[se] las partes de una ↘cosa, haciendo que queden cada una por su lado.* ≃ *Desvencijar[se], *descuajaringar[se].

desguarnecer tr. *Quitar de una ↘cosa cualquier clase de guarnición: **1** Quitar las guarniciones a una ↘*caballería. ⇒ *Desaparejar. **2** Retirar las fuerzas que guarnecen una ↘plaza. **3** Quitar las guarniciones o *adornos de una ↘cosa. **4** («de») *Quitar ciertas partes esenciales de una ↘cosa: 'Desguarnecer de cuerdas la guitarra [o de velas el barco]'. **5** *Quitar con golpes del arma propia piezas de la armadura del ↘contrario, en la lucha.*
□ CONJUG. como «agradecer».

desguarnecido, -a Participio adjetivo de «desguarnecer».

desguarnir (de «des-» y «guarnir») **1** (ant.) tr. *Desguarnecer.* **2** MAR. *Sacar, soltar o desenrollar.* ⊙ MAR. *Soltar del ↘*cabrestante las vueltas del virador.* ⊙ MAR. *Soltar la cadena del ↘ancla.* ⊙ MAR. *Despasar la beta de un ↘aparejo que laborea por motón, cuadernal o guindaste.*

desguay (de «desgay»; Ar.) m. **Retal de tela.* ≃ Desgay.

desguazar (del it. «sguazzare») **1** tr. CARP. **Desbastar un ↘madero con el hacha.* **2** MAR. Deshacer un ↘*barco, por ejemplo por ser ya inútil. **3** *Desmontar cualquier ↘estructura; por ejemplo, coches, electrodomésticos, etc.

desguince 1 m. **Cuchillo con que se deshace el trapo en las fábricas de *papel.* **2** **Esguince (ademán para hurtarse, gesto de disgusto, distensión de una articulación).*

desguindar tr. MAR. **Bajar una ↘cosa que está guindada (colocada en alto).* ⊙ prnl. MAR. *Descolgarse o *bajarse alguien que está encaramado en algún sitio.*

desguinzar (del sup. lat. «exquintiāre», partir en cinco pedazos) tr. *Deshacer el* ↘*trapo con el desguince.* ≃ Esguinzar, esquinzar.

desguisado, -a (ant.) adj. *Desaguisado.*

deshabido, -a (de «des-» y «habido»; ant.) adj. **Desgraciado o *pobre.*

deshabillé (fr.) m. SALTO de cama.

deshabitado, -a Participio adjetivo de «deshabitar»: no habitado. ⇒ *Despoblado.

deshabitar tr. **Abandonar un* ↘*lugar donde se habita.* ⊙ *Dejar sin habitantes un* ↘*lugar o un territorio.*

deshabituación f. Acción y efecto de deshabituar[se].

deshabituamiento m. Deshabituación.

deshabituar («de») tr. y prnl. Hacer que ↘alguien pierda [o perder] la costumbre de cierta cosa o la tolerancia para ella. ≃ *Desacostumbrar[se]. ⊙ Particularmente, un hábito perjudicial mediante una terapia: 'Se deshabituó del tabaco'.

□ CONJUG. como «actuar».

deshacedor, -a adj. y n. Se aplica al que deshace algo.

deshacer 1 tr. Hacer que una ↘cosa hecha quede inexistente o deje de estar hecha, o sea, que las cosas queden como antes de hacerla: 'Deshacer una costura. Deshacer un trato'. ⊙ prnl. Quedar una cosa como si no estuviera hecha o como estaba antes de hacerla: 'El nudo se deshizo'. ⊙ Ir desapareciendo una cosa hasta dejar de ser visible: 'La nube acabó por deshacerse'. ≃ Desvanecerse. ⊙ tr. Hacer que en algunas ↘cosas desaparezca cierto arreglo en el cual consiste estar «hechas»: 'Deshacer la cama'. ⇒ *Anular, *aplastar, *corroer, *desarmar, *desarreglar, desbaratar, desfacer, desguazar, *desleír, *desmenuzar, desmontar, *destruir, desurdir, desvanecer, *disgregar, disolver, *dividir, *moler, *retroceder, *reventar, *romper, TEJER y destejer, *trastornar. **2** Recorrer un ↘camino en sentido contrario de aquel en que se ha recorrido. ≃ Desandar. ⇒ *Retroceder. **3** Separar las distintas partes de una ↘cosa: 'Deshacer una res'. ≃ *Dividir. **4** tr. y prnl. *Destruir[se] completamente una ↘cosa: 'La tempestad deshizo el barco'. ⊙ Convertir[se] una ↘cosa en fragmentos muy menudos: 'El viento y la lluvia han deshecho la pared'. ≃ Desintegrar[se], desmenuzar[se], desmoronar[se], *disgregar[se]. **5** *Estropear[se] mucho una ↘cosa o dañar[se] gravemente: 'Estudiando con esa luz te deshaces la vista'. **6** Convertir[se] en líquida una ↘cosa sólida: 'El sol deshace la nieve'. ≃ Derretir[se], *fundir[se]. ⊙ *Desleír[se] o *disolver[se] una ↘cosa: 'Deshacer el azúcar en el café'. **7** tr. Alterar el estado de ánimo de ↘alguien en cualquier forma que le quite la alegría, los ánimos o las fuerzas físicas o espirituales. ⇒ *Abatir. *Anonadar. *Apenar. *Cansar. *Consumir. *Desazón. *Trastornar. ⊙ prnl. Agitarse, esforzarse o experimentar un estado emocional violento. ⊙ Exteriorizar muy vehementemente una *pena o un *disgusto. ⇒ *Afligirse, *descomponerse, *desesperarse. ⊙ Esforzarse mucho trabajando: 'Se deshace estudiando [o a trabajar] y no consigue nada'. ⊙ Esforzarse por *complacer a alguien: 'Se deshace por darme gusto'. ≃ Desvivirse. ⊙ («en») Hacer o decir *muchas reverencias, alabanzas, insultos, etc.: 'Se deshizo en zalemas'. ⊙ *Desear mucho una cosa o tener mucha *afición por una cosa: 'Se deshace por las joyas'. ≃ Desvivirse. **8** tr. *Confundir o *derrotar a ↘alguien en una lucha o discusión. **9** *Arruinar o causar grave perjuicio o trastorno a ↘alguien: 'La guerra nos deshizo'. **10** («de») prnl. Dar, vender o apartar alguien de sí de cualquier manera una cosa o a una persona por encontrarlas inútiles o molestas o convenirle hacerlo: 'Se ha deshecho de todas las fincas que tenía. Se deshizo de la muchacha mandándola a un recado'. ≃ Quitarse. ⇒ *Desembarazarse.

V. «HACER y deshacer».

□ CONJUG. como «hacer».

deshacimiento m. *Acción de deshacer.*

deshaldo (de «des-» y «halda») m. APIC. **Marceo (limpieza de las colmenas de abejas al empezar la primavera).*

deshambrido, -a (de «des-» y «hambre») adj. *Hambriento.*

desharrapado, -a (de «des-» y «harrapo») **1** adj. Con los vestidos viejos, rotos, sucios, etc. ≃ *Andrajoso, astroso, desastrado, harapiento. **2** (desp.) adj. y n. Se aplica a la persona que no tiene medios de fortuna para vivir decorosamente. ⇒ Desarrapado, descamisado, espilocho, guarango, muerto de hambre, lameplatos, pelado, pelanas, pelete, pelón. ➤ No TENER dónde caerse muerto. ➤ *Insignificante. *Pobre.

desharrapamiento m. *Situación, aspecto, etc., de desharrapado.*

deshebillar tr. **Desabrochar una* ↘*hebilla o las hebillas, o* ↘*lo que estaba sujeto o cerrado con ellas.*

deshebrar 1 tr. **Deshilar una* ↘tela. **2** *Quitar los hilos a las* ↘**legumbres verdes.* ≃ Limpiar. **3** *Deshacer una* ↘*cosa en briznas delgadas.*

deshecha 1 f. *Paso de la danza española que se hace deshaciendo con un pie el movimiento que se había hecho con el otro.* **2** **Canción final de ciertas composiciones poéticas.* **3** *Disimulo con que se intenta desvanecer* una sospecha. **4** *Salida obligada de un lugar.*

deshechizar tr. Deshacer un hechizo.

deshecho, -a 1 Participio adjetivo de uso frecuentísimo en cualquiera de las acepciones de «deshacer[se]», y, generalmente, de uso más frecuente que las formas simples del verbo. ⊙ Sin volver a hacer: 'La cama estaba todavía deshecha'. ⊙ Desvencijado o *roto: 'Lleva los zapatos deshechos'. ⊙ Deshecho en llanto. ⊙ Muy abatido: 'Está deshecho desde la muerte de su hijo'. ≃ Destrozado. ⊙ Rendido de cansancio: 'Después de seis horas de ese trabajo acabo deshecho'. **2** Aplicado a «vendaval, tempestad», etc., muy *violento. **3** (Hispam.) m. *Atajo (camino).*

DEJAR [PONER, QUEDAR...] DESHECHO. Expresiones que, como ya se ha indicado, sustituyen en la mayor parte de los casos a las formas simples de «deshacer[se]».

deshechura (ant.) f. *Deshacimiento.*

deshelamiento (ant.) m. *Deshielo.*

deshelar tr. y prnl. *Fundir[se] una ↘cosa helada.

□ CONJUG. como «acertar».

desherbar tr. Quitar del ↘campo las hierbas perjudiciales. ≃ *Escardar.

desheredación f. *Desheredamiento.*

desheredado, -a 1 Participio adjetivo de «desheredar». **2** Falto de otros bienes que los escasos que proceden de su trabajo corporal: 'Mejorar la condición de los desheredados'. ≃ *Pobre.

desheredamiento m. Acción de desheredar. ≃ Desheredación, desherencia.

desheredar 1 tr. Excluir alguien de su herencia a un presunto ↘heredero. **2** prnl. *Apartarse o desdecir alguien de la tradición de su familia.* ≃ **Degenerar.*

desherencia f. Desheredamiento.

deshermanar 1 tr. *Destruir la conformidad o semejanza entre dos o más* ↘*cosas.* ⇒ *Distinguir. **2** prnl. *Perder el* *afecto natural entre hermanos.* ⊙ *No comportarse como hermano.*

desherradura f. VET. *Daño que se le hace a la *caballería en la palma por ir desherrada.*

desherrar **1** tr. **Liberar a ↘alguien de los hierros, cadenas o grillos que le aprisionan. También reflexivo.* ≃ Desferrar[se]. **2** tr. *Quitar las herraduras de una ↘*caballería.* ⊙ prnl. *Perder una caballería las herraduras.*

desherrumbramiento m. *Acción de desherrumbrar[se].*

desherrumbrar tr. y prnl. *Quitar[se] la herrumbre de ↘algo.*

deshidratación f. Acción y efecto de «deshidratar[se]».

deshidratante adj. y, más frec., n. m. Se aplica a lo que deshidrata.

deshidratar tr. Quitarle a un ↘cuerpo el *agua que contiene en su masa. ⊙ prnl. Perder un cuerpo el agua que contiene.

deshielo m. Acción de deshelarse. ⊙ Particularmente, la nieve o el hielo al suavizarse la temperatura. ⊙ *Época en que ocurre esto.

deshijar **1** (Hispam.) tr. *Quitar los chupones o vástagos inútiles o perjudiciales a las ↘plantas.* ≃ *Deschuponar. **2** (Arg., Chi.) *Apartar las crías de sus madres.*

deshilachado, -a Participio adjetivo de «deshilachar[se]». ⊙ Con los bordes desgastados: 'Lleva las mangas deshilachadas'. ≃ Desfilachado, desflecado, raído.

deshilachar tr. Deshilar una ↘tela para hacer hilas. ⊙ prnl. Perder hilachas una tela por el uso o por otra causa.

deshiladiz (Ar.) m. **Seda sacada de los capullos rotos.* ≃ Filadiz.

deshilado, -a **1** Participio adjetivo de «deshilar[se]». **2** m. Acción y efecto de deshilar una tela. **3** Tipo de bordado que se hace sacando previamente hilos de la tela, de modo que los que quedan formen un enrejado; es propio, por ejemplo, de los bordados de Lagartera. ≃ Filtiré. ⇒ Embarcinar. ➤ *Bordar.

A LA DESHILADA. **1** *Aplicado, por ejemplo, a la manera de marchar la tropa, en *fila, de uno en uno.* **2** *Con disimulo.*

deshiladura f. *Acción y efecto de deshilar[se].*

deshilar **1** tr. Reducir a hilos una ↘*tela; por ejemplo, para hacer hilas. ⊙ Sacar en el ↘borde de una tela los hilos paralelos a él dejando un fleco. ⇒ Desfilachar, desflecar, deshebrar, deshilachar, deshilarse. ➤ Hilas. ➤ *Fleco. ⊙ prnl. *Desgastarse el borde de un vestido, desapareciendo algunos de los hilos que van en dirección paralela a él y quedando los otros formando fleco. ≃ Desflecarse. **2** tr. *Deshacer en briznas delgadas una ↘cosa; por ejemplo, la pechuga de un ave.* ≃ *Desbriznar, deshebrar. **3** intr. **Adelgazar.* ≃ Ahilar. **4** tr. APIC. *Cambiar una ↘colmena vieja por otra nueva cuando están fuera las *abejas, de modo que, cuando vuelve, la hilera de ellas entra engañada en la nueva.*

deshilvanado, -a **1** Participio adjetivo de «deshilvanar[se]». **2** Aplicado a cosas como ideas, un discurso, un tratado, etc., sin enlace o trabazón de sus partes: 'Una conferencia deshilvanada'. ⇒ Descosido, deseslabonado, deslavazado, desorganizado. ➤ Desunido.

deshilvanar tr. y prnl. Quitar[se] los hilvanes de una ↘prenda. ⇒ Desapuntar, descodar. ➤ *Coser.

deshincar tr. y prnl. *Sacar [o salir] lo que está hincado.*

deshinchadura f. Acción de deshinchar[se].

deshinchar **1** tr. Sacar el contenido de una ↘cosa hinchada, de modo que deja de estarlo. ⇒ Desinflar. ⊙ Hacer que se deshinche un ↘miembro o parte del cuerpo. ⊙ prnl. Dejar de estar hinchada una cosa que lo estaba. **2** Abandonar alguien, por verse forzado a ello, su *presunción, envanecimiento u *orgullo. ⇒ *Humillar. **3** Perder una persona el ánimo o el impulso para hacer algo. **4** tr. **Desahogar la *cólera o el enfado.*

deshipotecar tr. Cancelar una hipoteca que pesa sobre ↘algo.

deshoja (Cantb.) f. *Deshojadura.*

deshojadura f. Acción de deshojar[se].

deshojar tr. y prnl. Quitar[se] las hojas de cualquier clase de una ↘cosa. ⊙ Particularmente, quitar[se] los pétalos de una ↘flor.

deshoje m. Acción de deshojarse.

deshollejar tr. *Quitar el hollejo de las frutas y legumbres.*

deshollinadera f. *Deshollinador (utensilio para limpiar las paredes y techos).*

deshollinador, -a **1** n. Persona que se dedica a deshollinar las chimeneas. **2** m. *Utensilio para hacerlo.* **3** **Escoba de palo largo que se emplea para deshollinar o limpiar techos y paredes.* ≃ Deshollinadera. **4** adj. *Se dice del que mira con *curiosidad impertinente las cosas que se ofrecen ante su vista; por ejemplo, en casa de otra persona.* ≃ Fisgón.

deshollinar **1** tr. *Limpiar de hollín las ↘*chimeneas, etc. ⊙ Por extensión, *limpiar los ↘techos y paredes de un ↘sitio, aunque no sea de hollín: 'Tienen costumbre de deshollinar la casa los sábados'. **2** (inf.) **Escudriñar o *fisgar: mirar con mucho interés para ver todo ↘lo que hay en un sitio o enterarse de ello.*

deshonestad (ant.) f. *Deshonestidad.*

deshonestamente adv. Con falta de honestidad.

deshonestar (del lat. «dehonestāre») **1** (ant.) tr. **Deshonrar o *desacreditar.* ⊙ prnl. *Abandonar la *dignidad en las acciones o palabras.* **2** (ant.) tr. *Deformar.*

deshonestidad **1** f. Cualidad de deshonesto. ⊙ Conducta deshonesta. **2** *Acción o dicho deshonesto.*

deshonesto, -a **1** adj. Aplicado a las personas y a sus acciones, *inmoral o no *honrado u honesto. **2** Aplicado a las personas y a sus actos y palabras, *obsceno o falto de recato o pudor.

V. «ABUSO deshonesto».

□ CATÁLOGO

Escandaloso, impudente, impúdico, incasto, inconfesable, *inconveniente, indecente, indecoroso, inhonesto, inmodesto, *inmoral, irregular, *obsceno. ➤ Alegre, atrevido, descocado, desenvuelto, despreocupado, desvergonzado, fácil, frágil, inhonesto, inhonestable, inmodesto, libre, liviano, pirujo, profano. ➤ Incitante, *provocativo. ➤ Descoco, descompostura, desenvoltura, deshonestidad, desvergüenza, impudor, impureza, indecencia, inhonestidad, inmodestia, inmoralidad. ➤ *Coquetear, retozar, travesear. ➤ *Pudor. ➤ *Sexo.

deshonor m. Pérdida del honor: 'No pudo sobrevivir a su deshonor'. ≃ *Deshonra. ⊙ Situación de quien ha perdido el honor: 'Viven en el deshonor'. ≃ Infamia, ignominia. ⊙ Cosa que *deshonra o quita el honor: 'No es un deshonor trabajar'. ≃ Afrenta, baldón, deshonra, estigma, ignominia, infamia, mancha, *vergüenza.

deshonorar **1** tr. *Quitar el honor a ↘alguien.* **2** *Quitarle a ↘alguien honores o cargos.* ≃ *Exonerar.

deshonra **1** f. Pérdida de la honra: 'Todo antes que la deshonra de la familia'. ≃ Deshonor. ⊙ Situación del que ha perdido la honra o el honor: 'Parece que no le avergüenza su deshonra'. ≃ Deshonor, indignidad. ⊙ Cosa que es motivo de deshonra: 'Sería una deshonra para tu familia que te expulsaran del colegio'. ≃ Deshonor, *vergüenza. **2** Pérdida de la honra en una mujer. ⊙ Situación de la mujer deshonrada.

TENER A DESHONRA algo. Considerarlo indecente o indigno de uno mismo: 'Tiene a deshonra reconocer su error'.

deshonrabuenos **1** (ant.; n. calif.) n. *Se aplica a la persona que acostumbra *desacreditar a otros.* ⇒ Maldiciente. **2** (ant.; n. calif.) *Se aplica a la persona que *degenera de sus antepasados.*

deshonradamente adv. Deshonrosamente.

deshonrado, -a Participio adjetivo de «deshonrar[se]».

deshonrador, -a adj. y n. Que deshonra.

deshonrar **1** tr. Quitar la honra o el honor a ↘alguien. ⊙ prnl. Perder la honra o el honor. **2** tr. Quitar la honra a una ↘mujer. ⇒ *Violar.

□ CATÁLOGO

Almagrar, amancillar, amenguar, baldonar, blasmar, cubrir[se] de BARRO, CAER muy bajo, echar un CHAFARRINÓN, cubrir[se] de CIENO, cohonder, coinquinar[se], degradarse, dejemplar, denigrar, desdorar, desfamar, deshonorar, deslucir[se], deslustrar[se], desmanchar, desnoblecer, desopinar, detractar, detraer, disfamar, encanallarse, encenagarse, enconarse, enlodar[se], enlodazar[se], ensuciar[se], entiznar, *envilecer[se], estigmatizar, oscurecer la [o poner mala] FAMA, funestar, empañar [manchar, menoscabar o perder] la HONRA, cubrir[se] de IGNOMINIA, cometer una INDIGNIDAD, infamar[se], inhonorar, cubrir[se] de LODO, mancharse, mancillar[se], profanar la MEMORIA, menguar, notar, oprobiar, pringar[se], profazar, *rebajarse, salar, sambenitar, poner [arrastrar o tirar] por los SUELOS, tiznar, vilipendiar. ➤ Abyección, afrenta, afruenta, afruento, baldón, caída, degradación, *descrédito, desdoro, deshonor, deshonra, desondra, desprecio, desreputación, detraimiento, dolencia, estigma, mala FAMA, ignominia, indignidad, infamia, ludibrio, mancilla, oprobio, padrón, profazo, ruina, mala reputación, tizón, *vergüenza, vilipendio. ➤ Barro, borrón, cieno, fango, lodo, lunar, mácula, *mancha, mengua, sambenito, tacha, tilde. ➤ Afrentoso, degradante, denigrante, deshonroso, indecoroso, infamante. ➤ Libelo. ➤ Despreciable, *vil. ➤ TENERSE a menos. ➤ *Calumnia. *Criticar. *Desacreditar. *Descrédito. *Difamar. *Humillar. *Murmurar. *Ofender. *Rebajar. *Vergüenza.

deshonrible (de «des-» y «honra»; hum.) adj. y n. *Sinvergüenza.*

deshonrosamente adv. De forma deshonrosa.

deshonroso, -a adj. Se aplica a lo que deshonra. ≃ Vergonzoso, indecoroso.

deshora f. A DESHORA. A *hora desacostumbrada, inoportuna o muy avanzada de la noche: 'Vino a comer a deshora. Los sábados suele acostarse a deshora'.

deshornar tr. *Sacar ↘algo del horno.* ≃ Desenhornar.

deshuesar tr. Quitar el hueso o los huesos a la ↘fruta, la carne, etc. ≃ Desosar. ⇒ Descarozar.

deshumanización f. Acción y efecto de deshumanizar[se]: 'La deshumanización del arte'.

deshumanizado, -a Participio adjetivo de «deshumanizar[se]». ⊙ Que no muestra preocupación o interés por los problemas humanos: 'Una sociedad deshumanizada'.

deshumanizador, -a adj. Que deshumaniza.

deshumanizar tr. Prescindir en una ↘obra del espíritu, artística o científica, de toda preocupación por el bien y el mal o por la angustia y el dolor humanos: 'Deshumanizar la ciencia'. ⊙ No parece que haya inconveniente en aplicarlo a cualquier ↘actividad, con el significado de «privarla de humanidad» o «humanitarismo»: 'Deshumanizar la lucha'. ⇒ *Humano. ⊙ prnl. Quedar privado de humanidad o humanitarismo.

deshumano adj. **Cruel.* ≃ Inhumano.

deshumedecer tr. y prnl. *Quitar[se] la humedad de algo.* ≃ Desecar. ⇒ *Seco.

déside (del lat. «deses, -ĭdis»; ant.) adj. **Descuidado.* ≃ Desidioso.

desiderable adj. **Deseable.*

desiderata m. pl. Expresión latina que significa «cosas que se desean»: 'Los desiderata del personal quedaran consignados en una carta al director.

desiderativo, -a (usado particularmente en gramática) adj. Se aplica a lo que expresa o indica deseo.

desiderátum (del lat. «desiderătum»; pl. «desiderata» o «desiderátum») m. Lo más o lo *mejor que se puede desear en la cosa de que se trata: 'Trabajar a gusto y además ganar dinero es el desiderátum'.

desidia (del lat. «desidĭa», pereza, indolencia) f. Falta de cuidado en el arreglo de sí mismo, en el de las cosas propias o en el trabajo que se hace. ≃ Abandono, dejadez, *descuido, incuria. ⇒ *Pereza. ➤ Desidioso, *sucio.

desidiosamente adv. De forma desidiosa.

desidioso, -a adj. y n. Que muestra desidia.

desierto, -a (del lat. «desertus») **1** adj. Se aplica al lugar donde no habita o no hay nadie: 'Una región desierta. El paseo estaba desierto'. ≃ *Deshabitado, *despoblado, *vacío. ⊙ También, hiperbólicamente, al sitio en que hay muy poca gente: 'El teatro estaba desierto'. ≃ *Vacío. **2** («Declarar, Quedar, Resultar») Se aplica a la *subasta, *concurso, etc., en que no hay ningún solicitante. ⊙ También se dice que un tribunal «declara desiertas» unas *oposiciones o un concurso o que estos «quedan desiertos», cuando no se da la plaza, el premio, etc., por no presentarse aspirantes, o no tener suficientes méritos ninguno de ellos. **3** m. Lugar arenoso, desprovisto de vegetación. ⊙ (n. calif.) Hiperbólicamente, lugar poco habitado o poco fértil.

CLAMAR [O PREDICAR] EN EL DESIERTO. Esforzarse inútilmente por convencer a la gente o a alguien en particular de una cosa justa o razonable. ⇒ *Obstinación.

□ CATÁLOGO

Dunas, erg, *erial, eriazo, estepa, palomera, paramera, páramo, soledades, soledumbre, travesía. ➤ Caravana, espejismo, oasis. ➤ Baldío, inhabitable, inhospitalario, inhóspito. ➤ *Abandonado, desavecindado, desértico, *deshabitado, desolado, *despoblado, encantado, fantasma, inhabitado, semidesértico, solitario, *solo, *vacío. ➤ Desertificación, desertización.

designación **1** f. Acción de designar. ⊙ *Nombramiento para un empleo, etc. **2** *Nombre aplicado a una cosa. ≃ Denominación.

designar (del lat. «designāre») **1** tr. *Formar designio o *intención de cierta ↘cosa.* **2** («por, con el nombre de») Representar una ↘cosa por una palabra o una letra: 'Designamos por «O» el centro de la figura'. ≃ Denominar, llamar, *nombrar. **3** («para») Destinar una ↘persona a cierto empleo, puesto o función. ≃ *Nombrar. ⊙ Señalar un ↘lugar o un momento para cierta cosa: 'Hemos designado para la boda los primeros días de abril. Designaron Madrid para la reunión de la próxima asamblea'. ≃ Fijar.

designio (de «designar») m. Idea que tiene una persona de realizar cierta cosa. ≃ Fin, *intención, propósito. ⊙ Cosa que alguien se propone realizar.

desigual 1 adj. Con diferencias o con cambios. ⊙ (pl.) No iguales: 'Dos hermanos muy desiguales'. ≃ Diferentes, distintos. ⊙ Variable: 'Está haciendo un tiempo desigual. Tiene un carácter desigual'. ⊙ Con desigualdades de nivel: 'Un terreno [o una superficie] desigual'. ⊙ No liso: 'De borde desigual'. ⊙ Irregular: 'Letra [o caligrafía] desigual'. ⊙ No equitativo: 'Trato desigual'. ⊙ Aplicado a «batalla, combate, lucha», etc., realizado con fuerzas desiguales. ⇒ Desigualdad. **2** (ant.) **Excesivo o extremado.* **3** *Difícil.*

SALIR DESIGUAL una cosa. **Frustrarse o *malograrse.*

desigualado, -a 1 («Estar») Participio adjetivo de «desigualar[se]». **2** («Ser»; ant.) *Desigual.*

desigualar 1 tr. y prnl. Deshacer[se] la igualdad de una ↘cosa con otra, o la uniformidad, homogeneidad, lisura, etc., en una ↘cosa. **2** prnl. **Superar a otros o *sobresalir entre otros.*

desigualdad f. Falta de igualdad entre las cosas. ⊙ Parte de una cosa que es distinta de lo que la rodea, por cualquier circunstancia. ⊙ MAT. Expresión en que, mediante el signo «>» o «<», se explica que lo que antecede a ese signo es, respectivamente, mayor o menor que lo que le sigue; el signo se lee «mayor que» o «menor que», respectivamente. ⊙ Falta de equidad: 'Las desigualdades sociales'. ≃ Injusticia.

□ CATÁLOGO

Otra raíz, «aniso-»: 'anisómero'. ➤ Abultamiento, altibajo, altura, anfractuosidad, *apéndice, aspereza, barbas, *bulto, *calvero, *cavidad, *concavidad, *concreción, convexidad, cresta, *depresión, desigualeza, desnivel, *diente, *diferencia, discontinuidad, *dureza, *elevación, *entrante, escalón, esconce, excavación, *excrecencia, galleo, *grano, *grieta, *grumo, heterogeneidad, hinchazón, *hoyo, irregularidad, levantamiento, *mancha, *montaña, nariz, *onda, *pendiente, *pico, pitón, prominencia, protuberancia, proyección, proyectura, *punta, *relieve, *saliente, tubérculo, uña, vuelo. ➤ *Igual. *Liso. ➤ *Diferir.

desigualeza (ant.) f. *Desigualdad (falta de igualdad).*

desigualmente adv. De forma desigual.

desilusión 1 («Llevarse, Padecer, Recibir, Sufrir, Tener») f. Impresión que se recibe cuando la realidad desmiente una idea halagüeña que se tenía: 'Desenvolvió el paquete y, al encontrarse con un par de calcetines, tuvo una desilusión'. ≃ *Chasco, decepción, desengaño. **2** Estado del que no tiene ilusiones: 'Caer en la desilusión'.

desilusionado, -a Participio adjetivo de «desilusionar[se]».

desilusionador, -a adj. Que desilusiona.

desilusionar tr. y prnl. Causar [o sentir] desilusión: 'Cuando vi el pueblo, me desilusionó'.

desimantación o **desimanación** f. Acción y efecto de desimanar[se] o desimantar[se].

desimantar o **desimanar** tr. Hacer perder la imantación a un ↘imán. ⊙ prnl. Perder un imán la imantación.

desimponer tr. AGRAF. *Quitar la imposición de una ↘forma.*

□ CONJUG. como «poner».

desimpresionar tr. y prnl. *Desengañar[se].*

desincentivación f. Acción y efecto de desincentivar.

desincentivar tr. Privar de incentivos o estímulos: 'El trabajo monótono desincentiva a los empleados'.

desinclinar tr. **Apartar a ↘alguien de cierta inclinación.*

desincorporar tr. y prnl. *Separar[se] lo que estaba incorporado.*

desincrustante adj. y n. m. Se aplica a las sustancias que se emplean para desincrustar. ⊙ *Particularmente, a las que se emplean para evitar o eliminar el depósito de sales que se forma en las calderas de las *máquinas de vapor.*

desincrustar tr. Quitar la ↘grasa u otras sustancias que se incrustan en algo. ⊙ *Quitar las incrustaciones o costra que se forma en la ↘caldera de las *máquinas de vapor.*

desinencia (del lat. «desĭnens, -entis», part. pres. de «desiněre», terminar) f. GRAM. En sentido amplio, *terminación, o sea, letra o conjunto de letras que se añaden a una raíz o tema para formar las distintas palabras que tienen en común el significado de esa raíz. ⊙ GRAM. En sentido restringido, terminación que, a diferencia del sufijo, no tiene función significante sino función gramatical: mientras que «-ción» es un sufijo con el que se forman nombres de acción, «-aste» es una desinencia de segunda persona de pretérito indefinido. ⇒ Apénd. II., DERIVACIÓN.

desinencial adj. GRAM. De [la] desinencia o de [las] desinencias.

desinente (del lat. «desinens, -entis», part. pres. de «desiněre», cesar, acabar) adj. GRAM. Se aplica por algunos gramáticos a los *verbos de acción no durativa, o sea aquella cuyo enunciado implica su terminación; como «lanzar» o «arrancar».

desinfartar tr. y prnl. MED. *Resolver[se] un infarto.*

desinfección f. Acción y efecto de desinfectar.

V. «ESTUFA de desinfección».

desinfectante adj. y n. m. Se aplica a lo que desinfecta o sirve para desinfectar.

desinfectar (de «des-» e «infectar») tr. Destruir los gérmenes nocivos en una ↘cosa.

□ CATÁLOGO

Absterger, cauterizar, esterilizar, flamear, fumigar, *limpiar, pasterizar [o pasteurizar], uperizar. ➤ Desinsectar. ➤ Abstergente, antipútrido, *antiséptico, desinfectante. ➤ ÁCIDO bórico, AGUA oxigenada, alcohol, ARGENTO vivo sublimado, carbol, cloro, creolina, fenol, formol, hipoclorito, iodo, lisol, mercromina, mercurocromo, perborato sódico, permanganato potásico, salol, solimán, *SUBLIMADO [corrosivo], timol, yodo, yodoformo, zotal. ➤ Asepsia, desinfección. ➤ Autoclave, ESTUFA de desinfección. ➤ UHT. ➤ Biocida, insecticida, larvicida, pesticida. ➤ *Bacteria. *Medicina. *Microorganismo.

desinflamación f. Acción y efecto de desinflamar[se].

desinflamar tr. y prnl. Quitar[se] la inflamación. ⇒ Descongestionarse, desenconar[se], deshinchar[se]. ➤ Detumescencia.

desinflar 1 tr. Dejar salir el aire u otra cosa contenida a presión en una ↘cosa inflada. ≃ *Deshinchar. ⊙ prnl. Quedar desinflado. **2** (inf.) tr. Hacer *disminuir el aspecto importante de ↘algo o alguien: 'Desinflar una noticia'. ⊙ (inf.) prnl. Quedar reducida a dimensiones o importancia muy pequeñas una cosa que, artificiosamente, tenía una apariencia importante: 'Se han desinflado los aumentos de sueldo'. ≃ Deshincharse. **3** (inf.) tr. y, más frec., prnl. Quitar [o perder] la exaltación, el ánimo, la acometividad o el impulso para hacer algo. ≃ *Desanimarse. **4** prnl. Perder la *presunción o el *orgullo.

desinformación 1 f. Acción y efecto de desinformar. **2** Falta de información.

desinformado, -a Participio adjetivo de «desinformar». ⊙ Se aplica a la persona que no está bien informada o no ha sido informada sobre un asunto.

desinformar tr. o, más frec., abs. Dar intencionadamente una información manipulada difundiendo noticias falsas, erróneas o que desfiguran la realidad.

desinhibición f. Pérdida o falta de la inhibición.

desinhibido, -a Participio adjetivo de «desinhibir[se]». ⊙ Se aplica a la persona que se comporta de forma espontánea y no reprime sus impulsos, y a este comportamiento.

desinhibir tr. Quitar a alguien las inhibiciones. ⊙ prnl. Vencer la timidez y otras inhibiciones que reprimen los impulsos: 'Cuando toma una copa de más, se desinhibe'.

desinquietar tr. *Inquietar.*

desinquieto, -a (pop. en algunos sitios) adj. *Inquieto.*

desinsacular 1 tr. Extraer del saco, bolsa, etc., en que están contenidas, las ↘bolas o papeletas de una votación o un *sorteo. ⇒ Desencantarar. **2** (Ar.) *Excluir de una votación a alguno de los ↘candidatos.* ≃ Desencantarar.

desinsectación f. Acción y efecto de desinsectar.

desinsectar tr. Limpiar un ↘sitio de insectos perjudiciales.

desintegración f. Acción de desintegrar[se]: 'La desintegración de la piedra de construcción'.

DESINTEGRACIÓN NUCLEAR. Fís. Fenómeno de partición espontánea o provocada del núcleo de un *átomo con absorción o producción de energía. ⇒ *Radiactividad.

desintegrar tr. y prnl. *Dividir[se] una ↘cosa en sus partes o elementos, o en fragmentos. ⇒ *Desmenuzar[se], *desmoronar[se], *destruir[se], *disgregar[se], *moler.

desinterés 1 m. Falta de interés por cierta cosa. **2** Falta de interés material o de interés egoísta de cualquier clase en lo que se hace. **3** Inclinación a dar lo que uno tiene o compartir las cosas propias con los demás. ≃ Desprendimiento, generosidad.

desinteresadamente adv. De forma desinteresada.

desinteresado, -a Participio de «desinteresarse». ⊙ adj. Que no muestra un interés material o egoísta en lo que hace.

desinteresamiento (ant.) m. *Desinterés.*

desinteresarse («de») prnl. Dejar de poner o de tener interés en una cosa: 'Se ha desinteresado de la política'. ⇒ *Desentenderse. ⊙ («de») Abstenerse de interesarse o intervenir en un asunto. ≃ *Inhibirse.

desintoxicación f. Acción y efecto de desintoxicar[se].

desintoxicar 1 tr. Curar a ↘alguien de una intoxicación. ⊙ Particularmente, someter a un ↘alcohólico o a un drogadicto a un tratamiento para que abandone el hábito del alcohol o las drogas. ⊙ prnl. Dejar de ser adicto al alcohol o las drogas mediante una terapia. **2** (inf.) Limpiar el organismo de las toxinas acumuladas; por ejemplo con un régimen alimenticio adecuado o haciendo deporte. **3** (inf.) Olvidarse alguien de sus preocupaciones, mediante alguna distracción, cambiando de lugar, etc.: 'Me fui a la sierra para desintoxicarme'.

desiñar (ant.) tr. *Designar.*

desiño (ant.) m. *Designio.*

desipiencia (del lat. «desipientĭa»; ant.) f. *Ignorancia.*

desipiente (del lat. «desipĭens, -entis», part. pres. de «desipĕre», haber perdido el juicio; ant.) adj. *Ignorante.*

desistimiento m. Acción de desistir. ⊙ Particularmente, en lenguaje jurídico.

desistir (del lat. «desistĕre») **1** («de») intr. Abandonar cierta intención o proyecto, por necesidad, por convencerse de su imposibilidad o por cualquier consideración: 'He desistido de convencerle'. ⇒ Abandonar, *apartarse, apearse, levantar el CAMPO, cejar, dejar, quemar las NAVES, reblar, rilarse, *separarse, tirar [o arrojar] la TOALLA, dejarse VENCER. ➤ Desviar, *disuadir. ➤ Dejación, espantada. ➤ Inconstancia. ➤ Insistir, *obstinarse, no PARAR hasta. ➤ *Abandonar. *Ceder. *Desanimarse. *Desdecirse. *Renunciar. *Retroceder. *Revocar. **2** DER. *Renunciar a la reclamación de un derecho. ⊙ DER. Retirarse de un *juicio.

desjarretadera f. *Utensilio empleado para desjarretar a los toros o vacas en la carrera, consistente una *cuchilla en forma de media luna, sujeta a un palo.* ⇒ Medialuna, tajadera.

desjarretar 1 tr. Cortarles a las ↘*reses las patas por el jarrete. **2** *Dejar a ↘alguien debilitado o *inválido.*

desjarrete m. *Acción de desjarretar.*

desjugar tr. *Quitar el jugo a ↘algo.*

desjuiciado, -a adj. **Aturdido o *insensato: falto de juicio.*

desjuntamiento m. *Acción y efecto de desjuntar[se].*

desjuntar tr. y prnl. *Separar[se] lo que está junto o unido.* ≃ Desajuntar[se].

deslabonar tr. y prnl. *Deseslabonar[se].*

desladrillar tr. Quitar los *ladrillos de un ↘*suelo. ≃ Desenladrillar.

deslaidar (de «des-» y «laido»; ant.) tr. **Afear.*

deslánguido, -a (del lat. «elanguĭdus»; ant.) adj. **Flaco o *débil.*

deslardarse (de «des-» y «lardo»; ant.) prnl. **Adelgazar.*

deslastrar tr. Quitar [el] lastre a una ↘cosa.

deslatar[1] tr. *Quitar las latas o listones puestos provisionalmente, por ejemplo a un ↘*tejado o un *barco.*

deslatar[2] (del lat. «dis», des-, y «latum», supino de «ferre», llevar) **1** (ant.) tr. **Disparar.* **2** (ant.) intr. *Disparatar.*

deslate (de «deslatar[2]») **1** (ant.) m. *Disparo o estallido.* **2** (ant.) **Disparate.* ≃ Dislate.

deslavado, -a 1 *Participio adjetivo de «deslavar».* **2** *Descarado.*

deslavadura f. *Acción y efecto de deslavar.*

deslavamiento (ant.) m. **Descaro.*

deslavar (del lat. «delavāre») **1** tr. **Lavar una ↘cosa a la ligera.* **2** **Desustanciar o quitar intensidad o fuerza a una ↘cosa.* ⇒ *Débil.

deslavazado, -a 1 *Participio adjetivo de «deslavazar».* **2** Blando y colgante: falto de firmeza en su contextura o en el movimiento y mantenimiento de su cuerpo: 'Una tela [o una persona] deslavazada. Un vestido deslavazado'. ≃ *Lacio. **3** Falto de trabazón entre sus partes: 'Un discurso deslavazado'. ≃ *Deshilvanado.

deslavazar tr. *Deslavar.*

deslave (del lat. «delābi», deslizarse; Hispam.) m. *Desmoronamiento de una pared o un terreno por la acción del agua o de la humedad.* ≃ Derrubio. ⊙ (Hispam.) *Amontonamiento de tierra procedente de ese desmoronamiento.*

deslayo (del fr. ant. «d'eslais») EN DESLAYO (ant.). *En *fila de a uno.* ≃ A la deshilada.

deslazar tr. Desenlazar.

desleal («Ser; a, con») adj. Falto de lealtad, en general o con alguien determinado: 'Un amigo desleal. Fue desleal a [o con] su rey'. ≃ Falso, infiel, *traidor.

deslealmente adv. De manera desleal.

deslealtad f. Falta de lealtad.

deslechar (de «des-» y «lecho»; Mur..) tr. *Quitar a los ↘gusanos de *seda los desperdicios de las hojas y demás suciedad.*

deslecho m *Operación de deslechar.*

deslechugar o **deslechuguillar** (de «des-» y «lechuga») **1** tr. AGR. **Limpiar las ↘viñas de lechuguillas y otras hierbas.* ⇒ *Escardar. **2** AGR. **Limpiar las ↘plantas de brotes o yemas inútiles.* ⇒ *Deschuponar, *desyemar. **3** AGR. *Quitarles las puntas a los sarmientos de las ↘vides cargados de frutos, cuando se aproxima la madurez de éstos.*

deslegalizar tr. *Privar de legalidad a ↘lo que antes era legal.* ≃ *Ilegalizar.*

deslegitimar tr. Privar de legitimidad a ↘algo.

desleidura f. *Desleimiento.*

desleimiento m. Acción y efecto de desleír.

desleír (del lat. «delēre», borrar, destruir) **1** («en») tr. Mezclar con un líquido una ↘cosa sólida o pastosa, de modo que se forme una masa pastosa homogénea. ⇒ Desatar, deshacer, diluir, jetar, levigar. ➤ Destemperado. ➤ *Disolver. **2** Expresar una idea, pensamiento o concepto sin concisión ni claridad, de modo que queden desmayados y fríos.

☐ CONJUG. como «reír».

deslendrar tr. *Quitar a ↘alguien las liendres y *piojos.*

deslenguado, -a 1 Participio de «deslenguar[se]». **2** adj. Calumniador, difamador o *malhablado.

deslenguar 1 tr. *Quitar la *lengua a ↘alguien.* **2** prnl. Desahogarse o hablar sin contención, insultando, jurando, etc. ≃ Desbocarse, *despotricar.

desliar[1] (del lat. «deligāre») tr. y prnl. Deshacer[se] un ↘lío o *paquete.

☐ CONJUG. como «desviar».

desliar[2] tr. *Separar las lías del ↘*mosto.*

☐ CONJUG. como «desviar».

desligado, -a Participio adjetivo de «desligar[se]».

desligadura f. Desligamiento.

desligamiento m. Acción de desligar[se].

desligar (del lat. «deligāre») **1** tr. y prnl. Soltar[se] una ↘cosa de otra a la que está ligada. ≃ *Separar[se]. ⊙ tr. Tratar o manejar una ↘cosa con independencia de otra a la que va naturalmente unida: 'Desligar el aspecto económico del aspecto político de la cuestión'. ≃ Independizar, separar. ⊙ Librar de un compromiso, obligación, etc.: 'Le desligó de la promesa de matrimonio'. ⊙ prnl. Independizarse, separarse: 'Se ha desligado de su familia hace tiempo'. ⊙ *Desentenderse de un compromiso u obligación. **2** tr. MÚS. *Picar.* **3** **Absolver a ↘alguien de las censuras eclesiásticas.* **4** **Aclarar o *desenredar un ↘asunto.*

V. «desligar el MALEFICIO».

deslinajar (de «des-» y «linaje»; ant.) tr. **Envilecer o *despreciar a ↘alguien.*

deslinar (ant.) tr. **Despojar o *desarmar a ↘alguien.*

deslindador, -a n. Persona que deslinda.

deslindamiento m. Acción y efecto de deslindar.

deslindar (del lat. «delimitāre») **1** tr. Señalar los límites de una ↘cosa o entre dos ↘cosas: 'Deslindar un solar. Deslindar las esferas de actividad de dos organismos'. ≃ Delimitar. ⇒ Alindar, alinderar, amelgar, amojonar, apear, demarcar, deslinde, disterminar, jalonar, limitar, mojonar, mojonación. ➤ *Agrimensor, apeador, deslindador, estadero, exterminador. ➤ *Limitar. *Mojón. *Topografía. **2** *Dejar completamente tratado un ↘asunto, hasta en sus menores detalles.* ≃ *Puntualizar.

deslinde m. Acción y efecto de deslindar.

desliñar (de «des-» y «lino») tr. **Limpiar el ↘*paño de cualquier hilacha o cosa extraña, antes de llevarlo a la prensa.* ≃ Enmondar.

deslío m. *Operación de desliar el mosto.*

desliz 1 m. Acción de deslizar[se]. **2** *Desacierto, *equivocación, *falta o indiscreción cometidos por alguien, por falta de reflexión: 'Los deslices de la juventud'. ⊙ Particularmente, con referencia a las relaciones sexuales. **3** *Porción de *mercurio que se escapa al limpiar la plata.*

deslizable adj. Susceptible de deslizarse.

deslizadera f. *Pieza que se desliza en una *máquina.*

deslizadero, -a 1 adj. *Deslizable o resbaladizo.* **2** m. *Sitio resbaladizo.*

deslizadizo, -a adj. *Resbaladizo.* ≃ Deslizadero.

deslizamiento m. Acción de deslizarse. ⊙ *Deporte consistente en deslizarse con cualquiera de los utensilios usados para ello.

deslizar (de la raíz expresiva «liz») **1** tr. y prnl. Mover[se] o *pasar una ↘cosa sobre otra suavemente: 'Deslizar la mano por el pasamanos'. ⊙ prnl. *Arrastrarse sobre algo rozándolo suavemente: 'El trineo se desliza sobre la nieve'. ≃ Escurrirse, resbalar, resbalarse. ⊙ *Moverse sobre el agua: 'La barca se deslizaba por el río'. ⊙ *Pasar suavemente por algún sitio: 'El agua se deslizaba entre mis dedos'. ⊙ Avanzar una corriente líquida: 'El arroyo se desliza mansamente'. ≃ *Fluir. ⊙ *Pasar sin nada extraordinario el *tiempo, una *acción o un *suceso: 'Las horas se deslizan lentamente.. ≃ *Desarrollarse. **2** tr. Poner o *meter ↘algo en un sitio con disimulo: 'Le deslizó un billete en el bolsillo'. ⊙ Intercalar ↘algo en la conversación como sin darle importancia. ⇒ *Decir. **3** (inf.) prnl. Producirse un *desacierto, *equivocación, *falta o indiscreción. **4** (inf.) *Exagerar en cualquier cosa. ≃ Correrse, pasarse. **5** (inf.) *Marcharse de un sitio disimuladamente o sin ser notado. ≃ Escaparse.

☐ CATÁLOGO

Barrear, correrse, deleznarse, derrapar, desbarrar, desvarar, esbarar, esbarizar, esborregar, escullir[se], escurrir[se], esmuciar[se], esvarar[se], *fluir, guindar, irse, pasar, patinar, irse los PIES, resbalar[se]. ➤ Engrasar, lubricar, lubrificar. ➤ Esteatita, grasa, lubricador, lubricante, lubrificante. ➤ Alaste, deleznable, deslizable, deslizadero, deslizadizo, escurridizo, lábil, *liso, lúbrico, nidio, precipitoso, resbaladizo, resbaloso, untuoso, vidrioso. ➤ Antideslizante. ➤ Corredera, cursor. ➤ Desbazadero, deslizadero, resbaladero, resbalera. ➤ Desliz, escullón, esvarón, resbalón, traspié, zapatazo. ➤ Esquí, patín, trineo. ➤ MONTAÑA rusa, tobogán. ➤ Como una ANGUILA. ➤ Estriberón. ➤ *Rozar. *Suave.

desloar (de «des-» y «loar»; ant.) tr. **Censurar o *reprender.*

deslocalización f. Acción de deslocalizar.

deslocalizar tr. Cambiar de ubicación una ↘empresa o una actividad económica.

deslomado, -a Participio adjetivo de «deslomar[se]».

deslomadura f. Acción y efecto de deslomar[se].

deslomar (de «des-» y «lomo») tr. Dejar a ↘alguien tan *cansado [con] un trabajo o esfuerzo que no puede seguir trabajando o moviéndose. ≃ Derrengar, descuajaringar, deshacer, moler, rendir. ⊙ prnl. Esforzarse o trabajar mucho una persona.

desloor (de «des-» y «loor»; ant.) m. **Vituperio.*

deslucidamente adv. Sin lucimiento o brillantez.

deslucido, -a 1 Participio de «deslucir[se]». 2 adj. Falto de *brillo o *esplendor, por ejemplo, por haberlo perdido con el uso: 'Un traje ya deslucido. Un cortejo deslucido' 3 Aplicado a la actuación de alguien, falto de lucimiento o *brillantez: 'Hizo un papel deslucido al lado de los otros artistas. Estuvo deslucido en la exposición del tema'. ⇒ *Deslucir. 4 *Se aplica al que no tiene acierto para gastar sus bienes de manera que le luzca.*

deslucimiento m. Estado de deslucido. ⊙ Falta de lucimiento.

deslucir 1 tr. y prnl. Quitar [o perder] la buena apariencia, el brillo o brillantez o el esplendor: 'El sol y la lluvia han deslucido las colgaduras. La lluvia deslució el desfile'. 2 tr. **Desacreditar a ↘alguien.*

□ CATÁLOGO
*Afear[se], *ajar[se], *desmerecer, *eclipsar, empañar, *empequeñecer, ensombrecer, *estropear[se], manosear, *oscurecer, rabosear, sobajar, sobar, hacer *SOMBRA. ➤ Arrugado, chafado, deslucido, deslustrado, desmarrido, gris, insignificante, lacio, manido, *mustio, opaco, pálido, sin PENA ni gloria, raído, rozado, sobado, tazado, usado, *viejo. ➤ Embolado, papelón. ➤ *Lucirse. ➤ *Desairar.

□ CONJUG. como «lucir».

deslumbrado, -a Participio adjetivo de «deslumbrar[se]». ⊙ Impresionado por alguien o algo, particularmente por su aspecto.

deslumbrador, -a adj. Que deslumbra.

deslumbramiento m. Acción y efecto de deslumbrar[se].

deslumbrante adj. Que deslumbra.

deslumbrar (de «des-» y «lumbre») 1 tr. Impedir momentáneamente a ↘alguien el exceso de luz que vea bien. ≃ Ofuscar. ⊙ Incapacitar el exceso de luz en un sitio para que se vean las cosas que están menos iluminadas. ⊙ prnl. Perder momentáneamente la visión por un exceso de luz. 2 tr. o abs. Causar una cosa mucha impresión con su aspecto brillante y desorientar para apreciarla en su verdadero valor: 'Deslumbra con su oratoria. Le deslumbró con sus joyas'. ⊙ prnl. Quedar alguien muy impresionado por una persona o cosa, particularmente por su apariencia o por alguna característica especial.

□ CATÁLOGO
Abobar, adarvar, alucinar, atontar, dejar [o quedarse] con la BOCA abierta, dejar BOQUIABIERTO, cegar, dejar DESLUMBRADO, embaír, embaucar, dejar EMBOBADO, embobar, encandilar, enlucernar, *fascinar, dar el GOLPE, hipnotizar, infuscar, magnetizar, dejar OFUSCADO, *ofuscar, dejar PASMADO, *pasmar, seducir, traslumbrar, trastornar. ➤ Aparatoso, de mucha APARIENCIA, *brillante, coruscante, descacharrante, deslumbrador, deslumbrante, despampanante, efectista, de mucho EFECTO, epatante, que tira de ESPALDAS, espectacular, flamante, fulgente, fúlgido, fulgurante, radiante, refulgente, de *relumbrón, rutilante. ➤ *Papanatas. ➤ *Admirar. *Asombrar. *Aturdir. *Desorientar. *Engañar. *Fascinar. *Impresionar. *Pasmar. *Sorprender. *Turbar.

deslumbre m. *Acción y efecto de deslumbrar[se].*

deslustrado, -a Participio adjetivo de «deslustrar[se]».

deslustrador, -a adj. y n. Que deslustra.

deslustrar 1 tr. y prnl. Quitar [o perder] el lustre o *brillo. ⊙ tr. Quitar al ↘*vidrio el brillo y la transparencia, frotándolo con esmeril o con otro procedimiento. 2 tr. y prnl. Quitar[se] la buena aparencia o el aspecto de nuevo que tiene algo. ≃ *Deslucir. 3 tr. *Desprestigiar a ↘alguien: quitarle valor o mérito.*

deslustre m. *Acción y efecto de deslustrar[se].*

deslustroso, -a adj. *Deslucido, feo, indecoroso.*

desmadejado, -a Participio de «desmadejar». ⊙ adj. Aplicado a personas, sin fuerzas para permanecer firme; particularmente, a consecuencia de una enfermedad reciente. ⇒ Desmalazado, desmarrido, desmazalado. ➤ *Débil.

desmadejamiento m. Estado de desmadejado.

desmadejar (de «des-» y «madeja») tr. Dejar desmadejado.

desmadrado, -a 1 Participio de «desmadrar[se]». 2 adj. **Abandonado por la madre.* 3 (inf.) Desenfrenado y poco respetuoso de las convenciones sociales. 4 (inf.) Se aplica a lo que por falta de control ha rebasado los límites aceptables.

desmadrar 1 tr. *Separar al ↘hijo o las crías de la madre.* 2 (inf.) prnl. Perder la reserva y compostura, actuar sin moderación o saltándose las normas sociales. ≃ Salirse de MADRE. 3 (inf.) Descontrolarse una situación, rebasar los límites de lo aceptable. ≃ Salirse de MADRE.

desmadre (de «madre», cauce de un río) 1 (inf.) m. Pérdida de la compostura y la moderación. ⊙ (inf.) Juerga desenfrenada. 2 (inf.) Situación de desbarajuste o desorganización.

desmagnetizar tr. Quitar la magnetización de ↘algo.

desmajolar[1] tr. **Arrancar los majuelos de un ↘campo.*

desmajolar[2] tr. **Soltar las majuelas o correas con que se sujeta el ↘*calzado.*

desmalazado 1 adj. *Sin fuerzas para permanecer firme.* ≃ *Desmadejado. ⇒ *Débil. 2 *Abatido.*

desmalezar (Hispam.) tr. *Limpiar un sitio de maleza.*

desmalingrar (ant.) intr. **Murmurar.*

desmalladura f. *Desperfecto que resulta al desmallar[se] algo.*

desmallar 1 tr. y prnl. Deshacer[se] los engarces de una ↘*malla, por ejemplo de una cota de malla, o los puntos de un tejido de *punto. ⇒ Indesmallable. 2 tr. *Desenmallar.*

desmamar (pop.) tr. Dejar de darle de mamar al ↘hijo o la cría, o hacer que deje de mamar. ≃ *Destetar.

desmamonar tr. **Limpiar de mamones o brotes perjudiciales las ↘plantas; particularmente, las vides.* ⇒ *Deschuponar.

desmamparar 1 (ant.) tr. **Desamparar.* 2 *Amparar.*

desmán[1] (de «desmanar», por confusión con «desmandar») 1 («Cometer, Llevar a cabo, Contener») m. Acto contra el orden público: 'La policía contuvo los desmanes de los amotinados'. ≃ Demasía, desorden, exceso. ⊙ («Cometer, Llevar a cabo, Contener») Cualquier acto con que se ofende o molesta a la gente. ≃ Abuso, *atropello, demasía, exceso, tropelía. ⊙ («Cometer, Llevar a cabo, Contener») Acto cometido por una autoridad abusando de su poder: 'Durante su gobierno cometió muchos desmanes'. ≃ Abuso, *atropello. 2 **Desgracia.*

desmán[2] (del sueco «desman», almizcle) m. Nombre dado a distintas especies de *mamíferos insectívoros, como el *Galemys pyrenaicus*, llamado también «desmán almizclero» o «desmán de los Pirineos»; o el *Desmana moschata*, de Rusia. Tienen el hocico prolongado en forma de trompa, y los pies palmeados; hacen sus madrigueras a orillas de los arroyos, nadan muy bien y huelen a almizcle. ≃ Almizclera, RATÓN almizclero.

desmanar 1 (ant.) tr. *Deshacer una manada o rebaño de ↘*ganado.* 2 (ant.) **Guardar una ↘cosa o *apartarla del uso.* 3 prnl. *Apartarse un animal de la manada o rebaño.* ⇒ *Desmandarse.

desmanchar[1] (de «des-» y «mancha») **1** (ant.) tr. **Deshonrar.* **2** *Limpiar una ˘cosa o quitarle las manchas.* **3** (And., Hispam.) prnl. *Apartarse de la manada un animal.* ⊙ (Hispam.) *Separarse alguien del grupo.*

desmanchar[2] (de «des-» y y el sup. «mancha», malla, del sup. lat. vulg. «mancŭla»; ant.) tr. *Desmallar.*

desmancho (de «desmanchar[1]»; ant.) m. *Deshonra.*

desmandado, -a Participio adjetivo de «desmandar[se]». ⊙ Se aplica a la persona que se desmanda.

desmandamiento m. *Acción y efecto de desmandar[se].*

desmandar **1** tr. **Revocar un ˘mandato o una manda (legado).* **2** prnl. Dejar de acatar la autoridad de alguien o de someterse a la influencia de alguien. ≃ Insubordinarse, *rebelarse, sublevarse. ⊙ Particularmente, dejar los animales de obedecer al que los conduce, y *esparcirse o echarse a correr por el campo. ⇒ Arrochelarse, derramarse, derranchar, desbandarse, desbocarse, desmanarse, desparramarse, destropar. **3** *Insolentarse o propasarse. ⊙ Actuar una persona sin freno o sin comedimiento.

desmanear tr. *Quitar a las ˘*caballerías u otros animales las *maniotas o trabas.*

desmangar tr. y prnl. Quitar[se] *el mango de una ˘herramienta o utensilio.

desmangorrear (ant.) tr. *Desmangar.*

desmanotado, -a **1** adj. **Torpe de *manos o torpe para cualquier clase de cosas.* ≃ Desmañado, inhábil, inútil. **2** *Se aplica a la persona apocada, pusilánime.*

desmantecar tr. *Quitar la manteca.*

desmantelado, -a Participio adjetivo de «desmantelar».

desmantelamiento m. Acción de desmantelar.

desmantelar (de «des-» y el lat. «mantellum», velo) **1** tr. FORT. Desmontar o derribar una ˘fortificación. **2** MAR. Echar abajo los *palos de un ˘barco. ≃ Desarbolar. ⊙ MAR. Desarmar o desaparejar un ˘*barco. **3** *Desmontar una ˘estructura hecha con algún fin; por ejemplo, un andamiaje. **4** *Despojar una ˘casa u otro lugar, o un objeto cualquiera, de los muebles o complementos necesarios o que constituyen parte de él: 'Desmantelar una vivienda [una fábrica, un piano]'. ≃ Desguarnecer. **5** *Desarticular una organización, generalmente clandestina: 'La policía desmanteló la red que introducía droga en la zona'.

desmaña f. *Falta de maña o *habilidad.*

desmañadamente adv. Con falta de maña.

desmañado, -a adj. Falto de maña o habilidad. ≃ Desmanotado, inhábil, inútil, *torpe.

desmañar (de «des-» y «maña»; ant.) tr. **Impedir.*

desmaño **1** m. **Descuido.* **2** **Desgaire o descuido afectado.*

desmaquillador, -a adj. y n. m. Se aplica al producto cosmético que sirve para desmaquillar.

desmaquillar tr. Quitar el maquillaje a ˘alguien. También reflex.

desmarañar (de «des-» y «maraña») tr. *Desenmarañar.*

desmarcarse **1** prnl. DEP. Burlar un jugador el marcaje del contrario. **2** («de») Apartarse o distanciarse alguien de un grupo: 'Se desmarcó de la postura oficial del partido'.

desmaridar (ant.) tr. *Separar del *marido a su ˘mujer.*

desmarojar tr. AGR. *Quitar de las plantas el marojo u *hojas inútiles.*

desmarque m. Acción y efecto de desmarcarse.

desmarrido, -a (de «des-» y «marrido»; ant.) adj. *Abatido física o moralmente.* ⇒ *Desmadejado.

desmatar tr. **Arrancar las matas de un ˘campo.*

desmayado, -a **1** Participio adjetivo de «desmayar[se]». ⊙ *Lacio, caído o *abandonado: 'En actitud desmayada'. **2** *Aplicado a *colores, pálido o empalidecido.*

desmayar (del fr. ant. «esmaiier», inquietar, desfallecer) **1** intr. Perder ánimos o decisión para emprender o para proseguir algo: 'No hay que desmayar por muchas que sean las dificultades'. ≃ *Abatirse, *decaer, *desanimarse. **2** prnl. Perder acccidentalmente la sensibilidad y la facultad de relacionarse con el mundo exterior. ≃ Desvanecerse. **3** (lit.) Caer una cosa *lacia, sin fuerza o tiesura: 'Un sauce se desmaya sobre el río'.

□ CATÁLOGO

Accidentarse, almadearse, almadiarse, amortecerse, CAERSE redondo, perder el CONOCIMIENTO, desfallecer, desplomarse, despulsarse, desvanecerse, insultarse, marearse, pasmar[se], privar[se], perder el SENTIDO, sincopizar, suspender. ➤ Accidente, alferecía, arrechucho, ataque, catalepsia, choque, colapso, congoja, CONMOCIÓN cerebral, desfallecimiento, desgana, desmayo, desvanecimiento, doblado, mala GANA, insulto, mareo, pataleta, patatús, shock, síncope, sopitipando, soponcio, taranta, telele, vaguido, vahído, vapor, vértigo. ➤ Aturdimiento, eclampsia, enajenamiento, epilepsia, insensibilidad, letargo, lipotimia, parálisis, paroxismo. ➤ Deliquio, *éxtasis, rapto. ➤ Cobrarse, recobrarse, recuperarse, VOLVER en sí.

desmayo **1** m. Accidente que consiste en desmayarse. ⇒ *Desmayarse. **2** Estado de desmayado. **3** **Sauce llorón (árbol salicáceo).*

desmazalado, -a (del hebr. «mazzāl», estrella, suerte, a través del rom.) **1** adj. **Desmadejado.* ≃ Desmalazado. **2** *Abatido.* ≃ Desmalazado.

desmedidamente adv. De forma desmedida.

desmedido, -a *Participio de «desmedirse».* ⊙ adj. *Exagerado o *excesivo. Mayor de lo justo, proporcionado o prudente: 'Se abandonó a un dolor desmedido'. Particularmente, «una *ambición desmedida». ≃ Desmesurado, inmoderado. ⇒ Colosal, desaforado, desatentado, descomedido, descompasado, desmesurado, desorbitado, destartalado, enorme, excesivo, exorbitante, fenomenal, gigantesco, *grandísimo, imponente, ingente, inmenso, monstruoso. ➤ Una barbaridad, un espanto, un horror. ➤ Armatoste, mamotreto. ➤ *Desproporción. *Grande.

desmedirse **1** prnl. **Excederse.* **2** *Propasarse o *insolentarse.*

desmedrado, -a Participio adjetivo de «desmedrar[se]».

desmedrar **1** intr. y prnl. *Adelgazar o perder salud o robustez las personas, los animales o las plantas; particularmente, los *niños. ⇒ Anudarse, arguellarse, depauperarse, descriarse, desmedrar, desnutrirse, encanijarse, ennudecer. ➤ Agostizo, redrojo. ➤ *Adelgazar. *Débil. *Raquítico. **2** tr. **Disminuir, o *empeorar de situación en cualquier* aspecto. **3** **Estropear una ˘cosa.*

desmedro m. Acción y efecto de desmedrar[se].

desmejora f. *Desmejoramiento.*

desmejorado, -a Participio adjetivo de «desmejorar[se]». ⊙ Particularmente, se aplica a la persona que ha sufrido un deterioro en su aspecto físico por problemas de salud.

desmejoramiento m. Acción y efecto de desmejorar[se].

desmejorar **1** tr. y prnl. Quitar [o perder] el lustre y perfección. **2** intr. y prnl. *Decaer de *salud una persona; particularmente, cuando lo muestra en su aspecto. ≃ *Estropearse. ⇒ Demacrarse.

desmelancolizar tr. y prnl. *Quitar [o perder] la melancolía.*

desmelar tr. APIC. Quitar la miel de las ↘colmenas de *abejas. ⇒ Castrar.

□ CONJUG. como «acertar».

desmelenado, -a 1 Participio adjetivo de «desmelenar[se]». **2** (inf.) adj. y n. Se aplica a la persona que se desmelena.

desmelenar 1 tr. *Alborotarle o revolverle la melena o el ↘cabello a ↘algo o alguien.* ⇒ *Despeinar. **2** (inf.) prnl. Actuar una persona de forma desinhibida, sin tener en cuenta la moderación y el recato que exigen las normas sociales. ≃ Soltarse el PELO.

desmembración f. Acción y efecto de desmembrar[se].

desmembrado, -a Participio adjetivo de «desmembrar[se]».

desmembrador, -a adj. *Que desmiembra.*

desmembradura f. *Desmembramiento.*

desmembramiento m. Acción y efecto de desmembrar[se].

desmembrar 1 tr. Separar los miembros del ↘cuerpo de ↘alguien. ≃ *Descuartizar. **2** tr. y prnl. *Dividir[se] un ↘organismo social, político, etc.: 'Polonia ha sido desmembrada varias veces' ⊙ *Separar[se] una ↘parte de un ↘organismo social: 'Desmembrar de un imperio una de sus colonias'. ≃ Desgajar[se], segregar[se].

□ CONJUG. como «acertar».

desmemorado, -a (ant.) adj. *Desmemoriado.*

desmemoria f. **1** Falta de memoria (facultad de recordar). **2** Falta de conciencia del pasado histórico.

desmemoriado, -a 1 *Participio de «desmemoriarse».* **2** (n. calif.) adj. y n. Se aplica a la persona que tiene poca *memoria y se olvida con facilidad de las cosas que tiene que hacer. ≃ Descabezado, olvidadizo. **3** Propenso a olvidar los beneficios recibidos. ≃ Olvidadizo. ⇒ *Desagradecido. **4** *Se aplica a la persona que pierde totalmente, o en gran parte, la conciencia y la memoria de sus propios actos.* **5** Falto de conciencia del pasado histórico.

desmemoriarse 1 prnl. *Olvidarse.* **2** *Perder la memoria.*

□ CONJUG. como «cambiar».

desmenguar tr. **Disminuir.* ≃ Amenguar.

desmentido, -a 1 Participio adjetivo de «desmentir». **2** m. y, menos frec., f. Rectificación o negación: acción de desmentir.

desmentir 1 tr. Decir que no es verdad cierta ↘cosa que ↘alguien ha dicho: 'El gobierno ha desmentido la noticia. Le desmintió en su propia cara'. ≃ *Negar. ⊙ prnl. **Desdecirse.* ⇒ Contradecir, llevar la CONTRARIA, desdecir, dejar FEO, dejar en mal LUGAR. *Negar. **2** tr. Mostrar la falta de fundamento de cierta ↘sospecha. ⊙ Desvirtuar ciertos ↘indicios. ⇒ *Contradecir. **3** Ser una cosa peor de lo que le corresponde por su ↘origen o ↘circunstancias: 'Este vino desmiente su marca'. ≃ Desdecir, *desmerecer. **4** intr. **Desviarse una cosa del paralelismo o perpendicularidad que debería tener con respecto a otra; por ejemplo, un muro de una habitación con respecto a los otros; o el extremo de una tela, con respecto a las orillas.* ≃ Desdecir. ⇒ *Oblicuo.

□ CONJUG. como «hervir».

desmenuzable adj. Que se puede desmenuzar.

desmenuzado, -a Participio adjetivo de «desmenuzar[se]».

desmenuzador, -a adj. *Que desmenuza.*

desmenuzamiento m. Acción y efecto de desmenuzar[se].

desmenuzar (de «des-» y «menuza») **1** tr. *Dividir una ↘cosa fácilmente disgregable en fragmentos pequeños, sin utilizar instrumento cortante: 'Desmenuzar pan entre los dedos'. ⇒ Aciberar, atomizar, desbriznar, desintegrar, desmigajar, desmigar, *desmoronar, despizcar, *disgregar, frangollar, guayar, *machacar, *mascar, *moler, picar, quebrantar, rallar, triturar. ➤ Derrubio, deslave, mazamorra, picadillo, sambumbia. **2** Analizar ↘algo minuciosamente: 'Aunque desmenucéis el texto, no encontraréis indicios que corroboren esa tesis'.

desmeollamiento m. *Acción de desmeollar.*

desmeollar tr. *Sacar la *médula o meollo de un ↘hueso.* ⇒ Destutanar.

desmerecedor, -a adj. Que desmerece.

desmerecer 1 tr. *No merecer cierta cosa o hacerse indigno de ella.* **2** intr. *Decaer una cosa en mérito o valor: 'Ha desmerecido en el segundo ejercicio. Esta tela no desmerece al lavarla'. ⊙ Parecer peor una cosa al estar junto a otra: 'Estos dos colores desmerecen al ponerlos juntos'. ⇒ No estar a la ALTURA, *contrastar, *degenerar, *desentonar, desheredarse, desmentir, desvalorarse, *desvalorizarse, deteriorarse, *empeorar, *estropearse, infirmar, perder, rafezar, rahezar. ➤ *Deslucir.

□ CONJUG. como «agradecer».

desmesura f. Falta de *mesura.

desmesuradamente adv. De manera desmesurada: 'Con los ojos desmesuradamente abiertos. Abrir desmesuradamente la boca'. ⇒ *Muy, *mucho.

desmesurado, -a 1 *Participio de «desmesurar[se]».* **2** adj. *Grandísimo, *exagerado o *desmedido. Mucho más grande de lo necesario, lo conveniente o lo corriente: 'Unos zapatos desmesurados. Una ambición desmesurada. Sacó del bolsillo un pañuelo desmesurado. Esta habitación tiene una altura de techo desmesurada'. ≃ Enorme. **3** *Falto de mesura, consideración o respeto en sus palabras o actos.* ≃ Descomedido. ⇒ Descarado, *insolente.

desmesurar 1 tr. **Desarreglar.* **2** prnl. *Descomedirse, *insolentarse.*

desmigajar tr. y prnl. Reducir[se] una ↘cosa blanda o fácilmente disgregable a fragmentos pequeños. ≃ *Desmenuzar.

desmigar tr. Deshacer el ↘pan en migas.

desmilitarización f. Acción de desmilitarizar.

desmilitarizar 1 tr. Suprimir el carácter militar de una ↘organización. **2** Desmantelar las instalaciones militares y evacuar las tropas de un ↘territorio obedeciendo a un acuerdo internacional.

desmineralización f. MED. *Eliminación o pérdida anormal de minerales en el organismo.* ⇒ *Trastornar.

desmineralizarse prnl. MED. *Perder anormalmente el organismo sustancias minerales.*

desmirriado, -a (¿relac. con «mirra»?; inf.) adj. *Esmirriado.*

desmitificación f. Acción de desmitificar.

desmitificar tr. Hacer perder a ↘alguien o algo su carácter mítico o idealizado: 'Este libro desmitifica la figura del cantante'.

desmocadero (relac. con «moco»; ant.) m. **Despabiladeras (tijeras de despabilar las velas, candiles, etc.).*

desmocha f. *Desmoche.*

desmochado, -a Participio adjetivo de «desmochar».

desmochadura f. Desmoche.

desmochar (de «mocho») tr. Quitar a una ↘cosa la punta o la parte superior: 'Desmochar a [o los cuernos de] una res'. ⊙ Dejar *incompleta una ↘cosa; por ejemplo, una obra literaria, quitándole una parte. ⊙ Tratar un ↘asunto superficialmente, tocando solamente algunos puntos más salientes. ⇒ Camochar, cimar, descabezar, *despuntar, escamochar, mochar, rapuzar. ≻ Camochar, chapodar, comiscar, descabalar, descabezar, desfalcar, mochar. ≻ Desflorar, destronchar. ≻ Mocho, nacho, *romo, trasmocho. ≻ Desmocha, desmochadura, desmoche, despunte. ≻ *Cercenar. *Podar.

desmoche 1 m. Acción u operación de desmochar. ≃ Desmocha, desmochadura. **2** (inf.) *Supresión de muchas cosas de un conjunto de ellas; por ejemplo, eliminación de muchos opositores o examinandos al juzgar un ejercicio de oposición o de examen.* ≃ Degollina, escabechina, escamocho, sarracina.

desmocho m. Conjunto de las puntas o partes que se quitan al desmochar; por ejemplo, *leña menuda que resulta de desmochar las *ramas.

desmoderadamente (ant.) adv. *Inmoderadamente.*

desmogar intr. Mudar los *cuernos los ciervos y animales semejantes.

desmolado, -a adj. *Desprovisto de muelas por haberlas perdido.* ⇒ Desdentado.

desmoler 1 tr. **Desgastar o *deshacer.* **2** *Podrir.* **3** (ant.) **Digerir.*
□ CONJUG. como «mover».

desmonetizar 1 tr. *Abolir el empleo de cierto ↘metal para acuñar *moneda.* **2** *Quitar su valor legal a una ↘moneda, o disminuirlo.* **3** (Arg., Chi., Perú, P. Rico) tr. y prnl. *Desacreditar[se] o depreciar[se].*

desmontable 1 adj. Susceptible de ser desmontado. **2** m. Palanca que sirve para desmontar la cubierta de un neumático.

desmontador, -a 1 adj. y n. m. Se aplica al que desmonta. ⊙ Particularmente, al operario dedicado a desmontar mecanismos, etc. **2** m. *Utensilio que sirve para desmontar.* ⊙ *Particularmente, utensilio que sirve para desmontar los *neumáticos.* ≃ Desmontable.

desmontar 1 («de») intr. Bajar alguien de la *caballería en que va montado. ≃ Apearse, descabalgar, desmontarse, echar PIE a tierra. ⊙ prnl. Desmontar de una caballería u otra cosa; se emplea particularmente cuando lleva complemento con «de»: 'Desmontarse de la moto'. **2** tr. *Bajar o derribar a ↘alguien de una caballería o de otro sitio en que está montado o subido. **3** Privar a ↘alguien de cabalgadura. **4** Quitar una ↘*pieza del mecanismo u objeto de que forma parte: 'Desmontar una rueda [o un neumático]'. ⊙ *Separar las piezas de una ↘cosa: 'Desmontar un reloj'. ≃ *Desarmar. ⊙ Particularmente, de una ↘armadura o de algo montado sobre una armadura: 'Desmontar el andamio. Desmontar una tienda de campaña'. ≃ Abatir, *bajar, batir. **5** Inutilizar con disparos los montajes de las piezas de *artillería. ≃ Descabalgar, desencabalgar. **6** Separar del disparador la llave de un ↘*arma de fuego. **7** *Derribar un ↘edificio o parte de él. **8** Cortar o arrancar en un *monte los ↘árboles o matas para ponerlo en cultivo. ≃ *Rozar. **9** *Allanar un ↘terreno rebajando las partes más altas, por ejemplo cuando se va a hacer una carretera o un ferrocarril, o para edificar. ≃ Derriscar.

desmonte 1 m. Acción de desmontar un terreno. ⇒ Derriba. **2** Terreno desmontado, o sea terreno en que se ha acumulado o del que se ha quitado tierra con algún objeto. Particularmente, en las afueras de una población. **3** Acumulación de tierra extraída al desmontar un terreno. ⇒ Caballero. **4** (Hispam.) *Ganga, mineral de desecho amontonado en la boca de una mina.*

desmoñar tr. y prnl. *Deshacer[se] o desarreglar[se] el moño de ↘alguien.*

desmoralización f. Acción y efecto de desmoralizar[se].

desmoralizador, -a adj. Que desmoraliza.

desmoralizante adj. Que desmoraliza.

desmoralizar 1 tr. Hacer perder a ↘alguien la *moral o buenas costumbres. ⊙ prnl. Perder la moral (principios). **2** Hacer perder a alguien el valor, el ánimo o la decisión: 'Los bombardeos desmoralizan a la población'. ⇒ *Abatir, *desanimar. ⊙ prnl. Perder el valor, el ánimo o la decisión.

desmorecerse (del lat. «emŏri», morir) prnl. **Ansiar una cosa o sentir violentamente una pasión.* ≃ Morirse, perecerse. ⊙ *Sentir dificultad de respirar por la risa o el llanto violentos.* ⇒ *Ahogar.

desmoronadizo, -a adj. *Que tiende a desmoronarse.*

desmoronado, -a Participio adjetivo de «desmoronar[se]».

desmoronamiento m. Acción de desmoronar[se].

desmoronar (de «desboronar») **1** tr. y prnl. Deshacer[se] poco a poco una ↘cosa formada por partículas unidas entre sí: 'El agua y el viento desmoronan la tapia'. ≃ *Disgregar. ⇒ Derrubiar, deslave. *Desintegrar. *Destruir. *Disgregar. ⊙ tr. *Destruir poco a poco una ↘cosa no material: 'Aquellas lecturas desmoronaron su fe'. **2** prnl. Venirse abajo moralmente una persona. ⊙ Caer algo en grave decadencia: 'La empresa se desmoronó. El imperio se desmoronó'.

desmostarse prnl. *Perder mosto la *uva.*

desmotadera 1 f. *Desmotadora.* **2** *Instrumento con que se desmota.*

desmotador, -a adj. *Que desmota.* ⊙ n. *Persona que tiene el oficio de desmotar.*

desmotadora f. *Máquina que sirve para desmotar.*

desmotar tr. *Quitar las motas al ↘*paño.*

desmotivar tr. y prnl. Quitar [o perder] la motivación.

desmovilización f. Acción de desmovilizar.

desmovilizar tr. o abs. Licenciar a las ↘tropas o a las personas movilizadas.

desmugrar (de «des-» y «mugre») tr. *Quitar la grasa a los ↘*paños en los batanes.*

desmullir tr. y prnl. *Quitar [o perder] la cualidad de mullido.*

desmultiplicación f. Acción de desmultiplicar.

desmultiplicar tr. Disminuir la velocidad de rotación de un mecanismo mediante un engranaje de ruedas dentadas de tamaño distinto.

desmurador (de «desmurar²»; Ast.) m. *Gato cazador.*

desmurar¹ (ant.) tr. *Derribar los muros de una ↘fortificación.*

desmurar² (de «des-» y el lat. «mur, muris», ratón; Ast.) tr. *Exterminar o ahuyentar los ↘*ratones y ratas.* ⇒ *Desratizar.

desnacionalización f. Acción de desnacionalizar.

desnacionalizar tr. Eliminar el carácter nacional de algo. ⊙ Particularmente, un servicio, un sector económico o una empresa: 'Desnacionalizar el servicio de transportes por ferrocarril'.

desnarigado, -a Participio de «desnarigar». ⊙ adj. y n. Se aplica a la persona que no tiene nariz o la tiene roma.

desnarigar (de «des-» y el lat. vulg. «narix, -ĭcis», nariz) tr. Quitarle a ↘alguien la *nariz.

desnatado, -a Participio adjetivo de «desnatar». ⊙ Se aplica a la leche o al producto lácteo a los que se ha quitado la grasa.

desnatadora f. Máquina para desnatar.

desnatar 1 tr. Quitar la grasa o la nata a la ↘*leche. **2** METAL. *Quitar la escoria del ↘metal fundido cuando sale del horno.*

desnaturación (ant.) f. *Acción de desnaturar[se].*

desnaturado, -a (ant.) *Participio adjetivo de «desnaturar[se]».*

desnaturalización f. Acción de desnaturalizar[se].

desnaturalizado, -a 1 Participio adjetivo de «desnaturalizar[se]». **2** Se aplica a la persona que no muestra hacia los seres con quien tiene la relación de parentesco que expresa el nombre, el cariño natural; particularmente, «madre desnaturalizada, padre [o hijo] desnaturalizado».

desnaturalizar 1 tr. Expulsar antiguamente el soberano de un país a un ↘natural de él, privándole de sus derechos como tal. ⊙ prnl. Desterrarse alguien de su propio país. ⇒ Desafiar, desnaturar, *extrañar. ➤ *Desterrar. **2** tr. Hacer perder a una ↘cosa sus cualidades naturales, su pureza o su naturalidad, cambiándola o añadiéndole algo: 'Desnaturalizar la leche con agua [el carácter de un niño, el significado de un texto]'. ≃ Falsear, falsificar. ⇒ *Alterar, *cambiar.

desnaturar (ant.) tr. y prnl. *Desnaturalizar[se].*

desnecesario, -a (ant.) adj. **Innecesario.*

desnegamiento m. *Acción y efecto de desnegar[se].*

desnegar tr. **Contradecir a ↘alguien.* ⊙ prnl. **Desdecirse.*

desnervar (de «des-» y el lat. «nervus», nervio) tr. *Desnerviar.*

desnerviar (de «des-» y «nervio»; ant.) tr. **Abatir o *desanimar.* ≃ Enervar.

desnevado, -a *Participio adjetivo de «desnevar».* ⊙ *Se aplica al lugar en que suele haber nieve y no la hay.*

desnevar intr. *Derretirse la *nieve.*

☐ CONJUG. como «acertar».

desnieve (Cantb.) m. *Acción de desnevar.*

desnivel 1 («Haber») m. Circunstancia de no estar al mismo nivel o altura todos los puntos de una superficie, particularmente de un terreno, o dos o más lugares o cosas que se comparan. **2** *Elevación o *depresión del terreno. ⇒ *Pendiente.

desnivelación f. Acción y efecto de desnivelar.

desnivelar tr. Hacer que una ↘cosa o varias dejen de estar niveladas en cualquier sentido. ⊙ prnl. Perder la nivelación dos o más cosas. ⇒ Desemparejar. ⊙ tr. y prnl. *Desequilibrar[se] una ↘balanza. ⊙ Desequilibrar[se] un ↘presupuesto.

desnoblecer (ant.) tr. **Envilecer o *deshonrar.*

desnortarse prnl. *Desorientarse, perder el norte.

desnucamiento m. Acción y efecto de desnucar[se].

desnucar 1 tr. Desarticular los huesos de la nuca o *cuello de ↘alguien. ≃ Descervigar, destozolar, estozar, estozolar. **2** *Matar a una ↘persona o un animal con un golpe en la nuca. **3** prnl. Morir a consecuencia de un golpe en la nuca.

desnuclearización f. Acción de desnuclearizar.

desnuclearizar tr. Reducir o eliminar las instalaciones o armas nucleares de un ↘territorio.

desnudamente adv. Claramente, sin rodeos.

desnudamiento m. Acción de «desnudar[se]».

desnudar (del lat. «denudāre») **1** tr. Dejar desnudo ↘algo o a alguien. También reflex. ⊙ También en sentido figurado: 'Desnudarse de prejuicios'. ⊙ («de») prnl. Quedar desnudo: 'Los árboles se desnudan de hojas'. **2** tr. Sacar un ↘*arma de su vaina. **3** Quitarle a ↘alguien todo el dinero que lleva encima *robándole, en el *juego, etc. ≃ Desplumar, *desvalijar. ⊙ *Arruinar a ↘alguien.

V. «desnudar un SANTO para vestir a otro».

desnudez f. Cualidad o estado de desnudo.

desnudismo m. Nudismo.

desnudista adj. y n. Nudista.

desnudo, -a (del lat. «nudus», con influencia de «desnudar») **1** («de») adj. No vestido: 'Va desnudo de cintura para arriba'. ⊙ Hiperbólicamente, con muy poco vestido. **2** («de») Mal provisto de vestidos: 'Estoy desnuda de ropa de verano'. **3** Aplicado a cosas, *descubierto. ⊙ BOT. Aplicado a las *flores, sin periantio. ≃ Aclamídea. ⊙ («de») Aplicado a los árboles, sin hojas: 'Un árbol desnudo de hojas'. ≃ Pelado. **4** Sin *adornos, añadiduras o *complementos: 'Las paredes desnudas' (sin cuadros, etc.). 'La casa desnuda' (sin muebles). 'La verdad desnuda' (sin rodeos o atenuaciones). ≃ Desguarnecido, desmantelado, pelado. ⇒ *Realismo. ➤ Escueto. Limpio. *Solo. **5** («de») Sin cierta cosa, material o, particularmente, inmaterial: 'Desnudo de bienes de fortuna [o de recomendaciones, de méritos]'. ≃ Carente, desprovisto, falto. **6** («Estar») Sin más bienes que su propia persona: 'Él tiene buena posición, pero la chica tampoco está desnuda' ⇒ *Pobre. **7** («Quedarse») Arruinado. **8** m. ESCULT., PINT. *Imagen artística de una figura humana desnuda.

AL DESNUDO. Al descubierto o a la vista de todos: 'El presidente contó a sus consejeros la verdad al desnudo'.

☐ CATÁLOGO

Raíz culta «gimn-»: 'gimnosofista, gimnosperma, gimnoto'. ➤ Calato, en CARNES [vivas], chingo, corito, en CUEROS [vivos], descalzo, desplumado, escotado, como su MADRE lo trajo al mundo, in puribus, al natural, nudo, en pelo, en pelota [o pelotas], en PELOTA picada [o viva], en pernetas, en piernas, pilucho, en porreta o en porretas]. ➤ Adanismo, desnudismo, nudismo. ➤ Strip-tease, topless. ➤ Echar al AIRE, desabrigar, desarrebujar, desarropar, desataviar, descalzar, descobijar, descoritar, decotarse, *descubrir[se], desnudar[se], despechugarse, despojarse, despullar, destocar[se], desvestir[se], empelotarse, encuerar[se], escotar[se], quitar[se]. ➤ HOJA de parra, taparrabos. ➤ Academia. ➤ Deshonesto. ➤ *Limpio. *Pelado.

desnutrición f. Acción de desnutrirse. ⊙ Estado del organismo que sufre una carencia importante de elementos nutritivos.

desnutrido, -a Participio de «desnutrir[se]». ⊙ adj. Mal alimentado, muy flaco.

desnutrir tr. Ser causa de que se desnutra el organismo. ⊙ prnl. Perder reservas el organismo por no nutrirse. ⇒ *Débil.

desobedecer tr. No *obedecer a ↘alguien que manda, las ↘leyes, etc.

☐ CATÁLOGO

*Apartarse, burlarse, hacer CASO omiso, no hacer *CASO, conculcar, contravenir, desacatar, *desatender, deservir, desmandarse, desoír, incumplir, indisciplinarse, *infringir, insubordinarse, negarse, no obedecer, pisar, pisotear, quebrantar, *rebelarse, recalcitrar, reírse, replicar, *resistir[se], tomar a RISA, saltarse, hacerse el SORDO, sublevarse, hacerse el SUECO, saltarse a la TORERA, transgredir, traspasar, violar, vulnerar. ➤ Desobediente, díscolo, independiente, indisciplinado, indócil, ingobernable, inmanejable, inobediente, insubordinado, insumiso, malmandado, *malo, *rebelde, retobado, *travieso, *turbulento. ➤ *Desentenderse.

□ CONJUG. como «agradecer».

desobedecimiento (ant.) m. *Desobediencia.*

desobediencia f. Acción y efecto de desobedecer.

DESOBEDIENCIA CIVIL. La de los ciudadanos cuando, a modo de protesta, no acatan las normas legales.

desobediente adj. y n. Se aplica a la persona que desobedece o tiene tendencia a desobedecer: 'Un niño muy desobediente'.

desobligar 1 (ant.) tr. **Eximir a ↘alguien de una obligación.* ⊙ (ant.) prnl. *Desligarse alguien de una obligación.* ⇒ *Libertad. 2 (ant.) tr. *Disgustar, causar enojo.*

desobstrucción f. Acción de desobstruir[se].

desobstruido, -a Participio adjetivo de «desobstruir[se]».

desobstruir tr. y prnl. Quitar[se] una obstrucción. ⇒ *Desatrancar, *desembarazar.

□ CONJUG. como «huir».

desocasionado, -a adj. *Que está fuera o apartado de la ocasión.*

desocupación f. Acción de desocupar. ⊙ Estado de desocupado (libre de trabajo). ⊙ (más frec. en Hispam.) Paro, desempleo.

desocupado, -a Participio adjetivo de «desocupar[se]». ⊙ No ocupado: 'Un asiento desocupado. Una plaza desocupada'. ≃ *Vacío. ⊙ Libre de *trabajo. ⊙ Se dice también del que no tiene trabajo por no encontrarlo. ≃ Parado. ⊙ Ocioso: sin nada que hacer: 'Habia alrededor del charlatán un corro de desocupados'. ⇒ *Callejeador, cesante, despachado, haragán, *holgazán, libre, mirón, parado, paseante, pelafustán, pelagallos, pelgar, polizón, sobrancero, vagabundo, vago, ventanera, zángano, zangarullón, zangón. ➤ Libre. ➤ Poder, tener TIEMPO, tener TIEMPO libre. ➤ No tener [o sin] OFICIO ni beneficio.

desocupar 1 tr. Marcharse alguien, llevándose lo que le pertenece, de una ↘vivienda, un local, etc.: 'Tienen que desocupar el piso en el término de quince días'. ≃ Desalojar, evacuar, vaciar. 2 Sacar de un ↘recinto o de una vasija lo que contienen. ≃ Vaciar. ⊙ prnl. Quedar desocupado. ⊙ Desalquilarse. 3 Quedar libre de trabajo. 4 (pop.) tr. Hacer de *vientre. 5 (Arg., Hond., Ur., Ven.) prnl. **Parir una mujer.*

desodorante (del ingl. «deodorant») adj. Que hace desaparecer los malos *olores. ⊙ m. Producto que quita el mal *olor corporal o ambiental.

desodorizante adj. Se aplica a las sustancias que se usan para desodorizar.

desodorizar tr. Eliminar el mal olor de ciertos productos, como aceites, grasas, etc., mediante un proceso industrial.

desoír tr. No hacer caso de ↘advertencias, consejos, etc. ≃ *Desatender. ⇒ *Desobedecer.

□ CONJUG. como «oír».

desojar (del lat. «exoculāre») 1 tr. y prnl. Romper[se] el ojo de una ↘aguja o de otro utensilio. 2 (inf.) prnl. Estropearse alguien la *vista obligándola a un trabajo excesivo: 'Con esta luz tan mala te estás desojando'. 3 (inf.) *Mirar con mucho ahínco para ver o encontrar algo.

desolación 1 f. Acción y efecto de desolar (destruir): 'Sembraban la desolación y la ruina por donde pasaban'. 2 Aflicción muy grande. 3 Soledad y falta de vida propias de un lugar deshabitado

desolado, -a Participio adjetivo de «desolar». ⊙ Aplicado a un lugar, deshabitado, sin vida.

desolador, -a 1 adj. Que destruye o arrasa. 2 Que causa tristeza y aflicción: 'Un espectáculo desolador'.

desolar (del lat. «desolāre») 1 tr. Destruir las cosechas, los edificios, etc., de un ↘lugar. ≃ Asolar, *devastar. 2 *Afligir o *apenar mucho a ↘alguien. ≃ Desconsolar.

□ CONJUG. como «contar», pero se rehuye el empleo de las formas con «ue».

desolazar (ant.) tr. *Causar inquietud o aflicción.*

desoldar tr. y prnl. Quitar[se] la soldadura de ↘algo.

desolladamente (ant.) adv. *Descaradamente.*

desolladero m. Sitio donde se desuellan las reses destinadas a *carne. ⇒ *Matadero.

desollado, -a (ant.) adj. Descarado o desvergonzado.

desollador, -a 1 adj. y n. *Aplicable al que desuella.* ⊙ *Particularmente, al que abusa en el precio que cobra por algo.* 2 m. **Alcaudón (ave paseriforme).*

desolladura o **desollamiento** f. o m. Acción y efecto de desollar[se]. ⇒ *Escoriación.

desollar (de «desfollar») 1 tr. Quitar la *piel o un trozo de ella a ↘alguien; por ejemplo, a los animales destinados a *carne, o como *castigo. ≃ *Despellejar, pelar. ⊙ *Escoriar: dañar la piel de alguna ↘parte del cuerpo. ⊙ prnl. Sufrir una desolladura. 2 (inf.) tr. Hacer pagar a ↘alguien demasiado dinero por una cosa, o sacárselo de cualquier manera: 'Entre todos le han desollado'. ≃ Desnudar, despellejar, *desvalijar, saquear. 3 *Criticar con ensañamiento a ↘alguien. ≃ Despellejar.

DESOLLAR VIVO a alguien. *Despojarle de todo lo que tiene o criticarle despiadadamente.

DESOLLARLA. **Dormir la borrachera.*

V. «quedar el RABO por desollar».

□ CONJUG. como «contar».

desollón m. *Desolladura grande.*

desonce m. *Acción de desonzar.*

desondra (ant.) f. *Deshonra.*

desondrar (ant.) tr. *Deshonrar.*

desonzar 1 tr. *Antiguamente, quitar por cualquier causa una o más onzas en cada libra que se *pesaba de una ↘mercancía.* 2 **Ofender o *difamar a ↘alguien.*

desopilación f. MED. *Acción de desopilar[se].*

desopilar (de «des-» y «opilar») tr. y prnl. MED. *Curar[se] la opilación.*

desopilativo, -a adj. FARM. *Se aplica al medicamento que sirve para desopilar.*

desopinar tr. **Desacreditar a ↘alguien.*

desorbitadamente adv. De manera desorbitada.

desorbitado, Participio adjetivo de «desorbitar[se]». ⊙ *Desmedido o *exagerado: 'Tenía unas pretensiones desorbitadas'.

V. «con los OJOS desorbitados».

desorbitar 1 tr. Hacer que una ↘cosa salga de su órbita. ⊙ prnl. Salir una cosa de su órbita. 2 tr. *Exagerar una ↘cosa, *alterarla o interpretarla mal por apasionamiento o vehemencia. ≃ Desquiciar. ⊙ prnl. Tomar algo una dimensión exagerada: 'Los precios se han desorbitado en estas fiestas'.

desorden 1 («Haber, En, Estar en, Introducir») m. Falta de *orden. ≃ Confusión, desbarajuste, desconcierto. **2** (gralm. pl.) Alteración del orden público. ≃ Alboroto, asonada, *disturbio, motín, revuelta, tumulto. **3** Irregularidad en el género de vida: 'Lleva mucho desorden en las comidas'. ≃ Desarreglo. ⊙ (pl.) *Vicios o excesos: 'Ahora paga los desórdenes de su juventud'.

EN DESORDEN. Desordenado: 'Con los cabellos en desorden'.

□ CATÁLOGO

Alteración, ARCA de Noé, avispero, babel, babilonia, barafunda, barahúnda, baraúnda, barbulla, *barullo, batahola, batiboleo, batiborrillo, batiburrillo, batifondo, batuque, baturrillo, belén, berenjenal, boche, bochinche, bululú, CAJÓN de sastre, calabriada, caos, caramillo, CASA de putas, CASA de tócame Roque, ciempiés, cirio, cisco, confusión, culebra, desbarajuste, desconcierto, descontrol, descoordinación, desgobierno, desordenación, desorganización, desparpajo, desparramo, embarullamiento, embolismo, embrollo, enjambre, enredijo, enredo, ensalada, entrevero, estrapalucio, estropicio, expolio, fárrago, galimatías, gallinero, garbullo, garulla, garullada, ginebra, grillera, guirigay, hervidero, hetría, hormiguero, jabardillo, *jaleo, jarcia, jollín, jungla, leonera, lío, liorna, majarete, manicomio, maraña, maremágnum, marimorena, matete, merengue, MERIENDA de negros, MESA revuelta, *mezcla, mezcolanza, mixti fori [o mixtifori], mogollón, *montón, movida, OLLA de grillos, ovillo, pandemónium, pisto, promiscuidad, quilombo, rebujina, rebujiña, rebumbio, remolino, *revoltijo, revoltillo, revolución, rochela, tendal, tendalera, tenderete, tiberio, tinglado, tole [tole tole], TORRE de Babel, trápala, trapatiesta, trapisonda, tremolina, trifulca, tripulina, tumulto, zafarrancho, zambra, zapatiesta, zipizape, zurriburri. ➤ *Alterar, barajar, *confundir, derranchar, desalinear, desarreglar, desbaratar, descolocar, descomponer, desconcertar, descontrolar[se], desmadrarse, desordenar, desorganizar, desquiciar, *embarullar, embrollar, engarbullar, enredar, estorbar, liar, alborotar el PALOMAR, volver PATAS arriba, perturbar, revolver, subvertir, *trastornar, turbar. ➤ Cada COSA por su lado, *deshilvanado, desordenado, desparpajado, a DIESTRO y siniestro, inconcino, cada... por su LADO, de cualquier MANERA, MANGA por hombro, de cualquier MODO, sin ORDEN ni concierto, PATAS arriba, revuelto, al RETORTERO, a TROCHE y moche, a trochemoche, a tutiplé. ➤ No haber COSA con cosa, estar todo por ENMEDIO. ➤ A RÍO revuelto... ➤ *Aglomeración. *Bulla. *Cambiar. *Complicar. *Confundir. *Disturbio. *Ruido.

desordenación f. *Desorden.*

desordenadamente adv. De forma desordenada.

desordenado, -a Participio adjetivo de «desordenar[se]». ⊙ Sin orden material: 'Una mesa desordenada'. ⊙ Falto de orden en sus cosas: 'Una mujer desordenada'. ⊙ Se dice de la vida falta de regularidad o método y del que la lleva así. ⇒ *Irregular.

desordenar 1 tr. y prnl. Poner[se] una ↘cosa en desorden. **2** (ant.) tr. *Quitar las órdenes a un ↘*eclesiástico.* **3** prnl. *Salirse de la regla.* ⊙ *Excederse.*

desorejado, -a 1 Participio adjetivo de «desorejar». **2** (And., Hispam.) *Sin asas.* ≃ *Desasado. **3** (Cuba) **Derrochador.* **4** (n. calif.) adj. y n. **Vil.* ⊙ adj. Se aplica particularmente a las prostitutas. **5** (Am. C., Col.) adj. y n. *Tonto.* **6** (Arg., Bol., Col., Pan., Perú) *Se aplica a la persona que tiene mal oído para la música.*

desorejamiento m. *Acción de desorejar.*

desorejar tr. *Cortar o quitar las *orejas a ↘alguien o algo.*

desorganización f. Acción de desorganizar[se]. ⊙ Falta de organización.

desorganizadamente adv. De manera desorganizada.

desorganizado, -a Participio adjetivo de «desorganizar[se]».

desorganizador, -a adj. y n. Que desorganiza.

desorganizar tr. Desordenar o *trastornar: hacer que una ↘cosa que está organizada deje de estarlo. ⊙ prnl. Dejar algo de estar organizado.

desorientación f. Estado de desorientado.

desorientado, -a 1 Participio de «desorientar[se]». **2** («Estar») adj. Se aplica a la persona que se ha desorientado o que no se ha orientado: 'Está desorientado, sin saber qué carrera elegir'. **3** («Estar, Ir») Mal orientado: 'Va desorientado en sus estudios'. ⊙ Desacertado: mal orientado para adivinar una cosa: 'Vas desorientado en tus sospechas'.

desorientador, -a adj. y n. Que desorienta.

desorientar tr. Hacer que ↘alguien se desoriente o ser causa de ello: 'Me desorientó un letrero mal puesto'. ⊙ prnl. Quedarse alguien sin saber dónde está o en qué dirección o por qué camino tiene que andar para llegar al sitio a donde quiere ir. ≃ Extraviarse, *perderse. ⊙ tr. Hacer que ↘alguien no esté seguro de cómo son las cosas o de lo que tiene que hacer: 'Le desorientaste con tu explicación'. ≃ *Aturdir, *confundir, desconcertar. ⊙ prnl. Quedarse sin saber cómo son o cómo están ocurriendo las cosas y qué se debe hacer.

□ CATÁLOGO

Atontar[se], *aturdir[se], *confundir, desaviar, *descaminar, *desconcertar, desencaminar, desgaritarse, desnortarse, despistar[se], destorcerse, desviar[se], embejucar, embolatarse, equivocar[se], extraviar[se], volver[se] LOCO, *perderse, no SABER por dónde se va, volver TARUMBA, torcer. ➤ Estar en BABIA, oír CAMPANAS, ir a CIEGAS, estar en la HIGUERA, estar en la LUNA, no saber lo que se trae entre MANOS, perder el NORTE, estar en las NUBES, tocar el VIOLÓN. ➤ Confusión, desconcierto, desorientación, mareo. ➤ Confuso, desorientado, despistado, errado, perdido, perplejo. ➤ Avieso. ➤ Finta, rodeo. ➤ *Aturdir. *Confundir. *Desacertar. *Desconocer. *Deslumbrar. *Engañar. *Equivocado. *Ignorante. Ofuscar.

desorillar tr. *Quitar las orillas u orillos al ↘papel, las telas, etc.*

desortijado, -a (de «sortija») adj. VET. *Relajado o dislocado.*

desortijar (¿del sup. lat. «exsartum», artiga?) tr. AGR. *Dar la primera labor con el escardillo a las ↘plantas recién nacidas o trasplantadas.* ⇒ *Cavar.

desosar (de «des-» y el lat. «os», hueso) tr. *Deshuesar.*

□ CONJUG. como «contar»; las formas con diptongo «ue» son las de «deshuesar».

desosegar (Sal.) tr. *Desasosegar.*

□ CONJUG. como «acertar».

desoterrado, -a (ant.) *Participio de «desoterrar».* ⊙ adj. *Desenterrado, insepulto.*

desoterrar (ant.) tr. **Desenterrar.*

□ CONJUG. como «acertar».

desovar (de «des-» y el lat. «ovum», huevo) intr. Depositar sus huevos las hembras de los peces y anfibios. ≃ Mugar. ⇒ Frezar.

desove m. Acción de desovar. ⊙ Época en que la realiza el animal de que se trata.

desovillar 1 tr. Deshacer un ovillo de ↘*hilo u otra cosa. **2** **Desenredar una ↘cosa confusa o enmarañada.* **3** (ant.) *Quitarle a ↘alguien la turbación o el encogimiento.* ⇒ *Animar. ➤ *Desenvoltura.

desoxidable adj. Que se puede desoxidar.

desoxidación f. Acción de desoxidar.

desoxidado, -a Participio adjetivo de «desoxidar».

desoxidante adj. y n. m. Que desoxida.

desoxidar (de «des-» y «oxidar») **1** tr. QUÍM. Quitar el oxígeno de una ↘sustancia o cuerpo químico. **2** *Limpiar un ↘metal del *óxido formado en él.* **3** Hacer funcionar de nuevo algún conocimiento, aptitud, etc, que ha permanecido inactivo.

desoxigenable adj. QUÍM. Que se puede desoxigenar.

desoxigenación f. QUÍM. Acción de desoxigenar.

desoxigenante adj. y n. m. QUÍM. Que desoxigena.

desoxigenar tr. QUÍM. Desoxidar (quitar el oxígeno).

desoxirribonucleico adj. V. «ÁCIDO desoxirribonucleico».

despabiladeras f. pl. *Tijeras con que se corta el pabilo para avivar la luz. ≃ Desmocadero, despabilador, despavesaderas, matahúmos, molletas, mondaderas.

despabilado, -a 1 Participio de «despabilar[se]». ⊙ («Estar») adj. Completamente *despierto. ≃ Desvelado, espabilado. ⊙ Sin inclinación a dormir o sin poder dormir. **2** Se aplica al que comprende las cosas rápidamente y obra como conviene, sobre todo para él mismo. ≃ Avispado, despierto, espabilado, *listo, vivo.

despabilador 1 m. *Hombre que antiguamente tenía en los *teatros el oficio de despabilar las luces.* **2** **Despabiladeras.*

despabiladura f. *Extremidad que se corta del pabilo, al despabilar.*

despabilamiento m. Acción y efecto de despabilar[se].

despabilar 1 tr. Avivar la luz de un ↘candil, una vela o cosa semejante, cortando o quitando la pavesa o parte ya quemada del pabilo, alargando la mecha, extendiendo los hilos que la forman, etc. ⇒ Despavesar. **2** Acabar de despertar a ↘alguien que está adormilado. ≃ Espabilar. ⊙ prnl. Terminar de despertarse alguien. **3** tr. y prnl. Quitar [o perder] el sueño. ≃ *Desvelarse. **4** tr., intr. y prnl. Quitar a ↘alguien [o perder] la torpeza o la ingenuidad excesiva. ≃ Avispar[se], avivar[se], despertar, *espabilar[se]. **5** (gralm. en imperat.) intr. y prnl. *Aligerar, *apresurarse, darse prisa: 'Despabila y acaba pronto esa suma'. ≃ Despabilarse. **6** tr. **Terminar o consumir rápidamente ↘algo:* 'Despabilar la tarea [o la hacienda]. Despabiló una ración de callos en menos que se dice'. **7** (ant.) **Quitar de una ↘cosa algo que sobra o estorba en ella.* **8** (ant.) **Hurtar ↘algo.* **9** **Matar a ↘alguien.* **10** (Hispam.; inf.) prnl. *Escabullirse, desaparecer.*

despabilo m. *Despabiladura.*

despachada (ant.) f. **Empleo de ciertos funcionarios que no firmaban ni rubricaban los despachos que pasaban por ellos, limitándose a poner al pie «despachada».* ⊙ m. *Funcionario con este empleo.*

despachadamente (ant.) adv. *Rápidamente.*

despachaderas (de «despachar») **1** (inf.) f. pl. *Inclinación a contestar con poco comedimiento.* ≃ *Descaro. **2** (inf.) *Inclinación a resolver las cosas expeditivamente.* ⊙ (inf.) **Desenvoltura, *desparpajo o *manejo para salir de las dificultades.* ⇒ Despacho. **3** (inf.) *Brusquedad en la manera de responder.*

despachado, -a 1 Participio de «despachar[se]». **2** adj. Libre o *desocupado de un trabajo o preocupación. **3** *Descarado o desvergonzado.* ≃ Desfachatado. **4** *Desenvuelto o con *desparpajo.*

V. «...y ASUNTO despachado».

despachador, -a 1 (ant.) adj. *Hábil para despachar cosas bien y de prisa.* ≃ Dispuesto. **2** (Hispam.) m. MINER. *Obrero que llena los recipientes de mineral.*

despachamiento (ant.) m. *Destierro.*

despachante n. DESPACHANTE DE ADUANAS (Arg., Par., Ur.). **Agente de aduanas.*

despachar (del fr. ant. «despeechier») **1** tr. *Terminar un ↘quehacer: 'Yo ya he despachado mi tarea'. ⊙ («de») prnl. Quedar libre o *desocupado de cierta cosa: 'Tengo ganas de despacharme de este asunto'. ⊙ *Terminar cierto trabajo o la tarea del día: 'En cuanto me despache de lo que estoy haciendo iré contigo. Suelo despacharme a las cinco'. ⊙ tr. Leer, redactar, dictar, etc., la ↘correspondencia, por ejemplo un jefe de oficina. ⊙ tr. o abs. Tratar alguien los *asuntos con sus subordinados o con el público, dictar órdenes, firmar, etc.: 'Los martes no despacha el Director General'. ⊙ tr. *Resolver o tratar con ↘alguien un asunto que le interesa: 'Si vienes a las cinco, te despacharé en seguida'. **2** tr. o abs. Atender a los ↘clientes y *vender ↘géneros en una *tienda, entradas para los espectáculos, etc.: 'Me despachó el mismo dependiente de siempre. Los domingos no se despacha. Se despachan localidades en contaduría'. ⇒ *Comercio. **3** (en imperat.) intr. *Decir algo desechando la vacilación o los rodeos: '¡Vamos, despacha de una vez!' ⊙ Terminar lo que se está haciendo o *apresurarse: 'Despacha si no quieres llegar tarde al tren'. **4** **Parir una mujer.* **5** (inf.) tr. *Comerse o *beberse completamente cierta ↘cosa: 'Yo ya he despachado mi bocadillo. Despacharon un barril de vino entre los cuatro'. **6** *Enviar un ↘mensaje. ⊙ Enviar un ↘mensajero con un mensaje. **7** («de») Decir a ↘alguien imperativamente que se vaya del sitio en que está el que se lo dice o de cierto sitio: 'Ha despachado a la criada'. ≃ *Echar. **8** (inf.) Matar a alguien. **9** («con, contra») prnl. Hablar sin contención contra algo o alguien; generalmente, lleva el complemento «a [mi, tu, etc.] gusto»: 'Se despachó a [su] gusto con su cuñada'. ⇒ *Desahogarse.

despacho 1 m. Acción de despachar: 'El ministro delega en el subsecretario el despacho de los asuntos de trámite'. **2** **Desenvoltura, *desparpajo, etc.* ≃ Despachaderas. **3** *Comunicación oficial; particularmente, la dirigida por el gobierno a un representante diplomático en el extranjero, la que se hace para notificar al interesado su nombramiento para un empleo o comisión, o las comunicaciones y órdenes cruzadas entre militares en campaña. ⇒ Cédula, conservatorías, contracédula, publicata, remisoria, sobrecédula. **4** Cualquier *comunicación enviada por una persona a otra, transmitida por telégrafo o teléfono: 'Un despacho telegráfico [o telefónico] anuncia el final del conflicto'. ⇒ Cablegrama, radiograma, telefonema, telegrama. **5** *Habitación destinada en una casa al trabajo profesional del que la ocupa, cuando este trabajo consiste en estudiar, leer o escribir, y para recibir a los clientes o personas con las que se tratan los negocios. ⇒ *Estudio. ⊙ Habitación en una *oficina, destinada al trabajo de determinado jefe o empleado y a que reciba las visitas. ⊙ Mobiliario de despacho. **6** Departamento donde se despachan los géneros en los establecimientos comerciales. ⇒ *Tienda. ⊙ Local de los *teatros y sitios semejantes, donde se despachan las localidades. ⇒ Contaduría.

7 (Hispam.) MINER. *Ensanchamiento junto a las cortaduras en una mina.*
V. «MESA de despacho, SECRETARIO de despacho».

despachurrado, -a 1 *Participio adjetivo de «despachurrar[se]».* 2 (ant.) *Aplicado a personas, *ridículo o despreciable.*

despachurramiento m. *Acción y efecto de despachurrar[se].*

despachurrar (de «despanchurrar») 1 tr. y prnl. **Espachurrar[se].* 2 tr. **Embarullar alguien las ↘cosas hablando.* 3 **Apabullar o *confundir; dejar a ↘alguien sin saber qué decir.*

despachurro m. *Despachurramiento.*

despacio (de «de[2]» y «espacio») 1 adv. Invirtiendo mucho tiempo en hacer la cosa de que se trata. ≃ *Lentamente. 2 (pop. y en Hispam.) A veces, se emplea por «silenciosamente»: 'Entrad despacio para no despertar al abuelo'. Se usa también «despacito».
¡DESPACIO! Exclamación con que se impone o recomienda *comedimiento o *moderación.
V. «VAMOS [o VAYAMOS] despacio, las cosas de PALACIO van despacio».

despaciosidad f. Lentitud. ⊙ Cualidad de despacioso. ⊙ Circunstancia de moverse o hacer una cosa despacio.

despacioso, -a adj. Se aplica al que se mueve o hace las cosas despacio o sin prisa. ≃ Lento, pausado, reposado.

despacito 1 adv. Diminutivo, frecuente en lenguaje afectuoso, de «despacio»: 'Vaya usted despacito y no se cansará'. 2 (pop.) Suavemente o con cuidado de no hacer ruido: 'Llama despacito a la puerta para que no se despierte si duerme'.

despagado, -a 1 (ant.) *Participio de «despagar[se]».* 2 (inf.; «Quedarse») *Abatido o triste por no recibir o encontrar una prueba de estimación que se esperaba o encontrarla insuficiente:* 'Se quedó muy despagado cuando no le aplaudieron'. ≃ Chasqueado, *desengañado, desilusionado. 3 (ant.) adj. y n. **Enemigo o adversario.*

despagamiento (ant.) m. *Sentimiento del que se queda despagado.*

despagar (de «des-» y «pagar»; ant.) tr. *Dejar descontento o desilusionado a ↘alguien.* ⊙ (ant.) prnl. *Quedarse despagado.*

despajador, -a adj. y n. *Que despaja.*

despajadura f. *Acción de despajar.*

despajar 1 tr. AGRIC. *Quitar la paja del ↘grano después de trillar.* ⇒ *Aventar. 2 MINER. **Cribar ↘tierras y desechos para sacar las partículas de mineral que contienen.*

despajo m. *Despajadura.*

despaladinar (ant.) tr. **Manifestar o *explicar.*

despaldar tr. y prnl. *Estropear[se] la espalda.* ≃ *Desespaldar[se].

despaldillar tr. *Romper o dislocar la espaldilla de un ↘animal.* ⊙ prnl. *Romperse o dislocarse la espaldilla un animal.*

despaletillar tr. **Desespaldar.*

despalillar tr. *Quitar los palillos y nervios gruesos a las hojas del *tabaco.* ⊙ *Quitar los rabillos a las pasas o la raspa a la *uva.*

despalmador 1 m. MAR. *Sitio en donde se despalman los barcos.* 2 *Cuchillo corvo con mango en ambos extremos que usan los herradores para despalmar.*

despalmadura 1 f. VET. *Acción de despalmar.* 2 (gralm. pl.) *Desperdicios o raeduras de los *cascos de los animales.*

despalmar (de «des-» y «palma») 1 tr. MAR. *Limpiar los fondos de los ↘*barcos que no están forrados de cobre y darles sebo.* 2 CARP. **Achaflanar.* 3 VET. *Separar la palma córnea de la carnosa en las ↘patas de las ↘*caballerías.* ≃ Espalmar. 4 AGR. *Arrancar de algún ↘sitio la grama.* ⇒ *Escardar.

despalme 1 m. VET. *Acción de despalmar a las *caballerías.* 2 *Corte hecho en el tronco de un *árbol para derribarlo.* ⇒ *Talar.

despampanador, -a n. AGR. *Persona que limpia la vid de pámpanos o brotes excesivos.*

despampanadura f. AGR. *Acción de despampanar.*

despampanante (de «despampanar»; inf.) adj. Deslumbrante, llamativo o aparatoso. ⊙ (inf.) Se aplica particularmente a la mujer de gran belleza.

despampanar 1 tr. AGR. *Limpiar la ↘*vid de pámpanos o brotes excesivos.* ≃ Despampanillar, despimpollar. ⇒ Deschuponar, *desyemar. 2 (inf.) *Desahogarse alguien diciendo todo lo que se le ocurre.* ≃ *Despotricar. 3 (inf.) **Asombrar, *deslumbrar o *pasmar a ↘alguien.* 4 prnl. *Lastimarse gravemente a consecuencia de un golpe o caída.*

despampanillar tr. AGR. *Despampanar las ↘*vides.*

despamplonar (de «des-» y «pámpano») 1 tr. AGR. *Apartar en una ↘*vid u otra planta los vástagos que están demasiado juntos.* 2 (con un pron. reflex.) **Dislocarse una ↘mano.*

despanar (de «des-» y «pan», trigo; Extr.) tr. o abs. AGR. *Recoger la ↘mies del campo después de segada.* ⇒ *Recolección.

despancar (Hispam.) tr. *Pelar la piña de ↘*maíz quitándole la espata o panca.*

despanchurrar (de «des-» y «pancho[1]») tr. **Despachurrar.*

despancijar (de «des-» y «panza»; inf.) tr. **Destripar o *despachurrar una ↘cosa.* ≃ Despanzurrar.

despanzurrado, -a Participio adjetivo de «despanzurrar[se]».

despanzurramiento m. Acción de despanzurrar[se].

despanzurrar 1 (inf.) tr. Abrirle o romperle la panza a un ↘animal. ≃ *Destripar. ⊙ prnl. Romperse la panza un animal. 2 (inf.) tr. y prnl. Reventar[se] una ↘cosa que está blanda por dentro o contiene una cosa blanda, o una cosa hinchada; por ejemplo, un saco de harina, un globo o una pelota.

despapar (de «des-» y «papo») 1 intr. EQUIT. *Llevar el *caballo la cabeza demasiado alta.* 2 tr. EQUIT. *Hacerle llevarla así.*

despapucho (Perú) m. **Disparate o necedad.*

desparado, -a (del lat. «disparātus»; ant.) adj. **Distinto.*

desparar (del lat. «disparāre», separar) 1 (ant.) tr. **Desbaratar ↘algo que estaba preparado.* 2 (ant.) **Prorrumpir.*

desparasitar tr. Limpiar de parásitos a un ↘animal, un lugar, etc.

desparcir (ant.) tr. **Esparcir.*

desparear (de «des-» y «parear») 1 (ant.) tr. **Desparejar.* 2 *Desigualar.*

desparecer 1 intr. **Desaparecer.* 2 tr. *Hacer desaparecer.* 3 (ant.) prnl. **Distinguirse de algo.*
☐ CONJUG. como «agradecer».

desparejado, -a Participio de «desparejar[se]». ⊙ adj. Sin su pareja: 'Un calcetín desparejado'. ⇒ Chulla. ⊙ (aplicado en pl. a uno o más pares de cosas) Mal emparejados o con la pareja que no les corresponde: 'Estos guantes están desparejados'.

desparejar tr. Separar las ↘cosas que forman par o pareja. ⊙ Dejar una ↘cosa sin su par o pareja. ⊙ prnl. Quedar separadas o sueltas las cosas que formaban pareja. ⇒ Desaparear, deshermanar, desparear. ➤ Chullo, guacho, de non. ➤ *Descabalar.

desparejo, -a adj., gralm. pl. Se dice de las cosas que, correspondiéndoles ser iguales, no lo son: 'El plato y la taza son desparejos'. ≃ Diferente.

desparpajado, -a adj. *Se aplica al que tiene desparpajo.*

desparpajar (¿del lat. «spargĕre», esparcir, cruzado con un sup. lat. «expaleare», de «palea», paja) **1** tr. *Descomponer y desordenar una ↘cosa.* **2** *Hablar mucho y sin sentido.* ≃ *Charlar. **3** (Méj., Hond., P. Rico) prnl. *Despabilarse (perder el sueño).*

desparpajo **1** m. Facilidad o falta de timidez para hablar o tratar con otras personas. ≃ Desembarazo, desenfado, *desenvoltura. ⊙ Puede tener sentido peyorativo y significar frescura o *descaro. ⊙ Rapidez y habilidad con que alguien hace las cosas o cierta cosa, o se maneja en las dificultades. ≃ Manejo, habilidad, soltura. ⇒ Despachaderas, despacho, expediente, *recursos. **2** (Am. C.) **Desorden.*

desparramado, -a **1** Participio adjetivo de «desparramar[se]». **2** Aplicado a un terreno, al horizonte, etc., ancho, abierto.

desparramador, -a adj. y n. *Que desparrama.*

desparramamiento adj. y n. Acción de desparramar[se].

desparramar (de un cruce entre «esparcir» y «derramar») **1** tr. y prnl. *Dispersar[se] o *esparcir[se]: poner[se] *separado ↘lo que está junto o amontonado: 'El ganado se desparramó'. ⇒ *Desmandarse. ⊙ tr. Echar o verter ↘algo extendiéndolo al mismo tiempo: 'Desparramó el vino por el mantel'. ≃ Esparcir. ⊙ prnl. Verterse algo extendiéndose al mismo tiempo. ≃ Esparcirse. **2** tr. Dirigir la ↘atención a demasiadas cosas. ≃ *Disipar. **3** **Derrochar alguien sus ↘bienes.* **4** (Arg., Méj., Par., P. Rico) *Divulgar una noticia.* **5** prnl. **Distraerse o *divertirse excesivamente.*

desparramo **1** (Arg., Chi., Cuba) m. *Desparramamiento.* **2** (Chi.) **Desorden.* ≃ Desbarajuste.

desparrancado, -a (ant.) *Participio de «desparrancar[se]».* ⊙ (ant.) adj. *Despatarrado.*

desparrancar (ant.) tr. y prnl. **Despatarrar[se].*

despartidero (de «despartir»; Ar.) m. *Sitio donde se *bifurca un camino.*

despartidor, -a (ant.) adj. y n. *Que desparte.*

despartimiento m. (ant.) *Acción de despartir.*

despartir (del lat. «dispartīre») **1** (ant.) tr. **Separar o *dividir.* **2** (ant.) *Separar a ↘los que riñen o *reconciliarlos.*

desparvar tr. AGRIC. *Deshacer la parva, amontonando la ↘mies *trillada para aventarla.*

despasar tr. **Sacar una ↘cosa que estaba pasada por un sitio; por ejemplo, el hilo de una aguja.* ⊙ *Se usa en *marina, equivaliendo a «desguarnir».*

despasmarse prnl. *Despabilarse.*

despatarrada f. *Cierto paso de danza, por ejemplo del «villano» o la «gallegada», que consiste en abrir mucho las piernas.*

despatarrado, -a **1** Participio de «despatarrar[se]». **2** (inf.) adj. Con las piernas muy abiertas o separadas. **3** (inf.) *Muy asombrado o pasmado.* **4** (inf.) *Muy asustado.*

QUEDAR[SE] DESPATARRADO. **1** Quedarse con las *piernas o patas muy separadas, por ejemplo al caerse. **2** (inf.) *Quedarse muy asombrado, asustado o sorprendido.*

despatarrar (de «des-» y «pata») tr. y prnl. Dejar [o quedarse] despatarrado. ≃ Desparrancarse, despernancarse, escarrancharse, esparrancarse, espatarrarse, espernancarse.

despatillado m. CARP. *Corte hecho al despatillar.*

despatillar **1** tr. *Quitar las patillas a ↘alguien.* **2** CARP. *Hacer en una ↘pieza de madera los rebajos necesarios para que pueda entrar en la muesca correspondiente para *ensamblarla con otra.* **3** MAR. *Romperle al ↘*ancla un brazo al tirar de ella.*

despavesaderas (de «despavesar») f. pl. Tijeras de despabilar. ≃ *Despabiladeras.

despavesar (de «pavesa») **1** tr. Quitar el pabilo de una ↘vela, un candil, etc. ≃ *Despabilar. **2** Quitar la *ceniza de las brasas, soplando el ↘fuego.

despavonar tr. *Quitar el pavón con que se ha cubierto algún ↘objeto de ↘hierro.*

despavoridamente adv. Con terror.

despavorido, -a Participio de «despavorir[se]». ⊙ adj. Con *miedo en el mayor grado posible. ≃ Aterrado, aterrorizado, espantado, espavorido. ⇒ Espavorecido.

despavorir (de «pavor») tr. y prnl. *Aterrorizar[se].

□ CONJUG. Se usa sólo en las formas que tienen «i» en la desinencia: 'me despavorí, despavorido...'; además, se elude el uso de las formas simples y, en realidad, es sólo usual en las formas con «dejar» y «quedar[se]».

despeadura f. *Despeamiento.*

despeamiento m. *Acción de despearse.*

despearse (del lat. «despedāre») **1** prnl. *Estropearse los *pies las personas o los animales caminando mucho.* **2** *Hacer aspavientos de desesperación.* ≃ *Desesperarse. **3** **Descomponerse o *encolerizarse. Manifestar el enfado con gritos, gestos, etc.*

despechado, -a Participio de «despechar[se]». ⊙ adj. Dominado por el despecho.

despechar[1] (del lat. «despectāre») tr. **Destetar a un ↘niño.*

despechar[2] (de «des-» y «pecho[1]»; ant.) tr. *Imponer ↘*tributos excesivos.*

despechar[3] tr. y prnl. Causar [o experimentar] despecho. ⇒ Aborrirse.

despecho (del lat. «despectus», desprecio) **1** («Causar, Experimentar, Sentir») m. *Enfado violento por algún desprecio o desengaño sufrido, que predispone a tomar la revancha o a hacer algo irrazonable o inspirado sólo por ese sentimiento: 'Le dejó su novia y, por despecho, se casó con la primera que se le puso delante'. **2** (ant.) **Disgusto muy fuerte.* **3** (ant.) *Aplicado al tiempo, *rigor o aspereza:* 'Las inclemencias y despecho de la noche'.

A DESPECHO DE. Sin que sea bastante para impedirlo la oposición de alguien que se expresa o cualquier dificultad u obstáculo: 'Se casará con ella a despecho de su familia'. ≃ A *pesar de. ⇒ Apénd. II, EXPRESIONES *CONCESIVAS.

despechugado, -a Participio adjetivo de «despechugar». ⊙ (inf. y algo desp.) Con el cuello desabrochado y abierto.

despechugar **1** tr. Quitar la pechuga a un ↘*ave. **2** (reflex.) tr. Escotarse o abrirse la ropa, dejando al descubierto la garganta y parte del pecho. ⇒ Descolletarse, desgolletarse, escotarse.

despecio (ant.) m. *Gasto excesivo.* ≃ Dispendio.

despectivamente adv. De forma despectiva, con desprecio.

despectivo, -a (del lat. «despectus», desprecio) **1** («Ser») adj. Aplicado a las personas, a sus actos, actitudes, gestos, palabras, etc., desdeñoso, despreciativo. ⊙ Aplicado a las personas, a sus actos, actitudes, gestos, palabras, etc., inclinado a *despreciar. ⊙ («Estar») Aplicado a personas, y a sus actitudes, gestos, palabras, etc., que muestra desprecio ocasionalmente: 'Antes no estabas tan despectivo'. ⊙ Empleado para despreciar: 'Lo apartó con un gesto despectivo'. **2** GRAM. Se aplica a las palabras que denotan generalmente desprecio hacia lo que designan; particularmente, a las que adquieren ese sentido mediante un sufijo, así como a los sufijos que sirven para formarlas. ⇒ *Despreciar (sufijos despectivos). ➤ Degradación.

despedazado, -a Participio adjetivo de «despedazar[se]».

despedazador, -a adj. y n. *Que despedaza.*

despedazadura f. *Despedazamiento.*

despedazamiento m. Acción de despedazar[se].

despedazar **1** tr. y prnl. *Partir[se] una ↘cosa en pedazos, violenta e irregularmente. ≃ Deshacer[se], destrozar[se], romper[se]. **2** tr. Causar mucha *pena: 'Despedazar el alma [o el corazón]'.

despedida f. Acción de despedirse de alguien. ⊙ Acción de despedir o decir adiós a alguien con las palabras adecuadas, acompañándole, etc. ⊙ Frase o fórmula empleada para despedirse. ⊙ Por ejemplo, en las *cartas. ⊙ Fiesta o *ceremonia con que se despide a alguien que se marcha, que deja un *empleo o cargo, etc.: 'Despedida de soltera'. ⊙ Copla final de algunos cantos populares en que el cantor se despide de sus oyentes.

V. «VISITA de despedida».

□ FORMAS DE EXPRESIÓN

La forma corriente de despedirse es decir «adiós»; puede hacerse más respetuoso añadiéndole un tratamiento: 'Adiós, señor González. Adiós, padre Anselmo'. Son despedidas de confianza «hasta luego» (muy generalizado, aunque no volvamos a ver a la persona de quien nos despedimos), «hasta mañana, hasta el lunes», etc., o, si la despedida es por tiempo indefinido, «hasta la vista, hasta otro día, hasta otro rato, hasta pronto». Sigue usándose, particularmente entre personas del pueblo e informalmente, «con Dios», en vez de «adiós». «Usted lo pase [o ustedes lo pasen] bien» o, menos frecuente, «usted siga [o ustedes sigan] bien» son saludos de despedida respetuosos, empleados sólo con «usted». A la persona que se va de viaje, cualquiera que sea el grado de familiaridad con ella, se le dice «¡buen viaje!»; «feliz viaje» tiene un carácter menos coloquial y se utiliza sobre todo en la lengua escrita.

Las fórmulas de despedida en las cartas van desde el envío simbólico de actos afectuosos, «muchos besos, un fuerte abrazo», etc., hasta fórmulas de menor confianza como «un cordial saludo, un afectuoso saludo» o «suyo afmo.» (afectísimo). En Hispanoamérica es corriente «cariños» como despedida entre personas de mucha confianza (no entre hombres). Son fórmulas comunes de cerrar una carta formal o comercial: «Le [o lo] saluda atentamente, muy atentamente, reciba un cordial saludo, se despide atentamente».

Conviene advertir que las fórmulas de tratamiento, y las de despedida entre ellas, varían mucho de unos países a otros, y una determinada fórmula puede tener un carácter muy distinto entre hispanohablantes de países diferentes o en lenguas próximas al español, como el portugués.

despediente (ant.) m. **Expediente.*

despedir (del lat. «expetĕre») **1** tr. *Acompañar a la puerta, durante parte del trayecto, hasta que se va en el tren, etc., a una ↘persona que se marcha. ⊙ («a») El complemento puede ser una cosa: 'Despedir al tren'. ⊙ Separarse de una ↘persona con las palabras, gestos, etc., propios de la ocasión: 'Ha ido a la estación a despedir a su marido'. ⇒ Decir ADIÓS, escurrir. ⊙ prnl. Decir «adiós» u otra expresión de despedida, o decir o hacer cosas adecuadas alguien que se *marcha. ⊙ Hacer o decir esas mismas cosas en reciprocidad dos o más personas que se separan una[s] de otra[s]. **2** («de») Desechar la esperanza de *recobrar o *conseguir cierta cosa: 'Ya puedes despedirte de ese dinero'. ≃ Decir ADIÓS. **3** tr. Decirle a ↘alguien que se vaya o prescindir de una ↘persona en el cargo que ocupa, por no desear o necesitar su compañía, sus servicios, etc:. 'Nos despidió con malos modos. Acaba de despedir a la secretaria que tenía'. ⇒ *Echar. ⊙ Particularmente, comunicar el propietario de un local, finca, etc., al ↘*arrendatario de él que tiene que dejarlo. ⇒ Desahuciar, desaposentar, *echar. **4** Empujar bruscamente ↘algo que se tiene cogido o que está dentro o delante de la cosa que lo empuja, y enviarlo a cierta distancia: 'El arco despide la flecha. El surtidor despide un chorro de agua. El resorte despide la bola'. ≃ Impulsar, *lanzar. **5** Producir una cosa ↘algo que sale de ella: 'Las brasas despiden calor. Esta carne despide mal olor'. ≃ Arrojar, *dar, desprender, echar, emitir, espirar, exhalar, expeler, trascender. ⊙ Dejar una cosa que salga de ella un ↘jugo o algo que está mezclado con su sustancia: 'Se deja escurrir hasta que despide todo el suero'. ≃ Arrojar, dar, desprender, escupir, expeler, expulsar, *soltar. **6** *Extender la *costa hacia el mar alguna ↘prolongación, como arrecife, banco, etc.*

V. «despedirse a la FRANCESA».

□ CATÁLOGO

Decir ADIÓS, espedirse. ➤ Cacharpari. ➤ ¡Abur! ¡adiós!, agur, hasta AHORA, hasta DESPUÉS, hasta otro DÍA, ¡a Dios!, ¡con Dios!, vaya con DIOS, anda [o ande usted, etc.] con DIOS, vete [o vaya usted, etc.] con DIOS, hasta LUEGO, hasta MAÑANA, hasta la NOCHE, hasta OTRA, a la PAZ de Dios, usted lo PASE [o ustedes lo PASEN] bien, hasta otro RATITO [O RATO], usted SIGA [o ustedes SIGAN] bien, hasta SIEMPRE, ¡vale!, ¡hasta el VALLE de Josafat!, ¡nos VEMOS!, a más VER, hasta más VER, ¡buen [feliz] VIAJE!, hasta la VISTA. ➤ Despedida.

□ CONJUG. como «pedir».

despedrar **1** tr. *Limpiar de piedras un ↘sitio.* **2** *Desempedrar.*

despedregar tr. *Limpiar de piedras un ↘sitio.* ≃ Despedrar.

despegable adj. Que se puede despegar.

despegadamente adv. Con despego en el trato.

despegado, -a **1** Participio adjetivo de «despegar[se]»: se aplica a lo que se ha despegado o no está pegado. **2** Poco afectuoso, por ejemplo para con su familia. ≃ Frío, *indiferente.

despegar **1** («de») tr. y prnl. *Separar[se] ↘cosas que están pegadas: 'Despegar un sello de un sobre. La fotografía se despegó del carné'. ⇒ Alzar, desprender[se]. ➤ *Arrancar. *Quitar. *Soltar. ⊙ («de») prnl. Apartarse una persona de otra: 'El niño no se despegó de los brazos de su madre'. ⊙ («de») Tomar ventaja un deportista, equipo, partido político, etc., respecto a sus rivales: 'El ciclista se despegó del pelotón en los últimos metros de la carrera'.

2 («de») tr. y prnl. Descoser[se] una ↘cosa cosida a otra: 'Despegar una manga'. 3 intr. Separarse un *avión del suelo o del agua, al emprender el vuelo. 4 Iniciar algo un proceso de desarrollo: 'La economía despegó en el último trimestre del año'. 5 («de») prnl. *Entibiarse en el cariño o afecto hacia alguien. 6 (inf.; «de») *Desdecir o *desentonar.*
V. «no despegar la BOCA [o los LABIOS]».

despego 1 m. Falta de afecto o cariño hacia alguien. ≃ Desapego. ⇒ Desafecto. 2 Falta de codicia o de interés por el dinero o por la cosa que se expresa. ≃ Desprendimiento.

despegue 1 m. Acción de despegar un avión. 2 Inicio de un proceso de desarrollo.

despeinado, -a Participio adjetivo de «despeinar[se]». ⊙ Sin peinar.

despeinar tr. y prnl. Descomponer[se] el *peinado o enmarañar[se] el pelo de ↘alguien. El sujeto puede ser también la persona a quien se le desordena el pelo: 'Con el viento que hace te vas a despeinar en un momento'. ⇒ Descabellar[se], descabeñar[se], descrinar[se], desgreñar[se], desmelenar[se], desmoñar[se], despelotar, despeluchar[se], despeluzar[se], despeluznar[se], destocar[se], espeluznar[se], respeluzar[se]. ➤ Greñas, maraña, pelaje, pelambre, pelambrera. ➤ *Peinar. *Pelo.

despejado, -a 1 Participio adjetivo de «despejar[se]». ⊙ Libre de estorbos. ≃ Desembarazado. ⊙ Aplicado al cielo o al tiempo, sin *nubes. ⊙ Aplicado a un lugar en el campo, sin obstáculos que impidan la vista a gran distancia. 2 Aplicado a un lugar cerrado, sin muchas cosas en él, de modo que hay holgura: 'Una habitación [o una plaza] despejada'. ≃ Desahogado, desembarazado. ⊙ Aplicado a la *frente, espaciosa, ancha. 3 («Estar») Despierto (sin sueño). ⊙ («Estar») Aplicado a un enfermo, con poca o ninguna fiebre. ⊙ («Estar») No amodorrado o delirante. ≃ Lúcido. 4 («Ser») Se dice del que entiende las cosas con rapidez y sabe obrar como conviene. ≃ Despabilado, despierto, espabilado, *listo, vivo. ⊙ (inf.) Inteligente.

despejar (del port. «despejar») 1 tr. *Desembarazar o *desocupar: dejar un ↘sitio libre de las personas o las cosas que lo ocupan: 'La policía despejó el local'. ≃ Desalojar, espejar. ⊙ intr. DEP. En fútbol y otros *deportes, lanzar un jugador la pelota lejos de su portería para resolver una situación comprometida. 2 tr. o abs. Marcharse de un ↘sitio los que están en él; se emplea particularmente cuando obliga a ello la fuerza pública: 'Los guardias obligaron a despejar el teatro'. Es frecuente en imperativo: '¡Despejen!' ≃ *Desalojar. 3 tr. y prnl. Aclarar[se] una ↘cosa que era oscura o confusa: 'Despejar la situación. La duda se despejó'. 4 tr. MAT. Dejar la ↘incógnita sola en uno de los miembros de una ecuación. 5 prnl. Quedar sin nubes el cielo o el tiempo. ⇒ *Abonanzar, aclarar, alambrar, arrasar[se], clarear, desanublarse, desencapotarse, escampar, levantarse, serenarse. ➤ Descubierto, limpio, raso, sereno, *transparente. ➤ Tendido. ➤ *Nube. 6 *Espabilarse una persona. 7 *Adquirir *desenvoltura una persona.* 8 Recobrar una persona el buen funcionamiento o claridad de su inteligencia, perdidos por la permanencia en un sitio cerrado, el trabajo intelectual prolongado, la borrachera, etc.; por ejemplo, paseando al aire libre. ⇒ Desembotarse, despabilarse, espabilarse. ➤ *Renovar. *Ventilarse. 9 Quedar sin *fiebre un enfermo después de un acceso de ella. 10 (ant.) **Divertirse.*

despeje 1 m. Acción de despejar de gente un lugar y, en particular, la plaza de *toros. 2 DEP. Acción de despejar el balón.

despejo 1 m. *Acción de despejar[se].* ⊙ TAUROM. Acción de despejar de gente la plaza al ir a empezar la corrida de *toros. 2 *Cualidad de despejado (listo):* 'Tiene un despejo natural'.

despellejado, -a Participio adjetivo de «despellejar[se]».

despellejadura f. Acción y efecto de despellejar[se].

despellejar 1 tr. Quitar la *piel o pellejo o parte de ellos a ↘algo; por ejemplo, a un ↘animal destinado a *carne. ⇒ Descorchar, desfolar, desfollar, desollar, despeluchar[se], *escoriar[se], esfolar, excoriar[se], *pelar. ➤ Despellejadura, erosión, escocido, escorchón, escoriación, estregadura, excoriación, fregadura, lijadura, peladura, rascadura, refregadura, refregón, restregadura, rozadura, sentadura. ➤ *Daño. 2 tr. y prnl. Levantar[se] en una ↘zona la epidermis o parte superficial de la piel o del cuero. 3 tr. *Criticar a ↘alguien. También recípr.: 'Las dos vecinas se despellejan'. ≃ Desollar. 4 *Arruinar o *desvalijar a ↘alguien.

despelotar (de «des-» y «pelote») 1 (ant.) tr. **Despeinar o revolver el *pelo a ↘alguien.* 2 (ant.) **Desplumar un ave a ↘otra.*

despelotarse (de «des-» y «pelota[1]») 1 (inf.; reflex.) tr. Desnudarse. 2 (inf.) prnl. Desternillarse: 'Cuenta unos chistes que te despelotas'. ≃ Mondarse, troncharse.

despelote 1 (inf.) m. Acción de despelotarse. 2 (inf.; n. calif.) Se aplica a algo que causa mucha risa.

despelucar (And., Hispam.) tr. *Despeluzar.*

despeluchado, -a 1 Participio de «despeluchar[se]». 2 adj. Aplicado a personas o a cosas, con el pelo o los pelos revueltos, no alisados o peinados. 3 Aplicado, por ejemplo, a las pieles, *pelado a trechos. 4 (inf.) Sin dinero por haberlo perdido, sobre todo en el juego.

despeluchar 1 tr. y prnl. *Despeinar[se] o revolver[se] el pelo de la cabeza, de la felpa, etc. 2 prnl. Aplicado a cosas, pelarse a trozos. 3 tr. Dejar sin dinero a ↘alguien, sobre todo en el juego. ≃ Desplumar.

despeluzado, -a *Participio adjetivo de «despeluzar[se]».*

despeluzamiento m. *Acción y efecto de despeluzar[se]».*

despeluzar 1 tr. y prnl. **Despeinar[se] o revolver[se] el pelo.* 2 tr. **Erizar el pelo a ↘alguien, por ejemplo el *terror.* ⊙ prnl. *Erizarse el pelo por el miedo u otra causa.* 3 tr. **Aterrar.* ≃ Espeluznar. 4 (Cuba, Nic.) *Desplumar: dejar a alguien sin dinero.*

despeluznante adj. Espeluznante.

despeluznar tr. y prnl. *Espeluznar[se].* ≃ Despeluzar[se].

despeluzo m. *Despeluzamiento.*

despenador, -a 1 (ant.) adj. *Que quita las penas.* 2 (Am. S.) m. *Hombre que, a petición de las familias, mataba a los enfermos deshauciados.*

despenalización f. Acción de despenalizar.

despenalizar tr. Abrogar una ley que convertía cierto ↘hecho en un delito.

despenar 1 (ant.) tr. *Librar a ↘alguien de una *pena.* 2 (inf.) **Matar.*

despendedor, -a (de «despender»; ant.) adj. y n. **Derrochador.*

despender (del lat. «dispendĕre»; ant.) tr. **Gastar o *emplear una ↘cosa.*

despendolarse (inf.) prnl. Perder la compostura, comportarse alocadamente sin tener en cuenta las normas sociales. ≃ Desmadrarse.

despenolar tr. MAR. *Romper alguno de los penoles de la *verga.*

despensa (del lat. «dispensus», administrado) **1** (ant.) f. *Acción de *gastar o *repartir.* **2** (ant.; pl.) *Expensas.* **3** Lugar donde se tienen guardadas las provisiones de comida en una *casa. ⇒ Botillería, cambo, cillero, despensería, fiambrera, fresquera, reposte, repostería, sibil. ➤ Guardamangel, guardamangier. ➤ *Bodega. *Depósito. **4** *Provisión de comestibles. **5** (ant.) *Conjunto de cosas que el despensero compraba para la comida diaria.* **6** (Méj.) *Lugar seguro en las *minas, donde se guardan los minerales de más riqueza.* **7** *Ajuste de *cebada y paja para todo el año.* **8** *Oficio de despensero.*

despensería f. *Oficio o función del despensero.*

despensero, -a **1** n. Persona encargada de la despensa. **2** *Persona encargada, por ejemplo en una iglesia, de hacer la distribución de los bienes destinados a obras piadosas.* ⇒ *Limosna.

DESPENSERO MAYOR. *Encargado de vigilar el servicio de la comida en el palacio del *rey.* ≃ VEEDOR de vianda.

despeñadamente adv. *Precipitadamente.*

despeñadero, -a **1** adj. *Apto para causar un despeñamiento.* ≃ Despeñadizo. **2** m. Corte profundo en el terreno o pendiente abrupta. ≃ Abismo, derrumbadero, precipicio, sima, tajo. ⇒ Abismo, cantil, cejo, derrocadero, derrumbadero, desgalgadero, furnia, garma, jorfe, precipicio, *sima, tajo, zanjón. ➤ Tajado. ➤ Arrebollarse, arriscarse, derriscar[se], decerrumbar, derrocar[se], derrumbar[se], desgalgar[se], despeñar[se], desriscar[se], engarmarse, precipitar[se]. ➤ *Arrojar. *Caer. *Lanzar. **3** Peligro o ruina a que se expone alguien.

despeñadizo, -a adj. *Se aplica al lugar en que es fácil despeñarse.* ≃ Despeñadero.

despeñadura f. *Despeñamiento.* ≃ Despeño.

despeñamiento m. Acción de despeñar[se].

despeñar (de «des-» y «peña») **1** tr. *Arrojar una ➘cosa desde lo alto de una roca o un precipicio. ≃ Precipitar. **2** prnl. Caer por un *despeñadero. ⊙ Caer con violencia por una pendiente o desde una altura: 'El agua se despeña formando una cascada'. **3** Entregarse una persona desenfrenadamente a la satisfacción de sus pasiones o vicios o a la maldad. ≃ *Desatarse, desenfrenarse.

despeño **1** m. *Despeñamiento.* **2** **Caída precipitada.* **3** **Ruina o perdición.* **4** **Diarrea.*

despeo m. *Acción de despearse.*

despepitado, -a **1** Participio adjetivo de «despepitar[se]». **2** (ant.) m. **Soldado arcabucero de a caballo, empleado en el servicio de exploración.* ≃ Despepitador.

despepitador (ant.) m. *Despepitado (soldado).*

despepitar **1** tr. *Quitar las pepitas de ➘algo.* **2** prnl. Hablar con vehemencia o dando *gritos. **3** («por») Tener mucha *afición a una cosa o mucho *deseo de ella: 'Se despepita por los helados. Se despepita por tratarse con gente distinguida'. ≃ Chiflarse, deshacerse, *desvivirse, morirse, perecerse, pirrarse.

desperación (ant.) f. *Desesperación.*

desperanza (ant.) f. *Desesperanza.*

desperar (ant.) intr. *Desesperar.*

despercudir **1** tr. **Lavar o *limpiar ➘lo que está percudido.* **2** (Hispam.) *Avivar o *espabilar a ➘alguien.*

desperdiciadamente adv. *Con desperdicio.*

desperdiciado, -a **1** Participio adjetivo de «desperdiciar». **2** adj. y n. *Desperdiciador.*

desperdiciador, -a (ant.) adj. y n. *Que desperdicia.*

desperdiciadura (ant.) f. *Desperdicio.*

desperdiciamiento (ant.) m. *Desperdicio.*

desperdiciar (del lat. «disperditĭo», de «disperdĕre») tr. Gastar o dejar que se gaste o se pierda una ➘cosa sin obtener provecho de ella o sin obtener todo el provecho posible: 'Estás desperdiciando el tiempo. No desperdicies esta ocasión de hacer un viaje estupendo'. ≃ Desaprovechar, malemplear, malgastar, perder.

☐ CATÁLOGO

Aburrir, no COMER ni dejar comer, desaprovechar, desgastar, *estropear, infrautilizar, malemplear, malgastar, echar MARGARITAS a puercos, dejar PERDER, echar a PERDER, perder, gastar PÓLVORA en salvas. ➤ Acortadizos, AGUAS inmundas, AGUAS residuales, ahechadura, alisaduras, alrota [o arlota], arrebañaduras, bafea, *bagazo, barcia, barreduras, *basura, bazofia, borra, *broza, brusca, brusco, cabo, caedura, cagafierro, cáscara, caspia, caspicias, cenizas, cerniduras, cerón, chatarra, cibera, cizalla, clazol, cortaduras, corteza, cortinas, corzuelo, desechos, desgay [o desguay], desperdicios, despojos, destrío, detrito, detritus, deyección, doladura, echaduras, efluente, escaba, escamoche, escamocho, escamondadura, escarzo, escombro[s], escoria, escurriduras, escurrimbres, estiércol, estraza, evacuación, excedente, exceso, *excrementos, fraga, fraile, *granzas, granzones, heces, hormigo, horrura, hueso, jifa, limaduras, limpiadura, magma, malhojo, marojo, maula, migajas, miñón, moco, moco de herrero, mondadura, mondarajas, mondas, *orujo, paja, pajuz, peladuras, pellejo, piltrafas, purga, rabera, raeduras, raspa, *raspaduras, rebañaduras, rebojo, rebusca, rebuscallas, recortaduras, *recortes, regojo, relieves, replegaduras, rescaño, residuos, *resto[s], *retal, retazo, retobo, rincón, ripio, riza, saldo, sapa, secreción, seroja, serojo, serrín, sobejos, sobrados, sobras, suelos, terrón, torna, triache, triguillo, vertidos, virutas, zaborra. ➤ Echadizo. ➤ El PERRO del hortelano. ➤ Limpio de POLVO y paja. ➤ *Inútil.

☐ CONJUG. como «cambiar».

desperdicio **1** m. Acción de desperdiciar: 'El desperdicio del tiempo'. **2** (sing. o pl.) Parte no aprovechable de una cosa o lo que queda de una cosa después de utilizar una parte de ella: 'Desperdicios de comida [o de papel]'. ⇒ *Desperdiciar.

NO TENER DESPERDICIO. **1** Ser una cosa completamente aprovechable: 'El cerdo es un animal que no tiene desperdicio'. **2** Se usa para ponderar las cualidades positivas o negativas de alguien o algo: 'Este artículo no tiene desperdicio'.

SIN DESPERDICIO. V. «no tener DESPERDICIO».

desperdigado, -a Participio adjetivo de «desperdigar[se]». ⊙ BOT. *Se aplica a los órganos diseminados o en desorden.*

desperdigamiento m. Acción y efecto de desperdigar[se].

desperdigar (de «des-» y «perdigar») **1** tr. *Separar, moviéndolas o haciéndolas ir en distintas direcciones, ➘cosas que forman un conjunto o están reunidas: 'El tiro desperdigó la bandada de *pájaros. ≃ Desparramar, *dispersar, *esparcir. ⊙ prnl. Separarse en distintas direcciones cosas que formaban un conjunto o estaban reunidas. **2** tr. y prnl. Repartir una ➘actividad, una fuerza, etc., en distintos objetos: 'Desperdiga su actividad en demasiadas cosas'. ≃ *Dispersar.

desperecer (del lat. «deperīre») **1** (ant.) intr. *Perecer.* **2** (pop.; «por») prnl. **Desear mucho.*

☐ CONJUG. como «agradecer».

desperezar (de «de-» y «esperezarse») tr. y, más frec., prnl. Estirar los miembros, o solamente los *brazos, manteniendo tensos los músculos, para *desentumecerse o quitarse la pereza. ⇒ Desemperezarse, esperezarse, espurrirse, estirarse. ➤ Pandiculación. ➤ *Desentumecerse.

desperezo m. Acción de desperezarse.

desperfeccionar (Chi., Ec.) tr. **Estropear*.

desperfecto (usable en sing. de género: 'mercancía sin desperfecto') m. Algo que tiene una cosa, por lo cual no está completa o no es *perfecta: 'Un saldo de vajilla con desperfectos'. ≃ *Defecto, falta. ⇒ *Imperfección. ⊙ («Sufrir») Daño que sufre una cosa: 'La mercancía ha llegado sin desperfectos'. ≃ *Deterioro.

desperfilar **1** tr. *Disimular los perfiles de ↘algo; por ejemplo, en pintura.* ⊙ FORT. *Disimular las líneas de las ↘obras para que no se pueda desde lejos distinguir su estructura.* **2** prnl. *Dejar de estar en postura de *perfil.*

desperfollar (Mur.) tr. *Quitar la perfolla o *espata seca a las mazorcas de ↘maíz.*

despernada f. *Paso en el baile del villano y otros, consistente en un salto tras el que se cae con las piernas abiertas.*

despernado, -a (inf.) adj. *Muy cansado, de tanto *andar.*

despernancarse prnl. *Despatarrarse.*

despernar tr. *Cortar o estropear las *patas a un ↘animal.*

despersonalización f. Acción y efecto de despersonalizar[se].

despersonalizar **1** tr. Quitar a ↘alguien los rasgos característicos que conforman su personalidad. ⊙ prnl. Perder la propia identidad. **2** tr. Hacer que ↘algo se vuelva impersonal: 'La introducción de máquinas electrónicas despersonaliza los servicios que utiliza el ciudadano'. ⊙ prnl. Volverse impersonal una cosa.

despertador, -a **1** adj. y n. *Aplicable al que o lo que despierta.* **2** m. *Reloj despertador. **3** *Aparato que hay en los *faros que avisa cuando no tienen aceite los mecheros.*

despertamiento m. *Acción y efecto de despertar[se].*

despertante adj. *Que despierta.*

despertar[1] (de «despierto») **1** tr. Interrumpir el sueño de ↘alguien. ⇒ *Despierto. **2** intr. y prnl. Dejar de estar dormido alguien: 'Despertó alarmado'. **3** («de») intr. Hacer que ↘alguien se *percate de la realidad en cierta cosa sobre la que está engañado: 'Despertó de su error'. ≃ Abrir los ojos. **4** («de») Salir alguien de un engaño en que está. **5** tr. *Provocar en la mente o en el ánimo de alguien, ↘recuerdos, sensaciones, sentimientos, deseos, ideas, etc.: 'Este olor a leña quemada despierta en mí sensaciones de mi niñez'. Dondequiera que va despierta simpatías'. ⊙ *Provocar ↘hambre u otra sensación o apetito cualquiera: 'El campo le despertará el apetito'. **6** intr. *Espabilar.

☐ CONJUG. como «acertar».

despertar[2] m. Acción de despertar. ⊙ Se usa mucho en sentido figurado: 'El despertar de un país'.

desperteza (de «de-» y «esperteza»; ant.) f. *Previsión, vigilancia o estado de alerta.*

despesa (ant.) f. *Gasto.*

despesar[1] (del lat. «dispensum», part. pas. de «dispendĕre»; ant.) tr. **Vender.* ≃ Expender.

despesar[2] (ant.) m. **Pena o *disgusto.*

despestañar **1** tr. *Quitar las pestañas a ↘alguien.* **2** (inf.) prnl. *Esforzarse mucho con la vista o *mirar con ahínco para ver una cosa.* ≃ Desojarse. **3** (ant., inf.) **Estudiar o *pensar mucho.* ≃ Quemarse las CEJAS. **4** (ant., inf.) **Esforzarse mucho para hacer bien una cosa.*

despezar (de «pieza») **1** tr. ARQ. *Planear por separado la forma y tamaño de las distintas *piedras de sillería que han de constituir un ↘arco, bóveda o muro.* ≃ Despiezar. ⇒ *Cantería. **2** *Adelgazar el extremo de un ↘tubo o cañería para poder enchufarlo en otro.*

☐ CONJUG. como «acertar».

despezo **1** m. ARQ. *Acción y efecto de despezar.* ≃ Despiezo. **2** CANT. *Cara de las piedras por la que tocan con la contigua.* **3** CARP. **Tarugo o trozo de, madera corto y grueso; como, por ejemplo, el que queda del extremo de un matadero.*

despezonar **1** tr. y prnl. *Arrancar[se] o cortar[se] el pezón de una ↘cosa.* **2** tr. *Separar, *arrancar una ↘cosa de otra.*

despezuñarse **1** prnl. Estropearse las pezuñas. **2** (Hispam.) *Afanarse, *apresurarse o ir con mucha prisa.*

despiadadamente adv. De manera despiadada.

despiadado, -a **1** adj. Capaz de hacer daño a otros seres o de verles sufrir sin sentir *compasión. ≃ *Cruel, duro, inhumano. **2** Se aplica a «ataque, crítica, humor», etc., significando muy *agresivo y violento.

despicar[1] (de «des-» y «picar») **1** tr. *Quitar a ↘alguien el pique o *enfado que tiene por algo que cree una ofensa o un desprecio.* **2** prnl. *Librarse alguien del pique o desazón que siente por una ofensa o desprecio, tomando la revancha o de cualquier modo.* ⇒ *Desquitarse.

despicar[2] (de «des-» y «pico»; Arg., Col., Ven.) tr. *Hacer perder al *gallo de pelea la punta del pico.* ⊙ (Arg., Col., Ven.) prnl. *Perder el gallo de pelea la punta del pico.*

despichar (de «de-» y «espichar») **1** (ant.) tr. **Soltar o *escurrir una cosa un ↘humor o humedad.* **2** (Chi., Col., Ven.) **Espachurrar.* **3** (And.) **Desraspar la ↘*uva.* **4** (inf.) **Morirse.* ≃ Espichar.

despideaguas m. Listón en declive, plancha de zinc o cualquier cosa semejante que monta sobre la pieza inferior del marco, que se pone en las puertas y ventanas para apartar el agua de lluvia y que no penetre por las junturas. ≃ *Vierteaguas.

despidida (de «despedir»; Ar.) f. **Desagüe.*

despidiente **1** (ant.) adj. y n. m. *Aplicable a lo que despide o sirve para despedir una cosa.* **2** m. DESPIDIENTE *de agua.* **3** CONSTR. *Palo que se pone para mantener un *andamio colgado separado de la pared.*

DESPIDIENTE DE AGUA *Vierteaguas o cualquier dispositivo que sirve para apartar el agua de lluvia de algún sitio o evitar que penetre por las junturas de una ventana, una puerta, etc.

despido m. Acción de despedir a alguien de un empleo o sitio de trabajo. ⊙ Indemnización que se paga al despedido.

despiece m. Acción de despezar o despiezar.

despiertamente adv. *Con viveza.*

despierto, -a (del lat. vulg. «expertus», alteración de «experrectus») Participio irregular, ahora sólo empleado como adjetivo. Espabilado o *listo; se aplica a la persona, particularmente niño o joven, que entiende bien y rápidamente y sabe hacer lo que conviene. ⊙ Inteligente.

V. «SOÑAR despierto».

☐ CATÁLOGO

Desvelado, *insomne. ➤ Amanecer, desadormecer[se], desparpajarse, despabilar[se], despertar[se], desvelar[se], dispertar[se], *espabilar[se], espertar[se], lucubrar, pasar la

NOCHE en claro [o de claro en claro], abrir los OJOS, no cerrar los OJOS, no pegar los OJOS [o un ojo], recordar, sonochar, espantar [perder o quitar] el SUEÑO, trasnochar, estar en VELA, velar. ➤ Madrugar. ➤ Centinela, *guardia, *insomnio, lucubración, noche toledana, pervigilio, sonochada, trasnochada, vela, velación, velada, *vigilia. ➤ TOQUE de diana. ➤ Despertador, RADIO despertador. ➤ *Dormir.

despiezar 1 tr. ARQ. *Despezar una ↘obra de sillería.* 2 *Desmontar las piezas de una máquina.*

despiezo m. *Despiece.*

despilarar (Hispam.) tr. MINER. *Derribar los pilares de una ↘mina.*

despilfarradamente adv. *Con despilfarro.*

despilfarrado, -a 1 Participio adjetivo de «despilfarrar». 2 *Despilfarrador.* 3 **Andrajoso.*

despilfarrador, -a adj. y n. Se aplica al que despilfarra. ≃ Derrochador, malgastador.

despilfarrar (de «pelfa», var. dial. de «felpa», andrajo) tr. Gastar ↘dinero u otra cosa sin necesidad, en mucha más cantidad de lo necesario o prudente o en cosas innecesarias. ≃ *Derrochar, dilapidar, disipar, malgastar, tirar.

despilfarro 1 m. Acción de despilfarrar. ≃ Derroche, dilapidación. ⊙ Gasto excesivo o innecesario. 2 (ant.) **Destrozo causado en la ropa u otra cosa por desidia.*

despimpollar (de «des-» y «pimpollo») tr. AGR. Quitar a la ↘*vid los brotes que le sobran. ⇒ *Deschuponar, *desyemar.

despinces m. pl. *Despinzas.*

despinochar tr. Quitar las pinocheras (espatas) a las mazorcas de ↘*maíz.

despintar 1 tr. *Quitar la pintura de una ↘cosa.* ⊙ prnl. *Desteñirse o perder el *color una cosa.* ⊙ Perder la pintura. 2 tr. **Cambiar o desfigurar una ↘cosa; particularmente, un suceso al referirlo.* ⊙ prnl. *Borrarse, desfigurarse o *alterarse la imagen de una cosa, particularmente de una persona, en la mente de alguien: 'No es fácil que se me despinte'. 3 (ant.) intr. *En frases negativas, generalmente con significado despectivo, desdecir o diferenciarse:* 'Ese no despinta de su casta'. 4 (Chi., Col., P. Rico; inf.; más frec. en frases negativas) tr. *Apartar la mirada.* V. «despintarse el JUEGO».

despinte (Chi.) m. MINER. *Porción de mineral de calidad inferior.*

despinzadera 1 f. *Utensilio de hierro para despinzar.* 2 *Mujer que tiene por oficio despinzar los paños.*

despinzado m. *Operación de despinzar.*

despinzar tr. *Quitar con pinzas las motas, pelillos, etc., a las ↘*telas o *paños, las *pieles u otras cosas.*

despinzas f. pl. **Pinzas para despinzar.*

despiojador m. Aparato o procedimiento empleado para quitar los parásitos a los animales domésticos.

despiojar 1 tr. Quitar los *piojos a ↘alguien. También reflex. ⇒ Esculcar[se], espulgar[se]. 2 *Sacar a ↘alguien de la miseria o *pobreza.*

despioje m. Acción y efecto de despiojar[se].

despiporre o **despiporren** (inf.; «El») m. Expresión con que se *pondera lo extraordinario de cualquier cosa; particularmente, refiriéndose a un escándalo o alboroto.

despique m. *Acción de despicarse.* ⊙ *Cosa que se hace para ello.*

despiritado, -a (ant.) adj. *Falto de espíritu.*

despistado, -a 1 Participio adjetivo de «despistar[se]». 2 (inf.; «Estar, Ir») Desorientado, *equivocado o confuso respecto de lo que pasa, de la conducta a seguir, etc. 3 (inf.; «Ser») adj. y n. Se dice de la persona no bien adaptada en su conducta a la realidad o a lo que pasa a su alrededor y que, por ello, comete distracciones y desaciertos.

despistar 1 tr. *Desorientar ↘al que sigue una pista: 'Despistó a sus seguidores metiéndose en un portal'. ⊙ prnl. Extraviarse alguien, perder el rumbo: 'Me despisté en aquella encrucijada de calles'. 2 (inf.) tr. y prnl. *Desorientar[se] o desconcertar[se] respecto de cuál es el camino o conducta que conviene seguir, qué es cierta cosa, cuál es la situación, etc.: 'Una pregunta hecha para despistar. No te despistes y cojas mi abrigo en vez del tuyo'.

despiste 1 m. Cualidad o estado de despistado: 'Su despiste es proverbial'. 2 Distracción: 'Tuvo un despiste y se le fue el coche'.

despitorrado (de «des-» y «pitorro») adj. TAUROM. *Se aplica al *toro de lidia que tiene roto uno o los dos cuernos, pero quedando algo de punta en ellos.*

despizcar (ant.) tr. **Desmenuzar.*

desplacer[1] (de «des-» y «placer[1]») tr. **Desagradar, *descontentar o *disgustar.*

□ CONJUG. como «agradecer».

desplacer[2] (de «des-» y «placer[3]») m. *Disgusto, *desazón o *pena.*

desplacible (ant.) adj. *Desapacible.*

desplacido, -a *Participio adjetivo de «desplacer».*

desplaciente adj. *Que desplace.*

desplanar (del lat. «displanāre»; ant.) tr. **Explicar.*

desplanchar tr. y prnl. *Arrugar[se] una ↘cosa planchada.

desplantador, -a 1 adj. y n. *Aplicable al que desplanta.* 2 m. AGR. *Utensilio que se emplea para sacar las plantas con su cepellón para trasplantarlas.*

desplantar 1 tr. Sacar una ↘planta de la tierra con su *raíz. 2 tr. y prnl. CONSTR. *Desviar[se] una ↘cosa de la línea de la plomada o vertical.* ≃ *Desplomar[se]. 3 prnl. *En *esgrima y danza, separarse de la postura recta o «planta».*

desplante (de «desplantar») 1 m. *En danza, postura incorrecta.* 2 *Exabrupto o *descaro; dicho o hecho brusco o insolente. 3 Dicho arrogante. ≃ Jactancia.

desplatar tr. MINER. *Separar de un ↘mineral la *plata que contiene.*

desplayar 1 intr. *Retirarse el mar de la playa, por ejemplo en las *mareas.* 2 (ant.) tr. *Explayar.*

desplazado, -a 1 Participio adjetivo de «desplazar[se]». 2 («Estar, Encontrarse, Quedar») No adaptado al sitio o ambiente en que está: 'Se encuentra desplazado entre personas tan importantes'. ⇒ *Inadaptado.

desplazamiento 1 m. Acción y efecto de desplazar[se]. 2 MAR. Volumen que desplaza un barco. ⇒ *Capacidad.

desplazar (de «des-» y «plaza») 1 tr. y prnl. *Trasladar[se] o correr[se] una ↘cosa de un sitio a otro. ⊙ Se emplea mucho en lenguaje técnico, particularmente cuando se expresa la medida del corrimiento: 'Desplazar un eje 2 mm'. ⊙ prnl. *Ir de un lugar a otro: 'Vive en las afueras y tiene que desplazarse hasta el centro para ir a la oficina'. 2 tr. Quitar a ↘alguien del puesto o cargo que ocupa para ocuparlo el que le desplaza: 'Las nuevas generaciones desplazan a las viejas'. ⇒ *Suplantar. 3 Desalojar un cuerpo al *sumergirse o flotar la ↘cantidad de líquido que se expresa. ⊙ MAR. Esa cantidad, expresada en toneladas, sirve para medir el tamaño de los *barcos.

desplegable m. Impreso informativo o publicitario constituido por un papel o cartulina plegados que se pueden desplegar.

desplegadamente (ant.) adv. **Abierta, *clara u *ostensiblemente.*

desplegado, -a Participio adjetivo de «desplegar[se]». ⊙ Extendido.

V. «a BANDERAS desplegadas, salir con BANDERAS desplegadas, a VELAS desplegadas».

desplegadura f. Acción de desplegar.

desplegar (del lat. «explicāre», desplegar) **1** tr. y prnl. *Extender[se] una ↘cosa que está plegada o, por ejemplo si se trata de una bandera, arrollada: 'Desplegar un pañuelo [el periódico, las alas, un rollo]'. ⇒ Descoger, desdoblar, desfruncir, largar. ➤ *Abrir. *Extender. *Separar. **2** tr. y prnl. MIL. Disponer[se] en forma más disgregada las ↘tropas de una *formación muy compacta. **3** tr. **Aclarar, *explicar o hacer patente ↘algo que estaba poco claro.* **4** *Emplear cierta ↘cualidad o aptitud en la ocasión que se expresa: 'Desplegó mucha astucia en aquella ocasión'. ≃ Desarrollar.

□ CONJUG. como «acertar».

desplego (de «desplegar»; ant.) m. **Franqueza.*

despleguetear tr. AGR. *Quitar los pleguetes o zarcillos de las ↘*vides, para que den más fruto.*

despliegue **1** m. Acción y efecto de desplegar (desarrollar): 'No comprendo el despliegue de tanta actividad'. **2** Acción y efecto de desplegar (desarrollar o mostrar una cualidad): 'Un despliegue de astucia'. **3** Acción de exponer algo o de ponerlo de manera que sea visto y apreciado: 'La fiesta fue un despliegue de riqueza. La feria será un despliegue de los últimos adelantos industriales'. ≃ Demostración, exhibición, ostentación.

desplomar (de «des-» y «plomo».) **1** tr. *Hacer que una ↘construcción u otra ↘cosa pierda la posición vertical.* ⇒ Desaplomar, desplantar. ⊙ prnl. Perder una cosa, particularmente una construcción, la posición *vertical. **2** Caerse por esa causa. **3** *Caer pesadamente una cosa cualquiera por cualquier causa. ⊙ Particularmente, caer pesadamente una persona al perder el sentido o quedar muerta. **4** *Desaparecer brusca o violentamente una cosa no material: 'Una civilización que se desploma. Se desplomó su entusiasmo'. ≃ Hundirse, sucumbir.

desplome **1** m. Acción de desplomarse. ⊙ *Desplomo.* **2** CONSTR. *Parte que sobresale de la línea de aplomo.* **3** (Perú) MINER. *Sistema de explotar las *minas consistente en excavar hasta que parte del filón se desploma por su propio peso.*

desplomo m. CONSTR. Desviación de la posición vertical. ≃ Desplome.

desplumado, -a Participio adjetivo de «desplumar[se]».

desplumadura f. Acción de desplumar[se].

desplumar **1** tr. Quitar las plumas a un ↘ave o a un objeto que las tenga. ≃ Pelar. ⊙ prnl. Perder un ave las plumas. ⇒ Despelotar. **2** (inf.) tr. Robar a ↘alguien o quitarle con malas artes o en el *juego todo lo que tiene o el dinero que lleva encima. ≃ Desnudar, despeluchar, *desvalijar, limpiar, pelar.

desplume m. Acción de desplumar[se].

despoblación f. Acción y efecto de despoblar[se].

despoblada (ant.) f. *Despoblación.*

despoblado, -a **1** Participio adjetivo de «despoblar[se]»: 'Un lugar despoblado'. ⇒ Abandonado, deshabitado, solitario. ➤ *Desierto. **2** (usable como partitivo) m. Lugar deshabitado: 'Robo en despoblado'. ⇒ Descampado.

despoblamiento m. Despoblación.

despoblar (del lat. «depopulāre») **1** («de») tr. Dejar un ↘lugar sin *habitantes o con muy pocos: 'Despoblar de caza'. ⊙ Particularmente, sin personas. ⊙ prnl. Quedarse un lugar sin gente. ⊙ («de») tr. Dejar un ↘terreno sin *árboles o arbustos: 'Una plaga ha despoblado el pinar'. ⇒ Repoblar. **2** MINER. *Antiguamente, dejar una ↘*mina sin el número de trabajadores que exigían las leyes.*

□ CONJUG. como «contar».

despoderado, -a (de «des-» y «poder»; ant.) adj. *Despojado.*

despoetizar tr. Quitarle a ↘algo su aspecto poético.

despojado, -a Participio adjetivo de «despojar[se]».

despojador, -a adj. y n. Que despoja.

despojamiento (ant.) m. *Acción y efecto de despojar[se].*

despojar (del lat. «despoliāre») **1** («de») tr. Quitar a ↘alguien una ↘cosa que desea tener. ≃ Arrebatar, desposeer. ⊙ («de») prnl. Quedarse alguien voluntariamente sin cierta cosa que estima: 'Se despojó de sus bienes para darlos a los pobres'. ≃ Desposeerse, *desprenderse. ⇒ *Despojar. ⊙ («de») tr. Quitar de una ↘cosa algo que la completa, la adorna, la enriquece, etc.: 'Despojaron la casa de muebles'. **2** («de») prnl. Quitarse algún vestido: 'Se despojó de la chaqueta'. **3** («de») *Prescindir de alguna cosa que quita libertad: 'Despojarse de prejuicios'.

□ CATÁLOGO

Afanar, apandar, apañar, apañuscar, *apoderarse, arramblar, arrancar, arrapar, *arrebatar, *arruinar, quitar con malas ARTES, birlar, dejar en la CALLE, dejar sin CAMISA, cargar, carmenar, cepillar, *chupar, confiscar, dejar en CUEROS, defraudar, dejar sin, hacer DESAPARECER, desapoderar, desaposesionar, descañonar, desfalcar, desguarnecer, desheredar, deslinar, desmandar, desmantelar, desnudar, desplumar, despoderado, desposeer, desproveer, destituir, *desvalijar, distraer, empobrecer, enajenar, escamotear, escarmenar, *estafar, expilar, expoliar, expropiar, extorsionar, galimar, garrafiñar, guindar, *hurtar, inquietar, lanzar, limpiar, llevarse, mondar, dejar con un PALMO de narices, pelar, dejar en PELOTA, petardear, pegar un PETARDO, dejar a PIE, pillar, privar, *quitar, rapiñar, *robar, chupar la SANGRE, saquear, soplar, sustraer, timar, tomar, usurpar. ➤ Depredación, despojamiento, despojo, evicción, exacción, expoliación, extorsión, *hurto, latrocinio, pendolaje, pillaje, *robo, saco, saqueo, usurpación. ➤ *Botín, conquista, despojo, presa, trofeo. ➤ Desheredado, desnudo, despoderado, despojado, desposeído, destituido, falto, privado. ➤ Abdicar, ajenar, alienar, quitarse el BOCADO de la boca, arrojar [echar o tirar] por la BORDA, *ceder, compartir, *dar, *dejar, desapropiarse, desasirse, desencarnar, desentrañarse, deshacerse, desheredarse, desnudarse, despojarse, desposeerse, *desprenderse, disponer de, hacer DISPOSICIÓN de, enajenar[se], expropiarse, *gastar, librarse, quedarse sin NADA, *prescindir, privarse, quitarse, *renunciar, sacrificar[se], soltar. ➤ *Altruismo, dejamiento, desasimiento. desinterés, despego, desprendimiento, generosidad, *liberalidad. ➤ Quien da PAN a perro ajeno... ➤ *Adquirir. *Ladrón.

despojo **1** m. Acción de despojar. **2** (sing. o pl.) Conjunto de cosas pertenecientes al vencido de que se apodera el vencedor o el *conquistador. ≃ *Botín, presa. **3** (lit.) Lo que el tiempo o la muerte *destruyen o se llevan consigo: 'La vida es despojo de la muerte. La belleza es despojo del tiempo'. **4** (Col.) MINER. *Extracción de los minerales de* *una mina o filón.* **5** (pl.) Desperdicios o *restos; lo que queda después de gastar la parte que se utiliza de una cosa. **6** (pl.) Conjunto formado por la cabeza y cuello, los alones, las patas y la molleja de las *aves, que se vende así en las pollerías. **7** (pl.) Vientre, asadura, cabeza y manos de las reses despedazadas para *carne. **8** (pl.) MINER. **Minerales pobres que se venden a los lavaderos o propietarios de polveros para que los aprovechen.* **9** (pl.) *Materiales aprovechables de un derribo.* **10** (pl.) *Cadáver. ≃ Restos, RESTOS mortales. **11** *Espolio (ciertos bienes *eclesiásticos).*

□ CATÁLOGO

Asadura, achura, bofena, bohena, boheña, cabeza, callos, carrillada, cascos, chofes, corada, coradela, coraznada, cordilla, criadillas, DOBLÓN de vaca, entrañas, escritillas, gandinga, grosura, guifa, hígado, lechecillas, liviano. malcocinado, mano, menudencias, menudillos, menudos, meollada, mondongo, patas, revoltillo, sesada, tripicallos, UÑA de vaca, vientre. ➤ Jamerdar. ➤ Jamerdana. ➤ Casquería. ➤ Casquero, tripicallero. ➤ *Carne.

despolarización f. FÍS. Acción y efecto de despolarizar[se].

despolarizado, -a Participio adjetivo de «despolarizar[se]».

despolarizador, -a adj. y n. m. Que tiene la propiedad de despolarizar.

despolarizar tr. y prnl. FÍS. Destruir[se] o interrumpir[se] la polarización.

despolitización f. Acción de despolitizar[se].

despolitizado, -a Participio adjetivo de «despolitizar[se]».

despolitizar **1** tr. Quitar el carácter político de algo: 'Conviene despolitizar el debate'. ⊙ prnl. Perder algo su carácter político. **2** tr. Hacer que ↘alguien pierda la conciencia política. ⊙ prnl. Dejar de estar concienciado políticamente.

despolvar tr. y prnl. *Desempolvar[se].*

despolvorear **1** tr. **Limpiar o sacudir el polvo de un ↘sitio.* **2** **Apartar de sí una ↘cosa.* ≃ Desechar. **3** (Chi., Col.) *Espolvorear.*

desponer (ant.) tr. *Deponer.*

despopularizar tr. y prnl. *Hacer perder [o perder] popularidad.*

desporrondingarse **1** (Hispam.) prnl. **Derrochar alegremente en cierta ocasión.* ≃ Echar [o tirar] la CASA por la ventana. **2** *Soltarse, extenderse o dejarse ir despreocupadamente en cualquier cosa; por ejemplo, en un discurso.* ≃ *Desatarse. **3** **Arrellanarse, despatarrarse o *abandonarse.*

desportillado, -a Participio adjetivo de «desportillar[se]».

desportilladura **1** f. Fragmento o astilla que se separa por accidente del borde de una cosa. **2** Mella o defecto que queda en el borde de algo desportillado.

desportillar tr. *Romper el borde de una ↘cosa, por ejemplo de una *vasija o recipiente, haciendo en él un portillo. ⊙ prnl. Romperse el borde de una cosa haciéndose en él un portillo. ⊙ tr. y prnl. Mellar[se] el filo de un ↘*arma o herramienta. ⇒ Adermar, descantillar, descantonar, mellar[se]. ➤ Boquino.

desposación (ant.) m. *Desposorio.*

desposado, -a **1** Participio adjetivo de «desposar[se]». ⊙ n., gralm. pl. Recién casado: 'Los desposados salieron en viaje de novios'. **2** adj. *Sujeto con esposas.* ≃ Esposado.

desposajas (del lat. «sponsalĭa»; ant.) f. pl. *Esponsales.*

desposamiento (ant.) m. *Desposorio.*

desposando, -a n. *Persona que se va a desposar.*

desposar (del lat. «desponsāre», prometer) **1** tr. Unir el sacerdote a dos ↘personas en *matrimonio mediante la ceremonia religiosa correspondiente. ⊙ prnl. recípr. *Casarse. **2** *Contraer esponsales.*

desposeer (culto; «de») tr. Quitar a ↘alguien una cosa que poseía. ≃ Arrebatar, *despojar. ⊙ prnl. *Desprenderse de una cosa.

□ CONJUG. como «leer».

desposeído, -a **1** Participio adjetivo de «desposeer[se]». **2** Falto de cierta cosa.

desposeimiento m. Acción de desposeer[se].

desposorio m., gralm. pl. Acción de desposarse (casarse o contraer esponsales). ⊙ Ceremonia con que se realiza. ⇒ *Boda.

despostar (de «des-» y «posta», porción de carne; Hispam.) tr. **Descuartizar una ↘res o un ave.*

despostillar (Méj.) tr. **Desportillar o causar un ligero desperfecto en ↘algo.* ⇒ *Estropear.

déspota (del it. «despota») **1** n. Nombre dado a algunos *soberanos de pueblos antiguos. **2** Jefe de una nación o comunidad que la gobierna sin más norma que su voluntad. ⊙ Se aplica también a cualquier persona que impone su voluntad a otros sin ninguna consideración a la de ellos. ⇒ Autócrata, dictador, leona, mandón, mazorquero, opresor, SEÑOR feudal, SEÑOR de horca y cuchillo, tirano. ➤ Sargenta, sargento. ➤ Mazorca. ➤ Absoluto, *autoritario, despótico, dominante, imperioso. ➤ Brutalmente, despóticamente, a patadas, a puntapiés, por sí y ante sí. ➤ Yugo. ➤ *Arbitrario. *Autoridad. *Dominar. *Mandar.

despóticamente adj. De forma despótica.

despótico, -a adj. De [o del] déspota.

despotiquez f. *Despotismo.*

despotismo (de «déspota») **1** m. Poder absoluto que no está limitado por las leyes. **2** Abuso de poder o superioridad en el trato con los demás.

DESPOTISMO ILUSTRADO. Forma de gobierno de algunas monarquías absolutas del siglo XVIII, inspirada en las ideas de la Ilustración, que buscó el reforzamiento del poder real frente a otros poderes y favoreció el desarrollo económico y cultural.

despotizar (Arg., Chi., Ec., Perú) tr. *Gobernar o tratar a los demás de forma despótica.*

déspoto (ant.) m. *Déspota.*

despotricar (de «des-» y «potro»; «Ponerse a, Empezar a») intr. Decir barbaridades, disparates o insultos contra alguien o algo: 'Se puso a despotricar contra el régimen. ≃ Desbarrar, disparatar. ⇒ *Atacar, decir BARBARIDADES, blasfemar, echar [o soltar] por la BOCA, *desahogarse, desatarse, desbocarse, *descomponerse, desenfrenarse, deslenguarse, DESPACHARSE a gusto, disparatar, HABLAR mal, *insultar, *irritarse, *jurar, maldecir, decir PALABROTAS.

despreciable adj. Que merece desprecio.

despreciado, -a Participio adjetivo de «despreciar».

despreciador, -a adj. *Que desprecia.*

despreciar (del lat. «depretiāre») **1** tr. Considerar una persona a ↘otra indigna de estimación y de que se mantenga trato con ella, y tener hacia ella la actitud o disposición de ánimo correspondiente. ⊙ (ant.) prnl. *Desdeñarse.* **2** tr. Considerar una ↘cosa como no merecedora de atención o no hacer *caso de ella: 'No hay que despreciar esa posibilidad'. ⊙ No detenerse ante ↘peligros, dificultades, obstáculos, etc. **3** *Rechazar una persona ↘algo que se le ofrece por no considerarlo de bastante valor o digno de ella.

□ CATÁLOGO

Sufijos despectivos, «-acho, -aco, -ajo, -alla, -anco, -ango, -ario, -astro, -sco, -ucio, -uco, -ugio, -ujar, -ujo, -uncho». ➤ Arrinconar, *arrumbar, hacer ASCOS, no prestar ATENCIÓN, no darse [o no importar] un BLEDO, dar BOCHE, dar una BOFETADA, no tener [ni] media BOFETADA, burlarse, dar CALABAZAS, escupir a la CARA, volver la CARA, hacer CASO omiso, no hacer *CASO, no tomar en CONSIDERACIÓN, dar en la CRESTA, no tomar en CUENTA, demeritar, dejar, dejar *DESAIRADO, *desairar, hacer un DESAIRE, desapreciar, desatender, desdeñar, deslinajar, desmitificar, hacer un DESPRECIO, disminuir, pasarse por la ENTREPIERNA, escupir, volver la ESPALDA, esperdecir, excusarse, dejar FEO, hacer un FEO, dar HIGA, mirar por encima del HOMBRO, sacar la LENGUA, hacer de MENOS, hacer MENOS, menospreciar, MIRAR de arriba abajo, MIRAR de lado, ningunear, negar el PAN y la sal, pasar, PASAR de largo, echar [o mandar] a PASEO, no darse un PEPINO, tratar como a un PERRO, dar con el PIE, poner a los PIES de los caballos, no darse un PITO, popar, dar con la PUERTA en las narices, *rehusar, reírse de, tomar a RISA, volver el ROSTRO, poner [o tirar] por los SUELOS, TENER en menos, TENER en poco, TENERSE a menos, ultrajar, vilipendiar, tratar a ZAPATAZOS. ➤ Abyecto, alhaja, ALMA de cántaro, andrajo, un asco, avechucho, avucastro, bacín, bajo, baldragas, belitre, bicho, birria, *botarate, cagarruta, calandrajo, carcamán, pedazo de CARNE [con ojos], cascaciruelas, catatė, cerdo, cernícalo, de CHICHA y nabo, chiquilicuatre, contemptible, contentible, cualquiera, currinche, desecho, despreciable, deyecto, sin dignidad, drope, echacantos, echacuervos, ente, espantajo, espantapájaros, espernible, de baja ESTOFA, estúpido, fané, fantoche, ful, fulero, furris, gamberro, ganso, gaznápiro, gusano, idiota, imbécil, *insignificante, *inútil, irrisible, irrisorio, majadero, mamarracho, mameluco, mastuerzo, mentecato, *mequetrefe, mezquino, mierdoso, monigote, mostrenco, muñeco, nadie, necio, ñiquiñaque, peal, pedestre, pelafustán, pelagatos, pelele, de medio PELO, penco, pendón, perro, petate, piltrafa, pinchaúvas, pinche, pingo, pinta, pintamonas, de POCO más o menos, de baja RALEA, a RAS de tierra, rastrero, ratonil, ruin, sabandija, sandio, tío, tipejo, tipo, *tonto, trasto, vaina, *vil, *vulgar, zángano, zarandajo. ➤ Zaragate, zurrapa. ➤ Zurrona. ➤ Escupidero. ➤ Atajo, churriburri, chusma, corrincho, cuadrilla, escoria, gentuza, hez, morralla, patulea, purria, rahez, zupia, zurriburri. ➤ Mecánica. ➤ Boche, bofetada, *burla, desaire, desatención, desconsideración, descortesía, descuerno, desfrez, desgaire, desguince, dezfrez [o desprez], esguince, feo, higa, menosprecio, ninguneo, porquería, portazo, pujés, sequete, ventanazo. ➤ Depreciación, desdén, desestima, desestimación, desprecio, indiferencia, irreverencia, vilipendio. ➤ Olímpico, profundo. ➤ Retintín, tonillo. ➤ Desdeñoso, despectivo, despreciativo, displicente, esquivo, *indiferente, menospreciativo. ➤ Desdeñosamente, despectivamente, despreciativamente. ➤ Despecho. ➤ Apreciar. ➤ ¡Anda!; ¡ANDA, vamos!; ¡bah!, ¡anda [mira o vamos] CHICO!, ¿qué te habrás [se habrá usted, etc.] CREÍDO?, tal DÍA hará un año, ése, ¡para ESO...!, Éste, ¡fu!; GUÁRDATE tu [GUÁRDESE usted su, etc.] hombre; ¡anda [vamos], HOMBRE!; a MÍ [y a mí] qué, ¡vamos!, ¡VAMOS, anda!; ¡anda [mira, vamos], NIÑO!; a PALABRAS necias, oídos sordos; ¡para...!, vete [váyase usted, etc.] a PASEO, ¡pfff... !, ¡Psss...!, ¡rico!; ¡anda [mira o vamos], RICO!; semejante..., TAL para cual. ➤ *Achicar. *Aislar. *Avergonzar. *Burla. *Chasquear. *Desechar. *Desentenderse. *Desobedecer. *Despreocuparse. *Humillar. *Indeseable. *Innoble. *Insultar. *Malo. *Maltratar. *Ofender. *Prescindir. *Rechazar. *Ridículo. *Zaherir.

□ FORMAS DE EXPRESIÓN

Las consonantes «ch» o «j », y «rr» parecen encerrar un valor expresivo de desprecio y entran, unidas a distintas vocales, en la terminación de palabras despectivas: 'corpachón, picacho, boliche, pitoche, tienducha, espadachín; espantajo, pingajo, tapujo, revoltijo; birria, ceporro, fanfarria, villorrio, murria, soñarra'. Pueden verse más ejemplos en los artículos correspondientes a cada uno de los sufijos y en el artículo «afijo». El sufijo más netamente despectivo y, además, el único de uso acomodaticio, esto es, susceptible de ser aplicado a cualquier nombre o adjetivo, es «ucho, -a»: 'tienducha, arbolucho, comiducha'. A los otros les asigna el uso una aplicación restringida. Se procura en el diccionario incluir en los artículos correspondientes los diminutivos peculiares: 'libraco, hilacho, poetastro, aguilucho, villorrio, calluja, soldadesca...'. Son despectivos tanto como diminutivos los sufijos «eco, -a; -ete, -a»: 'muñeco, mozalbete, regordete'. También otros sufijos diminutivos, así como los aumentativos, pueden usarse a veces con sentido despectivo: 'bravucón, cabezota'. Todos ellos pueden tener un significado afectuosa o irónicamente despectivo: 'caballejo, picarón, inocentón, barbarote'. El sufijo de formación de adjetivos «-il» tiene generalmente sentido despectivo: 'porteril'.

□ CONJUG. como «cambiar».

desprecio 1 («Mostrar, Sentir, Tener») m. Disposición de ánimo o actitud del que desprecia. ≃ Desdén, menosprecio. **2** («Hacer») Acción en que se muestra desprecio: 'Le hicieron el desprecio de no aceptar su invitación'. ≃ Desaire.

DESPRECIO DEL OFENDIDO. DER. *Circunstancia, que puede ser agravante de un *delito, que consiste en la falta de consideración al sexo, edad, dignidad, etc., de la víctima.*

D. DEL SEXO. DER. *Modalidad de la circunstancia «desprecio del ofendido», que se refiere a ser mujer la víctima.*

despreciativamente adv. De manera despreciativa.

desprender (de «des-» y «prender») **1** («de») tr. y prnl. Separar[se] o despegar[se] ↘algo que está adherido o pegado a otra cosa: 'Desprender una manga de un vestido. Desprender[se] un sello de un sobre'. ≃ *Soltar[se], caerse. ⊙ (Arg., Par., P. Rico, Ur.) *Desabrochar[se] o desabotonar[se]*. **2** («de») prnl. Dar o ceder una cosa que se estima, o dejar voluntariamente de tenerla: 'Se desprendió de sus joyas para costear el viaje'. ≃ *Despojarse, desposeerse. ⊙ («de») Dejar de tener algo necesario o conveniente, por voluntad o por necesidad: 'Han tenido que desprenderse del coche'. ≃ Renunciar. **3** («de») *Prescindir, por decisión propia, de algo como «prejuicios, escrúpulos, afectos», que pueden quitar libertad de acción. ⇒ Arrojar [echar o tirar] por la BORDA, despojarse, *prescindir, sacudirse. **4** tr. *Despedir o *soltar ↘algo: 'Esta leche desprende olor a agria. El pedernal desprende chispas. La serpiente desprende su piel periódicamente'. ⊙ prnl. Ser *despedido: 'De la pared se desprende humedad'. ≃ Emanar. **5** Notarse o conocerse una cosa por otra que se expresa: 'De lo que ha dicho se desprende que no está contento'. ≃ *Deducirse, inferirse.

□ CATÁLOGO
Abdicar, ajenar, alienar, quitarse el BOCADO de la boca, arrojar [echar o tirar] por la BORDA, *ceder, compartir, *dar, *dejar, desapoderarse, desapropiarse, desasirse, desencarnar, desentrañarse, deshacerse, desheredarse, desnudarse, *despojarse, desposeerse, disponer de, hacer DISPOSICIÓN de, enajenar[se], enjurar, *gastar, librarse, *prescindir, privarse, QUEDARSE sin nada, quitarse, *regalar, *renunciar, resignar, soltar, *vender. ➤ *Altruismo, desasimiento, desinterés, despego, desprendimiento, generosidad, *liberalidad. ➤ Quien da PAN a perro ajeno...

desprendido, -a Participio adjetivo de «desprender[se]». ⊙ *Generoso o *liberal; inclinado a dar de lo suyo a otros. ≃ Dadivoso, desinteresado, espléndido.

desprendimiento 1 m. Acción de desprender[se]. ⊙ MED. Separación de un órgano o parte de él de su posición normal: 'Desprendimiento de retina'. ⊙ Generosidad o *liberalidad: cualidad de desprendido. **2** METAL. *Descenso brusco de la carga de un *horno que se había detenido en la parte alta de la cuba por alguna causa.* **3** ESCULT., PINT. *Descendimiento (representación del de *Jesucristo, de la cruz).

despreocupación 1 f. Estado de despreocupado. **2** Falta de cuidado o de atención para las cosas que dependen de uno. **3** Indiferencia en materia *religiosa. **4** Falta de preocupación por la opinión de otros sobre uno mismo. ⇒ *Despreocuparse.

despreocupado, -a 1 («Estar») Participio adjetivo de «despreocuparse». ⊙ Sin preocupación por cierta cosa o sin ninguna preocupación. ⊙ («en») Se aplica al que obra en determinada cosa sin preocupación o miramiento: 'Despreocupado en el vestir'. ⊙ («Ser») Se aplica a la persona que no se preocupa de atenerse en su conducta a lo que se considera decoroso según las conveniencias sociales, o que no se preocupa de lo que los demás digan de ella. ⊙ (reprobatorio) Particularmente, a la mujer que lo hace así en sus relaciones con el otro *sexo. ⇒ *Despreocuparse. **2** Indiferente en *religión.

despreocuparse prnl. Dejar de preocuparse o procurar no preocuparse de algo o de alguien.

□ CATÁLOGO
*Abandonar, tomar a BENEFICIO de inventario, dejar que ruede la BOLA, echarse en BRAZOS de, no hacer *CASO, dejar CORRER las cosas, echar [o mandar] al CUERNO, perder CUIDADO, ahí me las DEN todas, DEJAR para otros, *desentenderse, echarse a las ESPALDAS, encogerse de HOMBROS, dejar en MANOS de, ponerse el MUNDO por montera, reírse del MUNDO, relegar al OLVIDO, dejarse QUERER. ➤ *Cínico, descocada, descuidado, desenvuelta, *deshonesta, despreocupado, *fresco, libre, mindango, viva la VIRGEN. ➤ Ahí me las DEN todas, ande yo caliente y ríase la GENTE, ¡...y viva la PEPA! ➤ *Desprecio. *Escéptico. *Tranquilo.

despresar (Chi.) tr. **Trinchar un ↘*ave: hacerla presas.*

desprestigiado, -a Participio adjetivo de «desprestigiar[se]».

desprestigiar tr. *Desacreditar o *deshonrar; quitar el prestigio o la buena fama de ↘alguien. ⊙ prnl. Perder alguien su prestigio o buena fama.

□ CONJUG. como «cambiar».

desprestigio m. Pérdida del prestigio o la buena fama. ≃ Descrédito, deshonra.

despresurización f. Acción y efecto de despresurizar[se].

despresurizar tr. Anular la presurización en un ↘avión o nave espacial. ⊙ prnl. Perder la presurización un avión o nave espacial.

desprevención f. Falta de prevención. ⊙ Estado de desprevenido.

desprevenidamente adv. Sin prevención.

desprevenido, -a 1 adj. *Desprovisto de lo necesario. **2** («Estar, Coger») No preparado o prevenido para cierta cosa: 'La noticia le cogió desprevenido y no supo cómo reaccionar'. ⇒ Descuidado, desproveído, impróvido, *inadvertido. ➤ Desprevenidamente, de improviso, inopinadamente, de nuevas, sin *precauciones, por sorpresa, súbitamente. ➤ Inopinado, *repentino, súbito. ➤ *Sorprender.

desprez 1 (ant.) m. **Desprecio.* **2** (ant.) DER. **Rebeldía; hecho de no presentarse un delincuente reclamado por el juez.* ⊙ (ant.) DER. *Multa en que incurría por ello.*

desprivanza (ant.) f. *Estado del que ha perdido la privanza con alguien.*

desprivar (de «des-» y «privar») **1** tr. Hacer caer a ↘alguien de la *privanza que gozaba con otra persona. **2** (ant.) intr. *Perder la privanza.*

desprivatización f. Acción de desprivatizar.

desprivatizar tr. Convertir en públicos un ↘sector o una empresa que pertenecían al capital privado.

desprogramación f. Acción de desprogramar.

desprogramar 1 tr. Anular la programación de un ↘aparato. **2** Hacer abandonar a una ↘persona determinadas convicciones, hábitos mentales, etc., considerados alienantes.

despropiar (ant.) tr. *Expropiar.*

desproporción f. Falta de proporción. ⇒ Descompás, exageración. ➤ Deforme, descomedido, descompasado, *desmedido, desmesurado, desproporcionado, destartalado, exagerado, excesivo, inarmónico. ➤ Mal *TIPO. ➤ VENIR grande. ➤ El PARTO de los montes, mucho RUIDO y pocas nueces. ➤ Para..., ¡PARA eso...! ➤ *Anormal, *imperfección.

desproporcionadamente adv. De manera desproporcionada.

desproporcionado, -a *Participio de «desproporcionar».* ⊙ adj. Que no guarda la proporción debida.

desproporcionar tr. *Quitar a ↘algo la proporción.*

despropositado, -a adj. *Falto de oportunidad o de relación con el asunto de que se trata.* ⇒ *Inoportuno.

despropósito m. Dicho o hecho inoportuno o sin relación con la cosa de que se está hablando.

□ CATÁLOGO
Adefesio, arracacha, candinga, clarinada [o clarinazo], gansada, jangada, *majadería, pampirolada, pampringada, panderada, paparrucha, PATA de gallo, patochada, SALIDA de tono, SALIDA de pie de banco, trompetada, trompetazo. ➤ Irse por los CERROS de Úbeda, apearse por la COLA, no pegar ni con COLA, no venir a CUENTO, *desentonar, HABLAR a tontas y a locas, no venir a TONO. ➤ ¡A PROPÓSITO de caza...! ➤ Confundir el CULO con las témporas. ➤ *Decir. *Disparate.

desprotegido, -a adj. Falto de protección.

desproveer («de») tr. Quitarle a ↘alguien las provisiones o cierta cosa que le es necesaria.

□ CONJUG. como «leer». Tiene el participio irregular «desprovisto», que es el propiamente adjetivo, y el regular «desproveído», que es el que corresponde utilizar en la conjugación; pero se usa también «desprovisto» en la conjugación, con más frecuencia que «desproveído».

desproveídamente 1 adv. *Con desproveimiento.* **2** (ant.) *Súbitamente.*

desproveimiento (ant.) m. *Desprevención.*

desprovisto, -a Participio adjetivo de «desproveer». ⊙ Sin cierta cosa que se expresa, necesaria, útil o conveniente: 'Una casa desprovista de comodidades. Una persona desprovista de sentido común'. ⇒ Carente, desabastecido, desapercibido, desnudo, despojado, desprevenido, destituido, exento, falto, manivacío, manvacío, privado. ➤ Ni para un REMEDIO, ni señal, ni siquiera..., sin un triste... ➤ Desaviar, desproveer. ➤ *Falta. *Sin.

despueble o **despueblo** m. *Despoblamiento.*

despuente m. APIC. *Marceo (corte o limpieza que se hace en las colmenas en la primavera).*

después (del lat. «de», «ex» y «post») **1** adv. Expresa que la cosa de que se trata está con respecto a otra determinada más lejos en el espacio, en el tiempo o en otra circunstancia cualquiera que se considera primera o principal. ⊙ Inmediatamente detrás: 'A mitad de la calle hay una iglesia y después está mi casa. Tú eres el más alto y después está Pablo'. ≃ A continuación, *enseguida. ⇒ Apénd. II, COMPARACIÓN (comparación de desigualdad). **2** Se emplea también con el significado de «más adelante» o «más tarde»: 'Decídete ahora; después, será tarde'. ⇒*Futuro. **3** Con «de», se convierte en expresión prepositiva con el mismo significado: 'Mi nombre está después del tuyo en la lista'. ⊙ Puede tener un valor adversativo que se añade al valor temporal: 'Después de las molestias que nos ha causado, se va sin despedirse. Después de lo que me ha costado, resulta que no sirve'. ⊙ Seguido de «que» o «de que», se convierte en expresión conjuntiva, pero sólo aplicable al tiempo: 'Después [de] que te escribí no he vuelto a verle'. **4** Con un nombre de tiempo antepuesto, forma locuciones adverbiales: 'Meses [días, horas, años...] después, ya nadie hablaba de ello'. **5** *«Después que» se usaba antiguamente por «desde»:* 'Después que nací'.

¡HASTA DESPUÉS! Hasta luego.

V. «después de TODO».

□ NOTAS DE USO

En muchos casos puede usarse indistintamente la preposición «después de» o la locución conjuntiva «después que», según que se considere el verbo como inexistente o como sobreentendido: 'Él llegó después de ti. Él llegó después que [llegaste] tú'. En el primer caso, equivale más propiamente a «a continuación de», y en el segundo a «más tarde que».

□ CATÁLOGO

Prefijos, «post-, sobre-»: 'postoperatorio; sobreparto'. ➤ ACTO continuo [o seguido], en adelante, más adelante, apenas, aprés, arreo, así que, no BIEN, al cabo de, a continuación, en cuanto, depós, deque, desde que, desend, *detrás, *enseguida, en el *futuro, inmediatamente, a la larga, luego, al otro, pasado, a poco de, en pos, a posteriori, posteriormente, tan pronto como, a raíz de, a RENGLÓN seguido, seguidamente, en lo sucesivo, más tarde, andando [con, al correr] el TIEMPO, tras, ulteriormente, en lo por VENIR, una vez, a la vuelta de, a la zaga. ➤ Posterior, póstumo, ulterior. ➤ Consecutivamente, por su orden, sucesivamente, a su vez. ➤ *Pasar. *Seguir.

despuesto, -a (ant.) *Participio de «desponer».*

despullar (del dial. «despojar»; ant.) tr. **Desnudar.*

despulpado, -a 1 *Participio adjetivo de «despulpar».* **2** m. *Acción de despulpar.*

despulpador m. *Aparato que sirve para despulpar.*

despulpar tr. *Sacar la pulpa de algunos ↘frutos.*

despulsar 1 tr. *Dejar sin *pulso o sin fuerzas a ↘alguien.* ⊙ *Producir un *desmayo a ↘alguien.* ⊙ prnl. **Desmayarse.* **2** (ant.) *Excitarse mucho, gritar, agitarse, etc., por efecto de un estado de ánimo como *pena o *cólera.* ≃ *Deshacerse. **3** *Desear algo con mucha vehemencia.* ≃ *Ansiar, deshacerse, desvivirse.

despumación (ant.) f. *Acción de espumar.*

despumar tr. *Espumar.*

despuntador 1 (Méj.) m. MINER. *Utensilio para separar *minerales.* **2** (Méj.) MINER. **Martillo que se emplea para romper los *minerales.*

despuntadura f. *Acción y efecto de despuntar[se].*

despuntar 1 tr. y prnl. *Cortar[se] o quitar[se] la *punta de una ↘cosa. ⇒ Achaflanar, camochar, cimar, descabezar, *desmochar, mochar, redondear, robar. **2** intr. *Asomar ligeramente algo que nace o aparece; particularmente, los brotes de las plantas, el día [o el alba]. ≃ Apuntar. ⇒ *Aparecer, *asomar, *brotar, *insinuarse, *mostrarse. **3** («en, por, entre») *Distinguirse o *sobresalir; ser mejor que otros o estar especialmente bien dotado de cierta cosa: 'Despunta en la clase de matemáticas. Despunta en dibujo. Despunta por su talento'. ≃ Descollar, destacar, destacarse, señalarse. ⊙ Dar pruebas de mucha *inteligencia: 'Ninguno de sus hijos despunta por ahora'. **4** tr. APIC. *Cortar las celdillas vacías de la ↘colmena hasta llegar a la que contiene la cría.* ≃ *Descerar. **5** (ant.) MAR. *Doblar un ↘*cabo.* ⇒ *Contornear.

despunte 1 (Arg., Chi.) m. *Despuntadura.* **2** (Arg., Chi.) **Leña delgada procedente del desmocho.*

desque (de «des[2]» y «que»; ant., pop. en algunos sitios) conj. *Desde que.*

desquejar (de «de-» y «esqueje») tr. o abs. AGR. *Sacar esquejes de una ↘planta para *plantarlos.*

desqueje m. AGR. *Operación de desquejar.*

desquiciado, -a Participio adjetivo de «desquiciar[se]». ⊙ Trastornado o alterado por algo: 'Desde que le dejó su mujer, está desquiciado'.

desquiciador, -a adj. y n. Que desquicia.

desquiciamiento m. Acción y efecto de desquiciar[se].

desquiciar 1 tr. y prnl. Sacar [o salirse] una ↘*puerta u otra cosa de su quicio. ⇒ Desgonzarse, desgoznarse. **2** *Trastornar[se] ↘algo, en cualquier sentido. ⊙ Desordenar[se] o desorganizar[se] una ↘cosa: 'La enfermedad ha desquiciado la casa'. ⊙ Alterar[se] la vida o las costumbres de ↘alguien, los ↘planes, etc.: 'La guerra nos desquició'. ⊙ *Aturdir[se]. ⊙ tr. *Afectar profundamente a ↘alguien: 'La muerte de su mujer le ha desquiciado'. ⊙ prnl. Trastornarse alguien. **3** tr. *Exagerar la importancia o las consecuencias de una ↘cosa. Más frecuentemente, «sacar de quicio». **4** **Enemistar o indisponer a ↘alguien con otra persona o hacerle perder la *privanza con alguien.*

□ CONJUG. como «cambiar».

desquicio (de «desquiciar»; Guat., R. Pl.) m. *Desorden.*

desquijarar (de «des-» y «quijar») tr. y prnl. *Dislocar[se] las quijadas o las mandíbulas.*

desquijerar (de «des-» y «quijera») tr. CARP. *Serrar por los dos lados un ↘madero para formar una espiga, por ejemplo para hacer una ensambladura.*

desquilatar 1 (ant.) tr. *Hacer perder quilates al ↘*oro.* **2** *Hacer disminuir el valor intrínseco de una ↘cosa.* ≃ *Desvalorizar.

desquilo (ant.) m. *Esquileo.*

desquitar 1 tr. *Compensar a ↘alguien una ganancia o ventaja de una pérdida o contratiempo sufridos. ⊙ prnl. Proporcionarse alguien una ventaja o satisfacción que le *compense de una pérdida o un disgusto: 'Me acosté tarde, pero me he desquitado por la mañana'. ≃ Resarcirse. ⊙ *Vengarse o tomar revancha de una ofensa o un perjuicio recibido: 'Así se ha desquitado de la mala pasada que le jugaron'. ⇒ Desforzarse, despicarse, tomar el DESQUITE, sacarse la [o una] ESPINA, tomar la REVANCHA, satisfacerse, *vengarse. **2** (pop.) tr. *Descontar.

desquite m. Acción de desquitarse, por ejemplo en el juego. ⊙ Acción o suceso con que alguien se desquita.

TOMAR EL DESQUITE. Desquitarse. Particularmente, de una ofensa o daño recibido.

desrabar o **desrabotar** tr. *Quitar el rabo a un ↘animal; particularmente, a las crías de las *ovejas.*

desraizar tr. Arrancar las raíces de un ↘terreno.
□ CONJUG. como «enraizar».

desramar tr. *Quitar ramas de un ↘árbol.*

desraspado, -a *Participio adjetivo de «desraspar».* ≃ Derraspado.
V. «TRIGO desraspado».

desraspar **1** tr. AGR. *Quitar la raspa o escobajo de la ↘*uva pisada, antes de ponerla a fermentar para hacer el *vino.* ≃ Descobajar, despichar. **2** (ant.) **Raspar.*

desrastrojar tr. AGR. **Labrar un ↘campo para arrancar el *rastrojo.*

desratización m. Acción de desratizar.

desratizar tr. Limpiar un ↘sitio de ratas y *ratones. ⇒ Desmurar.

desrayar **1** tr. *Abrir surcos para *desecar un ↘campo.* **2** *Hacer el último *surco de un ↘campo.*

desrazonable adj. *No *razonable.*

desregladamente adv. *Desarregladamente.*

desreglado, -a *Participio de «desreglar».* ⊙ adj. *Desarreglado.*

desreglar tr. *Desarreglar.*

desrelingar tr. MAR. *Quitar las relingas a las ↘*velas.*

desreputación (ant.) f. **Descrédito o *deshonra.*

desreverencia (ant.) f. **Irreverencia.*

desrielar (Bol., Chi.) intr. *Descarrilar.*

desriñonado, -a Participio adjetivo de «desriñonar[se]». ⊙ (Dejar, Estar, Quedarse) Muy cansado por exceso de carga o de trabajo.

desriñonar tr. Estropearle los *riñones a ↘alguien el exceso de carga o de trabajo. ≃ Derrengar, deslomar. ⊙ prnl. Dañarse alguien los riñones por trabajar o esforzarse mucho. ⊙ tr. y prnl. Se emplea más hiperbólicamente, como *cansar[se] mucho.

desriscar tr. y prnl. **Despeñar[se].*

desrizar tr. y prnl. Quitar[se] el rizo de una ↘cosa; por ejemplo, del pelo. ⇒ *Recto.

desroblar tr. **Enderezar la robladura de un ↘clavo o un perno.*

desroñar (de «des-» y «roña») **1** (Seg.) tr. *Quitar a un lado y otro de los ↘*maderos una franja de corteza para señalar dónde han de ir las aristas al labrarlos.* **2** (Mur.) *Limpiar los ↘árboles de las ramillas mal desarrolladas.* ⇒ *Deschuponar, *podar.

desrostrar (ant.) tr. y prnl. *Herir[se] en la ↘*cara, dejándola afeada o desfigurada.*

destacado, -a **1** («de, en, por, entre») Participio adjetivo de «destacar[se]»: claro, definido o bien distinguible de las cosas con o entre las cuales está. ⊙ Aplicado a personas designadas por «hombre, persona, personaje, etc.», o con un nombre de profesión, o bien a sus actividades, distinguido o importante: 'Un personaje destacado de la banca. Un destacado periodista. Le operó un especialista destacado. Tuvo una destacada intervención en el asunto'. **2** Aplicado a cosas, *solo o *separado de los demás. ≃ *Aislado.
□ CATÁLOGO
Acreditado, adelantado, *afamado, *alto, *apreciable, aventajado, brillante, *bueno, célebre, cimero, claro, *conocido, conspicuo, culminante, descollado, distinguido, dominante, elevado, eminente, encumbrado, estimado, excelso, excepcional, *famoso, gentil, gigantesco, grande, hegemónico, *ilustre, importante, nombrado, de nota, digno de NOTA, *notable, precipuo, primero, primicerio, prócer, prócero, prominente, relevante, renombrado, significado, sobresaliente, sublime, supereminente, superior, supremo. ➤ Acusado, *aislado, *claro, desigual, *diferente, distinto, manifiesto, marcado, notorio, *perceptible, pronunciado, *raro, sensible, señalado, señero, visible. ➤ El AMO del cotarro, as, el que corta el BACALAO, gallito, gallo, hacha. ➤ Isla. ➤ ¡Menudo...!, ¡VAYA un...! ➤ *Distinguirse. *Sobresalir. *Superar. *Vistoso.

destacador (Chi.) m. **Rotulador (lápiz con una tinta especial).*

destacamento m. MIL. Grupo de tropa destacado para alguna misión. ⇒ Escalón.

destacar (del it. «staccare», atar, deriv. del sup. gót. «stakka»; la 1.ª acep., quizá del fr. «détacher», palabra hermana del it. «staccare») **1** tr. MIL. Separar del grueso del ejército y enviar a determinada misión a un grupo de ↘tropa. ⊙ Se puede aplicar también a una expedición cualquiera. **2** intr. y prnl. *Distinguirse o *sobresalir; ser una cosa más *alta o más visible, o superior por cualquier concepto a las que están próximas a ella o a la generalidad de las cosas del mismo género. ≃ Descollar, destacar, resaltar, señalarse. ⇒ *Destacado. **3** tr. Hacer, por ejemplo en una pintura, que una ↘cosa se vea o llame más la atención que las que están al lado de ella. ⊙ Llamar especialmente la atención sobre ↘algo de lo que se dice. ≃ Realzar, recalcar, *subrayar.

destachonar tr. *Quitar los tachones (clavos) de alguna ↘cosa.*

destaconar tr. *Desgastar los tacones del ↘*calzado.* ≃ Destalonar.

destajador m. *Especie de martillo que emplean los *herreros para dar forma cuadrada o redondeada a un hierro.*

destajamiento (de «destajar») **1** (ant.) m. **Disminución, *descuento o *rebaja.* **2** (ant.) *Cambio de curso de una *corriente.*

destajar (de «des-» y «tajar») **1** (ant.) tr. **Detener, por ejemplo una ↘corriente de agua.* ≃ Atajar. ⊙ **Prevenir o *evitar que se desarrolle un ↘daño.* **2** tr. o abs. **Cortar la *baraja en el juego.* **3** (ant.) tr. **Derivar; por ejemplo, una ↘*corriente de agua de otra principal.* **4** *Contratar las condiciones de una ↘obra.*

destajero, -a n. *Destajista.*

destajista n. Se aplica al *obrero que *trabaja a destajo.

destajo (de «destajar») **1** (ant.) m. *División con que se *limita o separa de otra una porción de terreno.* **2** Sistema de contratación de un *trabajo en que se paga por el trabajo hecho y no a jornal. ⇒ Estajo. ➤ Destajero, destajista, estajero, estajista, tareero.

A DESTAJO. **1** Se aplica a la manera de *trabajar o de contratar un trabajo, por el procedimiento de destajo. **2** Aplicado a la manera de hacer una cosa, con mucho *afán o *prisa. **3** (Arg., Chi.) *A bulto, a ojo.*

HABLAR A DESTAJO (inf.). Hablar sin parar.

destallar tr. *Limpiar las ↘plantas de tallos inútiles.* ⇒ *Deschuponar.

destalonar 1 tr. *Desgastar el talón o tacón del ↘*calzado.* ≃ Destaconar. **2** *Arrancar un ↘*documento de un talonario.* **3** *Quitar un talón de un ↘*documento al que va unido.* **4** VET. *Desgastar el casco de una ↘*caballería por la parte de atrás.*

destapada f. *Descubierta (*pastel sin cubrir).*

destapador (Hispam.) m. *Abridor de botellas.*

destapadura f. *Acción de destapar[se].*

destapar 1 tr. Hacer que ↘lo que estaba tapado deje de estarlo. ≃ *Descubrir. ⊙ prnl. Dejar algo de estar tapado. ⊙ tr. y prnl. Quitar[se] la tapa de un ↘recipiente, el tapón de una ↘botella, etc. ⇒ Abrir, descorchar, destaponar. ➤ *Sacacorchos. ➤ *Desatrancar. *Descubrir. *Desnudar. *Desobstruir. *Mostrar. ⊙ tr. Hacer que ↘lo que estaba oculto deje de estarlo. **2** Quitar de encima de alguien la ropa que lo abriga o parte de ella. También reflex.: 'Los niños se acatarran porque se destapan por la noche'. ≃ *Desabrigar. **3** (inf.; reflex.) Desnudarse un actor en una película, obra teatral o espectáculo. **4** («con» o con un gerundio) prnl. Hacer o decir alguien cierta cosa que causa sorpresa o que descubre bruscamente su verdadera manera de ser o sus intenciones: 'Se destapó con una propina de mil pesetas. Se nos ha destapado metiéndose fraile'. ⇒ Dejarse CAER con, descolgarse, salir[se] con, saltar con, venirse con.

destape m. Acción de destapar[se]. ⊙ Acción de desnudarse los actores en una película, obra de teatro o espectáculo.

destapiado, -a 1 *Participio adjetivo de «destapiar».* **2** m. *Sitio destapiado.*

destapiar tr. **Derribar las tapias de un ↘sitio.*

destaponar tr. Quitar el tapón de alguna ↘cosa.

destara f. Operación de destarar.

destarar tr. Rebajar la tara del *peso bruto de ↘algo.

destartalado, -a (¿de or. ár.?) adj. Aplicado a una habitación, una casa o un lugar cualquiera, *desarreglado y *desordenado; sin armonía u orden entre sus partes o en su contenido: 'Un comedor [o un jardín] destartalado'. ⊙ Envuelve a veces el sentido de excesivamente *grande o desproporcionado: 'Vive en una casa antigua y destartalada'.

destartalo m. *Cualidad o estado de destartalado.*

destazador (de «destazar») m. *Hombre que tiene por oficio despedazar las reses destinadas a *carne.*

destazar (de «des-» y «tazar») tr. **Partir ↘algo en pedazos.* ≃ Despedazar.

deste, -a, -o *Contracción anticuada de «de» y «este, -a, -o».*

destechar tr. Quitar el techo de un ↘edificio.

destejar 1 tr. Quitar las tejas del tejado de un ↘edificio **2** *Quitar el tejado de un ↘edificio.* **3** *Dejar sin protección una ↘cosa.*

destejer 1 tr. o abs. Deshacer el tejido de una ↘cosa. ⊙ tr. Deshacer una ↘labor de punto. **2** Particularmente en la frase «tejer y destejer», deshacer un ↘trabajo o progreso realizado. ⇒ *Retroceder.

destellar (del lat. «destillāre»; la 2.ª acep., quizá por los rayos de luz que despiden las gotas al caer) **1** (ant.) tr. *Destilar.* **2** intr. Despedir rayos de luz muy viva, como los que despide el diamante. ≃ *Resplandecer.

destello 1 m. *Resplandor momentáneo, o resplandor oscilante, como el de las estrellas o el reflejado por una cosa que se mueve. **2** *Luz emitida a intervalos como *señal.* **3** (sing. o pl.) Porción muy pequeña de alguna cualidad: 'No hay un destello de verdad en todo lo que ha dicho'. ≃ Asomo[s], atisbo[s], barrunto[s], chispa, *indicios, vislumbre. ⊙ Particularmente, *algo de cierta cualidad, que aparece momentáneamente en una persona o una cosa que carece ordinariamente de ella: 'A veces, tiene destellos de inteligencia'.

destemperado, -a (ant.) adj. *Disuelto o desleído.*

destemperamiento (de «des-» y el lat. «temperamentum»; ant.) m. *Destemplanza.*

destemplado, -a 1 Participio adjetivo de «destemplar[se]». ⊙ Aplicado a un instrumento musical, a la voz, el canto, etc., desacordado o desafinado. ⊙ Aplicado a sonidos, falto de armonía, desagradable. ⊙ Aplicado a voces, palabras, gestos o actitudes, agrio, *desapacible, irritado o descompuesto: 'Oí voces destempladas en el despacho y entré a ver qué pasaba'. ⊙ Aplicado a personas, a su carácter, palabras o actitudes, se dice del que se *enfada, se *irrita o se *descompone con facilidad. ⊙ Aplicado al *tiempo, *desapacible. **2** Aplicado a armas o herramientas de *acero, falto de temple. **3** PINT. *Desentonado.* **4** Aplicado a personas, aquejado de cierto malestar físico ligero y pasajero, con sensación de frío o de *fiebre ligera.
V. «con CAJAS destempladas».

destemplanza 1 f. Estado de destemplado en cualquier acepción. ⊙ Falta de templanza en cualquier acepción. **2** Brusquedad o exabrupto: frase o palabra destemplada o dicha con irritación. **3** *Fiebre ligera.

destemplar (de «des-» y «templar».) **1** tr. y prnl. Desafinar[se] un ↘instrumento musical de cuerda; particularmente, la guitarra o instrumentos semejantes. **2** tr. Quitar el temple a un ↘arma o herramienta de *acero. ⊙ prnl. Perder el temple un arma o herramienta de acero. **3** tr. Alterar la armonía o el buen orden de ↘algo. **4** (ant.) *Poner en *infusión una ↘cosa.* **5** tr. y prnl. Producir [o empezar a sentir] malestar físico acompañado de frío o fiebre ligera. **6** (Hispam.) prnl. *Sentir *dentera.*

destemple m. Destemplanza, particularmente de los instrumentos musicales o del acero o armas.

destensar tr. y prnl. *Aflojar[se] una ↘cosa tensa. ⇒ Ceder, distenderse, prestar.

destentadamente (ant.) adv. *Desatentadamente.*

destentar (ant.) tr. *Apartar a ↘alguien de una tentación.* ⇒ *Disuadir.

desteñido, -a Participio adjetivo de «desteñir[se]».

desteñir tr., intr. y prnl. Empalidecer[se] o emborronar[se] los *colores con que está teñida una ↘cosa. ⊙ tr. o abs. Manchar una cosa con su tinte a ↘otra a la que toca: 'Esta tela no destiñe'.
☐ CONJUG. como «ceñir».

desteridad (del lat. «dexterĭtas, -ātis»; ant.) f. **Destreza.*

desternerar (Arg., Chi., P. Rico) tr. **Destetar a los ↘terneros.* ≃ Desbecerrar.

desternillante adj. Se aplica a lo que produce mucha risa.

desternillarse (de «ternilla») prnl. V. «desternillarse de RISA».

desterradero (de «desterrar»; ant.) m. *Lugar apartado.* ≃ Destierro.

desterrado, -a Participio adjetivo de «desterrar[se]». ⊙ n. Persona que sufre como castigo el destierro.

desterramiento m. *Destierro.*

desterrante adj. *Que destierra.*

desterrar (de «des-» y «tierra») **1** («a, de») tr. Obligar a ↘alguien como *castigo a marcharse de su país el que manda o gobierna en él: 'Lo desterraron a Lanzarote. Fue desterrado de su patria'. ⊙ («a, de») prnl. Exiliarse. ⇒ Confinar, deportar, desafiar, desnaturalizar, desnaturar, encartar, enviar, exiliar[se], expatriar[se], expulsar, extrañar, internar, proscribir, relegar. ➤ Desterrado, forajido. ➤ Ablegación, despachamiento, desterramiento, destierro, exilio, expatriación, ostracismo, petalismo, proscripción. ➤ Nostalgia. ➤ *Castigar. *Patria. **2** tr. *Desechar alguien de su mente o espíritu un ↘pensamiento, sentimiento, etc.: 'Destierra esa sospecha'. ≃ Alejar, apartar. **3** Prohibir, abandonar o hacer abandonar una ↘*costumbre, uso, etc.: 'Allí han desterrado el uso de la corbata'. **4** Quitar la tierra de algún sitio o de alguna ↘cosa; por ejemplo, la que queda pegada a las *raíces al desenterrarlas o la que está mezclada con los minerales.

□ CONJUG. como «acertar».

desterronamiento m. Acción de desterronar.

desterronar tr. Deshacer los terrones de una ↘cosa. Particularmente, deshacer con la azada los terrones de un ↘campo. ⇒ Destormar, escocar. ➤ *Cavar.

destetar 1 tr. Dejar de dar de mamar las madres a sus ↘crías, o hacer que dejen ellas de mamar. ⊙ prnl. Dejar de mamar las crías. ⇒ Desbecerrar, descabritar, desmadrar, desmamar, despechar, desternerar, desvezar, quitar la teta, vedar. ➤ Ablactación, destete. ➤ Natri. **2** tr. Poner a los ↘hijos en situación en que tienen que valerse por sí solos, sin los cuidados de los padres.

destete m. Acción de destetar.

destetillar tr. *Quitar de los ↘árboles las yemas que están en exceso.* ⇒ *Desyemar.

desteto 1 m. *Conjunto de *reses recién destetadas.* **2** *Cuadra o *establo en que se tienen los machos y mulas recién destetados.*

destez (de «destrez»; ant.) m. **Contratiempo o *desgracia.*

destiempo m. A DESTIEMPO. En tiempo o momento no oportuno.

destiento (de «des-» y «tiento»; ant.) m. **Susto o alteración del ánimo.*

destierre m. *Operación de limpiar de tierra los minerales.*

destierro 1 m. Acción de desterrar. ⊙ Situación de desterrado. ⊙ Lugar en que alguien está desterrado: 'Escribió esta novela en el destierro'. **2** *Lugar *alejado e incomunicado:* 'Vive en un destierro a donde es difícil ir a verle'.

destilable adj. Que puede destilarse.

destilación f. Acción y efecto de destilar.

DESTILACIÓN FRACCIONADA. Separación sucesiva de los líquidos contenidos en una mezcla aprovechando la diferencia entre sus puntos de ebullición. ⇒ *Química.

D. DESTRUCTIVA. *La realizada con las sustancias sólidas, quemándolas fuera del contacto del aire.*

destiladera 1 f. *Utensilio para destilar.* ⇒ *Alambique. **2** (Can., Hispam.) **Filtro.* **3** (ant.) *Medio sutil e ingenioso de que se vale uno para dirigir y enderezar alguna pretensión o negocio que le conviene.*

destilador, -a 1 adj. y, aplicado a personas, también n. Se aplica al que destila o se dedica a destilar, por ejemplo licores. **2** m. *Alambique. **3** **Filtro.*

destilar (del lat. «destillāre») **1** tr. Separar por medio del calor una ↘sustancia volátil de otras que lo son menos, en un alambique u otro dispositivo adecuado, y enfriar luego su vapor para reducirla nuevamente a líquida. ⇒ Alambicar, alquitarar, cohobar, destellar, estilar, lambicar, quintaesenciar, sublimar. ➤ Flema. ➤ Esencia, espíritu, *extracto, quintaesencia. ➤ *Alambique, jabeca. **2** Quemar una ↘sustancia fuera del contacto con el aire, con lo que se desprenden gases y líquidos y queda un residuo convertido en carbón; como se hace con la hulla para convertirla principalmente en gas del alumbrado y carbón de coque, o con la madera para convertirla en carbón vegetal. **3** *Soltar un cuerpo una ↘sustancia que escurre de él gota a gota: 'El panal destila miel. La herida destila sangre'. ≃ Escurrir, exudar, rezumar, segregar. ⇒ Estilicidio, instilar. **4** Filtrar un ↘líquido. **5** Revelar muy expresivamente las acciones o palabras humanas cierta ↘cualidad o sentimiento: 'Sus palabras destilaban odio. La carta destila bondad. Esa orden destila crueldad'. ≃ Rebosar, rezumar.

destilatorio, -a 1 adj. *Se aplica a lo que sirve para destilar.* **2** m. *Destilería.* **3** **Alambique.*

destilería f. Local, establecimiento industrial, etc., donde se destila algo. ⊙ Por ejemplo, licores.

destín 1 (ant.) m. *Destino.* **2** (ant.) **Testamento.*

destinación 1 f. *Acción de destinar.* **2** (ant.) *Destino.*

destinado, -a 1 («a, en») Participio adjetivo de «destinar»: 'Estos materiales están destinados a ser quemados. Está destinada en Marruecos'. **2** («a») Con cierto destino fijado por la suerte, ciertos antecedentes, o la fatalidad: 'Estaba destinado al fracaso. Estaba destinado a una muerte temprana'. ≃ *Predestinado.

TENER DESTINADO. Expresión de uso frecuente en vez de destinar: 'Lo tengo destinado para otra cosa'.

destinar (del lat. «destināre»; «a, para») tr. Tener pensado o decidido para ↘alguien o algo el empleo o la suerte que se expresa: 'Ese trozo de tela lo destinaba [o tenía destinado] para [o a] hacer una corbata. Le destinan al sacerdocio'. ⊙ («a, para») Dar de hecho ese empleo a la ↘cosa o persona de que se trata: 'Le han destinado a él al puesto de más responsabilidad. Destina una cantidad mensual a obras de caridad'. ⊙ Asignar a una ↘persona a determinado lugar de trabajo: 'Le han destinado a la secretaría del ministro'. ⊙ Dirigir un ↘envío a una persona o a un lugar.

□ CATÁLOGO

*Adscribir, agregar, *aplicar, asignar, consagrar, consignar, *dedicar, deputar, designar, dar DESTINO, distribuir, encartar, encuadrar, reservar, señalar. ➤ Acreditado, adscrito, agregado, asignado, destinado. ➤ Hadar, ordenar, predefinir, predestinar, preelegir, preordinar, prescribir. ➤ Destino, *empleo, *fin, finalidad, *paradero, *uso. ➤ Acaso, *azar, casualidad, destín, destinación, destino, estrella, fatalidad, hado, signo, sino, sombra, *suerte. ➤ Cruel, despiadado, favorable, fatal, inapelable, ineludible, inexorable, propicio... ➤ Predestinación, preordinación. ➤ De arriba, el cielo, los cielos, lo que DIOS quiera, providencia, VOLUNTAD divina. ➤ Estar de DIOS, ESTAR escrito, haber NACIDO para. ➤ Elegido, predestinado. ➤ Expreso. ➤ Expresamente. ➤ Libro de la vida. ➤ DIOS te la depare buena, VENTURA te dé Dios, hijo, que el saber poco te basta. ➤ *Dar. *Elegir. *Emplear. *Necesidad.

destinatario, -a n. Persona a quien se *envía una carta u otra cosa.

destino (de «destinar») **1** m. Uso o aplicación que se da o piensa dar a una cosa: 'Una mesa sin destino fijo'. **2** Lugar a que se dirige alguien o algo, por ejemplo un barco, o a que se envía algo, como una carta o una mercancía: 'La carta llegó a su destino. Se volvió antes de llegar a su destino'. **3** Función que desempeña un empleado: 'Un destino de cartero'. ≃ Colocación, *empleo, plaza, puesto. ⊙ Lugar en que trabaja un empleado o un militar: 'Se marchó ayer a su destino'. **4** Sitio, función, etc., a que una cosa va o ha de ir a parar: 'Me gustaría saber el destino de este cuadro que estás pintando'. ≃ *Paradero. **5** Supuesta fuerza o causa a la que se atribuye la determinación de manera inexorable de todo lo que ha de ocurrir: 'El desti-

no manda. Desafiar al destino. No podemos nada contra el destino. El destino lo quiso así'. ≃ Fatalidad, fortuna, hado, sino, *suerte. ⊙ También se considera como una fuerza adscrita particularmente a cada ser, que gobierna su existencia de manera favorable o adversa: 'Su destino le llevó a aquella ciudad'. ⊙ Situación o suceso a que algo llega o ha de llegar inevitablemente, guiado por esa fuerza: 'Su destino era morir joven'. ≃ Sino. ⇒ *Destinar.
V. «ABANDONO de destino».
CON DESTINO A. Fórmula para expresar el lugar a donde se dirige algo o alguien o a donde se envía. ⇒ *Dirección.
DAR DESTINO a una cosa. Destinarla a algo: 'Da destino a estos trastos o tíralos a la basura'. ⇒ *Utilizar.

destiñar (de «des-» y «tiña», oruga de las colmenas; ant.) tr. APIC. *Limpiar las ↘colmenas de los escarzos o trozos sucios.*

destiño (de «destiñar») m. *Escarzo.*

destitución f. Acción de destituir o hecho de ser destituido.

destituible adj. Susceptible de ser destituido.

destituido, -a 1 Participio adjetivo de «destituir». **2** *Falto de la cosa que se expresa:* 'Una medida destituida de fundamento'.

destituir (del lat. «destituĕre») **1** («de») tr. Quitar a ↘alguien su *empleo la autoridad competente: 'Fue destituido del cargo de subsecretario. Le destituyeron por ciertas inmoralidades'. **2** («de») *Privar de cierta cosa a ↘alguien o algo.* ⇒ Destituido.
□ CATÁLOGO
Amover, arrojar, rodar CABEZAS, dejar en la CALLE, dar la CUENTA, defenestrar, descharchar, deponer, despedir, *echar, expulsar, licenciar, dejar a PIE, relevar, remover, separar, sustituir, suspender. ➤ Desacomodar[se]. ➤ Degradar, deshonorar, exonerar. ➤ Amovilidad, cesantía, desacomodo. ➤ Cesante, destituido, disponible. ➤ *Echar. *Empleo.
□ CONJUG. como «huir».

destitulado, -a adj. *Sin título o privado de título.*

destocar (de «des-» y «toca») **1** tr. *Deshacerle el tocado o *peinado a ↘alguien.* ⊙ prnl. **Despeinarse.* **2** (reflex.) tr. *Quitarse el *sombrero o cualquier prenda con que se cubre la cabeza.*

destoconar 1 (Sal.) tr. *Quitar de un ↘sitio los *tocones que han quedado al cortar árboles.* **2** (Ven.) *Recortar los *cuernos a una ↘res.*

destorcer (del lat. «distorquēre», torcer) **1** tr. Quitar el retorcimiento a una ↘cosa, por ejemplo a un cordón, dándole vueltas en sentido contrario a aquel en que está retorcido. ⊙ Poner *recta una ↘cosa torcida. **2** prnl. MAR. **Desviarse del *rumbo.*
□ CONJUG. como «mover».

destorgar tr. *Romper o arrancar el torgo.*

destorlongado, -a (Méj.) adj. *Derrochador.*

destorlongo (Méj.) m. *Derroche.*

destormar (Mur.) tr. **Desterronar.*

destornillado, -a Participio adjetivo de «destornillar[se]». ⊙ (inf.) Se aplica al que habla u obra como si no tuviese normales sus facultades mentales. ≃ Chiflado. ⇒ *Loco.

destornillador m. Utensilio para atornillar y destornillar. ≃ Atornillador.

destornillar 1 tr. Sacar un ↘tornillo dándole vueltas; soltar, quitando los tornillos, una ↘cosa sujeta con ellos. ≃ *Desatornillar. **2** (inf.) prnl. Desternillarse (de risa).

destorpar (del lat. «deturpāre», estropear; ant.) tr. **Afear, *manchar o *estropear.* ≃ Deturpar.

destorrentado, -a (Am. C.) adj. **Derrochador.*

destorrentar (Hispam.) tr. y prnl. *Desviar[se] del buen camino.* ⊙ prnl. *Empezar a obrar desacertadamente.* ≃ *Desatarse. ⇒ *Descaminar[se].

destoserse prnl. **Toser sin necesidad, bien para aclarar la voz, bien como señal.* ⇒ Carraspear.

destotro, -a (ant.) *De este [o esto] otro, de esta otra.*

destozolar tr. **Desnucar.* ≃ Estozolar.

destrabar 1 tr. y prnl. **Soltar[se] o *liberar[se] de las trabas.* **2** *Soltar[se] una ↘cosa de otra. **3** (ant.) tr. *Romper y deshacer las vallas o trincheras.*

destrabazón f. *Acción de destrabar[se].*

destral (del lat. «dextrālis») m. **Hacha pequeña.* ≃ Astral, chuela, macheta.

destramar 1 tr. *Sacar la trama de una ↘*tela.* **2** (ant.) *Deshacer una ↘trama o intriga.* ≃ Desurdir.

destre (del mallorquín «destre», estadal) m. *Medida de *longitud usada en Mallorca, equivalente a 4 m y 21 cm.*
DESTRE SUPERFICIAL. *Medida de *superficie de un destre de lado.*

destrejar intr. *Obrar con *destreza.*

destrenzar tr. o abs. Deshacer una trenza hecha con cierta ↘cosa.

destrero, -a (del lat. «dextra», la mano derecha; ant.) adj. *Diestro en el manejo de las *armas.*

destrez (ant.) f. **Destreza o *habilidad.*

destreza 1 f. Cualidad de diestro: agilidad y habilidad para hacer cierta cosa o las cosas en general. **2** (ant.) **Esgrima.*
□ CATÁLOGO
Agibílibus, *agilidad, alfayo, aptitud, arte, baquía, capacidad, *desenvoltura, *desparpajo, desteridad, endereza, expedición, expediente, facilidad, *habilidad, limpieza, maestría, manejo, buenas manos, pericia, prontitud, soltura, técnica, tejemaneje. ➤ Bonitamente. ➤ Adiestrar, amañarse, apañarse, aprender, destrejar. ➤ *Diestro. ➤ *Ágil. *Apto. *Hábil. *Inteligencia. *Maña. *Práctica.

destricia (del sup. b. lat. «districtĭa»; ant.) f. **Apuro en que alguien se encuentra, por falta o escasez de una cosa.*

destrincar (de «des-» y «trincar[1]») tr. y prnl. MAR. **Desatar[se].*

destrío m. *Restos de una cosa, particularmente de una fruta o un fruto, que quedan después de haber elegido lo mejor, más grande o que no tiene defectos. ⇒ *Morralla.

destripacuentos (inf.) m. Persona que interrumpe inoportunamente una *narración, por ejemplo *anticipándose a decir el desenlace, estropeando con ello el efecto.

destripador, -a adj. y n. Se aplica al que destripa. ⊙ *Criminal que mata a sus víctimas abriéndoles el vientre.

destripar 1 tr. Abrir la tripa o sacar las tripas a ↘algo o alguien. ≃ Despanzurrar, despancijar. **2** *Espachurrar o *reventar una ↘cosa. **3** (inf.) Interrumpir el ↘relato de un ↘chiste, una historieta, etc., anticipando el desenlace, con lo que se *malogra el efecto que está destinado a causar en los oyentes. ⇒ Destripacuentos.

destripaterrones (de «destripar» y «terrón»; desp.) m. *Obrero agrícola que no tiene para vivir más que su jornal.

destriunfar tr. *En los juegos de *baraja, obligar un jugador a ↘otro a desprenderse de los triunfos que tiene.*

destrizar (del sup. lat. «districtiāre», apretar) tr. *Hacer trizas una ↘cosa.* ≃ Destrozar. ⇒ *Romper. ⊙ prnl. *Dar* *muestras exageradas de dolor, enfado, etc.* ≃ Desesperarse.

destrocar tr. *Descambiar: deshacer un *cambio de ↘cosas.*

destrón (de «diestro») m. *Servidor o guía de un ciego.* ≃ Lazarillo.

destronamiento m. Acción de destronar.

destronar **1** tr. *Destituir a un ↘rey o soberano. ≃ Desentronizar. **2** Hacer perder a alguien su preponderancia en un sitio. ≃ Desentronizar. ⇒ *Derribar.

destroncado, -a *Participio adjetivo de «destroncar[se]».*

destroncar (del lat. «detruncāre») **1** tr. *Cortar un ↘*árbol.* ⊙ (Chi., Méj., Nic.) *Cortar por el pie o *arrancar cualquier clase de ↘plantas.* **2** *Cortar o *descoyuntar el cuerpo de ↘alguien.* **3** tr. y prnl. *Agotar[se]: cansar[se] hasta un grado extremo.* ≃ *Derrengar. **4** (ant.) tr. **Trastornar los ↘planes o el desenvolvimiento de ↘alguien.* **5** (ant.) *Causar a ↘alguien un gran *perjuicio.* ⊙ **Interrumpir o malograr cualquier otra ↘cosa no material:* 'Destroncar un discurso'.

destronchar (de «des-» y «troncho»; ant.) tr. **Tratar superficialmente una ↘materia.*

destronque (Chi., Méj.) m. *Descuaje.*

destropar (de «des-» y «tropa»; ant.) tr. **Dispersar a la ↘gente o al ganado.* ⊙ (ant.) prnl. *Dispersarse la gente o el ganado.*

destrozado, -a Participio adjetivo de «destrozar[se]».

destrozar **1** tr. Dejar una ↘cosa inservible *rompiéndola en muchos trozos, haciendo agujeros en ella, por ejemplo con el uso, etc.: 'Los chicos destrozan muchos zapatos. El viento destrozó el árbol. ⇒ *Destruir. ⊙ prnl. Quedar una cosa inservible por haberse roto, por el uso, etc.: 'Se destrozó la ropa al pasar por la alambrada'. **2** tr. Dejar a ↘alguien *abatido, física o moralmente: 'Le ha destrozado el que no le dieran el premio'. ≃ Aniquilar, deshacer. ⊙ Dejar una ↘cosa no material destruida o trastornada: 'Destrozar la armonía. Destrozar la vida de una persona'. ⊙ *Derrotar al ↘enemigo, dejándole imposibilitado para rehacerse. ⊙ Dejar a ↘alguien derrotado en una discusión. ≃ *Confundir.

destrozo m. Acción y efecto de *destrozar. ⇒ *Destruir.
HACER [O CAUSAR] DESTROZOS [O UN DESTROZO]. Expresión muy usada en vez de «destrozar»: 'Las heladas han causado muchos destrozos en las huertas. La polilla ha hecho un destrozo en las mantas'.

destrozón, -a adj. y n. Se aplica a la persona que destroza mucho la ropa o las cosas que maneja: 'Una mujer destrozona'.

destrozona f. En el carnaval, *máscara que lleva un traje desastrado de mujer.

destrucción f. Acción de destruir[se] cualquier cosa, material o espiritual. ⊙ Daño o ruina muy grandes.

destructibilidad f. Cualidad de destructible.

destructible adj. Que se puede destruir.

destructivamente adv. Con destrucción.

destructividad f. *Cualidad de destructivo.*

destructivo, -a adj. Que destruye o es capaz de destruir: 'El poder destructivo de un misil. Una crítica destructiva'.

destructo, -a (ant.) *Participio irregular de «destruir[se]».*

destructor, -a **1** adj. y n. Se aplica a lo que destruye o es capaz de destruir: 'La acción destructora del viento'. **2** m. *Barco torpedero de hasta 2.000 toneladas, armado con artillería de mediano calibre, que se emplea para la protección de convoyes, principalmente contra los submarinos.

destructorio, -a adj. *Destructivo.*

destrueco o **destrueque** m. Acción de destrocar.

destruible adj. Susceptible de ser destruido.

destruición f. *Destrucción.*

destruidor, -a adj. *Destructor.*

destruimiento m. *Destrucción.*

destruir (del lat. «destruěre») **1** tr. Convertir una ↘cosa en pedazos o hacerla desaparecer por el fuego, desgastándola, etc.: 'Ha destruido las cartas que le comprometían. El fuego destruyó el almacén. El alcanfor destruye la polilla. La intemperie destruye los sillares. El ácido ha destruido el tejido'. ⊙ prnl. Quedar reducida a pedazos o desaparecer una cosa por el fuego, el desgaste, etc. **2** tr. Hacer *desaparecer cierta ↘cosa buena: 'Destruir la tranquilidad [o la riqueza] del país'. ⊙ Con menos naturalidad puede también aplicarse a una ↘cosa mala o indiferente: 'Destruir la injusticia. Destruir el equilibrio'. ⊙ prnl. Desaparecer cierta cosa: 'Se destruyó la armonía que había entre ellos'. **3** MAT. *Anularse dos cantidades o expresiones algebraicas por ser iguales y de signo contrario.*

□ CATÁLOGO

Abatir, ablación, abrir[se], acabar con, *acabarse, aciberar, *agrietar[se], anihilar, *aniquilar, anonadar, hacer[se] AÑICOS, aplastar, aportillar, arpar, arrasar, arromper, arruinar, asolar, astillar, atarazar, atomizar, barrer, cachar, cancerar, carcomer, cargarse, reducir a CENIZAS, hacer[se] CISCO, comer, concuasar, *corroer, decentar, degastar, demoler, derogar, derribar, derrocar, derrubiar, derruir, derrumbar, desbaratar, desbriznar, desbrujar, descalandrajar, descomponer, *desgarrar, desgastar, deshacer, desintegrar, deslave, desmembrar, desmenuzar, desmigajar, desmigar, desmontar, desmoronar, desmurar, desolar, despedazar, destrizar, destrozar, hacer [o causar] DESTROZOS, desurdir, *devastar, devorar, diezmar, dilacerar, dinamitar, *disgregar, disociar, ECHAR abajo, ECHAR a pique, ermar, erosionar, escachar, escacharrar[se], reducir[se] a ESCOMBROS, esguardamillar, *espachurrar, hacer ESTRAGOS, estrazar, evaporar, *exterminar, dar FIN a [de], hacer FOSFATINA, fraccionar, fragmentar, gangrenar, hacer[se] HARINA, hundir[se], LLEVARSE por delante, hacer[se] MIGAS, *moler, hacer[se] PAPILLA, hacer[se] PEDAZOS, saltar en PEDAZOS, no dejar PIEDRA sobre piedra, echar a PIQUE, hacer[se] POLVO, profligar, pulverizar, quebrantar, rasgar, reventar[se], *roer, sembrar de SAL, entrar [o poner] a SANGRE y fuego, socavar, echar [o tirar] al SUELO, tarazar, echar [o tirar] por TIERRA, no dejar [o quedar] TÍTERE con cabeza, dar al TRASTE, trizar, hacer[se] TRIZAS, trozar, trucidar. ➤ Abierto, agrietado, hecho AÑICOS, hecho CISCO, desgarrado, deshecho, en ESTADO lamentable [o lastimoso], hecho GIRONES, hecho un GUIÑAPO, hecho HARINA, hecho MIGAS, hecho PAPILLA, hecho PEDAZOS, hecho POLVO, de rota, de rota batida, roto, hecho TABACO, hecho TRIZAS, hecho unos ZORROS. ➤ Carnicería, cataclismo, catástrofe, degollina, *desastre, desolación, destrozo, destrucción, devastación, *escabechina, escombros, estrago, estrapalucio, estropicio, eversión, excidio, hecatombe, limpia, limpieza, mata, matanza, poda, quebrazón, riza, *ruina, sarracina, zafarrancho. ➤ Desgarrón, desmoche, despilfarro, despojo, rasgón, reventón. ➤ *Andrajo, añicos, *escombros, guiñapo, jirón. ➤ Dañino, destructivo, voraz. ➤ Comején, huracán, langosta, LIMA sorda, polilla, *termes, tromba. ➤ Vandalismo. ➤ Deleznable, destructible, frágil, vidrioso. ➤ *Reparar. ➤ *Entero. ➤ Construir. ➤ Indestructible. ➤ *Aplastar. *Daño. *Desaparecer. *Derribar. Disgregar. *Estallar. *Estropear. *Gastar. *Machacar. *Malograr.

*Maltratar. *Maltrecho. *Partir. *Pudrir. *Romper. Suprimir. *Talar. *Trastornar.

□ CONJUG. como «huir».

destruyente adj. *Que destruye.*

destullecer (ant.) tr. **Desentumecer.* ≃ Desentollecer.

□ CONJUG. como «agradecer».

destusar (Am. C.) tr. *Quitar al* ↘**maíz la tusa o espata.*

destutanar 1 (Chi.) tr. *Sacar la *médula de los* ↘*huesos.* **2** (Col.) prnl. **Descalabrarse.* **3** (Cuba, P. Rico) **Atarearse o *esforzarse mucho.* ≃ Descrismarse.

desubstanciado, -a Participio de «desubstanciar».⊙ adj. Desustanciado.

desubstanciar tr. Desustanciar.

desucar (del lat. «desucāre») tr. QUÍM. *Desjugar.* ⇒ *Secar.

desudar tr. *Quitar el sudor.* ⊙ prnl. *Quitarse el sudor *descansando o refrescándose.*

desuellacaras (de «desollar» y «cara») **1** (inf.) m. **Barbero que *afeita mal.* **2** (ant., inf.) **Sinvergüenza.*

desuello 1 m. Acción de desollar. **2** **Descaro, *desvergüenza o insolencia.*

desuncir (del lat. «disiungĕre») tr. Quitar el *yugo a los ↘animales. ≃ Desyugar, desyuncir. ⇒ Desuñir.

desunidamente adv. *Sin unión.*

desunido, -a Participio adjetivo de «desunir[se]».

desunión f. Separación de lo que estaba unido. ⊙ Desavenencia entre las personas.

desunir 1 tr. Hacer que ↘cosas que estaban unidas dejen de estarlo. ≃ Apartar, dividir, *separar. ⊙ prnl. recípr. Separarse lo que estaba unido. **2** («de») tr. *Enemistar o *desavenir a una ↘persona con otra. ⊙ Introducir la *discordia entre varias ↘personas: 'Las cuestiones de intereses desunen a las familias'. ⊙ prnl. Enemistarse las personas: 'La familia se desunió a causa de la herencia'.

desuno (de «de», «so» y «uno»; ant.) adv. *De *acuerdo.* ⇒ De consuno.

desuñar 1 tr. *Arrancar las *uñas a* ↘*alguien.* **2** AGR. *Arrancar las *raíces viejas de las* ↘*plantas.* **3** prnl. *Ocuparse con afán en un *trabajo manual minucioso, duro o difícil.* ≃ Despezuñarse. **4** *Dedicarse con continuidad y ahínco a una cosa *mala o un *vicio; como el robo o el juego.*

desuñir (del lat. «disiungĕre»; ant. y usado aún en algunas regiones) tr. **Desuncir.*

desurcar tr. *Deshacer los *surcos de un* ↘*campo.*

desurdir (de «des-» y «urdir») **1** tr. *Deshacer una* ↘**tela quitando la urdimbre.* **2** *Deshacer una* ↘*trama o intriga.* ≃ Destramar.

desurtido, -a (Hispam.) adj. *Se aplica al establecimiento o a la tienda que no están surtidos.*

desús (del lat. «de» y «sursum») AL DESÚS (ant.). *Por encima.*

desusadamente adv. De manera desusada.

desusado, -a *Participio de «desusar[se]».* ⊙ adj. No usado ya. ≃ Anticuado. ⊙ No usual. ≃ Desacostumbrado, *extraño, insólito, inusitado, raro.

desusar tr. y prnl. *Dejar [o quedar]* ↘*algo en desuso.*

desuso 1 m. Circunstancia de no usarse o haber dejado de usarse algo, o de llevar considerable tiempo sin usarse: 'La máquina está torpe por el desuso'. **2** DER. Falta de aplicación o inobservancia de una *ley, lo cual no implica su derogación.

DEJAR EN DESUSO. Dejar de usar una ↘cosa. ⇒ *Abandonar, *apartar, *arrumbar, *desechar, olvidar.

EN DESUSO («Estar, Dejar, Caer»). En situación de no usarse ya: 'Una expresión caída en desuso'.

desustanciado, -a 1 Participio de «desustanciar[se]». ⊙ adj. Falto de sustancia. ≃ *Insustancial. **2** Falto de gracia. ≃ *Soso. ⊙ Falto de interés. ≃ *Insustancial. **3** *Necio.

desustanciar tr. Quitar la sustancia a una ↘cosa. ⇒ Deslavar. ⊙ prnl. Perder la sustancia una cosa.

□ CONJUG. como «cambiar».

desvahar tr. AGR. **Limpiar las* ↘*plantas de lo seco o marchito.* ⇒ *Podar.

desvaído, -a (¿del port. «esvaido», desvanecido, evaporado?) **1** Participio de «desvaírse». **2** adj. *Aplicado a cosas, afilado, adelgazado, en punta.* **3** Aplicado a colores o tintes, dibujos o pinturas, *descolorido o *pálido. **4** Aplicado a formas o contornos, *impreciso. **5** Aplicado a cosas no materiales, impreciso; sin carácter definido. **6** Aplicado a personas, de poca personalidad. ⇒ *Insignificante. **7** *Aplicado a personas, *alto y *desgarbado.*

desvainar tr. *Quitar las vainas a las* ↘*legumbres.* ≃ *Desgranar.

desvaírse prnl. *Ir *adelgazándose una cosa hasta terminar en punta.* ⊙ *Desvanecerse o perder intensidad o precisión una cosa.

□ CONJUG. como «huir». Es verbo defectivo como «abolir».

desvalía (ant.) f. *Desvalimiento.*

desvalido, -a 1 adj. y n. Se aplica al que carece de recursos y de ayuda y no puede trabajar. ≃ *Desgraciado, menesteroso.

⇒ *Abandonado, desheredado, huérfano, *pobre. **2** (ant.) adj. *Apresurado.*

desvalijador, -a adj. y n. *Que desvalija.*

desvalijamiento m. Acción de desvalijar.

desvalijar 1 tr. Robar el contenido de una ↘valija. **2** *Despojar a ↘alguien con violencia, con engaño, etc., de todo lo que tiene o de todo lo que lleva encima. ≃ *Robar, saltear, saquear. ⊙ Robar todas las cosas de valor que hay en un ↘sitio: 'Mientras estaban en el teatro les desvalijaron la casa'. ≃ Saquear. ⊙ (inf.) Llevarse todas las cosas de ↘alguien o de algún ↘sitio, aunque no se trate de un robo: 'Cuando vienen mis sobrinos me desvalijan la despensa'. ≃ Saquear. ⇒ Dejar en [o sin] CAMISA, carmenar, cepillar, descañonar, desnudar, desollar, despellejar, desplumar, limpiar, mondar, pelar, dejar en PELOTA, saquear. ➤ *Arruinar. *Robar.

desvalijo m. *Desvalijamiento.*

desvalimiento m. Situación de desvalido.

desvalor 1 (ant.) m. *Cobardía: falta de valentía.* **2** *Falta de valor (mérito o precio).* ⇒ *Insignificancia.

desvalorar (de «des-» y «valorar») **1** (ant.) tr. *Acobardar.* **2** **Desvalorizar.* **3** (Chi., Ec.) **Desacreditar.*

desvalorización f. Acción y efecto de desvalorizar[se].

desvalorizado, -a Participio adjetivo de «desvalorizar[se]».

desvalorizar tr. *Hacer perder valor a una* ↘*cosa.* ≃ Depreciar. ⊙ prnl. Perder valor una cosa. ⊙ tr. ECON. Rebajar el valor en el cambio internacional de la ↘moneda de un país el propio gobierno de ese país. ⇒ Depreciar, desmerecer, hacer DESMERECER, desquilatar, devaluar, infirmar, perder, hacer PERDER, rebajar. ➤ *Disminuir. *Perjudicar. ⊙ prnl. ECON. Rebajarse el valor de una moneda.

desván (del ant. «desvanar», vaciar, de «vano») m. Departamento de las casas, generalmente con el techo en pendiente por estar situado inmediatamente debajo del tejado, en el que se suelen tener las cosas en desuso. ⇒ Algorfa, almacería, alpendre, altillo, banco, barbacoa, boarda, boardilla, bohardilla, buharda, buhardilla, camaranchón, caramanchel, caramanchón, chacana, chiribitil, doblado, falsa, fayado, granero, guardilla, guardillón, naya, sabaya, sobrado, sotabanco, tabanco, trastero, zaquizamí, zarzo. ➤ Sobradar.

desvanecedor, -a 1 adj. Se dice de lo que desvanece. **2** m. FOT. *Utensilio empleado para desvanecer alguna parte de una *fotografía antes de sacar la positiva.*

desvanecer (del lat. «evanescĕre») **1** tr. y prnl. Hacer[se] gradualmente menos densa o menos intensa una ↘cosa hasta que *desaparece: 'Las nubes se desvanecen'. ≃ Disipar. ⊙ Hacer[se] gradualmente menos intensos los ↘colores en una pintura. ⊙ Hacer[se] *imprecisos los ↘contornos de algo: 'Las montañas se desvanecen en la lejanía'. ⇒ Difuminar, disipar, dispersar, esfumar. ➤ Desvaído. ➤ *Desaparecer. *Disolver. *Evaporar. *Impreciso. **2** Disipar[se] ↘celos, dudas, recelos, sospechas, temores, etc.: 'Se desvanecieron mis sospechas'. ≃ *Desaparecer. ⇒ Ahuyentar, aventar, demigar, disipar, dispersar, *esparcir, *evaporar. **3** (ant.) tr. *Causar una cosa en ↘alguien envanecimiento y placer algo ingenuos.* ⊙ prnl. *Envanecerse alguien*: 'Se desvanece si se le llama poeta'. **4** *Perderse la parte volátil de una cosa y con ello su aroma, sabor o fuerza:* 'El café destapado se desvanece'. ≃ Desvirtuarse, evaporarse. **5** Perder momentáneamente el conocimiento. ≃ *Desmayarse.

☐ CONJUG. como «agradecer».

desvanecidamente adv. *Con presunción o vanidad.*

desvanecido, -a Participio adjetivo de «desvanecer[se]».

desvanecimiento m. Acción de desvanecer[se]: 'El corredor sufrió un desvanecimiento al llegar a la meta'.

desvarar[1] tr. MAR. *Poner a *flote un ↘barco varado.*

desvarar[2] (del lat. «divarāre», de «varus», torcido, patituerto; ant.) intr. y prnl. **Resbalar.*

desvaretar (de «vareta»; And.) tr. AGRIC. *Limpiar de vástagos inútiles o perjudiciales los ↘árboles; particularmente los olivos.* ⇒ *Deschuponar.

desvariable (ant.) adj. *Susceptible de variar.*

desvariadamente 1 (ant.) adv. *Diferentemente.* **2** **Insustancial o insensatamente.*

desvariado, -a 1 Participio de «desvariar». **2** (ant.) adj. **Diferente.* **3** *Trastornado: en estado de decir o hacer desvaríos.* **4** *No de acuerdo, en armonía o en correspondencia con otra u otras cosas:* 'Palabras desvariadas'. ≃ Desconcertado, incoherente. ⊙ *Aplicado a las *ramas de los árboles, larga y desemparejada con las otras.*

desvariamiento (de «desvariar»; ant.) m. **Diferencia.*

desvariar (de «vario») **1** (ant.) tr. **Separar o *distinguir ↘cosas entre sí.* **2** (ant.) **Desviar.* **3** intr. Decir *disparates o cosas sin sentido por efecto de la fiebre, de un estado pasional o de un estado de trastorno mental. ≃ Delirar, disparatar. **4** prnl. **Desviarse de lo regular o debido.*

☐ CONJUG. como «desviar».

desvarío 1 m. Estado del que desvaría. ≃ *Delirio. **2** Dicho, acción o pensamiento disparatado. **3** Monstruosidad. **4** **Capricho o *anormalidad.* **5** (ant.) **Discordia o desavenencia.*

desvasar (Arg.) tr. *Cortar o arreglar el vaso o *casco de las ↘caballerías.*

desvastigar (de «des-» y «vástiga») tr. *Quitar ramas de los ↘árboles que las tienen en exceso.* ≃ Chapodar. ⇒ *Deschuponar, *podar.

desvedar tr. *Levantar la veda que existe sobre cualquier ↘cosa.* ⇒ *Permitir.

desveladamente adv. Con desvelo.

desvelar[1] (de «des-» y «velar[2]») **1** tr. Impedir dormir a ↘alguien una cosa; por ejemplo, una preocupación o el efecto del café. ⇒ Despabilar[se], espabilar[se], quitar [o perder] el SUEÑO. ➤ Desvelo, insomnio, pervigilio. ➤ *Despierto. *Velar. ⊙ prnl. No poder conciliar el sueño una persona. **2** («por») Afanarse, *desvivirse o *esforzarse; dedicar alguien mucha atención, cuidados o esfuerzo al bienestar de otros o a que cierta cosa marche debidamente: 'Se desvela porque no nos falte nada'.

desvelar[2] (de «des-» y «velar[3]») tr. Revelar: dar a conocer algo que se mantenía secreto.

desvelizar 1 (Nic.) tr. *Levantar o quitar el velo que cubre algo.* **2** (Nic.) **Descubrir ↘algo que estaba oculto.*

desvelo 1 m. Estado de desvelado. ≃ Insomnio. **2** (gralm. pl.) Esfuerzos, *cuidados, etc., que alguien dedica a otra persona o a cierta cosa: 'Ese es el fruto de tantos desvelos'.

desvenar 1 tr. *Quitar las venas a la ↘*carne.* ⊙ *Quitar los nervios a las hojas del ↘*tabaco al elaborarlo.* **2** MINER. *Sacar el ↘*mineral de la vena o filón.* **3** EQUIT. *Formar en la embocadura del ↘*freno el arco en que se aloja la lengua de la caballería.*

desvencijado, -a Participio adjetivo de «desvencijar[se]»: 'Un muñeco desvencijado'.

desvencijar (de «des-» y «vencejo», atadijo para los haces de mies.) **1** tr. y prnl. *Separar[se] o *soltar[se] las partes de una ↘cosa o aflojar[se] sus uniones de modo que pierde su firmeza o cohesión: 'Al sentarse desvencijó la silla. Doblando el libro de esa manera lo vas a desvencijar'. ⇒ Desarticular, descoyuntar, descuadernar, descuajaringar. ➤ *Desarmar. *Romper. **2** tr. *Cansar o *debilitar mucho a ↘alguien, de modo que no pueda sostenerse. **3** (ant.) prnl. *Herniarse.*

desvendar tr. Quitar la venda que cubre ↘algo. ⊙ prnl. Perder algo la venda que lo cubría.

desveno (de «desvenar») m. EQUIT. Arco que en el centro del bocado forma el hueco necesario para alojar la lengua de las caballerías. ≃ Montada.

desventaja 1 f. Circunstancia por la que una cosa es *peor o está en peor situación que otras: 'Esta casa es más grande, pero tiene la desventaja de que está más lejos'. ⇒ Contra, sus cosas, sus cosillas, desconveniencia, *inconveniente, sus MÁS y sus menos, pega, pero, sus PROS y sus contras. ➤ Desaventajado, desfavorable, desventajoso. ➤ Llevar la peor PARTE, llevar las de PERDER. ➤ En todas PARTES cuecen habas, no hay ROSA sin espinas. ➤ *Malo. **2** («Estar en») Situación menos favorable que la de otra cosa o persona determinada: 'Por su peso está en desventaja con los otros corredores'.

desventajosamente adv. Con desventaja.

desventajoso, -a adj. Que acarrea desventaja.

desventura (de «des-» y «ventura»; «Ser una») f. Pérdida moral o suceso que causa mucha pena; como la muerte de un ser querido o el quedarse abandonado, desamparado o desvalido: 'Tuvo la desventura de perder a sus padres siendo muy niño [o de quedarse ciego]. Su muerte fue una desventura para su patria'. ≃ Desdicha, *desgracia.

⊙ Estado del que tiene una desventura: 'Nadie acudió a consolarle en su desventura'.

desventuradamente adv. Por desgracia. ≃ *Desgraciadamente.

desventurado, -a **1** adj. Que sufre desventuras: 'La desventurada madre'. **2** (n. calif.) n. *Se aplica a la persona *tímida o encogida.* ≃ Cuitado, desdichado, desgraciado. **3** **Tacaño o *avaro.* **4** adj. Acompañado de desgracias o causante de ellas: 'Una tarde [o una idea] desventurada'. ≃ Aciago, *desgraciado.

desvergonzadamente adv. De manera desvergonzada.

desvergonzado, -a Participio de «desvergonzarse». ⊙ adj. Falto de decoro o dignidad o pudor; atrevido o descarado.

desvergonzarse **1** prnl. Perder la vergüenza. **2** («a») Vencer la vergüenza o los miramientos para hacer cierta cosa: 'Tuve que desvergonzarme a pedirle lo que me debía'. ≃ *Atreverse, descararse. **3** *Descararse, propasarse o *insolentarse con alguien.*

□ CONJUG. como «contar».

desvergüenza **1** f. Falta de vergüenza: atrevimiento para decir o hacer cosas con falta de respeto o comedimiento. ⊙ Cualidad o actitud de la persona que no siente vergüenza por cosas que debían producírsela: 'Se metió el dinero en el bolsillo con la mayor desvergüenza'. **2** Atrevimiento *obsceno en palabras o gestos, o falta de *pudor. **3** Dicho, acción o gesto desvergonzado.

□ CATÁLOGO

Anchura, FALTA de aprensión, arlotería, avilantez, cara, CARA dura, carota, cinismo, desahogo, descoco, descoque, empaque, FALTA de escrúpulos, frescura, impudencia, impudor, inverecundia, jeta, procacidad, raimiento, rostro, sinvergonzonería [o sinvergüencería], tranquilidad, tupé, valor, poca VERGÜENZA, zafaduría. ➤ Caridelantero, carirraído, cínico, coletudo, conchudo, desahogado, desfachatado, desfazado, despachado, desvergonzado, farota, farotón, frescales, fresco, inverecundo, poca LACHA, procaz, raído, sinvergüenza, SUBIDO [de tono], tranquilo, poca VERGÜENZA, sin vergüenza. ➤ Descararse, desvergonzarse, perder la VERGÜENZA. ➤ Mucho MIEDO y poca vergüenza. ➤ Tener más CARA que espalda. ➤ *Abusar. *Cinismo. *Descaro. *Insolente.

desvestido, -a Participio adjetivo de desvestir[se]. ⊙ adj. *Desnudo.

desvestir (del lat. «disvestīre») tr. *Desnudar: 'Desvestir un altar. La madre desvistió al niño'. También reflex. ⊙ prnl. En lenguaje literario, aplicado particularmente a cosas: 'Los árboles se desvisten de follaje'.

□ CONJUG. como «pedir».

desvezar (de «des-» y «vezo») **1** (ant.) tr. **Desacostumbrar.* ≃ Desavezar. **2** (Ar.) **Destetar.* **3** (Ar.) *Cortar la unión de los ↘mugrones *acodados, con la cepa madre, cuando ya tienen raíces propias.*

desviación **1** f. Acción y efecto de desviar[se] en cualquier acepción. ⊙ Torcedura de la *columna vertebral. ⊙ MED. *Paso de un *humor por fuera de su conducto natural.* **2** *Derivación en una conducción, carretera, etc. ⊙ Camino provisional por el que circulan los vehículos mientras está cortada una parte de la carretera. **3** MINER. *Vena que, al cruzarse con otra, sigue la dirección de ésta en cierta longitud.* **4** Apartamiento de una cosa de lo que es normal. ≃ Aberración, anomalía, *anormalidad, irregularidad. ⊙ Cosa que se aparta de lo normal. **5** FÍS. **Separación de un cuerpo de su posición media:* 'Desviación del péndulo [o del distribuidor de una máquina de vapor]'. **6** *Separación accidental de la aguja imantada de su posición normal.* ⇒ *Brújula.

desviacionismo m. Doctrina o conducta que se aparta de una ortodoxia determinada, particularmente en política.

desviacionista adj. De [o del] desviacionismo: 'Actitud desviacionista'. ⊙ adj. y n. Adepto a él.

desviado, -a **1** Participio adjetivo de «desviar[se]». **2** *Apartado de los caminos frecuentados.

desviar (del lat. «deviāre») **1** tr. y prnl. *Apartar[se] del camino o dirección seguidos o de su destino, en sentido material o figurado: 'El viento desvió la flecha. Desviar el cauce de un río. Aquel incidente desvió la dirección de mi pensamiento. No intentes desviar la acción de la justicia. Le desviaron de su vocación. Nos desviamos de la carretera principal. Te estás desviando del tema. Eso me desviaría de mi objetivo'. ≃ Torcer. ⊙ Apartar[se] del camino o la conducta debidos o convenientes. ≃ *Descaminar. **2** tr. ESGR. *Apartar la ↘espada del contrario del punto a que iba dirigida.* **3** (ant.) intr. **Desviarse o *separarse.* **4** tr. *Disuadir a ↘alguien de una intención.

□ CATÁLOGO

Aberrar, baraustar, irse por los CERROS de Úbeda, desaplomar[se], derivar, desapuntar, desaviar, ir DESCAMINADO, *descaminar, descarriar[se], desencaminar, desenfilar, desgaritar, desmentir, *desorientar[se], despistar[se], desplantar[se], *desplomar[se], desvariar, detraer, divertir, *doblar, extravenar, extraviar[se], ladear, marrar, andarse por las RAMAS, separar[se], *torcer, virar. ➤ Aberración, desviación, desvío, deviación, digresión, receso, virada, vuelta. ➤ *Alejar. *Apartar. *Cambiar. *Distraer. *Disuadir. *Perderse. *Torcer.

□ CONJUG. La «i» de la raíz es tónica en los presentes de indicativo y subjuntivo y en el imperativo, salvo en la 1.ª y 2.ª personas del plural: 'desvío, desvías, desvía, desvían; desvíe, desvíes, desvíe, desvíen; desvía, desvíe, desvíen'. En el resto de las formas la «i» es átona, y se pronuncia generalmente sin formar diptongo con la vocal que le sigue. ⇒ Apénd. II, PRONUNCIACIÓN (verbos en «-iar»).

desviejar tr. o abs. *Entre ganaderos, separar del ↘rebaño las reses viejas.*

desvinculación f. Acción y efecto de desvincular[se].

desvincular **1** («de») tr. y prnl. Anular el vínculo o relación que existe entre dos personas o cosas: 'Hace años que se desvinculó de la política'. **2** tr. *Librar ↘algo o a alguien de un *gravamen u obligación; se emplea especialmente con referencia a fincas.*

desvío **1** m. Desviación. **2** Conducto, camino, etc. que se deriva de otro principal. ≃ *Derivación. ⊙ Camino provisional habilitado cuando no se puede transitar por una parte de la carretera. ≃ *Desviación. **3** MINER. *Desviación de una veta.* **4** *Falta de afecto de una persona hacia otra:* 'Está trastornado con el desvío de esa muchacha'. ≃ Despego, frialdad. ⇒ *Desafecto. **5** CONSTR. **Madero de los que van sujetos en el andamio y se apoyan en la pared.*

desvirar[1] (de «des-» y «vira²») tr. *Recortar con el tranchete el sobrante de la suela del ↘*calzado.* ⊙ AGRÁF. *Recortar el ↘libro.*

desvirar[2] tr. *Dar vueltas a un ↘torno o un *cabrestante en sentido contrario a aquel en que se han dado para virar el cable o cabo.*

desvirgar (de «des-» y «virgo») tr. Quitar la virginidad a una ↘mujer.

desvirtuación f. Acción de desvirtuar[se].

desvirtuar 1 tr. Hacer perder a una ↘cosa su virtud, eficacia, fortaleza, valor o mérito: 'La humedad desvirtúa este producto. Ese argumento no desvirtúa mi razonamiento'. ⇒ *Anular, *debilitar. ⊙ prnl. Perder una cosa su virtud, eficacia, fortaleza, valor o merito. ⊙ Particularmente, perder una cosa, como el vino o el café, su fortaleza o su aroma. ⇒ Desbravarse, desvanecerse, evaporarse. **2** tr. y prnl. Anular[se] o equilibrar[se] el efecto de cierta ↘cosa. ≃ *Contrarrestar.

□ FORMAS DE EXPRESIÓN

Esta acción es la que expresan propiamente las conjunciones llamadas «*concesivas» —'Iremos aunque llueva,—; por lo cual tal vez les conviniera más a estas conjunciones el nombre de «desvirtuativas», dejando el de «concesivas» para las expresiones de concesión, como «si acaso, en todo caso», agrupadas en este diccionario con el nombre de «*atenuativas».

□ CONJUG. como «actuar».

desvitalizar tr. Eliminar el tejido vivo de una ↘pieza dentaria.

desvitrificar tr. Hacer perder al ↘*vidrio su transparencia por la acción prolongada del calor.

desvivirse 1 («por») prnl. Tener mucha afición por una cosa o mucho *deseo de ella. ≃ Despepitarse, morirse, perecerse, pirrarse. ⇒ Abarcuzar, alamparse, chiflarse, deshacerse, desperecerse, despepitarse, despulsarse, perder el HATO por, volverse LOCO, morirse por, perecerse, piar, pirrarse, soñar con, beber los VIENTOS por, no vivir por. ➤ *Abnegación. *Afán. *Afición. *Amor. *Ansiar. *Desear. **2** («por») Afanarse o *esforzarse; trabajar o hacer algo con mucho interés: 'Se desvive por complacer a todo el mundo'. ⊙ («por») *Esforzarse en favor de alguien: 'Se desvive por los amigos'.

desvolcanarse (Col.) prnl. *Despeñarse.*

desvolvedor (de «des-» y «volver») m. *Herramienta usada por *herreros y cerrajeros para apretar y aflojar las tuercas.*

desvolver (del lat. «devolvĕre») 1 tr. y prnl. **Cambiar el aspecto de ↘algo.* **2** tr. AGR. **Labrar la tierra.*

□ CONJUG. como «volver».

desvuelto, -a *Participio adjetivo de «desvolver[se]».*

desyemar tr. Quitar las yemas o brotes a las ↘plantas. ⇒ Desbotonar, descogollar, deslechugar, despampanar, despampanillar. ➤ *Deschuponar.

desyerba f. *Escarda.*

desyerbador, -a adj. y n. *Aplicable al que desyerba.*

desyerbar (de «des-» y «yerba») tr. Quitar las hierbas de un ↘campo. ≃ Desherbar. ⇒ *Escardar.

desyugar tr. **Desuncir.*

desyuncir (del lat. «disiungĕre», desunir; ant.) tr. **Desuncir.*

desyunto, -a 1 (ant.) *Participio adjetivo de «desyuncir».* **2** (ant.) **Separado.* ≃ Disyunto.

deszocar (de «des-» y «zoco») tr. y prnl. *Lastimar[se] seriamente un pie.* ⇒ *Daño.

detall (del fr. «détail») AL DETALL. Al por *menor. ≃ Al detalle.

detalladamente adv. Extensa o minuciosamente.

detallado, -a 1 Participio de «detallar». ⊙ adj. Con detalles. **2** *Se aplica en los pinares de Soria a las piezas de *madera escogida.*

detallar 1 tr. o abs. Contar con detalles. ⇒ *Precisar. **2** Entre comerciantes, *vender un ↘género al por menor.

detalle (del fr. «détail») 1 m. Cada una de las *partes pequeñas que contribuyen al aspecto o efecto de una cosa pero no son indispensables en ella: 'Los detalles de la fachada del edificio'. ⊙ Cada hecho o circunstancia que completa un suceso: 'Me contó lo ocurrido, pero sin detalles'. ≃ Particularidad, pormenor. ⊙ (inf.) Detalle en que consiste precisamente el interés o dificultad de algo. ≃ *Quid. ⇒ *Circunstancia, *complemento, dato, delicadeza, formalidad, gollería, minuciosidad, *nota, pormenor, *quid, *requisito, toque. ➤ Acabado, afiligranado, delicado, detallado, minucioso, *preciso, prolijo, *pulido. ➤ Detallar, menudear. ➤ Detalladamente, con esmero, minuciosamente, con PUNTOS y comas. **2** *Cuenta, factura o lista detallada. **3** Rasgo de atención, delicadeza o afecto hacia alguien: 'No vino a cenar y ni siquiera tuvo el detalle de avisarme'.

AL DETALLE. 1 Con detalles. **2** (con «venta» o «comercio») Al por *menor: en cantidades pequeñas, adquiridas directamente por el consumidor. ≃ Al detall.

V. «con gran LUJO de detalles».

CON TODO DETALLE. Con todos los detalles. ≃ Minuciosamente.

DAR DETALLES. Contar los de una cosa cuando se refiere ésta.

EN DETALLE. Con detalles.

TENER alguien DETALLES [O UN DETALLE] (inf.). Tener una persona rasgos [o un rasgo] de delicadeza o de atención, en general o en una ocasión.

detallista 1 adj. Se aplica al que se preocupa mucho de los detalles, aunque sean insignificantes. **2** n. Comerciante que vende al por menor.

detardar 1 (ant.) tr. **Tardar.* **2** (ant.) intr. **Entretenerse.*

detasa (del fr. «détaxe») f. *Rectificación de portes pagados con exceso en los *ferrocarriles.* ⇒ *Transporte.

detección f. Acción de detectar: 'La detección del cáncer de colon. La detección de una mina submarina por sonar'.

detectar (del ingl. «to detect») tr. *Acusar un aparato la ↘presencia de cierta ↘cosa. ≃ Denunciar, descubrir. ⊙ *Descubrir la ↘presencia de cierta cosa mediante procedimientos físicos o químicos: 'El análisis de sangre ha detectado un aumento de la glucosa'. ⊙ Descubrir la ↘presencia de algo o alguien: 'Ha detectado varios errores en el texto'.

detective (del ingl. «detective») n. Persona que se dedica a aclarar sucesos misteriosos, por ejemplo a descubrir a los autores de robos o asesinatos, o a hacer investigaciones reservadamente por encargo de un cliente.

detector (del ingl. «detector») m. Aparato que sirve para detectar. ⊙ Particularmente, aparato fundamental de la telegrafía y telefonía sin hilos, que recoge las ondas hertzianas. ⇒ *Radio.

detención 1 f. Acción de detener[se] (parar[se]). **2** Acción de *apresar a ↘alguien. **3** Permanencia provisional en *prisión de un presunto delincuente. ⇒ Arresto, quincena. ➤ Hábeas corpus. **4** Detenimiento en la manera de hacer una cosa: 'Examinó al enfermo con detención'. **5** Pieza que detiene la rueda de escape del *reloj. ≃ Bloqueo. ⇒ *Tope.

detener (del lat. «detinēre») 1 tr. Impedir que ↘algo o alguien siga avanzando, moviéndose o ejecutando cualquier acción: 'Detener una epidemia [un tren, a alguien que está hablando]'. ≃ Parar. ⊙ prnl. Dejar de avanzar, de moverse o de ejecutarse algo: 'Se detuvo un coche delante de la puerta'. ≃ Pararse. ⊙ *Entretenerse alguien: 'Llegué un poco tarde porque me detuve en la calle con una amiga'. ≃ Pararse. ⊙ («a») Pasar algún tiempo haciendo cierta cosa previa antes de hacer otra: 'Salió corriendo sin detenerse a coger el sombrero'. ≃ Entretenerse, pararse. ⊙ Particularmente, *reflexionar antes de hacer una cosa. ⊙ Pasar mucho tiempo haciendo cierta cosa: 'Se detiene mucho en la limpieza de la casa'. ≃ Demorarse, entretenerse. ⊙ tr. Hacer que quede sin actividad, por lo menos momentáneamente, un ˘asunto. ≃ Paralizar. ⊙ Estar [o poner] una cosa en el camino de ˘otra, de modo que le impide avanzar. ≃ Interceptar. ⊙ Impedir a ˘alguien que se marche o continúe su marcha: 'No quiero detenerle, puesto que tiene usted prisa'. ≃ Entretener, retener. **2** Privar de libertad una autoridad competente a ˘alguien; por ejemplo, por haber cometido presuntamente un delito. ≃ *Apresar, capturar.

V. «VARA de detener».

□ CATÁLOGO

Raíz expresiva de detención, «-st-»: 'armisticio'. ➤ Hacer ABORTAR, acampar, aguantar, hacer ALTO, amanerarse, anquilosarse, aquedar, atajar, atañer, atar, *atascar[se], atollar[se], aturar, salir al CAMINO, quedarse a mitad de CAMINO, campar, carabear, dar CARPETAZO, parar el CARRO, contener, cortar, demorar, desactivar, dificultar, *embalsarse, embargar, embarrancarse, embazar, embotellar[se], embromar, empacarse, empantanar[se], emplastar, encanarse, encarpetar, salir al ENCUENTRO, engalgar, engorrar, enguerar, enquistarse, enrayar, entorcarse, entretallar, entretener[se], entullecer, enzarzarse, estabilizar[se], estacionar[se], estancar[se], estarse, estrangular, poner FIN, fosilizarse, frenar, impedir, imposibilitar, *inmovilizar, *interceptar, *interrumpir[se], hacer MANSIÓN, morir, *paralizar[se], hacer PARAR, parar[se], cortar el PASO, salir al PASO, hacer PIE, plantar[se], posarse, quedar[se], remansarse, reparar[se], represar, restañar, *retener, *retrasar, romper, sonrodarse, suspender, dejar en SUSPENSO, tener[se], tropezar, varar, yogar, yugular. ➤ Alto, atanco, atasco, atranco, COMPÁS de espera, contenencia, descanso, dilación, embarrancamiento, escala, espera, estación, estada, estadía, estanco, estasis, estopor, inacción, mansión, marasmo, parada, pausa, permanencia, posa, *quietud. ➤ Detenido, estacionario, estadizo, estantío, estático, parado, *quieto, en suspenso. ➤ Bloqueo, calzadera, calzo, detención, dificultad, dique, escape, fiador, *freno, galga, mota, narra, *obstáculo, *presa, punto, rémora, represa, retranca, segurador, seguro, *tope, torno, trancahílo, tranquilla, trinquete, valla. ➤ Apeadero, estación, fondeadero, parador, tránsito. ➤ Atascadero, atolladero. ➤ Rebalsa, remanso. ➤ Cuarentena. ➤ Etapa. ➤ ¡Alto!, ¡ ALTO ahí!, ¡aro!, ¡basta! ¡cho!, no se HABLE más de ello, ¡jo!, ¡MANOS arriba!, NO más..., ¡so!, ¡vale! ➤ *Cesar. *Descansar. *Discontinuo. *Esperar. *Moderar. *Reflexionar. *Retrasar.

□ CONJUG. como «tener».

detenidamente adv. Con detenimiento. ≃ Minuciosamente.

detenido, -a 1 Participio adjetivo de «detener[se]». ⊙ (Estar») Sin avanzar o resolverse. ≃ Paralizado, en suspenso. ⊙ adj. y n. Se aplica a la persona privada provisionalmente de libertad por una autoridad competente: 'Los detenidos fueron puestos a disposición del juez'. **2** adj. Se aplica a aquello que se ha hecho con detenimiento: 'Un examen detenido del caso hubiera permitido prever las consecuencias'. ≃ *Minucioso. **3** («Ser») adj. y n. *Aplicado a personas, *tímido, encogido, vacilante o embarazado.* **4** **Tacaño.*

detenimiento («Con») m. Acción de detenerse o gastar tiempo y atención en algo que se hace. ≃ Detención.

detentación f. Acción de detentar.

detentador m. DER. El que detenta.

detentar (del lat. «detentāre», retener) tr. Usar o atribuirse alguien una ˘cosa, indebida o ilegítimamente: 'Detenta un título que pertenece a su sobrino. Detenta una representación que nadie le ha conferido'. ⊙ *Ocupar en la misma forma un ˘*empleo, situación, etc. ⇒ *Apoderarse.

detente (imperat. de «detener») m. *Recorte de tela con la imagen del corazón de Jesús y la leyenda «detente bala», que se ponían sobre el pecho los combatientes del bando de don Carlos en la guerra *carlista.*

detentor (ant.) m. DER. *Detentador.*

detergente (de «deterger») adj. y n. m. Se aplica a los productos jabonosos que sirven para limpiar; particularmente, grasas y pinturas. ⇒ Esméctico.

deterger (del lat. «detergĕre», limpiar) **1** tr. MED. **Limpiar una ˘úlcera o una herida.* **2** *Limpiar una ˘cosa con una sustancia detergente.*

deterioración f. *Deterioro.*

deteriorar (del lat. «deteriorāre») tr. y prnl. Estropear[se] materialmente una ˘cosa; ponerla [o ponerse] vieja o en mal estado: 'El uso deteriora los muebles'. ⊙ Empeorar ˘algo: poner[se] o hacer[se] peor: 'Las relaciones familiares se han deteriorado'.

deterioro m. Acción y efecto de deteriorar[se]: 'En caso de deterioro de la mercancía. Sin deterioro de su prestigio [o de sus derechos]'.

□ CATÁLOGO

Arañazo, avería, carcoma, chasponazo, corrosión, *daño, decadencia, derogación, desconchado, desconchón, desperfecto, desportillado, detrimento, grieta, *maca, mancha, mella, mengua, *menoscabo, *perjuicio, *polilla, quebranto, rasguño, raspadura, rotura, *rozadura, saltadura, sentadura, *señal, tocadura. ➤ Sano. ➤ *Daño. *Destruir. *Estropear. *Imperfección. *Perjuicio.

□ NOTAS DE USO

No existiendo nombre usual de acción correspondiente a «estropear», «deterioro» hace sus veces en todos los casos de efecto material, y puede usarse figuradamente con el significado de «mengua» o «menoscabo».

determinable adj. Susceptible de ser determinado. ⇒ Indeterminable.

determinación 1 f. Acción de determinar. **2** («Tomar») Cosa que alguien decide hacer: 'Comuníqueme su determinación cuanto antes'. ≃ Acuerdo, *decisión, resolución. **3** Cualidad o actitud de la persona que decide sin vacilación lo que hay que hacer y lo hace. ≃ *Decisión. ⊙ Cualidad del que no se detiene ante los peligros o dificultades. ⇒ *Atreverse.

TOMAR UNA DETERMINACIÓN. *Decidir una cosa: 'Así no podemos seguir: hay que tomar una determinación'.

determinadamente adv. *Con determinación.*

determinado, -a 1 Participio adjetivo de «determinar». **2** No cualquiera de las cosas designadas por el nombre, sino precisamente la que se expresa o determina de algún modo. ≃ Cierto. ⊙ Señalado con precisión: 'Quiero que me asignen un trabajo determinado'. ≃ Definido, preciso. ⇒ *Determinar. **3** Aplicado a personas, con determinación para hacer cosas. ≃ *Decidido, resuelto.

V. «ARTÍCULO determinado, CUESTIÓN determinada».

determinante 1 («de») adj. Se aplica a lo que determina cierta cosa. **2** GRAM. m. Constituyente de un sintagma nominal que determina al sustantivo; por ejemplo, el artículo, los demostrativos o los indefinidos. **3** f. MAT. Polinomio resultante del desarrollo de una matriz cuadrada.

determinar (del lat. «determināre») **1** tr. Formar intención firme, varias personas o una sola, de hacer cierta ↘cosa: 'Hemos determinado partir el jueves'. ≃ *Decidir, resolver. ⊙ («a») prnl. *Decidirse a cierta cosa: 'No se determina a marcharse'. ⊙ tr. Hacer que ↘alguien tome cierta decisión: 'Esas noticias me determinaron a marchar'. ≃ Decidir, impulsar, resolver. **2** Expresar una ley, disposición, etc., ↘lo que hay que hacer o cómo hay que hacer o tiene que ser cierta cosa: 'El reglamento determina las sanciones que son aplicables en este caso'. ≃ Disponer, establecer, fijar, preceptuar, prescribir, señalar. **3** DER. **Sentenciar.* **4** Expresar con precisión cierta ↘circunstancia de un asunto: 'En el contrato no se determina el plazo'. ≃ Aclarar, establecer, fijar, *precisar, puntualizar, señalar. ⊙ GRAM. Precisar la extensión significativa de un ↘nombre. **5** Llegar a saber cierta ↘cosa partiendo de los datos que se poseen. ⊙ Particularmente, *averiguar, calculando, midiendo, contando, pesando, etc., cierta ↘magnitud: 'Determinar el peso específico de un cuerpo'. **6** Ser causa cierta cosa de que se produzca ↘otra que se expresa: 'La nieve acumulada determinó el hundimiento del techo'. ≃ Causar, motivar, ocasionar, originar, producir.

□ CATÁLOGO

*Acordar, concluir, *concretar, *decidir, tomar una DECISIÓN, decretar, delimitar, tomar una DETERMINACIÓN, *disponer, tomar una DISPOSICIÓN, especificar, establecer, estatuir, estipular, fallar, fijar, formalizar, individuar, *mandar, ordenar, pensar, preceptuar, *precisar, predefinir, predeterminar, prefijar, prescribir, *puntualizar, quedar en, tomar una RESOLUCIÓN, resolver, sentar, dejar SENTADO, señalar, ultimar, venir en. ➤ Aislado, *categórico, *cierto, claro, concluyente, *concreto, definido, delimitado, detallado, determinado, *distinto, *especial, específico, *exacto, explícito, expreso, fijo, inconfundible, individual, *limitado, particular, *peculiar, *preciso, rotundo, *separado, singular, taxativo, terminante. ➤ Autodeterminación, decisión, decretación, determinación, especificación, individuación, precisión, predeterminación, prefinición. ➤ cualquiera, indeterminado. ➤ *Destinar. *Distinguir. *Mandar. *Puntualizar.

determinativo, -a adj. Se aplica a lo que determina. ⊙ Se usa particularmente en gramática: 'Adjetivo determinativo'. ⇒ Apénd. II, ADJETIVO.

determinismo (de «determinar») **1** m. Doctrina filosófica según la cual la marcha del universo físico responde exactamente a un encadenamiento de causas y efectos y sería totalmente previsible en un momento dado si fuera posible conocer todos los datos. **2** Doctrina que atribuye predeterminación a los actos humanos.

determinista adj. De [o del] determinismo. ⊙ adj. y n. Adepto a él.

detersión (del lat. «detersĭo, -ōnis») f. *Acción de deterger.*

detersivo, -a adj. y n. m. *Detergente.*

detersorio, -a (del lat. «detersus», part. pas. de «detergēre», limpiar secando) adj. y n. m. *Detergente.*

detestable 1 adj. Se aplica a las personas o las cosas que se hacen detestar; aplicado a personas equivale a «odioso» o «inaguantable». **2** Equivale a «malísimo», aplicado especialmente a impresiones o a cosas que son *malas por la impresión que producen: 'Un efecto [un sabor, un estilo] detestable'. ⊙ Se dice 'una voz detestable' o 'un oído detestable' de los de las personas que los tienen malos para el canto o la música; y 'un gusto detestable' del de la persona que lo tiene malo para elegir cosas por su belleza.

detestablemente adv. De manera detestable: 'Escribe [o huele] detestablemente'.

detestación f. *Acción de detestar.* ⇒ *Aversión.

detestar (del lat. «detestāri») **1** tr. **Condenar y *maldecir a ↘personas o cosas, tomando al cielo por testigo.* **2** Sentir aversión violenta, intelectual, moral, afectiva o de los sentidos contra una ↘persona o una cosa que hace intolerable el trato con ella, su presencia, etc.; se trata de un sentimiento menos apasionado que el odio y referible en su sentido propio a cosas: 'Detesta a su compañera [la hipocresía, la música moderna, el fútbol, el arroz con leche]'. ≃ Aborrecer.

□ CATÁLOGO

Abominar, aborrecer, no [poder] AGUANTAR, aversar, derrenegar, execrar, *odiar, no poder con, rechazar, renegar, no poder RESISTIR, no poder SOPORTAR, no poder SUFRIR, no poder TRAGAR, no poder VER. ➤ Caer MAL [o gordo], repeler. ➤ Abominable, aborrecible, detestable, execrable, horrible, *malo, odioso, repelente, vitando. ➤ Repulsión. ➤ *Antipatía. *Aversión. *Censurar. *Condenar. *Desaprobar. *Repugnar.

detienebuey m. **Gatuña (planta leguminosa).*

detonación (de «detonar») f. Sonido de un disparo o una *explosión. ≃ Estampido. ⊙ *Se aplica específicamente a los sonidos producidos por las explosiones de los *motores.*

detonador, -a adj. Que provoca detonación. ⊙ m. Mixto que produce la explosión en un artefacto explosivo.

detonante 1 adj. y n. m. Se aplica a lo que es capaz de producir detonación o *explosión. ⊙ m. Circunstancia que desencadena o provoca el inicio de algo no deseado: 'Las declaraciones del ministro fueron el detonante de la crisis de gobierno'. **2** (inf.) Discordante: en *contraste violento y perturbador con otras cosas.

V. «MEZCLA detonante».

detonar (del lat. «detonāre») intr. Producir un *sonido como el de un tiro, un cañonazo o una explosión.

detornar (del lat. «detornāre»; ant.) intr. **Volver.*

detorsión (del lat. «detorsus», torcido) f. **Torsión.*

detracción f. *Acción de detraer.*

detractar (del lat. «detractāre»; ant.) tr. **Criticar, *desacreditar o *difamar a ↘alguien.* ≃ Detraer.

detractor, -a adj. y n. Con respecto a una persona, otra que la detracta: 'El se ríe de sus detractores'.

detraedor, -a n. *Detractor.*

detraer (del lat. «detrahĕre») **1** (form.) tr. *Separar, quitar o *restar. **2** **Desviar.* **3** **Desacreditar.* ≃ Detractar.

□ CONJUG. como «traer».

detraimiento (ant.) m. **Deshonra.*

detrás (del lat. «de» y «trans») **1** adv. Expresa que la cosa de que se trata está en el espacio más lejos de lo que se considera el principio de otra determinada: 'Se escribe el apellido y detrás, separado por una coma, el nombre'. ≃ Después. ⊙ Si se trata de cosas en movimiento, expresa que la cosa de que se trata está más lejos del punto hacia el cual marchan: 'Va delante la locomotora y detrás van los vagones'. ≃ Después. **2** En la parte que se considera *posterior de alguna cosa: 'La fotografía lleva detrás una dedicatoria'. ⊙ En el espacio contiguo a esa parte: 'La casa está tocando a la calle y el jardín está detrás'. **3** Precedido de una preposición, se usa con valor sustantivo para designar el lugar que está detrás de cierta cosa: 'Salir de detrás. Pasar por detrás'.

V. «lo de detrás de la CORTINA».

DETRÁS DE. Expresión prepositiva, más usada que el adverbio, que expresa las mismas relaciones que éste.

DETRÁS DE alguien. Cuando la persona de que se trata no está, no ve o no oye la cosa que se hace o dice: 'A ti te dicen una cosa y detrás de ti dicen otra'. ≃ Por detrás, por detrás de. ⇒ A *espaldas de, *murmurar.

V. «IR detrás».

POR DETRÁS. **1** En el dorso o por la parte posterior: 'Esta hoja no está escrita por detrás. La casa da por detrás al norte'. **2** Expresa en forma adverbial lo mismo que «detrás de» o «por detrás de» en forma prepositiva: 'Dicen eso por detrás, pero no se atreven a decírselo a él'.

POR DETRÁS DE. Detrás de.

V. «UNO detrás de otro».

□ CATÁLOGO

Raíz para derivados, «post-[o pos-]»: 'postergar, posponer'. ➤ *Atrás, a continuación, *enseguida, inmediatamente, luego, en pos de, redro, a retaguardia, seguidamente, tras, a la zaga. ➤ Posponer, postergar. ➤ *Posterior, póstumo. ➤ Cola, colofón, culata, culo, epílogo, popa, popel, rabera, rabo, retaguardia, trasera, trasero, zaga. ➤ Contrahaz, cruz, *dorso, envés, espalda, respaldo, reverso, *revés. ➤ FOLIO vuelto. ➤ *Después. *seguir.

detrimento (del lat. «detrimentum»; «Causar, Ir, Redundar, Resultar, Venir en; Con, Sin») m. Disminución de valor o de cantidad que sufre una cosa: 'El exceso de calor causa detrimento a la mercancía. La rapidez va en detrimento de la perfección. Hará todo lo que pueda hacer sin detrimento de su dignidad'. ≃ Daño, menoscabo, *perjuicio, quebranto.

detrítico, -a adj. GEOL. Aplicado a los terrenos, formado por detritos.

detrito (del lat. «detrītus», desgastado) **1** m., gralm. pl. Materias que resultan de la disgregación de una masa sólida; particularmente, de una roca. **2** Materias inútiles que quedan de la elaboración de algo o que resultan de la descomposición de algo: 'Detritos de animales marinos [de una fábrica, domésticos]'. ≃ Desechos, residuos, *restos.

detritus m. Forma latina de «detrito», que se usa como singular y plural.

detumescencia (de «de-» y «tumescencia», del lat. «tumescĕre», hincharse) f. MED. Disminución de volumen de una inflamación o tumor. ≃ Desinflamación.

detumescente (de «de-» y «tumescente», del lat. «tumescĕre», hincharse) adj. MED. Se aplica al remedio que reduce la inflamación. ≃ Resolutivo.

deturpar (del lat. «deturpāre») **1** (ant.) tr. **Afear, *manchar o *estropear.* ≃ Destorpar. **2** (Hispam.) **Desacreditar.*

deuda (del lat. «debĭta», neutro pl. de «debĭtum») **1** («Adquirir, Contraer, Llenarse de, Estar en, Tener; Enjugar, Extinguir, Liquidar, Pagar, Saldar; Perdonar») f. *Obligación en que una persona está de pagar, devolver o dar una cantidad de dinero a otra. ⊙ Obligación de pagar o devolver otras cosas; como una carta o una visita. ⊙ También, cualquier obligación moral de dar algo o corresponder a algo: 'Una deuda de gratitud. Estoy en deuda de una explicación con él'. **2** En el Padrenuestro se decía «y perdónanos nuestras deudas...», significando *faltas o *pecados cometidos, por los cuales se está en deuda con Dios. Actualmente se ha sustituido por «ofensas». **3** («Alcanzar, Ascender, Importar, Llegar, Montar, Subir») Cantidad que se debe: 'La deuda asciende a tres millones de pesetas'.

DEUDA EXTERIOR [O EXTERNA]. La que tiene un estado con bancos extranjeros que le han concedido préstamos.

D. PÚBLICA. La que tiene el Estado con los poseedores de títulos emitidos por él, llamados «títulos de la Deuda».

□ CATÁLOGO

Acreencia, adeudo, agujero, crédito, debda, debe, débito, déficit, descubierto, deudo, deviedo, dita, droga, falta, impagado, impago, mora, pasivo, pella, trampa. ➤ Calvario. ➤ Ilíquido, impago. ➤ Adeudar, deber, *empeñarse, encalillarse, endeudarse, enditarse, endrogarse, entramparse, manlevar. ➤ Hacer FLUX, PAGAR tarde, mal y nunca. ➤ Amortizar, consolidar, debitar, ejecutar, liquidar, *pagar, saldar, vencer. ➤ Cargadilla. ➤ Anticresis, ASUNCIÓN de deuda, compensación, confusión, CORTE de cuentas, descuento, embargo, excusión, interés, moratoria, PROCEDIMIENTO ejecutivo, trance, tranza, vencimiento. ➤ CONCURSO de acreedores. ➤ Acreedor, codeudor, deudor, ejecutor, *fiador, manero. ➤ Alcanzado, atrasado, *empeñado, entrampado, retrasado. ➤ Mala FIRMA, inglés, insoluto, insolvente, maula, tramposo. ➤ Buena FIRMA, solvente. ➤ Fiar. ➤ Tara, tarja, tarraja. ➤ Ápoca, CARTA de pago, contento, pagaré, recibo. ➤ Aguardar, espera, respiro. ➤ Quita, quitación, quitamiento. ➤ Desadeudar, *desempeñar[se], desendeudarse, desentrampar[se], redondear[se]. ➤ En NÚMEROS rojos. ➤ En paz. ➤ Albaquía. ➤ *Garantía. ➤ *Obligación. *quiebra.

deudo, -a (del lat. «debĭtus», debido) **1** (culto; no usual en f.) n. *Pariente. **2** m. *Parentesco.* **3** (ant.) *Deuda.*

deudor, -a («a, de, por») n. Con respecto a una persona, otra que le debe algo: 'Va a llevar a juicio a sus deudores'.

deudoso, -a (ant.) adj. **Pariente.*

deus ex machina (pronunc. [déus ex máquina]) **1** m. Expresión latina aplicada a un personaje sobrenatural de los que, en un momento crítico, aparecían en una obra de *teatro para resolver la situación, al cual se hacía bajar al escenario por medio de una máquina. **2** Personaje poderoso que *resuelve una situación crítica. ⊙ *Desenlace feliz, generalmente sorprendente o inverosímil de una situación.

deuterio (del gr. «deúteros», segundo) m. QUÍM. Isótopo del *hidrógeno, de peso atómico igual a dos veces el del hidrógeno normal. Símb.: «D».

deuterón m. FÍS. Núcleo del deuterio constituido por un neutrón y un protón.

deutón m. FÍS. Deuterón.

deutóxido (del gr. «deúteros», segundo, y «óxido») m. QUÍM. *Cuerpo en que el oxígeno está combinado con otro elemento en el segundo grado de oxidación.*

devalar intr. MAR. **Derivar: separarse del rumbo.* ≃ Davalar.

devaluación f. Acción y efecto de devaluar[se].

devaluar (del fr. «dévaluer», del ingl. «to devalue», «to devaluate») tr. Hacer *disminuir el valor de una ˇcosa. ⊙ prnl. Perder valor algo. ⊙ tr. Particularmente, rebajar el valor en el cambio internacional de la ˇmoneda de un país el propio gobierno de ese país. ≃ *Desvalorizar. ⊙ prnl. Reducirse el valor de una moneda.

deván (ant.) adv. **Delante.* ≃ Devant.

devanadera o **devanaderas** **1** f. sing. o pl. Utensilio giratorio en que se coloca una madeja para devanarla. **2** Dispositivo giratorio en el que van montados bastidores pintados por ambas caras, que permite en los escenarios de *teatro hacer mutaciones rápidas.

ESTAR alguien COMO UNAS DEVANADERAS (inf.). Estar trastornado o *loco.

devanado **1** m. Operación de devanar. **2** ELECTR. Conductor o hilo devanado que forma parte de algún aparato eléctrico. ≃ Bobina.

devanador, -a adj. y n. Se aplica al que devana o a lo que sirve para devanar. ⊙ m. Pieza de cartón, madera, etc. sobre la que se devana algo.

devanadora f. Pieza de las *máquinas de coser que sirve para devanar la bobina.

devanagari (del sánscrito «devanâgarî», de la ciudad divina, a través del fr. o del ingl.) m. **Escritura moderna del *sánscrito.*

devanar (del sup. lat. «depanāre», de «panus», ovillo) tr. *Arrollar un ↘hilo, alambre, etc., en un carrete o bobina o formando un ovillo o madeja. ⊙ Hacer un ovillo con el hilo, lana, etc., de una ↘madeja. ⇒ Aovillar, embrocar, empuchar, encanillar, envolver, ovillar. ➤ Argadijo, argadillo, aspa, aspadera, aspador, azarja, cepo, devanadera, devanador, sarillo, zarja. ➤ Pulidero, pulidor. ➤ Bobina, broca, canilla, carrete, madeja, ovillo. ➤ Desovillar.
V. «devanarse los SESOS».

devandicho, -a (de «deván» y «dicho»; ant.) adj. *Citado antes.* ≃ Antedicho.

devanear (de «de-» y «vanear») **1** intr. *Hablar vanamente. ≃ Vanear. ⊙ *Delirar o decir *disparates. **2** (ant.) **Vagar.*

devaneo 1 m. **Delirio o *disparate; acción de devanear.* **2** *Pasatiempo o acción en que se pierde el tiempo. **3** Relaciones amorosas informales y pasajeras. ≃ Amorío, pasatiempo.

devant (de «de-» y «avante»; ant.) adv. *Anteriormente.* ≃ Deván.

devantal (de «devant») m. **Delantal.*

devarés, -a adj. y, aplicado a personas, también n. *De Deva, población de Guipúzcoa.*

devastación f. Acción de devastar.

devastador, -a adj. y n. Que devasta: 'Un incendio devastador'.

devastar (del lat. «devastāre») tr. *Destruir cuanto hay de valor en un ↘territorio, una población, etc. ≃ Arrasar, asolar, desolar. ⇒ *Aniquilar, arrasar, arruinar, asolar, reducir a CENIZAS, degastar, desolar, reducir a ESCOMBROS, exterminar, gastar, no dejar PIEDRA sobre piedra, *talar, vastar. ➤ Depopulación, desolación, devastación, estrago, hecatombe. ➤ Depopulador, devastador. ➤ TIERRA quemada. ➤ *Derribar. *Desastre. *Destruir.

devedar (del lat. «devetāre»; ant.) tr. **Impedir o prohibir.* ≃ Vedar.

devengado, -a Participio adjetivo de «devengar». Se aplica a la cosa que se tiene ya derecho a *cobrar por haber sido realizado el trabajo, haber transcurrido el tiempo requerido, etc.: 'Jornales [o intereses] devengados'. ⇒ Caído, corrido, vencido.

devengar (de «de-» y el lat. «vindicāre», apropiarse) tr. Corresponderle a alguien percibir cierta cantidad de ↘dinero como *retribución por un trabajo, por *intereses o por un *tributo: 'Los empleados devengan dos pagas extraordinarias. Ese dinero no devenga intereses. Un impuesto devengado por el ayuntamiento'. ⇒ *Cobrar.

devengo (sing. o pl.) m. Cantidad devengada.

devenir[1] (del fr. «devenir») **1** intr. *Suceder. **2** FIL. Llegar a ser o *convertirse en lo que se expresa.

devenir[2] (de «devenir¹»; culto o lit.) m. Transformación: 'La naturaleza en constante devenir'. ⇒ *Cambiar.
□ CONJUG. como «venir».

deverbal o **deverbativo, -a** adj. GRAM. *Se aplica a las palabras derivadas de un verbo; como «empuje», de «empujar» o «salvamento», de «salvar».* ≃ Postverbal.

devesa (de «defensa»; ant.) f. **Dehesa.*

deviación (ant.) f. **Desviación.*

deviedo (de «devedar») **1** (ant.) m. **Veda o vedado.* **2** (ant.) **Entredicho.* **3** (ant.) **Deuda contraída por delito.*

devino, -a (del lat. «divīnus»; ant.) m. *Adivino.*

devinto, -a (del lat. «devinctus», atado; ant.) adj. **Derrotado.*

devisa (del lat. «divīsa», repartida) f. **Señorío que se dividía entre coherederos.* ⊙ *Tierra perteneciente a este señorío.*

devisar (del lat. «divīsus», repartido) **1** (ant.) tr. **Dividir o *repartir ↘algo.* **2** (ant.) **Acordar o *pactar una ↘cosa.* **3** (ant.) *Acordar las ↘armas para un *desafío.* **4** (ant.) **Relatar.* **5** (ant.) **Desfigurar o *disfrazar una ↘cosa y hacerla parecer distinta de lo que es.*

devisero m. **Hidalgo poseedor de una devisa.*

de visu adv. Expresión latina que significa viendo materialmente la cosa de que se trata: 'Es mejor ir a conocer de visu la situación'. ⇒ *Ver.

devoción (del lat. «devotĭo, -ōnis») **1** («Inspirar, Sentir, Tener; a, hacia, por») f. Sentimiento hacia alguien en que hay *admiración o *respeto y *amor, *cariño o *adhesión, etc.: 'Los soldados sentían devoción por Napoleón'. ≃ Veneración. ⊙ Particularmente, *culto que se rinde interior o exteriormente a Dios, los santos, una imagen u otro objeto religioso: 'La devoción a la Virgen de Lourdes'. ⊙ Actitud de íntima dedicación con que se realizan los actos religiosos: 'Oír la misa con devoción'. ≃ Fervor, recogimiento, unción. ⊙ Entrega de alguien a una causa o una obra trascendental. ≃ Dedicación. **2** *Oración, rezo o cualquier práctica religiosa.
ESTAR A LA DEVOCIÓN DE alguien. Estar una persona, o una ciudad, nación, etc., voluntariamente sujeta a la obediencia de otra.
V. «no ser SANTO de la devoción de alguien».
□ CATÁLOGO
Adhesión, entrega, *respeto, veneración. ➤ *Adicto, *amigo, entregado, *partidario. ➤ Celo, fervor, piedad, recogimiento, religiosidad, unción. ➤ Devoto, ferviente, fervoroso, jaculatorio, místico, piadoso, pío, practicante, religioso. ➤ *Beato, beatuco, camandulero, devotería, endevotado, fariseo, misero, misticón, mojigato, pío, rezador, santón, comerse los SANTOS, santucho, santulón, santurrón, timorato, tragasantos. ➤ Ejercitante, esclavo, estacionero. ➤ Abstinencia, ayuno, tomar la CENIZA, cuaresmar, *dedicación, demanda, donación, duenario, duodenario, ejercicios espirituales, fundación, memoria, mortificación, novena, andar NOVENAS, OBRA pía, oración, *penitencia, privación, promesa, quinario, recolección, retiro, rezo, *sacrificio, visitar, voto. ➤ Habiz [o habús]. ➤ Cofradía, congregación. ➤ *Añalejo, devocionario, eucologio, evangelios, LIBRO de misa, misal, pasionario. ➤ Agnus [o agnusdéi], CRUZ detente, dije, escapulario, estadal, lígnum crucis, medalla, muelle, nómina, paz, propiciatorio, relicario, *reliquia, tahalí, teca. ➤ Amuleto. ➤ *Culto. *Dios. *Religión. *Rezar.

devocionario m. Libro de rezos. ⇒ *Devoción.

devodar (del lat. «devotāre»; ant.) intr. *Jurar (proferir *juramentos).* ≃ Votar.

devolución f. Acción de devolver.

devolutivo, -a adj. DER. Se aplica a lo que devuelve.

devolver (del lat. «devolvĕre») **1** tr. *Dar una ↘cosa a alguien de quien se ha recibido antes. ≃ Restituir. ⊙ («por») Dar o hacer una ↘cosa a cambio de otra que se ha recibido: 'Devolver una visita. Devolver mal por bien'.

⊙ Poner una ↘cosa en el sitio de donde se ha quitado. ≃ Volver. ⊙ *Reenviar una ↘cosa: 'Me han devuelto la carta por no encontrar al destinatario'. ⊙ *Reenviar el ↘ascensor después de utilizarlo. ⊙ Puede también ser sujeto una cosa inanimada: 'La pared devuelve la pelota. El espejo devuelve la imagen'. ⊙ DEP. En *tenis, enviar de nuevo al contrario la ↘pelota que éste acaba de lanzar. ⊙ Entregar de nuevo en una tienda, recobrando su importe, una ↘cosa comprada. ⊙ No admitir un ↘regalo o donativo. ≃ *Rechazar. ⊙ No admitir un ↘trabajo, una factura, etc., por no encontrarlos aceptables: 'Si los zapatos no le están bien, puede devolverlos sin inconveniente'. ⇒ Descambiar, entregar, integrar, *pagar, redimir, reembolsar, *reenviar, reexpedir, reintegrar, rendir, restituir, retornar, retrocesión, retrovender, tornar, volver. ➤ Tener VUELTA. ➤ *Retener. ➤ Compensar. *Dar. *Rechazar. *Recompensar. **2** *Restablecer ↘algo en el estado que tuvo antes: 'Devolvió la ciudad a su antiguo esplendor'. ≃ Volver. **3** tr. o abs. Arrojar por la boca el ↘contenido del estómago. ≃ *Vomitar. **4** (Hispam.) intr. y prnl. *Volver[se] de un sitio.* ≃ Devolverse.

V. «devolver la PELOTA».

☐ CONJUG. como «volver».

devoniano, -a o **devónico, -a** (de «Devon», región de Inglaterra) adj. y n. m. GEOL. Se aplica al cuarto periodo de la era primaria, inmediatamente posterior al silúrico, y a sus cosas.

devorador, -a adj. Se aplica al que o a lo que devora: 'El fuego devorador'. ⊙ Particularmente, «hambre devoradora».

devorante adj. *Devorador.*

devorar (del lat. «devorāre») **1** tr. *Comerse un animal a otros ↘animales: 'Los peces grandes devoran a los pequeños. El tigre devoró al domador'. **2** Comer con avidez: 'Devoró su comida en un decir Jesús'. ≃ *Engullir. ⇒ *Voraz. **3** *Destruir totalmente una ↘cosa el fuego: 'Las llamas devoraron el manuscrito'. ⊙ *Gastar o consumir una ↘cosa de manera excesiva o irregular: 'El juego devoró su hacienda. Los chicos devoran el calzado'. ⊙ *Leer ↘algo con avidez: 'Devora las novelas policiacas'. **4** Tener intranquilo a ↘alguien una pasión, la impaciencia, el deseo, etc.: 'Le devoran los celos'. ≃ Abrasar, *consumir. **5** prnl. *Mantener entre sí las personas un estado de odio o *discordia.*

V. «devorar con la MIRADA [con los OJOS o con la VISTA]».

devotamente adv. Con devoción.

devotería f. *Beatería.*

devoto, -a (del lat. «devōtus», dedicado) **1** adj. De devoción: 'Objeto devoto. Promesa devota'. ⊙ Se aplica a los lugares, imágenes, etc., que son objeto de devoción. **2** adj. y n. Se aplica a la persona que tiene devoción a cierto santo o cierta cosa que es objeto de devoción religiosa: 'Es muy devota de San Antonio [o del rezo del rosario]'. ⊙ *Adicto a cierta persona o cierta cosa: 'Tiene amigos muy devotos. Soy muy devoto de las aguas de ese balneario'. ⊙ adj. Se emplea, unido a «amigo, admirador», etc., en fórmulas de *cortesía, por ejemplo en las despedidas de las cartas, que van cayendo en desuso: 'Le saluda atentamente su devoto amigo...'. **3** Se aplica a la persona que reza mucho o se dedica mucho a prácticas religiosas. ≃ Piadoso, religioso.

devover (del lat. «devovēre»; ant.) tr. **Ofrecer o *dedicar.*

devuelto, -a Participio adjetivo de «devolver».

dexiocardia (del gr. «dexiá», derecha, y «-cardia») f. MED. *Desviación del *corazón hacia la derecha.*

dexmero, -a (ant.) n. *Diezmero.*

dextrina (del fr. «dextrine») f. QUÍM. Sustancia resultante de calentar hasta la temperatura de ebullición el almidón junto con un ácido diluido, cuyas soluciones son dextrógiras; si se prolonga la operación de calentar el almidón, se convierte en glucosa. ⇒ *Química.

dextro (del lat. «dextrum») m. *Espacio alrededor de una *iglesia, dentro del cual se gozaba el derecho de *asilo y algunos otros privilegios.*

dextrógiro, -a (del lat. «dexter», que está a la derecha y «girar») adj. QUÍM. Se aplica a las sustancias que, interpuestas en el camino de la *luz, la desvían, mirando en la dirección en que ella marcha, hacia la derecha. ⇒ Levógiro.

dextroglucosa f. QUÍM. *Dextrosa.*

dextrorso, -a (del lat. «dextrorsum», hacia la derecha; cient.) adj. *Se aplica a las cosas que se mueven, dan vueltas o se arrollan hacia la *derecha; por ejemplo, las *conchas de los gasterópodos.*

dextrórsum (lat.) adv. *Hacia la derecha.* ⇒ Sinistrórsum.

dextrosa f. QUÍM. Glucosa; particularmente, la de la *fruta. ⇒ *Azúcar.

dey (del turco «dayı», tío materno) m. *Antiguamente, *soberano musulmán de Argel.*

deyección (del lat. «deiectĭo, -ōnis») **1** f. GEOL. Conjunto de materias arrojadas por un *volcán o procedentes de la disgregación de las *rocas. **2** (cient.) *Defecación.

deyecto, -a (del lat. «deiectus»; ant.) adj. *Despreciable o *vil.* ≃ Abyecto.

deyector m. *Aparato para evitar las incrustaciones en las *calderas de vapor.*

dezmar (del lat. «decimāre») tr. *Diezmar.*

dezmatorio **1** m. *Lugar donde se recogía el diezmo.* **2** (ant.) *Persona que pagaba el diezmo.*

dezmeño, -a adj. *Dezmero.*

dezmera (ant.) f. *Dezmería.*

dezmería adj. *Territorio del que se cobraba el diezmo para cierta iglesia o persona.* ≃ Dezmera, dezmía.

dezmero, -a (del lat. «decimarĭus») **1** adj. *Del diezmo.* ≃ Dezmeño. **2** m. *Diezmero.*

V. «CASA dezmera».

dezmía (ant.) f. *Dezmería.*

dg o **dgr** Abrev. de «decigramo».

Dg o **Dgr** Abrev. de «decagramo».

di-[1] Elemento prefijo del lat. «dis-» o «di-» que significa *separación, apartamiento de cosas en el espacio, o *procedencia: 'disentir, dilatar, difundir, dimanar'.

di-[2] **1** Elemento prefijo del gr. «dís», empleado en palabras científicas, que significa «*doble»: 'dimorfo'. **2** Equivale al prefijo «dia-» (a través de) en «diacústica» o «dieléctrico».

dí (de «de-» e «y[3]»; ant.) adv. *De allí.*

dia- Elemento prefijo del gr. «dia-» que significa separación, interposición o posición atravesada: 'diacrítico, diátesis, diatónico, diámetro». A veces, es sólo intensivo: 'diacodión'. ⇒ Di-.

día (del lat. vulg. «dia») **1** m. Espacio de *tiempo que tarda la Tierra en dar una vuelta completa alrededor de su eje. ⊙ Ese espacio, contado desde las doce de una noche hasta las doce de la siguiente. ⊙ Cada uno de esos espacios determinado y designado con un número o un nombre. ≃ *Fecha. **2** *Tiempo durante el cual hay luz solar: 'Ya llega el día'. **3** Tiempo atmosférico referido a un día determinado: 'Despejarse [nublarse, mejorar] el día'. ⇒ *Meteorología. 4 (pl.) Espacio de *tiempo indeterminado: 'Pasaron [los] días y no tuvimos ninguna noticia suya'. 5 (pl.) **Edad de una persona que se considera mucha:* 'Ya tiene días. Una persona de días'. ⊙ (pl.; culto o lit.) En frases como «al final de sus días», vida. 6 («que [o en que]») *Tiempo o momento indeterminado: '¡Cuando será el día [en] que empieces a tener formalidad!'. 7 (gralm. pl.) *Día del santo o del cumpleaños de una persona:* 'Mañana son los días de don Ambrosio'. ⇒ *Aniversario.

BUEN DÍA. Día en que hace buen tiempo.

DÍA DE ÁNIMAS. DÍA de difuntos.

D. ASTRONÓMICO. *Tiempo que media entre dos pasos consecutivos del Sol por el meridiano superior.

D. DE AUTOS. Día en que tuvo lugar un suceso; particularmente se emplea en derecho: 'El día de autos la víctima recibió varias llamadas telefónicas'.

D. DE BUEYES. AGR. *Medida de *superficie usada en Asturias, equivalente a 1,257 hectáreas.*

D. DE CAMPO. *Excursión al campo en que se pasa en él gran parte del día.

D. CIVIL. Día del calendario, comprendido entre las doce de una noche y las doce de la noche siguiente.

D. COLENDO (ant.). *DÍA festivo.*

D. COMPLEMENTARIO. *Día de los 5 o 6 que se contaban al final del año en el calendario republicano francés, para completar el número de 365 o 366.*

D. CRÍTICO (ant.). MED. *Día en que se espera la decisión del curso de una *enfermedad.* ≃ DÍA decretorio.

D. DE CUTIO. *Día de trabajo.*

D. DECRETORIO. *DÍA crítico.*

DÍA D. Día fijado para realizar algo.

D. DIADO. *Día preciso fijado para alguna cosa.*

D. DE DIARIO. Cualquier día de la semana excepto el sábado y domingo o festivo. ⇒ Entre semana.

D. DE [LOS] DIFUNTOS. El 2 de noviembre, en que se conmemora a los fieles difuntos y se hacen sufragios por ellos. ≃ DÍA de ánimas.

D. ECLESIÁSTICO. Distribución de un día, en relación con los rezos y el *oficio divino, contando desde una hora de vísperas a la siguiente.

D. FEO. Mal DÍA.

D. FESTIVO [O DE FIESTA]. Día en que, aun no siendo domingo, se guarda fiesta. ⇒ DÍA nefasto.

D. DE FORTUNA (gralm. pl.). CAZA. *Día en que, por haber habido incendio o por cualquier otro accidente, la *caza abunda mucho, y está prohibido cazar.*

D. DE GALA. Día en que, por cualquier fiesta o celebración, se visten de gala los militares, la corte o cualquier otra clase de personas.

D. DE GUARDAR. Día de precepto.

D. HÁBIL. Día en que funcionan las oficinas públicas y los *tribunales. ⇒ DÍA de tribunales.

D. DE HACIENDA. *Día de trabajo.*

D. HOSCO. *Mal DÍA.*

D. DE HUELGA (ant.). *Día de los que median entre un acceso de *fiebre y otro.*

D. DE [LOS] INOCENTES. El 28 de diciembre, en que se conmemora la degollación ordenada por Herodes y es tradicional hacer bromas a los conocidos.

D. INTERCALAR. *El que se añade al mes de febrero en los años bisiestos.*

D. INTERCISO. *El que era *festivo sólo por la mañana.*

D. DE JOYA. *Día en que había besamanos en el *palacio real.*

D. LABORABLE. Día de trabajo.

D. LECTIVO. Día no festivo en los establecimientos de enseñanza.

D. DE MISA. DÍA de precepto.

D. NEFASTO. 1 *En la antigua *Roma, día en que no estaba permitido tratar asuntos ni administrar justicia.* ⇒ DÍA festivo. 2 *Día en que se conmemoraba en la antigua Roma alguna desgracia nacional.*

D. DE PRECEPTO. Día de aquellos en que está mandado por la Iglesia ir a *misa y no trabajar. ≃ DÍA de misa.

D. DEL PRIMER MÓVIL. *DÍA astronómico.*

D. PRIMERO («El»). Primer día de cada mes.

D. PRIMERO DE AÑO («El»). Primer día del año. ≃ Año Nuevo, día de Año Nuevo.

D. QUEBRADO. *Día en que, por ser festivo o por otra causa cualquiera, no se trabaja.*

D. DE REYES. Festividad de los Reyes Magos (6 de enero). ⇒ Diablito.

D. DEL SEÑOR. Día del Corpus.

D. SIDÉREO. ASTRON. Intervalo entre dos pasos consecutivos de una estrella fija por el mismo meridiano, o sea duración de una revolución de la Tierra sobre su eje.

D. DE TODOS LOS SANTOS. Día primero de noviembre, en que se conmemora a todos los santos que no tienen asignado día particular de conmemoración.

D. DE TRABAJO. Día ordinario, por contraposición al festivo. ≃ DÍA de cutio, DÍA laborable ⇒ DÍA hábil, DÍA lectivo.

D. DE TRIBUNALES. *Día en que funcionan los tribunales de justicia.* ⇒ DÍA hábil.

DÍAS GENIALES. *Aquellos en que se celebra un acontecimiento privado; como una boda, un bautizo, etc.* ⇒ *Fiesta.

MAL DÍA («Hacer»). Día en que hace mal tiempo. ≃ DÍA feo, DÍA hosco.

A DÍAS. Unos días sí y otros no. ⊙ O con *alternativas: unos días de una manera y otros de otra: '¿Cómo se encuentra el enfermo? —A días'.

AL CLAREAR EL DÍA. Al *amanecer.

AL DÍA. 1 *Corriente, sin retraso: 'Tener el trabajo [las cuentas, los pagos] al día'. 2 Con «estar» o verbo equivalente, «estar al *corriente»; conocer o manejar de una materia o un asunto los últimos descubrimientos, adelantos o modas o las últimas noticias: 'Una revista que está muy al día en cuestiones financieras. Un establecimiento de modas tiene que estar al día'. 3 Con «poner», hacer que algo que estaba anticuado adquiera plena vigencia modificándolo en todo lo que sea necesario: 'Poner al día una legislación [o una enciclopedia]'. ≃ Actualizar.

AL OTRO DÍA. Al día siguiente.

AMANECER EL DÍA. *Amanecer. ≃ *Despuntar [rayar o romper] el DÍA.

ANTES DEL DÍA. Al *amanecer o inmediatamente antes de amanecer.

A tantos DÍAS FECHA [O VISTA]. Expresión *comercial para expresar el plazo señalado para el cobro de letras, pagarés, etc.

BUENOS DÍAS. Saludo empleado antes de mediodía.

CADA DÍA. Según va pasando el *tiempo. ≃ De DÍA en día.

CAER EL DÍA. *Atardecer.

V. «a la CAÍDA del día».

COGER A alguien EL DÍA EN algún lugar. Amanecerle en él.

COMO DEL DÍA A LA NOCHE. Completamente *diferente.

COMO [AHORA] ES DE DÍA. Expresión con que se *asegura la veracidad de una cosa.

CUALQUIER DÍA. 1 Se emplea para anunciar algo que se piensa hacer o se espera que ocurra *pronto: 'Cualquier día te haré una visita'. ≃ El DÍA menos pensado. ⇒ *Inminente. 2 El DÍA menos pensado.

¡CUALQUIER DÍA! Exclamación irónica con que alguien da a entender que no está dispuesto a hacer la cosa de que se trata. ⇒ *Negar, *rehusar.

CUATRO DÍAS Muy poco *tiempo: 'Dentro de cuatro días le tienes con la carrera acabada'.

DAR EL DÍA A alguien (inf.). Darle un *disgusto, fastidiarle para el resto del día.

DAR LOS BUENOS DÍAS. *Saludar diciendo «buenos días». ⇒ No dar los buenos DÍAS.

DAR LOS DÍAS. **1** *Dar los buenos* DÍAS. **2** *Felicitar a alguien en el día de su cumpleaños o de su santo.*

DE DÍA. Mientras hay *luz del Sol: 'Sólo trabaja de día'. ≃ Por el DÍA. ⇒ Ser de DÍA.

DE DÍA EN DÍA. **1** A medida que pasa el tiempo: 'Las dificultades crecen de día en día'. ≃ Cada DÍA. **2** Aplicado al progreso o desarrollo de algo, de manera perceptible: 'Progresa de día en día'. ⇒ *Progresivamente, *rápido.

DE DÍA Y DE NOCHE. DÍA y noche.

DE DÍAS. **1** *De bastante tiempo antes:* 'Ese problema es ya de días'. ⇒ *Antiguo, *durar. **2** *Aplicado a personas, *viejo.* ≃ Entrado en DÍAS.

DE TODOS LOS DÍAS. De *diario.

DE UN DÍA A OTRO. Se emplea para anunciar un suceso que se espera como *inminente.

DE UN DÍA PARA OTRO. **1** Con «dejar» o verbo equivalente, ir *retrasando la cosa de que se trata. **2** De un DÍA a otro.

DEL DÍA. Del mismo día en que se está: 'Pan del día. El periódico del día'. ⇒ *Fresco, *corriente.

DESPUNTAR EL DÍA. *Amanecer. ≃ Amanecer [rayar o romper] el DÍA.

DÍA A DÍA. **1** Todos los días. **2** Con constancia y continuidad.

DÍA DE MUCHO, VÍSPERA DE NADA. Frase con que se comenta la alternancia de la abundancia y la escasez. ⇒ *Alternar.

DÍA POR DÍA. **1** DÍA a día. **2** De DÍA en día.

DÍA TRAS DÍA. DÍA a día.

DÍA Y NOCHE. *Continuamente o *incesantemente.

ECHARSE una cosa PARA TODOS LOS DÍAS. Destinarla al uso *diario en vez de reservarla para los días de fiesta o señalados.

EL DÍA DE HOY. Actualmente. ⇒ *Ahora.

EL DÍA DEL JUICIO [FINAL]. **1** Para los cristianos, último día de los tiempos, en que Jesucristo juzgará a los vivos y a los muertos. **2** Dentro de mucho tiempo, o *nunca: 'Eso acabará el día del juicio'. En tono humorístico, se agrega a veces, POR LA TARDE.

EL DÍA DE MAÑANA. En el *futuro: 'Para que el día de mañana te ganes la vida'.

EL DÍA MENOS PENSADO. Expresión que se emplea para indicar *esperanza o temor de que ocurra algo de que alguien desconfía o un percance para el que vive desprevenido: 'El día menos pensado se arrepiente y viene a pedirte perdón. El día menos pensado se va a encontrar con un susto'. ≃ Cualquier día, el mejor día, en el momento menos pensado. ⇒ *Inesperado.

EL MEJOR DÍA. El DÍA menos pensado.

EL OTRO DÍA. Hace unos días. Un día de los pasados, no mucho *tiempo antes.

EL SANTO DÍA. Todo el santo DÍA.

EN EL DÍA DE HOY. **1** En el día de la fecha. **2** Hoy en DÍA.

EN EL DÍA DE LA FECHA. Expresión de sentido claro, usada especialmente en partes y comunicados oficiales. ≃ En el DÍA de *hoy.

EN LOS DÍAS DE. En tiempo de.

EN SU DÍA. Cuando corresponde o en el momento *oportuno: 'En su día podaremos los árboles'.

EN [TODOS] LOS DÍAS DE MI [O TU, etc.] VIDA. *Nunca.

ENTRADO EN DÍAS. *De bastante edad. *Viejo o próximo a la vejez.* ≃ De días.

ENTRE DÍA. A cualquier hora del día y no en horas señaladas, por ejemplo refiriéndose a las de las comidas. ≃ Entre horas.

ESTAR AL DÍA. V. «Al día».

ESTAR EN DÍAS. Estar una mujer en los días que le corresponde *parir.

ESTE ES EL DÍA. Frase equivalente a «hoy» y «*ahora», con que se pone énfasis en la expresión de un *retraso que causa extrañeza: 'Este es el día en que todavía no sé si me voy a marchar o no'.

HACER BUEN [O MAL] DÍA. Estar el tiempo bueno o malo en el día de que se trata.

HASTA OTRO DÍA. Expresión de despedida.

V. «la HISTORIA de todos los días».

HOY [EN] DÍA. Actualmente. ≃ En el DÍA de hoy. ⇒ *Ahora.

V. «a la LUZ del día, como la LUZ del día».

MAÑANA SERÁ OTRO DÍA. Expresión con que se deja el hacer algo o la solución de algo para el día siguiente. ⇒ *Diferir.

NO DAR LOS BUENOS DÍAS. No *saludar una persona a otra, por tosquedad o por estar enfadada. ⊙ Como recíproco, no tratarse por estar enemistados.

NO PASAR DÍA [O DÍAS] POR [O PARA] alguien. *Mantenerse de aspecto *joven.* ≃ No pasar los AÑOS.

NO TENER MÁS QUE EL DÍA Y LA NOCHE. No poseer nada. ⇒ *Pobre.

V. «ORDEN del día».

OTRO DÍA. Expresión con que se *difiere una cosa para un día indeterminado: 'Otro día te lo diré'.

V. «el PAN nuestro de cada día».

PONER[SE] AL DÍA. V. «al día».

RAYAR EL DÍA. *Amanecer. ≃ Amanecer [despuntar o romper] el DÍA.

ROMPER EL DÍA. Rayar el DÍA.

TAL DÍA HARÁ UN AÑO (inf.). Expresión con que alguien muestra indiferencia por una cosa que le anuncian como amenaza: 'Pues si te vas... tal día hará un año'.

TENER [YA]. DÍAS *Ser de días.*

TENER LOS [O SUS] DÍAS CONTADOS. Acercarse alguien o algo a su fin. ⇒ Terminar.

TODO EL [SANTO] DÍA. Frase enfática que significa «todo el tiempo; continua o *incesantemente»: 'Se pasa todo el santo día delante del espejo'. ≃ El santo DÍA.

TODOS LOS DÍAS. *Continua o *incesantemente: 'Se lo estoy diciendo todos los días'.

UN BUEN DÍA. El DÍA menos pensado: 'Un buen día te va a mandar a paseo'.

UN DÍA DE ESTOS. Cualquier DÍA.

UN DÍA ES UN DÍA (inf.). Expresión con que se indica que en cierta ocasión o circunstancia una persona hace una excepción en sus costumbres; por ejemplo, gastando más dinero del acostumbrado.

UN DÍA SÍ Y OTRO NO. En días alternos.

UN DÍA SÍ Y OTRO TAMBIÉN (inf.). Todos los días: 'Un día sí y otro también llega tarde a casa'.

UN DÍA U OTRO. Expresión que se emplea para anunciar que cierta cosa ha de ocurrir *inevitable o infaliblemente, aunque tarde en llegar.

UN DÍA Y OTRO. Todos los DÍAS.

UNOS DÍAS. Algunos o unos cuantos días. ⇒ *Tiempo.

V. «ver por primera VEZ la luz del día, VIVIR al día».

□ CATÁLOGO

Otra raíz, «hemer-»: 'efímero'. ➤ Jornada. ➤ De SOL a sol. ➤ Domingo, jueves, lunes, martes, miércoles, sábado, viernes. ➤ Anteanteayer, anteantier, anteayer, antier, ayer, antes de AYER, hoy, mañana, pasado MAÑANA, trasanteayer, trasantier, trasmañana. ➤ Antedía, antevíspera, festividad, *fiesta, vigilia, víspera. ➤ Calendas, idos [o idus], nonas. ➤ Efemérides, fasto, *fecha. ➤ Despuntar el ALBA, amanecer, anochecer, atardecer, caer el DÍA, clarear el DÍA, despuntar el DÍA, tardecer. ➤ Deshora, entre HORAS, pronto, tarde, temprano. ➤ Amanecer, ángelus, ánimas, anochecer, *atardecer, CAÍDA de la tarde, *crepúsculo, FILO [o HILO] de medianoche [o de mediodía], lubricán, mañana, mediodía, noche, media NOCHE, nona, oración, prima, resistero, resistidero, sexta, siesta, sobretarde, al SOL puesto, tercia, vísperas. ➤ Antemeridiano, matinal, matutinal, matutino, meridiano, postmeridiano, serano, vespertino. ➤ Cuarentena, década, decamerón, duodenario, novenario, octava, quincena, septenario, trecenario, treintenario, triduo. ➤ Cadaldía, cotidiano, cuatridial, cuatriduano, cuotidiano, efímero, ordinario. ➤ Dial, diariamente, diario, diurno. ➤ *calendario. ➤ *Tiempo, ver para las formas de expresión. ➤*Hora.

diabasa (del gr. «diábasis», pasaje) f. Roca ígnea compuesta esencialmente de feldespato y anfibolita. ⇒ *Mineral.

diabático, -a (del gr. «diabatikós», que puede atravesar) adj. Fís. Que implica un intercambio de calor.

diabetes (del lat. «diabētes», del gr. «diabḗtēs», de «diabainō», cruzar, pasar) f. MED. Enfermedad caracterizada por excesiva secreción de orina, cargada de azúcar, y enflaquecimiento progresivo. ≃ Glucosuria. ⇒ Insulina.

diabético, -a **1** adj. MED. De [la] diabetes. **2** adj. y n. MED. Afectado de diabetes.

diabeto m. *Cierto aparato *hidráulico, especie de sifón intermitente, que, cuando se llena del todo, se vacía automáticamente.*

diabla **1** f. *Diablesa.* **2** *Máquina de *cardar lana o algodón.* ≃ Diablo. **3** **Coche antiguo de dos ruedas.* **4** *Batería de luces que cuelga del peine entre bambalinas, en los escenarios de *teatro.*

A LA DIABLA. *De cualquier *modo: sin cuidado.* ⇒ *Descuidar.

diablado, -a (ant.) adj. *Endiablado.*

diablear intr. *Hacer diabluras.* ⇒ *Travieso.

diablejo m. Dim. de «diablo», aplicado afectuosamente a los niños.

diablesa f. Diablo hembra. ≃ Diabla.

diablesco, -a adj. Propio de diablos. ⊙ Propio de brujas o hechiceros.

diablillo **1** m. Dim. afectuoso de «diablo». **2** Persona disfrazada de diablo, por ejemplo en las *procesiones o en *carnaval.

DIABLILLO DE DESCARTES. *Ludión.*

diablito (dim. de «diablo»; Cuba) m. *Negro vestido grotescamente que iba por la calle el *Día de Reyes haciendo piruetas.* ⇒ *Mamarracho.

diablo (del lat. «diabŏlus», del gr. «diábolos») **1** m. Nombre dado a los seres que, siendo al principio ángeles, fueron desterrados de la presencia de Dios por su rebeldía; los cuales habitan el infierno y fomentan el mal. Se usa generalmente en singular y con artículo, bien representando a Lucifer o príncipe de ellos, bien como una personificación del espíritu del mal: 'Se decía que tenía los diablos en el cuerpo. Se le apareció el diablo en figura de macho cabrío. Le tentó el diablo'. ≃ *Demonio. **2** (n. calif.) Se aplica a una persona *traviesa o inquieta; particularmente, a un niño. ≃ Demonio. ⊙ También, a una persona inquieta, intrigante, o hábil para conseguir lo que se propone. **3** (n. calif.) *Se aplica a una persona muy *fea.* **4** Máquina de cardar la *lana. ≃ Diabla. **5** Máquina de quitar y absorber el polvo de los trapos destinados a la fabricación de *papel. **6** Utensilio de madera con varias muescas en que se apoya el taco del *billar en ciertos casos. **7** (Chi.) *Especie de *carro de dos ruedas, empleado para transportar troncos.*

DIABLO COJUELO. **1** Diablo enredador y *travieso. **2** Frase calificativa aplicada a una persona *enredadora y *traviesa.

D. MARINO. **Escorpena (pez escorpeniforme).*

D. PREDICADOR. Expresión con que se alude a una persona que, siendo ella de malas costumbres, da *consejos de moral a otros. ⇒ *Inconsecuente.

POBRE DIABLO. Hombre infeliz, con poca malicia o poco carácter. ≃ Pobre hombre. ⇒ *Nadie. ⊙ Hombre de muy poca categoría social o sin bienes de fortuna. ⇒ *Insignificante.

V. «ABOGADO del diablo».

¡AL DIABLO [CON]! (también con «demonio, demontre» o «diantre»). Exclamación de *enfado o impaciencia con algo o alguien: '¡Al diablo con esta chica!'.

ANDAR EL DIABLO SUELTO (inf.). Estar el ambiente muy revuelto en un pueblo o comunidad, o entre varias personas.

V. «CABALLO [o caballito] del diablo».

COMO EL [O UN] DIABLO (inf.). V. «como el [o un] demonio».

¿CÓMO DIABLOS...? (inf.). V. «¿Cómo demonios...?».

CUANDO EL DIABLO NO TIENE QUE HACER CON EL RABO MATA [O CAZA] MOSCAS (inf.). V. «cuando el DEMONIO no tiene que hacer con el rabo mata [o caza] moscas».

DARSE A [TODOS] LOS DIABLOS. V. «darse a [todos] los DEMONIOS».

DEL DIABLO (inf.). V. «del demonio».

DE MIL [O DE TODOS LOS] LOS DIABLOS (inf.). V. «de mil [o de todos los] DEMONIOS».

¡DIABLO[S]! Exclamación de *admiración, sorpresa o *susto.

¡DIABLO CON...! (inf.). V. «¡demonio con...!».

V. «sin encomendarse a DIOS ni al diablo».

DONDE EL DIABLO PERDIÓ EL PONCHO (Arg., Chi., Perú). *En un lugar muy lejano o apartado.* ⇒ *Lejos.

ECHAR a alguien AL DIABLO. Mandar al DIABLO.

EL DIABLO... El diablo que...

¡EL DIABLO DE...! (inf.). V. «¡el demonio de...!».

EL DIABLO, HARTO DE CARNE, SE METIÓ A FRAILE (también, pero raramente, con «demonio»). Comentario que se hace cuando alguien, después de una vida disipada o después de cometer malas acciones, adopta o afecta un comportamiento virtuoso. ⇒ *Arrepentirse.

EL DIABLO LAS CARGA. Expresión con que se manifiesta temor de que cierta cosa resulte peligrosa. ⊙ Particularmente, las armas de fuego.

EL DIABLO QUE... (inf.) «el demonio que...».

V. «ESTIÉRCOL del diablo».

HASTA AHOGAR AL DIABLO. Frase con que se acompañaba la acción de llenar de bebida una vasija hasta el borde, relacionada con ciertos cuencos de cerámica que tenían pintado en su interior un diablo cuya cabeza quedaba en el mismo borde de la vasija. ⇒ Hasta verte, JESÚS mío.

V. «HIGUERA del diablo».

IRSE AL DIABLO una cosa. *Malograrse.

LLEVARSE EL DIABLO una cosa. *Desaparecer o consumirse esa cosa sin provecho: 'El dinero que le tocó a la lotería se lo llevó el diablo'.

LLEVARSE a alguien EL DIABLO [LOS DIABLOS O TODOS LOS DIABLOS] (inf.). V. «llevarse a alguien el DEMONIO [los demonios o todos los demonios]».

MANDAR una cosa AL DIABLO. Abandonarla o *desentenderse de ella.

MANDAR una persona a otra AL DIABLO. **1** *Echarla de su compañía. **2** Mostrarle con *enfado que no se quiere oír lo que dice o no se quiere seguir tratando con ella. ⊙ Romper las relaciones con la persona de que se trata. ⇒ *Desavenirse.

MÁS QUE EL [O UN] DIABLO. *Mucho, tratándose de alguna cosa molesta: 'Estos zapatos tienen más clavos que el diablo'.

MÁS SABE EL DIABLO POR [SER] VIEJO QUE POR [SER] DIABLO. Refrán con que se pondera el valor de la *experiencia.

V. «hágase el MILAGRO y hágalo el diablo».

NO SEA EL DIABLO QUE... (también con «demonio»). Expresión preventiva con que se enuncia algo cuya *posibilidad se previene: 'Recogeremos la ropa, no sea el diablo que empiece a llover'.

NO TENER EL DIABLO POR DÓNDE COGER a una persona (también con «demonio»). No tener esa persona nada bueno o, por el contrario (menos frecuentemente), nada malo.

NO TENER EL DIABLO POR DÓNDE DEJAR a alguien (también con «demonio»). No tener nada bueno.

V. «PÁJARO diablo, PEJE diablo, PEPINO del diablo, PEZ del diablo, de la PIEL del diablo».

¡QUÉ DIABLO[S]! V. «¡qué demonio[s]!».

V. «TABACO del diablo».

TENER alguien EL DIABLO [O LOS DIABLOS] EN EL CUERPO. V. «tener alguien el DEMONIO [o los demonios] en el cuerpo».

¡UN DIABLO! (inf.). *Exclamación con que se *desecha una proposición.*

¡VETE [ID, QUE SE VAYAN, etc.] AL DIABLO! Expresión de *enfado con una persona, particularmente por algo que dice.

¡VIVE EL DIABLO...! *Exclamación desusada de *enfado o *cólera.*

YA QUE ME [O TE, etc.] LLEVE EL DIABLO, QUE SEA EN COCHE. Expresión humorística que significa que, si se comete una acción no honesta, por lo menos debe servir para hacerse *rico.

diablura (de «diablo») f. *Travesura.

diabólicamente adv. De manera diabólica.

diabólico, -a (del lat. «diabolĭcus», del gr. «diabolikós») **1** adj. Aplicado a personas y, correspondientemente, a sus acciones, etc., como inspirado por el diablo: perverso, y astuto o inteligente. ⇒ Demoniaco, infernal, satánico. ➤ *Maligno. **2** Aplicado a cosas, muy complicado, enrevesado: 'Ese rompecabezas es diabólico'.

diabolín m. *Pastilla de *chocolate recubierta de azúcar y envuelta en un papel en el que iba escrito un verso o sentencia.*

diábolo (del it. «diavolo») m. Juguete que consiste en un objeto formado por dos conos unidos por sus vértices, al que se hace girar sobre un cordón que se pasa por esa unión, subiendo y bajando alternativamente dos palos a cuyos extremos está el cordón sujeto; cuando ha adquirido un giro rápido y regular, se lanza al aire y se vuelve a recoger con destreza sobre el mismo cordón mantenido tirante.

diacatolicón (del gr. «diá» y «katholikón», universal; ant.) m. FARM. *Medicamento *purgante que se hacía principalmente con hojas de sen, raíz de ruibarbo y hojas de tamarindo.*

diacitrón m. **Acitrón (cidra confitada).*

diacodión (del gr. «diakṓdion») m. FARM. *Jarabe de adormidera.*

diaconal adj. *De [o del] diácono.*

diaconar intr. *Oficiar de diácono.*

diaconato m. Dignidad u órdenes de diácono.

diaconía (del b. lat. «diaconīa», del gr. «diakonía») **1** f. *Cada uno de los distritos en que se dividía el término de una iglesia para el socorro de los pobres, al cuidado de un diácono.* ⇒ *Caridad. **2** *Casa del diácono.*

diaconisa (del lat. «diaconissa») f. Mujer dedicada al servicio de la *Iglesia.

diácono (del lat. «diacŏnus», del gr. «diákonos», sirviente) m. *Eclesiástico de grado inmediatamente inferior al de sacerdote. ⇒ Evangelistero. ➤ Archidiácono.

diacrítico, -a (del gr. «diakritikós», diferencial) **1** adj. y n. m. GRAM. Se aplica a los signos que confieren un carácter especial a la letra a la que se aplican. ⊙ adj. GRAM. Se aplica a la tilde que se escribe sin tener en cuenta las normas generales de su colocación, y que sirve para distinguir palabras que se escriben igual; por ejemplo, la de «mí», pronombre personal, para distinguirlo de «mi», adjetivo posesivo. **2** MED. *Se aplica a los *síntomas que distinguen una enfermedad de otra.*

diacronía (del fr. «diachronie») f. Desarrollo o sucesión de hechos en el tiempo. ⊙ Particularmente de los fenómenos lingüísticos.

diacrónico, -a adj. Se aplica a los fenómenos que se producen en momentos distintos del tiempo; particularmente a los lingüísticos.

diacústica (de «dia-» y «acústica») f. FÍS. *Parte de la acústica que tiene por objeto el estudio de la refracción de los sonidos.*

diada (cat.; gralm. con mayúsc.; «La») f. Día de la fiesta nacional catalana.

díada (de lat. «dyas, -ădis», del gr. «dyás, -ádos», el número dos) f. FIL. Unión de dos seres o dos principios especialmente vinculados entre sí.

diadelfo, -a (de «di-²» y el gr. «adelphós», hermano) adj. BOT. *Se aplica al androceo o a la flor que tiene los estambres soldados en dos hacecillos.* ⊙ BOT. *También a los estambres que tienen esta disposición.*

diadema (del lat. «diadēma», del gr. «diádēma») **1** f. Cinta blanca que llevaban alrededor de la cabeza algunos reyes de la antigüedad como *insignia de su dignidad. Se empleaba también como masculino. **2** *Corona. **3** Se emplea con el significado de «dignidad real o imperial»: 'Ciñó la diadema imperial'. **4** Adorno en forma de media corona, sólo para la parte delantera de la *cabeza. **5** Aro abierto de cualquier material que emplean las mujeres como adorno o para sujetarse el *pelo hacia atrás. **6** Arco de los que llevan algunas coronas de un lado a otro por la parte superior.

diado (de «día») adj. V. «DÍA diado».

diadoco (del gr. «diádochos», sucesor) m. Título de *príncipe heredero en la monarquía griega moderna.

diafanidad f. Cualidad de diáfano.

diafanizar tr. *Hacer diáfana una ↘cosa.*

diáfano, -a (del gr. «diaphanés», transparente) **1** adj. Se aplica a las cosas que dejan pasar la *luz a su través. **2** Se aplica a las cosas transparentes que están limpias, sin empañamiento o manchas. ≃ Claro, límpido, *transparente. **3** Se aplica a las cosas en que no hay ocultación: 'Una conducta diáfana'. ≃ *Claro.

diáfisis (del gr. «diáphysis», intersticio) f. ANAT. *Cuerpo o parte media de un hueso largo.*

diaforesis (del lat. «diaphorēsis», del gr. «diaphórēsis», evacuación de humores) f. MED. **sudor.*

diaforético, -a (del lat. «diaphoretĭcus», del gr. «diaphorētikós») adj. y n. m. MED. *De [o del] sudor.* ⊙ MED. *Se aplica a lo que provoca sudor.* ⇒ *Farmacia.

diafragma (del lat. «diaphragma», del gr. «diáphragma») **1** m. ANAT. *Músculo extenso que separa la cavidad del pecho de la del vientre. **2** En algunos aparatos, membrana o pieza que *separa dos cavidades; se aplica particularmente si la pieza es movible. **3** FOT. Disco horadado a través del cual penetra la luz, en una cámara fotográfica. ⊙ FOT. A veces, se entiende el orificio de ese disco: 'Abrir [o cerrar] el diafragma'. **4** Membrana que, puesta en vibración por el paso de una corriente eléctrica intermitente a través de un electroimán colocado ante ella, o por las desigualdades del surco de un disco fonográfico que le son trasmitidas por un estilete que lo recorre, reproduce las ondas *sonoras que han sido las causantes, en ciertas condiciones, de las intermitencias de la corriente o de la desigualdades del surco del disco. ⊙ También, la membrana de un micrófono que, inversamente, transforma en intermitencias de una corriente o en impresión en un disco, cinta, etc., las ondas sonoras que le llegan directamente. **5** BOT. Membrana que establece separaciones interiores en algunos frutos o en otros espacios huecos. **6** Dispositivo que consiste en un disco de material flexible que se coloca en la entrada del útero para evitar la fecundación. ⇒ *Anticonceptivo.

diagnosis (del gr. «diágnōsis», conocimiento) f. MED. Arte de descubrir e interpretar los signos de una *enfermedad. ⊙ MED. Diagnóstico.

diagnosticable adj. Que se puede diagnosticar.

diagnosticar tr. MED. Hacer el diagnóstico de una ↘enfermedad. ⇒ Citodiagnosis, diagnóstico, pronóstico, serodiagnosis. ➤ OJO clínico. ➤ Benigno, fatal, favorable, pesimista.

diagnóstico, -a (del gr. «diagnōstikós») **1** adj. MED. *De [la] diagnosis.* **2** («Hacer») m. MED. Determinación de la enfermedad, hecha por el médico en vista de los síntomas. ⊙ («Hacer») También se usa en sentido figurado: 'Varios expertos han hecho un diagnóstico del estado actual de la economía'.

diagonal (del lat. «diagonālis») **1** adj. y n. f. GEOM. Se aplica a la línea recta que une dos vértices no consecutivos de un polígono o de una superficie de forma poligonal; por ejemplo, la que va de una esquina de una habitación a la esquina de enfrente. ⊙ Se aplica a la línea que corta otras paralelas sin ser perpendicular a ellas: 'Una calle diagonal'. ⇒ *Atravesar. *oblicuo. **2** adj. y n. Se aplica al *dibujo de finas estrías diagonales que forma el tejido en algunas telas. ⊙ También, a las*telas que tienen ese dibujo.

diagonalmente adv. En la dirección de una línea diagonal.

diágrafo (de «dia-» y «-grafo») m. DIB. Instrumento con el que, siguiendo con una punta que constituye una de sus piezas el contorno de un objeto o un dibujo, resulta trazado en un papel por otra de las piezas del aparato ese contorno. ⇒ Pantógrafo.

diagrama (del lat. «diagramma», del gr. «diágramma», trazado) m. Representación mediante un *dibujo geométrico de un fenómeno o una ley. ≃ Gráfico. ⊙ Representación gráfica de las relaciones entre las diferentes partes de un conjunto o sistema.

diagramación f. AGRÁF. Acción y efecto de diagramar.

diagramar tr. o abs. AGRÁF. Distribuir el ↘texto, las ilustraciones y los espacios en blanco en aquello que se va a imprimir.

dial[1] (del lat. «diālis», de un día) **1** adj. *De un día.* **2** (ant.) m. pl. *Efemérides.*

dial[2] (del ingl. «dial») **1** m. Placa de los teléfonos y receptores de radio sobre la que están los números, letras o signos que es necesario marcar para establecer la conexión deseada. ⇒ *Disco. **2** Superficie graduada sobre la que se mueve un indicador que señala o mide una determinada magnitud, como peso, voltaje, velocidad, etc.

diálaga (del gr. «diallagḗ», cambio) f. *Mineral formado por silicato de magnesio con cal, óxido de hierro y algo de alúmina, de textura hojosa y de color verde que cambia de tono según cómo le da la luz.

dialectal adj. De [un] dialecto: 'Variedad dialectal'.

dialectalismo 1 m. Cualidad de dialectal. **2** Palabra o expresión propia de un dialecto.

dialéctica (del lat. «dialectĭca», del gr. «dialektikḗ») **1** f. Arte de *razonar. **2** Arte de *discutir o *argumentar con *discursos. ⇒ Confirmación, división, enumeración, epilogación, epílogo, exordio, insinuación, invención, narración, peroración, proposición, refutación. ➤ Erístico. ➤ *Argumentar. *Discurso. *Discutir. **3** *Tendencia de la *mente hacia las ideas puras y hacia la investigación de la verdad.* **4** Desarrollo de una idea mediante el encadenamiento de razonamientos o de hechos: 'La dialéctica del bien'.

dialéctico, -a (del lat. «dialectĭcus», del gr. «dialektikós») adj. De [la] argumentación o la *discusión. 'En lenguaje dialéctico'.

dialecto (del lat. «dialectus», del gr. «diálektos») **1** m. LING. Modalidad de una lengua usada por un grupo de hablantes menos numeroso que el que habla la considerada principal. ⇒ Cenismo. **2** LING. Cualquier lengua en cuanto derivada de otra; por ejemplo, las lenguas romances respecto del latín.

dialectología f. Rama de la lingüística que estudia las variedades dialectales.

dialectólogo, -a n. Lingüista especializado en dialectología.

dialefa (de «dia-» y «sinalefa») f. FON. *Hiato.*

dialipétala (del gr. «dialýō», separar y «pétalon», hoja) adj. BOT. *Se aplica a la *flor o la *corola que tiene los pétalos separados y no soldados.*

dialisépalo, -a (del gr. «dialýō», separar y «sépalo») adj. BOT. *Se aplica a la flor o el cáliz que tiene los sépalos separados y no soldados.*

diálisis (del gr. «diálysis», disolución) **1** f. QUÍM. Operación de separar los coloides y cristaloides que están juntos en la misma *disolución a través de una membrana. **2** MED. Hemodiálisis: procedimiento terapéutico para eliminar las sustancias nocivas de la sangre en casos de insuficiencia renal.

dialítico, -a adj. De [la] diálisis.

dializador m. Aparato para dializar.

dializar 1 tr. QUÍM. Analizar una ↘sustancia por medio de la diálisis. **2** MED. Depurar la sangre de un paciente mediante diálisis.

dialogador, -a 1 n. Se aplica a la persona que interviene en un diálogo. **2** Se aplica a la persona que es capaz de dialogar.

dialogal adj. *Dialogístico.*

dialogante adj. Que hace posible el diálogo. ≃ Dialogador.

dialogar intr. Sostener un diálogo. ≃ *Conversar, departir, *hablar, platicar.

dialogismo (del lat. «dialogismus», del gr. «dialogismós») m. **Figura retórica que consiste en *hablar como dirigiéndose a sí mismo o en *citar algo dicho en otra ocasión o por otra persona con las mismas palabras y como si fuese esa misma persona la que habla.*

dialogístico, -a adj. *De [o del] diálogo.* ⊙ *En forma de diálogo.*

dialogizar intr. *Dialogar.*

diálogo (del lat. «dialŏgus», del gr. «diálogos») **1** («Mantener, Sostener») m. Acción de hablar una con otra dos o más personas, contestando cada una a lo que otra ha dicho antes: 'Un diálogo animado'. ≃ Charla, coloquio, *conversación, plática. ⇒ Charla, coloquio, *conversación, interlocución, plática, tensión [tensó o tensón]. ➤ Interlocutor. **2** Obra literaria en prosa o verso que se desarrolla en forma de diálogo: 'Los Diálogos de Platón'. ⊙ Conjunto de las palabras que intercambian los personajes de una obra de teatro, una película o una narración. ⊙ Conversación entre dos partes para llegar a un acuerdo.

DIÁLOGO DE BESUGOS. Aquel en que no hay relación lógica entre lo que dicen los interlocutores.

D. DE SORDOS. Aquel en que los interlocutores tienen sus propios puntos de vista y no tienen voluntad de llegar a un acuerdo.

□ FORMAS DE EXPRESIÓN

En la escritura se indica el diálogo poniendo un guión delante de las palabras dichas en cada intervención por los que toman parte en él.

dialoguista n. Persona que escribe diálogos para montajes dramáticos, películas, etc.

dialtea (del gr. «diá», con, y «altea») f. FARM. **Ungüento compuesto especialmente de raíz de altea o malvavisco.*

diamagnético, -a (de «dia-» y «magnético») adj. FÍS. *Se aplica a los cuerpos que, sometidos a la influencia de un campo magnético, se imanan y orientan perpendicularmente a las líneas de fuerza.*

diamantar tr. Dar a una ↘cosa el brillo del diamante.

diamante (del lat. vulg. «diamas, -antis», del lat. «adămas, -antis», y éste del gr. «adámas») **1** m. *Mineral consistente en carbono puro cristalizado, que ocupa el lugar más elevado en la escala de dureza; es diáfano y muy brillante, y constituye la *piedra preciosa más valorada. ⇒ Otra forma de la raíz, «adamant-»: 'adamantino, adamante'. ➤ Almendra, brillante, carbonado, chispa, naife, solitario. ➤ CULO de vaso, doblete. ➤ Marcasita. ➤ Fuerte. ➤ Manjelín, quilate. ➤ Corona, envés, fondo, haz, plaza. ➤ Adiamantado. ➤ *PIEDRA preciosa. **2** (pl.) Palo de la baraja francesa que se representa con uno o varios rombos. **3** Se emplea como nombre calificativo o término de comparación aplicado a una cosa muy *dura o, en sentido figurado, a una persona muy *insensible. **4** *Cierta pieza de *artillería.* **5** MINER. *Cierta *lámpara de petróleo, con un reflector.*

DIAMANTE BRILLANTE. El que está tallado por las dos caras. ≃ Brillante.

D. [EN] BRUTO. **1** El que no está tallado. **2** Persona o cosa que se considera con mucho valor en potencia, pero que no está educada o pulida. ⇒ *Tosco.

D. NEGRO. Variedad de carbono existente en el Brasil, semejante al diamante, pero que no se presenta en cristales. ≃ Carbonado.

D. ROSA. El tallado por una cara (haz) y sin tallar por la otra (envés).

D. TABLA. El tallado por una sola cara, con una gran superficie plana y cuatro biseles encuadrándola.

V. «BODAS de diamante, PUNTA de diamante».

diamantífero, -a adj. Se aplica al terreno que contiene diamantes.

diamantino, -a (gralm. laud.) adj. De cualidades, particularmente de *dureza, *firmeza o consistencia, como las del diamante: 'Un carácter diamantino'.

diamantista n. Persona que talla, engarza o vende diamantes.

diamela (del sabio horticultor francés «Du Hamel») f. **Gemela (cierto jazmín de Arabia).*

diametral adj. De [o del] diámetro.

diametralmente adv. Con los adjetivos «opuesto, distinto» o equivalentes, completamente: 'Mi concepto de la vida es diametralmente opuesto al suyo'.

diámetro (del lat. «diamĕtrus», del gr. «diámetros») m. GEOM. Recta que une dos puntos de una *circunferencia o de una figura circular, pasando por el centro. ⊙ Recta que une en la misma forma dos puntos de la *esfera. ⊙ Esa línea utilizada para expresar la medida de un objeto circular, cilíndrico o esférico. ⇒ Calibre, módulo. ➤ Semidiámetro.

DIÁMETRO APARENTE. ASTRON. *Medida del ángulo que forman las dos visuales dirigidas a los extremos del diámetro de un astro.*

diana (de «día») **1** f. *Toque militar de la mañana, para que la tropa se levante. **2** Punto central de un *blanco de tiro. ⊙ Superficie circular con varias circunferencias concéntricas dibujadas sobre ella en que se practica el tiro al blanco.

HACER DIANA. Dar en la diana. ⇒ *Acertar.

V. «TOQUE de diana».

dianche m. **Demonio.* ≃ Diantre.

diandro, -a (de «di-[2]» y «-andro») adj. BOT. *Se aplica al androceo o la *flor que tiene dos estambres.*

dianense adj. y, aplicado a personas, también n. *De Denia (Alicante).*

diantre m. Eufemismo por «diablo» Se usa solamente como exclamación de sorpresa o *enfado y en algunos modismos.

V. en «*DEMONIO» y «DIABLO» las frases que se construyen indistintamente con «demonio, diablo» y «diantre».

diaño m. *Eufemismo por «diablo».* ≃ Diantre.

diapalma (del gr. «diá», con y el lat. «palma»; ant.) f. FARM. **Ungüento desecativo compuesto de litargirio, aceite de palma, etc.*

diapasón (del lat. «diapāson», del gr. «diapasôn») **1** m. MÚS. *En el canto llano, intervalo que comprende tres tonos mayores y dos menores, y dos semitonos menores: diapente y diatesarón.* **2** MÚS. *Serie de notas que abarca en total una voz o un instrumento.* **3** Instrumento formado por una varilla doblada en U, que, al vibrar, produce un tono determinado. El llamado DIAPASÓN NORMAL da un «la» de 440 vibraciones por segundo, y es el que se utiliza para *afinar los instrumentos. ⊙ Se da también este nombre a otros instrumentos de forma diferente utilizados para el mismo fin. ⇒ Monocordio, sonómetro, tono. **4** MÚS. Regla en que están señaladas las medidas convenientes para cortar los cañones de los *órganos, las cuerdas de los clavicordios, etc., para obtener los distintos tonos. **5** MÚS. Trozo de madera sobre el mástil de un violín o instrumento semejante, sobre el que se oprimen las cuerdas con los dedos.

SUBIR [O BAJAR] EL DIAPASÓN (inf.). *Subir o bajar el tono de *voz, por ejemplo en una discusión.*

diapédesis (de «dia-» y el gr. «pḗdēsis», salto) f. Biol. *Paso de los leucocitos a través de las paredes de los vasos.*

diapente (del lat. «diapente», del gr. «diá», a través, y «pénte chodrôn», de cinco cuerdas) m. Mús. *Intervalo de quinta.*

diaplejía f. Med. **Parálisis general.*

diapositiva (de «positivo», con el elemento inicial de «diáfano») f. *Fotografía positiva sacada en cristal o película, que se puede proyectar sobre una pantalla. ≃ Filmina.

diaprea (del fr. «diaprée», jaspeada) f. *Variedad de *ciruela redonda, pequeña y gustosa.*

diapreado, -a (de «diaprea») adj. Heráld. *Se aplica a las piezas matizadas de distintos colores.*

diaquenio adj. Bot. *Se aplica al *fruto que, en la madurez, se fragmenta en dos aquenios.*

diaquilón (del lat. «diachўlon», del gr. «diá», con, y del pl. «chylôn», jugo) m. Farm. **Ungüento o emplasto para ablandar tumores.*

diariamente adv. A diario, todos los días.

diariero, -a (Am. S.) n. *Vendedor de diarios.*

diario, -a (del lat. «diarĭum») **1** adj. Se aplica a lo que ocurre, se hace, etc., todos los días: 'La salida diaria del Sol. El gasto [o el correo] diario. Salen a bronca diaria'. ≃ Cotidiano, cuotidiano. ⊙ O a lo que corresponde a cada día ⇒ *Día. **2** m. *Periódico diario. **3** *Libro diario.* **4** Gasto diario que se hace ordinariamente en una casa: 'Cien pesetas para el diario'. ⇒ Compra, plato, plaza. **5** *Narración de acontecimientos distribuida por días; particularmente, la escrita por una persona de su propia vida.

Diario hablado. Programa informativo de noticias de actualidad emitido diariamente por una emisora de radio.

D. de sesiones. Conjunto de las referencias de cada sesión de las celebradas por las *Cortes.

A diario. Todos los días.

De diario. No reservado para los días de fiesta o extraordinarios. ≃ De todos los días.

Para diario. No sólo para los de fiesta. ≃ Para todos los días, para todo uso, para todo trote.

diarismo (ant. y en Hispam.) m. **Periodismo.*

diarista (Hispam.) n. *Persona que publica un *periódico.*

diarrea (del lat. «diarrhoea», del gr. «diárrhoia») **1** («Tener») f. Desarreglo del *intestino consistente en la evacuación repetida de excrementos líquidos o muy fluidos. **2** *Excrementos que salen en esa forma. ⇒ Cagalera, cagaleta, cámaras, celíaca, colerina, correncia, colitis, cursos, desate de vientre, desbarate, descomposición [de vientre], despeño, diarría, disentería, escurribanda, lientera, lientería, melena, seguidillas, viaraza. ➤ Descompuesto, suelto, suelto de vientre. ➤ Colicuativo. ➤ *Cólico.

Diarrea mental (inf.; «Tener»). Confusión de ideas.

diarreico, -a adj. De [la] diarrea.

diarría (ant.) f. *Diarrea.*

diárrico, -a (ant.) adj. *Diarreico.*

diartrosis (del gr. «diárthrōsis») f. Anat. *Articulación movible.*

diascordio (del gr. «diá», con y «skórdion», escordio) m. Farm. **Medicamento astringente compuesto principalmente de escordio.*

diasén (del gr. «diá», con, y «sen») m. Farm. **Purgante hecho con hojas de sen.*

diáspero m. *Diaspro.*

diáspora (del gr. «diasporá») **1** f. Dispersión de los judíos por diversos lugares del mundo antiguo, que fue especialmente intensa desde del siglo III a. C. **2** Dispersión de un grupo étnico o social debido a razones económicas, políticas, etc.

diásporo (de «diáspero») m. Hidróxido natural de alúmina, de color gris perla y textura laminar, usado como *piedra preciosa.

diaspro (del b. lat. «diasprum», deriv. de «jaspis, -idis») m. Nombre aplicado a algunas variedades de jaspe. ≃ Diáspero. ⇒ *Ágata.

Diaspro sanguino. **Ágata de color verde oscuro con manchas rojas.* ≃ Heliotropo.

diastasa (del fr. «diastase», del gr. «diástasis», separación) f. Biol. Fermento cuya función es escarificar las féculas, contenido en distintas partes de los vegetales, como en las semillas germinadas, por ejemplo en las de la cebada preparadas para hacer la malta. ⊙ Biol. Por extensión, se aplica a las enzimas de los animales. ⇒ Ptialina.

diastema (del gr. «diástēma», distancia) m. Zool. Espacio en la encía de muchos mamíferos que separa grupos de piezas dentarias.

diástilo (del lat. «diastȳlos», del gr. «diástylos») adj. Arq. *Se aplica a los *edificios clásicos cuyos intercolumnios tienen de claro seis módulos.*

diástole (del gr. «diastolḗ», del gr. «diastolḗ», dilatación) **1** f. Métr. **Licencia poética, usada por ejemplo en la poesía clásica, que consiste en usar una vocal breve en vez de una larga.* **2** Fisiol. Fase de dilatación en el movimiento del *corazón y de las arterias, así como en el movimiento semejante de otras partes del organismo, como la duramáter y los senos del *cerebro.

diastólico, -a adj. Fisiol. De [la] diástole.

diastrofia (del gr. «diastrophḗ», torsión) f. Med. *Dislocación de un hueso, músculo, tendón o nervio.*

diatérmano, -a (de «dia-» y el gr. «thérmē», calor) f. Fís. *Capaz de transmitir el *calor radiante.*

diatermia (de «dia-» y «-termia») f. Med. *Procedimiento curativo que consiste en provocar una temperatura elevada en partes internas del cuerpo, mediante corrientes eléctricas.* ⇒ *Medicina.

diatesarón (del lat. «diatessăron», del gr. «diá», a través, y «tessárōn chodrôn», de cuatro cuerdas) m. Mús. *Intervalo de cuarta.*

diatésico, -a adj. De [la] diátesis.

diátesis (del lat. «diathĕsis», del gr. «diáthesis») **1** f. Med. *Predisposición orgánica a contraer determinada *enfermedad:* 'Diátesis epiléptica'. **2** Gram. *Voz del verbo.*

diatomáceo, -a adj. Bot. *De las diatomeas.*

diatomea (del gr. «diatomḗ», corte) adj. y n. f. Bot. Se aplica a ciertas *algas unicelulares muy pequeñas, como la navícula, que tienen una concha semejante a una caja con su tapa, las cuales forman a veces extensos sedimentos llamados «barro de diatomeas». ⊙ f. pl. Bot. Subclase formada por ellas. ≃ Algas silíceas, bacilariofitas.

diatónico, -a (del lat. «diatonĭcus», del gr. «diatonikós») adj. Mús. Se aplica a la escala y sistema musical compuestos de dos tonos y un semitono, y tres tonos y un semitono. ⇒ Cromático, enarmónico.

diatriba (del lat. «diatrība», del gr. «diatribḗ») f. Discurso o escrito que contiene injurias o una censura violenta contra alguien o algo. ≃ *Ataque, invectiva.

diávolo m. *Escritura italiana, también usada, de «diábolo» (juguete).*

dibidibi m. *Dividivi (árbol leguminoso).*

dibranquial adj. y n. m. ZOOL. *Se aplica a los cefalópodos que poseen dos branquias y ocho o diez tentáculos; como los pulpos o calamares.* ⊙ m. pl. ZOOL. *Subclase que forman.*

dibujador, -a adj. y n. *Dibujante.*

dibujante adj. y n. Persona que se dedica a dibujar.

dibujar (del fr. ant. «deboissier», labrar en madera) **1** tr. o abs. Trazar sobre una superficie con lápiz, pluma, carboncillo o cualquier utensilio capaz de dejar huella, la figura de una ↘cosa copiada o inventada. ≃ Diseñar. ⇒ Dibujo. **2** tr. *Describir una ↘cosa con palabras. ≃ *Trazar. **3** prnl. *Aparecer algo vagamente o en silueta, por ejemplo en la penumbra, en la lejanía o sobre el horizonte. ⇒ *Perfilarse. **4** Ser perceptible una cosa en cierto sitio: 'En su cara se dibuja el sufrimiento'. ≃ Aparecer, *mostrarse.

dibujo 1 m. Arte de dibujar. **2** Figura dibujada. ⊙ Figura formada por el tejido de un encaje, el adorno de una tela, los hierros de una reja, etc.: 'Tenemos sedas con dibujos de última novedad. Un cacharro con dibujos geométricos'. ⊙ Figura formada por líneas en cualquier clase de cosas, naturales o artificiales; por ejemplo, la que forman las venas transparentándose o las fibras de la madera.

DIBUJOS ANIMADOS. Los que producen ilusión de movimiento gracias a técnicas cinematográficas que se basan en la sucesión de las distintas fases del movimiento de un cuerpo.

CON DIBUJO. Se dice de las *telas que no son lisas o de un solo color.

METERSE EN DIBUJOS (inf.; gralm. en frases negativas). *Complicar innecesariamente algo: 'Responde brevemente a las preguntas y no te metas en dibujos'.

PICAR EL DIBUJO. *Agujerear su contorno para pasarlo a otro sitio por medio del estarcido.*

□ CATÁLOGO

Aleluya, alzado, anáglifo, anamorfosis, anteproyecto, apunte, boceto, borrón, borroncillo, *bosquejo, calco, caricato, caricatura, cartón, corte, croquis, diagrama, diseño, efigie, esbozo, escorzo, esquema, esquicio, estampa, estarcido, estereografía, estudio, figura, figurín, grabado, gráfica, gráfico, historieta, icnografía, ilustración, *imagen, lámina, lineamento, lineamiento, líneas, mapa, marca, MESA revuelta, monigote, mono, montea, ortografía, perfil, *perspectiva, *plano, planta, proyección, proyecto, rasguño, retrato, rotulación, sanguina, santo, sección, silueta, TARJETA postal, tatuaje, trazado, viñeta. ➤ Campo, claro, claroscuro, contorno, dintorno, fondo, trazo. ➤ Vena, veta. ➤ Anillo, arción, banda, barra, cenefa, círculo, circunferencia, cuadro, diagonal, escocés, espiga, espiguilla, ESPINA de pez, espiral, estrígilo, faja, filete, *franja, greca, línea, lista, losange, lunar, *mancha, mota, ocelo, OJO de perdiz, PATA de gallo, pinta, raya, redondel, rombo, *señal. ➤ Ajedrezado, apedreado, atigrado, atirelado, cuadriculado, *jaspeado, listado, a listas, a lunares, mosqueado, a motas, moteado, nubarrado, a pintas, salpicado. ➤ Caricaturesco, esquemático, estereográfico, estereoscópico. ➤ Borrajear, borrar, calcar, caricaturizar, contornear, copiar, delinear, desdibujar, dibujar, picar el DIBUJO, difuminar, diseñar, disfumar, emborronar, encajar, esbozar, esfumar, esfuminar, esgrafiar, esquiciar, estarcir, fijar, garabatear, garrapatear, grabar, lavar, manchar, meterse, perfilar, plumear, puntear, rasguñar, raspar, sombrear, tantear, tomar, transflorar, trazar. ➤ Circunscribir, inscribir. ➤ Aerógrafo, bigotera, carbón, carboncillo, cartabón, chinche, chincheta, cisquero, compás, cuadradillo, cuadrado, doble DECÍMETRO, diágrafo, *difumino, disfumino, escuadra, esfumino, fijador, fijativo, goma, hectógrafo, lápiz, pantógrafo, *papel, PAPEL de acuarela [de calcar, canson, carbón, cebolla, continuo de acuarela, cristal, estucado, guarro de acuarela, ingres, marquilla, milimetrado, romaní, tela o vegetal], plantilla, pluma, raspador, regla, tablero, TINTA china, tiralíneas, tiza, transportador. ➤ Álbum. ➤ Caricaturista, delineante, dibujador, dibujante, ilustrador. ➤ Garrote. ➤ Desdibujado. ➤ *Adorno. *Forma. *Pintar. *Signo. *Topografía.

dicacidad (del lat. «dicacĭtas», -ātis) f. *Mordacidad.*

dicasio m. BOT. **Inflorescencia formada por una flor terminal y otras dos sobre tallos laterales que nacen a la misma altura en el eje.*

dicaz (del lat. «dicax, -ācis») adj. **Mordaz.*

dicción (del lat. «dictĭo, -ōnis») **1** f. **Palabra (vocablo).* **2** (con un calificativo) Manera, correcta, incorrecta, etc., de *hablar. **3** *Pronunciación: 'Dicción clara'.

V. «FIGURA de dicción».

diccionario (del b. lat. «dictionarium») m. *Libro en que se da una serie más o menos completa de las palabras de un idioma o de una materia determinada, definidas o con su equivalencia en otro idioma, generalmente por orden alfabético: 'Diccionario etimológico. Diccionario plurilingüe. Diccionario de sinónimos. Diccionario técnico'. ≃ Léxico, vocabulario. ⊙ *Tratado de cierta materia en que los conceptos explicados están ordenados alfabéticamente: 'Diccionario de historia [o de filosofía]'.

DICCIONARIO ELECTRÓNICO. El que está realizado en soporte electrónico y se consulta mediante procedimientos informáticos.

D. ENCICLOPÉDICO. Diccionario en que aparecen entradas propias de las enciclopedias; como biografías, países, etc. En los artículos, aparte de la definición del encabezamiento, suele darse una información más amplia de la materia correspondiente. ≃ Enciclopedia.

D. HISTÓRICO. Diccionario que contiene la evolución de la forma y el significado de una palabra a lo largo del tiempo.

D. IDEOLÓGICO. Diccionario formado por series de palabras relacionadas por su significado.

D. DE USO. Aquel en que, además del significado de las palabras, se hacen indicaciones acerca de su uso correcto.

□ CATÁLOGO

Calepino, enciclopedia, glosario, léxico, lexicón, panléxico, tesoro, vocabulario. ➤ Bilingüe, enciclopédico, etimológico, ideológico, monolingüe, plurilingüe, de sinónimos, técnico, trilingüe, de uso. ➤ Acepción, artículo, definición, lema, referencia, remisión. ➤ Combinación. ➤ Entrada. ➤ Diccionarista, lexicógrafo, lexicólogo, vocabulista. ➤ Lexicografía, lexicología.

diccionarista n. Persona que hace diccionarios. ≃ Lexicógrafo.

dicente adj. y n. Se aplica al que dice cierta cosa. ⇒ Sedicente.

díceres (Hispam.) m. pl. *Habladurías.*

dicha[1] (del araucano «dichon», dar estocada; Chi.) f. *Nombre vulgar de ciertas *plantas compuestas del género Soliva, que tienen hojas y frutos punzantes.*

dicha[2] (del lat. «dicta», cosas dichas) **1** («Sentir, Tener»; se usa con artículo y no como partitivo) f. *Felicidad: estado de ánimo de la persona que tiene lo que desea o a la que le acaba de suceder una cosa muy buena para ella: 'No le cabe la dicha en el cuerpo porque le han concedido el premio'. ⇒ Desdicha. ⊙ Suceso o circunstancia que es causa de ese estado: 'Es una dicha poder levantarse a la hora a que uno quiere'. **2** (usable como partitivo) **Suerte:* 'Hombre de dicha'. **3** *Placer; particularmente, en la exclamación «¡qué dicha!»

A [o POR] DICHA. *Afortunadamente.

NUNCA ES TARDE SI LA DICHA ES BUENA. Frase que expresa que las cosas buenas siguen siendo buenas aunque lleguen tarde.

dicharacha f. *Dicho chocante o gracioso.*

dicharachero, -a adj. Se aplica a la persona que prodiga en su conversación las expresiones u ocurrencias graciosas, o que conversa animada y jovialmente. ⇒ Vivaracho.

dicharacho m. *Dicho chocante por cualquier concepto: gracioso, impropio, vulgar, indecente, etc.*

dichero, -a (And.) adj. y n. *Dicharachero u *ocurrente.*

dicho, -a 1 Participio adjetivo de «decir». ⊙ Sirve para referirse a algo que se ha mencionado anteriormente: 'Dicha ley. Dichos terrenos'. **2** m. Cosa que se dice: 'Sus dichos son célebres'. ⊙ Dicho ingenioso. ⊙ Frase hecha que contiene una *máxima o una observación o consejo de sabiduría popular. **3** *Expresión insultante o desvergonzada.* **4** (pl.; «Tomarse los») Declaración que hacen los que van a *casarse ante la autoridad competente, de su voluntad de hacerlo. **5** DER. *Declaración de un testigo.*

DEL DICHO AL HECHO HAY [o VA] MUCHO TRECHO. Refrán con que se comenta la diferencia que existe entre lo que se dice y lo que realmente se hace. ⇒ *Inconsecuente.

DICHO Y HECHO. Expresión con que se alude a la prontitud con que se hace algo. ⇒ *Rápido.

LO DICHO, DICHO. Expresión con que se reafirma algo que se acaba de decir o tratar. ⇒ *Ratificar.

MEJOR DICHO. Expresión *correctiva con que se rectifica algo que se acaba de decir: 'Tiene trece años; mejor dicho, no los ha cumplido todavía'.

NO SER una cosa PARA DICHA. Frase ponderativa que se aplica a cualquier cosa que se considera asombrosa o extraordinaria.

PROPIAMENTE DICHO. Expresión que se aplica detrás de un nombre para indicar que la cosa de que se trata es la que lo lleva con propiedad o la que se nombra ordinariamente con él, aunque se aplique también a otras. ⇒ *Verdad.

TOMARSE LOS DICHOS. Comprometerse recíprocamente en matrimonio los novios, ante la autoridad competente. ⇒ *Casarse.

□ CATÁLOGO

*Agudeza, arranque, astracanada, *bufido, caída, *chiste, clarinada, concepto, cosa, cuodlibeto, dardo, decir, despropósito, dicharacha [o dicharacho], discreción, dito, donaire, exabrupto, expresión, facecia, frase, FRASE hecha, giro, golpe, gracia, ingeniosidad, JUEGO de palabras, lindeza, locución, modismo, *ocurrencia, cuatro [dos o unas] PALABRAS, parrafada, PATA de gallo, patochada, *pensamiento, *pulla, retahíla, retruécano, salida, SALIDA de pie de banco. ➤ *Discurso.

dichón, -a (Arg.) adj. *Mordaz.*

dichosamente 1 adv. Con dicha o buena fortuna: 'Llegamos dichosamente a puerto'. **2** Se emplea para acompañar la exposición de un suceso afortunado: 'Dichosamente, estaba yo allí para ayudarle'. ≃ *Afortunadamente.

dichoso, -a 1 («Sentirse, Ser; con, en») adj. Se dice del que disfruta de dicha. ≃ *Feliz. ⊙ («Hacer, Sentirse; con, de») Se dice del que disfruta ocasionalmente de dicha por algún suceso: 'La esperanza del viaje le hace dichoso. Me siento dichoso de poder hacerte este favor'. **2** Se aplica como adjetivo yuxtapuesto a algo que resulta molesto o fastidioso: 'Esta dichosa lluvia nos va a fastidiar. ¡Dichoso niño! Llevo dos horas con este dichoso problema'. ⇒ *Condenado.

V. «¡dichosos los OJOS...!»

diciembre (del lat. «december, -bris», de «decem», diez) m. Último *mes del año.

diciente (del lat. «dicens, -ntis») adj. *Dicente.*

diclamídeo, -a adj. BOT. Con doble cubierta o envoltura. Se aplica a la *flor con cáliz y corola, y a las *plantas con este tipo de flores.

diclino, -a (de «di-[2]» y el gr. «klínē», lecho) adj. BOT. *Se aplica a las *flores unisexuales.*

dicoreo (del lat. «dichorēus», del gr. «dichóreios») m. MÉTR. **Pie de la poesía clásica formado por dos coreos.*

dicotiledóneo, -a adj. y n. f. BOT. Se aplica a las *plantas fanerógamas angiospermas cuyo embrión tiene dos cotiledones. Constituía, en la antigua división botánica, una de las dos clases en que se dividían las *plantas cotiledóneas.

dicotomía (del gr. «dichotomía») **1** (culto) f. *División en dos partes. **2** LÓG. *Método de clasificación en que en cada división y subdivisión sólo se hacen dos partes.* **3** BOT. *Bifurcación de un tallo o de una rama.* **4** *Reparto ilícito de honorarios entre el médico que atiende a un paciente y el que lo ha mandado a éste.*

dicotómico, -a (culto) adj. De [la] dicotomía. ⊙ Dividido en dos partes.

dicótomo, -a (culto) adj. *Que se divide en dos.*

dicroico, -a adj. FÍS. *Se aplica a las cosas que presentan distinto *color según cómo reflejen la luz.* ⇒ *Tornasol.

dicroísmo (del gr. «dichroos», de dos colores) m. FÍS. *Cualidad de dicroico.*

dicromático, -a adj. *De dos *colores.*

dicrotismo m. *Cualidad del pulso dicroto.* ⊙ *Fenómeno de ser dicroto el pulso.*

dicroto adj. MED. *Se aplica al *pulso en que cada pulsación va acompañada de otra más débil, como una especie de eco.*

dictado 1 m. Acción de dictar. **2** Texto que se dicta o que se escribe al dictado: 'Tuve algunas faltas en el dictado'. ⊙ Cosa dictada por una facultad o sentimiento: 'Desoír los dictados de la conciencia'. **3** Nombre o adjetivo que se aplica corrientemente a alguien o que se le da como *sobrenombre: 'Se le aplica el dictado de justo'. ≃ Calificativo.

AL DICTADO. Con «*escribir», hacerlo escribiendo lo que otro dicta. ⊙ Con otro verbo cualquiera, hacer lo que ese verbo expresa por *inspiración de otro: 'El gobierno no debe obrar al dictado de una clase social'.

dictador, -a (del lat. «dictātor, -ōris») **1** m. Entre los antiguos *romanos, *magistrado supremo que nombraban los cónsules en momentos de peligro, el cual asumía todo el poder. **2** n. Gobernante que asume todo el poder, sin ser él mismo responsable ante nadie. ⇒ *Déspota. **3** Persona que abusa de su autoridad o es inflexible en el trato con los demás.

dictadura f. Gobierno de un dictador. ⊙ Régimen político en que gobierna un dictador.

dictaduría (ant.) f. *Dictadura.*

dictáfono (del ingl. «dictaphone», nombre comercial) m. Máquina que impresiona en un cilindro los sonidos que se emiten ante ella, los cuales pueden luego ser reproducidos en otro aparato correspondiente. ⇒ Magnetofón.

dictamen (del lat. «dictāmen»; «Emitir») m. Expresión de lo que alguien con autoridad en la materia opina sobre cierta cosa: 'La comisión nombrada al efecto emitió su dictamen'. ≃ *Informe. ⊙ *Opinión emitida en un informe semejante.

dictaminador, -a adj. Que dictamina.

dictaminar tr. o abs. Dar dictamen.

díctamo (del lat. «dictamnus», del gr. «díktamnon») **1** m. **Orégano (planta labiada).* ≃ Díctamo crético. **2** (Cuba) *Díctamo real.*

Díctamo blanco *(Dictamnus albus).* *Planta rutácea que da un aceite aromático que se emplea en medicina como vermífugo y en perfumería. La corteza de la raíz, hecha polvo, se emplea en medicina como estimulante, tónica y diaforética. ≃ Díctamo real, díctamo verdadero, fresnillo.

D. crético. *Díctamo (orégano).*

D. real. **1** (Cuba) *Especie de euforbio de tallo quebradizo, con flores rojas y amarillas que parecen vejiguillas, las cuales contienen un zumo dulce que liban las abejas. La *planta destila un jugo lechoso purgante.* **2** *Díctamo blanco (planta rutácea).*

D. verdadero. *Díctamo blanco (planta rutácea).*

dictante adj. y n. *Aplicable al que dicta.*

dictar (del lat. «dictāre») **1** tr. Decir o leer ↘algo delante de una persona para que lo vaya *escribiendo: 'Dictó una carta a su secretaria'. **2** Decirle alguien a otro ↘lo que debe hacer o decir. ≃ *Inspirar. ⊙ Inspirar una facultad intelectual o un sentimiento cierta ↘cosa: 'Esto es lo que dicta el sentido común [la prudencia, el amor al prójimo]. Una acción dictada por el despecho'. **3** Dar o pronunciar una ↘ley, una *disposición, un fallo o *sentencia, etc. **4** *Imponer: 'El vencedor dicta sus condiciones al vencido'. **5** (Hispam.) *Dar o impartir una ↘clase, conferencia, etc.*

dictatorial adj. De [del, de un] dictador o de [la] dictadura.

dictatorialmente adv. De manera dictatorial.

dictatorio, -a adj. *Correspondiente al cargo de dictador.*

dictatura (ant.) f. *Dictadura.*

dicterio (del lat. «dicterĭum») m. Increpación o insulto dirigido a alguien.

díctico, -a adj. Ling. *Deíctico.*

dictinias adj. y n. f. pl. *Se aplica a las *fiestas que se celebraban en Creta en honor de Diana.*

dictioma m. Med. **Tumor de la retina.*

dictióptero (del gr. «díktyon», red, y «-ptero») adj. y n. m. Zool. *Se aplica a los *insectos que se caracterizan por tener dos pares de alas, coriáceas las anteriores y membranosas las posteriores, y antenas y patas largas; por ejemplo, la cucaracha.* ⊙ m. pl. Zool. *Orden que forman.*

didáctica f. Arte de *enseñar.

didácticamente adv. De manera propia para enseñar.

didacticismo m. Didactismo.

didáctico, -a (del gr. «didaktikós») adj. De [la] enseñanza. ⊙ Bueno para enseñar: 'Un tratado muy didáctico'. ≃ Didascálico.

didáctilo, -a adj. *Provisto de dos *dedos.*

didactismo m. Cualidad de didáctico. ⊙ Propósito docente de una persona, de una obra, etc.

didascálica f. *Didáctica.*

didascálico, -a (del lat. «didascalĭcus», del gr. «didaskalikós») adj. *Didáctico.*

didelfo, -a (de «di-[2]» y el gr. «delphýs», matriz) adj. y n. m. Zool. Se aplica a los *mamíferos como el canguro, la llaca o la zarigüeya, cuyas hembras tienen en el abdomen unas bolsas en donde están contenidas las mamas y en que permanecen las crías durante la primera época de su desarrollo. ≃ Marsupial. ⊙ m. pl. Zool. Orden que forman.

didímeo, -a adj. Mit. *De Apolo.*

didimio (del gr. «dídymos», gemelo) m. Quím. **Metal raro, terroso, de color de acero, que se encuentra a veces unido al lantano o al cerio. Es una mezcla de neodimio y praseodimio.*

dídimo, -a (del gr. «dídymos», doble, gemelo) **1** adj. Bot. *Se aplica a cualquier órgano vegetal formado por dos lóbulos iguales colocados simétricamente.* **2** m. Zool. **Testículo.*

didracma (del lat. «didrachma», del gr. «dídrachmon») m. **Moneda *judía que valía medio siclo.*

diecinueve adj., pron. y n. m. Numero cardinal equivalente a dieciocho más uno. En la numeración arábiga se representa por «19» y en la romana por «XIX». ⇒ Apénd. II, número cardinal. ⊙ adj. Puede usarse como ordinal: 'La fila diecinueve. El [día] diecinueve de enero. El diecinueve de la lista'.

diecinueveavo, -a adj. y n. m. Numeral partitivo correspondiente a «diecinueve»: 'Dos diecinueveavos. La diecinueveava parte'.

diecio, -a adj. Biol. *Se aplica a los seres, tanto animales como vegetales, que tienen los dos sexos separados en distinto individuo.* ⇒ Dioico.

dieciochavo, -a adj. y n. m. Dieciochoavo.

dieciocheno, -a **1** adj. *Decimoctavo.* **2** m. **Moneda que se acuñó en Valencia en tiempo de la dinastía austriaca, equivalente a dieciocho dinerillos.* ≃ Realete.

dieciochesco, -a adj. Del siglo xviii.

dieciochismo m. *Conjunto de caracteres que se atribuyen a las cosas del *siglo xviii.*

dieciochista adj. *Dieciochesco.*

dieciocho adj., pron. y n. m. Numero cardinal equivalente a diez más ocho. En la numeración arábiga se representa por «18» y en la romana por «XVIII». ⇒ Apénd. II, número cardinal. ⊙ adj. Puede usarse como ordinal: 'Ha quedado en el puesto dieciocho'.

dieciochoavo, -a adj. y n. m. Numeral partitivo correspondiente a «dieciocho»: 'Un dieciochoavo. La dieciochoava parte'.

dieciséis adj., pron. y n. m. Número cardinal equivalente a diez más seis. En la numeración arábiga se representa por «16» y en la romana por «XVI». ⇒ Apénd. II, número cardinal. Sece. ⊙ adj. Puede usarse como ordinal: 'Ha quedado en el puesto dieciséis'.

dieciseisavo, -a adj. y n. m. Numeral partitivo correspondiente a «dieciséis»: 'Un dieciseisavo. La dieciseisava parte'. ⊙ («En») n. m. AGráf. Tamaño de *papel y *libros que resulta de obtener treinta y dos páginas del pliego.

diecisiete adj., pron. y n. m. Numero cardinal equivalente a diez más siete. En la numeración arábiga se representa por «17» y en la romana por «XVII». ⇒ Apénd. II, número cardinal. ⊙ adj. Puede usarse como ordinal: 'Ha quedado en el puesto diecisiete'.

diedro (del gr. «díedros») adj. V. «Ángulo diedro».

Diego Donde digo «digo» digo «Diego» [o, menos frec., Donde digo «digo» no digo «digo», [sino] que digo «Diego»]. Trabalenguas con que se comenta jocosamente el que alguien trate de *desdecirse de una cosa que ha dicho antes.

Don Diego. *Dondiego (planta nictaginácea).

dieléctrico, -a (de «dia-» y «eléctrico») adj. y n. m. Fís. Se aplica a los cuerpos particularmente malos conductores de la electricidad. ⇒ *Aislante.

diente (del lat. «dens, dentis») **1** m. Pieza dura de las que están implantadas en las encías y sirven para masticar. ⊙ En sentido restringido se aplica a las que tienen un filo cortante y están en la parte delantera de la mandíbula.

2 ZOOL. Cada una de las puntas que resultan junto a las escotaduras que tienen los *pájaros dentirrostros a uno y otro lado del pico. 3 Punta o saliente picudo que tiene el borde o superficie de cualquier cosa; por ejemplo una sierra, una rueda de engranaje o un sello. ⇒ Álabe, piño. ➤ Piñón. ➤ Desgranado. ➤ *Dentado. ⊙ (pl.) Pieza con dientes; por ejemplo la que en la *máquina de coser coge la tela contra el prensatelas y la hace correr. 4 CONSTR. Cada una de las partes de las piedras o ladrillos que se dejan salientes en un muro para establecer el enlace con una posible prolongación de él. ≃ Adaraja, dentellón, endeja, enjarje. 5 AGRÁF. *Defecto que resulta cuando, por no estar bien apuntado el pliego, no se corresponden las planas del blanco (primera cara de él) con las de la retiración (segunda cara).* 6 Dentadura de las *caballerías, considerada como dato para apreciar su edad y estado.

BUEN DIENTE. V. «tener buen DIENTE».

DIENTE DE AJO. Cada una de las partes con su envoltura independiente que forman una cabeza de ajo.

D. CANINO [o, no frec., COLUMELAR]. *Colmillo.

D. INCISIVO. Diente de los delanteros, de borde cortante, que son los llamados comúnmente «dientes».

D. DE LECHE. Nombre dado a los de la primera dentición, que se caen al llegar los niños a cierta edad. ⇒ Deciduo.

D. DE LEÓN *(Taraxacum officinale)*. *Planta compuesta, de raíces medicinales. ≃ Almirón, amargón, FLOR de macho.

D. DE LOBO. 1 *Bruñidor de ágata que emplean los doradores.* 2 *Cierto *clavo grande.*

D. MOLAR. **Muela.* ≃ Molar.

D. DE MUERTO. **Almorta (planta leguminosa).*

D. DE PERRO. 1 **Escoplo con la boca dividida en dos puntas, que usan los escultores.* 2 *Cierta labor de bordado que forma como dos filas de dientes, alternados.* 3 *Cierto *punto o costura que se hacía en los dechados, formada por puntadas alternadas.* 4 **Costura con puntarracadas.* 5 **Adorno arquitectónico formado por una serie de dientes con la arista hacia fuera.* 6 (Cuba) *Cierta *piedra porosa.* 7 (Mur.) *Variedad de *granada muy agria.*

DIENTES DE EMBUSTERO (inf.; empleado particularmente refiriéndose a niños y hablando con ellos). Dientes muy claros o con fallos.

DIENTES DE SIERRA. FORT. *Defensa con ángulos entrantes y salientes.*

ALARGAR [o ALARGÁRSELE] LOS DIENTES a alguien. Poner [o ponérsele] los DIENTES largos.

ARMARSE HASTA LOS DIENTES. Armarse mucho.

V. «a CABALLO regalado no le mires [no hay que mirarle o no se le mira] el diente».

CRUJIRLE a alguien LOS DIENTES. 1 Apretarse y frotar unos contra otros los de ambas mandíbulas, como les pasa a veces a los niños mientras duermen o como ocurre en los accesos de rabia o cólera. ≃ Rechinar los DIENTES. 2 Rechinar los dientes, en sentido figurado.

DAR DIENTE CON DIENTE. *Castañetear de *frío o de miedo.

DE DIENTES AFUERA. Aplicado a la manera de decir u ofrecer algo, sin sinceridad. ⇒ *Fingir.

DECIR algo ENTRE DIENTES. Decirlo tan bajo o confuso que no se entiende. ⇒ Hablar entre DIENTES.

ECHAR [o ESTAR alguien QUE ECHA] LOS DIENTES. *Estar encolerizado.*

DIENTE POR DIENTE. Expresión que, sola o completando a «ojo por ojo», se emplea para describir la *venganza en que se causa el mismo daño que se ha recibido.

ENSEÑAR LOS DIENTES. Demostrar a alguien que uno es capaz de resistirle o atacarle. ≃ Mostrar [o sacar] los DIENTES. ⇒ *Amenazar.

HABLAR ENTRE DIENTES. Decir algo entre DIENTES o *renegar.

HINCAR EL DIENTE. 1 («a») *Emprender una cosa o empezar a desenvolverse en ella. 2 («en») Apropiarse una cosa que pertenece a otro. 3 («en») **Criticar a alguien.*

MOSTRAR LOS DIENTES. Enseñar los DIENTES.

NO LLEGAR A UN DIENTE. Ser insignificante o *insuficiente una porción de comida.

NO HABER [o TENER] PARA UN DIENTE. No llegar a un DIENTE.

V. «PALILLO de dientes».

PELAR EL DIENTE (Méj., P. Rico, Ven.). **Sonreír por coquetería o por lisonjear a alguien.*

PONER [o PONÉRSELE] LOS DIENTES LARGOS a alguien. Despertar en él o concebir él mismo vivo *deseo de una cosa.

RECHINARLE LOS DIENTES a alguien. 1 Crujirle materialmente los dientes. 2 Ser víctima de un acceso de *rabia o *cólera.

TENER BUEN DIENTE. *Comer de ordinario con buen apetito. ⊙ No ser exigente en la comida.

TENER DIENTE LA BALLESTA. *Dar mucha coz al dispararla por estar mal asentada en el tablero.*

□ CATÁLOGO

Otras formas de la raíz, «dent-, odont-, -odonc-»: 'adentellar, anisodonte, bidente, dental, dentar, dentellada, dentellar, dentera, dentición, denticonejuno, denticular, dentiforme, dentífrico, endentar, endentecer, tridente; anisodonte, odontalgia, odontogenia, odontología, odontológico; endodoncia, ortodoncia'. ➤ Caedizo, canil, canino, *colmillo, cortador, deciduo, DIENTE columelar, incisivo, de leche, molar, muela, MUELA cordal, MUELA del juicio, navaja, paleta, remolón, sobrediente. ➤ CAJA de dientes, dentadura, herraje, herramienta. ➤ BULBO dentario, cemento, corona, dentina, diastema, esmalte, marfil, pala, raigón. ➤ Gelasino, saltón. ➤ Alvéolo, encía. ➤ Colmilludo, dentón, dentudo, desdentado, desmolado, dientudo, helgado, mellado, mellique, picón, remellado, remellón. ➤ Caries, flemón, guijón, limosidad, mella, melladura, neguijón, neguilla, picadura, *sarro, tártaro, tintero, toba, tosca. ➤ Dentista, MECÁNICO dentista, odontólogo, sacamolero, sacamuelas ➤ Botador, descarnador, fresa, gatillo, llave, orificador, pelícano, pulicán, torno. ➤ Masticar, morder. ➤ Cerrar. ➤ Acerarse, cascaruleta, castañetear, dentellar, echar, rechinar. ➤ Arrancar, desvitalizar, empastar, emplomar, enjuagar, escarbar, orificar. ➤ Empaste, endodoncia, obturación, ortodoncia, prótesis, puente. ➤ Novocaína. ➤ Biznaga, cepillo, dentífrico, *enjuagatorio, lavadientes, PERBORATO sódico. ➤ Caramera, escarbadientes, limpiadientes, mondadientes, pajuela, palillo, PALILLO de dientes, [PALILLO] mondadientes. ➤ *Boca.

dientimellado, -a adj. *Con los dientes, o algún diente, mellados.*

dientudo, -a adj. *Dentudo: de dientes grandes.*

diéresis (del lat. «diaerĕsis», del gr. «diaíresis», separación) 1 f. FON. Pronunciación de dos vocales consecutivas, que en otros casos forman *diptongo, en dos sílabas. ⊙ *Licencia *poética que consiste en medir una palabra en esa forma. 2 GRAM. *Signo ortográfico (¨) que, en español, se emplea encima de la «u» que perteneciendo a las sílabas «gue, gui», debe pronunciarse; como en «pingüino». ≃ Crema. ⊙ En *poesía se emplea alguna vez para indicar el desdoblamiento de un diptongo por exigencia de la medida del verso. 3 CIR. *Cualquier operación consistente en separar o dividir tejidos.*

Diesel V. «MOTOR Diesel».

diesi o **diesis** (del lat. «diĕsis», del gr. «díesis», semitono) **1** f. MÚS. *Cada uno de los tres tonos que los griegos intercalaban en el intervalo de un tono mayor.* **2** (ant.) MÚS. *Sostenido.*

dies irae (lat.) m. Recitado litúrgico que se dice en las misas de difuntos, que comienza con esas palabras. ⇒ *Rezar.

diestramente adv. Con destreza.

diestro, -a (del lat. «dexter, dextra») **1** (lit.; gralm. antepuesto) adj. Aplicado a «*lado» o «mano», derecho: 'Sentado a su diestra mano'. ⊙ Se aplica a la persona que usa preferentemente la mano derecha. **2** adj. y n. f. Se aplica a la mano derecha: 'Con un cetro en la diestra'. **3** («en») adj. *Hábil, *ágil o inteligente para hacer cosas; particularmente, para hacer la clase de trabajo que expresa el nombre; va generalmente antepuesto a éste o, si no, acompañado de un adverbio: 'Un diestro cirujano. Un mecánico muy diestro'. ⇒ Adestrado, agibílibus, ambidextro, ambidiestro, artífice, baquiano, canchero, capaz, despachado, destrero, ducho, ejercitado, experto, maestro, no ser MANCO, manitas, MANITAS de plata, buenas MANOS, el más PINTADO, no ser RANA, suelto, virtuoso, no ser ZURDO. ➤ Destreza. **4** («en») *Hábil en cosas que requieren picardía: 'Diestro en engaños'. **5** *Sagaz, prevenido y avisado para manejar los negocios, sin detenerse por las dificultades.* **6** *Nuncio, portador o acompañado de buena suerte.* ≃ *Afortunado. **7** m. TAUROM. *Torero de a pie. **8** TAUROM. Matador de *toros. **9** *Hombre hábil en el manejo de las *armas.* **10** **Cabestro o *rienda de las caballerías.*

A DIESTRO Y SINIESTRO. **1** Hacia todos los *lados: 'Miraba a diestro y siniestro'. **2** Aplicado a la manera de dar, repartir, enviar, etc., sin orden y sin método: 'Reparten cargos a diestro y siniestro'. ⇒ *Desorden.

dieta (del lat. «diaeta», del gr. «díaita», manera de vivir; en la 3.ª acep., el sentido original es «lo que se da para vivir», y el actual lo debe a la influencia de «día») **1** f. *Régimen de comidas. ⊙ Particularmente, el prescrito a un enfermo. **2** («Estar a, Poner[se] a») Privación de comer, por ejemplo por enfermedad. Enlace frecuente, «a dieta rigurosa». ⇒ *Medicina. **3** (pl.) *Retribución de un empleado por ciertos servicios desempeñados fuera de su residencia, que se paga por cada día de actuación. ⊙ (ant.) *Cantidad que ganaba diariamente un médico por visitar a un enfermo.* ⊙ Retribución fijada para los representantes en las *asambleas legislativas. **4** (esta acepción puede haber tenido originariamente el sentido de «casa donde se vive») En ciertas *confederaciones, por ejemplo en la que constituyó Alemania en cierto tiempo, reunión extraordinaria de los distintos estados confederados para tratar de asuntos de interés común.

dietar tr. *Poner a dieta a ↘alguien.*

dietario (de «dieta») **1** m. *Libro en que los cronistas de Aragón escribían los sucesos notables.* **2** *Libro en que se anotan los ingresos y gastos diarios de una casa o establecimiento. ⇒ *Cuenta.

dietética (del lat. «diaetetĭca») f. Disciplina que establece los principios de una alimentación adecuada en estado de salud y en las enfermedades.

dietético, -a adj. De la dieta o de la dietética.

dietista n. Especialista en dietética.

diez (del lat. «decem») **1** adj., pron. y n. m. Numero cardinal equivalente a nueve más uno. En la numeración arábiga se representa por «10» y en la romana por «X». ⇒ Apénd. II, NÚMERO CARDINAL. ⊙ adj. Puede usarse como ordinal: 'La fila diez. El [o el día] diez de enero. Estás el diez en la lista'. ≃ Décimo. ⇒ Otra forma de la raíz, «deca-[deci-]». ➤ Decagramo, decamerón, decámetro, decasílabo, decena, decenal, decenario, decenio, décimo, décuplo, decuria, denario, diecinueve, dieciocho, dieciséis, diecisiete, duodécuplo, terciodécuplo, undécuplo. **2** m. Cada serie de diez avemarías y un padrenuestro de las que constituyen el *rosario. **3** *Cuenta más gruesa o diferente de las otras y más separada de ellas que éstas entre sí, con que se separan los dieces del rosario.

DIEZ DE BOLOS. *Bolo que en el juego de bolos se coloca fuera del conjunto de tres filas de a tres que forman los otros.*

D. DE ÚLTIMAS. Diez tantos que se atribuye, en algunos juegos de *baraja, el que hace la última baza.

HACER LAS DIEZ DE ÚLTIMAS. **1** Hacer esa suerte en el juego de baraja. **2** Proceder alguien de tal manera que, al final, elimina toda posibilidad de conseguir lo que pretendía. ⇒ *Frustrar.

diezma **1** f. Acción de diezmar. **2** (ant.) *Décima.* **3** (Ar.) *Diezmo.*

diezmador (Ar.) m. *Diezmero.*

diezmar (de «dezmar», influido por «diezmo») **1** tr. Sacar, quitar, señalar, etc., de cualquier clase de ↘cosas una de cada diez, generalmente mediante *sorteo. ⊙ *Matar o castigar a uno de cada diez de un ↘conjunto, de la misma manera. **2** Causar gran destrucción entre la ↘gente y también entre animales y hasta entre plantas, una epidemia u otra calamidad. **3** Pagar el diezmo a la iglesia.

diezmero, -a **1** n. Persona que pagaba diezmos. ≃ Diezmador. **2** Persona que los cobraba.

diezmesino, -a adj. *De diez meses.*

diezmilésimo, -a adj. y n. Numeral ordinal y partitivo correspondiente a «diez mil». ⇒ Apénd. II, NÚMERO ORDINAL Y NÚMERO PARTITIVO.

diezmilímetro m. Décima parte de un milímetro. Abrev.: «dmm».

diezmillo (Méj.) m. *Solomo o *solomillo de una res.*

diezmillonésimo, -a adj. y n. Numeral ordinal y partitivo correspondiente a «diez millones». ⇒ Apénd. II, NÚMERO ORDINAL Y NÚMERO PARTITIVO.

diezmo, -a (del lat. «decĭmus») **1** (ant.) adj. *Décimo.* **2** (sing. o pl.) m. *Derecho que se pagaba al rey, a la Iglesia, etc., consistente en la décima parte de los frutos, de las mercaderías, etc.

□ CATÁLOGO

Forma de la raíz en palabras derivadas, «dezm-»: 'dezmable, dezmatorio, dezmeño, dezmería...'. ➤ Décimo. ➤ Albaquía, cillazgo, menuceles, menudo, minucias, pontifical, rebujo, rediezmo, refitor, tazmía, TERCIAS reales. ➤ Alfarrazar, decimar, rediezmar. ➤ Cillerizo, cillero, fiel COGEDOR, dezmero, diezmador, diezmero, excusado, fiel, mampostero, mayoral, montonero, sobredezmero, sobretercero, tercero. ➤ POR CIÓN congrua. ➤ CASA dezmera, CASA excusada, cilla, tercia.

difamación f. Acción y efecto de difamar.

difamador, -a adj. y n. Que difama.

difamar (del lat. «diffamāre») tr. Decir de ↘alguien cosas relativas a su moral o su honradez que perjudican gravemente su buena fama.

□ CATÁLOGO

Ahijar, amordazar, calumniar, colgar, andar en COPLAS, dejemplar, *desacreditar, desfamar, *deshonrar, desprestigiar, enfangar, enlodazar, ensuciar, poner mala FAMA, arrastrar por el FANGO, arrojar [o cubrir de] FANGO, HABLAR mal, imponer, infamar, levantar, arrastrar por el LODO, arrojar [o cubrir de] LODO, malsinar, manchar, mancillar, *murmurar, quitar [o sacar] la PIEL a tiras, poner [o arrastrar, tirar] por los SUELOS, levantar falsos TESTIMONIOS, poner como un TRAPO. ➤ *Calumnia, calunia, chantaje, desacato, difamación, difamia, impostura, falacia, falsedad, ladrido, libelo, maledicencia, murmuración, pasquín, suposición. ➤ Calumniador, desentierramuertos, deslenguado, difamador, impostor, largo de LENGUA, LENGUA de escorpión [larga, de sierpe o de víbora], lenguaraz, malas LENGUAS, lengüilargo, maldiciente, malhablado, mesclador, mordedor, murmurador, respe, résped, réspede, sicofanta [o sicofante], testimoniero, víbora. ➤ *Atribuir. *Calumnia. *Censurar. *Chisme. *Criticar. *Desacreditar. *Deshonrar. *Insultar.

difamatorio adj. Que implica intención de *difamar.

difamia (ant.) f. *Difamación o *deshonra.*

difarreación (del lat. «diffarreatĭo, -ōnis») f. *Ceremonia con la que, entre los antiguos *romanos, se disolvía el *matrimonio celebrado por confarreación.*

diferencia 1 («Existir, Haber, Ir, Consistir, Estar, Estribar; Hacer, Establecer; Apreciar, Notar, Percibir; entre, de...a») f. Circunstancia de ser una cosa diferente de otra. ⊙ Cualidad o circunstancia por la que una cosa difiere de otra: 'No noto diferencia entre los dos vinos. No hay diferencia de una tela a otra. La diferencia entre los dos muchachos está en que el uno tiene talento y el otro no. La diferencia de edades no obsta para que se entiendan bien. La diferencia de una tela a la otra es imperceptible. Entre las dos vasijas [o de una vasija a [la] otra] hay una diferencia de un litro. Entre las temperaturas medias de las dos poblaciones [o de una y otra población] hay una diferencia de dos grados'. **2** MAT. *Expresión de la desigualdad de dos cantidades o expresiones.* ≃ Desigualdad. **3** MAT. Resultado de la operación de *restar. ≃ Residuo, resto. **4** *En *música y danza, mudanza o modulación dentro del mismo compás.* **5** («Haber algunas diferencias entre, Tener sus, Liquidar, Resolver») *Desacuerdo, discrepancia, *discordia o incompatibilidad entre dos o más personas: 'Las diferencias entre marido y mujer'. ⊙ Motivo de ese desacuerdo: 'Explicadme vuestras diferencias'.

DIFERENCIA EN MÁS. Cantidad en que una cosa es mayor que otra.

D. EN MENOS. Cantidad en que una cosa es menor que otra.

D. POR DEFECTO. Diferencia que consiste en ser menor.

D. POR EXCESO. Diferencia que consiste en ser mayor.

D. DE POTENCIAL. ELECTR. Diferencia entre los estados eléctricos de dos puntos, que da lugar, cuando están unidos por un conductor, al paso de una corriente eléctrica a través de éste. ≃ FUERZA electromotriz, *voltaje.

A DIFERENCIA DE. Siendo, por el motivo que se expresa, diferente de cierta cosa con que se compara: 'El niño, a diferencia de la niña, es muy rubio'.

HABER DIFERENCIA. Haber mucha diferencia: 'Hay diferencia de un coche al otro'. ≃ IR DIFERENCIA.

IR DIFERENCIA de una cosa a otra. Haber DIFERENCIA.

PARTIR LA DIFERENCIA. Terminar una discusión o un trato dejando las cosas en un punto medio entre lo que quiere cada uno de los que discuten. ⇒ *Transacción.

diferenciación 1 f. Acción de diferenciar[se]. ⊙ Circunstancia de ser diferentes o de haber diferencia entre ciertas cosas: 'La diferenciación de los sexos'. **2** MAT. *Operación de determinar la diferencial de una función.*

diferenciador, -a adj. Que diferencia.

diferencial 1 adj. Se aplica a las cosas que diferencian: 'Caracteres diferenciales'. **2** m. FÍS. Mecanismo que regula las *velocidades de tres móviles de modo que la de uno de ellos sea igual a la suma o la diferencia de las de los otros. ⊙ En los *automóviles, dispositivo que permite la rotación independiente de las dos ruedas del par a que se aplica el motor, lo cual tiene importancia en las curvas, donde ambas ruedas tienen que recorrer caminos de distinta longitud. **3** f. MAT. Incremento infinitamente pequeño de una variable.

V. «CÁLCULO diferencial».

diferenciar 1 («de») tr. Hacer diferentes entre sí dos o más ↘cosas, o ser causa de que sean diferentes: 'Lo que más diferencia a las dos ciudades es el clima'. ⇒ *Diferir. **2** («de, entre») Percibir dos o más ↘cosas como diferentes: 'Los daltonianos no diferencian el verde y [o del] rojo'. ≃ *Distinguir. **3** («de»: 'uno de otro'; «en»: 'en la altura'; «por»: 'por una señal') prnl. Ser diferente una cosa de otra: 'Dos hermanos gemelos que no se diferencian en nada'. ≃ Diferir, *distinguirse. **4** *Hacerse alguien notable por sus cualidades.* ≃ *Distinguirse. **5** tr. MAT. *Hallar la diferencial de una ↘cantidad variable.* **6** intr. *Estar en *desacuerdo dos personas.*

☐ CONJUG. como «cambiar».

diferendo (Arg., Col., Perú, Ur.) m. *Desacuerdo, discrepancia.*

diferente 1 («de») adj. No igual a otra cosa: 'Todos los vasos son diferentes'. ≃ Distinto. ⇒ *Diferir. **2** No el mismo: 'Este es un asunto diferente'. ≃ Distinto, *otro. ⊙ (pl.) Más de uno: 'La cuestión presenta diferentes aspectos'. ≃ Distintos, diversos, varios. ⇒ Apénd. II, COMPARACIÓN (construcción de «diferente»).

diferentemente adv. De manera diferente.

diferido, -a Participio de «diferir».

EN DIFERIDO. Se aplica al programa de radio o televisión que no se emite en el momento de su grabación sino más tarde.

diferir (del lat. «differre») **1** («hasta, por») tr. No hacer ↘algo en el momento en que se había pensado, sino dejarlo para más tarde: 'Han diferido la boda hasta julio. Conviene diferir la reunión por unos días'. ≃ Aplazar, retardar, *retrasar. **2** intr. («de»: 'de los demás'; «en»: 'en el color') Ser una cosa diferente de otra que se expresa: 'El estilo de su última obra difiere mucho del de las anteriores'. ≃ Diferenciarse, distinguirse. ⊙ («de, en») Estar en desacuerdo con alguien o algo.

☐ CATÁLOGO

Otra raíz, «aniso-»: 'anisopétala'. ➤ Apartar[se], contrastar, hacer CONTRASTE, deshermanar[se], desigualar[se], desparecerse, desvariar, diferecer, diferenciar[se], *discrepar, distanciarse, distar, *distinguirse, divergir, diversificar[se], parecerse como un HUEVO a una castaña, individualizar[se], ir, llevarse, variar. ➤ Abismo, contrapunto, *contraste, departimiento, desconformidad, desemejanza, *desigualdad, desproporción, disconformidad, discrepancia, diferencia, disimilitud, disparidad, distancia, diversidad, variedad. ➤ *Particularidad, singularidad. ➤ *Error, excedente, margen, un pelo, *sobra, tolerancia. ➤ Por defecto, por exceso, en más, en menos. ➤ Anisómero, apartado, desconforme, desemblante, desemejante, desigual, desparado, desparejo, diferente disímil, dispar, disparejo, distinto, *diverso, heterogéneo, incomparable, inigual, *otro, vario, como de lo VIVO a lo pintado. ➤ Ése es otro CANTAR, ...es una COSA, y [o pero] ...es otra, una COSA es [o sería, etc.] ...y otra..., eso es otra CUESTIÓN, eso es HARINA de otro costal, donde VA a parar, en cambio, a diferencia de, mientras que, ni con mucho, para. ➤ Cada MAESTRILLO tiene su librillo. ➤ *Carácter. *Contrario. *Desacuerdo. *Desigualdad. *Distinguir. *Inconstante. *Notable. *Oposición.

☐ CONJUG. como «hervir».

difícil (del lat. «difficĭlis») **1** («de»: 'de digerir'; «para»: 'para los no acostumbrados') adj. Se aplica a lo que requiere inteligencia, habilidad o mucho trabajo para hacerlo, entenderlo, etc.: 'Una materia difícil. Una subida difícil'. **2** Aplicado a personas, difícil de tratar o dirigir, por quisquilloso o descontentadizo, por rebelde, por nervioso, etc.: 'Un niño difícil'. ≃ Complicado. ⇒ *Carácter. **3** (inf.) Aplicado a la cara de una persona, *rara y *fea.

V. «CIRCUNSTANCIAS difíciles, PASO difícil, SITUACIÓN difícil».

□ CATÁLOGO

*Abrupto, abstruso, arduo, arrevesado, caro, de chinos, chungo, climatérico, complejo, complexo, *complicado, *comprometido, confuso, críptico, crudo, delicado, dificultoso, erizado de DIFICULTADES, embarazoso, embrollado, endiablado, enrevesado, escabroso, espinoso, inaccesible, inasequible, *incomprensible, inextricable, intrincado, laberíntico, laborioso, malo de, nebuloso, *oscuro, pantanoso, duro de PELAR, peliagudo, *pesado, puñetero, *rebelde, renuente, resbaladizo, revesado, sobrehumano, trabajoso, vidrioso. ➤ Atadura, barrera, cadena, china, conchas, contra, cortapisa, embarazo, empiezo, entorpecimiento, escamas, escollo, estorbo, freno, hueso, *impedimento, inconveniente, intríngulis, lazo, ligadura, limitación, nubarrón, nudo gordiano, óbice, objeción, observación, *obstáculo, pega, perendengues, pero, quisquilla, reparo, restricción, sujeción, traba, zancadilla. ➤ Abarrancadero, agobio, ahogo, apretón, apretura, aprieto, *apuro, arco de iglesia, ardura, atascadero, atascamiento, atasco, atolladero, atrenzo, barranco, BARRIL de pólvora, belén, berenjenal, brete, busilis, CABALLO de batalla, CALLEJÓN sin salida, cazonal, cenagal, complicación, compromiso, conchas, conflicto, contra, contrariedad, *crisis, cuestión, CUESTIÓN batallona, dificultad, duda, embarazo, embolado, embrollo, enjeco, enredo, entresijo, escamas, escollo, espinar, estrechez, estrecho, gravedumbre, graveza, hueso, impasse, inconveniente, intrincamiento, intríngulis, jaleo, laberinto, lío, maraña, sus MÁS y sus menos, montaña, monte, pantano, PASO difícil, mal PASO, pega, preñez, presura, problema, *quid, rompecabezas, SITUACIÓN apurada, SITUACIÓN comprometida, SITUACIÓN difícil, tecla, tollo, torete, tramojo, trampal, trance, trapisonda, tropiezo, túnel. ➤ HUEVO de Colón. ➤ Apear, arrostrar, chocar con, costear, desafiar, desaparecer, descabezar, eludir, encararse con, encontrar, *enfrentar, *enfrentarse con, *evitar, hacer FRENTE a, haber, obviar, orillar, pasar, poner, *resolver, salir de, salvar, ser, significar, sopesar, soslayar, superar, suponer, suscitar, *tantear, tener, tropezar, vadear, vencer, verse en, zanjar. ➤ Estar con el AGUA al cuello, estar [o verse] AHOGADO [o APURADO], necesitar DIOS y ayuda, encallar, enredarse, enzarzarse, estar [o verse] entre la ESPADA y la pared, estrellarse, hocicar [u hociquear], ser HOMBRE al agua, dar en HUESO, pinchar en HUESO, ser un HUESO duro de roer, no contar con la HUÉSPEDA, no poder MANEJARSE, atar[se] de [las] MANOS; darse de NARICES, verse NEGRO, tener [o hacerse] un NUDO en la garganta, tropezar, VERSE y desearse. ➤ Tener BEMOLES, poner CHINITAS, *complicar, *confundir, hacer la CONTRA, dificultar, embarazar, enlerdar, enmarañar, enredar, entorpecer, *estorbar, poner IMPEDIMENTOS, *impedir, lastrar, liar, estar [o ponerse] por MEDIO, obstaculizar, *obstruir, *oponerse, buscarle tres PIES al gato, retardar, hacer SUDAR, tener TELA, trabar. ➤ Abés, con el AGUA al cuello, avés, en la CUERDA floja, entre ESCILA y Caribdis, entre la ESPADA y la pared, entre dos FUEGOS, con la SOGA al cuello. ➤ Cohibido, don [o doña] DIFICULTADES, dificultador, dificultoso, *premioso. ➤ En [Por o Por en] medio. ➤ Ese es el CUENTO, el DIABLO [o DEMONIO] que..., no es tan fiero el LEÓN como lo pintan, lo MALO es que..., por MÁS que, ¡que si quieres...!, allí FUE ella, ni a tres TIRONES, TRABAJO te [le, etc.] doy, están VERDES. ➤ Difícilmente, dificultosamente, PALMO a palmo, pasando, a duras PENAS, *tirando, trabajosamente, trampeando, a TRANCAS y barrancas [a TRANCOS y barrancos], a trompicones, a tropezones, dando TUMBOS. ➤ *Fácil. ➤ *Manejarse. ➤ ¡Ya es MÍO [nuestro, etc.]! ➤ *Complicado. *Imposible.

dificilímo, -a (del lat. «difficillĭmus»; ant.) adj. *Dificilísimo.*

difícilmente adv. Con dificultad.

dificultad (del lat. «difficultas, -ātis») **1** f. Cualidad de difícil: 'Es un asunto de mucha dificultad'. **2** Situación difícil o cosa difícil que alguien tiene que hacer o resolver: 'Tuvieron sus dificultades para llegar a la costa'. ⊙ Situación difícil de las que se pasan en la vida; tales como mala situación económica o persecuciones: 'Todos hemos pasado nuestras dificultades'. ⊙ Obstáculo de cualquier clase que impide o dificulta el paso por un sitio. ⊙ Cualquier cosa que dificulta que se haga u ocurra otra: 'El mal tiempo es una dificultad pasajera'. ⊙ Exigencia o reparo con que se dificulta una cosa que alguien quiere hacer: 'Me pusieron muchas dificultades para darme el pasaporte'. **3** *Objeción opuesta a lo que alguien sostiene o propone.

ERIZADO DE DIFICULTADES. Con muchas dificultades.

dificultador, -a **1** adj. y, aplicado personas, también n. *Aplicable a lo que o a quien dificulta.* **2** *También, a la persona propensa a encontrar dificultades.*

dificultar (del lat. «difficultāre») tr. Hacer difícil o más difícil una ↘cosa: 'La niebla dificulta la visión. El viento dificultaba el avance'. ⊙ Poner inconvenientes o dificultades a ↘algo: 'Dificulta el trabajo en vez de ayudarnos'.

dificultosamente adv. Con dificultad.

dificultoso, -a **1** adj. *Difícil: se aplica a lo que presenta dificultades: 'Una marcha dificultosa'. **2** (inf.) *Aplicado a la cara de una persona, *rara y *fea.* ≃ Difícil. **3** *Dificultador.*

difidación (ant.) f. *Manifiesto con que se justifica la declaración de *guerra.* ⊙ (ant.) *Declaración de guerra.*

dífilo, -a (de «di-[2]» y «-filo») adj. BOT. *De dos *hojas.*

difuciar (de «di-[1]» y «fiucia»; ant.) tr. *Desahuciar.*

difluencia **1** f. *Cualidad de difluente.* **2** *División de las aguas de un *río en varios brazos que no vuelven a reunirse.*

difluente adj. *Que se esparce o derrama.*

difluir (del lat. «diffluĕre», extenderse) intr. **Derramarse o *dispersarse.*

difracción (del lat. «diffractus», roto) f. Fís. Dispersión que sufre un rayo o una onda al bordear un obstáculo que se interpone en su camino, con lo que invade una parte de la sombra geométrica del obstáculo.

difractar tr. y prnl. Fís. Causar [o sufrir] difracción.

difrangente adj. Fís. Que produce difracción.

difteria (del gr. «diphthéra», piel, membrana) f. *Enfermedad infecciosa que ataca especialmente a los niños, que produce dificultad para respirar, con sensación de ahogo, y se caracteriza por la formación de placas o falsas membranas en las mucosas, particularmente de la faringe, laringe y tráquea; antes de descubrirse el suero contra ella, solía producir la muerte por sofocación. ≃ Crup, garrotillo. ⇒ Intubación.

diftérico, -a adj. MED. De [la] difteria.

difteritis (del gr. «diphthéra», membrana, e «-itis») f. MED. *Inflamación diftérica.*

difugio (ant.) m. *Efugio.*

difumar tr. DIB. **Esfumar o difuminar.*

difuminar 1 tr. Esfumar un *dibujo con el difumino. **2** tr. y prnl. Volver[se] imprecisos los contornos de algo: 'La bruma difumina el paisaje'.

difumino (de «di-[1]» y el it. «sfumino») m. DIB. Utensilio consistente en papel de estraza arrollado muy apretado y de modo que resulta con forma semejante a un lápiz con punta en uno o los dos extremos, que se emplea para esfumar las sombras en los *dibujos. ≃ Disfumino, esfumino.

difundir (del lat. «diffundĕre») **1** tr. Hacer que una ↘cosa se difunda materialmente, o sea, que se *esparza o se *disperse. ⊙ prnl. Ir ocupando más espacio una sustancia líquida o gaseosa, generalmente penetrando a través de otra sustancia o mezclándose con ella: 'El café se difunde en la leche'. ≃ Expandirse. ⊙ *Extenderse algo a la vez que pierde densidad o consistencia: 'La nube fue difundiéndose hasta desaparecer'. ≃ Esparcirse, expandirse. **2** tr. Hacer que una ↘noticia, una doctrina, etc. sea conocida o aceptada por más gente. ≃ Divulgar, esparcir, expandir, extender, propagar, propalar. ⊙ prnl. Extenderse una noticia, una doctrina, etc.

□ CATÁLOGO

Ganar ADEPTOS, correr [ir o pasar] de BOCA en boca, abrirse [o hacerse] CAMINO, circular, dar a CONOCER, contagiar[se], correr, tomar CUERPO, cundir, difluir, dilatar[se], divulgar[se], hacerse ECO, tener ECO, *esparcir[se], expandir[se], *extender[se], filtrar, generalizar[se], *imponerse, tomar IMPORTANCIA, tomar INCREMENTO, irradiar, abrirse PASO, popularizar[se], propagar[se], propalar, *publicar, dar PUBLICIDAD, radiar, ramificarse, repercutir, ganar TERRENO, trascender, transfundir[se], *transmitir[se], volar, echar a VOLAR, vulgarizar[se]. ➤ Curso, difusión, divulgación, eco, expansión, propaganda, proyección, radiodifusión, repercusión, resonancia. ➤ Cruzada. ➤ Apóstol. ➤ Echadizo. ➤ De BOCA en boca. ➤ CERRAR [o CORTAR] el paso, SECRETO a voces. ➤ *Comunicar. *Decir. *Dilatarse.

difuntear (Hispam.; inf.) tr. **Matar a un ↘persona.*

difunto, -a (del lat. «defunctus»; form.) adj. y n. Aplicado a personas, *muerto.

V. «DÍA de difuntos, MISA de difuntos, OFICIO de difuntos, TOQUE de difuntos».

difusamente adv. De manera difusa.

difusión f. Acción de difundir[se] o extender[se] una cosa.

difusivo, -a adj. *Se aplica a lo que sirve para difundir.*

difuso, -a (del lat. «diffūsus») adj. Extenso y poco preciso: 'Una explicación difusa'; se aplica también a la persona que se expresa en esa forma y a su *estilo de hablar o escribir.

difusor, -a 1 adj. Se aplica a lo que difunde. **2** m. Aparato para difundir sustancias. ⊙ Por ejemplo, pieza que se coloca en la boca de un secador de pelo para que el aire salga más expandido. ⊙ *Particularmente, aparato para difundir el jugo de la remolacha en la fabricación de *azúcar.* **2** Pieza traslúcida que se coloca delante del objetivo de una cámara fotográfica para que la imagen quede difuminada.

digamma (del lat. «digamma», del gr. «dígamma») f. *Letra del primitivo alfabeto griego, en forma de «F», que tenía el sonido de «f» o «v».*

digerible adj. Que se puede digerir.

digerir (del lat. «digerĕre», distribuir) **1** tr. o abs. Convertir los ↘alimentos en el aparato digestivo en sustancia apta para la asimilación. **2** QUÍM. *Disolver o ser capaz de disolver una sustancia a ↘otra albuminoidea.* **3** QUÍM. *Cocer una ↘sustancia con calor lento.* **4** *Entender y asimilar ↘ideas o conocimientos. **5** *Reflexionar sobre una ↘idea para familiarizarse con ella. **6** (más usado en frases negativas) Recuperar el estado de ánimo normal después de una ↘desgracia, disgusto u ofensa, o soportarlos pacientemente. ≃ Encajar. ⇒ *Rehacerse.

□ CATÁLOGO

Raíz culta, «peps-[pept-]»: 'eupepsia, eupéptico, pepsina, peptona'. ➤ *Asimilar, cocer, concocción, defecar, descocer, desempachar, desmoler, degestir, deglutir, desahitarse, enaguacharse, eructar, revolver el *estómago, gastar, mascar, *masticar, nutrirse, quilificar, quimificar, rumiar, SENTAR bien [o mal]. ➤ Deglución, digestión. ➤ Celiaco, gástrico, intestinal. ➤ Abomaso, ano, APARATO digestivo, boca, BOCA del estómago, bonete, buche, cardias, cuajar, *dientes, epigastrio, *esófago, *estómago, faringe, *garganta, hebrero, herbario, herbero, *intestino, isófago, lengua, librillo, libro, molleja, omaso, panza, píloro, portanario, redecilla, retículo, TUBO digestivo, tragadero, ventrículo, ventrón. ➤ JUGO gástrico, JUGO intestinal, JUGO pancreático, lab, pepsina, peptona, quilo, quimo. ➤ BOLO alimenticio, *excrementos. ➤ Bezoar. ➤ Antiperistáltico, peristáltico, perístole. ➤ Acedía, aclorhidria, apendicitis, apepsia, ardor, asiento, bradipepsia, CALAMBRE de estómago, cargazón, cólica, cólico, colitis, desconsuelo, *diarrea, dispepsia, duodenitis, embargo, empacho, enteritis, estreñimiento, fastidio, flatulencia, gases, gastralgia, gastricismo, gastritis, gastroenteritis, gastropatía, gruñido, *hernia, *hiperclorhidria, *inapetencia, indigestión, invaginación, meteorismo, pasacólica, pirosis, rescoldera, RETORTIJÓN de tripas, rugido, saburra, tiflitis, timpanización, vinagrera, vómito. ➤ Reposar la COMIDA. ➤ Gastrectasia, gastrectomía. ➤ Digestónico. ➤ Indigesto. ➤ *Comer.

□ CONJUG. como «hervir».

digestibilidad f. Cualidad de digestible.

digestible adj. Que se puede digerir.

digestión f. Acción de digerir (fisiología y química). ⊙ Función fisiológica de digerir.

digestivo, -a 1 adj. De [la] digestión: 'Aparato digestivo. Funciones digestivas'. **2** Aplicado a medicamentos o cosas que se comen o beben, que ayuda a digerir.

digesto[1] (del lat. «digestum», de «digerĕre», disponer, repartir) **1** m. DER. Colección de decisiones del derecho *romano. **2** Por influencia de la palabra inglesa de la misma raíz, se tiende a usar este participio con el significado de exposición breve o resumida, pero completa, de una cosa.

digesto[2], -a (del lat. «digestus») *Participio antiguo de «digerir».*

digestónico, -a adj. y n. m. Se aplica al *medicamento, bebida o comida que ayuda a digerir.

digestor (del lat. «digestorĭus», que sirve para resolver) m. *Vasija fuerte, de loza o metal, cerrada a tornillo, usada para obtener al baño de María la gelatina de los huesos o el jugo de la carne u otras cosas.* ⇒ *Marmita.

digitación f. Indicación de los dedos que deben usarse para cada nota, en los ejercicios musicales. ⇒ Dedeo.

digitado, -a (del lat. «digitātus», de «digĭtus», dedo) **1** adj. ZOOL. *Se aplica a los *animales que tienen dedos en las patas.* **2** BOT. *Se aplica a las *hojas, como las del castaño de Indias, que están divididas en lóbulos profundos y divergentes, de modo semejante a los dedos de una mano abierta.*

digital (del lat. «digitālis») **1** adj. De los *dedos. ≃ Dactilar. **2** *(Digitalis purpurea)* f. *Planta escrofulariácea, cuyas flores, en racimo, tienen forma de dedal. El extracto de las hojas se emplea en medicina del corazón. ≃ Dedalera. **3** (cient.) adj. *Susceptible de ser expresado en cifras, o sea, contable.* ⇒ *Discontinuo. **4** Se aplica a los instrumentos de medida que expresan la magnitud correspondiente por medio de números: 'Reloj digital'. **5** ELECTR. Se aplica al sistema de codificación en que la información se expresa por medio de valores numéricos discretos.

digitalina f. QUÍM. *Alcaloide contenido en las hojas de la digital.

digitalizar tr. ELECTR. Codificar una ↘información mediante un sistema digital.

digitiforme (del lat. «digĭtus», dedo y «-forme») adj. *De forma de *dedo.*

digitígrado, -a (del lat. «digĭtus», dedo y «gradĭor», caminar) adj. y n. m. ZOOL. Se aplica al *animal que, como el gato, apoya al andar solamente los dedos y no la planta del pie.

dígito (del lat. «digĭtus», dedo) **1** m. ASTRON. *Se aplica a cada una de las doce partes iguales en que se considera dividido el diámetro aparente del Sol o de la Luna en el cómputo de los *eclipses.* **2** Cada una de las cifras que componen un número.
V. «NÚMERO dígito».

digladiar (del lat. «digladiāri»; ant.) intr. **Combatir con espada cuerpo a cuerpo.*

diglosia (del fr. «diglossie», del gr. «díglōssos», de dos lenguas) f. LING. Situación de un lugar donde coexisten dos idiomas, especialmente cuando se da el predominio de uno sobre otro. ⇒ Bilingüismo.

dignación (del lat. «dignatĭo, -ōnis») f. *Condescendencia.*

dignamente **1** adv. Con dignidad. **2** *Merecidamente.*

dignarse (del lat. «dignāre») **1** prnl. Acceder a una petición. de un inferior o tener una muestra de atención para un inferior: 'S. M. se ha dignado conceder una audiencia a los representantes estudiantiles'. ⊙ Se usa con frecuencia irónicamente: '¡Se ha dignado mirarnos!'. ≃ *Condescender, consentir, deferir, servirse. **2** Se emplea en imperativo lo mismo que «sírvase, sea servido» o «tenga a bien», en fórmulas oficiales de ruego u *orden *cortés: 'Dígnese usted pasar, por esta secretaría antes del día veinte, de doce a una de la mañana'.

□ NOTAS DE USO
El uso normal de este verbo es hoy sin preposición. La construcción con las preposiciones «a» o «de» es anticuada y actualmente, vulgarismo, lo mismo que «dignarse en».

dignatario (de «dignidad») m. Persona que desempeña un cargo importante.

dignidad **1** f. Cualidad de digno. ⊙ Cualidad de las personas por la que son sensibles a las ofensas, desprecios, humillaciones o faltas de consideración: 'Eso herirá su dignidad'. ⊙ Actitud del que no tolera esas cosas. **2** Cualidad del *empleo que da respetabilidad a la persona que lo desempeña: 'El tratamiento correspondiente a la dignidad del cargo'. **3** *Empleo o categoría que confiere respetabilidad. ⇒ Sufijos, «-ado, -azgo»: 'obispado, infantazgo'. ⊙ Persona que posee un empleo o categoría de esta clase. ⊙ **Prebenda preeminente en las catedrales y colegiatas.* ⊙ *Se aplica por antonomasia a las de arzobispo u obispo*: 'Las rentas de la dignidad'. ⊙ *Persona que ocupa una de esas prebendas.* ⊙ *Cargo preeminente, como los de maestre, trece, comendador o clavero, en las *órdenes militares.*

□ CATÁLOGO
*AMOR propio, caballerosidad, lo que se DEBE a sí mismo, decencia, decoro, propia ESTIMACIÓN, gravedad, HOMBRÍA de bien, honestidad, honor, honorabilidad, honra, honradez, honrilla, negra HONRILLA, lacha, *nobleza, *orgullo, pundonor, puntillo, punto, rectitud, respetabilidad, respeto de sí mismo, vergüenza. ➤ Caballero, caballeroso, *circunspecto, como es DEBIDO, decente, decoroso, digno, honesto, honorable, honrado, noble, de principios, pundonoroso, puntilloso, puntoso, quijote, respetable. ➤ Erguir la CABEZA, estimarse, mantener su PUESTO, mantenerse en su PUESTO. ➤ Honrar. ➤ Deñar. ➤ Con la CABEZA alta [erguida o levantada]. ➤ Envilecerse, *humillarse. ➤ *AMOR propio. *Circunspecto. *Delicado. *Honrado. *Moral. *Susceptible.

dignificación f. Acción de dignificar[se].

dignificante **1** adj. *Aplicable a lo que dignifica.* **2** TEOL. *Se aplica a la gracia.*

dignificar tr. y prnl. Hacer[se] digno: 'El trabajo dignifica al hombre'.

digno, -a (del lat. «dignus») **1** («de») adj. Merecedor de la cosa que se expresa: 'Es digno de admiración [o de castigo]'. **2** Aplicado a «premio, castigo» o palabras equivalentes, proporcionado al mérito o la falta: 'Recibirá el digno castigo'. ≃ Correspondiente. ⊙ Como *corresponde a la cosa que se expresa: 'Digno hijo de tal padre'. **3** Aplicado a las personas y, correspondientemente, a sus actos, palabras, etc., se aplica al que obra, habla, se comporta, etc., de manera que merece el respeto y la estimación de los demás y de sí mismo, que no comete actos que degradan o avergüenzan, que no se humilla y que no tolera que le humillen: 'Si fuese un hombre digno, después de lo que le han hecho dimitiría'. ⊙ (inf.) A veces se emplea irónicamente para expresar la superficialidad de una actitud digna: 'Cuando le echó el piropo, ella, muy digna y muy ofendida, cogió sus cosas y se marchó'. ⇒ *Dignidad. **4** Sin lujo, pero sin miseria: 'Viviendas dignas para los obreros'. ≃ Decente, decoroso.

¡digo! Primera persona del presente de indicativo de «decir», empleada como interjección de asombro o *admiración. ≃ ¡No DIGO nada!

digrafía (de «di-[2]» y «-grafía») f. *Contabilidad por partida doble.* ⇒ *Contar.

dígrafo m. LING. *Signo formado por dos *letras que representan un solo fonema; por ejemplo, la «ch» o la «ll».*

digresión (del lat. «digressĭo, -ōnis») **1** f. *Apartamiento en un relato o exposición del asunto principal, para ocuparse incidentalmente de alguna cosa que surge en relación con él. ⇒ Inciso, paréntesis. ➤ *Divagar. **2** Relato, exposición, etc., intercalado en esa forma.

diguana (del ár. norteafricano «diwana») f. *En Marruecos, *aduana.*

dihueñe o **dihueñi** (del araucano «dihueñ»; Chi.) m. *Cierto *hongo parásito del género Cittaria, que crece en varias especies de roble, del cual hacen los indios una especie de chicha.*

dije **1** m. *Joya, *adorno o relicario que se lleva colgando de una cadenita o collar, de una pulsera o de un imperdible. ⇒ Cayajabo, colgante, dix, filis, guardapelo, medallón, pinjante, reliquia. **2** (inf.) *Persona con muchas *cualidades buenas o que sabe hacer muchas cosas.* ≃ Alhaja. ⇒ *Útil.

dijes (de «decir») m. pl. *Bravatas.*

dil. *Abrev. usada en las recetas médicas que significa «disuélvase».*

dilaceración f. Acción de dilacerar.

dilacerante adj. Que dilacera.

dilacerar (del lat. «dilacerāre») **1** tr. Destrozar *desgarrándola la ↘carne del cuerpo de una ↘persona o animal. ≃ Lacerar. **2** *Herir la ↘honra, el orgullo, etc., de alguien.* ≃ Lacerar. ⇒ *Humillar, mortificar.

dilación (del lat. «dilatĭo, -ōnis»; «Experimentar, Sufrir»; form.) f. Acción de diferir o *retrasar. ≃ *Retraso. ⊙ (form.) Cantidad de tiempo en que se dilata algo: 'El asunto ha sufrido una dilación de varios meses'.

SIN DILACIÓN (form.). *Enseguida.

dilapidación f. Acción de dilapidar. ≃ Despilfarro.

dilapidador, -a adj. y n. Se aplica a la persona que dilapida. ≃ Despilfarrador.

dilapidar (del lat. «dilapidāre») tr. *Gastar el ↘dinero o cualquier otra cosa sin prudencia o medida. ≃ *Derrochar, despilfarrar, disipar, malbaratar, malgastar. ⊙ Gastar en cosas innecesarias o desproporcionadamente ↘lo que se tiene.

dilatabilidad f. Cualidad de dilatable.

dilatable adj. Que se puede dilatar.

dilatación 1 f. Acción y efecto de dilatar[se]. ⊙ FISIOL. Específicamente, fase del funcionamiento del corazón y las arterias en que se dilatan. ⇒ Aneurisma. ➤ Diástole. **2** CIR. Procedimiento empleado para aumentar o restablecer el calibre de un conducto, cavidad u orificio, o para mantener libre un trayecto fistuloso.

dilatadamente adv. Extensamente.

dilatado, -a Participio adjetivo de dilatar[se]. ⊙ *Extenso.

dilatador, -a adj. Que dilata.

dilatar (del lat. «dilatāre») **1** tr. Hacer que una ↘cosa ocupe más espacio del que ocupaba. ⊙ En particular, por efecto del calor: 'El calor dilata los cuerpos'. ⇒ *Agrandar. ⊙ *Ensanchar: 'Dilatar un orificio'. ⊙ prnl. *Agrandarse una cosa. ⊙ Especialmente por el calor. ⊙ FISIOL. Efectuar el corazón o las arterias el movimiento de expansión propio de su funcionamiento. **2** tr. Hacer que una ↘cosa *dure más de lo previsto o de lo que podía haber durado: 'La intervención de oradores con los que no se contaba dilató la sesión'. ≃ *Alargar, prolongar. ⊙ prnl. Extenderse una *narración, explicación, etc. **3** Ocupar algo como el mar, una llanura, un valle, etc., el espacio que se expresa o extenderse en cierta dirección: 'La llanura se dilata hasta el horizonte. El valle se dilata hacia el oeste'. ≃ *Extenderse. **4** tr. *Retrasar: 'No podemos dilatar más el viaje'. ≃ Diferir. **5** **Difundir o *propagar una ↘cosa*: 'Dilatar la fama de alguien'.

dilatoria f. Dilación. Se usa en frases como 'andar en dilatorias, venir con dilatorias'.

dilatorio, -a (del lat. «dilatorĭus») adj. Se aplica a lo que causa el aplazamiento de algo. Se usa particularmente en lenguaje de *tribunales.

dilección (del lat. «dilectĭo, -ōnis»; culto) f. *Cariño.

dilecto, -a (del lat. «dilectus», part. pas. de «diligĕre», escoger, estimar; culto o lit.) adj. *Querido. ⇒ Predilecto.

dilema (del lat. «dilemma», del gr. «dílēmma», de «dís», dos, y «lêmma», tema) **1** m. LÓG. *Razonamiento formado por una premisa con dos términos contrapuestos que, supuestos alternativamente verdaderos, conducen a la misma conclusión.* ⇒ Alternativa, argumento cornuto. **2** («Encontrarse, Estar, Verse, Poner en un») Situación de alguien cuando tiene forzosamente que elegir entre dos soluciones, ambas malas: 'Me puso en el dilema de aceptar sus condiciones o marcharme'. ≃ *Disyuntiva.

dilemático, -a adj. *De [o del] dilema.*

dileniáceo, -a (de «Dillenia», género de plantas) adj. y n. f. BOT. *Se aplica a las *plantas de la misma familia que el vacabuey, que son árboles y arbustos tropicales que tienen flores blancas o amarillas, solitarias o inflorescencias, y fruto en cápsula o baya con una unas pocas semillas con arilo.* ⊙ f. pl. BOT. *Esa familia.*

diletante (del it. «dilettante», que se deleita) adj. y n. Se aplica a la persona que cultiva un arte por *pasatiempo, sin capacidad suficiente para ejercitarlo seriamente. ⊙ Se ha extendido con significado semejante a otros campos y actividades, a veces con sentido peyorativo. ⇒ Aficionado, amateur. ➤ *Picar.

diletantismo m. Cultivo de un arte por puro *entretenimiento. ⊙ Actitud de diletante.

diligencia (del lat. «diligentĭa») **1** f. Cualidad de *diligente. **2** («Hacer, Evacuar») Cosa que se hace para resolver un asunto: 'He pasado la mañana en diversas diligencias en el ministerio'. ≃ *Gestión. ⊙ Cosa que hay que hacer: 'Tengo que ir al centro a unas cuantas diligencias'. ≃ Agencia. ⇒ Agencia, cometido, comisión, encargo, encomienda, *gestión, incumbencia, quehacer, *recado, recuesta. ➤ *Acción. *Asunto. **3** («Instruir») DER. *Actuación del juez o del secretario del tribunal en un asunto de su competencia. **4** Cada nota puesta en un *documento oficial, por ejemplo una instancia o un título, por los funcionarios correspondientes, en que se dispone algún trámite, como el pase a otra oficina, o se hace constar alguna formalidad ejecutada, como la toma de posesión. **5** (ant.) *Amor.* ≃ Dilección. **6** *Carruaje de los que se dedicaban antiguamente al transporte de viajeros de una población a otra. ⇒ Calchona, carretela, cupé, ómnibus. ➤ Posta. ➤ Veredario. ➤ Mayoral, *postillón. ➤ Agujeta, botijuela.

diligenciar tr. *Tramitar un ↘asunto. Escribir una diligencia en un ↘documento.

☐ CONJUG. como «cambiar».

diligenciero 1 m. *Persona que toma a su cargo asuntos de otro.* ≃ Gestor. **2** (ant.) DER. *Encargado por los fiscales para evacuar algunas diligencias de oficio; como pruebas de hidalguía.*

diligente adj. Dispuesto a hacer con prontitud e interés las cosas que tiene que hacer o cierta cosa que se expresa: 'Un niño diligente que se levanta de la cama en cuanto le llaman. Está más diligente para dejar el trabajo que para cogerlo'.

☐ CATÁLOGO

Activo, actuoso, acucioso, acurado, argumentoso, atento, *celoso, *cuidadoso, *cumplidor, dinámico, dispuesto, eficaz, eficiente, hacendero, hacendoso, incansable, industrioso, laborioso, ligero, negocioso, presto, pronto, puntual, *rápido, solícito, *trabajador, vivo. ➤ Diligencia, esperteza, interés, presteza, prontitud. ➤ Andar [Bailar o Ir] de CORONILLA por, sin economizar ESFUERZO. ➤ Negligente.

diligentemente adv. Con diligencia.

dille (Chi.) m. **Cigarra (insecto hemíptero).*

dilogía (del lat. «dilogĭa», del gr. «dilogía») f. **Ambigüedad.*

dilucidación f. Acción de dilucidar. ⊙ Texto o explicación que sirve para dilucidar.

dilucidar (del lat. «dilucidāre») tr. Poner claro un ↘asunto o una cuestión. ≃ *Aclarar, elucidar, esclarecer, explicar.

dilución f. Acción y efecto de diluir.

dilúculo (del lat. «dilucŭlum», crepúsculo matutino) m. *Última de las seis partes en que dividían la *noche los *romanos.*

diluir[1] (del lat. «diluĕre») tr. Deshacer un ↘sólido en un líquido en el cual no se disuelve, mezclándolo con él. ≃ *Desleír. ⊙ Quím. *Aclarar una ↘disolución mezclándola con más disolvente, o un líquido mezclándolo con otro menos denso que él.

□ Conjug. como «huir».

diluir[2] (del lat. «deludĕre»; ant.) tr. **Engañar.*

dilusivo, -a (del lat. «delūsus»; ant.) adj. *Engañoso.*

diluvial adj. *De [o del] diluvio.* ⊙ Geol. *Causado por un diluvio o por las lluvias.*

diluviar intr. Llover muy violentamente.

□ Conjug. como «cambiar».

diluvio (del lat. «diluvĭum») **1** m. Lluvia excepcionalmente abundante e inundación causada por ella. ⊙ Por antonomasia, las que tuvieron lugar en tiempos de Noé. ⇒ Antediluviano. ➤ *Biblia. **2** *Afluencia de una cosa en mucha abundancia: 'Un diluvio de recomendaciones [de preguntas, de palos]'. ≃ Alud, aluvión, chaparrón, granizada, lluvia. **3** (inf.; n. calif.; «El») Se aplica a un suceso que produce mucho trastorno en un sitio: 'La boda [o el traslado de las oficinas] fue el diluvio'.
V. «arca del diluvio».

diluyente adj. y n. m. Que sirve para diluir.

dimanación f. Acción de dimanar.

dimanante adj. Que dimana de lo que se expresa.

dimanar (del lat. «dimanāre») **1** intr. *Manar de cierto sitio. **2** *Proceder una cosa de otra que se expresa: 'Todas las dificultades dimanan del mal planteamiento de la cuestión'. ≃ Nacer, originarse, provenir.

dimatis m. Lóg. *Modo de los posibles del *silogismo, perteneciente a la cuarta figura.*

dimensión (del lat. «dimensĭo, -ōnis») **1** f. Cada una de las magnitudes que se consideran en el espacio para determinar el *tamaño de las cosas; tomadas sobre una línea para medir las cosas lineales, sobre dos líneas perpendiculares entre sí para las superficies, y sobre tres, también perpendiculares entre sí, para los cuerpos. **2** En sentido no material, aspecto o cualidad que puede ser considerada en algo: 'La dimensión humana del problema. La dimensión espiritual del hombre'. **3** (pl.) Aspecto de las cosas por el que pueden ser más grandes o más pequeñas: 'Apreciamos con la vista la forma y dimensiones de las cosas'. ≃ *Magnitud. ⊙ (pl.) Cuantía de ese aspecto en cada caso: 'Un toldo de grandes dimensiones'. ⊙ (pl.) Se aplica también a cosas no espaciales: 'Las dimensiones de la catástrofe'.

□ Catálogo

*Alto, altura, *ancho, anchura, capacidad, corpulencia, cuerpo, *distancia, escuadría, extensión, fondo, grandor, grosor, largura, *longitud, luz, marco, profundidad. ➤ Apaisado, *bajo, *corto, *delgado, *estrecho, grande, *grueso, *largo, *pequeño. ➤ *Magnitud, medida, porte, proporciones, *tamaño. ➤ Cuerpo, línea, *superficie, *volumen. ➤ *Medir.

dimensional adj. De [la] dimensión o de [las] dimensiones.

dímero, -a (de «di-[2]» y «-mero») **1** adj. Zool. *Se aplica a los *insectos que sólo tienen dos artejos en todos los tarsos.* **2** Bot. *Se aplica a los órganos o estructuras constituidos por dos partes o elementos.*

dimes y diretes (de «dime» y «diréte», del verbo «decir») **1** m. pl. Conversaciones en que se trama alguna cosa. ≃ Conciliábulo. ⇒ Intriga. **2** Comentarios frívolos o murmuraciones. ≃ Habladurías. ⇒ *Chisme. **3** *Argumentos o cosas que se dicen una a otra dos personas en una *discusión insustancial. ≃ Tiquismiquis.

dímetro (del lat. «dimĕter, -tra», del gr. «dímetros») m. Métr. **Verso de dos metros o *pies en la poesía clásica.*

dimiario (de «di-[2]» y «mio-», del gr «mŷs, myós», músculo y, primitivamente, ratón) adj. y n. m. Zool. *Se aplica a los *moluscos bivalvos que tienen dos músculos aductores para cerrar las valvas; como las almejas.*

diminuecer (de «di-[1]» y el lat. «minuiscĕre»; ant.) intr. **Disminuir.*

□ Conjug. como «agradecer».

diminuir (del lat. «diminuĕre») tr. **Disminuir.*

diminutamente **1** adv. *Escasamente.* **2** *Menudamente, por menor.*

diminutivamente adv. *En forma diminutiva.*

diminutivo, -a (del lat. «diminutīvus») **1** adj. Se aplica a lo que disminuye o hace más pequeña o menos importante una cosa. **2** adj. y n. m. Gram. Se aplica a las palabras modificadas de alguna manera para que expresen pequeñez o poca importancia, poca intensidad, etc., de las cosas designadas o calificadas por ellas, o afecto hacia ellas. ⊙ Gram. También, a los sufijos cuya función básica es realizar esta modificación de significado. ⇒ Apénd. II, diminutivo.

diminuto, -a (del lat. «diminūtus») **1** adj. *Falto de algo que completa o perfecciona; *defectuoso.* **2** Muy *pequeño: 'Un grano diminuto'. ≃ Insignificante.

dimir (del lat. «demĕre», sacar; Ast.) tr. *Echar al suelo con pértigas el ↘fruto de los nogales, castaños, etc.* ⇒ *Recolección.

dimisión f. Acción de dimitir.

dimisionario, -a adj. y n. Se aplica a la persona que acaba de dimitir.

dimisorias (del lat. «dimissorĭas littĕras») adj. y n. f. pl. *Permiso que dan los *obispos a sus súbditos para que puedan recibir las órdenes de otro obispo.* ⇒ Reverendas.

dimitente adj. y n. *Dimisionario.*

dimitir (del lat. «dimittĕre»; «de») intr. Comunicar alguien a la autoridad correspondiente o a las personas a quien corresponde el nombramiento, su decisión de abandonar cierto cargo que desempeña: 'Ha dimitido de presidente de la comisión'. ⊙ Con el nombre del cargo, se usa como transitivo: 'Dimitir la presidencia'. ⇒ *Empleo.

dimorfismo **1** m. Mineral. *Posibilidad de cristalizar una sustancia en dos sistemas distintos.* **2** Biol. Fenómeno de presentar una especie *animal o vegetal dos formas diferentes; por ejemplo, para el macho y la hembra, o, entre los que viven en colonias, como las abejas, para los individuos que realizan funciones distintas.

dimorfo, -a (de «di-[2]» y «-morfo») adj. Biol., Mineral. *Se aplica a la sustancia o ser vivo que presenta dimorfismo.*

din (de «dinero», por semejanza con «don»; hum.) m. *Dinero. Se usa en frases en que se contrapone a «don», representando con esta palabra de tratamiento la nobleza o distinción de las personas: 'Poco hará con el don sin el din'.

DIN (sigla del al. «Deutsche Industrie Normen») **1** m. Fot. Escala de sensibilidad de las emulsiones fotográficas. ⇒ ASA. **2** Agráf. Formato normalizado para los diversos tamaños de hojas de papel; por ejemplo, DIN-A4.

dina (del gr. «dýnamis», fuerza) f. FÍS. Unidad de fuerza en el sistema cegesimal, equivalente a la *fuerza necesaria para comunicar a la masa de 1 gr una aceleración de 1 cm/s, en cada segundo; 981 dinas equivalen a 1 gr de peso.

dinacho (de or. araucano; Chi.; *Gunnera chilensis)* m. **Planta gunnerácea cuyos tallos, si se entierran en la arena, se ponen tiernos y son de gusto delicado.*

dinam- (var., «dinamo-») Elemento prefijo del gr. «dýnamis», fuerza, usada en palabras científicas: 'adinamia'.

dinamarqués, -a adj. y n. *Danés.*

dinamia (del gr. «dýnamis», fuerza) f. FÍS. *Unidad antigua de *fuerza equivalente a la necesaria para elevar un quilo a un metro de altura en un tiempo determinado.*

dinámica (del gr. «dynamikḗ») **1** f. Parte de la *mecánica que se ocupa de los movimientos y las fuerzas que los producen. **2** Conjunto de fuerzas que determinan el modo de producirse un hecho: 'Las negociaciones han entrado en una peligrosa dinámica de intransigencia'.

DINÁMICA DE GRUPO[S]. En sociología y psicología, conjunto de normas que rigen la conducta de un determinado grupo humano.

dinámico, -a 1 adj. De [o del] *movimiento o de la dinámica. ⊙ Se aplica a lo que produce movimiento. **2** Se aplica a la persona con tendencia a hacer o emprender cosas. ≃ Activo, emprendedor. ⊙ Se aplica a lo que muestra cambio, movimiento, actividad: 'Una sociedad dinámica. Un proceso dinámico'.

dinamismo 1 m. Cualidad de dinámico (activo). ≃ *Actividad. **2** FIL. *Doctrina que considera el mundo físico como constituido únicamente por fuerzas.*

dinamita (del fr. «dynamite», palabra creada por su inventor, el sueco A. Nobel, sobre el gr. «dýnamis», fuerza) **1** f. Mezcla explosiva hecha principalmente con nitroglicerina. **2** (inf.; n. calif.) Persona o cosa capaz de causar un gran impacto: 'Esa chica es pura dinamita'. ⇒ *Impresión.

dinamitar 1 tr. Volar ↘algo con dinamita. **2** Puede usarse en sentido figurado: 'Los últimos escándalos han dinamitado la confianza que tenían depositada en él'.

dinamitazo m. **Explosión de dinamita.*

dinamitero, -a n. Revolucionario que usa la dinamita para cometer atentados. ⇒ *Terrorista.

dinamizar tr. Hacer que ↘algo tenga dinamismo.

dínamo o **dinamo** (del gr. «dýnamis», fuerza, a través del fr.) f. FÍS. Máquina que transforma la energía mecánica en eléctrica, o a la inversa, por medio de un electroimán. ⇒ Colector, delga, electroimán, inducido, segmento de colector. ➤ *Generador.

dinamo- V. «dinam-».

dinamoeléctrico, -a adj. FÍS. Se aplica a la máquina llamada «dínamo».

dinamómetro (de «dinamo» y «-metro») m. FÍS. Aparato para medir fuerzas.

dinar (del ár. «dīnār», del lat. «denarĭus») **1** m. *Moneda árabe antigua, de oro, que se acuñó desde el siglo VII, cuyo peso era de poco más de 4 gr. **2** *Moneda de la antigua Yugoslavia y de distintos países árabes. **3** *Moneda imaginaria persa.

dinarada (ant.) f. *Dinerada.* ⊙ *Cantidad de comida que se compraba con un dinero.*

dinasta (del lat. «dynasta», del gr. «dynástēs») m. **Soberano que reinaba bajo la dependencia de otro.*

dinastía (del gr. «dynasteía», de «dynástēs») **1** f. Serie de *reyes o soberanos de un país, pertenecientes a la misma familia. ⇒ Abadí, carlovingio [o carolingio], hamudí, merovingio, gran MOGOL, nazarí [o nazarita], seléucida, selyúcida. ➤ Jerife. ➤ Legitimista, orangista. ➤ Antidinástico. **2** Por extensión, *familia en que cierta función o representación, un nombre propio, etc., se va transmitiendo de padres a hijos: 'La dinastía de los Rotschild. El quinto Pepe de la dinastía.'

dinástico, -a adj. De [la o una] dinastía: 'Cuestión dinástica'.

dinastismo m. *Adhesión a cierta dinastía.*

dinerada 1 f. Dineral. **2** **Moneda antigua, equivalente al maravedí de plata.*

dineral 1 m. Mucho dinero: 'Se ha gastado un dineral en la boda de su hija'. ≃ Dinerada, dinarada, dineralada. **2** *Juego de pesas con las que se comprobaba el peso de las *monedas.* **3** (ant.; Ar.) *Medida con que se media el *vino que se daba en las tabernas por un dinero.* ⊙ (ant.; Ar.) *Medida semejante para el *aceite.*

dineralada f. *Dineral.*

dinerillo 1 m. Dim. jocoso de «dinero»: 'El abuelo tiene su dinerillo'. **2** **Moneda antigua de vellón, distinta en Aragón y Valencia.* ≃ *Ramillo.*

LOS DINERILLOS DEL SACRISTÁN... V. «los DINEROS del sacristán...».

dinero (del lat. «denarĭus») **1** m. Nombre de distintas *monedas. ⊙ Denario romano: 'Judas vendió a Jesucristo por treinta dineros'. ⊙ *Moneda de plata y cobre usada en Castilla en el siglo XIV, equivalente a dos cornados.* ⊙ *Moneda de plata del Perú.* ⊙ (Ar.) *Ochavo.* ⊙ *Penique.* **2** **Peso de 4 granos, equivalente a 11,52 gr, que se utilizaba antiguamente para pesar monedas y objetos de plata.* **3** Conjunto de monedas corrientes: 'Un montón de dinero'. ⊙ Cantidad expresada en monedas: 'Diez pesetas es poco dinero'. ⊙ Cosas de valor convertibles en dinero: 'Tiene mucho dinero en acciones y fincas'.

DINERO CONTANTE [Y SONANTE]. DINERO en efectivo.

D. EN EFECTIVO. El que se tiene en monedas, papel moneda o valores que circulan como éstos en las transacciones.

D. MENUDO [O SENCILLO]. *DINERO suelto.*

D. NEGRO. El que no se declara a Hacienda.

D. SUELTO. Conjunto de monedas de poco valor con que se puede pagar una cosa sin tener que recibir vueltas.

¡ADIÓS MI DINERO! *Exclamación de *susto, o de sorpresa que causa *disgusto.*

DE DINERO. Expresión calificativa equivalente a «*rico».

DE DINEROS Y BONDAD, QUITA SIEMPRE LA MITAD [O DE DINERO Y CALIDAD, LA MITAD DE LA MITAD]. Refranes con que se comenta lo que suele *exagerarse cuando se habla de la riqueza de alguien.

DINERO LLAMA DINERO. Expresión con que se comenta el hecho de que cuanto mayores son las riquezas de alguien más fácil es aumentarlas. ⇒ *Rico.

DINEROS SON CALIDAD. Expresión que significa que el dinero da respetabilidad, *prestigio y categoría, aunque no se tengan por otras causas.

ESCASO DE DINERO. Mal de DINERO.

HACER DINERO. Acumular riquezas, hacerse rico.

LOS DINEROS [O DINERILLOS] DEL SACRISTÁN CANTANDO SE VIENEN Y CANTANDO SE VAN. Significa que el dinero que se gana sin esfuerzo, se gasta de cualquier manera.

MAL DE DINERO («Andar, Estar»). Escaso de dinero. ⇒ *Dinero. ➤ *Apurado.

PODEROSO CABALLERO ES DON DINERO. Expresión con que se pondera lo mucho que se puede conseguir con dinero.

V. «PODRIDO de dinero».

□ CATÁLOGO

Raíces cultas, «er-, pecun-»: 'aderar, erario; pecunia, pecuniario'. ➤ Argén, argent, ahorros, alfileres, blanca, bolsa, bolsillo, una cantidad, capital, cash-flow, caudal, chaucha, china, chipe, cuartos, cuatro CUARTOS, cumquibus, din, DINERO negro, economías, efectivo, felús, fondos, fortuna, gato, guelte, gueltre, guita, lana, liquidez, líquido, lupia, luz, metálico, moni, monises, morusa, mosca, níquel, numerario, numo, oro, pelas, parné, pasta, peculio, pecunia, pella, perras, plata, ruche, una suma, talega, talego, un tanto, trigo, viruta. ➤ Canchal, dinarada, dinerada, dineral, dineralada, doblonada, PASTA gansa, platal, un potosí. ➤ VALORES declarados. ➤ Asignado, BILLETES de banco, calderilla, chatarra, MASA monetaria, *moneda, MONEDA fraccionaria, MONEDA imaginaria, papel, PAPEL moneda, TARJETA de crédito, TARJETA de débito, vuelta, vuelto. ➤ Menudo, sencillo, suelto. ➤ CIRCULACIÓN fiduciaria. ➤ DARES y tomares. ➤ Crematística, finanzas, *hacienda. ➤ Contante, CONTANTE y sonante, en efectivo. ➤ Achocar, *ahorrar, apalear, apoquinar, aprestar, aprontar, blanquear, cambiar, costar, dedicar, depositar, desembolsar, despender, destinar, devolver, disponer de, emplear, entregar, estirar, EVADIR capitales, *gastar, girar, cerrar [o cortar] el GRIFO, HACER dinero, impender, imponer, ingresar, invertir, lavar, hacer LLEGAR, meter, montar, *obtener, pagar, percibir, prestar, rascarse el BOLSILLO, recibir, reembolsar[se], remitir, retirar, *robar, sacar, situar, soltar, *sonsacar, volver. ➤ *Colecta, postular. ➤ Estar en FONDOS, no andar SOBRADO. ➤ Escarmenar, estezar. ➤ Crédito, débito, *deuda, préstamo. ➤ Cuota, derechos, honorarios, jornal, LISTA civil, paga, *propina, remuneración, *retribución, *sueldo. ➤ Asignación, beca, cuota, importe, *pensión, precio, remesa. ➤ Cajero, depositario, numulario, tesorero. ➤ Arca, caja, CAJA fuerte, hucha, limosnera, portamonedas. ➤ Al contado. ➤ De boquilla. ➤ Catitear. ➤ Achuchado, alcanzado, *apurado, arruinado, atingido, atrasado, ni [o sin] cinco CÉNTIMOS, ni [o sin] un CÉNTIMO, ni [o sin] chapa, ni [o sin] un CHAVO, ni [o sin] un CUARTO, con el CULO a rastras, escaso [o mal] de DINERO, *empeñado, escaso [o mal] de FONDOS, ni [o sin] un OCHAVO, ni [o sin] una PERRA [una PERRA chica o una PERRA gorda], ni [o sin] una PESETA, *pobre, ni sin [o un] REAL, retrasado, tieso, a dos VELAS, a VERLAS venir. ➤ No tener [o no dar] ni para PIPAS. ➤ Apuro, arranquera, atrasos, CIRCUNSTANCIAS difíciles, escasez, estrechez, SITUACIÓN apurada. ➤ CABALLO blanco. ➤ Los DUELOS con pan son menos. ➤ Adinerado, dineroso, sacadineros. ➤ *Acomodado. *Bienes. *Cobrar. *Comercio. *Cuenta. *Economía. *Gastar. *Moneda. *Negocio. *Pagar. *Pobre. *Rico.

dineroso, -a (de «dinero») adj. **Rico.*

dingo *(Canis dingo)* m. Mamífero cánido de pelaje amarillento o rojizo, que habita en Australia.

dingolondango (¿de or. expresivo?) **1** (inf.; gralm. pl.) m. **Caricia o *zalamería.* **2** (Ar.) *Expresión con que se describe el movimiento de una cosa *colgante o se alude a él.*

dino- Elemento prefijo del gr. «deinós», terrible, usada en compuestos científicos: 'dinornis, dinosaurio, dinoterio'.

dino, -a (ant.) adj. *Digno.*

dinornis (de «dino-» y el gr. «órnis», pájaro) m. *Ave prehistórica, especie de avestruz gigantesco.* ⇒ *Fósil.

dinosaurio (de «dino-» y «-saurio») m. Nombre dado a los reptiles de cierto género de saurios *fósiles, al que pertenece, por ejemplo, el diplodoco.

dinoterio (de «dino-» y «-terio») m. Paquidermo del periodo mioceno, semejante a un *elefante gigantesco.

dintel (de «lintel») m. ARQ. Parte superior del hueco de las *puertas y *ventanas, formada por una pieza que se apoya sobre las jambas. ≃ Cargadero, cargo, cumbrera, entera, lintel, sobrecejo.

dintorno (del it. «dintorno», de «d'intorno», de entorno) m. ARQ., DIB. *Delineación de las partes situadas en el interior del contorno de una figura, de un plano, etc.*

diñar (de or. caló) DIÑARLA (inf.). *Morirse.

diocesano, -a adj. De [la] diócesis. ⊙ adj. y n. Se aplica al obispo con diócesis.

diócesis o, menos frec., **diócesi** (del lat. «dioecēsis», del gr. «dioíkēsis») f. Territorio a que se extiende la jurisdicción de un *obispo o arzobispo. ≃ Sede. ⇒ Mitra. ➤ Archidiócesis, arquidiócesis. ➤ Suburbicario. ➤ *Obispo. ➤ CURIA diocesana.

diodo (de «di-²» y «odo¹») m. ELECTR. Tubo termoiónico de dos electrodos cuya diferencia de potencial origina un flujo de electrones. Se usa como rectificador de corriente. ⇒ Fotodiodo.

dioico, -a (de «di-²» y el gr. «oîkos», casa) adj. BOT. Se aplica a las *plantas que tienen las *flores de cada *sexo en pies separados. ⇒ Diecio.

dionea *(Dionaea muscipula)* f. *Planta droserácea cuyas hojas se pliegan al contacto de los insectos, a los que aprisionan en esta forma. ⇒ Atrapamoscas.

dionisia (del lat. «dionysĭas», de «Dionȳsus», el dios Baco) f. *Piedra a que aluden los antiguos, negra salpicada de manchas rojas, capaz de dar sabor de vino al agua y, por ello, remedio contra la borrachera.*

dionisíaco, -a o **dionisiaco, -a** **1** adj. MIT. De Dionisos, dios griego del *vino y la borrachera. ⇒ Bacante, ménade. ➤ Tirso. ➤ Ditirambo, tragedia. **2** FIL. En la obra de Nietzsche, por oposición a «apolíneo», se aplica a todo lo relativo a la dimensión instintiva o irracional del hombre.

dioptra (del lat. «dioptra», del gr. «dióptra», instrumento óptico para medir distancias) **1** f. *Pínula (cierto accesorio de los instrumentos topográficos y astronómicos).* **2** *Alidada: regla con pínulas en ambos extremos, que forma parte de los instrumentos astronómicos y topográficos.*

dioptría (del fr. «dioptrie», del gr. «dia-» y la raíz «op-», ver) f. ÓPT. Unidad de medida del poder refringente de las lentes. Expresa también el grado de defecto de un ojo, por el número de dioptrías con que hay que corregirlo: 'Tres dioptrías de miopía'.

dióptrica (del gr. «dioptrikḗ») f. *Parte de la óptica que trata de los fenómenos de refracción.*

dióptrico, -a adj. *De la dióptrica o de la refracción de la luz.*

diorama (de «dia-» y «-orama») m. *Cosmorama hecho con superficies transparentes pintadas por las dos caras, de modo que, según desde donde se iluminen, el espectador ve cosas distintas. ⇒ *Espectáculo.

diorita f. Roca eruptiva compuesta esencialmente de plagioclasas y piroxenos.

dios, -a (del lat. «deus») **1** Ser sobrenatural al que se rinde culto. ≃ Deidad, divinidad. ⊙ n. p. m. Ser supremo de la religión cristiana. ⊙ n. **2** Persona destacada en una actividad a la que se quiere o admira ciegamente.

DIOS ESPÍRITU SANTO. Tercera persona de la Santísima *Trinidad.

D. HIJO. Segunda persona de la Santísima *Trinidad.

D. HOMBRE. *Jesucristo.

D. PADRE. Primera persona de la Santísima *Trinidad.

¡A DIOS! ¡Adiós!

A DIOS GRACIAS. Afortunadamente. ≃ GRACIAS a Dios. ⇒ *Suerte.
¡A DIOS, MADRID! ¡Adiós MADRID!
¡A DIOS, MADRID, QUE TE QUEDAS SIN GENTE! ¡Adiós, MADRID, que te quedas sin gente!
¡A DIOS MI DINERO! ¡Adiós mi DINERO!
A DIOS ROGANDO Y CON EL MAZO DANDO. Frase con que se recomienda que no se *abandone a la ayuda de otros lo que uno puede hacerse por sí mismo.
A LA BUENA DE DIOS. Al *azar; sin preparación o sin plan. ⊙ De cualquier *modo.
¡ALABADO SEA DIOS! **1** Expresión de saludo empleada al entrar en un sitio; se emplea todavía entre religiosos y en los pueblos. **2** Exclamación de *conformidad. **3** V. «¡Dios!».
V. «ALMA de Dios».
AMANECER DIOS. *Amanecer.
V. «por AMOR de Dios».
¡ANDA [ANDE USTED, etc.] CON DIOS! V. «ir con DIOS».
ARMARSE LA DE DIOS ES CRISTO. Armarse un alboroto o *jaleo muy grande.
¡AY, DIOS! V. «¡Dios!».
BENDECIR DIOS. V. «que DIOS te [le, etc.] bendiga».
V. «BENDICIÓN de Dios».
¡BENDITO SEA DIOS! V. «¡Dios!».
¡BENDITO Y ALABADO SEA DIOS! V. «¡Dios!»
BIEN SABE DIOS QUE... Expresión muy frecuente con que se asegura la certeza de algo que se *afirma: 'Bien sabe Dios que lo siento'.
CADA UNO ES COMO DIOS LE HA HECHO. Expresa que hay que ser comprensivo y aceptar a cada persona como es. ⇒ Tolerancia.
V. «Dar al CÉSAR lo que es del césar y a Dios lo que es de Dios».
CLAMAR A DIOS una cosa. Ser una gran injusticia o crueldad y merecedora de *castigo: 'El estado de esas criaturas clama a Dios'. ≃ Clamar al CIELO.
COMO DIOS (inf.; «Estar, Vivir»). Muy bien: 'En ese trabajo está como Dios'.
COMO DIOS LE DA a alguien A ENTENDER. Aplicado a la manera de hacer una cosa que resulta difícil de hacer, *arreglándoselas como uno puede.
COMO DIOS MANDA. Con referencia a cosas que se hacen, *bien. ≃ Debidamente.
COMO HAY. DIOS Fórmula de juramento con que se enfatiza una afirmación. ⇒ *Afirmar.
¡CON DIOS! En algunos sitios, por ejemplo en los pueblos, y algunas personas, lo dicen en vez de «¡adiós!»
COSTAR algo DIOS Y AYUDA. Costar mucho *trabajo o *esfuerzo.
CUANDO DIOS QUIERA. Expresión con que se señala la realización de una cosa para un tiempo que el que habla no puede determinar: '¿Cuándo lo acabarás? —Cuando Dios quiera'.
CUANDO DIOS QUIERE, CON TODOS LOS AIRES [O CON TODOS LOS VIENTOS, SIN NUBES, ESTANDO RASO, etc.] LLUEVE. *Expresa que nada es imposible y que, aunque una cosa sea improbable, puede ocurrir; o que no hay que desanimarse de que ocurra cierta cosa que se desea, aunque no haya señales de ella.* ⇒ *Esperanza, *posible.
DAR A DIOS. Dar la *comunión.
DE DIOS ABAJO. Por debajo de Dios; en frases como 'No temo a *nadie, de Dios abajo'.
DE MENOS NOS HIZO DIOS. *Expresión con que se indica que cualquier cosa o medio que se tiene por insuficiente puede bastar para la cosa de que se trata. O bien que no hay por qué desechar la posibilidad de que alguien consiga cierta cosa, aunque parezca superior a su condición.* ⇒ *Esperanza, *suficiente.

V. «el DEDO de Dios».
DEJADO DE LA MANO DE DIOS. Completamente abandonado a su suerte: 'Es una comarca dejada de la mano de Dios'. ⇒ *Abandonar.
DEJAR DIOS DE SU MANO a alguien. Se dice cuando la persona de que se trata obra de una manera *imprudente y desacertada.
¡DIOS! Solo o en las frases exclamativas «alabado sea Dios, bendito sea Dios, bendito y alabado sea Dios, Dios mío, Dios santo, santo Dios, válgame Dios» y quizás alguna otra, es exclamación frecuentísima con que se muestra, *susto, sorpresa que produce *disgusto o *alegría, etc.
DIOS APRIETA PERO NO AHOGA. Expresión de sentido claro. ⇒ *Remedio.
DIOS CASTIGA Y SIN PALO. Expresión usada como vaticinio, o como comentario, cuando a alguien le ocurre una desgracia que se interpreta como *castigo en relación con algo malo que ha hecho.
DIOS DA PAÑUELO AL QUE NO TIENE MOCOS [O DIOS DA NUECES AL QUE NO TIENE MUELAS Y MUELAS AL QUE NO TIENE NUECES]. Comentario que se hace cuando alguien tiene una cosa que no sabe o no puede disfrutar y que otro disfrutaría y no tiene. ⇒ *Incongruente.
DIOS DIRÁ. Expresión con que se *confía al futuro y a la voluntad divina el resultado dudoso de algo: 'Hemos hecho lo que hemos podido; ahora, Dios dirá'.
DIOS LO QUIERA. Expresión con que se contesta a alguien que augura o *desea algo bueno. ≃ Quiera DIOS.
DIOS LOS CRÍA Y ELLOS SE JUNTAN. Expresión informal con que se comenta el que estén o vayan juntas o se avengan bien personas que tienen los mismos defectos o viven de la misma manera censurable. ⇒ *Semejante.
DIOS ME ENTIENDE. Frase con que se expresa que algo que se ha dicho es *razonable o justificado aunque, por no saber o no poder expresarlo con toda claridad, no lo parezca.
DIOS ME PERDONE, PERO... Introducción que suele hacer alguien que va a exponer una sospecha o un *juicio aventurado sobre una cosa o una persona.
DIOS ME [TE, etc.] TENGA DE SU MANO. Petición de *ayuda a Dios para uno mismo o para otro, cuando se prevé un *peligro. ⇒ ¡DIOS nos asista!
DIOS MEDIANTE. Expresión piadosa muy frecuente, equivalente a «si Dios quiere», que se intercala en el enunciado de un *proyecto: 'Llegaremos el sábado, Dios mediante'. ⇒ *Anunciar.
¡DIOS MÍO! Exclamación de *queja por un padecimiento físico o moral.
¡DIOS NOS ASISTA! Exclamación con que se invoca la *ayuda divina en un trance difícil o doloroso. ≃ ¡DIOS nos tenga de su mano!
DIOS NOS COJA CONFESADOS. Expresión, generalmente jocosa, con que se manifiesta *miedo por las consecuencias de un acto que se juzga disparatado o por algo fastidioso o pesado que se ve sobrevenir: 'Por allí viene doña Pepita ¡Dios nos coja confesados!'
DIOS NOS TENGA [DE SU MANO]. DIOS me tenga de su mano.
¡DIOS QUIERA! Exclamación de *miedo de que sobrevenga algún percance o desgracia, por ejemplo como consecuencia de una cosa que se hace o intenta.
¡DIOS QUIERA QUE...! Exclamación de *deseo. ≃ ¡Quiera DIOS que...!
¡DIOS SABE! **1** Exclamación de intranquilidad. **2** Exclamación de *duda o de incredulidad.
¡DIOS SANTO! V. «¡Dios!»
DIOS [O QUE DIOS] TE [LE, etc.] BENDIGA. Expresión muy frecuente de agradecimiento humilde o de bendición.

DIOS [O QUE DIOS] TE [LE, etc.] GUÍE. Bendición con que se despide cariñosamente a alguien o se le deja entregado a una empresa.

DIOS [O QUE DIOS] TE [LE, etc.] OIGA. Expresión con que se manifiesta *deseo de que se cumpla un buen deseo o augurio de alguien.

DIOS [O QUE DIOS] TE [SE, etc.] LO PAGUE. Expresión de agradecimiento humilde.

DIOS TE [SE, etc.] LA DEPARE BUENA. Expresión informal e irónica de bendición o buen deseo dirigida a alguien que se ha metido en una empresa o asunto del que no tiene probabilidades de salir bien.

ESTAR alguien CON DIOS. Gozar de DIOS.

ESTAR DE DIOS una cosa. Generalmente en tiempo pasado, significa que la cosa de que se trata, buena o mala, estaba dispuesta por la Providencia o por el *destino y era inevitable que ocurriera.

GOZAR DE DIOS. Estar en el cielo. ≃ Estar con DIOS. ⇒ *Bienaventurado.

V. «en GRACIA de Dios, la GRACIA de Dios, GRACIAS a Dios, por la GRACIA de Dios, HIJO de Dios, ¡IRA de Dios!»

IRSE BENDITO DE DIOS [IRSE MUCHO CON DIOS O IRSE CON DIOS]. Expresiones con que se alude con *enfado o mostrando sensación de *alivio a la *marcha de alguien: 'Por fin se fue bendito de Dios'. Generalmente, se usa en imperativo: '¡Vaya bendito de Dios y no vuelva más por aquí!'.

IRSE MUCHO CON DIOS. V. «irse bendito de DIOS».

V. «¡JESÚS Dios mío!, JUICIO de Dios, LEY de Dios».

LA DE DIOS ES CRISTO. V. «armarse la de Dios es CRISTO».

LLAMAR alguien A DIOS DE TÚ. Ser muy atrevido y tratar con *familiaridad *irrespetuosa o con insolencia a personas de elevada categoría.

LLAMAR DIOS [A JUICIO, A SU SENO] a alguien. *Morirse.

LLAMAR DIOS a alguien POR ESE CAMINO [O POR EL CAMINO DE...] (usada gralm. en frases negativas). *Tener *aptitud o *vocación para la cosa de que se trata:* 'A esa chica no la llama Dios por el camino del arte'.

LO QUE DIOS QUIERA. Frase piadosa de significado claro.

V. «MADRE de Dios».

MALDITA DE DIOS LA COSA (en frases negativas o de sentido negativo). *Nada absolutamente: 'No me importa maldita de Dios la cosa'.

V. «dejado de la MANO de Dios».

MÁS VALE UN POR SI ACASO QUE UN VÁLGAME DIOS. Expresión popular de significado claro.

V. «MINISTRO de Dios».

NECESITARSE DIOS Y AYUDA para hacer cierta cosa. Ser esa cosa muy *difícil o *trabajosa.

NI DIOS (inf.). *Nadie.

NO LLAMAR DIOS a alguien POR ESE CAMINO. V. «llamar Dios por ese camino».

¡NO QUIERA DIOS! Exclamación muy frecuente de deseo negativo.

V. «en el NOMBRE de Dios».

OFENDER A DIOS. *Pecar. ⊙ Particularmente, *quejándose sin motivo.

V. «PALABRA de Dios».

¡PAR DIOS! *¡Por Dios!*.

V. «a la PAZ de Dios, en PAZ de Dios, en PAZ y en gracia de Dios».

¡PERMITA DIOS...! ¡Quiera DIOS...!

PIDE [PIDAMOS, etc.] A DIOS QUE NO TE [NOS, etc.] DE TODO LO QUE PUEDES [PODEMOS, etc.] LLEVAR. Expresión de significado claro.

¡PLEGA [O PLEGUE] A DIOS...! *¡Quiera Dios...!*

PONER A DIOS POR TESTIGO DE algo. Jurar o invocarle como *testigo, bien con esa misma frase, bien con otra, como «bien sabe Dios, que venga Dios y lo vea», etc.

PONERSE A BIEN CON DIOS. *Confesarse.

POR DIOS. Expresión con que se acompaña una súplica. ⊙ Por ejemplo, los mendigos (pordioseros) para *pedir limosna.

¡POR DIOS! Exclamación de *protesta o de oposición a algo que otro dice o hace: '¡Por Dios, mujer, no lo tomes así!' ⊙ Particularmente, de protesta amable ante las manifestaciones de gratitud de alguien: 'No sé cómo darle las gracias. —¡Por Dios, no tiene importancia!'.

QUE DIOS TE [LE, etc.] BENDIGA [GUÍE, TENGA DE SU MANO, etc.]. V. «DIOS te bendiga», etc.

QUE SEA LO QUE DIOS QUIERA. Expresión con que se *confía a la voluntad de Dios el resultado, de algo que se ha decidido hacer o que está en marcha. ≃ Sea lo que Dios quiera.

QUE VENGA DIOS Y LO VEA. Expresión con que se pone a Dios por *testigo de algo que se *afirma o con que se expresa con enfado que algo que otro niega es muy patente.

¡QUIERA DIOS! DIOS lo quiera.

QUIERA DIOS QUE... ! Exclamación de *deseo. ≃ ¡Ojalá!, permita DIOS, plega [o plegue] a DIOS. ⊙ Seguido de «no» o «que no» es exclamación muy frecuente de temor: '¡Quiera Dios no haya ocurrido alguna desgracia!'. ⇒ ¡DIOS quiera!, ¡DIOS quiera que...!

RECIBIR A DIOS. *Comulgar.

V. «REINO de Dios».

¡SABE DIOS! DIOS sabe.

¡SANTO DIOS! V. «¡DIOS!»

SEA LO QUE DIOS QUIERA. Que sea lo que DIOS quiera.

V. «SEÑOR Dios de los ejércitos».

SI DIOS NO LO REMEDIA. Frase con que se *anuncia un suceso desgraciado o desagradable.

SI DIOS QUIERE. Expresión piadosa que se intercala en la exposición de un proyecto o esperanza; también, después de una despedida: '¡Hasta mañana, si Dios quiere!'

¡SI DIOS QUISIERA...! Expresa *deseo vehemente de que ocurra la cosa de que se trata.

V. «SIERVO de Dios».

SIN ENCOMENDARSE A DIOS NI AL DIABLO Frase muy frecuente que significa «irreflexivamente, sin tomar precauciones».

V. «TEMOR de Dios».

TENER DIOS a alguien DE SU MANO. Guiarle y protegerle. Se emplea especialmente en frases de *deseo para uno mismo o para otro.

TENTAR alguien A DIOS. Intentar imprudentemente algo muy peligroso o expuesto o repetir con insistencia una acción en que hay riesgo.

TODO DIOS (inf.). Toda la *gente. ≃ Todo CRISTO, todo el MUNDO.

¡TODO SEA POR DIOS! **1** Expresa *conformidad con una desgracia o un contratiempo. **2** ¡Vaya por DIOS!

V. «TRIBUNAL de Dios».

¡VÁLGAME DIOS! **1** «¡Dios!» ≃ Válgate DIOS. **2** ¡Vaya por DIOS! **3** Se antepone también a alguna frase ponderativa para acentuarla: '¡Válgame Dios, qué hermosa es!'

VÁLGATE DIOS *¡Válgame Dios!*

VAYA [VE, etc.] BENDITO DE DIOS, VAYA CON DIOS O VAYA MUCHO CON DIOS. V. «irse con DIOS».

¡VAYA POR DIOS! **1** Exclamación de *disgusto ante algún percance o noticia desagradable. ⊙ También, de dolor, *compasión o *lástima por alguna desgracia o cosa desagradable que le sucede a otro. **2** Exclamación de *conformidad.

VENIR DIOS A VER a alguien. Se dice cuando a la persona de que se trata le ocurre una ventura inesperada. ⇒ *Feliz. V. «VENTURA te dé Dios... , VICARIO de Dios».

¡VETE BENDITO DE [o MUCHO CON] DIOS! V. «irse bendito de DIOS».

¡VIVE DIOS! [o ¡VOTO A DIOS!]. Exclamaciones desusadas de *enfado o *cólera.

□ CATÁLOGO

Otras formas de la raíz, «de-[dei-], div-, teo-»: 'deal, deicida, deificar, deísmo; adivinar, divinal, divinamente, divinidad, divinizar, divino, divo; ateísta, ateo, monoteísmo, panteísmo, politeísmo, teísmo, teocracia, teogonía, teosofía, teología'. ➤ Dea, deesa, deidad, divinidad, Eón, numen. ➤ El Altísimo, CAUSA prima, Cielo, Creador, Criador, Cristo, demiurgo, Divinidad, ESPÍRITU Santo, el Eterno, Sumo [o Supremo] HACEDOR, Jehová, *Jesucristo, Jesús, Su Divina MAJESTAD, Omnipotente, PADRE celestial, Providencia, La Divina PROVIDENCIA, el Salvador, el SEÑOR, SEÑOR [o Señor Dios] de los ejércitos, el SER Supremo, Tetragrámaton, el Todopoderoso. ➤ Aseidad, el DEDO de Dios, encarnación, eternidad, increado, inmensidad, justicia, misericordia, omnipotencia, omnipresencia, omnisapiencia, omnisciencia, ubicuidad. ➤ Adorar, alabar, amar, consagrar, contemplación, rendir *CULTO, dedicar, *devoción, éxtasis, glorificar, honrar, impetrar, latría, mística, ofrecer, pedir, *rogar, sacrificar, temer, venerar. ➤ Apoteosis. ➤ Creación, criaturas, oráculo, revelación. ➤ *Mística. ➤ Agnosticismo. ➤ Antropomorfismo. ➤ A su IMAGEN y semejanza. ➤ Endiosar. ➤ Deípara. ➤ Semidiós. ➤ *Mitología. *Religión. *Teología.

dioscoreáceo, -a (de «Dioscórides», célebre médico griego) adj. y n. f. BOT. *Se aplica a ciertas *plantas, principalmente tropicales, que son hierbas perennes o arbustos trepadores, con tubérculos o rizomas utilizados como alimento, como el ñame.* ⊙ f. pl. BOT. *Familia que forman.*

diosma (del gr. «dîos», divino, y «osmḗ», fragancia; *Diosma uniflora)* f. *Planta rutácea muy aromática que se cultiva en los jardines en la Argentina.

dioso, -a (de «día»; ant.) adj. *Viejo.*

diostedé (de «Dios te dé», palabras que parece decir esta ave al cantar; América Meridional; varias especies del género *Rhamphastos)* m. **Ave trepadora, de unos 45 cm de longitud, con el pico como de 15 cm; es de color negro y amarillo.*

dióxido (de «di-²» y «óxido») m. QUÍM. Compuesto formado por dos átomos de oxígeno y uno de un elemento no metálico.

DIÓXIDO DE CARBONO. QUÍM. ANHÍDRIDO carbónico.

dioxina (n. comercial, abrev. de «dibenzodioxina») f. QUÍM. Sustancia tóxica que procede de la elaboración de ciertos herbicidas y bactericidas.

dipétalo, -a adj. BOT. Se aplica a las *flores cuya corola tiene dos pétalos, y también a la misma *corola. ⇒ Dímero.

diplo- Elemento prefijo del gr. «diplóos», doble, usado en palabras científicas.

diploclamídea adj. V. «FLOR diploclamídea».

diplococo (de «diplo-» y el gr. «kókkos», grano) m. BIOL. *Nombre aplicado a las *bacterias redondeadas que se agrupan de dos en dos.*

diplodoco o **diplodocus** (de «diplo-» y el gr. «dokós», estilete) m. Dinosaurio de enorme tamaño, con la cola y cuello muy largos, y la cabeza pequeña. ⇒ *Fósil.

diploide (de «diplo-» y «-oide») adj. BIOL. Se aplica a la célula, individuo o núcleo cuyos cromosomas se agrupan por parejas.

diploma (del lat. «diplōma», del gr. «díploma», tablilla o papel doblado en dos, de «diplóō», doblar) **1** m. *Documento solemne, por ejemplo un privilegio, extendido por un soberano, con su sello y armas. **2** *Documento extendido con firmas, sellos y demás formalidades, cuidadosamente escrito o impreso, en que se hace constar la concesión de un título, un premio, etc.

diplomacia (de «diploma») **1** f. Arte de conducir las relaciones oficiales entre naciones. **2** Conjunto de personas y organismos que intervienen en esas relaciones y de su actividad. **3** *Habilidad para *tratar con otras personas, de modo que uno consigue lo que quiere de ellas, dejándolas a la vez contentas. ≃ Tacto.

□ CATÁLOGO

Diplomática, protocolo. ➤ CARRERA diplomática, CUERPO diplomático. ➤ Jornada. ➤ Acreditado, agente, agregado, AGREGADO comercial, AGREGADO cultural, AGREGADO militar, AGREGADO naval, apocrisiario, canciller, cónsul, CORREO de gabinete, diplomático, embajador, encargado, ENCARGADO de negocios, enviado, ENVIADO extraordinario, internuncio, intérprete, INTRODUCTOR de embajadores, LEGADO pontificio, mediador, ministro, MINISTRO plenipotenciario, MINISTRO residente, negociador, nuncio, NUNCIO apostólico, plenipotenciario, prior, representante, secretario, primer SECRETARIO de Estado y del despacho, SECRETARIO de Estado. ➤ Falucho. ➤ Cancillería, delegación, embajada, legación, misión. ➤ CERCA de. ➤ PERSONA grata [no grata o indeseable]. ➤ Acreditar. ➤ CARTA credencial, credenciales, despacho, plenipotencia, exequátur, pase, plácet. ➤ INMUNIDAD diplomática. ➤ Instrucciones, memorándum, nota, NOTA diplomática, NOTA verbal, REFERÉNDUM. ➤ Concordato, convenio, negociación, tratado, tratativa. ➤ LIBRO azul [o rojo...]. ➤ Ad referéndum. ➤ *DERECHO internacional.

diplomado, -a Participio adjetivo de diplomar[se]. ⊙ n. Persona diplomada.

diplomar («en») tr. Otorgar a ˘alguien un título acreditativo de ciertos estudios de nivel superior. ⊙ («en») prnl. Obtener este título.

diplomática f. Tratado de los diplomas antiguos.

diplomáticamente adv. Con diplomacia (habilidad).

diplomático, -a **1** adj. De [los] diplomas. **2** De [la] diplomacia. **3** Se dice de la persona *hábil en el trato con otras para dejarlas contentas, consiguiendo de ellas lo que desea. **4** n. Funcionario de la llamada «carrera diplomática».

diplomatura f. Grado académico que se obtiene después de cursar una carrera de tres años.

diplopía (del fr. «diplopie», del gr. «diploos», doble, y «ops, opos», ojo) f. MED. *Fenómeno patológico de *ver los objetos dobles.*

dipluro adj. y n. m. ZOOL. *Se aplica a ciertos *insectos sin alas ni ojos, con el abdomen dividido en diez segmentos, que viven bajo las piedras o enterrados bajo la hojarasca.* ⊙ m. pl. *Orden que forman estos insectos.*

dipneo, -a (de «di-²» y el gr. «pnoḗ», respiración) adj. ZOOL. *Se aplica a los animales que tienen *respiración branquial y pulmonar.*

dipnoo, -a (del mismo or. que «dipneo») **1** adj. ZOOL. *Con dos respiraciones.* **2** adj. y n. m. ZOOL. *Se aplica a ciertos *peces que tienen respiración branquial y pulmonar.* ⊙ m. pl. ZOOL. *Subclase que forman.*

dipodia (del lat. «dipodĭa») f. MÉTR. *En la versificación clásica, conjunto de dos *pies.*

dipolo (de «di-²» y «polo¹») f. FÍS. *Conjunto de dos cargas eléctricas o magnéticas de distinto signo, a distancia fija.*

dipsacáceo, -a (del lat. «dipsăcos», del gr. «dípsakos», cardencha) adj. y n. f. BOT. *Se aplica a ciertas *plantas herbáceas con flores en capítulos y frutos en aquenio, como la escabiosa.* ⊙ f. pl. BOT. *Familia que forman.*

dipso- Elemento prefijo del gr. «dípsa», sed.

dipsomanía (de «dipso-» y «-manía») f. Impulso repetido e irrefrenable de ingerir bebidas alcohólicas.

dipsomaniaco, -a, dipsomaníaco, -a o **dipsómano, -a** adj. y n. Afectado de dipsomanía.

díptero, -a (del lat. «diptĕros», del gr. «dípteros») **1** adj. Con dos alas. ⊙ adj. y n. m. ZOOL. Se aplica a los *insectos chupadores con dos alas membranosas, como la mosca. ⊙ m. pl. ZOOL. Orden que forman. ⇒ Asilo, colicoli, jején, landrilla, mime, mosca, moscarda, moscardón, mosquito, nigua, pique, pulga, sote, sotuto, tábano, tabolango, típula. ➤ Balancín. ➤ Afaníptero, múscido, nematócero, pulícido. ➤ Tórsalo. ➤ *Insecto. **2** adj. ARQ. Se aplica a los *edificios clásicos que tienen cuerpos salientes a ambos lados.

dipterocarpáceo, -a (del gr. «dípteros», de dos alas, y «karpós», fruto) adj. y n. f. BOT. *Se aplica a ciertas *plantas, como el apitong, que son árboles, generalmente de gran tamaño, característicos de los bosques lluviosos del sudeste asiático, muy apreciados por su madera y por su resina, que se usa en la elaboración de barnices.* ⊙ f. pl. BOT. *Familia que forman.*

díptica (del lat. «diptўcha», del pl. gr. «díptycha») **1** f. *Tablillas plegables que había antiguamente en las *iglesias, donde se escribían en dos columnas los nombres de los vivos y de los difuntos por los que había que orar en misa.* **2** (gralm. pl.) *En lenguaje eclesiástico, *lista de personas; particularmente, de los *obispos de una diócesis.*

díptico (del lat. «diptўchus», del gr. «díptykos», doblado en dos partes) **1** m. Cuadro formado por dos tableros articulados entre sí, en que se representan asuntos distintos, pero relacionados. ⇒ *Pintar. **2** *Díptica (tablillas de las *iglesias).* **3** Impreso informativo o publicitario formado por una hoja o cartulina doblada por la mitad. ⇒ Tríptico. ➤ *Papel.

diptongación f. GRAM. Acción y efecto de diptongar.

diptongar (de «diptongo») **1** tr. GRAM. *Pronunciar dos ↘vocales en la misma sílaba. **2** tr., intr. y prnl. FON. Transformar[se] en diptongo una ↘vocal. Por ejemplo, en el paso desde el latín al castellano, la «o» breve acentuada diptonga en «ue».

diptongo (del lat. «diphthongus», del gr. «díphthongos») m. FON. Conjunto de dos vocales que se pronuncian en la misma sílaba. ⇒ Triptongo. ➤ Sinéresis. ➤ Diéresis. ➤ Herimiento. ➤ Diptongar, herir. ➤ Apénd. II, PRONUNCIACIÓN (diptongo y diéresis).

DIPTONGO CRECIENTE. FON. El que tiene la vocal débil en primer lugar; como «ia».

D. DECRECIENTE. FON. El que tiene la vocal débil en segundo lugar; como «au».

diputación 1 f. Acción de diputar. ⊙ Ejercicio del cargo de diputado. ⊙ Duración de él. **2** (acep. corriente) DIPUTACIÓN provincial.

DIPUTACIÓN GENERAL DE LOS REINOS. *Conjunto de los diputados representantes de ciudades en las *Cortes antiguas.*

D. PERMANENTE. Comisión formada dentro de las *Cortes españolas, tanto de las antiguas como de las de la época democrática, que, en ciertos casos, tenía la representación de las Cortes.

D. PROVINCIAL. *Organismo formado por los diputados provinciales, que tiene a su cargo dirigir y administrar los intereses de cada provincia.

diputado, -a (de «diputar») **1** Participio de «diputar». ⊙ adj. y n. Se aplica a la persona designada por una corporación para que la *represente en cierta ocasión. **2** DIPUTADO a Cortes.

DIPUTADO A CORTES. Representante designado por votación entre los ciudadanos para formar parte de la cámara legislativa de la nación, o de la cámara de carácter popular, cuando hay dos. ≃ Congresista. ⇒ PADRE de la patria. ➤ Congreso. *Cortes. *Asamblea.

D. PROVINCIAL. Representante, nombrado por votación en régimen democrático, que forma parte de la diputación provincial.

V. «CÁMARA de [los] diputados, CONGRESO de [los] diputados».

diputar (del lat. «deputāre») **1** tr. *Juzgar a ↘alguien o algo como cierta cosa que se expresa: 'Le diputan apto'. ≃ Reputar. **2** *Comisionar. ⊙ Designar a ↘alguien para una comisión. ⊙ Designar una colectividad a ↘alguno de sus miembros para que la *represente en determinado acto o función.

dique (del neerl. «dijk») **1** m. MAR. *Muro construido para contener el empuje del oleaje o del agua en un sitio. ⇒ Ataguía, avanzadilla, contraataguía, contradique, CORTINA de muelle, costón, encajonado, escollera, espaldón, espigón, espolón, malecón, molo, muelle, respaldón, rompeolas, tajamar, trenque. ➤ Cestón, *tepe. ➤ *Muro. *Presa. **2** Obstáculo o defensa opuesta al avance de una cosa perjudicial. ⇒ *Proteger. **3** DIQUE seco. **4** MINER. *Filón estéril que asoma al exterior en forma de muro.*

DIQUE FLOTANTE. MAR. Estructura formada por cajones que se inundan para sumergirlos y colocarlos bajo el *barco, hecho lo cual se vacían con bombas que floten nuevamente y levanten éste, con el fin de dejarlo en seco para repararlo. ⊙ MAR. Estructura para el mismo efecto construida de hierro o acero y con cámaras de aire.

D. SECO. MAR. Recinto rodeado de obra de fábrica, construido en un *puerto o lugar abrigado, que queda en seco al descender la marea o puede ser dejado en seco achicando el agua con bombas, en el cual se carenan o limpian los barcos. ⇒ Picadero.

diquelar (caló; inf.) tr. *Percatarse de una ↘cosa o de la intenciones de ↘alguien.

dirceo (del lat. «Dircaeus») m. **Tebano.*

dirección 1 («Llevar, Estar encargado de la, Tomar, Hacerse cargo de la, Confiar») f. Acción de dirigir (conducir, guiar o regir): 'Le han confiado la dirección de los trabajos'. ⇒ *Dirigir. **2** Manera impersonal de designar a la persona o personas que dirigen algo: 'Esto ha sido ordenado por la dirección'. ⊙ Despacho u oficina del director. **3** Cargo de director: 'Espera que, al jubilarse el director actual, le den a él la dirección'. **4** («En dirección a, Llevar, Seguir, Tomar; Cambiar de, Desviarse de, Desviarse [o Torcer] en dirección a») Posición en el espacio de la línea que señala el avance de una cosa que se *mueve. Se puede expresar por el punto a que se dirige la cosa: 'El avión cruzó en dirección a Madrid. La mano se mueve en dirección al vaso'. También se puede expresar por un punto cardinal: 'La bandada volaba en dirección sur'. O por los dos extremos de la línea: 'El río corre en dirección E-O'. ⊙ («con, en») Punto a que se dirige una cosa: 'Salieron ayer con dirección desconocida'. ≃ *Destino. ⊙ Camino no material de una cosa, determinado por el fin u *objetivo a que se dirige: 'No puedo seguir la dirección de su razonamiento'. ≃ Rumbo, trayectoria. **5** Nombre y *señas escritas en un sobre o en otra cosa que se envía. ⊙ Expresión del lugar donde vive una persona. ≃ *Señas. ⊙ INFORM. Localización de un usuario de correo electrónico o de una Web, accesibles mediante un código. ⊙ INFORM. Este código. **6** En un camino o trayectoria que puede ser recorrido hacia un lado y hacia el opuesto, cada uno de estos modos de recorrerlo: 'Hay que dar vueltas siempre en la misma dirección [en la dirección de las manecillas del reloj]. Nos cruzamos en dirección contraria'. ≃ *Sentido. **7** *Posición de una recta o un objeto alargado, indicada por los dos puntos a que apuntan sus extremos o uno de ellos si el otro es fijo, o por el ángulo que forma con otra recta o un plano: 'La aguja toma la dirección N-S. Se coloca en dirección perpendicular a la de la corriente'. **8** GEOL. *Inclinación de una capa geológica o un *yacimiento.* **9** Dispositivo que sirve para dirigir un *vehículo.

DIRECCIÓN ASISTIDA. Dirección de un vehículo que dispone de un mecanismo especial que facilita su movimiento.

D. GENERAL. Cada uno de los departamentos en que se divide un *Ministerio.

direccional 1 adj. Que puede orientarse hacia una determinada dirección: 'Micrófono direccional'. **2** (Col., C. Rica, Ec., Méj., Pan., Perú, P. Rico, R. Dom.) **Intermitente de un automóvil.*

directa (de «directo»; «En; Poner, Meter la») f. La mayor de las velocidades que permite el cambio de marchas de un *automóvil.

directamente 1 adv. Siguiendo una línea recta. ≃ Derechamente, derecho. ⇒ Todo DERECHO, en derechura, de frente, en LÍNEA recta, todo RECTO. **2** Sin rodeos. ≃ *Derechamente. **3** Sin intermediarios o cosas intermedias: 'Pídeselo directamente a él. Traducido directamente del ruso'. ⇒ De primera MANO, del PRODUCTOR al consumidor.

directiva (de «directo») **1** f. Junta directiva: 'La directiva de un equipo de fútbol'. **2** Disposición que ha de ser cumplida por todos los miembros de ciertos organismos internacionales.

directivo, -a adj. Se aplica a la persona, órgano de una entidad, etc., que tiene como función dirigir: 'Junta directiva'. ⊙ n. Se aplica también a las personas que forman parte de una junta directiva: 'Es uno de los directivos más influyentes de la compañía'.

directo, -a (del lat. «directus», part. pas. de «dirigĕre», encaminar) **1** adj. Se aplica a lo que sigue durante todo su curso una sola dirección, o sea la línea *recta que va del punto de partida al de destino: 'Un camino directo'. ≃ Derecho, recto. ⊙ A lo que actúa sobre el objeto de que se trata sin intermedio de otras cosas: 'Una recomendación directa'. ⊙ O a lo que se hace sin rodeos: 'Una pregunta directa'. ⊙ Con este significado se aplica a «estilo, lenguaje», etc. ⊙ A lo que va a su objeto por caminos expeditivos: 'La acción directa'. ⊙ A lo que va al punto de su destino sin detenerse en otros: 'Un tren directo'. **2** Se aplica, por oposición a «inverso», a uno de los dos *sentidos en que se puede realizar una operación, que se considera el más normal o general, y a la operación realizada en ese sentido: 'Traducción directa'. **3** (inf.; «Largar, Tirar un») m. Golpe directo, por ejemplo en *boxeo.

V. «ACCIÓN directa, COMPLEMENTO directo, DOMINIO directo».

EN DIRECTO. Se aplica al programa de radio o televisión o a la música que se realiza y se emite simultáneamente: 'Una entrevista de televisión en directo. Los músicos tocan en directo'. ⇒ En diferido.

V. «TRADUCCIÓN directa, TREN directo».

director, -a n. Persona encargada de dirigir cierta cosa: 'La directora del colegio. Uno de los directores de la compañía'. ⊙ Persona que dirige una orquesta o un conjunto musical. ⇒ *Chantre, DIRECTOR de orquesta.

DIRECTOR ARTÍSTICO. Persona encargada de establecer la orientación artística de un teatro, aceptando o rechazando las distintas obras propuestas.

D. DE ESCENA. El que dirige las representaciones teatrales, tanto en lo que se refiere al aspecto material del escenario como al trabajo de los actores.

D. ESPIRITUAL. Con respecto a una persona, su confesor habitual.

D. GENERAL. Persona encargada de la dirección superior de algo.

D. DE ORQUESTA. Significado claro.

directoral adj. *De [o del] director:* 'Silla directoral.

directorio, -a 1 adj. *Destinado a dirigir.* **2** m. Conjunto de *normas e instrucciones sobre determinada materia. **3** *Guía o lista de direcciones de determinada clase de personas, casas comerciales, etc. ⊙ Panel que se expone en algunos edificios, por ejemplo en los grandes almacenes, generalmente junto a la entrada, para orientar sobre las diferentes secciones, departamentos, servicios, etc., que hay en ellos. **4** Nombre dado en algunos casos particulares al grupo de personas que dirigen o *gobiernan algo como un partido político o una nación. **5** INFORM. Cada una de las divisiones que se establecen en la estructura jerárquica que organiza el almacenamiento de los ficheros en el disco. **6** (Méj.) *Guía telefónica.*

directriz (f. de «director») **1** (gralm. pl.) f. Conjunto de principios y propósitos que se tienen en cuenta al planear, organizar o fundar una cosa: 'Las directrices del nuevo partido'. ≃ *Orientación, LÍNEA directriz. **2** adj. y n. f. GEOM. Se aplica a la línea, figura o superficie que guía el movimiento de una generatriz.

diretes V. «DIMES y diretes».

dirham o **dirhem** (del ár. «dirham») **1** m. Moneda de plata usada por los moros, en la Edad Media. **2** Unidad monetaria de Marruecos y los Emiratos Árabes Unidos. **3** Moneda fraccionaria de otros países islámicos.

dirigente adj. y n. Se aplica al que dirige. ⊙ Particularmente, al que, con otros, dirige un partido político. ⇒ Directivo.

dirigible 1 adj. Susceptible de ser dirigido. **2** m. *Globo dirigible.

dirigido, -a Participio adjetivo de «dirigir»: 'Un proyectil dirigido'. ⊙ Particularmente, enderezado o tendente a cierto fin que se expresa.

dirigir (del lat. «dirigĕre») **1** tr. *Enviar o hacer ir una ↘cosa a cierto punto o en cierta dirección: 'Dirigir la flecha al blanco. Dirigir el agua hacia las turbinas. Dirigir hacia la derecha [la izquierda, el norte, el sur]'. ⊙ Poner una ↘cosa en cierta dirección: 'Dirigía la vista hacia la puerta. Dirigir el telescopio hacia Marte'. ⊙ Hacer llegar a alguien una ↘cosa que se *dice o se *escribe: 'Dirigir una súplica [reproches, una carta]'. ⊙ («a, hacia, por, a través de») prnl. *Ir en cierta dirección o hacia cierto sitio. ⊙ tr. Escribir la dirección en una ↘carta u otra ↘cosa: 'Le dirigí por equivocación la carta a su hermano'. ⊙ *Dedicar alguien a cierta cosa sus ↘pensamientos, atenciones, preocupaciones, etc.: 'Dirige todos sus esfuerzos a constituir una familia'. ≃ Enderezar. ⊙ prnl. *Proponerse cierto objetivo. ⊙ («a») *Decir algo a alguien de palabra o por escrito. ⊙ tr. Indicar a ↘alguien qué camino tiene que seguir para ir a cierto sitio o a donde está cierta cosa que busca: 'El guardia me dirigió por aquí'. ≃ Encaminar,

*guiar. ⊙ Hacer seguir a ↘alguien cierta conducta: 'No tolera que nadie le dirija'. ≃ Guiar. ⊙ Guiar, *educar, *enseñar o *instruir en cierta cosa a ↘alguien. ⊙ *Disponer lo que tienen que hacer otras ↘personas: 'Él dirigió a los amotinados'. ⊙ Disponer cómo hay que hacer cierta ↘cosa o lo que hay que hacer en cierto sitio: 'El que dirige la expedición [los trabajos, la fábrica]'. ≃ Regir. ⊙ Puede llevar un complemento de persona: 'El profesor que le dirige la tesis doctoral'. ⊙ Se dice también «dirigir una orquesta, dirigir una película, una obra teatral». **2** *Conducir un ↘vehículo*: 'Iba ella dirigiendo el coche'.
V. «dirigir la ATENCIÓN, dirigir el COTARRO, no dirigir la PALABRA, dirigir la PUNTERÍA, no dirigir el SALUDO».

□ CATÁLOGO

Adeliñar, apuntar, llevar CAMINO de, ECHAR hacia, embicar, embocar, empuntar, encaminar[se], encarrilar[se], encauzar, endeliñar[se], enderezar[se], endilgar, enfilar, enhilar, enrielar, enristrar, poner la PROA a, *proponerse, rumbear, hacer RUMBO a, senderear, *tender a, tirar a, VOLVER a [hacia]. ➤ Acaudillar, *administrar, alzar BANDERA, llevar la BATUTA, capitanear, conducir, dirigir el COTARRO, *disponer, estar ENCARGADO de, *gobernar, *guiar, manejar [o mover] los HILOS, liderar, llevar, *mandar, *manejar, mangonear, maniobrar, ordenar, presidir, regentar, regir, llevar [o tener] las RIENDAS, llevar la VOZ cantante. ➤ *Aconsejar, advertir, aleccionar, avisar, corregir, disciplinar, encaminar, *enseñar, *guiar, iluminar, ilustrar, *informar, instruir, llevar, llevar de la MANO, orientar, tutelar. ➤ Adalid, administrador, asesor, auriga, automedonte, *autoridad, bordón, *caudillo, cochero, conductor, director, directivo, dirigente, ductor, *gerente, *jefe, mentor, monitor, preboste, presidente, *prior, rector, regente, regidor, *soberano, subdirector, superior. ➤ Consejo, dirección, directiva, junta, mesa, staff, troica. ➤ Management. ➤ Baquiano, chófer, cicerone, *conductor, contraguía, espolique, gomecillo, *guía, hatajador, lazarillo, liviano, piloto, *postillón, práctico, rumbeador. ➤ Segundo. ➤ Arrumbamiento, camino, carruchera, curso, demora, derrota, derrotero, directrices, enderezo, giro, inclinación, *intención, itinerario, línea, marcha, mareaje, *orientación, plaga, *propensión, *rumbo, ruta, sentido, sesgo, *tendencia, trayectoria, trazado, viento. ➤ Dar a, estar ORIENTADO a. ➤ Seguir. ➤ A lo ancho, al bies, a contrahílo, a la derecha, [al] *derecho, todo DERECHO, en derechura, en diagonal, diagonalmente, *directamente, al hilo, indirectamente, a la izquierda, en LÍNEA recta, oblicuamente, perpendicularmente, todo RECTO, todo SEGUIDO, *sesgado, al sesgo, transversalmente, verticalmente. ➤ Directriz, norma, pauta. ➤ *Regla, retenida. ➤ Cipo, faro, flecha, guión, hito, indicación, indicador, mano. ➤ Control, dirección. ➤ Batuta, *brida, *cabestro, CONTROL [remoto], mandos, rádar, *rienda, *timón, volante. ➤ CUADRO de distribución [o de mando], PANEL de control. ➤ Teledirigido. ➤ *Blanco, *destino, *objetivo. ➤ A, cara a, en curso de, con destino a, en dirección [o dirigido] a, encaminado [directo] a, hacia, en LÍNEA recta a, mirando a, para, tendente a. ➤ *Horizonte, ROSA náutica [o de los vientos]. ➤ *Directo. ➤ Dístico. ➤ Derivar, desviarse, divergir, virar, volver. ➤ Descabildadamente, descaudillar. ➤ A la buena de DIOS, a la ventura. ➤ *Educar. *Enviar. *Ir. *Mover. *Posición. *Referir. *Reprender.

dirigismo (del fr. «dirigisme») m. Tendencia de una autoridad a ejercer un excesivo control sobre las actividades que de ella dependen. ⊙ Particularmente, la de un Estado.

dirimente adj. Que dirime.

dirimible adj. Que se puede dirimir.
V. «IMPEDIMENTO dirimente».

dirimir (del lat. «dirimĕre») **1** tr. Romper, interrumpir o *anular un ↘contrato o un ligamento no material. ⊙ Particularmente, el *matrimonio. **2** Poner fin a una ↘contienda o discusión determinando cuál de los contendientes tiene razón. ≃ *Resolver, zanjar.

dis-[1] **1** Elemento prefijo del lat. «dis-» que transforma la idea de la palabra a que se une en la opuesta: 'Discontinuo'. **2** Otras veces introduce la idea de *separación: 'Distraer'.

dis-[2] Elemento prefijo del gr. «dys-», que significa «*mal» o «trastornado»: 'disfagia, disnea'.

disamis m. LÓG. *Uno de los modos posibles del *silogismo, perteneciente a la tercera figura.*

disantero, -a (de «disanto»; ant.) adj. *Dominguero.*

disanto (de «día santo»; ant.) m. *Día de *fiesta religiosa.*

disartria (de «dis-[2]» y el gr. «árthron», articulación) f. MED. *Dificultad para la articulación de las palabras, que se observa en algunas enfermedades mentales.* ⇒ *Hablar.

discal adj. ANAT. De los discos cartilaginosos intervertebrales: 'Hernia discal'.

discantado, -a *Participio adjetivo de «discantar».* ⊙ (Perú) *Se aplica a la *misa rezada con acompañamiento de música.*

discantar (del b. lat. «discantāre») **1** tr. **Cantar, generalmente con el significado de componer ↘poesía, quizá en honor de ↘alguien.* **2** **Comentar un ↘texto.* ≃ Glosar. **3** MÚS. *Echar el contrapunto sobre un paso.*

discante (de «discantar») **1** m. MÚS. **Guitarra pequeña de sonido agudo.* ≃ Tiple. **2** (ant.) MÚS. **Concierto, especialmente de instrumentos de cuerda.*

discapacidad (cient. o form.) f. Incapacidad física o mental causada por una enfermedad o accidente, o por una lesión congénita. ≃ Minusvalía.

discapacitado, -a (cient. o form.) adj. y n. Se aplica a la persona que sufre discapacidad. ≃ Minusválido.

discar (de «disco»; Arg., Ur.) tr. o abs. *Marcar un ↘número telefónico.*

discente (del lat. «discens, -entis», part. pres. de «discĕre», aprender) adj. y n. *Se aplica a la persona que recibe enseñanza.*

disceptar (del lat. «disceptāre») intr. **Disertar.*

discerner (ant.) tr. *Discernir.*

discernimiento **1** m. Acción de discernir. **2** Capacidad para discernir (juzgar). ≃ *Criterio.

discernir (del lat. «discernĕre») **1** («de, entre») tr. Ver una ↘cosa como distinta de otra y reconocer entre varias cuál es cada una: 'Discernir el bien del mal'. ≃ *Distinguir, reconocer. ⊙ tr. o abs. Particularmente, saber cuáles ↘cosas son buenas y cuáles no. ⊙ Tener *criterio para conocer la ↘bondad o maldad, la conveniencia o inconveniencia, etc., de las cosas. **2** tr. DER. *Designar el juez a ↘alguien para *tutor de un menor o para otro cargo.* **3** *Conceder a alguien un ↘honor, un premio o un cargo honorífico: 'El jurado discernió la primera medalla al cuadro...'.

□ CONJUG. IRREG. IND. PRES: discierno, disciernes, discierne, discernimos, discernís, disciernen; SUBJ. PRES: discierna, disciernas, discierna, discernamos, discernáis, disciernan; IMPERAT.: discierne, discierna, discernid, disciernan.

disciplina (del lat. «disciplīna») **1** f. *Educación de una persona.* **2** («Imponer, Mantener, Observar, Relajar[se]») Sujeción de las personas en su *conducta a normas severas: 'La disciplina es esencial en el Ejército'. ⊙ Conjunto de esas normas. ⊙ Sometimiento a la autoridad. ⇒ *Obedecer. *Orden. ➤ *Autoridad. *Indisciplina. **3** Cada una de las ciencias que se enseñan en un centro de enseñanza o que constituyen un plan de estudios. ≃ Asignatura, *materia. ⇒ Interdisciplinar [o interdisciplinario]. **4** (pl.) Utensilio formado por cuerdas, empleado para azotar o azotarse. ≃ *Azotes. **5** *Acción de disciplinar o disciplinarse (azotarse).*

V. «CONSEJO de disciplina».

disciplinadamente adv. Con disciplina.

disciplinado, -a **1** Participio de «disciplinar[se]». ⊙ adj. Fiel a la disciplina impuesta por otros o por sí mismo. **2** **Jaspeado.* ⊙ *Se aplica particularmente a las *flores, por ejemplo los claveles, que tienen vetas de distinto color que el general.*

disciplinal adj. De [la] disciplina.

disciplinante n. *Penitente que se azota con disciplinas. ≃ Flagelante.

disciplinar **1** tr. **Instruir o *enseñar.* **2** Hacer a ˃alguien disciplinado. ⊙ prnl. Empezar a portarse con disciplina. ⇒ *Sujetar. **3** tr. *Azotar con disciplinas. Más frec. reflex.

disciplinario, -a adj. Se aplica a lo que se hace o sirve para mantener la disciplina o para castigar las faltas de disciplina: 'Batallón disciplinario'.

discipulado **1** m. *Educación o *enseñanza.* **2** *Cualidad de discípulo.* ⊙ *Situación de discípulo.* **3** *Conjunto de discípulos.* ⇒ *Alumno.

discípulo, -a (del lat. «discipŭlus») n. El que *aprende, con respecto a la persona que le enseña, al centro de enseñanza donde aprende o al maestro o escuela de donde toma sus doctrinas: 'Los discípulos de Cristo. Somos discípulos del mismo colegio. Los discípulos de Kant'. ⇒ *Alumno, condiscípulo, epígono, seguidor. ➤ Escuela.

disc-jockey (ingl.; pronunc. [disyóquei]; pl. «disc-jockeys») n. Persona encargada de seleccionar y poner discos de música ligera en una emisora de radio o discoteca. ≃ Pinchadiscos.

discman (ingl.; nombre comercial) m. Aparato semejante al «walkman», para escuchar discos compactos.

disco (del lat. «discus», del gr. «dískos») **1** m. Lámina circular de cualquier materia. ⊙ El usado para el *deporte del mismo nombre, que consiste en lanzarlo. ⊙ («Grabar, Impresionar, Poner, Tocar») El que sirve para grabar sonidos que luego reproduce el tocadicos. ≃ Placa. ⇒ Álbum, elepé, long play, LP, maxisingle, sencillo, single. ➤ Discoteca. ➤ Disc-jockey, pinchadiscos. ➤ Hit-parade. ➤ Pinchar. ⊙ INFORM. El de diversos materiales que sirve para grabar o reproducir datos: 'Disco magnético [compacto, óptico]'. ⇒ Disquete. ⊙ DISCO de señales. ⊙ Pieza circular giratoria de ciertos teléfonos en la que se marca el número con el que se quiere establecer comunicación. ≃ Dial. ⇒ Albacara, *arandela, chiqueadores, dial, ficha, herrón, lente, limbo, menisco, oblea, placa, plato, *rodaja, roel, roela, *rueda, sello, tejo. ➤ Discóbolo, discoteca. **2** Figura circular con que se presentan a la vista el *Sol o la *Luna. **3** Cada uno de los tres círculos luminosos, verde, ámbar y rojo, que tienen los semáforos. ⊙ Por extensión, semáforo. **4** ANAT. Almohadilla fibrosa que separa las vértebras entre sí y hace posible su movimiento. **5** (inf.) Cosa muchas veces repetida y que, por ello, resulta *pesada o fastidiosa: 'Nos soltó por centésima vez el disco de la injusticia que le hicieron. No nos vengas otra vez con ese disco'.

DISCO COMPACTO. Disco de materia plástica con información acústica o visual que se graba y reproduce mediante láser. ≃ CD, COMPACT disc, compacto. ⇒ CD-ROM.

D. DURO. INFORM. Disco magnético fijo de un ordenador personal.

D. DE LARGA DURACIÓN. Disco fonográfico de mayor duración que el sencillo. ≃ Long play, LP.

D. MAGNÉTICO. El recubierto de una capa de material magnético, capaz de almacenar información.

D. ÓPTICO .Cualquier disco que se graba y se lee mediante láser; por ejemplo, el disco compacto.

D. RAYADO (inf.). Expresión calificativa o usada en comparaciones con que se hace referencia a una persona *pesada y reiterativa: '¡Ya está otra vez con la misma canción! Parece un disco rayado'.

D. DE SEÑALES. El que se coloca en las líneas de *ferrocarril sobre un poste, con señales indicadoras del estado de la vía.

disco-bar (de «discoteca» y «bar»; var. «discobar») m. Disco-pub.

discóbolo (del lat. «discobŏlos», del gr. «diskobólos») m. Atleta de los que lanzaban el disco en los juegos antiguos.

discografía **1** f. Técnica de grabación sonora sobre discos. **2** Repertorio de discos pertenecientes a una época, estilo, autor, etc.

discográfico, -a adj. De [la] discografía.

discoidal adj. De forma de disco.

díscolo, -a (del lat. «dyscŏlus», del gr. «dýskolos») adj. Aplicado particularmente a los niños, se aplica al que no se somete a la autoridad de los que la tienen sobre él. ≃ Desobediente, indócil, indomable, indómito, *rebelde. ⇒ *Travieso. ⊙ *Perturbador. ⇒ *Turbulento.

discolor (del lat. «discŏlor, -ōris»; ant.) adj. *De varios *colores.*

discoloro, -a adj. V. «HOJA discolora».

disconforme adj. No conforme. ⊙ Aplicado a cosas, falto de acuerdo o correspondencia. ⊙ Aplicado a personas, que manifiesta desacuerdo.

□ CATÁLOGO

Anacronismo, asincronismo, contrariedad, contraste, desacuerdo, desconcordia, desconformidad, desconveniencia, *despropósito, *diferencia, disconformidad, discordancia, discrepancia, disonancia, diversidad, impropiedad, *incoherencia, incompatibilidad, incomposibilidad, incongruencia, inconsecuencia. ➤ No pegar ni con COLA, sentar [o ir] como a un SANTO [CRISTO] un par de [o dos] pistolas, no ser de la CUERDA, DECIR mal, descasar, desconformarse, desconvenir, desdecir, desentonar, deshermanar, desmentir, despegarse, disconvenir, discordar, *discrepar, disonar, no ir, no pegar. ➤ Desacordado, desacordante, desacorde, desconforme, desigual, detonante, *diferente, disconforme, disconveniente, discordante, discrepante, disonante, impertinente, improcedente, *impropio, *inadecuado, *incoherente, *incompatible, inconexo, incongruente, incongruo, *inoportuno, postizo. ➤ Emplasto, parche, pegote. ➤ *Desacuerdo. *Oposición.

disconformidad **1** f. Falta de conformidad entre las cosas. **2** Falta de acuerdo entre personas. ≃ *Desacuerdo. ⊙ Estado de la persona que no está conforme o satisfecha con lo que se le hace, lo que recibe, etc.

discontinuidad adj. Cualidad o estado de discontinuo. ⊙ Circunstancia de ser discontinua una cosa: 'La discontinuidad en las clases es perjudicial para la enseñanza'.

discontinuo, -a adj. No continuo: tal que ocurre con intervalos o consta de trozos o elementos separados: 'Un sonido [un chorro de agua, un trazo] discontinuo'. ⇒ Descontinuo, dígito, discreto, entrecortado, intercadente, *intermitente, numerable, salpicado, no seguido. ➤ *Interrumpir.

disconveniencia f. *Incomodidad o inconveniente.* ≃ Desconveniencia.

disconveniente *adj. No conveniente o conforme.* ≃ *Desconveniente.*

disconvenir (del lat. «disconvenīre») intr. *No estar de acuerdo o no corresponderse una cosa con otra.* ≃ Desconvenir. ⇒ *Disconforme, disconveniente.

disco-pub (var. «discopub»; pronunc. [discopáb]) m. Pub que tiene un pequeño espacio para bailar.

discordancia 1 f. Falta de armonía en los sonidos. **2** Contraste desagradable entre varias cosas. **3** Desacuerdo entre personas.

discordante adj. Que muestra discordancia.
V. «NOTA discordante».

discordar (del lat. «discordāre»; menos frec. que «discordancia» o «discordante») **1** intr. No armonizar dos sonidos. ≃ *Desafinar, *desentonar, disonar. **2** *Contrastar entre sí desagradablemente dos o más cosas, por su estilo, color, etc. El sujeto puede ser también «estilo, color», etc. **3** Aplicado a personas, estar en desacuerdo. ≃ *Discrepar, disentir.

☐ CONJUG. como «contar». Además de ser poco usado todo el verbo, las formas irregulares son totalmente desusadas, y se sustituyen con las correspondientes de «contrastar, desentonar, discrepar» o «disentir», según los casos.

discorde adj. Discordante.

discordia (del lat. «discordĭa»; «Encender, Sembrar; Atizar, Avivar; Arder en discordias, Apaciguar, Apagar»; frec. pl.) f. Situación entre personas que conviven en alguna forma y que están en serio desacuerdo, que da lugar a frecuentes luchas o disputas: 'Desde que él ha vuelto reina la discordia en la familia. El país estaba desgarrado por discordias intestinas'.
V. «MANZANA de la discordia, TERCERO en discordia».

☐ CATÁLOGO

Desacuerdo, desavenencia, descontentamiento, desunión, desvarío, disensión, disparcialidad, división, LUCHAS intestinas, *oposición, como el PERRO y el gato, pugna, querella, rencillas, rozamiento, ruptura, zipizape. ➤ Choque, conflicto, cuestión, encuentro, pelotera, tropiezo. ➤ CAMPO de Agramante, infierno. ➤ CADO [NIDO O SEMILLERO] de discordias. ➤ Abanderizar, atizar, avivar, *azuzar, cismar, meter CIZAÑA, cizañar, concitar, sembrar la DISCORDIA, DIVIDIR, encismar, encizañar, encrespar, *engrescar, enredar, enzarzar[se], *incitar, indisponer[se], echar LEÑA al fuego, poner a MAL, malmeter, *malquistar[se]. ➤ Cizañero. ➤ Comerse, devorarse, tener la GUERRA declarada, haber MOROS y cristianos, estar como el PERRO y el gato. ➤ Fermento. ➤ Apaciguar. ➤ *Desacuerdo. *Discordia. *Enemistad. *Luchar.

discoteca (del gr. «dískos», disco, y «-teca») **1** f. Colección de discos. ⊙ Lugar en que se guarda. **2** Local público donde se escucha música de discos y se baila.

discotequero, -a adj. De discoteca: 'Ambiente discotequero. Música discotequera'. ⊙ adj. y n. Se aplica a la persona que frecuenta las discotecas.

discrasia (del lat. «dyscrasĭa», del gr. «dyskrasía») f. MED. *Alteración grave de la nutrición producida, por ejemplo, en una *enfermedad consuntiva.* ≃ Cacoquimia, caquexia.

discreción 1 f. Cualidad de discreto. ⊙ Comportamiento discreto. ⇒ Acierto, circunspección, medida, mesura, moderación, parquedad, parsimonia, ponderación, prudencia, pulso, reserva, sindéresis, *tacto, TEN con ten, tiento, tino, TIRA y afloja. ➤ En BOCA cerrada no entran moscas, medir las PALABRAS. ➤ *Indiscreto. ➤ *Oportuno. **2** **Agudeza o *ingenio.* **3** **Dicho ingenioso.* ≃ *Agudeza.

A DISCRECIÓN. Como o, particularmente, en la cantidad que cada uno quiere: 'Podemos comer pan a discreción'. ≃ A *voluntad.

ENTREGARSE A DISCRECIÓN. Entregarse al vencedor sin condiciones. ≃ RENDIRSE a discreción.

JUGAR DISCRECIONES. *Jugar los AÑOS.*

discrecional adj. No regulado con precisión, de modo que se deja a la prudencia o discreción de la persona o autoridad que ha de aplicar o utilizar la cosa de que se trata: 'Facultades [o poderes] discrecionales'. ⇒ *Arbitrario.
V. «SERVICIO discrecional».

discrecionalidad f. Cualidad de discrecional

discrecionalmente adv. De manera discrecional. ⊙ Usando alguien la libertad que se le da en un asunto discrecional.

discrepancia 1 f. Falta de acuerdo, armonía o correspondencia. **2** Cosa en la que se da falta de acuerdo o correspondencia.

discrepante adj. y n. Que discrepa.

discrepar (del lat. «discrepāre») **1** («de») intr. Estar en *desacuerdo, por ejemplo dos textos o dos informaciones. **2** («de») No estar una cosa en armonía, de acuerdo o en correspondencia con otra: 'Sus modales discrepan de su traje'. **3** («de, en») Aplicado a personas, estar en *desacuerdo: no ser de la misma opinión: 'Discrepamos en algunos puntos fundamentales. Discrepo de usted [o de su opinión] en ese punto'. ≃ Disentir. ⇒ No ponerse de ACUERDO, estar en DESACUERDO, discordar, disentir, no entenderse, pensar de distinto MODO, ocupar distintas POSICIONES, mantener distintos PUNTOS de vista. ➤ Diferencia, disconformidad, discrepancia, incompatibilidad. ➤ *Disconforme.

discretamente adv. Con discreción. ⊙ De manera discreta. ⊙ Moderadamente: 'Un vestido discretamente escotado'.

discretear 1 intr. *Ostentar discreción.* **2** Hablar *cuchicheando, como en secreto o confidencialmente.

discreteo m. Acción de discretear.

discreto, -a (del lat. «discrētus», part. pas. de «discernĕre», distinguir) **1** (cient.) adj. Se aplica a las cantidades o conjuntos *discontinuos o formados por individuos o unidades contables. **2** MED. *Se aplica a las *enfermedades eruptivas, por ejemplo las viruelas, cuando los granos, manchas, etc., están muy separados entre sí.* **3** Aplicado a las personas y, correspondientemente, a sus palabras, conducta, etc., dotado de *tacto para hacer o decir lo que es conveniente y no causar molestia o disgusto a otros. ⊙ Se aplica al que no divulga lo que interesa mantener *reservado. ⊙ También al que no muestra *curiosidad impertinente. **4** Aplicado a personas y cosas, no exagerado o extraordinario en ningún sentido: 'Tiene una inteligencia discreta. Le daremos un plazo discreto para que reflexione'. ≃ *Moderado. **5** DER. **Tratamiento dado a algunos funcionarios:* 'El discreto provisor'. **6** n. *En algunas *órdenes religiosas, persona que asiste al superior como consejero.*

discretorio m. *En algunas comunidades, conjunto de los discretos o discretas.* ⊙ *Local donde se reúnen.*

discrimen (del lat. «discrīmen») **1** (ant.) m. **Diferencia o diversidad.* **2** (ant.) **Peligro inminente o que amenaza.*

discriminación f. Acción de discriminar.

discriminar (del lat. «discrimināre») **1** tr. Apreciar dos ↘cosas como distintas (no la misma) o como desiguales. ≃ Diferenciar, discernir, *distinguir. **2** Específicamente, dar trato de inferioridad en una colectividad a ciertos miembros de ella, por motivos raciales, religiosos, políticos, etc. ⇒ Discriminación, *racismo, sexismo. ➤ Gueto.

discriminatorio, -a adj. Que discrimina: 'Trato discriminatorio'.

discromasia (de «dis-²» y el gr. «chrôma», color) f. *Reparto desigual del pigmento de la *piel.*

discromático, -a adj. MED. *Aplicado a personas, de mal *color.*

discromatopsia (de «dis-²» y el gr. «chrôma», color, y «ópsis», vista) f. MED. *Anormalidad en la percepción de los *colores.*

discromatoso, -a adj. MED. *Afectado de discromasia.*

discromía (de «dis-²» y el gr. «chrôma», color) f. MED. *Nombre genérico de los trastornos de la pigmentación de la *piel.*

discuento (ant., y en Sal.) m. **Noticia, *comunicación o *explicación que da una persona a otra.*

disculpa (de «dis-¹» y «culpa»; «Admitir, Dar, Ofrecer, Presentar, Encontrar, Merecer, Tener») f. Razón que se da o que se encuentra para quitarle a una acción el aspecto culpable o para demostrar que alguien no es culpable o responsable de cierta cosa. ≃ Excusa, explicación, justificación. ⊙ Razón que alguien da a otra persona para demostrar que con algo que ha dicho o hecho no quería ofenderla, o para pedir a esa persona perdón por una ofensa o una falta cometida con ella.

□ CATÁLOGO

CIRCUNSTANCIA atenuante, CIRCUNSTANCIA eximente, coartada, descargo, evasiva, exculpación, excusa, excuso, explicación, justificación, *pretexto. ➤ Comprensible, disculpable, explicable, humano, justificable, natural, plausible. ➤ Apología, *defensa. ➤ Absolver, atenuar, probar la COARTADA, cohonestar, colorear, comprender, defender, descargar[se], disculpar, disimular, excusar[se], eximir, exonerar, *explicar, tener en su FAVOR, tener en su HABER, justificar[se], motivar, paliar, cantar la PALINODIA, sincerarse. ➤ DISCULPA [disculpe usted, etc.], DISIMULA [disimule usted, etc.], PERDÓN, con perdón, PERDONA [perdone usted, etc.], lo SIENTO mucho. ➤ ¡Acabáramos...!, ¡entonces!, ¡pues ENTONCES...!, ¡haberlo DICHO!, podías [podía, etc.] haberlo DICHO, ¡disculpe!, ¡dispense!, ¡perdón!, es que... ➤ *Imperdonable. ➤ Indisculpable. ➤ NO TENER que ver. ➤ *Absolver. *Dispensar. *Perdón.

□ FORMAS DE EXPRESIÓN

La disculpa por una molestia causada se expresa con los verbos «disculpar, dispensar, excusar, perdonar», a veces regidos por «rogar»: 'Discúlpeme por mi tardanza. Le ruego que me perdone por no haberle escrito antes'.

disculpable adj. Que se puede disculpar.

disculpablemente adv. De manera disculpable.

disculpar 1 tr. Constituir una disculpa o encontrar o aducir una disculpa para ↘algo o para alguien. El complemento directo puede ser el de cosa o el de persona: 'Disculpó su silencio por su situación especial. Le disculpan sus pocos años'. ≃ Excusar, justificar. ⊙ Se usa en frases de ruego con el significado de «dispensar» o «perdonar»: 'Le ruego que disculpe mi tardanza'. ⊙ («por») prnl. Aducir alguna disculpa para una falta propia: 'Se disculpó por no haberme avisado'. ⊙ («de») *Rehusar hacer una cosa dando una razón o un pretexto para ello: 'Se disculpó de asistir a la fiesta'. ≃ Excusarse. **2** («con») tr. Dar explicaciones a una persona para que disculpe a ↘otra: 'Discúlpame como puedas con la dueña de la casa'. ≃ *Excusar, justificar.

¡DISCULPE! ¡Perdone!

discurrimenta (inf.) f. Capacidad para discurrir bien.

discurrimiento (ant.) m. *Discurso o razonamiento.*

discurrir (del lat. «discurrĕre») **1** intr. *Andar o *pasar continuamente por cierto sitio: 'La gente discurre por el paseo. El río discurre entre prados'. **2** *Realizarse una acción o *suceso de manera continua: 'Nuestra vida [o nuestro veraneo] discurre aquí plácidamente. La sesión discurrió normalmente hasta su intervención'. ≃ Desarrollarse, desenvolverse, deslizarse, transcurrir. **3** Hacer funcionar la inteligencia para encontrar la manera de hacer una cosa o la solución de algo. ≃ *Pensar. **4** (inf.) tr. *Idear o *inventar: 'Esos chiquillos no discurren nada bueno'.

discursante adj. y n. *Aplicable al que discursea.*

discursar (del lat. «discursāre») intr. *Discurrir sobre algo.*

discursear intr. *Pronunciar *discursos.*

discursero, -a (Chi., Hond.) n. *Aficionado a hacer discursos.* ≃ Discursista.

discursible adj. *Capaz de discurrir.*

discursista adj. y n. *Aficionado a hacer discursos.* ≃ Discursero.

discursivo, -a adj. De discurrir o razonar: 'Facultad discursiva'. ⊙ Puede, aplicado al procedimiento para conocer, oponerse a «intuitivo».

discurso (del lat. «discursus») **1** (ant.) m. *Curso (camino).* **2** Acción de discurrir (pasar): 'El discurso del tiempo'. ≃ Curso, *paso, transcurso. ⊙ Paso de cierta cantidad de tiempo: 'En el discurso de dos o tres años. En el discurso de unas generaciones'. ≃ Decurso, espacio, lapso, *transcurso. **3** Facultad o acción de discurrir: 'El estudio de las matemáticas ejercita el discurso'. **4** *Raciocinio. **5** («El») En sentido amplio, conjunto de palabras con que alguien expresa lo que piensa, siente o quiere: 'El hilo del discurso'. ⇒ *Lenguaje. ⊙ («Un») En sentido más restringido, *exposición sobre un asunto serio hecha en tono ilustrativo por una persona a otras. ⊙ Particularmente, alocución, oración; exposición de su pensamiento que hace alguien en público con fines persuasivos. ⊙ También, escrito dirigido a la gente o a ciertas personas en forma de discurso. **6** Conjunto de *opiniones o ideas que se expresan acerca de algo: 'Las fuerzas políticas han moderado su discurso tras las elecciones'.

□ CATÁLOGO

Alocución, apóstrofe, arenga, argumentación, catilinaria, charla, conferencia, disertación, epístola, filípica, heroida, introito, laudatoria, *palabras, panegírico, parlamento, peroración, perorata, pregón, PREGÓN literario, proclama, *sermón, soflama, speech. ➤ Confirmación, división, enumeración, epilogación, epílogo, exordio, insinuación, invención, latiguillo, narración, periodo, proposición, refutación. ➤ Idolopeya. ➤ Discursear, disertar, hablar, orar, perorar, *predicar. ➤ *Orador. ➤ Embotellamiento. ➤ Tribuna. ➤ *Dialéctica. *Elocuencia. *Lenguaje. *Oratoria.

discusión («Encender, Suscitar, Empeñarse, Enredarse, Enzarzarse en, Entablar; Mantener, Sostener, Tener, Poner, Someter a, Cortar, Zanjar; acerca de, por, sobre») f. Acción de *discutir: 'El otro día estuve una discusión con Nom. a propósito de eso'. ⊙ («Haber una») Escena en que dos o más personas discuten.

NO ADMITIR DISCUSIÓN. Frase muy frecuente.

SIN DISCUSIÓN. Indudablemente. ⇒ *Indiscutible.

discusivo, -a (del lat. «discussus», resuelto) adj. MED. *Se aplica a lo que disuelve o resuelve.* ≃ Resolutivo.

discutible adj. Susceptible de ser discutido. ⊙ Precedido generalmente de «muy», se emplea como eufemismo para *negar o *desaprobar una cosa: 'Esa medida es de una oportunidad muy discutible' (en realidad, significa que el que habla la cree totalmente inoportuna). ≃ Dudoso.

discutidor, -a adj. y n. Inclinado a discutir.

discutir (del lat. «discutĕre», quebrar, decidir) **1** tr. *Tratar entre varias personas, exponiendo y defendiendo cada una su punto de vista, los distintos aspectos de un ↘*asunto. ⊙ Particularmente, hablar una persona con otra para llegar a un *acuerdo sobre las ↘condiciones de un trato: 'Están discutiendo el precio del coche'. **2** MAT. *Examinar el resultado de la aplicación a casos particulares de una ↘solución encontrada o enunciada con carácter general.* **3** («de, por, sobre; con») intr. Sostener dos o más personas opiniones o pretensiones opuestas en un diálogo o conversación: 'Discuten de política. Los dos chicos discuten por quién va a ir por el periódico'. ≃ Argumentar, disputar. **4** tr. Manifestar alguien una opinión contraria a ↘algo dicho u ordenado por otra persona: 'No tolera que se discutan sus órdenes. No debes discutirle al profesor lo que dice'. ≃ *Contradecir, objetar.

□ CATÁLOGO

Acalorarse, altercar, argüir, argumentar, medir las ARMAS, batallar, *chocar, controvertir, cuestionar, debatir, *disputar, encontrarse, habérselas con, palotear, pelotear, polemizar, porfiar, regañar, *reñir, acabar [o terminar] como el ROSARIO de la aurora, tirotearse, tirarse los TRASTOS a la cabeza, tropezar, ventilar, dar VUELTAS a la noria. ➤ *Argüir, plantar CARA, contradecir, poner en DUDA, encararse, impugnar, buscar la LENGUA, rebatir, *refutar, *responder, rosquear, saltar, poner en TELA de juicio, TENERLAS tiesas, zapatearse. ➤ Regatear. ➤ No dejar meter BAZA. ➤ Dar BELIGERANCIA. ➤ Moderar. ➤ Acaloradamente, de IGUAL a igual. ➤ *Confundir. ➤ Agarrada, alegato, altercado, bronca, cacao, caramillo, certamen, chirinola, choque, contestación, controversia, cuestión, DARES y tomares, debate, DIMES y diretes, discordia, discusión, *disputa, encuentro, escándalo, escaramuza, fricción, forcejeo, follón, gresca, *jaleo, lid, lío, logomaquia, marimorena, mitote, monote, movida, pelotera, polémica, porfía, pugilato, querella, rencilla, reyerta, *riña, roce, suiza, tiquismiquis, tormenta, trabacuenta, trapatiesta, trapisonda, tremolina, trifulca, zalagarda, zapatiesta, zarceo, zipizape. ➤ Contestable, controversial, controvertible, controvertido, debatible, discutible, dubio, dudoso, opinable. ➤ Alegador, altercador, ariete, discutidor, ESPÍRITU de contradicción, polemista, porfiador. ➤ *Contrario, preopinante. ➤ Moderador. ➤ CABALLO de batalla, CUESTIÓN batallona. ➤ Caer por su BASE. ➤ Estar sobre el TAPETE. ➤ *Categórico. ➤ *Dogmatizar. ➤ Bizantino, erístico. ➤ *Dialéctica. ➤ Palestra. ➤ ¡Hemos ACABADO!, ¡se acabó!; lo dijo BLAS, punto redondo; ¡hemos CONCLUIDO!, ¡te DIGO que sí [o que no]!, ESTÁ bien..., ¡a que NO!, sanseacabó, ¡más ERES tú!, ¡a que sí!, ¡hemos TERMINADO! ➤ Que si FUE que si vino; que si PATATÍN, que si patatán. ➤ *Confundir. *Contradecir. *Conversar. *Cuestión. *Desacuerdo. *Engrescar. *Litigar. *Luchar. *Obstinarse. *Razón. *Tratar.

disecable adj. Que se puede disecar.

disecación f. Disección.

disecador, -a adj. y n. Que diseca.

disecar (del lat. «dissecāre») **1** tr. Abrir o *cortar en partes un ↘animal o un vegetal para estudiarlos. ≃ Diseccionar. **2** Manipular y rellenar la piel de un ↘animal para darle la apariencia del animal completo y vivo. ⇒ Taxidermia. ⊙ (por etimología popular, que pone en relación esta voz con «secar») Preparar y *conservar una ↘planta, por ejemplo prensándola entre papel adecuado, en buen estado y con la mayor semejanza posible con la planta viva. ⇒ Esqueleto.

disección f. Acción de disecar (abrir un organismo para estudiarlo). ⇒ *Anatomía. ➤ Vivisección.

diseccionar tr. Realizar la disección de un ↘organismo. ≃ Disecar.

disecea (del gr. «dysēkoia») f. MED. *Torpeza del *oído.*

disector, -a n. *Persona que hace disecciones anatómicas.*

disemia (de «di-²» y el gr. «sêma», significado) f. LING. *Circunstancia de tener una palabra, con la misma forma, dos *significados distintos.* ⇒ Polisemia. ➤ Sinónimo.

diseminación f. Acción de diseminar.

diseminador, -a adj. Que disemina.

diseminar (del lat. «disseminăre») tr. *Dispersar; arrojar o enviar ↘cosas en distintas direcciones o separar ↘cosas que están juntas.

disensión (del lat. «dissensĭo, -ōnis») **1** f. Disentimiento. **2** *Disputa o *riña entre dos o más personas. ≃ Querella. ⊙ («Surgir, Promover, Provocar, Fomentar»; pl.) Desavenencia o *discordia; falta de armonía entre personas que conviven de alguna manera: 'Las disensiones entre marido y mujer son ya públicas'.

disenso (del lat. «dissensus») m. *Disentimiento.*

MUTUO DISENSO. DER. *Conformidad de las partes en dejar sin efecto el *contrato que las liga.*

disentería (del lat. «dysenterĭa», del gr. «dysentería») f. MED. En sentido amplio, cualquier enfermedad infecciosa consistente en la inflamación y ulceración del intestino grueso, caracterizada por la producción de *diarrea. ⊙ MED. En sentido restringido, *diarrea amibiana o bacilar.

disentérico, -a adj. MED. De [la] disentería.

disentimiento m. Acción de disentir. ≃ *Desacuerdo, disconformidad, discrepancia.

disentir (del lat. «dissentīre»; «de, acerca de, en, sobre») intr. Pensar de distinta manera que otro sobre cierta cosa. Se emplea el mismo verbo para hacer lo que significa: 'Disiento de usted'. ≃ *Discrepar. ⊙ Expresar opiniones contrarias a las de otro: 'Disiente de la opinión general. Disiento de su parecer en algunos detalles'.

□ CONJUG. como «hervir».

diseñador, -a adj. y n. Se aplica al que diseña o al autor de cierto diseño.

diseñar (del it. «disegnare») tr. Hacer el diseño de una ↘cosa.

diseño (del it. «disegno») **1** m. *Dibujo previo a la realización de una cosa que se hace para tener una idea aproximada de cómo será en realidad. ≃ Apunte, boceto, *bosquejo, croquis, esbozo, esquema. ⊙ *Forma o aspecto exterior del objeto que ha sido previamente diseñado: 'Este libro tiene un diseño realmente innovador'. ⊙ Acción o actividad de diseñar. **2** **Descripción de una cosa hecha con palabras a la ligera.*

disépalo, -a adj. BOT. *Se aplica al *cáliz o la *flor que tiene dos sépalos.*

disertación **1** f. Acción de disertar. **2** Escrito o discurso en que se diserta sobre algo.

disertante adj. y n. Se aplica al que diserta.

disertar (del lat. «dissertāre»; «sobre») intr. Tratar con autoridad de cierta materia, particularmente hablando en público. ⇒ Disceptar. ➤ Charla, conferencia, cuodlibeto, disertación, lección. ➤ *Discurso.

diserto, -a adj. *Hábil para hablar en público o para argumentar.* ⇒ Elocuente.

disestesia (de «dis-[2]» y el gr. «aísthēsis», sentido) f. MED. *Trastorno de la sensibilidad, que se observa particularmente en la histeria, caracterizado por la disminución y retardo de las sensaciones.*

disfagia (de «dis-[2]» y «-fagia») f. MED. *Dificultad o imposibilidad de *tragar.*

disfamación (ant.) m. *Difamación.*

disfamador, -a (ant.) adj. y n. *Difamador.*

disfamar (ant.) tr. *Difamar.*

disfamatorio, -a (ant.) adj. *Difamatorio.*

disfasia (del fr. «dysphasie», del gr. «dys-» y «phasis», palabra) f. MED. *Anomalía consistente en falta de coordinación de las palabras, debida a lesión cerebral.* ⇒ *Mente.

disfavor 1 («Hacer un»; form.) m. Por oposición a favor, *perjuicio. ⊙ *Lo contrario de una alabanza: en el juego de prendas hay una sanción que consiste en decir a los otros jugadores «un favor y un disfavor».* ≃ *Desalabanza. **2** *Caída del favor o *gracia de alguien.* ≃ Desgracia. **3** *Desaire o *desatención.*

disfemismo m. GRAM. *Designación propuesta por algunos gramáticos para algunas palabras o expresiones que, sin ser despectivas ni necesariamente jocosas, designan o aluden a una cosa rebajándola de categoría; como «pueblo» en la frase «¡viva Madrid, que es mi pueblo!».* ⇒ *Irreverente.

disforia (de «dis-[2]» y el gr. «phoréō», llevar) f. MED. *Inquietud o *malestar.* ≃ Desasosiego. ⇒ Euforia.

disformar tr. *Deformar.*

disforme adj. **Deforme.*

disformidad f. *Deformidad.*

disformoso, -a adj. *Deforme.*

disfraz 1 m. Cualquier cosa o procedimiento con que se disfraza una cosa o a una persona ⊙ Particularmente, vestido que se pone en carnaval o en una diversión como las que suele haber en carnaval para caracterizarse de cierta cosa o de cierto personaje, o parecer un ser fantástico. ⇒ *Botarga, travestido. ➤ Antifaz, careta. ➤ Arlequín, colombina, dominó, *máscara, pierrot. ➤ *Carnaval. **2** (inf.) Cosa que resulta *inadecuada o impropia en el lugar donde está, en la persona que la lleva o hace, etc.: 'Ese cuadro es un disfraz en esta habitación'.

disfrazar («con, de») tr. *Cambiar el aspecto de ↘personas o cosas para que no sean conocidas. ≃ *Desfigurar. ⊙ («con, de») Vestir a ↘alguien con un disfraz. También reflex. ⊙ Hacer alguien parecer distintos de lo que son realmente sus ↘sentimientos, deseos, ideas, etc. ⇒ Travestido. ➤ Cambiar, *disimular, *simular.

disfrez (ant.) m. **Desprecio.*

disfrutar (de «dis-[1]» y «fruto») **1** («con, en») intr. Sentir alegría o placer en cierto sitio o con cierta cosa: 'Los niños disfrutan en la playa'. ≃ *Gozar. **2** («de») tr. e intr. Tener cierta ↘cosa buena: 'Disfruta [de] buena salud, el [o del] favor del jefe, [de] una posición envidiable'. ≃ *Gozar, poseer. **3** tr. *Aprovecharse o *beneficiarse; percibir alguien las ↘rentas u obtener el provecho de cierta cosa aunque no sea propiedad suya: 'Disfruta las rentas de una casa de su padre'.

disfrute m. Acción de disfrutar.

disfuerzo (Perú) m. **Melindre.*

disfumino m. *Difumino.*

disfunción f. FISIOL. Trastorno en el funcionamiento de un órgano.

disgrafía f. PSI. *Trastorno específico en el aprendizaje de la escritura.*

disgregable adj. Que se puede disgregar.

disgregación f. Acción y efecto de disgregar[se].

disgregador, -a adj. Que disgrega.

disgregante adj. Que disgrega.

disgregar (del lat. «disgregāre») tr. y prnl. *Dividir[se] en partículas una ↘materia: 'Las heladas disgregan las rocas'. ≃ Desintegrar[se], desmoronar[se]. ⊙ Separar[se] ↘personas o cosas que están reunidas de modo que dejan de formar la unidad o ↘entidad que formaban: 'Disgregar las ovejas de un rebaño. Las vacaciones han disgregado la tertulia. La asociación se disgregó hace tiempo. Un organismo se disgrega cuando muere. El imperio se disgregó en varias nacionalidades'. ≃ *Dispersar[se].

□ CATÁLOGO

Aciberar, derrubiar, desbriznar, *deshacer, desintegrar, *desmenuzar, desmigajar, desmigar, *desmoronar, esborregarse, fraccionar, fragmentar, rallar. ➤ Ablación. ➤ Derrubio, deslave, deyección. ➤ Deleznable, disgregable, desamasado, desmigajado, granuloso, suelto. ➤ Árido, mazamorra. ➤ Cohesión. ➤ *Destruir. *Dispersar. *Dividir. *Esparcir, *Machacar. *Mascar. *Moler.

disgregativo, -a adj. Se aplica a lo que disgrega, o se puede disgregar.

disgustadamente adv. *Con disgusto.*

disgustado, -a Participio adjetivo de «disgustar[se]» ⊙ *Desabrido o insípido.* ⊙ Triste, apesadumbrado. ⊙ («Estar») Se aplica a las personas que, habiendo sido amigos o siendo parientes, no se tratan porque han tenido algún disgusto entre ellas. ≃ Enemistado.

disgustar (de «dis-[1]» y «gustar») **1** tr. *Quitar gusto o *sabor a una ↘comida.* **2** Causar una cosa en ↘alguien impresión desagradable o molesta: 'Me disgusta el olor de la gasolina. Me disgusta tener que repetir tantas veces las cosas'. ≃ *Desagradar. **3** Causar pesadumbre o tristeza a ↘alguien: 'Le disgustó mucho que no se acordasen de él'. ⊙ («con, por») prnl. Ponerse triste o apesadumbrado: 'Se disgustará si no recurrimos a él para que nos ayude'. **4** («con») Querellarse una persona con otra: dirigirse reproches, quejas, etc. ⊙ («con») *Enemistarse.

□ CATÁLOGO

Aburrir, acalorar[se], acedar, achar ar[se], agrazar, amargar, amohinar, *apenar, *apesadumbrar, dar [llevarse, tener o tomarse] un BERRINCHE, coitar, causar CONSTERNACIÓN, consternar, contrariar, saber a CUERNO quemado, cuitar, desabrir, *desagradar, desasosegar, desazonar, *descontentar, desesperar[se], desgradar, desplacer, dar el DÍA, tener DISGUSTADO, causar [o producir] DISGUSTO, darse [llevarse, tener o tomarse un] DISGUSTO, enojar, con ésas, escocer, no hacer GRACIA [maldita la GRACIA o ninguna GRACIA], dar GRIMA, causar mala IMPRESIÓN, dar MAL, matar, dar cien PATADAS, causar PESADUMBRE, picar, hacer PUPA, dar [llevarse, tener o tomarse] un mal RATO, repatear, resquemar, SABER mal, dejar mal SABOR de boca, causar SENTIMIENTO, dar que SENTIR, dar [llevarse, tener o tomarse], un SOFOCÓN, tribular. ➤ Atragantarse, atravesarse, indigestarse, repeler, *repugnar, no ser SANTO de la devoción de. ➤ No encontrarse, no hallarse. ➤ Hacer ASCOS, torcer el GESTO, gruñir, rechinar, refunfuñar, *renegar, rezongar. ➤ Mal AVENIDO, contrariado, desambientado, descentrado, *descontento, desplacido, disgustado, mal HALLADO, *inadaptado, insatisfecho, malcontento, molesto, resentido.

➤ Adamidos, ambidos, amidos, con desgana, a regaña DIENTES, a la fuerza, de mala *GANA, sin ganas, de mal GRADO, mal de mi [su, etc.] GRADO, aunque me [te, etc.] PESE, a mi [su, etc.] PESAR, quiera o no QUIERA, QUIERAS [QUIERA, etc.] que no, a regañadientes, a remolque, con repugnancia, de mal TALANTE, de [o con] mala [o poca] VOLUNTAD. ➤ Desagrado, displicencia. ➤ Berrinche, cojijo, contrariedad, desazón, desengaño, despecho, disgusto, escorozo, escozor, espina, espinilla, *fastidio, fracaso, malestar, pacaya, pesadumbre, quitasueño, rabia, reconcomio, regomeyo, repunta, resentimiento, resquemor, mal TRAGO. ➤ Calamidad, *contratiempo, mazada, mazazo, pedrada, percance, perjuicio, revés, sinsabor, tropiezo, zamarrazo. ➤ Queja. ➤ CADO [NIDO O SEMILLERO] de disgustos. ➤ Quien bien te QUIERE te hará llorar. ➤ Estar a las DURAS y a las maduras. ➤ ¡Adiós!, ¡AHORA sí que...!, ¡anda!, ¡arrea!, ¡atiza!, ¡qué barbaridad!, ¡canarios!, ¡canastos!, ¡caracoles!, ¡caramba [con]!, ¡caray!, ¡cáscaras!, ¡cáspita!, ¡el colmo!, ¡es [sería] el COLMO!, ¡como!, ¡habrá COSA igual [parecida o semejante]!, ¡cuidado con...!, ¡cómo diablos...!, ¡adiós mi DINERO!, ¡alabado sea DIOS!, ¡válgame DIOS!, ¡vaya por DIOS !, ¡qué disparate!, ¡ESA es otra!, ¡pues ESTAMOS bien!, ¡lo que FALTABA [para el duro]!, ¡buena la he [has, etc.] HECHO!, ¡pero [vaya] HOMBRE!, ¡hummm...!, ¡leñe!, ¡ave MARÍA Purísima!, ¡mira...!, ¡mira con...!, ¡mmm...!, ¡cómo ES eso!, ¡ummm...!, ¡vaya!, ¡hay que VER!, ¡habrase VISTO! ➤ ¡Anda!, ¡CHÚPATE esa!, ¡con...!, ¡digo!, ¡no DIGO nada!, ¡ea!, ¡para que te EMPAPES!, ¡para que te ENTERES!, ¡qué gracia!, ¡qué gracioso!, ¡buena la he [la has, etc.] HECHO!, ¡MALDITA sea!, ¡qué mono!, ¡qué rabia!, ¡para que RABIES!, ¡qué rico!, ¡qué salado!, ¡para que lo SEPAS!, ¡para que VEAS!. ➤ *Desazón. *Desengaño. *Desgracia. *Encolerizar. *Enfadar. *Fastidiar. *Indigno. *Irritar. *Molestar. *Padecer. *Pena. *Preocupación. *Repugnancia. *Sentir.

disgusto 1 m. *Insipidez o mal sabor.* **2** («Acarrear, Causar, Costar, Producir, Traer, Dar, Proporcionar, Tener, Llevarse, Recibir, Tomarse») Impresión causada por lo que disgusta. ⊙ Sentimiento que tiene el que está disgustado. ⊙ Cosa que produce disgusto: 'La pérdida del reloj fue un gran disgusto para ella'. **3** A veces, tiene «disgusto» un significado más grave, que corresponde a los de «padecimiento, pesadumbre» o «*desgracia»: 'Su hijo le da muchos disgustos. Tantos disgustos van a acabar con él. Si sigue conduciendo así el coche, cualquier día tendrá un disgusto'. **4** Estado de ánimo de quien hace algo contra su gusto o voluntad: 'Estoy dispuesto a ir, pero con disgusto'. ≃ *Repugnancia. ⊙ Displicencia: 'Ese camarero sirve como con disgusto'. ≃ Desagrado, desgana. **5** Querella entre dos personas que se dirigen reproches y quejas recíprocos: 'Ha tenido un disgusto con su cuñada. Salen a disgusto diario, pero pronto se les pasa'.

A DISGUSTO («Estar, Sentirse», etc.). *Disgustado, molesto, fastidiado, etc.: 'El que se sienta a disgusto puede marcharse'.

disgustoso, -a 1 adj. *Insípido.* **2** *Causante de disgusto.*

disidencia 1 f. Acción de disidir. **2** Falta de acuerdo entre personas que pertenecen a la misma comunidad. ≃ *Desacuerdo.

disidente adj. y n. Se aplica al que diside o se aparta de una comunidad, una doctrina, etc.

disidir (del lat. «dissidĕre») intr. *Separarse de una doctrina, creencia o partido. ⊙ *Discrepar. ≃ Disentir.

disílabo, -a (del lat. «disyllăbus», del gr. «disýllabos») adj. *Bisílabo.*

disímbolo, -a (de «dis-[1]» y el gr. «sýmbolos», que se junta con otra cosa; ant. y en Méj.) adj. **Distinto o *disconforme.*

disimetría f. Falta de simetría.

disimétrico, -a adj. No simétrico.

disímil (del lat. «dissimĭlis») adj. **Distinto.*

disimilación f. FON. *Acción y efecto de disimilar[se].* ⇒ Asimilación.

disimilar (de «disímil») tr. y prnl. FON. *Alterar[se] un sonido por influencia de otro próximo igual o semejante.* ⇒ *Derivación, *pronunciar. ➤ Asimilar[se].

disimilitud f. Circunstancia de ser *diferente una cosa de otra. ≃ Desemejanza.

disimulable adj. *Susceptible de ser disimulado.*

disimulación f. Disimulo.

disimuladamente adv. Con disimulo.

disimulado, -a 1 Participio adjetivo de «disimular». **2** Inclinado a *disimular y con habilidad para hacerlo.

HACERSE EL DISIMULADO. Fingir alguien que no entiende cierta cosa o no se entera de ella.

disimulador, -a adj. y n. Aplicable a lo que o al que disimula.

disimular (del lat. «dissimulāre») **1** («con») tr. o abs. *Ocultar para que no se vea o no se note una ˘cosa material: 'Disimular una puerta con un tapiz'. ⊙ («con») O cosas como intenciones, acciones, cualidades o defectos: 'Aunque disimules, ya sé que has cogido una manzana. Disimula su cojera con una bota especial'. **2** Fingir alguien que no se *entera de una cosa que se dice o sucede en su presencia. **3** Ser indulgente con las ˘faltas o alguna falta de alguien: 'No disimula nada a los empleados'. ≃ *Disculpar, dispensar. **4** *Se emplea en frases o exclamaciones de *disculpa:* '¡Disimule usted! Le ruego que disimule mi atrevimiento'.

□ CATÁLOGO

No darse por ALUDIDO, guardar las APARIENCIAS, dejarse CAER, quedar otra COSA en el [o dentro del] CUERPO, hacerse el DESENTENDIDO, desfigurar, devisar, disfrazar, hacerse el DISIMULADO [o el DISTRAÍDO], dorar, embozar, empachar, enartar, encamisar, encubrir, enmascarar, no darse por ENTERADO, envolver, guardar las FORMAS, hacerse el LONGUIS, hacerse de NUEVAS, tirar la PIEDRA y esconder la mano, dorar la PÍLDORA, ir la PROCESIÓN por dentro, quedar otra, revestir, sobredorar, sobresanar, solapar, hacerse el SORDO, subsanar, hacerse el SUECO, tapar, hacerse el TONTO, vestir. ➤ Artificio, *astucia, conchas, deshecha, diplomacia, disfraz, disimulación, disimulo, embozo, eufemismo, ficción, fingimiento, segunda intención, maca, malicia, *pantalla, perdonanza, *pretexto, recámara, retranca, retrechería, socarronería, solapa, sorna, tapadera, tinte, trastienda, velo. ➤ *Cazurro, diplomático, disimulado, disimulador, hipócrita, *taimado. ➤ Echadizo, *espía. ➤ Embozado, soltadizo. ➤ Por lo bajo, a bonico, bonitamente, burla burlando, callandito, so capa de, a CENCERROS tapados, a la CHITA callando, a la CHITICALLANDO, como si, como quien no quiere la COSA, por debajo de CUERDA, a la deshilada, diplomáticamente, embozadamente, encubiertamente, por el bien [o buen] PARECER, como quien, a socapa, socolor, solapadamente, con sordina, subrepticiamente. ➤ *Abiertamente, claramente. ➤ *Astuto. *Aparentar. *Atenuar. *Cambiar. *Cautela. *Cazurro. *Desfigurar. *Engaño. *Fingir. *Hipocresía. *Ocultar. *Simular.

disimulo m. Acción o actitud de disimular: 'Con mucho disimulo se lo metió en el bolsillo'.

disipación 1 f. Acción de disipar[se]. **2** Conducta del hombre disipado o *libertino. ≃ Disolución, *libertinaje, licencia.

disipadamente adv. Con disipación: 'Vivir disipadamente'.

disipado, -a 1 Participio de «disispar[se]». **2** adj. Referido a personas, particularmente a los hombres, entregado con exceso a los placeres y diversiones: 'Lleva una vida disipada'. ⇒ *Calavera, *libertino.

disipador, -a adj. y n. Se aplica a la persona que disipa el dinero, los bienes, etc.

disipar (del lat. «dissipāre») **1** tr. Hacer que una ↘cosa que está en el aire sea cada vez menos densa, hasta que llega a *desaparecer: 'El sol disipa la niebla'. ≃ *Desvanecer, esfumar. ⊙ prnl. Hacerse menos densa una cosa que está en el aire hasta desaparecer: 'La columna de humo se disipó en el aire'. **2** tr. Hacer *desaparecer una ↘duda, una sospecha, una ilusión, etc. ⊙ prnl. Desaparecer éstas: 'Mis últimas dudas se han disipado'. **3** *Gastar alguien completamente y sin prudencia su ↘dinero, sus bienes, etc. ≃ *Derrochar.

disjunto (del lat. «disiunctus») adj. V. «CONJUNTOS disjuntos».

dislalia (de «dis-[2]» y el gr. «laleîn», hablar) f. MED. *Dificultad de articular las palabras, debida a defectos en los órganos del *habla.*

dislate (de «deslate») m. Acción que produce o es probable que produzca muy malos resultados, o dicho que envuelve un gran *error: 'Ese plan es un dislate. El libro está lleno de dislates'. ≃ Aberración, absurdo, atrocidad, barbaridad, desatino *disparate, enormidad.

dislexia (del ingl. «dyslexia», del gr. «dys-» y «léxis», habla) f. PSI. Trastorno específico en el aprendizaje de la lectura. Está asociado generalmente a disgrafía y, entre sus síntomas, están alterar el orden de las letras o suprimir letras o sílabas al leer, o confundir letras con forma simétrica, como la «d» y la «b».

disléxico, -a adj. y n. PSI. Afectado de dislexia.

dislocación f. Acción y efecto de dislocar[se].

dislocadura f. Dislocación.

dislocar (de «dis-[1]» y el lat. «locāre», colocar) **1** tr. y, más frec., prnl. Estropear[se] una ↘articulación del cuerpo de un animal: 'La articulación de la muñeca se ha dislocado. Me he dislocado un brazo'. ⇒ Desconcertarse, descoyuntarse, desencajarse, desgobernarse, desgonzarse, desgoznarse, despamplonarse, desquijararse, luxar[se], relajarse, torcerse. ➤ Dislocación, dislocadura, lujación, luxación, zafadura. ➤ Descuajaringarse, desquiciarse. ➤ Desortijado. ➤ Diastrofia, distensión. ➤ Reducir. ➤ *Algebrista. **2** Desfigurar los ↘hechos al referirlos o interpretarlos, para adaptarlos a una idea preconcebida. ≃ Forzar, violentar, sacar de QUICIO.

disloque m. SER EL DISLOQUE (inf.). Ser el *colmo; ser el grado sumo de regocijo, de bulla, de alboroto, etc.: 'Cuando se le salió la dentadura de la boca fue el disloque'.

dismembración f. *Desmembración.*

dismenorrea (del fr. «dysménorrhée») f. MED. **Menstruación dolorosa o difícil.*

disminución 1 f. Acción y efecto de disminuir. ⇒ *Disminuir. **2** CONSTR. *Cuantía en que un *muro es más delgado que su zarpa.* **3** VET. *Cierta *enfermedad que padecen las caballerías en los cascos.*

EN DISMINUCIÓN. Disminuyendo. ⊙ Estrechándose: 'Las mangas del vestido van en disminución'.

disminuido, -a 1 Participio adjetivo de «disminuir». ⊙ («Estar, Sentirse») Se dice del que es tenido en poca consideración o se siente él mismo *insignificante en un sitio. ≃ Achicado. **2** V. «PIEZA honorable disminuida». **3** adj. y n. Se aplica a la persona mermada en sus facultades físicas o mentales. ≃ Minusválido.

disminuir (del lat. «diminuĕre») **1** («de») intr. Hacerse una cosa más *pequeña, *menos numerosa, menos intensa, etc.: 'Ha disminuido el frío [la población del país, la velocidad del viento]'. ≃ Decrecer, menguar, reducirse. **2** tr. Hacer una ↘cosa más pequeña, menos importante, menos numerosa, etc.: 'Nos han disminuido la ración'. ≃ Achicar, aminorar, empequeñecer, mermar.

□ CATÁLOGO

Abreviar, achicar[se], *acortar[se], acorzar[se], adelgazarse, aflojar, alcorzar[se], amainar, amenguar[se], aminorar[se], amputar, apocarse, apoquecer[se], atenuar[se], BAJAR, dar un BAJÓN, baldar, caer, ir de CAÍDA, ir de CAPA caída, camochar, capar, castigar, ceder, cercenar, chapodar, circunscribir, comiscar, contraer[se], cortar, debilitar[se], decaer, declinar, decrecer, deducir, degradar[se], descabalar, descabezar, descantillar, descargar, descender, descolmar, *descontar, descrecer, desfalcar, desgastarse, desinflarse, deslinajar, desmenguar, *desmochar, devaluar, diminuecer, diminuir, *empequeñecer[se], encoger[se], ensolver, escalfar, escamochar, escasear, escatimar, esmerarse, estrechar[se], limar, menguar, menoscabar, mermar[se], meter, minorarse, minusvalorar, mochar, *mutilar, oxidar[se], parvificar, perder, periclitar, podar, quitar, ratear, *rebajar, recortar, reducir[se], repelar, resquitar, restar, restringir, sincopar, sisar, trasquilar, truncar, ir de VENCIDA. ➤ Banalizar, quitar HIERRO, no dar IMPORTANCIA ni a Sevilla ni al Guadalquivir, quitar IMPORTANCIA, infravalorar, menospreciar, minimizar, paliar, parvificar, rebajar, recortar, subestimar, subvalorar, trivializar, quitar VALOR. ➤ Baja, bajada, bajón, decrecimiento, decremento, descenso, descrecencia, descrecimiento, descuento, destajamiento, detasa, devaluación, disminución, esmena, mengua, menoscabo, merma, rebaja. ➤ Castigado, desmochado, disminuido, mordido, recortado. ➤ Por CARTA de menos, de menos, en menos. ➤ ¡Ya vendrá el tío PACO con la rebaja! ➤ *Amortiguar. *Calmar[se]. *Cercenar. *Debilitar. *Decaer. *Desgastar. *Gastar. *Menos. *Moderar. *Pequeño. *Poco. *Quebrantar. *Quitar. *Regatear.

□ CONJUG. como «huir».

dismnesia (de «amnesia», con cambio del prefijo «a-» por «dis-[2]») f. MED. *Debilidad de la *memoria.*

disnea (del lat. «dyspnoea», del gr. «dýspnoia») f. MED. Dificultad de *respirar. ⇒ Apnea. ➤ *Asma.

disneico, -a adj. MED. De [la] disnea. ⊙ adj. y n. MED. Afectado de disnea.

disociable adj. Que puede «disociarse»

disociación f. Acción y efecto de «disociar[se]»

DISOCIACIÓN ELECTROLÍTICA. QUÍM. **Electrólisis.*

disociar (del lat. «dissociāre») tr. *Separar[se] los componentes de ↘algo; particularmente, de un cuerpo químico. ≃ Descomponer.

□ CONJUG. como «cambiar».

disolubilidad f. Solubilidad.

disoluble adj. Soluble.

disolución 1 f. Acción de disolver. **2** Conjunto del cuerpo disolvente y el disuelto. ≃ Solución. **3** Disminución de la eficacia, de la austeridad o de las virtudes propias de una sociedad humana: 'Disolución de la familia [o de la sociedad]'. ≃ Relajación. ⊙ Pérdida de la austeridad en las costumbres: 'La disolución de las costumbres [o de la juventud]'. ≃ Relajación.

disolutamente adv. De manera disoluta.

disoluto, -a (del lat. «dissolūtus», part. pas. de «dissolvěre», disolver, desunir) adj. Afectado de disolución (relajación): 'Costumbres disolutas. Una vida disoluta. Una mujer disoluta'. ⇒ *Libertino, *vicio.

disolvente 1 adj. y n. m. Se aplica al cuerpo apto para disolver a otros. ⊙ QUÍM. Componente de una disolución en el que se *disuelve el soluto. Suele considerarse que es la sustancia que se encuentra en mayor proporción. **2** Se aplica a lo que produce relajación o trastornos en la vida social: Teorías disolventes'.

V. «CUADROS disolventes».

disolver (del lat. «dissolvěre») **1** («en, con») tr. *Juntar a una sustancia líquida ↘otra en cualquier estado que queda íntimamente unida a ella sin enturbiarla, o sea sin que sus partículas sean perceptibles. ⊙ Incorporarse o ser capaz de incorporarse un líquido otra ↘sustancia en esa forma: 'La gasolina disuelve la grasa'. ⊙ («en, con») prnl. Quedar o ser capaz de quedar íntimamente unida una sustancia a un líquido sin que sus partículas sean perceptibles: 'El azúcar se ha disuelto. Esta pintura se disuelve con agua'. **2** (ant.) tr. **Resolver (solucionar)*. **3** **Anular un ↘*contrato que liga a dos o más personas*. ⊙ Particularmente, «disolver el matrimonio». **4** tr. y prnl. Deshacer[se] una ↘*reunión de personas: 'Disolver las cortes [o una manifestación]. Esa asociación se disolvió hace tiempo'.

□ CATÁLOGO

Colicuar, desatar, deshacer, digerir, diluir, enlejiar, jetar, lixiviar, macerar. ➤ Destemperado, disuelto. ➤ Suspensión. ➤ Disolución, infusión, solución, tintura. ➤ Cargado, claro, clarucho, concentrado, débil, diluido, espeso, fuerte, saturado. ➤ Densidad. ➤ Aclarar. ➤ Coloide, cristaloide, insoluble, soluble. ➤ Discusivo, disolvente, excipiente, menstruo, soluto. ➤ AGUAS madres. ➤ Desleír, levigar. ➤ Valorar. ➤ Diálisis. ➤ Indisoluble, insoluble.

□ CONJUG. como «volver».

disón (de «di-[1]» y «son») m. MÚS. *Disonancia*.

disonancia 1 f. Efecto que producen las cosas que disuenan. **2** MÚS. Combinación de sonidos que produce disonancia, generalmente como efecto musical buscado.

disonante adj. Que disuena.

disonar (del lat. «dissonāre») **1** intr. Sonar de manera inarmónica con otros sonidos. ⇒ *Desafinar. **2** («de, en») Estar en *desacuerdo o desarmonía notable con otras cosas o con lo que está alrededor; tiene generalmente sentido peyorativo: 'Con su tosquedad disuena en aquella familia. Las cortinas disuenan del resto del mobiliario'. **3** *Ser encontrada una cosa por alguien *inoportuna o extraña*. ≃ Chocar.

□ CONJUG. como «contar».

dísono, -a (del lat. «dissŏnus») adj. *Disonante*.

disorexia f. MED. *Mengua o alteración del apetito*.

disosmia (de «dis-[2]» y el gr. «osmḗ», olfato) f. MED. *Dificultad para percibir los *olores*.

dispar (del lat. «dispar, -āris») adj. Se aplica en plural a las cosas entre las que hay diferencias que significan en cierto modo una oposición: 'Tenemos criterios [gustos, opiniones] dispares'. ≃ *Diferente.

disparada (Hispam.; inf.) f. *Carrera o huida desordenada*.

A LA DISPARADA (Hispam.; inf.). *A todo correr*.

DE UNA DISPARADA (Arg.; inf.). *Rápidamente, al instante*.

PEGAR UNA DISPARADA (Arg.; inf.). *Tomar la* DISPARADA.

TOMAR LA DISPARADA (Arg.). *Salir corriendo para huir*.

disparadamente 1 adv. *Con violencia*. **2** *Disparatadamente*.

disparadero m. Disparador de un arma.

PONER a alguien EN EL DISPARADERO. Ponerle a punto de dispararse (perder la contención).

disparado, -a Participio de «disparar».

SALIR DISPARADO. *Marcharse corriendo o muy deprisa de un sitio. ≃ Dispararse.

disparador 1 m. Dispositivo de las *armas de fuego que se suelta para dispararlas. **2** Pieza del *reloj que, al moverse, permite e impide alternativamente el movimiento de la maquinaria. ≃ Escape. **3** Dispositivo de las máquinas fotográficas con que se abre el obturador. **4** *Pieza de hueso que servía para afirmar la cuerda de la *ballesta*. ≃ Nuez. **5** MAR. *Aparato que sirve para desprender el *ancla de la serviola en el momento de fondear*.

PONER un arma EN EL DISPARADOR. Poner en el disparador la llave de ella.

disparar (del lat. «disparāre») **1** tr. o abs. Lanzar un ↘proyectil con un *arma. El complemento gramatical puede ser el arma, el proyectil o el nombre correspondiente del efecto de disparar: 'Disparar el arco [la flecha, un tiro]. Esta pistola no dispara bien'. ⊙ prnl. Lanzar un arma un proyectil sin haberla disparado o haberlo hecho involuntariamente; por ejemplo, al caerse y dar contra el suelo o al manipularla: 'Se le disparó el fusil'. **2** tr. o abs. *Lanzar con violencia una ↘cosa; particularmente, la pelota un futbolista hacia la portería contraria para marcar un gol. **3** Accionar el disparador de una cámara fotográfica: 'Venga, dispara de una vez'. ⇒ *Función. **4** intr *Decir o hacer *disparates*. ≃ Disparatar. **5** (Méj.) *Despilfarrar el dinero*. **6** prnl. y, en Hispam., intr. Echarse a correr, *marcharse precipitadamente o ponerse bruscamente en movimiento. ≃ Salir DISPARADO. **7** prnl. Dejar alguien de contenerse y empezar a exteriorizar con vehemencia o violencia su disgusto, indignación, rabia, etc. ≃ *Descomponerse. **8** tr. Hacer que ↘algo aumente desmesuradamente y con gran rapidez. ⊙ prnl. *Aumentar de este modo: 'Se han disparado los precios de la vivienda'.

V. «disparar al AIRE».

□ CATÁLOGO

Acertar, disparar al AIRE, alcanzar, apuntar, asestar, atinar, asegurar la BANDERA, dar en el BLANCO, calar la CUERDA, dar, desarmar, descargar, descerrajar, desfechar, deslatar, encajar, encarar, hacer FUEGO, romper el FUEGO, fulminar, dirigir [o poner] la PUNTERÍA, tirar, tirotear. ➤ Al aire, a BOCA de jarro, a bocajarro, certero, por elevación, de empuesta, fijante, a mansalva, a quemarropa, a quema ROPA, a [o de] tenazón, al volateo, al vuelo. ➤ Abalear, acañonear, ametrallar, arcabucear, asaetear, balear, ballestear, batir, bombardear, bombear, cañonear, contrabatir, escopetear, flechar, lombardear, torpedear. ➤ Andanada, CARGA cerrada, contrasalva, DESCARGA cerrada, fuego, FUEGO graneado [incendiario, infernal o nutrido], FUEGOS artificiales, salva, tiroteo. ➤ Arcabuzazo, ballestada, bombazo, cañonazo, detonación, disparo, escopetazo, esmerilazo, estallido, estampido, explosión, flechazo, fogonazo, fusilería, hondada, hondazo, lombarda, metrallazo, morterazo, mosquetazo, perdigonada, pistoletazo, plomada, pollada, saetazo, tiro, trabucazo, traquido. ➤ Diana, impacto. ➤ Puntería, tino. ➤ Alcance, ÁNGULO de mira, ÁNGULO de tiro, blanco, objetivo, terrero. ➤ Disparador, gatillo, percusor. ➤ Albalastrilla, mampuesto, telémetro. ➤ Trayectoria.

➤ Coz, culatazo, rebufo. ➤ Desabrimiento. ➤ *Proyectil. ➤ ¡Pum! ➤ Balística, pirobalística. ➤ *ARMAS arrojadizas, *ARMAS de fuego.

disparatadamente adv. De manera disparatada.

disparatado, -a Participio de «disparatar». ⊙ adj. Se aplica a lo que constituye un disparate en cualquier acepción: 'Un proyecto disparatado'.

disparatador, -a adj. y n. Se aplica al que disparata.

disparatar (del lat. «disparătus», part. pas. de «disparāre», dividir) intr. Decir disparates.

disparate (de «disparatar») **1** («Decir, Ensartar, Escribir, Soltar») m. Cosa absurda, falsa, increíble o sin sentido que se dice por equivocación, ignorancia, trastorno de la mente, etc.: 'Un libro lleno de disparates. Dice tales disparates que parece que está loco'. ⊙ («Hacer») Acción imprudente o irreflexiva que tiene o puede tener muy malas consecuencias: 'Hiciste un disparate cruzando el río por aquel sitio'. **2** («Decir, Soltar», etc.) Maldición, insulto violento, palabrota o *terno: 'Se descompuso y le dijo todos los disparates que le vinieron a la boca'.

¡QUÉ DISPARATE! Exclamación de desaprobación, de *protesta o de *disgusto.

UN DISPARATE (inf.). Aplicado a acciones, *mucho: 'Me he reído un disparate'.

□ CATÁLOGO

Aberración, absurdidad, *absurdo, argado, atrocidad, badomía, barbaridad, barrabasada, burrada, ciempiés, *desacierto, desaguisado, desatino, desbarro, descabellamiento, descamino, deslate, despapucho, *despropósito, desvarío, devaneo, dislate, disparo, enflautada, engendro, enormidad, especiota, esperpento, *fechoría, garrapatón, gazafatón, gazapatón, herejía, ignominia, irracionalidad, incoherencia, insensatez, locura, SALIDA de pie de banco, ñangada, tontería, yeguada, zafarrancho. ➤ SARTA [O SERIE] de disparates. ➤ Perder la CABEZA, irse por los CERROS de Úbeda, cantinflear, apeárse por la COLA, delirar, desbaratar, desbarrar, desenfrenarse, deslatar, destorrentarse, desvariar, devanear, dispararse, disparatar, perder los ESTRIBOS, soltarse el PELO, *soltarse, hacer TONTERÍAS. ➤ Demencial, desatentado, *desatinado, descabellado, disparatado. ➤ No tener PIES ni cabeza. ➤ ¡APAGA y vámonos!, ¡aprieta!, ¡atiza!, ¡buena la he [has, etc.] HECHO! ➤ *Equivocación. *Error. *Ilógico. *Imprudente.

disparatero, -a (Hispam.) adj. y n. *Disparatador.*

disparcialidad (ant.) f. *Desavenencia entre los miembros de una parcialidad o grupo.*

disparejo, -a (de «dispar») adj. *Desigual.

disparidad f. Relación entre cosas dispares.

DISPARIDAD DE CULTOS. Diferencia de *religión. ⊙ Específicamente, impedimento para el *matrimonio católico, consistente en esa diferencia.

disparo 1 m. Acción de disparar un arma. ⊙ Salida de un proyectil disparado por un arma. **2** DEP. En *fútbol, acción de lanzar con fuerza la pelota contra la portería contraria para marcar un gol. **3** (ant.) **Disparate.*

dispendio (del lat. «dispendĭum») m. Gasto innecesario o excesivo de algo; particularmente, de dinero. ≃ *Derroche, despilfarro.

dispendiosamente adv. *Con dispendio.*

dispendioso, -a adj. *Se dice de lo que cuesta mucho dinero.* ≃ *Caro.

dispensa f. Acción de dispensar de un pago u obligación o de un impedimento: 'Dispensa de edad [o de defecto físico]'. ⊙ Específicamente, de un impedimento canónico para el *matrimonio, como el parentesco o la disparidad de cultos.

dispensable adj. Susceptible de ser dispensado.

dispensación f. *Dispensa.*

dispensar (del lat. «dispensāre», repartir) **1** tr. *Dar, distribuir o suministrar ↘algo. Actualmente tiene, en esta acepción, un uso muy restringido: se emplea con el significado de «otorgar» o «*conceder» con palabras como «honor» u «honores, mercedes, interés, atención, estimación, admiración». ⊙ También se emplea con «acogida, despedida» o palabras equivalentes, no siendo entonces indispensable que el adjetivo sea favorable: 'Le dispensaron un entusiasta recibimiento [o una fría acogida]'. ⊙ También se emplea con las palabras «asistencia, ayuda, cuidados», y equivalentes. **2** No tener en cuenta una ↘falta, delito, etc., cometidos por ↘alguien o renunciar a castigarlos. Se emplea particularmente en fórmulas de *disculpa cuando se causa una molestia a alguien: '¡Usted dispense!'. ≃ Disculpar, *perdonar. ⊙ (esta acepción puede explicarse a través de «administrar, ahorrar»; «de») tr. e intr. Consentir a ↘alguien que no cumpla cierta ↘obligación, o que no se sujete a cierta prohibición, disposición u orden: 'Le dispensan [de] la asistencia a clase. Me dispensaron la multa [o del pago de la multa]'. ≃ Excusar, eximir, relevar.

□ CATÁLOGO

Condonar, dejar, descargar, desligar, excusar, exentar, eximir, exonerar, franquear, hacer GRACIA de, *liberar, PASAR por alto, quitar, rebajar, redimir, relevar, remitir, reservar. ➤ Dispensa, dispensación, exención, franqueza, franquicia, inmunidad, remisión. ➤ Franco, inmune, *libre. ➤ PUERTO franco. ➤ *Indulgencia, MANGA ancha, tragaderas. ➤ Indispensable. ➤ *Absolver. *Disculpar. *Perdonar. *Permitir. *Privilegio.

dispensaría (Chi., Perú) f. *Dispensario.*

dispensario m. Establecimiento donde se dispensa asistencia médica gratuita. ⇒ *Clínica.

dispepsia (del lat. «dyspepsĭa», del gr. «dyspepsía») f. MED. Cualquier alteración, particularmente si es crónica, de la digestión.

dispéptico, -a adj. MED. De [la] dispepsia. ⊙ adj. y n. MED. Afectado de dispepsia.

dispermo, -a (de «di-» y el gr. «spérma», semilla) adj. y n. BOT. *Se aplica al fruto que tiene dos semillas.*

dispersar (de «disperso») **1** tr. y prnl. Mover[se] en distintas direcciones ↘cosas que estaban juntas o formando grupo: 'Una lente que dispersa los rayos luminosos'. ≃ *Separar. ⊙ *Repartir una persona algo como su ↘atención, su actividad o sus facultades entre muchas cosas. **2** tr. MIL. Hacer huir desordenadamente y diseminarse al ↘enemigo. ⊙ prnl. MIL. Huir de este modo. **3** tr. y prnl. MIL. *Desplegar[se] una ↘fuerza en orden abierto.* **4** tr. Hacer desaparecer ↘cosas como celos, dudas, recelos, sospechas o temores. ≃ *Desvanecer.

□ CATÁLOGO

Aventar, desbandarse, *desmandarse, desparramar[se], desperdigar[se], destropar[se], diseminar[se], *disgregar[se], disipar[se], espaciar[se], *esparcir[se], *extenderse. ➤ AQUÍ y allí, claro, desparramado, desperdigado, diseminado, disperso, espaciado, esparcido, cada uno por su LADO, ralo, salpicado, separado, suelto. ➤ Desbandada, dispersión, escurribanda. ➤ A la desbandada. ➤ Alcachofa, dispersor, pulverizador. ➤ Cratícula. ➤ *Abrir. *Apartar. *Esparcir. *Repartir. *Separar.

dispersión f. Acción y efecto de «dispersar[se]».

dispersivo, -a adj. *Que dispersa.*

disperso, -a (del lat. «dispersus», part. pas. de «dispergĕre», repartir, extender) **1** Participio irregular, usado sólo como adjetivo. El regular es «dispersado». **2** adj. y n. m. MIL. *Se aplica al militar que ha quedado incomunicado con su unidad.* **3** MIL. *Se aplicaba al militar no asignado a ningún cuerpo, que residía donde quería.*

dispersor, -a adj. Se aplica a lo que dispersa.

displacer tr. **Desagradar.* ≃ Desplacer.

□ CONJUG. como «agradecer».

displasia (de «dis-[2]» y el gr. «plássō», formar) f. MED. *Alteración en el desarrollo de un tejido.*

display (ingl.; pronunc. [displéi]; pl. «displays») m. Elemento de ciertos aparatos y dispositivos electrónicos que muestra la representación visual de la información contenida en éstos; por ejemplo, el monitor y la impresora de un ordenador o la pantalla de una calculadora.

displicencia f. Actitud displicente.

displicente (del lat. «displĭcens, -entis», part. pas. de «displicēre», disgustar; «Estar, Ser») adj. Se dice de la persona que muestra falta de interés, entusiasmo o afecto por las cosas o las personas; en general, o en una ocasión determinada. ⇒ Apático, desdeñoso, *despectivo, *frío, *indiferente, tibio. ➤ Desagrado, desgana, disgusto, displicencia. ➤ De mal AIRE, de mala GANA, de mal TALANTE. ➤ *Apatía. *Desanimar. *Indiferente.

dispondeo (del lat. «dispondēus», del gr. «dispóndeios») m. MÉTR. **Pie de la poesía clásica que consta de dos espondeos, o sea de cuatro sílabas largas.*

disponente adj. *Aplicable al que dispone.*

disponer (del lat. «disponĕre») **1** tr. Colocar una ⌄cosa de la manera conveniente para cierto fin: 'Tiene arte para disponer los escaparates [o las cosas en el escaparate]. Hay que disponer las sillas de modo que todos vean el escenario'. ≃ Arreglar. **2** Hacer lo necesario para tener en el momento oportuno una ⌄cosa: 'Dispón comida para cuatro personas'. ≃ *Preparar. ⊙ Poner las ⌄cosas de la manera conveniente para hacer lo que se expresa: 'Hay que disponerlo todo para marcharnos mañana'. ⊙ («a, para») prnl. *Prepararse: 'Disponte para marchar en seguida'. ⊙ («a») También, haber *decidido una cosa y preparar el ánimo para hacerla: 'Me dispongo a tener una entrevista con él'. ⇒ Ir a. **3** tr. Decir alguien que tiene autoridad para ello que se haga o deje de hacer cierta ⌄cosa o cómo se ha de hacer: 'El alcalde ha dispuesto que se suspendan las fiestas'. ⊙ Se emplea específicamente cuando se trata de un ⌄tratamiento médico, una medicina, etc.: 'El médico ha dispuesto reposo absoluto'. ≃ Ordenar. ⊙ El sujeto puede ser también «ley, reglamento», etc.: 'La ley dispone que se nombre un tutor'. **4** («de») intr. *Tener: 'No dispongo de bastante dinero para eso. Disponemos de poco tiempo'. ⊙ *Utilizar la ayuda o los servicios de una persona; se emplea particularmente en ofrecimientos corteses: 'Disponga de mí para cuando guste'. ≃ Tener DISPONIBLE, tener a DISPOSICIÓN. **5** («de») Tener alguien libertad para hacer lo que quiera con una cosa: 'No puede disponer de sus bienes'. ⇒ Dominio. ⊙ («de») *Vender, *dar, *gastar, etc., cierta cosa: 'Tiene el usufructo de la finca, pero no puede disponer de ella. Dispuso de un dinero que no era suyo'. ≃ Hacer disposición.

□ CATÁLOGO

*Acordar, constituir, decidir, decretar, determinar, tomar una DISPOSICIÓN, establecer, estatuir, estipular, *fallar, fijar, *mandar, ordenar, preceptuar, prescribir, prevenir, tomar una RESOLUCIÓN, venir en. ➤ Contranota, decreto, disposición, *ley, *orden, medida, ordenanza, precepto, prescripción, prevención, providencia, provisión. ➤ PALO de ciego. ➤ *Testamento. ➤ Artículo, cláusula, considerando, resultando. ➤ Con EFECTOS retroactivos.

□ CONJUG. como «poner».

disponibilidad 1 f. Situación de disponible. **2** (pl.) Cosas o *medios de que se puede disponer: 'Nuestras disponibilidades no nos permiten servir ese pedido'. ⇒ *Medio. *Recurrir. *Reserva.

disponible 1 adj. En situación de poder ser *utilizado. ⊙ No ocupado o utilizado por otra persona u otra cosa: 'Dos plazas disponibles'. ≃ Libre. **2** MIL. Se dice del militar que no está en servicio activo, pero puede ser llamado a prestarlo.

disposición 1 f. Acción de disponer[se]. **2** *Orden o colocación: manera de estar dispuesto o colocado algo: 'Esa disposición de los muebles no me gusta'. ⊙ ARQ. *Distribución de las partes del edificio.* **3** («Dar, Dictar, Abolir, Anular, Derogar, Infringir») *Orden de alguna autoridad, o *ley que dispone lo que hay que hacer o cómo hay que hacer algo: 'El ingreso en el cuerpo está reglamentado por una disposición reciente'. ⇒ *Disponer. **4** Posibilidad de disponer algo o libertad para hacerlo: 'No tiene aún la libre disposición de sus bienes'. **5** *Estado de algo o alguien, apto o no apto para hacer la cosa que se expresa: 'Ya estoy en disposición de salir de casa. Ese traje no está en disposición de que te lo pongas para ir a una fiesta'. ≃ Situación. **6** («Tener») Cualidad de dispuesto: 'Una muchacha de mucha disposición. No tiene disposición para la música'. ≃ *Aptitud, capacidad. **7** *Gallardía.* **8** DISPOSICIÓN de ánimo: 'Su disposición no es nada tranquilizadora'.

DISPOSICIÓN DE ÁNIMO. Estado de ánimo de una persona que le predispone a obrar o portarse de una manera o de otra o a reaccionar bien o mal ante una noticia, algo que se le propone, dice o hace, etc.: 'Veremos en qué disposición de ánimo le encontramos hoy'. ≃ *Actitud. ⇒ *Genio, *humor.

A DISPOSICIÓN de alguien. Se dice de la cosa de que puede disponer la persona que se expresa: 'Tengo a mi disposición la casa de mi hermano'. Se usa mucho en fórmulas de *cortesía: 'A su disposición'.

EN DISPOSICIÓN DE. Completamente dispuesto para la cosa que se expresa: 'Estas cajas están en disposición de facturarlas'.

HACER DISPOSICIÓN de una cosa. Disponer de ella para darla, venderla, etc. ⊙ Dejarla en *testamento.

PONER una cosa A DISPOSICIÓN de alguien. *Ofrecérsela.

TENER alguien A SU DISPOSICIÓN una cosa. Poder disponer de ella.

TOMAR UNA DISPOSICIÓN. Disponer que se haga cierta cosa para resolver o prevenir algo.

TOMAR [o TENER TOMADAS] alguien [sus] DISPOSICIONES. *Prevenirse con las medidas adecuadas para una contingencia que se teme o espera: 'Las autoridades han tomado disposiciones en previsión de la huelga. He tomado [o tengo tomadas] mis disposiciones para el caso de que intenten algo contra mí'.

ÚLTIMA DISPOSICIÓN. *Testamento. ≃ Última voluntad.

dispositivo (del lat. «disposĭtus», dispuesto) m. Conjunto de cosas combinadas que se utiliza para hacer o facilitar un trabajo o para una función especial: 'Un dispositivo para que, al abrir la puerta, suene un timbre [para tender la ropa, para cambiar las vías del ferrocarril a distancia]'. ≃ Artificio. ⇒ Adminículo, amaño, *aparato, aparejo, arreglo, *artefacto, *artificio, artilugio, instrumento, *máquina, *mecanismo, medio, pertrechos, servomecanismo, *utensilio, útil.

DISPOSITIVO INTRAUTERINO. Diu.

disprosio (del lat. cient. «dysprosium», del gr. «dysprositós», difícil de coger) m. *Elemento metálico, nº atómico 66, del grupo de los de «tierras raras». Símb.: «Dy».

dispuesto, -a **1** Participio de «disponer[se]». ⊙ adj. En disposición ya de servir o ser empleado: 'La comida está dispuesta'. ≃ Listo, *preparado, pronto. ⊙ («Estar; a, para») Aplicado a personas o animales, *preparado material o mentalmente para hacer cierta cosa, o *decidido a hacerla: 'Cuando estés dispuesta para salir, avísame. Está dispuesto a marcharse si no le suben el sueldo'. **2** Activo y *apto, o inteligente, en general o para cierta cosa: 'Es una chica muy dispuesta y trabajadora. Un muchacho dispuesto para las matemáticas'. ⇒ *Trabajador.

BIEN DISPUESTO. *Gallardo. ≃ Apuesto.

BIEN [o MAL] DISPUESTO. **1** En buena o mala disposición; en actitud *benévola o *propicia, o, por el contrario, desfavorable. **2** *En buen o mal estado de *salud.*

disputa f. Acción de disputar.

SIN DISPUTA. Sin duda: 'Ese muchacho es sin disputa el mejor de la clase'. ≃ Sin DISPUTA posible.

disputable adj. *Problemático.*

disputador, -a adj. y n. Que disputa.

disputar (del lat. «disputāre») **1** («con, por, sobre») intr. *Discutir con enfado. ≃ Altercar. ⊙ («por») Discutir por la posesión de cierta cosa: 'Están disputando por una pelota'. **2** («por») tr. e intr. Oponerse a otro *pretendiendo ↘lo mismo: 'Le disputa la finca un primo suyo. Disputan los dos por el primer premio'. También recípr.: 'Se disputan el premio cinco aspirantes'.

□ CATÁLOGO

Altercado, cacao, chacarrachaca, concertación, cuestionar, departimiento, disputa, *escándalo, forcejeo, *jaleo, *pleito, porfía, *riña. ➤ Andar a la arrebatiña, enzarzarse quitarse de las MANOS, andar a la REBATIÑA, rifarse. ➤ No llegar la SANGRE al río. ➤ ¡Hemos ACABADO!, ¡se acabó!, ¡hemos CONCLUIDO!, ¡te DIGO que sí [que no], ¡a que NO!, sanseacabó, ¡más ERES tu!, ¡a que sí!, ¡hemos TERMINADO! ➤ No se HABLE más de ello. ➤ *Discutir. *Riña.

disquete (del ingl. «diskette») m. INFORM. Disco magnético portátil de poca capacidad, que se introduce en el ordenador para grabar o reproducir información.

disquetera f. INFORM. Dispositivo del ordenador con una ranura por donde se introducen los disquetes para su grabación o lectura.

disquisición (del lat. «disquisitĭo, -ōnis») f. *Exposición o *examen de una cuestión: 'Una disquisición sobre las leyes de la herencia'. ⊙ (inf.; pl.) Comentario o reflexiones al margen de algo que se está hablando: 'Déjate ahora de disquisiciones y vamos al grano'.

DISQUISICIONES FILOSÓFICAS. Expresión humorística con que se alude a cosas que alguien dice pretendiendo que son *ideas trascendentales o profundas.

distal (del ingl. «distal») adj. ANAT. *Se aplica a la parte de un órgano o miembro más distante del centro, o eje del *cuerpo o del punto de inserción.* ⇒ Proximal.

distancia (del lat. «distantĭa»; «Cubrir, Haber, Mediar, Separar; Recorrer, Salvar») **1** f. Cantidad de espacio que hay entre dos cosas, medido o apreciado por la línea o camino que las une. ≃ *Intervalo, trecho. **2** También, *intervalo de *tiempo. **3** («Haber, Ir») *Diferencia entre una cosa y otra. Generalmente, lleva un adjetivo como «mucha» o equivalente, y, si no lleva ninguno, se entiende que es grande o considerable: 'Hay [o va] distancia de una cosa a la otra'. **4** *Enfriamiento en la amistad o el afecto entre personas.* ≃ Distanciamiento.

DISTANCIA FOCAL. ÓPT. Distancia entre el foco principal y el centro de una lente.

A DISTANCIA. **1** Desde *lejos o estando lejos; 'Eso se aprecia mejor a distancia'. **2** Aplicado a enseñanza, cursos, etc., que se realizan sin recibir asiduamente las explicaciones de un profesor.

A CONSIDERABLE [RESPETABLE, etc.] DISTANCIA O A UNA DISTANCIA CONSIDERABLE, etc. Desde bastante *lejos: 'Le gustan los toros, pero... a una distancia respetable'.

ACORTAR LAS DISTANCIAS. En sentido propio o figurado, disminuir la que hay entre dos cosas, dos opiniones, etc. ⇒ *Aproximar.

GUARDAR LAS DISTANCIAS. **1** En las relaciones entre personas, mantenerse cada una con respecto a la otra en la actitud que corresponda a su *categoría, sin confianza impropia de la diferencia entre ellas. Generalmente, se emplea con el sentido de no *condescender a un trato familiar con persona de posición más modesta. **2** No llegar a un trato demasiado íntimo o familiar con alguien. ⇒ *Circunspecto.

V. «PUNTO de distancia».

□ CATÁLOGO

Alcance, alongamiento, apartamiento, *camino, delantera, *espacio, distracción, envergadura, internodio, portrecho, radio, recorrido, rectitud, *separación, singladura, tirada, tiramira, tirantez, tiro, tracto, travesía, travieso, trayecto, trecho, vuelo. ➤ AHÍ mismo, cerca, entrecerca, *lejos, un paseo, a un paso, próximo, a TIRO de ballesta, a la VUELTA de la esquina. ➤ Alcanzar a, distar, estar a. ➤ Odómetro, podómetro, taxímetro, telémetro. ➤ *Perspectiva. ➤ Equidistancia. ➤ *Camino. *Espacio. *Longitud.

□ FORMAS DE EXPRESIÓN

Algunos ejemplos de expresión de la distancia: 'De [o desde] aquí a mi casa hay 500 m. De [o desde] Madrid a Bilbao hay [existe, media] una distancia de 400 Km. Entre mi habitación y la suya hay [existe, media] una distancia de 20 pasos. La ventana está a 2 m del suelo. Su casa está a pocos metros de aquí. El blanco estaba a una distancia de 50 m. La balsa está poco [muy, etc.] distante de la casa. La distancia que hay [existe, media] de... a... es de...'.

La distancia se expresa muy frecuentemente por el tiempo que se tarda en recorrerla: 'De mi casa a la tuya habrá un cuarto de hora a buen paso. Vive en un barrio que está a media hora de Madrid en coche'.

distanciado, -a **1** Participio de «distanciar[se]» ⊙ adj. *Alejado. **2** Se aplica a la persona que ha dejado de mantener relaciones amistosas o de afecto con otra: 'Desde que tuvimos aquella discusión estamos algo distanciados. Está distanciado de su familia'. ≃ *Indispuesto. ⊙ Se aplica a la persona que, en la cosa que se expresa, es diferente de otra: 'Estamos muy distanciados en ideas'.

distanciamiento m. Acción de distanciarse dos personas. ⊙ Situación entre personas que están distanciadas. ≃ Distancia.

distanciar **1** tr. y prnl. Poner[se] distanciadas ↘cosas que estaban juntas o poner[se] más distanciadas las que estaban separadas. **2** tr. Ser causa de que se distancien dos ↘personas. ⊙ prnl. Indisponerse o *enfriarse: dejar de ser amigos o serlo menos que antes.

□ CONJUG. como «cambiar».

distante (del lat. «distans, -antis») **1** adj. Situado lejos del que habla o del sitio de que se trata: 'La calle de Alcalá está algo distante de aquí'. ≃ Alejado. **2** («Mantenerse») Se aplica a la persona que no se presta a un trato íntimo con otras personas ⇒ *Circunspecto.

distar (del lat. «distāre») **1** intr. Estar una cosa separada de otra por cierto espacio medido por la línea o camino entre las dos: 'Toledo dista 80 Km de Madrid'. ⇒ Equidistar. **2** También se aplica, aunque poco, a la separación en el *tiempo: 'Su llegada no distó de la mía mas de tres semanas'. **3** («de») Con «mucho» o adverbios equivalentes, ser la cosa de que se trata muy *diferente de otra que se expresa: 'Esa versión dista mucho de la verdad'. Generalmente, se construye con un verbo en infinitivo: 'El niño dista mucho de escribir correctamente'. ⊙ Frecuentemente se usa como *eufemismo para significar que la cosa de que se trata es lo opuesto a lo que se dice: 'Eso dista mucho de ser cierto'.

distender (del lat. «distendĕre») **1** tr. y prnl. Aflojar[se] ↘lo que está tenso o tirante; por ejemplo, un arco. ⊙ Se usa con frecuencia también en sentido figurado: 'La intervención del moderador sirvió para distender el debate'. **2** prnl. MED. Producirse una *distensión en un tendón o ligamento de una articulación. ≃ Abrirse.

□ CONJUG. como «entender».

distensible adj. Susceptible de distenderse o ser distendido.

distensión f. Acción y efecto de distender[se]: 'La distensión de una cuerda. La distensión en las relaciones entre dos países'. ⊙ Lesión producida en un tendón o ligamento de alguna articulación por efecto de un esfuerzo violento, que causa dolor y hace difícil el uso de la articulación correspondiente. ⇒ Distorsión, esguince, relajación, torcedura. ➤ Abrirse. ➤ Abierto.

disterminar (del lat. «distermināre», separar; ant.) tr. **Deslindar*.

dístico[1] (del gr. «dístichon») m. MÉTR. Composición de sólo dos versos, o estrofa de dos versos. ≃ Pareado. ⇒ Epodo.

dístico[2], **-a** (del lat. «distĭchus», del gr. «dístichos», que tiene dos hileras) adj. BOT. *Se aplica a los elementos de las *plantas, como las flores o las hojas, que están colocados en dos filas.*

dístilo, -a (de «di-[2]» y el gr. «stŷlos», columna) adj. ARQ. *Se aplica a los *edificios o columnatas de la arquitectura clásica, de sólo dos *columnas.*

distinción 1 f. Acción y efecto de distinguir. **2** DISTINCIÓN honorífica. **3** Cualidad de las personas distinguidas o de las cosas que la revelan. **4** («Tener, Hacer objeto de») Amabilidad o atención especial tenida con alguien. ⇒ *Amable.

DISTINCIÓN HONORÍFICA. *Condecoración, cargo u otra cosa que se concede a alguien como honor.

HACER [O ESTABLECER] [UNA] DISTINCIÓN [O DISTINCIONES]. Presentar varias cosas como distintas o hacer notar distintos aspectos de una cosa. ≃ Distinguir.

HACER DISTINCIÓN con alguien. Distinguir a la persona de que se trata con alguna amabilidad o *consideración especial.

SIN DISTINCIÓN. Sin establecer diferencias: 'Viejos y jóvenes sin distinción'. Generalmente, se añade un complemento con «de»: 'Sin distinción de edades'. ≃ Indistintamente.

distingo m. Reparo o distinción sutil con que alguien deja de asentir totalmente a una cosa o desvirtúa algo que él mismo dice: 'Con tanto distingo, no acabo de saber si te gusta o no'. ≃ *Salvedad.

distinguible adj. Susceptible de ser distinguido.

distinguido, -a 1 Participio de «distinguir[se]». **2** adj. Aplicado a personas y, correspondientemente, a sus cosas, no vulgar: tal que muestra en sus maneras, aspecto, etc., que pertenece a una clase social elevada. ⇒ *Distinguir. **3** Aplicado a personas y, correspondientemente, a sus cosas, se aplica a la persona que se distingue o es distinguida entre las de su profesión por ser especialmente buena en ella: 'Un médico distinguido'. ⇒ Distinguir.

V. «le ofrece el TESTIMONIO de su consideración más distinguida'.

distinguir (del lat. «distinguĕre», separar, dividir) **1** («de, entre») tr. Reconocer dos o varias ↘cosas como distintas (no la misma) o como diferentes (no iguales): 'No distingue entre casa y edificio. No distingue el vino bueno del malo'. ⊙ Saber entre varias cosas ↘cuál corresponde a cada nombre o a un nombre determinado o a cualquier otra determinación: 'No distingo cuál es mi impermeable. Distinguiría mi pluma entre cien iguales. No sabe distinguir lo que le conviene'. ≃ *Conocer. ⊙ (inf.) intr. Saber distinguir lo bueno de lo malo, lo feo de lo bonito, etc.: 'Es persona que distingue'. ⊙ («de, entre, por») prnl. Hacerse notar por alguna cualidad o por tenerla en mayor grado que otros u otras cosas: 'Se distingue por su egoísmo. Se distingue entre todas por su belleza'. **2** tr. Tratar o considerar ↘cosas separadamente, o establecer diferencias entre ellas: 'El conferenciante distinguió dos aspectos en la cuestión'. **3** Hacer, por ejemplo con una *señal, que una ↘cosa se diferencie de otra con la que podría confundirse. **4** Mostrar *preferencia o especial *estimación por ↘alguien: 'Ella te distingue claramente'. ⇒ *Mimar, *preferir. ⊙ Conceder a ↘alguien una cosa con la que se le *honra: 'Me distingue con su amistad. Le han distinguido con una condecoración'. **5** tr. *Notar, *atisbar, divisar: ver ↘algo aunque imperfectamente. Se usa con frecuencia en forma pronominal pasiva o impersonal con «se»: 'Debajo de esta pintura se distinguen restos de otra anterior. Allá lejos se distingue una figura humana. Debajo del papel se distinguían las letras de la tapa de un libro. A lo lejos se distinguen las cúpulas de la ciudad'. ≃ Divisar

NO DISTINGUIR (inf.). No tener *criterio para distinguir lo bueno de lo malo, lo feo de lo bonito, etc.

NO DISTINGUIR LO BLANCO DE LO NEGRO (inf.). Ser muy poco *sagaz o no tener *criterio en cierta cosa.

SABER DISTINGUIR. Tener *criterio en cierta cosa en particular, o, en general, para saber lo que tiene valor y lo que no lo tiene.

□ CATÁLOGO

Raíces cultas, «aniso-, discer-» o «discr-, idio-, heter-»: *anisómero; discernir, discriminar; idiosincrasia; heteróclito, heterogéneo'. ➤ Mediar un ABISMO, condistinguir, CONSIDERAR por *separado, contrastar, tener *CRITERIO, departir, desemejar, desemparejar[se], desempatar, deshermanar, desigualar, desparecerse, desvariar, diferecer, diferenciar[se], *diferir, *discernir, discrepar, disimilar, distar, parecerse como un HUEVO a una castaña, ir, llevarse, reconocer, resaltar. ➤ Llamar la ATENCIÓN, brillar, campar, campear, dar el CANTE, DARSE a entender, lucirse, hacerse NOTAR, dar la NOTA, particularizarse, hacer RAYA, resaltar, resplandecer, señalarse, significarse, singularizarse, *sobresalir, variar. ➤ Dar CARÁCTER, caracterizar, definir, *destacar[se], *determinar, establecer DIFERENCIAS, discriminar, hacer DISTINCIÓN, hacer DISTINGOS, diversificar, especificar. ➤ Departimiento, desemejanza, desigualdad, desproporción, *diferencia, disconformidad, discrepancia, disimilitud, disparidad, distancia, diversidad, variedad. ➤ *Error, excedente, *falta, margen, un pelo, *sobra, tolerancia. ➤ *Excepción, singularidad. ➤ Atributo, *carácter, CARÁCTER distintivo, característica, color, coloración, *condición, distinción, especialidad, *matiz, *particularidad, peculiaridad, rasgo, RASGO distintivo, sello, señas, SEÑAS de identidad, SEÑAS personales, singularidad, tinte. ➤ Anagrama, anteseña, brazalete, capona, charretera, distintivo, divisa, emblema, empresa, enseña, escarapela, estrella, galón, *insignia, logotipo, *marca, pin, sello, seña, *señal, *signo. ➤ *Criterio. ➤ Apartado, desacorde, desemejante, desigual, desparado, desparejo, *diferente, disconforme, discordante, discorde, disímil, dispar, disparejo, distinto, *diverso, *especial, *extraño, *extravagante, incomparable, inigual, múltiples, nuevo, opuesto, *original, otro, *raro, vario, varios. ➤ Distintivo, específico, particular, *peculiar, privativo, propio, típico. ➤ ALGO aparte, CASO particular, cada uno de su PADRE y de su madre. ➤ *Alto, aristocrático, aventajado, brillante, de calidad, de categoría, célebre, cimero, claro, *conocido, conspicuo, culminante, descollante, *destacado, especial, estimado, excepcional, *extraordinario, *ilustre, importante, *notable, sobresaliente. ➤ *Delicado, distinguido, *elegante, empaque, escogido, exquisito, *fino, de buen GUSTO, *noble, de postín, prestancia, proceroso, *refinado, *selecto, señor, de SIGNIFICACIÓN social, de buen TONO, de viso. ➤ Cogollo, crema. ➤ Élite, high life, JET [set, society], el gran MUNDO. ➤ *Claro, *definido, limitado, *limpio, *perceptible. ➤ Denominadamente. ➤ Como del DÍA a la noche, como de la NOCHE al día, por un pelo, como de lo VIVO a lo pintado. ➤ Eso es otra CANCIÓN, eso es otro CANTAR, eso es [o sería] otra COSA, otra COSA sería [o es], una COSA es... y otra..., eso es otra CUESTIÓN, otra CUESTIÓN [es o] sería, eso es HARINA de otro costal, donde VA a parar, ni con MUCHO. ➤ Cada MAESTRILLO tiene su librillo. ➤ En cambio, en contraposición, en contraste, a diferencia de, mientras que, en tanto que. ➤ *Corriente. ➤ *Comparar. *Contrario. *Contraste. *Desacuerdo. *Incompatible. *Separar.

distintamente adv. De manera distinta.

distintivo, -a **1** adj. Se aplica a lo que hace distinta la cosa de que se trata. **2** m. Cualquier cosa que tiene alguien o algo o se le pone, para distinguirlo o reconocerlo. ⊙ Particularmente, objeto que llevan o usan los pertenecientes a cierta asociación, profesión o grupo de cualquier clase para que se les conozca como tales. ⇒ *Distinguir. **3** Aspecto o cualidad que distingue a una cosa de otras.

distinto, -a (del lat. «distinctus», part. pas. de «distinguĕre», discernir, diferenciar) **1** («a, de, que») adj. No igual: 'Esta tela es distinta de esta otra'. ≃ *Diferente, diverso. ⇒ Apénd. II, COMPARACIÓN (construcción de «distinto»). **2** («a, de, que») No el mismo: 'Nos estamos refiriendo a dos cosas distintas'. ≃ Diferente, *otro. ⊙ (pl.) Diversos, varios: más de uno: 'Hay distintas maneras de matar pulgas'. **3** (gralm. con «bien» u otro adverbio semejante) Clara o fácilmente visible. ≃ *Claro. ⊙ Útil para que se distinga con precisión la cosa de que se trata: 'Tiene caracteres [o rasgos] bien distintos'.

distocia (del gr. «dystokía») f. MED. *Dificultad en el parto.*

distócico, -a adj. MED. *Se aplica al parto difícil.* ⇒ Eutócico.

dístomo, -a (de «di-[2]» y el gr. «stóma», boca) **1** adj. ZOOL. *Con dos bocas.* **2** m. **Duela (gusano platelminto).*

distorsión (del lat. tardío «distorsĭo, -ōnis») **1** f. *Torsión violenta de una parte del cuerpo. ⊙ MED. Lesión producida en una articulación por una torsión semejante. ≃ *Esguince. **2** Alteración en una imagen o un sonido motivada por deficiencias en su transmisión. **3** Deformación de la realidad en una representación artística, en la expresión literaria, al informar sobre un hecho, etc. ⇒ *Cambiar.

distorsionar tr. y prnl. Causar [o sufrir] distorsión. ⇒ *Cambiar.

distracción **1** f. Acción de distraer[se] o divertir[se]. ≃ Entretenimiento, esparcimiento, solaz. ⊙ Actividad, espectáculo, etc., que distrae: 'Su distracción favorita son los solitarios. El cine, el teatro, los bailes y demás distracciones'. ⇒ *Distraer. **2** Estado de distraído. ⊙ Acción de distraerse o estado del que está distraído y no atiende a algo que debe atender: 'En una distracción de la niñera el niño se acercó al fuego'. ≃ *Descuido. **3** *Disipación o *libertinaje. Excesiva libertad o vicio en las costumbres de alguien.* **4** (ant.) **Distancia o *separación.*

POR DISTRACCIÓN. Solamente por inadvertencia y no intencionadamente: 'Seguramente no te saludó por distracción'. ⊙ Solamente para distraerse y sin un propósito utilitario o serio: 'Pinta por distracción'.

distracto (del lat. «distractus»; ant.) m. DER. *Disolución de un *contrato.*

distraer (del lat. «distrahĕre») **1** tr. Apartar la *atención de ↘alguien de una cosa, un pensamiento, una preocupación, etc., haciendo que la fije en otra cosa: 'El vuelo de una mosca le distrae del estudio'. ⊙ Atraer la atención o el interés de ↘alguien hacia cualquier cosa para que no se dé cuenta de otra: 'Mientras uno le distraía, el otro le sacó la cartera del bolsillo'. ≃ Entretener. ⊙ Particularmente, *engañar: ocupar con alguna cosa la atención de un ↘niño para que no llore o para que deje de llorar: 'Yo distraeré al niño mientras tú te marchas'. ⊙ También se dice «distraer del dolor, de la preocupación», etc. ⊙ Y «distraer el hambre». ⊙ («de») prnl. Dejar de pensar en lo que se está haciendo o de atender a algo a lo que hay que atender: 'Los chicos se distraen en su clase'. ≃ *Descuidarse. ⊙ No pensar en el momento oportuno en cierta cosa que hay que hacer: 'Me distraje y se salió la leche'. **2** tr. Retener grata o apaciblemente la atención de ↘alguien: 'Me distrae ver pasar la gente por la calle'. ≃ Entretener. ⊙ prnl. Ocupar agradablemente la atención haciendo alguna cosa: 'Me distraigo mucho ayudando a mi hijo en su trabajo. Es un niño que se distrae con cualquier cosa'. **3** tr. Apartar a ↘alguien de la vida ordenada y regular, de su trabajo, etc. ⇒ *Estropear, *pervertir. **4** Aplicado a «fondos, dinero», etc., sustraer alguien parte de un ↘dinero que tiene a su cargo. ⇒ *Robar.

PARA DISTRAERSE. Por distracción: 'Arreglo cosas solamente para distraerme'.

□ CATÁLOGO

Tomar el AIRE, airearse, carabear, desapolillarse, desparramarse, embaírse, entretenerse, esparcirse, explayarse, tomar el FRESCO, oxigenarse, dar un PASEO, estirar las PIERNAS, *recrearse, reunirse, salir, solazarse, ventilarse. ➤ Danza, *deporte, distracción, entretenimiento, esparcimiento, *espectáculo, eutrapelia, *feria, *fiesta, folga, folgamiento, hobby, holgadero, horuelo, *juego, *LOCAL público, *pasatiempo, pitos flautos, quitapesares, recreo, solaz. ➤ Amateur, diletante. ➤ Por distracción, para distraerse, por juego, por *pasatiempo. ➤ Absortarse, quedarse ABSORTO, *abstraerse, apartar la [o no prestar] ATENCIÓN, tener la CABEZA a pájaros, embargarse, embeberse, quedarse ENCANTADO, engolfarse, ensimismarse, irse el SANTO al cielo, sumirse, tocar el VIOLÓN. ➤ Llamar la ATENCIÓN, hacer volver la CABEZA, embobar, empandillar, entretener, hacer mirar a otra PARTE [o a otro sitio]. ➤ Pantalla. ➤ Ausencia, distraimiento, embabiamiento, embausamiento, enajenación, enajenamiento, evagación, evasión, inadvertencia, inconsciencia, oscitancia, suspensión. ➤ Ajeno, alelado, atontado, en Babia, en las Batuecas, en Belén, descuidado, despistado, distraído, ensimismado, en la higuera, ido, en el limbo, pensando en [o mirando a] las MUSARAÑAS, en las nubes. ➤ Hacerse el LOCO, hacerse el LONGUIS. ➤ Pasar INADVERTIDO. ➤ Sin darse CUENTA, distraídamente, impensadamente, *inadvertidamente, involuntariamente, sin pensar. ➤ OVEJA que bala pierde bocado. ➤ *Abstraerse, concentrarse, recogerse, reconcentrarse. ➤ *Absorto. *Abstraerse. *Agradable. *Alegre. *Ameno. *Deleitar. *Descansar. *Divertir. *Embelesar. *Engañar. *Olvido. *Placer.

□ CONJUG. como «traer».

distraídamente adv. Sin darse cuenta: 'Se llevó distraídamente mi paraguas'. ⇒ *Inadvertidamente.

distraído, -a 1 Participio de «distraer[se]». **2** («Estar») adj. Entretenido o divertido. ⇒ *Aburrido. **3** («Ser») Se aplica a las cosas que entretienen o divierten: 'Un juego muy distraído'. **4** («Ser, Estar») adj. y n. Se aplica a la persona que no se da cuenta de lo que pasa a su alrededor o que no pone atención en lo que hace: 'Ese chico es [un] distraído. Estuvo distraído durante toda la clase'. **5** («Ser») adj. *Se aplica a la persona que lleva una vida desordenada, de distracciones o vicios.* ≃ *Juerguista. **6** (Chi., Méj.) **Descuidado en su persona o en sus cosas.* ≃ Desastrado.

HACERSE EL DISTRAÍDO. Fingirse distraído.

distraimiento m. *Distracción (acción).*

distribución 1 f. Acción de distribuir. ⊙ Disposición de las distintas partes de un edificio, de las habitaciones de un piso o de los muebles de una casa. ⊙ ECON. Comercialización y reparto de un producto desde su salida de la unidad de producción hasta que llega al vendedor. ⊙ CINE. Comercialización y reparto de las películas a las salas de cine. **2** *Porción distribuida a cada uno.* ≃ *Ración. ⊙ (gralm. pl.) *Cantidad que se daba a los *asistentes a ciertos actos, por ejemplo de *iglesia.* **3** **Figura retórica, especie de «enumeración», en que se va afirmando algo de cada cosa enumerada.*

V. «CAJA de distribución, CUADRO de distribución».

distribuidor, -a 1 adj. y n. Se aplica a la persona que distribuye o reparte cualquier cosa. **2** m. Especie de pasillo al que van a dar varias habitaciones. **3** Delco: dispositivo de los *motores de explosión que distribuye la corriente a las bujías.

distribuidora f. Empresa encargada de distribuir productos comerciales.

distribuir (del lat. «distribuěre»; «a, entre».) tr. y prnl. *Repartir[se]: 'Las flores se distribuyen simétricamente a lo largo del tallo'. ⊙ tr. *Dar porciones de cierta ↘cosa, hechas con cierta regla o medida, a varias personas o animales: 'Distribuir el rancho a los soldados'. ⊙ («en») *Colocar con regularidad porciones de cierta ↘cosa en distintos sitios o asignarlas con regularidad o justicia a distintos lugares o distintas personas: 'Distribuir la riqueza [las cargas, el trabajo]'. ⊙ *Colocar una ↘cosa con regularidad en un sitio: 'Distribuir la carga en el barco'. ⊙ *Llevar una ↘cosa a distintas casas: 'Distribuir la correspondencia. Distribuir la leche a domicilio'. ⊙ ECON. Poner un ↘producto comercial a disposición de vendedores y consumidores. ⊙ AGRÁF. *Deshacer los moldes y repartir las ↘letras en los cajetines correspondientes.*

□ CONJUG. como «huir».

distributivo, -a 1 adj. De [la] distribución. **2** GRAM. Se aplica a las conjunciones o expresiones conjuntivas disyuntivas que se repiten aplicadas al principio de las dos oraciones relacionadas por ellas. ⇒ Ahora... ahora, bien... bien, cual... cual, por un lado... por otro [lado], ora... ora, en parte por... y en parte por, por una parte... por otra [parte], quier, sea... sea, siquiera... siquiera, unos... otros, ya... ya, si ... si, que quiera que no quiera, bien que mal, quiera que no, tanto si... como si, una de dos.

distriquia f. MED. *Anormalidad consistente en el nacimiento de dos *pelos del mismo folículo piloso.*

distrito (del lat. «districtus») m. Nombre, el más general, de los varios aplicados en los distintos casos a las divisiones territoriales administrativas: 'Distrito judicial. Distrito universitario'. ⇒ *Barrio, *territorio.

distrofia (de «dis-[2]» y «-trofia») f. MED. Trastorno de la nutrición y el crecimiento.

disturbar (del lat. «disturbāre») tr. *Perturbar.* ⇒ *Trastornar.

disturbio (de «disturbar») m. Alteración del orden público. ≃ Motín, revuelta, tumulto. ⊙ Alteración de la tranquilidad en cualquier forma y en cualquier sitio.

□ CATÁLOGO

Alboroto, algarada, ALTERACIÓN del orden público, amotinamiento, asonada, desorden, jaleo, levantamiento, motín, rebelión, remolino, *revolución, revuelta, solevanto, sublevación, tumulto, turbulencia, violencia. ➤ Tirarse, echarse a la CALLE, *sublevarse. ➤ *Cabecilla, demagogo, electo. ➤ ESTADO de alarma [de excepción o de guerra], SUSPENSIÓN de las garantías constitucionales.

disuadir (del lat. «dissuadēre»; «de») tr. Convencer a ↘alguien de que *desista de cierta cosa. ⇒ *Apartar[se], apear[se], blandear[se], quitar de la CABEZA, desaconsejar, desaferrar, desarraigar, desarrimar, desencaprichar[se], desinclinar, hacer *DESISTIR, destentar, *desviar, PONER por delante, revocar, torcer, transmudar, volcar, quitar la VOLUNTAD, volver. ➤ *Desanimar. ➤ ¡No seas CRIATURA!, ¡no seas NIÑO! ➤ Obstinado. ➤ *Aconsejar. *Convencer. ⊙ prnl. Dejarse disuadir de cierta cosa o *desistir de ella.

disuasión f. Acción de disuadir.

disuasorio, -a o **disuasivo, -a** adj. Se aplica a lo que disuade o es capaz de disuadir.

disuelto, -a (del sup. lat. «disolūtus» por «dissolūtus») Participio adjetivo de «disolver[se]».

disuria (del lat. «dysurĭa», del gr. «dysouría») f. MED. *Evacuación difícil, incompleta y dolorosa de la *orina.*

disyunción (del lat. «disiunctĭo, -ōnis») **1** f. *Acción y efecto de desunir.* **2** Relación entre dos o más cosas, cada una de las cuales *excluye a las demás. **3** GRAM. *Separación de dos palabras que van ordinariamente juntas, por ejemplo el nombre y su adjetivo, por interposición de otras; como en «traigo una buena, por lo menos así lo creo, noticia».* **4** **Figura retórica que consiste en la sucesión de varias oraciones completas en sí mismas, o sea que no son unas complemento de otras.*

disyunta (del lat. «disiuncta»; ant.) f. MÚS. *Mutación de voz con que se pasa de una deducción (serie de notas que ascienden o descienden de tono en tono) a otra.*

disyuntiva (del lat. «disiunctīva») f. Situación en que existen solamente dos posibilidades por una de las cuales hay que decidirse. ≃ Alternativa, dilema. ⇒ Entre la ESPADA y la pared. ➤ *Elegir.

disyuntivamente 1 adv. Con disyuntiva. **2** Por separado.

disyuntivo, -a adj. Se aplica a lo que establece o expresa una disyunción, separación o incompatibilidad. ⊙ GRAM. Conjunciones que expresan incompatibilidad o alternativa entre las oraciones que relacionan. Las fundamentales son «o, u». ⇒ Ahora... ahora, bien... bien. ➤ Expresiones *distributivas.

disyunto, -a (del lat. «disiunctus», desunido; ant.) adj. **Separado o lejano.*

disyuntor (del lat. «disiunctus», desunido) m. ELECTR. *Dispositivo eléctrico que abre o cierra automáticamente el paso a la corriente de una dínamo, según que vaya, respectivamente, de la dínamo a la batería, o a la inversa.*

dita (¿del cat. «dita»?) **1** (ant.) f. *Persona o cosa que garantiza un pago.* **2** (Alb., Am. C., Chi., Guat., Méj.) **Deuda.* **3** (And.) **Préstamo a elevado interés pagadero por días.*

ditá *(Alstonia scholaris)* m. Árbol apocináceo de Filipinas de cuya corteza se extrae un *alcaloide empleado como febrífugo, llamado «ditaína». ⇒ *Planta.

ditaína f. *Alcaloide extraído del ditá.

ditero, -a n. *Persona que presta a dita.*

ditirámbico, -a adj. Se aplica a la poesía, escrito, etc., que constituye un ditirambo.

ditirambo (del lat. «dithyrambus», del gr. «dithýrambos», relativo a Baco) **1** m. *Entre los *romanos, composición poética en honor de Baco.* **2** Composición *poética en que se muestra entusiasmo por cierta cosa. **3** *Alabanza entusiasta y exagerada de algo o alguien.

dito, -a (del lat. «dictus»; ant.) adj. *Dicho.*

dítono (del lat. «ditŏnus», del gr. «dítonos») m. MÚS. *Intervalo de dos tonos.*

ditroqueo m. MÉTR. **Pie de la poesía clásica compuesto de dos troqueos.*

diu (acrón. de «dispositivo intrauterino»; pronunc. [dí-u]) m. Dispositivo que se coloca en el cuello del útero de la mujer para evitar la fecundación del óvulo.

diuca (de or. araucano) **1** (Arg., Chi.; *Diuca diuca)* f. **Pájaro de color gris con una lista blanca en el vientre, que canta al amanecer.* ⇒ Diucón. **2** (Arg., Chi.; inf.) **Alumno predilecto de un profesor.*

diucón (aum. de «diuca»; Chi.; *Pyrope pyrope)* m. **Pájaro parecido a la diuca, pero más grande.*

diuresis (del lat. cient. moderno «diurēsis») f. MED. Secreción de la *orina.

diurético, -a (del lat. «diuretĭcus», del gr. «diourētikós») adj. y n. m. FARM. Se aplica a la sustancia que sirve para aumentar la secreción de orina. ⇒ Oxicrato, salicilato. ➤ *Planta (grupo de las usadas como diuréticas).

diurno, -a (del lat. «diurnus») **1** adj. Del *día (por oposición a nocturno). ⊙ ZOOL. Se aplica al *animal que busca su comida durante el día. ⊙ BOT. Se aplica a las plantas que tienen abiertas sus *flores solamente durante el día. **2** m. *Libro eclesiástico que contiene las *horas menores, desde laudes hasta completas.*

diuturno, -a (del lat. «diuturnus»; culto) adj. *Se aplica a las cosas que llevan *durando mucho tiempo.*

divagación f. Acción y efecto de divagar.

divagador, -a adj. y n. Que divaga.

divagar (del lat. «divagāri») **1** intr. *Vagar.* **2** Separarse, al hablar, del asunto de que se está tratando. ⊙ Hablar con vaguedad, sin concretarse al asunto de que se trata o sin precisar las ideas. ⇒ Apartarse [irse o marcharse] por los CERROS de Úbeda, desviarse, fantasear, *inventar, irse por las RAMAS, *teorizar. ➤ A propósito de CAZA. ➤ Digresión, disquisición, divagación, elucubración, escarceo, evagación, lucubración. ➤ Vamos al CASO, ir al GRANO. ➤ *Ajustarse, ceñirse. ➤ *Rodeo.

diván (del ár. «dīwān», del persa «dēwān», archivo) **1** m. Entre los turcos, *consejo supremo o tribunal que resolvía los asuntos de gobierno y de justicia. **2** Colección de *poesías orientales, particularmente en árabe, persa o turco. **3** *Asiento largo y mullido donde se puede estar tumbado, con brazos o sin ellos y con respaldo o sin él. ⇒ CAMA turca, canapé, chaise longue, meridiana, otomana, reposera, sofá, triclinio, tumbona.

divergencia (del lat. «divergens, -entis») **1** f. Acción y efecto de divergir. **2** Discrepancia de opiniones, gustos, etc. ⇒ *Desacuerdo.

divergente (del lat. «divergens, -entis», part. pres. de «divergĕre», divergir) **1** adj. Se aplica a los planos o líneas, que se separan cada vez más. **2** Aplicado a ideas, opiniones, etc., no coincidentes.

divergir (del lat. «divergĕre») **1** intr. Moverse dos cosas de modo que cada vez están más lejos una de otra. ⊙ Particularmente, llevar dos líneas o dos superficies tal dirección que están cada vez más apartadas una de otra. **2** *Discrepar: ser distintos u opuestos los gustos u opiniones de dos o más personas.

diversamente adv. *De distinta manera.*

diversidad (del lat. «diversĭtas, -ātis») f. Circunstancia de ser distintos o *múltiples: 'La diversidad de sus caracteres. La diversidad de climas'. ⇒ *Multiplicidad.

diversificación f. Acción de diversificar[se].

diversificar tr. y prnl. Convertir[se] en diverso lo que era o podría ser uniforme y único: 'Diversificó las inversiones para limitar los riesgos'.

diversiforme adj. *De diversas formas.*

diversión **1** f. Acción de *divertir[se]: 'Lo hace sólo por diversión'. **2** Cosa, por ejemplo un espectáculo, un juego o una fiesta, con la que la gente se divierte: 'En el pueblo hay menos diversiones que en la ciudad'. **3** MIL. DIVERTIMIENTO estratégico.

diversivo, -a **1** adj. De [la] diversión. **2** adj. y n. m. FARM. *Aplícase al medicamento que se da para divertir o apartar los humores del lugar en que hacen daño.* **3** adj. MIL. Se aplica a la operación destinada a desviar la atención o las fuerzas del enemigo.

diverso, -a (del lat. «diversus», part. pas. de «divertĕre») **1** adj. No igual. ≃ *Distinto. ⇒ Apénd. II, COMPARACIÓN (frases comparativas con «diverso»). **2** No el mismo: 'Se trata de diverso asunto'. ≃ Diferente, distinto, *otro. **3** (pl.) Más de uno: 'Hemos preguntado a diversas personas'. ≃ Diferentes, distintos, varios.

diversorio (del lat. «diversorĭum»; ant.) m. **Posada.*

divertículo (del lat. «diverticŭlum», desviación de un camino) m. MED. *Bolsa que aparece patológicamente en la pared de alguna cavidad o conducto del cuerpo.* ⇒ *Enfermedad.

divertido, -a **1** Participio de «distraer[se]». ⊙ adj. Se aplica a lo que divierte: 'Un espectáculo divertido'. ≃ Ameno, distraído, entretenido. ⊙ Aplicado a personas, *gracioso y *animado y tal que divierte a los que están con él. **2** Aficionado a divertirse. ≃ *Alegre, animado, de buen humor. **3** (Arg., Chi., Guat., Perú) *Achispado: ligeramente bebido.*

¡ESTAMOS DIVERTIDOS! (gralm. precedido de «pues» o «pues sí que»). Exclamación irónica con que se muestra *fastidio por algo que ocurre.

divertimento (del it. «divertimento») **1** m. Diversión (acción de divertir[se]) ⊙ Cosa con la que uno se divierte. **2** MÚS. Composición de forma más o menos libre para un pequeño grupo de instrumentos. **3** Obra artística o literaria que sólo pretender divertir.

divertimiento m. Diversión. ⊙ Cualquier cosa que aparta la atención de otra. ≃ Diversión.

DIVERTIMIENTO ESTRATÉGICO. MIL. Operación destinada en la *guerra a apartar la atención del enemigo de otra cosa.

divertir (del lat. «divertĕre», llevar por varios lados) **1** tr. **Apartar o distraer de una cosa la atención de ↘alguien* *atrayéndola a otra cosa:* 'Una estratagema para divertir al enemigo'. **2** Hacer reír o provocar el estado de ánimo que predispone a la risa: 'Me divierte ver cantar a la vecina'. ≃ Regocijar, solazar. ⊙ («con; en») prnl. Entretenerse o recrearse alguien con algo que le gusta o le hace reír. ⊙ A veces, implica malignidad: '¡Como se divierte viendo las penalidades que pasamos! No quiero que se divierta nadie a mi costa'. ⇒ *Regodearse.

□ CATÁLOGO

Alborozar[se], animar[se], echar una CANA al aire, correrla, hacer las DELICIAS, desparramarse, *distraer[se], embaírse, embullar, enfiestarse, enjugascarse, farrear, festejarse, hacer el GAMBERRO, gasajar, hacer GRACIA, holgarse, hacer el INDIO, loquear, parrandear, PASARLO bien, refocilar[se], regocijar[se], regodearse, hacer REÍR, retozar, dar RISA, solazar, travesear. ➤ Albórbola, alboroto, alborozo, albuérbola, *alegría, *algazara, animación, añacea, bachata, baile, BAILE del candil, bullicio, bureo, caraba, careo, chacota, contento, el delirio, diversión, domingada, escapatoria, escorrozo, espacio, expansión, farra, *feria, *fiesta, folga, folgamiento, francachela, gaudeamus, guasanga, holgorio, holgueta, holgura, hollín, *jaleo, jarana, jira, joglería, jolgorio, jollín, jorco, *juerga, manganeo, mitote, orgía, pandereteo, parranda, pecorea, pega, refocilo, *regocijo, regodeo, rubiera, rumantela, sandunga, samotana, sanjuanada, sundín, tambarria, tararira, verbena. ➤ Un buen RATO. ➤ Descacharrante, divertido, regocijante. ➤ La monda. ➤ *Alegre, animado, *bromista, cachondo, carabero, correntón, corretón, cotorrón, decidor, deportoso, divertido, esparcido, fandanguero, festivo, genial, GENTE del bronce, *gracioso, de buen HUMOR, humorista, jacarero, jocundo, jovial, juerguista, mojarrilla, mitotero, pajarero, parrandero, parrandista, ristolero, verbenero, zaragatero. ➤ Buen HUMOR, mocedad. ➤ Eutrapelia. ➤ *Agradar. *Alegrar. *Broma. Danza. *Deleitar. *Deporte. *Distraer[se]. *Espectáculo. *Feria. *Fiesta. *Jugar. *Pasatiempo. *Placer. *Recrearse. *Regodearse. *Risa.

□ CONJUG. como «hervir».

dividendo **1** m. Cantidad que se divide por otra. **2** ECON. Cantidad que, como ganancia (DIVIDENDO ACTIVO) o como pérdida (DIVIDENDO PASIVO), se reparte por cada acción en una empresa. ⇒ *Negocio.

divididero, -a adj. *Destinado a ser dividido.*

dividir (del lat. «dividĕre») **1** («en») tr. Hacer de una ↘cosa varios trozos; particularmente, con un utensilio cortante: 'Dividir el pastel en cuatro porciones'. ≃ *Partir. ⊙ Indicar la separación entre partes de una ↘cosa dibujando en ella o de cualquier manera: 'Trazar dos líneas perpendiculares para dividir el papel'. **2** Servir de *separación entre dos ↘cosas o entre dos partes de una cosa: 'Los Pirineos dividen España de Francia. Una cortina divide el cuarto en dos partes'. **3** tr. y prnl. Separar[se] una ↘cosa en partes, aunque no sea materialmente: 'El río se divide en múltiples brazos. La guerra dividió el país. Yo no puedo dividirme en dos mitades'. ⊙ tr. Introducir la *discordia o el desacuerdo entre personas o colectividades: 'Divide y vencerás'. ≃ Separar. ⊙ prnl. Enfrentarse o enemistarse dos o más personas. **4** («a, entre») tr. *Repartir: dar una parte de una ↘cosa a cada una de varias personas: 'Dividieron el dinero a partes iguales. Dividieron las tierras entre los dos hermanos'. También con un pron. reflex. **5** («entre, por») Hacer con números la *operación aritmética que representa la acción de dividir un ↘conjunto de cosas en grupos iguales: 'Dividir 50 entre [o por] 5'. ⇒ *División.

V. «dividir por MITAD».

□ CATÁLOGO

Raíz culta, «tom»: 'dicotomía, dicótomo'. ➤ Acuartelar, adecenar, adocenar, ahitar, amojonar, apedazar, atajar, atomizar, atorar, bifurcar[se] , bisecar, bocadear, cachar, capolar, clasificar, *cortar, cuartear, demediar, departir, desbriznar, descomponer, descuartizar, *deshacer, desintegrar, desmembrar, *desmenuzar, desmigajar, desmigar, despartir, despedazar, despizcar, destazar, devisar, disecar, escindir, exfoliar, fraccionar, fragmentar, frangir, hender, hijuelar, lotear, parcelar, *partir, hacer PEDAZOS, hacer RAJAS, ramificarse, resolver, retazar, segmentar, *separar, subdividir, tajar, terciar, echar [o meter] la TIJERA, trifurcarse, trincar, tripartir, *triturar, tronzar, trujar. ➤ Brazo, casilla, clase, compartimento [o compartimiento], *departamento, devisa, divisa, división, escaque, *parte, pieza, rama, ramificación, ramo, sección. ➤ Apartado, artículo, capítulo, cláusula, concepto, párrafo, periodo, punto. ➤ *GRUPO taxonómico. ➤ Abscisión, bifurcación, bipartición, bisección, *cisma, clasificación, corte, *derivación, derrame, dicotomía, escisión, fraccionamiento, geminación, parcelación, segmentación, *separación, subdivisión, tricotomía, tripartición, trisección. ➤ Cantonalismo. ➤ Bífido, bipartido, cuadripartido, geminado, trilobulado, trilocular, tripartito. ➤ *Cerca, cierre, divisoria, *límite, mampara, mamparo, *mojón, montante, *muro, pared, parteluz, *seto, tabique. ➤ COCIENTE indicado, *fracción. ➤ Dividendo, divisor, factor, partidor, submúltiplo. ➤ Cociente, resto. ➤ Periodo. ➤ Bajar. ➤ Galera, RAYA de quebrado. ➤ NÚMERO primo, NÚMERO simple. ➤ Indivisible, indiviso, pro indiviso. ➤ *Deshacer. *Desmenuzar. *Disgregar. *Límite. *Moler. *Parte. *Partir. *Rajar. Repartir. *Romper.

dividivi *(Caesalpinia coriaria)* m. Árbol leguminoso de Venezuela de madera muy pesada, cuyo fruto, que contiene tanino, se emplea para curtir pieles. ≃ Cascalote, dibidibi, guarango, nacascolo.

dividuo, -a (del lat. «dividŭus») adj. DER. *Divisible.*

divieso (del lat. «diversus», separado) m. Nombre corriente de los *forúnculos.

divinal adj. *Divino.*

divinamente **1** adv. De manera divina; por medios divinos. ≃ Divinalmente. **2** (inf.) Extraordinariamente *bien: 'El abuelo está divinamente. Lo pasamos divinamente en el campo'.

divinatorio, -a adj. Del arte de adivinar.

divinidad (del lat. «divinĭtas, -ātis») **1** f. Nombre aplicado a *Dios en lenguaje filosófico. ⊙ Dios pagano. ⇒ *Espíritu, *mitología. **2** (n. calif.; inf.) Se aplica a una persona extraordinariamente guapa o bella o a una cosa extraordinariamente bonita o buena: 'Le ha regalado un collar que es una divinidad'. ≃ Maravilla, preciosidad.

divinización f. Acción de divinizar a alguien. ≃ Apoteosis.

divinizar tr. Atribuir a una ↘persona categoría divina o rendirle culto como a un *dios. ≃ Deificar. ⇒ Deificar, endiosar, mitificar. ⊙ **Ensalzar exageradamente a ↘alguien.*

divino, -a (del lat. «divīnus») **1** adj. De *Dios, de un dios o de los dioses. ⇒ Divo. **2** (inf.) Muy *bonito, muy *bello o muy *bueno, de *sabor o de calidad . **3** (ant.) m. *Adivino.*

V. «CASTIGO divino, JUICIO divino, LETRAS divinas, Su Divina MAJESTAD, OFICIO divino, PALABRA divina, Divina PROVIDENCIA, SERVICIO divino, VOLUNTAD divina».

divisa[1] (del lat. «divīsa», dividida) f. *Herencia transmitida a descendientes de grado no inmediato.*

divisa[2] (de «divisar») **1** (Seg.) f. *Mojonera (línea divisoria hecha con mojones).* **2** Cualquier cosa que una persona adopta como símbolo suyo y la ostenta sobre su persona o en sus cosas; puede ser una figura que representa un objeto simbólico o elegido arbitrariamente, ciertos colores usados, por ejemplo, en cintas o escarapelas o una frase o lema con cierta alusión; por ejemplo, los distintivos que usaban los caballeros en la Edad Media. ≃ *Distintivo, emblema, enseña. ⊙ TAUROM. Lazo con que se distinguen en una corrida de *toros los de las distintas ganaderías. ≃ Moña. ⇒ Cachirulo. ⊙ *Distintivo usado por el que ostenta cierto cargo o categoría; como las charreteras y galones.* **3** HERÁLD. *Leyenda expresada con palabras o con figuras. ≃ Lema, mote, cinta. **4** HERÁLD. *Faja de la tercera parte de la anchura normal.* **5** (pl.) Dinero en moneda extranjera manejado por un país en el *comercio internacional.

divisar (del lat. «divīsus», part. pas de «dividĕre», separar, distinguir) **1** tr. HERÁLD. *Añadir blasones a las ˘armas de familia para diferenciarlas.* **2** *Ver una ˘cosa, aunque no con entera claridad. ⊙ Particularmente, ver una ˘cosa a lo lejos o desde una altura: 'En aquella dirección se divisa una torre. Desde aquí se divisa todo el valle'. ⇒ *Abarcar, alcanzar, ALCANZAR a ver, alufrar, avistar, columbrar[se], descubrir[se], distinguir[se], dominar[se], encatalejar, entrelucir, entreparecerse, otear, dar VISTA a. ➤ *Aparecer. *Atisbar. *Ver.

divisibilidad f. Cualidad de divisible.

divisible adj. Susceptible de ser dividido. ⊙ MAT. Susceptible de ser dividido por cierto número exactamente.

división 1 f. Acción y efecto de dividir[se]. ⊙ («Hacer, Efectuar») *Operación matemática de dividir. **2** Raja o separación que queda entre las dos partes de una cosa cortada. ≃ *Corte, escisión. ⇒ *Dividir. **3** Cada *parte que resulta de dividir una cosa. ⇒ *Dividir. **4** BIOL. Categoría taxonómica que agrupa las *bacterias, *algas, *hongos y *platas; es una categoría inferior a reino y superior a *clase; equivale a la categoría *filo en las clasificaciones animales. **5** Pared o cosa semejante que divide un espacio, en una habitación, una caja, etc. ⇒ *Dividir. **6** *Desacuerdo, desavenencia, *discordia o *enemistad entre dos o más personas o entre los miembros de una colectividad. **7** MIL. Unidad constituida por brigadas de varias armas con sus servicios auxiliares. **8** LÓG. *Operación de dividir el objeto del conocimiento.* **9** *Distribución de la materia del *discurso.* **10** *En ortografía, *guión.* **11** Cada uno de los grupos en que compiten, según su categoría, los equipos o los deportistas: 'Primera [o segunda] división'.

DIVISIÓN ACORAZADA [O BLINDADA]. MIL. Unidad constituida fundamentalmente por carros de combate y fuerzas transportadas en vehículos blindados.

D. ADMINISTRATIVA [O TERRITORIAL]. Cada una de las partes en que se divide un país, municipio, etc., para los distintos aspectos de la administración. ⇒ *Territorio.

D. CELULAR. BIOL. Modo de reproducción de las células en que éstas quedan divididas en dos o más células hijas, casi siempre iguales.

D. DEL TRABAJO. Especialización de los trabajadores en una actividad determinada para mejorar la productividad.

□ FORMAS DE EXPRESIÓN

Lenguaje con que los colegiales, por ejemplo, van expresando la acción de dividir a medida que la realizan: Si se divide, por ejemplo, 738 entre 6, se dice: «7 entre [dividido entre o dividido por] 6 a 1; 1 por 6 es 6; a 7, 1; bajo el 3 —se pone a la derecha del resto otra cifra del dividendo—; 13 entre 6 a 2; 2 por 6, 12; a 13, 1; bajo el 8; 18 entre 6 a 3; 3 por 6, 18; a 18, 0».

El signo de la división es «:» (30:12). También se puede expresar en forma de fracción, o sea, colocando el dividendo sobre el divisor separados por una recta horizontal, —leído «quinientos veinte partido por sesenta», o bien, en la misma línea, separados por una recta oblicua (7/3)—. Para indicar la operación que se va a realizar se traza una raya vertical separando el dividendo del divisor y, perpendicular a ella, se traza debajo del divisor otra, bajo la cual se va escribiendo el cociente. ⇒ *Dividir.

divisional adj. *De [la] división.*

divisionario, -a 1 adj. V. «MONEDA divisionaria». **2** De una división militar.

divisionismo (del fr. «divisionnisme») m. PINT. Procedimiento pictórico de los neoimpresionistas, que llevan al extremo la disgregación del colorido yuxtaponiendo pequeños toques polícromos que producen el efecto de una lluvia de confeti. ≃ Puntillismo. ⇒ *Pintar.

divisionista adj. y n. PINT. Del divisionismo o seguidor de este procedimiento pictórico. ≃ Puntillista.

divisivo, -a adj. *Adecuado para dividir.*

divismo m. Cualidad o condición de divo.

diviso, -a (del lat. «divīsus») *Participio irregular de «dividir[se]».* ⇒ Dividido, indiviso.

divisor, -a adj. y n. m. MAT. Se aplica al número por el que se divide otro en la operación de *dividir. ⊙ MAT. Con respecto a un número, otro por el cual puede dividirse aquél exactamente.

MÁXIMO COMÚN DIVISOR. MAT. El mayor de los divisores comunes de dos o más números.

divisoria 1 adj. y n. f. Se aplica a la línea que señala los límites entre partes de la superficie terrestre. **2** f. DIVISORIA de aguas. **3** AGRÁF. *Tabla en que se colocaba el original, asegurado con el mordante.*

DIVISORIA DE AGUAS. Línea imaginaria que separa en un terreno la parte que vierte sus aguas a una *cuenca y la que las vierte a otra. ≃ Divisoria, LÍNEA divisoria.

divisorio, -a adj. Se aplica a lo que divide o separa materialmente: 'Pared divisoria'.

divo, -a (del lat. «divus») **1** adj. *Aplicado a los dioses paganos, a los emperadores que recibían honores de dios y, también, a algunos personajes ilustres de la Roma antigua, divino.* **2** n. Cantante de ópera de primera categoría. ⊙ Por extensión, se aplica a otros artistas o personas destacadas en una profesión. ⊙ adj. y n. Puede tener un matiz despectivo, si se hace referencia a la arrogancia o engreimiento que en ocasiones caracteriza a estas personas.

divorciado, -a Participio adjetivo de «divorciar[se]». ⊙ adj. y n. Persona que se ha divorciado.

ESTAR DIVORCIADO (además de su sentido literal). Estar en *desacuerdo: 'Los pareceres están divorciados en cuanto a la fecha en que debe celebrarse la asamblea'.

divorciar (de «divorcio») **1** tr. Declarar disuelto el *matrimonio de ˘alguien. ⇒ Departir. ⊙ prnl. recípr. Separarse dos personas casadas disolviendo su *matrimonio. ⇒ Apartarse, separarse. ➤ Departimiento, divorcio. **2** tr. *Separar o tratar por separado ˘asuntos que están enlazados o aspectos de una misma cuestión.

□ CONJUG. como «cambiar».

divorcio (del lat. «divortĭum») **1** m. Acción de divorciarse. ⊙ Institución social que hace posible la disolución del matrimonio: 'La implantación del divorcio'. ⇒ Departimiento. **2** *Desacuerdo total entre personas que viven, trabajan, etc., juntas, o entre sus opiniones, deseos, etc.

divulgación f. Acción de divulgar[se]: 'Una revista de divulgación científica'.

divulgador, -a adj. y n. Se aplica a la persona, medio de comunicación, etc., que divulga algo.

divulgar (del lat. «divulgāre») **1** tr. Hacer llegar cierto ˎconocimiento al vulgo o a las personas ajenas al campo a que corresponde específicamente ese conocimiento. ≃ *Difundir, generalizar, propagar. ⊙ prnl. Llegar cierto conocimiento a personas ajenas al campo a que pertenece. ⊙ tr. y prnl. Poner[se] al alcance de la generalidad de la gente ˎalgo que antes estaba reservado a una minoría: 'La radio ha divulgado la música clásica'. **2** *Difundir[se] una ˎcosa que se mantenía reservada: 'Divulgar un secreto de Estado'. ≃ Trascender.

divulgativo, -a adj. Que divulga algo. ≃ Divulgador.

divulsión 1 f. MED. *Arrancamiento:* 'Fractura por divulsión'. **2** MED. **Dilatación forzada de una abertura o conducto.*

dix (ant.) m. *Dije.*

diyambo (del lat. «diiambus», del gr. «diíambos») m. MÉTR. **Pie de la versificación clásica compuesto de dos yambos.*

diz (ant. y pop. en algunos sitios) *Dice o dicen:* 'Diz que va a haber guerra'.

-dizo, -a Parte constante del sufijo «-adizo, -edizo, -idizo» de formación de adjetivos derivados de verbos aplicados a la cosa que tiene propensión a hacer lo que expresa el verbo: 'espantadizo, caedizo, huidizo'.

dizque (de «dice que») **1** (gralm. pl.) m. **Chisme o habladuría.* **2** (Hispam.) adv. *Al parecer.*

dl Abrev. de «decilitro».

Dl Abrev. de «decalitro».

dm Abrev. de «decímetro».

Dm Abrev. de «decámetro».

dmg Abrev. de «diezmiligramo».

dml Abrev. de «diezmililitro».

dmm Abrev. de «diezmilímetro».

DNI (pronunc. [dé éne í]) m. En España, sigla de «Documento Nacional de Identidad».

do[1] (V. «NOTA musical») m. MÚS. Nombre de la primera *nota de la escala musical, que sustituyó al antiguo «ut». En la notación alfabética se representa por «c».

DO DE PECHO («Dar el»). Una de las notas más agudas a que alcanza la voz del tenor.

DAR EL DO DE PECHO (inf.). Lograr algo que supone un *esfuerzo extraordinario.

do[2] (de «de[2]» y «o[3]») **1** (usado todavía alguna vez en poesía) adv. *Donde.* **2** (ant.) *De donde.*

V. «do QUIERA».

-do Parte invariable del sufijo «-ado, -ido», de nombres de acción: 'cribado, teñido'.

dóberman adj. y n. m. Se aplica a un perro de cuerpo musculoso, cabeza larga y estrecha y pelo corto, muy empleado como perro de defensa.

dobla (del lat. «dupla») **1** f. Antigua *moneda de oro castellana. **2** (Chi.) MINER. *Concesión que hace a alguien el dueño de una mina de todo el mineral que pueda sacar de ella en un día.* **3** (Chi.) **Provecho que saca alguien de una cosa a la que no ha contribuido.*

A LA DOBLA. *Manera de *jugar en la que se duplica cada vez la *puesta anterior.*

doblada 1 (Cuba; pl.) f. **Toque de ánimas.* **2** (Mur.) *Cierto *pez parecido a la dorada, abundante en las proximidades de las escolleras y los acantilados.*

dobladamente 1 adv. *Doblemente o en cantidad doble.* **2** *Con falsedad o *engaño.*

dobladilla (dim. de «doblada») f. *Cierto juego de *baraja antiguo.*

dobladillar tr. *Hacer dobladillos a alguna ˎprenda de ropa.* ≃ Entornar.

dobladillo (dim. de «doblado») **1** m. Pliegue *cosido que se hace en las prendas de ropa, doblando dos veces el *borde de modo que queda oculto el canto y no se puede deshilar. ≃ Doble, doblez, jareta, vaina. ⇒ Vainica. **2** **Hilo fuerte usado para hacer medias o calcetines.*

doblado, -a 1 Participio adjetivo de «doblar[se]». ⇒ *Curvo. ⊙ Se aplica a la película de cine o televisión que ha sido traducida al idioma del público destinatario. ⊙ También, al actor cuya voz ha sido sustituida por la de otro. **2** (ant.) **Gemelo.* **3** *Hipócrita.* ≃ Doble. **4** *Aplicado a personas, *bajo y *robusto.* **5** m. Medida de la marca del paño; y así se cuenta por doblados. **6** adj. *Aplicado a terrenos, desigual o *escabroso.* **7** (And.) m. **Desván.* **8** (And.) *Pérdida del conocimiento que sobreviene a los limpiadores de *letrinas a consecuencia de las emanaciones.*

doblador 1 m. *Hombre que dobla las *campanas.* **2** (Guat.) **Espata del maíz.*

dobladura 1 f. **Caballo menos bueno de los dos que llevaba a la guerra un hombre de armas.* **2** Doblamiento (acción de doblar). **3** Efecto de doblar. ≃ Doblamiento. **4** Línea por donde está doblada una cosa. ≃ Doble, doblez. ⊙ Señal (deformación, mancha, rozadura) que queda en el sitio por donde algo ha estado doblado.

doblaje m. Acción y efecto de doblar una película cinematográfica.

doblamiento m. Acción y efecto de doblar[se]. ≃ Dobladura.

doblar (del lat. «duplāre», de «duplus», doble) **1** tr. Hacer una ˎcosa de tamaño doble del que tenía: 'Doblar a alguien el sueldo'. ≃ Duplicar. **2** Con ˎ«edad, años» o palabra equivalente, tener doble que otro: 'Te doblo la edad'. **3** intr. *Entre los regantes del Moncayo, *regar dos veces en el periodo de una dula.* **4** Celebrar un sacerdote dos *misas en un día festivo. **5** Hacer un actor de *teatro dos papeles en la misma obra. ≃ Binar. **6** tr. CINE. Sustituir las voces de los actores que trabajan en las ˎpelículas por otras voces en el idioma del país en que la película se va a proyectar. ⊙ CINE. *Sustituir alguien con su voz la del ˎactor que aparece en una ˎpelícula. **7** *Entre ganaderos, hacer que un ˎcordero *mame a la vez de dos ovejas.* ≃ Endoblar. **8** *En el juego de *billar, enviar una ˎbola al golpearla con otra al extremo opuesto de la mesa.* **9** ECON. *En el lenguaje de la *bolsa de valores, prorrogar una ˎoperación a plazo.* **10** Hacer que una parte de un ˎobjeto, particularmente de un objeto de forma laminar, quede aplicada contra otra, realizando esta operación una o más veces: 'Doblar una carta [la servilleta, el periódico, las mangas del vestido hacia arriba]'. ⊙ prnl. *Plegarse un objeto de forma laminar. **11** tr. Hacer que una ˎcosa que está derecha, quede formando ángulo: 'Doblar la pierna. Doblar un alambre. Doblar una lámina de metal'. ⊙ prnl. Torcerse algo que estaba derecho: 'Las ramas se doblan por el peso de la fruta'. ≃ Inclinarse. **12** («a, hacia») intr. Cambiar de dirección: 'La carretera dobla en aquel punto hacia el sur. Al llegar al cruce de calles, doble usted hacia la derecha'. ≃ *Torcer [se]. **13** tr. *Pasar alguien al otro lado de una ˎcosa saliente que se interpone en su camino: 'Doblar la esquina [o un cabo]'. ≃ *Contornear. **14** («por, a muerto») intr. Tocar las *campanas a muerto: 'Las campanas están doblando por alguien. En el pueblo estaban doblando a muerto'. ≃ Encordar. **15** tr. *Hacer cambiar a ˎalguien de opinión o propósito.* ⇒ *Disuadir. **16** intr. TAUROM. Caer el toro agonizante después de clavarle el estoque. **17** tr. Dejar a ↘alguien sin poder moverse, con una *paliza: 'Lo doblaron a palos'. ≃ Moler, tundir. **18** Dep. En una carrera, rebasar un corredor a ↘otro más rezagado que lleva una vuelta menos. **19** (Méj.) *Herir o matar a ↘alguien de un disparo.* **20** prnl. **Someterse o *ceder.* ≃ Doblegarse.

V. «doblar la cabeza, doblar el espinazo, doblar la parada, doblar la rodilla, doblar la vara de la justicia».

□ Catálogo

Acodar, acodillar, agacharse, *arremangar, arrollar, bornear, cerchar, cerchearse, cimbrar, cimbrear[se], *curvar, desviar, doblegar, flexionar, mimbrear, mollear, *plegar, plisar, rebotar, redoblar, redoblegar, refractar[se], remachar, remangar, retorcer, roblar, roblonar, tablear, *torcer[se], trasdoblar, tresdoblar, volver. ➤ Ángulo, borneo, *caballete, codo, curvatura, desviación, flexión, giba, inflexión, joroba, *lomo, nariz, refracción, vuelta, zigzag. ➤ Bastilla, cañón, dobladillo, doble, *doblez, fraile, fuelle, jareta, lechuga, lorza, *pliegue, reborde, tabla, vaina. ➤ *Blando, flexible, lentor. ➤ Tazar[se]. ➤ Inflexible, *rígido, tieso. ➤ *Desdoblar. ➤ *Arrugar. *Enrollar. *Inclinar. *Plegar.

doble (del lat. «duple») **1** («de») adj. y n. m. Igual a *dos veces el tamaño o el número de la cosa que se expresa: 'Barcelona tiene doble número de habitantes que Valencia. Esta cinta es doble de ancha que esa. Un rascacielos doble de alto que el otro'. ≃ Duplo. ⇒ Otras formas de la raíz, «di-, dupl-»: 'dimorfo; duplicar'. ⇒ Dúplice, dos veces. ➤ Sencillo, simple. **2** adj. Formado por dos cosas de las que designa el nombre: 'Doble ventana [puerta, pared]. Has cometido una doble falta. Cerrado con doble llave. Coser con hilo doble'. ≃ Duplicado. **3** Aplicado a *flores, con más hojas que las sencillas de la misma especie; admite grados: 'Un geranio muy doble'. **4** (preferentemente con «muy» u otro adjetivo) **Fuerte o resistente:* 'Hace falta una tela que sea doble. Un cordel muy doble'. **5** *Aplicado a personas, *robusto.* **6** En las fichas de *dominó se emplea como adjetivo, añadido al número, para designar las que tienen el mismo en ambos cuadrados: 'El seis doble'. El cero doble se llama «el blanco» o «la blanca doble». **7** *Aplicado a personas, falso o hipócrita.* **8** adv. *Mucho o mucho más: 'Así es doble peor'. ≃ Doblemente. **9** m. Se usa a veces, con el nombre de ciertas bebidas o comidas, para designar una cantidad doble de cierta medida cuyo nombre se sobreentiende. 'Un doble de horchata'. ⊙ Sin especificación, doble de *cerveza. **10** (pl.) Dep. En tenis, encuentro entre cuatro jugadores, dos por cada equipo. **11** Constr. *Segunda *fila de tejas, de ladrillos, etc., que se pone sobre otra para reforzarla o aumentar el espesor.* ≃ Doblado. **12** *Antiguamente, paso de la danza española consistente en tres pasos graves y un quiebro, el cual se repetía dos o más veces seguidas.* **13** Econ. *Operación de *bolsa que consiste en vender un valor y volver a comprarlo al mes siguiente abonando una cantidad por intereses.* ⊙ Econ. *Esa cantidad.* **14** Econ. *En lenguaje de la *bolsa, suma que se paga por la prórroga de una operación a plazo.* ⊙ Econ. *Esa operación.* **15** Doblez o dobladura: 'El doble del vestido. La seda se rompe por los dobles'. **16** Acción de doblar las *campanas por los difuntos. **17** Con relación a una persona, otra tan *semejante a ella que puede sustituirla sin que se note. ⊙ n. Artista, especialmente de cine, que sustituye a otro como si fuese él mismo, en algunos casos. ⇒ Álter ego, contrafigura, sosia. **18** m. *Cierto *nudo usado en marina.* **19** (Rioj.; pl.) *Cierto *guiso de callos.*

V. «doble albura, doble ancho, caña doble, doble decímetro, grupo doble, partida doble, paso doble, doble refracción, doble sentido, doble sostenido, doble te, doble vista».

doblegable adj. Susceptible de doblegarse.

doblegadizo, -a adj. *Doblegable.*

doblegadura (ant.) f. *Dobladura.*

doblegamiento (ant.) m. *Acción y efecto de doblegar[se].*

doblegar (del lat. «duplicāre») **1** tr. y prnl. *Doblar[se] o *torcer[se] una ↘cosa que ofrece resistencia a ello. **2** tr. Obligar una persona a ↘otra a obedecer su voluntad. ≃ *Someter. ⊙ prnl. Ceder o someterse. ⊙ tr. Obligar a ↘alguien, por ejemplo la necesidad o la pobreza, a perder su altanería o rebeldía. ⇒ *Humillar. **3** **Blandir un ↘arma.*

doblemano m. Mús. *Mecanismo de los *órganos que hace que, al bajar una tecla, baje simultáneamente la de la octava superior.*

doblemente **1** adv. Como dos veces cierta cosa consabida, en tamaño, número, intensidad, etc. **2** *Mucho más: 'Eso es doblemente lamentable'. **3** *Con doblez (malicia o hipocresía).*

doblería **1** (ant.) f. *Cualidad de doble* ⊙ (ant.) *Particularmente, con referencia a los *oficios divinos o a la distribución dada por asistir a su rezo.* **2** (ant.) *Derecho que en algunos casos tenía la persona de más autoridad a recibir doble que los otros de algunas cosas.*

doblero (de «doble») **1** (Ar., Gran., Guad., Val., Cuba) m. **Madero de distintas dimensiones, que se expresan:* 'Doblero de a dieciocho. Doblero de a catorce'. **2** **Moneda *mallorquina del siglo xviii, de valor de algo más de cuatro maravedís castellanos.* **3** (Ar.) **Panecillo en forma de rosca.*

doblescudo (de «doble» y «escudo», por la forma del fruto; *Biscutella auriculata*) m. *Planta crucífera, áspera y vellosa, con flores amarillas en racimo apretado y fruto en forma de vainillas redondas unidas de dos en dos. ≃ Anteojo.

doblete (de «doble») **1** m. **Piedra falsa que imita diamante, esmeralda, etc., que se hace superponiendo dos cristales delgados.* **2** *En el juego de *billar, jugada en la que se hace que la bola tocada pegue en una banda y vaya luego a parar al lado opuesto del que ocupaba.* **3** Ling. *Pareja de palabras que derivan de la misma, la una por camino popular y la otra por camino culto, adquiriendo frecuentemente distinto significado; como «cosa» y «causa».* **4** («hacer») Dep. Serie de dos victorias consecutivas en dos competiciones distintas: 'El ciclista hizo doblete al ganar la vuelta a España y la vuelta a Francia'.

Hacer doblete. **1** Dep. Conseguir la victoria en dos competiciones sucesivas. **2** Hacer un actor dos papeles en una misma obra.

doblez **1** m. Efecto de doblar cualquier cosa. ⊙ Particularmente, borde doblado de un vestido u otra prenda de tela. **2** amb., más frec. f. *Hipocresía o falta de lealtad: 'Él obró con doblez'. ≃ Falsedad.

doblilla (dim. de «dobla») f. **Moneda antigua de oro que valía veinte reales o algo más.* ≃ Escudillo.

doblo (del lat. «duplus», doble; ant.) m. *Doble o duplo.*

doblón (aum. de «dobla») m. *Moneda antigua de oro de distintos valores según las épocas.

Doblón de a ciento. *Moneda de oro que equivalía a cien doblas de oro.*

D. de a cuatro. **Moneda que equivalía a cuatro doblas de oro.*

D. de a ocho. **Moneda que equivalía a ocho escudos.*

D. de vaca. **Callos de vaca.*

doblonada (de «doblón») f. *Dinerada.*

doblura (ant.) f. *Doblez (*hipocresía).*

doca (de or. araucano; Chi.; *Carpobrutus chilensis)* f. **Planta aizoácea rastrera de grandes flores rosadas y fruto comestible algo purgante.*

doce (del lat. «duoděcim») adj., pron. y n. m. Número cardinal equivalente a diez más dos. En la numeración arábiga se representa por «12» y en la romana por «XII». ⇒ Apénd. II, NÚMERO CARDINAL. ⊙ adj. Puede usarse como ordinal: 'El doce de la lista. El [o el día] doce'. ≃ Duodécimo. ⇒ Doceno, dozavo, duodécimo, duodécuplo. ➤ Medianoche, mediodía. ➤ Docena, gruesa. ➤ Adocenarse.

doceañista (de «doce» y «año») adj. y n. m. Se aplica a los que intervinieron en la redacción de la *Constitución española de 1812 y a los partidarios de ella. ⇒ *Política.

doceavo, -a adj. y n. m. Numeral partitivo correspondiente a «doce». Apénd. II, ⇒ NÚMERO.

docemesino adj. *Se aplica al *año de doce meses, para diferenciarlo del de otros cómputos.*

docén (de «doceno»; Zar.) m. **Madero de 12 medias varas.*

docena f. Conjunto de doce cosas. Se emplea mucho, lo mismo que «media docena», con significado aproximado: 'Siempre le rodean media docena de amigos. No tiene más de dos docenas de libros'.

DOCENA DE FRAILE (hum.). Una docena y una unidad más.

NO ENTRAR alguien EN DOCENA con otros (inf.). No tener nada que ver con ellos, ser muy distinto.

docenal adj. *Se aplica a lo que se vende por docenas.*

docenario, -a adj. Se aplica a lo que consta de doce elementos o unidades.

docencia f. Acción de *enseñar. ⊙ Actividad de las personas que se dedican a la enseñanza.

doceno 1 adj. *Duodécimo.* 2 *Se aplica al *paño u otros tejidos de lana que tienen doce centenares de hilos en la urdimbre.*

docente (del lat. «docens, -entis», part. pres. de «docēre», instruir, educar) adj De [la] *enseñanza. ⊙ adj. y n. Se aplica particularmente al personal dedicado a la enseñanza.

doceta n. *Adepto al docetismo.*

docético, -a adj. *Del docetismo.*

docetismo (del gr. «dókēsis», apariencia) m. **Herejía común a ciertos gnósticos y maniqueos, según la cual el cuerpo humano de Cristo no era real, sino aparente.*

docible (del lat. «docibĭlis»; ant.) adj. *Dócil.*

dócil (del lat. «docĭlis») 1 («a, para») adj. Se aplica a la persona que hace caso de lo que se le manda, dice o aconseja, o que es fácil de educar o dirigir. ≃ Obediente. ⊙ Se aplica también a los animales. 2 Se aplica al material que es fácil de labrar.

□ CATÁLOGO

Baldragas, blandengue, *blando, bonachón, boquimuelle, borrego, bragazas, más blando que una BREVA, buenecito, *calzonazos, convenible, cordero, docible, dúctil, dulce, fácil, como un GUANTE, más suave que un GUANTE, humilde, JUAN Lanas, maleable, como una MALVA, manejable, fácil de MANEJAR, maniquí, manso, como una manteca, manual, mollar, obediente, *pelele, como una SEDA, suave, *sumiso, sin VOLUNTAD propia. ➤ *Cazurro, mego.

docilidad f. Cualidad de dócil.

docilitar (de «dócil») tr. **Someter a ↘alguien a la obediencia.* ⊙ *Hacer *flexible o *manejable una ↘cosa.* ≃ Domar.

dócilmente adv. Con docilidad.

docimasia (del gr. «dokimasía») 1 f. METAL. *Arte de ensayar los minerales para determinar los metales que contienen.* 2 MED. *Conjunto de pruebas realizadas en el pulmón del *feto muerto para saber si ha llegado a respirar.*

docimasología f. MED. *Parte de la obstetricia que trata del uso del tacto en la asistencia a los partos.*

docimástica f. *Docimasia.*

dock (ingl.) 1 m. Dársena o *muelle rodeado de almacenes. 2 *Depósito de mercancías junto al muelle.

doctamente adv. Con erudición: 'Disertó doctamente acerca del arte'.

doctitud (ant.) f. *Cualidad de docto.*

docto, -a (del lat. «doctus», par. pas. de «docēre», instruir, educar; «en») adj. Se aplica a la persona que ha aprendido muchas cosas o mucho de cierta cosa mediante el *estudio. ≃ Sabio.

doctor, -a (del lat. «doctor, -ōris») 1 («en») n. Persona que ha obtenido el *grado superior al de licenciado, o sea el más alto que concede la universidad. No es corriente en España aplicarlo como tratamiento en la vida ordinaria a las personas que lo poseen. ⇒ BORLA de doctor, CAPELO de doctor, capirote. 2 En lenguaje corriente se aplica como tratamiento a los médicos, aunque sólo sean licenciados en medicina: 'Lo que usted disponga, doctor. Ha venido el doctor'. 3 Título que da la Iglesia a algunos *santos notables por su sabiduría: 'La doctora de Ávila'.

DOCTOR HONORIS CAUSA. Título honorífico que conceden a veces las *universidades a alguna persona eminente.

D. DE LA LEY. Sabio en las cuestiones de la religión e intérprete de ella, entre los *judíos y los *musulmanes; como los rabinos o los ulemas.

V. «CAPELO de doctor».

doctorado m. Estudios con que se obtiene el grado de doctor. ⊙ *Grado de doctor.

doctoral 1 adj. De doctor o del doctorado. 2 Aplicado al lenguaje o a quien lo usa, enfático, *dogmático o *solemne: 'Habla siempre en tono doctoral'.

V. «CANÓNIGO doctoral, TESIS doctoral».

doctoramiento m. *Acción de doctorar[se].*

doctorando, -a n. Persona que va a pasar el examen para obtener el *grado de doctor o que estudia para ello.

doctorar 1 («en») tr. *Conceder el grado de doctor a ↘alguien.* ⊙ prnl. Obtener el grado de doctor. 2 TAUROM. Tomar la alternativa un torero.

doctrina (del lat. «doctrīna») 1 f. **Enseñanza.* 2 Ciencia o suma de *conocimientos poseídos por alguien o contenidos en una obra o una exposición cualquiera: 'Un discurso cargado de doctrina'. 3 Conjunto orgánico de *ideas: 'La doctrina aristotélica. La doctrina de la transmigración de las almas'. 4 Conjunto de ideas, particularmente religiosas, sociales o políticas, que unen en un grupo a las personas que las profesan: 'La doctrina liberal. La doctrina budista'. ⇒ Raíz culta, «dox-»: 'ortodoxia, heterodoxia'. Sufijo, «-ismo»: 'calvinismo'. ➤ Convicciones, credo, creencias, dogma, fe, idea[s], opiniones, *religión, sistema, teoría. ➤ Escuela, movimiento, tendencia. ➤ Elaborar. ➤ Cisma, *herejía. ➤ Sincretismo. ➤ Adoctrinar. 5 *Plática sobre doctrina cristiana dada con regularidad por un *predicador.* ⊙ *Antiguamente, conjunto de gente que con los predicadores se dirigía en procesión a un sitio donde se daba esa plática.* ⊙ Nombre dado en los pueblos a la clase de *catecismo que se les da a los niños en la parroquia. 6 *En Hispanoamérica, *curato colativo servido por* *clérigos regulares.* **7** (Hispam.) *Pueblo de *indios recién convertidos, en el que no había todavía parroquia.*

DOCTRINA CRISTIANA. **1** Conjunto de los conocimientos que debe poseer un cristiano. ⇒ *Catecismo. **2** *Orden religiosa fundada por San Juan Bautista de la Salle en Francia, en el siglo XVII.

V. «CUERPO de doctrina».

doctrinal **1** adj. De [una] doctrina. ⊙ Se aplica a los escritos sobre alguna cuestión científica; por ejemplo, a las publicaciones de una entidad que tienen ese carácter, para diferenciarlas de otras que se refieren a la vida de la entidad u otros asuntos que no son objeto de *estudio. **2** m. *Lo lleva a veces como nombre propio un libro que contiene *instrucciones para cierta misión o función*: 'Doctrinal de privados'.

doctrinar tr. **Enseñar o aleccionar.* ≃ Adoctrinar.

doctrinario, -a **1** adj. y n. Se aplica a la persona adscrita a una doctrina política, social, etc., con conocimiento sistemático de ella. ⊙ Se aplica al tratadista o teorizante de cierta doctrina. **2** Adepto al doctrinarismo político-filosófico.

doctrinarismo m. Doctrina político-filosófica liberal, desarrollada en Francia durante la Restauración, que, entre otras cosas, atribuye como fundamento a la soberanía un pacto entre el pueblo y el soberano.

doctrinero **1** m. *Hombre que enseña la doctrina cristiana.* ⊙ *Particularmente, *eclesiástico que va con los misioneros para hacerlo.* **2** *Antiguamente, en Hispanoamérica, párroco regular que tenía a su cargo un curato o doctrina de *indios.*

doctrino (de «doctrina») **1** m. **Niño acogido en un asilo para instruirle hasta que pueda trabajar en un oficio.* **2** (n. calif.) *Se aplica a un hombre muy *tímido o apocado.*

docudrama m. Montaje dramático en cine, radio y televisión que se realiza a partir de hechos reales.

documentación **1** f. Acción de documentar[se]. **2** Conjunto de documentos referentes a algo o alguien: 'En este cajón tengo toda mi documentación'. ⊙ Particularmente, carné, pasaporte u otro documento oficial que acredita la identidad de alguien.

documentado, -a Participio adjetivo de «documentar[se]». ⊙ Se aplica a la petición, expediente, etc., que va acompañado de la documentación pertinente. ⊙ Enterado: 'Está muy documentado sobre sociedades mercantiles'. ⇒ Indocumentado. ➤ *Saber.

documental **1** adj. De documentos: 'Prueba documental'. **2** adj. y n. m. Se aplica a las *películas sin argumento o con uno sin importancia cuyo valor es principalmente informativo o instructivo.

documentalista **1** n. Persona encargada de recopilar, clasificar y proporcionar datos o documentos sobre una determinada materia. **2** Persona que se dedica a hacer documentales en cine o televisión.

documentalmente adv. Con documentos.

documentar **1** tr. Adjuntar documentos para acreditar una ↘afirmación, para justificar ↘algo, etc.: 'He documentado bien mi petición'. **2** *Instruir a ↘alguien en los antecedentes de un asunto en que va a intervenir. ⊙ prnl. Instruirse convenientemente sobre algo antes de tratarlo o escribir sobre ello.

documentario, -a (más usado en Hispam.) adj. *Documental: de documentos.*

documento (del lat. «documentum») **1** m. Testimonio escrito de épocas pasadas que sirve para reconstruir su historia. **2** Escrito que sirve para justificar o acreditar algo; tal como un título profesional, una escritura notarial, un oficio o un contrato. **3** (ant.) *Instrucción, o *enseñanza de una materia.* ⊙ (ant.) **Consejo o enseñanza sobre comportamiento.*

DOCUMENTO NACIONAL DE IDENTIDAD. Documento oficial, en forma de tarjeta, que sirve en España de «CARNÉ de identidad». ⇒ *Personalidad.

D. PRIVADO. El que contiene un compromiso, firmado por los interesados y que, aunque no autorizado por notario, obliga a las partes a su cumplimiento.

D. PÚBLICO. El autorizado por notario u otro funcionario que puede hacerlo.

□ CATÁLOGO

Abonaré, acordada, acta, ACTA notarial, albalá, albarán, antípoca, apeo, ápoca, asignado, atestado, auténtica, auto, boleta, bono, breve, bula, cargareme, carnet, *carta, *CARTA de pago, CARTA partida por a, b, c; cartel, cartilla, cédula, certificación, certificado, comprobante, compromiso, *comunicación, concordia, conduce, conocimiento, conservatoría, contenta, contento, contracédula, contraescritura, *contrato, despacho, diploma, donación, duplicado, egresión, escrito, escritura, factura, guía, instrumento, inventario, justificante, lasto, *letra, liberación, monumento, mulquía, nombramiento, notificación, obligación, oficio, otorgamiento, pagaré, pancarta, papel, papelorio, partida, pasaporte, patente, pliego, poder, privilegio, publicata, quitanza, recibí, *recibo, remisoria[s], renuncia, repartimiento, *resguardo, salvoconducto, sobrecédula, talón, *testamento, testificata, testimonio, título, tornaguía, tratado, vale, *valor, volante. ➤ Bastante. ➤ PAPEL mojado. ➤ Compulsa, copia, duplicado, extracto, minuta, palimpsesto, pergamino, rollo, saca. ➤ Auténtico, fehaciente, legalizado, oficial, quirografario, quirógrafo, simple. ➤ Autenticar, autentificar, autorizar, certificar, compulsar, consignar, copiar, cursar, destalonar, expedir, extender, dar FE, legalizar, legitimar, otorgar, protocolar, protocolizar, salvar, sellar, testimoniar, visar. ➤ Cabeza, cajetín, calce, cláusula, conforme, cúmplase, diligencia, encabezamiento, enterado, fiat, firma, glosa, ítem, NOTA marginal, *pie, póliza, rúbrica, sello, signo, solemnidad, VISTO bueno. ➤ Matriz. ➤ PAPEL de pagos al Estado, PAPEL sellado. ➤ Bastardelo, cartulario, cedulario, *LIBRO becerro [o de becerro], minutario, pancarta, protocolo, registro, talonario. ➤ Camisa, carpeta, cartapacio, cartera, dossier, expediente, legajo, plica, portafolio [o portafolios], vade. ➤ Tripas. ➤ Archivo. ➤ Abreviador, *notario, registrador, secretario. ➤ Paleografía. ➤ Indocumentado.

dodeca- Elemento prefijo del gr. «dōdeka», doce.

dodecaedro (del gr. «dōdekáedros») m. GEOM. Cuerpo regular formado por doce caras pentagonales.

dodecafonía (de «dodeca-» y «-fonía») f. MÚS. Sistema atonal en el que se emplean indistintamente los doce sonidos de la gama cromática.

dodecafónico adj. MÚS. De [o de la] dodecafonía.

dodecafonismo m. MÚS. Dodecafonía.

dodecágono (del gr. «dōdekágōnos») m. GEOM. *Polígono de doce lados.

dodecasílabo, -a (de «dodeca-» y «sílaba») adj. y n. m. MÉTR. Se aplica al *verso de doce sílabas.

dodo *(Raphus cucullatus)* m. Ave actualmente extinguida, de pico fuerte y ganchudo y alas no aptas para el vuelo, que vivió en algunas islas del Pacífico.

dodotis (n. comercial) m. *Pañal desechable de celulosa.

dodrante (del lat. «dodrans, -antis») **1** m. *Conjunto de nueve partes de los doce de que constaba un *as *romano.*

2 *En la Roma antigua, conjunto de nueve de las doce partes de una herencia.*

doga (del lat. «doga», del gr. «dochế», vasija; Man.) f. *Duela de *cuba.*

dogal (del lat. «ducāle») **1** m. Cuerda que se pone al cuello de las caballerías. ≃ *Cabestro. **2** **Cuerda con un nudo corredizo, que se emplea, por ejemplo, para empezar a atar dos maderos.* **3** (n. calif.) Cosa que produce intenso padecimiento moral.

DAR DOGAL. **Atormentar moralmente a ˃alguien.*

ESTAR alguien CON EL DOGAL AL CUELLO. Estar en una situación muy *apurada.

PONER a alguien UN DOGAL AL CUELLO. Ponerle en trance de tener que acceder a algo que no quiere. ⇒ *Obligar.

dogaresa (del it. «dogaresa») f. Mujer del dux o *soberano de las repúblicas de Venecia o Génova en la época del Renacimiento.

dogma (del lat. «dogma», del gr. «dógma») **1** m. Axioma. **2** Afirmación tenida por indudable, la creencia en la cual es obligatoria para los adeptos a la *doctrina de que forma parte. ⇒ ARTÍCULO de fe, MISTERIO. ➤ Librepensador. ➤ *Herejía.

dogmáticamente adv. De manera dogmática.

dogmático, -a **1** adj. Aplicado a cosas, constitutivo de dogma. ⊙ Aplicado a personas, se dice de la persona que no admite contradicción en sus opiniones. ≃ Dogmatizador, dogmatizante. **2** Se dice de quien mantiene sus creencias sin la menor concesión. ⇒ *Categórico, *intransigente. **3** adj. y n. *Se aplica al escritor que trata de los dogmas.*

dogmatismo **1** m. Cualidad de dogmático. ⊙ Actitud del dogmático. **2** Conjunto de los dogmas de una religión o doctrina. **3** FIL. *Doctrina opuesta al escepticismo, que admite que el espíritu humano tiene capacidad para conocer la verdad.

dogmatista n. *Persona que sostiene ideas opuestas a la doctrina *católica y las enseña como dogmas.*

dogmatizador, -a adj. y, más frec., n. Dogmatizante.

dogmatizante adj y n. Se aplica a la persona que dogmatiza o es inclinada a exponer sus opiniones como dogmas. ⇒ Dogmático.

dogmatizar **1** intr. Enseñar los dogmas; particularmente, falsos dogmas. **2** Exponer opiniones propias con el convencimiento de que son verdades indudables. ⇒ Pontificar. ➤ Doctoral, ex cátedra. ➤ Lo dijo BLAS, punto redondo. ➤ *Énfasis. *Pedante.

dogo[1] m. Dux (soberano de las repúblicas de Venecia o Génova).

dogo[2], **-a** (del ingl. «dog», perro) adj. y n., no frec. en f. Se aplica a un perro de gran tamaño, de pecho ancho, cabeza redonda, frente cóncava, nariz chata, hocico obtuso con los labios gruesos y colgantes por los lados, orejas pequeñas con la punta doblada, patas robustas y pelaje generalmente leonado, corto y fuerte. ≃ Gran danés.

dogón adj. y, aplicado a personas, también n. Se aplica a un pueblo africano que habita en Mali.

dogre (del neerl. «dogger», especie de navío) m. **Barco parecido al queche, destinado a la *pesca en el mar del Norte.*

dolabela f. *Especie de *azada pequeña.*

dolabro m. **Cuchillo usado antiguamente para los *sacrificios.*

doladera (de «dolar») adj. y n. f. *Se aplica a una especie de hacha usada por los toneleros.*

dolado, -a **1** *Participio adjetivo de «dolar».* **2** (ant.) *Acabado, *perfecto.*

dolador (del lat. «dolātor, -ōris») adj. y n. m. *Se aplica al operario que alisa o desbasta madera o piedra.*

doladura f. *Astillas o desperdicio que se sacan con la doladera o el dolobre.*

dolaje (de «duela») m. **Vino absorbido por la madera de los toneles en que se guarda.*

dolama (¿de «doler»?) **1** f. *Dolame.* **2** **Achaque.*

dolame (¿de «doler»?) m. *Cualquier enfermedad oculta que tiene una *caballería.*

dolar (del lat. «dolāre») tr. **Desbastar o labrar ˃*madera o *piedra con la doladera o el dolobre.*

dólar (del ingl. «dollar», del b. al. «daler») m. Nombre de la moneda tipo de los Estados Unidos, Canadá, Liberia y otros países. ⇒ Centavo.

ESTAR MONTADO EN EL DÓLAR (inf.). Tener mucho *dinero.

dolby (ingl.; nombre comercial, de «R. Dolby», ingeniero estadounidense) m. ELECTR. Sistema que reduce el ruido de fondo de una grabación.

dolce far niente (pronunc. [dólche farniénte]) Frase italiana, usada en lenguaje culto, que significa «dulce *ociosidad»: 'Entregado al dolce far niente'.

dolce vita (it. pronunc. [dólche víta]) Vida placentera.

dolencia[1] (del lat. «dolentĭa») f. *Enfermedad. ⊙ Particularmente, *achaque o enfermedad crónica: 'Se resiente de una dolencia antigua'.

dolencia[2] **1** (ant.) f. *Dolo.* **2** (ant.) **Deshonra.*

doler (del lat. «dolēre») **1** intr. Hacerse sentir con *dolor una parte del cuerpo: 'Me duele la cabeza'. El sujeto puede ser también la herida, lesión, etc.: 'La quemadura te dolerá un rato. Todavía me duele el golpe' ⊙ Se emplea a veces como terciopersonal: 'No me ha dolido cuando me han sacado la muela'. ⊙ («de») prnl. Mostrar ostensiblemente un dolor físico: 'El jugador se duele de la patada que acaba de recibir'. **2** intr. Causar pesadumbre a ˃alguien un desengaño, prueba de falta de cariño o mal trato moral que recibe. ⊙ Causar sentimiento un daño hecho por uno mismo a otro: 'Ahora me duele haberle contestado tan secamente. Me duele negarte ese gusto, pero no tengo dinero'. ⊙ Causar *compasión: 'A cualquiera le dolería ver trabajar de ese modo a una criatura'. ⊙ («de, con») prnl. Quejarse o *resentirse alguien por alguna prueba de falta de afecto o de consideración recibida o por algo que interpreta como desprecio, ingratitud, etc.: 'Se duele de que sólo os acordéis de él cuando le necesitáis'. ≃ Lamentarse.

AHÍ [LE] DUELE (inf.). Frase con que se alude a la cosa que constituye el *quid o punto delicado de una cuestión o a lo que constituye el motivo de disgusto o enfado de alguien.

V. «doler el ALMA de, doler en el ALMA, no doler PRENDAS».

dolerita f. *Nombre genérico de las rocas eruptivas básicas de grano de tamaño mediano.* ⇒ *Mineral.

dolicocefalia f. ANAT. Cualidad de dolicocéfalo.

dolicocéfalo, -a (del gr. «dolichós», largo, y «-céfalo».) adj. y, aplicado a personas, también n. ANAT. Se aplica al *cráneo humano de forma alargada por ser su dimensión transversal a lo más setenta y siete centésimas de la anteroposterior, y a las personas y razas que lo tienen así.

dolido, -a 1 Participio de «doler[se]»: 'Está muy dolido del desprecio que le hiciste' **2** (ant.) m. **Dolor, *lástima o *compasión.*

doliente 1 (gralm. hum.) adj. Aquejado por un dolor o dolencia: 'Nuestro doliente amigo'. ⊙ Afectado por una desgracia reciente: 'La familia doliente'. **2** (ant.) *Aplicado a un lugar o al tiempo, insano.* **3** (ant.) n. **Pariente de un difunto que preside el *entierro.* ≃ *Dolorido.*

doliosamente (ant.) adv. *Dolorosamente.*

dolioso, -a (de «doler»; ant.) adj. *Dolorido.*

dóllimo (de or. araucano; Chi.; *Diplodon chilensis*) m. *Cierto *molusco pequeño de concha bivalva, de agua dulce.*

dolmán (del fr. «dolman») m. Dormán.

dolmen (del fr. «dolmen») m. Monumento prehistórico formado por una piedra horizontal sostenida por otras verticales; también el formado por una serie de estas construcciones. ⇒ Lichaven, trilito. ➤ *Megalito.

dolménico, -a adj. De [los] dólmenes.

dolo (del lat. «dolus») **1** m. DER. Voluntad deliberada de cometer un delito a sabiendas de su carácter delictivo. **2** DER. *Engaño delictivo cometido en un trato o contrato.

dolobre (del lat. «dolābra») m. *Pico para labrar *piedras.*

dolomía (del fr. «dolomie», de «Dolomieu», naturalista francés) f. Roca constituida por carbonato doble de cal y magnesia. Se emplea calcinada como material *refractario. ⊙ Industrialmente se aplica también este nombre a otros materiales refractarios hechos con otras calizas. ⇒ CALIZA lenta, *mineral.

dolomita f. Dolomía.

dolomítico, -a adj. GEOL. Que tiene dolomía o es semejante a ella.

dólope (del lat. «Dolops, -ŏpis») adj. y n. *Se aplica a los individuos de un *pueblo de la antigua Tesalia.* ⊙ m. pl. *Ese pueblo.*

dolor (del lat. «dolor, -ōris») **1** («Sentir, Tener, Dar, Desaparecer, Marcharse, Quitarse, Calmarse, Dar treguas») m. Sensación que causa padecimiento, en alguna parte del *cuerpo. **2** («Sentir, Causar, Dar, Producir; Con Dar es clásico: 'cómo después de acordado da dolor') Sentimiento causado por un desengaño o un mal trato moral recibido, o por ver padecer a una persona querida: 'El dolor por la muerte [o por la ingratitud] de su hijo. Los dolores de la Virgen'. ≃ Aflicción, padecimiento, pena. ⊙ Sentimiento producido por un daño causado a otro: 'Con dolor te privo de ese gusto'.

DOLOR DE CORAZÓN. Arrepentimiento o sentimiento por un daño causado.

D. DE COSTADO. Dolor sentido en el costado; por ejemplo producido por una pulmonía. ⊙ Antiguamente, *pulmonía o enfermedad semejante.

D. SORDO [o LATENTE]. Dolor poco intenso, pero continuo y duradero.

DOLORES DE ENTUERTO. Ciertos dolores que padecen las mujeres que acaban de *parir, por consecuencia de la retracción del útero.

ESTAR CON DOLORES. Estar una mujer en los preliminares del parto.

¡QUÉ DOLOR! Exclamación de *compasión por una desgracia ajena o de *lástima por una cosa malograda o desperdiciada.

SER UN DOLOR. Ser una *lástima.

V. «más vale VERGÜENZA en cara que dolor de corazón».

□ CATÁLOGO

Raíces cultas, «-algi, -odin»: 'otalgia; miodinia'. ➤ Agujetas, calambre, cardialgia, cefalalgia, cimbrón, clavo, CLAVO histérico, dorsalgia, entrepunzadura, entuerto, flato, garrampa, gastralgia, incomodidad, jaqueca, latigazo, lumbago, lumbalgia, *malestar, mialgia, miodinia, molestia, nana, neuralgia, otalgia, pinchazo, pleurodinia, priapismo, PUNTO de costado, punzada, pupa, ramalazo, rampa, raquialgia, redolor, reflejo, reliquia, retortijón, tortícolis, sinalgia. ➤ Acerbo, agudo, amargo, atroz, cruel, doloroso, errático, feroz, fiero, *fuerte, inhumano, *intenso, lancinante, latente, lento, pungente, punzante, rabioso, taladrante, terebrante, violento. ➤ Atormentar, hacer DAÑO, doler, entrepunzar, escocer, ver las ESTRELLAS, estar en un GRITO, lancinar, pungir, punzar, retentar, sentirse de, traspasar. ➤ Transido. ➤ Alarido, asparse, bramar, mugir, rabiar. ➤ ¡Ascuas!, ¡ax!, ¡ay!, ¡oh! ➤ Descansar. ➤ Euforia. ➤ Anodino. ➤ Analgésico, *calmante. ➤ *Daño. *Padecer. *Tortura.

dolora (de «dolor») f. LITER. Nombre aplicado por Campoamor a ciertas composiciones suyas breves que encierran un pensamiento de filosofía de la vida. ⇒ *Poesía.

Dolores n. p. f. Nombre de mujer, tomado de «Virgen de los Dolores», advocación de la Virgen. ⇒ Lola, Mari Lola, María [de los] Dolores.

dolorido, -a 1 adj. Se aplica a la parte que duele, que duele ligeramente, o que se resiente, por ejemplo al moverse, de un dolor anterior: 'Tengo el cuerpo dolorido del porrazo de ayer'. **2** *Apenado.* **3** (ant.) m. **Pariente del difunto que preside el duelo.* ≃ Doliente.

dolorío (ant.) m. *Dolor.*

dolorioso, -a (ant.) adj. *Doloroso.*

dolorosa 1 f. *Imagen de la Virgen en actitud de dolor por la muerte de Jesucristo. **2** (hum.; «La») Cuenta o factura que hay que pagar.

dolorosamente adv. Con dolor, físico o moral.

doloroso, -a 1 adj. Causante de dolor físico o espiritual: 'Un parto doloroso. Una renuncia dolorosa'. **2** Tal que inspira *compasión.

doloso, -a adj. DER. Que implica dolo.

dolzor (ant.) m. *Dulzor.*

dom (del lat. «domĭnus») m. **Tratamiento que se da, antepuesto al apellido, a algunos frailes cartujos, salesianos y benedictinos.*

doma f. Acción de *domar o domesticar. ≃ Domadura.

domable adj. Susceptible de ser domado.

domador, -a adj. Persona que *doma. ⊙ Particularmente, persona que tiene por profesión domar fieras y exhibirse con ellas en el *circo.

domadura f. *Doma.*

domanio (del b. lat. «domanĭum», del lat. «dominĭum»; ant.) m. **Patrimonio particular de un príncipe o *soberano.*

domar (del lat. «domāre») **1** tr. Hacer que un ↘animal pierda su bravura o que obedezca al hombre: 'Domar un tigre [o un potro]'. ≃ Amansar, domesticar. **2** Quitarle la rebeldía a una ↘persona. ≃ *Someter. ⊙ Dominar o reprimir, especialmente una ↘pasión o conducta. **3** Hacer que una ↘cosa, por ejemplo unos zapatos, se adapte o adquiera flexibilidad. ⇒ *Acostumbrar.

□ CATÁLOGO

Albardear, amadrinar, amaestrar, amansar, desbravar, desembravecer, domeñar, domesticar, dominar, establear, jinetear, mampresar. ➤ Campirano, chalán, cornac, cornaca, desbravador, domador, naire, picador. ➤ Moquillo. ➤ Bramadero. ➤ Casero, doméstico, duendo, *manso, mansuefacto. ➤ Redomón. ➤ *Bravo. *Indomesticable. *Salvaje. ➤ *Someter.

dombenitense adj. y, aplicado a personas, también n. *De Don Benito, población de la provincia de Badajoz.*

dombo m. ARQ. **Cúpula.* ≃ Domo.

domeñable adj. Susceptible de ser domeñado.

domeñar (del sup. lat. «dominiāre», de «dominĭum») tr. *Domar, dominar o *someter a ↘personas o cosas.

domesticable adj. Susceptible de ser domesticado.

domesticación f. *Acción de domesticar.* ⇒ Doma.

domesticado, -a Participio adjetivo de «domesticar». ⇒ Maestro.

domésticamente adv. *Casera o familiarmente.*

domesticar (de «doméstico») **1** tr. Hacer a un ↘animal apto para convivir con el hombre: 'Domesticar pájaros'. ⊙ *Enseñar a un ↘animal a obedecer al hombre o a ejecutar ciertas habilidades: 'Domesticar un elefante. Domesticar pulgas'. ⇒ *Domar, *educar. **2** Quitar a ↘alguien la aspereza de carácter y hacerle tratable. ≃ Domar. ⇒ *Civilizar, *educar.

domesticidad (usable como partitivo) f. Aplicado a animales, cualidad de doméstico. ⊙ Situación de los que viven en compañía del hombre: 'El gorrión no puede vivir en domesticidad'.

doméstico, -a (del lat. «domestĭcus», de «domus», casa, morada) **1** adj. Del hogar o *vivienda humana: 'Vida [o servicio] doméstico. Economía doméstica'. ⇒ Cívico. **2** Se aplica al animal que se cría en la compañía de las personas, a diferencia del que se cría salvaje. **3** n. Criado o *servidor que hace los trabajos de la casa. **4** DEP. Ciclista que tiene como cometido ayudar al corredor más destacado de su equipo. ≃ Gregario.

V. «FAENAS domésticas, PRELADO doméstico».

domestiquez o **domestiqueza** (de «doméstico») f. Mansedumbre, natural o adquirida, de un animal.

domiciliación f. Acción y efecto de domiciliar los pagos o cobros en una entidad bancaria.

domiciliar 1 tr. Asignar un domicilio a ↘alguien. ⊙ («en») prnl. Establecer alguien su domicilio en cierto sitio. **2** tr. Efectuar alguien el trámite necesario para que cierto ↘gasto o cobro se realice con cargo o abono a una cuenta existente en una entidad bancaria: 'Domicilió los recibos de la luz y del teléfono. Domicilió su nómina'.

□ CONJUG. como «cambiar».

domiciliario, -a 1 adj. En el domicilio: 'Asistencia domiciliaria. Arresto domiciliario'. **2** n. **Vecino.*

V. «VISITA domiciliaria».

domicilio (del lat. «domicilĭum», de «domus», casa, morada) **1** m. Edificio o local donde alguien vive. ≃ Casa, residencia, *vivienda. ⊙ Local donde tiene oficialmente su residencia una entidad. ⇒ Asiento, casa, CASA abierta, dirección, habitación, hogar, morada, nido, paradero, residencia, sede, señas, vecindad, *vivienda. ➤ *Vecino. ➤ Alquilar, arrendar, poner [o tomar] CASA, mudarse, echar RAÍCES, *residir. ➤ Albarrán. **2** Con respecto a una persona o una entidad, población donde se la considera establecida legalmente. ⇒ *Vecino.

DOMICILIO SOCIAL. El de una empresa.

A DOMICILIO. **1** Aplicado a la *entrega de mercancías o realización de *servicios, en la casa de la persona que recibe la mercancía o el servicio: 'La correspondencia se reparte a domicilio. Es peluquera a domicilio'. **2** DEP. En el campo contrario: 'Victoria a domicilio'.

dómida (And.) f. *Tanda o *capa de las que se superponen de algunas cosas, como ladrillos o huevos.*

dominación 1 f. Dominio: 'La dominación romana. La dominación árabe'. **2** *Ejercicio gimnástico que consiste en levantar el cuerpo estando suspendido de las manos hasta quedar apoyado en ellas y con los brazos pegados al cuerpo.* **3** MIL. *Elevación del terreno desde la cual el enemigo puede batir una plaza.* ≃ Padrastro. **4** TEOL. *Nombre aplicado a los *ángeles que forman el cuarto coro.*

dominado, -a Participio adjetivo de «dominar[se]»: 'Un país dominado. Un hombre dominado por la ambición'.

dominador, -a adj. y n. Dominante.

dominante 1 adj. Se aplica a lo que domina en cualquier acepción: 'La nación dominante. El rasgo [o la influencia] dominante. La tendencia dominante de la moda en esta primavera'. ⊙ Existente habitualmente en el lugar o tiempo que se expresa: 'Los vientos dominantes en el país'. **2** adj. y n. Se aplica a la persona que tiene tendencia a imponerse despóticamente a los demás. **3** adj. ASTROL. *Se aplicaba al astro que se suponía ejerciendo influencia sobre la Tierra en el momento de que se trataba.* **4** BIOL. Se aplica a los genes o caracteres hereditarios que siempre se manifiestan en el fenotipo del que los posee. **5** adj. y n. f. MÚS. Se aplica a la quinta nota de la escala de cualquier tono.

dominar (del lat. «dominãre») **1** (con referencia a territorios puede construirse con «en») tr. Tener una persona, un estado, etc., sujetos a su *voluntad a ↘otros. Con referencia a personas, es más usual «tener dominado»: 'Roma dominaba [en] todos los países del Mediterráneo'. ⊙ Tener alguien fuerza o habilidad bastante para hacer lo que quiere con una ↘cosa: 'No domina al caballo. Por fin consiguieron dominar la barca'. ⊙ *Contener la violencia de una ↘cosa perjudicial o detenerla: 'Dominar la revolución [un incendio, una epidemia]'. ⊙ Contener un ↘sentimiento o *pasión. ⊙ prnl. Abstenerse, mediante un esfuerzo de voluntad, de hacer o decir cierta cosa o de manifestar algún sentimiento o estado de ánimo: 'Estuve a punto de decir todo lo que sabía, pero me dominé'. ≃ Aguantarse, *contenerse, reprimirse. ⊙ tr. Ser tenido por ↘alguien cierto estado de ánimo, sentimiento, pasión o vicio en tal medida que no puede sustraerse a ellos: 'Le domina la envidia [la melancolía, la pasión del juego]'. Se usa particularmente el participio. **2** *Conocer y saber utilizar perfectamente cierta ↘cosa aprendida: 'Domina tres idiomas [o el cálculo infinitesimal]'. **3** Ser una cosa más alta que ↘otras entre las que está: 'La Telefónica domina todos los edificios de Madrid'. ≃ *Sobresalir. ⊙ intr. Ser una cosa más *perceptible que otras que la rodean: 'Lo que domina en su cara es su mirada inteligente'. ≃ Resaltar, sobresalir. ⊙ Estar una cosa en un sitio en más abundancia que las otras: 'En la tela domina el color verde'. ≃ Predominar. ⊙ Ser lo más frecuente o usual en el sitio o tiempo que se expresa: 'En la región dominan los vientos del norte'. ≃ Predominar. **4** Abarcar con la vista o con la acción, desde un lugar alto, la ↘extensión o el lugar que se expresa: 'Desde aquel pico se domina todo el valle. Una batería emplazada en ese sitio dominaría todos los accesos de la ciudad'. ≃ Alcanzar, descubrir, *divisar.

□ CATÁLOGO

Achantar, *achicar, acobardar, acochinar, acogotar, acoquinar, aguantarse, aherrojar, ahogar, amansar, amedrentar, anonadar, *apabullar, apagar, aplastar, apocar, *apoderarse, asfixiar, atemorizar, atenazar, avasallar, tener [o meterse] en el BOLSILLO, cachifollar, calzarse, chafar, cohibirse, comprimirse, constreñirse, *contenerse, controlarse, *domar, llevar [manejar o traer] como un DOMINGUILLO, empequeñecer, ESTAR sobre sí, tener cogido por el ESTÓMAGO, frenarse, bajar el GALLO, hacerse con, hipnotizar, imperar, *imponerse, llevar, manejar, tener en la MANO, tener cogido por las NARICES, predominar, preponderar, meter [o tener] en un PUÑO, refrenarse, *reprimirse, retenerse, señorear[se], *sobreponerse, sofocar, sojuzgar, *someter, sopear, subyugar, sugestionar, sujetar, tiranizar, violentarse. ➤ *Encogerse, reducir[se]. ➤ Dominado, esclavo, heterónomo, poseído, preso, prisionero, sometido. ➤ Autocontrol, autodominio, autoridad, dominación, dominio, garras, imperio, mando, poder, poderío, señorío, soberanía, talasocracia, tentáculo, tiranía, yugo. ➤ Energía, fuerza, voluntad. ➤ *Déspota. ➤ No dejarse ENSILLAR, invencible, *libre. ➤ *Confundir. *Conquistar. *Derrotar. *Gobernar. *Humillar. *Intimidar. *Mandar. *Oprimir. *Someter. *Vencer.

dominativo adj. *Dominante.*

dominatriz adj. y n. f. *Forma femenina de «dominador».*

dómine (vocativo del lat. «domĭnus») **1** m. Antiguamente, *maestro de gramática latina. **2** *Persona que adopta pedantemente tono de maestro.*

V. «poner como CHUPA de dómine».

domingada f. **Fiesta dominguera.*

domingas (vulg.) f. pl. Pechos de una mujer.

domingo (del lat. «domĭnĭcus dies», día del Señor) m. Último *día de la *semana dedicado generalmente al descanso. Desde el punto de vista religioso es considerado como el primer día de la semana. ⇒ Domínica. ➤ Pascuilla, quincuagésima, septuagésima, sexagésima. ➤ Dominical. ➤ Letra dominical. ➤ Santificar. ➤ Endomingar.

DOMINGO DE ADVIENTO. Cada uno de los cuatro que preceden a la fiesta de Navidad.

D. DE CUASIMODO. El siguiente a la Pascua de Resurrección. ⇒ Pascuilla.

D. DE PASCUA [o DE RESURRECCIÓN]. El que sigue al Sábado Santo.

D. DE PIÑATA. El primero de Cuaresma.

D. DE RAMOS. El último de la Cuaresma, que da principio a la Semana Santa. ⇒ Hosanna.

V. «SANTO Domingo».

HACER DOMINGO. Guardar fiesta cierto día que no es domingo.

dominguejo 1 m. *Dominguillo.* **2** (Hispam.; n. calif.) *Se aplica a una persona *insignificante.*

dominguero, -a 1 adj. De domingo o como de domingo: 'Fiesta dominguera. Traje dominguero'. **2** adj. y n. Se aplica a la persona que acostumbra a salir y divertirse sólo los domingos o festivos, especialmente a la que sale al campo. ⊙ En particular, se aplica al conductor torpe que sólo utiliza el coche los domingos o festivos para salir de la ciudad.

dominguillo (dim. de «domingo») **1** m. Muñeco con un contrapeso puesto de tal manera que, si el muñeco se tumba, recobra inmediatamente la posición vertical. ≃ Dominguejo, *tentetieso. **2** (ant.) TAUROM. **Pelele de figura de soldado que se ponía en la plaza de toros para que el toro se cebase en él.*

LLEVAR [MANEJAR O TRAER] a alguien COMO UN DOMINGUILLO. **1** (inf.) *Dominarle o *manejarle. **2** (inf.) Hacerle ir de un lado para otro con órdenes, encargos, etc. ≃ *Zarandearle.

domínica (del lat. «domĭnĭca») **1** f. En lenguaje eclesiástico, domingo. **2** *Textos sagrados correspondientes al oficio divino de cada domingo.*

dominical (del lat. «dominicālis») **1** adj. *Del dominio o propiedad del *señor.* ⊙ *Se aplica particularmente a los derechos pagados por los feudatarios al señor del feudo.* **2** Del domingo: 'Descanso dominical. Hoja [o periódico] dominical'. ⊙ adj. y n. Se aplica al suplemento de prensa que algunos periódicos publican los domingos. **3** f. *Se aplicaba a los actos académicos que se celebraban en las *universidades antiguas el domingo.*

LETRA DOMINICAL. *Letra de las siete primeras del alfabeto que se asigna cada año al *domingo en el cómputo eclesiástico; en los años bisiestos hay dos: una hasta el 24 de febrero y otra desde esta fecha en adelante.*

dominicanismo m. Americanismo de la República Dominicana.

dominicano, -a 1 m. *Dominico.* **2** adj. y, aplicado a personas, también n. De la isla de Santo Domingo o de la República Dominicana.

dominicatura (del lat. «dominicātus», administración) f. *Cierto *derecho de vasallaje que se pagaba al *señor.*

dominico, -a 1 adj. y n. Se aplica a los individuos de la *orden religiosa de Santo Domingo y a las cosas de ella. **2** (Hispam.) adj. y n. m. *Especie de *plátano de tamaño pequeño.* **3** *(Xolmis dominicana)* m. *Pájaro de plumaje negruzco con manchas blancas, que produce unos chillidos desagradables.

dominio 1 («Ejercer, Estar bajo el; Bajo, sobre») m. Acción de dominar sobre algo. **2** DER. Facultad de alguien para *disponer libremente de lo que es suyo: 'El juez le ha privado del dominio de sus bienes'. ≃ Libre disposición. **3** (pl.) *Territorio a que se extiende el poder de un rey, un estado, etc. **4** Territorio dependiente de un estado, situado fuera de las fronteras de éste. Particularmente, cada una de las antiguas *colonias del Imperio Británico. ⇒ Condominio. **5** Conjunto de cosas comprendidas en un concepto o a que llega la influencia o la acción de algo que se expresa: 'En el dominio de las matemáticas'. En lenguaje literario se emplea también en plural: 'En los dominios de la poesía'. ≃ Ámbito, *campo, esfera, reino, terreno. ⊙ LING. Territorio donde se habla determinada lengua o dialecto. **6** Buen conocimiento de cierta cosa aprendida: 'En este trabajo exigen un perfecto dominio del francés'.

DOMINIO DIRECTO. DER. El conservado por el propietario sobre una *propiedad cuyo disfrute o dominio útil tiene cedido en censo, enfiteusis, arrendamiento, etc.

D. EMINENTE. *Derecho que tiene el *gobierno de un país a defender los derechos públicos frente a los particulares.*

D. PÚBLICO. El de los bienes del *Estado, que corresponde, en una forma o en otra, a todos los ciudadanos. ⊙ Particularmente, el de las cosas que todos disfrutan directamente; como los caminos o las aguas.

D. DE SÍ MISMO. Facultad de sujetar a la propia *voluntad las pasiones e impulsos. ⊙ Facultad de conservar la *serenidad.

D. ÚTIL. El que tiene una persona que disfruta ciertos *bienes cuyo dominio directo pertenece a otra.

SER una cosa DEL DOMINIO PÚBLICO. **1** Pertenecer al dominio público. **2** Ser *pública, o sea conocida por la gente.

V. «TRANSMISIÓN de dominio».

dominó (del fr. «domino», del lat. «domĭno», yo gano) **1** m. *Juego que se hace con veintiocho fichas rectangulares, dividida cada una en dos cuadrados en cada uno de los cuales hay un número de puntos; cada una de las fichas tiene una de las veintiocho combinaciones que se pueden hacer con dos de los números comprendidos de 0 a 6. El juego consiste en ir formando con las fichas una fila, poniendo por turno cada jugador una de las que le han sido repartidas al principio del juego, de modo que cada extremo de una ficha toque con el de otra que tenga el mismo número de puntos; el jugador que no tiene ficha adecuada para colocarla, pasa sin colocar, y gana el que antes coloca todas sus fichas o el que se queda al final con menos puntos. ⊙ Conjunto de fichas para este juego. ⇒ Dómino. ➤ Encerrona. ➤ Punto. ➤ Capicúa, doble, pito. ➤ CERRAR el juego. **2** *Disfraz constituido por una túnica larga con capucha, generalmente negra. ⇒ Capuchón.

HACER DOMINÓ. Ganar alguien una partida de dominó al ser el primero en colocar todas sus fichas.

dómino (del lat. «domĭno», yo gano; ant.) m. *Dominó.*

domo (del fr. «dôme», del gr. «dôma») **1** m. ARQ. *Cúpula. ⇒ Dombo. **2** *En cristalería, conjunto de dos láminas de *vidrio unidas como las dos vertientes de un tejado.*

dompedro (de «don[1]» y el nombre propio «Pedro») **1** m. **Dondiego de noche (planta nictaginácea).* **2** (inf.) Bacín (orinal alto).

don[1] (del lat. «domĭnus», señor; f. «doña») **1** m. Tratamiento que se antepone al nombre propio; no al apellido. ⊙ En algunos países hispanoamericanos se aplica al apellido jocosa o despectivamente. **2** (inf.) Se usa muy frecuentemente, unido a un nombre de actitud o acción en plural, para motejar a una persona que abusa de esa actitud o acción: 'Doña melindres, don dificultades'.

V. «don DIEGO, don JUAN».

MAL SE AVIENE EL DON CON EL TURULEQUE. *Frase jocosa con que se ridiculiza a una persona humilde o que lleva un nombre vulgar, que *presume de algún título o distinción.*

V. «don NADIE, don TANCREDO».

don[2] (del fr. «don» o deriv. de «donar») **1** («Conceder, Hacer») m. Donativo hecho a alguien por un ser superior; particularmente, por Dios. ≃ Dádiva, gracia, merced. ⊙ También se usa frecuentemente en los cuentos y leyendas: 'El hada le concedió tres dones'. ⇒ *Donación. **2** *Cualidad buena poseída por alguien: 'Entre sus dones no está el talento. Es una chica que no tiene ningún don'. ⊙ Irónicamente, se aplica también a las cualidades malas: 'Tiene el don de la importunidad'. ⊙ Con «para» o «de» y un verbo en infinitivo o un nombre, habilidad especial para la cosa que se expresa: 'Don para convencer. Don de mando'.

DON DE GENTES. Habilidad para tratar con otras personas, atraer su simpatía o convencerlas.

D. DE PALABRA. Facilidad para *expresarse o para *convencer.

dona[1] (del lat. «domĭna») **1** (ant.) f. *Mujer.* **2** (ant.) *Señora.* **3** (ant.) *Dueña.*

V. «MAR de donas».

dona[2] (del lat. «dona», pl. de «dōnum») **1** f. **Donación.* **2** (pl.) *Regalos de *boda hechos por el novio a la novia.*

donación 1 f. Acción de donar. ≃ Donativo. **2** Cosa dada. ≃ Donativo. ⊙ Particularmente, bienes dados por *devoción a una iglesia o monasterio.

DONACIÓN ENTRE VIVOS [O INTER VIVOS]. DER. Donación hecha legalmente para que tenga efectos en vida del donante y no a su muerte, como en el testamento.

D. ESPONSALICIA. DER. *La que se hace a favor de alguno de los que van a *casarse o de ambos.*

□ CATÁLOGO

Adehala, adiafa, *aguinaldo [o aguilando], agujeta, *alboroque, albricias, alfileres, aliadas, *añadidura, atención, atijara, ayuda, AYUDA de costa, botijuela, caída, canastilla, carisma, chorrada, colación, congiario, contenta, corrobra, cortesía, cuelga, dádiva, dado, don, dona, donas, donativo, doña, dote, espiga, estrena, excrex, expresión, feria[s], fineza, garama, gracia, *gratificación, habiz [o habús], hallazgo, haya, hoque, jamona, joya, juanillo, *legado, *limosna, manda, mantillas, marzas, maula, mejora, merced, minúsculo, ñapa, óbolo, *obra pía, obsequio, *propina, PULSERA de pedida, recuerdo, refacción, *regalo, robla, robra, sangría, saya, servicio, *soborno, subsidio, vendaje, vistas, yapa. ➤ Adjudicación, cesión, colación, concesión, dación, distribución, entrega, largición, subvención. ➤ Adonado, desdonar. ➤ *Dar. *Obsequiar. *Ofrenda.

donadío (del lat. «donatīvum») **1** (ant.) m. *Don o donación.* **2** **Finca cuya propiedad tuvo origen en una donación real.*

donado, -a (del lat. «donātus») **1** n. Persona que presta *servicios en una orden religiosa mendicante, con cierto hábito, pero sin haber profesado. ⇒ Hermanuco. **2** (Ar.) *Persona que, por cierto contrato tradicional, quedaba incorporada a una *familia.*

donador, -a adj. y n. *Donante.*

donaire (del b. lat. «donarĭum», del lat. «donāre», donar, regalar, con influencia de «aire[1]») **1** (culto) m. Cualidad del que habla o escribe con agilidad e ingenio y de los escritos o dichos que tienen estas cualidades. ≃ Garbo, gracejo, *gracia. **2** (culto) Dicho agudo o ingenioso. ≃ *Agudeza, chiste, ocurrencia. ⊙ (culto) *Broma. **3** (culto) Garbo o gallardía.

donairosamente adv. *Con donaire.*

donairoso, -a adj. *Dotado de donaire.*

donante (de «donar») adj. y n. Se aplica al que da. ⊙ Persona que da *sangre, un órgano, etc., a otras personas que lo necesitan.

donar (del lat. «donāre; en lenguaje jurídico o culto) tr. *Dar alguien voluntariamente una ˘cosa a otro o el derecho que tiene sobre ella.

donatario, -a n. Persona que *recibe una donación.

donatismo m. *Cisma de Donato (siglo IV).* ⇒ *Herejía.

donatista n. *Adepto al donatismo.*

donativo m. Donación. ⊙ Particularmente, la hecha para fines benéficos o culturales.

doncas (del lat. «dunc»; ant.) adv. *Pues.*

doncel (del cat. «donzell», del sup. lat. vulg. «domnicĕllus») **1** (ant.) m. **Adolescente hijo de padres nobles.* ⊙ MIL. *Joven que, habiendo servido en su niñez como paje de los reyes pasaba después a servir en un cuerpo especial llamado «de donceles».* **2** *Muchacho *virgen.* **3** (lit.) *Joven o *adolescente. **4** adj. *Se aplica a algunas cosas de comer o beber más *suaves al paladar que otras de la misma especie:* 'Pimiento [o vino] doncel'. **5** (Ar., Mur.) **Ajenjo (planta compuesta).*

doncella (del sup. lat. vulg. «domnicĕlla») **1** f. *Mujer *virgen. ⇒ Escosa, poncela [o poncella], pucela. ➤ Vestal. **2** (lit.) Mujer joven. **3** *Servidora doméstica dedicada a trabajos de la casa ajenos a la cocina. **4** *(Coris julius)* *Pez perciforme marino de vistoso colorido, de unos 25 cm de longitud y con la cabeza alargada, que vive en el Atlántico y el Mediterráneo. ≃ GALLITO del rey.

PRIMERA DONCELLA. Doncella dedicada a los trabajos más delicados, como coser o planchar o el servicio personal de la señora.

SEGUNDA DONCELLA. Doncella dedicada principalmente a los trabajos de limpieza.

V. «CARNE de doncella, HIERBA doncella, MANZANA verde doncella».

doncellez f. *Virginidad: estado de doncel o doncella.*

dond (del lat. «de», de, y «unde», de donde; ant.) adv. *De donde.*

donde (del lat. «de unde») adv. rel. Expresa una relación de lugar: 'La casa donde vives. La camisa estaba donde la dejaste ayer'. ≃ Adonde. ⇒ Do. ⊙ Popularmente se usa como preposición con el significado de «en casa de» o «a casa de»: 'Estoy donde la tía Julia'. ⊙ Antiguamente, se usaba «donde» por «cuando»: 'Y esta noche la podremos pasar en buena conversación hasta el venidero día donde todos acompañaremos...'.

V. «donde digo DIGO».

DONDE QUIERA. Dondequiera.

V. «donde menos se piensa salta la LIEBRE».

DONDE NO... *Expresión *hipotética, equivalente a «si no».*

V. «donde VA a parar».

□ NOTAS DE USO

«Donde» o «dónde» pueden ir precedidos de una preposición de las que expresan relación de espacio: «a, de, desde, en, hacia, hasta, por». En cuanto a la distribución de «a donde» o «adonde» el uso actual prefiere «adonde» cuando el antecedente está expreso: 'Ese es el pueblo adonde nos dirigimos'; y «a donde» cuando queda implícito: 'Vamos a donde quieras'.

En lenguaje popular se suprime la preposición «a» en la expresión del lugar «a donde»: '¿Dónde vas con mantón de Manila...? ¿Dónde va Vicente?'

«Donde» relativo puede ser sustituido por «que» con la preposición correspondiente: 'Está en el sitio en que lo dejaste'. Con otra preposición, también puede ser sustituido por «el cual»: 'La ciudad a la cual [o a que] nos dirigíamos'.

dónde (del lat. «de unde») adv. interr. Se emplea para designar un lugar por el que se pregunta o sobre el que se manifiesta ignorancia, o duda: '¿Dónde estuviste ayer? Dime dónde dejo esto. No sé dónde lo he visto'. ≃ Adónde. ⇒ Do, dond, hu, o, onde.

¡DE DÓNDE! Exclamación pronunciada a la vez en tono interrogativo, con que se *niega algo que se oye o se *protesta de ello.

V. «¿dónde ESTARÁ...?, ¿dónde va VICENTE...?».

□ NOTAS DE USO

V. «donde».

dondequiera (de «donde» y «querer») adv. En cualquier parte o en todas partes. ≃ Doquier, doquiera.

dondiego (de «don[1]» y el n. p. «Diego»; *Mirabilis jalapa)* m. *Planta nictaginácea de flores blancas, rojas, amarillas o jaspeadas, en corimbo, que se abren sólo después de ponerse el Sol. ≃ Arrebolera, dompedro, don DIEGO, don JUAN, don DIEGO [o dondiego] de noche, maravilla.

DONDIEGO DE DÍA *(Convolvulus tricolor).* *Planta convolvulácea anual de tallos rastreros, de flores azules con la garganta blanca y el fondo de ella amarillo, que se cierran al ponerse el Sol. ≃ Don DIEGO de día.

D. DE NOCHE. **1** Dondiego. **2** **Dengue (planta nictaginácea).*

donear (de «dona», dueña; ant.) tr. **Galantear.*

donfrón (de la ciudad francesa de «Domfront») m. *Nombre antiguo de una tela de *lienzo crudo.*

dóngola f. *Piel curtida de calidad superior, obtenida con adobos vegetales y minerales, junto con alumbre y aceite.

dongón (de or. malayo; Filip.; *Sterculia helicteres)* m. *Árbol malváceo de Filipinas, de madera rojiza, correosa, fuerte y resistente bajo el agua.* ⇒ *Planta.

donguindo m. V. «PERA de donguindo».

donillero (de «donillo», dim. de «don[2]») m. **Fullero que convida y agasaja a aquellos a quienes quiere inducir a jugar.*

donjuán (de «don Juan», personaje literario) m. **Dondiego de noche (planta nictaginácea).* ≃ Don Juan.

donjuanesco, -a adj. Propio de un don Juan o tenorio.

donjuanismo m. Cualidad de «don Juan». ⊙ Conjunto de cualidades en que consiste ser un «don Juan».

donosamente adv. Con donosura.

donosía (ant.) f. *Donosura.*

donosidad f. *Donosura.*

donosilla (Sal.) f. **Comadreja (mamífero carnívoro).*

donoso, -a (del sup. lat. «donōsus», de «donum», regalo, don; lit.) adj. Aplicado a las personas y a lo que dicen o hacen, *gracioso o con donaire. ⊙ Se emplea también en tono irónico: '¡Donosa ocurrencia!'

donostiarra (del vasc. «Donostia», San Sebastián) adj. y, aplicado a personas, también n. De la ciudad de San Sebastián, capital de la provincia de Guipúzcoa.

donosura (de «donoso») f. **Gracia.* ≃ Donosidad. ⇒ Donosía.

doña[1] (del lat. «domĭna») **1** f. Tratamiento equivalente a «don» aplicado a mujeres. **2** (ant.) *Dueña.* **3** (ant.) *Monja.*

doña[2] (de «dona», don) **1** (ant.) f. **Regalo; particularmente, los que se hacían con motivo de un casamiento.* **2** (ant.; pl.) *Gratificación que se daba a los obreros de las herrerías de las *minas a principio de año.* **3** (ant.) **Joya.*

doñaguil (de «doñegal»; Sal.) adj. *Se aplica a una clase de *aceituna más pequeña y redonda que las corrientes.*

doñear (de «doña[1]») intr. *Con referencia a hombres, andar mucho entre *mujeres.*

doñegal (del lat. «dominicālis», del señor) adj. V. «HIGO doñegal».

doñeguil (de «doñigal»; ant.) adj. *Señoril.*

doñigal (de «doñegal») adj. V. «HIGO doñigal».

dopado, -a Participio adjetivo de «dopar[se]».

dopaje m. DEP. Acción y efecto de dopar[se].

dopar (del ingl. «to dope», drogar) tr. DEP. Administrar fármacos o sustancias estimulantes a un deportista para aumentar su rendimiento. También reflex.

doping (ingl.) m. DEP. Dopaje.

doquier o **doquiera** (de «do» y «querer»; lit.) adv. *Dondequiera.

-dor, -a (del lat. «-tor, -ōris») Parte invariable del sufijo «-ador, -edor,- idor». Forma nombres de agente y de utensilio: 'cobrador, celadora, colador, lavadora'. También, adjetivos de agente, generalmente frecuentativos: 'cantador, hablador, reidor'.

□ NOTAS DE USO

Pueden derivarse acomodaticiamente nombres y adjetivos en «-dor» de cualquier verbo, para agentes y utensilios que no los tengan particulares: 'atenazador, gruñidor'; pero se recurre raramente a esta posibilidad, no siendo para formar nombres frecuentativos o en lenguaje informal; pues, en general, los nombres verbales se usan poco en español.

dorada **1** *(Sparus aurata)* f. *Pez de unos 80 cm de largo, de cuerpo comprimido, negro azulado por encima, plateado por los costados y blanco por el vientre. ⇒ Bajonado. **2** (Cuba) *Cierta *mosca parásita del género Lucilia.*

doradilla (dim. de «dorada») **1** f. *Dorada (pez).* ⇒ Bajonado. **2** *(Ceterach officinarum)* *Helecho aspleniáceo muy frondoso de hojas lobuladas, cubiertas de escamillas doradas por el envés, que se han usado como diuréticas y vulnerarias. **3** **Aguzanieves (pájaro).*

doradillo, -a (dim. de «dorado») **1** (Arg., Chi., C. Rica, Ur.) adj. *Se aplica a las *caballerías de color melado brillante.* **2** m. **Alambre fino de latón empleado para engarces y otras cosas.*

dorado, -a 1 Participio adjetivo de «dorar[se]»: de color de oro. **2** adj. Esplendoroso o feliz: 'Edad dorada. Siglos dorados. Juventud dorada'. ⇒ De oro. **3** (pl.) m. Conjunto de objetos dorados. ⊙ Particularmente las *manivelas de las puertas, los *grifos y otros accesorios semejantes de las casas: 'Limpiar los dorados'. **4** Operación de dorar. **5** AGRÁF. *Operación de poner el título y los adornos, sean o no de oro.* **6** *(Lichia amia)* *Pez de cuerpo comprimido, de unos 60 cm de longitud, que tiene reflejos dorados.
V. «SUEÑO dorado».

doradura f. Acción y efecto de dorar.

doral («de «dorado»; *Phylloscopus trochilus)* m. *Pájaro, variedad de mosquitero.

dorar (del lat. «deaurāre») **1** tr. *Recubrir con *oro la superficie de una ↘cosa. ⊙ Dar a una ↘cosa el aspecto del oro o el latón. ⊙ (lit.) prnl. Tomar color dorado una cosa por la luz que recibe: 'Dorarse las cumbres'. ⇒ Aparejar, embolar, estofar, maquear, resanar, sisar, sobredorar. ➤ Charolista, dorador. ➤ Aparejo, BOLA de oro, BOLO arménico, DIENTE de lobo, estuco, LIBRILLO de oro, metalla, mordente, mordiente, ORO batido, PAN de oro, plomazón, sisa. ➤ Batifulla, batihoja. ➤ Desdorar, redorar. ➤ *Galvanoplastia. *Oro. **2** tr. *Asar o *freír suficientemente las ↘cosas de comer para que tomen color dorado. ≃ Tostar. ⊙ prnl. Tomar color dorado una cosa que se asa o fríe. **3** (inf.) tr. *Desfigurar una ↘cosa que se comunica o refiere para hacerla parecer menos mala. ⇒ *Disimular.
V. «dorar la PÍLDORA».

dórico, -a (del lat. «dorĭcus», del gr. «dōrikós») **1** adj. De los dorios. ⊙ adj. y n. m. Se aplica particularmente a su dialecto, uno de los cuatro principales de la lengua griega. **2** adj. ARQ. Se aplica a uno de los órdenes de la arquitectura clásica griega caracterizado por su sencillez y majestuosidad, y a sus elementos. La *columna dórica carece de basa, tiene el fuste acanalado y el *friso presenta triglifos y metopas.

dorio, -a (del lat. «Dorĭus») adj. y, aplicado a personas, también n. De la Dóride, región de la Grecia antigua.

dormán m. **Chaqueta de *uniforme con alamares y vueltas de piel, usada por los húsares y otros cuerpos.* ≃ Dolmán.

dormida 1 f. Acción de dormir. ⊙ Específicamente, la del gusano de *seda. **2** *Sitio donde acostumbran dormir las *reses.* ≃ Dormidero. ⇒ *Aprisco. ⊙ *Sitio donde acostumbran dormir las *aves silvestres.* ⊙ (And., Am. S.) *Lugar donde se *pernocta.*

dormidera (de «dormidero») **1** f. **Adormidera (planta papaverácea).* **2** (Col., Cuba, Pan., P. Rico, Ven.). **Sensitiva (planta leguminosa).* **3** (inf.; pl.) *Facilidad para dormir:* 'Tiene buenas dormideras'.

dormidero, -a 1 adj. *Aplicable a lo que hace dormir.* **2** m. *Sitio donde duerme el ganado.* ≃ Dormida. ⇒ *Aprisco.

dormido, -a 1 Participio adjetivo de «dormir[se]». **2** Como dormido; atontado.
MEDIO DORMIDO. Adormilado.

dormidor, -a adj. Se aplica a la persona que duerme mucho habitualmente.

dormijoso, -a (ant.) adj. *Somnoliento.*

dormilón, -a 1 adj. y n. Se aplica a la persona que duerme demasiado o que se duerme a cualquier hora. **2** *(Muscisaxicola cinereus* y otras especies afines) m. *Pájaro de la costa americana del Pacífico, de color gris oscuro, con cola larga que mantiene en continuo movimiento.

dormilona 1 f. **Pendiente en forma de arete, con un brillante o una perla.* **2** (Cuba, Am. C.) **Sensitiva (planta leguminosa).* **3** (Cuba, Am. C.) **Sillón cómodo, a propósito para dormir en él la siesta.* **4** (Ven.) *Camisón: prenda femenina para dormir.*

dormimiento (ant.) m. *Acción de dormir.* ≃ Dormición.

dormir (del lat. «dormīre») **1** intr. Estar en el estado de suspensión de la actividad consciente en que se permanece durante cierto tiempo cada día, generalmente por la noche. ⊙ Permanecer en esa forma durante varios días o una temporada, como hacen ciertos animales; por ejemplo, el gusano de *seda o la marmota. ⊙ Dormir durante la noche en cierto sitio: 'Dormimos en un albergue'. ≃ *Pernoctar. **2** tr. Hacer dormir a ↘alguien: 'Dormir a un niño en los brazos'. ⊙ Dormir después de una ↘borrachera. ⇒ Dormirla. ⊙ prnl. Quedarse dormido. ⊙ tr. y prnl. Se emplea hiperbólicamente como *aburrir[se] mucho: 'Este profesor duerme a cualquiera'. **3** tr. Anestesiar a ↘alguien. **4** prnl. Quedarse un miembro por cierto tiempo sin sensibilidad, produciendo sensación de hormigueo, sin obedecer a la voluntad o con movimiento torpe. ⇒ Adormecerse, entumirse, morirse. ➤ Parestesia. ➤ *Entumecerse. **5** MAR. Pararse la aguja de la *brújula o estar torpe por debilitamiento de la imantación. **6** MAR. *Tomar un barco una posición muy escorada, con peligro de zozobrar, por efecto del viento.* **7** intr. *Girar el peón o la *trompa con mucha rapidez, sin cabecear ni trasladarse, de modo que parece que está quieto.* **8** intr. y, más frec., prnl. Abandonarse o cesar en un esfuerzo: 'No te duermas y prepara los exámenes'. **9** intr. **Tranquilizarse alguna cosa que estaba agitada o alterada.* **10** *En algunos juegos de *baraja, como el tresillo, quedar en la baceta alguna carta sin utilizar.* **11** («sobre») *Tomarse tiempo para *reflexionar sobre cierta cosa.*
A [O ENTRE] DUERME Y VELA. *En un estado de sueño ligero o sueño inquieto, que se interrumpe a menudo.* ⇒ Duermevela.
V. «CASA de dormir, dormir en DIOS».
DORMIR CON una persona. *Cohabitar con ella.
DORMIRLA (inf.). Dormir después de una borrachera.
ECHARSE A DORMIR. **1** Acostarse para dormir. **2** *Abandonar un esfuerzo antes de conseguir el resultado completo de él.
V. «dormirse sobre [o en] los LAURELES, dormir con los OJOS abiertos, dormirse en las PAJAS».

□ CATÁLOGO
Raíces cultas, «hipn-, narco-»: 'hipnología, hipnótico, hipnosis, hipnotismo, hipnotizar; narcosis, narcótico, narcotismo, narcotizar'. ➤ Adormecerse, adormentar, adormilarse, adormir[se], adormitar[se], aletargarse, amodorrarse, aquedarse, azorrarse, cabecear, dar una CABEZADA, dar CABEZADAS, descansar, dormitar, echarse, hacer NANA, hacer NOCHE en, cerrar los OJOS, planchar la OREJA, reposar, sestear, sobar, sosegar, descabezar [o echarse] un SUEÑECITO, coger [o conciliar] el SUEÑO, descabezar [o echarse] un SUEÑO, transponerse [o trasponerse], quedarse TRASPUESTO, estar hecho un TRONCO [quedarse como un TRONCO, etc.]. ➤ Acostarse, acostarse con las GALLINAS, *pernoctar, recogerse, tumbarse. ➤ Concubio, conticinio. ➤ Anear, arrollar, arrullar, mecer. ➤ Mu, nana; ro, ro...; rurrupata. ➤ Bostezar, roncar, ronquido, soñar. ➤ Ensueño, *pesadilla. ➤ Como un BENDITO, como un CEPORRO, cuajado, dormidor, dormijoso, dormilón, durmiente, frito, como un LEÑO, lirón, marmota, roque, semidormido, soñoliento, transpuesto [o traspuesto], como un TRONCO. ➤ Duermevela, entresueño, letargo, modorra. ➤ Somno-

lencia, soñarrera, soñera, soñolencia, sopor, *sueño, zorrera. ➤ Canóniga, dormida, siesta, SIESTA del carnero. ➤ Embeleñar. ➤ A PIERNA suelta. ➤ Bajo TECHADO, al raso, a la serena, al sereno. ➤ Alcoba, aposento, cuadra, cubículo, cubil, *cueva, dormida, dormidero, dormitor, dormitorio, *madriguera, pieza, recámara. ➤ *Cama, lecho. ➤ SACO de dormir. ➤ CAMISA de dormir, camisón, caracol, esquijama, pelele, pijama. ➤ Morfeo. ➤ Noctambulismo, somnambulismo, somnílocuo, sonambulismo. ➤ Carosis, coma. ➤ Desvelar, insomnio, dar la NOCHE, NOCHE en blanco, NOCHE toledana, no pegar OJO [un OJO, el OJO o los OJOS], no cerrar los OJOS, en vela, vigilia. ➤ *Despertar. ➤ *Narcótico.

□ IRREG. IND. PRES.: duermo, duermes, duerme, dormimos, dormís, duermen; PRET. INDEF.: dormí, dormiste, durmió, dormimos, dormisteis, durmieron; SUBJ. PRES.: duerma, duermas, duerma, durmamos, durmáis, duerman; PRET. IMPERF.: durmiera,-ese, durmieras,-eses, durmiera, -ese, durmiéramos,-ésemos, durmierais,-eseis, durmieran, -esen; IMPERAT.: duerme, duerma, dormid, duerman; GER.: durmiendo.

dormirlas (de «dormir») m. *Juego del *escondite.*

dormitar (del lat. «dormitāre») intr. Dormir con sueño poco profundo que se interrumpe y reanuda con facilidad.

dormitivo, -a adj. y n. m. FARM. *Se aplica a lo que sirve para hacer dormir.* ⇒ *Narcótico.

dormitor (ant.) m. *Dormitorio.*

dormitorio m. Habitación donde se duerme: 'Un piso con cuatro dormitorios'.

V. «CIUDAD dormitorio».

dorna (del mismo or. que «duerna»; Gal.) f. **Barco de *pesca usado en las rías bajas.*

dornajo (dim. de «duerna») **1** m. **Cuenco que se emplea para dar de comer a los animales, para fregar, etc.* **2** (Can.) **Pesebre para las caballerías.*

dorniel (de «duerna»; Seg.) m. **Alcaraván (ave esteparia).*

dornillo (de «duerna») m. *Dornajo.* ⊙ *Escudilla o *cazuela de madera.* ⊙ *Orinal de madera.*

dorondón (Ar.) m. **Niebla densa y fría.*

dorsal **1** adj. Del dorso: 'Aleta dorsal'. **2** adj. y n. m. ANAT. Se aplica a cada uno de los músculos que, en número par, están situados en la espalda: el «ancho», desde la columna vertebral a la región axilar, y el «largo», desde las apófisis espinosas de las vértebras a las costillas. **3** adj. y n. f. FON. *Se aplica a la articulación que se realiza con el dorso de la lengua y a las letras que se pronuncian con esta articulación (ch, ñ, k).* **4** m. Trozo de tela con un número que llevan en la espalda los participantes de una competición. ⊙ Por extensión, participante que lleva un dorsal: 'Ha ganado la carrera el dorsal número 7'. **5** f. METEOR. Cuña anticiclónica. **6** GEOL. Parte más elevada de una cordillera terrestre o submarina.

V. «ESPINA dorsal, TABES dorsal, VÉRTEBRA dorsal».

dorsalgia f. MED. **Dolor de espalda.*

dorso (del lat. «dorsum») **1** m. Parte exterior del *cuerpo de los animales opuesta al pecho y al vientre. ⇒ *Espalda, lomo, noto, tergo. **2** En un objeto delgado, por ejemplo la hoja de un libro, la mano, una moneda o las hojas de las plantas, parte opuesta a la que se considera principal o anverso: 'Las cuartillas deben ir con el dorso en blanco'. ⇒ Contrahaz, cruz, envés, espalda, FOLIO vuelto, respaldo, reverso, revés, verso, vuelta. ➤ *Atrás. *Detrás.

dorsoventral (cient.) adj. Del dorso y el vientre al mismo tiempo.

dos (del lat. «duos») **1** adj., pron. y n. m. Numero cardinal equivalente a uno más uno. En la numeración arábiga se representa por «2» y en la romana por «II». ⇒ Apénd. II, NÚMERO CARDINAL. ⊙ adj. Puede usarse como ordinal: 'El [o el día] dos. El dos de la lista. La fila dos'. **2** (ant.) m. **Ochavo (moneda de cobre).*

A DOS. *En el juego de *pelota, igualados a treinta.*

CADA DOS POR TRES. Con mucha *frecuencia: 'Se mudan de casa cada dos por tres'.

V. «comer a dos CARRILLOS, CASA con dos puertas...».

COMO DOS Y DOS SON CUATRO (inf.). Expresión que se usa para comentar que algo es *evidente y no necesita demostración.

V. «a dos DEDOS de».

EN UN DOS POR TRES. Muy rápidamente, en poquísimo tiempo: 'En un dos por tres se hizo un vestido para la fiesta'.

V. «HOMBRE prevenido vale por dos, dos LÍNEAS, entre dos LUCES, matar dos PÁJAROS de un tiro, dos PALABRAS, dos PUNTOS, dos RAYAS, en dos TRANCOS, decir a alguien cuántas son TRES y dos, a dos VELAS, en dos ZANCADAS».

□ CATÁLOGO

Otras raíces, «ambi-, bi-, di-, du-, dupl-»: 'ambidextro, ambidiestro, ambivalente; bicípite, bífido, bifurcado, bilocación, bimembre, binario, binca, bipartición, bipartido, bipartito, bisección; dicotomía, dicroísmo; dual, dualidad, dualismo, dualista; dúplice, duplicidad, duplo'. ➤ Cuca, dúos, matacán. ➤ Casal, copla, cobre, duerno, gemelos, mancuerna, par, pareado, pareja, yunta. ➤ Ambo, ambos, AMBOS a dos, dentrambos, dúos, entrambos, MANO a mano, a pares. ➤ Aparear[se], binar, doblar, duplicar. ➤ Geminado. ➤ Bis, *segundo. ➤ Impar, non. ➤ Desdoblar, entredós.

dosalbo (de «dos» y «albo») adj. *Se aplica a la *caballería que tiene blancos dos pies.*

dosañal adj. *De dos *años.* ⊙ *De dos años de duración.* ⊙ *Repetido cada dos años.*

doscientos, -as (de «docientos», del lat. «ducenti», con influencia de «dos») adj., pron. y n. m. Número cardinal equivalente a cien más cien. En la numeración arábiga se representa por «200» y en la romana por «CC». ⇒ Apénd. II, NÚMERO CARDINAL. ⊙ adj. Puede usarse como ordinal: 'El doscientos de la lista'.

dosel (del cat. «dosser» o del fr. «dossier») m. Cubierta ornamentada, en forma de techo de madera o tela adosado a la pared o sostenido por columnas, a veces completado con colgaduras, que se coloca sobre un altar, un trono o sitial, un monumento funerario, un lecho, etc. ⇒ Cortina, doselete, palio, tornalecho. ➤ Pabellón.

doselera f. *Cenefa del dosel.*

doselete (dim. de «dosel») m. Pequeño dosel que se figura sobre las estatuas, particularmente en el estilo *gótico.

doshermanense adj. y, aplicado a personas, también n. *De *Dos Hermanas, población de la provincia de Sevilla.*

dosificable adj. Susceptible de ser distribuido en dosis.

dosificación f. Acción de dosificar.

dosificador, -a adj. y n. m. Que dosifica o sirve para dosificar.

dosificar (de «dosis» e «-ificar») **1** tr. Distribuir una ˘cosa en dosis; como un medicamento. **2** También se usa en sentido figurado: 'Hay que dosificar el esfuerzo para llegar al final'.

dosillo m. *Juego de *baraja semejante al *tresillo, que se juega entre dos personas.*

dosimetría (de «dosis» y «-metría») f. *Sistema terapéutico que emplea los principios curativos de las sustancias en dosis constantes para cada uno de ellos, dispuestos en gránulos.*

dosimétrico, -a adj. *De [la] dosimetría.*

dosis (del gr. «dósis», acción de dar) **1** f. *Cantidad prescrita de un medicamento. ⇒ Porción, toma. ➤ Posología. ➤ Dosimetría. ➤ Dosificar, Prescribir; Tomar, Aumentar, forzar, reforzar. ➤ Disminuir, rebajar. **2** Cantidad determinada de una droga. **3** Se dice a veces, con sentido semejante, de otras cosas; por ejemplo, de la cantidad de una cosa que se pone en algo que se hace con una receta o fórmula. ⊙ Se aplica a cualidades o actitudes de las personas: 'Necesitas una buena dosis de paciencia'.

dossier (fr.) m. Conjunto de *documentos que se refieren a un asunto o se han producido en su tramitación. ⇒ *Expediente.

dotación 1 f. Acción de dotar. **2** Conjunto de personas que se destinan al servicio de un *barco. ≃ Tripulación. **3** Conjunto de personas al servicio de un establecimiento comercial, una oficina, etc.: 'La dotación de médicos del hospital es insuficiente'. ≃ *Personal, plantilla. **4** Cantidad de *dinero que se asigna a un servicio.

dotado, -a («de») Participio adjetivo de «dotar»: con la cualidad estimable que se expresa: 'Una persona dotada de sensibilidad. Un cuerpo dotado de gran resistencia a los ácidos'. ⊙ (gralm. con «bien» o «muy»; inf.) Se aplica también referido a los atributos sexuales.

BIEN DOTADO. **1** V. «bien [o mal] DOTADO». **2** (inf.) Se aplica a la persona de atributos sexuales muy desarrollados.

BIEN [O MAL] DOTADO. Aplicado a personas, con buenas condiciones para la vida o, por el contrario, carente de ellas. ⇒ *Afortunado, *desgraciado.

dotal adj. *Se aplica a lo referente a la dote.*

dotante adj. y n. *Se aplica a la persona que otorga una dote.*

dotar 1 («con»; tratándose de dinero, también., aunque no frec., «en») tr. Darle a una ↘mujer, por ejemplo sus padres, ciertos bienes como dote. **2** («con, de») Poner en ↘alguien o algo ciertas buenas cualidades: 'La naturaleza ha dotado a la rosa con todas las perfecciones. Dios le ha dotado de talento'. ≃ *Proveer. ⊙ Poner en una ↘cosa algo que la completa o mejora: 'Han dotado el laboratorio con [o de] todos los adelantos modernos'. ⇒ *Equipar, *proveer. **3** Asignar a un ↘establecimiento, organismo, etc., una dotación de dinero o de personal: 'Dotar cierto servicio en los presupuestos del Estado'.

dote (del lat. «dos, dotis») **1** («Aportar, Llevar, Tener») amb., más frec. f. *Bienes o dinero que aporta la mujer al *matrimonio, o de que dispone para hacerlo. ⇒ Acidaque, arras, axovar, casamiento, excrex, lote. ➤ INTERUSURIO dotal. ⊙ («Aportar, Llevar, Tener») Cantidad que entrega al convento un monje o monja al *profesar. **2** («Poseer, Tener, Cultivar») f. pl. Condiciones favorables para la vida con que una persona está dotada; generalmente, se adjunta un adjetivo como «excelentes, magníficas» o «extraordinarias»: 'Es un muchacho de excelentes dotes'. **3** *Aptitud excepcional para la cosa que se expresa: 'Tiene dotes de mando'. **4** m. *En el juego de *baraja, número de tantos que se reparten a cada jugador al empezar, por ejemplo en forma de fichas, para saber después lo que pierde o gana.*

DOTES NATURALES. Dotes.

doublé (fr.) adj. y n. m. Sobredorado.

do ut des Expresión latina que se usa para indicar que alguien actúa de cierta manera por interés, con la esperanza de recibir algún favor a cambio.

dovela (del fr. dial. «douvelle») **1** f. ARQ. Piedra de forma de cuña de las que forman un *arco o *bóveda. ⇒ Bolsor, contraclave. ➤ Cartón. ➤ Saltacaballo. ⊙ ARQ. Pieza de forma semejante con que se forma cualquier construcción de forma redondeada; como el borde del suelo del alfarje de los molinos de *aceituna. **2** CANT. Superficie correspondiente al intradós o al extradós, de las piedras de un arco o bóveda.

dovelaje m. ARQ. Conjunto de dovelas.

dovelar tr. CANT. *Labrar una ↘piedra dándole forma de dovela.*

-doxia Elemento sufijo del gr. «dóxa», opinión, doctrina, para formar nombres abstractos: 'heterodoxia, ortodoxia'. ⇒ Paradoja.

-doxo, -a Elemento sufijo del gr. «dóxa», opinión, doctrina, para formar adjetivos y nombres: 'heterodoxo'.

doy (de «de hoy»; ant.) adv. *De [o desde] hoy.*

dozavado, -a adj. *Con doce partes, lados o caras.*

dozavo, -a 1 adj. y n. m. Doceavo. **2** AGRÁF. *Tamaño de *papel o *libros que resulta de hacer doce partes de un pliego.

draba (del lat. «drabe», del gr. «drábē»; *Cardaria draba)* f. *Planta crucífera de pequeñas flores blancas en corimbos, que se cría en los sitios húmedos y se ha empleado contra el escorbuto.

dracema f. *Dragón fabuloso, hembra.*

dracma (del lat. «drachma», del gr. «drachmḗ») **1** m. *Moneda de plata *griega y *romana que valía cuatro sestercios. ⇒ Didracma, tetradracma. **2** Unidad monetaria de la Grecia moderna. **3** FARM. **Peso equivalente a la octava parte de una onza, o sea, 3,594 gr.* ⇒ Coclear.

draconiano, -a (del nombre del legislador ateniense «Dracón») adj. Aplicado a leyes o medidas de gobierno o autoridad, *cruel o muy *severo.

draga (del fr. «drague», del ingl. «drag») f. MAR. Cualquier aparato empleado para excavar bajo el agua o limpiar el *fondo de los puertos, canales, etc. ⇒ Arcaduz, cangilón. ➤ Gánguil. ⊙ *Barco en que va instalado un aparato de esa clase.

dragado (de «dragar») m. Cualquier forma de excavación o limpieza bajo el agua.

dragador m. *Barco para dragar.

dragaminas m. *Barco destinado a limpiar de minas el mar.

dragante[1] m. MAR. *Madero colocado en las embarcaciones menores al pie del trinquete para servir de apoyo al *bauprés.*

dragante[2] m. HERÁLD. *Figura de dragón con la boca abierta, tragando alguna cosa.* ≃ Dragonete.

dragar tr. Excavar o limpiar ↘algo con draga. ⇒ Acantilar.

dragea (del fr. «dragée»; ant.) f. *Gragea.*

drago (del lat. «draco») **1** (ant.) m. *Dragón.* **2** *(Dracaena draco)* Árbol agaváceo de tronco grueso cilíndrico, con rugosidades formadas por las cicatrices de las hojas perdidas; de él se obtiene por incisión una resina llamada «sangre de drago», que se usa en medicina. ⇒ *Planta.

dragomán (del ár. «turŷumān») m. **Intérprete de lenguas.*

dragón (del lat. «draco, -ōnis», del gr. «drákōn») **1** m. *Animal fabuloso con cuerpo de reptil, pies y alas. Aparece en las fábulas como dotado de gran poder y ferocidad. Su figura se emplea como motivo decorativo. ⇒ Cuélebre. ➤ Dragonites. **2** *(Draco volans)* Reptil de la familia de los *lagartos, de unos 20 cm de largo, con unas expansiones de la piel a ambos lados del abdomen que le sirven un poco como alas para sostenerse en sus saltos. **3** *(Trachinus draco)* Pez de cabeza comprimida y aletas muy espinosas. ≃ DRAGÓN marino. **4** *(Antirrhinum majus)* *Planta escrofulariácea de jardín con flores tubulares en espiga, con el extremo semejante al hocico cerrado de un animal. ≃ Becerra, BOCA de dragón, dragoncillo, chupamiel. **5** VET. *Mancha blanca opaca que se forma a veces en la niña de los *ojos de los *caballos y otros cuadrúpedos.* **6** (Mur.) **Cometa (juguete) grande.* **7** MIL. *Soldado de cierto cuerpo que se trasladaba a caballo pero combatía indistintamente a caballo o a pie. ⊙ (pl.) MIL. Ese cuerpo. **8** *Boca por donde se alimentan los *hornos de reverbero.* **9** Embarcación deportiva de vela de 9 m de longitud como máximo.

DRAGÓN MARINO. Dragón (pez).

V. «BOCA de dragón, CABEZA de dragón, COLA del dragón».

dragona (de «dragón») **1** f. MIL. *Especie de *charretera.* **2** (Chi., Cuba, Méj.) *Fiador de la *espada (cordón o correa con que se sujeta a la mano).* **3** (Méj.) **Capa de hombre con esclavina y capucha.* **4** *Dragón hembra.*

dragonario m. **Soldado romano que llevaba una bandera con un dragón, como insignia.*

dragoncillo (dim. de «dragón») **1** m. **Dragón (planta escrofulariácea).* **2** **Estragón (planta compuesta).* **3** *Cierta *arma de fuego antigua.*

dragonear (de «dragón») **1** (Hispam.) intr. *Hacer de cierta cosa sin tener título para ello:* 'Dragonea de médico'. ⇒ *Intruso. **2** (Hispam.) *Jactarse de cierta cosa.* ≃ Echárselas de.

dragonete m. HERÁLD. *Dragante.*

dragonites (del lat. «draconītes») f. **Piedra fabulosa que se suponía existir en la cabeza de los dragones.*

dragontea (del lat. «dracontēa»; *Dracunculus vulgaris*) f. *Planta arácea de rizoma grueso, feculento, con un *escapo alto, listado de negro y verde, semejante a una piel de culebra y una espata verde por fuera y purpúrea oscura por dentro. Se cultiva como planta de adorno por sus hojas. ≃ Culebrilla, serpentaria, taragontía, zumillo.

drag queen (ingl.; pronunc. [drág cuín]; pl. «drag queens») f. Hombre homosexual travestido que viste de forma llamativa y sofisticada. ≃ Reinona.

dralón (del al. «Dralon», nombre comercial) m. Cierta fibra textil acrílica.

drama (del lat. «drama», del gr. «drâma») **1** m. En sentido amplio, obra *teatral, o sea, escrita para ser representada. ⊙ En sentido restringido, obra teatral de asunto serio o triste. ⇒ Dramática, dramaturgia, tragedia. ➤ Agnición, anagnórisis, catástasis, catástrofe, *desenlace, epílogo, epítasis, exposición, nudo, prótasis. ➤ Dramático, melodramático, tragicómico. ➤ Protático. **2** Género literario que comprende las obras escritas para ser representadas: 'El drama en el siglo XIX'. ≃ *Teatro, género dramático. **3** *Suceso o situación de la vida real en que ocurren *desgracias o en que hay seres desgraciados: 'El drama de un hombre que se queda inútil'.

HACER UN DRAMA [DE algo] (inf.). Exagerar la importancia o la gravedad de un asunto.

dramática f. Arte de escribir obras teatrales. ⊙ Género dramático. ≃ Dramaturgia.

dramáticamente adv. De manera dramática.

dramático, -a **1** adj. De [o del] drama: 'Género [autor, lenguaje] dramático. Situación dramática'. **2** De intensa *emoción y ansiedad: 'Vivimos entonces unos momentos dramáticos. El alcalde ha dirigido un llamamiento dramático a la población'. ≃ Patético. **3** Capaz de *interesar y *conmover vivamente: 'La situación en los campos de refugiados es dramática'. **4** m. *Se aplica al que escribe dramas.* **5** *Actor dramático.*

dramatismo m. Cualidad de dramático

dramatizable adj. Que puede dramatizarse.

dramatización f. Acción y efecto de dramatizar.

dramatizar (del gr. «dramatízō») **1** tr. Dar forma dramática a una ↘cosa. **2** tr. o abs. Exagerar con tintes dramáticos la gravedad o la importancia de ↘algo.

dramaturgia (del gr. «dramatourgía») f. Dramática.

dramaturgo (del gr. «dramatourgós») m. Escritor de dramas.

dramón (desp.) m. Drama en que se exageran los efectos dramáticos.

drapeado, -a Participio adjetivo de «drapear». ⊙ m. Acción y efecto de drapear.

drapear (del fr. «draper») tr. Hacer pliegues armoniosos en un ↘tejido.

drapero (del lat. «drappus», paño; ant.) m. *Vendedor de *paños.*

draque (Hispam.) m. *Bebida hecha con agua, aguardiente y nuez moscada.*

drástico, -a (del gr. «drastikós», activo) **1** adj. y n. m. MED. Se aplica a la *purga muy enérgica. **2** (¿por influencia del ingl.?) Enérgico o *radical: 'El gobierno dictó medidas drásticas para atajar la corrupción'.

dravidiano, -a adj. Dravídico.

dravídico, -a (de «Dravida», provincia de la India) **1** adj. y, aplicado a personas, también n. Se aplica a los miembros de un pueblo de la India de piel oscura y raza no aria, y a sus cosas. **2** adj. Se aplica a una familia de lenguas de origen anterior a la invasión aria que se hablan principalmente en el sudeste de la India y norte de Sri Lanka.

dren (del ingl. «drain») m. CIR. *Instrumento para hacer un drenaje.*

drenaje (del fr. «drainage», del ingl. «drainage») **1** m. Procedimiento o instalación de cualquier clase para *desecar un terreno. ≃ Avenamiento. **2** CIR. Acción de drenar, por ejemplo una herida o absceso. ⊙ CIR. Medio con que se facilita el drenaje.

drenar (del fr. «drainer», del ingl. «to drain») **1** tr. *Desecar un ↘terreno con instalaciones adecuadas. ≃ Avenar. **2** CIR. Dar salida a líquidos, por ejemplo de una herida o absceso.

drezar (ant.) tr. *Aderezar.*

dría (del lat. «dryas») f. MIT. *Dríada o dríade.*

dríada o **dríade** (del lat. «dryas, -ădis», del gr. «dryás») f. MIT. Ninfa de los *bosques. ≃ Hamadría, hamadríada, hamadríade.

driblar (del ingl. «to dribble») tr. o abs. DEP. En fútbol y otros deportes, correr un jugador con la pelota regateando al ↘contrario.

dril (del ingl. «drill») m. *Tela fuerte, antes de hilo y ahora de algodón, en que la urdimbre es mucho más espesa que la trama, con ligamento de tafetán o sarga, formando cordoncillo diagonal apenas perceptible. Se fabrica en distintos colores, pero el más corriente es el que imita el del lino crudo, a veces con listas finas de color. Se emplea especialmente para trajes de verano de hombre y para fundas.

drimirríceo, -a adj. y n. f. BOT. *Zingiberáceo.*

drino (del gr. «dryínas») m. Culebra muy delgada, de color verde brillante, de 1 m aproximadamente de longitud, que vive en los árboles de los grandes bosques.

drive (ingl.; pronunc. [draib]) m. DEP. En tenis, golpe que se ejecuta por el mismo lado en que se tiene la raqueta, llevándola ligeramente de abajo arriba.

driza (del it. «drizza», de «drizzare», drizar) f. MAR. *Cuerda o *cabo que sirve para arriar o levantar velas, banderas, etc.* ≃ Triza.

drizar (del it. «drizzare»; ant.) tr. MAR. *Arriar o izar las vergas.* ⇒ Adrizar. ➤ *Palo.

droga (del sup. ár. and. «ḥaṭrúka») **1** f. En sentido amplio, cualquier *sustancia que se prepara y vende para cualquier finalidad: para usos industriales, para pintar, para limpiar, etc. ⊙ Particularmente, cualquier sustancia natural o sintética que se emplea en *medicina; especialmente, las de acción enérgica y las que se emplean para aliviar el dolor. **2** Estupefaciente. ⇒ *Narcótico. **3** (inf.; n. calif.) Cualquier cosa que crea hábito y de la que resulta difícil prescindir. **4** (ant., inf.; n. calif.) **Embuste.* **5** (inf.; n. calif.) **Ardid con que se causa perjuicio.* **6** («Ser, Ser una, Ser mucha») *Persona o cosa que *fastidia o *molesta.* ≃ Lata. **7** (Méj., Perú) **Deuda o trampa.*

DROGA BLANDA. Estupefaciente que no es adictivo o lo es en bajo grado; como el hachís o la marihuana.

D. DURA. Estupefaciente muy adictivo que puede causar trastornos graves; como la cocaína o la heroína.

drogadicción (del ingl. «drug addiction») f. Dependencia fisiológica y psíquica creada por el consumo de estupefacientes. ≃ Toxicomanía.

drogadicto, -a (del ingl. «drug addict») adj. y, más frec., n. Se aplica a la persona adicta a algún estupefaciente. ≃ Drogodependiente, toxicómano. ⇒ Drogata, drogota.

drogado, -a 1 Participio adjetivo de «drogar[se]. ⊙ (inf.) n. Drogadicto. **2** m. *Acción de drogar[se].*

drogar tr. Administrar drogas (*alcaloides o *estupefacientes). También reflex.

drogata (inf.) n. Drogadicto.

drogmán (del ár. «turŷumān») m. *Dragomán.*

drogodependencia f. Hábito y dependencia de la persona adicta a una droga.

drogodependiente adj. y, más frec., n. Drogadicto.

drogota (inf.) n. Drogadicto.

droguería f. Comercio de cualquier sustancia empleada para usos industriales, para pintar, para limpiar, etc. ⊙ *Tienda en que se venden. ⇒ Pulpería.

droguero, -a 1 n. Vendedor de productos de droguería. ⇒ Alatar. **2** (Chi., Méj., Perú) *Tramposo (persona que debe y no paga).*

droguete (del fr. «droguet») m. *Cierta *tela, generalmente de lana, con listas de diversos colores y flores entre las listas.*

droguista 1 n. *Droguero: vendedor de productos de droguería.* **2** *Tramposo.*

dromedario (del lat. «dromedarĭus», del gr. «dromás», el que corre; *Camelus dromedarius)* m. *Rumiante de Arabia y el norte de África, muy parecido al camello, pero con una sola giba. ⇒ Mehari.

-dromo Elemento sufijo del gr. «drómos», carrera: 'velódromo, canódromo, hipódromo'.

dropacismo (del lat. «dropacismus», del gr. «drōpakismós») m. *Cierto ungüento *depilatorio.*

drope m. *Hombre despreciable.*

drosera (del gr. «droserós», húmedo de rocío) f. Nombre aplicado a varias especies de *plantas, constitutivas de un género, las cuales tienen hojas circulares con numerosos pelos terminados en cabezuelas glandulosas, que se doblan sobre cualquier animalillo que se posa sobre la hoja y lo aprisionan; después, el animal es digerido por el líquido viscoso de las glándulas, que contiene un fermento parecido a la pepsina.

droseráceo, -a (de «drosera») adj. y n. f. BOT. *Se aplica a las *plantas de la familia de la dionea, que son herbáceas, con pelos glandulosos y suelen vivir en las turberas; muchas de ellas son carnívoras y se encuentran en todas las partes del mundo.* ⊙ f. pl. BOT. *Familia que forman.*

drosómetro (del gr. «drósos», rocío, y «-metro») m. FÍS. *Aparato para medir la cantidad de *rocío que se deposita.*

drugstore (ingl.; pronunc. [drástor]) m. Establecimiento comercial, provisto de bar o cafetería, en que se venden artículos variados. Suele tener un horario más amplio del habitual.

druida (del lat. «druĭda», del célt. «derv», roble) m. *Sacerdote de los antiguos celtas.

druidesa f. *Mujer que era tenida por *adivina entre los celtas e intervenía en los asuntos políticos y religiosos.*

druídico, -a adj. De la religión de los druidas.

druidismo m. *Religión de los druidas.

drupa (del lat. «druppa», del gr. «drýppa») m. BOT. *Fruto de mesocarpio carnoso y endocarpio leñoso, con una sola semilla; como el melocotón o la ciruela.

drupáceo, -a adj. BOT. De drupa o en forma de drupa.

drupeola f. BOT. *Drupa pequeña de un fruto en que cada uno de los carpelos se convierte en una pequeña drupa, como en la zarzamora.*

drusa (del fr. «druse», del al. «druse») f. MINERAL. Conjunto de *cristales que cubren la superficie de una piedra.

druso[1] m. BOT. **Concreción de cristales de oxalato cálcico que se forma a veces en las células vegetales, alrededor de un núcleo de materia orgánica.*

druso[2], **-a** (del ár. «durūz», de «Muḥammad b. Ismā'īl Addarazī», nombre de uno de sus fundadores, a través del fr. o del it.) adj. y n. Se aplica a los habitantes de una región del Líbano, que profesan una religión derivada de la *musulmana, y a sus cosas. ⇒ *Pueblo.

dúa (del port. «adua», del ár. and. «dúla», cl. «dawlah», turno) **1** (ant.) f. **Prestación personal que se hacía en las obras de fortificación.* **2** (ant.) MINER. *Cuadrilla de operarios que se emplea en ciertos trabajos de las *minas.* **3** (Sal.) *Dula (porción de tierra de las que se *riegan por turno).*

dual (del lat. «duālis»; pronunc. [du-ál]) adj. y n. m. Se aplica a las cosas que constan de *dos, que tienen dos aspectos, que se refieren a dos, etc. ⊙ GRAM. Se aplica al *número que tienen algunas lenguas para las palabras que se aplican a dos cosas. ⊙ MINERAL. *Y a los cuerpos que cristalizan en dos formas.*

dualidad f. Cualidad de dual. ⊙ Circunstancia de existir dos cosas de la misma clase. ⊙ MINERAL. *Propiedad de algunos cuerpos de cristalizar, según las circunstancias, en una u otra de dos formas geométricas.*

dualismo 1 m. Dualidad. **2** Nombre aplicado a las doctrinas religiosas o filosóficas que explican el universo por la acción combinada de dos principios irreductibles. ⇒ Monismo, pluralismo.

dualista adj. De [o del] dualismo. ⊙ adj. y n. Partidario del dualismo.

dualístico, -a adj. De [o del] dualismo.

duán (ant.) m. *Diván (*consejo o *tribunal turco).*

duba (del fr. «douve», zanja) f. **Tapia de tierra.* ⇒ Adobe.

dubiedad (del lat. «dubiĕtas, -ātis»; ant.) f. *Duda.*

dubio (del lat. «dubĭum», duda) m. *En los tribunales eclesiásticos, materia *discutible.*

dubitable (del lat. «dubitabĭlis») adj. *Dudoso.*

dubitación (del lat. «dubitatĭo, -ōnis») **1** f. **Duda.* **2** **Figura retórica que consiste en manifestar el que habla duda o vacilación sobre lo que va a hacer.*

dubitativo, -a (del lat. «dubitatīvus») adj. Expresivo de duda. ⊙ Tiene valor dubitativo la conjunción «si» en frases como 'no sé si se acordará'. ⇒ *Dudar.

dublé m. Forma castellanizada de la palabra francesa «doublé», sobredorado.

dublinés, -a adj. y, aplicado a personas, también n. De Dublín.

duc (ant.) m. *Duque.*

ducado 1 m. Título o categoría de duque, la superior entre las nobiliarias. ⊙ *Territorio sobre el que antiguamente tenía jurisdicción. ⊙ Propiedades adscritas a un título de duque. **2** (ant.) **Mando de gente de guerra.* **3** *Moneda de oro que se usó en España hasta el siglo XVI. ⊙ Después, moneda imaginaria. **4** Moneda de oro de Austria-Hungría.

ducal adj. De [o del] duque: 'Corona ducal'.
V. «CORONA ducal, MANTO ducal».

duce (it.; pronunc. [dúche]) m. Nombre equivalente a «caudillo», con que se designaba al jefe del Estado italiano durante la época *fascista.

ducentésimo, -a (del lat. «ducentesĭmus») adj. Numeral ordinal y partitivo correspondiente a «doscientos».

ducha[1] (del lat. «ducta», conducida) **1** (Man.) f. *Banda de tierra que *siega cada segador.* **2** **Barra (defecto de las *telas).*

ducha[2] (del fr. «douche», del it. «doccia», cañería de agua; «Dar») f. Chorro de agua que se dirige a una parte del cuerpo con propósito curativo. ⊙ («Dar[se], Tomar») *Agua dispersada mediante un dispositivo especial en chorros muy finos, que se deja caer o se dirige sobre el cuerpo. ⊙ Dispositivo que sirve para ello. ⇒ Lluvia, regadera. ➤ Alcachofa.

DUCHA DE AGUA FRÍA (inf.). Noticia, presagio, etc., que apaga el entusiasmo, la alegría, la ilusión, etc., de alguien. ⇒ *Desengaño.

duchar tr. Dar una ducha a ↘alguien. Más frec. reflex.: 'Se duchó con agua fría'. ⊙ Se usa humorísticamente con el significado de *mojar a ↘alguien inoportunamente.

duchi (Cuba) m. *Cierto *asiento tosco de madera.*

ducho, -a (del lat. «ductus», conducido) adj. *Hábil o *experimentado en cierta cosa: 'Es ducho en tretas'.

dúcil (del occit. «dozilh»; Ast.) m. **Espita.*

duco m. Laca de nitrocelulosa, cuya disolución se emplea para *pintar con pistolete: 'Pintura al duco'.

dúctil (del lat. «ductĭlis») **1** adj. Aplicado a personas, fácil de educar, de conducir o de convencer. ≃ *Dócil. **2** Aplicado a cosas, fácil de doblar o cambiar de forma. ⇒ *Flexible, *plástico. **3** Se aplica a los metales que pueden ser transformados en *alambre.

ductilidad f. Cualidad de dúctil. ⊙ Propiedad de los *metales que permite deformarlos en frío.

ductivo, -a (del lat. «ductus», conducido; ant.) adj. *Conducente.*

-ducto Elemento prefijo del lat. «ductus», conducción: 'gasoducto'.

ductor (del lat. «ductor, -ōris») **1** m. **Caudillo o *guía.* **2** CIR. *Cierto instrumento con que se ayuda a entrar al exploratorio.*

ductriz (ant.) f. *Forma femenina de «ductor».*

duda 1 («Abrigar, Estar en, Tener, Asaltar, Ocurrir, Entrar, Ahuyentar, Desvanecer, Disipar, Quitar, Responder, Satisfacer; acerca de, de, sobre») f. Acción de dudar: 'La cosa no admite duda'. ⊙ Estado del que duda: 'Estoy en duda de si he cerrado el cajón'. ⇒ *Dudar. ⊙ Pensamiento del que duda: 'Voy a disipar tus dudas'. **2** Falta de convicción o firmeza en la fe religiosa.

DUDA FILOSÓFICA. Suspensión de un juicio hasta tener los antecedentes necesarios para formularlo con seguridad. ⇒ *Duda, *mente.

LA DUDA OFENDE. Frase jocosa con que se comenta o contesta una pregunta u observación que implica duda sobre las intenciones, eficiencia, probidad, etc., de alguien.
V. «no haber [dejar o quedar] LUGAR a duda».

NO CABER [O HABER] DUDA. Expresión de sentido claro.

PONER EN DUDA. Dudar sobre la cosa que se expresa.

SACAR DE DUDAS. Aclarar o solucionar una cuestión o problema.

SIN DUDA [ALGUNA]. Indudablemente: 'Ella es, sin duda, la más culpable'. Se emplea como respuesta de asentimiento: 'Creo que podré ayudarte —¡Sin duda!'

SIN NINGUNA DUDA. Sin duda.
V. «sin SOMBRA de duda».

□ FORMAS DE EXPRESIÓN

Fundamentalmente, la duda se expresa con la conjunción «si» en su uso dubitativo. Hay, además, multitud de expresiones para mostrarla. Se expresa también duda con frases interrogativas con el verbo en futuro: '¿Lo habrá dicho por mí? ¿Estará enterado?'.

dudable (más frec. «indudable») adj. *Dudoso.*

dudamiento (ant.) m. *Duda.*

dudanza 1 (ant.) f. *Duda.* **2** (ant.) *Temor.*

dudar (del lat. «dubitāre) **1** («si, sobre, entre... y, acerca de, que») tr. e intr. No estar seguro de cierta ↘cosa o *decidido por una cosa: 'Dudo si llegará a tiempo. Duda si comprarse ese abrigo. Dudo entre pasar por París e ir directamente. Dudo si me dijo que había escrito o que iba a escribir. Los autores dudan acerca del lugar de su nacimiento'. ⊙ tr. Seguido de una oración con «que», inclinarse a no creer ↘lo que esa oración expresa: 'Dudo que sea tan rico. Dudo que pueda venir a esa hora'. **2** («de») intr. *Sospechar que no es verdad lo que dice alguien: 'Si dudáis de lo que digo, me callo y no sigo adelante'. **3** («de») *Desconfiar de la honradez de alguien. ⊙ («de») *Sospechar que alguien es culpable de cierto delito o falta. Se emplea particularmente en relación con alguna sustracción o robo ocurridos: 'Empiezan a dudar del cajero'. **4** (ant.) tr. **Temer.*

□ CATÁLOGO

Poner en CUARENTENA, escrupulizar, fluctuar, hesitar, oscilar, no saber si, poner en TELA de juicio, titubear, *vacilar. ➤ Estar la PELOTA en el tejado, estar por VER. ➤ Dubda, dubiedad, dubio, dubitación, duda, DUDA filosófica, dudamiento, dudanza, escrúpulo, hesitación, incertidumbre, incredulidad, indecisión, indeterminación, *inseguridad, irresolución, perplejidad, reparo, vacilación. ➤ Colgado, contencioso, contestable, cuestionable, discutible, disputable, dubitable, dudable, dudoso, hipotético, incierto, indeciso, indemostrable, *inseguro, litigioso, pendiente, problemático. ➤ Chi lo sa, ¿tú CREES [usted cree, etc]?, DIOS dirá, sabe DIOS [o Dios sabe], es FÁCIL, ¡hombre...!, ¡hummm...!, ya veremos en qué paran estas MISAS, ¡mmm...!, ¡pche...!, ¡puede!, es POSIBLE, posiblemente, me pregunto si..., ¡psss...!, quizá [o quizás], no sé, no SÉ qué te diga, ¡quién SABE!, será lo que tase un SASTRE, ...o como sea, el TIEMPO dirá, veremos, allá VEREMOS, ya veremos, tal VEZ. ➤ Acaso, si acaso, el CASO es que, en todo CASO, la COSA es que. ➤ Escepticismo. ➤ *Categórico. *Cierto. *Creer. *Seguro. ➤ *Desconfiar. *Sospechar. *Tibio. *Vacilar.

dudosamente adv. Se aplica a un adjetivo en expresiones eufemísticas que, en realidad, equivalen al adjetivo de significado opuesto: 'Su intervención fue dudosamente oportuna' (fue francamente inoportuna).

dudoso, -a (de «duda») **1** adj. Aplicado a cosas, no seguro. ≃ Incierto, inseguro. **2** («Estar») Aplicado a personas, vacilante. **3** Aplicado a personas y, correspondientemente, a su conducta, de moral u honradez no claras: 'Una mujer dudosa. Un hombre de moral dudosa'. ⇒ *Sospechoso.

V. «DEJAR [o no dejar] lo cierto por lo dudoso».

duecho (del lat. «dŏctus»; ant.) adj. *Ducho.*

duela (del fr. dial. «douvelle», dim. de «doue») **1** f. Tabla de las que constituyen la parte abombada de un *tonel. ≃ Doga. **2** (Méj.) *Cada uno de los listones de un piso o entarimado.* **3** *(Fasciola hepatica)* *Gusano trematodo, de forma ovalada, con ventosas, que vive parásito en los conductos biliares de diversos mamíferos, especialmente herbívoros. ≃ Pirgüín [o pirhuín], saguaipé.

duelaje (de «duela») m. **Vino absorbido por la madera del tonel.* ≃ Dolaje.

duelista adj. y n. m. *Hombre propenso a desafiar y a tener duelos.* ⊙ *Hombre entendido en duelos.*

duella f. CONSTR. *Rebaje hecho en el muro con ladrillos especiales, para la implantación de los marcos de *puertas y *ventanas.*

duelo[1] (del b. lat. «duellum», guerra) **1** m. Combate entre dos que se han desafiado. ≃ *Desafío. **2** Enfrentamiento entre dos rivales: 'Los dos escritores mantuvieron un apasionado duelo verbal'. **3** (ant.) *Pundonor o empeño de honor.*

DUELO A MUERTE. Expresión de sentido claro.

duelo[2] (del lat. «dŏlus») **1** (poco usado, salvo en las frases y modismos que se verán más adelante) m. *Pena o aflicción. **2** Pesar por la muerte reciente de alguien. ⊙ Muestras de ese pesar: 'Por el duelo que hace, debía de querer mucho a su tía'. ⊙ Muestras convencionales de ese pesar, consistentes en llevar vestidos negros, abstenerse de diversiones, etc. ≃ *Luto. ⊙ Reunión de personas en la casa de alguien que acaba de morir, en el entierro o en los funerales: 'En la presidencia del duelo iban con el hijo del muerto'. ⇒ *Entierro.

DUELOS Y QUEBRANTOS. *Fritada que se hacía con huevos y alguna parte de animal, como torreznos o sesos; antiguamente se solía comer los sábados, por ser comida de semiabstinencia.

HACER DUELO (Ar.). *Dar *lástima.*

LOS DUELOS CON PAN SON MENOS. Refrán que se usa para comentar que la penas son menos dolorosas cuando se tiene una buena situación económica. ⇒ *Alivio, *consuelo.

SIN DUELO. Sin tasa o *miramiento: 'Gastar [o pegar] sin duelo'.

TENER DUELO A ALGUIEN (Ar.). **Compadecerle.*

duena (ant.) f. *Dueña.*

duenario m. *Ejercicio *devoto que se practica dos días seguidos.*

duende (de «duen de casa», dueño de la casa) **1** m. Espíritu que la gente cree que habita en algún lugar, por ejemplo en una casa abandonada, causando trastornos y ruidos y *asustando a las personas. ≃ *Fantasma. ⇒ Martinico. **2** *Ser fantástico de los cuentos al que se atribuye unas veces forma de un hombrecillo viejo y otras de un *niño, el cual, con sus travesuras, unas veces ayuda a los hombres y otras les hace jugarretas. ⇒ *Enano, *geniecillo, gnomo, trasgo. ➤ Aduendado. **3** (n. calif.) *Persona, especialmente niño, que hace *travesuras.* **4** **Tela antigua, de plata u oro.* ≃ Restaño. **5** (And.; pl.) *Cardos secos que se ponen sobre las *tapias para herir al que intente saltar por encima.* **6** (más frec. en And.) *Gracia o *encanto inefable; particularmente, el que se aprecia en el *cante o baile o en los que los ejecutan: 'Esa chica tiene duende'.

ANDAR COMO [o PARECER UN] DUENDE. *Aparecer la persona de que se trata en lugares o en momentos en que no es esperada. ⊙ *Vagar. ⊙ Hacer cosas, cambiar las cosas de sitio, etc., sin que los demás se den cuenta cuando lo hace. ⇒ *Enredar.

TENER DUENDE. **1** (más frec. en And.) Tener gracia o encanto inefable. **2** *Tener alguna *preocupación o inquietud.*

duendecillo m. Dim. frec. de «duende».

duendo, -a (del lat. «domĭtus», part. pas. de «domāre», domar; ant.) adj. **Manso o *doméstico.*

V. «PALOMA duenda».

dueña **1** f. *Antiguamente, *señora; mujer casada, de familia principal.* ≃ Dona, doña, duena. **2** *Mujer que ya no es *virgen.* **3** *Mujer de cierta edad, generalmente viuda, que, en las casas principales, *servía y acompañaba a la señora o a las jóvenes o estaba al frente de la servidumbre.* **4** *Monja o beata de familia principal.*

DUEÑA DE HONOR. *Señora de honor: señora que prestaba servicio en *palacio con papel inferior al de dama.*

PONER a una persona COMO [o CUAL] DIGAN DUEÑAS. *Insultarla mucho o hablar muy mal de ella. En lenguaje actual, quizá por ritmo, se dice también «como no digan dueñas».

dueñesco, -a (desp.) adj. *De [las] dueñas.*

dueño, -a (del lat. «domĭnus») **1** n. Poseedor de una cosa, con respecto a ésta: 'El dueño de la casa'. ≃ Amo, propietario. **2** En el campo, jefe de la casa o *cabeza de familia o su mujer: 'Vengo a ver a la dueña'. ≃ Amo. **3** (ahora, hum.; en m. para ambos sexos) Persona amada, con respecto al amador: 'Mi dueño'.

DULCE DUEÑO (ahora, gralm. jocoso). Persona amada.

HACERSE [EL] DUEÑO de algo o en un sitio. *Disponer de la cosa de que se trata, o *imponer su voluntad a los demás.

SER alguien [MUY] DUEÑO DE hacer cierta cosa. Tener derecho a hacerla, guste o no guste a otros.

SER alguien DUEÑO DE SÍ MISMO. Dominar sus impulsos y obrar con *serenidad y *reflexión.

SER alguien [EL] DUEÑO DE LA SITUACIÓN. Estar en situación de imponer su voluntad. ⇒ *Imponerse.

duermevela (de «dormir» y «vela») m. Sueño ligero o sueño inquieto, que se interrumpe a menudo. ⇒ *Dormir.

duerna o **duerno[1]** f. o m. **Artesa.* ≃ Dorna.

duerno[2] (del b. lat. «duernus», del lat. «duo», dos) m. AGRÁF. *Conjunto de dos pliegos metidos uno dentro de otro.*

dueto (del it. «duetto»; pronunc. [du-éto]) m. Dúo (composición musical).

dugo (Am. C.) m. **Ayuda o *servicio.*

CORRER [O ECHAR] BUENOS [O MALOS] DUGOS (Am. C.). *Hacer buen [o mal] tercio una cosa a alguien.* ⇒ *Acomodar.

DE DUGO (Hond.). **Gratis.*

dúho (de or. caribe; Hispam.) m. *Banco o escaño.*

dujo (Cantb.) m. APIC. **Colmena.*

dula (del ár. and. «dúla») **1** f. *Cada una de las porciones de tierra que reciben por turno riego de una acequia.* ≃ Dúa, adula. **2** *Cada una de las porciones de *terreno *comunal o en rastrojera donde pacen por turno los ganados de los vecinos.* ≃ Adula. **3** Sitio comunal donde se lleva a *pastar el ganado formado por animales de todos los vecinos. ≃ Adula. **4** Ese *ganado. ≃ Almaje, adula.

dulcamara (del lat. «dulcamāra», comp. de «dulcis», dulce, y «amāra», amarga; *Solanum dulcamara)* f. *Planta solanácea, de pequeñas flores violadas en ramillete, medicinal. ≃ Dulzamara.

dulce (del lat. «dulcis») **1** («a») adj. De *sabor como el del azúcar: 'Dulce al paladar'. **2** (numerable) m. Cosa dulce de pequeño tamaño, de las que se elaboran en las pastelerías; como las pastas, las yemas o las frutas escarchadas: 'Una caja de dulces'. **3** (partitivo) *Fruta cocida con azúcar formando una masa compacta o fluida; como la carne de membrillo, la jalea o la mermelada: 'Un recipiente para servir el dulce'. **4** (Cuba, R. Dom., Ven.) **Tarta.* **5** adj. Aplicado a sensaciones y a las cosas que las producen, *suave y agradable: 'Una voz dulce'. ⇒ Flauteado. ⊙ Aplicado a emociones o a las cosas que las producen, apaciblemente grato o alegre: 'Una música dulce. La dulce emoción de la vuelta al hogar'. ⊙ Aplicado a personas y, correspondientemente, a sus gestos, palabras, *carácter, etc., inclinado a sentir y mostrar *cariño y buscar el de otras personas. ⇒ *Afectuoso, *Amable. *Cordial. *Suave. *Zalamería. **6** Se aplica a las cosas no saladas, *amargas o *ácidas: 'Agua dulce. Almendras dulces'. **7** (inf.) *Se aplica al *hueso en que remata la *columna vertebral.* ≃ Coxis. **8** m. pl. *En el juego del *tresillo, tantos que gana o pierde el que entra a vuelta.*

DULCE SECO. Fruta de cualquier clase cocida en almíbar y dejada después seca. ≃ FRUTA seca. ⇒ Acitrón, BATATA de Málaga, bocado, *calabazate, camotillo, cantúa, casca, espejuelo, frangollo, retorcido.

A NADIE LE AMARGA UN DULCE. Expresión con que se comenta que no hay por qué rechazar algo que resulta agradable o beneficioso.

V. «ASA dulce, CAÑA dulce, dulce DUEÑO».

EN DULCE. Aplicado a frutas, confitado o en almíbar: 'Melocotón en dulce'.

V. «HIERRO dulce, MERCURIO dulce, PALO dulce, PAPA dulce, PERITA en dulce, VINO dulce».

□ CATÁLOGO

Raíz culta, «gluc-»: 'glucosa'. ➤ Azucarí, empalagoso, relajante. ➤ *Azúcar, sacarina. ➤ *Chocolate, *miel, nata. ➤ Alcorza, almíbar, arequipe, arrope, bocadillo, CARNE de membrillo, compota, confitura, *DULCE seco, FRUTA confitada, FRUTA en dulce, FRUTA escarchada, FRUTA seca, gelatina, *helado, jalea, jarabe, mermelada, papín. ➤ Cajeta, colación, colineta, piñata, ramillete. ➤ Camalote. ➤ Alfajor, ante, arropía, ARROZ con leche, bienmesabe, budín, CABELLO de ángel, cachapa, cafiroleta, candiel, chimbo, chiricaya, crema, CREMA catalana, *cuscús, flan, frangollo, gofio, grasones, higate, hormigo, HUEVOS dobles, HUEVOS dobles quemados, HUEVOS hilados, HUEVOS moles, LECHE frita, máchica, MANJAR blanco, MANJAR imperial, MANJAR principal, MANJAR real, manjarete, matahambre, melcocha, mote, mousse, natillas, papín, pistache, pudding, rajadillo, rosero, tequiche, TOCINO de cielo. ➤ *Alajú, alfajor, alfandoque, almendrada, almendrado, arandelas, arnadí, barreta, *bizcocho, bolillos, *bollo, bombón, brinquiño, cachapa, carquiñol, casquiñón, chancaca, chancaquita, cocada, corruco, cusubé, empiñonado, *galleta, gloria, gofre, grafioles, hojaldre, HUESO de santo, macarrón, MAZAPÁN de Toledo, melindre, mojicón, mostachón, nuégado, palmera, pasta, *pastel, perillo, periquillo, piñonate, polvorón, *rosca, rosquilla, salpicón, secadillo suspiro, tanela, teja, ticholo, torrija, tortita, *turrón, zorroclocos. ➤ Adulzar, amelcochar, edulcorar, endulcecer, endulcir, endulzar, endulzorar, enmelar, escarchar, glasear. ➤ Repostería. ➤ *Bollo. *Fruto. *Golosina. *MASA frita. *Pastel. *Tarta. *Torta.

dulceacuícola adj. BIOL. *Dulciacuícola.*

dulcedumbre (del lat. «dulcitūdo, -ĭnis») f. *Dulzura.*

dulcémele (del lat. «dulcis», dulce, y el gr. «mélos», melodía) m. *Salterio (instrumento músico).

dulcemente adv. De manera dulce: sin violencia, sin brusquedad, etc. ≃ Suavemente.

dulcera (de «dulcero») f. *Recipiente donde se sirve y guarda dulce de almíbar.*

dulcería (de «dulcero») f. *Confitería.*

dulcero, -a 1 n. *Confitero.* **2** (inf.) adj. Aficionado al dulce.

dulceza (ant.) f. *Dulzura.*

dulciacuícola (de «dulce», «acui-» del lat. «aqua», y «-cola») adj. BIOL. *Se aplica a los organismos que viven en agua dulce.*

dulcificación f. Acción y efecto de dulcificar.

dulcificar (del lat. «dulcificāre») **1** tr. Poner dulce una ↘cosa. ≃ *Endulzar. **2** Hacer dulce (suave o apaciblemente grata) una ↘cosa: 'Su nieta dulcificó sus últimos años'.

Dulcinea (por alusión a la amada de Don Quijote; inf., hum.) n. p. f. Amada de un hombre: 'Su Dulcinea le ha dado calabazas'.

dulcísono, -a (del lat. «dulcisŏnus») adj. *De sonido dulce.*

dulero m. **Pastor o guarda de la dula.*

dulía (del gr. «douleía», esclavitud) f. TEOL. Culto que se tributa a los ángeles y a los santos.

dulimán (del fr. «dolman») m. *Cierta *vestidura talar que usan los *turcos.*

dulosis (del gr. «doúlōsis», acción de esclavizar) f. ZOOL. *Fenómeno de parasitismo en algunas colonias de *hormigas en que todo el trabajo lo realizan las esclavas capturadas de otras especies.* ≃ Dulosis.

dulotismo m. ZOOL. *Dulosis.*

dulzaina[1] (desp.) f. *Mucha cantidad de dulce.*

dulzaina[2] (del fr. ant. «doulçaine») **1** f. Instrumento musical de viento, popular, parecido a la chirimía, pero más pequeño y de notas más agudas. ⇒ Albogue, charambita. **2** (Col., C. Rica, Salv.) **Armónica.*

dulzainero m. Hombre que toca la dulzaina.

dulzaino, -a adj. Desp. de «dulce».

dulzal adj. V. *«ACEITUNA dulzal».*

dulzamara (de «dulce» y «amaro[1]») f. **Dulcamara (planta solanácea).*

dulzarrón, -a adj. *Empalagoso por excesivamente dulce.

dulzón, -a adj. Dulzarrón.

dulzor m. Cualidad de dulce. ⊙ Sabor dulce.

dulzorar tr. *Endulzar.*

dulzura f. Cualidad de dulce; particularmente, en sentido figurado: 'La dulzura de su sonrisa'.

V. «mientras dura, VIDA y dulzura».

dulzurar 1 (ant.) tr. *Dulcificar (en sentido figurado).* **2** QUÍM. *Hacer dulce un cuerpo quitándole la sal.*

duma (del ruso «duma», de or. germ.) f. *Asamblea legislativa de Rusia.

dumdum (empleado también con valor adjetivo en aposición) m. *Se aplica a una *bala explosiva y a la limada por la punta hasta dejar a la vista el plomo del interior, con ranuras longitudinales en el casquillo de níquel.*

dumio (del ingl. «dummy») m. *Bloque de madera o cartón, de forma y tamaño semejantes a los de un *libro mediano, que se emplea en las *bibliotecas para poner en los estantes los letreros que deben ir intercalados entre los libros.*

dumping (ingl.) m. ECON. Venta a bajo precio de las mercancías de un país en otro, con lo que se ponen en desventaja las del mismo género de éste. ⇒ *Comercio.

duna (del neerl. «duin»; frec. pl.) f. Amontonamiento de arena de forma redondeada o de media luna, que se forma en las *costas y en los *desiertos por la acción del viento. ≃ Médano.

dundo, -a (Am. C., Col.) adj. **Tonto.*

dúo (del it. «duo») **1** m. Composición musical que se canta o toca entre dos personas. **2** Conjunto de esas dos personas.

A DÚO. **1** Aplicado a la acción de cantar o tocar, entre dos personas. **2** (gralm. hum.) Referido a la manera de decir o expresar algo, con la cooperación o intervención de dos: 'La cortejan a dúo'.

duodecimal 1 adj. *Duodécimo.* **2** MAT. *Se aplica a un sistema aritmético cuya base es el número doce.*

duodécimo, -a (del lat. «duodecĭmus») adj. Numeral ordinal y partitivo correspondiente a «doce». ⇒ Doceno, dozavo, uncia.

duodécuplo, -a (del lat. «duo», dos, y «decŭplus», décuplo) adj. y n. *Se aplica, con respecto a un número o cantidad, a otro que lo contiene *doce veces.*

duodenal adj. De [o del] duodeno.

duodenario, -a (del lat. «duodenarĭus») adj. *Se aplica a las *devociones que se practican doce *días seguidos.*

duodenitis f. MED. Inflamación del duodeno.

duodeno, -a (del lat. «duodēni», doce, por sus doce dedos de largo) **1** m. ANAT. Porción del *intestino delgado que comunica con el estómago por el píloro. **2** adj. y n. *Duodécimo.*

duomesino, -a adj. *De dos meses.*

dúos (del lat. «duos»; ant.) adj. pl. **Dos.*

dupla (del lat. «dupla») f. *Antiguamente, comida extraordinaria que se daba en los colegios en días señalados.*

dúplex (del lat. «duplex, -ĭcis») m. Se aplica a distintas cosas que constan de dos de los elementos que se consideran, que prestan *doble servicio, etc.; por ejemplo, una vivienda de un edificio de viviendas, que tiene las habitaciones en dos pisos superpuestos. ⊙ *Línea de *telégrafo que permite la transmisión de despachos en ambos sentidos.*

dúplica (de «duplicar») f. DER. Escrito en que el demandado responde a la réplica del actor.

duplicación f. Acción de duplicar.

duplicado, -a 1 Participio adjetivo de «duplicar». **2** m. Segundo *documento, igual al primero, que se hace por si éste se pierde, para archivarlo, etc. **3** Copia, por ejemplo del contenido de un disquete.

POR DUPLICADO. En dos ejemplares.

duplicar (del lat. «duplicāre») **1** tr. y prnl. Hacer[se] una ↘cosa doble. ⊙ tr. Hacer una o más copias de ↘algo. ⊙ tr. y prnl. Multiplicar[se] por dos una ↘cantidad. ⇒ Contra-, sobre-. ➤ Desdoblar, doblar, geminar, reduplicar. **2** tr. Añadir a una ↘cosa otra igual para aumentar su efecto: 'Duplicar el cerrojo'. **3** DER. *Contestar a la réplica.*

duplicativo, -a adj. *Causante de duplicidad.* ⊙ *Utilizado para duplicar.*

dúplice (del lat. «duplex, -ĭcis») adj. **Doble.* ⊙ *Se aplicaba a los *conventos y monasterios en que había una comunidad de religiosos y otra de religiosas.*

duplicidad 1 f. Circunstancia de ser doble una cosa. **2** Cualidad de la persona que finge o engaña, o es capaz de fingir o engañar. ≃ Doblez, falsedad.

duplo, -a (del lat. «duplus») adj. y n. m. Se aplica a una cosa que es en tamaño o cantidad como dos veces otra: 'El duplo de 7 es 14. Un número duplo de otro. 14 es duplo de 7'. ≃ *Doble.

duque, -sa (del fr. «duc») **1** m. Antiguamente, *general de un ejército. **2** Antiguamente, gobernador de una provincia. **3** Primera jerarquía señorial en la organización feudal. **4** *Soberano de Luxemburgo. **5** n. Noble cuyo título es de categoría superior a los de conde y marqués. ⇒ Archiduque. ➤ Duc. **6** m. **Pliegue que se hacían las mujeres en el *manto doblando hacia atrás el borde, por encima de la cabeza.*

DUQUE DE ALBA. MAR. *Conjunto de pilotes, sujetos, por ejemplo con un zuncho de hierro, que se clavan en el fondo en los puertos y sirven de *prois.*

dura f. *Duración.*

-dura (del lat. «-tūra») **1** Parte invariable de los sufijos «-adura, edura, -idura», con que se forman nombres verbales de acción, efecto, utensilio, residuos, etc.: 'selladura, metedura, partidura; cerradura; raspaduras, barreduras; colgadura, añadidura». También, nombres derivados de otro, a través de un supuesto verbo: 'botonadura'. ⇒ -Ura. **2** Forma nombres derivados de otros para designar una variante de la cosa designada por el nombre primitivo: 'llanura'.

durabilidad f. Cualidad de durable.

durable adj. *Susceptible de durar.*

duración f. Acción de durar. ⊙ Tiempo que dura algo.

duradero, -a adj. Se dice de lo que dura mucho.

duralex (nombre comercial) m. Material parecido al vidrio, pero más resistente que éste, con que se fabrican piezas de la vajilla: 'Platos [o vasos] de duralex'.

duraluminio (n. comercial) m. *Aleación de aluminio con cobre, magnesio, manganeso y silicio.

duramadre f. ANAT. Membrana fibrosa que envuelve el *cerebro y la *médula espinal. ≃ Duramáter.

duramáter (del lat. «dura», dura, y «mater», madre) f. ANAT. Duramadre.

duramen (del lat. «durāmen») m. BOT. *Parte central, más compacta y, generalmente, más oscura, del tronco y ramas gruesas de los *árboles.*

duramente adv. Con dureza: 'La trata duramente'.

durando m. *Especie de *paño que se usaba en Castilla en tiempo de Felipe II.*

durante 1 adj. *Aplicable a lo que dura.* **2** prep. Tiene el mismo significado que «*mientras» como adverbio: 'La escribí durante las vacaciones'. ⇒ A lo largo de.

durar (del lat. «durāre», de «durus», firme, sólido; «por, para») intr. Estar una cosa ocurriendo, existiendo, funcionando, etc., el *tiempo que se expresa: 'La cuerda del reloj dura veinticuatro horas. La sesión duró dos horas. La fruta durará para una semana. El conflicto durará por tiempo indefinido'. ⊙ Existir, estar ocurriendo, etc., una cosa *todavía en cierto momento o en el momento en que se habla: 'Cuando yo me marché todavía duraba la animación. Todavía me dura el perfume que me regalaste'. ⊙ (acompañado generalmente de «mucho» o adverbio o equivalente) Aguantar mucho tiempo sin romperse, estropearse, consumirse, etc.: 'Estos zapatos le durarán mucho'.

V. «no hay BIEN ni mal que cien años dure, mientras dura, VIDA y dulzura».

□ CATÁLOGO

Aguantar, alargar[se], arraigar, aturar, colear, condurar, conservarse, *continuar, hacerse CRÓNICO, datar, envejecer, estirar, eternizar[se], extenderse, hacer HISTORIA, pasar a la HISTORIA, IR para largo, IR tirando, *mantener[se], perdurar, perpetuar[se], perseverar, persistir, pervivir, prolongar[se], *prorrogar[se], proseguir, haber para RATO, resistir, *seguir, sostener[se], subsistir, tirar, aturar, vincular[se]. ➤ Antiguo, coeterno, *constante, continuado, *continuo, crónico, de días, diuturno, duradero, *estable, eterno, eviterno, firme, ilimitado, imborrable, imperecedero, imprescriptible, inacabable, *inagotable, incesante, incombustible, increado, indefinido, indeleble, inexhausto, *inextinguible, inmarcesible, inmemorial, inmortal, interminable, inveterado, largo, perdurable, perennal, perenne, *permanente, *perpetuo, pertinaz, *pesado, *resistente, sempiterno, tenaz, vitalicio, vivaz. ➤ Ab aeterno, in perpetuum, de largo, para rato, y lo que te RONDARÉ, morena, para in sécula, para siempre, por SIEMPRE jamás, por los SIGLOS de los siglos, de tiempo, de por vida. ➤ Edad, evo, vida. ➤ *Breve. *Deleznable. *Inestable. *Pasajero. ➤ *Seguir. *Tiempo.

durativo, -a 1 adj. GRAM. Se aplica a la acción verbal que se considera mientras está desarrollándose, así como al verbo que la expresa: 'Vivir es un verbo durativo [o de acción durativa]'. 2 GRAM. También a la forma verbal construida con el gerundio y un auxiliar; como 'Lo estoy estudiando'. ⇒ Desinente. ➤ Perfectivo. ➤ *Gramática.

duraznero *(Prunus persica)* m. Árbol rosáceo que produce la fruta llamada «durazno». ⇒ *Planta.

duraznillo (de «durazno», por la similitud de sus hojas) 1 *(Polygonum persicaria)* m. *Planta poligonácea de flores rosadas o blancas en espiga, que abunda en las orillas de los ríos. ≃ HIERBA pejiguera, persicaria. 2 (Arg., Col., Ven.; *Solanum glaucum) *Planta solanácea empleada como febrífuga; da una frutilla negra.*

durazno (del lat. «duracĭnus», frutos de carne fuertemente adherida al hueso o de piel muy dura) m. No está bien delimitado el uso de este nombre: en unos sitios llaman así a los *melocotones; en otros, a los *albaricoques; también se aplica a alguna variedad determinada de una u otra de esas frutas.

dureto m. *Cierta variedad de *manzana.*

durez (ant.) f. *Dureza.*

dureza 1 f. Cualidad de duro. ⊙ Tratándose de materiales, se entiende en general resistencia a la deformación. ⊙ MINERAL. Grado de resistencia a ser rayados que presentan los cuerpos, el cual se mide por comparación con diez de ellos que forman la llamada «ESCALA de dureza». 2 Porción más dura que lo de alrededor en cualquier cosa y, particularmente, en el cuerpo; por ejemplo, un *tumor. 3 VET. *Artritis en una de las articulaciones del carpo de los *caballos.* 4 *Callo extenso y poco saliente. ≃ Callosidad. 5 Severidad excesiva, crueldad o insensibilidad.

-duría Parte invariable de los sufijos «-aduría, -eduría, -iduría», que sustituyen a la terminación «-dor» de nombres de agente, etc., para formar el nombre de acción, lugar en que se hace, empleo... correspondiente: 'pagaduría, teneduría, curtiduría, freiduría'.

duricia (Ar.) f. *Dureza (porción dura en alguna parte del cuerpo).*

durillo (dim. de «duro») 1 *(Viburnum tinus)* m. *Planta caprifoliácea abundante en España, de madera dura de color rojo, que se emplea en trabajos de taracea; tiene por frutos unas drupas azucaradas. ≃ Tino. 2 **Cornejo (arbusto cornáceo).* 3 **Doblilla (moneda).*

durina o **durino** (de «duro») f. o m. VET. *Infección que ataca a veces a las yeguas que crían, que consiste en la inflamación de las partes genitales externas y parálisis de las piernas, acompañada de tumefacción de los ganglios linfáticos.*

durmiente 1 adj. y n. Se aplica al que está durmiendo: 'La bella durmiente del bosque'. 2 m. *Se aplica al individuo perteneciente a la *masonería al que se permite permanecer durante algún tiempo apartado de las actividades de ella.* 3 CONSTR. *Se aplica a cualquier *madero o *listón que se pone apoyado en toda su longitud sobre el suelo u otro sitio, para servir de apoyo a postes o puntales; por ejemplo debajo de los pies de los maderos de los andamiajes.* 4 (más frec. en Hispam.) *Traviesa de *ferrocarril.* 5 *DURMIENTE empotrado.*

DURMIENTE EMPOTRADO. **Listón empotrado horizontalmente en una pared al construirla, destinado a *clavar en él alguna cosa.*

duro, -a (del lat. «durus») 1 adj. Se aplica a las cosas que se cortan o rayan con dificultad o que no se aplastan o deforman fácilmente por la presión: 'El cristal es duro. La madera de roble es dura. El acero es flexible, pero duro'. ⊙ («Estar») Aplicado a cosas de comer, difícilmente masticable o que no se deshace debidamente en la boca, por ejemplo por estar insuficientemente cocido: 'Las judías están duras'. ⊙ Falto de la blandura o flexibilidad deseable: 'Un colchón duro. Unos guantes duros'. 2 («Estar, Ir, Ser») Falto de suavidad en su funcionamiento: 'Este grifo va duro'. ⊙ Se aplica particularmente a las *armas de fuego. ⇒ Desabrido, pesado, rudo, *torpe. 3 Se aplica a las cosas que causan padecimiento físico: 'Un clima duro'. ⊙ A las que exigen mucho *esfuerzo: 'Una marcha dura'. ⊙ A las que causan dolor moral: 'Una dura reprimenda. Una dura prueba. Es duro recibir insultos y no poder contestar'. ⇒ Penoso, *triste. 4 Se aplica a las cosas que causan por su agudeza o intensidad una impresión hiriente en los sentidos; particularmente, a la luz o a los sonidos. ⊙ O a las que pueden herir la sensibilidad: 'Imágenes duras'. ⊙ También a las obras de arte carentes de fluidez, o de suavidad en las variaciones; por ejemplo, a las obras de pintura en que los claroscuros o los contrastes de color son violentos. ⊙ Con significado semejante, se dice 'facciones duras'. ⇒ *Violento. ⊙ Intenso, *fuerte o *violento: 'Rock [o porno] duro'. 5 Aplicado a personas, animales y cosas, capaz de *aguantar mucho trabajo, penalidades, etc.: 'Una raza dura. Un coche duro'. ⊙ Aplicado a personas, capaz de *resistir el dolor o el padecimiento físico o moral sin quejarse o manifestarlo. ⊙ Capaz de resistir la vista, el relato, etc., de cosas muy impresionantes; por ejemplo, de una operación cruenta. 6 Aplicado a personas, excesivamente *severo: 'Un juez [o un capataz] muy duro'. ⊙ Puede llegar hasta la crueldad, y este significado tiene en las expresiones «duro de corazón» o «corazón duro». ⊙ Incapaz de sentir compasión o de conmoverse. ⇒ *Insensible. ⊙ *Inflexible en las ideas: 'El sector duro del partido'. 7 Se aplica al agua muy cargada naturalmente de sales, la cual disuelve mal el jabón. ⇒ Hidrotimetría.

8 *Terco y obstinado.* **9** *Que no es liberal o que no da sin gran dificultad y repugnancia.* **10** adv. Con mucha *fuerza o *violencia: 'Pegar duro'. **11** (elipsis de «peso duro»; inf.) m. *Moneda de cinco pesetas. ⊙ (inf.) Cinco pesetas: 'Este bolígrafo me ha costado veinte duros'. ⇒ Machacante, pavo.

V. «duro de BOCA, CABEZA dura, por el CANTO de un duro, CARA dura, COSA dura, DROGA dura, HUEVO duro, duro de MOLLERA, duro de OÍDO, duro de PELAR, a duras PENAS».

LAS DURAS (inf.). Expresión con que se alude al aspecto *malo o desagradable de las cosas o a las circunstancias temporalmente desfavorables o desgraciadas.

DURO Y PAREJO (Hispam.). *Con fuerza y constancia.*

ESTAR alguien A LAS DURAS Y A LAS MADURAS. Aceptar la parte o el aspecto desagradable o malo de una cosa lo mismo que se disfruta el bueno o agradable. ⇒ *Conformarse.

V. «¡lo que FALTABA [para el duro]!

NO TENER [NI] UN DURO (inf.). No tener dinero.

¡QUE TE [LE, etc.] DEN DOS DUROS! (inf.). Frase usada para rechazar a alguien o desentenderse de él.

SIN UN DURO (inf.; «Estar, Quedarse»). Sin dinero.

□ CATÁLOGO

Raíz culta, «escler-»: 'esclerosis'. ➤ De acero, acerado, adamantino, adiamantado, carrasqueño, cerne, consistente, coráceo [o coriáceo], correoso, crudo, diamantino, empedernido, encallecido, férreo, granítico, guijeño, jacerino, pétreo, roblizo, roqueño, sequete, *sólido, tenace, tenaz, tieso, trastesado, zapatero. ➤ Tiracuero. ➤ Endurar, endurecer[se], fraguar. ➤ Consistencia, dureza, temple, tenacidad. ➤ Acero, bronce, diamante, hierro, *pedernal, piedra, roca. ➤ Apelotonamiento, becerra, bola, bolo, *borujo, burujo, callosidad, concreción, *grumo, nódulo, nudo, nudosidad, zurullo, zurullón. ➤ *Cohesión. *Compacto. *Espeso. *Fuerte. *Rígido.

duty-free (ingl.; pronunc. [diúti frí]) m. Tienda de un aeropuerto libre de los impuestos de aduanas.

duunviro o **duunvir** (del lat. «duumvir, -ĭri») m. Nombre de los individuos de distintos cuerpos políticos de la antigua *Roma. ⊙ Por ejemplo, cada uno de los dos *decuriones presidentes de los municipios y colonias.

duvetina f. *Tela de lana con pelusilla corta y densa que le da aspecto semejante al terciopelo, que se obtiene por un perchado especial de la superficie; también, puede ser de punto, la cual se emplea, por ejemplo, para guantes.

dux (del it. «dux») m. *Soberano o magistrado supremo en las antiguas repúblicas de Venecia y Génova. ⇒ Dogaresa, dogo.

duz (And.) adj. *Dulce.*

V. «CAÑA duz».

Dy Símbolo químico del disprosio.

E

e[1] **1** f. Quinta *letra del alfabeto. Su sonido es palatal abierto. En el alfabeto griego hay una «e» breve, «épsilon» (Ε, ε) y una «e» larga, «eta» (Η, η). **2** Mús. En la notación alfabética representa el «mi».

e[2] (del lat. «et» y antecedente de «y») conj. Sustituye a «y» delante de palabras que empiezan por «i» o «hi». No se verifica la sustitución delante de «hie» ni al principio de una interrogación o una exclamación: 'Pedro e Ignacio. Padre e hijo'. Sin embargo, 'piedra y hierro, ¿y Hipólito también?'. Asimismo hay tendencia a usar «y» y no «e» cuando se pone algún énfasis en la conjunción: 'La niña es tonta y indiscreta'.

e- (del lat. «e-») Prefijo usado en algunas, pocas, palabras, con el mismo significado que «des-»: 'emasculación'.

-e 1 Sufijo átono para formar nombres de acción y efecto y de utensilio, derivados de verbos: 'cese, corte, saque' (de la 1.ª conjugación); 'cierne, vale' (de la 2.ª); 'combate, frunce, debate' (de la 3.ª). Su uso en algunas palabras se considera como popular, pero también se emplea en medios cultos. Entre arquitectos, por ejemplo, se dice «despiece» más que «despiezo». Y es muy corriente «pluma de llene automático» y «café de tueste natural». Lo que es verdaderamente vulgarismo, usado a veces en lenguaje jocoso, es la adición de una «n» detrás de la «e»: 'El despiporren'. **2** Forma también algunos nombres aplicados a cada individuo, derivados del nombre de una colectividad: 'cofrade, consorte'.

E Abrev. de «este» (punto cardinal).

¡ea! (del lat. «eia») interj. Exclamación de *énfasis con que se da más energía a algo que se acaba de decir o se va a decir: 'He dicho que no, ¡ea! ¡Ea!, no tengo que darte más explicaciones'. ≃ ¡Vaya! ⊙ Se emplea también para *animar.

eagle (ingl.; pronunc. [íguel]) m. Dep. En golf, jugada en que se logra meter la pelota en el hoyo con dos golpes menos de los establecidos para el par.

-ear V. «-ar».

easonense (del lat. «Oeason», nombre antiguo de la ciudad de San Sebastián; culto) adj. y, aplicado a personas, también n. De San Sebastián. ≃ Donostiarra.

ebanista m. *Carpintero de muebles y trabajos finos.

ebanistería f. Trabajo de ebanista. ⊙ Taller de ebanista. ⊙ Conjunto de trabajos de ebanista: 'La ebanistería de un edificio'.

ébano (del lat. «ebĕnus», del gr. «ébenos»; *Diospyros ebenum*) m. Árbol ebenáceo de África, de madera muy dura y pesada, negra en el centro y blanquecina hacia la corteza, que es gris. ≃ Abenuz. ⇒ *Planta.

ebenáceo, -a (del lat. «ebĕnus», ébano, del gr. «ébenos») adj. y n. f. Bot. *Se aplica a las *plantas de la familia del ébano, que son principalmente árboles y arbustos tropicales, de los que se obtiene maderas de gran valor y frutos muy apreciados.* ⊙ f. pl. Bot. *Esa familia.*

ebionita (de «Ebión», hereje del siglo I) n. *Nombre dado a ciertos *herejes de los primeros siglos del cristianismo, que sostenían que Jesucristo había nacido naturalmente de María y José y había sido adoptado por Dios.*

ebonita (del ingl. «ebonite») f. *Caucho vulcanizado con azufre, susceptible de ser tallado y pulimentado, que se emplea para ciertos objetos, por ejemplo peines, y, especialmente, para *aisladores eléctricos. ≃ Vulcanita.

eborario, -a (del lat. «eborarĭus») adj. *De [o del] marfil.* ≃ Ebúrneo.

ebrancado, -a (del fr. «ébranché») adj. Heráld. *Se aplica al *árbol despojado de ramas.*

ebriedad f. Estado de ebrio.

ebrio, -a (del lat. «ebrĭus») **1** adj. Pasajeramente trastornado por haber bebido mucho alcohol. ≃ Bebido, beodo, *borracho, embriagado. **2** Pasajeramente trastornado por una *pasión: 'Ebrio de dolor [o de ira]'. ≃ Ciego, loco.

ebrioso, -a adj. y n. *Se aplica a la persona aficionada a beber vino y que se emborracha con facilidad.*

ebullición (del lat. «ebullitĭo, -ōnis») **1** f. Fenómeno de *hervir un líquido, o sea de formar burbujas de vapor, las cuales, cuando su tensión llega a igualar a la presión atmosférica, ascienden en el seno del líquido y al llegar a la superficie se rompen violentamente. ≃ Hervor. ⇒ *Cocer, *hervir. ➤ Efervescencia, fermentación. **2** Estado de agitación o intensa actividad: 'El público estaba en ebullición ya antes de que aparecieran los cantantes'.

ebullómetro o **ebulloscopio** m. Fís. Aparato para medir la temperatura a que hierve un líquido.

eburnación (de «eburno») f. MED. *Endurecimiento excesivo de un *hueso u osificación de un cartílago que toma el aspecto del marfil.*

ebúrneo, -a (del lat. «eburnĕus»; culto) adj. De *marfil o parecido a él. ≃ Eborario.

eburno (del lat. «eburnus»; ant.) m. *Marfil.*

ecarté (fr.) m. Cierto juego de *baraja. ⇒ Proponer.

eccehomo (del lat. «ecce», he aquí, y «homo», el hombre) **1** m. *Imagen de *Jesucristo con la corona de espinas, como le presentó Pilatos al pueblo o como aparece en las escenas de la Pasión. **2** (n. calif. o en comparaciones; «Como un, Hecho un») Persona cubierta de heridas o magulladuras.

eccema (del gr. «ékzema») m. MED. Inflamación local de la *piel, que se pone rojiza y a veces con vejiguillas muy pequeñas y juntas, acompañada de picor o escozor, producida por causas internas o por la acción de agentes irritantes; por ejemplo, por algunos productos químicos, sustancias industriales o venenos vegetales.

eccematoso, -a adj. MED. De carácter de eccema.

ecdótica (del fr. «ecdotique») f. *Disciplina encargada del estudio de los textos, en particular de la edición de los textos manuscritos antiguos.*

ecdótico, -a adj. *De* [*la*] *ecdótica.*

-ececico, -ececillo, -ececito Formas de los sufijos diminutivos «-ico, -illo, -ito» que se usan con nombres monosílabos acabados en vocal.

ecepto (ant.) adv. *Excepto.*

eceptuar (ant.) tr. *Exceptuar.*

-ecer (del lat. «-escĕre») Sufijo con el que se forman verbos derivados de nombres o adjetivos: 'agradecer, robustecer'. En general, simultáneamente con la terminación, se añade también un prefijo. Los más corrientes son «en-» y «re-»: 'enrarecer, recrudecer'. No hay reglas para determinar cuándo se aplica esta terminación en lugar de «-ar»; de «tonto», por ejemplo, se forman «atontar» y «entontecer». Ha sido de uso mucho más frecuente que el que tiene ahora, pues hay en el diccionario muchos verbos como «endelgadecer, endentecer» o «endulcecer», ahora desusados. Tal vez se ha usado acomodaticiamente, pues algunos casos, como «empoltronecer», tienen aspecto de haber tenido sólo un uso caprichoso.

ECG (pronunc. [é cé gé]) m. Acrón. de «electrocardiograma».

echacantos (de «echar» y «canto[2]») m. *Hombre despreciable o *insignificante.* ≃ Tiracantos.

echacorvear intr. *Alcahuetear.*

echacuervos (de «echar» y «cuervo») **1** m. **Alcahuete (tercero).* **2** *Hombre *mentiroso y despreciable.* **3** **Predicador que iba por los pueblos predicando la cruzada.* ⊙ **Predicador que predicaba la *bula.*

echada 1 f. *Acción de echar.* **2** *En algunos juegos, por ejemplo en una carrera, *longitud que ocupa el cuerpo de un hombre tendido en el suelo:* 'Dar dos echadas de ventaja'. **3** (Arg., Méj.) **Fanfarronada o *embuste.*

echadera (Sor.) f. **Pala de meter el *pan al horno.*

echadero m. *Sitio a propósito para echarse a *dormir.*

echadillo, -a (de «echado»; inf.) adj. y n. **Expósito.* ≃ Echadizo, echado.

echadizo, -a (de «echado») **1** adj. y n. *Se aplica a alguien a quien se *envía o *comisiona para que se entere disimuladamente de cierta cosa o divulgue una noticia.* **2** adj. *Desechado por inútil.* ⊙ *Se aplica también a las cosas, como escombros o desperdicios, que se arrojan como inútiles en algún sitio.* **3** (ant.) **Levadizo.* **4** adj. y n. **Expósito.* ≃ Echadillo, echado.

echado, -a 1 Participio adjetivo de «echar[se]»: 'Una persona echada de su patria. Un traje echado a perder', etc. ⊙ *Acostado. **2** (C. Rica) **Perezoso.* **3** m. MINER. *Buzamiento de un filón.* **4** (ant.) adj. y n. **Expósito.* ≃ Echadillo, echadizo.

V. «ÁNGEL echado del cielo...».

SER alguien MUY ECHADO PARA ADELANTE (inf.). Ser muy audaz y emprendedor. ⇒ *Decidir.

echador, -a 1 adj. y n. Aplicable al que echa; particularmente, persona que echa las cartas para adivinar el porvenir o cosas ocultas. **2** m. **Camarero de café que va sirviendo el café y la leche en las tazas ya colocadas por otro camarero.* **3** (Cuba, Méj., Ven.) adj. y n. **Fanfarrón.*

echadura 1 f. *Acción de echar*[*se*]. ⊙ *Acción de ponerse a empollar las *lluecas.* **2** (pl.) *Ahechaduras.* **3** (ant.) **Alcance de un tiro o de una cosa que se lanza.*

ECHADURA DE POLLOS. **Pollada.*

echamiento 1 m. *Acción de echar*[*se*]. **2** *Acción de dejar a un *niño abandonado en algún sitio para que alguien lo recoja, o en la inclusa.*

echapellas (de «echar» y «pella») m. *Operario que, en los lavaderos de *lanas, coge las pellas de lana del tablero y las echa en el pozo.*

echaperros m. *Perrero de las iglesias.*

echar (del lat. «iactāre») **1** («a, en, por, sobre») tr. Impulsar hacia cierto sitio una ↘cosa que se tiene cogida con la mano, a la vez que se suelta: 'Eché una rosa a su balcón'. ≃ Arrojar, *lanzar, tirar. ⊙ («a, en, por, sobre») Dejar *caer intencionadamente una ↘cosa en un sitio: 'Echar una carta al buzón'. ⊙ («a, en, por, sobre») Impulsar una ↘cosa hacia un sitio de cualquier modo: 'Le echó la pelota al delantero centro'. ≃ Lanzar, tirar. ⊙ («a, en, por, sobre») prnl. Impulsarse una persona para ir a parar a un lugar: 'Echarse al agua'. ⊙ tr. Se dice también 'echar a lavar', dejando sobreentendido el sitio, cesto, etc., donde se echa la cosa que ha de ser lavada. ⊙ («a, en») Hacer caer un ↘líquido en un recipiente. ≃ Escanciar, *verter. ⊙ A veces, lleva como complemento con «a» un infinitivo que expresa la clase de movimiento de la cosa echada: 'Echó a rodar la pelota por la cuesta. Echar a volar una cometa'. **2** prnl. Acercarse bruscamente a algo o alguien para cogerlo, sujetarlo, abrazarlo, etc.: 'El perro se echó sobre el ladrón. En cuanto me vio se echó sobre mí'. ≃ *Abalanzarse, arrojarse, lanzarse, precipitarse. **3** tr. Dejar o hacer salir ↘algo de sí: 'La locomotora echa humo. El surtidor echa un chorro de agua. Esa planta echa mal olor'. ≃ Arrojar, *despedir. ⊙ También en sentido figurado: 'Está que echa rayos [chispas, fuego]'. **4** *Producir un organismo ↘algo que brota de él: 'Este tallo ya ha echado raíces. El manzano no ha echado fruto este año. Echar pelo [los dientes, plumas]'. ⊙ O ↘algo que queda añadido a ese organismo: 'Echar barriga'. ⊙ Se dice también 'echar mal genio'. **5** («de») Obligar a ↘alguien a *marcharse de un sitio, a dejar un puesto o empleo, o a apartarse de quien le echa: 'Le echó de su casa de mala manera. Le han echado de presidente'. ≃ Arrojar, despedir, expulsar. ⊙ *Ahuyentar a los ↘animales. **6** *Enviar a ↘alguien a cumplir un castigo que se designa con el nombre del sitio en que se cumple: 'Echar a galeras [o a presidio]'. ≃ Mandar. **7** Con un nombre de ↘expresión, *decirla: 'Echar un discurso [una maldición, un piropo, la buena ventura, una voz, un bando, un pregón]. Echar pestes de alguien'. ⊙ *Dirigir a alguien una reprimenda o ↘cosa semejante: 'Me ha echado un rapapolvo'. **8** **Publicar cierta ↘cosa con un bando o de otro modo:* 'Echar las fiestas [o la vendimia]'. **9** Con un nombre de ↘herramienta o instrumento, *aplicarlos a algo: 'Le cuesta muy poco echar el bisturí. ¡Piensa antes de echar la tijera!'. **10** Con «llave, cerrojo, pestillo», etc., moverlos o correrlos para *cerrar la cosa de que se trata: 'No te olvides de echar la llave al cajón. El cerrojo estaba echado'. **11** *Inclinar, *dirigir o *mover el ↘cuerpo o un miembro en cierta dirección o hacia cierta cosa: 'Echar la cabeza atrás [el cuerpo a la derecha, la mano a la espada, el pie hacia delante]'. ⊙ prnl. Doblar o mover el cuerpo en cierta dirección: 'Echarse hacia delante [atrás, a un lado]'. ≃ Doblarse, *inclinarse. **12** Ponerse con el cuerpo en posición horizontal. ≃ Acostarse, tenderse, *tumbarse. ⊙ *Tumbarse en la cama; particularmente, cuando se hace sin desnudarse, sólo para un rato. ⊙ MAR. Si se trata del *viento, calmarse. **13** tr. Juntar un animal ↘*macho a la hembra para que procreen. **14** (inf.) Proyectar una ↘película o *representar una obra teatral en un cine o teatro. ≃ Dar, hacer, poner. **15** Dejar la resolución de una ↘cosa a la suerte o a cierta forma de *sorteo: 'Echarlo a cara o cruz'. **16** (inf.) tr. o abs. *Arriesgar ↘dinero o cierta cantidad en un juego: 'No echo nunca a la lotería. Ha echado doscientas pesetas a la rifa'. ≃ Jugar, poner. **17** tr. *Imponer ↘cosas como un tributo o un censo. **18** *Preparar el ↘material correspondiente para hacer la ↘labor que se expresa: 'Echar una puntilla. Echar tela' (preparar lino, etc., para tejerla) o 'echar una tela' (preparar la urdimbre en el telar). **19** Entre chicos, asignar cierta ↘*tarea o trabajo para que sea hecho: 'Hoy nos han echado mucha tarea en el colegio. Me han echado de lección aprenderme todos los verbos'. **20** Se dice «echar de comer, echar cartas», y quizás alguna otra frase semejante, con el significado de «*dar» o «*repartir». **21** (inf.) Calcular por las apariencias de una cosa la cantidad de ↘otra, particularmente de años, que tiene: '¿Cuántos kilos le echas a esta piedra? ¿Qué edad le echas a esa chica?'. ≃ *Atribuir, suponer. ⊙ (inf.) *Invertir o gastar en cierta cosa el tiempo o la cantidad de ↘algo que se expresa: 'Yo echo dos horas en ir de aquí a Toledo'. ≃ Poner. **22** (con un pron. reflex.) *Gastar o invertir el ↘dinero que se expresa en cierta cosa: 'Se echa en vino todo lo que gana'. **23** («hacia, por») intr. *Ir por cierto camino: 'Echar por el atajo [por la carretera, por la calle de en medio]'. ≃ Dirigirse, encaminarse, tirar, tomar. ⊙ Igual significado tiene con «tras» o «detrás de» y un nombre o pronombre: 'Echó tras él'. ⊙ Con las expresiones formadas por un nombre de lugar seguido de «abajo» o «arriba», no hace falta otra preposición: 'Echó calle abajo'. ⊙ *Con significado semejante se aplica a nombres de profesión:* 'Echar por la iglesia'. ⊙ («a») intr. y prnl. *Principiar la acción que se expresa: 'Echar[se] a volar [o a correr]'. Con verbos de acciones emotivas se emplea con preferencia «echarse»: 'Echarse a reír [o a llorar]'. **24** tr. Empezar a *tener o *usar cierta ↘cosa deseable: 'Dentro de poco echará coche'. También con un pron. reflex. **25** (inf.; con un pron. reflex.) Empezar a tener algo como un ↘*amigo o un *novio: 'Ya sé que te has echado novia'. **26** *Emprender *negocio con cierta ↘cosa:* 'Ha echado colmenas'. **27** Con el nombre de ↘algo como «pedazo, pieza» o «remiendo», ponerlo: 'Echar medias suelas a los zapatos [punteras a los calcetines, una pieza a la sábana, puños nuevos a una camisa, el fondo a un cubo]'. ≃ *Aplicar, *poner. **28** tr. Con ciertas ↘palabras (se indica en los artículos correspondientes), *hacer lo que ellas expresan. También con un pron. reflex.: 'Echar[se] un sueño [un trago, la siesta, una carrera]. Echar una parrafada [una firma, un vistazo, una mirada]'. ⊙ Particularmente, *jugar una ↘partida de cierto juego: 'Echar un tute [una partida de ajedrez, un solitario]'. ⊙ También se dice «echar la *cuenta» y «echar cuentas». ⊙ Puede ser el complemento, en vez del nombre de la acción, la ↘cosa con que o en que se realiza: 'Echar un cigarro. Echar el sello'. **29** Presentar una ↘instancia, solicitud u otro documento ante el organismo correspondiente. **30** («a») prnl. *Dedicarse a un género de vida bajo o humilde: 'Se echó a pedir limosna. Se ha echado a limpiabotas'. **31** («con») tr. **Apostar con una persona a hacer una cosa tan bien o mejor que ella.* ≃ Echárselas. **32** *Con un adverbio o expresión adverbial complementaria, *exagerar:* 'Echar por quintales [o por arrobas]'. ⇒ ¡Echa! **33** (Hispam.) *Expresado con el mismo verbo, sostener que una persona o un animal *supera a otro en cierta cosa.* **34** *Tomar una cosa de cierta manera que se expresa con un modismo con «a»: 'Echar a broma [a juego, a risa, a buena parte, a mala parte]'.

V. «echarse al AGUA, echar al AIRE, echar el ANCLA, echarse a ANDAR, echar los BOFES, no echarse nada al BOLSILLO, echar por la BORDA, echar BRAVATAS, echarse en BRAZOS de, echar a BROMA, echar BROTES, echar la BUENAVENTURA, echar con CAJAS destempladas, echarse a la CALLE, echar las CAMPANAS a vuelo, echar un CAPOTE, echar a CARA O cruz, echar en CARA, echar toda la CARNE en el asador, echar las CARTAS, estar alguien que echa CHISPAS, echar a la COLADA, echarse al COLETO, echar de COMER aparte, echar[se] a CORRER, echar su CUARTO a espadas, echarse la CUENTA de que, echar[se] alguien sus CUENTAS, echar el CUERPO fuera, echarse al CUERPO, echar la CULPA, echarse a DORMIR».

ECHAR ABAJO. **1** *Derribar un edificio. **2** Destruir o hacer *fracasar una cosa: 'Eso echa abajo mis planes'. **3** *Rechazar una solicitud, propuesta, etc.

ECHAR DE COMER [O BEBER]. Dar de comer [o beber] a los animales. ⊙ Jocosamente, dar de comer [o beber] a las personas.

ECHAR DE LARGO. Usar, dar o gastar algo sin miramiento: 'La tela está escasa y no se puede echar de largo'. ⇒ *Sobrar.

ECHAR DE MENOS. Notar la *falta de una cosa (notar que no se tiene, que no está en el sitio donde estaba, etc.) ⊙ Sentir la falta de una cosa (necesitarla). ⊙ Sentir la ausencia de una persona. ⇒ *Añorar.

ECHAR A PERDER una cosa. *Estropearla, en sentido material o figurado.

ECHAR A LO SUCIO una cosa. Dejarla en el sitio destinado a ello para que sea *lavada.

ECHARLA DE cierta cosa. Aparentarla o presumir de ella. ≃ Echárselas de.

ECHARLO TODO A RODAR. **1** Dejarse llevar por la cólera o el enfado. ≃ *Descomponerse. **2** *Estropear un asunto en un momento de cólera, de enfado o de despecho.

ECHAR DE VER una cosa. *Percatarse de ella.

ECHARSE [PARA] ATRÁS. *Desdecirse, por ejemplo de un trato o una promesa.

ECHARSE ENCIMA una cosa. Ser inminente o estar muy próxima: 'Se echan encima las Navidades'. ≃ *Llegar. ⊙ Llegar una cosa inesperadamente o cogiendo desprevenida a la persona de que se trata: 'Se nos echó encima el frío sin tener instalada la calefacción'.

ECHARSE ENCIMA de alguien. *Reprenderle o recriminarle con ensañamiento. ⊙ *Criticarle del mismo modo.

ECHARSE FUERA. *Rehuir un compromiso. ⊙ *Desentenderse de cierta cosa.

ECHARSE A PERDER una cosa. *Estropearse.

ECHÁRSELAS DE. *Aparentar cierta cosa o *presumir de cierta cosa.

V. «echarse a las ESPALDAS, echar en FALTA, echar FUEGO por los ojos, échale un GALGO, echar el GANCHO, echar el GUANTE, echar las HABAS, echar a JUEGO, echar la LENGUA, echar LEÑA al fuego, echar [la] MANO a, echar MANO de, echar una MANO, echar el MOCHO, echar las MUELAS, echar el MUERTO, echar al MUNDO, echar una OJEADA, echar el OJO, echar PAJAS, echar a buena [o mala] PARTE, echar a PASEO, echar las PATAS por alto, echarse entre PECHO y espalda, echar a PERROS, echar PESTES, echar PIE a tierra, echar a PIES, echar los PIES por alto, echarse a los PIES de alguien, echar a PIQUE, echar un PULSO, echar RAÍCES, echar RAYOS, echar el RESTO, echar[se] al SUELO, echar [a] SUERTES, echar a [o por] TIERRA, echar el TORO, echar[se] un TRAGO, echar la TREMENDA, echar las TRIPAS, echar VENABLOS, echar la buena VENTURA, echar la VISTA encima, echar una VISTA [o un VISTAZO], echar[se] a VOLAR, echar la ZANCADILLA, echar la ZARPA».

□ CATÁLOGO

*Ahuyentar, amover, apartar, arrincar, arrojar, plantar en mitad del ARROYO, aventar, darle BOLETO, echar con CAJAS destempladas, dejar [poner o plantar] en la CALLE, echar a la CALLE, carear, mandar a escardar CEBOLLINOS, dar la CUENTA, echar [o mandar] al CUERNO, defenestrar, deponer, desahuciar, desalojar, desanidar, desechar, *desembarazarse, despachar, *despedir, despejar, *desterrar, *destituir, destronar, echar [o mandar] al DIABLO, mandar a la EME, empujar, empuntar, enviar noramala, echar a ESCOBAZOS, espantar, echar [o mandar] a freír ESPÁRRAGOS, evacuar, excomulgar, excluir, expeler, expulsar, extrañar, exturbar, fletar, echar [o mandar] a hacer GÁRGARAS, dar HUMAZO, itar, jitar, librarse de, licenciar, MANDAR noramala, mandar a la MIERDA, mandar a freír MONAS, mosquear[se], mandar con la MÚSICA a otra parte, oxear, echar a PALOS, pasaportar, dar PASAPORTE, mandar [echar o enviar] a PASEO, dar la PATADA, dar una PATADA, echar a PATADAS, poner de PATAS [o de PATITAS] en la calle, poner en la PUERTA de la calle, echar a PUNTAPIÉS, mandar a hacer PUÑETAS, QUITARSE de encima, *rechazar, relevar, remover, sacudirse, dar SOLETA, sustituir, zacear, zalear, zapear. ➤ Readmitir. ➤ ¡Aire!, ¡chucho!, ¡vete [que se vaya, etc.] al CUERNO!, ¡que te [le, etc.] den por [el] CULO!, ¡vete [que se vaya, etc.] al DIABLO!, vete [que se vaya, etc.] bendito de DIOS, vete [que se vaya, etc.] mucho con DIOS, vete [que se vaya, etc.] a freír ESPÁRRAGOS, ¡fuera!, ¡FUERA [de aquí]!, vete [que se vaya, etc.] a hacer GÁRGARAS, ¡hala!, ¡hopo!, ¡hospa!, ¡hospo!, ¡huichí!, ¡huichó!, ¡vete [váyase usted, etc.]!, vete [que se vaya, etc.] al INFIERNO, VETE [que se vaya, etc.] enhorabuena [enhoramala, norabuena o noramala], ¡jopo!, ¡lárgate [lárguese, etc.]!, ¡largo!, ¡LARGO de aquí [o de ahí]!, ¡que te [le, etc.] den MORCILLA!, ¡moste!, ¡moxte!, ¡muste!, ¡najencia!, ¡os!, ¡oste!, ¡ox!, ¡oxe!, ¡oxte!, ¡vete [váyase, etc.] a PASEO!, ¡un PIE tras otro!, ¡piérdete!, ¡a la porra!, vete [que se vaya, etc.] a la PORRA, ¡taday!, ¡uste!, ¡za!, ¡zape!, ¡zuzo!

echarpe (del fr. «écharpe») m. Prenda femenina consistente en un trozo de tela largo y estrecho que se pone sobre la espalda y los hombros. ≃ *Chal.

echazón 1 f. *Acción de echar.* ≃ Echada, echamiento. **2** MAR. *Acción de echar al agua la carga u objetos del buque cuando es necesario aligerarlo para luchar con un temporal.* ⇒ Rodio.

echón (Ven.) m. **Fanfarrón.*

echona (del araucano «ichuna»; Arg., Chi.) f. **Hoz.*

echonería (Ven.) f. **Fanfarronería.*

-ecico, -a Forma del diminutivo «-ico» usada en algunas palabras: 'frailecico'. ⇒ Apénd. II, DIMINUTIVO.

ecijano, -a adj. y, aplicado a personas, también n. De Écija, población de la provincia de Sevilla. ⇒ Astigitano.

-ecillo, -a Forma del diminutivo «-illo» usada en algunas palabras: 'geniecillo'. ⇒ Apénd. II, DIMINUTIVO.

-ecino, -a Sufijo de adjetivos que expresan aproximación a la cualidad expresada por el primitivo: 'blanquecino, mortecino'.

-ecito, -a Forma del diminutivo «-ito» usada en algunas palabras:: 'buenecito, hombrecito'. ⇒ Apénd. II, DIMINUTIVO.

eclampsia (del fr. «éclampsie», del gr. «éklampsis», brillo, resplandor) f. MED. Ataque convulsivo que padecen a veces las mujeres embarazadas o recién *paridas y los niños.

eclecticismo m. Actitud ecléctica. ⊙ Doctrina ecléctica.

ecléctico, -a (del gr. «eklektikós», que escoge) adj. Se aplica a cualquier doctrina o teoría que trata de *coordinar otras o es un término medio entre otras. ⊙ adj. y n. También a la persona que en su manera de pensar adopta una posición indefinida, sin oponerse a ninguna de las doctrinas o posiciones posibles. ⇒ *Acomodaticio.

eclesial (del lat. medieval «ecclesiālis») adj. De la *Iglesia como conjunto de todos los fieles y no sólo de los eclesiásticos.

eclesiástico, -a (del lat. «ecclesiastĭcus», del gr. «ekklēsiastikós») **1** adj. De [la] *Iglesia. **2** m. Hombre que ha realizado ciertos estudios y recibido órdenes sagradas. ≃ Clérigo. **3** (ant.) *Hombre instruido.* ≃ Clérigo.

V. «BENEFICIO eclesiástico, BRAZO eclesiástico, DÍA eclesiástico».

□ CATÁLOGO

Abad, abate, acólito, anciano, apostolical, archimandrita, arcipreste, AUDITOR de la Nunciatura [de la Rota], azotaperros, canceller, *canónigo, capellán, capilla, cardenal, caudatario, celebrante, celebrero, cetrero, *chantre, clérigo, *coadjutor, colector, compresbítero, confesor, coronado, cura, curial, diaconisa, diácono, DIRECTOR espiritual, doctrinero, echaperros, ecónomo, epistolero, eremita, ermitaño, evangelistero, exorcista, fabriquero, familiar, *fraile, lector, levita, maestrescuela, magistral, ministril, MINISTRO de Dios [de la Iglesia o del Señor], minorista, misacantano, misionero, *monaguillo, monja, *monje, moralista, obispillo, *obispo, oblato, obrero, operario, ostiario, PADRE de almas, *Papa, papaz, parabolano, párroco, pasionero, pastor, páter, patriarca, perrero, personado, pertiguero, plébano, pontífice, pope, prelado, PRELADO doméstico, presbítero, preste, prior, provisor, rector, sacerdote, sacristán, santero, silenciario, silenciero, sotacura, subdiácono, SUMILLER de cortina, tonsurado, vicario. ➤ Regionario. ➤ Becario, prestamero, seminarista. ➤ Canchero, capigorrón, clerizángano, clerizonte, goliardo, misero, saltatumbas. ➤ Licenciadillo. ➤ Presentado, regular, secular, ungido. ➤ Vulnerario. ➤ Mosén, padre. ➤ Exorcistado, ORDEN mayor, ORDEN menor, ORDEN sacerdotal, *órdenes. ➤ Sagrado MINISTERIO, sacerdocio. ➤ Incardinar, cantar MISA, ordenarse. ➤ Doctrina. ➤ Apostatar, ahorcar los HÁBITOS. ➤ Desapuntar, desordenar, habilitar, ordenar, puntar, secularizar. ➤ Espiritualizar. ➤ Vocación. ➤ Terno. ➤ Cabildo, capilla, concilio, congregación, sínodo. ➤ Estalación. ➤ Licencias. ➤ BRAZO eclesiástico, clerecía, clericato, clerigalla, clериguicia, clero. ➤ Hierocracia, teocracia. ➤ Levítico. ➤ Anticlericalismo, clericalismo, clerofobia. ➤ Seminario. ➤ Corona, tonsura. ➤ Alzacuello, arctado, arillo, artado, balandrán, beca, birreta, birrete, bonete, clergyman, collarín, esclavina, gorjal, hábitos, loba, manteo, manto, sobrecuello, solideo, sotana, teja, túnica. ➤ Alba, almaizar, amito, banda, capa, capona, casulla, cauda, cendal, cenefa, cíngulo, dalmática, efod, escapulario, estola, estolón, giraldete, gorjal, *humeral, ínfulas, manípulo, PAÑO de hombros [humeral u ofertorio], planeta, pontifical, racional, roquete, sobrepelliz, superhumeral, taled, terno, tunicela, velo, VELO humeral, VELO ofertorio. ➤ *ORNAMENTOS de iglesia, ORNAMENTOS litúrgicos, ORNAMENTOS sagrados. ➤ Lustrina. ➤ Apréstamo, *beneficio, camarico, capellanía, componenda, congrua, extratémpora, incongruo, ofrenda, PORCIÓN congrua, *prebenda, prestamera. ➤ Cartilla. ➤ Ama, casera. ➤ Civil, laico, lego, secular, seglar. ➤ *Culto. *DERECHO canónico. *Iglesia. *ORDEN religiosa. *Religión.

eclímetro (del gr. «ekklinḗs», inclinado y «-metro») m. TOPOGR. *Aparato para medir pendientes o ángulos verticales.*

eclipsable adj. *Susceptible de eclipsarse o ser eclipsado.*

eclipsar 1 tr. y prnl. Causar [o sufrir] un astro el *eclipse de ↘otro. **2** tr. Hacer una cosa con su presencia, que, por comparación con ella, ↘otra resulte de menos valor: 'Ella eclipsa a todas sus amigas'. ≃ *Oscurecer. ⊙ prnl. Resultar una cosa de menor valor que otra por comparación con ésta.

eclipse (del lat. «eclipsis», del gr. «ékleipsis», desaparición) **1** m. Propiamente, paso de un astro por la sombra de otro; como ocurre con la Luna cuando la Tierra está interpuesta entre ella y el Sol. En lenguaje corriente, «ocultación», o sea, interposición de la Luna entre la Tierra y el Sol. ⇒ Aureola, cono, contacto, corona, dígito, emergencia, emersión, inmersión, ocultación, penumbra, sombra. **2** (inf.) *Desaparición transitoria de alguien de un lugar al que solía concurrir.* ⇒ *Ausente.

eclipsis (ant.) f. GRAM. *Elipsis.*

eclíptica (del lat. «ecliptĭca linĕa», debido a que en ella tienen lugar los eclipses, del gr. «ekleiptikḗ», de los eclipses; gralm. con mayúsc.) f. ASTRON. Camino recorrido aparentemente por el Sol en el curso de un año. ⇒ *Zodiaco.

eclíptico, -a adj. De la Eclíptica.
V. «TÉRMINO eclíptico».

eclisa (del fr. «éclisse») f. *Plancha de hierro con que se refuerzan los empalmes de los carriles del *ferrocarril.*

écloga (ant.) f. *Égloga.*

eclógico, -a adj. *De la égloga.*

eclosión (del fr. «éclosion»; «Hacer») f. Acción de expandirse o mostrarse totalmente algo al abrirse o salir de donde estaba encerrado. Se aplica especialmente a una flor, capullo o brote, o a la *larva que sale de un huevo. ⊙ Puede usarse, en sentido figurado, para referirse a algo comparable: 'La eclosión de la primavera [o de un fenómeno social]'.

eclosionar intr. Hacer eclosión una flor, un brote, una larva, etc.

eco (del lat. «echo», del gr. «ēchṓ») **1** m. *Sonido reflejado que llega a un punto, por ejemplo al oído del observador, después del que procede directamente del foco, y que parece, por tanto, una *repetición de éste. **2** (sing. o pl.) *Sonido percibido a lo lejos: 'Hasta ellos llegaban los ecos de la marcha militar'. ⊙ Sonido que perdura en la memoria: 'Me persigue el eco de su voz'. ⊙ Se usa también, en sentido figurado, en frases como 'aún no se ha extinguido el eco de sus promesas'. **3** *Noticia imprecisa o rumor acerca de un *suceso ocurrido en un sitio, que llega a otro: 'Aquí ha llegado algún eco de lo ocurrido'. **4** *Resonancia o difusión que alcanza una noticia o un suceso: 'Las palabras del ministro han tenido mucho eco en los medios diplomáticos'. **5** *Noticias de cierto ambiente o medio publicadas con ese título en un *periódico: 'Ecos de sociedad. Ecos del frente'. **6** Con respecto a una persona, otra que *repite servilmente lo dicho por ella. **7** Repetición servil de algo dicho antes por otro. ⊙ Expresión o dicho en que se nota la *influencia de otra persona. **8** LIT. *Composición *poética en que se repiten algunas palabras monosílabas o la sílaba final de alguna, constituyendo una palabra con significado propio como una especie de eco.* **9** *Repetición de partes de un *canto por otra voz.*

HACER ECO a algo dicho por una persona. Contribuir a que tenga *resonancia.

HACERSE ECO DE una noticia. Aceptarla como verdadera y *difundirla.

TENER ECO una cosa. Tener *resonancia.

eco-[1] Elemento prefijo del gr. «oiko-», casa, con que se forman algunas palabras cultas: 'ecología, economía'. ⊙ Da lugar a numerosas palabras acomodaticias que aportan la idea de defensa o acercamiento a la naturaleza: 'ecoturismo'.

eco-[2] Elemento prefijo del lat. «echo», usado en palabras científicas: 'ecolalia, ecopraxia'.

-eco, -a Sufijo despectivo que equivale en algunas palabras a «-ejo»: 'muñeca'. ⇒ -Co.

ecografía (de «eco-[2]» y «-grafía») **1** f. *Capacidad para *copiar cosas escritas, que subsiste al perder la capacidad de expresar ideas propias por escrito.* ⇒ *Mente. **2** MED. Método exploratorio basado en el uso de ultrasonidos que, al reflejarse en los distintos órganos, producen un eco que queda registrado en una pantalla. ⊙ MED. Particularmente, cuando se emplea en exploraciones ginecológicas. ⊙ MED. Imagen obtenida mediante este procedimiento.

ecografista adj. y n. MED. Especialista que se dedica a hacer ecografías.

ecógrafo m. MED. Aparato para hacer ecografías.

ecolalia (de «eco-[2]» y el gr. «laliá», habla) f. PSI. *Repetición mecánica por un enfermo mental de las palabras de las personas que le rodean.*

ecología (de «eco-[1]» y «-logía») **1** f. Rama de la *biología que se encarga del estudio de la relación de los seres vivos entre sí y con el medio. **2** Estudio de la relación entre los grupos humanos y el medio ambiente.

ecológico, -a 1 adj. De la ecología o de su objeto. **2** Se aplica a los productos cuya elaboración o consumo no causa deterioro en el medio ambiente: 'Envase ecológico'. ⇒ Biodegradable.

ecologismo m. Doctrina y movimiento que defiende la conservación de la naturaleza.

ecologista 1 n. Especialista en ecología. **2** adj. y n. Del ecologismo, o seguidor de esta doctrina o movimiento. ≃ Verde.

ecólogo, -a n. Especialista en ecología.

economato 1 m. *Cargo de ecónomo.* **2** Establecimiento para la venta a precio reducido de ciertos productos, organizado en forma de *cooperativa por un determinado cuerpo o grupo de personas: 'El economato de los empleados de ferrocarriles'. ⇒ Comisariato.

económetra n. ECON. Especialista en econometría.

econometría (de «economía» y «-metría») f. Econ. Disciplina que aplica los principios de las matemáticas y la estadística a los fenómenos económicos.

econométrico, -a adj. Econ. De [la] econometría.

economía (del lat. «oeconomĭa», del gr. «oikonomía», administración de una casa) **1** f. Actividad de *administrar y ordenar los ingresos y los gastos de la manera más provechosa. **2** Estado de *riqueza de un país, de una persona o de una entidad cualquiera: 'El país tiene una economía floreciente'. **3** Economía política. **4** Prudencia y moderación en los gastos o conducta del que gasta poco: 'Viven con mucha economía'. ⊙ (gralm. pl.) Reducción en los gastos: 'Hay que introducir economías en el presupuesto'. ⊙ Menos gasto de una cosa cualquiera: 'Economía de tiempo [de esfuerzo, de palabras]'. ≃ Ahorro. **5** (pl.) Cantidad de dinero que se tiene ahorrada. ≃ Ahorros. **6** Funcionamiento de cualquier cosa orgánica o inorgánica, particularmente desde el punto de vista de lo que consume y lo que rinde, o de la coordinación de las piezas o elementos que intervienen en ese funcionamiento: 'El nitrógeno es esencial en la economía vegetal. El tiro es importante en la economía de la caldera'. **7** *Escasez o miseria.* **8** Pint. *Buena disposición y colocación de las figuras y demás objetos que entran en una composición.*

Economía animal. Fisiol. Conjunto de las funciones del organismo animal.

E. doméstica. **1** Conjunto de conocimientos necesarios para *administrar bien una casa. **2** Estado de *riqueza de una familia: 'Ha sido un golpe serio para nuestra economía doméstica'.

E. de mercado. Econ. Sistema económico en el que los precios están sometidos a la ley de la oferta y la demanda.

E. política. Econ. *Ciencia que trata de la producción, distribución y consumo de los bienes destinados a satisfacer las necesidades humanas.

E. sumergida. Econ. Conjunto de actividades económicas que se realizan sin control laboral, fiscal, etc.

□ Catálogo

Administración, crematística, econometría, finanzas, hacienda, macroeconomía, microeconomía, *riqueza. ➤ Absentismo, autarquía, babismo, bimetalismo, libre cambio, capitalismo, colectivismo, *comunismo, economía de mercado, fisiocracia, industrialismo, inflacionismo, ley de la oferta y la demanda, liberalismo, librecambio, maltusianismo, marxismo, monetarismo, monometalismo, neocapitalismo, neoliberalismo, obrerismo, oportunismo, proteccionismo, sansimonismo, sindicalismo, *socialismo. ➤ Sector primario [privado, público, secundario, terciario]. ➤ Demanda, monopolio, monopsonio, oligopolio, oferta. ➤ Paro, paro forzoso, paro obrero, regulación de empleo. ➤ Latifundio, minifundio. ➤ Ahorro, banca, capital, impuesto, *renta, *trabajo. ➤ Producto interior bruto, PIB, producto nacional bruto. ➤ Balanza comercial, balanza de pagos. ➤ Deflación, desvalorización, estabilización, índice de precios al consumo [o IPC], industrialización, inflación, reconversión, repunte. ➤ Crisis, recesión. ➤ Economía sumergida. ➤ Patrón oro. ➤ Input, output. ➤ Míbor. ➤ Ingeniería financiera. ➤ *Dinero. *Negocio.

económicamente **1** adv. Desde el punto de vista de la economía o de la situación económica: 'Está, económicamente, bien situado'. **2** Con poco gasto: 'Viven muy económicamente'.

economicismo m. Economismo.

economicista adj. Del economismo o economicismo. ⊙ adj. y n. Partidario de esta doctrina.

económico, -a **1** adj. De la economía o del dinero: 'El aspecto económico de la cuestión'. **2** Aplicado a personas, se dice del que gasta con reflexión. ⊙ O del que gasta poco. ⊙ También del que escatima en los gastos. ⇒ *Tacaño. **3** («Resultar, Salir, Ser») *Barato. ⊙ De calidad no selecta y de poco *precio: 'Un traje [o un restaurante] económico'. ⊙ Se aplica a la cosa que cuesta menos dinero del que suelen costar las de la misma clase: 'El viaje nos ha salido muy económico'.

V. «medios económicos, posición económica, situación económica».

economismo m. Doctrina que concede mayor importancia a los factores económicos que a los de cualquier otro tipo en la interpretación de los fenómenos sociales.

economista n. Especialista en economía o que se dedica a ella.

economizar (de «ecónomo») tr. o abs. Gastar de una cosa menos de ↘lo que se puede gastar. ⊙ No gastar todo el dinero de que se dispone y *guardar el ↘dinero que no se gasta. ⇒ Apartar, cicatear, enguerar, escasear, *escatimar, *guardar, reservar.

No economizar esfuerzos, medios, sacrificios, trabajos, etc., para una cosa. No *evadir ninguno de los posibles.

ecónomo (del lat. «oeconŏmus», del gr. «oikonómos») **1** m. *Persona que administra los bienes de un loco o un pródigo.* ⇒ *Tutor. **2** adj. y n. m. Se aplica al *cura que desempeña interinamente una parroquia vacante. **3** m. **Eclesiástico que sirve interinamente cualquier oficio vacante.* **4** *Persona nombrada para cobrar las rentas *eclesiásticas correspondientes a las plazas vacantes.*

ecopraxia f. Psi. *Imitación por un enfermo mental de los movimientos de los que le rodean.*

ecosistema (de «eco-[1]» y «sistema») m. Conjunto de especies vegetales y animales cuya coexistencia e interrelación es fruto de determinado ambiente natural: 'Si disminuye la superficie de las marismas del Guadalquivir, peligra el ecosistema de la zona'.

ecosonda (de «eco-[2]» y «sonda») m. Aparato para medir la profundidad de los mares o detectar bancos de peces, mediante la emisión de ultrasonidos.

ecotado, -a (del fr. «écoté», con las ramas cortadas) adj. Heráld. *Se aplica a los troncos y ramas con los nudos de las ramificaciones cortadas.*

ecoturismo (de «eco-» y «turismo») m. Turismo que se realiza en contacto con la naturaleza.

ectasia (del lat. «ectăsis», dilatación) f. Med. *Dilatación, en particular de un órgano hueco.*

éctasis (del lat. «ectăsis», del gr. «éctasis», extensión) f. Métr. **Licencia poética que consiste en alargar una sílaba breve para completar la medida del verso. En castellano, se trata, en realidad, de un cambio de sílaba átona en acentuada; como «maquina» por «máquina».*

ecto- Elemento prefijo del gr. «ektós», exterior o fuera de su sitio: 'ectoplasma'.

ectodermo (de «ecto-» y «-dermo») m. Biol. *Capa más externa del tejido embrionario de los animales; origina la cubierta externa del cuerpo, los órganos sensoriales y el sistema nervioso.* ≃ Epiblasto.

-ectomía Elemento sufijo del gr. «ek-», ex-, y «-tomía», de «témnō», cortar.

ectópago (de «ecto-» y la raíz griega «pag-», estar fijo) adj. Biol. *Se aplica al ser formado por dos individuos con el ombligo común y unidos lateralmente en toda la extensión del pecho.* ⇒ *Gemelos, *siameses.

ectoparásito (de «ecto-» y «parásito») m. BIOL. **Parásito que vive sobre la superficie externa de su huésped, como el piojo, la pulga o el mosquito.*

ectopia (del gr. «ek», fuera, y «tópos», lugar) f. BIOL. *Anomalía en la situación de un órgano, particularmente interno.*

ectoplasma (de «ecto-» y el gr. «plásma», formación) **1** m. BIOL. *Zona exterior más transparente del citoplasma de las *células.* **2** Supuesta sustancia que desprende un médium cuando está en trance, con la cual se forman imágenes de diverso tipo. ⇒ *Espiritismo.

ectropión (del gr. «ektrópion») f. MED. *Inversión anormal permanente del *párpado hacia fuera, generalmente el inferior, por causa de inflamación, parálisis, espasmo, etc.* ⇒ Entropión.

ecu (sigla del ingl. «european currency unit») m. Unidad monetaria de la Unión Europea.

ecuable (del lat. «aequabĭlis») **1** (ant.) adj. **Justo.* ≃ Equitativo. **2** *Aplicado al movimiento de los cuerpos, *uniforme.*

ecuación (del lat. «aequatĭo, -ōnis») **1** f. MAT. Igualdad con una o más incógnitas. **2** ASTRON. *Diferencia que hay entre la situación o movimiento verdadero de un astro y el medio.*

ECUACIÓN DEL TIEMPO. ASTRON. *Tiempo que transcurre entre el mediodía medio y el verdadero.*

ecuador (del lat. «aequātor, -ōris») **1** (gralm. con mayúsc.) m. Paralelo terrestre que divide a la Tierra en dos partes iguales. ≃ ECUADOR terrestre, línea, LÍNEA equinoccial. **2** Punto medio en la duración de un proceso o actividad.

ECUADOR CELESTE. ASTRON. *Prolongación del plano del Ecuador terrestre en la esfera celeste.*

E. TERRESTRE. Ecuador (paralelo).

V. «PASO del Ecuador».

ecualización f. Acción y efecto de ecualizar.

ecualizador m. Aparato que sirve para ecualizar el sonido.

ecualizar (del ingl. «to equalize», igualar) tr. En alta fidelidad, ajustar los distintos sectores de la banda de frecuencia de un ˘sonido, para compensar deficiencias en su reproducción o adaptarlo a determinados gustos o necesidades.

ecuamente (ant.) adv. *Equitativamente.*

ecuánime (del lat. «aequanĭmis») adj. No propenso a apasionarse o perder la *tranquilidad. ≃ Equilibrado, sereno. ⊙ *Desapasionado, *imparcial o *justo. Se aplica al que obra de acuerdo con la razón y la justicia y no por impulsos afectivos, así como a sus actos, palabras, etc.

ecuanimidad f. Cualidad de ecuánime. ⊙ Actitud ecuánime.

ecuante (del lat. «aequans, -antis», part. pres. de «aequāre», igualar; ant.) adj. *Igual.*

ecuator (del lat. «aequātor, -ōris»; ant.) m. *ECUADOR celeste.*

ecuatorial (de «ecuator») **1** adj. Del Ecuador (paralelo). **2** ASTRON. *Se aplica al dispositivo paraláctico con que pueden medirse coordenadas celestes.* **3** n. ASTRON. **Telescopio dotado de montura ecuatorial.*

ecuatorianismo m. Americanismo de Ecuador.

ecuatoriano, -a (de «ecuator») adj. y, aplicado a personas, también n. Del Ecuador (nación hispanoamericana). ⇒ Chagra. ➤ Calé, cóndor, sucre. ➤ Anaco.

ecuestre (del lat. «equestris») **1** adj. Del *caballo. **2** De los caballeros o de la orden de caballería. **3** ESCULT., PINT. Se aplica a una figura o una representación de una persona montada a caballo: 'Estatua ecuestre'. ⇒ *Dibujo, *escultura, pintura.

V. «ORDEN ecuestre».

ecúleo (del lat. «eculĕus»; ant.) m. *Potro (*tortura).*

ecuménico, -a (del lat. «oecumenĭcus», del gr. «oikoumenikós»; culto) adj. *Universal. Se aplica particularmente a los *concilios generales en que están representadas las Iglesias oriental y occidental.

ecumenismo m. Postura religiosa caracterizada por su apertura hacia las distintas Iglesias cristianas con el fin de crear una sola Iglesia universal. ⊙ Conjunto de actividades destinadas a favorecer la unidad de los cristianos.

ecuo, -a (del lat. «aequus»; ant.) adj. **Justo, recto.* ⇒ Equísimo.

ecuóreo, -a (del lat. «aequorĕus»; lit.) adj. *Del *mar.*

eczema m. Ortografía, también usada, de «eccema».

-eda[1] **1** Sufijo con que se forman nombres de conjunto o plantación: 'arboleda, rosaleda'. **2** V. «-areda». **3** V. «-edo, -a».

-eda[2] Sufijo átono con que se forman nombres de acción: 'búsqueda'.

edad (del lat. «aetas, -ātis»; con artículo: 'en la edad de divertirse'; sin artículo: 'en edad avanzada') **1** f. Con respecto a una persona o un animal, tiempo que ha vivido desde que nació hasta el momento que se considera: 'No sé qué edad tenía cuando se casó'. **2** Periodo de la *vida humana especificado de cualquier manera: 'Un hombre de edad madura. Está en la edad de divertirse'. **3** Periodo de los establecidos en la historia de la Tierra. ⇒ *Geología. **4** Periodo de los establecidos en la *historia de la humanidad: 'La Edad Media'. **5** Cualquier *periodo de tiempo que se precisa de algún modo: 'En la edad de nuestros abuelos'. ≃ *Época.

ALTA EDAD MEDIA. Primera parte de la Edad Media, que comprende hasta el siglo XI, excluido o incluido éste, según los autores y los países.

BAJA EDAD MEDIA. Segunda parte de la Edad Media, o sea, desde el siglo XI.

EDAD ADULTA. La de la persona adulta.

E. ANTIGUA. Periodo de la historia que abarca desde los primeros hechos que se pueden narrar hasta el principio de la Edad Media (siglo V).

E. AVANZADA. Ancianidad.

E. DEL BRONCE. Uno de los periodos de la Edad de los Metales.

E. CONTEMPORÁNEA. La más reciente de la historia, en la que vivimos, cuyo principio suele situarse en la Revolución Francesa.

E. CRÍTICA. **1** Época de la vida de las personas en que se verifica el paso de niño a adulto. **2** En la mujer, menopausia.

E. MADURA. La de aquellas personas a las que ya no les es aplicable el calificativo de jóvenes, pero que todavía no son viejas; por ejemplo, entre los cuarenta y cinco y los sesenta años.

E. MEDIA. Periodo de la historia que sigue a la Edad Antigua, separado de ella por la caída del imperio romano (siglo V) y que llega hasta el Renacimiento (siglo XV). ≃ Medievo, SIGLOS medios. ⇒ Medieval.

E. DE LOS METALES. Época prehistórica que sigue a la «Edad de Piedra», en la cual el hombre hacía ya sus armas y utensilios de metal.

E. MODERNA. Periodo de la historia que sigue a la Edad Media y llega a nuestros días o, en sentido restringido, hasta el comienzo de la llamada Edad Contemporánea.

E. DE ORO. Periodo de esplendor en la cultura, en el arte, etc. ⇒ *Apogeo.

E. DEL PAVO. Edad en que los niños empiezan a dejar de serlo; se alude a ella cuando se quiere destacar su influencia en el comportamiento de alguien.

E. DE [o, menos frec., DE LA] PIEDRA. Edad prehistórica anterior al uso de los metales, en que las armas y utensilios eran de piedra.

E. PROVECTA. Significa «edad madura»; hay propensión a usar esta expresión impropiamente por «edad avanzada».

E. TEMPRANA. V. «en EDAD temprana».

E. TIERNA. V. «en mi [tu, etc.] tierna EDAD».

E. VIRIL. Edad adulta de los hombres.

MAYOR EDAD. MAYORÍA de edad.

MENOR EDAD. MINORÍA de edad.

TERCERA EDAD. La vejez.

A MI [TU, etc.] EDAD. Cuando se tiene la edad de la persona en cuestión.

DE CIERTA EDAD. Se aplica a la persona que empieza a ser vieja.

DE EDAD. Ya viejo, pero todavía en el principio de la vejez.

EN EDAD DE MERECER. En la edad en que la mujer empieza a tener pretendientes.

EN EDAD TEMPRANA. Siendo niño o muy joven. Muy frecuentemente, «en temprana edad».

EN SU [MI, etc.] TIERNA EDAD. Siendo niño muy pequeño. V. «en la FLOR de la edad».

ESTAR EN EDAD UNA CABALLERÍA (Ar.). *No haber cerrado.*

MAYOR DE EDAD. Se aplica al que ha entrado en la mayoría de edad.

MAYOR EN EDAD, SABER Y GOBIERNO. Expresión frecuente con que se alude a una persona a la que, por esas circunstancias, otra debe respetar, obedecer o escuchar.

V. «MAYORÍA de edad».

MENOR DE EDAD. Se aplica a la persona que no ha entrado todavía en la mayoría de edad.

V. «MINORÍA de edad».

☐ CATÁLOGO

Raíz culta, «ev-»: 'primevo'. ➤ Abriles, años, castañas, días, hierbas, meses, primaveras, tacos, tiempo, verdes, yerbas. ➤ Alcanzar, andar en, cumplir, tener. ➤ Adolescencia, andropausia, EDAD crítica, FLOR de la vida, infancia, juventud, madurez, MAYORÍA de edad, mayoridad, menopausia, menoría, minoría, minoridad, mocedad, niñez, otoño, primavera, pubertad, USO de razón, vejez. ➤ Adiano, adolescente, adulto, anciano, bebé, carroza, cincuentena, cincuentón, cuadragenario, cuarentón, joven, mozo, muchacho, nene, niño, NIÑO de pañales [o de pecho], NIÑO pequeño, NIÑO de teta, nonagenario, ochentón, octogenario, prematura, quinceañero, quincuagenario, quintañón, septuagenario, sesentón, setentón, sexagenario, treintañal, viejo. ➤ Entrar en QUINTAS. ➤ Longevidad. ➤ Cumpleaños. ➤ A la vejez, viruelas.

☐ FORMAS DE EXPRESIÓN

Algunas expresiones referentes a la edad: '¿cuántos años [meses, etc.] tiene?, ¿qué edad [o qué tiempo] tiene? Tiene [ha cumplido, acaba de cumplir, va a cumplir] diez años [meses, etc.]. Tiene alrededor de cincuenta años, unos cincuenta años, anda por los cincuenta [o por la cincuentena]. Frisa (culto) en los cincuenta años'.

-edad V. «-DAD».

edáfico, -a (del gr. «édaphos», suelo) adj. BOT. Del suelo vegetal.

edafología (del gr. «édaphos», suelo, y «-logía») f. BOT. Tratado del suelo vegetal. ⇒ *Tierra.

-edal Sufijo con que se forman nombres aplicados al lugar donde abunda o se cría la cosa designada por la palabra primitiva: 'robledal'.

edecán (de la expresión francesa «aide de camp», ayuda de campo) **1** m. *En la *milicia antigua, ayudante de campo.* **2** (inf.) *Con respecto a una persona, otra que la *acompaña o le sirve de correveidile.*

edelweiss (al.; pronunc. [edelbáis]; *Leontopodium alpinum)* m. Planta herbácea compuesta de hojas y tallos cubiertos de una pelusilla blanca, con flores blancas en forma de estrella, que crece en zonas montañosas.

edema (del gr. «oídēma», tumor) m. MED. Inflamación de una parte del cuerpo debida a la acumulación de líquido. ⇒ Hidropesía.

edematoso, -a adj. MED. De [o con] edema.

edén (del hebr. «'ēden», delicia, a través del lat. bíblico) **1** (con mayúsc.; «El») m. Lugar habitado por Adán y Eva antes de su caída. ≃ *Paraíso. **2** Lugar delicioso o en que alguien se siente feliz. ≃ Paraíso.

edénico, -a adj. Del [o como del] Edén. ≃ Paradisiaco.

-ederas V. «-deras».

-edero, -a V. «-dero».

edetano, -a adj. y, aplicado a personas, también n. *De Edetania, región de la España Tarraconense, que comprendía parte de las provincias de Valencia, Castellón, Teruel y Zaragoza.*

edición (del lat. «editĭo, -ōnis», parto) **1** f. Acción de editar. **2** Conjunto de todos los ejemplares de una obra escrita que se hacen de una vez, con los mismos moldes. **3** Cada celebración periódica de un certamen, exposición, congreso, etc.

EDICIÓN CRÍTICA. La de obras, generalmente antiguas, que han sufrido modificaciones en su transmisión y que intenta reconstruir el texto para acercarlo lo más posible al original del autor.

E. PRÍNCIPE [o PRINCEPS]. La primera de una obra.

SEGUNDA EDICIÓN (desp.). Repetición de cierta cosa: 'Tenemos con este muchacho la segunda edición de su padre'.

edicto (del lat. «edictum») **1** m. Referido a épocas pasadas, disposición dada por un soberano. **2** *Cartel colocado en las calles y otros sitios públicos con un aviso o noticia oficial. ⇒ Bando, cartapel, letrón, pancarta. **3** DER. *Aviso de un *tribunal, que se expone en el local del mismo, en los periódicos, etc., para hacerlo llegar a personas cuyo domicilio se ignora. ⇒ Encartar.

edículo (del lat. «aedicŭlum») m. *Edificio pequeño colocado como remate de otro, o edificio en miniatura que sirve de tabernáculo, relicario, etc. ≃ Templete.

edificable adj. Se aplica al terreno en que la reglamentación urbanística permite edificar.

edificación **1** f. Acción de edificar, en cualquier acepción. **2** Edificio.

edificador, -a adj. y n. m. Que edifica.

edificante adj. Se aplica a lo que edifica (sirve de buen ejemplo).

edificar (del lat. «aedificāre») **1** tr. o abs. *Construir una ˃casa o cualquier otra obra de albañilería provista de techo, donde se pueda albergar alguien o algo. **2** Crear una ˃empresa o sociedad. **3** Con referencia particularmente a la religiosidad o a las virtudes religiosas, servir una persona o sus actos, su religiosidad, su virtud, etc., de *ejemplo que invita a otras ˃personas a seguirlo.

edificio (del lat. «aedificĭum») m. Construcción de albañilería, apta para albergar personas, animales, etc. ≃ Edificación.

EDIFICIO DE NUEVA PLANTA. El construido desde el principio para el objeto a que se destina; no reformado o adaptado.

E. PANÓPTICO. *Aquel cuyo interior puede ser abarcado por entero con la vista desde un punto.*

E. PÚBLICO. El que está ocupado por oficinas o servicios públicos.

□ CATÁLOGO

Bastimento, edificación, máquina. ➤ Accesoria[s], almacén, almona, anfiteatro, aprisco, bodega, *cárcel, *casa, castillo, *cine, *circo, coliseo, *convento, *cuartel, *depósito, *escuela, estadio, exedra, gallinero, *hospital, *hotel, *iglesia, *mercado, *museo, pabellón, *palacio, palafito, *PLAZA de toros, *quinta, quiosco, rascacielos, rotonda [o rotunda], *teatro, *templo, torre. ➤ Emplazamiento, *orientación, plano, planta, *situación, *solar. ➤ Anfipróstilo, areosístilo, areóstilo, díptero, éustilo, exento, habitable, hipóstilo, monóptero, oficial, períptero, próstilo, roquero, ruinoso, sístilo, subterráneo, terrero. ➤ Ala, *arcada, *ático, bajo, basamento, *bodega, *bóveda, *chimenea, *cimientos, claustro, columnata, compluvio, *cornisa, cornisamento, corredor, crujía, cuadra, cuerpo, *cúpula, *desván, encuentro, entablamento, entreplanta, entretecho, *esquina, fachada, *frontón, *galería, *habitación, *hueco, impluvio, miembro, *muro, *patio, períbolo, *piso, portería, remate, *suelo, tambor, *techo, *tejado, *terraza, *torre, *vestíbulo, zócalo. ➤ Bloque, cuadra, *manzana. ➤ Bastir, *construir, decorar, *derribar, edificar, elevar, emplazar, erigir, socalzar. ➤ COLOCACIÓN de la primera piedra. ➤ Acimentarse, *alzarse, *hundirse. ➤ Abeurrea, *infurción. ➤ Inmobiliaria. ➤ MAL de la piedra. ➤*Arquitectura. *Casa. *Construir. *Vivienda.

edil (del lat. «aedīlis») **1** m. En la antigua *Roma, *magistrado que se ocupaba de las obras públicas y de mantener en buen estado los edificios públicos de la ciudad. **2** Concejal: miembro del *ayuntamiento.

edilicio, -a (del lat. «aedilitĭus») adj. *De [o del] edil o de los ediles.*

edípico, -a adj. PSI. Del complejo de Edipo.

Edipo V. «COMPLEJO de Edipo».

editar (del fr. «éditer») tr. Hacer por medio de un procedimiento mecánico múltiples ejemplares o copias de una ↘obra escrita, de un grabado, un disco, vídeo, etc., para venderlos o difundirlos. ≃ Publicar. ⊙ En sentido restringido, costear y organizar la publicación. ⇒ Inédito, reeditar.

editor, -a 1 adj. Que edita: 'Empresa editora'. **2** n. Persona o entidad que edita una obra, costeando y organizando la publicación. **3** Encargado de la preparación de un texto ajeno para su posterior edición. **4** Responsable de determinados programas de televisión, especialmente los informativos. **5** INFORM. Programa que permite visualizar y modificar datos ya almacenados en un ordenador.

EDITOR RESPONSABLE. **1** Persona que firmaba todos los números de los periódicos políticos y se hacía responsable de su contenido. **2** (inf.) *Persona a cuya responsabilidad fían o pueden fiar otros lo que hacen.*

editorial 1 adj. Relacionado con la edición de obras: 'Negocio editorial'. **2** f. Empresa editora. **3** m. Artículo que se publica sin firma en un lugar fijo del *periódico y contiene la opinión de éste. ≃ Fondo, ARTÍCULO de fondo.

editorialista n. Periodista que redacta editoriales.

editorializar intr. Escribir editoriales.

-edizo, -a V. «-IZO».

-edo o **-eda** (del lat. «-ētum» o «-ēta», pl. de «-ētum») Sufijo que forma algunos nombres derivados de otro nombre, con los que se denomina el *lugar en que existe la cosa, generalmente una clase de plantas, designada por éste: 'alameda, viñedo'.

edomita n. *Idumeo (de Idumea, país que comprendía parte del sur de Judea y parte de la Arabia Pétrea).*

-edor, -a V. «-dor».

edrar (del lat. «iterāre», repetir) tr. **Binar (cavar por segunda vez las vides).*

edredón (del fr. «édredon») m. Cubierta de cama acolchada. ⇒ *Colcha.

edrisí o **edrisita** n. *Nombre dado a los descendientes de Edrís ben Abdala, fundador en el siglo* VIII *de un gran imperio *musulmán en el norte de África.*

-edro Elemento sufijo del gr. «hédra», cara: 'romboedro'.

educable adj. Susceptible de ser educado.

educación 1 f. Acción de educar. **2** Cualidad de la persona educada. **3** Manera, buena o mala, de estar educada una persona: 'Buena [o mala] educación'.

EDUCACIÓN FÍSICA. La que se imparte en centros docentes para mejorar el desarrollo corporal de los alumnos mediante la gimnasia y el deporte.

V. «FALTA de educación».

educacional adj. En pedagogía, que tiene como fin la educación: 'La sociedad actual tiende a olvidar la función educacional de los padres'.

educacionista 1 adj. En pedagogía, de la educación. **2** n. Persona encargada de educar a un grupo de niños o jóvenes.

educado, -a Participio adjetivo de «educar». ⊙ Se aplica al que ha recibido educación. ⊙ Particularmente, al que tiene buenos modales.

BIEN EDUCADO. Se aplica a la persona que, en sus modales y comportamiento social, demuestra haber recibido educación.

MAL EDUCADO. *Grosero. ⊙ Se aplica mucho a los niños que se portan como se considera que no debe portarse un niño bien educado.

educador, -a adj. Se aplica a las cosas, como una experiencia o un ejemplo, que educan. ⊙ adj. y, aplicado a personas, también n. Se aplica a las personas que se dedican a educar niños.

educando, -a n. Se aplica al niño o muchacho que está siendo educado: 'Una fila de educandas'. ⊙ Persona que recibe educación, con respecto al que se la da o al colegio o establecimiento donde la recibe: 'El preceptor y sus educandos. Las educandas del colegio'. ≃ *Alumno.

educar (del lat. «educāre») **1** tr. *Preparar la inteligencia y el carácter de los ↘niños para que vivan en sociedad. ⇒ Pedagogía. ⊙ *Enseñar a ↘alguien las normas de *cortesía. ⊙ Preparar a ↘alguien para cierta función o para vivir en cierto ambiente o de cierta manera: 'Educar a un príncipe. La han educado para rica. Educar a una sirvienta'. ⊙ *Enseñar ciertas prácticas o buenas costumbres a los ↘animales: 'Educar a un perro'. ⊙ Acostumbrar a un ↘miembro o un órgano a trabajar o realizar su función: 'Al perder la mano derecha, se propuso educar la izquierda. Hay que educar ese intestino'. **2** Ejercitar los ↘sentidos, la sensibilidad o el gusto para que *aprendan a distinguir lo bueno o que tiene valor de lo malo o que no lo tiene: 'Educar el oído [o el gusto artístico]'. ≃ Afinar, formar.

□ CATÁLOGO

*Adiestrar, afinar, alfabetizar, amaestrar, *civilizar, conformar, corregir, criar, desasnar, desbastar, dirigir, disciplinar, documentar, domesticar, ejercitar, *enseñar, formar, guiar, hacer HOMBRE, informar, llevar de la MANO, quitar el PELO de la dehesa, preparar, pulir, *reprender, tutelar. ➤ Dar una LECCIÓN. ➤ Machacar en HIERRO frío. ➤ *Ayo, educador, ganso, institutriz, *maestro, mentor, *preceptor, profesor. ➤ *Alumno, colegial, discípulo, educando. ➤ Pedagogía. ➤ *Gimnasia, práctica. ➤ *Amable, *cortés, como es DEBIDO, delicado, educado, fino, sociable. ➤ Civilidad, civismo, corrección, *cortesía, delicadeza, educación, finura, buenas MANERAS, urbanidad. ➤ Coeducación, ineducado, reeducar. ➤ *Criar. *Enseñar. *Instruir.

educativo, -a adj. Útil para educar.

educir (del lat. «educĕre») tr. *Deducir.*
□ CONJUG. como «conducir».

edulcoración f. Acción de edulcorar.

edulcorante 1 adj. Que edulcora. **2** m. Sustancia que sirve para edulcorar; particularmente, si es una sustancia sintética.

edulcorar (del b. lat. «edulcorāre») tr. o abs. Endulzar con sustancias naturales o sintéticas.

-edumbre Sufijo con que se forman nombres de cualidad: 'mansedumbre'; y de cosa en que se realiza el fenómeno expresado por la raíz: 'podredumbre'.

-edura V. «-dura».

efe f. Letra «f».

efébico, -a (de «efebo») adj. BIOL. *Se aplica al periodo de máxima fortaleza de un individuo animal y a lo perteneciente a ese periodo.*

efebo (del lat. «ephēbus», del gr. «éphēbos»; lit.) m. *Adolescente.

efectismo m. Cualidad de efectista. ⊙ Acción de las cosas efectistas.

efectista n. Se aplica a lo que causa más efecto del que corresponde a su verdadero contenido o valor: 'Un discurso efectista'. ≃ Aparatoso, *espectacular. ⊙ Se aplica a la persona que busca con sus palabras o actos causar mucho efecto: 'Un médico efectista'.

efectivamente adv. Expresión con que se da a algo que se dice carácter de *confirmación de lo que se ha dicho antes por el mismo que habla o por otro, o que se pensaba o se veía como posible: 'Efectivamente, estaba donde tú has dicho. Estaba efectivamente donde tú has dicho'. ≃ *Realmente, con efecto, en efecto.

efectividad f. Cualidad de efectivo. ⊙ Situación de lo que ya produce efecto: 'Un nombramiento con efectividad desde el 1 de enero'. ≃ Efectos.

efectivo, -a (del lat. «effectīvus») **1** adj. Se aplica a la cosa, particularmente «medio» o «remedio», que produce *efecto. **2** Se adjunta a un nombre para expresar que la cosa a que se aplica lo merece sin exageración: 'Una obra de mérito efectivo. Ha logrado un triunfo efectivo'. ≃ *Auténtico. **3** *Aplicado a un nombre de *empleo o de empleado, significa, por oposición a «interino», que lo es de plantilla o fijo.* **4** m. *Dinero en monedas. ≃ Numerario. **5** (pl.) Tropas con las que cuenta un ejército, consideradas desde un punto de vista numérico. ⊙ Puede aplicarse también a las personas que forman parte de una empresa, a las que colaboran en un proyecto, etc.

EN EFECTIVO. En *dinero.

HACER EFECTIVO. Realizar algo prometido. ≃ Llevar a EFECTO.

efecto (del lat. «effectus»; numeral o partitivo) **1** («Ser») m. Con respecto a una cosa, otra *causada por ella: 'El adelgazamiento es [un] efecto de la enfermedad'. ⊙ («Causar, Hacer, Operar, Producir, Surtir, Obrar, Experimentar, Notar») Situación o cambio a que se llega o que se produce, con o sin intención, con cierta acción: 'Con la carta hemos logrado el efecto deseado. La medicina no ha surtido efecto'. ≃ Resultado. ⊙ Con este significado se emplea en el diccionario para definir ciertos nombres verbales: 'Adelgazamiento es el efecto de adelgazar'. ⊙ («Causar, Hacer, Producir; Experimentar, Notar, Sentir») Acción sobre el ánimo de cierto suceso, noticia, etc.: 'No le ha hecho efecto la noticia. La muerte de su amigo le hizo mucho efecto'. ≃ Impresión, sensación. ⊙ Esa acción o impresión calificada de algún modo que expresa el juicio favorable o desfavorable que es consecuencia de ella: 'Esa contestación me ha causado mal efecto. Su ejercicio hizo muy buen efecto en el tribunal'. ⊙ Manera agradable, desagradable, etc., de impresionar una cosa con su aspecto: 'Unos decorados de muy buen efecto. El muchacho me hizo un efecto excelente'. **2** Se aplica a determinados fenómenos físicos o químicos, añadiendo generalmente el nombre de su descubridor: 'Efecto Edison'. **3** Movimiento giratorio que se imprime a la bola o pelota en ciertos juegos y deportes, como el billar, el fútbol o el tenis. **4** m. pl. Objetos con algún valor, pertenecientes a cierta persona, que están guardados o almacenados en cierto sitio, etc.: 'Trasladó sus efectos en una furgoneta. Un inventario de los efectos existentes en la casa'. ≃ *Cosas, enseres. ⊙ *Mercancías o artículos de comercio: 'Se traspasa una zapatería con o sin efectos'. ⊙ Documentos de crédito, como letras o acciones: 'Los efectos depositados en las cajas de este banco'. ≃ Títulos, *valores.

EFECTO DOMINÓ. El que afecta en cadena a una serie de cosas.

E. EXPLOSIVO (inf.). Efecto muy perturbador o reacción violenta causados en alguien o algo por una cosa.

E. FOTOELÉCTRICO. FÍS. Descarga de *electrones provocada por la luz en un cuerpo conductor, en que se basa la «célula fotoeléctrica».

E. INVERNADERO. FÍS. Fenómeno de retención del calor en zonas de la atmósfera cercanas a la corteza terrestre, debido a la presencia de una capa de óxidos de carbono procedentes de las combustiones industriales.

E. SECUNDARIO. FARM., MED. Posible alteración causada por un medicamento.

EFECTOS A COBRAR. Expresión frecuente, que constituye un galicismo como todas las semejantes en que la preposición «a» precede con valor final a un infinitivo. ⇒ A.

EFECTOS ESPECIALES. Trucos visuales o sonoros utilizados en el teatro, el cine, la radio, etc., para crear sensación de realidad en el espectador u oyente.

EFECTOS ESTANCADOS. Artículos como el tabaco, cuya venta constituye un *monopolio del Estado.

EFECTOS PÚBLICOS. Títulos de la deuda pública. ⇒ *Valores.

AL [A DICHO, A ESE O A TAL] EFECTO. Para ello o para eso: 'Vino al efecto desde Sevilla'.

A EFECTOS DE. Para los efectos de. Se emplea en vez de «para», sustituyendo el infinitivo por un nombre de acción o un adjetivo: 'Ese tiempo no se computa a efectos de percibo de haberes pasivos. A efectos tributarios'.

A UN SOLO EFECTO. Fórmula muy frecuente con que se indica en algunos *documentos que no están destinados a ser empleados para cualquier cosa, sino sólo para una determinada.

BUEN EFECTO. V. «de buen EFECTO».

CON EFECTO. *En efecto.*

CON EFECTO DESDE... Fórmula de sentido claro empleada, por ejemplo, en un nombramiento o un contrato.

CON EFECTOS RETROACTIVOS. Fórmula para expresar que una disposición, una sentencia, etc., se aplica al tiempo anterior al momento en que se da, contando desde cierta fecha que suele indicarse.

DE BUEN EFECTO. De efecto *agradable.
DE EFECTO INMEDIATO. Expresión frecuente.
DE MAL EFECTO. De efecto desagradable o que causa mala impresión: 'Es de mal efecto que pidas dinero enseguida de llegar'. ⇒ Deplorable, desagradable, lamentable, lastimoso, sensible.
DE [MUCHO] EFECTO. Con apariencia de cosa buena o importante, o mejor o más importante de lo que es en realidad. ≃ *Espectacular, impresionante.
EN EFECTO. Frase frecuente con que se asiente a algo dicho por otro o se confirma algo ya dicho o que se suponía: 'La cosa es difícil. —En efecto. El libro estaba, en efecto, donde tú habías dicho'. ≃ Con efecto.
V. «GOLPE de efecto».
LLEVAR A EFECTO. Realizar cierta cosa: 'El medio con que llevó a efecto su intento. No pudo llevar a efecto sus planes'.
MAL EFECTO. V. «de mal EFECTO».
MUCHO EFECTO. V. «de mucho EFECTO».
PARA LOS EFECTOS. *Virtualmente: 'Para los efectos, es como si ya tuviera el dinero en su poder'.
SURTIR EFECTO. Dar una cosa o acción el resultado pretendido con ellas.
TENER EFECTO. *Realizarse cierta cosa: 'Ayer tuvo efecto la toma de posesión del nuevo director'.

☐ CATÁLOGO
Sufijos, «-anza, -azgo, -do, -dura, -miento»: 'mudanza, hartazgo, acabado, añadidura, corrimiento'. ➤ Alcance, carambola, *consecuencia, efectividad, eficacia, eficacidad, eficiencia, éxito, fruto, *producto, resulta, resultado, resultancia, secuela, trascendencia. ➤ Choque, *impresión. ➤ Deplorable, desastroso, fulminante, grande, instantáneo, lógico, maravilloso, *mucho, pasmoso, poderoso, retardado, retroactivo. ➤ Conseguido, *espectacular, santo, trascendental, trascendente. ➤ Como a un SANTO [o a un [santo] CRISTO] dos [o un par de] pistolas. ➤ Activo, *apto, *bueno, efectivo, efectual, eficaz, eficiente, enérgico, fructífero, como MANO de santo, operante, operativo, operoso, poderoso, rayo, santo, *útil, valioso, virtuoso. ➤ Acción, actividad, *capacidad, efectividad, eficiencia, fuerza, nervosidad, poder, virtud. ➤ Efectismo, GOLPE de efecto, latiguillo. ➤ Ceder en, cuajar, surtir EFECTO, hacer MELLA, obrar, quedar, redundar, refluir, refundir, repercutir, resentirse, *resultar, salir, seguirse, trascender. ➤ Por carambola, de paso, de rebote, de rechazo. ➤ *Notar, sentir, sufrir. ➤ Caer, estar, sentar. ➤ *Deslumbrar, *impresionar. ➤ A consecuencia, de resultas. ➤ El CASO es que, la COSA es que, ELLO es que, el HECHO es que, en resumen. ➤ Ilación. ➤ *Anular. ➤ Coeficiente, ineficaz», etc.; «ineficiente. ➤ *Acción. *Causa. *Consecuencia. *Hacer. *Resultar.

efectuación f. *Acción de efectuar.*

efectual (del lat. «effectuālis»; ant.) adj. *Efectivo.*

efectualmente (ant.) adv. *Efectivamente.*

efectuar (del lat. «effectus», efecto) tr. Hacer la ↘cosa que se expresa: 'Efectuar un viaje [o unas compras]'. ≃ Realizar, llevar a CABO. ⊙ Realizar una ↘*operación aritmética. ⊙ prnl. Ser efectuado: 'Ayer se efectuó el enlace matrimonial'. ⊙ *Suceder un cambio: 'Se efectuó un cambio en mi manera de ver las cosas'. ≃ Realizarse.
☐ CONJUG. como «actuar».

efectuosamente (ant.) adv. *Efectivamente.*

efedra (*Ephedra fragilis* y otras especies del mismo género) f. Arbusto de la región mediterránea, de hojas pequeñas y frutos globulares.

efedráceo, -a adj. y n. f. BOT. *Se aplica a las *plantas de la familia a la que pertenecen la efedra y el belcho, que son arbustos leñosos con hojas que parecen escamas.* ⊙ f. pl. BOT. *Familia que forman.*

efedrina f. FARM. *Alcaloide de la *planta Ephedra vulgaris, que se emplea en medicina para dilatar la pupila.*

efélide (del gr. «ephēlis, -ídos») f. MED. **Peca; se aplica particularmente a las de carácter pasajero, producidas por el sol y el aire.*

efemérides o **efeméride** (del lat. «ephemerĭdes», pl. de «ephemĕris, -ĭdis», del gr. «ephēmerís, -ídos», de un día) **1** f. Hecho importante *sucedido en otro año y evocado en la fecha en que se está o de que se trata. ⊙ Conmemoración de este hecho. **2** f. pl. Escrito en que se refieren los hechos de cada *día. ≃ Diales. **3** ASTRON. Tablas periódicas de las posiciones diarias del Sol, la Luna y ciertas estrellas.

efémero (del lat. «ephemĕron», del gr. «ephḗmeron», efímero) m. **LIRIO hediondo (planta iridácea).*

efemeróptero (del gr. «ephḗmeros», de un solo día, y «-ptero») adj. y n. m. ZOOL. *Se aplica a los *insectos con metamorfosis incompleta, llamada vulgarmente «efímera». Los adultos tienen cuatro alas membranosas y tres apéndices caudales, y suelen vivir tan sólo un día; las larvas son acuáticas y pueden vivir varios años.* ⊙ m. pl. ZOOL. *Orden que forman.*

efendi (del turco «efendi», señor, del gr. «authéntēs», a través del fr.) m. **Título honorífico usado entre los turcos.* ≃ Fendi.

eferencia f. FISIOL. Transmisión de sangre, linfa u otra sustancia, desde una parte del organismo hacia otra considerada periférica con respecto a ella.

eferente (del lat. «effĕrens, -entis») adj. ANAT., FISIOL. Se aplica a lo que lleva hacia fuera: 'Nervios [o vasos] eferentes'. ⇒ Aferente.

efervescencia (del lat. «effervescens, -entis», efervescente) **1** f. Fenómeno de escaparse pequeñas *burbujas en un líquido, por efecto de la fermentación o de una reacción química. **2** Muestras de *descontento o actitud de rebeldía, en una colectividad. ≃ *Agitación, excitación, inquietud.

efervescente (del lat. «effervescens, -entis») adj. Se aplica a lo que está o puede ponerse en efervescencia material. ⊙ Particularmente, a las bebidas.

éfeta (del gr. «ephétēs») m. *Nombre dado a ciertos *jueces de la antigua Atenas.*

efetá (del arameo «eppetaḥ», ábrete, a través del lat. bíblico; inf.) *Palabra con que se comenta la *obstinación o renuencia de alguien.*

efeto (ant.) m. *Efecto.*

eficacia f. Cualidad de eficaz. ⊙ Hecho de resultar eficaz una cosa.

eficacidad f. *Eficacia.*

eficaz (del lat. «effĭcax, -ācis») adj. Se aplica a las cosas que producen el efecto o prestan el servicio a que están destinadas: 'Un remedio eficaz'. ⊙ A las que producen mucho efecto o todo el que se desea: 'Una enseñanza eficaz'. ⇒ *Efecto.
☐ NOTAS DE USO
«Eficaz» se aplica más a cosas, mientras que «eficiente» se aplica más a personas u organismos.

eficazmente adv. Con eficacia.

eficiencia f. Cualidad de eficiente. ⊙ Especialmente, aptitud, capacidad, competencia, cualidad de la persona eficiente.

eficiente (del lat. «efficĭens, -entis») adj. Se aplica a lo que realiza cumplidamente la función a que está destinado: 'Una organización eficiente'. ≃ Eficaz. ⇒ Coeficiente, conficiente. ⊙ (más frec. que «eficaz») Aplicado a personas, muy *útil en el cargo que desempeña: 'Un secretario eficiente'. ≃ *Apto, capaz, competente.

eficientemente adv. Con eficiencia.

efigiado, -a (del lat. «effigiātus») adj. *Hecho de bulto.*

efigie (del lat. «effigĭes») **1** f. DIB., ESCULT., PINT. *Representación de alguien, particularmente de personajes sagrados. ≃ Figura, *imagen. ⊙ Se aplica también, en lenguaje culto, a la representación de personajes importantes: 'Tiene la efigie del rey en su despacho'. Y puede aplicarse a la de otras personas, pero implica siempre veneración hacia ellas: 'Tiene en lugar preferente la efigie de su padre'. **2** Algo material, generalmente una persona, que muestra tan vivamente una cualidad o estado que puede tomarse como la representación de ellos: 'Aquella pobre madre era la efigie del dolor'. ≃ *Imagen, personificación.

VERA EFIGIE. Imagen verdadera de una persona; se aplica particularmente a la imagen de Jesucristo en el paño de la Verónica.

efímera (de «efímero») f. **Cachipolla (insecto).*

efímero, -a (del gr. «ephḗmeros», de un día) **1** adj. *Se aplica a lo que dura sólo un *día.* ⇒ Efemérides. **2** De muy poca duración: 'Una alegría efímera'. ≃ *Breve, corto, fugaz, fugitivo, pasajero. ⊙ BOT. *Se aplica a la *planta que cumple el ciclo de su vida en un periodo muy corto, como sucede con algunas plantas del desierto.* ⊙ BOT. *Se aplica también a las *flores que sólo se abren una vez y en unas horas se marchitan.*

V. «FIEBRE efímera».

eflorecerse (del lat. «efflorescĕre») prnl. QUÍM. *Convertirse en polvo ciertas sustancias al perder espontáneamente el agua de cristalización.*

eflorescencia **1** f. QUÍM. *Acción de eflorecerse una sustancia.* ⊙ *Formación sobre un cuerpo de cristales de una sustancia que *rezuma o sale de su interior a la superficie; por ejemplo, la que aparece sobre los muros al secarse, por las sales del yeso o mortero.* **2** MED. **Erupción cutánea de *granitos rojos.*

eflorescente adj. QUÍM. *Se aplica a los cuerpos capaces de eflorecerse.*

efluente **1** adj. *Que efluye.* **2** m. *Aguas residuales de una planta industrial.*

efluir (del lat. «efflŭere») intr. *Escaparse un líquido o gas.*

eflujo (del lat. «effluxum», part. pas. de «efflŭere», fluir) m. *Efluxión.*

efluvio (del lat. «effluvĭum») **1** (frec. pl.) m. Algo agradable, como olor, vapor o gotas finísimas, que se desprende de un cuerpo y se mantiene en el ambiente: 'Los efluvios de la primavera'. ≃ *Emanación. **2** Algo inmaterial que se considera como si se desprendiese de una cosa o una persona causando cierta impresión alrededor de ella: 'La rodea un efluvio de simpatía'. ≃ *Emanación.

efluxión (del lat. «effluxĭo, -ōnis») **1** f. **Emanación de algún vapor o de lo que se llamaba «espiritus vitales».* ≃ Eflujo. **2** MED. *Expulsión del embrión en los primeros días del *embarazo.*

efod (del hebr. «ēfōd», a través del lat. y gr. bíblicos) m. **Vestidura de lino fino, corta y sin mangas, que se ponían los *sacerdotes judíos.* ⊙ *La misma vestidura, muy rica, usada por el sumo sacerdote.* ≃ Superhumeral.

éforo (del lat. «ephŏrus», del gr. «éphoros», inspector) m. *Cada uno de cinco *magistrados que elegía el pueblo en Esparta, los cuales formaban otra autoridad frente a la del senado y los reyes.*

efracción **1** f. **Violencia: acto violento.* **2** *Rotura hecha con intención delictiva.* ≃ Fractura. **3** *Rotura del *cráneo.*

efractor m. **Ladrón que roba con fractura.*

efraimita n. Israelita de la tribu de Efraín. ⇒ *Biblia.

efrateo, -a adj. y, aplicado a personas, también n. *Se aplica a los naturales de Efrata, luego Belén.* ⇒ *Biblia.

efugio (del lat. «effugĭum») m. *Medio o *pretexto con que se sale de una dificultad o un compromiso. ≃ Recurso, salida, solución, difugio.

efulgencia (del lat. «effulgentĭa»; ant.) f. **Brillo.* ≃ Fulgor, refulgencia.

efundir (del lat. «effundĕre») **1** tr. **Derramar.* **2** (ant.) **Hablar o *decir.*

efusión (del lat. «effusĭo, -ōnis») **1** f. Derramamiento de un líquido. ⊙ En lenguaje corriente se aplica sólo al de la *sangre. ⊙ MED. *Derramamiento de cualquier líquido del organismo.* ⊙ MED. Acumulación anormal de un líquido en un tejido o una cavidad del cuerpo, por ejemplo por obstrucción de los vasos sanguíneos o linfáticos. ≃ Derrame, extravasación. **2** Actitud ostensiblemente expresiva de un estado de ánimo alegre o generoso. ⊙ Corrientemente, se aplica sólo a la expresión viva de sentimientos afectuosos o propicios hacia alguien. ⇒ *Cordial. **3** *En *alquimia, purificación de la piedra filosofal.*

efusivamente adv. Con efusión: 'Me felicitó muy efusivamente'. Se emplea la misma palabra para expresar esa actitud: 'Le felicito efusivamente'.

efusividad f. Cualidad de efusivo. ⊙ Actitud efusiva.

efusivo, -a (del lat. «effūsus»; «Estar, Ser») adj. *Abierto, *afectuoso, *cordial o expresivo. Se aplica a la persona que, en cierta ocasión o habitualmente, muestra expresivamente sus sentimientos afectuosos o de buen deseo hacia otras personas.

-ega Sufijo átono de nombres, muy raro: 'alfábega'.

egabrense adj. y n. *Cabreño (de Cabra, población de Córdoba).*

egarense adj. y, aplicado a personas, también n. *De Egara, nombre antiguo de Tarrasa, población de la provincia de Barcelona.* ⊙ (culto) *Tarrasense.*

egeno, -a (del lat. «egēnus»; ant.) adj. **Pobre o *miserable.*

egeo, -a **1** adj. y, aplicado a personas, también n. Se aplica a un *pueblo antiquísimo que habitó el borde oriental del Mediterráneo, que dio lugar a las civilizaciones cretense, micénica y griega, así como a los individuos de él y a sus cosas. **2** adj. Se aplica como denominación en «mar Egeo».

egetano, -a adj. y, aplicado a personas, también n. *De Vélez Blanco o de Vélez Rubio, poblaciones de la provincia de Almería.*

égida o, menos frec., **egida** (del lat. «aegis, -ĭdis», del gr. «aigís, -ídos», escudo de piel de cabra) f. MIT. Piel de la cabra Amaltea, adornada con la cabeza de Medusa, que llevaba la diosa Pallas como protección o escudo.

BAJO LA ÉGIDA DE alguien o algo. *Bajo la protección no material de una persona o cosa. ≃ *Escudo.

egílope (del lat. «aegĭlops, -ōpis», del gr. «aigílōps») **1** *(Avena sterilis)* f. Planta gramínea. **2** *Rompesacos (planta gramínea).*

egipán (del gr. «aigípan») m. *Cierto ser fantástico, mitad cabra y mitad hombre.* ⇒ Sátiro. ➤ *ANIMALES fantásticos.

egipciaco, -a (del lat. «Aegyptiăcus») **1** adj. y n. *Egipcio.* **2** m. **Ungüento hecho con miel, cardenillo y vinagre, que se empleaba para curar ciertas llagas.*

egipciano, -a adj. y n. *Egipcio.*

egipcio, -a (del lat. «Aegyptĭus») **1** adj. y, aplicado a personas, también n. De Egipto. ⇒ Alejandrino, cofto, copto, gitano, menfita. ➤ Escritura demótica, jeroglífico. ➤ Obelisco, pilón, pirámide. ➤ Piastra, serafín. ➤ Jedive [o kedive]. **2** m. Lengua de este país.

egiptano, -a (de «Egipto») **1** adj. y n. *Egipcio.* **2** *Gitano.*

Egipto V. «HABA de Egipto».

egiptología f. Estudio de la antigua civilización egipcia.

egiptólogo, -a n. Especialista en egiptología.

égira f. *Variante ortográfica de «hégira».*

égloga (del lat. «eclŏga», del gr. «eklogḗ», selección) f. LIT. Composición *poética de asunto campestre, en la que generalmente hay un diálogo entre pastores. ≃ Bucólica, pastoral.

ego (del lat. «ego», yo) **1** m. PSI. En la teoría psicoanalítica, estrato de la personalidad que corresponde en parte a la actividad consciente. **2** En lenguaje corriente, soberbia o amor propio excesivo: 'Ese chico tiene mucho ego'.

ego- Pronombre latino que significa «*yo», empleado en forma afija en palabras derivadas y compuestas cultas.

-ego, -a Sufijo con el que se forman adjetivos de *calidad, de *origen y de pertenencia, y, raramente, de *naturaleza, derivados de nombres: 'asperiego, andariego, casariego, labriego, solariego, manchego'.

egocéntrico, -a (de «ego-» y «centro») adj. y n. Se aplica a la persona que refiere a sí misma todo lo que ocurre y pone su propia persona en primer lugar en lo que dice, en los asuntos en que interviene o en las reuniones en que toma parte. ⇒ *Egoísta.

egocentrismo m. Cualidad de egocéntrico. ⊙ Actitud egocéntrica.

egofonía (del gr. «aíx, aigós», cabra, y «phōnḗ», voz) f. MED. *Resonancia de la voz, parecida a un balido, que se produce en caso de derrame pleural y se percibe al auscultar al paciente.*

egoísmo (de «ego-» e «-ismo») m. Cualidad o actitud del egoísta.

egoísta (de «egoísmo») adj. y n. Se aplica a la persona que antepone en todos los casos su propia conveniencia a la de los demás, que sacrifica el bienestar de otros al suyo propio o reserva sólo para ella el disfrute de las cosas buenas que están a su alcance; y correspondientemente, a sus actos, palabras, etc. ⇒ Comodón, ególatra, egocéntrico, egotista, filautero, insolidario, rompenecios, suyo. ➤ Egocentrismo, egoísmo, egolatría, egotismo. ➤ Individualismo. ➤ Arrimar el ASCUA a su sardina, BARRER para dentro, a mi [tu, su, etc.] BOLA, IR a lo suyo, hacer su NEGOCIO, pro domo sua, al PRÓJIMO contra una esquina. ➤ *Generoso. ➤ *Aprovechado. *Avaro. *Comodidad. *Interesado.

ególatra adj. y n. Aplicado a personas y a su actitud, palabras, etc., afectado de egolatría. ⇒ *Egoísta.

egolatría (de «ego-» y «-latría») f. Actitud de la persona que se admira a sí misma y se recrea en su cuidado.

egolátrico, -a adj. Aplicado a nombres de actitud, etc., pero no de personas, ególatra: 'Actitud egolátrica'.

egotismo (del ingl. «egotism») m. Cualidad o actitud del que habla o se ocupa exageradamente de sí mismo. ⇒ *Egoísta.

egotista **1** adj. Del egotismo. **2** adj. y n. Afectado de egotismo.

egregiamente adv. De la manera que corresponde a una persona egregia.

egregio, -a (del lat. «egregĭus») adj. Aplicado a personas, excepcional por su *categoría; se aplica particularmente a los *reyes o personas reales: 'Los egregios visitantes'. ⊙ Puede aplicarse también a una persona extraordinariamente *ilustre por sus méritos.

egresar (Hispam.) intr. *Marcharse.* ⊙ (Hispam.) *Particularmente, salir un estudiante del centro donde ha estudiado, una vez acabados los estudios.* ⊙ (Hispam.) *Salir *dinero de la caja.*

egresión (del lat. «egressĭo, -ōnis») **1** (ant.) f. *Salida de un sitio.* **2** DER. *Acto o *documento por el cual se hacía *donación a alguien, por ejemplo a una comunidad, de una propiedad de la Corona.*

egreso (del lat. «egressus») m. *Partida del *haber en una cuenta.* ≃ Salida.

eguar (del lat. «aequāre»; ant.) tr. *Igualar.*

eh **1** interj. Con tono exclamativo se emplea, generalmente repetido, para llamar la *atención de alguien o advertir un riesgo; puede emplearse sin más palabras, pero generalmente va seguido de un nombre en vocativo: '¡Eh, señora, fíjese qué melones! ¡Eh, niño, que vas a tropezar!'. **2** Con tono interrogativo se emplea como expresión enfática al final de una advertencia o *reprensión, para reforzarlas: 'Que no tenga que decírtelo otra vez, ¿eh?'. ⊙ Otras veces, por el contrario, pronunciado con descenso de voz, se emplea para *atenuar una frase de reconvención o de mandato: 'Has llegado un poco tarde, ¿eh? A dormir, ¿eh?'. ⊙ Muchas personas abusan del empleo de esta expresión al final de cualquier frase dirigida a otra persona, para mostrar amabilidad. **3** Es también una exclamación de *susto, equivalente a «¡ah!» u «¡oh!».

eibarrés, -a adj. y, aplicado a personas, también n. *De Éibar, población de la provincia de Guipúzcoa.*

eidético, -a adj. PSI. Del eidetismo.

eidetismo (del gr. «eîdos») m. PSI. Particularidad visual que consiste en mantener la visión de un estímulo algún tiempo después de que éste se haya retirado.

eidógrafo m. TOPOGR. *Instrumento para ampliar o reducir planos.*

einstenio (de «Einstein», físico alemán) m. QUÍM. *Elemento químico, n.º atómico 99. Símb.: «Es».

eirá (Arg., Par.) m. *Especie de *aguará (animal parecido al zorro).* ≃ LEÓN miquero.

ej. Abrev. de «ejemplo».

-ejar Sufijo verbal equivalente a «-izar»: 'bosquejar, cotejar, motejar'.

ejarbe (del sup. ár. and. «iššárb», cl. «širb», aguada) **1** (Nav.) m. **Crecida de los ríos a consecuencia de las lluvias.* **2** (Nav.) *Medida de *agua.* ≃ Teja.

eje (del lat. «axis») **1** m. Barra, varilla o elemento semejante que atraviesa un cuerpo que *gira alrededor de ella, de modo que cada punto de ese cuerpo describe una circunferencia cuyo centro está en el eje; por ejemplo, la barra que une las ruedas de un carro. ⊙ Línea imaginaria alrededor de la cual se mueve un cuerpo en esa misma forma; por ejemplo, la Tierra. ⇒ Otra forma de la raíz, «ax-»: 'axial, axil'. ➤ Árbol, bolo, nabo, peón. ➤ Babilar, marrana. ➤ Pivote. ➤ Chumacera, cibica [o cibicón], cigüeñal, clavija, cojinete, collar, estornija, gorrón, guijo, manga, mangueta, pezón, pezonera, rangua, tajuelo, tejo, tejuelo. ➤ Nutación. ➤ Enejar, semieje. **2** Barra o *pieza alargada de un objeto, que está en el centro de él o sirve de soporte a partes más pequeñas o menos importantes: 'Eje de una pluma (el cañón en que van insertas las barbas). Eje de una planta (tronco o tallo con ramas laterales)'. **3** En general, *línea, la mayor parte de las veces imaginaria, que tiene un valor especial que se expresa: 'Eje de coordenadas [de simetría, óptico]'. **4** Línea que divide por la mitad una cosa; por ejemplo, el ancho de una calle, carretera, etc. **5** Persona, cosa o circunstancia que constituye lo más importante y como el *centro alrededor del cual se desarrolla todo lo demás en una conversación, una reunión o un asunto cualquiera: 'Donde está ella es el eje de la atención de todos. El eje de la conversación fue la próxima crisis'. **6** (ant.) **Torno (máquina para arrastrar)*. **7** GEOM. Recta alrededor de la cual se considera que gira una línea que engendra una superficie, o una superficie que engendra un cuerpo. **8** GEOM. Diámetro principal de una *curva. **9** (con mayúsc.) Nombre dado a la *alianza formada en 1936 por Alemania y Japón, a la que se unió Italia en 1939.

EJE DE ABSCISAS. De los dos ejes de coordenadas, aquel en que se miden las abscisas, que es, en la posición normal del dibujo, el horizontal. ≃ EJE de las equis.

E. DE COORDENADAS [o COORDENADO]. Cada una de dos rectas que se trazan cortándose perpendicularmente, las cuales sirven para determinar la *situación de un punto cualquiera del plano determinado por ellas, mediante la distancia del punto a una y otra recta; se llama «abscisa» a la que media entre el punto y la coordenada vertical; y «ordenada», a la que media entre el punto y la coordenada horizontal. ⇒ Meridiano, paralelo.

E. DE ORDENADAS. De los dos de coordenadas, el eje en que se miden las ordenadas, que, en la posición normal del dibujo o gráfico, es el vertical. ≃ EJE de las íes.

E. DE LAS EQUIS. EJE de abscisas.

E. DE LAS ÍES. EJE de ordenadas.

E. DE SIMETRÍA. Línea, dibujada o imaginaria, que divide una figura plana de modo que, doblada ésta por ella, las dos partes coinciden. ⊙ Con referencia a un objeto no plano, se entiende por eje de simetría, o solamente «eje», la proyección de ese objeto sobre un plano; por ejemplo, el eje del cuerpo humano es la línea que divide la proyección sobre un plano del cuerpo mirado de frente; el eje de una ciudad, es la línea que divide el plano de la ciudad en dos partes aproximadamente iguales.

PARTIR [o, menos frec., DIVIDIR] POR EL EJE a alguien (inf.). Causarle un gran perjuicio. ⊙ (inf.) Dejarle desarmado o confundido en una discusión o conversación.

ejecución f. Acción de ejecutar. ≃ Realización. ⊙ Manera de ejecutar una pieza de *música: 'Tener buena [mala o una perfecta] ejecución'.

PONER EN EJECUCIÓN una cosa. *Realizarla.

ejecutable adj. Susceptible de ser ejecutado.

ejecutante adj. y n. Se aplica al que ejecuta la cosa de que se trata. ⇒ Ejecutor. ⊙ Particularmente, una pieza musical.

ejecutar (del lat. «exsecūtus», part. pas. de «exsĕqui», seguir hasta el final) **1** tr. Hacer una ˃cosa ideada o proyectada por el mismo que la hace o por otro: 'Ejecuta bien las ideas de otros, pero no tiene iniciativa'. ≃ Realizar. ⊙ Hacer una ˃cosa por mandato o encargo de otro: 'Ejecuta con prontitud los encargos'. **2** DER. Hacer a alguien o con alguien ˃lo que, como *castigo, se dispone en una sentencia: 'Ejecutar el embargo'. **3** Realizar una ˃acción, obra, acto, etc. ⊙ Es el verbo específicamente usado con ejercicios de habilidad o agilidad: 'Ejecutó con mucha limpieza varios juegos de manos [un triple salto mortal, unos pasos de danza]'. **4** *Tocar una ˃pieza musical. **5** *Cometer un ˃hecho delictivo. **6** Matar a ˃alguien en cumplimiento de una sentencia. ≃ *Ajusticiar. **7** Intervenir el juzgado o hacer intervenir al juzgado para el ˃cobro de una *deuda a cierta persona. **8** *Apretar, apurar u oprimir a ˃alguien.* ⊙ *Tener casi cogido a ˃alguien a quien se *persigue.* ⇒ *Alcanzar.

□ CATÁLOGO

Acañaverear, ahorcar, ajusticiar, apedrear, aperrear, arcabucear, pasar por las ARMAS, aspar, cortar la CABEZA, cañaverear, colgar, crucificar, decapitar, degollar, descuartizar, empalar, encubar, enrodar, fusilar, dar GARROTE [vil], guindar, justiciar, lapidar, llevar al PAREDÓN, QUEMAR vivo, sentar en la SILLA eléctrica. ➤ Carnerear. ➤ Morir al PALO. ➤ CASTIGO ejemplar, expiación, justicia, palo, PENA capital, PENA de la vida, última PENA, último SUPLICIO. ➤ Ahogadero, brasero, cadalso, cruz, dogal, guillotina, *horca, linterna, palo, paredón, patíbulo, picota, quemadero, tablado, tajo. ➤ Piquete, *verdugo. ➤ Gemonías, hopa.

ejecutiva f. Junta ejecutiva de una asociación.

ejecutivamente adv. De manera ejecutiva. ⊙ Por procedimiento ejecutivo o judicial.

ejecutivo, -a (del lat. «exsecūtus», part. pas. de «exsĕqui», seguir hasta el final) **1** adj. Se aplica al medio que asegura la ejecución de una cosa. ⊙ Se aplica a cosas, por ejemplo voces de mando en el Ejército, que se emplean para que se ejecute una cosa. **2** Se dice de lo que ha de ser ejecutado sin dilación. **3** Se aplica, como en «consejo ejecutivo, junta ejecutiva» o «poder ejecutivo», al *organismo encargado, dentro de una organización o asociación más amplia, de la ejecución de leyes o acuerdos. **4** n. Persona que tiene un cargo directivo en una empresa.

V. «AGENTE ejecutivo, JUICIO ejecutivo, PROCEDIMIENTO ejecutivo, VÍA ejecutiva».

ejecutor, -a **1** adj. y n. Se aplica, por oposición a «inductor, inspirador», etc., al que ejecuta la cosa de que se trata. **2** m. DER. *Funcionario que lleva a cabo una ejecución o cobranza por mandato del juez.*

V. «FIEL ejecutor».

ejecutoria (de «ejecutar») **1** f. Título o diploma en que consta la *nobleza de una familia. **2** (sing. o pl.) Títulos, hechos o circunstancias de cualquier clase que dan derecho a una persona a usar o tener preeminencia, un honor, la estimación de la gente, etc.: 'Ésas son sus ejecutorias'. ⇒ *Mérito. **3** DER. Sentencia firme.

ejecutoría f. DER. *Empleo o cargo de ejecutor.

ejecutoriar **1** tr. DER. *Declarar firme un ˃fallo judicial.* ⊙ prnl. DER. *Ser confirmado un fallo.* **2** tr. **Comprobar de manera indudable una ˃cosa.*

ejecutorio, -a (del lat. «exsecutorĭus») adj. DER. Aplicado particularmente a «*sentencia», *firme.

ejemplar (del lat. «exemplar, -āris») **1** adj. Se aplica a lo que puede servir de ejemplo: 'Una vida ejemplar'. **2** Se aplica a lo que sirve de enseñanza por causar escarmiento: 'Un castigo ejemplar'. **3** m. Cada uno de los *individuos de una especie, una raza, etc.: 'Un hermoso ejemplar de dogo'. ⊙ Cada objeto de una colección de objetos naturales: 'Tengo un magnífico ejemplar de topacio'. ⇒ Espé-

cimen. ⊙ Cada una de las copias de un libro, un escrito, un periódico, un dibujo u otra cosa cualquiera.
V. «CASTIGO ejemplar, CURADURÍA ejemplar, TUTELA ejemplar».

ejemplaridad f. Cualidad de ejemplar.

ejemplario (del lat. «exemplarĭum»; ant.) m. **Libro compuesto de casos prácticos o de ejemplos de conducta.*

ejemplarizante adj. Que ejemplariza.

ejemplarizar intr. Dar ejemplo.

ejemplarmente adv. De manera ejemplar.

ejemplificación f. Acción de ejemplificar.

ejemplificar tr. Demostrar o autorizar alguna ˎcosa con ejemplos.

ejemplo (del lat. «exemplum») **1** («Dar, Poner como [de, por], Seguir el, Servir de») m. Cosa o hecho que merecen ser imitados: 'Su conducta es un ejemplo para todos'. ≃ Modelo. ⊙ («Dar, Poner como [de, por], Seguir el, Servir de») O que se muestran como *enseñanza, tanto para seguirlos como para evitarlos: 'Este es un ejemplo de lo que no se debe hacer'. ⊙ Algo que tiene en alto grado la cualidad o los caracteres de la cosa que se expresa: 'Un ejemplo de familia [de caballerosidad, de desvergüenza]'. ≃ *Modelo. ⊙ Cosa o caso que se muestra o cita para que se vea cómo son los de la misma clase, para aclarar una explicación, una definición, etc.: 'Este es un ejemplo de cómo se puede construir con rapidez. En este diccionario se dan ejemplos del uso de las palabras'. **2** (ant.) *Ejemplar de una obra impresa.*

EJEMPLO VIVO [O VIVO EJEMPLO]. Cosa que muestra de manera impresionante la cualidad, estado, etc., que se expresa: 'Es el vivo ejemplo del egoísmo'. ≃ Efigie, viva ESTAMPA. ⇒ *Representar.

DAR alguien [EL O UN] EJEMPLO de cierta cosa. Hacer algo el primero o hacerlo de manera que puede servir de ejemplo para otros.

DAR BUEN [O MAL] EJEMPLO. Expresiones de significado claro. ⇒ Edificar, desedificar.

PONER DE EJEMPLO. Presentar algo como ejemplo digno de imitarse.

PONER POR EJEMPLO cierta cosa. Citarla para aclarar una explicación. La misma expresión se emplea para introducir lo que se dice como ejemplo: 'Pongamos por ejemplo el caso de tu sobrino'.

POR EJEMPLO. Expresión con que se da comienzo a la exposición de un ejemplo.

PREDICAR CON EL EJEMPLO. Poner en práctica los principios que uno mantiene.

SERVIR DE EJEMPLO. Frase de sentido claro.

TOMAR [COMO O POR] EJEMPLO. Frases de sentido claro.

□ CATÁLOGO

Ensiemplo, paradigma, precedente. ➤ Poner por CASO, ejemplarizar, ejemplificar, poner por *EJEMPLO, dar una LECCIÓN; para MUESTRA, vale [o basta] un botón; parificar. ➤ Mirarse en. ➤ Clásico, ejemplar, emblemático, digno de IMITACIÓN, modélico, representativo. ➤ Desedificar. ➤ Edificar. ➤ Pongo [o pongamos] por CASO, como, es un DECIR, vamos a DECIR, digamos, como por *EJEMPLO, pongamos por *EJEMPLO, pongamos, es un SUPONER, vamos a SUPONER, supongamos, TAL como [o que], verbigracia. ➤ *Aclaración. *Antecedente. *Explicación. *Modelo. *Norma. *Perfecto. *Tipo.

ejercer (del lat. «exercēre») **1** («de») tr. o abs. Realizar las actividades propias de una *profesión: 'Ejercer la abogacía. Es abogado pero no ejerce. Ejerció de médico durante cincuenta años'. **2** tr. Con ˎ«acción, influencia, influjo, poder» o palabra semejante, *realizarlos o hacerlos actuar sobre cierta cosa: 'La corriente del golfo ejerce su influencia en las costas. Ejerce fascinación sobre sus súbditos'. Se pueden calificar esas palabras con «buena, mala» o adjetivos equivalentes: 'Es un amigo que ejerce sobre él un influjo favorable'. ⊙ Se aplica también a «vigilancia». **3** *Practicar una ˎvirtud. ≃ Ejercitar. **4** *Usar un ˎderecho. ≃ Ejercitar.

□ CATÁLOGO

Sufijos de ejercicio, «-io, -ío»: 'imperio, magisterio; poderío, señorío'. ➤ Actuar, desempeñar, estar de, hacer de, ministrar, oficiar, practicar, profesar. ➤ Cultivar, ejercitar[se], obrar, operar, realizar. ➤ Estrenarse, tomar POSESIÓN. ➤ Cesar, jubilarse, retirarse. ➤ Hacer ACTUAR, poner en JUEGO, poner en PRÁCTICA, hacer USO de. ➤ Alta, matrícula, patente. ➤ Actividad, adiestramiento, ejercicio, ejercitación, maniobras, *práctica. ➤ *Acrobacia, *deporte, equilibrismo, *gimnasia, *juego, JUEGO de magia, JUEGOS malabares, JUEGO de manos, *prestidigitación. ➤ Deber, problema, sabatina, TRABAJO práctico. ➤ *Educar. *Estudiar. *Profesión. *Repetir. *Trabajar.

ejercicio (del lat. «exercitĭum») **1** m. Acción de ejercer: 'El ejercicio de la medicina [o de la caridad]'. **2** *Movimiento del cuerpo en la marcha, en el trabajo, etc.: 'Conviene hacer ejercicio para no engordar. Coser a máquina es un ejercicio poco sano'. ⊙ (pl.) MIL. Marchas, movimientos, etc., con que se adiestra el Ejército. ⊙ Serie de movimientos o trabajos que componen un conjunto en gimnasia, en prestidigitación o en cualquier actividad de agilidad, destreza o habilidad: 'Cada ejercicio de los equilibristas fue un éxito. Los ejercicios de acrobacia de los aviadores'. ⊙ Cada trabajo que se hace para el aprendizaje de cierta cosa: 'Ejercicios de traducción'. ⊙ Exposición hablada o trabajo escrito que se hace en las pruebas de exámenes u oposiciones: 'Le han suspendido en el primer ejercicio de las oposiciones'. ⇒ *Ejercer. **3** Periodo de tiempo, que generalmente coincide con un año natural, en que se considera dividida la actividad de una empresa, un individuo o el Estado desde el punto de vista económico (contabilidad, fiscalidad, etc.): 'He solicitado un certificado de ingresos y retenciones del ejercicio económico 93-94'.

EJERCICIO ESCRITO. Ejercicio realizado por escrito en exámenes u oposiciones.

E. ORAL. Ejercicio de examen u oposición consistente en una exposición hablada.

E. PRÁCTICO. Ejercicio de examen u oposición consistente en la resolución de problemas o en la realización de alguna operación.

EJERCICIOS ESPIRITUALES. Práctica religiosa en que un grupo de personas, bajo la dirección de un sacerdote que les predica, se dedican durante cierto número de días a la meditación y a las prácticas piadosas, a veces recluyéndose para ello en un lugar más o menos apartado. ⇒ Ejercitante. ➤ *Devoción.

EN EJERCICIO. Aplicado a un nombre de profesional, ejerciendo su *profesión: 'Abogado en ejercicio'.

ejercido, -a (de «ejercer»; ant.) adj. **Hollado o *frecuentado.*

ejerciente adj. *Aplicable al que está ejerciendo. Se usa corrientemente «en ejercicio».*

ejercitación (del lat. «exercitatĭo, -ōnis») f. *Ejercicio.*

ejercitante adj. y n. *Aplicable al que está haciendo algún ejercicio.* ⊙ Corrientemente, sólo al que está haciendo «*ejercicios espirituales».

ejercitar (del lat. «exercitāre») **1** («en, sobre») tr. *Usar sin objeto determinado cierta ˎfacultad o poder: 'Ejercita sus dotes de fascinación sobre el pobre chico'. **2** Practicar cierta ↘virtud: 'Ejercita la caridad'. ≃ Ejercer. **3** («en») prnl. Practicar una cosa para aprenderla, adiestrarse en ella o hacerla con naturalidad o soltura: 'Ejercitarse en el alpinismo [o en la virtud]'. **4** tr. DER. *Usar cierto ↘derecho: 'Está dispuesto a ejercitar el derecho de tanteo'. ≃ Hacer valer. **5** (acep. causativa) Hacer que ↘alguien practique una cosa para adiestrarse en ella. ⇒ *Enseñar.

V. «ejercitar una ACCIÓN».

ejército (del lat. «exercĭtus») **1** (gralm. con mayúsc.) m. Conjunto de todas las fuerzas militares de un país. **2** (gralm. con mayúsc.) Cada una de las tres grandes divisiones, tierra, mar y aire, que constituyen las fuerzas militares de un país: 'Los tres Ejércitos'. **3** (gralm. con mayúsc.) Por oposición a «Armada», es el nombre específico aplicado a las fuerzas armadas terrestres o aéreas: 'Ejército de Tierra. Ejército del Aire'. **4** (gralm. con mayúsc.) Particularmente, Ejército de Tierra. **5** Grupo numeroso de soldados bajo las órdenes de un jefe. **6** Grupo numeroso de personas que actúan conjuntamente.

V. «SEÑOR [, Dios] de los ejércitos».

ejido (del sup. lat. «exītus», por «exĭtus») m. Terreno contiguo a un pueblo, que se destina a eras y en el que pueden estar también los ganados de todos los vecinos. ⇒ *Campo.

ejión (del gr. «exión», saliente) m. **Tarugo, generalmente en forma de cuña, que se sujeta a un madero vertical para que sirva de *apoyo a otro horizontal; por ejemplo, en una armadura de tejado o en un andamio.*

-ejo, -a (del lat. «-icŭlus») Sufijo despectivo que tiene generalmente un matiz afectuoso: 'Un animalejo. Un caballejo'. Otras veces, diminutivo humorístico: 'No te vendrán mal esas pesetejas'. Aplicado a un adjetivo, atenúa su significado, exactamente como «-illo»: 'Una tela maleja'.

ejote (del nahua «exotl», fríjol o haba verde; Am. C., Méj.) m. **Judía verde.*

el (del lat. «ille») Artículo masculino singular. ⇒ Apénd. II, ARTÍCULO. ➤ La, los, las. ➤ Del. ⊙ Se emplea también ante sustantivos femeninos que empiezan por «a» tónica: 'el águila, el agua'.

él (del lat. «ille»; pronunc. siempre con acento propio; f. «ella», pl. «ellos») pron. pers. Forma de tercera persona del singular, masculino, que funciona como sujeto y como término en complementos con preposición. ⇒ Apénd. II, PRONOMBRE PERSONAL. ➤ Ella, ellas, ello, ellos. ➤ Del, dende, ele. ➤ Consigo, sí.

V. «a él [ella, ellos, ellas] qué le[s] IMPORTA, ser MÁS él [él mismo, ella, etc.].

-el 1 Sufijo con que se aplica un nombre a alguna cosa que es una modalidad de la expresada por el nombre primitivo: 'pastel, mantel, cartel, cordel'. **2** También forma, raramente, adjetivos: 'novel'.

-ela 1 Sufijo que forma algunos nombres de conjunto: 'clientela, parentela'. **2** Algunas veces, también, de acción o situación: 'cautela, corruptela, francachela'.

elaborable adj. Susceptible de ser elaborado.

elaboración f. Acción de elaborar.

elaborado, -a 1 Participio adjetivo de «elaborar». ⊙ Se aplica a lo que es producto de una elaboración industrial. **2** (gralm. con «muy») Muy pensado, *trabajado o retocado: 'Un estilo [o un plan] muy elaborado'. ⊙ Falto de espontaneidad. ⇒ *Cuidado.

elaborador, -a adj. y n. Se aplica al que elabora.

elaborar (del lat. «elaborāre») **1** tr. Manejar una primera ↘materia para transformarla en un ↘producto: 'El esparto se elabora para convertirlo en fibra textil. Elaborar chocolate'. ⇒ Beneficiar, extraer, fabricar, manipular, manufacturar, obtener, producir, transformar. ➤ Labor. ➤ *Industria. ➤ MANO de obra. ➤ En bruto, natural, en rama. ➤ *Trabajar. **2** *Producir un organismo u órgano cierta ↘sustancia: 'Las abejas elaboran miel. La glándula suprarrenal elabora la adrenalina'. **3** *Idear ↘algo complejo, como una *doctrina, plan, proyecto o teoría.

elación (del lat. «elatĭo, -ōnis») **1** f. *Soberbia o envanecimiento.* **2** (culto) *Elevación, sublimación del espíritu. ⊙ Particularmente, exaltación: *alegría con *entusiasmo. **3** *Grandilocuencia.*

elaio- V. «elayo-».

elaiometría f. *Elayometria.*

elaiómetro m. *Elayómetro.*

elaiotecnia f. *Elayotecnia.*

elamí (de la letra «e» y las notas musicales «la» y «mi») m. *En *música antigua, indicación de tono que empieza en el tercer grado de la escala diatónica de do y se desarrolla según los preceptos del canto llano y del canto figurado.*

elamita adj. y, aplicado a personas, también n. Del Elam, país antiguo de Asia.

elanio *(Elanus caeruleus)* m. *Ave rapaz de dorso gris azulado y hombros negros, que habita en el cuadrante suroeste de la Península Ibérica.

elanzado, -a adj. HERÁLD. *Se aplica al *ciervo en actitud de correr.*

elasmobranquio, -a (del gr. «elasmós», lámina, y «bránchion», branquia) ZOOL. adj. Se aplica a los *peces de esqueleto cartilaginoso que tienen de cinco a siete pares de branquias y presentan numerosos dientes en la boca, como el tiburón. ⊙ m. pl. ZOOL. Subclase que forman.

elástica (de «elástico») **1** f. **Camiseta de punto.* ≃ Elástico. **2** (Ven.) f. pl. **Tirantes (tiras para sujetar los pantalones).*

elasticidad f. Cualidad de elástico. ⊙ *Capacidad de la capa de pintura o esmalte para adaptarse a las deformaciones eventuales de la superficie cubierta o a los cambios de temperatura, sin resquebrajarse.*

elástico, -a (del lat. moderno «elastĭcus») **1** adj. Se aplica a lo que se puede estirar o deformar y, al cesar la fuerza que produce el estiramiento o la deformación, recobra su forma primitiva; como la goma o un resorte. ⇒ Correoso, glutinoso. ➤ Correa, liga. ➤ *Caucho, gluten, *goma. ➤ Elastómero. ➤ Botar, DAR de sí, rebotar. ➤ Reacción, tonicidad. ➤ Amortiguador, contramuelle, cuerda, espiral, muelle, pelo, resorte, *seguro. ➤ *Blando. *Esponjoso. *Flexible. **2** Aplicado a cosas, susceptible de ser entendido o aplicado con diversa amplitud, en distintos sentidos o formas, etc.: 'El horario es elástico. Esa teoría es muy elástica'. ⇒ *Acomodaticio. **3** m. **Camiseta de punto.* ≃ Elástica. **4** Cinta o cordón de *goma. **5** Trozo de goma colocado en alguna parte de una prenda de vestir para que sea extensible y se ajuste. ⊙ Parte superior del *calcetín o parte de otras prendas hecha de un punto más elástico que el resto. ⊙ (Chi., Salv., Perú, Ur., Ven.) *Trozo de *goma en forma de anillo.*

V. «GOMA elástica».

elastina f. BIOL. Proteína de la que depende la elasticidad de los tejidos del organismo.

elastómero (del gr. «elastós», dúctil, y «méros», parte, porción) m. *Nombre que se da a las materias elásticas, como el caucho.*

elaterio (del lat. «elaterĭum») m. *Cohombro silvestre (planta cucurbitácea).

elativo, -a adj. GRAM. *Se aplica a las expresiones *superlativas absolutas, como «buenísimo» o «muy bueno».*

elato, -a (del lat. «elātus», levantado) adj. *Soberbio o envanecido.*

elayo- (var. «elaio-, eleo-») Elemento prefijo del gr. «élaion», aceite.

elayometría (de «elayo-» y «-metría») f. *Medición de la cantidad de *aceite de una sustancia.* ≃ Elaiometría, eleometría.

elayómetro (de «elayo-» y «-metro») m. *Instrumento para medir la cantidad de *aceite que contiene una sustancia oleaginosa.* ≃ Elaiómetro, eleómetro.

elayotecnia (de «elayo-» y «-tecnia») f. *Técnica de la elaboración de *aceites vegetales.* ≃ Elaiotecnia, eleotecnia.

elche (del ár. and. «'ílǧ», cautivo) **1** m. *Morisco.* **2** **Renegado del cristianismo.*

elchense adj. y, aplicado a personas, también n. *De Elche, población de la provincia de Alicante.* ≃ Ilicitano.

ele[1] **1** f. Letra «l». **2** Se emplea para describir o designar la *forma semejante a la mayúscula de esa letra: 'Una habitación en ele'. ⇒ *Ángulo. ⊙ *Barra de sección de forma de «L».

ele[2] (ant.) pron. pers. *Él.*

¡ele! (inf.) interj. Exclamación de asentimiento equivalente a «¡eso mismo!» o «¡eso, eso!».

eleagnáceo, -a (del gr. «elaíagnos») adj. y n. f. BOT. *Se aplica a las *plantas, árboles y arbustos de la misma familia que el árbol del paraíso, que tienen las hojas cubiertas de escamas plateadas o doradas, flores regulares solitarias o en racimos, sin pétalos, y el fruto en drupa.* ⊙ f. pl. BOT. *Esa familia.*

eleático, -a (del lat. «Eleatĭcus») adj. y, aplicado a personas, también n. *De Elea, ciudad de la Italia antigua.* ⊙ adj. FIL. *Se aplica particularmente a una escuela que floreció en esa ciudad.*

eléboro (del lat. «hellebŏrus», del gr. «hellebóros») m. *Planta ranunculácea perteneciente a varias especies del género *Helleborus*.

ELÉBORO BLANCO. **1** La especie *Helleborus lividus*. **2** **Vedegambre (planta liliácea).*

E. FÉTIDO. *(Helleborus foetidus)* Eléboro venenoso y de olor fétido, abundante en los bosques europeos.

E. NEGRO. *(Helleborus niger)* El de flores blancas o rosadas, propio de zonas montañosas, de raíz purgante y muy venenosa.

elección (del lat. «electĭo, -ōnis») **1** f. Acción de elegir. ⊙ Particularmente, acción de elegir a ↘alguien para un cargo. ⇒ *Elegir. ⊙ (pl.) Acción de elegir a los representantes políticos por medio de una votación. **2** Facultad o posibilidad de elegir: 'En este caso no hay elección'. ⇒ *Libertad, *voluntad.

ELECCIONES GENERALES. Las que sirven para elegir a los representantes políticos nacionales.

E. PRIMARIAS. Aquellas en que se elige al candidato de un partido a la presidencia del gobierno, y por extensión a otras entidades administrativas.

eleccionario, -a (Hispam.) adj. *Electoral.*

electivo, -a (del lat. «electīvus») adj. Se aplica al cargo o *empleo que se provee por elección.

electo, -a 1 Participio irregular de «elegir». El regular es «elegido». Ahora se emplea sólo acompañando al nombre de un cargo, para aplicarlo al que ha sido *nombrado pero todavía no ha tomado posesión: 'El presidente electo del Brasil'. **2** m. *Antiguamente, en los tercios españoles de Flandes, *cabecilla de un motín.*

elector, -a 1 adj. *Aplicable al que elige.* **2** n. Se aplica a los que *votan o tienen derecho a votar en unas elecciones. **3** m. Antiguamente, en Alemania, príncipe de ciertos estados, que intervenía en la elección de *emperador.

electorado 1 m. Estado de Alemania cuyo príncipe era elector. **2** Conjunto de electores de un país, distrito, partido político, etc.

electoral adj. De [las] elecciones o de [de los] electores: 'Ley electoral'.

V. «COLEGIO electoral».

electoralismo m. Actitud del político, formación política, etc., que actúa movido por razones puramente electorales.

electoralista adj. De [o del] electoralismo.

electorero, -a n. Persona que lleva a cabo manejos a favor de un candidato en unas elecciones.

Electra V. «COMPLEJO de Electra».

electricidad (de «eléctrico») **1** f. FÍS. Forma de *energía que poseen los cuerpos cuando en ellos hay falta o exceso de electrones con relación al número de protones. ⊙ Conjunto de fenómenos a que da lugar esa energía. ⊙ Conjunto de aplicaciones prácticas de ella. **2** Corriente eléctrica: 'Por este cable pasa electricidad'. **3** Parte de la física que estudia los fenómenos eléctricos. **4** Se usa en sentido figurado con el significado de «tensión emocional»: 'Había electricidad en el ambiente'.

ELECTRICIDAD ESTÁTICA. FÍS. La que tiene un cuerpo cuando existen en él cargas eléctricas en reposo.

E. NEGATIVA. FÍS. La existente en un cuerpo por exceso de electrones.

E. POSITIVA. FÍS. La existente en un cuerpo por falta de electrones.

□ CATÁLOGO

Corriente, energía, fluido, fuerza, HULLA blanca. ➤ Autoinducción, chispa, conectar, descarga, deselectrizar, despolarizar, ELECTRICIDAD estática, electrizar, electromagnetismo, enchufar, faradización, fotoconductividad, fotoelectricidad, FUEGO de Santelmo, fundirse, galvanismo, galvanización, generar, INDUCCIÓN eléctrica, INDUCCIÓN electromagnética, inducir, inductancia, *luz, magnetismo, microonda, ONDA eléctrica, ONDA hertziana, piezoelectricidad, piroelectricidad, polaridad, polarización, potencial, producir, radiar, radioelectricidad, *rayo, *relámpago, termoelectricidad, triboelectricidad. ➤ Alumbrado, central, CENTRAL eléctrica, CENTRAL térmica, circuito, corto CIRCUITO, conexión, derivación, TENDIDO eléctrico. ➤ ARCO voltaico, *bombilla, *TUBO de descarga. ➤ Galvanoplastia, radio, TÉCNICA electrónica, telefonía, telegrafía. ➤ Acometida, acumulador, aislador, alternador, batería, BOTELLA de Leiden, cohesor, condensador, conexión, conmutador, contacto, contador, cortacircuitos, cortacorriente, cortocircuito, *dínamo, disyuntor, enchufe, escobillas, espira, excitador, *fusible, garfa, generador, instalación, *interruptor, ladrón, llave, masa, oscilador, PÉNDULO eléctrico, perilla, pila, potenciómetro, puente, pulsador, racor, regleta, reóforo, solenoide, termistor, termoconductor, tierra, TOMA de corriente, TOMA de tierra, tomacorriente, transformador, turbogenerador. ➤ Alambre, borne, *cable, clavija, flexible. ➤ Armadura, elemento, inducido, inductor, par. ➤ Fase. ➤ Amperio, culombio, faradio, franklin [o franklinio], gauss [o gausio], henrio [o henry], kilovatio, kilovoltio, megavatio, joule, julio, ohm, ohmio, vatio, volt, voltímetro, voltio, watio, watt. ➤ CAMPO eléctrico, CAMPO magnético, capacidad, conductancia, conductibilidad, conductividad, DIFERENCIA de potencial, frecuencia, FUERZA electromotriz, impedancia, intensidad, reluctancia, resistencia, superconductividad, tensión, *voltaje. ➤ Sobretensión. ➤ Amperímetro, galvanómetro, galvanoscopio, reómetro, reóstato, vatímetro, voltámetro. ➤ Ánodo, cátodo, electrodo, polo. ➤ Catión, electrón, ión [o ion], neutrón, protón. ➤ Alterno, catódico, conductor, continuo, en derivación, dieléctrico, difásico, fotoconductor [fotoconductora, fotoconductriz], generatriz, hidroeléctrico, monofásico, negativo, polifásico, positivo, en serie, superconductor, trifásico. ➤ Ámbar, electro, gimnoto, platinoide, *resina. ➤ *Átomo. ➤ V., además, a continuación, todas las palabras que comienzan por «electr-» y «electro-».

electricista adj. y n. Se aplica al operario que hace instalaciones eléctricas. ⊙ adj. Se usa en «ingeniero [o perito] electricista».

eléctrico, -a (del lat. «electrum», del gr. «ḗlektron», ámbar) adj. De [la] electricidad.

V. «BATERÍA eléctrica, CABLE eléctrico, CHISPA eléctrica, CIRCUITO eléctrico, CORRIENTE eléctrica».

electrificación f. Acción de electrificar.

electrificar tr. Proveer de electricidad, de utensilios eléctricos o de maquinaria eléctrica un ↘sitio, una instalación industrial, etc. ⊙ Particularmente, cambiar el equipo mecánico de una instalación industrial por otro eléctrico: 'Electrificar un ferrocarril'.

electriz (del lat. «electrix, -īcis») f. *Mujer de un príncipe elector.*

electrizable adj. Que puede electrizarse.

electrización f. Acción de electrizar[se].

electrizador, -a o **electrizante** adj. Que electriza.

electrizar 1 tr. Comunicar a ↘algo una carga eléctrica. ⊙ prnl. Adquirir algo carga eléctrica. 2 tr. Producir un discurso, un espectáculo, etc., *emoción o *entusiasmo muy intensos en el ↘público, como si se comunicasen a él los del que habla o actúa. ⊙ Emocionar muy intensamente a una ↘persona o una multitud en cualquier forma. ⊙ prnl. Emocionarse o entusiasmarse una persona o una multitud, especialmente por un discurso o espectáculo.

electro[1] (del lat. «electrum», del gr. «ḗlektron», ámbar) 1 m. *Ámbar, cuerpo en que ya los romanos advirtieron fenómenos de lo que luego se ha llamado *electricidad. 2 *Aleación de oro y plata empleada en orfebrería. ≃ ORO blanco. 3 *Aleación de cobre, níquel y cinc. ≃ Plataníquel. 4 Se aplica también a una serie de aleaciones en que entran el magnesio, el aluminio, el manganeso y, a veces, el cinc.

electro[2] m. Apóc. de «electrocardiograma».

electro- Elemento prefijo correspondiente a «eléctrico».

electroacústica f. ELECTR. Rama de la electrotecnia que se ocupa de los aparatos sonoros.

electroacústico, -a adj. ELECTR. De la electroacústica.

electrocardiografía f. Rama de la medicina que se encarga de la elaboración e interpretación de los electrocardiogramas.

electrocardiógrafo m. MED. Aparato que registra las corrientes eléctricas emanadas del *corazón en su funcionamiento.

electrocardiograma m. MED. Gráfico en el que se registran las oscilaciones eléctricas que se producen en el corazón. ≃ Electro, ECG.

electrochoque m. MED. Tratamiento de ciertos trastornos nerviosos mediante una aplicación brevísima al encéfalo de una corriente eléctrica que provoca una pérdida momentánea del conocimiento, con la posible disolución de los enlaces anormales de las células nerviosas. ≃ Electroshock.

electrocinética f. *Parte de la *física que estudia los fenómenos producidos por las cargas eléctricas en movimiento en los conductores.*

electrocución f. Muerte causada por una descarga eléctrica; por ejemplo, por un rayo. ⇒ Fulminación.

electrocutar tr. *Matar a ↘alguien una descarga eléctrica. ⊙ Matar a ↘alguien, por ejemplo a un condenado a muerte, con una descarga eléctrica. ⇒ *Ejecutar. ⊙ prnl. Morir alguien a causa de una descarga eléctrica.

electrodinámica (de «electro-» y «dinámica») f. Parte de la física que estudia las corrientes eléctricas.

electrodinámico, -a adj. FÍS. De la electrodinámica o de su objeto.

electrodo o, no frec., **eléctrodo** (de «electro-» y el gr. «hodós», camino) m. ELECTR. Cada uno de los dos polos entre los cuales circula una corriente eléctrica, que se introducen en un líquido o un gas para que la corriente pase a través de éstos; como en la electrólisis o en los tubos de descarga. Se llama «positivo» el que está en contacto con el generador; y «negativo» el que está en contacto con tierra, sobre el que, en la electrólisis industrial, se verifica el depósito de material que se pretende.

electrodoméstico adj. y, más frec., n. m. Se aplica a los aparatos eléctricos de uso doméstico. ⇒ Afeitadora, aspiradora, batidora, estufa, friegaplatos, frigorífico, lavadora, lavaplatos, lavavajillas, licuadora, nevera, PLACA solar, plancha, robot, sandwichera, secadora, tostadora, trituradora, túrmix, vaporeta, yogurtera.

electroencefalografía f. Rama de la *medicina que se ocupa de la obtención e interpretación de los electroencefalogramas.

electroencefalógrafo m. MED. Aparato que registra las corrientes eléctricas producidas por la actividad del *encéfalo.

electroencefalograma m. MED. Gráfico que registra las corrientes eléctricas producidas por la actividad cerebral.

electróforo (de «electro-» y «-foro») m. ELECTR. Instrumento usado para experimentos electrostáticos sencillos, consistente en una masa de ebonita puesta sobre un disco metálico, y otro disco metálico provisto de un mango aislante.

electrógeno, -a (de «electro-» y «-geno») adj. ELECTR. Se aplica a lo que engendra electricidad.

V. «GRUPO electrógeno».

electrógrafo (de «electro-» y «-grafo») m. ELECTR. Electrómetro registrador que se emplea, por ejemplo, para medir el potencial atmosférico.

electroimán m. ELECTR. Barra de hierro dulce imantada transitoriamente por la acción de una corriente eléctrica que se hace pasar en hélice alrededor de ella; forma parte, por ejemplo, de las *dínamos.

electrólisis (de «electro-» y «-lisis») f. QUÍM. Descomposición de un cuerpo disuelto por una corriente eléctrica que pasa a través de la disolución. ⇒ Anión, catión, ión. ➤ Ánodo, cátodo. ➤ *Galvanoplastia. ➤ Voltámetro. ➤ Cromado, dorado, niquelado, plateado. ➤ Electronegativo, electropositivo.

electrolítico, -a adj. QUÍM. De [la] electrólisis.

V. «RECUBRIMIENTO electrolítico».

electrolito o, menos frec., **electrólito** (de «electro-» y el gr. «lytós», soluble) m. QUÍM. Cuerpo cuyas moléculas se dividen en iones al disolverse el cuerpo. ⊙ Disolución formada por él.

electrolizador m. QUÍM. Aparato en que se lleva a cabo la electrólisis.

electrolizar tr. QUÍM. Descomponer un ↘cuerpo por electrólisis.

electromagnético, -a adj. FÍS. De [o del] electromagnetismo.

electromagnetismo 1 m. FÍS. Conjunto de fenómenos magnéticos que se originan en las acciones recíprocas de imanes y corrientes eléctricas. **2** Parte de la física que estudia estos fenómenos.

electromecánica f. ELECTR. Técnica de los dispositivos mecánicos que funcionan por medio de la electricidad.

electromecánico, -a adj. ELECTR. Se dice de cualquier dispositivo de transmisión o mando que incluye elementos mecánicos en conexión con órganos eléctricos.

electrometalurgia f. METAL. Obtención de metales haciendo uso de las propiedades térmicas y electrolíticas de la electricidad.

electrometría (de «electrómetro») f. ELECTR. Tratado de las mediciones eléctricas.

electrométrico, -a adj. ELECTR. De [la] electrometría o de su objeto.

electrómetro (de «electro-» y «-metro») m. ELECTR. Aparato con que se mide la cantidad de electricidad de un cuerpo, y con ello, a veces, su potencial.

electromotor (de «electro-» y «motor») adj. y n. m. ELECTR. Se aplica al aparato o máquina en que la energía eléctrica se transforma en mecánica.

electromotriz (de «electromotor») adj. V. «FUERZA electromotriz».

electrón (del gr. «élektron», ámbar, con acentuación francesa) m. FÍS. Una de las partículas constituyentes de la corteza del *átomo, cuyo exceso o defecto con relación a los protones de la misma da lugar a la electricidad, cuyo movimiento a lo largo de conductores produce la corriente eléctrica, y cuyo comportamiento en estado de libertad da lugar a los fenómenos electrónicos. ⇒ *Electrónica.

electronegativo, -a adj. QUÍM. Se aplica a los cuerpos que, en la *electrólisis, se dirigen al ánodo o electrodo por donde entra la corriente.

electrónica f. Rama de la física y de la técnica que se ocupa del comportamiento y utilización de los electrones libres, o sea, del paso de electricidad a través de gases y del vacío.

☐ CATÁLOGO

Aviónica, *informática, microelectrónica, robótica. ➤ Automatización, realimentación. ➤ Buscapersonas [o busca], CÉLULA fotoeléctrica, alta FRECUENCIA, klistrón, LÁMPARA electrónica, láser, lector, LECTOR óptico, loran, magnetrón, máser, mensáfono, MICROSCOPIO electrónico, moviola, radar, *radio, radiotecnia, RAYOS X, semiconductor, TÉCNICA de la alta frecuencia, *televisión, transductor, transistor, TUBO de descarga, *TUBO electrónico, TUBO de radio, TUBO de vacío, VÁLVULA electrónica, *vídeo. ➤ FÍSICA electrónica. ➤ *Electricidad.

electrónico, -a adj. De [los] electrones o de la *electrónica.

V. «FÍSICA electrónica».

electropositivo, -a adj. QUÍM. Se aplica a los cuerpos que, en la *electrólisis, se dirigen al cátodo, o sea al electrodo por donde sale la corriente.

electroquímica f. QUÍM. Estudio de los fenómenos eléctricos en las reacciones químicas y del aspecto eléctrico de la composición de los cuerpos.

electroquímico, -a adj. QUÍM. De [la] electroquímica o de su objeto.

electroscopio (de «electro-» y «-scopio») m. FÍS. Aparato utilizado para conocer la existencia de *electricidad, consistente esencialmente en dos laminillas de oro o dos bolitas de médula de saúco que se separan en presencia de un cuerpo electrizado.

electroshock (ingl.; pronunc. [electroshóc]) m. MED. Electrochoque.

electrostática (de «electro-» y el gr. «statikós», fijo) f. Parte de la *física que estudia los fenómenos relacionados con las cargas eléctricas en reposo.

electrostático, -a adj. FÍS. De [la] electrostática o de su objeto.

electrotecnia f. ELECTR. Aplicación de la electricidad a fines industriales, científicos, etc. ⊙ Tratado de esa aplicación.

electrotécnico, -a adj. ELECTR. De [la] electrotecnia o de su objeto.

electroterapia (de «electro-» y «terapia») f. MED. Aplicación de la electricidad al tratamiento de las enfermedades. ⊙ MED. Tratado de ella. ⇒ *Medicina.

electroterápico, -a adj. MED. De [la] electroterapia o de su objeto.

electrotermia (de «electro-» y «-termia») f. FÍS. Producción de *calor mediante la electricidad.

electrotipia (de «electro-» y «-tipia») f. AGRAF. Aplicación de la electricidad a la impresión tipográfica. ⊙ Tratado de ella. ⇒ *Imprenta.

electrotípico, -a adj. AGRAF. De [la] electrotipia.

electrotrén m. Tren eléctrico.

electuario (del b. lat. «electuarĭum») m. FARM. *Preparación farmacéutica de consistencia de miel, hecha básicamente con jarabe, miel o mermelada.* ⇒ Letuario. ➤ Benedicta, filonio, jirapliega, opiata.

elefancia (del lat. «elephantĭa») f. MED. *Elefantiasis.*

elefante, -a (del lat. «elĕphas, -antis», del gr. «eléphas»; el f. es menos frec.; *Elephas maximus*, el elefante indio, y *Loxodonta africana*, el elefante africano) n. Animal *mamífero, el más grande de los terrestres, caracterizado por su nariz prolongada en forma de trompa flexible que le sirve para coger, y dos largos incisivos superiores, llamados corrientemente «colmillos». ⇒ Proboscidio [o proboscídeo]. ➤ Dinoterio, mamut, mastodonte. ➤ Colmillo, mano, trompa. ➤ Marfil. ➤ Barritar, barrito. ➤ Cornac [o cornaca], naire. ➤ Focino.

ELEFANTE BLANCO. *Cosa que *cuesta mucho mantener y no produce utilidad.*

E. MARINO. **1** (*Mirounga angustirrostris* y *Mirounga leonina*) *Mamífero pinnípedo con el hocico prolongado en forma de pequeña trompa en los machos. **2** (ant.) **Bogavante (crustáceo).*

elefantiasis o, menos frec., **elefantíasis** (del lat. «elephantĭăsis», del gr. «elephantíasis») f. MED. *Enfermedad propia de los países tropicales que consiste en un desarrollo enorme de algunas partes del cuerpo, particularmente de las extremidades inferiores, debido a un edema causado por obstrucción linfática; va acompañada de endurecimiento del tejido conjuntivo. ⇒ Filaria.

elegancia f. Cualidad de elegante.

ELEGANCIA ESPIRITUAL. Conjunto de cualidades de la persona que rechaza naturalmente lo bajo y mezquino y cultiva lo *noble y bello.

elegante (del lat. «elĕgans, -antis») **1** («Estar, Ir, Ponerse») adj. En la acepción más corriente, se dice del que va bien vestido, con trajes más bonitos y lujosos que los ordinarios: 'No tienes que ponerte tan elegante para ir a la compra'. ⊙ Se aplica también a los vestidos de esa clase: 'Se puso un vestido muy elegante para ir al baile'. ⊙ («Ser») En general, aplicado a vestidos, implica, además, distinción y buen gusto: 'Los vestidos hechos por esa modista son siempre elegantes'. ⊙ Se aplica al tipo o figura de las personas, y a las personas por ellos, cuando tienen una *distinción natural independientemente del vestido que lleven. ⊙ Se aplica a cosas que indican un alto nivel de vida: 'Tiene un piso muy elegante en el mejor barrio de Madrid'. ⊙ Se aplica a las personas que viven bien, gastando dinero en vestir con elegancia, en servidumbre, en fiestas, etc. ⊙ Y a las cosas de estas personas: 'Un barrio [o una fiesta] elegante. La sociedad elegante de Madrid'. **2** («Ser») Se aplica a muy distintas cosas, materiales o espirituales, implicando alta valoración en la escala de valores morales o estéticos; con participación de todas o algunas de estas cualidades: distinción, sencillez, mesura o sobriedad, corrección, gracia, armonía y serenidad; y ausencia de vulgaridad, mezquindad, exceso o exageración, pasión o brusquedad: 'Una conversación de tono elegante'. ⊙ Aplicado a la *música o los *movimientos, reposado y armonioso: 'Los elegantes compases de la Invitación al Vals'. ⊙ Aplicado al *lenguaje o al *estilo literario, escogido sin afectación, especialmente acertado en la expresión y armonioso. ⊙ Aplicado a una línea o a las cosas por sus líneas o formas, de *belleza en que interviene la suavidad, sin inflexiones o contrastes violentos. ⊙ Aplicado a acciones, actitudes o aspectos del espíritu, significa lo contrario de *vulgar o mezquino: implica serenidad y superioridad y excluye el apasionamiento: 'Renunciar a su parte fue un gesto elegante. Supo ser elegante ofreciendo a su adversario un puesto a su lado'.

□ CATÁLOGO

Acicalado, aristocrático, atildado, concino, dandi, distinguido, estilizado, exquisito, *fino, galano, de buen GUSTO, *refinado, *selecto, señor, de TIROS largos, de buen TONO, de vestir. ➤ Mundano. ➤ Figurín, paquete, *petimetre. ➤ Crema. ➤ Ático. ➤ Aticismo, dandismo, elegancia, estilo, filustre, finura, galanura, gálibo, garrideza, gusto, buen GUSTO, buen TONO. ➤ Floridamente, galanamente. ➤ *Moda. ➤ Afectación. ➤ Cursi, inelegante, ordinario, *vulgar. ➤ *Acicalar. *Apuesto. *Armonía. *Bello. *Delicado. *Desenvoltura. *Distinguir. *Esbelto. *Garboso. *Gracia. *Lujo. *Selecto.

elegantemente adv. Con elegancia.

elegía (del lat. «elegīa», del gr. «elegeía») f. LIT. Composición *poética en que se lamenta la muerte de alguien u otra desgracia.

elegiaco, -a o **elegíaco, -a** adj. LIT. De [la] elegía. ⊙ Como de elegía: lastimero, plañidero o *triste.

elegiano, -a (ant.) adj. *Elegiaco.*

elegibilidad f. Cualidad de elegible.

elegible adj. Susceptible de ser elegido.

elegido, -a **1** Participio adjetivo de «elegir». ⊙ *Selecto. ⊙ Más estimado o más querido que otros. ≃ Favorito, predilecto, preferido. ⊙ (n. calif.) adj. y n. Se aplica a los predestinados a la bienaventuranza. ⇒ *Gracia. **2** (inf.) adj. Se aplica a un conjunto de cosas del que ya se ha ido eligiendo y quitando lo mejor: 'Este montón de melones está ya muy elegido'.

elegidor (de «elegir»; ant.) m. *Elector.*

elegio, -a (del lat. «elegīus») **1** (ant.) adj. *Elegiaco.* **2** (ant.) *Afligido.*

elegir (del lat. «eligĕre») **1** («de»: 'el mayor de los dos', «entre»: 'entre varias corbatas', «por»: 'por el tamaño') tr. Coger, señalar, emplear, etc., cierta ˘cosa *prefiriéndola a otras: 'Has elegido el camino más difícil'. ≃ Escoger. **2** Designar a ˘alguien por votación para un cargo, premio, etc.

□ CATÁLOGO

Apartar, cooptar, cribar, decidirse, descoger, designar, distinguir, entresacar, escarmenar, escoger, esleer, filtrar, florear, optar, pallar, preelegir, preferir, seleccionar, *separar, triar, echar la VISTA, *votar, zarandar, zarandear. ➤ Opcional. ➤ Distinguido, elegido, escogido, la FLOR y nata, florido, lucido, la nata, *selecto. ➤ Antología, florilegio. ➤ Alternativa, dilema, disyuntiva, elección. ➤ Audición, casting. ➤ *Criterio. ➤ Voluntad. ➤ Destrío, *morralla, *purria, restos. ➤ Elecciones, plebiscito, referéndum, sufragio, votación. ➤ COLEGIO electoral, comicios, cónclave. ➤ Balotar, copar, desencantarar, embuchado, empatar, empate, encantarar, encasillar, escrutinio, dar PUCHERAZO, reelegir, relanzar, revotarse, *votar, regular los VOTOS. ➤ Sacar, salir. ➤ Aspirante, candidato, compromisario, elector, electorado, electorero, muñidor, palomo, votador, votante. ➤ VOZ pasiva. ➤ Mayoría, minoría. ➤ Voto, voz, VOZ y voto. ➤ Altramuz, bola, haba, papeleta. ➤ Cántaro, urna. ➤ Campaña, precampaña.

□ CONJUG. como «pedir».

élego, -a (del lat. «elĕgus», del gr. «élegos») adj. *Elegiaco.*

elementado, -a **1** adj. FIL. *Que se compone o consta de elementos.* **2** (Chi., Col.) *Distraído o embobado.*

elemental **1** adj. Fundamental o necesario en primer lugar para cierta cosa. **2** Formado por unas pocas nociones básicas: 'Tiene un conocimiento elemental del motor. Un tratado elemental de física'. ≃ *Sencillo. ⊙ Se aplica a lo que debe *saberse, practicarse, etc., indispensablemente de la cosa a que se aplica el adjetivo: 'Es de una elemental cortesía contestar a un saludo'. ⊙ (inf.) Conocido por todos o al alcance de cualquiera: 'Es elemental no entregar el dinero sin un recibo'.

elementalidad f. Cualidad de elemental.

elementalmente adv. De manera elemental.

elementarse (Chi.) prnl. **Distraerse, *pasmarse o quedarse embobado.*

elemento (del lat. «elementum») **1** m. Cada una de las *partes que pueden distinguirse separadamente en una cosa o cada una de las *cosas de un conjunto: 'Los elementos de una máquina [o mobiliario]'. ⊙ También cuando se trata de una agregación no material: 'La cultura física es un elemento importante en la educación. Los elementos que forman la junta directiva. Los elementos de la personalidad'. ⊙ Esa parte o cosa como productora de cierto efecto o situación en el conjunto de que forma parte o en el sitio donde está: 'Un elemento de inestabilidad. No deja de ser eso un elemento de satisfacción'. ⊙ MAT. Componente de un conjunto. **2** Cada uno de los tres componentes fundamentales de la corteza *terrestre: tierra, mar y aire. ⊙ (pl.) Se emplea en frases como «desencadenarse, enfurecerse los elementos, la furia de los elementos», etc., refiriéndose a una violenta *tempestad. **3** En la *filosofía natural antigua, cada uno de los cuatro componentes (tierra, agua, aire y fuego) que se consideraban como fundamentales y constitutivos de toda la naturaleza. ⇒ Región.

4 Cuerpo químicamente simple: 'Tabla de los elementos'. **5** (pl.) Cosas necesarias para hacer algo: 'No tengo elementos para hacer el pastel'. ≃ *Medios. **6** Designa *personas, con alguna apreciación: 'Cuenta con buenos elementos como colaboradores. López es un buen elemento en el equipo. La policía ha detenido a unos elementos sospechosos'. ⊙ Sin ningún calificativo tiene sentido despectivo: 'He visto a tu hermano con uno de esos elementos de que se ha hecho amigo. Había en la reunión unos elementos que no me han gustado'. Se usa muy frecuentemente con los adjetivos y expresiones «sospechoso, indeseable, peligroso, de cuidado», etc. A veces, «buen elemento» se emplea con ironía, significando que se trata de una persona traviesa o temible, que causa inquietud donde está. ⇒ *Pieza. **7** ELECTR. *Conjunto de dos cuerpos heterogéneos dispuestos de manera que dan lugar a una corriente eléctrica.* ≃ Par. **8** (pl.) Conocimientos sencillos de la materia que se expresa: 'Elementos de matemáticas'. ≃ *Nociones, principios, rudimentos.

ELEMENTO CONSTITUTIVO [CONSTITUYENTE o INTEGRANTE]. Enlaces frecuentes.

EL LÍQUIDO ELEMENTO (lit.). El *mar. ⊙ (lit.) El agua.

ELEMENTO RARO. QUÍM. Cuerpo metálico de los que ocupan los números atómicos 49 a 71, los cuales se presentan en forma de óxidos llamados «tierras raras». Por su semejanza con ellos suelen incluirse como elementos raros el escandio (21) y el itrio (39). ≃ Metal raro. ⇒ *Elemento.

E. TRANSURANIANO [o TRANSURÁNICO]. QUÍM. *Elemento que ocupa en la escala atómica número superior al del uranio, o sea, del 93 en adelante.

ELEMENTOS DE JUICIO. Datos o antecedentes que sirven para formar una *opinión: 'No tengo suficientes elementos de juicio para saber cuál de los dos tiene razón'.

ESTAR [o VIVIR] alguien EN SU ELEMENTO. Encontrarse *satisfecho en el sitio o circunstancias en que está y en condiciones de desenvolver sus facultades.

□ CATÁLOGO

ELEMENTOS QUÍMICOS (ordenados por su número atómico): 1, hidrógeno (H); 2, helio (He); 3, litio (Li); 4, berilio (Be); 5, boro (B); 6, carbono (C); 7, nitrógeno (N); 8, oxígeno (O); 9, flúor (F); 10, neón (Ne); 11, sodio (Na); 12, magnesio (Mg); 13, aluminio (Al); 14, silicio (Si); 15, fósforo (P); 16, azufre (S); 17, cloro (Cl); 18, argón (Ar); 19, potasio (K); 20, calcio (Ca); 21, escandio (Sc); 22, titanio (Ti); 23, vanadio (V); 24, cromo (Cr); 25, manganeso (Mn); 26, hierro (Fe); 27, cobalto (Co); 28, níquel (Ni); 29, cobre (Cu); 30, cinc (Zn); 31, galio (Ga); 32, germanio (Ge); 33, arsénico (As); 34, selenio (Se); 35, bromo (Br); 36, criptón (Kr); 37, rubidio (Rb); 38, estroncio (Sr); 39, itrio (Y); 40, circonio (Zr); 41, niobio (Nb); 42, molibdeno (Mo); 43 tecnecio (Tc); 44, rutenio (Ru); 45, rodio (Rh); 46, paladio (Pd); 47, plata (Ag); 48, cadmio (Cd); 49, indio (In); 50, estaño (Sn); 51, antimonio (Sb); 52, telurio (Te); 53, yodo (I); 54, xenón (Xe); 55, cesio (Cs); 56, bario (Ba); 57, lantano (La); 58, cerio (Ce); 59, praseodimio (Pr); 60, neodimio (Nd); 61, prometio (Pm); 62, samario (Sm); 63, europio (Eu); 64, gadolinio (Gd); 65, terbio (Tb); 66, disprosio (Dy); 67, holmio (Ho); 68, erbio (Er); 69, tulio (Tm); 70 iterbio (Yb); 71, lutecio (Lu); 72, hafnio (Hf); 73, tantalio (Ta); 74, volframio (W); 75, renio (Re); 76, osmio (Os); 77, iridio (Ir); 78, platino (Pt); 79, oro (Au); 80, mercurio (Hg); 81, talio (Tl); 82, plomo (Pb); 83, bismuto (Bi); 84, polonio (Po); 85 ástato (At); 86, radón (Rn); 87, francio (Fr); 88, radio (Ra); 89, actinio (Ac); 90, torio (Th); 91, protactinio (Pa); 92, uranio (U); 93, neptunio (Np); 94, plutonio (Pu); 95, americio (Am); 96, curio (Cm); 97, berquelio (Bk); 98, californio (Cf); 99, einstenio (Es); 100, fermio (Fm); 101, mendelevio (Mv); 102, nobelio (No); 103, laurencio (Lw); 104, kurchatovio (Ku); 105, hahnio (Ha). ➤ Grupo. ➤ Canadio, emanación. ➤ Actínido, lantánido.

elemí (del ár. «allāmī», a través del fr.) m. **Gomorresina sólida, de olor a hinojo, obtenida de un árbol anacardiáceo tropical, la cual se emplea en farmacia y en la fabricación de barnices.*

elemósina (del lat. «eleemosўna», del gr. «eleēmosýnē», piedad, compasión; ant.) f. **Limosna.*

elenco (del lat. «elenchus», del gr. «élenchos», argumento, prueba) **1** m. **Catálogo o índice.* **2** Conjunto de los actores que componen una compañía *teatral o el reparto de una obra. **3** (inf.) Conjunto de las personas que actúan en cualquier cosa. ⇒ *Personal.

eleo- V. «elayo-».

eleocarpáceo, -a adj. y n. f. BOT. *Se aplica a las *plantas de la familia a la que pertenece la patagua, que son árboles y arbustos tropicales, de hojas alternas u opuestas, flores en inflorescencias y frutos en cápsula o drupa. Muchas se cultivan como ornamentales y algunas por sus frutos.* ⊙ f. pl. *Familia que forman.*

eleometría f. *Elayometría.*

eleómetro m. *Elayómetro.*

eleotecnia f. *Elayotecnia.*

elepé (de «LP», sigla de «long play») m. *Disco de larga duración.

eléqueme 1 (Am. C.) m. **Bucare (árbol leguminoso).* **2** (C. Rica) *Tacamaca.*

eleto, -a (ant.) adj. *Pasmado o espantado.*

eleusino, -a adj. *Se aplica al culto de Ceres (diosa romana de la agricultura) y a los actos o misterios de él, que se celebraban en Eleusis.*

elevación 1 f. Acción de elevar[se]: 'La elevación de precios'. **2** Acción de «alzar» el sacerdote en la *misa. **3** Parte de cualquier cosa que está más alta que lo de alrededor. ⊙ Particularmente, cualquier lugar o porción de terreno que está alto. ⇒ *Bulto, *monte, *saliente. **4** Cualidad de elevado, en sentido espiritual: 'La elevación de sus pensamientos'.

V. «TIRO por elevación».

elevadamente adv. De manera elevada.

elevado, -a Participio de «elevar[se]». ⊙ adj. Alto. ⊙ Sublime.

elevador, -a 1 adj. Se aplica a lo que sirve para elevar. ⊙ Por ejemplo, a los *músculos que realizan esa función. **2** m. y, menos frec., f. Cualquier aparato que sirve para elevar cosas. **3** (Antill., Méj., Pan.) m. *Ascensor.*

elevalunas m. Mecanismo para subir y bajar las ventanillas de los automóviles: 'Elevalunas eléctrico'.

elevamiento m. *Elevación.*

elevar (del lat. «elevāre») **1** tr. Llevar una ˃cosa desde un sitio a otro más *alto: 'Una polea para elevar los materiales'. ⊙ Poner una ˃cosa o a una persona más alta que estaba, en cualquiera de los sentidos de este adjetivo: 'Elevar el tono [el precio, las tarifas]. Elevar al emperador a la categoría de dios. Elevar la moral'. ⊙ Colocar a una ˃persona en cierto cargo de mucha categoría: 'Le elevaron al pontificado'. ⊙ tr. y prnl. Ennoblecer[se]. ⊙ («a, de, por, sobre») prnl. *Subir. ⊙ Alcanzar una *posición social elevada. ⊙ **Envanecerse.* **2** *Llegar hasta la altura que se expresa: 'El pico más alto se eleva a 8.000 m'. **3** *Estar una cosa alta en el sitio que se expresa: 'En la confluencia de las dos calles se eleva el rascacielos más

alto de la ciudad'. ≃ Erguirse, levantarse. **4** («al cuadrado [cubo, etc]») tr. MAT. Realizar la *potencia de un ↘número. **5** Dirigir un ↘escrito a una autoridad.
V. «elevar a los ALTARES».

□ CATÁLOGO
Alcanzar, rayar a mucha [o gran] ALTURA, alzar[se], empinarse, empingorotar[se], enaltecer, encampanar[se], encaramar[se], encaramillotar, encopetar, *encumbrar[se], engrandecer[se], enriscar, ensalzar, exaltar, guindar, izar, *llegar, realzar, sobrealzar, *subir, sublimar. ➤ De calidad, cimero, de condición, *destacado, eminente, empingorotado, encopetado, encumbrado, excelso, magnate, de posición, prócer, prócero, sublime, supereminente, superior, supremo. ➤ Altura, *bulto, *desigualdad, elevación, eminencia, *saliente. ➤ Empino. ➤ Ascensor, cabria, cranequín, cric, elevador, gato, *grúa, jaula, montacargas, montaplatos, *polea. ➤ *Alto. *Arriba. *Levantar. *Montaña. *Subir.

elfina f. MIT. *Elfo femenino o hada.*

elfo (del ingl. «elf», ser de la mitología germana) m. Nombre dado a los geniecillos o espíritus del aire de la *mitología escandinava. ⇒ *SERES fantásticos.

elidir (del lat. «elidĕre», arrancar) **1** tr. *Frustrar, debilitar, desvanecer una cosa.* **2** GRAM. Suprimir en algunos casos una ↘vocal en el final de una palabra, delante de la vocal inicial de la palabra siguiente; como «del» por «de el», «al» por «a el», «Vistalegre» por «Vista Alegre» o «nuestramo» por «nuestro amo». **3** No existiendo verbo correspondiente de «elipsis» se usa como tal «elidir». ⇒ Aféresis, apócope, síncopa. ➤ Epéntesis, paragoge, prótesis. ➤ *FIGURA de dicción.

eligible (ant.) adj. *Elegible.*

eligiente (ant.) adj. *Que elige.*

eligir (ant.) tr. *Elegir.*

elijable adj. FARM. *Que se puede elijar.*

elijación f. FARM. *Acción de elijar.*

elijan (de la 3.ª persona del pl. del imperat. del verbo «elegir») m. *Uno de los lances del juego del *monte y del de la *banca.*

elijar (del lat. «elixāre», cocer en agua) tr. FARM. **Cocer una ↘sustancia para extraer su jugo o para otra cosa.*

eliminación f. Acción de eliminar.

eliminar (del lat. «elimināre», hacer salir, expulsar) **1** tr. *Apartar ↘algo o a alguien de una cosa o un conjunto de que forma parte o desecharlo al hacer una selección: 'Han eliminado a los solicitantes de más de cuarenta años. Le han eliminado del equipo'. ≃ *Excluir. ⊙ Vencer a un ↘contrincante en una competición e impedirle por ello seguir participando en ella: 'Eliminaron a su equipo en el primer partido'. ⊙ Hacer imposible cierta ↘cosa: 'Los nuevos incidentes eliminan cualquier posibilidad de avenencia'. ≃ Descartar, *excluir. **2** MAT. Operar en un sistema de ecuaciones de modo que se haga desaparecer una ↘incógnita. **3** Echar de sí el organismo cierta ↘sustancia: 'Eliminar azúcar [o una sustancia tóxica] por la orina'. ≃ Expeler, expulsar. ⇒ Catarsis, desasimilar. ⊙ Apartar de sí ↘pensamientos, esperanzas, temores, etc.: 'Elimina con facilidad las ideas pesimistas'. ≃ *Desechar. **4** (inf.) Asesinar.

eliminatoria f. Fase de las competiciones selectivas, anterior a los cuartos de final.

eliminatorio, -a adj. Se aplica a las cosas que sirven para eliminar: 'Ejercicio eliminatorio'.

elipse (del lat. «ellipsis», del gr. «élleipsis», insuficiencia) f. GEOM. *Curva cerrada y plana que resulta de la intersección con la superficie de un cono de un plano no perpendicular a su eje; su forma, que es la de la trayectoria de los astros, es como una circunferencia aplastada; tiene dos ejes de simetría que se cortan perpendicularmente. ⇒ Foco. ➤ Elipsógrafo.

elipsis (del lat. «ellipsis», del gr. «élleipsis», insuficiencia) f. GRAM. Supresión en la construcción de algún elemento sin que quede afectada la claridad del sentido. ⇒ Apénd. II, ELIPSIS. ⇒ Elisión. ➤ *Abreviar. *FIGURA de construcción.

elipsógrafo m. *Compás para trazar elipses.*

elipsoidal adj. GEOM. De forma de elipsoide.

elipsoide (de «elipse» y «-oide») m. GEOM. Cuerpo engendrado por una elipse girando alrededor de uno de sus ejes. Si es el eje mayor, el elipsoide resulta alargado, de forma semejante a un huevo. Y si es el menor, resulta achatado, como la Tierra. ⇒ *Geometría.

elípticamente adv. Con elipsis.

elíptico[1], -a adj. De forma de elipse. ⊙ De [la] elipse.

elíptico[2], -a adj. GRAM. De [la] elipsis. ⊙ No expreso.

elisano, -a (de «Elisana», nombre antiguo de la ciudad de «Lucena») adj. y, aplicado a personas, también n. *De Lucena (Córdoba).*

elíseo, -a (del lat. «elysĭus», del gr. «ēlýsios») **1** (lit.; por alusión al «Elíseo», en la mitología clásica, residencia de los muertos que habían merecido la felicidad) m. *Lugar de felicidad.* ≃ *Cielo, edén, paraíso. **2** adj. MIT. Del Elíseo.
V. «CAMPOS elíseos».

elisio, -a adj. *Elíseo.*

elisión **1** f. Acción y efecto de elidir. **2** Al emplear «elidir» como verbo correspondiente a «elipsis», también se emplea «elisión» como sinónimo de «elipsis».

elite (del fr. «élite») f. Grupo *selecto de personas, por pertenecer a una clase social elevada o por destacar en una actividad.

élite (fr.; pronunc. [elít]) f. Elite.

□ NOTAS DE USO
Está muy generalizada la pronunciación [élite], aunque tiene su origen en una interpretación incorrecta del acento agudo francés, que en este caso indica abertura vocálica, frente al español, que expresa intensidad.

elitismo **1** m. Actitud partidaria de la existencia de elites. **2** Sistema que favorece la aparición de elites.

elitista adj. Del elitismo. ⊙ adj. y n. Partidario del elitismo.

élitro (del gr. «élytron», envoltura) m. ZOOL. Nombre dado a las *alas anteriores de algunos insectos, endurecidas por una capa de quitina, por lo que no se perciben los nervios, con las que cubren y protegen las posteriores cuando están en reposo.

elixir o, menos frec., **elíxir** (a través del lat. cient., del ár. «al'iksīr», y éste del gr. «xērá», sustancias secas). **1** m. *En *alquimia, piedra filosofal.* **2** *En *alquimia, sustancia esencial de un cuerpo.* **3** Medicamento líquido de sabor fuerte, compuesto generalmente de sustancias aromáticas disueltas en alcohol. **4** Medicamento o *remedio maravilloso: 'Elixir de larga vida'.

ella (del lat. «illa») pron. pers. Forma femenina de «*él». ⇒ Apénd. II, PRONOMBRE PERSONAL.

AQUÍ [o ALLÍ] FUE [SERÁ, etc.] ELLA. Frase enfática con que se acompaña la exposición, relato o anuncio de una cosa en que hay *jaleo o dificultades.

ESTAR A ELLAS. *Tener los contrincantes el mismo número de tantos en el *juego.*

SER una persona MÁS ELLA [MISMA] de cierta manera. V. «ser más ÉL».

elle f. Letra o grupo de letras «ll».

ello (del lat. «illud»; sin pl.) **1** pron. pers. Forma neutra de tercera persona. Se emplea cuando hace de sujeto y de complemento con preposición: 'Quería salir e inventó un pretexto para ello'. ⇒ Apénd. II, PRONOMBRE PERSONAL. ➤ Dello, lo. ➤ Él. **2** m. PSI. En la teoría psicoanalítica, id.

¡A ELLO [o, no frec., SUS Y A ELLO]! Exclamaciones con que se anima a hacer algo.

ELLO ES QUE. Expresión con que se inicia la exposición de algo que se relaciona con una cosa dicha anteriormente con poca precisión: 'Se conocieron no sé dónde, se hablaron... ello es que están casados'. ⇒ *Resultar.

V. «no se HABLE más de ello».

□ NOTAS DE USO

«Ello» hace referencia a una acción, estado, etc., y, por tanto, representa una oración como sujeto de otra, único caso en que, en español, es necesario repetir el sujeto: 'No me es simpático; ello no obsta para que le reciba cortésmente'. Este pronombre tiene la forma «lo» como caso oblicuo, que se usa (siempre antepuesta al verbo) no sólo como complemento directo, sino, también, como atributo: 'Ella asegura que el chico es muy inteligente; si lo es (no 'si es ello') lo disimula'.

ellos pron. pers. Forma plural de «él».

¡A ELLOS! Exclamaciones con que se incita a *acometer. ⇒ ¡SUS Y A ELLOS!

V. «DIOS los cría y ellos se juntan».

-elo, -a (del lat. «-ellus») Sufijo que se encuentra en algunos, pocos, nombres cultos: 'libelo, novela'.

elocución (del lat. «elocutĭo, -ōnis») f. Nombre aplicado al empleo de la palabra para expresarse, cuando se califica de alguna manera: 'Elocución fácil [elegante, clara, precisa]'. ⇒ Dicción, expresión, habla, *lenguaje.

elocuencia (del lat. «eloquentĭa») f. Facultad de *hablar bien: con fluidez, propiedad y claridad, y, sobre todo de manera convincente. ⊙ Se emplea también con aplicación al *lenguaje. ⊙ Por extensión, poder expresivo de otras cosas: 'La elocuencia de un gesto [de las estadísticas, de los hechos]'. ⇒ Altilocuencia, DON [FACILIDAD O FLUIDEZ] de palabra, palabra, palabras, PICO de oro, verba. ➤ Expresividad. ➤ Altilocuente, cicerón, demóstenes, diserto, elocuente, grandilocuente, grandílocuo. ➤ *Discurso. *Locuaz. *Oratoria.

elocuente **1** adj. Dotado de elocuencia. **2** Expresivo o significativo: 'Un silencio elocuente'.

elocuentemente adv. Con elocuencia.

elogiable adj. Digno de ser elogiado.

elogiador, -a adj. Que elogia.

elogiar tr. Hacer elogios de ↘alguien o algo.

□ CONJUG. como «cambiar».

elogio (del lat. «elogĭum») m. Atribución a una persona o una cosa de una buena cualidad. ≃ *Alabanza. ⊙ Palabras en que está contenida esa atribución.

HACER EL ELOGIO [UN ELOGIO O ELOGIOS] DE. *Alabar a la persona o cosa de que se trata.

elogioso, -a adj. Que contiene elogio: 'Unas palabras elogiosas'.

elogista (ant.) n. *Persona que elogia.*

elongación (del lat. «elongatĭo, -ōnis») **1** f. ASTRON. Diferencia de longitud entre un planeta o la Luna y el Sol, con relación a la Tierra. **2** FÍS. Distancia que existe entre el eje de oscilación y la posición que ocupa el cuerpo móvil. **3** MED. Estiramiento accidental de un miembro o nervio.

eloquio (del lat. «eloquĭum»; ant.) m. *Habla.*

elote (del nahua «ēlotl»; Méj.) m. *Mazorca tierna de *maíz cocida, que come la gente del pueblo.* ≃ Camahua. ⇒ Rigüe.

elucidación f. Acción de elucidar. ⊙ Explicación con que se aclara algo.

elucidar (del lat. «elucidāre») tr. *Aclarar o *explicar una ↘cosa. ≃ Dilucidar.

elucidario (del b. lat. «elucidarĭum») m. *Nombre aplicado a veces como nombre particular a un *libro que aclara cosas difíciles de entender.*

eluctable (del lat. «eluctabĭlis») adj. Susceptible de ser *vencido en lucha. ≃ Vencible. ⇒ Ineluctable.

elucubración (del lat. «elucubratĭo, -ōnis»; frec. pl.) f. Acción y efecto de elucubrar.

elucubrar (del lat. «elucubrāre») **1** intr. y, menos frec., tr. *Estudiar o trabajar en obras científicas, artísticas o literarias, *velando.* **2** Realizar muy laboriosamente construcciones intelectuales pero con poco fundamento.

eludible adj. Susceptible de ser eludido.

eludir (del lat. «eludĕre», huir o escaparse jugando) tr. Librarse con pretextos o con habilidad de un ↘compromiso o de hacer cierta cosa: 'Eludió el servicio militar'. ≃ *Evadir. ⊙ *Librarse de ser objeto de cierta ↘cosa: 'Eludió la acción de la justicia'. ⊙ Procurar no hacer la ↘cosa que se expresa: 'Eludía mirarme a la cara. Eludía la respuesta'. ≃ *Rehuir. ⊙ *Excusarse de aceptar cierta ↘cosa: 'Eludió la invitación'. ≃ Declinar.

elusión f. Acción de eludir.

elusivo, -a adj. Que elude.

elzevir m. Libro elzeviriano. ≃ Elzevirio.

elzeviriano, -a adj. Se aplica a las *impresiones hechas por la familia Elzevier, impresores holandeses de los siglos XVI y XVII; y, también, a los tipos empleados por ellos y a las impresiones hechas con estos tipos.

elzevirio m. *Elzevir.*

em- El mismo prefijo «en-», que, por razones ortográficas, se emplea delante de «b» o «p».

emaciación (del lat. «emaciāre», debilitar) **1** f. MED. *Adelgazamiento debido a enfermedad.* **2** VET. **Tuberculosis de las *aves.*

e-mail (var. «E-mail»; ingl., de «electronic mail»; pronunc. [iméil] o [í méil]) m. CORREO electrónico.

emanación **1** f. Acción de emanar. ⊙ Cosa (olor, gas, etc.) que emana de algo: 'Las emanaciones de gas sulfuroso'. ⇒ Aliento, efluvio, irradiación, vapor. **2** QUÍM. *Nombre dado por los esposos Curie al *elemento que ahora se llama «radón».*

emanante adj. Se aplica a lo que emana de cierto sitio.

emanantismo m. *Doctrina religiosa panteísta según la cual todas las cosas proceden de Dios por emanación.*

emanantista n. *Adepto al emanantismo.*

emanar (del lat. «emanāre») **1** («de») intr. Ser una cosa causada por otra determinada, en la que en cierto modo estaba contenida, o tener en ella su principio: 'Todas estas calamidades emanan de aquel error'. ≃ Derivar[se], nacer, originarse, *proceder, provenir, salir, venir. **2** («de») Salir un olor, una sustancia volátil o una radiación de cierto cuerpo: 'Este olor emana de aquel montón de estiércol. La luz que veíamos emanaba de una luciérnaga'. ≃ *Desprenderse, originarse, producirse. ⊙ («de») También se aplica a cosas no materiales, como simpatía, antipatía, alegría, etc.: 'El encanto que emana de su persona'.

3 En lenguaje corriente se emplea como transitivo: 'Toda su persona emana simpatía'. ⇒ *Despedir.

emancipación f. Acción de emancipar[se].

emancipador, -a adj. Que emancipa.

emancipar (del lat. «emancipāre») tr. Libertar a ↘alguien de la patria potestad, de la tutela o de la servidumbre. ⊙ *Librar de cualquier clase de dependencia. ⊙ prnl. Liberarse de la patria potestad, tutela, servidumbre o de cualquier otra dependencia.

emasculación f. Acción de emascular.

emascular (del lat. «emasculāre») **1** (culto) tr. Extirpar o inutilizar los órganos de *reproducción masculinos de ↘alguien. ⇒ *Castrar. **2** (cient.) *Extraer los estambres de la ↘flor antes de que se abra ésta.* ⇒ *Agricultura, *jardín, *reproducción.

embabiamiento (de «estar en Babia»; inf.) m. *Embobamiento.*

embabucar (ant. y dial.) tr. **Embaucar.*

embachar tr. *Meter las ↘reses en el bache para *esquilarlas.*

embadurnador, -a adj. y n. Que embadurna.

embadurnamiento m. Acción y efecto de embadurnar.

embadurnar («de, con») tr. *Manchar una ↘cosa con una sustancia pegajosa: 'Ha embadurnado las puertas con las manos manchadas de barro'. ≃ Untar. ⊙ («de, con») Cubrir una ↘cosa irregularmente con algo untuoso: 'Embadurnar el pan con mantequilla'. ⊙ (inf.) *Pintar, sin habilidad o arte: 'He embadurnado unos cuantos lienzos'.

embaír (del lat. «invadĕre») **1** tr. **Embaucar a ↘alguien.* **2** (ant.) **Avergonzar a ↘alguien.* **3** **Maltratar a ↘alguien.* **4** (Sal.) prnl. **Distraerse o *divertirse.*

□ CONJUG. como «huir». Es defectivo como «abolir», pero, en realidad, se usa casi exclusivamente en infinitivo y participio: 'embaír, embaído'.

embajada (del occit. «ambaissada») **1** f. *Comunicación importante que se envía a alguien por medio de otra persona. ≃ Comisión, mensaje. ⊙ Particularmente, las enviadas por el jefe o el gobierno de un estado a otro. ⊙ Acción de transmitir tal comunicación. **2** Conjunto de personas que llevan una embajada. **3** Cargo de embajador. ⊙ Residencia del embajador. ⊙ Oficinas del embajador. **4** (inf.) Proposición o recado *impertinente que una persona hace llegar a otra o le comunica directamente: '¡Vaya una embajada! ¡No me vengas con embajadas!'.

embajador, -a n. En general, persona enviada con un mensaje importante o una embajada. ≃ Comisionado, enviado, mensajero. ⊙ Representante de un estado en otro, de la clase superior de las establecidas por el derecho internacional. ⊙ f. Mujer del embajador. ⇒ Apocrisiario, internuncio, nuncio. ➤ INTRODUCTOR de embajadores. ➤ *Diplomacia. *Representar. ⊙ Puede usarse en sentido figurado: 'Este director es el mejor embajador del cine español'.

embajatorio, -a (ant.) adj. *Del embajador.*

embajatriz (ant.) f. *Embajadora.*

embajo (ant.) adv. *Debajo.*

embalado, -a Participio de «embalarse». ⊙ (inf.; «Estar, Ir») adj. Se aplica al que va a toda velocidad en una carrera o está metido de lleno en una actividad.

embalador, -a n. Persona que se dedica a embalar.

embaladura (Chi.) f. *Embalaje.*

embalaje 1 m. Acción de embalar. ≃ Embaladura. **2** Envoltura, caja, etc., en que se embala una cosa. ⊙ Cantidad, en el coste de una mercancía, que corresponde al embalaje.

embalar (de «en-» y «bala», fardo) **1** tr. Envolver, empaquetar o colocar en cajas o cajones los ↘objetos que han de ser *transportados, para que no se estropeen. **2** intr. *Golpear el mar con los remos u otras cosas para asustar a los peces y que se precipiten en las redes.*

□ CATÁLOGO

Arpillar, empacar, empaquetar, encorachar, encostalar, enfardar, enfardelar, enterciar, retobar. ➤ *Envoltorio, *fardo. ➤ *Arpillera, bayón, bolsa, brea, caja, cesta, corcho, embalaje, envase, estuche, guacal, guangoche [o guangocho], halda, huacal, jaula, retobo, *saco. ➤ Paja, papel, PAPEL caña [de embalar, de envolver o de estraza], serrín, viruta. ➤ Tara. ➤ Precinto. ➤ Desembalar, desempacar, desempaquetar, desenfardar, desenfardelar. ➤ *Envasar.

embalarse (del fr. «emballer») **1** prnl. Emprender una marcha acelerada en cualquier actividad. ⇒ *Lanzarse. **2** Dejarse llevar por un sentimiento, una impresión, etc., a actuar de forma irreflexiva.

embaldosado, -a 1 Participio adjetivo de «embaldosar». **2** m. Operación de embaldosar. **3** Piso cubierto con baldosas.

embaldosar tr. Cubrir un ↘*suelo con *baldosas. ≃ Enlosar. ⇒ *Pavimento. ➤ Desembaldosar.

emballenado, -a 1 Participio adjetivo de «emballenar». **2** m. *Armazón de ballenas.* **3** (ant.) *Corpiño armado de ballenas.* ⇒ *Jubón.

emballenador, -a n. *Persona dedicada a emballenar.*

emballenar (de «en-» y «ballena», tira elástica) tr. Armar una ↘prenda de *vestir o de otra clase con ballenas.

emballestado, -a 1 adj. VET. *Se aplica a las *caballerías que tienen encorvado hacia delante el menudillo de las manos.* **2** m. VET. *Enfermedad consistente en ello.*

emballestadura (Méj.) f. VET. *Emballestado (enfermedad).*

emballestarse prnl. *Ponerse en actitud de disparar la ballesta.*

embalsadero m. *Lugar pantanoso donde se forman balsas.*

embalsamador, -a adj. y n. Que embalsama o sirve para embalsamar.

embalsamamiento m. Acción y efecto de embalsamar.

embalsamar (de «en-» y «bálsamo») **1** tr. Comunicar algo su olor agradable al ↘ambiente. También se dice «embalsamar la noche». ≃ Aromatizar, perfumar. ⇒ Sahumar. **2** Preparar los ↘*cadáveres con ciertas operaciones y sustancias para que no se descompongan. ⇒ *Bálsamo.

embalsar[1] tr. MAR. *Izar una ↘cosa o a un marinero con un balso al sitio conveniente.*

embalsar[2] tr. Recoger ↘agua en una balsa. ⊙ Hacer, por ejemplo mediante una presa, que el ↘agua u otro líquido se detenga formando una *balsa. ⊙ prnl. *Detenerse un líquido formando una balsa. ⇒ Empantanar[se], empozar[se], encharcar[se], estancar[se], rebalsar[se], remansarse, represar. ➤ Cebo. ➤ *Pantano. *Presa.

embalse 1 m. Acción de embalsar[se]. **2** Construcción hecha para embalsar agua. ≃ *Pantano. ⇒ *Embalsar.

embalumar (de «en-» y «baluma») **1** tr. **Cargar ↘algo o a alguien con cosas de mucho volumen o peso.* **2** prnl. *Cargarse con demasiados trabajos y encontrarse agobiado o *aturdido con ellos.*

embanastar (de «en-» y «banasta») **1** tr. Meter ↘algo en una *cesta o en cestas. ⇒ Desembanastar. **2** *Meter ↘gente apretada en un sitio.*

embancarse 1 prnl. MAR. **Varar un barco en un banco o bajo.* 2 (Chi., Ec.) **Cegarse un río, lago, etc., por los materiales de arrastre.* 3 (Méj.) METAL. *Pegarse a las paredes del horno los materiales escoriados y desperdiciarse la operación.*

embanderar tr. *Adornar ↘algo con banderas.*

embanquetar (Méj.) tr. *Poner banquetas (*aceras) en las ↘calles.*

embarazadamente adv. Embarazosamente.

embarazado, -a Participio de «embarazar[se]». ⊙ adj. Cohibido: 'Está embarazado delante de ti'. ⊙ («de»: 'de su primer hijo, de seis meses, de su marido') adj. y n. f. Se aplica a la mujer que lleva en su seno un hijo. ⇒ *Embarazo.

embarazar (del ant. «baraça», lazo, ¿de or. céltico?) 1 tr. Dificultar o *impedir una ↘cosa, o el movimiento, la actividad o el desenvolvimiento de ↘alguien: 'Un vestido que no embarace los movimientos del niño'. ⊙ prnl. *Quedar dificultado o impedido en un movimiento o actividad.* ⇒ Desembarazar. 2 tr. Hacer que ↘alguien se sienta cohibido o turbado. ⊙ prnl. Cohibirse, turbarse. 3 tr. Dejar encinta a una ↘mujer. ⇒ *Embarazo. ⊙ prnl. *Quedar encinta una mujer.* ≃ *Concebir.

embarazo 1 m. Dificultad, estorbo u *obstáculo; cosa que embaraza. ⊙ *Apuro, cohibimiento, *vergüenza o turbación que quitan a alguien desenvoltura para hablar, comportarse, etc. 2 Estado de la mujer embarazada.

□ CATÁLOGO

Achaque, bombo, ciesis, gestación, gravidez, preñez, tripa, vientre. ➤ Mola, MOLA matriz. ➤ MES mayor, MESES mayores. ➤ Superfetación. ➤ Versión. ➤ Angioma, antojo, epitimia, paño. ➤ Encinta, en estado [interesante o de buena esperanza], grávida, ocupada, preñada. ➤ Hacer un BOMBO, dejar [o quedarse] EMBARAZADA, embarazar[se], empreñar[se], dejar [o quedarse] ENCINTA, encintar, dejar [o quedarse] en ESTADO, dejar [o quedarse] PREÑADA. ➤ Fuera de CUENTA, en días. ➤ *Aborto. *Concebir. *Embriología. *Engendrar. *Parir.

embarazosamente adv. Con embarazo. ≃ Embarazadamente.

embarazoso, -a adj. Se aplica a las cosas que embarazan, en sentido material o figurado: 'Una prenda [o una situación] embarazosa'. ⊙ Particularmente, a una situación en que los presentes no saben qué decir o hacer y cómo salir de ella; por ejemplo, cuando, en una reunión, alguien ha cometido una indiscreción y la conversación se suspende y nadie acierta a reanudarla: 'Se hizo un silencio embarazoso'.

□ NOTAS DE USO

Es el único adjetivo usual para todos los verbos equivalentes de «embarazar», en sentido figurado: «*apurar, *cohibir, *turbar», etc.

embarbar tr. TAUROM. *Sujetar al ↘toro agarrándole por las astas y metiéndole el hombro por debajo del hocico.*

embarbascarse 1 prnl. *Enredarse el *arado en las raíces o, de manera y en cosa semejante, cualquier otra herramienta.* 2 **Embarullarse alguien al hablar.*

embarbecer (del lat. «imbarbescĕre») intr. *Echar *barba.* ≃ *Barbar.*

embarbillar (de «en-» y «barbilla») tr. o abs. CARP. **Ensamblar un ↘madero provisto de barbilla en otro con muesca.*

embarcación 1 f. *Embarco.* 2 Objeto cóncavo flotante, que sirve para el transporte por agua. ≃ *Barco. 3 *Tiempo que dura una travesía.* ⇒ Viaje.

EMBARCACIÓN MENOR. Nombre genérico de los barcos pequeños, como los usados en el puerto o los llevados a bordo.

embarcadero m. Lugar acondicionado para verificar el embarque y desembarque. ≃ Muelle. ⇒ *Puerto.

embarcado, -a Participio adjetivo de «embarcar[se]».

embarcar 1 tr. Meter ↘personas, mercancías, etc., en un *barco, tren o avión. ⇒ A bordo, subir a BORDO. ➤ Pasajero, polizón, tripulante. ➤ Mareo. ➤ Desembarcar, reembarcar. 2 intr. y prnl. Meterse en un *barco, tren o avión para viajar en ellos. 3 tr. Hacer *intervenir a ↘alguien en cierto asunto o empresa, generalmente si ello implica un riesgo. ⊙ («en, con») prnl. *Emprender alguien una cosa o tomar parte en algún asunto o empresa, generalmente arriesgado.

embarcinar (Cuba) tr. *Hacer bordado sacando hilos.*

embarco m. Acción de embarcar[se] personas; por ejemplo, tropas.

embarduñar (ant.) tr. *Embadurnar.*

embargado, -a adj. Participio adjetivo de «embargar[se]».

embargador, -a adj. y n. Que embarga.

embargamiento m. Acción de embargar.

embargante adj. *Que dificulta o impide alguna cosa.*

NO EMBARGANTE. *No obstante.*

embargar (del sup. lat. vulg. «imbarricāre») 1 tr. *Estorbar o *impedir, por ejemplo los ↘movimientos. ≃ Embarazar. 2 Retener la autoridad competente ↘bienes de alguien para responder de deudas, de los resultados de un juicio, etc. 3 *Absorber u *ocupar; ser cierta cosa el objeto único o principal de la ↘atención de alguien: 'Por ahora, el juego embarga toda la atención del niño'. Es también enlace frecuente «embargar los sentidos». ⊙ Se aplica con el mismo significado a «tiempo, actividad», etc.: 'El estudio embarga la mayor parte de su tiempo'. ⊙ También, 'su recuerdo embarga mi alma, la tristeza embargaba su ánimo', etc. 4 Cautivar o *embelesar a ↘alguien una cosa que le causa mucho placer. ≃ Enajenar. 5 prnl. *Abstraerse o *enfrascarse; entregarse completamente a un pensamiento u ocupación.

□ CATÁLOGO

Amparar, aprehender, bloquear, *confiscar, decomisar, ejecutar, emparar, incautarse, inmovilizar, intervenir, pendrar, requisar, secuestrar. ➤ Ampara, comiso, decomiso, embargamiento, embargo, empara, emparamento, emparamiento, incautación, peindra, requisa, requisición, retención, secuestro, testamento, traba. ➤ VÍA ejecutiva. ➤ Levantar. ➤ AGENTE ejecutivo, depositario, sayón. ➤ Desembargar, inembargable.

embargo 1 («Realizar, Llevar a cabo») m. Acción de embargar los bienes de alguien la autoridad competente. ⊙ («Pesar sobre») Situación de los bienes embargados. 2 Prohibición gubernamental del transporte y comercio de alguna cosa, especialmente de armamento. 3 (ant.) *Indigestión.* 4 (ant.) *Embarazo o *impedimento.* 5 (ant.) **Daño o incomodidad.*

SIN EMBARGO. Expresión adverbial *concesivo-*adversativa con que se alude a algo que, pudiendo causar o impedir cierta cosa que se expresa, no lo hace: 'Tenía motivos para enfadarme; sin embargo, no me enfadé'.

SIN EMBARGO DE QUE. *Forma conjuntiva de la expresión anterior.*

embargoso, -a (ant.) adj. *Embarazoso.*

embarque 1 m. Acción de embarcar personas o mercancías. ⇒ Desembarque. 2 Acción de embarcar (hacer intervenir a alguien en un asunto).

embarrada (Hispam.) f. **Despropósito o tontería.* ≃ Patochada.

embarradilla (Méj.) f. *Especie de empanadilla de dulce.*

embarrado, -a Participio adjetivo de «embarrar». ⊙ m. *Acción de embarrar.* ⊙ *Enlucido de barro.*

embarrador, -a 1 adj. y n. *Aplicable al que embarra.* **2** *Chismoso o enredador.*

embarradura f. *Acción y efecto de embarrar.*

embarrancamiento m. Acción de embarrancar.

embarrancar (de «en-» y «barranco») **1** intr. Tropezar un barco con el fondo y quedar detenido. ≃ *Varar. ⇒ Desembarrancar. **2** *Atascarse cualquier cosa en un sitio estrecho, en un barrizal, etc.

embarrar[1] **1** tr. y prnl. Ensuciar[se] o cubrir[se] una ↘cosa con *barro. ≃ Encenagar, *enlodar. ⇒ Desembarrar. **2** **Manchar[se] o *cubrir[se] una ↘cosa con cualquier otra sustancia que se pega.* **3** (Áv., Extr., Sal., Zam.) tr. *Blanquear las ↘paredes.* ≃ Enjalbegar. **4** (Am. C., Méj.) *Complicar a ↘alguien en un asunto sucio.* **5** (Hispam.) *Desacreditar a ↘alguien.*

embarrar[2] **1** tr. **Apalancar una ↘cosa con una barra.* **2** (ant.) **Acorralar al ↘enemigo.* **3** prnl. *Subirse las *perdices a los árboles cuando se ven acosadas.*

embarrialarse 1 (Am. C., Ven.) prnl. *Embarrarse.* **2** (Am. C.) *Atascarse.*

embarrilar tr. Meter una ↘cosa en un barril o en barriles.

embarrotar tr. *Abarrotar (*reforzar una ↘cosa con barrotes).*

embarulladamente adv. De manera embarullada.

embarullado, -a Participio adjetivo de «embarullar[se]».

embarullador, -a adj. y n. Que embarulla.

embarullamiento m. Acción de embarullar.

embarullar 1 tr. Hacer un barullo o lío con ↘cosas, ideas, etc. ≃ Confundir, embrollar, *enredar. ⊙ prnl. Decir o hacer cosas desordenadamente o cosas inconvenientes, por aturdimiento. **2** tr. Hacer una ↘cosa con mucha prisa y, por ello, con poco cuidado. ≃ Atropellar. **3** Hacer que ↘alguien se embarulle.

□ CATÁLOGO

I Aturullarse, armarse un BARULLO, desconcertarse, embrollarse, enredarse, armarse un *JALEO, liarse, armarse [o hacerse] un LÍO, volverse MICO, hacerse un OVILLO, armarse [o hacerse] un TACO, volverse TARUMBA. ➤ *Aturdirse.

II Apresurar, arrebatar, atrapañar, atropellar, chafallar, chapucear, embastar, *enjaretar, frangollar, guachapear, harbar, harbullar, hilvanar, zarabutear, zaragutear. ➤ Atropellado, atropellador, atropellaplatos, chapucero, chisgarabís, embarullador, expeditivo, farfullero, fargallón. ➤ Atropelladamente, chapuceramente, descuidadamente, despachadamente, embarulladamente, a la ligera, de cualquier *MANERA, de PRISA y corriendo. ➤ Despachaderas, galopeado. ➤ *Chapuza. *Descuido. *Desorden. *Precipitar. *Prisa.

embasamiento (del it. «imbasamento») m. ARQ. *Parte inferior sobre la que descansa un edificio o construcción, cuando es distinguible del resto.* ⇒ Basamento. ➤ *Zócalo.

embasar tr. MAR. *Poner la basada a un ↘barco para *vararlo en la grada.*

embastar (de «en-» y «basta») **1** tr. Dar o hacer en una ↘cosa bastas (puntadas largas). ⊙ *Hilvanar. ⊙ *Sujetar la ↘tela que se va a *bordar en las tiras de tela que llevan para ello las barras del bastidor.* **2** *Poner bastas a los ↘*colchones.*

embaste m. Acción y efecto de embastar.

embastecer 1 tr., intr. y, más frec., prnl. Poner[se] ↘algo basto o *tosco. **2** intr. y prnl. **Engordar una persona.*

□ CONJUG. como «agradecer».

embastecimiento m. Acción de embastecer[se].

embatada f. Golpe fuerte de *mar o de *viento, que hace cambiar el rumbo del barco.

embate (de «embatirse») m. *Ataque. Corrientemente, se emplea sólo cuando se trata del *mar, el *viento, la *tempestad, etc. ≃ Acometida, embestida. ⊙ Y, también, con referencia a cosas como pasiones o estados violentos de ánimo: 'El embate de las pasiones [o de los celos]'.

embatirse (ant.) prnl. recípr. **Acometerse.* ≃ Embestirse.

embaucado, -a Participio adjetivo de «embaucar».

embaucador, -a adj. y n. Que embauca.

embaucamiento m. Acción de embaucar.

embaucar (de «embabucar») tr. *Engañar a ↘alguien provocando su admiración con palabras, actos o cosas engañosas. ⇒ Alucinar, dar ATOLE con el dedo, camelar, cascabelear, *deslumbrar, embabucar, embaír, embelecar, embobar, encandilar, encantusar, encatusar, enflautar, engaritar, *engatusar, enlabiar. ➤ Embaucador, engañabobos, engañanecios, marrullero, tramposo. ➤ *Embelesar. *Engañar. *Pasmar.

□ CONJUG. como «causar».

embauco (ant.) m. *Acción de embaucar.*

embaular 1 tr. Meter ↘algo en un baúl. ⇒ Desembaular. **2** Comer mucho. ≃ *Engullir. **3** Meter ↘gente muy apretada en un sitio estrecho: 'Nos embaularon en un coche de tercera'.

embausamiento (de «en-» y «bausán») m. **Abstracción o embelesamiento.*

embayarse (Ec.) prnl. **Enfadarse.*

embazar[1] tr. *Teñir una ↘cosa de *color bazo o pardo.*

embazar[2] **1** tr. **Estorbar o *cohibir a ↘alguien para algo.* **2** prnl. **Indigestarse.* ≃ Empacharse. **3** *Experimentar sensación de dolor en el lado izquierdo del *estómago, hacia donde cae el bazo, cuando se hace ejercicio violento recién comido.* **4** **Cansarse o *aburrirse de algo.* ≃ Embarazar. **5** tr. **Pasmar a ↘alguien.* **6** intr. *Quedarse *suspenso.*

embazarse prnl. *En los juegos de naipes, entrar en baza.*

embebecer (de «embeber») tr. y prnl. **Embelesar[se].*

□ CONJUG. como «agradecer».

embebecido, -a *Participio adjetivo de «embebecer[se]».*

embebecimiento m. *Acción y efecto de embebecer[se].*

embeber (del lat. «imbibĕre») **1** tr. *Absorber o *empapar; coger y retener un cuerpo en su masa un ↘líquido. ⇒ Imbibición. **2** (acep. causativa) Hacer que un cuerpo embeba un ↘líquido: 'Embeber la tinta con el secante'. ≃ *Empapar, impregnar. ⊙ También, «embeber un algodón en alcohol». ⊙ («de») prnl. Empaparse. **3** intr. y prnl. *Encoger una tela al mojarse. ⊙ Tupirse o *apelmazarse por esa causa. **4** tr. Encoger una ↘tela al *coserla a otra más corta o más estrecha. ≃ Fruncir. ⊙ *Meter tela en una costura para acortar o estrechar la ↘prenda. **5** Necesitar una cosa para ser hecha cierta ↘cantidad de lo que se expresa. ⇒ *Gastar. **6** **Contener una cosa dentro de sí a ↘otra.* ⊙ **Comprender una cosa inmaterial a ↘otra dentro de sí.* **7** *Embutir una ↘cosa en otra. **8** («de») prnl. Aprender y asimilar ideas, doctrinas, etc.: 'Embeberse de la doctrina del maestro'. ≃ Empaparse, *imbuirse, impregnarse. **9** («en») *Abstraerse o *enfrascarse en una cosa; dedicar la atención por completo a ella y no enterarse de lo que pasa alrededor: 'Se embebió en la lectura [o en sus pensamientos]'.

embebido, -a 1 Participio adjetivo de «embeber[se]». ⊙ *Abstraído o enfrascado. ⊙ *Embutido en otra cosa; por ejemplo, en un muro: 'Una columna embebida'. 2 m. Acción y efecto de embeber[se]. ⊙ *En la fabricación de tejidos, acortamiento de las fibras debido al entrelazamiento.*

embecadura (del it. «imbeccare», dar forma de pico) f. ARQ. **Pechina.*

embejucar 1 (Antill., Col., P. Rico, Ven.) tr. *Envolver con bejucos.* 2 (Col.) *Despistar.* 3 (Col., Ven.) prnl. **Enredarse una cosa.* 4 (Col.) **Enfadarse.*

embelecador, -a adj. y n. Que embeleca.

embelecamiento m. Acción y efecto de embelecar[se].

embelecar (¿del sup. rom. «enbaláikár», del ár. and. «balá» o «balí», calamidad?) tr. Engañar, particularmente con zalamerías o halagos. ≃ Engatusar. ⇒ *Embaucar. ⊙ prnl. Dejarse engañar con lisonjas.

embeleco 1 m. Zalamería o halago con que alguien engaña a otro para conseguir de él lo que quiere. ≃ Engaño. 2 (inf.) *Persona molesta.*

embeleñar 1 tr. **Adormecer a ˘alguien con beleño.* 2 **Embelesar a ˘alguien.*

embelesamiento m. Acción y efecto de embelesar[se].

embelesar (de «en» y «belesa», planta de propiedades narcóticas) tr. Causar tanto *placer a ˘alguien una cosa que le hace olvidarse de cualquier otra: 'Tiene una risa que embelesa. Embelesa con su charla'. ⊙ Se presta más que «cautivar» a ser usado con ligero sentido burlón: 'Las personas de sesenta años para arriba se embelesan oyendo el Vals de las Olas'. ⊙ prnl. Sentir una persona tanto placer con algo que se olvida de todo lo demás.

□ CATÁLOGO

Dejar [o tener] ALELADO, arrebatar, arrobar[se], atraer, caerse la BABA, dejar [o quedarse] con la BOCA abierta, dejar BOQUIABIERTO, cautivar, dar CHAMICO, estar [o tener] CHOCHO, embargar, embeleñar, dejar EMBOBADO, embobar[se], embriagar, embrujar, enajenar[se], enamorar, encandilar, *encantar, encativar, enlabiar, extasiar[se], *fascinar, hechizar, hipnotizar, prendar, seducir, *suspender, transportar. ➤ Arrobamiento, arrobo, embelesamiento, embeleso, embriaguez, embrujo, encantamento, encantamiento, encanto, enlabio, éxtasis, ilapso, pasmo, suspensión, transporte. ➤ *Absorto. *Abstraerse. *Admiración. *Asombrar. *Deslumbrar. *Distraerse. *Embaucar. *Gustar. *Pasmar.

embeleso 1 m. Acción y efecto de embelesar. 2 Cosa que embelesa.

embelga (del sup. céltico «ambelīca»; Ast., León.) f. **Bancal o era de siembra que se riega de una vez.*

embellaquecerse prnl. *Hacerse bellaco.*

embellecedor, -a 1 adj. Que embellece. 2 m. Pieza, por ejemplo una chapa, una moldura, etc., que sirve para adornar una cosa u ocultar alguna parte antiestética de algo.

embellecer tr. Dar belleza a una ˘cosa o aumentársela. ⊙ *Idealizar: imaginar una ˘cosa más bella de lo que es o presentarla como más bella al describirla, retratarla, etc. ⊙ prnl. Hacerse bella o aumentar su belleza una cosa. ⇒ *Acicalar, *adornar, agraciar, alegrar, alindar, alindongarse, *arreglar, caer, ESTAR bien, favorecer, hermosear, realzar. ➤ Mirar con buenos OJOS. ➤ Afeite, *cosmético. ➤ *Bello.

□ CONJUG. como «agradecer».

embellecimiento m. Acción de embellecer[se].

embermejar o **embermejecer** (de «en-» y «bermejo») tr. **Enrojecer o ruborizar.*

embero (del pamue «nvero»; *Lovoa trichilioides*) m. Árbol meliáceo del África ecuatorial, de excelente madera de color marrón grisáceo, muy apreciada en ebanistería. ≃ Dibetú.

emberrenchinarse (de «en-» y «berrenchín»; inf.) prnl. Emberrincharse.

emberrincharse (de «en-» y «berrinche»; inf.) prnl. Ser víctima de un ataque de *enfado o de *disgusto muy violento. ≃ Coger un berrinche, enrabietarse.

embestida f. Acción de embestir.

embestidor, -a 1 adj. y n. *Aplicable al que embiste.* 2 *Persona que *pide limosna o pide un préstamo contando lástimas.*

embestidura f. *Embestida.*

embestir (¿del it. «investire», acometer, atacar?) 1 («a, contra») tr. Lanzarse alguien o algo con ímpetu contra una ˘cosa, una persona, etc.: 'El ejército enemigo embistió nuestras líneas. El oleaje embiste contra las rocas'. ≃ *Acometer, arremeter, atacar. ⊙ TAUROM. Particularmente, lanzarse el *toro contra ˘alguien o algo para acornearlo. ⇒ Acornear, amochar, amorcar, amufar, amurcar, *cornear. ➤ Topar. ➤ Azomar, citar, llamar. 2 (inf.) *Acometer a ˘alguien con una *petición de dinero u otra cosa o con una pretensión cualquiera.*

□ CONJUG. como «pedir».

embetunar tr. Extender betún sobre ˘algo. ≃ Dar *betún.

embicar (del port. «embicar») 1 (Arg., Chi.) tr. MAR. *Dirigirse en línea recta a tierra con la nave.* ⇒ *Enfilar. 2 (Cuba) *Introducir derechamente una ˘cosa en un hoyo u orificio.* 3 MAR. *Poner una ˘verga en dirección oblicua, lo cual se hace en señal de *luto.* 4 MAR. *Inclinar la proa a la parte de donde viene el viento.* ≃ Orzar.

embijado, -a 1 *Participio adjetivo de «embijar».* 2 (Méj.) *Formado por cosas desiguales o *mezcladas:* 'Baraja embijada'.

embijar 1 tr. **Pintar ˘algo con bija o bermellón.* 2 (Hond., Méj., Nic.) **Manchar o pringar.*

embizcar 1 tr. *Dejar bizco a ˘alguien.* 2 intr. y prnl. *Quedarse bizco.*

emblandecer 1 tr. **Ablandar.* ⊙ prnl. *Reblandecerse.* 2 **Ceder.* 3 *Compadecerse.*

emblanquear tr. *Emblanquecer.*

emblanquecer tr. *Blanquear una ˘cosa.*

□ CONJUG. como «agradecer».

emblema (del lat. «emblēma», adorno de taracea o mosaico, del gr. «émblēma», adorno superpuesto) 1 m. Figura, generalmente con una leyenda alusiva a su significado, que un caballero, una ciudad, etc., adopta como *distintivo suyo. ⊙ Modernamente, enseña, *insignia. Figura, por ejemplo un escudo, a veces con una leyenda, que se adopta como distintivo de los miembros de determinada institución o asociación: 'El emblema del arma de caballería'. ⊙ El mismo objeto, ostentado, por ejemplo en la solapa, con cualquier significado: 'Un emblema de la recaudación de la Cruz Roja'. 2 Figura u objeto que se toma convencionalmente como *representación de algo: 'La balanza es el emblema de la justicia'. ≃ Símbolo.

emblemático, -a 1 adj. *De [o del] emblema.* 2 Se aplica a aquello que constituye la manifestación más destacada y representativa de algo: 'Es el proyecto ecológico más emblemático de la región'. ⇒ *Ejemplo.

embobado, -a Participio adjetivo de «embobar[se]».

embobamiento m. Acción y efecto de embobar[se].

embobar (inf.; «con») tr. *Deslumbrar; causar en ↘alguien una *admiración injustificada con una cosa extraordinaria en apariencia. ⊙ (inf.) prnl. Quedarse deslumbrado o absorto injustificadamente: 'Se emboba viendo la televisión'.

embobecer tr. y prnl. *Embobar[se]*.

embocadero m. *Embocadura.*

embocado, -a adj. Se aplica al *vino seco con algo de dulce. ≃ Abocado.

embocadura **1** f. Acción de embocar. **2** *Entrada de un canal o cosa parecida. **3** *Boquilla de un instrumento. **4** **Bocado del *freno.* **5** *Sabor, calificado de alguna manera, de los *vinos. **6** (Col., Nic.) **Madera o especial disposición de una persona para dedicarse a cierta profesión o actividad.*

BUENA EMBOCADURA. *Cualidad del *caballo blando de boca.*

embocar **1** tr. Dirigirse una cosa hacia una ↘boca, entrada u orificio y meterse por él: 'Vi el coche embocar la calle donde vive ella. El barco embocaba el canal de Panamá'. ≃ *Enfilar. **2** Dirigir una cosa hacia una ↘boca, entrada u orificio y *meterla por él; por ejemplo, en un juego en que hay que *pasar una *bola por un aro. **3** Recibir en la boca una ↘cosa tirada al aire, como hacen los perros. **4** *Comer mucho y deprisa.* ≃ *Engullir. **5** *Aplicar los labios a un ↘instrumento musical de viento.* **6** (inf.) *Hacer creer una ↘mentira.* ≃ *Colar. **7** (inf.) *Decir, dar, etc., a alguien una ↘cosa que le resulta pesada o molesta:* 'Me embocó un sermón'. ≃ *Endilgar. **8** **Emprender una ↘cosa.*

embochinchar (Hispam.) tr. *Promover un bochinche o *jaleo entre la ↘gente.*

embocinado, -a adj. *Abocinado.*

embodegar tr. **Guardar o almacenar una ↘cosa, por ejemplo vino o aceite, en la bodega.*

embojar tr. *Colocar ramas de boj u otra cosa alrededor de los zarzos en que se crían los ↘gusanos de *seda para que éstos se suban a ellas para hacer el capullo.* ≃ Enraigonar.

embolada **1** f. Cada movimiento de vaivén del émbolo. **2** Cantidad de fluido desplazado en ese movimiento.

embolado, -a **1** Participio adjetivo de «embolar». **2** m. TAUROM. Toro embolado. **3** *Papel desairado o de poco lucimiento en una representación *teatral.* ⊙ *Papel o intervención *deslucida que se asigna a alguien en cualquier asunto.* **4** («Meter un») *Mentira o *embuste que se hace creer a alguien. **5** (inf.; «Meter[se] en un») Situación comprometida.

embolador (de «embolar[2]»; Col.) m. *Limpiabotas.*

embolar[1] **1** tr. TAUROM. Poner bolas en las puntas de los *cuernos de un ↘*toro para que no pueda herir con ellos. **2** TAUROM. En algunas fiestas populares, poner a un ↘toro en cada uno de los cuernos una especie de antorcha y hacerla arder como diversión.

embolar[2] **1** tr. *Dar bola o *betún al ↘*calzado.* **2** *Dar la última mano de bol para *dorar.*

embolatar **1** (Col., Pan.) tr. **Engañar.* **2** (Col., Pan.) **Enredar, embrollar.* **3** (Col.) *Demorar.* **4** (Col.) prnl. *Entretenerse en un asunto.* **5** (Col.) *Perderse.*

embolia f. MED. Obstrucción producida en un vaso sanguíneo por un émbolo, y consiguiente falta de riego en la región correspondiente.

embolicar (Ar., Mur.) tr. **Complicar o *enredar ↘algo.* ≃ Embrollar. ⊙ *Enredar o complicar una ↘cosa para *disimular o *encubrir algo.*

embolismar (de «embolismo», chisme, embuste) tr. *Contar chismes con que se indispone a unas ↘personas con otras.* ⇒ *Enemistar.

embolismático, -a adj. *Aplicado especialmente al lenguaje, confuso, ininteligible.*

embolismo (del lat. «embolismus», del gr. «embolismós») **1** m. *Añadidura de algunos días a un *año para igualarlo con otro de distinto cómputo; por ejemplo, para igualar el civil con el solar.* **2** **Lío o confusión.* **3** *Dificultad u *obstáculo.* **4** **Chisme o *embuste.*

émbolo (del lat. «embŏlus», del gr. «émbolos») **1** m. Pieza que se mueve dentro de un cuerpo de *bomba produciendo la compresión del fluido que hay en el interior o siendo empujada por él, según los casos. **2** MED. *Masa que se sitúa en un vaso, que puede ser grasa, un coágulo de sangre o una burbuja de gas, la cual, al llegar a un estrechamiento, lo obstruye y produce una embolia.* ⇒ *Sangre, *vena.

embolsar **1** tr. Meter una ↘cosa en una bolsa o en bolsas. **2** (con un pron. reflex.) *Ganar u obtener ↘dinero en un negocio, en el juego, etc.: 'Este mes se ha embolsado una buena gratificación'.

embolso m. Acción de embolsar. ⊙ Cantidad embolsada.

embonar (de «bueno») **1** tr. *Hacer *buena o *mejorar una ↘cosa.* **2** (Cuba, Méj.) **Ajustar o venir bien una cosa para algo o en cierto sitio.* **3** MAR. *Forrar exteriormente el casco de un ↘*barco con tablones, para ensanchar su manga y aumentar su estabilidad.*

embono **1** (ant.) m. *Remiendo.* **2** MAR. *Forro de tablones con que se embona un barco.*

emboñigar tr. **Recubrir o *untar con boñigos una ↘cosa.*

emboque **1** m. *Acción de embocar; por ejemplo, de pasar una bola por un aro.* **2** (Cantb.) *En el juego de *bolos, uno más pequeño que los otros nueve, al que se asigna un valor convencional.* **3** (Chi.) **Boliche (juguete).* **4** **Engaño.* **5** Abertura del escenario hacia el *teatro. ≃ Boca. **6** Aplicado a *vinos, *sabor.

emboquera (de «boca»; Sal.) f. *Cubierta de paja, heno o ramas con que se tapan los sacos de *cisco (carbón desmenuzado).*

emboquillado, -a **1** Participio de «emboquillar». ⊙ adj. Aplicado a los cigarrillos, con boquilla. **2** m. Operación de emboquillar.

emboquillar **1** tr. Poner boquillas a los ↘*cigarrillos. ≃ Encanutar. **2** *Trazar o empezar a abrir la boca de un ↘*barreno, *galería, mina o túnel.* ≃ Pintar.

embornal (del cat. «embornal») m. **Agujero abierto en los trancaniles para dar salida al agua que entra en las cubiertas de los *barcos.* ≃ Imbornal.

emborrachacabras (*Coriaria myrtifolia*) f. *Planta coriariácea cuyas hojas, ricas en tanino, se emplean para *curtir. ≃ Roldón.

emborrachador, -a adj. Que emborracha.

emborrachamiento m. Acción y efecto de emborrachar[se].

emborrachar **1** tr. y prnl. Poner[se] borracho. ⇒ Abombarse, achispar[se], ajumar[se], alegrar[se], amarrársela, amonarse, apuntarse, asomarse, bebdar, subirse a la CABEZA, coger un CERNÍCALO, chingarse, curarse, embriagar[se], encandilar[se], enchispar[se], enmonarse, hacer ESES, guayar, inebriar, mamarse, marearse, SUBIRSE a predicar. ➤ *Borracho. **2** *Marear[se] o *adormecer[se].* **3** Correr[se] los *colores de alguna cosa, mezclándo[se] unos con otros. **4** Llenar[se] de combustible líquido un ↘motor, un mechero, etc., lo que le impide funcionar correctamente. **5** tr. Empapar un ↘bizcocho o pastel con licor o almíbar.

emborrar **1** tr. **Rellenar de *borra una ↘cosa.* **2** *Aplicado a la lana, *cardar.* **3** *Hacer creer una ↘*mentira.* ≃ *Colar.

emborrascar **1** tr. y prnl. **Enfadar[se].* **2** prnl. Hacerse borrascoso el tiempo. ⇒ *Meteorología. **3** **Estropearse un negocio.* **4** (Arg., Hond., Méj.) MINER. *Empobrecerse una *mina o perderse la veta.*

emborrazar (del cat. «borrassa», manta grosera) tr. *Poner lonchas de tocino encima de un ↘*ave para asarla.* ≃ Enalbardar.

emborricarse (de «borrico») **1** prnl. **Aturdirse u *ofuscarse.* **2** (inf.) *Obstinarse en algo.* **3** (inf.) **Enamorarse perdidamente.*

emborrizar (de «borra») **1** tr. *Dar la primera *carda a la ↘*lana.* **2** **Rebozar las ↘viandas para freírlas.* **3** (And.) *Recubrir los *dulces con almíbar o azúcar.*

emborronado, -a Participio adjetivo de «emborronar[se]».

emborronamiento m. Acción de emborronarse[se].

emborronar **1** tr. Echar o hacer *borrones en un ↘dibujo, escrito, etc. ⊙ Correr la tinta de un ↘escrito, etc., con lo que queda borroso. ⊙ prnl. Mancharse de borrones un escrito, dibujo, etc., o quedar borroso al correrse la tinta o cualquier otra sustancia con la que está hecho. **2** tr. o abs. Hacer en un ↘papel o cosa semejante *dibujos mal hechos o garabatos. **3** (desp.) *Escribir en un ↘papel, etc., algo destinado al público: 'Emborronar cuartillas'. ⊙ Se dice con afectada modestia: 'Lo que me mueve a emborronar estas cuartillas...'.

emborrullarse (relac. con «barullo») prnl. **Enzarzarse en una *riña o *discusión ruidosa.*

emboscada **1** («Armar, Preparar») f. Acción y efecto de emboscar[se]. ⇒ Contraemboscada. **2** Intriga o *trampa preparada contra alguien. ≃ Asechanza, celada.

emboscado, -a **1** Participio de «emboscar[se]». ⊙ adj. y n. m. Se aplica al que está emboscado. **2** m. Persona que elude el servicio militar durante una guerra.

emboscadura **1** f. Acción de emboscar[se]. **2** Lugar donde alguien se embosca.

emboscar (de «en-» y «bosque») **1** tr. Poner ↘gente oculta en un sitio para una operación militar o para *atacar a alguien. ⊙ prnl. *Esconderse en la espesura. ⊙ Apostarse una partida de gente en un sitio para atacar por sorpresa a alguien que ha de acudir a él. **2** *Introducirse una persona en una organización a la que no es adicta, para sabotearla o para rehuir la persecución. ⇒ Camuflarse, enquistarse, *esconderse. ➤ Quinta COLUMNA. **3** *Acogerse, rehuyendo el trabajo duro, a un puesto de trabajo *cómodo.* ⇒ Desemboscarse.

embosquecer intr. *Convertirse un terreno en *bosque.*

embostar **1** tr. **Abonar un ↘terreno con bosta.* **2** (R. Pl., Ven.) *Revocar los muros de adobe con una mezcla de bosta y barro.* **3** (Ven.) *Blanquear al sol la ropa enjabonada.*

embotado[1], -a (Chi.) adj. *Aplicado a las reses vacunas, botinero: con las patas negras.*

embotado[2], -a Participio adjetivo de «embotar[se]»: 'Un cuchillo embotado. Tener el olfato embotado'.

embotador, -a adj. Que embota.

embotadura f. Pérdida de la agudeza de la punta o el corte de un utensilio.

embotamiento m. Acción y efecto de embotar[se]: 'El embotamiento de los sentidos'.

embotar[1] (de «en-» y «boto») **1** tr. Hacer menos agudos la ↘punta o corte de un ↘arma o herramienta engrosándolos, mellándolos o recubriéndolos, como hace, por ejemplo, el óxido o la suciedad. ⊙ Hacerse menos agudos la punta o corte de un arma o herramienta al mellarse o recubrirse de algo. ⇒ Arromar, desacerar, desafilar, embolar, enromar, entraparse, mellar. ➤ Boto, romo. ➤ Rebaba. ➤ *Afilar. ➤ Oxidado. **2** tr. *Detener la ↘punta o corte de un ↘arma o herramienta interponiéndose entre ellas y la cosa a que van dirigidas. ⊙ prnl. Quedar detenida la punta o corte de un arma en una cosa blanda, como una almohadilla, o pegajosa. ⊙ También en sentido figurado: 'Su entusiasmo se embota en la indiferencia de los otros'. **3** tr. y prnl. Hacer[se] menos agudos o eficaces los ↘sentidos, la sensibilidad, la inteligencia, la voluntad y quizás alguna otra facultad: 'El calor embota la voluntad. El sentido del olfato se embota con ese olor tan fuerte'. ≃ *Debilitar[se] o *enervar[se]. ⇒ Hacerse un BOLO en la cabeza, ponerse la cabeza como un BOMBO, cargarse la CABEZA.

embotar[2] tr. *Poner una ↘cosa, particularmente el *tabaco, en botes.*

embotellado, -a **1** Participio adjetivo de «embotellar». ⊙ («Llevar, Traer») *Se dice de un discurso, conferencia, lección, etc., que se lleva *aprendido de memoria y en disposición de soltarlo punto por punto.* **2** m. Operación de embotellar.

embotellador, -a **1** adj. Que embotella. **2** n. Persona que se dedica a embotellar.

embotelladora f. Máquina que sirve para embotellar.

embotellamiento **1** m. Acción y efecto de embotellar[se]. ⊙ Particularmente, los vehículos en un entorpecimiento del *tráfico. **2** (inf.) **Discurso, *conferencia, etc., que alguien lleva embotellado*: 'Nos soltó un embotellamiento sobre Cervantes'.

embotellar **1** tr. Poner una ↘cosa, por ejemplo el *vino, en *botellas. **2** Meter ↘gente muy apretada en un sitio. ⇒ *Estrujar. **3** Estar impidiendo las fuerzas marítimas de un beligerante a las de ↘otro salir del sitio en que están fondeadas. **4** Producir la inmovilización y *aglomeración de ↘vehículos en un punto, la de mercancías, el estancamiento de un negocio, etc. **5** (inf.; propio del lenguaje estudiantil) *Estudiar muy intensamente; en particular, utilizando principalmente para ello la memoria.* ≃ Empollar.

emboticar (de «en-» y «botica») **1** (ant.) tr. *Almacenar ↘algo.* **2** (Cuen., Chi.) *Medicinar a ↘alguien.*

embotijar **1** tr. *Echar o guardar una ↘cosa en botijas.* ⇒ *Envasar. **2** *Colocar en el ↘*suelo debajo de las baldosas una capa de piezas de barro huecas, para evitar la humedad.* **3** (inf.) prnl. *Hincharse, congestionarse. **4** (inf.) *Estar a punto de echarse a *llorar y hacer los gestos correspondientes.* **5** (inf.) *Enojarse.*

embovedar **1** tr. *Abovedar.* **2** *Encerrar o *guardar una ↘cosa en una bóveda.*

embozadamente adv. Encubiertamente.

embozalar tr. *Poner el bozo a los ↘perros, caballerías, etc.*

embozar (de «bozo») **1** («con»: 'con las sábanas', «en»: 'en la capa', «hasta»: 'hasta los ojos') tr. *Cubrir la parte inferior de la cara, tapándose la boca, con el embozo de la capa o de la cama, con una bufanda, etc. Más frec. reflex. **2** *Desfigurar, *confundir u *ocultar una ↘cosa con palabras o acciones: 'Me habló del asunto embozando sus intenciones'. **3** (ant.) **Contener o *frenar ↘algo o a alguien.* **4** (Ar.) **Obstruir un ↘conducto.*

embozo 1 m. Prenda, o parte de una prenda de *vestir con que se cubre el rostro. Particularmente, cualquiera de los dos bordes delanteros de la *capa española, que, a veces, se cruzan por delante de la cara para cubrirla, echando la punta hacia atrás. ⊙ Parte de la sábana de encima que se dobla hacia fuera cubriendo el borde de las otras ropas de la *cama y que es la que toca en la cara al estar acostado. **2** (pl.) Falta intencionada de claridad en algo que se dice. ≃ Ambages, *rebozo[s], requilorios, tapujos.

embracilado, -a (And., Sal.) *Participio de «embracilar».* ⊙ (And.) adj. *Se aplica al *niño enviciado con que le lleven en brazos.*

embracilar (de «en-» y «bracil»; And., Sal.) tr. e intr. *Llevar en *brazos.*

embragar 1 tr. *Rodear un ↘fardo, piedra, etc., con una braga o abrazadera.* ⊙ *Sujetar el ↘*cañón a la cureña.* **2** tr. o abs. Poner en *conexión un ↘eje con otro por medio del embrague. ⇒ Desembragar.

embrague 1 m. Acción de embragar. **2** Dispositivo por el cual dos árboles o ejes que giran pueden acoplarse y desacoplarse; por ejemplo, en los *automóviles, para cambiar de marcha. ⇒ *Máquina.

embravecer (de «bravo») **1** tr. Poner *furioso o volver *acometedor a un ↘animal. ⇒ Bravo. ⊙ («con, contra») prnl. Enfurecerse o volverse acometedor un animal. **2** Particularmente, ponerse el *mar agitado con olas muy grandes. **3** intr. *Robustecerse y *brotar con fuerza las plantas.*

□ CONJUG. como «agradecer».

embravecido, -a Participio adjetivo de «embravecer[se]». ⊙ Particularmente, se aplica al *mar agitado con olas muy grandes.

embravecimiento m. Acción de embravecer[se].

embrazadura 1 f. *Acción de embrazar.* **2** Asa por la que se embraza un *escudo.

embrazar tr. *Sujetar ↘algo con un brazo: 'Embrazar la lanza'. ⊙ Meter el brazo por el asa que lleva para ello un ↘*escudo o arma semejante.

embrear tr. *Untar una ↘cosa, por ejemplo una cuerda, con brea.

embregarse (de «brega») prnl. *Entablar *riñas o *disputas.*

embriagado, -a Participio adjetivo de «embriagar[se]». ⊙ Particularmente, borracho.

embriagador, -a adj. Que embriaga (enajena o embelesa): 'Un perfume embriagador'.

embriagante adj. Que embriaga.

embriagar (de «embriago») **1** tr. y prnl. Poner[se] borracho. ≃ *Emborrachar[se]. **2** tr. *Enajenar o *embelesar a ↘alguien una cosa que le causa mucho *placer o felicidad: 'El perfume del azahar embriagaba los sentidos'. ⊙ («con») prnl. Extasiarse o embelesarse con algo que causa mucho placer o felicidad. ⊙ tr. Hacer perder a ↘alguien la serenidad o el equilibrio moral una gran alegría, el triunfo, el poder, etc. ≃ *Enajenar. ⊙ («con») prnl. Perder la serenidad o el equilibrio a causa de una alegría, el poder, el éxito, etc.

embriago, -a (del lat. «ebriăcus», ebrio) adj. *Embriagado.*

embriaguez f. Estado de embriagado. ⇒ *Borracho.

embribar (de «en-» y «briba»; Sal.) tr. **Invitar a comer.*

embridado, -a EQUIT. Participio adjetivo de «embridar». ≃ Briadado.

embridar 1 tr. EQUIT. Colocar las bridas a las ↘*caballerías. **2** EQUIT. Obligar al ↘*caballo a llevar y mover bien la cabeza.

embriofita (del gr. «émbryon», embrión, y «-fita») adj. y n. f. BOT. *Se aplica a los vegetales que tras la fecundación del óvulo desarrollan un embrión.* ⇒ Acotiledónea, arquegoniada, criptógama.

embriogenia o **embriogénesis** (del gr. «émbryon», embrión, y «-genia» o «-génesis») f. BIOL. Proceso de formación y desarrollo del embrión.

embriogénico, -a adj. BIOL. De la embriogenia.

embriología (del gr. «émbryon», embrión, y «-logía») f. BIOL. Estudio de la formación y desarrollo del embrión.

□ CATÁLOGO

Ginecología, embriogenia [o embriogénesis]. ➤ Conjugación, *fecundación. ➤ AGUA del amnios, amnios, blastema, blastodermo, blastómero, blástula, CORDÓN umbilical, corion, decidua, endoblasto, endosperma [o endospermo], LÍQUIDO amniótico, MEMBRANA alantoides, MEMBRANA caduca, MEMBRANA vitelina, micrópilo, pares, parias, placenta, secundinas, VESÍCULA ovárica, vitelo, zurrón. ➤ Criatura, embrión, engendro, feto. ➤ Muévedo. ➤ Espejuelo. ➤ Ombligo. ➤ Manto. ➤ Cigoto, germen, huevo, mórula, oocito, oogonia, ovocito, ovogonia, óvulo, rudimento, yema. ➤ Galladura, prendedura. ➤ Cotiledón, *gémula, plumilla, plúmula, radícula, rejo. ➤ *Biología. *Célula. *Embarazo. *Reproducción.

embriológico, -a adj. BIOL. De la embriología o de su objeto.

embrión (del gr. «émbryon») **1** m. BIOL. Etapa temprana del desarrollo de un organismo, producido a partir de un óvulo fecundado. ⇒ *Embriología. **2** Estado incipiente de una cosa. ⇒ *Principiar.

EN EMBRIÓN. En estado incipiente.

embrionario, -a adj. De [o del] embrión: 'En estado embrionario'.

embrisar (de «brisa»; Man.) tr. *Echar al ↘*vino brisa (orujo) de calidad distinta, para darle sabor.*

embroca (del lat. «embrŏcha», del gr. «embrochḗ», loción) f. MED. *Embrocación.*

embrocación[1] f. MED. **Cataplasma.*

embrocación[2] f. MED. Acción de *regar una parte enferma con un líquido medicinal. ⊙ MED. Ese líquido.

embrocar[1] **1** tr. Vaciar una ↘vasija en otra volviéndola boca abajo. ≃ Abocar. **2** (Sal., Hond., Méj.) *Poner boca abajo una ↘vasija, un plato u otra cosa semejante.* ≃ *Invertir. **3** (Sal.) *Dejar *caer alguna ↘cosa.*

embrocar[2] **1** tr. **Devanar los ↘hilos o las sedas en las brocas para bordar.* **2** *Sujetar las ↘suelas con los clavos llamados brocas para hacer los *zapatos.* **3** TAUROM. *Coger el *toro al ↘torero entre las astas.* ≃ Encunar.

embrochado adj. *Brochado (*telas).*

V. «PIEZA de embrochado».

embrochalar tr. CONSTR. *Sostener las ↘vigas que no llegan a apoyarse en la pared por medio de un madero o *brochal atravesado, o de una barra de hierro.*

embrollado, -a Participio adjetivo de «embrollar[se]».

embrollador, -a adj. y n. Que embrolla.

embrollar (del fr. «embrouiller») **1** tr. y prnl. Revolver[se] y *entrelazar[se] desordenadamente algunas ↘cosas, como hilos o alambres. ≃ Enredar, liar. **2** Complicar[se] un asunto. ≃ Enredar, liar.

embrollo 1 m. Conjunto de cosas revueltas y enredadas o entrecruzadas: 'Un embrollo de hilos [o de pasadizos]'. ≃ *Enredo, *lío. **2** Situación o asunto confuso, ilícito o difícil de entender o resolver: 'Esa herencia es un embrollo. Le han metido en un embrollo'. ≃ *Lío. **3** («Armar, Ir con, Venir con») *Chisme o *mentira que alguien cuenta, generalmente con intención de perjudicar a otro. **4** Asunto vergonzoso o irregular, generalmente mantenido oculto: 'Me parece que ahí hay algún embrollo'. ≃ Enredo, gatuperio, lío, *tapujo. **5** Arreglo desaprensivo hecho entre varios, en perjuicio de alguien. ≃ *Chanchullo.

embrollón, -a adj. y n. *Enredador o *lioso. Se dice del que tiene tendencia o afición a embrollar las cosas o a contar embrollos. ≃ Embrollador, embrolloso.

embrolloso, -a adj. *Embrollón o embrollador.*

embromador, -a adj. y n. *Aficionado a embromar o bromear.* ≃ *Bromista.

embromar 1 tr. Gastar una *broma a ↘alguien. **2** *Engañar a ↘alguien por divertirse, sin intención de ofenderle o hacerle daño. ≃ *Burlar, *chasquear. **3** (Hispam.) **Fastidiar o *perjudicar a ↘alguien.* **4** (Chi., Méj.) *Hacer perder tiempo.* ≃ *Entretener.

embroquelarse prnl. *Abroquelarse.*

embroquetar tr. *Sujetar las ↘aves con la broqueta para *asarlas.*

embrosquilar (Ar.) tr. *Meter el ↘*ganado en el corral o en el aprisco.*

embrujado, -a Participio adjetivo de «embrujar»: 'Una casa embrujada'.

embrujador, -a adj. Que embruja.

embrujamiento m. Acción y efecto de embrujar.

embrujar 1 tr. Ejercer sobre ↘alguien una acción de hechicería o de brujería, generalmente dañosa. ≃ *Hechizar. **2** Ejercer sobre ↘alguien un atractivo extraordinario. ≃ *Embelesar, encantar, hechizar.

embrujo m. Embrujamiento. ⊙ Particularmente, hechizo: *atractivo o *encanto misterioso e inexpresable de una persona o una cosa: 'El embrujo de la Alhambra'.

embrutecedor, -a adj. Que embrutece.

embrutecer (de «en-», «bruto» y «-ecer») tr. Hacer a ↘alguien bruto, torpe o tosco: 'La vida que lleva acabará embruteciéndole'. ⊙ prnl. Hacerse alguien bruto, torpe o tosco. ⇒ Aburrarse, *atontar[se], entontecer[se].

□ CONJUG. como «agradecer».

embrutecido, -a Participio adjetivo de «embrutecer[se]».

embrutecimiento m. Acción y efecto de embrutecer[se].

embuchado, -a 1 Participio adjetivo de «embuchar»: 'Lomo embuchado'. **2** m. Tripa de cerdo u otro animal rellena con carne picada y otras sustancias y condimentos. ≃ *Embutido. **3** (inf.) Cosa que se hace aceptar o a la que se hace pasar por algún sitio encubierta o disimulada. ⇒ *Colar. ⊙ *Engaño. **4** (inf.) Añadido de su invención que introducen a veces los actores de teatro en su papel. ≃ Morcilla. **5** *Introducción fraudulenta de *votos en una urna electoral.* **6** Moneda o monedas que se ocultan entre otras de menos valor al hacer la *puesta en el juego. **7** (Cuba) *Cierta enfermedad de las *aves.* **8** *Enfado que no se expresa con palabras. ≃ Entripado.

embuchar 1 tr. Meter ↘carne picada y otras sustancias y condimentos en una tripa de animal para hacer embutidos. ≃ Embutir. **2** *Cebar un ↘ave metiéndole comida en el buche. **3** Comer precipitadamente, tragando casi sin masticar. ≃ Embaular, *engullir. **4** AGRÁF. *Colocar ↘hojas o ↘cuadernillos impresos dentro de otros.*

embudador, -a n. *Persona que sostiene el embudo para llenar las vasijas.*

embudar 1 tr. *Colocar el embudo en la boca del ↘*odre.* **2** **Engañar o hacer una trampa a ↘alguien.* **3** CAZA. *Hacer entrar a las piezas en un cercado que se estrecha gradualmente para llevarlas al sitio en que son esperadas.* ⇒ Manga.

embudista (de «embudo») adj. y n. **Mentiroso o tramposo.*

embudo (del lat. «traiectorĭum imbūtum», trasvasador sumergido) **1** m. Utensilio consistente en un cono con el vértice prolongado por un tubo, que sirve para *envasar líquidos en vasijas de boca estrecha sin derramarlos. ≃ Envasador. ⇒ Envasador, fonil, tragavino. ➤ Infundibuliforme. **2** Depresión o excavación en el suelo que tiene una forma semejante a la de este utensilio. **3** Oquedad grande producida en la tierra por una explosión. **4** Situación en que el desarrollo de algo se hace más lento por la inmovilización y aglomeración de cosas en un punto: 'En esta parte de la carretera se produce un embudo que provoca continuos embotellamientos'. **5** **Trampa, *enredo o *engaño.*

V. «FLOR del embudo, LEY del embudo».

embullar (de «en-» y «bulla») **1** (C. Rica, Cuba, P. Rico) tr. *Promover bulla.* **2** (C. Rica, Cuba, P. Rico) *Animar a ↘alguien para que tome parte en una diversión.*

embullo (C. Rica, Cuba, P. Rico) m. **Bulla.*

embuñegar (del cat. «embunyegar»; Ar.) tr. **Enredar.*

emburriar (Ast., Burg., Cantb., León, Pal., Zam.) tr. **Empujar.*

emburujar 1 tr. *Formar burujos o *grumos en una ↘cosa.* ⊙ prnl. *Formar una cosa burujos en su masa.* **2** tr. *Formar rebullos en una ↘cosa; por ejemplo, en una cuerda o hilo retorciéndolos.* ⊙ prnl. **Retorcerse formando nudos o asas una cuerda, hilo, etc.* **3** (Col., Méj., P. Rico, Ven.) **Arrebujarse.* **4** tr. *Mezclar unas cosas con otras.*

embuste 1 («Contar, *Colar, Forjar, Fraguar, Tramar») m. *Mentira grande y burda. ≃ Patraña. ⇒ Andrómina, arana, berlandina, bernardina, bola, borrego, bunga, carambola, choba, droga, echada, embrollo, embustería, gazapa, guáchara, guadramaña, guayaba, jácara, mendacio, pajarota, patraña, tinterillada, trápala, trola, trufa. ➤ Embustero, petate, trolero. ➤ *Mentir. **2** (pl.) *Dijes, adornos o *joyas de poco valor que llevan las mujeres.*

embustería f. **Mentira complicada o serie de mentiras.*

embustero, -a adj. y n. Se aplica al que tiene costumbre de mentir. ≃ *Mentiroso.

ANTES SE COGE AL EMBUSTERO QUE AL COJO. Frase proverbial que expresa que es fácil descubrir a un embustero.

embustir intr. *Decir embustes.* ⇒ *Mentir.

embutición f. *Fabricación de piezas embutiendo chapas de metal.*

embutidera f. *Utensilio de calderero que consiste en un trozo de hierro con un hueco en una de sus caras en donde se hace entrar la cabeza de los clavos para remacharlos.*

embutido 1 m. Acción de embutir. ⊙ Particularmente, un material en otro. **2** *Conserva de viandas, particularmente de carne de cerdo y tocino, hecha embutiéndolas en un intestino de cerdo u otro animal. ≃ Embuchado. **3** Obra de madera, marfil u otro material que se hace encajando y ajustando unas piezas en otras de distinto color. **4** Operación con que se da a las chapas de metal formas muy acentuadas, por ejemplo las de las aletas de los coches, por medio de matrices. ≃ Moldeado. **5** **Tela antigua de tafetán.* **6** (Hispam.) *Entredós de *encaje o bordado.*

□ CATÁLOGO
Embuchado, *fiambre, menudencias. ➤ Bandujo, bofeña, bohena, boheña, botagueña, botarga, botillo, butifarra, butifarrón, calceta, chistorra, chóped, chorizo, farinato, filloga, fiyuela, fuet, güeña, longaniza, melliza, mondejo, morcal, morcilla, morcillón, morcón, mortadela, obispillo, obispo, pitarro, salami, salchicha, SALCHICHA de Frankfurt [o Francfort], salchichón, sobrasada, tabea, tanganillo, tarángana, tripote. ➤ Sabadeño. ➤ Chacina, matanza, mondongo. ➤ Embuchar, embutir, enfusar, rebutir. ➤ Fusco, intestino, tripa. ➤ Bodrio, picadillo. ➤ Jeringa. ➤ Cambo. ➤ Chancheria, charcutería, salchichería. ➤ Tapa. ➤ *Conserva. *Fiambre.

embutidor, -a n. Persona, máquina o taller que se dedica a embutir.

embutir (del ant. «embotir», de «en-» y «boto[2]») **1** tr. *Rellenar con carne picada, generalmente de cerdo, tocino, etc., y condimentos, un ↘intestino de animal, haciendo así *embutidos. **2** Meter ↘cosas en cualquier ↘sitio apretándolas. ⇒ *Estrujar, *recalcar. **3** *Meter en un material una ↘pieza o un trozo de otro material, de modo que quede bien sujeto en él: 'Embutir una viga en la pared [o un metal en otro]'. ⇒ Embeber, empotrar, encarcelar, encastrar, engastar, entregar, filetear, *incrustar, recibir, taracear. ➤ Ataujía, damasquinado, embutido, encaje, esmalte, estofado, marquetería, *mosaico, niel, taracea. ➤ *Adorno. *Incluir. *Meter. **4** Hundir la cabeza de un ↘tornillo o *clavo en el material en que se introduce para poder cubrirla, por ejemplo con un taquito. **5** (ant.) **Mezclar unas cosas con otras.* **6** (inf.) *Hacer creer a alguien una ↘mentira.* ≃ *Colar. **7** *Enseñar. ≃ Imbuir. **8** Realizar con los ↘*metales la operación llamada «embutido».

eme f. Letra «m». ⊙ (inf.) Se utiliza en numerosas expresiones como eufemismo por «mierda»: 'Mandar a la eme'.

emelga f. **Amelga (faja de terreno señalada para hacer la siembra por partes).*

emenagogo (del gr. «émmena», menstruos, y «agōgós», que conduce) m. FARM. Medicamento para provocar la *menstruación. ⇒ Apiol. ➤ *Planta (grupo de las medicinales usadas como emenagogo).

emenda (ant.) f. *Enmienda.*

emendable (ant.) adj. *Enmendable.*

emendación (ant.) f. *Enmendación.*

emendador, -a (ant.) n. *Enmendador.*

emendadura (ant.) f. *Enmienda.*

emendamiento (ant.) m. *Enmendamiento.*

emendar (ant.) tr. *Enmendar.*

ementar (ant.) tr. **Mencionar.* ≃ Mentar.

emergencia 1 f. Acción de emerger. **2** Cosa que emerge. **3** *Accidente o caso imprevisto: 'En caso de emergencia llame a este teléfono'.

emergente adj. Se aplica a lo que emerge de cierta cosa o tiene su *origen en ella.

emerger (del lat. «emergĕre») intr. Brotar o *salir de un líquido. ⊙ Sobresalir de un líquido parte de una cosa sumergida. ⇒ Inmersión, sumergir. ⊙ *Salir o *aparecer una cosa de detrás o del interior de otra como si brotase de ella. ⊙ Particularmente, salir un astro de detrás de otro o de la sombra proyectada sobre él por otro en un *eclipse.

emeritense (del lat. «Emeritensis») adj. y, aplicado a personas, también n. De Mérida, población de la provincia de Badajoz.

emérito, -a (del lat. «emerĭtus») **1** adj. *Se aplica al funcionario, designado por el nombre de *empleo, que percibe después de retirado un premio por sus buenos servicios.* ⊙ *Particularmente, al soldado de la *Roma antigua que disfrutaba una recompensa.* **2** Se aplica al profesor universitario ya jubilado, pero que puede seguir dando clases como reconocimiento a sus méritos.

emersión f. Acción de emerger. ⊙ ASTRON. Emergencia de un astro de detrás del que lo ocultaba en un *eclipse o de la sombra proyectada sobre él por otro.

emético, -a (del lat. «emetĭcus», del gr. «emetikós», vomitivo) adj. y n. m. FARM. Se aplica a los medicamentos que sirven para provocar el *vómito. ≃ *Vomitivo.

emetina (del gr. «emetikós», vomitivo) f. FARM. Alcaloide de la ipecacuana usado en medicina.

emétrope (del gr. «en», dentro, «metron», medida, y «ōps, opos», ojo) adj. ÓPT. *Se aplica al *ojo de visión normal y al que lo tiene.*

-emia Elemento sufijo del gr. «haîma», sangre: 'anemia, hiperemia'.

emídido, -a (del lat. «emys, emȳdis», del gr. «emýs, -ýdos», tortuga de agua dulce) adj. y n. m. ZOOL. *Se aplica a los *reptiles de la familia del galápago.* ⊙ m. pl. ZOOL. *Esa familia.*

emienda (de «emendar»; ant.) f. *Enmienda.*

emiente (ant.) f. **Memoria.* ≃ Enmiente.

emigración 1 f. Acción de emigrar. ⊙ Situación del que está emigrado. **2** Conjunto de habitantes de un país o región que han emigrado.

emigrado, -a Participio adjetivo de «emigrar». ⊙ adj. y n. Se aplica a la persona que vive en la emigración, sobre todo debido a causas políticas.

emigrante adj. y n. Se aplica al que emigra. ⊙ Emigrado, no por causas políticas.

emigrar (del lat. «emigrāre») **1** intr. Marcharse una persona de su pueblo, región o país para establecerse en otro. ⇒ Desarraigarse, desterrarse, exiliarse, expatriarse, trasplantarse. ➤ Colonizar, poblar. ➤ Despoblación, diáspora, emigración, éxodo, FUGA de cerebros, migración. ➤ Anádromo, emigrante, exiliado. ➤ Emigratorio, migratorio. ➤ Migrar, inmigrar, transmigrar. ➤ Indiano, perulero, repatriado. ➤ Emigrante, migratorio, PASAJERO, de PASO, peregrino. ➤ *Desterrar. **2** Ausentarse temporalmente del país propio para *trabajar en otro durante determinada época del año; por ejemplo, en la siega o la vendimia. **3** ZOOL. *Realizar una migración sin retorno al punto de partida.*

emigratorio, -a adj. De [la] emigración.

eminencia (del lat. «eminentĭa») **1** f. Cualidad de eminente. **2** ANAT. Saliente o protuberancia en la superficie de un órgano o hueso. **3** Porción de terreno algo más alta que lo que la rodea. ≃ Altura, elevación. ⇒ *Monte. **4** Persona eminente en cierto campo: 'Una eminencia en cirugía'. **5** Tratamiento dado con «su» o «vuestra» a los *cardenales y otras jerarquías eclesiásticas.

EMINENCIA GRIS. **1** *Se aplica a alguien que es un *personaje, sin poseer cualidades sobresalientes.* **2** Consejero que inspira las decisiones de un hombre de gobierno, de un alto directivo, etc.

eminente (del lat. «emĭnens, -entis») **1** adj. Más *alto, en sentido físico, que lo que le rodea. ≃ Prominente, sobresaliente. **2** Aplicada a personas, de mucho mérito o valor; particularmente, de mucho valer en cierta profesión: 'Una eminente actriz. Un político eminente'. ≃ Distinguido, *ilustre, insigne. ⇒ Preeminente.

eminentemente adv. *Especial o *fundamentalmente. Expresa que la cualidad denotada por el adjetivo a que se aplica este adverbio resalta más o tiene más importancia que ninguna otra en la cosa de que se trata: 'Un clima eminentemente sano. Un tratado eminentemente didáctico'.

eminentísimo, -a adj. Tratamiento que, precediendo a «señor», se aplica al nombre propio o al del cargo de los *cardenales y otras jerarquías eclesiásticas. ⊙ *También se aplica al gran maestre de la *orden de San Juan.*

emir (del ár. and. «amír») m. Príncipe o caudillo *musulmán. ⇒ Alamir, amir.

emirato m. Dignidad de los emires. ⊙ Territorio en que gobernaban. ⊙ Periodo histórico en que existieron.

emisario, -a (del lat. «emissarĭus») **1** n. Persona a la que se envía a un sitio a comunicar un mensaje o aviso o a tratar una cosa con alguien. ⇒ Andador, avisador, comisionado, embajador, enviado, legado, *mensajero, nuncio, parlamentario, pasavante, propio. ➤ *Delegado. *Representante. **2** (ant.) m. *Conducto por el que desagua un depósito, una balsa, etc.* ≃ Desaguadero. **3** **Macho cabrío que sacrificaban los *judíos.* ⇒ *Hazacel.

emisión f. Acción de emitir. ⊙ Serie o conjunto de cosas emitidas de una vez. ⇒ *Tanda. ⊙ Conjunto de *billetes u otros *valores emitidos de una vez. ⊙ Sesión o programa emitido sin interrupción por una estación de *radio o televisión: 'La emisión de las diez'.

emisor, -a 1 adj. Se aplica a la persona o cosa que emite algo. **2** m. ELECTR. Aparato emisor de ondas eléctricas. **3** n. LING. Persona que emite un mensaje en un acto de comunicación.

emisora f. Estación emisora de *radio.

emitir (del lat. «emittĕre») **1** tr. Producir una cosa ↘otra que sale de ella: 'El Sol emite luz y calor. Un volcán emite lava. El uranio emite radiaciones. Emitir sonidos, gruñidos, gritos'. ≃ Arrojar, *despedir. ⇒ Desparar, *lanzar, proferir, prolación, pronunciar, prorrumpir. ➤ *Arrojar. *Dar. *Decir. *Soltar. **2** Lanzar al espacio una estación de radio o televisión ↘música, programas, etc. ≃ *Radiar, transmitir. **3** ECON. Fabricar y poner en circulación ↘*billetes de banco, *acciones y otros *valores o efectos públicos. **4** *Decir o escribir ↘juicios, opiniones, dictámenes o sentencias. ≃ Exponer, expresar, exteriorizar, manifestar.

emmenthal m. QUESO emmenthal.

emoción (del lat. «emotĭo, -ōnis») f. Alteración afectiva intensa que acompaña o sigue inmediatamente a la experiencia de un suceso feliz o desgraciado o que significa un cambio profundo en la vida sentimental: 'La emoción por el nacimiento de su primer nieto [por la muerte de su mejor amigo, en la despedida de su hijo, en la boda de su hija]'. ⊙ Puede consistir también en *interés expectante o ansioso con que el sujeto participa en algo que está ocurriendo: 'Seguía con emoción los incidentes de la lucha'; muy frecuentemente se trata de un estado de ánimo colectivo: 'La emoción que precedió al estallido de la guerra. El pueblo esperaba con emoción la noticia del nacimiento del príncipe'. ⊙ Por fin, la alteración afectiva puede consistir en enternecimiento por sí mismo o por simpatía o compasión hacia otros; por una prueba de cariño o estimación recibida por el mismo sujeto: 'La emoción no le permitió hablar para agradecer el homenaje'; por el espectáculo real o presentado en una obra de ficción, de la ternura, la abnegación o el dolor de seres humanos débiles o perseguidos por la desgracia.

TEMBLAR DE EMOCIÓN. Expresión usual.

□ CATÁLOGO

Afectar, *alternar, conmover, latir [o palpitar] el CORAZÓN, tener el CORAZÓN en su sitio, emocionar, enternecer, hacer IMPRESIÓN, *impresionar, saltarse las LÁGRIMAS, llorar, hacerse un NUDO en la garganta, arrasarse los OJOS en lágrimas, empañarse los OJOS, empañarse [o temblar] la VOZ. ➤ Cuadro, escena, espectáculo. ➤ Emocionante, emotivo, patético. ➤ Ternura. ➤ Inconmovible. ➤ *Sentimental. *Sentir. *Trastornar. *Turbar.

emocional adj. De [la] emoción: 'Estado emocional'.

emocionante adj. Se aplica a lo que provoca emoción de cualquier clase: 'Una emocionante lucha de un tigre con un elefante'.

emocionar tr. Causar emoción: 'Me emocionaron sus pruebas de amistad. ⊙ prnl. Ponerse emocionado: 'Me emocioné viendo cómo defendía el hermanito mayor al pequeño'.

emoliente adj. y n. m. FARM. Se aplica a las sustancias que sirven para ablandar o madurar los *tumores.

□ CATÁLOGO

Ablandativo, abstergente, antiflogístico, demulcente, demulciente, detumescente, emplástico, fundente, lenitivo, madurativo, resolutivo, supurativo. ➤ Basilicón, ungüento, UNGÜENTO basilicón. ➤ *Cataplasma, fomento. ➤ Ablandar, cocer, emolir, madurar, resolver. ➤ Supurar. ➤ Maduración, resolución, supuración. ➤ *Absceso. *Tumor. ➤ *Planta (grupo de las medicinales usadas como emolientes).

emolir (del lat. «emollīre; ant.) tr. MED. **Ablandar.*

emolumento (del lat. «emolumentum», utilidad) m., gralm. pl. Cualquier cantidad que se recibe como pago de un trabajo o servicio no manual: 'En ese cargo tiene otros emolumentos además del sueldo'. ≃ Gaje, *retribución.

emotividad f. Cualidad de emotivo.

emotivo, -a 1 adj. De [la] emoción. **2** Se aplica a la persona que se emociona con facilidad. ⇒ *Sensible. **3** Emocionante.

empacado m. Operación de empacar.

empacamiento (Hispam.) m. *Acción de empacar[se].*

empacar 1 tr. Colocar ↘algo en pacas o fardos. ≃ *Empaquetar, enfardar. **2** (Hispam.) tr. o abs. *Hacer el equipaje.*

empacarse (de «en-» y «paco²», porque este animal se echa a veces en el suelo y no hay manera de hacerle andar) **1** (inf.) prnl. *Obstinarse en un deseo, una determinación o una idea.* ≃ Emperrarse. ⊙ (Hispam.) **Plantarse un animal.* **2** *Turbarse, cortarse, enojarse, retrayéndose de seguir haciendo aquello que se estaba ejecutando.*

empachado, -a 1 Participio de «empachar[se]». **2** («Estar») adj. *Indigesto. **3** VET. *Se aplica a la res que padece infarto del libro o tercer estómago.* **4** *Aplicado a personas, *apocado o cohibido.*

empachar (del fr. «empêcher», impedir) **1** tr. **Cohibir o embarazar a ↘alguien.* **2** *Causar *vergüenza a ↘alguien tener que hacer o decir cierta cosa.* ⊙ («de») prnl. *Tener *vergüenza de hacer cierta cosa.* **3** («con») tr. y prnl. *Indigestar[se]. ⇒ Desempachar. **4** tr. *Empalagar. ⊙ También en sentido figurado. **5** *Disfrazar, *disimular o encubrir una ↘cosa.*

empacho 1 m. *Estorbo.* **2** Indigestión. ⊙ Hartazgo causado por el exceso de algo: 'Tiene empacho de televisión'. **3** *Vergüenza que impide hacer o decir algo. 'Sin empacho'.

empachoso, -a 1 adj. Se aplica a lo que causa empacho (indigestión). **2** También a lo que causa embarazo o cohibimiento. **3** Aplicado a personas, fastidioso por su afectada o excesiva amabilidad. ≃ *Empalagoso.

empacón, -a 1 (Arg., Perú) adj. *Se aplica a la caballería que se empaca a menudo.* 2 (Arg.) *Por extensión, se aplica a la persona terca.*

empadrado, -a Participio de «empadrarse». ⊙ adj. Excesivamente encariñado con el padre o los padres. ⇒ Enmadrado.

empadrarse prnl. *Encariñarse demasiado un niño con su padre o sus padres.

empadronado, -a Participio adjetivo de «empadronar[se]».

empadronador, -a n. *Persona que forma los padrones.*

empadronamiento m. Acción de empadronar[se].

empadronar 1 tr. Inscribir a ↘alguien en un padrón. ⊙ (reflex.) Inscribirse o hacerse inscribir en un *padrón. ⇒ Censar, empersonar, encabezar, encartar. ➤ *Padrón. 2 (ant.) prnl. **Apoderarse de una cosa.*

empajada f. *Paja mojada y mezclada con salvado, que se da a las caballerías como *pienso.* ≃ Pajada.

empajar 1 tr. Cubrir una ↘cosa con *paja, llenar ↘algo con paja o poner paja en un ↘sitio. ⊙ (Chi., Col., Ec., Nic.) *Techar con paja.* ⊙ (Chi.) *Mezclar ↘algo con paja; especialmente, el barro para hacer *adobes.* ⊙ (Chi.) prnl. *Echar las *mieses mucha paja y poco fruto.* 2 (Arg., Cuba, P. Rico, Ven.) **Hartarse de comida poco sustanciosa.*

empajolar tr. **Sahumar con una pajuela las ↘tinajas o cubas de vino después de lavadas.*

empalagamiento m. Acción y efecto de empalagar.

empalagar (de «piélago», alta mar) 1 tr. o abs. Desagradar o cansar una cosa de comer por ser demasiado dulce. ⇒ Empachar. ➤ Acaramelado, almibarado, empachoso, empalagoso, melifluo, meloso, pegajoso. ➤ Desempalagar. 2 Referido a personas y a sus acciones, dichos, etc., *molestar o *aburrir por ser demasiado dulce o sentimental o por ser artificiosa o excesivamente *amable: 'Me empalaga con tantas zalemas'.

empalago m. Acción y efecto de empalagar.

empalagoso, -a 1 adj. Se aplica a lo que *empalaga por excesivamente dulce. 2 Se aplica a la persona que empalaga por ser excesiva o afectadamente dulce, *amable o *sentimental.

empalar[1] 1 tr. Atravesar con un palo. ⊙ *Por ejemplo, a las ↘aves para asarlas.* ⊙ O a ↘personas como forma de tortura. 2 (Chi.) prnl. *Obstinarse o encapricharse.* 3 *Quedarse entumecido o aterido.*

empalar[2] tr. *Dar bien a la ↘*pelota con la pala.*

empaliada (de «empaliar»; Val.) f. *Colgadura de tela que se pone como adorno en las fiestas, por ejemplo en los balcones.* ⇒ Tapicería.

empaliar (de «en-» y «palio») 1 (Val.) tr. *Poner colgaduras en la ↘iglesia u otro sitio por donde va a pasar una *procesión.* 2 (ant.) **Atenuar.* ≃ Paliar.

empalicar (de «en-» y «palique»; Nav., Chi.) tr. **Engatusar con palabras.*

empalidecer 1 tr. Poner *pálida a una ↘persona o una cosa. 2 Hacer una cosa con su presencia o proximidad que ↘otra parezca pálida o de menos valor. ⇒ *Oscurecer. 3 intr. Palidecer.

empalizada f. *Cerca o defensa de un terreno hecha con palos enlazados o con pilotes y tablas. ⇒ Emperchado, estacada, tranquera, *valla. ➤ Várgano. ➤ *Cerca.

empalizar (de «en-», «palo» e «izar») tr. *Cercar un ↘terreno con una empalizada. ≃ Vallar.

empalletado m. Mar. *Defensa para el costado de un buque que iba a entrar en combate, que consistía en una red en la que se metían los líos de ropa de los marineros.* ⇒ *Marina.

empalmado, -a Participio adjetivo de «empalmar[se]».

empalmadura f. Acción y efecto de empalmar.

empalmar (de «empalomar») 1 tr. *Unir una con otra por sus extremos dos ↘cosas alargadas, como *cuerdas, alambres o tubos. ⇒ Cosidura. ➤ Empatar, empelechar, encabezar, *enchufar. ➤ Cepo, cinta aislante [o de empalme], golilla, pasador, racor. ➤ *Atar. *Ensamblar. *Nudo. *Unir. 2 intr. Juntarse el extremo de una cosa con otra, de modo que no hay solución de continuidad entre ellas o no se nota la unión: 'No empalman bien en el dibujo las dos curvas'. 3 También en sentido hiperbólico o figurado: 'Ese pobre hombre empalma una desgracia con otra'. 4 Combinarse las horas de llegada y salida de dos trenes, de modo que se puede dejar uno de ellos y tomar a continuación el otro para proseguir el viaje. ⇒ Enlazar, entroncar. 5 (ant.) **Herrar a las ↘*caballerías o los bueyes.* 6 (vulg.) prnl. Tener un hombre o un animal una erección del pene.

Empalmarla. *Enfrascarse en una conversación que se hace larga:* 'Mejor será que nos sentemos, porque las dos señoras la han empalmado'.

empalme 1 m. Empalmadura. 2 Unión de dos maderas en que todo el final de una de ellas entra en una caja ciega abierta en la otra. ⇒ *Ensamblar. 3 Hecho de empalmar reglamentariamente dos trenes en cierto sitio. ⊙ Sitio donde empalman dos líneas de *ferrocarril, dos *carreteras, etc. ≃ Enlace, entroncamiento. 4 *Cierta clase de *nudo, hecho para empalmar.*

Empalme dentado. *Encastre.* ⊙ *Empalme en que los bordes unidos están dentados.* ⊙ *También se da este nombre al empalme de dos piezas en que, para evitar el movimiento lateral, se le pone a una de ellas un diente que penetra en la otra.*

E. a media madera. *Ensambladura en que el extremo de cada pieza se rebaja a la mitad para unirlo con el de otra.*

E. telescópico. *Empalme hecho *enchufando las piezas.*

E. a tope. *El hecho por yuxtaposición de los extremos de las piezas empalmadas, sin rebajes y sin superposición.*

empalomado m. **Presa hecha en un río, de piedra sin argamasa.*

empalomadura f. Mar. *Ligadura hecha a trechos en vez de costura, con que se une a veces la relinga a la *vela.*

empalomar (de «en-» y «palomar²») tr. Mar. *Coser la relinga a la ↘*vela por medio de empalomaduras.*

empamparse (Am. S.) prnl. **Perderse en la pampa.*

empampirolado, -a (de «en-» y «pampirolada»; inf.) adj. **Engreído, envanecido o presumido.*

empanada 1 f. Comida consistente en una envoltura de masa de pan, rellena de carne, pescado u otra vianda y generalmente cocida al horno: 'Una empanada de salmón'. ⇒ Calduda, embarradilla, empanadilla, follada, nacatamal, panqueque, *pastel, pastelillo, tamal, timbal. ➤ Carretilla, pintadera. ➤ Recado. ➤ Repulgo. 2 (inf.) Acción de *encubrir o *disimular una cosa.

Empanada mental (inf.; «Tener»). Gran confusión de ideas.

empanadilla (dim. de «empanada») 1 f. Comida consistente en una pieza de masa de harina que se dobla sobre sí misma en forma de media luna para cubrir el relleno y que luego se fríe o se cuece en el horno. 2 (And.) *Banquillo de quita y pon que se ponía en el estribo de los *carruajes.*

empanado, -a Participio adjetivo de «empanar[se]»: 'Filete empanado'.

empanar 1 tr. *Rebozar una ↘vianda con pan rallado. 2 *Incluir una ↘cosa en una *empanada que se cuece al horno.* 3 AGR. *Sembrar una ↘tierra de *trigo.* 4 intr. AGR. *Aplicado a terrenos, ser tan fértil que lo sembrado fructifica con exceso.* 5 prnl. AGR. *Estropearse los sembrados por haber echado en ellos demasiada simiente.* 6 (Sal.) AGR. **Granar las mieses.* 7 (Rioj.) AGR. *Granar las legumbres.*

empandar (de «pando») tr. **Doblar o *encorvar una ↘viga, un pilar, un muro, etc., la carga excesiva que soporta.* ≃ Pandear. ⊙ prnl. *Doblarse o encorvarse una viga, un pilar, un muro, etc.* ≃ Pandearse.

empandillar (de «en-» y «pandilla») 1 tr. *Juntar dos o más naipes para hacer trampa.* 2 *Distraer a alguien para engañarle.*

empantanado, -a Participio adjetivo de «empantanar[se]».

DEJAR EMPANTANADO a alguien. *Abandonarle en una empresa para la que contaba con el concurso de quien le abandona.

QUEDARSE EMPANTANADO. Significado correspondiente al de «dejar empantanado».

TENER EMPANTANADO algo, particularmente un sitio. *Ocuparlo sin provecho e impidiendo que sea utilizado para otra cosa.

empantanar 1 tr. Recoger ↘agua en un pantano. ≃ *Embalsar. ⊙ prnl. Acumularse agua en un pantano. 2 tr. y prnl. *Detener[se] el curso de un ↘asunto. 3 (inf.; más frec. en participio) tr. Poner algo desordenado o revuelto.

empañado, -a Participio adjetivo de «empañar[se]».

empañadura f. **Pañales.* ≃ Envoltura.

empañamiento m. Acción y efecto de empañar[se].

empañar 1 tr. Envolver en *pañales a una ↘criatura. ⇒ Envolver, fajar. ➤ Desempañar. 2 tr. y prnl. *Ensuciar[se] una ↘cosa brillante o transparente o quitarle [o perder] el brillo o transparencia. ≃ *Enturbiar[se]. ⇒ Deslustrar[se], entrapar, *enturbiar[se]. 3 tr. Quitar a una ↘cosa cualquier clase de *brillo, material o no material: 'Empañar los colores de un cuadro'. ⊙ prnl. Perder una cosa cualquier clase de brillo, material o no material. ⊙ tr. y prnl. Disminuir la ↘belleza, la virtud, el crédito de alguien: 'Ningún defecto empaña su belleza. Ninguna sospecha empaña su buen nombre'. ⇒ *Deslucir[se], *manchar[se].

V. «empañarse los OJOS [la VISTA, la VOZ]».

empañetar (de «en-» y «pañete», enlucido; Col., C. Rica, Ec., Ven.) tr. CONSTR. **Enlucir una ↘pared con una mezcla de barro, paja y boñiga.*

empañicar (de «en-» y «pañico», dim. de paño) tr. MAR. *Recoger el paño de las ↘*velas en pequeños pliegues, para aferrarlas.*

empapado, -a («de, en») Participio adjetivo de «empapar[se]»: 'Empapado en leche. Empapado de las doctrinas del maestro'.

empapador, -a adj y n. m. Se aplica a lo que empapa. ⊙ m. Particularmente, a un *pañal o braga de tela más gruesa, por ejemplo de tela de toalla, que se les pone a los niños encima del otro más fino.

empapamiento m. *Acción de empapar.*

empapar (de «papa[2]», papilla, por el parecido con ésta de lo empapado) 1 tr. Recoger en su masa un cuerpo, por ejemplo una esponja o un papel secante, un ↘líquido. ≃ Embeber. ⊙ prnl. *Absorber un cuerpo dentro de sus poros o huecos un líquido. ⇒ Bañar, calar[se], ponerse CHORREANDO, chupar, embeber, ensopar, infiltrarse, recalar, poner[se] como una SOPA. ➤ Higroscópico. ➤ Hidrófugo. ➤ *Untar. 2 tr. *Mojar un líquido una ↘cosa de tal manera que ésta absorbe todo el que puede contener en su masa: 'El chaparrón ha empapado la ropa que estaba tendida'. ⊙ («de, en») tr. y prnl. *Mojar[se] ↘algo en un líquido hasta que absorbe todo el que puede contener: 'Empapar un algodón en alcohol'. ≃ Embeber, impregnar. ⊙ (inf.) prnl. Mojarse mucho alguien o algo. 3 («con») tr. Recoger un ↘líquido con una cosa que lo empape: 'Empapé el agua del suelo con un trapo'. 4 (inf.; de) prnl. Quedarse bien *enterado de cierta cosa. 5 («de») *Imbuirse de ciertas ideas, doctrinas, etc. 6 **Hartarse de comida.* ≃ Empapuzarse.

PARA QUE TE EMPAPES [SE EMPAPE, etc.] (inf.). Expresión con que se pone *énfasis en una información con la cual se supone que se le causa *disgusto o se contradice lo esperado o deseado por la persona a quien se comunica: 'Llegué tarde y el jefe no me dijo nada, ¡para que te empapes!'. ⇒ *Mortificar.

empapelado, -a Participio de «empapelar». ⊙ m. Acción y efecto de empapelar.

empapelador, -a n. Persona que tiene el oficio de empapelar.

empapelamiento m. *Acción de empapelar.*

empapelar 1 tr. *Recubrir ↘algo con papel. ⊙ Particularmente, las ↘paredes. ⇒ Camisa, engrudo, PAPEL pintado. ➤ Papelista. ➤ Desempapelar. 2 (inf.) Formar a ↘alguien un *expediente o un *proceso.

empapirotar (de «en-» y «papirote») tr. **Acicalar ↘algo o a alguien.*

empapuciar o **empapujar** tr. *Empapuzar.*

empapuzado, -a Participio adjetivo de «empapuzar[se]».

empapuzamiento m. Acción y efecto de empapuzar[se].

empapuzar (de «en-» y «papo», buche) tr. Hacer comer mucho a ↘alguien, hasta que ya no puede más. ≃ Atiborrar, *hartar. ⊙ prnl. Comer alguien en exceso. ⊙ tr. Particularmente, llenarles el buche a las ↘aves para *cebarlas.

empaque[1] 1 m. *Empacado.* 2 *Material con que se empaca.*

empaque[2] 1 (Hispam.) m. *Acción de empacarse un animal.* 2 Aspecto de persona importante. ≃ *Distinción, presencia, señorío. ⊙ Afectación de importancia. ⇒ *Solemnidad. ⊙ Aplicado a cosas, *apariencia señorial. 3 (Chi., Perú, P. Rico) **Descaro.*

empaquetado m. Operación de empaquetar.

empaquetador, -a adj. y n. Se aplica al que empaqueta.

empaquetadura 1 f. *Acción de empaquetar.* ⊙ *Operación de empaquetar.* ≃ Empaquetado. 2 *En fontanería, conjunto de hilachas de cáñamo o algodón con que se *rellenan las *junturas de las cañerias.*

empaquetamiento m. Acción de empaquetar.

empaquetar 1 tr. o abs. Poner una ↘cosa en paquetes. ⇒ *Embalar. 2 tr. Meter ↘personas en un sitio estrecho, de modo que quedan muy apretadas: 'Íbamos los ocho empaquetados en un coche de seis plazas'. ≃ Embotellar. ⇒ *Estrujar. 3 (inf.) Imponer a ↘alguien un castigo o sanción.

emparamarse (de «en-» y «páramo»; Hispam.) prnl. *Morirse de frío en los páramos.* ≃ *Helarse.

emparamentar tr. **Adornar con paramentos; por ejemplo, con jaeces a los ↘caballos o con colgaduras o tapices las ↘paredes.* ≃ Paramentar.

emparamiento (Ar.) m. *Acción de emparar (embargar).*

emparar (del lat. vulg. «anteparāre», preparar) 1 tr. *En derecho aragonés, *embargar.* ≃ Amparar. 2 (Ar.) prnl. **Apoderarse de una cosa.* ≃ Ampararse.

emparchar 1 tr. *Poner parches en una ˇcosa.* ≃ Parchear. 2 (ant.) **Encubrir una ˇcosa; procurar que no se sepa.*

empardar (de «en par de», por igual; Ar., Arg.) tr. **Empatar, igualar.*

empare (Ar.) m. *Acción de emparar (embargar).*

emparedado, -a 1 Participio adjetivo de «emparedar». 2 Recluido en un encierro por castigo, por penitencia o por propia voluntad. 3 m. Comida consistente en una vianda como carne, jamón u otro fiambre, puesta entre dos rebanadas finas de pan. ≃ Sándwich.

emparedamiento 1 m. Acción y efecto de emparedar. 2 *Casa donde vivían recogidos los emparedados.*

emparedar 1 tr. Encerrar u *ocultar una ˇcosa en el espesor de una pared o entre dos paredes. 2 **Encerrar a una ˇpersona en un sitio privándola de comunicación con el exterior.* ⊙ prnl. **Aislarse encerrándose en un sitio sin salir de él.*

emparejado, -a 1 Participio de «emparejar[se]». ⊙ adj. Formando pareja. ⊙ Al mismo nivel. ⊙ Aplicado a las caballerías de *tiro, una al lado de otra y no en fila. 2 (Sal.) *Aplicado a las *ovejas, acompañada de su cría.*

emparejar 1 («con») intr. y prnl. Formar pareja una cosa con otra o estar en *armonía o *correspondencia con ella. ⊙ prnl. Particularmente, en un grupo de personas, reunirse cada una con otra de distinto sexo. 2 tr. *Unir dos ˇcosas formando pareja con ellas: 'Emparejar dos medias de distinto par'. ⇒ Aparear, enaparejar, mancornar, parear. ➤ Apiolar. ➤ Desaparear, desemparejar. 3 Poner ˇcosas igualadas o parejas, de manera que no sobresalgan unas más que otras: 'Emparejar las cartas de la baraja'. 4 **Nivelar o *alisar una ˇsuperficie.* 5 intr. y, más frec., prnl. Llegar a ponerse al lado de otro que va delante: 'Apreté el paso para emparejarme con él'. ⊙ prnl. Llegar a ponerse juntas dos personas que iban una delante y otra detrás. ⊙ También en sentido no material: 'Pronto se emparejará con su rival'. ⇒ *Alcanzar. 6 tr. Juntar las ˇpuertas o ventanas sin *cerrarlas del todo. ≃ Ajustar. 7 (Sal.) *Poner un cordero con la *oveja artuña, para que lo críe en vez del suyo.*

emparejo (ant.) m. *Par o *yunta de bueyes.*

emparentar 1 («con») intr. Contraer parentesco con alguien por causa de un casamiento. ≃ Entroncar. 2 («con») Adquirir o tener una cosa afinidad o parecido con otra. 3 («con») tr. Señalar o descubrir relaciones de parentesco, afinidad o similitud entre ˇpersonas o cosas.

ESTAR BIEN EMPARENTADO. Tener parientes que son personas de buena posición o de influencia. ⇒ Desemparentado.

emparrado, -a 1 Participio adjetivo de «emparrar[se]». 2 m. Armazón de barras, palos, etc., destinada a sostener una parra u otra planta trepadora o sarmentosa. ⊙ Conjunto de la armazón y la planta. ⇒ Bacelar, bacillar, barbacoa [o barbacuá], parral. 3 (inf.) *Arreglo hecho con el *pelo dejando largo el de los lados de la cabeza y peinándolo de modo que cubra la *calva de la parte superior de ella.*

emparrar (de «parra») tr. Hacer que se emparre una ˇplanta. ⊙ prnl. *Trepar una *planta arrollándose o agarrándose con zarcillos a algo que le sirve de soporte.

emparrillado (de «parrilla») 1 m. CONSTR. *Enrejado de vigas o barras que se pone como base para los *cimientos de una construcción.* 2 CONSTR. *Dispositivo formado con cadenas de madera y pilotes de mampostería para edificar en terrenos falsos o invadidos por el agua* ≃ Zampeado.

emparrillar 1 tr. **Asar una ˇcosa en parrilla.* 2 CONSTR. *Hacer un zampeado (construcción para edificar sobre terrenos pantanosos).* ≃ Zampear.

emparvar tr. *Disponer en parva la ˇmies para *trillarla.* ≃ Esparvar.

empastado (Chi.) m. *Pasto.*

empastador, -a 1 adj. y n. m. *Aplicable al que empasta.* 2 (Hispam.) m. *Encuadernador.*

empastar[1] 1 tr. *Cubrir una ˇcosa con una pasta.* 2 Arreglar la caries de una ˇmuela o *diente y rellenar el hueco producido con una pasta especial. 3 AGRÁF. **Encuadernar un ˇlibro en pasta.* 4 PINT. Cubrir con bastante color la superficie de los ˇcuadros para tapar las líneas del dibujo, la imprimación, etc. 5 intr. Sonar de manera uniforme las voces de un coro.

empastar[2] 1 (Arg., Chi., Guat., Méj.) tr. *Dedicar un ˇterreno a *pastos.* ≃ Empradizar. 2 (Arg., Chi.) intr. y, más frec., prnl. VET. *Padecer meteorismo un animal por haber comido el pasto en malas condiciones.* 3 (Chi.) AGR. *Llenarse de *hierba un sembrado.*

empaste[1] 1 m. Acción y efecto de empastar. 2 Materia con que se empasta un diente o muela. 3 PINT. *Unión acertada de los colores.*

empaste[2] (de «empastar[2]»; Arg.) m. VET. *Meteorismo del ganado ovino.* ⇒ *Flato.

empastelar (de «en-» y «pastel») 1 tr. *Arreglar un ˇasunto con pasteleo o *chanchullos.* 2 AGRÁF. *Desordenar las ˇletras de un molde.* 3 AGRÁF. *Mezclar ˇsuertes o fundiciones distintas.*

empatadera f. *Empate en el juego, o situación de cualquier cosa detenida por alguna dificultad surgida.*

empatar (del it. «impattare») 1 («a, con») intr. Obtener el mismo número de votos en una votación las dos tesis, los dos partidos, etc., por los que se vota: 'Empató con el bando contrario'. ⊙ («a, con») DEP. Obtener el mismo número de tantos los jugadores o equipos en una competición: 'Empataron a tres goles'. ⇒ Empardar, hacer TABLAS. ⊙ Puede usarse como transitivo: 'Empataron el partido en el último minuto'. 2 tr. **Detener el curso o tramitación de un ˇasunto.* ⊙ *Particularmente, suspender el curso de las pruebas de *nobleza.* 3 (Hispam.; inf.) **Empalmar, por ejemplo cabos.* ⊙ **Atar el ˇanzuelo al hilo.* ⊙ *También, *ensartar ˇmentiras o cosa semejante.*

empate m. Acción de empatar. ⊙ Situación que se produce cuando se empata.

empatía f. PSI. Capacidad de una persona de participar afectivamente en la realidad de otra.

empatronar tr. **Contrastar las ˇpesas y medidas.*

empavesada 1 f. MIL. *Protección formada por los soldados con los paveses o *escudos.* ≃ Pavesada. 2 MAR. Banda de paño azul o rojo con listas blancas con que se adornan las bordas y cofas de los *barcos en días solemnes. ≃ Pavesada. 3 MAR. *En un *barco, conjunto de encerados clavados por la parte exterior de la borda, para proteger los coyes de la marinería colocados en la batayola.*

empavesado, -a 1 Participio de «empavesar». 2 m. MIL. **Soldado provisto de pavés u otra arma defensiva.* 3 Conjunto de adornos con que se empavesa.

empavesar 1 tr. *Formar empavesadas.* 2 MAR. Adornar un ˇ*barco cubriendo las bordas con empavesadas y colocando banderas y gallardetes en los palos y vergas. 3 *Rodear las obras de un ˇmonumento en construcción con esteras, lienzos, etc., para *ocultarlo hasta el momento de su inauguración.*

empavonado, -a Participio adjetivo de «empavonar». ≃ Pavonado.

empavonar 1 tr. Dar pavón (pintura para preservar de la oxidación) a los ↘objetos de metal. ≃ Pavonar. **2** (Col., P. Rico) **Untar una ↘cosa con algo.*

empavorecer (de «pavor») tr. *Aterrorizar a ↘alguien.

empavorecido, -a Participio de «empavorecer». ⊙ adj. Aterrorizado.

empecatado, -a (del lat. «in», en, y «peccātum», pecado) **1** adj. Aplicado a personas, muy *malo. ⊙ Particularmente, *travieso o díscolo. ⊙ Se aplica también al genio o carácter. **2** (tiende a resultar afectado) Se aplica con enfado, a veces humorístico, a cosas o personas que molestan o que no se pueden resistir: 'Este empecatado crío me desespera. No puedo abrocharme este empecatado cuello almidonado'. ≃ Condenado, endemoniado, *maldito.

empecedero, -a adj. *Aplicable a lo que puede empecer.*

empecedor, -a (ant.) adj. *Aplicable a lo que empece.*

empecer (del sup. lat. «impediscĕre», de «impedīre», impedir) **1** (ant.) tr. *Dañar, *ofender o *perjudicar a ↘alguien o algo.* **2** (gralm. en frases negativas; «para») intr. *Impedir: 'Eso no empece para que me acompañes'. ⇒ Empedecer.

□ CONJUG. como «agradecer»; sólo se emplea en 3.ª persona.

empechar (del fr. «empêcher»; ant.) tr. **Impedir, obstaculizar.*

empecible adj. *Que puede empecer.*

empeciente adj. *Que empece.*

empecimiento m. *Acción y efecto de empecer.*

empecinado[1], -a (de «empecinarse») Participio de «empecinarse». ⊙ adj. Obstinado.

empecinado[2], -a (de «empecinar») **1** adj. *Peguero: hombre que hace pez o comercia con ella.* **2** *Sobrenombre aplicado en otros pueblos próximos a los naturales de Castrillo de Duero (Valladolid).*

empecinamiento m. Acción de empecinar[se].

empecinar (de «en-» y «pecina») tr. **Untar una ↘cosa con pez.*

empecinarse (de «el Empecinado» sobrenombre del guerrillero Juan Martín Díaz; «en») prnl. Obstinarse.

empedecer (del sup. lat. «impediscĕre»; ant.) tr. *Empecer.*

empedernecer tr. *Empedernir.*

empedernido, -a (de «empedernir») **1** *Participio de «empedernir[se]».* **2** adj. *Insensible o *cruel. **3** Se aplica como adjetivo a un nombre calificativo con que se designa a la persona que tiene el vicio o costumbre a que se refiere ese nombre tan arraigado que no se le puede quitar: 'Un jugador [bebedor, fumador, trasnochador] empedernido'. ≃ *Incorregible.

empedernir (relac. con «pedernal») **1** tr. y prnl. **Endurecer[se].* **2** prnl. *Hacerse *insensible o *cruel.*

□ CONJUG. Defectivo como «abolir». Sólo se usa el participio; en las formas que tienen «i» en la desinencia se puede sustituir por «empedernecer».

empedrado, -a 1 Participio adjetivo de «empedrar». **2** m. Pavimento de piedras. **3** Operación de empedrar. **4** adj. *Aplicado a *caballerías, con manchas más oscuras que el resto de la piel, generalmente redondas.* ≃ Rodado. **5** *Se aplica al cielo cubierto de *nubes pequeñas que se tocan unas con otras.*

empedrar 1 («con, de») tr. Pavimentar el ↘suelo con piedras. ⇒ Arrecifar, enchinar, enchinarrar. ➤ Desempedrar. **2** *Poner en una ↘superficie cosas que alteran su uniformidad.* **3** (inf.) Poner en un ↘sitio muchas cosas de las que se expresan: 'Empedrar un libro de citas [o de erratas]'. ≃ *Llenar, plagar.

□ CONJUG. como «acertar».

empega 1 f. *Sustancia dispuesta para empegar.* **2** **Marca hecha con pez al ganado lanar.*

empegado, -a 1 *Participio adjetivo de «empegar».* **2** m. *Tela o piel untada de pez o de otra sustancia semejante.*

empegadura f. *Baño de pez u otra materia semejante que se da interior o exteriormente a pellejos, barriles o tinajas.*

empegar (del lat. «impicāre») **1** tr. *Cubrir de *pez o una materia semejante el interior o el exterior de los ↘pellejos, barriles o tinajas.* **2** *Marcar con pez a las ↘*reses.*

empego m. *Acción de empegar (marcar con pez a las reses).*

empeguntar (de «en-» y «pegunta») tr. *Empegar las ↘reses.*

empeine[1] (de «en-» y «peine», por comparación con la ramificación ósea que forma los cinco dedos del pie) **1** m. Parte superior del *pie desde su unión con la pierna hasta los dedos. ⊙ Parte de la bota o zapato que cubre esa parte. ≃ Peine. ⇒ Peine. ➤ Cuello, garganta. **2** (ant.) **Casco del *caballo.*

empeine[2] (del lat. «pecten, -ĭnis», pelo del pubis) m. *Parte baja del *vientre, entre las ingles.*

empeine[3] (del lat. vulg. «impedīgo, -ĭnis») **1** m. **Erupción en el cutis que lo pone áspero y encarnado y que produce picazón.* **2** **HEPÁTICA de las fuentes (planta hepática).* **3** (And.) *Flor del *algodón.*

empeinoso, -a adj. *Afectado de empeine.*

empelar 1 intr. *Echar *pelo.* **2** *Asemejarse mucho dos *caballerías por el pelo.* **3** (Sal.) tr. *Talar y quemar un ↘monte bajo para ponerlo en cultivo.* ≃ *Desmontar. ⇒ *Roza.

empelazgarse (de «pelazga») prnl. *Entablar *riñas o una riña.* ≃ Enzarzarse.

empelechar (del it. «impiallacciare», chapear) **1** tr. *Recubrir de *mármol una ↘pared, columna, etc.* **2** *Aplicar, empalmar, etc., las ↘planchas de mármol.*

empella[1] (de «empeña») f. *Pieza que forma la parte delantera del zapato.* ≃ *Pala.

empella[2] (de «pella»; Chi., Col., Méj.) f. *Manteca del *cerdo, tal como se saca de él.* ≃ Pella.

empellar (de «empeller») tr. *Empujar.*

empellejar tr. *Cubrir o forrar con pellejos una ↘cosa.*

empeller (del lat. «impellĕre») tr. *Empellar.*

empellón (de «empellar»; pop. en algunos sitios) m. Empujón.

A EMPELLONES. A empujones.

empelotarse[1] (¿de «pelote», de «pelo»?) m. **Aglomerarse personas en desorden; se aplica particularmente cuando es debido a una *riña.*

empelotarse[2] (de «en pelota»; Extr., Chi., Col., Cuba, Méj.) prnl. **Desnudarse: quedarse en pelota.*

empeltre (del cat. «empelt», injerto) **1** m. AGR. **Injerto de escudete.* **2** (Ar.) *Variedad de *olivo injertado, de pequeño tamaño, cuyo fruto es bueno para aceituna adobada negra y para aceite.*

empenachar tr. Adornar una ↘cosa con penachos.

empendolar (de «en-» y «péndola»; ant.) tr. *Poner plumas a las ↘*flechas y dardos.*

empenta (del sup. lat. «impincta», por «impacta», de «impingĕre», empujar) **1** (ant., y Ar.) f. *Empujón.* **2** **Puntal.*

empentar (de «empenta») **1** (And., Ar., Cuen.) tr. **Empujar*. **2** FORT. *Unir las ˎexcavaciones o las líneas de fortificación de modo que queden bien seguidas.*

empentón (de «empentar»; Ar., Nav.) m. *Empujón.*

empeña 1 (ant.) f. **Pala del zapato.* **2** (ant.) *Parte lateral o ala del *hígado.*

empeñadamente adv. Con empeño o *afán.

empeñado, -a 1 Participio adjetivo de «empeñar[se]». ⊙ Se aplica al que tiene *deudas. ≃ Endeudado. ⇒ Alcanzado, atrasado, con *déficit, endeudado, enditado, entrampado, hasta los OJOS, retrasado. **2** («en») Obstinado en la cosa que se expresa: 'Está empeñado en marcharse. Está empeñada en que ella no puede hacer eso'. **3** Aplicado a «lucha, disputa», etc., sostenido con empeño y vehemencia por los contendientes. ≃ Acalorado, encarnizado, reñido.

empeñar (de «empeño») **1** tr. Dar a alguien una ˎcosa en depósito para obtener un *préstamo de cuya devolución responde esa cosa. ≃ Pignorar. ⇒ Peinar, PIGNORAR, prendar. ➤ CASA de empeños, CASA de préstamos, MONTE de piedad, montepío, peñaranda. ➤ Empeñero, empeñista. ➤ Prendador. ➤ PAPELETA de empeños. ➤ Enguera. ➤ Desempeñar. ➤ *Deuda. *Prestar. **2** Comprometer alguien su ˎpalabra *prometiendo algo. ≃ Dar. **3** Dedicar un ˎperiodo de tiempo en hacer algo: 'Empeñó diez años de su vida en la investigación de ese fenómeno'. **4** **Obligar a ˎalguien a una cosa.* ⊙ prnl. **Obligarse a una cosa.* **5** tr. *Utilizar a ˎalguien como *mediador para obtener una cosa.* ⊙ («por») prnl. **Mediar para que otro consiga una cosa.* **6** tr. y prnl. *Principiar una ˎlucha, una discusión, etc.: 'Empeñaron la batalla de madrugada. Se han empeñado en una disputa sobre fútbol y no sé cuándo acabarán'. ≃ *Enfrascarse, trabar, meterse. **7** prnl. MAR. *Exponerse un barco a un peligro aproximándose demasiado a la costa, a un bajo, etc. ≃ *Arriesgarse. **8** Contraer *deudas: 'Se ha empeñado para la boda de su hija'. ≃ Endeudarse, entramparse. ⇒ *Empeñado. **9** («en») *Proponerse una cosa con *obstinación: 'Se empeña en irse al extranjero. Si se empeña, meterá la cabeza por la pared'. ⊙ Sostener con *obstinación una aseveración.

empeñero, -a o **empeñista** (Méj.) n. **Prestamista.*

empeño (del lat. «in pignus», en prenda de) **1** m. Acción de empeñar: 'El empeño de las joyas'. **2** (Méj.) *Casa de empeños.* **3** Actitud del que se empeña en una cosa, es decir, que la desea intensamente y se esfuerza por conseguirla: 'Tiene empeño en llegar el primero. Está trabajando con mucho empeño en el proyecto. Pondremos el mayor empeño en complacerle'. ≃ *Afán. ⊙ Cosa que es objeto de un empeño: 'Su empeño es acabar la carrera'. **4** Esfuerzos realizados para conseguir o realizar cierta cosa: 'Se dejó la salud en el empeño'. ≃ Demanda, empresa, *intento. **5** (gralm. pl.) *Poder para conseguir cosas, por la relación o amistad con otras personas.* ≃ *Influencia, valimiento. ⊙ *Esas mismas relaciones:* 'Lo conseguirá porque tiene muchos [o buenos] empeños'. **6** TAUROM. *Antiguamente, obligación que tenía el rejoneador de bajarse del caballo y hacer frente al *toro a pie siempre que perdía alguna prenda o que el animal maltrataba al chulo.* **7** *Obligación de pagar en que se constituye el que empeña una cosa, o se empeña y adeuda.* **8** *Obligación en que uno se halla constituido por su honra, por su conciencia o por otro motivo.*

empeñoso, -a (And., Hispam.) adj. *Perseverante en el trabajo o en cualquier empresa.*

empeoramiento m. Acción de empeorar[se].

empeorar 1 intr. y prnl. Ponerse o hacerse peor una cosa; por ejemplo, un enfermo o el tiempo. **2** tr. Poner peor una ˎcosa.

□ CATÁLOGO

Afear, *agravar, bajar, caer, ir de CAÍDA, ir de CAPA caída, *decaer, declinar, *degenerar, degradar[se], descender, desdecir, desmedrar[se], desmejorar[se], desvalorizarse, ECHARSE a perder, salir de GUATEMALA y entrar en Guatepeor, andar [o ir] de HERODES a Pilatos, ir de MAL en peor, ir [o pasar] a MAYORES, caerle a uno MIMES, ir a PEOR, perder, peorar, peyorar, ir cada VEZ peor, andar de ZOCOS en colodros. ➤ *Estropear.

empequeñecer 1 intr. y prnl. Hacerse una cosa más pequeña. ≃ *Disminuir, empequeñecerse. **2** tr. Hacer más pequeña una ˎcosa. ⇒ Achicar[se], achiquitarse, acortar[se], acorzar, alcorzar, contraerse, embeber[se], *encoger[se], *estrechar[se], menguar, mermar[se], meter, parvificar, quitar, reducir[se], resisar, sisar, disminuir de TAMAÑO. ➤ *Disminuir. **3** Quitar importancia o valor a una ˎcosa o una persona al hablar de ellas. ≃ *Disminuir. ⊙ prnl. Perder importancia o valor una cosa. **4** tr. Hacer una cosa, con su propio tamaño, importancia, valor, etc., que ˎotra, en comparación, parezca menos grande, importante, etc., de lo que realmente es. ⇒ *Deslucir, *oscurecer. **5** Hacer que ˎalguien se sienta él mismo poca cosa. ≃ *Achicar. ⊙ prnl. Sentirse una persona inferior o poca cosa en una situación.

□ CONJUG. como «agradecer».

empequeñecido, -a Participio adjetivo de «empequeñecer[se]».

empequeñecimiento m. Acción de empequeñecer[se].

emperador (del lat. «imperātor, -ōris») **1** m. *Soberano de un imperio. **2** PEZ espada.

□ CATÁLOGO

Alamir, amir, califa, can, césar, emir, emperadora, emperatriz, faraón, inca, inga, jan, káiser, kan, micado, miramamolín, gran MOGOL, negus, PRESTE Juan, el gran SEÑOR, soldán, sultán, gran TURCO. ➤ PADRE de la patria. ➤ Cetro, CORONA imperial, orbe. ➤ Paludamento. ➤ Elector. ➤ Pretoriano. ➤ Apoteosis, consagrar. ➤ Augusto. ➤ Gibelinos, güelfos. ➤ Congiario. ➤ Soberano.

emperadora (ant.) f. *Emperatriz.* ⇒ Reina.

emperatriz (del lat. «imperātrix, īcis») f. Soberana de un imperio. ⊙ Mujer de un emperador.

emperchado m. **Valla consistente en un enrejado de maderas verdes.*

emperchar 1 tr. *Colgar una ˎcosa de una percha.* **2** *En *curtido, estirar y ablandar la ˎpiel, colocada sobre un palo horizontal o percha, trabajándola por el lado de la carne con una especie de muleta de madera.* **3** prnl. CAZA. *Prenderse la *caza en la percha.*

empercudir (de «en-» y «percudir»; Cuba) tr. **Ensuciar demasiado la ˎropa, de modo que, aunque se lave, queda ennegrecida y de aspecto sucio.* ≃ Percudir.

emperdigar tr. *Perdigar.*

emperejilado, -a Participio adjetivo de «emperejilar[se]».

emperejilar (de «en-» y «perejil»; inf. y gralm. burlesco o desp.) tr. Arreglar o adornar mucho a una ˎpersona o una cosa: 'Emperejilar las mulas [o el carro] para la romería'. Más frec. reflex.: 'Se está emperejilando para ir al baile'. ≃ *Acicalar[se].

emperezar 1 intr. y, más frec., prnl. Dejarse dominar por la pereza en general o por la de hacer cierta cosa: 'Doy todos los días un paseo para no emperezarme'. ⇒ Abandonarse, apandorgarse, aplatanarse, apoltronarse, empoltronecerse, perecear. ➤ *Pereza. **2** tr. Ir dejando una *cosa que hay que hacer sin hacerla; se usa mucho con «ir»: 'Voy emperezando hacer esa visita'. ≃ Demorar, retardar, *retrasar.

empergaminar tr. *Forrar o *recubrir una ↘cosa con pergamino.

empergar (Sal.) tr. *Prensar la ↘*aceituna en el empergue.*

empergue 1 m. *Acción y efecto de empergar.* **2** (Sal.) *Barra o palanca con que se prensa la aceituna en el molino de *aceite.* **3** *Prensa de aceite.*

emperifollado, -a Participio adjetivo de «emperifollar[se]».

emperifollamiento m. Acción y efecto de emperifollar[se].

emperifollar (de «perifollo») tr. *Acicalar ↘algo o a alguien. Más frec. reflex.: 'Se emperifolló para ir a la fiesta'. ≃ Emperejilar[se].

empernar tr. *Clavar o sujetar una ↘cosa con *pernos.*

empero (culto) conj. Se emplea con el mismo significado que «*pero» o «sin embargo» y puede colocarse en el interior y al final de la oración: 'No me dijo, empero, la verdadera causa. Estaba muy cansado; no se sentó, empero. Ha obrado mal; empero, no es suya la culpa'.

emperrada (de «perro») f. **Tresillo (juego de baraja).*

emperrado, -a Participio adjetivo de «emperrarse».

emperramiento m. Acción de emperrarse.

emperrarse (de «perra», rabieta; inf.; «en») prnl. Obstinarse irreflexiva o irrazonablemente en una cosa. ⊙ (inf.; «con») *Encapricharse con una cosa.

empersonar (ant.) tr. **Empadronar.*

empertigar (Chi.) tr. *Atar el ↘*yugo al pértigo de un carro.*

empesador (del cat. «empesador») m. *Manojo de raíces de juncos con que los tejedores atusan la urdimbre.*

empesebrar tr. *Atar los ↘animales al pesebre.*

empesgar (de «pesgar») tr. *Prensar.*

empesgue 1 m. *Acción de empesgar.* **2** *Palanca que hace presión en la molienda de la aceituna.* **3** *Prensa de la aceituna.*

empetatar (Guat., Méj., Perú) tr. *Esterar o cubrir un ↘piso con petate.* ⇒ *Alfombra.

empetro (del lat. «empĕtros», del gr. «émpetron») m. **Hinojo marino (planta umbelífera).*

empezar (de «en» y «pieza», por la que se corta al empezar una cosa) **1** («a, en, con, desde, por») intr. Pasar una cosa de no existir, ocurrir o hacerse a existir, ocurrir o hacerse: 'El curso empieza a primeros de octubre'. ⊙ tr. o abs. e intr. Hacer que una cosa que no existía, ocurría o se hacía, exista, ocurra o se haga: 'La recolección empieza en julio. Empezamos la comida con una ensalada. Empezó a leer por la mitad del libro. Empecemos por poner las cosas en su punto'. ≃ Comenzar, *principiar. **2** («a, por») intr. Ser la acción que se expresa la primera manifestación de la cosa de que se trata: 'Cuando se enfada, empiezan por erizársele los pelos'. ⊙ («por») Hacer una cosa como operación previa de algo que se expresa o consabido: 'Empieza por poner bien las manos'. **3** tr. Hacer la primera acción para gastar o consumir una ↘cosa: 'Empezar un jamón'. ≃ Comenzar, *principiar. **4** («a») intr. Emprender bruscamente la acción expresada por «golpes, tiros» y palabras semejantes: 'Empezó a cachetes con los chiquillos'.

PARA EMPEZAR. **1** Además de su significado normal de expresión formada acomodaticiamente, se emplea con énfasis para referirse al comienzo de una acción o actuación: 'Para empezar, tiró el vaso de vino sobre el mantel. Para empezar, nos soltó una sarta de latinajos'. **2** (inf.) En primer lugar: 'Para empezar, no me gusta su cara'. ⇒ *Primeramente.

POR ALGO SE EMPIEZA. Expresión que indica que una cosa de poca importancia puede ser el origen de algo que sí la tenga.

TODO QUIERE EMPEZAR. *Frase con que se indica que, aunque una cosa no parezca suficiente o satisfactoria cuando empieza, hay que tener esperanza de que lo será luego.* ⇒ *Desarrollar.

¡YA EMPEZAMOS! (inf.). Expresión de fastidio ante una situación o comportamiento molestos que se repiten.

□ CONJUG. como «acertar».

empiadar (ant.) tr. y prnl. *Apiadar[se].*

empicar (de «en-» y «pica»; ant.) tr. **Ahorcar a ↘alguien.*

empicarse (de «en-» y «picarse», aficionarse) prnl. **Aficionarse, cogerle el gusto a algo.* ≃ Picarse.

empicotadura f. *Acción de empicotar o hecho de ser empicotado.*

empicotar tr. *Poner a ↘alguien en la picota.*

empiece 1 m. Acción de empezar. **2** Parte por donde empieza algo. ⊙ Primer trozo que se corta de una pieza.

empiema (del gr. «empýēma») m. MED. *Acumulación de pus en una cavidad; particularmente, en la pleura.* ⇒ *Absceso.

empiezo[1] (de «empecer»; ant.) m. **Obstáculo o dificultad.*

empiezo[2] (de «empezar»; Ast., Arg., Col., Ec., Guat.) m. *Principio.*

empigüelar o **empihuelar** (ant.) tr. **Apear (poner una apea o una pihuela, traba o atadijo de cualquier clase sujetándole las patas a un ↘animal o sujetando un animal con otro).*

empilar tr. *Apilar.*

empilchar (de «pilcha», prenda de vestir; Arg., Ur.) tr. *Vestir, particularmente si es con esmero. También reflex.*

empilonar (de «en-» y «pilón»; Cuba) tr. *Poner las ↘hojas de *tabaco extendidas, unas sobre otras.*

empina (de «empinar») **1** (Salamanca) f. *Corro de *hierba más crecida que la de alrededor.* **2** (Sal.) AGR. *Mata de gatuñas o de cualquier hierba, que impide el paso del *arado.*

empinada f. IRSE A LA EMPINADA EQUIT. *Encabritarse el *caballo.*

empinado, -a 1 Participio adjetivo de «empinar[se]». Erguido, en posición *vertical y derecho. **2** *Muy *alto.* **3** *Orgulloso o presumido.* **4** Aplicado a «camino, cuesta», etc., en *pendiente muy pronunciada; particularmente, considerada hacia arriba: 'Subíamos una cuesta muy empinada'.

empinar (de «en-» y «pino[2]», erguido) **1** tr. Poner *vertical una ↘cosa que estaba tumbada. ≃ Alzar, aupar, *levantar. **2** Coger ↘algo, por ejemplo un niño, y *levantarlo y sostenerlo en alto. ≃ Alzar, aupar, *levantar. **3** prnl. *Levantarse todo lo posible apoyando en el suelo solamente las puntas de los pies. ≃ Ponerse de puntillas. **4** Ponerse un animal sobre las patas levantando las manos. ⇒ Abalanzarse, arbolarse, hacer CORVETAS, corvetear, irse a la EMPINADA, enarbolarse, enarcarse, enarmonarse, encabritarse, engrifarse, hacer GAMBETAS, ponerse de MANOS. ➤ Corveta, gambeta. **5** (vulg.) Ponerse el pene en erección. **6** tr. Sostener en alto una ↘vasija e *inclinarla para beber del líquido que contiene. ≃ Alzar, aupar, *levantar. **7** (inf.) intr. Beber mucho alcohol. ≃ Alzar, aupar, *levantar. **8** prnl. *Levantarse una cosa por un lado: 'Esa falda se empina por detrás. El balancín se empina por un extremo mientras baja por el otro. Yo vi empinarse la mesa'. **9** *Llegar una cosa como un árbol, una torre o una montaña a gran altura.* ≃ *Elevarse.

EMPINARLA (inf.). *Beber con exceso bebidas alcohólicas. ≃ Empinar el CODO.

empingorotado, -a *Participio de «empingorotar[se]».* ⊙ adj. De elevada alcurnia o categoría social. ≃ *Encopetado. ⊙ Se aplica en particular al que muestra serlo con su actitud y modales poco llanos.

empingorotar (de «en-» y «pingorote») **1** tr. *Poner una ↘cosa en sitio muy alto.* **2** **Encumbrar a ↘alguien.* ⊙ prnl. *Engreírse.*

empino (de «empinar») **1** (ant.) m. **Elevación o prominencia.* **2** ARQ. *Parte de una *bóveda por arista que queda por encima del plano de las claves de los arcos en que se apoya.*

empiñonado m. *Pasta de pastelería con piñones incrustados.

empiolar (de «pihuela»; ant) tr. **Apiolar: poner apea.* ⊙ *Atar los pies de un ↘animal cazado, para colgarlo.* ⊙ **Apresar a ↘alguien.* ≃ Prender.

empipada (de «empiparse»; Hispam.) f. *Hartazgo.*

empiparse (de «en-» y «pipa[1]»; Hispam, y también en España) prnl. *Hartarse de comida o bebida.

empíreo, -a (del lat. «empyrĕus», del gr. «empýrios», inflamado) **1** n. En lenguaje literario y en teología, *cielo, morada de Dios, los ángeles y los bienaventurados. ≃ Impíreo. **2** adj. Del cielo o empíreo. ≃ Impíreo.

empireuma (del lat. «empyreuma», del gr. «empýreuma», brasa conservada bajo la ceniza) m. **Olor y sabor desagradables que toman a veces las sustancias animales y algunas vegetales sometidas a fuego violento.*

empireumático, -a adj. *Con empireuma.*

empíricamente adv. De manera empírica.

empírico, -a (del lat. «empirĭcus», del gr. «empeirikós», que se rige por la experiencia) adj. Aplicado a métodos científicos, fundado en la *observación y en la *experiencia. ⊙ adj. y n. Partidario o seguidor del empirismo.

empirismo **1** m. Procedimiento empírico, o sea método científico inductivo en que, partiendo de la observación, se construye una teoría que después se comprueba experimentalmente. ⊙ Tiene, a veces, sentido despectivo, implicando *rutina. **2** FIL. Sistema filosófico que considera la experiencia como única fuente de conocimiento.

empirista adj. y n. Seguidor del empirismo filosófico.

empitonar tr. TAUROM. Alcanzar el *toro al ↘lidiador, cogiéndole con los pitones. ⇒ *Cornear.

empizarrado, -a **1** Participio adjetivo de «empizarrar». **2** m. *Tejado recubierto de pizarras.

empizarrar tr. Recubrir con pizarras el ↘*tejado de un ↘edificio.

empizcar (de «en-» y «pizcar»; ant.) tr. **Azuzar o *engrescar a ↘alguien.*

emplantillar (de «en-» y «plantilla») **1** (Chi.) tr. *Rellenar con cascote las ↘zanjas de cimentación.* **2** (And.) **Atascar u obstruir un ↘conducto.*

emplastar **1** tr. Poner emplastos en algún ↘sitio o a alguien. **2** Poner una ↘cosa *pegajosa o apelmazada, como un emplasto. ≃ Apelotonar. ⊙ prnl. Ponerse pegajoso o apelmazado. **3** *Ensuciarse con una cosa pegajosa. ≃ Pringarse. **4** tr. *Aplicar afeites.* **5** *Entorpecer o *detener la marcha de un ↘asunto.* ≃ Empantanar.

emplaste m. Pasta de yeso que se usa para igualar las paredes antes de pintarlas.

emplastecer (de «en-» y «plastecer») tr. PINT. Igualar con el aparejo la superficie sobre que se va a pintar.
□ CONJUG. como «agradecer».

emplástico, -a **1** adj. **Glutinoso.* **2** FARM. *Se aplica a las sustancias que sirven como *emolientes o supurativas.*

emplasto (del ant. «emplastro») **1** m. Preparado farmacéutico plástico y adhesivo, hecho con materias grasas y resinas o jabón de plomo, que se aplica como cura. ⊙ Masa blanda hecha con alguna materia mucilaginosa, como la harina de linaza, que se aplica como emoliente. ≃ *Cataplasma. **2** (inf.) Cosa blanda, por ejemplo un guiso, que está revuelta, deshecha o apelmazada, y de mal aspecto. **3** (inf.) *Chapuza o *mamarracho: cosa mal hecha, de aspecto sucio o desagradable. ⊙ *Añadido o remiendo que desentona de la cosa en que se pone. ≃ Parche, pegote. **4** (inf.) Persona muy delicada de salud o *achacosa: 'Estoy hecho un emplasto'. ≃ Cataplasma, *chanca, chancla, chancleta.

emplastro (del lat. «emplastrum», del gr. «émplastron»; ant.) m. *Emplasto.*

emplazamiento[1] m. Acción de emplazar (citar).

emplazamiento[2] m. Acción de emplazar (poner). ≃ Colocación, *situación. ⊙ Sitio donde está emplazado algo.

emplazar[1] (de «en-» y «plazo») tr. *Citar a ↘alguien para que comparezca en fecha fija en un sitio, generalmente para obligarle a responder de alguna mala acción que ha cometido. ⊙ DER. Citar a un ↘enjuiciado para que comparezca ante el *tribunal.

emplazar[2] (de «en-» y «plaza») **1** tr. *Poner una ↘cosa en el sitio donde ha de funcionar. ≃ Situar. ⊙ Particularmente, un ↘edificio o una cosa relacionada con operaciones militares: 'Emplazar una batería'. **2** Atribuir a una ↘cosa cierto emplazamiento: 'Los arqueólogos emplazan la antigua Troya...'.

emplea (ant.) f. *Mercancías en que se emplea el dinero para comerciar.*

empleado, -a **1** Participio, muy empleado como adjetivo con «bien, mal» o adverbios semejantes. **2** n. Persona que *trabaja a sueldo en una oficina pública o privada.

EMPLEADO DE HOGAR (gralm. f.). El que por un salario realiza las tareas domésticas en una casa ajena.

E. PÚBLICO. El que trabaja para la administración pública.

DAR una cosa POR BIEN EMPLEADA. Estar *satisfecho de haberla gastado, haberla perdido, haber invertido trabajo en ella, etc., en vista de cierto efecto que ha producido.

ESTARLE BIEN EMPLEADA una cosa a alguien. Ser castigo o contratiempo merecido por algo que ha hecho.

empleador, -a (Hispam., también en España) n. Patrono: persona que emplea a otras.

emplear (del fr. ant. «empleiier») **1** tr. Hacer servir para algo una ↘cosa: 'Si no empleas ese traje, podías dármelo'. ≃ *Usar, utilizar. ⊙ Hacer servir una ↘cosa para algo determinado: 'Emplean el piso bajo para almacén'. ≃ Dedicar, usar, utilizar. ⊙ Aplicar cierta ↘cosa a algo que se necesita o desea: 'Para clavar clavos se emplea un martillo. Ha empleado malas artes para conseguir la plaza'. ≃ Servirse, usar, utilizar, valerse. ⊙ Hacer *trabajar a ↘alguien en cierta cosa: 'Le emplean para cobrar recibos'. ⊙ Dar un *empleo: 'Le han empleado en la compañía del metro'. ≃ *Colocar. ⊙ («en») prnl. *Colocarse en un empleo.* ⊙ tr. Utilizar cierta ↘cantidad de una cosa para algo que se expresa: 'Para este traje he empleado tres metros de tela'. ≃ *Gastar, invertir. ⊙ Comprar una cosa con cierto ↘dinero que se tiene disponible. ≃ *Invertir. **2** (ant.) prnl. *Entablar relaciones amorosas o *casarse.*

empleita f. *Pleita (*soga de esparto trenzada).*

emplenta[1] (de «empleita»; ant.) f. *Pleita (*soga de esparto trenzada).*

emplenta[2] f. *Trozo de *tapia que se hace de una vez con un tapial.*

empleo 1 m. Acción de emplear. Se le aplican muy frecuentemente adjetivos: 'Hacer buen [o mal] empleo, hacer un empleo lastimoso de su tiempo'. ≃ *Uso. **2** Función desempeñada por alguien para ganarse la vida: 'Tiene un empleo en el ayuntamiento'. ≃ *Colocación. ⊙ En sentido restringido, función desempeñada en una oficina o despacho o en un trabajo no principalmente corporal.

SUSPENDER DE EMPLEO. Prohibir temporalmente a un funcionario sancionado que siga ocupando su puesto.

□ CATÁLOGO

Sufijos de formación de nombres de empleo, «-ado»: 'obispado'; «-ato»: 'cardenalato'; «-atura»: 'magistratura'; «-azgo»: 'alferezazgo'; «-encia»: 'tenencia'; «-ía»: 'coadjutoría'. Sufijos de nombres de empleo aplicados a persona: «-ador, -a»: 'cobrador, celadora'; «-ario, -a»: 'funcionario'; «-ero, -a»: 'cartero, lavandera'; «-ante, - iente»: 'ayudante, escribiente'; «-ista»: 'el ebanista, la corista'; «-iz, -a»: 'aprendiz, -a'; «-tor, -a»: 'actor, pastora'. Sólo femeninos, «-esa»: 'abadesa'; «-isa»: 'pitonisa'; «-triz»: 'actriz'. ➤ Acomodo, autoempleo, cargo, chamba, colocación, destino, dignidad, *incumbencia, menester, ministerio, *ocupación, *oficio, trabajo. ➤ Hueco, lugar, plaza, puesto, vacante. ➤ Beneficio, capellanía, pensión, *prebenda. ➤ Acomodo, bicoca, canonjía, chanfaina, chollo, enchufe, *ganga, pera, *prebenda, sinecura, turrón. ➤ Comer [o masticar] a dos CARRILLOS. ➤ Activo, amovible, *cesante, compatible, disponible, efectivo, electivo, electo, emérito, entretenido, eventual, formulista, numerario, excedente, honorario, honorífico, impurificado, inamovible, incompatibilidad, incompatible, in partibus infidelium, interino, meritorio, nato, nutual, particular, pegajoso, perpetuo, de plantilla, político, en propiedad, propietario, renunciable, saliente, semanero, subalterno, suche, supernumerario, suplente, temporero, titular, vecero, vitalicio. ➤ ADMINISTRACIÓN pública, burocracia, CARRERA del Estado, FUNCIÓN pública, *personal. ➤ Burócrata, cagatinta[s], funcionario, papelista. ➤ AGENTE de aduanas, administrador, agregado, albalaero, amanuense, amín, aspirante, auxiliar, ayudante, bedel, cajero, canciller, conserje, conservador, contable, contador, copista, covachuelista, curial, delegado, dependiente, despachada, diplomático, DIRECTOR general, documentalista, EMPLEADA de hogar, empleado, EMPLEADO de aduanas, EMPLEADO de correos, EMPLEADO público, escribano, escribiente, farero, funcionario, gerente, gobernador, guardagujas, habilitado, inspector, intendente, interventor, JEFE de administración, JEFE de negociado, *magistrado, mandarín, mayor, mecanógrafo, ministro, mozo, MUJER de la limpieza, notario, oficial, OFICIAL mayor, oficinista, ordenador, ORDENADOR de pagos, ordenanza, pagador, pasante, portero, prefecto, pregonero, prepósito, presidente, registrador, RELACIONES públicas, sayón, secretario, SECRETARIO del despacho, *subalterno, subdirector, subgobernador, subinspector, subintendente, subordinado, subprefecto, subsecretario, superintendente, taquígrafo, taquimecanógrafo, telegrafista, tesorero, ujier, vecero, veedor, verdugo, vicedirector, vicegobernador, vicepresidente, vicesecretario. ➤ Fijo, eventual, temporal. ➤ Desempleado, parado. ➤ Cuerpo. ➤ A dedo. ➤ Dedocracia. ➤ Acomodar[se], acotejarse, asentar, colocar[se], conchabar, cubrir, dar, designar, emplear, nombrar, ocupar, poner de, promover, proponer, proveer. ➤ Adscribir, agregar, amover, ascender, asimilar, dejar [o poner] en la CALLE, conferir, degradar, deponer, depurar, desacomodar, designar, *destinar, *destituir, elegir, elevar, dar EMPLEO, exonerar, formar EXPEDIENTE, investir, licenciar, dar OCUPACIÓN, dejar a PIE, dar POSESIÓN, postergar, preterir, promover, purificar, rehabilitar, relevar, remover, reponer, pasar REVISTA, revistar, hacer SALTAR, sancionar, separar, sustituir, SUSPENDER [de empleo y sueldo], dar TRABAJO, trasladar, trompicar. ➤ Capitular, llamar a CAPÍTULO, pedir CUENTAS, PLIEGO de cargos, PLIEGO de descargos, residenciar, hacer RESPONDER, pedir [o exigir] RESPONSABILIDADES. ➤ Consulta. ➤ CARTA blanca, credencial, nombramiento, patente, título. ➤ Tránsito, traslado. ➤ Investidura, nombramiento, propuesta. ➤ Concurso, entrevista, oposición. ➤ Expectativa, futura. ➤ Aspirante, candidato, pretendiente. ➤ Concursar, hacer OPOSICIONES, optar. ➤ Antiguar, ascender, beneficiar, cesar, concursar, correr, desempeñar, detentar, dimitir, ejercer, emplear[se], ESTAR de más, ingresar, jubilar[se], jurar, llenar, ministrar, ocupar, oficiar, permutar, tomar POSESIÓN, promesa, reemplazar, regentar, reincorporarse, reingresar, reintegrarse, residir, salir, saltar, servir, subir, sustituir. ➤ Anata, antigüedad, AÑOS de servicio, atribuciones, autoridad, categoría, currículum vitae, *DERECHOS pasivos, expediente, gratificación, HOJA de servicios, jerarquía, jubilación, jurisdicción, licencia, méritos, permiso, potestad, *retribución, *sueldo, vacaciones, ventaja. ➤ DEFORMACIÓN profesional. ➤ Ascenso, grado, quinquenio. ➤ CÉDULA de preeminencias. ➤ Escalafón, nómina, plantilla. ➤ CLASES pasivas, SITUACIÓN activa, SITUACIÓN pasiva. ➤ Aptitud, competencia, probidad. ➤ Cohecho, ABANDONO de destino, corrupción, desfalco, insubordinación, malversación, ensuciarse las MANOS, obrepción, peculado, prevaricación, simonía, *soborno. ➤ Consulta, cuatrinca, terna. ➤ Título. ➤ Empleomanía, nepotismo. ➤ Criatura, hechura. ➤ Jefe, patrono. ➤ No poder LLEGAR a más... ➤ Ver los nombres de empleos exclusivos de ciertos organismos o lugares en los nombres de éstos: «*aduanas, *correos, *enseñanza, *gobierno, *milicia, *palacio, *rey, *telégrafos, *tribunales...». ➤ *Oficina. *Profesión. *Servir. *Trabajar.

empleomanía (de «empleo» y «-manía») f. Circunstancia de ser muy codiciados los puestos de empleado público.

emplomado, -a 1 Participio adjetivo de «emplomar». **2** m. Cubierta o techo de planchas de plomo. **3** Conjunto de las varillas de plomo que sujetan las distintas partes de una vidriera.

emplomador, -a n. Persona que se dedica a emplomar.

emplomadura 1 f. Acción y efecto de emplomar. **2** Porción de plomo que se usa para emplomar algo. **3** (Arg., Ur.) *Empaste en un ↘diente o muela.*

emplomar 1 tr. Aplicar plomo a alguna ↘cosa. ⊙ Particularmente, poner plomos en las uniones de los cristales en una ↘*vidriera. **2** *Poner *sellos o precintos de plomo, por ejemplo a un ↘fardo.* **3** (Arg., Ur.) *Empastar un diente o una muela.*

emplumar 1 tr. Poner plumas a ↘algo o alguien: como adorno, en las *flechas, etc.; o, como se les hacía antiguamente a las *alcahuetas, como *castigo afrentoso. **2** (inf.) Sancionar a alguien una autoridad. **3** (Ec., Ven.) tr. *Enviar a ↘alguien a algún sitio de *castigo.* **4** intr. Emplumecer. **5** (Chi., Col., Perú, P. Rico) *Echarse a *volar.* **6** **Marcharse precipitadamente, *huir o fugarse.*

EMPLUMARLAS (Col.). *Escaparse o marcharse precipitadamente.*

emplumecer intr. Echar *plumas las aves.

empobrecedor, -a adj. Se aplica a aquello que empobrece, sobre todo en sentido no material.

empobrecer (de «en-», «pobre» y «-ecer») tr. Hacer pobre o más pobre a ↘alguien. ⊙ Hacer pobre o más pobre una ↘cosa, en sentido material o inmaterial: 'Empobrecer la tierra. Empobrecer el espíritu'. ⇒ Debilitar[se], depauperar[se], desangrar[se], emborrascarse, esquilmar, pauperizar[se]. ➤ *Arruinar. *Pobre. ⊙ prnl. Hacerse pobre o más pobre una persona o cosa.

□ CONJUG. como «agradecer».

empobrecimiento m. Acción de empobrecer[se].

empobrido, -a (ant.) adj. *Empobrecido.*

empoderar (ant.) tr. *Apoderar.*

empodrecer (del lat. «imputrescĕre»; ant.) tr. y prnl. **Pudrir*[*se*].

empollación 1 f. *Acción de empollar.* **2** (inf.) **Conocimiento muy completo y detallado de una lección o un asunto.* ≃ Embotellamiento. ⊙ *Exposición de algo conocido de esa manera.*

empollado, -a Participio de «empollar». ⊙ (inf.; «Estar; en») adj. Muy enterado de cierta materia *aprendida estudiando: 'Está muy empollado en esa asignatura'.

empolladura 1 f. *Acción de empollar.* **2** APIC. *Cría de las abejas.*

empollar (de «en-» y «pollo») **1** tr. Permanecer un ave sobre los huevos para calentarlos y que nazcan los ↘pollos. ≃ *Incubar. **2** intr. APIC. *Producir pollo o cría las *abejas.* **3** (inf.) intr. *Estudiar mucho, por ejemplo en vísperas de exámenes. ≃ Amarrar, embotellar. ⊙ (inf.; con un pron. reflex.) tr. Estudiar mucho cierta ↘materia.

empollón, -a (inf.) adj. y n. Se aplica al estudiante que *estudia mucho y se distingue más por su aplicación que por su talento.

empoltronecerse (de «en-», «poltrón» y «-ecer») prnl. **Emperezarse.* ≃ Apoltronarse.

empolvar tr. Echar polvo o polvos sobre ↘algo. ≃ Empolvorar, empolvorizar. ⊙ (reflex.) Ponerse polvos para embellecerse el ↘rostro. ⇒ *Arreglarse. ⊙ prnl. Mancharse de polvo.

empolvorar o **empolvorizar** tr. *Empolvar.*

emponchado, -a 1 (Arg., Ec., Perú, Ur.) *Participio adjetivo de «emponcharse». Tapado con el poncho.* **2** (Arg.; inf.) *Muy abrigado.* **3** adj. y n. (Perú) **Sospechoso.*

emponcharse (Arg., Ec., Perú, Ur.) prnl. *Ponerse el poncho.*

emponzoñador, -a adj. y n. Que emponzoña.

emponzoñamiento m. Acción de emponzoñar.

emponzoñar 1 tr. y prnl. Convertir[se] alguna ↘sustancia, particularmente de comer o beber, en peligrosa o nociva para la salud. ≃ *Envenenar, inficionar. **2** tr. Poner una sustancia de esa clase en una ↘cosa de comer o beber. ≃ *Envenenar, inficionar. ⊙ prnl. Comer o beber algo que tiene ponzoña. ≃ *Envenenarse. **3** tr. *Envilecer, impurificar o poner malignidad en ↘cosas no materiales: 'El rencor [la envidia, los celos] emponzoña[n] su espíritu. Emponzoña cuanto toca con su aliento. Él emponzoñó con insidias nuestras relaciones'. ≃ Envenenar. ⊙ prnl. Envilecerse algo, echarse a perder.

empopada (de «en-» y «popa») f. MAR. *Navegación o avance hecho de una vez con viento fuerte por la popa.*

empopar 1 intr. MAR. *Calar mucho de popa un *barco.* **2** intr. y prnl. MAR. *Volver la popa al viento, a la marea o a cualquier cosa.*

emporcar (de «en-» y «puerco»; pop.) tr. y prnl. *Ensuciar[se].

□ CONJUG. como «contar».

emporio (del lat. «emporĭum», del gr. «empórion») **1** m. Lugar donde concurrían gentes de diversas naciones para *comerciar. **2** (n. calif.) Centro importante de comercio y negocios. **3** Por extensión, lugar de gran *riqueza material y también de importancia cultural o artística: 'La ciudad fue un emporio de riqueza. Fue en su tiempo el emporio de las artes'. **4** (Am. C.) *Gran centro comercial en el que puede encontrarse todo lo necesario en una casa.*

emporitano, -a adj. y, aplicado a personas, también n. *De Ampurias, población de Gerona.*

emporrado, -a (inf.) Participio adjetivo de «emporrarse».

emporrarse (inf.) prnl. «Colocarse» fumando porros.

empós (ant.) adv. *En pos.*

empotrado, -a Participio adjetivo de «empotrar[se]».

empotramiento m. Acción de empotrar[se].

empotrar 1 tr. *Embutir una ↘cosa en un muro u obra de fábrica: 'Empotrar un armario en el dormitorio'. ⇒ Encarcelar, entregar. ➤ Durmiente. ➤ *Embutir. **2** tr. y prnl. Encajar[se] una cosa en otra, generalmente a consecuencia de un choque: 'El autocar se empotró contra el muro'. **3** tr. APIC. *Poner las ↘colmenas en el «potro» (hoyo abierto en tierra).* ⇒ *Abeja.

empotrerar (Hispam.) tr. *Meter el ↘ganado caballar en el potrero para que paste.* ≃ Herbajar.

empotría (ant.) f. *Piedra que se encuentra a veces en el estómago de los gallos viejos, a la cual se atribuían virtudes medicinales.* ≃ *Alectoria.

empozar 1 tr. *Meter ↘algo en un pozo.* **2** *Meter el ↘*cáñamo o el *lino en pozas o balsas para que se macere.* **3** (Hispam.) intr. **Encharcarse el agua.* **4** prnl. *Detenerse la tramitación de un expediente.*

empradizar tr. *Convertir un ↘terreno en *prado.*

emprendedor, -a adj. Se aplica a la persona que tiene iniciativa y *decisión para emprender negocios o acometer empresas.

emprender (del lat. «in», en, y «prendĕre», coger) tr. Empezar una ↘cosa que implica trabajo o presenta dificultades: 'Al amanecer emprendimos la subida. Quiere emprender un negocio'. ≃ Acometer. ⊙ Se emplea particularmente con ↘«camino, marcha, vuelo» y nombres semejantes.

EMPRENDERLA A. Con un nombre que signifique golpes o cualquier clase de agresión, *principiar a realizar la acción de que se trata: 'La emprendió a bofetadas con el guardia. Sacó la pistola y la emprendió a tiros'. ≃ Empezar a.

EMPRENDERLA PARA un lugar (inf.). Ponerse en camino para llegar a él.

□ CATÁLOGO

Abordar, acometer, afrontar, *arriesgarse, arrostrar, abrir BRECHA, abrir CAMINO, hacer CARA, decidir, ser muy ECHADO para adelante, echarse, embarcarse, embocar, empeñarse, entablar, romper el FUEGO, romper el HIELO, lanzarse, poner MANO [la mano o las manos] en, romper la MARCHA, *organizar, pasar a, poner la primera PIEDRA, ponerse las PILAS, ponerse a, *principiar. ➤ Conato, decisión, demanda, empeño, empresa, iniciativa, intento, pujo. ➤ Activo, *animoso, atrevido, *decidido, dispuesto, emprendedor, entrador, de iniciativa, resuelto. ➤ Casa, empresa, firma, *industria, *negocio, organización, sello, *sociedad. ➤ LADRAN, luego andamos.

empreñar (del lat. «impraegnāre») **1** tr. *Poner preñada; hacer concebir a la ↘hembra.* **2** intr. y, más frec., prnl. *Concebir la hembra. **3** (inf.) tr. *Fastidiar o molestar a ↘alguien.*

empresa (del it. «impresa») **1** («Acometer, Intentar, Meterse en») f. Cosa que se *emprende o acción en la que hay *trabajo o dificultades: 'La empresa de escalar el Everest. No es empresa fácil hacerle comer'. **2** *Organización mercantil o industrial que se dedica a la explotación de la cosa que se expresa: 'Empresa privada [o pública]. Pequeña y mediana empresa. La empresa de transportes [o de la plaza de toros]. Trabaja para una empresa de exportación'. **3** Figura simbólica, a veces completada con una leyenda, como las que figuran en los escudos o las que se colocaban los caballeros como *distintivo para expresar sus aspiraciones o cualidades. ≃ Divisa, emblema, enseña.

empresariado m. Conjunto de los empresarios.

empresarial adj. De las empresas o de los empresarios.

empresario, -a **1** n. Persona o entidad que explota un *espectáculo público. **2** Persona o entidad que tiene a su cargo por concesión o por contrata la explotación de un *servicio público o la construcción de una *obra pública. **3** Propietario de una empresa.

emprestar **1** (ant. y pop. en algunos sitios) tr. **Prestar.* **2** (ant. y pop. en algs. sitios) *Tomar prestado.*

empréstido (de «en-» y «préstido») **1** (ant.) m. *Préstamo.* **2** (ant.) **Tributo.*

emprestillador, -a **1** (ant.) adj. *Se aplica al que pide *prestado con frecuencia dinero u otras cosas.* **2** (ant.) *Persona que pide cosas prestadas sin intención de devolverlas.* ≃ Petardista.

emprestillón, -a (ant.) m. *Emprestillador.*

empréstito (del lat. «in», en, y «praestĭtus»; «Hacer») m. Acción de tomar dinero prestado. ⊙ Particularmente, operación realizada por el Estado o una entidad oficial, mediante la cual recibe en préstamo dinero de los particulares y entrega por él bonos o títulos de deuda. ⊙ Conjunto de operaciones bancarias que se realizan en esa operación. ⇒ Préstido, manlieva. ➤ *Prestar. ⊙ Cantidad de dinero así prestada.

empresto, -a *Participio antiguo de «emprestar».*

emprima (de «emprimar»; ant.) f. *Primacía o primicia.*

emprimación (de «emprimar») f. *Imprimación.*

emprimar (de «en-» y «primo») **1** (ant.) tr. **Preferir o dar el primer lugar a ↘alguien o algo.* **2** (ant.) **Estrenar o *ensayar.* **3** *Pasar la ↘lana a una segunda *carda de puntas más finas que las de la primera o repasarla por ésta después de efectuadas las mezclas, para que salga el paño más fino.* **4** **Engañar a ↘alguien abusando de su ingenuidad.* **5** PINT. *Imprimar.*

empringar (pop.) tr. *Untar ↘algo con una cosa pringosa. ≃ Pringar.

empuchar (de «en-» y «puches») tr. *Antiguamente, poner las ↘*madejas en lejía de agua y ceniza antes de ponerlas al sol para curarlas.*

empuches m. pl. **Gachas.* ≃ Puches.

empuesta (del lat. «in», en, y «post», después) DE EMPUESTA. CETR. *Con referencia a la manera de disparar, por detrás, o sea, después de haber pasado el ave.*

empujada (ant. y en Arg., Guat., Ur., Ven.) f. *Empujón.*

empujar (¿del b. lat. «impulsāre»?) **1** tr. *Apretar contra ↘algo o alguien, tendiendo a moverlo: 'El diente nuevo empuja al viejo'. ⊙ Dar a ↘algo o alguien un *golpe con el que se le obliga a moverse: 'Empujar con el taco la bola de billar. Empujar la puerta para que se cierre. La gente empuja a la entrada y salida del metro'. ≃ Impulsar. ⇒ Antecoger, arrempujar, emburriar, empellar, empentar, dar un EMPUJÓN, rempujar. ➤ Empellón, empenta, empentón, empujada, empujón, envión, envite. **2** («a») *Incitar o *impulsar a ↘alguien a hacer cierta cosa: 'Su familia le empuja a que se case. La necesidad le empujará a buscar trabajo'. **3** Intrigar para hacer salir a alguien de un cargo o puesto. ⇒ *Echar. **4** (inf.) abs. Hacer gestiones eficaces o trabajar mucho para que ocurra o para conseguir cierta cosa: 'Mucho ha tenido que empujar para conseguir esa plaza'. **5** (inf.) intr. Progresar económica o socialmente o estar en buen camino para hacerlo.

empuje **1** m. Acción de empujar. **2** *Carga o *peso. Fuerza ejercida por un elemento de construcción sobre otro; por ejemplo, por un techo sobre las paredes o por una bóveda sobre los pilares o contrafuertes. **3** Fís. Fuerza de abajo arriba que experimenta un cuerpo sumergido en un fluido. **4** *Aptitud extraordinaria de alguien para desenvolverse en la vida, por sus condiciones intelectuales o de carácter. **5** Energía y eficacia o resultados notables con que se emprende o se realiza algo: 'Ha empezado su carrera con mucho empuje'. ≃ Impulso. ⇒ *Ánimo, *brío, *decisión. **6** *Influencia o *poder: 'Es persona de empuje y no se puede nada contra él'.

empujón **1** («Dar, Pegar») m. *Golpe brusco dado contra una cosa, que la mueve o tiende a moverla: 'Venía corriendo en dirección contraria y me dio un empujón'. ⇒ *Empujar. **2** («En un») Actividad o *esfuerzo intenso y breve. ⊙ («Dar un») Progreso notable hecho en un trabajo con un esfuerzo hecho de una vez: 'Hoy le he dado un buen empujón al proyecto'. ≃ *Adelanto, avance.

A EMPUJONES. **1** Dando empujones: 'Tuvimos que entrar a empujones'. ≃ A empellones. **2** Con interrupciones: 'Vamos haciendo la obra a empujones'. ≃ En veces. ⊙ Con dificultades o tropiezos: 'Va haciendo la carrera a empujones'.

empulgadera f. **Empulguera (extremo de la verga de la *ballesta).*

empulgar (de «en-» y «pulgar», por hacerse especialmente con este dedo) tr. *Armar la ↘*ballesta.*

empulguera (de «empulgar») **1** f. *Cada extremo de la verga de la *ballesta, que tiene una muesca para afianzar la cuerda.* ≃ Empulgadera, pulguera. **2** *Instrumento de *tormento con que se apretaban los dedos pulgares de los pies.*

empuntar (de «punta») **1** (Col., Sal.) tr. **Encaminar.* **2** (Sal.) **Echar a ↘alguien de un sitio por molesto.* **3** TAUROM. *Empitonar.* **4** (Col., Ec.) intr. **Marcharse.* **5** (Ven.) prnl. *Obstinarse.*

EMPUNTARLAS (Col.). **Marcharse.*

empuñadura **1** f. Parte por donde se empuñan las armas o herramientas o se cogen otros utensilios tales como los remos, el bastón o el paraguas. ⇒ *Agarrador, *mango. **2** *Fórmula consagrada de las que sirven para *principiar una *narración; tales como «pues señor, érase que se era» o «había una vez».* ⇒ *Muletilla.

empuñar **1** tr. *Sujetar fuertemente con la mano cerrada un ↘arma o una ↘herramienta. **2** Se usa frecuentemente con sentido simbólico: 'Empuñar el bastón [el cetro, la espada]'. ⇒ *Coger, *esgrimir. **3** (Chi.) *Cerrar la mano para formar el puño.*

empuñidura f. MAR. *Cada uno de los cabos firmes en los puños altos o de grátil de las *velas y en los extremos de las fajas de rizos, con que se sujetan a la verga.*

empurar (inf.) tr. Imponer a ↘alguien un castigo o sanción, por ejemplo en el Ejército.

empurpurado, -a adj. *Vestido de púrpura.* ⇒ Purpurado.

empurrarse (C. Rica, Guat., Hond.) prnl. *Enfurruñarse.* ⇒ *Enfadarse.

emú (del port. «ema», especie de avestruz, quizá influido por «ñandú»; *Dromaius novaehollandiae)* m. *Ave de gran tamaño, parecida al avestruz, de plumaje grisáceo o pardo y alas atrofiadas, que vive en grupo en las llanuras de Australia.

emulación («Por») f. Acción o actitud de emular. ⊙ Tendencia a igualar o superar a otros en lo que se hace: 'El maestro fomenta la emulación en los niños. No siente emulación'. ⇒ *Amor propio, *dignidad, rivalidad.

emulador, -a adj. y n. Que emula a otro.

emular (del lat. «aemulāre») **1** (con complemento de cosa o persona) tr. Proponerse realizar cierta acción, comportarse, etc., tan bien o mejor que otra ↘persona determinada: 'Emular las hazañas de Alejandro. Emular a Alejandro'. **2** (con complemento de cosa o persona) Hacer cierta ↘cosa tan bien como otro que se expresa o de modo que permite la comparación con él: 'Emula la humildad de San Francisco'. ≃ *Competir. **3** (con complemento de cosa o persona) *Imitar: 'No emules al sastre Campillo'.

emulgente (del lat. «emulgens, -entis», part. pres. de «emulgēre», ordeñar) **1** adj. Anat. Se aplica a cada una de las dos *arterias que llevan la sangre a los riñones. **2** Anat. Se aplica a cada una de las *venas por donde sale la sangre de los riñones.

émulo, -a (del lat. «aemŭlus»; culto; «de, en») n. Con relación a una persona, otra que hace las mismas cosas que ella y se aproxima a ella en mérito o valor: 'Émulo de Cicerón'. ⇒ *Rival.

emulsión (del lat. «emulsus», ordeñado) **1** f. Farm. Líquido en que se mantienen en suspensión pequeñísimas gotas o partículas de una sustancia insoluble en él. ⇒ *Mezclar. **2** Fot. Sustancia sensible a la luz, consistente en una emulsión de una sal de plata en gelatina, que, formando una capa en una placa o una película, es la base de la *fotografía.

emulsionar («con, en») tr. Poner una ↘sustancia, generalmente grasa, en otra, en forma de emulsión.

emulsivo, -a adj. Farm. *Se aplica a las sustancias que sirven de soporte a una emulsión.*

emulsor m. *Aparato en que se emulsionan las grasas en otras sustancias.*

emunción (del lat. «emunctus», limpio) f. Med. **Secreción de humores o materias nocivas por el organismo.*

emundación (del lat. «emundatĭo, -ōnis»; ant.) f. **Limpieza.*

emuntorio (del lat. «emunctorĭum», de «emungĕre», limpiar) **1** m. Anat. *Cualquier glándula, canal, etc., que sirve para evacuar sustancias superfluas.* **2** (pl.) Anat. **Glándulas de las axilas, de las ingles y de detrás de las orejas.*

en (del lat. «in») **1** prep. Expresa el lugar dentro del cual está u ocurre la cosa de que se trata: 'Lo llevo en el bolsillo. Cenaré en casa'. ⊙ También, el lugar sobre el cual: 'La comida está en la mesa. Escribo en papel blanco. Una mancha en la pared. Le hace gracia ese lunar en la mejilla'. ⊙ Se emplea también, con sentido correspondiente, cuando, en vez de tratarse de un lugar material, se trata de un medio o ambiente: 'Vive en la opulencia [o en la ociosidad]'. **2** Se une a los nombres de las estaciones, a los nombres «año, siglo, época» y equivalentes, o a los números con que se designan, para expresar el «tiempo en que»: 'En primavera. En el Renacimiento. En 1955'. ⊙ También indica el tiempo invertido en algo: 'Lo he hecho en tres días. Lo terminarán en un mes'. ⊙ *Antiguamente, se usaba en expresiones de simultaneidad o sucesión inmediata, en que hoy se sustituye por «al» o «en cuanto»*: 'Se pasmaba en ver que... En verte sano, me iré'. ⊙ Con este mismo significado sigue usándose con el gerundio, si bien este uso tiende a restringirse: 'En viéndole llegar se adelantó a recibirle'. La expresión corriente sería: 'en cuanto le vio llegar' o 'al verle llegar'. **3** Indica una situación de tránsito. 'En capullo, en proyecto, en ciernes'. **4** Expresa la situación de vestido incompleto: 'En mangas de camisa, en enaguas, en calzoncillos, en cueros, en pelota'. ⊙ O cierta modalidad de vestido: 'En traje de calle [o de etiqueta]'. **5** A veces equivale a «en forma de»: 'En espiral. En ángulo'. **6** Expresa, además, otras relaciones, siendo unas veces exigida por la palabra a que afecta y otras por la palabra a la que une con su complemento. ⊙ Se une, por ejemplo, a palabras que expresan modalidad, formando en muchos casos modismos: 'En traspaso, en dote, en venta, en flor, en construcción, en duda, en broma, en llamas, en vida, en mi opinión, en poder de'. ⊙ A palabras que expresan medio: 'En un brinco. En una corrida'. ⊙ O finalidad: 'En favor, en pro, en obsequio'. ⊙ Otras veces, son el verbo, el nombre o el adjetivo los que la exigen para su complemento de materia: 'Pagar en billetes [o en plata]. Tinto en sangre. Ganar en peso. Doctor en derecho. Entendido en música. Ducho en tretas. Tratar en maderas. Andar en negocios sucios'. ⊙ En este mismo papel puede acompañar a un infinitivo: 'Práctico en resolver crucigramas'. ⊙ Lo mismo que otras preposiciones, elimina en muchos casos el artículo del nombre a que afecta: 'En casa de su hermana. Lanza en ristre. Dinero en mano. Ponerse en cruz'. **7** Seguida de gerundio tiene un uso exclusivamente popular en frases como «en teniendo que comer...», significando «con tal que se tenga qué comer...». **8** En lenguaje hablado no esmerado, sustituye a «con» o «en el caso de»: 'Ocurre como en los niños precoces: que, generalmente, no llegan a ser hombres notables'. **9** Muchas veces, ha servido «en» para transformar en intransitivos verbos de naturaleza transitiva: 'Pienso en mi padre. Hablaban en francés'.

V. formas de expresión con «en» en «*acción, *causa, *empleo, *esfuerzo, *lugar, *ocupación, preposición, *tiempo, *vestido».

V. «dentro en».

en- (del lat. «in-») Prefijo correspondiente a la preposición «en», que sirve para formar palabras en que va implícita la idea de *inclusión o encierro: 'encajonar, encarnar'. ⊙ También sirve para formar *verbos, convirtiendo en acción la idea de un nombre o un adjetivo: 'encabezar, encarecer, enarenar, entorpecer, enloquecer, endulzar'. ⇒ An-, em-, in-. ➤ Parasíntesis.

-en **1** Sufijo de nombres de *conjunto: 'velamen'. **2** Se emplea por «-e» en nombres de *acción humorísticos, de hechura popular: 'Ya veremos cuando llegue el «apoquinen»'.

-én En algunas palabras antiguas ha quedado reducido a este sufijo el sufijo «-eno»: 'catorcén, centén'.

-ena Sufijo con que se forman nombres numerales colectivos: 'centena, docena'.

enaceitar (de «en-» y «aceitar») **1** tr. *Untar ↘algo con aceite, con alguna finalidad.* ≃ Aceitar. **2** prnl. *Ponerse rancia una cosa.*

enacerar **1** tr. *Dar a una ↘cosa las propiedades del acero.* **2** *Endurecer o fortalecer algo.*

enaciado, -a (del ár. and. «názi'») **1** (ant.) adj. **Voluble (inconstante).* **2** (ant.) **Renegado.* **3** *En la época de la Reconquista, *cristiano unido por vínculos de amistad o interés a los *moros.* ⊙ *Particularmente, el que conocía el* *árabe y el español y lo utilizaba al servicio del ejército o como espía.*

enaciyar (de «en-» y «acije»; ant.) tr. *Tratar las ↘*lanas con aceche.*

enagua (de la voz taína «nagua») **1** f. *Prenda interior de mujer, que se lleva debajo de la falda, sólo desde la cintura. Su empleo en plural es más bien popular. ⊙ Por extensión, «combinación», o sea, prenda de ese mismo uso que baja desde los hombros. ⇒ Atorra, combinación, fondo, fustán, medio FONDO, nagua, peticote, refajo, saya, sayuela, viso, vuelo. ➤ Cucharetero. ➤ *Falda. ⊙ (C. Rica) **Falda de mujer.* **2** *Prenda de la misma forma, de bayeta negra, que usaban antiguamente los hombres en los *lutos muy rigurosos y los trompeteros en las procesiones de Semana Santa.*

enaguachar (de «en-» y «aguachar») tr. *Poner exceso de agua en una ↘cosa; por ejemplo, en una comida.* ≃ *Aguachinar. ⊙ prnl. *Llenarse de agua algo.* ⊙ tr. *Causar molestia en el ↘*estómago el exceso de agua o cosas líquidas.* ≃ Encharcar. ⊙ prnl. *Sentir molestia en el estómago por haber tomado líquidos en exceso.*

enaguar (del lat. «inaquāre», meter en agua) tr. *Enaguachar (*aguachinar).*

enaguazar (de «en-» y «aguazar») tr. *Echar demasiada agua en las ↘tierras.* ≃ *Encharcar. ⊙ prnl. *Llenarse de agua las tierras.*

enagüetas (dim. de «enagua») f. pl. *Especie de zaragüelles que usan los hombres en las Alpujarras.*

enagüillas (dim. de «enagua») **1** f. pl. Prenda de forma de enagua corta que se pone algunas veces a las esculturas de *Jesucristo crucificado. ⊙ También, la que forma parte de algunos trajes de hombre, como el *escocés o el *griego. **2** *Enagua (prenda de luto).*

enajenación f. Acción de enajenar[se]. ⊙ ENAJENACIÓN mental.

ENAJENACIÓN MENTAL. Locura.

enajenado, -a Participio adjetivo de «enajenar[se]».

enajenador, -a adj. y n. Que enajena.

enajenamiento m. Enajenación.

enajenante adj. Se aplica a lo que enajena.

enajenar (del lat. «in», en, y «alienāre») **1** tr. *Vender o transmitir por otro medio (donación, permuta, etc.) una ↘propiedad. ⊙ prnl. **Desprenderse de cierta cosa.* ⇒ Ajenar, alienar, *ceder, *dar, *dejar, desapropiarse, deshacerse, *despojarse, *desprenderse, disponer de, hacer DISPOSICIÓN de, expropiar, quitarse de, *vender. ➤ Enajenación, enajenamiento, TRANSMISIÓN de dominio. **2** tr. Hiperbólicamente, hacer perder la razón un sentimiento muy violento, de dolor, de enfado o de cólera. ≃ Cegar, enloquecer, *trastornar. **3** Producir una cosa en ↘alguien tal deleite o admiración que se queda absorto en su contemplación o goce: 'Tiene unos ojos que enajenan. Le tenía enajenado la música'. ≃ Arrobar, cautivar, *embelesar, extasiar. ⊙ Producir *éxtasis. **4** Ser causa de que alguien no tenga o pierda la ↘simpatía, el cariño, etc., de otros: 'Su brusquedad le enajena muchas simpatías'. ⇒ *Quitar. ⊙ prnl. *Apartar de sí, por culpa propia, la simpatía, etc., de alguien. **5** («de») **Apartarse del trato con alguien o dejar *entibiar la amistad con alguien.*

enálage (del lat. «enallăge», del gr. «enallagḗ», cambio) f. **Figura de dicción que consiste en el uso no estrictamente correcto desde el punto de vista gramatical de alguna parte de la oración; por ejemplo, en usar como adverbio un adjetivo, usar una concordancia de sentido pero no gramatical o usar una forma verbal por otra.*

enalbar (del lat. «inalbāre», blanquear) tr. *Poner el ↘hierro al rojo blanco en la *fragua.*

enalbardar **1** tr. Poner la albarda a una ↘caballería. ⇒ *Aparejar. **2** **Rebozar.* **3** *Ponerles albardilla (lonchas de tocino por encima) a las ↘*aves, para asarlas.* ≃ Emborrazar.

enalmagrado, -a *Participio de «enalmagrar».* ⊙ adj. *Almagrado.* ⊙ *Tenido por *vil.* ≃ Infamado.

enalmagrar **1** tr. *Almagrar: pintar o marcar una ↘cosa con almagre.* **2** **Deshonrar a ↘alguien.*

enaltecedor, -a adj. Se aplica a lo que enaltece.

enaltecer (de «en-», «alto» y «-ecer») tr. *Ensalzar u honrar. Añadir honra o gloria a ↘alguien: 'Ese rasgo le enaltece'. ⊙ *Alabar o *ensalzar. Hablar de ↘algo o alguien realzando su mérito o valor: 'Dedicó el sermón a enaltecer la fidelidad conyugal'.

□ CONJUG. como «agradecer».

enaltecimiento m. Acción de enaltecer.

enamarillecer intr. y prnl. *Amarillecer[se].*

□ CONJUG. como «agradecer».

enamorada (ant.) f. *Prostituta.*

enamoradizo, -a adj. Se aplica al que se enamora con facilidad, frivolidad o inconstancia. ⇒ *Enamorar.

enamorado, -a **1** Participio adjetivo de «*enamorar[se]»: 'Está enamorado de una prima suya. Es un marido enamorado'. ⊙ n. Persona enamorada: 'Un paseo bueno para enamorados. Su enamorado le ha enviado un ramo de flores'. **2** adj. *Enamoradizo.* **3** adj. y n. Se aplica a la persona que siente amor o entusiasmo por cierta cosa que se expresa: 'Es una enamorada de España. Los enamorados de los deportes de nieve'.

enamorador, -a adj. y n. *Que enamora o dice expresiones de amor.*

enamoramiento m. Acción y efecto de enamorar[se].

enamorante adj. *Que enamora.*

enamorar **1** tr. Despertar el *amor en otra ↘persona. ⊙ («de») prnl. Empezar a sentir el amor. **2** tr. Mostrar amor un hombre a una ↘mujer y procurar atraerse el suyo. ≃ *Cortejar. **3** *Gustar mucho a ↘alguien cierta cosa. ⊙ («de») prnl. Empezar a sentir entusiasmo por una cosa o deseo de tenerla: 'Se ha enamorado del nuevo modelo de coche'. ⇒ *Apetecer, *encapricharse.

□ CATÁLOGO

Acompañar, agasajar, ir de CONQUISTA, *cortejar, escoltar, galantear, hacer el OSO, pasear, hacer la RUEDA, seguir. ➤ Aficionarse, rendir el ALBEDRÍO, arrocinarse, atocinarse, atortolarse, *atraer, llevar de CABEZA, camelar, castigar, cautivar, cazar, chalar[se], chiflar[se], conquistar, hacer CONQUISTAS [o una CONQUISTA], derretir[se], *embelesar[se], emborricarse, enamoricar[se], encamotarse, encapricharse, encariñarse, enchularse, encoñarse, enganchar, engolondrinarse, enquillotrar[se], entusiasmar[se], flechar, gustar, interesarse, hacerse una JALEA, perder [o hacer perder] el JUICIO, ladearse, volver[se] LOCO, marearse, namorar[se], perderse, pescar, prendarse, quillotrar[se], seducir, perder el SESO, templarse, trastornar[se]. ➤ Martelo. ➤ Ciegamente, como un COLEGIAL, locamente, perdidamente. ➤ Amartelado, apichonado, aquerenciado, chalado, chiflado, chocho, ciego, colado, derretido, enamorado, encelado, loco, muerto por los PEDAZOS de, pretendiente, proco, trastornado. ➤ Estar por los HUESOS de alguien. ➤ Quillotro. ➤ Amor, DAMA de sus pensamientos, dueño, dulce DUEÑO, Dulcinea, PRÍNCIPE azul, PRÍNCIPE encantado, sueño. ➤ Coqueta, Don JUAN, tenorio. ➤ Desenamorar[se]. ➤ *Amor.

enamoricarse (inf.) prnl. *Enamoriscarse.*

enamoriscarse (inf.) prnl. Enamorarse sin seriedad o empezar a enamorarse.

enamorosamente (ant.) adv. *Amorosamente.*

enanarse (ant.) prnl. *Quedarse o hacerse enano.*

enancarse (Arg., Méj., Perú) prnl. **Montar en ancas.*

enanchar (de «en-» y «ancho»; pop.) tr. *Ensanchar.*

enangostar tr. **Estrechar.* ≃ Angostar.

enanismo m. MED. Transtorno del crecimiento que impide al individuo de una especie alcanzar su talla normal.

enano, -a (del lat. «nanus», del gr. «nânos») **1** adj. y n. Se aplica a una persona de estatura anormalmente *pequeña. ⇒ Ateliosis, enanismo. ⊙ adj. Aplicado a un ser vivo, de tamaño pequeño con respecto a otros de su clase o especie: 'Un árbol enano'. ⊙ Hiperbólicamente, muy pequeño: 'Vive en una casa enana. Este bolso es enano'. **2** n. Se aplica frecuentemente como insulto cariñoso a los *niños. **3** *Ser fantástico de figura de hombre muy pequeño, de los que figuran muy frecuentemente en los cuentos. ⇒ Duende, *geniecillo, genio, gnomo, liliputiense, nano, tocio, tozo, trasgo.

COMO UN ENANO (inf.). Con verbos como «trabajar, divertirse, disfrutar, reír», etc., *mucho: 'Disfrutó en el circo como un enano'.

enante[1] (del lat. «oenanthe», del gr. «oinánthē»; *Oenanthe fistulosa)* f. *Planta umbelífera venenosa, que se cría en los terrenos húmedos.

enante[2] (del lat. «in» y «ante»; ant.) adv. *Antes.*

enantes (de «enante[2]»; pop.) adv. *Antes.*

enanzar (del lat. «in antea», antes; Nav.) intr. *Progresar.* ≃ Avanzar.

enaparejar (de «en-» y «aparejar»; ant.) intr. **Emparejar.*

enarbolado (de «enarbolar») m. ARQ. *Armazón de la *linterna de una torre o bóveda.*

enarbolar (de «en-» y «árbol») **1** tr. *Sostener en alto una ↘bandera o estandarte. ⊙ Se usa también simbólicamente: 'Enarboló la bandera de la rebelión'. ⊙ Tener cogido y levantado en alto un ↘palo o un arma de las que se emplean golpeando, en actitud de agredir con ellos: 'Apareció enarbolando un sable'. ≃ *Esgrimir, arbolar. **2** Esgrimir una ↘amenaza. ⊙ *Amenazar con cierta ↘cosa. **3** prnl. **Empinarse una caballería.* **4** **Encolerizarse.*

enarcar 1 tr. *Arquear. Se emplea particularmente en «enarcar las cejas». **2** *Poner cercos en las ↘cubas o *toneles.* **3** prnl. **Intimidarse.* ⊙ (Ar.) **Aturdirse o *turbarse ante algún peligro o dificultad.* **4** (Méj.) **Empinarse el caballo.*

enardecedor, -a adj. Que enardece.

enardecer (del lat. «inardescĕre») tr. y prnl. Hacer[se] más violenta una ↘lucha o una discusión. ≃ Avivar[se], enconar[se], *excitar[se]. ⊙ tr. Hacer que el ↘ánimo de ↘alguien se predisponga a la lucha o la violencia: 'Con su discurso enardeció los ánimos de los oyentes. El vino les enardeció'. ⊙ Despertar entusiasmo aun sin inclinación a la violencia: 'Con su entusiasmo enardece a los que le escuchan'. ≃ Enfervorizar, *entusiasmar. ⊙ Excitar el apetito sexual. ⇒ Calentar. ⊙ prnl. Excitarse por efecto del entusiasmo, de la ira o por otra causa. ⊙ tr. y prnl. **Inflamar[se] una ↘parte del cuerpo.*

□ CONJUG. como «agradecer».

enardecido, -a Participio adjetivo de «enardecer[se]».

enardecimiento m. Acción y efecto de enardecer[se].

enarenar 1 tr. Echar arena en un ↘sitio o cubrirlo con arena; por ejemplo, el pavimento para que no resbalen las caballerías en un desfile. **2** MINER. *Mezclar cierta cantidad de arena con las ↘tierras que contienen *plata para facilitar la acción del mercurio sobre ésta.* **3** prnl. MAR. *Encallar o *varar una embarcación.*

enarma f. **Agarrador o *asa del broquel.*

enarmonar (quizá de un sup. «enarbonar» por «enarbolar») tr. *Poner una ↘cosa de pie.* ≃ Empinar, *levantar. ⊙ prnl. *Ponerse un animal cuadrúpedo con las manos en alto.* ≃ *Empinarse.

enarmónico, -a (del gr. «enarmonikós») adj. MÚS. Se aplica a uno de los tres géneros del sistema musical, basado en dos diesis o semitonos menores y una tercera mayor o dítono. ⇒ Cromático, diatónico.

enartar (de «en-» y «arte», engaño) **1** (ant.) tr. *Realizar en ↘alguien o algo un encantamiento.* **2** (ant.) **Ocultar ↘algo con habilidad.*

enartrosis (del gr. «enárthrōsis») f. ANAT. *Articulación formada por una parte redonda de un hueso que se mueve dentro de una cavidad de otro.*

enastado, -a 1 Participio adjetivo de «enastar». ⊙ Se aplica al utensilio o herramienta colocado en un asta. **2** *Se aplica al animal que tiene *cuernos.* ≃ Astado.

enastar tr. Poner el mango o *asta a una ↘herramienta.

enastilar tr. Poner el mango o astil a una ↘herramienta.

enatíamente (ant.) adv. *Con desaseo.*

enatieza (de «enatío»; ant.) f. *Falta de aseo.* ⇒ Abandono.

enatío, -a (ant.) adj. **Superfluo o *inadecuado.*

encá (Ar.) adv. **Todavía.* ≃ Encara.

encabalgamiento 1 (ant.) m. **Cureña.* **2** **Armadura de maderos cruzados en que se apoya algo.* **3** MÉTR. Licencia poética que consiste en distribuir en versos o hemistiquios contiguos partes de una palabra o de una frase que constituyen una unidad léxica o sintáctica. ≃ Cabalgamiento, hipermetría.

encabalgar 1 (ant.) intr. **Montar a caballo.* ≃ Cabalgar. **2** tr. **Montar una ↘cosa sobre otra.* **3** intr. *Estar una cosa montando sobre otra.* ≃ Encaballar. **4** tr. *Proveer de *caballos a ↘alguien.* **5** MÉTR. Hacer un encabalgamiento.

encaballar (de «en-» y «caballo») **1** tr. *Poner unas cosas ↘sobre otras de modo que cada una cubra parcialmente a la que está inmediatamente debajo; como las tejas en un tejado.* ≃ *Montar. **2** intr. **Apoyarse una cosa sobre otra.* ≃ Encabalgar. **3** AGRÁF. *Desordenar las ↘letras de un molde.*

encabar (Arg., Col., P. Rico) tr. *Poner cabo o *mango a una ↘herramienta.*

encabellar (ant.) intr. *Echar cabello o ponérselo postizo.*

encabestradura f. VET. *Herida producida a una caballería por el rozamiento del cabestro.*

encabestrar 1 tr. Poner el cabestro a una ↘*caballería. **2** prnl. *Enredarse una *caballería las patas en el cabestro.* ≃ Encuartar. **3** tr. *Conducir las ↘reses bravas con los cabestros.* ⇒ *Toro. **4** *Conseguir una persona de ↘otra que haga dócilmente lo que quiere la primera.* ⇒ *Dominar.

encabezado, -a 1 Participio adjetivo de «encabezar». **2** (Guat., Méj.) m. *Titular de un periódico.*

encabezamiento 1 m. Palabra con que se encabezan las fichas, que sirve para ordenarlas. ⊙ Fórmula, expresión o, en el sentido más amplio, conjunto de expresiones, que se ponen al principio de una carta o un escrito cualquiera, antes de exponer el asunto de él. ⊙ En sentido restringido, palabras dirigidas en vocativo a la persona a quien se dirige el escrito. ⇒ Cabecera, cabeza, enunciado, *epígrafe, folio. ➤ Escrito. **2** *Acción de empadronar.* ⊙ **Padrón.* ⊙ *Cuota que corresponde pagar por un *tributo o por el conjunto de ellos.* ⊙ *Tanto alzado con que un grupo de contribuyentes paga colectivamente cierto tributo.*

☐ FORMAS DE EXPRESIÓN

FÓRMULAS DE ENCABEZAMIENTO EN CARTAS:

Suelen encabezarse con la fecha, un primer encabezamiento en que se especifica el nombre, el cargo o ambas cosas (y, en las cartas comerciales, también la dirección) de la persona a quien va dirigida, y un segundo encabezamiento dirigido en vocativo a esa persona. Para este último, una fórmula corriente en cartas no familiares o amistosas es «muy señor [señora, etc.] mío[a]»; es inexpresiva y rutinaria, pero es cómoda cuando no se sabe cuál otra emplear y en relaciones comerciales u ocasionales. Para dirigirse a una persona con la cual se tiene una relación que no llega a ser trato de confianza es buena fórmula «distinguido» 'Distinguido amigo'. Muestra un grado más de confianza sustituir «distinguido» por «estimado». «Querido» se reservaba antes para los casos de amistad o afecto real, pero ahora, quizás por influencia de las cartas de otros países, se va generalizando con valor formulario o cortés, equivaliendo a «distinguido» o «estimado». Se muestra especial respeto con las expresiones «respetado [mi respetado] señor [amigo, jefe», etc.]; puede substituirse «respetado» por «respetable» cuando el respeto está justificado por la edad, posición, etc., del destinatario. No está todavía generalizada en España la costumbre de encabezar las cartas simplemente con «señor, señora», etc., pero se va estableciendo para cartas comerciales o profesionales. Entre personas unidas por parentesco o amistad, el encabezamiento corriente es «querido», seguido del nombre del destinatario o del nombre del parentesco: 'Querido Pepe. Querido hermano'. Se va extendiendo «querido amigo» entre personas cuya relación es cordial o pretende serlo pero no íntima. Antes, se graduaba la expresión de cariño usando aparte de «querido» los adjetivos «apreciable, apreciado, estimable» o «estimado»; pero los tres primeros han quedado de hecho relegados al uso popular y el último se reserva para personas a las que el que escribe duda, por falta de familiaridad o por cualquier otra circunstancia, en llamar «querido». Si se antepone «mi» a «querido», se intensifica la expresión de afecto. Y el que escribe puede mostrarse más expresivo todavía empleando «queridísimo». Otros adjetivos como «inolvidable» (de matiz más bien popular), «adorado», etc., son, comprensiblemente, de uso restringido.

encabezar **1** tr. Poner al principio de un ↘escrito una fórmula o una frase que es como la introducción a él: 'No sabe cómo se encabeza una instancia. El artículo está encabezado con unos versos de Goethe'. ⊙ Constituir el encabezamiento de un escrito: 'Esta dedicatoria encabeza los versos'. ⊙ Poner el encabezamiento de una ↘*ficha, de una *carta, etc. **2** Empezar una ↘*lista con cierto nombre o asiento. ⊙ Estar el *primero de una ↘lista: 'Él encabeza la lista de donantes. Yo estoy dispuesto a encabezar la protesta'. ⇒ Ir [o estar] en CABEZA. **3** (Hispam.) *Promover y *dirigir un ↘motín, sublevación o cosa semejante.* ≃ Acaudillar, capitanear, ponerse a la CABEZA. **4** *Inscribir a ↘alguien en la lista de los que tenían que pagar un tributo.* ⇒ *Empadronar. **5** CONSTR. *Unir o *empalmar dos ↘vigas por sus extremos.* **6** CONSTR. **Remendar los extremos de una ↘viga sustituyendo con madera sana la carcomida.* ⇒ Cabecear. **7** Aumentar la graduación de un ↘*vino mezclándole otro más fuerte, o alcohol. ≃ Cabecear. **8** prnl. *Ajustar alguien en cierta cantidad lo que tiene que pagar por *tributos.* **9** **Conformarse con sufrir cierto daño con el que se evita otro mayor.* ≃ Contentarse, darse por CONTENTO.

encabezonamiento (ant.) m. **Padrón.* ≃ Encabezamiento.

encabillar tr. CONSTR., MAR. *Sujetar una ↘cosa con cabillas.*

encabriar (de «en-» y «cabrio») tr. CONSTR. *Colocar los cabrios de la ↘*armadura de un tejado.*

encabrillar tr. Hacer cabrillas el viento en la superficie del ↘mar.

encabritarse (de «cabra») **1** prnl. *Empinarse un caballo, por rebeldía o por temor. **2** *Levantarse la parte delantera de algunas cosas, como una nave o un avión. **3** (inf.) Enojarse mucho una persona.

encabronar (vulg.) tr. y prnl. Enfadar[se] mucho.

encabruñar (Sal.) tr. **Afilar.* ≃ Cabruñar.

encabullar tr. *Encabuyar.*

encabuyar (Cuba, P. Rico, Ven.) tr. *Envolver o forrar ↘algo con cabuya (cuerda de pita).*

encachado (de «en-» y «cacho'») **1** adj. *Empedrado o *suelo hecho de cemento en el cauce de un río. **2** Capa de cimentación en el *pavimento de las carreteras formada por cascajo apisonado. **3** Enlosado con juntas de tierra en que crece la hierba. **4** *Antiguamente, empedrado en la entrevía de los *tranvías que iban tirados por caballerías, por el cual marchaban éstas.* **5** (Cantb.) *Empedrado de cantos rodados.*

encachar **1** tr. *Poner las cachas a un ↘*cuchillo o *navaja.* **2** *Pavimentar de piedra u hormigón el ↘cauce de una corriente de agua entre los pilares o estribos de un *puente.* **3** (ant.) **Encajar o *empotrar.* **4** (Chi.) *Agachar la ↘cabeza un animal vacuno para *embestir.* **5** (Chi., Ven.) prnl. *Obstinarse.*

encadarse **1** (Ar., Nav.) prnl. *Refugiarse o meterse los animales en el cado.* **2** **Intimidarse.*

encadenado, -a **1** Participio adjetivo de «encadenar[se]». **2** adj. LIT. Se aplica a la *estrofa cuyo primer verso es, en todo o en parte, repetición del último de la anterior, y al *verso cuya primera palabra es repetición de la última del anterior. **3** m. CONSTR. *Cadena o armazón de maderos fuertemente ensamblados sobre el que se construye algo; como el revestimiento de pozo o el chapitel de una torre.* **4** CONSTR. *Machón de sillería u hormigón con que se refuerza un muro.* ≃ *Cadena. **5** MINER. *Serie de estemples o tornapuntas ligadas entre sí en una entibación.* **6** CINE., TELEV. Paso gradual de un plano a otro. ≃ Fundido.

encadenamiento m. Acción y efecto de «encadenar[se]».

encadenar **1** tr. *Sujetar a ↘alguien con cadenas. También reflex. **2** *Echar las cadenas en un ↘*puerto.* **3** Tiranizar o *sujetar a ↘alguien. **4** *Retener a ↘alguien en un sitio: 'Sus fincas le encadenan al pueblo'. ⊙ *Sujetar, *cohibir o *estorbar: quitar a ↘alguien la libertad para moverse o actuar: 'Le encadenan los prejuicios'. **5** tr. y prnl. Enlazar[se] ↘cosas formando una serie en que cada una se relaciona con la inmediata.

encaecer (de «caer»; ant.) intr. **Parir.*

encajadas adj. HERÁLD. *Se aplica a las piezas que forman encajes.*

encajadura **1** f. Acción de encajar. **2** Hueco en que encaja algo. ≃ Encaje.

encajamiento m. MED. Descenso del feto en la cavidad pelviana antes del parto.

encajar (de «en-» y «caja») **1** («en») tr. *Meter una ↘cosa o una parte de ella en un hueco de otra en la que queda ajustada: 'Se encaja un madero [o la espiga de un madero] en una muesca del otro'. ⊙ intr. Estar una cosa o las partes de una cosa ajustadas en el sitio que les corresponde o en su unión con otra. ⊙ («con, en») Poder entrar o entrar y quedar ajustada una cosa dentro o alrededor de otra: 'La puerta no encaja en su marco. El sombrero no le encaja en la cabeza. Esta pieza encaja con la otra'. ⇒ *Acoplar, *ajustar, *embutir, empotrar, *enchufar, enclavijar, endentar, *ensamblar, entretallarse, insertar. ➤ Caja, cubo, espiga, hembra, macho, muesca. ➤ *Introducir. *Meter. ⊙ prnl. Meterse una cosa dentro de otra de modo que no se puede sacar. ⊙ *Cerrarse una cosa de modo que no se puede abrir. ⊙ Entorpecerse el movimiento de una cosa que gira dentro de otra, de modo que no se le puede dar vuelta. ⇒ Agarrotarse, encasquillarse, gripar. ➤ *Atascarse. **2** («con») intr. Completarse o confirmarse recíprocamente dos noticias, informaciones, etc.: 'Lo que dice ella no encaja con lo que dijo su marido'. ≃ Estar de *ACUERDO, casar, coincidir, estar *CONFORME. ⊙ («con») Ser adecuado o bueno para cierta cosa: 'El ejemplo encajaba perfectamente con el caso. Este trabajador no encaja en los planes de la empresa'. ⇒ *Oportuno. ⊙ («con, en») Sentirse integrada una persona en un grupo: 'El niño encajó bien en el nuevo colegio'. **3** (inf.) tr. Reaccionar después de una ↘desgracia, disgusto o contratiempo y recuperar la tranquilidad o el estado de ánimo normal: 'Ya parece que ha encajado el desengaño'. ⊙ Reaccionar convenientemente a una ↘reprensión, advertencia, etc.: 'Encajó bien la llamada al orden'. ⊙ Particularmente en boxeo, aguantar los ↘golpes recibidos. **4** *Hacer los trazos generales de un *dibujo, que sirven de base al dibujo más detallado.* **5** *Asestarle a alguien un ↘palo, un tiro, etc. **6** Hacerle oír a alguien cierta ↘cosa molesta o pesada: 'Encajar un sermón [una indirecta, un insulto]'. ≃ *Endilgar, espetar, soltar. ⊙ Hacer, tomar a alguien una ↘cosa molesta o con engaño: 'Me encajó una moneda falsa. Le encajó un paquete enorme para que se lo llevase a su familia'. ≃ Colar, endilgar, endosar. **7** Poner a alguien una ↘prenda de *vestir que resulta inadecuada o ridícula o ponérsela bruscamente: 'Le encajó el abrigo a pesar del calor que hacía. Le encajó el sombrero y le plantó en la escalera'. **8** prnl. *Meterse alguien en un sitio donde no es deseado o no le corresponde estar.* ⇒ *Entrometerse.

encaje 1 m. Acción y efecto de encajar[se]. **2** *Hueco en una pieza en el que encaja otra. ≃ Encajadura. **3** (pl.) HERÁLD. *Se aplica a las divisiones del escudo de forma triangular, encajadas unas en otras.* **4** AGRÁF. Hoja de papel, a veces plegada, que se coloca dentro de un *periódico o un *libro para repartirlo con él. **5** *Labor de *embutido o taracea, en madera o en metal.* **6** *Coincidencia en el juego de las *pintas del número que se dice al ir contando con el de la carta que se saca.* **7** *Tejido formado por un fondo reticulado que se rellena en algunas partes formando dibujos. ⊙ Tira estrecha de este tejido, que se emplea para *adornar vestidos y, particularmente, prendas interiores de mujer. ⇒ Bobillo, chorrera, embutido, entredós, hiladillo, puntas, puntilla, randa, sol, unión, vuelillo, vuelo. ➤ Bolillo, bolo, dibujo, majaderillo [majaderito o majadero], molde, mundillo, palillo, picado, prendido. ➤ Blonda. ➤ Entolar, picar. ➤ Tendido. ➤ Tul. ➤ Encajera, randera. ➤ Al tirón. ➤ *Bordar. *Ganchillo. *Pasamanería. *Punto. **8** ECON. Dinero que tienen los bancos en caja.

ENCAJE DE ALENZÓN. Encaje francés que se hace a mano con una aguja; se fabrica en trozos sueltos que luego se unen.

E. DE BOLILLOS. El que se hace sobre un dibujo, entrelazando los hilos arrollados en unos bolillos y fijando cada entrecruzamiento con un alfiler sobre el dibujo.

E. DE BLONDA. El de fondo de tul sobre el que se borda a mano con seda, rellenando con punto de zurcido. ⊙ Imitación de él hecha a máquina.

ENCAJES DE LA CARA. *Conjunto de las facciones.*

ENCAJE DE GUIPUR. Encaje de bolillos en que las bridas que forman el reticulado están formadas por varios hilos alrededor de los cuales se forma con otro una especie de punto de ojal.

E. INGLÉS. El formado con una cinta que va siguiendo el dibujo, la cual se fija en esa posición con bridas o tirantes hechos con hilo.

E. DE PLIEGOS. AGRÁF. *Serie de pliegos puestos uno dentro de otro.*

E. DE VALENCIENNES. El hecho a máquina, con dibujos semejantes a los del encaje de bolillos, pero mucho más fino.

V. «SALTO y encaje».

encajerarse prnl. MAR. *Meterse un *cabo entre la cajera y la roldana de un motón.*

encajero, -a n. Persona que hace o vende encajes.

encajetillar tr. Poner el ↘*tabaco o los *cigarrillos en cajetillas.

encajonado, -a 1 Participio adjetivo de «encajonar[se]». **2** m. *Ataguía: obstáculo de arcilla u otro material con que se impide el paso del agua mientras se hace un trabajo en el cauce.* **3** ARQ. *Muro que se hace encajonando y apisonando tierra dentro de tapiales o tablas puestas en cuchillo.*

encajonamiento m. Acción y efecto de encajonar[se].

encajonar 1 tr. Meter ↘algo dentro de un cajón o cajones. ⊙ TAUROM. Meter los ↘*toros en cajones para llevarlos al sitio donde han de ser lidiados. **2** Meter ↘algo en un sitio estrecho. ⊙ prnl. *Meterse en un sitio estrecho. ⊙ Particularmente, meterse un *río en una estrechez entre montañas. ≃ Encañonarse. ⇒ Encallejonar, encañonar. **3** tr. CONSTR. *Construir *cimientos en cajones o zanjas abiertas en el suelo.* **4** CONSTR. *Reforzar un ↘muro a trechos con *machones, con lo que quedan formadas en él divisiones semejantes a cajones.*

encalabernarse (de «calavera»; Cuba) prnl. *Obstinarse.*

encalabozar tr. *Meter a ↘alguien en un calabozo.*

encalabriar (ant.) tr. y prnl. *Encalabrinar[se].*

encalabrinamiento m. Acción y efecto de encalabrinar[se].

encalabrinar (de «en-» y el dial. «calabrina», hedor de cadáver) **1** tr. y prnl. *Llenar[se] la cabeza de un vapor o hálito que la turbe.* **2** tr. *Exasperar o *soliviantar. Enfadar y hacer perder la ecuanimidad a ↘alguien con impertinencias o tonterías. ⊙ También, encalabrinar los nervios. ⊙ prnl. Exasperarse o soliviantarse alguien. **3** tr. Hacer concebir a ↘alguien *ambiciones, deseos o *ilusiones desmedidos o infundados. ≃ Cascabelear, encandilar, engaitar. **4** prnl. Concebir un violento deseo o pasión por algo o alguien: 'Se ha encalabrinado con esa chica. Está encalabrinado con una moto'. ≃ Empeñarse, emperrarse, *encapricharse.

encalada (de «calar», perforar) f. *Cierta pieza de metal del jaez del caballo.* ⇒ *Guarnición.

encalado, -a 1 Participio adjetivo de «encalar». **2** m. Acción y efecto de encalar (cubrir con cal, blanquear).

encalador, -a 1 adj. y n. *Se aplica al que encala o blanquea.* ≃ Blanqueador. **2** m. *En las curtidurías, pila en donde se meten las pieles con cal, para pelarlas.*

encalambrarse (de «en-» y «calambre»; Hispam.) prnl. *Aterirse o *entumecerse.*

encalamocar (Col., Ven.) tr. y prnl. *Poner a ↘alguien [o ponerse] calamocano (*bobo o chocho).*

encalar[1] tr. Cubrir ↘algo con *cal. ⊙ Blanquear las ↘paredes con cal. ≃ Enjalbegar.

encalar[2] (de «calar») **1** tr. **Meter ↘algo en o por un sitio estrecho, de forma de canal o cañón; por ejemplo, el carbón en los hornillos de atanor.* **2** *Hacer, voluntaria o involuntariamente, que quede una ↘pelota u otra cosa lanzada de modo semejante en sitio de donde es difícil cogerla.* ≃ *Encolar.

encalcar (de «en-» y «calcar»; León, Sal., Zam.) tr. *Recalcar, *apretar.*

encalillarse (Chi.) prnl. *Endeudarse.*

encalladero m. *Sitio donde es fácil encallar.*

encalladura f. *Acción y efecto de encallar.*

encallar (de «calle») **1** intr. y prnl. Quedar detenida en la arena o en las rocas una embarcación. ≃ Embarrancar, *varar. **2** Quedarse *detenido por las dificultades en algún asunto o empresa.

encallarse (del lat. «incallāre», endurecer) prnl. *Encallecerse.*

encallecer 1 intr. y prnl. Criar *callos, por ejemplo las manos con el trabajo. ⊙ tr. y prnl. *Endurecer[se] formando un callo una cosa cualquiera. **2** prnl. Ponerse algunos alimentos, por ejemplo las patatas, endurecidos, por haberse realizado la cocción con intermitencias, por haber transcurrido mucho tiempo después de cocidos, etc. ≃ Encallarse. **3** tr. y prnl. Hacer[se] resistente, por ejemplo a la intemperie o inclemencias atmosféricas. ≃ *Acostumbrarse, curtir[se], endurecer[se]. **4** Hacer[se] insensible a los sufrimientos o inaccesible a la emoción o la compasión. ≃ Endurecer[se], *insensibilizar[se]. **5** prnl. Acostumbrarse tanto a un *vicio que no se puede abandonar.
□ CONJUG. como «agradecer».

encallecido, -a Participio adjetivo de «encallecer[se]».

encallecimiento m. Acción y efecto de encallecer[se].

encallejonar tr. Hacer *entrar una ↘cosa por un callejón o paso estrecho: 'Encallejonar los toros'. ⊙ prnl. Entrar o meterse una cosa por un paso estrecho.

encalmadura f. VET. *Enfermedad contraída por las caballerías cuando se encalman.*

encalmar (de «en-» y «calma») **1** tr. y prnl. Poner[se] en calma. ≃ *Apaciguar[se], aquietar[se], calmar[se]. ⊙ prnl. Particularmente, quedarse en calma el *mar o el *viento. **2** *Sofocarse las *caballerías cuando trabajan demasiado haciendo mucho calor.*

encalo (And.) m. **Blanqueo con cal.*

encalostrarse prnl. *Sufrir algún trastorno digestivo atribuido a haber *mamado los calostros.*

encalvecer (de «en-» y «calvecer») intr. *Quedarse *calvo.*

encalzar (del sup. lat. «incalceāre», de «calx, calcis», talón; ant.) tr. **Alcanzar o *perseguir.*

encamación (de «encamar») f. MINER. *Entibación hecha con ademes delgados puestos muy juntos.*

encamar (de «en-» y «cama») **1** tr. *Meter en la cama o hacer meterse en cama a ↘alguien por estar enfermo.* ⊙ prnl. Meterse en la cama por enfermedad. ≃ Meterse en CAMA. ⇒ *Acostar[se]. **2** *Tumbarse los animales en los sitios que eligen para dormir.* **3** tr. **Tender una ↘cosa en el suelo.* **4** MINER. *Cubrir las camadas o rellenar ↘huecos con ramaje.* **5** prnl. CAZA. *Permanecer agazapadas las liebres y otros animales.* **6** AGR. *Tumbarse las *mieses.*

encamarar tr. *Guardar los ↘*frutos en la cámara.*

encambijar tr. *Recoger ↘*agua en cambijas o depósitos para distribuirla.*

encambrar tr. *Encamarar.*

encambronar 1 tr. **Cercar un ↘campo con cambrones o zarzas.* **2** **Reforzar o guarnecer con hierros una ↘cosa.* **3** (ant.) prnl. *Ponerse con la cabeza muy erguida.*

encaminado, -a Participio de «encaminar[se]». ⊙ adj. Dirigido. Se emplea mucho como adjetivo yuxtapuesto seguido de «a»; particularmente, aplicado a «medidas, disposiciones», etc.: 'Una orden encaminada a suprimir los abusos'. ⊙ («Estar, Ir») Es también muy frecuente con «bien» o «mal», particularmente usado en sentido figurado: 'No vas bien encaminado en tus suposiciones'. ⇒ *Acertar, *equivocarse.

encaminar 1 tr. Indicar a ↘alguien el camino que le conviene seguir para ir a cierto sitio o llevarle por él. ≃ Dirigir, *guiar. ⊙ («a») prnl. *Dirigirse o *ir a cierto sitio. ⊙ También en sentido figurado. **2** tr. *Dirigir la conducta o educación de ↘alguien. ≃ Guiar, orientar.

encamisada 1 f. *Sorpresa nocturna que ejecutaban antiguamente soldados encamisados.* ≃ Ensabanada. **2** **Mojiganga o fiesta nocturna que se hacía antiguamente con disfraces y hachas.*

encamisar 1 tr. *Poner a ↘alguien o algo una camisa o una *funda.* **2** **Encubrir o disfrazar una ↘cosa.* **3** prnl. *Antiguamente, disfrazarse los soldados para una sorpresa nocturna cubriéndose con camisas blancas para no ser confundidos con los enemigos.*

encamonado, -a (de «camón», pina) adj.CONSTR. *Hecho con camones (armazón de cañas o listones).*
V. «BÓVEDA encamonada».

encamotarse (de «camote»; Am. S., C. Rica) prnl. **Enamorarse o amartelarse.* ≃ Tomar un CAMOTE.

encampanado, -a adj. *Acampanado.* ⊙ ARTILL. *Se aplica a las piezas cuya ánima se va estrechando hacia el fondo de la recámara.*
DEJAR a alguien ENCAMPANADO (Méj., P. Rico). **Abandonar a una persona que contaba con la ayuda o el apoyo del que la abandona.* ≃ Dejar en la ESTACADA.

encampanar (de «campana») **1** (Col., P. Rico, R. Dom., Ven.) tr. **Encumbrar a ↘alguien.* **2** (Méj.) *Dejar a alguien en la estacada.* **3** prnl. **Envanecerse o *ensoberbecerse.* **4** TAUROM. *Levantar el *toro la cabeza como en actitud desafiante.* **5** (Ven.) *Internarse en un lugar retirado.* **6** (Col.) *Enamorarse.*

encanalar 1 tr. **Conducir el ↘agua por canales.* **2** *Canalizar.*

encanalizar tr. *Encanalar.*

encanallamiento 1 m. Acción y efecto de encanallar[se]. **2** (Perú) **Amancebarse.*

encanallar tr. y, más frec., prnl. Hacer[se] canalla. ≃ Degradar[se], *envilecer[se].

encanamento 1 (ant.) m. **Canal.* **2** (ant.) ARQ. **Adorno formado por canecillos o modillones puestos en serie horizontal.*

encanarse (de «en-» y «can[1]») **1** prnl. Quedarse rígido, con la boca abierta, por ejemplo en un ataque de risa o llanto; se aplica particularmente a los *niños cuando se quedan así en un acceso violento de llanto. ≃ Pasarse, pasmarse. **2** (And., Ar.) **Entretenerse mucho *conversando con alguien.* **3** (Cuen.) *Quedarse una cosa, por ejemplo una pelota, detenida en algún sitio alto o de donde es difícil cogerla.* ≃ *Encolarse. **4** (Col.; argot) *Ingresar en la cárcel.*

encancerarse prnl. *Cancerarse.*

encandecer (del lat. «incandescĕre») tr. y prnl. *Poner[se] candente.*

encandecido, -a *Participio de «encandecer[se]».* ⊙ adj. *Candente o *incandescente.*

encandelar (de «en-» y «candela») intr. AGR. **Florecer las plantas que echan sus flores en amentos o candelillas.*

encandelillar 1 (Am. S.) tr. **Sobrehilar una tela.* **2** (Am. S.) *Encandilar a ↘alguien.*

encandiladera f. *Encandiladora.*

encandilado, -a 1 («Poner, Quedarse») Participio adjetivo de «encandilar[se]». **2** («Poner, Quedarse») *Erguido, o levantado por un lado.*

encandilador, -a 1 adj. Que encandila. **2** **Alcahuete.*

encandilar 1 tr. *Acercar el candil a los ojos de ↘alguien y *deslumbrarle.* ⊙ **Deslumbrar a ↘alguien una luz demasiado intensa.* **2** Causar una cosa en ↘alguien gran admiración que manifiesta mirándola con los ojos muy abiertos. ≃ *Pasmar, dejar BOQUIABIERTO, dejar PASMADO. ⊙ Generalmente, con apariencias engañosas. ⇒ *Deslumbrar. ⊙ prnl. Quedarse encandilado: 'Los chicos se encandilan delante del escaparate de la pastelería'. **3** tr. **Avivar la lumbre.* **4** Suscitar en alguien el *deseo de cierta cosa o la *ilusión de que va a conseguirla, hablándole de ella. **5** tr. y prnl. Enamorar[se]. **6** prnl. Ponérsele a alguien los ojos brillantes y enrojecidos, por ejemplo por estar *borracho o por *lujuria. **7** (P. Rico) *Enfadarse.*

encanecer (del lat. «incanescĕre») **1** intr. Echar canas. ⊙ Particularmente, *envejecer en la cosa que se expresa: 'Este hombre ha encanecido en el servicio de la casa'. ⇒ Canear. **2** *Ponerse mohoso algo.*

☐ CONJUG. como «agradecer».

encanecimiento m. Acción de encanecer.

encanijado, -a Participio de «encanijar[se]». ⊙ adj. *Flaco, *débil o de aspecto enfermizo. ≃ Canijo, desmirriado, enclenque, enteco, esmirriado, *raquítico.

encanijamiento m. Acción y efecto de encanijar[se].

encanijar (de «en-» y «canijo») tr. Poner encanijado, por ejemplo a un ↘niño. ⊙ prnl. Ponerse encanijado. ≃ *Desmedrarse.

encanillar tr. o abs. **Devanar el ↘hilo en las canillas.* ⇒ Encañar. ➤ *Tejido.

encantación (del lat. «incantatĭo, -ōnis»; ant.) f. *Encantamiento.*

encantado, -a 1 («Estar») Participio adjetivo de «encantar». **2** («con, de») Se aplica al que se encuentra muy bien o muy a gusto de cierta manera, con cierta cosa o cierta persona, en cierto sitio, etc. ⊙ Muy *complacido. Se ha extendido el uso de esta palabra como fórmula de saludo en las presentaciones de sociedad, en sustitución de la frase tradicional «mucho gusto». **3** *Se dice de un palacio o edificio grande donde viven muy pocas personas.* ⇒ *Vacío. **4** (inf.) *Distraído o embobado.*

V. «PLATA encantada, PRÍNCIPE encantado».

encantador, -a 1 (usado particularmente en los cuentos) adj. y n., gralm. m. Se aplica al que encanta o tiene virtud para encantar por arte de magia. **2** adj. Aplicado a personas y cosas, extraordinariamente agradable, amable o simpático: 'Un lugar encantador. Tiene unas hijas encantadoras'. ⇒ *Encantar.

encantamiento o, no frec., **encantamento 1** m. Acción y efecto de encantar por arte de magia. **2** *Embelesamiento.*

V. «por ARTE de encantamiento».

encantar¹ (del lat. «incantāre») **1** (empleado particularmente en los cuentos) tr. Ejercitar sobre ↘algo o alguien artes de *magia; particularmente, convertir una ↘cosa o persona de manera maravillosa en otra distinta. **2** intr. *Gustar o complacer extraordinariamente a ↘alguien cierta cosa o cierta persona.

☐ CATÁLOGO

I Enartar, escantar, metamorfosear. ➤ *Bruja, brujo, *hada, hechicero. ➤ Desencantar. ➤ *Convertir. *Hechicería.

II *Agradar, *atraer, cautivar, *embelesar, hechizar, placer, seducir. ➤ Ángel, atractivo, embrujamiento, embrujo, encanto, gracia, hechizo, incantación, magia, sal, seducción, *simpatía, sortilegio. ➤ Fascinación. ➤ Ameno, celestial, deleitable, deleitoso, delicioso, grato. ➤ Adorable, arrebatador, atractivo, atrayente, cautivador, un cielo, encantador, gitano, hechicero, retrechero, salado, seductor, *simpático.

encantar² (del ant. «encanto», del cat. «en cant», en cuanto; Ar.) tr. *Vender en pública *subasta.* ⇒ Encante.

encantarar tr. *Meter dentro del cántaro destinado a ello las ↘bolas, papeletas, etc., de un *sorteo o una votación.* ⊙ *Por extensión, hacer lo mismo en cualquier otro recipiente.*

encante (de «encantar²»; Ar.) m. *Venta en pública *subasta.* ⊙ *Sitio en donde se hacen esta clase de ventas, por ejemplo de cosas de segunda mano.*

encanto (de «encantar¹») **1** m. *Encantamiento.* **2** Modo de ser o conjunto de cualidades que hacen algo o a alguien encantador o atractivo: 'El encanto de un paisaje. El encanto de esa muchacha está en su dulzura'. ≃ *Atractivo. ⊙ (pl.) Atractivos físicos de una persona: 'El vestido realzaba sus encantos'. ⇒ *Encantar. **3** Se emplea también como *apelativo cariñoso: '¡Ven aquí, encanto!'.

encantorio (inf.) m. *Encantamiento.*

encantusar (de «encantar¹», infl. por «engatusar») tr. *Ganarse a alguien con halagos.* ≃ *Engatusar.

encanutar 1 tr. *Meter ↘algo en un canuto.* **2** *Dar a ↘algo forma de canuto.* **3** *Emboquillar los *cigarrillos.*

encañada f. **Cañada o *paso entre montañas.*

encañado 1 m. *Enrejado hecho con cañas. **2** *Conducto hecho con caños.

encañador, -a n. *Persona, generalmente mujer, que encaña la seda.*

encañadura 1 (ant.) f. *Encañado (cañería).* **2** *Paja entera de centeno empleada para *rellenar jergones, *albardas, etc.*

encañar¹ (de «en-» y «caño») **1** tr. **Conducir el ↘agua por cañerías o conductos.* **2** *Quitar la humedad a las ↘tierras por medio de encañados.* ≃ *Desecar.

encañar² 1 intr. AGR. *Empezar a formar caña los tallos de las *mieses.* **2** tr. *Colocar cañas hincadas en la tierra al lado de algunas ↘*plantas, por ejemplo las judías o algunas de maceta, para que trepen por ellas o para sujetarlas a ellas.* **3** *Encanillar la ↘seda.* **4** *Apilar la ↘leña para el carboneo.*

encañizada 1 f. *Armazón de cañas que se pone a veces en los ríos, en el mar, etc., para apresar peces.* ⇒ *Pescar. **2** *Encañado (enrejado de cañas).*

encañizado m. *Soporte de cañizos de un *cielo raso.*

encañizar (de «en-» y «cañizo») tr. *Colocar cañizos en un ↘*techo, para los gusanos de *seda, etc.*

encañonado, -a Participio de «encañonar[se]». ⊙ Se aplica al aire u otra cosa que se mueve a lo largo de un sitio estrecho.

encañonar 1 tr. Hacer entrar una ↘corriente de agua u otra cosa por un conducto estrecho. ≃ *Encajonar. ⊙ prnl.

Meterse por un sitio estrecho, por ejemplo un río o el aire. ≃ *Encajonarse. **2** tr. *Apuntar a ↘algo o alguien con el cañón de un arma. ≃ *Apuntar. ⊙ Particularmente, entre cazadores. **3** *Entre tejedores, *devanar el ↘hilo.* ≃ Encanillar, encañar. **4** *Planchar una ↘prenda formando cañones o disponer un papel u otra cosa en la misma forma. **5** AGRÁF. *Encajar un ↘pliego dentro de otro.* **6** intr. *Echar cañones de *pluma las aves.*

encañutar 1 (ant.) tr. *Encanutar.* **2** (ant.) intr. *Encañar las ↘*mieses.*

encapacetado, -a adj. *Aplicable al que lleva capacete o *casco.*

encapachadura f. *Pila de capachos de aceituna que se exprimen de una vez.*

encapachar 1 tr. *Meter en capazos alguna ↘cosa; particularmente, la *aceituna para exprimirla.* **2** (And.) *Recoger hacia arriba los ↘sarmientos de las *vides, de modo que el follaje dé sombra a los racimos.*

encapado, -a adj. MINER. *Se aplica a la veta que no asoma a la superficie.*

encaparse (de «capa»; Ar.) prnl. *No poder nacer las *plantas por haberse formado una costra dura en la *tierra después de la lluvia.*

encapazar tr. *Encapachar.*

encaperuzar tr. *Poner la [o una] caperuza. También reflex.*

encapilladura f. *Acción de encapillar[se].*

encapillar (de «en-» y «capillo») **1** tr. CETR. *Encapirotar a un ↘ave.* **2** MINER. *Formar un ensanchamiento en una ↘galería para el arranque de otra.* **3** MAR. *Enganchar un ↘*cabo por medio de una gaza o presilla hecha en su extremo.* **4** (reflex.) *Ponerse una prenda de *vestir, particularmente si se pone metiéndola por la cabeza.* **5** prnl. MAR. **Montarse o ponerse una cosa por encima de otra.* **6** MAR. *Inundarse la cubierta del arco por un golpe de mar.*

encapirotar tr. *Poner un capirote a ↘alguien o algo; por ejemplo, a las aves de *cetrería.* ⇒ Encapillar.

encapotado, -a Participio adjetivo de «encapotar[se]». ⊙ Cubierto de nubes.

encapotadura f. *Ceño de enfado.*

encapotamiento m. *Encapotadura.*

encapotar 1 tr. Poner el capote. Más frec. reflex. **2** prnl. Aplicado al cielo, el día, el tiempo, etc., cubrirse de nubes, particularmente si son amenazadoras de tormenta. ≃ Entoldarse, *nublarse. **3** *Aplicado a personas, poner *ceño de enfado.* **4** *Bajar demasiado la cabeza el *caballo.* **5** (Cuba, P. Rico) **Enmantarse las aves (ponerse encogidas y como enfermas).*

encapricharse («con») prnl. Concebir un capricho por algo: 'Mi mujer se ha encaprichado con ese collar'. ⊙ Enamorarse de manera poco razonable: 'Se ha encaprichado con ese muchacho y no hay quien la convenza de que es un inútil'. ⇒ Antojarse, chiflarse, emperrarse, empicarse, enchularse, coger una PERRA. ➤ *Ansiar. *Desear.

encapsular tr. Encerrar ↘algo en una cápsula.

encapuchado, -a Participio adjetivo de «encapuchar». ⊙ adj. y n. Se aplica a la persona que va cubierta con capucha o con capirucho; particularmente, si no se le ve el rostro.

encapuchar tr. Poner una capucha a ↘alguien o algo. También reflex.

encapullado, -a adj. *Encerrado dentro de algo, como la flor en el capullo.*

encara (del cat. «encara»; Ar.) adv. **Todavía.* ≃ Encá.

encaracolado m. ARQ. *Adorno arquitectónico en forma de *espiral.*

encarado, -a (de «encarar») **1** Participio adjetivo de «encarar[se]». ⊙ («Estar») Se aplica en plural a dos piezas o en singular a una pieza, refiriéndose a sus dos mitades, significando que se han hecho encarando y que, por tanto, son exactamente iguales. **2** Con «bien» o «mal», bien carado o mal carado, o sea, de hermosa cara o de cara fea. ⇒ Bien [o mal] *PARECIDO.

encaramadura f. *Encaramamiento.*

encaramamiento m. Acción de encaramar[se].

encaramar (del ár. and. «karáma») **1** tr. Poner a ↘alguien o algo en sitio elevado. ≃ *Subir. ⊙ prnl. *Subir a un sitio alto: 'El chico se encaramó a un árbol'. ⇒ Encaramillotarse, engarbarse, engarriarse. ➤ *Trepar. **2** tr. Poner a ↘alguien en una posición elevada. ≃ *Encumbrar. ⊙ prnl. *Ascender de categoría o *prosperar con mucha rapidez. ⊙ Tiene en general, pero no necesariamente, sentido peyorativo, implicando que se hace por medios poco escrupulosos. **3** tr. **Alabar mucho a ↘alguien.*

encaramillotar (ant.) tr. y prnl. *Encaramar[se].*

encarar 1 tr. Poner dos ↘cosas, dos animales o dos personas con las caras una *enfrente de otra; como hacen, por ejemplo, los sastres y modistas con dos piezas simétricas de una prenda para cortarlas iguales. **2** («con») intr. y, más frec., prnl. Colocarse una persona frente a otra o colocarse dos, una frente a otra, mirándose a la cara, en actitud de reto o para discutir algo. ⊙ («con») prnl. Encontrarse dos personas en actitudes contrarias, dispuestas a mantener cada una la suya. ⇒ *Discutir, *oponerse, *reñir. ⊙ («con») Buscar una entrevista con otra persona para tratar con ella un asunto en que hay oposición: 'Está dispuesto a encararse con el jefe y pedirle aumento de sueldo'. ≃ *Enfrentarse. **3** tr. Mantenerse firme y decidido frente a una ↘dificultad o una situación difícil o peligrosa. ≃ *Afrontar, hacer CARA, hacer FRENTE. ⊙ («con») prnl. Tener alguien ante sí cierta situación difícil o penosa: 'Nos encaramos ahora con la parte más difícil de la expedición. El gobierno se encara con una seria dificultad'. ≃ Afrontar, enfrentarse. ⊙ («con») Disponerse con decisión a pasar o vencer esa situación o dificultad. ≃ *Acometer, afrontar, hacer FRENTE. **4** tr. **Apuntar a cierto sitio con un ↘arma.*

encarcavinar 1 tr. *Meter a ↘alguien en la carcavina o cárcava (sepultura).* **2** **Sofocar con mal olor.* **3** **Ahogar o asfixiar.*

encarcelado, -a Participio de «encarcelar».

V. «NUEZ encarcelada».

encarcelador, -a adj. *Que encarcela.*

encarcelamiento m. Acción de encarcelar.

encarcelar 1 tr. Meter a ↘alguien en la cárcel. ⇒ Archivar, arrestar, carcerar, meter en CHIRONA, encarcerar, enchiquerar, enchironar, entalegar, recluir. ➤ *Aprisionar. **2** CARP. *Sujetar dos ↘piezas de madera en la cárcel de carpintero para que se peguen.* **3** CONSTR. *Sujetar con yeso o cal una *cosa; por ejemplo, un marco de puerta o ventana.* ≃ Recibir. ⇒ *Embutir.

encarcerar (del lat. «in», en, y «carcerāre»; ant.) tr. *Encarcelar.*

encarecedor, -a adj. Que encarece.

encarecer (del lat. «incarescĕre») **1** tr. y prnl. Aumentar el *precio de una ↘cosa. ⇒ Alzar [aumentar, elevar o subir] el PRECIO, subir a las NUBES, subirse a la PARRA. ➤ Alza, encarecimiento. ➤ *Caro. *Precio. **2** tr. Decir de ↘algo o alguien que es muy bueno o decir de alguna buena ↘cualidad de alguien o algo que es muy grande: 'Me encareció tanto esa medicina que compré un frasco. Me han encarecido mucho la inteligencia de ese muchacho'. ≃ *Alabar, encomiar, ensalzar, ponderar. ⊙ Insistir en la ↘importancia o interés de cierta cosa: 'Me encareció la importancia de llegar puntualmente'. ≃ *Ponderar. ⊙ Encargar o pedir cierta ↘cosa con mucho interés: 'Me encareció que, si iba a Londres, no dejara de visitarle'. ≃ *Insistir.

□ CONJUG. como «agradecer».

encarecidamente adv. Con encarecimiento. ⇒ Caramente.

encarecimiento (de «encarecer») m. Insistencia o *interés con que se pide, se encarga o se recomienda una cosa.

encargado, -a Participio de «encargar[se]». ⊙ adj. y n. Se aplica al que tiene cierta cosa a su cuidado: 'El encargado de las obras'. ⊙ Persona que dirige un negocio en representación del dueño de él: 'Tengo un encargado al frente de la oficina'. ⇒ *Encargar.

ENCARGADO DE NEGOCIOS. Agente diplomático de grado inferior al de embajador, al ministro plenipotenciario y al ministro residente.

encargar (de «en-» y «cargar») **1** («de») tr. e intr. Dejar o entregar una ↘cosa a alguien para que la *cuide: 'Encargó a su hijo a una vecina. Me encargó de la llave'. ≃ Confiar, encomendar. ⊙ («de») prnl. Tener una persona una cosa a su cargo para que la cuide: 'Yo me encargo del niño mientras tú estás fuera'. **2** tr. Decirle a alguien que haga cierta ↘cosa o que ejecute cierto ↘trabajo o gestión: 'Le he encargado un traje al sastre. Mi padre me ha encargado que le dé a usted las gracias'. ⊙ («de») prnl. Ejecutar una persona cierto trabajo o gestión: 'Tú te encargas de hacer la cena. Me encargo de las relaciones públicas de la empresa'. ⊙ tr. Ordenar o pedir alguien que le suministren o sirvan cierta ↘cosa: 'He encargado carbón para todo el mes. Ya he encargado la comida'.

□ CATÁLOGO

Abarcar, asumir, atregar, cargarse con, hacerse CARGO, correr a CARGO, tomar a su CARGO, confiar, correr con, correr de CUENTA de, dejar [o poner] al CUIDADO, dar a, *delegar, encomendar, endosar, entregar, entregarse, echar[se] sobre las ESPALDAS, *mandar, poner en MANOS de, tomar en sus MANOS, ordenar, responsabilizar[se], tomar sobre sí. ➤ Por cuenta de, de parte de. ➤ Administrador, agencia, agente, cachicán, *capataz, comisión, comité, delegado, *encargado, estanciero, *gerente, mandadero, *mayoral, vílico. ➤ Cometido, *comisión, encargo, encomienda, incumbencia, misión, *recado. ➤ De parte de. ➤ *Abandonar. *Cuidar. *Dejar.

encargo 1 m. Acción de encargar. ⊙ («Cumplimentar, Cumplir, Ejecutar, Evacuar, Hacer, Realizar») Cosa encargada a alguien. ≃ Comisión. ⇒ Encargar. **2** *Pedido de mercancías hecho a un proveedor. **3** (inf.) Cosa que alguien tiene que hacer, aunque no sea encargada por otro: 'Tengo algunos encargos que hacer en el centro'. ≃ *Diligencia. **4** *Cargo o *empleo.*

DE ENCARGO. Expresión calificativa que se aplica a las cosas que se adquieren encargándolas especialmente y no comprándolas de las que están ya hechas para la venta: 'Un traje de encargo. Muebles de encargo'. ⇒ A [o a la] medida. ➤ Hecho, de percha.

COMO HECHO DE ENCARGO. Que ni hecho de ENCARGO.

QUE NI HECHO DE ENCARGO. Muy *adecuado para la cosa de que se trata o con todas las características que pueden esperarse: 'Esta tabla me viene que ni hecha de encargo para el arreglo'.

encariñado, -a Participio adjetivo de «encariñar[se]».

encariñamiento m. Acción de encariñarse.

encariñar tr. Hacer que ↘alguien se encariñe con cierta cosa o persona. ⊙ («con») prnl. Concebir cariño por alguien: 'Los niños se han encariñado pronto con la nueva niñera'. ≃ Coger [o tomar] CARIÑO. ⊙ («con») Se aplica también a las cosas a cuya compañía o presencia uno se acostumbra y de las que no podría prescindir sin sentimiento: 'Me voy encariñando con esta habitación'. ⇒ Empadrarse, enmadrarse. ➤ *Aficionarse.

encarna (de «encarnar») f. CAZA. *Acción de cebar a los perros con las entrañas de los animales cazados.*

encarnación 1 f. Acción de encarnar[se]. ⊙ Por antonomasia, la de Dios en el seno de la Virgen. **2** Cosa material que encarna a otra espiritual. **3** ESCULT., PINT. Representación de la carne humana con su color. ≃ Carnación.

ENCARNACIÓN MATE. ESCULT. *Encarnación de paletilla.*

E. DE PALETILLA. ESCULT. *La no brillante.*

E. DE PULIMENTO. ESCULT. *La brillante.*

encarnadino, -a (de «encarnado») adj. *De color *rojo poco vivo.*

encarnado, -a 1 Participio adjetivo de «encarnar[se]»: 'El Verbo encarnado'. ⊙ Aplicado a un nombre usado como calificativo, equivale a «el mismo»: 'Es el demonio encarnado'. **2** adj. y, aplicado al color, también n. m. *Se aplica al *color de la *carne humana. Corrientemente, se dice «color de carne» o «color carne».* **3** Se aplica al color *rojo y a las cosas que lo tienen; 'Un pañuelo encarnado'.

V. «LÁPIZ encarnado»

encarnadura 1 f. Disposición buena o mala de los tejidos orgánicos para reparar sus lesiones: 'Tener buena [o mala] encarnadura'. ≃ Carnadura. **2** CAZA. *Acción de encarnarse el perro.* **3** *Acción y efecto de encarnar o introducirse en la carne un arma.*

encarnar (del lat. «incarnāre») **1** tr. Servir de soporte corporal a un *espíritu: 'Un macho cabrío que encarnaba al demonio'. ⊙ *Representar una persona o un animal un ↘concepto abstracto: 'El personaje central del drama encarna la ambición'. ⊙ Tener una persona en tal medida cierta ↘cualidad, que puede considerarse la personificación o *representación de ella. **2** («en») intr. y, más frec., prnl. Alojarse un espíritu en cierto *cuerpo. ⇒ Reencarnar. ⊙ («en») Particularmente, hacerse Dios hombre en la persona de *Jesucristo. ⊙ tr. Emplear alguien o considerar cierta cosa material como *representación de un ↘espíritu o un concepto abstracto: 'El autor ha encarnado en ese personaje el conflicto del hombre'. **3** intr. *Introducirse en la carne una flecha, la espada u otra *arma.* **4** *Hacer una cosa mucha *impresión en el ánimo.* **5** tr. *Entre pescadores, colocar la carnada en el ↘anzuelo.* **6** intr. y prnl. CAZA. **Cebarse el perro en la caza que coge, hasta matarla.* **7** tr. CAZA. **Cebar a los ↘perros con las entrañas del animal cazado.* ≃ Encarnizar. **8** intr. *Estar cicatrizando una herida.* **9** AGRÁF. *Estampar bien una tinta sobre el papel o sobre otra tinta.* **10** tr. ESCULT. *Dar color de carne a las ↘*esculturas.* **11** prnl. Clavarse una uña al crecer en las partes blandas que la rodean. **12** **Unirse una cosa con otra.*

encarnativo, -a (de «encarnecer») adj. y n. m. FARM. *Cicatrizante.*

encarne m. CAZA. *Primer cebo de la res muerta que se da a los perros.*

encarnecer (de «carne») intr. **Engordar.*

encarnizadamente adv. Con encarnizamiento.

encarnizado, -a 1 *Participio de «encarnizar[se]».* **2** adj. Se aplica a «batalla, lucha, discusión», etc., cuando los contendientes ponen en ellas furia, *ensañamiento o *apasionamiento. **3** *Aplicado a los ojos, *sanguinolento.*

encarnizamiento **1** m. Acción de encarnizarse. **2** Furia o apasionamiento que se pone en una lucha. **3** Crueldad con que alguien insiste en el daño causado a otro. ≃ *Ensañamiento.

encarnizar **1** tr. CAZA. *Encarnar a los ↘perros.* ⊙ prnl. *Cebarse los animales en su víctima. ⊙ *Cebarse los animales en la carne después que la han probado.* **2** tr. Provocar encarnizamiento en los que luchan. ⊙ prnl. Hacerse más cruel o feroz un combate o enfrentamiento. ⊙ («con, en») *Extremar la crueldad en una víctima.* ≃ Cebarse, *ensañarse.

encaro (de «encarar») **1** m. *Acción de *mirar a alguien con atención especial.* **2** *Acción de *apuntar un arma.* **3** *Puntería.* **4** **Escopeta corta, especie de trabuco.* **5** *Parte de la *culata que se apoya en la mejilla al *disparar.*

encarpetar **1** tr. Guardar ↘papeles en carpetas. **2** (Arg., Chi., Ec., Nic., Perú) *Dejar *detenido un ↘*expediente o *cuestión sin resolver.* ≃ Dar CARPETAZO.

encarre (de «encarrar»; And.) m. MINER. *Número de espuertas de mineral cargadas y trecheadas.*

encarriladera f. *Aparato empleado en los *ferrocarriles para encarrilar.*

encarrilado, -a Participio adjetivo de «encarrilar[se]». ⊙ Normalizado.

encarrilar **1** tr. Poner sobre los carriles un ↘vehículo. **2** Poner a ↘alguien o algún asunto en el camino conveniente o llevarlo por él: 'Encarrilar una reguera por un campo. Encarrilar a los hijos'. ≃ Encaminar, encauzar, *dirigir. ⊙ («en») prnl. Normalizarse, orientarse o estabilizarse la marcha de cualquier cosa, o la de alguien en su vida o en un asunto.

encarrillar **1** tr. *Encarrilar.* **2** prnl. *Salirse la cuerda del carril de la *polea y quedar entre el asa y la rueda, de modo que la polea se atasca.*

encarroñar (de «en-» y «carroña») tr. y prnl. **Pudrir[se].*

encarrujado, -a **1** *Participio adjetivo de «encarrujarse».* **2** *Aplicado al terreno, *abrupto.* **3** m. *Cierto punto de bordado hecho retorciendo el hilo.* **4** *Trabajo consistente en pequeñas arrugas hecho en algunas *telas de seda; por ejemplo, en los *terciopelos.*

encarrujarse (¿de «en-» y el sup. lat. vulg. «corrotulāre»?) prnl. *Rizarse o ensortijarse algo.*

encartación **1** f. *Acción de encartar.* **2** Reconocimiento de vasallaje que se hacía pagando un tributo a un señor. ⊙ **Población que hacía este reconocimiento.* **3** *Territorio al cual se le concedían por privilegio o carta real los mismos fueros que a otro limítrofe.

encartado, -a **1** Participio de «encartar[se]». ⊙ adj. y n. DER. Se aplica a los presuntos *reos incluidos para ser juzgados en un proceso. **2** Se aplica a los naturales de las Encartaciones (región del norte de España, repartida entre las provincias de Álava, Burgos, Cantabria y Vizcaya).

encartamiento m. *Acción de encartar (proscribir).* ⊙ DER. *Despacho judicial en que se contenía la *sentencia de proscripción del reo ausente.*

encartar (de «en-» y «carta») **1** tr. **Llamar a ↘alguien por edictos o pregones.* **2** *Proscribir a un ↘*reo declarado en rebeldía después de llamarle por pregones.* **3** Incluir a ↘alguien entre los juzgados en un *juicio o ↘proceso; solo es corriente el participio. **4** *Incluir a ↘alguien en los *padrones o matrículas para el pago de tributos.* **5** **Incluir a ↘alguien en una compañía, un negociado, etc.* **6** En los juegos de *baraja, echar carta de un palo que el otro jugador (compañero o contrario) tiene que seguir. ⊙ prnl. Proveerse un jugador de cartas del mismo palo que las que tiene otro, para obligarle a seguirle y que no pueda descartarse de las que le estorban.

encarte **1** m. Acción de encartar[se] en los juegos de *baraja. **2** *En algunos juegos de baraja, orden casual en que quedan las cartas al terminar una mano, que puede servir de guía a los jugadores en la siguiente.* **3** AGRÁF. Hoja o folleto que se introduce en un *periódico o *libro para repartirlo con él.

encartonado, -a **1** Participio de «encartonar». ⊙ adj. AGRÁF. *Encuadernado con tapas de cartón.* ⇒ Cartoné. **2** m. AGRÁF. *Operación de «meter en tapas» los libros.*

encartonar tr. Cubrir con cartones una ↘cosa. ⊙ AGRÁF. *Poner los cartones al ↘libro al *encuadernar.*

encartuchar (Chi., Col., Ec., P. Rico) tr. y prnl. *Enrollar[se] un ↘papel en forma de *cucurucho.*

encasamento o **encasamiento** (de «encasar») **1** (ant.) m. **Nicho.* **2** ARQ. **Adorno en un techo, bóveda o pared, constituido por bandas o molduras que forman casetones.*

encasar (del lat. «in», en, y «capsa», caja) tr. CIR. *Encajar un ↘*hueso.*

encascabelar **1** tr. *Poner cascabeles en una cosa, por ejemplo para adornarla.* **2** *Hacer concebir a ↘alguien deseos o *ilusiones de realización dudosa.* **3** (ant.) prnl. CETR. *Meter el azor el pico en el cascabel.*

encascotar **1** tr. o abs. CONSTR. **Rellenar un ↘hueco con cascote.* **2** CONSTR. *Poner cascote en la ↘*argamasa después de extendida, para reforzarla.*

encasillado, -a **1** Participio de «encasillar[se]». ⊙ («en») adj. Particularmente, se aplica a la persona a la que se considera incluida de forma más o menos justificada en cierto grupo: 'Está encasillado en papeles cómicos'. **2** m. Dibujo o trazado de casillas. **3** *Lista de candidatos adeptos al gobierno, a los que éste señalaba distrito para presentarse a las *elecciones de *diputados.* **4** adj. *Se aplica a esos candidatos.*

encasillamiento m. Acción y efecto de encasillar (clasificar, etc.).

encasillar **1** tr. Distribuir ↘algo en casillas o departamentos. **2** Clasificar ↘personas o cosas colocándolas en los distintos grupos o apartados. **3** Considerar a ↘alguien incluido en cierta clase o grupo de forma más o menos justificada; particularmente, a un actor, cantante, etc., por haber realizado repetidamente un mismo trabajo: 'Le han encasillado en el papel de malo'. ⊙ prnl. Estar alguien incluido en cierta clase o grupo de forma más o menos justificada. **4** tr. Considerar a ↘alguien como adicto a cierta ideología o partido; se aplica particularmente cuando la atribución es arbitraria. ⇒ *Calificar. ⊙ prnl. Declararse alguien adepto a cierto partido o ideología: 'Nunca ha querido encasillarse en ningún partido'. **5** tr. En las *elecciones para diputados, designar el gobierno un ↘candidato adicto para determinado distrito.

encasquetado, -a Participio de «encasquetar». ⇒ Entestado.

encasquetar (de «en-» y «casquete») **1** tr. Meter bien en la *cabeza el ↘sombrero, gorra, etc. **2** *Enseñar o hacer aprender a alguien cierta ↘cosa a fuerza de insistencia, o comunicarle ciertas ↘ideas con mucha firmeza: 'No he podido encasquetarle el teorema de Pitágoras. En el colegio le han encasquetado unas ideas absurdas'. ≃ Meter en la CABEZA. **3** Hacer aguantar o recibir cierta ↘cosa molesta. ≃ Encajar, *endilgar. **4** prnl. Formarse cierta idea en la mente de alguien obstinadamente: 'Se le ha encasquetado la idea de marcharse'. **5** (And.) *Introducirse alguien en un* *sitio donde no es llamado, donde no le corresponde estar o sin pedir permiso.* ≃ Encajarse. ⇒ *Entrometerse.

encasquillador (de «encasquillar»; Hispam.) m. *Herrador.*

encasquillar **1** (Hispam.) tr. **Herrar.* **2** prnl. *Atascarse un *arma de fuego con el casquillo de la bala al disparar. ⊙ Por extensión, atascarse cualquier pieza de un mecanismo o dispositivo y no poderse mover; particularmente, una pieza que gira dentro de otra. **3** (inf.) Atascarse una persona al hablar o al razonar. **4** (Cuba; inf.) **Intimidarse.*

encastar (de «casta») **1** tr. Mejorar una raza de ↘animales *cruzándolos con los de otra mejor. **2** intr. **Procrear.*

encastillado, -a **1** Participio adjetivo de «encastillar[se]». **2** *Soberbio.*

encastillamiento m. Acción y efecto de encastillar[se].

encastillar **1** tr. **Fortificar un ↘lugar con castillos.* **2** **Apilar una ↘cosa.* **3** *Hacer una armazón o castillejo en una ↘obra, para levantar pesos.* **4** intr. Apic. *Hacer las *abejas los castillos o maestriles para las reinas.* **5** prnl. *Encerrarse en un castillo para defenderse dentro de él.* ⊙ *Refugiarse en sitios difícilmente accesibles, para *defenderse en ellos.* **6** («en») Aferrarse a un propósito o una idea y no dejarse disuadir de ellos: 'Se ha encastillado en su negativa'. ≃ Empeñarse, emperrarse, obstinarse.

encastrar (del sup. lat. «incastrāre», encajar) **1** tr. Encajar una ↘cosa en un hueco hecho en una obra de albañilería o carpintería de manera que quede bien sujeta; por ejemplo, un fregadero en la encimera de la cocina. **2** **Engranar (referido a un mecanismo).*

encastre m. *Empalme dentado.* ⊙ **Unión de dos piezas mediante dientes de la una que penetran entre los hechos en la otra.* ⊙ *Unión en que, para evitar el movimiento lateral, una de las piezas lleva un diente que penetra en un orificio de la otra.*

encatalejar (Sal.) tr. **Divisar.*

encatarrado, -a (ant.) adj. *Acatarrado.*

encativar (de «en-» y «cativo»; ant.) tr. **Embelesar a ↘alguien.* ≃ Cautivar.

encatrado (de «catre»; Chi., Cuba.) m. *Tarima o *tablado con patas.*

encatusar tr. *Ganarse a ↘alguien con halagos.* ≃ *Engatusar.

encauchado, -a **1** *Participio adjetivo de «encauchar».* **2** (Col., Ven.) m. *Poncho impermeable.*

encauchar tr. **Recubrir una ↘cosa con caucho.*

encausado, -a Participio de «encausar». ⊙ n. Persona encausada.

encausar tr. Formar causa o *juicio criminal a ↘alguien. ≃ Procesar.

encauste m. *Encausto.*

encáustico (del lat. «encaustĭcus», del gr. «enkaustikós») m. Se aplica a las sustancias hechas con cera que se aplican sobre una superficie para cubrir los poros y dejarla lisa y brillante. ⇒ *Alisar.

encausto (del lat. «encaustum», del gr. «énkauston») **1** m. **Tinta roja que usaban antiguamente para escribir los emperadores.* **2** Pint. Procedimiento en que se emplea el fuego, bien con ceras coloreadas que se aplican con un punzón caliente, bien con esmaltes aplicados con un buril al rojo sobre el marfil, la cerámica, el vidrio, etc. ≃ Encauste, incausto.

Al encausto. Pint. Utilizando ese método.

encauzamiento m. Acción de encauzar.

encauzar **1** tr. Conducir una ↘corriente por un *cauce. ⊙ Hacer un cauce para una ↘corriente. **2** *Dirigir, *encaminar o *guiar. Llevar a ↘alguien o algo por buen camino o evitar que se desvíe: 'El presidente encauza las discusiones'. ⊙ prnl. Encaminarse alguien o algo por buen camino. ⊙ tr. y prnl. *Arreglar[se] o normalizar[se] la marcha de cualquier ↘cosa. ⊙ prnl. *Orientarse y estabilizarse alguien en su marcha por la vida o en cierto asunto: 'Parece que ya se ha encauzado en sus estudios'.

encavarse (de «en-» y «cavo[1]») prnl. Caza. *Ocultarse el animal al que se intenta cazar en una cueva o agujero.*

encebadamiento m. Vet. *Enfermedad que contraen las caballerías por beber mucha agua después de haber comido mucho.* ≃ Enfosado.

encebadar tr. Vet. *Indigestar a las ↘*caballerías con exceso de cebada.* ⊙ prnl. Vet. *Indigestarse las caballerías con exceso de cebada.*

encebarse **1** prnl. **Cebarse en vicios, etc.* **2** **Ensañarse.*

encebollado, -a adj. y n. m. Se aplica a un *guiso de cualquier vianda hecho con abundante cebolla: 'Carne encebollada'.

encebra o **encebro** (relac. con «cebra»; ant.) f. o m. *Cebra.*

encefálico, -a adj. Anat. Del encéfalo: 'Masa encefálica'.

encefalitis (de «encéfalo» e «-itis») f. Med. Inflamación de la sustancia cerebral.

Encefalitis endémica. Med. *Inflamación del encéfalo producida por un virus.* ⇒ *Enfermedad.

E. letárgica. Med. *Forma de la encefalitis endémica caracterizada por gran somnolencia.* ≃ Enfermedad del sueño, tripanosis, tripanosomiasis. ⇒ Tripanosoma. ➤ *Enfermedad.

encéfalo (del gr. «enképhalon») m. Anat. Conjunto de los centros nerviosos encerrados en el cráneo. ≃ *Cerebro, masa encefálica.

encefalografía (de «encéfalo» y «-grafía») f. Med. Radiografía del cerebro hecha después de extraer el líquido cefalorraquídeo mediante punción y sustituirlo por aire inyectado. ⇒ Ventriculografía.

encefalograma m. Electroencefalograma.

encefalomielitis f. Med. Inflamación del encéfalo y la médula espinal.

encefalopatía f. Med. Enfermedad del cerebro.

enceguecer **1** tr. Dejar ciego. **2** Quitar a ↘alguien la capacidad para juzgar o razonar debidamente. **3** intr. Perder la vista alguien.

encelado, -a **1** Participio adjetivo de «encelar[se]». **2** (Ar.) *Muy *enamorado.*

encelajarse prnl. **Nublarse el cielo, el tiempo, etc., con celajes o nubes ligeras. Se emplea también sin sujeto, como terciopersonal de sujeto interno:* 'Se encelaja'.

encelamiento m. Acción de encelarse. ⊙ Estado de encelado.

encelar **1** tr. Provocar celos en ↘alguien. ⊙ prnl. Ponerse celoso. **2** (ant.) tr. *Celar.* **3** prnl. Ponerse en celo un animal.

enceldamiento m. *Acción de enceldar.*

enceldar tr. y prnl. *Encerrar [o ingresar] en una celda.*

encella (¿del lat. «fiscella», cestilla?) f. **Molde para hacer *quesos o requesones.* ≃ Formaje. ⇒ Cincho.

encenagamiento m. Acción y efecto de encenagar[se].

encenagar (de «en-» y «cenagar») **1** tr. y, más frec., prnl. Cubrir[se] de cieno. ≃ Embarrizar[se], *enlodar[se]. **2** *Envilecer[se].

encencerrado, -a adj. *Provisto de cencerro.*

encendaja (del sup. lat. «incendacŭla», materia para encender) f. pl. *Conjunto de cosas como hojarasca o ramas menudas que arden con facilidad y sirven para encender el fuego, por ejemplo en los hornos.* ⇒ *Encender.

encendedor m. Utensilio con un dispositivo que produce una chispa o una llama, y que se emplea para encender; particularmente, los cigarrillos. ⇒ Briquet, fosforera, mechero, yesquero. ➤ *Piedra. ➤ Ferrocerio.

encender (del lat. «incendĕre») **1** tr. Hacer brotar ↘luz o fuego de alguna ↘cosa: 'Encender la luz [fuego en el campamento, una cerilla, una vela]'. ≃ Prender. ⊙ prnl. Empezar a despedir luz o a arder alguna cosa: 'Cuando el coche tiene poca gasolina, se enciende el piloto'. **2** tr. y prnl. Producir[se] algo como ↘lucha, *discusión u otra violencia. **3** Producir[se] o *agudizar[se] un ↘estado pasional. ⊙ Particularmente, encender[se] el entusiasmo. **4** prnl. Ruborizarse.

V. «encender el PELO, encender la SANGRE».

□ CATÁLOGO

Accender, acender, atear[se], enyescarse, pegar [o prender] FUEGO, incendiar, inflamar, prender. ➤ Alegrador, botafuego, *cerilla, cerillo, chisquero, chofeta, deflagrador, encendedor, encendaja, eslabón, esquero, fósforo, mechero, mixto, *pajuela, pedernal, piróforo, velilla, yesquero. ➤ Encendajas, enjutos, escarabajas, hupe, tea, yesca.

□ CONJUG. como «entender».

encendidamente adv. Con ardor, *entusiasmo o *viveza.

encendido, -a **1** Participio adjetivo de «encender[se]». **2** Se aplica al color *rojo muy vivo y a las cosas que lo tienen: 'Las mejillas encendidas por el rubor. Pura, encendida rosa...'. **3** m. Acción de encender. ⊙ Inflamación de la mezcla en los motores de explosión, por ejemplo en los *automóviles, por medio de una chispa eléctrica. ⊙ Dispositivo que produce esta chispa. **4** adj. HERÁLD. *Se aplica a los ojos de un animal que son de esmalte distinto.*

encendimiento m. *Acción y efecto de encender[se].* ⊙ *Cualidad de encendido (de color rojo vivo).* ⊙ *Estado de encendido (ruborizado).* ⊙ *Estado apasionado.* ⊙ *Agudizamiento de un estado pasional.*

encendrar (del lat. «incinerāre», hacer cenizas) tr. **Purificar.* ≃ Acendrar.

encenizar tr. *Cubrir ↘algo con ceniza.*

encensario (ant.) m. *Incensario.*

encentar (de «encetar», influido por «comenzar») **1** tr. **Principiar una ↘cosa de las que se comen o consumen, cortando el primer trozo de ella:* 'Encentar un jamón'. ≃ Decentar, encetar. **2** (ant.) **Cortar o *mutilar un ↘miembro.* **3** prnl. *Empezar a *llagarse una parte del cuerpo por estar mucho tiempo acostado sobre ella.* ≃ Decentarse.

encentrar tr. **Centrar.*

encepador m. *Hombre que tiene por oficio encepar las armas de fuego.*

encepadura f. CARP. *Acción y efecto de encepar piezas.*

encepar **1** tr. *Poner ↘algo en un *cepo (utensilio de sujetar).* ⊙ *Poner un cepo (utensilio de sujetar) a ↘algo.* ⊙ MAR. *Poner los cepos a las ↘*anclas.* ⊙ CARP. *Unir ↘piezas por medio de cepos.* **2** *Poner la caja (parte de madera) al ↘cañón de un ↘*arma.* **3** intr. *Echar las plantas raíces que penetran bien en tierra.* ⇒ *Arraigar. **4** prnl. MAR. *Enredarse el cable o cadena en el cepo del *ancla.*

encepe m. *Acción de encepar las plantas.*

encerado, -a **1** Participio de «encerar». **2** adj. *De color de cera.* **3** m. Tablero o lienzo pintado de negro o de color oscuro, que se emplea, por ejemplo en los locales de enseñanza, para *escribir o *dibujar sobre él con tiza. ≃ Pizarra. **4** Lienzo untado de cera u otra sustancia para hacerlo *impermeable. **5** *Lienzo o papel, untado o no de cera, que se ponía en las *ventanas para resguardarse del aire.* **6** FARM. **Emplasto compuesto de cera y otros ingredientes.* **7** m. Acción y efecto de encerar, por ejemplo el suelo. ≃ Enceramiento.

encerador, -a n. Persona que se dedica a encerar pisos.

enceradora f. Máquina de encerar pisos.

enceramiento m. *Encerado (acción).*

encerar (del lat. «incerāre») **1** tr. Aplicar cera a una ↘cosa. ⊙ Particularmente, a los suelos. **2** *Manchar ↘algo con cera; por ejemplo, hacerlo las velas cuando gotean.* **3** AGR. *Empezar a *amarillear las *mieses.* **4** CONSTR. *Espesar la *cal.*

encercar (ant.) tr. *Cercar.*

encerco (ant.) m. *Cerco.*

encernadar tr. *Cubrir una ↘cosa con cernada.*

encerotar tr. *Untar con cerote el ↘*hilo que usan los zapateros, boteros, etc.*

encerradero **1** m. Sitio en que se encierra el *ganado, por ejemplo cuando llueve o para *esquilarle. ⇒ *Aprisco. **2** Toril.

encerrado, -a **1** Participio de «encerrar[se]». **2** (ant.) adj. *Resumido.*

V. «GATO encerrado».

encerrador m. *Hombre que tiene el oficio de encerrar el ganado mayor en los *mataderos.*

encerradura f. *Encerramiento.*

encerramiento **1** m. *Encierro.* **2** (ant.) *Lugar acotado, por ejemplo para pastos.* ⇒ *Coto.

encerrar (de «en-» y «cerrar») **1** tr. *Guardar una ↘cosa en un sitio cerrado: 'Encerré los documentos en un cajón'. ⊙ Meter a ↘alguien en sitio de donde no puede salir o escaparse: 'Encerrar en un calabozo [o en el manicomio]'. ⊙ prnl. Meterse alguien en un lugar y no querer salir de él: 'Se encerró en su habitación'. ⊙ Particularmente, hacerlo como medida de presión para conseguir algo: 'El comité de huelga se encerró en el ministerio'. **2** tr. Poner ↘cosas escritas entre ciertos signos que las separan del resto del escrito: 'Encerrar entre comas. Encerrar en un paréntesis'. ⇒ Abrir, cerrar. **3** Aplicado a ↘cosas dichas o escritas, *contener: 'Esas palabras encierran un profundo significado'. ⊙ Resumir: 'Esa frase encierra un tratado de filosofía'. **4** En algunos *juegos, inmovilizar las ↘fichas o figuras del contrario u *obligarle a hacer cierta jugada. ⊙ Se aplica también a otras situaciones con sentido semejante. **5** (Méj.) **Reservar el ↘Santísimo Sacramento.* **6** («en mí [ti, sí, etc.] mismo») prnl. No compartir una persona sus pensamientos o estados de ánimo con los demás. **7** Obstinarse en una opinión, actitud o decisión. **8** *Apartarse del mundo entrando en una *orden religiosa.*

□ CATÁLOGO

Prefijo, «em-, en-»: 'emparedar, enclaustrar'. ➤ Acorralar, aislar[se], *aprisionar, arredilar, cercar, cerrar, confinar, embotellar, embovedar, embrosquilar, emparedar, encalabozar, encallejonar, encarcavinar, encarcelar, encastillar[se], enceldar[se], enchiquerar, enclaustrar[se], encovar, encuadrar, enjaular, enquistarse, guardar, internar, *meter, recluir, sitiar. ➤ *Jaula, *prisión. ➤ Clausura, encerradura, encerramiento, encerrona, encierro, reclusión. ➤ *Abarcar. *Comprender. *Meter. *Ocultar.

□ CONJUG. como «acertar».

encerrizar (de un cruce de «encender» y «enrizar[2]»). **1** (Ast.) tr. **Engrescar.* ≃ Enzurizar. **2** prnl. *Obstinarse.*

encerrona (de «encerrar») **1** («Hacer la») f. **Retiro voluntario de una o más personas durante cierto tiempo, con algún fin.* **2** TAUROM. Lidia de *toros en privado. **3** *Cierre en el juego de *dominó cuando quedan muchas fichas por colocar.* **4** Estratagema con que se coloca a alguien en cierta situación en que no tiene más remedio que aceptar una ↘cosa que se le propone o confesar algo que negaba: 'Le preparó una encerrona para que hiciese testamento a su favor'. ≃ *Celada. ⇒ *Obligar. **5** (inf.) En ciertas pruebas orales de oposiciones, aislamiento del opositor durante la preparación del ejercicio.

encertar (de «en-» y «cierto»; ant.) tr. **Acertar.*

encespedar tr. *Cubrir o tapar ↘algo con césped.*

encestador, -a adj. y n. DEP. Se aplica al jugador de baloncesto que encesta.

encestar **1** tr. *Meter ↘algo en una cesta o en cestas.* ⊙ intr. DEP. En baloncesto, introducir el balón en la canasta. **2** tr. *Antiguamente, someter a cierto *castigo afrentoso que consistía en meter en un cesto al ↘reo.* **3** (ant.) **Embaucar o *engañar a ↘alguien.* **4** *Dejar a ↘alguien sin argumentos en una discusión.* ⇒ *Confundir.

enceste m. Acción de encestar en el baloncesto.

encetar (del lat. «inceptāre», empezar) tr. **Principiar a consumir una ↘cosa; cortar el primer trozo de ella.* ≃ Encentar.

enchamicar (Col., Ec.) tr. *Dar a alguien una poción de chamico.*

enchancletar **1** tr. *Poner las chancletas a ↘alguien. También reflex.* **2** (reflex.) *Ponerse o llevar los ↘zapatos con el talón debajo del pie, a modo de chancletas.*

enchapado, -a *Participio adjetivo de «enchapar».* ⊙ m. *Trabajo hecho con chapas.*

enchapar tr. *Recubrir una ↘cosa con chapas.* ≃ *Chapar.

enchapinado, -a (de «chapín[1]») adj. CONSTR. *Construido sobre una *bóveda.*

encharcado, -a Participio adjetivo de «encharcar[se]».

encharcamiento m. Acción y efecto de encharcar[se].

encharcar **1** tr. Formar *charcos en un ↘sitio. ⊙ prnl. Llenarse de charcos un sitio. ⇒ Aguazar, empozar, enaguazar, enlagunar[se], envegarse. **2** tr. Causar molestia en el ↘*estómago el exceso de agua o líquidos ingerido. ≃ Enaguachar. ⊙ prnl. Ponerse el *estómago con sensación de molestia por haber ingerido exceso de líquidos. ≃ Enaguacharse. **3** Llenarse de agua u otro líquido algún órgano del cuerpo, como los pulmones.

enchilada **1** (Guat., Méj.) f. **Torta de maíz rellena de algún manjar y aderezada con chile.* **2** *Puesta que se hace en el juego de *tresillo para que se la lleve el jugador a quien ocurra cierto lance que se determina.*

enchilado, -a **1** *Participio adjetivo de «enchilar».* **2** (Chi.) m. *Cierto *guiso de *mariscos con salsa de chile.*

enchilar **1** (C. Rica, Hond., Méj.) tr. *Untar o *condimentar una ↘comida con chile.* **2** (Méj.) **Irritar o *molestar a ↘alguien.* ⊙ (Méj.) prnl. *Sentirse ofendido.* ≃ Picarse. ⇒ *Enfadarse. **3** (Méj.) *Dar un *chasco o recibirlo.*

enchina f. MAR. **Cabo delgado con que se sujeta el empalme de las entenas.*

enchinar[1] (Méj.) tr. **Rizar el pelo a ↘alguien.*

enchinar[2] tr. *Enchinarrar.*

enchinarrar tr. **Empedrar el ↘suelo con piedras pequeñas o chinas.* ≃ Enchinar.

enchinchar **1** (Guat.) tr. *Fastidiar a alguien.* **2** (Méj.) *Hacer perder el tiempo.*

enchipar (de «en-» y «chipa») **1** (Chi., Perú) tr. *Forrar con paja el ↘pan de *azúcar.* **2** (Col.) *Arrollar o enrollar algo.*

enchiquerar **1** tr. Encerrar al ↘*toro en el chiquero. **2** (inf.) *Encarcelar a ↘alguien.

enchironar (inf.) tr. Meter a ↘alguien en «chirona», encarcelar.

enchispar tr. y prnl. *Achispar[se].*

enchivarse (de «en-» y «chivo»; Col., Ec.) prnl. **Encolerizarse o enrabietarse.*

-encho, -a V. «-nch-».

enchuecar (de «en-» y «chueco»; Chi., Méj.) tr. **Curvar una ↘cosa.*

enchufado, -a Participio adjetivo de «enchufar». ⊙ (inf.; «Estar, Ser») adj. y n. Se aplica a la persona que tiene un enchufe.

enchufar (del sup. ár. and. «ǧúf», cl. «ǧawf», cavidad, hueco) **1** tr. *Empalmar dos ↘tubos o piezas semejantes introduciendo el extremo de una en el de otra. ⇒ Despezar. ➤ Enchufe, telescópico. ➤ Desenchufar. **2** tr. o abs. Introducir el enchufe o clavija de un ↘aparato eléctrico en el enchufe hembra o de base: 'Enchufar la plancha'. ⇒ Desenchufar. **3** CONSTR. *Acoplar las partes salientes de una pieza en otra.* **4** (inf.) Dirigir una ↘cosa que despide agua o luz hacia cierto punto. **5** (inf.) Utilizar una persona su influencia para recomendar a otra en un examen, para que le den determinado puesto, etc. ⊙ (inf.) prnl. Obtener un *empleo por enchufe.

enchufe (de «enchufar») **1** m. Dispositivo en las instalaciones eléctricas mediante el cual se conecta un aparato a la red. Consta de dos partes: una, fija en el terminal de la red, que tiene orificios (generalmente dos) revestidos de metal, y otra, unida al cable del aparato, que tiene bornes o clavijas que se introducen en aquellos agujeros; cada una de estas partes se llama también enchufe, pero el nombre se aplica más frecuentemente al del terminal: 'Tengo un enchufe en la cabecera de mi cama'. Técnicamente, éste se llama también enchufe «HEMBRA» o «DE BASE»; y el otro puede llamarse «CLAVIJERO». Se les aplican también los adjetivos «unipolar, bipolar» y «tripolar» refiriéndose al número de bornes que se introducen en los correspondientes orificios. **2** *Parte de un caño o tubo que penetra en otro.* **3** (inf.; «Tener») *Empleo o situación que se disfruta por el favor de alguien; se llama así particularmente si es muy provechoso o de poco trabajo. ⇒ *Ganga, *prebenda. **4** (inf.; «Tener») *Influencia que alguien tiene para poder conseguir una cosa: 'Le han aprobado porque tiene enchufe con el profesor'. ≃ Recomendación.

enchufillo m. Dim. muy frec. aplicado a un *empleo de poca importancia obtenido por influencia.

enchufismo m. Practica de conseguir un empleo u otra cosa ventajosa mediante recomendaciones o influencias.

enchulado, a Participio adjetivo de «enchularse». ⊙ (vulg.) Particularmente, se aplica a la mujer sometida a un hombre por estar enamorada de él.

enchularse **1** prnl. Hacerse un chulo. **2** (vulg.) Enamorarse una mujer de un hombre de tal modo que se deja someter o incluso vejar por él.

enchuletar tr. CARP. **Rellenar una ↘rendija con chuletas.*

enchumbar (de «chumbo»; Can., Hispam.) tr. *Empapar de agua.*

enchute (Hond.) m. **Juego de boliche.*

encia (de «hacia», con influencia de «en-»; ant.) prep. *Hacia.*

-encia Sufijo que forma nombres de *acción o de actitud: 'abstinencia, agencia, anuencia, benevolencia, docencia'. A veces, estos nombres expresan cargo o dignidad: 'presidencia, regencia'. ⊙ Forma también nombres de cualidad: 'prudencia'. A veces, esos nombres lo son también de la cosa que posee la cualidad: 'una indecencia'.

encía (del lat. «gingīva») f. En los vertebrados superiores, porción de tejido epitelial que rodea la base de los *dientes. ⇒ Forma culta de la raíz, «gingiv-»: 'gingival, gingivitis'. ➤ Enciva, ingiva. ➤ Flemón.

encíclica (del lat. «encyclĭca», f. de «encyclĭcus», del gr. «enkýklios», circular) f. *Carta dirigida por el *Papa a todos los obispos o a los fieles.

enciclopedia (del gr. «enkýklios paideía», educación cíclica) **1** f. Conjunto de todas las ciencias. ⊙ Obra en que se trata de muchas ciencias. ⊙ *Libro escolar que contiene un tratado de cada materia estudiada en la escuela. **2** Diccionario en que, en los artículos, aparte de la definición del encabezamiento, se dan noticias más o menos extensas de la materia correspondiente. ⇒ DICCIONARIO enciclopédico.

SER UNA ENCICLOPEDIA [VIVIENTE] (gralm. hum.). Saber de todo.

enciclopédico, -a adj. De [la] enciclopedia. ⊙ Se aplica al saber de una persona cuando abarca campos muy diversos.

enciclopedismo m. Movimiento filosófico del siglo XVIII, en relación con la Enciclopedia Francesa.

enciclopedista adj. De la Enciclopedia Francesa o del enciclopedismo. ⊙ adj. y n. Adicto a él.

encielar (de «cielo»; Chi.) tr. *Poner techo o cubierta a ↘algo.*

encienso[1] (del lat. «incensum», encendido; ant.) m. *Incienso.*

encienso[2] (ant.) m. *Ajenjo.*

encierra **1** f. *Acción de encerrar las reses en el *matadero.* **2** (Chi.) *Lugar reservado en un potrero para que *paste el ganado durante el invierno.* ≃ Invernadero.

encierro **1** m. Acción y efecto de encerrar[se]. ⊙ Particularmente, el que se realiza para protestar contra algo. **2** Situación de la persona apartada voluntaria o involuntariamente del trato con otras y *retirada en su casa o en cierto sitio. **3** TAUROM. Operación de conducir los *toros a encerrarlos en el toril antes de la corrida; en ciertas ocasiones, en algunos sitios, se hace de ello una *fiesta o *espectáculo. **4** Sitio destinado a encerrar o en donde está encerrado algo o, particularmente, donde alguien está encerrado o se encierra o retira voluntariamente: 'Se pasa la vida en su encierro'. ⊙ *Prisión. ⊙ *En sentido restringido, prisión estrecha y en sitio apartado de la cárcel, donde están los presos incomunicados.*

encima (de «en-» y «cima») **1** adv. Expresa la situación de la cosa que está más *alta que otra, en la misma vertical y tocándola o sin otra cosa intermedia: 'Teníamos encima la Osa Mayor'. ⇒ Sobre. ➤ Superior. ➤ Superponer, superpuesto. ➤ Al desús. **2** También la situación de la cosa que *recubre a otra: 'Lleva encima toda la ropa que tiene'. **3** En *superior situación jerárquica: 'Tiene encima a otro jefe'. **4** Constituyendo una *carga: 'Tiene demasiadas preocupaciones encima'. **5** Seguido de «de», se convierte en locución prepositiva que expresa las mismas relaciones que el adverbio: 'La lámpara está colgada encima de la mesa. La botella está encima del mostrador. Lleva un abrigo encima de otro. Encima de él está el director general'. ⊙ A veces se sobreentiende la cosa con respecto a la cual está más alta la que se considera: 'Hay una consola arrimada a la pared y encima (de la consola) un reloj'. ⊙ También, cuando «encima» va precedido de «por»: 'Le puso una capa por encima'. **6** Equivale a «además», y expresa que cierta cosa ocurre aumentando el efecto ya importante, abusivo, sorprendente, etc., de otra nombrada antes: 'Le quitaron todo lo que llevaba y encima le molieron a palos'. ⇒ Expresiones *aditivas. **7** Expresa que algo se está aproximando: 'Tenemos encima el verano'.

V. «caerse la CASA encima».

DE ENCIMA. Expresa la posición de la cosa que está más alta en una serie vertical de ellas: 'Coge de esa pila de libros el de encima'. ⊙ También la posición de la cosa que está cubriendo o envolviendo a otra: 'La sábana de encima. El traje de encima'. Esta expresión no se emplea en sentido figurado; su equivalente es «superior».

ECHARSE algo ENCIMA DE alguien. Sobrevenir algo más pronto de lo que se esperaba o calculaba: 'Se nos echó encima el final del plazo y no pudimos entregar el trabajo'.

ECHARSE ENCIMA DE alguien. Dirigir a alguien *quejas o censuras por algo que ha hecho o dicho: 'Si presentas ese proyecto, los trabajadores de la empresa se te echarán encima'.

ENCIMA DE. Además de equivaler a «sobre», tiene, en papel de preposición, el mismo significado que «encima» con el sentido de «además»: 'Encima de llegar tarde viene regañando'.

ENCIMA [DE] QUE. Tiene el mismo significado que «encima de», en papel de conjunción: 'Encima de que le hacen trabajar más de lo debido, no le pagan'.

ESTAR ENCIMA de alguien. *Vigilar a la persona de que se trata y hacerle continuas recomendaciones respecto a su conducta o al trabajo que está haciendo: 'Sus padres están siempre encima de él'. ⇒ *Importunar.

ESTAR ENCIMA DE cierta cosa. *Cuidarla o atenderla asiduamente: 'Para que el negocio marche hay que estar encima'.

V. «mirar por encima del HOMBRO, poner la MANO encima, MIRAR por encima, PASAR por encima, poner el PIE encima».

POR ENCIMA. **1** Encima, recubriendo: 'Poner una servilleta por encima de la fruta'. **2** Superficialmente: 'Hoy he hecho la limpieza de la casa por encima'. ≃ A la ligera.

POR ENCIMA de algo o alguien. **1** A más altura jerárquica: 'En la oficina está por encima de su primo'. **2** A más altura en importancia que la cosa que se expresa: 'Poner el interés general por encima del personal. El interés de la nación está por encima de los partidismos'. **3** A *pesar o en contra de la cosa o persona que se expresa: 'Se casará por encima de la voluntad de sus padres'. **4** Fuera del alcance de la persona o de la facultad que se expresa: 'Eso está por encima de su inteligencia [de su voluntad, de él]'. ⇒ *Inasequible.

POR ENCIMA DE TODO. **1** A pesar de cualquier obstáculo: 'Le hablaré por encima de todo'. **2** Más que cualquier otra cosa: 'Lo que me interesa por encima de todo es llegar a un acuerdo'. ⇒ Principalmente.

V. «PUNTO por encima, QUITARSE de encima, VENIRSE encima, echar la VISTA encima, pasar la VISTA por encima».

encimada f. *En el juego de *tresillo, *puesta que se añade a la que ya había.*

encimar 1 tr. *Poner una ↘cosa en lo más alto o encima de otras.* ⊙ *En el juego del *tresillo, añadir ↘algo a una *puesta ya hecha.* ⊙ (Col., Perú) *Dar ↘algo más, *añadido a lo estipulado.* 2 (ant.) *Dar cima a ↘algo (*terminarlo).* 3 prnl. *Elevarse una cosa a más altura que las semejantes.* ≃ *Superar.

encimera 1 f. Tablero chapado, pieza de mármol, etc., utilizado como mesa de trabajo y como soporte para el fregadero, la placa y otros dispositivos de la cocina. 2 (Arg.) **Cincha con argollas.* ≃ Pegual.

encimero, -a 1 adj. Se aplica a algunas cosas que se usan encima de otras de la misma clase: 'Sábana [o saya] encimera'. 2 (Nav.) m. *Persona que mira por encima de las que están jugando.* ≃ *Mirón.

encina (del lat. vulg. «ilicīna»; *Quercus ilex)* f. Árbol fagáceo de hojas pequeñas coriáceas con los bordes con puntas que pinchan, que da como fruto bellotas, que se emplean como pasto para el ganado de cerda, y son dulces y comestibles para las personas en algunas variedades; la madera es dura y compacta.

□ CATÁLOGO

Carrasca, carrasco, chaparra, chaparro, MATA parda, matacán, MONTE pardo, sardón. ➤ Coscoja. ➤ Cupulíferas, fagáceas. ➤ Bellotero, glandígero. ➤ Agalla, bellota, breva, candela, candelilla, glande, rosjo, tan. ➤ Cascabillo, cascabullo, cúpula, escriño. ➤ Brugo, melosilla, mida. ➤ Bellotera, montanera. ➤Acarrascado. ➤ Destorgar. ➤ Mangual, zanga. ➤ *Alcornoque, *haya, roble. ➤ *Planta (grupo de las fagáceas).

encinar m. Sitio poblado de encinas.

encinta (del lat. «incincta», desceñida; «Estar») adj. Se aplica a la mujer que ha *concebido y va a tener un hijo. ≃ *Embarazada.

encintado (de «encintar[2]») m. **Bordillo. Fila de piedras alargadas que forma el *borde de las aceras.*

encintar[1] (ant.) tr. *Poner a una ↘mujer encinta.* ≃ *Embarazar, empreñar, preñar.

encintar[2] 1 tr. Cubrir o *adornar ↘algo con cinta o cintas. 2 TAUROM. *Poner el cintero a los ↘novillos.* 3 *Poner las cintas de un ↘*suelo.* ⇒ Desencintar. ⊙ *Poner al hacer el pavimentado de una calle la hilera de piedras que ha de formar el borde de la ↘*acera.* 4 MAR. *Poner las cintas a un ↘*barco.*

encismar tr. *Provocar cisma o discordia en una ↘comunidad.* ≃ Encizañar, *engrescar.

enciso (del lat. «incīsus», cortado) m. *Lugar a donde salen a *pastar las ovejas después que paren.*

enciva (del lat. «gingīva»; ant.) f. **Encía.*

encizañador, -a adj. y n. Se aplica al que encizaña o es aficionado a encizañar.

encizañar (de «cizañar») tr. Provocar enemistad entre varias ↘personas o en una colectividad. ≃ *Engrescar, enguiscar, indisponer.

enclarar (ant.) tr. *Aclarar.*

enclarescer (del lat. «inclarescĕre»; ant.) tr. *Enclarar.*

enclaustrar 1 tr. y prnl. Meter[se] en un claustro (convento). 2 *Meter[se] en un sitio oculto.* 3 prnl. Retirarse de la vida social para escribir, estudiar, meditar, etc.

enclavación f. *Acción de enclavar (fijar con clavos).*

enclavado, -a Participio adjetivo de «enclavar[se]». ⊙ («en») Se aplica al lugar que está dentro del área de otro que se expresa: 'Madrid está enclavada en el centro de la península'. ⊙ («en») Se aplica también a algunas cosas situadas en cierto sitio, entre otras que las ciñen o ajustan: 'Un hueso enclavado en la base del cráneo'.

enclavadura 1 f. VET. *Clavadura (herida de las *caballerías).* 2 CARP. *Muesca hecha en una tabla o madero para *ensamblarlo con otro.*

enclavar 1 tr. *Fijar ↘algo con clavos.* 2 VET. *Causar una clavadura a las ↘caballerías.* 3 **Atravesar ↘algo o a alguien de una parte a otra.* 4 (inf.) **Engañar.* 5 Situar una ↘cosa en cierto sitio. ⊙ prnl. Estar situada una cosa en cierto sitio: 'El pueblo se enclava en el valle más fértil de la región'.

enclavazón (ant.) f. *Conjunto de *clavos.* ≃ Clavazón.

enclave 1 m. *Territorio de un país rodeado por el de otro. ⊙ Grupo humano inserto en otro de características diferentes. 2 GEOL. *Porción de una roca o un estrato incluido o interpuesto entre otros de naturaleza distinta; por ejemplo, un filón.* 3 MED. *Porción de un tejido desprendida de su posición normal e incluida en el interior de otro órgano o tejido.* 4 LING. *Penetración de una lengua en el territorio de otra.*

enclavijado, -a *Participio adjetivo de «enclavijar».*

enclavijar 1 tr. *Poner las clavijas a un ↘instrumento.* 2 **Unir una ↘cosa con otra enlazando o entremetiendo partes de la una en la otra.* ⇒ Desenclavijar. 3 CONSTR., MAR. *Empernar.*

enclenque adj. Aplicado a seres orgánicos, particularmente a personas, *débil, *enfermizo o *raquítico.

enclisis (del gr. «énklisis», inclinación) f. GRAM. Unión de una palabra enclítica a la que le sirve de apoyo.

enclítico, -a (del lat. «enclitĭcus», del gr. «enklitikós», inclinado) adj. GRAM. Se aplica a la palabra que se pronuncia sin acento propio o se pronuncia y escribe unida a otra que la precede. En español son enclíticos los pronombres personales en dativo y acusativo, complementos del verbo: 'Cuéntaselo. Pregúntale'. ⇒ Apénd. II, ENCLÍTICO.

enclocar intr. y prnl. Ponerse clueca un ave doméstica; particularmente, las gallinas. ≃ Encloquecer, encobar[se], encoclar[se], enllocarse.

□ CONJUG. como «contar».

encloquecer intr. *Enclocar[se].*

-enco, -a (relac. con el germ. «-ing.») V. «-nco».

encobador, -a (de «encobar»; ant.) adj. y n. *Encubridor.*

encobar (del lat. «incubāre», echarse) tr. Ponerse las aves sobre los ↘huevos para darles calor y que salgan los ↘pollos. ≃ Empollar, *incubar. ⊙ prnl. *Ponerse un ave en *estado de encobar.* ≃ *Enclocarse.

encobertado, -a adj. **Tapado con un cobertor.*

encobijar tr. *Cobijar.*

encobilarse (Mur.) prnl. CAZA. *Encamarse la *caza.*

encobrado, -a Participio de «encobrar». ⊙ adj. *Cubierto de cobre.* ⊙ *Con mezcla de cobre.* ⊙ *De *color de cobre.*

encobrar[1] tr. *Cubrir otro ↘metal con una capa de *cobre.*

encobrar[2] 1 (ant.) tr. *Poner una ↘cosa en sitio seguro (en cobro).* ≃ *Asegurar. 2 (Chi.) *Afianzar el lazo con que se sujeta a un animal enrollando el extremo libre alrededor de un tronco, una roca, etc.*

encochado, -a adj. *Aplicado a la persona muy acostumbrada a ir en coche.*

encoclar intr. y prnl. **Enclocar[se].*

encocorar (de «en-» y «cócora») tr. Causar a ↘alguien mucha irritación y enfado: 'Me encocora verle todo el día sin hacer nada'. ≃ Crispar, descomponer, *exasperar, irritar, soliviantar.

encodillarse (de «en-» y «codillo») prnl. CAZA. *Encerrarse o detenerse el hurón o el conejo en un recodo de la madriguera.*

encofinar (Mur.) tr. *Meter los ↘*higos secos en cofines.*

encofrado 1 m. Operación de encofrar. ⊙ MINER. Revestimiento de madera en las galerías. ⊙ CONSTR. *Armazón de madera empleada para hacer el vaciado de una cornisa.* ⊙ CONSTR. Armazón que sostiene el *hormigón o cemento mientras fragua. **2** MINER. *Galería encofrada.*

encofrador m. Operario que se dedica a realizar encofrados.

encofrar (de «en-» y «cofre») **1** tr. MINER. Colocar bastidores para contener las tierras en las ↘galerías. **2** CONSTR. Formar el *molde para hacer el vaciado de una ↘*cornisa u otro elemento de construcción. **3** CONSTR. Hacer la armazón que sostiene el *hormigón o cemento mientras fragua.

encoger (de «en-» y «coger») **1** tr. Hacer que una ↘cosa ocupe menos espacio; se emplea generalmente con referencia a la longitud y, particularmente, al mojarla y luego secarse: 'La humedad ha encogido la cuerda'. ⊙ intr. y prnl. Hacerse una cosa más pequeña, particularmente al secarse: 'Esta tela no encoge. El vestido se ha encogido al lavarlo'. **2** tr. *Contraer un ↘miembro, una parte del cuerpo o todo él, comprimiéndolo o replegándolo: 'El caracol encoge su cuerpo [o las antenas]. Al sentir la quemadura encogí el dedo. Encoger los hombros'. **3** **Fruncir.* **4** prnl. *Acobardarse o *abatirse: perder la energía, la decisión o los ánimos para hacer cosas: 'Me encojo con el frío'. ⊙ *Achicarse o *avergonzarse. Perder el atrevimiento o la desenvoltura: 'Se encoge en cuanto le chillan. En cuanto está con ella se encoge y no se atreve a decirle nada'.

V. «encogerse de HOMBROS, encogerse el OMBLIGO».

□ CATÁLOGO

I Comprimir[se], constreñir[se], embeber[se], engerir[se], *fruncir, retraerse, revenirse. ➤ Constricción, retracción. ➤ Retráctil. ➤ Desencoger[se]. ➤ *Acortar. *Acurrucar. *Agacharse. *Arrugar. *Disminuir. *Estrechar.

II *Abatirse, achancarse, achantarse, *achicarse, *acobardarse, *contenerse, *desanimarse, dejarse dominar. ➤ Agonías, apocado, apurado, atacado, de poco *CARÁCTER, cohibido, consumido, corito, cuitado, falto de DESENVOLTURA, falto de DESPARPAJO, encogido, pobre de ESPÍRITU, fuñique [o fuñinque], poco HOMBRE, mantudo, *parado, *pusilánime, *tímido, que se ahoga en un VASO de agua, vergonzoso, zolocho. ➤ Como GALLINA en corral ajeno. ➤ Aletear, desempacharse, desencogerse. ➤ *Cobarde.

encogido, -a 1 Participio adjetivo de «encoger[se]»: 'Con una pierna encogida'. ⊙ («Estar») Abatido, achicado o acobardado. ⊙ («Ser») *Indeciso, *pusilánime, *tímido o vergonzoso. ⊙ («Estar, Ser») Cohibido: falto de desenvoltura o naturalidad. **2** m. Desperfecto que resulta en una *tela de punto cuando, por ejemplo por un enganchón, se tira de un hilo.

encogimiento 1 m. Acción y efecto de encogerse materialmente. **2** Cualidad de encogido moralmente. ⊙ Cohibimiento. ⊙ Indecisión ⊙ Pusilanimidad. ⊙ Timidez. ⊙ Vergüenza.

encogollarse prnl. CAZA. *Subirse las piezas a las cimas o cogollos de los árboles.*

encohetar 1 tr. *Hostigar con cohetes a un ↘*toro u otro animal.* **2** (C. Rica) prnl. **Encolerizarse.*

encojar 1 tr. *Poner *cojo a ↘alguien.* ⇒ Descaderar. **2** prnl. *Caer enfermo o *simular alguien que está enfermo.*

encolado, -a 1 Participio adjetivo de «encolar[se]». **2** (Chi., Méj.) *Gomoso (presumido).* **3** m. Operación de encolar.

encoladura f. Acción de encolar. ⊙ Particularmente, antes de pintar al temple una superficie.

encolar 1 tr. Dar cola a ↘algo. ⊙ Aplicarla a las superficies que han de *pintarse al temple. ⊙ Pegar con cola una ↘cosa. ⇒ Desencolar. ⊙ *En la industria textil, impregnar la urdimbre con una sustancia adhesiva para facilitar el tejido.* **2** *Clarificar los vinos.* **3** *Tirar intencionada o involuntariamente una ↘cosa, por ejemplo una pelota, a un sitio donde queda retenida y de donde es difícil cogerla.* ⊙ prnl. *Ir a parar una cosa a un lugar de donde es difícil cogerla.* ⇒ Encalar, encanarse.

encolerizar tr. y prnl. Poner[se] colérico. ≃ *Enfurecer[se].

□ CATÁLOGO

Airarse, alterar[se], amontonarse, arrebatarse, asparse, mesarse las BARBAS, pelarse las BARBAS, tirarse de las BARBAS, como [o hecho] un BASILISCO, estar [o ir] echando [o que echa] BOMBAS, estar que BOTA, bramar, brincar, estar que BRINCA, estar que BUFA, bufar, darse con la CABEZA contra la pared, perder la CABEZA, darse CABEZADAS contra la pared, salirse de sus CASILLAS, perder la CHAVETA, echar [o estar que echa] CHIRIBITAS, echar [o estar que echa] CHISPAS, coger [agarrar, estar que coge o estar que agarra] el CIELO con las manos, montar en CÓLERA, ponerse de mil COLORES, *concomerse, darse al [o llevarse el] DEMONIO, darse a todos los DEMONIOS, desatarse, desbautizarse, DESBOCARSE, *descomponerse, descrismarse, desencadenarse, desenfrenarse, desesperarse, deshacerse, despearse, despotricar, despulsarse, darse al DIABLO, darse a todos los DIABLOS, crujir [o rechinar] los DIENTES, echar [o estar que echa] los DIENTES, emberrenchinarse, emberrincharse, embravecerse, enarbolarse, enchivarse, encohetarse, encorajarse, encorajinar[se], encrespar[se], endemoniar[se], ponerse hecho un ENERGÚMENO, enferozar, enfierecerse, enfurecer[se], enfuriarse, enrabiar[se], enrabietar[se], ensangrentarse, entigrecerse, arrugar [o fruncir] el ENTRECEJO, espiritar, echar ESPUMARAJOS por la boca, perder los ESTRIBOS, exacerbar[se], exasperar[se], excandecer, excitar[se], arrugar [o fruncir] la FRENTE, echar [o estar que echa] FUEGO por los ojos, poner[se] fuera de sí, ponerse hecho una FURIA, ladrar a la LUNA, sacar de MADRE, echar [o estar que echa] las MUELAS, hincharse las NARICES, descargar la NUBE, descargar el NUBLADO, ponerse con los OJOS fuera de las órbitas, acabar[se] la PACIENCIA, agarrarse a [o subirse por] las PAREDES, subirse a la PARRA, PATALEAR, PATEAR, *rabiar, echar [o estar que echa] RAYOS, rehervir, echarlo todo a RODAR, rugir, saltar, hacerse mala SANGRE, subirse la SANGRE a la cabeza, echar SAPOS y culebras, sublevar[se], sulfurar[se], sacar de TINO, estar que TRINA, trinar, tronar, comerse las UÑAS, echar VENABLOS. ➤ Energúmeno, fiera, FIERA corrupia, furia, ménade, sierpe. ➤ Bejín, berrín, botafuego, cascarrabias, fuguillas, geniazo, iracundo, irascible, paparrabias, pólvora, polvorilla, pulguillas, rabietas, tufillas, *violento. ➤ *Cólera. *Descomponerse. *Disgustarse. *Enfadarse. *Irritarse. *Pasión.

encomendado m. *En las *órdenes militares, dependiente del comendador.*

encomendamento (ant.) m. *Mandamiento. Precepto. *Regla de conducta.*

encomendamiento (de «encomendar»; ant.) m. **Encargo.*

encomendar (de «en-» y «comendar») **1** («a») tr. Poner una ↘cosa o una persona al cuidado de alguien: 'Encomendó el niño a la azafata. Le han encomendado la dirección de la expedición'. ≃ *Confiar, encargar. ⊙ *Confiar una ↘cosa a la memoria. ≃ Comendar. ⇒ *Recomendar. ⊙ prnl. Confiar una persona su cuidado o protección a alguien en cuya benevolencia confía: 'Se encomendó a Dios y se lanzó a la pelea. Me encomiendo a su benevolencia'. **2** tr. **Recomendar una ↘persona a otra.* **3** tr. y prnl. *Se empleaba en fórmulas con que se encargaba a una persona un saludo para otra*: 'Encomiéndame a tu señora. Me encomiendo a la duquesa, tu señora'. **4** (con un pron. reflex.) tr. *Mandar hacer o pedir alguien que le sea suministrada cierta ↘cosa:* 'Se ha encomendado un traje'. ≃ *Encargar. **5** *Dar una encomienda, hacer *comendador a ↘alguien.* ⊙ intr. *Llegar a tener una encomienda.* **6** tr. Antiguamente, dar ↘*indios en encomienda a alguien. V. «sin encomendarse a DIOS ni al diablo».

□ CONJUG. como «acertar».

encomendería (Perú) f. *Tienda de comestibles.*

encomendero 1 m. **Recadero.* **2** Hombre que tenía una encomienda de *indios. **3** (Perú) *Tendero de comestibles.*

encomiable adj. Digno de encomio.

encomiador, -a adj. y n. Se aplica al que encomia o es inclinado a encomiar.

encomiar (de «encomio») tr. Decir de ↘algo o de alguien que es bueno o que obra bien, o decir de una ↘cualidad buena de alguien que es muy grande: 'He oído encomiar mucho ese producto [o a ese médico]. Todos encomian su simpatía'. ≃ *Alabar, celebrar, elogiar, encarecer, ensalzar.

□ CONJUG. como «cambiar».

encomiasta (del gr. «enkōmiastḗs») n. *Panegirista.*

encomiástico, -a (del gr. «enkōmiastikós») adj. Se aplica a lo que contiene *alabanza o sirve para alabar. ≃ Laudatorio.

encomienda 1 f. **Encargo.* ⊙ **Impertinencia. Encargo molesto o inoportuno.* **2** (Hispam.) **Paquete postal.* **3** *Protección dispensada por alguien.* **4** *Territorio de una *orden militar, generalmente anejo a un convento de ella, cuya jurisdicción y rentas correspondían al superior de la orden. **5** Derecho a percibir las rentas de cierto lugar, concedido por el rey a alguien. ⇒ Comendero. ➤ *Señor. **6** Dignidad de *comendador de una *orden militar o civil. **7** *Cruz bordada o sobrepuesta que llevaban como *insignia en el hábito los caballeros de las órdenes militares.* **8** Pueblo de *indios que, en tiempo de la colonización de América, se asignaba a alguien para que aprovechase su trabajo y percibiese los tributos, a cambio de instruirles en la religión católica y protegerles. ⇒ Calpixque. **9** **Recomendación o *alabanza.* **10** (pl.) *Encargo de saludo que una persona lleva de parte de otra a una tercera.*

encomio (del gr. «enkṓmion») m. Acción de encomiar. ≃ Alabanza. ⊙ Cosa que se dice en alabanza de alguien.

encomioso, -a adj. *Encomiástico.*

encompadrar 1 intr. *Contraer compadrazgo.* **2** **Intimar dos personas.*

enconado, -a 1 Participio adjetivo de «enconar». ⊙ Aplicado a discusiones o luchas, desarrollado con encono. ≃ *Reñido. **2** (ant.) *Teñido o manchado.*

enconamiento o, menos frec., **enconadura** m. o f. Acción y efecto de enconar[se].

enconar (del lat. «inquināre», manchar, contaminar) **1** tr. Infectar: provocar la inflamación y supuración de los tejidos de una ↘herida. ⊙ prnl. Infectarse. ⇒ Desenconar. **2** tr. Hacer que en una ↘lucha, disensión o discusión los contendientes se *exciten con odio o mala voluntad y la avenencia o pacificación resulte muy difícil. ⊙ prnl. Hacerse más seria o grave una lucha o discusión. ⊙ («con») Excitarse una persona contra otra. ≃ *Acalorarse. **3** («en») **Ensañarse en algo que se hace contra otro.* **4** *Obtener provecho ilícitamente con algo que se administra o maneja.* ≃ Ensuciarse, *mancharse, pringarse. **5** tr. *Cargar la ↘*conciencia con una mala acción.* ⊙ prnl. *Sentir alguien en su conciencia el peso de una mala acción.* ⇒ *Remorder.

enconcharse (de «concha») prnl. **Retirarse del trato con la gente.* ⇒ Meterse en su CONCHA.

enconía (ant.) f. *Encono.*

encono (de «enconar») m. Animadversión o *rencor. ⊙ Corrientemente, se aplica con el significado de «*ensañamiento, saña»: violencia que denota odio o rencor en una lucha, discusión, reprensión, etc.

enconoso, -a 1 adj. *Aplicado a cosas, se dice de lo que provoca encono.* **2** Aplicado a personas, propenso a sentir animadversión hacia otras personas. ⇒ Atravesado, bilioso, enemigadero, esquinado, malévolo, perinquinoso.

enconrear tr. *Acabar de *preparar.* ≃ Conrear.

encontinente (ant.) adv. **Enseguida.* ≃ Incontinenti.

encontradamente adv. *Opuestamente.*

encontradizo, -a adj. HACERSE EL ENCONTRADIZO. Al encontrar a alguien a quien se buscaba, *simular que se le encuentra por casualidad. ≃ Topadizo.

encontrado, -a 1 Participio de «encontrar[se]». **2** adj. Contrario u *opuesto. Generalmente, se aplica en plural: 'Gustos encontrados'. **3** (gralm. pl.) Se aplica a una acción en que una cosa va pasando por los mismos estados que otra, pero estando ambas simultáneamente en estados opuestos: 'Las dos bielas tienen movimientos encontrados'. ≃ *Alterno.

encontrar (del lat. «in contra») **1** tr. *Ver por fin una ↘cosa que se *busca o averiguar dónde está: 'No encuentro ese pueblo en el mapa. Me costó trabajo encontrar su casa'. ≃ Hallar. ⊙ *Conseguir cierta ↘cosa que se busca: 'Ya he encontrado piso'. ⊙ *Averiguar la ↘causa, solución, etc., de algo: 'Ya he encontrado la manera de decírselo'. Lleva frecuentemente complemento indirecto: 'No le encuentro solución a ese conflicto'. ≃ Hallar. **2** *Ver o *descubrir alguien, aun sin buscarla, cierta ↘cosa que le interesa o le afecta: 'He encontrado muchos errores en este libro. ⊙ («con») tr. y prnl. Encontrar ↘algo o a alguien sin buscarlo: Me lo encontré en la calle. Me encontré con Pedro a la salida del cine. Después de tanto buscarlo, me lo encontré en el bolsillo'. 'Nos encontramos todos los días en el ascensor'. ≃ Hallar, topar, tropezar. ⇒ Coger [o pillar] por BANDA. ⊙ («con») Llegar a tener ante sí cierta ↘cosa: 'No ha encontrado ningún obstáculo en su camino. Si sigues por esta carretera te encontrarás [con] un puente'. ≃ Encararse, encontrarse, enfrentarse, topar, tropezar. ⊙ («con») Coincidir con cierta ↘persona en algún sitio y saludarla o hablar con ella: 'La encontré a la salida del metro'. ≃ Encontrarse, hallar, topar, tropezar. ⊙ tr. Llegar a donde está una ↘persona o una cosa y verla de la manera que se expresa: 'La encontré deshecha en lágrimas. Encontré mi pueblo transformado. También con un pron. reflex.: 'Me he encontrado la casa abandonada'. **3** tr. *Percibir cualidades o circunstancias de las cosas con los sentidos o la inteligencia. Lleva generalmente complemento indirecto: 'No le encuentro ningún sabor. Le encuentro un profundo sentido'. **4** Formar cierta opinión sobre una ↘cosa que se examina: 'No lo encuentro tan bueno como dicen'. ≃ Hallar, *juzgar. **5** prnl. recipr. *Coincidir dos cosas o los extremos de ellas en un punto: 'El punto en que han de encontrarse los dos tramos del túnel'. ≃ Empalmar. **6** Acudir dos o más personas a cierto sitio para estar juntos, hablar, etc.: 'Quedamos en encontrarnos en el café'. ≃ *Reunirse, verse. **7** Llegar a tocarse una cosa con otra con cierta violencia: 'Se encontraron las espadas de los rivales'. ≃ *Chocar. **8** *Oponerse, *enemistarse uno con otro.* **9** *Estar uno con otro en *desacuerdo.* **10** Refiriéndose al carácter, los gustos, etc., se usa, raramente, con el significado opuesto, o sea, «coincidir» o «estar de *acuerdo». **11** prnl. Estar en el sitio o la situación que se expresan: 'A estas horas deben de encontrarse cerca de Madrid. No me encuentro con fuerzas para subir hasta la cima. Se encuentra muy bien después de la operación'. ≃ Hallarse. ⊙ («entre») *Estar entre las cosas que se expresan: 'Mi número no se encuentra entre los premiados. Yo me encuentro entre los perjudicados'. ≃ Figurar, hallarse.

V. «encontrar la HORMA de su zapato».

ENCONTRÁRSELO TODO HECHO una persona. **1** Serle fácil desenvolverse en la vida porque se ha encontrado por su nacimiento, etc., en buena situación. **2** Encontrar fáciles las cosas por natural disposición. ⇒ *Desenvoltura.

NO ENCONTRAR a alguien NI VIVO NI MUERTO (inf.). No encontrarle, a pesar de buscarle por todas partes.

NO ENCONTRARSE. Estar *descentrado; no encontrarse alguien a gusto o en su ambiente en cierto sitio: 'No me encuentro entre gente tan encopetada'. ⊙ No acostumbrarse a cierta situación: 'Sin nada que hacer, no me encuentro'.

□ CATÁLOGO

Atinar, dar con, *descubrir, hallar, *tocar, topar, tropezar. ➤ Coger, pillar, sorprender. ➤ Quemarse. ➤ Aparecer, salir. ➤ Descubrimiento, encuentro, hallazgo. ➤ Contradizo, encontradizo, topadizo. ➤ Hallazgo. ➤ CARA a cara, de frente, FRENTE a frente. ➤ ¡Bingo!, ¡eureka!, ¡ya! ➤ No tener PÉRDIDA [o PIERDE]. ➤ Ni MUERTO ni vivo, por ninguna PARTE, ni rastro, ni señal[es], ni sombra. ➤ ¿Qué se habrá de...? ➤ Reencuentro, rescontrar. ➤ *Buscar. *Descubrir. *Percibir.

□ CONJUG. como «contar».

encontrón m. *Encontronazo.*

encontronazo (inf.) m. *Choque violento.

encoñado, -a (vulg.; «Estar») Participio adjetivo de «encoñarse».

encoñarse (vulg.) prnl. Llegar a sentirse un hombre dominado por el deseo sexual hacia una mujer. ⊙ (vulg.) Se aplica también a la mujer con respecto al hombre.

encopetado, -a (de «encopetar») **1** Participio adjetivo de «encopetar[se]». ⊙ (inf., a veces desp.) De elevada *categoría social. ≃ De alto copete. **2** m. CONSTR. *Cateto vertical de los cartabones de la *armadura de cubierta.*

encopetar **1** tr. Formar copete en o con una ↘cosa. **2** *Poner una ↘cosa en alto.* ≃ *Encumbrar. **3** prnl. **Envanecerse.*

encorachar tr. *Meter los ↘géneros en la coracha.* ⇒ *Embalar.

encorajar (de «coraje») tr. *Dar valor a ↘alguien.* ≃ *Animar. ⊙ prnl. *Encorajinarse.*

encorajinar (de «corajina») tr. y prnl. Poner[se] rabioso. ≃ Encolerizar[se], enrabietar[se].

encorar **1** tr. **Recubrir o forrar ↘algo con cuero, *envasar en un cuero, etc.* **2** intr. *Formar piel una herida.* ⊙ tr. *Hacer que la forme.* ⇒ Cicatrizar.

encorazado, -a **1** adj. *Cubierto de *cuero.* **2** *Cubierto de *coraza.*

encorbatado, -a Participio adjetivo de «encorbatar[se]».

encorbatar tr. Poner corbata a ↘alguien. Más frec. reflex.

encorchadora f. *Máquina para poner los tapones de corcho.*

encorchadura f. *Conjunto de los corchos en los bordes de las redes de pesca.*

encorchar (de «en-» y «corcho») **1** tr. APIC. *Coger un ↘enjambre de *abejas y cebarlo para que entre en la colmena.* **2** *Poner los tapones de corcho a las ↘*botellas.*

encorchetar **1** tr. *Poner corchetes a ↘algo o *abrocharlo con corchetes.* **2** CONSTR. *Engrapar las ↘*piedras.*

encordar **1** tr. *Poner cuerdas a un ↘instrumento musical.* **2** **Recubrir una ↘cosa con una cuerda que da vueltas alrededor de ella.* **3** (León, Sal.) *Tocar con las ↘*campanas a muerto.* ≃ Doblar. ⊙ intr. *Tocar a muerto las campanas.* **4** (reflex.) tr. DEP. Atarse el alpinista a la cuerda de seguridad.

encordonado, -a *Participio adjetivo de «encordonar».*

encordonar tr. *Poner cordones a una ↘cosa para sujetarla o como adorno.*

encorecer intr. *Encorar las heridas.*

encoriación f. *Acción y efecto de encorar.*

encornado, -a adj. *Con «bien» o «mal», con los *cuernos bien o mal dispuestos.*

encornadura **1** f. TAUROM. *Manera, buena o mala, de tener colocados los cuernos un *toro.* **2** **Cornamenta.*

encornudar (de «cornudo»; inf.) tr. *Ser *infiel un cónyuge al ↘otro.* ≃ Poner los CUERNOS.

encorozar **1** tr. *Ponerle a ↘alguien la coroza, gorro de forma de cucurucho que se ponía como *castigo infamante.* **2** (Chi.) **Alisar o emparejar una ↘pared.*

encorselar (And., Can., Hispam.) tr. *Encorsetar.*

encorsetado, -a Participio adjetivo de «encorsetar». ⊙ Constreñido por rígidos principios: 'Una sociedad encorsetada'.

encorsetar **1** tr. Ceñir el cuerpo de ↘alguien con un corsé. **2** *Limitar, constreñir.

encortamiento m. *Acción de encortar.*

encortar **1** (más bien pop.) tr. *Acortar.* **2** (más bien pop.) *Producir cortedad: timidez o *vergüenza.*

encortinar tr. *Poner cortinas en un ↘sitio.*

encorvada **1** f. *Acción de encorvar el cuerpo.* **2** *Danza antigua de movimientos descompuestos.* **3** *(Securigera coronilla)* Cierta *planta leguminosa de hojas acorazonadas de pedúnculos largos y flores amarillas.

FINGIR LA ENCORVADA. **Simular una *enfermedad para eludir una cosa.*

encorvado, -a Participio adjetivo de «encorvar».

encorvamiento o **encorvadura** m. o f. Acción y efecto de encorvar[se].

encorvar (del lat. «incurvāre») **1** tr. Hacer tomar forma curva a una ↘cosa. ≃ *Curvar. ⊙ prnl. Tomar forma curva una cosa. ⊙ tr. Hacer inclinarse o doblar la espalda a una ↘persona, por ejemplo la edad o los padecimientos. ≃ Agobiar. ⊙ prnl. Inclinarse una persona doblando la espalda, por hábito, por la edad, etc. ⇒ Desencorvar, incurvar, recorvar. **2** EQUIT. *Bajar el *caballo la cabeza para lanzar al jinete.* **3** *Inclinarse con *parcialidad en cierto sentido.*

encosadura (de «en-» y «coser») f. *Antiguamente, *costura con que se pegaba a la parte baja de una *camisa de mujer de las llamadas «a la gallega», el canesú o parte de arriba, de tela más fina.*

encostalar tr. *Meter ↘géneros en costales o *sacos.* ⇒ *Embalar.

encostarse prnl. MAR. *Acercarse un buque a la costa en su ruta.*

encostillado m. MINER. *Conjunto de costillas con que se refuerza la entibación.*

encostradura (de «costra») **1** f. CONSTR. *Recubrimiento de losas o planchas delgadas de piedra, mármol, madera, etc.* **2** **Blanqueo con cal.* ≃ Encaladura.

encostrar (de «en-» y «costra») **1** tr. **Recubrir una ↘cosa, por ejemplo un pastel, con una costra.* **2** intr. y prnl. *Formar costra una cosa.*

encovado, -a *Participio adjetivo de «encovar[se]».*

encovar tr. y prnl. *Encerrar[se] en una *cueva* ⊙ **Ocultar[se].* ⊙ tr. *Encerrar o *contener una ↘cosa.* ⊙ *Obligar a ↘alguien a ocultarse.*

□ CONJUG. como «contar».

encovilarse (de «cubil»; Mur.) prnl. CAZA. *Encamarse la *caza.*

encrasar (del lat. «incrassāre») **1** tr. *Espesar un ↘líquido.* **2** **Abonar las ↘tierras.*

encrespadura o **encrespamiento** f. o m. Acción y efecto de encrespar[se].

encrespar (de «en-» y «crespo») **1** tr. y prnl. *Rizar[se] el ↘pelo con rizado menudo. ≃ Ensortijar. **2** *Erizar[se] el ↘pelo o el plumaje. **3** Producir[se] grandes ↘olas en el *mar. ≃ Agitar[se], alborotar[se], enfurecerse, ensoberbecerse. **4** tr. *Excitar, *irritar o *enfurecer a ↘alguien y predisponerle a la violencia. Se aplica también a «pasiones, ánimos», etc. **5** prnl. Excitarse la pasión, el ánimo, etc., de alguien. **6** *Enredarse o *complicarse un asunto.*

encrestado, -a *Participio adjetivo de «encrestarse».* ⊙ *Ensoberbecido u orgulloso.*

encrestarse **1** prnl. *Poner las *aves la cresta erguida.* **2** *Ensoberbecerse.*

encreyente (ant.) adj. *Creyente.*

HACER ENCREYENTE a alguien (ant.). *Hacerle *creer algo increíble.*

encrinado, -a (de «en-» y «crinado»; ant.) adj. *Encrisnejado.*

encrisnejado, -a (de «en-» y «crisneja») adj. **Trenzado.*

encrucijada (de «en-» y «crucijada») **1** f. Lugar de donde parten varios caminos en distintas direcciones. ⇒ *Cruce, crucero, crucijada, cruzada, nudo, palca, pical. ➤ Bivio, cuadrivio, trivio. ➤ PASO a nivel. **2** Situación difícil en que no se sabe qué conducta seguir. ⇒ *Apuro. **3** *Ocasión que se aprovecha para hacer daño a alguien.*

encrudecer (del lat. «incrudescĕre») **1** tr. *Dar a una ↘cosa cualidades de cruda.* ⊙ prnl. *Adquirir una cosa cualidades de cruda.* **2** tr. y prnl. **Irritar[se] o *enfurecer[se].*

encrudelecer (del lat. «in», en y «crudēlis», cruel) tr. y prnl. *Encruelecer[se].*

encruelecer (de «encrudelecer») tr. y prnl. *Hacer[se] *cruel.*

encruzado (ant.) m. *Caballero cruzado.*

encuadernable adj. Susceptible de ser encuadernado.

encuadernación **1** f. Acción de encuadernar. **2** Manera de estar encuadernado un libro. **3** Cubierta o tapas de un libro encuadernado. **4** Taller donde se encuaderna.

encuadernador, -a **1** n. Persona que se dedica a encuadernar. **2** m. *Clavillo, pinza o cualquier adminículo con que se sujetan varias hojas de *papel.* **3** (ant.) n. *Persona que pone de acuerdo a otras.* ⇒ *Mediador.

encuadernar **1** tr. Coser o pegar unos a otros los pliegos u hojas que han de constituir un ↘libro o cuaderno y ponerles unas tapas. **2** (ant.) **Coordinar ↘cosas tales como voluntades o intereses.*

□ CATÁLOGO

Afinar, batir, cabecear, desvirar, coser a DIENTE de perro, dorado, empastar, encañonar, encartonar, entapar, coser a PASAPERRO, plegar, meter en TAPAS. ➤ Aguja, botalomo, cantonero, chifla, ingenio, mesa, telar. ➤ Signatura. ➤ Maqueta. ➤ Cabezada. ➤ Cabecera, cadeneta, cajo, canal, ceja, lomera, nervio, nervura, testigo. ➤ Bullón, cantonera, cartivana, escartivana. ➤ Posteta. ➤ Cartoné, encartonado, española, GUAFLEX, holandesa, inglesa, media PASTA, pasta, PASTA española, PASTA italiana, a la rústica, en rústica, en tela. ➤ En rama. ➤ Intonso. ➤ Descuadernar, desencuadernar, reencuadernar. ➤ *Libro.

encuadrado, -a Participio adjetivo de «encuadrar[se]».

encuadramiento m. Acción y efecto de encuadrar.

encuadrar[1] **1** tr. Poner una ↘cosa, por ejemplo un dibujo o pintura, en un *marco o cuadro. ≃ Enmarcar. **2** *Encajar, ajustar una cosa dentro de otra.* **3** Servir de *marco a ↘algo: 'La orla que encuadra este dibujo'. ≃ Enmarcar. **4** Servir de *fondo a ↘algo: 'El paisaje encuadraba perfectamente la ceremonia'. ≃ Enmarcar. ⊙ Dar a una ↘cosa el marco o fondo adecuado. ≃ Enmarcar. **5** *Colocar una ↘cosa, por ejemplo un dibujo, en el lugar y posición debidos en cierto espacio. **6** Colocar a ↘alguien en cierto grupo, particularmente en una unidad militar, a cuyo trabajo o actividad queda incorporado: 'Han encuadrado a los recién ingresados en unidades ya instruidas'. ⊙ prnl. *Incorporarse a un partido o a cierto grupo que realiza una actividad: 'Se encuadró en el partido fascista. Se ha encuadrado en una brigada de trabajo'. **7** tr. Situar[se] ↘algo dentro de un contexto.

encuadrar[2] (Sal.) tr. *Meter el ↘*ganado en la cuadra.*

encuartar (de «en-» y «cuarto») **1** tr. *Poner una *caballería o una yunta de refuerzo a un ↘vehículo.* ≃ Acuartar. **2** *Calcular el exceso de precio de una ↘pieza de *madera o piedra por el encuarte.* **3** intr. *Trabarse un animal las patas en el cabestro.* ≃ *Encabestrarse. **4** tr. **Trabar las patas de un ↘animal.* ⊙ (Cantb.) *Trabar las patas de las ↘cabras para que no salten.* **5** (Méj.) prnl. **Enredarse en un negocio.*

encuarte **1** m. **Caballería o yunta de refuerzo que se añade a las que tiran de un vehículo, para subir una cuesta o salir de un atasco.* ≃ Cuarteador, gabita. **2** *Sobreprecio que se añade a las piezas de *madera o *piedra cuando alguna dimensión excede de las establecidas.*

encuartero m. *Mozo que va al cuidado de las caballerías de encuarte.*

encubar **1** tr. *Poner el ↘*vino en una cuba o en cubas.* **2** *Aplicar a un ↘reo, por ejemplo a un parricida, el *castigo que consistía en ponerle junto con un gallo, una mona, un perro y una víbora en una cuba y arrojarlo al agua.* **3** MINER. **Entibar en redondo un ↘pozo.*

encubertar (de «en-» y «cubierta») **1** tr. **Cubrir ↘algo con paños o sedas.* ⊙ *Cubrir los ↘*caballos, bien con paños negros como luto, bien con *armadura de cuero o hierro.* **2** (ant.) **Encubrir.* **3** prnl. *Cubrirse el cuerpo con alguna *defensa para la guerra.*

encubierta (de «encubierto») f. **Fraude.*

encubierto, -a Participio adjetivo de «encubrir».

encubridor, -a **1** adj. y n. Se aplica al que encubre. ⊙ Particularmente, al que encubre un *delito o a un delincuente, o una falta o al que la comete. ⇒ *Cómplice. **2** *Alcahuete.

encubrimiento m. Acción de encubrir.

encubrir 1 tr. Estar o ponerse encima de una ↘cosa impidiendo que sea vista. ≃ *Ocultar, tapar. **2** (acep. causativa) Poner algo encima de una ↘cosa para que no se la vea. ≃ Ocultar, tapar. **3** Callar una ↘cosa para que no se sepa, o evitar que se sepa de cualquier otra manera. ≃ Ocultar. ⊙ DER. Particularmente, ayudar a un ↘delincuente a no ser descubierto, o contribuir a que no se descubra un ↘delito. ≃ Ocultar.

□ CATÁLOGO

Guardar las APARIENCIAS, arrebozar, callar, echar un CAPOTE, celar, correr la CORTINA, quedar otra COSA dentro del cuerpo, cubrir[se], disfrazar, dorar, embolicar, embozar, encamisar, encubertar, enmascarar, esconder, dorar la PÍLDORA, sobredorar, sobresanar, socapar, *tapar, velar, vestir. ➤ *Clandestino, encubierto, reservado, *secreto, tapado, velado. ➤ Cabalístico, enigmático, impenetrable, *incomprensible, indescifrable, inescrutable, insoluble, insondable, misterioso, sibilino, subrepticio. ➤ Tapadera, velo. ➤ Encobador, encubridor, receptador. ➤ Callando, clandestinamente, por debajo de CUERDA, a escondidas, a escucho, de extranjis, a hurtadillas, de incógnito, bajo [o por debajo de] MANO, de matute, misteriosamente, ocultamente, a PUERTA cerrada, secretamente, veladamente. ➤ Chiticalla, tapada. ➤ El PABELLÓN cubre la mercancía. ➤ *Desfigurar. *Disculpar. *Disimular. *Ocultar. *Recubrir. *Simular.

□ CONJUG. como «abrir».

encucar (Ast.) tr. *Recoger y guardar los ↘*frutos secos o ↘cucas, tales como avellanas o nueces.*

encuentro 1 m. Acción de encontrarse. **2** *Entrevista. **3** Hallazgo. **4** Acción de guerra. ≃ *Combate. **5** *Discusión o *riña. **6** DEP. Partido de fútbol y otros *deportes. **7** **Oposición o contradicción.* **8** *Acción de *toparse los carneros u otros animales.* **9** *Circunstancia de encontrarse juntas dos cartas o dos puntos iguales en los juegos de *baraja o de *dados.* **10** *En un *tejido, ajuste de las estampaciones de distintos colores.* **11** AGRÁF. *Claro de los que se dejan al imprimir para llenarlo después, por ejemplo con letras de otro color.* **12** CONSTR. *Ángulo formado por dos carreras o soleras.* **13** ARQ. *Espacio comprendido entre una esquina y el primer hueco de un muro.* **14** *Lance del juego de *billar en que la carambola se produce por retruque.* **15** **Axila.* ⊙ (pl.) *Parte del ala de un *ave pegada al cuerpo.* **16** *Punta de la espaldilla de las *caballerías y otros cuadrúpedos que queda junto al cuello.* **17** *Madero que se ponía en el telar de mano para sujetarlo y que no se inclinase.*

IR [O SALIR] AL ENCUENTRO de algo o alguien. **1** Ir hacia la persona o cosa de que se trata por el mismo camino por el que ellas vienen, en sentido contrario. ⇒ Adelantarse, atajar, ocurrir, salir al PASO. **2** *Ceder alguien en su actitud o poner algo de su parte para buscar una avenencia con otro. **3** *Anticiparse a lo que alguien va a decir o hacer facilitándole el decirlo o hacerlo. **4** *Anticiparse a lo que alguien va a decir o hacer con otro dicho o acción que lo desvirtúa. ≃ Salir al PASO.

encuerar (de «cuero»; And., Extr., Cuba, Méj.) tr. **Desnudar. También reflex.*

encuesta (del fr. «enquête») f. Conjunto de gestiones hechas para averiguar la verdad en un asunto. ≃ Averiguación, indagación, investigación, pesquisa. ⊙ Operación de *preguntar a muchas personas sobre un asunto determinado para saber cuál es la *opinión dominante. ⇒ *Investigar. ⊙ Lista de estas preguntas.

encuestador, -a n. Persona que realiza una encuesta.

encuestar tr. Hacer una encuesta a ↘alguien sobre un asunto.

encuevar tr. y prnl. *Encovar[se]*.

encuitar (de «en-» y «cuita») tr. y prnl. **Apenar[se]*.

enculatar (de «en-» y «culata») tr. APIC. *Cubrir las *abejas una ↘colmena con sobrepuesto, o sea un panal superpuesto al hecho primeramente, más blanco y de miel más delicada.*

encumbradamente adv. *De manera encumbrada.*

encumbrado, -a Participio de «encumbrar[se]». ⊙ adj. Aplicado a la posición social de las personas o a las personas por ella, muy alto. ≃ Elevado.

encumbramiento m. Acción de encumbrar. ⊙ Posición encumbrada.

encumbrar (de «en-» y «cumbre») **1** tr. *Levantar una ↘cosa.* **2** **Coronar o rebasar la cumbre de una ↘montaña.* **3** Colocar a ↘alguien en una posición social elevada. ≃ Elevar, *ensalzar. ⊙ prnl. Conseguir una elevada posición social o económica. ≃ Elevarse, encaramarse. **4** prnl. **Envanecerse.* **5** *Llegar una cosa a gran *altura.* ≃ Elevarse.

□ CATÁLOGO

*Elevar[se], empinar[se], encampanar, encaramar[se], encopetar[se], enmontar, *ensalzar, exaltar, alzar sobre el PAVÉS, remontar. ➤ De alcurnia, *alto, aristocrático, de calidad, de campanillas, de alto COPETE, *destacado, distinguido, elevado, empingorotado, encopetado, encumbrado, entonado, *noble, de elevada POSICIÓN. ➤ Escabel, pedestal, plataforma. ➤ *Humilde, *modesto. ➤ *Ensalzar.

encunar 1 tr. *Poner a un ↘niño en la cuna.* **2** TAUROM. *Coger el *toro al ↘torero entre las astas.* ⇒ *Cornear.

encuño (ant.) m. *Acuñación.*

encureñar tr. *Poner los ↘*cañones en la cureña.*

encurtido, -a Participio de «encurtir». ⊙ adj. y n. m., gralm. pl. Se aplica a los frutos y yemas de algunas plantas, como aceitunas, alcaparras, cebollas, pepinillos, brotes de morsana, etc., *conservados en vinagre, que se comen como entremeses o tapas. ⇒ Picles.

encurtir (de «en-» y «curtir») tr. Preparar ↘frutos encurtidos.

-enda V. «-nda».

ende (del lat. «inde») **1** (ant.) adv. *De *allí, de aquí o de esto.* **2** (ant.) *Allí.* **3** (ant.) **Más de o más de* eso.

POR ENDE (culto). Por lo tanto.

endeble (del sup. lat. vulg. «indebĭlis») adj. Aplicado a personas y cosas, de poca fuerza o resistencia: 'Un niño endeble. Una mesa de patas endebles'. ≃ *Débil, flojo. ⊙ Se aplica frecuentemente a «argumento, razón» y palabras equivalentes. ⇒ Débil, flojo, fútil, inane, inconsistente, de pitiminí. ➤ *Ineficaz.

endeblez f. Cualidad de endeble.

endeblucho, -a adj. Desp., generalmente afectuoso, de «endeble».

endeca- Elemento prefijo del gr. «héndeka», once.

endécada (del gr. «hendekás, -ádos», grupo de once) f. *Periodo de once *años.*

endecágono, -a (de «endeca-» y «-gono») adj. y n. m. GEOM. *Se aplica al polígono de once lados.*

endecasílabo, -a (de «endeca-» y el gr. «syllabḗ», sílaba) adj. y n. m. MÉTR. Se aplica al *verso de once sílabas.

ENDECASÍLABO ANAPÉSTICO. MÉTR. *El que lleva los acentos principales en la cuarta y séptima sílaba.* ≃ ENDECASÍLABO de gaita gallega.

E. COMÚN. MÉTR. *El acentuado en la sílaba sexta.* ≃ Heroico o yámbico.

E. DE GAITA GALLEGA. MÉTR. *ENDECASÍLABO anapéstico.*

E. HEROICO. MÉTR. *ENDECASÍLABO común.*

E. SÁFICO. MÉTR. *El que lleva los acentos en las sílabas cuarta y octava.*

E. YÁMBICO. MÉTR. *ENDECASÍLABO común.*

endecha (del lat. «indicta», cosas proclamadas) f. LIT. Canción melancólica en que el poeta se lamenta de algo. ⊙ MÉTR. *Combinación de cuatro versos de seis o siete sílabas, generalmente asonantados.* ⇒ *Estrofa.

ENDECHA REAL. MÉTR. *La que está formada por tres versos, generalmente heptasílabos, y un endecasílabo, que rima en asonante con el segundo.*

endechar **1** tr. *Cantar endechas, particularmente en loor de un ↘difunto.* ⊙ *Honrar la memoria de un ↘difunto en sus *funerales.* **2** prnl. **Apenarse.*

endechera (ant.) f. **Plañidera.*

endechoso, -a (ant.) adj. **Triste y lamentable.*

endehesar tr. Meter el ↘*ganado en la dehesa para engordarlo.

endeja (del lat. «indicŭla», señales) f. CONSTR. *Diente de los que se dejan en una pared que puede tener continuación posterior, para que quede la parte nueva mejor unida con la vieja. ≃ Adaraja.

endelgadecer (de «en-» y «delgadez»; ant.) intr. *Adelgazar.*

endeliñar (de «liña»; ant.) intr. y prnl. **Dirigirse a cierto sitio.* ≃ Adeliñar.

endemás (de «en-» y «demás»; ant.) adv. *Especialmente.*

endemia (del gr. «éndēmos», que afecta a un país) f. MED. Enfermedad que existe habitualmente o en épocas fijas en un sitio. ≃ *Enfermedad endémica.

endémico, -a **1** adj. De [la] endemia. **2** Se aplica a cualquier *mal social que se ha hecho habitual y permanente en un sitio. **3** BIOL. Se aplica a la especie animal o vegetal característica de una zona determinada.

endemismo m. BIOL. Presencia de una especie animal o vegetal en un área limitada, de la que es característica.

endemoniadamente (inf.) adv. Equivale a «muy» o «*mucho», aplicado a adjetivos despectivos o a una acción o suceso malo o desagradable: 'Tiene una letra endemoniadamente mala. Esto huele endemoniadamente a cebolla'. ≃ Condenadamente, endiabladamente, espantosamente, terriblemente.

endemoniado, -a **1** *Participio de «endemoniar[se]».* ⊙ adj. y n. Se aplica a la persona a la que se supone poseída del demonio o se le atribuye tener demonios en el cuerpo. ≃ Poseído, poseso, arrepticio, poseído del DEMONIO, que tiene los DEMONIOS en el cuerpo, endiablado, energúmeno, espiritado. **2** («Ser, Ser un») Aplicado a personas, *malo, perverso. ⇒ *Diabólico. ⊙ (inf.) adj. Se aplica particularmente a niños con el significado de «*travieso». **3** (inf.) Se aplica a cualquier cosa mala, que fastidia, molesta o da mucho trabajo: 'Esos endemoniados no me dejan estudiar con sus gritos. No puedo dar un paso con estos endemoniados zapatos. Este crucigrama es endemoniado'. ≃ Condenado, endiablado, *maldito, recondenado. **4** (inf.) Aplicado a cosas, de muy *mala calidad o muy desagradable: 'Han traído un carbón endemoniado. Esta medicina tiene un sabor endemoniado'.

endemoniar **1** tr. *Meter a ↘alguien los demonios en el cuerpo.* ≃ Endiablar. ⇒ Desendemoniar. **2** tr. y prnl. **Exasperar[se] o *encolerizar[se].*

□ CONJUG. como «cambiar».

endenantes (de «en-» y «denantes»; ant., y pop. en algunos sitios) adv. **Antes.* ⊙ (Hispam.; pop.) *Hace poco.*

endentado, -a **1** Participio adjetivo de «endentar». **2** adj. HERÁLD. *Se aplica a las bandas, borduras, cruces y sotueres que tienen dientes triangulares y muy pequeños.*

endentar **1** tr. Hacer dientes en el borde de ↘algo; por ejemplo, de una *rueda. **2** *Encajar una ↘cosa en otra por medio de dientes o muescas.

□ CONJUG. como «acertar». Se tiende a usar las formas con el diptongo «-dient-» en toda la flexión.

endentecer intr. *Dentar.*

endeñado, -a (del lat. «indignāri», irritarse; Mur.) adj. *Infectado.*

enderecera (de «enderezar»; ant.) f. **Camino derecho o directo.* ≃ Derecera.

endereza (de «enderezar») **1** (ant.) f. *Dedicatoria.* **2** (ant.) **Desenvoltura o *destreza.*

enderezadamente adv. *Con rectitud.*

enderezado, -a (de «enderezar») **1** Participio de enderezar[se]. ⊙ adj. Dirigido o tendente a cierta cosa. **2** **Favorable o *adecuado.*

enderezamiento **1** m. Acción de enderezar. **2** (ant.) **Dirección o *gobierno.*

enderezar (de «en-» y «derezar») **1** tr. y prnl. Poner[se] derecho ↘algo que estaba torcido. ⇒ Desdoblar, desencorvar, desroblar, destorcer. ➤ *Recto. **2** Poner[se] vertical o de pie ↘algo que esta tumbado o inclinado. ≃ Alzar[se], erguir[se], *levantar[se]. **3** *Arreglar[se] la ↘marcha de ↘algo que no va bien: 'Tiene bastante trabajo con enderezar sus propios asuntos'. ⊙ tr. *Corregir los ↘vicios o malas costumbres de ↘alguien. ⊙ prnl. Corregir una persona sus vicios o malas costumbres: 'Aunque siempre le están castigando no se endereza'. **4** («a, hacia») tr. Fijar cierto destino a una ↘cosa que se mueve o cierto objetivo a una ↘acción: 'Enderezar el chorro de agua a la ventana. Enderezan sus esfuerzos a una paz durable'. ≃ *Dirigir, encaminar, orientar. ⊙ prnl. Tender a cierto *objetivo. ⊙ intr. y prnl. **Dirigirse a cierto sitio.* **5** tr. *Dirigir o destinar una ↘carta u otro escrito a alguien.* **6** (ant.) *Aderezar o *preparar.* **7** (ant.) **Ayudar o favorecer.*

V. «enderezar sus PASOS».

enderezo **1** (ant.) m. **Dirección.* **2** (Sal.) *Enderezamiento (acción de enderezar).*

endeudado, -a Participio adjetivo de «endeudarse».

endeudamiento m. Acción y efecto de endeudarse.

endeudarse **1** prnl. Contraer deudas. ≃ *Empeñarse, entramparse. **2** *Reconocerse obligado a una persona por algún favor recibido.* ⇒ *Agradecer.

endevotado, -a adj. *Devoto en *religión o devoto (*adicto) de alguien.*

endiablada f. *Antiguamente, *fiesta bulliciosa en que las personas se disfrazaban de diablos o con otros disfraces grotescos y hacían sonar instrumentos ruidosos.*

endiabladamente adv. Aplicado despectivamente o a cosas malas o desagradables, *muy o *mucho: 'Es endiabladamente fea. Sabe endiabladamente a ajo'. ≃ Endemoniadamente.

endiablado, -a **1** *Participio de «endiablar».* ⊙ adj. y n. *Poseído por el demonio.* ≃ *Endemoniado. **2** (n. calif.) Aplicado a personas, muy *malo. ≃ Endemoniado, perverso. ⊙ Aplicado a niños, *travieso. ⊙ adj. Aplicado a cosas, de muy mala calidad: 'Fuma un tabaco endiablado'. ⊙ Se aplica también a «sabor» y «olor». **3** (inf.) Se aplica a cualquier cosa, persona o animal que *molesta, *enfada o da mucho trabajo: 'Este endiablado crucigrama'. ≃ Condenado, endemoniado, *maldito, recondenado.

endiablar (de «diablo») tr. *Endemoniar (meter los demonios en el cuerpo).*

endíadis (del lat. «hendiădys», del gr. «hén dià dyoîn», una cosa por medio de dos, con influencia del it. «endiadi») f. **Figura retórica que consiste en emplear para expresar un concepto dos nombres coordinados.*

endibia *(Cichorium intybus)* f. Variedad cultivada de achicoria cuyos brotes, una vez blanqueados bajo tierra, se comen crudos o cocidos. ≃ Endivia

endientar (Chi.) intr. *Endentecer.*

endilgar (ant. e Hispam. «indilgar») **1** (inf.) tr. *Encaminar, dirigir, acomodar, facilitar.* **2** Hacer una ↘cosa de prisa o de cualquier manera para atender a una urgencia: 'En un cuarto de hora endilgó un artículo para el periódico'. ≃ *Enjaretar. **3** Dar o hacer aguantar a alguien una ↘cosa molesta o pesada: 'Nos endilgó un sermón de hora y media. Me han endilgado este paquete. Ya sabemos a quién endilgarle la comisión'. ≃ Encajar, largar. ⊙ Aplicar a alguien sin fundamento una ↘calificación que se estima vejatoria: 'Ya le han endilgado el sambenito de enchufado'. ⇒ Champar, colar, colgar, colocar, embocar, encajar, endosar, enflautar, enjaretar, espetar, largar, meter, pasar, plantar, soltar.

endino, -a (del lat. «indignus», indigno; gralm. inf.; n. calif.) adj. y n. *Se aplica como insulto a una persona traviesa o que causa mucho trabajo, *enfado o molestia a la que habla:* 'Esta endina me va a matar a disgustos. Estos endinos me lo estropean todo'. ≃ *Maldito, indino.

endiñar (de or. caló; inf.) tr. Dar ↘*golpes a ↘alguien o algo.

endiosamiento m. Acción y efecto de endiosar[se].

endiosar 1 tr. *Conceder a ↘alguien categoría y trato de divinidad.* ≃ Deificar, *divinizar. ⇒ Desendiosar. **2** *Hiperbólicamente, *ensalzar desmesuradamente a ↘alguien.* **3** prnl. *Envanecerse o *ensoberbecerse desmesuradamente. **4** *Quedarse pasmado o *suspenso.*

enditado, -a (Chi.) *Participio adjetivo de «enditarse».*

enditarse (de «dita»; Chi.) prnl. **Endeudarse.*

endivia f. Variante ortográfica de «endibia».

endo- Elemento prefijo empleado en palabras científicas con el significado de «de dentro».

-endo V. «-ndo».

endoblado, -a *Participio de «endoblar».* ⊙ adj. *Se aplica al *cordero que mama de dos ovejas.*

endoblar tr. *Hacer que un ↘cordero *mame a la vez de dos ovejas.* ≃ Doblar.

endoblasto (de «endo-» y el gr. «blastós», germen) m. BIOL. *En *embriología, hoja interna del blastodermo; origina el tubo digestivo y sus glándulas anejas, así como el revestimiento de otros órganos.*

endoble m. MINER. *Jornada doble que tienen que hacer los mineros y fundidores al hacer el cambio de turnos.*

endocardio (de «endo-» y «-cardio») m. ANAT. Membrana que tapiza las cavidades del *corazón.

endocarditis (de «endocardio» e «-itis») f. MED. Inflamación del endocardio.

endocarpio o **endocarpo** (de «endo-» y el gr. «karpós», fruto) m. BOT. Capa interior del pericarpio cuando éste tiene varias diferenciadas; a veces, como en el hueso del melocotón, es leñosa. ⇒ *Fruto.

endocrino[1], -a n. Apóc. de «endocrinólogo».

endocrino[2], -a (de «endo-» y el gr. «krínō», separar) adj. FISIOL. Se aplica a las *glándulas del organismo que vierten sus secreciones en la sangre, así como a estas secreciones y a las *hormonas.

endocrinología f. MED. Parte de la fisiología que estudia las glándulas y sus secreciones, y las hormonas.

endocrinólogo, -a n. MED. Especialista en endocrinología.

endodermo (de «endo-» y «-dermo») m. BIOL. *En *embriología, capa interna del blastodermo del embrión de los metazoos.*

endodoncia (de «endo-» y el gr. «odoús, odóntos», diente) **1** MED. f. Parte de la odontología encargada de las afecciones de la pulpa dentaria. **2** MED. Tratamiento de los conductos de las raíces de las piezas dentarias.

endoesqueleto (de «endo-» y «esqueleto») m. ZOOL. Conjunto de piezas óseas o cartilaginosas que constituyen el *esqueleto de los vertebrados. ≃ Neuroesqueleto.

endogamia (de «endo-» y el gr. «gaméō», casarse) **1** f. BIOL. Reproducción sexual entre organismos estrechamente relacionados genéticamente. **2** En ciertas sociedades, costumbre según la cual los individuos contraen matrimonio con miembros de un mismo grupo.

endogámico, -a adj. De [la] endogamia.

endogénesis (de «endo-» y «-génesis») f. BIOL. *Reproducción por escisión del elemento primitivo en el interior del órgano que lo engendra, como la división de una *célula envuelta por una membrana resistente que impide la separación de las células hijas.* ⇒ *Reproducción.

endógeno, -a (de «endo-» y «-geno») adj. Originado en el interior; como la célula que se forma dentro de otra. ⇒ Exógeno.

endolencia (ant.) f. **Indulgencia.*

DE ENDOLENCIAS. *Expresión calificativa que se aplicaba a los días de *Semana Santa.*

endolinfa (de «endo-» y «linfa») f. ANAT. *Líquido que llena el laberinto del *oído de los vertebrados.*

endometrio (de «endo-» y el gr. «mētra», matriz) m. ANAT. Membrana mucosa que recubre el interior del útero. ⇒ *Matriz.

endomingado, -a Participio adjetivo de «endomingar[se]».

endomingar tr. Vestir a ↘alguien con la ropa de fiesta. Más frec. reflex. ⇒ *Acicalar.

endoparásito adj. y n. m. BIOL. *Se aplica al parásito que habita en el interior de un organismo vivo; por ejemplo, la tenia.*

endoplasma (de «endo-» y «plasma») m. BIOL. Zona interior del citoplasma de la *célula, próxima al núcleo.

endorfina (del ingl. «endorphin», abrev. de «endogenous morphin») f. BIOQUÍM. Sustancia narcótica que segrega de forma natural el encéfalo cuando se produce un dolor muy intenso.

endorreico, -a adj. GEOL. Se aplica a las regiones cuyas aguas desembocan en el interior de un territorio y no en el mar.

endorreísmo (de «endo-» y el gr. «rhéō», fluir) m. GEOL. Fenómeno por el cual las aguas de un territorio desembocan en el interior de éste y no en el mar.

endorsar tr. **Endosar.*

endorso (de «dorso» o del lat. «dorsum») m. *Endoso.*

endosable adj. Que se puede endosar (traspasar).

endosante adj. Que endosa (traspasa).

endosar[1] (del fr. «endosser») **1** tr. Traspasar a otro una ↘letra, cheque u otro documento de crédito. ≃ Endorsar.

⇒ *Negocio. **2** (inf.) *Traspasar a alguien cierta ↘cosa molesta: 'Ya me ha endosado la mochila'. ⇒ *Endilgar.

endosar[2] (de «en-» y «dos») tr. *En el juego del *tresillo, lograr el hombre que siente segunda baza el que no hace la contra.*

endosatario, -a n. Persona a cuyo favor se endosa un documento de crédito.

endoscopia (de «endo-» y «-scopia») f. MED. Reconocimiento interno de conductos y cavidades del organismo.

endoscopio m. MED. Nombre genérico de los aparatos usados para practicar endoscopias.

endose m. Endoso.

endoselar tr. *Formar dosel.*

endosfera f. GEOL. Núcleo central de la Tierra, constituido probablemente por níquel y hierro.

endosmómetro m. FÍS. *Aparato con que se mide la intensidad de la endósmosis.*

endósmosis o, menos frec., **endosmosis** (de «endo-» y el gr. «ōsmós», impulso) f. FÍS. *Corriente de fuera adentro que se establece a través de una membrana porosa que separa el líquido contenido en una vasija de otro de distinta densidad situado fuera de ella.* ⇒ Exósmosis, *ósmosis.

endoso 1 m. Acción de endosar un documento. ≃ Contenta. **2** Fórmula que se escribe al dorso de un documento para endosarlo. ≃ Contenta.

endosperma o **endospermo** (de «endo-» y «spérma», semilla) f. o m. BOT. *Tejido que rodea el embrión de las plantas angiospermas y le sirve de alimento.*

endotelial adj. ANAT. *Del endotelio.*

endotelio (de «endo-» y el gr. «thēlḗ», pezón del pecho) m. ANAT. **Tejido que recubre algunas cavidades internas del organismo, como la pleura o los vasos sanguíneos, formado por una sola capa de células.*

endotérmico, -a adj. QUÍM. *Se aplica a las reacciones en que hay absorción de calor.*

endovenoso, -a (de «endo-» y «venoso») adj. MED. *Intravenoso: se dice de lo que está o se pone en el interior de una vena; particularmente, de las *inyecciones.*

endrezar (de «en-» y «drezar») **1** (ant.) tr. *Aderezar o *preparar.* **2** (ant.) **Remediar o *compensar.*

endriago (¿de «hidria», hidra, y «drago», dragón?; lit. y pop. en algunos sitios) m. *Monstruo fantástico.

endrina (de «andrina») f. Fruto del endrino, pequeña ciruela negra azulada, con carne verde y sabor ácido, astringente, usada para obtener licor. ≃ Amargaleja, andrina. ⇒ Pacharán.

endrino, -a 1 *(Prunus spinosa)* m. Arbusto rosáceo, muy espinoso, que produce las endrinas. ≃ Arán. **2** adj. *De color *negro azulado, como el de la endrina.*

endrogarse (Chi., Méj., Perú) prnl. **Empeñarse (contraer «drogas» o deudas).*

endulcecer (del lat. «in», en y «dulcescĕre»; ant.) tr. **Endulzar.*

endulcir (de «dulce»; ant.) tr. *Endulcecer.*

endulzadura f. Endulzamiento.

endulzamiento m. Acción de endulzar.

endulzar 1 tr. Hacer dulce una ↘cosa. ≃ Adulzar, dulcificar, edulcorar. ⇒ Endulcecer, endulcir, endulzorar. **2** *Atenuar un ↘sufrimiento o ayudar a soportarlo. ⊙ Hacer *alegre o dulce cierta ↘situación o cierto tiempo para alguien: 'Le endulzó su vejez. Endulzó los días de su infancia'. **3** PINT. *Suavizar las ↘tintas y contornos.*

endulzorar (de «en-» y «dulzorar»; ant.) tr. *Endulzar.*

endurador, -a (de «endurar») adj. y n. **Tacaño, o *mirado en el gasto.*

endurar (del lat. «indurāre») **1** tr. *Endurecer.* **2** **Soportar.* **3** **Retrasar.* **4** **Ahorrar o *escatimar.*

endurecer (del lat. «indurescĕre») **1** tr. y prnl. Poner[se] *dura una ↘cosa. ⇒ Acorchar[se], *cuajar, empedernecer[se], empedernir[se], encallecer[se], endurar, entestecer[se], espesar[se], fraguar. ➤ Becerra, bola, bolo, borujo, bulto, burujo, coágulo, *concreción, condensación, cuajarón, *dureza, endurecimiento, *grumo, induración, nódulo, nudo, nudosidad, pella, pelota, pelotón, zurullo, zurullón. ➤ *Apretar. *Duro. **2** Hacer[se] resistente al trabajo o al padecimiento. ⇒ *Curtir. **3** Hacer[se] *cruel o *insensible.

□ CONJUG. como «agradecer».

endurecimiento m. Acción y efecto de endurecer[se].

ene f. Letra «n».

ENE DE PALO (inf.). **Horca.*

enea (colectivo de género) f. Planta tifácea y hojas de ella usadas como material, por ejemplo para asientos de *silla. ≃ *Anea.

enea- Elemento prefijo del gr. «ennéa», *nueve.

eneaedro (de «enea-» y «-edro») m. *Cuerpo geométrico de nueve caras.*

eneágono, -a (de «enea-» y «-gono») adj. y n. m. GEOM. Se aplica al *polígono de nueve lados. ≃ Nonágono.

eneal m. *Sitio abundante en enea.*

eneasílabo, -a adj. y n. m. MÉTR. Se aplica al verso de nueve sílabas.

enebral m. *Sitio poblado de enebros.* ≃ Nebral, nebreda.

enebrina f. *Fruto del enebro. ≃ Nebrina.

enebro (del lat. vulg. «iinipĕrus», del lat. «iunipĕrus»; *Juniperus communis)* m. Arbusto cupresáceo, de hojas lineales en grupos de tres, rígidas, punzantes, blanquecinas por el haz y verdes por el borde y el envés; por frutos tiene unas bayas ovaladas de 5 a 7 mm, de color negro azulado, que se emplean para aromatizar la ginebra, y de las cuales, así como de las ramas, se obtiene por destilación el aceite llamado «miera». ≃ Cada, grojo, junípero, nebro. ⇒ Jabino, jinebro. ➤ Grasilla, miera, sandáraca. ➤ *Planta.

ENEBRO DE LA MIERA *(Juniperus oxycedrus).* Árbol cupresáceo.

enechado, -a (de «enechar»; ant.) *Participio de «enechar».* ⊙ adj. **Expósito.*

enechar (de «en-» y «echar»; ant.) tr. *Dejar un ↘*niño en el hospicio o la *inclusa.*

enejar (de «en-» y «eje») **1** tr. *Ponerles *ejes a los ↘carros, coches, etc.* **2** *Poner una ↘cosa en el eje.*

eneldo (de «aneldo»; *Anethum graveolens)* m. *Planta umbelífera con hojas en lacinias filiformes y flores amarillas dispuestas en círculo; el cocimiento de los frutos se ha usado como carminativo. ≃ Abesón, aneldo, aneto.

enema[1] (del lat. «enhaemon», del gr. «énaimon») m. FARM. *Antiguamente, cualquiera de las sustancias secantes y astringentes que se aplicaban sobre las heridas.*

enema[2] (del lat. «enĕma», del gr. «énema») f. MED. Líquido inyectado en el intestino recto para provocar la evacuación, para alimentar o para medicar. ⇒ *Lavativa.

enemiga (de «enemigar») **1** («Tener») f. *Mala voluntad de una persona hacia otra.* ≃ Animadversión, enemistad. ⇒ *Hostil. **2** (ant.) **Maldad o vileza.*

enemigable (ant.) adj. *Enemigo.*

enemigablemente (ant.) adv. *Con enemiga.*

enemigadero, -a (ant.) adj. *Propenso a enemistarse con otros.* ⇒ *Enconoso.

enemigamente adv. *Con enemistad.*

enemigar (del lat. «inimicāre») **1** (ant.) tr. *Enemistar.* **2** (ant.) **Odiar.*

enemigo, -a (del lat. «inimīcus»; «de» o con un adjetivo posesivo: 'un enemigo de las mujeres, un enemigo tuyo') n. Respecto de una persona, otra que procura causarle daño, se lo desea o le tiene odio o antipatía. ⊙ Cada uno de los contendientes en una *guerra con respecto del otro. Se emplea como colectivo: 'Hacer retroceder al enemigo'. ⊙ Con relación a cosas, lo contrario de partidario: se aplica al que se opone a la cosa de que se trata o procura evitarla: 'Soy enemigo de cualquier cambio. Es enemigo de las medicinas'.

EL ENEMIGO [MALO]. El *diablo.

E. DECLARADO. Se dice del que se manifiesta abiertamente como tal: 'Es enemigo declarado de la música moderna'.

E. ENCARNIZADO. Muy enemigo.

E. JURADO. El que lo es con propósito deliberado y tenaz de oponerse al objeto de su enemistad o destruirlo.

A ENEMIGO QUE HUYE, PUENTE DE PLATA. Expresión de significado claro.

LO MEJOR ES [EL PEOR] ENEMIGO DE LO BUENO. Frase con que se comenta el hecho de que a veces, por querer mejorar una cosa, se estropea.

□ CATÁLOGO

Combluezo, *contrario, desamigo, despagado, mal DISPUESTO, hoste, hostil, opuesto. ➤ Alejado, apartado, desavenido, disgustado, distanciado, dividido, enemistado, enfadado, entibiado, esquinado, frío, indispuesto, regañado, reñido, *tibio, tieso, tirante, torcido. ➤ Alejamiento, antagonismo, competencia, *desacuerdo, desamistad, desavenencia, descontentamiento, desunión, diferencia, *discordia, disensión, distanciamiento, división, divorcio, enemiga, enemistad, enemistanza, extrañeza, guerra, GUERRA abierta, hostilidad, incompatibilidad, indisposición, inimicicia, nemiga, reserva, rivalidad, tibieza. ➤ Alejarse, romper las AMISTADES, apartarse, tomar las ARMAS, barajar, no mirar a la CARA, volver la CARA, chivarse, *competir, contrapuntarse, contrapuntearse, desamistarse, *desavenir[se], descompadrar[se], desgraciarse, desobligar, desunir[se], disgustarse, distanciar[se], dividirse, encontrarse, enemigar, enemistar[se], *enfadarse, *enfrentar[se], enfriar[se], enrarecer[se], *entibiar[se], mandar a freír ESPÁRRAGOS, andar a la GREÑA, no hablarse, homiciarse, indisponer[se], ladearse, quebrar lanzas, poner[se] a MAL, estar de MALAS, ponerse a MALAS, malquistar[se], estar a MATAR, llevarse a MATAR, estar de MONOS, pelearse, pelotear, partir PERAS, picotearse, estar de PIQUE, estar [o ponerse] de PUNTA, quebrar, QUERER mal, regañar, *reñir, repuntarse, resfriarse, rifar, romper, no dirigir el SALUDO, retirar el SALUDO, *separarse, tarifar, echar los TÍTERES a rodar, estar TORCIDO, romper el TRATO, tronar, TROPEZAR, estar [o ponerse] de UÑAS. ➤ Choque, rozamiento. ➤ Romper el HIELO, tender un PUENTE, dar [o tender] la MANO. ➤ *Antipatía. *Contendiente. *Contrario. *Discordia. *Engrescar. *Luchar. *Malquistar. *Riña. *Rival.

enemistad (del sup. lat. «inimicĭtas», por «inimicitĭa») **1** f. Relación entre los que están enemistados. **2** («Sentir») Sentimientos *hostiles de una persona hacia otra. ≃ Enemiga.

enemistanza (ant.) f. *Enemistad.*

enemistar («con») tr. Hacer que una ➘persona deje de ser *amiga de otra. ⊙ («con») prnl. recípr. Romper bruscamente la amistad con otra persona. ⇒ *Enemigo.

éneo, -a (del lat. «aenĕus»; lit.) adj. *De *cobre o *bronce.*

eneolítico, -a (del lat. «aenĕus», de bronce, y el gr. «lithikós», de piedra; como n. m. gralm. con mayúsc.) adj. y n. m. Se aplica a la última etapa del *Neolítico, caracterizada por el uso de utensilios de piedra pulimentada, cobre y otros metales, y a sus cosas.

energética f. Parte de la *física que estudia la energía.

energético, -a adj. De [la] energía.

energía (del lat. «energīa», del gr. «enérgeia») **1** f. Capacidad mayor o menor de alguien o algo para realizar un *trabajo o esfuerzo o producir un efecto: 'La energía de un medicamento [de un salto de agua, de los músculos]'; con referencia a personas o animales, se usa generalmente en plural: 'No tiene energías ni para levantar una piedra'. ≃ Fuerza, poder. **2** Fís. Aptitud de la *materia para producir fenómenos físicos o químicos. Se manifiesta en dos formas fundamentales, independientes de cuál sea el fenómeno físico que intervenga en su producción: 'energía potencial' y 'energía cinética'. Véase más adelante la definición de estas designaciones y otras que se le aplican según cuál sea la naturaleza física del fenómeno que interviene. ⇒ Energética. ➤ CUANTO de acción. **3** («Tener, Dar muestras de, Hacer uso de») Cualidad de enérgico: capacidad mayor o menor de alguien para llevar adelante sus propósitos, venciendo los obstáculos o imponiendo su *voluntad a los demás: 'Hace falta un hombre de energía para dirigir la expedición'. ≃ Carácter. ⊙ (sing. o pl.) Ánimo o ánimos para hacer o emprender algo.

ENERGÍA ATÓMICA. Fís. ENERGÍA nuclear.

E. CALORÍFICA. Fís. La consistente en calor.

E. CINÉTICA. Fís. La poseída por un cuerpo o una partícula material por su movimiento; por ejemplo, la de un vehículo en marcha o la de los electrones de los rayos catódicos.

E. ELÉCTRICA. Fís. Aquella en que intervienen fenómenos eléctricos.

E. ELECTROMAGNÉTICA. Fís. La que se manifiesta en los fenómenos debidos conjuntamente al magnetismo y las corrientes eléctricas.

E. EÓLICA. Fís. La del viento.

E. HIDRÁULICA. Fís. La de los saltos de agua.

E. MECÁNICA. Fís. Aquella en que intervienen el movimiento y peso de los cuerpos.

E. NUCLEAR. La debida a la posición y el movimiento de las partículas que constituyen el núcleo atómico; que se manifiesta, a costa de la pérdida de masa, en las reacciones nucleares. ⇒ Antinuclear.

E. POTENCIAL. Fís. La que poseen por su posición un cuerpo o las moléculas, átomos y partículas; al variar la posición, esa energía se convierte, si se trata de un cuerpo, en energía cinética; y si de moléculas, átomos o partículas, en energía radiante o calorífica.

E. QUÍMICA. La que procede de las reacciones químicas.

E. RADIANTE. Fís. La de las radiaciones.

E. SOLAR. Fís. La producida por el Sol.

E. TÉRMICA. Fís. La que procede de la combustión de cuerpos sólidos, líquidos o gaseosos.

□ CATÁLOGO

Carácter, enjundia, entereza, firmeza, garra, nervio, ñeque, redaños, voluntad. ➤ Activo, drástico, enérgico, radical. ➤ A rajatabla, a lo VIVO. ➤ Echar por la CALLE de enmedio, llevar bien puestos los CALZONES, CORTAR por lo sano, no dejarse ENSILLAR, ser mucha GENTE, mucho hombre. ➤ Gastar PÓLVORA en salvas. ➤ Abúlico, baldragas, bendito, blando, bonachón, borrego, bragazas, *calzonazos, calzorras, débil de [o de poco] CARÁCTER, *débil, *infeliz, JUAN lanas, mandinga, mollejón, muñeco, pelele, *pusilánime, títere. ➤ Hale que te PEGO, DALE que te pego. ➤ *Actividad. *Ánimo. *Debilidad. *Dominar. *Severo.

enérgicamente adv. Con energía.

enérgico, -a adj. Se aplica a la persona dotada de energía de carácter: 'Un padre enérgico'. ⊙ A las acciones, medidas, etc.: 'Una decisión enérgica'. ⊙ A las sustancias químicas o medicinas que producen mucho *efecto: 'Un ácido enérgico'.

energizar **1** tr. Activar un ˘dispositivo (electroimán, bobina, etc.) suministrándole energía eléctrica. **2** (Col.) *Dar energías a ˘alguien.* **3** intr. *Actuar con vigor o vehemencia.*

energúmeno, -a (del lat. «energumĕnus», del gr. «energoúmenos», poseído) n. *Persona poseída del *demonio.* ≃ Endemoniado. ⊙ (n. calif. o en comparaciones) Persona que está muy encolerizada o que se pone así con facilidad: 'Salió de su despacho hecho un energúmeno'; no es corriente en femenino, y se dice igualmente 'hecha un energúmeno'. ⊙ (n. calif. o en comparaciones) También la que grita mucho: 'Gritan como energúmenos'. ⊙ (n. calif. o en comparaciones) O la que se expresa con violencia o con extremismo, por ejemplo hablando de política.

enerizar (ant.) tr. y prnl. *Erizar[se].*

enero (del lat. vulg. «ienuarĭus», del lat. «ianuarĭus») m. Primer *mes del año.

enertarse (de «en-» y «yerto»; ant.) prnl. *Quedarse yerto.* ⇒ *Entumecerse.

enervación f. Acción de enervar[se].

enervador, -a adj. Que enerva.

enervamiento m. Acción de enervar[se].

enervante adj. Que enerva.

enervar (del lat. «enervāre»; la 2.ª acep. a través del fr.) **1** tr. Quitarle a ˘alguien una causa material o no material, como el calor excesivo, la bebida o una lectura, la energía física, la voluntad o el ánimo para moverse o para trabajar física o intelectualmente. ⊙ prnl. Perder alguien las energías físicas, el ánimo o la voluntad. ⇒ Abandonarse, *abatir[se], afeminar[se], apandorgarse, aplatanar[se], *apoltronarse, castrar, deprimir[se], *desanimar[se], desnervar, desnerviar, *emperezarse. ➤ *Apatía. *Débil. **2** tr. y prnl. Poner[se] nervioso.

enerve (del lat. «enervis»; ant.) m. **Débil o *afeminado.*

enescar (del lat. «inescāre», cazar con cebo; ant.) tr. *Poner *cebo.*

enésimo, -a (de «n», letra con que se representa un número indeterminado) adj. MAT. Se aplica a la cosa que ocupa el número «n» en una serie. ⊙ En lenguaje corriente, una más, añadida a otras muchas, de la cosa que expresa el nombre: 'Te lo digo por enésima vez'. ⇒ *Repetir.

enfadadizo, -a adj. Propenso a enfadarse.

enfadado, -a Participio adjetivo de «enfadar[se]».

enfadamiento m. *Enfado.*

enfadar (¿del gall. port. «enfadar-se», deriv. de «fado», hado, destino?) **1** tr. Causar en ˘alguien una alteración de ánimo que se manifiesta con reacción, ostensible o no, contra lo que la causa. ≃ Enojar. ⊙ prnl. Ponerse enfadado. **2** («con») prnl. recípr. Perder la amistad o buenas relaciones de una persona con otra o entre dos o más personas. ≃ Disgustarse, *enemistarse, indisponerse, reñir.

□ CATÁLOGO

Aborrascarse, abroncar[se], acalorar[se], acharar[se], airar[se], *alterar[se], amohinar[se], amontonarse, amorrarse, amorugar[se], amoscar[se], *amostazar[se], amularse, añusgar, apitonarse, atocinarse, atufar[se], azarearse, cabrear[se], hacer perder la CALMA, cargarse, hincharse los *COJONES, *concomerse, contrapuntearse, coscarse, buscar las COSQUILLAS, saber a CUERNO quemado, *descomponer[se], poner DESCOMPUESTO, desgraciar, embayarse, embejucarse, emberrenchinar[se], emborrascar, embotijarse, empurrarse, encabritarse, encabronarse, encalabrinar, encandilarse, encapotarse, enchivarse, encorajinarse, hacer ENFADAR, enfoscarse, enfunchar, enfuñarse, *enfurruñarse, enfurruscarse, enhadar, enojar[se], escocerse, perder [o hacer perder] los ESTRIBOS, exacerbar, *exasperar[se], formalizarse, freír, hariscarse, hartarse, sentirse HERIDO, hincharse, torcer el HOCICO, echar HUMO, subírsele el HUMO a las narices, poner[se] de mal HUMOR, impacientar[se], incomodar[se], indignar[se], infernar, *irritar[se], buscar la lengua, llenarse, molestar[se], sentirse MOLESTO, mosquear[se], estar que echa las MUELAS, poner NERVIOSO, *ofenderse, sentirse OFENDIDO, hacer perder la PACIENCIA, patalear, picar[se], quemar[se], sacar de QUICIO, hacer tragar QUINA, hacer RABIAR, rebotar[se], repodrirse [o repudrirse], repuntarse, *resentirse, SABER mal, hacer SALTAR, sentirse, poner fuera de sí, soliviantar[se], sublevar, sulfurar[se], poner de mal TALANTE, TOMAR a mal [por donde quema], tomarse algo a la TREMENDA. ➤ Poner mala CARA, no mirar a la CARA, poner CEÑO, mandar al CUERNO, despotricar, no dar los buenos DÍAS, hablar entre DIENTES, arrugar [o fruncir] el ENTRECEJO, mandar a freír ESPÁRRAGOS, torcer el GESTO, poner el GRITO en el cielo, no hablar, ladrar a la LUNA, poner MORRITO [o MORRO], torcer el MORRO, comerse con los OJOS, no dirigir la PALABRA, retirar la PALABRA, mandar a PASEO, echar las PATAS [o los PIES] por alto, mandar a la PORRA, refunfuñar, regañar, *renegar, no saludar[se], echar la TREMENDA, tronar. ➤ Acaloro, agrazón, arrechucho, berrinche, CARA larga, cojijo, despecho, enfado, enojo, entripado, escorrozo, fanfurriña, fastidio, globo, mohína, moña, NUBE de verano, nublado, pacaya, pechuga, perra, picazón, pique, renculillo, repunta, resentimiento, sofoco, sofocón, tensión, tirantez. ➤ Mal carácter, mal CAFÉ, mal GENIO, mal HUMOR, mala LECHE, mala UVA. ➤ Agrio, amargado, áspero, caramilloso, chinche, delicado, enfadadizo, enojadizo, gruñón, malaleche, malaúva, malcontento, malhumorado, malsufrido, picajón, picajoso, puntilloso, puntoso, quisquilloso, repeloso, *resentido, *susceptible, tufillas, vidrio, vidrioso. ➤ Ardido, esturado, de mal HUMOR, de un HUMOR de mil demonios [o diablos], de un HUMOR de perros, de malas, malhumorado, mohíno, de morros, picado, de pique, rostritorcido, rostrituerto, sentido. ➤ Aferruzado, de mala CARA, cariacedo, carilargo, ceñudo, enfadado, malcarado, mohíno, morugo. ➤ Delicadez, susceptibilidad, vidriosidad. ➤ En caliente, a SANGRE caliente. ➤ Bramuras, ceño, entrecejo, grito, gruñido, jeta, voz. ➤ ... de mi alma, que me ASPEN si..., tiene BEMOLES, ¡bingo!, ¡me CAGO en la mar [la leche, Dios, etc.]!, ¡canarios!, ¡canastos!, ¡caracoles!, ¡*caramba!, ¡qué caramba!, ¡caray!, ¡cáscaras!, ¡cáspita!, ¡es el COLMO!, ¡cómo!, ¡con...!, condenado, ¡córcholis!, ¡qué se habrá [te habrás, etc.] CREÍDO!, ¡vive CRISTO!, ¡cuerno[s]!, ¡qué cuernos!, [el] demonio de, ¡demonio con...!, ¡qué demonios!, ¡demontre[s]!, ¡qué demontre[s]!, ¡al diablo!, ¡diablo[s]!, el diablo de, ¡qué diablo[s]!, ¡diantres!, ¡qué diantre[s]!, ¡vaya bendito de DIOS!, ¡vaya con DIOS!, vaya mucho con DIOS, ¡vaya por DIOS!, ¡vive DIOS!, endemoniado, endiablado, ¡vaya ENHORABUENA!, ¡vaya ENHORAMALA!, este..., ¡qué fastidio!, ¡qué gracia!, ¡tiene GRACIA!, tiene GRACIA la cosa, tiene maldita la GRACIA, ¡vaya una GRACIA!, ¡el gran...!, ¡HABRÁ...igual!, ¡HABRÁSE visto!, ¡hala!, ¡qué lata!, ¡vaya una LATA!, la MADRE que te [le, etc.] parió, *maldito, ¡MALDITO [o MALDITA] sea!, de una manera..., que me

MATEN si..., ¡mecachis!, ¡a la mierda!, mismísimo, mismo, lo MISMO te [le, etc.] digo, de un modo..., es [era, etc., sería] MUCHO, muy MUCHO, ¡narices!, ¡qué narices!, ¡la [anda la] ÓRDIGA!, ... de mis pecados, pleno, porra[s], ¡a la porra!, ¡tu padre!, ¡pues...!, ¿cómo QUIERES [quiere, etc.] que?, ¡que si quieres!, es más, ¡tate!, ¿esas tenemos?, ¡VAMOS anda!, ¡vaya!, ¡habráse VISTO!, ¡pero has [habéis, etc.] VISTO!, ... de mi vida, ¡por VIDA del chápiro verde!, ¡voto a...! ➤ *Apaciguar, desenfadar. ➤ *Amostazarse. *Cólera. *Desagradar. *Disgustar. *Exasperar. *Encolerizarse. *Enemigo. *Excitar. *Fastidiar. *Irritar. *Molestar. *Picarse. *Queja. *Reñir. *Resentirse. *Sentir.

enfado **1** («Causar, Producir, Provocar, Incurrir en el, Deponer, Pasarse, Quitarse») m. Acción y efecto de enfadar[se]. ≃ Enojo. **2** *Desagrado.* **3** **Penalidad.* **4** **Disgusto.* **5** *Molestia.* **6** (pl.) LIT. *Cierta composición *poética satírica en que cada estrofa empezaba por «enfádome» u otra forma del verbo «enfadar».*

□ FORMAS DE EXPRESIÓN

Se muestra enfado con muy diversas exclamaciones y expresiones que se encontrarán en el catálogo de «*enfadar», aparte de con el gesto o el tono. Un giro, sólo propio del lenguaje coloquial, con el que se da tono de enfado a la frase o se intensifica el que ya tiene, es el de estos ejemplos: 'Dejaos de pretender ínsulas ni ínsulos; no me hables de novios ni noviajos; ¡nada de motos o motas!, ¡vete a paseo con tu caso y tu casa!'; consiste, como se ve, en repetir con «o, y» o «ni» la palabra que representa la cosa con que se relaciona el enfado, con cambio de género, un sufijo despectivo u otra alteración jocosa.

enfadosamente adv. De manera enfadosa.

enfadoso, -a adj. Se aplica a lo que causa *disgusto o es hecho con disgusto: 'Es una comisión enfadosa comunicarle el despido'. ≃ *Desagradable, enojoso, fastidioso, molesto

enfajillar (C. Rica, Méj.) tr. *Poner faja a un ↘periódico o cosa semejante para mandarlo por *correo.*

enfalcado (de «en-» y «falcar[1]»; Col.) m. *Cierto dispositivo de madera colocado sobre los fondos de las hornillas de los trapiches o fábricas de *azúcar.*

enfaldador m. *Alfiler grueso que usaban las mujeres para recogerse la *falda.*

enfaldar **1** tr. *Recoger las ↘faldas, por ejemplo para que no arrastren por el suelo. También reflex.* ⇒ *Arremangar[se]. **2** *Cortar las ramas bajas a los ↘*árboles para que crezcan las superiores y formen copa.* ⇒ *Podar.

enfaldo m. *Recogido de la falda.* ⊙ *Falda recogida.* ⊙ *Cavidad que se forma con la falda del vestido para llevar alguna cosa en ella.* ⇒ *Halda.

enfangar **1** tr. y prnl. Cubrir[se] o ensuciar[se] con fango. **2** *Deshonrar[se] o *envilecer[se].

enfardar tr. *Poner ↘cosas en fardos.* ⊙ *Empaquetar o *embalar ↘mercancías.*

enfardelar (de «fardel») tr. *Enfardar.*

énfasis (del lat. «emphăsis», del gr. «émphasis») m. Manera de hablar o de decir una cosa con la que el que habla atribuye o muestra que atribuye *importancia, autoridad o sabiduría a lo que dice o a sí mismo. ⊙ («Comunicar, Dar, Poner») Importancia que se comunica a algo que se dice, por ejemplo mediante ciertas expresiones, el tono o el gesto. ⊙ Cualquier *intención particular que se pone en algo que se dice, independiente del significado preciso de la frase y que se trasluce en el tono o el gesto o se expresa mediante alguna expresión de las llamadas enfáticas o expletivas: 'Lo dijo con cierto énfasis'. ⊙ *Figura retórica consistente en el empleo de esa forma de expresión.

□ CATÁLOGO

Acento, afectación, AIRE de suficiencia, ampulosidad, *aspaviento, elación, empaque, engolamiento, grandilocuencia, gravedad, hinchazón, pedantería, pomposidad, prosopopeya, rimbombancia, *solemnidad. ➤ Retintín, tonillo. ➤ *Acentuar, afirmar, no cansarse de, *destacar, enfatizar, hacer HINCAPIÉ, dar *IMPORTANCIA, insistir, machacar, machaconear, hacer NOTAR, realzar, recalcar, dar RELIEVE, remachar, *repetir, resaltar, *subrayar. ➤ Elativo, enfático, expletivo, intensivo, superlativo. ➤ Altisonante, aparatoso, campanudo, declamatorio, doctoral, enflautado, engolado, *grandilocuente, grave, gravedoso, hinchado, hueco, hablar como un LIBRO, magistral, *pedante, pomposo, ponderativo, retórico, retumbante, rimbombante, sentencioso, *solemne, suficiente. ➤ Agárrate [o agárrense ustedes], AHÍ es nada, ¡anda!, que me ASPEN si [o si no]..., de aupa, cabalmente, y el CASO es que, ¡chúpate esa!, ciertamente [o cierto] que..., para COLMO, ¡como si...!, conque, la COSA es que, COSA igual, no creas, de CUERPO entero, como quien no DICE nada, ¡digo!, ¿DIGO algo?, ¡y que no... que DIGAMOS!, lo que se DICE, no DIGO nada, no... que DIGAMOS, más... que el DEMONIO [o el DIABLO], !ea!, ¡eh...!, ¿eh?, para que te ENTERES, ESA [eso, etc.] sí que..., a todas ÉSTAS, a todo ESTO, sin falta, fíjate [fijaos, etc.], que no se lo salta un GITANO, ¡gualá!, siempre HA [has, etc.] de, HECHO y derecho, hasta, imagina [imagine usted, etc.], incluso, indudablemente, sin IR más lejos, ÍTEM más, justamente, a... limpio, lo que se LLAMA, lo, lo... que, desde LUEGO, de ninguna MANERA, es MÁS, ni MÁS ni menos que, de los de no te MENEES, mira [mire usted, etc.], pues MIRA [mire usted, etc.], con MUCHO, ni con MUCHO, muy MUCHO, ni, NI aun, ¡NI que...!, ¿no?, ¡y que NO...!, pápate esa, dónde va a PARAR, aunque no lo PAREZCA, precisamente, pues, que para QUÉ, realmente, para REMATE; y lo que te RONDARÉ, morena; para que lo SEPAS [sepa usted, etc.], seguramente, seguro que..., todo un SEÑOR..., como sea, sea como sea, por si FUERA poco, porque sí, ¡pues sí que...!, ¡sí que...!; todo, -a un, -a; ¡vaya...!, no VEAS, que no VEAS, aquí donde me [lo, etc.] VES, verás [verá usted, etc.], de VERAS, ¿verdad?, de VERDAD, verdaderamente. ➤ Expresiones *culminativas. ➤ *Afectación. *Ampuloso. *Dogmatizar. *Exagerar. *Importar. *Ponderar. *Reforzar.

enfastiar (de «en-» y «fastío»; ant. y pop. aún, por ejemplo, en Sal.) tr. *Causar hastío o *fastidio.*

enfastidiar (ant.) tr. **Fastidiar.*

enfáticamente adv. Con énfasis.

enfático, -a (del gr. «emphatikós») adj. Aplicado a lo que se dice, al tono, etc., o a la persona que habla, afectado de énfasis. ⊙ LING. Se aplica especialmente a las partículas y *expresiones que se intercalan en el lenguaje sólo para acentuar la expresión; como «conque, pues, sí; pues sí, pues sí que, sí que, ¿eh?, ¿no?, ¿verdad?»; es también enfático, por ejemplo, el pronombre personal de dativo usado expletivamente; como en 'me lo dejaron malparado'.

enfatizar tr. o abs. Dar énfasis a una ↘cosa.

enfear (ant.) tr. **Afear.*

enfebrecido, -a adj. Excesivamente apasionado o entusiasta: 'Los hinchas enfebrecidos celebraron la victoria de su equipo'.

enfeminado, -a (ant.) adj. **Afeminado.*

enfermamente (ant.) adv. *Débilmente.*

enfermante (ant.) adj. *Aplicado a lo que enferma.*

enfermar (del lat. «infirmāre») **1** («de»: 'del hígado', «con»: 'con el exceso de trabajo') intr. Ponerse enfermo.

⊙ (Hispam.) prnl. *Ponerse enfermo.* **2** tr. Poner a ˃alguien enfermo. **3** **Debilitar,* **menoscabar o invalidar.*

enfermedad (del lat. «infirmĭtas, -ātis»; «Adquirir, Coger, Contraer, Padecer, Sufrir, Tener, Aquejar, Contagiar, Pegar, Transmitir, Rondar») f. Estado de enfermo. ⊙ Cada una de las diversas alteraciones del organismo que perturban su funcionamiento. ≃ Afección, dolencia, padecimiento.

ENFERMEDAD DE ALZHEIMER. MED. *Enfermedad causada por atrofia cerebral, con deterioro paulatino de las capacidades psíquicas.

E. CARENCIAL. MED. La producida por deficiencias en la alimentación.

E. FUNCIONAL. MED. La que consiste en una alteración de las funciones sin base orgánica.

E. NERVIOSA. MED. Se engloban en esta denominación todos los trastornos psíquicos de las personas: 'Especialista de enfermedades nerviosas'. ⇒ *Mente.

E. OCUPACIONAL. MED. ENFERMEDAD profesional.

E. OPORTUNISTA. MED. La que afecta a pacientes que se encuentran en bajo estado de defensas, por ejemplo ancianos, enfermos de cáncer o de SIDA, y que, no siendo grave en otros casos, sí lo es en estos.

E. ORGÁNICA. MED. La que consiste en lesión o alteración de los órganos.

E. DE PARKINSON. MED. Enfermedad progresiva debida a la degeneración de ciertas células de la base del cerebro, caracterizada por rigidez de los músculos, envaramiento del cuerpo, posición ligeramente encorvada, expresión de máscara y temblor, especialmente de las manos. ≃ Párkinson, parkinsonismo, parálisis agitante.

E. PROFESIONAL. MED. La que produce determinado trabajo; por ejemplo, la silicosis en los mineros.

E. DEL SUEÑO. MED. *ENCEFALITIS letárgica.

E. DE LAS VACAS LOCAS. MED. Encefalitis de las vacas causada por priones, que puede transmitirse al ser humano por la ingesta.

E. VENÉREA. MED. La de transmisión sexual.

□ CATÁLOGO

Otras raíces, «morb-, noso-, pato-»: 'mórbido, morbífico, morbilidad, morbo, morbosidad, morboso; nosogenia, nosografía, nosología, nosológico, nosomántica; patogenia, patogénesis, patógeno, patografía, patología, patológico'. ➤ *Achaque, afección, aje, alifafe, alteración, *anormalidad, cardiopatía, chapetonada [o chapetón], complicación, desarreglo, dolama, dolencia, estigma, frenopatía, gotera, hemopatía, indisposición, infección, inmunodeficiencia, lacra, mal, malaestanza, malatía, malestar, maletía, miopatía, morbo, neurosis, novedad, padecimiento, psicopatía, rechazo, trastorno, zamarrada, zamarrazo, zangarriana, zoonosis. ➤ Calandria, encojarse, zanguanga. ➤ Andancia, andancio, cocoliste, constelación, contagio, endemia, *epidemia, pandemia, peste, PESTE bubónica, PESTE levantina, pestilencia. ➤ Acolia, adinamia, afta, alergia, amilosis, anasarca, anemia, angina, ANGINA de pecho, anquilosis, anquilostomiasis, antracosis, asinergia, astenia, atonía, atresia, atrofia, avitaminosis, berbén, beriberi, bilis, blenorragia, blenorrea, cálculo, cáncer, cangrena, caratea, carbunclo, carbunco, caries, catarro, catatonía, celiaca, ciguatera, cirrosis, cisticercosis, clorosis, cocainismo, cocoliste, cólera, colerina, constipado, coqueluche, crup, displasia, ectasia, elefantiasis, enanismo, ENFERMEDAD del sueño, enfisema, epilepsia, esclerodermia, escorbuto, escrófula, escrofulismo, escrofulosis, espanto, ESPINA bífida, estafilococia, estreptococia, eventración, fibrilación, fibrosis, FIEBRE aftosa [amarilla, cuartanas, esencial, del heno, intermitente, malaria, de malta, mediterránea, palúdica, paratifoidea, petequial, recurrente, reumática, terciana o tifoidea], fiebres, fimatosis, fimosis, FUEGO de San Antón [o de San Marcial], gálico, gangrena, garrotillo, gigantismo, gota, GOTA artética [caduca o coral], gripe, helmintiasis, hepatización, hidrocefalia, hidrofobia, hidropesía, hipertrofia, ictus, influenza, insolación, intoxicación, lactumen, litiasis, loanda, lumbago, lumbalgia, MAL de Loanda, MAL de San Antón, malaria, miastenia, mongolismo, mononucleosis, morfinomanía, muscoviscidosis, narcolepsia, neumoconiosis, neumonía, nistagmo, noma, orquitis, paludismo, pancreatitis, *parálisis, parálisis agitante, PARÁLISIS infantil, PARÁLISIS temblorosa, paraplejia [o paraplejía], parasitosis, paratifoidea, paratifus, paresia, párkinson [o parkinsonismo], pasmo, pénfigo, perlesía, pián, pinzamiento, podagra, polineuritis, polinosis, poliomielitis, procidencia, prolapso, prostatitis, psoriasis, pulmonía, púrpura, *pústula, queratosis, quiragra, rabia, rafania, raquitismo, resfriado, reuma, reumatismo, sapillo, sarampión, saturnismo, septicemia [o sepsis], SIDA, siderosis, sífilis, silicosis, SÍNDROME de Down, tabardete, tabardillo, TABARDILLO pintado, TABES dorsal, talasemia, tercianas, tetania [tétano o tétanos], tetraplejia [o tetraplejía], tifo, TIFO de América, TIFO asiático, TIFO de Oriente, tifus, TIFUS exantemático, TIFUS icterodes, TIFUS petequial, tiña, tisis, tisuria, TOS ferina, trancazo, triquinosis, *tuberculosis, *tumor, *úlcera, vagotonía, varicela, variz, viruela, VIRUELAS confluentes, VIRUELAS locas, VÓMITO negro [o prieto], zona, zoster. ➤ V. enfermedades particulares en: *boca, *cerebro, *circulación, *COLUMNA vertebral, *corazón, *cuello, *diente, *estómago, *garganta, generación, *glándula, *hígado, *hueso, *intestino, *manía, *mente, *músculo, *nariz, *nervio, oído, *ojo, *orina, parto, *piel, *respiración, *riñón, *sangre, *vena, etc. ➤ Agudo, colicuativo, contagioso, crónico, de cuidado, curable, discreto, doloroso, endémico, enquistado, epidémico, eruptivo, espasmódico, esporádico, fulminante, galopante, grave, hereditario, incurable, infeccioso, infectocontagioso, intercurrente, intermitente, larvado, latente, leve, ligero, mortal, nervioso, nostras, oportunista, pedicular, pultáceo, saturnino, terminal, varioloso, virulento. ➤ Síndrome, síntoma, SÍNTOMA diacrítico. ➤ Accidente, adherencia, adinamia, aflujo, anoxia, ansiedad, asistolia, AURA histérica, calcificación, calentura, caquexia, mala CARA, carnificación, carosis, catalepsia, cateresis, caverna, coma, congestión, consunción, convulsión, crisis, decaimiento, defervescencia, degeneración, delgadez, depauperación, desazón, DESCOMPOSICIÓN de vientre, *desmayo, desmejoramiento, desmineralización, desnutrición, destemple, desviación, difteritis, disartria, disestesia, disfagia, edema, emaciación, empiema, encanijamiento, enfisema, ergotismo, erupción, escalofrío, esclerosis, estaxis, estenosis, estiómeno, estrechez, estupor, etiquez, extenuación, *fiebre, flegmasia, fungo [o fungosidad], ginecomastia, glucosuria, halitosis, hectiquez, hematuria, hemoptisis, hemorragia, hepatización, heteroplastia, hetiquez, *hinchazón, hiperglucemia, hipertiroidismo, hipertonía, hipoglucemia, hipotiroidismo, hipotonía, inanición, infarto, inflamación, invaginación, irritación, isquemia, lentor, *lesión, levitación, linfatismo, *malestar, marasmo, mareo, melanosis, metástasis, molestia, necrosis, neoplasia, neuralgia, obesidad, obliteración, obstrucción, oclusión, otorrea, ojeras, petequia, piohemia, plétora, polisarcia, poliuria, postración, premonitorio, PRESIÓN arterial, pródromo, PULSO alternante [arrítmico o capricante], quinismo, reblandecimiento, retoque, retracción, ruinera, salmonelosis, síncope, soplo, tabes, teniasis, TENSIÓN arterial, tic, tórpido, vapores, VÓMITO de sangre. ➤ Específico. ➤ Acmé, crisis, DÍA crítico, DÍA decretorio, epacmo, estadio, fastigio, hipercrisis, lisis, paracmé, parasismo, paroxismo, periodo. ➤ Acceso, amago, arrebato, arrechucho, ataque, ramalazo, ramo, retoque. ➤ Psicosomático. ➤ Cliente, enfermo, paciente. ➤ Caso. ➤ Acabado, acatarrado, achacoso, achaquiento, afectado, afecto, alicaído, apasionado, atabardillado, caído, chocho, comalido, dejado, delicado, dengue, doliente, encatarrado, endeñado, fastidiado, indispuesto, malato, maldispuesto, malo, malsano, malucho, maluco, modorro, mórbido, neneque, neurótico, paciente, con un PIE en el hoyo, con un PIE en la sepultura, pocho, podrigorio, potroso, pudrigorio, tábido, talcualillo, trasojado, uncionario, varioloso, veraniego, virolento. ➤ Aprensivo, hipocondriaco. ➤ Acometer, afectar, dar un AIRE, amagar, atacar, CAER (enfermo o malo), cascar, contagiar[se], enfermizar, exacerbarse, incubación, incubar, invasión, lacrar, malignarse, malignizarse, mortificar, pasar, pegar, quebrantar, resolverse, recurrir, retentar, rondar, subir, terminar, transmitir. ➤ Adolecer, amalar, amorbar, aniquilarse, arguellarse, no levantar CABEZA, torcer la CABEZA, caer en la [estar en la, guardar o hacer] CAMA, candirse, contagiarse, contaminarse, debrocar, descriarse, desmejorarse, encamarse, enfermar, sentirse ENFERMO, engrasarse, entecarse, esfacelarse, indisponerse, padecer, quebrantarse, resentirse, sentirse [o sufrir] de..., teclear. ➤ Ponerse en CURA. ➤ Alentar, arribar, levantar CABEZA, *convalecer, curarse, levantarse, mejorar[se], pelechar, echar el mal PELO fuera, hacer un PINITO [o un PINO], *recobrarse, recuperarse, rehacerse, reponerse, *restablecerse, sobreparto, terminación. ➤ Mandarse, valerse. ➤ Alta. ➤ Recaer, recidiva, recrudecerse, retroceso. ➤ Bacteria, *germen, hongo, microbio, *microorganismo, *parásito, toxina, tripanosoma, triquina, vehículo, *veneno, virus. ➤ HISTORIA clínica. ➤ Diagnóstico, pronóstico, radiodiagnóstico, semiología, semiótica, señal, *síntoma. ➤ Diátesis, predisposición, receptividad. ➤ CASA de socorro, clínica, consulta, convalecencia, dispensario, enfermería, *hospital, sanatorio. ➤ Estar a la CABECERA. ➤ Barchillón, camilo, enfermero. ➤ Caldo, presa, PUCHERO de enfermo. ➤ Picoleta, pistero. ➤ Ambulancia, camilla. ➤ Ayacuá. ➤ FLOR de la maravilla. ➤ Inmunidad. ➤ Pasar buena [o mala] NOCHE. ➤ Reliquia. ➤ Viático. ➤ *Sano. ➤ *Daño. *Débil. *DEFECTO físico. *Dislocar. *Dolor. *Herir. *Hospital. *Lesión. *Medicina. *Plaga (enfermedades de las plantas). *Raquítico. *Veterinaria, ver para animales.

enfermería 1 f. Departamento en algunos establecimientos, por ejemplo en un colegio o convento, o en las plazas de toros, donde se instala a los enfermos o se atiende a los heridos, lesionados, etc. 2 *Conjunto de los enfermos de un sitio.* ⊙ (n. calif.) Se aplica a un sitio, por ejemplo una casa, en que hay muchos enfermos: 'Mi casa es una enfermería'. ≃ Hospital. 3 Conjunto de estudios que constituyen la carrera del enfermero: 'Es diplomada en enfermería'. 4 (ant.) *En Madrid se llamaba así, jocosamente, a un *carruaje tirado por mulas pesadas y viejas.*

enfermero, -a n. Persona que atiende a los enfermos en los *hospitales, clínicas, etc., y ayuda a los médicos.

enfermizar (ant.) tr. *Hacer enfermiza a una ↘persona.*

enfermizo, -a 1 adj. Se dice del organismo con poca fortaleza física y con predisposición a enfermar. ≃ Delicado. 2 Capaz de producir enfermedades. ≃ Morboso. 3 Impropio de personas física y moralmente sanas o normales: 'Una pasión enfermiza'. ⇒ *Anormal.

enfermo, -a (del lat. «infirmus»; «Estar», aunque sea permanentemente; «Ser un, Caer, Ponerse; con, de») adj. Se aplica al organismo o parte de organismo que tiene alguna alteración que perturba su funcionamiento. ⊙ n. Persona que padece alguna enfermedad.

PONER ENFERMO (inf.). Hacer padecer a alguien con algo desagradable. ≃ Poner malo.

enfermosear (de «en-» y «fermosa»; ant.) tr. *Hermosear.*

enfermoso, -a (Col., Ec., Hond., Méj.) adj. *Enfermizo.*

enfermucho, -a adj. Algo enfermo: con poca salud, aunque no tenga una enfermedad definida, o con algún *achaque crónico.

enferozar (de «en-» y «feroz»; ant.) tr. y prnl. **Encolerizar[se].* ≃ Enfurecer[se].

enfervorecer (ant.) tr. *Enfervorizar.*

enfervorizador, -a adj. Se aplica a lo que enfervoriza o es capaz de enfervorizar.

enfervorizar tr. Despertar en ↘alguien fervor o entusiasmo: 'El orador enfervorizó al público'. ≃ *Entusiasmar, fervorizar, enfervorecer.

enfestar (del lat. «infestāre», hostilizar) 1 (ant.) tr. *Poner ↘algo enhiesto o erguido.* 2 (ant.) prnl. **Sublevarse o *insolentarse.*

enfeudar tr. *Dar a ↘alguien un *feudo.* ≃ Infeudar.

enfiar (ant.) tr. *Salir fiador de ↘alguien.* ≃ Garantizar.

enficionar (ant.) tr. *Infectar.* ≃ Inficionar.

enfielar tr. *Hacer, al *pesar, que la ↘balanza quede en fiel.*

enfierecerse (ant.) prnl. **Encolerizarse.* ≃ Enfurecerse.

enfiestarse (Hispam.) prnl. *Hacer una fiesta ir, de fiesta o *divertirse.*

enfiesto, -a (¿del lat. «infestus», hostil?; ant.) adj. *Enhiesto o erguido.*

enfilado, -a 1 Participio adjetivo de «enfilar»: 'Enfilado al puerto. El profesor le tiene enfilado'. 2 HERÁLD. *Se aplica a cosas como anillos o coronas que figuran ensartadas en una banda, palo, faja, etc.*

enfilar 1 tr. *Poner ↘cosas en fila.* 2 intr. Ir derechamente hacia cierto ↘sitio: 'Enfiló hacia el puente [o hacia donde estábamos nosotros]'. ≃ *Dirigirse. ⊙ tr. Llevar o tomar algo, particularmente el viento, la misma *dirección que un ↘conducto, penetrando por su boca y corriendo a lo largo de él: 'El viento enfilaba el desfiladero'. ⊙ *Dirigir hacia cierto sitio algo como un ↘telescopio, un cañón, una visual o la puntería: 'Enfila la mira a aquel altozano. Enfilaron la batería hacia la fortaleza'. ⇒ Embicar, embocar, enhilar, enristrar. ➤ Desenfilar. 3 **Enhebrar.* 4 **Ensartar.* 5 *Hilar.* 6 (ant.) **Tejer.* 7 Ponerse en actitud de aversión o desconfianza hacia una ↘persona. Se dice más «tener enfilado». ⇒ *Antipatía.

enfingir (del lat. «infingĕre») 1 (ant.) tr. *Fingir.* 2 (ant.) *Mostrar *soberbia o *presunción.*

enfinta (de «en-» y «finta[1]»; ant.) f. **Fraude o *engaño.*

enfintoso, -a (de «enfinta»; ant.) adj. *Engañoso o fingido.*

enfisema (del lat. «emphysēma», del gr. «emphýsēma», hinchazón) m. MED. Presencia de aire en un tejido conjuntivo; particularmente, formación en el *pulmón de bolsas o espacios llenos de aire por ruptura de las paredes débiles de los alveolos, frecuente en la vejez y relacionado con el hábito de fumar.

enfistolarse (ant.) prnl. *Hacerse fístulas las *llagas.*

enfitéosis (ant.) f. *Enfiteusis.*

enfitéota (ant.) m. *Enfiteuta.*

enfitéoto, -a (ant.) adj. *Enfitéutico.*

enfiteusis (del lat. «emphyteusis», del gr. «emphýteusis», implantación) f. DER. Cesión perpetua o por largo tiempo del dominio útil de una finca mediante el pago anual de un canon al que hace la cesión, el cual conserva el dominio directo de ella. ⇒ *Censo.

enfiteuta (del lat. «emphyteuta») n. Der. Persona que tiene el dominio útil en el *censo enfitéutico.

enfiteutecario, -a o **enfiteuticario, -a** (del lat. «emphyteuticarĭus»; ant.) adj. Der. *Enfitéutico.*

enfitéutico, -a adj. Der. De [la] enfiteusis.

enfiuzar (del lat. «infiduciāre»; ant.) intr. y prnl. **Confiar[se].*

enflacar intr. **Adelgazar.* ≃ Enflaquecer.

enflaquecer 1 intr. y prnl. *Adelgazar. ≃ Enflaquecerse. **2** tr. Hacer que ↘alguien adelgace. **3** **Debilitar o *enervar.* **4** (ant.) intr. *Perder salud.* **5** (ant.) *Perder ánimo o valor.* ⇒ *Abatirse, *acobardarse.

☐ Conjug. como «agradecer».

enflaquecimiento m. Acción de enflaquecer.

enflautada (de «enflautado») f. **Despropósito o *disparate.*

enflautado, -a 1 Participio adjetivo de «enflautar». **2** *Enfático.* **3** m. Mar. *Conjunto de las bocas de *cañón que asoman por las portas de un barco.*

enflautador, -a (de «enflautar») **1** adj. **Alcahuete.* **2** **Encubridor.*

enflautar (de «en-» y «flauta») **1** tr. **Soplar o *hinchar.* **2** **Alcahuetear.* **3** **Ofuscar o *engañar.* **4** (Col., Méj.) **Endilgar.* **5** *Hacer concebir a ↘alguien deseos o *ilusiones vanos.* ≃ Engolosinar.

enflechado, -a adj. *Se aplica al arco o ballesta provisto de flecha.*

enflorar tr. *Adornar una ↘cosa con flores.* ≃ Enflorecer, florear.

enflorecer 1 (ant.) tr. *Adornar ↘algo con flores. También reflex.* ≃ Enflorar, florear. **2** intr. *Florecer.*

enfocar 1 tr. Dirigir un foco de *luz hacia cierto ↘sitio u objeto: 'Le enfocó con su linterna'. **2** Colocar una ↘lente, un microscopio, etc., de modo que la imagen del objeto que se observa se perciba o se recoja en la pantalla con precisión. ⇒ *Óptica. **3** *Analizar, *estudiar o examinar un ↘asunto para adquirir una visión clara de él y resolverlo acertadamente. ⊙ Generalmente, se añade un complemento expresando el punto de vista desde el cual se examina: 'Enfoquemos la cuestión desde el punto de vista práctico'.

enfogar[1] (de «en-» y «fuego»; ant.) tr. *Hacer *arder o poner *incandescente una ↘cosa; por ejemplo, el hierro.*

enfogar[2] (de «en-» y la raíz latina de «afogar»; ant.) tr. **Ahogar.*

enfoque m. Acción y efecto de enfocar.

enforcar (de «en-» y «forca»; ant.) tr. **Ahorcar.*

enforcia (del b. lat. «inforcĭa», fuerza; ant.) f. *Fuerza o violencia con que se *obliga a alguien a una cosa.*

enformar (ant.) tr. **Informar.*

enfornar (del lat. «in», en y «fornus», horno; ant.) tr. *Enhornar.*

enforradura (ant.) f. *Forradura.*

enforrar (ant.) tr. *Forrar.*

enforro (ant.) m. *Forro.*

enfortecer (del lat. «in», en, y «fortescĕre»; ant.) tr. **Fortalecer.*

enfortir (del lat. «in», en, y «fortis», fuerte; ant.) tr. *Dar cuerpo a los *paños.* ≃ Enfurtir.

enfosado (de «fosa») m. Vet. *Encebadamiento.*

enfoscadero (Sal.) m. **Paso estrecho y escondido.*

enfoscado m. Constr. Acción de enfoscar (enlucir). ⊙ Constr. Capa de mortero que queda en el muro al enfoscar.

enfoscar (del lat. «infuscāre», oscurecer) **1** (ant.) tr. **Oscurecer: disminuir o quitar la luz a una ↘cosa o en un sitio.* **2** Constr. *Tapar los mechinales y otros agujeros que quedan en una ↘pared recién construida.* **3** Constr. *Enlucir un ↘*muro con mortero. **4** (Sal.; reflex.) *Cubrirse o *arroparse.* **5** prnl. *Cubrirse el cielo de nubes; se aplica particularmente cuando son de tormenta.* ≃ *Nublarse. **6** (Sal.) *Esconderse.* **7** *Ponerse alguien hosco o ceñudo.* ≃ *Enfadarse. **8** **Enfrascarse.*

enfotarse (de «en-» y «foto[1]»; ant.; Ast.) prnl. *Estar demasiado *seguro o confiado.*

enfrailar tr., intr. y prnl. *Hacer[se] *fraile.*

enfranje (Chi.) m. *Enfranque.*

enfranque (del cat. «enfranc») m. *Parte más estrecha de la suela del *calzado, entre la planta y el talón.* ⇒ Enfranje.

enfranquecer (ant.) tr. *Hacer franco o libre ↘algo o a alguien.* ⇒ Libertar.

enfrascado, -a Participio adjetivo de «enfrascarse»: 'Él está enfrascado en sus negocios. La encontré enfrascada en la lectura'.

enfrascamiento m. Acción y efecto de enfrascarse.

enfrascar tr. *Guardar o *envasar una ↘cosa en frascos o en un frasco.*

enfrascarse (¿del it. «infrascarsi»?) **1** prnl. *Meterse en una *espesura.* **2** («en») Entregarse alguien a una cosa con toda su *atención e *interés: 'Los niños se enfrascan en el juego'. ⇒ *Abstraerse, adormecerse, no levantar cabeza, *cebarse, concentrarse, embargarse, embeberse, enfroscarse, enguillotarse, entregarse, sumergirse, sumirse.

enfrenar (del lat. «infrenāre») **1** tr. Equit. *Poner el freno al ↘*caballo y enseñarle a obedecer.* **2** *Con «bien», enseñarle a llevar la cabeza derecha y en buena postura.* **3** **Contener ↘algo o a alguien.* ≃ Refrenar.

enfrentamiento m. Acción y efecto de enfrentar[se].

enfrentar 1 tr. Poner ↘cosas frente a frente: poner dos ↘personas, animales o cosas una frente a otra para *compararlas o para que discutan, compitan o luchen. ≃ Encarar. ⇒ Carear, cutir, encarar, enfrontar, poner frente a frente. ➤ *Competir. **2** Hacer que se enemisten dos o más ↘personas, países, etc. ⊙ («con») prnl. recípr. Ponerse en actitud de oposición a otros o provocar la oposición de otros hacia sí mismo: 'Se ha enfrentado con todos los compañeros'. ≃ Oponerse. ⇒ Poner[se] en contra, poner[se] enfrente, poner[se] frente a frente, tenerse firme [fuerte o tieso]. ➤ *Enemistar[se]. **3** tr. y prnl. *Afrontar una ↘cosa. ≃ Arrostrar, encarar. ⊙ («con») prnl. Tener ante sí una dificultad o verla como inminente: 'Al quinto día de marcha se enfrentaron con la mayor dificultad de la expedición'. ≃ Confrontarse, estar frente a, estar en presencia de. ⊙ («con») Resistir con atrevimiento o valentía a ↘alguien: 'Es capaz de enfrentarse con el capitán'. **4** tr. Mar. *Unir a tope dos ↘piezas.*

enfrente (de «en-» y «frente») **1** adv. Expresa la *situación con respecto al espectador o a otra cosa de algo que está a cierta distancia de ellos y en la dirección de una línea que saliese perpendicularmente de su cara o fachada: 'Allí enfrente tienes el palacio real'. ⊙ Se usa más frecuentemente como expresión prepositiva con «de»: 'Estaba sentado enfrente de mí. Su casa y la mía están una enfrente de otra. Enfrente de la casa hay un árbol'. En frases en que la cosa objeto de la relación se ha nombrado antes, no se repite después de enfrente y se suprime también «de»: 'Hay un estanco a la derecha de la calle y enfrente (del estanco) está mi casa'. ⊙ A veces, refiriéndose a dos cosas que están próximas o contiguas y paralelas, equivale a «el otro lado»: 'En la página de enfrente'. ⇒ CARA a cara, delante, FRENTE a [por] frente, VIS a vis. ➤ Frontero, opuesto. ⊙ Tratándose de personas, con las caras una frente a otra: 'Él estaba sentado enfrente de mí'. **2** («Estar, Poner[se]») En *contra: 'Está enfrente de mí en este asunto. Tiene a todos los jueces enfrente'. ≃ Frente a.

enfriadera f. *Vasija en la que se enfría una bebida.*

enfriadero m. *Lugar en que se enfría algo.*

enfriador, -a adj. y n. *Que enfría.*

enfriamiento **1** m. Acción de enfriar[se]. **2** *Catarro.

enfriar (del lat. «infrigidāre») **1** tr. y prnl. Poner[se] una ↘cosa *fría o más fría. '¿Ha enfriado ya las bebidas? Se está enfriando el café'. ⇒ Congelar, desavahar, entibiar, helar, pasmar, refrescar, refriar, refrigerar, resfriar, serenar. ➤ Corcha, corchera, cubillo, enfriadera, enfriadero, fresquera, frigorífico, heladora, nevera, refrigerador, refrigeradora. ➤ AIRE acondicionado, ACONDICIONAMIENTO de aire, infrigidación. ➤ *Botijo. ➤ Freón, serpentín. ➤ Frigoría. ➤ *Frío. **2** *Disminuir o suavizar[se] la fuerza o violencia de una ↘pasión, un deseo, etc. ⊙ prnl. Perder una persona su pasión, su deseo de algo, etc.: 'Se ha enfriado y ya no se va a comprar el piso'. ⊙ tr. y prnl. *Entibiar[se] la ↘amistad, afecto o amor entre personas: 'La discusión del otro día ha enfriado su relación'. ⊙ prnl. Perder una persona su amistad, afecto o amor hacia otra: 'Se han enfriado y no son ya tan amigos'.

□ CONJUG. como «desviar».

enfrontar tr. *Llegar a estar enfrente o en presencia de una ↘cosa.* ≃ Enfrentarse.

enfrontilar **1** (And.) tr. *Poner el frontil a los ↘bueyes.* ⇒ *Yugo. **2** (And.) prnl. TAUROM. *Ponerse el toro de frente a alguien para *acometerle.*

enfroscarse prnl. **Enfrascarse.*

enfuciar (ant.) intr. **Confiar o confiarse.* ≃ Enfiuzar.

enfullar tr. *Hacer fullerías o *trampas en el juego.*

enfunchar (Cuba, P. Rico) tr. **Enfadar o *disgustar a ↘alguien.*

enfundar **1** tr. Ponerle a una ↘cosa su funda. ⇒ Encamisar, envainar. ➤ Desenfundar. **2** (reflex.) Ponerse una ↘prenda de vestir.

enfuñarse (Cuba, P. Rico) prnl. **Enfurruñarse.*

enfurcio (ant.) m. *Enfurción.*

enfurción (de «en-» y «furción») f. **Tributo que se pagaba antiguamente al *señor de un lugar por el *solar de las casas.* ≃ Infurción.

enfurecer tr. Provocar furia en ↘alguien. ≃ *Encolerizar. ⊙ («con, contra, de, por») prnl. Ponerse furioso. ⊙ Aplicado a «mar» o «elementos», ponerse agitado o tempestuoso.

□ CONJUG. como «agradecer».

enfurecido, -a Participio adjetivo de «enfurecer[se]».

enfurecimiento m. Acción y efecto de enfurecer[se].

enfuriarse prnl. **Encolerizarse.* ≃ Enfurecerse.

enfurruñado, -a Participio adjetivo de «enfurruñarse».

enfurruñamiento m. Acción y efecto de enfurruñarse.

enfurruñarse **1** (inf.) prnl. *Enfadarse suavemente o por mimo; como lo hacen a veces los niños o los enamorados. ⇒ Empurrarse, enfuñarse, enfurruscarse, poner MORRITO. ➤ *Amostazarse. ➤ Enfurruñamiento, fanfurriña. ➤ *Enfadarse. **2** (inf.) **Nublarse el cielo.* ⊙ **Alterarse y tomar aspecto amenazador cualquier otra cosa.*

enfurruscarse (Ál., Ar., Chi.) prnl. **Enfurruñarse.*

enfurtido m. *Operación de enfurtir.* ≃ Batanado.

enfurtir (de «enfortir») **1** tr. *Trabajar en el *batán los ↘paños prensándolos y frotándolos con jabón para que tomen aspecto fibroso y compacto.* ≃ Batanar, infurtir. **2** tr. y prnl. **Apelmazar[se] el ↘pelo.*

enfusar (del lat. «infūsus») **1** (Sal.) tr. **Embutir; particularmente, para hacer chorizos y morcillas.* **2** (Sal.) tr. y prnl. **Hundir[se].* **3** (Sal.) **Atrancar[se].*

engace m. *Engarce.*

engafar tr. **Sujetar cualquier ↘cosa con una gafa o gancho.* ⊙ *Poner la ↘*escopeta en el seguro.* ⊙ *Armar la ↘*ballesta colocando la cuerda en la nuez.*

engafecer (de «en-» y «gafo»; ant.) intr. *Contraer la *lepra.*

engafetar (de «en-» y «gafete»; Ar.) tr. *Encorchetar.*

engaitador, -a adj. *Aplicable al que engaita.*

engaitar (de «en-» y «gaita») tr. **Engañar a ↘alguien con falsas promesas.* ⊙ *Hacer concebir deseos o ilusiones vanos a ↘alguien.* ≃ *Engolosinar.

engalabernar (del cat. «engalavernar»; ant. y usado aún en Col.) tr. **Encajar o *ensamblar.*

engalanar («con») tr. *Acicalar o *arreglar con galas o adornos a ↘alguien o algo. Muy frec. reflex. ≃ Ataviar[se], componer[se].

engalgar[1] tr. CAZA. *Poner al galgo en seguimiento de la ↘pieza.*

engalgar[2] **1** tr. *Apretar la galga contra el cubo de la ↘rueda de un *carruaje para impedir que gire.* ⊙ *Usar con el mismo objeto la plancha o pieza que llevaban para ello las diligencias en el juego trasero de ruedas.* ⇒ *Frenar. **2** MAR. *Reforzar el ↘*ancla con un anclote sujeto a su cruz en mal tiempo o en fondeaderos de mucha corriente.*

engallado, -a Participio adjetivo de «engallar[se]». ⊙ *Erguido.* ⊙ *Crecido, *engreído o envalentonado.

engallador (de «engallar») m. *Correa sujeta al bocado y a la lomera, que obliga al *caballo a mantener erguida la cabeza.*

engalladura f. *Galladura.*

engallar (de «en-» y «gallo») **1** tr. y prnl. **Erguir[se].* ⊙ prnl. EQUIT. *Erguir la cabeza el caballo obligado por el freno o el engallador.* **2** *Crecerse, engreírse o *envalentonarse.

engalle m. *Parte del arnés de lujo que consiste en dos correas que parten del bocado, pasan por unas argollas de la frontalera y se reúnen en una hebilla o gancho fijo en la parte alta del collerón; sirve para obligar al caballo a mantener erguida la cabeza.* ⇒ *Guarnición.

enganchado, -a Participio adjetivo de «enganchar[se]».

enganchar **1** tr. *Sujetar una ↘cosa con un gancho, con algo que tiene forma de gancho o con cualquier cosa que tiene punta y puede hincarse: 'Enganchar un pez con el anzuelo'. ⇒ Engarabatar, engarzar, engorra, garabatear, garfear. ➤ Engorrarse. ➤ Enganchón, garranchazo, guinchón. ➤ Reenganchar. ➤ Desenganchar. ➤ *Gancho. **2** tr. y prnl. Poner [o quedarse] ↘algo sujeto o colgado de un gancho o como de un gancho: 'Se me enganchó el vestido en un clavo de la silla'. **3** tr. Sujetar las ↘caballerías a un *carruaje para que tiren de él. ⇒ *Reclutar. **4** (pop.) Coger, agarrar, pillar: 'He enganchado un buen catarro. Como te enganche el vecino del cuarto, vas a llegar tarde a tu cita'. **5** Alistar a ↘alguien como *soldado a cambio de dinero. ⊙ (reflex.) *Alistarse voluntariamente o sentar plaza como soldado. ⇒ Reengancharse. **6** TAUROM. Coger el toro a ↘alguien con los cuernos y levantarlo. ⇒ *Cornear. **7** (inf.) Conseguir una persona que ↘otra del otro sexo se *enamore de ella, se haga su novio o novia o se case con ella. ≃ Cazar, conquistar, pescar. **8** (inf.) tr. o abs. Producir hábito o dependencia en ↘alguien: 'Los programas de sucesos enganchan'. ⊙ (inf.) prnl. Hacerse adicto a algo, particularmente a las drogas. Se dice más «estar enganchado».

enganche 1 m. Acción de engancharse soldados. **2** *Pieza dispuesta para enganchar algo en ella o dispositivo con un gancho para sujetar algo.* **3** (inf.) Dependencia o afición exagerada.

enganchón («Dar[se]») m. Acción de enganchar[se] bruscamente una cosa. ⊙ Tirón dado a la cosa que se engancha. ⊙ Particularmente, desgarrón que resulta en una prenda al engancharse. ⊙ *Deterioro que resulta en una media u otra prenda de punto al engancharse un hilo. ⇒ Encogido, repelón.

engandujo (de «gandujar») m. *Hilo retorcido que cuelga de cierta franja que tiene el mismo nombre.*

engañabobos 1 (inf.) m. Persona que se aprovecha de la ingenuidad de otras para engañarlas y obtener provecho. ≃ Embaucador, *farsante. **2** (inf.) Engañifa. **3** **Chotacabras (ave).*

engañadizo, -a 1 (inf.) adj. Aplicado a cosas, engañador: 'La anchura del río es muy engañadiza'. **2** *Susceptible o fácil de ser engañado.*

engañador, -a 1 adj. Se aplica al que o a lo que engaña. ≃ Engañadizo, engañante, engañoso. **2** *Zalamero.*

engañamiento (ant.) m. *Engaño.*

engañamundo o **engañamundos** m. *Engañador (persona que engaña).*

engañanecios m. *Engañabobos (persona).*

engañante (ant.) adj. *Engañador.*

engañanza (ant.) f. *Engaño.*

engañapastores m. **Chotacabras (ave trepadora).*

engañar (del sup. lat. vulg. «ingannāre», burlar) **1** tr. Hacer *creer a ↘alguien, con palabras o de cualquier manera, una cosa que no es verdad: 'Le engañó diciéndole que le llamaban'. ⊙ El sujeto puede también ser una cosa: 'Me engañó la vista [o el deseo]'. ⊙ Hacer ver una cosa distinta de como es: 'Las apariencias engañan'; generalmente, mejor o mayor: 'Le engaña su buena voluntad'. ⊙ Puede tener el significado de «*burlarse» o «gastar una *broma»: 'Lo hice por engañarte'. ⊙ O el de *distraer; particularmente, a un niño, para evitar que se dé cuenta de algo que le hace llorar, de que se le quita algo, etc.: 'Le engañé con un caramelo'. ⊙ prnl. («con») Desfigurarse una persona a sí misma la verdad cuando no es agradable o satisfactoria. ⊙ («con») Creerse algo que no es verdad. **2** tr. Hacer algo para que una ↘sensación que pide ser satisfecha, como el hambre o la sed, quede momentáneamente calmada: 'Engañamos el hambre con unos terrones de azúcar'. **3** *Estafar o *defraudar a ↘alguien: 'Le engañaron con el coche'. **4** *Seducir un hombre a una ↘mujer. **5** Ser *infiel una persona a su ↘cónyuge cometiendo adulterio.

☐ CATÁLOGO

Adulterar, afectar, alterar, alucinar[se], tragar el ANZUELO, aparentar, dar atole con el DEDO, atrapar, bolear, *burlar, caer, calvar, dar el [o un] CAMBIAZO, dar CAMELO, tiznar al CARBONERO, cascabelear, dar la CASTAÑA, cegar[se], caer en el CEPO, dar un CHASCO, dejar CHASQUEADO, *chasquear, engañar como a un CHINO, dejarse COGER, confundir[se], decir una COSA por otra, hacer *CREER, darla, decebir, decepcionar, deludir, desfigurar, deslumbrar[se], desnaturalizar, *desorientar[se], disfrazar, *distraer, embabucar, embaír, *embaucar, embelecar[se], embobar[se], embocar, embolatar, emborrar, *embromar, embudar, embutir, empandillar, emprimar, encandilar[se], encantusar, encatusar, enclavar, enfingir, enflautar, engaitar, engaritar, engatar, *engatusar, engorgoritar, enlabiar, entrampar, entrapazar, entruchar, equivocar[se], dar ESQUINAZO, falir, falsificar, fascinar, fingir, estar FRESCO, caer [o coger] en el GARLITO, dar GATO por liebre, engañar como a un INDIO, hacer el INDIO, jugarla, caer en el LAZO, tender un LAZO, liar, hacer la MAMOLA, marranear, meter, dar el MICO, mistificar, *ocultar, *ofuscar, pegar un PARCHAZO, pegar un PARCHE, pasar, pegársela, dar el PEGO, tomar el PELO, pichulear, dorar la PÍLDORA, quedarse con, darla [o dársela] con QUESO, raposear, caer en la RATONERA, representar, revestir, sobresanar, sobredorar, socapar, soflamar, tapar, timar, hacer TRAGAR, caer en la TRAMPA, hacer TRAMPA, trapacear, traspintar[se], trompar, trufar, poner una VENDA en los ojos, vestir. ➤ Adrolla, alicantina, andrómina, anzuelo, añagaza, *ardid, argado, argucia, malas ARTES, artificio, artimaña, asechanza, badomía, baratería, bluf, bola, bulo, camama, camelo, camote, cancamusa, candonga, carambola, cepo, chancha, changüí, *chasco, coartada, comedia, cuento, *decepción, dolo, droga, embeleco, embolado, emboque, *emboscada, embrollo, embuchado, embudo, embuste, embustería, encerrona, encubierta, engañabobos, engañanza, engañifa, engaño, *enredo, entruchada, entruchado, especiota, estelionato, estratagema, faramalla, farándula, farsa, *ficción, filatería, filfa, fingimiento, finta, frao, *fraude, fullería, garlito, gatada, gatazo, guadramaña, habilidad, inocentada, jarana, lazo, *lío, maca, mácula, magancería, magancia, magaña, manganeta, manganilla, martingala, maula, mohatra, morisqueta, *NOTICIA falsa, ñagaza, obrepción, ocultación, pajarota, pegata, perro, petardo, prestigio, pufo, ratimago, ratonera, recancamusa, red, sacadineros, sacaliña, sacaperras, *señuelo, socaliña, soflama, tapujo, tela, timo, trácala, trama, tramoya, *trampa, trama pantojo, trápala, trapaza, trapisonda, trepa, treta, truco, zangamanga. ➤ *Afectación, artería, *astucia. ➤ Alucinación, apariencia, carnada, espejismo. ➤ Bauzador, *cazurro, charlatán, circe, comediante, cuentista, desleal, doblado, doble, donillero, droguista, embaucador, embrollón, embustero, engañabobos, *engañador, engañamundos, engañanecios, falsario, falso, faramallero, faramallón, farandulero, *fariseo, farsanta, *farsante, felón, fingido, follón, fulero, fullero, gitano, *granuja, hipócrita, impostor, *infiel, invencionero, lioso, marrullero, mátalas callando, maulero, mego, MOSCA muerta, MOSQUITA muerta, parabolano, petardista, prestigiador, solapado, somardón, suplantador, *taimado, tracista, *traidor, tramoyista, tramposo, trapacero, trapacista, trepante, trufador, trufaldín, zascandil, zorro. ➤ Capcioso, delusivo, delusorio, doloso, engañoso, especioso, falso, fementido, marfuz, nugatorio, de pega, refalsado. ➤ De mala FE, para salir del PASO. ➤ Alucinado, burlado, chasqueado, descaminado, engañado, errado. ➤ Borrego, cándido, ciego, *ingenuo, inocente, mollar, papanatas. ➤ Debajo de una mala CAPA puede [o suele] haber un buen bebedor, de NOCHE todos los gatos son pardos. ➤ *Auténtico, *noble, *veraz. ➤ Desengañar. ➤ *Adular. *Astuto. *Broma. *Burla. *Cazurro. *Chasco. *Chisme. *Defraudar. *Desengaño. *Desorientar. *Disimular. *Encubrir. *Enredo. *Entretener. *Error. *Estafar. *Exagerar. *Excusa. *Fraude. *Frustrar. *Ilusión. *Lisonja. *Mentira. *Ocultar. *Simular. *Trampa.

engañifa (inf.) f. Engaño. ⊙ Cosa que parece buena o conveniente, por ejemplo que alguien la compra como tal engañado por su apariencia o por la propaganda hecha de ella, y no lo es. ≃ Filfa.

engaño 1 («Ser un, Hacer víctima de un, Padecer, Sufrir un») m. Acción de engañar o hecho de ser engañado. ⊙ Acción, palabras, etc., con que se engaña. **2** («Estar en un, Padecer un»; también como partitivo: «inducir a, llevar a engaño») Situación del que está engañado o equivocado. **3** *Cualquier dispositivo para *pescar.* **4** TAUROM. Capa del torero.

LLAMARSE alguien A ENGAÑO. Lamentarse de que ha sido engañado, o alegar que ha sido engañado o se ha engañado, para deshacer un trato: 'Piénsalo bien, no te llames luego a engaño'. ⇒ *Desdecirse.

engañosamente adv. De manera engañosa.

engañoso, -a (aplicado a cosas, más frec. que «engañador») adj. Que engaña: 'Apariencias engañosas'.

engarabatar 1 tr. **Enganchar.* **2** *Poner una ↘cosa en forma de garabato o *gancho.*

engarabitado, -a Participio adjetivo de «engarabitar[se]».

engarabitar 1 tr. y prnl. Poner[se] ↘algo en forma de *gancho; particularmente, los *dedos, por ejemplo por el frío. **2** intr. y prnl. **Trepar.* ≃ Encaramarse.

engaratusar (de «en-» y «garatusa»; Hispam.) tr. **Engatusar.*

engarbado, -a 1 *Participio de «engarbarse».* **2** adj. *Se aplica al *árbol que, al ser derribado, queda sostenido en la copa de otro.*

engarbarse prnl. *Encaramarse las *aves a lo más alto de un árbol o de otra cosa.*

engarberar (And., Mur.) tr. *Formar garberas con los ↘haces de mies.*

engarbullar (de «en-» y «garbullo»; inf.) tr. **Enredar las ↘cosas.* ≃ Embarullar.

engarce 1 m. Acción y efecto de engarzar. ⇒ Engace, engazo. **2** Engaste.

engargantadura f. *Engranaje.*

engargantar 1 tr. **Empapuzar a las ↘aves.* **2** **Engranar.* **3** tr. y prnl. EQUIT. *Meter el ↘pie en el *estribo hasta la garganta o empeine.*

engargante (de «engargantar») m. *Engranaje.*

engargolado (de «engargolar») **1** m. CARP. *Ensambladura de ranura y lengüeta, como, por ejemplo, las de los listones de un entarimado.* **2** **Ranura por la que se desliza una *puerta de corredera.*

engargolar (de «gárgol[1]») tr. CARP. **Ensamblar ↘piezas mediante engargolado.*

engargotado m. MAR. *En un *barco, ensambladura de cola de milano.*

engaritar 1 tr. FORT. *Guarnecer con garitas una ↘fortaleza o un ↘edificio.* **2** (inf.) **Engañar con astucia.*

engarmarse (Ast., Cantb.) prnl. *Meterse el *ganado en una garma o pendiente muy abrupta donde es fácil *despeñarse.*

engarnio m. **Chanca (persona o cosa achacosa, vieja o inútil).*

engarrafar (de «en-» y «garfa») tr. **Agarrar fuertemente una* ↘cosa.

engarrar (de «en-» y «garra») tr. *Engarrafar.*

engarriar intr. y prnl. **Trepar o *encaramarse.*

engarronar (de «en-» y «garrón»; Mur.) tr. **Apiolar (atar un pie con otro de un ↘*animal cazado, para colgarlo).*

engarrotar (de «en-» y «garrote») tr. *Entumecer el frío alguna parte del cuerpo. ⊙ prnl. *Entumecerse una parte del cuerpo a causa del frío.

engarzar (de «en-» y el ár. and. «ğárza») **1** tr. *Unir una con otra ↘piezas hechas de alambre o varilla, dobladas en forma de gancho u ojo, pasándolas unas por otras; como, por ejemplo, los eslabones de una cadena. ⊙ Unir ↘piezas mediante alambres doblados pasados por ellas. ≃ Engazar. ⇒ Desengarzar[se]. **2** *Engastar una ↘piedra u otra cosa en metal. **3** Enlazar, relacionándolas, ↘ideas, partes de un discurso, etc. **4** **Rizar el ↘pelo.*

engasajar (ant.) tr. **Agasajar.*

engastado, -a 1 Participio de «engastar». **2** m. Operación de engastar.

engastador, -a n. Persona que se dedica a engastar.

engastar (del sup. lat. «incastrāre»; «en») tr. *Embutir una ↘cosa en otra. ⊙ Particularmente, sujetar una ↘piedra preciosa o perla en metal. ⇒ Clavar, engarzar, enjoyar, montar. ➤ Guarnición, montadura, montura. ➤ Pala. ➤ Engastador, enjoyelador.

engaste 1 m. Acción de *engastar. **2** Montura que sujeta una piedra preciosa, una perla, etc. **3** *Perla que tiene un lado plano.*

engatado, -a 1 *Participio de «engatar».* **2** adj. *Aplicado a personas, habituado a hurtar.* ⇒ *Ratero.

engatar (de «gato»; inf.) tr. *Engañar halagando.* ≃ *Engatusar.

engatillado, -a 1 *Participio de «engatillar».* **2** adj. *Se aplica a los *caballos y *toros que tienen el pescuezo abultado por arriba.* **3** m. CONSTR. *Obra, por ejemplo un techo, en que las piezas están unidas entre sí con gatillos de hierro.* **4** *Procedimiento para *unir dos *chapas de metal que consiste en enlazar sus bordes doblándolos y remachándolos.*

engatillar (de «en-» y «gatillo») **1** tr. CONSTR. **Sujetar ↘piezas con gatillos.* **2** CONSTR. *Fijar los extremos de los ↘maderos del *suelo en las muescas de la viga.* **3** **Unir dos ↘chapas metálicas por el procedimiento del engatillado.*

engatusador, -a adj. y n. Que engatusa.

engatusamiento m. Acción y efecto de engatusar.

engatusar (de «engatar») tr. *Conquistar la simpatía o benevolencia de ↘alguien con mimos, atenciones o lisonjas. ⇒ Camelar, candonguear, cantusar, catequizar, encantusar, encatusar, engaratusar, engatar, enguadar, ganarse, jonjabar. ➤ *Convencer. *Sobornar.

engaviar (de «en-» y «gavia») **1** (Val.) tr. *Meter en una *jaula a ↘alguien; por ejemplo, a los locos.* ≃ Enjaular. **2** **Subir una ↘cosa a un sitio alto.*

engavilanar tr. ESGR. *Trabar la espada del adversario por los gavilanes.*

engavillar tr. AGR. Poner la ↘mies en gavillas. ≃ *Agavillar.

engazar[1] tr. *Engarzar.*

engazar[2] 1 tr. MAR. *Hacer o poner gazas en algún ↘sitio.* **2** **Teñir los ↘paños después de tejidos.*

engazo (ant.) m. *Engarce*

engendrador, -a (ant.) n. *Progenitor.*

engendramiento m. Acción de engendrar.

engendrar (del lat. «ingenerāre») **1** tr. Producir un animal superior, como macho o como hembra, ↘seres de su misma especie, por el mecanismo de la reproducción. ≃ Procrear. ⇒ *Reproducción. **2** *Producir una cosa, con su existencia o aparición, ↘otra que se expresa: 'La diferencia de potencial engendra una corriente eléctrica. Estas medidas engendraron descontento en la población. Esa conversación engendró en él la duda'. ≃ Originar. ⊙ prnl. *Nacer o *aparecer en un sitio cierta cosa. ⊙ *Proceder una cosa de otra que se expresa.

engendro **1** m. **Feto.* **2** *Criatura que nace *deforme.* ⊙ Ser de formas o proporciones anormales o repulsivas. ⇒ *Monstruo. **3** Hiperbólicamente, obra del espíritu, por ejemplo una obra literaria, muy mal concebida y ejecutada. ⇒ *Disparate.

engeniar (ant.) tr. *Ingeniar.*

engeniero (ant.) m. *Ingeniero.*

engenio (ant.) m. *Ingenio.*

engenioso, -a (ant.) adj. *Ingenioso.*

engeñar (ant.) tr. *Ingeniar.*

engeñero (ant.) m. *Ingeniero.*

engeño (ant.) m. *Ingenio.*

engeñoso, -a (ant.) adj. *Ingenioso.*

engeridor, -a **1** adj. *Aplicable al que ingiere.* **2** *Utensilio para *injertar.* ≃ Abridor.

engeridura o **engerimiento** (ant.) m. *Acción de engerir.*

engerir (del lat. «ingerĕre») **1** (ant.) tr. **Ingerir.* **2** (ant.) **Insertar.*

engerirse **1** (Col.) prnl. **Acurrucarse; por ejemplo, por el frío, por estar enfermo, etc.* **2** (Hispam.) **Abatirse o *entristecerse.*

engero (And.) m. *Palo largo del *arado, que se ata al yugo.*

engestado, -a adj. *Con «bien» o «mal», *carado.* ≃ Agestado, encarado.

engibar (de «giba») tr. y prnl. *Hacer [o ponerse] corcovado.*

engina (ant.) f. **Angina.*

englandado, -a (de «en-» y «glande», bellota) adj. HERÁLD. *Se aplica al roble o encina cargado de bellotas.*

englantado, -a adj. HERÁLD. *Englandado.*

englobar (de la locución adverbial «en globo») tr. *Comprender un conjunto determinadas ↘cosas o comprender también cierta cosa. ≃ Abarcar, encerrar, incluir. ⊙ *Incluir varias ↘cosas en una o incluir en un conjunto también una cosa determinada: 'Englobar varios conceptos de una cuenta en una sola partida' ≃ Conglobar.

englutativo, -a (del lat. tardío «glūs, -tis»; ant.) adj. *Capaz de *pegar.* ≃ Glutinoso.

englutir (del fr. «engloutir»; ant.) tr. **Engullir.*

-engo (relac. con el germ. «-ing») **1** Sufijo que, en algunas palabras, sustituye a «-enco»: 'realengo'. **2** V. «-ngo».

engobe m. *En *cerámica, pasta o arcilla blanca con que se cubre la que se ha empleado primero (todavía cruda y húmeda) para tapar su color oscuro y permitir la aplicación de barnices.* ≃ Revoque.

engolado, -a **1** Participio de «engolar[se]». **2** adj. Se aplica al que o lo que lleva gola. **3** Aplicado al estilo o manera de hablar y a las personas por ellos, enfático o presuntuoso. **4** Aplicado a la voz, con resonancia gutural. **5** HERÁLD. *Se aplica a las bandas, sotueres, etc., cuyo extremo penetra en bocas de leones, serpientes, etc.*

engolamiento m. Cualidad de engolado. ⊙ Actitud o estilo de hablar, etc., engolado.

engolar tr. Dar resonancia gutural a la ↘voz. ⊙ MÚS. Se considera un defecto en un cantante. ⊙ Tomar la voz resonancia gutural.

engolfar **1** tr. MAR. *Meter un ↘*barco en un golfo.* **2** intr. *Entrar un barco en el mar hasta muy lejos, de modo que ya no se divisa desde tierra.* **3** («en») prnl. Dedicar la atención tan intensamente a cierta cosa que se olvida todo lo demás: 'Se engolfan en el juego, y no se acuerdan de comer'. ≃ Abstraerse, *enfrascarse, entregarse, sumirse.

engolillado, -a (de «gola») **1** adj. *Antiguamente, el que llevaba siempre la golilla puesta.* **2** *Apegado a la etiqueta o usos anticuados.* ≃ *Anticuado, rancio.

engollamiento (de «gollete») m. *Envanecimiento o *presunción.*

engolletado, -a *Participio de «engolletarse».* ⊙ adj. *Vanidoso o engreído.*

engolletarse (de «en-» y «gollete») prnl. **Envanecerse o engreírse.*

engolliparse (de «engullir» e «hipar») **1** prnl. *Atragantarse.* **2** *Comer con exceso.*

engolondrinar (de «en-» y «golondro») **1** tr. y prnl. **Envanecer[se].* **2** prnl. **Enamoriscarse.*

engolosinador, -a adj. Que engolosina.

engolosinamiento m. Acción y efecto de engolosinar[se].

engolosinar (de «en-» y «golosina») tr. Excitar una cosa en ↘alguien con su vista o aspecto el deseo de ella. ⊙ Excitar el *deseo de ↘alguien por cierta cosa alabándola o hablándole de ella. ⊙ prnl. Encapricharse con algo únicamente por su apariencia o porque alguien ha hablado de ello. ⊙ Encontrar alguien cada vez más placer en una cosa que toma o hace y costarle trabajo prescindir de ella. ≃ *Aficionarse, enviciarse. ⇒ Poner en CANCIÓN, cascabelear, hacer DESEAR, encalabrinar[se], encandilar[se], engaitar, enlaminar[se]. ➤ *Ilusionar.

engomado, -a **1** Participio adjetivo de «engomar». **2** (Hispam.) *Acicalado, gomoso.* **3** m. Acción y efecto de engomar.

engomadura **1** f. *Engomado.* **2** APIC. *Primer baño que dan las *abejas a la colmena antes de fabricar la cera.*

engomar tr. Untar una ↘cosa con goma. ⊙ Dar goma a los ↘tejidos. ⇒ Desengomar.

engominar tr. Dar gomina en el ↘pelo. Más frec. reflex.

engorar (del port. «gorar», incubar, de or. celta; ant.) tr. o intr. *Vaciar[se].* ≃ Enhuerar.

engorda **1** (Chi., Méj.) f. **Ceba.* **2** (Chi., Méj.) *Conjunto de animales que se ceban para la matanza.*

engordaderas (inf.) f. pl. Granitos que les salen en la cara a los niños muy pequeños durante la lactancia.

engordadero **1** m. *Sitio donde están encerrados los cerdos durante el engorde.* **2** *Tiempo necesario para éste.* **3** *Alimento utilizado con este fin.*

engordar **1** intr. y, menos frec., prnl. Ponerse gordo o más gordo. ⊙ tr. Poner gordo o más gordo a una ↘persona o animal. ⇒ Echar BARRIGA, echar [cobrar, criar o poner] CARNES, embastecer, encarnecer, engordecer, engrosar, engruesar, robustecer, sainar, echar TRIPA. ➤ *Cebar. **2** intr., y menos frec., prnl. *Enriquecerse. ⊙ Tiene generalmente sentido peyorativo implicando que se consigue sin escrúpulos, o a costa de otros. ⊙ (inf.) tr. Aumentar los ingresos o beneficios de ↘algo: 'Este impuesto servirá para engordar las cuentas del Estado'.

engorde m. Acción de engordar a los animales.

engordecer (ant.) tr. e intr. *Engordar.*

engorgoritar 1 (Sal.) tr. **Engatusar.* 2 (Sal.) **Galantear o *enamorar.* 3 (Sal.) prnl. **Enamorarse.*

engorra (de «engorrar») 1 (ant.) f. *Hecho de quedarse una cosa enganchada o detenida.* 2 (ant.) *Gancho que tenían en la punta algunas *flechas para dificultar su extracción de la herida.*

engorrar (quizá de «engorar», con influencia de «engorra») 1 (ant. y usado aún en Ar. y Sal.) tr. **Detener o *retrasar ↘algo.* 2 prnl. **Entretenerse o retrasarse.* 3 (Ven.) tr. **Fastidiar o dar un engorro a ↘alguien.* 4 prnl. *Quedarse enganchada una cosa en un sitio.* 5 *Entrar una *púa o *espina en la carne de manera que es difícil sacarla.*

engorro (de «engorrar»; inf.) m. *Fastidio, *pesadez o molestia.

engorronarse (Ar.) prnl. *Vivir muy retraído.* ⇒ *Aislarse.

engorroso, -a (de «engorro») adj. Fastidioso o molesto.

engraciar (ant.) intr. **Agradar o caer en gracia.*

engramear (ant.) tr. **Sacudir o menear.*

engrampador (Perú) m. *Grapadora.*

engrampadora (Bol., Guat., Perú, Ur.) f. *Grapadora.*

engranaje 1 m. Acción de engranar. ⊙ Conjunto de las piezas que engranan. ⊙ Conjunto de los dientes de una pieza o máquina. 2 Conjunto de elementos relacionados entre sí. ⊙ Sucesión de hechos en que uno desencadena el siguiente, de tal manera que resulta difícil escapar a esa fatalidad.

engranar (del fr. «engrener») 1 («en») intr. Entrar unos en otros los dientes de dos piezas, por ejemplo de dos ruedas o una cremallera y una rueda, o el filete de una hélice entre los dientes de una rueda, de modo que la rotación o movimiento de una de las piezas produce la rotación o el movimiento de la otra. ⊙ tr. Hacer que dos ↘piezas engranen. ⇒ Engargantar. ➤ Cremallera, engargante, engranaje, linterna, piñón. ➤ *Diente. ➤ Desengranar. ➤ *Acoplar. *Conexión. 2 *Enlazar y relacionar las ↘ideas, las partes de una posición, etc.

engrandar tr. **Agrandar.*

engrandecer 1 tr. **Agrandar: hacer una ↘cosa grande o más grande, en sentido material.* 2 Enaltecer o ennoblecer a ↘alguien: 'Aquel rasgo le engrandeció a los ojos de todos'. ⊙ prnl. Ennoblecerse alguien. 3 tr. **Alabar exageradamente.* 4 **Elevar a ↘alguien a una categoría superior.*

□ CONJUG. como «agradecer».

engrandecimiento m. Acción y efecto de engrandecer[se].

engranerar tr. *Guardar en el granero las ↘*cosechas de cereales.*

engranujarse[1] prnl. *Llenarse alguien de *granos.*

engranujarse[2] prnl. *Hacerse *granuja.*

engrapadora (Arg., Bol., Am. C., Méj., Perú, R. Dom., Ven.) f. *Grapadora.*

engrapar tr. *Unir ↘piedras u otras cosas con *grapas.*

engrasación f. *Acción de engrasar.*

engrasador, -a adj. y n. Que engrasa.

engrasar (de «en-» y «grasa») 1 tr. *Ensuciar o *untar con grasa una ↘cosa. ⊙ Poner grasa en un ↘mecanismo para suavizar los rozamientos. ⊙ prnl. Ensuciarse algo con grasa. ⇒ Impingar, incrasar, lardear, lubricar, lubrificar. ➤ Desengrasar. 2 tr. Suavizar, hacer más fluida alguna ↘cosa, en sentido figurado. 3 **Abonar las ↘tierras.* 4 *Añadir alguna sustancia a ciertas ↘fibras para facilitar el hilado.* ≃ Untar. 5 (Méj.) prnl. *Contraer la enfermedad llamada «*saturnismo».*

engrase 1 m. Acción de engrasar, particularmente con el fin de lubrificar un mecanismo. 2 *Producto usado para engrasar.*

engravecer tr. y prnl. *Hacer[se] *pesada o grave o más pesada o más grave, una ↘cosa.*

engredar tr. *Untar una ↘cosa con greda.*

engreído, -a Participio de «engreír[se]». ⊙ adj. Se dice de la persona convencida de su propio valer, y que, por ello, se muestra despectiva con otros. ⇒ Catatė, convencido, creído, engolletado, envanecido, facistol, fatuo, persuadido, *petulante, poseído, presuntuoso, pretencioso. ➤ Ahuecarse, crecerse, encrestarse, enfotarse, engallarse, engreírse, ensimismarse, ensoberbecerse, entonarse, hincharse, infatuarse, mirlarse. ➤ Arrufadía. ➤ *Envanecerse. *Presumir.

engreimiento 1 m. Acción de engreír[se]. ⊙ Cualidad o estado de engreído. 2 (ant.) **Arreglo personal de una mujer.*

engreír (¿de «encreerse», de «creer»?) 1 tr. y prnl. Poner[se] engreído. 2 (And., Hispam.) *Encariñar[se].*

□ CONJUG. como «reír».

engreñado, -a adj. *Despeinado.* ≃ Desgreñado.

engrescar (de «en-» y «gresca») tr. Provocar gresca: incitar a ↘otros a que armen jaleo o a que *riñan o se *enemisten.

□ CATÁLOGO

Achuchar, aguiscar, aguizgar, azuzar, cismar, meter CIZAÑA, cizañar, concitar, cuquear, desavenir, descompadrar, descomponer, desunir, sembrar la DISCORDIA, dividir, embolismar, encismar, encizañar, *enemistar, enguiscar, enguizgar, enredar, enviscar, enzarzar, enzurizar, escalibar, esquinar, guizgar, *incitar, indisponer, instigar, echar LEÑA al fuego, poner a MAL, malmeter, *malquistar, malsinar, rencionar, meter ZURIZA. ➤ Chismoso, cizañero, enredador, lioso, mixturero, promotor, revoltoso, soplador. ➤ *Enemistar. *Malquistar.

engrifar (de «en-» y «grifo») 1 tr. y prnl. *Encrespar[se] o *erizar[se].* ≃ Grifarse. 2 prnl. **Empinarse o encabritarse una *caballería.*

engrillar 1 tr. *Meter ↘algo o a alguien en grillos.* ⊙ **Apresar o sujetar ↘algo o a alguien.* 2 (P. Rico, Ven.) *Bajar la ↘cabeza el *caballo.* ≃ Encapotarse.

engrillarse prnl. Echar grillos o brotes las patatas u otros frutos. ≃ Entallecer, grillarse.

engrilletar tr. MAR. *Unir por medio de un grillete dos ↘trozos de *cadena, una cadena y una argolla, etc.*

engringarse (Hispam.) prnl. *Adoptar las costumbres o maneras de los gringos o extranjeros.*

engrosamiento m. Acción de engrosar. ⊙ Parte más gruesa de una cosa.

engrosar 1 intr. y prnl. Hacerse una persona o una cosa gruesa o más gruesa. ≃ *Engordar[se]. ⊙ tr. Poner gruesa o más gruesa a una ↘persona o una cosa. ⇒ Desengrosar. 2 tr. e intr. Ir *aumentando el caudal de una corriente de agua o el ↘caudal o cantidad de una cosa semejante: 'La manifestación iba engrosando a su paso por las calles. Por la orilla derecha engrosaban el caudal del río tres grandes afluentes'. ⊙ tr. Ir aumentando la cantidad de ↘algo: 'Treinta mil nuevos desempleados engrosan las listas del paro'. 3 AGR. **Abonar las ↘tierras.*

□ CONJUG. Tiene dos conjugaciones: una irregular como la de «contar», actualmente casi en desuso, y otra regular.

engrudador, -a 1 n. *Persona que engruda.* **2** m. *Utensilio para engrudar.*

engrudamiento m. *Acción de engrudar.*

engrudar (del sup. lat. «inglutāre», de «in», en, y «glus, glutis», engrudo) tr. *Embadurnar una ↘cosa con engrudo para *pegarla en algún sitio.*

engrudo (de «engrudar») m. Masa hecha con harina cocida en agua, que se emplea para *pegar. ≃ Gacheta, maseta.

engruesar (de «en-» y «grueso») intr. *Engrosar.*

engrumecerse prnl. *Formar *grumos una masa pastosa.* □ CONJUG. como «agradecer».

engruñar tr. *Engurruñar.*

enguachinar tr. y prnl. **Aguachinar[se].*

enguadar (Cuba) tr. **Engatusar.*

engualdrapar tr. Poner gualdrapas a las ↘caballerías. ⇒ *Enjaezar.

enguantado, -a Participio adjetivo de «enguantar».

enguantar tr. Cubrir las ↘manos de alguien con guantes. También reflex. Sólo es corriente el participio pasado.

enguarrar (de «en-» y «guarro»; inf.) tr. Ensuciar o emborronar una ↘cosa. ⊙ (inf.) prnl. Ensuciarse una cosa.

enguatado, -a 1 Participio adjetivo de «enguatar». ≃ Aguatado. **2** m. Conjunto pespunteado de dos telas con una capa de guata interpuesta.

enguatar (de «en-» y «guata») tr. Rellenar una ↘prenda con guata o recubrir una cosa con un enguatado. ≃ Acolchar, aguatar, guatear. ⇒ Acojinar, acolchar, acolchonar, aguatar, algodonar, estofar. ➤ Colcha, edredón, enguatado, farseto, gambax, gambesón. ➤ Ropón. ➤ *Algodón, guata, miraguano.

enguedejado, -a 1 adj. *Aplicado al pelo y a las personas, *peinado en o con guedejas.* **2** *Muy preocupado por el arreglo de sus guedejas o *trenzas.*

enguera (del lat. «angaria», prestación personal de transporte, del gr. «aggareía», servicio de correo forzoso) **1** (ant.) f. *Arriendo que se pagaba por una *caballería.* **2** (ant.) *Cantidad que se calculaba que dejaba de producir una *caballería mientras estaba empeñada.*

enguerar (de «enguera») **1** (Sal.) tr. **Entretener a ↘alguien en un trabajo pesado o molesto.* **2** (Rioj.) **Molestar o dar que hacer.* **3** (Sal.) **Escatimar.* **4** (Ar., Nav.) **Estrenar.*

enguerrillarse (Ven.) prnl. *Juntarse en guerrillas o *partidas.*

enguichado, -a (del fr. «enguiché») adj. HERÁLD. *Se aplica a las cosas como trompetas o cornetas pendientes de cordones.*

enguijarrar tr. **Empedrar un ↘suelo con guijarros.*

enguillotarse (de «enquillotarse») prnl. **Enfrascarse.*

enguirlandar (ant.) tr. *Enguirnaldar*

enguirnaldar tr. *Adornar ↘algo con guirnaldas.

enguiscar tr. **Engrescar.*

enguizgar (de «en-» y «guizgar») tr. **Engrescar.*

engullir (del lat. «in», en, y «gula», garganta) tr. o abs. *Comer o *tragar ↘algo precipitadamente, por avidez o por prisa. ⊙ Comer mucho. ⇒ Apiparse, atiborrarse, atizarse, atracarse, comer a dos CARRILLOS; *cebarse, chascar, echarse al COLETO, echarse al CUERPO, devorar, embaular, embuchar, empapuciar, empapujarse, empapuzarse, empiparse, englutir, ensilar, jamar[se], manducar[se], echar entre PECHO y espalda, *tragar[se], zamparse. ➤ *Beber. *Comer. *Hartarse.

□ CONJUG. como «mullir».

engurria (de «engurriar»; ant.) f. *Arruga.*

engurriado, -a (ant.) adj. *Arrugado.*

engurriamiento (ant.) m. *Arrugamiento.*

engurriar (de «enrugar»; ant.) tr. *Arrugar.*

engurrio (de «engurriar») m. *Tristeza o melancolía.*

engurruñar (de «enrugar») tr. y prnl. **Encoger[se].* ⊙ *También en sentido figurado.* ⊙ prnl. **Acurrucarse.*

engurruñido, -a (And.) adj. *Arrugado o encogido.*

enhacinar (ant.) tr. *Hacinar.*

enhadar (ant.) tr. **Enfadar.*

enhado (ant.) m. *Enfado.*

enhadoso, -a (ant.) adj. *Enfadoso.*

enharinar tr. y prnl. Cubrir[se] o manchar[se] de harina.

enhastiar (de «hastío») tr. **Aburrir o *molestar.* ≃ Hastiar.

enhastillar (de «astil», con influencia de «astilla») tr. *Meter las ↘*flechas en el carcaj.*

enhatijar (de «en-» y «hatijo») tr. APIC. *Cubrir las bocas de las ↘colmenas con unas telas de esparto para trasladarlas de lugar.* ⇒ *Abeja.

enhebillar tr. *Sujetar las correas de una ↘cosa en las hebillas.*

enhebrar 1 tr. Pasar la hebra por el ojo de la ↘*aguja. ⇒ Enfilar, enhilar, ensartar. ➤ Desenhebrar. **2** *Pasar un hilo o alambre por ↘cosas agujereadas; por ejemplo, por las cuentas de un collar.* ≃ *Ensartar.

enhechizar (ant.) tr. **Hechizar.*

enhelgado, -a (ant.) adj. *Con los *dientes ralos o desportillados.* ≃ Helgado.

enhenar tr. *Cubrir una ↘cosa con heno.*

enherbolar (del lat. «in», en, y «herbŭla», dim. de «herba», hierba) tr. *Untar las puntas de las ↘saetas, etc., con venenos sacados de las hierbas o plantas.* ≃ *Envenenar. ⊙ *Untar cualquier ↘cosa con veneno.*

enhestar 1 tr. *Poner una ↘cosa enhiesta.* **2** (ant.) **Reclutar ↘gente de guerra.*

□ CONJUG. como «acertar».

enhetradura o **enhetramiento** (de «enhetrar»; ant.) f. o m. *Enredamiento.*

enhetrar (de «en-» y «hetria»; ant.) tr. **Enredar.*

enhielar tr. *Mezclar ↘algo con hiel.*

enhiesto, -a (del lat. «infestus», amenazador; lit.) adj. Erguido. ⇒ Enfiesto, infiesto. ➤ Enhestar, inhestar.

enhilar (de «en-» e «hilo») **1** tr. **Enhebrar, por ejemplo, una ↘aguja.* **2** **Ordenar o coordinar las ↘ideas, las partes de un escrito, etc.* ⊙ **Guiar con orden un ↘asunto.* **3** intr. **Enfilar.* ⊙ **Dirigirse hacia cierto ↘fin.*

enhorabuena 1 interj. Palabras de cortesía con que se *felicita a alguien ⊙ f. Expresiones que se dicen para felicitar: 'Ha recibido muchas enhorabuenas'. ≃ Felicitación, parabién, en HORA buena, norabuena. **2** (ya desusado) adv. Se une a un verbo en imperativo para reforzarlo con enfado o para mostrar, también con *enfado, que el que habla no se opone a lo que el verbo expresa: '¡Que se vaya enhorabuena!'. ⇒ Enhoramala.

DAR LA ENHORABUENA. *Felicitar a alguien diciéndole «enhorabuena» o con otras expresiones.

enhoramala (ya desusado) adv. Expresión con que se acompaña, mostrando *enfado, un verbo en imperativo;

particularmente, el verbo «ir»: '¡Idos enhoramala!'. ⇒ En HORA mala, noramala, NORA tal, NORA en tal. ➤ Enhorabuena.

enhorcar (del lat. «infurcāre», poner en la horca) **1** tr. *Formar horcas o ristras con ˋajos, cebollas o cosa semejante.* **2** (ant.) **Ahorcar.* **3** (León) *Coger con la horca o *bieldo el ˋheno, la paja, etc.*

enhornar tr. Meter una ˋcosa en el horno para cocerla o *asarla: 'Enhornar un pastel'.

enhorquetar (Arg., Cuba, P. Rico, Ur.) tr. y prnl. *Poner[se] a *horcajadas.*

enhotado, -a (de «en-» y «hoto»; ant.) adj. *Confiado.*

enhotar (del lat. «in-», en, y «fautus», ayudado) tr. **Azuzar, particularmente a los ˋperros.*

enhoto (ant.) m. *Confianza.*

enhuerar (de «huero»; ant.) tr., intr. y prnl. *Dejar [o quedar] ˋalgo *hueco o *vacío.*

enigma (del lat. «aenigma», del gr. «aínigma») **1** m. Dicho de significado intencionadamente encubierto, que se propone para que este sea adivinado como pasatiempo. ≃ *Adivinanza. **2** (usable como partitivo: 'no hay enigma en mis palabras') Significado o sentido oculto de un texto o de algo que se dice. ⇒ Enigmático, impenetrable, indescifrable. ➤ *Secreto.

enigmáticamente adv. De manera enigmática.

enigmático, -a adj. Se aplica a lo que contiene enigma. ⊙ También al tono con que se dice algo a lo que se atribuye sentido encubierto: 'Me dejó intrigado el tono enigmático con que lo dijo' ⇒ *Misterio.

enigmística f. *Conjunto de adivinanzas de un país o época, populares o de autor conocido.*

enjabonado, -a 1 adj. *Se aplica a la caballería que tiene manchas oscuras sobre fondo blanco.* **2** m. Enjabonadura.

enjabonadura f. Acción de enjabonar. ≃ Enjabonado, jabonadura.

enjabonar 1 tr. Dar jabón a la ˋropa u otra cosa para *lavarla. ≃ Jabonar. ⊙ Untar una ˋcosa con jabón. **2** (inf.) **Lisonjear a ˋalguien.* ≃ Dar JABÓN.

enjaezar tr. Poner los jaeces a las ˋcaballerías. ⇒ Engualdrapar. ➤ *Aparejar.

enjaguar (del sup. lat. vulg. «exaquāre») tr. *Enjuagar.*

enjagüe 1 (ant. y usado aún en Hispam.) m. *Enjuague.* **2** MAR. *Reparto que se hacía antiguamente entre los interesados en un barco para pagarles sus respectivos créditos.*

enjalbegado, -a 1 Participio adjetivo de «enjalbegar[se]». **2** m. Acción de enjalbegar.

enjalbegador, -a adj. y n. Que enjalbega.

enjalbegadura f. Acción de enjalbegar.

enjalbegar (del sup. lat. vulg. «exalbicāre») tr. Blanquear las ˋparedes con cal. ≃ Encalar, enlucir.

enjalbiego m. *Acción y efecto de enjalbegar.*

enjalma (de «en-» y el sup. ár. and. «iššálma», del b. lat. «salma», del lat. «sagma», y éste del gr. «ságma») f. **Albarda de cierta forma para caballería de carga.* ≃ Jalma.

enjalmar tr. *Poner la enjalma a la ˋcaballería.* ⇒ Desenjalmar.

enjalmero m. *El que hace o vende enjalmas.*

enjambradera 1 f. APIC. **Abeja que, con el zumbido que produce dentro de la colmena, da muestras de estar inquieta y querer salir para enjambrar en otro sitio.* **2** APIC. **Reina o abeja maestra.* **3** APIC. *Cubierta o cúpula de la celda donde se cría la reina de una colonia de abejas.* ≃ Casquilla.

enjambradero m. APIC. *Sitio destinado a enjambrar.*

enjambrar (del lat. «examināre») **1** intr. APIC. *Multiplicarse tanto las *abejas de una colonia que están en situación de separarse una parte de ellas para ir a fundar otra.* **2** APIC. *Constituir las abejas un nuevo enjambre.* **3** tr. APIC. *Encerrar en una colmena un ˋenjambre o las abejas que están sueltas.* **4** APIC. *Sacar de una colmena un enjambre de ˋabejas que está en disposición de separarse.*

enjambrazón f. APIC. *Acción y efecto de enjambrar.*

enjambre (del lat. «exāmen, -ĭnis») **1** m. Conjunto de *abejas con su reina; particularmente, cuando marchan juntas para formar una colonia nueva. ⇒ Enjambrillo, escamocho, jabardo. ➤ Enjambrar, jambrar. ➤ Malagaña. **2** *Muchedumbre de otras cosas, particularmente animales o personas, que van o se mueven de manera semejante a como lo hace un enjambre: 'Nos asaltó un enjambre de pordioseros'.

enjambrillo m. APIC. *Enjambre pequeño producido por una colmena, por ejemplo como segunda cría del año.* ≃ Escamocho, jabardo.

enjaquimar (de «en-» y «jáquima») **1** tr. *Poner la jáquima o cabezada a una ˋcaballería.* ⇒ *Aparejar. **2** (Sal.) **Arreglar, ataviar.*

enjarciar tr. MAR. *Poner las jarcias a un ˋ*barco.* ≃ Jarciar.

enjardinar (de «en-» y «jardín») **1** tr. *Poner y arreglar los árboles como están en los *jardines.* **2** CETR. *Poner el ˋave en un prado o sitio verde.*

enjaretado 1 m. **Enrejado de listones.* **2** MAR. *Conjunto de falsas jaretas de las jarcias de un *barco.*

enjaretar 1 tr. Pasar una cinta, cordón, etc., por la jareta de una ˋprenda. **2** (inf.) Hacer una ˋcosa muy deprisa, para salir del paso: 'Enjaretó un vestido en una tarde'. ⇒ Atrapañar, endilgar. ➤ *Atropellar, *embarullar, *improvisar. ⊙ Decir algo, por ejemplo un ˋsermón, un discurso o una reprimenda, atropelladamente. **3** Decir o hacer a alguien, o hacerle aguantar, una ˋcosa pesada o molesta: 'Me enjaretó toda una teoría suya sobre el amor. No saben a quién enjaretarle esa comisión'. ≃ *Endilgar.

enjarje (de «en-» y el sup. ár. and. «iššárǧ», cl. «šarǧ», colocación de ladrillos) m. CONSTR. *Se aplica a los *dientes que se dejan en una pared empezada para que, cuando se continúe, no quede una línea recta de unión, la cual podría agrietarse.* ≃ Adaraja, dentellón.

enjaular tr. Encerrar en una jaula, por ejemplo a un ˋpájaro o a una fiera. ≃ Engaviar. ⇒ Desenjaular.

enjebar[1] (de «en-» y «jebe») tr. *Blanquear los ˋ*paños en lejía para darles después el color.*

enjebar[2] (del lat. «exalbāre») tr. *Blanquear un ˋmuro con lechada de yeso.*

enjebe 1 m. *Operación de enjebar.* **2** **Lejía en que se enjeban los paños.* **3** **Alumbre.* ≃ Jebe.

enjeco (del ár. and. «iššáh», cl. «šāh», del persa «šāh», rey) **1** m. **Duda, dificultad o *enredo.* **2** (ant.) m. *Incomodidad o perjuicio.*

enjergado, -a (ant.) adj. *Enlutado o vestido de jerga, que era el género usado antiguamente para luto.*

enjergar (de «en-» y «jerga[1]») tr. **Principiar y *dirigir un ˋasunto.*

enjerir (del lat. «inserĕre») **1** tr. *Injertar.* **2** *Introducir una cosa en otra.*

enjertar (del lat. «insertāre») tr. **Injertar.*

enjerto, -a (del lat. «insertus», injerto) **1** *Participio irregular de enjertar, usado como adjetivo.* **2** m. *Injerto.* **3** **Mezcla de cosas heterogéneas.*

enjicar (Cuba) tr. *Poner los jicos o cordeles a la ↘*hamaca.*

enjordanar (de «en-» y «Jordán») tr. **Rejuvenecer o *renovar a ↘alguien.*

enjoyar 1 tr. Adornar ↘algo o a alguien con *joyas. **2** **Adornar o enriquecer una ↘cosa.* **3** *Entre plateros, *engastar piedras en una ↘joya.*

enjoyelado, -a 1 adj. *Se aplica al oro o plata convertidos en joyas.* **2** *Adornado con joyas o joyeles.*

enjoyelador (de «en-» y «joyel») m. *Engastador.*

enjuagadientes m. *Liquido empleado para enjuagarse la boca o limpiarse los *dientes.*

enjuagadura 1 f. Acción de enjuagar[se]. **2** *Enjuagatorio.*

enjuagar (de «enjaguar») **1** tr. *Lavar una ↘cosa en agua. ⊙ Quitar con agua el jabón dado a la ↘ropa u otra cosa para lavarla. ≃ Aclarar. ⊙ prnl. Ponerse en la *boca agua u otro líquido y moverlo a un lado y a otro para limpiársela. **2** (Mál.) tr. o abs. *Sacar del agua la ↘bolsa de la red utilizada en el *copo.*

enjuagatorio m. Líquido que se emplea para enjuagarse la boca. ⇒ Colutorio, enjuagadientes, enjuagadura, enjuague. ➤ Dentífrico. ➤ Gárgara.

enjuague 1 m. Acción de enjuagar[se]. ≃ Enjuagadura. **2** *Enjuagatorio.* **3** *Vasija que se utilizaba para lavarse los dientes, con un recipiente para echar el líquido después de hacerlo.* ≃ Lavadientes. **4** Arreglo desaprensivo de algún asunto. ≃ Amaño, apaño, *chanchullo, componenda, pastel, pasteleo. **5** (ant.) **Presunción con que alguien se vanagloria de una cosa.*

enjugador, -a 1 adj. *Útil o utilizado para enjugar.* **2** m. *Utensilio que sirve para enjugar.* ⊙ **Cápsula de las usadas en los laboratorios para ese objeto.* ⊙ *Cubeta usada por los cartoneros.* ⊙ *Armadijo de aros y tablillas con un enrejado de cuerda en la parte superior, que, colocado encima de un brasero, sirve para *secar o calentar la ropa.*

enjugar (del lat. «exsucāre», dejar sin jugo) **1** tr. Quitar a una ↘cosa la humedad o el agua que tiene por encima: 'Enjugar la vajilla'. ≃ *Secar. ⊙ Limpiar el ↘sudor, las lágrimas o la sangre. También reflex. **2** *Liquidar una ↘deuda o hacer desaparecer un *déficit. **3** prnl. **Adelgazar alguien.*

enjugascarse prnl. **Enfrascarse o *cebarse en el juego o las diversiones. Es usual, por lo menos en Aragón, sobre todo la frase «estar enjugascado», aplicada particularmente a los niños.*

enjuiciable adj. *Que merece ser enjuiciado.*

enjuiciamiento m. DER. Acción de enjuiciar.

enjuiciar 1 tr. Formar alguien *opinión sobre cierta ↘cosa. ≃ *Juzgar. **2** DER. Instruir un juicio sobre ↘algo o contra alguien. ⇒ *Tribunal.

□ CONJUG. como «cambiar».

enjulio (de «enjullo») m. *En los telares, madero, generalmente cilíndrico, en que se enrolla la urdimbre.* ≃ Ensullo.

enjullo (de «ensullo») m. *Enjulio.*

enjuncar 1 tr. **Recubrir ↘algo con juncos.* **2** MAR. *Atar con juncos una ↘vela.* **3** MAR. *Soltar los ↘tomadores y sustituirlos con filásticas, para poder cazar el velamen sin subir a las vergas.*

enjunciar (Ar.) tr. *Cubrir de juncia las ↘calles para alguna *fiesta.*

enjundia (del lat. «axungīa», grasa, sebo) **1** f. *Manteca o *grasa que tienen las *aves alrededor de la overa. ⊙ Manteca o grasa de cualquier parte de un animal. **2** Riqueza de ideas de un libro, un discurso, etc. ≃ Contenido, meollo, *sustancia. ⊙ Tratándose de personas, conjunto de cualidades morales estimables, tales como *carácter, sensatez o *formalidad. **3** *Fuerza, vigor, arrestos.* **4** *Constitución o cualidad connatural de una persona.*

enjundioso, -a adj. Se aplica a lo que tiene enjundia.

enjunque m. MAR. **Lastre muy pesado que se pone en el fondo de la bodega, constituido, por ejemplo, por lingotes de metal.* ⊙ MAR. *Colocación de este lastre.*

enjuramiento (ant.) m. **Juramento legal.*

enjurar (de «en-» y «juro»; ant.) tr. **Traspasar un ↘derecho.*

enjuta (de «enjuto») **1** f. ARQ. Espacio de los cuatro que quedan entre un cuadrado y el círculo inscrito en él. **2** ARQ. *Pechina.

enjutar (de «enjuto») **1** (Ar., Chi.) tr. *Enjugar.* **2** CONSTR. *Secar la ↘cal u otra cosa.* **3** CONSTR. *Rellenar las enjutas o ↘*pechinas.*

enjutez (de «enjuto») f. *Sequedad.*

enjuto, -a (del lat. «exsuctus», part. pas. de «exsugĕre», absorber, secar) **1** adj. Aplicado a personas, *delgado; se dice «enjuto de carnes». **2** **Sobrio en palabras o actos.* **3** m. pl. **Leña menuda que sirve para encender la lumbre.* **4** *Bollitos o bocados ligeros que se toman para *beber algo.* ⇒ *Tapa.

V. «a PIE enjuto».

enlabiar (de «en-» y «labia») tr. **Engatusar con promesas o palabras.*

enlabio (de «enlabiar[2]») m. **Engaño hecho con promesas o palabras amables.*

enlace 1 m. Acción y efecto de enlazar: *unión o *relación entre cosas enlazadas: 'Existe un enlace lógico entre esas dos ideas'. **2** Cosa que establece la unión o relación entre otras: 'El verbo «ser» es el enlace entre el verbo y el atributo'. ≃ *Ligadura. **3** Conjunto de dos o más cosas enlazadas. ⊙ Específicamente, conjunto de dos o más *letras entrelazadas. ⇒ Cifra, crismón, monograma. **4** Persona que en una organización, particularmente una organización secreta, sirve para mantener la *comunicación entre elementos que no pueden verse o hablarse directamente. **5** *Empalme de trenes. **6** ENLACE matrimonial. **7** QUÍM. Unión de los *atómos dentro de la molécula, debida a la fuerza de atracción entre ellos.

ENLACE MATRIMONIAL. Ceremonia de *casamiento.

E. SINDICAL (ya en desuso). Representante de los trabajadores ante la empresa.

enlaciar 1 tr. y prnl. Poner[se] *lacia una ↘cosa. **2** *Enlaciarse.*

□ CONJUG. como «cambiar».

enladrillado m. Acción de enladrillar. ⊙ Pavimento de ladrillos.

enladrillador m. El que enladrilla.

enladrilladura f. *Enladrillado.*

enladrillar tr. Pavimentar un ↘suelo con ladrillos. ⇒ Desenladrillar.

enlagunar (de «laguna») tr. y prnl. **Embalsar[se] o *encharcar[se]; cubrir[se] un terreno de agua.*

enlamar tr. y prnl. *Cubrir[se] de lama un campo.* ⇒ *Enlodar.

enlaminar (de «en-» y «laminar[1]»; Ar.) tr. *Hacer desear una cosa a ↘alguien o mostrársela haciéndole concebir* *ilusiones de que la va a tener.* ≃ *Engolosinar. ⊙ (Ar.) prnl. *Concebir ilusiones de que se va hacer o poseer una cosa.*

enlanado, -a adj. Recubierto o *relleno de lana.

enlanchar (de «lancha[1]», Sal.) tr. **Enlosar.* ⇒ Lancha.

enlardado 1 m. *Acción y efecto de enlardar.* **2** *Operación de extender la *argamasa encima de un ladrillo antes de colocarlo.*

enlardar tr. *Untar con *manteca ↘algo para asarlo.* ≃ Lardar, lardear. ⊙ *Pringar.*

enlatado, -a 1 Participio adjetivo de «enlatar». **2** (inf.) Aplicado particularmente a la música de una obra o espectáculo, grabada con anterioridad. ⊙ (inf.) Se aplica a la risa grabada que se introduce en determinadas circunstancias en un programa de radio o televisión. **3** m. *Operación de poner ripias o listones entre las vigas de un techo para sostener el yeso que ha de formar el cielo raso.* ⇒ Encañizar.

V. «LISTÓN de enlatado, VIGUETA de enlatado».

enlatar (de «en-» y «lata») **1** (And., Arg., Hond.) tr. *Cubrir el ↘*techo o la pared de algún sitio o *cercar algo con latas de madera.* **2** Meter o guardar una ↘cosa, por ejemplo conservas, en latas. ⇒ *Envasar.

enlazable adj. Que se puede enlazar.

enlazado, -a Participio adjetivo de «enlazar[se]».

enlazador, -a adj. y n. *Que enlaza.*

enlazadura f. *Enlazamiento.*

enlazamiento m. Acción de enlazar.

enlazar (del lat. «inlaqueāre») **1** tr. *Unir o sujetar ↘cosas con lazos. ⊙ Unir los extremos de dos ↘cintas, cordones, etc., haciendo un lazo. **2** **Apresar a un ↘animal echándole el lazo.* **3** («con») tr., intr. y prnl. recípr. Unir[se] o relacionar[se] ↘cosas materiales o inmateriales: 'Enlazar las piezas de una máquina [las partes de un edificio, las distintas partes de un tratado]. Esta afirmación enlaza con la que hizo antes. Se enlazaron en un cariñoso abrazo'. ⊙ prnl. recípr. **Casarse.* ⊙ *Unirse dos familias por un casamiento.* ⇒ Entroncar. **4** tr. *Entrelazar ↘cosas. **5** («con») intr. *Empalmar un medio de transporte colectivo con otro.

enlechar tr. CONSTR. *Aplicar a ↘algo una lechada.*

enlechuguillado, -a adj. *Se aplicaba al que usaba *cuello de lechuguilla.*

enlegajar tr. Arreglar ↘*papeles en legajos.

enlegamar (de «en-» y «légamo») tr. *Entarquinar.*

enlejiar 1 tr. *Tratar una ↘cosa con *lejía.* ⊙ *Meter, por ejemplo la ↘ropa *lavada, en lejía.* ⊙ *Adicionar al ↘agua una sustancia alcalina.* **2** QUÍM. *Disolver en ↘agua una sustancia alcalina.*

□ CONJUG. como «desviar».

enlenzar tr. *Poner trozos o tiras de lienzo en las ↘obras de madera, por ejemplo en las *esculturas en los sitios en que hay peligro de que se agrieten, o *rellenar con ellos las junturas.*

enlerdar tr. *Dificultar o *retrasar una ↘cosa.*

enligar tr. **Untar ↘algo con liga.* ⊙ prnl. *Quedarse el *pájaro cogido en la liga.*

enlijar (de «en-» y «lijo», inmundicia) tr. y prnl. **Manchar[se].* ⊙ *También en sentido figurado.*

enlisar (ant.) tr. **Alisar.*

enlistonado m. CARP., CONSTR. Obra hecha con listones.

enlistonar tr. CARP., CONSTR. Poner listones de madera en una ↘obra.

enlizar tr. *Añadir lizos al ↘telar.*

enllantar tr. *Guarnecer las ↘*ruedas con llantas.*

enllentecer (del lat. «illentescĕre») tr. **Ablandar.* ≃ Reblandecer.

enllocar (de «llueca») intr. y prnl. *Enclocar[se].

enlodar o **enlodazar 1** tr. y prnl. Ensuciar[se] con lodo o cubrir[se] de lodo una ↘cosa. ⇒ Embarrar, encenagar, enlamar, enlegamar, entarquinar. **2** tr. *Recubrir con barro una ↘tapia.* **3** MINER. *Tapar con arcilla las grietas de un ↘*barreno para impedir que entre agua por ellas.* **4** tr. y prnl. *Deshonrar[se] o *desacreditar[se]. ≃ Manchar, enlodar.

enlomar 1 tr. AGRÁF. *Hacer el lomo de un ↘libro.* **2** prnl. EQUIT. *Arquear el lomo el *caballo preparándose para dar un bote.*

enloquecedor, -a adj. Que enloquece.

enloquecer (de «en-», «loco» y «-ecer») **1** («de»: 'de celos') tr. Volver *loco a ↘alguien. ≃ Enajenar, perturbar, trastornar. ⊙ intr. y, menos frec., prnl. Volverse loco. ⇒ Perder [o Hacer perder] la CABEZA, secar[se] el CEREBRO, chalarse, perder la CHAVETA, chiflar[se], enajenar[se], guillar[se], beber [hacer perder, sorber, trastornar o volver] el JUICIO, volver[se] LOCO, perturbar[se], sacar de QUICIO, perder [o hacer perder] la RAZÓN, beber [hacer perder o sorber] el SESO, trastocar[se]. ➤ *Loco. **2** tr. *Trastornar: hacer perder a ↘alguien la serenidad o la sensatez. **3** *Gustar una cosa exageradamente a alguien. ≃ Chiflar, privar, trastornar. **4** intr. AGR. *Dejar los árboles de dar fruto por causa debida al árbol, al cultivo o al terreno.*

□ CONJUG. como «agradecer».

enloquecimiento m. Acción de enloquecer.

enlosado m. Pavimento de losas.

enlosador m. El que enlosa.

enlosar tr. Pavimentar un ↘*suelo con losas o *baldosas. ⇒ Embaldosar, enlanchar, losar. ➤ Desenlosar. ➤ Solar.

enlozanarse prnl. *Lozanear: ostentar lozanía.*

enlozanecer (ant.) tr. *Enlozanarse.*

enlozar (Hispam.) tr. *Cubrir una cosa con loza o esmalte vítreo.*

enlucernar (de «en-» y «lucerna», lámpara; ant.) tr. **Deslumbrar.*

enlucido m. Acción de enlucir. ⊙ Cualquier capa aplicada sobre una pared, que se endurece después de su aplicación.

enlucidor, -a n. *El que enluce.*

enlucimiento m. Acción de enlucir.

enlucir (de «lucir») tr. CONSTR. Recubrir los ↘muros y techos con una capa de yeso o de otra cosa para tapar la obra. ⇒ Empañetar, enfoscar, enlechar, ensabanar, estucar, revocar, trullar. ➤ Blanquear. ➤ Estucado [o estuco], pañete [o paño], tendido. ➤ Antosta, caliche, descascarillado, desconchado.

□ CONJUG. como «lucir».

enlustrecer tr. **Limpiar y abrillantar ↘algo.* ≃ Lustrar.

enlutado, -a Participio adjetivo de «enlutar[se]». ⊙ n. Persona vestida de luto.

enlutar 1 tr. Cubrir o vestir ↘algo de *luto. También reflex. ⇒ Enjergado, enlutado. **2** **Oscurecer (quitar luz).* **3** Ser causa de tristeza o *dolor para alguien durante cierto ↘tiempo: 'Esa desgracia enlutó el resto de sus días'.

enmadejar (Chi.) tr. **Devanar un ↘hilo en madeja.* ≃ Aspar.

enmaderado, -a 1 Participio de «enmaderar». **2** m. Acción y efecto de enmaderar. ≃ Enmaderamiento.

enmaderamiento m. Acción y efecto de enmaderar. ≃ Enmaderado. ⇒ *Entarimado, zaquizamí.

enmaderar 1 tr. Cubrir con *madera ↘suelos, paredes, etc. **2** *Construir el maderamen de un ↘*edificio.*

enmadrado, -a Participio adjetivo de «enmadrarse». ⇒ Madrero. ➤ Empadrado.

enmadrarse prnl. Ponerse el hijo demasiado encariñado con la madre y no querer separarse de ella o ir con otras personas. Se usa más «estar enmadrado».

enmaestrar tr. MAR. *Envagarar: colocar las vagras sobre las ↘cuadernas de un *barco.*

enmagrecer (de «magro») intr. **Adelgazar una persona.* ≃ Magrecer.

□ CONJUG. como «agradecer».

enmalecer tr. y prnl. **Estropear[se] o malear[se].*

enmalecerse prnl. *Cubrirse un campo de *maleza.*

enmallarse (de «malla») prnl. *Quedarse los *peces enredados en la red por las agallas.*

enmalle (de «enmallarse») m. *Arte de *pesca consistente en redes verticales en las que quedan los peces enredados.*

enmalletar 1 tr. *Colocar malletes o cuñas en la ↘arboladura de un *barco.* **2** *En mecánica, *engranar.*

enmangar tr. *Poner *mango a un ↘instrumento o utensilio.* ⇒ Enastar, encabar.

enmaniguarse 1 (Cuba, P. Rico) prnl. *Convertirse un terreno en manigua.* **2** (Cuba, P. Rico) *Habituarse a la vida del *campo.*

enmantar 1 tr. *Cubrir ↘algo una *manta. También reflex.* **2** prnl. *Ponerse una persona encogida y *abatida física o moralmente.* ≃ Engurruñarse. **3** *Ponerse las *aves con aspecto de enfermas, con las alas caídas.* ≃ Encapotarse.

enmarañado, -a Participio adjetivo de «enmarañar[se]».

enmarañador, -a adj. y n. *Que enmaraña.*

enmarañamiento m. Acción y efecto de enmarañar[se].

enmarañar 1 tr. Hacer que alguna ↘cosa forme una maraña: 'Enmarañar el pelo'. ≃ Embrollar, *enredar, marañar. ⇒ Desenmarañar. ⊙ prnl. Hacerse una maraña una cosa. **2** tr. y prnl. Hacer[se] una ↘cosa más confusa y difícil de resolver: 'Enmarañar[se] un asunto'. ≃ *Complicar, confundir, embarullar.

enmararse prnl. MAR. *Alejarse el barco de la tierra y adentrarse en el mar.*

enmarcar 1 tr. Poner una ↘cosa, por ejemplo un dibujo o pintura, en un *marco. ≃ Encuadrar. **2** Servir de *marco a ↘algo: 'Las flores enmarcan la escultura'. ≃ Encuadrar. **3** Servir de *fondo a ↘algo: 'El paisaje enmarcaba perfectamente la ceremonia'. ≃ Encuadrar. ⊙ Dar a una ↘cosa el marco o fondo adecuado. ≃ Encuadrar. **4** tr. y prnl. Situar [o estar] ↘algo dentro de un contexto: 'El acuerdo pesquero se enmarca en el clima de buenas relaciones de ambos países'. ≃ Encuadrar[se]. ⇒ *Entarimado, zaquizamí.

enmarchitar (ant.) tr. *Mustiar.* ≃ Marchitar.

enmaridar (de «en-» y «maridar») intr. y prnl. **Casarse una mujer.*

enmarillecer intr. y prnl. *Ponerse algo o alguien *amarillo, amarillento o *pálido.*

enmaromar tr. **Atar ↘algo con una maroma o cuerda gruesa; particularmente, un toro u otro animal bravo.*

enmascarado, -a Participio adjetivo de «enmascarar». ⊙ n. Persona enmascarada.

enmascaramiento m. Acción de enmascarar.

enmascarar 1 tr. Cubrir a ↘alguien con una máscara o *disfraz. ≃ Disfrazar. **2** *Disimular, desfigurar o *encubrir una ↘cosa: 'Enmascarar alguien sus intenciones'.

enmasillar tr. Cubrir o *rellenar ↘algo con masilla; por ejemplo, las grietas de la madera. ⊙ Sujetar con masilla; por ejemplo, los ↘*vidrios de una vidriera. ⇒ *Almáciga.

enmatarse 1 prnl. *Ocultarse en las matas; por ejemplo, la *caza.* **2** (Ál., Sal.) *Engancharse en las *matas.* ≃ Enzarzarse.

enmechar (ant.) tr. *Mechar.*

enmedio adv. Variante ortográfica, no corriente, de «en medio».

enmelado m. *Cierta *masa frita untada con miel.*

enmelar 1 intr. APIC. Hacer miel las *abejas. **2** tr. *Untar con miel una ↘cosa. **3** **Endulzar o suavizar ↘algo.*

enmendable adj. Que se puede enmendar.

enmendación (ant.) f. *Acción de enmendar.*

enmendado, -a Participio adjetivo de «enmendar».

enmendador, -a adj. Que enmienda.

enmendadura f. *Acción de enmendar.*

enmendamiento m. *Acción de enmendar.*

enmendar (del ant. «emendar», del lat. «emendāre», con influencia de «en-») **1** tr. *Arreglar o *corregir: quitarle a una ↘cosa los defectos o errores que tiene. El complemento puede ser también el nombre de la falta, defecto, etc.: 'Ya no se puede enmendar la torcedura del árbol'. ⊙ prnl. Corregir una persona sus errores. **2** tr. MAR. *Variar el ↘rumbo o el fondeadero de una nave según las necesidades.* **3** **Indemnizar o *compensar.* **4** DER. *Rectificar un *tribunal superior una ↘sentencia dada por él mismo, de la cual ha apelado una de las partes.*

V. «enmendar la PLANA».

□ CONJUG. como «acertar».

enmienda 1 f. Acción y efecto de enmendar o, particularmente, de enmendarse: 'Propósito de enmienda'. ⊙ DER. Rectificación hecha en un escrito, que suele mencionarse al final de él para darle validez: 'Sin enmienda ni raspadura'. ⇒ Corregir, tachar. ➤ Salvar. ⊙ Propuesta de un cambio en el texto de una *ley u otro documento oficial; particularmente, de un proyecto de ley en las Cortes. **2** (ant.) *Antiguamente, *compensación o indemnización.* **3** (ant.) **Premio o recompensa.* **4** (pl.) AGR. *Sustancias que se mezclan con las tierras para mejorarlas.* **5** *Cargo conferido por el Trecenazgo de la orden militar de Santiago al caballero que ha de sustituir al «trece» en sus ausencias.*

NO TENER alguien ENMIENDA. Ser *incorregible en sus vicios o defectos.

enmiente (de «en-» y «miente»; ant.) f. *Cita.* ≃ Mención.

enmocecer (de «en-», «mozo» y «-ecer»; ant.) intr. **Rejuvenecerse.*

enmochiguar (de «en-» y «muchiguar»; ant.) tr. *Aumentar o *agrandar. ≃ Amochiguar.

enmohecer 1 tr. y prnl. Cubrir[se] una ↘cosa de moho (óxido u hongos). ⇒ Calumbrecerse, florecer[se], mohecer[se], musirse, oxidar[se]. ➤ Desenmohecer[se]. **2** prnl. Inutilizarse una cosa inmaterial por estar mucho tiempo sin ser usada.

□ CONJUG. como «agradecer».

enmohecimiento m. Acción y efecto de enmohecer[se].

enmollecer (del lat. «emollescĕre») tr. y prnl. **Ablandar[se].*

enmonarse (Chi., Perú) prnl. **Emborracharse.*

enmondar (del lat. «emundāre», purificar) tr. *Limpiar un ↘*paño de motas e impurezas antes de llevarlo a la prensa.* ≃ Desliñar.

enmontar (de «monte»; ant.) tr. **Elevar o *encumbrar.*

enmontarse (de «monte»; Hispam.) prnl. *Cubrirse un campo de *maleza.*

enmostar tr. y prnl. *Manchar[se] o untar[se] con mosto.*

enmostrar (ant.) tr. **Mostrar.*

enmotar (de «en-» y «mota», colina) tr. **Fortificar con *castillos un ↘territorio.*

enmudecer (de «en-», «mudo» y «-ecer») **1** intr. Quedarse *callado por la sorpresa, el miedo, etc. **2** No hablar o decir algo cuando se debía decir. ⊙ intr. Hacer callar a ↘alguien.

□ CONJUG. como «agradecer».

enmudecimiento m. Acción de enmudecer.

enmugrar (Chi., Col.) tr. *Enmugrecer.*

enmugrecer tr. y prnl. *Llenar[se] ↘algo de mugre.* ⇒ *Ensuciar.

□ CONJUG. como «agradecer».

enmustiar tr. y prnl. *Mustiar[se].*

ennatado, -a adj. *Se aplica a las tierras que han recuperado fertilidad después de haber sido dejadas en *barbecho.*

ennegrecer tr. y prnl. Poner[se] negra una ↘cosa. ⇒ Denegrecer, negrecer. ➤ Ennegrecido, fuliginoso, renegrido. ➤ *Negro.

□ CONJUG. como «agradecer».

ennegrecido, -a Participio adjetivo de «ennegrecer[se]».

ennegrecimiento m. Acción y efecto de ennegrecer[se].

ennoblecedor, -a adj. Que ennoblece.

ennoblecer **1** tr. Comunicar *nobleza a ↘alguien: 'Esos sentimientos te ennoblecen'. ⊙ prnl. Hacerse alguien más noble. **2** tr. Conceder a ↘alguien un título de nobleza. **3** Comunicar a una ↘cosa aspecto distinguido: 'Los tapices ennoblecen la estancia'. **4** (And.) *Hacer a un ↘animal, particularmente a un *caballo, manso y dócil.*

□ CONJUG. como «agradecer».

ennoblecimiento m. Acción de ennoblecer.

ennoviarse (inf.) prnl. recípr. Establecer relación de novios.

□ CONJUG. como «cambiar».

ennudecer (de «en-» y «nudo») intr. *No desarrollarse un árbol o un injerto.* ≃ Anudarse. ⇒ *Desmedrarse.

eno- Elemento prefijo del gr. «oînos», de la misma raíz que el lat. «vinum», vino: 'enología'.

-eno, -a (del lat. «-ēnus») **1** Sufijo con el que se forman algunos adjetivos de naturaleza: 'sarraceno, nazareno'. **2** También forma algunos, pocos, adjetivos derivados de nombres: 'terreno, moreno'. **3** Forma algunos adjetivos ordinales: 'centeno, catorceno, dieciocheno, onceno', de los que hoy sólo es usual «noveno». En la forma acaba en «-a», nombres colectivos: 'centena, decena, docena, veintena'. ⇒ -en. **4** QUÍM. Terminación de los nombres de algunos hidrocarburos: 'benceno, acetileno'.

enocar (del ant. y dial. «ocar», del lat. «occāre», rastrillar la tierra para que quede hueca; ant.) tr. **Ahuecar o vaciar.*

enodio (¿del lat. «annotĭnus», animal de un año?) m. **Ciervo de tres a cinco años de edad.*

enodrida adj. *Se aplica a la *gallina que ya no pone.*

enografía (de «eno-» y «-grafía») f. *Parte de la enología que describe los distintos *vinos.*

enojadizo, -a adj. Que se enoja fácilmente.

enojado, -a Participio adjetivo de «enojar[se]».

enojar (del lat. vulg. «inodiāre», enfadar) **1** (pulido) tr. y prnl. *Enfadar[se]. **2** prnl. **Agitarse o enfurecerse el mar, los elementos, etc.*

enojo (pulido; «Causar, Producir, Provocar, Incurrir en el, Mostrar, Hacer pasar, Quitar») m. Alteración producida en el ánimo de una persona por una cosa que le perjudica o que es como ella desearía que no fuese, o por alguna cosa mal hecha, aunque no le afecte: 'No mostró enojo por mi tardanza'. ≃ *Enfado.

enojón, -a (Chi., Méj.) adj. *Enfadadizo.* ≃ Enojadizo.

enojosamente adv. De manera enojosa.

enojoso, -a adj. Se aplica a las cosas que causan enojo. ≃ *Desagradable, enfadoso, fastidioso, molesto. ⊙ También, a las que causan *violencia o *disgusto: 'Es un asunto enojoso porque tendré que enfrentarme con mi mejor amigo'.

enología (de «eno-» y «-logía») f. Conjunto de conocimientos relativos a la elaboración de *vinos.

enológico, -a adj. De la enología o de su objeto.

enólogo, -a n. Persona entendida en enología.

enorfanecido, -a (ant.) adj. **Huérfano.*

enorgullecedor, -a adj. Que enorgullece.

enorgullecer tr. Ser causa de *orgullo para ↘alguien. ⇒ Ergullir. ⊙ («de») prnl. Sentirse orgulloso por algo.

□ CONJUG. como «agradecer».

enorgullecimiento m. Acción de enorgullecer[se].

enorme (del lat. «enormis») **1** adj. De tamaño mucho mayor que el corriente: 'Un edificio [una ciudad, un tomo, un melón] enorme'. ≃ Colosal, gigantesco, *grandísimo. **2** (inf.) Grande o muy grande, con el significado de *gracioso por lo disparatado, extravagante o inadmisible: 'Cuando se pone a hablar de su suegra es enorme'. **3** *Aplicado a personas y a sus acciones, etc., muy *malo.*

enormedad (ant.) f. *Enormidad.*

enormemente adv. Extraordinariamente: 'Me interesa enormemente esa cuestión. Un problema enormemente difícil'.

enormidad **1** f. Cualidad de enorme. **2** *Cosa que contiene una gran inexactitud o muy contraria a la razón o la prudencia:* 'Un libro plagado de enormidades. Es una enormidad meterse en el mar en plena digestión'. ≃ Atrocidad, barbaridad, desatino, despropósito, *disparate. **3** *Expresión descompuesta o soez.* ≃ *Terno.

UNA ENORMIDAD (inf.). *Muchísimo: 'Me costó una enormidad sacarle el dinero'. ≃ Un disparate, un horror, una barbaridad.

enotecnia (de «eno-» y «-tecnia») f. Técnica de la elaboración y el comercio de *vinos.

enotécnico, -a adj. De la enotecnia o de su objeto.

enoteráceo, -a adj. y n. f. BOT. *Onagráceo.*

enquiciar **1** tr. Poner ↘algo, como la hoja de una puerta o ventana, en su quicio. **2** Poner una ↘cosa en *orden o normalizar su marcha.

□ CONJUG. como «cambiar».

enquillotrar (de «en-» y «quillotrar») **1** tr. y prnl. *Engreír[se].* **2** prnl. **Enamorarse.*

enquiridión (del lat. «enchiridĭon», del gr. «encheirídion», manual) m. *Libro *manual.*

enquistado, -a Participio adjetivo de «enquistarse».

enquistamiento m. Acción y efecto de enquistarse.

enquistarse 1 prnl. Rodearse algo en el organismo, por ejemplo un cuerpo extraño o un tumor, de una cápsula de tejido fibroso. ⇒ *Encerrar. **2** *Introducirse algo en una materia dura, quedando completamente recubierto por ella. **3** (inf.) Introducirse y mantenerse en un puesto, una organización, etc., donde se causa entorpecimiento, o contra el deseo de los que están en ella. ⇒ *Emboscarse. **4** Estancarse o no llegar a una solución, particularmente un conflicto.

enrabar 1 tr. *Arrimar un ↘carro a algún sitio por la rabera, o sea, haciéndole ir hacia atrás.* ≃ Acular, arrecular. ⇒ *Recular. **2** *Sujetar con cuerdas la ↘*carga que va en la trasera de un carro.*

enrabiar o **enrabietar** tr. Hacer que ↘alguien se ponga rabioso (se enfade o irrite mucho). ⊙ prnl. Ponerse rabioso.

enracimarse prnl. Agruparse cosas formando *racimo. ≃ Arracimarse.

enrafar (de «rafa»; Mur.) tr. *Hacer una *presa en un cauce de ↘agua.*

enraigonar (de «raigón»; Mur.) tr. *Embojar los ↘gusanos de *seda con esparto.*

enraizado, -a Participio adjetivo de «enraizar»: con raíces o arraigo en cierto sitio. ≃ *Arraigado.

enraizar intr. Echar raíces, en sentido propio o figurado. ≃ *Arraigar.

□ CONJUG. La «i» de la raíz es tónica en los presentes de indicativo y subjuntivo y en el imperativo, salvo en la 1.ª y 2.ª personas del plural: 'enraízo, enraízas, enraíza, enraízan; enraíce, enraíces, enraíce, enraícen; enraíza, enraíce, enraícen'. En el resto de las formas la «i» es átona y se pronuncia generalmente formando diptongo con la vocal que le sigue.

enralecer intr. Ponerse ralo. ⇒ *Aclarar.

enramada f. *Follaje: conjunto de las ramas de los árboles o arbustos de un sitio. ⊙ *Cobertizo formado con ramas. ⊙ Adorno hecho con ramas.

enramado m. MAR. *Conjunto de las *cuadernas de un buque.*

enramar 1 tr. Colocar ramas en un ↘sitio, como *adorno o para sombra. **2** intr. *Echar *ramas un árbol.* **3** tr. *Fijar las cuadernas de un ↘*barco en construcción.* **4** prnl. **Ocultarse entre ramas.*

enramblar tr. *Poner los ↘*paños en la rambla para estirarlos.*

enrame m. *Acción y efecto de enramar.*

enranciar tr. y prnl. Poner[se] *rancia una cosa.

□ CONJUG. como «cambiar».

enrarecer (de «en-», «raro» y «-ecer») **1** tr. y prnl. Hacer[se] menos denso un ↘gas. ⇒ Rarefacer[se]. ➤ Enrarecimiento, rarefacción. ➤ Enrarecido, rarefacto, raro. **2** Viciar[se] el ↘aire. **3** tr. Hacer que escasee una cosa. ⊙ prnl. Hacerse escasa una cosa. **4** tr. y prnl. Hacer[se] más difícil la armonía, el buen entendimiento, etc., entre personas: 'Se ha enrarecido el ambiente en el club'. ⇒ *Enemigo.

□ CONJUG. como «agradecer».

enrarecido, -a Participio adjetivo de «enrarecer[se]».

enrarecimiento m. Acción de enrarecer[se].

enrasado (de «enrasar») m. CONSTR. *Fábrica con que se macizan las embecaduras de una bóveda hasta el nivel de su espinazo.*

enrasar (de «raso») **1** tr. *Igualar el nivel de una ↘cosa con el de otra, de modo que no sobresalga ninguna de ellas. ⊙ Hacer que quede lisa una superficie. **2** Hacer, por ejemplo pasando el rasero, que el contenido de una ↘vasija no rebase el borde de ella. ≃ Arrasar, *rasar. **3** En trabajos de laboratorio, hacer coincidir la superficie de un ↘líquido con cierta marca o señal de *medida del recipiente en que está. **4** *Formar una ↘*moldura en el mismo sitio en que va colocada, pasando un molde a lo largo del material todavía blando.*

enrase m. Acción de enrasar.

enrasillar tr. o abs. CONSTR. *Colocar las rasillas para formar un ↘*pavimento.*

enrastrar (de «en-» y «rastra», sarta; Mur.) tr. *Ensartar en un hilo los ↘capullos de *seda que se dejan para simiente, con cuidado de no atravesar el interior.*

enrayado (de «enrayar») m. CONSTR. *Maderamen horizontal que sostiene los cuchillos y medios cuchillos de la *armadura de la cubierta.*

enrayar (de «en-» y «rayo») **1** tr. *Poner los rayos o radios a las ↘*ruedas de los carros.* **2** *Retener una ↘rueda sujetándola por las radios, para *frenar el carro.*

enredadera adj. y n. f. Se aplica a las *plantas que tienen tallos largos, delgados y volubles que se arrollan a los objetos que encuentran en su crecimiento. ⊙ Se aplica como nombre vulgar a algunas plantas convolvuláceas trepadoras, como la ipomea o la correhuela. ⇒ Liana. ➤ *Planta (grupo de las trepadoras).

enredador, -a 1 adj. y n. Se aplica a la persona inclinada a enredar. ⊙ Se aplica particularmente a los niños naturalmente inclinados a enredar, aun en ocasiones en que deben estar quietos o atentos. ≃ *Travieso. **2** Se aplica a la persona que despliega actividad inútil, inclinada a enterarse de los asuntos de otros y a intervenir en ellos; que es inepta o desacertada en el manejo de asuntos; que complica, intencionada o involuntariamente, las cosas en que interviene, o que provoca desavenencias o discordias entre las personas; en suma, que introduce desorden o confusión con su actividad o intervención. ⇒ Cirigallo, danzante, DIABLO cojuelo, embrollador, embrollón, enmarañador, enredista, enredoso, intrigante, liante, lioso, saltarín, trapisondista, trasguero. ➤ *Botarate. *Bullicioso. *Chisme. *Entrometer. *Informal. *Intrigar. *Turbulento. *Zascandil.

enredar 1 tr. *Coger ↘algo en una red.* **2** *Tender o armar las ↘redes para *cazar.* **3** tr. y prnl. Revolver[se] y *entrelazar[se] desordenadamente ↘hilos, alambres, pelos y cosas semejantes, delgadas, largas y flexibles. ≃ Enmarañar[se], liar[se]. ⊙ («con, en») prnl. Trepar las plantas enredaderas. ≃ Emparrarse. ⊙ («con, en») Quedar alguien o algo enredado en una cosa. **4** intr. *Intrigar o *tramar *enredos. **5** tr. y prnl. *Complicar[se] un ↘asunto. **6** («en») tr. *Comprometer a ↘alguien en un asunto peligroso o expuesto. ≃ Complicar, liar. ⊙ prnl. Quedar alguien enredado en un asunto peligroso o expuesto. **7** tr. Hacer de modo que ↘otros discutan o riñan. ≃ Enguiscar. ⊙ prnl. Entrar en una riña. ≃ Enzarzarse, trabarse. **8** *Aturdirse o *embarullarse al ir a hacer o decir algo. **9** («con, en») intr. Mover o manejar cosas sin propósito determinado, por *distraerse: 'Los niños están enredando con el despertador'. ⊙ («con, en») Trabajar en algo sin formalidad, para distraerse: 'Estoy enredando con este aparato de radio'. ≃ Entretenerse. ⊙ Portarse con poca seriedad al hacer cosas que no son de juego o broma: '¡No enredes y está atento a lo que haces!'. ≃ Jugar. ⊙ Aplicado a niños, *jugar o estar inquietos cuando deben estar quietos o atentos: 'Este niño no hace más que enredar en clase'. **10** tr. Hacer perder tiempo a ↘alguien o que gaste en una cosa más del debido: 'No me enredes ahora, que voy deprisa'. ≃ *Entretener. **11** (inf.; «con») prnl. recípr. Entablar relaciones amorosas irregulares. ≃ Liarse.

NO ENREDARSE [EN COSAS]. Abstenerse de intervenir en cierto asunto que no aparece claro.

□ CATÁLOGO

I Embarbascarse, embejucarse, embolatar, embolicar[se], *embrollar[se], armar un EMBROLLO, embuñegar, encabestrarse, encresparse, engarbullar, enmarañar[se], entrampar[se], entropezado, envedijar[se], envolver[se], enzarzarse, intricar[se], intrincar[se], involucrar, liar[se], armar un LÍO. ➤ Algarabía, argado, belén, cadejo, confusión, contexto, *desorden, embolismo, embrollo, enmarañamiento, enredo, espinar, gorlita, greña, imbunche, intrincamiento, jaral, laberinto, maraña, ovillo, rebujo, rebullo, *revoltijo, revoltillo, tomate. ➤ Chascón, *complicado, enmarañado, inextricable, intrincado, laberíntico, rebujado. ➤ Caballo. ➤ *Mezclar.

II Coquetear, entretenerse, flirtear, no dar IMPORTANCIA, jugar, juguetear, no dar PALOTADA, no hacer nada de PROVECHO, pasar el RATO, rebullir, *retozar, revolver, pasar el TIEMPO, no TOMAR en serio, trastear. ➤ Por deporte [distracción, diversión, entretenimiento, juego, recreo]. ➤ De afición, aficionado, amateur, dilettante.

enredijo (inf.) m. Desp. de «enredo»; particularmente, de hilos, pelos o cosas semejantes.

enredista (Hispam.) n. *Enredador.*

enredo 1 m. Amontonamiento de hilos, alambres o cosas semejantes, entrecruzados desordenadamente. ≃ Lío, maraña. **2** Actividad o asunto con dificultades, con manejos clandestinos, no claro o no lícito: '¡No te metas en ese enredo [o esos enredos]!'. ≃ Jaleo, lío. ⇒ Belén, embrollo, gatuperio, imbunche, jaleo, lío, morondanga, tinglado, trotes. ➤ *Confundir. *Enredar. *Jaleo. *Lío. **3** Relaciones amorosas irregulares. ≃ Apaño. ⇒ *Amante, *lío. **4** En ciertos géneros literarios, conjunto de sucesos enlazados unos con otros que se resuelven en el desenlace. **5** (pl.) *Cosas diversas de poca importancia: 'Metí en la maleta mi ropa y algunos enredos. Recoge los enredos que hay encima de la mesa'.

V. «COMEDIA de enredo».

enredoso, -a 1 adj. Se aplica a lo que requiere mucho tiempo o mucho cuidado para ser hecho o resuelto, por tener muchos detalles o complicaciones: 'Un dibujo [o un asunto] enredoso'. ≃ *Pesado. **2** Se aplica a la persona que enreda.

enrehojar (de «en-», «re-» y «hoja») tr. *Entre cereros, revolver en hojas la *cera que está en los pilones, para que se blanquee.*

enrejada (de «enrejar[1]») **1** (Sal.) f. *Aguijada.* **2** (Ar.) *Enrejadura.*

enrejado, -a 1 Participio adjetivo de «enrejar». **2** m. *Verja o cierre de rejas. **3** Conjunto de cañas, varillas o cosas semejantes cruzadas entre sí formando cuadrados o rombos, por ejemplo para tapar o cubrir algo o para que trepen las enredaderas. ⊙ Conjunto semejante hecho con cualquier otra cosa. ⇒ Alambrera, arriate, cancela, cancilla, cañizo, celosía, CIERRE metálico, emperchado, encañado, enjaretado, enverjado, espaldar, espaldera, grada, gradilla, jareta, malla, parrilla, persiana, rastrillo, *red, *reja, rejado, rejilla, romanilla, sobrevidriera, TELA metálica, *verja. ➤ Trenado. ➤ Barrote. ➤ *Cercar. *Cierre. **4** *Labor de bordado hecha con hilos entrecruzados formando dibujos.* ⇒ *Bordar. **5** *Conjunto de varillas o maderos cruzados con que se refuerzan los *cimientos de un edificio.* ≃ Emparrillado.

enrejadura m. *Herida hecha con la reja del arado en las patas de los animales que tiran de él.*

enrejalar (de «rejal») tr. *Enrejar ↘ladrillos, maderos, etc.*

enrejar[1] (de «en-» y «reja[1]») **1** tr. Poner *rejas en algún sitio; particularmente, cerrar ↘algo con rejas. **2** *Colocar en pila ↘*ladrillos, *maderos o cosas semejantes, alternando su dirección, de modo que cada uno forme ángulo recto con el que está debajo, a fin de que queden huecos entre ellos y se oreen.* ≃ Enrejalar. **3** (Méj.) tr. o abs. **Zurcir la ↘ropa.*

enrejar[2] (de «en-» y «reja[2]») **1** tr. *Poner la reja al ↘*arado.* **2** *Herir con la reja del arado los pies de los ↘*bueyes o *caballerías que tiran de él.*

enresmar tr. AGRÁF. *Colocar en resmas los pliegos de papel.*

enrevesado, -a adj. Con muchas vueltas y entrecruzamientos: 'Un nudo [o un camino] enrevesado'. ≃ *Intrincado. ⊙ *Difícil de hacer: 'Un crucigrama enrevesado'. ⊙ Difícil de entender: 'Un problema [o un carácter] enrevesado'.

enrevesamiento m. Cualidad de enrevesado. ≃ *Complicación.

enriado, -a 1 *Participio de «enriar».* **2** m. *Enriamiento.*

enriador, -a n. *Persona que enría.*

enriamiento m. *Acción de enriar.*

enriar (de «en-» y «río») tr. *Meter en el agua por algunos días el ↘*lino o el *cáñamo para que se macere.*

□ CONJUG. como «desviar».

enridamiento (de «enridar[2]»; ant.) m. *Irritamiento.*

enridante (ant.) adj. *Irritante.*

enridar[1] (¿del fr. ant. «rider», fruncir una tela?; ant.) tr. **Rizar.*

enridar[2] (del lat. «inritiāre») **1** (ant.) tr. **Irritar.* ≃ Enrizar. **2** (ant.) **Azuzar.*

enrielar 1 tr. *Convertir el ↘metal en rieles.* **2** *Echar los ↘metales en la rielera.* **3** (Chi., Méj.) *Encarrilar, meter un ↘vehículo en el *carril.* **4** (Chi.) **Dirigir o *guiar.* ≃ Encarrilar, encauzar.

enripiar tr. CONSTR. **Rellenar un ↘hueco con ripio o *cascote.*

□ CONJUG. como «cambiar».

enrique m. **Moneda de oro de Enrique IV de Castilla, del valor de la dobla.*

enriquecedor, -a adj. Que enriquece, sobre todo en sentido no material: 'Una experiencia enriquecedora'.

enriquecer 1 tr. Hacer a ↘alguien *rico o más rico. ⊙ prnl. y, no frec., intr. Hacerse rico o prosperar. ⇒ Engordar, redondearse, *prosperar, mejorar de POSICIÓN [o SITUACIÓN] económica. ➤ *Rico. **2** tr. Aumentar la riqueza de ↘algo en una sustancia o un elemento de los que la componen: 'Este abono enriquece el suelo en nitratos. Enriquecer una disolución'. **3** Hacer que ↘algo adquiera buenas cualidades: 'Enriquecer el espíritu'. ⊙ prnl. Adquirir algo buenas cualidades.

□ CONJUG. como «agradecer».

enriquecimiento m. Acción y efecto de enriquecer[se].

enriqueño, -a adj. *Del rey don Enrique II de Castilla; se aplica a una dádiva exagerada, recordando las de ese rey.* ⇒ *Generoso.

enriscado, -a 1 adj. **Abrupto.* **2** *Participio de «enriscar[se]».*

enriscamiento m. *Acción de enriscarse.*

enriscar (de «en-» y «risco») **1** tr. **Elevar.* **2** prnl. *Meterse, por ejemplo para refugiarse, entre riscos.*

enristrar[1] tr. Hacer *ristras con ↘ajos, cebollas o cosas semejantes.

enristrar[2] **1** tr. Poner la ↘*lanza en el ristre o afianzarla debajo del brazo en actitud de acometer. **2** **Dirigirse en línea recta a cierto ↘punto.* ≃ *Enfilar. **3** **Acertar finalmente con cierta ↘cosa.*

enrizar[1] tr. y prnl. **Rizar[se].*

enrizar[2] (del sup. lat. «irritāre»; ant.) tr. **Irritar o *azuzar.* ≃ Enridar.

enrobinarse (de «robín»; Alb., Ar.) prnl. *Oxidarse.*

enrobrescido, -a (de «en-» y «robre», del lat. «robur, -ŏris», roble; ant.) adj. **Duro o *fuerte.*

enrocar[1] (de «en-» y «rueca») tr. *Hacer girar en la rueca el ↘copo que se *hila.*

□ CONJUG. como «contar».

enrocar[2] (de «en-» y «roque») tr. En el juego de *ajedrez, mover el ↘rey, que hasta el momento no se había movido, a la vez que el roque o torre del lado hacia el cual se lleva.

enrodar (del lat. «irrotāre», de «inrŏtare») tr. *Colocar a ↘alguien, como *suplicio, sujeto a una rueda en movimiento.*

□ CONJUG. como «contar».

enrodelado, -a adj. *Armado con rodela.*

enrodrigar o **enrodrigonar** (de «en-» y «rodrigón») tr. *Poner *rodrigones a las ↘plantas.* ≃ Rodrigar.

enrojar (de «en-» y «rojo») tr. *Poner roja una ↘cosa.* ⊙ **Calentar el ↘horno.*

enrojecer tr. y prnl. Poner[se] *rojo. ⇒ Embermejar, embermejecer, ruborizar[se], sonrojar[se]. ⊙ Poner[se] rojo con el calor o el fuego. ⊙ Poner[se] rojo de vergüenza, ira, etc.

□ CONJUG. como «agradecer».

enrojecido, -a Participio de «enrojecer[se]». ⊙ adj. Algo rojo.

enrojecimiento m. Acción y efecto de enrojecer[se].

enrolamiento m. Acción de enrolar[se].

enrolar (de «rol») **1** («en») tr. MAR. Inscribir en el rol o lista de tripulantes de un buque mercante. También reflex. ⊙ MAR. Contratar un ↘tripulante. **2** («en») Por extensión, alistar o *reclutar ↘gente o a alguien determinado para el Ejército. También reflex. **3** (inf.; «en») tr. *Incluir a ↘alguien entre los que van a llevar a cabo cierta cosa o *inducirle a participar en ella. También reflex.

enrollable adj. Susceptible de ser enrollado.

enrollado, -a 1 Participio adjetivo de «enrollar[se]». **2** (inf.) Se aplica a la persona que tiene facilidad para relacionarse con los demás o se porta bien con ellos: 'Su jefe es un tío muy enrollado'. **3** (inf.) Dedicado a algo o entretenido con ello: 'Está muy enrollado con la informática'. **4** m. *Voluta.

enrollar 1 tr. y prnl. Poner[se] una ↘cosa, por ejemplo un papel o un alambre, en forma de rollo. ≃ Arrollar. ⇒ Adujar, *arremangar, arrollar, arroscar, devanar, enchipar, enroscar, envolver, liar. ➤ Alma, canilla, carrete, tambor. ➤ Ovillo, pieza, rollo, serpentina. ➤ Arrollado, enrollado, hecho una ROSCA. ➤ Bucle, espiral, tirabuzón. ➤ Desenrollar. ➤ *Devanar. *Doblar. *Envolver. *Recoger. **2** (inf.) prnl. Extenderse demasiado al hablar o escribir. **3** (inf.) Entretenerse haciendo algo: 'Me enrollé repasando la contabilidad hasta las dos de la mañana'. **4** (inf.) tr. Convencer o involucrar a una ↘persona en algo: 'El comerciante me enrolló para que le comprara un jamón'. **5** (inf.; «con») prnl. recipr. Establecer relaciones amorosas. **6** (inf.) prnl. Tener facilidad para tratar con la gente: 'Tus amigos se enrollan bien'. **7** (inf.) Portarse bien una persona con otra: 'Enróllate y préstame algo de dinero'. **8** (inf.) intr. *Gustar algo a una persona: 'Las películas de terror me enrollan'. ≃ Molar.

V. «enrollarse como una PERSIANA».

enromar tr. y prnl. *Poner[se] *roma una ↘cosa.*

enrona (Ar.) f. **Cascote o escombros.* ≃ Enruna.

enronar 1 tr. *Echar enrona en un ↘sitio o cubrir una ↘cosa de enrona o tierra.* **2** (Nav.) **Manchar con polvo, lodo, etc.*

enronquecer 1 tr. Poner *ronco a ↘alguien. **2** intr. y, menos frec., prnl. Ponerse ronco.

□ CONJUG. como «agradecer».

enronquecimiento m. Ronquera.

enroñar tr. y prnl. *Cubrir[se] una ↘cosa de roña u orin.* ⇒ Oxidarse.

enroque[1] m. *Acción de enrocar (hacer girar en la rueca el copo que se hila).*

enroque[2] m. Acción de enrocar (en *ajedrez).

enroscadura f. Acción de enroscar[se].

enroscamiento f. Acción de enroscar[se].

enroscar 1 tr. Poner una ↘cosa alargada formando una o más vueltas. ≃ Arrollar, arroscar, *enrollar. ⊙ prnl. Ponerse una cosa en forma de rosca. ⊙ Tratándose de un ser vivo, encoger el cuerpo formando una especie de rosca, o varias roscas en el caso de los reptiles, por ejemplo. **2** tr. Introducir en un sitio un ↘tornillo o una tuerca, o una pieza que tenga rosca, dándole vueltas. ≃ *Atornillar.

enrostrar (de «rostro»; Hispam.) tr. **Reprochar o echar en *cara una ↘cosa.*

enrubescer (del lat. «irrubescĕre», enrojecer; ant.) tr. y prnl. *Poner[se] *rojo o *rubio.*

enrubiar tr. y prnl. *Poner[se] *rubio ↘algo, particularmente el pelo.*

□ CONJUG. como cambiar».

enrubio 1 m. *Ingrediente con que se enrubia.* ⇒ *Cosmético. **2** *(Zanthoxylon clavaherculis* y *Zanthoxylon lanceolatum)* Cierto árbol rutáceo de madera muy dura, de albura blanca y corazón rojizo. ⇒ *Planta.

enrudecer tr. y prnl. *Hacer[se] *tosco (rudo) o torpe.*

enruinecer intr. *Hacerse ruin.* ⇒ *Envilecerse.

enruna 1 (Ar.) f. **Cascote o escombros.* ≃ Enrona. **2** (Alb., Mur., Val.) **Cieno y suciedad que se deposita en el fondo de las acequias, balsas, etc.*

enrunar (del sup. lat. vulg. «inrudenāre», de «inruderāre», construir con casquijo) **1** (Ar.) tr. *Rellenar ↘algo con enruna.* **2** (Alb.) **Ensuciar con lodo o cosa semejante.* **3** (Mur.) prnl. *Cargarse de enruna las acequias, balsas, etc.*

ensabanada 1 f. *Antigua sorpresa de guerra para la que los soldados se cubrían con camisas blancas.* ≃ Encamisada. **2** *Fiesta o *mojiganga nocturna bulliciosa, en que la gente se ponía disfraces grotescos.* ≃ Encamisada.

ensabanado, -a 1 *Participio de «ensabanar».* **2** adj. TAUROM. *Se aplica al toro que tiene el cuerpo blanco y la cabeza y las extremidades negras.* **3** m. CONSTR. *Capa de yeso blanco con que se recubren las paredes antes de blanquearlas.* ⇒ *Construir.

ensabanar 1 tr. **Cubrir ↘algo con sábanas.* **2** CONSTR. **Enlucir.* **3** (Ven.) prnl. *Sublevarse.*

ensacar tr. Meter ↘algo en un saco o en sacos. ≃ Entalegar. ⇒ *Envasar.

ensaimada (voz mallorquina, de «saïm», «saín») f. *Bollo de pasta hojaldrada arrollada en espiral, de forma semejante a la de un caracol.

ensalada 1 («*Aderezar, Aliñar, Arreglar, Componer») f. Comida que se prepara con vegetales, generalmente crudos, tales como apio, cebolla, lechuga, escarola, tomate o pimiento, solos o mezclados, aderezados con aceite, vinagre y sal y, a veces, otros condimentos. ⇒ Chirmol, codina, *gazpacho, guacamol[e], macedonia, menestra, pipirrana, rinrán. ➤ Acedera, apio, berro, capuchina, carmelita, endibia, escarola, lechuga, mastuerzo. ➤ Aderezar, arreglar, componer. ➤ Aderezo, caldo. ➤ *Guiso. **2** Cualquier *mezcla de cosas heterogéneas. ≃ Mezcolanza, pisto, revoltijo.

ENSALADA DE FRUTAS. Macedonia de frutas.

E. RUSA. **1** *ENSALADILLA rusa.* **2** *Ensalada (*mezcla).*

EN ENSALADA. Refiriéndose a comidas, servido frío y arreglado con aceite y vinagre: 'Patatas [o coliflor] en ensalada'.

ensaladera f. Recipiente donde se sirve la ensalada.

ensaladilla 1 f. Dim. de «ensalada». ⊙ Particularmente, ENSALADILLA rusa. **2** *Conjunto de *piedras preciosas de distintos colores engastadas en una joya.*

ENSALADILLA RUSA. Ensalada de vegetales cocidos troceados, tales como patatas, guisantes, remolacha o zanahoria, a los que se añaden otros ingredientes como atún en conserva o huevos duros; se sirve fría y se condimenta con mayonesa.

ensalerar tr. *Poner la ˘*metralla en los saleros en que se disponían los saquetes.*

ensalma (de «en-» y «salma²»; ant.) f. **Albarda ligera para animales de* carga. ≃ Enjalma.

ensalmadera (ant.) f. *Ensalmadora.*

ensalmador, -a (de «ensalmar²») n. *Curandero. ⊙ Persona ignorante que tiene o a la que se atribuye habilidad para componer las dislocaduras y roturas de huesos. ⇒ Algebrista.

ensalmar¹ (de «en-» y «salma²»; ant.) tr. *Enjalmar.*

ensalmar² 1 tr. o abs. Curar con ensalmos. ⊙ Componer un ensalmador los ˘huesos dislocados o rotos. **2** (ant.) **Descalabrar a ˘alguien.*

ensalmo (de «en-» y «salmo») m. Rezo, recitado y, por extensión, cualquier práctica supersticiosa o de *brujería o *hechicería con que los curanderos pretenden sanar a los enfermos.

POR [O COMO POR] ENSALMO. De manera muy *rápida o con mucha facilidad o mucha eficacia: 'Con esa medicina se me quitaron los dolores como por ensalmo'.

ensalobrarse prnl. *Hacerse salobre el agua.*

ensalzamiento m. Acción y efecto de ensalzar[se].

ensalzar (de «exalzar») tr. *Alabar a una ˘persona o ponderar sus buenas cualidades o sus acciones. También reflex. ⊙ Ser causa de que una ˘persona o sus cualidades o acciones sean más dignas de admiración o estima: 'Una acción que ensalza al que la ha realizado'.

□ CATÁLOGO

Aclamar, *alabar, alzar, autorizar, poner sobre su CABEZA, condecorar, levantar sobre [o poner por] los CUERNOS de la Luna, distinguir, *elevar, enaltecer, encaramar, encopetar, *encumbrar, engrandecer, ennoblecer, entronizar, exaltar, exalzar, gloriar, glorificar, honrar, levantar, magnificar, alzar sobre el PAVÉS, realzar, relevar, remontar, sublimar. ➤ *Fama, gloria, honra. ➤ Apoteosis, ditirambo, himno, loa, loor, panegírico, prez. ➤ En [o en el] candelero, en pinganitos.

ensambenitar tr. *Poner a ˘alguien el sambenito por sentencia del tribunal de la *Inquisición.*

ensamblado, -a Participio adjetivo de «ensamblar». ⊙ m. Acción de ensamblar.

ensamblador, -a 1 n. Persona que ensambla. **2** m. INFORM. Programa que traduce un lenguaje de programación a otro más simple que pueda ser entendido por el ordenador.

ensambladura f. Acción y efecto de ensamblar.

ensamblaje 1 m. Acción y efecto de ensamblar. ≃ Ensambladura. **2** (Nav.) **Madero de longitud variable, de 12 cm de tabla y 5 de canto.*

ensamblar (del fr. ant. «ensembler») tr. *Unir dos ˘cosas o dos piezas haciendo encajar partes salientes de la una en partes entrantes de la otra. ⊙ Particularmente, machihembrar: unir ˘piezas de madera mediante entalladuras.

□ CATÁLOGO

Almarbatar, cajear, despatillar, desquijerar, embarbillar, engalabernar, engargolar, entallar, espigar, machihembrar. ➤ Engargolado, ensambladura, ensamblaje, ensamble, samblaje. ➤ Empalmadura, empalme. ➤ A CAJA y espiga, a COLA de milano, a COLA de pato, a CRUZ y escuadra, a inglete, a media MADERA, a RANURA y lengüeta. ➤ Entado. ➤ Almilla, barbilla, deja, espaldón, espiga, lengüeta, quijera, solapa. ➤ Caja, *corte, cotana, enclavadura, *entalladura, escopladura, escopleadura, espera, farda, galce, gárgol, mortaja, *muesca, rebajo. ➤ Desensamblar. ➤ Carpintería.

ensamble m. Ensambladura.

ensancha f. *Amplitud.* ≃ Ensanche.

ensanchador, -a 1 adj. *Aplicable a lo que o al que ensancha.* **2** m. *Utensilio para ensanchar los *guantes.*

ensanchamiento m. Acción de ensanchar.

ensanchar (del lat. «examplāre») **1** tr. y prnl. Hacer[se] una ˘cosa más ancha: 'Al ensancharse el jersey se acortará'. ⊙ Hacer[se] más grande un ˘hueco o abertura. ⇒ Avellanar. ➤ Cuadradillo, cuadrado, cuchillo, fona, nesga. ➤ *Agrandar. *Ampliar. *Ancho. *Añadir. *Aumentar. *Crecer. *Extender. **2** (inf.) prnl. Ponerse varias personas que están sentadas en fila de modo que ocupan mucho espacio: 'Si no os ensancháis tanto cabré yo también en el banco'. ⇒ *Espaciarse. **3** **Envanecerse o sentirse lisonjeado por algo.* ≃ Hincharse. **4** *Hacerse rogar.* ⇒ *Melindre, *resistirse.

ensanche 1 m. Espacio disponible en un sitio. ≃ *Amplitud. **2** Parte aumentada en una cosa al ensancharla. **3** Parte nueva de una población, situada en sus *alrededores. ⊙ Sitio en que está planeada esa parte. **4** Parte de la tela que se remete en la costura de un vestido para poderlo ensanchar si es necesario.

V. «ZONA de ensanche».

ensandecer tr. e intr. *Volver[se] sandio (bobo o necio).*

ensangostar (del lat. «ex-» y «angustāre», estrechar) **1** (ant.) tr. **Estrechar.* ≃ Angostar, ensangustiar. **2** (ant.) *Angustiar.*

ensangostido, -a (ant.) adj. *Angustiado.*

ensangrentamiento m. Acción y efecto de ensangrentar[se].

ensangrentar (de «en-» y «sangrentar») **1** tr. y prnl. Manchar[se] con *sangre algo. ≃ Cruentar, sangrentar. **2** Causar [o sufrir] derramamiento de sangre: 'Las luchas que ensangrentaron el país'. **3** prnl. **Excitarse y ponerse dispuesto a la violencia en una lucha o disputa.* ≃ Acalorarse, enconarse.

□ CONJUG. como «acertar».

ensangustiar (ant.) tr. y prnl. *Angustiar[se].*

ensañado, -a **1** Participio adjetivo de «ensañar[se]». **2** (ant.) **Valiente.*

ensañamiento **1** m. Acción de ensañarse. ≃ Encarnizamiento, encono, saña. **2** **Cólera con que se causa daño o se lucha.*

ensañar (del lat. «insanīa») **1** tr. **Irritar o *encolerizar.* **2** («con, en») prnl. Extremar la crueldad en el *daño que se causa. ≃ Encarnizarse. ⇒ Cebarse, encarnizarse. ➤ Encono, saña. ➤ *Cruel.

ensarmentar tr. *Acodar un ˘sarmiento.* ≃ *Amugronar.

ensartar (de «en-» y «sarta») **1** tr. Pasar por un hilo o alambre ˘cosas, por ejemplo cuentas de collar, formando una sarta. ⇒ Empatar, enfilar, enrastrar, enristrar. ➤ Cambero, lercha. **2** Decir una serie de ˘disparates, tonterías, maldiciones, insultos o expresiones de carácter semejante una detrás de otra: 'Para cada nombre ensarta una serie de adjetivos'. ⇒ Desgranar, enharetar, hilvanar, soltar. **3** *Atravesar un ˘cuerpo con un arma o instrumento de punta. ⇒ Desensartar. **4** **Enhebrar.* **5** (Chi., Méj., Nic., Perú, Ur.) *Hacer caer en un engaño o trampa a alguien.*

ensay (del fr. «essay») m. *En las casas de *moneda, ensaye.*

ensayado, -a Participio adjetivo de «ensayar».

ensayador, -a **1** adj. *Aplicable al que ensaya.* **2** n. *Operario que ensaya.* ⊙ *Persona que se dedica a ensayar los *metales preciosos.*

ensayalar (ant.) tr. **Cubrir cualquier ˘cosa con un ropaje; por ejemplo, una mesa con un tapete.* ⊙ (ant.; reflex.) *Ponerse un sayal o *vestirse.*

ensayamiento (ant.) m. *Ensayo.*

ensayar (de «ensayo») **1** tr. Someter una ˘cosa a determinadas condiciones para ver cómo se comporta en ellas y averiguar sus cualidades o el grado de cierta cualidad o aspecto: 'Ensayar el oro [o la plata]. Ensayar la resistencia de un material a la tracción'. **2** tr. o abs. Hacer alguna ˘cosa que se ha de repetir en una ocasión importante o ante público, para *aprender a hacerla, acostumbrarse o ver si ya se sabe hacer. ⊙ Particularmente, representar una ˘obra *teatral u otro espectáculo, como se hace varias veces antes de hacerlo en público. ⊙ («a, en, para») prnl. Hacer una cosa para prepararse a hacerla en público, o probar a hacerla. ⊙ tr. También, ensayar el efecto [o el resultado]. **3** («a» y un infinitivo) Ponerse alguien a hacer una cosa que se expresa con un infinitivo, para ver si sabe o puede hacerla: 'Ensayé a meterme su abrigo'. ≃ *Intentar, probar, tratar. **4** (ant.) *Amaestrar, adiestrar.* ⊙ Hacer ensayar a alguien una ˘cosa dirigiéndole o corrigiéndole: 'Le ensaya los bailes un profesor'.

□ CATÁLOGO

Hacer sus primeras ARMAS, probar las ARMAS, asayar, comprobar, contrastar, emprimar, explorar, probar FORTUNA, intentar, presentar, probar a, probarse, *tantear, teclear, tentar, medir el TERRENO, tocar. ➤ Cata, catadura, degustación, ensay, ensaye, ensayo, gustación, intento, pinito, prueba, tanteo, tecleo, tentativa, toque. ➤ Ruptura, torsión, tracción. ➤ Escandallo, espécimen, globo sonda, PIEDRA de toque. ➤ A cala, a prueba. ➤ Copela, crisol, soplete, TUBO de ensayo. ➤ CONEJILLO de Indias. ➤ Docimasia [docimasología o docimástica]. ➤ Reensayar. ➤ *Examinar. *Experimentar. *Probar.

ensaye m. *Ensayo de las cualidades de los *metales.*

ensayismo m. Género literario constituido por los ensayos.

ensayista n. Escritor de ensayos.

ensayo (del lat. «exagĭum», peso) **1** m. Acción de ensayar. ⊙ MINER. *Operación por la que se determina el metal o metales que contiene la mena y sus proporciones.* **2** Composición literaria constituida por meditaciones del autor sobre un tema más o menos profundo, pero sin sistematización filosófica. **3** DEP. En rugby, acción de apoyar el balón contra el suelo tras la línea situada a la altura de la portería del equipo contrario.

ENSAYO GENERAL. Representación completa de una obra dramática o musical antes de ser presentada ante el público.

V. «TUBO de ensayo».

-ense (del lat. «-ensis») Sufijo con que se forman nombres-adjetivos de naturaleza: 'almeriense, tarraconense, londinense'. También algunos otros adjetivos derivados de nombres, con el significado de «propio de»: 'castrense, hortense'.

ensebar tr. Untar ˘algo con sebo.

ensecar (del lat. «exsiccāre»; ant.) tr. **Secar.*

enseguida adv. Inmediatamente después del momento en que se habla o de cierta cosa consabida o que se ha dicho antes; sin dejar pasar *tiempo apenas: 'Llamé y abrieron enseguida. Enseguida se lo dirá a todo el mundo'. ≃ En seguida. ⊙ Sin tardar: 'Llovió un poco y se paró enseguida. Volveré enseguida'. ≃ *Pronto. ⊙ Se emplea mucho en frases de *apremio: '¡Dame enseguida un papel secante!'.

□ CATÁLOGO

ACTO continuo [o seguido], en el acto, adieso, aína[s], no BIEN, de BUENAS a primeras, a las primeras de CAMBIO, cedo, a continuación, nada más EMPEZAR, a escape, incontinenti, *inmediatamente, al instante, luego, manteniente, sin perder [un] MOMENTO, sin PÉRDIDA de tiempo, privado, tan PRONTO como, al proviso, sobre el PUCHO, al PUNTO, a RENGLÓN seguido, en seguida, sin perder TIEMPO. ➤ *Pronto.

ensellar (ant.) tr. *Ensillar.*

enselvado, -a **1** *Participio de «enselvar[se]».* **2** adj. *Cubierto de *bosque.*

enselvar (de «en-» y «selva») **1** tr. y prnl. *Ocultar[se] entre el ramaje.* ≃ *Emboscar[se]. **2** **Ocultar[se] una partida de gente para llevar a cabo un ataque.*

ensembla (ant.) adv. *Ensemble.*

ensemble (del fr. «ensemble»; ant.) adv. **Juntamente.*

ensenada (de «ensenar») f. Entrante del mar en la tierra, que forma un abrigo natural para las embarcaciones. ≃ Bahía, rada. ⇒ Abra, ancón, anconada, angra, bahía, broa, cala, concha, *golfo, *puerto, rada, regolfo, seno. ➤ *Costa. *Mar. *Puerto.

ensenado, -a **1** *Participio de «ensenar».* **2** adj. *De *forma de seno o entrante *curvo.*

ensenar (de «en-» y «seno») **1** tr. *Meter, guardar o *esconder una ˘cosa en el seno.* **2** MAR. *Meter un ˘*barco en una ensenada.*

enseña (del lat. «insignĭa», pl. neutro de «insignis», señalado) f. Objeto o figura, como una *bandera, un *estandarte u otra cosa que se ostenta en forma semejante, que representa a alguien y particularmente a una colectividad: 'La bandera es la enseña de la patria. Las cofradías marchan llevando sus enseñas al frente'. ≃ *Insignia. ⇒ Entreseña.

enseñado, -a **1** Participio de «enseñar». **2** adj. Aleccionado. **3** Con «bien» o «mal», *acostumbrado o educado: 'Un niño bien enseñado. Un perro mal enseñado'.

enseñador, -a adj. y n. *Que enseña.*

enseñamiento m. *Acción de enseñar.*

enseñante adj. y n. Que enseña (hace que alguien aprenda).

enseñanza 1 f. Acción de enseñar: 'Se dedica a la enseñanza'. 2 Conjunto de medios, personal y actividad dedicados a la enseñanza;. 'La enseñanza técnica en España'. 3 (pl.; «Comunicar, Transmitir, Asimilar, Seguir») Conjunto de ideas, principios, hábitos, etc., que una persona enseña o comunica a otra con lecciones, con su ejemplo, con consejos, etc.: 'Fiel a las enseñanzas del maestro. Él le formó con sus luminosas enseñanzas'. 4 Ejemplo, suceso, etc., que alecciona o enseña.

ENSEÑANZA A DISTANCIA. Aquella en que el alumno no tiene que ir diariamente a clase y prepara las asignaturas por su cuenta con unos textos específicos. A veces se realiza a través de los medios de comunicación como el correo, la radio o la televisión.

E. MEDIA. *Bachillerato. ≃ ENSEÑANZA secundaria, segunda ENSEÑANZA.

E. PRIMARIA [o PRIMERA ENSEÑANZA]. La que se da en las escuelas a los niños o la equivalente dada a personas adultas.

E. SECUNDARIA [o SEGUNDA ENSEÑANZA]. ENSEÑANZA media.

E. SUPERIOR. La que se da en la universidad y en las escuelas especiales de ingenieros, arquitectos, etc.

V. «CENTRO [O ESTABLECIMIENTO] de enseñanza».

enseñar (del lat. vulg. «insignāre», señalar) 1 tr. Hacer que ↘alguien *aprenda cierta cosa: comunicar a alguien sabiduría, experiencia, habilidad para hacer algo, hábitos, etc. ⊙ Se emplea frecuentemente en frases de amenaza: '¡Yo te enseñaré a respetar lo que no es tuyo!'. ⇒ *Amenazar. ⊙ (pop.) prnl. **Aprender.* 2 tr. Poner delante de alguien una ↘cosa para que la vea: 'Me enseñó su colección de sellos'. ≃ *Mostrar. 3 Dejar ver cierta ↘cosa, sin propósito de hacerlo: 'Cuando se ríe enseña unos dientes como perlas'. ≃ *Mostrar.

V. «enseñar los DIENTES, enseñar la OREJA, enseñar la PUERTA, enseñar las UÑAS».

□ NOTAS DE USO

En la primera acepción, el verbo lleva generalmente dos complementos: el que expresa la cosa enseñada y el que expresa la persona a quien se enseña; el primero, cuando está constituido por un nombre, es el directo; 'Él me enseñó las matemáticas'; pero si es un infinitivo, se construye con «a»: 'Yo le enseñé a escribir'; tanto en este último caso como cuando no se expresa la cosa enseñada, el complemento de persona pasa a ser complemento directo: 'Les enseñan a obedecer: están enseñados a obedecer. La vida le ha enseñado: él ha sido enseñado por la vida'.

□ CATÁLOGO

Adiestrar, adoctrinar, afinar, aleccionar, alumbrar, amaestrar, apacentar, avisar, meter en la CABEZA, catequizar, civilizar, dar CLASE, criar, departir, desasnar, desentorpecer, disciplinar, documentar, *educar, ejercitar, encasquetar, escolarizar, *explicar, exponer, formar, guiar, iluminar, ilustrar, imponer, industriar, iniciar, instituir, instruir, dar LECCIÓN, tomar la LECCIÓN, leer, maestrear, meldar, MOSTRAR cómo, abrir los OJOS, orientar, pasar, preparar, profesar, pulir, reeducar, repasar. ➤ Dar CARRERA, dar ESTUDIOS. ➤ Presidir. ➤ Discente, docente. ➤ Academia, ateneo, aula, cátedra, clase, *colegio, conservatorio, escuela, ESCUELA de gramática [normal, primaria o de primera enseñanza], ESTUDIO general, ESTUDIOS mayores, facultad, gimnasio, GRANJA escuela, institución, instituto, INSTITUTO de enseñanza media, INSTITUTO general y técnico, INSTITUTO de segunda enseñanza, liceo, *museo, politécnico, salón, seminario, taller, *universidad. ➤ Didáctica, didascálica, didactismo, docencia, maestría, magisterio, mayéutica, pedagogía. ➤ Cultura. ➤ Catequesis, catequismo, demostración, doctrina, documento, enseñanza, enseño, escarmiento, lección, leche, lectura, lumbre, *muestra, paso, repaso. ➤ Doctrina, teoría, tropología. ➤ Acroamático, coeducación, formalismo, laico, memorismo, MÉTODO socrático, psitacismo, verbalismo. ➤ Luminoso. ➤ *Nociones, rudimentos. ➤ Clase, conferencia, cursillo, curso, lección, master. ➤ Ama, amiga, apóstol, ayo, *catedrático, cicerone, dómine, educador, enseñador, ganso, guión, hierofante, institutriz, instructor, leccionista, lector, maestrillo *maestro, MAESTRO de escuela, MAESTRO de primera enseñanza, mentor, monitor, pedagogo, pedante, preceptista, preceptor, presidente, profesor, regenta, regente, zancarrón. ➤ Adjunto, auxiliar, ayudante, pasante, repetidor. ➤ CLAUSTRO de profesores, gremio, profesorado. ➤ APA. ➤ Lumbrera, oráculo. ➤ Parce, parco, *premio, recompensa, vale. ➤ Castigo, coqueta, palmetazo, poste. ➤ Al lado de, ex cáthedra. ➤ Ejemplo. ➤ Asignatura, disciplina, facultad, materia. ➤ LIBRO de escolaridad [o escolar]. ➤ Apreso, documentado, enseñado, enterado, impuesto, práctico, preparado. ➤ Aprovechado, aventajado. ➤ Receptivo. ➤ *Bachillerato, doctorado, ENSEÑANZA a distancia, ENSEÑANZA media, primera ENSEÑANZA, ENSEÑANZA primaria, segunda ENSEÑANZA, ENSEÑANZA superior, GRADO de bachiller, primeras LETRAS, licenciatura. ➤ Cuadrivio [o cuadrivium], trivio [o trivium]. ➤ *Programa. ➤ Escolaridad. ➤ *Máxima, moraleja, parábola, precepto, proverbio, *refrán. ➤ *EXAMEN. ➤ DÍA lectivo. ➤ La LETRA con sangre entra, cada MAESTRILLO tiene su librillo. ➤ Desenseñar. ➤ *Aconsejar. *Acostumbrar. *Advertir. *Aprender. *Ciencia. *Civilizar. *Colegio. *Corregir. *Dirigir. *Domar. *Educar. *Ensayar. *Estudio. *Experiencia. *Informar. *Inspirar. *Libro. *Maestro. *Máxima. *Reprender. *Universidad.

enseño m. *Enseñanza.*

enseñorearse («de») prnl. Hacerse dueño de una cosa excluyendo a otros: 'Él se ha enseñoreado de la finca'. ⊙ (frec. hum.; «de») Disfrutar una cosa excluyendo a otros: 'Ya te has enseñoreado del sillón como siempre'. ⊙ («de») *Dominar o *imponerse: 'Ese gallo se ha enseñoreado del corral'. ⇒ *Apoderarse.

enserar 1 tr. **Recubrir ↘algo con sera de esparto.* 2 *Meter una ↘cosa en una sera o en seras.*

enserenar (de «en-» y «sereno», ambiente de la noche) 1 (Ec.) tr. *Dejar alimentos al aire fresco de la noche para que se conserven fríos o las ropas para que se oreen.* 2 (Ec.) prnl. *Quedarse alguien por la noche a la intemperie.*

enseres (de «en-» y «ser») m. pl. Cosas, como *muebles y *utensilios, que hay en una casa o en un local cualquiera para el servicio de él o para una profesión: 'Se traspasa una tienda con todos sus enseres'. ≃ Efectos. ⇒ *Ajuar.

enseriarse (Cuba, Perú, P. Rico, Ven.) prnl. *Ponerse *serio.*

ensiemplo (ant.) m. **Ejemplo.*

ensiforme (del lat. «ensiformis», con forma de espada) adj. De *forma de hoja de espada; se emplea particularmente en *botánica: 'Hojas ensiformes'.

ensilado, -a *Participio adjetivo de «ensilar».* ⊙ m. *Acción de ensilar.*

ensilar 1 tr. *Guardar los ↘frutos en los *silos.* 2 (ant.) **Comer mucho.* ≃ Engullir.

ensillada f. *Depresión suave en el lomo de un *monte.* ≃ Collado.

ensillado, -a 1 Participio adjetivo de «ensillar». 2 *Se aplica a la *caballería que tiene el *lomo deprimido.* ⊙ (inf.) *También a una persona que lo tiene semejante.*

ensilladura 1 f. *Acción de ensillar.* **2** *Parte del cuerpo de la *caballería sobre la que se pone la silla.* **3** *Entrante que forma la *columna vertebral en la región lumbar.*

ensillar 1 tr. Poner la silla a una ↘*caballería. ⇒ Ensellar. ➤ Desensillar. ➤ *Aparejar. **2** (ant.) *Entronizar.*

NO DEJARSE ENSILLAR. *No dejarse *dominar.*

ensilvecerse (del lat. «in» y «silvescĕre», pasar al estado silvestre) prnl. *Quedar sin cultivo un *campo y convertirse en selva.* ⇒ Embosquecer, enyerbarse.

ensimismado, -a Participio adjetivo de «ensimismarse».

ensimismamiento 1 m. Acción de ensimismarse. **2** Estado de la persona ensimismada.

ensimismarse (de «en sí mismo») **1** prnl. Quedarse alguien tan entregado a sus pensamientos que no se entera de lo que pasa a su alrededor. ≃ *Abstraerse, concentrarse, reconcentrarse. **2** (Chi., Col.) *Volverse engreído.*

ensobear (Madr., Seg.) tr. *Atar el ↘*yugo al pértigo del carro con el sobeo o correa que sirve para ello.*

ensoberbecer 1 tr. Hacer que ↘alguien se ponga soberbio. ⊙ prnl. Ponerse soberbio. ⇒ *Crecerse, engallarse, engreírse, envanecerse. ➤ *Orgullo. **2** *Aplicado al mar o a las olas, agitarse mucho.* ≃ *Encresparse.

☐ CONJUG. como «agradecer».

ensoberbecido, -a Participio adjetivo de «ensoberbecer[se]».

ensoberbecimiento m. Acción y efecto de ensoberbecer[se].

ensobinarse (del lat. «in», en, y «supināre», ponerse boca arriba) **1** (Ar.) prnl. *Quedarse una *caballería o un *cerdo tumbado con las patas hacia arriba, sin poder levantarse.* **2** (Mur.) **Acurrucarse.*

ensogar 1 tr. **Recubrir una ↘cosa, por ejemplo una garrafa, con soga.* **2** **Atar ↘algo con soga.*

ensolerar tr. APIC. *Poner soleras a las ↘colmenas de *abejas.*

ensolvedera (de «ensolver»; ant.) f. *Brocha de pelo largo y suave con que se fundían las tintas al *pintar.*

ensolver (del lat. «in», en, y «solvĕre», desatar) **1** tr. **Contraer o *sincopar.* **2** MED. **Resolver.* **3** **Incluir una ↘cosa en otra.*

ensombrecer 1 tr. y prnl. Cubrir[se] ↘algo de sombra u oscuridad. **2** tr. PINT. *Oscurecer. **3** *Turbar la ↘alegría de alguien: 'El percance ensombreció nuestra felicidad'. El complemento puede ser también una expresión de tiempo: 'La desgracia de su hijo ensombreció sus últimos días'. ⊙ prnl. Ponerse melancólico.

☐ CONJUG. como «agradecer».

ensombrerado, -a adj. *Se aplica a la persona que lleva sombrero.* ⊙ *También, al hombre que lo conserva puesto en ocasión en que debería estar descubierto.* ⇒ *Grosero.

ensoñación f. Ensueño.

ensoñador, -a adj. y n. Se aplica a la persona que tiende a forjar sueños o ilusiones o a imaginar la vida o las cosas mucho mejores de lo que son. ≃ *Iluso, soñador. ⇒ Ideal.

ensoñar 1 tr. **Soñar.* **2** Forjar sueños o *ilusiones.

☐ CONJUG. como «contar».

ensopar (de «en-» y «sopa») **1** tr. o abs. **Empapar el ↘pan o trozos de él en vino, leche, etc.* ≃ Sopar. ⇒ *Remojón. **2** (Arg., Hond., P. Rico, Ven.) **Empapar otras ↘cosas o a una persona, por ejemplo la lluvia.* ⊙ prnl. *Ponerse empapado.*

ensordar (de «en-» y «sordo») tr. *Ensordecer.*

ensordecedor, -a adj. Que ensordece: 'Ruido ensordecedor'.

ensordecer (de «en-» y «sordecer») **1** tr. Dejar *sordo a ↘alguien. ⊙ intr. y prnl. Quedarse sordo. **2** tr. Incapacitar a ↘alguien un estruendo para oír, mientras dura y aun después de cesar: 'Me ensordecían las tracas'. ≃ Atronar, *aturdir. **3** tr. y prnl. FON. *Convertir[se] una ↘consonante sonora en sorda.*

☐ CONJUG. como «agradecer».

ensordecimiento m. Acción de ensordecer[se].

ensortijado, -a Participio de «ensortijar[se]». ⊙ adj. Rizado: 'Pelo ensortijado'.

ensortijar (de «en-» y «sortija») **1** tr. y prnl. *Rizar[se] o *retorcer[se], por ejemplo el ↘pelo, en forma de anillos o sortijas. ≃ Entortijar. **2** tr. *Poner un aro de hierro atravesando la nariz de un ↘*animal, para conducirle o para impedirle pacer en cierto sitio.* **3** (reflex.) Adornarse los dedos con muchas sortijas.

ensotarse prnl. *Meterse u *ocultarse en un soto.*

ensuciador, -a adj. *Que ensucia.*

ensuciamiento m. *Acción de ensuciar[se].*

ensuciar 1 tr. y prnl. Poner[se] sucia una ↘cosa. ≃ Manchar[se]. ⇒ Arguellar[se], ciscar, coinquinar, embadurnar, embijar, emborronar, empañar[se], empercudir[se], emplastar[se], emporcar[se], engrasar[se], enlijar[se], *enlodar[se], enmugrar, enmugrecer[se], enronarse, entrapajarse, entraparse, enturbiarse, guarrear, *manchar[se], percudir, poner[se] PERDIDO, pringar[se], retestinar, ponerse TIBIO, tiznar. ➤ Sufrido. ➤ *Sucio. **2** Manchar[se] el ↘honor, la honra, la historia, el buen nombre, la buena fama, etc., de alguien. ⇒ *Deshonrar[se]. **3** prnl. Obrar en alguna cosa con falta de escrúpulos u honradez o intervenir en algún negocio sucio. ≃ Ensuciarse, *mancharse, pringarse.

☐ CONJUG. como «cambiar».

ensueño (del lat. «insomnĭum») **1** m. Cosa que se imagina mientras se *duerme. ≃ *Sueño. **2** Suceso cuya realización se desea y en que se piensa con placer. ≃ *Ilusión. ⊙ Cosa *placentera en cuyo pensamiento se recrea uno.

DE ENSUEÑO. Magnífico, maravilloso: 'Un viaje [o una casa] de ensueño'.

ensullo (del lat. «insubŭlum») m. *Madero redondo donde se arrolla la urdimbre en el telar.* ≃ Enjulio.

ensuyar (ant.) tr. **Emprender.*

ent- V. «ento-».

enta (ant.) prep. **Hacia.*

entabacarse prnl. *Abusar del tabaco.*

entablación 1 f. *Acción y efecto de entablar con tablas.* **2** (gralm. pl.) *En las *iglesias, anotación de las fundaciones, memorias y capellanías, o de las obligaciones de los clérigos, que se escribía sobre tablas para fijarlas en sitio visible del templo.*

entablado m. *Armazón de tablas.* ⇒ *Tablado. ⊙ **Suelo de tablas.*

entablamento m. ARQ. Conjunto de molduras que coronan la fachada de un *edificio clásico. ≃ Cornisamento. ⇒ Arquitrabe, cornisa, friso.

entablar 1 tr. Poner tablas en algún ↘sitio, para cubrirlo, cercarlo, asegurarlo, etc. **2** *Entablillar: sujetar con tablillas y vendaje un ↘miembro, para componer un *hueso roto.* **3** En los juegos de tablero, como *ajedrez o *damas, colocar las ↘piezas para empezar el juego. **4** *Principiar ↘cosas como una demanda judicial, un recurso, un pleito, unas negociaciones, una lucha o una discusión. **5** (Arg.) *Acostumbrar al ganado mayor a andar en manada.*

6 (And., Hispam.) intr. *Empatar.* 7 prnl. EQUIT. *Resistirse el *caballo a volverse a un lado o a otro, a causa de enfermedad o por vicio.* 8 *Fijarse el *viento en una dirección determinada.*

entable m. Manera de estar dispuestas las piezas en los *juegos de tablero.

entablerarse prnl. TAUROM. *Arrimarse el toro a los tableros y recostarse en ellos.*

entablillar tr. Sujetar con tablillas y vendaje un ↘miembro, para componer un *hueso roto.

entado, -a (del fr. «enté», injertado) adj. HERÁLD. *Se aplica a las piezas que están ensambladas una con otra con entrantes y salientes.*

ENTADO EN PUNTA. HERÁLD. *Triángulo curvilíneo que tiene un vértice en el centro del escudo y la base opuesta en la parte inferior, dentro del cual se coloca alguna empresa; como la granada en el escudo de España.*

entalamadura (de «entalamar») f. Cubierta de *carro formada por tres arcos sujetos a los varales, que sostienen un cañizo adaptado a su forma, recubierto de una lona o hule. ⇒ *Toldo.

entalamar (de «en-» y «tálamo») 1 (ant.) tr. **Cubrir ↘algo con paños o *tapices.* 2 *Poner entalamadura a un ↘*carro.*

entalegado, -a 1 Participio de «entalegar». 2 (Ar.) m. *Participante en las *carreras que se hacen metiéndose en un saco hasta la cintura.* ⊙ (pl.) *Ese deporte.*

entalegar 1 tr. *Envasar ↘algo en sacos o talegos. ≃ Ensacar. 2 Guardar o *ahorrar ↘dinero. 3 (argot) Meter en el «talego» (cárcel) a ↘alguien.

entalingadura f. *Acción y efecto de entalingar.*
V. «MALLA de entalingadura».

entalingar (del fr. «étalinguer») tr. MAR. *Asegurar el chicote del cable o cadena al arganeo del ↘*ancla.* ⇒ Desentalingar.

entallable adj. *Capaz de entallarse.*

entallado, -a Participio de «entallar[se]». ⊙ adj. Ajustado al cuerpo.

entallador, -a n. *Persona que entalla.*

entalladura (de «entallar[1]») 1 f. Corte hecho en el borde o extremo de una pieza de madera para *ensamblarla con otra, o con otro fin. ≃ Escopleadura. ⇒ Boquilla, caja, corte, cotana, enclavadura, escopleadura, mortaja. 2 *Corte hecho en los árboles para extraer la *resina.* ⇒ Cara. ➤ Pica.

entallar[1] (de «en-» y «talla») 1 tr. **Esculpir.* ≃ Tallar. 2 *Hacer cortes en una pieza de ↘madera para *ensamblarla con otra.* 3 *Hacer cortes en un ↘árbol para extraer la *resina.*

entallar[2] 1 tr. *Ajustar un ↘vestido al talle. 2 tr. y prnl. Estar una prenda ajustada al talle: 'Este abrigo entalla demasiado'.

entalle (de «entallar[1]») m. *Piedra dura grabada en hueco.*

entallecer intr. y prnl. Echar tallos las plantas. ⇒ *Brotar.
☐ CONJUG. como «agradecer».

entalonar (de «talón») intr. **Brotar de nuevo los árboles de hoja perenne, como olivos, naranjos o algarrobos.* ≃ Rebrotar.

entalpía f. FÍS. *Cantidad de *calor que cede o absorbe un cuerpo a presión constante al cambiar otras variables.*

entamar tr. y prnl. *Cubrir[se] ↘algo con tamo (*pelusa, etc.).*

entandar (de «en-» y «tanda»; Mur.) tr. *Distribuir las horas de ↘riego entre una comunidad de regantes.*

entapar (Chi.) tr. **Encuadernar o *forrar.*

entapecer (ant.) tr. **Tupir.*

entapizada (ant.) f. *Conjunto de flores o cosa semejante con que se cubre el suelo.* ≃ *Alfombra.

entapizado, -a 1 *Participio de «entapizar».* ⊙ m. *Acción y efecto de entapizar.* 2 *Materia con que se entapiza.*

entapizar 1 tr. *Cubrir con *tapices una ↘habitación, las paredes, etc.* ≃ Tapizar. 2 *También en sentido figurado.*

entapujar tr. *Tapar ↘algo para *ocultarlo; andar con tapujos para *ocultar o *disimular ↘algo.*

entarascar (de «en-» y «tarasca») tr. *Recargar de *adornos a ↘alguien. También reflex.*

entarimado m. Pavimento de habitaciones, u otro recubrimiento, hecho con tablas ensambladas. ⇒ Parqué [o parquet], PISO de madera. ➤ Espinapez, taracea.

ENTARIMADO DE ALERO. *El colocado en la cara inferior de un *alero, a veces decorado.*

entarimador, -a n. Persona que tiene por oficio entarimar.

entarimar (de «en-» y «tarima») tr. Cubrir ↘algo, particularmente el *suelo, con tarima. ⇒ Desentarimar.

entarquinar 1 tr. *Ensuciar alguna ↘cosa con tarquín.* ≃ *Enlodar. 2 **Abonar la ↘tierra con tarquín.* ≃ Enlegamar. 3 *Rellenar o *desecar un ↘terreno haciendo que se deposite en él el *cieno o tarquín de una corriente de agua.*

entarugar tr. *Pavimentar con tarugos de madera.*

éntasis (del lat. «entăsis», del gr. «éntasis») f. ARQ. Ligera convexidad dada al perfil de una *columna para contrarrestar el efecto óptico por el cual, si ese perfil fuese recto, se vería cóncavo.

ente (del lat. «ens, entis», ser) 1 m. FIL. Ser (lo que existe). ⇒ *Cosa. 2 (inf.; n. calif.) Se aplica a una *persona rara o extravagante, o de carácter raro y difícil de tratar. ⊙ También a una *persona a la que se *desprecia por otras cualidades. 3 Empresa u organismo público. ⊙ Particularmente la televisión.

ENTE DE RAZÓN. Ser existente sólo en la mente.

entecarse[1] (de «entercarse»; Chi., León) prnl. *Obstinarse.*

entecarse[2] (del sup. «heticarse», de «hético», del gr. «hektikós», fiebre constante; ant. y usado en algunos sitios como Burg.) prnl. *Enfermar o *debilitarse.*

enteco, -a (de «entecarse[2]»; poco usado) adj. *Endeble o *raquítico.

entejar (Hispam.) tr. *Cubrir un ↘edificio con tejas.*

entelar (de «en-» y «tela») 1 (ant.) tr. *Nublar la ↘*vista como con telarañas.* 2 (León) *Producir *flato a ↘alguien.* ⊙ prnl. *Padecer flato.* 3 tr. Recubrir ↘algo con tela; particularmente una ↘pared.

entelequia (del lat. «entelechīa», del gr. «entelécheia», actividad constante) 1 f. FIL. Para Aristóteles y luego Leibniz y otros filósofos, perfección, actualización o realidad del ser o su capacidad para producir sus propios actos. ⊙ Para los vitalistas es el origen no mecánico de la vida. 2 En lenguaje corriente culto, ser o situación perfecta, que se imagina pero no puede existir en la realidad. ⇒ *Ilusión.

entelerido, -a 1 adj. *Sobrecogido o inmovilizado por el miedo, o *aterido de frío.* 2 (And., C. Rica, Hond., Ven.) **Endeble.*

entena (del lat. «antenna») 1 f. **Palo encorvado y muy largo al cual va asegurada la vela latina en las embarca-*

ciones. ≃ Antena. **2** **Madero redondo muy largo; en Huesca, por ejemplo, de 116 a 121 palmos.*

entenado, -a (de «antenado») n. **Hijastro.* ≃ Alnado.

entenciar (del lat. «intentĭo», riña; ant.) intr. **Insultar.*

entendederas (inf.; en frases negativas) f. pl. Entendimiento: 'Sus entendederas no llegan a más'.

entendedor, -a adj. y n. Sólo se usa corrientemente en la expresión A BUEN ENTENDEDOR CON POCAS PALABRAS BASTA, generalmente reducida a A BUEN ENTENDEDOR..., con la cual se da a entender que el que habla calla prudentemente cierta cosa suponiendo que el que escucha tiene bastante perspicacia para suponerla.

entender[1] (del lat. «intendĕre», tender hacia algo) **1** tr. *Percibir el ↘sentido o significado de ↘algo: 'No entiendo lo que dices'. El complemento puede ser también la persona que dice la cosa de que se trata: 'No te entiendo'. ≃ Comprender. ⊙ Se puede usar con los adverbios «bien», «mal» o equivalentes, significando con o sin claridad o con o sin exactitud: 'No entiendo bien este pasaje. No entendiste bien mis palabras'. ⊙ Poder enterarse de lo que se dice en un ↘idioma extranjero: 'Entiende el alemán'. ≃ Comprender. ⊙ Percibir las ↘causas o motivos de una acción, actitud, etc., de alguien: 'Ahora entiendo por qué no quiso venir. Las verdaderas razones de su actitud no las entiende nadie'. ≃ Comprender, explicarse, *percatarse. ⊙ prnl. Saber lo que [se] dice: estar *acorde lo que alguien dice con un pensamiento definido, aunque los demás no lo vean claro: 'No se dónde va a parar, pero él se entiende. No me preguntéis más: yo me entiendo'. ⊙ Saber alguien lo que hace. Saber *manejar sus asuntos: 'Es gente que no se entiende'. ⊙ (en frases negativas; «qué, cómo») tr. No encontrar una ↘cosa justificada o *razonable: 'No entiendo cómo le gusta esa chica'. ≃ Alcanzar, comprender, concebir, explicarse. **2** Entender alguien una ↘cosa que se le dice de manera encubierta: '¿Debo entender que se me despide?'. ≃ Interpretar. **3** Opinar: 'Yo entiendo que sería mejor aplazar el viaje'. **4** Saber cómo es una ↘persona y, por ello, cómo hay que tratarla: 'Ya le voy entendiendo. El niño no es malo, pero hay que entenderle'. ≃ *Conocer. **5** («de») intr. *Tener conocimientos de determinada materia o saber, distinguir el valor de cierta cosa: 'Entiende mucho de historia de América. Tú no entiendes de vinos'. ≃ Conocer, ser ENTENDIDO. **6** («en») Ser determinada autoridad, por ejemplo determinado juez, el que se ocupa de cierto asunto o tiene autoridad para intervenir en él. ≃ Conocer, sustanciar, tramitar, ver. **7** tr. *Conocer las intenciones o los móviles de una ↘persona, aunque ella los disimule: 'Ya te entiendo, no creas que no sé por dónde vas'. **8** («con»; en frases afirmativas, con «bien» o adverbio equivalente) prnl. recípr. Avenirse o estar de acuerdo una persona con otra: 'No se entiende con su cuñado. El presidente y el secretario se entienden muy bien'. **9** («con») Conchabarse. **10** («con») Mantener dos personas relaciones amorosas irregulares. ⇒ *Lío. **11** (inf.) intr. Ser homosexual. **12** tr. Tener intención de hacer cierta cosa expresada por un infinitivo: 'Entiende venir la semana próxima'. ≃ Pensar, *proyectar.

V. «el que DA bien vende, si el que recibe lo entiende».

DAR A ENTENDER. Decirle una ↘cosa a alguien encubierta o indirectamente: 'Me dio a entender que necesitaba dinero'. ⇒ *Insinuar, *mostrar.

DARSE A ENTENDER. **1** Hacerse entender, por ejemplo en un idioma extranjero. **2** Hacer en una reunión algo que causa mal efecto. ≃ *Significarse.

V. «DIOS me entiende, como DIOS me [te, etc.] da a entender».

ENTENDERSE CON algo. Saber *manejarlo o desenvolverse con ello: 'No me entiendo con este lío de cables'.

ENTENDERSE CON alguien. **1** Avenirse o estar de acuerdo una persona con otra. **2** Tener relaciones amorosas irregulares dos personas. **3** Tratar precisamente con la persona de que se trata y no con otra cierto asunto: 'Para el precio entiéndete con mi socio'. **4** Ponerse de *acuerdo con alguien.

ENTENDÉRSELAS (inf.; «con»). Arreglárselas: 'No quiero saber nada de ese asunto, allá te las entiendas con el jefe'.

V. «entender a la primera PALABRA, según mi leal SABER y entender».

□ CATÁLOGO

Alcanzar, aprehender, caber, caber en la CABEZA, captar, cazar, coger, concebir, caer en la [o darse] CUENTA, desentrañar, digerir, enterarse, no ENTRARLE a alguien una cosa [en la cabeza], explicarse, hallar, formarse IDEA, *interpretar, penetrar, *percatarse, *percibir, pescar, pillar, descubrir el SENTIDO, traducir, *ver, pillar al VUELO. ➤ Entendederas, intelección, inteligencia. ➤ Meter con CUCHARA, HABLAR en cristiano, iluminar. ➤ Aducho, autoridad, baquiano, catador, poder poner CÁTEDRA, competente, conocedor, curial, cursado, docto, *documentado, ducho, duecho, entendido, enterado, especialista, especializado, experimentado, experto, generalista, hábil, impuesto, perito, puesto, práctico, técnico, versado, veterano. ➤ ¡Ahora CAIGO!, ¡claro!, ¡comprendo!, ya veo, ¡ya! ➤ Difícil, críptico, escurridizo, oscuro. ➤ Quedarse IN ALBIS, quedarse a OSCURAS, quedarse a dos VELAS. ➤ *Aprender. *Apto. *Conocer. *Enterarse. *Inteligencia. *Percatarse. *Saber.

□ CONJUG. IRREG. IND. PRES.: entiendo, entiendes, entiende, entendemos, entendéis, entienden; SUBJ. PRES.: entienda, entiendas, entienda, entendamos, entendáis, entiendan; IMPERAT: entiende, entienda, entended, entiendan.

entender[2] (de «entender[1]») m. *Opinión o juicio.

A MI [TU, etc.] ENTENDER. Según opina la persona de que se trata.

entendible adj. Susceptible de ser entendido. ≃ Inteligible.

entendido, -a **1** Participio de «entender». **2** («en») adj. Se aplica a la persona que tiene conocimientos sobre cierta cosa y puede juzgar de ella: 'Entendido en asuntos internacionales. Entendido en automóviles'. ⇒ *Entender.

BIEN ENTENDIDO QUE... Expresión con que se expone algo que debe ser tenido en cuenta, que se da por *supuesto o de lo que no se puede prescindir, al tratar un asunto o cerrar un trato: 'Fijaremos ese precio, bien entendido que el pago será anticipado'. ⇒ *Condición.

¡ENTENDIDO! Expresión que suele emplearse para darse por enterado de una cosa, en vez de «ya entiendo».

DARSE alguien POR ENTENDIDO. Mostrar que se ha enterado de cierta cosa, la *sabe o la *conoce.

NO DARSE POR ENTENDIDO. *Simular alguien que no ha entendido o se ha enterado de cierta cosa dicha en su presencia y que le atañe.

V. «VALOR entendido».

entendiente (ant.) adj. *Aplicado al que entiende.*

entendimiento **1** m. Facultad con que se entiende y se *razona. ⊙ Mayor o menor desarrollo de esa facultad: 'Es hombre de mucho entendimiento'. Sin ningún adjetivo, significa «mucho entendimiento». ≃ *Inteligencia, talento. **2** (ant.) **Sentido que se da a lo que se dice o escribe.* **3** («Buen») *Acuerdo, avenencia o *armonía entre dos o más personas. Particularmente, amistad y colaboración entre estados.

entenebrar (del lat. «intenebrāre») tr. y prnl. *Entenebrecer[se].*

entenebrecer (del lat. «in», en, y «tenebrescĕre», oscurecerse) **1** tr. *Dejar un ˇlugar en tinieblas.* ⊙ prnl. *Quedarse un lugar en tinieblas.* **2** tr. Poner sombras, tristeza, malos presagios, etc., en una ˇsituación o en los pensamientos, en la vida, etc., de alguien. ≃ Ennegrecer, oscurecer. ⊙ prnl. Llenarse algo de sombras, tristeza, malos presagios, etc.

□ CONJUG. como «agradecer».

entenga (Ál.) f. **Clavo largo.*

entente (del fr. «entente») f. Acuerdo o buenas relaciones entre dos estados, gobiernos o soberanos. ⇒ *Armonía.

entenzón (del lat. «intentĭo, -ōnis», riña; ant.) f. *Lucha o *discordia.*

enteo (de un deriv. del lat. «taedĭum», tedio; Sal.) m. **Antojo.*

enter (ingl.; pronunc. [énter]) m. INFORM. Retorno (tecla).

enter- (var. «entero-») Elemento prefijo del gr. «énteron», intestino: 'enteralgia, enteritis, enterocolitis'.

entera (del sup. «lentera», del lat. «limitarĭa», pl. neutro de «limitāris», que limita; León) f. **Dintel.*

enteradillo, -a (inf.; n. calif.) n. Dim. de «enterado»: persona que presume de estar enterada de todo y que se cree más lista que los demás.

enterado, -a **1** (Chi.) adj. *Orgulloso.* **2** Participio adjetivo de «enterar». ≃ Conocedor, noticioso, sabedor. ⊙ Se pone a veces al pie de un *documento delante de la firma de la autoridad o persona interesada de la cual debe constar que se ha enterado del contenido. ⊙ m. Esa diligencia: 'Firmar el enterado'. ⊙ adj. Se aplica a la persona que conoce bien cierta materia: 'Está muy enterado de asuntos de América'. Y se aplica al nombre que le corresponde a una persona por su profesión, para expresar que sabe mucho de ella: 'Es un agente de negocios muy enterado'. ≃ *Entendido. ⇒ *Enterar. **3** (inf.; n. calif.) n. Persona que presume de estar enterada de todo y que se cree más lista que los demás. ≃ Enteradillo.

DARSE POR ENTERADO de una cosa. Declarar o mostrar haberse enterado de ella. ⊙ Se emplea en frases negativas con el significado de «hacerse el desentendido» o «hacer la vista gorda».

QUEDAR ENTERADO. Haberse enterado ya de ciertas instrucciones u órdenes recibidas: 'Quedamos enterados de sus deseos y le complaceremos tan pronto sea posible'.

enteralgia (de «enter-» y «-algia») f. MED. *Dolor intestinal agudo.*

enteramente adv. Sin excluir nada: 'Se ha perdido enteramente la cosecha de aceituna'. ≃ Completamente, íntegramente, totalmente, del todo. ⊙ Sin reservas o sin salvedades: 'Estoy enteramente a su disposición'.

enteramiento m. *Acción de enterar (pagar).*

enterar (del lat. «integrāre») **1** (ant. y usado aún en Arg., Chi.) tr. **Completar una ˇcosa; particularmente, una cantidad de dinero.* **2** (Hispam.) **Pagar dando dinero.* **3** («de») Hacer *conocer a ˇalguien una noticia o la marcha de un asunto. ⊙ («de, por, de boca de») prnl. Adquirir una persona *conocimiento de lo que pasa delante de ella, lo que se le dice, lo que lee, etc.: 'Pasa las páginas sin enterarse de lo que lee. Entérate bien del encargo que te voy a dar'. ≃ Darse cuenta. ⊙ («de, por, de boca de») Adquirir conocimiento de algo que ocurre: 'No me enteré de lo que había pasado hasta que me lo contaron'.

V. «te vas [se va, etc.] a enterar de lo que vale un PEINE».

PARA QUE TE ENTERES (inf.). Frase con que se pone *énfasis en algo que se comunica a una persona, con la idea de que contraría lo que esa persona, con mala intención hacia el que se lo comunica, esperaba o deseaba: 'No me han suspendido. ¡Para que te enteres!'. ⇒ *Chasco, *disgusto, *mortificar.

TE VAS [SE VA, etc.] A ENTERAR (inf.). Frase de amenaza usada para indicar que alguien debe prepararse para sufrir un castigo, reprimenda o contrariedad: 'Si me regañan por tu culpa, te vas a enterar'.

□ CATÁLOGO

Advertir, anoticiar[se], poner en ANTECEDENTES, *anunciar, poner en AUTOS, *averiguar, avisar, hacerse CARGO, catar, sacar en CLARO, coger, *comunicar, tomar CONCIENCIA, sacar en CONCLUSIÓN, dar a CONOCER, llegar a [poner en o venir en] CONOCIMIENTO, sacar en CONSECUENCIA, poner al CORRIENTE, dar[se] CUENTA, dar en, desayunar[se], *descubrir, *entender, darse por ENTERADO, caerse de un GUINDO, coger el HILO, imponer[se], indagar, *informar[se], instruir[se], *investigar, estar al LORO, tomar NOTA, *notar, noticiar, notificar, llegar a OÍDOS, no perder PALABRA, dar PARTE, participar, penetrar, percatarse, percibir, recoger, revelar, no perder RIPIO, hacer SABER, sacar, SACAR en limpio, *sonsacar, ver. ➤ Estar en ANTECEDENTES, estar en AUTOS, estar al CABO de la calle, poder poner CÁTEDRA, estar al CORRIENTE, estar al TANTO, estar de VUELTA. ➤ Ciente, documentado, enterado, impuesto, instruido, inteligenciado, introducto, sabedor. ➤ Confidente, gacetista, *informador, noticiero, pilonero, portanuevas. ➤ Comunicación, confidencia, informe, noticia, parte, revelación. ➤ ¡Bien!, ¡está BIEN!, ¡bueno!, ¡mira a quién se lo CUENTAS [se lo dices, se lo vas a contar, se lo vas a decir]! ➤ Despistado, indocumentado, no saber lo que lleva entre MANOS, atrasado de NOTICIAS, cerrar los OJOS, no SABER por dónde anda, no SABER lo que se pesca. ➤ *Curiosear. *Entender. *Entrometerse.

enterciar (Cuba, Méj.) tr. *Empacar una ˇmercancía (formar tercios con ella).* ⇒ *Paca.

entereza (de «entero» y «-eza») **1** f. *Cualidad de entero, íntegro o perfecto.* ≃ Integridad. **2** Cualidad por la que alguien se mantiene firme en su línea de conducta. ≃ Carácter, energía, *firmeza. **3** Cualidad por la que una persona soporta las desgracias o penalidades sin abatirse o desesperarse. ⊙ Cualidad del que no se aturde o pierde el dominio de sí mismo en presencia de un accidente o peligro. ≃ Aplomo, *serenidad. **4** Energía, aplomo y decisión en la manera de expresarse o de actuar, de conducir un asunto o de tratar con otros. ⊙ Cualidad o actitud de la persona que no se deja intimidar por otros: 'Si le contestas con entereza, se encogerá'. ⇒ Firmeza. ➤ Chulo, curro, entero, farruco, *firme. ➤ Afrontar, plantar CARA, desafiar, hacer FRENTE, sostener la MIRADA, parar los PIES, no dejarse PISAR, resistir, TENERLAS tiesas. ➤ Achicarse. **5** **Rectitud en la administración de justicia.* **6** *Severa observancia de la *disciplina.*

□ CATÁLOGO

Ataraxia, ecuanimidad, estoicismo, *firmeza, impasibilidad, impavidez, imperturbabilidad, inalterabilidad, longanimidad, PRESENCIA de ánimo, *serenidad, temple, VALOR cívico. ➤ Ecuánime, espartano, estoico, firme, impasible, impávido, impertérrito, imperturbable, inalterable, inconmovible, infracto, inmoble, inmutable, templado. ➤ A PIE firme, sin pestañear. ➤ Sobreponerse, hacer de TRIPAS corazón, armarse de VALOR. ➤ *Flaqueza. ➤ *Serenidad.

entérico, -a (del gr. «énteron», intestino) adj. ANAT. *Del intestino.*

enterísimo, -a (superl. de «entero») adj. BOT. *Se aplica a la *hoja cuyos bordes son enteramente lisos.* ≃ Integérrimo.

enteritis (de «enter-» e «-itis») f. MED. Inflamación del intestino.

enterizo, -a (de «entero») adj. Se aplica a ciertas cosas que, estando generalmente hechas de varios pedazos, están en el caso de que se trata hechas de uno solo: 'Columna enteriza'.

enternecedor, -a adj. Que enternece o despierta ternura.

enternecer (del lat. «in», en, y «tenerescĕre», ponerse tierno) **1** tr. y prnl. *Reblandecer[se].* **2** Despertar[se] en ˃alguien sentimientos de *compasión o ternura. ≃ *Conmover[se].

□ CONJUG. como «agradecer».

enternecidamente adv. Con ternura.

enternecido, -a Participio adjetivo de «enternecer[se]».

enternecimiento m. Acción y efecto de enternecer[se].

entero- V. «enter-».

entero, -a (del lat. «intĕgrum») **1** adj. Se aplica a la cosa en que no falta nada de lo que la constituye normal u originariamente: 'El mobiliario entero. La asamblea entera'. ≃ Cabal, *completo, íntegro. ⊙ A las cosas de que no se ha quitado ningún trozo o parte: 'Una docena entera'. ⊙ A las cosas que no están rotas: 'El espejo salió entero de aquí'. ⊙ A la leche que conserva toda su grasa. **2** *Aplicado a animales, no castrado.* **3** *Aplicado a mujeres, *virgen.* **4** Aplicado, particularmente en botánica, al borde de las cosas y, correspondientemente, a las cosas mismas, no dentado, lobulado o recortado: 'Hojas enteras'. ⇒ *Liso. **5** Aplicado a personas, se dice del que domina sus impresiones y se sobrepone a ellas. ≃ *Firme. **6** Se dice de la persona que no se deja desviar de sus determinaciones o del cumplimiento de su deber. ≃ Firme. **7** *Robusto, sano.* **8** *Constante, firme.* **9** *Aplicado a telas, tupido.* **10** (Chi., Col., C. Rica, Méj.) m. **Entrega de dinero; se emplea especialmente cuando es en una oficina pública.* **11** ECON. Unidad que mide los cambios en la cotización de los valores bursátiles, y que equivale al 1% del valor nominal de una acción.

V. «NÚMERO entero».

POR ENTERO. Completamente. ≃ Enteramente.

enterocolitis (de «entero-», el gr. «kôlon», colon, e «-itis») f. MED. Inflamación del *intestino delgado y del colon.

enterotomía (de «entero-» y «-tomía») f. CIR. *Sección (corte) del intestino.*

enterótomo m. CIR. *Instrumento con que se practica la enterotomía.*

enterrado, -a Participio adjetivo de «enterrar[se]»: 'Las raíces están enterradas'.

enterrador 1 m. Hombre encargado de *enterrar a los muertos en los cementerios. ≃ Sepulturero. **2** TAUROM. *Torero que ayuda al matador a rematar al *toro.* **3** (género *Necrophorus)* Cierto insecto *coleóptero pentámero, que hace la puesta sobre los cadáveres de animales pequeños, como ratones o pájaros, a los que entierra después; tiene la cabeza cuadrada, las antenas acabadas en mazos y los élitros más cortos que el abdomen.

enterramiento 1 m. Acción de enterrar. **2** *Construcción en que está enterrado alguien.* ≃ *Sepulcro. **3** Sitio en que alguien está sepultado. ≃ *Sepultura.

enterrar 1 tr. y prnl. Poner[se] ˃algo debajo de *tierra o cubrir[se] algo con tierra. ⊙ tr. Hincar o hundir ˃algo en tierra. **2** Poner ˃algo debajo de una cosa disgregada, como paja o harina, o debajo de un montón de cosas, de modo que quede completamente *escondido. **3** Poner un ˃cadáver en la sepultura, tanto si es bajo tierra como si es en un nicho. ≃ Inhumar, sepultar, dar SEPULTURA. **4** (Hispam.) **Clavar en algún sitio un ˃instrumento punzante.* **5** Olvidar o *desechar intencionadamente un ˃recuerdo o una idea. ≃ Sepultar, enterrar en el OLVIDO, sepultar en el OLVIDO. **6** (inf.) *Sobrevivir a ˃alguien: 'Ese viejo nos enterrará a todos'. **7** prnl. ENTERRARSE en vida.

V. «enterrar en el OLVIDO».

ENTERRARSE EN VIDA. *Apartarse de la gente y el mundo.

□ CATÁLOGO

Aterrar, depositar, inhumar, sacar con los PIES delante, sepelir, sepultar, dar SEPULTURA, soterrar, dar TIERRA. ➤ Descansar, pudrir, reposar, estar comiendo o [mascando] TIERRA, yacer. ➤ Enterramiento, entierro, sepelio. ➤ CÁMARA mortuoria, CAPILLA ardiente. ➤ Acompañamiento, doliente, dolorido, duelo, endechera, gracia, llorona, *plañidera, zacateca. ➤ Guayadero. ➤ Funeral, gorigori, kirieleisón, posa, responso. ➤ Funeraria. ➤ Cementerio, sacramental. ➤ andas, *ataúd, caja, COCHE fúnebre, féretro, furgón, galga, lechiga. ➤ Catafalco. ➤ Mausoleo, monumento funerario, nicho, panteón, sepulcro, *sepultura, tumba, túmulo. ➤ Corona, siempreviva. ➤ Cavador, celebrero, enterrador, panteonero, saltatumbas, sepultador, sepulturero. ➤ Esquela, recordatorio. ➤ Iguala. ➤ Obituario. ➤ Rompimiento. ➤ Desenterrar, exhumar. ➤ *Muerte.

□ CONJUG. como «acertar».

enterriar (Sal.) tr. *Tener tirria o *antipatía a ˃alguien.*

entesadamente (ant.) adv. *Intensamente.*

entesado, -a (ant.) adj. *Repleto de comida.* ≃ *Harto.

entesar (del lat. «intensus», tenso) **1** tr. **Atirantar.* **2** *Aumentar la fuerza o intensidad de ˃algo.*

entestado, -a 1 (ant.) adj. **Calado en la cabeza.* ≃ Encasquetado. **2** *Obstinado.*

entestar (de «en-» y «testa») **1** tr. CONSTR., MAR. *Unir por sus cabezas dos ˃piezas de la estructura.* **2** *Adosar o encajar dos cosas.* **3** intr. *Estar dos cosas muy próximas o en contacto una con otra.*

entestecer (de «en-» y el lat. «testa», escama) tr. y prnl. **Apelmazar[se], *apretar[se] o *endurecer[se].*

entibación f. Acción y efecto de entibar. ⊙ Colocación provisional de maderos o tablas para sostener la tierra en las excavaciones.

entibado m. MINER. *Forro de las galerías hecho con tablas.

entibador m. MINER. Obrero encargado de entibar las paredes de las minas.

entibar (del lat. «instipāre», compactar) **1** tr. *Estribar: apoyar o descargar el peso de una ˃cosa en otra. **2** MINER. Apuntalar con tablas y maderos las ˃paredes de las minas. ⇒ Encubar. ➤ Callapo, encostillado, entibo. **3** (Ar.) *Represar las ˃aguas en un río o canal para hacer un salto.* ⇒ *Presa.

entibiadero m. Sitio destinado a entibiar alguna cosa.

entibiar 1 tr. y prnl. Poner[se] tibia (templada) una ˃cosa. ≃ *Templar[se], tibiar[se]. **2** tr. y prnl. Debilitar[se] una ˃pasión, el entusiasmo, el afecto o cosas semejantes. ≃ Enfriar. ⊙ prnl. Particularmente, decaer alguien en su fervor religioso, en el entusiasmo por unos ideales, etc. ⊙ *Debilitarse la amistad o el afecto entre dos personas. ≃ Enfriarse. ⊙ («con») Dejar una persona debilitarse su amistad o afecto por otra. ⇒ Alejarse, apartarse, contrapuntarse, contrapuntearse, distanciarse, enfriarse, indisponerse, ladearse, resfriarse. ➤ Tibio. ➤ *Enemistarse.

□ CONJUG. como «cambiar».

entibiecer (ant.) tr. y prnl. *Entibiar[se].*

entibo (de «entibar») **1** m. CONSTR. **Estribo.* **2** MINER. **Madero en el entibado de las minas.* **3** (Ar.) *Agua represada para un salto.* ⇒ Presa.

entidad (del lat. medieval «entĭtas, tātis») **1** (filosófico o culto) f. Ente o *cosa; particularmente, cosa no material. **2** FIL. Cualidad de ente; circunstancia de ser o existir. ⇒ Eseidad, *esencia. **3** (culto) *Importancia o alcance de una cosa: 'No es asunto de bastante entidad para convocar por él una reunión'. **4** En sentido amplio, asociación o colectividad de cualquier clase. ⊙ En sentido restringido, asociación de personas, oficial o privada, con determinada actividad; como una real academia, un ateneo o un partido político. ⇒ Asociación, colectividad, *organismo, *SOCIEDAD mercantil.

entierro 1 m. Acción de *enterrar los cadáveres. **2** *Ceremonia con que se realiza. ⊙ Comitiva que lo acompaña. **3** *Sitio en que se entierran los cadáveres.* ≃ *Sepultura. **4** **Tesoro enterrado.*

ENTIERRO DE LA SARDINA. Fiesta carnavalesca del miércoles de ceniza que consiste en un entierro grotesco que simboliza el paso del *carnaval a la cuaresma.

SANTO ENTIERRO. Procesión del Viernes Santo cuyo paso principal es un Cristo yacente.

entiesar tr. *Atiesar.*

entigrecerse (de «en-», «tigre» y «-ecer») prnl. **Encolerizarse o *irritarse.*

entilar (de «entiznar»; Hond.) tr. **Tiznar.*

entimema (del lat. «enthymēma», del gr. «enthýmēma») m. LÓG. **Silogismo en que se suprime una de las premisas por demasiado evidente; como 'el Sol está alumbrando, luego es de día'.*

entintar 1 tr. Manchar, cubrir o empapar una ˃cosa con tinta: 'Entintar un tampón'. **2** **Teñir una ˃cosa con tinta.*

entirar (ant.) tr. **Estirar.*

entisar (Cuba) tr. *Forrar una *vasija con una red.*

entizar tr. Untar con tiza el ˃taco de *billar.

entiznar tr. **Tiznar.*

-ento, -a Sufijo de adjetivos, del mismo valor que «-iento», usado especialmente cuando la palabra primitiva es otro adjetivo: 'amarillento'. Algunos han pasado formados del latín: 'macilento'. A veces toman una letra intermedia: 'aguachento, corpulento'.

ento- Prefijo usado en palabras científicas, equivalente a «endo-»: 'entozoario'.

entolar tr. *Pasar de un tul a otro las ˃flores o dibujos de un *encaje.*

entoldado, -a 1 Participio adjetivo de «entoldar». **2** m. Acción de entoldar. **3** Conjunto de toldos puestos en algún sitio. ⊙ Lugar cubierto con toldos; por ejemplo, una pista para bailar. ⇒ Espárrago. ➤ *Cobertizo.

entoldar (de «en-» y «toldo») **1** tr. Cubrir ˃algo con toldos; por ejemplo, las calles y patios para mitigar el calor. **2** *Cubrir ˃algo con *tapices o colgaduras.* **3** prnl. **Nublarse (el cielo, el día, el tiempo, etc.).* ≃ Encapotarse.

entom- V. «entomo-».

entomecer (del lat. «intumescĕre»; ant.) tr. **Entumecer.*

entomizar tr. CONSTR. *Cubrir con tomizas (cuerdecillas de esparto) los ˃maderos, para que agarre el yeso.*

entomo- Elemento prefijo del gr. «éntomon», *insecto.

entomófilo, -a (de «entomo-» y «-filo») **1** adj. *Aficionado a los insectos.* **2** BOT. *Se aplica a las plantas cuya polinización se verifica con intervención de los insectos.*

entomología (de «entomo-» y «-logía») f. Parte de la zoología que trata de los insectos.

entomológico, -a adj. ZOOL. De [la] entomología.

entomólogo, -a n. ZOOL. Especialista en entomología.

entomostráceo (de «entomo-» y la raíz del gr. «óstrakon», concha) adj. y n. m. ZOOL. *Se aplica a ciertos *crustáceos de pequeño tamaño y organización simple, con los segmentos muy visibles y sin apéndices abdominales.* ⇒ Copépodo.

entonación f. Manera, buena o mala, agradable o desagradable, etc., de entonar. ⊙ Cualidad del *canto cuando se ajusta al tono debido. ⊙ Cualidad del *lenguaje consistente en la línea musical, característica de cada lengua, región, persona, estado afectivo, intención expresiva, etc., compuesta por la sucesión de variaciones en el tono de la voz: 'Entonación interrogativa, admirativa, de indignación, de duda'. ⊙ LING. Secuencia de los tonos con que se emite un mensaje oral. ≃ Tonalidad. ⇒ Acento, cadencia, inflexión, modulación, tonalidad, tonema, tono. ➤ Deje, dejo, sonsonete, tonillo. ➤ Recitado. ➤ COMA alta, COMA baja. ➤ Apénd. II, ENTONACIÓN.

entonadera (de «entonar») f. *Palanca con que se mueven los fuelles del *órgano.*

entonado, -a 1 Participio de «entonar[se]». **2** adj. De elevada posición social: 'Una familia de las más entonadas de la ciudad'. ≃ *Encumbrado. **3** *Crecido, *engreído u orgulloso. **4** *Pedante. **5** (inf.) Algo *borracho.

entonador, -a 1 adj. y n. *Aplicable al que entona o a lo que sirve para entonar.* **2** n. *Persona que maneja los fuelles del *órgano para que suene.* ≃ Manchador.

entonamiento m. *Entonación.*

entonar 1 tr. Dar cierto tono a los ˃sonidos que se emiten con la boca cantando o hablando. ⊙ Particularmente, dar el tono debido a una ˃cosa que se canta. ⇒ Desentonar. **2** *Empezar alguien a *cantar una ˃cosa para guiar a los demás que han de cantarla.* ≃ Marcar el TONO. **3** (culto) Cantar una ˃canción, un himno, etc. ⊙ (culto) Componer o recitar ˃poemas en honor de algo o alguien: 'Entonó un cántico a la libertad'. ≃ Cantar. ⊙ (culto) También, con referencia a escritos o discursos en prosa, del mismo carácter. **4** intr. Formar, particularmente los distintos tonos de color, un conjunto agradable: 'El color de las cortinas no entona con el de la habitación. Un mobiliario bien entonado'. ≃ *Armonizar. ⊙ tr. PINT. Graduar y combinar bien los colores. **5** Devolverle a ˃alguien las fuerzas físicas, momentáneamente perdidas por alguna causa: 'Esta taza de caldo te entonará'. ≃ Fortalecer, tonificar. ⊙ prnl. *Fortalecerse físicamente alguien que está circunstancialmente débil. ⇒ *Arreglar, componer. **6** *Crecerse, engreírse o *ensoberbecerse. **7** Ponerse alegre tomando bebidas alcohólicas. **8** tr. MÚS. *Dar aire al *órgano levantando los fuelles.* ≃ Manchar.

entonce (del sup. lat. vulg. «intunce»; ant.) adv. **Entonces.*

entonces (de «entonce») **1** adv. Alude a un tiempo determinado por algo que se acaba de decir o ya sabido por el que escucha: 'Le llamé y entonces volvió la cabeza'. ⇒ Allí, allora, entonce, en aquel ENTONCES, en eso, en esto, estonce, al llegar a este PUNTO, a la sazón. ➤ Desend. **2** Equivale a «en ese caso», con que se expresa una cosa que se dice como consecuencia de lo que ha dicho otro: 'Esta tarde tengo que ir al dentista. —Entonces ¿no vendrás a mi casa?'. ⇒ *Consecuencia (conjunciones y expresiones consecutivas).

EN AQUEL ENTONCES. Por aquel ENTONCES.

¡ENTONCES! ¡Pues ENTONCES...!

POR [AQUEL] ENTONCES. Entonces; en aquel tiempo. ≃ En aquel ENTONCES.

¡PUES ENTONCES...! Exclamación con que se expresa que con lo que dice otra persona queda justificado algo de que ella misma se extraña o se queja: 'Fui yo quien le dije que no quería verla más. —¡Pues entonces...! (por qué te extraña que no haya vuelto)'. ≃ ¡Entonces!

entonelar tr. **Envasar ↘algo en toneles.*

entongar tr. *Disponer una ↘cosa en *capas (tongadas).*

entono m. *Cualidad, situación o actitud de entonado.*

entontar (Hispam.) tr. **Atontar o entontecer.*

entontecer tr. Volver tonto a ↘alguien. ≃ Alelar, *atontar. ⊙ prnl. Volverse tonto. ≃ Alelarse, *atontarse.

□ CONJUG. como «agradecer».

entontecimiento m. Acción y efecto de entontecer[se].

entoñar (de «en-» y «tolla», lugar pantanoso; Sal., Vall., Zam.) tr. y prnl. **Enterrar[se] (hundir[se] bajo tierra).*

entorcarse (de «en-» y «torca») **1** (Burg.) prnl. **Caerse una res en sitio de donde no puede salir.* **2** (Ál.) **Atascarse un carro o coche en un bache.*

entorchado, -a **1** Participio adjetivo de «entorchar». **2** m. Hilo entorchado. ⇒ Filetón. **3** Bordado hecho con hilo de oro o plata que llevan en el *uniforme los generales y algunos altos funcionarios; por ejemplo, los ministros.

V. «COLUMNA entorchada».

entorchar (del lat. «intorquēre», torcer) **1** tr. *Retorcer juntas varias ↘*velas para formar una antorcha.* **2** Cubrir un ↘*hilo o *cuerda con otro hilo, generalmente metálico, arrollado en espiral alrededor del primero.

entorilar tr. TAUROM. *Meter a los ↘toros en el toril.*

entormecimiento (ant.) m. *Entumecimiento.*

entornar (de «en-» y «tornar») **1** tr. Cerrar ↘algo incompletamente, como las puertas o ventanas, o los ojos o los párpados. ⇒ Entrecerrar, volver. **2** *Torcer, inclinar, poner casi volcada una ↘cosa.* ⊙ prnl. **Inclinarse o *volcarse.* **3** (Ar.) tr. **Dobladillar una ↘tela o prenda.*

entornillar **1** tr. **Atornillar.* **2** *Dar forma de *tornillo a una ↘cosa.*

entorno (de «en-» y «torno») **1** (ant.) m. *Contorno.* **2** (Ar.) *Dobladillo.* **3** Conjunto de personas y circunstancias que rodean a alguien y pueden influir en su comportamiento.

entorpecedor, -a adj. Que entorpece.

entorpecer (del lat. «in», en, y «torpescĕre», torpecer) **1** tr. Ser causa de que sea torpe el movimiento de cualquier ↘cosa: 'El frío me entorpece los dedos'. ⊙ prnl. Hacerse torpe el movimiento de una cosa. ⇒ Desentorpecer, torpecer. ➤ *Entumecer. ➤ *Difícil. **2** tr. Hacer difícil o trabajosa la ejecución de ↘algo: 'La maleza entorpecía la marcha'. ≃ Dificultar, embarazar, estorbar, obstaculizar, obstruir. ⊙ prnl. Hacerse difícil o trabajoso algo. **3** tr. Hacer torpe a ↘alguien. ≃ *Atontar. ⊙ prnl. Volverse torpe alguien.

□ CONJUG. como «agradecer».

entorpecimiento m. Acción y efecto de entorpecer[se].

entortar **1** tr. y prnl. **Torcer[se].* **2** tr. *Dejar *tuerto a ↘alguien.*

entortijar (del sup. lat. vulg. «intortiliāre», retorcer; ant.) tr. **Rizar.* ≃ Ensortijar.

entosicar (del lat. «intoxicāre», envenenar; ant.) tr. **Envenenar.* ≃ Atosigar.

entosigar (ant.) tr. *Entosicar.*

entozoario (de «ento-» y el gr. y «zōárion», animalillo) m. ZOOL. **Parásito de las cavidades internas.*

entrabar (And., Chi., Col., Perú) tr. *Poner trabas a una ↘cosa.* ≃ Trabar.

entracomo m. *Altramuz (planta leguminosa).*

entrada **1** f. Acción de *entrar, en cualquiera de las acepciones que significan «pasar a estar dentro». **2** MÚS. Acción de entrar un instrumento o una voz en una ejecución musical. ⊙ MÚS. Momento que le está destinado para ello. **3** Invasión (en una *guerra). **4** («a, en») Abertura o sitio por donde se entra en alguna parte: 'Está a [en] la entrada'. ⊙ Pieza de las *casas en donde está la puerta. **5** (sing. o pl.) *Privilegio de entrar en ciertas piezas de *palacio concedido a las personas que desempeñaban algunos cargos.* **6** («Comprar, Tomar, Reservar») Billete que sirve para entrar en un *espectáculo. **7** Cantidad de gente que asiste a un espectáculo: 'Mucha [o poca] entrada. Una entrada regular'. ≃ *Concurrencia. ⊙ Dinero que se recauda por la venta de billetes para un espectáculo. ≃ Recaudación. **8** (sing. o pl.) Cantidad de dinero que entra en poder de alguien o en la caja de un establecimiento comercial: 'Entre unas cosas y otras, él tiene unas buenas entradas'. ≃ *Ingresos. ⊙ Partida de las anotadas como recibidas en una *cuenta o registro. ⇒ *Debe. **9** CONSTR. *Extremo de un *madero o *sillar que entra en un muro o queda apoyado en una solera.* ≃ Entrega. **10** Primeros *días del año, del mes, de la estación, etc. **11** *Principio de una obra; como oración, libro, etc.* **12** *Plato de los servidos en la comida detrás de la sopa y antes del plato principal.* ⊙ Plato ligero que se sirve en la comida en primer lugar, antes de los platos principales. ≃ Entrante. **13** Espacio desprovisto de *pelo con que se prolonga hacia arriba la frente a uno y otro lado. ≃ Cornero. **14** («Tener») Aceptación afectuosa que una persona tiene en una casa o con alguien. **15** Oportunidad que una persona da a otra para hablarle o para decirle o proponerle una cosa: 'Llevaba intención de hablarle del asunto, pero no me dio entrada'. ≃ Pie. **16** *En el tresillo y otros juegos de *baraja, acción de jugar una persona contra las demás declarando el palo a que lo hace antes de descartarse de unas cartas y tomar otras en su lugar.* **17** *Conjunto de los naipes que conserva esa persona.* **18** MINER. *Periodo que dura cada día el trabajo de una tanda de obreros.* **19** Primer pago, generalmente más cuantioso que el resto, que se realiza al comprar algo a plazos. **20** Cada una de las palabras que se definen en un diccionario o enciclopedia. **21** DEP. En fútbol y otros *deportes, acción de un jugador para obstaculizar el avance de un contrario y quitarle el balón: 'El defensa hizo una dura entrada al delantero del equipo visitante'. **22** (Cuba, Méj.) *Paliza, zurra.*

DAR ENTRADA a alguien en cierto sitio o reunión de personas. *Admitirle.

DE ENTRADA. Para empezar, como introducción o sin preparación: 'De entrada le dio dos bofetadas'. ⇒ *Brusco.

V. «REGISTRO de entrada».

TENER alguien ENTRADA en un sitio. Ser admitido en él.

entradilla f. Texto breve al comienzo de una información periodística que resumen lo esencial de la misma. ≃ Lead.

entrado, -a **1** Participio de «entrar». **2** adj. Se emplea en la expresión «entrado en años», que significa de bastante edad aunque todavía no viejo. ⊙ También se aplica a una expresión de tiempo como «primavera» o «noche», con el significado de *adelantado: 'Llegamos ya entrada la noche'.

entrador, -a **1** (Hispam.) adj. *Emprendedor: inclinado a acometer empresas.* **2** (Chi., Perú) *Entrometido.*

entramado (de «entramar») m. CONSTR. Armazón de maderas unidas o entrecruzadas que sirve de soporte a una obra de albañilería; particularmente, a un *suelo. ⇒ Contignación, forjado. ➤ Brochal. ➤ Enzoquetar. ➤ *Armadura.

entramar (de «en-» y «trama») **1** tr. CONSTR. Entrecruzar y unir unas ↘piezas de madera con otras para hacer una armazón. ≃ Trabar. **2** (Ál., Nav., Rioj.) *Enzarzarse en una *riña o *discusión.* ≃ Armar.

entrambos, -as (del lat. «inter ambos»; lit.) adj. pl. *Ambos.

entramos, -as (ant.) adj. pl. **Ambos.* ≃ Entrambos.

entrampar 1 tr. *Hacer caer a ↘alguien en una trampa.* ⊙ prnl. *Meterse o caer en una trampa.* **2** tr. **Engañar.* **3** **Enredar un ↘asunto.* ≃ Embrollar. **4** *Gravar alguien con *deudas su ↘hacienda.* **5** intr. y, más frec., prnl. Contraer deudas.

entrampillar (de «entrampar» y «pillar») tr. *Acorralar a alguien para que no pueda escapar.*

entrante 1 adj. *Aplicable a la parte o pieza que entra en otra.* ⊙ Se aplica a la semana, el año, etc., que sigue inmediatamente al presente. **2** adj. y n. m. Entrada del borde o la superficie de una cosa hacia el interior de ella. ⇒ Corte, escotadura, hendedura, hendidura, mella, muesca, portillo. ➤ Caja, cotana, encajadura, enclavadura, *entalladura, escopladura. **3** m. Plato ligero que se sirve en la comida en primer lugar, antes de los platos principales. ≃ Entrada.

entraña (del lat. «interanĕa», intestinos) **1** f. pl. Nombre vulgar de las *vísceras. ≃ Tripas. **2** *Interior o parte más oculta de un lugar: 'En las entrañas de la Tierra'. **3** (sing. o pl.) f. *Núcleo, *centro o parte *sustancial de una cosa: 'Esto constituye la entraña de la cuestión'. **4** f. pl. Capacidad para sentir. ≃ Alma, corazón, sentimientos. ⊙ Particularmente, capacidad para sentir *compasión; se usa particularmente en expresiones negativas o con «malas»: 'Un hombre sin entrañas'.

De mis entrañas. Expresión de *cariño que se añade patéticamente al nombre de un ser querido; particularmente, a «hijo» o «hijos»: '¡Hijos de mis entrañas!'.

Echar las entrañas (inf.). Vomitar alguien violentamente.

Sacar las entrañas. Expresión usada popularmente como amenaza hiperbólica. ⇒ *Amenazar.

entrañable adj. Aplicado a «*cariño» o nombre equivalente, verdadero y profundo. ⊙ Aplicado a «*amigo», íntimo y querido.

entrañablemente adv. De manera entrañable: 'Le quería entrañablemente'.

entrañar (de «entraña») **1** tr. *Introducir una ↘cosa en lo más profundo de otra.* ⇒ Desentrañar. **2** Con referencia a ideas, palabras o hechos, llevar contenida en sí cierta ↘cosa: 'Una votación adversa entrañaría la disolución de la cámara'. ≃ Envolver, implicar, *significar, suponer. **3** («con») prnl. **Unirse entrañablemente con alguien.*

entrañizar (de «entraña»; ant.) tr. *Querer a ↘alguien entrañablemente.*

entraño, -a (de «entraña»; ant.) adj. **Interno.*

entrapada (de «en-» y «trapo») f. *Nombre antiguo de un *paño carmesí más basto que la grana, que se empleaba para tapicería.*

entrapajar (de «en-» y «trapajo») **1** (desp.) tr. *Cubrir alguna ↘parte del cuerpo con *vendajes; se aplica particularmente cuando es con poco motivo o hecho de manera tosca.* **2** prnl. *Entraparse una tela, el cabello, etc.*

entrapar 1 tr. Agr. *Echar trapos junto a las ↘cepas y enterrarlos para que sirvan de *abono.* **2** (ant.) **Enturbiar.* ≃ Empañar. **3** (ant.) *Antiguamente, echar muchos polvos al ↘*pelo para desengrasarlo, o ponerle polvos y manteca para ahuecarlo.* **4** prnl. **Ensuciarse mucho con polvo o mugre una cosa de tela o el cabello, de modo que no se puede limpiar.* **5** **Embotarse un utensilio o perder la capacidad para cortar, pinchar o marcar, por suciedad acumulada en la punta, corte, etc.; por ejemplo, la pluma de escribir o los moldes de imprenta.*

entrapazar (de «trapaza») intr. **Mentir o *engañar.* ≃ Trapacear.

entrar (del lat. «intrāre») **1** («a, en, por») intr. Pasar al *interior de una cosa: 'Entrar en la casa. Entrar la bola en la tronera'. ≃ Introducirse. ⊙ *Desaguar una corriente de agua en la corriente, mar, etc., que se expresa.* ⊙ Colocarse algo, total o parcialmente, en la masa de otra cosa: 'El clavo ha entrado en la pared'. ≃ Introducirse, meterse, penetrar. ⊙ Pasar a estar en cierto *tiempo o época: 'Hemos entrado en la primavera. Ha entrado en la vejez. Va a entrar en los sesenta años'. ⊙ prnl. Meterse: 'Se nos ha entrado la felicidad por las puertas'. **2** intr. Ser admitido como amigo o visitante en cierto sitio: 'Entraba en palacio'. ≃ Tener entrada. **3** Poder colocarse una cosa por su tamaño alrededor o en el interior de otra: 'Este anillo no te entra. El corcho no entra en la botella'. ⇒ *Caber. **4** Mús. *Incorporarse una voz o instrumento en el momento oportuno al conjunto musical de que forman parte. ⊙ Incorporarse de manera semejante a otras actividades. **5** Incorporarse a una colectividad, a un cuerpo de empleados, etc.: 'Entrar en el Ejército [en el cuerpo de Aduanas, en un partido político, en una Academia]'. ⊙ (inf.) Tomar parte con otros en algo como un negocio, una conjuración o una discusión. También, en un reparto. ≃ *Intervenir. **6** En los juegos de baraja, hacer una *puesta contra los otros jugadores. ≃ Jugar. **7** Formar parte de cierta clase de cosas o personas: 'Entro en el número de los disconformes. Esta casa entra en la categoría de las de lujo'. ≃ *Estar. ⊙ Estar una cosa incluida en la que se expresa: 'Eso no entra en mis cálculos. El lavado de ropa no entra en el precio de la pensión'. **8** Ser uno de los componentes de cierta cosa: 'En estas pastas no entra huevo'. ≃ Haber. **9** Ser empleada o ser necesaria cierta cantidad de la cosa que se expresa para hacer o formar otra determinada: 'En este vestido entran cinco metros de tela'. ⊙ («en») Completar el número de cosas que se expresa cierto *peso: 'De estas naranjas entran cuatro en un kilo'. **10** Ocuparse de cierto asunto, *tratarlo o referirse a él: 'Yo no entro en el aspecto moral de la cuestión'. **11** («en, por») Adoptar cierto uso: 'No entro en [o por] esas modas' ⇒ *Acostumbrarse. **12** Empezar un período de *tiempo designado por un nombre: 'Entró el año con buen tiempo'. **13** **Principiar de cierta manera que se expresa otras cosas; como un libro u otro escrito.* **14** Con «a» y un verbo en infinitivo, *principiar: 'Entrar a reinar'. **15** Comenzar a hacerse sentir ciertas sensaciones o ciertas disposiciones de ánimo: 'Me ha entrado frío. Le ha entrado pereza. Les ha entrado prisa'. ≃ *Acometer, dar. **16** Ser agradable de tomar una comida o bebida, no resultar pesadas: 'Estos dulces entran muy bien'. **17** («en») Ser acometido por cierto estado de ánimo de los que se dice que «entran»: 'Entrar en cuidado [en aprensión, en curiosidad, en deseo]'. ⊙ Se dice también «entrar en calor» (pero no «entrar en frío», etc.) ⊙ También, «entrar en razón». **18** Taurom. Acudir el toro cuando es citado, por ejemplo con el capote o para clavarle las banderillas. **19** Dep. tr. Obstaculizar un jugador el avance del ↘contrario para quitarle el balón. **20** *Acometer a una ↘persona para conseguir de ella alguna cosa: 'A ése no hay por dónde entrarle'. ≃ Abordar. ⊙ Se aplica también a ↘cosas, con el significado de empezar a cortarlas, a trabajarlas, a desenredarlas o a manejarlas de algún modo: 'Vamos a ver cómo le entramos a este asunto'. **21** («en») intr. y, no frec., tr. *Invadir u ocupar un ↘lugar en la guerra: 'Entrar la [o en la] ciudad. Entrar el castillo [o en el castillo]'. **22** (ant.) tr. *Apoderarse de una ↘cosa.*

23 MAR. *Ir *alcanzando un barco a otro en cuyo seguimiento va.* **24** (acep. causativa) *Meter o *introducir materialmente una ↘cosa en un sitio: 'Están entrando el carbón para la calefacción. Cuando venga ese señor, éntrelo directamente a mi despacho'. ⊙ En algunas regiones, por ejemplo Andalucía, esta forma causativa tiene un uso más amplio: 'Ya no se acuerda de que fui yo quien le entró en esta empresa'. **25** Meter en una costura algo más de ↘tela para estrechar o acortar la prenda. ⇒ Empequeñecer.

V. «en BOCA cerrada no entran moscas, entrar en CAJA, entrar en CAMPO con, entrar en CUENTAS consigo mismo».

HACER ENTRAR. **1** *Meter algo en un sitio donde entra difícilmente: 'Por fin he hecho entrar el tapón'. **2** Introducir a alguien en un sitio o invitarle o darle permiso para que entre. ≃ Hacer pasar.

V. «entrar en JUEGO, de los que entran pocos en LIBRA, entrar en LIZA, entrar en MATERIA».

NO ENTRAR NI SALIR alguien en cierta cosa. No *intervenir o *influir en ella.

NO ENTRARLE a alguien otra persona (inf.). No hacérsele simpática. ⇒ *Antipatía.

NO ENTRARLE a alguien una cosa [EN LA CABEZA] (inf.). No entenderla: 'Las matemáticas no le entran. No me entra en la cabeza que haya tomado esa decisión'.

V. «entrar por un *OÍDO y salir por otro, entrar a la PARTE, hacer entrar en RAZÓN, entrar en RELIGIÓN, entrar de RONDÓN, entrar a SACO, entrar en SOCIEDAD, entrar en VEREDA».

□ CATÁLOGO

Allanar, meterse de CABEZA, calar[se], choclar, colarse, deslizarse, embocar, encajarse, encasquetarse, escalar, fletarse, inmigrar, internarse, introducirse, *invadir, irrumpir, meterse, pasar, penetrar, colarse [entrar o meterse] de RONDÓN, atravesar [o pisar] los UMBRALES, violentar, zamparse. ➤ Dar ENTRADA, *meter. ➤ Caber. ➤ *Afiliarse, *asociarse, *incorporarse, ingresar, inscribirse, *intervenir, matricularse, sentar plaza, reingresar, *unirse. ➤ *Abertura, acceso, boca, bocana, boquete, embocadero, embocadura, portillo, *puerta. ➤ Azaguán, entrada, hall, patio, *portal, recibidor, recibimiento, *vestíbulo, zaguán. ➤ Billete, boleta, boletín, boleto, butaca, entrada, *localidad, póliza. ➤ Contaduría, despacho, taquilla. ➤ *Aduanas, *consumos, portazgo. ➤ Contadero, contador, *torniquete. ➤ Portero. ➤ Accesible. ➤ ¡Adelante!, ¡adentro! ➤ Subintrar.

entrático (ant. y usado aún en Ar., Nav., Rioj.) m. *Entrada en una *orden religiosa.*

entrazado, -a (Arg., Chi.) adj. *Con «bien» o «mal», de buena o mala traza o *aspecto.*

entre (del lat. «inter») **1** prep. Sirve para expresar la situación de una cosa con respecto a otras dos que están una a cada lado de ella, en contacto o a distancia: 'El dedo medio está entre el índice y el anular. Zaragoza está entre Madrid y Barcelona'. ⊙ Expresa también la situación de lo que está en un estado que no es ni uno ni otro de dos opuestos, pero que participa de ambos: 'Entre alegre y triste. Entre gris y azul'. ⇒ Intermedio, enmedio, enmedio de. **2** En el número de: 'Te cuento entre mis amigos'. ⇒ *Estar. ⊙ *Acompañado de ciertas cosas o con ellas: 'Estamos entre personas decentes. Entre los recién llegados había una mujer'. ⊙ *Revuelto con: 'Encontraron entre la paja una bolsa con monedas'. ⊙ *En la colectividad expresada por un nombre en plural: 'Entre los orientales'. ⊙ Expresa también *reciprocidad: 'Entre ellos se entienden'. **3** Significa también «juntamente», expresando *intervención de varias personas o cosas en la realización de algo: 'Le cogimos entre cuatro personas. Llenan el pantano entre los cuatro ríos. Entre el calor y los mosquitos, no me han dejado dormir'. **4** Se usa para expresar la división: 'Ocho entre dos son cuatro'. **5** Con un pronombre personal reflexivo (en particular «mí» o «sí») significa «para mis [sus, etc.] adentros»: 'Decía entre mí que nunca más volvería a aquella casa'.

V. «entre dos AGUAS, entre BASTIDORES».

ENTRE un día Y otro. En cualquiera de los dos días: 'Acabaré el trabajo entre hoy y mañana'.

V. «entre la ESPADA y la pared, entre LÍNEAS, entre dos LUCES, entre MANOS, entre cuatro PAREDES, nada entre dos PLATOS, entre sí, entre TANTO».

□ NOTAS DE USO

Antiguamente la preposición «entre» se construía también con pronombres en dativo: 'Entre ti y la orilla del río'.

entre- Elemento prefijo correspondiente a «entre». ⊙ Expresa situación intermedia: 'entretela, entrecubierta, entrepierna'. ⊙ Calidad intermedia: 'entrefino'. ⊙ Acción que se realiza incompletamente: 'entrever'. ⊙ Mezcla o combinación de cosas: 'entretejer'.

entreabierto, -a Participio adjetivo de «entreabrir[se]». ⇒ *Entornado, vuelto.

entreabrir tr. y prnl. *Abrir[se] solamente un poco una ↘puerta, ventana, etc. ⇒ Entrecerrar.

□ CONJUG. como «abrir».

entreacto **1** m. Tiempo intermedio entre dos actos de una representación *teatral. **2** *Danza o piececilla interpretada a veces entre dos actos de la principal.* ≃ Intermedio. **3** **Cigarro puro pequeño, cilíndrico.*

entreancho, -a adj. *Aplicado particularmente a *telas, de anchura intermedia.*

entrebarrera o **entrebarreras** f. TAUROM. *Espacio situado entre la barrera y la contrabarrera en las *plazas de toros.*

entrecalle f. ARQ. *Espacio situado entre dos *molduras.*

entrecanal f. ARQ. *Saliente entre cada dos estrías de una *columna.*

entrecano, -a adj. Se aplica al *pelo que empieza a encanecer y a las personas que lo tienen así.

entrecasco m. **Entrecorteza (defecto de las maderas).*

entrecavar tr. o abs. AGR. *Cavar ligeramente la ↘tierra, entre las plantas ya nacidas, para arrancar la hierba o romper la costra. ⇒ Escavanar.

entrecejo (del lat. «intercilium») **1** m. Espacio entre las *cejas. ⇒ Gabelo. **2** Arrugas formadas frunciendo esa parte. ≃ *Ceño.

ARRUGAR EL ENTRECEJO. Hacer ese gesto en señal de enfado, disgusto o preocupación. ≃ Fruncir el ENTRECEJO, poner CEÑO.

DESARRUGAR EL ENTRECEJO. *Desenfadarse o quitar el gesto de enfado o preocupación.

FRUNCIR EL ENTRECEJO. Arrugar el ENTRECEJO.

entrecerrar (Hispam.) tr. y prnl. **Entornar[se] una puerta o ventana.*

□ CONJUG. como «acertar».

entrechocar intr. y, menos frec., prnl. *Chocar una cosa con otra; particularmente, cuando es repetida y rápidamente, como ocurre, por ejemplo, con los dientes de una mandíbula y los de la otra, por frío u otra causa. ⇒ Castañetear, *traquetear. ➤ Cascaruleta.

entrecielo (ant.) m. **Toldo.*

entrecinta **1** f. CONSTR. *Madero que se coloca entre dos pares de una *armadura de tejado, paralelamente al tirante.* **2** MAR. *Hilada de tablas del forro de un *barco comprendida entre dos cintas.*

entreclaro, -a adj. *Algo claro.*

entrecogedura f. *Acción de entrecoger.*

entrecoger 1 tr. **Sujetar ↘algo o a alguien de modo que no se puede desprender o escapar.* ≃ Estrechar. **2** *Imposibilitar a ↘alguien para defenderse, responder, actuar, etc., con argumentos, amenazas, etc.* **3** **Obligar a ↘alguien a hacer o decir algo con argumentos, amenazas, etc.* ≃ Estrechar.

entrecolunio (del lat. «intercolumnĭum»; ant.) m. ARQ. *Intercolumnio.*

entrecomar tr. Poner entre *comas o entre *comillas alguna ↘palabra o expresión.

entrecomillado, -a Participio adjetivo de «entrecomillar». ⊙ m. Acción de entrecomillar. ⊙ Elemento de la frase o del discurso puesto entre comillas.

entrecomillar tr. Poner entre *comillas alguna ↘palabra o expresión.

entrecoro m. *Espacio que media entre el coro y el altar mayor.* ⇒ *Iglesia.

entrecortadamente adv. De manera entrecortada.

entrecortado, -a Participio adjetivo de «entrecortar[se]». ⊙ Se aplica a la *voz o manera de *hablar que, por ejemplo por emoción de quien habla, es *discontinua.

entrecortar 1 tr. *Cortar una ↘cosa sin acabar de separar las partes.* **2** prnl. *Hablar entrecortadamente. **3** Combinarse unas cosas o piezas con otras de modo que se *cruzan y una de ellas queda cortada en el encuentro.

entrecorteza f. *Defecto de las *maderas que consiste en la inclusión de un trozo de corteza en su interior.* ≃ Entrecasco.

entrecot (del fr. «entrecôte») m. *Filete de carne sacado de entre costilla y costilla. ⊙ Corrientemente, en los restaurantes, *filete asado o frito, no rebozado, de cualquier pieza de la res.

entrecriarse prnl. *Criarse unas *plantas entre otras.*

entrecruzado, -a Participio adjetivo de «entrecruzar[se]». ⊙ m. Acción de entrecruzar.

entrecruzamiento m. Acción de entrecruzar[se].

entrecruzar tr. Pasar ↘cosas como cintas, hilos o alambres alternativamente por encima y por debajo de otros, como se hace, por ejemplo, en los trabajos de cestería o en los tejidos. ⇒ *Entrelazar, entretejer, *tejer. ➤ *Enrejado, *red, rejilla. ⊙ prnl. recípr. Pasar cosas por encima y por debajo unas de otras.

entrecubierta o **entrecubiertas** f. MAR. Espacio situado entre cubierta y cubierta de un *barco.

entrecuesto (del lat. «inter», entre, y «costa», costilla) **1** m. **Columna vertebral de los cuadrúpedos.* ≃ Espinazo. **2** *Pieza de las reses destinadas a *carne situada entre las costillas y el lomo.* ≃ Solomillo. **3** (Sal.) *Estorbo.*

entredecir (del lat. «interdicĕre») **1** (ant.) tr. **Prohibir la comunicación o el trato con ↘alguien.* **2** (ant.) *Poner en entredicho a ↘alguien.*

entredicho (del lat. «interdictus») **1** m. *Prohibición de hacer cierta cosa.* ≃ Interdicto. **2** Privación eclesiástica a alguien de la asistencia a los oficios divinos en determinado sitio, de ciertos sacramentos o de sepultura eclesiástica. ≃ Interdicto. ⇒ Deviedo, interdicto. ➤ Excomunión. **3** («Estar, Poner en, Pesar sobre, Levantar») *Duda que se hace recaer o que existe en el ambiente sobre el honor o el crédito de alguien o la veracidad de alguien o algo: 'Mientras no se aclare este asunto está en entredicho la honradez de ese funcionario. Se esfuerza por levantar el entredicho que pesa sobre él. Si la noticia proviene de él hay que ponerla en entredicho'. **4** (ant.) **Contradicción u *oposición.*

entredoble adj. *Aplicado por ejemplo a *telas, de grosor intermedio.*

entredós (del fr. «entre-deux») **1** m. Tira de bordado o de *encaje, que se pone como adorno, cosida por cada uno de sus bordes a una tela. ⇒ Embutido. ➤ Aplicación. ➤ *Bordar. **2** *Mueble de sala, con armario y sobre él un cajón, generalmente con el plano superior de mármol. **3** AGRÁF. **Letra de imprenta de tamaño intermedio entre el breviario y el de lectura.*

entrefilete (del fr. «entrefilet») **1** m. Noticia breve publicada en un *periódico, generalmente entre dos líneas gruesas que cogen toda la columna. ≃ Suelto. **2** AGRÁF. *Cita destacada tipográficamente en un texto.*

entrefino, -a adj. Se aplica a cosas como «fideos, garbanzos», etc., que no son ni de los más gruesos ni de los más finos.

entrega 1 f. Acción o *ceremonia de entregar algo: 'La ceremonia de entrega de títulos'. **2** Cantidad o número de cosas entregados de una vez: 'Una entrega de dinero'. ⇒ *Partida, *tanda. ⊙ Cada cuadernillo de un *libro de los que se entregan a los lectores por partes, a medida que se publican. ⇒ Fascículo. **3** Acción de entregarse o darse por vencido en una lucha o discusión. **4** *Devoción con que alguien dedica atención, interés, afecto, esfuerzos, sacrificios, etc., a otra u otras personas. **5** CONSTR. *Parte de un *madero o un *sillar que se introduce en la obra.* ≃ Entrada. **6** (ant.) *Devolución.*

entregadamente (ant.) adv. *Cabal y enteramente; con total entrega.*

entregado, -a Participio adjetivo de «entregar[se]»: 'Está entregado a la bebida [o al estudio]. Un hombre entregado a su familia'.

entregar (del lat. «integrāre») **1** tr. *Dar una ↘cosa a alguien que la exige, la pide o tiene derecho a tenerla porque le está destinada, o para que la guarde, cuide o disfrute: 'Tardaron tres meses en entregarle el coche que había pedido. El cartero le entregó una carta. Ha entregado el asunto a un abogado. Entregó sus fincas a los campesinos (para que las cultivaran). Encontró una cartera en un taxi y la entregó en el ayuntamiento. Le obligaron a entregarles todo el dinero que llevaba'. **2** Hacer que ↘alguien sea apresado por sus enemigos o por la policía o caiga en sus manos: 'Uno de los comprometidos entregó [a la policía] a los conspiradores'. ⊙ prnl. Ponerse alguien a disposición de la policía o de sus enemigos: 'Después de un intenso tiroteo, los atracadores se entregaron'. ⇒ *Delatar, *traicionar. ⊙ tr. Poner a ↘alguien en situación tal que su suerte depende enteramente de la persona o cosa que se expresa: 'Así, le entregan a la voluntad de su suegro. Entregar a alguien a la desesperación [o a su suerte]'. ≃ *Abandonar. ⊙ prnl. Dedicarse alguien a otra persona, por amistad, amor, etc., con completo desinterés: 'Es hombre que se entrega a los amigos'. **3** tr. CONSTR. *Asentar y fijar una ↘pieza, por ejemplo el extremo de un madero, en el sitio donde debe ir.* ⇒ *Embutir. **4** (ant.) **Devolver.* **5** (And.) *Causar a ↘alguien disgustos o enfados continuos.* ≃ *Consumir. **6** prnl. *Dedicar alguien todo su interés y atención a cierta cosa: 'Entregarse al estudio'. ⊙ Dejarse dominar por un vicio o por un estado de ánimo: 'Entregarse a la bebida'. ⇒ *Abandonar[se]. ⊙ Se dice también «entregarse al sueño» o «al descanso». **7** *Recibir cierta cosa y hacerse cargo de ella:* 'Él firmó que se entregaba del dinero. Me entrego de las llaves'. ⊙ *Hacerse cargo de una cosa por propio impulso, o *apoderarse de ella:* 'Los arrendatarios se entregaron de la finca'.

V. «entregar el ALMA a Dios, entregar su CUERPO, entregar atado de PIES y manos».

□ CATÁLOGO

Adjudicar, apurrir, confiar, depositar, hacer DEPOSITARIO, desentrañarse, distribuir, enterar, poner en [o pasar a] MANOS de, posesionar, rendir, traer, traspasar. ➤ Cesión, dación, desembolso, donación, entriega [entriego], ingreso, *reparto, tradición. ➤ Dador. ➤ Darse, *dedicarse, entregarse, *sacrificarse. ➤ Abnegación, devoción, entrega, holocausto, renuncia, resignación, *sacrificio. ➤ *Dar. *Devolver. *Pagar.

□ NOTAS DE USO

Se dice: 'el caco me obligó a entregarle el reloj, le entregué mi reloj para que me lo guardara mientras me metía en el mar, le entregué el reloj al relojero para que lo arreglara'. Pero no se dice: 'Le entregué mi reloj como regalo'. Es decir, que no se usa el verbo «entregar» con el significado de hacer una donación; si se dice 'le entregaron el regalo en sus propias manos', es porque el regalo es ya de la persona de que se trata.

entregerir (del lat. «intergerĕre»; ant.) tr. *Entremezclar.* ⇒ *Mezclar.

entrego[1] (ant.) m. *Entrega.*

entrego[2], **-a** (ant.) adj. *Entregado.*

entreguerras DE ENTREGUERRAS. Locución adjetiva que indica el periodo transcurrido entre dos guerras consecutivas, en particular entre las dos guerras mundiales: 'La diplomacia de entreguerras. La literatura de entreguerras'.

entrejuntar tr. CARP. *Unir los ↘entrepaños o tableros de las puertas, ventanas, etc., con los paños o travesaños.*

entrelazamiento m. Acción de entrelazar[se].

entrelazar tr. Combinar ↘hilos, mimbres, etc., pasándolos de distintas maneras unos por encima y por debajo de otros. ⇒ *Entrecruzar, *entremeter, *tejer. ⊙ prnl. recípr. Pasar hilos, mimbres, etc., por encima y por debajo unos de otros.

entrelínea f. **Interlineado.*

entrelinear tr. *Escribir algo entre líneas en un ↘escrito.*

entreliño m. *Espacio que queda entre fila y fila de árboles en una plantación de *árboles, *vides, etc.* ≃ *Calle.

entrelistado, -a 1 adj. **Listado.* **2** *Se aplica a lo que tiene algún dibujo entre lista y lista.*

entrellevar (ant.) tr. *Llevar a una ↘persona entre otras dos.*

entrelubricán (de «entre-» y «lubricán») m. **Crepúsculo vespertino.* ≃ Lubricán.

entrelucir (del lat. «interlucēre») intr. **Divisarse una cosa entre otras.* ≃ Aparecer.

entremediano, -a (ant.) adj. *Intermedio.*

entremediar tr. *Poner una ↘cosa entremedias de otras.*

entremedias (de «entre-» y «medio») adv. Expresa la situación de algo que está *revuelto o mezclado con otras cosas, en el tiempo o en el espacio: 'En el cesto había manzanas y, entremedias, algunas peras. Asistimos a banquetes y fiestas y, entremedias, a alguna conferencia'.

entremedio adv. Entremedias.

entremés (del fr. «entremets») **1** (gralm. pl.) m. Se aplica a los manjares apetitosos, como aceitunas, encurtidos, mariscos, embutidos o ensaladillas, que se sirven en las comidas antes de los platos fuertes y, a veces, se dejan sobre la mesa para ir comiéndolos a la vez que éstos. ⇒ Aperitivo, entrada, entrante, tapa. ➤ Rabanera. **2** Pieza de *teatro jocosa, en un solo acto, que solía representarse entre una y otra jornada de la comedia. ⇒ Cambaluz, *mojiganga. **3** (ant.) *Cierta *mascarada o *fiesta grotesca.*

entremesar (ant.) tr. *Entremesear.*

entremesear (de «entremés», pieza de teatro) tr. *Mezclar cosas graciosas en una ↘conversación para hacerla *agradable.*

entremesil adj. *De [o del] entremés.*

entremesista n. *Persona que compone o representa entremeses.*

entremeter (del lat. «intermittĕre») **1** («con, entre») tr. Meter ↘cosas de cierta especie o clase entre las de otra, por ejemplo para *esconderlas o *disimularlas: 'Entremeter huevos pasados con [o entre] los frescos'. **2** *Meter una cosa entre otras dos. ⊙ Especialmente, la punta del pañal entre el cuerpo del niño y la parte ya mojada. **3** Meter ↘partes salientes de una cosa entre las de otra. ⇒ *Encajar[se], *enganchar[se], enredar[se], *entrelazar[se], entremezclar[se], entretallarse, introducir[se], meter[se], trabar[se]. **4** prnl. *Entrometerse. **5** Ponerse una persona en medio de otras.

entremetido, -a Participio adjetivo de «entremeter[se]». ⊙ Entrometido.

entremetimiento m. Entrometimiento.

entremezclado, -a Participio adjetivo de «entremezclar[se]». ⊙ No todo de la misma calidad; formado por cosas heterogéneas o de distinta clase: 'Un tabaco entremezclado. El público estaba muy entremezclado'. ≃ Mezclado.

entremezclar («con, en») tr. y prnl. recípr. Poner[se] juntas y revueltas varias ↘cosas. ≃ *Mezclar, revolver.

entremiche (del cat. «entremig», del lat. «intermedium») m. MAR. *En un *barco, hueco que queda entre el borde alto del durmiente y el bajo del trancanil.* ⊙ MAR. *Pieza de madera que rellena este hueco.*

entremiente (de «entre-» y «mientre»; ant.) m. **Mientras.* ≃ Entretanto.

entremijo (del lat. «intermissum»; Sal.) m. *Entremiso.*

entremiso (del lat. «intermissum») m. *Mesa o tablero de hacer el *queso.* ≃ Expremijo.

entremorir (del lat. «intermŏri») intr. *Estar *terminándose la actividad en una cosa; en especial, estar extinguiéndose una luz:* 'Mientras entremoría la vela'.

□ CONJUG. como «dormir».

entrenado, -a Participio adjetivo de «entrenar[se]». ⇒ Desentrenado.

entrenador, -a n. Persona que tiene a su cargo entrenar a alguien; por ejemplo, a un equipo de *fútbol.

entrenamiento m. Acción de entrenar. ⊙ Estado de entrenado.

entrenar (del fr. «entraîner») tr. Preparar a los ↘deportistas y mantener su buen estado físico y la disciplina del equipo, mediante ejercicios adecuados. ⇒ *Adiestrar. ⊙ prnl. Prepararse un deportista mediante ejercicios adecuados. ⊙ tr. Adiestrar a un ↘animal para una carrera, un combate, etc.

□ NOTAS DE USO

Lo mismo «entrenar» que «entrenado» y «entrenamiento» van pasando a campos ajenos al deporte; es corriente oír frases como 'no estoy entrenado en el manejo de la máquina'.

entrencar tr. APIC. *Poner las trencas en las ↘colmenas de *abejas.*

entreno m. DEP. Entrenamiento.

entrenudo m. Parte de tallo, por ejemplo de una *caña, comprendida entre dos nudos consecutivos.

entrenzar tr. *Trenzar: hacer trenzas o trenzados con o en ˃algo.*

entreoír tr. *Oír a medias; oír una ˃cosa sin entenderla bien.
□ CONJUG. como «oír».

entrepalmadura (de «entre-» y «palma») f. VET. *Enfermedad de las *caballerías en la cara palmar del casco causada por una contusión infectada.*

entrepanes (compuesto con «pan») m. pl. AGR. **Terrenos no sembrados, situados entre otros que lo están.*

entrepaño 1 m. CONSTR. Trozo seguido de *muro situado entre dos huecos, puertas o ventanas. ≃ Lienzo. **2** Cada una de las tablas horizontales de un armario o estantería. ≃ Anaquel, balda, *estante, tabla. **3** CARP. Cada uno de los tableros lisos de las *puertas o *ventanas, sostenidos entre los peinazos.

entreparecerse prnl. **Divisarse o *transparentarse una cosa.*

entrepaso m. **Paso de andadura de las *caballerías,*

entrepechuga f. *Pequeña porción de carne entre la pechuga y la quilla de un *ave.*

entrepeines m. pl. **Lana que queda en los peines del telar después de sacar el estambre.*

entrepelado, -a 1 *Participio adjetivo de «entrepelar».* **2** (Arg.) *Se aplica a las *caballerías que tienen el pelo mezclado de negro, blanco y rubio.*

entrepelar intr. *Aplicado a las *caballerías, tener el pelo mezclado de dos colores.* ≃ Entrepelarse.

entrepernar intr. *Meter alguien sus *piernas entre las de otro; por ejemplo, estando sentados en asientos fronteros en un vehículo.*

entrepierna o, no frec., **entrepiernas** (de «entre» y «pierna») **1** f. Parte del *cuerpo constituida por las caras interiores de los muslos. ⊙ Parte de una prenda de vestir que corresponde a esa parte. **2** (pl.) Piezas puestas para refuerzo o como remiendo en ella. **3** (vulg.; sing.) Genitales. **4** (Chi.; pl.) **Taparrabos o traje de baño.*

PASARSE algo POR LA ENTREPIERNA (vulg.). No hacer caso de ello, considerarlo con indiferencia.

entrepiso 1 m. *Entreplanta (*piso).* **2** MINER. *Espacio que queda entre dos pisos o galerías superpuestas de una ˃mina.*

entreplanta 1 f. *Piso que se construye entre otros dos quitando parte de la altura de uno de ellos. ⇒ Altillo, entrepiso, naya. **2** *Entrepiso de mina.*

entrepretado, -a (de «entre-» y el lat. «pectus, -ŏris», pecho) adj. VET. *Se aplica a las *caballerías que tienen una herida o lesión en el pecho o los brazuelos.*

entrepuente o **entrepuentes** m. MAR. *Espacio situado entre dos cubiertas del *barco.* ≃ Entrecubierta.

entrepuerta (Rioj.) f. **Compuerta de un cauce.*

entrepunzadura f. *Dolor en forma de pinchazos que causa un *absceso mientras se forma el pus.*

entrepunzar tr. *Punzar a ˃alguien una parte de su cuerpo o dolerle con poca intensidad o con intermitencias.*

entrerraído, -a adj. *Algo raído.*

entrerrenglonadura f. *Lo escrito entre renglones.*

entrerrenglonar tr. o abs. *Añadir una cosa entre renglones en un ˃escrito.* ≃ Entrelinear, interlinear

entrerromper (del lat. «interrumpĕre»; ant.) tr. **Interrumpir.*

entrés (de «en-» y «tres») m. *Cierto lance del juego del *monte.*

entresacar 1 tr. Sacar o quitar unas ˃cosas de entre otras, o de un ˃conjunto de ellas, con el fin de seleccionarlas o de que las que queden estén más claras: 'Entresacar párrafos de un discurso. Entresacar árboles de un bosque'. ⇒ Escarzar. ➤ *Aclarar, *elegir, *limpiar. **2** Cortar mechones del ˃cabello cuando éste es muy abundante para que no abulte tanto.

entreseña (ant.) f. **Enseña.*

entresijo (del sup. «entrasijar», ceñir por las ijadas, del lat. «trans», a través, e «ilĭa», vientre) **1** m. **Mesenterio.* **2** (gralm. pl.) Sitio *oculto, difícil de ver o a donde es difícil llegar, en una cosa o un asunto: 'Esta cuestión tiene más entresijos de lo que parece a primera vista'. ≃ Reconditez, recoveco[s]. ⊙ Falta de claridad en la manera de ser de alguien: 'Tiene muchos entresijos: no hay manera de saber lo que piensa'. ≃ Recovecos, trastienda. ⊙ Vueltas o rincones en un conducto, camino o cosa semejante. ⇒ Intrincamiento, *retorcido.

entresuelo 1 m. *Piso de las casas que está entre el bajo y el principal. **2** Planta situada sobre el patio de butacas en un teatro o cine.

entresueño 1 m. Estado intermedio entre la vigilia y el sueño. **2** Sueño ligero y frecuentemente interrumpido.

entresurco m. AGR. Espacio que queda entre un *surco y otro.

entretalla o **entretalladura** f. ESCULT. *Bajo relieve o media talla.*

entretallamiento (ant.) m. **Corte o *recorte hecho en una tela.*

entretallar 1 tr. *Tallar ˃algo en bajo relieve o media talla.* ⊙ **Esculpir o grabar.* **2** **Recortar trozos en una ˃tela haciendo dibujos o calados.* **3** **Detener a una ˃persona o una cosa impidiéndole seguir adelante.* **4** prnl. **Encajarse o *entremeterse una cosa con otra.* **5** (Sal.) *Meterse en un sitio estrecho del que no se puede salir.*

entretanto adv. Expresa el tiempo en que se realiza una acción por referencia a otra simultánea: 'Entró a tomar un café y entretanto le robaron la bicicleta'. ≃ Entre tanto, *mientras, mientras tanto, en el entretanto, en el *intervalo. ⊙ Muy frecuentemente, la simultaneidad es con la espera hasta que se realiza la acción que sirve de referencia: 'Estoy esperando destino y entretanto me dedico a pintar'

EN EL ENTRETANTO. *Entretanto.*

entretecho (Chi., Col.) m. *Desván, buhardilla.*

entretejer (del lat. «intertexĕre») **1** tr. Meter en una tela u otro trabajo *tejido ˃hilos u otros materiales distintos de los que se emplean principalmente, para formar un dibujo. **2** Pasar ˃hilos, mimbres o cosas semejantes alternativamente por encima y por debajo unos de otros para formar un tejido, un trabajo de cestería, un adorno, etc. ≃ Entrecruzar, entrelazar, *tejer. **3** *Incluir versos, citas, etc., en un libro o escrito.*

entretela 1 f. Tela rígida, generalmente de tejido claro, que se coloca entre la tela y el forro de algunas partes de los vestidos, para darles rigidez; por ejemplo, en las solapas. ⇒ Linón, trape. ➤ Armar, entretelar. **2** (pop.; pl.) Lo más profundo de los sentimientos de una persona. ⇒ *Íntimo.

entretelar 1 tr. o abs. Armar con entretela. **2** tr. AGRÁF. *Hacer que desaparezca la huella de la forma en las ˃hojas impresas.* ≃ Satinar.

entretención (Hispam.) f. *Diversión, entretenimiento.*

entretener 1 tr. *Distraer a ˃alguien impidiendo que siga su camino, que siga haciendo le que hacía o que vaya a algún sitio o empiece a hacer cierta cosa: 'He llegado tarde porque me ha entretenido un amigo en la calle'. ⊙ *Retrasar con pretextos o promesas que no se cumplen la resolución de un ↘asunto, la ejecución de un trabajo, etc., para ↘alguien. Se usa generalmente en forma durativa: 'Están entreteniendo la concesión de su permiso. Desde hace seis meses me están entreteniendo sin darme las llaves'. ≃ Dar LARGAS. **2** *Distraer o *divertir. Hacer pasar agradablemente el tiempo: 'Tiene habilidad para entretener a los niños. Me entretiene mirar los escaparates'. ⊙ («con, en» o con un gerundio) prnl. Pasar agradablemente el tiempo una persona haciendo algo: 'Se entretiene en hacer [o haciendo] solitarios. Se entretiene con cualquier cosa'. ⊙ Dedicarse sin seriedad a cierta ocupación: 'Pinta por entretenerse'. ⇒ *Enredar. ⊙ tr. Hacer más soportable el ↘tiempo de una cosa como «espera» o «soledad»: 'Encima de la mesa hay algunas revistas para entretener la espera'. **3** Ocupar la atención de ↘alguien para *engañarle o para hacerle olvidar un dolor, disgusto, etc.: 'Mientras uno le entretenía preguntándole la hora, el otro le robó la cartera'. ≃ *Distraer. **4** Hacer que cierta ↘cosa no se extinga del todo: 'Entretener la esperanza de alguien con promesas. He puesto un tronco para entretener el fuego'. ≃ *Conservar, mantener, sostener.

□ CATÁLOGO

Alargar[se], llevar de CABEZA, camelar, capear, capotear, caramelear, conllevar, dar CORDELEJO, desviar[se], detener[se], distraer[se], encanarse, *engañar, enguerar, enrollarse, hacer ESPERAR, extenderse, hamaquear, hacer IR de acá para allá [o de aquí para allí], jugar con, hacer ir [o llevar] de un LADO para otro, dar LARGAS, LLEVAR de acá para allá [o de aquí para allí], marear, hacer dar PASOS, pavonear, pasar el RATO, *retrasar, *tardar, ganar [o hacer] TIEMPO, hacer perder TIEMPO, matar [pasar o perder] el TIEMPO, TRAER y llevar, traquetear, trastear, hacer dar VUELTAS, zarandar, *zarandear. ➤ *Tardar.

□ CONJUG. como «tener».

entretenida (de «entretenido») **1** f. *Amante. **2** *Prostituta.*

entretenido, -a 1 Participio adjetivo de «entretener[se]». **2** Se aplica a lo que entretiene: 'Un libro [o un espectáculo] entretenido'. ⇒ *Distraer. **3** También a un trabajo que exige mucho tiempo para ser hecho, por su minuciosidad. ⇒ *Pesado. **4** HERÁLD. *Se aplica a las figuras que constan de dos iguales apoyadas una en otra; por ejemplo, dos llaves.* **5** (ant.) m. *Aspirante a un *empleo que disfrutaba algunos gajes mientras no era nombrado.*

entretenimiento 1 m. Acción de entretener[se]. **2** Cosa con la que se pasa agradablemente el tiempo: 'En el parque hay muchos entretenimientos para los niños'. ≃ *Distracción. **3** Acción de sostener una ↘cosa en actividad o en uso: 'Le cuesta mucho dinero el entretenimiento del palacio. Los gastos de entretenimiento de la maquinaria'. ≃ Sostenimiento.

entretiempo m. *Tiempo intermedio entre los de frío o calor riguroso: 'Abrigo de entretiempo'.

entretomar 1 (ant.) tr. **Emprender o *intentar ↘algo.* **2** (ant.) *Detener o *sujetar ↘algo o a alguien entre varias cosas o personas.* ≃ Entrecoger.

entreuntar tr. **Untar ↘algo ligeramente.*

entrevenarse prnl. *Introducirse un humor o líquido por las venas.*

entrevenimiento (ant.) m. *Intervención.*

entrevenir (del lat. «intervenīre»; ant.) intr. *Intervenir.*

entreventana f. *Trozo de *muro comprendido entre dos ventanas.*

entrever 1 tr. *Atisbar o *vislumbrar: ver una ↘cosa aunque no con claridad: 'Allá lejos entreveo unos tejados'. **2** Empezar a ver algo, como una ↘posibilidad o una solución: 'Se entrevé un acuerdo'. ≃ *Atisbar. ⊙ *Creer, aunque sin causa suficiente, que existe, pasa o va a pasar cierta ↘cosa: 'Entreveo una ruptura entre ellos'.

DEJAR ENTREVER. *Insinuar.

□ CONJUG. como «ver».

entreverado, -a (de «entreverar») **1** Participio adjetivo de «entreverar[se]». ⊙ (menos frec. aplicado a cosas no corpóreas) Se aplica a lo que tiene intercalada una cosa distinta: 'Tocino entreverado' (con vetas de magro). 'Tenemos un tiempo entreverado' (con alternativas). **2** (Ven.) m. *Asadura de cordero o cabrito aliñada con sal y vinagre.*

entreverar (del lat. «inter», entre, y «variāre», variar) **1** tr. Dar *variedad a una cosa entremezclando con ella o intercalando en ella ↘otra diferente. **2** (Arg.) prnl. **Mezclarse desordenadamente personas, animales o cosas.* **3** MIL. *Chocar dos masas de caballería y *luchar cuerpo a cuerpo los jinetes.*

entrevero 1 (Hispam.) m. *Acción de entreverarse.* **2** (Arg., Chi.) *Confusión o desorden.*

entrevía f. Espacio que queda entre los *rieles o vías. ⇒ Gauge. ➤ Encachado.

entrevigar tr. CONSTR. *Rellenar los espacios entre las vigas, por ejemplo en un ↘techo.*

entrevista 1 f. Reunión de dos o más personas, para tratar algún asunto. ⇒ Encuentro, MANO a mano, vis a vis, vistas. ➤ Avistarse, entrevistarse. ➤ Cita. ⊙ Particularmente, reunión con el aspirante a un puesto de trabajo para determinar si es el más adecuado para ese puesto. **2** Diálogo de un periodista con un personaje de actualidad para que conteste a sus preguntas. ≃ Interviú.

entrevistado, -a Participio de «entrevistar». ⊙ n. Persona a la que se ha hecho una entrevista.

entrevistador, -a n. Persona que hace una entrevista a otra.

entrevistar (calco del ingl. «to interview») **1** tr. Hacer un periodista preguntas a un ↘personaje de actualidad para informar al público de sus opiniones o impresiones. **2** («con») prnl. recípr. Tener una entrevista o reunión: 'El presidente del Gobierno se entrevistó con el primer ministro británico'.

entrevolver (ant.) tr. *Envolver entre otras cosas.* ⇒ *Mezclar, *ocultar.

□ CONJUG. como «volver».

entrevuelta f. AGR. **Surco corto que se hace en la besana o serie de ellos, cuando se han ido torciendo, para igualar y empezar a hacerlos nuevamente derechos.*

entreyacer (del lat. «interiacēre»; ant.) intr. *Estar enmedio o mediar.*

□ CONJUG. como «yacer».

entricar (ant.) tr. *Intrincar; *complicar o *enredar una ↘cosa.*

entriega o **entriego** (ant.) f. o m. **Entrega.*

entrillar (de «trillar»; Extr.) tr. y prnl. **Sujetar[se] con fuerza.*

entripado, -a 1 adj. *De las tripas:* 'Dolor entripado'. **2** *Se aplica al *animal muerto al que no se le han sacado las tripas.* **3** (Hispam.) *Participio de «entripar».* **4** (inf.) m. *Disgusto o resentimiento que se mantiene guardado sin exteriorizarlo.

entripar (Hispam.) tr. **Disgustar.*

entristar (ant.) tr. **Entristecer.*

entristecedor, -a adj. Que causa tristeza.

entristecer tr. Poner triste a ↘alguien. ≃ Contristar. ⊙ Dar aspecto triste a una ↘cosa. ⊙ («con, de, por») prnl. Ponerse triste.

□ CATÁLOGO

Acongojar[se], acorar, acuitar[se], afligir[se], ahelear, amezquindarse, amurriar[se], amustiar[se], añorar, *apenar[se], apesarar[se], aquejar, atribular[se], cariñarse, dejar [o quedarse] DESCONSOLADO, desconsolar[se], endecharse, engurruñarse, ensombrecer[se], echar en FALTA, helear, echar de MENOS, causar *PENA, dar PALO, quejar, rehelear, dar SENTIMIENTO, tarazar, traspasar, causar TRISTEZA. ➤ *Triste.

□ CONJUG. como «agradecer».

entristecido, -a Participio adjetivo de «entristecer[se]».

entristecimiento m. Acción y efecto de entristecer[se].

entrizar (del lat. «in», en, y el sup. «strictiāre», de «strictus», apretado; Sal., Zam.) tr. *Meter ↘algo en un sitio estrecho.*

entro (del lat. «intro»; ant.) adv. *Hasta.*

entro- Prefijo que significa «dentro».

entrojar tr. **Guardar ↘frutos, especialmente cereales, en la troje.*

entrometer (del lat. «intromittĕre») **1** tr. *Entremeter.* **2** prnl. Intervenir alguien oficiosa e indiscretamente en los asuntos de otros. ≃ Entremeterse, inmiscuirse, meterse. **3** *Introducirse alguien en un sitio o un medio sin corresponderle estar en él o sin ser llamado o invitado.

□ CATÁLOGO

Atravesarse, meterse en CAMISA de once varas, cazoletear, colarse, cominear, meter CUCHARA, cucharetear, meter el CUEZO, *curiosear, danzar, encajarse, encasquetarse, entremeterse, meterse a FAROLERO, *fisgar, importunar, incrustarse, injerirse, *inmiscuirse, meterse en INTERIORIDADES, *interponerse, intervenir, introducirse, intrometerse, meterse en LIBROS de caballerías, mangonear, meterse, METERSE donde no le llaman [en todo o en lo que no le va ni le viene], mojar, montantear, meter las NARICES, pegarse, meterse a REDENTOR, colarse [entrar o meterse] de RONDÓN, salsear, meterse en VIDAS ajenas. ➤ Aparcero, argadijo, argadillo, atizacandiles, bullebulle, buscavidas, busquillo, camasquince, candiletero, caridelantero, catacaldos, chismoso, choclón, cocinilla, cominero, *curioso, danzante, descarado, *enredador, entrador, entremetido, entrometido, factótum, fodolí, *gorrón, importuno, *indiscreto, intruso, mangoneador, manifacero, metemuertos, metete, metiche, metido, metomentodo, oficioso, petrus in cunctis, preguntón, quijote, refitolero, salsero. ➤ Entrometimiento, injerencia, intromisión, intrusión, mogollón, oficiosidad. ➤ No dar VELA en este entierro. ➤ ¿Quién te [le, etc.] ha dado VELA en este entierro? ➤ *Indiscreto.

entrometido, -a Participio adjetivo de «entrometer[se]». ⊙ adj. y n. Se aplica a la persona que se entromete en los asuntos de otros.

entrometimiento m. Acción de entrometer[se].

entromparse (inf.) prnl. Emborracharse.

entronar tr. *Entronizar.*

entroncamiento **1** m. Acción de entroncar. ≃ Entronque. **2** Entronque del ferrocarril.

entroncar **1** («con») intr. Tener parentesco con cierta persona o linaje o descender de ellos. ⊙ (forma causativa) tr. Afirmar de ↘alguien que desciende de cierta persona o linaje o tiene parentesco con ellos: 'Algunas tradiciones le entroncan con el último rey godo'. **2** intr. Contraer parentesco con alguien o con cierta familia por un casamiento. ≃ *Emparentar. **3** Tener una cosa un punto de coincidencia o tener su arranque, su término o su continuación en otra determinada: 'La física entronca en este punto con la matemática'. ≃ Empalmar, *enlazarse.

entronecer (de «tronar»; ant.) tr. **Estropear.*

entronerar tr. *Meter una ↘bola en las troneras de la mesa de trucos o *billar.*

entronización f. Acción de entronizar.

entronizar **1** tr. Elevar a ↘alguien al *trono o dignidad real. ≃ Ensillar. **2** Colocar ↘algo o a alguien en sitio donde es adorado o venerado: 'La entronizó en su hogar [o en su corazón]'. **3** **Ensalzar.*

entronque **1** m. Entroncamiento. **2** Sitio o punto en que una cosa, por ejemplo una línea de *ferrocarril, entronca con otra. ⇒ *Empalme.

entropezado, -a **1** (ant.) *Participio de «entropezar».* **2** (ant.) adj. **Enredado.*

entropezar (del sup. lat. vulg. «interpediāre», por «interpedīre», impedir; ant.) intr. **Tropezar.*

entropía (del gr. «entropía», vuelta) **1** f. FÍS. *Magnitud igual al cociente del calor absorbido por un cuerpo por la temperatura a que lo absorbe, muy utilizada en termodinámica. Aumenta siempre en los fenómenos irreversibles; lo cual equivale a decir que el universo evoluciona en una dirección determinada y que a medida que crece la entropía disminuyen sus posibilidades. **2** FÍS. Medida del desorden de un sistema.

entropillar (Arg.) tr. *Acostumbrar a los ↘*caballos a vivir en tropilla.*

entropión (del gr. «entropḗ», vuelta) m. MED. *Inversión patológica del borde del *párpado inferior hacia dentro, por causa de inflamación, parálisis, espasmo, etc.* ⇒ Ectropión.

entruchada f. *Entruchado.*

entruchado (de «entruchar») **1** m. **Conspiración, intriga o *trama dirigida contra alguien.* **2** (And.) *Entripado (resentimiento).*

entruchar tr. *Atraer a ↘alguien con engaños para hacerle intervenir en cierto asunto.*

entruejo (del sup. lat. «introitŭlus», dim. de «introĭtus», entrada en la cuaresma) m. **Carnaval.* ≃ Antruejo.

entrujar[1] **1** tr. **Guardar los ↘frutos en la troje.* ≃ Entrojar. **2** (inf.) *Guardar *dinero.*

entrujar[2] tr. *Guardar la ↘aceituna en la truja o algorín, departamento de los molinos de *aceite en que se almacena hasta que se exprime.*

entubación f. Acción de entubar.

entubar tr. Poner tubos en alguna ↘cosa. ⊙ MED. Intubar.

entuerto (del lat. «intortus»; arcaísmo, usado a veces con conciencia de que lo es) **1** m. *Daño o agravio causado injustamente a alguien. ≃ Tuerto. **2** (sing. o pl.) Dolores debidos a la contracción del útero que sobrevienen después del parto. ≃ Mueso, tuertos, DOLORES de entuerto.

V. «DESFACEDOR de entuertos».

entullecer (de «en-» y «tullecer») **1** tr. **Impedir la acción o el movimiento de una ↘cosa.* ⇒ Desentollecer. **2** intr. y prnl. *Quedarse *inválido.* ≃ Tullirse.

entumecer (del lat. «intumescĕre») **1** tr. Dejar un miembro rígido o torpe para moverse. ⊙ prnl. Quedarse un miembro, por ejemplo por el frío, rígido o torpe para moverse. **2** **Hincharse. Particularmente, las aguas del mar o un río.*

□ CATÁLOGO

Adormecerse, agarrotarse, arrecirse, arrigirse, aterecerse, quedarse ATERIDO, aterirse, atomecerse, *dormirse, empalarse, encalambrarse, enertarse, engarabitarse, engarrotarse, entorpecerse, quedarse ENTUMECIDO, entumirse, envarar[se], estacarse. ➤ Agarrotado, aterido, entelerido, pasmado, patitieso, rígido, tieso, yerto. ➤ Hormigueo, insensibilidad, torpor. ➤ Desadormecer[se], desenmohecer[se], *desentumecer[se], desentumir[se], *desperezarse, estirarse. ➤ *Paralizar.

□ CONJUG. como «agradecer».

entumecido, -a Participio adjetivo de «entumecer[se]».

entumecimiento m. Acción y efecto de entumecer[se].

entumirse (del sup. lat. «intumēre») prnl. *Quedarse un miembro pasajeramente entorpecido por haber permanecido inmóvil en cierta postura.* ≃ *Dormirse.

entunicar **1** tr. *Cubrir ↘algo con una túnica.* **2** *Dar dos capas de cal y arena gruesa a la ↘pared de ladrillo o piedra que se ha de *pintar al fresco.*

entuñarse (Sal.) prnl. *Llenarse de fruto los árboles o las vides.*

entupir (de «en-» y «tupir») **1** tr. **Obstruir un ↘conducto.* ≃ Atascar. **2** **Apretar, apelmazar o hacer más tupida una ↘cosa.*

enturbiamiento m. Acción y efecto de enturbiar[se].

enturbiar **1** tr. y prnl. Poner[se] turbia una ↘cosa. ⇒ Afoscarse, correrse, deslucir[se], deslustrar[se], empañar[se], entelar, entrapar, mezclar[se], nublar[se], *oscurecer[se], pasmarse, revolverse, ponerse TELARAÑAS. ➤ *Turbio. **2** tr. Aminorar la ↘alegría o el entusiasmo o hacer que no sean completos. ≃ Apagar, ensombrecer. ⇒ *Turbar. ⊙ prnl. Aminorar o quedar incompletos la alegría o el entusiasmo.

□ CONJUG. como «cambiar».

entusiasmar **1** tr. Provocar entusiasmo en ↘alguien. ⊙ («con») prnl. Ser acometido de entusiasmo: 'Se entusiasma con cualquier cosa'. **2** tr. *Gustar mucho una cosa a ↘alguien: 'Le entusiasman los toros'. ⊙ (inf.) Se emplea también refiriéndose a sensaciones materiales: 'Le entusiasman los helados'.

□ CATÁLOGO

*Apasionar[se], arrebatar, tener el CORAZÓN en su sitio, electrizar, embriagar[se], enardecer[se], encender, enfervorizar[se], *exaltar[se], inflamar[se], magnetizar. ➤ Apoteosis, ardimiento, borrachera, calor, delirio, *entusiasmo, exaltación, fervor, fogosidad, frenesí, fuego, hervor, locura, paroxismo, rapto, vehemencia. ➤ Delirante. ➤ Apasionado, entusiasta, entusiástico, loco, vehemente. ➤ Fan, forofo, groupie, hincha, hinchada, porra, porrista. ➤ Aplauso, ovación. ➤ ¡Ah...!, ¡bravo!, ¡estupendo!, ¡hurra!, ¡magnífico!, ¡ole...!, ¡OLE con ole!, ¡soberbio!, ¡viva! ➤ Desinflarse, echar una DUCHA de agua fría, enfriar[se], echar un JARRO de agua fría'. ➤ *Admiración. *Afán. *Alegría. *Ánimo. *Apasionarse. *Ardor. *Exaltarse.

entusiasmo (del lat. tardío «enthusiasmus», del gr. «enthousiasmós») **1** m. *Estado de intensa excitación espiritual en que estaban las *sibilas al pronunciar sus oráculos.* ⊙ **Inspiración divina de los profetas.* **2** («Manifestar, Mostrar, Sentir, Desbordarse, Despertar, Provocar, Apagarse») Estado afectivo de excitación estimulante provocado por la fe en algo o la adhesión a alguien, que se manifiesta en la viveza o animación con que se habla de la cosa que lo provoca o en el afán con que se entrega uno a ella: 'Habla con entusiasmo de sus proyectos [o de su maestro]'. Los niños están plantando árboles con mucho entusiasmo. Muchos se adhieren con entusiasmo al nuevo partido. Despierta entusiasmo en el auditorio'. ⇒ *Entusiasmar.

entusiasta **1** adj. y n. Se aplica a la persona que siente entusiasmo por cierta cosa o que es propensa a entusiasmarse: 'Era un entusiasta de la Sociedad de Naciones. Una persona entusiasta'. **2** adj. Entusiástico.

entusiástico, -a (del ingl. «enthusiastic», del gr. «enthousiastikós») adj. Aplicado a cosas, hecho con entusiasmo: 'Un recibimiento entusiástico'. ≃ Entusiasta.

enucleación (del lat. «enucleāre», extirpar una glándula) f. MED. *Extirpación total de un órgano, glándula, quiste, etc.*

enumeración **1** f. Acción de enumerar. ⊙ *Relación de cosas enumeradas. **2** *Epílogo de un *discurso en que se hace un resumen de las alegaciones.* **3** **Figura retórica que consiste en enumerar rápidamente varias ideas o varias partes de una idea.* ⇒ Distribución.

enumerar (del lat. «enumerāre») tr. Nombrar o *exponer varias ↘cosas, razones, etc., una detrás de otra, designándolas o no con números correlativos. ⇒ Connumerar, *contar, numerar. ➤ ... y otras hierbas, ... y así, ... o así; y toda la PESCA.

enumerativo, -a adj. Que enumera o contiene una enumeración.

enunciación f. Acción y efecto de enunciar. ≃ *Expresión.

enunciado m. Conjunto de palabras con que se enuncia una cosa. ⊙ Particularmente, un *problema que se propone para resolver o un teorema que se va a demostrar. ⊙ Expresión con que se enuncia lo que se va a exponer. ⇒ *Epígrafe, *título. ⊙ LING. Manifestación lingüística de cualquier extensión.

enunciar (del lat. «enuntiāre») **1** tr. Dar forma verbal a una ↘idea, teoría, principio, etc., para comunicarla a otros: 'Einstein enunció la Teoría de la Relatividad. Comencemos por enunciar los principios fundamentales'. ≃ *Exponer, formular. **2** MAT. Exponer los datos de un ↘problema.

□ CONJUG. como «cambiar».

enunciativo, -a adj. Utilizado para enunciar. ⊙ GRAM. Se aplica a la expresión con que se dice algo exponiendo simplemente que es o no es, o que ocurre o no ocurre la cosa de que se trata, pero sin condicionarla o matizar afectivamente la expresión; son las expresiones que se construyen con el modo indicativo del verbo. ≃ Asertivo, aseverativo.

enuresis f. MED. *Micción involuntaria.*

envacar (Sal.) tr. *Juntar una ↘res a la vacada.*

envagarar o **envagrar** tr. MAR. *Colocar las vagras sobre las cuadernas en la construcción de un ↘barco.* ≃ Enmaestrar.

envaguecer tr. *Hacer que algo se difumine o se vuelva más impreciso.*

envaina (de «envainar») f. METAL. *Martillo grande con que se mete el espetón para hacer la sangría de un horno.*

envainador, -a adj. BOT. Que forma vaina y rodea, total o parcialmente, algún órgano o elemento de la *planta.

envainar tr. Meter una ↘cosa en su *vaina. ⇒ Enfundar. ➤ Desenvainar.

envalentonamiento m. Acción y efecto de envalentonar[se].

envalentonar (de «en-» y «valentón») tr. Hacer que ↘alguien adopte una actitud atrevida o desafiante. ⊙ prnl. Ponerse atrevido o desafiante: 'Si te achantas, él se envalentonará'. ⇒ Arrufar, *atreverse, ponerse CHULO, crecerse, engallarse, hombrear, *insolentarse. ➤ *Bravucón. *Fanfarrón.

envalijar tr. *Meter ↘algo en una valija.*

envanecedor, -a adj. Que envanece.

envanecer (del lat. «in», en, y «vanescĕre», desvanecer) **1** («de») tr. y prnl. Poner[se] vanidoso. ⊙ Puede emplearse sin sentido reprobatorio para significar sentirse legítimamente orgulloso de algo propio: 'Puedes envanecerte de los hijos que tienes'. **2** prnl. *Quedarse vano el fruto de una planta por haberse secado o podrido su meollo.*

□ CATÁLOGO

Ahuecarse, alabarse, antarquearse, llenar la CABEZA de aire [de pájaros o de viento], subirse a la CABEZA, levantar de CASCOS, *crecerse, desvanecerse, elevarse, embriagarse, empingorotarse, encampanarse, encopetarse, endiosarse, engallarse, engolletarse, engreírse, enquillotrarse, *ensoberbecerse, erguirse, fincharse, gloriarse, hespirse, hinchar[se], ponerse HUECO, infatuar[se], *insolentarse, *jactarse, *pavonearse, preciarse, *presumir, soplarse, vanagloriarse, vanecerse. ➤ Achantar, *achicar. ➤ Deshincharse. ➤ Vanidoso.

□ CONJUG. como «agradecer».

envanecido, -a Participio adjetivo de «envanecer[se]».

envanecimiento m. Acción y efecto de envanecer[se].

envarado, -a 1 Participio adjetivo de «envarar[se]». **2** Se aplica a la persona estirada, que se cree superior a los demás.

envaramiento m. Acción y efecto de envarar[se].

envarar (de «en-» y «vara») **1** tr. Poner rígido o entorpecido un ↘miembro; por ejemplo, el frío. ⇒ *Entumecer. ⊙ prnl. Ponerse rígido o entorpecido un miembro. **2** Volverse soberbia una persona.

envarbascar (de «en-» y «varbasco») tr. *Echar en el ↘agua verbasco u otra sustancia semejante, para atontar a los peces.* ⇒ *Pescar.

envarengar intr. MAR. *Armar las varengas de las cuadernas del *barco.*

envarescer (ant.) tr., intr. y prnl. **Sorprender[se].* ≃ Pasmar[se].

envaronar (de «en-» y «varón») intr. **Crecer o *desarrollarse con robustez.*

envasado, -a Participio adjetivo de «envasar»: 'Un producto envasado al vacío'. ⊙ m. Acción de envasar.

envasador, -a 1 adj. Que envasa o sirve para envasar. **2** m. *Embudo para envasar.

envasar tr. Colocar ↘algo, particularmente líquidos, en las vasijas o envases en que se guardan, transportan o venden.

□ CATÁLOGO

Embotellar, embotijar, encajonar, encorar, encubar, enfrascar, enlatar, ensacar, entalegar, entonelar, *llenar. ➤ Embudar. ➤ Azacán, barquino, bolsa, bota, bote, *botella, boto, caja, cajón, cartucho, casco, corambre, costal, cuba, cucurucho, cuero, embalaje, *envase, envoltura, estuche, frasco, garrafa, lata, *odre, pellejo, pipa, pote, *saco, talego, *tonel. ➤ *Embudo, envasador, fonil. ➤ A granel. ➤ *Meter. *Recipiente. *Vasija.

envase 1 m. Acción de envasar. **2** *Recipiente en que se pone una mercancía para guardarla, transportarla o expenderla.

envedijarse 1 prnl. **Enredarse el pelo o cosa semejante, formando como vedijas.* **2** *Pasar de discutir a reñir unas personas con otras.* ≃ *Enzarzarse.

envegarse (de «en-» y «vega»; Chi.) prnl. **Encharcarse un terreno.*

envejecer 1 tr. Volver vieja una ↘cosa. ⊙ Hacer que ↘alguien parezca viejo. ⊙ Agotar a ↘alguien y ponerlo como viejo. **2** intr. y, menos frec., prnl. Hacerse viejo algo o alguien: 'Ha envejecido mucho en estos años'. ⊙ Tomar alguien aspecto de viejo o más viejo, o ponerse achacoso como si lo fuese. ⊙ Referido a la población de un lugar, aumentar el porcentaje de ancianos debido al descenso de la tasa de mortalidad y natalidad. ⇒ Acabarse, acartonarse, acecinarse, agotarse, amojamarse, apergaminarse, apolillarse, *arrugarse, avejentar[se], avellanarse, aviejar[se], caducar, chochear, consumirse, encanecer[se], estropearse, *gastar[se], inveterarse, arrastrar los PIES, revejecer, vejecer. ➤ Insenescencia, piñonear. ➤ Estar hecho un CHAVAL, no pasar DÍAS por [o para], estar hecho un POLLO. ➤ *Viejo. **3** tr. Hacer que el ↘vino tome cuerpo conservándolo en un tonel u otro recipiente adecuado. ⊙ intr. Tomar cuerpo el vino conservado en un recipiente.

□ CONJUG. como «agradecer».

envejecido, -a Participio adjetivo de «envejecer[se]».

envejecimiento m. Acción de envejecer[se].

envelar 1 (ant.) tr. **Cubrir ↘algo con un velo.* **2** (Chi.) intr. *Huir.*

envenenado, -a 1 Participio adjetivo de «envenenar[se]». **2** Se aplica a las cosas dichas a alguien o de alguien, que le hieren, a las que envuelven injuria o a las que provocan discordias o enemistad entre las personas. ≃ Ponzoñoso, venenoso. ⇒ *Mordaz.

envenenador, -a adj. y n. Se aplica al que envenena.

envenenamiento m. Acción y efecto de envenenar[se].

envenenar 1 tr. *Matar o hacer enfermar a ↘alguien una sustancia venenosa introducida en su organismo. ⊙ (acep. causativa) Hacer ingerir a ↘alguien un veneno. ⊙ prnl. Morir o ponerse alguien enfermo por haber tomado una sustancia venenosa. ⇒ Aciguatarse, atosigar, atoxicar[se], atufarse, avelenar, avenenar, azogarse, ciguatarse, entosicar, entosigar, intoxicar, tosigar, toxicar, venenar. ➤ Emponzoñar, enherbolar, herbar, herbolar, inficionar. ➤ Argirismo, atropismo, doblado, envenenamiento, ergotismo, septicemia [o sepsis]. ➤ Jicarazo. ➤ *Veneno. **2** tr. Poner veneno en un ↘alimento, en una flecha o en cualquier cosa destinada a introducirla en el cuerpo de alguien. ≃ Emponzoñar. **3** Ser causa de que las ↘relaciones entre personas degeneren en *discordias o *enemistad. ≃ Emponzoñar. ⇒ *Enemistar, *engrescar. **4** Corromper o dañar a ↘alguien por haberle inculcado ideas perniciosas.

enverar (del lat. «in», en, y «variāre», cambiar de color) intr. *Empezar a tomar los frutos, particularmente las uvas, color de *maduros.*

enverdecer intr. *Reverdecer el *campo o las *plantas.*

□ CONJUG. como «agradecer».

enverdir (ant.) tr. **Teñir ↘algo de verde.*

envergadura (de «envergar») **1** f. MAR. Ancho de una *vela, medido por la parte por donde va unida a la verga. **2** Distancia entre las puntas de las alas de un *ave cuando están completamente extendidas. ⊙ Distancia entre los extremos de las alas de un avión. **3** (probablemente, la usó por primera vez el político Antonio Maura) *Importancia mayor o menor de un asunto o cuestión: 'Ha montado un negocio de mucha envergadura'.

envergar tr. MAR. Atar las ↘*velas a las vergas.

envergonzar 1 (ant.) tr. **Avergonzar.* **2** (ant.) **Respetar o *venerar.*

envergue (de «envergar») m. MAR. *Cabo delgado de los que pasan por los ojetes de la vela y sirven para sujetar ésta a la verga.* ⇒ Rizo, tomador.

DE ENVERGUE. MAR. *Designación de cierto *nudo marinero.*

enverjado m. *Cerca de reja.* ≃ Enrejado, *verja.

envernadero (ant.) m. **Invernadero.*

envernar (ant.) intr. *Invernar.*

enverniego, -a (ant.) adj. *Invernizo*

envero m. *Acción de enverar.* ⊙ *Estado de la fruta cuando envera.* ⊙ *Uva o grano de ella que está en ese estado.* ⇒ *Agraz.

enversado, -a (ant.) adj. *Se aplica a lo que estaba revocado en un edificio.*

envés (del lat. «inversum») **1** m. Parte de una cosa opuesta a la cara. Se emplea particularmente refiriéndose a las *telas. ≃ *Revés. ⊙ Parte inferior de la hoja, opuesta al haz. **2** **Espalda.*

envesado, -a adj. *Se aplica a las cosas, por ejemplo el cuero, que está usado mostrando el envés.*

envestir (del lat. «investīre») **1** tr. **Investir.* **2** (ant.) **Recubrir.* ≃ Revestir.

enviada f. *Envío.*

enviado, -a 1 Participio adjetivo de «enviar». **2** n. Persona enviada por otra a ejecutar una comisión. ⊙ Particularmente, persona enviada por un gobierno a desempeñar una misión en un país extranjero. ⇒ *Enviar. ⊙ Enviado especial. ⊙ Enviado extraordinario.

ENVIADO ESPECIAL. Colaborador de un *periódico enviado a hacer información en cierto sitio.

E. EXTRAORDINARIO. Agente diplomático de categoría igual a la de ministro plenipotenciario.

enviajado, -a (de «viaje[2]») adj. ARQ. **Oblicuo*: 'Arco enviajado'.

enviar (del lat. tardío «inviāre») **1** tr. Hacer que una ↘cosa *llegue a cierto sitio o a alguien que está a cierta distancia: 'El gobierno ha enviado socorros a la zona damnificada. Le ha enviado un ramo de flores'. ≃ Mandar, remitir. ⊙ («a») Hacer ir a ↘alguien a cierto sitio: 'Ha enviado a su familia al campo'. ⊙ («a, de, con, por») Hacer ir a ↘alguien a un sitio con una comisión. ≃ Comisionar. **2** (ant.) **Guiar.* **3** (ant.) **Desterrar.*

ENVIAR a una persona NORABUENA [o NORAMALA]. **Echarla con enfado o *desentenderse de ella.*

□ CATÁLOGO

Adjuntar, consignar, cursar, despachar, dirigir, expedir, facturar, girar, imbiar, inviar, librar, hacer LLEGAR, mandar, reexpedir, remesar, remitir. ➤ Premiso, remitido. ➤ Expedidor, remitente. ➤ Destinatario. ➤ Dirección, señas. ➤ *Mensaje, misión, *recado. ➤ Enviada, envío, expedición, partida, remesa. ➤ Lleva. ➤ Apocrisiario, *comisión, comisionado, delegación, delegado, diplomático, embajador, emisario, enlace, enviado, internuncio, legado [a latere], *mensajero, nuncio, parlamentario, propio, *representante. ➤ Cosario, *mandadero, *recadero. ➤ *Reenviar. ➤ *Llevar.

□ NOTAS DE USO

En el lenguaje corriente, «mandar» va pasando a ser de uso más frecuente que «enviar»; los modismos propios del lenguaje informal se dicen más frecuentemente con «mandar»: 'mandar a escardar cebollinos, a freír espárragos, a paseo'; en cambio, los de corte anticuado se forman con «enviar», como 'enviar norabuena' o 'noramala'.

□ CONJUG. como «desviar».

enviciado, -a Participio adjetivo de «enviciar[se]». ⊙ («con, en») Se dice del que se ha acostumbrado a una cosa agradable y no puede prescindir de ella. ⇒ Mal ACOSTUMBRADO, malacostumbrado, talludo. ➤ *Regalón.

enviciamiento m. Acción y efecto de enviciar[se].

enviciar 1 tr. Hacer que ↘algo o alguien se envicie (contraiga algún *vicio). ⊙ («con, en») prnl. Entregarse a la práctica o uso vicioso de algo: 'Se ha enviciado en el juego'. ≃ Viciarse. ⊙ tr. Hacer que ↘alguien se engolosine o se aficione demasiado a una cosa. ≃ Engolosinar. ⊙ prnl. Tomar por costumbre cierta cosa agradable de la que ya no se sabe prescindir: 'Se ha enviciado con ir al teatro todas las semanas'. ≃ *Aficionarse, engolosinarse. ⊙ Tomar una cosa un vicio o forma defectuosa por estar algún tiempo en mala posición: 'La tapa se ha enviciado y no se puede meter'. ≃ Viciarse. **2** intr. y prnl. Echar las *plantas demasiado follaje y, en cambio, poco fruto.

□ CONJUG. como «cambiar».

envidar (del lat. «invitāre») tr. o abs. Hacer una *puesta o envite contra ↘alguien en el juego.

envidia (del lat. «invidĭa») **1** («Dar, Tener, Comer, Corroer, Roer, Comerse, Concomerse, Consumirse, Reconcomerse de; de, por») f. Padecimiento de una persona porque otra tiene o consigue cosas que ella no tiene o no puede conseguir. ⊙ Padecimiento porque otro disfrute el cariño, la simpatía, etc., de alguien, que el que siente la envidia querría disfrutar él solo. ≃ *Celos. ⇒ *Celos, dentera, invidia, livor, pasioncilla, pelusa. ➤ *Concomerse, comerse [o morirse] de ENVIDIA, envidiar. ➤ Dar DENTERA, hacer RABIAR. ➤ Envidioso, ínvido, resentido. ➤ *Conformadizo, *generoso, *noble. ➤ *Desear. *Rival. **2** *Deseo de hacer o tener lo mismo que hace o tiene otro; puede no tener sentido reprobatorio, y muchas veces se emplea amablemente: 'Veo que te ha dado envidia de mis zapatos y te has comprado unos iguales'.

envidiable adj. Digno de envidia; tan bueno que puede cualquiera desearlo para sí: 'Tiene una tranquilidad [una memoria, una posición] envidiable'. ≃ Apetecible, codiciable, deseable.

envidiar tr. Sentir envidia de ↘alguien o por ↘algo: 'Todos le envidian por la suerte que ha tenido. Todos le envidian su suerte'. ⊙ *Desear para sí ↘algo que tienen otros: 'Envidio vuestra tranquilidad'.

TENER POCO [o NO TENER NADA] QUE ENVIDIAR a alguien o algo. No ser inferior una persona o cosa a otra: 'Los dos hermanos son inteligentes: no tienen nada que envidiar el uno al otro'.

□ CONJUG. como «cambiar».

envidieta f. Dim. de «envidia».

envidiosillo, -a adj. y n. Dim. de «envidioso».

envidioso, -a («Estar, Ser») adj. y n. Se aplica al que siente envidia. ⊙ O al que es, por temperamento, inclinado a sentirla.

envido (de «envidar») m. *Envite de dos tantos en el juego del *mus.*

enviejar (ant., y usado aún en Sal.) intr. **Envejecer.*

envigado, -a 1 *Participio adjetivo de «envigar».* **2** m. *Conjunto de las vigas de un edificio.*

envigar tr. o abs. CONSTR. *Colocar las vigas en un ↘edificio.*

envilecedor, -a adj. Que envilece.

envilecer 1 tr. o abs. Hacer *vil o despreciable ↘algo o a alguien: 'La adulación envilece'. ≃ Degradar, rebajar. ⊙ prnl. Hacerse vil o despreciable. ⇒ Abarrajarse, abribonarse, apelgararse, arrastrarse, aviltar, baldonearse, CAER muy bajo, coinquinarse, contaminar[se], degradar[se], *deshonrar[se], deslinajar, embellaquecerse, *encanallar[se], enfangarse, engranujarse, enruinecer, cometer una INDIGNIDAD, *manchar[se], *pervertir[se], prostituir[se], tirarse. ➤ *Vil. **2** tr. *Hacer descender de valor una ˘mercancía, una moneda, un valor público, etc.* ≃ Depreciar. ⊙ prnl. *Descender el valor de una mercancía, una moneda, un valor público, etc.*

□ CONJUG. como «agradecer».

envilecido, -a Participio adjetivo de «envilecer[se]».

envilecimiento m. Acción y efecto de envilecer[se].

envilortar (Sal.) tr. *Atar los ˘*haces con vilortos o vencejos.*

envinagrar tr. *Poner vinagre en una ˘cosa.* ⊙ *Poner una ˘cosa en vinagre para conservarla.* ≃ Encurtir.

envinar tr. *Echar *vino en el ˘agua.*

envío 1 m. Acción de enviar. **2** Cosa enviada: 'He recibido tu envío'.

envión (de «enviar») m. **Empujón.*

envirar (de «en-» y «vira») tr. APIC. *Clavar con estaquillas de madera los corchos con que se forman las ˘colmenas de *abejas.*

envirotado, -a (de «en-» y «virote», hombre presumido) adj. **Engreído.*

enviscar[1] tr. **Engrescar o *azuzar.*

enviscar[2] (de «en-» y «visco») tr. *Untar con liga las ˘ramas, hierbas, etc., para que se peguen los *pájaros, para *cazarlos.* ⊙ prnl. *Pegarse en la liga.*

enviseza (de «enviso»; ant.) f. *Sagacidad.*

enviso, -a (del lat. «in», en, y «visus», vista; ant.) adj. **Sagaz.*

envite (del cat. «envite») **1** m. *Puesta que se añade a la ordinaria en algunos juegos de azar. ⇒ Contraenvite, envidar. **2** *Empujón dado a algo para moverlo del sitio donde está. ⊙ *Progreso realizado de una vez en un trabajo o empresa. **3** **Ofrecimiento.*

AL PRIMER ENVITE. En el primer impulso o esfuerzo: 'Al primer envite se puso a la cabeza de los corredores'. ⇒ *Enseguida.

V. «JUEGO de envite».

enviudar intr. Quedarse alguien *viudo.

envoltijo m. Envoltorio (paquete).

envoltorio (de «envuelto») **1** m. *Paquete hecho desaliñadamente. ≃ Atadijo, bulto, hato, lío. **2** Papel, plástico u otro material con que se envuelve una cosa, particularmente una mercancía. **3** *Defecto del *paño consistente en haberse mezclado lana de distinta clase.*

envoltura 1 f. Capa que envuelve una cosa, bien sea de materia distinta, bien de la misma cosa, endurecida o modificada. **2** *Aspecto visible de una cosa.

envolvedero m. *Envolvedor.*

envolvedor 1 m. *Paño o cosa que sirve para envolver.* **2** *Mesa sobre la que se envuelve a los *niños de *pañales.*

envolvente adj. Se aplica a lo que está envolviendo.

envolver (del lat. «involvěre») **1** tr. Estar o ponerse una cosa *cubriendo a ˘otra por todas sus partes: 'La niebla envuelve la ciudad'. ⊙ Puede ser una cosa no material: 'El misterio que envuelve el asunto'. ⊙ *Rodear a ˘alguien el cariño, la admiración o cosas semejantes de otros: 'Le envuelve la admiración de sus conciudadanos'. **2** (acep. causativa; «con, en») Cubrir una ˘cosa, generalmente por todas sus partes, con un material flexible, como papel o tela: 'Lo envolvió en un periódico'. ⊙ *Recubrir una ˘cosa por todas sus partes con una sustancia: 'Envolver una vianda en huevo y harina para freírla'. ⊙ Rodear ˘algo o a alguien con una cosa inmaterial: 'Envolver en sombras [en el misterio, en cariño]'. **3** Vestir a una ˘criatura con los *pañales. ≃ Empañar, fajar. **4** *Encubrir, *disimular o *enredar una ˘cosa. **5** MIL. En una acción de *guerra, rebasar las líneas del ˘enemigo, de modo que éste queda rodeado. **6** Llevar a ˘alguien con habilidad a una situación en que no tiene más remedio que hacer lo que se desea de él. ≃ *Acorralar, rodear. ⊙ Usar con ˘alguien tales argumentos que se le deja sin saber qué responder. ⇒ *Confundir. **7** («en») Hacer intervenir a ˘alguien en un enredo o un asunto irregular. ≃ Complicar, *comprometer, enredar, mezclar. ⊙ *Incluir a ˘alguien en cierta responsabilidad o culpabilidad; 'Han envuelto también en el proceso al hijo del acusado'. ≃ Complicar, *comprometer, enredar, mezclar. ⊙ prnl. **Intervenir en algún asunto irregular. Se dice más «verse envuelto».* **8** tr. Contener una cosa inmaterial a ˘otra. ≃ *Implicar. ⊙ *Contener una palabra o una expresión un ˘sentido añadido al literal: 'Esas palabras envuelven una censura'. **9** **Enrollar un ˘hilo, alambre, etc., en una cosa.* **10** prnl. recípr. **Amancebarse.* **11** **Mezclarse unos con otros, por ejemplo en un combate.*

□ CATÁLOGO

*Ceñir, *recubrir, *rodear. ➤ Arrebujar, arrollar, *embalar, empapelar, *empaquetar, encartuchar, enrollar, entrevolver, envolcarse, fajar, hatear, liar, *rebozar, rebujar, reburujar, *recubrir, rollar. ➤ Implicar. ➤ Binza, camisa, *capa, caparazón, carpeta, cáscara, corteza, costra, cubierta, cubrimiento, envoltura, integumento, involucro, membrana, *película, piel, protección, *recubrimiento, revestimiento, túnica, *vaina, vestidura. ➤ *Fruto, ver sus envolturas. ➤ Alcartaz, cambucho, cartucho, cucurucho, embalaje, *forro, *funda, sobre, sudario, *vaina. ➤ Atadijo, bulto, envoltijo, envoltorio, farda, *fardo, hato, lío, paquete, rebujo, reburujón, tanate. ➤ Desenvolver. ➤ *Embalar. *Recubrir.

□ CONJUG. como «volver».

envueltas (Sal.) f. pl. **Pañales.*

envuelto, -a 1 Participio de «envolver[se]». **2** adj. *Aplicado a planchas, con los *bordes arrollados hacia dentro.* **3** (Méj.) m. *Tortilla de *maíz guisada.*

enyerbarse 1 (Hispam.) prnl. *Cubrirse de *hierba un terreno.* **2** (Méj.) **Envenenarse.*

enyesado o, no frec., **enyesadura** m. o f. Acción y efecto de enyesar.

enyesar 1 tr. CONSTR. Cubrir ˘algo con yeso. ⇒ Jaharrar. **2** Aplicar a un ˘miembro o una parte del cuerpo un vendaje recubierto con yeso, a fin de inmovilizarlo en la posición debida, para su curación. ⇒ *Medicina.

enyescarse (de «en-» y «yesca»; ant.) prnl. **Inflamarse.*

enyugar 1 tr. Poner el *yugo a los ˘bueyes o mulas. **2** *Poner el yugo a las ˘*campanas.* **3** (ant.) prnl. recípr. **Casarse.*

enyuntar (de «en-» y «yunta»; ant.) tr. **Juntar o *uncir ˘cosas.*

enza (del lat. «index, -ĭcis») **1** (Mur.) f. **Señuelo o cimbel.* **2** (Mur.) *Afición o *inclinación.*

enzainarse (de «zaino») **1** prnl. *Hacerse *traidor o *falso.* **2** *Ponerse en actitud de mirar de soslayo, como con resentimiento o mala *intención.*

enzalamar (de «zalama») tr. *Incitar al ataque a ˘alguien.* ≃ *Azuzar.

enzarzada (de «enzarzar[1]»; ant.) f. MIL. *Atrincheramiento provisional en un bosque, una garganta, etc., oculto para el enemigo.*

enzarzar[1] **1** tr. *Cubrir o cerrar una ˘cosa o un terreno con zarzas.* **2** prnl. **Enredarse en las zarzas.* ≃ Enmatarse. **3** tr. Hacer que riñan o disputen los ↘animales o las personas. ≃ *Engrescar. ⊙ («en») prnl. recípr. Enredarse en una *discusión o *riña. ⊙ Entablar una *conversación larga. **4** («en») prnl. Enredarse en un asunto comprometido o en una cosa difícil.

enzarzar[2] tr. *Poner zarzos para los ↘gusanos de *seda.*

enzima (del gr. «en», en, y «zýmē», levadura) f. BIOQUÍM. Nombre dado a ciertos catalizadores producidos por las células vivas; algunos se encuentran en los jugos digestivos, pero la mayoría son intercelulares; se hallan presentes en todas las reacciones químicas del organismo. ⇒ Amilasa, diastasa, lactasa, lipasa, maltasa, nucleasa, transaminasa.

enzimático, -a adj. BIOQUÍM. De [la] enzima.

enzootia (del gr. «en», en, y «zōótēs», naturaleza animal) f. VET. *Cualquier enfermedad que ataca a una o más especies animales en determinado sitio, por una causa local.*

enzoquetar tr. *Poner zoquetes o tacos de madera en un ↘*entramado para sujeción o para evitar el pandeo.*

enzunchar tr. *Poner zunchos como *refuerzo en los ↘fardos, cajones, etc.*

enzurizar (de «en-» y «zuriza») tr. *Hacer que *riñan o se *enemisten una ↘persona con otra.* ≃ Encizañar, *engrescar, enzarzar, meter ZURIZA.

enzurronar 1 tr. **Meter una ↘cosa en el zurrón.* **2** *Meter una ↘cosa en otra de modo que queda envuelta.*

enzurronarse (de «en-» y «zurrón», cáscara; Ar., Pal., Sal.) prnl. *No llegar a granar los *cereales por exceso de calor y falta de humedad.*

eñe f. Letra «ñ».

-eño, -a (del lat. «-inĕus») Sufijo con que se forman algunos adjetivos derivados de nombres, significando «de, hecho con, de naturaleza de»: 'abrileño, barreño, estameña, mimbreño, marfileño'. También, algunos de naturaleza: 'madrileño, panameño, lugareño'.

eo- Elemento prefijo del gr. «ēṓs», aurora o principio, con que se forman nombres científicos: 'eozoico, eolito'.

-eo[1] Sufijo que forma muchos nombres de acción o estado: 'Sondeo, voleo, caldeo, papeleo, mareo'.

-eo[2]**, -a** Sufijo átono con que se forman muchos adjetivos cultos: 'espontáneo, fulmíneo, foráneo, instantáneo, pedáneo, sucedáneo, momentáneo, níveo'.

eoceno (de «eo-» y el gr. «kainós», nuevo) adj. y n. m. GEOL. Se aplica a la segunda época del paleógeno, dentro del periodo terciario, y a sus cosas.

eólico[1]**, -a 1** adj. De Eolo, dios del viento. **2** Producido o accionado por el viento: 'Energía eólica. Erosión eólica'.

eólico[2]**, -a 1** adj. Eolio (de Eólida, o de la isla o islas de Lípari). **2** adj. y n. m. Se aplica a uno de los cuatro dialectos principales de la lengua *griega.

eolio[1]**, -a** (del lat. «Aeolĭus») adj. De Eolo, dios del viento. V. «ARPA eolia».

eolio[2]**, -a** (del lat. «Aeolĭus») **1** adj. y, aplicado a personas, también n. De Eólida, país del Asia antigua. **2** adj. De la isla o islas de Lípari, supuesta patria de los vientos.

eón (del lat. «aeon, aeōnis», del gr. «aiṓn», la eternidad) **1** m. FIL. En el *gnosticismo, cada una de las inteligencias eternas o seres divinos emanados de la unidad divina, que ocupan el intervalo entre la materia y el espíritu. **2** *Periodo de tiempo indefinido e incomputable.*

eozoico, -a adj. y n. m. GEOL. *Término propuesto para sustituir a «precámbrico», en correspondencia con «paleozoico» y «mesozoico», pero que no se ha llegado a generalizar.*

¡epa! 1 (Hispam.) interj. *¡Hola!* **2** (Chi.) *Equivale a ¡ea! o ¡upa! y se emplea para *animar.* **3** (Méj.) *Se usa para detener o avisar de algún peligro.*

epacmo (del gr. «épakmos», que está en la cumbre) **1** (cient. o culto) m. *Periodo de la vida de un individuo o raza de máximo vigor.* ≃ Acmé. ⇒ Paracmé. ➤ *Apogeo. **2** MED. *Periodo de crisis de una *enfermedad.*

epacta (del lat. «epactae, -ārum», del gr. «epaktaí», añadidos) **1** f. ASTRON. *Número de días en que el año solar excede al lunar o conjunto de doce lunaciones.* **2** *Calendario empleado por los eclesiásticos, en que están los rezos y el oficio divino para cada día del año.* ≃ *Añalejo, epactilla.

epactilla (dim. de «epacta») f. **Añalejo.* ≃ Epacta.

epanadiplosis (del lat. «epanadiplōsis», del gr. «epanadíplōsis», reiteración) f. **Figura retórica que consiste en *repetir en una oración, para desarrollarlo, un elemento de la anterior; como en «ahora ha venido, ahora que no le necesitamos».*

epanáfora (del lat. «epanaphŏra», del gr. «epanaphorá», repetición) f. **Anáfora (figura retórica).*

epanalepsis (del lat. «epanalepsis», del gr. «epanálēpsis», repetición) f. **Figura retórica que consiste en repetir al final de la cláusula la misma palabra con que empieza, como en «así está bien y lo quiero así».*

epanástrofe (del lat. «epanastrŏphe», del gr. «epanastrophḗ», retorno) **1** f. **Figura retórica que consiste en emplear para empezar un periodo la misma expresión con que termina el anterior.* ≃ *Conduplicación. **2** *La misma figura anterior repetida dos o más veces en cláusulas seguidas.* ≃ Concatenación.

epanortosis (del lat. «epanorthōsis», del gr. «epanórthōsis», verificación) f. **Figura retórica que consiste en rectificar o ampliar una expresión inmediatamente después de usarla.* ≃ Corrección.

epatante adj. Se aplica a lo que epata.

epatar (del fr. «épater») tr. *Deslumbrar y *achicar a ↘alguien, inconsciente o intencionadamente, con la exhibición de algo propio. El sujeto puede ser también la cosa que deslumbra.

epazote (del nahua «epazotl»; Méj.) m. **Pazote (planta quenopodiácea con la que se hace el mate).*

epecha (del fr. «épeiche», pico verde; Nav.) m. **Reyezuelo (pájaro).*

epéndimo (de «epi-» y el gr. «éndyma», vestido) m. ANAT. Membrana que tapiza los ventrículos cerebrales y el conducto central de la médula espinal.

epéntesis (del lat. «epenthĕsis», del gr. «epénthesis», intercalación) f. FON. Introducción de un sonido entre otros dos, para reforzarlos; como en «tuyo» por «tuo», «vendré» por «venré», o «Ingalaterra» por «Inglaterra».

epentético, -a adj. FON. *De [la] epéntesis.*

eperlano (del fr. «éperlan»; *Osmerus eperlanus*) m. *Pez teleósteo parecido a la trucha, propio de los grandes ríos del norte de Europa.

epi- Prefijo griego, que significa «en» o «sobre», con el que se forman palabras científicas: 'epipétalo' (desarrollado sobre los pétalos).

épica f. Poesía épica: 'La épica primitiva'.

épicamente adv. De manera épica. ⊙ *Con el estilo de la épica.*

epicanto m. *Pliegue semilunar de piel que cubre el ángulo interior del *ojo en las razas mongólicas.*

epicardio (de «epi-» y «-cardio») m. ANAT. *Membrana serosa que recubre el *corazón en los vertebrados.*

epicarpio o **epicarpo** (de «epi-» y el gr. «karpós», fruto) m. BOT. Capa superficial del pericarpio cuando éste tiene varias diferenciadas y aquélla es como una piel. ⇒ *Fruto.

epicedio (del gr. «epikḗdeion», canto fúnebre) **1** m. LIT. *Composición *poética que se recitaba en la antigüedad delante del cadáver de una persona.* ≃ Epiceyo. **2** LIT. *Cualquier composición poética en que se llora y alaba a una persona *muerta.* ≃ Epiceyo.

epiceno (del lat. «epicoenus», del gr. «epíkoinos», común) adj. GRAM. Se aplica al nombre que designa seres animados que, con un sólo género gramatical, hace referencia al macho o a la hembra o a ambos. También, a dicho género.

epicentro (de «epi-» y «centro») m. GEOL. Punto de la superficie terrestre situado exactamente sobre el foco de un movimiento sísmico. ⇒ *Terremoto.

epiceyo m. *Epicedio.*

epiciclo (del lat. «epicyclus», del gr. «epíkyklos») m. *En la *astronomía geocéntrica, círculo que se suponía descrito por un planeta alrededor de un centro que, a su vez, se movía sobre el círculo deferente.*

epicicloide (de «epi-» y «cicloide») f. GEOM. **Curva descrita por un punto de un círculo que gira trasladándose sobre una circunferencia.*

épico, -a (del lat. «epĭcus», del gr. «epikós») **1** adj. Se aplica a la *poesía o *literatura en que se relatan hazañas o hechos heroicos. ≃ Heroico. ⊙ También se aplica a los mismos hechos heroicos, así como a las cosas relacionadas con esa literatura: 'Una lucha [o una resistencia] épica. Estilo [o personaje] épico'. ⇒ Heroico. ➤ Heroísta. ➤ Épica, epopeya. ➤ Grandioso. ⊙ Se aplica a algo digno de recordarse por haber sido realizado con grandes dificultades o padecimientos: 'Un esfuerzo épico'. **2** (inf.) Aplicado a palabras que significan «escándalo» o cosa parecida, muy grande: 'Cogió una borrachera épica. Nos echó una bronca épica'. ≃ *Tremendo. ⇒ Homérico.

epicureísmo **1** m. Doctrina de Epicuro. **2** Cualidad de epicúreo.

epicúreo, -a **1** adj. Del filósofo griego Epicuro, que hacía principio moral del placer y la despreocupación del dolor, logrados dentro de una vida digna. **2** adj. y n. Se aplica a las personas (y, correspondientemente, a su vida, etc.) que se dedican a disfrutar de la vida evitando el dolor y saboreando los *placeres.

epidemia (del gr. «epidēmía»; «Declararse, Extenderse, Propagarse, Cortar, Dominar, Extinguir») f. Enfermedad infecciosa de la que existen simultánea y temporalmente en cierto sitio un número extraordinario de casos. ⇒ Andancia [o andancio], cocoliste, contagio, endemia, epizootia, pandemia, peste, pestilencia, plaga. ➤ Caso. ➤ Correr una CONSTELACIÓN, diezmar. ➤ Lazareto. ⊙ (n. calif.) También en sentido figurado: 'La corrupción política se ha convertido en una epidemia'.

epidémico, -a adj. De [la] epidemia: 'Enfermedad epidémica'.

epidemiología (del gr. «epidēmía» y «-logía») f. Rama de la medicina que se ocupa del estudio de las epidemias.

epidemiológico, -a adj. MED. De [la] epidemiología.

epidemiólogo, -a n. MED. Especialista en epidemiología.

epidérmico, -a adj. ANAT. De [la] epidermis.

epidermis (del lat. «epidermis», del gr. «epidermís») **1** f. ANAT., ZOOL. Capa exterior de la *piel de los animales. **2** BOT. Película formada generalmente por una sola capa de células muy unidas que cubre la superficie de las *plantas.

epidiascopio (de «epi-», «dia-» y «-scopio») m. FÍS. **Linterna de proyección que puede emplearse indistintamente para objetos opacos y transparentes.* ≃ Episcopio.

epidiáscopo m. FÍS. *Epidiascopio.*

epidídimo (de lat. medieval «epididymus», de «epi-» y el gr. «dídymos», testículo) m. ANAT. Órgano con forma de madeja u ovillo situado sobre cada uno de los testículos, que está formado por la reunión de los vasos seminíferos.

epidota f. **Mineral (silicato hidratado de calcio, aluminio y hierro) existente en las rocas ígneas en cristales monoclínicos brillantes, de color negro verdoso o verde amarillento. Una variedad es la pistacita.*

epidural adj. y n. f. MED. Se aplica a un tipo de anestesia que se administra para insensibilizar la parte inferior del tronco, sin alterar el estado de consciencia.

Epifanía (del lat. «epiphanīa», del gr. «epipháneia», manifestación) f. *Festividad que se celebra el día 6 de enero, en que se conmemora la adoración de Jesús por los Reyes Magos. ≃ ADORACIÓN de los Reyes, DÍA de Reyes.

epífisis (del lat. «epiphȳsis», del gr. «epíphysis», excrecencia) **1** f. ANAT. Pequeño órgano glandular situado en el encéfalo, entre los hemisferios cerebrales y el cerebelo; se supone que su secreción regula el crecimiento. ≃ GLÁNDULA pineal. **2** ANAT. Parte terminal de los *huesos largos, que, durante el período de crecimiento, está separada del resto del hueso por una sección cartilaginosa que permite el crecimiento de éste.

epifito, -a (de «epi-» y «-fito») adj. BOT. *Se aplica a las *plantas que crecen sobre la superficie de otras sin obtener de estas su alimento, es decir, sin ser parásitas y viviendo del humus que se deposita entre sus raíces; como los musgos y líquenes que se desarrollan sobre los troncos de los árboles en los países templados y fríos y muchas orquídeas de las selvas tropicales.*

epifonema (del lat. «epiphonēma», del gr. «epiphṓnēma») m. *Consideración, generalmente en forma exclamativa, referente al conjunto de lo dicho anteriormente, con que se cierra un discurso.* ⇒ *FIGURA retórica.

epífora (del gr. «epiphorá», aflujo) f. MED. **Lagrimeo persistente que acompaña a muchas enfermedades de los ojos.*

epigámico, -a adj. ZOOL. Se aplica a los caracteres que sirven para atraer al *sexo opuesto: 'Colores epigámicos'.

epigástrico, -a adj. ANAT. Del epigastrio.

epigastrio (del gr. «epigástrion») m. ANAT. Región del *vientre que se extiende desde el extremo del esternón hasta el ombligo, limitado a ambos lados por las costillas falsas. ≃ BOCA del estómago. ⇒ Paletilla.

epigeo, -a (del gr. «epígaios», que está sobre la tierra) adj. BOT. *Se aplica a cualquier órgano vegetal que se desarrolla sobre el suelo, no subterráneo.*

epiglosis (del lat. «epiglossis», del gr. «epiglōssis») **1** f. ZOOL. *Parte de la boca de los insectos *himenópteros.* **2** (ant.) ANAT. *Epiglotis.*

epiglotis (del lat. «epiglottis», del gr. «epiglōttís») f. ANAT. Cartílago elástico, ovalado, sujeto a la parte posterior de la lengua, que tapa la glotis mientras se deglute. ⇒ Epiglosis, lígula.

epignato, -a adj. ZOOL. *Se aplica al animal que tiene la *mandíbula superior prominente; como el cachalote.*

epígono (del gr. «epígonos», nacido después; culto) m. Con respecto a una persona, otra que sigue sus huellas o sus enseñanzas. ⊙ Se aplica también a los que continúan una escuela o un estilo de una generación anterior. ⇒ *Discípulo.

epígrafe (del gr. «epigraphḗ», inscripción) m. Expresión que precede a cada capítulo o división de un *libro, a los artículos de los *periódicos, etc., anunciando el contenido de ellos. ⊙ Cualquier frase, sentencia o cita que se pone al principio de un escrito sugiriendo algo de su contenido o lo que lo ha inspirado. ⊙ Escrito breve grabado en piedra, metal, etc., para conservar el recuerdo de alguien o de algún suceso. ≃ *Inscripción. ⇒ Cabecera, cabeza, encabezamiento, enunciado, *letrero, leyenda, rótulo, rúbrica, subtítulo, *título. ➤ Anepigráfico. ➤ Escrito.

epigrafía f. Ciencia que se ocupa de las *inscripciones.

epigráfico, -a adj. De [la] epigrafía o de su objeto.

epigrafista n. Persona que se dedica a la epigrafía.

epigrama (del lat. «epigramma», del gr. «epígramma», inscripción) m. LIT. Composición breve en prosa o verso, en que se expresa un pensamiento agudo o ingenioso, y satírico. ⇒ *Zaherir.

epigramatario, -a **1** LIT. n. *Epigramatista.* **2** adj. LIT. *Epigramático.*

epigramático, -a adj. De carácter de epigrama, por lo conciso, agudo o satírico.

epigramatista o **epigramista** n. LIT. Autor de epigramas.

epilencia (de «epilepsia», influido por la terminación de «dolencia»; ant.) f. MED. *Epilepsia.*

epilepsia (del lat. «epilepsĭa», del gr. «epilēpsía», intercepción) f. MED. Enfermedad nerviosa crónica caracterizada por ataques súbitos de alteración de la función cerebral con pérdida del conocimiento, generalmente acompañada de convulsiones. ⇒ Alferecía, eril, GOTA caduca, GOTA coral, MAL caduco, MAL de corazón, MORBO comicial. ➤ Aura. ➤ Morión.

□ NOTAS DE USO

Como se indica en el encabezamiento, la forma normal de esta palabra es «epilepsia»; sin embrago, entre médicos, psiquiatras y otros especialistas es muy habitual la forma «epilepsía».

epiléptico, -a adj. MED. De [la] epilepsia. ⊙ adj. y n. MED. Afectado de epilepsia.

epilogación f. *Epílogo.*

epilogal (de «epílogo») adj. *Compendiado.*

epilogar (de «epílogo») tr. *Resumir o compendiar una ↘obra.*

epilogismo (del gr. «epilogismós», razonamiento) m. ASTRON. *Cálculo o cómputo.*

epílogo (del lat. «epilŏgus», del gr. «epílogos») **1** m. **Resumen de todo lo dicho en un *discurso u otra composición literaria.* **2** *Resumen o compendio de cualquier cosa. **3** Parte añadida al final de una novela, una obra *teatral, etc., en la que se hace alguna consideración general acerca de ella o se da un desenlace a las acciones que no han quedado terminadas. ≃ Conclusión, epilogación, ultílogo. **4** *Suceso que ocurre después de otro que ya se consideraba terminado y que es como una prolongación de él y cambia su final: 'La fiesta tuvo un epílogo triste'.

epimenorrea (de «epi-» y el gr. «mḗn», mes, y «rhéō», fluir) f. MED. *Frecuencia anormal de los periodos *menstruales.*

epímone (del lat. «epimóne», del gr. «epimoné», insistencia) f. *Figura retórica que consiste en *repetir sin intervalo una misma palabra para dar énfasis a lo que se dice, o en intercalar varias veces en una composición el mismo verso o la misma expresión.* ≃ Geminación, reduplicación.

epinefrina (de «epi-», «nefr-» e «-ina») f. FISIOL. *Adrenalina.*

epinicio (del lat. «epinicĭon», del gr. «epiníkion») m. LIT. *Himno triunfal o canto de *victoria.

epiplon o **epiplón** (del gr. «epíploon») m. ANAT. *Mesenterio.*

epiquerema (del lat. «epichirēma», del gr. «epicheírēma») m. LÓG. **Silogismo en que una o varias premisas van acompañadas de una prueba.*

epiqueya (del gr. «epieíkeia», equidad) f. DER. *Interpretación prudente de la ley, teniendo en cuenta las circunstancias de tiempo, lugar y persona.*

epirogénesis (del gr. «ḗpeiros», continente, y «-génesis») f. GEOL. Movimiento de elevación o hundimiento de grandes zonas de la corteza terrestre.

epirota adj. y, aplicado a personas, también n. Del Epiro, región de la Grecia antigua.

episcopado (del lat. «episcopātus») **1** m. Dignidad de *obispo. ⊙ Tiempo que dura su ejercicio por cierto obispo. **2** Conjunto de los obispos de cierto país o de todos los obispos católicos.

episcopal (del lat. «episcopālis») **1** adj. De [o del] obispo. ⇒ Arquiepiscopal. **2** m. *Libro con los oficios de los obispos.

episcopaliano, -a adj. *Del episcopalismo.* ⊙ adj. y n. *Adepto a él.*

episcopalismo m. *Doctrina de los canonistas partidarios de la potestad episcopal y adversarios de la supremacía del *Papa.*

episcopio (de «epi-» y «-scopio») m. FÍS. *Aparato para *proyectar cuerpos opacos.*

episcopologio (del gr. «epískopos», obispo, y «lógos», tratado) m. Serie o catálogo de los obispos de una iglesia.

episiotomía (del gr. «epísion», pubis, y «-tomía») f. MED. Corte que se practica en el periné durante el parto para facilitar la salida del feto y evitar desgarros.

episódicamente adv. De manera episódica.

episódico, -a adj. Se aplica a lo que constituye solamente un episodio y no afecta a lo fundamental de la acción o asunto de que se trata: 'Ésa fue una actividad episódica en su vida'. ⇒ *Accesorio, *circunstancial.

episodio (del gr. «epeisódion», intermedio de una tragedia) **1** m. Cada uno de los sucesos apreciables por separado que componen una acción general o se enlazan con ella, tanto en la vida real como en una composición literaria: 'Un episodio importante de mi vida. Un episodio de la última guerra'. ⇒ Andanza, andulencia, anécdota, aventura, incidencia, incidente, lance, ocurrencia, pagina, *pasaje, paso, peripecia, relance, *suceso, vicisitud. ➤ Desenlace. **2** Digresión en el *discurso.

epispástico, -a (del gr. «epispastikós», que atrae) adj. FARM. *Se aplica al medicamento que produce ampollas en la piel.* ≃ *Vesicante.

episperma o **epispermo** (de «epi-» y el gr. ««spérma», semilla) m. BOT. *Conjunto de las cubiertas de la semilla.*

epistación f. FARM. *Acción y efecto de machacar en un mortero.*

epistaxis (del gr. «epístaxis», goteo) f. MED. **Hemorragia por la *nariz.*

epistemología (del gr. «epistḗmē», conocimiento, y «-logía») f. Fil. Tratado de los métodos del *conocimiento científico, en general o de determinada ciencia.

epistemológico, -a adj. Fil. De [la] epistemología.

epístola (del lat. «epistŏla», del gr. «epistolḗ») **1** (actualmente culto) f. *Carta. **2** *Discurso escrito dirigido a determinadas personas. ⊙ Específicamente, los de los apóstoles. **3** Se aplica como nombre particular a algunas composiciones poéticas escritas como dirigiéndolas a alguien en particular, con un fin didáctico: 'La Epístola a los Pisones'. **4** Parte de la *misa que sigue a las primeras oraciones y precede al gradual, tomada de alguna de las epístolas de los apóstoles. **5** **Orden sacerdotal del subdiácono, al que se llama «ordenado de epístola».*

epistolar adj. De *carta o formado por cartas: 'Estilo [o género] epistolar'. ⇒ Epistólico.

epistolario m. Colección de cartas. ≃ Epistolio.

epistolero **1** (ant.) m. *Subdiácono.* **2** *En algunas iglesias, clérigo que tiene la obligación de cantar la epístola en las misas solemnes.*

epistólico, -a (ant.) adj. *Epistolar.*

epistolio (del lat. «epistolĭum», del gr. «epistólion») m. *Epistolario.*

epistológrafo, -a (de «epístola» y «-grafo») n. *Persona que ha escrito epístolas o cartas notables.*

epístrofe (del lat. «epistrŏphe», del gr. «epistrophḗ», vuelta) f. **Figura retórica que consiste en emplear la misma palabra al final de dos o más cláusulas.* ≃ Conversión. ⇒ *Repetir.

epitafio (del lat. «epitaphĭus», del gr. «epitáphios», sepulcral) m. *Inscripción puesta en una sepultura o escrita como si estuviera destinada a ello.

epitalámico, -a adj. Lit. De [del o de los] epitalamio[s].

epitalamio (del lat. «epithalamĭum», del gr. «epithalámios», nupcial) m. Lit. Composición poética en que se celebra una *boda. ≃ Himeneo.

epítasis (del lat. «epităsis», del gr. «epítasis», intensificación) f. *Parte de la obra *dramática que sigue a la prótasis y precede a la catástrofe y contiene, por tanto, el núcleo de la trama.*

epitelial adj. Anat. Del epitelio.

epitelio (de «epi-» y el gr. «thēlḗ», pezón del pecho) m. Anat. Parte más superficial de la membrana que recubre tanto la superficie externa del *cuerpo como las cavidades que están en comunicación con el exterior.

epitelioma m. Med. Tumor canceroso formado en el epitelio. ⇒ Escirro, papiloma.

epítema (del lat. «epithĕma», del gr. «epíthema», apósito) f. Farm. *Medicamento tópico aplicado en forma de *cataplasma o fomento.*

epíteto (del lat. «epithĕton», del gr. «epítheton», agregado) **1** adj. y n. m. Gram. Se aplica al *adjetivo que dice de la cosa expresada por el nombre una cualidad natural en ella o que se considera natural; por ejemplo, 'las transparentes gasas, el cielo azul'. **2** m. En lenguaje corriente, calificativo aplicado a alguien. ⊙ Particularmente, calificativo insultante: 'Le dirigió unos cuantos epítetos poco amables'. **3** Gram. A veces se designa así al adjetivo unido al nombre sin cópula.

epítima **1** f. *Epitema.* **2** **Consuelo o *alivio.*

epitimar tr. *Poner epítimas en alguna ↘parte del cuerpo.*

epitimia (del gr. «epithymía», de «epithyméin», desear.) **1** f. *Deseo caprichoso.* ⊙ *Deseo no satisfecho de una mujer durante el embarazo, al que se atribuyen popularmente las manchas que tienen a veces en el cuerpo los recién nacidos.* ≃ *Antojo. **2** *La misma mancha.*

epítimo (del lat. «epithy̆mon», del gr. «epíthymon»; *Cuscuta europaea)* m. *Planta convolvulácea de *tallos uniformes, *parásita, generalmente del tomillo.

epitomadamente adv. *Con la precisión y brevedad propias de un epítome.*

epitomador, -a adj. y n. *Se aplica a quien realiza epítomes.*

epitomar (del lat. «epitomāre») tr. *Reducir a un epítome una obra más extensa.*

epítome (del lat. «epitŏme», del gr. «epitomḗ») **1** m. Tratado muy breve de una materia, en que se exponen las nociones más elementales de ella. ≃ *Compendio, resumen. **2** **Figura retórica que consiste en, después de dichas muchas palabras, *repetir las primeras para mayor claridad.*

epítrito (del lat. «epitrĭtus», del gr. «epítritos») m. Métr. **Pie de la poesía griega y latina formado por cuatro sílabas, una cualquiera de ellas breve y las demás largas.*

epitróclea f. Anat. *Punta saliente que forma el *codo, formada por una apófisis del húmero.*

epítrope (del lat. «epitrŏpe», del gr. «epitropḗ») **1** f. **Figura retórica que consiste en admitir provisionalmente una objeción para rebatirla definitivamente.* ≃ *Concesión. **2** *Figura retórica que consiste en fingir que se deja al arbitrio de otro cierta cosa.* ≃ *Permisión.

epizoario (de «epi-» y el gr. «zōárion», animalillo) m. Zool. *Parásito o comensal externo, o sea, que vive sobre su huésped y no en cavidades u órganos internos del mismo.* ⇒ Ectoparásito.

epizootia (del fr. «épizootie», del gr. «epi-» y «zōótēs», naturaleza animal, con influencia de «epidemia») **1** f. Vet. **Epidemia entre los animales.* **2** (Chi.) **Glosopeda.*

epizoótico, -a adj. Vet. *De [la] epizootia.*

eplito m. *Nombre aplicado a las primeras piedras que ofrecen señales de haber sido trabajadas o usadas por el hombre.* ⇒ *Prehistoria.

época (del lat. «epŏcha», del gr. «epochḗ») **1** f. Cierto espacio de *tiempo, de considerable extensión, determinado de cualquier manera: 'La época comprendida entre fines del siglo xv y mediados del xvii. En la época de la República. La época del talle de avispa. En la época a que tú te refieres'. ≃ Tiempo[s]. **2** Cierta parte del año designada o caracterizada de cierta manera: 'En la época de la recolección. En la época más calurosa del año'. ≃ *Temporada. **3** Geol. *Periodo geológico correspondiente a cada una de las distintas capas o estratos diferenciados con nombres particulares.*

Hacer época una cosa. Tener mucha *resonancia en el tiempo en que ocurre y servir en adelante para aludir a ese tiempo.

De los [o las] que hacen época. Se aplica como expresión ponderativa a palabras como «escándalo, bronca, borrachera» o «escabechina», con que se designan informalmente sucesos semejantes a esos, de excepcional magnitud.

epoda (del lat. «epōdē») f. Métr. *En la versificación clásica, *estrofa de distinta estructura intercalada después de uno o varios pares de estrofas iguales.*

epódica adj. Métr. *Se aplica a la combinación con epoda.*

epodo (del lat. «epōdos», del gr. «epōdós») **1** m. Métr. *En la versificación clásica, segundo *verso del dístico, más corto que el primero.* ⊙ Métr. *Por extensión, dístico formado por un verso largo y otro corto.* ⊙ (pl.) Métr. *Por extensión, composición en dísticos.* **2** Lit. *En la lírica coral griega, tercera parte de las tres de que constaba el* *canto. ⇒ Antistrofa, estrofa. **3** Lit. *Último verso de la estancia, repetido muchas veces.*

epónimo, -a (del gr. «epṓnymos») m. Persona o héroe cuyo nombre se aplica a designar una época o un *pueblo; como «Heracles» con respecto a «heráclidas». ⊙ Persona cuyo nombre se toma como representación de cualquier cosa; como «Cupido» empleado para designar el amor, o las «musas» para designar la inspiración.

eponiquio m. *Cutícula que recubre la base de la *uña en los vertebrados superiores.*

epopeya (del gr. «epopoiía») **1** f. Poema en que se refieren hechos heroicos, históricos o legendarios. ⇒ *Épico. **2** Conjunto de poemas que constituyen la tradición épica de una país o una época. ⊙ También, conjunto de los hechos gloriosos, particularmente militares, que son cantados en los poemas épicos. **3** Acción realizada con dificultades y padecimientos: 'La travesía del desierto fue una verdadera epopeya'.

epostracismo m. *Entre los griegos antiguos, *juego consistente en hacer botar sobre la superficie del agua una concha o *piedra plana.*

epoto, -a (del lat. «epōtus»; ant.) adj. *Borracho.*

épsilon (del gr. «é», e, y «psilón», sencilla, breve) f. Letra del alfabeto griego equivalente a una «e» breve (Ε, ε).

epsomita (de «Epsom», población inglesa que tiene aguas minerales en las que abunda esta sal) f. Sulfato de magnesia natural, existente en las aguas de algunos manantiales, que se emplea como *purgante. ≃ Sal de la higuera.

epulón (del lat. «epŭlo, -ōnis») m. *Hombre que come muy bien y se regala mucho.* ≃ *Regalón, sibarita.

equi- Elemento prefijo del lat. «aequi», igual.

equiángulo (de «equi-» y «ángulo») adj. Geom. *De *ángulos iguales.*

equidad (del lat. «aequĭtas, -ātis») **1** f. *Igualdad de ánimo.* **2** *Bondadosa templanza habitual; propensión a dejarse guiar, o a fallar, por el sentimiento del deber o de la conciencia más bien que por las prescripciones rigurosas de la justicia o por el texto terminante de la ley.* **3** *Justicia natural, por oposición a la letra de la ley positiva.* **4** *Moderación en el precio de las cosas que se compran, o en las condiciones que se estipulan para los contratos.* **5** Cualidad de los fallos, juicios, repartos, etc., en que se da a cada uno o se trata a cada uno como *corresponde a sus méritos o deméritos: 'Es discutible la equidad del fallo del jurado'. ≃ *Justicia. ⊙ Se atribuye también a la persona cuyos juicios, fallos, etc., poseen esa cualidad. **6** Cualidad de un trato en que ninguna de las partes sale injustamente mejorada en perjuicio de otra.

equidistancia f. Cualidad de equidistante.

equidistante adj. Que equidista. ⇒ En medio.

equidistar (de «equi-» y «distar») intr. Estar dos o más cosas a la misma *distancia de otra determinada. ⊙ Estar una cosa a la misma distancia de dos o más. ⊙ Se usa también en sentido figurado.

equidna (del gr. «échidna», víbora, y «echînos», erizo; *Tachyglossus aculeatus*) m. *Mamífero monotrema insectívoro, de hocico afilado, lengua muy larga, con púas, y dedos provistos de uñas fuertes para excavar.

équido, -a (del lat. «equus», caballo) adj. y n. m. Zool. Se aplica a los animales de la familia del *caballo y del burro, caracterizados por tener las extremidades con un solo dedo. ≃ Solípedo. ⊙ m. pl. Zool. Esa familia.

equilátero, -a (del lat. «aequilatĕrus») adj. Geom. Se aplica a las figuras, particularmente a los triángulos, cuyos lados son iguales.

equilibrado, -a 1 Participio adjetivo de «equilibrar». ⊙ Se aplica particularmente a la persona dotada de equilibrio moral. **2** m. Acción de equilibrar. ⊙ Particularmente, hacer coincidir el centro de gravedad con el eje de rotación de un dispositivo giratorio colocando contrapesos en él, como se hace, por ejemplo, en las ruedas de los automóviles.

equilibrar (del lat. «aequilibrāre») tr. Oponer a una ˇfuerza, acción o influencia otra que evite su efecto; por ejemplo, «equilibrar» el *peso de lo que está en un platillo de la balanza poniendo pesas en el otro. ≃ Compensar, contrabalancear, contrapesar. ⊙ También, «equilibrar la balanza». ⊙ Repartir ˇpesos, fuerzas, etc., en un sitio de modo que no se produzca una inclinación o desviación en ningún sentido: 'Equilibrar la carga en una barca'. ⇒ *Equilibrio.

equilibrio (del lat. «aequilibrĭum») **1** m. Estado de inmovilidad o inacción de una cosa sometida a la acción de fuerzas o influencias que se *compensan por ser de la misma intensidad y obrar en sentido opuesto: 'El equilibrio de una balanza'. ⊙ Situación recíproca de dos cosas que se contrarrestan o inmovilizan recíprocamente: 'El equilibrio en una vasija entre un líquido y el vapor saturado procedente de él'. ⊙ En lenguaje corriente, situación de un cuerpo que se sostiene sin caerse, a pesar de tener poca base de sustentación: 'Mantener en equilibrio un papel sobre el filo de un cuchillo. Mantenerse en equilibrio sobre una cuerda'. **2** *Armonía o *proporción en la distribución de cosas. ⊙ Se aplica específicamente a las de luces, sombras y contrastes en una composición fotográfica. ⊙ O entre fuerzas o actividades morales: 'Un difícil equilibrio entre la energía y la tolerancia'. **3** Cualidad de la persona no susceptible de ser dominada por estados pasionales: no propensa a cambios bruscos de estado de ánimo; incapaz de dejarse llevar por un arrebato de pasión o violencia; que no se aturde; que no se deja llevar por sus preferencias afectivas al juzgar o tratar cosas o personas: 'Él resolverá con su acostumbrado equilibrio'. ⇒ *Aplomo, *desapasionado, *moderación, *razón, *serenidad, *tranquilidad. **4** (pl.) Manera de obrar del que procura estar bien con personas o partidos opuestos entre sí. Se emplea especialmente en la frase hacer equilibrios, que significa «*acomodarse» o «*bandearse». ≃ Habilidades, malabarismos, mano izquierda.

Perder el equilibrio. *Caer o estar a punto de caer una persona al quedar en una postura inestable.

□ Catálogo

Asiento, estabilidad, *quietud. ➤ *Compensar, contrabalancear, contrapesar, contrarrestar, equilibrar, neutralizar, tarar, terciar. ➤ Centro de gravedad, metacentro. ➤ Estatocisto. ➤ *Acróbata, alambrista, equilibrista, funámbulo, montambanco, saltabanco[s], saltaembanco[s], saltimbanqui, titiritero, volatinero. ➤ *Balancín, chorizo, tiento. ➤ Estática. ➤ Que si me caigo, que si no me caigo. ➤ Desequilibrar, desequilibrio.

equilibrista n. Persona, como los artistas de circo, que hace ejercicios difíciles consistentes en mantenerse o mantener objetos en equilibrio. ⇒ *Equilibrio.

equimosis (del gr. «ekchýmōsis», extravasación de sangre) f. Med. Mancha, primero morada y luego amarillenta o negruzca, que se produce por la extravasación de la sangre debajo de la piel a consecuencia de un golpe. ≃ *Cardenal.

equino[1], -a (del lat. «equīnus») adj. De [o del] caballo.

V. «apio equino».

equino[2] (del lat. «echīnus», del gr. «echînos», erizo) **1** m. ERIZO marino. **2** ARQ. **Moldura convexa del *capitel dórico.*

equino- Elemento prefijo del gr. «echînos», erizo, que forma compuestos con el significado de «espinoso».

equinoccial 1 adj. ASTRON. De los equinoccios. **2** BOT. *Se aplica a las *plantas cuyas flores se abren y cierran todos los días exactamente a la misma hora.*

V. «LÍNEA equinoccial».

equinoccio (del lat. «aequinoctĭum») m. ASTRON. Cada una de las dos ocasiones del año en que el Sol cruza el ecuador celeste, en las cuales el día y la noche tienen la misma duración. Corresponden al 21 de marzo, «equinoccio de primavera», y el 23 de septiembre, «equinoccio de otoño». ⇒ Precesión. ➤ *Astronomía.

equinococo (de «equino-» y el gr. «kókkos», gusano) m. ZOOL. Tenia de 3 a 5 mm de larga, que vive en el intestino del perro y de otros animales carnívoros; la larva puede pasar al cuerpo de algunos animales y al del hombre, alojándose con preferencia en el hígado y en los pulmones y creciendo considerablemente, hasta adquirir a veces el tamaño de la cabeza de un niño. ≃ Hidátide.

equinococosis f. MED. *Enfermedad producida por la larva del equinococo.

equinodermo (de «equino-» y el gr. «dérma, -ātos», piel) adj. y n. m. ZOOL. Se aplica a los *animales marinos radiados, de piel gruesa, con placas y espinas, cuyo interior está surcado por unos canales por los que atraviesa el agua del mar; como la estrella de mar o la holoturia. ⊙ m. pl. ZOOL. Tipo constituido por ellos. Se llaman vulgarmente «erizos de mar». ⇒ ERIZO de mar, holoturia, LIRIO de mar, pentacrino. ➤ Crinoideo. ➤ Ambulacro.

equipaje (de «equipar») m. Conjunto de maletas, baúles, etc., que se llevan en los viajes. ⇒ Bagaje. ➤ Bulto. ➤ Baúl, capotera, carriel, FIN de semana, garniel, maleta, maletín, neceser, portamantas, portamanteo, SACO de mano, sombrerera, valija. ➤ Red, rejilla. ➤ Furgón. ➤ Consigna, custodia.

equipal (del nahua «icpalli», asiento; Méj.) m. *Especie de *silla hecha de varas entretejidas, con el asiento y el respaldo de cuero o de palma tejida.*

equipamiento 1 m. Acción de equipar. **2** Conjunto de instalaciones necesarias para el desarrollo de una actividad determinada: 'Equipamiento hotelero [o industrial]'. ⇒ *Medio.

equipar (del fr. «équiper». «Con, de».) tr. *Proveer a ˋalgo o alguien de las cosas necesarias. ⊙ *Proveer de ropa, particularmente a ˋalguien que se va a casar, a un colegial que va a entrar interno, etc. ⊙ *Proveer a una ˋnave de lo necesario para un viaje: víveres, hombres, etc., y, si es de guerra, de armas y municiones. ⇒ Esquifar, marinar. ➤ Ajuar, atalaje, equipo, hostilla.

equiparable adj. Susceptible de ser equiparado a otra cosa que se expresa. ≃ *Comparable.

equiparación f. Acción de equiparar.

equiparar (del lat. «aequiparāre»; «a, con») tr. Decir de una ˋcosa que es igual, equivalente o semejante a otra. ⇒ Asemejar, asimilar, *comparar, homologar, paralelar, establecer [o trazar] un PARALELO, parangonar, establecer [o trazar] un parangón, pintiparar. ➤ *Igual. *Rivalizar. *Semejante.

equipo 1 m. *Acción de equipar.* ⊙ Conjunto de cosas con que se equipa a alguien. ⊙ Particularmente, conjunto de todas las ropas necesarias con que se equipa a una persona. ⇒ *Ajuar. **2** Conjunto de los *utensilios o aparatos necesarios para determinada operación, de los *accesorios que acompañan a una máquina, etc.: 'Un equipo quirúrgico. El equipo completo de alpinista'. ⊙ Conjunto completo de aparatos (plato, platina, lector de discos compactos, amplificador, etc.) de grabación y reproducción de sonido: 'Equipo de música'. ≃ Cadena. ⇒ Compacto. ⊙ También, ordenador. **3** Conjunto de todas las personas que participan coordinadamente en un trabajo. ⇒ *Personal. **4** Cada grupo completo de jugadores que compite con otro de igual composición en los *deportes y *juegos. ⇒ Los nuestros.

EQUIPO Y ARMAMENTO. MAR. *Conjunto de anclas, cadenas, arboladura, jarcias, instrumentos náuticos, etc., de un *barco.*

E. DE NOVIA. Equipo de ropas de la mujer que se va a casar.

V. «BIENES de equipo».

CAERSE CON TODO EL EQUIPO (inf.). *Fracasar aparatosamente en una empresa.

equipolado, -a (del fr. «équipollé») adj. V. «PUNTO [o TABLERO] equipolado».

equipolencia f. LÓG., MAT. *Cualidad de equipolente.*

equipolente (del lat. «aequipollens, -entis») adj. LÓG., MAT. *Equivalente.*

equiponderancia f. *Igualdad de peso.*

equiponderante adj. *Igual a otro en peso.*

equiponderar (de «equi-» y «ponderar») intr. *Ser una cosa igual a otra en peso.*

equis 1 f. Letra «x». **2** (Col.; género *Bothrops*) *Cierta serpiente, muy venenosa, con dibujos en forma de «x» a lo largo de su lomo.*

V. «EJE de las equis».

equisetáceo, -a (del lat. «equisētum», cola de caballo) adj. y n. f. BOT. *Se aplica a las *plantas de la familia de la cola de caballo, con rizoma subterráneo y tallos articulados con nudos en los que hay una corona de hojas con aspecto de diminutas escamas.* ⊙ f. pl. BOT. *Familia que forman.*

equiseto (del lat. «equisētum», cola de caballo) m. BOT. Nombre que corrientemente reciben las especies del género *Equisetum*, que son *plantas equisetáceas.

equísimo, -a (ant.) adj. *Superl. de «ecuo».*

equitación (del lat. «equitatĭo, -ōnis») f. Arte, deporte o actividad de montar a caballo.

□ CATÁLOGO

Hípica. ➤ Ahorcajarse, apear[se], cabalgar, caballear, cambiar, contrapechar, correr, descabalgar, desmontar, enhorquetar[se], perder los ESTRIBOS, jinetear, cambiar de MANO, *montar, echar PIE a tierra, correr la PÓLVORA, correr a RIENDA suelta, ganar las RIENDAS, ruar, correr SORTIJA, subir, topear, trocar. ➤ Apadrinar. ➤ Desbravar, domar, embridar, enfrenar, mampresar, trabajar. ➤ Abrigar, aguijar, alomar, arrendar, atondar, aturar, ayuda, barajar, derribar, desencapotar, enfrenar, escapar, espolear, *estimular, jinetear, levantar, llevar, mandar, manejar, manejo, abrir la MANO al caballo, picar, meter [o poner] PIERNAS, refrenar, repelar, batir de REPELÓN, reventar, revolver, tener las RIENDAS, sofrenar. ➤ Caracol, caracoleo, remesón, serretazo, sobarbada, sobrefrenada, sofrenada. ➤ Amansador, amazona, bridón, caballero, caballista, caminante, campirano, desbravador, espolique, gaucho, HOMBRE de ambas sillas, JINETE, maestrante, maturrango, MOZO de campo y plaza, MOZO de espuelas, palafrenero, picador. ➤ PIE de cabalgar [o de montar]. ➤ Acudir, amblar, botarse, bracear, desarzonar, despapar, *empinarse, enancarse, encabritarse, estribarse, beber [saborear o tascar] el FRENO, galopar, galuchar, ponerse de MANOS, PARADA en firme, parar de TENAZÓN, tomar PASO, hacer PIERNAS, hacer PINTURAS, taparse, hacer TIJERA, trenzar, trotar. ➤ Tercio. ➤ Balotada, cabriola, corveta, escarceos, hachazo, pirueta. ➤ A [las] ancas, a asentadas [o asentadillas], atasajado, a la bastarda, a la brida, a caballo, en cerro, a escarramanchones, a la estradiota, a galope, a GALOPE tendido, a horcajadas, a horcajadillas, a la jineta, a lomo[s], a mujeriegas, al paso, en pelo, a sentadillas, al trote, a UÑA de caballo, UÑAS abajo, UÑAS adentro, UÑAS arriba. ➤ Pareja. ➤ Baqueta, BOTA de montar, brida, espuela, estribo, fusta, *guarnición, *látigo, moquillo, traba. ➤ Corredera, picadero. ➤ Cabalgada, cabalgata, caballada, *justas. ➤ Estafermo. ➤ Maestranza. ➤ *Caballería. *Carrera. *Guarnición.

equitativamente adv. De manera equitativa.

equitativo, -a (del lat. «aequĭtas, -ātis», igualdad) adj. Dotado de equidad.

équite (del lat. «eques, equĭtis») m. Ciudadano *romano perteneciente a una *clase intermedia entre los patricios y los plebeyos, que servía en el Ejército a caballo.

equivalencia f. Cualidad de equivalente. ⊙ Relación entre cosas equivalentes.

□ FORMAS DE EXPRESIÓN

Se expresa la equivalencia con «por»: 'Teníamos un montón de paja por cama. Dar la callada por respuesta'.

equivalente (del lat. «aequivălens, -entis») **1** («a», «de») adj. y n. m. Se aplica a lo que equivale a otra cosa determinada: 'Una cantidad equivalente a diez dólares. El equivalente de diez jornales'. **2** adj. GEOM. *Se aplica a las figuras o cuerpos que, con distinta forma, tienen la misma área o el mismo volumen que otro determinado.* **3** MAT. *Se aplica a las ecuaciones que tienen el mismo resultado.* **4** m. QUÍM. *Se aplica al mínimo peso necesario de un cuerpo para que, al unirse con un peso determinado de otro tomado como tipo, forme verdadera combinación.*

equivaler (del lat. «aequivalēre») **1** («a») intr. Tener una cosa el mismo valor que otra que se expresa: 'Cinco duros equivalen a veinticinco pesetas'. ≃ Valer. ⇒ Representar, ser lo MISMO, suponer, valer. ➤ *Compensar, computar, convalidar. ➤ Tanto DA, GUÁJETE por guájete, VÁYASE lo uno por lo otro, lo que no va en LÁGRIMAS, va en suspiros, tanto MONTA. ➤ *Igual. **2** Tener una cosa como consecuencia necesaria otra que se expresa: 'La negativa equivaldría a la ruptura'. ≃ *Significar.

□ CONJUG. como «valer».

equivocación («Cometer, Sufrir, Tener») f. Acción de equivocar o *equivocarse. ≃ *Error. ⊙ Cosa hecha o dicha equivocadamente o con desacierto.

equivocadamente adv. Por o con equivocación.

equivocado, -a **1** Participio adjetivo de «equivocar[se]». ⊙ («Ser») Se aplica a las cosas que contienen equivocación: 'Un juicio equivocado'. ≃ Errado, erróneo. ⊙ («Estar, Ir») Se aplica a la persona que se *equivoca u obra desacertadamente. **2** Se aplica a la acción, palabras, etc., que producen efecto contrario del conveniente o deseado. ≃ Desacertado.

equívocamente adv. De tal manera que causa equívoco.

equivocar (de «equívoco») **1** («de, en») tr. y, más frec., prnl. Decir, hacer o tomar por distracción, descuido o ignorancia otra cosa en vez de ˘la que se debía hacer, decir o tomar: 'Has equivocado la fecha. Equivoqué la puntería. He equivocado el camino. Me equivoqué de calle y no encontré la casa. Se equivocó dos veces al decir mi nombre'. ≃ Confundirse, *errar. ⊙ («de, en») Cuando la equivocación consiste en el cambio recíproco de dos o más cosas, el complemento se puede poner en plural: 'Equivoqué los sobres de las cartas'. ≃ *Cambiar. **2** tr. Hacer que ˘alguien se equivoque: 'Si habláis mientras estoy contando, me equivocáis'.

TE EQUIVOCAS [SE EQUIVOCA USTED, etc.]. Eufemismo para *desmentir a alguien.

□ CATÁLOGO

Aberrar, no acertar, estar [o ir] APAÑADO [o arreglado], no atinar, estar [o ir] AVIADO, armarse un BARULLO, estar [o ir] BUENO, caer, *cambiar, meter el CAZO, dar una en el CLAVO y ciento en la herradura, tener una COLADURA, colarse, confundirse, tener una CONFUSIÓN, decir [hacer o tomar] una COSA por otra, meter el CUEZO, no dar una, DECIR equivocadamente, *desacertar, cometer un DESACIERTO, desbarrar, descaminarse, desorientarse, despistarse, tener un DESPISTE, desvariar, *engañarse, sufrir un ENGAÑO, cometer una EQUIVOCACIÓN, errar, cometer un ERROR, fallir, cometer una FALTA, meter la GAMBA, quien mucho HABLA mucho yerra, no contar con la HUÉSPEDA, izquierdear, armarse un JALEO, ir por LANA y salir trasquilado, armarse [o hacerse] un LÍO, marrar, PASARSE de listo, dar un mal PASO, dar un PASO en falso, meter la PATA, hacerse la PICHA un lío, no dar PIE con bola, cometer una PIFIA, darse [o pegarse] un PLANCHAZO, pringarla, tomar el RÁBANO por las hojas, dar un RESBALÓN, armarse [o hacerse] un TACO, errar el TIRO, salir el TIRO por la culata, TOMAR equivocadamente [o erróneamente] por, tomar por, cometer una TORPEZA, TRABUCAR[SE], trasnombrar, trasoír, trasoñar, dar un TRASPIÉ, ir fuera de TRASTES, trocar, confundir la VELOCIDAD con el tocino, ver VISIONES. ➤ Aberración, absurdo, anacronismo, atrocidad, badomía, barbaridad, burrada, caída, coladura, confusión, *desacierto, desatino, descamino, desliz, desorientación, despiste, despropósito, dislate, *disparate, enormidad, equivocación, equivoco, errada, errata, erro, errona, error, extravío, falencia, falsedad, *falta, gabarro, garrapatón, gazafatón, gazapatón, gazapo, herejía, inexactitud, lapso, lapsus, lapsus cálami, lapsus linguae, ligereza, METEDURA de pata, mote, ofuscación, mal PASO, peccata minuta, penseque, pifia, plancha, planchazo, quid pro quo, resbalón, tergiversación, tontería, torpeza, trabacuenta, trascuenta, traspié, trocatinta, tropezón, yerro. ➤ Punto. ➤ De bulto, crasísimo, craso, por defecto, por exceso, fatal, en más, en menos. ➤ De MEDIO a medio. ➤ Caer, incidir incurrir, padecer. ➤ Contumacia, *reincidir. ➤ Contraindicado, contraproducente, desacertado, desafortunado, descaminado, desorientado, despistado, equivocado, errado, erróneo, improcedente, inadecuado, inapropiado, inconveniente, malaconsejado, dejado de la MANO de Dios, mendoso, metepatas. ➤ Ambigüedad, anfibología, dilogía, equívoco, JUEGO de palabras, doble SENTIDO. ➤ Margen. ➤ Falible, infalible. ➤ Contrapartida, rescuentro. ➤ *Acertar. ➤ *Chasco. *Desacierto. *Desorientar. *Disparate. *Engañar. *Falso. *Falta. *Ilusión. *Indiscreto. *Inoportuno. *Mentira.

equivocidad f. Cualidad de equívoco.

equivoco (pop. e Hispam.) m. *Equivocación.*

equívoco, -a (del lat. «aequivŏcus») **1** adj. Se aplica a la *palabra o *expresión que tiene dos significados o se puede interpretar de dos maneras. **2** Se aplica a la persona que por su aspecto o maneras da lugar a que se sospeche de ella algo malo o inconveniente; particularmente, tratándose de un hombre, que es *afeminado; y tratándose de una mujer, que vive irregularmente desde el punto de vista de la moral sexual: 'Un sujeto equívoco'. ≃ *Sospechoso. ⊙ Se aplica también, correspondientemente, al aspecto, actos, palabras, etc.: 'Una mujer de vida equívoca'. ⊙ Puede también aplicarse a palabras o expresiones que envuelven *reticencia o pueden tener un sentido *malicioso. **3** («Existir, Haber un, Jugar, Manejar, Usar el, Usar del») m. Posibilidad de doble interpretación que existe en una expresión. ⊙ Constituye, con el mismo nombre, una *figura retórica. ⇒ *Equivocarse.

Er Símbolo químico del erbio.

-er 1 Sufijo del infinitivo de los verbos de la segunda conjugación. **2** Sufijo que en algunas palabras sustituye a «-ero», probablemente por influencia catalana: 'mercader, sumiller'.

era[1] (del lat. «aera», número) f. *Suceso trascendental desde el cual empieza a contarse el tiempo histórico.* ⊙ *Tiempo para cuyo cómputo se emplea como origen un hecho determinado con el que se designa: 'Año 60 de la era cristiana'. ⇒ Hégira. ⊙ GEOL. Cada una de las grandes divisiones de la historia de la Tierra.

ERA DE CÉSAR. *ERA española.*

E. COMÚN. *ERA cristiana.*

E. CRISTIANA. La que empieza a contarse en el nacimiento de Jesucristo. ≃ ERA común, ERA vulgar.

E. ESPAÑOLA. *Era que empezaba a contarse desde treinta y ocho años antes de la cristiana.*

E. VULGAR. *ERA cristiana.*

era[2] (del lat. «arĕa») **1** f. AGR. Lugar, generalmente en las afueras de los pueblos, formado por terreno firme, a veces enlosado, donde se trillan, avientan, etc., las mieses. ⇒ Alera, ejido. ➤ Suelos, tamo, terraguero, terrero. ➤ Garfa. ➤ Montonero. ➤ *Recolección. *Trillar. **2** AGR. **Bancal de cultivo.* **3** MINER. *Sitio llano cerca de las minas, donde se machacan y limpian los minerales.* **4** CONSTR. *Sitio arrellanado y apisonado al lado de la obra, que se emplea para preparar en él las mezclas y para otras operaciones.*

ALZAR [o LEVANTAR] DE ERAS. *Acabar de recoger los granos en la recolección.*

-era (del lat. «-arĭa») **1** Sufijo con el que se forman algunos nombres del *lugar en que existe la cosa expresada por el nombre primitivo: 'cantera, escollera'. ⊙ Del lugar donde se produce: 'almagrera, calera'. ⊙ Del lugar o *recipiente en que se guarda: 'carbonera, lechera'. **2** También, nombres de *conjunto: 'sesera'.

eradicativo, -a (del lat. «eradicātus», desarraigado; ant.) adj. *Se aplicaba a lo que sirve para desarraigar algo.* ⇒ *Arrancar, *quitar.

eraje (Ar.) m. **Miel virgen.*

eral (de «era[1]», época) m. **Ternero que no pasa de dos años.*

-eral Sufijo de nombres del *lugar donde hay la cosa expresada por el nombre primitivo: 'cañaveral'.

erar tr. *Preparar eras para *plantar o *sembrar.*

erario, -a (del lat. «aerarĭus» o «aerarĭum») **1** m. Conjunto de los bienes pertenecientes al Estado, a la provincia o al municipio. ≃ *Fisco, tesoro. **2** (ant.) adj. *Persona que paga *tributos.* ≃ Pechero.

-eras Sufijo de nombres informales que expresan la *capacidad para realizar lo que expresa el nombre primitivo: 'entendederas'.

erasmiano, -a adj. y, aplicado a personas, también n. *Se aplica a cierta *pronunciación del *griego basada en la transcripción literal, atribuida erróneamente a Erasmo, y a los que la siguen.*

erasmismo m. Movimiento cultural de Erasmo de Rotterdam y sus seguidores.

erasmista adj. Del erasmismo. ⊙ adj. y n. Seguidor de este movimiento.

érbedo (del lat. «arbŭtus»; Ast.) m. **Madroño (planta ericácea).*

erbio (de «Ytterby», pueblo de Suecia) m. *Metal del grupo de las tierras raras, de n.º atómico 68, que se encuentra en los mismos minerales que el disprosio. Símb.: «Er».

ercer (del sup. lat. «ergĕre», levantar; ant. y usado todavía en Cantb.) tr. **Levantar.*

ere (poco usado) f. Erre sencilla.

erebo (del gr. «érebos»; lit., erudito; gralm. con mayúsc.) m. **Infierno.* ≃ Averno.

erección 1 f. Acción de erigir[se]. ⊙ Efecto de erigir: construcción, edificación. **2** Acción de ponerse erecto o erguido. ⊙ Se aplica particularmente a la acción de ponerse erecto un órgano por la afluencia de sangre a él. ⇒ Eretismo, priapismo.

erecha (del lat. «erecta», erigida; ant.) f. **Compensación de daños causados en la *guerra.*

eréctil adj. Se aplica a las cosas susceptibles de ponerse erectas; particularmente, a órganos animales o vegetales: 'Púas eréctiles'.

erectilidad f. Cualidad de eréctil.

erecto, -a (del lat. «erectus», levantado) **1** adj. Turgente o *tieso. **2** Erguido: 'Un erizo con las púas erectas'.

erector, -a adj. *Que erige.* ⊙ ANAT. *Se aplica al *músculo que pone erecto un órgano.*

eremita (del lat. «eremīta», del gr. «erēmítēs», de «érēmos», desierto) m. Hombre que vive devota y virtuosamente en un lugar solitario. ≃ *Anacoreta, cenobita, ermitaño.

eremítico, -a adj. De eremita.

eremitorio m. Lugar en donde existen una o más residencias de eremitas.

eretismo (del gr. «erethismós», excitación) m. BIOL. *Exaltación de las propiedades vitales de un órgano.*

erétrico, -a (del lat. «eretrĭcus») adj. *De la ciudad *griega Eretria.*

erg[1] m. FÍS. Nombre del ergio en la nomenclatura internacional.

erg[2] m. GEOL. Gran superficie arenosa, formada por dunas, como la de algunos desiertos.

ergástula o, menos frec., **ergástulo** (del lat. «ergastŭlum») f. o m. *Cárcel destinada en *Roma a los *esclavos.*

ergio (del gr. «érgon», trabajo) m. FÍS. Unidad de *trabajo en el sistema cegesimal, equivalente al de una dina a lo largo de un centímetro.

ergo conj. Palabra latina usada en la argumentación lógica, que significa «luego» o «por tanto»; se emplea a veces en lenguaje irónicamente culto, particularmente seguida de puntos suspensivos: 'Tú estabas enterado, ergo...'. ⇒ *Consecuencia (conjunciones y expresiones consecutivas).

ergo- Elemento prefijo del gr. «érgon», trabajo, fuerza.

ergonomía (de «ergo-» y «-nomía») f. Estudio científico concerniente a la relación entre el hombre y sus condiciones de trabajo. ⇒ *Trabajar.

ergonómico, -a adj. De [la] ergonomía. ⊙ Se aplica a los instrumentos de trabajo especialmente diseñados para adaptarse perfectamente a las condiciones del trabajador y la actividad que realiza: 'Un sillón [o un teclado] ergonómico'.

ergoterapia (de «ergo-» y «-terapia») f. MED. Método de tratamiento de discapacitados físicos o mentales basado en la realización de actividades laborales.

ergotina (del fr. «ergotine») f. Extracto del *alcaloide del cornezuelo del centeno, que se emplea en *farmacia contra las hemorragias.

ergotismo[1] (de «ergo») m. *Abuso de la argumentación silogística.*

ergotismo[2] (del fr. «ergotisme») m. MED. Conjunto de trastornos producidos por el abuso del cornezuelo de centeno o por comer pan de centeno atizonado. ⇒ *Envenenar.

ergotista adj y, aplicado a personas, también n. *Que ergotiza.*

ergotizante adj. *Que ergotiza.*

ergotizar (de «ergo») intr. *Abusar de la argumentación silogística.*

ergućn (del bereber «argan»; *Argania spinosa)* m. Árbol sapotáceo, espinoso, de madera muy dura y semillas oleaginosas. ⇒ *Planta.

erguido, -a Participio adjetivo de «erguir[se]».

erguimiento m. Acción y efecto de erguir[se].

erguir (del lat. «erigĕre») **1** tr. Poner una ↘cosa en posición vertical y derecha. En esta forma no pronominal sólo se usa corrientemente con el nombre de una parte del cuerpo del sujeto, como complemento directo: 'El caballo irguió las orejas'. ⊙ Se usa en sentido figurado con «cabeza» en expresiones como «erguir [poder erguir, llevar erguida, poder llevar erguida] la cabeza», que significan «no avergonzarse o no tener nada por qué avergonzarse». ⊙ prnl. Poner erguido el propio cuerpo: 'Se irguió de repente'. **2** Ponerse de pie. **3** *Engreírse, *envanecerse, *ensoberbecerse o *pavonearse.* **4** Refiriéndose a cosas altas que están en posición vertical, *estar en el sitio que se expresa: 'Al otro lado de la plaza se yerguen las torres de la catedral'. ≃ Alzarse, elevarse.

□ CATÁLOGO

Alzar[se], arbolar, cuadrar[se], poner[se] DERECHO, *empinar[se], enarbolar[se], enarmonar[se], encabritar[se], enderezar[se], enerizar, enhestar, erizar[se], espetarse, inhestar, *levantar, parar, plantarse, poner[se] TIESO. ➤ Acandilado, arrecho, derecho, empinado, enfiesto, enhiesto, eréctil, erecto, erguido, *firme, *garboso, infiesto, de [en] pie, tieso, como una VELA, virote.

□ CONJUG. IRREG. IND. PRES.: yergo (irgo), yergues (irgues), yergue (irgue), erguimos, erguís, yerguen (irguen); PRET. INDEF.: erguí, erguiste, irguió, erguimos, erguisteis, irguieron; SUBJ. PRES.: yerga (irga), yergas (irgas), yerga (irga), yergamos (irgamos), yergáis (irgáis), yergan (irgan); IMPERF.: irguiera,-se, irguieras,-ses, irguiera,-se, irguiéramos,-semos, irguierais,-seis, irguieran,-sen; FUT. IMPERF.: irguiere, irguieres, irguiere, irguiéremos, irguiereis, irguieren; IMPERAT.: yergue (irgue), yerga (irga), erguid, yergan, (irgan); GER: «irguiendo». Cuando hay dos formas equivalentes, se ha puesto entre paréntesis la menos usual.

ergullir (de «orgullo»; ant.) intr. *Enorgullecerse.*

ería (de «era[2]»; Ast.) f. AGR. *Terreno de cultivo de gran extensión, cercado y dividido en trozos de distintos dueños.* ⇒ Agro, llosa, mies.

-ería Sufijo equivalente a «-ía» con que se forman nombres abstractos de abundancia, *cualidad, *conjunto o lugar donde está, se hace o se vende una cosa: 'palabrería, galantería, sillería, conserjería, cafetería'. La presencia del grupo «er» se explica probablemente por la influencia de los nombres de esta terminación formados a través de un derivado en «-ero»: 'caballo, caballero, caballería; leche, lechero, lechería; puerco, porquero, porquería'.

erial (de «ería») **1** adj. y n. m. Se aplica a un *terreno sin cultivar e improductivo. ⇒ Afrancesado, agreste, alcachofal, arrezafe, baldío, bravo, calmo, calvo, cardal, cardizal, chiribital, *desierto, entrepanes, eriazo, erío, estepa, gándara, granda, inculto, liego, lleco, matorral, palomera, paramera, páramo, peladero, puna, TERRENO inculto, vago, yeco, yermo. ➤ Añojal. ➤ Escajo, escalio. ➤ *Barbecho. *Claro. *Desierto. *Monte. **2** Se aplica a un lugar o una cosa material o espiritual donde no se encuentra nada provechoso o agradable. ⇒ *Estéril.

eriazo, -a (de «erío») adj. y n. m. *Erial.*

ericáceo, -a (del lat. «erīce», jara, y «-áceo») adj. y n. f. BOT. *Se aplica a las *plantas de la familia del brezo y del madroño, que son principalmente arbustos o arbolitos con especies en todo el mundo, de hojas simples, a menudo persistentes, flores en inflorescencias y fruto en cápsula o baya.* ⊙ f. pl. BOT. *Familia que forman.*

ericio m. *Máquina de guerra de los *romanos.* ⇒ *Artillería.

erigir (del lat. «erigĕre») **1** tr. *Construir un ↘edificio importante o un monumento. ≃ Alzar, levantar. **2** («en») *Convertir una ↘cosa en otra más importante: 'Erigir una colonia en protectorado [o una legación en embajada]'. ≃ Constituir. ⊙ («en») tr. e intr. Asignar a ↘alguien cierta función preeminente: 'Le erigieron árbitro [o en árbitro] de sus diferencias. Le erigieron caudillo'. ≃ Constituir, instituir. ⇒ *Hacer. ⊙ («en») prnl. Atribuirse alguien a sí mismo una función preeminente: 'Erigirse en dictador [o en juez de otros]'.

eril (Gran.) m. *Alferecía.* ⇒ *Epilepsia.

erina (del fr. «érine», pinza) f. CIR. *Instrumento con uno o dos ganchos, que se emplea para apartar los tejidos de la zona donde se opera.*

eringe (del lat. «erynge», del gr. «ḗryngē») f. **CARDO corredor.*

Erinia f., gralm. pl. MIT. Cada una de ciertas divinidades griegas, hijas de Cronos y la Tierra, que habitaban el infierno; perseguían a los humanos para vengar sus crímenes. ≃ Euménide, Furia.

erío, -a adj. y n. m. *Erial.*

-erio, -a Sufijo de nombres cultos que han pasado en su mayoría formados del latín, que expresan sustantivada una idea contenida originariamente en un adjetivo, un verbo u otro nombre: 'cautiverio, sahumerio, hemisferio'.

eriotecnia (del gr. «érion», lana, y «-tecnia») f. *Técnica de las aplicaciones industriales de la *lana.*

erisipela (del lat. «erysipĕlas», del gr. «erysípelas») f. MED. Enfermedad infecciosa de la *piel, especialmente de la cara, cuello, antebrazos y manos, en que el área infectada se pone encarnada y brillante, con rebordes manifiestos. ≃ Disípula, isípula. ⇒ Erisípula.

erisípula (ant.) f. *Erisipela.*

erístico, -a (del gr. «eristikós», discutidor) **1** adj. FIL. *Se aplica a cierta escuela socrática establecida en Mégara.* **2** FIL. *Se aplica al procedimiento discursivo que abusa de la dialéctica, llegando a convertirla en disputa ineficaz.*

eritema (del gr. «erýthēma») m. MED. Rojez patológica de la piel debida a la dilatación de sus capilares. ⇒ *Sabañón.

eritreo, -a (del lat. «erythraeus», del gr. «erythraîos», rojizo) **1** (erudito o lit.) adj. *Del mar Rojo, llamado mar Eritreo.* **2** adj. y, aplicado a personas, también n. De Eritrea (provincia de Etiopía).

eritrina (de «eritro-» e «-ina») f. *Arseniato de cobalto en cristales monoclínicos de color rojizo.* ≃ FLOR de cobalto. ⇒ *Mineral.

eritro- Elemento prefijo del gr. «erythrós», rojo, usado en palabras científicas.

eritrocito (de «eritro-» y «-cito») m. ANAT. *Glóbulo rojo.* ≃ *Hematíe.

eritrofobia 1 (de «eritro-» y «-fobia») f. PSI. *Temor patológico a ruborizarse.* **2** PSI. *Aversión patológica al color rojo.* ⇒ *Manía.

eritropsia (de «eritro-» y el gr. «ópsis», visión) f. MED. *Fenómeno de parecerle *rojos al observador todos los objetos, por ejemplo a causa del deslumbramiento producido por la nieve.*

eritrosis (de «eritro-» y «-osis») f. *Tendencia exagerada a ruborizarse.*

eritroxiláceo, -a (del «eritro-» y «-xilo-») adj. y n. f. BOT. *Se aplica a las plantas (árboles y arbustos tropicales y subtropicales) de la familia de la coca y de otras plantas de importancia local por su madera, colorantes de la corteza y usos medicinales.* ⊙ f. pl. BOT. *Familia que forman.*

erizado, -a Participio adjetivo de «erizar[se]». ⊙ Aplicado particularmente al pelo, *rígido y erguido. ⊙ («de») Lleno de una cosa tal como *espinas, *obstáculos, etc., que se expresa: 'Un asunto erizado de dificultades. Nuestro camino está erizado de obstáculos'.

erizamiento m. Acción y efecto de erizar[se].

erizar 1 (de «erizo») tr. y prnl. Poner[se] el ↘pelo, el vello u otra cosa semejante rígida y erecta; como las púas del puerco espín y otros animales que las tienen semejantes. ⇒ Encrespar, enerizar, engrifar, respeluzar. ➤ Ponerse los PELOS de punta. **2** prnl. *Alarmarse o ponerse alguien a la defensiva pensando que va a ser objeto de un ataque, por ejemplo cuando otro empieza a hablarle.

erizo (del lat. «ericĭus») **1** *(Erinaceus europaeus)* m. *Mamífero insectívoro de 20 a 30 cm de largo, con el dorso y los costados cubiertos de púas que pone erectas cuando se ve perseguido. **2** ERIZO de mar. **3** *(Diodon hystrix)* *Pez teleósteo plectognato propio de los mares tropicales, que tiene el cuerpo con púas y una vejiga en el vientre que puede hinchar y, con ello, flotar boca arriba. **4** *(Erinacea anthyllis)* *Planta leguminosa de ramas entrecruzadas muy espinosas y apretadas, cuyo conjunto forma una masa redondeada, que se encuentra en los montes españoles por encima de los 1.000 m de altura. ≃ ASIENTO de pastor, AULAGA marina, erizón. **5** Cubierta con espinas que envuelve algunos *frutos, como la castaña. **6** *Persona *huraña, *adusta o *insociable.* **7** Se aplica a algunas cosas guarnecidas de puntas; por ejemplo, a cierta *defensa que se pone en la parte alta de los muros y parapetos de las fortificaciones, y en las *tapias.

ERIZO DE MAR [o MARINO]. Equinodermo de forma de esfera aplanada, con la concha cubierta de púas. ≃ Equino, erizo.

-erizo, -a Sufijo que forma algunos, pocos, nombres de oficio relacionado con lo que expresa el nombre primitivo: 'cabrerizo, porquerizo, caballerizo'.

erizón (aum. de «erizo») m. *Erizo (planta leguminosa).*

ermar (de «yermo»; ant.) tr. **Asolar.*

ermita (de «eremita») f. Capilla situada en despoblado en las afueras de una población. ⇒ Rábida [o rápita], santuario, zagüía. ➤ Morabito. ➤ Eremitorio. ➤ Eremítico. ➤ Eremita. ➤ *Anacoreta. *Iglesia.

ermitaño, -a 1 n. Persona que vive en una ermita o cuida de ella. **2** *Monje que vive en soledad. **3** (n. calif. o término de comparación) Persona que vive aislada, sin trato con otras. **4** CANGREJO ermitaño.

ermitorio (ant.) m. *Eremitorio.*

ermunio (del b. lat. «ermunĭus», del lat. «immūnis») m. *Vasallo que, por su nobleza o por un privilegio concedido, estaba *exento de toda clase de tributos o servicios.*

ero (de «era²»; Ar.) m. **Bancal de huerta.*

-ero, -a (del lat. «-arĭus») **1** Sufijo equivalente, en palabras menos cultas, a «-ario»; forma nombres de *oficio relacionado con la cosa expresada por el nombre primitivo: 'carbonero, cartero, recadero, zapatero'. **2** Otros también referidos a personas, aunque no sean de oficio: 'forastero, majadero'. **3** Forma también algunos nombres de *utensilios: 'agarradero, candelero, tapadera, chocolatera'. **4** Sirve también para formar el nombre del lugar en donde hay o se guarda la cosa expresada por la raíz: 'calera, hormiguero, ostrero, pecera, carbonera'. **5** También, nombres de plantas o árboles derivados del de sus frutos: 'algodonero, limonero, tomatera, chumbera'. **6** Unido a veces a una raíz verbal, se aplica como adjetivo a las cosas con que se puede hacer la operación que el verbo expresa: 'llevadero, hacedero, contadero'. Este uso es cada vez menos frecuente. **7** Forma adjetivos que significan «relación» o «pertenencia» con respecto al sustantivo al que se añaden: 'maderero, petrolero'. **8** (inf.) Unido a nombres de comida o bebida, se aplica a una persona que es muy aficionada a su consumo: 'cervecero, cafetero'.

erogación f. Acción de erogar.

erogar (del lat. «erogāre») tr. Distribuir ↘bienes o caudales.

erogatorio (del lat. «erogatorĭus»; ant.) m. **Caño por donde sale el líquido de un depósito.*

erógeno, -a (del gr. «érōs», amor, y «-geno») adj. Que produce placer erótico o es sensible a la excitación sexual.

-erón Sufijo en que, a veces, se convierte el aumentativo «-ón»: 'caserón'.

eros (del gr. «érōs», amor) m. PSI. En la teoría psicoanalítica, conjunto de los impulsos sexuales de la personalidad y, en general, principio de la vida, por oposición a tánatos, o principio de la muerte.

erosión (del lat. «erosĭo, -ōnis», roedura) **1** f. Desgaste producido en un cuerpo por el roce de otro. ⊙ Herida o lesión causada de ese modo en la piel. ⊙ GEOL. Desgaste de la corteza terrestre causado por los agentes externos, principalmente el agua y el viento. ⇒ *Abrasión, despellejadura, *escoriación, *rozadura. ➤ Derrubio. **2** Desgaste o deterioro progresivo de algo no material, como el prestigio o la credibilidad de una persona. ⇒ *Desacreditar.

erosionar tr. Producir erosión en ↘algo.

erosivo, -a adj. Que produce erosión.

erostratismo (de «Eróstrato», que incendió el templo de Éfeso para conseguir notoriedad) m. PSI. *Trastorno mental que lleva a cometer actos delictivos para conseguir *fama.*

erotema (del lat. «erotēma», del gr. «erṓtēma») f. **Interrogación.*

erótica 1 f. Poesía erótica (amorosa). **2** Fascinación que ejercen determinadas actividades: 'La erótica del poder'. ⇒ *Atraer.

erótico, -a (del lat. «erotĭcus», del gr. «erōtikós») adj. De [o del] amor sexual. ⊙ Aplicado a obras literarias, de asunto amoroso: 'Poesía erótica'. ⊙ También, aplicado no sólo a obras literarias, puede implicar atención especial al aspecto sexual: 'Novela erótica, cine erótico, revista erótica'.

erotismo (del gr. «érōs», amor, e «-ismo») **1** m. Cualidad de erótico. **2** Conjunto de manifestaciones relacionadas con la atracción sexual.

erotizar 1 tr. Dar contenido erótico a ↘algo: 'Erotizar la publicidad'. **2** tr. y prnl. Excitar[se] sexualmente.

erotomanía (del gr. «erōtomanía») f. Psi. Trastorno mental caracterizado por la obsesión amorosa o sexual. ⇒ *Manía.

erotómano, -a adj. y n. Psi. Afectado de erotomanía.

errabundo, -a (del lat. «errabundus») adj. Errante.

errada 1 (ant.) f. *Error.* **2** *Hecho de no acertar el jugador a la bola que quería herir, en el juego de *billar.* ⇒ Errona.

erradamente adv. Equivocadamente.

erradicación f. Acción de erradicar.

erradicar (del lat. «eradicāre») tr. *Arrancar o *extirpar de raíz una ↘cosa, especialmente no material: 'Erradicar la delicuencia [o el analfabetismo]'.

erradizo, -a adj. *Errante.*

errado, -a Participio adjetivo de «errar». ⊙ («Estar, Andar, Ir») Aplicado a personas, *equivocado. ⊙ («Ser») Aplicado a cosas, desacertado.

erraj (del ár. and. «arráhǧ», polvo) m. *Cisco (carbón de brasero) hecho con el hueso de la aceituna después de exprimida ésta en el molino. ⇒ Piñuelo.

erráneo, -a (del lat. «erranĕus»; ant.) adj. *Errante.*

errante (del lat. «errans, -antis») adj. Se aplica a la persona o cosa que va de un lado a otro, sin tener residencia o emplazamiento fijo.

erranza (del lat. «errantĭa»; ant.) f. *Error.*

errar (del lat. «errāre», vagabundear) **1** intr. Andar sin destino u objetivo fijo y sin tener residencia fija. ≃ *Vagar. **2** («en») tr. o abs. e intr. *Desacertar o *equivocarse en cierta ↘cosa: 'Erró el camino [su vocación, en la elección]'. ⊙ No atinar al dirigir un golpe o disparar o lanzar algo; el complemento directo puede ser «golpe, tiro», etc., o «blanco, objetivo», etc.: 'Erró el tiro [o el blanco]'. ⊙ intr. Decir o hacer algo inconveniente o inoportuno: 'El que mucho habla mucho yerra'. **3** Cometer *pecados. ⊙ Cometer faltas con alguien: 'Perdóneme si en algo he errado'. ⇒ *Equivocarse, *faltar.

☐ Conjug. irreg. Ind. pres.: yerro, yerras, yerra, erramos, erráis, yerran; subj. pres.: yerre, yerres, yerre, erremos, erréis, yerren; imperat.: yerra, yerre, errad, yerren. En la primera acepción, las formas irregulares se suplen con las correspondientes de «andar [o ir] errante».

errata (del lat. «errāta», cosas erradas) f. *Equivocación material cometida en un escrito: 'Errata de imprenta'.
V. «fe de erratas».

errático, -a (del lat. «erratĭcus») adj. Se aplica a lo que está o aparece unas veces en un sitio y otras en otro: 'Un dolor errático'.

errátil (del lat. «erratĭlis») adj. *Errante, incierto o variable.*

erre f. Letra «r». ⇒ Ere.
Erre que erre. Expresión con que se comenta o se expresa la insistencia u *obstinación en una cosa o la reiteración con pesadez de una acción: 'Le he dicho muchas veces que no, pero él sigue erre que erre'; se intercala en cualquier sitio de la oración: 'Ahí está, erre que erre, empeñado en resolver el crucigrama'.

erreal (Sal.) m. *Variedad de *brezo de hoja amoratada.*

erro (de «errar»; ant. y usado aún en Hispam.) m. *Yerro o error.*

errona (de «errar»; ant. y usado en Chi.) f. *Hecho de no acertar un jugador en el juego.* ⇒ Errada.

erróneamente adv. De manera errónea.

erróneo, -a adj. Hecho o dicho con error: 'Una determinación [o afirmación] errónea'. ≃ Equivocado.

error (del lat. «error, -ōris») **1** m. Idea o expresión no conforme a la verdad. ⊙ Creencia *falsa. **2** Conducta reprobable, particularmente desde el punto de vista religioso. **3** (usable como partitivo: «inducir a error, perseverar en el error») Estado del que tiene ideas equivocadas o creencias falsas, o sigue una conducta reprobable. **4** Der. **Equivocación cometida sin mala fe en un acto jurídico, que lo anula si afecta a lo esencial de él.* **5** En lenguaje científico, cualquier diferencia con el valor exacto. Se llama error accidental al debido a defectos inevitables de los instrumentos o de las observaciones, que puede ser en más o en menos. Y error sistemático al que se produce siempre en el mismo sentido: por más o por menos. **6** Dicho o hecho cuyas consecuencias son o pueden ser perjudiciales: 'Ha sido un error emprender la expedición en este tiempo'. ≃ *Desacierto, equivocación.
Error de [mucho] bulto. Error importante.
E. de poco bulto. Error poco importante.
E. craso [o crasísimo] (muy frec. con el adjetivo antepuesto). Error de bulto.
E. por defecto. El que consiste en la falta de algo para ser la cantidad exacta.
E. por exceso. El que consiste en la sobra de algo para que sea la cantidad exacta.
Estar en un error. Expresión muy frecuente empleada para *desmentir una creencia que alguien tiene: 'Estás en un error si crees que le vas a convencer'.

ertzaina (vasc.; pronunc. [ercháina]) n. Miembro de la policía autónoma vasca.

ertzaintza (vasc.; pronunc. [erchántcha]) f. Cuerpo de la policía autónoma vasca.

erubescencia (del lat. «erubescentĭa») f. **Rubor o *vergüenza.*

erubescente (del lat. «erubescens, -entis», que se sonroja) adj. *Ruboroso o avergonzado.*

erubescita (de lat. «erubescĕre», enrojecer) f. *Bornita (mineral, sulfuro de *cobre).*

eructar (del lat. «eructāre») intr. Expeler por la boca los gases del aparato digestivo. ⇒ Erutar, regoldar, rotar, rutar. ➤ Eructo, vapores.

eructo m. Acción de eructar una vez. ⊙ Gases expelidos al eructar.

☐ Notas de uso
Este nombre, lo mismo que otros que designan actos fisiológicos, como «estornudo» o «ventosidad», no tiene verbo con el que se construya propiamente; puede emplearse con «dar» o «soltar».

erudición (del lat. «eruditĭo, -ōnis») f. En sentido amplio, posesión de conocimientos adquiridos mediante el estudio. ⊙ En sentido restringido, se aplica a los conocimientos excepcionalmente amplios o profundos en materias que tienen aspecto histórico; como la historia general, la de la literatura o la de las lenguas; especialmente, a los adquiridos en los documentos o fuentes.

eruditamente adv. Con erudición.

erudito, -a (del lat. «erudītus») adj. y n. Se aplica a la persona que tiene erudición, a sus obras, trabajos, etc.: 'Un erudito. Un estudio muy erudito. Lenguaje erudito'. Puede llevar un complemento con «en»: 'Erudito en antigüedades peruanas'. ⇒ *Entendido, sabio.

ERUDITO A LA VIOLETA. Persona cuyos conocimientos o erudición son sólo superficiales.

eruga (del lat. «erūca»; ant.) f. **Oruga.*

eruginoso, -a (del lat. «aeruginōsus») adj. *Oxidado o enmohecido.* ≃ Ruginoso.

erumnoso, -a (del lat. «aerumnōsus»; ant.) adj. *Trabajoso o penoso.*

erupción (del lat. «eruptĭo, -ōnis») **1** f. *Salida violenta al exterior, de algo contenido en un sitio. ⊙ Particularmente, cada manifestación de actividad de los *volcanes. **2** Aparición en la piel de granos, manchas, etc. ⊙ Conjunto de estos granos o manchas.

□ CATÁLOGO
Acores, alfombra, alfombrilla, algorra, alhorre, *calentura, cativí, chincual, culebrilla, eflorescencia, empeine, erisipela, escarlatina, exantema, favo, fogaje, fuego, FUEGO pérsico, galga, *granos, granulación, herpe[s], impétigo, isípula, jiote, lactumen, miliar, paño, pápula, pénfigo, prurigo, psoriasis, roséola, rupia, salpullido, *sarampión, sarpullido, sarna, urticaria, usagre, varicela, viruela, vitiligo, zona, zóster. ➤ Escupir.

eruptivo, -a adj. De [la] erupción. ⊙ GEOL. Se aplica a los minerales y rocas formados en el interior de la Tierra por solidificación de un magma.

erutación f. *Eructo.*

erutar intr. *Eructar.*

eruto m. *Eructo.*

ervato m. **Servato (planta umbelífera).*

ervilla (del lat. «ervilĭa») f. **Arveja (planta leguminosa).*

Es Símbolo químico del einstenio.

es- (del lat. «ex») **1** Prefijo que tiene en algunas palabras el mismo valor «ex-»: 'estirar, escoger, escardar'. A veces, no tiene más valor que asignar a una palabra un matiz nuevo. **2** Se confunde con frecuencia en el habla popular con «des-»: 'espabilar (despabilar), esnucar (desnucar)'.

-és, -a Sufijo que forma nombres-adjetivos de *naturaleza u origen: 'francés, inglés, leonés, montañés'. ⇒ -ense.

esa pron. pers. V. «ESE».

-esa (del lat. «-issa») Sufijo con que se forman algunos nombres femeninos de oficio o dignidad: 'abadesa, alcaldesa, duquesa, princesa'. ⇒ -isa.

esaborío, -a adj. y n. Forma popular e informal muy extendida de pronunciar «desaborido». Se aplica a la persona falta de gracia o *sosa.

esbarar intr. **Resbalar.*

esbardo (Ast.) m. **Osezno.*

esbarizar (de «esbarar» y «deslizar»; Ar.) intr. *Resbalar.*

esbatimentante adj. PINT. *Aplicable a lo que causa esbatimento.*

esbatimentar **1** intr. PINT. *Hacer sombra o esbatimento sobre una cosa.* **2** tr. PINT. *Representar un esbatimento.*

esbatimento (del it. «sbattimento») m. PINT. **Sombra que hace un cuerpo sobre otro.*

esbeltez f. Cualidad de esbelto.

esbelteza (ant.) f. *Esbeltez.*

esbelto, -a (del it. «svelto») adj. Aplicado a personas o a cosas que se tienen en posición vertical, *delgado o alto con relación a las cosas de su especie o comparables, y de formas graciosas o elegantes: 'Una muchacha esbelta. El chopo es un árbol esbelto'. ⇒ Grácil, juncal, bien PLANTADO. ➤ Guardar la LÍNEA. ➤ *Rechoncho. ➤ *Bello. *Elegante. *Gallardo. *Gracioso.

esbirro (del it. «sbirro») **1** m. Empleado que estaba a las órdenes de un *tribunal de justicia. ≃ Alguacil. **2** (n. calif.) Se aplica a cualquier empleado subalterno que *ejecuta las órdenes de una autoridad, particularmente cuando para ello hay que ejercer *violencia; por ejemplo, *policías, *verdugos o agentes de consumos. ⊙ Se usa mucho en sentido figurado, aplicado a las personas que sirven a otra que les paga para ejecutar violencias o desafueros ordenados por ella.

esblandecer (de «es-» y «blando»; ant.) tr. **Adular o *lisonjear.* ≃ Blandir.

esblandir (ant.) tr. *Esblandecer.*

esblencar (Cuen.) tr. *Esbrencar.*

esborregar (del sup. lat. «divaricāre», resbalar) **1** (Cantb., León) intr. y prnl. **Resbalar y caerse a consecuencia de lo escurridizo del terreno.* **2** (Cantb.) prnl. **Disgregarse un terreno.*

esbozar **1** tr. Hacer un esbozo de ↘algo. ≃ Bosquejar. **2** Iniciar o hacer levemente ciertos ↘gestos: 'Esbozar una sonrisa'.

esbozo (del it. «sbozzo») **1** m. Dibujo o pintura hecha rápidamente, sin detalles. ≃ Boceto, *bosquejo. **2** Descripción de un plan o proyecto, hecho sin detalles. ≃ Bosquejo, esquema.

esbrencar tr. *Quitar la brenca o estigma de la ↘flor del *azafrán.* ≃ Esblencar, desbriznar.

esbronce (de or. expresivo; Ar.) m. *Movimiento violento.*

-esca Sufijo con que se forman algunos, pocos, nombres colectivos, de sentido despectivo: 'soldadesca'.

escaba (Ar.) f., gralm. pl. *Desperdicio del *lino.*

escabechado, -a **1** Participio adjetivo de «escabechar»: 'Perdices escabechadas'. **2** (inf.) *Se aplica a la persona que lleva teñido el *pelo o que lleva afeites en la cara.*

escabechar **1** tr. Preparar una ↘cosa en escabeche. **2** (inf.) **Teñir las ↘canas. También reflex.* **3** (inf.) **Matar a ↘alguien, particularmente con arma blanca.* **4** (inf.) **Suspender a ↘alguien en un examen.*

escabeche (del ár. and. «assukkabāǧ») **1** m. *Adobo hecho con aceite, vinagre, sal, hierbas aromáticas, etc., para conservar en él carnes o pescados. Se usa corrientemente sólo en la expresión «en escabeche»: 'Bonito en escabeche'. **2** (acep. corriente) Vianda conservada en ese adobo. Si no se especifica otra cosa, se entiende «escabeche de bonito». Los otros suelen nombrarse con el nombre de la vianda seguido de «en escabeche»: 'Perdices en escabeche'.

escabechina (de «escabeche»; inf.) f. Gran *destrozo causado entre ciertas cosas, con gran número de víctimas: 'El profesor ha hecho una escabechina en los exámenes. La muchacha ha hecho una escabechina en la vajilla'. ⇒ Carnicería, degollina, desmoche, escamocho, hecatombe, limpia, *mortandad, riza, sarracina.

escabel (del lat. «scabellum», ¿a través del cat. ant. «escabell»?) **1** m. Pequeña tarima o banquillo donde se apoyan los pies cuando se está sentado. ≃ *Taburete. ⊙ Asiento de la misma forma. **2** *Persona o circunstancia de que alguien se aprovecha para *prosperar o *encumbrarse.*

escabies f. **Sarna.*

escabiosa (del lat. «scabiōsa», áspera, rugosa) **1** *(Scabiosa succisa* y *Scabiosa stellata)* f. *Planta dipsacácea de tallo velloso hueco y flores azules en cabezuela semiesférica; la raíz se ha empleado en medicina. ≃ Ambarina. **2** (Cuba; *Dalea sericea) *Planta leguminosa de florecillas blancas.*

escabioso, -a (del lat. «scabiōsus», áspero, rugoso) adj. VET. *De [la] *roña.*

escabro (del lat. «scabrum», neutro de «scaber», áspero) **1** (n. colectivo) m. *Costurones y asperezas de la piel de las ovejas, debidas a la roña, que estropean la *lana.* **2** *Enfermedad de los árboles y las vides, muy perjudicial, que pone su corteza con rugosidades y asperezas anormales.* ⇒ *Plaga.

escabrosamente adj. De manera escabrosa.

escabrosearse 1 prnl. *Hacerse escabroso.* **2** (ant.) **Resentirse o *irritarse.*

escabrosidad f. Cualidad de escabroso.

escabroso, -a (del lat. «scabrōsus», áspero, rugoso) **1** adj. Aplicado a terrenos, formado por rocas y con desigualdades que hacen el paso difícil o penoso. ≃ *Abrupto, áspero, quebrado. **2** Aplicado a un asunto, *difícil de manejar o resolver. **3** Aplicado a «asunto, conversación» o palabras equivalentes, apto para incurrir en indiscreciones o para provocar el disgusto de alguien. ⇒ Comprometido, delicado, escurridizo, espinoso, resbaladizo. ➤ *Apuro. *Difícil. **4** Aplicado a «asunto, conversación» o palabras equivalentes, al borde de lo inmoral u obsceno. ⇒ Atrevido, subido de COLOR, colorado, escandaloso, inconveniente, malicioso, *obsceno, pecaminoso, *picante, picaresco, sicalíptico, subido de TONO, verde. ➤ FÁBULA milesia. ➤ *Sexo.

escabuchar (relac. con «cavar») **1** (Sal.) tr. *Pisar las ↘*castañas para que se desprendan de ellas los erizos.* **2** **Escardar y escavanar.*

escabuche (de «escabuchar») f. **Azada pequeña que sirve especialmente para escardar.*

escabullar (Sal.) tr. *Quitar el cascabillo a la ↘*bellota.*

escabullimiento m. Acción de escabullirse.

escabullir 1 («de, de entre, por entre») prnl. y, no frec., intr. *Escaparse algo o alguien escurriéndose de entre las manos de quien lo sujeta. ≃ Deslizarse. ⇒ Descabullirse, escullirse. **2** *Marcharse de un sitio disimuladamente. ⇒ Perdidizo. **3** *Desaparecer mezclándose entre otras personas u otras cosas. **4** prnl. *Evitar hacer algo o enfrentarse a una dificultad.

escacado, -a adj. HERÁLD. *Escaqueado.*

escachar (de «es-» y «cachar») **1** (pop.) tr. **Aplastar, *cascar o *espachurrar.* **2** (Áv., León, Sal.) *Cascar o *romper.*

escacharrar (inf.) tr. y prnl. *Romper[se] un ↘cacharro. ⊙ (inf.) *Romper[se], *destrozar[se] o *estropear[se] cualquier ↘cosa. ⊙ (inf.) **Desbaratar [o fracasar] un *plan o un asunto cualquiera.*

escachifollar o, menos frec., **escachifullar 1** tr. y prnl. **Estropear[se] un ↘plan.* ≃ Escacharrar[se]. **2** (inf.) *Estropear[se], por ejemplo *aplastándola o *estrujándola, cualquier ↘cosa. ≃ Escacharrar[se]. **3** *Dejar a ↘alguien *derrotado en una discusión, confundido, humillado, *deslucido, etc.* ≃ Apabullar.

escaecer (del sup. lat. «excadiscěre», decaer; Alb., Sal., Seg.) intr. **Abatirse o decaer física o moralmente.*

escaencia (del b. lat. «excadentĭa», acción de caer; ant.) f. *Obvención, sueldo o derecho acumulado a una *retribución.*

escaf- o **-scafo** Elemento prefijo o sufijo del gr. «skáphē», barco: 'escafoides, piróscafo'.

escafandra (del fr. «scaphandre», del gr. «skáfē andrós», bote de hombre) **1** f. Traje o dispositivo con que se *sumergen los *buzos. ≃ Escafandro. **2** Traje que usan los astronautas.

escafandro m. *Escafandra.*

escafilar (del ár. and. «qaffál», cerrar) tr. CONSTR. *Descafilar (limpiar y alisar los cantos de los ↘*ladrillos o *baldosas).*

escafoides (de «escaf-» y «-oide») **1** adj. y n. m. ANAT. Se aplica a uno de los huesos del *carpo, en el hombre al más grande de la primera fila. **2** ANAT. Se aplica a uno de los huesos del *tarso, que, en el hombre, se articula con el astrágalo y el cuboides.

escagarruzarse (vulg.) prnl. Evacuar excrementos involuntariamente.

escajo 1 m. *Tierra *erial que se pone en cultivo.* ≃ Escalio. ⇒ *Roturar. **2** (Cantb.) **Árgoma (planta leguminosa).*

escajocote (del nahua «ichcaxocotl») m. Cierto árbol de América Central que produce un fruto ácido del tamaño de una cereza, que, una vez pelado, tiene el aspecto de una bola de algodón. ⇒ *Planta.

escala (del lat. «scala») **1** f. Escalera de mano. **2** Escalera de cuerda. ⇒ ESCALA de viento. **3** *Serie de cosas, colores, etc., ordenados por el grado o intensidad de cierta cualidad o aspecto común a todos ellos. **4** ESCALA musical. **5** *Escalafón de un cuerpo militar. **6** Sucesión de rayas paralelas o señales con que se marca la graduación en un *instrumento; por ejemplo, en un termómetro. **7** Línea recta dividida en partes con que se indica la correspondencia entre el tamaño de una cosa en un *plano, mapa, etc., y el tamaño real de lo representado. ⊙ *Proporción a que, según esa correspondencia, está dibujada una cosa. ⇒ Pitipié. **8** (con un adjetivo) *Importancia, mayor o menor, de un negocio, trabajo, etc.: 'Un negocio de estraperlo a gran escala'. **9** Lugar donde se detiene un *barco o avión en su ruta. ⊙ En la frase «hacer escala», la misma detención. **10** Escalo: 'Robo con escala'.

ESCALA ABSOLUTA. FÍS. Escala termométrica en que el grado 0, llamado «cero absoluto», equivale a -273,16 ºC. ≃ ESCALA Kelvin.

E. CENTÍGRADA [o CELSIUS]. FÍS. La de *termómetro dividida en 100 grados, correspondiendo el cero a la temperatura del hielo y el cien a la de ebullición del agua.

E. CROMÁTICA. MÚS. La que sólo está compuesta por semitonos diatónicos y cromáticos.

E. DIATÓNICA. MÚS. La que consta de cinco tonos y dos semitonos.

E. DE DUREZA [o DE MOHS]. FÍS. Serie de diez cuerpos numerados por el grado de su dureza que sirve para determinar la *dureza de los demás cuerpos señalándoles un lugar entre el de la escala rayado por ellos y el inmediatamente superior, al cual rayan. Es la siguiente: 1, talco; 2, yeso; 3, calcita; 4, espato fluor; 5, apatita; 6, feldespato; 7, cuarzo; 8, topacio; 9, corindón; 10, diamante.

ESCALA FAHRENHEIT. FÍS. Escala termométrica en la que las temperaturas de congelación y ebullición del agua son, respectivamente, 32 y 212 grados.

ESCALA FRANCA. *Puerto franco.

ESCALA KELVIN. FÍS. ESCALA absoluta.

E. MUSICAL. Sucesión de las siete *notas musicales por orden de tono. ⇒ Do, re, mi, fa, sol, la, si. ➤ ESCALA cromática, ESCALA diatónica. ➤ Heptacordo, hexacordo, octava. ➤ Modo. ➤ Bemol, sostenido. ➤ Tónica, supertónica, mediante, subdominante, dominante, superdominante, subtónica, sensible. ➤ Temperar.

E. REAL. MAR. *Escalera situada en el exterior de los *barcos, en el portalón de estribor, destinada al uso de los jefes y oficiales.*

E. DE RICHTER. GEOL. Escala graduada de 1 a 10 utilizada para medir la intensidad de los movimientos sísmicos.

E. DE RESERVA. MIL. Escalafón militar formado por los militares que están en la reserva.

E. TÉCNICA. AERO. La que efectúa un avión para repostar, reparar una avería, etc.

E. DE VIENTO. La formada con dos cuerdas paralelas unidas por otras cuerdas o palos que hacen de peldaños. ⇒ Brandal.

escalable adj. Susceptible de ser escalado.

escaloborne (del cat. «escalaborn», esbozo) m. *Trozo de madera ya desbastado, preparado para hacer la caja de un *arma de fuego.*

escalabrar tr. y prnl. Pronunciación popular de descalabrar[se].

escalada 1 f. Acción de escalar una *montaña, un edificio, etc. ≃ Escalamiento. **2** Aumento gradual, pero rápido y alarmante: 'La escalada de los precios. La escalada de la violencia'.

escalado, -a adj. *Se aplica a los animales abiertos en canal para salar o curar su *carne.*

escalador, -a 1 adj. y n. Se aplica al que escala. ⇒ Escalante. ➤ *Alpinismo. **2** n. DEP. Ciclista especializado en terreno montañoso.

escalafón (de «escala») m. Lista de los empleados de un cuerpo, ordenada por su categoría o antigüedad. ⇒ Ascender. ➤ Plantilla.

escalamiento m. Acción de escalar. ⇒ Escalada.

escálamo (de «escalmo») m. MAR. *Estaquilla al borde de la galera u otra embarcación, a la cual se ata el *remo.* ≃ Escalmo, *tolete.

escalante (ant.) adj. *Escalador.*

escalar[1] **1** tr. *Subir a algún ↘sitio. ⊙ Introducirse en un ↘sitio con una escala. **2** Por extensión, *entrar en algún ↘sitio con violencia; por ejemplo, rompiendo la puerta o el tejado. ⇒ Asaltar. ⊙ Entrar en una ↘fortaleza. **3** *Subir por una ↘montaña hasta su cúspide. ≃ Ascender, encumbrar. **4** Llegar a cierta ↘posición social elevada. ≃ Ascender, encaramarse, *encumbrarse. **5** *Levantar la ↘*compuerta de una acequia.* **6** (Ar.) *Hacer escalones o *terrazas en el ↘terreno para cultivarlo.*

escalar[2] (del lat. «scalāris»; Ar.) m. **Paso estrecho entre montañas, con escalones naturales o hechos.*

escalar[3] adj. V. «MAGNITUD escalar».

escalda (la terminación «a» puede explicarse por sugerencia de «poeta») m. Escaldo.

escaldado, -a 1 Participio adjetivo de «escaldar[se]». ⊙ (inf.; «Salir») Aplicado a personas, receloso por estar escarmentado. **2** (Zam.) f. **Guiso hecho con patatas y berzas.* **3** *Mujer ajada en una vida viciosa.*

V. «GATO escaldado...».

escaldadura o **escaldamiento** f. o m. Acción y efecto de escaldar[se].

escaldar (del lat. «excaldāre») **1** tr. Arrojar *agua hirviendo sobre una ↘cosa o sumergir una ↘cosa en agua hirviendo. ⊙ Producir *quemaduras a ↘alguien con agua hirviendo. ⊙ prnl. Quemarse con agua hirviendo. **2** tr. *Poner una ↘cosa al *rojo.* **3** Producir una *escoriación a ↘alguien. ⊙ prnl. **Escocerse (padecer escocedura en la piel).* **4** tr. Causar a ↘alguien una herida en su *amor propio, o *humillarle en su presunción o pretensiones. ⇒ Herir el *AMOR propio, dar con la BADILA en los nudillos, chafar, chasquear, dar en la CRESTA, desengañar, deshinchar, desinflar, escachifollar [o escachifullar], bajar los HUMOS, dar un LATIGAZO, dar un PALMETAZO, parar los PIES, meter el RESUELLO, REVOLCAR, dar un REVOLCÓN. ➤ Salir ESCALDADO, escocer, salir con las OREJAS gachas, salir con el RABO entre las piernas. ➤ *Desengaño. *Humillar.

escaldo (del escandinavo «scald», cantor) m. Nombre aplicado a los antiguos poetas escandinavos, autores de las sagas.

escaldrido, -a (del cat. ant. «escaltrit»; ant.) adj. **Astuto.*

escaldufar (de «es-» y «caldo»; Mur.) tr. *Separar una parte del *caldo de la ↘olla cuando hay demasiado.*

escalecer (del lat. «excalescĕre»; Sal.) tr. **Calentar.*

escaleno (del lat. «scalēnus», del gr. «skalēnós», oblicuo) **1** adj. GEOM. Se aplica al triángulo cuyos tres lados son desiguales. **2** adj. y n. m. ANAT. Se aplica a cada uno de los tres músculos que se encuentran a ambos lados del cuello.

escalentador (ant.) m. *Calentador.*

escalentamiento 1 (ant.) m. *Calentamiento.* **2** VET. *Enfermedad de las patas de los animales causada por no limpiarles la humedad y suciedad.*

escalentar 1 (ant.) tr. **Calentar.* **2** (ant.) *Calentar excesivamente.* **3** (ant.) **Inflamar.* **4** (ant.) intr. *Conservar el *calor natural.*

escalera (del lat. «scalarĭa», pl. neutro de «scalāres») **1** f. Construcción formada por una sucesión de planos horizontales situados cada uno a más altura que el anterior, que sirve para subir a un sitio alto; particularmente, a los pisos altos de un edificio. **2** (Ar., Nav.) *Escalón.* **3** Utensilio formado por dos largueros unidos por travesaños paralelos entre sí, que sirve para subir o alcanzar a sitios altos. ≃ ESCALERA de mano. **4** Se emplea el nombre para designar muchos objetos que tienen forma semejante a la de una escalera de travesaños; por ejemplo, a las partes laterales de un *carro, formadas por los listones, las teleras y el pértigo. **5** (inf.) Corte o conjunto de cortes hechos en el *pelo en que se aprecia con brusquedad la diferencia de longitud entre una parte de él y otra. ⇒ Escalón, trasquilón. **6** Sucesión de cartas de valor correlativo en ciertos juegos de *baraja. ⇒ Escalerilla.

ESCALERA DE CARACOL. La que se desarrolla verticalmente, en forma de hélice.

E. DE COLOR. Cierto lance del juego del *póquer.

E. ELÉCTRICA (Am. C., Antill., Ec., Col., Méj., Perú). **ESCALERA mecánica.*

E. DE HONOR. *ESCALERA monumental.*

E. MECÁNICA. Aquella en que los peldaños se deslizan hacia arriba o hacia abajo movidos por un mecanismo eléctrico. ⇒ ESCALERA eléctrica, ESCALERA rodante.

E. DE MANO. La de la tercera acepción.

E. MONUMENTAL. Escalinata.

E. PLEGABLE. La de tijera cuyas dos partes están unidas por bisagras, de modo que se puede plegar.

E. RODANTE (Cuba). **ESCALERA mecánica.*

E. DE SERVICIO. La secundaria de una casa o edificio, utilizada, por ejemplo, por los criados, abastecedores, etc.

E. DE TIJERA. La de la tercera acepción, unida en ángulo con otra pieza semejante, de modo que puede mantenerse en pie sin necesidad de apoyarla en otro sitio. ⇒ Burro. ➤ Quitamiedos.

DE ESCALERAS ABAJO. Entre la gente del *servicio o subalterna de un sitio.

V. «GENTE de escaleras abajo».

□ CATÁLOGO

Escala, ESCALA real, ESCALA de viento, espárrago, gradilla, PIE de carnero. ➤ Comulgatorio. ➤ Escalinata, grada[s], gradería. ➤ Chapera, escalerón, rampa. ➤ Cantil, *terraza. ➤ Camarín, cambarín, camparín, descansillo, descanso, mesa, meseta, mesilla, puntido, *rellano, tanobia. ➤ Atoque, contrahuella, espiga, huella, mampelaño, mamperlán, mampirlán. ➤ Escalón, grada, grado, nigola, paso, peldaño, sardinel, tabica, *terraza. ➤ Aflechate, *estribo, flechaste. ➤ Ramal, tiro, tramo. ➤ Caja, HUECO de la escalera, OJO de la escalera. ➤ Árbol, *barandilla, bolo, brandal, callapo, espárrago, gualdera, nabo, pasamano, zanca. ➤ Desembarcar.

escalerilla 1 f. Dim. de escalera, muy empleado para designar objetos de forma o uso semejantes a los de una escalera; por ejemplo, una armazón de esa forma usada como *angarillas o para sostener los *estantes de las estanterías a distintas alturas. 2 También, listón o par de listones con muescas para ese mismo uso. 3 (Ar.) *Armazón de listones, que se pone sobre la albarda para sujetar sobre ella los haces, etc., que forman la *carga.* 4 VET. *Instrumento de forma semejante a la de una escalera de mano, que se emplea para explorar la boca de las caballerías.* 5 *En los juegos de *baraja, conjunto de tres cartas consecutivas del mismo palo.* ⇒ Escalera.

escalerón (aum. de «escalera») 1 m. *Madero con estaquillas puestas transversalmente a intervalos, que sirve de escalera.* 2 (Ar., Cantb.) *Escalón.*

escaleta (dim. de «escala») f. *Cierto utensilio que se utilizaba para *levantar los carruajes y poder arreglar o limpiar las ruedas, formado por un tablón y dos maderos verticales con una serie de agujeros por los que se podía pasar un perno de hierro a distintas alturas.*

escalfado, -a 1 Participio adjetivo de «escalfar»: 'Huevo escalfado'. 2 *Se aplica a la pared en que han quedado *burbujas por no estar bien aplicado el yeso o la cal.* ⇒ *Construir.

escalfador 1 m. *Cierta vasija parecida a una chocolatera con la tapa agujereada como un colador, en la que tenían los barberos el agua caliente para *afeitar.* 2 **Braserillo con tres pies que se ponía sobre la mesa para calentar la comida.* 3 *Utensilio que usan los *pintores para quemar y quitar la pintura vieja.*

escalfamiento (ant.) m. **Fiebre.*

escalfar (del lat. «excalfacĕre», calentar) 1 tr. Cuajar un ↘*huevo sacado de su cáscara en agua hirviendo o en caldo. 2 *Cocer el ↘*pan con demasiado fuego, con lo que se hacen ampollas en su superficie.* ⇒ Arrebatar. ➤ Olivarse. 3 (ant.) **Calentar.* 4 (ant. y usado aún en Méj.) *Mermar o *quitar algo de lo justo en una ↘cosa.*

escalfarote (del it. «scalfarotto») m. **Bota con paredes dobles que se rellenaba con borra u otra cosa a fin de conservar caliente el pie y la pierna.*

escalfecerse (del lat. «excalfacĕre», calentar; Ar.) prnl. *Enmohecerse alguna *cosa de comer.*

escalfeta (de «escalfar», calentar) f. **Braserillo que servía para encender el cigarro.* ≃ Chofeta.

escaliar (Ar.) tr. AGR. **Roturar un ↘terreno.*

escalibar (de «cálibo») 1 (Ar.) tr. **Avivar el ↘fuego.* 2 (Ar.) *Avivar una ↘disensión o discusión.* ⇒ *Azuzar.

escalinata (del it. «scalinata») f. Escalera amplia y artística construida en el exterior o en el vestíbulo de un edificio. ≃ ESCALERA de honor, ESCALERA monumental.

escalio (de «escaliar») m. AGR. *Tierra *erial que se pone en cultivo.*

escalla (del lat. «scandŭla») m. *Cierta especie de *trigo.* ≃ Carraón.

escalmo (del lat. «scalmus», del gr. «skalmós») 1 m. *Escálamo (estaquilla a la que se fija el remo).* 2 **Cuña con que se aprieta alguna pieza de una máquina.*

escalo 1 m. Acción de escalar: 'Robo con escalo'. ≃ Escala. 2 *Trabajo de zapa o boquete hecho para *salir de un sitio o *entrar en él.*

escalofriante adj. Aterrador u horrible.

escalofriar tr. Producir escalofríos a ↘alguien. ⊙ *Aterrar. ◻ CONJUG. como «desviar».

escalofrío (de «es-» y «calofrío») 1 m., gralm. pl. Sacudida brusca de temblor con sensación de frío, que acompaña a veces a la fiebre, por ejemplo en el comienzo de una enfermedad aguda. ⇒ Calofrío, chucho, estremezón, repeluco, repeluzno. 2 En las frases «dar, producir, etc., escalofríos», causar *miedo u horror.

escalón (aum. de «escala») 1 m. Cada una de las partes horizontales o con un plano horizontal que constituyen una *escalera de cualquier clase. ≃ Peldaño. ⊙ Parte semejante en cualquier sitio; por ejemplo, en el terreno. ⊙ Puede usarse figuradamente para referirse a cada uno de las etapas o grados en que puede dividirse algo progresivo: 'Ese trabajo le ha servido para subir un escalón más en su carrera'. 2 MIL. *Grupo de fuerzas de los que se colocan a intervalos regulares.* ≃ *Destacamento. 3 (inf.) Se aplica a los cortes hechos en el *pelo con separaciones bruscas, que semejan escalones: 'Cortar en escalones'. ⇒ Trasquilón.

escalona (del lat. «scalonĭa caepa», de Ascalón de Fenicia) f. **Chalote (planta liliácea).*

escalonadamente adv. De manera escalonada.

escalonamiento 1 m. Acción de escalonar. 2 Disposición de una cosa en escalones.

escalonar 1 tr. Hacer una ↘cosa por etapas graduadas: 'Escalonar el aprendizaje'. ≃ *Graduar. ⊙ Poner o hacer ↘cosas ordenadamente en serie ascendente o descendente: 'Escalonar las dosis de una medicina'. 2 *Situar ordenadamente de trecho en trecho ↘personas o cosas: 'Escalonar puestos de vigilancia'. ⊙ prnl. Colocarse escalonadamente.

escalonia (del lat. «ascalonĭa») f. **Chalote.*

escaloniáceo, -a adj. y n. f. BOT. **Saxifragáceo.*

escaloña (del lat. «ascalonĭa») f. **Chalote.*

escalope (del fr. «escalope») m. Filete de carne delgado. ⊙ Corrientemente, en los restaurantes, filete rebozado.

escalpelo (del lat. «scalpellum») m. CIR. Instrumento de forma de pequeño *cuchillo de hoja fina y puntiaguda, con filo por uno o por ambos lados. ≃ Escarpelo.

escalplo (del lat. «scalprum») m. *Cuchilla de curtidor.*

escalzador m. METAL. *Clavo grande con que se hace la sangría en los *hornos metalúrgicos.*

escama[1] (del lat. «squama») 1 f. Cada una de las *láminas o placas, yuxtapuestas o imbricadas, que revisten el cuerpo de diversos animales, por ejemplo el de los peces. ⇒ Raíz culta, «lepid-»: 'lepidóptero'. ➤ Imbricado. ➤ Escamar, exfoliar. ➤ Caspa, escoria. ➤ Escarioso. ➤ Descamar[se]. 2 Por analogía, cada una de las piezas que forman la loriga. 3 Se aplica también a cosas de *forma más o menos parecida a las escamas; por ejemplo, a las laminillas que se desprenden de la piel y de otros sitios o a las que se forman con algunos productos: 'Escamas de jabón'.

escama[2] f. Acción y efecto de escamarse (ponerse receloso).

escamado[1] m. *Conjunto de escamas.* ⊙ *Trabajo hecho con escamas.*

escamado[2], **-a** Participio adjetivo de «escamar[se]»: escarmentado, desconfiado o receloso.

escamar[1] 1 tr. Quitar las escamas a los ↘peces. 2 *Adornar ↘algo con piezas en forma de escama.*

escamar[2] tr. Producir una cosa en ↘alguien recelo o desconfianza: 'Me escama que no esté aquí'. ⊙ prnl. Ponerse desconfiado o receloso. ≃ Escamonearse. ⇒ *Desconfiar.

escamazo m. *Lámina que se desprende, no totalmente, en la *madera.*

escambrón (del sup. lat. «scrabro, --ōnis», tábano; ant.) m. **Cambrón (planta ramnácea).*

escamel (del cat. u occit. «scamell», del lat. «scabellum», banquillo) m. *Cierto utensilio de espaderos en que se pone tendida la *espada para labrarla.*

escamochar 1 (And.) tr. **Limpiar de hojas no comestibles las ↘lechugas, alcachofas, etc.* **2** **Desperdiciar.*

escamoche (Sal.) m. *Desmoche, corte de *leña.*

escamochear (Ar.) intr. APIC. *Pavordear o jabardear las colmenas de *abejas.*

escamocho 1 m. **Restos de comida o bebida.* **2** (en algunos sitios) *Jabardo o enjambrillo.* **3** (Ál., Ar.) **Alfeñique: persona enclenque.* **4** (Ar.) **Pretexto.*

escamón, -a (de «escamar[2]») **1** («Ser») adj. y n. Desconfiado o receloso por naturaleza. **2** (inf.; «Echar un») m. **Regañina.*

escamonda f. *Acción de escamondar.* ≃ Escamondo.

escamondadura f. *Conjunto de ramas secas que se quitan al escamondar.* ⇒ *Leña.

escamondar (del lat. «ex» y «caput mundāre», podar lo somero) **1** tr. *Limpiar los ↘árboles de ramas secas o inútiles.* ⇒ *Podar. **2** *Quitar lo que sobra de una ↘cosa.*

escamondo m. *Escamonda.*

escamonea (del lat. «scammonĕa», del gr. «skammōnía») **1** *(Convolvulus scammonia)* f. *Planta convolvulácea del Asia Menor y Siria, de la que se extrae una gomorresina *purgante. **2** *Esa *gomorresina.*

escamoneado, -a adj. *De las cualidades de la escamonea.*

escamonearse prnl. *Escamarse (ponerse receloso).*

escamoso, -a adj. Se aplica a lo que tiene escamas. ⊙ adj. y n. m. ZOOL. Se aplica a los reptiles que tienen el cuerpo cubierto de escamas y carecen de esqueleto externo o caparazón; por ejemplo, los lagartos y las serpientes. ⊙ m. pl. ZOOL. Orden constituido por estos reptiles.

escamotar (del fr. «escamoter») tr. *Escamotear.*

escamoteador, -a adj. y n. Se aplica al que escamotea. ⊙ *Prestidigitador.*

escamotear tr. Hacer *desaparecer una ↘cosa con habilidad, sin que los presentes se den cuenta de cómo ha ocurrido; como hacen los prestidigitadores. ⊙ Hacerlo para defraudar a alguien: 'Su socio le ha escamoteado parte de las ganancias'. ⇒ Escamotar, hacer FURO.

escamoteo m. Acción de escamotear.

escampar (de «es-» y «campo») **1** tr. **Desembarazar un ↘sitio.* ≃ Despejar. **2** intr. Dejar de llover y *despejarse el cielo.

¡YA ESCAMPA! *Exclamación irónica a que ha quedado reducida* «YA ESCAMPA... ¡Y LLOVÍAN GUIJARROS!», *con que se comenta que se está armando o va a armarse un gran *jaleo, *escándalo, *riña, etc.*

escampavía (de «escampar», despejar, y «vía») **1** f. **Barco de vela pequeño y ligero que sirve de explorador a una embarcación grande.* **2** *Barco ligero y de poco calado que se emplea para perseguir el *contrabando.*

escampilla (Alic., Ar.) f. *Toña o *tala (juego).*

escampo[1] m. *Acción de escampar.*

escampo[2] (ant.) m. **Escape.*

escamujar tr. *Hacer una *poda ligera en los ↘árboles, entresacando algunas ramas.*

escamujo 1 m. *Rama o vara de *olivo cortada del árbol.* **2** **Temporada en que se escamuja.*

escancana f. *Resaca de las *olas.*

escanciador, -a (con el mismo uso que «escanciar») adj. y n. Se aplica al que tiene a su cargo escanciar bebidas. ⇒ Copero, escanciano, ganimedes, pincerna, valquiria.

escanciano (ant.) m. *Escanciador.*

escanciar (del germ. «skankjan», servir bebida; lit., usado a veces jocosamente en lenguaje corriente) tr. Echar *vino u otra ↘bebida en los vasos. ⊙ Corrientemente se aplica sólo en algunos casos; en particular, a la acción de echar con maestría la *sidra en el vaso desde lo alto para que forme espuma.

□ CONJUG. como «cambiar».

escanda (del lat. «scandŭla») f. *Variedad de *trigo propia de terrenos fríos y pobres, de paja dura y corta, y grano difícil de separar del escabillo.* ⇒ Carraón, escaña, escaño, espelta, farro. ➤ Fisga.

escandalar[1] (del lat. «scandŭla», palo) m. MAR. *Cámara donde estaba la *brújula en las galeras.* ≃ Escandelar, escandelarete.

escandalar[2] (de «cándalo»; Cuen.) tr. *Limpiar de ramaje los ↘*pinos después de cortados.*

escandalera (inf.) f. Escándalo (jaleo).

escandalizado, -a Participio adjetivo de «escandalizar[se]».

escandalizador, -a adj. y n. *Escandaloso.*

escandalizar (del lat. cristiano «scandalizāre», del gr. «skandalízō») **1** tr. Causar *escándalo. ⊙ Ser causa de que ↘alguien se sienta indignado por algo. ⊙ prnl. Mostrarse indignado por algo. ⊙ Particularmente, con hipocresía o exageración, por la conducta inconveniente de alguien. **2** (ant.) tr. **Disgustar.*

escandallar 1 m. Aplicar a una ↘mercancía el régimen de escandallo. **2** Poner en una ↘mercancía la etiqueta o marca del escandallo.

escandallo (del occit. «escandall», sonda) **1** m. Pieza del extremo de la *sonda, que tiene una cavidad rellena de sebo al cual se quedan adheridas partículas del fondo del mar, que se extraen así para analizarlas. ⊙ Plomo que se sujeta al extremo de la cuerda o sondalera de topógrafo, para efectuar sondeos. **2** *Prueba o ensayo que se hace tomando muestras de distintos envases o porciones de una mercancía.* **3** En el régimen comercial de *tasas, determinación oficial del precio de una mercancía con arreglo a los factores que influyen en él. **4** *Etiqueta o marca con ese precio, que se pone en la mercancía.

escándalo (del lat. «scandălum», del gr. «skándalon») **1** («Armar, Promover») m. Ruido grande de voces, gritos o lloros: 'Los chiquillos están armando un escándalo espantoso'. ≃ Alboroto, *jaleo. ⊙ *Discusión o *riña muy ruidosas. ⊙ Demostración ruidosa de desagrado hecha por una reunión de gente. ≃ Abucheo, *bronca. **2** Hecho o suceso inmoral o contra las conveniencias sociales, ocurrido entre personas tenidas por respetables, que da lugar a que la gente hable mucho de él: 'Dio un escándalo casándose con su chófer'. **3** Acción o situación que se considera intolerable y provoca indignación: 'Es un escándalo cómo sube la vida'. ≃ Abuso, desvergüenza.

DAR ESCÁNDALO. Comportarse ostensiblemente en desacuerdo con las conveniencias sociales, particularmente en el aspecto de las relaciones entre hombres y mujeres, o dejar *trascender a la gente intimidades vergonzosas.

V. «PIEDRA de escándalo».

□ CATÁLOGO

I Abucheo, alboroto, *bronca, *bulla, cacao, *discusión, *disputa, escandalera, fullona, *jaleo, jollín, *juerga, marimorena, *pita, *protesta, rebullicio, rechifla, *riña, *ruido, silba. ➤ *Alborotador, escandalizador, escandaloso, gamberro.

II Campanada, polvareda. ➤ Llamar la ATENCIÓN, andar de BOCA en boca, andar en BOCA de, andar en BOCAS, dar una CAMPANADA, ser la COMIDILLA, dar que DECIR, escandalizar, dar un ESPECTÁCULO, dar que HABLAR, andar en LENGUAS, dar la NOTA, hacer una SONADA. ➤ Hacer ASPAVIENTOS, hacerse CRUCES, escandalizarse, *murmurar, santiguarse. ➤ Asustadizo, gazmoño, *mojigato, pacato, pudibundo, timorato. ➤ Curado de ESPANTO. ➤ Escandaloso, inconveniente, indecente, indecoroso, indignante. ➤ *Inconcebible. ➤ ¡Qué horror!

escandalosa f. MAR. *Vela pequeña que se pone sobre la cangreja cuando el tiempo es bueno.

ECHAR LA ESCANDALOSA. *Decir expresiones violentas en una discusión, reprensión, etc.* ≃ *Descomponerse.

escandalosamente adv. De manera escandalosa.

escandaloso, -a **1** adj. Se dice del que grita o alborota mucho. ≃ *Alborotador, escandalizador. **2** Aplicado a actos, costumbres, vestidos, etc., se dice de lo que implica o produce escándalo: 'Un negocio escandaloso. Una conducta escandalosa. Un traje escandaloso. Unos precios escandalosos'.

escandelar (del lat. «scandŭla», palo) m. MAR. *Escandalar.*

escandelarete m. *Dim. de «escandelar».*

escandia (del lat. «scandŭla») f. *Variedad de *trigo semejante a la escanda, con dobles filas de granos en la espiga.*

escandinavo, -a adj. y, aplicado a personas, también n. De Escandinavia. ⇒ Runa. ➤ Saga. ➤ Glasor. ➤ Valhala, valquiria.

escandio (del lat. «Scandĭa», Escandinavia) m. *Elemento del grupo de «*metales raros», n.º 21 de la escala atómica. Símb.: «Sc».

escandir (del lat. «scandĕre») tr. MÉTR. *Medir el ↘*verso; contar el número de pies, sílabas u otras unidades de que consta.*

escanear tr. Pasar ↘algo por el escáner.

escáner (del ingl. «scanner»; pl. «escáneres») **1** m. MED. Aparato de exploración radiográfica que, mediante un ordenador, obtiene imágenes de secciones transversales de cualquier parte del organismo. ⊙ MED. Radiografía obtenida con este aparato. **2** AGRÁF. Aparato utilizado para obtener clichés por barrido electrónico. **3** INFORM. Aparato conectado a un ordenador que permite digitalizar imágenes.

escanilla (del lat. «scanellum», dim. de «scamnum»; Burg.) f. **Cuna.*

escansión (del lat. «scansĭo, -ōnis») **1** f. MÉTR. *Medición de un verso.* ⊙ MÉTR. *División de un verso en unidades.* **2** PSI. *Trastorno neurológico por el cual los que lo padecen pronuncian las palabras en sílabas separadas.*

escantar (del lat. «excantāre»; ant.) tr. **Hechizar.* ≃ Encantar.

escantillar (de «es-» y «cantillo») **1** (Ar., Nav.) tr. *Desportillar (arrancar trozos de los bordes o esquinas de una ↘cosa).* **2** CONSTR. *Tomar una dimensión desde una línea fija.*

escantillón (del fr. ant. y dial. «escantillon», patrón de medidas) **1** m. CANT. Regla, plantilla o patrón con que se dibujan las piezas de piedra que hay que cortar o labrar o se señalan sus dimensiones. ≃ Chantillón, descantillón, ságoma. **2** **Escuadría de un madero.*

escaña (del lat. «scandăla», «scandŭla», especie de trigo) f. **Escanda (variedad de trigo).*

escañarse (de «caña del pulmón», tráquea; Ar.) prnl. **Atragantarse.*

escañero m. *Empleado que cuidaba los escaños en los ayuntamientos.*

escañeto (Cantb.) m. **Osezno.*

escañil (León) m. *Escaño pequeño.*

escaño[1] (ant.) m. *Escaña.*

escaño[2] (del lat. «scamnum») **1** m. **Banco con respaldo.* ⊙ Asiento de cada diputado en el *congreso. ⊙ Por extensión, puesto de parlamentario. **2** **Angarillas usadas en las salas de disección para transportar los cadáveres.*

escañuelo m. **Taburete para poner los pies.*

escapada f. Acción de escapar[se]. ⊙ Particularmente, acción de distanciarse un ciclista del resto de los corredores del pelotón.

EN UNA ESCAPADA. Con mucha rapidez, sin gastar apenas tiempo en la cosa de que se trata: 'En una escapada preparó la comida'. ⊙ En frases imperativas implica la idea en el que habla de que lo que se manda no hará perder mucho tiempo al que lo ha de ejecutar: '¿Haces el favor de ir en una escapada a traerme cigarrillos?'. ⊙ Aprovechando un momento entre otras ocupaciones: 'Iré en una escapada a llevarte eso'.

HACER UNA ESCAPADA. Ir a algún sitio abandonando el trabajo o actividad habitual: 'La semana que viene haremos una escapada a París'. ≃ Hacer una ESCAPATORIA.

escapado, -a **1** Participio adjetivo de «escapar». **2** («Ir, Salir») Con mucha prisa o muy deprisa: 'Me voy escapado, porque se me ha hecho tarde. Salí escapado en cuanto me enteré de lo que pasaba'.

escapamento m. MAR. *Aparato para fondear el *ancla de un barco.*

escapar (del lat. «ex», fuera, y «cappa», capa) **1** intr. y prnl. *Librarse, *huyendo, de una sujeción o encierro: 'El pájaro [se] escapó de la jaula'. ≃ Evadirse, fugarse, *huir. **2** («de»: 'de morir asfixiado'; «a»: 'al castigo') intr. *Librarse de cierta cosa que se expresa; no tener que sufrirla. ⇒ *Eludir. ⊙ intr. y prnl. Salir indemne de cierto peligro: 'Los que se escaparon de su furia. Escapó del naufragio'. Ponerse fuera del alcance de cierta cosa: 'Escapó a la justicia'. **3** intr. y prnl. Ser *inasequible a la vista, la comprensión, el poder u otra facultad semejante de alguien: 'El asunto escapa a mi competencia. Esos conceptos tan complejos realmente se me escapan'. **4** prnl. Aplicado a cosas, particularmente líquidos o gases, *salirse indebidamente del sitio en que están guardados o contenidos; por ejemplo, un líquido por un orificio o grieta de la vasija. ⊙ *Soltarse cualquier cosa que está sujeta: 'Escaparse un punto de la media [o un tiro]'. ⊙ También, cosas inmateriales que se manifiestan involuntariamente: 'Los suspiros se escapan de su pecho. Estuvo a punto de escapárseme la risa'. ⊙ También se dice «escapársele» a alguien «la mano, la lengua», significando no poder contenerse de decir cierta cosa o de pegar a alguien. ≃ Írsele. **5** tr. EQUIT. *Hacer correr mucho al ↘*caballo.* **6** (acep. causativa) *Librar a ↘alguien de cierta cosa.*

DEJAR ESCAPAR. Emitir involuntariamente algún sonido; como «un suspiro, una carcajada» o «un ay». ⊙ Decir una cosa por *descuido. ⊙ Perder por descuido una oportunidad.

ESCAPAR A (seguido de «correr» o «volar»). *Echarse a correr o volar *repentina y precipitadamente.*

V. «escapar de MILAGRO».

NO ESCAPAR cierta cosa a alguien. *Percatarse de ella.
ESCAPÁRSELE a alguien cierta cosa. Pasarle *inadvertida.
V. «escaparse de entre las MANOS, escaparse de MILAGRO, no dejar escapar PALABRA».

□ NOTAS DE USO
El significado de «escapar» es perfectivo (de acción terminada); el primario de «huir» es imperfectivo: 'estar procurando librarse o escapar de algo'; pero se emplea también como perfectivo: 'Huyó de la cárcel'.

escaparate (del neerlandés medio «schaprade», armario) **1** m. Hueco en las fachadas de las *tiendas o sitio semejante, con cristal por la parte exterior, donde se exponen las mercancías. ⇒ Aparador, vidriera, vitrina. ➤ Luna. **2** *Vitrina. **3** (n. calif.) Medio con el que algo se da a conocer: 'La exposición universal será el escaparate de ese país ante el mundo'. **4** (n. calif.) Se aplica a algo que es sólo apariencia.

escaparatismo m. Arte de colocar y adornar escaparates.

escaparatista n. Persona que arregla artísticamente los escaparates.

escapatoria **1** f. *Acción y efecto de escaparse.* **2** Modo precario de salir alguien de un apuro en que se encuentra: 'Es la única escapatoria que tiene, aunque no sea una buena solución'. ≃ Efugio, escape, *salida, *solución. **3** *Abandono momentáneo del trabajo o de las ocupaciones habituales para hacer un viaje, ir a una diversión, etc.* ⇒ *Divertirse.
EN UNA ESCAPATORIA. En una escapada.

escape **1** m. *Acción de escaparse.* **2** *Pérdida de un gas o un líquido contenidos en un recipiente o que circulan por una cañería, por algún orificio o grieta. ≃ Fuga, pérdida. **3** Manera de salir alguien de un apuro. ≃ *Salida, *solución. **4** Sitio por donde sale después de actuar el gas agente de un *motor de combustión interna. ⊙ Fase del funcionamiento de los *motores de combustión interna en que salen los gases quemados. **5** Válvula que abre y cierra la salida del gas en los motores de los *automóviles. **6** En algunos mecanismos, particularmente en el *reloj, pieza que, separándose de cierta posición con intervalos, permite actuar a un muelle, con lo que convierte un movimiento circular en movimiento de vaivén; en el reloj, transmite la energía del peso o del resorte al péndulo o al balancín. ⇒ Bloqueo, fiador. ➤ *Tope.
A ESCAPE. *Enseguida; se emplea mucho en frases de apremio en un caso de urgencia: 'Trae a escape un papel secante'.
NO HABER [O TENER] ESCAPE. No haber [o tener] posibilidad de *eludir la cosa de que se trata.
V. «TUBO de escape».

escapismo m. Tendencia a *evadirse de una realidad desagradable.

escapista adj. De [o del] escapismo. ⊙ adj. y n. Que practica el escapismo.

escapo (del lat. «scapus») **1** m. ARQ. **Fuste de la columna.* **2** BOT. **Tallo sin hojas que sale del centro de una planta herbácea sosteniendo la flor; como en el narciso.* ≃ Bohordo. ⇒ Lisera, pitaco, pitreo, trompa, vara.

escápula (del lat. «scapŭla») f. ANAT. *Omóplato.

escapular[1] adj. ANAT. De la escápula.

escapular[2] (¿del lat. «scapŭla», espalda?) tr. MAR. *Doblar o salvar un ↘cabo, bajo, escollo, etc.* ≃ *Bordear.

escapulario (del lat. «scapulāris», referente a las espaldas) m. Pieza que forma parte de muchos *hábitos, consistente en una tira de tela con un agujero por el que pasa la cabeza y cuyos dos extremos cuelgan por delante y por detrás. ⇒ Traba. ⊙ Objeto *devoto formado por dos trozos de tela en los cuales va pintado, bordado, pegado o guardado un objeto venerado o una imagen, unidos por dos cintas o cordones que los mantienen colgados de los hombros, uno sobre el pecho y otro sobre la espalda.

escaque (del ár. and. «iššāh», cl. «šāh», del persa «šāh») **1** m. Cada uno de los cuadrados en que están divididos los tableros de juego, como el de *ajedrez o el de *damas. ≃ Casilla, casa. **2** HERÁLD. *División cuadrada del escudo que resulta de partirlo por lo menos dos veces.* ≃ Jaquel. **3** (pl.) **Ajedrez.*

escaqueado, -a **1** Participio adjetivo de «escaquearse». **2** Con dibujo de escaques o *cuadros.

escaquearse **1** prnl. MIL. Deshacer una fila situándose a uno y otro lado para controlar un área más amplia o hacerse menos vulnerable al enemigo. **2** (inf.; «de») Eludir un trabajo, un compromiso, etc. ⇒ *Evadir.

escaqueo (inf.) m. Acción de escaquearse (eludir).

escaquita f. **Mineral, que es cloruro de manganeso.*

escara (del lat. «eschăra», del gr. «eschára») f. CIR. *Costra, generalmente oscura, que se forma en una región que sufre gangrena o ha sufrido una quemadura u otra mortificación del tejido.

escarabajas (Sal.) f. pl. **Leña menuda que se emplea para *encender la lumbre.*

escarabajear **1** intr. *Bullir. **2** *Cosquillear. **3** tr. Desazonar a ↘alguien un pensamiento. **4** intr. *Trazar *garabatos.*

escarabajeo m. Acción de escarabajear.

escarabajo (del lat. vulg. «scarabaius») **1** m. Insecto *coleóptero de cuerpo ovalado y comprimido y patas cortas. **2** En lenguaje corriente, cualquier insecto de cuerpo ovalado, cabeza corta y antenas en maza hojosa. ⇒ Acatanga, alfazaque, algavaro, catanga, pinacate, ronrón, torito, zapatero. ➤ *Coleóptero. **3** *Defecto de los tejidos consistente en un encogimiento en los hilos de la trama.* **4** ARTILL. *Defecto en el interior de un *cañón consistente en un pequeño hoyo.* **5** (inf.; n. calif.) *Persona *fea y de mala figura.* **6** (pl.) **Garabatos.*
ESCARABAJO DE LA PATATA (*Leptinotarsa decemlineata*). El que tiene el dorso rayado y constituye una plaga para la patata.
E. PELOTERO (*Scarabaeus sacer*). El de color negro, que hace bolas de estiercol con las que alimenta a sus larvas.

escarabajuelo (dim. de «escarabajo»; *Haltica ampelofaga*) m. Insecto *coleóptero, con los fémures de las patas traseras muy desarrollados, que roe las hojas y otras partes tiernas de la *vid. ⇒ Corocha.

escarabeido adj. y n. m. ZOOL. *Se aplica a los insectos coleópteros de la familia constituida por los escarabajos.* ⊙ m. pl. ZOOL. *Esa familia.*

escaramucear intr. Escaramuzar.

escaramujo **1** (*Rosa canina* y otras especies afines) m. Rosal silvestre. ≃ Agavanzo, alcaracache, gabarda, galabardera, gavanzo, MOSQUETA silvestre, ZARZA lobera, zarzaperruna. ⇒ Zarzarrosa. **2** Fruto del rosal, silvestre o de jardín, ovalado y de color rojo. ≃ Tapaculo. **3** **Percebe (crustáceo).*

escaramuza (del it. «scaramuccia», combate breve) **1** f. Antiguamente, cierta lucha entre jinetes, en que estos acometían a veces y a veces huían con ligereza. **2** *Combate de poca importancia, particularmente entre las avanzadas de los ejércitos enemigos. **3** *Riña o *discusión de no mucha violencia: 'Una escaramuza entre los guardias y los huelguistas'. ≃ Gresca, refriega, trifulca.

escaramuzar 1 intr. *Sostener una escaramuza o escaramuzas.* 2 *Revolverse el *caballo o hacerle revolverse, a un lado y a otro.* ⇒ *Caracolear.

escarapela (de «escarapelar») 1 f. Adorno formado por una *cinta, generalmente de varios colores, los de una bandera por ejemplo, fruncida o plegada muy apretada por uno de los bordes mientras el otro queda suelto, de modo que la forma general es de un círculo o roseta; se usa como divisa o *distintivo o como adorno, por ejemplo en los sombreros. ≃ Cucarda, escarapulla. 2 **Riña, particularmente entre mujeres.* ≃ Escaramuza. 3 *En el juego de *tresillo, conjunto de tres cartas falsas, de palo distinto entre sí y distinto del que es triunfo.*

escarapelar (del port. «escarpelarse» o «escarapelarse») 1 intr. y prnl. **Reñir, particularmente las mujeres.* 2 (Hispam.) tr. **Desconchar o *resquebrajar una ˇcosa.* 3 (Col.) **Ajar o manosear ˇalgo.* 4 (Hispam.) prnl. *Ponérsele a alguien carne de gallina.* ≃ *Erizarse.

escarapulla (ant.) f. *Escarapela.*

escarbadientes m. *PALILLO *de dientes.*

escarbador, -a adj. Que escarba. ⊙ m. Utensilio para escarbar.

escarbadura f. Acción y efecto de escarbar.

escarbaorejas (ant.) m. *Antiguamente, instrumento de metal o marfil de forma de cucharilla que se empleaba para sacarse la cera de los oídos.* ≃ Mondaoídos, mondaorejas.

escarbar (¿del lat. tardío «scarifāre», rascar?) 1 tr. *Remover la ˇtierra u otra cosa semejante, como la ceniza o el estiércol, para buscar algo o como hacen los animales con las pezuñas o el hocico. ⇒ Frezar, hocicar, hozar, hurgar, *remover. 2 («en») tr. e intr. Tocar o rascar repetida e insistentemente con los dedos u otra cosa en un ˇsitio; por ejemplo, en una herida. Muy frec. reflex.: 'No te escarbes en la herida'. ≃ *Hurgar. 3 («en») intr. *Curiosear o *investigar en algún asunto. ≃ Escudriñar, fisgar, hurgar. ⊙ («en») Curiosear en la intimidad de alguien. ≃ Escudriñar, fisgar, hurgar. ⊙ («en») Remover indelicadamente hablando con una persona cierto asunto que le causa pesadumbre o disgusto. ≃ *Hurgar.

escarbillos (de «escarbar») m. pl. *Trozos pequeños de *carbón que quedan entre la ceniza.* ⇒ Carbonilla.

escarbo m. *Acción y efecto de escarbar.*

escarcear (de «escarzar») 1 tr. AGR. **Entresacar en un ˇcampo de patatas las más gordas, para que crezcan las otras.* 2 (Arg., Ven.) *Hacer escarceos el caballo.* ≃ *Caracolear.

escarcela (del it. «scarsella») 1 f. *Especie de *bolsa que se llevaba colgando de la cintura.* 2 *Mochila de *cazador, de red.* 3 *Especie de *cofia de mujer.* 4 *Parte de la *armadura de guerra que, cayendo desde la cintura, cubría el muslo.*

escarceo 1 (gralm. pl.) m. Vuelta que da un *caballo por inquietud suya o por voluntad del jinete. 2 Movimiento en la superficie del mar, en forma de pequeñas *olas, en los sitios donde hay corriente. 3 (gralm. pl.) Actividad intelectual de poca profundidad: 'En sus escarceos filológicos...'. ≃ Divagación. 4 (gralm. pl.) Primeros intentos en una actividad nueva para alguien.

ESCARCEO AMOROSO (gralm. pl.). Aventura amorosa superficial o que está en sus comienzos.

escarcha f. Conjunto de partículas de hielo que se forman sobre el terreno y sobre la vegetación en las madrugadas del invierno, cuando el punto de rocío está por debajo del de congelación. ⇒ Carama, cencellada, pruina, rosada.

escarchada (*Mesembryanthemum crystallinum*) f. *Planta aizoácea mediterránea, de hojas anchas, ovales, carnosas, con vesículas llenas de agua y transparentes, flores de muchos pétalos y fruto en cápsula.

escarchado, -a 1 Participio adjetivo de «escarchar». Se aplica a las frutas *confitadas y secas sobre las que el almíbar forma una costra granulosa. ⊙ Y a otras cosas que tienen más o menos semejanza con la escarcha. ⇒ ANÍS escarchado, garapiñado [o garrapiñado], granizado, rosado. 2 m. *Cierto bordado hecho con oro o plata sobre tela.*

escarchar 1 (terciop. de sujeto interno) intr. Formarse escarcha: 'En diciembre empieza a escarchar'. 2 tr. Poner sobre una ˇcosa algo que imite la escarcha. 3 Preparar ˇfrutas, anís u otra cosa escarchada. 4 (ant.) *Rizar o encrespar.*

escarcho m. **Rubio (pez).*

escarcina f. *Cierta *espada corta y corva, parecida al alfanje.*

escarcinazo m. *Golpe o herida de escarcina.*

escarcuñar (del cat. «escorcollar»; Mur.) tr. **Escudriñar.*

escarda 1 f. Operación de escardar. ⊙ Época del año en que se hace. 2 *Azada pequeña con que se escarda.

escardadera 1 f. Almocafre. 2 *Escardadora.*

escardador, -a n. Persona que escarda.

escardar (de «es-» y «cardo») 1 tr. *Arrancar los cardos y malas hierbas de los ˇcampos cultivados. ⇒ Aparar, desgatar, desherbar. deslechugar, desyerbar, escabuchar, escardillar, escavanar, limpiar de HIERBA, hozar, resallar, sachar, sallar. ➤ *Almocafre, escarda, escardadera, escardilla, escardillo, garabato, zarcillo. ➤ Goluba. ➤ *Agricultura. *Hierba. 2 Aplicado a cosas no materiales, apartar lo malo de lo bueno en una ˇcosa. ⇒ *Elegir.

V. «mandar a escardar CEBOLLINOS».

escardilla (dim. de «escarda», azada pequeña) 1 f. Almocafre. 2 Azadilla más pequeña que el escardillo.

escardillar tr. *Escardar.*

escardillo 1 m. Almocafre. 2 (And.) **Azada pequeña.* 3 **Vilano del cardo.* 4 Luz proyectada, generalmente por broma o juego, con un espejo u otro cuerpo brillante, sobre algo o alguien que está en la sombra. ≃ Rata, ratita, cardillo. ⇒ *Reflejar.

escarearse (de «escara»; Sal.) prnl. **Resquebrajarse la piel por el frío.*

escariador m. Utensilio consistente en una varilla con aristas agudas, que sirve para escariar.

escariar tr. Ensanchar y redondear los ˇ*agujeros hechos en el metal.

☐ CONJUG. como «cambiar».

escarificación f. Acción de escarificar.

escarificado, -a Participio adjetivo de «escarificar».

escarificador 1 m. AGR. Utensilio consistente en un bastidor de madera con travesaños, en el que van sujetas cuchillas por la parte inferior. 2 CIR. Instrumento usado para escarificar.

escarificar (del lat. «scarificāre») 1 tr. AGR. Romper la costra o superficie del ˇterreno con el escarificador. ⇒ *Cavar. 2 CIR. Hacer en la ˇpiel incisiones poco profundas, por ejemplo para poner la vacuna de la viruela.

escarioso, -a (de «escara») adj. BOT. *Se aplica a los órganos o partes de planta de color de hoja seca, delgados y transparentes, a veces semejantes a *escamas.*

escarizar (de «escara») tr. CIR. *Quitar la costra de las ˇ*úlceras para limpiarlas.*

escarlador m. *Instrumento con corte usado por los peineros para pulir las guardillas o púas extremas de los peines.*

escarlata (del ár. and. «iškarláṭa», del lat. «sigillātus», a través del b. gr. «sigillâtos») **1** adj. y n. m. Se aplica al color *rojo vivo intermedio entre el carmín y el bermellón y a las cosas que lo tienen: 'Color escarlata. Un clavel escarlata'. **2** f. **Tela de ese color.* **3** Escarlatina. **4** (Extr.) *Murajes (planta primulácea).* **5** *Grana fina.*

escarlatina (de «escarlata») **1** f. Enfermedad infecciosa grave que se manifiesta con elevada temperatura, anginas y manchas rojas extensas en la *piel, formadas por un eritema puntuado que acaba por escamarse. **2** *Cierta *tela de lana, encarnada.*

escarmenador m. *Carmenador (persona que carmena).* ⊙ *Utensilio para carmenar.* ⊙ *Peine claro.* ≃ Batidor.

escarmenar (del lat. «ex» y «carmināre», cardar) **1** tr. **Carmenar: *desenredar, limpiar y peinar el ↘*pelo, la *lana o cosa semejante.* ≃ *Carmenar. **2** Miner. *Escoger y apartar el ↘mineral útil limpiándolo de las tierras y escombros que le acompañan.* **3** **Estafar poco a poco a ↘alguien.* **4** **Castigar a ↘alguien quitándole el dinero u otras cosas de las que puede hacer mal uso.*

escarmentado, -a («Quedar, Estar; de») Participio adjetivo de «escarmentar».

escarmentar (de «escarmiento») **1** («con») tr. *Castigar o *reprender duramente a ↘alguien para que no vuelva a cometer la falta por la cual se le castiga o reprende. ⇒ Servir de advertencia [aviso, gobierno o escarmiento]. ➤ Castigo ejemplar, escarmiento, lección, salmorejo. ➤ Escaldado, escamado, escarmentado, receloso. ➤ Mirarse en ese espejo. ➤ *Desconfiar. ➤ Cuando las barbas de tu vecino veas pelar..., aplicarse el cuento, el gato escaldado del agua fría huye, una y no más [santo Tomás]. ➤ *Castigar. *Experiencia. **2** intr. Quedar una persona, en vista de las malas consecuencias de algo hecho por ella misma o por otra, decidida a no repetirlo. ⇒ *Aprender, *experimentar. **3** (ant.) tr. **Avisar a ↘alguien de un riesgo.*

V. «escarmentar en cabeza ajena».

☐ Conjug. como «acertar».

escarmiento (del ant. «escarnimiento», de «escarnir»; «Hacer un») **1** m. Acción y efecto de escarmentar. **2** *Castigo ejemplar.

escarnecedor, -a adj. Se aplica a lo que escarnece.

escarnecer (de «escarnir») tr. Insultar u ofender a una ↘persona, burlándose de ella al mismo tiempo.

☐ Conjug. como «agradecer».

escarnecimiento m. Acción de escarnecer.

escarnio (de «escarnir») m. *Burla extraordinariamente humillante. ⇒ Befa, chufa, inri, irrisión, ludibrio, mofa, sarcasmo. ➤ *Burla. *Insultar.

escarnir (del germ. «skernian», burlarse; ant.) tr. *Escarnecer.*

escaro (del lat. «scarus», del gr. «skáros»; género *Scarus*) m. *Pez de unos 40 cm de largo, de cuerpo ovalado y comprimido, de color rojo, que vive en las costas de Grecia.

escarola (del cat. y occit. «escarola»; *Cichorium endivia*) f. Planta compuesta, anual o bienal, de hojas basales en roseta, muy divididas y rizadas, cultivada por sus hojas, que se comen en ensalada. ≃ Alcohela. ⇒ Achicoria, endibia.

escarolado, -a **1** *Participio de «escarolar».* **2** adj. Muy rizado, como la escarola.

escarolar (de «escarola») tr. *Antiguamente, *planchar una ↘cosa, por ejemplo un *cuello, *rizándolo.* ≃ Alechugar. ⇒ Acanalado, alechugado, apanelado, escarolado.

escarótico, -a (del lat. «escharotĭcus», del gr. «escharōtikós») adj. Farm. *Se aplica a las sustancias que cicatrizan superficialmente.* ≃ Caterético, cicatrizante.

escarpa (del it. «scarpa») **1** f. *Cuesta muy pronunciada. ≃ Escarpadura. **2** *Rampa muy inclinada. ⊙ Particularmente, la del muro de una fortificación. ≃ Alambor.

escarpado, -a **1** adj. Aplicado al terreno, muy *pendiente. **2** Se dice del terreno montañoso con cortaduras o pendientes muy pronunciadas o difíciles de escalar. ≃ *Abrupto, áspero, escabroso.

escarpadura f. *Pendiente. ≃ Escarpa.

escarpar[1] tr. *Hacer una escarpa o rampa, como de fortificación, en un ↘terreno o una montaña.*

escarpar[2] tr. Escult. *Raspar las ↘obras con el escarpelo o la escofina.*

escarpe[1] m. **Pendiente.* ≃ Escarpa.

escarpe[2] (del it. «scarpa», zapato) m. *Pieza de la *armadura de guerra que cubría el pie.*

escarpelo (del lat. «scalpellum») **1** m. Cir. *Escalpelo.* **2** Carp., Escult. *Utensilio de hierro, semejante a una *lima cubierta de dientecillos.* ⇒ Escofina.

escarpia (¿del cat. «escarpia»?) f. *Clavo que tiene el extremo opuesto a la punta doblado, para que se sostenga lo que se cuelga de él. ≃ Alcayata, clavo de gancho.

escarpiador[1] m. *Horquilla de hierro con que se sujetan a la pared las tuberías y canalones.* ≃ Fiador.

escarpiador[2] (ant.) m. *Escarpidor.*

escarpiar (ant.) tr. *Clavar una ↘cosa con escarpias.*

escarpidor (de «es-» y «carpidor») m. *Peine de púas gruesas y claras.* ≃ *Batidor.

escarpín (del it. «scarpino», dim. de «scarpa», zapato) **1** m. *Zapato de una suela y de una costura.* **2** *Zapato ligero, con poca o ninguna armadura, generalmente con una prolongación en la parte de delante en forma de lengüeta que cubre el empeine. **3** *Calzado interior de abrigo, que se pone encima de la media o el calcetín.* ⊙ *Calcetín de pierna corta o sin pierna. ⇒ Chapín, pebuco, peúco.

escarpión En escarpión. En figura de escarpia.

escarramán m. *Danza del siglo* xvii, *en que se cantaba un romance alusivo a cierto personaje del hampa llamado «Escarramán».*

escarramanado, -a adj. *Por alusión al personaje del hampa llamado «Escarramán», *chulo o *bravucón.*

escarramanchones (Ar.) A escarramanchones. *A *horcajadas.*

escarrancharse prnl. **Despatarrarse.*

escarrio (del vasc. «askarr», quejigo o arce; en algunas regiones) m. **Arce común.*

escartivana f. Agráf. Tira de papel o tela que se pone en las láminas u hojas sueltas para *encuadernarlas. ≃ Cartivana.

escarza f. Vet. *Herida causada en la pata de una *caballería por una china u otra cosa que se le clava hasta la carne.*

escarzador (ant.) m. *Aplicado al que *dispara.*

escarzano (del it. «scarso», corto, reducido) adj. V. «arco escarzano».

escarzar[1] tr. **Curvar un ↘palo en forma de arco por medio de una cuerda sujeta a sus extremos.*

escarzar[2] **1** tr. **Entresacar algunas ↘cosas; por ejemplo, los panales sucios o inútiles o las patatas gordas para que sigan creciendo las pequeñas.* **2** (Ar.) APIC. *Hurtar la *miel de las ↘colmenas o los *huevos de un nido.* **3** (Ar.) *Arrancar a un ↘árbol la corteza seca.* ⇒ *Descortezar.

escarzo **1** m. APIC. *Panal sucio.* ⇒ Destiño. **2** APIC. *Operación de escarzar las colmenas.* ⊙ APIC. *Tiempo en que se hace.* **3** **Hongo yesquero.* **4** (Ar.) *Materia fungosa (*esponjosa o carcomida) del tronco de los chopos y otros árboles.* **5** (Ar., Sal.) *Trozo de *árbol o de *madera podrido o carcomido.* **6** (Sal.) *Polvillo de madera carcomida.* **7** *Borra o desperdicio de la *seda.*

escás (del vasc., adaptación del castellano «escaso») m. DEP. Raya marcada en las paredes y el suelo del frontón para delimitar las zonas donde debe botar la pelota para que la jugada sea válida.

escasamente adv. Con escasez. ≃ Apuradamente.

escasear **1** intr. Estar *escaso: 'En el mercado empiezan a escasear las verduras a consecuencia de las últimas heladas'. ≃ Faltar. **2** tr. **Escatimar.* **3** CANT., CARP. *Cortar una cara de un ↘sillar o un madero oblicuamente a las otras.*

escasez f. Cualidad o situación de escaso (insuficiente). ≃ Insuficiencia. ⊙ («En la») Situación del que no tiene lo necesario para vivir. ≃ *Pobreza. ⊙ (pl.) Privaciones que se sufren por falta de medios económicos. ≃ *Apuros.

escaseza (ant.) f. *Escasez.*

escaso, -a (del b. lat. «excarpsus», entresacado) **1** («Estar, Ser») adj. Se aplica a las cosas de las que hay *poca o *insuficiente cantidad: 'Un país de escasas lluvias'. ≃ Poco. ⊙ También a las cosas de las que hay poco o insuficiente número: 'Tiene muy escasas probabilidades de conseguirlo'. **2** («Estar, Ser; de») Con insuficiente cantidad o número de la cosa que se expresa: 'Estoy escaso de tiempo. Estaban escasos de víveres. Es un hombre escaso de inteligencia'. **3** Demasiado *justo, o falto de algo, aunque muy poco, para estar completo: 'Tres metros escasos de tela'. **4** **Tacaño o demasiado *mirado en los gastos.*

□ CATÁLOGO

Angosto, apurado, contado, corto, con el CULO a rastras, deficiente, delgado, exiguo, falto, homeopático, *insuficiente, irrisorio, justo, lacerado, limitado, mezquino, miserable, mísero, mordido, parco, parvo, *pequeño, *pobre, *poco, precario, ralo, raquítico, raro, reducido, ridículo, roído, sórdido, tasado. ➤ Carestía, destricia, escasez, escaseza, escatima, exigüidad, guarda, inopia, insuficiencia, miseria, parquedad, parvedad, parvidad, penuria, pequeñez, pobretería, pobreza, poquedad, premura. ➤ No alcanzar, ANDAR mal de, no haber para un BOCADO, endurar, enrarecer[se], escatimar, escasear, faltar. ➤ ALGUNO que otro, apenas, apuradamente, con cuentagotas, difícilmente, diminutamente, escasamente, estiradamente, cuatro GATOS, eso son HABAS contadas, malamente, a media RACIÓN, tarín barín, tasadamente, UNO que otro. ➤ ¡Qué HERMOSURA de racimos...!, ¡buen [o vaya un] PUÑADO de moscas!, ¡para ese VIAJE...! ➤ *Carecer. *Pequeño. *Pobre. *Poco.

escatima **1** (ant.) f. *Escasez.* **2** (ant.) *Insulto.*

escatimar **1** tr. Dar de una ↘cosa lo menos posible: 'Les escatima la comida a los criados. No escatima los elogios. Escatima hasta el saludo'. ⇒ Cicatear, *economizar, enguerar, escasear, regatear, retacear. ➤ Cicatero, escatimoso, mezquino, roñoso, *tacaño. ➤ Cicatería, mezquindad, roña, tacañería. ➤ No doler PRENDAS. **2** *Dar mal sentido a los ↘dichos o escritos.* ≃ *Tergiversar, torcer. **3** (ant.) **Reconocer, *rastrear o *escudriñar ↘algo.*

escatimosamente adv. **Maliciosa o astutamente.*

escatimoso, -a **1** adj. **Tacaño.* **2** **Malicioso o *astuto.*

escativana f. *Término incorrecto por «escartivana».*

escato-[1] Elemento prefijo del gr. «skṓr, skatós», excremento, usado en palabras cultas. ⇒ Copro-.

escato-[2] Elmento prefijo del gr. «éschatos», último, usado en palabras cultas que contienen el significado de «*muerte».

escatofagia (de «escato-[1]» y «-fagia») f. *Hábito de comer *excrementos.* ≃ Coprofagia.

escatófago, -a adj. *Se aplica a los animales que comen excrementos.* ≃ Coprófago.

escatófilo, -a (de «escato-[1]» y «-filo») adj. ZOOL. *Se aplica a algunos insectos cuyas larvas se desarrollan entre *excrementos.*

escatología[1] (de «escato-[1]» y «-logía») **1** f. *Tratado de cosas relacionadas con los *excrementos.* **2** Conjunto de expresiones, comportamientos, imágenes, etc., soeces por manifestar cosas relacionadas con los excrementos.

escatología[2] (de «escato-[2]» y «-logía») f. *Conjunto de creencias relativas a la vida de ultratumba o tratado sobre ellas.* ⇒ *Muerte.

escatológico[1], **-a** adj. De [los] *excrementos. ≃ Excrementicio. ⊙ *Soez por expresar o mostrar cosas relacionadas con los *excrementos.

escatológico[2], **-a** adj. *Relativo a las postrimerías, o sea, a la *muerte y lo que hay detrás de ella.*

escaupil (del nahua «ichcatl», algodón, y «uipilli», camisa) **1** m. *Vestido acolchado de algodón que se ponían los antiguos mejicanos como *armadura contra las flechas.* **2** (C. Rica) **Morral de cazador.*

escavanar (de «excavón») tr. AGR. **Entrecavar los ↘sembrados, después de nacidas las plantas, para quitar las hierbas.* ⇒ *Escardar.

escavillo (de «escavar»; Alb.) m. **Azada pequeña, para *entrecavar.*

escay m. Skay.

escayola (del it. «scagliouola», dim. de «scaglia», escama) **1** f. Yeso calcinado que, amasado con agua, se emplea como material plástico en escultura, para sacar moldes, para hacer molduras de *adorno, etc. **2** Escultura hecha con yeso. **3** Vendaje endurecido con yeso que sirve para inmovilizar una articulación del cuerpo.

escayolar tr. Inmovilizar un ↘miembro para su curación mediante un *vendaje endurecido con escayola.

escayolista **1** n. Operario que hace molduras de escayola. **2** *Albañil que hace obras de escayola.

escaza (Ar.) f. *Cazo grande con que se echa el agua hirviendo en la pasta de aceituna en los molinos de *aceite.*

escazarí (¿del ár. and. «qaṣṣár», cortar, o «kassár», romper?; ant.) adj. ARQ. *Escarzano.*

escelerado, -a (del lat. «scelerātus»; ant.) adj. **Malvado.*

escena (del lat. «scena», del gr. «skēnḗ») **1** f. Lugar del *teatro en el que los artistas representan la obra, visible desde la sala cuando el telón está levantado. ≃ Escenario. ⊙ Ese lugar, acondicionado en cada caso para representar el lugar de la acción. **2** Cada fragmento de una obra teatral o cinematográfica en el que intervienen los mismos personajes. **3** Arte dramático, tanto en su aspecto literario como en el de la representación. ≃ *Teatro. **4** *Suceso que consiste en una acción que se observa o puede observarse: 'Hoy he presenciado una escena conmovedora. Una riña de mujeres es una escena divertida'. ⊙ Actuación fingida o teatral con que una persona pretende impresionar a otra.

5 Lugar imaginario en que acontece lo más destacado de una actividad: 'Después de las últimas elecciones, desapareció de la escena política'.

HACER [O DAR] UNA ESCENA. Ponerse en actitud patética, con palabras o gestos teatrales y, generalmente, insinceros: 'Cuando le digamos lo que pasa nos hará una escena'. ⇒ *Aparatoso.

V. «DIRECTOR de escena».

PONER EN ESCENA una obra teatral. **1** Representarla. **2** Montar y dirigir la representación de una obra teatral. ≃ Escenificar.

□ CATÁLOGO

Cena, escenario, tablado, tablas. ➤ Carretón. ➤ Alcahuete, apariencia, aplique, arroje, bambalinas, bastidor, batería, bofetón, candileja, chimenea, concha, decoración, devanadera, faldeta, máquina, melampo, pescante, rompimiento, telón, TELÓN metálico, tramoya, trasto, varal, vuelo. ➤ Boca, caja, embocadura, escotadura, escotillón, fondo, forillo, foso, plano, primer PLANO, proscenio, telar. ➤ Aforar. ➤ Escenificación, montaje, presentación. ➤ Mutación. ➤ Atrezzo. ➤ Decoración [o decorado], escenografía, vestuario. ➤ Entre BASTIDORES, al paño. ➤ Escenografía. ➤ *Teatro.

escenario (del lat. «scenarĭum») **1** m. Lugar del *teatro en que se representa la obra. ≃ Escena. ⊙ Lugar en que se desarrolla la acción de una *película. **2** Lugar en que ocurre un *suceso: 'Este lugar fue escenario de una batalla importante en la última guerra'. **3** Conjunto de cosas y circunstancias que rodean algo o a alguien e influyen en la cosa o persona de que se trata. ≃ *Ambiente, atmósfera, círculo, marco, medio.

escénico, -a adj. De la escena.

V. «PALCO escénico».

escenificación f. Acción y efecto de escenificar.

escenificar **1** tr. Dar forma *teatral, para poder representarla, a una ↘obra literaria o a un asunto. **2** Disponer el escenario, decorados, vestuario, etc., para la representación de una ↘obra. ≃ Poner en *ESCENA. ⇒ Presentación.

escenografía (del gr. «skēnographía») **1** f. Conjunto de decorados de una obra *teatral, cinematográfica o televisiva. ⊙ Arte de realizar estos decorados. **2** PINT. *Conjunto de los medios con que se consigue la *perspectiva como vista la escena del cuadro desde cierto punto.*

escenográfico, -a adj. De [la] escenografía.

escenógrafo, -a **1** n. *Pintor de decorados escénicos. **2** Persona dedicada a la escenografía (arte de realizar decorados).

escenopegia (del gr. «skēnopēgíai», de «skēnḗ», tienda, y «pēgýmai», clavar) f. **Fiesta de las Cabañuelas o del Tabernáculo.*

escepticismo **1** m. Cualidad de escéptico. **2** FIL. Doctrina que niega la capacidad del entendimiento humano para percibir la realidad de las cosas.

escéptico, -a (del lat. «sceptĭcus», del gr. «skeptikós») **1** («Estar, Ser; de, en, sobre, respecto a [o de]») adj. y n. Se aplica a la persona que *duda sobre cierta cosa que se expresa o que no tiene fe en ciertas ideas o creencias, o que, en general, es inclinado a la duda o la falta de fe: 'Estoy escéptico respecto a la eficacia de esas medidas. Es un escéptico de la medicina. Escéptico en religión'. ⇒ Descreído, despreocupado, impiadoso, impío, incrédulo, indiferente, irreligioso, pirrónico, tibio. ➤ *Duda. **2** Adepto al escepticismo filosófico.

esceptro (del lat. «sceptrum»; ant.) m. *Cetro.*

escetar (ant.) tr. **Exceptuar.*

escíbalo m. MED. *Masa fecal redonda, dura y seca.* ⇒ *Excrementos.

escibar (de «es-» y el lat. «cibus», cebo) **1** (ant.) tr. APIC. *Quitar la ↘cera de las *colmenas.* ≃ Descerar. **2** (ant.) *Descebar las ↘*armas de fuego.*

escible (del lat. «scibĭlis»; ant.) adj. *Susceptible o digno de ser *sabido.*

esciencia (ant.) f. *Ciencia.*

esciénido adj. y n. m. ZOOL. *Se aplica a los *peces de una familia a la que pertenecen algunos de los llamados «roncador».* ⊙ m. pl. ZOOL. *Esa familia.*

esciente (del lat. «sciens, -entis») adj. *Sabedor.*

escientemente (ant.) adv. *Con conocimiento de la cosa de que se trata.*

escientífico, -a (ant.) adj. *Científico.*

escifozoario o **escifozoo** adj. y n. m. ZOOL. **Acalefo.*

escila (del lat. «scilla») f. **CEBOLLA albarrana (planta liliácea).*

Escila (del lat. «Scylla») ENTRE ESCILA Y CARIBDIS. Frase con que, por alusión a un paso difícil en el estrecho de Mesina, se describe la situación del que se encuentra entre dos *peligros o dificultades.

escíncido adj. y n. m. ZOOL. *Se aplica a los *reptiles escamosos, como el escinco y el eslizón, que se caracterizan por tener el cuerpo alargado y las patas muy cortas o inexistentes.* ⊙ m. pl. ZOOL. *Familia que forman.*

escinco (del lat. «scincus», del gr. «skínkos»; cualquier especie de la familia de los escíncidos, por ejemplo *Scincus scincus*, de África, que fue un tiempo artículo de comercio por las cualidades afrodisiacas y medicinales que se le atribuían) **1** m. Reptil *saurio acuático, de más de metro y medio de longitud, de cabeza parecida a la de la serpiente, que destruye los huevos de los cocodrilos y persigue sus crías. **2** **Estinco (otro reptil saurio).*

escindir (del lat. «scindĕre»; culto o cient.) tr. y prnl. *Dividir[se] o abrir[se] ↘algo, en sentido material o espiritual: 'El fruto se escinde al llegar a la madurez'.⇒ *Dividir. ➤ *Desacuerdo, escisión.

esciomancia o **esciomancía** (del gr. «skiá», sombra y «-mancia» o «-mancía») f. *Adivinación por la sombra del consultante.*

esciomaquia (del gr. «skiá», sombra, y «máchomai», luchar) f. *Lucha con un ser imaginario.*

escirro (del lat. «scirros», del gr. «skírros») m. MED. *Epitelioma de consistencia dura y evolución generalmente lenta.* ⇒ *Tumor.

escisión f. Acción y efecto de escindir[se]: 'La escisión del partido. La escisión del átomo'. ⊙ BIOL. Se aplica específicamente a uno de los procedimientos de *reproducción de los organismos animales.

escismático, -a (ant.) adj. *Cismático.*

escita (del lat. «Scytha») adj. y, aplicado a personas, también n. De Escitia, región antigua de Asia. ⇒ Geta.

escítico, -a adj. *Escita.*

esclafar (del cat. «esclafar», romper aplastando; Ar., Cuen., Mur.) tr. *Romper una ↘cosa *aplastándola.*

esclarea f. **Amaro (planta labiada).*

esclarecedor, -a adj. y n. Se aplica al que o lo que esclarece.

esclarecer (del lat. «ex» y «clarescĕre») **1** tr. *Poner clara, *limpia o *brillante una ↘cosa.* **2** Poner claro un ↘asunto o cuestión. ≃ *Aclarar, dilucidar, elucidar. **3** *Dar lustre, fama o prestigio a ↘alguien.* ≃ *Ensalzar. **4** **Amanecer.*

□ CONJUG. como «agradecer».

esclarecido, -a Participio de «esclarecer». ⊙ adj. Distinguido por la nobleza o el mérito: 'Miembro de una esclarecida familia. Un esclarecido hombre de ciencia'. ≃ Distinguido, eminente, *ilustre, insigne.

esclarecimiento m. Acción de esclarecer.

esclava (de «esclavo») f. *Pulsera sin adornos de una sola pieza.

esclavatura (del port. «escravatura»; Hispam.) f. *Conjunto de los esclavos de una hacienda.*

esclavina (de «esclavo») **1** f. Prenda de forma de capa, generalmente corta, a veces de cuero, usada por los *peregrinos. **2** Prenda de *vestir de forma de capa pequeña. ⊙ La misma prenda constituyendo como un gran *cuello de otra. ⇒ Pavana. **3** **Cuello postizo que llevaban los *eclesiásticos, con una especie de volante de unos diez centímetros de ancho alrededor.*

esclavista adj. y n. Partidario de la esclavitud.

esclavitud 1 («Reducir a la, Someter a, Sumir en la, Liberar, Redimir de la») f. Situación de esclavo en cualquier acepción. ⊙ Fenómeno social de existir la esclavitud. **2** Nombre tomado por algunas *cofradías o congregaciones devotas. **3** Zool. *Parasitismo.*

esclavizar 1 tr. *Someter a ↘alguien a esclavitud. **2** Tener sometido a ↘alguien o hacerle *trabajar con excesivo rigor.

esclavo, -a (del b. lat. «sclavus», esclavo) **1** adj. y n. Se aplica a la persona sobre la que otra ejerce derecho de *propiedad como sobre una cosa. **2** Dominado por una pasión, un vicio, etc.: 'Esclavo del alcohol'. ⇒ *Dominar. ⊙ *Sujeto por propia voluntad o por necesidad a un deber u obligación: 'Esclava de su casa [de su palabra, de sus deberes, del trabajo]'. ⊙ Sujeto por propia voluntad al cuidado o servicio de alguien: 'Esclavo de la familia [o de los amigos]'. ≃ Entregado. ⊙ A veces, en frases amables o de cortesía, que pueden ser humorísticas, se aplica a sí misma esta designación una persona con respecto a otra de la que se declara así muy devota o muy *enamorada. **3** n. Miembro de determinada esclavitud (cofradía o congregación religiosa).

□ Catálogo

Siervo. ➤ Coartado, consiervo, eunuco, exarico, hieródula, ilota, mezquino, monitor, muleque, odalisca, siervo, siervo de la gleba. ➤ Cimarrón. ➤ Negrada. ➤ Esclavitud, esclavonía, servidumbre. ➤ Camal, carimba, collar, estigma, hierro, marca, virote. ➤ Ergástula, ergástulo. ➤ Galpón. ➤ Esclavista, negrero, patrono. ➤ Trata. ➤ Herrar, plagiar. ➤ Conuco, peculio. ➤ Apellidar libertad. ➤ Ahorrar, emancipar, enfranquecer, franquear, libertar, mancipar, manumitir, *redimir. ➤ Abolicionismo. ➤ Carta de ahorría. ➤ Aforrado, horro, liberto, manumiso. ➤ Vientre libre.

esclavón, -a (de «esclavo») adj. y n. *Eslavo.* ≃ Esclavonio.

esclavonía (de «esclavón») **1** (ant.) f. *Esclavitud.* **2** (Chi.) *Esclavitud (cofradía).*

esclavonio, -a adj. y n. *Eslavo.* ≃ Esclavón.

escler- o **esclero-** Elemento prefijo del gr. «sklērós», duro, usado en palabras científicas.

esclerodermia (de «esclero-» y «-dermia») f. Med. *Enfermedad caracterizada por la aparición de fibrosis que pueden afectar a la piel, tubo digestivo, pulmón y riñón.*

esclerosado, -a Med. Participio adjetivo de «esclerosar[se]»: aplicado a los tejidos u órganos, afectado de esclerosis.

esclerosar tr. Med. *Producir esclerosis.* ⊙ prnl. Med. Ser afectado de esclerosis.

esclerósico, -a adj. Med. *Escleroso.*

esclerosis (del gr. «sklḗrōsis») **1** f. Med. *Enfermedad consistente en la transformación de un tejido del cuerpo humano, a veces de un órgano completo, en tejido fibroso, por aumento anormal del tejido conjuntivo intersticial. **2** Anquilosamiento de una organización o de un sistema: 'La esclerosis del aparato del partido fue causa de la derrota electoral'. ⇒ *Quieto.

escleroso, -a adj. Med. *De [la] esclerosis.*

esclerótica (del gr. «sklērós», duro) f. Anat. Membrana dura que recubre el *ojo, con un orificio en la parte anterior, en que está implantada la córnea transparente.

esclerótico, -a adj. Med. De [la] esclerosis.

esclusa (del b. lat. «exclūsa») f. Compartimento construido en un *canal con puertas de entrada y salida; manejando éstas convenientemente se llena o se vacía para que los barcos puedan salvar el desnivel entre dos tramos del canal. ⇒ Inclusa. ➤ Busco. ➤ *Presa.

Esclusa de limpia. *Depósito destinado a soltar de él bruscamente el agua para que arrastre con su violencia el *cieno de un puerto o embalse.*

-esco, -a Sufijo con que se forman adjetivos derivados de nombres, que significan «propio de»: 'bufonesco, caballeresco, principesco'. A veces, con matiz despectivo: 'oficinesco'. ⇒ -sco.

escoa (del cat. «escoa», del lat. «abscondĕre») f. Mar. *Punto de mayor curvatura de una *cuaderna de *barco.*

escoba (del lat. «scopa») **1** f. Utensilio que se hace con ramas de distintas plantas, atadas y sujetas a un palo, que se emplea para *barrer. ⊙ Utensilio parecido de otros materiales. ⊙ Se llaman así también, a veces, los manojos de ramas, aunque no sirvan para barrer; por ejemplo, los que se ponen para techar. ⊙ Y se aplica también el nombre, aunque menos que «escobilla», a muchos objetos para distintos usos, formados por filamentos de cualquier materia. ⇒ Abaleo, abarredera, alcabota, balea, brocha, cepillo, escobajo, escobilla, escobón, espartilla, froncia, grata, hisopo, pichana, pichanga. ➤ *Planta (grupo de las utilizadas para hacer escobas). **2** *(Cytisus scoparius)* Cierta *planta leguminosa de unos 2 m de altura, muy ramosa y a propósito para hacer escobas. ≃ Escobón, retama de escobas. **3** Juego de cartas en que los jugadores deben sumar quince puntos con una de sus cartas y una o varias de las que están sobre la mesa. ⊙ Suerte favorable en este juego que consiste en coger todas las cartas que están sobre la mesa. ⇒ *Baraja.

Escoba amargosa (Hond.). **Canchalagua (planta gencianácea).*

E. babosa (Col., Hond.; *Sida rhombifolia*). *Cierta *planta malvácea mucilaginosa, que se emplea para hacer cataplasmas y para hacer bandolina.*

E. de cabezuela. **Cabezuela (planta compuesta).*

E. negra (C. Rica, Nic.) *Cierto arbusto de corteza oscura que da unos frutillos rojos, que se emplea para hacer escobas.* ⇒ *Planta.

V. «brezo de escobas, coche escoba».

No vender una escoba (inf.). No tener éxito en las ventas o, en general, en un asunto.

escobada 1 f. Cada movimiento hecho con la escoba al barrer, para empujar la basura. **2** («Dar una») Barrido ligero.

escobado (Sal.) m. *Cortadura en forma de ángulo que les hacen los ganaderos a las reses en la oreja como *señal.*

escobajo (del lat. «scopus») m. *Raspa que queda del racimo después de quitar los granos de uva. ⇒ Descobajar.

escobar[1] (del lat. «scopāre») tr. **Barrer.*

escobar[2] m. Lugar poblado de escobas (plantas).

escobazar tr. **Rociar ˎalgo con una escoba.*

escobazo 1 m. *Golpe dado con una escoba. **2** (Arg., Chi.) *Escobada.*

ECHAR a alguien A ESCOBAZOS. *Echarle de un sitio con enfado, con insultos o con golpes.

escobén 1 m. MAR. *Agujero de los abiertos a uno y otro lado de la roda para dejar paso a los cables y cadenas.* **2** MAR. *ESCOBÉN del ancla.*

ESCOBÉN DEL ANCLA. MAR. *Tubo de fundición que va de la amura de proa a la cubierta del castillo, por donde pasa la cadena del *ancla.*

escobera (de «escoba») f. *Retama (planta leguminosa).

escobero, -a 1 n. Persona que hace, arregla o vende escobas. **2** m. Mueble para guardar escobas o utensilios similares.

escobeta 1 (Méj.) f. *Escoba de raíz de zacatón, corta y muy fuerte.* **2** (Méj.) *Mechón de pelos que les sale en el papo a los *pavos viejos.*

escobetear (de «escobeta») **1** (Méj.) tr. **Barrer.* **2** (Rioj.) **Cepillar.*

escobilla 1 f. Utensilio en forma de escoba de pequeño tamaño que se emplea para limpiar. **2** **Cepillo de cepillar ropa, etc.* **3** **Cardencha.* **4** *(Erica scoparia)* *Planta ericácea pequeña, especie de brezo, con la que se hacen escobas. ≃ Acianos, baleo, BREZO de escobas». ⇒ Froncia. **5** *(Caroxylum tamariscifolium)* Planta quenopodiácea. **6** *(Mantisalca salmantica)* Planta compuesta. **7** (Perú; *Combretum jacquinii) Planta combretácea.* **8** (Perú; *Scoparia dulcis) Planta escrofulariácea.* **9** Reciben también este nombre varias especies de compuestas del género *Baccharis;* como la *Baccharis trimera.* **10** *Barreduras de los talleres donde se trabajan la *plata y el *oro, que contienen algunas partículas de estos metales.* **11** f., gralm. pl. ELECTR. Cada una de las piezas conductoras destinadas a establecer contacto eléctrico entre una superficie fija y otra móvil. **12** Pieza de caucho que está en contacto con el cristal en los limpiaparabrisas de los vehículos. **13** Palillo para tocar la batería, con un haz de filamentos en uno de su extremos, que se utiliza para mitigar y dar un timbre especial al sonido.

ESCOBILLA AMARGA (C. Rica). **Mastuerzo (planta crucífera).*

E. DE ÁMBAR. **Escabiosa (planta dipsacácea).*

escobillado (Hispam.) m. *Movimiento de la danza, consistente en escobillar.*

escobillar (de «escobilla»; Hispam.) tr. *Hacer en ciertas danzas un movimiento rápido con los pies restregando el ˎsuelo.*

escobillón (aum. de «escobilla») **1** m. *Utensilio formado por cerdas colocadas en un cilindro y sujetas a un alambre o varilla, que se emplea para limpiar algunas cosas; por ejemplo, los cañones de las *armas de fuego.* **2** *Cepillo sujeto a un mango, usado para barrer el suelo.

escobina (del lat. «scobīna») f. *Polvo o limaduras que se producen al barrenar o limar un *metal.*

escobino (de «escoba»; Cantb.) m. **Brusco (planta ruscácea).*

escobio (¿de or. prerromano o de «escoba»?) **1** (Ast., Cantb., León) m. **Paso estrecho en una montaña o en un río.* **2** (Ast.) **Peñasco o *aspereza.* ≃ Vericueto.

escobizo (de «escoba»; Ar.) m. **Guardalobo (planta santalácea).*

escobo (de «escoba», planta) m. *Matorral espeso, de retamas u otra planta semejante.*

escobón 1 m. *Escoba grande. ⊙ Escoba de mango muy largo usada para limpiar el techo, etc. ⊙ Escoba de mango corto, de las que se usan para distintas cosas. **2** **Escoba (planta leguminosa).*

escocar (Ál.) tr. **Desterronar, romper los ˎterrones con el zarcillo.*

escocedura f. Efecto de escocerse: irritación en la piel producida, por ejemplo, por el roce continuado de la ropa.

escocer (del lat. «excoquĕre») **1** intr. Hacerse sentir una parte del cuerpo con la sensación que produce, por ejemplo, una quemadura, el contacto de una cosa como el jabón o un ácido en un ojo o el de un desinfectante en una herida. ⇒ Cocimiento, escocedura, escocido, escozor. ➤ Urente. ➤ *Doler. ⊙ Causar esa sensación: 'No me eches alcohol, que escuece mucho'. **2** Producir sentimiento de disgusto a alguien una cosa que significa falta de estimación: 'Le escoció que no le invitaran'. ≃ Amargar, *doler, herir. ⊙ Herir el *amor propio de alguien con algo que se le dice o hace. ⇒ *Escaldar. ⊙ prnl. Experimentar disgusto por un desaire, desconsideración o reproche. ≃ Dolerse, *sentir, sentirse dolido [o escocido]. ⊙ Sentirse alguien herido en su *amor propio. **3** Ponerse irritada y con la piel más o menos dañada una parte del cuerpo, por ejemplo por el roce de una vestidura o por el sudor. ≃ *Escoriarse. ⊙ Sufrir alguien esa irritación en alguna parte de su cuerpo.

□ CONJUG. como «mover».

escocés, -a 1 adj. y, aplicado a personas, también n. De Escocia. ⇒ Gaélico. ➤ Enagüillas. **2** adj. Se aplica al *dibujo formado por cuadros, o rayas y cuadros, de distintos colores, a las telas que lo tienen y a las prendas, especialmente las faldas, fabricadas con esta tela. ⇒ Kilt, tartán.

escocia (del lat. «scotĭa», del gr. «skotía», de «skótos», sombra) **1** f. ARQ. *Moldura cóncava, más saliente por la parte inferior, situada generalmente entre dos toros; por ejemplo, en el basamento. ≃ Escota, nacela, sima. **2** CONSTR. Curvatura con que se mata la arista en la unión de una pared con el *techo. ⊙ CONSTR. *Utensilio de madera que se emplea para hacerla.*

escocido, -a 1 («Estar») Participio adjetivo de «escocer[se]». ⊙ Dolido o *resentido por un desaire, etc. **2** m. Escocedura.

escocimiento m. Acción y efecto de escocer[se]. ≃ Escocedura.

escoda (de «escodar[1]») f. Herramienta de forma de martillo, con corte en ambos extremos de la cabeza, que se emplea para labrar piedra, picar paredes, etc. ⇒ *Cantería.

escodadero f. CAZA. *Sitio donde acostumbran a escodar los venados.*

escodar[1] (del lat. «excutĕre», romper a golpes) **1** tr. *Trabajar una ˎcosa con la escoda.* **2** *Golpear los *ciervos con la ˎcuerna en algún sitio para descorrearla (quitarle la piel para que pueda crecer).*

escodar[2] (del lat. «coda», cola; Ar.) tr. *Cortar la *cola a los ˎanimales.* ⊙ prnl. *Perder la cola.*

escodegino m. CIR. **Bisturí con el extremo cortado en línea recta.*

escofia (ant.) f. **Cofia.*

escofiar (ant.) tr. *Poner la cofia a ˎalguien. También reflex.*

escofieta (de «escofia») **1** (ant.) f. **Tocado de gasas que usaban antiguamente las mujeres.* ⊙ (ant.) *Antiguamente, redecilla para la cabeza.* **2** (Cuba) **Gorro de niño pequeño.*

escofina (del sup. lat. vulg. «scoffīna») f. *Lima de dientes gruesos y triangulares, empleada para desbastar.

escofión (aum. de «escofia») m. **Red que usaban antiguamente las mujeres para la cabeza.* ≃ Garbín, garvín.

escoger (del lat. «ex» y «colligĕre», coger; «de, entre, de entre; para, por».) tr. Tomar o designar ciertas ↘cosas de entre varias, para algún objeto. ≃ *Elegir. ⊙ Coger la ↘parte *mejor de algo o las cosas mejores de un conjunto de ellas.

escogida (Can., Cuba) f. *Operación de separar las distintas clases de *tabaco.* ⊙ (Can., Cuba) *Lugar donde se realiza esta operación y conjunto de operarios que intervienen en ella.*

escogidamente **1** adv. *Acertadamente.* **2** *Cabal y perfectamente.*

escogido, -a **1** Participio de «escoger». ⊙ adj. Mejor que la generalidad de las cosas de su especie. ≃ *Elegido, *selecto. **2** (inf.; «Estar») Se aplica a un conjunto de cosas del que ya se ha ido cogiendo y quitando lo mejor: 'Estos retales [o melones] están ya muy escogidos'. ≃ Elegido, rebuscado. ⇒ *Purria.

escogimiento m. *Acción de escoger.*

escolán m. *Escolano.*

escolanía f. Conjunto de los escolanos de un monasterio.

escolano (de «escuela») m. *Nombre dado a los niños que, antiguamente, en algunos monasterios, particularmente de Aragón, Cataluña y Valencia, se educaban para el culto y en especial para el canto en los monasterios y catedrales.* ⇒ *Niño de coro.

escolapio, -a adj. y n. Se aplica a los religiosos de la *orden de las Escuelas Pías, y a sus cosas, así como a los alumnos de sus colegios. ≃ Calasancio.

escolar[1] (del lat. «scholāris») **1** adj. De [la] escuela: 'Edad escolar'. ⊙ n. *Alumno de alguna escuela. ⊙ Particularmente, niño o niña que asiste a una escuela de primera enseñanza. ⇒ Escuelante, escuelero. **2** (ant.) m. *Nigromante o *brujo.*

escolar[2] (del lat. «excolāre») intr. y prnl. *Pasar por un lugar estrecho.* ≃ Colarse.

escolaridad **1** f. Situación de escolar. **2** Periodo de tiempo durante el cual se asiste a la escuela. ⊙ Tiempo que se asiste a un centro de enseñanza de cualquier grado para completar los *estudios en él: 'Para obtener el título se exige un mínimo de escolaridad'.

escolariego, -a adj. *Propio de escolares o estudiantes.*

escolarino, -a (de «escolar[1]»; ant.) adj. *Escolástico.*

escolarización f. Acción de escolarizar.

escolarizar tr. Proporcionar la enseñanza básica a la ↘población infantil.

escolástica (del lat. «scholastĭca») f. FIL. Escolasticismo (movimiento filosófico).

escolásticamente adv. Según el método escolástico. ⇒ Silogísticamente.

escolasticismo **1** m. *Filosofía de la Edad Media, cuyo principal expositor es Santo Tomás de Aquino, que es la organización filosófica de la doctrina de la Iglesia tomando como base la filosofía de Aristóteles. **2** **Exclusivismo de escuela en filosofía, ciencia, etc.* **3** Cualidad de escolástico.

escolástico, -a (del lat. «scholastĭcus») **1** adj. y n. De [o del] escolasticismo. **2** Se aplica al *lenguaje o estilo de una corrección anticuada, en que abundan las expresiones y las formas de construcción cultas, así como a los escritos o disertaciones en ese estilo y a los que lo usan.

escoldo (del lat. «excaldāre»; ant.) m. **Rescoldo.*

escolecita f. *Silicato hidratado de calcio y aluminio, que se presenta generalmente en agujas.* ⇒ *Mineral.

escoleta (Méj.) f. **Banda de músicos aficionados.*

escólex (del gr. «skṓlēx») m. ZOOL. *Abultamiento con órganos adherentes en uno de los extremos de la *tenia, vulgarmente llamado cabeza.*

escoliador, -a n. Persona que escolia.

escoliar tr. Poner escolios en una ↘obra.
□ CONJUG. como «cambiar».

escoliasta n. Escoliador.

escolimado, -a adj. **Débil, *enfermizo o *raquítico.*

escolimoso, -a (del lat. «scolўmus», del gr. «skólymos») adj. **Descontentadizo o *susceptible.*

escolio (del lat. «scholĭum», del gr. «schólion», comentario) m. Nota que se pone a un texto para *aclararlo, *explicarlo o *comentarlo.

escoliosis (del gr. «skoliós», torcido y «-sis») f. MED. Desviación lateral de la *columna vertebral.

escollar[1] (ant.) intr. **Sobresalir.* ≃ Descollar.

escollar[2] **1** (Arg.) intr. MAR. *Tropezar un *barco en un escollo.* **2** (Arg., Chi.) **Fracasar o *frustrarse una cosa.*

escollera (de «escollo») f. Obra hecha en un *puerto con piedras grandes, bloques de mampostería, sacos de cemento, etc., echados al fondo del agua, para formar un dique, para servir de base a un muelle o para servir de defensa contra el oleaje a un muro o espigón.

escollo (del it. «scoglio») **1** m. *Peñasco a flor de agua, que constituye un peligro para la navegación. ⇒ Abrojos, arrecife, arricete, bajío, *bajo, banco, cabezo, caico, encalladero, farallón, islote, laja, madrépora, múcara, placel, placer, polipero, restingo restringa, rompiente, vigía. ➤ Veril. ➤ Vadoso. ➤ Velar. **2** Dificultad o *peligro que se encuentran en algo.

escolopendra (del lat. «scolopendra», del gr. «skolópendra»; género *Scolopendra,* especialmente la *Scolopendra cingulata)* **1** f. Ciempiés de cuerpo aplanado y generalmente amarillento; posee numerosos pares de patas, el primero de los cuales está transformado en dos uñas capaces de inocular veneno. **2** **LENGUA de ciervo (helecho).*
ESCOLOPENDRA DE AGUA. *Anélido marino vermiforme, de unos 30 cm de largo, de cuerpo cilíndrico de color verde irisado, con grupos de cerdillas en cada anillo que le sirven para nadar.

escolta (del it. «scorta») **1** f. Conjunto de fuerzas, barcos, vehículos, etc., que escoltan algo. **2** Persona o conjunto de personas que escoltan a alguien. ≃ *Acompañamiento, séquito. ⊙ n. Persona que escolta a alguien. ⊙ f. Caballero que escolta a una dama: 'Tener [llevar, ir con] escolta'. **3** n. DEP. En baloncesto, jugador que ayuda al base a organizar el juego del equipo.

escoltar **1** tr. *Acompañar ↘algo o a alguien que va de un sitio a otro, para *protegerlo. ⊙ *Acompañar a una ↘persona, como el rey o un personaje de los que, por su categoría, suelen llevar acompañamiento. **2** Acompañar o seguir a una ↘mujer mostrándose enamorado de ella. ≃ *Cortejar.

escomar (de «como[3]»; Rioj.) tr. **Desgranar a golpes el ↘centeno u otro cereal del que se deja la paja entera, por ejemplo para vencejos.*

escombra **1** f. *Acción de escombrar.* **2** (Ar., Nav.) *Escombros, desperdicios o *basura.*

escombrar (del sup. lat. vulg. «excomborāre») **1** tr. *Quitar los escombros o cualquier clase de desperdicios o basuras de un ↘sitio.* ≃ *Desescombrar. **2** *Quitar de los ra-*

cimos de ˃pasas las muy pequeñas o de mal aspecto. **3** *Quitar el escombro del ˃pimiento.*

escombrera f. Sitio donde se arrojan o amontonan cualquier clase de escombros.

escómbrido, -a (del lat. «scomber, -bri», pez escombro) adj. y n. m. Zool. *Se aplica a ciertos peces de cuerpo fusiforme y hocico puntiagudo, muy utilizados como alimento, como la caballa, el bonito o el atún.* ⊙ m. pl. Zool. *Familia constituida por estos peces.*

escombro[1] (de «escombrar») **1** (gralm. pl.) m. Materiales de desecho de una obra de albañilería o un derribo. ⊙ Materiales de desecho de otras cosas, como de la extracción de minerales, o de una cantera. ⇒ Atierre, broma, cascajo, *cascote, enrona, enruna, escombra, ripio, zafra. ➤ Encascotar, enripiar. ➤ Cascajal, cascajar, desatierre, escombrera, vertedero. ➤ Echadizo. ➤ Derribo. ➤ Descombrar, desenronar, desescombrar, escombrar. **2** *Conjunto de *pasas menudas o de mal aspecto que se separan de las buenas y se venden más baratas, generalmente para hacer vino.* **3** (Mur.) *Desperdicio que se quita del *pimiento seco, antes de molerlo.*

Reducir a escombros. *Derribar o *destruir completamente un ˃edificio, una ciudad, etc.

escombro[2] (del lat. «scomber, -bri», pez escombro) m. **Caballa (pez teleósteo).*

escomearse (del lat. «ex» y «commeiĕre», orinar; ant.) prnl. *Padecer estranguria (micción dolorosa gota a gota).* ⇒ *Orina.

escomendrijo (relac. con «medrar») m. *Criatura *raquítica.*

escomenzar (pop.) tr. **Empezar.* ≃ Comenzar.

escomerse prnl. **Desgastarse una cosa por el uso, por los agentes atmosféricos, etc.*

escomesa (del cat. «escomesa», embestida; ant.) f. **Ataque.* ≃ Acometida.

esconce (del sup. fr. ant. «escoinz», rincón) m. **Ángulo, *punta, *entrante o *saliente que interrumpe la continuidad de una superficie o una línea.*

escondecucas (de «esconder» y «cuca»; Ar.) m. **Escondite (juego).*

esconder (de «asconder») **1** («de») tr. Poner una ˃cosa donde no se vea o de modo que no se vea o sea difícil verla. ≃ Encubrir, *ocultar, tapar. ⊙ prnl. Ponerse una persona en un sitio para no ser vista o hacer algo para no ser descubierta. ≃ Ocultarse. ⊙ (con un pron. reflex.) tr. Esconder alguien una ˃cosa en su cuerpo o en sus vestidos: 'Se escondió la cápsula debajo de la lengua'. **2** *Tener una cosa en su interior ˃otra que se expresa: 'El suelo del país esconde importantes yacimientos minerales'. ≃ Guardar, ocultar. **3** (acep. no causativa) Estar una cosa de modo que oculta a ˃otra: 'El tapiz escondía una puerta secreta'. **4** Aplicado a cosas no materiales, servir una cosa para que ˃otra, naturalmente en oposición con ella, no sea percibida: 'Esa sonrisa esconde mala intención'. ⇒ *Disimular. **5** *Tener alguien cierta actitud afectiva que no deja traslucir habitualmente: 'Esconde en su alma una gran ternura'. **6** prnl. Haber una cosa en el interior de otra o estar oculta por algo.

V. «tirar la piedra y esconder la mano».

escondidamente adv. Sin ser visto o sin que se sepa.

escondidas (Hispam.) f. pl. **Escondite (juego).*

A escondidas. Ocultamente u ocultándose. ⇒ *Clandestino.

escondido, -a 1 Participio adjetivo de «esconder[se]». **2** Aplicado a lugares, fuera o lejos de los sitios frecuentados. ≃ *Retirado. **3** (ant.) m. *Escondrijo.* **4** *Antigua danza criolla del noroeste de la Argentina.* **5** (Col., Perú; pl.) **Escondite (juego).*

V. «zurriago escondido».

escondimiento m. Acción de esconder.

escondite 1 m. Sitio apto para esconder cosas en él o donde hay algo escondido. ≃ *Escondrijo. **2** *Juego consistente en esconderse todos los niños que juegan menos uno, que es el que paga, el cual procura encontrar y pillar a alguno de los escondidos para que pague en su lugar. ⇒ Alelevi, dormirlas, escondecucas, escondidas, escondidos, gárboli, gárgaro, gártoli, maya, rey misto, sobre. ➤ Barrera, madre. ➤ ¡Orí!

escondredijo m. **Escondrijo.*

escondrijo m. Sitio a propósito para esconder algo o en que hay algo escondido. ≃ Escondite. ⇒ Buche, cachimán, chiribitil, cobil, enfoscadero, escondijo, escondite, escondredijo, gaveta, guaca, huronera, ladronera, latebra, madriguera, nidal, nido, refugio, rincón, secreto, tesoro, tollo, zulo. ➤ *Ocultar.

esconjuro (ant.) m. **Conjuro.*

escontra (ant.) prep. **Hacia.* ≃ Contra.

esconzado, -a *Participio de «esconzar».* ⊙ adj. *Con esconces.*

esconzar tr. *Hacer una ˃habitación, una pared, etc., formando esconce.* ⇒ *Construir.

escoñar 1 (vulg.) tr. y prnl. Romper[se], estropear[se]. **2** (vulg.) Lesionar[se].

escopecina (ant.) f. *Salivajo.* ≃ Escupitina.

escoperada f. Mar. *Tabla con que se protege la unión de las cuadernas de los *barcos.*

escopeta (del it. «schioppetto») f. *Arma de fuego portátil, como de 1 m de longitud, formada por una pieza de madera en la que va el dispositivo para disparar y uno o dos cañones montados a continuación de ella: 'Escopeta de cartuchos [o de aire comprimido]'. ⇒ *Fusil. ➤ *Arma (grupo de las de fuego).

Escopeta negra. **Cazador de oficio.* ≃ Escopetero.

¡Aquí te quiero, escopeta! *Comentario que se intercala en una narración al llegar a un punto en que se refiere una dificultad o *apuro.*

escopetado, -a (inf.) adj. Con verbos como «salir» o «marcharse», muy rápido o con mucha prisa.

escopetar (del it. ant. «scopettare»; ant.) tr. Miner. *Cavar y sacar la tierra de las ˃minas de oro.*

escopetazo 1 m. Disparo de escopeta. ⊙ Herida de escopeta. **2** (inf.) Noticia o suceso súbito que produce *disgusto.

escopetear 1 tr. o abs. **Disparar repetidamente con escopeta sobre ˃algo o alguien.* **2** (recípr.) tr. *Dirigirse dos personas mutuamente frases *amables o insultos.*

escopeteo m. *Acción de escopetear[se].*

escopetería f. *Conjunto de escopetas, de gente armada con ellas o de disparos de escopeta.*

escopetero 1 m. **Soldado armado con escopeta.* ⊙ *Persona que lleva escopeta.* ⊙**Cazador de oficio.* **2** *Hombre que fabrica escopetas.* **3** (varias especies del género *Brachinus*) Cierto insecto *coleóptero zoófago de cuerpo rojizo y élitros azulados, que vive debajo de las piedras y, al ser hostigado, lanza por el ano una sustancia que se volatiliza en contacto con el aire y produce una pequeña detonación.

escopetilla (dim. de «escopeta») f. *Cañón muy pequeño, cargado de pólvora y bala con que se rellenaba un tipo de bomba.*

escopetón m. *Aum. desp. de «escopeta».*

DE ESCOPETÓN (tal vez pop.). **Repentina o inesperadamente.* ≃ De sopetón.

escopladura o **escopleadura** f. Corte o muesca hecho con el escoplo. ⇒ Escoplo.

escoplear tr. Hacer cortes o agujeros con el escoplo en una ˃pieza.

escoplo (del lat. «scalprum») m. CARP., ESCULT. Herramienta más fuerte que el formón, formada por una barra de sección rectangular, con boca en bisel y mango de madera, con una longitud total de 20 ó 30 cm, que se usa a golpe de mazo. ⊙ CIR. Cierto instrumento empleado para cortar huesos. ⇒ Badano, cincel, DIENTE de perro, *formón, *gubia, gurbia, mediacaña, tempanador, trencha. ➤ Boquilla, caja, cospe, cotana, despatillado, encajadura, encaje, enclavadura, *entalladura, escopladura, escopleadura, espaldón, espera, farda, galce, gárgol, mortaja, *muesca, ranura, rebajo, uña. ➤ Ensambladura.

escopo (del lat. «scopus», del gr. «skopós»; ant.) m. **Objetivo.*

escora (del ingl. «score», hoy «shore», ribera) **1** f. MAR. Curva que pasa por los puntos de más anchura de las cuadernas de un *barco. ≃ LÍNEA del fuerte. **2** MAR. Cada uno de los puntales que sostienen en la posición debida un *barco en construcción o reparación. **3** MAR. Inclinación de un buque por la fuerza del viento sobre las velas, por ladeamiento de la carga, etc.

V. «ÁNGULO de escora».

escorar **1** tr. MAR. Apuntalar un ˃*barco con escoras. **2** (Cuba, León) **Apuntalar cualquier ˃cosa.* **3** intr. Inclinarse un *barco. **4** prnl. Inclinarse hacia un lado: 'El centrocampista se escoró a la derecha'. ⊙ Inclinarse alguien hacia una posición ideológica: 'Los centristas se han escorado a la izquierda'. **5** intr. MAR. *Llegar la *marea a su nivel más bajo.* **6** (Cuba, Hond.) prnl. *Arrimarse a un sitio buscando resguardar el cuerpo.* ≃ Resguardarse, *protegerse.

escorbútico, -a adj. MED. De [o del] escorbuto.

escorbuto (del fr. «scorbut») m. MED. *Enfermedad producida por la falta de vitamina C, caracterizada por un gran cansancio y hemorragias, particularmente en las articulaciones y en las encías. ⇒ Beriberi, loanda, MAL de loanda. ➤ Antiescorbútico. ➤ *Planta (grupo de las medicinales antiescorbúticas).

escorchado adj. V. «LOBO escorchado».

escorchapín (de «corchapín») m. *Cierto *barco de guerra que servía para transportar gente y bastimentos.*

escorchar (del sup. lat. «excorticāre») tr. *Hacer un escorchón en la ˃piel.*

escorche (del it. «scorciare», del sup. lat. «excurtiāre»; ant.) m. PINT. *Escorzo.*

escorchón m. *Levantamiento de la piel o erosión superficial causada en una parte del cuerpo por el roce brusco de una cosa.* ≃ *Rozadura.

escordio (del lat. «scordĭum», del gr. «skórdion»; *Teucrium scordium)* m. *Planta labiada de tallos y hojas velludas y flores azules o purpúreas en verticilos poco cuajados, que vive en terrenos húmedos; se emplea en medicina. ≃ Ajote. ➤ Diascordio.

escoria (del lat. «scorĭa») **1** f. Sustancia vítrea que sobrenada en el crisol de *fundir metales, formada por las impurezas. ⇒ Cagafierro, chatarra, cuesco, grasas, horrura, miñón, moco. **2** Escamas de óxido que se forman al calentar el *hierro al rojo, y que éste suelta al ser martillado en la fragua. **3** Sustancia de desecho en forma de masa esponjosa que queda, aparte de las cenizas, al *quemar algunas cosas; por ejemplo, el carbón de las locomotoras. **4** Lava esponjosa de los *volcanes. **5** Aplicado a personas y cosas, lo más despreciable de un conjunto: 'La escoria de la sociedad'.

escoriación f. *Rozadura o irritación producida en la piel por el roce continuo de algo. ⇒ Desolladura, despellejadura, escaldadura, escocedura, escocido, escorchón, excoriación, intertrigo, mortificación, peladura, *rozadura, ubrera. ➤ Desollar[se], escaldar[se], escocerse, escorchar, escoriar[se], excoriar[se], exulcerar, pelar[se], rozar[se], sahornar[se].

escorial m. *Sitio donde se arrojan o se amontonan las escorias de las fábricas. Este significado tiene originariamente el nombre de la población donde está el célebre monasterio.* ⇒ Escurialense.

escoriar (del lat. «excoriāre», desollar) tr. Causar una escoriación. ≃ Excoriar. ⊙ prnl. Sufrir una escoriación.

□ CONJUG. como «cambiar».

escorir (Cantb.) tr. *Acompañar a ˃alguien para *despedirle.* ≃ Escurrir.

escornarse (pop.) prnl. Descornarse: *esforzarse demasiado para algo, trabajando o discurriendo.

escorpena (del lat. «scorpaena», del gr. «skórpaina») f. Nombre dado a varias especies de *peces escorpeniformes del género *Scorpaena;* como el *Scorpaena porcus,* de cabeza muy grande y color rojo, muy común en el Cantábrico. ≃ Arangorri, DIABLO marino, escorpera, escorpina, PEJE diablo, rascacio, rescaza. ⇒ Escorpión.

escorpeniforme **1** adj. y n. m. ZOOL. *Se aplica a los *peces teleósteos marinos del orden al que pertenecen la escorpena y el rubio, que se caracterizan por poseer grandes placas óseas y espinas en la cabeza.* **2** ZOOL. m. pl. *Orden que forman.*

escorpera f. **Escorpena.*

escorpina (de «escorpena») f. *Escorpena.

escorpio (del lat. «scorpĭus») adj. y n. Escorpión (nacido bajo el signo de Escorpión).

escorpioide (del gr. «skorpioeidḗs», semejante al escorpión) f. **Alacranera (planta leguminosa).*

escorpión (del lat. «scorpĭo, -ōnis») **1** *(Bulhus occitanus)* m. *Arácnido con la parte posterior del abdomen en forma de cola, terminada en una uña venenosa. ≃ Alacrán, arraclán. **2** adj. y n. Se aplica a la persona nacida bajo el signo de Escorpión (octava zona del *Zodiaco que el Sol recorre aparentemente al mediar el otoño). **3** ARTILL. *Máquina de guerra antigua para lanzar piedras, que tenía una especie de tenaza semejante a las pinzas del escorpión.* **4** *Instrumento de *tormento consistente en unos azotes formados por cadenas rematadas en garfios parecidos a la cola del escorpión.* **5** Pez semejante a la escorpina.

V. «LENGUA de escorpión».

escorredero (Ar.) m. *Canal de avenamiento.* ≃ Escorredor. ⇒ *Desecar.

escorredor **1** m. *Escurridor.* **2** (Mur.) *Canal de avenamiento.* ≃ Escorredero. **3** (Mur.) **Compuerta en un canal o acequia.*

escorrentía (de «es-» y «correntío») **1** f. Conjunto de las corrientes superficiales que aparecen a consecuencia de las precipitaciones. **2** El caudal de agua en un río o corriente, habitualmente expresado en metros cúbicos por segundo.

escorrozo (de «es-» y «corrozo») **1** m. *Regodeo.* **2** (ant.) **Disgusto o indignación.* **3** (Sal.) **Melindre.*

escorzado m. DIB., PINT. *Escorzo.*

escorzar (del it. «scorciare», acortar) tr. DIB., PINT. Dibujar ↘algo en *perspectiva, para lo cual se representan oblicuas y más cortas las líneas que serían perpendiculares al plano del papel.

escorzo **1** m. *Posición de una figura cuando se ven varias caras de ella. ⊙ Figura escorzada. **2** DIB., PINT. Posición o representación de una figura, particularmente humana, cuando una parte ella, especialmente el torso o la cabeza, están vueltos o con un giro con respecto al resto.

EN ESCORZO. Con escorzo.

escorzón **1** m. **Sapo.* ≃ Escuerzo. **2** *Persona *flaca o *raquítica.* ≃ Escuerzo.

escorzonera (del it. «scorzonera»; *Scorzonera hispanica)* f. *Planta compuesta de hojas abrazadoras algo vellosas en la base y raíz gruesa de corteza negra, con propiedades diuréticas. ≃ SALSIFÍ de España, SALSIFÍ negro. ➤ Barbaja.

escosa (del lat. «excursa», escurrida) **1** (Ast.) adj. *Se aplica a la *hembra de cualquier animal cuando deja de dar leche.* **2** (ant.) *Doncella o *virgen.* **3** (Ast.) f. *Operación de desviar las aguas de un río para dejar el cauce seco y *pescar en los charcos que quedan.*

escosar (de «escosa»; Ast.) intr. *Dejar de dar *leche una cabra, vaca, etc.*

escoscar **1** tr. *Descaspar.* ⇒ *Caspa. **2** (Ar.) *Quitar la *cáscara a las ↘nueces, almendras, etc.* **3** prnl. **Concomerse.*

escota[1] (del fr. ant. «escote») f. MAR. **Cabo de atar las velas.*

escota[2] f. ARQ. *Escocia.*

escota[3] (Nav.) f. CANT. *Escoda.*

escotado f. Escotadura.

escotado, -a Participio adjetivo de «escotar[se]» (hacer o abrirse el escote). ≃ Descotado.

escotadura (de «escotar²») **1** f. Escote de vestido. **2** *Sisa hecha en las *armaduras en la parte correspondiente a la axila.* **3** **Entrante que resulta en el borde de una cosa por faltar o haber quitado un trozo.* ≃ Corte. **4** *Abertura hecha en el escenario, mucho mayor que el escotillón.*

escotar[1] (de «escote¹») **1** tr. o abs. *Pagar cada una de varias personas una ↘parte del importe de algo. **2** tr. *Hacer una *derivación en un ↘cauce de agua.* ≃ Sangrar. **3** (ant.) MAR. **Achicar: extraer el ↘agua que ha entrado en un barco.*

escotar[2] (de «escote²») **1** tr. Hacer escote en una ↘prenda de vestir. ≃ Descotar. **2** prnl. Abrirse el escote o cuello del vestido.

escote[1] (del germ. «skot», tributo) m. *Parte o cuota que paga cada uno en un pago hecho escotando.

A ESCOTE (con «pagar, comprar», etc.). Escotando: pagando cada una de varias personas el importe de algo.

escote[2] (del gót. «skaut», orilla) **1** m. *Corte entrante hecho en una prenda de ropa; por ejemplo, el que forma el hueco donde se cosen las mangas o el que forma la abertura del cuello. ⊙ Abertura grande alrededor del cuello en una prenda de vestir, que deja al descubierto la garganta y, a veces, parte del pecho y la espalda. ⇒ Degollado, degolladura, descote, escotadura, sisa. ➤ Degollar, descolletar[se], descotar, desgolletar[se], despechugarse, escotar. ➤ Desbocarse. ➤ Pechuga. ➤ Cuellidegollado, escotado. **2** Parte del *cuerpo que queda al descubierto por el escote del vestido. **3** *Cierto adorno formado por encajes estrechos cosidos en una tira de tela, que se ponía en las *camisas de mujer alrededor de los hombros y el pecho.*

escotera f. MAR. *Abertura en el costado de una embarcación, con una polea por la que pasa la escota mayor o de trinquete.*

escotero, -a **1** adj. y n. *Se aplica a la cosa o persona que camina sin carga o embarazos.* ⇒ *Desembarazar. **2** adj. MAR. *Se aplica al *barco que navega solo.*

escotilla (¿de or. fr.?) **1** f. Abertura de las que ponen en comunicación un piso del *barco con otro. ≃ Lumbrera. **2** Abertura por la que se accede al interior de un carro de combate.

escotillón (de «escotilla») m. Puerta en el suelo, por ejemplo para bajar a una bodega. ≃ *Trampa, trampilla. ⊙ En el teatro, abertura en el suelo del *escenario por donde aparecen y desaparecen cosas y personas cuando es necesario, en las obras de tramoya.

APARECER [O DESAPARECER] [COMO] POR ESCOTILLÓN. *Aparecer o *desaparecer algo o alguien de repente, sin saber cómo ni por dónde.

escotín (dim. de «escota¹») m. MAR. *Escota de las velas de cruz, excepto de las mayores.*

escotismo m. FIL. *Doctrina desarrollada en los siglos XIII y XIV por Duns Escoto y sus discípulos.*

escotoma (del gr. «scotoma», oscuridad) m. MED. *Mancha oscura que aparece en el campo visual, producida por una lesión en la retina.*

escotorrar (relac. con «cotorro», de «cueto»; Pal.) tr. AGR. *Alumbrar las ↘*vides (apartar la tierra que se había amontonado alrededor de su pie).*

escoyo (del lat. «scopŭlus»; Sal.) m. **Raspa del racimo de *uva.*

escozarse (Sal.) prnl. **Restregarse o rascarse los animales contra algún objeto.*

escoznete (Ar.) m. *Utensilio con que se sacan los gajos (escueznos) de la *nuez.*

escozor **1** m. Sensación experimentada por alguien cuando le escuece algo. **2** Sentimiento o resentimiento experimentado por un desaire, etc.

escriba (del lat. «scriba») **1** m. Doctor o intérprete de la ley entre los *judíos. **2** Copista o amanuense de la antigüedad.

escribán (ant.) m. *Escribano.*

escribanía **1** f. Oficio de escribano. ⊙ Despacho u oficina de escribano. **2** Oficio u oficina del secretario judicial, al cual sigue llamándose en algunos sitios con el nombre antiguo de «escribano». **3** *Caja portátil que llevaban antiguamente los escribanos con lo necesario para escribir.* ⊙ *Utensilio semejante de los chicos de la escuela.* **4** Juego compuesto de tintero, secador, pluma y otras piezas que se empleaban para escribir, colocado todo en una bandeja o un soporte más o menos artístico. **5** *Escritorio.* **6** (Hispam.) *Notaría.*

escribanillo del agua ESCRIBANO del agua.

escribano (del lat. «scriba» y «-ano») **1** m. *Nombre antiguo del *notario.* ⊙ (Hispam.) *Notario.* **2** Nombre antiguo del «*secretario judicial». **3** Amanuense o escribiente. **4** (ant.) **Maestro de escribir o maestro de escuela.*

ESCRIBANO DEL AGUA. **1** *(Gyrinus natator)* Insecto *coleóptero de color bronceado, con las patas adaptadas para la natación, que se ve muy frecuentemente haciendo giros rapidísimos sobre las aguas estancadas. ≃ ARAÑA de agua, ESCRIBANILLO del agua, esquila, girino, tejedera. **2** (Cuba) *Cierta *ave zancuda de plumaje oscuro con manchas blancas.*

escribido, -a Participio burlesco de «escribir», sólo usado como adjetivo en la frase «muy leído y escribido», que se aplica a la persona que tiene algo más de instrucción que lo corriente en su ambiente y hace de ella un uso *pedante.

escribidor, -a (ant.) n. *Escritor.*

escribiente 1 n. Empleado de *oficina, que escribe o copia lo que le mandan. ⇒ *Escribir. **2** (ant.) *Escritor.*

escribimiento (ant.) m. *Acción de escribir.*

escribir (del lat. «scribĕre») **1** tr. o abs. *Representar ↘sonidos o expresiones con signos dibujados. ⊙ tr. Se dice también de las notas musicales. **2** («a, desde, por»: 'por el correo, por avión') tr. o abs. *Comunicar ↘cosas a alguien en una carta u otra comunicación. También recípr. ⊙ («con») prnl. recípr. Mantener correspondencia dos o más personas. **3** tr. o abs. Componer ↘obras literarias o científicas: 'Escribe artículos en los periódicos. Ya no escribe'. **4** (reflex.) tr. *Inscribirse: *alistarse, *afiliarse o *ingresar en una colectividad.*

V. «escribir con SANGRE».

ESCRIBIR MÁS QUE EL TOSTADO (por alusión a Alonso de Madrigal, llamado «el Tostado», célebre erudito español del siglo XV; inf.). Escribir mucho.

□ CATÁLOGO

Otra raíz, «graf-, gram-»: 'agrafia, apógrafo, cablegrafiar, cablegrama caligrafía, fonógrafo, fonograma, gráfico, grafología, afólogo, homógrafo, ortografía, paleografía, poligrafía, telegrafía, telegrama'. ➤ Apuntar, tomar APUNTES, borrajear, borronear, burrajear, cartearse, colaborar, *copiar, corresponderse, emborronar, expedir, extender, gracejar, libelar, librar, emborronar PAPEL, pintar, dejar correr la PLUMA, poner, venir a los PUNTOS de la pluma, redactar, reescribir. ➤ Atildar, borrar, cabecear, caligrafiar, corregir, encabezar, entrecomillar, entrelinear, entrerrenglonar, escarabajear, estenografiar, estilar, firmar, garabatear, garrapatear, interlinear, manuscribir, marginar, mecanografiar, notar, puntuar, rasguear, tomar RAZÓN, remitir, respaldar, rotular, sangrar, secar, sopuntar, subrayar, suplantar, tagarotear, taquigrafiar, tildar, transcribir, trazar, truncar. ➤ Contener, decir, estar REDACTADO, rezar. ➤ Entraparse. ➤ Amanuense, auxiliar, cagatintas, calígrafo, chupatintas, corresponsal, dactilógrafo, escriba, escribano, *escribiente, escritor, letrado, mecanógrafo, memorialista, pendolista, plumista, secretaria, secretario, tagarote, tipiadora. ➤ PERITO calígrafo. ➤ Paleógrafo. ➤ Autor, colaborador, comediógrafo, corresponsal, cronista, cuentista, dramaturgo, ensayista, epigramatista [o epigramista], escribidor, escriptor, escritor, estilista, fabulista, fabulador, hablista, ingenio, literato, memoriógrafo, novelista, periodista, plumífero, plumista, poeta, polígrafo, prosista, publicista, redactor, regnícola, sainetero, trágico, tratadista. ➤ Pléyade. ➤ Seudónimo. ➤ Anónimo, anuncio, apuntación, apunte, artículo, autógrafo, banda, besalamano, borrador, carátula, careta, *carta, cartapel, *cartel, cédula, cedulón, *comunicación, comunicado, copia, cuartillas, despacho, *documento, dúplica, duplicado, epístola, epitafio, escripto, escrito, escritura, esquela, *etiqueta, faja, *ficha, filacteria, *folleto, formulario, galerada, homilía, *impreso, *inscripción, lema, dos [cuatro o unas] LETRAS, *letrero, *leyenda, libelo, *libro, dos [cuatro o unas] LÍNEAS, *lista, manifiesto, manuscrito, marbete, memoria, memorial, *mensaje, minuta, misiva, *nota, notificación, OBRA escrita, oficio, páginas, dos [cuatro o unas] PALABRAS, palimpsesto, pancarta, panfleto, papel, papeleta, papelón, papelucho, parte, participación, pasquín, placa, prospecto, prueba, publicación, recordatorio, reescritura, dos [cuatro o unos] RENGLONES, réplica, rótulo, saluda, signatura, suplicatoria, suplicatorio, tejuelo, *título, trabajo, traslado, trasunto, variante, virote, volante. ➤ *Asunto, contenido, contexto, *pasaje, tema, tenor, texto. ➤ Aclaración, comentario, escolio, exégesis, explicación, glosa, interpretación, llamada, *nota, paráfrasis. ➤ Algarabía, aljamía, Braille, bustrófedon, cecografía, cifra, criptografía, cúfico, cuneiforme, dactilografía, demótica, dermografismo, estenografía, fonético, hieroglífico, hierático, ideografía, ideográfico, jeroglífico, manuscrito, mecanografía, mecanográfico, paleografía, pictografía, procesal, quipo[s], rimas, taquigrafía, uncial. ➤ Apretado, borroso, garabatoso, garrapatoso, ilegible, *incomprensible, inédito, ligado, manuscrito. ➤ Autógrafo, en borrador, cálamo currente, al dictado, en limpio, entre líneas, a mano, de su mano, al correr de la PLUMA, ológrafo, de propio PUÑO, de su PUÑO [y letra], en sucio. ➤ Cacografía. ➤ *Abreviatura, anagrama, criptograma, monograma, sigla. ➤ Cabeza, capítulo, lección, parte. ➤ Acápite, apartado, aparte, coleta, coletilla, cortesía, encabezamiento, enunciado, *epígrafe, firma, interlineado, línea, párrafo, pie, *renglón, respaldo, rúbrica. ➤ Birlí, blanco, claro, columna, cortesía, frente, hueco, ladillo, laguna, margen. ➤ Puntuación. ➤ Acento, admiración, ápice, apóstrofo, asterisco, barras, calderón, carácter, cedilla, clave, coma, comilla, corchete, crema, diéresis, exclamación, gancho, grafía, guión, ideograma, interrogación, *letra, llave, paréntesis, párrafo, punto, PUNTO y coma, dos PUNTOS, PUNTOS suspensivos, rasgo, raya, dos RAYAS, rúbrica, *signo, símbolo, tilde, trazo, virgulilla, zapatilla. ➤ Cabeceado, claroscuro, grueso, perfil. ➤ Garabato, garambaina, garrapato, ringorrango. ➤ Orla. ➤ Plumada, plumazo. ➤ Borrón, errata, escarabajos, mentira. ➤ Cara, carilla, folio, hoja, *página, PAPEL oficio, pliego. ➤ Caídos, materia, muestra, palote, pauta, plana, quebrados, ringlero. ➤ Arenilla, arenillero, *bolígrafo, cálamo, clarión, crayón, estilo, estilográfica, falsa, falsilla, gis, grafito, grasilla, *lapicero, lápiz, manguillo, palillero, palillo, *PAPEL secante, pauta, péndola, péñola, pizarrín, *pluma, raspador, RECADO de escribir, *rotulador, salvadera, seguidero, seguidor, tabulador, *tinta, *tiza, yeso. ➤ *Sacapuntas. ➤ Hectógrafo, *imprenta, imprentilla, *MÁQUINA de escribir, numerador, *sello, tipiadora. ➤ *Papel, papiro, pergamino, vitela. ➤ Cartapacio, *cuaderno, cuartilla, *encerado, pizarra, pizarrón, tablilla, tríptico. ➤ OBJETOS de escritorio. ➤ Estanco, papelería. ➤ Bufete, buró, caja, cartapacio, escribanía, escritorio, gaveta, MESA escritorio, naveta, plumier, pupitre, secreter, vade. ➤ Dictar. ➤ Abajo, más adelante, arriba, infrascrito, ídem, precitado, preinserto, sobredicho, susodicho, ut supra. ➤ En blanco. ➤ Ecdótico. ➤ *Imprenta. *Letra. *Libro. *Literatura. *Matemáticas. *Música. *Oficina. *Signo. *Tribunal.

□ CONJUG. IRREG. PART.: escrito.

escriño (del lat. «scrinĭum») **1** m. *Especie de *capazo hecho de paja y cosido con mimbre o cáñamo, que se utiliza para poner el salvado o las granzas y, a veces, para dar de *comer a los bueyes.* **2** *Cofre o *caja para *guardar joyas, papeles o cosas muy estimadas.* **3** (Sal., Zam.) **Cascabillo de la bellota.*

escripia (del germ. «skripa», bolsa) f. **Cesta de pescador de caña.*

escripto, -a 1 *Participio antiguo: escrito.* **2** (ant.) m. *Escrito.*

escriptor, -a (ant.) n. *Escritor.*

escriptura (ant.) f. *Escritura.*

escripturar (ant.) tr. *Escriturar.*

escripturario (ant.) m. *Escriturario.*

escrita (de «escrito») f. *Pez semejante a la raya, de hocico puntiagudo, vientre blanco y lomo gris con manchas blancas, pardas y negras. ≃ Escuadro.

escritilla (del germ. «skripa», bolsa) f., gralm. pl. **Criadilla de carnero.*

escrito, -a 1 Participio adjetivo de «escribir». ⊙ m. Cosa escrita, de cualquier naturaleza, extensión, etc.: 'Había un escrito en la pared. Le mandó un escrito con sus quejas'. ⊙ Papel que contiene un escrito. **2** DER. Cualquier solicitud o alegato de las partes de un pleito o causa. **3** adj. *Se aplica a los productos naturales, por ejemplo a los melones, que tienen manchas o rayas semejantes a las de la escritura:* 'Un cabrito todo manchado y escrito'. ⇒ Escrita, escritilla.

ESCRITO DE AGRAVIOS. DER. El dirigido por un apelante a un tribunal superior, en que exponía los puntos en que se consideraba perjudicado por la sentencia del inferior.

V. «EJERCICIO escrito».

ESTAR ESCRITO. Ser fatal la cosa de que se trata. ⇒ *Destino.

PONER POR ESCRITO una cosa. Escribirla.

POR ESCRITO. Escribiendo la cosa de que se trata: 'Se resiste a comprometerse por escrito'.

escritor, -a 1 n. *Persona que escribe materialmente.* **2** (ant.) *Secretario o amanuense.* **3** Persona que escribe obras científicas o literarias. ⇒ *Escribir.

escritorio 1 m. *Mueble para guardar documentos, provisto de cajoncitos y divisiones que quedan cerrados, bien por una persiana, bien por una tapa que gira sobre charnelas fijas en su parte inferior. ≃ Buró. ⊙ Pequeño mueble semejante a ese, decorado con adornos de taracea y destinado especialmente a guardar *joyas. **2** *Mesa escritorio. **3** Sitio en donde se realizan los trabajos administrativos de un negocio. ≃ Despacho, *oficina. **4** (Cantb., Tol.) **Almacén cerrado donde se venden por mayor ropas y otros géneros.*

V. «OBJETOS de escritorio».

escritorista m. *Hombre que construía escritorios.*

escritorzuelo, -a n. Dim. desp. de «escritor».

escritura (del lat. «scriptūra») **1** f. Acción de *escribir. **2** Cosa escrita. ≃ Escrito. **3** *Documento notarial en que se consigna un compromiso o un acto del que se derivan derechos y obligaciones, como una compraventa o un testamento. **4** (frec. pl.) Sagrada[s] ESCRITURA[s]. **5** Manera de escribir. ⊙ Particularmente, sistema de signos usados para escribir: 'Escritura cuneiforme'. ⇒ *Letra.

SAGRADA[s] ESCRITURA[s] (frec. pl.). *Biblia.

escrituración f. Acción de escriturar.

escriturar 1 tr. o abs. Formalizar mediante escritura un ↘*contrato o acto semejante. **2** tr. *Contratar a un ↘artista, especialmente de teatro.*

escriturario, -a 1 adj. DER. De [la] escritura pública. **2** DER. Se aplica a lo que consta en escritura pública. **3** De la *Biblia. ⊙ m. Se aplica a la persona versada en asuntos de la Biblia.

escrocón (ant.) m. *Especie de túnica que se llevaba sobre la *armadura de guerra o el traje. ≃ Sobreveste.*

escrófula (del lat. «scrofŭlae», paperas) **1** f. MED. Cierto estado de debilidad general que predispone a algunas enfermedades y se manifiesta por inflamación de los ganglios, particularmente del cuello. ≃ Escrofulismo. ⇒ Lamparón, puerca. **2** MED. Escrofulosis.

escrofularia (de «escrófula», planta que se usó como medicamento para las paperas; *Scrophularia nodosa)* f. *Planta escrofulariácea de tallo nudoso, hojas acorazonadas y flores parduscas en panoja larga.

escrofulariáceo, -a (de «Scrophularia», género de plantas) adj y n. f. BOT. *Se aplica a las *plantas de la misma familia que la escrofularia, que son generalmente plantas herbáceas de todas las partes del mundo, con hojas alternas u opuestas, flores en inflorescencias y fruto en cápsula.* ⊙ f. pl. BOT. *Esa familia.*

escrofulismo m. MED. Escrófula.

escrofulosis (de «escrófula») f. MED. *Tuberculosis de los ganglios linfáticos, especialmente del cuello.

escrofuloso, -a adj. y n. MED. Afectado de escrofulosis.

escroto (del lat. «scrotum») m. ANAT. Saco muscular, prolongación de la pared ventral, que recubre los *testículos.

escrudiñar (del sup. lat. «scrutiniāre», de «scrutinĭum»; ant.) tr. **Escudriñar.*

escrupulillo (dim. de «escrúpulo») m. *Bolita o trocito de metal u otro material que se pone dentro del cascabel para que suene.*

escrupulizar («en») intr. *Tener escrúpulos u oponer escrúpulos a algo.*

escrúpulo (del lat. «scrupŭlus», guijarro pequeño) **1** m. *Piedrecilla que se mete en el *calzado.* **2** **Peso empleado antiguamente en farmacia, equivalente a 24 granos, o sea, 1,198 gr.* **3** ASTRON. **Minuto de círculo.* **4** («Sentir, Tener»; sing. o pl.) *Aprensión o temor que tiene alguien de que cierta acción que ha realizado o puede realizar no es moral, justa, buena o lícita. ≃ ESCRÚPULO de conciencia. ⊙ Freno que pone la *conciencia a actos de esta clase: 'Es un negociante sin escrúpulos'. ⇒ *Delicado, desaprensivo, escrupuloso. **5** («Tener, Dar»; sing. o pl.) *Aprensión de tomar algún alimento o usar alguna cosa por temor de que esté sucio, por haber sido usado por otra persona, etc.: 'Le da escrúpulo beber en el vaso de otro'. **6** Escrupulosidad.

ESCRÚPULO[s] DE CONCIENCIA. Expresión de significado claro.

escrupulosamente adv. Con escrupulosidad: 'Administró escrupulosamente los intereses de la asociación'. ≃ Honradamente, rectamente. ⊙ Con mucho cuidado y atención: 'Prepara escrupulosamente las recetas'. ≃ Cuidadosamente, meticulosamente.

escrupulosidad f. Cualidad o actitud de la persona escrupulosa (cuidadosa o delicada en su comportamiento).

escrupuloso, -a 1 adj. Propenso a sentir escrúpulos de conciencia. ≃ Aprensivo. **2** Propenso a sentir aprensión física. **3** Se dice de la persona que cumple sus deberes, realiza su trabajo o se comporta en sus relaciones con otra con rectitud y delicadeza.

□ CATÁLOGO

Aprensivo, dengoso, gazmoño, melindroso, meticuloso, *mojigato, *ñoño, remilgado, remirado, tiquismiquis. ➤ Aprensivo, de bien, cabal, *celoso, correcto, *cuidadoso, cumplidor, como es DEBIDO, *delicado, esmerado, estricto, exacto, fiel, *formal, honesto, *honrado, *íntegro, limpio, *minucioso, mirado, buen PAGADOR, probo, pundonoroso, puntual, rectilíneo, *recto. ➤ Escrupulosamente, religiosamente, *rigurosamente. ➤ Desaprensivo, *indelicado.

escrutador, -a adj. Aplicado particularmente a «mirada» u «ojos», en actitud de escrutar.

escrutar (del lat. «scrutāri») **1** tr. *Mirar una ↘cosa con mucha atención para descubrir algo en ella: 'Escrutar el horizonte'. ⇒ *Escudriñar. ➤ Inescrutable. **2** Hacer el recuento de ↘*votos en unas elecciones. ≃ Hacer el escrutinio.

escrutinio 1 m. *Acción de escrutar (mirar con atención).* **2** Operación de recontar los votos en una votación. ≃ Recuento.

escrutiñador, -a n. *Escudriñador.*

escuadra (de «escuadrar») **1** f. DIB. Utensilio de forma de triángulo rectángulo isósceles, o formado por dos reglas unidas en ángulo recto; sirve para trazar líneas perpendiculares o, con el auxilio de una regla, líneas paralelas. ⇒ Cartabón. ➤ Baivel, escuadría, gnomon. ➤ Lo usan como emblema los *masones. **2** Pieza con dos lados en ángulo recto con que se *refuerzan las uniones en ángulo de cualquier estructura. ⊙ Cualquier pieza semejante usada con cualquier objeto. **3** *Escuadría de los *maderos.* **4** MIL. Cierto número de soldados mandados por un cabo. ⊙ MIL. Cargo del cabo que manda uno de esos grupos. **5** **Cuadrilla: conjunto de obreros o personal que realiza cierto trabajo, particularmente al aire libre.* **6** MIL. Conjunto de *barcos de guerra de una nación. ⊙ MIL. Conjunto de barcos de guerra mandados por un almirante. ⇒ Armada, escuadrilla, flota, FUERZAS navales, MARINA de guerra. ➤ Almirante, navarca. ➤ Capitana, patrona.

ESCUADRA DE AGRIMENSOR. TOPOGR. *Instrumento origen del «cartabón», que constaba de 4 alidadas y servía para trazar alineaciones en ángulo recto o semirrecto.*

FALSA ESCUADRA. DIB. *Escuadra formada por dos reglas articuladas, utilizada para trazar ángulos.* ≃ Falsa REGLA, saltarregla.

V. «a CRUZ y escuadra».

A ESCUADRA. Aplicado a la manera de cortar, tallar, etc., una pieza, en *ángulo recto.

V. «CABO de escuadra, MOZO de escuadra».

escuadrado, -a Participio adjetivo de «escuadrar»: hecho a escuadra. ≃ Esquinado.

escuadrar (del sup. lat. «exquadrāre») tr. Trabajar una ↘cosa, por ejemplo las piedras, a escuadra. ⊙ Formar las *esquinas de una cosa a escuadra. ⇒ Esquinar.

escuadreo (de «escuadrar») **1** m. *Operación de *medir un terreno en unidades superficiales.* **2** *Operación de *serrar rollizos dividiéndolos en maderos o tablones.*

ESCUADREO Y ASERRÍO. *Esa última operación.*

escuadría 1 f. *Conjunto de las dos dimensiones de la sección transversal de un *madero tallado a escuadra.* ≃ Escantillón, escuadra. **2** (ant.) DIB. *Escuadra.*

escuadrilla 1 f. Escuadra de *barcos de pequeño porte. **2** Conjunto de *aviones que vuelan o evolucionan juntos.

escuadro[1] (ant.) m. *Cuadro.*

escuadro[2] m. **Escrita (pez).*

escuadrón (aum. de «escuadra») **1** m. Cada una de las secciones en que se divide un regimiento de *caballería. **2** *Cierta formación militar antigua.* **3** *Antiguamente, unidad militar formada por infantería y caballería.*

escuadronar tr. MIL. *Formar a los ↘soldados en escuadrones.*

escuadronista (ant.) m. MIL. *Militar entendido en la táctica de la caballería.*

escualidez f. Estado de escuálido.

escuálido, -a (del lat. «squalĭdus») **1** adj. *Muy *sucio.* **2** Aplicado a personas o animales, *flaco o *raquítico: extraordinariamente delgado. ⊙ Aplicado a *plantas, falto de lozanía o desarrollo. **3** adj. y n. ZOOL. *Escualo.* ⊙ m. pl. ZOOL. *Suborden que forman.*

escualo (del lat. «squalus») m. ZOOL. Cualquiera de los *peces selacios de cuerpo fusiforme y boca muy grande situada en la parte inferior de la cabeza; como el tiburón o el pez sierra.

escualor (del lat. «squalor, -ōris») m. *Escualidez.*

escucha 1 f. Acción de escuchar. ⇒ A la escucha. ⊙ ESCUCHA telefónica. **2** m. MIL. Centinela que se acerca por la noche a las posiciones enemigas para observarlas. **3** f. *En los conventos de monjas, la que acompaña a la que recibe visitas en el locutorio.* ⇒ Escuchadera. **4** *Antiguamente, *servidora que dormía cerca de la señora por si ésta la llamaba por la noche.* **5** n. RAD., TELEV. Persona encargada en las emisoras de escuchar las emisiones para detectar posibles errores. **6** f. *Ventana pequeña que había en las salas donde se reunían los consejos en palacio, por la que el rey podía escuchar lo que se trataba sin ser visto.* **7** (pl.) FORT. *Galerías que arrancan de frente al glacis y se reúnen en una galería central, cuyo objetivo es descubrir y detener a los minadores enemigos.*

ESCUCHA TELEFÓNICA. Acción de escuchar y grabar las conversaciones telefónicas de una persona a quien se ha intervenido el teléfono.

A LA ESCUCHA. Atento para oír algo.

escuchadera (ant.) f. *Escucha de convento.*

escuchaño, -a (ant.) adj. y n. *Aplicado a la persona que escucha indiscretamente.*

escuchar (del lat. vulg. «ascultāre», del lat. «auscultāre») **1** tr. *Atender para oír cierta ↘cosa. ⇒ *Atender, auscultar, beber, estar pendiente de la BOCA de, echarse al COLETO, estar pendiente de los LABIOS de, aguzar [o aprestar] el OÍDO, dar OÍDOS, oír, aguzar las OREJAS, estar pendiente de las PALABRAS de alguien, no perder RIPIO, sorber. ➤ Dejar con la PALABRA en la boca. **2** Dejarse influir por lo que dice ↘otro. ≃ *Atender. **3** (reflex.) Mostrar alguien satisfacción de sí mismo cuando habla, en lo que dice o en la manera de decirlo. ⇒ *Pedante. **4** (pop.) *Oír.

escuchimizado, -a (inf.) adj. Muy delgado y de aspecto débil o enfermizo. ≃ Esmirriado, *raquítico.

escuchita (de «escuchar»; inf.) f., gralm. pl. Cosa que se dice al oído de alguien en *secreto, o acción de hablar así: 'Las escuchitas al oído son de mala educación'.

escucho (de «escuchar»; Cantb., León) m. *Cosa dicha al oído en *secreto.*

escudado, -a 1 Participio adjetivo de «escudar[se]». **2** («en») Protegido por la cosa que se expresa: 'Escudado en la inmunidad parlamentaria'. **3** (ant.) adj. y n. m. *Se aplicaba al *soldado armado de escudo.*

escudaño (de «escudo»; Ál.) m. *Sitio resguardado del frío, generalmente orientado a mediodía.* ⇒ *Abrigo.

escudar 1 tr. Proteger a ↘alguien el [o con el] escudo. **2** *Proteger ↘algo o a alguien contra una amenaza o peligro. **3** («con, en, contra») prnl. Utilizar cierta cosa como defensa o pretexto para hacer o dejar de hacer lo que se expresa: 'Se escuda en sus ocupaciones para no meterse en nada'. ⇒ Abroquelarse, acorazarse, encastillarse, fortificarse, parapetarse, respaldarse, valerse de. ➤ *Defenderse, *excusarse.

escuderaje m. *Servicio del escudero.* ⇒ Escudería.

escuderante (ant.) adj. y n. m. *Aplicado al que escuderea.*

escuderear tr. *Servir o acompañar a ↘alguien como escudero.*

escudería 1 f. *Oficio de escudero.* ⇒ Escuderaje. **2** DEP. Conjunto de coches o motos de un mismo equipo de carreras, con sus respectivos pilotos, mecánicos, etc.

escuderil adj. Propio de escuderos. ≃ Escudero.

escuderilmente adv. *Al estilo escuderil.*

escudero, -a 1 adj. *Escuderil.* **2** m. *Servidor o paje que llevaba el escudo del señor mientras éste no lo usaba. ⇒ Pedorreras. **3** Cierto tipo de servidor que prestaba asistencia a su señor en las cosas establecidas, mediante una retribución. **4** Criado que servía a una señora en su antecámara y la acompañaba cuando salía de casa. **5** *Nombre dado antiguamente a las personas reconocidas como emparentadas con una casa noble.* ≃ *Hidalgo. **6** CAZA. **Jabalí nuevo que va con uno viejo.* **7** Fabricante de escudos.

escuderón (aum. de «escudero») m. **Fanfarrón.*

escudete (de «escudo») **1** m. Planchilla o pieza que se pone como *refuerzo; por ejemplo, la que se pone rodeando el orificio por donde se mete la llave en una cerradura. ≃ Escudo. ⊙ Particularmente, pequeño trozo de tela de forma triangular que se pone a veces como *refuerzo al final de las costuras que no llegan a la orilla de la tela, para que no se abran o no se rompa la prenda por ese sitio. **2** *Nenúfar (plantaninfeácea). **3** *Mancha de las que se hacen en las *aceitunas por causa de la lluvia.* **4** *Trozo de corteza que acompaña al brote que se *injerta en los injertos de escudete.*

escudilla (del lat. «scutella») f. *Vasija de forma semiesférica, semejante a un tazón, en que, en los pueblos, comen las sopas, las gachas y otras cosas con caldo. ⇒ Bol, cuenca, cuenco, gábata, tachuela, tazón. ➤ Tajadera.

escudillar **1** tr. *Echar la ↘*sopa o el *caldo en las escudillas o los platos, para tomarlo.* ⊙ **Verter el ↘caldo de la olla en la cacerola donde se va a hacer la sopa.* ≃ Escullar. **2** *Mangonear.* ≃ Escullar. **3** (Ar., Nav.) *Contar indiscretamente ↘lo que se sabe.* ⇒ *Chisme.

escudillo (dim. de «escudo») m. **Doblilla (moneda).*

escudo (del lat. «scutum») **1** («Embrazar») m. *Arma consistente en una plancha, generalmente de metal y de forma aproximadamente triangular con el lado superior recto y los dos laterales curvos, o cuadrada con una punta en el lado inferior, con que se cubría el cuerpo el combatiente, sujetándola con la mano izquierda. ⊙ Objeto que figura un escudo, sobre el que están representados los emblemas o armas de una ciudad, una nación, una familia noble, etc., las cuales lo usan como *distintivo. ⇒ *Heráldica. ⊙ *Insignia de cualquier cosa, de forma de escudo. **2** *Pieza de forma de *chapa que se aplica a algún sitio como *refuerzo; por ejemplo, la que se pone rodeando el orificio por donde se mete la llave en una cerradura. ≃ Escudete. ⊙ Escudete de reforzar los finales de costura. **3** ARTILL. *Plancha que llevan los *cañones para proteger a los que los manejan.* **4** *Defensa o protección. **5** *Moneda antigua de oro, de las que entraban 68 en un marco. ⊙ Moneda de plata que valía 10 reales de vellón. ⊙ Moneda portuguesa moderna. ⇒ Salute. **6** (ant.) *Almohadilla que se ponía sobre la cisura cuando se *sangraba.* **7** **Bólido (cuerpo celeste).* **8** MAR. *Parte exterior de la popa de un *barco.* ≃ Espejo. **9** MAR. *Tabla vertical que forma el respaldo del asiento de la popa en los botes.* **10** CAZA. *Espaldilla del *jabalí.*

ESCUDO PARTIDO EN [O POR] BANDA. El dividido por una banda.

V. «FLANCO del escudo».

□ CATÁLOGO

Forma prefija, «escut-»: 'escutiforme'. ➤ Adarga, broquel, cetra, clípeo, égida, parma, pavés, pavesina, pelta, rodela, tablachina, tarja, vacarí. ➤ Cleda, manta, mantelete, plúteo. ➤ Brazal, brocal, cazoleta, embrazadura, enarma, mira. ➤ Empavesada, galápago, pavesada, testudo. ➤ Abroquelarse, arrodelarse, broquelarse, embroquelarse, escudarse. ➤ Armífero, armígero, escudero.

escudriñable adj. Que puede escudriñarse.

escudriñador, -a adj. y n. Que escudriña.

escudriñamiento m. Acción de escudriñar.

escudriñar (de «escrudiñar») tr. Tratar de ver o averiguar los detalles menos manifiestos o las interioridades de una ↘cosa, o la intimidad de alguien. ⊙ *Mirar intensamente en un ↘sitio en busca de algo: 'Escudriñaba el mar en busca de alguna nave'. ≃ Escrutar. ⇒ Aciguatar, aguaitar, amaitinar, avizorar, deshollinar, escarbar, escarcuñar, escatimar, escrudiñar, escrutar, esculcar, espulgar, *fisgar, hurgar, *investigar, otear. ➤ *Buscar. *Curiosear. *Observar.

escudriño m. Acción de escudriñar.

escuela (del lat. «schola», del gr. «scholḗ») **1** f. Establecimiento donde se da a los niños, y a veces a los adultos, la primera *enseñanza. ⊙ *Edificio en que está instalado. ⇒ Amiga, *colegio, JARDÍN de infancia, kindergarten, labor, parvulario. ➤ Amiga, maestrescuela, *maestro. ➤ Magisterio. ➤ Cartel, *encerado, menaje, pizarra, puntero, pupitre. ➤ Palmatoria, palmeta. ➤ Vale. ➤ *Colegio. **2** Se llaman también escuelas los establecimientos en que se cursan algunos estudios superiores, especialmente de tipo técnico; como comercio, ingeniería, arquitectura, etc.; así como las de enseñanzas artísticas: 'Escuela de bellas artes [o de cerámica]'. **3** Conjunto de los alumnos y profesores de los establecimientos de enseñanza llamados «escuelas». **4** Conocimientos teóricos o prácticos de alguna cosa adquiridos ejercitándose y con la dirección de un maestro o profesor: 'Tiene buena disposición para el piano, pero le falta escuela'. Son frecuentes las expresiones «buena escuela, mala escuela». **5** Métodos o sistema de enseñanza de un maestro o profesor. **6** Se aplica como nombre calificativo a cosas que constituyen una fuente de enseñanzas o de experiencia: 'La escuela de la vida [o del dolor]'. **7** Conjunto de personas que en filosofía, ciencia o arte siguen una misma *doctrina o tienen estilo, procedimientos, etc., comunicados de unos a otros, que dan unidad al grupo. ⊙ Conjunto de esas personas, sus obras, su estilo, etc.: 'Un cuadro de la escuela flamenca'. ⊙ Conjunto de los discípulos o seguidores de un maestro, o de ellos y sus obras: 'La escuela de Ramón y Cajal'. **8** (pl.) *Antiguamente, sitio donde estaban los *estudios generales.*

V. «BUQUE escuela».

ESCUELA MILITAR. Escuela en que se cursan estudios para ingresar como oficial en alguna de las distintas armas del ejército. ⇒ Cadete, galonista.

E. NORMAL. Antigua denominación de los establecimientos de enseñanza donde se forman los maestros de primera enseñanza. ≃ Normal.

E. DE PÁRVULOS. La de los niños más pequeños.

ESCUELAS PÍAS. Orden religiosa fundada a fines del siglo XVI por San José de Calasanz. ⇒ Escolapio, escolástica.

V. «GRANJA escuela».

escuelante (Col.) n. *Escolar.*

escuelero, -a **1** (Arg., Ven.) n. *Escolar.* **2** (Hispam.; pop) **Maestro de escuela.*

escuerzo **1** m. *Sapo. **2** (inf.) m. *Persona *flaca.*

escuetamente adv. De manera escueta.

escueto, -a (¿del b. lat. «scotus», escocés?) **1** adj. Aplicado a obras, particularmente de arte, sin adornos o detalles superfluos. **2** Aplicado al lenguaje, sin rodeos o sin palabras innecesarias: 'La verdad escueta'. ⇒ Descarnado, descubierto, desnudo, despojado, lacónico, limpio, mero, mondo, MONDO y lirondo, neto, a PALO seco, pelado, *preciso, puro, *simple, *sobrio, *solo, sucinto. ➤ *Breve. *Conciso.

escueznar (Ar.) tr. *Sacar los escueznos de una ↘nuez.*

escuezno (Ar.) m. *Gajo de *nuez.* ⇒ Escoznete.

escuincle, -a (del nahua «itzcuintli», perro sin pelo; Méj.; inf.) n. **Niño o muchacho.*

esculáceo, -a adj. BOT. *Hipocastanáceo.*

esculca (de «esculcar»; ant.) f. **Espía o explorador.*

esculcar (del germ. «skulkan», espiar) **1** tr. o abs. **Escudriñar o *espiar ↘algo.* **2** (And., Hispam.) tr. **Registrar una ↘cosa en busca de algo oculto.* **3** (Extr.) *Espulgar a ↘alguien.*

esculco (Col., Méj.) m. *Registro o cacheo para buscar algo oculto.*

escullador (de «escullar») m. *Vaso de lata con que en algunos sitios se saca el *aceite del pozuelo del molino cuando está hondo.*

escullar (de «escudillar») tr. **Verter el ↘caldo o la sopa en las escudillas o los platos.* ≃ Escudillar.

escullir **1** (Mur.) intr. **Resbalar o *caer.* **2** (Mur.) prnl. **Escabullirse.*

escullón (de «escullir»; Mur.) m. *Resbalón.*

esculpidor, -a (ant.) n. *Escultor.*

esculpidura (ant.) f. *Grabado.*

esculpir (del lat. «sculpĕre»; «a, en») tr. Hacer una ↘*escultura quitando trozos del material con que se hace: 'Esculpir a cincel. Esculpir en mármol'. ≃ Cincelar, labrar, tallar.

esculta (ant.) f. *Esculca (*espía).*

escultismo (del ingl. «scout», explorar, influido por el cat. «ascoltar») m. Prácticas deportivas, principalmente de excursionismo, de la asociación de jóvenes llamada en inglés «Boy Scouts», implantada en España con el nombre de «Exploradores de España».

esculto, -a *Participio antiguo de «esculpir».*

escultor, -a n. Artista que hace esculturas.

escultórico, -a adj. De [la] escultura.

escultura (del lat. «sculptūra») **1** f. *Arte de representar objetos o de crear formas bellas de bulto, con un material cualquiera, como barro, yeso, madera, piedra o bronce. **2** Obra hecha con ese arte.

□ CATÁLOGO

Estatuaria, grabado, iconología, modelado, plástica, repujado, talla, vaciado. ➤ Ceroplástica, mazonería. ➤ Cortado. ➤ Amorcillo, anaglifo, atlante, blasón, bulto, busto, canéfora, cariátide, coloso, copión, cornucopia, desnudo, díptico, efigie, esfinge, estatua, estela, figulina, figura, filacteria, genio, grupo, herma, *imagen, jarrón, koré, kurós, maniquí, mascarilla, mascarón, mausoleo, medalla, medallón, moneda, muñeco, predela, relieve, alto RELIEVE, bajo RELIEVE, medio RELIEVE, todo RELIEVE, retablo, retrato, santo, sarcófago, tanagra, terracota [o terracotta], torso, venus. ➤ PAJARITA DE PAPEL. ➤ Hornacina. ➤ De BULTO redondo, ecuestre, de género, hierático, orante, policromado, primitivo, sedente, yacente. ➤ Copia, repetición, reproducción. ➤ Academia, estudio. ➤ Anatomía, composición, encarnación, expresión, paños. ➤ Entallar, entretallar, esculpir, insculpir, labrar, modelar, tallar. ➤ Abollonar, anatomizar, bocelar, bosquejar, celar, cincelar, desbastar, dolar, encarnar, enlenzar, escarpar, estilizar, estofar, grabar, policromar, meter en PUNTOS, sacar de PUNTOS, relevar, repujar, vaciar. ➤ Alabastro, barro, bronce, escayola, estuco, madera, mármol, piedra, plastelina [o plastilina], yeso. ➤ Cincelador, esculpidor, escultor, figurero, grabador, imaginero, tallista. ➤ Cercador, cincel, DIENTE de perro, escarpelo, escoplo, estique, palillo, recercador. ➤ *Museo, MUSEO de reproducciones. ➤ ARTES plásticas. ➤ Modelo. ➤ Módulo. ➤ Molde. ➤ *Taller. ➤ *Arte. *Estilo.

escultural adj. Como de escultura, por su *belleza: 'Formas esculturales. Belleza escultural'.

escuna (del port. «escuna») f. *En marina, *goleta.*

escupetina f. *Escupitina.*

escupidera **1** f. Recipiente destinado a escupir en él. ⇒ Dornillo, escupidor, salivadera. **2** *Orinal.*

PEDIR LA ESCUPIDERA. **1** (Hispam.) *Acobardarse, tener miedo.* **2** (Hispam.) *Considerarse vencido.*

escupidero m. *Sitio donde se escupe.* ⊙ *Persona que está en situación adecuada para ser tratada con *desprecio o recibir desprecios.* ⊙ *Esa situación.*

escupido, -a **1** Participio adjetivo de «escupir». **2** (sin preposición) *Se aplica a la persona muy *parecida a otra que se expresa:* 'Esta niña es escupida su madre'. **3** m. *Escupitajo.

escupidor, -a **1** adj. *Se aplica a la persona que tiene costumbre de escupir.* **2** (Hispam.) m. *Escupidera.* **3** (Col.) *Estera de esparto redonda.* ≃ *Ruedo.

escupidura **1** f. Cosa que se escupe o expulsa de la boca. **2** **Calentura (pupa formada en los labios a consecuencia de la fiebre).*

escupir (del sup. lat. «exconspuĕre») **1** intr. Expulsar *saliva de la boca. ⇒ *Expectorar. **2** tr. *Arrojar de la boca cualquier ↘cosa. **3** *Arrojar una cosa ↘algo de su interior con violencia: 'El volcán escupe lava. La ametralladora escupe balas'. **4** Brotar a la superficie de un cuerpo o escurrir de él ↘algo que contiene en su masa: 'Las baldosas escupen el salitre. El requesón escupe el suero'. ≃ *Soltar, dar. ⊙ *Brotar una *erupción en la superficie de la piel.* **5** **Apartar de sí ↘algo repugnante.* **6** *Despreciar: 'Si hace eso, le escupirán todos'. ≃ Escupir a la CARA. **7** (vulg.) Confesar una persona ↘lo que sabe. ≃ Cantar.

V. «escupir a la CARA, al que al CIELO escupe a la cara le cae, escupir por el COLMILLO».

escupitajo **1** (inf.) m. Porción de saliva o de secreciones del aparato respiratorio lanzadas por la boca de una vez. ≃ Salivajo. **2** (inf.) *Con respecto a una persona, otra que se le *parece muchísimo:* 'El chico es un escupitajo de su padre'.

escupitina f. *Escupitajo.* ≃ Escupetina.

escupitinajo m. Escupitajo.

escupo m. *Escupitajo o *esputo.*

escurana (ant. y usado aún en Hispam.) f. *Oscuridad.*

escurar[1] (del sup. lat. vulg. «excurāre», cuidar) tr. *En el trabajo de los ↘*paños, limpiarlos del aceite con greda y jabón antes de abatanarlos.*

escurar[2] (ant.) tr. *Oscurecer.*

escuras A ESCURAS (ant.) *A oscuras.*

escurecer (ant.) intr. *Oscurecer.*

escurecimiento (ant.) m. *Oscurecimiento.*

escureta (de «escurar»; Pal.) f. *Especie de peine de púas largas y dobladas en ángulo recto, que se emplea en los telares para quitar el pelo que queda en los palmares al cardar las mantas.*

escureza (ant.) f. *Oscuridad.*

escurialense adj. y, aplicado a personas, también n. De El Escorial (pueblo o monasterio). ⇒ Gurriato.

escuridad (ant.) f. *Oscuridad.*

escuro, -a (ant.) adj. **Oscuro.*

escurra (del lat. «scurra») m. **Bufón.*

escurreplatos m. Utensilio, generalmente colgado encima del *fregadero, en el que se ponen verticalmente a escurrir los platos que se van fregando. ≃ Escurridera, escurridero, escurridor, escurridora. ⇒ Secaplatos.

escurribanda (de «escurrir[1]») 1 (inf.) f. *Acción de *marcharse de un sitio las personas que están en él, precipitadamente o todas a la vez:* 'Hubo una escurribanda al poco rato de empezar la conferencia'. ≃ Desfile. 2 **Diarrea.* 3 **Secreción intensa de un humor.* 4 **Paliza o *riña en que hay muchos golpes.* ≃ Zurribanda.

escurridera f. **Escurreplatos.*

escurridero m. **Escurreplatos.* ⊙ *Cualquier utensilio o sitio a propósito para escurrir algo.*

escurridizo, -a adj. Se aplica a lo que se escurre con facilidad: 'Escurridizo como una anguila'. ⊙ Se aplica a lo que es difícil de *agarrar o fijar: 'Una idea escurridiza'. ⊙ (inf.) Se aplica a la persona que se escabulle con habilidad para evitar algo que le molestaría o le pondría en un aprieto. ⊙ Se aplica en sentido material o figurado a terrenos u otras cosas que son a propósito para escurrirse en ellos: 'Una ladera escurridiza. Un asunto escurridizo'. ≃ Resbaladizo. ⇒ *Inaprensible.

HACERSE alguien EL ESCURRIDIZO (inf.). Escabullirse para evitar algo que le molestaría o le pondría en un aprieto: 'Cuando le pides que defina su postura, se hace el escurridizo'.

escurrido, -a (de «escurrir») 1 Participio adjetivo de «escurrir[se]». 2 Aplicado a personas, particularmente mujeres, *delgado y sin curvas: 'Un hombre escurrido de caderas. Una mujer escurrida de pecho'. 3 *Se aplicaba a la mujer que llevaba la *falda muy estrecha.* 4 (Méj., P. Rico) *Avergonzado.* ≃ Corrido.

V. «HOJA escurrida».

escurridor o, no frec., **escurridora** m. o f. *Escurreplatos o cualquier utensilio que sirve para escurrir. ⊙ Colador grande que sirve para escurrir las verduras o cosa semejante.

escurriduras (de «escurrir[1]») f. pl. Lo que se saca o puede sacar de una cosa escurriéndola o *agotándola. ⊙ (inf.) Lo *último que se saca de cualquier cosa, ya de poco valor. ⇒ *Resto.

escurrilidad (del lat. «scurrilĭtas, -ātis»; ant.) f. *Bufonada.*

escurrimbres (de «escurrir[1]») f. pl. *Escurriduras.*

escurrimiento m. *Acción de escurrir[se].*

escurrir[1] (del lat. «excurrĕre») 1 tr. *Verter de una ↘vasija, sosteniéndola invertida, las últimas gotas del ↘líquido que ha contenido: 'Escurrir la aceitera [o el aceite de la aceitera] antes de fregarla'. ⊙ Hacer o dejar que una ↘cosa suelte o deje caer el *líquido en que está empapada o mojada o que está pegado a alguna parte de ella: 'Se moja el trapo y después se escurre. Escurrir la verdura en el colador. Escurrir la cuchara en el borde del plato'. ⊙ intr. Dejar caer una cosa el líquido que contiene o de que está empapada: 'El tiesto [o la ropa] está escurriendo todavía'. El sujeto puede ser también el líquido: 'El agua que ha escurrido del paraguas ha hecho un charco'. ⇒ Chorrear, destilar, escorir, gotear. ➤ *Rezumar. *Secar. 2 Ser o estar resbaladizo: 'El suelo escurre'. ≃ *Resbalar. ⊙ prnl. *Deslizarse alguien o algo por encima de una superficie resbaladiza. ≃ Resbalarse. 3 («de, entre, de entre») *Escaparse una cosa resbalando, por ejemplo de entre las manos: 'La anguila se escurrió y se ocultó debajo de una piedra'. 4 Escabullirse alguien de una responsabilidad, dificultad, riesgo, etc. 5 (inf.; «en») **Excederse o *exagerar en alguna acción:* 'Se escurrió en la reprimenda [o en la propina]'. ≃ Pasarse. 6 *Marcharse disimuladamente. 7 (ant.) tr. *Recorrer ↘sitios para inspeccionarlos.*

V. «escurrir el BULTO, ESCURRIR EL HOMBRO».

escurrir[2] (del b. lat. «excorrigĕre», conducir; ant., usado aún en Ast., Cantb., Pal.) tr. *Salir acompañando a una ↘persona para *despedirla.*

escusa (del lat. «absconsus», escondido) 1 f. *Escusabaraja.* 2 *Cualquiera de los provechos y ventajas que por especial condición y pacto disfrutan algunas personas según los estilos de los lugares.* 3 *Derecho que el dueño de una ganadería o de una finca concede a sus guardas, pastores, etc., para que puedan apacentar, sin pagar renta, algunas cabezas de *ganado suyas, como parte de la retribución convenida.* 4 *Conjunto de las cabezas de ganado a que se aplica este derecho.* 5 *Cada una de las reses a que se aplica.* ⇒ Horro.

escusabaraja (de «escusa» y «baraja») 1 f. *Cierta *cesta de mimbre con tapa, que sirve para llevar cosas.* ≃ Excusabaraja. 2 (ant.) MAR. *Cuerpo muerto.*

escusadas (de «escusa») A ESCUSADAS (ant.) **Oculta o clandestinamente.* ≃ A escuso. ⇒ A escondidas.

escusado, -a (de «escusa») 1 adj. **Reservado; no usado ordinariamente:* 'Habitación escusada'. ≃ Excusado. 2 **Oculto o en sitio poco visible:* 'Puerta escusada'. 3 (de «cuarto escusado») m. **Retrete.*

escusalí m. **Delantal pequeño.* ≃ Excusalí.

escusano, -a (de «escusa»; ant.) adj. **Oculto o encubierto.*

escusaña (de «escusa») f. *Campesino que, en tiempo de guerra, *espiaba los movimientos del enemigo.*

escuso A [o EN] ESCUSO (ant.) *A escondidas, ocultamente.* ≃ A escusadas.

escusón (de «escusa») 1 m. *Reverso de una *moneda, que tiene representado un escudo.* 2 HERÁLD. *Escudo pequeño que está sobre otro.* ≃ Sobreltado.

escúter (del ingl. «scooter»; pl. «escúteres») 1 m. *Motocicleta ligera, carenada, con cuadro abierto y una plataforma donde pueden colocarse los pies. ≃ Scooter. 2 (Pan., P. Rico) *Patinete.* ⇒ *Patín.

escutiforme (del lat. «scutum» y «-forme») adj. De forma de escudo. ⊙ Se aplica particularmente a las *hojas.

escuyer de cocina (del fr. ant. «escuyer tranchant») m. *Oficio de *palacio, según la etiqueta de la casa de Borgoña, equivalente a lo que en Castilla se llamaba «veedor de vianda».*

esdrujulizar 1 tr. *Hacer esdrújula una ↘palabra.* 2 *Usar con frecuencia palabras esdrújulas.*

esdrújulo, -a (del it. «sdrucciolo») adj. GRAM. Se aplica a las palabras que llevan el acento de intensidad en la antepenúltima sílaba; como «cánula» o «pínula», y a este acento. ≃ Proparoxítono. ⇒ Sobresdrújulo.

ese[1] f. Letra «s». ⊙ Figura como la de la ese: 'El río cruza la llanura haciendo eses'. ⊙ También se aplica a objetos de *forma de ese; por ejemplo, a los eslabones de *cadena que la tienen.

ESE LÍQUIDA. Ese inicial seguida de consonante que constiuye una sílaba por sí sola; como la de las palabras inglesas «sprint » o «sport».

ESE O ESE. V. «SOS».

HACER ESES. *Andar describiéndolas, como hacen los borrachos.

ese[2], -a, -o (del lat. «ipse, -a, -um»; pl. de «ese», «esos»; como pron., a excepción de «eso», puede llevar tilde en la primera vocal) 1 adj. y pron. dem. Se aplica a cosas que están más próximas de la persona a quien se habla que de la que habla: 'Esa [corbata] que tienes en la mano es la que me gusta'. ⊙ A algo que no está muy alejado de ambas, aunque tampoco inmediato: 'Esa de enfrente es mi casa'. ⊙ A algo que se acaba de decir: 'Eso [mismo] es lo que yo pienso'. ⇒ Aqueso, esotro. **2** (en f.) pron. dem. En las cartas, particularmente en las comerciales, se designaba con el pronombre «esa» la población donde está el destinatario de ella: 'Llegaré a esa el lunes próximo'. **3** «Eso» se emplea como expresión reticente con el significado de «lo que ya sabes»: '¿A qué vienes? —Pues... a eso'. ⊙ Valor semejante tiene en ciertas frases desusadas: 'Eso se me da que me den ocho reales en sencillo que una pieza de a ocho'. *(Quijote* I, 2.) ⇒ ...y eso.

¡A ese! Grito con que se incita a *apresar o detener a alguien que huye.

A ESO DE. Aproximadamente a: 'A eso de las nueve, ya estábamos en casa'.

AUN CON ESO. Expresión *adversativa que equivale a «a pesar de eso»: 'Aun con eso no me atrevo a marcharme'. ⇒ Ni aun con eso.

¿CÓMO ES ESO? Expresión, pronunciada en tono más o menos exclamativo, con que se muestra *extrañeza o sorpresa por algo que se ve o se oye.

CON ÉSAS («Venir»). Expresión con que alguien muestra su *disgusto y rechazo por algo sobreentendido que otro ha hecho o dicho anteriormente: 'Si me viene con ésas, me marcho. ¿A mí, con ésas? No, por favor'.

V. «eso es otra COSA».

EN ESO. *Entonces: 'En eso llegaron los perros'.

¡ESA ES OTRA! Expresión con que se indica preocupación o *disgusto ante una nueva dificultad. ⇒ *Disgustar.

¡ESO, ESO! ¡Eso mismo!

¡ESO MISMO! Exclamación de aprobación o asentimiento.

LEJOS DE ESO. Expresión *adversativa con que se expresa que lo dicho en la oración principal, que sigue a esa expresión, se realiza, en contra de lo que es natural o razonable o podría esperarse, en vez de algo que está representado por «eso»: 'Parece que debía de estar agradecido; pues, lejos de eso, le hace todo el daño que puede'.

NI [AUN] CON ESO. Expresión que tiene el mismo significado de «aun con eso», seguida de una oración afirmativa: 'Ni [aun] con eso me atrevo a marcharme'.

NI POR ESAS. Expresión con que se comenta la imposibilidad de hacer o conseguir cierta cosa: 'Le prometí que le pagaría bien, pero ni por esas'.

NO ES ESO. Expresión muy frecuente de *contradicción.

¡PARA ESO...! Exclamación de *desilusión o de *desprecio por la *desproporción entre una cosa y el esfuerzo que ha costado o lo que se esperaba.

POR ESO. **1** Expresión muy frecuente para referirse al *motivo que explica o justifica cierta cosa: 'Por eso no quería decirnos a dónde iba'. **2** Por ESO mismo.

POR ESO MISMO [CABALMENTE, JUSTAMENTE, PRECISAMENTE]. Expresión con que se convierte en razón en contra de cierta cosa algo que podía tomarse como razón a favor: 'Pero eso te favorece a ti. —Por eso mismo no puedo aceptarlo'. ≃ Por eso.

¿QUÉ ES ESO? Exclamación interrogativa de asombro o de *disgusto.

V. «¡eso ES!, ¿esas TENEMOS?, con TODO y con eso, en VEZ de eso, si en VEZ de eso».

Y CON ESO. Expresión *concesiva que equivale a «y a pesar de eso».

... Y ESO. Expresión expletiva con que se termina una exposición, enumeración, etc.

Y ESO POR [O PORQUE]. Expresión con que se indica que cierto resultado expuesto antes, aun incompleto o insuficiente como es, no se hubiera obtenido sin la cosa que se expresa a continuación: 'No le dio nada, y eso porque era domingo'. ⇒ *Causa.

Y ESO QUE. Expresión *concesiva, semejante a «aunque», pero que acentúa la incongruencia entre las dos oraciones enlazadas: 'Ha llegado tarde, y eso que no tenía nada que hacer'. A veces, significa que cierto efecto expresado por la oración principal es muy grande, a pesar de la *atenuación que supone lo expresado en la afectada por «y eso que»: 'Casi se desmayó, y eso que no le dijimos toda la verdad'.

¿Y ESO QUÉ? Expresión familiar con la que se da a entender que cierta cosa dicha por otra persona no influye en la cosa de que se trata: 'No tengo bastante dinero. —¿y eso qué?'. ⇒ *Indiferente.

□ NOTAS DE USO

Como adjetivo se escribe siempre sin acento; como pronombre, se escribe también siempre sin acento la forma neutra «eso»; en cuanto a las otras, su acentuación no es obligatoria, excepto en los casos en que hay posibilidad de anfibología.

esecilla (dim. de «ese[1]») f. Cualquier pieza pequeña en forma de ese. ≃ Alacrán. ⇒ *Gancho.

eseíble (de «eser»; ant.) adj. FIL. *Susceptible de ser.* ≃ *Posible.

eseidad f. FIL. *Cualidad o circunstancia de ser.* ⇒ *Esencia.

esencia (del lat. «essentĭa») **1** f. FIL. Cada ser, considerado en aquello por lo cual es lo que es, o sea, en lo que es permanente y necesario en él para que corresponda a la idea que comporta su nombre, prescindiendo de los accidentes o notas que pueden existir, cambiar o dejar de existir en él sin que esa correspondencia se destruya: 'La esencia divina. La esencia del liberalismo'. **2** Hecho o circunstancia de *ser o *existir. ≃ Entidad, realidad. **3** Lo esencial; la parte esencial. *Compendio de lo más importante de una cosa: 'En este tomito está la esencia de la física'. **4** Lo más importante y característico de una cosa: 'La esencia del cristianismo es la caridad'. **5** *Extracto concentrado de los principios que dan olor o sabor a una sustancia: 'Esencia de café'. ⊙ Si no se expresa de qué, se entiende un *perfume: 'Un frasco de esencia'. **6** Cosa en que se halla concentrada o en gran escala la cualidad que se expresa: 'Ese muchacho es la esencia de la cortesía. Un baile que es la esencia de la flamenquería'. ⇒ Modelo. **7** QUÍM. Cualquiera de ciertas sustancias líquidas compuestas de hidrocarburos, que se asemejan por sus caracteres físicos a las grasas pero son volátiles y de olor penetrante; son producidas por plantas de diversas familias, como las abietáceas, las labiadas, las rutáceas o las umbelíferas; como la esencia de clavo, el estacte, la mirra o la trementina. ≃ ACEITE esencial, ACEITE volátil. ⇒ Terpeno. **8** **Gasolina.*

ESENCIA DE CLAVO. La obtenida de las flores de la *Eugenia aromatica*.

EN ESENCIA. **1** Esencialmente: 'Las dos cosas son en esencia lo mismo'. **2** Prescindiendo de detalles: 'Me contó en esencia lo sucedido'. ⇒ *Principal.

POR ESENCIA. Se aplica a «ser» para expresar que la cualidad designada por el atributo es característica del sujeto: 'El español es por esencia apasionado'. ≃ Esencialmente.

LA QUINTA ESENCIA. **1** Quinto elemento, muy sutil, de que hablaban algunos filósofos antiguos como integrante del *mundo. ⊙ Entre los alquimistas, principio fundamental de la materia. **2** Lo más *puro y concentrado de una cualidad, representado por alguien o algo: 'La quinta esencia de la gazmoñería'. ≃ Esencia, quintaesencia.

□ CATÁLOGO

Sustancia. ➤ Cosa, eseidad, existencia, idea, identidad, mesmedad, mónada, naturaleza, noúmeno, objeto, realidad, ser, sustrato. ➤ Informar. ➤ Alma, base, bloque, *centro, contenido, cuerpo, *enjundia, entraña, espíritu, fondo, fundamento, grueso, *importancia, *interés, masa, gran MASA, médula, meollo, miga, migajón, PARTE esencial, PUNTO fundamental, *sustancia, tuétano, valor. ➤ Clave, intríngulis, PUNTO delicado, quid, toque. ➤ Cifra, *compendio, extracto, *resumen, síntesis. ➤ Básico, cardinal, consustancial, esencial, fundamental, imprescindible, indispensable, ingénito, inherente, inmanente, *innato, inseparable, ínsito, intransmisible, intrínseco, natural, *necesario, primario, primero, primordial, *principal, *propio, sustancial. ➤ Fundamentalmente, imprescindiblemente, indispensablemente, intrínsecamente, por naturaleza, naturalmente, *necesariamente, primariamente, primeramente, primordialmente, principalmente, propiamente, sustancialmente. ➤ Per se, de sí, de suyo. ➤ Ir al GRANO. ➤ *Accesorio, *detalle, *secundario.

esencial 1 («a, en, para») adj. Se aplica a lo que constituye la esencia de la cosa de que se trata, o sea, que no puede faltar en ella: 'La inteligencia es esencial en el hombre'. ⊙ De importancia tan grande que no se puede prescindir de ello: 'El respeto a la palabra dada es esencial en los tratos humanos. No es esencial que llegues antes de las nueve'. ⇒ *Necesario. 2 De esencia: 'Aceites esenciales'. 3 MED. *Se aplica a los *síntomas no atribuibles a ninguna enfermedad concreta o de origen desconocido:* 'Fiebre esencial'. ≃ Primario.

LO ESENCIAL. Lo más importante o lo *necesario: 'Lo esencial es que tenga buena voluntad'.

esencialidad f. Cualidad de esencial. ⊙ Circunstancia de ser esencial una cosa.

esencialismo m. FIL. Teoría filosófica que sostiene que la esencia tiene primacía sobre la existencia.

esencialmente 1 adv. En lo que constituye la esencia de la cosa de que se trata: 'Las dos cosas son iguales en apariencia, pero esencialmente distintas'. ≃ En esencia. 2 De manera esencial. ≃ Por esencia.

esenciarse (ant.) prnl. **Unirse íntimamente con otro ser.*

esenciero m. Frasco o *vasija para esencias.

esenio, -a (del lat. «Essēni, -ōrum») adj. y n. Se aplica a los individuos de cierta secta de los *judíos antiguos que practicaba la comunidad de bienes y tenía costumbres sencillas y humildes. ⊙ m. pl. Esa secta.

eseoese V. «SOS».

eser (del sup. lat. «essĕre», de «esse», ser; ant.) intr. *Ser.*

eseyente (de «eser»; ant.) adj. y n. m. *Se aplica al que o lo que es.* ⊙ *Siendo.*

eseyer (ant.) intr. *Ser.*

esfacelarse (de «esfacelo») prnl. MED. *Mortificarse o gangrenarse un tejido.*

esfacelo (del gr. «sphákelos», gangrena) m. MED. *Porción de tejido mortificado en una herida.*

esfenisciforme 1 adj. y n. m. ZOOL. *Se aplica a las *aves del orden al que pertenecen los pájaros bobos, que son aves no voladoras, pero hábiles nadadoras, exclusivas del hemisferio austral.* 2 m. pl. ZOOL. *Orden que forman.*

esfeno m. *Titanita (*mineral).*

esfenoides (del gr. «sphēnoeidḗs», de forma de cuña) adj. y n. m. ANAT. Se aplica al hueso lateral del *cráneo, situado entre el frontal, el etmoides y el occipital, semejante a un murciélago con las alas extendidas.

esfenosira f. *Cierta *alga del golfo de Méjico.*

esfera (del lat. «sphaera», del gr. «sphaîra») 1 f. GEOM. Superficie o cuerpo tal que cualquier sección del mismo por un plano es una circunferencia o un círculo. 2 (lit.) Esfera terrestre. 3 (lit.; a veces pl.) ESFERA celeste. 4 *Clase social de una persona y demás circunstancias sociales que la rodean: 'No quiere salirse de su esfera'. ≃ *Ambiente, círculo, medio. ⊙ Conjunto de cosas a que se extiende la actividad de alguien: 'Pocos compiten con él en su esfera profesional'. ≃ Ámbito, *campo, órbita. 5 Círculo en que están marcados los números, sobre el que giran las manecillas del *reloj o de cualquier instrumento semejante, como, por ejemplo, el manómetro. ⇒ Dial, disco, mostrador, muestra.

ESFERA ARMILAR. ASTRON. Representación mediante aros cuyo centro ocupa la tierra, de la esfera celeste y las trayectorias de los astros. ≃ GLOBO celeste.

E. CELESTE. *Esfera ideal de extensión ilimitada, cuyo centro es el observador, en la cual están los astros. ≃ Cielo.

E. OBLICUA. *Esfera celeste para los habitantes de la Tierra, cuyo horizonte es oblicuo al Ecuador, o sea, de la zona situada entre el Ecuador y los polos.*

E. PARALELA. *Esfera celeste para un observador situado en un polo, cuyo horizonte sería paralelo al Ecuador.*

E. RECTA. *Esfera celeste para los habitantes del Ecuador, cuyo horizonte corta perpendicularmente a este.*

E. TERRESTRE. La tierra, o su representación sobre una *esfera. ≃ GLOBO terráqueo.

□ CATÁLOGO

Agallón, bola, bomba, canica, *cuenta, glóbulo, grano, *pelota, píldora, pompa, vertello. ➤ Globular, globuloso. ➤ Alcora, astrolabio, BÓVEDA celeste, CAPA del cielo, cielo, esferoide, firmamento, GLOBO celeste. ➤ Arganel, espera, globo, GLOBO terráqueo, *mundo, orbe. ➤ FIGURA celeste, TEMA celeste. ➤ Casquete, cenit, centro, corona esférica, diámetro, eje, hemisferio, HEMISFERIO austral [boreal, occidental u oriental], HUSO esférico, meridiano, nadir, paralelo, polo, radio, SECTOR esférico, SEGMENTO esférico, semiesfera, TRIÁNGULO esférico, zona. ➤ Latitud, longitud. ➤ Aerosfera, atmósfera, estratosfera, hidrosfera, litosfera, mesosfera, onosfera, pirosfera, troposfera. ➤ Esferal, esférico, esferoidal, hemisférico, semiesférico. ➤ *Astronomía. *Espacio. *Redondo. *Tierra.

esferal adj. GEOM. *Esférico.*

esfericidad f. GEOM. Cualidad de esférico.

V. «ABERRACIÓN de esfericidad».

esférico, -a 1 adj. GEOM. De [la] esfera. ⊙ De forma de esfera o de casquete esférico. ⊙ GEOM. De [o del] esferoide. ⊙ De figura de esferoide. 2 m. DEP. En *fútbol, balón: 'El jugador avanza con el esférico'.

V. «CASQUETE esférico, TRIGONOMETRÍA esférica».

esferista (de «esfera»; ant.) m. **Astrólogo o astrónomo.*

esfero (Col.) amb. *Apóc. de «esferográfico, -a».*

esferográfico o **esferográfica** (Col.) m. o f. **Bolígrafo.*

esferoidal adj. GEOM. De [o del] esferoide.

esferoide (del lat. «sphaeroīdes», del gr. «sphairoeidḗs») m. GEOM. Cuerpo de forma sólo aproximadamente esférica; como la Tierra.

esferómetro (del lat. «sphaera» y «-metro») m. Utensilio empleado para determinar la curvatura de una superficie esférica.

esfigmo (del gr. «sphygmós», latido) m. MED. **Pulso.*

esfigmógrafo (de «esfigmo» y «-grafo») m. MED. *Instrumento que registra los movimientos del pulso.*

esfigmomanómetro (de «esfigmo» y «manómetro») m. MED. *Aparato empleado para medir la *presión arterial.*

esfigmómetro (de «esfigmo» y «-metro») m. MED. *Instrumento con que se mide la frecuencia de las pulsaciones.* ⇒ Pulsímetro.

esfinge (del lat. «sphinx, -ingis», del gr. «sphínx») **1** f. *Animal fabuloso, de cuya representación son ejemplo las famosas *esculturas de Egipto, con cabeza, cuello y pecho de mujer y cuerpo y pies de león. **2** (n. calif.) Se aplica a la persona reservada que no deja traslucir sus pensamientos, impresiones o intenciones, o que guarda rigurosamente un *secreto. **3** Nombre aplicado a varias especies de *mariposas nocturnas, de cuerpo voluminoso y alas cortas.

esfíngido, -a (de «esfinge» e «-ido») adj. y n. m. ZOOL. *Se aplica a las mariposas de las esfinges.* ⊙ m. pl. ZOOL. *Familia que constituyen.*

esfínter (del lat. «sphincter», del gr. «sphinktḗr») m. ANAT. Se aplica a los músculos del organismo que rodean un orificio y sirven para cerrarlo; por ejemplo, el del ano. ⇒ *Cuerpo.

esfogar (del sup. lat. vulg. «exfocāre»; ant., ahora vulg.) tr. *Desfogar.*

esfolar (del sup. lat. hispánico «exfollāre»; Ast., Sal.) tr. *Desollar.*

esforrocinar (de «es-» y «forrocino») tr. AGR. *Quitar los esforrocinos.* ⇒ *Deschuponar.

esforrocino (de «esforrocinar») m. AGR. **Sarmiento bastardo que sale del tronco de la vid.*

esforzadamente adv. Con esfuerzo.

esforzado, -a adj. *Valiente. Particularmente, «ánimo esforzado».

esforzamiento (ant.) m. *Esfuerzo.*

esforzar (de «es-» y «forzar») **1** tr. **Forzar ↘algo o a alguien.* **2** Obligar alguien a un ↘órgano o facultad suya a hacer un gran esfuerzo: 'No te conviene esforzar la vista'. ≃ Forzar. **3** («en, para, por») prnl. Obligarse alguien a sí mismo a hacer algo para lo que se necesita mucha fuerza física o aplicar intensamente la inteligencia, la voluntad o cualquier facultad espiritual: 'El niño se esfuerza por levantar la piedra. Tengo que esforzarme para no dormirme. Esfuérzate por recordarlo. Se esfuerza por serte agradable'. ≃ Hacer un esfuerzo. **4** tr. *Infundir ánimo o valor a ↘alguien.* ≃ *Animar. **5** intr. *Tomar ánimo o valor.* ≃ *Animarse.

☐ CATÁLOGO

*Afanarse, aplicarse, apretar, asparse, atosigarse, azacanarse, batallar, echar el BOFE [o los BOFES], ir de CABEZA, batir el COBRE, combatir, ir [o andar] de CORONILLA, costribar, descalabazarse, descornarse, desgañitarse, despestañarse, despezuñarse, despizcarse, desvelarse, desvivirse, empeñarse, poner EMPEÑO, empujar, escornarse, no ahorrar [no economizar, no excusar, hacer un o no perdonar] ESFUERZO, forcejar, forcejear, forzarse, sacar FUERZAS de flaqueza, sudar la GOTA gorda, HACER lo imposible, hacer lo POSIBLE, insudar, lidiar, *luchar, matarse, poner todos los MEDIOS, darse la PALIZA, hacer [o poner] de su PARTE, partirse el PECHO, pelear, perseverar, no dejar PIEDRA por mover, hacer un PODER, procurar, pugnar, apretar los PUÑOS, echar el RESTO, revolver [remover, etc.] ROMA con Santiago, sudar, *trabajar, tratar de, hacer de TRIPAS corazón, dejarse las UÑAS, dejarse la VIDA, hacerse VIOLENCIA, violentarse. ➤ Constreñirse, *contenerse. ➤ Machacar en HIERRO frío, dar VOCES al viento. ➤ Actuosidad, aplicación, apretón, campaña, demanda, empeño, empujón, esforzamiento, esfuerzo, forcejón, hombrada, pechugón, pugna, solicitud. ➤ Gigantesco, ímprobo, sobrehumano, sostenido, titánico. ➤ Difícil, duro, penoso, pesado, trabajoso. ➤ Duramente, esforzadamente, penosamente, a pulso, trabajosamente. ➤ Esforzado, HECHO a sí mismo, voluntarioso. ➤ *Sacrificio. ➤ Paliza, parto. ➤ Hacerse CUESTA arriba, costar DIOS y ayuda, *resistirse, costar TRABAJO, costar un TRIUNFO. ➤ No hay ATAJO sin trabajo, no hay MANERA, que si QUIERES. ➤ *Abandonarse, descuidarse, dormirse, cubrir el EXPEDIENTE, cubrir las FORMAS, salir del PASO, echarse al SURCO. ➤ Por ARTE de birlibirloque [o de magia], DE BÓBILIS bóbilis, buenamente, por las buenas, por su CARA bonita, por su linda CARA, descansadamente, gratuitamente, por OBRA y gracia del espíritu santo, de rositas, sin sentir. ➤ ENCONTRÁRSELO todo hecho, venirse a las MANOS. ➤ *Fuerza. *Intentar. *Luchar. *Trabajo.

☐ CONJUG. como «contar».

esfoyaza (de «esfoyar»; Ast.) f. **Reunión de varias personas en una casa para deshojar y enristrar las panojas de *maíz.*

esfriar (del lat. «ex» y «frigidāre», enfriar; ant.) tr. y prnl. *Resfriar[se].*

esfuerzo («Costar, Hacer; para») **1** m. Acción de esforzarse: 'Aprende las cosas sin esfuerzo. He tenido que hacer un esfuerzo para levantarme de la cama. Hace esfuerzos para no reírse'. **2** Esfuerzo económico: 'Hará un esfuerzo para comprarse la máquina de coser. Están haciendo un esfuerzo para darle la carrera al chico'.

ESFUERZO ECONÓMICO. Trabajo, sacrificios o privaciones que se hacen para habilitar medios económicos para hacer cierta cosa o para gastar en una cosa más de lo que regularmente se puede gastar.

HACER alguien UN ESFUERZO POR SU PARTE. Ayudar por su parte una persona para que dé resultado el trabajo que otra realiza en algo que le afecta: 'Aunque el profesor trabaje, no conseguirá nada si tú no haces un esfuerzo por tu parte'. ≃ Poner de su PARTE.

NO AHORRAR [ECONOMIZAR, EXCUSAR, PERDONAR] ESFUERZO [o ESFUERZOS] para algo. Esforzarse lo más posible para conseguirlo.

esfumación f. *Acción y efecto de esfumar[se].*

esfumado m. DIB., PINT. Acción y efecto de esfumar. ≃ Sfumato.

esfumar (del it. «sfummare») **1** tr. DIB. Desvanecer o extender con el difumino los ↘trazos de lápiz o carboncillo de un dibujo. ≃ Difuminar. ⊙ DIB., PINT. *Desvanecer los ↘contornos de las figuras, dándoles cierta vaguedad. **2** prnl. Desaparecer gradualmente una cosa por alejarse, por disolverse o por expandirse: 'El coche se esfumó en la lejanía. La nube acabó por esfumarse'. ≃ *Desvanecerse, disiparse. **3** (inf.) Marcharse alguien de un lugar sin que los demás se den cuenta. ≃ Evaporarse.

esfuminar tr. DIB., PINT. *Esfumar con el difumino.*

esfumino (del it. «sfumino») m. DIB., PINT. **Difumino: utensilio para esfuminar, consistente en un papel de estraza arrollado muy apretado con dos puntas en los extremos.*

esgambete (ant.) m. *Gambeta (movimiento de danza, etc.).*

esgarrar (de «desgarrar») tr. o abs. *Hacer esfuerzos por arrancar y expulsar las ↘*flemas.* ≃ Desgarrar.

esgoardar (ant.) tr. *Mirar u observar.* ≃ Esguardar.

esgrafiado m. Operación de esgrafiar. ⊙ Decoración esgrafiada.

esgrafiar (del it. «sgraffiare», etc.) tr. Decorar un ↘objeto superponiendo dos capas de pintura o esmalte de colores que contrasten y dibujando con el grafio sobre la superior, de modo que quede a la vista en algunos sitios el color de la inferior. ⇒ *Estofar.

☐ CONJUG. como «cambiar».

esgrima (de «esgrimir») f. Arte de manejar la espada o el sable para combatir. ⊙ Arte de manejar el florete en el deporte llamado también «esgrima».

□ CATÁLOGO

Destreza. ➤ Batallar, concluir, desarmar, desviar, asentar [o tender] la ESPADA, florear, ganar los GRADOS del perfil, estar [o ponerse] en GUARDIA, librar el HIERRO, jugar, meter el MONTANTE, montantear, muñequear, parar, quitar [o ganar] los TERCIOS de la espada, zapatear. ➤ Alta, altibajo, asalto, atajo, balance, batalla, botonazo, compás, contra, cornada, CUARTO de conversión, especie, estado, expulsión, finta, flaqueza, floreo, floretazo, garatusa, en guardia, ida, levada, molinete, movimiento, MOVIMIENTO extraño, MOVIMIENTO natural, MOVIMIENTO de reducción, MOVIMIENTO remiso, MOVIMIENTO violento, parada, PARADA general, pase, planta, quite, rebatir, remesón, reparo, revés, tajo, TAJO diagonal, tiempo, treta, TRETA del arrebatar, TRETA del llamar, TRETA de la manotada, TRETA del tajo rompido, TRETA del tentado, UÑAS abajo, UÑAS arriba, venida, zambullida. ➤ Centro, línea, LÍNEA del diámetro, LÍNEA infinita, MEDIO de proporción. ➤ Acuchilladizo, diestro, esgrimidor, esgrimista, espada, espadachín, floretista, MAESTRO de armas, MAESTRO de esgrima. ➤ ARMA blanca, careta, ESPADA de esgrima, ESPADA negra, espadín, florete, guante, manopla, montante, peto. ➤ Botón. Zapatilla.

esgrimidor, -a n. *Persona que sabe esgrimir.*

esgrimir (del ant. alto al. «skirmyan», defender, proteger) **1** tr. Sostener o manejar una ↘cosa, particularmente un *arma, en actitud de utilizarla contra alguien. ≃ Blandir, *empuñar. **2** *Utilizar contra alguien cualquier ↘cosa inmaterial: 'Esgrimir razones de peso'. ⊙ *Amenazar a una persona con cualquier ↘cosa para conseguir de ella lo que se pretende: 'Esgrime unas cartas que tiene suyas para obligarle a firmar'.

esgrimista (Am. S.) n. *Esgrimidor.*

esguardamillar (inf.) tr. **Desbaratar o descomponer ↘algo.*

esguardar (de «es-» y «guardar») **1** (ant.) tr. **Mirar u observar.* ≃ Esgoardar. **2** (ant.) **Concernir.*

esguarde (ant.) m. *Acción de esguardar.*

esguazable adj. *Vadeable.*

esguazar (del it. «sguazzare», chapotear en el agua) tr. *Vadear.*

esguazo m. *Acción de vadear o vado.*

esgucio (del lat. «scotĭa») m. ARQ. **Moldura cóncava de cuarto de círculo, tangente por un extremo al muro que adorna.* ≃ Antequino.

esguila[1] (del lat. «sciūrus», del gr. «skíouros», ardilla; Ast.) f. *Ardilla (mamífero *roedor).*

esguila[2] (del lat. «squilla»; Ast.) f. **Camarón.*

esguilar (de «esguila[1]»; Ast.) intr. **Trepar, por ejemplo, a un árbol.*

esguilero (de «esguila[2]»; Ast.) m. **Red pequeña, con un mango, empleada para pescar esguilas.* ≃ Esquilero.

esguín (¿del vasc. «izokin», salmón, de or. celta?) m. Cría del *salmón antes de salir al mar. ≃ Amuje, murgón. ⇒ Gorgón.

esguince (del lat. vulg. «exquintiāre», partir en cinco pedazos) **1** m. Movimiento ágil del cuerpo con que se evita la acometida de algo, un golpe o una caída. ≃ *Quiebro, desguince. **2** *Giro hábil o ingenioso en la conversación.* ≃ Quiebro. **3** *Gesto o movimiento del cuerpo con que se muestra *disgusto o *desdén.* **4** Torcedura de un miembro, que produce *distensión de una articulación. ⊙ *Distensión de una articulación.

esguinzar tr. *Desguinzar: deshacer el ↘trapo con el desguince.*

esguízaro, -a (del al. «schweizer») adj. y n. **Suizo.* POBRE ESGUÍZARO. *Hombre *pobre.*

eslabón (de «esclavón») **1** m. Cada pieza de las que, engarzadas unas con otras, forman una *cadena. ⇒ Baca, cheje, dado, ese, espernada, mallete. ⊙ Persona o cosa considerada como un elemento necesario para el enlace de acciones, sucesos, etc. **2** *Cierto *nudo marinero.* **3** *Trozo de acero con que se golpea el pedernal para sacar chispa para *encender algo.* **4** *Utensilio para *afilar que usan los carniceros, consistente en una barra de acero.* ≃ Chaira. **5** VET. **Tumor duro que les sale a las caballerías debajo del corvejón o de la rodilla.* **6** *(Scorpio africanus) Cierto *alacrán negro.*

eslabonadamente adv. De manera eslabonada.

eslabonado, -a Participio adjetivo de «eslabonar[se]». ⊙ Se aplica a las ideas, hechos, etc., que forman una serie de elementos relacionados entre sí.

eslabonamiento m. Acción y efecto de eslabonar[se].

eslabonar (de «eslabón») **1** tr. Unir unas ↘piezas con otras para formar una cadena. **2** tr. y prnl. *Unir[se] o relacionar[se] unas ↘ideas, noticias, hechos, etc., con otros en serie.

eslalon (del noruego «slalom») m. DEP. Competición de esquí contrarreloj consistente en un descenso sobre un trazado previamente establecido.

eslamborado, -a (ant.) adj. ARQ. *Alamborado.*

eslavismo **1** m. Estudio de la cultura y de las lenguas eslavas. **2** Afición a lo eslavo. **3** Doctrina favorable a la unión de los pueblos eslavos. ≃ Paneslavismo.

eslavista n. Persona versada en la cultura y las lenguas eslavas.

eslavo, -a (del lat. medieval «Slavus») adj. y n. Se aplica a los individuos de un *pueblo antiguo del que proceden algunas naciones del nordeste de Europa, particularmente los rusos, y a sus cosas. ≃ Esclavón, esclavonio. ⊙ De raza eslava. ⊙ adj. y n. m. Se aplica a la lengua de los antiguos eslavos y a las derivadas de ella. ⇒ Ruteno. ➤ Paneslavismo.

esleción (de «esleer»; ant.) m. *Elección.*

esledor, -a (de «esleer»; ant.) n. *Elector. Se usa aún en Vitoria en el nombre de cargo «esledor de esledores», especie de procurador general que se elige el día de San Miguel.*

esleer (del lat. «eligĕre», elegir; ant.) tr. **Elegir.*

esleíble (de «esleer»; ant.) adj. *Que se puede elegir o es digno de ser elegido.*

esleidor, -a (de «esleír»; ant.) n. *Elector.*

esleír (del lat. «eligĕre»; ant.) tr. *Elegir.*

esleito, -a (del lat. «electus», elegido; ant.) adj. *Elegido.*

eslinga (del ingl. «sling») f. **Cuerda gruesa con ganchos que se utiliza para *levantar pesos.*

eslip (pl. «eslíps») m. Forma castellanizada de «slip».

eslizón *(Chalcides chalcides)* m. *Reptil saurio, de cuerpo largo y patas cortas, con cuatro rayas pardas en el lomo; vive en los prados y da grandes saltos cuando huye. ≃ Sepedón, sipedón.

eslogan (del ingl. «slogan»; pl. «eslóganes») m. Expresión breve muy significativa y fácil de recordar, que se emplea en la publicidad comercial, en la propaganda política, etc. ⇒ Consigna.

eslora (del neerl. «sloerie») **1** f. MAR. Longitud de un *barco medida sobre la cubierta principal, desde el codaste a la roda. **2** (pl.) MAR. *Maderos colocados longitudinalmente endentados en los baos para reforzar el asiento de las cubiertas de los *barcos.*

eslória (ant.) f. *Eslora.*

eslovaco, -a adj. y, aplicado a personas, también n. De Eslovaquia, país de Europa central que formó parte de la antigua Checoslovaquia.

esloveno, -a adj. y, aplicado a personas, también n. De Eslovenia, estado europeo que formó parte de la antigua Yugoslavia.

esmaltado, -a Participio adjetivo de «esmaltar». ⊙ m. Acción y efecto de esmaltar.

esmaltar **1** tr. Aplicar esmalte a una ↘cosa. **2** Aplicado a cosas que adornan, estar una cosa esparcida sobre ↘otra: 'Flores multicolores esmaltan el prado'. ⊙ («con, de») Colocar cosas en esa forma sobre ↘algo.

esmalte (del germ. «smalts») **1** m. Sustancia usada para hacer *brillante la superficie de los objetos de cerámica y para hacer decorados de distintos colores sobre esos objetos o sobre metal; se funde en el horno haciéndose vitrea y quedando adherida a los objetos. ⊙ Esa sustancia ya fundida y adherida al objeto. ⊙ Decoración hecha con ella. ⊙ Arte de esmaltar. ⊙ *Joya u objeto esmaltado. ⇒ Niel, nielado, porcelana, vidriado. ➤ Esmaltar, nielar, vidriar. ➤ Campeado, champlevé. ➤ Descascarillarse. **2** Sustancia blanca, dura, que recubre la parte de los *dientes que sobresale de las encías. **3** HERÁLD. Color. **4** *Esmalte azul.* **5** *Lustre o *esplendor.*

ESMALTE AZUL. *Color azul que se obtiene fundiendo vidrio con óxido de cobalto y moliendo la pasta que resulta.* ≃ Esmalte, esmaltín. ⇒ Esmaltina[o esmaltita], zafre.

E. DE UÑAS. Barniz transparente o de color que sirve para embellecer las uñas. ≃ Pintaúñas.

esmaltín m. *Esmalte azul.*

esmaltina o **esmaltita** f. **Mineral, diarseniuro de cobalto, que se emplea en la fabricación de esmaltes azules.*

esméctico, -a (del lat. «smectĭcus», del gr. «smēktikós») adj. y n. m. *Se aplica a lo que, como la arcilla esméctica o de batán, sirve para *limpiar o purificar.* ≃ Detersorio.

esmena (ant.) f. **Rebaja o disminución.*

esmeradamente adv. Con esmero.

esmerado, -a **1** Participio adjetivo de «esmerar[se]». ⊙ (Ar.) *Desgastado por el roce o el uso*: 'Un cuchillo con la hoja muy esmerada. Esta chaqueta tiene ya esmerados los codos'. ⊙ (Ar.) *Reducido por evaporación; por ejemplo, el caldo o la salsa.* **2** Hecho con esmero: 'Un trabajo [o un servicio] esmerado'. **3** («en») Aplicado a personas, *cuidadoso en su trabajo.

esmerador m. *Obrero que pule piedras o metales.*

esmeralda (del fr. ant. «esmeralde») f. *Piedra preciosa, variedad de berilo (silicato de berilio y aluminio), de color verde, que cristaliza en prismas hexagonales. ⇒ Chalchihuite. ➤ Hierba, jardín. ⊙ Con su nombre se califica y designa el color como el suyo «verde esmeralda».

ESMERALDA ORIENTAL. Corindón.

esmeraldita f. *Variedad de diálaga de color verde claro.*

esmerar (del sup. lat. vulg. «exmerāre», limpiar) **1** tr. **Pulir o *limpiar.* **2** (Ar.) tr. y prnl. **Desgastar[se] con el roce; por ejemplo, la hoja de un cuchillo, o la ropa.* **3** (Ar.) *Reducir[se] un liquido por evaporación; por ejemplo, el caldo de la olla.* ⇒ *Concentrar[se]. **4** («en, por») prnl. Poner esmero o especial cuidado en algo que se hace: 'La cocinera se esmeró aquel día en la comida. Me esmero por complacer a todos'. **5** **Lucirse.*

esmerejón (¿del fr. ant. «esmereillon»?) **1** *(Falco columbarius)* m. *Ave rapaz, del mismo género que el alcotán, bastante común en Andalucía en el invierno. **2** ARTILL. *Pieza antigua de pequeño calibre.*

esmeril[1] (del gr. bizantino «smerí») m. Mezcla íntima en granos muy finos de corindón y magnetita o hemetita, que se encuentra natural en Grecia y Asia Menor y se emplea como *abrasivo.

esmeril[2] (del fr. ant. «smeril», esmerejón) m. ARTILL. *Pieza antigua, pequeña, algo mayor que el falconete.* ≃ Pijote.

esmerilado, -a **1** Participio adjetivo de «esmerilar». ⊙ Se aplica particularmente al vidrio que, mediante cierto tratamiento, queda *mate y traslúcido en vez de transparente. **2** m. Acción y efecto de esmerilar.

esmerilar tr. Pulir una ↘cosa con el esmeril.

esmerilazo m. *Disparo de esmeril.*

esmero (de «esmerar») m. *Cuidado, especialmente en los detalles, que se pone en un trabajo: 'Una bordadora que trabaja con mucho esmero'.

esmilacáceo, -a (del lat. «smilax», zarzaparrilla) adj. y n. f. BOT. *Se aplica a las *plantas liliáceas que tienen las hojas frecuentemente filiformes y las raíces en rizoma rastrero; como el espárrago y el brusco.* ≃ Esmilacoideo. ⊙ f. pl. BOT. *Subfamilia que forman.*

esmirnio (del lat. «smyrnĭum») m. **APIO caballar (planta umbelífera).*

esmirriado, -a (inf.) adj. *Raquítico: muy delgado o con poco desarrollo o lozanía: 'Nos dieron para comer un pollo esmirriado. Hay unos árboles esmirriados al borde de la carretera'. ≃ Desmirriado, encanijado.

esmitsonita (del nombre del químico «James Smithson») f. Carbonato de cinc natural que cristaliza en el sistema trigonal. ≃ *Calamina, caramilla.

esmola (del port. «esmola», limosna; Sal.) f. *Trozo de *pan que se les da como merienda a los obreros del campo.*

esmoladera (de «muela», piedra) f. *Afiladora.*

esmoquin (del ingl. «smoking») m. Chaqueta masculina de *vestir, de etiqueta, usada para reuniones no solemnes, con cuello largo de seda en vez de solapas.

esmorecer (del sup. lat. «emorescĕre», morir, desfallecer; ant. y usado aún en And., Can., C. Rica, Cuba, Ven.) intr. y prnl. **Desfallecer.*

esmuciarse (del lat. «mucĭdus», mucoso; Cantb.) prnl. **Deslizarse una cosa de las manos o de otra parte.*

esmuir (de un sup. «esmullir», del lat. «emulgēre») **1** (Ar.) tr. **Ordeñar.* **2** (Ar.) *Coger las ↘*olivas pasando la mano por las ↘ramas.* ≃ Esmuñir.

esmuñir (del sup. lat. «exmungĕre», limpiar; Ar., Mur.) tr. *Esmuir los ↘*olivos.*

esnifar (del ingl. «sniff», aspirar por la nariz; inf.) tr. Aspirar ↘droga en polvo por la nariz.

esnob (del ingl. «snob»; pl. «esnobs»; n. calif.) n. Persona que *afecta, por parecer distinguida, costumbres o maneras que no le son naturales. ≃ Snob.

esnobismo m. Cualidad o actitud de esnob. ≃ Snobismo.

eso V. «ese[2]».

eso- Elemento prefijo del gr. «ésō» usado en palabras cultas, que significa «interior»: 'esotérico'.

esófago (del gr. «oisophágos») m. ANAT. Conducto que forma parte del aparato digestivo, por el que pasan los alimentos desde la faringe al estómago. ⇒ Hebrero, herbero.

esópico, -a (del lat. «aesopĭcus») adj. *De Esopo.*

esos V. «ese[2]».

esotérico, -a (del gr. «esōterikós») adj. *Oculto o *secreto: no a la vista de todos o no asequible a todos, sino solo a los iniciados. ⇒ Exotérico. ⊙ En la antigüedad se aplicaba a la doctrina que los filósofos sólo comunicaban a algunos de sus discípulos.

esoterismo 1 m. Cualidad de esotérico. **2** Conjunto de fenómenos esotéricos.

esotro, -a adj. y pron. dem. *Ese otro.*

espabiladeras f. pl. Utensilio para espabilar el candil, la vela, etc.

espabilado, -a Participio adjetivo de «espabilar[se]»: *despierto completamente. ⊙ Desvelado. ⊙ *Listo o *experimentado.

espabilar 1 tr. Quitar el *pabilo o trozo de mecha ya quemado a una ↘vela, candil, etc. ⊙ Hacer por cualquier otro procedimiento que arda con más fuerza la vela, el candil, el fuego, etc. ≃ Avivar. **2** Hacer que ↘alguien se despierte completamente o que se haga más *listo. ⇒ Avivar[se], despabilar[se], despejar[se], despertar[se], romperse. ➤ *Estimular. *Listo. ⊙ intr. y prnl. Sacudirse alguien el sueño o la pereza o hacerse más listo: '¡Vamos, espabila!' **3** (inf.) *Apresurarse: 'Si no te espabilas, llegaremos tarde'.

espachurrado, -a Participio adjetivo de «espachurrar[se]».

espachurramiento m. Acció de espachurrar[se].

espachurrar (de «despachurrar»; inf.) tr. y prnl. Romper[se] una ↘cosa blanda por golpe o compresión, de modo que se sale lo que tiene dentro. ≃ Despachurrar[se]. ⇒ Achuchar, achucharrar, apachurrar, chafar, deshacer, despachurrar, despancijar, despanzurrar, destripar, escachar, esclafar, reventar, hacer una TORTILLA, sacar las TRIPAS. ➤ *Aplastar.

espaciado, -a 1 Participio adjetivo de «espaciar»: se aplica en plural a las cosas que están muy apartadas entre sí. **2** m. Acción y efecto de espaciar. ⊙ AGRÁF. Conjunto de espacios que se dejan en una composición.

espaciador m. Tecla que se pulsa en las *máquinas de escribir para dejar espacios en blanco.

espacial 1 adj. Del espacio. ⊙ Particularmente, se aplica a lo que está situado fuera de los límites de la atmósfera terrestre. **2** Se aplica a lo que se desarrolla en el espacio, a diferencia de lo que se desarrolla en el tiempo.

espaciamiento 1 m. Acción y efecto de espaciar. **2** (ant.) *Despaciosidad.* **3** (ant.) *Diversión o *distracción.* ≃ Esparcimiento.

espaciar (del lat. «spatiāri») **1** tr. Poner las ↘cosas considerablemente separadas en el espacio o ejecutarlas con considerable intervalo en el tiempo. ≃ *Apartar,*separar. ⊙ prnl. Ponerse las cosas considerablemente separadas, o más separadas, en el espacio o en el tiempo. ≃ Apartarse, ensancharse, *separarse. ⊙ tr. Aumentar el espacio o el intervalo de tiempo entre las ↘cosas. **2** tr. y prnl. **Divulgar[se].* ≃ Extender[se]. **3** tr. o abs. AGRÁF. Separar las ↘palabras, renglones, etc., con espacios o regletas. **4** prnl. **Extenderse en una exposición, de palabra o por escrito.* **5** **Divertirse o *distraerse.* ≃ Esparcirse.

□ CONJUG. como «cambiar».

espacio (del lat. «spatĭum», campo para correr) **1** m. *Magnitud en que están contenidos todos los cuerpos que existen al mismo tiempo y en la que se miden esos cuerpos y la separación entre ellos. ⊙ Particularmente, considerada como lugar en donde flotan los astros. ⊙ Porción de esa magnitud: 'Un espacio cerrado'. ⊙ Cualquier *extensión *ocupada por un cuerpo impidiendo que la ocupe otro: 'Tú ocupas demasiado espacio en la mesa. Las letras mayúsculas ocupan más espacio que las minúsculas'. ⊙ Cualquier magnitud que media entre dos cuerpos: 'El espacio entre dos palabras [entre dos mesas, entre dos filas de árboles]'. ⊙ Separación entre las líneas de un texto mecanografiado o separación que corresponde a una pulsación de teclado. ⊙ FÍS. Distancia recorrida por un móvil. **2** MÚS. *Hueco entre cada dos líneas del pentágrama. **3** Porción de *tiempo: 'En el espacio de dos años han ocurrido muchas cosas'. ≃ ESPACIO de tiempo, intervalo, período, transcurso. **4** AGRÁF. Pieza de metal que sirve para guardar los espacios entre las palabras. ⇒ Cuadrado, cuadratín. ➤ Regleta. ➤ Mazorral. **5** (Ast.) *Descampado.* **6** *Lentitud o tardanza.* **7** (ant.) *Diversión o *distracción.* ≃ Esparcimiento. **8** Programa de radio o televisión: 'Espacio informativo'.

ESPACIO AÉREO. Zona de tráfico aéreo sometida a la jurisdicción de un país.

E. EXTERIOR. Parte del universo situada fuera de los límites de la atmósfera terrestre.

E. INFINITO. Enlace frecuente.

E. LIBRE. *Hueco.

E. MUERTO. FORT. *Lugar que, por inadvertencia de los defensores, queda indefenso.*

E. DE TIEMPO. *Periodo de tiempo.

ESPACIO-TIEMPO. Nueva *magnitud, muy usada en la física moderna.

E. VITAL. El necesario para el desarrollo o bienestar de un ser vivo.

□ CATÁLOGO

Ámbito, amplitud, anchura, área, cámara, *campo, cancha, *capacidad, circuito, combés, corro, cuadro, departamento, explanada, extensión, local, *recinto, vacío, vastedad. ➤ Atmósfera, BÓVEDA celeste, CAPA del cielo, cielo, esfera, ESFERA celeste, ESPACIO exterior, éter, firmamento, hiperespacio, infinito, inmensidad. ➤ Estratosfera, mesosfera, onosfera, troposfera. ➤ Espaciamiento, holgura, *hueco, huelgo, huida, interrupción, *intervalo, margen, vacación. ➤ *Amplio, *ancho, anchuroso, campuroso, capaz, desembarazado, desenfadado, despejado, dilatado, espacioso, extenso, *grande, holgado, vasto. ➤ *Apartado, *discontinuo, espaciado, esparrancado, hornaguero, *separado. ➤ Infinito. ➤ Abarcar, *aclarar, *apartar, caber, comprender, desahogar, *desembarazar, *dispersar, espaciar, *extender[se], ocupar, transfretar. ➤ Comprimirse, contraerse, estrecharse. ➤ Corpóreo, *material. ➤ *Volumen. ➤ *Perspectiva. ➤ Impenetrabilidad. ➤ Agobio, limitación, premura. ➤ Inextenso. ➤ Despacio. ➤ *Abertura. *Cavidad. *Dimensión. *Distancia. *Entrante. *Forma. *Grande. *Grieta. *Hueco. *Lugar. *Separar.

espaciosamente 1 adv. *Con bastante espacio.* **2** *Con lentitud.*

espaciosidad f. Cualidad de espacioso.

espacioso, -a 1 adj. Se aplica a los recintos en cuyo interior hay abundante espacio para la cosa que contienen o a que se destinan: 'Una habitación espaciosa. El espacioso mundo'. ≃ *Amplio, ancho, dilatado, grande, vasto. **2** *Lento. ≃ Despacioso. ⊙ **Pausado o flemático.*

espada (del lat. «spatha», del gr. «spáthē») **1** («Ceñir, Blandir, Esgrimir, Florear, Echar mano a la») f. Arma de hoja larga, recta, aguda y cortante, con guarnición y empuñadura. **2** (pl.) Uno de los palos de la *baraja española. ⊙ («Una») Cualquier carta de ese *palo. ⊙ («La») *As de ese palo. ≃ Espadilla. **3** *Con «buena» o adjetivo semejante, persona diestra en el manejo de la espada.* **4** m. y, menos frec., f. TAUROM. Torero principal, que mata al *toro en la corrida. **5** f. GEOM. **Sagita.* **6** *Barra de los molinos que va del árbol a la muela.*

LA ESPADA DE BERNARDO (inf.). Expresión calificativa aplicada a una cosa *inútil para su oficio u objeto.

E. BLANCA. *La ordinaria.*

E. DE DAMOCLES. *Peligro que está *amenazando a alguien de manera continua.

E. DE DOS FILOS. *ARMA de dos filos.*

E. DE ESGRIMA. ESPADA negra.

E. NEGRA. ESGR. Espada sin corte, con un botón en la punta.

MEDIA ESPADA. **1** TAUROM. *Torero que mata también *toros en la corrida, sin ser principal.* **2** (n. calif.) *Por extensión, persona que no tiene toda la destreza deseable en su profesión.* ⇒ *Inepto.

PRIMER ESPADA. TAUROM. Espada (torero principal).

ASENTAR LA ESPADA. ESGR. Dejar la espada en el suelo dando por terminado el juego.

CEÑIR ESPADA. Usarla: ser militar.

CEÑIR LA ESPADA A ALGUIEN. Armarle *caballero.

V. «COMEDIA de capa y espada».

DESCEÑIRSE LA ESPADA. **1** Quitársela. **2** Renunciar alguien a su condición de militar, o a luchar. ⇒ *Retirarse.

DESNUDAR LA ESPADA. **1** Desenvainarla. **2** Disponerse a la lucha.

V. «DOS de espadas».

ENTRE LA ESPADA Y LA PARED. En trance de tener que decidirse por una de dos cosas igualmente malas. ⇒ *Disyuntiva.

V. «MINISTRO de capa y espada, PEZ espada, SIETE de espadas».

TENDER LA ESPADA. ESGR. *Presentarla al contrario.*

□ CATÁLOGO

Otra raiz, «glad-»: 'gladiador, gladio, gladiolo'; otra forma de la raíz, «espat-»: 'espata, espátula'. ➤ Acero, ARMA blanca [o negra], bracamarte, chafarote, colada, cris, escarcina, espadín, estoque, florete, garrancha, guarrusca, herrusca, mandoble, montante, parazonio, ronfea, terciado, tizona, trastos, verdugo, verduguillo. ➤ Blanca, cazuda, de esgrima, negra. ➤ Blandir, desceñirse, desembanastar, desenvainar, envainar, esgrimir, hurgonear, jugar, poner MANO, tirar. ➤ Chincharrazo, cimbronazo, cintarazo, estocada, fendiente, hendiente, mandoble, molinete. ➤ Alcaparrón, áliger, alma, arrial, arriaz, cazoleta, empuñadura, espiga, *filo, fuerza, gavilán, guarda, guardamano, guarnición, hoja, manzana, mesa, pomo, recazo, taza, teja, TERCIO flaco, TERCIO de fuerza. ➤ Caña, crujido, fortalezas, pelo, quebrazas. ➤ *Afilar, reseguir, templar. ➤ Bispón, escamel. ➤ Biricú, bridecú, tahal, talabarte, tiracol, tiracuello, tiros. ➤ *Vaina. ➤ *ARMA blanca. *Sable.

espadachín (del it. «spadaccino») **1** m. Hombre que maneja bien la espada. **2** *Bravucón o *pendenciero.

espadaña (de «espada») **1** f. Campanario formado por un muro, generalmente prolongación de la fachada del edificio, con uno o más huecos en que van colocadas las campanas. **2** (*Typha latifolia* y *Typha angustifolia*) *Planta tifácea de hojas semejantes a espadas, del centro de las cuales sale un tallo de hasta dos metros de altura que termina en una mazorca cilíndrica que presenta al exterior una superficie aterciopelada. ≃ Bayón, bayunco, gladio, tule. ⇒ *Anea, MAZA sorda.

espadañada f. *Cosa, como salivazo grande o vómito, arrojada violentamente y de una vez por la boca.* ⇒ *Bocanada, *esputo. ⊙ *Cantidad o afluencia *abundante de una cosa.*

espadañal m. Sitio en que abundan las espadañas.

espadañar (de «espadaña») tr. *Extender un ave las ↘plumas de la *cola.*

espadar (de «espada») tr. *Espadillar.*

espadario m. **Soldado de los que formaban la guardia de los emperadores de Oriente, que llevaban una espada muy larga.*

espadarte m. *PEZ espada.

espadería f. *Taller o tienda de espadas.*

espadero m. Hombre que hace o vende espadas.

espádice (del lat. «spadix, -īcis») m. BOT. *Espiga de *flores sobre un eje carnoso, rodeado por una espata.*

espadilla **1** f. Dim. de «espada», aplicable a objetos de forma parecida a la de una espada. **2** **Insignia roja en forma de espada, de la orden de Santiago.* **3** (inf.) *As de espadas.* ≃ Espada. **4** *Antiguamente, *pasador o alfiler grande de marfil o metal con que las mujeres se sujetaban el pelo.* **5** *Utensilio de madera, semejante a un machete, que se usa para espadar el *lino y el *cáñamo.* ≃ Faracha, tascador. **6** *Herramienta de albañil con que se dan formas especiales a los *ladrillos.* **7** *Pieza en forma de remo grande que hace oficio de *timón en algunas embarcaciones.* **8** *Timón que se improvisa con cualquier pieza apta cuando se ha perdido el de la nave.* **9** *Taco de jugar al *billar que remata en filo, usado para tirar las bolas cuando, por su posición, no se les puede dar en el punto debido con el ordinario.*

espadillado m. Acción de espadillar.

espadillar (de «espadilla») tr. Acabar de quitarle al ↘*lino o *cáñamo la cañamiza retenida por la hilaza raspándolo con la espadilla, como operación complementaria del agramado, y antes del hilado. ≃ Espadar, tascar.

espadillazo m. *Lance de algunos juegos de *baraja en que, teniendo el as de espadas con otras cartas muy malas, se está en situación de perder.*

espadín **1** m. Espada de hoja estrecha y, a veces, triangular, que se lleva como complemento de algunos *uniformes. ⊙ **Florete.* **2** (*Sprattus sprattus*) *Pez marino clupeiforme.

espadón[1] **1** m. Aum. desp. frecuente de «espada». **2** (inf.) Persona de elevada jerarquía en la *milicia y, por extensión, en otras profesiones. ⇒ *Personaje.

espadón[2] (del gr. «spádōn») m. **Eunuco.* ⊙ *Hombre castrado, no despojado del pene.*

espadrapo m. *Esparadrapo.*

espagírica (del lat. moderno «spagiricus») f. *Arte de depurar los *metales.*

espagírico, -a **1** adj. *De la espagírica.* **2** adj. y n. *Se aplicaba a ciertos medicamentos preparados con sustancias minerales, a los conocedores de su preparación y a los partidarios de su empleo.* ⇒ *Farmacia.

espagueti (del it. «spaghetti»; pl. «espagueti» o «espaguetis») m. Pasta de trigo duro que tiene la forma de una varilla fina y alargada.

espahí (del fr. «spahi», del turco «sipahi», y éste del persa «spāhi») **1** m. *Soldado de caballería turco. **2** Soldado de caballería del ejército francés de Argelia. ≃ Espay.

espaladinar (de «es-» y «paladino»; ant.) tr. **Decir o *explicar una ↘cosa con claridad.*

espalar tr. *Palear la ↘*nieve.*

espalda (del lat. tardío «spatŭla», omoplato) **1** (sing. o pl.) f. Parte posterior del *cuerpo humano desde los hombros hasta la cintura. ⊙ Parte semejante del cuerpo de los animales. ⊙ Parte de una prenda de vestir que cubre la espalda. **2** Parte de *detrás u opuesta al frente, de cualquier cosa; por ejemplo, de un edificio o de un cuadro. **3** CARP. *Respaldo de la *silla.* **4** *Espaldón.* **5** (ant.) *Cuerpo o conjunto de *gente armada que protege la retaguardia de otro.* **6** DEP. Estilo de natación en que se nada boca arriba.

ESPALDA MOJADA. Mejicano que entra ilegalmente en EEUU. Se les llama así porque una parte de estos inmigrantes cruza a nado la frontera de Méjico con EEUU por las aguas del río Grande.

A ESPALDAS DE una persona. Tratándose de hablar o hacer una cosa en perjuicio de una persona, sin estar presente la persona de que se trata. ≃ Detrás. ⇒ *Ocultarse.

A LAS ESPALDAS. **1** Sobre las espaldas: 'Con la mochila a las espaldas'. ⇒ A caballito [o caballo], a carramanchas, a carramanchones, a cotenas, a cucho, a cuestas, a lomos. **2** *Detrás: 'Caminábamos con el Sol a las espaldas [a nuestras espaldas]. El huerto está a espaldas de la casa'. **3** A espaldas.

CAERSE DE ESPALDAS. *Asombrarse o *sorprenderse mucho.

CARGADO DE ESPALDAS. Aplicado a personas, con la espalda algo encorvada, de modo que lleva la cabeza inclinada hacia delante, o con la cabeza un poco hundida entre los hombros. ⇒ *Jorobado.

DAR LA ESPALDA a alguien. Abandonarle en una situación apurada.

DONDE LA ESPALDA PIERDE SU HONESTO NOMBRE. Eufemismo jocoso con que se alude a las *nalgas.

ECHARSE alguien una cosa A LA ESPALDA [O A LAS ESPALDAS]. *Despreocuparse o no preocuparse de ella.

ECHARSE alguien una cosa SOBRE LAS [O SUS] ESPALDAS. Tomar a su cargo un cuidado o trabajo. ⇒ *Encargarse.

GUARDAR LAS ESPALDAS de alguien. Acompañarle para defenderle o estar en disposición de hacerlo en caso de que corra algún peligro: 'Se atreve a insubordinarse porque tiene quien le guarde las espaldas'. ⇒ *Proteger.

GUARDARSE LAS ESPALDAS. Tomar *precauciones para resguardarse de los riesgos de alguna empresa.

MEDIR LAS ESPALDAS a alguien. Golpearle.

V. «echar entre PECHO y espalda».

POR LA ESPALDA. A *traición.

TENER alguien BUENAS ESPALDAS. *Tener aguante para sufrir vejaciones, abusos o burlas de otros. Puede tener o no sentido despectivo.*

TENER LAS ESPALDAS [MUY] ANCHAS. *Tener alguien buenas* ESPALDAS.

TENER una persona LAS ESPALDAS CUBIERTAS [O GUARDADAS]. Contar al acometer una empresa con seguridades o amistades que le garanticen contra cualquier riesgo.

TIRAR [O TUMBAR] una cosa DE ESPALDAS. *Admirar, *asombrar o *deslumbrar: ser extraordinaria, por buena o por mala: 'Una chica que tira de espaldas (muy guapa). Una frescura que tira de espaldas'.

VOLVER LA ESPALDA [O LAS ESPALDAS]. *Huir o *marcharse.

VOLVER LA ESPALDA [O LAS ESPALDAS] a alguien. *Despreciarle o *desatenderle.

☐ CATÁLOGO

Otra raíz, «dors-»: 'dorsal'. ➤ *Atrás, cerro, *detrás, *dorso, *lomo, noto, PARTE de atrás [o de detrás], tergo. ➤ Dorsal, escapular. ➤ Chepa, cifosis, corcova, escoliosis, giba, *joroba, lordosis, renga, sifosis. ➤ Costilludo, espaldudo. ➤ Dorsalgia. ➤ *Columna vertebral, costilla, hombro, omoplato, riñones. ➤ Costilludo. ➤ Desespaldar, despaldar, despaldillar, espaldera, respaldar, respaldarse, respaldo.

espaldar 1 m. *Espalda.* **2** *Lomo de las reses. **3** *Parte de la *coraza que cubría la espalda.* ⇒ Espaldarón, musequí. **4** (pl.) *Bandas de tapicería colocadas en algunos sitios en las paredes a la altura de las espaldas, para apoyar éstas.* **5** ZOOL. Parte dorsal de la coraza de los quelonios. ⇒ *Tortuga. **6** *Espaldera.* **7** *Se aplica a distintas cosas que hacen de *respaldo o sirven de apoyo a una cosa por detrás.* ⊙ *Especialmente, respaldo de la silla.* **8** (ant.) adj. **Último.*

espaldarazo 1 m. Golpe dado en la espalda de alguien con la espada o la mano, de plano. Formaba parte de la ceremonia de armar *caballero a alguien. **2** Ayuda o apoyo que se presta a alguien.

DAR EL ESPALDARAZO. *Reconocer a alguien, con palabras o de otra manera, como ya completamente *apto en alguna profesión o actividad. ≃ Dar la ALTERNATIVA.

espaldarcete (de «espaldar») m. *Pieza de la *armadura de guerra con que se cubría solamente la parte superior de la espalda.*

espaldarón (aum. de «espaldar») m. *Parte de la *armadura que cubría la espalda.*

espaldear (de «espalda») **1** tr. MAR. *Golpear las olas con violencia la ↘popa del ↘buque.* **2** (Chi.) *Guardar las espaldas de alguien.*

espalder (del fr. «espalier», con influencia de «espalda») m. MAR. *Antiguamente, remero que iba junto a la popa y de espaldas a ésta, dirigiendo a los otros y marcando el ritmo de la boga con su *remo.*

espaldera (de «espalda») **1** f. *Enrejado de cañas o listones que se pone delante de una pared para que trepen por él plantas enredaderas o sarmentosas. ≃ Espaldar, respaldo, espalera. **2** Pared con que se resguardan algunas *plantas, sobre todo frutales, que se crían adosadas a ella. ≃ Espaldar, respaldo. **3** (pl.) Barras paralelas horizontales sujetas a una pared, que sirven para realizar ejercicios gimnásticos.

EN ESPALDERA. Se designa así el cultivo hecho en esa forma.

espaldilla (dim. de «espalda») **1** f. Nombre corriente del *omoplato, particularmente de los animales. ⇒ Escudo. **2** Pata delantera y parte del cuerpo donde se inserta, de las reses pequeñas despedazadas para *carne; por ejemplo, la del cordero o el carnero. ≃ CUARTO delantero. **3** *Cuartos traseros del jubón o almilla, que cubren la espalda.*

espaldista n. Nadador especializado en la natación a espalda.

espaldón (aum. de «espalda») **1** m. **Muro de defensa o de contención.* ≃ Espigón. **2** *Parte saliente que queda en el extremo de un madero después de hacer una entalladura.* ⇒ *Espiga. **3** MAR. *Última *cuaderna de proa de un barco.*

espaldonarse (de «espaldón») prnl. MIL. **Protegerse del fuego enemigo detrás de alguna defensa natural.*

espaldudo, -a adj. *De espaldas grandes.*

espalera (del it. «spalliera») f. **Espaldera o enrejado colocado delante de una pared.*

espalmar tr. *Despalmar.*

espalmo m. MAR. *Especie de betún con que se protegía el fondo de los *barcos.*

espalto[1] (del it. «spalto») m. PINT. *Color oscuro, transparente y dulce para veladuras.*

espalto[2] (del lat. «spatŭla», espalda; ant.) f. FORT. *Explanada.*

espantable adj. *Espantoso.*

espantada 1 («Pegar una») f. *Huida repentina de un animal. ⊙ En lenguaje informal se emplea también con referencia a personas. **2** (inf.) Desistimiento brusco de hacer una cosa, motivado por miedo.

espantadizo, -a adj. Se aplica al que se espanta con facilidad. ≃ Asustadizo.

espantado, -a Participio de «espantar». ⊙ («Estar») adj. Aterrado.

espantagustos m. **Aguafiestas.*

espantajo (desp. de «espanto») **1** m. Cualquier cosa que se pone para espantar o asustar. ⊙ Particularmente, espantapájaros. ⊙ Cosa o persona que causa o pretende causar *miedo, pero que, en realidad, no tiene poder para causar daño. ⊙ Cosa con que se *amenaza a alguien, por ejemplo para hacerle desistir de cierta cosa. **2** (n. calif.) *Mamarracho o tipejo: persona fea, ridícula o ridículamente vestida. ⊙ Persona despreciable o despreciada por el que habla. ⇒ *Despreciar.

espantalobos (*Colutea arborescens*) m. Arbusto leguminoso de hasta 3 m de altura, de hojas divididas en hojuelas acorazonadas, flores amarillas en grupos axilares y frutos en vainas coriáceas y traslúcidas, que producen ruido al entrechocarse. ≃ Guacamaya. ⇒ *Planta.

espantamoscas m. *Ramo o haz de hierbas, o conjunto de tiras de papel, que se emplea para espantar las *moscas o para atraerlas y retenerlas a fin de matarlas.* ≃ Mosquero.

espantanublados 1 m. *Nombre aplicado antiguamente a los *vagabundos que iban por los pueblos con hábitos largos, pidiendo limosna y haciendo creer a la gente que tenían poder sobre los nublados.* **2** (n. calif.) *Persona *inoportuna y molesta.*

espantapájaros 1 m. Objeto, generalmente simulando una figura humana, muchas veces formada grotescamente con unos palos cruzados sobre los que se coloca un traje, un sombrero, etc., que se coloca en los campos para espantar a los *pájaros y evitar que devoren los frutos. ≃ Espantajo. **2** Espantajo (en cualquier acep.).

espantar (del sup. lat. «expaventāre») **1** tr. Hacer que un ↘animal se asuste y huya, o corra hacia cierto sitio: 'Espantar la caza los ojeadores. El relámpago espantó al caballo'. ⊙ prnl. *Aterrarse o *ahuyentarse. ⊙ tr. Se dice también espantar el miedo, espantar las penas, espantar el sueño, y quizás alguna otra expresión semejante. **2** Causar *miedo a ↘alguien. Se emplea, en general, hiperbólicamente y refiriéndose a algún suceso que se avecina: 'Me espanta el cambio de casa'. ≃ *Aterrorizar, horrorizar. **3** (inf.) **Asombrar.* ⇒ Espantavillanos.

V. «espantar la CAZA».

□ CATÁLOGO

*Ahuyentar, arrincar, arrutar, asustar, carear, mosquear, ojear, osear, oxear, zacear, zalear, zapear. ➤ Ahuyentarse, *asustarse, avisparse, cucar, *desbocarse, dar una ESPANTADA, hacer un EXTRAÑO, pajarear. ➤ Espantada, reparada. ➤ Espantajo, espantamoscas, espantapájaros, madagaña. ➤ *Fantasma. ➤ Atronar. ➤ ¡Afuera!, ¡chucho!, ¡fuera!, ¡hala!, ¡HALA de ahí!, ¡hopo!, ¡hospa!, ¡hospo!, ¡huichí!, ¡huichó!, ¡jopo!, ¡largo!, ¡LARGO de aquí!, ¡moste!, ¡moxte!, ¡muste!, ¡os!, ¡oste!, ¡ox!, ¡oxte!, ¡uste!, ¡za!, ¡zape!, ¡zuzo! ➤ *Echar.

espantavillanos m. *Alhaja u otra cosa de poco valor pero de mucha *apariencia.*

espante m. *Espanto.* ⊙ *Particularmente, confusión y desbandada que se produce en una feria cuando el ganado se desmanda y huye.* ⇒ *Susto.

espanto (de «espantar») **1** m. Miedo muy intenso, que impulsa a huir. ≃ *Terror. **2** *Horror causado por un espectáculo terrible o cruel. **3** (inf.) Se usa hiperbólicamente como cosa muy desagradable: '¡Qué espanto! He engordado más de diez kilos en el último mes'. **4** **Enfermedad causada por el espanto.* **5** (gralm. pl.; Hispam.) **Aparecido.*

DE ESPANTO (inf.). *Grandísimo: 'Estamos pasando un calor de espanto'.

ESTAR alguien CURADO DE ESPANTO. No avergonzarse, escandalizarse o impresionarse por cierta cosa por estar ya *acostumbrado a ella.

SER una cosa UN ESPANTO (inf.). Aplicado a cosas malas, ser capaz de asustar por *desmedido: 'Es un espanto lo cara que está la vida'.

espantosamente 1 adv. *Con espanto.* **2** Muchísimo o *muy: 'Nos aburrimos espantosamente. Una cosa espantosamente difícil'. ≃ Condenadamente, enormemente, horriblemente, terriblemente.

espantoso, -a 1 adj. Se aplica a lo que causa espanto. ⊙ También a lo que causa *horror moral. ≃ Aterrador. **2** Muy *grande, aplicado a sensaciones físicas molestas o a lo que las causa: 'Venimos con un hambre espantosa. Un ruido espantoso'. **3** (inf.) Muy *feo.

España (estado de Europa occidental) V. «CEDRO de España».

¡CIERRA ESPAÑA! Grito empleado en la antigua *milicia española para animar a los soldados en el ataque. El grito completo empezaba con la invocación al patrón de España y era «¡Santiago y cierra España!».

V. «GRANDE de España».

LA ESPAÑA DE PANDERETA. Expresión con que se alude a la visión parcial, exagerada y, a veces, falseada que suele tenerse de España en el extranjero, limitada a los aspectos típicos más llamativos, como el flamenquismo o los toros. La expresión tiene su origen en las escenas que suelen representarse en el pergamino de las panderetas. ⇒*Convencional, popular.

V. «MOSCA de España, SALSIFÍ de España, TÉ de España».

□ CATÁLOGO

Otras formas de la raíz, «hesper-, hispan-»: 'hespérico, hesperio, héspero; hispánico, hispanista, hispano, hispanoárabe, hispanófilo, hispanomusulmán, hispanorromano'. ➤ Farfán, sefardí [o sefardita]. ➤ Español, ibérico, ibero, peninsular. ➤ Cachopín, cachupín, chapetón, gachupín, gallego, viracocha. ➤ Alanos, arévacos, ártabros, astures, autrigones, bastetanos, benimerines, béticos, cántabros, caporos, cartagineses, celtas, celtiberos [o celtíberos], cerretanos, cibarcos, contestanos, cosetanos, deitanos, edetanos, fenicios, godos, iberos, ilercavones, ilergetes, iliberitanos [o iliberritanos], ilicitanos, ilipulenses, iliturgitanos, indigetes, italicenses [o itálicos], lacetanos, layetanos, masienos, moriscos, mozárabes [o muzárabes], numantinos, oretanos, pésicos, saldubenses, santones, suevos, tartesios, tugienses, turdetanos, túrdulos, vacceos, vándalos, várdulos, vascones. ➤ Levantinos, levantiscos. ➤ V. nombres de los naturales de las distintas provincias, de las capitales de provincia y de otras poblaciones cuya derivación no es fácil, en los nombres de cada una de las regiones y poblaciones. ➤ MARCHA real. ➤ Aljamía, castellano, español, fabla. ➤ Iberismo. ➤ MADRE patria.

español, -a adj. y, aplicado a personas, también n. Se aplica a los naturales de *España y a sus cosas. ⊙ m. Lengua hablada en España, en la América hispana y en otros lugares. Cuando se quiere diferenciar de las otras lenguas habladas en España, se llama «castellano».

A LA ESPAÑOLA. De cierta manera propia de España.

V. «ENCUADERNACIÓN a la española».

españolada f. Cualquier cosa, por ejemplo un espectáculo, una fiesta, etc., en que se falsean, por exageración o por limitación al aspecto más espectacular, las cosas típicas de España.

españolar tr. *Españolizar.*

españolería f. *Españolada.*

españoleta 1 f. *Danza antigua española.* 2 Varilla colocada de arriba abajo en el borde de una puerta o ventana, que se mueve con una manivela colocada a altura conveniente y cierra enganchándose o encajándose simultáneamente arriba y abajo. ≃ *Cremona.

españolismo 1 m. Cualidad de español. ⊙ Acentuado carácter español. 2 Afición o admiración hacia *España o sus cosas.

españolista n. Aficionado a las cosas de España.

españolización f. Acción y efecto de españolizar.

españolizar tr. Comunicar a una ↘persona, una cosa o un país, costumbres, etc., españolas. ⊙ Dar forma española a un vocablo o expresión de otro idioma. ⊙ prnl. Tomar forma o carácter español.

esparadrapo (del b. lat. «sparadrăpum») m. Tira de tela cubierta por uno de sus lados con una sustancia adherente estéril, que se usa para sujetar vendajes, cubrir una pequeña cortadura, etc. ≃ Espadrapo. ⇒ TELA adhesiva, TELA [o TIRA] emplástica. ➤ *Medicina.

esparajismo (de «paroxismo»; Alb., León) m. **Aspaviento.* ≃ Parajismo.

esparaván[1] (¿de or. germánico?) m. VET. **Tumor en la parte inferior interna del corvejón, que puede llegar a producir una cojera incurable.* ≃ Garbanzuelo.

esparaván[2] m. *Gavilán (ave rapaz).

esparavel (de «esparver») 1 m. *Cierta *red redonda para pescar, que se arroja a brazo a los ríos y parajes de poco fondo.* ≃ Atarraya, esparvel, tarraya. 2 CONSTR. *Tabla con un mango en que se tiene una porción de la argamasa que se está usando.* ≃ Trolla.

esparceta *(Onobrychis viciaefolia)* f. *Planta leguminosa pratense cuyas flores, rojas y olorosas, tienen semejanza con la cresta y carúnculas del gallo. ≃ Pipirigallo.

ESPARCETA DE ESPAÑA. **Sulla (planta leguminosa).*

esparciata (del lat. «Spartiātes») adj. y n. **Espartano.*

esparcido, -a 1 Participio adjetivo de «esparcir[se]»: 'Unos árboles esparcidos por el prado. Una creencia muy esparcida'. 2 *Aplicado a personas, *alegre o *divertido.*

esparcimiento 1 m. Acción de esparcir[se]. 2 *Distracción o diversión.

esparcir (del lat. «spargĕre») 1 tr. Arrojar o enviar ↘cosas en distintas direcciones, o colocar cosas separadas o más separadas: 'El viento ha esparcido los papeles que estaban sobre la mesa'. ⊙ prnl. Extenderse lo que estaba junto o amontonado. ≃ Desparramar[se], diseminar[se]. 2 tr. *Derramar una ↘cosa disgregándola al mismo tiempo. 3 Hacer que una ↘cosa no disgregable ocupe más espacio. ≃ *Difundir, *extender. ⊙ prnl. Ocupar una cosa no disgregable más espacio: 'Se ha esparcido la mancha'. ⊙ tr. Particularmente, hacer que una ↘noticia llegue a muchos sitios: 'La radio ha esparcido la noticia'. ≃ Difundir, extender. ⊙ prnl. Llegar una noticia a muchos sitios. ≃ Difundirse, extenderse. 4 tr. *Distraer el ↘ánimo con una ocupación agradable y que no proporcione preocupación: 'Le convendría hacer un viaje para esparcir el ánimo'. ⊙ prnl. *Distraerse o *divertirse.

☐ CATÁLOGO

Aspergear, asperger, asperjar, aventar, debandar[se], *derramar[se], desbandarse, desembrar, desmandarse, desparcir, desparramar[se], desperdigar[se], destropar[se], difluir, difundirse, diseminar[se], *disgregar[se], *dispersar[se], espolvorear, *rociar, salpicar, sembrar. ➤ Aspersión, esparcimiento, esparsión. ➤ Alcachofa, aspersor, dispersador, hisopo, pulverizador. ➤ AQUÍ y allí, esparcido, esparrancado, profuso, ralo, salpicado, sembrado, suelto. ➤ Apretado, *denso, espeso. ➤ *Apartar. *Desvanecer. *Difundir. *Disolver. *Dispersar. *Extender. *Repartir. *Separar.

espargiro m. *En *alquimia, mercurio.*

esparragado m. **Guiso de espárragos.*

esparragador, -a n. *Persona que cría o coge espárragos.*

esparragal m. Campo de espárragos.

esparragamiento m. *Acción de esparragar.*

esparragar tr. *Criar o coger espárragos.*

espárrago (del lat. «asparăgus», del gr. «aspáragos») 1 *(Asparagus officinalis)* m. *Planta liliácea muy ramosa, con hojas filiformes, cuyo rizoma produce en primavera unos brotes carnosos, muy sabrosos y estimados. ⇒ Lindón. 2 Brote tierno y comestible de esa planta. ⇒ Turión. 3 Se aplica como nombre a muchos objetos y *piezas de forma alargada. ⇒ *Vástago. ⊙ **Eje de algunas cosas; por ejemplo, de una *escalera de caracol.* ⊙ **Barrita o perno con rosca en ambos extremos.* ⊙ *Barrita de hierro que atraviesa una puerta o pared para accionar desde el exterior una *campana que suena en el interior.* ⊙ *Pie de los que sostienen un *entoldado.* ⊙ *Madero atravesado por palos a distancias iguales, que sirve de *escalera.* ⊙ (Bad.) **Madero en rollo, que se usa para andamiajes.*

ESPÁRRAGO AMARGUERO (And.; *Asparagus acutifolius*). *Espárrago silvestre, que se cría en los terrenos incultos.*

E. DE LOBO. *Orobanche (planta orobancácea).*

E. PERICO *(Asparagus albus)*. El cultivado, de gran tamaño y blanco.

E. TRIGUERO *(Asparagus acutifolius)*. El silvestre, delgado y de color verde oscuro.

IRSE A FREÍR ESPÁRRAGOS. 1 (inf.) Malograrse o estropearse algo. 2 (inf.) Usado generalmente en imperativo, se emplea para *echar a alguien o *desechar lo que dice, con enfado.

MANDAR a alguien A FREÍR ESPÁRRAGOS. *Despedir a alguien o *desentenderse de alguien o algo con enfado o brusquedad.

esparragón (de «espárrago») m. *Cierta *tela de seda con cordoncillo más grueso que el de la tercianela.*

esparraguera 1 f. Planta de espárragos. 2 Terreno donde abundan o se plantan espárragos. 3 *Fuente especialmente destinada a servir espárragos. 4 *(Bryonia dioica)* *Planta cucurbitácea parecida al espárrago, pero de menos desarrollo y ramaje más fino, que se cría mucho en macetas para adorno.

esparraguina (de «espárrago», por su color) f. Fosfato de cal cristalizado, de color verdoso.

esparrancado, -a 1 *Participio adjetivo de «esparrancarse»; se aplica a la persona que anda o está con las piernas muy abiertas, o que las tiene así.* 2 *Se aplica también a las cosas que *están demasiado esparcidas o separadas.*

esparrancarse prnl. *Ponerse con las piernas muy abiertas.* ≃ *Despatarrarse.

espársil adj. *Se aplica a las *estrellas que no forman parte de ninguna constelación.* ⇒ *Suelto.

esparsión (del lat. «sparsĭo, -ōnis»; ant.) f. *Esparcimiento.*

espartal m. Terreno en que abunda el esparto. ≃ Espartizal.

espartano, -a (del lat. «Spartānus») 1 adj. y, aplicado a personas, también n. De Esparta. ⇒ Esparciata, lacedemón, lacedemonio, laconio. ➤ Ilota. ➤ Licurgo. ➤ Éforo. 2 Aplicado a una persona y a sus costumbres, austero y rígido.

espartar (And., Ar.) tr. **Forrar con esparto las ˘vasijas de vidrio o barro.* ⇒ Enserar.

esparteína f. **Alcaloide de la retama, que se emplea en medicina como tónico cardiaco.*

esparteña (de «esparto») f. *Alpargata.

espartería 1 f. Oficio de espartero. **2** Taller donde se hacen trabajos de esparto. **3** Lugar o tienda en que se venden.

espartero, -a n. Persona que fabrica o vende obras de esparto.

V. «AGUJA ESPARTERA».

espartilla f. *Trozo de estera o manojo de esparto que se emplea para limpiar las *caballerías.*

espartillo (dim. de «esparto»; Alb.) m. *Raicillas de la cebolla del *azafrán.*

CAZAR AL ESPARTILLO. **1** **Cazar pájaros con esparto untado de liga.* **2** **Aprovechar un *encuentro casual con una persona para hablarle o decirle algo.*

espartizal m. Espartal.

esparto (del lat. «spartum», del gr. «spárton») **1** *(Stipa tenacissima)* m. *Planta gramínea que se cría en terrenos pobres y secos de España, de hojas radicales, llamadas del mismo modo, de unos 60 cm de largo, que parecen filiformes porque están arrolladas, de las cuales se obtiene una fibra muy fuerte con la que se fabrican sogas, esteras, pasta de papel y otras cosas. ≃ Atocha, atochón, raigón. ➤ Albardín, barceo, berceo, HIERBA del maná, pajón. ➤ Cogedera. ➤ Cejo. ➤ Alborga, ceneja, espartilla, *espuerta, estera, felpudo, garbillo, hacho, hiscal, peludo, pleita, *ruedo, sarria, sera, *soga. ➤ Atochar, espartar. **2** (Ar.) **Estropajo de fregar.*

esparvar tr. *Emparvar.*

esparvel (de «esparver») **1** (Ar.) m. **Gavilán.* **2** (Nav.) *Persona *alta y *desgarbada.* **3** (Ál.) *Esparavel (*red de pescar).*

esparver (del occit. «esparvier») m. **Gavilán (ave rapaz).*

espasmar (ant.) tr. *Pasmar.*

espasmo (del lat. «spasmus», del gr. «spasmós») **1** m. MED. Contracción involuntaria de los músculos. ⇒ *Convulsión. ➤ RISA sardónica. ➤ *Antiespasmódico, espasmolítico. ➤ Relajarse. **2** *Asombro o *éxtasis.* ≃ Pasmo.

espasmódico, -a adj. MED. De [o con] espasmo.

espasmolítico, -a adj. y n. m. FARM. Antiespasmódico.

espástico, -a adj. MED. **Rígido por un espasmo permanente.*

espata (del lat. «spatha», ramo de palma con sus dátiles) f. BOT. Bráctea de gran tamaño que envuelve la inflorescencia de ciertas plantas, como el ajo, a veces coloreadas y de aspecto de pétalos, como en la cala. ⇒ Chala, concho, doblador, farfolla, gallarofa, garrancha, panca, perfolla, pinochera. ➤ Espádice.

espatarrada f. *Paso de danza.* ≃ Despatarrada.

espatarrado, -a Participio adjetivo de «espatarrarse».

DEJAR [o QUEDARSE] ESPATARRADO *Dejar [o quedarse] pasmado o asustado.*

espatarrarse 1 (inf.) prnl. Separar mucho las piernas o caerse quedando con las piernas muy abiertas. ≃ *Despatarrarse. **2** (inf.) *Quedarse* ESPATARRADO.

espático, -a adj. MINERAL. De estructura hojosa como el espato.

V. «HIERRO espático».

espato (del al. «spat») m. Cualquier *mineral de estructura hojosa.

ESPATO CALIZO. Caliza cristalizada en romboedros.

E. FLÚOR. Fluorina.

E. DE ISLANDIA. Espato calizo muy transparente, que se emplea en física *óptica.

E. PERLA. *Dolomita.*

E. PESADO. *Baritina.*

espátula (del lat. «spathŭla») **1** f. Paleta pequeña, con mango largo, que se emplea en *farmacia, en pintura y en otras cosas. **2** ZOOL. *Se aplica a algunas partes de organismos de forma de cuchara.* ⇒ *Cuerpo. **3** *Cuchareta (ave zancuda).

espatulomancia o, menos frec., **espatulomancía** (del lat. «spathŭla» y «-mancia o -mancía») f. *Pretendida adivinación por los huesos de los animales; especialmente, por las espaldillas.*

espaviento (pop.) m. **Aspaviento.*

espavorecido, -a (ant.) adj. *Despavorido.*

espavorido adj. *Despavorido.*

espay m. *Soldado francés de caballería en Argelia. ≃ Espahí.

especería f. *Especiería.*

espechar (ant.) tr. **Pinchar.* ≃ Espichar.

especia (del lat. «specĭes») **1** f. Sustancia vegetal que se usa en pequeña cantidad para dar algún *sabor fuerte, picante o excitante a las comidas. No suele llamarse «especias», sino «condimentos», a las que se usan frescas, y consisten en hojas enteras, como el laurel o el perejil, o constituyen alimento, como la cebolla o el tomate. **2** (ant.) MED. *Medicamento.* ≃ Específico. **3** (pl.) *Ciertos *postres que se tomaban al final de la comida acompañados de vino.*

□ CATÁLOGO

Ají, alcamonías, alcaravea, alezna, anís, azafrán, cachumba, canela, cari, cayena, chile, clavillo, clavo, comino, cúrbana, gariofilo, jenabe, jenable, jengibre, MADRE de clavo, madreclavo, malagueta, matafalúa, matalahúga [o matalahúva], merquén, mostaza, NUEZ de especia, NUEZ moscada, pebre, picante, pimentón, pimienta, pinole, POLVOS de soconusco, soconusco, taparote, vainilla. ➤ Alatar, maza. ➤ *Condimento.

especial (del lat. «speciālis»; «en, para») adj. *Limitado a cierta cosa o para cierta cosa o persona, pero no para todas: 'Le hacen para él una comida especial. Viaja en tren especial'. ≃ Particular. ⊙ *Diferente de lo ordinario o corriente; no cualquiera: 'De una clase especial'. Generalmente, se entiende «*mejor que lo corriente», pero, a veces, en el comercio, también es la manera de designar una clase de la cosa de que se trata que, por ser más barata, es de calidad inferior a la corriente. ⊙ Distinto de lo acostumbrado: 'Le encuentro un sabor especial a este café' ≃ *Extraño.

EN ESPECIAL. Especialmente.

□ CATÁLOGO

Aislado, concreto, descomunal, *determinado, *distinto, de encargo, específico, excepcional, individual, a la MEDIDA, particular, *peculiar, señalado, separado, singular, SUI géneris. ➤ Caso. ➤ Carácter, CARÁCTER distintivo, característica, color, coloración, diferencia, *distintivo, especialidad, *matiz, *particularidad, peculiaridad, rasgo, RASGO característico, sello, señas, SEÑAS personales, singularidad, tinte, tono. ➤ Endemás, especialmente, más, MÁS aún, máxime, mayormente, más que NADA, particularmente, principalmente, con más [o mayor] RAZÓN, señeramente, singularmente, TANTO más, sobre TODO. ➤ General. ➤*Asombrar. *Bello. *Bueno. *Extraño. *Extraordinario. *Grande. *Impresionar. *Original. *Raro.

especialidad f. Circunstancia de ser especial una cosa. ⊙ Carácter o circunstancia por la que lo es: 'Esa es precisamente la especialidad de este producto'. ⊙ Cosa que alguien tiene especialmente *buena o que hace o conoce especialmente *bien: 'Su especialidad son las empanadillas de jamón. Su especialidad es el derecho mercantil'. ⊙ Particularmente, cada rama de la ciencia médica cultivada por médicos especializados en ella. ⇒ *Medicina. ⊙ FARM. Medicamento preparado por un laboratorio que se vende con un nombre comercial registrado.

SER [O NO SER] cierta cosa DE LA ESPECIALIDAD de alguien. Ser o no ser *entendida en ella la persona de que se trata: 'Este asunto no es de la especialidad de ese abogado'.

especialista 1 («de, en») n. Persona que se dedica a una especialidad en alguna profesión; particularmente, en medicina. **2** (inf.; «en») Persona muy hábil en algo: 'Es un especialista en hacer bromas pesadas'. **3** CINE. Persona que en el rodaje de una película dobla a un actor en escenas peligrosas o que requieren cierta destreza.

especialización f. Acción y efecto de especializarse.

especializado, -a («Estar; en») Participio adjetivo de «especializar[se]». ⊙ Se aplica particularmente al que ha adquirido conocimientos especiales en cierta cosa: 'Un abogado especializado en derecho mercantil'. ⊙ Se aplica particularmente al *obrero con oficio determinado, a diferencia del que sólo puede realizar trabajos que no requieren habilidad especial.

especializar 1 tr. Hacer servir ↘algo o a alguien especialmente para cierta cosa. **2** («en») prnl. Dedicarse a cierta especialidad dentro de una profesión.

especialmente adv. De manera especial.

especie (del lat. «specĭes») **1** f. *Conjunto de cosas a las que conviene una misma definición. **2** BIOL. Unidad básica del conjunto de los seres vivos formada por los individuos que pueden reproducirse entre sí indefenidamente, y cuya descendencia es fértil. ⇒ Híbrido. ➤ Clasificación. **3** QUÍM. *Sustancia de composición definida y fija, que recibe un nombre particular.* **4** FIL. *Representación de un objeto en la mente.* ≃ *Idea. **5** Cierta manera de ser: 'No me gusta esa especie de vida'. ≃ *Clase. ⊙ Conjunto de cosas que la tienen: 'Es de esa especie de personas que nunca están contentas'. **6** Cosa que se dice o de la cual se trata o habla: 'Difundir una especie falsa'. ⇒ *Noticia. **7** ESGR. *Treta, revés o estocada.* **8** MÚS. *Cada una de las voces de la composición.*

ESPECIES SACRAMENTALES. Accidentes de olor, color y sabor que quedan en la *eucaristía después de la transustanciación.

BAJO ESPECIE DE. Con *apariencia de: 'Lo presentó bajo especie de amistad'.

EN ESPECIE. En *frutos y no en dinero: 'Pagar el arrendamiento de la tierra en especie'.

UNA ESPECIE DE. Expresión muy frecuente que se aplica a un nombre para denotar que la cosa de que se trata es muy *semejante a la designada por ese nombre, aunque no es exactamente ella: 'El dromedario es una especie de camello'.

especiería f. Tienda de especias. ≃ Especería.

especiero, -a 1 n. Vendedor de especias. **2** (ant.) *Farmacéutico.* **3** m. Utensilio, especialmente el de madera, formado por varios cajoncitos, donde se tienen las especias. ≃ Salera.

especificación 1 f. Acción y efecto de especificar. **2** DER. *Modo de *adquirir uno la materia ajena que emplea de buena fe para formar obra de nueva especie, mediante indemnización del valor de aquélla a su dueño.*

especificadamente adv. *Con especificación.*

especificado, -a Participio adjetivo de «especificar». ⊙ *Determinado con datos o detalles precisos.

especificar (de «específico») tr. *Determinar o *precisar. ⊙ Dar de una ↘cosa los datos o detalles precisos para que quede bien claro de cuál de las designables de la misma manera se trata: 'Me dice que le mande un libro de geografía, pero no especifica cuál'. ⊙ Expresar cierto ↘dato o detalle de una cosa: 'No especifica la marca del reloj'.

especificativo, -a adj. Se aplica a lo que especifica o sirve para especificar. ⊙ GRAM. Se aplica al *adjetivo de los unidos al nombre sin cópula que, a diferencia del epíteto o el descriptivo, expresa una cualidad que limita la aplicación del nombre a determinados objetos de los designados por él; como en «los países europeos».

especificidad f. Cualidad de específico.

específico, -a (del lat. tardío «specifĭcus») **1** adj. Propio de cierto ser o especie de seres; aplicable a cierta cosa o especie de cosas y no a otras, etc.: 'Caracteres específicos de los artrópodos'. ⊙ MED. Se aplica a los síntomas, lesiones, etc., que son propios de determinada *enfermedad: 'Una úlcera específica'. ⊙ FARM. Se aplica a los medicamentos destinados al tratamiento de una enfermedad determinada. ⊙ Se aplica al *significado o aplicación de una palabra que tiene varios, con el cual se entiende empleada si no se expresa otra cosa. **2** m. Medicamento específico. **3** FARM. Medicina que se vende ya preparada en laboratorios o fábricas y no se hace por el mismo farmacéutico con una receta. ⇒ *Farmacia.

espécimen (del lat. «specĭmen»; pl. «especímenes»; culto) m. *Individuo de una especie que se toma como representante de ella. ≃ Ejemplar. ⊙ Porción de una sustancia que se toma para examinar o mostrar las cualidades de ella. ≃ *Muestra.

especiosidad (del lat. «speciosĭtas, -ātis»; ant.) f. *Perfección.*

especioso, -a (del lat. «speciōsus») **1** adj. *Perfecto, hermoso o precioso.* **2** (culto) Engañoso: 'Un argumento especioso'.

especiota (aum. desp. de «especie») **1** f. **Noticia falsa o exagerada.* **2** *Cualquier cosa *extravagante o disparatada que se dice.*

espectable (del lat. «spectabĭlis»; ant.) adj. *Respetable. Se aplicó a veces como *tratamiento.*

espectacular adj. Se aplica a las cosas que, por el aparato que las acompaña, impresionan a quien las presencia: 'Una caída espectacular'. ⇒ *Efectista.

espectacularidad f. Cualidad de espectacular.

espectáculo (del lat. «spectacŭlum») **1** («Dar, Ofrecer, Presentar, Asistir a, Estar en, Presenciar») m. Cualquier *acción que se ejecuta en público para divertir o recrear; como una sesión de cine, una función de teatro, una exhibición de danza o un partido de fútbol. ⊙ Se aplica también, en singular, a cada género de esa clase de cosas: 'El circo es un espectáculo para niños'. **2** Suceso impresionante que se desarrolla a la vista de alguien: 'La puesta de Sol es un espectáculo siempre nuevo'. ⇒ *Escena.

DAR UN ESPECTÁCULO. Hacer ante la gente algo extravagante, escandaloso o inconveniente.

□ CATÁLOGO

*Distracción, diversión, entretenimiento, *pasatiempo. ➤ Exhibición, fiesta, función, representación, show. ➤ SHOW business. ➤ Atletismo, *boxeo, cabalgata, *carrera, ciclorama, *cine [o cinematógrafo], *circo, concierto, *cosmorama, CUADRO vivo, danza, *deporte, desfile, DESFILE de carrozas, diorama, ENCIERRO de los toros, eudiómetro, fantasmagoría, feria, *fútbol, georama, guiñol, happening,

JUEGOS malabares, JUEGOS de manos, LINTERNA mágica, lucha, marionetas, mundinovi, el MUNDO entero por un agujero, mundonuevo, music-hall, naumaquia, neorama, panorama, *pirotecnia, *prestidigitación, SOMBRAS chinescas, SOMBRAS invisibles, *teatro, títeres, titirimundi, toreo, torneo, totilimundi, tutilimundi, variedades, verbena. ➤ Número. ➤ EFECTOS especiales. ➤ *Actor, animador, artista, ARTISTA de *circo, ARTISTA de *variedades, payaso, showman, travesti. ➤ Asistencia, *concurrencia, concurso, espectador, gente, lleno, *público. ➤ Playback [o play-back]. ➤ Alabardero, circo, claque, mosquetero, tifus. ➤ Acomodador. ➤ Empresario. ➤ *Entrada, *localidad. ➤ Tribuna. ➤ Beneficio. ➤ Apoteosis, FIN de fiesta. ➤ Local, *LOCAL público. ➤ Anfiteatro, *circo, *escenario, hipódromo, odeón, *palenque, PARQUE de atracciones, pista, PLAZA de toros, sala, teatro, velódromo. ➤ Matinée. ➤ Gira. ➤ Contaduría, despacho, expendeduría, taquilla. ➤ Dar, echar, *exhibir, hacer, pasar, poner, presentar, *representar. ➤ *Deporte. *Fiesta. *Juego.

espectador, -a (del lat. «spectātor, -ōris») adj. y n. Se aplica a las personas que están presenciando un espectáculo o cualquier otra cosa. ⇒ *Espectáculo.

espectral adj. De [o del] espectro o como de espectro. ⊙ Misterioso: 'Una luz espectral'. ⊙ Del espectro físico: 'Análisis espectral'.

espectro (del lat. «spectrum») **1** m. Figura irreal, generalmente horrible, que alguien ve en su imaginación, a veces como si fuera real. ≃ Aparición, *fantasma, visión. ⊙ *Aparecido: difunto que se aparece a los vivos. **2** (n. calif.) Persona que ha llegado a un grado extremo de delgadez o decadencia física: 'La enfermedad le ha dejado hecho un espectro'. **3** FÍS. Serie de las frecuencias de una radiación dispersada, que resultan en orden creciente. ⊙ Particularmente de la *luz. ⇒ *Rayo. ⊙ Se usa también en sentido figurado: 'Al acto acudieron representantes de todo el espectro político'. **4** FARM. Campo de acción representado por las especies microbianas sobre las que un medicamento, particularmente un antibiótico, es eficaz.

ESPECTRO DE ABSORCIÓN. FÍS. Sistema de bandas o rayas que se producen cuando se interpone entre el foco y el espectroscopio una sustancia que absorbe ciertas radiaciones.

E. SOLAR. FÍS. El producido por la luz del Sol.

espectrofotometría f. FÍS. *Empleo del espectrofotómetro en operaciones de análisis.*

espectrofotómetro m. FÍS. *Aparato usado para comparar dos espectros zona por zona.*

espectrografía f. FÍS. Estudio de los espectros de radiaciones.

espectrógrafo **1** m. FÍS. Espectroscopio que registra el espectro de las radiaciones en espectrogramas. **2** FON. Aparato utilizado que permite analizar los elementos constitutivos de la emisión fónica.

espectrograma (de «espectro» y «-grama») m. FÍS., FON. Imagen obtenida con el espectrógrafo.

espectrómetro m. FÍS. Espectroscopio que permite realizar la medición precisa de los índices de refracción de los *rayos.

espectroscopia **1** f. Parte de la física que estudia los espectros de las radiaciones. **2** FÍS. Imagen obtenida mediante un espectroscopio.

espectroscopio m. FÍS. Instrumento óptico destinado a observar los espectros de radiaciones.

especulación («La, Una») f. Acción de especular: 'Se dedica a la especulación filosófica. Se ha hecho rico con una especulación afortunada'.

especulador, -a adj. y n. Se aplica al que negocia. Tiene generalmente sentido peyorativo, aplicado al que comercia abusivamente o aprovechando circunstancias desfavorables para otros.

especular[1] (del lat. «speculāri») **1** tr. **Examinar* ↘*algo con atención para estudiarlo.* **2** tr. y, más frec., intr. *Pensar o reflexionar sobre cuestiones teóricas. ⊙ Hacer conjeturas más o menos realistas sobre algo: 'Se especula con la posibilidad de que dimita el director'. **3** («con, en») *Comerciar o *negociar con algo: 'Especula en cereales'. ≃ Tratar. ⊙ Utilizar cierta cosa para obtener provecho o ventajas: 'Especula con los permisos de importación. Especula con su conocimiento de las intimidades de la casa'. ≃ Aprovecharse, traficar.

especular[2] (del lat. «speculāris») adj. ÓPT. De [o del] espejo.

especulario, -a (del lat. «specularĭus»; ant.) adj. ÓPT. *De [o del] espejo.*

especulativa f. Facultad especulativa; *inteligencia.

especulativamente adv. De manera especulativa.

especulativo, -a **1** adj. De [la] especulación. **2** Por oposición a «práctico», se aplica a los conocimientos, estudios, etc., que no se dirigen a un fin práctico inmediato. ≃ *Teórico. **3** Aplicado a personas, inclinado a meditar más que a aplicar sus conocimientos.

espéculo (del lat. «specŭlum», espejo) m. CIR. Instrumento provisto de un espejo, que se emplea para explorar las cavidades interiores del organismo.

espedar (ant.) tr. *Espetar.*

espedazar (ant. y pop. aún) tr. *Despedazar.*

espedimiento (de «espedirse»; ant.) m. *Despedida.*

espedirse (del lat. «expetĕre»; ant.) prnl. **Despedirse.*

espedo (ant. y usado aún en Ar.) m. **Asador de varilla.*

espejado, -a adj. *Claro y limpio o que refleja la luz como un espejo.* ≃ *Brillante.

espejar (de «espejo») **1** tr. *Despejar.* **2** (ant.) **Limpiar o pulir.* **3** prnl. *Mirarse en el espejo.* **4** **Reflejarse una cosa, por ejemplo en el agua.*

espejear intr. *Brillar como un espejo. ⊙ Particularmente, reflejar intermitentemente la luz, como un espejo moviéndose; como hacen, por ejemplo, las hojas de los chopos.

espejeo **1** m. Acción de espejear. **2** *Espejismo (efecto óptico).*

espejería f. **Tienda en que se vendían espejos y otros muebles para adorno de las casas.*

espejismo (de «espejo») **1** m. Fenómeno *óptico producido por la reflexión total de la luz en las capas de aire muy caliente que están en contacto con el suelo, por ejemplo en un desierto, con lo que se ven a distancia las imágenes de las cosas invertidas, como si se reflejasen en el agua. ⇒ Brillazón. **2** *Ilusión engañosa.

espejo (del lat. «specŭlum») **1** («Mirarse en el [o al]») m. Superficie brillante que *refleja las imágenes. ⊙ Particularmente, la fabricada con una placa de vidrio recubierta de mercurio por la cara posterior, o con una plancha metálica bruñida. ⇒ Raíz culta, «catoptr-»: 'catoptromancia'. ➤ Alinde, luna. ➤ Cornucopia, espéculo, HORIZONTE artificial, reflector, retrovisor. ➤ Aplanético. ➤ Amalgama. ➤ Tremó, tremol. ➤ Azogar. ➤ Reflejar. ➤ Espejar, mirarse. ➤ Foco, imagen. ➤ Cardillo, *escardillo, rata, ratita. **2** *Imagen o retrato. Cosa que retrata o refleja algo que se expresa: 'El teatro es el espejo de la vida. La cara es el espejo del alma'. **3** Dechado o *ejemplo: 'Espejo de la andante caballería'. Se usa en frases como «es el espejo en que nos miramos todos». **4** ARQ. *Adorno ovalado que se pone en las *molduras huecas.* **5** (And.) *Transparencia de los *vinos dorados.* **6** (pl.) *Remolino de *pelos en el pecho del caballo.* **7** MAR. *Espejo de popa.*

ESPEJO DE ARMAR (ant.). *Espejo de cuerpo entero.*

E. DE CUERPO ENTERO. El de suficiente altura para que pueda una persona verse en él completa.

E. DE LOS INCAS. **Obsidiana.*

E. PARABÓLICO. ÓPT. *Espejo o reflector cuya superficie es un paraboloide de revolución que, por tener el punto focal libre de aberración para los rayos que inciden paralelos, se emplea, por ejemplo, en los *telescopios de reflexión.*

E. DE POPA. MAR. *Superficie exterior de la popa de un *barco.*

E. RETROVISOR. Se aplica a cada uno de los espejos pequeños colocados en la parte delantera de un vehículo para que el que conduce pueda ver hacia atrás y a los lados sin necesidad de volver la cabeza. ≃ Retrovisor.

E. USTORIO. FÍS. *Espejo cóncavo con el que se obtienen temperaturas elevadísimas, reuniendo los rayos solares en su foco.* ⇒ *Calor.

MIRARSE en una persona COMO EN UN ESPEJO. **1** Tenerle mucho cariño y complacerse en sus gracias y buenas cualidades. ⇒ *Amar. **2** Tomarla como *modelo.

MIRARSE EN ESE [etc.] ESPEJO. Fijarse en algo o alguien para *escarmentar con lo que le ha ocurrido.

espejuela (de «espejo») f. EQUIT. *Arco que tienen algunos bocados de *freno en la parte interior, uniendo los extremos de los cañones.*

espejuelo (dim. de «espejo») **1** m. *Yeso cristalizado. **2** *Hoja de *talco.* **3** *Cristal de anteojos.* ⊙ (no frec. en España; Cuba, Pan., P. Rico, R. Dom.; pl.) **Gafas.* **4** CAZA. Utensilio que se emplea como *señuelo para cazar alondras, consistente en un trozo de madera, pintado generalmente de rojo, con pequeños espejos incrustados, al que se hace girar para que los reflejos de la luz atraigan a aquellas aves. **5** Artificio usado para *atraer a las personas; por ejemplo, a los compradores. ≃ Señuelo. **6** **Reflejo que se produce en algunas *maderas al cortarlas a lo largo de los radios medulares.* **7** *Trozos de cidra, calabaza u otra *fruta en dulce, brillantes por el corte.* **8** APIC. **Borra o suciedad que crían los panales durante el invierno.* **9** ARQ. *Rosetón, *ventana o claraboya, generalmente con calados de cantería tapados con láminas de yeso transparente.* **10** *Callosidad que se le forma al *feto durante la gestación por la postura en que está.* **11** *Excrecencia córnea que tienen las *caballerías en la parte inferior e interna del antebrazo y en la superior y posterior de las cañas en las patas traseras.*

espeleología (del gr. «spélaion», caverna, y «-logía») f. Ciencia de la exploración de las *cuevas. ⊙ Deporte de explorar cuevas.

espeleólogo, -a n. Persona que se dedica a la espeleología.

espelta (del lat. «spelta») f. *Variedad de *escanda (cierto trigo).* ⇒ Crimno.

espelunca (del lat. «spelunca»; lit.) f. **Cueva o lugar tenebroso.*

espeluzar **1** tr. **Despeinar.* ≃ Despeluzar. **2** *Espeluznar.* ≃ Despeluzar.

espeluznamiento m. *Acción y efecto de espeluznar[se].*

espeluznante adj. Que espeluzna.

espeluznar **1** tr. y prnl. **Despeinar[se].* ≃ Despeluzar[se], despeluznar[se], espeluzar. **2** tr. Poner el pelo erizado por efecto del miedo. ≃ Despeluzar, despeluznar, espeluzar, respeluzar. ⊙ prnl. Sufrir el erizamiento del pelo a causa del miedo. **3** tr. y prnl. Causar [o sentir] mucho miedo. ≃ Aterrar[se], *aterrorizar[se], espantar[se], horripilar[se], horrorizar[se].

espeluzno (inf.) m. **Escalofrío o estremecimiento.* ≃ Repeluzno.

espeluzo (ant.) m. *Despeluzo.*

espenjador (del arag. «espenjar», del sup. lat. «expendicāre», de «pendĕre», colgar; Ar.) m. *Palo con una horquilla en el extremo, para colgar y descolgar o *alcanzar cosas altas, por ejemplo en las tiendas.*

espeque (del neerl. «speek», palanca) **1** m. **Palanca de madera.* ⊙ ARTILL. *Palanca de madera, redonda por una extremidad y cuadrada por la otra.* **2** **Puntal de una pared.*

espera[1] (del lat. «sphaera»; ant.) f. **Esfera.*

espera[2] **1** f. Acción de esperar. **2** («Admitir, Tener») Posibilidad de esperar. ⊙ (inf.) *Paciencia para esperar: 'Está viendo la comida y ya no tiene espera'. **3** *Plazo o prórroga que se concede para la ejecución de una cosa: 'Le obligarán a pagar sin más esperas'. ⊙ DER. *Plazo que los acreedores acuerdan conceder al deudor en *quiebra. **4** CAZA. *Puesto en el que se espera que la caza acuda espontáneamente.* **5** CARP. **Escopleadura que no llega de un lado a otro del madero.* **6** ARTILL. *Cierto cañón antiguo.*

A LA ESPERA de cierta cosa. Esperándola para obrar en consecuencia.

CAZAR A ESPERA. *Cazar en una espera.*

V. «COMPÁS DE ESPERA».

EN ESPERA DE. **1** Esperando: 'Estamos en espera de acontecimientos'. **2** Mientras llega u ocurre cierta cosa: 'En espera de tu respuesta, dejamos el asunto en suspenso'.

esperable adj. Susceptible de ser esperado. ≃ De esperar.

esperadero m. Espera (puesto para cazar).

esperado, -a Participio adjetivo de «esperar»: 'Ya ha llegado la tan esperada noticia'.

esperantismo m. *Movimiento en favor del esperanto.*

esperantista n. *Partidario del esperanto.*

esperanto m. *Lenguaje ideado en 1887 por el médico ruso Zamenhof, como un intento de *lengua universal.

esperanza (sing. o pl.; «Abrigar, Acariciar, Alimentar, Tener, Concebir, Dar, Hacer concebir, Desvanecer, Quitar, Truncar, Cumplirse, Realizarse, Abandonar, Desechar, Perder») f. *Confianza en que ocurra o en conseguir cierta cosa que se desea: 'Tengo pocas esperanzas de que venga'. ⊙ Persona o cosa en que alguien confía para conseguir algo: 'El trasplante de corazón es su última esperanza'. ⊙ Puede atribuirse impersonalmente: 'Hay en estos momentos algunas esperanzas de paz'.

ESPERANZA DE VIDA. Media de edad que pueden alcanzar los individuos de una población en una época determinada.

ALIMENTARSE DE ESPERANZAS. *Conformarse con la esperanza de que va a ocurrir lo que se desea o pretende. ≃ Vivir de ESPERANZAS.

V. «ANCLA de la esperanza».

DAR ESPERANZAS. Hacer que alguien tenga esperanzas de cierta cosa: 'El médico ha dado pocas esperanzas de que se salve'.

V. «en ESTADO de buena esperanza».

VIVIR DE ESPERANZAS. Alimentarse de ESPERANZAS.

esperanzado, -a **1** Participio de «esperanzar». **2** adj. Se dice del que tiene esperanzas de cierta cosa: 'Con la carta que ha recibido está muy esperanzado de conseguir el empleo'.

esperanzador, -a adj. Que infunde esperanza.

esperanzar tr. Dar esperanzas a ˇalguien de cierta cosa.

esperar (del lat. «sperāre») **1** tr. *Creer que ↘algo bueno o conveniente que está anunciado o algo que se desea ocurrirá realmente: 'Espero que vendrá puntualmente. Espero que mañana no lloverá'. **2** («a») Saber o *creer que va a llegar o a ocurrir ↘algo o alguien: 'Se esperan grandes acontecimientos'. ⊙ Estar *preparado para recibir ↘algo o a alguien: 'Estamos esperando a mi hermano, que llegará un día de estos'. ⊙ Estar alguien en un sitio o de cierta manera dispuesto a permanecer así hasta que llegue u ocurra cierta ↘cosa, a que llegue cierta persona, a que le llamen, le reciban, etc.: 'Voy a la estación a esperar a un amigo'. Se emplea mucho en forma durativa: 'Estoy esperando el autobús. Él estaba esperando que le recibiera el ministro'. ≃ Aguardar. ⊙ («a, para») Dejar el hacer cierta cosa hasta que ocurra otra que se expresa: 'Esperaremos a que vengas para comer'. ≃ Aguardar. ⊙ *Detenerse de hacer una cosa; reflexionar sobre ella antes de hacerla. **3** intr. Estar una cosa en el *futuro de alguien: 'Mala noche nos espera. Te espera una regañina. Le espera una vida de privaciones'. ≃ Aguardar.

De aquí te espero (inf.). Muy grande, muy intenso o que se sale de lo normal: 'Iba con una chica de aquí te espero. Hace un calor de aquí te espero'.

De esperar. Expresión adjetival que se aplica a una cosa de la que hay motivos para esperar que ocurra: 'Es de esperar que no tardará. Eso era una cosa de esperar'. ≃ Esperable.

V. «esperar el [o como al] santo advenimiento, esperar a la capa».

Esperar en. *Confiar en cierta persona o esperar algo de ella. Se usa particularmente hablando de Dios y aplicado a cosas importantes: 'Espero en Dios que no nos veremos en ese trance'. También se usa en tono irónicamente solemne: 'Espero en Dios que el jefe esté hoy de buen humor'.

Esperar sentado. Expresión irónica con que se alude a que algo que una persona espera *tardará mucho o no ocurrirá nunca: 'Si cree que le voy a ayudar, que espere sentado'. ⇒ *Improbable.

Hacerse esperar una persona o una cosa. Tardar o demorarse: 'Le gusta hacerse esperar. Su decisión no se hizo esperar'.

Quien espera desespera. Frase usual con la que se recuerda lo infructuoso que resulta a veces esperar.

□ Catálogo

Acechar, estar al acecho, aguaitar, aguardar, hacer antecámara [o antesala], atender, salir al camino, hacer cola, dejar que, *detenerse, ir [o salir] al encuentro, salir a esperar [o a la estación], estar por, estar a la expectativa, estar al husmo, ir a recibir, musar, estar al olor, estar al pairo, estar de plantón, dar tiempo al tiempo, hacer tiempo, tomarse tiempo. ➤ Hacerse la boca agua, hacer castillos en el aire, levantar castillos de naipes, ver de color de rosa, tener confianza, *confiar, creer, poner los dientes largos, fiar, forjarse ilusiones, prometérselas felices. ➤ Cuentas galanas. ➤ Ahuciar, alborotar, calentar la cabeza, llenar la cabeza de aire [de pájaros o de viento], poner en canción, cascabelear, levantar de cascos, confitar, dar dentera, alargar[se] los dientes, encalabrinar, encandilar[se], *encaprichar, engaitar, engolondrinar, *engolosinar, enlaminar, esperanzar, hacer desear, *ilusionar[se], hacer concebir *ilusiones, *ofrecer, *prometer[se], *soliviantar. ➤ *Detener, entretener, dar largas, dar un plante, dar un plantón, dejar en suspenso. ➤ Confiado, confitado, creído, esperanzado, expectante, hoto, ilusionado, optimista. ➤ Aguardo, atendimiento, espera, expectación, expectativa, horizonte, perspectiva. ➤ *Cola, *turno. ➤ *Plazo. ➤ Compás de espera, contenencia, *descanso, dilación, prórroga. ➤ Calma, *confianza, esperanza, *paciencia. ➤ *Impaciente. ➤ Amanecer, mesías. ➤ Desahuciar. ➤ Estar fresco. ➤ Desesperanzado, pesimista, sombrío. ➤ Carabear. ➤ No contar con, no echar cuentas con. ➤ De *improviso. ➤ ¡Ánimo!, ¡cualquier...!, el día menos pensado, de menos nos hizo Dios, Dios querrá..., todo quiere empezar, ¡gracias a Dios!, todo llegará, ¡mira que si...!, aún está la pelota en el tejado, no está todo perdido, principio quieren las cosas, donde una puerta se cierra otra se abre, aún hay sol en las bardas, ¡verás cómo...!, ya verás, ¡veremos!, allá veremos, ya veremos, vivir para ver, ya... ➤ Desesperar[se], inesperado. ➤ *Confianza. *Ilusión. *Tardar.

esperdecir (ant.) tr. **Despreciar.*

esperecer (ant.) intr. *Perecer.*

esperezarse (pop.) prnl. **Desperezarse.*

espergurar (del lat. «ex», fuera de, y «percurāre», podar; Rioj.) tr. *Limpiar la ↘*vid de tallos y brotes improductivos.*

esperido, -a (ant.) adj. **Flaco o muy *débil.*

esperiego, -a adj. V. «manzana asperiega [o esperiega]».

esperma (del lat. «sperma», del gr. «spérma», semilla) **1** amb. Secreción de los testículos. ≃ *Semen. ⇒ Espermatorrea. **2** Esperma de ballena.

Esperma de ballena. Tipo de cera que se obtiene de la cabeza del cachalote, utilizada en la industria y en medicina. ≃ Cetina.

espermafito, -a (de «esperma» y «-fito») adj. Bot. *Espermatofito.*

espermático, -a (del lat. «spermatĭcus», del gr. «spermatikós») adj. Biol. *De [la] esperma.*

espermatofito, -a (del gr. «spérma, -atos», semilla, y «-fito») adj. Bot. *Nombre equivalente al de «fanerógama» de la clasificación tradicional.* ≃ Espermafito.

espermatorrea (del gr. «spérma, -atos», semilla, y «-rrea») f. Med. Derrame de *semen no provocado por la función sexual.

espermatozoario (del gr. «spérma, -atos», semilla, y «zōárion», animalillo) m. Biol. *Espermatozoide de los animales.*

espermatozoide (del gr. «spérma, -atos», semilla, «zôon», animal y «-oide») m. Biol. Célula sexual masculina que fecunda el óvulo. ≃ Microgameto, zoospermo. ➤ Desove.

espermatozoo (del gr. «spérma, -atos», semilla, y «-zoo») m. Biol. Espermatozoide.

espermicida (del gr. «spérma, -atos», semilla, y «-cida») adj. y n. m. Se aplica a la sustancia que destruye los espermatozoides, empleada generalmente como anticonceptivo local.

espernada (de «es-» y «pierna») f. **Eslabón del final de una cadena que está abierto y con las puntas dobladas, para meterlo en la argolla fija a la pared o a un poste.*

espernancarse (León, Hispam.) prnl. **Despatarrarse.* ≃ Esparrancarse.

espernible (del lat. «sperněre», despreciar; And., Ar.) adj. *Despreciable.*

esperón[1] («Dar, Darse»; pero, con más frecuencia, construido como sujeto) m. Espera larga que alguien tiene que hacer: 'El esperón duró una hora. Me dio [o me di] un esperón de una hora'.

esperón[2] (del it. «sperone») m. Mar. **Tajamar del barco.*

esperonte (de «esperón[2]»; ant.) m. Fort. *Ángulo saliente en la muralla.*

esperpéntico, -a **1** adj. Propio del esperpento. **2** Que es un esperpento.

esperpento **1** m. Persona fea o ridícula. ≃ Birria, *facha. **2** **Disparate.* **3** Cosa mal hecha. ≃ *Mamarracho. **4** LIT. Género teatral creado por Valle-Inclán en que se deforma sistemáticamente la realidad, exagerando sus rasgos grotescos y absurdos.

esperriaca (de «esperriar»; And.) f. *Último *mosto que se saca de la uva.*

esperriar (ant.) tr. **Rociar ˘algo con la boca.* ≃ Espurriar.

espertar (ant.) tr. *Despertar.*

□ CONJUG. como «acertar».

esperteza (de «espertar»; ant.) f. **Diligencia o listeza.*

espesamente (ant.) adv. **Frecuente o *continuamente.*

espesante m. Sustancia que se añade a algo para que espese; particularmente, la que se añade a un barniz o pintura.

espesar[1] (del lat. «spissāre») tr. y prnl. Hacer[se] una ˘cosa espesa o más espesa: 'El chocolate se espesa al enfriarse. La copa del árbol se espesa si se poda'. ⊙ prnl. Hacerse más espeso un *bosque. ⊙ tr. Hacer tupido un ˘tejido al fabricarlo.

espesar[2] (de «espeso») m. *Parte de un *monte más espesa que el resto.*

espesartina o **espesartita** f. *Granate manganésico. Silicato de manganeso y aluminio natural de color rojo oscuro, a veces algo violáceo o pardo, que cristaliza en el sistema cúbico.* ⇒ *Mineral.

espeso, -a (del lat. «spissus») **1** adj. Se aplica a las mezclas de un líquido y un sólido en que hay mucho de la sustancia sólida: 'Leche espesa. Chocolate espeso'. **2** *Apretado, *denso o tupido. Se aplica a las cosas cuyos elementos o partículas están muy próximos unos a otros: 'Un bosque [un tejido, un humo] espeso'. Puede también aplicarse a los elementos que constituyen la cosa: 'Los árboles están plantados demasiado espesos'. **3** (culto) Aplicado usualmente sólo a «*muro» o palabras equivalentes, *grueso: 'Rodeado de espesas murallas'. **4** (inf.) Aplicado particularmente a personas, *sucio o desaseado. **5** (Arg., Perú, Ven.) *Aplicado a personas, pesado y molesto.*

□ CATÁLOGO

Afijo, «picn-»: 'picnemia'. ➤ Amazacotado, apiñado, *apretado, apretujado, *compacto, *denso, impenetrable, tupido. ➤ Condensado, consistente, duro, pastoso. ➤ Encrasar, endurecer, espesar, trabar. ➤ Algaba, algaida, arcabuco, arcabuezo, arcabuzal, balsar, barzal, boscaje, *bosque, carrascal, carrasco, catinga, enramada, espesar, espesura, *follaje, fosca, fragosidad, fronda, fusca, jaral, jaro, jungla, lentiscal, lobera, *maleza, matorral, mazorral, moheda, mohedal, MONTE cerrado, repajo, selva, yungla, zarzal. ➤ Embosquecer, enmatarse, enmontarse, ensilvecerse. ➤ Enfrascarse. ➤ Chapear, desboscar, desmontar, *rozar, socolar.

espesor (de «espeso») **1** m. *Grosor de una cosa de forma laminar; particularmente, de un *muro. **2** Densidad o condensación de un fluido o de una masa.

espesura **1** f. Cualidad de espeso en cualquier acepción (denso, apretado o, no frec., sucio). **2** («Enfrascarse, Meterse en la») Conjunto espeso de árboles y arbustos. ⊙ Lugar en que hay árboles y matas espesos. ⇒ *Espeso. **3** Caballera espesa. **4** (ant.) **Firmeza o solidez.*

espetado, -a **1** Participio de «espetar[se]». **2** adj. *Aplicado a una persona, estirado, afectadamente grave.*

espetaperro A ESPETAPERRO[s]. *Con toda la rapidez posible.* ≃ A espeta perro[s].

espetar (de «espeto») **1** tr. *Atravesar una ˘vianda con el asador. ⊙ Atravesar cualquier ˘cosa con un *pincho. **2** Decir a alguien una ˘cosa que causa fastidio o decirla con brusquedad: 'Me espetó una declaración. Nos espetó un sermón'. ≃ Encajar, *endilgar, soltar. **3** prnl. **Erguirse afectando gravedad o importancia.* **4** **Asegurarse.* ≃ Afianzarse.

espetera (de «espeto») **1** f. Tabla con clavos o ganchos donde se cuelgan en la *cocina los utensilios como cazos o sartenes aptos para ello. ⊙ Conjunto de estos utensilios colgados, aunque no haya tabla. ⊙ *Esa clase de utensilios.* **2** (inf.) *Pecho de una mujer, particularmente cuando es muy desarrollado. ≃ Pechera.

espeto (del sup. gót. «spitus», asador; ant.) m. **Asador de varilla.*

espetón (aum. de «espeto») **1** m. Cualquier varilla o hierro largo y delgado con punta, que se utiliza para empujar, hurgar o pinchar algo con su extremo. ⇒ *Pincho. ⊙ *Hurgón de atizar la lumbre. ⊙ (And.) *Conjunto de sardinas atravesadas con una caña y puestas a asar.* **2** (inf.) *Alfiler muy grande. **3** **Estandarte grande que figura a veces en las procesiones.* **4** **Aguja (pez).*

espía[1] (del sup. gót. «spaíha») n. Persona que espía al servicio de alguien. ⇒ *Espiar.

ESPÍA DOBLE. Persona que espía a la vez para dos partes contrarias.

espía[2] (de «espiar[2]») **1** f. MAR. *Acción de espiar.* **2** MAR. **Cabo que sirve para espiar.* **3** *Cada una de las cuerdas o *tirantes con que se mantiene vertical un madero.*

espiadera f. MAR. *Nombre aplicado a las piezas de hierro o acero por las que se pasan los cabos de amarre del *barco.*

espiado, -a *Participio adjetivo de «espiar» (halar de un cabo).* ⊙ *Se aplica al *madero sujeto por medio de espías.*

espiar[1] (de «espía[1]») tr. *Observar ˘algo o a alguien con atención, con continuidad y con disimulo, con algún interés. ⊙ Hacerlo así por encargo de otra persona y para comunicar a ésta lo observado. ⊙ Particularmente, observar al servicio de un país ˘lo que pasa en otro, u observar por cuenta del enemigo lo que pasa en un ejército. ⇒ Seguir los PASOS. ➤ *Merodear. ➤ Agente, AGENTE secreto, echadizo, escucha, esculca, esculta, espía, espión, excusaña, fisgón, infiltrado, otacusta, topo. ➤ Contraespionaje, espionaje. ➤ *Acechar. *Atisbar. *Entrometerse. *Escudriñar. *Fisgar. *Investigar.

□ CONJUG. como «desviar».

espiar[2] (del port. «espiar») tr. MAR. *Halar de un ˘cabo firme en algún sitio, para hacer moverse a la nave en dirección a éste.* ≃ Atoar.

□ CONJUG. como «desviar».

espibia (de «estibia») f. VET. *Espibio.*

espibio o **espibión** (relac. con «espibia») m. VET. *Torcedura hacia un lado del cuello de una caballería.* ≃ Estibia.

espica f. **Vendaje con las vueltas formando cruces.*

espicanardo o **espicanardi** (del lat. «spica nardi», espiga de nardo) **1** (*Nardostachys grandiflora* y *Nardostachys jatamansi*) m. o f. *Planta valerianácea de la India, de raíz aromática. **2** (*Andropogon nardus*) *Planta gramínea de la India, con rizoma acompañado de unas raicillas fibrosas aromáticas con cuyo extracto se hacía un perfume antiguamente. ≃ Nardo, NARDO índico.

espichar (de «espiche») **1** tr. **Pinchar.* **2** (inf.) *Morirse. También «espicharla».

espiche 1 m. *Cualquier utensilio largo y puntiagudo; como un *asador o un chuzo.* ⇒ *Pincho. 2 *Estaquilla que sirve para *tapar un agujero, por ejemplo en una cuba o en una barca.*

espichón (de «espiche») m. *Herida causada con una cosa puntiaguda.*

espiciforme (del lat. «spica», espiga, y «-forme») adj. *De *forma de espiga.*

espicilegio 1 m. **Colección de diplomas, tratados, etc.* 2 **Colección de trozos literarios selectos.* ≃ Florilegio.

espídico, -a (del ingl. «speed», cierta droga; inf.) adj. Nervioso o con mucha energía, particularmente por haber tomado cierto tipo de drogas.

espiedo (ant. y usado aún en Ar.) m. **Asador de varilla.*

espiga (del lat. «spica») 1 f. Inflorescencia de *flores sin pedúnculo, colocadas a lo largo de un eje; las más jóvenes en el ápice y las más viejas, en la base. La «espiga» de los cereales es una espiga compuesta, es decir, una espiga de espigas. ⇒ Cabra, mazorca, panícula. ➤ *Haz, macolla, manojo, moraga. ➤ Arista, grano, raspa. ➤ Descabezarse. ➤ Soguear. ➤ Goja. ➤ Espiciforme. ➤ Espigar, respigar. ➤ *Mies. 2 *Dibujo formado por una línea como eje y otras laterales paralelas entre sí y oblicuas a aquélla. ≃ Espina de pez. ⊙ Particularmente, dibujo semejante en un *tejido, formado por el tejido mismo. ≃ Espiguilla. 3 Se aplica como nombre genérico a distintas *piezas alargadas destinadas a introducirse en algún sitio o a unir otras piezas. ⊙ Parte de una pieza, madero, etc., adelgazada para introducirla en otro. ⊙ Parte de una herramienta adelgazada para introducirla en el *mango. ⊙ Parte superior de la *espada en que se pone la guarnición. ⇒ Recazo. ⊙ Pieza en forma de púa o *clavija, de hierro o de madera, que se implanta en una pieza y sirve para encajarla en un alojamiento de otra, quedando así fijamente unidas ambas. ⊙ También, *clavo pequeño y sin cabeza usado en esta forma. ⊙ Clavo de madera con que se aseguran tablas o maderos. ⇒ *Apéndice, árbol, borne, botón, chaveta, *eje, espaldón, espárrago, estaquilla, gorrón, pasador, pernio, perno, pezón, sobina, torillo. ➤ *Apéndice. *Varilla. *Vástago. 4 *Púa de *injerto.* 5 Constr. *Parte más estrecha de un peldaño de *escalera de caracol, por donde se une al eje.* 6 Artill. **Espoleta de bomba.* 7 **Badajo de campana.* 8 Mar. *Cabeza de los *palos y masteleros de los barcos.* 9 Mar. *Una de las *velas de la galera.* 10 (Sal.) *Regalo o donación que hacen los convidados a una *boda a la novia durante el baile o después de la comida.* 11 Artill. *Espoleta de las bombas y artefactos semejantes.

V. «a caja y espiga».

espigadera f. *Espigadora.*

espigadilla (de «espigado») f. **Cebadilla (planta graminea).*

espigado, -a 1 Participio adjetivo de «espigar[se]». ⊙ Bot. Se aplica a la *planta que tiene espiga o inflorescencia formada o con semillas maduras. 2 Aplicado a niños o jóvenes, *alto y *delgado. 3 Aplicado a los árboles jóvenes, muy alto. 4 Se aplica a un asunto o tema del que ya se ha hablado mucho y es difícil decir algo nuevo. ⇒ *Gastado.

espigador, -a n. Agr. Persona que espiga.

espigadora f. Carp. Máquina o herramienta utilizada para labrar las espigas de ensamblaje.

espigajo (Ar.) m. Agr. *Manojo de espigas recogidas espigando.*

espigar (del lat. «spicāre») 1 tr. o abs. Agr. Recoger las espigas sueltas que han quedado en el ↘campo. 2 Buscar y recoger de distintos libros o escritos ↘datos, noticias, citas, etc. ≃ *Rebuscar. 3 intr. Empezar los *cereales a formar espiga. 4 tr. Carp. *Hacer espiga en una ↘pieza.* 5 (en algunos sitios de Cast. y León) *Regalar una espiga a la ↘novia el día de la *boda, generalmente en el baile.* 6 (ant. y usado aún en Méj.) tr. e intr. *Mover el *caballo la cola, sacudiéndola de arriba abajo.* 7 prnl. *Crecer mucho, adelgazando a la vez, un niño. 8 **Crecer demasiado el tallo de una hortaliza, por ejemplo de las lechugas o las coles, endureciéndose y perdiendo sus buenas cualidades como alimento, o sufrir transformación semejante la parte comestible de una planta; por ejemplo, la alcachofa o la coliflor.* ⇒ Subirse. ➤ Espigado, subido.

espigo m. *Espiga (pieza de carpintería, etc.).*

espigón 1 m. *Espiga o *punta de un instrumento puntiagudo, o del clavo con que se asegura algo.* ⊙ *Aguijón o punta de la *aguijada.* 2 *Muro saliente que se construye a orilla de un río o del mar para defender las márgenes o cambiar la dirección de la corriente. ≃ Espaldón, respaldón. ⇒ *Dique. 3 **Monte pequeño, pelado y puntiagudo.* 4 *Espiga de planta, áspera y espinosa.* 5 **Mazorca; por ejemplo, la del *maíz.* 6 *Columna que forma el eje de una escalera de caracol.*

espigueo m. Acción de espigar en cualquier acepción. ⊙ **Temporada en que se espiga en los campos.*

espiguilla (dim. de «espiga») 1 f. Cada una de las espigas pequeñas que forman la principal, por ejemplo en la avena. 2 Se aplica a objetos de forma semejante a una espiga; por ejemplo, igual que «espiga», al dibujo de algunas *telas. 3 *Flor del álamo. 4 *(Poa annua)* *Planta gramínea de tallo deprimido, hojas lampiñas y flores en panoja, sin aristas. ≃ Hierba de punta, poa. 5 Pequeño bordado en forma de espiga o de flecha que se hace en los finales de ciertas costuras para reforzarlos. ≃ Flecha. ⇒ *Bordar. 6 **Cinta estrecha o fleco, con picos, que se emplea como *adorno.*

espilocho (del it. «spilorcio»; ant.) m. **Pobre o *desharrapado.*

espín[1] (del lat. «spina») 1 m. **Puerco espín.* 2 Mil. *Antiguamente, *formación de un escuadrón de modo que presentaba lanzas o picas por todos lados.*

espín[2] (del ingl. «spin») m. Fís. Movimiento rotatorio de las partículas atómicas. ≃ Spin.

espina (del lat. «spina») 1 («Erizado de») f. Estructura dura y puntiaguda que, normalmente, consiste en una hoja o parte de ella transformada, que tienen algunas plantas, como el rosal. 2 Hueso de *pez (que nunca es llamado «hueso» en lenguaje corriente); especialmente, los largos y puntiagudos. ⊙ También, los de otra clase de animales, que tienen esa forma. 3 Espina dorsal. 4 Partícula puntiaguda de cualquier cosa, que se puede *clavar: 'Se ha clavado una espina fregando la madera'. 5 **Muro situado a lo largo y en el centro de los *circos romanos, alrededor del cual corrían los carros y caballos.* 6 Pensamiento o sentimiento que atormenta o causa *desazón: 'Tiene clavada esa espina en el corazón'. 7 *Desventaja, dificultad o *inconveniente que se encuentra en alguna cosa. 8 (pl.) *Penalidades. ≃ Abrojos.

Espina bífida. Med. Malformación congénita en que la columna vertebral se cierra defectuosamente en su parte posterior.

E. dorsal. Hueso que forma el eje del cuerpo en los animales vertebrados. ≃ Espina, *columna vertebral.

E. de pez. **Dibujo de espiga o espiguilla.*

E. santa *(Paliurus aculeatus)*. Arbusto ramnáceo, de hasta 4 m de altura, espinoso, de hojas alternas y flores pequeñas amarillas. ≃ Cambrones.

V. «caña espina».

DAR a alguien MALA ESPINA una cosa. Hacerle pensar que ocurre o va a ocurrir algo malo o desagradable. ⇒ *Sospechar.
V. «no hay ROSA sin espinas».
SACARSE alguien UNA ESPINA. 1 *Desquitarse o tomar la revancha en algo; particularmente, en el *juego. 2 *Desahogarse diciendo o haciendo algo de que ha estado reprimiéndose por alguna consideración.
V. «UVA espina».
□ CATÁLOGO
Raíz culta, «equin-»: 'equinodermo'. ➤ Abrojo, aguijón, ahuate, apículo, aresta, *pincho, *púa, punza. ➤ Acacia, acanto, agracejo, alarguez, amo, arto, ASIENTO de pastor, aspálato, aulaga, cacto, cadillo, cambrón, cambronera, cambrones, cardo, erizo, espinablo, espinera, espino, ESPINO cerval, ESPINO majoleto, ESPINO majuelo, ESPINO negro, majoleto, *majuelo [marjoleto o marzoleto], NÍSPERO espinoso, NÍSPERO silvestre, ortiga, oxiacanta, PALO de la rosa, pirlitero, rosal, tríbulo, zarza. ➤ Amor, cadillo, trun. ➤ Hirsuto. ➤ *Pincho.

espinablo (del lat. «spinus albus», Ar.) m. *Majuelo (arbusto espinoso).*

espinaca (del ár. and. «isbinā̲ha», cl. «isbānah̲ o isfānah̲», del persa «espenāh̲», con influencia de «espina»; *Spinacia oleracea)* f. *Planta quenopodiácea hortense de hojas radicales con tallos rojizos, comestible.

espinadura f. *Acción y efecto de espinar.*

espinal (del lat. «spinālis») adj. ANAT. De la *columna vertebral: 'Médula espinal'. ⊙ ANAT. De la *médula.

espinapez (del lat. «spina piscis», espina de pez) m. *Trabajo en los solados o *entarimados en que las piezas se colocan oblicuamente a las cintas.*

espinar[1] 1 tr. *Pinchar o herir a ˃alguien con espinas. 2 Poner espinos o zarzos alrededor de los ˃*árboles jóvenes para protegerlos. 3 *Zaherir u *ofender a ˃alguien con palabras.* 4 intr. MIL. **Formar en espín un escuadrón.*

espinar[2] 1 m. *Lugar poblado de espinos.* ≃ Senticar. 2 *Asunto lleno de dificultades.* ≃ Senticar. ⊙ *Conjunto de esas dificultades.*

espinardo *(Salsola kali)* m. *Planta quenopodiácea de flores punzantes, propia de las arenas marítimas o terrenos baldíos del interior. Sus cenizas son ricas en sosa y se usaron para hacer jabón. ≃ Barrilla.

espinazo (de «espina») 1 m. *Columna vertebral de los animales. ⊙ En lenguaje popular o familiar, también de las personas. 2 ARQ. *Clave de una *bóveda o un *arco.*

DOBLAR EL ESPINAZO. 1 (inf.) *Humillarse o *someterse. 2 (inf.) Trabajar duro.

espinel (del cat. «espinell») m. *Especie de *palangre (utensilio de pesca) de cordel grueso y ramales cortos.*

espinela[1] (del it. «spinella») f. *Piedra preciosa compuesta de alúmina y magnesia, teñida por el óxido de hierro en color semejante al del rubí, que cristaliza en octaedros. ⇒ RUBÍ espinela, rubicela.

espinela[2] (de «Vicente Espinel», poeta a quien se atribuye esta combinación métrica) f. MÉTR. Combinación de diez versos octosílabos. ≃ Décima. ⇒ *Estrofa.

espíneo, -a (del lat. «spinĕus») adj. *De espinas.*

espinera f. **Espino (árbol rosáceo).*

espineta (del it. «spinetta») f. *Cierto clavicordio pequeño con una sola cuerda en cada orden; las cuerdas se hieren con unas plumas afiladas como espinas.* ⇒ Monacordio. ➤ *Piano.

espingarda (del fr. ant. «espingarde», máquina de guerra) 1 f. *Cañón antiguo algo mayor que el falconete. 2 *Escopeta de chispa, muy larga. 3 (inf.; n. calif.) Persona muy *alta y *delgada.

espingardero m. **Soldado armado de espingarda.*

espinilla 1 f. Dim. de «espina», particularmente en la 4.ª acep. 2 Parte delantera de la canilla de la *pierna, donde se aprecia el hueso. 3 *Grano con un puntito negro que se forma en la piel de la cara. ≃ Comedón. ⊙ Por extensión, cualquier grano que sale en la piel.

espinillera f. *Parte de la *armadura de guerra que cubría la espinilla.* ≃ Canillera, cañillera, esquinela. ⊙ Protección para la espinilla, usada en algunos casos; particularmente, la que utilizan los deportistas.

espinillo (dim. de «espino») 1 (Cuba, P. Rico; *Parkinsonia aculeata)* m. *Árbol leguminoso de madera muy dura.* 2 (Arg.) **Ñandubay (árbol leguminoso).*

espino (de «espina») m. Reciben este nombre diversas especies de *plantas espinosas, rosáceas y de otras familias. ⊙ Particularmente, la llamada también «espino albar, blanco» o «majoleto» *(Crataegus monogyna)*, arbusto rosáceo, de hojas aserradas y con pequeñas flores blancas en corimbos, de aroma suave y que cubren totalmente la planta en primavera. ≃ Espinablo, espinera, ESPINO majoleto, ESPINO majuelo, majoleto, majuelo, marjoleto, marzoleto, oxiacanta, pirlitero. ⊙ (Arg.; *Acacia cavenia) Arbusto leguminoso de flores muy olorosas y madera jaspeada, que se emplea para chapear; del tronco y los tallos se obtiene una goma.* ⊙ (Cuba; *Machaonia cymosa) Arbusto rubiáceo muy espinoso, de madera dura con vetas amarillas.* ⇒ *Planta.

ESPINO ALBAR. *Espino (arbusto rosáceo).
E. ARTIFICIAL. Alambre con pinchos, que se usa para cercas.
E. BLANCO. **Espino (arbusto rosáceo).*
E. CERVAL [o HEDIONDO] *(Rhamnus cathartica)*. Arbusto ramnáceo de fruto en drupa negra y semillas purgantes. ≃ Cambrón. ⇒ *Planta.
E. MAJOLETO. **Espino (arbusto rosáceo).* ≃ Majoleto, marjoleto.
E. MAJUELO. *Majuelo (arbusto rosáceo).
E. NEGRO *(Rhamnus lycioides)*. *Planta ramnácea muy espesa, con las ramillas terminadas en espina y hojas casi lineales.

espinochar (de «panocha») tr. *Quitar la espata del ˃*maíz.*

Espinosa V. «MONTERO de Espinosa».

espinosismo m. FIL. Doctrina de Spinoza o Espinosa, filósofo del siglo XVII, que considera a todos los seres como forma de una sustancia única.

espinoso, -a 1 adj. Se aplica a lo que tiene espinas. 2 *Difícil o *comprometido.

espinudo, -a (Chi., C. Rica, Nic., Ur.) adj. *Se aplica a lo que tiene espinas.* ≃ Espinoso.

espinzado 1 m. *Operación de espinzar.* 2 *En la industria textil, operación de limpiar la cara de las *telas de nudos, motas, cabos de hilo, etc., con unas pinzas.*

espinzar (de «pinza»; Cuen.) tr. *Quitar de la ˃flor del *azafrán los estambres que constituyen la especia.*

espiocha (del fr. «pioche») f. Especie de *zapapico (herramienta).

espión (del fr. «espion») m. *Espía.*

espionaje m. Acción de espiar.

ESPIONAJE INDUSTRIAL. El que intenta hacerse con secretos tecnológicos, de estrategia, etc., de una empresa.

espiote (ant.) m. *Espiche (*pincho).*

espira (del lat. «spira») **1** f. **Espiral.* **2** Cada vuelta de una espiral. **3** ELECTR. Cada una de las vueltas del conductor en una bobina. **4** ARQ. *Parte de la base de una *columna que está encima del plinto.* ≃ Armilla. **5** ZOOL. *Hélice de la *concha de los moluscos.*

espiración f. Acción de espirar: expulsar los animales el aire o el agua de los órganos respiratorios.

espirador, -a **1** adj. *Espiratorio.* **2** *Se aplica a los *músculos que sirven para espirar.* **3** (ant.) *Inspirador.*

espiral (de «espira») **1** m. Línea *curva desarrollada en un plano alrededor de un punto del cual se aleja gradualmente, de modo que no llega a cerrarse. ≃ Espira. ⇒ Caracol, espira, espirilo, espiritrompa, espiroqueto [o espiroqueta], posta, voluta, zarcillo. ➤ Acaracolado. ➤ Espira, vuelta. ➤ Dextrórsum, sinistrórsum. ➤ Voluble. ➤ *Hélice. **2** Impropiamente, en lenguaje corriente, *hélice que forma vueltas. **3** Muelle que facilita la oscilación del volante del *reloj. **4** adj. Se aplica a las cosas que forman espiral: 'Escalera espiral'. **5** f. Proceso que avanza rápidamente de forma incontrolada: 'Espiral de violencia'.

EN ESPIRAL. En forma de espiral.

espirar (del lat. «spirāre») **1** tr. **Despedir una cosa un ↘olor, vapor, aliento, etc.* ≃ Exhalar. **2** tr. o abs. Expulsar el aire de los pulmones al *respirar. ⇒ Estornudar, soplar, suspirar. ⊙ *Expulsar el agua de las branquias. **3** intr. *Respirar.* **4** tr. TEOL. *Inspirar a ↘alguien el Espíritu Santo.* **5** TEOL. *Crear el Padre y el Hijo, por medio de su amor recíproco, al ↘Espíritu Santo.* **6** (ant.) intr. **Aspirar.*

espirativo, -a adj. TEOL. *Capaz de espirar.*

espiratorio, -a adj. De [la] espiración: 'Movimientos espiratorios'.

espirilo m. BIOL. *Bacteria alargada y curvada en forma de espiral.

espiritado, -a (de «espiritar») **1** *Participio adjetivo de «espiritar».* ⊙ adj. **Endemoniado.* **2** **Flaco.*

espirital (del lat. «spiritālis»; ant.) adj. *De la *respiración.*

espiritar **1** (ant.) tr. *Introducir los malos espíritus en el cuerpo de ↘alguien.* ≃ Endemoniar. **2** (inf.) **Exasperar o *irritar a ↘alguien.*

espiritismo m. Creencia según la cual los espíritus de los muertos pueden, en ciertas circunstancias, entrar en comunicación material con los vivos. ⊙ Conjunto de prácticas para lograr esta comunicación. ⇒ Ocultismo. ➤ Ouija. ➤ Médium. ➤ Trance. ➤ Ectoplasma. ➤ Velador.

espiritista adj. y n. Se aplica al que cree en el espiritismo y lo practica.

espiritosamente adv. *Con espíritu.*

espiritoso, -a adj. *Espirituoso.*

espiritrompa f. ZOOL. Aparato chupador de las *mariposas, consistente en una trompa arrollada en espiral.

espíritu (del lat. «spirĭtus», soplo) **1** («El; Cultivar, Embargar, Turbar», etc.) m. Parte que, además del cuerpo, constituye a los seres que piensan, sienten y quieren, con la cual realizan estas operaciones. Se emplea más que «alma» en lenguaje corriente, particularmente para calificarlo, para graduar su preponderancia o para calificar a las personas por él: 'Espíritu vivo, cultivado. Persona de espíritu'. ≃ *Alma. ⊙ («Un») *Persona, considerada sólo en esa parte: 'Un espíritu selecto'. ⊙ («Un») *Persona, considerada sólo como inteligencia: 'Un espíritu agudo, observador'. Con este significado no puede este nombre ser sustituido por «alma». ⊙ Alma de una persona *muerta a la que se supone en comunicación sensible con los vivos. ⊙ Ser inmaterial dotado de inteligencia, como *Dios o los *ángeles. ⊙ (gralm. pl.) Espíritu maligno: 'Dicen que tiene los espíritus en el cuerpo'. ⊙ Se llama «espíritu» a cualquier ser sobrenatural de la mitología o las leyendas, aunque, como designación usual, no a los dioses o los héroes. ⊙ Por ejemplo, a los adscritos a ciertas cosas: 'El espíritu de esta fuente'. ⇒ *SERES fantásticos. **2** («El») Cualidad de las personas de inteligencia cultivada y sensibilidad: 'Una reunión de personas de espíritu'. ⇒ *Sin espíritu. **3** («Infundir, Tener, Levantar») *Valor, *energía o *ánimo para obrar o hacer frente a las dificultades: 'Es una mujer de mucho espíritu'. ⇒ Sin espíritu. **4** *Don sobrenatural de cierta clase comunicado por Dios a algunas criaturas: 'Espíritu de profecía'. **5** Con «de» y un nombre de disposición de ánimo, *tendencia íntima de alguien a la cosa expresada por ese nombre: 'Espíritu de trabajo [de justicia, de rebeldía, de contradicción]'. **6** Adhesión exclusivista de alguien a cierta colectividad de que forma parte, que le impulsa a anteponer los intereses de ella a los generales: 'Espíritu de clase [de cuerpo, de partido, de secta]'. **7** Sentido o *tendencia que puede apreciarse en las manifestaciones espirituales de una colectividad humana: 'El espíritu de nuestra asociación. El espíritu de nuestra época. El espíritu de la literatura del siglo XVI'. ⇒ Genio. **8** *Virtud, ciencia mística.* **9** Por oposición a «letra», sentido o *intención real de un texto: 'El espíritu de la ley es dar el mayor número posible de facilidades'. ⊙ **Extracto: parte extraída de una sustancia, que contiene concentradas sus cualidades.* ⊙ Sustancia extraída de un cuerpo mediante *destilación; se aplica particularmente en «espíritu de vino». **10** Cada uno de los dos *signos ortográficos, espíritu suave (') y espíritu áspero o rudo (‘), con que en el griego se indica respectivamente la no aspiración o la aspiración de una vocal inicial.

V. «ARTE de los espíritus, CÁTEDRA del Espíritu Santo, ELEGANCIA de espíritu».

ESPÍRITU DEL AIRE. *Ser fantástico de los que pueblan el aire.

E. DE CONTRADICCIÓN («Tener»). Tendencia natural en una persona a *contradecir o a hacer lo contrario de lo que hacen los demás o de lo que se espera o desea de ella.

EL ESPÍRITU DE LA GOLOSINA (referido particularmente a niños). Persona muy *flaca.

E. MALIGNO. *Demonio.

E. DE SAL. *Nombre vulgar del ácido clorhídrico.*

E. SANTO. Tercera persona de la Santísima *Trinidad. ⇒ Paracleto o paráclito. ➤ *Inspirar.

E. DE VINO. Nombre vulgar del alcohol etílico.

ESPÍRITUS VITALES. *Expresión con que se designaba la causa que hace vivir u obrar.* ≃ ALIENTO vital. ⇒ *Actividad, *vida.

V. «ESTRECHEZ de espíritu».

EXHALAR EL ESPÍRITU. *Morirse.

V. «FINURA de espíritu».

LEVANTAR EL ESPÍRITU. *Animarse o animar a alguien que estaba abatido.

V. «LIGEREZA de espíritu, PASCUA del Espíritu Santo».

POBRE DE ESPÍRITU. *Apocado, encogido o *pusilánime. ≃ Pobre HOMBRE.

POBREZA DE ESPÍRITU. Cualidad del pobre de espíritu.

SIN ESPÍRITU. **1** Sin sensibilidad. ⇒ ALMA de cántaro, bodoco, cernícalo, mastuerzo, PEDAZO de carne con ojos. ➤ *Grosero. *Insensible. **2** Sin ánimo o energía para obrar o hacer frente a las dificultades.

espiritual **1** adj. Del espíritu. ≃ Anímico, psíquico. ⇒ *Alma. **2** Sólo espíritu: 'Entes espirituales'. ≃ *Inmaterial. **3** Se aplica a las personas de espíritu sensible y cultivado. ⊙ Se aplica a las cosas en que predomina el espíritu sobre el aspecto material: 'Una correspondencia espiritual'.

4 Por oposición a «temporal», de carácter religioso: 'Negociar con cosas espirituales'. 5 m. ESPIRITUAL negro.
V. «DIRECTOR espiritual, EJERCICIOS espirituales».

ESPIRITUAL NEGRO. Género musical de carácter religioso, originario de los esclavos negros del sur de Estados Unidos.
V. «MÉDICO espiritual, PADRE espiritual, PARENTESCO espiritual».

espiritualidad f. Cualidad de espiritual.

espiritualismo m. Creencia en la existencia del espíritu con independencia de la materia. ⊙ Creencia en la supremacía del espíritu sobre la materia.

espiritualista adj. Del espiritualismo. ⊙ n. Adicto al espiritualismo.

espiritualización f. Acción de espiritualizar.

espiritualizar 1 tr. Hacer espiritual o más espiritual ↘algo o a alguien. 2 *Convertir en *eclesiásticos algunos ↘*bienes de una persona que se ordena, para que sean utilizados en fines canónicos por su propietario, pero sin poder enajenarlos mientras están en esta situación.* 3 *Reducir ↘algo a lo que se llamaba antiguamente los «espíritus» o parte más pura de una sustancia.* ⇒ *Destilar, *extracto. 4 (inf.) prnl. *Adelgazar.*

espiritualmente adv. De manera espiritual. ⊙ Con el espíritu.

espirituoso, -a 1 adj. Se aplica a las sustancias, particularmente líquidos, que se *evaporan; como el alcohol. ≃ Espiritoso. ⊙ Con alto contenido en alcohol: 'Bebida espirituosa'. ≃ Espiritoso. 2 **Animoso.* ≃ Espiritoso.

espiritusanto (C. Rica, Nic.) m. **Flor del cacto Echinocactus cornigerus, y otras especies afines, blanca y muy grande.*

espirómetro (del lat. «spirāre», espirar, y «-metro») m. MED. *Aparato para determinar la capacidad respiratoria del *pulmón, midiendo la cantidad de aire expulsado después de una inspiración forzada.*

espiroqueta o, menos frec., **espiroqueto** (del gr. «speîra», espiral, y «chaítē», pelo) f. o m. BIOL. Bacteria perteneciente al orden *Spirochaetales,* con aspecto de filamento enrollado en forma helicoidal y muy móvil. Algunas especies son causantes de enfermedades como la sífilis y la fiebre recurrente.

espita (del sup. gót. «spītus», asador) 1 f. Medida de *longitud de un palmo. 2 Canuto, provisto o no de llave, que se pone en el agujero por donde se vacía un tonel o un recipiente cualquiera, o con el que, abriéndolo o cerrándolo, se permite o impide el paso o salida del fluido que corre por una cañería. ⇒ Bitoque, dúcil, grifo, jeta, llave, LLAVE de paso. ➤ Cuero, estopada, rodaja, suela. ➤ Batería. ➤ Dorados. ➤ Abrir, cerrar. ➤ Canilla, canillero, lanza. ➤ Válvula.

espito (del sup. gót. «spĭtus», asador) m. *En las fábricas de *papel y en las imprentas, palo largo con una tabla en un extremo, que se emplea para colgar y descolgar el papel que se pone a secar.*

esplacnografía (del gr. «splánchnon», vísceras, y «-grafía») f. MED. *Tratado descriptivo de las *vísceras.*

esplacnología (del gr. «splánchnon», vísceras, y «-logía») f. MED. *Tratado de las vísceras.*

esplen- Elemento prefijo del gr. «splḗn, splēnós», bazo, usado en tecnicismos.

esplendente (sobre todo lit.) adj. Resplandeciente. ≃ Esplendoroso.

esplender (del lat. «splendēre»; sobre todo lit.) intr. *Resplandecer.

espléndidamente 1 adv. Con esplendidez. 2 (inf.) Muy *bien: 'Viven espléndidamente'. ⊙ Se usa con frecuencia en la expresión «espléndidamente bien».

esplendidez (de «espléndido» y «-ez») 1 f. Cualidad de las cosas espléndidas. ⊙ Cualidad o aspecto de las cosas que denotan *riqueza o están hechas con *esplendor: 'La esplendidez del cortejo [o de la fiesta]'. ≃ Magnificencia. 2 Cualidad de la persona esplendida. ⊙ Comportamiento espléndido o generoso. ≃ Generosidad.

espléndido, -a (del lat. «splendĭdus») 1 adj. **Resplandeciente.* ≃ Esplendoroso. 2 Aplicado a cosas y cualidades materiales, impresionante por lo *bueno, *bello o *rico: 'Un sol [un día, un paisaje] espléndido. Una mujer [una casa, una comida, una fiesta] espléndida'. ≃ Magnífico, maravilloso. ⊙ Se dice también «una espléndida ocasión, una espléndida oportunidad». 3 Aplicado a personas, se dice del que da abundantemente su dinero o lo gasta en obsequiar a otros. ≃ *Generoso, liberal, rumboso.

esplendor (del lat. «splendor, -ōris») 1 m. Brillo: 'El esplendor del Sol'. 2 Cualidad de espléndido o magnífico: 'El esplendor del día'. ⊙ Particularmente, magnificencia; cualidad de lo que impresiona por su belleza y riqueza: 'El esplendor de la fiesta'. 3 Auge; situación de lo que ha alcanzado un punto muy alto de desarrollo, de riqueza o de poder: 'El imperio en su época de esplendor'. ≃ *Apogeo. 4 *Nobleza, especialmente de una familia. ≃ Lustre. 5 *Antiguamente, color *blanco para *pintar miniaturas y esmaltes, hecho con cáscaras de huevo.*

□ CATÁLOGO
Acompañamiento, aparato, boato, brillantez, *brillo, esplendidez, fasto [o fausto], gloria, grandiosidad, lucimiento, *lujo, lustre, magnificencia, majestuosidad, pompa, pomposidad, realce, realeza, resplandor, *riqueza, rumbo, *solemnidad, suntuosidad, vistosidad, visualidad. ➤ Demostración, despliegue, *derroche, dispendio, *exhibición. ➤ Resplandor. ➤ Ostentación.

esplendorosamente 1 adv. Con mucho resplandor: 'El Sol luce esplendorosamente'. 2 Con mucho esplendor: 'La coronación se celebró esplendorosamente'.

esplendoroso, -a 1 adj. Resplandeciente: 'Un Sol esplendoroso'. ≃ Esplendente. 2 Impresionante por su esplendor o magnificencia: 'Una puesta de Sol esplendorosa'. ≃ Espléndido.

esplenético, -a (del lat. «splenetĭcus»; ant.) adj. *Esplénico.*

esplénico, -a (del lat. «splenĭcus», del gr. «splēnikós») adj. MED. Del bazo.

esplenio (del lat. «splenĭum», del gr. «splḗnion», venda) m. ANAT. **Músculo largo y plano que une las vértebras cervicales con la cabeza e interviene en los movimientos de ésta.*

esplenitis (de «esplen-» e «-itis») f. MED. Inflamación del *bazo.

espliego (del lat. «spicŭlum», dim. de «spicum», espiga; *Lavandula angustifolia* y otras especies del mismo género) m. *Planta labiada de tallos leñosos, hojas casi lineales y flores en espiga, azuladas, sobre un largo pedúnculo; se usa en perfumería y como sahumerio. ≃ Alhucema, lavanda, lavándula.

esplín (del ingl. «spleen», bazo) m. Estado de ánimo del que no tiene ilusiones ni interés por la vida. ≃ Hipocondría, tedio. ⇒ *Abatirse, *aburrir.

esplique m. *Armadijo para *cazar *pájaros, consistente en una ramilla a la que se sujeta una hormiga para cebo, y otras dos ramillas a los lados untadas de liga.*

espodita f. **Lava de los volcanes.*

espolada o **espolazo** f. o m. Golpe o apretón dado con la espuela a la caballería para incitarla a andar.
ESPOLADA DE VINO. **Trago de vino.*

espoleadura f. *Herida causada a la caballería con la espuela.*

espolear 1 tr. Picar con la espuela a la ↘caballería. **2** *Estimular. **3** intr. **Apresurarse.*

espoleta[1] f. Dispositivo colocado en la boquilla de las *bombas, granadas, etc., que sirve para prender fuego a la carga. ≃ Espiga, pipa.

espoleta[2] (de «espuela», por su forma) f. *Horquilla que forman las clavículas del *ave.*

espoliario 1 m. *Lugar del *circo en que se desnudaba a los gladiadores muertos y se remataba a los heridos mortalmente.* **2** *Lugar de las termas *romanas en que se desnudaban los concurrentes.* ⇒ *Baño.

espolín[1] (dim. de «espuela») **1** m. Espuela fija en el talón de la bota. **2** *(Stipa pennata)* *Planta gramínea con hojas parecidas a las del esparto y flores con largas aristas y filamentos blancos.

espolín[2] (del germ. «spola») **1** m. *Lanzadera con que se tejen aparte las flores que se entretejen en las telas de seda, oro o plata.* **2** **Tela, por ejemplo brocado, con flores esparcidas.*

espolinar 1 tr. **Tejer en forma de espolín.* **2** *Tejer sólo con espolín y no con lanzadera grande.*

espolio[1] (del lat. «spolĭum», despojo) m. *Conjunto de los bienes de un obispado que quedan al morir un *obispo.* ⇒ Despojo.

espolio[2] m. Expolio.

espolique (de «espuela») **1** m. Mozo que marchaba a pie delante de la caballería de su señor. ≃ *Mozo de espuelas. **2** Talonazo que el niño que salta le da en las nalgas al que está encorvado, en el juego del *salto.

espolista[1] m. *Hombre que arrienda los espolios de una sede vacante.*

espolista[2] m. *Espolique.*

espolón (aum. de «espuela») **1** m. Apófisis ósea que tienen en el tarso varias especies de *aves gallináceas. ≃ Garrón. **2** VET. *Prominencia córnea que tienen las *caballerías en la parte posterior de los menudillos.* **3** Saliente que se hace a ambos lados, hacia arriba y hacia abajo de la corriente en los pilares de un *puente, para repartir la presión del agua. ≃ Tajamar. **4** Muro de contención o de defensa en las márgenes de un río o del mar. ≃ Malecón. ⇒ *Dique. ⊙ Constituye en algunas poblaciones un *paseo. **5** ARQ. *Contrafuerte de un muro. **6** Ramal *montañoso corto que sale de una cordillera en dirección aproximadamente perpendicular a su dirección general. **7** Se puede aplicar a otras cosas de forma o función semejante a la de las acepciones anteriores. **8** MAR. Pieza curva que llevan los *barcos ensamblada en la parte exterior de la roda, que sirve para hender el agua; en su parte superior se pone el mascarón. ≃ *Tajamar. **9** MAR. Punta de hierro que llevaban en esa parte los *barcos antiguos y que llevan todavía algunos acorazados, para embestir. **10** (ant.) *Espuela.* **11** BOT. *Prolongación hueca, más o menos profunda y aguda, de los pétalos y sépalos.* **12** **Sabañón del talón.*
TENER ESPOLONES (inf. y desp.). Ser alguien viejo.
TENER MÁS ESPOLONES QUE UN GALLO (inf. y desp.). Tener ESPOLONES.

espolonada (de «espolón») f. **Acometida impetuosa de gente a caballo.*

espolonazo m. Golpe dado por un ave con el espolón.

espolonear (ant.) tr. *Espolear.*

espolsador m. **Zorros (utensilio para sacudir el polvo).*

espolsar tr. *Sacudir el *polvo de los ↘muebles, etc.*

espolvorar (de «es-» y «pólvora»; ant.) tr. *Espolvorear (quitar o sacudir el polvo).*

espolvorear 1 tr. *Quitar o sacudir el *polvo de una ↘cosa.* ⇒ Espolvorar. **2** («con») *Esparcir polvo de una cosa sobre ↘otra: 'Espolvorear el bollo con azúcar'. ≃ Espolvorizar.

espolvorizar tr. *Espolvorear (esparcir polvo de algo sobre una ↘cosa).*

espondaico, -a adj. MÉTR. *Se aplica al *verso en que hay espondeos.*

espondalario (relac. con el lat. «spondēre», prometer) m. *En derecho foral aragonés, testigo del *testamento común, abierto o verbal.*

espondeo (del lat. «spondēus») m. MÉTR. **Pie de la poesía clásica, compuesto de dos sílabas largas.* ⇒ Dispondeo.

espóndil o **espóndilo** (del lat. «spondy̆lus», del gr. «spóndylos») m. ANAT. **Vértebra.*

espondilosis (de «espóndilo») f. MED. *Grupo de enfermedades caracterizadas por la inflamación y fusión de las vértebras, con rigidez consecutiva de la columna vertebral.*

espongiario (del lat. «spongĭa», esponja) adj. y n. m. ZOOL. *Porífero.

espongina f. ZOOL. *Sustancia filamentosa y elástica regada por algunas esponjas, que aglutina las espículas para formar el esqueleto.*

espongiosidad (ant.) f. *Esponjosidad.*

espongioso, -a (del lat. «spongiōsus»; ant.) adj. *Esponjoso.*

esponja (del lat. «spongĭa», del gr. «spongiá») **1** f. Nombre común que se aplica a cualquier animal *porífero. ⇒ Ascón, leucón, sicón. **2** Esqueleto fibroso orgánico de algunas esponjas. ⊙ Trozo de él manipulado industrialmente para usos de tocador o de *limpieza. ⊙ Imitación industrial de la esponja hecha con un material plástico. **3** *Tejido en que se dejan flojos, formando lazadas, los hilos de la trama; por ejemplo, el que se usa para toallas. **4** (inf.; n. calif. o en comparaciones) Persona que bebe mucho alcohol: 'Bebe como una esponja'.
ESPONJA DE PLATINO. *Masa esponjosa que resulta de la calcificación del cloroplatinato de amonio.* ⇒ *Química.
PASAR LA ESPONJA. Decidir olvidar o dar por no ocurrida cierta cosa.

esponjado, -a Participio adjetivo de «esponjar[se]». ⊙ Puesto esponjoso: 'Una masa esponjada'. ⊙ (inf.) Envanecido, hueco o ufano.

esponjadura 1 f. Esponjamiento. **2** *Defecto de fundición en el alma del *cañón.*

esponjamiento m. Acción y efecto de esponjar[se]. ≃ Esponjadura.

esponjar 1 tr. *Ahuecar cualquier ↘cosa, ponerla esponjosa; por ejemplo, la ↘tierra labrándola. ⊙ prnl. Ponerse esponjoso. **2** (inf.) *Envanecerse o ponerse hueco o *ufano. **3** Adquirir aspecto lozano o saludable. ⊙ **Prosperar o mejorar de situación económica.*

esponjera f. Recipiente para colocar la esponja de tocador.

esponjosidad f. Cualidad de esponjoso.

esponjoso, -a adj. De estructura porosa y elástica como la esponja. ⇒ Abizcochado, bofo, espumoso, flojo, fofo, fonje, fungoso, hongoso, hueco, muelle, mullido, poroso.

➤ Amazacotado, apelotonado, apretado, compacto. ➤ *Blando. *Disgregar. *Elástico. *Suelto.

esponsales (del lat. «sponsāles») m. pl. Promesa mutua de *casamiento entre un hombre y una mujer, hecha con ciertas formalidades y a veces con cierta *ceremonia o fiesta. ⊙ Hecha en la forma determinada por la ley, surte ciertos efectos civiles. ⇒ Desposajas, esponsalias, esposajas. ➤ Esposo. ➤ Desposarse, darse PALABRA de casamiento.

esponsalias (ant.) f. *Esponsales.*

esponsalicio, -a adj. De [los] esponsales.

espónsor n. Sponsor.

esponsorizar (de «espónsor») tr. Patrocinar: financiar una empresa cierta ˇactividad con fines publicitarios.

espontáneamente adv. Con espontaneidad.

espontanearse (de «espontáneo») prnl. *Decirle una persona a otra con sinceridad sus ideas o sentimientos, o contarle algún secreto propio.* ≃ *Franquearse. ⊙ *Descubrir alguien a la autoridad una falta o delito propio, generalmente con intención de conseguir benevolencia.* ⇒ *Confesar, *presentarse.

espontaneidad f. Cualidad de espontáneo. ⊙ Falta de reserva o artificio en la manera de obrar o hablar. ≃ *Naturalidad.

espontáneo, -a (del lat. «spontanĕus») **1** adj. Se aplica a la acción o fenómeno que se realiza en un objeto sin intervención de causa exterior a él: 'Combustión espontánea'. ⇒ *Automático, incontrolado, indeliberado, instintivo, *involuntario, *irreflexivo. ➤ MOTU proprio, por sí mismo, por su VOLUNTAD. ➤ Atar, coartar, *cohibir. ➤ Afectado, artificioso, cauto, cerebral, *circunspecto, contenido, estereotipado, estudiado, forzado, *reservado. ➤ *Abierto. *Desenvoltura. *Expresar. *Franco. *Libre. *Natural. *Sincero. **2** Hecho por propia voluntad, sin coacción, orden o indicación de otro: 'Una ayuda espontánea'. ≃ Voluntario. **3** Se aplica a las plantas que crecen sin cultivo. ≃ Natural, *silvestre. **4** (laudatorio) Aplicado a personas, se dice del que obra o habla dejándose llevar por sus impulsos afectivos naturales y no obedeciendo a consideraciones de conveniencia dictadas por la razón o reprimiendo por esas consideraciones aquellos impulsos. **5** n. TAUROM. Espectador de una corrida que se lanza al ruedo para torear. ≃ Capitalista. ⊙ Por extensión, persona que por iniciativa propia participa en una actividad para la que no tiene título reconocido.

espontil (del lat. «spons, spontis», voluntad, gusto; ant.) adj. *Espontáneo.*

espontón (del fr. «esponton») m. **Lanza con la punta en forma de corazón que usaban antiguamente los soldados de infantería.*

espontonada **1** f. *Golpe dado con el espontón.* **2** *Saludo hecho con él.*

espora (del gr. «sporá», semilla) **1** f. BIOL. Célula reproductora, generalmente unicelular, capaz de originar un organismo nuevo sin tener que fusionarse con otra célula. Existe principalmente en hongos y plantas. ⇒ Macrospora, zoospora. ➤ Esporangio, zoosporangio. ➤ *Reproducción. **2** BIOL. *Corpúsculo que se produce en una *bacteria cuando las condiciones del medio se hacen desfavorables para ella.*

esporádicamente adv. De manera esporádica.

esporádico, -a (del gr. «sporadikós», disperso) **1** adj. Se aplica a lo que se presenta *aislado y no en grupo o en serie con otros iguales. ⊙ MED. Se aplica a los casos de una *enfermedad que, aun siendo ésta infecciosa, no constituyen epidemia: 'Un caso esporádico de viruela'. **2** (cient.) *Disperso en una extensa área.*

esporangio (del gr. «spóros», semilla, y «ángos», vaso) m. BOT. Estructura unicelular o multicelular en la cual se producen las esporas. ⇒ Soro.

esporífero, -a (del gr. «sporá», semilla, y «-fero») adj. BIOL. Se aplica al organismo u órgano que produce esporas.

esporo (del gr. «spóros», semilla) m. BOT. *Espora.*

esporocarpio o **esporocarpo** (del gr. «spóros», semilla, y «karpós», fruto) m. BOT. *Órgano de las plantas hidropterineas que contiene los esporangios.*

esporofilo (del gr. «spóros», semilla, y «-filo²») m. BOT. *Hoja modificada que porta los esporangios.*

esporofita o **esporofito** (del gr. «spóros», semilla, y «-fito») f. o m. BOT. *Individuo de la generación productora de esporas, en las *plantas que tienen alternancia de generaciones.*

esporón (del germ. «sporo»; ant.) m. *Espuela de jinete.*

esporozoo, -a (del gr. «spóros», semilla, y «-zoo») adj. y n. ZOOL. *Se aplica a ciertos *protozoos parásitos intracelulares que se reproducen por esporas.* ⊙ m. pl. ZOOL. *Clase que forman.* ⇒ Coccidio.

esportada f. *Cantidad de una cosa que llena una espuerta.*

esportear tr. Trasladar una ˇcosa con espuerta.

esportilla **1** f. Dim. frec. de «espuerta». **2** (Mál.) *Utensilio para abanicar el fuego.* ≃ Aventador, soplillo.

esportillero **1** m. *Hombre que se apostaba con su espuerta en alguna plaza o calle para *transportar lo que se le encargaba.* **2** *Obrero que acarrea los materiales de construcción en la espuerta.*

esportillo (de «esportilla») m. **Capazo de esparto o de palma que se utilizaba para llevar las provisiones a las casas.*

esportizo (de «espuerta»; Nav.) m. *Especie de serón de mimbre que se abre por el fondo para dejar caer la carga.*

esportón **1** m. Aum. frec. de «espuerta». **2** *Esportillo en que llevaban la *carne de la carnicería a las casas.*

esportonada f. *Cantidad de una cosa que cabe o es transportada en un esportón.*

espórtula (del lat. «sportŭla», cestita; Ast.) f. *Ciertos derechos que se pagaban a algunos *jueces y funcionarios judiciales.*

esporulación f. BIOL. *Reproducción asexual por medio de esporas.*

esposa (de «esposo»; Arg., Chi., Ec., Hond.) f. *Anillo episcopal.*

esposado, -a **1** Participio adjetivo de «esposar». **2** *Desposado o casado.*

esposajas (del lat. «sponsalĭa», pl. neutro de «sponsalis»; ant.) f. pl. *Esponsales.*

esposar tr. Sujetar a ˇalguien con esposas.

esposas (de «espesa») f. pl. Pulseras de hierro unidas entre sí por una cadena, con que se sujetan las manos de los *presos. ≃ Manillas.

esposo, -a (del lat. «sponsus») **1** n. Con respecto a una persona, la que está casada con ella; es la expresión más frecuentemente usada en lenguaje no familiar para referirse al propio cónyuge o al de otro. ⇒ Alaroza, consorte, cónyuge, costilla, primera DAMA, hombre, marido, cara MITAD, mujer, media NARANJA, señora. ➤ Desposar. ➤ *Casarse. *Matrimonio. **2** *Persona que ha contraído, *esponsales con otra.*

FUTURO ESPOSO [o FUTURA ESPOSA]. *Novio [o novia].
ESPOSA DE CRISTO. La *Iglesia.

esprint (del ingl. «sprint») m. DEP. Esfuerzo momentáneo en una carrera, especialmente al final de ella, para lograr la victoria.

esprintar intr. DEP. Realizar un esprint.

esprínter n. DEP. Corredor, sobre todo ciclista, especialista en el esprint.

esprit f. *Palabra francesa con que se ha designado un grupo de *plumas puesto como adorno en un *sombrero.*

espuela (de «espuera») **1** f. Arco de metal, con una espiga que lleva en su extremo una estrella o ruedecilla con dientes, que se ajusta el jinete al talón para picar a la cabalgadura. ⇒ Esporón, espuera, lloronas, roncadora. ➤ Acicate, aguijón, alzaprima, rodaja. ➤ Calzar. ➤ Aguijar, chacanear, picar de MARTINETE, picar, batir de REPELÓN. **2** *Acicate que obliga a realizar o apresurar una acción. **3** Se emplea para aludir despectivamente a los militares en expresiones como «sufrir la espuela, estar bajo la espuela». **4** BOT. *Prolongación tubular de la base de un pétalo en una *flor gamopétala; por ejemplo, en la espuela de caballero.* ≃ Espolón. **5** *Extensión de una *hoja más allá de su punto de inserción.* **6** **Rama corta en que salen las flores y frutos en algunos árboles.* **7** (Can., Hispam.) **Espolón de las aves.* **8** (Arg.) *Espoleta de las aves.* **9** Última consumición de un grupo de bebedores antes de marcharse.

ESPUELA DE CABALLERO (*Delphinium ajacis*). *Planta ranunculácea de hasta 60 cm de altura, de flores en espiga azules, rosadas o blancas, con el cáliz prolongado en una larga espuela. ≃ CONSÓLIDA real.

CALZAR ESPUELA. Ser *caballero.

CALZAR LA ESPUELA a alguien. Armarle caballero.

CALZARSE LA ESPUELA. Ser armado caballero.

V. «MOZO de espuela».

SENTIR LA ESPUELA. Sentir una *reprensión, un aviso, etc., y obrar en respuesta a ellos.

espuenda (del lat. «sponda», armazón de cama; Ar., Nav.) f. *Borde de un *canal o de un *campo.*

espuera (del gót. «spora»; ant.) f. *Espuela.*

espuerta (del lat. «spŏrta») f. *Recipiente hecho de esparto, mimbres u otro material entretejido, redondo, ligeramente cóncavo y con dos asas; lo emplean, por ejemplo, los albañiles para transportar materiales y escombros. ⊙ Recipiente de esa misma forma y para los mismos usos, de otros materiales. ⇒ Ateca, barcal, cenacho, cibucán, corbillo, sarria, sarrieta. ➤ Encarre. ➤ *Capazo.

A ESPUERTAS. En mucha abundancia. ⇒ *Abundar.

espulgadero m. *Lugar donde se espulgan los mendigos.*

espulgar **1** tr. Quitarle las pulgas o piojos a ˃alguien. ⇒ Esculcar. **2** Examinar ˃algo detenidamente. ≃ *Escudriñar.

espulgo m. Acción de espulgar.

espuma (del lat. «spuma») **1** f. Conjunto de *burbujas amontonadas que flota en un líquido, por ejemplo en donde bate el oleaje del mar o en un líquido que hierve o fermenta, o que se forma al batir y mezclar con el aire ciertas sustancias, como la clara de huevo. ⊙ En ciertas cosas que hierven, como el almíbar o el caldo, esas mismas burbujas acompañadas de impurezas de la sustancia hervida. ⇒ Bálago, cachaza, giste, panizal. ⊙ Producto cosmético con esta consistencia; como el que se utiliza para afeitarse o para fijar el peinado. **2** Cierto tejido muy ligero y esponjoso: 'Unas medias de espuma'. **3** (inf.) Gomaespuma: material blando y elástico que se usa por ejemplo para hacer colchones o para rellenar el asiento de las sillas. **4** (n. calif.) *Lo más *selecto o estimado de una cosa.* ≃ Crema.

ESPUMA DE MAR. Silicato de magnesia hidratado, ligero, suave, de color blanco amarillento, con el que se fabrican diversos objetos; especialmente, *pipas. ≃ *Magnesita.

E. DE NITRO. *Salitre.

E. DE LA *SAL. Sustancia blanca y salada que deposita el agua del mar sobre las piedras de la orilla.

CRECER [O SUBIR] COMO LA ESPUMA. *Crecer o *prosperar muy deprisa.

espumadera f. Utensilio de cocina consistente en un disco algo cóncavo, con agujeros, con un mango largo, que se emplea especialmente para sacar los fritos de la sartén y espumar el caldo u otra cosa que hierve. ≃ Paleta, rasera. ⇒ Susunga. ➤ *Pala.

espumaje m. Masa de espuma.

espumajear intr. Arrojar espumajos.

espumajo m. Espumarajo.

espumajoso, -a (desp.) adj. *Espumoso.*

espumante adj. Se dice de lo que está formando o arrojando espuma.

espumar **1** tr. Quitar la espuma de alguna ˃cosa; particularmente, la que se forma al empezar a hervir el caldo o el almíbar. **2** intr. Formar o arrojar espuma una cosa. **3** **Crecer o *prosperar rápidamente.*

espumarajo m. Masa de espuma sucia o repugnante. ⊙ Masa de *saliva espumosa arrojada de la boca. ≃ Espumajo.

espumeante adj. Que espumea.

espumear intr. Formar o arrojar espuma una cosa.

espumero m. *Sitio donde se recoge agua salada para que se deposite la *sal.*

espumilla **1** f. Dim. frec. de «espuma». **2** *Cierta *tela de crespón, muy fina.* **3** (Ec., Hond.) **Merengue.*

espumillón (de «espumilla») **1** m. **Tela de seda gruesa, semejante a la tercianela.* **2** Tira con flecos de colores muy brillantes que se utiliza como adorno navideño.

espumoso, -a adj. Se aplica a lo que tiene o forma espuma. ⊙ Semejante a espuma.

espumuy (Guat.) f. **Paloma silvestre.*

espundia (¿del lat. «spongĭa», esponja?) **1** f. VET. *Cierta *úlcera de las caballerías.* **2** **Enfermedad propia de América del Sur, consistente en una infección ulcerosa de la piel y mucosas, producida por el parásito protozoo Leishmania brasiliensis.*

espundio m. **Bodega o subterráneo.*

espurcísimo, -a (del lat. «spurcissĭmus»; ant.) adj. **Impurísimo o *sucísimo.*

espurio, -a (del lat. «spurĭus») **1** adj. Aplicado a personas, *bastardo. **2** Aplicado a cualquier cosa, falto de legitimidad o autenticidad. ⊙ Se aplica, por ejemplo, a las palabras empleadas sin que estén legitimadas por la Academia. ⇒ *Ilegítimo. **3** *Degenerado.*

espurrear o **espurriar** (del lat. «aspergĕre», rociar) tr. *Rociar una ˃cosa con líquido arrojado por la boca.

espurrir[1] (del lat. «exporrigĕre») **1** (Ast., Cantb., León, Pal.) tr. *Estirar o *extender una ˃cosa; particularmente, las piernas o los brazos.* **2** (Ast., Cantb., León, Pal.) prnl. **Desperezarse.*

espurrir[2] (del lat. «aspergĕre», rociar) tr. *Espurriar.*

esputar (del lat. «sputāre») tr. o abs. Arrojar por la boca ˃mucosidades procedentes de las vías respiratorias. ≃ *Expectorar.

esputo (del lat. «sputum») m. Secreción de la nariz, garganta, bronquios o pulmones, arrojada de una vez por la boca. ⇒ Escupitajo, escupitina, escupitiñajo, escupo, espadañada, gallo, gargajo, gargozada, gorgozada, numular, salivajo, salivazo.

esquejar tr. AGR. *Plantar esquejes.*

esqueje (del lat. «schidiae», del gr. «schidia», pl. neutro «schídion», astilla) m. Tallo joven de una planta que se emplea para *injertarlo en otra o *plantarlo para que, echando raíces, se convierta en una planta nueva. ⇒ Gajo.

esquela (del lat. «scheda», hoja de papel) **1** f. Antiguamente, *carta breve, generalmente doblada en forma de triángulo. ⊙ **Comunicación, por ejemplo de una boda, o invitación.* **2** (ahora pop.) Carta. **3** ESQUELA mortuoria.

ESQUELA MORTUORIA. Notificación de la *muerte de alguien hecha en papel enlutado de forma especial, que se envía particularmente, avisando la hora del entierro. ≃ Esquela. ⊙ Igual comunicación, que se publica en un *periódico rodeada de un recuadro negro.

esqueletado, -a adj. *Esquelético.*

esquelético, -a adj. Muy *flaco.

esqueleto (del gr. «skeletós») **1** m. Armazón rígida o elástica, externa o interna, que proporciona soporte y protección a los tejidos blandos de los animales y base de inserción a los músculos. ⊙ Si no se especifica la clase de animal, se entiende de hombre: 'Encontraron un esqueleto'. ⇒ Argadijo [o argadillo], armadura, armazón, caparazón, dermatoesqueleto, endoesqueleto, exoesqueleto, neuroesqueleto, notomía, osambre, osamenta. ➤ Condrosqueleto. ➤ *Hueso. **2** (n. calif.) Persona muy *flaca. **3** Se aplica también a la armazón que sostiene cualquier cosa: 'El esqueleto de una casa'. **4** (Col., C. Rica, Guat., Méj.) **Impreso con huecos que se rellenan para cada caso.* **5** *Bosquejo, *esquema o *proyecto de un discurso, sermón, novela, etc. **6** BOT. *Antiguamente, *planta prensada y seca de un herbario.*

MOVER [o MENEAR] EL ESQUELETO (inf.). Bailar una persona.

esquema (del lat. «schema», del gr. «schêma», figura) **1** m. *Dibujo hecho sin detalles para dar idea de una cosa. **2** *Representación gráfica y simbólica de cosas inmateriales.* **3** Programa de puntos que se van a tratar, de actos que se van a realizar, etc., sin detallarlos: 'Un esquema de la conferencia [o del proyecto]'. ⇒ Anteproyecto, esqueleto, idea, trazado. ➤ *Bosquejo. *Programa.

EN ESQUEMA. Esquemático o esquemáticamente.

ROMPER LOS ESQUEMAS (inf.). Echar abajo las ideas que tenía una persona sobre algo: 'Su cambio de actitud me ha roto los esquemas'.

esquemáticamente adv. De manera esquemática.

esquemático, -a **1** adj. Hecho sólo con los rasgos, enunciados, etc., generales. **2** Que analiza o interpreta algo sin tener en cuenta los matices: 'Su planteamiento nos pareció demasiado esquemático'.

esquematismo **1** m. Método esquemático en la exposición de unos hechos o de una teoría. **2** Conjunto de esquemas usados en dicha exposición.

esquematización f. Acción y efecto de esquematizar.

esquematizar tr. Reducir la exposición o enunciado de ↘algo a un esquema. ≃ Simplificar. ⊙ Reducir una ↘figura a las líneas esenciales. ⇒ *Estilizar.

esquena (del ant. alto al. «skēna» o «skina», espina; pop.) f. **Columna vertebral.* ⊙ *Espina dorsal de un *pez.*

esquenanto (del lat. «schoenanthus», del gr. «schoenanthus»; *Cymbopogon schoenanthus*) m. *Planta gramínea de la India y Arabia, de hojas lineales, estriadas y algo ásperas por los bordes, pequeñas flores rojizas y raíz blanca, aromática y medicinal, que también se emplea en Oriente para dar a las muselinas allí fabricadas su olor peculiar. ≃ Esquinante, esquinanto, HIERBA de limón, JUNCO oloroso, PAJA de camello.

esquero (de «yesca») m. **Bolsa de cuero que se llevaba antiguamente sujeta al cinturón, en la que se ponía la yesca y el pedernal, dinero, etc.*

esquerro, -a (del vasc. «esquerra», izquierda; ant.) adj. **Izquierdo.*

esquí (del fr. «ski»; pl. «esquís») m. Utensilio de los que se ponen uno en cada pie para deslizarse sobre la nieve, consistente en un listón acabado en punta encorvada hacia arriba y con un dispositivo en el centro, para sujetarlo al pie. ⊙ *Deporte consistente en patinar con esquís. ⇒ Esquiar. ➤ Bastón, fijaciones, pala. ➤ ESTACIÓN de invierno, PISTA de esquí, trampolín. ➤ CAÑÓN de nieve. ➤ Remonte, telesilla, telesquí. ➤ Forfait. ➤ Biatlón, eslalon. ➤ *Nieve.

ESQUÍ ACUÁTICO [o NÁUTICO]. Deporte que consiste en deslizarse sobre el agua mediante esquís, arrastrado por una lancha motora.

esquiador, -a n. Persona que esquía.

esquiar intr. Deslizarse sobre la nieve o el agua con esquís. □ CONJUG. como «desviar».

esquiciar (de «esquicio») tr. *Trazar las primeras líneas de un ↘dibujo.*

esquicio (del it. «schizzo», esbozo) m. PINT. *Boceto.* ≃ *Bosquejo.

esquienta (Cantb.) f. **Cima o cresta de una montaña o una sierra.*

esquifada f. MAR. *Carga de un esquife.*
V. «BÓVEDA esquifada».

esquifar (de «esquife») tr. MAR. **Equipar una ↘embarcación con pertrechos y hombres.* ≃ Esquipar.

esquifazón (de «esquifar») m. MAR. *Conjunto de remos y remeros con que iba equipada una embarcación.* ≃ Esquipazón. ⇒ Tripulación.

esquife (del ant. alto al. «skif», barco) **1** m. *Barco pequeño de los que se llevan en los grandes para saltar a tierra y otros servicios. ⇒ Esquilfe. ➤ *Lancha. **2** ARQ. **Bóveda de cañón.*

esquijama m. Pijama cerrado y ceñido al cuerpo que se usa generalmente en invierno.

esquila[1] (del sup. gót. «skilla») f. *Campanilla o *cencerro pequeño que se cuelga al cuello de las ovejas, cabras o cualquier res pequeña. ⊙ También, campana pequeña empleada para convocar a los actos de la comunidad en los *conventos.

esquila[2] (del lat. «squilla», del gr. «skílla») **1** f. **Camarón (crustáceo).* **2** **ESCRIBANO del agua (insecto coleóptero).* **3** **CEBOLLA albarrana (planta liliácea).*

esquila[3] (de «esquilar[2]») f. Esquileo.

esquilada (de «esquila[1]»; Ar.) f. *Cencerrada.*

esquilador, -a n. Persona que se dedica a esquilar.

esquiladora f. Máquina para esquilar.

esquilar[1] (de «esquila[1]»; Áv., Sal.) intr. *Hacer sonar la esquila.*

esquilar[2] (del gót. «skairan») tr. Cortar el *pelo o la *lana a los ↘animales. ⊙ En tono jocoso se aplica también a las ↘personas. ⇒ Afeitar, hacer la CARONA, chamorrar, marcear, trasquilar. ➤ A [o de] anequín. ➤ Desquilo, esquila, esquileo, esquilo. ➤ Bache, encerradero, lonja, peguera, tendal. ➤ Esquilador, legador, marceador, marcero, morenero, moreno, tijera, vedijero, vellonero. ➤ Acial, albardilla. ➤ Tijera.

esquilar[3] (Burg., Cantb., Pal., Vizc.) intr. **Trepar a un *árbol, una cucaña, etc.*

esquileo m. Operación de esquilar. ⊙ *Temporada en que se suele realizar. ⊙ *Casa dedicada a esquilar el ganado lanar.*

esquilero m. **Red de forma de saco, con un aro de madera, que se emplea para pescar esquilas o camarones.* ≃ Esguilero.

esquilfada (ant.) adj. *Esquifada.*

esquilfe (ant.) m. *Esquife.*

esquilimoso, -a (de «escolimoso»; inf.) adj. *Melindroso.*

esquilmado, -a Participio adjetivo de «esquilmar».

esquilmar (del ant. «esquimar», de «quima», rama) **1** tr. *Recoger los ↘frutos o las rentas de la hacienda.* ⇒ *Explotar. **2** Dejar las plantas empobrecida la ↘tierra en que están. ≃ *Agotar. **3** Dejar exhausta una ↘fuente de riqueza por explotarla con exceso. **4** Sacarle el dinero u otros bienes a una ↘persona de forma abusiva.

esquilmeño (de «esquilmo»; And.) adj. *Se aplica a la *planta que produce mucho fruto.*

esquilmo (de «esquilmar») **1** m. *Conjunto de frutos y *provechos que se sacan de tierras y ganados.* **2** (And.) AGR. *Muestra de fruto que presentan los olivos.* **3** (Gal.) *Broza o matas cortadas con que se cubre el suelo de los *establos, con el doble objeto de procurar más comodidad al ganado y de formar abono para las tierras.* **4** (Chi.) *Escobajo de la *uva.* **5** (Méj.) *Provechos accesorios de menor cuantía que se obtienen en la *agricultura o la ganadería.*

esquilo[1] (de «esquilar[2]»; ant. y Ar. y Rioj.) m. *Esquileo.*

esquilo[2] (del gr. «skíouros», que se hace sombra con la cola; ant. y Cantb.) m. *Ardilla.*

esquilón m. Esquila (campanilla, cencerro) grande.

esquimal adj. y, aplicado a personas, también n. Se aplica a un *pueblo que vive junto a las bahías de Hudson y de Baffin, a los individuos de él y a sus cosas. ⇒ Iglú. ⊙ m. Grupo de lenguas habladas por este pueblo.

esquimo (ant.) m. *Esquilmo (provecho que se saca de haciendas y ganados).*

esquina (del lat. «schema») **1** f. Sitio en que se juntan dos caras de una cosa; particularmente, dos *muros y considerado por la parte exterior; especificamente, arista que forman en la calle dos muros de un edificio: 'Nos citamos en la esquina más próxima al metro'. ⇒ *Arista, cantero, cantillo, canto, cantón, cornijal, cornijón, esperonte, esquinal, esquinazo. ➤ Matar. ➤ Bisel, chaflán, ochava. ➤ Enjuta. ➤ Cantonera, guardacantón, guardarruedas. ➤ Descantear, *desportillar. ➤ PIEDRA angular, PIEDRA fundamental. **2** Sitio donde se juntan dos lados de una cosa: 'En una esquina del papel [o del pañuelo]'. ≃ *Punta, vértice. **3** (ant.) *Piedra grande que se arrojaba contra los enemigos desde los lugares altos.* ⇒ *Proyectil.

AL VOLVER LA ESQUINA. En el otro lado de la esquina de que se trata.

V. «a la VUELTA de la esquina».

LAS CUATRO ESQUINAS. *Juego de niños jugado por cinco: se sitúan cuatro en cuatro puntos señalados que forman aproximadamente un cuadrado, mientras el quinto queda sin puesto; a una señal de él, los otros cuatro han de abandonar sus puestos respectivos, tratando cada uno de alcanzar el de otro, mientras el quinto jugador trata también de ocupar uno de los puestos abandonados; el que en definitiva queda sin puesto, paga y se repite el juego. ≃ Arrepásate acá COMPADRE.

DE [O EN] ESQUINA. Se dice de lo que forma la esquina o el chaflán de una manzana o un edificio u ocupa la esquina de una habitación: 'Un balcón de [o en] esquina. Un mueble de [o en] esquina'.

DOBLAR LA [O UNA] ESQUINA. Dar la vuelta a ella.

HACER ESQUINA. Ocupar una esquina.

HACER ESQUINA A UNA CALLE. Estar en la esquina que forma con ella otra calle: 'Mi casa hace esquina a la calle Mayor'.

V. «MOZO de esquina».

esquinado, -a 1 Participio adjetivo de «esquinar». ⊙ Se aplica a lo que forma esquina. ⊙ **Escuadrado.* ⊙ Enemistado: 'Está esquinado con todos los compañeros'. **2** *Malintencionado. **3** Inclinado a sentir animadversión hacia otros. ≃ *Enconoso. **4** («Estar») Se aplica a la persona que está en mala disposición de ánimo para tratar con ella. ⇒ *Malhumorado.

esquinadura f. *Cualidad o actitud de esquinado.*

esquinal (Ál., Burg., Cantb., Vizc.) m. *Ángulo de un edificio y especialmente el formado por sillares.*

esquinancia (del b. lat. «squinantĭa»; ant.) f. **Angina.* ≃ Esquinencia.

esquinante o **esquinanto** m. **Esquenanto (planta gramínea).*

esquinar 1 intr. Formar esquina. ⊙ tr. **Escuadrar.* **2** **Malquistar o *enemistar a una ↘persona con otra.* ⊙ («con») prnl. *Enemistarse con alguien. ≃ Indisponerse.

esquinazo 1 m. Esquina. **2** (Chi.) **Serenata.*

DAR ESQUINAZO a una persona. **1** (inf.) No acudir a una cita concertada con ella. ⇒ *Chasquear. **2** (inf.) Deshacerse de ella.

esquinco (del lat. «scincus», del gr. «skínkos») m. **Estinco (lagarto).*

esquinela (de «esquina») f. **Espinillera (pieza de la armadura de guerra antigua).*

esquinencia (del b. lat. «squinantĭa») f. **Angina.* ≃ Esquinancia.

esquinera (Hispam.) f. *Rinconera (mueble).*

esquinzador m. *Cuarto destinado en las fábricas de papel a desguinzar el trapo.*

esquinzar (del sup. lat. «exquintiāre», partir en cinco pedazos) tr. *Cortar el ↘trapo en las fábricas de *papel.* ≃ Desguinzar.

esquipar (del escandinavo ant. «skipa», equipar una embarcación; ant.) tr. MAR. *Esquifar.*

esquiparte (del fr. ant. «esquipart»; Ar.) m. *Pala para limpiar las *acequias.*

esquipazón (de «esquipar»; ant.) m. MAR. *Esquifazón.*

esquiraza (del it. «schirazzo») f. *Antiguo *barco de transporte, de velas cuadradas.*

esquirla (¿del sup. fr. ant. «esquilie», del lat. tardío «schidĭa», viruta?) f. Fragmento alargado y con punta, desprendido de un hueso, una piedra, un cristal o una cosa de material semejante. ⇒ *Astilla.

esquirol (del cat. «esquirol», ardilla) **1** (Ar.) m. **Ardilla.* **2** (desp.) Obrero que sustituye a un huelguista en una *huelga, o que acude al trabajo.

esquisar (del sup. lat. «exquīsus», por «exquisītus», de «exquirĕre»; ant.) tr. **Investigar o *escudriñar.*

esquisto (de lat. «schistos lapis», del gr. «schistós», rajado, partido) m. *Roca, generalmente de color negro azulado, de estructura hojosa. ≃ Pizarra. ⇒ Tibe.

esquistoso, -a adj. MINERAL. Se aplica a los minerales que tienen la estructura del esquisto, y a esta estructura. ≃ *Hojoso.

esquite[1] (ant. y, ahora, pop.) m. *Desquite.*

esquite[2] (del nahua «izquitl»; C. Rica, Hond., Méj.) m. **Palomitas (granos de maíz tostados).*

esquivar (del germ. «skiuhan», tener miedo) tr. Procurar o conseguir con habilidad no hacer ↘algo, no encontrarse con alguien o que no ocurra alguna cosa que a uno le molestaría o le pondría en un aprieto: 'Esquivé discutir con él para no reñir. Trató de esquivar mi encuentro, pero no le valió. Me di cuenta de lo que pretendía y esquivé su petición'. ≃ *Eludir, evadir, evitar, rehuir.

esquivez f. Cualidad de esquivo.

esquiveza o **esquividad** (ant.) f. *Esquivez.*

esquivo, -a (de «esquivar») adj. Se aplica a la persona que rehuye las atenciones o muestras de afecto o amor de otra o que se comporta así en general. ⇒ *Arisco, desdeñoso.

esquizado, -a (del it. «schizzato») adj. *Se aplica al *mármol salpicado de pintas.*

esquizo- Elemento prefijo del gr. «schízō», escindir.

esquizofrenia (de «esquizo-» y el gr. «phrḗn», inteligencia) f. PSI. Nombre aplicado a un grupo de enfermedades mentales que se declaran habitualmente antes de los cuarenta años y se caracterizan por una disociación específica de las funciones psíquicas, con la aparición de alucinaciones y delirios, deterioro del funcionamiento cognitivo, social y laboral anterior y pérdida del control de la realidad. ⇒ Esquizoide, esquizotimia.

esquizofrénico, -a 1 adj. PSI. De [la] esquizofrenia: 'Un comportamiento esquizofrénico'. **2** adj. y n. PSI. Afectado de esquizofrenia.

esquizoide (de «esquizo-» y «-oide») adj. y n. PSI. Se aplica al enfermo con tendencia más acusada que en la «esquizotimia» a la personalidad esquizofrénica, pero sin llegar al grado de gravedad de ésta.

esquizomiceto (de «esquizo-» y «-miceto») m. BIOL. **Bacteria.*

esquizotimia (de «esquizo-» y el gr. «thymós», ánimo) f. PSI. *Tendencia a los trastornos de la esquizofrenia, pero sin salir de los límites considerados de normalidad.*

estabilidad f. Cualidad de *estable: 'La estabilidad de la situación política'.

estabilización f. Acción y efecto de estabilizar. ⊙ Particularmente, el cambio de una *moneda.

estabilizador, -a 1 adj. Se dice de lo que estabiliza. **2** m. Dispositivo que sirve para estabilizar.

estabilizante m. Aditivo que se añade a los productos alimenticios para mantener su textura.

estabilizar 1 tr. Dar estabilidad a una ↘cosa; se dice también «estabilizar la situación» de algo, refiriéndose a una situación no física. ⊙ prnl. Quedarse una cosa detenida en un estado, sin variar: 'La fiebre se ha estabilizado'. ⊙ Quedarse en un sitio con carácter permanente. ≃ *Establecerse. ⊙ Tomar una cosa su marcha normal, después de algunos cambios o alteraciones. ≃ Normalizarse. **2** tr. ECON. Fijar y garantizar oficialmente un valor estable para la ↘moneda de una nación, en relación con el patrón internacional.

estable (del lat. «stabĭlis») adj. Se aplica a lo que no está en peligro de caer, de descomponerse, de cambiar o de desaparecer: 'Un edificio [un compuesto, una situación] estable'. ⊙ También a lo que dura o permanece en un sitio indefinidamente: 'Huésped estable'.

□ CATÁLOGO

Asegurado, de asiento, continuado, *continuo, crónico, definitivo, duradero, estacionario, fijo, firme, inalterable, indeleble, invariable, *permanente, *perpetuo, persistente, posante, *quieto, seguido, sólido, sostenido. ➤ Afianzar, afirmar, apuntalar, *asegurar, asentar, consolidar, estabilizar, estibar, fijar, *inmovilizar, lastrar, reafirmar, sentar, *sujetar, trabar, vertebrar. ➤ *Compensar, *equilibrar, estabilizar, romanear, terciar. ➤ Desestabilizar. ➤ Consistencia, equilibrio, estabilidad, fijeza, *firmeza, permanencia, *quietud, raigambre, *seguridad, sujeción. ➤ Aplomo, asiento, base. ➤ Lastre. ➤ Roca. ➤ CENTRO de gravedad. ➤ Sin consistencia, *inestable, *variable. ➤ Mareo. ➤ *Aturdido. ➤ *Constante. *Durar. *Firme. *Fuerte. *Invariable. *Permanente. *Perpetuo. *Quieto. *Seguro. ➤ Desestabilizador.

establear tr. *Acostumbrar a una ↘res al establo.*

establecedor, -a adj. y n. *Se aplica al que establece.*

establecer (del sup. lat. «stabiliscĕre») **1** tr. Dejar *puesta una ↘cosa en un sitio para que permanezca y realice su función en él: 'Establecer puestos de vigilancia a lo largo de la costa. Establecer un censo sobre una finca'. ⊙ *Crear una ↘cosa que empieza a funcionar o ejercitarse: 'Establecer una sucursal [o una costumbre]'. **2** *Disponer ↘lo que ha de regir o debe hacerse: 'La ley establece que...'. ⊙ *Expresar alguien un ↘pensamiento de valor general: 'Establecer una diferencia [unos principios, un parangón, una relación entre...]'. **3** prnl. Ponerse a vivir con carácter estable en un sitio. ≃ *Instalarse. ⊙ Particularmente, en un pueblo, ciudad o país. ⇒ Establecer. **4** Poner por cuenta propia un establecimiento comercial: 'Estaba antes de dependiente en unos grandes almacenes y ahora se ha establecido'. ⊙ Empezar a *trabajar en cualquier profesión en un sitio fijo: 'Se ha establecido de abogado'.

□ CATÁLOGO

Abrir, constituir, *crear, establir, *fundar, implantar, inaugurar, instalar, instaurar, instituir, introducir, poner en MARCHA, montar, organizar, dar los primeros PASOS, poner. ➤ Afincar[se], arraigar[se], asentarse, avecindarse, inmigrar, instalar[se], nacionalizar[se], naturalizar[se], radicarse, echar RAÍCES, sentar. ➤ *Comercio, *cooperativa, economato, *empresa, *industria, *institución, *LOCAL público, *taller, *tienda. ➤ De *beneficencia, comercial, cultural, de *enseñanza, industrial. ➤ Casa, CASA matriz, establecimiento, filial, sucursal. ➤ Restablecer.

□ CONJUG. como «agradecer».

establecido, -a Participio adjetivo de «establecer». ⊙ Con referencia a cosas, *acostumbrado.

DEJAR ESTABLECIDO. Establecer. *Disponer o fijar cierta ↘cosa.

estableciente adj. *Aplicable al que o lo que establece.*

establecimiento 1 m. Acción y efecto de *establecer o, especialmente, de establecerse. ⊙ *Situación estable de alguien por lo que se refiere a ganarse la vida.* **2** Casa o local en que se desarrolla una actividad de enseñanza, sanitaria, de beneficencia, comercial, industrial, etc. **3** (ant.) *Cosa establecida por una ley, reglamento, etc.* **4** *Colonia fundada en un país por naturales de otro.

ESTABLECIMIENTO BENÉFICO [O DE *BENEFICENCIA]. Asilo, clínica, hospicio, hospital, etc., donde se recoge o asiste a las personas que carecen de medios económicos.

E. PENITENCIARIO. *Prisión.

E. PÚBLICO. *Tienda o local en que se vende algo o se sirven comidas o bebidas. ⇒ *LOCAL público.

establemente adv. De manera estable.

establería (ant.) f. **Establo o caballeriza.*

establerizo (ant.) m. *Establero.*

establero m. *Hombre que cuida el establo.*

establía (ant.) f. *Establo.*

establimiento (de «establir»; ant.) m. *Establecimiento.*

establir (del lat. «stabilīre»; ant.) tr. *Establecer.*

establishment (ingl.; pronunc. [estáblismen]) m. Clase social influyente que intenta mantener el orden establecido. ⊙ Grupo dominante en un campo determinado que defiende ideas tradicionales.

establo (del lat. «stabŭlum») m. Lugar cubierto en que se encierra el ganado. ⇒ Acemilería, boíl, bostar, boyera, boyeriza, caballeriza, cabañal, cija, *cobertizo, corte, *cuadra, desteto, establería, establía, estala, invernal, *pocilga, presepio, regalada, vaqueriza, yuntería. ➤ Arrendadero, cama, esquilmo, *pesebre. ➤ Pajuz. ➤ Empesebrar, establear, estabular. ➤ *Aprisco. *Corral.

estabón (Alb.) m. **Caña o *tallo de algunas plantas, después de quitarle las hojas o el fruto.* ⊙ (Alb.) *Mata de *habas después de quitarle el fruto.*

estabulación f. Acción de estabular. ⊙ Permanencia del *ganado en un establo.

estabular (del lat. «stabulāre») tr. Guardar el ˎganado en establos.

estaca (del sup. gót. «staka», palo) **1** f. *Palo aguzado por un extremo para clavarlo. ⊙ Palo grueso y fuerte clavado o fijo en cualquier sitio: para formar cimientos, para atar o sujetar algo en él, para formar cercas, etc. ⊙ Palo grueso y fuerte usado para bastón, para apalear, etc. ⇒ Calveta [o calvete], escálamo, estandorio, estaquilla, garrote, pernales, tolete, tranca. ➤ *Palo. **2** Rama de un árbol que se planta para que arraigue y se convierta en un árbol nuevo. ⇒ *Plantón. **3** **Clavo de hierro de 3 ó 4 dm de largo, que sirve para clavar vigas y maderos.* **4** *Cada una de las cuernas que le salen al ciervo de un año.* **5** (Chi.) MINER. *Pertenencia de una *mina que se concede a los peticionarios mediante ciertos trámites.*

estacada **1** f. Serie de estacas plantadas en el suelo para *deslindar, *cercar, *defender o sujetar algo. ⇒ *Cerca, *empalizada. **2** (And.) **Plantel de estacas.* ⊙ **Olivar nuevo.* **3** (ant.) *Campo de *batalla o de *desafío.*

DEJAR a alguien EN LA ESTACADA. *Abandonarle en una situación apurada.

QUEDAR[SE] alguien EN LA ESTACADA. **1** Ser dejado en la estacada por alguien. **2** Ser *derrotado o *morir en la guerra o en un combate. **3** Ser derrotado en una discusión. **4** *Fracasar definitivamente en una empresa o intento.

estacado, -a **1** *Participio adjetivo de «estacar».* **2** m. **Palenque.* ≃ Estacada.

estacadura f. *Conjunto de estacas que sujetan la caja y los varales de un *carro.*

estacar **1** tr. *Fijar en el suelo una estaca y *atar a ella un ˎanimal.* **2** *Señalar el *límite de cierta ˎcosa con estacas.* **3** (Chi., Col., Hond., Ven.) *Sujetar en el suelo con estacas las ˎ*pieles para que se mantengan estiradas.*

estacarse **1** prnl. *Quedarse rígido, por ejemplo por el frío.* ≃ *Entumecerse. **2** (Col., C. Rica) **Clavarse una astilla.*

estacazo **1** m. *Golpe fuerte dado con una estaca o un palo. ⊙ (inf.) Cualquier golpe fuerte. **2** *Crítica, *reprensión, etc., violenta que alguien recibe. ≃ Varapalo.

estacha (del fr. ant. «estache», lazo, amarra) **1** f. *Cable o cuerda del *arpón con que se pescan las ballenas.* **2** MAR. **Cabo con que se sujeta un barco a otro fondeado o a un objeto fijo.*

estación (del lat. «statĭo, -ōnis») **1** f. *Acción de quedarse parada una cosa en un sitio.* ≃ *Detención. ⊙ *Permanencia o residencia de alguien en un sitio.* **2** (ant.) **Estado actual de una cosa.* **3** ASTRON. *Detención aparente de los planetas en sus órbitas por el cambio de sus movimientos directos en retrógrados o viceversa; es resultado de la combinación de los movimientos propios de los demás planetas con el de la Tierra.* **4** *Sitio en que queda momentáneamente detenida una cosa.* **5** Específicamente, sitio en que se detiene habitualmente un tren u otro vehículo. Y, por extensión, edificio en donde están las oficinas, se expenden los billetes, etc. ⇒ Apeadero. ➤ Andén, apartadero, cantina, consigna, gálibo, muelle, PLACA giratoria, PLATAFORMA giratoria, taquilla, VÍA muerta. ➤ Maniobrar. ➤ Factor, JEFE de estación, mozo. ➤ BILLETE de andén. **6** Cada visita que se hace a una iglesia o altar, particularmente el día de Jueves Santo, para *rezar ante el Santísimo Sacramento cierto número de padrenuestros y avemarías. **7** Este conjunto de oraciones. **8** Cada uno de los altares, cruces u otras representaciones religiosas que constituyen el vía crucis. **9** TOPOGR. *Cada uno de los puntos en que se observan o miden ángulos de una red trigonométrica.* **10** RAD. Instalaciones, y, también, el edificio donde están, con las que se emiten y reciben despachos telegráficos o telefónicos, o con las que se emiten programas de *radiotelefonía. ≃ Central. ⊙ RAD. Aparato con que se reciben estas emisiones. **11** Centro donde se recogen o centralizan observaciones o estudios sobre fenómenos naturales de cierta clase: 'Estación meteorológica [geodésica, topográfica, agronómica]'. ⊙ O donde se realizan ciertas actividades: 'Estación de esquí'. **12** *Partida de gente apostada.* **13** Cada uno de los periodos del año comprendidos entre un equinoccio y un solsticio: primavera, que empieza el 21 de marzo; verano, que empieza el 21 de junio; otoño, que empieza el 23 de septiembre; e invierno, que empieza el 22 de diciembre. **14** Cierto tiempo señalado por una actividad o ciertas condiciones climáticas: 'La estación deportiva. La estación de las lluvias'. ≃ Época, *temporada, tiempo. **15** BIOL. *Medio natural donde se desarrolla una especie o una comunidad.* **16** (ant.) *Tienda o sitio público en que se ponían *libros para venderlos, copiarlos o estudiar en ellos.*

ESTACIÓN EMISORA. Estación emisora de radio. ≃ Emisora.

E. INVERNAL [O DE INVIERNO]. Instalaciones para la práctica de deportes sobre la nieve.

E. DE RADIO. Equipo de transmisión o de recepción o de ambas cosas.

E. RECEPTORA. Estación receptora de radio. ≃ Radio, receptora.

E. DE SERVICIO. Gasolinera provista, generalmente, de otros servicios de asistencia en carretera.

E. TERMINAL. Estación última de una línea cualquiera de vehículos. Especialmente, sitio en donde los viajeros de los *aviones toman el autobús que los conduce al aeródromo o descienden del que los conduce desde él. ≃ Terminal.

estacionado, -a Participio adjetivo de «estacionar». ≃ *Parado.

estacional **1** adj. Propio o exclusivo de cierta estación del año: 'Calenturas estacionales'. **2** ASTRON. *Estacionario.*

estacionamiento **1** m. Acción de estacionar[se]. **2** Lugar destinado a que se estacionen los coches cuando tienen que esperar por cierto tiempo. ⇒ Aparcamiento.

estacionar (de «estación») **1** tr. Dejar ˎalgo *parado en un sitio. ⊙ Particularmente, un vehículo. ≃ Aparcar. ⊙ prnl. Quedarse una cosa parada o estacionada en un sitio. **2** tr.

Juntar los ↘machos a las ovejas en ciertas épocas del año para que procreen.

estacionario, -a (del lat. «stationarĭus») **1** adj. Se aplica a las cosas que permanecen *invariables, sin crecer ni menguar, mejorar o empeorar: 'Estado estacionario'. **2** Astron. *Se aplica al planeta detenido aparentemente en su órbita por el fenómeno llamado «estación».* **3** *Librero que tenía un puesto de *libros para venderlos o dejarlos estudiar o copiar.* **4** *Hombre que, por los estatutos de Salamanca, tenía a su cargo dar los libros de la *biblioteca.*

estacionero, -a **1** (n. calif.) adj. y n. *Se aplica a la persona que practica asiduamente la *devoción de visitar las estaciones.* **2** (ant.) m. *Librero.*

estacte (del lat. «stacte», del gr. «staktḗ», destilada) m. **Aceite esencial de la mirra.*

estada (de «estar»; más frec. en Hispam.) f. *Permanencia de alguien en un sitio.* ≃ Estadía. ⊙ *Tiempo que dura.*

estadal (de «estado») **1** m. *Medida de *longitud equivalente a 3 m y 334 mm.* **2** *Cinta bendita, con la medida de la efigie de algún santo, que se lleva por *devoción, por ejemplo al cuello.* **3** **Vela de cera cuya longitud es aproximadamente como la estatura de un hombre.* ≃ Cerilla.

estadero (de «estado») m. *Persona que el rey nombraba para demarcar las tierras de repartimiento.* ⇒ *Agrimensor.

estadía (de «estada») **1** (más frec. en Hispam.) f. *Estancia o permanencia en un sitio.* ≃ Estada. **2** *Tiempo que permanece el *modelo ante el pintor o escultor.* **3** (gralm. pl.) Mar. *Cada uno de los días que transcurren después del plazo estipulado para la carga o descarga de un barco mercante, por los cuales se ha de pagar un tanto como indemnización.* ⇒ Sobrestadía. **4** Mar. *La misma indemnización.* **5** Topogr. *Regla vertical graduada en que el número de divisiones abarcadas con un anteojo da su distancia a éste.* ≃ Mira taquimétrica.

estadidad (P. Rico) f. *Condición de estado federal. Se usa especialmente referido a los Estados Unidos.*

estadillo m. Cuadro dividido en casillas para incluir determinados datos en ellas.

estadio (del lat. «stadĭum», del gr. «stádion») **1** m. *Medida de *longitud equivalente a 125 pasos (201,2 m), o sea, la octava parte de una milla romana.* **2** *Lugar de esa longitud, donde se ejercitaban antiguamente los *caballos, y también los hombres para las carreras o la lucha.* **3** Dep. Lugar público en que se celebran competiciones; por ejemplo, de fútbol. **4** Cada periodo o grado distinguible en el desarrollo de una cosa. ≃ Fase. ⊙ Med. *Particularmente, cada uno de los tres que se aprecian en cada acceso de *fiebre intermitente.*

estadista (de «estado») **1** n. Persona que se ocupa en la dirección de un estado. ⇒ *Política. **2** *Persona que se ocupa de estadística.*

estadística (de «estadista») f. Ciencia que se ocupa del recuento, mediante diversas técnicas, de hechos sociales, científicos o de cualquier clase y de la interpretación de las cifras obtenidas: 'Estadística climatológica'. ⊙ (sing. o pl.) Conjunto de datos numéricos obtenidos. ⇒ Muestreo. ➤ Movimiento. ➤ *Censo. ➤ *Cuenta. ➤ *Gráfico.

estadístico, -a **1** adj. De [la, las] estadística[s]: 'Estudio estadístico'. **2** n. Especialista en estadística.

estadizo, -a (de «estado» e «-izo») **1** adj. *Se aplica a lo que lleva mucho tiempo sin *renovarse:* 'Aire estadizo. Aguas estadizas'. **2** *Se aplica a la comida que, sin llegar a estar descompuesta, sabe ya a vieja o pasada:* 'Esta carne está un poco estadiza'. ⇒ *Atrasado.

estado (del lat. «status») **1** («En»; sin artículo: 'No está en estado de trabajar'; con artículo: 'En el estado en que está no puede trabajar') m. Manera de estar algo o alguien. ≃ Situación. ⇒ *Estar. ⊙ Estado civil. **2** Fís. Cada una de las formas en que se presenta la materia, dependiente del grado de cohesión de sus moléculas: 'Estado gaseoso, líquido y sólido'. ⇒ Fase. ➤ Reducir. **3** («Un») *Nación organizada políticamente. ⊙ («El»; gralm. con mayúsc.) Conjunto de los órganos de gobierno de una nación. **4** (pl.) Territorio poseído y gobernado por un *señor. **5** En una *federación, por ejemplo en los Estados Unidos, cada uno de los territorios autónomos que la componen. **6** Antiguamente, cada una de las *clases que se distinguían en la organización social: 'Estado eclesiástico, de los nobles, de los plebeyos, estado llano'. ⊙ Cada una de esas clases representadas en las *Cortes. ⇒ Brazo, estamento. **7** Relación o resumen de ciertas partidas o conceptos: 'Un estado de las facturas abonadas'. ⇒ *Cuenta. **8** *Medida de *longitud equivalente a 7 pies, aproximadamente la de la estatura de un hombre, empleada para medir alturas y profundidades.* **9** *Medida de *superficie equivalente a 49 pies cuadrados.* **10** *Manutención dada por el *rey a su comitiva.* **11** *Lugar en que se servía.* **12** (ant.) **Casa de comidas de más categoría que el bodegón.* **13** Esgr. *Postura en que queda el cuerpo después de un movimiento.*

Estado de alarma. Situación declarada oficialmente de intranquilidad en la que el gobierno toma ciertas medidas excepcionales. ≃ Estado de excepción, estado de guerra, estado de sitio.

E. de ánimo («Experimentar, Sentir, Pasar por, Acometer, Invadir»). Estado moral en que se encuentra alguien, de alegría, tristeza, abatimiento, buen o mal humor, etc. ⇒ *Ánimo.

E. celeste. Astrol. *Estado de un planeta, determinado por el signo en que se halla, sus «aspectos» y su configuración.*

E. civil. Cada uno de los estados de «casado, soltero» o «viudo». ⇒ *Matrimonio.

E. de cosas. *Situación en un sitio, de un asunto, etc., en cierto momento.

E. de derecho. Estado en que la actuación de los gobernantes está sometida a las leyes.

E. estacionario. Situación de una cosa que no varía en un sentido ni en otro. ⇒ *Invariable.

E. de excepción. Estado de alarma.

E. general. **1** Estado físico, bueno o malo, no referido a ninguna parte del *cuerpo determinada e independiente de cualquier enfermedad específica. **2** *Estado llano.*

E. de gracia. **1** («En») Estado del que está limpio de *pecado. ⇒ Salud, estar en gracia de Dios. **2** («En») Estado de lucidez o situación de acierto o fortuna.

E. de guerra. Además de su significado como expresión facticia, «estado de alarma».

E. de [la] inocencia. *Estado de Adán y Eva cuando fueron criados por Dios.*

E. llano. Antiguamente, clase formada por el *pueblo.

E. mayor. **1** Mil. Cuerpo de oficiales encargados de informar a sus superiores, y comunicar y hacer cumplir las órdenes de éstos. **2** Mil. Conjunto de jefes y generales que forman una división. ⊙ Mil. También, punto central desde donde se dirigen las operaciones de una división. ⇒ *Milicia. **3** General o gobernador de una plaza junto con todos sus agregados.

E. mayor central. Mil. Organismo superior del Ejército y la Armada.

E. mayor general. Mil. Conjunto de los jefes y oficiales del estado mayor y otros cuerpos y servicios auxiliares que acompañan al general al mando de tropas en operaciones.

E. PERFECTO. ZOOL. Estado final o adulto al que llegan los animales al terminar su *metamorfosis; por ejemplo, el de mariposa en los insectos lepidópteros.

E. DEL REINO. *Cada uno de los brazos de las antiguas *Cortes.*

E. DE SITIO. ESTADO de alarma.

V. «ATENTADO contra la seguridad del Estado, BIENES del Estado».

CAMBIO DE ESTADO. **1** QUÍM. Paso de un cuerpo de un estado (gaseoso, líquido o sólido) a otro. **2** Cambio de estado civil.

V. «CARRERA del Estado».

DAR ESTADO LEGAL. Realizar con un documento o acto las operaciones requeridas para que surta todos los efectos *legales que le corresponden: 'Dar estado legal a un contrato'.

DE ESTADO. Relacionado con el *gobierno de una nación.

EN BUEN ESTADO. No estropeado.

EN ESTADO DE GRACIA. V. «ESTADO de gracia».

EN ESTADO [DE BUENA ESPERANZA O INTERESANTE]. Aplicado a la mujer, embarazada.

EN ESTADO LAMENTABLE [O LASTIMOSO]. Muy estropeado o *maltrecho.

EN MAL ESTADO. Estropeado o *maltrecho.

EN ESTADO DE MERECER. Se dice de las personas *solteras que están ya o todavía en estado de hacerse novio o novia de otra.

V. «GOLPE de Estado, HOMBRE de Estado, PAGOS al Estado, PAPEL del Estado, PAPEL de pagos al Estado, PATRIMONIO del Estado, RAZÓN de Estado, RECURSOS del Estado, SECRETO de Estado, SERVICIOS al Estado».

□ CATÁLOGO

*Nación. ➤ Confederación, federación, heptarquía. ➤ Centralista, federal. ➤ Serenísima. ➤ Constitución. ➤ Revertir. ➤ Centralizar, descentralizar, desprivatizar, estatalizar, estatificar, nacionalizar, socializar. ➤ BIENES del Estado [nacionales o públicos], erario, *fisco, FONDOS públicos, HACIENDA pública, RECURSOS del Estado. ➤ Contrata, SERVICIO público. ➤ *Presupuesto. ➤ Empréstito. ➤ Estatal, *oficial, de oficio, público, reyuno. ➤ *País. *Política.

estadojo o **estadoño** (Ast., Cantb.) m. *Estandorio.*

estadounidense adj. y, aplicado a personas, también n. De los Estados Unidos de América del Norte. ⇒ Americano, angloamericano, gringo, *norteamericano, yanqui. ➤ Tío SAM. ➤ Corona, dólar. ➤ Cow-boy.

estafa (del it. «staffa», estribo) **1** f. **Estribo de montar a caballo.* **2** Acción de estafar.

estafador, -a n. Persona que estafa, circunstancialmente o por oficio.

estafar (del it. «staffare», sacar el pie del estribo; «con, en») tr. Despojar a ˋalguien con engaño de dinero u otra cosa de su propiedad, darle menos de lo debido de una cosa o cobrarle más de lo justo.

□ CATÁLOGO

*Burlar, dar CAMELO, *chasquear, darla, *defraudar, desfalcar, emprimar, engañar, engaritar, escarmenar, dar GATO por liebre, jugarla, pegar un PARCHAZO, pegar un PARCHE, pechar, pegarla, petardear, pegar un PETARDO, darla con QUESO. ➤ Adrolla, arana, *burla, cambiazo, camelo, desfalco, embeleco, embolado, embudo, enfinta, engañabobos, *engaño, estafa, estelionato, *fraude, garrama, gatazo, pegata, petardo, redrosaca, robo, *sablazo, sacadineros, timo, TIMO de la estampita, tocomocho, tongo, trampa, trapacería, trapaza. ➤ Adrollero, aranero, baratador, CABALLERO de industria, emprestillador, estafador, *granuja, parchista, petardero, petate, sablista, zascandil. ➤ CUEVA de ladrones, PUERTO de arrebatacapas. ➤ *Despojar. *Embaucar. *Hurtar. *Quitar. *Robar.

estafermo (del it. «stà fermo», está firme) **1** m. *En los *juegos caballerescos antiguos, muñeco giratorio al que los corredores hacían girar dándole con la lanza en un escudo que sostenía con una de las manos; si el corredor no pasaba por debajo de él con suficiente velocidad, recibía los golpes de unas bolas o unos saquillos de arena que sostenía pendientes de la otra.* ⇒ Taco. ➤ Pandorga. **2** (inf.) Persona que se queda parada como atontada, sin hacer lo que tiene que hacer o se le manda, o sin contestar a lo que se le pregunta. ≃ *Pasmarote.

estafero (de «estafa»; ant.) m. **Mozo de espuelas.*

estafeta (del it. «staffetta») **1** f. *Hombre que llevaba antiguamente el *correo de un sitio a otro.* ≃ Correo. ⊙ **Postillón que recogía la correspondencia en cada casa de postas y la llevaba a la siguiente.* **2** *Correo especial para el servicio diplomático.* **3** *Oficina de correos.* ⊙ Particularmente, cada sucursal de la oficina central, en una población grande.

estafetero m. *Encargado de una estafeta.*

estafetil adj. *De la estafeta.*

estafilococia f. MED. *Infección producida por estafilococos.*

estafilococo (del gr. «staphylḗ», racimo, y «-coco») m. BIOL. *Bacilo del grupo «coco», o sea de forma redondeada, que se presenta agrupado en racimos; produce infecciones purulentas, como los forúnculos, ántrax, etc.

estafiloma (del gr. «staphýlōma») m. MED. **Tumor prominente del globo del *ojo.*

estafisagria (del lat. «staphisagrĭa», del gr. «staphís agría», uva silvestre; *Delphinium staphisagria*) f. *Planta ranunculácea venenosa cuyas semillas contienen un alcaloide y, reducidas a polvo, sirven para matar insectos parásitos. ≃ HIERBA piojenta o piojera, taminia, UVA taminia.

estagirita (del lat. «Stagirītes») adj. y, aplicado a personas, también n. De Estagira, de Macedonia. ⊙ («El») Se aplica como apelativo a Aristóteles, natural de esa ciudad.

estajador m. *Especie de martillo usado para estajar.*

estajanovismo (de «A. G. Stajanov», minero ruso que superó todas las marcas de producción) m. Doctrina de origen soviético que pretende incrementar la productividad laboral incentivando a los trabajadores.

estajanovista adj. Del estajanovismo. ⊙ adj. y n. Partidario del estajanovismo.

estajar **1** tr. **Atajar.* **2** *Destajar.* **3** *Disminuir el grosor de una ˋpieza de hierro.* ⇒ *Adelgazar.

estajero o **estajista** m. *Destajista.*

estajo **1** m. **Atajo.* **2** **Destajo.*

estala (del it. «stalla», establo) **1** f. **Establo.* **2** MAR. **Escala: cada lugar en que se detiene un barco en su viaje.*

estalación (de «estalo») f. *Cada *categoría de individuos de un cuerpo o comunidad.* ⊙ *Particularmente, de los *eclesiásticos de una iglesia catedral.*

estalactita (del gr. «stalaktós», que gotea) **1** f. Concreción pendiente como un carámbano del techo de las *cuevas, formada por la filtración y evaporación de agua con sales calizas o silíceas disueltas. **2** Cierto adorno semejante a una estalactita en los techos *artesonados.

estalagmita (del gr. «stalagmós», goteo) f. Concreción formada sobre el suelo de las cavernas, en sentido inverso al de las estalactitas, por las gotas de agua que caen al suelo y se evaporan.

estalinismo m. Doctrina y régimen político de Stalin.

estalinista adj. Del estalinismo. ⊙ adj. y n. Seguidor del estalinismo.

estallante adj. *Se dice de lo que estalla.* ⊙ Particularmente, de lo que está pronto a estallar.

estallar (de un sup. ant. «astellar», de «astilla») **1** intr. *Chascar; por ejemplo, la madera al astillarse. ⊙ Romperse la envoltura de una cosa saliendo al exterior el contenido con violencia y ruido. ⊙ Se dice también de las *olas. ≃ Reventar. **2** Producirse bruscamente un *ruido intenso; como un trueno, una gritería o una salva de aplausos. **3** Producir una cosa un ruido seco; en particular, al resquebrajarse. ≃ *Chascar. **4** Manifestarse bruscamente la risa, el llanto, el entusiasmo, la alegría, etc. ≃ Reventar. ⇒ *Prorrumpir. **5** (completado con «de ganas de» o «de deseos de» y, con frecuencia, en la forma «estar que estalla») Tener que *esforzarse para no hacer la cosa que se expresa: 'Estallaba [estaba estallando, estaba que estallaba] de ganas de decírselo'. ≃ Reventar. **6** *Principiar bruscamente una cosa violenta; como una guerra, una tormenta o un incendio.

□ CATÁLOGO

Dar CRUJIDO, dar un ESTALLIDO, estrumpir, hacer EXPLOSIÓN, explotar, reventar, traquear. ➤ *Chascar, crepitar, *crujir, decrepitar. ➤ Bocazo, bombazo, castañetazo, descarga, estallido, estallo, estampida, estampido, estrumpido, *explosión, retingle, reventazón, reventón, traque, traqueo, traqueteo, traquido, tric, trique, triquete, tronido, trueno, voladura, zambombazo. ➤ Astillazo, castañeta, chasquido, crepitación, pito. ➤ *Barreno, bomba, explosivo, fulminante, mina, petardo, pólvora, *proyectil. ➤ ¡Bum!, ¡pum!

estallido **1** («Dar un») m. Acción de estallar. **2** («Dar un») *Ruido que se produce al estallar algo. **3** («Dar un») *Fin brusco y desastroso de algo: 'Está abusando de sus fuerzas y el mejor día dará un estallido'.

estallo m. *Estallido.*

estalo (del it. «stallo», asiento; ant.) m. **Asiento en el *coro de una iglesia.*

estambrado, -a Participio de «estambrar». ⊙ adj. Aplicado a *telas, de aspecto o cualidades de estambre.

estambrar **1** tr. Dar aspecto de estambre a una ↘tela. **2** intr. *Hilar estambre.* **3** (ant.) tr. *Entretejer.*

estambre (del lat. «stāmen, -ĭnis», urdimbre de los tejidos) **1** amb., más frec. m. *Urdimbre (estambre preparado en la urdidera para pasarlo al telar).* **2** Parte del vellón de *lana compuesto de hebras largas. ⊙ *Hilo formado con estas hebras. ⊙ *Tela hecha con ellas, más rala y brillante que la hecha con otras clases de lana. ⇒ *Estameña. **3** BOT. Cada uno de los filamentos que están en el interior del cáliz de las *flores, que constituyen su órgano masculino o androceo y producen el polen. ⇒ Otras raíces, «adelf-, andr-»: 'diadelfo, monadelfo, poliadelfo; ginandra, poliandria'. ➤ Antera. ➤ Emasculación.

estambrera (usado sólo en f.) adj. *Se aplica a la *lana estimada por la longitud y buena calidad de sus fibras.*

estamental adj. De [los] estamento[s]: 'La sociedad estamental'.

estamento (del b. lat. «stamentum») **1** m. *Estado o brazo en las *Cortes de Aragón.* **2** *Nombre aplicado a cada uno de los cuerpos colegisladores en el siglo XIX.* ⇒ *Asamblea. **3** Cada uno de los grupos en que se dividía la sociedad en la Edad Media y el Antiguo Régimen, caracterizados por poseer una función y estatuto jurídico propios. ⇒ *CLASE social. **4** En la actualidad, grupo social homogéneo en virtud de su profesión, clase social o estilo de vida.

estameña (del lat. «staminĕa», de estambre) f. *Tela de estambre, generalmente asargada, de color negro o pardo, que se usa para hábitos. ⇒ Pequín, picote, quinete, sagatí, sayal. ➤ *Sarga.

estameñete f. *Estameña ligera.*

estamiento (de «estamento»; ant.) m. *Estado (situación).*

estamíneo, -a (del lat. «staminĕus») adj. *De [o del] estambre.*

estaminífero, -a (del lat. «stāmen, -ĭnis», estambre) adj. BOT. *Se aplica a las *flores con estambres y a las plantas correspondientes.*

estampa (de «estampar») **1** f. Representación de una cosa en dibujo, grabado o fotografía, en negro o en colores, impresa en un libro o suelta: 'La sección de estampas de la Biblioteca Nacional'. ≃ Dibujo, *grabado, lámina. ⊙ Con referencia a las de los libros, es ahora de uso informal o popular: 'A los niños les gustan los libros con estampas'. ⊙ Su aplicación usual ahora es a un trozo de cartulina o papel con la imagen de Jesucristo, de la Virgen o de algún santo. ⇒ Aleluya, cromo. ➤ *Grabado. **2** Manera, buena o mala, de impresionar un animal o una persona por lo que se ve de ellos: 'Un caballo de magnífica estampa'. Aplicado a personas, puede especificarse con una determinación: 'Tiene estampa de torero'. ≃ Aire, apariencia, *aspecto, planta, porte, presencia, traza. **3** (n. calif.) Se aplica a la persona que, por tener en alto grado cierta cualidad o las cualidades atribuidas a cierto tipo, o demostrar vivamente cierto estado, puede tomarse como representación o *ejemplo de ellos: 'Era la estampa de la hidalguía [de los caballeros andantes, del dolor]'. **4** Estampación o *impresión. Se utiliza en la frase «dar a la estampa».

LA VIVA ESTAMPA. *Ejemplo. ≃ Estampa.

DAR A LA ESTAMPA. *Imprimir o publicar una ↘obra.

estampación f. Acción y efecto de estampar. ≃ Estampado. ⊙ Arte de estampar.

estampado, -a **1** Participio adjetivo de «estampar» en cualquiera de sus acepciones. **2** Se aplica a las *telas que tienen dibujos hechos mediante estampación. ⊙ m. Dibujo de estas telas: 'Me gusta el estampado de la blusa'. **3** adj. y n. m. Se aplica a los objetos de metal fabricados con molde a presión. **4** adj. AGRÁF. *Dorado.* **5** m. Estampación.

estampador m. Operario que estampa en chapa.

estampar (del fr. «estamper») **1** tr. Dejar escrita o dibujada una ↘cosa sobre papel, tela, planchas de metal, etc., mediante presión con un molde. El complemento directo puede ser también la tela: 'Estampar tejidos'. ≃ *Imprimir. ⊙ Dejar marcada la huella de una ↘cosa en un sitio, mediante presión: 'Estampar las huellas digitales'. ⊙ Por extensión, poner la ↘firma en un documento. **2** Fijar en la mente de alguien cierta ↘cosa. ≃ *Inculcar. **3** Producir cierta forma en relieve en una ↘chapa metálica prensándola contra un *molde. ⇒ Matriz. **4** («en, contra») Lanzar una ↘cosa o a alguien contra un sitio; especialmente, tratándose de algo que se despachurra o que produce ruido como de estallido: 'Estampó el huevo contra el suelo'. ≃ Estrellar. ⇒ Achocar, estrellar, plantar, zampar. ➤ Encuentro. ➤ *Aplastar, *estallar, *explosión. ➤ *Imprimir. *Marca. *Sello. **5** Dar un ↘*golpe u otra cosa que produce un chasquido: 'Estampar una bofetada [o un beso]'. ≃ Plantar.

estampería f. *Taller en que se estampan o tienda en que se venden estampas.*

estampero m. *Hombre que hace o vende estampas.*

estampía (de «estampida») f. DE ESTAMPÍA («Irse, Salir, Embestir»). *Repentina o precipitadamente.

estampida (del occit. «estampida») **1** f. *Estampido.* **2** *Carrera emprendida brusca y precipitadamente; particularmente, la del ganado. **3** (Ar.) *Estampidor.*

Dar estampida. *Dar un* estampido.

estampido (de «estampida») m. Ruido fuerte y seco como el que produce una cosa al estallar o explotar: 'El estampido de una bomba [de un cohete, del cañón]'. ≃ Detonación, *explosión.

Dar un estampido. Tener un fin *desastroso y brusco. ≃ Dar un estallido, dar estampida.

estampidor (del cat. «estampidor»; Ar.) m. **Puntal.*

estampilla (dim. de «estampa») **1** f. Pequeña plancha, generalmente de caucho, en que está escrito o dibujado algo que, humedeciendo la plancha en tinta, se puede imprimir en documentos y papeles. Particularmente, la que sirve para estampar la *firma de una persona en ciertos escritos, en vez de que la haga el firmante por su mano. ≃ *Sello. **2** (Hispam.) **Sello de correos o fiscal.*

estampillado m. Acción y efecto de estampillar.

estampillar tr. *Imprimir una estampilla, un sello o un cajetín en algún ↘documento. ⊙ *Particularmente, marcar con un cajetín ciertos ↘títulos de la Deuda que han de recibir un trato especial.*

estampita f. Dim. frec. de «estampa» (trozo de cartulina con una imagen).

V. «timo de la estampita».

estancado, -a Participio adjetivo de «estancar[se]».

estancamiento m. Acción de estancar[se].

estancar **1** (no frec. en sentido material) tr. *Detener el curso de una ↘cosa: 'Estancar un asunto [o un expediente]'. ⇒ Desestancar. ⊙ prnl. *Detenerse el curso de una cosa material o inmaterial. Particularmente, formar el agua de una corriente un remanso o balsa. **2** tr. Convertir una ↘mercancía en *monopolio del Estado o de una persona o entidad. ⇒ Saca.

estancia (de «estar») **1** f. Hecho de estar alguien en cierto sitio. ⊙ Tiempo que dura. ⇒ Estar. **2** *Cada día que estaba un enfermo en el *hospital.* **3** (Arg., Chi.) **Finca de campo, especialmente la dedicada a la ganadería.* **4** (Cuba, Ven.) *Casa de campo con huerta, próxima a la ciudad.* **5** *Habitación de una vivienda; se aplica solamente a las grandes y lujosas, por ejemplo de un palacio. ≃ Aposento, cámara. **6** (Méj.) *Sala de estar.* **7** Lit. *Estrofa formada por versos heptasílabos y endecasílabos en combinación variable, pero uniforme en todas las estrofas del poema, excepto en la última, que puede ser más breve. **8** Lit. Composición poética en estrofas de esa clase. ⇒ *Poesía.

estanciera (Arg.) f. **Furgoneta.*

estanciero **1** m. *Dueño o encargado de una estancia (finca).* **2** (ant.) *Especie de *mayoral, encargado de la vigilancia de los indios en las estancias.*

estanco, -a (de «estancar») **1** adj. Perfectamente cerrado; se emplea particularmente con referencia a los *barcos bien calafateados y que no hacen agua por las costuras, y en la expresión «compartimiento[s] estanco[s]», con que se designan las divisiones de un recinto que no tienen comunicación entre sí. ⊙ Se aplica también a cosas no materiales: 'No se puede dividir la ciencia en compartimientos estancos'. **2** m. Prohibición del curso libre de una mercancía, reservando su venta o explotación a alguien. ≃ *Monopolio. **3** Sitio donde se venden mercancías estancadas. ⊙ Ahora se aplica sólo a la tienda que vende específicamente tabaco, sellos y papel timbrado. **4** (ant.) **Detención.* **5** (ant.) **Depósito o archivo.* **6** *Estanque de agua.* **7** (Ec.) *Aguardentería.*

estándar (del ingl. «standard») **1** (pl. «estándar»)adj. Se aplica a lo que es conforme a un determinado modelo: 'Medidas estándar'. ≃ Standard. ⇒ *Norma. **2** (pl. «estándares») m. *Modelo, patrón. ≃ Standard.

estandarización o, menos frec., **estandardización** f. Acción de estandarizar.

estandarizado, -a o, menos frec., **estandardizado, -a** Participio adjetivo de «estandarizar [o estandardizar]».

estandarizar o, menos frec., **estandardizar** (de «estándar») tr. Ajustar ↘algo a un determinado *modelo; por ejmplo, una pieza a ciertas medidas establecidas. ≃ Normalizado. ⇒ *Norma.

estandarol (ant.) m. Mar. *Estanterol.*

estandarte (del fr. ant. «estandart») m. *Insignia de una corporación civil, militar o religiosa, consistente en un trozo de tela aproximadamente cuadrado con un escudo u otro distintivo, colocado en una barra y pendiente por ella de un asta. ⇒ Confalón, gonfalón, guión, jirón, lábaro, oriflama, pendón, pendoneta. ➤ Portaestandarte, portaguión. ➤ *Bandera. *Insignia. ⊙ Se usa con frecuencia en sentido figurado.

Estandarte real. El que se izaba en los *barcos en que viaja una persona real.

estandorio (del lat. «statorĭum», que está derecho, con la «n» de «stans, -antis»; Ast.) m. *Cada una de las estacas fijadas a los lados del carro para sostener la carga.* ≃ Estadojo, estadoño.

estangurria **1** f. Med. **Estranguria.* **2** *Canuto o vejiga destinada a recoger las gotas de *orina del que padece esta enfermedad.*

estannífero, -a (del lat. «stannum», estaño y «-fero») adj. *Se aplica al *mineral que contiene estaño.*

estanque (de «estancar») **1** m. Deposito artificial de agua, particularmente el construido como adorno en parques o jardines. ⊙ También el construido como depósito para algún líquido; por ejemplo, en los lagares y molinos de aceite. **2** (P. Rico, R. Dom.) *Cisterna: depósito de agua del retrete.*

Estanque de bencina (Chi.). *Depósito de *gasolina de un automóvil.*

estanqueidad f. Estanquidad.

□ Notas de uso

A pesar de ser un derivado anómalo a partir de «estanco», se usa con frecuencia en lugar de «estanquidad».

estanquero[1] m. *Hombre que cuida los estanques.*

estanquero[2]**, -a** n. Persona que tiene a su cargo un estanco.

estanquidad f. Cualidad de estanco (bien cerrado). ≃ Estanqueidad.

estanquillero, -a n. *Estanquero (el que está cargo de un estanco).*

estanquillo (dim. de «estanco») **1** m. *Estanco donde se venden géneros estancados.* **2** (Méj.) *Tenducho.* **3** (Ec.) **Taberna.*

estantal (de «estante») m. Constr. **Contrafuerte o *machón.*

estantalar tr. Constr. **Reforzar una ↘cosa con estantales.*

estante (del lat. «stans, -antis») **1** m. Tabla, o plancha de otro material, que se coloca horizontal, como pieza de un mueble o adosada a una pared, para colocar cosas encima. ⇒ Aleja, alzadero, anaquel, aparador, balda, entrepaño, estrada, leja, plúteo, poyata, repisa, rinconera, tabla, tapesco, vasar, velonera. ➤ Cajón. ➤ Cartela, *ménsula, palomilla. ➤ *Sostener. **2** (más frec. en Hispam.) *Estantería.* **3** Miner. *Repisa labrada en la pared en el frente de tra-*

*bajo de las *minas.* **4** *Cada uno de los pies derechos que sostienen la armadura del *batán en que juegan los mazos.* **5** *Cada uno de los pies derechos sobre que se apoya y gira el eje horizontal de un *torno.* **6** **Poste de madera incorruptible que, hincado en el suelo, sirve de soporte a la armazón de las *casas tropicales.* **7** (Mur.) *Hombre de los que llevan los pasos en las *procesiones de Semana Santa.* **8** (gralm. pl.) MAR. *Palo o madero colocado sobre las mesas de guarnición de los *barcos para atar en él los aparejos.* **9** adj. **Sujeto en un lugar.* **10** *Se aplica al *ganado, en especial lanar, que pasta siempre dentro del término jurisdiccional en que está amillarado.* **11** *Y al propietario de ese ganado.*

ESTANTE DE COCINA (Cuba). *Armario de cocina.*

estantería f. Mueble constituido por estantes: 'Una estantería para libros'. ⊙ *Conjunto de estantes.*

estanterol (de «estante»; ant.) m. MAR. *Madero que se colocaba en las *galeras a popa, sobre el cual se afirmaba el tendal.* ≃ Estandarol.

estantigua (del ant. «huest antigua», de «hostis antiquus», nombre dado al demonio por los Padres de la Iglesia) f. **Aparecido, procesión de fantasmas o *visión que causa pavor.* ⊙ En lenguaje corriente se usa sólo en sentido figurado: persona *alta, *delgada, *desgarbada y mal vestida. ⇒ *Facha, *mamarracho.

estantío, -a (de «estante») **1** adj. *Aplicado a una corriente, estancado o *pausado.* **2** *Apático o *perezoso.*

estanza (del it. «stanza») **1** (ant.) f. *Estancia: permanencia en un lugar.* **2** (ant.) *Permanencia de una cosa en su ser.* **3** *Estancia: *estrofa o composición *poética.*

estañador m. Hombre que se dedica a estañar y, particularmente, a remendar objetos de metal con estaño.

estañadura f. Acción de estañar. ⊙ *Soldadura o remiendo hecho con estaño.

estañar tr. Recubrir una ↘plancha con estaño. ⊙ *Soldar con estaño. ⇒ Desestañar[se].

estaño[1] (del lat. «stannum») m. *Metal, n.º atómico 50, que se funde con facilidad y resiste la intemperie sin oxidarse; se usa para recubrir planchas, para soldar objetos de metal, particularmente botes, y para remendarlos. Símb.: «Sn». ⇒ Otra forma de la raíz, «estann-»: 'estannífero'. ➤ Júpiter. ➤ Casiterita, ORO musivo. ➤ Hojalata, PAPEL de estaño, PAPEL de plata. ➤ Desestañar.

estaño[2] (del lat. «stagnum»; ant.) m. *Laguna.* ⇒ Restañar.

estaquero (de «estaca») **1** m. *Se aplica a los *agujeros destinados a colocar los palos en las escaleras, los varales de los carros, etc.* **2** CAZA. *Gamo o *ciervo de un año.*

estaquilla (dim. de «estaca») **1** f. Trozo pequeño de madera con punta, para *clavar o sujetar algo. ⊙ **Espiga de madera o caña con que se aseguraban los tacones del *calzado.* **2** *Clavo de forma piramidal, sin cabeza.

estaquillador m. **Lezna gruesa para hacer en los zapatos los agujeros para las estaquillas.*

estaquillar **1** tr. *Sujetar el ↘tacón con estaquillas.* **2** *Hacer una plantación de estacas.*

estar (del lat. «stare») **1** atrib. Su función es la de atribuir al sujeto una manera circunstancial de existir, bien con un adverbio de modo o un gerundio, bien con un atributo: 'Están todos bien. El negocio está en marcha. La vela está ardiendo. Las uvas están verdes'. ⊙ Se emplea también con participios. ⊙ Por ejemplo, de verbos que expresan decisión: 'Esta decidido que nos vamos el jueves'. ⊙ También con el del verbo «ver»: 'Está visto que no escarmentarán nunca'. ⊙ prnl. Con «callado» o «quieto» se emplea con frecuencia en imperativo: '¡Estaos quietos!'. **2** (con un complemento indirecto) atrib. Resultar para alguien una prenda de vestir de cierta manera: 'Este sombrero me está ancho. Este traje te está muy bien'. ≃ *Sentar, venir. **3** (ant.) *Se empleaba en ciertos casos en que ahora se emplea «ser».* **4** *Tocar o atañer.* **5** intr. *Existir en cierto lugar: 'Mi familia está en Madrid'. ⊙ («a, en») Pasar por cierto momento: 'Estamos en verano. Estamos a 25 de agosto'. Se pregunta «¿a cuántos estamos?, ¿en qué mes estamos?». Puede emplearse en forma absoluta: 'Ya estamos todos'. **6** (inf.; «con») Vivir con cierta persona, trabajar con ella, estar a sus órdenes, etc. ⊙ (inf.; «con») Mantener relaciones amorosas con alguien. **7** prnl. Estar en un sitio temporalmente, inactivo, esperando, o durante un tiempo que se considera largo o perdido: 'Te puedes estar con nosotros unos días. Ahí se estuvo mientras nosotros hablábamos. Es capaz de estarse como un pasmarote sin hacer nada'. ≃ *Permanecer, quedarse. **8** aux. Forma perífrasis durativas de otros verbos, uniéndose al gerundio de éstos: 'Está escribiendo una novela'.

V. «¡BIEN está...!» o «¡está BIEN...!, ¡estamos [pues sí que estamos] BIEN!, estar BIEN, no estar BIEN, estar [o estaría] BUENO, estar en lo CIERTO».

COMO ESTAMOS AQUÍ TÚ [USTED, etc.] Y YO. Frase informal con que se *confirma la certeza de algo.

V. «estar al CORRIENTE, CUARTO de estar».

DEJAR ESTAR una cosa o a alguien (gralm. en imperat.). No tocar o manosear la cosa de que se trata: 'Deja estar ese reloj'. ≃ *Dejar. ⊙ No ocuparse o preocuparse de la cosa o persona de que se trata: 'Si dejas estar ese asunto, te evitarás quebraderos de cabeza. Deja estar al chico y no estés siempre sobre él'. ⇒ *Desentenderse, dejar *TRANQUILO.

V. «estar bien EMPLEADO, estar ESCRITO».

¿ESTAMOS [ESTÁS, ESTÁIS, etc.]? **1** Expresiones enfáticas equivalentes a «¿lo entiendes?» o «¿te enteras?», con las que se apoya o da energía a algo que se dice u ordena: 'A las ocho en punto estaréis en casa. ¿Estamos?' **2** *Muletilla con que uno que está hablando atrae la atención de los que escuchan y pide su asentimiento.

ESTAR A... **1** Estar en espera de cierta cosa, o *preparado o dispuesto para darla, aceptarla, etc.: 'Estar a cuentas [a lo que venga, a lo que salga, a lo que resulte]. Estoy a lo que vosotros decidáis. Estar a todo'. **2** Estar con la *atención o con cierto sentido dispuesto para enterarse o percibir lo que pase: 'Estar al acecho [a la mira, a la vista, a la escucha]'. **3** Estar en el *día del mes que se expresa a continuación: 'Estamos a 14 de agosto'. Para preguntar se dice: '¿A cuántos estamos?'. **4** Tener una cosa el *precio o cotización que se expresa: 'Las patatas están a doscientas pesetas. Las acciones están a cuatrocientos diez'. **5** Seguido del número de grados, expresa la *temperatura. El sujeto puede ser el termómetro, el lugar o las personas que están en él: 'El termómetro está a 0º. Mi casa está a 20º. En Sevilla están a 40º'. **6** Sirve también para expresar la *longitud o *latitud de un lugar: 'Está a 35º de latitud norte y 60º de longitud oeste'.

ESTAR AL... Con un infinitivo, ser *inminente la acción expresa por éste: 'Están al llegar'. ≃ Estar para, estar a PUNTO de.

ESTAR BIEN [o MAL] DE cierta cosa. *Tenerla en cantidad suficiente [o estar escaso de ella].

ESTAR CON cierta persona. Estar de *acuerdo con ella: 'Estoy en todo con usted'.

ESTAR DE... **1** Estar ocupado con cierta cosa o haciendo cierta cosa: 'Estamos de mudanza [de preparativos de viaje, de obra]. Estar de charla [de veraneo, de viaje]'. Equivale a una oración con el gerundio correspondiente al nombre que sigue a «de»: 'Estamos mudándonos [o preparando el viaje, etc.]'. **2** Estar inclinado a cierta cosa o en cierta actitud o situación accidentales: 'Estar de broma [o de mal humor]'. ⇒ Estar de BUENAS [o de MALAS], estar de que NO [o de que sí]. **3** Desempeñar el *empleo que se expresa: 'Está de portero en un hotel'.

ESTAR EN... **1** *Consistir en...: 'El problema está en la fecha. Todo está en que yo pueda venir para entonces'. **2** Estar conforme en una cosa o tener la *intención de hacerla: 'Él está en venir en cuanto pueda'. **3** *Creer: 'Yo estoy en que él no se enteró de lo que pasaba'. **4** Por influencia del francés se usa con el significado de «ser conforme a»: 'Está en la tendencia de la moda'.

ESTAR una cosa EN cierta cantidad (inf.). **Costar o haber costado esa cantidad contando todos los gastos:* 'Este abrigo me está [o me estuvo la broma] en dos mil pesetas'.

ESTAR PARA... **1** Ser *inminente que el sujeto haga lo que expresa el verbo que sigue: 'Mi hermano está para llegar de un momento a otro'. ≃ Estar a PUNTO de, Estar al. **2** En frases negativas por la forma o por el sentido, estar en condiciones de hacer cierta cosa que se expresa por un nombre en plural: 'No estamos para gastos. Estoy para pocas fiestas. Está para pocos ajetreos'. ⇒ *Inoportuno.

ESTAR POR. **1** Estar algo en espera de que se haga con ello lo que expresa el verbo que sigue: 'La historia de la guerra está por escribir'. **2** Estar tentado de hacer lo que expresa el verbo que sigue: 'Estoy por irme contigo'. **3** Ser *partidario de algo o de alguien o tener inclinación o admiración por alguien que se nombra a continuación: 'Yo estoy por el mar con preferencia a la montaña. Yo estoy por las cenas ligeras. Donde él está, todos están por él'. ⇒ *Preferir. ⊙ (inf.) Particularmente, tener inclinación amorosa hacia alguien: '¿Tú crees que está por ella?'.

ESTAR QUE. Se antepone, en frases ponderativas o de sentido figurado, a un verbo que expresa una acción, actitud o estado generalmente violento: 'Está que bota [que trina, que bufa, que muerde, que estalla de satisfacción]. Estoy que me caigo [o que no puedo tenerme]'. Puede también decirse de cosas: 'La cuestión está que arde'.

ESTAR SOBRE algo. *Vigilarlo o preocuparse de ello.

ESTAR SOBRE alguien. *Vigilarle, acuciarle o corregirle insistentemente en el trabajo que realiza.

ESTAR alguien SOBRE SÍ. **1** Tener *serenidad. ≃ Tener DOMINIO de sí mismo. **2** *Contenerse y no dejar traslucir sus impresiones o emociones.

ESTAR TRAS DE cierta cosa. *Desearla y esforzarse por conseguirla.

ESTARLE BIEN cierta cosa a alguien (inf.). Ser merecida o consecuencia justa de una falta o error cometidos por la persona de que se trata.

NO ESTÁ. Frase muy corriente con que, sin necesidad de otra palabra, se expresa la ausencia o *falta de cierta cosa que se esperaba encontrar en un sitio: 'Tráeme las tijeras de la canastilla de los hilos. —No están'.

V. «estar en POCO, estar a la que SALTA, estar en TODO, están VERDES, estar en VOZ».

□ NOTAS DE USO

DIFERENCIAS ENTRE «ESTAR» Y «SER»

La regla general, basada en la clase de atribución realizada por el verbo, es ésta: «ser» atribuye al sujeto una cualidad o una manera de ser que le corresponden por su naturaleza; «estar» le atribuye un estado pasajero: diremos «el cielo es azul» si nos referimos a su color natural y «el cielo está azul» si queremos decir que en el momento en que hablamos no hay nubes; «este hombre es alto», porque figura en la clase de los hombres altos, y «este niño está alto para su edad», porque se trata de una situación circunstancial. Diremos «el vidrio es duro, esa chica es rubia, los niños son inconstantes». Y, en cambio, «las uvas están verdes, el tiempo está inseguro, la vida está cara». En resumen, con «estar» se expresa la «situación» o estado pasajero.

Existen algunas reglas que son consecuencia de la general, las cuales, por referirse a la forma de la expresión, son de aplicación fácil; son las siguientes:

1.ª Cuando el atributo es un nombre, un pronombre o un adjetivo o participio convertido en nombre por la aplicación de un artículo, el verbo usado es «ser»: 'Mi hermano es médico. Mi consejero es él. Eres un gandul. Él es el perjudicado'.

2.ª Con un adverbio o una expresión adverbial suele usarse «estar»: 'Yo estoy bien. El padre y el hijo están en perfecta armonía'.

3.ª Con posesivos, indefinidos y numerales se emplea «ser»: 'Mi hermana es ésta. Este dinero es mucho. Los que se quedaron fueron siete'.

4.ª Con un gerundio se emplea «estar»: 'El niño está durmiendo. Mi padre está trabajando'.

5.ª Los participios se usan con «ser» para formar la pasiva de los verbos: 'Ha sido descubierto el autor del robo. No es esperado hasta el martes'. No deben, sin embargo, tomarse como necesariamente propias de una oración pasiva las expresiones constituidas por un participio y un complemento suyo con «por» que expresa el autor de la acción que ha producido tal estado; si el sentido que se quiere dar a la oración es que la acción ha producido el estado, que es lo que realmente interesa expresar, y, por tanto, anterior a él, la oración se construye con «estar»: 'El abrigo está agujereado por la polilla' (está agujereado ahora, pero fue agujereado antes); ésta es una oración atributiva y el atributo es la expresión completa «agujereado por la polilla», ya que «agujereado» no se puede considerar como unido a «estar» formando un verbo compuesto, porque el tiempo de este verbo sería forzosamente el de «estar», lo cual está en oposición con el significado atribuido a la oración; si el tiempo único que juega en la oración es el de la acción a que se refiere el participio, se trata de una oración pasiva y se construye con «ser»: 'El abrigo fue [o ha sido] agujereado por la polilla'. Una prueba sencilla del carácter atributivo de la oración con «estar» es que este verbo puede ser sustituido por otro apto para desempeñar función atributiva: 'El abrigo aparece [se encuentra, lo hemos encontrado] agujereado por la polilla'.

6.ª En frases no pasivas el participio va casi siempre con «estar»: 'Yo estoy cansada. El libro estaba abierto. Las tiendas están cerradas a esa hora'.

Ahora bien: cuando el atributo está constituido por un adjetivo, o un participio que hace papel de adjetivo (esto es, que se aplica al nombre sin necesidad de que sobre éste se haya ejercido la acción expresada por el verbo correspondiente), el verbo aplicable es unas veces «ser» y otras «estar», según la naturaleza de la atribución, y para aplicar uno u otro de ambos verbos no hay otro remedio que recurrir a la norma general dada al principio, que se refiere a esa naturaleza.

De las excepciones a la norma general, siempre justificables por algún matiz del significado no siempre expresable en forma de regla, se dejan para el artículo «ser» las que son a favor de este verbo y se anotan a continuación algunas en que «estar» sustituye a «ser» en casos que, a primera vista, parece habían de resolverse con este último verbo: 1.º Se emplea «estar» cuando, aun tratándose de una cualidad permanente en las cosas a que se atribuye, la apreciación de ella es momentánea u ocasional, y el verbo podría ser también «resultar, aparecer» u otro semejante: 'Los dos documentos están acordes'. 2.º Cuando el estado atribuido es por naturaleza accidental, aunque sea permanente en el sujeto de que se trata: 'Está enfermo desde niño'.

Son muchos los casos en que la frase puede construirse con uno u otro de ambos verbos, según que la intención del hablante sea incluir la cosa en cuestión en cierta clase o categoría dentro de su especie, o no sea ésta su intención: 'Este chico es [o está] muy alto. En aquella ocasión no fuiste [o estuviste] prudente. Juan es [o está] diabético. Su hermano es [o está] casado. Mi coche es [o está] nuevo'; según que el hablante tenga en su mente que el chico es de los chicos altos, su interlocutor pertenece a la clase de las personas prudentes, Juan es una persona diabética o su coche pertenece a la categoría de los nuevos, o que piense solamente en un estado accidental de esas cosas.

Ciertos casos de adjetivos que pueden suscitar duda, no fácilmente reducibles a una regla, se aclaran en los artículos correspondientes a esos adjetivos; por ejemplo, en el caso de «clarividente, desleal, feliz», que se pueden construir con «ser» aunque se apliquen a un comportamiento o actitud ocasionales. Igualmente se anota en los artículos correspondientes cuando el uso de uno u otro verbo da significado distinto a la frase: «estar bueno» y «ser bueno», «estar viejo» y «ser viejo».

Como es fácil de comprender, cuando «ser» o «estar» tienen un significado que excede del de mera cópula, el uso de uno u otro depende de cuál de ellos tiene entre sus acepciones aquella de que se trata; se dirá 'la fiesta fue a beneficio de la Cruz Roja' porque «ser» tiene entre sus significados el de «celebrarse». Y 'la habilidad está en tirarlos todos de una vez' porque «estar» tiene entre los suyos el de «consistir».

«ESTAR» CON GERUNDIO

Cuando el verbo principal (el gerundio) está en forma pronominal, puede el pronombre pasar al verbo «estar»: 'Está muriéndose' o 'se está muriendo. Ha estado arreglándose' o 'se ha estado arreglando'. Si bien esta licencia, muy usada en lenguaje hablado, tiende a usarse cada vez menos en el escrito.

No hay inconveniente en usar el verbo «estar» también en gerundio: 'Estando comiendo empezó a llover'.

A veces, en lenguaje informal, se emplea la construcción «estar» más gerundio con verbos de acción instantánea para expresar la inminencia de la acción: 'Está llegando el tren'.

□ CATÁLOGO

Afijos de estado, «-a»: 'duda'; «-anza»: 'holganza'; «-ción»: 'inanición'; «-e»: 'insomne'; «-eo»: 'mareo'; «-ía»: 'alegría'; «-itud»: 'beatitud'. ➤ Alzarse, andar por, aparecer, caer por, campear, ser COGIDO, *colgar, contarse, *continuar, distar, dominar, elevarse, encontrarse, entrar, erguirse, existir, *figurar entre, *habitar, hacer, hallarse, ir por, levantarse, obrar, formar PARTE, *permanecer, preceder, quedar, radicar, residir, *rodear, seguir, sentirse, verse, vivir, yacer. ➤ Ir [o pasarlo] BIEN [o MAL], lucir buen [o mal] PELO, lucir el PELO. ➤ Asiento, emplazamiento, estación, paradero, posición, positura, residencia, *situación. ➤ *Circunstancia, condición, disposición, MANERA de estar, *modo, statu quo. ➤ *Aspecto. ➤ Como. ➤ Avatar, *cambio, estadio, estado, estamiento, etapa, fase, *grado, *momento, nivel, periodo, positura, punto, sazón, situación. ➤ Asiento, estación, estada, estadía, estancia, estanza, jornada, permanencia, permansión. ➤ Faltar. ➤ Transición.

□ CONJUG. IRREG. IND. PRES.: estoy, estás, está, estamos, estáis, están; PRET. INDEF.: estuve, estuviste, estuvo, estuvimos, estuvisteis, estuvieron; SUBJ. PRES.: esté, estés, esté, estemos, estéis, estén; PRET. IMPERF.: estuviera,-se, estuvieras,-ses, estuviera,-se, estuviéramos,-semos, estuvierais,-seis, estuvieran,-sen; FUT. IMPERF.: estuviere, estuvieres, estuviere, estuviéremos, estuviereis, estuvieren; IMPERAT.: está, esté, estad, estén.

estarcido m. Dibujo hecho estarciendo.

estarcir (del lat. «extergĕre», limpiar) tr. *Dibujar ↘letras, números u otras cosas pasando una brocha sobre una chapa en que están previamente recortados, aplicada al papel o sitio en que se quieren dibujar. ⇒ Picar el DIBUJO.

estarna (del it. «starna», perdiz gris) f. **PERDIZ pardilla*.

estasis (del gr. «stásis», detención) **1** f. MED. **Detención de la circulación *sanguínea en alguna parte del cuerpo.* **2** MED. **Detención del contenido intestinal en alguna parte del intestino, por obstrucción o por debilidad de los movimientos.*

estatal (del lat. «status», estado) adj. Del Estado.

estatalizar tr. Hacer pasar a la administración del Estado ↘servicios, industrias, etc., que están en manos privadas. ≃ Estatificar, nacionalizar.

estatera (del lat. «statēra»; ant.) f. **Balanza*.

estática (del gr. «statikḗ epistḗmē») f. FÍS. Parte de la *mecánica que trata de las fuerzas en equilibrio.

ESTÁTICA GRÁFICA. Conjunto de métodos gráficos para resolver problemas de *mecánica estática.

estático, -a (del gr. «statikós») **1** adj. FÍS. De la estática. **2** En equilibrio. **3** Sin cambio o movimiento. ⇒ *Quieto. **4** Que está y, particularmente, que mira, paralizado por el asombro, la *admiración, etc. ⇒ *Éxtasis.

estatificar tr. Estatalizar.

estatismo[1] m. Supremacía del Estado. ⊙ Exageración de su intervención en las actividades del país.

estatismo[2] m. Cualidad de estático.

estatocisto (del gr. «statós», estacionario, y «kýstis», vejiga) m. ZOOL. *Órgano de los *animales inferiores, consistente en pequeñas vesículas que contienen concreciones calcáreas, que sirve al sentido del *equilibrio.*

estatua (del lat. «statŭa») f. Obra de *escultura. ⊙ Particularmente, representación de una figura humana o de animal completa. ⊙ Por ejemplo, las que se colocan como decoración en las calles o plazas.

ESTATUA YACENTE. La que representa una persona acostada; como las de los sepulcros.

DE ESTATUA. Se dice del *dibujo hecho copiando de una estatua.

HACER LA ESTATUA (inf.). DEP. En *fútbol, encajar el portero un gol sin moverse ni hacer el gesto para detener el balón.

estatuar tr. *Adornar un ↘lugar con estatuas.*

estatuaria **1** f. *Escultura de estatuas. **2** (ant.) *Estatutario.*

estatuario, -a **1** adj. De [la, las] estatua[s]. **2** Propio, por su *belleza o perfección, de una estatua. **3** *Semejante a una estatua por su falta de expresión o de vida.* ⇒ *Inexpresivo.

V. «MÁRMOL estatuario».

estatúder (del neerl. «stadhouder»; de «stad», lugar, y «houder», teniente) m. *Magistrado supremo de la antigua república de los Países Bajos. ⇒ *Soberano.

estatuderato m. Cargo o dignidad de estatúder.

estatuilla f. Dim. frec. de «estatua».

estatuir (del lat. «statuĕre»; form.) tr. *Disponer, particularmente una ley, ↘lo que se debe hacer.

□ CONJUG. como «huir».

estatura (del lat. «statūra») f. *Altura de una persona.

estatus m. Forma castellanizada frecuente de «status».

estatutario, -a adj. De [o del] estatuto o de [los] estatutos.

estatuto (del lat. «statūtum») **1** (gralm. pl.) m. Conjunto de normas que regulan el funcionamiento de una entidad. Alterna esta denominación con la de «*reglamento» en la designación particular del de cada una. **2** Conjunto de leyes que regulan el régimen de *autonomía de una región. **3** *Cualquier *disposición que determina una obligación.*

estaxis f. MED. **Hemorragia.*

estay (del fr. ant. «estay»; pl. «estayes») m. MAR. *Cabo que sujeta un mástil para impedir que éste caiga sobre popa. ≃ Burda, obenque, traversa.

este[1] (del anglosajón «ēast») **1** m. Sector, de los cuatro en que se divide primeramente el horizonte, por donde sale el Sol. Abrev.: «E». ⊙ Parte de una región, país, etc., que está más próxima al sitio por donde sale el Sol: 'El este de Europa'. ⇒ Lest, leste, levante, naciente, oriente, saliente. ➤ Jarquía. ⊙ Se aplica en aposición a «viento, sector, zona» o palabras equivalentes: 'El sector este'. **2** *Viento este. ⇒ Euro, lest, leste, levante, oriente, rabiazorras, solano, subsolano.

AL ESTE. Con referencia a un lugar, en dirección desde él hacia el este, o más al este que él.

este[2], **-a, -o** (del lat. «iste, -a, -ud»; pl. de «este», «estos»; como pron., a excepción de «esto», puede llevar tilde en la primera vocal) **1** adj. y pron. dem. Se aplica a una cosa próxima al que habla, o a algo que se acaba de decir: 'Este país. Esta semana. Estas consideraciones'. ⊙ Se pospone al nombre en expresiones matizadas con cierto énfasis, frecuentemente de *enfado o *desprecio hacia la cosa o persona nombrada: '¡Vaya con el niño este!'. ⊙ Se aplica al año, mes o semana *corrientes: 'Se casan este año'. ⇒ Aqueste, deste, destotro, ende, estotro. **2** En lenguaje informal o tosco, para designar a una persona presente: 'Éste me está pisando para que no te lo diga'. ⇒ Aquí. **3** «Ésta» se emplea en las cartas comerciales para referirse a la población en donde está el que escribe: 'Estaré en ésta hasta fin de mes'. ⇒ Ésa.

A TODO ESTO [o, menos frec., A TODAS ÉSTAS]. **1** Expresión con que se pone énfasis en el hecho de que *todavía no se haya realizado algo que se dice a continuación: 'Y a todas éstas, todavía no he cobrado un céntimo'. **2** Es también una expresión de ponderación con que se introduce en una narración una circunstancia que hace más extraño, emocionante, etc., lo que se está refiriendo: 'Y, a todo esto, el más interesado en ello era él'. ⇒ *Además.

EN ESTO. Expresión que se emplea en las narraciones, significando «entonces, al llegar a este punto»: 'Estábamos tranquilamente bañándonos y en esto apareció un cocodrilo'.

V. «esto ES».

ESTO, LO OTRO Y [u O] LO DE MÁS ALLÁ [o QUE SI ESTO, QUE SI LO OTRO...]. Expresión con que se alude a distintas cosas que el que habla no especifica: 'Me contó que le habían hecho esto, lo otro y lo de más allá. Se excusa siempre con que si esto, que si lo otro, que si lo de más allá'. ⇒ *EXPRESIÓN indeterminada.

¡POR ÉSTA[s]! Expresión de juramento, generalmente acompañada de amenaza, que se dice haciendo la señal de la cruz con los dedos pulgar e índice. ⇒ *Amenazar. *Jurar.

esteárico, -a f. BIOQUÍM. *De [la] estearina.*

estearina (del gr. «stéar», sebo, e «-ina») **1** f. BIOQUÍM. *Uno de los principios existentes en las grasas.* **2** Mezcla de ácido esteárico y palmítico que se emplea para hacer *velas.

esteatita (del gr. «stéar, stéatos», sebo, grasa) f. *Mineral muy blando, variedad basta de talco, de tacto grasiento, que con el nombre de «jabón de sastre» o «jaboncillo» emplean los sastres y modistas para hacer señales en las telas. También se emplea como *aislante eléctrico.

esteba[1] (de «estibar») f. *Pértiga utilizada en las embarcaciones para apretar las sacas de lana unas contra otras.*

esteba[2] (del lat. «stoebe», del gr. «stoibḗ»; colectivo; *Glyceria fluitans*) f. *Planta gramínea que crece en sitios húmedos.

estebar m. *Sitio abundante en esteba.*

estefanote (de *Stephanotis floribunda*) m. *Planta asclepiadácea de jardín, de hermosas flores blancas.

estegomía (del gr. «stégō», cubrir, y «myîa», mosca; varias especies del género *Aedes*) f. *Mosquito transmisor del espiroqueto que produce la fiebre amarilla.

estela[1] (del lat. «stela») f. Monumento conmemorativo que se coloca sobre el suelo, constituido generalmente por una piedra en forma de lápida, prisma o columna.

estela[2] (del lat. «aestuarĭa», pl. neutro de «stuarĭum», agitación del agua) **1** f. *Huella o rastro visible que deja en la superficie del agua una embarcación o cualquier otro objeto en movimiento. ≃ Carrero. **2** Por extensión, rastro de *luz que deja un cuerpo luminoso moviéndose en el espacio. ⊙ También, cualquier rastro, por ejemplo de humo, que deja tras de sí un cuerpo que se mueve. ⊙ Rastro que deja cualquier cosa que pasa u ocurre: 'Por donde él pasa deja una estela de descontento. La guerra ha dejado una estela de desconcierto'. ⇒ *Consecuencia.

estelado, -a adj. V. «CARDO estelado».

estelar (del lat. «stellāris») **1** adj. De [las] estrellas. **2** De mayor categoría o importancia: 'Llegó el momento estelar del festival'. ⇒ *Importar.

estelaria (del it. «stellaria», de «stella», estrella, por la forma de sus flores) f. *PIE de león (planta rosácea).

estelífero, -a (del lat. «stellĭfer», que lleva estrellas; lit.) adj. *Estrellado.*

esteliforme adj. *De *forma de estela.*

estelión (del lat. «stellĭo, -ōnis») **1** m. *Salamanquesa (*reptil).* **2** (ant.) *Piedra que se decía se hallaba en la cabeza de los sapos y tenía virtud contra el veneno.* ≃ Estelón. ⇒ *Antídoto.

estelionato (del lat. «stellionātus») m. DER. *Encubrimiento, al vender una finca, de una carga que la afecta.*

estelón (ant.) m. *Estelión (piedra).*

estema[1] (del lat. «stemma», del gr. «stémma») m. **Árbol genealógico.*

estema[2] (del lat. «stigma»; Ar.; ant.) m. **Castigo de mutilación.*

estemar (del lat. «stigmāre») tr. *Aplicar a ˜alguien pena de mutilación.*

estemple (del al. «stempel») m. MINER. **Ademe (madero de entibar).*

esteno- Elemento prefijo del gr. «stenós», estrecho.

estenocardia (de «esteno-» y «-cardia») f. MED. *ANGINA de pecho.

estenografía (de «esteno-» y «-grafía») f. Escritura rápida mediante la utilización de ciertos signos especiales. Es de uso menos frecuente que su sinónimo «*taquigrafía».

estenografiar tr. Escribir con estenografía una ˜cosa.

estenográfico, -a adj. Escrito con estenografía.

estenógrafo, -a n. Persona que se dedica a escribir con estenografía.

estenordeste o **estenoreste** **1** m. Punto o zona del *horizonte situado entre el este y el nordeste. **2** *Viento que llega de esa parte.

estenosis (del gr. «sténōsis») f. MED. *Estrechez.*

estenotipia (de «esteno-» y «-tipia») **1** f. Estenografía a máquina. **2** Máquina para estenografiar.

estenotipista n. Persona que escribe con estenografía a máquina.

estentóreo, -a (del lat. «stentorĕus», de «Stentor», héroe de la Iliada de voz potentísima) adj. Se aplica a la *voz, *grito o *sonido muy potente emitido por una persona o un animal.

estepa[1] (del hispanolat. «stippa»; *Cistus albidus* y otras especies del mismo género) f. *Planta resinosa de la familia de las cistáceas, de 12 a 15 dm de altura, con ramas leñosas y erguidas, hojas de color verde oscuro por el haz y blanquecinas por el envés y flores de corola grande y blanca, en ramos terminales; se emplea como *leña. ≃ Estepilla, JARA blanca.

V. «JARA estepa».

estepa[2] (del fr. «steppe») f. Llanura extensa sin vegetación arbórea. ⇒ Pampa, tundra. ➤ *Desierto.

estepario, -a adj. De [la] estepa.

estepeño, -a adj. y, aplicado a personas, también n. *De Estepa, población de la provincia de Sevilla.* ⇒ Ostipense.

estepero, -a **1** adj. *Abundante en estepas.* **2** m. *Sitio donde se crían.* **3** *Sitio en donde se amontonan en las casas para usarlas como leña.*

estepilla (dim. de «estepa[1]») f. **Estepa (planta cistácea).*

éster (del al. «ester») m. QUÍM. Compuesto que resulta de sustituir en cualquier ácido orgánico o inorgánico algún átomo de hidrógeno por radicales alcohólicos.

estera (del ant. «estuera», del lat. «storĕa») f. Tejido grueso de esparto u otra materia basta semejante, con que se cubre el suelo. ⇒ Arrimadillo, baleo, bayón, esterilla, estora, felpudo, limpiabarros, pajote, peludo, petate, redor, ruedo, tripe. ➤ Ramplús. ➤ Desesterar. ➤ *Alfombra.

esteral (Arg.) m. *Estero (terreno pantanoso).*

esterar **1** tr. Recubrir de esteras el ˘suelo de una habitación. **2** (hum.; reflex.) *Vestirse de invierno.*

estercar tr. *Estercolar.*

estercoladura f. *Acción de estercolar.* ≃ Estercolamiento, estercuelo.

estercolamiento m. *Estercoladura.*

estercolar (del lat. «stercorāre») tr. *Abonar las ˘tierras con estiércol.

estercolero **1** m. Lugar donde se amontona estiércol. ⇒ *Estiércol. **2** (n. calif. o en comparaciones) Sitio muy *sucio. **3** También, sitio donde ocurren cosas *inmorales o vergonzosas. **4** *Mozo que tiene a su cargo sacar el estiércol de las cuadras, etc.*

estercolizo, -a adj. *Semejante al estiércol o de sus cualidades.*

estercóreo, -a (del lat. «stercorĕus») adj. *De [los] *excrementos.*

estercuelo m. *Estercoladura.*

esterculiáceo, -a (de «Sterculia», género de plantas) adj. y n. f. BOT. *Se aplica a las *plantas de la familia a que pertenece el cacao, que son principalmente árboles y arbustos, generalmente tropicales, algunos de gran importancia económica y otros de valor ornamental.* ⊙ f. pl. BOT. *Familia que forman.*

estéreo[1] (del gr. «stereós», sólido) m. *Unidad de medida de *leñas equivalente a 1 m³.*

estéreo[2] adj. y n. Apóc. de «estereofonía» o «estereofónico»: 'Grabación en estéreo. Equipo musical estéreo'.

estereo- Elemento prefijo del gr. «stereós», duro, sólido: 'estereotomía'.

estereofonía (de «estereo[2]» y «-fonía») f. Técnica que permite grabar y reproducir los sonidos, conservando la sensación de relieve y perspectiva acústicos.

estereofónico, -a adj. Se aplica al aparato dotado de un sistema de estereofonía o al sonido grabado o reproducido mediante dicho sistema.

estereografía (de «estereo-» y «-grafía») f. DIB. *Representación de los cuerpos en un plano.* ⇒ *Dibujo, *perspectiva.

estereográfico, -a adj. DIB. *De [la] estereografía.*

estereometría (de «estereo-» y «metría») f. *Parte de la *geometría que trata de la medida de los cuerpos.*

estereoscópico, -a adj. ÓPT. De [o del] estereoscopio.

estereoscopio (de «estereo-» y «-scopio») m. ÓPT. Instrumento con el cual se observan, cada una con un ojo, dos imágenes planas de un mismo objeto, las cuales, al superponerse por la visión binocular, dan la imagen en relieve del mismo. ⇒ Verascopio.

estereotipa (ant.) f. *Estereotipia.*

estereotipado, -a **1** Participio de «estereotipar». **2** adj. AGRÁF. Hecho con estereotipia. **3** LING. Se aplica a la expresión pluriverbal que tiene una forma fija con la cual se inserta en el lenguaje sin formarla reflexivamente para cada caso. ⇒ Modismo. **4** Se aplica al *gesto, expresión, actitud, etc., que se adoptan formulariamente y no son expresión de un sentimiento efectivo: 'Una sonrisa [o una amabilidad] estereotipada'.

estereotipar **1** tr. AGRÁF. *Fundir en una plancha de una sola pieza la composición hecha con tipos móviles.* **2** AGRÁF. *Imprimir un texto con esas planchas.* **3** Hacer que un ˘*gesto, expresión, actitud, etc., sean formularios y no expresen sentimientos reales.

estereotipia (de «estereo-» y el gr. «typía») f. AGRÁF. Máquina de imprimir en que se utiliza para cada página una plancha de una pieza, obtenida por vaciado de la hecha con caracteres movibles. ⊙ AGRÁF. Taller donde se imprime con ella. ⊙ AGRÁF. Arte de imprimir con ella.

estereotipo **1** m. AGRÁF. Plancha utilizada en estereotipia. **2** Modelo o idea simplificada y comúnmente admitida de algo.

estereotomía (de «estereo-» y «-tomía») f. *Arte de cortar piedras y maderas.* ≃ Montea.

estereria f. Sitio donde se hacen o, particularmente, se venden esteras.

esterero, -a n. Persona que hace, vende o, particularmente, coloca esteras.

estéril (del lat. «sterĭlis») **1** adj. Se aplica a lo que no da fruto. ⊙ A lo que no produce nada. ⊙ Al animal que no es apto para reproducirse. ⇒ Árido, baldío, estil, frío, impotente, improductivo, inerte, infecundo, infértil, infructífero, machío. ➤ Machorra, mañera. ➤ Esterilidad, infertilidad. ➤ Amacharse, amachorrarse, amular[se], capar, *castrar, emascular, esterilizar. ➤ Vasectomía. ➤ Agenesia. **2** Libre de *gérmenes patógenos. ≃ Aséptico.

esterilidad **1** f. Cualidad o estado de estéril. **2** Ausencia de gérmenes. ≃ Asepsia.

esterilización f. Acción de esterilizar.

esterilizado, -a Participio adjetivo de «esterilizar»: 'Leche esterilizada'.

esterilizador, -a adj. Que esteriliza. ⊙ m. Aparato que sirve para esterilizar.

esterilizar tr. Hacer estéril ↘algo o a alguien. ⊙ Particularmente, «*desinfectar»: librar una ↘cosa de gérmenes; por ejemplo, los útiles empleados en una operación quirúrgica.

esterilla (dim. de «estera») **1** f. Estera pequeña u objeto semejante a una estera pequeña empleado para otros usos. **2** *Tela en que los hilos son gruesos y quedan muy separados; es buena, por ejemplo, para hacer en ella bordados a punto de cruz. ⊙ (Hispam.) **Cañamazo.* **3** (Arg.) *Rejilla de los *asientos, etc.* **4** (Sal.) *Encella o molde para *quesos, de esparto.* **5** **Galón o *trencilla de hilo de oro o plata, generalmente estrecho.*

esterlín m. *Bocací (cierta tela de hilo).

esterlina (del ingl. «sterling») adj. V. «LIBRA esterlina».

esternocleidomastoideo m. ANAT. Músculo del cuello que permite girar y flexionar lateralmente la cabeza.

esternón (del fr. ant. «sternon», del gr. «stérnon») m. ANAT. Hueso plano situado en la parte anterior del cuerpo, con el que se articulan las costillas. ⇒ Paletilla, quilla.

estero[1] m. Operación de esterar. ⊙ *Temporada en que se realiza habitualmente.

estero[2] (del lat. «aestuarĭum») **1** m. Terreno inmediato a las orillas de una ría, por el que se extienden las aguas en las mareas. ≃ *Estuario. **2** (Arg.) *Terreno bajo pantanoso, intransitable, que suele llenarse de agua por la lluvia o por la filtración de un río o laguna cercana, y que abunda en plantas acuáticas.* **3** (Chi.) **Arroyo, riachuelo.* **4** (Ven.) *Charca.* ≃ Aguazal.

esteroide m. QUÍM. Compuesto orgánico complejo, que constituye la base de muchas hormonas, ácidos biliares, etc.

esterquero m. *Estercolero.*

esterquilinio (del lat. «sterquilinĭum») m. *Lugar donde hay acumuladas inmundicias o estiércol.*

estertor (del lat. «stertĕre», roncar) **1** m. *Respiración anhelosa que produce un sonido ronco o silbante y es propia de la agonía o del coma. ≃ Sarrillo. **2** MED. Ruido que produce el paso del aire por las vías respiratorias obstruidas por mucosidades.

estertoroso, -a 1 adj. *Como de estertor.* **2** *Se dice del que respira con estertor.*

estesiología (del gr. «aísthēsis», sensibilidad, y «-logía») f. *Parte de la anatomía que estudia los órganos de los *sentidos y el mecanismo de las sensaciones.*

estesudeste o **estesureste 1** m. Punto o zona del *horizonte situado entre el este y el sudeste. ≃ Lessueste. **2** *Viento que llega de esa parte.

esteta (del gr. «aisthētḗs», que percibe por los sentidos) **1** n. *Persona versada en estética.* **2** Persona que da una gran importancia en su vida a la contemplación o creación de la belleza.

estética (del gr. «aisthētikḗ», propio de los sentidos) **1** f. Teoría de las condiciones de la belleza. ⇒ Calología. ➤ Idealismo, realismo. ➤ El ARTE por el arte. ➤ Antiestético. **2** Apariencia de una cosa desde el punto de vista de la estética: 'No le preocupa la estética en su vestimenta'.

estéticamente adv. De manera estética. ⊙ Desde el punto de vista de la estética.

esteticismo m. Actitud del que da preponderancia a la belleza sobre otros valores como la moral, el compromiso social, político, etc.

esteticista 1 adj. De [o del] esteticismo. **2** n. Profesional dedicado al cuidado de la belleza del cuerpo, especialmente del rostro. ⇒ Esthéticienne.

estético, -a (del gr. «aisthētikós», susceptible de ser percibido por los sentidos) **1** adj. De [la] estética: 'Punto de vista estético'. **2** De [la] belleza: 'Placer estético'. **3** Artístico o *bello. **4** n. *Persona dedicada al estudio de la estética.*

estetoscopia (del gr. «stêthos», pecho, y «-scopia») f. MED. Exploración del pecho con el estetoscopio.

estetoscopio (del gr. «stêthos», pecho, y «-scopio») m. MED. Aparato que sirve para explorar la cavidad torácica. ⇒ Fonendoscopio.

esteva (del sup. lat «stēva», del lat. «stiva») **1** f. Pieza que lleva el *arado en su parte trasera, sobre la que apoya la mano el que ara. ≃ Mancera, mangorrillo. **2** *Madero curvo que en los *carruajes antiguos sostenía en sus extremos las varas, y se apoyaba por el medio sobre la tijera.*

estevado, -a adj. y n. Se aplica al que tiene las piernas torcidas con la concavidad hacia dentro. ≃ Cambeto, patiestevado. ⇒ *Zambo.

estezar (de «es-» y «tez») **1** tr. **Curtir las ↘pieles en seco.* **2** (And.) *Golpear a ↘alguien.* ≃ Zurrar. **3** (And.) **Abusar de ↘alguien en cuestión de dinero.*

esthéticienne (fr.; pronunc. [estetición]) f. Mujer dedicada profesionalmente al cuidado de la belleza del cuerpo, particularmente el rostro. ≃ Esteticista.

estiaje (del fr. «étiage») m. Disminución del caudal de *agua en un río, lago, etc., durante cierta época del año. ⊙ Esta época. ⇒ Menguante, retirada, tastana. ➤ *Sequía.

estiba 1 f. Acción y efecto de estibar. **2** *Atacador de armas de fuego.* **3** *Lugar en que se mete y aprieta la *lana en los sacos.*

estibador m. MAR. Hombre encargado de estibar la carga de los *barcos.

estibar (del lat. «stipāre», meter apretando) **1** tr. *Apretar o *recalcar ↘cosas que se colocan dentro de un sitio, para poder poner más; particularmente, hacerlo así en la *carga de los barcos. **2** MAR. Colocar y distribuir convenientemente los ↘pesos de un buque. **3** MAR. Cargar o descargar las mercancías de un barco.

estibia (del lat. «stiva», esteva) f. VET. *Espibia: torcedura del cuello de una caballería.*

estibina (de «estibio») f. *Antimonita (sulfuro de antimonio).*

estibio (del lat. «stibi», del gr. «stíbi») m. *Antimonio.*

estiércol (del lat. «stercus, -ŏris») m. Conjunto de excrementos animales. ⊙ Esos excrementos y otras materias orgánicas descompuestas, utilizados como *abono para las tierras. ⇒ *Abono, acoto, basura, boñiga, bosta, burrajo, clazol, cucho, cuita, fiemo, fimo, frez, freza, gallinaza, guano, hienda, majada, morceguila, murcielaguina, pajuz, sirle, sirria, vicio. ➤ Basurero, covadera, estercolero, esterquilinio, femera, muladar, pajucero. ➤ *Excremento.

ESTIÉRCOL DEL DIABLO. *Asafétida (planta umbelífera).*

estigio, -a (del lat. «Stygĭus») **1** (con mayúsc.) adj. MIT. Se aplica como denominación al río que rodeaba siete veces el Averno o a la laguna que había en él. ⊙ MIT. De este río o laguna, o de sus cosas. **2** (lit.) **Infernal.*

estigma (del lat. «stigma», del gr. «stígma», picadura) **1** m. *Marca o *señal en el cuerpo; particularmente, cuando procede de un castigo corporal o de la aplicación del hierro candente como pena infamante o como signo de esclavitud. **2** Huella de las que aparecen en el cuerpo de algunos *santos y *místicos, como signo de su participación en la pasión de *Jesucristo. **3** Acto o circunstancia que constituye una *deshonra para alguien. ≃ Mancha. **4** Med. Lesión o trastorno que indican enfermedad hereditaria. ⇒ Lacra. **5** Bot. Ensanchamiento en la parte superior del gineceo de las *flores, en donde es recogido el polen. **6** Zool. Cada uno de los pequeños orificios que tiene el tegumento de los arácnidos y miriápodos, por los que penetra el aire en la tráquea.

estigmatizador, -a adj. Se dice de lo que estigmatiza.

estigmatizar (del gr. «stigmatízō») **1** tr. Marcar a ↘alguien con hierro candente. **2** Imprimir milagrosamente en ↘alguien las llagas de Jesucristo. **3** Dejar a ↘alguien marcado con una imputación infamante.

estil (ant. y usado aún en Sal.) adj. **Estéril o seco.*

estilar[1] (del lat. «stillāre»; ant. y usado aún en And., Hispam. y Sal.) tr. **Destilar gota a gota.*

estilar[2] (de «estilo») **1** intr. *Tener por costumbre hacer cierta cosa expresada con un verbo en infinitivo*: 'Estila acostarse temprano'. ≃ *Acostumbrar. ⊙ (en forma pronominal pasiva o impersonal con «se») Ser costumbre hacer o utilizar una cosa: 'Ahora se estila poco el sombrero. Ya no se estila el pelo largo'. ≃ *Usarse. **2** tr. *Redactar una ↘escritura o *documento según el estilo establecido.*

estilete (dim. de «estilo») **1** m. Pieza de forma de aguja, punzón o púa. ≃ Estilo. ⊙ Punzón con que *escribían los antiguos. ⊙ *Gnomon. **2** *Puñal de hoja estrecha y aguda. **3** Cir. Tienta metálica, delgada y flexible y generalmente terminada en una bolita, que sirve para reconocer ciertas heridas.

estilicidio (del lat. «stillicidĭum») m. *Caída *gota a gota de un líquido destilado o que mana.* ⊙ *Líquido que se recoge en esta forma.*

estilista (de «estilo») **1** n. Escritor que se distingue por la elegancia y pulcritud de su lenguaje. ⊙ Puede usarse también referido a otras manifestaciones artísticas. **2** Persona que cuida el estilo y la imagen en una revista, espectáculo, etc.

estilística (de «estilo») f. Estudio del estilo del lenguaje de un autor, de una obra, de una época, etc.

estilístico, -a adj. Del estilo. ⊙ Particularmente, del estilo literario: 'Recursos estilísticos'.

estilita (del gr. «stylítēs») adj. y n. m. Se aplica al *anacoreta que vivía sobre una columna.

estilización **1** f. Acción de estilizar. **2** Obra estilizada.

estilizado, -a **1** Participio adjetivo de «estilizar». **2** *Elegante. **3** Aplicado a personas, de formas y facciones correctas y elegantes, como de un dibujo. ⊙ Particularmente, delgado.

estilizar (de «estilo» e «-izar») **1** tr. Reducir la representación artística de una ↘cosa a sus elementos característicos o que más responden a la idea que el artista quiere transmitir, a veces alterando su forma, proporciones o disposición. ⇒ *Esquematizar. **2** Hacer o hacer parecer más delgada a una ↘persona: 'Ese vestido estiliza mucho su silueta'.

estilo (del lat. «stilus», del gr. «stŷlos») **1** m. Nombre dado a distintos objetos de forma de varilla o punzón. ⊙ Punzón con que escribían los antiguos en tablas enceradas. ⇒ *Pluma. ⊙ Varilla que señala las horas en el *reloj de sol. ≃ Gnomon. ⊙ Púa sobre la que gira la aguja de la *brújula. ⊙ Bot. Prolongación de la parte superior del ovario que remata en uno o varios estigmas. **2** Modo personal de escribir que caracteriza a un escritor. ⊙ Manera de hablar o de escribir característica de los distintos géneros literarios o de los distintos usos del idioma: 'Estilo epistolar [narrativo, oratorio, familiar]'. ⊙ Cada manera de hablar o escribir calificable de cualquier modo. ⊙ Modo personal que caracteriza las realizaciones de un artista de cualquier clase. ⊙ Cada una de las maneras que se distinguen en la historia del arte: 'Estilo gótico [o plateresco]'. ⊙ Manera de hacer una cosa que resulta característica de una persona, un país, una época, etc.: 'Me gusta su estilo de vestirse'. ⊙ Manera original o distinguida de hacer algo: 'Le hicieron un corte de pelo con mucho estilo. Viste con estilo'. **3** Der. *Fórmula de proceder jurídicamente, y orden y método de actuar.*

Estilo directo. Ling. Reproducción textual en un mensaje oral o escrito de lo que ha dicho o pensado alguien. La frase que expresa lo dicho o pensado tiene total independencia sintáctica pero está introducida por un verbo: 'Y al final dijo: yo ya no vengo'.

E. indirecto. Ling. Aquel en el que lo pensado o dicho se expresa mediante una oración subordinada: 'Dijo que no venía'.

E. indirecto libre. Ling. Fórmula intermedia entre el estilo directo e indirecto, casi exclusiva de la lengua literaria, en que la frase que refiere lo que ha dicho o pensado alguien tiene independencia sintáctica y no está introducida por un verbo: 'Se quedó callado: no vendría al día siguiente'.

A [o al] estilo de. Según el estilo que se expresa a continuación: 'Monta a estilo español. Guisa al estilo de su tierra'.

Por el estilo [de]. *Parecido, de calidad parecida, etc., a la cosa que se expresa a continuación: 'Se ha comprado un abrigo por el estilo del que tenía. Escribe por el estilo' (ni mejor ni peor).

Por ese estilo. Aproximadamente como cierta cosa de que se ha hablado: 'Te habrá costado unas cinco mil pesetas. —Por ese estilo'.

□ Catálogo

Aire, carácter, corte, manera, *moda, *modo, movimiento, orden, personalidad. ➤ Abstracto, anteclásico, barroco, churrigueresco, clásico, constructivismo, cuatrocentista, cubista, culterano [o cultero], dadaísta, decadente, expresionista, figurativo, flamígero, florido, funcional, futurista, gótico, idealista, impresionista, manierismo, manuelino, modernista, naturalista, neoclásico, ojival, plateresco, primitivo, realista, renacentista, rococó, románico, simbolista, surrealista, verismo. ➤ Adjetivos aplicables al estilo lingüístico, específicamente o con su valor general: académico, acerado, acre, afectado, ágil, almibarado, altilocuente, altisonante, altísono, amanerado, amazacotado, *ampuloso, anticuado, armonioso, asiático, ático, atildado, atrabajado, azucarado, bajo, bombástico, brillante, campanudo, castizo, cáustico, claro, clausulado, coloquial, conceptista, conceptuoso, conciso, corriente, cortado, crespo, culto, declamatorio, didáctico, difuso, directo, doctrinal, efectista, elegante, elevado, elocuente, enfático, engolado, expositivo, fácil, familiar, fluido, galano, gerundiano, gongorino, *grandilocuente, grandílocuo, grandioso, grandísono, grave, hinchado, hueco, incisivo, inciso, inculto, indigesto, lacónico, lamido, lapidario, lento, levantado, limado, llano, magnílocuo, marinista, medio, memorialesco, *mordaz, natural, notarial, original, pálido, parnasiano, peinado, periodístico, pintoresco, poético, pomposo, premioso, *pulido, puro, recargado, recortado, relamido, retocado, retorcido, retórico, retumbante, rimbombante, rodio, romántico, rotundo, sencillo, sublime, suelto, surrealista, templado, terso, trabajado, vulgar. ➤ *Arte. *Lenguaje.

estilóbato (del lat. «stylobăta», del gr. «stylobátēs») m. Arq. Pedestal continuo de una columnata.

estilográfico, -a (del lat. «stilus», del gr. «stŷlos», punzón, y «graphĭcus», del gr. «graphikós», relativo a la escritura) **1** adj. y n. f. Se aplica a la *pluma que escribe con tinta contenida en un depósito que lleva ella misma. **2** adj. y n. m. Por analogía, se aplica al lápiz provisto de una mina recambiable que puede hacerse asomar por la punta o retirarse al interior.

estilógrafo (Col., Ec., Nic.) m. **Pluma estilográfica.*

estima (de «estimar») **1** f. Estimación (aprecio): 'Mostrar estima'. **2** MAR. *Concepto aproximado que se forma de la situación del buque por los rumbos y las distancias recorridas en cada uno de ellos.*

TENER EN MUCHA [O POCA] ESTIMA. Estimar mucho [o poco]: 'Tengo en gran estima tu confianza'.

estimabilidad f. Cualidad de estimable.

estimable adj. Digno de estima.

estimación **1** f. Acción de estimar. **2** Sentimiento o actitud hacia aquello que se estima. **3** (ant.) **Instinto animal.* ≃ Estimativa.

GENERAL ESTIMACIÓN. Enlace frecuente: *prestigio, influencia o respeto que alguien disfruta entre la gente.

PROPIA ESTIMACIÓN. *Dignidad.

estimado, -a Participio adjetivo de «estimar».

estimador, -a adj. y n. Que estima.

estimar (del lat. «aestimāre») **1** tr. Atribuir a ↘alguien o algo valor para uno mismo o en general: 'Estimaba mucho ese reloj porque era regalo de su madre. Estimo mucho tu amistad. Le estimo como amigo, pero no como médico'. ≃ Apreciar, valorar. ⊙ (reflex.) Tener alguien *dignidad o propia estimación y evitar las acciones de que puede avergonzarse o las ocasiones de ser humillado: 'Si se estima, no hará eso'. ⊙ Con un adverbio o expresión de cantidad puede también construirse con «en»: 'Estima en poco su vida. Estimo tu ayuda en lo que vale'. ⊙ Sentir afecto por ↘alguien: 'Estimo mucho a ese muchacho'. También recípr. ≃ Apreciar, considerar. **2** Tener sobre una ↘cosa cierta opinión: 'No estimo necesario que vayas tú'. ≃ Conceptuar, *considerar, creer, juzgar, reputar. **3** («en») Atribuir a una ↘cosa cierto valor: 'Los peritos han estimado este cuadro en medio millón de pesetas'. ≃ *Evaluar, justipreciar, tasar, valorar.

□ CATÁLOGO

Sentir [o tener] AFECTO, apreciar, mostrar [o tener] APRECIO, asmar, poner sobre la CABEZA, hacer CASO de, mostrar CONSIDERACIÓN, *considerar, tener en CUENTA, sentir [o tener] DEVOCIÓN, distinguir, mostrar [o tener en] ESTIMA, evaluar, hacer los HONORES, honrar, mirar, preciar, ganar [muchos] PUNTOS, perder [muchos] PUNTOS, reverenciar, tener en, valorar, valuar. ➤ Como [o más que] a las NIÑAS de los ojos, como ORO en paño, en un PEDESTAL. ➤ Ser ALGO, merecer, pesar, valer. ➤ Tener CABIDA, tener ENTRADA. ➤ Acepto, bien ACOGIDO, apreciado, cabido, considerado, cotizado, distinguido, estimado, prestigioso. ➤ Digno de ADMIRACIÓN, alabable, digno de ALABANZA, digno de APLAUSO, apreciable, benemérito, de bien, cabal, de CUERPO entero, digno de ESTIMA, estimable, *honrado, laudable, loable, meritísimo, de mérito, meritorio, plausible, recomendable, valioso, de valor. ➤ Alhaja. ➤ Aprecio, autoestima, *consideración, crédito, culto, estima, estimabilidad, estimación, partido, *prestigio, *respeto, valimiento, veneración. ➤ Atención, consideración. ➤ Aureola. ➤ Merecimiento, *mérito, monta, plusvalía, precio, valía, valor. ➤ Desestimar, inestimable. ➤ *Admirar. *Bueno. *Ilustre. *Preferir. *Querer.

estimativa **1** f. Facultad psíquica con que se aprecia el valor material de las cosas o el valor moral de las acciones. ⇒ *Criterio. **2** **Instinto animal.* ⇒ Estimación.

estimativo, -a adj. Se aplica a lo que valora o sirve para valorar: 'Juicio estimativo'.

estimatorio, -a **1** adj. *De [la] estimación.* **2** DER. *Se aplica a lo que fija el *precio de una cosa.*

estimulación f. Acción de estimular. ⇒ Estímulo.

estimulador, -a adj. Estimulante.

estimulante adj. y n. m. Se aplica a lo que estimula o sirve para estimular. ⊙ m. *Estímulo.* ⊙ Sustancia que estimula alguna función fisiológica.

estimular (del lat. «stimulāre»; «a, con») tr. *Animar o *incitar a ↘alguien de cualquier manera para que haga cierta cosa o para que la haga con más rapidez o mejor: 'Estimulaba con voces a los que subían la carga. Le estimula con alabanzas [o con promesas] para que estudie'. ⊙ Hacer que una ↘cosa, un animal, etc., se active o corra: 'Un específico para estimular el apetito. El jinete estimula con la espuela al caballo'.

□ CATÁLOGO

Servir de ACICATE, acicatear, acotejar, activar, acuciar, aguijar, aguzar, dar ALAS, *animar, *apremiar, atondar, avispar, avivar, *azuzar, empujar, *espabilar, *excitar, impeler, impulsar, incentivar, *incitar, *inclinar, *inducir, instigar, instimular, intensificar, *invitar, motivar, mover, picar, pinchar, quillotrar, reactivar. ➤ Desincentivar. ➤ Acicate, aguijón, aguijonazo, *aliciente, *AMOR propio, apresura, *dignidad, emulación, espuela, propia ESTIMACIÓN, estímulo, excitante, filaucía, filautía, honrilla, *impulso, latigazo, *móvil, pique, prurito, pundonor, puntillo, sinapismo. ➤ *Provocar.

estímulo (del lat. «stimŭlus») **1** (ant.) m. **Aguijada.* **2** Cualquier cosa que sirve para estimular. ≃ Acicate, aguijón. ⊙ (cient.) Cualquier agente o variación en el medio ambiente que provoca una reacción en un organismo. ⊙ *Amor propio: 'Es un muchacho que no tiene estímulo'.

estinco (del lat. «stincus», de «scincus», del gr. «skínkos») m. *Reptil saurio del norte de África, cuya carne se considera afrodisiaca. ≃ Escinco, esquinco.

estío (del lat. «aestīvum [tempus]», estación veraniega; lit.) m. *Verano.

estiomenar (de «estiómeno») tr. MED. *Corroer una ↘parte carnosa del cuerpo los humores que fluyen a ella.*

estiómeno (del gr. «esthiómenos», comido) m. MED. *Corrosión de una parte carnosa del cuerpo por los humores que fluyen a ella.*

estipe (del lat. «stipes»; ant.) m. ARQ. *Estípite.*

estipendial adj. *De [o del] estipendio.*

estipendiar tr. Dar un estipendio a ↘alguien.

estipendiario, -a **1** n. Persona que cobra un estipendio. **2** (ant.) *Tributario.*

estipendio (del lat. «stipendĭum»; culto) m. *Retribución pagada a una persona por un trabajo realizado por ella.

estípite (del lat. «stipes, -ĭtis», estaca) **1** m. ARQ. *Pilastra en forma de pirámide truncada invertida.* ≃ Estipe. **2** BOT. **Tallo largo y sin ramificar. Se aplica especialmente al de las palmeras.*

estipticar (de «estíptico») tr. MED. **Astringir (contraer los ↘tejidos orgánicos).*

estipticidad f. *Cualidad de estíptico, en cualquier acepción.*

estíptico, -a (del lat. «styptĭcus», del gr. «styptikós»; cient. o culto) **1** adj. **Astringente; por ejemplo, aplicado al efecto de ciertas sustancias como el alumbre, en la boca.* ≃ Estítico. **2** adj. y n. MED. *Se aplica a lo que detiene una sangría por coagulación.* ⇒ *Hemostático. **3** *Estreñido.* **4** **Avaro.*

estiptiquez (Hispam.) f. *Estipticidad.*

estípula (del lat. «stipŭla», brizna, paja) f. Bot. Se aplica a los apéndices, a menudo foliáceos, que crecen en algunas *plantas, generalmente en la unión del peciolo con el tallo.

estipulación (del lat. «stipulatĭo, -ōnis») **1** f. **Acuerdo verbal.* **2** (form.) Cláusula o *condición establecida en un trato. **3** Der. *Cierta forma de *contrato desusada, consistente en una promesa verbal hecha según ciertas fórmulas del derecho romano.*

estipular (del lat. «stipulāri») tr. Der. *Determinar verbalmente las ˘condiciones, por ejemplo el precio, en un *trato.* ⊙ (form.) Determinarlas en cualquier forma. ⊙ (form.) Establecer o *disponer un contrato, ley, etc., cierta ˘cosa.

estique (del ingl. «stick», bastoncillo) m. *Palillo de escultor de boca dentellada, usado para modelar.*

estiquirín (Hond.) m. **Búho.*

estira (de «estirar») f. *Utensilio de metal, piedra, ebonita o vidrio, que usan los curtidores para limpiar, alisar y estirar las pieles.*

estiracáceo, -a (del lat. «styrax», estoraque, del gr. «stýrax») adj. y n. f. Bot. *Se aplica a las *plantas, árboles y arbustos, de la familia a la que pertenece el estoraque, que tienen gran importancia como fuente de resinas de uso medicinal, en perfumería y como ornamentales.* ⊙ f. pl. Bot. *Familia que forman.*

estirada f. Dep. Acción de saltar y extender los brazos y todo su cuerpo el portero de fútbol para detener el balón.

estiradamente 1 adv. **Escasamente.* **2** *Con *violencia.*

estirado, -a 1 Participio adjetivo de «estirar[se]» (tirar, atirantar, alargar, planchar). **2** *Acicalado.* **3** Se aplica a la persona que no se presta al trato llano con otras y toma o tiene, en su actitud o comportamiento, aires de superioridad. **4** Metal. Operación de pasar una barra o tubo metálico en frío por una hilera para aumentar su longitud y reducir su sección. ⇒ *Metal. **5** En la industria textil, operación de reducir el grosor de las mechas que se van a hilar. ⇒ *Tejer.

□ Catálogo

Tieso como [o más tieso que] un ajo, arrogante, cogotudo, copetudo, empinado, encandilado, encastillado, encopetado, encrestado, engolletado, *engreído, entonado, envirotado, fatuo, finchado, hinchado, lomienhiesto, lominhiesto, olímpico, orgulloso, patitieso, pechisacado, runflante, soplado. ➤ Virote. ➤ *Orgullo. *Soberbia.

estirajar o **estirajear** (inf.) tr. Estirar, por ejemplo la ˘ropa, de mala manera. También reflex.

estirajón (inf. y desp.) m. Estirón.

estiramiento m. Acción y efecto de estirar.

estirar (de «es-» y «tirar») **1** («de») tr. Hacer fuerza, sujetando el extremo u orilla de una cosa, en sentido contrario al de la fuerza que sujeta el otro extremo: 'Estirar [de la punta] del cable'. ≃ *Tirar. **2** Poner una ˘cosa tensa o tirante. ≃ *Atirantar. **3** *Alargar una ˘cosa tirando de sus extremos u orillas. ⊙ prnl. Alargarse una cosa. ⇒ Adonecer, dar, dar de sí, prestar. **4** tr. *Desarrugar la ˘ropa estirándola con las manos. ⊙ *Planchar la ˘ropa ligeramente. **5** tr. y, más frec., prnl. Estirar y poner tensos los ˘miembros para recobrar la agilidad después del sueño o una quietud prolongada. ≃ *Desperezarse. **6** Gastar con mesura el ˘dinero para poder comprar o hacer con él más cosas. ⇒ *Administrar. ⊙ Hacer que siga prestando servicio una ˘cosa ya vieja por algún tiempo más. ⇒ *Durar. **7** (inf.) prnl. Mostrarse generoso a la hora de *gastar dinero: 'A ver si te estiras y le haces un buen regalo'. **8** intr. y prnl. *Crecer un niño. ⇒ Dar [o pegar] un estirón. **9** prnl. *Ir a un sitio próximo, especialmente, próximo al sitio por donde hay que pasar, a hacer alguna diligencia. ≃ Alargarse, llegarse.

V. «estirar las piernas».

estirazar (inf.) tr. *Estirajar.*

estirazo (Ar.) m. *Especie de *rastra usada para arrastrar pesos.*

estirón 1 («Dar, Pegar un») m. Acción de estirar o tirar bruscamente de una cosa. **2** («Dar, Pegar un») *Crecimiento brusco o rápido en estatura.

estirpe (del lat. «stirps, stirpis») f. Familia de alguien cuando pertenece a la nobleza o es ilustre. ≃ *Abolengo, alcurnia, casta, linaje, raza.

estirpia (Cantb.) f. **Adral.*

estítico adj. *Estíptico.*

estitiquez (Hispam.) f. *Estreñimiento.*

estivación f. Adaptación de un organismo a las condiciones climatológicas del verano.

estivada (de «estío») f. *Terreno inculto del que se quema la maleza para ponerlo en cultivo.* ⇒ *Rozar.

estival[1] (del lat. «aestivālis») adj. Del estío.

estival[2] (del it. «stivale», bota; ant.) m. *Cierto calzado, especie de *borceguí de mujer.*

estivo, -a (del lat. «aestīvus») adj. *Estival.*

esto V. «este[2]».

estoa f. Mar. *Estacionamiento de la marea o una corriente marina.*

estoar intr. Mar. *Detenerse la *marea o una corriente marina.*

estocada («Tirar una») f. Pinchazo dado con el estoque o con la espada.

estocador (ant.) m. *Estoqueador.*

estocafís (del ingl. «stock fish», bacalao seco sin sal) m. **Bacalao curado al humo.* ≃ Pejepalo, pezpalo.

estocástico, -a (del gr. «stochastikós», hábil en conjeturar) **1** adj. Se aplica a lo que está ligado al azar. **2** Del cálculo de probabilidades.

estofa (del fr. ant. «estofe», materiales de cualquier clase) **1** f. *Cierta *tela con dibujos en el tejido, generalmente de seda.* **2** (ahora siempre con sentido desp.) *Clase: 'No quiero nada con gente de su estofa'.

De baja estofa. Expresión frecuente, aplicada a persona o gente despreciable o soez.

estofado[1]**, -a 1** Participio adjetivo de «estofar» (decorar). **2** m. Decoración hecha estofando.

estofado[2]**, -a 1** Participio adjetivo de «estofar» (guisar). **2** m. Guiso que se hace estofando un alimento.

estofar[1] (de «estofa») **1** tr. Decorar ˘objetos de madera esgrafiando sobre oro o bien pintando sobre él. ⇒ Grafio. ➤ *Incrustar. **2** *Enguatar o acolchar una ˘prenda.

estofar[2] (de «estufar») tr. *Guisar ˘carne o pescado dorándolos primero junto con abundante cebolla, y haciéndolos luego hervir en un poco de caldo. ⇒ Estovar.

estoicamente adv. Con estoicismo: 'Soportó estoicamente su desgracia'.

estoicismo 1 m. Escuela filosófica fundada por el griego Zenón. **2** *Entereza o *conformidad ante la desgracia o el dolor.

estoico, -a (del lat. «Stoĭcus», del gr. «stōikós») **1** adj. y n. Adepto al estoicismo filosófico. **2** adj. Del estoicismo.

3 *Impasible ante las desgracias o contrariedades propias, o resistente al dolor.

estola (del lat. «stola», del gr. «stolḗ», vestido) **1** f. *Vestidura *griega y *romana de forma de túnica, ceñida a la cintura con una banda que pendía por detrás hasta el suelo. **2** Pieza de la vestidura del *sacerdote consistente en una tira larga y estrecha que pende del cuello. ⇒ Orario. **3** Prenda usada por las señoras, de piel o material semejante, que rodea el cuello y cae por delante en dos anchas bandas. ⊙ También, prenda similar, de otros materiales, a modo de bufanda ancha. ⇒ *Chal.

estolidez (culto) f. Cualidad de estólido.

estólido, -a (del lat. «stolĭdus»; culto) adj. y n. Se dice con desprecio de la persona que no comprende o no discurre. ≃ *Bobo, estúpido.

estolón[1] (aum. de «estola») m. *Estola grande usada por el *sacerdote en ciertas solemnidades.*

estolón[2] (del lat. «stolo, -ōnis», brote, tallo) m. BOT. *Tallo rastrero que echa raíces y produce nuevas plantas. ≃ Latiguillo.

estoma (del gr. «stóma», boca) m. BOT. Abertura diminuta de las que hay en la epidermis de los vegetales, a través de las cuales se verifican los intercambios de gases entre la *planta y el exterior.

estomacal (del lat. «stomăchus», estómago) **1** adj. Del estómago. **2** Bueno para el estómago. ≃ Digestivo.

estomagante adj. Se aplica a lo que estomaga.

estomagar (del lat. «stomachāri») **1** tr. *Indigestar. **2** Resultar inaguantable para ↘alguien una persona o una cosa, a veces por excesivamente amable o suave. ⇒ *Antipatía, *empalagoso.

estómago (del lat. «stomăchus», del gr. «stómachos», boca del estómago) m. Órgano en forma de bolsa, que constituye una parte del aparato digestivo de los artrópodos, moluscos, procordados y vertebrados, situado entre el esófago y el intestino, y en cuyas paredes están las glándulas que segregan el jugo gástrico. ⊙ Región exterior del cuerpo que corresponde a este órgano, particularmente si es abultada.

ESTÓMAGO AGRADECIDO. Persona que apoya o defiende a otra por haber recibido algún beneficio de ella.

V. «BOCA del estómago, tener sentado en la BOCA del estómago».

DE ESTÓMAGO. *Expresión calificativa que corresponde a la frase «tener estómago».*

REVOLVER una cosa EL ESTÓMAGO a alguien. Causarle *repugnancia física o moral.

TENER alguien COGIDA POR EL ESTÓMAGO a otra persona. *Poder obligarla o tenerla sometida a su voluntad porque puede darle o quitarle los recursos con que vive.* ⇒ *Dominar.

TENER [BUEN] ESTÓMAGO. Ser poco *escrupuloso o poco *delicado, tanto en cosas físicas como en cosas morales. ⇒ De estómago.

TENER a alguien SENTADO EN EL ESTÓMAGO. *Tenerle aversión.*

□ CATÁLOGO

Otra raíz, «gastr-»: 'gástrico, gastrointestinal'. ➤ Abomaso, bonete, buche, *cuajar, hebrero, herbario, herbero, librillo, *libro, molleja, mollejón, omaso, *panza, *redecilla, retículo, ventrón. ➤ Callos, tripicallos. ➤ Entre PECHO y espalda. ➤ BOCA del estómago, cardias, epigastrio, paletilla, *píloro, portanario, ventrículo. ➤ ÁCIDO clorhídrico, alectoría, bezaar, bezoar, cuajo, JUGO gástrico, lab, pepsina, saburra, *sarro. ➤ Quimo. ➤ Antiperistáltico, peristáltico. ➤ *Digerir, quimificar. ➤ Asentarse, enaguachar, estragar, sentar, SENTAR bien [o mal]. ➤ Acedía, acidez, aclorhidria, agriera, ahíto, apepsia, ardentía, *ardor, asiento, bradipepsia, calambre, cargazón, desconsuelo, dispepsia, embargo, empacho, fastidio, flatulencia, gastralgia, gastrectasia, gastritis, gastroenteritis, gastropatía, hiperclorhidria, *inapetencia, indigestión, pasacólica, pirosis, rescoldera, vinagrera, *vómito. ➤ Desahitarse, desempachar[se]. ➤ Eupepsia. ➤ Gastrectomía. ➤ APARATO digestivo.

estomaguero (de «estómago») m. **Faja que se les pone a los niños para abrigarles el vientre.*

estomat- (var. «estomato-») Elemento prefijo del gr. «stóma», boca, usado en palabras científicas.

estomatical (de «estomático[2]»; ant.) adj. *Estomacal.*

estomático[1], -a (del gr. «stóma, -atos», boca) adj. MED. *De la *boca.*

estomático[2], -a (del lat. vulg. «stomatĭcus») adj. *Del estómago.*

estomaticón (de «estomático[2]») m. **Cataplasma que se coloca sobre la boca del estómago.*

estomatitis (de «estomat-» e «-itis») f. MED. Inflamación de la mucosa bucal.

estomato- V. «estomat-».

estomatología (de «estomato-» y «-logía») f. MED. Especialidad que trata de la patología bucal, incluida la dentaria. ⇒ Odontología.

estomatológico, -a adj. MED. De [la] estomatología.

estomatólogo, -a n. MED. Especialista en estomatología.

estomatópodo (de «estomato-» y «-podo») adj. y n. m. ZOOL. *Se aplica a los *crustáceos marinos de caparazón aplanado, del mismo orden que la galera.* ⊙ m. pl. ZOOL. *Orden que forman.*

estonce (del lat. «ex» y «tuncce»; ant.) adv. **Entonces.*

estonces (de «estonce»; ant.) adv. **Entonces.*

estonio, -a adj. y, aplicado a personas, también n. De Estonia. ⊙ m. Lengua hablada en este país.

estopa (del lat. «stuppa») **1** f. Parte basta del *lino o del *cáñamo que queda al peinarlos y que se emplea para cuerdas, para telas bastas y otros usos. ⊙ Tela fabricada con ese material. ⇒ Alrota, aresta, arlota, carrasca, escaba, malacuenda, sedeña, tasco, tomento. ➤ *Arpillera, cerrón. ➤ Pelluzgón. **2** **Rebabas que aparecen en algunas *maderas al cortarlas.* **3** MAR. *Jarcia deshilada que se emplea para *calafatear.*

estopada f. Porción de estopa que se aplica a algún uso; particularmente, a cerrar las *junturas de las *espitas, cañerías, etc.

estopar tr. *Rellenar con estopa las ↘junturas, etc.

estoperol (del cat. «estoperol») **1** m. MAR. *Especie de *mecha formada con filástica vieja y otras materias semejantes.* **2** MAR. **Clavo de cabeza grande y redonda.* **3** (Hispam.) **Clavo de adorno, de cabeza dorada.* ≃ Tachón.

estopilla (dim. de «estopa») **1** f. *Parte más fina de la estopa del lino o el cáñamo.* ⊙ *Hilado de ella.* ⊙ **Tela fabricada con ella.* **2** *Tela parecida al cambray, pero de tejido más claro.* **3** *Tela ordinaria de algodón.*

estopín (de «estopa») m. ARTILL. *Artificio empleado para inflamar la carga de las *armas de fuego.*

estopón m. *Parte más gruesa de la estopa.* ⊙ **Hilo fabricado con ella.* ⊙ **Tela que se fabrica con este hilo.*

estopor (del fr. «stoppeur», que detiene) m. MAR. *Dispositivo con que se detiene la cadena del *ancla.*

estoque (del fr. ant. «estoc», punta de espada) **1** m. *Espada estrecha, de sección cuadrangular, con la que sólo se puede herir por la punta; por ejemplo, la que se llevaba dentro de algunos bastones. ⇒ Verdugo. ⊙ TAUROM. Específicamente, la que emplean los toreros para matar al *toro. **2** (Ál.) *Rejón de la *aguijada.* **3** (varias especies del género *Gladiolus,* como *Gladiolus illyricus)* *Planta iridácea de hojas radicales, enterísimas, en figura de estoque, y flores en espiga terminal, rojas, de corola partida por el borde en seis lacinias desiguales. Es espontánea en terrenos húmedos y se cultiva en los jardines. ≃ Azúmbar, gallo.

estoqueador m. Hombre, particularmente *torero, que emplea el estoque.

estoquear tr. TAUROM. Herir al ˇtoro con el estoque en la correspondiente suerte del toreo. ⇒ Matar. ➤ Bajonazo, golletazo, hurgonada, hurgonazo. ➤ Espada, estocador, matador. ➤ A pasatoro.

estoqueo m. Acción de estoquear.

estoquillo (Chi.) m. **Planta ciperácea propia de terrenos húmedos.*

estor (del fr. «store», cortina) **1** m. **Cortina transparente que se coloca detrás de los balcones o ventanas pendiente de una galería; a veces, además de las cortinas de tela gruesa.* **2** *Cortina de una sola pieza, sin fruncir, que se recoge enrollándola horizontalmente.

estora f. *Álabe (estera de *carro).*

estoraque (del lat. tardío «storax, -ăcis», del gr. «stýrax, -akos»; *Styrax officinalis)* m. Árbol estiracáceo de cuyo tronco se obtiene un bálsamo utilizado en *medicina y, también, en perfumería, llamado del mismo modo.

estorbador, -a adj. y n. *Aplicable al que o lo que estorba.*

estorbar (del lat. «exturbāre») **1** (con «a» o «para») tr. e intr. Dificultar, *impedir o *molestar. Ser causa de que cierta ˇacción resulte difícil o más difícil: 'Esta piedra estorba el paso [para pasar]'. O de que ˇalguien se encuentre impedido para obrar o hacer cierta cosa: 'Me estorbaba la ropa para nadar'. ⇒ Hacer tanta FALTA como los perros en misa, sobrar. ➤ *Cohibir. *Difícil. *Impedir. *Obstáculo. *Sobrar. **2** tr. Ser causa, voluntaria o involuntaria, de que deje de hacerse o de ocurrir cierta ˇcosa: 'La familia estorbó el casamiento. La lluvia estorbó nuestros planes'. ≃ *Impedir. **3** Ser causa de que ˇalguien se encuentre a disgusto: 'Le estorban los niños. Me estorba el cuello planchado'. ≃ Incomodar, *molestar.

ESTORBAR LO NEGRO a alguien. *No saber *leer o no tener ninguna afición a hacerlo.*

estorbo m. Cosa que estorba.

estorboso, -a **1** adj. *Aplicable a lo que estorba.* **2** (Ar., Rioj.) *Se aplica al tiempo malo que dificulta las labores del campo.* ⇒ *Meteorología.

estorcer (del lat. «extorquēre»; ant.) tr. **Librar de un apuro.*

estorcijón (de «estorcer»; ant.) m. **Retortijón.*

estorcimiento (de «estorcer»; ant.) m. **Evasión.*

estordecido, -a o **estordido, -a** (ant.) adj. **Aturdido.*

estórdiga **1** (Sal.) f. *Túrdiga para hacer *abarcas.* **2** (Sal.) **Faja de *terreno larga y estrecha.*

estornela f. **Tala (juego).* ≃ Estornija.

estornija (de «es-» y «tornija», dim. de «torno») **1** f. *Anillo que se pone en el pezón del eje de los *carruajes para que no se salga la rueda.* **2** **Tala* (juego). ≃ Estornela.

estornino (dim. del lat. «stŭrnus»; género *Sturnus;* el europeo es el *Sturnus vulgaris)* m. *Pájaro cantor de cabeza pequeña, plumaje negro con reflejos metálicos y pintas blancas; es bastante común en España. ≃ Tordancha, tordo, TORDO de campanario, TORDO de Castilla. ⇒ Chivillo, TORDO serrano.

estornudar (del lat. «sternutāre») intr. Arrojar violentamente por la nariz y la boca, en un movimiento involuntario y brusco del diafragma, con un ruido peculiar que se imita con «¡achís!», el aire de los pulmones; por ejemplo, cuando se está acatarrado. ⇒ *Respirar.

estornudo m. Acción de estornudar una vez.

□ NOTAS DE USO

Este nombre se puede construir con «dar»; pero, lo mismo que otros de acciones fisiológicas, por ejemplo «eructo», no se usa corrientemente como complemento; en vez de «dio dos estornudos» se dice «estornudó dos veces».

estornutatorio, -a adj. y n. m. Se aplica a las sustancias que se emplean para provocar[se] estornudos. ⇒ Árnica, cebadilla, coronda, ELÉBORO blanco, rapé, vedegambre.

estotro, -a adj. y pron. dem. *Este otro.*

estovar (de «estofar²») tr. **Rehogar o estofar una ˇvianda.*

estozar (de «es-» y «toza»; Ar., Nav.) tr. **Desnucar.*

estozolar (de «es-» y «tozuelo»; Ar., Nav.) tr. *Estozar.*

estrábico, -a **1** adj. MED. De [o del] estrabismo. **2** MED. adj. y n. Se aplica a la persona que padece estrabismo. ≃ *Bizco.

estrabismo (del gr. «strabismós») m. MED. Defecto de la vista por el cual cada ojo mira en distinta dirección. ⇒ *Bizco.

estrabón (del lat. «strabo, -ōnis», del gr. «strábōn»; ant.) adj. *Bizco.*

estrabosidad (ant.) f. *Estrabismo.*

estracilla (dim. de «estraza») **1** f. *Pedazo de *tela tosca.* **2** *Cierto *papel más fino que el de estraza, semejante a éste.*

estrada (del lat. «strata») **1** f. **Camino.* **2** (Vizc.) **Camino entre tapias, cercas o setos.* **3** (Sal.) *Tabla colocada como *estante.* **4** FORT. *Camino cubierto.*

estradiota f. **Lanza muy larga usada por los estradiotes.*

A LA ESTRADIOTA. *Se aplica a cierta manera de *montar a caballo, con los estribos largos y las piernas tendidas.*

estradiote (del gr. «stratiōtēs», soldado) m. **Soldado *mercenario de a caballo procedente de Albania.*

estrado (del lat. «stratum») **1** m. **Sala donde antiguamente recibían las señoras a las visitas.* **2** *Mobiliario de ella.* **3** *Tarima sobre la que está un trono o se coloca la presidencia de algún acto solemne, etc. **4** *Entre panaderos, entablado o dispositivo junto al horno, en que se ponen los panes amasados, mientras no están en sazón para meterlos a cocer.* **5** (pl.) DER. Salas donde funcionan los *tribunales de justicia. ⊙ (pl.) DER. Sin artículo, se emplea como representación de esos tribunales o de sus sesiones: 'Actuar en estrados'. **6** DER. Sitio del edificio de los tribunales de justicia donde, en ocasiones, se fijan para conocimiento público los edictos de citación, notificación o emplazamiento.

CITAR PARA ESTRADOS. DER. *Citar a alguien por edictos para que comparezca en un juicio; particularmente, a un reo juzgado en rebeldía.* ⇒ *Tribunal.

HACER ESTRADOS. DER. *Oír el tribunal a los litigantes.*

estrafalariamente adv. De manera estrafalaria.

estrafalario, -a (del it. dial. «strafalario», persona desaliñada) adj. y n. Aplicado a personas y a cosas usadas, hechas, etc., por ellas, original, a la vez que caprichoso y ridículo. ≃ Estrambótico, *extravagante.

estragadamente adv. *Con desorden o desarreglo.*

estragador, -a adj. Se aplica a lo que estraga.

estragal (Ast., Cantb.) m. **Portal de una casa.*

estragamiento 1 (ant.) m. *Estrago.* 2 Acción y efecto de estragar. 3 *Desarreglo y corrupción.*

estragar (del sup. lat. vulg. «stragāre», asolar, desvastar) 1 tr. Causar grandes *daños en ˲algo: 'Las heladas han estragado la campiña'. ≃ Hacer ESTRAGOS. 2 Llegar el abuso de las sensaciones fuertes o excitantes a incapacitar un ˲sentido o la sensibilidad en general para distinguir lo bueno de lo malo o percibir las sensaciones delicadas; se emplea particularmente en las expresiones «estragar el gusto» y «estragar el paladar». ⊙ («con» y, raramente, «por») prnl. Llegar a perder la sensibilidad o a no poder distinguir lo bueno de lo malo por el abuso de las sensaciones fuertes o excitantes. ⇒ *Estropear, *insensibilizar. ⊙ tr. Estropear el ˲*estómago el abuso de cosas fuertes o excitantes: 'La bebida estraga el estómago'.

estrago (de «estragar»; gralm. pl.) m. *Destrozo o *daño muy grande causado por la guerra o por una acción natural destructora: 'El frío tardío ha causado estragos en los frutales'. ⊙ Abundancia de *víctimas causadas por una epidemia: 'La gripe hizo estragos entre las personas jóvenes'. ⊙ Puede también tratarse de daño no material: 'Esa literatura causa estragos en la juventud'.

HACER ESTRAGOS. Causar grandes destrozos.

estragón (del fr. «estragon», del ár. «ṭarḫūn»; *Artemisia dracunculus*) m. *Planta compuesta, de hojas estrechas y flores en cabezuelas pequeñas de color amarillento, que se usa como *condimento. ≃ Dragoncillo.

estrambote (del it. «strambotto») m. LIT. Conjunto de versos que se añade, como un complemento, al final de una composición poética; particularmente, del soneto. ⇒ *Poesía.

estrambótico, -a adj. Irregular o raro, y ridículo.

estramonio (del lat. moderno «stramonĭum»; *Datura stramonium*) m. Hierba solanácea de hojas anchas, flores blancas de cáliz largo tubular y frutos en cápsulas erizadas de púas. Las hojas y semillas se usan como *narcótico. ≃ Chamico, tapa, tapate.

estrangol (de «estrangular») m. VET. *Daño producido en la lengua de las caballerías por compresión del bocado o el ramal.*

estranguadera (León) f. *Cajón que llevan los *carros en el arranque de la vara.*

estrangul m. *Pipa que tienen algunos instrumentos de viento, que se mete en la boca para tocarlos.* ⇒ Tudel. ➤ *Boquilla.

estrangulación f. Acción y efecto de estrangular. ⊙ Tiene uso específico en medicina. ⊙ También en lenguaje técnico, aplicado al estrechamiento de un conducto en un punto.

estrangulador, -a 1 adj. y n. Se aplica al que ha cometido uno o más *crímenes de estrangulación. 2 m. Dispositivo que abre y cierra el paso del aire al carburador de un motor de explosión.

estrangulamiento 1 m. Acción de estrangular. 2 *Estrechamiento de un conducto.

estrangular (del lat. «strangulāre») 1 tr. *Ahogar a ˲alguien oprimiéndole la garganta para impedirle respirar. ⇒ Dar GARROTE. 2 *Estrechar un ˲conducto en un punto, impidiendo o dificultando el paso por él del fluido que circula en su interior. ⊙ CIR. Interceptar el paso de la sangre a una ˲parte del cuerpo por medio de presión o ligaduras.

estranguria (del lat. «strangurĭa», del gr. «strangouría») f. MED. *Micción dolorosa gota a gota con tenesmo de la vejiga.* ⇒ Angurria, estangurria, estrangurria. ➤ *Orina.

estrangurria (ant.) f. MED. *Estranguria.*

estrapada (ant.) f. *Vuelta de cuerda en el tormento.* ⇒ Trampazo.

estrapajar (ant.) tr. *Entrapajar.*

estrapalucio (¿deriv. del lat. «transvolutĭo», con influencia de «trápala» y «estropicio»?) m. *Destrozo o trastorno. ≃ Estropicio.

estraperlear («con») intr. Negociar con artículos procedentes de estraperlo.

estraperlista n. Persona que hace comercio o negocio de estraperlo.

estraperlo (de «straperlo», de «Strauus» y «Perlo», nombres de los introductores de este juego de azar) m. *Juego, especie de ruleta, que permitía manejos fraudulentos de la banca. El intento de establecerlo en España, en la época de la República, promovió un gran escándalo que lo hizo fracasar. Desde entonces, se empleó el nombre con el significado de «*chanchullo» y, al fin, su aplicación ha quedado restringida a la introducción o a la venta clandestinas o fraudulentas de artículos de comercio.

estratagema (del lat. «strategēma», del gr. «stratḗgēma») f. Acción u operación realizada hábilmente y generalmente con engaño, para conseguir una cosa. ≃ Añagaza, *ardid, argucia, artimaña, treta. ⊙ Particularmente, en la *guerra.

estratega (del fr. «stratègue», del gr. «stratēgós») m. Persona entendida en estrategia. ⊙ Buen estratega o general.

estrategia (del lat. «strategĭa», del gr. «stratēgía») 1 f. Arte de dirigir las operaciones militares; particularmente, coordinación general de las de una *guerra. ⇒ Táctica. 2 Arte de dirigir un asunto para lograr el objeto deseado. ⇒ *Hábil.

estratégicamente adv. Con estrategia.

estratégico, -a 1 adj. De acuerdo con la estrategia: 'Plan, movimiento, retirada, etc., estratégicos'. 2 Se aplica al lugar, acción, etc., de importancia decisiva para la realización de algo.

estratego m. *Forma castellanizada de «estratega».*

estratificación f. Acción de estratificar.

estratificar (del lat. «strātus», extendido) tr. Disponer en forma de estrato.

estratigrafía (del lat. «strātus», extendido, y «-grafía») 1 f. *Parte de la *geología que estudia las rocas estratificadas.* 2 Disciplina encargada del estudio de los distintos estratos de un yacimiento arqueológico, lo que permite establecer su cronología.

estrato (del lat. «strātus») 1 m. GEOL. Masa de rocas sedimentarias separada de otras por superficies paralelas. ≃ *Capa. 2 Se aplica también a las capas de otras cosas; por ejemplo, en anatomía, a las de la piel o de la retina. 3 *CLASE social. 4 METEOR. *Nube baja en forma de banda o bandas estrechas paralelas al horizonte.

estratosfera (del lat. «strātus», extendido, y «sphaera») f. Zona superior de la *atmósfera, situada entre los 12 y los 100 km de altura.

estratosférico, -a adj. De [o en] la estratosfera: 'Vuelo estratosférico'.

estrave (del fr. «étrave») m. MAR. *Remate de la *quilla del barco.*

estraza (de «estrazar») 1 (colectivo) f. **Trapos y desechos de ropa basta.* 2 V. «PAPEL de estraza».

estrazar (de «es-» y el lat. vulg. «tractiāre», despedazar) tr. **Destrozar ↘algo.* ≃ Despedazar.

estrazo (de «estrazar»; ant.) m. **Andrajo.*

-estre Sufijo de adjetivos, de significado equivalente a «propio de»: 'campestre'.

estrechamente **1** adv. Con estrechez. Particularmente, con pocos medios económicos: 'La familia vive estrechamente'. **2** Íntimamente, de manera muy cercana: 'Estrechamente unidos. Colaborar estrechamente'. **3** *Fuertemente, rigurosamente, con toda eficacia.*

estrechamiento **1** m. Acción y efecto de estrechar[se]. **2** Punto o parte en que una cosa se estrecha: 'La cintura es un estrechamiento del cuerpo'. ⇒ *Estrecho.

estrechar **1** tr. y prnl. Hacer[se] una ↘cosa estrecha o más estrecha en cualquier acepción: 'Estrechar un vestido. Estrechar la amistad'. ⊙ prnl. *Apretarse en un sitio, por ejemplo en un asiento, para que quepa más gente: 'Si os estrecháis un poco, podré sentarme yo también'. **2** tr. Aumentar el cariño o la *unión entre ↘personas: 'La desgracia estrecha a las familias'. **3** *Apretar ↘algo o a alguien con los brazos o las manos: 'Le estrechó entre sus brazos. Le estrechó la mano al despedirse'. También recípr.: 'Se estrecharon en un amoroso abrazo'. **4** Empujar a ↘alguien con peticiones insistentes, con cierta táctica, con amenazas, etc., a decir o hacer cierta cosa. ≃ Manejar. **5** (ant.) **Contener a ↘alguien de que haga algo que intenta.* **6** prnl. Disminuir los gastos: *reducirse a gastar menos dinero o cualquier otra cosa.

estrechez **1** f. Cualidad de estrecho. ⊙ Particularmente, tratándose de un conducto orgánico. ⊙ *Falta de holgura de espacio o de tiempo. **2** *Apuro o dificultad. **3** (sing. o pl.) Escasez de *dinero o de medios económicos: 'Viven en la [o con mucha] estrechez. Está pasando las estrecheces de todos los finales de mes'. **4** *Austeridad de vida.* **5** *Se emplea también, significando en general limitación o pobreza de *ideas, con referencia a «mente» o «espíritu» o a «horizontes, ideas, miras», etc.*

estrecheza (ant.) f. *Estrechez.*

estrechía (ant.) f. *Estrechez.*

estrecho, -a (del lat. «strictus») **1** adj. De poca *anchura. ⊙ De menos anchura que la ordinaria o que otras cosas de la misma clase: 'Una calle [o cinta] estrecha'. **2** («Ser, Estar, Venir») Se aplica a una cosa colocada alrededor de otra, que queda excesivamente apretada: 'Este traje te está estrecho'. ≃ Ajustado, apretado, *ceñido, justo. **3** Aplicado a un espacio, demasiado *pequeño para lo que contiene o para el uso que presta: 'Tiene el almacén en un local estrecho'. **4** («Estar») Metido en un espacio demasiado justo: 'Íbamos muy estrechos en el autobús'. ≃ *Apretado. **5** Aplicado a «amistad, dependencia, relación» o palabras semejantes, muy *íntimo. ⊙ Aplicado a «parentesco», muy próximo. **6** adj y n. *Rígido en las ideas o principios. ⊙ (inf.) Particularmente, respecto a las relaciones sexuales. **7** m. Porción de *mar situada entre dos tierras próximas. **8** **Apuro o dificultad.* **9** (pl.) **Juego, también llamado «de damas y galanes», al que era costumbre jugar en la víspera de Reyes, que consistía en emparejar por sorteo a las jóvenes con los jóvenes.* **10** *Cada dama o galán respecto del que salía emparejado con ellos en ese juego.* ⇒ Mote.

□ CATÁLOGO

Ahogado, ajustado, angosto, apretado, capilar, ceñido, *delgado, escurrido, justo, lineal, reducido. ➤ Angostura, apretura, callejón, caluma, cañón, chiribitil, cintura, colada, coladero, constricción, constrictura, *cuchitril, cuello, degüello, delgado, desfiladero, estenosis, estrangulación, estrechamiento, *estrechura, garganta, hocino, hoz, istmo, lengua, pasa, pasadizo, pasaje, *paso. ➤ Canal, euripo, freo, paso, silanga. ➤ Transfretar. ➤ Bocana. ➤ Entrar con CALZADOR, hornaguear, no caber de PIES, estar como PIOJO[s] en costura, estar como SARDINAS en lata [en banasta o en cuba]. ➤ *Cerrar[se], contraer[se], enangostar, ensangostar, estrangular, estrechar, meter, reducir. ➤ Tirar.

estrechón m. MAR. *Socollada: sacudida que dan las *velas cuando cesa el viento que las hincha.*

estrechura **1** f. Estrechez de un espacio. **2** *Intimidad.* ≃ Estrechez. **3** *Apuro. ≃ Estrechez. **4** Austeridad. ≃ Estrechez.

estregadera f. **Cepillo fuerte para estregar.*

estregadero **1** m. *Lugar a donde acuden los animales a restregarse.* **2** *Lavadero: sitio donde se *lava la ropa.*

estregadura o **estregamiento** f. o m. Acción y efecto de estregar[se]. ⊙ *Rozadura: erosión causada al estregarse.

estregar (del lat. vulg. «stricāre») tr. y prnl. *Restregar: *pasar algo con fuerza y repetidamente sobre una ↘cosa: 'Estregar los muebles con un trapo [los cacharros con el estropajo, la ropa con los puños al lavarla]'. También reflex.: 'La mula se estriega contra la pared'. ≃ Frotar.

□ CONJUG. como «acertar».

estregón m. Acción y efecto de estregar[se].

estrelitziáceo, -a adj. y n. f. BOT. *Se aplica a las *plantas de la familia a la que pertenece el patajú, que son hierbas o árboles tropicales cultivados como plantas ornamentales.* ⊙ f. pl. *Familia que forman.*

estrella (del lat. «stella») **1** f. *Astro que tiene luz propia. En lenguaje no científico no se aplica esta designación al Sol. **2** Figura con que se representa convencionalmente una estrella, consistente en un conjunto de puntas o de rayas, generalmente de la misma longitud, que parten todas de un punto, dispuestas circularmente. ⊙ Objeto de esa *forma; por ejemplo, las que usan en el uniforme como *distintivo los militares. **3** *Lunar de pelos blancos que tienen algunas *caballerías en la frente. **4** Artista, particularmente de cine, que ha alcanzado ya mucha fama. ⊙ (inf.) Por extensión, se aplica a cualquier persona que *sobresale en alguna actividad. ≃ As. ⊙ Puede usarse en aposición referido a algo que destaca sobre el resto en determinadas circunstancias: 'Los tiburones son los animales estrella del acuario'. **5** Supuesta predeterminación para cada persona de lo que ha de ocurrirle: 'Lo quiso mi estrella'. ≃ *Destino, fortuna, hado, sino, suerte. ⊙ Con los adjetivos «buena» o «mala», supuesta causa determinante de los sucesos favorables o adversos para alguien: 'Tener buena o mala estrella'. ≃ *Suerte. ⊙ (inf.) Se usa en frases como «no es lo mismo nacer con estrella que nacer estrellado» con las que se pondera la buena o la mala suerte de alguien. **6** FORT. *Fuerte o muralla en figura de estrella.* **7** *Cierta clase de *lienzo.* **8** *Pieza del torno de *seda en forma de estrella con radios o puntas, que engrana con otra pieza para moverla o ser movida por ella.*

ESTRELLA DE DAVID. Estrella de seis puntas, formada por dos triángulos enlazados, símbolo del judaísmo.

E. FUGAZ. Cuerpo celeste, posiblemente trozo o un conjunto de ellos procedentes de un planeta fragmentado, que, particularmente en ciertos días del año, se aprecia en el cielo trazando rápidamente una raya luminosa y dando la impresión de una estrella que se desplaza. ⇒ Bólido, escudo, exhalación. ➤ Gemínidas, Leónidas, Oriónidas, Perseidas. ➤ *Aerolito.

E. DE MAR (*Echinaster sepositus*). Equinodermo de cuerpo comprimido, en forma de estrella de cinco puntas. ≃ Estrellamar.

E. DE NAVIDAD. *FLOR de Pascua (planta euforbiácea).*
E. DE RABO. **Cometa.*
E. TEMPORARIA. ASTRON. *Nova: estrella que adquiere repentinamente brillo superior al ordinario y lo mantiene cierto tiempo.*
LEVANTARSE alguien CON LAS ESTRELLAS. *Madrugar mucho.
NACER alguien CON ESTRELLA. Tener mucha *suerte en la vida.
TACHONADO DE ESTRELLAS. Lleno de estrellas, con referencia al cielo.
VER LAS ESTRELLAS. Sentir un *dolor físico muy fuerte, por ejemplo por un golpe.

□ CATÁLOGO

Otras formas de la raíz, «aster-, astr-, estel-»: 'asterisco, asterismo, asteroide; astrífero, *astronomía; estelar, estelífero, esteliforme, interestelar'. ➤ Otra raíz, «sider-»: 'sideral, sidéreo'. ➤ Astro, espársil, lucero, luminar, nova, púlsar, supernova. ➤ Brillo, centelleo, magnitud, parpadeo, rayo, titilación. ➤ *Constelación, CÚMULO estelar, galaxia, nebulosa, *zodiaco. ➤ *Planeta. ➤ Asterisco, SELLO de Salomón.

estrellada (de «estrella») f. **Amelo (planta compuesta).*

estrelladera f. *Utensilio de *cocina, especie de rasera, usado para sacar de la sartén los huevos estrellados.*

estrelladero m. *Especie de *sartén usada para hacer «huevos dobles quemados».*

estrellado, -a 1 Participio adjetivo de «estrellar»: 'Cielo estrellado'. ⊙ Se aplica al *caballo que tiene una estrella en la frente. **2** *De *forma de estrella.*

estrellamar (de «estrella de mar») **1** f. *(Plantago coronopus)* *Planta plantaginácea semejante al llantén. ≃ HIERBA estrella. **2** ESTRELLA de mar.

estrellamiento 1 m. *Acción de estrellar o estrellarse.* **2** (ant.) *Conjunto de estrellas o porción de *cielo situada sobre determinada región.*

estrellar 1 tr. Llenar o sembrar de estrellas, por ejemplo el ↘cielo. **2** («contra») Lanzar con violencia una ↘cosa contra un sitio duro o dejarla caer contra el suelo, haciéndola pedazos: 'Estrellar una botella contra la pared'. ≃ *Estampar. ⊙ prnl. Tropezar o caer violentamente contra algo duro, causándose mucho *daño o *matándose. También se emplea con el significado de sufrir un accidente en automóvil, bicicleta, moto, avión, etc. **3** *Tropezar en algún asunto con una dificultad invencible o con alguien cuya oposición no se puede vencer. ⊙ *Fracasar. **4** tr. *Echar los ↘*huevos en la sartén para freírlos.*

estrellato m. Condición del artista, particularmente de cine, que llega a ser una estrella: 'Aquella película la lanzó al estrellato'.

estrellera (de «estrella») f. MAR. **Aparejo real.*

estrellería (ant.) f. **Astrología.*

estrellero[1] (ant.) m. **Astrólogo.*

estrellero[2], **-a** (de «estrella») adj. *Se aplica al *caballo que levanta mucho la cabeza.*

estrellón (aum. de «estrella») **1** m. *Fuego artificial en forma de estrella.* ⇒ *Pirotecnia. **2** *Figura de estrella muy grande que se coloca en lo alto de algún altar u otra cosa.* **3** (Ar., Chi., Hond.) **Choque violento.*

estremecedor, -a adj. Que causa estremecimiento (miedo).

estremecer (del lat. «ex» y «tremiscĕre», empezar a temblar) **1** tr. Hacer *temblar una ↘cosa: 'La explosión estremeció las casas'. ≃ Conmover, *sacudir. ⊙ Hacer *temblar a ↘alguien el frío, el miedo, la fiebre, etc. ⊙ prnl. Temblar alguien o algo. **2** tr. y prnl. *Trastornar[se] una ↘cosa; particularmente, una cosa sobre la que descansa otra cuya solidez queda así quebrantada: 'Estremecer los cimientos de la sociedad'. ≃ Sacudir. **3** *Asustar[se] o *aterrar[se]; particularmente, provocar [o sufrir] la misma sensación que la presencia real de un peligro el pensamiento de algo que ha podido o puede ocurrir: 'Me estremece pensar en el peligro que atravesamos [o en lo que ocurriría si se rompiese la cuerda]'.

□ CONJUG. como «agradecer».

estremecimiento m. Acción y efecto de estremecer[se]. Particularmente, *temblor, sacudida nerviosa o *escalofrío.

estremezo (Ar.) m. *Estremecimiento.*

estremezón 1 (Col.) m. *Estremecimiento.* **2** (Bad.) **Escalofrío.*

estremuloso, -a (de «es-» y «tremuloso»; ant.) adj. **Tembloroso.* ≃ Trémulo.

estrena (del lat. «strena») **1** f. **Regalo o donativo que hace alguien para celebrar algún acontecimiento feliz.* **2** (pl.) **Aguinaldos.* **3** (ant.) *Estreno.*

estrenar (de «estrena») **1** (ant.) tr. *Dar estrenas a ↘alguien.* **2** (ant.) *Galardonar.* **3** *Usar una ↘cosa por primera vez: 'Estrenar un vestido, una pluma'. ⊙ Usar una ↘cosa que no ha sido usada antes por otros: 'Nosotros estrenamos la casa'. ⊙ *Representar por primera vez una ↘obra de teatro u otro espectáculo. **4** («con») prnl. *Empezar a ejercer o practicar, o conseguir por primera vez, una cosa. ⊙ (inf.) Entre comerciantes, hacer la primera venta del día. ⇒ Emprimar, enguerar. ➤ *Nuevo.

estreno 1 m. Acción de estrenar[se]. **2** Primera función de una obra de teatro y otros espectáculos o primer pase de una película, acompañada a veces de cierto boato.
V. «CINE de estreno».
IR DE ESTRENO. Llevar alguna cosa nueva en la indumentaria.

estrenque (del fr. ant. «estrenc», cabo de cuerda en los barcos) **1** m. *Maroma o *cuerda gruesa de esparto.* ≃ Estrinque. **2** (Ar.) **Cadena gruesa usada para desatascar los carros.* ≃ Estrinque.

estrenuidad f. *Cualidad de estrenuo.*

estrenuo, -a (del lat. «strenŭus») adj. **Fuerte o *valiente.*

estreñido, -a («Estar, Ir, Ser») Participio adjetivo de «estreñir[se]».

estreñimiento («Padecer, Tener») m. Dificultad para evacuar el contenido intestinal.

estreñir (del lat. «stringĕre», apretar) **1** tr. Dificultar el curso y evacuación del contenido intestinal en ↘alguien. ⊙ prnl. Empezar a padecer estreñimiento. ⇒ Constipación, estipticidad, estiptiquez, estitiquez, estreñimiento. ➤ Estíptico, estreñido. ➤ *Laxar. ➤ *Astringir. **2** (ant.) prnl. *Apocarse o *encogerse.*

□ CONJUG. como «ceñir».

estrepada (del cat. «estrepada», acción de arrancar, sacudida) **1** f. *Cada esfuerzo conjunto que realizan los que *tiran de algo.* **2** MAR. *Cada esfuerzo que hacen a la vez los *remeros para bogar.* **3** MAR. **Arrancada.*

estrépito (del lat. «strepĭtus») **1** m. Ruido muy grande, como el de caerse muchas cosas a la vez, o el que hace mucha gente moviéndose y gritando. ≃ *Estruendo. **2** Ostentación o exageración en los movimientos, actividad, etc., para la realización de algo: 'No sabe hacer las cosas sin estrépito'. ≃ *Aparato.

estrepitosamente adv. Con mucho *ruido: 'Reírse estrepitosamente'. ⊙ Aparatosamente: 'Ha fracasado estrepitosamente'.

estrepitoso, -a 1 adj. Se aplica a lo que causa estrépito o se hace con estrépito: 'Una chifla estrepitosa'. 2 Muy ostensible o *espectacular: 'Un fracaso estrepitoso'.

estreptococia f. MED. Infección producida por estreptococos.

estreptocócico, -a adj. MED. De [o del] estreptococo o de [los] estreptococos.

estreptococo (del gr. «streptós», trenzado, y «-coco») m. BIOL. Variedad de *coco, o sea bacteria de forma redondeada, cuyos individuos se presentan agrupados en cadena.

estreptomicina (del gr. «streptós», trenzado, y «mýkēs», hongo) f. FARM. Antibiótico obtenido a partir del *hongo *Streptomyces griseus* y utilizado en el tratamiento de diversas infecciones bacterianas.

estrés (del ingl. «stress») m. Situación de tensión nerviosa prolongada, que puede alterar ciertas funciones del organismo. ⇒ Estresado. ➤ *Intranquilo.

estresado, -a Participio adjetivo de «estresar[se]».

estresante adj. Que causa estrés.

estresar tr. y prnl. Producir [o empezar a sufrir] estrés.

estrete m. *Cierta herramienta de *calafate.*

estría (del lat. «stria») 1 f. Raya hecha sobre una superficie, en hueco, o sea en forma de *surco estrecho. ⇒ Estrígilo. 2 Línea clara que aparece en la piel debido a un estiramiento excesivo; por ejemplo, después del embarazo.

estriación f. Acción y efecto de estriar[se].

estriado, -a (de «estriar») Participio adjetivo de «estriar[se]». ⊙ V. «MÚSCULO estriado».

estriar (del lat. «striāre») tr. Formar estrías en una ↘cosa. ≃ Istriar. ⊙ prnl. Formar estrías una cosa.
□ CONJUG. como «desviar».

estribación (de «estribar») f. Ramal lateral corto de una cordillera. ≃ Contrafuerte, estribo. ⇒ *Montaña.

estribadero (de «estribar») m. *Cualquier cosa o sitio que sirve para que otra se *apoye y haga fuerza.*

estribar (de «estribo») 1 («en») intr. *Apoyarse una cosa que hace fuerza, en otra. ⇒ Albanar. 2 («en») Tener una cosa su razón o apoyo en algo que se expresa: 'Su poder estriba en su dinero. La belleza de este cuadro estriba en el colorido. En eso estriba la dificultad'. ≃ *Consistir, estar, radicar, residir. 3 (acep. causativa) tr. Hacer que una ↘cosa descargue su peso o se apoye para hacer fuerza sobre otra: 'Estribar la palanca en una piedra'. ≃ *Apoyar. 4 prnl. *Caerse un jinete quedándose colgado de un estribo.*

estribera 1 f. *Estribo de montar.* 2 *Estribo de la *ballesta.* 3 (Ar., Sal.) **Media sin pie sujeta con una trabilla.* ⊙ *Trabilla de esta media.* 4 (Arg.) **Ación.*

estriberón (aum. de «estribera») 1 m. *Resalto colocado a trechos en un paso difícil, por ejemplo en *pendiente muy pronunciada o resbaladiza, para que sirva de *apoyo a los pies.* 2 MIL. *Paso artificial practicado en un terreno pantanoso o accidentdo para que puedan pasar tropas o material militar.*

estribillo (dim. de «estribo») 1 m. Frase en verso con que empiezan algunas composiciones poéticas o que se *repite después de cada estrofa. ≃ Contera. ⇒ Jarcha, villancico. 2 («Coger») *Muletilla: palabra o frase que, por vicio, se repite frecuentemente cuando se habla.

estribo 1 m. Cada uno de los dos objetos que penden uno a cada lado de la silla de *montar, en los cuales se meten y apoyan los pies. ⇒ Estafa, estribera. ➤ Acción, arricés, codillo, cuja, hondón. ➤ Engargantar. 2 Pieza situada a cada lado de una motocicleta para apoyar los pies. 3 Plancha que, a modo de escalón, sirve para subir o bajar en algunos vehículos. ⇒ Codillo, zancajera. 4 TAUROM. Saliente que hay en la parte inferior de la barrera de las *plazas de toros en que el torero se apoya para saltar al callejón. 5 ARQ. Refuerzo que contrarresta el empuje de un arco o una bóveda. ≃ *Contrafuerte. ⊙ ARQ. Refuerzo añadido a un muro por su parte exterior hasta cierta altura, o a una tapia. ⇒ *Machón. 6 **Fundamento.* 7 *Pequeño anillo de hierro que se fija en la cabeza de la *ballesta.* 8 *Pequeña plancha de hierro en forma de grapa que se emplea para sujetar; por ejemplo, una pieza de la *armadura de tejado a otra.* 9 CONSTR. **Madero que se coloca a veces horizontalmente sobre los tirantes, en el que se apoyan los pares de la *armadura de tejado.* 10 Estribación de una cordillera. 11 ANAT. Uno de los huesecillos del *oído medio.

ESTAR SOBRE LOS ESTRIBOS. Estar alerta. ⇒ *Vigilar.

HACER PERDER LOS ESTRIBOS. *Enfadar, *irritar o *encolerizar a alguien.

PERDER LOS ESTRIBOS. 1 Salírsele los pies de ellos involuntariamente al jinete. 2 *Enfadarse, *irritarse o *encolerizarse. ⊙ Disparatar: decir desatinos o palabrotas. 3 Perder la serenidad por *miedo.

V. «estar con un PIE en el estribo».

estribor (del fr. ant. «estribord») m. MAR. Costado derecho del *barco mirando desde la popa.

estribote m. LIT. *Composición *poética antigua en estrofas con «estribillo».*

estricarse (del lat. «extricāre»; ant.) prnl. **Desenvolverse.* ≃ Manejarse.

estricia (del lat. «strictus», estrecho; ant.) f. *Estrechez, *apuro o *conflicto.*

estricnina (del gr. «strýchnos», nombre de varias plantas solanáceas venenosas) f. QUÍM. *Veneno muy activo que se extrae de la nuez vómica y otras plantas.

estricote (de un sup. fr. ant. «estricot», garrote; Ven.) m. *Vida licenciosa.*

AL ESTRICOTE. *Al retortero.* ⇒ *Baquetear.

estrictamente adv. De manera estricta. ⊙ *Rigurosamente: sin concesiones, excepciones o amplitud en la interpretación: 'Estrictamente confidencial. Lo estrictamente indispensable'.

estrictez (Arg., Chi., Perú) f. **Rigor.*

estricto, -a (del lat. «strictus», part. pas. de «stringĕre», estrechar) 1 adj. *Exacto y *riguroso. ⊙ Sin nada sobrante o superfluo. ⊙ Sin concesiones o excepciones: 'La aplicación estricta de la ley. El cumplimiento estricto del deber. Una economía estricta. Una moral estricta'. ⇒ A PALO seco, a rajatabla, a secas. ➤ *Exacto. *Preciso. *Riguroso. 2 Expresa también que se trata precisamente de la cosa expresada por el nombre sin mezcla o acompañamiento de otras consideraciones o circunstancias: 'De estricta necesidad. De estricta justicia'. 3 Aplicado a personas, *exacto o riguroso en el cumplimiento, la aplicación, la interpretación, etc., de la cosa que se expresa: 'Estricto en el cumplimiento de su deber [o en la aplicación de la ley]'.

estridencia f. Cualidad de estridente. ⊙ Cosa estridente. ⇒ *Estridente.

estridente (del lat. «strīdens, -entis») 1 adj. Se aplica a los *sonidos agudos, fuertes y no agradables; como el pitido de un tren. ⊙ Se aplica también a las cosas que los producen. ⇒ Agrio, agudo, áspero, brusco, *chillón, chirriante, desapacible, destemplado, detonante, discordante, explosivo, instridente, insuave, irritante, llamativo, penetrante, ruidoso. ➤ Chirrido, desentonación, estridencia, estridor, ex abrupto, garlido, SALIDA de tono. ➤ *Armonioso. *Suave. **2** Se aplica también a otras cosas que afectan a sentidos distintos del oído o producen impresiones no sensoriales; en general, a cualquier cosa en que hay exageración o *violencia, o sea que produce impresión contraria de lo suave o sedante; por ejemplo, a los colores demasiado vivos o en contraste violento con lo que los rodea. ⊙ Con sentido semejante se aplica a las personas; por ejemplo, a las que expresan con exageración o violencia sus estados de ánimo, sean los que sean. ⊙ O a las que están habitualmente en desacuerdo con las demás o con lo que las rodea y lo manifiestan de manera hiriente o molesta.

estridor (del lat. «stridor, -ōris») m. **Sonido estridente.*

estridular (del lat. «stridŭlus», chirriante) intr. **Chirriar.*

estriga (Gal.) f. *Porción de *lino que se va poniendo en la rueca.*

estrige (del lat. «strix, -igis) f. **Lechuza (ave rapaz).*

estrígido, -a adj. y n. f. ZOOL. *Se aplica a las *aves nocturnas de la familia a que pertenecen la lechuza, el mochuelo y otras semejantes.* ⊙ f. pl. ZOOL. *Esa familia.*

estrigiforme (de «estrige»» y «-forme») adj. y n. m. ZOOL. *Se aplica a un grupo de aves rapaces de costumbres nocturnas, cuello corto y cabeza grande con ojos muy desarrollados; como el búho o la lechuza.* ⊙ m. pl. ZOOL. *Orden que forman.*

estrígil (del lat. «strigĭlis»; ant.) m. *Riel (barra de metal).*

estrígila (del lat. «strigĭlis», especie de almohaza, por las acanaladuras en forma de S que tenía este instrumento) f. **Cepillo que usaban los *romanos para frotarse el cuerpo en el baño.*

estrigilación f. *Operación de frotar el cuerpo con un cepillo después del *baño.*

estrígilo 1 m. *Decoración escultórica, característica de ciertos *sepulcros cristianos primitivos, consistente en estrías ondulantes paralelas.* **2** ZOOL. *Órgano que tienen ciertas *abejas en la unión de la tibia y el tarso de las primeras patas.*

estrillar (del sup. lat. «strigilāre», raspar, rascar; ant.) tr. *Restregar a las ↘*caballerías.*

estringa (del lat. «stringĕre», apretar; ant.) f. **Cinta para atar.* ≃ Agujeta.

estrinque (de «estrenque») **1** m. MAR. **Cuerda.* ≃ Estrenque. **2** (Alb.) **Cadena para desatascar el *carro.* ≃ Estrenque. **3** (Pal.) *Argolla que lleva cada vara del *carro para atar las caballerías.*

estro (del lat. «oestrus», del gr. «oîstros», tábano) **1** (lit.) m. *Inspiración: capacidad creadora de los artistas y, particularmente, de los poetas. **2** *Periodo de *celo de los mamíferos; particularmente, de las hembras.* **3** *Se aplica a diversas moscas de gran tamaño, entre ellas al moscardón, cuyas larvas son parásitas internas de mamíferos.*

estróbilo (del lat. «strobĭlus», del gr. «stróbilos») **1** m. BOT. **Piña.* **2** ZOOL. *Conjunto de órganos o de segmentos que, por estar éstos colocados ordenadamente de mayor a menor, tiene forma *cónica.* **3** ZOOL. *Estado avanzado en el desarrollo de los cnidarios escifozoos.*

estrobo (del sup. lat. «strophus», var. de «struppus», del gr. «stróphos», cuerda) m. MAR. *Pedazo de *cabo unido por sus extremos, que se emplea para cualquier uso; por ejemplo, para sujetar el remo al tolete o para suspender cosas pesadas.* ≃ Arza. ⇒ Salvachia.

estroboscopio 1 m. Antiguo dispositivo óptico que, al girar, producía ilusión de movimiento a partir de imágenes fijas. **2** Aparato que emite breves destellos luminosos que hace aparecer como inmóvil, o con movimiento lento, lo que se mueve con un movimiento periódico rápido; se usa, por ejemplo, para medir la velocidad de giro del plato de un tocadiscos.

estrofa (del lat. «stropha», del gr. «strophḗ», vuelta) **1** f. Cada uno de los conjuntos de versos, en número y de forma determinados, en que se distribuye una composición *poética. **2** LIT. *En la lírica coral griega, primera parte del *canto, el cual constaba de «estrofa, antistrofa» y, a veces, «epodo».*

□ CATÁLOGO

Aleluya, antistrofa, bermudina, castellana, copla, COPLA de arte mayor, COPLA de pie quebrado, cuartel, cuarteta, cuarteto, cuartilla, décima, dístico, endecha [real], epoda [o epodo], espinela, estancia, letrilla, lira, octava, OCTAVA real, octavilla, pareado, quinteto, quintilla, redondilla, seguidilla, SEGUIDILLA chamberga, serventesio, sextilla, sextina, tercerilla, terceto, cuaderna VÍA. ➤ Contera, *estribillo. ➤ Sáfica, tetrástico. ➤ Monóstrofe, tetrástrofo. ➤ *Poesía. *Pie. *Verso.

estrofanto (del gr. «strophḗ», vuelta y «ánthos», flor) m. **HIERBA doncella (planta apocinácea).*

estrófico, -a 1 adj. De la estrofa. **2** Dividido en estrofas.

estrógeno (de «estro» y «-geno») m. FISIOL. *Hormona a la cual se debe la aparición de los caracteres sexuales secundarios femeninos durante el crecimiento.

estroma (del gr. «strôma», tapiz) **1** (ant.) f. **Alfombra.* **2** BIOL. *Trama de los *tejidos que sostiene los elementos celulares.*

estronciana (del ingl. «strontian», tomado del nombre del pueblo de Escocia donde se halló este mineral por primera vez) f. *Óxido de estroncio, que se halla en la naturaleza combinado con los ácidos carbónico y sulfúrico, y se obtiene artificialmente en forma de polvo gris.* ⇒ *Mineral.

estroncianita (de «estronciana») f. **Mineral de estroncio que se usa en *pirotecnia por el color rojo que da al arder.*

estroncio (de «estronciana») m. Metal, n.º atómico 38, que descompone el agua a la temperatura ordinaria. Símb.: «Sr». ⇒ Celestina.

estropajear tr. CONSTR. *Pasar un estropajo por las ↘paredes ya enlucidas para limpiarlas.*

estropajo (¿de «estopa»?) **1** m. Porción de esparto machacado, que se emplea para *fregar. ⊙ Porción de otros materiales, por ejemplo plástico o aluminio, que se usa para el mismo fin. ≃ Esparto, fregador, fregajo. ⇒ Zacate. **2** *Planta cucurbitácea, cuyo fruto desecado se emplea como *esponja. **3** (Chi., Cuba, R. Dom.) *Paño de cocina.*

ESTROPAJO DE ALUMINIO. El de este material. Suele utilizarse esta denominación para distinguirlo de los que se fabrican con otros materiales, a los que se llama, simplemente, «estropajo».

V. «LENGUA de estropajo».

estropajosamente adv. Con lengua estropajosa.

estropajoso, -a 1 adj. Se aplica a algunas cosas fibrosas y ásperas; por ejemplo, a la *carne difícil de mascar. **2** Aplicado a personas, andrajoso o *descuidado.

V. «LENGUA estropajosa».

estropeado, -a Participio adjetivo de «estropear[se]».

ESTAR alguien MUY ESTROPEADO. Estar envejecido o deteriorado físicamente.

estropear (del it. «stroppiare») **1** tr. y prnl. Poner[se] una ↘cosa en mal estado o en peor estado del que tenía. ⊙ Poner[se] inservible, mala o con aspecto de vieja cualquier ↘cosa: 'Estropeó la camisa de seda metiéndola en lejía [el caldo poniéndole demasiada sal]. Las heladas han estropeado la fruta. Estropeó los zapatos nuevos metiéndose en los charcos'. ⊙ Poner[se] feo: 'Ese lazo estropea el vestido'. ⊙ Volver[se] feo o viejo ↘algo o a alguien: 'Esa crema estropea el cutis. Le han estropeado los años [o los disgustos]'. ≃ *Ajar. **2** Dejar [o quedar] una ↘cosa inservible al tratar de utilizarla: 'Estropeó la tela del vestido al cortarlo'. ≃ *Desperdiciar. **3** Malograr[se] un ↘plan, proyecto, etc.: 'La enfermedad ha estropeado mis planes. Se ha propuesto estropearnos la fiesta'. ≃ *Frustrar[se]. **4** tr. *Lisiar a ↘alguien.* **5** CONSTR. *Volver a batir el ↘mortero o *argamasa.*

□ CATÁLOGO

Abollar[se], *afear, *afectar, afollar[se], *agriar[se], *agusanar[se], ahuesarse, *ajar[se], *alterar[se], *apolillar[se], arañar[se], arraezar[se], averiar[se], *aviejar[se], cagar, carcomer[se], castigar, *chafar[se], changar, comalecerse, *contaminar[se], *corroer, dañar, *decaer, *deformar, *degenerar, degollar, *desarreglar[se], *desbaratar[se], descomponer[se], desconchar[se], desfigurar, desflorar, *desgastar, desgraciar, *deshacer, *deslucir[se], deslustrar[se], desmejorar[se], *desmerecer, desordenar[se], desperfeccionar, destorpar, *destrozar, *destruir, *desvirtuar, deteriorar, deturpar, *disminuir, *empeorar[se], entronecer, *envejecer, envenenar[se], *enviciar[se], *envilecer[se], esguardamillar, estragar, *frustrar[se], gusanar[se], hollar, *impurificar, injuriar, inutilizar[se], joder[se], jorobar[se], madrearse, malear[se], malograr[se], maltratar, *manchar[se], marchitar[se], marearse, *menoscabar[se], mustiar[se], padecer, echar[se] a PERDER, *perjudicar[se], perturbar[se], *pervertir[se], *pudrir[se], *quemar[se], rahezar[se], *raspar[se], *romper[se], *rozar[se], salar, *trastornar[se], zalear. ➤ Alteración, *daño, *deterioro, *fechoría, *menoscabo, *perjuicio, trastorno. ➤ Asendereado, baqueteado, chuchurrido, hecho una DESDICHA, en ESTADO lamentable, en ESTADO lastimoso, estropeado, fadrubado, gastado, hecho un GUIÑAPO, hecho un HIGO, hecho una LÁSTIMA, malparado, *maltrecho, hecho una MIERDA, quebrado, a la virulé. ➤ Delicado.

estropeo m. *Acción y efecto de estropear[se].*

estropezar (ant.) intr. **Tropezar.*

estropicio (de «estropear») **1** (inf.; «Armar[se], Hacer un») m. Ruido grande como de cosas que se caen o se rompen. ≃ Estrépito, estrapalucio. ⇒ *Estruendo. **2** *Rotura o trastorno de cosas, aparatoso pero de poca importancia: 'Los chicos me han hecho un estropicio en mi mesa de trabajo'. **3** *Aparato o *jaleo. Exceso de movimiento o de actividad para cierta cosa.

estructura (del lat. «structūra») **1** f. Manera general, a veces especificada con un adjetivo, de estar dispuestas las partes de una cosa: 'Estructura de un edificio [de un tejido, de un organismo, de un cuerpo químico, de un poema]'. ≃ Disposición. ⇒ Arreglo, *aspecto, *colocación, configuración, disposición, distribución, *forma, grano, *orden, textura, traza. ➤ Amorfo, blando, compacto, concoideo, cristalino, duro, granuloso, *hojoso, pulverulento. **2** Conjunto de piezas que sostiene y da fuerza a algo; por ejemplo, a un *edificio o un *barco: 'Edificio de estructura metálica'. ≃ Armadura, armazón, esqueleto. **3** Conjunto de elementos interrelacionados que forman una unidad. ⊙ Tiene amplia aplicación como concepto científico: 'Estructura atómica, estructura gramatical'.

estructuración f. Acción y efecto de estructurar.

estructural **1** adj. De la estructura de una cosa. **2** Del estructuralismo o conforme a sus principios.
V. «GRAMÁTICA estructural».

estructuralismo m. Teoría y metodología científicas que toman como hipótesis que los datos analizados constituyen una estructura. ⇒ *Saber.

estructuralista adj. Del estructuralismo o conforme a sus principios. ≃ Estructural. ⊙ adj. y n. Seguidor de esta teoría y metodología científicas.

estructurar tr. Dar a una ↘cosa determinada estructura.

estruendo (¿del lat. «ex» y «tonĭtrus», trueno?) **1** m. Ruido muy grande, ensordecedor, como el de unas cataratas, el de un tren pasando próximo o el de muchas cosas cayéndose. ≃ Estrépito. ⇒ Estrapalucio, estrépito, estridencia, estridor, estropicio. ⊙ *Jaleo armado por muchas personas gritando o moviéndose. **2** **Lujo o *esplendor con que se hace algo:* 'Se casaron con mucho estruendo'.

estruendoso adj. Muy ruidoso, ensordecedor.

estrujador, -a adj. *Aplicable a lo que sirve para estrujar.*

estrujadora f. *Utensilio para estrujar o *exprimir.* ≃ Exprimidera, exprimidor.

estrujamiento m. Acción de estrujar.

estrujar (del sup. lat. vulg. «extorculāre», exprimir) **1** tr. Apretar una ↘cosa para sacarle el jugo u otra cosa que tenga dentro: 'Estrujar un limón'. ≃ Exprimir. ⇒ Achuchar, apañuscar, apretujar, atortujar, braznar. ➤ *Apretar. *Exprimir. *Prensa. **2** *Apretar una ↘cosa blanda arrugándola, aplastándola o deformándola: 'Estrujó el periódico entre sus manos'. **3** Sacar de ↘alguien o de algo en trabajo, dinero, etc., todo lo que puede dar de sí: 'Estruja a sus clientes. Estruja la hacienda'. También reflex.: 'Se estruja la cabeza, pero no saca nada de ella'. ≃ *Exprimir.

estrujón m. Acción de apretar una vez estrujando. ≃ Apretón, apretujón. ⊙ *Vuelta dada con la briaga a la uva con que se hace el *aguapié.* ⊙ (And.) *Primer prensado de la *aceituna.*

estrumpido (de «estruendo» y «estampido»; Sal.) m. *Estallido.*

estrumpir (de «estrumpido»; Sal.) intr. **Estallar.*

estrupar (ant.) tr. *Estuprar.*

estrupo (ant.) m. *Estupro.*

estrutioniforme adj. y n. f. ZOOL. *Se aplica a las *aves del orden al que pertenece el *avestruz, que son aves de gran tamaño, no voladoras y de patas largas con sólo dos dedos.* ⊙ f. pl. ZOOL. *Orden que forman.*

estruz (del occit. «estrutz», del lat. «struthĭo, -ōnis», y éste del gr. «stroythíōn»; ant.) m. *Avestruz.*

estuación (del lat. «aestuatĭo, -ōnis», ardor) f. *Creciente de la *marea.*

estuante (del lat. «aestŭans, -antis») adj. *Demasiado *caliente, o encendido.*

estuario (del lat. «aestuarĭum») m. Terreno inmediato a la orilla de una ría, por donde se extienden las aguas de las mareas. ≃ Estero, restañadero.

estucado **1** Participio adjetivo de «estucar». **2** m. Enlucido de estuco. ≃ Estuco.

estucador adj. y n. Se aplica al que estuca paredes.

estucar **1** tr. *Enlucir o blanquear ↘algo con estuco. **2** Colocar piezas de estuco sobre una ↘superficie.

estuchar tr. Meter un ↘producto en un estuche como última fase de su fabricación.

estuche (del occit. «estug») **1** m. *Caja o *funda adecuada para guardar un objeto determinado o un juego de ellos: 'El estuche de las gafas'. ⊙ Esa caja junto con el contenido de ella: 'Un estuche de cirugía [o de peines]'. ⇒ *Bolsa, bucheta [o bujeta], *caja, *cartera, escriño, garniel, joyero, neceser, pistolera, portamonedas, tambarillo. ➤ *Embalaje. *Funda. *Vaina. **2** *Entre peineros, peine menor que el mediano y mayor que el tallar.* **3** *En algunos juegos de *baraja, como los del hombre, cascarela y tresillo, conjunto de espadilla, malilla y basto reunidos en una mano; en el tresillo se llaman también «estuche» los naipes del palo que se juega, subsiguientes en valor a los tres antedichos, cuando se juntan con ellos en una mano.* **4** *Cada una de las tres cartas de que se compone el estuche de la acepción anterior.* **5** (inf.; n. calif.) *Persona que tiene *habilidad para muchas cosas: 'Esa chica es un estuche'. También «estuche de monerías».*

ESTUCHE MAYOR. *En el tresillo, conjunto de mala, rey, as de bastos y as de espadas, o de estas cartas y el punto, según los casos.*

E. MENOR. *«Estuche mayor», menos el as de espadas.*

estuco (del it. «stucco») **1** m. Masa de yeso blanco y agua de cola que se emplea para *enlucir paredes, hacer objetos de *escultura y recubrir superficies que se han de *dorar o *pintar. **2** Masa hecha con cal muerta y polvo de mármol, con que se hace un enlucido al que se da lustre después con aguarrás y cera y resulta lavable. ⊙ Enlucido hecho en esa forma. ≃ Marmoración.

estucurú (C. Rica) m. *Nombre aplicado a cualquier *ave nocturna del grupo de las estrigiformes.* ⇒ *Lechuza.

estudiado, -a **1** Participio de «estudiar». **2** adj. Falto de naturalidad o espontaneidad. ⇒ *Afectación.

estudiantado m. Conjunto de los estudiantes en general, o de los de un determinado centro docente. ≃ Alumnado.

estudiante **1** n. Persona que cursa estudios, particularmente de grado secundario y superior: 'Un baile de estudiantes. El carnet de estudiante'. ⇒ *Estudiar. **2** *Persona que se dedicaba a «estudiar» o ayudar a aprender sus papeles a los *actores.*

estudiantil adj. De estudiantes.

estudiantina **1** f. *Conjunto musical formado por estudiantes vestidos con trajes a estilo de los antiguos. **2** Comparsa carnavalesca con trajes imitando los antiguos de los estudiantes. ⇒ Tuna.

estudiar (de «estudio») **1** tr. o abs. Aplicar la inteligencia a *aprender o comprender ↘algo. ⊙ Particularmente, leer atentamente lo que dice un libro sobre cierta ↘materia, para aprenderlo: 'Se pasó su vida estudiando. Estudiaba el vuelo de las aves. Estudia filosofía. Está estudiando la lección de mañana'. ⊙ Recibir enseñanza en cierto centro o de cierto profesor: 'Estudia en el instituto. Estudia latín con un buen latinista'. ⊙ tr. *Pensar insistentemente sobre un ↘asunto para resolver sobre él: 'Estudiar una propuesta [o un proyecto]'. ⊙ Buscar la ↘solución de algo. **2** *Leerle a otra persona la ↘lección o, particularmente, el papel que tiene que *aprenderse, y ayudarle a aprenderlo.* **3** (ant.) **Cuidar atentamente.* **4** PINT. *Copiar de modelo o del natural.*

□ CATÁLOGO

Adiestrarse, aplicarse, calentarse la CABEZA, no levantar la CABEZA, cascar, calentarse [o romperse] los CASCOS, quemarse las CEJAS, chapar, desgastarse [o romperse] los CODOS, cursar, darle, despestañarse, ejercitarse, embotellar, empollar, enfocar, especular, meterse en HONDURAS, indigestarse, *investigar, lucubrar, machacar, *pensar, preparar, repasar, seguir, trabajar. ➤ Actuar, aprobar, apuntar, tomar la BORLA, cursar, doctorarse, egresar, examinarse, graduarse, ingresar, licenciarse, pasar, recibirse, revalidarse. ➤ Cuodlibeto, disquisición, dominical, estudio, *examen, exposición, memoria, reparación, repetición, sabatina, tesis. ➤ Deberes, tarea. ➤ Colación, ingreso, preparatorio, reválida. ➤ *Bachillerato, doctorado, *grado, GRADUADO escolar, licencia, LICENCIA de artes, licenciatura, peritaje. ➤ Cuadrivio [o cuadrivium], trivio [o trivium]. ➤ Asignatura, disciplina, materia. ➤ *Asunto, *cuestión. ➤ Arquitectura, cánones, *carrera, ciencias, CIENCIAS económicas, CIENCIAS políticas, comercio, derecho, farmacia, filosofía, FILOSOFÍA y letras, FORMACIÓN profesional, humanidades, ingeniería, letras, medicina, teología, veterinaria. ➤ Facultad. ➤ *Alumno, arrastrante, bolonio, cadete, calasancio, chofista, cuida, decurión, empollón, escolapio, escolar, estudiante, galonista, goliardo, graduando, laureando, manteísta, mayorista, medianista, medianos, minimista, mínimos, normalista, novato, obispillo, pascasio, pitagorín, seminarista, sopista, sustentante. ➤ Decuria. ➤ Rótulo. ➤ Orla. ➤ COLEGIO mayor, residencia. ➤ Beca, capirote, hopalanda. ➤ Contenta, MATRÍCULA de honor, parce, PREMIO extraordinario. ➤ Estudiantina, tuna. ➤ AÑO académico [o escolar], currículo, curso, horario, incompatibilidad, *plan, *programa. ➤ PANZA de burra. ➤ *Título. ➤ SEMANA blanca, vacaciones. ➤ Facultativo, intelectual, universitario. ➤ Estudioso, RATÓN de archivo [o de biblioteca]. ➤ Científico, doctrinal. ➤ *Beca, colegiatura, prebenda. ➤ ESTORBAR lo negro, ahorcar [o colgar] los LIBROS. ➤ *Alumno. *Aprender. *Ciencia. *Enseñanza. *Examen. *Profesor. *Universidad.

□ CONJUG. como «cambiar».

estudio (del lat. «studĭum») **1** m. Acción de *estudiar. **2** Trabajo que es resultado del estudio de una cuestión: 'Un estudio sobre economía'. **3** (pl.) Conjunto de cosas que se estudian de una cierta materia: 'Los estudios filosóficos'. ⊙ (pl.) Conjunto de materias estudiadas en cierta preparación: 'Los estudios de bachillerato'. ⊙ (sing. o pl.) Actividad de estudiar: 'Le costea los estudios a un sobrino suyo'. **4** ESTUDIO de gramática. **5** *Habitación de una casa donde trabaja una persona dedicada a actividades intelectuales o un artista: 'Un estudio de pintor [o de arquitecto]'. ⊙ Puede ser también un piso o edificio, especialmente cuando esa actividad tiene carácter profesional: 'Estudio de arquitectura'. **6** Piso pequeño, generalmente de una sola pieza, sin contar el cuarto de baño. **7** (pl.) Conjunto de instalaciones con el equipamiento necesario para rodar películas, realizar emisiones de radio o llevar a cabo grabaciones discográficas. **8** *Dibujo o pintura que se hacen como tanteo, antes de hacerlos en el lugar definitivo, o como ejercicio para adiestrarse en ciertos aspectos o dificultades. **9** MÚS. Composición destinada al aprendizaje. **10** **Interés o *habilidad con que se hace una cosa.* **11** *Afectación.

ESTUDIO DE GRAMÁTICA. Centro de *enseñanza, de fines de la Edad Media y principios de la Moderna, donde se enseñaba gramática, latín y, a veces, filosofía, materias que servían de preparación para la universidad; se fija su número en España, durante cierta época, en cuatro mil. ⇒ Decurión, DECURIÓN de decuriones, mayorista, menorista, minimista. ➤ Decuria, mayores, menores, mínimos. ➤ Parce. ➤ *Estudiar.

ESTUDIO GENERAL [O ESTUDIOS GENERALES]. Nombre dado antiguamente a la *universidad.

DAR ESTUDIOS a alguien. Costeárselos.

EN ESTUDIO. Se dice del asunto que está siendo objeto de estudio.

TENER ESTUDIOS. Tener una carrera o haber cursado estudios.

estudiosamente adv. *Con estudio.*

estudiosidad f. *Cualidad de estudioso.*

estudioso, -a 1 adj. Se aplica al estudiante o escolar que estudia con aplicación. ≃ Aplicado. **2** n. Se aplica a la persona que se dedica al estudio.

estufa (de «estufar») **1** f. Utensilio destinado a calentar un recinto, que funciona quemando un combustible o mediante energía eléctrica. ⇒ Cañón. ➤ Tirar. **2** (Col., Guat., Méj., P. Rico, R. Dom.) *Cocina (dispositivo donde se guisa).* **3** Recinto cerrado con cristales, donde se resguardan las plantas del frío excesivo o se crían las que requieren temperatura especial. ≃ Invernáculo, *invernadero. **4** Utensilio que se utiliza en *hospitales y *laboratorios para desinfectar, secar, hacer cultivos, etc. **5** Local destinado en los establecimientos termales a producir en los enfermos un *sudor copioso. **6** *Cierto *carruaje antiguo, especie de carroza cerrada con cristales.* ⇒ Bávara.

ESTUFA DE DESINFECCIÓN. Utensilio de laboratorios, clínicas, etc., destinado a desinfectar mediante el calor. ⇒ Estufa.

CRIAR a alguien EN ESTUFA. Criarle con cuidos excesivos y, por ello, mal preparado para sufrir accidentes o contratiempos. ⇒ *Débil.

V. «FLOR de estufa».

estufador m. *Vasija de *cocina usada para hacer carne estofada.*

estufar (del sup. lat. vulg. «extufāre»; ant.) tr. **Calentar una ↘habitación.*

estufero m. *Estufista.*

estufido (Alb., Mur.) m. *Contestación *brusca. Dicho brusco o intempestivo que se dirige a alguien.* ≃ Bufido. ⇒ Brusquedad, *exabrupto.

estufilla (dim. de «estufa») **1** f. **Brasero pequeño o *rejilla para calentarse los pies.* **2** **Braserillo para encender el cigarro.* **3** **Manguito para abrigarse las manos.*

estufista m. *Constructor, instalador, etc., de estufas.* ≃ Estufero.

estultez (pop.) f. Estulticia.

estulticia (del lat. «stultitĭa»; culto) f. Estupidez o tontería.

estulto, -a (del lat. «stultus»; culto) adj. *Bobo o *tonto.

estuosidad (de «estuoso») f. *Ardor o *calor muy grande; como el producido por la calentura o la insolación.*

estuoso, -a (del lat. «aestuōsus»; lit.) adj. **Ardiente o encendido.*

estupefacción f. Estado de estupefacto. ≃ Admiración, asombro, estupor, pasmo.

estupefaciente 1 adj. *Se aplica a lo que causa estupor.* ≃ Estupefactivo. **2** adj. y n. m. Se aplica a ciertas sustancias, como la cocaína o la morfina, que hacen perder la sensibilidad y producen un bienestar artificial. ⇒ *Narcótico.

estupefactivo, -a adj. *Se aplica a lo que causa estupefacción o pasmo.* ≃ Estupefaciente.

estupefacto, -a (del lat. «stupefactus»; «Quedarse; Dejar») adj. Tan asombrado por algo que se ve o se oye, que uno se queda parado, sin saber qué decir o hacer. ≃ Atónito, maravillado, parado, paralizado, pasmado, suspenso.

estupendamente adv. Muy *bien. Es de los adverbios de más frecuente uso de este mismo significado. ≃ *Magníficamente.

estupendo, -a (del lat. «stupendus») adj. Muy *bueno, muy *hermoso o muy sorprendente.

estúpidamente adv. De manera estúpida.

estupidez f. Cualidad de estúpido. ⊙ Cosa estúpida.

estúpido, -a (del lat. «stupĭdus») **1** adj. y n. *Bobo o *tonto. Se aplica muy frecuentemente a «*gesto» o «*actitud». **2** Se aplica con enfado o como insulto a una persona que molesta o disgusta por su falta de discreción u oportunidad. ≃ *Majadero. **3** Presumido o vanidoso.

estupor (del lat. «stupor, -ōris») **1** m. Asombro o *pasmo. **2** MED. *Trastorno consistente en disminución de la actividad de las funciones intelectuales, acompañada de un aire de asombro o indiferencia.*

estuprar tr. Cometer estupro con ↘alguien.

estupro (del lat. «stuprum») m. DER. *Delito que consiste en realizar el coito con una persona menor de edad, aprovechándose de una situación de superioridad o con engaño. ⊙ DER. *Por extensión, violación.*

estuque (del fr. «stuc» o el cat. «estuc») m. *Estuco.*

estuquería 1 f. *Arte de hacer labores de estuco.* **2** *Obra hecha de estuco.*

estuquista m. Hombre que hace obras de estuco.

esturado, -a (de «esturar») **1** *Participio de «esturar».* ⊙ adj. *Socarrado.* **2** (Sal.) *Amostazado.*

esturar (de «es-» y «torrar», con influencia de «asurar») tr. **Socarrar.*

esturgar tr. *En *alfarería, alisar y perfeccionar las ↘piezas con la alaria.*

esturión (del lat. «sturĭo, -ōnis»; *Acipenser sturio)* m. *Pez acipenseriforme, comestible, que llega a alcanzar 5 m de longitud. Desova en los ríos y con sus huevas se hace el caviar. ≃ Asturión, cascué, marión, marón, sollo. ⇒ Beluga. ➤ Caviar.

esturrear (de or. expresivo) tr. *Asustar el ganado con gritos.* ≃ Ahuyentar.

ésula (del lat. moderno «esŭla», de «esus», comido) f. **Lechetrezna (planta euforbiácea).*

esvarar (del sup. lat. vulg. «exvarāre», de «varus», zambo) intr. y prnl. *Resbalar[se].* ⇒ *Deslizar.

esvarón m. *Resbalón.*

esvástica (del sánscrito «svastika») f. *CRUZ gamada. ≃ Svástica [o swástica].

esviaje (de «es-» y «viaje») m. CONSTR. *Oblicuidad.*

et (del lat. «et»; ant.) conj. *Y.*

eta f. Letra «e» larga del alfabeto griego (Η, η).

et al. Abrev. de la expresión latina «et alii» que significa «y otros», usada especialmente para evitar nombrar la lista completa de coautores de una obra.

etalaje (del fr. «étalage») m. *Parte de los *hornos altos situada sobre la obra, debajo del vientre, donde se completa la reducción de la mena por los gases del combustible.*

etamina (del fr. «étamine») f. *Tejido de lana, seda o algodón con la urdimbre poco apretada.*

etano (de «éter») QUÍM. m. Hidrocarburo saturado, incoloro e inodoro, compuesto por dos átomos de carbono y seis de hidrógeno.

etanol (de «etano» y «-ol[1]»)m. QUÍM. ALCOHOL etílico.

etapa (del fr. «étape») **1** («Cubrir, Hacer») f. Cada *trayecto que se anda en una marcha. ⊙ Particularmente, recorrido que se hace de una vez en las carreras ciclistas o automovilísticas que constan de varios. **2** MIL. *Cada lugar en que hace noche el ejército cuando marcha.* **3** *Ración de menestra u otra cosa que se da a la tropa en campaña o en las marchas.* **4** («Cubrir, Hacer») Cada parte de una acción o proceso considerados con discontinuidad: 'Vamos cubriendo etapas en la vida'. ⇒ Fase.

POR ETAPAS. Aplicado a la manera de realizar una acción, por partes: realizando un proceso *gradual en partes distinguibles.

QUEMAR ETAPAS. Cubrir las etapas de algo.

etarra (del vasc. «etarra») adj. y, aplicado a personas, también n. De ETA, organización terrorista vasca.

etc. Abrev. de «etcétera».

etcétera (del lat. «et cetĕra», y lo demás) m. Expresión con que se sustituye la parte final de una exposición o enumeración, porque se sobreentiende esa parte o por otra causa. Abrev.: «etc.». ⇒ Y además, y otras HIERBAS. ➤ Expresiones *aditivas.

□ NOTAS DE USO

Se usa generalmente en abreviatura y, en la escritura, se hace preceder de una coma que, generalmente, no corresponde a pausa real.

Es redundante, aunque frecuente, su empleo cuando la enumeración se ha iniciado con «como, por ejemplo» o expresión semejante.

-ete, -a (del fr. «-et, -ette») Sufijo diminutivo jocoso o despectivo: 'mozalbete, regordeta'.

eteno m. Etileno.

éter (del lat. «aether», del gr. «aithḗr») **1** (lit.; «El»; no usable como partitivo) m. *Espacio, bóveda celeste. **2** Fluido hipotético, que se admitía como soporte de las *ondas electromagnéticas, entre ellas la luz, hipótesis que hoy resulta innecesaria. **3** QUÍM. Compuesto orgánico en cuya molécula hay un átomo de oxígeno unido a dos radicales hidrocarburos. ⊙ Uno de ellos, volátil, de olor peculiar muy intenso, se usó mucho como anestésico.

etéreo, -a 1 adj. *Del éter.* **2** (lit.) *Sublime o *sutil.

eternal (lit.) adj. Eterno.

eternamente adv. De manera eterna. ≃ Siempre.

eternidad 1 f. Cualidad de eterno. **2** El *tiempo, considerado como extensión sin principio ni fin: 'La eternidad'. ⊙ Tiempo que sigue a la *muerte. **3** Espacio de tiempo muy largo: 'Has tardado una eternidad'.

eternizable adj. *Susceptible de ser eternizado.*

eternizar tr. Hacer una ↘cosa eterna o, hiperbólicamente, muy duradera. ⊙ prnl. *Durar mucho una cosa molesta. ⊙ *Tardar mucho en hacer cierta cosa: 'Se eterniza afeitándose'.

eterno, -a (del lat. «aeternus») **1** adj. De *siempre o para siempre; se aplica a lo que no perece o no ha de perecer: 'Amor eterno'. ⊙ También, a lo que ha sido o existido siempre y existirá o será siempre: 'El eterno femenino'. ⊙ Se aplica hiperbólicamente a cosas que duran mucho o demasiado, o son muy sólidas: 'La conferencia se me hizo eterna. Me aseguraron que eran unos zapatos eternos'. **2** Se aplica a cosas que se repiten *frecuente e insistentemente: 'Siguen con sus eternas disputas'. **3** Se emplea en sustitución de «divino» a las cosas de *Dios: 'La sabiduría eterna'.

EL ETERNO. *Dios.

EL ETERNO FEMENINO (traducción del al. «das Ewigweibliche»). Expresión acuñada por Goethe para referirse a los rasgos supuestamente inmutables de la psicología femenina.

V. «la eterna CANCIÓN, la CIUDAD eterna, el PADRE eterno, PENAS eternas, SALVACIÓN eterna, VIDA eterna».

□ CATÁLOGO

*Absoluto, eternal, eviterno, imperecedero, *inagotable, *inexhausto, *inextinguible, *infinito, inmortal, interminable, perdurable, perenne, *perpetuo, sempiterno. ➤ Eternidad, evo, la VIDA perdurable. ➤ Ab aeterno, in aeternum, a perpetuidad, in saecula saeculorum, per saecula saeculorum, para sécula, para in sécula, para in SÉCULA sin fin, para in SÉCULA seculórum, por los SIGLOS de los siglos. ➤ Mortal. ➤ *Durar. *Permanente. *Persistir. *Tiempo.

ética (del lat. «ethĭca», del gr. «ēthikḗ», f. de «ēthikós», ético) **1** f. Parte de la *filosofía que trata del bien y el mal en los actos humanos. ≃ *Moral. **2** Conjunto de principios y reglas morales que regulan el comportamiento y las relaciones humanas: 'Ética profesional. Un hombre sin ética'.

ético[1], -a (del lat. «ethĭcus», del gr. «ēthikós») **1** adj. De acuerdo con los preceptos de la ética. ≃ *Moral. **2** Desde el punto de vista moral: 'Valoración ética'.

ético[2], -a (de «hético») adj. *Tuberculoso.* ≃ Héctico, hético, tísico. ⊙ *Por extensión, flaco y *débil.*

etileno (de «etilo» y «-eno») m. QUÍM. Hidrocarburo gaseoso, muy inflamable, que está formado por dos átomos de cárbono y cuatro de hidrógeno.

etílico adj. De [o del] etanol: 'Intoxicación [o coma] etílico'. V. «ALCOHOL etílico».

etilo (de «-éter») m. QUÍM. Radical formado de carbono y oxígeno, que se encuentra en muchos compuestos orgánicos. ⇒ Eter.

étimo (del lat. «etўmon», del gr. «étymon», sentido verdadero) m. Con relación a una palabra, otra o una raíz de la cual procede. ≃ Etimología.

etimología (del lat. «etymologĭa», del gr. «etymología») **1** f. Étimo. **2** Estudio del origen de las palabras.

etimológicamente adv. Desde el punto de vista de la etimología.

etimológico, -a adj. De [la] etimología.

etimologista n. Lingüista especializado en etimología.

etimologizante adj. *Aplicable al que etimologiza.*

etimologizar tr. *Buscar la etimología de las palabras.*

etimólogo, -a n. Lingüista especializado en etimologías. ≃ Etimologista.

etiología (del gr. «aitiología») f. Estudio de las *causas de las cosas. ⊙ MED. Causa de determinada *enfermedad.

etiope o **etíope** adj. y, aplicado a personas, también n. De Etiopía.

Etiopía V. «ARO de Etiopía».

etiópico adj. Etíope.

etiqueta (del fr. «étiquette») **1** f. Trozo de papel, cartulina, etc., que se pega o sujeta de otra manera sobre alguna cosa indicando lo que es, su contenido o cualquier información en relación con ella. ≃ Letrero, marbete, rótulo. ⇒ Carátula, careta, ex libris, letrero, marbete, rótulo, tejuelo. ➤ *Marca. **2** Conjunto de reglas que se observan en el desarrollo de los actos solemnes u oficiales. ≃ Ceremonial. ⊙ También en sociedad, particularmente entre personas distinguidas o en ocasiones solemnes. ⊙ Observancia de esas reglas: 'Una casa de mucha etiqueta'. **3** Seña de identidad con la cual una persona se presenta en la vida pública o sirve para catalogar a alguien de forma más o menos justificada: 'No le gusta que le pongan etiquetas'. ⇒ *Personalidad.

DE ETIQUETA. **1** Aplicado a fiestas o reuniones de sociedad, *solemne y en que se exige el traje adecuado: 'Baile [o función] de etiqueta'. ⊙ Propio de ocasiones o fiestas solemnes: 'Traje de etiqueta'. ⇒ Chaqué, esmoquin, frac, smoking. ➤ TRAJE de etiqueta, TRAJE largo, TRAJE de sociedad. **2** Aplicado al trato o las prácticas sociales, ceremonioso; falto de familiaridad o confianza: 'Me hizo una visita de etiqueta'.

etiquetar tr. Poner etiquetas a ↘algo.

etiquetero, -a adj. Se dice de la persona que se ajusta en su comportamiento a las reglas de la etiqueta y que exige lo mismo de los demás. ⇒ Ceremonioso.

etiquez f. *Tuberculosis.* ≃ Hetiquez.

etites (del lat. «aetītes», del gr. «aetítēs líthos», piedra aguileña) f. *Concreción natural de óxido de hierro en bolas irregulares, huecas y con un nódulo suelto en su interior; se creía antiguamente que las águilas las llevaban a sus nidos para facilitar la puesta.* ≃ PIEDRA de águila. ⇒ *Mineral.

etmoides (del gr. «ēthmoeidés», de forma de criba) adj. y n. m. ANAT. Se aplica a un *hueso impar de la cabeza, situado delante del esfenoides, que contribuye a formar la base del *cráneo, las cavidades nasales y las órbitas.

etneo, -a adj. *Del monte Etna.*

etnia (del gr. «éthnos», pueblo) f. Grupo humano con caraterísticas raciales y culturales comunes.

étnico, -a (del lat. «ethnĭcus», del gr. «ethnikós») **1** adj. Relativo a las *razas o propio de una raza determinada: 'Caracteres étnicos de los papúes'. **2** GRAM. *Aplicado a los nombres y adjetivos, gentilicio.* **3** **Pagano.*

etno- Elemento prefijo del gr. «éthnos», pueblo, raza.

etnocentrismo m. Tendencia a considerar la propia cultura como superior, y tomarla como punto de referencia exclusivo para interpretar la de otros pueblos.

etnocidio (de «etno-» y «-cidio») m. Exterminio de un grupo étnico.

etnografía (de «etno-» y «-grafía») f. Parte de la antropología que se ocupa de la clasificación, descripción, etc., de las razas.

etnográfico, -a adj. De la etnografía o de su objeto.

etnógrafo, -a n. Persona que se dedica a la etnografía.

etnolingüística f. Rama de la lingüística dedicada al estudio de las lenguas, en especial las primitivas, en relación con su marco cultural.

etnología (de «etno-» y «-logía») f. Parte de la antropología que, sobre los materiales proporcionados por la etnografía, estudia las *razas en todos sus aspectos, psíquicos y físicos.

etnológico, -a adj. De la etnología o de su objeto.

etnólogo, -a n. Persona que se dedica a la etnología.

-eto, -a Sufijo de diminutivos tomados del italiano: 'cuarteto, folleto, libreto'.

etolio, -a (del lat. «Aetolĭus») adj. y, aplicado a personas, también n. De Etolia, país de la Grecia antigua.

etolo, -a (del lat. «Aetōlus») adj. y n. *Etolio.*

etología (del lat. «ethologĭa») f. Ciencia que estudia las costumbres de grupos humanos o especies animales.

etológico, -a adj. De [la] etología.

etólogo, -a n. Especialista en etología.

etopeya (del lat. «ethopoeia», del gr. «ēthopoiïa») f. *Descripción del *carácter, inclinaciones y costumbres de una persona.*

etrusco, -a (del lat. «Etruscus») adj. y, aplicado a personas, también n. De Etruria, país de la Italia antigua. ⊙ m. Lengua hablada por los etruscos.

etusa (del gr. «aíthousa», f. del part. pres. de «aíthō», quemar) f. **CICUTA menor (planta umbelífera).*

Eu Símbolo químico del europio.

eu- Prefijo griego que significa «bien» o «bueno»: 'eupéptico, eutanasia'.

eubeo, -a adj. y, aplicado a personas, también n. De Eubea, isla griega.

eubolia (del gr. «euboulía», buen consejo) f. **Virtud de *hablar bien, incluida entre las pertenecientes a la «virtud cardinal» llamada «prudencia».*

eucalipto (de «eu-» y el gr. «kalyptós», cubierto; *Eucalyptus globulus*) m. Árbol mirtáceo corpulento, con las hojas, cuando adulto, de forma de guadaña; de ellas se extrae una esencia medicinal. ⇒ *Planta.

eucariota o **eucarionte** (de «eu-» y el gr. «káryon», nuez, núcleo) **1** adj. BIOL. Se aplica a la célula con núcleo diferenciado rodeado de una membrana nuclear. **2** Organismo con ese tipo celular. ⇒ Procariota.

eucaristía (del lat. «eucharistĭa», del gr. «eucharistía», acción de gracias, reconocimiento) f. *Sacramento instituido por Jesucristo en la última cena, que consiste en que, por las palabras pronunciadas por el sacerdote en la consagración, el pan y el vino de ésta se transforman en el cuerpo y la sangre de Jesucristo.

□ CATÁLOGO

Accidentes, ESPECIES sacramentales, sagrada FORMA, hostia, mesa, PAN ácimo, PAN de los ángeles [eucarístico o supersustancial], SACRAMENTO del altar, SACRAMENTO consumativo, Santísimo SACRAMENTO, sanguis, El Santísimo, El Señor. ➤ Santa [o Última] CENA, cenáculo. ➤ *Comulgar, consumir. ➤ Dar la *COMUNIÓN, sacramentar, viaticar. ➤ Concorpóreo. ➤ Consagración. ➤ Transustanciación. ➤ Descubrir, exponer, manifestar, ocultar, reservar. ➤ Corpus. ➤ ADORACIÓN perpetua, rendir el ARMA, artolatría, rendir la BANDERA, las cuarenta HORAS, vela. ➤ Alabado, pange lingua, tantum ergo. ➤ Estación. ➤ Cáliz, copón, custodia, grial, hostiario, monumento, ostensorio, píxide, sagrario, sanctasanctórum, tabernáculo, viril. ➤ Humeral, palio, patena, VISO de altar. ➤ Luminaria. ➤ Cratícula. ➤ Viático. ➤ Berengario. ➤ *Comunión. *Culto.

eucarístico, -a **1** adj. De la eucaristía. **2** *Se aplica a las obras literarias cuyo fin es dar gracias.* ⇒ *Agradecer.

euclidiano, -a adj. De Euclides: 'Geometría euclidiana'.

eucologio (del gr. «euchḗ», súplica, y «légō», escoger) m. *Devocionario que contiene los oficios del domingo y principales fiestas del año. ≃ LIBRO de misa.

eucrático, -a (del gr. «eúkratos», bien mezclado) adj. MED. *Se dice de la buena *constitución de una persona, tal como corresponde a su edad, naturaleza y sexo.*

eucrifiáceo, -a adj. y n. f. BOT. *Se aplica a las *plantas de la misma familia del ulmo, que son árboles y arbustos de hoja perenne exclusivos del hemisferio sur y apreciados por su madera* ⊙ f. pl. BOT. *Familia que forman.*

eudiometría f. FÍS. *Análisis de las mezclas gaseosas mediante el eudiómetro.*

eudiómetro (del gr. «eudía», sereno, y «-metro») **1** m. FÍS. *Tubo de vidrio muy resistente, destinado a medir las variaciones de volumen en las reacciones químicas entre gases provocadas mediante una chispa eléctrica.* **2** FÍS. Tubo empleado para comprobar la compresibilidad del *agua; está lleno de agua hasta cierta altura y sumergido en ella hay un objeto flotante que sube o baja según que se aumente o disminuya la presión con un dispositivo regulable. Dando al objeto flotante figura de muñequillo, se ha empleado como *espectáculo callejero, fingiendo que el muñeco recoge en el fondo de la vasija y transporta a la superficie la contestación a las preguntas que le formulan las personas del público. ⇒ *Adivinar.

eufemismo (del lat. «euphemismus», del gr. «euphēmismós») m. Expresión con que se sustituye otra que se considera demasiado violenta, grosera, malsonante o proscrita por algún motivo. ⇒ *Atenuación. ➤ Hipocorístico. ➤ Tabú. ⊙ Se incluye entre las *figuras retóricas.

eufonía (del lat. «euphonĭa», del gr. «euphōnía») f. Sonoridad agradable. ⇒ *Armonía.

eufónico, -a 1 adj. Dotado de eufonía. 2 De [la] eufonía.

euforbiáceo, -a (del lat. «euphorbĭum», del gr. «euphórbion») adj. y n. f. BOT. *Se aplica a las *plantas de la misma familia que la lechetrezna y el ricino, que son hierbas, arbustos o árboles, la mayoría tropicales, de flores unisexuales y hojas alternas, con abundante látex muchas veces venenoso.* ⊙ f. pl. BOT. *Familia que forman.* ⇒ Buxáceo.

euforbio (del lat. «euphorbĭum», del gr. «euphórbion»; *Euphorbia antiquorum*) m. *Planta euforbiácea de la que se saca una resina utilizada como purgante llamada «gurbión».

euforia (del gr. «euphoría». No suele usarse como complemento.) 1 f. *Capacidad para *aguantar el dolor y las adversidades.* 2 En lenguaje corriente, sensación de *bienestar, generalmente exteriorizado, producida, bien por un estado físico perfecto, bien por alguna satisfacción material o espiritual. ⊙ MED. Se emplea con el significado de «tendencia al optimismo». ⇒ *Alegría, elación, *entusiasmo, buen ESTADO de *ánimo, exaltación, felicidad, LIGEREZA de espíritu, optimismo, placidez, triunfalismo. ➤ Eufórico, radiante, rebosante, resplandeciente. ➤ Disforia. ➤ *Feliz.

eufórico, -a adj. En estado de euforia.

euforizante adj. y n. m. Se aplica a la sustancia que produce estado de euforia.

eufótida (de «eu-», el gr. «phôs, phōtós», luz, e «-ido») f. *Roca compuesta de diálaga y feldespato, de color blanco manchado de verde y textura granujienta, que se emplea como *piedra de adorno.*

eufrasia (del gr. «euphrasía», alegría; *Euphrasia officinalis*) f. *Planta escrofulariácea, cuya flor tiene en su centro una mancha amarilla semejante a un ojo, por lo que la gente la ha tenido como buena para curar las enfermedades de la vista. ⇒ Eu-, fren-.

eugenesia (de «eu-» y el gr. «génesis», engendramiento) f. Aplicación de las leyes biológicas de la herencia al perfeccionamiento de la *raza humana. ⇒ Calipedia.

eugenésico, -a adj. De [la] eugenesia.

Euménide f., graml. pl. MIT. Erinia.

eunuco (del lat. «eunūchus», del gr. «eunoûchos») 1 m. Entre los orientales, hombre castrado dedicado a la custodia del harén. 2 *En el antiguo Oriente, ministro o favorito de un soberano.* ⇒ Espadón.

eupatorio (del lat. «eupatorĭum», del gr. «eupatórion»; cualquier especie del género *Eupatorium*; especialmente, *Eupatorium cannabinum*) m. *Planta compuesta, especie de agrimonia. ≃ Gafetí.

eupepsia (del gr. «eupepsía») f. MED. *Digestión normal.*

eupéptico, -a adj. FARM. *Se aplica a las *medicinas o sustancias que favorecen la digestión.*

¡eureka! (del gr. «heúrēka», he hallado) interj. Exclamación de Arquímedes cuando, estando en el baño, descubrió la ley del peso específico de los cuerpos; la cual se emplea como interjección equivalente a «¡eso es!» o «¡ya está!». ⇒ *Satisfacer.

euripo (del lat. «Eurīpus», del gr. «Eúripos», estrecho entre Eubea y Beocia; ant.) m. **Estrecho de mar.*

euritmia (del lat. «eurythmĭa», del gr. «eurythmía», ritmo armonioso) 1 (culto) f. *Armonía y ritmo entre las partes de una obra de arte. 2 MED. Regularidad del *pulso. ⇒ Arritmia.

eurítmico, -a adj. Armónico o rítmico: con euritmia.

euro[1] (del lat. «eurus», del gr. «eúros») m. Uno de los cuatro «vientos cardinales», que sopla del este. ⇒ Ábrego, austro, bóreas.

EURO NOTO. **Viento intermedio entre el noto y el austro.*

euro[2] m. Unidad monetaria de la Unión Europea.

euro- Elemento prefijo correspondiente a «Europa»: 'euromisil'. ⊙ Particularmente, a la Unión Europea: 'eurodiputado'.

euroasiático, -a 1 adj. y n. De Europa y Asia, consideradas como un solo continente. 2 Se aplica a la persona que tiene sangre europea y asiática.

eurocheque (de «euro-» y «cheque») m. Cheque que tiene validez en una red de bancos europea.

eurocomunismo m. Doctrina política surgida en la década de los setenta, que defiende la adaptación de los principios del comunismo a las sociedades democráticas de Europa occidental.

eurocomunista adj. y n. Del eurocomunismo, o partidario de esta doctrina política.

eurodiputado, -a n. Diputado del Parlamento Europeo.

eurodólar m. Dólar depositado por el gobierno estadounidense en entidades bancarias europeas.

euromisil m. Misil con cabeza nuclear instalado en Europa por los Estados Unidos o la URSS.

Europa V. «TÉ de Europa».

europeísmo m. Doctrina política favorable a la unión política de Europa.

europeísta 1 adj. y n. *Partidario de Europa.* 2 Partidario de la unión política de Europa.

europeizar tr. Introducir en un ↘sitio las costumbres, civilización, etc., de Europa.

☐ CONJUG. como «enraizar».

europeo, -a adj. y, aplicado a personas, también n. De Europa. ⇒ Forma prefija, «euro-»: 'eurodiputado, eurodólar, euromisil'. ➤ Europeísmo. ➤ Chapetón, criollo, franco.

V. «ALERCE europeo».

europio (de «Europa») m. Elemento metálico del grupo de los metales de «tierras raras», n.º atómico 63, peso atómico 152. Símb.: «Eu».

eurotúnel m. Tren submarino que une Gran Bretaña con el continente europeo.

euscalduna adj. y n. Forma castellanizada de «euskalduna».

éuscaro, -a adj. *Del eusquera.* ⊙ m. *Eusquera, lengua vasca.*

euskaldún o **euskalduna** adj. y n. Vasco. Se aplica particularmente a los vascos que lo son de origen y hablan vascuence. ⇒ Maqueto.

euskera o **eusquera** (del vasc. «euskera») m. Lengua vasca. ⊙ adj. De la lengua vasca.

éusquero, -a adj. y n. m. *Éuscaro.*

Eustaquio (médico italiano del siglo XVI) V. «TROMPA de Eustaquio».

éustilo (del lat. «eustȳlos», del gr. «eústylos») m. ARQ. **Intercolumnio de cuatro módulos y medio, o de dos veces y cuarto el diámetro de las columnas por su parte inferior.*

eutanasia (de «eu-» y el gr. «thánatos», muerte) f. **Muerte suave, sin sufrimiento físico.* ⊙ («Practicar la») Práctica que consiste en provocar la muerte o no alargar artificialmente la vida de un enfermo incurable, para evitarle sufrimientos o una larga agonía.

eutimia f. **Serenidad de espíritu.*

eutiquiano, -a n. Seguidor de Eutiques, heresiarca que no admitía en Jesucristo sino una sola naturaleza. ⊙ m. pl. Secta de Eutiques.

eutócico (de «eu-» y el gr. «tókos», parto) adj. MED. *Se aplica al parto normal.*

eutrapelia (del gr. «eutrapelía», broma amable) **1** (culto) f. *Moderación en la diversión o el placer. **2** (culto) **Distracción inocente y moderada.* **3** (culto) **Broma o *gracia delicada.*

eutrapélico, -a adj. De [la] eutrapelia.

eutrofia (del gr. «eutrophía») f. BIOL. *Estado de nutrición correcto de un tejido, órgano o ser vivo.*

eutrófico, -a 1 adj. BIOL. *En estado de eutrofia.* **2** BIOL. *Que proporciona la nutrición necesaria para conseguir este estado.*

evacuación 1 f. Acción de evacuar. **2** *Excrementos expulsados de una vez. ≃ Defecación.

evacuante 1 adj. *Aplicable a lo que o el que evacua.* **2** FARM. *Evacuativo.*

evacuar (del lat. «evacuāre») **1** tr. Dejar *vacío un ↘recinto por marcharse de él, por quitar lo que había en él o por obligar a evacuarlo a los que lo ocupaban. ≃ *Desalojar, desocupar, vaciar. ⊙ Particularmente, marcharse de una ↘plaza los ocupantes militares, o marcharse los habitantes de un ↘lugar. **2** Expeler del cuerpo los ↘*excrementos u otras secreciones. **3** Con ↘«diligencia, gestión, trámite» o palabras semejantes, *realizarlos. ≃ Cumplimentar. **4** (ant.) **Debilitar o *disminuir.* **5** MED. *Extraer *humores de algún ↘órgano o cavidad del cuerpo humano.*

□ CATÁLOGO

Cagar, ciscarse, hacer del CUERPO, cuitear, defecar, desaguar, descomer, ensuciarse, escagarruzarse, excrementar, excretar, frezar, hacer, jiñar, mear, hacer sus MENESTERES, hacer una NECESIDAD, hacer sus NECESIDADES, obrar, orinar, hacer PIS, regir, soltar, tollir[se], tullir, descargar [evacuar o exonerar] el VIENTRE, hacer de *VIENTRE, zullarse, zurruscarse. ➤ Bacinada, caca, defecación, deposición, deyección, evacuación. ➤ Apretón, pujo, retortijón, tenesmo, torcijón, torozón. ➤ Bacín, beque, cagadero, cagatorio, cantora, dompedro, evacuatorio, orinal, perico, privada, *retrete, servicio, sillete, sillico, tito, urinario, vaso, zambullo. ➤ Casiller. ➤ *Diarrea. ➤ CONSTIPACIÓN de vientre, estreñimiento. ➤ CUERPO glorioso. ➤ Sedal. ➤ Cala, evacuante, evacuativo, evacuatorio, lavativa, laxante, *purga, supositorio. ➤ Emunción. ➤ *Ano, *intestino. ➤ *Excrementos. *Secreción. Hacer de *VIENTRE.

□ CONJUG. como «averiguar», aunque a veces se acentúa como «actuar».

evacuativo, -a adj. y n. m. FARM. *Se aplica a las sustancias o medicamentos que sirven para evacuar o hacer evacuar.*

evacuatorio, -a 1 adj. FARM. *Evacuativo.* **2** m. *Retrete público; particularmente, instalación con agua corriente, a menudo en lugar subterráneo.

evad, evas, evat *Formas únicas de un verbo defectivo, usadas antiguamente con el significado de «ve» o «ved», «mira» o «mirad», y, también, «sabe» o «sabed», o «entiende» o «entended».*

evadir (del lat. «evadĕre») **1** tr. *Evitar hacer cierta ↘cosa valiéndose de alguna habilidad: 'Evadió darme una respuesta. Procura evadir el encontrarse conmigo'. ≃ Eludir, esquivar. ⊙ Evitar caer en un ↘peligro: 'Evadir el peligro de la inflación'. **2** («de») prnl. Marcharse alguien de un sitio donde está preso o sujeto, burlando la vigilancia o violentando la sujeción. ≃ Escaparse, fugarse. ⇒ *Huir. **3** tr. Sacar ↘dinero de un país ilegalmente: 'Evadir capitales'.

□ CATÁLOGO

*Apartarse, escurrir [guardar o huir] el BULTO, capotear, cerdear, echar el CUERPO fuera, falsear [o hurtar] el CUERPO, descartarse, eludir, escapar, escaquearse, esquivar, *evitar, huir, hurtarse, *inhibirse, ladearse, dar de LADO, echarse [hacerse, ponerse] a un LADO, echarle [o cargarle] el MUERTO, quitarse el MUERTO de encima, QUITARSE de delante, QUITARSE de enmedio, *rehuir, sacudirse, salirse, ponerse al SOCAIRE, *sortear, soslayar, sustraer[se], salirse por la TANGENTE, torear, zafarse. ➤ Declinar, *excusarse. ➤ Ahorrarse, economizarse, escaparse, excusarse, *librarse. ➤ Esguince, estorcimiento, *quiebro, quite, regate, *rodeo. ➤ *Ardid, callejuela, *disculpa, efugio, elusión, escapada, escapatoria, escape, evasión, evasiva, excusa, huida, *pretexto, *recurso, *salida, *subterfugio, triquiñuela. ➤ Escapismo. ➤ Nitos [o NITOS fritos], todo puede SER..., ¡porque sí!, veremos, ya veremos. ➤ El que [o quien] hace la LEY, hace la trampa; hecha la LEY, hecha la trampa. ➤ *Inevitable. ➤ *Desentenderse.

evagación (del lat. «evagatĭo, -ōnis») **1** (ant.) f. *Acción de vagar.* **2** **Distracción de la mente.*

evaluación f. Acción y efecto de evaluar.

evaluador, -a adj. Que evalúa.

evaluar (del fr. «évaluer»; «En») tr. Atribuir cierto valor a una ↘cosa. ≃ Justipreciar, tasar, valorar. ⊙ Valorar mediante determinadas pruebas el nivel de aptitud de un alumno en una materia escolar. ⇒ Aderar, apodar, apreciar, calcular, estimar, existimar, justipreciar, peritar, retasar, tallar, *tasar, valorar, valuar. ➤ Evaluación, peritaje, tasación. ➤ Alfaya, patrón, *precio, unidad. ➤ Perito, tasador. ➤ Tino. ➤ *Estimar. *Juzgar.

□ CONJUG. como «actuar».

evanescencia f. Cualidad de evanescente.

evanescente (del lat. «evanescĕre», desvanecerse; culto) adj. Se aplica a lo que se desvanece o esfuma. ⇒ *Sutil.

evangeliario m. Libro litúrgico en que están contenidos los evangelios de cada día del año.

evangélicamente adv. Conforme a la doctrina del Evangelio. ⊙ Particularmente, con humildad.

evangélico, -a 1 adj. Del Evangelio. **2** Protestante o del protestantismo. ⊙ Se aplica particularmente a una doctrina que es una fusión de la luterana y la calvinista, y a lo propio de ella.

evangelio (del lat. «evangelĭum», del gr. «euangélion», buena nueva) **1** m. Doctrina de Jesucristo. ⊙ Religión cristiana: 'Predicar el Evangelio'. **2** Cada uno de los libros escritos por cada uno de los cuatro evangelistas, con la vida, milagros y palabras de Jesucristo. ⊙ (sing. o pl.) Conjunto de ellos. ⊙ (sing. o pl.) Libro que los contiene. **3** Pasaje de la *misa en que se lee un episodio de la vida de Jesucristo tomado de alguno de los evangelios. ⇒ Segundo EVANGELIO. **4** Libro muy pequeño con el principio y el fin del Evangelio de San Juan y un capítulo de cada uno de los otros tres, que se les ponía como *reliquia a los niños, colgada de la cintura. **5** (n. calif.) Creencias o ideología de alguien: 'Ese es su evangelio'. **6** En frases como «esto es el Evangelio» o «como el Evangelio», se emplea para afirmar la *verdad de una cosa.

SEGUNDO EVANGELIO. Trozo de los Evangelios que se lee cerca del final de la misa.

□ NOTAS DE USO

«Evangelio[s]» se escribe generalmente con mayúscula excepto en las acepciones referidas a un libro como objeto material, o cuando se usa figuradamente con el significado de «creencias» o «ideología».

evangelista 1 m. Cada uno de los cuatro discípulos de Jesucristo que escribieron evangelios: San Juan, San Lucas, San Marcos y San Mateo. **2** Persona que canta el Evangelio en las iglesias. **3** (Méj.) *Persona que se dedica a escribir cartas y otras cosas para los que no saben hacerlo.*

evangelistero 1 m. **Eclesiástico que en algunas iglesias canta los evangelios en las misas solemnes.* **2** (ant.) **Diácono.* **3** (ant.) **Atril para sostener el libro de los Evangelios durante la misa.*

evangelización f. Acción y efecto de evangelizar.

evangelizador, -a adj. y n. Se aplica a lo que o al que evangeliza.

evangelizar (del lat. cristiano «evangelizāre») tr. Predicar la doctrina de Jesucristo. ⊙ Difundir el Evangelio en alguna ↘parte o entre ciertas ↘gentes. ⇒ *Misión.

evaporable adj. Susceptible de evaporarse.

evaporación f. Acción de evaporar[se].

evaporador, -a 1 adj. Que evapora. **2** m. En los frigoríficos, dispositivo con un líquido que, al evaporarse, genera *frío.

evaporar (del lat. «evaporāre») **1** tr. y prnl. Convertir[se] un ↘líquido en vapor: 'El sol evapora el agua'. ≃ Vaporar, vaporizar. ⇒ *Concentrar. **2** (inf.) tr. Hacer desaparecer ↘algo, particularmente *gastar el dinero, como si se evaporase. ⊙ (inf.) prnl. Desaparecer una cosa. ⊙ (inf.) Marcharse, *desaparecer alguien sin ser notado. **3** (inf.) Perder una cosa, por ejemplo el café, su aroma o fortaleza. ⇒ *Desvirtuarse.

evaporatorio, -a adj. y n. m. FARM. Se aplica al medicamento capaz de evaporar.

evaporizar tr. *Vaporizar.*

evasé (fr.) adj. Se aplica al vestido con vuelo que no se ciñe al cuerpo.

evasión 1 f. Acción de evadir[se]. **2** Acción o estado de alguien que se queda en cierto momento como ausente de lo que le rodea. ≃ Ausencia. ⇒ Éxtasis.

DE EVASIÓN. Se aplica a las obras de creación que buscan únicamente entretener al público: 'Novela de evasión'.

evasiva (frec. pl.) f. Razones con que alguien elude cierta cosa; particularmente, el comprometerse con una respuesta o con una promesa. ⇒ Evadir.

evasivo, -a adj. Se aplica a lo que se emplea para evadirse de algo: 'Una respuesta evasiva. Un gesto evasivo'.

evección (del lat. «evectĭo, -ōnis») f. ASTRON. *Desigualdad periódica en la forma y posición de la órbita de la Luna, causada por la atracción del Sol.*

evenciano, -a adj. y, aplicado a personas, también n. *De San Vicente de la Barquera, población de Cantabria.*

evenir (del lat. «evenīre»; ant.; terciop.) intr. **Suceder.*

evento (del lat. «eventus») m. *Suceso. ⊙ Particularmente, suceso posible; es corriente sólo en la frase siguiente.

A TODO EVENTO. En *previsión de lo que pueda pasar, sea lo que sea.

eventración (de «e-» y el lat. «venter, -tris») f. MED. *Salida de las vísceras abdominales por fallo de alguna capa de la pared abdominal o a consecuencia de una herida.*

eventual (de «evento») adj. No seguro, no fijo o no regular; que puede ocurrir o no, que puede haberlo o no: 'Un viaje eventual. Un empleo eventual. Unos ingresos eventuales'. ⊙ adj. y n. Se aplica al trabajador que no está fijo en su puesto de trabajo, y al propio trabajo. ⇒ *Accesorio, *accidental, *añadido, *casual, *circunstancial, *ocasional, *posible, *provisional.

eventualidad 1 f. Cualidad de eventual. ≃ Contingencia, *posibilidad. **2** Cosa en cuya posibilidad se piensa.

□ FORMAS DE EXPRESIÓN

Se expresa la eventualidad con las conjunciones y expresiones *hipotéticas («si, en caso de que...») y las *preventivas («por si, por si acaso, no sea que...»). Y con el modo subjuntivo y, especialmente, el verbo «poder» en subjuntivo: 'Por lo que pueda ocurrir. Para detener los objetos que pueda arrastrar el agua'.

eventualmente adv. Ocasionalmente: 'Puede, eventualmente, producirse un fallo en la instalación, pero es raro'.

eversión (del lat. «eversĭo, -ōnis») f. *Destrucción.*

evicción (del lat. «evictĭo, -ōnis») f. DER. *Acción de privar a alguien de un derecho por sentencia firme, con el fin de proteger un derecho preexistente.*

evidencia 1 f. Cualidad de evidente. **2** («Tener, Mostrar la») Estado mental del que está seguro de la verdad de cierta cosa. ≃ *Certeza, certidumbre, convencimiento, convicción, seguridad.

PONER EN EVIDENCIA. Hacer que sea vista o apreciada por todos cierta cosa: 'Estos experimentos han puesto en evidencia la verdad de la teoría'. ≃ *Demostrar.

PONER [QUEDAR, ESTAR, etc.] EN EVIDENCIA. Poner [quedar, etc.] en situación comprometida ante los demás, por ejemplo al ser desmentido o desairado: 'Me has puesto en evidencia delante de todo el mundo'. ⇒ *Desairar.

RENDIRSE ANTE LA EVIDENCIA. Reconocer algo que es evidente.

evidenciar tr. Hacer ver la evidencia de cierta ↘cosa. ≃ *Demostrar, patentizar, poner de MANIFIESTO.

□ CONJUG. como «cambiar».

evidente (del lat. «evĭdens, -entis») adj. Tan *claro que resulta indudable o innegable. ⊙ Se usa para *asentir: 'La productividad depende en gran medida del sistema de trabajo adoptado. —Evidente'.

□ CATÁLOGO

Acusado, verde y con ASAS, axiomático, que salta a la CARA, *claro, fehaciente, inconcuso, incontestable, incontrastable, incontrovertible, incuestionable, *indiscutible, indisputable, indubitable, indudable, innegable, irrebatible, irrecusable, irrefragable, irrefutable, que se ve a la LEGUA [a una legua, de una legua, a cien leguas, de cien leguas, a mil leguas o de mil leguas], como la LUZ del día, manifiesto, meridiano, *natural, notorio, obvio, que salta a los OJOS, ostensible, palmar, palmario, palpable, patente, *perceptible, que se cae de [o por] su propio PESO, visible, que salta a la VISTA, sin VUELTA de hoja. ➤ Axioma, *perogrullada. ➤ Sin disputa, sin DUDA [sin duda alguna, sin ninguna duda], como DOS y dos son cuatro, evidentemente, a todas LUCES, desde luego, sin LUGAR a dudas, a OJOS vistas, como TRES y dos son cinco, sin VUELTA de hoja. ➤ Saltar a la CARA, evidenciar, saltar a los OJOS, caerse de su PESO, estar [o saltar] a la VISTA. ➤ *Seguro.

evidentemente adv. De manera evidente. ⊙ Se usa con frecuencia para *asentir: 'La única manera de acabar esto es empezarlo cuanto antes. —Evidentemente'. ⊙ También, para *afirmarse en lo que se dice: 'Evidentemente, no vamos a asumir tareas que no nos corresponden'.

eviscerar (del lat. «eviscerāre») tr. *Sacar las vísceras del interior del cuerpo.*

evitable adj. Susceptible de ser evitado.

evitación f. Acción de evitar.

En evitación de. Para evitar: 'En evitación de mayores males'.

evitado, -a **1** Participio de «evitar». **2** (ant.) adj. *Vitando.*

evitar (del lat. «evitāre») **1** tr. Hacer que no ocurra cierta ↘cosa que iba a ocurrir; particularmente, que no ocurra una desgracia o una cosa desagradable: 'Con su presencia de ánimo evitó una catástrofe'. ≃ Estorbar, impedir. **2** Procurar alguien no encontrarse en cierta ↘situación que se expresa o no encontrarse con cierta cosa o cierta persona: 'Evito hablar con él para no tener que reñir. Evitar las ocasiones [las tentaciones, el peligro]'. ≃ *Evadir. ⊙ (con un pron. reflex.) Librarse de cierta ↘cosa desagradable o molesta. ≃ Ahorrarse.

□ Catálogo

Abarse, ahorrar, apartarse, echar balones fuera, escurrir [guardar o huir] el bulto, capear, conjurar, cuerpear, echar el cuerpo fuera, falsear el cuerpo, hurtar el cuerpo, echarse fuera, eludir, escabullirse, escapar[se], escaquearse, hacerse el escurridizo, esquivar, *evadir, excusar[se], no tener ganas de, hacer gracia de, huir, hurtar[se], *impedir, ladearse, dar de lado, hacerse [o ponerse] a un lado, *librarse, mezquinar, obviar, orillar, huir como de la peste, quitarse de delante [o de enmedio], rehuir, remediar, hacerse el remolón, sacudirse, salirse, salvar, ponerse al socaire, *sortear, soslayar, sustraerse, escaparse [o salirse] por la tangente, torear, vitar, zafarse. ➤ *Quiebro. ➤ Gracias a. ➤ *Seguro. ➤ Vitando. ➤ In extremis. ➤ Quien [o el que] evita [o quita] la ocasión, evita [o quita] el peligro. ➤ Inevitable. ➤ Huir del fuego y caer en las brasas. ➤ *Advertir. *Avisar. *Cautela. *Precaver. *Previsión. *Proteger. *Prudencia.

eviterno, -a (del lat. «aeviternus») adj. *Se aplica a lo que ha tenido un principio en el tiempo, pero no tendrá fin; como los ángeles o las almas racionales.* ⇒ *Eterno.

evo (del lat. «aevum») **1** m. Teol. *Duración de las cosas *eternas.* **2** (lit.) *Duración sin término.*

evocación f. Acción de evocar. ⊙ Descripción o representación de cosas pasadas: 'Una evocación de escenas del siglo xix'.

evocador, -a adj. Se aplica a lo que hace *recordar o revivir cosas pasadas.

evocar (del lat. «evocāre») **1** tr. **Invocar a las ↘almas de los ↘muertos.* **2** Representarse alguien en la imaginación para sí mismo, o describirlo o representarlo para otros, ↘algo que ocurrió en tiempos pasados: 'Pasamos la tarde evocando cosas de nuestros tiempos'; muy frecuentemente, «evocar recuerdos». ≃ *Recordar, rememorar, revivir. **3** *Recordar una cosa a ↘otra por su semejanza o relación con ella.

evocatorio, -a adj. De [la] evocación.

¡evohé! (del lat. «evoe», del gr. «euoî») interj. **Grito de las bacantes.*

evolar (del lat. «evolāre»; ant.) intr. *Volar.*

evolución (del lat. «evolutĭo, -ōnis») **1** f. *Cambio gradual de algo en cierto sentido. ⊙ Serie de estados sucesivos en este cambio: 'La evolución de las ideas políticas en el siglo xix'. ⊙ Biol. Proceso de cambio en los seres vivos de una generación a la siguiente. ⇒ *Curso, desenvolvimiento, marcha, orientación, proceso, progreso. ➤ Corriente, desarrollo, dirección, tendencia. **2** Cambio en la conducta o en el pensamiento de alguien. **3** (pl.) Movimientos de una cosa que va de un lado a otro describiendo líneas curvas: 'Las evoluciones de una danza [de un avión, de una mariposa]'. ≃ Giros, *vueltas. **4** (gralm. pl.) Movimiento o cambio de una *formación de tropas o de barcos de guerra. **5** Fil. Hipótesis que pretende explicar todos los fenómenos, cósmicos, físicos y mentales, por transformaciones sucesivas de una sola realidad primera, sometida a perpetuo movimiento intrínseco, en cuya virtud pasa de lo simple y homogéneo a lo compuesto y heterogéneo.

evolucionar **1** intr. Hacer una persona o una cosa un *cambio gradual; particularmente, de ideas, sentimientos, manera de ser, etc. **2** Hacer evoluciones (giros, vueltas o movimientos militares).

evolucionismo m. Biol. Doctrina según la cual las distintas especies orgánicas han ido apareciendo por evolución de otras más simples. ⇒ Darwinismo, teoría de la evolución, transformismo.

evolucionista **1** adj. Del evolucionismo. **2** adj. y n. Adepto a él.

evolutivo, -a adj. Se aplica a lo que ocurre o se hace por evolución: 'Por un procedimiento evolutivo'.

evónimo (del lat. «evonȳmus», del gr. «euṓnymos»; *Evonymus europaeus* y otras especies del mismo género) m. Arbusto celastráceo empleado para formar *setos. ≃ Bonetero, husera. ⇒ *Planta.

ex (del lat. «ex») Preposición latina que se antepone en español a nombres de cargo o situación para designar a los que los ocuparon: 'ex ministro, ex alumno'. Equivale a «antiguo».

ex- **1** Prefijo que añade a la palabra o raíz a que se antepone la idea de sacar o poner *fuera: 'extraer, exhibir'. **2** La de *descubrir o desenvolver: 'explicar, extender'. **3** La idea de *apartamiento: 'excéntrico'. ⇒ Des-, es-, extra-.

ex abrupto (lat.) **1** adv. *Con brusquedad o *violencia.* **2** adj. Der. *Se aplicaba a las *sentencias que no habían sido precedidas de las formalidades de rigor.*

exabrupto (de «ex abrupto»; «Decir, Soltar, Contestar con») m. En lenguaje corriente se emplea como nombre, aplicado a algo que se dice, particularmente como respuesta, con brusquedad y *enfado: 'Si le propones eso ahora, te expones a que te conteste con un exabrupto'. ⇒ Andanada, bufido, coz, desplante, destemplanza, estufido, repostada, resoplido, resoplo, respingo, rociada, sofión, tarascada.

ex abundantia cordis adv. Locución latina que significa «de la abundancia del corazón». Generalmente, se completa en español: 'Habla ex abundantia cordis', pero puede decirse completa en latín, terminándola con «os loquitur». Se expresa con ella que lo que alguien dice, promete, etc., a veces excesivo, está inspirado por la exuberancia de sus sentimientos o ideas.

exacción (del lat. «exactĭo, -ōnis») **1** f. *Acción y efecto de exigir.* **2** (form.) Se aplica corrientemente a la imposición y *cobro de tributos o cualquier carga fiscal. **3** **Cobro injusto y violento.* ⇒ Concusión.

exacerbación f. Acción y efecto de exacerbar[se]. ⊙ Med. Se emplea aplicado a la agravación o intensificación de los síntomas.

exacerbamiento m. Exacerbación.

exacerbar (del lat. «exacerbāre») **1** tr. y prnl. **Enfadar[se] violentamente.* ≃ Encolerizar[se], enfurecer[se], exasperar[se], irritar[se]. **2** Hacer[se] todavía más fuerte un ↘estado de ánimo o un estado físico penosos: 'Exacerbar el dolor [el deseo, el hambre]'. ≃ *Agravar[se], *agudizar[se].

exactamente 1 adv. Con exactitud. **2** Se emplea en la conversación para asentir a lo que ha dicho otro.

exactitud f. Cualidad de exacto.

exacto, -a (del lat. «exactus») **1** adj. Se aplica a un nombre de medida para denotar que la cantidad de que se trata es la expresada por ese nombre, sin faltar ni sobrar absolutamente nada: 'La cinta tenía cuatro metros exactos'. ⊙ No aproximado, sino medido, calculado o expresado con todo rigor: 'Un cálculo exacto. La hora exacta'. **2** Tal como está mandado o es obligado, como se pide, etc.; sin ningún cambio u omisión: 'En cumplimiento exacto de sus órdenes'. ⊙ Se aplica también a personas: 'Un exacto cumplidor de su deber'. ⇒ *Escrupuloso. **3** Aplicado a copia, reproducción, relato o cosas semejantes, fiel o *igual. Tal que no se diferencia en nada de lo copiado, representado, etc.: 'Una copia exacta de la fachada del Partenón. Una versión exacta de lo ocurrido'. ⊙ Usado en una construcción terciopersonal con «ser», equivale a «*verdad»; en forma negativa, se usa frecuentemente como eufemismo para *contradecir: 'No es exacto que yo estuviera allí'. ⊙ Se usa en la conversación como expresión de asentimiento: '¡Exacto! Estás en lo cierto'.

V. «CIENCIAS exactas».

RIGUROSAMENTE EXACTO. Enlace frecuente.

□ CATÁLOGO

Apurado, cabal, científico, clavado, determinado, lo que se DICE, *escrupuloso, *estricto, fiel, geométrico, *justo, lo que se LLAMA, ni MÁS ni menos, matemático, milimétrico, *minucioso, *preciso, propio, puntual, *riguroso, textual, verdadero. ➤ Cuadradamente, estrechamente, exactamente, por filo, justamente, justificadamente, a la LETRA, literalmente, matemáticamente, materialmente, PALABRA por palabra, al PIE de la letra, a PUNTO fijo, en punto, PUNTO por punto, puntualmente, religiosamente, SENSU stricto, textualmente. ➤ Exactitud, rigor. ➤ Afinar, HILAR fino [o delgado], justificar, poner los PUNTOS sobre las íes, puntualizar, rectificar. ➤ Inexacto. ➤ *Completo.

exactor (del lat. «exactor, -ōris») m. *Recaudador de tributos.

exaedro m. Variante ortográfica de «hexaedro».

ex aequo (pronunc. [exécuo]) adv. Expresión latina que significa «con el mismo mérito» usada particularmente para referirse a dos participantes en un concurso o competición que comparten un premio.

exageración 1 f. Acción de exagerar. ⊙ Acción, dicho, etc., exagerado. **2** *Aparato, *aspaviento o *melindre. Manifestación exagerada de un estado de ánimo, una actitud, etc.

exageradamente adv. Con exageración.

exagerado, -a 1 Participio de «exagerar». **2** adj. Más grande de lo justo, normal o razonable: 'Precio [tamaño, cariño] exagerado'. ≃ Desmedido, excesivo. **3** («Ser») Se aplica a la persona que exagera en cualquier cosa o es inclinada a exagerar; se emplea mucho en exclamaciones: '¡No seas exagerado!'.

exagerador, -a adj. y n. *Exagerado (aplicado a personas).*

exagerar (del lat. «exaggerāre») **1** tr. Presentar o representar una ˃cosa como más *grande o de más *importancia de lo que es en realidad: 'Los periódicos exageran lo ocurrido. El pintor ha exagerado el tamaño de la nariz'. **2** Hacer, tomar, emplear, etc., de una ˃cosa más de lo necesario, normal o razonable: 'No se debe exagerar con los baños de sol. No exageres la severidad'. ≃ *Abusar. ⇒ *Demasiado.

□ CATÁLOGO

Abultar, agigantar, *agrandar, *aumentar, cacarear, cargar, correrse, mirar [ver...] con CRISTAL de aumento, ser mucho CUENTO, tener mucho CUENTO, ir DEMASIADO lejos, desorbitar, desquiciar, dramatizar, engrandar, engrandecer, exorbitar, grandifacer, hinchar, hiperbolizar, incriminar, inflar, magnificar, cargar la MANO, exagerar la NOTA, pasarse, pintar, *ponderar, sacar de QUICIO, recargar, rizar el RIZO, sobreestimar, sobrevalorar, supervalorar, cargar [o recargar] las TINTAS, trasloar. ➤ Alharaca, andaluzada, *aparato, *aspaviento, charlatanería, cuento, esparajismo, espaviento, especiota, estrapalucio, estrépito, estridencia, estropicio, *estruendo, exageración, filatería, el finibusterre, hazañería, hipérbole, *melindre, notición, el ORO y el moro, parajismo, el PARTO de los montes, pasmarota, pasmarotada, patarata, portuguesada, remilgo. ➤ *Colmo. ➤ Aparatero, aparatoso, aspaventero, cuentista, desaforado, desatentado, descomedido, descompasado, descomunal, *desmesurado, desorbitado, desproporcionado, exagerado, exagerador, extremista, extremoso, hazañero, sin medida, melodramático, pamplinero, ponderativo, radical, romancero. ➤ De DINEROS y bondad, la mitad de la mitad; hacer un DRAMA, ¡tanto como ESO!, ¡hala...!, sí, pero MENOS; ¿dónde VA...?, ¿dónde VA [vas, etc.] con...?, ¡qué VA!, ahí es NADA, ...pero menos; ni TANTO ni tan calvo, no ser para TANTO. ➤ A FUERZA de, a FUERZA de ser, de puro, de tan. ➤ *Discreto, *exacto, LISA y llanamente, *moderación. ➤ *Disminuir. ➤ *Énfasis. *Exceder. *Mentira. *Ponderar.

exagitado, -a (del lat. «exagitātus»; ant.) adj. *Agitado o estimulado.*

exaltación f. Acción de exaltar[se]: 'La fecha de su exaltación al trono'. ⊙ Estado de exaltado.

exaltado, -a Participio de «exaltar[se]». ⊙ adj. y n. Excesivamente apasionado o entusiasta: 'Un anarquista exaltado'.

exaltar (del lat. «exaltāre») **1** tr. Colocar a ˃alguien en cierta posición elevada: 'Exaltar al papado [al grado de general, a la categoría de dios]'. En esta acepción se construye preferentemente en pasiva: 'Fue exaltado al trono a la edad de veinte años'. ≃ *Elevar, ensalzar. **2** Atribuir a una ˃cosa o una persona mucho mérito o valor: 'Exaltó a su antecesor en el cargo. Exaltó la labor de sus colaboradores. Exaltó la belleza del país'. ≃ Enaltecer, encumbrar. **3** Hacer que se exalte ˃alguien o que se exalte una pasión. ⊙ prnl. Llegar en cualquier estado de ánimo, como alegría, indignación o entusiasmo, a un grado de gran excitación o *apasionamiento. ⊙ Poner pasión o entusiasmo en lo que se está diciendo. ⊙ Ir poniéndose violento o enfadado al hablar. ≃ Excitarse. ⊙ Aplicado a pasiones o estados de ánimo, exacerbarse. ⇒ Acalorarse, allamararse, *apasionar[se], *elevar[se], *entusiasmar[se], excitar[se], perder los PAPELES, sobreexcitar[se]. ➤ Delirio, elación, *entusiasmo, esparajismo, *euforia, exaltación, frenesí, furia, parasismo, paroxismo. ➤ Exaltado, fanático, *intolerante, *intransigente, jacobino, vehemente. ➤ Ménade. ➤ Desinflarse. ➤ *Alegría.

exalzar (del sup. lat. «exaltiāre»; ant.) tr. *Ensalzar.*

examen (del lat. «exāmen») **1** («Hacer, Realizar») m. Acción de mirar o considerar una cosa atentamente para enterarse de cómo es o cómo está. **2** («Hacer, Realizar, Presentarse a, Aprobar, Pasar, Sufrir un, Caer en un») Prueba hecha ante una persona o un tribunal competente, para demostrar la suficiencia en una materia o para un cargo: 'Ha pasado el examen de latín'. ⇒ *Examinar.

EXAMEN DE CONCIENCIA. Meditación sobre las propias faltas o pecados, que se hace antes de la *confesión.

⊙ Por extensión, meditación sobre la propia conducta: 'Haz examen de conciencia y mira si tú estás libre de culpa'. ⇒ Entrar en CUENTAS consigo mismo.

LIBRE EXAMEN. Interpretación de la Biblia o de los dogmas según el criterio personal, sin sumisión a la autoridad de la Iglesia; sostener la legitimidad de esa práctica forma parte de la doctrina protestante.

examinación f. *Examen.*

examinador, -a adj. y n. Que examina.

examinamiento (ant.) m. *Examen.*

examinando, -a n. Persona que va a pasar o está pasando un examen.

examinante **1** n. *Examinador.* **2** (ant.) *Examinando.*

examinar **1** tr. Someter a examen visual o mental una ˘cosa: 'El médico examinó al enfermo. Examinaré detenidamente tu proposición'. **2** Juzgar la suficiencia o aptitud de ˘alguien en cierta cosa, haciéndole realizar algunos ejercicios. ⊙ prnl. Someterse a un examen de suficiencia o aptitud.

□ CATÁLOGO

I Otra raíz, «-scop»: 'necroscopia, microscopio'. ➤ Adentrar[se], analizar, atalayar, auscultar, cachear, calar, catar, censurar, cerner, comparar, criticar, desmenuzar, escudriñar, esculcar, espulgar, *estudiar, *explorar, fondear, hondear, inspeccionar, intervenir, *medir, *mirar, MIRAR de arriba abajo, *observar, palpar, mirar [o pesar] el PRO y el contra, *probar, pulsar, tomar el PULSO, recatar, reconocer, *registrar, revisar, pasar REVISTA, sondar, sondear, pasar por el TAMIZ, *tantear, *ver, verificar, visionar. ➤ Ampliamente, detenidamente, extensamente, maduramente, minuciosamente. ➤ Análisis, apuradero, autopsia, cacheo, cala, cata, descubierta, ensaye, ensayo, escrutinio, examen, examinación, examinamiento, exploración, *inspección, introspección, reconocimiento, registro, revista, tentativa, test, visorio, visura. ➤ Censor, contralor, controlador, examinador, examinante, *inspector, interventor, perito, veedor. ➤ Visto. ➤ Atención. ➤ Más ven cuatro OJOS que dos. ➤ *Buscar. *Considerar. *Estudiar. *Investigar. *Mirar. *Observar. *Pensar. *Probar. *Reflexionar. *Ver. *Vigilar.

II Perder AÑO, aplazar, aprobar, calabacear, dar CALABAZAS, catear, escabechar, devolver la PAPELETA, devolver la PAPELETA en blanco, preguntar, suspender. ➤ Nota: aprobado, bien, bueno, cate, deficiente, muy deficiente, insuficiente, MATRÍCULA de honor, notable, sobresaliente, suspenso. ➤ ASIGNATURA pendiente. ➤ Coladero. ➤ Carnicería, degollina, *escabechina, sarracina. ➤ Pasar, recuperar, SALIR bien, SALIR mal. ➤ Control, encerrona, EJERCICIO escrito, EJERCICIO oral, EJERCICIO práctico, examen, parcial, prueba, psicotécnico, recuperación, selectividad. ➤ Pega, pregunta, problema. ➤ Secreta. ➤ Juez, protomedicato, tribunal. ➤ Bola, chuleta, papeleta, PAPELETA de examen, programa, punto. ➤ Reexaminar. ➤ *Oposiciones.

exangüe (del lat. «exsanguis») **1** (culto) adj. Desangrado. **2** Falto en absoluto de fuerzas. ≃ *Agotado, exánime. **3** *Muerto. ≃ Exánime.

exanimación (del lat. «exanimatĭo, -ōnis») f. *Cesación de las funciones vitales.*

exánime (del lat. «exanĭmis») **1** adj. Aplicado a personas, *muerto. **2** Aplicado a personas, desmayado; sin señal de vida. **3** Aplicado a personas, *agotado, sin fuerzas.

exantema (del lat. «exanthēma», del gr. «exánthēma») m. MED. *Erupción cutánea.

exantemático, -a adj. MED. De [o con] exantema. V. «TIFUS exantemático».

exarca (de «exarco») **1** m. Gobernador de las provincias que los emperadores romanos de Oriente tenían en Italia, que residía en Rávena. **2** Dignidad inmediatamente inferior a la de patriarca en la iglesia griega. ⇒ *Eclesiástico.

exarcado m. Dignidad y *territorio de la jurisdicción del exarca.

exarco (del lat. «exarchus», del gr. «éxarchos») m. *Exarca.*

exarico (del ár. and. «iššarík») **1** m. **Colono moro que pagaba una renta proporcional al producto de la cosecha.* **2** **Siervo de la gleba, de origen moro.*

exasperación f. Estado del que se exaspera.

exasperado, -a Participio adjetivo de «exasperar[se]».

exasperante adj. Que exaspera.

exasperar (del lat. «exasperāre») tr. Poner a ˘alguien muy enfadado e inquieto, haciéndole perder la paciencia o el aguante: 'Me exaspera su calma'. ⊙ prnl. Ponerse alguien muy enfadado o inquieto.

□ CATÁLOGO

Aborrecer, aburrir, achicharrar, *alterar, hacer perder la CALMA, sacar de sus CASILLAS, cocerse, ser la CONDENACIÓN, condenar, tener CONSUMIDO, consumir, corromper, crispar, derretir, descomponer, poner DESCOMPUESTO, desesperar, poner en el DISPARADERO, encocorar, endemoniar, *enfadar, *enfurecer, entregar, hacer perder los ESTRIBOS, excitar, freír, poner FRENÉTICO, tener FRITO, ser la GOTA que colma el vaso, hartar, impacientar, *irritar, poner NEGRO, poner NERVIOSO, corromper las ORACIONES, hacer perder la PACIENCIA, poder, no poder más, pudrir, sacar de QUICIO, SACAR de sí, encender [o pudrir] la SANGRE, soliviantar, sublevar, sulfurar. ➤ ¡Pero ALMA mía...!, ¡por los CLAVOS de Cristo!, ¡pero...!

exaudir (del lat. «exaudīre»; ant.) tr. *Oír favorablemente los ˘ruegos de ˘alguien y *concederle lo que pide.*

excandecer (del lat. «excandescĕre») tr. y prnl. **Irritar[se] (enfadar[se]).*

excarcelación f. Acción y efecto de excarcelar.

excarcelar tr. Soltar a un ˘preso de la cárcel la autoridad competente. ≃ Libertar.

excarceración (del lat. «ex», fuera de, y «carcer», cárcel) f. DER. *Excarcelación.*

ex cáthedra o, menos frec., **ex cátedra** adv. Locución latina que se aplica a la manera de hablar cuando se hace con la autoridad propia de cierto cargo: 'Cuando el Papa define ex cáthedra, es infalible'. ⊙ Se emplea también irónicamente con referencia al que habla con tono doctoral o sin admitir contradicción. ⇒ *Dogmatizar.

excavación **1** f. Acción de excavar. **2** Hoyo o vacío resultante de excavar.

excavador, -a adj. y n. Aplicable al que excava.

excavadora f. Máquina que sirve para excavar o para arrancar tierra en un *desmonte. ⇒ Buldozer [o bulldozer], topadora. ➤ Cazo, cuchara.

excavar (del lat. «excavāre») tr. Hacer ˘hoyos, zanjas o galerías en el ˘suelo, sacando tierra: 'El topo excava su madriguera. Excavar el terreno en busca de restos arqueológicos'. ⊙ También se aplica a la misma operación hecha semejantemente en otra materia que no sea la tierra, como la roca o una masa cualquiera: 'El agua del canalón ha excavado un hoyo'.

□ CATÁLOGO

Abrir, ahondar, ahoyar, *cavar, contraminar, descalzar, dragar, escarbar, frezar, hornaguear, hozar, laborear, minar, socavar, trasminar, zahondar, zanjar, zapar. ➤ Empentar, *profundizar. ➤ *Rellenar. ➤ Excavador, minador, zapador. ➤ Azada, cuchara, draga, pico, zapapico. ➤ Dama, testigo. ➤ Entibación. ➤ Alcorque, antefoso, avenamiento, cacimba, *canal, *cauce, excavación, fosa, fosar, foso, galería, hornacho, hoya, *hoyo, labor, *mina,*pozo, SALTO de lobo, socava, socavación, subterráneo, zapa. ➤ *Estría. *Hendidura. *Ranura. *Surco. *Zanja.

excedencia f. Situación de excedente. ⊙ Sueldo que perciben algunos funcionarios en esa situación.

excedente **1** adj. y n. m. Se aplica a lo que excede o sobra. **2** Se aplica al empleado que, sin dejar de pertenecer a su cuerpo, está temporalmente, por propia voluntad o forzosamente, sin prestar servicio. ≃ Supernumerario. ⇒ COMISIÓN de servicio.

V. «excedente de CUPO».

exceder (del lat. «excedĕre») **1** («a, en») tr. *Superar una cosa a ↘otra que se expresa en cierta cualidad: 'Ella excede a todas en belleza'. ⊙ («a») Puede dejarse inexpresa la cualidad: 'La realidad excede a lo que yo había imaginado'. ⊙ («a, en») Sobrepasar una cosa a ↘otra en una cantidad que puede expresarse o no: 'Lo gastado excede en mucho a lo presupuestado'. ⊙ («a») Ser una cosa *más de lo que permite cierta ↘facultad o poder: 'Eso excede a sus atribuciones. Ese trabajo excede a su capacidad'. ⇒ *Excesivo. **2** («de») intr. Estar de más sobre cierta cantidad o más allá de cierto límite: 'Quédate con lo que exceda de diez pesetas. El agua que excede del nivel'. ⇒ *Excesivo. **3** («en») prnl. Hacer, dar, etc., de alguna cosa más de lo que es conveniente, prudente, proporcionado, etc.: 'Te has excedido en el castigo [o en la propina]'. ≃ *Exagerar, extralimitarse, pasarse. ⇒ *Excesivo. **4** Con «en» seguido de «amabilidad, atenciones» o palabra semejante, tener muchas con alguien: 'Se excedieron conmigo en agasajos'. ⊙ Puede sobreentenderse la palabra «amabilidad», etc.: 'Realmente, no se han excedido contigo'. ⇒ *Obsequiar.

EXCEDERSE A SÍ MISMO. *Superarse: hacer mejor que nunca una cosa que ya se hacía bien.

excelencia **1** f. Cualidad de excelente. **2** Buena cualidad: 'Nos ha cantado las excelencias de este vino. La belleza, la generosidad, el talento y otras excelencias'. ≃ *Virtud. **3** (con «su» o «vuestra») Tratamiento honorífico a que tienen derecho oficialmente las personas a quienes corresponde el de «excelentísimo señor».

POR EXCELENCIA. Aplicado a un nombre o un adjetivo, significa que éstos corresponden a la cosa que se expresa con más propiedad que a otras, o que esa cosa tiene la cualidad en cuestión en más alto grado que ninguna otra: 'Español es, por excelencia, la persona nacida en España y de padres españoles. El español es, por excelencia, apasionado'. ≃ Por *antonomasia.

excelente (del lat. «excellens, -entis») **1** adj. Muy *bueno: 'Hemos tenido una comida excelente. Estoy en excelentes relaciones con el jefe'. ≃ Óptimo, superior. ⊙ Aplicado a una persona, quiere decir no solamente que es buena, sino que tiene, además, otras cualidades estimables, como formalidad, laboriosidad, etc.: 'Su yerno es un muchacho excelente'. Yuxtapuesto, se aplica a nombres genéricos, pero no a una persona determinada: 'un excelente médico [o amigo]', pero no 'el excelente Pérez'. **2** *Antiguamente se empleaba como *tratamiento honorífico.* **3** **Moneda antigua de oro, equivalente a una dobla.*

□ CATÁLOGO

Afijo, «aristo-»: 'aristoloquia'. ➤ Admirable, almo, brillante, buenísimo, de chupete, divino, estupendo, excelso, exquisito, extra, extraordinario, extremado, impagable, que vale un IMPERIO, imponderable, inapreciable, *inestimable, inmejorable, insuperable, de buena LEY, de los que entran pocos en LIBRA, *magnífico, *maravilloso, de marca, de MARCA mayor, el NON plus ultra, óptimo, de órdago, de oro, ORO molido, sin par, que no hay más que PEDIR, peregrino, perfecto, precelente, primero, prodigioso, quintaesenciado, raro, de rechupete, recomendable, *refinado, relevante, sahumado, *selecto, singular, soberano, soberbio, sobresaliente, sublime, superfino, *superior, lo último. ➤ Alhaja, canela, cogollo, crema, desiderátum, fénix, flor, FLOR de la canela, FLOR y nata, gala, joya, mapa, maravilla, MIEL sobre hojuelas, nata, ORO de ley, ORO molido, perla, preciosidad, súmmum, tesoro, yema. ➤ Altura, celsitud, excelencia, perfección, superioridad. ➤ *Bueno. *Delicado. *Distinguir. *Ilustre. *Selecto.

excelentemente adv. Con excelencia.

excelentísimo, -a **1** adj. Superl. de «excelente». **2** Tratamiento, seguido de «señor» y el nombre o cargo que corresponda, a que tienen derecho ciertas personas; por ejemplo, las que ostentan un título nobiliario, las que ocupan el cargo de ministro, rector de universidad, gobernador, alcalde de Madrid, capitán general o académico de una de las Reales Academias. En el caso de un título familiar, se hace extensivo el tratamiento al cónyuge.

excelsamente adv. De manera excelsa.

excelsitud (del lat. «excelsitūdo») f. Cualidad de excelso.

excelso, -a (del lat. «excelsus»; lit.) adj. De elevada categoría espiritual: 'Virtudes excelsas. Su arte excelso'. Tratándose de personas, se aplica a nombres genéricos, pero no se usa corrientemente con el de una persona determinada: 'un poeta excelso', pero no 'la excelsa Santa Teresa'. ≃ Sublime. ⊙ Puede, en lenguaje literario, aplicarse a cosas elevadas materialmente: 'Arboles excelsos'. ⊙ Se encuentra en nombres botánicos: 'Araucaria excelsa'. ⇒ *Alto.

excéntrica f. Pieza de una máquina que, girando alrededor de un punto que no es su centro, sirve para transformar un movimiento rectilíneo en circular y viceversa. ≃ Leva.

excéntricamente adv. Con excentricidad.

excentricidad **1** f. Circunstancia de ser excéntrica alguna cosa. **2** Cualidad de excéntrico. ≃ Extravagancia. **3** Cosa rara que hace habitualmente una persona.

excéntrico, -a **1** adj. Se aplica a lo que está fuera del *centro que se considera. **2** adj. GEOM. Se aplica a las figuras que, estando una dentro de otra, tienen distinto centro: 'Circunferencias excéntricas'. **3** adj. y, aplicado a personas, también n. Se dice de la persona que se comporta habitualmente de manera rara, así como de las cosas raras que hace. ≃ *Extravagante. **4** n. Artista de *circo o *variedades que realiza ejercicios de destreza con efectos cómicos.

excepción (del lat. «exceptĭo, -ōnis») **1** f. Cosa o caso que se aparta de una ley o *regla general aplicable a los de su especie. **2** («Hacer, Hacer una») Acción de exceptuar. **3** DER. *Motivo que el demandado alega para hacer ineficaz la acción del demandante; como el pago de la deuda, la prescripción de dominio, etc.*

EXCEPCIÓN DILATORIA. DER. *La que puede dar lugar a la suspensión del juicio.* ⇒ Litispendencia.

CON [A, HECHA] EXCEPCIÓN DE. Exceptuando la cosa que se expresa: 'Me sabía todas las lecciones, a excepción de la tres y la quince'.

DE EXCEPCIÓN. Extraordinario. ⊙ Aplicado a «trato», privilegiado.

V. «ESTADO de excepción».

HACER EXCEPCIÓN DE. Exceptuar: 'Si se hace excepción de dos o tres, todos han firmado'.

V. «no hay REGLA sin excepción».

SIN EXCEPCIÓN. Expresión muy frecuente, de significado claro: 'La ley obliga a todos sin excepción'.

excepcional adj. Se aplica a lo que constituye excepción u ocurre rara vez: 'Una coincidencia excepcional'. ⊙ *Extraordinario, *singular o *único; mayor o mejor de lo común: 'De importancia excepcional. Una película excepcional'.

excepcionalmente adv. De manera excepcional.

excepcionar 1 tr. *Exceptuar.* 2 DER. *Alegar una excepción en un juicio.*

exceptación (de «exceptar»; ant.) f. *Excepción.*

exceptador, -a (ant.) adj. *Que exceptúa.*

exceptar (del lat. «exceptāre»; ant.) tr. *Exceptuar.*

exceptivo, -a adj. *Aplicable a lo que causa o constituye una excepción.*

excepto, -a 1 *Participio pasado de «exceptar».* 2 (ant.) adj. *Independiente.* 3 prep. *Menos: 'Estamos aquí toda la familia excepto mi padre. Me encontrarás aquí a cualquier hora, excepto de 3 a 7'.

□ NOTAS DE USO

Se construye exactamente igual que «menos», o sea respetando la partícula que le corresponde llevar por su papel en la oración al nombre a que se aplica: 'Vinieron todos excepto él. Se acordaron de todos, excepto de mí'. Junto con «que, si» u otra conjunción, hace papel de conjunción restrictiva: 'Se lo consiento todo, excepto que fume. Sale todos los días, excepto si [o cuando] llueve'. ≃ Salvo.

exceptuación f. *Excepción.*

exceptuar (del lat. «exceptus», retirado, sacado) tr. Manifestar que cierta ˘cosa no está comprendida en una regla o aseveración que, de no hacer esa indicación, la comprendería. ≃ Excluir. ⊙ *Dejar intencionadamente de aplicar a cierta ˘cosa algo que se hace con las demás del grupo de que forma parte: 'Se exceptúa de esta obligación a los menores de veinte años'. Se emplea el mismo verbo para realizar la acción que expresa: 'Exceptúo de esta censura a los que mostraron su disconformidad'.

□ CATÁLOGO

Apartar, hacer EXCEPCIÓN, excepcionar, exceptar, *excluir, señalar con PIEDRA blanca, *restringir, salvar, hacer una SALVEDAD, dejar a SALVO. ➤ Excepción, exceptuación, salvedad. ➤ Aparte de, a [con, hecha] excepción, excepto, exceptuando, exclusive, fuera de, *menos, quitando, salvo, zafo. ➤ Expresiones RESTRICTIVAS. ➤ Corriente. ➤ *Anormal. *Bueno. *Distinto. *Especial. *Extraño. *Extravagante. *Original. *Privilegio. *Raro.

□ CONJUG. como «actuar».

excerpta (del lat. «excerpta», pl. neutro de «excerptus», elegido) f. **Colección o resumen.*

excerta f. *Excerpta.*

excesivamente adv. De manera excesiva. ≃ Demasiado.

excesivo, -a (de «exceso») adj. Más grande o en más cantidad que lo necesario o conveniente: 'Tiene excesivo amor propio'. ≃ Demasiado.

□ CATÁLOGO

Prefijos, «hiper-, sobre-»: 'hiperestesia, hipertensión; sobrecargar, sobreexcitar'. ➤ Desaforado, desatentado, desatinado, descomedido, descompasado, descomunal, *desmedido, desmesurado, desproporcionado, *exagerado, exorbitante, fenomenal, garrafal, inmoderado, insumable, monstruoso, nimio, redundante, sobrante, supernumerario. ➤ Venir ANCHO, apestar, correrse, *desbordarse, escurrirse, exceder, extralimitarse, extremar, venir GRANDE, darse un HARTAZGO, picar en HISTORIA, salirse de MADRE, irse la MANO, PASAR de castaño oscuro, pasarse, pasar de la RAYA, *rebosar, redundar, *sobrar, sobreabundar, sobreexceder, sobrelleno, sobrepasar, superabundar, superar. ➤ Abuso, el acabose, ALBARDA sobre albarda, atrocidad, barbaridad, BASTANTE para que..., *colmo, demasía, descompás, descuello, desproporción, destemplanza, exceso, extremo, gollería, pasada, plaga, redundancia, *sobra, superávit, vicio. ➤ Preciosismo. ➤ Demasiado. ➤ Por CARTA de más, descosidamente, excesivamente, en exceso, sin tino, hasta los TOPES. ➤ Que se DICE pronto. ➤ Medida, mantenerse a RAYA. ➤ *Abundar. *Exagerar. *Grandísimo. *Hartar. *Sobrar.

exceso (del lat. «excessus») 1 m. Lo que sobra en una cosa. ≃ Excedente, sobra, sobrante. ⊙ Diferencia en más de una cosa respecto de otra: 'Si hay más de dos metros, corta el exceso'. 2 Circunstancia de ser excesiva una cosa: 'El exceso de ejercicio puede perjudicarle'. 3 («Cometer»; gralm. pl.) Acción en que se pasa el límite de lo conveniente o razonable: 'Cometer excesos en la comida'. ≃ Abuso. ⊙ («Cometer»; gralm. pl.) Acción de una vida viciosa o de *libertinaje: 'Ahora está pagando los excesos de su juventud'. 4 («Cometer»; sing. o pl.) Escándalo, o cualquier acción realizada en sitio público con la que se molesta a otros: 'Castigar los excesos en la vía pública'. ≃ Abuso, demasía, *desmán. 5 (ant.) *Enajenamiento, transportación de los sentidos.*

V. «COCIENTE por exceso».

EXCESO DE EQUIPAJE [o PESO]. Demasía en el peso del equipaje por la que el pasajero abona una cantidad adicional.

EN EXCESO. Más de lo necesario o de lo conveniente: 'Bebe en exceso'.

PECAR POR EXCESO. Apartarse de lo justo o razonable por dar, hacer, etc., más de lo justo.

POR EXCESO. Aplicado a «diferencia» o «aproximación», consistente en exceso.

excidio (del lat. «excidĭum»; ant.) m. *Destrucción.*

excipiente (del lat. «excipĭens, -entis», part. pres. de «excipĕre», recibir, sacar) m. FARM. Sustancia anodina que sirve para disolver o incorporar los medicamentos y determina su forma y consistencia.

excitabilidad f. Cualidad de excitable.

excitable adj. Susceptible de ser excitado. ⊙ Fácilmente excitable.

excitación f. Acción y efecto de excitar[se].

excitado, -a («Estar») Participio adjetivo de «excitar[se]»: 'Los ánimos estaban muy excitados'.

excitador, -a adj. y n. Se aplica a lo que excita o sirve para excitar. ⊙ m. ELECTR. Dispositivo en que se produce una descarga eléctrica oscilante; por ejemplo, en los aparatos de telegrafía sin hilos.

excitante adj. y n. m. Se aplica a lo que excita los sentidos o el ánimo. ⊙ Aplicado a comidas o bebidas, de sabor fuerte o *picante; por ejemplo, con muchas especias.

excitar (del lat. «excitāre») 1 tr. Hacer que se ponga en *actividad una ˘cosa: 'La onda que excita el resonador'. ⊙ Hacer que se produzca cierta ˘actividad o cierto estado: 'Excitar la salivación [o el apetito]'. ⊙ Hacer que sea más intensa cierta ˘acción: 'El ejercicio excita la circulación de la sangre'. ≃ Activar. 2 Procurar con palabras, con el ejemplo, etc., que ˘alguien haga cierta cosa. ≃ *Incitar. ⊙ Particularmente, excitar a la rebelión. 3 Provocar en ˘alguien un estado contrario a la tranquilidad, quietud o placidez; por ejemplo, de nerviosidad, de entusiasmo o de impaciencia: 'El tiempo tormentoso me excita'. ⊙ También, excitar los nervios. ⊙ tr. y prnl. Provocar [o empezar a sentir] deseo sexual. ⊙ prnl. Perder la tranquilidad o sosiego por efecto de un estado emocional, como el entusiasmo, la indignación o la alegría.

□ CATÁLOGO

Acalorar[se], acelerarse, alborotar[se], allamararse, *alterar[se], *apasionar[se], poner BANDERILLAS de fuego, perder la CALMA, sacar [o salirse] de sus CASILLAS, poner a CIEN, *descomponer[se], *desesperar[se], electrizar[se], *enardecer[se], encalabrinar, espiritar, exacerbar, *exaltar[se], *exasperar[se], excandecer, fermentar, hurgar, impacientar[se], indignar, inflamar, inquietar[se], instigar, *irritar[se], jalear, echar LEÑA al fuego, poner NERVIOSO, picar, pinchar, *provocar, sacar de QUICIO, quillotrar, poner RABIOSO, sobreexcitar[se], *sofocar[se], soliviantar[se], perder la *TRANQUILIDAD. ➤ Acaloramiento, acaloro, agitación, ardor, arrebato, borrachera, efervescencia, eretismo, exacerbación, exacerbamiento, exaltación, excitación, fiebre, fogosidad, frenesí, furia, histerismo, inquietud, intranquilidad, irritación, *jaleo, locura, MAR de fondo, marejada, mareta, paroxismo, pasión, rapto, *revolución, revuelo, sobreexcitación, tempestad, tormenta. ➤ Que arde, *cascarrabias, desarbolado, exagitado, exaltado, excitable, excitado, *furioso, de GENIO vivo [o vivo de GENIO], irascible, irritable, nervioso, rabioso, de SANGRE caliente, violento. ➤ Estimulante, excitante, excitativo, sinapismo. ➤ En caliente. ➤ Activar, poner en ACTIVIDAD, cebar, poner en MARCHA, poner en MOVIMIENTO. ➤ Apacible, dulce, *tranquilo. ➤ *Agitar. *Animar. *Emoción. *Enfadar. *Enfurecer. *Engrescar. *Estimular. *Exasperar. *Incitar. *Molestar. *Mover. *Provocar. *Sensible. *Violencia.

excitativo, -a adj. *Excitante.*

exclamación 1 («Lanzar, Proferir, Prorrumpir en») f. Expresión dicha exclamando. ⊙ *Se incluye entre las *figuras retóricas.* **2** Signo ortográfico de admiración (¡...!).

exclamar (del lat. «exclamāre») intr. y tr. *Decir bruscamente o con vehemencia, a consecuencia de cierta impresión recibida o de cierto pensamiento, una ↘expresión que, generalmente, no constituye una oración completa.

□ CATÁLOGO

Exclamación, *grito, interjección, *juramento, maldición, taco, *terno, voto. ➤ Lanzar, proferir, prorrumpir en, saltar, soltar. ➤ ¡Achachay!, ¡achís!, ¡adelante!, ¡ah!, ¡ahora...!, ¡ajajay!, ¡amalaya!, ¡ananay!, ¡anda!, ¡Ángela María!, ¡apa!, ¡aprieta!, ¡arre!, ¡arrea!, ¡arriba!, ¡ni por asomo!, ¡atención!, ¡atiza!, ¡aupa!, ¡ayayay!, ¡ay de...!, ¡qué barbaridad!, ¡qué bien!, ¡bravo!, ¡bueno!, ¡ca!, ¡calla...!, ¡a callar!, ¡calle!, ¡canarios!, ¡caracoles!, *¡caramba!, ¡caramba con!, ¡carape!, ¡caray!, ¡cáspita!, ¡cataplán!, ¡cataplún!, ¡catapún!, ¡che!, ¡chico!, ¡claro!, ¡por los CLAVOS de Cristo!, ¡el [o es el] COLMO!, ¡CON lo que...!, ¡contra!, ¡córcholis!, ¡habrá COSA igual [parecida o semejante]!, ¡que te CREES tú eso!, ¡cuidado!, ¡cuidado con!, ¿qué me DICES?, ¡demonio! ¡el demonio de...!, ¡demontres!, ¡deprisa!, ¡diablo!, ¡cómo diablos!, ¡diantre[s]!, ¡digo!, ¡no DIGO nada!, ¡Dios!, ¡alabado sea DIOS!, ¡DIOS mío!, ¡DIOS nos asista!, ¡DIOS nos coja confesados!, ¡DIOS nos tenga de su mano!, ¡DIOS Santo!, ¡Santo DIOS!, ¡válgame DIOS!, ¡vaya por DIOS!, ¡ea!, ¡eh!, ¡a Él!, ¡a ello!, ¡sus y a ELLO!, ¡a ellos!, ¡epa!, ¡ahí ES nada!, ¿cómo ES eso?, ¡no ES nada!, ¿qué ES eso?, ¡a ese!, ¡nada de ESO!, ¡adelante con los FAROLES!, ¡qué gracia!, ¡gua!, ¡guau!, ¡hala!, ¡hale!, ¡hale hop!, ¡he!, ¡hola!, ¡hola, hola!, ¡hombre!, ¡claro HOMBRE!, ¡pero HOMBRE...!, ¡hopo!, ¡hospo!, ¡hummm...!, ¡hurra!, ¡huy!, ¡ni imaginarlo!, ¡jajay!, ¡jau!, ¡jobar!, ¡joder!, ¡jolín [o jolines]!, ¡jopé!, ¡joroba!, ¡leche!, ¡madiós!, ¡madre!, ¡mande!, ¡qué manera de...!, ¡vaya una MANERA de...!, ¡Ave MARÍA Purísima!, ¡mecachis!, ¡mejor!, ¡MEJOR así!, ¡MEJOR que mejor!, ¡miau!, ¡miéchica!, ¡miento!, ¡mierda!, ¡mira [o mira con...]!, ¡de ningún MODO!, ¡mujer!, ¡mutis!, ¡NARANJAS de la China!, ¡narices!, ¡nequáquam!, ¡o!, ¡oh!, ¡ojo!, ¡no es nada lo del OJO... [y lo llevaba en la mano]!, ¡ole!, ¡OLE con ole!, ¡la órdiga!, ¡anda la OSA!, ¡ostras!, ¡paf!, ¡santa PALABRA!, ¡pardiez!, ¡pardiobre!, ¡pataplum!, ¡ni pensarlo!, ¡pero...!, ¡ni por pienso!, ¡que me place!, ¡plum!, ¡PUNTO en boca!, ¡qué...!, ¡ni que...!, ¡quia!, ¡recórcholis!, ¡rediez!, ¡rediós!, ¡repámpanos!, ¡que... RITA!, por todos los SANTOS, ¡que [o pues] no SEÑOR!, ¡que [o pues] sí SEÑOR!, ¡como si...!, ¡silencio!, ¡ni soñarlo!, ¡sopla!, ¡ta!, ¡tate!, ¡TIRA, tira adelante!, ¡to!, ¡toma!, ¡trágame TIERRA!, ¡uh!, ¡upa!, ¡uy!, ¡vaya!, ¡venga!, ¡qué veo!, ¡a ver!, ¡hay que VER!, ¡vamos a VER!, ¡habráse VISTO!, ¿pero has VISTO?, ¡VIRGEN santísima!, ¡viva!, ¡vivo!, ¡voto a!, ¡ya!, ¡zapatetas!, ¡zas! ➤ Véanse las exclamaciones correspondientes en «*admiración, afirmación, *alabanza, *alegría, *alivio, amenaza, *animar, aplauso, aprobación, asombro, bendición, *caballería, *caída, *conformidad, *deseo, despedida, *disgusto, *dolor, *duda, *encuentro, *enfado, *entusiasmo, *extrañeza, *impaciencia, *incitar, *lamentación, *levantar, *llamar, *maldecir, *mandato, *negar, padecimiento, *percatarse, *ponderación, *protesta, *queja, *reprensión, reprobación, *rogar, saludo, *satisfacción, sentimiento, *silencio, *sorprender, súplica, *susto, temor».

□ FORMAS DE EXPRESIÓN

Aparte de las interjecciones propiamente dichas, o sea expresiones usadas específicamente para expresar un estado de ánimo en forma exclamativa, se construyen exclamaciones con el pronombre-conjunción «que» o un pronombre o adverbio conjuntivo: '¡Qué cosa más rara! ¡Cuándo llegará ese día! ¡Cómo me gustaría saberlo!'.

Con «tan» o «tanto» se forman expresiones que son a la vez exclamativas e interrogativas: '¡Tan pronto has llegado! ¡Tanto te gusta!'.

Con la conjunción «si» se forman exclamaciones de *deseo o de *duda: '¡Si me saliera bien la combinación...! ¡Si fuera verdad...!'.

También se forman exclamaciones poniendo el verbo en infinitivo: '¡Hacerme venir para esto!'.

Se forman exclamaciones de *incredulidad, que son más bien de negación, con el adjetivo o el nombre que expresa una atribución y el nombre de la cosa o persona a la que se pretende atribuir lo expresado por ellos, o un pronombre que lo represente: '¡Seriedad en esa casa! ¡Bueno ése!' (con tono algo interrogativo).

En todas las exclamaciones, como se ve en los casos anteriores, hay elipsis, por lo menos de verbo; y con la conjunción «que» se lleva a cabo a veces la supresión de oraciones enteras: '¡Que pueda sostenerse semejante disparate!'(falta al principio una oración de la que depende la expresada, que puede ser, por ejemplo: '¿Cómo puede concebirse...?').

Ciertas oraciones exclamativas tienen un sentido interrogativo que no llega a serlo propiamente porque la respuesta está implícita en ellas; si la oración tiene forma afirmativa, esa respuesta es negativa, y a la inversa: '¡Quién sabe lo que pasará!'(respuesta: 'nadie lo sabe'). '¡Qué no daría yo por estar allí!'(respuesta: 'lo daría todo'). Hay que advertir que no todas las oraciones negativas de esa forma tienen ese sentido interrogativo; no lo tienen aquellas que empiezan por una expresión ponderativa como «cuánto» o «qué de», y en éstas es impropio, como se hace a veces, emplear el adverbio «no» cuando tienen significado afirmativo; por ejemplo, en la frase «¡qué de cosas no le diría!» sobre «no», porque lo que se pondera no es las cosas que se dejarían de decir, sino las que se dirían.

exclamativo, -a adj. Que implica o contiene una exclamación. ⊙ GRAM. Se aplica a los adjetivos, pronombres y adverbios que sirven para expresar exclamaciones, como «qué, cuánto», etc.

exclamatorio, -a adj. Exclamativo.

exclaustración f. Acción de exclaustrar.

exclaustrado, -a Participio adjetivo de «exclaustrar». ⊙ n. Religioso exclaustrado.

exclaustrar (de «ex-» y «claustro») tr. Permitir u ordenar a un ↘religioso que abandone el claustro por supresión de la *orden a que pertenece o por otro motivo. ⊙ prnl. Abandonar el claustro un religioso.

excluible adj. Susceptible de ser excluido.

excluido, -a Participio de «excluir».

excluidor, -a adj. *Que excluye.*

excluir (del lat. «excludĕre») **1** («de») tr. Dejar de incluir una ↘cosa en un conjunto de las de su clase, o dejar de aplicarle el mismo trato que a ellas: 'Ha sido excluido del servicio militar'. ≃ *Exceptuar. ⊙ («de») Quitar una ↘cosa de un conjunto de las de su clase o de un lugar en que le corresponde estar o figurar: 'Le han excluido de la lista de aspirantes. Su tío le ha excluido de la herencia'. ≃ Apartar, descartar, eliminar, exceptuar, suprimir. ⊙ Hacer que no se pueda pensar en la ↘posibilidad de cierta cosa: 'Esto ha creado una situación que excluye toda posibilidad de arreglo. Su contestación excluye cualquier solución pacífica'. ≃ Eliminar. ⇒ *Imposible. **2** (recípr.) Ser incompatibles dos cosas.

□ CATÁLOGO

Borrar, callar, cortar, dejar, descartar, *desechar, desheredar, *eliminar, hacer una EXCEPCIÓN, *exceptuar, excomulgar, dejar FUERA, no incluir, marginar, omitir, *prescindir, preterir, *quitar, relegar, sacar, salvar, hacer una SALVEDAD, dejar a SALVO, separar, silenciar. ➤ Exclusiva, monopolio, *privilegio. ➤ Excepción, reserva, salvedad. ➤ Chovinismo, espíritu de..., exclusivismo, localismo, racismo. ➤ LISTA negra. ➤ Aparte, excepto, menos, salvo. ➤ Exclusivamente, exclusive, solamente, sólo, tan sólo. ➤ Alternativa, dilema, *disyuntiva. ➤ *Incompatible. ➤ *Menos.

□ CONJUG. como «huir».

exclusión f. Acción y efecto de excluir.

exclusiva («Tener, Conceder») f. *Privilegio por el que una persona es la única autorizada para cierta cosa: 'Tiene la exclusiva de la venta de ese producto para España. Le han concedido la exclusiva del servicio de autobuses entre las dos ciudades'. ⊙ Reportaje o entrevista difundidos por un solo medio de comunicación por ser el único autorizado a hacerlo.

exclusivamente adv. *Solamente o *precisamente; de manera exclusiva: 'He venido exclusivamente por verte'.

ÚNICA Y EXCLUSIVAMENTE. Enlace frecuente.

exclusive (menos frec. que «inclusive») adv. Sin *contar o incluir los términos que se citan como extremos de una serie: 'Del cinco al veintiséis de abril, ambos exclusive (sin incluir ni el cinco ni el veintiséis). Hasta el capítulo doce exclusive'.

exclusividad f. Cualidad de exclusivo.

exclusivismo 1 m. Cualidad de exclusivo. **2** Adhesión exagerada a cierta cosa con exclusión o condenación *arbitraria de otras: 'Exclusivismo racial'. ⊙ Exagerada adhesión a las cosas propias y desprecio por las ajenas. ⇒ Excluir.

exclusivista n. Se aplica al que practica el exclusivismo en algún asunto u ocasión, o habitualmente.

exclusivo, -a adj. *Solo, único: 'Ha venido con el exclusivo objeto de fastidiarnos'.

excluso, -a *Participio irregular de «excluir».*

excluyente adj. Que excluye.

Excmo., -a. Abrev. de «excelentísimo, -a».

excogitable (del lat. «excogitabĭlis») adj. *Susceptible de ser pensado o imaginado.*

excogitar (del lat. «excogitāre»; culto) tr. *Descubrir ↘algo meditando.* ⇒ *Pensar.

excombatiente adj. y n. Se aplica a la persona que ha combatido en una guerra o ha luchado por alguna causa política. ⊙ En particular, a la que forma parte de alguna asociación que reúne a los que lucharon juntos.

excomulgación f. Excomunión.

excomulgado, -a Participio adjetivo de «excomulgar». ⊙ n. Persona a la que se excomulga.

excomulgador m. El que excomulga.

excomulgamiento m. *Excomunión.*

excomulgar (del lat. «excommunicāre») tr. Apartar a ↘alguien la autoridad eclesiástica competente de la comunidad *católica y del uso de los sacramentos. ⇒ Descomulgar. ➤ Anatema, deviedo, entredicho, excomulgación, excomulgamiento, excomunicación, excomunión, interdicto. ➤ Paulina, sextina. ➤ Letrones. ➤ Marrano.

excomunicación (del lat. «excommunicatĭo, -ōnis»; ant.) f. *Excomunión.*

excomunión (de «ex-» y «comunión») **1** («Decretar, Fulminar, Lanzar») f. Acción de excomulgar. ⊙ Situación de excomulgado. **2** Decreto de excomunión.

excoriación (de «excoriar») f. Lesión superficial en la piel o una mucosa. ≃ *Escoriación.

excoriar (del lat. «excoriāre», quitar la piel) tr. Producir una excoriación en la ↘piel de ↘alguien, por ejemplo el sudor o una prenda de vestir. ≃ *Escoriar. ⊙ prnl. Sufrir una excoriación.

□ CONJUG. como «cambiar».

excrecencia (del lat. «excrescentĭa») f. Parte que crece anormal, excepcional o superfluamente en algún organismo animal o vegetal. ⇒ Agalla, callo, carnosidad, carúncula, cocoha, *cuerno, excrescencia, fanón, fungo, lechecillas, molleja, *pelo, *tumor, uña, verruga. ➤ Sesamoideo. ➤ *Bulto.

excreción f. *Acción de excretar.* ⇒ *Secreción.

excrementar tr. *Excretar.*

excrementicio, -a adj. De [los] excrementos.

excremento (del lat. «excrementum») **1** (sing. o, más frec., pl.) m. Restos de la comida, que el cuerpo del animal expele después de hecha la digestión. ≃ Heces. **2** *Cualquier *secreción repugnante expelida por las narices, la boca u otra abertura del cuerpo.* **3** *El que se produce en las plantas por putrefacción.*

□ CATÁLOGO

Otras raíces, «copr-, escato-»: 'coprófago, coprolito, coprología; escatofagia, escatofilia, escatología'. ➤ Aca, AGUAS mayores, alhorre, boñiga, boñigo, bosta, burrajo, caca, cagada, cagajón, cagarruta, cámara, canina, catalina, coprolito, cucho, defecación, deposición, deyección, diarrea, *estiércol, *evacuación, excreción, fiemo, fimo, frez, freza, gallinaza, guano, heces, hienda, majada, meada, meconio[s], mierda, mojón, morceguila, murcielaguina, ñaña, ñisca, ñorda [o ñórdiga], orina, palomino, pez, pis, plasta, privada, pujo, sirle, sirria, tullidura, zulla, zurullo.

➤ Excrementicio, fecal. ➤ Casiller, corralero. ➤ *Evacuar. Hacer de *VIENTRE.

excrementoso, -a adj. *Se aplica a las comidas que nutren poco y producen muchos excrementos.*

excrescencia f. *Excrecencia.*

excretar (de «excreto») **1** tr. *Expeler los excrementos.* ≃ Excrementar. ⇒ Hacer de *VIENTRE. **2** Expeler las glándulas las sustancias elaboradas por ellas. ≃ *Segregar.

excretor, -a adj. Se aplica a lo que excreta o sirve para excretar: 'Órgano [o conducto] excretor'.

excretorio, -a adj. Excretor.

excrex (del lat. «excrescĕre», crecer; Ar.; pl. «excrez») m. DER. **Donación de un cónyuge a otro.*

excullado, -a (¿de «escullar»?; ant.) adj. *Debilitado o desvirtuado.*

exculpación f. Acción de exculpar[se].

exculpar (del lat. «ex culpa», exento de culpa; «de») tr. Declarar a ↘alguien no culpable de cierta cosa, o creer o sostener que no es culpable. ⊙ (reflex.) Declararse o considerarse no culpable. ⇒ Abonar, *absolver, atenuar, cohonestar, colorear, compurgar, descargar[se], *disculpar[se], excusar, eximir, explicar, justificar, paliar, *purgar, responder, salvar, hacer una SALVEDAD, santificar, sincerar[se], subsanar, vindicar. ➤ CIRCUNSTANCIA atenuante, CIRCUNSTANCIA eximente. ➤ Apología, defensa, exculpación. ➤ Indisculpable. ➤ *Absolver. *Disculpa.

excursión (del lat. «excursĭo, -ōnis»; «Hacer, Ir de», etc.) f. *Salida del lugar donde se vive habitualmente, para ir por unas horas, por unos días, etc., a otro sitio, por ejemplo al campo, por diversión o deporte: 'Todos los domingos vamos de excursión. Proyectamos una excursión por Francia y Suiza'. ⇒ DÍA de campo. ➤ Caravana. ➤ Cantimplora, *mochila. ⊙ (inf.) *Recorrido breve fuera de cualquier lugar donde se está habitualmente: 'Me cansaba de estar solo y me fui a hacer una excursión por los otros despachos'. ⊙ Se aplica en los colegios u otros centros de enseñanza a las visitas hechas como estudio a un museo, una fábrica, etc.

excursionismo m. *Deporte o actividad consistente en hacer excursiones.

excursionista n. Persona que toma parte en una excursión. ⊙ Aficionado al excursionismo.

excusa (de «excusar») **1** («Alegar, Dar, Inventar, Servir de, Tener») f. Justificación que se alega, para uno mismo o para otro, por haber hecho o dejado de hacer cierta cosa. ≃ *Disculpa. ⊙ («Dar, Presentar») Cosa que se dice a una persona para desagraviarla por una falta cometida con ella: 'Me dio excusas por no haberme acompañado'. La expresión «le [te, etc.] presento mis excusas» se emplea para excusarse. ≃ Disculpa, explicación. **2** *Pretexto que se da para no hacer cierta cosa; por ejemplo, para no aceptar una invitación.

excusabaraja f. **Cesta de mimbre con tapa.* ≃ Escusabaraja.

excusable (del lat. «excusabĭlis») **1** adj. Se dice de lo que puede ser justificado. **2** Susceptible de ser omitido o evitado.

excusación f. *Excusa.*

excusada (ant.) f. *Excusa.*

excusadamente adv. *Innecesariamente.*

excusadero, -a (ant.) adj. *Excusable.*

excusado[1] (de «escuso», escondido) m. *Retrete. ≃ Escusado.

excusado[2]**, -a** (de «excusar») **1** Participio de «excusar». **2** (usado en la frase «excusado es decir») adj. *Innecesario o *inútil: 'Excusado es decir que estoy a su disposición para lo que me necesite'. **3** *Libre, por privilegio, de pagar *tributos.* **4** m. *Tributario que, en vez de pagar al rey o señor, pagaba los tributos a la persona a quien se había concedido como privilegio su percepción.* **5** *Labrador designado por el rey o persona que tenía derecho a los *diezmos para que le pagase éstos.* **6** *Derecho que tenía la hacienda real para elegir una casa dezmera que le entregase los diezmos en vez de entregarlos a la Iglesia.* ⊙ *Cantidades percibidas así.* **7** *Tribunal que decidía los pleitos relativos a las casas dezmeras.*

V. «CASA excusada».

excusador, -a **1** adj. y n. *Se aplica al que excusa.* **2** *Persona que *sustituye a otra en un servicio o un pago.* **3** *Persona que sirve por otro un *beneficio eclesiástico.* **4** DER. *Persona que excusaba a un reo por no comparecer, sin tener poder de él o ser su defensor.* ⇒ *Tribunal.

excusalí (del it. septentrional «scossal», delantal, prob. a través de un sup. dim. occit. «escoussalin») m. **Delantal pequeño.* ≃ Escusalí.

excusano, -a (de «escuso»; ant.) adj. **Oculto.*

excusanza (ant.) f. *Excusa.*

excusaña (de «escuso», escondido) f. *Campesino que, en tiempo de guerra, se colocaba en un paso, vado, etc., para observar los movimientos del enemigo.* ⇒ *Espía.

excusar (del lat. «excusāre») **1** («con») tr. Encontrar razones o motivos por los que cierta ↘cosa hecha por alguien no resulta culpable o no constituye falta. ≃ *Disculpar, justificar. ⊙ («de, por, con») prnl. Justificar con razones algo que se ha hecho o dejado de hacer: 'Se excusó de no haber venido, por no encontrarse bien'. ⊙ («de, por, con») Dar explicaciones o pedir perdón a una persona por alguna falta cometida con ella o alguna molestia que se le ha causado o hay que causarle: 'Se excusó por no haberse despedido de nosotros'. ⊙ («con») tr. Darle a otra persona esas razones o motivos para que no juzgue mal ↘algo o a alguien: 'Ella excusa siempre las fechorías de su hijo. No he podido despedirme de tu madre; excúsame con ella'. **2** («de») tr. e intr. *Ahorrar o *evitar. ⊙ Poder dejar de hacer cierta ↘cosa porque resulta ya innecesaria: 'Como vas a venir pronto, excuso escribirte largo'. ⊙ Hacer que alguien no tenga que tomarse cierto ↘trabajo o molestia: 'Si me echas esta carta al correo, me excusas tener que salir de casa'. ⊙ Hacer que no ocurra cierta ↘cosa desagradable: 'Con esto excusamos disgustos'. ⊙ (Ar.) *Dejar de gastar cierta cantidad de ↘dinero.* ≃ *Ahorrar. ⊙ (en frases negativas y con referencia a esfuerzos, sacrificios o cosas semejantes) No ahorrar. **3** **Eximir a ↘alguien del pago de tributos o de una prestación personal.* **4** («de») tr. y, más frec., prnl. *Eludir hacer cierta ↘cosa con una razón o un pretexto. 'Se ha excusado de asistir a la sesión de esta tarde'. ⇒ Declinar, descartarse, escudarse, dar LARGAS, parapetarse, hacer el REMOLÓN. ➤ *Disculpa, evasiva.

excusión (del lat. «excussĭo, -ōnis») f. DER. *Derecho de los fiadores que garantizan un pago para no ser compelidos a él mientras tenga bienes suficientes el obligado principal o preferentemente.*

excuso m. **Disculpa.*

exea (del ár. and. «išši'a», guía) m. MIL. *Explorador.*

execrable adj. Merecedor de execración. ≃ Abominable.

execración **1** f. *Privación del carácter *sagrado a un lugar.* **2** Acción de execrar. ⊙ Expresión con que se execra. ⊙ **Figura retórica constituida por ella.* ⇒ Imprecación, maldición.

execramento 1 (ant.) m. *Execración.* **2** (ant.) *Superstición en que se usa de cosas y palabras a imitación de los sacramentos.*

execrando, -a adj. *Execrable.*

execrar (del lat. «exsecrāri») **1** tr. *Condenar una ↘cosa la autoridad religiosa. **2** En lenguaje corriente, *abominar: sentir intensa aversión moral por una ↘cosa en sí misma censurable: 'Los hombres realmente grandes execran la adulación'. Se emplea el mismo verbo para expresar ese sentimiento. **3** Expresar esa aversión.

execratorio, -a adj. *Empleado para execrar:* 'Juramento execratorio'.

exedra (del lat. «exĕdra», del gr. «exédra», lugar con asientos) f. Arq. Construcción descubierta, de planta semicircular, rodeada de bancos adosados. ⇒ *Edificio.

exégesis o, menos frec., **exegesis** (del gr. «exḗgēsis», explicación) f. *Explicación o interpretación, particularmente de los libros de la *Biblia.

exégeta o **exegeta** (del gr. «exēgētḗs») n. Intérprete o expositor de la *Biblia. ⊙ Persona que hace la exégesis de un texto.

exegético, -a adj. De [la] exégesis.

exención (del lat. «exemptĭo, -ōnis») f. Acción y efecto de *eximir[se]. ⊙ Especialmente, *privilegio que alguien goza por el que puede dejar de cumplir cierta obligación o de pagar cierta cosa: 'Exención de impuestos'.

exentamente 1 adv. *Libremente.* **2** *Claramente.*

exentar (de «exento») tr. y prnl. *Eximir[se].*

exento, -a (del lat. «exemptus») **1** Participio irregular de «eximir», usado sólo como adjetivo: 'Una casa exenta de contribución'. **2** adj. Falto o *libre de cierta cosa perjudicial o molesta: 'Exento de cuidados [o preocupaciones]. Un viaje no exento de peligros'. **3** Arq. No pegado a otra cosa: 'Columna exenta'. ⇒ *Aislado. **4** (ant.) m. *Oficial de *guardias de corps inferior al alférez y superior al brigadier.*

exequátur (lat., significa «ejecútese»; pronunc. [execuátur]; pl. «exequátur») **1** m. Autorización que da el jefe de un Estado a los representantes extranjeros en su país para que puedan ejercer sus cargos. ⇒ *Diplomacia. **2** Aprobación que da la autoridad civil a las *bulas y breves pontificios. ≃ Pase, paso.

exequias (del lat. «exsequĭae, -ārum») f. pl. Cultos y solemnidades religiosas que se hacen por los difuntos. ≃ *Funeral, honras fúnebres.

exequible (del sup. lat. «exsequibĭlis») adj. **Posible: susceptible de ser realizado.*

exercivo, -a (del lat. «exercēre»; ant.) adj. *Enérgico.*

exergo (del gr. «ex», fuera, y «érgon», obra, fuera de la obra) m. *En numismática, parte de una *moneda o *medalla situada debajo de la figura, donde se pone la inscripción.*

exfoliable adj. Susceptible de ser exfoliado.

exfoliación f. Acción y efecto de exfoliar[se].

exfoliado, -a Participio de «exfoliar». ⊙ adj. *Hojoso.

exfoliador, -a (Hispam.) adj. *Se aplica a un bloc o *cuaderno cuyas hojas están sujetas sólo con un pegamento ligero, de modo que pueden ser separadas fácilmente.*

exfoliante adj. y n. m. Se aplica al cosmético que sirve para exfoliar la piel: 'Crema exfoliante'.

exfoliar (del lat. «exfoliāre») tr. y prnl. Dividir[se] una ↘cosa en *láminas o *escamas. ⊙ prnl. Sufrir una cosa desprendimiento de láminas o escamas de su superficie, como ocurre, por ejemplo, con la corteza de algunos *árboles. ⊙ tr. Eliminar las células muertas de la piel; por ejemplo, con un producto cosmético.
□ Conjug. como «cambiar».

exhalación (del lat. «exhalatĭo, -ōnis») **1** f. *Bólido o *estrella fugaz. **2** *Rayo.

Como una exhalación. Muy rápido: 'La moto pasó como una exhalación'.

exhalar (del lat. «exhalāre») **1** tr. Hacer salir de sí ↘gases, vapores u olores. ≃ *Despedir, emitir, expeler. **2** Dar ↘*suspiros o proferir *quejas débiles. ≃ Lanzar. **3** prnl. **Correr o dirigirse precipitadamente a un sitio.* **4** **Ansiar algo.*

V. «exhalar el espíritu, exhalar el último suspiro».

exhaustivamente adv. Con exhaustividad.

exhaustividad f. Cualidad de exhaustivo.

exhaustivo, -a (del lat. «exhaustus», agotado) adj. Se aplica a la cosa, por ejemplo un tratado, que agota la materia de que se trata. ⊙ Se aplica en el diccionario a ciertas expresiones conjuntivas, «ni» y otras formadas con «ni», que denotan la absoluta carencia de la cosa que se expresa. ⇒ Ni, ni aun, ni un[a] mal[a], ni [o ni tan] siquiera, ni un[a] triste.

exhausto, -a (del lat. «exhaustus», agotado) **1** («Estar; de») adj. Sin nada ya de cierta cosa que se expresa: 'Dejar exhaustas las fuentes de riqueza del país. Exhausto de dinero'. ≃ *Agotado. **2** Muy *débil o muy *cansado; sin fuerzas. ≃ Agotado, deshecho, destrozado, extenuado, rendido.

exheredación (del lat. «exheredatĭo, -ōnis») f. *Desheredamiento.*

exheredar (del lat. «exheredāre») tr. *Desheredar.*

exhibición 1 f. Acción de exhibir: 'Hizo una exhibición de su fuerza. Una exhibición de modelos para esta temporada'. ⇒ Alarde, demostración, demostranza, despliegue, *exposición, *manifestación, muestra, parada. **2** Acto en el que se exhibe algo ante un público: 'Una exhibición de técnicas de salvamento'.

exhibicionismo 1 m. Prurito de exhibirse o llamar la atención. **2** Práctica que consiste en mostrar los genitales en público.

exhibicionista adj. y n. Se aplica a la persona que practica el exhibicionismo.

exhibir (del lat. «exhibēre») tr. Poner una ↘cosa ante la vista de la gente. ≃ Enseñar, exponer, *mostrar. ⊙ Hacerlo así alguien con un ↘vestido, sombrero, etc., puesto sobre su persona: 'La maniquí que exhibía los modelos'. ⊙ Presentar ante el público un ↘espectáculo. ⇒ Dar, echar, pasar, poner, presentar. ⊙ *Mostrar una ↘cosa con orgullo. ≃ Lucir, ostentar. ⊙ A veces, con *cinismo: 'Exhibe sus lacras [o su miseria espiritual]'. ⊙ prnl. Mostrar algo de lo que se está satisfecho u orgulloso. ⊙ («con») Procurar ser visto en algún sitio con algo de lo cual uno presume o está satisfecho. ⊙ tr. *Mostrar una ↘cosa que sirve para probar algo: 'Exhibió una carta que demostraba la inocencia el acusado'. ≃ Ostentar, presentar.

exhíbita (del lat. «exhibĭta», exhibida; Ar.) f. Der. *Exhibición.*

exhortación 1 f. Acción de exhortar. **2** *Sermón breve.

exhortador, -a adj. *Aplicable al que exhorta.*

exhortar (del lat. «exhortāri»; «a, con») tr. Inducir a ↘alguien con palabras, razones o ruegos a que haga o deje de hacer una cosa, alguien que tiene autoridad moral o cierto derecho para hacerlo: 'Le exhortó a cambiar de conducta'. ⇒ Adhortar. ➤ *Aconsejar, *mandar, *pedir, *rogar.

exhortativo, -a adj. Se aplica a lo que es para exhortar. ⊙ GRAM. Se aplica a las oraciones de ruego o de mandato. ⇒ Imperativo.

exhortatorio, -a adj. Exhortativo.

exhorto (primera persona del pres. de ind. de «exhortar», fórmula empleada por los jueces en ciertos despachos) m. DER. Comunicación que envía un juez a otro para que lleve a cabo alguna acción en su lugar.

exhumación f. Acción de exhumar.

exhumar (de «ex-» y el lat. «humus», tierra) **1** tr. Sacar de la tierra ↘algo que estaba enterrado; particularmente, restos de un difunto. ≃ *Desenterrar. **2** Volver a la actualidad ↘cosas ya olvidadas. ≃ Desenterrar, *recordar, rememorar, revivir, resucitar.

exicial (del lat. «exitiālis», mortífero; ant.) adj. **Mortal o *mortífero.*

exida (de «exir»; ant.) f. **Salida.*

exigencia («Tener, Ir, Venir con»; frec. pl.) f. Acción o actitud de exigir.

TENER MUCHAS EXIGENCIAS. Exigir demasiado o demasiadas cosas.

exigente adj. y n. Se aplica a la persona que acostumbra a exigir demasiado en la calidad de las cosas, en lo que se le da o hace, etc.: 'Un jefe muy exigente. Es muy exigente en la limpieza'. ⊙ («Estar») Puede aplicarse también a un estado pasajero: 'Estás muy exigente esta tarde'. ⇒ Exigir.

exigible adj. Se aplica a lo que puede ser exigido por tener derecho a ello.

exigidero, -a (ant.) adj. *Exigible.*

exigir (del lat. «exigĕre») tr. *Pedir una ↘cosa quien tiene derecho a que se la den o puede obligar a ello. ⊙ *Mandar u *obligar a alguien a que haga o dé cierta ↘cosa: 'Exigir el pago de la contribución'. ⊙ (con sujeto inanimado) Hacer *necesaria la ↘cosa que se expresa: 'La situación exige una decisión inmediata'. ≃ Pedir, reclamar. ⊙ intr. Ser o mostrarse exigente en cierta cosa: 'Por ese dinero no se puede exigir demasiado'.

□ CATÁLOGO

Conminar, invitar, reclamar, reivindicar. ➤ Censor, chinche, *chinchorrero, chinchoso, cicatero, *cominero, criticón, delicado, dengoso, *descontentadizo, exigente, fastidioso, quisquilloso, reparador, reparón, sacafaltas, SANGRE pesada, *severo. ➤ Exigencia, gollería, *impertinencia, imposición, pretensión, reclamación, reivindicación. ➤ Exacción. ➤ *Indulgente, *modesto. ➤ No hacer ASCOS, a CABALLO regalado no hay que mirarle el diente, tener buen DIENTE, MANGA ancha, buenas TRAGADERAS. ➤ *Mandar. *Pedir.

exigüidad f. Cualidad de exiguo.

exiguo, -a (del lat. «exigŭus») adj. Aplicado a «cantidad», a un nombre de magnitud o a las cosas, *escaso, insignificante, pequeño, reducido: 'Su exigua altura. Sus exiguas rentas. Un exiguo taparrabos'.

exilado, -a Participio adjetivo de «exilar[se]». ⊙ n. Persona exilada.

exilar tr. y prnl. Exiliar[se].

exiliado, -a Participio adjetivo de «exiliar[se]». ⊙ n. Persona exiliada.

□ NOTAS DE USO

Desde la terminación de la última guerra civil española eran corrientes las formas «exilado, exilar[se]», formadas, bien castellanizando las correspondientes francesas, lo cual no es muy probable, puesto que la puesta en circulación de ellas coincidió con la vulgarización de «exilio», antes palabra culta y poco frecuente, bien por influencia de «desterrar», ayudada por el hecho de que la coexistencia de palabras de la misma raíz con y sin «i» en la terminación no repugna al oído español; compárense, por ejemplo, «suicidar, suicidio; delirar, delirio», o «dominar, dominio». Pues, aunque la relación etimológica entre los miembros de estas parejas y la que existe entre «exilio» y «exiliar» no es la misma, esta diferencia no trasciende al hablante no especialista. Hoy coexisten «exilar» y «exiliar» con cierta preferencia por la segunda de estas dos formas.

exiliar tr. *Obligar a ↘alguien a exiliarse.* ≃ Exilar. ⊙ prnl. Marcharse alguien de su patria obligado por las persecuciones políticas u otra circunstancia. ≃ Exilarse. ⇒ *Emigrar.

□ CONJUG. como «cambiar».

exilio (del lat. «exilĭum») m. Destierro; en especial, el impuesto a la persona de que se trata por las circunstancias de su país y, más particularmente, por las persecuciones políticas.

eximente adj. Que exime. ⊙ adj. y n. f. V. «CIRCUNSTANCIA eximente».

eximición (de «eximir») f. *Exención.*

eximio, -a (del lat. «eximĭus») adj. Aplicado a personas dedicadas a un arte u otra actividad noble, *ilustre o excelso: 'La eximia escritora. El eximio hombre de Estado'.

eximir (del lat. «eximĕre»; «de») tr. *Liberar a ↘alguien de cierta carga, obligación o compromiso, o ser causa de que quede libre de ellos: 'Su conducta me exime de todo compromiso con él'. ≃ Dispensar, relevar. ⊙ prnl. Liberarse de cierta obligación.

□ CATÁLOGO

*Absolver, dispensar, exceptuar, excluir, *exculpar, excusar, exentar, exonerar, franquear, hacer GRACIA de, indultar, jubilar, *librar, perdonar, quitar, dar por QUITO, redimir, relevar. ➤ Ahorrarse, economizarse, escaparse, excusarse, librarse. ➤ Concesión, descargo, *disculpa, *dispensa, excusa, exención, eximente, eximición, franqueza, franquicia, indemnidad, indulgencia, inmunidad, irresponsabilidad, pasanza, perdón, prerrogativa, *privilegio. ➤ Ermunio, excusado, exento, franco, indemne, inmune, irresponsable, libre, limpio, quito. ➤ PUERTA franca, PUERTO franco.

exinanición (del lat. «exinanitĭo, -ōnis») f. *Agotamiento.*

exinanido, -a (del lat. «exinanītus», part. pas. de «exinanīre», consumir) adj. *Aplicado a personas, agotado.*

exir (del lat. «exīre»; ant.) intr. **Salir.*

existencia **1** f. Circunstancia de existir. **2** *Vida del hombre: 'En toda su existencia no encontró un momento de paz'. **3** (pl.) *Mercancías existentes en un almacén, tienda o depósito: 'Se nos han acabado las existencias de carbón'.

DAR [LA] EXISTENCIA a una cosa. *Crearla.

V. «LUCHA por la existencia».

existencial adj. De [la] existencia.

existencialismo **1** m. Nombre aplicado a una doctrina filosófica inspirada principalmente en las ideas de Kierkegaard y Heidegger y expuesta más tarde, entre otros, por el escritor francés Jean-Paul Sartre, que pone el principio de todo pensar en la existencia del hombre, la cual, siendo en un principio una existencia casi metafísica, se crea a sí misma en la acción y la elección. **2** Cualidad de existencialista.

existencialista **1** adj. De [o del] existencialismo. **2** adj. y n. Se aplica a los adeptos al existencialismo. ⊙ También, a las personas que adoptan sistemáticamente en su aspecto, lenguaje y maneras un descuido que se estima convencionalmente como distintivo de los adeptos al existencialismo, y que prescinden en su comportamiento, vestido, etc., de cualquier convención o concesión al bien parecer.

existente adj. *Real: no *fantástico. ⊙ Se aplica a lo que existe en el momento de que se trata.

existimar (del lat. «existimāre») tr. *Formar opinión sobre una ↘cosa.* ≃ *Juzgar.

existimativo, -a (de «existimar») adj. *Aplicado a nombres de parentesco, tenido por lo que se expresa, aunque no lo sea naturalmente.* ≃ Putativo.

existir (del lat. «exsistěre») **1** intr. Verbo que expresa en lenguaje corriente lo mismo que «ser» en lenguaje filosófico, o sea la primera manifestación de todas las cosas, base para que pueda darse en ellas cualquier otra: 'Existen cosas materiales e inmateriales. Existen cosas e ideas. En este lugar existió una ciudad'. ≃ *Haber. ⊙ Tener realidad fuera de la mente: 'Los niños creen que existen los Reyes Magos'. **2** Tener vida: 'Mientras existan sus padres no le faltará nada'. ≃ *Vivir.

□ CATÁLOGO

Coexistir, concurrir, *continuar, florecer, haber, imperar, quedar, reinar, *ser, subsistir, *vivir. ➤ Actual, efectivo, existente, histórico, imperante, positivo, *real, reinante, subsistente, verdadero. ➤ De facto, de hecho. ➤ Cosa, criatura, ente, mónada, objeto, ser, supuesto, sustancia, sustrato. ➤ Aseidad, coexistencia, entidad, esencia, existencia, realidad, subsistencia, sustantividad. ➤ Ontología. ➤ *Crear. ➤ *Nacer, renacer, *resucitar. ➤ *Perecer. ➤ Preexistir, inexistente. ➤ Nonato. ➤ Nada. ➤ *Estar.

éxito (del lat. «exĭtus», salida) m. *Resultado, bueno o malo, de una empresa, una acción o un suceso:* 'Ha terminado los exámenes con buen éxito. Tiene mal éxito en todo lo que emprende'. ⊙ Corrientemente, se emplea sin ningún adjetivo y significa «resultado favorable»: 'Tuvieron éxito sus gestiones. El éxito le acompaña por donde va'. ⊙ (inf.) Por ejemplo, en las relaciones amorosas: 'Es una chica de mucho éxito. Tiene mucho éxito con los chicos'. ≃ Partido. ⊙ («Tener») *Partidarios entre la gente: 'Esa moda no ha tenido éxito'. ≃ Aceptación.

exitoso, -a adj. Que tiene éxito.

ex libris Expresión latina que significa «de los libros», con que se designa la etiqueta o sello, frecuentemente artístico, que se pone en los *libros para que conste a quién o a qué biblioteca pertenecen. Generalmente, lleva como inscripción la expresión «ex libris» seguida del nombre en genitivo de la persona, biblioteca o editorial a que pertenece el libro.

exo- Elemento prefijo del gr. «éxō» que significa «fuera» o «de fuera», usado en palabras científicas: 'exotérico, exotérmico'. ⇒ Ex-.

exocarditis (de «exo-» y «carditis») f. MED. *Inflamación externa del *corazón.*

exocéntrico, -a adj. Que está o cae fuera del centro.

exocrino, -a (de «exo-» y el gr. «krínō», separar) adj. FISIOL. Se aplica a las *glándulas que vierten sus secreciones al tubo digestivo o al exterior del organismo, así como a estas secreciones.

éxodo (del lat. «exŏdus», del gr. «éxodos», salida) m. Marcha de un pueblo o de un grupo de gente en busca de sitio donde establecerse.

exoesqueleto (de «exo-» y «esqueleto») m. ZOOL. Estructura rígida y externa de origen dérmico y composición variable que sirve de sostén y protección del cuerpo de diversos animales, como los artrópodos. ≃ Dermatoesqueleto.

exoftalmia o **exoftalmía** (de «exo-» y el gr. «ophthalmós», ojo) f. MED. *Abultamiento del globo del *ojo, que es síntoma de varias enfermedades.*

exoftalmos m. MED. *Exoftalmia.*

exogamia (de «exo-» y el gr. «gaméō», casarse) **1** f. En ciertas sociedades, costumbre de contraer matrimonio con una persona de distinta familia, tribu, población, etc. **2** BIOL. En genética, unión de gametos en organismos que no están estrechamente relacionados.

exogámico, -a adj. De [la] exogamia.

exógeno, -a (de «exo-» y «-geno») **1** adj. Se aplica a aquello que se produce en el exterior de un organismo o sistema o que es debido a causas externas. ⇒ Endógeno. **2** BOT. *Se aplica a un órgano que se forma en la periferia de otro; como las hojas.*

exoneración f. Acción de exonerar.

exonerar (del lat. «exonerāre») **1** («de») tr. *Liberar de una carga u obligación. ≃ *Descargar, eximir. **2** («de») Quitar a ↘alguien un empleo, una dignidad, una condecoración o un honor: 'Como castigo, le exoneraron de sus condecoraciones'. ⇒ Deshonorar, *deshonrar.

V. «exonerar el VIENTRE».

exorable (del lat. «exorabĭlis») adj. *Blando o *condescendiente.*

exorar (del lat. «exorāre») tr. **Pedir con insistencia.*

exorbitancia f. *Cualidad de exorbitante.*

exorbitante (del lat. «exorbĭtans, -antis») adj. Aplicado a cosas físicas, *desmedido, *exagerado o *excesivo; mucho más grande de lo regular o razonable: 'Un precio exorbitante'.

exorbitantemente adv. De manera exorbitante.

exorbitar (del lat. «exorbitāre», desviar, apartarse) tr. Presentar ↘algo como más grande o importante de lo que es en realidad. ≃ Exagerar.

exorcismo (del lat. «exorcismus», del gr. «exorkismós») m. Imprecación hecha contra el demonio según fórmulas de la Iglesia. ≃ *Conjuro.

exorcista (del lat. «exorcista», del gr. «exorkistḗs») **1** m. *Eclesiástico con la tercera de las órdenes menores, que tiene facultad para exorcizar. **2** Persona que realiza exorcismos.

exorcistado m. **Orden de exorcista, que es la tercera de las menores del sacerdocio.*

exorcizar (del lat. cristiano «exorcizāre», del gr. «exorkízō») tr. Usar exorcismos contra el ↘demonio. ⊙ Hacer a ↘alguien objeto de exorcismos para librarle del demonio.

exordiar (de «exordio»; ant.) tr. **Principiar.*

exordio (del lat. «exordĭum») **1** m. Palabras con que se comienza la exposición hablada o escrita de algo, para llamar la atención sobre ella o preparar el ánimo de los oyentes o lectores. ≃ Introducción. **2** (ant.) **Origen y *principio de una cosa.*

exordir (ant.) intr. *Hacer un exordio.* ⊙ (ant.) *Dar comienzo a una oración.*

exornar (del lat. «exornāre»; lit.) tr. *Adornar o *embellecer una ↘cosa.

exorreico, -a (de «exo-» y el gr. «rheō», fluir) adj. GEOL. *Se aplica a la región cuyas aguas desembocan en el mar.*

exorreísmo (del mismo or. que «exorreico») m. GEOL. *Fenómeno por el cual las aguas de una región desembocan en el mar.*

exosfera (de «exo-» y «-sfera») f. Capa más exterior de la atmósfera terrestre que es muy poco densa.

exosmosis o **exósmosis** (de «exo-» y el gr. «ōsmós», impulso) f. Fís. Corriente de dentro a fuera que se establece entre dos recipientes, de los cuales uno está sumergido dentro del otro y tiene las paredes o el fondo *permeables.

exosqueleto m. ZOOL. *Exoesqueleto.

exotérico, -a (del lat. «exoterĭcus», del gr. «exōterikós») adj. Asequible a la generalidad de la gente. ⇒ *Público.

exotérmico, -a (de «exo-» y el gr. «thérmē», calor) adj. Fís., QUÍM. Se aplica a los fenómenos que van acompañados de producción de *calor.

exoticidad f. *Exotismo.* ≃ Exotiquez.

exótico, -a (del lat. «exotĭcus», del gr. «exōtikós») adj. Se aplica a lo que procede de un país *extranjero: 'Plantas [o costumbres] exóticas. Hablaban con acento exótico'. ⊙ También, a lo que resulta *extraño y tiene aspecto extranjero: 'Tiene facciones exóticas'.

exotiquez f. *Exotismo.*

exotismo (más usado que «exoticidad») m. Cualidad de exótico. ⊙ Gusto por lo exótico.

expandir (del lat. «expandĕre») **1** tr. Hacer que una ↘cosa que estaba doblada, arrugada o apretada se *extienda y ocupe más espacio: 'Expandir una pieza de ropa en el agua para aclararla'. ⊙ Puede usarse referido a fenómenos, ideas, etc. ⊙ prnl. Extenderse y ocupar más espacio algo. ⊙ tr. Hacer que se *dilate un ↘fluido. ⊙ prnl. Dilatarse un fluido. **2** tr. Hacer que se *difunda una ↘noticia. ⊙ prnl. Difundirse una noticia.

expansibilidad f. Fís. Propiedad de un cuerpo de ser expansible.

expansible adj. Susceptible de expansión.

expansión 1 f. Acción y efecto de expandir[se]: 'La expansión del gas mueve el émbolo'. ⊙ Fase de fuerte crecimiento económico. **2** Exteriorización voluntaria de algún estado de ánimo. ⊙ Acción de comunicar a una persona un estado íntimo que se mantenía callado. **3** *Distracción o diversión: 'Los jóvenes necesitan algún rato de expansión'.

expansionarse (de «expansión») **1** prnl. Dilatarse un gas o vapor. **2** («con») Comunicar a alguien penas o sentimientos íntimos buscando alivio con ello. ≃ *Desahogarse. **3** *Distraerse o *divertirse.

expansionismo m. Tendencia a la expansión de un poder político, económico o de una ideología. ⊙ Particularmente, tendencia de un pueblo o país a extender su dominio a otras áreas geográficas.

expansionista adj. Del expansionismo. ⊙ adj. y n. Partidario de él.

expansivo, -a (del lat. «expansus», extendido) **1** adj. Se aplica a lo que, como los *gases y *vapores, tiende a expandirse. ⊙ De [la] expansión: 'Poder expansivo'. **2** Aplicado a personas, *abierto o *franco: inclinado a exteriorizar o comunicar a los demás sin reserva sus estados de ánimo, pensamientos o sentimientos.

expatriación f. Acción de expatriar[se].

expatriado, -a Participio adjetivo de «expatriar[se]». ⊙ n. Persona expatriada.

expatriar (de «ex-» y «patria») tr. Hacer salir a ↘alguien de su patria. ⊙ prnl. Abandonar alguien su *patria, voluntariamente o por necesidad. ≃ *Emigrar.

☐ CONJUG. como «desviar», aunque a veces se acentúa como «cambiar».

expavecer (del lat. «expavescĕre»; ant.) tr. *Asustar o *aterrar.*

expectable (del lat. «exspectabĭlis») adj. *Respetable.* ≃ Espectable.

expectación (del lat. «exspectatĭo, -ōnis») **1** f. Situación del que está *esperando algo: 'En expectación de destino'. ≃ Espera. **2** *Interés o *curiosidad con que se espera ver cómo es, cómo se resuelve, etc., cierta cosa: 'Hay gran expectación ante el anunciado discurso del Presidente'. ⇒ ¡Deja!, ¡a ver!, ¡a ver si...!». **3** (con mayúsc.; «La») *Fiesta que, con el nombre corriente de «Nuestra Señora de la Esperanza» o «Virgen de la Esperanza», se celebra el día 18 de diciembre en honor de la *Virgen.*

expectante (del lat. «exspectans, -antis», part. pres. de «exspectāre», observar) **1** adj. Se aplica a la persona o a la actitud del que está esperando, que consiste en vigilar observando lo que pasa para obrar en consecuencia, etc.: 'Madre expectante. En actitud expectante. Medicina expectante'. **2** DER. *Se aplica a las situaciones, obligaciones o derechos que se *espera ocurran, con o sin certeza.*

expectativa (del lat. «exspectātum», mirado, visto) **1** («En... de») f. Situación de alguien que *espera obtener una cosa, por ejemplo una herencia o un empleo. **2** Posibilidad de que algo ocurra de determinada manera, basándose en el análisis de las circunstancias: 'El negocio tiene expectativas de crecimiento'. **3** *Especie de futura que se daba en Roma en lo antiguo a una persona para obtener un beneficio o prebenda eclesiástica, luego que se verificase quedar vacante.*

ESTAR A LA EXPECTATIVA. **1** Mantenerse sin actuar o sin tomar una determinación en cierto asunto hasta ver qué pasa. ≃ Estar a la espera. **2** («de, para») Estar atento para enterarse de cierta cosa cuando ocurra y obrar correspondientemente: 'Hay que estar a la expectativa de [o para enterarse de] cuándo sale el anuncio de la subasta'. ⇒ *Vigilar.

expectoración 1 f. Acción de expectorar. **2** *Flema o mucosidad expectorada.

expectorante adj. y n. m. FARM. Se aplica al medicamento que sirve para hacer expectorar. ⇒ *Farmacia.

expectorar (del lat. «expectorāre», de «ex», fuera de, y «pectus, -ŏris», pecho) tr. o abs. Hacer desprenderse, tosiendo o carraspeando, las ↘flemas y secreciones de las mucosas del aparato respiratorio, y arrojarlas por la boca. ⇒ Arrancar, desflemar, desgarrar, esputar, gargajear. ➤ Espadañada, *esputo, expectoración, flema, gargajo, mucosidad, numular. ➤ Hemoptisis. ➤ Expectorante. ➤ *Escupir.

expedición 1 f. Acción de expedir. **2** Cosa expedida o que viaja por un medio de transporte: 'Esta expedición no va en buenas condiciones'. ≃ Remesa. **3** Viaje o *marcha de un grupo de personas con un fin militar, científico, deportivo, etc.: 'Una expedición de salvamento para encontrar a los exploradores perdidos'. ⊙ Conjunto de las personas que toman parte en ese viaje. ⇒ Aceifa, algara, algarada, cabalgada, caballería, caravana, *correría, cruzada, excursión, harca, *incursión, jornada, partida, razzia. **4** *Soltura, *desenvoltura o *destreza.*

expedicionario, -a adj. y n. Se aplica al que realiza una expedición, forma parte de una expedición o está destinado a realizar expediciones: 'Cuerpo expedicionario'.

expedicionero m. *El que trata de la solicitud y despacho de las expediciones solicitadas en la curia romana.*

expedidamente (ant.) adv. *Expeditamente.*

expedido, -a 1 Participio adjetivo de «expedir». **2** (ant.) *Desembarazado.* ≃ Expedito.

expedidor, -a adj. y n. Se aplica al que expide cierta cosa. ≃ Remitente.

expedientar tr. Formar expediente a ˇalguien. ⇒ Empapelar.

expediente (del lat. «expedĭens, -entis», part. pres. de «expedīre», dar curso, convenir) **1** (ant.) adj. *Conveniente u *oportuno.* **2** («Apelar, Recurrir al, Valerse del») m. *Medio o *recurso; procedimiento que se emplea para resolver una dificultad: 'Para hacerle venir, recurrieron al expediente de decirle que habían entrado ladrones en su casa'. ⇒ Despediente. **3** (sing. o pl.) **Habilidad o recursos que alguien tiene para encontrar soluciones:* 'Es hombre de expediente'. **4** (ant.) *Provisiones o aprovisionamiento.* **5** (ant.) **Motivo o *pretexto para cierta cosa.* **6** («Abrir, Instruir, Tramitar») Conjunto de todas las tramitaciones llevadas a cabo en una *oficina sobre un asunto. **7** Conjunto de todos los documentos que se van produciendo en esas tramitaciones. **8** Serie de los servicios prestados y de las incidencias ocurridas en la carrera de un empleado: 'Expediente profesional'. ⇒ HOJA de servicios. ⊙ Serie semejante de las calificaciones obtenidas e incidencias ocurridas en la carrera de un estudiante: 'Expediente académico'. ⇒ HOJA de estudios. **9** («Formar, Instruir, Tramitar») Investigación llevada a cabo oficialmente y con las formalidades establecidas sobre la conducta de un empleado, por supuestas faltas cometidas por él en el ejercicio de sus funciones. ⇒ PLIEGO de cargos [o de descargos]. **10** *Dependencia o negocio que se sigue sin juicio contradictorio en los *tribunales, a solicitud de un interesado o de oficio.*

CUBRIR EL EXPEDIENTE. Hacer alguien en una cosa que tiene que hacer solamente lo indispensable para que no puedan castigarle, reconvenirle o censurarle. ⇒ *Expeditivo.

expedienteo (desp.) m. Tramitación de un expediente o de expedientes.

expedir (del lat. «expedīre») **1** tr. Hacer que una ˇcosa, particularmente una comunicación o una mercancía, vaya a algún sitio: 'Expedir un paquete por correo certificado. Expedir un telegrama'. ≃ *Enviar, mandar, remitir. **2** Extender y dar al interesado una ˇcertificación u otro *documento semejante. ⊙ Girar o librar una ˇ*letra u otra orden de pago. **3** **Despachar una ˇcausa o un asunto.* **4** (ant.) *Hacerle a ˇalguien lo que necesita para que se pueda marchar.* ≃ *Despachar. **5** (Chi., Ur.) prnl. *Desenvolverse en un asunto o actividad.*

□ CONJUG. como «pedir».

expeditamente adv. De manera expedita.

expeditivamente 1 adv. De manera expeditiva: *atropellando los obstáculos o inconvenientes. **2** Sin *cuidado.

expeditivo, -a adj. Se aplica a la persona que hace las cosas sin detenerse ante los obstáculos o inconvenientes, sin pararse a pensar en ellos o atropellando cosas que debería respetar, así como a sus acciones, métodos, etc.

□ CATÁLOGO

Atropellador, decidido, desenfadado, embarullador, de *recursos, resuelto, sacudido. ➤ Desenfadaderas, despachaderas, *desparpajo, expediente. ➤ Atropelladamente, sin pararse en BARRAS, sin encomendarse a DIOS ni al diablo, expeditivamente, de cualquier *MANERA, sin PARARSE a pensar, salir del PASO, no pararse en PELILLOS, de un plumazo, no andarse por las RAMAS, sin andarse con RODEOS, no ahogarse en un VASO de agua. ➤ *Desembarazarse. *Desenvoltura. *Fácil. *Recurso.

expedito, -a (del lat. «expedītus») **1** adj. Sin estorbos: 'Un camino expedito'. ≃ Desembarazado, libre. **2** Aplicado a personas, *ágil.

expelente adj. Se aplica a lo que expele.

expeler (del lat. «expellĕre») tr. Hacer una cosa que salga de ella con fuerza ˇalgo que tiene en su interior; generalmente, el complemento se emplea con artículo o con una determinación: 'La locomotora expele el humo por la chimenea. El surtidor expele un chorro de agua'. ≃ Arrojar, *despedir, echar, expulsar, lanzar.

expendedor, -a n. Persona que expende; por ejemplo, tabaco o billetes de lotería, de espectáculos, etc.

EXPENDEDOR DE MONEDA FALSA. *Persona encargada de ponerla en circulación.*

expendeduría f. Sitio donde se expende cierta cosa: 'Expendeduría de tabacos. Expendeduría de billetes'. ⇒ *Taquilla, *tienda.

expender (del lat. «expendĕre», pesar moneda, gastar) **1** tr. *Vender al por menor: 'El tabaco se expende en los estancos'. ≃ Despachar. **2** *Vender ˇobjetos de otro por encargo del dueño.* **3** DER. *Dar salida al por menor a la ˇ*moneda falsa.*

expendición f. *Acción de expender.*

expendio (de «expender») **1** m. **Derroche.* ≃ Dispendio. **2** (Arg., Méj., Perú) *Venta al por menor.* **3** (Méj.) *Expendeduría.*

expensar (del lat. «expensus», part. de «expendĕre»; Chi., Méj.) tr. DER. **Pagar los gastos de una ˇgestión.*

expensas (del lat. «expensus», part. de «expendĕre») **1** f. pl. Gastos (usado sólo en la frase de más adelante). **2** DER. *Litisexpensas.*

A EXPENSAS DE alguien. *Pagándolo o costeándolo la persona de que se trata: 'Vive toda la familia a sus expensas'.

experiencia (del lat. «experientĭa») **1** f. Hecho de presenciar, *conocer o sentir alguien una cosa él mismo, por sí mismo o en sí mismo: 'Sé por experiencia lo que es eso'. ⊙ Circunstancia de haber hecho repetida o duraderamente una cosa, lo que da habilidad para hacerla: 'Tiene mucha experiencia de cuidar niños'. ≃ *Práctica. ⊙ Conjunto de antecedentes, ejemplos o precedentes que se tienen en general o que tiene alguien sobre cierta cosa: 'Les falta experiencia política'. ⊙ *Conocimiento de la vida adquirido viviendo: 'Déjate aconsejar por una persona de experiencia'. **2** Situación o *suceso por los que se pasa y con los que se adquiere conocimiento de la vida: 'Fue una experiencia dolorosa, pero útil'.

□ CATÁLOGO

Aprendizaje, desengaño, enseñanza, escarmiento, escuela, experimento, fogueo, lección, moraleja, *mundo, mundología, vivencia. ➤ Ensayo, experimentación. ➤ *Práctica. ➤ MAESTRA de la vida. ➤ Empírico, experimental. ➤ Comprobar, confirmar, correr, ensayar, experimentar, palpar, pasar, pasar por, *probar, sufrir, tocar, TOCAR de cerca, ver, verificar, vivir. ➤ CONEJILLO de Indias. ➤ Testigo. ➤ Foguearse, adquirir [o tener] MUNDO, soltarse. ➤ Acostumbrado, acuchillado, advertido, avisado, baqueteado, baquiano, cansado de, corrido, cursado, curtido, ducho, *entendido, envejecido, escarmentado, espabilado, experimentado, experto, fogueado, GATO viejo, granado, harto de, HOMBRE de mundo, madrigado, matrero, mostrado, de mundo, PERRO viejo, práctico, recocido, TORO corrido, trujamán, versado, veterano. ➤ Practicón. ➤ Familiar, probado, vivido. ➤ Haber sido COCINERO antes que fraile, más sabe el DIABLO por [ser] viejo que por [ser] diablo, tener muchas HORAS de vuelo, a mí que las VENDO. ➤ Inexperiencia. ➤ *Aprender. *Conocer. *Costumbre. *Saber.

experimentación 1 f. Acción de experimentar. **2** Método científico de *conocer, fundado en la observación de fenómenos provocados para su estudio.

experimentado, -a 1 Participio de «experimentar». **2** adj. Se dice del que tiene experiencia de cierta cosa y, por tanto, sabe hacerla bien; suele aplicarse al nombre de actor correspondiente a la acción de que se trata: 'Un maquinista [o un médico] experimentado'. ≃ Ducho, *entendido, experto, práctico. ⊙ También del que tiene mucha experiencia de la vida. ⇒ *Experiencia.

experimental adj. De experimentos; basado en experimentos: 'Método experimental'.

experimentalmente adv. Mediante la experiencia. ⊙ Mediante experimentos.

experimentar 1 tr. *Percatarse de cierta ˋcosa por propia experiencia: 'En aquella ocasión experimenté lo que vale el tener amigos'. **2** Tener momentáneamente cierta ˋsensación, cierto estado de ánimo o cierta situación afectiva: 'No experimento ni frío ni calor. Experimenté una gran alegría al saberlo'. ≃ *Sentir. **3** Hacer experimentos sobre cierta ˋcosa para comprobarla o estudiarla: 'Están experimentando la nueva droga en ratones'. **4** Sufrir la acción o proceso que se expresa: 'Las exportaciones de cítricos han experimentado un crecimiento importante este año'.

experimento (del lat. «experimentum») m. Operación consistente en provocar cierto fenómeno para *estudiarlo o estudiar sus efectos.

expertamente f. Con pericia de persona experta.

experticia (Hispam.) f. *Prueba pericial.*

experto, -a (del lat. «expertus», experimentado) **1** adj. Acompañando a un nombre de actor o ejecutante, muy *entendido o *hábil en el trabajo o actividad que le son propios: 'Un experto peluquero [o cirujano]'. **2** n. Persona experta o *entendida en cierta cosa.

expiación f. Acción y efecto de expiar.

expiar (del lat. «expiāre») **1** tr. Sufrir el *castigo correspondiente a un ˋdelito o a una culpa, o las consecuencias penosas de una falta: 'Está expiando su crimen en una cárcel. Hace penitencia para expiar sus culpas. Ahora está expiando los desórdenes de su juventud'. ≃ Pagar, purgar. ⇒ Azacel [o azazel], emisario, *hazacel [hazazel]. ➤ Lastar, lustrar, pagar, PAGAR con las setenas, pagarla[s], PAGARLAS todas juntas, purgar, *purificar, reparar, satisfacer, sufrir. ➤ Borrar. ➤ Lustral, lústrico. ➤ Satisfacción, vindicta. ➤ Rastra, reato. ➤ Inexpiable. ➤ *Castigo. *Compensar. *Vengar. **2** **Purificar una ˋcosa profanada; por ejemplo, un templo.*

☐ CONJUG. como «desviar».

expiativo, -a adj. *Que sirve para expiar.*

expiatorio, -a adj. Se aplica a lo que sirve para *expiar. ⊙ Se aplica a las víctimas sacrificadas a los dioses de cualquier religión para reparar las faltas o pecados cometidos.

V. «CHIVO expiatorio».

expilar (del lat. «expilāre»; ant.) tr. **Robar a ˋalguien o *despojarle.*

expillo m. **Matricaria (planta compuesta).*

expiración f. Acción y efecto de expirar.

expirante adj. Que expira.

expirar (del lat. «exspirāre») **1** intr. Con referencia al momento en que ocurre la muerte, *morir. ≃ Fallecer, fenecer. **2** *Acabar o vencer un periodo de tiempo o un plazo: 'El verano está expirando. Cuando expire el plazo'.

explanación f. Acción y efecto de explanar.

explanada (del lat. «explanāta», allanada) **1** f. Espacio de terreno llano o allanado, que se utiliza o puede utilizarse por esa circunstancia. ⇒ Buitrón, *campo, cancha, canchamina, *espacio. **2** FORT. *Declive que se continúa desde el camino cubierto hacia la campaña.* ⇒ Glacis. **3** *Parte más elevada la muralla, sobre el límite de la cual se levantan las almenas.* **4** ARTILL. *Pavimento de fábrica o armazón de fuertes largueros, sobre los cuales se monta y resbala la *cureña en una batería.*

V. «CRESTA de la explanada».

explanar (del lat. «explanāre») **1** tr. Poner un ˋterreno llano y horizontal, quitando tierra, poniéndola, haciendo terraplenes, etc. ≃ *Allanar, aplanar, igualar, nivelar. **2** Exponer ˋalgo detalladamente: 'Dará una conferencia para explanar sus proyectos'. ≃ *Explicar.

explayado, -a 1 Participio adjetivo de «esplayar[se]». **2** HERÁLD. *Se aplica al águila de dos cabezas representada con las alas extendidas.*

explayar 1 (con «ex-» y «playa») tr. *Extender la ˋvista, la mirada, el pensamiento. ≃ Esparcir. ⊙ *Distraer el ˋánimo. ⇒ Desplayar. **2** prnl. Presentarse a la vista el paisaje, el horizonte, etc., en una amplia extensión: 'La pradera se explaya hasta el horizonte'. ≃ *Extenderse. **3** Extenderse hablando de cierta cosa: 'Se explayó contándonos sus aventuras'. ⊙ Expresar ampliamente y sin contención enfado, indignación, etc., o críticas contra alguien: 'Empezó a contarme cosas de su cuñada y se explayó a su gusto'. ≃ *Desahogarse. ⊙ Contarle a alguien cosas íntimas, penas, preocupaciones, etc., como alivio de la angustia o desazón que producen. ≃ *Desahogarse.

expletivo, -a (del lat. «expletīvus») adj. GRAM. Se aplica a las palabras o *expresiones que se emplean sin ser necesarias para el sentido, para hacer más expresiva o armoniosa la frase, para darle un tono particular, o como simples *muletillas; tales como «pues, y, agarrar y..., coger y..., ir y..., es COSA que..., por así DECIR, si se me PERMITE la expresión [la comparación, etc.], VALGA la expresión [la comparación, etc.], y así, y demás, y eso, ¿estamos?, mira, ¿no?, y tal, verás..., ¿verdad?».

explicable adj. Susceptible de ser explicado. ⊙ Particularmente, disculpable o *justificable.

explicablemente adv. Comprensible, disculpable o justificablemente.

explicación 1 f. Acción de explicar. ⊙ Palabras con que se explica algo. **2** («Ser») Hecho o dato que da la razón de algo o lo aclara. ⊙ (gralm. pl.; «Dar») Exposición de las causas o razones que justifican cierta cosa. ≃ *Justificación. ⊙ (gralm. pl.; «Dar») Razones que se dan a una persona para demostrarle que no ha habido intención de ofenderla o perjudicarla con algo que se ha dicho o hecho: 'Me dio explicaciones por su conducta del otro día. No me han convencido sus explicaciones'. ≃ *Disculpa.

explicaderas (inf.; desp.) f. pl. Manera de explicarse alguien: 'Con esas explicaderas nos hemos quedado sin entenderle'.

explicar (del lat. «explicāre») **1** tr. Hablar sobre una ˋcosa para hacerla comprender o conocer a otros: 'Nos ha explicado cómo llegó hasta aquí. Explicar la Teoría de la Relatividad'. ⊙ Ser profesor de cierta materia en una universidad o centro semejante: 'Explica física en la Universidad de Salamanca'. ≃ Enseñar, dar *clase. ⊙ prnl. Hacerse comprender: 'Te explicas muy bien. Yo sé lo que quiero decir, pero no sé explicarme'. **2** tr. *Justificar o *disculpar; dar razones con las que se demuestra que cierta ˋcosa que parecía culpable o censurable no lo es: 'Explicó su intervención en el asunto'. ⊙ prnl. *Justificarse o *disculparse. **3** (con un pron. reflex.) tr. Comprender o *concebir cierta ˋcosa; percibir los motivos o el proceso de algo: 'No me explico cómo han podido llegar hasta aquí'.

AQUÍ TODO SE EXPLICA... [NO ES COMO EN CABALLERÍA]. Frase atribuida a un sargento de infantería que daba clase a sus soldados, que se repite jocosamente como comentario, con o sin la segunda parte, cuando se explica, aclara o justifica algo.

□ CATÁLOGO

*Aclarar, apostillar, clarar, clarificar, poner en CLARO, *comentar, complanar, meter con CUCHARA, *definir, departir, desarrebujar, desarrollar, *describir, desplegar, dilucidar, discantar, divulgar, elucidar, esclarecer, escoliar, espaladinar, especificar, explanar, *expresar, glosar, *interpretar, leer, echar [o arrojar] LUZ, margenar, marginar, postillar, *puntualizar, soltar, vaciar, vulgarizar. ➤ Dilatarse, extenderse. ➤ *Informar. ➤ *Referir. ➤ A medias, con medias PALABRAS. ➤ Clase, conferencia, lección. ➤ *Acotación, apostilla, coletilla, colofón, comentario, comento, definición, desdoblamiento, disquisición, epígrafe, escolio, exégesis, explanación, explicación, *exposición, glosa, interlineado, interpretación, introducción, lema, letra, letrero, leyenda, llamada, margen, mote, *nota, dos [cuatro o unas] PALABRAS, paráfrasis, postila, postilación, postilla, preámbulo. ➤ Clave. ➤ Cicerone, comentador, comentarista, escoliador, escoliasta, glosador, postilador, *profesor, talmudista. ➤ Es DECIR, esto es, a saber, es a SABER, o sea. ➤ No ser otra COSA que. ➤ Inexplicable. ➤ *Claro. *Enseñar. *Entender. *Exponer. *Mostrar. *Precisar.

explicativo, -a adj. Se aplica a lo que sirve para aclarar o explicar. Se usa en expresiones como «nota explicativa, folleto explicativo». ⊙ GRAM. Se aplica al *adjetivo o expresión adjetiva que añade alguna nota al nombre al que afecta, sin restringir su sentido.

explícitamente adv. De manera explícita.

explicitar tr. Hacer explícita una ↘cosa.

explícito, -a (del lat. «explicĭtus») adj. Por oposición a «implícito», expreso; dicho y no solamente insinuado o dado por sabido: 'Una condición explícita del trato'.

explicitud f. Cualidad de explícito.

exploración 1 f. Acción de explorar. 2 Viaje de exploración: 'Las exploraciones de los españoles en el siglo XVI'.

explorado, -a Participio adjetivo de «explorar».

explorador, -a 1 adj. y n. Se aplica al que explora. 2 m. Miembro de cierta institución llamada «de los Exploradores de España», adaptación en este país de la de los «boy-scouts» ingleses, cuya finalidad era cultivar el amor al campo con la práctica del excursionismo, y fomentar entre los muchachos el compañerismo y otras virtudes ciudadanas.

explorar (del lat. «explorāre») 1 tr. Examinar íntimamente una ↘cosa para ver lo que hay en ella o cómo está. ⊙ Particularmente, recorrer con ese objeto un ↘país o lugar desconocido. ⊙ Examinar el médico una ↘parte interna del organismo o una herida. 2 Tratar de enterarse, antes de emprender una ↘cosa, de cuál es la situación en relación con ella, de su posibilidad, sus posibles consecuencias, etc. ≃ Sondear, *tantear. ⊙ Particularmente, hacerlo así con ↘alguien: 'Eso lo ha dicho para explorarnos'.

□ CATÁLOGO

Adentrarse, atajar, auscultar, *buscar, catear, chequearse, fondear, hondear, palpar, tomar el pulso, reconocer, sondar, sondear, reconocer [o tantear] el TERRENO. ➤ Cala, calicata, cata, chequeo, exploración, reconocimiento. ➤ Fonendoscopio, plesímetro, sonda, tienta, tientaguja. ➤ Atajador, avanzada, batidor, corredor, descubridor, esculca, esculta, exea, explorador, pionero. ➤ Inexplorado. ➤ *Espiar. *Examinar.

exploratorio, -a adj. Destinado a explorar.

explosión (del lat. «explosĭo, -ōnis») 1 f. Acción de romperse bruscamente la envoltura de algo, saliendo los fragmentos y el contenido de forma violenta y produciendo un ruido que onomatopéyicamente se representa por «¡bum!, ¡pum!» o «¡plam!». ≃ Estallido, estampido. ⊙ Particularmente, acción de abrirse en esa forma una bomba u otro artefacto por la acción de un explosivo. 2 Aumento brusco y ruidoso de la presión en un recinto cerrado por el aumento de volumen de su contenido; por ejemplo, por la formación súbita de gases debida a la combustión u otra reacción química, como ocurre en los *motores de explosión. 3 Manifestación súbita, y generalmente ruidosa, de algún estado de ánimo: 'Explosión de risa [o indignación]'. ⇒ *Ataque. 4 Aumento repentino de algo: 'La explosión demográfica'. 5 FON. *Oclusión.*

HACER EXPLOSIÓN. Explotar.

V. «MOTOR de explosión».

□ CATÁLOGO

Bocazo, deflagración, descarga, detonación, disparo, estallido, estampido, pepinazo, retingle, reventón, taponazo, tiro. ➤ Deflagrar, detonar, dinamitar, *estallar, explosionar, explotar, saltar en PEDAZOS, reventar, saltar, volar. ➤ Desactivar. ➤ Kilotón, megatón. ➤ ÁCIDO fulmínico, ÁCIDO sulfúrico, ALGODÓN pólvora, amonal, amonita, arenillas, carbodinamita, carbonita, CLORATO de potasa, cordita, detonante, dinamita, explosivo, fulminante, GAS de los pantanos, goma 2, grisú, HARINA fósil, lidita, melinita, nitrocelulosa, nitroglicerina, ORO detonante [o fulminante], panclastita, pentrita, piroxilina, piróxilo, *pólvora, salitre, TNT, trilita, trinitrina, trinitrotolueno, trípoli. ➤ Carga. ➤ Munición. ➤ ¡Bum!, ¡plam!, ¡pum! ➤ Artefacto, *barreno, bomba, CARGA de profundidad, cartucho, *cerilla, CÓCTEL molotov, cohete, contramina, fogata, FUEGOS artificiales, hornillo, mina, OLLA de fuego, petardo, proyectil, torpedo. ➤ Cápsula, cebador, cebo, deflagrador, estopín, fulminante, graneador, mantelete, mixto, pistón, rompedera, salchicha, SALCHICHÓN de mina. ➤ Cebar, descargar, desgranar, granear. ➤ Polvorín, recámara, santabárbara. ➤ Canana, cantimplora, chifle, frasco. ➤ *Artillería.

explosionar 1 intr. Hacer explosión. 2 tr. Provocar la explosión de una ↘cosa. ⊙ Particularmente, se usa en el lenguaje técnico de artillería, minería y explosivos.

explosivo, -a 1 adj. Se aplica a lo que es capaz de hacer explosión o de producirla. 2 (inf.) Se aplica a lo que causa gran impresión o llama mucho la atención: 'Hizo unas declaraciones explosivas'. 3 m. Sustancia de las que se emplean para producir explosiones destructivas. ⇒ Explosión. 4 adj. y n. f. FON. *Oclusivo.*

V. «EFECTO explosivo, MEZCLA explosiva».

explotable adj. Susceptible de ser explotado.

explotación 1 f. Acción de explotar. 2 Conjunto de instalaciones para explotar algún producto natural o criar animales: 'Una explotación agrícola [o minera]'.

explotador, -a 1 adj. Que explota cierta cosa: 'La sociedad explotadora de las minas de carbón'. 2 n. Se aplica a la persona que explota abusivamente el trabajo de otros'.

explotar[1] (de «explosión») 1 intr. Hacer explosión. ⇒ *Explosión. 2 (inf.) Manifestar bruscamente un estado de ánimo: 'Estaba tan harto, que al final explotó'.

explotar[2] (del fr. «exploiter», sacar partido, esquilmar) 1 tr. Obtener *provecho de una ↘cosa trabajando en ella u operando con ella: 'Explotar la tierra [o los bosques]'. ⊙ Extraer de una ↘mina o cantera el mineral útil. ⇒ Beneficiar, esquilmar, estrujar, exprimir, granjear, sacar el

JUGO, sobreexplotar. ➤ Ordeñar. ➤ Socializar. ➤ Exclusiva, monopolio. ➤ Explotador, ganànciero, granjero, HOMBRE de empresa, HOMBRE de negocios, logrero, negociante. ➤ *Empresa. **2** Hacer alguien trabajar para su provecho a ↘otro, con abuso: 'Explota a sus empleados'. ⇒ *Abusar. **3** Utilizar en provecho propio alguna ↘circunstancia que pone a otro en desventaja: 'Explota la falta de carácter de su padre.' ≃ *Abusar, aprovechar.

exployada adj. V. «ÁGUILA exployada».

expoliación f. Acción de expoliar.

expoliador, -a adj. y n. Que expolia.

expoliar (del lat. «exspoliāre») tr. Quitarle a ↘alguien con injusticia una cosa que le pertenece. ≃ *Despojar, desposeer.

□ CONJUG. como «cambiar».

expolición (del lat. «expolitĭo, -ōnis») f. **Figura retórica que consiste en *repetir un mismo pensamiento con distintas formas.* ≃ Conmoración.

expolio **1** m. Acción de expoliar. ⊙ Botín arrebatado a los vencidos. **2** *Espolio (conjunto de los bienes de un obispado que quedan al morir un obispo).* **3** (inf.) Jaleo, alboroto.

exponedor, -a (ant.) n. *Expositor.*

exponencial **1** adj. MAT. De [los] exponentes. **2** Se aplica al crecimiento cuyo ritmo aumenta cada vez más rápidamente.

exponente (de «exponer») **1** adj. y n. Se aplica al que expone una cuestión o asunto. **2** m. MAT. Número o expresión que, colocados a la derecha y en la parte superior de otro, expresa la *potencia a que hay que elevarlo. **3** Se aplica a una cosa que sirve para poder juzgar el grado de otra que se expresa: 'Se toma el analfabetismo como exponente del atraso de un país'. ≃ *Índice.

exponer (del lat. «exponĕre») **1** tr. Colocar una ↘cosa de manera que sea vista. ≃ Exhibir, *mostrar, presentar. ⊙ tr. o abs. Hacer un artista una exposición de sus ↘obras: 'Ese pintor hace mucho que no expone'. ⊙ tr. Colocar el ↘Santísimo a la vista de los fieles para que le rindan adoración. ≃ Manifestar. ⇒ *Eucaristía. **2** («a») Colocar ↘algo de manera que reciba la acción de determinado agente o influencia: 'Exponer algo al sol [o a la acción del sol]. Exponer algo a la acción del vapor'. ≃ Poner a. ⊙ prnl. Colocarse alguien de manera que reciba la acción de un agente o influencia: 'Se aplicó una crema protectora antes de exponerse al sol'. **3** tr. *Dejar a un ↘*niño recién nacido en algún sitio, por ejemplo a la puerta de una iglesia o de una casa, esperando que alguien lo recoja.* ≃ *Abandonar. **4** Hablar de ↘algo o decir algo, para hacerlo conocer a otras personas: 'El expuso sus razones y yo expuse las mías'. ⇒ *Comunicar, DAR a conocer, *enseñar, plantear, proponer, representar. ➤ Desarrollo, enunciado, exposición, *informe, memoria, memorial, recapitulación, relación, *relato. ➤ Dos [cuatro o unas] PALABRAS. ➤ HE ahí, HE aquí, en una PALABRA, en resumen. **5** («a») Poner una ↘cosa en peligro: 'En ese asunto expones tu reputación'. ≃ *Arriesgar, aventurar, comprometer. ⊙ Particularmente, arriesgar la ↘vida o poner a ↘alguien en peligro de que la pierda. ⊙ («a») prnl. Hacer alguna cosa en la que hay el riesgo que se expresa: 'Diciéndole eso me expongo a que se enfade'.

□ CONJUG. como «poner».

exportable adj. Susceptible de ser exportado.

exportación **1** f. Acción de exportar. **2** Conjunto de mercancías exportadas.

exportador, -a adj. y, aplicado a personas, también n. Se aplica al que exporta: 'Una compañía exportadora de fruta'.

exportar (del lat. «exportāre») **1** tr. *Vender ↘géneros a otro país. ⇒ Saca. **2** Llevar a otro país ↘costumbres, ideas, etc., del propio. **3** INFORM. Transferir automáticamente ↘datos desde una aplicación a otra.

exposición **1** f. Acción de exponer una cosa para que sea vista. ⊙ («Hacer») Particularmente, acción de *exhibir un conjunto de obras de arte, productos industriales, etc. ⊙ Conjunto de esas cosas expuestas. ⇒ Alarde, demostración, demostranza, despliegue, *exhibición, manifestación, muestra, parada, salón. ➤ Escaparate, expositor, picota. ➤ *Mostrar. ➤ Presentar. **2** METEOR. *Acción de exponer los aparatos de observación a la influencia del fenómeno que se pretende observar.* **3** Acción de exponer[se] a la acción de determinado agente o influencia: 'Exposición al sol [o a las radiaciones]'. **4** FOT. Acción de exponer una placa o película fotográfica durante cierto tiempo a la acción de la luz para que se impresione. Se dice «con exposición», por oposición a «instantánea», de la fotografía así obtenida. **5** **Situación de un objeto con relación a los puntos cardinales.* **6** Acción de exponer un asunto. ⊙ Palabras con que se hace. **7** *Conjunto de las noticias dadas en las obras épicas, dramáticas y novelescas, acerca de los antecedentes o causas de la acción.* ⇒ Prótasis. **8** MÚS. *Parte primera de algunas composiciones, en que se presentan los temas que se desarrollan luego más ampliamente.* **9** («Con, Sin; Haber») *Peligro que existe en hacer cierta cosa: 'Quiere ganar dinero sin exposición. Hay exposición en asomarse a la ventana'.

exposímetro m. FOT. Dispositivo para medir la intensidad de la luz.

expositivo, -a adj. Apto o utilizado para exponer: 'En lenguaje expositivo'.

expósito, -a (del lat. «exposĭtus», expuesto) adj. y n. Se aplica a los niños abandonados por sus padres de recién nacidos y criados en un establecimiento benéfico. ⇒ Concejil, cunero, echadillo, echadizo, echado, enechado, guacho, peño. ➤ Piedra. ➤ Hospicio, inclusa.

expositor, -a **1** adj. y n. Se aplica a la persona que expone. ⊙ Particularmente, a la que hace una exposición de sus obras de arte. **2** Se aplica al que expone y explica la *Biblia o un texto jurídico. **3** m. Mueble o soporte en que se expone algo, generalmente productos comerciales: 'Un expositor de turrones y productos navideños'.

expremijo (de «exprimir») m. *Mesa utilizada en la fabricación del *queso.* ≃ Entremijo, entremiso.

expremir (del lat. «exprimĕre»; ant.) tr. **Expresar.*

exprés (del fr. «exprès») **1** adj. Aplicado a algunos aparatos o servicios, rápido: 'olla exprés, cafetera exprés, correo exprés'. **2** Se aplica al café preparado en una cafetera exprés. **3** adj. y n. m. Se aplica al tren expreso.

expresable adj. Susceptible de ser expresado.

expresamente **1** adv. De manera expresa. **2** Exclusiva o concretamente con el propósito que se expresa: 'Hizo el viaje expresamente para vernos'. ≃ Explícitamente. ⇒ Adrede, aposta, apostadamente, a CASO hecho, concretamente, a COSA hecha, deliberadamente, especialmente, exclusivamente, expreso, ex profeso, *intencionadamente, precisamente, de [o a] propósito, solamente, sólo. ➤ *Intencionadamente.

expresar (de «expreso», claro) tr. Exteriorizar alguien ↘lo que piensa, siente o quiere con palabras o de otra manera: 'Expresar admiración [enojo, deseo]. Expresar con la música [o el pincel]'. ⊙ prnl. Dar a conocer alguien hablando o de otra manera, lo que piensa, siente o quiere: 'No sabe expresarse, pero es muy afectuoso. Se expresa bien en inglés'.

□ CATÁLOGO

Acentuar, hacerse COMPRENDER, dar a CONOCER, hacer CONSTAR, querer DECIR, denotar, deshacerse en, dar[se] a ENTENDER, establecer, exclamar, explicitar, expremir, exprimir, exteriorizar, formular, dar [o dar una] IDEA, insinuar, jugar de, manifestar, poner de MANIFIESTO, *mostrar, hacer PATENTE, no caber en el PECHO, no podrirse en el PECHO, proclamar, producirse, reflejar, significar, transparentar, trasladar, vaciar, verbalizar, verter. ➤ Tener una cosa en la PUNTA de la lengua. ➤ Afirmación, aserción, concepto, dicción, *dicho, *discurso, eloquio, enunciado, expresión, fórmula, frase, locución, *oración, *palabra, piada, proposición. ➤ Ristra, rosario, sarta. ➤ *Énfasis, entonación, guasa, recancanilla, retintín, sonsonete, tonillo, tono. ➤ *Blasfemia, exclamación, insulto, *interjección, *juramento, maldición. ➤ Aliteración, ambages, anfibología, bordón, bordoncillo, cacofonía, CÍRCULO vicioso, circunlocución, circunloquio, cultismo, disfemismo, empuñadura, equívoco, estribillo, *eufemismo, exageración, exclamación, *FIGURA de construcción [de dicción, de pensamiento o retórica], fórmula, fresca, gazafatón [o gazapatón], giro, hipérbole, *indirecta, insinuación, *juramento, latiguillo, latinajo, licencia, locución, logomaquia, LUGAR común, maldición, *máxima, la mía, lo mío, modismo, *muletilla, la nuestra, lo nuestro, *ocurrencia, *onomatopeya, palíndromo, paradoja, perífrasis, perisología, pincelada, pleonasmo, quillotro, *rebozo, recancanilla, redundancia, refrán, *reticencia, *rodeo, sentencia, silepsis, solecismo, la suya, lo suyo, tautología, trabalenguas, la tuya, lo tuyo, la vuestra, lo vuestro. ➤ Aldeanismo, arcaísmo, barbarismo, castellanismo, cultismo, extranjerismo, grecismo, hebraísmo, helenismo, hispanoamericanismo, latinajo, latinismo, neologismo, particularismo, regionalismo, ruralismo, solecismo, tecnicismo, VICIO de dicción. ➤ Expletivo, hipocorístico. ➤ *Actitud, *ademán, *entonación, EXPRESIÓN corporal, *gesto, *grito, *guiño, mímica, *mirada, neuma, *risa, *seña, *signo, *símbolo. ➤ Elocuente, enfático, expresivo, gráfico, malsonante, plástico, redundante, rotundo, significativo. ➤ *Abiertamente, claramente, concretamente, declaradamente, desarrebozadamente, desenmascaradamente, desplegadamente, expresivamente, formalmente, francamente, manifiestamente, *ostensiblemente, sin recelo, sin reservas, sin rodeos, a lo vivo, al vivo. ➤ Fuerza, sentido, vida, vigor, viveza. ➤ *Abierto, afectuoso, animado, cariñoso, comunicativo, *cordial, efusivo, elocuente, *espontáneo, expansivo, expresivo, extra [o extro]vertido, extremoso, parlero, *simpático, vivo. ➤ Tácito. ➤ Inexpresable. ➤ *Comunicar. *Decir. *Descubrir. *Énfasis. *Explicar. *Hablar. *Lengua. *Palabra. *Ponderar. *Protestar. *Repetir.

expresión (del lat. «expressĭo, -ōnis») **1** f. Representación sensible, con palabras, gestos, etc., de las ideas, los deseos o los sentimientos: 'Una oración gramatical es la expresión de un juicio. Los aplausos son la expresión de la complacencia del público. El arte es la expresión del espíritu de una época'. ⊙ Nombre aplicado a la acción o facultad de expresarse hablando, cuando se califica de alguna manera: 'Su expresión es fluida'. ≃ Habla, *lenguaje. **2** Palabra o frase: 'Ésta es una expresión muy corriente'. ⇒ Locución (comparación entre ambas palabras en relación con su aplicación a los conjuntos estables de palabras). ➤ *Expresar. **3** Conjunto de los cambios de *entonación con que se hace expresar al lenguaje los distintos estados de ánimo o los matices afectivos o intencionales. **4** Aspecto de la *fisonomía de una persona o de algún rasgo de ella por el que expresa cierta manera de ser: 'Su boca tiene una expresión desdeñosa. La expresión inteligente de sus ojos [o su cara]'. Si no se especifica, se entiende una expresión atractiva: 'La niña no es guapa, pero tiene expresión en la cara. Importa más la expresión que la corrección de las facciones'. **5** EXPRESIÓN matemática. **6** *Acción de exprimir.* **7** FARM. *Sustancia obtenida exprimiendo.* **8** (pl.) *Empleado, igual que «recuerdos» o «saludos», como fórmula de cortesía para encargar a alguien transmitir el saludo del que habla a una tercera persona:* '¡Expresiones a tu familia!'. **9** **Regalo con que se muestra atención o afecto a alguien.* **10** LING. Parte material (sonido, grafía) del signo, por oposición al contenido.

EXPRESIÓN ACOMODATICIA. EXPRESIÓN facticia.

E. CALIFICATIVA. Se designan así en este diccionario las expresiones con preposición que hacen con respecto a un nombre el papel de un adjetivo; las preposiciones propias de estas expresiones son «con, de» y «sin»: 'ventana de corredera, casa con terrazas, libertad sin límites'.

E. CORPORAL. Técnica de expresar un actor, bailarín, etc., algo por medio de gestos y movimientos, con independencia de la palabra.

E. FACTICIA. Se llama así en este diccionario, por oposición a «modismo» o «frase hecha», a las expresiones que se forman acomodaticiamente a lo largo del discurso con los elementos simples que la lengua ofrece. Algún gramático las llama «ocasionales».

E. INDETERMINADA. En este diccionario, se reúnen en esta designación ciertas expresiones con que se nombran o aluden cosas o personas que no se puede, no interesa o no se quiere individualizar. El abuso de ellas es muestra, en muchos casos, de pobreza de expresión.

E. MATEMÁTICA. Conjunto de elementos que expresan magnitudes, relacionados entre sí por signos matemáticos.

E. OCASIONAL. EXPRESIÓN facticia.

E. RETICENTE. Se comprenden en el diccionario dentro de esta designación ciertas expresiones con que se alude a una cosa o persona cuya determinación se omite, implicando en relación con ellas algo vergonzoso, inconveniente o que es materia de murmuración. ⇒ Aquello, eso, las, quillotro, aquello [eso o lo] que tú SABES [usted sabe, etc.]. ➤ *Énfasis. *EXPRESIÓN indeterminada.

REDUCIR una cosa A LA MÍNIMA EXPRESIÓN. *Disminuirla tanto como es posible.

□ CATÁLOGO

EXPRESIONES INDETERMINADAS: que si ARRIBA, que si abajo; cierto; tal COSA y tal otra, cristiano; CUAL más, cual menos; ESTO, lo otro y lo de más allá; que si ESTO, que si lo otro, que si lo de más allá; que si FUE, que si vino; fulano; mengano, de las mías, Moya, de las nuestras, perengano, PERICO el de los palotes, el QUE [o QUIÉN] más, el que [o quién] menos; quillotro, Rita, robiñano, no SÉ cuántos, el sursuncorda, de las suyas; que si TAL, que si cual; tal, TAL o [o y] cual, un TAL y un cual, tanto, ...y tantos, de las tuyas, un, uno, de las vuestras, x, zutano. ➤ *EXPRESIÓN reticente.

expresionismo m. Tendencia artística que abarca campos como la pintura, la música o la literatura, en que se concede especial importancia a la expresión, a veces violenta.

expresionista **1** adj. Propio del expresionismo. **2** adj. y n. Seguidor del expresionismo.

expresivamente adv. De manera expresiva.

expresividad f. Cualidad de expresivo.

expresivo, -a adj. Dotado de expresión. ⇒ *Expresar.
V. «SONIDO expresivo».

expreso, -a (del lat. «expressus») **1** adj. *Dicho y no tácito: 'Una condición expresa'. ≃ Especificado, explícito. **2** m. Emisario o correo extraordinario que se manda con un *mensaje especial. **3** adj. *Se aplica a lo que tiene un* *destino determinado.* ⊙ adj. y n. V. «TREN expreso». ⇒ Exprés. **4** adv. Expresamente.

exprimidera o **exprimidero** f. o m. *Exprimidor.*

exprimidor m. Utensilio con que se exprime; por ejemplo, naranjas.

exprimir (del lat. «exprimĕre») **1** tr. Sacar el jugo a una ↘cosa *estrujándola, prensándola o de otro modo. ⇒ Apremir, *apretar, desgotar, desjugar, escurrir, *estrujar, *ordeñar, pistar, prensar. ➤ *Bagazo, cibera, clazol, desperdicios, fraile, *orujo. ➤ *Jugo. **2** *Aprovechar mucho una ↘cosa. **3** *Explotar a ↘alguien. **4** **Expresar una ↘cosa.*

ex profeso adv. Expresión latina que se emplea con el significado de «con el exclusivo *propósito» o «*expresamente»: 'Fui a Madrid ex profeso para verle'.

expropiación **1** f. Acción de expropiar. **2** (gralm. pl.) *Cosa expropiada.*

expropiador, -a adj. y n. *Aplicable al que expropia.*

expropiar (con «ex-» y «propio») tr. *Quitarle a ↘alguien legalmente una ↘cosa, pagándole la indemnización correspondiente.

□ CONJUG. como «cambiar».

expuesto, -a Participio adjetivo de «exponer[se]». ⊙ («a») No protegido contra el viento, la intemperie, los disparos, etc.: 'Una fachada expuesta al viento norte'. ⇒ Inhóspito. ⊙ («a») Se dice de lo que puede dar *ocasión para que ocurra cierta cosa desagradable o perjudicial que se expresa: 'Una ocasión expuesta a riñas'. ⊙ *Peligroso: 'Es expuesto viajar con tanto dinero encima'.

expugnable adj. Susceptible de ser expugnado. ⇒ Inexpugnable.

expugnación f. Acción de expugnar.

expugnador, -a adj. Que expugna.

expugnar (del lat. «expugnāre») tr. *Conquistar una ↘plaza. ≃ Tomar.

expulsar (del lat. «expulsāre») tr. Obligar a ↘alguien a marcharse de un sitio. ≃ *Echar. ⊙ Hacer una cosa *salir de su interior ↘lo que hay en él: 'Los pulmones expulsan el aire'. ⊙ Hacer que salga una ↘cosa de cierto sitio: 'Expulsar el aire del interior de la bomba'.

expulsión **1** f. Acción de expulsar. **2** ESGR. *Cierto golpe dado en la espada del contrario.*

expulsivo, -a adj. *Que expele.*

expulso, -a (del lat. «expulsus») **1** *Participio irregular de «expeler».* **2** *Participio irregular de «expulsar».*

expulsor, -a adj. Que expulsa. ⊙ m. Mecanismo de algunas armas de fuego que expulsa automáticamente los cartuchos vacíos después del disparo.

expurgación f. Acción de expurgar.

expurgador, -a adj. y n. Que expurga.

expurgar (del lat. «expurgāre») tr. Quitar de una ↘cosa lo malo o inútil que hay en ella: 'Expurgar un libro [o una biblioteca]'. ≃ *Limpiar, purgar.

expurgatorio, -a adj. Que expurga.

expurgo m. Expurgación.

exquisitamente adv. De manera exquisita.

exquisitez f. Cualidad de exquisito. ⊙ Cosa exquisita.

exquisito, -a (del lat. «exquisītus») adj. Se aplica a las cosas que tienen un tipo de belleza u otra cualidad grata capaz de satisfacer un gusto refinado: 'Un concierto [o un regalo] exquisito'. ⊙ Correspondientemente, se aplica también a «belleza». ⊙ Puede también aplicarse a los artistas por sus obras; en particular, a los poetas. ⊙ Se aplica a las personas por la delicadeza de su gusto o su trato. ⊙ Y, en correspondencia, a «gusto, trato» u otro nombre de cualidad socialmente estimable: 'Amabilidad [corrección, cortesía, finura] exquisita'. ⊙ Aplicado a sabores, comidas o bebidas, tiene significado semejante: 'Un licor exquisito'. ⇒ *Delicado, distinguido, *elegante, *refinado, *selecto.

éxtasi (ant.) m. *Éxtasis.*

extasiar (de «éxtasis») tr. Causar una cosa extraordinario placer en ↘alguien que la contempla, oye, saborea, etc. ≃ Cautivar. ⊙ prnl. Sentir alguien un extraordinario placer al contemplar algo, oírlo, saborearlo, etc.

□ CONJUG. como «desviar».

éxtasis (del lat. tardío «exstăsis», del gr. «ékstasis») **1** m. Estado del alma embargada totalmente por un sentimiento de admiración o alegría y ajena a todo lo que no es el objeto de esos sentimientos. ⇒ Abandono, anagogia, arrebato, arrobamiento, arrobo, asombro, aspiración, contemplación, deliquio, embeleso, enajenación, enajenamiento, espasmo, evasión, éxtasi, ilapso, pasmo, rapto, trance. ➤ Arrebatar, cautivar, *embelesar, embriagar, *enajenar, extasiar, transportar. ➤ Deificarse. **2** En *mística, estado del alma en que se une místicamente con Dios, experimentando una felicidad inefable, al mismo tiempo que el cuerpo y los sentidos suspenden sus funciones. **3** MED. *Paralización o disminución anormal de la circulación de la *sangre.* **4** Droga sintética alucinógena, compuesta por un derivado de la anfetamina.

extático, -a adj. Que está en éxtasis o lo tiene con frecuencia.

extemporal (del lat. «extemporālis») adj. Extemporáneo.

extemporáneamente adv. De manera extemporánea.

extemporaneidad f. Cualidad de extemporáneo.

extemporáneo, -a (del lat. «extemporanĕus») **1** adj. Impropio del tiempo en que se produce, ocurre o se hace: 'Un calor extemporáneo'. ⇒ Aventurero, intempestivo. **2** *Inadecuado o *inoportuno: 'Una respuesta extemporánea. Un viaje extemporáneo'.

extender (del lat. «extendĕre») **1** tr. y prnl. *Abrir[se], *desarrugar[se], *desdoblar[se] o *desenrollar[se] una ↘cosa, de modo que se muestre en toda su extensión. ⊙ («sobre») tr. Particularmente, hacerlo así con una ↘cosa poniéndola sobre algo que se expresa: 'Extender el mantel sobre la mesa. Extendió un pañuelo sobre la hierba para sentarse'. ⊙ Tender la ↘ropa. ⊙ prnl. *Echarse alguien estirado sobre algún sitio: 'Extenderse al sol en la playa'. ≃ Tenderse. **2** *Ocupar cierto espacio o cierto tiempo: 'El valle se extiende entre los dos pueblos. La Edad Media se extiende desde el siglo V hasta el XV'. ⊙ *Aparecer a la vista una gran extensión; como el mar o una llanura: 'La ciudad se extendía a nuestros pies'. ≃ Dilatarse, explayarse. **3** («en») Con nombres como «consideraciones, descripción, análisis», etc., tratar detenidamente de lo que esos nombres expresan: 'Se extendió en consideraciones acerca de la oportunidad de la reforma'. **4** tr. Poner una ↘*capa de ↘barniz, pintura o cosa semejante sobre una cosa. **5** Repartir en más espacio ↘cosas que estaban juntas o amontonadas: 'Extender la hierba al sol'. ≃ *Esparcir. ⊙ prnl. Esparcirse una cosa disgregable: 'Todos los papeles se han extendido por el suelo'. **6** tr. Hacer llegar una ↘cosa, por ejemplo una noticia, a muchos sitios. ⊙ prnl. Ir llegando cada vez a más sitios u ocupando más espacio algo como una raza, una especie vegetal o animal, una noticia, un incendio, una mancha de aceite o una costumbre. ≃ *Difundirse, propagarse. ⊙ tr. Se aplica mucho a ↘«influencia, acción, vista» y palabras semejantes: 'Extiende su acción beneficiosa a toda la nación'. ⊙ prnl. *Llegar una influencia o una acción a determinada cosa, determinado sitio o determinada distancia: 'Sus atribuciones no se extienden a eso. La llanura se extiende hasta el horizonte'. ≃ Alcanzar. ⊙ Mostrarse conforme el comprador en llegar a *pagar cierta cantidad: 'Si se extiende hasta sesenta mil pesetas, cerraremos el trato'. ≃ Llegar. **7** tr. Aplicar a más cosas ˘algo originariamente más restringido: 'Una nueva ley extiende a otros casos el derecho de asilo'. ≃ *Ampliar. **8** *Escribir un ˘documento, escritura, recibo, etc. ⊙ Dar forma escrita a un ˘contrato, compromiso, etc. **9** (inf.) prnl. *Adoptar actitud de persona importante.* ≃ *Pavonearse.

□ CATÁLOGO

Abrazar, abrirse, *agrandar, ahuecar[se], alargar[se], alcanzar, *ampliar, amplificar, apartar, atirantar, *aumentar, *comprender, correrse, *crecer, DAR de sí, demorarse, derramar[se], desarrollar[se], desarrugar[se], descoger, desdoblar, desenrollar[se], desenvolver, *desperezar[se], desplayar, *desplegar[se], detallar, *difundir[se], dilatar[se], *dispersar[se], distender[se], *durar, enderezar, enrollarse, *ensanchar, *entretenerse, espaciar[se], espadañar, *esparcir[se], espurrir[se], *estirar[se], expandir[se], explayar[se], extendijarse, generalizar[se], globalizar[se], hinchar[se], largar, mundializar[se], *ocupar, pluralizar, prestar, prolongar, propagar, repercutir, *separar, *soltar, tender, tirar, transfretar. ➤ Abierto, *amplio, ancho, apartado, *común, *corriente, derramado, desarrollado, desdoblado, desenrollado, desplegado, detallado, dilatado, disperso, espaciado, esparcido, estirado, extendido, extenso, generalizado, hinchado, *separado, suelto, tenso, *tirante. ➤ Ampliación, aumento, desarrollo, desdoblamiento, desenvolvimiento, difusión, dispersión, distensión, expansión, extendimiento, extensión, generalización, pandiculación, prolongación, ramificación. ➤ Inextenso. ➤ Localizar. ➤ *Espacio. *Magnitud.

□ CONJUG. como «entender».

extendidamente adv. *Extensamente.*

extendido, -a 1 («Estar») Participio adjetivo de «extender[se]». No arrugado, no doblado, etc. **2** («Estar») Esparcido u ocupando mucho espacio. **3** («Estar») *Tendido con el cuerpo estirado. **4** («Estar») En forma de plancha, o sea mucho más extenso que alto o profundo: 'Capa es una masa extendida de alguna sustancia'. ≃ *Delgado. **5** («Estar») Usado por mucha gente: 'Está muy extendida la costumbre de cenar frío'. ≃ Generalizado. ⇒ *Corriente. **6** m. Acción u operación de extender: 'El extendido de la capa de barniz tiene que hacerse rápidamente'.

extendijarse (ant. y usado aún en And.) prnl. *Extenderse.*

extendimiento 1 (ant.) m. *Extensión.* **2** (ant.) *Acción de extender.* ≃ Extendido, extensión. **3** (ant.) *Expansión o dilatación de una pasión o afecto.*

extensamente adv. De manera extensa.

extensible adj. Susceptible de ser extendido.

extensión 1 f. *Acción de extender.* ⊙ Movimiento producido por la acción de los músculos extensores: 'Extensión del brazo'. **2** Propiedad de las cosas extensas. **3** *Dimensiones de una superficie o de una cosa considerada superficialmente: 'La extensión de una finca'. ⊙ Amplitud de un cuerpo o un espacio considerado sólo en la dimensión que interesa: 'La extensión de la capa respirable'. ⊙ *Superficie: 'En toda la extensión del mar no veía ningún barco'. ≃ Amplitud. **4** Conjunto de cosas, grados, etc., *abarcados por la cosa de que se trata: 'La extensión de la voz de un cantante'. ⊙ LÓG. Específicamente, número mayor o menor de especies de cosas a que es aplicable una palabra o un concepto: 'El término «mueble» tiene más extensión que el término «silla»'. ⇒ Comprensión. **5** (lit.) La extensión infinita. ≃ *Espacio. **6** Línea telefónica conectada a una centralita.

EN TODA LA EXTENSIÓN DE LA PALABRA. Por completo, sin reservas o sin salvedades: 'Es un sinvergüenza en toda la extensión de la palabra'.

POR EXTENSIÓN. Se aplica al empleo de las palabras o expresiones con un *significado que no es el suyo propio, pero tiene con él una relación objetiva.

extensivamente adv. De modo extensivo.

extensivo, -a («Hacer, Ser») adj. Se aplica a lo que se extiende o se puede extender a más cosas de las que en principio comprende: 'La invitó a ella e hizo extensiva la invitación a sus amigas. Esta particularidad es extensiva a otros animales de la misma familia'.

extenso, -a (del lat. «extensus») **1** adj. Se aplica a lo que ocupa un lugar en el espacio: 'La materia es extensa'. **2** Se dice de lo que ocupa mucha superficie, o es largo, en sentido no espacial: 'Un extenso territorio. Un tratado extenso de medicina'. ≃ Amplio, dilatado, *grande, vasto.

POR EXTENSO («Hablar, Tratar»). Detallada o ampliamente.

extensor, -a 1 adj. ANAT. Se dice del elemento que sirve para extender. ⊙ adj. y n. m. ANAT. Particularmente, del *músculo que permite estirar una extremidad. **2** m. Aparato compuesto de dos asas y varias cuerdas elásticas que se usa para ejercitar los músculos.

extenuación 1 f. Acción de extenuar. ⊙ Estado de extenuado. **2** *Atenuación (*figura retórica).*

extenuado, -a Participio adjetivo de «extenuar[se]». ⊙ En grado extremo de debilidad. ⊙ Rendido de fatiga.

extenuante adj. Que extenúa.

extenuar (del lat. «extenuāre») tr. *Debilitar o *cansar a ˘alguien hasta un grado extremo: 'Le han extenuado la caminata y el calor'. ≃ Agotar. ⊙ prnl. Debilitarse o cansarse hasta un grado extremo.

□ CONJUG. como «actuar».

extenuativo, -a adj. *Que extenúa.*

exterior (del lat. «exterĭor, -ōris») **1** adj. Situado en la parte de *fuera de una cosa, o sea en contacto con lo que la rodea: 'Apariencia [piso, muralla] exterior'. ⊙ Aplicado a *viviendas o *habitaciones, con ventanas a la calle. ⊙ Aplicado a la ropa, para ser llevada encima de la llamada «interior», o sea para ser vista. **2** m. Fachada o parte que queda a la vista, de una cosa: 'Es más digno de verse el exterior que el interior del palacio'. ⊙ *Aspecto de una persona o una cosa: 'Me gusta su exterior'. **3** Espacio que rodea la cosa de que se trata: 'No podía asomarme al exterior'. **4** (pl.) CINE. Espacios al aire libre donde se rueda una película. ⊙ (pl.) CINE. Escenas rodadas en esos espacios. **5** adj. Se aplica, por oposición a «interior», a lo que se realiza en el *extranjero o con el extranjero: 'Comercio exterior. Relaciones exteriores'.

V. «COMERCIO exterior».

□ CATÁLOGO

Otra raíz, «ect-»: 'ectoparásito'. ➤ Externo, extrínseco, de fuera, manifiesto, somero, superficial, visible. ➤ En el campo, a CIELO descubierto, defuera, al descubierto, extramuros, a flor, fuera, por fuera, a sobre HAZ, a la inclemencia, a la intemperie, al raso, al sereno, a la vista. ➤ AIRE libre, afueras, *apariencia, *aspecto, cara, cáscara, contorno, corteza, exterioridad, extradós, fachada, paramento, *superficie. ➤ Descubrir[se]. Exteriorizar[se]. ➤ *Fuera. *Mostrar.

exterioridad 1 f. *Cosa que está, queda o se lleva por fuera.* **2** Mera apariencia o *aspecto en cualquier clase de cosas.

exteriorización f. Acción de exteriorizar.

exteriorizar tr. Dejar ver o hacer ver o conocer ↘lo que uno piensa o siente: 'Siente verdadera alegría aunque no la exteriorice'. ≃ Manifestar, *mostrar.

exteriormente 1 adv. Por la parte de fuera o de encima: 'Voy abrigado sólo exteriormente'. ≃ Externamente. **2** En lo que se ve: 'Es un hombre exteriormente impasible'. ≃ Aparentemente.

exterminable adj. Susceptible de ser exterminado.

exterminación f. Acción de exterminar. ≃ Exterminio.

exterminador, -a adj. y, menos frec., n. Se aplica al que o lo que extermina: 'Ángel [o incendio] exterminador'.

exterminar (del lat. «extermināre») **1** (ant.) tr. **Desterrar.* **2** *Destruir totalmente una especie de ↘cosas. Se aplica corrientemente a especies animales o vegetales: 'Exterminar los ratones. Las orugas van a exterminar los pinos'. ⇒ Descastar. ➤ Etnocidio, exterminio, genocidio, holocausto, LIMPIEZA étnica. ➤ Perseguir. ➤ *Extirpar. ⊙ *Aniquilar o *devastar un ↘sitio habitado; por ejemplo, en la guerra: 'Los invasores exterminaron la ciudad'.

exterminio m. Acción de exterminar: 'Ordenó el total exterminio de la ciudad'. ⇒ Exterminación.

externado m. *Establecimiento de *enseñanza o sección de él donde se tienen alumnos externos.* ⊙ *Régimen de vida de los alumnos externos.*

externamente adv. Por la parte de fuera. ≃ Exteriormente.

externo, -a (del lat. «externus») **1** adj. De *fuera: 'Medicamento para uso externo'. ≃ Exterior. **2** Se aplica a lo que se manifiesta con actos y no sólo queda en el pensamiento: 'Culto externo'. **3** No tapado: 'Parte externa de la planta'. ≃ Exterior. **4** Se aplica a la persona que no come ni duerme en el sitio donde *trabaja o *estudia: 'Alumno externo'.

V. «FUERO externo, de USO externo».

ex testamento DER. *Locución latina que significa «por [el] testamento».*

extinción f. Acción de extinguir[se]: 'La extinción de un incendio'. ⊙ Particularmente, desaparición de una especie animal o vegetal: 'El oso pardo está en peligro de extinción'.

extinguir (del lat. «exstinguěre») **1** tr. Hacer que cese un ↘fuego o una luz: 'Los bomberos extinguieron rápidamente el incendio'. ≃ *Apagar. ⊙ prnl. Cesar un fuego o una luz: 'El fuego se extinguió por sí solo'. **2** tr. Hacer que *desaparezca poco a poco una ↘cosa: 'No paró hasta extinguir el motín'. ⊙ prnl. *Terminarse o *cesar una cosa poco a poco: 'Aquel amor se extinguió'. ⊙ Particularmente, desaparecer una especie animal o vegetal. **3** DER. *Prescribir un derecho u obligación.

A EXTINGUIR. Se dice de las plazas o cuerpos de empleados del Estado destinados a no ser ya cubiertos una vez que queden vacantes.

extintivo, -a 1 adj. *Causante de extinción.* **2** DER. *Causante de extinción o prescripción de un derecho u obligación.*

extinto, -a (del lat. «extinctus») **1** Participio irregular usado sólo como adjetivo: 'Un volcán extinto'. **2** (Arg., Chi.) *Aplicado a personas, *muerto.* ≃ Difunto.

extintor, -a adj. y n. m. Se aplica a lo que extingue; particularmente, al aparato que se usa para extinguir *incendios.

extirpable adj. Susceptible de ser extirpado.

extirpación f. Acción de extirpar.

extirpador, -a adj. Se aplica al que o lo que extirpa. ⊙ m. AGR. *Instrumento montado sobre ruedas, que sirve para cortar la tierra y las raíces.*

extirpar (del lat. «exstirpāre») tr. Quitar definitivamente una ↘cosa perjudicial, con su raíz si la tiene, del sitio en que ha crecido o se ha producido: 'Extirpar un tumor [una muela, las malas hierbas]'. ≃ *Arrancar, desarraigar, descuajar. ⊙ También, en sentido figurado: 'Extirpar los vicios, los abusos'. ⇒ Raer. ➤ Avulsión, enucleación, extirpación. ➤ *Arrancar. *Quitar.

extornar (de «ex-» y «tornar») tr. ECON. En contabilidad, pasar una partida del debe al haber o viceversa.

extorno 1 m. *Parte de prima que devuelve el asegurador al asegurado por algún cambio en las condiciones de la póliza contratada.* **2** ECON. Acción de extornar.

extorsión (del lat. «extorsĭo, -ōnis») **1** f. *Despojo o usurpación violenta. **2** Alteración del estado o la marcha normal de las cosas que causa perjuicio o molestia: 'Un cambio de casa es una gran extorsión. Vendré a comer si no os causo extorsión'. ≃ Perturbación, trastorno.

extorsionar 1 tr. Usurpar una ↘cosa por medio de la intimidación o la violencia. **2** Causar extorsión en ↘algo o a alguien.

extorsionista n. Persona que extorsiona o usurpa algo a otra.

extra (del lat. «extra») **1** («de») prep. *Además de:* 'Extra del sueldo tiene algunos gajes'. **2** adj. Extraordinario por *bueno. Se usa mucho para indicar la calidad de un producto alimenticio: 'Un chocolate extra'. **3** adj. y n. m. Que se *añade a lo ordinario: 'Tienen muchos extras además de la paga. Todavía tienen que pagarle las horas extras. Hoy ha cobrado la paga extra'. ≃ Extraordinario, plus. ⊙ f. Paga extra. ≃ Extraordinaria. **4** m. Plato que no figura en el cubierto del día en un *restaurante. **5** («De») *Persona que presta un servicio *accidental.* ⊙ («De») *Comparsa o figurante contratado accidentalmente en el *cine: 'Trabajó una vez de extra'.

extra- (del lat. «extra») Prefijo que significa «fuera de»: 'extramuros, extravagante'.

extracción 1 f. Acción de extraer: 'Extracción de una muela. Extracción de sangre'. ⊙ Acción de extraer los números de la *lotería. ⊙ Cada una de las veces en que se realiza esa operación: 'En la última extracción obtuvo el premio mayor'. ≃ Sorteo. **2** *Familia u *origen de una persona: 'Es una persona de baja extracción social'.

extracta (del lat. «extracta», extraída; Ar.) f. DER. *Copia fiel de un instrumento público o una parte de él.*

extractable adj. Susceptible de ser extractado.

extractado, -a Participio adjetivo de «extractar».

extractador, -a adj. y n. Que extracta.

extractar tr. Hacer un extracto de un ↘escrito, libro, discurso, etc. ≃ *Resumir.

extracto (del lat. «extractus», part. pas. de «extrahěre», extraer) **1** m. Cosa extraída. ⊙ Específicamente, esencia o disolución concentrada de una sustancia obtenida de una planta u otra cosa: 'Extrato de café [o de espliego]'. ⇒ Esencia, espíritu. ➤ Espiritualizar. **2** Escrito o exposición en que se deja *reducido a lo sustancial otro más extenso. ⇒ *Resumen. **3** *Cada uno de los cinco números que salían a favor de los jugadores en la *lotería primitiva.* **4** DER. *Apuntamiento o resumen de un expediente o de un pleito contencioso administrativo.*

EXTRACTO DE SATURNO. QUÍM. *Disolución acuosa de acetato de plomo básico.*

E. TEBAICO. QUÍM. *Extracto acuoso de *opio.*

extractor, -a adj. y n. m. Se aplica a lo que sirve para extraer.

extracurricular adj. Se aplica a lo que no pertenece a un currículo.

extradición (de «ex-» y el lat. «traditĭo, -ōnis», acción de entregar) f. En derecho internacional, entrega de un reo refugiado en un país *extranjero al país en que ha cometido el *delito, para que sea juzgado. ⇒ *Asilo.

extraditado, -a Participio adjetivo de «extraditar». ⊙ n. Persona que ha sido objeto de una extradición.

extraditar (del ingl. «to extradite») tr. Proceder a la extradición de una ↘persona reclamada por la justicia de otro país.

extradós (del fr. «extrados») m. ARQ. Superficie exterior, convexa, de una *bóveda o de un *arco. ≃ Trasdós.

extraente adj. y n. *Aplicable a lo que extrae.*

extraer (del lat. «extrahĕre») **1** (form.; «de») tr. *Sacar ↘algo que está incrustado, hundido, sumergido o sepultado en un sitio: como una muela, una bala que ha penetrado en el cuerpo, una cosa del fondo del mar, las redes del agua o el mineral de la mina. ⊙ (form.; «de») Sacar un ↘líquido del recipiente en que está contenido. ⊙ (form.; «de») *Obtener de una sustancia o una primera materia ↘algo contenido en ella. ⊙ (form.; «de») Sacar los ↘números de la *lotería. **2** (form.; «de») Obtener una ↘*consecuencia, idea, conocimiento, etc., de algo. **3** (form.; «de») MAT. Averiguar la ↘*raíz de un número. **4** (Ar.) DER. *Sacar copia de un ↘instrumento público o de una parte de él.*

□ CONJUG. como «traer».

extraescolar adj. Se aplica a la actividad que organiza una escuela fuera del horario lectivo.

extrajudicial (de «extra-» y «judicial») adj. Hecho o tramitado fuera de la vía judicial.

extrajudicialmente adv. De manera extrajudicial.

extralimitación f. Acción de extralimitarse. ⊙ Acto, constitutivo a veces de *delito, que se comete extralimitándose. ⇒ *Abusar.

extralimitarse (de «extra-» y «límite»; «en» o con un gerundio) prnl. *Abusar, *exagerar, *pasarse o *propasarse. Pasar el límite de las atribuciones o facultades que uno tiene o de lo que está, en cualquier forma, autorizado a hacer: 'Se ha extralimitado obrando por su cuenta. Come lo que le autoriza el médico, sin extralimitarse en nada'. ⊙ Proceder con alguien con atrevimiento o excesiva confianza o libertad, o faltar al respeto debido a alguien. ≃ *Propasarse.

extra muros o **extramuros** (del lat. «extra muros», fuera de las murallas) adv. Se aplica a las cosas, especialmente edificaciones, que están en el campo que rodea a una *población: 'Una capilla extramuros'.

extranjería f. Cualidad de extranjero. ⊙ Situación de un extranjero en el país donde reside. ⊙ DER. Conjunto de los derechos que le corresponden como tal.

extranjerismo 1 m. Afición a lo extranjero. **2** Palabra o frase de una lengua que se introduce en otra. ≃ Barbarismo.

extranjerizar tr. Introducir en un ↘país usos extranjeros.

extranjero, -a (del fr. ant. «estrangier») **1** adj. y n. Se aplica a las personas y a las cosas de un país que no es el propio del que habla o de cierta persona de que se trata. **2** («El») m. Mundo, o cualquier parte de él, situado fuera del país de la persona de que se trata: 'Proyectaba un viaje por el extranjero'.

□ CATÁLOGO

Exterior. ➤ Alienígena, alógeno, bárbaro, carcamán, exótico, extraño, de fuera, gringo, levente, meteco. ➤ Criollo, emigrante, exiliado, expatriado, guiri, inmigrante, naturalizado, peregrino, refugiado. ➤ Indeseable, PERSONA grata [o no grata]. ➤ Engringarse, extranjerizar, nacionalizar[se], naturalizar[se]. ➤ CARTA de naturaleza. ➤ Exotismo, extranjería, extranjía. ➤ Extradición. ➤ *DERECHO internacional, *diplomacia. ➤ Barbarismo, extranjerismo. ➤ Cocoliche. ➤ Divisas. ➤ Frontera. ➤ Hospitalidad. ➤ Nostalgia. ➤ Pasaporte. ➤ *Xenofobia. ➤ *Extraño. *Forastero.

extranjía (inf.) f. *Extranjería.*

DE EXTRANJÍA. **1** (inf.) *Extranjero.* **2** (inf.) **Extraño o *inesperado.*

extranjis DE EXTRANJIS. **1** (inf.) *De extranjía.* **2** (inf.) *Clandestina u ocultamente.

extraña (*Aster chinensis*) f. *Planta compuesta de jardín, con flores de muy variados colores.

extrañación f. *Extrañamiento.*

extrañado, -a 1 Participio de «extrañar[se]». **2** («Estar, Dejar, Quedarse») adj. Aplicado a personas, se dice del que está bajo el efecto de una cosa que le extraña.

extrañamente adv. De manera extraña.

extrañamiento m. Acción y efecto de extrañar[se] (desterrar[se]).

extrañar (del lat. «extraneāre») **1** («de») tr. Hablando de épocas pasadas, *desterrar o *apartar de sí una comunidad a ↘alguien perteneciente a ella. ⊙ prnl. Desterrarse o apartarse. **2** tr. **Enemistarse o *enfriarse una persona con ↘otra con la que tenía intimidad.* ⊙ (ant.) *Rehuir el trato o el encuentro con ↘alguien.* **3** *Negarse a hacer cierta ↘cosa.* **4** *Afear o *reprender a ↘alguien.* **5** (terciop.) Producir extrañeza: 'Me extraña que no haya venido. Le extrañó nuestra presencia'. ≃ Sorprender. ⊙ («de») prnl. Encontrar raro lo que se expresa: 'Se extrañó de nuestra presencia'. **6** tr. Encontrar extraña una ↘cosa. ⊙ Particularmente, sentir alguien la novedad de una ↘cosa echando de menos la que venía usando en su lugar: 'Dice que no ha dormido porque ha extrañado la cama'. Se dice mucho de los niños pequeños: 'Es un niño que no extraña a nadie'. **7** Sentir la *falta de ↘alguien o algo: 'Mugía la vaca extrañando a su cría'.

□ CATÁLOGO

Hacerse CRUCES, extrañarse, pasmar[se], *sorprender[se]. ➤ Atónito, con la BOCA abierta, boquiabierto, clavado, cuajado, despatarrado, espatarrado, estupefacto, extrañado, frío, helado, de hielo, parado, paralizado, pasmado, patidifuso, patitieso, petrificado, de una pieza, suspenso, turulato. ➤ *Aspaviento. ➤ ¡Anda!, ¡ascuas!, ¡calla!, ¡calle!, ¡*caramba!, lo CHOCANTE es que..., ¡claro!, ¿cómo...?, ¡cómo!, ¿CÓMO así?, ¿qué me CUENTAS?, ¡deja!, ¡demonio!, ¡cómo demonios...!, ¿qué demonios...?, ¡diablo!, ¡cómo diablos!, ¿qué diablos...?, ¿qué diantre...?, ¡cualquiera lo DIRÍA!, ¡no me DIGAS!, ¿qué me DICES?, ¿cómo es ESO?, ¡huy!, ¡parece IMPOSIBLE!, ¡parece MENTIRA!, MILAGRO sería..., ¡mira con...!, MUCHO es [será, sería, etc.] que..., ¡oh!, ¡pero..!, ¿pero es [será] POSIBLE?, ¿QUÉ es eso...?, ¿a SANTO de qué...?, ¡tate!, ¿esas TENEMOS?, ¡to!, ¿qué TRIPA se le habrá roto?, ¿qué VEO?, ¿a qué VIENE...?, ¡habráse VISTO!, ¿pero has VISTO?,¡VIVIR para ver!, ¡ya!, ¿ya...? ➤ *Admirar. *Asombrar. *Pasmar. *Sorprender.

extrañero, -a (ant.) adj. y n. *Extranjero o *forastero.*

extrañez (ant.) f. *Extrañeza.*

extrañeza 1 f. Efecto causado por una cosa extraña: 'Me causó extrañeza no verle allí'. ≃ Asombro. ⊙ Estado de extrañado: 'No comprendo tu extrañeza por una cosa tan natural'. **2** *Cosa extraña o rara.* **3** **Enemistad o enfriamiento entre los que eran amigos.* **4** *Admiración, novedad.*

extraño, -a (del lat. «extranĕus») **1** («a, en») adj. y n. Se aplica a la persona que no pertenece al grupo, familia, nación, círculo, etc., que se considera: 'Se hace antipático a propios y extraños. No digas eso delante de extraños'. ⇒ Advenedizo, ajeno, algarivo, *desconocido, emboscado, enquistado, *extranjero, *forastero, intruso, meteco. **2** («a, en») adj. Muy distinto de lo acostumbrado, corriente, natural o normal: 'Gasta unos sombreros extraños. Está haciendo un tiempo extraño. Comen unas comidas extrañas. Esta costumbre es extraña en nuestro país'. Se emplea mucho en frases terciopersonales con «ser»: 'Es extraño que no esté ya aquí'. ≃ *Extravagante, *raro. **3** («Hacer») m. Movimiento súbito anormal: 'El coche hizo un extraño al salir de la curva'.

V. «CUERPO extraño».

HACER UN EXTRAÑO UNA CABALLERÍA. EQUIT. **Espantarse.*

extraoficial adj. No oficial.

extraoficialmente adv. De manera no oficial.

extraordinariamente **1** adv. De manera extraordinaria. **2** *Mucho o *muy: 'Me gusta extraordinariamente. Estoy extraordinariamente cansado'. **3** Extraordinariamente bien: 'Lo pasamos extraordinariamente'.

extraordinario, -a (del lat. «extraordinarĭus») **1** adj. No ordinario: 'Un suceso extraordinario'. ⊙ Añadido a lo ordinario: 'Una paga extraordinaria; horas extraordinarias'. ≃ Extra. ⊙ f. Paga extraordinaria. ≃ Extra. ⊙ adj. Mayor o mejor que lo ordinario: 'Una trucha de tamaño extraordinario. Un talento extraordinario. Una película extraordinaria'. **2** m. *Correo especial que se despacha con urgencia. **3** Plato o manjar que se añade a la comida diaria. **4** Número de un *periódico que se publica por algún motivo extraordinario o de tamaño o con secciones, grabados, etc., extraordinarios. **5** («Un») Cosa extraordinaria o excepción que ocurre o se hace en algo: 'Tomar café es un extraordinario en esta casa'. ⇒ Un día es un día.

□ CATÁLOGO

De antología, antológico, asombroso, desacostumbrado, desusado, excepcional, *extraño, *extravagante, de lo que no HAY, homérico, sin igual, imponente, impresionante, inigual, inigualable, inolvidable, insólito, inusitado, irrepetible, la octava MARAVILLA, de miedo, *notable, nuevo, de órdago, *original, de los [o las] de PADRE y muy señor mío, sin par, RARA avis, señalado, singular, sorprendente, trasordinario, tremendo, que tumba, único, no [o nunca] VISTO. ➤ El acabose, la CARABA [en bicicleta], el colmo, el despiporren, el disloque, la monda, una pasada, la reoca, la repanocha. ➤ Salirse de sus CASILLAS, ser un CASO. ➤ Acostumbrado, común, *corriente, normal, ordinario, regular, usual. ➤ No ser COSA del otro jueves, no ser COSA del otro mundo. ➤ *Admirar. *Anormal. *Asombrar. *Distinto. *Especial. *Notable. *Raro.

extrapolación f. Acción de extrapolar.

extrapolar (de «interpolar», con cambio del prefijo «inter-» por «extra-») **1** tr. MAT. Calcular el valor de una magnitud para valores de la variable que están fuera del intervalo en que dicha magnitud es conocida. **2** Aplicar conclusiones obtenidas en un campo a otro. **3** Sacar de contexto ↘algo que se dice.

extrarradio m. Zona de una población alejada del centro. ≃ Afueras, *alrededores.

extrasensorial o, menos frec., **extrasensoria** adj. V. «PERCEPCIÓN extrasensorial».

extrasístole f. MED. *Latido anormal del *corazón, seguido de una pausa en las contracciones y acompañado de sensación de angustia.*

extratémpora (de «extra-» y el lat. «tempŏra», los tiempos) f. *Dispensa para que un clérigo reciba las órdenes mayores fuera de los tiempos señalados por la Iglesia.* ⇒ *Eclesiástico.

extraterrestre **1** adj. Del espacio exterior a la Tierra. **2** adj. y n. Se aplica a los supuestos habitantes de otros planetas.

extraterritorial adj. Que está fuera de los límites territoriales de una jurisdicción.

extraterritorialidad («Disfrutar, Gozar de») f. En *derecho internacional, privilegio por el que se consideran los edificios de las representaciones diplomáticas, los barcos, etc., como territorio de la nación a que pertenecen, en cuanto a los derechos de los que están en ellos.

extrauterino, -a adj. MED. Se aplica a lo que está situado o se desarrolla fuera del útero: 'Embarazo extrauterino'.

extravagancia f. Cualidad de extravagante. ⊙ Cosa o acción extravagante.

extravagante (del b. lat. «extravăgans, -antis», part. pres. de «extravagāri») **1** adj. Se aplica a la persona que hace cosas *raras y, correspondientemente, a sus acciones, costumbres, etc. **2** (ant.) n. *Escribano que no era de número ni tenía asiento fijo en ningún pueblo, juzgado o tribunal.* ⇒ *Notario. **3** f. *Cualquiera de las constituciones pontificias que se hallan recogidas y puestas al fin del cuerpo del *derecho canónico, después de los cinco libros de las decretales y clementinas.*

□ CATÁLOGO

Estrafalario, estrambótico, excéntrico, *extraño, fantástico, grotesco, *ilógico, *original, peripatético, pintoresco, *raro, *ridículo, singular. ➤ Adefesio, apunte, ente, esperpento, hazmerreír, *mamarracho, RARA avis, tipejo, tipo. ➤ Capricho, chaladura, extravagancia, genialidad, humor, humorada, humorismo, incongruencia, jerigonza, *locura, *manía, originalidad, *particularidad, quínola, rareza, ridiculez, singularidad, tema.

extravasación f. Acción de extravasarse.

extravasarse (de «extra-» y «vaso») prnl. *Salirse un líquido del vaso o conducto en que está contenido. Particularmente, la sangre de los vasos sanguíneos. ⇒ Extravenarse. ➤ Derrame, extravasación, sufusión.

extravenar (de «extra-» y «vena») **1** tr. *Hacer que se extravene la ↘sangre.* ⊙ prnl. **Extravasarse la sangre de las venas.* **2** tr. *Desviar, sacar de su lugar.*

extraversión (de «extra-» y «versión») f. Cualidad de extravertido. ≃ Extroversión.

extravertido, -a (n. calif.) adj. y n. Se aplica a la persona cuyo interés, atención y actividad anímica se dirigen predominantemente al mundo exterior. ≃ Extrovertido. ⇒ *Abierto, expresivo. ➤ HOMBRE de acción. ➤ Introvertido. ➤ *Carácter, *TIPO psicosomático.

extraviado, -a (de «extraviar») **1** Participio de «extraviar[se]». ⊙ adj. Perdido. ⊙ («Estar») Se dice del que no sabe dónde está, qué camino tiene que seguir para ir a su casa u otro sitio, etc.: 'Un niño extraviado'. ⊙ Perdido por alguien: 'Departamento de objetos extraviados en la vía pública'. **2** Aplicado a «camino, lugar» o un nombre de lugar, *retirado; fuera de los caminos frecuentados. **3** Aplicado a «ojos, mirada» o «vista», no fijos en una cosa como cuando se mira normalmente, sino como fijos en algo lejano o invisible, o bien vagando en todas direcciones y con expresión de terror. ⇒ Perdido.

extraviar (de «extra-» y el lat. «via», camino) **1** tr. *Desorientar a ↘alguien. ⊙ prnl. *Desorientarse o *perderse alguien. Tomar alguien un camino equivocado o llegar a encontrarse sin saber por dónde tiene que ir. **2** Seguir una conducta o tomar costumbres censurables o perjudiciales. ≃ *Pervertirse. **3** tr. *Poner los ↘ojos, la mirada o la vista extraviados.* ⇒ *Bizco. **4** No saber alguien dónde ha puesto o tiene cierta ↘cosa. ≃ *Perder. ⊙ prnl. *Perderse algo: 'Se me ha extraviado la pluma'. **5** **Cambiar de carrera o de género de vida, generalmente empeorando con el cambio.*

□ CONJUG. como «desviar».

extravío 1 m. Acción y efecto de extraviar[se]. **2** Perturbación o molestia causada en la vida de alguien. ≃ Extorsión, trastorno. **3** Desorden o *libertinaje en las costumbres.

extremadamente 1 adv. De manera extremada. **2** *Muy o (menos frecuente) *mucho: 'Extremadamente sensible. Me gusta extremadamente'. ≃ Extraordinariamente, extremamente.

extremadano, -a (ant.) adj. y n. *Extremeño.*

extremadas f. pl. *Entre ganaderos, *temporada en que están ocupados en hacer el *queso.*

extremado, -a (de «extremar») **1** Participio de «extremar[se]». **2** adj. *Exagerado: 'No me gustan las cosas extremadas'. ⊙ Exagerado en las alternativas o cambios: 'Un clima extremado'. ⊙ Situado en el extremo de una escala o gradación: 'Persona de extremada delicadeza. Un frío extremado'. ⊙ *Extremadamente *bueno o *malo:* 'Nos dieron una comida extremada de mala'. **3** Si no se especifica, se entiende «muy *bueno» o «*magnífico»: 'La calidad extremada de esta tela. Una extremada obra de arte'. **4** *Aplicado a personas, muy *cuidadoso.*

extremamente adv. *Extremadamente.*

extremar 1 tr. Llegar en una ↘actitud al mayor grado o extremo: 'Extremar la amabilidad [o el cuidado]'. **2** (ant.) *Hacer a ↘uno el más excelente en su género.* **3** (ant. y usado hoy entre ganaderos) **Separar los ↘corderos de las madres.* **4** *Entre ganaderos, pasar el ↘ganado a Extremadura durante el invierno.* **5** (Ar., Nav.) *Hacer la *limpieza extraordinaria de las ↘habitaciones.* **6** prnl. **Esmerarse.* **7** (León) **Separarse, por ejemplo personas que vivían juntas.*

extremaunción (de «extrema», última, y «unción») f. Uno de los *sacramentos de la Iglesia, que consiste en la unción con óleo sagrado hecha por el sacerdote a los moribundos. ⇒ Óleo, el santo ÓLEO, los [santos] ÓLEOS, sacramentos, santos [o últimos] SACRAMENTOS, santolio, [extrema] UNCIÓN, viático. ➤ Olear, sacramentar, administrar [o recibir] los [santos o últimos] SACRAMENTOS, viaticar.

extremeño, -a 1 adj. y, aplicado a personas, también n. De Extremadura. ⇒ Extremadano, choricero. **2** m. Variedad del castellano hablada en Extremadura.

extremidad 1 f. Extremo. **2** Cada uno de los miembros de un animal que constituyen apéndices del *cuerpo: cabeza, piernas, brazos y cola. ⊙ Generalmente, no se incluye la cabeza, y se dice, por ejemplo: 'El cuerpo humano consta de cabeza, tronco y extremidades'. ⊙ También, refiriéndose al hombre, los pies y las manos: 'Tiene las extremidades grandes'. **3** Parte extrema de una cosa. ≃ *Extremo. **4** **Grado último de algo.* ≃ Extremo. **5** (ant.) **Superioridad.*

extremismo m. Cualidad o actitud de extremista.

extremista adj. y n. Se aplica a la persona que, en *política o en otras cosas, adopta posiciones o actitudes extremadas. ⇒ *Extremo.

extremo, -a (del lat. «extrēmus») **1** adj. Se aplica a un nombre de cualidad o estado para referirse al grado *máximo de ellos: 'Una persona de una amabilidad extrema. Ha llegado a una necesidad extrema'. ≃ Extremado. ⊙ Se aplica a un nombre de *lugar para referirse a la parte de él que está más alejada del punto en que se sitúa el que habla: 'El extremo Oriente'. ⊙ Se aplica a lo más radical o extremado en cualquier cosa: 'La extrema izquierda [o derecha] en *política'. **2** *Distante o distinto.* **3** m. Parte de una cosa que está al principio o al fin de ella. ≃ Cabo, extremidad, punta. **4** DEP. En *fútbol y otros deportes, delantero que ataca por las bandas del campo. **5** MAT. Término extremo en una proporción. **6** Punto que se considera el *colmo a que se puede llegar en una cualidad, una circunstancia, una actitud, etc.: 'Llega al extremo de no tomar el autobús por no gastar. Está ocupadísimo; hasta el extremo de que no tiene tiempo ni para comer'. **7** Actitud exagerada en cualquier cosa: 'No tiene más que extremos: o va casi desnudo o se pone tanto abrigo que no puede moverse'. **8** Demostración exagerada de algún sentimiento o estado de ánimo: 'Hizo tales extremos de dolor que parecía que se volvía loca'. ⇒ *Aspaviento. **9** (pl.) *Muestras de amabilidad:* 'Nos recibieron con muchos extremos'. **10** **Cuidado extraordinario con que se hace o está hecha una cosa.* **11** (ant.) *Padre nuestro (cuenta de rosario).* **12** *Invernadero de los *ganados trashumantes.* ⊙ **Pastos en que se apacientan en invierno.* **13** Punto o *cuestión de los tratados en un asunto, de los incluidos en un acuerdo, etc.: 'Ese extremo fue dejado para otra sesión'.

V. «CASO extremo».

CON [O EN] EXTREMO. *Mucho o *muy.

DE EXTREMO A EXTREMO. Desde el principio hasta el final.

EN ÚLTIMO EXTREMO. Si no hay otro *medio o *recurso.

IR A EXTREMO. *Trashumar los ganados.

LOS DOS EXTREMOS. Frase con que se alude a dos cualidades opuestas tenidas en alto grado o a las personas o cosas que las tienen: 'Las dos hermanas son los dos extremos: la una muy callada y la otra muy charlatana'.

LOS EXTREMOS SE TOCAN. Frase con que se expresa que dos actitudes opuestas, pero igualmente exageradas, tienen a veces entre sí más *parecido que cada una de ellas con la posición moderada.

PASAR [O IR] DE UN EXTREMO A OTRO. Cambiar en poco tiempo la forma de actuar de alguien o algo, pasando a ser los opuestos.

V. «TÉRMINO extremo».

□ CATÁLOGO

Otra raíz, «acro-»: 'acromegalia'. ➤ ALFA y omega, *apéndice, ápice, *borde, cabete, cabeza, *cabo, canto, chicote, chueca, cola, colilla, cuerno, culo, cumbre, *extremidad, filo, *fin, final, fondo, *lado, muñón, muz, orilla, polo, *principio, *punta, raberón, rabillo, rabiza, rabo, *remate, sumidad, término, testigo, tope. ➤ Caperuza, capillo, capucha, capucho, *capuchón, casquete, casquillo, *contera, cubierta, cuento, cuerno, gorro, guardapuntas, herrete, puntera, regatón. ➤ De CABO a rabo, de PUNTA a cabo, de PUNTA a punta. ➤ Diametralmente. ➤ Rematar, *terminar. ➤ TÉRMINO medio. ➤ Energúmeno, extremista, extremoso, jacobino, radical, ultra.

extremoso, -a 1 adj. Aplicado a personas, extremado en sus actitudes, reacciones, etc. **2** Aplicado a personas, muy expresivo en sus demostraciones de cariño.

extrínsecamente adv. De manera extrínseca.

extrínseco, -a (del lat. «extrinsĕcus») adj. Se dice de la cualidad o circunstancia que no pertenece a la cosa por su propia naturaleza, sino que es adquirida o superpuesta a ella: 'La riqueza es una cualidad extrínseca'. ⇒ Intrínseco.

extroversión f. Extraversión.

extrovertido, -a adj. Extravertido.

extrudir (del lat. «extrudĕre») tr. *Hacer pasar un material fundido o plástico por el orificio de un molde, para darle determinada forma.*

extrusión f. *Acción y efecto de extrudir.*

extrusor, -a 1 adj. *Que extrude.* **2** m. *Máquina para extrudir.*

exturbar (del lat. «exturbāre», echar fuera; ant.) tr. **Echar a ↘alguien de un sitio con violencia.*

exuberancia f. Cualidad de exuberante. ⊙ Circunstancia de ser exuberante una cosa.

exuberante (del lat. «exubĕrans, -antis») adj. Extraordinariamente *abundante o rico, en sí mismo o en la cosa que le es propia: 'Una vegetación exuberante. Una mujer de exuberantes formas'. ⇒ Abundante, abundoso, generoso, opulento. ➤ Abundancia, exuberancia, generosidad, opulencia. ➤ Ex ABUNDANTIA cordis.

exuberar (del lat. «exuberāre»; ant.) intr. **Abundar con exceso.*

exudación 1 f. Acción de exudar. **2** Exudado.

exudado adj. Cosa exudada; particularmente, por los tejidos orgánicos.

exudar (del lat. «exsudāre») tr. Dejar una vasija u otra cosa salir un ↘líquido a través de sus paredes: 'El árbol exuda goma. Las paredes exudan humedad'. ≃ *Rezumar. ⊙ Cubrirse de pequeñas gotas una cosa por humedad desprendida de su interior; como las castañas o el café después de tostados. ⇒ Sudar.

exulcerar (del lat. «exulcerāre») tr. MED. *Corroer el ↘cutis de modo que empiece a formarse llaga.* ≃ *Excoriar.

exultación f. Acción y efecto de exultar.

exultante adj. Que muestra una gran alegría.

exultar (del lat. «exsultāre») intr. Mostrar *alegría con mucha excitación.

exutorio (del lat. «exūtum», supino de «exuĕre», separar, extraer) m. MED. **Úlcera que se sostiene abierta intencionadamente.* ⇒ Fontículo, fuente.

ex voto o **exvoto** (del lat. «ex voto», por voto) **1** m. *Ofrenda hecha a los dioses en reconocimiento debeneficios recibidos. **2** Nombre dado a ciertos objetos que se cuelgan como *ofrenda en las paredes de las capillas en que se venera la imagen de algún santo a cuya intercesión se atribuye una curación o beneficio que esa ofrenda recuerda; son frecuentemente figuras de cera que representan el miembro u órgano curado; también objetos que recuerdan la dolencia; por ejemplo, unas muletas. ≃ Milagro, presentalla.

eyaculación f. Acción de eyacular. ⊙ Materia eyaculada.

eyacular (del lat. «eiaculāri») tr. Lanzar con fuerza el ↘contenido de un órgano, cavidad o depósito. ≃ Expeler, *expulsar. ⊙ tr. o abs. Particularmente, el ↘semen de los testículos.

eyaculatorio, -a adj. De [la] eyaculación.

eyección f. Acción de eyectar.

eyectar tr. Lanzar o expulsar ↘algo con fuerza hacia afuera.

eyector (del lat. «eiectus», part. pas. de «eiicĕre», arrojar) **1** m. Bomba que sirve para desalojar un fluido mediante otro fluido que lo arrastra. **2** *En algunas *armas de fuego, dispositivo para hacer saltar los cartuchos vacíos.*

eyrá (de or. guaraní) m. **Piel curtida del gato salvaje de América del Sur, de color gris o castaño.* ≃ Jaguarandi.

-ez o **-eza** Sufijo del mismo valor que el culto «-icia», con que se forman nombres femeninos abstractos de cualidad: 'pesadez, rudeza'.

□ NOTAS DE USO

Es impropio usarlo acomodaticiamente, como hacen algunas personas con inclinación a inventar palabras, diciendo, por ejemplo, «absurdez» o «muchachez», pues, lejos de ser un sufijo formativo, es de empleo raro y sólo frecuente en la forma «-idez», que se usa exclusivamente en la sustantivación del sufijo de adjetivos «-ido»: 'fluido, fluidez'.

-ezno, -a (del lat. «-icĭnus») Sufijo diminutivo; particularmente, de animal joven: 'osezno, lobezno'.

ezquerdear 1 (ant) tr. *Llevar el ↘*arma en el lado izquierdo.* **2** intr. *Torcerse a la izquierda una cosa; por ejemplo, las hiladas de una construcción.* **3** *Izquierdear.*

-ezuelo, -a Forma del sufijo diminutivo «-uelo, -a»: 'gordezuelo'.

F

f 1 f. Sexta *letra del abecedario; su nombre es «efe»; es labiodental fricativa sorda y se pronuncia apoyando los dientes superiores sobre el labio inferior. **2** MÚS. En la notación alfabética representa el «fa».

F Símbolo químico del flúor.

°F Abrev. de «GRADO Fahrenheit».

fa[1] (V. «NOTA musical») m. *Nota musical. Cuarto grado de la escala fundamental. En la notación alfabética se representa por una «f».

fa[2] NI FA NI FU (inf.). Ni FU ni fa.

faba (del lat. «faba») **1** (ant.; Ar., Gal.) f. **Haba.* **2** (Ast.; pl. «fabes») **Judía (semilla).*

fabada (de «faba») f. *Potaje de judías con tocino y chorizo, hecho según cierto estilo propio de Asturias, región de la que constituye un plato típico.

fabear (de «faba»; ant. y Ar.) intr. **Votar con habas blancas y negras.*

fabla (del lat. «fabŭla») **1** (ant.) f. *Habla o *lengua.* **2** *Imitación convencional del español antiguo.* **3** (ant.) **Fábula.* **4** (ant.) *Intriga.* ≃ Confabulación.

fablar (ant.) tr. *Hablar.*

fabliella (dim. de «fabla», fábula) **1** (ant.) f. **Cuento.* **2** (ant.) *Hablilla.*

fablistán (de «fablar»; ant.) adj. y n. **Hablador.* ≃ Hablistán.

fablistanear (ant.) intr. **Charlar.*

fabo (del lat. «fagus»; Ar.) m. **Haya (árbol fagáceo).*

fabordón (del fr. «faux bourdon») m. MÚS. *Contrapunto sobre *canto llano, usado principalmente en *música religiosa.*

fábrica (del lat. «fabrĭca») **1** f. Edificio con las instalaciones adecuadas para hacer un producto industrial. ⇒ Almona, factoría, *industria, manufactura, obraje, planta, *taller. ➤ Beneficiar, elaborar, extraer, fabricar, manipular, manufacturar, obtener, *producir, transformar. **2** *Fabricación.* **3** CONSTR. Obra hecha con piedras o ladrillos unidos con argamasa: 'Un muro de fábrica'. **4** *Edificio, considerado como construcción: 'Una fábrica gigantesca'. **5** Rentas y derechos que se cobran en las *iglesias para el sostenimiento del edificio y del culto. ⊙ Fondos destinados a esos mismos objetos. ⇒ Obra, obrería. **6** **Invención o trama de historias, mentiras, etc.*

DE FÁBRICA. Hecho de ladrillos o piedras unidos con argamasa: 'Una estantería de fábrica'.

EN FÁBRICA (con referencia a materiales; por oposición a «al pie de obra»; entendiéndose el precio o la manera de suministrarlos). Entregado en la misma fábrica. ≃ Al PIE de fábrica.

V. «MARCA de fábrica, al PIE de fábrica».

fabricación f. Acción de fabricar.

fabricadamente (ant.) adv. *Primorosamente.*

fabricante adj. y n. Se aplica a la persona o empresa que fabrica algo.

fabricar (del lat. «fabricāre») **1** tr. *Hacer un ↘*producto industrial. ⊙ Elaborar o producir ↘algo: 'Las abejas fabrican cera y miel'. **2** **Inventar ↘cuentos, mentiras, historias, líos, etc.*

fabrido, -a (del lat. «fabrītus»; ant.) adj. *Fabricado o trabajado con labores de fábrica o taller.*

fabril (del lat. «fabrīlis») adj. Relacionado con fábricas o fabricación. ≃ Industrial.

V. «RÚBRICA fabril».

fabrilmente (ant.) adv. *Con *maestria.*

fabriquero (de «fábrica») **1** m. *Fabricante.* **2** *Persona encargada en las *iglesias de invertir los fondos destinados a objetos para el culto.* **3** *Operario que trabaja en el carboneo en los montes.*

fabro (del lat. «faber, fabri»; ant.) m. *Autor de una obra.* ≃ Artífice.

fabuco (del lat. «fagum») m. *Hayuco (fruto del haya).*

fábula (del lat. «fabŭla») **1** (desp.) f. *Habladuría, *chisme o lío. **2** Género de narraciones de asunto *imaginario y *maravilloso. **3** («La») La *mitología en su conjunto. ⊙ («Una») Cualquier relato de ella. **4** Específicamente, *narración literaria, generalmente en verso, cuyos personajes son animales a los cuales se hace hablar y obrar como personas, y de la que, generalmente, se deduce una enseñanza práctica; como las de La Fontaine o Samaniego. ⇒ Alegoría, apólogo, parábola. **5** LIT. *Argumento de una obra literaria. **6** *Objeto de murmuración burlesca y despectiva:* 'Fulano es la fábula del pueblo'.

FÁBULA MILESIA. *Relato inmoral.*

DE FÁBULA. Locución adjetival o adverbial que significa «muy bueno, estupendo» o «muy bien»: 'Vive en una casa de fábula. Los niños lo pasaron de fábula'.

fabulación 1 f. Acción y efecto de fabular. 2 (ant.) **Conversación.*

fabulador, -a 1 n. Fabulista. 2 Persona que fabula o inventa historias imaginarias.

fabular (del lat. «fabulāre») 1 (ant.) tr. **Hablar sin fundamento.* 2 *Inventar fábulas.*

fabulario m. Colección de fábulas.

fabulista 1 n. Autor de fábulas literarias. 2 *Persona que escribe de *mitología.*

fabulística f. Género literario de las fábulas.

fabulístico, -a adj. De las fábulas.

fabulosamente adv. Tanto, que parece irreal: 'Fabulosamente rico'. ⇒ *Muy.

fabuloso, -a (del lat. «fabulōsus») 1 adj. Se aplica a las narraciones fantásticas y maravillosas y a las cosas de que se habla en ellas: 'En un país fabuloso'. 2 Muy *grande en cantidad o número: 'Ha vendido un número fabuloso de ejemplares. Un tesoro fabuloso. Precios fabulosos. Una memoria [o una inteligencia] fabulosa'.

faca[1] (del ár. and. «fárḫa») f. *Cuchillo o *navaja de grandes dimensiones, con punta y, a veces, con la hoja un poco encorvada.

faca[2] (del fr. «haque»; ant.) f. *Jaca (*caballo de poca alzada).*

facción (del lat. «factĭo, -ōnis») 1 (ant.) f. *Hechura.* 2 (ant.) **Forma o disposición que caracteriza una cosa.* 3 (gralm. pl.) Cada una de las partes de la *cara humana que pueden considerarse por separado. ≃ Rasgo. ⇒ Líneas, rasgos. ➤ Barbilla, beca, cejas, frente, labios, mejillas, ojos, pómulos. ➤ Abrutadas, angulosas, bastas, correctas, delicadas, desdibujadas, distinguidas, dulces, enérgicas, expresivas, finas, grandes, imprecisas, incorrectas, inexpresivas, ordinarias, pequeñas, pronunciadas, redondeadas, vulgares, etc. ➤ *Cara. 4 (ant.) *Acción de *guerra.* 5 MIL. *Acto de servicio, como guardia, centinela o patrulla:* 'Estar de facción'. 6 Conjunto de gente armada que hace la guerra siguiendo a alguien, o que provoca desórdenes, comete violencias o se mantiene en rebeldía. ≃ Banda, bandería, bando, parcialidad. ⇒ Guerrilla, *partida. ➤ *GENTE armada.

faccionar (de «facción»; ant.) tr. *Dar *forma a una ˃cosa.*

faccionario, -a 1 adj. *De [la, una] facción o de [las] facciones.* 2 adj. y n. *Aplicado al que se adhiere a un partido o parcialidad.*

faccioso, -a 1 adj. y n. Individuo de una facción. 2 *Rebelde armado. 3 *Perturbador del orden público. ≃ Revoltoso.

facecia (del lat. «facetĭa»; ant.) f. **Agudeza: chiste o cuento gracioso.*

facer (del lat. «facĕre»; ant.) tr. y prnl. *Hacer[se].*

facera (del sup. lat. «faciarĭa», de «facĭes», cara) f. *Acera (fila de casas).*

facería (de «facero», fronterizo; Nav.) f. *Terreno de *pasto situado entre los límites de dos pueblos, que se aprovecha en común por ellos.*

facerir (de «fazferir»; ant.) tr. **Zaherir.*

facero, -a (del sup. lat. «faciarĭus», de «facĭes», cara; ant.) adj. *Fronterizo.*

faceruelo (de «faz», cara; ant.) m. **Almohada.*

faceta (del fr. «facette») 1 f. Cada una de las *caras de un cristal o de una piedra tallada. 2 Cada uno de los distintos *aspectos que presenta un asunto. ⊙ Cada uno de los *aspectos de la vida o de la personalidad de alguien.

faceto, -a (del lat. «facētus») 1 (Méj.) adj. *Chistoso o *gracioso.* 2 (Méj.) *Presuntuoso.*

facha[1] (del it. «faccia») 1 (inf.) f. Conjunto de la cara, figura, porte, manera de vestir y, en general, todo lo que produce la primera impresión sobre una persona: 'Me ha gustado la facha de esa muchacha'. ≃ *Aspecto, presencia. ⊙ Puede aplicarse también a animales: 'Tiene buena facha ese caballo'. ⇒ Desfachatado, desfachatez. 2 (n. calif.; «Estar hecho, Ser, Resultar una») Se aplica a una cosa mal hecha o a una persona de mala figura o aspecto ridículo: 'Después de tanto trabajo la decoración ha resultado una facha. Con ese traje estás hecho una facha'. ≃ Adefesio, birria, *mamarracho.

BUENA FACHA. *Aspecto agradable, arrogante o elegante de una persona. ⇒ *Apuesto.

MALA FACHA. *Aspecto que inspira aversión o desconfianza.

PONERSE EN FACHA. *Colocarse en la posición o actitud adecuada para cierta cosa.

facha[2] (del sup. lat. «fascŭla», cruce de «facŭla» y «fascis»; ant.) f. MAR. *Hacha (vela).*

facha[3] (del sup. germ. «happja»; ant.) f. *Hacha (herramienta).*

facha[4] (desp.) adj. y n. Fascista (*ultraderechista).

fachada (de «facha[1]») 1 f. Cara visible de cada muro exterior de un edificio; se designan por su situación: 'Fachada norte [o posterior]'. ⇒ Haz. 2 FACHADA principal. 3 **Portada de un libro.* 4 Aspecto rico, importante, etc., de una cosa, que no responde a lo que realmente es: 'Aquí todo es fachada'. ≃ *Apariencia.

FACHADA PRINCIPAL. En un edificio, la que da a la calle más importante, la más cuidada en la decoración y en que está la entrada principal. ≃ Fachada. ⇒ Frontis, frontispicio, frontón, hastial, portada.

HACER FACHADA. Estar un edificio enfrente de otro o de determinado lugar que se toma como referencia.

fachado, -a adj. Con «bien» o «mal», de buena o mala facha. ⇒ *Parecido.

fachenda (del it. «faccenda», quehacer) 1 f. Cualidad o actitud de fachendoso. ⊙ *Esplendidez ostentosa, inspirada por la fachenda. 2 (inf.; n. calif.) n. Persona fachendosa.

fachendear intr. Hacer ostentación fachendosa de algo. ≃ *Presumir.

fachendista o **fachendón** adj. y n. *Fachendoso.*

fachendoso, -a (de «fachenda»; «Ser») adj. y n. Se aplica a la persona que habla o actúa procurando mostrar riqueza o importancia, así como a su actitud, palabras, etc. ≃ Fachendista, fachendón, *fantoche.

fachinal (Arg.) m. *Lugar anegadizo cubierto de juncos, paja, etc.* ⇒ *Pantano.

fachoso[1], **-a** (de «facha[1]») 1 adj. Aplicado a cosas y personas, mal hecho, de modo que resulta *feo o *ridículo, o de mala figura: 'Tiene un novio fachoso. Lleva un vestido muy fachoso'. ≃ Fachudo. 2 (Chi., Méj.) *Fachendoso.*

fachoso[2], **-a** (inf. y desp.) adj. y n. Fascista (*ultraderechista). ≃ Facha.

fachudo, -a adj. *Fachoso.*

facia (del lat. «facie ad», con la cara dirigida a tal sitio; ant.) prep. *Hacia.*

facial (del lat. «faciālis») **1** adj. De la cara. **2** (ant.) *Intuitivo.*
V. «ÁNGULO facial».

facialmente (ant.) adv. *Intuitivamente.*

facie f. *Nombre dado en los hornos de *vidrio a las caras de los cristales.*

facienda (del lat. «facienda», cosas que se han de hacer) **1** (ant.) f. *Hacienda.* **2** (ant.) **Asunto.* **3** (ant.) **Batalla.*

facies (del lat. «faciēs», cara) f. MED. *Aspecto de la *cara especificado con ciertos adjetivos.* ≃ Semblante.

FACIES HIPOCRÁTICA. MED. *La descrita por Hipócrates como característica de los moribundos: nariz afilada, ojos hundidos, sienes deprimidas, orejas frías y separadas de la cabeza, piel de la frente dura, seca y tirante, color plomizo y labios apartados entre sí, fríos y colgantes.*

F. LEONINA. MED. *Aspecto peculiar, de cierta semejanza con la cara de un león, de la cara de los leprosos.*

fácil (del lat. «facĭlis») **1** («de, para») adj. Susceptible de ser aprendido o hecho con poco esfuerzo: 'Una lección fácil. Un trabajo fácil'. ≃ Sencillo. **2** Tal que no impone esfuerzo o violencia: 'Un camino [o una vida] fácil'. ≃ *Cómodo. **3** *Posible o *probable: 'Es fácil que venga esta noche'. **4** Aplicado a personas, particularmente a niños, fácil de criar, de educar o de guiar: 'Es un niño fácil, sin problemas de salud ni de carácter'. ⇒ *Dócil. **5** Aplicado a mujeres, poco recatada: dispuesta a acceder a las solicitaciones masculinas. ⇒ *Deshonesto. **6** adv. Fácilmente.

ES FÁCIL. Expresión con que se admite la posibilidad de una cosa, pero con cierta *duda que no llega a la incredulidad.

□ CATÁLOGO

Sufijo de palabras que expresan «facilidad para», «-deras»: 'absolvederas, desenfadaderas, despachaderas'. ➤ Al ALCANCE [de la mano], asequible, bueno de, claro, *cómodo, comprensible, dado, elemental, facilón, facilongo, factible, franco, con la gorra, hacedero, ligero, liso, LISO y llano, llano, llevadero, manejable, a la mano, manual, mañero, obvio, como la PALMA de la mano, practicable, rahez, reduccionista, sencillo, simple, simplista, tirado. ➤ No tener [o tener poca] CIENCIA, ser COSER y cantar, darse, ser JUEGO de niños, tener pocos LANCES, no tener [ningún] MISTERIO, ser PAN comido, ser un PASEO, llegar y besar el SANTO, ser TORTAS y pan pintado. ➤ Ahína, aina[s], buenamente, por cualquier cosa, defácile, descansadamente, expeditamente, fácilmente, con nada, a PIE enjuto, a PIE llano, de un plumazo, con poco, como una seda, simplemente, en dos zancadas. ➤ *Aptitud, desenfadaderas, *desenvoltura, despachaderas, *desparpajo, *destreza, expedición, expediente, facilidad, *habilidad, práctica. ➤ Inclinación, propensión. ➤ Abreviar, aclarar, agilitar, poner al ALCANCE, allanar, desbrozar, desembarazar, desenredar, dar DIGERIDO, endilgar, facilitar, dar MASCADO, mascar, obviar, posibilitar, hacer POSIBLE, *preparar, abrir la PUERTA, *resolver, simplificar, suavizar. ➤ Zanjar. ➤ Soltarse. ➤ Allanabarrancos, facilitón. ➤ Coyuntura, LÍNEA de menor resistencia, *ocasión, oportunidad, posibilidad, *ventaja. ➤ Apaño, arreglo, ayuda, artificio, dispositivo. ➤ El HUEVO de Colón, el HUEVO de Juanelo. ➤ Creer que todo el MONTE es orégano, no todo el MONTE es orégano. ➤ *Difícil.

facilidad **1** f. Cualidad de fácil. ⊙ Circunstancia de ser fácil cierta cosa: 'La facilidad del viaje le permite venir todas las semanas'. **2** («Tener») Condición de alguien por la que le resulta fácil cierta cosa: 'Tiene facilidad para rimar'; si el verbo dependiente es «aprender», se puede suprimir: 'Tiene facilidad para los idiomas'. ⊙ Se aplica también a cosas inconvenientes o perjudiciales: 'Tiene facilidad para acatarrarse'. ⊙ («Encontrar, Tener, Dar, Ofrecer»; muy frec. en pl.) Condiciones o situación que hacen más fácil cierta cosa: 'Se dan facilidades para el pago de los pisos. Tengo ahora facilidad para importar un coche'.

FACILIDAD DE PALABRA. *Elocuencia.

facilillo, -a (inf.) adj. Dim. frec. de «fácil».

facilimo, -a (del lat. «facillĭmus»; ant.) adj. *Facilísimo.*

facilísimo, -a adj. Superl. frec. de «fácil».

facilitación f. Acción de facilitar.

facilitar **1** tr. Hacer fácil o más fácil cierta ↘cosa. **2** *Proporcionar a alguien una ↘cosa o intervenir para que la tenga: 'La agencia me facilitó un buen alojamiento. Un amigo suyo le ha facilitado un piso. Podemos facilitarle ese producto al precio de cinco mil pesetas. Él me facilitó la solución [o el remedio]'.

facilitón, -a (n. calif.) adj. y n. Se aplica a la persona que, por oficiosidad, presenta a la ligera las cosas como fáciles o más fáciles de lo que son.

fácilmente adv. Con facilidad.

facilón, -a o **facilongo, -a** (inf.) adj. Muy fácil.

facimiento (de «facer») **1** (ant.) m. **Acción.* **2** (ant.) **Trato o comunicación familiar.* **3** (ant.) **Cópula.*

facina (del sup. lat. «fascīna»; ant.) f. **Fajina.*

facineroso, -a (del lat. «facinerōsus»; sólo es usual el m.) adj. y n. Se aplica al delincuente habitual; particularmente, al que tiene como género de vida el *robo en despoblado: 'Le asaltaron unos facinerosos'. ≃ *Malhechor.

facinoroso, -a (del lat. «facinorōsus») adj. y n. *Facineroso.*

facionado, -a (ant.) adj. *Con «bien» o «mal», bien o mal *parecido.*

facistelo (del occit. «faldestol», del germ. «faldistol», sillón plegable) **1** (ant.) m. **Atril.* ≃ Facistol. **2** (ant.) *Faldistorio (asiento).*

facistol (del germ. «faldistol», sillón plegable) **1** m. *Atril grande donde se ponen los libros para el canto en los coros de las iglesias. **2** (Antill., Ven.) adj. *Petulante, engreído.*

facón (aum. de «faca[1]»; Arg., Ur.) m. **Cuchillo grande y puntiagudo, usado particularmente por los gauchos.*

facsímil o **facsímile** (del lat. «fac», imperat. de «facĕre», hacer, y «simĭle», semejante) m. *Copia o reproducción exacta de un libro, un impreso, un dibujo, una firma, etc.

factibilidad f. Cualidad de factible.

factible (del lat. «factibĭlis») adj. Susceptible de ser hecho. ≃ Agible, hacedero, *posible, realizable.

facticio, -a (del lat. «factĭcius») **1** adj. **Artificial o fabricado*: 'Flores facticias'. **2** Se aplica a las cosas hechas arbitrariamente y no fundadas en la naturaleza de la cosa de que se trata: 'Colección facticia. Título facticio'. ⇒ *Acomodaticio, EXPRESIÓN facticia.

fáctico, -a (del lat. «factum», hecho) **1** adj. Propio o relativo a los hechos. **2** Basado en los hechos.
V. «PODER fáctico».

factitivo, -a (del lat. «factum», hecho) adj. GRAM. Se aplica al verbo o perífrasis verbal cuyo sujeto hace realizar la acción de que se trata al ejecutor de ella, o a las acepciones de los verbos en que ocurre así. «Pasar», por ejemplo, se usa como factitivo en «pasar la calle al ciego». ≃ *Causativo.

factor (del lat. «factor, -ōris») **1** adj. y n. m. *Se aplica al que ejecuta una cosa o es causante de ella:* 'Él es el factor de su desgracia'. ≃ *Autor. **2** («de, en») m. Algo que contribuye, junto con otras cosas, a cierto efecto: 'La dificultad de los transportes es un factor de la carestía de la vida'. ≃ *Causa, concausa, elemento. **3** MAT. Cada una de las cantidades que se *multiplican entre sí para dar un producto. ⊙ MAT. Submúltiplo. **4** (ant.) *Administrador o *capataz.* **5** *Persona que tiene poder de un comerciante para obrar por cuenta* de él. ⇒ Factura. ➤ *Apoderado. **6** MIL. *Dependiente del comisario de guerra o del asentista encargado de la distribución de víveres a la tropa.* **7** *Oficial real que *recaudaba los tributos en las Indias y entregaba las rentas correspondientes a la corona.* **8** Empleado de los *ferrocarriles encargado de la facturación de equipajes y mercancías.

FACTOR RH. FISIOL. Antígeno contenido en los glóbulos rojos del 85% de las personas (Rh positivo, Rh^+) que hace incompatible la sangre de éstas con la del resto de la población (Rh negativo, Rh^-).

factoraje m. *Factoría.* ⊙ *Cargo de factor (apoderado de un comerciante).* ⊙ *Establecimiento donde realiza sus operaciones el factor.*

factoría (en 4.ª acep. tomado del ingl.) **1** f. *Cargo de factor (apoderado de un comerciante).* **2** *Establecimiento donde realiza sus operaciones.* **3** Establecimiento fundado por naturales de un país en cierto territorio de otro, para comerciar con los naturales. ⇒ *Colonia. **4** *Fábrica.

factorial (de «factor») **1** f. MAT. *Producto de todos los términos de una progresión aritmética.* **2** m. MAT. Producto de todos los números naturales consecutivos desde la unidad hasta un número dado, incluido éste. Por ejemplo, el factorial de 6 es 720, resultado de 6 × 5 × 4 × 3 × 2 × 1.

factoring (ingl.; pronunc. [fáctorin]) m. ECON. Gestión de las facturas pendientes de cobro que realiza una empresa por encargo de otra.

factótum (del lat. «fac», imperat. de «facĕre», hacer, y «totum», todo) m. Persona que *hace todas las cosas en un sitio o al servicio de otra. ⊙ A veces, oficiosamente. ⇒ *Mangoneador.

factual (del lat. «factum») adj. De los hechos.

factura (del lat. «factūra») **1** f. Manera de estar hecha una cosa: 'De buena o mala factura'. ≃ *Hechura. ⊙ *Se emplea específicamente en pintura y escultura.* **2** *Cuenta de las mercancías compradas y de los gastos hechos, presentada por un factor a su representado.* **3** Relación de géneros vendidos o de servicios prestados, con el valor de ellos, que se entrega al deudor. ⇒ *Cuenta. **4** (Arg.) *Cualquier tipo de bollo que suele fabricarse y venderse en una panadería.*

PASAR FACTURA. **1** (inf.) Pedir algo a una persona a cambio de un favor o servicio que se le ha prestado anteriormente: 'Prefiero no recurrir a él, porque luego te pasa factura'. **2** (inf.) Hacer sufrir el castigo o las consecuencias negativas de algo malo o imprudente que se ha hecho: 'Su excesiva afición al alcohol acabará pasándole factura'.

facturación f. Acción de facturar.

facturar 1 tr. Entregar en una estación de *ferrocarril, aeropuerto, etc., con las formalidades requeridas, ↘equipajes o mercancías para que sean enviados a su destino. **2** Hacer la factura de alguna ↘mercancía o servicio. ⊙ Incluir una ↘cosa en la factura para que sea pagada; se usa más en frases negativas, significando «no cobrar»: 'No le facturo a usted los portes'. ≃ *Cobrar.

fácula (del lat. «facŭla», antorcha pequeña) f. ASTRON. Se aplica a ciertas partes más brillantes que se observan en el disco *solar.

facultad (del lat. «facultas, -ātis») **1** («Aplicar, Ejercitar, Poner, Tener, Dispersar») f. *Capacidad física o espiritual de las personas (también en algunos casos de los animales) para realizar determinada función: 'Va perdiendo la facultad de hablar. Un deportista [o una cantante] en la plenitud de sus facultades. Tiene perturbadas sus facultades mentales'. ⊙ Se usa también en plural como partitivo, sin artículo: 'Va perdiendo facultades'. ⇒ Sufijo, «-iva»: 'inventiva'; jocoso, «-eras»: 'entendederas'. **2** («Tener, Arrogarse, Atribuirse, Detentar, Invadir, Suplantar, Usurpar»; sing. o pl.) *Autoridad, derecho o poder inherente a un cargo para hacer determinadas cosas: 'No tiene facultades para embargar. No me han dado facultades para vender'. ≃ Atribuciones. **3** *Cédula real que se despachaba por la cámara, para las fundaciones de mayorazgos, para enajenar bienes vinculados, o para imponer cargas sobre ellos o sobre los propios de las ciudades, villas y lugares. Decíase más comúnmente «facultad real».* **4** *Conjunto de los médicos, cirujanos y boticarios de la cámara del *rey.* **5** (pl.; ant.) **Bienes poseídos por alguien.* **6** MED. *Fuerza, resistencia:* 'El estómago no tiene facultad para digerir el alimento'. **7** Cada una de las distintas secciones en que se dividen los estudios universitarios. ⊙ Edificio en que está instalada alguna de esas secciones: 'La facultad de medicina está en la Ciudad Universitaria'. ⇒ Decano.

FACULTADES DISCRECIONALES. Enlace frecuente.

facultar (de «facultad») tr. *Autorizar a ↘alguien para cierta cosa. ⊙ Dar derecho para hacer cierta cosa; por ejemplo, para ejercer una profesión: 'Este título le faculta para ejercer la medicina en España'.

facultativamente adv. De manera facultativa.

facultativo, -a (de «facultad») **1** adj. No obligatorio, sino tal que se puede hacer o dejar de hacer. ≃ Potestativo. ⇒ Voluntario. **2** De una facultad universitaria: 'Título facultativo'. **3** Prescrito o indicado por un médico: 'Hace deporte por prescripción facultativa'. **4** adj. y n. Se aplica a la persona que desempeña al servicio del Estado funciones técnicas para las que se requiere un título universitario o estudios superiores: 'Funcionario [o cuerpo] facultativo'. ⇒ *Técnico. **5** n. Médico.

facultoso, -a (de «facultad», bienes; ant.) adj. **Rico.*

facundia (del lat. «facundĭa») **1** f. Facilidad para *hablar. **2** Inclinación exagerada a *hablar. ≃ Locuacidad, verborrea, verbosidad.

facundo, -a (del lat. «facundus») adj. Se aplica a la persona que tiene facilidad para hablar. ⇒ Elocuente.

fada (del lat. «fata», pl. de «fatum») **1** (ant.) f. *Hada.* **2** *Variedad de *manzana camuesa pequeña, con la que se hace en Galicia una conserva muy estimada.*

fadar (de «fado»; ant.) tr. *Hadar.*

fadiga (de «fadigar») **1** (Ar.) f. *Derecho de *tanteo o retracto que tenían el señor o el enfiteuta respecto de los derechos del otro cuando trataba de enajenarlos.* **2** (Ar.) *Cantidad que percibía el *señor en algunos casos para renunciar a ese derecho.*

fadigar (Ar.) tr. *Tantear el precio o valor de algún solar u otra cosa que se desea comprar, beneficiar o labrar.*

fading (ingl.) m. RAD. Debilitamiento o desvanecimiento pasajero en la recepción de una emisión.

fado[1] (del lat. «fatum»; ant.) m. *Hado.*

fado[2] (del port. «fado») m. *Canción popular portuguesa.

fadrubado, -a (del ár. and. «ḥadúbba»; ant.) adj. *Estropeado.*

faena (del cat. ant. «faena», actual «feina», lo que se tiene que hacer) **1** f. Actividad que alguien realiza con esfuerzo físico o mental: 'Faenas agrícolas [o domésticas]'. ≃ Quehacer, tarea, *trabajo. ⊙ Cosas que alguien tiene que hacer: 'No puedo entretenerme porque tengo mucha faena'. **2** (Guat., Méj.) *Trabajo que se hace en una hacienda en horas extraordinarias.* **3** TAUROM. Cada serie de operaciones realizadas por un torero con el *toro, distinguible por separado: 'Realizó una buena faena con la muleta'. **4** («Hacer») Acción con que una persona perjudica injustamente a otra, en general por beneficiarse a sí mismo o a una tercera. También, FAENA PESADA y MALA FAENA. ≃ *Jugada, partida, pasada, trastada.

FAENA DE ALIÑO. TAUROM. La que realiza el espada con el fin no de lucirse, sino de preparar el *toro para la suerte de matar.

METERSE [o METIDO] EN FAENA (inf.). Entregarse [o entregado] de lleno a un trabajo o actividad.

faenar (de «faena») **1** tr. *Matar reses y preparar la carne para el consumo.* **2** intr. Realizar las operaciones de pesca y conservación del pescado a bordo de un pesquero. **3** Realizar un marinero la faena que se le encarga a bordo. **4** Labrar la tierra.

faenero, -a 1 (And.) adj. y n. *Obrero empleado en la *recolección.* ⊙ (And., Chi.) *Obrero del campo.* ≃ *Jornalero. **2** adj. *Aplicado a las mujeres y especialmente a las niñas o jóvenes, aficionada a realizar los trabajos domésticos y activa en su ejecución.* ≃ Hacendosa, *trabajadora. **3** m. *Barco que faena en el mar.

faetón (del fr. «phaéthon», por alusión a «Faetón», personaje mitológico, hijo del Sol, que conducía el carro de su padre) m. *Carruaje de cuatro ruedas, alto y ligero.

fafarachero, -a (del it. «farfaro», fanfarrón; Hispam.) adj. **Fanfarrón.*

fagáceo, -a (del lat. «fagus», haya) adj. y n. f. BOT. Se aplica a las *plantas, árboles o raramente arbustos, de la familia del castaño y la encina, distribuidas desde las regiones templadas a tropicales, caducifolias o de hoja permanente, con flores unisexuales dispuestas en amentos o espigas, y frutos en nuez, protegida en la base o rodeada completamente por una cúpula. ≃ Cupulífero. ⊙ f. pl. BOT. Familia que forman.

-fagia Elemento sufijo del gr. «phágomai», comer, con que se forman palabras científicas o cultas: 'aerofagia, disfagia'.

fago- o **-fago, -a** Elemento prefijo o sufijo del gr. «phágomai», comer: 'fagocito, esófago'.

fagocitar (de «fagocito») **1** tr. BIOL. Englobar y digerir una célula mediante seudópodos ↘partículas microscópicas con fines alimenticios o de defensa. **2** Absorber una empresa, sociedad, etc., a ↘otra.

fagocitario, -a adj. BIOL. De los fagocitos.

fagocito (de «fago-» y «-cito») m. BIOL. *Célula emigrante que existe en todos los organismos, la cual tiene la propiedad de englobar y digerir cuerpos extraños, especialmente microorganismos; los leucocitos o glóbulos blancos de la sangre son fagocitos.

fagocitosis f. BIOL. Función de los fagocitos, muy importante en la lucha contra las *enfermedades.

fagot (del fr. «fagot») **1** m. Instrumento musical de viento formado por un tubo de madera, que se toca con una boquilla de caña. **2** n. Músico que lo toca en una orquesta. ≃ Fagotista.

fagotista adj. y n. Se aplica al músico que toca el fagot. ≃ Fagot.

fagüeño (del lat. «Favonĭus»; Ar.) m. *Favonio (viento).*

fahid *(Acinonyx jubatus)* m. **Guepardo.*

Fahrenheit (físico alemán) V. «ESCALA Fahrenheit, GRADO Fahrenheit».

faique (Perú) m. *Árbol leguminoso.* ⇒ *Planta.

faisán (del occit. «faizan», del lat. «phasiānus») **1** *(Phasianus colchicus)* m. *Ave gallinácea de carne muy apreciada. Tiene el tamaño aproximado del gallo y el macho tiene el plumaje de colores vistosos: amarillo, verde y rojizo, con reflejos metálicos. ≃ Catraca. ⇒ Cojolite. **2** (And.) **Hongo comestible de color pardo, que se cría en los jarales.*

faisana f. *Hembra del faisán.*

faisanería f. *Corral o cercado para faisanes.*

faja (del arag. ant. «faxa», del lat. «fascĭa») **1** f. *Banda de cualquier material con que se rodea una cosa ciñéndola. ⊙ La que se pone para ceñir o abrigar el vientre, tanto si tiene forma de banda larga con la que se dan varias vueltas al cuerpo, por ejemplo la que se ponía a los niños de pañales o la que llevaban los campesinos, como la constituida por una sola vuelta, generalmente de material elástico. ⊙ Puede tener forma de pantalón corto elástico. ⊙ La que se pone alrededor de los *periódicos para enviarlos por correo. ⊙ La que se pone a veces sobre los libros nuevos con alguna indicación o crítica sobre su contenido. ⊙ La que, alrededor de la cintura o en bandolera, constituye una *insignia de algunos cargos militares, civiles o eclesiásticos, o un distintivo honorífico. ⇒ Alezo, candonga, chumbe, fajero, fajín, mástil, maure, riñonera, tapis, trarigüe, trarilongo, tripero, ventrera. ➤ *Corsé. **2** Zona en forma de banda en la superficie de una cosa; por ejemplo, la comprendida entre dos paralelos en la superficie terrestre, o la formada en un *terreno labrado. ⇒ Albardón, amelga, balate, camba, emelga, era, estórdiga, longuera, mangada, melga, mielga, mozada, poyato, veril. ➤ *Bancal. ⊙ *Dibujo o *adorno en forma de banda en cualquier cosa. **3** ARQ. *Moldura ancha, plana y de poco relieve. ⊙ ARQ. Moldura o resalto liso que se hace alrededor de las ventanas, arcos, etc. ⇒ Fajón. **4** HERÁLD. *Banda horizontal que atraviesa el escudo por el centro ocupando un tercio de su altura.*

fajado, -a 1 Participio de «fajar». ⇒ Contrafajado. **2** adj. *Se aplica a la persona que ha sido azotada.* ⇒ *Golpe. **3** (And.) *Se aplica a la *caballería u otro *animal que tiene en los lomos y panza una zona de distinto color que el resto del cuerpo.* **4** m. MINER. *Tablón de piso.* ⊙ *Madero de *entibar.*

fajador, -a 1 adj. y n. m. DEP. Se aplica al boxeador que es combativo y encaja bien los golpes de su rival. **2** adj. y n. Se aplica a la persona luchadora que sabe superar los contratiempos.

fajadura f. *Acción y efecto de fajar[se].*

fajamiento m. *Fajadura.*

fajar (del arag. «fajar», del lat. «fasciāre») **1** tr. Poner una faja a ↘algo o alguien. **2** (inf.) **Pegar a alguien una ↘bofetada o cosa semejante.* ≃ Dar. ⊙ (C. Rica, Cuba, R. Dom.) recípr. *Pegarse dos personas.* **3** (C. Rica, P. Rico, R. Dom.) prnl. *Dedicarse intensamente a un trabajo.*

FAJAR CON. **Atacar a alguien.*

fajardo m. *Cubilete de masa de hojaldre, relleno de carne picada.* ⇒ Monterrey. ➤ *Pastel.

fajazo (de «fajar»; Antill.) m. *Embestida.* ⊙ (P. Rico, R. Dom.) *Sablazo.*

fajeado, -a adj. Se aplica a lo que tiene fajas o listas.

fajero 1 m. *Faja de niño de pañales.* **2** (pl.) *Vestidura de *pañales.*

fajilla (dim. de «faja») f. *Faja que se pone en los periódicos o cosas semejantes para mandarlas por *correo.* ⇒ Enfajillar.

fajín (dim. de «faja») m. Faja de las usadas como *insignia o como distintivo honorífico.

fajina[1] (del lat. «fascis», con influencia del it. «fascina») **1** f. Montón de *haces o fajos de mies. ⇒ Facina, fascal, garbera, hacina, medero, mogote, mostelera, tresnal [o treznal]. ➤ Atresnalar, *hacinar. ➤ *Almiar. **2** Haz de *leña. **3** Fort. *Haz de ramas delgadas, muy apretado, usado en la *guerra para diversos usos; las hay de revestir, de coronar, incendiarias, etc.* ⇒ *Fortificar. **4** **Leña ligera para encender.* **5** (Sal.) Agr. **Huerta o *campo cercado dedicado a cultivo intensivo.*

fajina[2] f. **Trabajo que se hace o hay que hacer.* ≃ Faena.

fajina[3] **1** f. Mil. *Toque militar con que se ordenaba la retirada de las tropas a sus alojamientos o el fin de una facción. **2** Actualmente, toque para que los soldados acudan a comer.

fajinada f. Fort. *Conjunto de fajinas.*

fajo (del arag. ant. «faxo», del lat. «fascis») **1** m. Conjunto de cosas delgadas y largas, tales como palos, cañas, ramas y, particularmente, mieses y leña, puestas unas junto a otras y atadas. Si los objetos son pequeños, por ejemplo palillos de dientes u horquillas, el conjunto atado o sujeto se llama «paquete». ≃ Gavilla, *haz. **2** (Guip.) *Unidad de *peso para leñas.* **3** (Nav.) *Unidad longitudinal para medir la listonería de madera.* **4** (pl.) *Conjunto de ropa con que se viste a los niños recién nacidos.* ⇒ *Pañales.

Fajo de billetes [de banco]. Paquete de billetes de banco.

fajol (del cat. «faxol», del lat. «phaseŏlus», judía) m. **Alforfón (planta poligonácea).*

fajón (aum. de «faja») m. Arq. *Faja o *moldura plana que rodea una puerta o ventana.*

fakir m. Variante ortográfica de «faquir».

falace (del lat. «fallax, -ācis») adj. *Falaz.*

falacia **1** f. Cualidad de falaz. **2** Cosa falaz o falsa: 'Ese argumento es una falacia'.

falagar (del ár. and. «ḫaláq», palomo ladrón) **1** (ant.) tr. **Lisonjear.* ≃ Halagar. **2** (ant.) *Apaciguar.* **3** (ant.) prnl. **Alegrarse.*

falange (del lat. «phalanx, -angis», del gr. «phálanx») **1** f. Mil. Cuerpo de infantería del Ejército *griego, formada por líneas compactas. **2** Se aplica como nombre calificativo a una agrupación de personas, armadas o sin armar, que se unen estrechamente con cierto fin. **3** Anat. Cada uno de los huesos de las manos y los pies; se llaman primera, segunda y tercera, contando desde el metacarpo o el metatarso.

falangeta f. Anat. Tercera falange de los dedos.

falangia f. *Falangio (arácnido).*

falangiano, -a adj. Anat. *De las falanges.*

falangina f. Anat. Segunda falange de los dedos.

falangio (del lat. «phalangĭum») **1** m. **Segador (arácnido).* **2** *(Anthericum liliago)* *Planta liliácea de hojas largas y estuches y flores blancas en dos o tres *escapos, a la que antiguamente se suponía antídoto contra la picadura del falangio o segador *(Phalangium ramosum).*

falangismo m. Movimiento político surgido con la Falange, de ideario basado en el fascismo italiano.

falangista **1** adj. De la Falange o el falangismo. **2** n. Miembro de la Falange, agrupación fundada por José Antonio Primo de Rivera con un ideario basado en el del fascismo italiano. ⇒ Camisa azul, camisa vieja. ➤ Falangismo, nacionalsindicalismo. ➤ *Política.

falansterio (del fr. «phalanstère») **1** m. Comunidad autónoma de producción y consumo, base de la sociedad utópica ideada por Fourier. **2** Cada uno de los edificios en que habitaba una de estas comunidades o falanges. ⇒ Furierismo. **3** *Por extensión, residencia donde *habita una comunidad de personas.*

falárica (del lat. «falarĭca») f. **Lanza arrojadiza de los antiguos.*

falaris (del lat. «phalāris», del gr. «phalarís») f. *Ave zancuda de color negro con reflejos grises, con el pico abultado y extendido de modo que forma una mancha blanca sobre la frente. ≃ Foja.

falasha adj. y n. Judío de origen etíope.

falaz (del lat. «fallax, -ācis»; culto) adj. Aplicado a personas, no corrientemente, y a sus palabras, promesas, etc., así como a «aspecto, apariencias» y palabras semejantes, engañoso, falso o mentiroso: 'Apariencias [o promesas] falaces'.

falazmente adv. Engañosamente o con falsedad.

falbalá (del fr. «falbala») **1** m. **Volante.* ≃ Faralá. **2** *Pieza casi cuadrada que se ponía en la abertura de un corte del cuarto trasero de la casaca.*

falca (del ár. and. «fálqa») **1** f. *Cuña o pieza que se pone como suplemento debajo de la pata de un mueble que cojea, debajo de las ruedas de un carro para mantenerlo inmóvil, etc. **2** *Defecto que tienen naturalmente una *tabla o *madero, que les impide ser perfectamente lisos o rectos.* **3** Mar. *Tabla delgada que se coloca de canto, de popa a proa, sobre la borda de las embarcaciones menores, para que no entre el agua.* **4** (Col.; gralm. pl.) *Cerco que se pone como suplemento a las pailas; por ejemplo, a las usadas en la fabricación del *azúcar.*

falcaceadura f. Mar. *Acción y efecto de falcacear.*

falcacear tr. Mar. *Forrar con cuerda delgada el extremo de un ˇ*cabo.*

falcada (Ar.) f. Agr. **Manojo de mies segada de una vez.*

falcado, -a (de «falcar²») adj. *De forma de hoz.* ⇒ *Curvo.

falcar[1] tr. Colocar en una ˇcosa una falca o falcas. ⇒ *Calzar. ➤ Desfalcar.

falcar[2] (del lat. «falx, falcis», hoz; ant.) tr. Agr. **Segar con la hoz.*

falcario (del lat. «falcarĭus») m. **Soldado *romano armado de hoz.*

falce (del lat. «falx, falcis», hoz; Ar.) f. **Hoz, o cuchillo corvo.*

falciforme (del lat. «falx, falcis», hoz, y «-forme») adj. *De forma de hoz.* ⇒ *Curvo.

falcinelo (del it. «falcinello»; *Plegadis falcinellus*) m. *Ave zancuda poco mayor que una paloma, de plumaje castaño y verde brillante. ≃ Morito.

falcino (del lat. «falx, falcis», hoz; Ar.) m. **Vencejo (pájaro).*

falcirrostro, -a (del lat. «falx, falcis», hoz, y «rostrum», pico) adj. Zool. *Se aplica a las *aves con el pico en forma de hoz.*

falcón (del lat. «falco, -ōnis») **1** (ant.) m. *Halcón.* **2** *Cierto *cañón antiguo.*

falconete (de «falcón») m. Especie de culebrina.

falcónido, -a (de «falcón») adj. y n. f. Zool. *Se aplica a las *aves de rapiña de la familia del halcón; como el* *águila, el alfaneque, el caracará, el cobez, el esmerejón, el guaco o el guaraguao.* ⊙ f. pl. ZOOL. *Familia que forman.*

falconiforme (del lat. «falco, -ōnis», halcón, y «-forme») **1** adj. y n. ZOOL. *Se aplica a las aves rapaces de garras poderosas, cabeza robusta y pico fuerte y ganchudo, que son grandes voladoras.* **2** f. pl. ZOOL. *Orden que forman.*

falda (del sup. germ. «falda», pliegue) **1** f. Parte del vestido, o prenda de vestir suelta, que cubre desde la cintura hacia abajo. **2** (sing. o pl.) *Vertiente de una montaña. **3** Se aplica a objetos que, por su forma o uso, tienen semejanza con la falda de vestir. ⊙ (sing. o pl.) Tela que cae alrededor de la *mesa camilla desde el borde del tablero y sirve para guardar el calor del brasero colocado debajo de la mesa. ⊙ Parte de la *armadura de guerra que cubre desde la cintura hacia abajo. **4** Hueco que forma el cuerpo o el vestido de una mujer sentada, entre la cintura y las rodillas: 'Se sentó al niño en su falda. Le echó las manzanas en la falda'. ≃ *Regazo. **5** (pl.; inf.) Manera de referirse a las mujeres en general; particularmente, en lo referido a relaciones amorosas: 'Seguro que es un asunto de faldas'. ⊙ (sing. o pl.) También se emplea para aludir a la proximidad de una mujer determinada: 'Cosido a las faldas de su madre'. **6** *En una *armadura de guerra, hierro del guardabrazo, pendiente del hombro, que por detrás protegia el omoplato y por delante parte del pecho.* **7** **Ala del sombrero.* **8** Parte de *carne de las reses despedazadas para el consumo, que es prolongación de la pegada a las costillas. ≃ Delgados.

FALDA BAJERA. Falda que se lleva (ahora sólo en los pueblos) debajo de la que queda a la vista. ⇒ *Refajo.

FALDA-PANTALÓN. Falda que está dividida en dos perneras.

CORTAR FALDAS. **Castigo infamante que se aplicaba a las prostitutas, consistente en cortarles las faldas por el sitio correspondiente a las partes sexuales.*

ESTAR PEGADO A LAS FALDAS de una persona (inf.). Ser muy dependiente de ella; se usa particularmente con referencia a la madre.

□ CATÁLOGO

Anaco, atorra, basquiña, brial, centro, chircate, enagua, enagüillas, guardapiés, halda, kilt, manteo, maxifalda, patadión, pollerón, saboyana, saya, tamba, tapapiés, tonelete, trascol, tutú. ➤ FALDA bajera, faldellín, fustán, gonete, refajo, rodado, sotaní, zagal, zagalejo. ➤ Combinación, *enagua[s], fustán, nagua[s]. ➤ Andulario, faldamenta, faldamento, fandulario. ➤ Fondo, viso. ➤ Candil, cola, cucharetero, fuelle, manera, *pliegue, plisado, sobrefalda, sofaldo, tabla, *volante. ➤ *Falso. ➤ Pasador. ➤ Bullarengue, caderas, caderillas, cancán, crinolina, guardainfante, medriñaque, meriñaque, *miriñaque, polisón, pollera, sacristán, tontillo, verdugado. ➤ Arregazar, *arremangar, regazar, remangar, sofaldar. ➤ Enfaldo, gremio, regazo. ➤ Escurrida. ➤ Haldada. ➤ Haldear. ➤ Desenfaldar, enfaldador, enfaldar[se].

faldamenta f. *Faldamento.*

faldamento 1 (inf.) m. *Desp. de «falda», aplicado, por ejemplo, a una demasiado larga o amplia.* **2** *Parte de la ropa talar que va desde la cintura hasta los talones.*

faldar (de «falda») **1** f. *Parte de la *armadura de guerra que caía desde el borde inferior del peto.* **2** **Delantal de mujer.*

faldear (de «falda») tr. **Bordear un ↘monte.*

faldellín (dim. de «falda») m. Falda corta o aditamento en forma de falda colocado en un vestido o en cualquier objeto.

faldeo (Arg., Chi., Cuba) m. *Ladera de un *monte en que hay algunas llanuras.*

faldero, -a 1 adj. *De la falda (parte del vestido o prenda de vestir).* **2** Aplicado a hombres, demasiado aficionado a tratar con mujeres. ≃ *Mujeriego.

V. «PERRO faldero».

faldeta (dim. de «falda») f. *Tela con que se cubre en el *teatro algo que no tiene que aparecer hasta cierto momento.*

faldillas (dim. de «falda») **1** f. pl. Parte que cuelga desde la cintura en algunas prendas de vestir; por ejemplo, en la casaca. ⇒ Trape. **2** Faldas de mesa camilla. **3** Bloc de hojas de un *calendario que cuelga del cartón en que va sujeto.

faldinegro, -a adj. *Se aplica al ganado vacuno rojo por encima y negro por debajo.*

faldiquera f. *Faldriquera.*

faldistorio (del b. lat. «faldistorĭum») m. **Asiento especial de los *obispos en algunas funciones pontificales.*

faldón (aum. de «falda») **1** m. Parte baja de algunas prendas de vestir que llegan más abajo de la cintura; particularmente, de la camisa, de la casaca o la levita. **2** Especie de falda larga y suelta que se pone a los bebés encima de otras prendas. **3** EQUIT. Pieza grande de cuero de la silla de montar que evita el roce de la pierna del jinete con los flancos del caballo. **4** CONSTR. *Vertiente lateral triangular de un *tejado.* ⇒ Zanco. **5** ARQ. *Conjunto de los dos lienzos y del dintel que forma la boca de la *chimenea.* **6** *Piedra de molino ya gastada que se pone encima de otra en mejor estado, para hacer más peso.*

faldriquera (de «falda») f. Faltriquera: *bolsa que llevaban las mujeres debajo de la falda, atada a la cintura.

faldudo, -a 1 adj. *Con mucha falda.* **2** (Col.) *Se aplica al terreno con mucha pendiente.*

faldulario (inf.; desp.) m. *Falda o vestido demasiado largo y que se descuelga por algún lado o arrastra por el suelo.* ⇒ Andulario, faldamenta, faldamento, fandulario.

falena (del gr. «phálaina») f. Cierta *mariposa nocturna cuyas orugas tienen dos pares de falsas patas sobre las que se mantienen erguidas en las ramas de los árboles, semejando ramillas.

falencia (del lat. «fallens, -entis», engañador) **1** f. **Equivocación que se comete al afirmar algo.* **2** (Hispam.) **Quiebra (en el comercio).*

falerno m. *Vino famoso en la antigua *Roma.

falescer (del lat. «fallĕre»; ant.) intr. *Faltar.*

falibilidad f. Cualidad de falible.

falible (del lat. «fallibĭlis») **1** adj. Susceptible de *fallar. ⇒ Infalible. **2** Aplicado a personas, sujeto a *equivocarse.

fálico, -a adj. Del falo o relacionado con las funciones sexuales masculinas.

falidamente (ant.) adv. *Vana o infundadamente.*

falido, -a (de «falir»; ant.) adj. *Fallido.*

falimiento (de «falir») m. **Engaño o *mentira.*

falir (del lat. «fallĕre»; ant.) tr. **Engañar una persona a ↘otra o faltar a su palabra.* ≃ Fallir.

falisco (del lat. «faliscum») m. MÉTR. **Verso clásico compuesto de tres dáctilos y un espondeo.*

falismo m. Culto del falo.

falispa o **falispas** (relac. con «chispa») f. o f. pl. *Nevisca.* ⇒ *Nieve.

falla[1] (del fr. «faille») **1** f. *Prenda antigua con que se cubrian las mujeres la cabeza y los hombros, dejando al descubierto sólo la cara.* ⇒ *Vestir. **2** (Méj.) *Gorrito de niño de pañales.*

falla[2] (del cat. «falla», del lat. «facŭla», antorcha pequeña) f. Monumento que los vecinos de Valencia hacen en la calle, con figuras grotescas hechas de cartón que forman escenas humorísticas alusivas a sucesos de actualidad. Se levantan muchas por toda la ciudad y son quemadas con acompañamiento de tracas y cohetes en la llamada «noche del fuego», el día de San José. ⊙ (pl.; «Las») *Fiestas que con ese motivo se celebran en la ciudad desde unos días antes del de San José. ⇒ Cremá.

falla[3] (de «fallir») **1** f. Defecto de una cosa, por ejemplo de una tela, por el que puede fallar o romperse. **2** (Hispam.) *Defecto, falta o fallo.* **3** GEOL. Rotura o solución de continuidad en un terreno.

fallada f. *Acción de fallar (frustrarse una cosa).*

fallador[1], **-a** (ant.) adj. *Hallador.*

fallador[2], **-a** n. *Persona que falla en los juegos de *baraja.*

fallamiento (de «fallar[1]»; ant.) m. **Encuentro, *descubrimiento o *invención.*

fallanca f. **Vierteaguas de una puerta o ventana.*

fallar[1] (del lat. «afflāre», soplar, olfatear) **1** (ant.) tr. *Hallar.* **2** («en favor, en contra, que») *Decidir el juez o la autoridad competente en un juicio o litigio la ↘cosa que se expresa. ⇒ Dirimir, *disponer, laudar, resolver, sentenciar. ➤ Dictar. ➤ *Decisión, fallo, sentencia, veredicto. ➤ Visto. ➤ *Juzgar. *Tribunal.

fallar[2] (de «falla[3]») **1** intr. *Romperse una cosa o dejar de resistir un trabajo o esfuerzo: 'Falló la rama en que se sostenía y cayó a tierra. Le fallaron las fuerzas al final'. ⇒ *Flaquear. **2** No dar o prestar una persona o cosa el rendimiento o el servicio debido o esperado: 'Hizo un buen ejercicio teórico, pero falló en los problemas. Nos ha fallado la persona en quien más confiábamos'. ⊙ No dar una cosa el resultado perseguido con ella: 'Fallar la puntería [o el disparo]. Fallaron los intentos de pacificación. Con él fallan todos los argumentos. Hasta ahora habían fallado todos los intentos de llegar hasta la cumbre'. ⊙ No alcanzar una cosa su pleno desarrollo: 'Fallan la mayoría de las flores sin llegar a dar fruto'. ≃ *Frustrarse. ⊙ Resultar una cosa distinta y peor de lo previsto o esperado; el sujeto es «cálculo, previsión, esperanza» o palabra semejante, generalmente en plural: 'Fallaron todos nuestros cálculos'. ≃ Resultar [o salir] FALLIDO. ⇒ Abortar, ardalear, caer, dejar COLGADO, defraudar, dejar en la ESTACADA, *estropearse, falir, fallecer, fallir, faltar, *fracasar, *frustrarse, salir MAL, *malograrse, marrar, dejar PLANTADO, cerrarse todas las PUERTAS, no responder, no dar RESULTADO. ➤ Falla, fallo, falta, hueco, marra, *vacío. ➤ Falible, fallecedero. ➤ Falibilidad. ➤ Fallido, frustrado. ➤ Infalibilidad, infalible. **3** En algunos juegos de *baraja, echar un ↘triunfo contra la carta del contrario por no tener carta del palo de ésta para seguirla. ≃ Baldar.

SIN FALLAR. Infaliblemente.

fallazgo (ant.) m. *Hallazgo.*

falleba (del ár. and. «ḫallába») **1** f. Dispositivo para cerrar ventanas y puertas consistente en una varilla sujeta con anillas o abrazaderas a lo largo del borde de una de las hojas, con una manivela con la que se puede hacer girar o correr y engancharse por sus dos extremos en los correspondientes huecos de la parte superior e inferior del marco. ⇒ Cremona, españoleta. **2** *Manivela con que se maneja ese dispositivo.

fallecedero, -a o **fallecedor, -a** (ant.) adj. *Susceptible de fallecer o de faltar.*

fallecer (del lat. «fallĕre») **1** intr. *Morir una persona. ⇒ Desfallecer. **2** **Faltar o acabarse una cosa.* ≃ Fallir. **3** (ant.; «de») **Carecer y necesitar de una cosa.* **4** (ant.) *Faltar, errar.* ≃ *Fallir.

☐ CONJUG. como «agradecer».

fallecido, -a **1** Participio de «fallecer». ⊙ adj. y n. *Muerto. **2** (ant.) adj. *Desfallecido.*

falleciente adj. *Aplicado al que fallece.*

fallecimiento m. Acción de fallecer.

fallero[1], **-a** **1** adj. De las fallas de Valencia. **2** n. Se aplica a las personas que intervienen en la construcción de las fallas y en la organización de los festejos que se celebran con ese motivo. ⊙ También a las que acuden a esos festejos.

fallero[2], **-a** (de «falla[3]») adj. y n. *Aplicado al trabajador que falta mucho a su trabajo.*

fallidero, -a (de «fallir»; ant.) adj. **Perecedero.*

fallido, -a **1** *Participio de «fallir».* **2** adj. Se aplica a las cosas que no dan el resultado perseguido con ellas, que no resultan como se esperaba o que no contienen o producen lo debido: 'Esfuerzos fallidos. Un tiro fallido. Esperanzas fallidas. Una nuez [o una cosecha] fallida'. ⇒ *Fallar. **3** ECON. Se aplica a las *partidas de una *cuenta que no han podido ser cobradas.

fallir (del lat. «fallĕre», engañar, ocultarse) **1** intr. **Acabarse o *faltar una cosa.* ≃ Fallecer. **2** *Faltar (cometer una *falta).* ≃ Fallecer. **3** *Cometer una *equivocación.* ≃ Fallecer. **4** **Engañar o faltar alguien a su palabra.* ≃ Falir.

fallo[1] (de «fallar[1]»; «Dar, Dictar») m. *Decisión de la autoridad que falla. ≃ Resolución, sentencia.

ECHAR EL FALLO. **1** DER. Dictar el fallo en un litigio o proceso. **2** (inf.) Dar alguien una opinión tajante y definitiva acerca de alguien o algo.

fallo[2], **-a** (de «fallar[2]») **1** m. Acción y efecto de fallar una cosa, en cualquier acepción. ⊙ *Hueco o falta en el sitio correspondiente a una cosa que ha fallado: 'Hay dos o tres fallos en la fila de árboles'. ⊙ Omisión en cualquier cosa o asunto. ≃ Laguna. ⊙ Aspecto en que una cosa es o puede resultar mal o mala, a pesar de ser buena o conveniente en general. ≃ PUNTO débil. ⇒ *Fracasar, *frustrarse. ⊙ Falta de un palo en el juego de naipes: 'Tengo fallo de espadas'. **2** (Ar., Nav.) adj. *Desfallecido.* **3** («Estar») *Falto de algún palo, en el juego de *baraja.* **4** (Chi.) *Se aplica al *cereal cuya espiga no ha granado bien.*

NO TENER FALLO una cosa. No poder *fracasar: 'Es un negocio que no tiene fallo'.

TENER alguien UN FALLO en cierta cosa. Fallar o fracasar en ella.

falo (del lat. «phallus», del gr. «phallós») m. En lenguaje culto y, especialmente, con referencia a su representación como símbolo o atributo sexual, *pene. ⊙ Se usa específicamente en psicoanálisis.

falocracia (de «falo» y «-cracia»; inf.) f. Preponderancia del hombre sobre la mujer en la sociedad.

falondres DE FALONDRES (Cuba, Filip.). MAR. *De repente.*

Falopio (famoso cirujano italiano del siglo XVI) V. «TROMPA de Falopio».

falordia o **faloria** (Ar.) f. **Mentira, cuento o relato falso narrado con intención de que sea creído.*

falquía (del ant. «fasquía», del ár. and. «faṣqíyya»; ant.) f. *Doble *cabestro que se ataba al cabezón de una caballería.*

falsa (de «falso») **1** (Ar., Mur.) f. **Desván.* **2** (Alb., Ar., Méj.) *Falsilla.*

falsaarmadura f. CONSTR. **Contraarmadura (segunda vertiente hecha en un tejado).*

falsabraga (de «falsa» y «braga») f. FORT. *Muro bajo, defensa del principal.* ≃ Contramuralla.

falsada (de «falsar») f. CETR. *Vuelo rápido del ave de rapiña.* ≃ Calada.

falsador, -a (ant.) adj. *Falseador.*

falsamente adv. De manera falsa o con falsedad.

falsar (del lat. «falsāre») **1** tr. *Falsear una ↘carta en el tresillo.* **2** FIL. Verificar empíricamente una ↘proposición.

falsario, -a (del lat. «falsarĭus»; n. calif.) adj. y n. Se aplica a la persona que inventa falsedades; particularmente, calumniosas.

falsarregla (de «falsa» y «regla») **1** f. *Falsa *escuadra.* **2** (And., Hispam.) **Falsilla.*

falseador, -a adj. Se aplica al que falsea una ↘cosa. ⊙ También, al que falsifica algo.

falseamiento m. Acción de falsear: 'El falseamiento de la verdad'.

falsear (de «falso») **1** tr. *Adulterar o falsificar una ↘cosa: alterarla materialmente, al referirla, al imaginarla, etc., de modo que deja de reflejar la realidad o de ser auténtica: 'Falsear los hechos [un estilo artístico, una doctrina]'. **2** *En el juego de *tresillo, salir con una ↘carta de valor, que no sea triunfo ni rey, bien en la confianza de que se va a ganar la baza por no tener otra superior los contrarios, bien para desorientarles o bien para evitar perderla en otra jugada.* **3** *Romper o atravesar la ↘*armadura del contrario.* **4** CONSTR. *Desviar ligeramente el ↘corte de una *piedra o *madero de la dirección vertical.* **5** intr. *Perder una cosa su resistencia o firmeza o mostrar la falta de ellas.* ≃ *Flaquear. **6** *Disonar de las demás una de las cuerdas de un instrumento musical.* **7** EQUIT. *Dejar en las *sillas de montar hueco o anchura suficiente para que no lastimen a la caballería.*

falsedad **1** f. Cualidad de falso. **2** Dicho o hecho falso: 'Cometer [o decir] falsedades'. **3** Falsía.

FALSEDAD EN DOCUMENTO PÚBLICO. DER. Nombre de un *delito, de significado claro.

falseo m. CONSTR. Acción de falsear el corte de una piedra o madero. ⊙ CONSTR. Corte falseado.

falseta f. *En la *música popular de guitarra, frase melódica o floreo que se intercala entre las series de acordes con que se acompaña el canto.*

falsete (de «falso», con influencia del fr. «fausset») **1** m. MÚS. Voz más aguda que la natural, que se hace voluntaria o involuntariamente al cantar, haciendo vibrar las cuerdas superiores de la faringe. ≃ VOZ de falsete. ⇒ VOZ de cabeza. **2** MÚS. *Falseta.* **3** *Corcho con que se tapan los *toneles cuando se quita la canilla.* **4** **Puerta pequeña de una sola hoja entre dos habitaciones.*

falsía (de «falso») **1** f. Deslealtad o *hipocresía. ≃ Falsedad. **2** *Falta de solidez en una cosa.* ≃ *Debilidad.

falsificación f. Acción y efecto de falsificar.

falsificado, -a Participio adjetivo de «falsificar».

falsificador, -a adj. y n. Que falsifica.

falsificar (del lat. «falsificāre») **1** tr. Hacer o fabricar una ↘cosa falsa: 'Falsificar moneda [una firma, un documento]'. **2** Desfigurar el verdadero carácter o manera de ser de una ↘cosa: 'Falsificar la verdad [o la doctrina]'. ≃ Falsear.

falsilla (de «falso») f. Hoja de papel con líneas muy marcadas, que se coloca debajo del papel en que se *escribe para, guiándose por esas líneas, que se transparentan, no torcerse. ≃ Falsa. ⇒ Sombra.

falsío m. **Relleno para viandas guisadas, hecho con carne, pan, ajos y especias.*

falso, -a (del lat. «falsus») **1** adj. Aplicado a cosas, no verdadero, no *auténtico o no correspondiente a la realidad: 'Una noticia falsa, un diamante falso, una falsa alarma'. **2** Se aplica a quien es capaz de *simular cualidades buenas o afectos que no tiene o no siente, así como a esas cualidades o afectos: 'Un hombre [o un amigo] falso. Falsa modestia. La engañó con falsas palabras de amor'. ⊙ Se aplica a la persona capaz de engañar a los que la creen amiga o ponen en ella su confianza. ≃ *Traidor. **3** Se aplica a un nombre para expresar que éste está aplicado a la cosa de que se trata sólo por su *parecido con la propiamente designada por él: 'Falsa membrana, falsa pleuresía, abeto falso, falsa pimienta'. ≃ Pseudo-. **4** (ant. y en Ar., Nav.) **Cobarde.* **5** (Ar., Nav.) **Perezoso o de pocas energías.* ⊙ Aplicado a cosas, poco resistente. ≃ *Débil. **6** EQUIT. Se aplica a la *caballería que tiene resabios y cocea aun sin hostigarla. **7** APIC. *Se aplica a la colmena de *abejas cuyo trabajo se ha empezado por el centro.* **8** *Se aplica a la pieza que sirve para *completar las dimensiones o la resistencia de otra:* 'Falso pilote. Falso forro de un barco'. **9** m. Tira que se pone por el revés en algunas partes de una pieza de ropa, para *reforzarla o para suplir la misma tela, que debería formar por esa parte un doblez; por ejemplo, en la boca de las mangas o los pantalones o en el borde de la falda. ⇒ Bajo, ruedo. ➤ *Vestir.

V. «ABETO falso, falso ÁCORO, falsa ARMADURA, CUERDA falsa, ESCUADRA falsa, LLAVE falsa, falsa PIMIENTA, PUERTA falsa, falsa REGLA, falsa RIENDA, SAÚCO falso, TESTIGO falso, falso TESTIMONIO, ZUMAQUE falso».

EN FALSO. **1** Con falsedad: 'Jurar en falso'. **2** Con falta de *fundamento o *apoyo: 'Edificar en falso'. ⊙ Sólo en la *superficie: 'Cerrarse [o curarse] una herida en falso'. ⊙ Sin encontrar el objeto a que se dirige: 'Un golpe en falso'. ⇒ *Fallar.

□ CATÁLOGO

Aparente, apócrifo, artificial, artificioso, de CARTÓN piedra, *convencional, convenido, delusivo, delusorio, engañador, engañoso, estereotipado, estudiado, fabuloso, facticio, falsificado, fantástico, fatulo, ficticio, ficto, fingido, formulario, *forzado, ful, ilegítimo, ilusivo, ilusorio, imaginario, de imitación, imitado, impropio, incierto, inexacto, inventado, irreal, legendario, mentido, de mentirijillas, de mentirillas, de pega, postizo, pretendido, pseudo-, sedicente, seudo-, simulado, supuesto, trefe. ➤ Afectado, alevoso, amanerado, artero, bastardo, bragado, CABALLERO de industria, comentador, desleal, disimulado, engañador, estafador, falsario, farsante, felón, fementido, gañín, hipócrita, HOMBRE de dos caras, infiel, *innoble, *insincero, mentiroso, mojigato, noto, pérfido, perjuro, superchero, traicionero, *traidor, vil, zaino. ➤ Adulterar, *alterar, bastardear, bautizar, cambiar, componer, contrahacer, corromper, deformar, desfigurar, desnaturalizar, desvirtuar, disfrazar, *disimular, enmascarar, falsear, falsificar, *mentir, *simular, sofisticar, suplantar, viciar. ➤ Adulteración, adulteramiento, afectación, apariencia, arguciа, artificio, calumnia, *chisme, compostura, contrahacimiento, *cuento, doble[z], *embuste, *engaño, falacia, falsedad, falsificación, *ficción, fingimiento, imitación, impostura, *infundio, montaje, obrepción, perjurio, simulación, sofisma, superchería, tergiversación, falso TESTIMONIO, vicio. ➤ Jugar con dos BARAJAS, de DIENTES afuera, con segunda INTENCIÓN. ➤ No haber tales CARNEROS, no haber tal COSA. ➤ Apariencia, oropel. ➤ Refalsado. ➤ Espontáneo, natural, verdadero. ➤ *Exagerar. *Mentira.

falsopeto (de «falso» y «peto») **1** (ant.) m. *Farseto.* **2** (ant.) *Balsopeto.*

falta (del lat. vulg. «fallĭta») **1** («Haber, Tener, Notar, Sentir, Compensar, Remediar, Suplir, Por falta de; de») f. Circunstancia de no *haber o no *tener cierta cosa necesaria, o de haber o tener menos de lo necesario: 'En el campo hay falta de brazos. Lo que tenemos es falta de dinero. Noto falta de abrigo. Han venido soldados para suplir la falta de obreros. No es por falta de ganas por lo que no ha venido'. ≃ Ausencia, carencia. **2** Circunstancia de no acudir alguien a un sitio a donde debe ir o donde es esperado, o de no estar en cierto sitio o en compañía de ciertas personas: 'No notaron tu falta. A las diez faltas borran de lista a los alumnos'. ⊙ Anotación con que se consigna la falta: 'El profesor ha pasado lista y te ha puesto falta'. ⇒ *Ausente, inasistente. ➤ Inasistencia, incomparecencia. ⊙ Circunstancia de no *haber de cierta cosa en un sitio: 'La falta de seriedad en los tratos'. ⊙ («Notar, Sentir, Echar en») Circunstancia de no *tener la compañía de cierta persona o de no tener cierta cosa, lo cual causa pena o trastorno: 'Noto mucho la falta de mi hija. Va a notar la falta de su siestecita'. ⊙ *Hueco que queda en una serie o conjunto de cosas por faltar alguna de ellas. ≃ Claro, fallo. ⊙ No aparición de la *menstruación en alguna de las veces en que le corresponde, particularmente por embarazo. **3** («Adolecer de, Tener, Encontrar, Sacar») Cualidad o circunstancia que quita perfección a una cosa: 'No encuentro ninguna falta en el traje. Una liquidación de prendas con falta'. ≃ Defecto, *imperfección. **4** («Caer, Incurrir en, Cometer, Achacar, Atribuir, Imputar, Confesar, Reconocer, Disculpar, Excusar, Disculparse de, Expiar, Lavar, Pagar, Purgar») Acción, dicho u omisión censurable, desacertado o que implica *desconsideración hacia alguien; suele llevar una especificación: 'Falta de discreción [de tacto, de respeto, de oportunidad, de cortesía]'; pero puede no llevarla y se sobreentiende: 'Fue una falta imperdonable no contestar a su carta'. ⊙ Acto u omisión castigable, particularmente cometido en el desempeño de un cargo: 'Le han formado expediente por ciertas faltas'; se puede especificar con un complemento: 'Ha cometido una falta de disciplina'. ⊙ DER. Se aplica específicamente a la *infracción de la ley castigada con sanción leve. ⊙ («Cometer, Tener») Cosa mal hecha en cualquier trabajo o dato equivocado que se incluye en un escrito; por ejemplo, en un ejercicio de exámenes: 'No ha tenido ninguna falta en el ejercicio de traducción'. **5** («Hacer, Ser») Jugada mal hecha según las reglas de un *juego o deporte, que supone un castigo para el jugador o el equipo que la realiza: 'Ese pelotazo ha sido falta'; puede llevar un complemento de persona con «de» o un adjetivo posesivo: 'Ha sido falta tuya'. ⊙ («Lanzar, Sacar, Tirar») DEP. Saque o lanzamiento a favor del contrario con que se sanciona al equipo que ha realizado una falta. **6** *Defecto de las *monedas consistente en falta de peso.* **7** *Culpa: 'Eso no fue falta mía'.

FALTA DE CONSIDERACIÓN. *Desconsideración.

F. DE EDUCACIÓN. Expresión muy frecuente con la que se alude tanto a la carencia de educación como a un acto cometido por esa carencia.

A FALTA DE. **1** Equivale a «si falta» en frases de la misma construcción que el adagio «a falta de PAN buenas son tortas». **2** («Estar») Modismo que se emplea para expresar el estado de una cosa en la que sólo falta hacer algo que se expresa: 'El vestido está a falta de pegar los botones'.

ECHAR EN FALTA. **1** Sentir *necesidad de cierta cosa. **2** Notar que falta cierta cosa: 'La puerta estaba abierta, pero no eché nada en falta'.

HACER FALTA una cosa. Ser *necesaria: 'Me hace falta que vengáis enseguida. Para eso hace falta una cuerda'.

HACER TANTA FALTA una cosa o una persona COMO LOS PERROS EN MISA. *No hacer ninguna falta o *estorbar.*

PONER FALTA a alguien. Apuntar su no asistencia a un sitio al que está obligado a asistir. ⇒ *Falta.

SACAR FALTAS. Encontrar faltas en la cosa o persona de que se trata, generalmente por exceso de espíritu crítico. ⇒ *Criticar.

SIN FALTA. Expresión con que se pone *énfasis en una promesa: 'Llegaré el domingo sin falta'. ⇒ *Seguro.

TODO HACE FALTA. Expresión frecuente con que se afirma la *necesidad o conveniencia de cierta cosa, aunque no parezca de importancia decisiva para la cosa de que se trata.

□ CATÁLOGO

Afijos, «a-»: 'ápodo'; «des-»: 'descabezado'; «in-» o «im-»: 'insustancial, impávido'. ➤ *Ausencia, carencia, CARTA de menos, defecto, deficiencia, déficit, mengua, penuria, privación. ➤ Agujero, bocado, claro, fallo, hoyo, hueco, laguna, marra, oquedad, portillo, *vacío. ➤ Elipsis. ➤ Ajeno, ayuno, despojado, *desprovisto, destituido, falto, faltoso, horro, necesitado, privado. ➤ Apuros, necesidad[es], privaciones. ➤ *Incompleto. ➤ Estar por, fallecer, faltar por, haber que, llevar, mancar, marrar, *necesitar, quedar, quedar por, no haber para un REMEDIO, restar. ➤ Negativo. ➤ Sin. ➤ ECHAR de menos, echar en FALTA. ➤ Añoranza, morriña, nostalgia. ➤ De menos. ➤ Faltar, hacer FUCHINA, fumarse, hacer *NOVILLOS [PELLAS, PIMIENTA, RABONA]. ➤ Apuntar, poner FALTA. ➤ Desapuntar. ➤ Pitancero. ➤ Recle [o recre]. ➤ Anormalidad, borrón, defecto, deficiencia, deformidad, demérito, desconchado, desperfecto, desportillado, gabarro, *imperfección, impureza, *inconveniente, irregularidad, lacra, maca, mácula, *mancha, mengua, menoscabo, *perjuicio, pero, tara. ➤ Caída, cinca, coladura, *culpa, *delito, *desacierto, *descuido, desliz, distracción, *equivocación, *error, flaqueza, inadvertencia, *indiscreción, *infracción, irregularidad, lapsus, ligereza, marro, METEDURA de pata, omisión, *pecado, penseque, resbalón, traspié, tropezón, vicio, yerro. ➤ Grave, leve, peccata minuta. ➤ Falible, fallecedero. ➤ *Multa. ➤ Corregir, *escarmentar, *objetar, buscar las VUELTAS. ➤ Ya que me lleve el DIABLO..., nunca falta un ROTO para un descosido. ➤ Infalible. ➤ *Escasez. *Insuficiencia.

faltar (de «falta») **1** intr. No haber una cosa o no *estar en donde debe haberla o estar: 'En este libro falta una hoja'. ⊙ Haber de una cosa menos de lo necesario: 'En esta habitación falta luz'. ⊙ («de, en») Haber de alguna cosa algo menos de lo que debe haber. ⊙ Particularmente, presumiéndose que ha sido *robado o sustraído: 'Faltan quinientas pesetas de la caja'; puede llevar un complemento de persona: 'Me faltan pañuelos de mi cajón'. ⊙ (con un complemento indirecto de persona) No *tener cierta cosa que se necesita: 'Me falta un destornillador para poder arreglar esto'. ⊙ (con un complemento indirecto de persona) No tener de una cosa todo lo que se necesita: 'Me faltan palabras para expresarle mi agradecimiento'. **2** En frases negativas en tercera persona, dejar de *haber: 'Preocupaciones nunca faltan'. **3** **Fracasar, no producir una cosa el efecto necesario o esperado.* **4** (con complemento de persona) *Dejar de asistir a alguien o de prestarle la colaboración que esperaba.* ≃ *Fallar. **5** (terciop.) Tener que ocurrir, transcurrir, hacerse, etc., lo que se expresa para *llegar a cierta cosa, situación o punto: 'Faltan cuatro meses para Navidad. Me falta un centímetro para ser tan alto como tú'. **6** Estar todavía por *hacer cierta cosa: 'Está hecho el cuerpo del jersey, pero faltan las mangas'. **7** («a, de») No acudir o no *asistir alguien a un sitio a donde tenía que ir: 'No faltes a la cita'. **8** Estar *ausente: 'Hace un mes que falta de Madrid'. **9** *Morirse: 'Su madre faltó el año pasado. Pobre de él el día que falten sus padres'. **10** («en») Cometer una *falta: 'Si he faltado en algo, ha sido involuntariamente'. ⊙ Decir o hacer a alguien una cosa *ofensiva: 'Faltar de palabra [o de obra]'. ⊙ Faltar al respeto a alguien: 'Yo no le falté a pesar de lo irritado que estaba'. **11** («a»; con «deber, promesa» y palabras equivalentes) *Incumplir lo que esas palabras expresan: 'Espero que no faltarás a tu promesa'. ⊙ (con otros complementos, como «amistad, ley, fidelidad») Hacer algo contrario a esas cosas: 'Ha faltado a la confianza que teníamos depositada en él'. ⇒ *Defraudar. **12** Ser *infiel uno de los cónyuges al otro cometiendo *adulterio: 'Es incapaz de faltar a su mujer'. ≃ Faltar a la fidelidad conyugal.

V. «sin faltar una COMA».

FALTAR POCO PARA cierta cosa (con el verbo en un tiempo pasado). Haber estado a punto de ocurrir: 'Faltó poco para chocar con el árbol'. ⇒ *Inminente.

FALTAR POR. Tener que hacer todavía lo que se expresa a continuación: 'Aún faltan por pintar las puertas'.

FALTAR POR SABER [o POR VER]. Expresión con que se manifiesta *duda sobre cierta cosa: 'Falta por saber si esa finca de que habla es suya'.

¡LO QUE FALTABA [PARA EL DURO]! (inf.). Expresión con que se manifiesta disgusto por una dificultad o contrariedad que se añade a otra: '¡Lo que faltaba! Hoy que tengo el tiempo justo para llegar al aeropuerto, se estropea el coche'.

NO FALTA [FALTABA, FALTARÍA] MÁS SINO QUE... **1** Expresión con que se manifiesta que lo que se expresa a continuación sería ya el *colmo de lo intolerable o desagradable: 'No faltaría más sino que tú le dieses la razón. No falta más sino que se nos apague la luz ahora'. **2** También sirve para enunciar alguien el temor que le asalta de cierta cosa desagradable: 'No faltaría más sino que hoy se le ocurra no venir'.

¡NO FALTABA [o FALTARÍA] MÁS! **1** Expresión con que se *rechaza una pretensión inadmisible: 'Quiere que le pague los días que no ha trabajado. ¡No faltaba más!'. **2** O se rechaza con cortesía una atención o se contesta a la expresión de agradecimiento por una atención prestada: 'Haga el favor de pasar delante. —¡No faltaba más! Le agradezco mucho que me haya acompañado. —¡No faltaba más!'. **3** O se *asiente amablemente a una petición: '¿Me hace el favor de correrse un poco? —¡No faltaba más!'.

NO FALTAR NI SOBRAR. Expresión corriente de significado claro. ⇒ *Justo.

V. «faltar PALABRAS para».

POR SI FALTABA ALGO. Expresión *culminativa con que se introduce una nueva cosa que acaba de empeorar o de mejorar cierta situación: 'Por si faltaba algo, la cosecha de trigo ha sido mala'.

V. «sin faltar PUNTO ni coma, faltar el RABO por desollar, faltar al RESPETO, nunca falta un ROTO para un descosido, faltar el SUELO, faltar un TORNILLO».

falto, -a (de «faltar»; «de») adj. Carente o *necesitado de la cosa que se expresa: 'Falto de escrúpulos [o de recursos]'. ⊙ («de») A falta de otro adjetivo más preciso, se emplea para definir los adjetivos antónimos: 'Grosero, falto de amabilidad'.

faltón, -a **1** (inf.) adj. Aplicado a personas, se dice del que falta con frecuencia a sus obligaciones, promesas, citas, etc. **2** (inf.) adj. y n. Propenso a cometer faltas de respeto o a ofender a otros. ⇒ *Grosero.

faltoso, -a **1** (ant.) adj. **Necesitado.* **2** (inf.) *Falto de juicio.* ⇒ Trastornado.

faltrero, -a (relac. con «faltriquera») adj. **Ratero o *ladrón.*

faltriquera (del sup. rom. and. «ḥaṭrikáyra») **1** f. *Bolsa que se lleva atada con unas cintas a la cintura. La llevaban antiguamente las mujeres, y la llevan todavía en los pueblos, debajo de la falda. ≃ Faldriquera, farraca. ⇒ Manera. **2** *Pequeño aposento que había en los *teatros de Madrid debajo de los palcos principales de la embocadura.* ≃ Cubillo.

V. «RELOJ de faltriquera».

falúa (¿del sup. ár. «falūkah»?) f. Pequeña embarcación usada en los puertos por los jefes y autoridades de marina. ⇒ Faluca.

faluca (¿del sup. ár. «falūkah»?; ant.) f. *Falúa.*

falucho (del ant. «faluca», del sup. ár. «falūkah») **1** m. Embarcación costera que lleva una vela latina. ⇒ Laúd. **2** (Arg.) **Sombrero con el ala doblada formando dos puntas, que usan los jefes militares y los diplomáticos en las funciones de gala.*

fama (del lat. «fama»; «Adquirir, Ganar, Dar, Poner, Disfrutar, Llevar, Tener, Extender[se], Menoscabar, Ensuciar») f. Hecho de que una persona o una cosa sean *conocidas por mucha gente y en muchos sitios y de que se hable mucho de ellas con admiración, estimación o censura, o atribuyéndoles alguna cualidad: 'La fama de Cleopatra'. La apreciación se especifica con «buena, mala» o adjetivos equivalentes, o con una determinación con «de»; cuando se trata de personas se pueden emplear las expresiones «de buena fama, de mala fama»: 'Es un hotel que lleva buena fama. Es un hombre de mala fama. Tiene fama de avaro'. ⊙ Si no se especifica nada, la expresión se entiende usada laudatoriamente: 'Un médico de fama. Una playa de fama mundial'.

BUENA FAMA («Llevar, Tener, Adquirir, Conseguir, Ganar»). Fama de bueno, competente, honrado, etc.

MALA FAMA («Llevar, Tener, Echarse»). Fama de malo, incompetente, deshonesto, etc. ⊙ Refiriéndose a mujeres, se entiende desde el punto de vista de la moral en las relaciones con personas del otro sexo. ⇒ *Ligero.

V. «CUMBRE[s] de la fama».

CRÍA [o, no frec., COBRA] [BUENA] FAMA Y ÉCHATE A DORMIR. Adagio con que se da a entender que una vez que se ha logrado la estimación de los demás ya cuesta poco mantenerla.

DE FAMA (laud.). Famoso: 'Un torero de fama'.

UNOS TIENEN [o, no frec., COBRAN] LA FAMA Y OTROS CARDAN LA LANA. Refrán que significa que no son siempre los que adquieren fama o consiguen alabanza los que las han merecido con su trabajo. ⇒ *Injusto.

□ CATÁLOGO

Aureola, boga, brillo, celebridad, clamor, eco, estrellato, favor, gloria, halo, hao, laureles, lauro, nombradía, nombre, nota, notoriedad, PINÁCULO de la gloria, popularidad, *prestigio, prez, renombre, resonancia, *rumor, vox populi, voz [pública]. ➤ Acreditar[se], afamar[se], estar en BOGA, brillar, tener CARTEL, darse a CONOCER, cubrirse de GLORIA, glorificar, pasar a la HISTORIA, andar en LENGUAS, hacerse MEMORABLE, pasar a la POSTERIDAD. ➤ Pasar por, pasar PLAZA de, ser TENIDO por. ➤ Acreditado, afamado, de cartel, celebérrimo, célebre, *conocido, *destacado, distinguido, epónimo, esclarecido, famado, famoso, glorioso, gran, grande, héroe, gran[de] HOMBRE, *ilustre, importante, inmortal, inolvidable, membrado, memorable, memorando, memoratísimo, nombrado, de nota, *notable, notorio, popular, prohombre, renombrado, de renombre, reputado, sonable, sonado. ➤ Erostratismo. ➤ Difamar, disfamar. ➤ *Acreditar. *Desacreditar. *Prestigio.

famado, -a (de «fama») adj. *Afamado.*

fambre (del sup. lat. vulg. «famen, -ĭnis», por «fames»; ant.) f. **Hambre.*

fambriento, -a (ant.) adj. *Hambriento.*

fame (del lat. «fames»; ant.) f. **Hambre.*

famélico, -a (del lat. «famelĭcus») adj. Hambriento. ⊙ Hiperbólicamente, muy *flaco.

familia (del lat. «familĭa») **1** f. Conjunto formado fundamentalmente por una pareja humana y sus hijos y, en sentido más amplio, también por las personas unidas a ellos por parentesco que viven con ellos: 'Toda la familia, incluso la abuela y la tía Carmen'. ⊙ Con respecto a cada uno de los miembros de ella, el conjunto de los restantes: 'Tengo a mi familia veraneando en un pueblo'. ⊙ Conjunto de todas las personas unidas por parentesco de sangre o político, tanto vivas como ya muertas. ⊙ Con un calificativo como «modesta, humilde, buena, acomodada, de buena posición, distinguida, aristocrática, noble, encumbrada, de alta posición», etc., se aplica especialmente a clasificar el ambiente familiar de que alguien procede o en que vive: 'Es una muchacha de familia modesta'. ≃ Cuna, extracción, *origen. ⊙ *Linaje: 'Es de familia noble'. **2** *Hijos: 'Tener mucha [o poca] familia. No tener familia'. **3** *Conjunto de los *servidores de una casa, aunque no vivan en ella.* **4** *Cuerpo de una *orden religiosa o parte considerable de ella.* **5** (lit.) Conjunto de personas a las que se considera unidas por ideas, intereses, etc., comunes: 'La familia monárquica. La gran familia humana'. ≃ *Comunidad. **6** Por extensión, se da a veces este nombre a un grupo de cosas que tienen algunos caracteres o partes *iguales: 'Familia de palabras'. **7** También, grupo de *razas: 'La familia aria'. **8** (inf.) **Reunión de personas que se considera numerosa:* 'Nos reunimos allí una familia'. **9** Biol. Grupo taxonómico comprendido entre el orden y el género. ⇒ Sufijos de los nombres de familias botánicas, «-áceo, -a». ➤ Sufijos de los nombres de familias de los animales, «-ido» (átono). **10** (Chi.) *Enjambre de *abejas.*

V. «cabeza de familia».

Familia numerosa. La que excede de un determinado número de hijos establecido por la ley.

De buena familia. Perteneciente a una familia acomodada y socialmente estimada.

De la familia. Expresión frecuente que se aplica, por ejemplo, a «amigo» o «amistad».

En familia. En la intimidad de la familia; estando sólo las personas de la familia. ⊙ Se usa a veces hiperbólicamente, para referirse a una reunión en la que hay muy *poca gente: 'En la asamblea última estuvimos en familia'. ⊙ Con *confianza y sencillez, como entre personas de la familia.

V. «hijo de familia, jefe de familia, madre de familia, padre de familia».

□ Catálogo

Mi [tu, etc.] gente, los míos, los nuestros, obligaciones, parentela, los suyos, los tuyos, los vuestros. ➤ Capuletos y Montescos, Cegríes y Abencerrajes, Farfanes. ➤ Abolengo, alcurnia, ascendencia, casa, cepa, cuna, *dinastía, estirpe, filiación, *genealogía, *linaje, origen, prosapia, ralea, *raza, sangre, solar. ➤ Árbol genealógico, estema. ➤ Rama, tronco. ➤ Generación. ➤ Planificación familiar. ➤ Abuelos, antecesores, *antepasados, ascendientes, mayores, padres, progenitores, tatarabuelos, tataradeudos. ➤ Alcavela [o alcavera], clan, gente, *tribu. ➤ Matriarcado, monogamia, patriarcado, poliandria, poligamia. ➤ Apellido, patronímico. ➤ Libro de familia. ➤ Adoptivo, donado. ➤ *Hogar, intimidad, en el seno de la familia. ➤ Entregado a, esclavo de. ➤ Descastado, desligado, desnaturalizado, despegado. ➤ Estrecharse. ➤ Desheredarse. ➤ Adopción. ➤ Caristias. ➤ Casa solariega. ➤ Mayorazgo, primogenitura, progenitura. ➤ Nepotismo. ➤ Herencia, sucesión. ➤ Tutela. ➤ Vínculo. ➤ Monoparental. ➤ *Pariente.

familiar (del lat. «familiāris») **1** m. Con respecto a una persona, otra de su misma familia, tomado este nombre en sentido amplio: 'Tuvimos a comer a un familiar de mi mujer'. ≃ *Pariente. **2** adj. De la familia: 'Apellido [casa, rasgo] familiar'. **3** *Conocido y nada extraño para alguien determinado: 'Estas aulas me son familiares. Le es tan familiar el francés como su propio idioma'. **4** Sin ceremonia y como se usa generalmente entre la familia: 'Trato familiar. Estilo (de lenguaje) familiar'. ≃ Corriente, llano, natural, *sencillo. **5** Aplicado a ciertos productos o a su envase, de tamaño adecuado para el uso de una familia. **6** m. **Servidor.* ⊙ *Particularmente, de una *orden religiosa.* **7** *Eclesiástico u otra persona que vive con un *obispo y le acompaña. ⇒ *Paje.* **8** *Demonio que se supone acompaña y sirve a una persona. **9** *Ministro de la *Inquisición, que tenía entre sus funciones la de visitar las *prisiones.* **10** *Persona que ingresaba en la *orden militar de Alcántara entregando u ofreciendo para el futuro todos sus bienes o parte de ellos.* **11** *El que tomaba la insignia o hábito de una religión, como los hermanos de la Orden Tercera.* **12** **Carruaje de muchos asientos.*

familiaridad (del lat. «familiarĭtas, -ātis») **1** f. Trato entre personas en que se prescinde de cumplidos o ceremonias. ≃ *Confianza, franqueza. **2** (gralm. pl.) Acción o actitud con la que una persona muestra hacia otra un exceso de confianza inconveniente o a la que no está autorizada. ≃ Confianza, *libertad.

familiarizar («con») tr. Hacer que ↘alguien se familiarice con cierta cosa. ⊙ («con») prnl. Llegar a tener cierta cosa como familiar: 'Familiarizarse con las costumbres de un país extraño'. ≃ *Acostumbrarse. ⊙ («con») Llegar a *manejar con naturalidad cierta cosa: 'Familiarizarse con el volante'.

familiarmente adv. De manera familiar.

familiatura 1 f. *Cargo de familiar de la *Inquisición.* **2** *En algunas órdenes, hermandad que uno tenía con ellas.*

familio (de «familia»; ant.) m. **Servidor.*

familión m. Aum. frec. aplicado a una familia numerosa o a un conjunto de personas que se considera *numeroso: 'Se junta un familión'.

familio (ant.) m. **Servidor.*

famosamente adv. De manera famosa.

famoso, -a (del lat. «famōsus») **1** adj. y n. Se aplica a la cosa o persona que ha conseguido fama, que es muy conocida o de la que se habla mucho: 'Un ladrón [o un escritor] famoso. Una famosa marca de automóviles. La vida de los famosos'. **2** (inf.) adj. Chocante y *gracioso a la vez. ≃ Célebre. **3** (ant.) *Visible, *claro o indudable.*

fámulo, -a (del lat. «famŭlus»; culto) n. *Servidor.

□ Notas de uso

El masculino se aplica corrientemente al servidor de una *orden religiosa. El femenino se emplea a veces jocosamente.

fan (ingl.; pl. «fans») n. Admirador incondicional de una persona que destaca en una actividad; particularmente, de un cantante o grupo musical.

fana f. Mar. *Ovillo de estopa de la empleada para *calafatear los barcos.*

fanal (del it. «fanale») **1** m. Mar. **Farol grande usado como señal en los puertos.* ⊙ Mar. **Farol grande que se colocaba en la popa de los *barcos como insignia de mando.* ⊙ Mar. Lámpara de gran tamaño que llevan algunos barcos de pesca para atraer a los peces. **2** Campana transparente, generalmente de cristal, con que se protege una luz para que no la apague el viento. ≃ Guardabrisa.

⇒ *Farol. **3** Campana de cristal que se coloca sobre algunas cosas para preservarlas del polvo. Antiguamente, se usaban mucho para preservar ramos de flores artificiales y otros objetos colocados como adorno encima de consolas, cómodas, chimeneas, etc. ⇒ Campana, capelo. ➤ Urna.

fanáticamente adv. Con fanatismo.

fanático, -a (del lat. «fanatĭcus», exaltado; n. calif.) adj. y n. Partidario exaltado e *intolerante de una creencia.

fanatismo m. Cualidad o actitud de fanático.

fanatizador, -a adj. y n. Que fanatiza.

fanatizar tr. Provocar el fanatismo.

fandango (¿de un sup. «fadango», de «fado», canción?) **1** m. Danza española antigua, conservada hoy en Andalucía, a tres tiempos y de movimiento vivo. ⊙ Coplas y música con que se acompaña. **2** *Bulla o *jaleo.

fandanguero, -a adj. y n. m. *Aficionado a fiestas y diversiones.*

fandanguillo m. Danza popular en compás de tres por ocho, parecida al fandango. ⊙ Copla y música con que se acompaña.

fandulario m. *Faldulario.*

fané (del fr. «fané») **1** adj. Ajado, sin fuerzas. **2** *Pasado de moda, de mal gusto.* **3** *Se aplica a aquello que carece de distinción o buen tono:* 'Una reunión fané'. ⇒ *Vulgar.

faneca (¿del gall. port. «faneco», mocho, desorejado?; *Trisopterus luscus)* f. *Pez semejante al bacalao, de unos 30 cm de longitud, abundante en el Mediterráneo y apreciado como alimento.

fanega (del ár. and. «faníqa») **1** f. Medida de *capacidad equivalente a 22'5 o a 55'5 l, según las regiones. **2** Medida de *superficie equivalente en algunos sitios a 6.600 m^2. ≃ Fanegada, hanega, hanegada.

fanegada f. Fanega de tierra.

A FANEGADAS. Con mucha abundancia.

fanerógamo, -a (del gr. «phanerós», manifiesto, y «gámos», casamiento) adj. y n. f. BOT. Se aplicaba a las plantas con flores. ⇒ Embriofita, sifonógama, espermatofita [o espermatofito].

fanfarrear (de or. expresivo) intr. *Fanfarronear.*

fanfarria (de «fanfarrear») **1** (inf.) f. Fanfarronería. **2** (inf.; desp.) Ostentación de riqueza. ⇒ *Rumbo. **3** *Conjunto musical ruidoso, formado principalmente por trompetas.

fanfarrón, -a (de or. expresivo; no usual en f.) adj. y n. Se aplica a la persona que presume con ostentación de valor, poder o riqueza. ≃ Fachendoso, jactancioso.

□ CATÁLOGO

Arrogante, bocón, *bravucón, *chulo, compadre, curro, echador, *estirado, fachendoso, fantasmón, *fantoche, farandulero, farfantón, farol, farolero, farruco, figurante, figurón, flamenco, follón, gallito, gallo, guapetón, guapo, hablador, *insolente, jácaro, jactancioso, jaque, jaquetón, macarelo, macareno, majo, matón, palangana, presumido, rumboso, vendehúmos. ➤ Darse AIRES de, hacer ALARDE, alardear, blasonar, echar BRAVATAS, bravear, compadrear, tener mucho CUENTO, dárselas de, descascar, dragonear, exhibir, fachendear, fanfarrear, fanfarronear, fantasear, fantochear, farandulear, farolear, gallear, hacerse el, hombrear, darse IMPORTANCIA, montantear, palanganear, PAVONEARSE, pompear, darse POTE, *presumir, rajar, darse TONO, tremolar, vocear, vociferar. ➤ Alabancia, autobombo, balaca, baladronada, barrumbada, berlandina, bernardina, borrumbada, chulería, compadrada, desgarro, dijes, echada, fachenda, fanfarria, fanfarronada, fanfarronería, fanfarronesca, farfantonada, farfantonería, farol, fieros, flamenquería, giro, guapeza, jactancia, jinetada, leonería, majencia, majeza, matonería, montantada, ostentación, plantilla, poleo, porra, rentoy, ronca, *rumbo, ventolera. ➤ *Mentira.

fanfarronada **1** f. Cualidad o actitud de fanfarrón. ≃ Fanfarronería. **2** Dicho o acción de fanfarrón.

fanfarronear intr. Decir o hacer fanfarronadas.

fanfarronería **1** f. Cualidad o actitud de fanfarrón. ≃ Fanfarronada. **2** Acción o dicho fanfarrón. ≃ Fanfarronada.

fanfarronesca f. *Fanfarronería.*

fanfurriña (inf.) f. *Enfado ligero y pasajero.* ≃ *Enfurruñamiento.

fangal m. Sitio en donde hay mucho fango. ≃ *Barrizal, lodazal.

fangar m. *Fangal.*

fango (del cat. «fang») **1** m. Mezcla viscosa de agua, tierra y, a veces, restos orgánicos, que se forma en el fondo de un depósito o una corriente de agua, o en un sitio donde queda circunstancialmente agua detenida. ≃ Barro, *cieno, lodo. ⇒ Enfangar. **2** *Descrédito o *deshonra que, con lo que se dice acerca de ella, cae sobre una persona. **3** Situación de indignidad o deshonor en que vive alguien: 'Se revuelve en el fango'.

fangosidad f. Cualidad de fangoso.

fangoso, -a **1** adj. Con fango. **2** Semejante al fango en lo blando y viscoso.

fano (del lat. «fanum»; ant.) m. **Templo.*

fanón **1** m. *Pliegue que tienen en el cuello el *carnero y el *buey.* **2** CIR. *Aparato que se usaba para arreglar las fracturas del fémur.* **3** **Esclavina doble que usa el *papa sobre el alba para celebrar misa pontifical.* **4** **Excrecencias de sustancia córnea de los animales; particularmente, las *crines.*

fantasear **1** tr. Forjar ↘cosas en la fantasía. **2** intr. *Presumir de lo que no se tiene.

fantasía (del lat. «phantasĭa», del gr. «phantasía») **1** f. *Imaginación creadora, o sea facultad de la mente para representarse cosas inexistentes; particularmente, para *inventar seres y sucesos y crear obras literarias y de arte. **2** (gralm. pl.) Cosa creada por la fantasía o que no tiene fundamento real: 'Esas fincas de que habla son fantasías suyas. Esos planes son pura fantasía'. **3** (gralm. pl.) *Aprensión desprovista de fundamento. **4** **Adorno caprichoso.* ⊙ *Cosa que se aplica a algo sólo con el fin de embellecerlo.* **5** (inf.) **Presunción o afectación de importancia.* **6** MÚS. Composición hecha sobre cierto motivo que suele tomarse de una ópera. **7** (pl.) *Granos de *perlas que están pegados unos con otros con algún género de división intermedio.*

DE FANTASÍA. Se aplica a los objetos, especialmente vestidos, más adornados que otros del mismo género o en cuya ejecución se ha hecho uso de más imaginación: 'Muebles de fantasía. Una blusa de fantasía' (por oposición, por ejemplo, a una blusa camisera). ⊙ También se aplica a las cosas que se ponen en otras meramente como adorno: 'Un hilo de fantasía en un tejido'. ⊙ Se aplica a los objetos para el adorno personal que no están hechos de materiales nobles, particularmente de los que imitan joyas: 'Un collar de fantasía'.

fantasioso, -a (de «fantasía», presunción) **1** adj. y n. Se aplica a la persona que aparenta o se empeña en aparentar más riqueza o poder de los que tiene: 'Es una fantasiosa y quiere un coche de lujo'. ≃ Fachendoso. ⇒ *Fantoche, presumido. **2** Se aplica a la persona proclive a contar o *imaginarse cosas con pocos visos de realidad.

fantasma (del lat. «phantasma», del gr. «phantasma») **1** m. Ser no real que alguien cree ver, soñando o despierto. ⇒ *Ilusión. **2** Figura de una persona muerta que se aparece a los vivos. ≃ *Aparecido. ⊙ Persona que se disfraza de algún modo que causa miedo, por ejemplo con sábanas, para *asustar a la gente como si fuese un aparecido. **3** Imagen de algo negativo que atormenta o supone una amenaza para alguien: 'El fantasma de la guerra [o de los celos]'. **4** (inf.) adj. y n. Aficionado a asombrar a la gente con lo que hace o con lo que dice de sí mismo. ≃ Fantasmón. **5** adj. Se aplica a una cosa inexistente o falsa: 'Una empresa fantasma'. **6** Aplicado a un lugar, deshabitado: 'Un pueblo fantasma'.

ANDAR COMO [O PARECER] UN FANTASMA. Se dice de la persona que está o vive como sin objeto. ⇒ Desanimado.

APARECER COMO UN FANTASMA. Hacerlo inesperadamente y sin que nadie advierta la proximidad de la persona de que se trata.

fantasmada (inf.) f. Acción o dicho propios de un «fantasma» (aficionado a asombrar a la gente con lo que hace o lo que dice de sí mismo).

fantasmagoría (del fr. «fantasmagorie») **1** f. Arte de hacer aparecer figuras por medio de ilusiones ópticas. ⇒ *Espectáculo. **2** *Ilusión de los sentidos o creación de la fantasía completamente desprovistas de realidad.

fantasmagórico, -a adj. De fantasmagoría.

fantasmal **1** adj. De [los] fantasmas. **2** Tal que no parece real. ≃ *Irreal.

fantasmón, -a **1** (inf.) adj. y n. *Fanfarrón o *fantoche: aficionado a asombrar a la gente con lo que hace o con lo que dice de sí mismo. ≃ Fantasma. **2** (inf.) n. *Fantasioso.*

fantásticamente **1** adv. De manera fantástica. **2** (inf.) Muy *bien. ≃ Estupendamente, maravillosamente.

fantástico, -a (del lat. «phantastĭcus», del gr. «phantastikós») **1** adj. Sin realidad. ≃ *Imaginario. **2** (inf.) Impresionante por lo bueno, bello, agradable, etc.: 'Ha hecho una carrera fantástica. Tiene una memoria fantástica. Han comprado una finca fantástica'. ≃ Estupendo, *magnífico, maravilloso.

V. «*ANIMALES fantásticos, *SERES fantásticos».

fantochada **1** f. Acción, palabras, etc., propias de un fantoche. ⊙ Cosa que se dice o hace, más por presumir o por llamar la atención que por un motivo o fin fundados. **2** Dicho o acción faltos de seriedad. ≃ Tontería.

fantoche (del fr. «fantoche») **1** m. Figurilla o *muñeco con que se representan pantomimas. ≃ *Títere. **2** (n. calif.) Persona de aspecto grotesco. ≃ *Mamarracho. **3** (n. calif.) Persona de poco juicio o formalidad. ≃ *Mequetrefe. **4** (n. calif.) adj. y n. m. Se aplica al hombre ridículamente presumido, al que le gusta aparentar riqueza, poder o cualquier otra clase de superioridad, o asombrar con ellos.

☐ CATÁLOGO

Bocón, curro, fantasmón, farfantón, farol, farolero, farruco, figurante, figurón, gallito, gallo, papelero, papelón, principote, rumboso. ➤ Darse AIRES de, dárselas de, fachendear, fantasear, farandulear, farolear, hacerse el, darse IMPORTANCIA, papelear, papelonear, pavonear[se], pompear, darse POTE, darse TONO. ➤ Barrumbada, berlandina, bernardina, borrumbada, burrumbada, echada, fachenda, fantochada, farfantonada, farfantonería, farol, jactancia, jinetada, leonería, majencia, majeza, montantada, poleo, porra, rumbo. ➤ *Fanfarrón. *Presumir.

fantochear intr. *Fanfarronear.*

fanzine (ingl.; pronunc. [fancíne]) m. Revista de poca tirada, hecha por aficionados, que trata sobre un tema de su interés, como cine, música, política, etc.

fañado, -a (de «fañar») adj. *Se aplica al *animal que tiene un año.*

fañar tr. *Marcar las orejas de los animales por medio de un corte.*

fañoso, -a (de or. expresivo; Hispam.) adj. **Gangoso.*

faquí m. *Alfaquí.*

faquín (del fr. «faquin») m. *Mozo de cuerda o ganapán.* ⇒ *Porteador.

faquir (del ár. «faqīr», pobre, mendigo) **1** m. *Asceta musulmán que vive de limosnas y realiza actos de austeridad o de mortificación física prodigiosos. **2** *Asceta indio. **3** Artista de circo que realiza actos de mortificación física semejantes a los practicados por los faquires.

far (del lat. «facĕre»; ant.) tr. **Hacer.*

fara f. Cierta *serpiente africana del género *Coronella.*

faracha (Ar.) f. *Espadilla para trabajar el *lino.*

farachar (Ar.) tr. *Espadar el *lino.*

farad (de «Miguel Faraday», físico y químico inglés del siglo XIX) m. ELECTR. Faradio, en la nomenclatura internacional.

faradio (de «farad») m. ELECTR. Unidad de capacidad eléctrica.

faradización f. ELECTR. Sometimiento de una cosa a la acción de una corriente inducida.

faralá (de «farfalá»; pl. «faralaes») **1** m., gralm. pl. *Volante ancho puesto como adorno en un vestido, cortina, etc. Se aplica particularmente a los que adornan la parte baja de la falda del traje típico andaluz. **2** *Adorno excesivo y de mal gusto.* ⇒ *Arrequive.

farallo (Sal.) m. *Migaja de *pan.*

farallón (del cat. «faralló») **1** m. Roca alta y cortada a pico, que sobresale en el mar. ≃ Islote. ⊙ *También se llama así a veces a un picacho de la misma forma en tierra firme.* ⇒ Arrecife, farellón, farillón, molejón. **2** MINER. *Crestón.*

faramalla (del ant. «farmalio», del lat. hispánico «malfarium», crimen) **1** (inf.) f. Charla artificiosa encaminada a engañar. ≃ Farándula, trapacería, trapaza. **2** (inf.) n. *Persona faramallera.* **3** (inf.) f. *Cosa de mucha *apariencia o que la da, pero sin valor.* ≃ Farfolla.

faramallero, -a (de «faramalla») adj. y n. **Hablador y engañador.* ≃ Farandulero, trapacero.

faramallón, -a adj. y n. *Faramallero.*

farandola (del occit. «farandoulo»; Ar., Nav.) f. **Volante de vestido.*

farándula (del occit. «farandoulo») **1** f. Arte, trabajo, profesión o mundo de los cómicos. ≃ Carátula, farsa, *teatro. **2** Nombre específico aplicado en el siglo XVII a una de las *compañías ambulantes de cómicos, constituida por siete o más hombres y tres mujeres. **3** *Charla embrollada, encaminada a desorientar o *engañar.* ≃ Trapacería.

farandulear (inf.) intr. *Presumir. ≃ Farolear.

farandulero, -a **1** n. *Actor que representaba farándulas. **2** (n. calif.) adj. y n. Se aplica a la persona que suele hablar produciendo confusión o desorientación en el que escucha. ≃ Trapacero.

farandúlico, -a adj. *De la farándula.*

faranga (¿del ár. and. «ḫará kán», excremento ha sido, dicho para descalificar a alguien?; Sal.) f. **Pereza o abandono.*

faraón, -a (del lat. «pharăo, -ōnis») **1** m. *Rey en el Egipto antiguo. **2** n. Entre los gitanos, rey o as: 'La faraona del baile flamenco'. **3** m. *Juego de *baraja parecido al monte, que se juega con dos barajas.*

¡FARAÓN! Exclamación con que se jalea a los artistas flamencos. ⇒ *Cantar, danza.

faraónico, -a **1** adj. Del faraón o de los faraones. **2** Grandioso o fastuoso: 'Un edificio faraónico'.

faraute (de «haraute») **1** m. **Mensajero, heraldo.* ≃ Haraute. **2** **Rey de armas de segunda clase, que tenían los generales y grandes señores.* ≃ Haraute. **3** **Actor que recitaba o representaba el prólogo o loa al principio de las comedias.* ≃ Haraute. **4** (ant.) **Intérprete.* ≃ Haraute. **5** (culto) Persona que bulle mucho en un asunto, haciendo ver que es la más importante en él. ≃ Haraute. ⇒ *Mangoneador.

farda[1] f. **Fardo.*

farda[2] (del sup. ár. and. «fárḍa», cl. «farḍ», entalladura) f. CARP. *Muesca o *entalladura: corte hecho en un madero para encajar en él otro.*

fardacho (del ár. and. «ḥarḍún» o «ḥarḏún») m. *Lagarto.

fardaje m. Conjunto de fardos que componen una *carga.

fardar (de «fardo») **1** tr. **Proveer de ropas a ˋalguien.* **2** (inf.; «de») intr. Presumir: 'Le gusta fardar de coche'. **3** (inf.) Causar admiración una cosa: 'Esa chaqueta farda mucho'.

fardel (del fr. ant. «fardel», actual «fardeau») **1** m. *Saco o bolsa como el que llevan los pastores, caminantes o mendigos.* ≃ *Morral. **2** *Fardo.* **3** *Cierto *pastel de carne o hígado envuelto en la telilla que envuelve el intestino de una res, particularmente de cerdo.* ≃ Crepineta. **4** (inf.) *Persona mal configurada o mal vestida.* ⇒ Mal *TIPO.

fardería f. *Fardaje.*

fardero (de «fardo») m. *Mozo de cuerda.* ⇒ *Porteador.

fardido, -a (del germ. «hardjan», endurecer; ant.) adj. **Valiente.* ≃ Ardido.

fardo m. Ropa u otra cosa envuelta en tela, arpillera, papel, etc., para transportarla de un sitio a otro. ≃ Bulto, lío, paquete. ⇒ Frangote, lío, *paca, *paquete, tercio. ➤ Empacar, enfardar. ➤ Desempacar, desenfardar, desenfardelar. ➤ *Bulto. *Embalar. *Envoltorio.

fardón, -a **1** (inf.) adj. y, más frec., n. Se aplica a la persona que habitualmente presume de algo. **2** (inf.) adj. Aplicado a cosas, muy vistoso: 'Llevas un reloj muy fardón'.

farellón m. **Farallón.*

farero, -a n. Persona que se ocupa de la vigilancia de un faro.

fares (¿del lat. «mane tecel fares», enigma de la cena de Baltasar que solía representarse oscureciendo la escena?; Mur.) f. pl. *Tinieblas de la *Semana Santa.*

farfalá (de «falbalá») m. **Volante.* ≃ Faralá.

farfallón, -a adj. y n. *Farfullero.*

farfalloso, -a (de «farfulla»; Ar.) adj. **Tartamudo.*

farfán (del bereber «iferḫan», pollos) m. *Nombre dado a los individuos de cierta *familia española que vivió en Marruecos en el siglo VIII conservando su religión cristiana.*

farfante (del bereber «iferḫan», pollos) n. *Farfantón.*

farfantón (aum. de «farfante») adj. y n. *Se aplica a un hombre *bravucón o *fanfarrón.*

farfantonada o **farfantonería** f. *Acción o dicho propio de un farfantón.*

fárfara[1] (del lat. «farfărus»; *Tussilago farfara*) f. *Planta compuesta de flores amarillas que brotan antes que las hojas, cuyo cocimiento se usa como pectoral. ≃ Tusilago, UÑA de caballo, zapatas.

fárfara[2] (¿del sup. ár. and. «falġalála»?) f. Telilla que reviste interiormente la cáscara de los huevos de ave. ≃ *Binza.

EN FÁRFARA. **1** Se aplica al *huevo que no ha formado todavía más que la fárfara y no la cáscara, o que es puesto así por el ave. ⇒ En alara. **2** *En *cierne.*

farfolla (del dial. «marfolla», del lat. «malum folĭum») **1** f. Envoltura de las panojas de maíz, mijo o panizo. **2** Cosa de mucho bulto o apariencia y poca sustancia. ≃ *Broza, *hojarasca.

farfulla (de or. expresivo) **1** f. Habla balbuciente o confusa. **2** (n. calif.) n. *Persona que tiene esa manera de hablar.* ≃ Farfullador.

farfulladamente adv. *De forma confusa o atropellada.*

farfullador, -a adj. y n. *Que farfulla.*

farfullar (de «farfulla») **1** intr. *Hablar balbuciente, confusa o atropelladamente. ⊙ tr. Decir una ˋcosa en esa forma. ⇒ Tartajear, trabucarse, trastrabarse, trastrabillar. ➤ *Balbucir. *Mascullar. *Tartamudo. **2** Hacer una ˋcosa chapucera o embarulladamente.

farfullero, -a **1** adj. y n. Se aplica a la persona que habla farfullando. ≃ Farfallón, farfulla. **2** Chapucero o embarullador. ≃ Farfullador, farfallón, farfulla.

fargallón, -a (¿de «farfallón»?) adj. y n. *Chapucero o embarullador. Se dice del que hace las cosas atropellada o descuidadamente.*

farillón m. **Farallón.*

farina (del lat. «farīna»; ant.) f. *Harina.*

farináceo, -a (del lat. «farinacĕus») adj. De aspecto de harina. ⇒ Harinoso.

farinato (de «farina»; Sal.) m. *Cierto *embutido hecho con pan amasado con manteca de cerdo, sal y pimienta.*

farinetas (de «farina»; Ar.) f. pl. **Gachas de harina, generalmente de maíz.*

faringe (del gr. «phárynx, -yngos») f. ANAT. Parte del aparato digestivo que va desde la boca al esófago. ⇒ *Garganta.

faríngeo, -a f. ANAT. De la faringe.

faringitis (de «faringe» e «-itis») f. MED. Irritación o inflamación de la faringe.

fariña (del gall. «fariña», harina) **1** (Hispam.) f. *Harina gruesa de *mandioca.* **2** (Ast.; pl.) **Gachas de maíz.*

fariño, -a (del port. «fariña»; Sal.) adj. *Se aplica a las *tierras de mala calidad.* ⇒ *Pobre.

fario MAL FARIO. Mala suerte.

farisaicamente adv. De manera farisea (hipócrita).

farisaico, -a **1** adj. De los fariseos. **2** Que actúa con hipocresía.

fariseísmo m. Cualidad o actitud de fariseo (hipócrita).

fariseo, -a (del lat. «pharisaeus», del gr. «pharisaîos») **1** m. Entre los antiguos *judíos, miembro de una secta que afectaba rigor y austeridad en la observancia de los preceptos religiosos, pero que, en realidad, desatendía el espíritu religioso. **2** adj. y n. Se aplica a las personas que, en religión o en una doctrina cualquiera, se muestran muy rigurosos tanto consigo mismas como con otros en la observancia de las formas, pero, en realidad, están muy lejos de ser fieles a la doctrina. ⊙ adj. También, a su comportamiento o actitud. ⇒ Hipócrita. **3** (inf.) m. *Se aplica como nombre calificativo o término de comparación a un hombre alto y flaco y de aspecto *sospechoso.* **4** *También, a un hombre alto, flaco y desgarbado.* **5** *O a una persona que lleva vestidos demasiado largos, que no le ajustan o están fachosos:* 'Va hecho un fariseo'. ⇒ *Mamarracho.

farmacéutico, -a 1 adj. De [la] farmacia. **2** n. Persona que tiene la carrera de farmacia o que está al frente de una farmacia. ⇒ Farmacopola.

farmacia (del lat. «pharmacĭa», del gr. «pharmakía») **1** f. Conjunto de conocimientos relativos a la preparación de medicamentos y a las propiedades de las sustancias que se emplean en ellos. ⊙ Carrera facultativa en que se adquieren esos conocimientos. **2** Establecimiento donde se preparan y venden medicamentos. ≃ Botica.

□ CATÁLOGO

Afijo de compuestos farmacéuticos, «dia-»: 'diapalma, diaquilón, diascordio, diasén'. ➤ MATERIA médica. ➤ Dermofarmacia. ➤ Botica, botiquín, oficina, OFICINA de farmacia. ➤ Antidotario, OJO de boticario, rebotica, rebotiga. ➤ Apócema, apócima, bebedizo, *brebaje, confección, droga, especialidad, específico, fármaco, magistral, medicación, medicamento, medicina, mejunje, menjunje, menjurje, pócima, potingue, preparado, remedio, REMEDIO casero, REMEDIO heroico, simple. ➤ MANO de santo, panacea, sanalotodo. ➤ Abortivo, abstergente, afrodisiaco, alexifármaco, anafrodisiaco, analéptico, analgésico, anestésico, ansiolítico, antiácido, antiafrodisiaco, antiasmático, *antibiótico, anticoagulante, antidepresivo, antidiftérico, *antídoto, antiemético, antiescorbútico, antiespasmódico, antifebril, antiflogístico, antigripal, antihelmíntico, antihidrópico, antihistamínico, antihistérico, antiinflamatorio, antiparasitario, antipirético, antirrábico, antirreumático, antiséptico, antisifilítico, antituberculoso, antirreumático, antisifilítico, antisudoral, antitetánico, antitusígeno, antivariólico, antivenéreo, antivirus, aperitivo, aspirina, astrictivo, astringente, béquico, broncodilatador, callicida, *calmante, carminativo, catártico, caterético, cáustico, cicatrizante, colutorio, constrictor, corroborante, demulcente, depurativo, derivativo, desopilativo, digestivo, diurético, diversivo, dormitivo, emenagogo, emético, *emoliente, epispástico, escarótico, estimulante, estíptico, estítico, estomacal, estupefaciente, estupefactivo, euforizante, eupéptico, evacuante, evacuativo, evacuatorio, expectorante, *febrífugo, fundente, gargarismo, helmíntico, hemostático, inmunosupresor, laxante, laxativo, lenitivo, linimento, masticatorio, minorativo, mucolítico, *narcótico, neuroléptico, oxitócico, paliativo, pectoral, *purga, *purgante, reconstituyente, relajante, repercusivo, resolutivo, revulsivo, salivatorio, sarcótico, sedante, sedativo, solutivo, soporífero, sudatorio, sudorífico, sulfamida, tenífugo, *tónico, vasoconstrictor, vasodilatador, vermicida, vermífugo, vesicante, vomitivo, vomitorio, vulnerario. ➤ Placebo. ➤ Alcoholato, asación, bálsamo, benedicta, cearina, cerato, ceroto, COCIMIENTO asativo, colirio, contrahierba, contrapeste, contraveneno, cordial, electuario, elixir [o elíxir], emulsión, encerado, expresión, extracto, gel, HÍGADO de antimonio, HÍGADO de azufre, infusión, jabón, jaboncillo, jalea, jarabe, jarope, julepe, lamedor, lavación, lavatorio, lectuario, letuario, manteca, melito, mercromina, MIEL rosada, mitridato, mixtura, ojimel, ojimiel, onfacomeli, opiata, opiato, oximel, oximiel, poción, pomada, rob, sobre, socrocio, solución, suero, ungüento, UNGÜENTO amaracino, UNGÜENTO amarillo, UNGÜENTO basilicón, UNGÜENTO de soldado, untura, vacuna, VINO medicinal. ➤ ACEITE de Aparicio, ACEITE de hígado de bacalao, acero, AGUA de azahar, AGUA de cal, AGUA mineral, AGUA mineromedicinal, AGUA de nafa, AGUA oxigenada, alkermes [o alquermes], amoniaco, antipirina, árnica, arrope, aspirina, cachunde, calomel, calomelanos, camedrita, carapato, catalicón, catolicón, cerasiote, cerebrina, ceromiel, chimojo, creolina, diacatolicón, dialtea, diapalma, diaquilón, diascordio, diasén, egipciaco, filonio, géminis, guaraná, heparina, histamina, láudano, LIMONADA *purgante, MERCURIO dulce, murria, ORO potable, papilla, POLVO de juanes, populeón, quermes, rodomiel, solimán, *sublimado, triaca, tridacio, vaselina. ➤ Ingrediente. ➤ ACEITE alcanforado, *alcaloide, alcohol, almizcle, áloe, alquitrán, anfetamina, anfión, ARGENTO vivo sublimado, ASA fétida, AZAFRÁN de Marte, azahar, azúmbar, BÁLSAMO de copaiba, BÁLSAMO de la Meca, BÁLSAMO del Perú, BÁLSAMO de Tolú, benjuí, BOL de Armenia [o arménico], BREA seca, cabezuela, cachú, cachunde, calisaya, cantárida, caraña, cascarilla, castóreo, catecú, cato, cerevisina, cetrarina, cocaína, codeína, colofonia, copaiba, corteza, corticoide [o corticosteroide], cortisona, crémor, CRÉMOR tártaro, daturina, digitalina, ditaína, ergotina, esparteína, estoraque, formol, gálbano, glicerina, GOMA adraganto, GOMA arábiga, guayacol, gutagamba, HARINA de linaza, jalapa, lactucario, lanolina, LECHE de tierra, liquidámbar, lupulino, maná, manito, manzanilla, mechoacán, meconio, menjuí, miera, morfina, mostaza, narcotina, opio, opobálsamo, opopánax, opopónaco, paracetamol, pilocarpina, quina, quinaquina, quinina, ricino, sagapeno, salipirina, salol, SANGRE de Drago, santonina, sarcocola, semencontra, serapino, sulfonal, TÁRTARO emético, tereniabín, TIERRA japónica, tila, tiroidina, tragacanto, turbino, TURBIT mineral. ➤ *Infusión, tisana. ➤ Abadejo, *cantárida, MOSCA de España, sanguijuela. ➤ Alectoria, bezaar [bezar o bezoar]. ➤ Alopiado, anodino, asativo, astringente, balsámico, bezoárico, ceromático, constrictivo, drástico, histamínico, laxante, lento, medicamentoso, medicinal, mundificativo, oficinal, opiado, *purgante, purgativo, purgatorio, restriñidor, roborante, santo, solutivo, de USO externo, de USO interno, vómico, vomipurgante, vomipurgativo. ➤ Ampolla, bolo, cápsula, comprimido, gragea, granulado, gránulo, inyectable, magdaleón, oblea, pastilla, perla, píldora, rótula, sello, tableta, trocisco. ➤ *Apósito, blandura, bizma, embrocación, emplasto, esparadrapo, estomaticón, fomento, pegadillo, pegado, pegote, pítima, supositorio, tafetán, tintura, tirita, *venda. ➤ Apotecario, apoticario, boticario, farmacéutico, farmacopola, mancebo, practicante, regente, simplista, triaquero, ungüentario. ➤ Agitar, confeccionar, confingir, destilar, dosificar, edulcorar, elijar, emulsionar, infundir, instilar, levigar, macerar, madeficar, porfirizar, preparar, sublimar, tartarizar, trociscar. ➤ Albarelo, botamen, caceta, cuentagotas, espátula, pildorero, pucia, triaquera. ➤ *Receta. ➤ Antidotario, petitorio, recetario. ➤ Emulsivo, excipiente, vehículo. ➤ Dosis, dracma, grano, manípulo, óbolo. ➤ Contraindicación. ➤ Hacer EFECTO, obrar, operar, virtud. ➤ Polifarmacia. ➤ *Veterinaria (sustancias medicamentosas específicas para animales). ➤ *Planta (grupo de las medicinales). ➤ *Curar. *Medicina. *Química.

fármaco (del lat. «pharmăcum», del gr. «phármakon»; form.) m. Medicamento.

farmacología (de «fármaco» y «-logía») f. Parte de los estudios de *medicina que se refiere a los medicamentos.

farmacológico, -a adj. De la farmacología o de los medicamentos.

farmacólogo, -a n. Persona versada en farmacología.

farmacopea (del gr. «pharmakopoiía»; cient.) f. Tratado de las sustancias medicinales. ⇒ *Farmacia.

farmacopola (del lat. «pharmacopōla», del gr. «pharmakopṓlēs») m. *Farmacéutico.*

farmacopoyesis (cient.) f. *Preparación de los medicamentos.*

farnaca (del ár. and. «ẖárnaq»; Ar.) f. **Lebrato.*

faro[1] m. *Bebida, especie de *cerveza, propia de Bélgica.*

faro[2] (del lat. «pharus», del gr. «pháros») **1** m. *Torre construida en las costas con una luz en la parte superior, que sirve de señal o guía para los navegantes. ⇒ Aerofaro, farola, radiofaro, TORRE de farol. ➤ Torrero. ➤ Despertador. ➤ Fanal. **2** Dispositivo que produce una luz potente; por ejemplo, el mismo del faro. ⊙ Particularmente, el que llevan los *automóviles en la parte delantera para iluminar el camino. ⇒ Farol, farola, foco, luz. **3** Algo que sirve para no extraviarse en la conducta. ≃ *Guía, norte, orientación.

farol (de «faro») **1** m. Caja de cristal donde se resguarda una *luz. ≃ Fanal, faro. ⊙ La caja junto con la luz. ⊙ (Antill., Bol.) *Particularmente, el de un automóvil.* ⊙ Pie de hierro con un dispositivo de luz en la parte superior, que sirve para iluminar las *calles. ⇒ Bombilla, brisera, brisero, fanal, faro, farola, farón, foco, fogaril, guardabrisa, lámpara, lampeón, lampión, linterna, linternón, lucerna, reverbero, virina. ➤ *Luz. **2** *Cazoleta hecha de aros de hierro que se pone rodeando la luz de los *hachones.* **3** *Funda de papel en que se envuelve la picadura de *tabaco.* **4** TAUROM. Lance en que el torero, después de echarle la capa al *toro, la hace girar por encima de su cabeza. **5** (inf.; «Marcarse, Tirarse») Acción o rasgo con el que alguien se *luce mucho: '¡Vaya farol que te has marcado contestando a esa pregunta!'. **6** (n. calif.; inf.) *Farolero (presumido).* **7** Jugada falsa hecha para deslumbrar o desorientar al contrario en los juegos de *baraja.

FAROL DE SITUACIÓN. Cada uno de los que llevan los *barcos con luces de distintos colores, para evitar los abordajes.

¡ADELANTE CON LOS FAROLES! (inf.). Expresión usada para *animar o animarse a proseguir algo comenzado.

farola **1** f. Farol grande o dispositivo de luz con un soporte de otra clase de los que alumbran las *calles y carreteras. **2** El utilizado en la torre de los puertos. ≃ Fanal. **3** (Col.) *Faro de un automóvil.*

farolazo **1** m. *Golpe dado con un farol.* **2** (Hispam.) **Trago de licor.*

farolear (inf.) intr. *Presumir o fanfarronear.

faroleo m. Acción de farolear.

farolería f. Cualidad de farolero.

farolero, -a **1** m. Hombre que tiene a su cargo encender y apagar los faroles de gas de las calles. **2** (inf.) adj. y n. Se aplica a una persona amiga de hacer cosas para *lucirse.

METERSE A FAROLERO (inf.). Inmiscuirse alguien en asuntos que no le corresponden.

farolillo (dim. de «farol») **1** m. Farol hecho de papeles de colores, de distintas formas, que se emplea como adorno en *verbenas y fiestas. También se llama «farolillo a la veneciana». **2** *(Campanula medium)* *Planta campanulácea, con grandes flores acampanadas, violetas, blancas o azules, con frutos globosos como de 1 cm de diámetro, usada como ornamental. ≃ BESICO de monja, campánula.

FAROLILLO ROJO (inf.). El último clasificado en una competición.

farón (de «faro»; ant.) m. MAR. *Fanal de *barco.*

farota (¿del sup. ár. and. «ḥarrúǧ», colérico?; inf.) f. *Mujer descarada y *ligera.*

farotón, -a (de «farota») adj. y n. *Persona descarada y *ligera.*

farpa (del germ. «harpa», rastrillo) f. *Punta de las que resultan al hacer una o más escotaduras en el borde de una cosa. ⊙ Particularmente, punta de las que tienen banderines y estandartes en el borde opuesto a la sujeción.

farpado, -a adj. *Con el borde cortado en farpas.*

farra[1] (¿relac. con el lat. «farĭo»?; *Coregonus lavaretus)* f. Cierto *pez salmoniforme. ≃ Ferra.

farra[2] (¿del ár. norteafricano «ferḥa», fiesta?; «Estar de, Ir de») f. Diversión bulliciosa o licenciosa a que va alguien fuera de casa. ≃ *Juerga.

TOMAR a uno PARA LA FARRA (Arg., Par., Ur.). Burlarse de él.

farraca (Sal., Zam.) f. **Faltriquera.*

fárrago (del lat. «farrāgo», mezcla de trigo y harina) m. *Aglomeración *desordenada y confusa de cosas superfluas.

farragoso, -a (de «fárrago») adj. Se aplica a lo que tiene cosas innecesarias que lo hacen confuso y pesado: 'Un libro farragoso. Una decoración farragosa'. ⇒ *Recargado.

farraguista (de «fárrago») n. *Persona que tiene un cúmulo de ideas confusas y desordenadas.*

farrapas (del lat. «far, farris», harina y salvado; Ast.) f. pl. **Gachas.* ≃ Fariñas.

farreación f. *Empleo del pan de trigo en la ceremonia del *matrimonio, entre los antiguos romanos.*

farrear (Arg., Chi., Perú, Ur.; inf.) intr. *Ir de farra.*

farro (del lat. «far, farris») **1** m. *Cebada a medio moler, después de remojada y quitada la cascarilla. **2** *Cierta semilla parecida a la escanda.*

farropea (de «ferropea») **1** (ant.) f. **Grillete.* ≃ Arropea, ferropea. **2** (ant.) **Traba usada para atar a las caballerías.* ≃ Arropea, ferropea.

farruca (de «farruco») f. *Tipo de baile o cante flamenco.*

farruco (¿del ár. and. «farrúǧ», pollo joven?) **1** adj. y n. m. Se aplica a los gallegos o asturianos recién salidos de su tierra. **2** (inf.; «Estar, Ponerse») adj. En actitud *valiente y desafiante: 'Estuvo muy farruco con el jefe'. ≃ Rufo, tieso. **3** Se aplica a la persona que se muestra satisfecha de sí misma, particularmente de su aspecto: 'Iba muy farruco con su flor en el ojal'. ≃ *Ufano.

farsa (del fr. ant. «farse») **1** f. *Comedia u obra *teatral.* ⊙ Particularmente, obra teatral breve de carácter cómico. **2** **Compañía de cómicos.* **3** («La») Actividad, arte o mundo del *teatro o de los artistas de teatro. ≃ Farándula, teatro. **4** («Ser, Hacer, Representar») *Engaño, *ficción o simulación. Cosa que se hace para engañar: 'Todas esas demostraciones de cariño son una farsa'. ≃ Pantomima.

farsanta f. Forma femenina de «farsante».

farsante (de «farsar») **1** n. *Comediante.* **2** (n. calif.) adj. y n. Se aplica al que *simula sentimientos u opiniones que no tiene para obtener provecho de ello. ⊙ Particularmente, al que vive aparentando una bondad que no tiene. ⇒ Comediante, hipócrita, histrión. ➤ *Disimular. *Hipocresía. *Simular.

farsantería f. Actitud del farsante.

farsar (de «farsa»; ant.) intr. **Representar en el teatro.*

farseto (del it. «farsetto») m. *Jubón acolchado que se ponía bajo la *armadura de guerra.*

farsista **1** n. *Autor de farsas.* **2** (ant.) *Comediante.* ≃ Farsante.

fartar (ant.) tr. **Hartar.*

farte (del cat. «fart», harto; ant.) m. **Masa frita rellena de una pasta hecha con azúcar, canela y otras especias.*

fas (del lat. «fas», justo) POR FAS O POR NEFAS (alteración de la locución latina «fas atque nefas», lo lícito y lo ilícito). Por unas cosas o por otras. Justificada o injustificadamente: 'El caso es que, por fas o por nefas, faltas a clase la mitad de los días'. ⇒ *Siempre.

fascal (del sup. lat. «fascale», de «fascis», haz) **1** (Ar.) m. *Conjunto de treinta *haces de trigo, que constituye una carga.* ≃ Tercenal. **2** (Ar.) *Montón de haces de *mies formado en el campo o en la era.* ≃ *Fajina. **3** (Alm.) **Cuerda de esparto trenzado flojamente, que sirve para hacer maromas.*

fasces (del lat. «fasces», haces, pl. de «fascis») f. pl. *Insignia del cónsul o el lictor romano, que consistía en un haz de varas sosteniendo en el centro un hacha o segur. ≃ Faz.

fasciculado, -a **1** adj. En forma de fascículo. **2** ARQ. Se aplica a la columna que tiene el fuste formado por un haz de columnillas delgadas. **3** BOT. Se aplica a la raíz que está compuesta por numerosas ramificaciones de parecido tamaño.

fascículo (del lat. «fascicŭlus», haz pequeño) **1** m. Cada una de las partes que se van publicando sucesivamente de un *libro. ≃ Entrega. **2** ANAT. *Haz de fibras musculares.*

fascinación f. Atracción que ejerce aquello que fascina.

fascinador, -a adj. Que fascina.

fascinante adj. Que fascina.

fascinar (del lat. «fascināre») **1** tr. Causar un daño a ˇalguien con la mirada, en virtud de un poder que atribuye supersticiosamente la gente a ciertas personas. ≃ Aojar, embrujar, hechizar, hacer mal de OJO. ⇒ *Hechicería. **2** Ejercer sobre ˇalguien un dominio irresistible con la mirada: 'Las serpientes fascinan a los pájaros'. ⇒ Hipnotizar, magnetizar. **3** *Atraer una cosa o una persona a ˇalguien y retener su mirada o atención irresistiblemente, por su brillo, su belleza u otra cualidad sobresaliente: 'Le fascinan las joyas. Fascina a la gente con su labia. Los juguetes de los escaparates fascinan a los niños'. ≃ Hechizar, seducir. ⇒ Catatar, cautivar, embobar, encandilar, dejar ESTÁTICO, hechizar, hipnotizar, magnetizar, maravillar, seducir, subyugar. ➤ *Admirar. *Asombrar. *Atraer. *Deslumbrar. *Embelesar. *Encantar. *Pasmar.

fascioso, -a (ant.) adj. *Fastidioso.*

fascismo (del it. «fascismo») **1** m. Movimiento político italiano, nacionalista y totalitario, fundado por Mussolini. ⊙ Doctrina de este movimiento y de los semejantes de otros países. **2** Ideología ultraderechista.

fascista **1** adj. y n. Del fascismo, partidario de él o afiliado a él. ⇒ Duce. ➤ CAMISA negra. **2** De ideología *ultraderechista.

fascistoide adj. y n. (inf.) Que se comporta como un fascista (ultraderechista) o tiende hacia el fascismo.

fascona (ant.) f. *Azcona (*arma arrojadiza).*

fase (del gr. «phásis», aparición de una estrella) **1** f. Cada uno de los *estados que se van sucediendo en una cosa que evoluciona o se *desarrolla. ⊙ ZOOL. Cada uno de los estados sucesivos por que pasan los *insectos. **2** ASTRON. Cada uno de los aspectos sucesivos con que se muestran en su revolución los planetas. ⊙ ASTRON. Especialmente, cada uno de los cuatro («luna llena, cuarto creciente, luna nueva» y «cuarto menguante») con que se ve la *Luna desde la Tierra. **3** ELECTR. Cada una de las corrientes alternativas que componen una corriente polifásica. ⊙ ELECTR. Cada uno de los arrollamientos o circuitos de un aparato o un sistema eléctrico polifásico. **4** ELECTR. *Intensidad de una corriente eléctrica en un momento dado.* **5** FÍS. *Cada uno de los *estados de un mismo cuerpo que están uno en presencia de otro y en equilibrio; como el agua y el vapor de agua, o el agua salina y la sal que queda sin disolver en el fondo del recipiente.*

FASE REM. FISIOL. Fase del sueño en la que tiene lugar un movimiento rápido y frecuente de los ojos.

faséolo (del lat. «phaseŏlus»; ant.) m. **Judía.*

fásmido adj. y n. m. ZOOL. Se aplica a los *insectos del orden al que pertenece el insecto palo, que tienen el cuerpo largo y fino como un palito, o aplastado como una hoja; permanecen inmóviles durante el día, ocultos entre la vegetación, y cazan por la noche. ⊙ m. pl. ZOOL. Orden que forman.

fásol (del cat. «fásol») m. **Judía.* ≃ Fríjol.

fasquía (del ant. «fasquiar», de «fastiar», hastiar, y «asquear»; ant.) f. **Repugnancia o hastío.* ⊙ (ant.) *Particularmente, *repugnancia que produce una cosa por su mal *olor.*

fasta (ant.) prep. **Hasta.*

fastial **1** (ant.) m. ARQ. *Hastial: parte superior, triangular, de la *fachada de un edificio.* **2** ARQ. **Piedra más alta de un edificio.*

fastidiado, -a **1** Participio adjetivo de «fastidiar[se]». **2** (inf.; «Estar; de») Que está enfermo o no se encuentra bien físicamente: 'Está fastidiado del hígado'.

fastidiar (de «fastidio») **1** (ant.) tr. *Causar a ˇalguien hastío.* ⊙ (ant.; «con, de») prnl. *Sentir hastío:* 'Se fastidia de todo'. **2** tr. Causar a ˇalguien un *perjuicio o un *disgusto no graves: 'Nos ha fastidiado la lluvia'. Si el sujeto es una persona, el empleo de este verbo implica enfado con ella: 'Me fastidiaste no avisándome a tiempo'. **3** *Molestar o *disgustar a ˇalguien una cosa: 'Me fastidia mucho tener que repetírtelo'. ⊙ Resultar una persona desagradable para ˇotra y no gustar de su trato: 'Me fastidia no sé por qué esa mujer'. ⇒ *Fastidio. ⊙ prnl. Experimentar un contratiempo o molestia: 'Para que él se vaya, su compañero tiene que fastidiarse quedándose en su puesto. Nos hemos fastidiado por llegar tarde'. ⊙ Sufrir un daño, fastidio, molestia o perjuicio sin poder hacer o sin intentar nada contra ello: 'Pues si tengo esa mala suerte, ¿qué le vamos a hacer?: me fastidiaré'. Se usa mucho en frases de forma o sentido imperativo, en lenguaje familiar y, generalmente, desconsiderado: 'Tú tienes la culpa, así que fastídiate. Le avisé y no me hizo caso, pues que se fastidie. Si habéis tenido mala suerte esta vez, os fastidiáis'. ≃ *Aguantarse.

¡HAY QUE FASTIDIARSE! (inf.; también vulg. con «joder»). Exclamación de disgusto ante un contratiempo o molestia que hay que aguantar o sufrir: '¡Hay que fastidiarse! Estos vecinos no dejan dormir a nadie'.

¡NO FASTIDIES! (inf.; también vulg. con «joder»). Frase con que alguien expresa su asombro al enterarse de algo: 'Ya se ha cerrado el plazo de matrícula. —¡No fastidies!'.

¡NO TE FASTIDIA! (inf.; también vulg. con «joder»). Frase con que una persona muestra su disgusto ante una circunstancia adversa o ante el comportamiento de alguien.

PARA QUE TE FASTIDIES [SE FASTIDIE, etc.] (inf.). Expresión con que se subraya una información que se sabe o supone que produce despecho o defraudación en la persona a quien se dirige: 'No me ha regañado por lo que tú le has contado: ¡Para que te fastidies!'. ⇒ *Mortificar. ➤ *Fastidio.

□ CONJUG. como «cambiar».

fastidio (del lat. «fastidĭum») **1** m. *Malestar que causa en el estómago una comida que cuesta trabajo *digerir o el mal olor de una cosa.* **2** *Disgusto que se experimenta por

un contratiempo de poca importancia. **3** («Causar, Producir» frec. como n. calif.) Aburrimiento, *disgusto o molestia causados por una cosa o una persona: 'Es un fastidio hacer tantas sumas [que no podáis venir con nosotros, tener que ir a pie hasta allí]'.
¡QUÉ FASTIDIO! Exclamación muy frecuente provocada por una cosa que *disgusta ligeramente.

□ CATÁLOGO
Aborrecimiento, aburrición, aburrimiento, asco, cancán, cansancio, carlanca, chinchorrería, mucho CUENTO, cuentos, droga, engorro, gaita, giba, mucha HISTORIA, historias, jodienda, lata, mandangas, marrón, moledera, *molestia, monserga, pegueta, pejiguera, pesadez, pringue, puñeta, puñetería, romance, tedio. ➤ Amolar, chinchar, chingar, chivar, partir por el EJE, embromar, empalagar, empreñar, enchinchar, fastidiar, gibar, hacer [o tener] maldita la GRACIA, hundir, jeringar, joder, jorobar, merengar, hacer MIGAS, hacer PAPILLA, hacer la PASCUA, hacer POLVO, hacer la PUÑETA, putear, repatear, reventar, TOCARLE a uno bailar con la más fea, hacer TRIZAS. ➤ *Aguantarse, amolarse, apechugar, chincharse, fastidiarse, jeringarse, jorobarse. ➤ Mandar a hacer GÁRGARAS, mandar a PASEO, mandar a la PORRA. ➤ Aborrecido, aburrido, ahíto, cansado, harto. ➤ Arrastrado, condenado, dañado, endemoniado, endiablado, endino, indino, *maldito, malhadado, pajolero, pijotero, puñetero, recondenado, rematado, repajolero. ➤ ¡...de mi alma!, ¡ANDA, vamos!, ¡anda, vamos, CHICO!, ¡para que te CHINCHES!, ¡dale!, ¡dichoso...!, ¡vaya por DIOS!, ¡para que te EMPAPES!, ¡ya empezamos!, ¡bien ESTÁ... [está bien...]!, ¡no te FASTIDIA!, ¡hay que FASTIDIARSE!, ¡para que te FASTIDIES!, ¡qué fastidio!, ¡qué gracia!, tiene [tiene maldita o tiene maldita la] GRACIA, ¡vaya una GRACIA!, ¡hala!, ¡anda [vamos] HOMBRE!, ¡qué LATA!, ¡vaya una LATA!, ser la LECHE, ¡MALDITA sea!, ¡anda [vamos] NIÑO...!, ... de mis PECADOS, ¡anda [vamos] RICO!, ¡para que lo SEPAS!, ¡uf!, para que VEAS. ➤ *Aburrir. *Desagradar. *Desazón. *Disgustar. *Enfadar. *Estropear. *Exasperar. *Freír. *Frustrar. *Molestar. *Perjudicar. *Pesado.

fastidiosamente adv. Causando fastidio.

fastidioso, -a **1** adj. Se aplica al que o lo que causa fastidio, molestia o aburrimiento: 'Un tiempo [un niño, un trabajo] fastidioso'. **2** *Fastidiado (disgustado).* **3** **Chinchorrero o *descontentadizo.*

fastigio (del lat. «fastigĭum») **1** m. **Remate en punta de una cosa; por ejemplo, de una pirámide.* **2** ARQ. **Frontón.* **3** **Apogeo.* ⊙ MED. *Momento culminante de una *enfermedad.*

fastio (ant.) m. *Hastío.*

fasto[1], -a (del lat. «fastus») **1** adj. Se aplica a los días que eran aptos en la antigua *Roma para negociar y administrar justicia. ⇒ DÍA nefasto. ➤ *Tribunales. **2** *Por oposición a «nefasto», fausto o *afortunado.*

fasto[2] (del lat. «fastus», orgullo) m. *Esplendor. ≃ Fausto.

fastos (del lat. «fastos») **1** m. pl. *Especie de *calendario *romano en que se anotaban las fiestas, juegos, ceremonias y sucesos memorables.* **2** Relato de hechos históricos siguiendo el orden cronológico. ≃ Anales, *crónica. ⊙ Se emplea mucho simbólicamente: 'Un hecho insólito en los fastos de la historia'.

fastosamente (ant.) adv. *Fastuosamente.*

fastoso, -a (del lat. «fastōsus»; ant.) adj. *Fastuoso.*

fastuosamente adv. Con fausto.

fastuosidad **1** f. Fausto (lujo). **2** Cualidad de fastuoso: 'La fastuosidad de la ceremonia'.

fastuoso, -a (del lat. «fastuōsus») adj. Hecho con derroche de lujo y riqueza: 'Una fiesta fastuosa. Lleva una vida fastuosa'. ⊙ Aplicado a personas, amigo de la ostentación y del lujo.

fata (del ár. and. «ḥattá»; ant.) prep. **Hasta.*

fatal (del lat. «fatālis») **1** adj. Determinado por el hado o destino. ⇒ Estar ESCRITO. **2** *Inevitable o *necesario: 'Llegó el momento fatal. El paso por su casa para ir a la mía es fatal'. **3** *Desgraciado o muy *malo para algo: 'Una circunstancia fatal. Una decisión de fatales consecuencias'. **4** (inf.) Muy desacertado: 'Ha estado fatal en su intervención'. **5** Mortal: 'Un accidente fatal'. **6** (inf.) Pésimo: 'Tiene una letra fatal'. **7** (inf.) adv. Muy mal: 'Lo pasó fatal en la operación'.
V. «AÑO fatal, MUJER fatal, fatal RESOLUCIÓN».

fatalidad (del lat. «fatalĭtas, -ātis») **1** f. Causa o fuerza a la que se atribuye la determinación de lo que ha de ocurrir: 'Yo no creo en la fatalidad'. Se emplea esta palabra en vez de cualquier otro de los sinónimos cuando se trata de un suceso desgraciado, equivaliendo a «*desgracia»: 'La fatalidad quiso que yo llegase tarde ese día'. ≃ *Destino, hado, sino, suerte. **2** Cualidad de fatal. **3** Suceso desgraciado o de malas consecuencias: 'Tuvo la fatalidad de pegarse con una piedra al caer'. ≃ Desdicha, *desgracia.

fatalismo m. Creencia o disposición de ánimo de los fatalistas.

fatalista (n. calif.) adj. y n. Se aplica a la persona que cree en la imposibilidad de torcer el destino de las cosas y, por tanto, se somete a él sin tratar de intervenir en el curso de los sucesos.

fatalmente **1** adv. Inevitablemente. **2** Desgraciadamente. **3** (inf.) Muy *mal. ≃ Fatal.

fatamorgana f. METEOR. *Meteoro propio del estrecho de Mesina, consistente en que, por efecto del distinto índice de refracción de las capas de aire, a veces se ven las cosas múltiples o alargadas.*

fatídicamente adv. De manera fatídica.

fatídico, -a (del lat. «fatidĭcus») **1** adj. *Se aplica a lo que *anuncia el porvenir.* **2** En lenguaje corriente, se aplica a lo que anuncia desgracias o va acompañado de ellas: 'Un síntoma fatídico. Un día fatídico'. ≃ Aciago, *desgraciado, funesto, nefasto, siniestro.
V. «NÚMERO fatídico».

fatiga (de «fatigar») **1** f. Sensación que se experimenta después de un esfuerzo intenso o sostenido, físico, intelectual o moral, de falta de fuerzas para continuar con el esfuerzo o trabajo, a veces acompañada de malestar físico consistente especialmente en dificultad para respirar. ≃ Cansancio. **2** Dificultad para respirar, debida a enfermedad. ≃ Ahogo, *asma. **3** Desgaste de los *metales, debido a la repetición del mismo esfuerzo, que los expone a la rotura. **4** (gralm. pl.) Trabajo o suceso penoso de los que ocurren en la vida de una persona: 'Ha pasado muchas fatigas para criar a sus hijos'. ≃ Dificultad, *penalidad. **5** (inf.; «Dar») Reparo o escrúpulo que alguien siente: 'Díselo tú, que a mí me da mucha fatiga'.
CAERSE DE FATIGA. Estar muy fatigado. ≃ Caerse de CANSANCIO.

fatigación **1** f. *Fatiga.* **2** (ant.) *Importunación.*

fatigadamente adv. *Con fatiga.*

fatigado, -a Participio adjetivo de «fatigar[se]».

fatigador, -a adj. Que fatiga.

fatigar (del lat. «fatigāre») **1** tr. Hacer que ˃alguien se fatigue. ≃ *Cansar. ⊙ prnl. Llegar a estar fatigado tras un esfuerzo físico o intelectual. ≃ *Cansarse. **2** tr. Causar fatiga o dificultad para respirar a ↘alguien: 'Le fatiga subir la escalera'. ⊙ prnl. Sentir fatiga para respirar, por ejemplo al subir una cuesta o por enfermedad. **3** **Esforzarse mucho para algo.* ≃ Cansarse. **4** tr. **Maltratar o *importunar a ↘alguien.*

fatigosamente adv. Con fatiga.

fatigoso, -a 1 adj. Tal que causa fatiga. ≃ Trabajoso. **2** Se dice de la persona que respira con dificultad por causa de fatiga o de enfermedad, y a la misma respiración. ≃ Anheloso, jadeante.

fatimí o **fatimita** adj. y n. *Se aplica a los descendientes de Fátima, hija de Mahoma, y a sus cosas.*

fato[1] (del lat. «fatum»; ant.) m. *Hado.*

fato[2] (ant.) m. *Hato.*

fato[3] **1** (Ar., Extr.) m. *Olfato.* **2** (And., Extr., León, Sal., Zam.) **Olor; especialmente, el malo.*

fato[4]**, -a 1** (Hues., Rioj.) adj. *Fatuo.* **2** (Ast.) **Mequetrefe.*

fator (ant.) m. *Factor.*

fatuidad f. Cualidad o actitud de fatuo.

fatulo, -a 1 (P. Rico, R. Dom.) adj. *Se aplica a un gallo o una gallina grandes, pero que no son buenos para pelear.* **2** (P. Rico, R. Dom.) *Falso:* 'Noticia fatula'. **3** (P. Rico) *Cobarde.*

fatuo, -a (del lat. «fatŭus») **1** adj. *Ligero o *necio. **2** adj. y n. Se aplica a la persona *engreída, que muestra en su actitud y manera de hablar un convencimiento ridículo de su superioridad.

V. «FUEGO fatuo».

fauces (del lat. «fauces») f. pl. Parte posterior de la *boca de los mamíferos y otros animales, que es el paso de ella a la faringe. ⊙ Corrientemente se aplica sólo a la de los animales grandes y temibles. ⊙ Se usa también en sentido figurado: 'Ha caído en las fauces de los traficantes de droga'. ≃ Garras

fauna (del lat. «Fauna», diosa de la fecundidad) **1** f. Conjunto de todas las especies *animales, generalmente con referencia a una región: 'Fauna polar. Fauna alpina'. **2** (inf., hum.) Conjunto de personas que llaman la atención por alguna característica: '¡Menuda fauna se reúne en ese local'.

fáunico, -a adj. ZOOL. De la fauna.

fauno (del lat. «faunus») m. Se aplica a unos seres mitológicos, habitantes, junto con las ninfas, de los campos y selvas. ⇒ Sátiro. ➤ *Mitología, *SERES fantásticos.

faurestina (Cuba; *Albizzia lebbeck*) f. *Árbol leguminoso de sombra.*

fausto[1] (del lat. «fastus») m. Ostentación brillante de riqueza: 'Se celebró la boda con gran fausto'. ≃ Boato, *esplendor, lujo, magnificencia, pompa, suntuosidad.

fausto[2]**, -a** (del lat. «faustus», favorable; culto) adj. Causante de alegría o felicidad: 'Un fausto acontecimiento'. ≃ *Feliz.

faustuoso, -a adj. *Fastuoso.*

fautor, -a (del lat. «fautor, -ōris») adj. y n. *Se aplica al que *ayuda a otro en algún trabajo u operación. ⊙ Específicamente, al *cómplice en la comisión de un delito o un acto censurable.*

fauvismo (del fr. «fauvisme»; pronunc. [fobismo]) m. Fovismo.

fauvista (pronunc. [fobísta]) adj. y n. Fovista.

favela (port.) f. Chabola de las grandes ciudades de Brasil.

favila (del lat. «favilla»; lit.) f. **Pavesa.*

favo (del lat. «favus») **1** (ant.; usado aún en Sal.) m. **Panal.* **2** MED. *Tiña producida por el hongo Trichophyton schonleinii.*

favonio (del lat. «Favonĭus») **1** (lit.) m. *Viento de poniente.* **2** (lit.) **Brisa o viento suave y apacible.*

favor (del lat. «favor, -ōris») **1** («Hacer, Derramar, Extender, Repartir, Sembrar, Deber, Tener que agradecer, Corresponder a») m. Ayuda o servicio que se presta a alguien gratuitamente: 'Me ha hecho muchos favores y no sé cómo corresponderle'. **2** Ayuda prestada arbitrariamente a alguien por una persona con autoridad, poder o influencia: 'Debe su posición al favor y no a sus méritos'. ⊙ *Privilegio que se concede a alguien arbitrariamente. **3** («Disfrutar, Gozar del favor de») Situación de persona grata a un rey, príncipe o alto personaje, que recibe favores de él o tiene su confianza: 'Le duró poco el favor del rey'. ≃ Gracia, *privanza, valimiento. **4** (pl.) Consentimiento en las relaciones amorosas. **5** *Gesto o expresión *amable o de agrado dedicado por una dama a un caballero.* **6** *Cinta, flor u otra cosa semejante dada por una dama a un caballero, y que en las *fiestas caballerescas llevaba éste en el sombrero o en el brazo.*

A FAVOR DE. **1** *Beneficiando a la persona que se expresa: 'Hizo testamento a favor de su sobrino'. **2** *Ayudado por cierta cosa que empuja o en el mismo sentido que ella: 'Nadaba a favor de la corriente'. **3** Con ayuda de la cosa que se expresa: 'Se ha hecho rico a favor de las restricciones comerciales'. ≃ Gracias [o merced] a. **4** Entre los *partidarios de la persona o cosa que se expresa, en contra de otras.

EN FAVOR DE. Para favorecer la cosa o a la persona que se expresa: 'Lo hacemos así en favor del público. Esta medida redunda en favor del consumidor'. ≃ En *beneficio de.

HACER FAVOR. Mejorar la situación de alguien, de hecho o en su conceptuación: 'Le haces favor llamándole sólo desaprensivo'. ≃ *Beneficiar, favorecer.

PEDIR POR FAVOR. Hacerlo cortésmente usando la palabra «favor» o una expresión semejante. ⇒ *Rogar.

V. «un TANTO a favor».

TENER uno algo o a alguien A [O EN] SU FAVOR. Tener su apoyo o defensa: 'Tiene a su favor a todo el pueblo'. ≃ Tenerlo de su PARTE.

UN SEÑALADO FAVOR. Enlace frecuente.

□ NOTAS DE USO

Se emplea en las frases «hacer el favor» o «por favor», para pedir o rogar cortésmente. Bien en imperativo, bien, si se quiere hacer la frase más amable, en forma de pregunta: 'Hagan el favor de no detenerse a la entrada. ¿Me hace usted el favor de decirme qué hora es?'. La expresión «por favor» acompaña generalmente a la expresión de la cosa pedida: 'Guarden silencio, por favor' o 'por favor, guarden silencio'; pero puede usarse también suelta, sobreentendiéndose la cosa pedida o expresando ésta con el gesto. A veces se pronuncia con tono ligeramente interrogativo: '¿Un poco más de carne, por favor?'. Puede decirse con enfado, bien en tono exclamativo, bien en tono interrogativo: 'No cantes más esa canción... ¡por favor! ¿Quieres irte de una vez, por favor?'.

□ CATÁLOGO

*Beneficio, gauchada, gracia, servicio. ➤ Acudir, apadrinar, *apoyar, asistir, *auxiliar, *ayudar, *beneficiar, defender, enderezar, favorecer, secundar, servir, socorrer, valer. ➤ Abogar, interceder, mediar. ➤ Agraciar, IR bien, SENTAR bien. ➤ Benevolencia. ➤ Amiguismo, arbitrariedad, favoritismo, nepotismo, *parcialidad, personalidad, *preferencia. ➤ Benévolo, benigno, *bueno, conveniente, favorable, halagüeño, optimista, *propicio, próspero, segundo, servicial. ➤ Oficioso. ➤ Agarraderos, aldabas, amarras, amigos, amistades, apoyo, arrimo, asideros, *ayuda, empeños, empuje, enchufe, *influencia, lados, padrinos, palanca, recomendaciones, relaciones. ➤ ESTÓMAGO agradecido, favorito, paniaguado. ➤ Afortunado, favorecido, bien [o mejor] PARADO, privilegiado, con *suerte, mejorado en TERCIO y quinto. ➤ Llevarse la mejor PARTE. ➤ Pro. ➤ Hoy por TI, mañana por mí; TOMA y daca. ➤ Desfavor, disfavor. ➤ Quitar la VOLUNTAD.

favorable (del lat. «favorabĭlis»; «a») adj. Como conviene o se desea: 'Han resuelto el asunto en sentido favorable'. ≃ Conveniente. ⊙ (culto) Aplicado a personas, *propicio: 'Viento favorable. Los dioses favorables'. ⊙ Aplicado al diagnóstico de una enfermedad, optimista.

favorablemente adv. De manera favorable; en sentido favorable: 'La enfermedad evoluciona favorablemente'.

favorecedor, -a 1 adj. Se aplica a lo que favorece. ⊙ (pl.) m. **Clientes de una tienda o un establecimiento industrial:* 'Agradecemos a nuestros favorecedores su confianza en nosotros'. 2 adj. Se aplica a lo que agracia o *embellece: 'Un collar bonito es siempre favorecedor'.

favorecer (de «favor») 1 tr. *Ayudar, *beneficiar o *servir: 'Le ha favorecido mucho en sus apuros. El ser hombre le ha favorecido'. ⇒ *Favor. 2 Hacer parecer más guapa a una ↘persona cierto arreglo, vestido, peinado, color, etc.: 'Te favorece el pelo largo. No le favorece el bigote'. ≃ Agraciar, estar BIEN, sentar BIEN. ⇒ *Embellecer.

□ CONJUG. como «agradecer».

favorecido, -a («Estar, Resultar, Ser; de, por») Participio adjetivo de «favorecer» y, aplicado a personas, también n.: 'Un favorecido por la suerte'. ⇒ *Favorecer.

POCO FAVORECIDO. Poco afortunado. ⊙ Particularmente, con poco atractivo físico. ⇒ *Desgraciado.

favoritismo (de «favorito») m. Régimen de favor o de *preferencias injustas, particularmente en el reparto de cargos o puestos en una organización, en el gobierno o en la administración pública.

favorito, -a (de «favor») 1 adj. y n. Predilecto, preferido. 2 Persona o cosa a la que todos los pronósticos dan como ganadora en una competición. 3 n. Persona que goza del favor de un *rey o personaje y ejerce gran influencia sobre él. ≃ *Privado, valido. 4 m. *Palo de favor en los juegos de *baraja.*

fax (pl. «faxes») m. Forma abreviada de «telefax», más usada que ésta.

faya[1] (Sal.) f. **Peñasco.*

faya[2] (del fr. «faille») f. *Cierta *tela gruesa de seda que forma canutillo.*

fayado (del gall. «fayar», techar; Gal.) m. **Desván.*

fayanca 1 f. **Postura inestable del cuerpo.* 2 (ant.) **Burla.* 3 *Moldura que hace de *vierteaguas en las ventanas, etc.*

fayanco m. *Cestillo de mimbres.*

fayenza (del fr. «faïence», de «Faenza», ciudad de Italia) f. Género de objetos de *cerámica barnizados y esmaltados, más finos que la loza, pero sin la finura y transparencia de la porcelana.

faz[1] (ant.) f. **Haz (de mieses).* ⊙ (ant.) *Haz que constituía la insignia de los *lictores romanos.* ≃ *Fasces.

faz[2] (del lat. «facĭes», aspecto, rostro) 1 (lit.) f. *Cara; parte anterior de la cabeza, donde están los ojos, etc.: 'Con la faz sonriente'. ⇒ Desfazado. 2 *Lado principal de una cosa plana o laminar, como una moneda o una tela. ≃ Anverso, *cara, derecho, haz.

SANTA [o, menos frec., SACRA] FAZ. *Imagen del rostro de *Jesucristo; particularmente, la que quedó impresa en el paño de la Verónica.

faza (ant.) f. **Campo.* ≃ Haza.

fazaleja (del lat. «facĭes»; ant.) f. **Toalla.*

fazaña 1 (ant.) f. **Hazaña.* 2 (ant.) **Sentencia dada en un pleito.* 3 (ant.) **Refrán.*

fazferir (del lat. «facĭem ferīre», herir en la cara; ant.) tr. **Reprochar o echar en *cara una cosa a ↘alguien.*

fazola f. *Trozo de *tejido como de media vara que se hacía de una vez en los telares.*

fazoleto (del it. «fazzoletto»; ant.) m. **Pañuelo.*

fe[1] (del lat. «fides») 1 («Tener, Inspirar») f. *Creencia en algo sin necesidad de que esté confirmado por la experiencia o por la razón propias: 'Tengo fe en lo que él me diga'. ⇒ Confianza, he. ➤ Fedatario, fehaciente, fidedigno. ➤ *Confiar. *Creer. ⊙ TEOL. Se aplica a una de las llamadas «*virtudes teologales», que consiste en creer como verdad indudable lo que la Iglesia enseña. 2 («Abrazar, Convertir a, Abandonar, Abjurar, Apostatar, Renegar») Conjunto de las creencias de una *religión: 'La fe católica'. También de un ideal de otra clase: 'La fe tradicionalista. La fe socialista'. 3 Creencia en la bondad, mérito, valor, verdad o eficacia de algo o de alguien: 'Tengo mucha fe en este medicamento. No tengo fe en sus palabras. Hay que tener fe en el médico. Tengo mucha fe en ese muchacho' (creo en su valer y capacidad). ≃ *Confianza. 4 **Documento oficial que acredita o en que se certifica determinada cosa y en que, a continuación del nombre y cargo del funcionario que certifica, se dice «Doy fe de...».* 5 *Palabra dada o promesa hecha a alguien con cierta publicidad o solemnidad.* 6 *Fidelidad*: 'Guardar la fe conyugal'. ⇒ *Fiel.

BUENA FE. 1 Buena *intención. 2 Ingenuidad.

FE DEL CARBONERO (inf.). Fe religiosa de la persona sencilla e ingenua que no necesita pruebas para creer.

F. DE ERRATAS. AGRÁF. Lista que se inserta a veces en los *libros de las que se han apreciado en él. ≃ Addenda et corrigenda.

F. INQUEBRANTABLE. Enlace frecuente.

F. PÚBLICA. Autoridad atribuida oficialmente a los *notarios y otros funcionarios para asegurar la verdad de los actos celebrados ante ellos. ⇒ DEPOSITARIO de la fe pública.

F. DE VIDA. Certificación de que una persona *vive, que se emplea, por ejemplo, para el cobro de pensiones.

MALA FE. Malicia: mala *intención.

A FE. *Realmente: 'A fe que está un tiempo infame'. ⇒ A la fe, a la he.

A FE MÍA. Expresión usada para *asegurar una cosa: 'A fe mía que no he oído tal cosa'.

A LA FE (ant.). *A fe.*

V. «ARTÍCULO de fe, AUTO de fe».

DAR FE. *Atestiguar o certificar algo con autoridad oficial para ello, como la de los notarios, o por el propio conocimiento: 'Doy fe de que lo que dice ese hombre es verdad'.

DAR FE DE VIDA una persona (inf.). Dar noticias de sí misma, *mostrarse o dejarse ver en algún sitio, etc.

DE BUENA FE. 1 Con buena *intención: 'Él lo hizo de buena fe, aunque el resultado fuese malo'. 2 Con ingenuidad: 'Lo creí de buena fe'.

DE MALA FE. Con mala *intención o con *engaño: 'En ese asunto ha obrado de mala fe desde el principio'.

HACER FE. Ser un documento, una declaración, etc., suficiente para garantizar la *verdad de lo que dice o contiene.

V. «hacer PROFESIÓN de fe, PROMOTOR de la fe, SÍMBOLO de la fe».

fe[2] (ant.) adv. *He (partícula adverbial).*

Fe Símbolo químico del hierro.

fealdad (de «feo», infl. por el modelo de «beldad») **1** f. Cualidad de feo: 'Su simpatía hace olvidar su fealdad'. **2** Entidad abstracta constituida por las cosas feas: 'Aquello es un monumento a la fealdad'.

feamente adv. Con fealdad o de manera fea: 'Obró feamente en ese asunto'.

febeo, -a (del lat. «Phoebēus»; lit.) adj. *Del Sol.*

feblaje (de «feble») m. *Merma en el peso de la *moneda, por defecto de acuñación.*

feble (del sup. lat. vulg. «febĭlis», por «flebilis», lamentable) **1** (lit.) adj. **Débil.* **2** *Aplicado a *monedas o aleaciones, falto de peso o de ley.*

febledad (ant.) f. *Debilidad.*

feblemente adv. *Débilmente, sin firmeza.*

febra (ant.) f. **Hebra.*

febrático, -a (de «fiebre»; ant.) adj. *Febril.*

febrera f. **Canal de *riego.*

febrerillo m. Diminutivo que se aplica frecuentemente al mes de febrero, generalmente en la expresión FEBRERILLO EL LOCO, aludiendo a la inestabilidad del tiempo en esta época del año.

febrero (del lat. «Februarĭus») m. Segundo *mes del año, que sigue a enero y precede a marzo. ⇒ AÑO bisiesto, DÍA intercalar.

febricitante (del lat. «febricĭtans, -antis», calenturiento) adj. MED. *Febril.*

febrícula (del lat. «febricŭla») f. MED. Fiebre ligera, no superior en general a los 38º, casi siempre vespertina. ⇒ Décimas.

febrido, -a (ant.) adj. **Brillante o resplandeciente.*

febrífugo, -a (del lat. «febris», fiebre, y «-fugo») adj. FARM. Se aplica al medicamento que combate la fiebre. ⇒ *Planta (grupo de las que tienen propiedades febrífugas).

febril (del lat. «febrīlis») **1** adj. De [la] *fiebre: 'Acceso febril'. **2** («Estar») Se dice de la persona que tiene fiebre. ≃ Calenturiento, febricitante. **3** Aplicado a nombres como «actividad, agitación» o «movimiento», muy intenso o vivo: 'Actividad [o impaciencia] febril'.

febrilmente adv. Con fiebre. ⊙ Con afán, con ardor, con actividad febril: 'Están trabajando febrilmente en la terminación del puente'.

febroniano, -a adj. y n. *Se aplica a los seguidores del *hereje Febronio (Juan Nicolás Hontheim), siglo XVIII, que exaltaba la potestad de los obispos rebajando la del papa.*

fecal (del lat. «faex, faecis», hez, excremento) adj. De [las] heces o *excrementos intestinales. ≃ Excrementicio.

fecha (del lat. «facta», de «factus», hecho; «Designar, Fijar, Señalar, Poner, Cambiar, Trasladar de») f. *Día determinado: 'En esa fecha no estaba yo en Madrid'. ⊙ Expresión con que se designa: 'Me olvidé de poner la fecha en la carta'. ⊙ Cada día transcurrido: 'Las cartas de Londres tardan por avión dos fechas'.

FECHA DE CADUCIDAD. La que se indica en el envase de ciertos productos, particularmente los alimenticios, a partir de la cual no son aptos o recomendables para el consumo.

A ESTAS FECHAS. **1** *Ahora o en estos días: 'A estas fechas debe de estar preparando el viaje'. **2** Sola esta expresión o completada con «aún» o «todavía», expresa *retraso en la realización o en la cesación de una cosa: 'A estas fechas [todavía] no sabemos a dónde nos van a mandar'.

A tantos días FECHA. Una vez transcurridos los días que se expresan, después de la fecha del documento o acto de que se trata: 'El cheque se cobra a tres días fecha'. ⇒ *Plazo.

DE ESTA FECHA. De esta hecha: 'De esta fecha no va a haber quien viaje en aviones de esa compañía'. ⇒ *Consecuencia. V. «el DÍA de la fecha».

ESTA ES LA FECHA EN QUE. A estas FECHAS.

FECHA UT SUPRA. Fórmula que se pone al final de los *documentos públicos cuando la fecha se ha consignado al principio de ellos.

HASTA LA FECHA. Hasta *ahora: 'Hasta la fecha no hemos recibido ninguna orden'.

PONER LA FECHA. Escribir en una carta, documento, etc., la del día en que se escribe, se extiende, etc.

□ CATÁLOGO

Antedata, calendata, cargo, data, día, festividad, posdata, posfecha. ➤ Era, ERA común [cristiana o de Cristo], ERA española, héjira, olimpiada. ➤ Calendas, idos, idus, nonas. ➤ *Aniversario, BODAS de diamante, BODAS de oro, BODAS de plata, BODAS de platino, centenario, cumpleaños, días, efemérides [o efeméride], jubileo, santo, vencimiento. ➤ Corriente, memorable, señalado. ➤ Adiar, antedatar, datar, fechar. ➤ Caer en [o por]. ➤ Anacrónico, anacronismo, paracronismo, sincronismo. ➤ A fines, a primeros, a principios, a tantos de. ➤ Señalar con PIEDRA blanca. ➤ ÁUREO número. ➤ CÓMPUTO eclesiástico. ➤ *Tiempo (ver expresiones para decir la fecha). ➤ *Calendario. *Fiesta. *Tiempo.

fechador **1** m. Estampilla o *sello con que se imprime la fecha. **2** (Chi., Perú) *Matasellos.*

fechar **1** tr. Poner la fecha en un ↘escrito. **2** Determinar la fecha en que se ha producido o realizado ↘algo: 'Fechar un vestigio arqueológico'.

fecho, -a (del lat. «factus») **1** (ant.) m. *Hecho.* **2** adj. *Se aplica a los *expedientes cuyas resoluciones han sido cumplimentadas.* ⊙ m. Nota que lo expresa puesta en el *documento. **3** (ant.) **Hazaña.*

fechoría (del ant. «fechor», del lat. «factor, -ōris») **1** f. *Acción.* **2** Acción que causa trastorno o destrucción grandes: 'Los chiquillos, cuando están solos, no hacen más que fechorías'. ⊙ *Delito o *desmán: 'Cometió robos, saqueos y otras fechorías'. ⊙ Destrozo o desastre causado en una cosa al hacer un trabajo en ella o con ella: 'Le han hecho una fechoría en el pelo [o con el vestido]'. ⇒ Atrocidad, barbaridad, barrabasada, una buena, desaguisado, *desastre, *destrozo, *disparate, estrago, estrapalucio, estropicio, *jaleo, de las mías, de las nuestras, riza, de las suyas, trastada, de las tuyas, de las vuestras, zafarrancho, zalagarda.

fechura (ant.) f. *Hechura (ejecución y *forma de una cosa).*

fechuría f. **Fechoría.*

fecial (del lat. «feciālis») m. Entre los *romanos, *sacerdote que decidía sobre la procedencia o conveniencia de la *guerra.

fécula (del lat. «faecŭla») f. Almidón (polisacárido). ⇒ Arrurruz, *harina, mañoco, sagú, salep, tapioca. ➤ Amiláceo, amiloideo, feculento.

□ NOTAS DE USO

Se emplea «almidón» y no «fécula» cuando se hace referencia a su utilización para dar apresto a los tejidos.

feculento, -a **1** adj. Formado principalmente por fécula. **2** *Se aplica a lo que contiene heces.*

fecundable adj. Que puede ser fecundado.

fecundación f. Acción y efecto de fecundar.

FECUNDACIÓN ARTIFICIAL. La de un óvulo en condiciones no naturales, sea in vitro o con ayuda de medios mecánicos.

F. IN VITRO. La de un óvulo fuera del organismo, con posterior implantación de la célula huevo en el útero.

fecundador, -a adj. Que fecunda.

fecundamente adv. De manera fecunda.

fecundante adj. Que fecunda.

fecundar (del lat. «fecundāre») **1** tr. Unirse el elemento reproductor *masculino al ↘óvulo, dando principio al desarrollo de un nuevo ser. El sujeto puede ser también el individuo masculino; y el complemento, la hembra o individuo femenino. ⊙ Incorporar artificialmente un elemento masculino a uno femenino: 'Fecundar las flores de una variedad de maíz con el polen de otra'. **2** Hacer productiva una ↘cosa; por ejemplo, un terreno. ⊙ Intervenir para hacer fecunda una ↘cosa; por ejemplo, las iniciativas o los esfuerzos de otro.

□ CATÁLOGO

Hacer CONCEBIR, empreñar, encintar, engendrar, fecundizar, fertilizar, generar, inseminar, llenar, mugar, padrear, polinizar, preñar. ➤ Autofecundación, FECUNDACIÓN artificial, FECUNDACIÓN [o FERTILIZACIÓN] in vitro. ➤ Nidación. ➤ Fecundado, ovado. ➤ Agalladura, chalaza, engalladura, galladura, MEAJA de huevo. ➤ Coneja, fecundo, paridera, paridora, prolífico. ➤ Fecundidad, grosedad. ➤ Cabrahigar, cruzar, mestizar. ➤ Cerner. ➤ Polinización. ➤ Anemófilo. ➤ Superfetación. ➤ Prender. ➤ Impotente, infecundo. ➤ *Concebir. *Cópula. *Cubrir. *Embarazo. *Fértil. *Reproducción. *Sexo.

fecundativo, -a adj. *Que tiene la virtud de fecundar.*

fecundidad f. Cualidad de fecundo.

fecundización f. Acción y efecto de fecundizar.

fecundizante adj. Se aplica a lo que fecundiza: 'La lluvia fecundizante'. ⊙ m. Sustancia de las empleadas para fecundizar la tierra. ≃ *Abono.

fecundizar tr. Hacer fecunda una ↘cosa. ⊙ Particularmente, la ↘tierra con abonos.

fecundo, -a (del lat. «fecundus») adj. Capaz de fecundar o de ser fecundado. Se aplica especialmente a las hembras de los animales. ⊙ Se aplica a la cosa o persona que *produce abundantes obras o resultados: 'Un escritor fecundo. Una iniciativa fecunda'. ⊙ Puede llevar un complemento con «en»: 'Fecundo en consecuencias [o en disgustos]'. ⊙ Aplicado a «tierra» o palabra equivalente, *fértil.

fedatario (de «fe[1]» y «datario») m. **Notario u otro funcionario que da fe.*

fedayín m. pl. Guerrilleros palestinos.

fedegar (Sal.) tr. **Amasar.*

feder (ant.) intr. **Heder.*

federación **1** f. Acción de federar[se]. **2** Asociación de países que tienen en común una autoridad superior y ciertos servicios y funciones. ≃ Confederación. ⊙ Conjunto semejante de organismos o asociaciones de otra clase: 'Una federación de sindicatos'.

federal (del lat. «foedus, -ĕris», pacto, alianza) **1** adj. De [la, una] federación: 'Gobierno federal. Estado federal'. ⇒ Estadidad. **2** adj. y, aplicado a personas, también n. Federalista. **3** De los estados del norte de la Unión Americana, que lucharon contra los confederados en la guerra de Secesión.

federalismo m. Sistema o estructura federal. ⊙ Doctrina federal.

federalista adj. y n. Del federalismo o partidario del federalismo. ≃ Federal.

federar (del lat. «foederāre») tr. y prnl. recípr. *Unir[se] ↘países u otros organismos en federación. ≃ Confederar[se]. ⊙ prnl. Inscribirse en una federación: 'El equipo de baloncesto se federará el año próximo'.

federativo, -a (del lat. «foederātus» e «-ivo») **1** adj. Federal; consistente en una federación: 'Sistema federativo'. **2** m. Miembro de la directiva de una federación, particularmente de las deportivas.

fediente o **fediondo, -a** (ant.) adj. *Hediondo.*

feedback (ingl.; pronunc. [fíd bác]) m. Retroalimentación.

feeling (ingl.; pronunc. [fílin]) m. Sensibilidad o sentimiento; se usa particularmente con referencia a la música: 'Una interpretación con mucho feeling'.

feeza (de «feo»; ant.) f. *Fealdad.*

fefaút (de la letra «f» y de las notas musicales «fa» y «ut») m. *En *música antigua, indicación del tono que empieza en el cuarto lugar de la escala diatónica de «do» y se desarrolla según los preceptos del canto llano y del canto figurado.*

féferes (Col., C. Rica, Cuba, Ec., Méj., R. Dom.) m. pl. **Trastos o *chucherías.*

fehaciente (del ant. «fefaciente», de «fe» y «faciente») adj. DER. Se aplica a los documentos, testimonios, etc., que prueban algo de manera indudable. ⊙ Con el mismo significado, se emplea también en lenguaje corriente.

feísmo m. Tendencia artística que valora lo feo.

feje (del lat. «fascis»; León) m. **Haz.*

felación (del lat. «felatĭo, -ōnis») f. Práctica sexual que consiste en estimular el pene con la boca. ≃ Felatio.

feladiz (de «filadiz»; Ar.) m. **Trencilla.* ⊙ *Particularmente, la usada para atar las *alpargatas.*

felapton m. LÓG. *Uno de los modos posibles del *silogismo, correspondiente a la tercera figura.*

felatio (lat.) f. Felación.

feldespato (del al. «fesdspat») m. Nombre dado a varios *minerales, silicatos de sodio, potasio, calcio o bario, que forman parte de muchas rocas. ⇒ Adularia, albita, barbierita, ortoclasa [u ortosa].

feldmariscal (del al. «Feldmarschall», de «Feld», campo, y «Marschall», mariscal) m. MIL. Militar que posee el grado superior del Ejército de algunos países, equivalente al de capitán general del español.

felibre (del occit. «felibre») m. *Poeta provenzal moderno.*

felice adj. *Feliz.*

felicemente adv. *Felizmente.*

felicidad (del lat. «felicĭtas, -ātis») **1** f. Situación del ser para quien las circunstancias de su vida son tales como las *desea: 'Correr tras la felicidad'. ⊙ Estado de ánimo circunstancial del que consigue algo que contribuye a esa situación: 'El niño puso cara de felicidad cuando vio el pastel'. ⊙ Cosa que contribuye a esa situación: 'No hay mayor felicidad que la salud'. **2** Falta de sucesos desagradables en alguna acción o suceso: 'Realizamos el crucero con toda felicidad'. ⇒ *Normal.

□ CATÁLOGO

ALEGRÍA de vivir, beatitud, dicha, embriaguez, euforia, éxtasis, felicidad, fortuna, fortunio, *optimismo, *placidez, *prosperidad, ventura, venturanza. ➤ LUNA de miel. ➤ *Afortunado, bien APRESO, beatífico, beato, bienaventurado, dorado, gozoso, de oro, *plácido, próspero, radiante, *satisfecho, venturado, venturoso. ➤ Fasto, fausto, favorable, felice, feliz, halagüeño, *propicio, segundo. ➤ Buen AUGURIO, buenaventura. ➤ Paraninfo. ➤ Afortunar, bendecir, bendecir DIOS, sonreír la FORTUNA. ➤ Albricias, *celebrar, congratular[se], dar la ENHORABUENA, felicitar, gratular[se], holgarse, lisonjearse, parabién[es], plácemes. ➤ Calurosamente, de todo CORAZÓN, cordialmente, efusivamente, sinceramente. ➤ *Infeliz. ➤ *Afortunado. *Alegría. *Bien. *Bienestar. *Prosperar. *Suerte.

felicitación f. Acción de felicitar. ⊙ Expresión o escrito con que se felicita: 'He recibido muchas felicitaciones'.

felicitar (del lat. «felicitāre») tr. Expresar a una ↘persona buenos deseos hacia ella o complacencia por algún suceso favorable que la atañe. ⊙ prnl. Se emplea para expresar que uno se alegra de cierta cosa; particularmente, de un suceso feliz para otra persona: 'Me felicito de que esté usted mejor. Me felicitaré de que consiga usted lo que desea'. ≃ Alegrarse, congratularse.

□ FORMAS DE EXPRESIÓN

Los dos matices de la felicitación, o sea, buenos deseos y participación en la alegría, tienen, en realidad, sus fórmulas particulares: «¡Albricias!, congratularse, felicitarse, gratularse, holgarse, lisonjearse, plácemes» son expresiones que corresponden al segundo; «congratular, enhorabuena, felicitar, gratular, parabién [o parabienes]» expresan el primero. Pero, de hecho, al realizar la acción de felicitar, el que habla no hace distinción entre uno y otro matiz y expresa ambos simultáneamente con cualquiera de ellas. No son siempre las mismas las fórmulas empleadas para felicitar; a continuación se dan, para los casos más frecuentes, algunas indicaciones y ejemplos sobre los cuales cabe, naturalmente, construir acomodaticiamente frases tan largas como se quiera:

1.º Para felicitar en las fiestas anuales y en las conmemoraciones personales en que es costumbre cortés hacerlo: 'No me acordé de felicitarle el día de su cumpleaños. Me felicitó en Navidades'. Si se trata de una de las fiestas anuales, el complemento puede ser también el nombre de esa fiesta: 'Felicitar las pascuas'. Ejemplos de formas de expresión para este caso: '¡Felicidades! ¡Muchas felicidades! Te deseo muchas felicidades en el día de tu santo [o en este día]. Le deseo felices pascuas en compañía de su familia. El cartero le desea felices pascuas y un próspero año nuevo'. Una fórmula caída en desuso, pero empleada todavía informalmente para felicitar en el día del santo o el cumpleaños (que antes se decía «mis [sus, etc.] días»), es «¡que los tengas [tenga usted, etc.] muy felices!». No es usual en este caso emplear el mismo verbo «felicitar» para realizar la acción. Con motivo de un acontecimiento personal: 'Todavía no le he felicitado por el nacimiento de su hijo'. Ejemplos de formas de expresión: 'Felicidades [Enhorabuena, Mi enhorabuena] por su ascenso. Le deseo muchas felicidades y aciertos en su nuevo cargo. ¡Mis parabienes por su matrimonio! ¡Mis sinceros plácemes por el premio que ha obtenido usted!'; se emplea más que en el caso anterior el mismo verbo «felicitar» y, más que ninguna otra, la fórmula «dar la enhorabuena»: 'Le felicito por su restablecimiento. Te felicito por los hijos que tienes. Le doy mi más sincera enhorabuena por el éxito de su última comedia'.

2.º Para aplaudir una actuación del felicitado: 'A la salida, todos le felicitaron por su discurso'. La fórmula obligada es el mismo verbo: 'Te felicito por el gusto con que eliges tus corbatas'. Se emplea con sentido irónico: '¡Hombre, te felicito por tu inoportunidad!'.

3.º Para expresar a alguien que ha sido una suerte para él cierta cosa. También se hace con el mismo verbo: 'Te felicito por no haber asistido a la sesión de ayer: te ahorraste un mal rato'.

félido, -a (del lat. «felis», gato) adj. y n. m. ZOOL. Se aplica a los animales *mamíferos carnívoros de la familia del género *Felis* y otros, digitígrados, con las uñas agudas y retráctiles y un solo molar, tuberculoso, en la mandíbula superior. ≃ Felino, gato.

feligrés, -a (del lat. vulg. hispánico «fili eclesĭae», hijo de la iglesia) **1** n. Persona que pertenece a una *parroquia, con respecto a ésta o al párroco de ella. **2** (inf.) Persona que acostumbra a ir a un establecimiento. ≃ Parroquiano.

feligresía (de «feligrés») **1** f. Parroquia. ⊙ Particularmente, parroquia rural compuesta de distintos barrios. **2** Conjunto de los feligreses de una parroquia, con respecto a ésta o al párroco.

felino, -a (del lat. «felīnus») **1** adj. De [o del] *gato: 'Agilidad felina'. **2** ZOOL. adj. y n. m. Félido.

feliz (del lat. «felix, -īcis») **1** («Ser, Encontrarse, Estar, Sentirse, Vivir») adj. Se dice del que disfruta felicidad o la siente en cierto momento: 'Un matrimonio feliz. Es feliz cuando puede molestar a alguien'. ≃ Dichoso, venturoso. ⊙ Se aplica a lo que anuncia felicidad, es causa de ella o va acompañado de ella: 'Un presagio [o un día] feliz'. ⇒ *Felicidad. **2** Aplicado a «idea, frase» o palabras semejantes, *acertado, afortunado: 'Se citan de él muchas frases felices. Tuviste una feliz intervención'. ⊙ También, 'estuviste feliz en tu intervención'.

HACER FELIZ. Además de su sentido normal como frase de formación acomodaticia, se emplea en lenguaje informal y generalmente en frases negativas, con el significado de *gustar o de *alegrar a alguien cierta cosa o perspectiva: 'No me hace feliz esta tela. No me hace feliz pensar que van a venir todos'.

V. «PROMETÉRSELAS felices».

felizmente 1 adv. Con felicidad: 'Hicimos felizmente el viaje'. **2** Para bien o felicidad de alguien: 'Vino felizmente al mundo en el año 1957'. **3** Por suerte: 'Felizmente, el médico estaba todavía en casa'. ≃ *Afortunadamente, dichosamente.

felón, -a (del fr. «félon»; no usual en f.; n. calif.) adj. y n. *Falso o *traidor. ⊙ (n. calif.) Capaz de cometer actos viles en que hay *engaño, *traición o cobardía. ≃ *Canalla.

felonía f. Acción propia de un felón.

felpa 1 f. Clase de *tela semejante al terciopelo, pero de pelo más largo; puede ser de seda, lana o cualquier otra fibra. ⇒ Velludillo. ➤ Frisa. **2** (inf.) *Paliza. **3** (inf.) *Reprensión áspera.

felpar tr. Cubrir ↘algo de felpa. ⊙ (lit.) tr. Dar a una ↘cosa aspecto semejante a la felpa o el terciopelo: 'El lirio que felpó naturaleza'. ⊙ (lit.) prnl. *Cubrirse de algo semejante a felpa o terciopelo: 'La tierra se felpó de hierba'.

felpeada (Arg., Ur.; inf.) f. *Reprensión o castigo.*

felpear (de «felpa», rapapolvo; Arg., Ur.; inf.) tr. *Echar una bronca a ↘alguien o castigarle.*

felpilla (dim. de «felpa») f. En *pasamanería, tirita estrecha afelpada que se emplea para adornos.

felpo m. *Felpudo.*

felposo, -a adj. *Aplicado al tejido con algo de pelo.*

felpudo (de «felpa») m. Alfombrilla o esterilla, generalmente de fibra de coco, tejida como la felpa, o sea cubierta de filamentos cortos; suele ponerse a la entrada de las casas para limpiarse las suelas de los zapatos. ≃ Limpiabarros. ⇒ Alfombra, ALFOMBRA limpiadora, alfombrita, escupidor, felpo, limpiabarros, limpiapiés, rodeo, tapete.

felús (del ár. marroquí «flus», cl. «fulūs», y éste del gr. «phóllis» a través del arameo) m. *En Marruecos, *dinero; especialmente, en monedas de cobre de poco valor.*

femar (Ar.) tr. **Abonar las ↘tierras con fiemo.*

fematero, -a (de «fiemo»; Ar.) n. **Basurero (persona).*

fembra (del lat. «femĭna»; ant.) f. **Hembra.*

femencia (ant.) f. *Vehemencia.*

femenil (del lat. tardío «feminīlis»; lit.) adj. Propio de mujer. ≃ Femenino.

femenilmente (lit.) adv. De manera femenil.

femenino, -a (del lat. «feminīnus») **1** adj. De [la, las] mujer[es]. ≃ Femenil, feminal. **2** Del individuo que en la *reproducción tiene el papel de sostener en sí al óvulo o elemento que ha de ser fecundado y, después de la fecundación, al nuevo ser o a las semillas, suministrándoles el alimento para que crezcan hasta que se separan de él. **3** adj. y n. m. GRAM. Se aplica al género que hace referencia a las cosas que tienen sexo femenino o a otras que, sin tener sexo, se asimilan a ellas por la terminación o por el uso. ⇒ Apénd. II, GÉNERO.

fementido, -a (de «fe[1]» y «mentido»; arcaísmo; usado a veces en lenguaje inf.) adj. Aplicable a cosas o personas, *falso o *engañador.

femera (de «fiemo»; Ar.) f. **Estercolero.*

fémina (del lat. «femĭna»; gralm. hum.) f. Mujer.

feminal (del lat. «feminālis») adj. *Femenino.*

femineidad (de «femíneo») **1** (culto) f. Feminidad. **2** *Cualidad de pertenecer a la mujer que tienen ciertos *bienes.*

feminela (del it. «femminella», mujercita) f. ARTILL. *Pedazo de pellejo con que se cubre el zoquete de la lanada.*

femíneo, -a (del lat. «feminĕus»; culto) adj. Femenino, femenil.

feminidad **1** f. Cualidad de femenino. **2** MED. *Estado anormal del varón en que aparecen uno o varios caracteres sexuales femeninos.*

feminismo (del lat. «femĭna», mujer) m. Doctrina que considera justa la igualdad de derechos entre mujeres y hombres. ⊙ Movimiento encaminado a conseguir esta igualdad. ⇒ Sufragismo.

feminista adj. y, aplicado a personas, también n. Del feminismo o partidario del feminismo. ⇒ Sufragista.

feminización **1** f. FISIOL. *Desarrollo de los caracteres sexuales femeninos en una mujer durante la pubertad.* **2** FISIOL. *Aparición de determinados caracteres sexuales femeninos en algunos hombres.* **3** GRAM. *Acción de dar forma femenina a un nombre que antes no la tenía.*

feminoide (del lat. «femĭna», mujer, y «-oide») adj. Como de *mujer: 'Un hombre con rasgos feminoides'.

femoral **1** adj. ANAT. Del fémur. **2** ANAT. Se aplica a la *arteria principal de la extremidad inferior, que atraviesa el muslo.

fémur (del lat. «femur») m. ANAT. *Hueso del *muslo. ⇒ Trocánter. ➤ Fanón.

fenacetina f. QUÍM. *Cierta sustancia que se emplea como *antipirético.*

fenal (del lat. «foenum», heno; Ar.) m. **Prado.*

fenazo (del lat. «foenum», heno; Ar.) m. **Lastón (planta gramínea).*

fenchidor, -a (ant.) adj. y n. *Henchidor.*

fenchimiento (ant.) m. *Henchimiento.*

fenchir (ant.) tr. *Henchir.*

fenda (de «fender») f. **Grieta abierta en la *madera.*

fendedura (ant.) f. *Hendedura.*

fender (ant.) f. *Hender.*

fendi m. *Efendi: *título honorífico entre los turcos.*

fendiente adj. *Hendiente.*

fenec (del ár. «fanak»; *Fennecus zerda)* m. Zorro de pequeño tamaño, con las orejas muy grandes, de pelo corto y color marrón claro casi blanco, que vive en las zonas desérticas del norte de África y la península arábiga.

fenecer (del ant. «fenir [finir]», del lat. «finis») **1** intr. *Terminarse. ⊙ Particularmente, un plazo. ⇒ Defenecer. **2** *Morir.

□ CONJUG. como «agradecer».

feneci (¿del ár. and. «banasí», veneciano?; ant. y en And.) m. *Estribo o *contrafuerte de un arco.*

fenecimiento m. Acción de fenecer.

fenek m. Variante ortográfica de «fenec».

fenestra (del lat. «fenestra»; ant.) f. **Ventana.*

fenianismo (de «feniano») m. *Separatismo irlandés.*

feniano, -a (del ingl. «fenian») adj. y n. *Se aplica a los miembros del partido *irlandés adverso a la dominación inglesa en su país.*

fenicado, -a (de «fenica») adj. *Se aplica a las sustancias a las que se ha incorporado ácido fénico:* 'Agua fenicada'.

fenicar tr. *Echar ácido fénico a una ˘cosa.*

fenice (del lat. «Phoenix, -īcis»; ant.) adj. y, aplicado a personas, también n. *Fenicio.*

feniciano, -a (ant.) adj. y n. *Fenicio.*

fenicio, -a **1** adj. y, aplicado a personas, también n. De Fenicia. ⇒ Sufete. ⊙ m. Antigua lengua hablada en Fenicia. **2** (n. calif.; desp.) adj. y n. Se aplica a la persona que muestra un espíritu excesivamente mercantilista.

fénico (del gr. «phaínō», mostrar, brillar, por producirse en la obtención del gas del alumbrado) adj. QUÍM. ÁCIDO FÉNICO. Ácido orgánico obtenido por destilación de la brea de la hulla; desinfectante muy enérgico.

fénix (del lat. «phoenix») **1** (con mayúsc.) m. MIT. AVE Fénix: cierta *ave fabulosa a la que se atribuía que cada vez que moría *resucitaba de sus cenizas. **2** (n. calif.) Se aplica a una persona *única en su especie: 'El fénix de los ingenios'.

fenogreco (del lat. «foenum graecum», heno griego) m. **Alholva (planta leguminosa).*

fenol (del gr. «phaínō», brillar) m. QUÍM. Cuerpo sólido que se extrae por destilación de los aceites de alquitrán. Se usa como desinfectante. ≃ ÁCIDO carbólico, carbol.

fenomenal **1** adj. Fenoménico. **2** (inf.) Muy *grande (en sentido espacial o no espacial): 'Se llevó un chasco fenomenal'. ⊙ (inf.) *Desmedido: 'Gasta unos pañuelos fenomenales'. ⊙ (inf.) Muy *bueno, muy *bello, etc.: 'Hemos pasado una tarde fenomenal. Fue un partido fenomenal. Una chica fenomenal'. ⊙ adv. Fenomenalmente.

fenomenalismo m. FIL. Doctrina filosófica que considera que sólo el fenómeno es cognoscible.

fenomenalmente (inf.) adv. Muy *bien.

fenoménico, -a adj. FIL. Del fenómeno (apariencia).

fenómeno (del lat. «phaenomĕnon», del gr. «phainómenon») **1** m. FIL. Lo que aparece o se manifiesta, valorado de distinta forma según las escuelas filosóficas. ≃ *Apariencia. ⇒ Accidente, *aspecto. ➤ Noúmeno. **2** Cualquier manifestación de actividad que se produce en la *naturaleza: 'Un fenómeno físico. Un fenómeno atmosférico'. ⊙ *Suceso de cualquier clase: 'Es un fenómeno muy frecuente que los sucesos buenos o malos vengan por rachas'. **3** Ser que se diferencia anormalmente de los de su especie por su tamaño excesivo, por una deformidad, por su fealdad, etc. ≃ *Monstruo, monstruosidad. ⊙ Cosa, cualidad o suceso extraordinario y sorprendente. ≃ *Anormalidad. **4** (inf.) Persona sobresaliente en algo: 'Carlos es un fenómeno manejando el ordenador'. **5** (inf.) adj. y adv.

Muy bueno, magnífico o muy bien: 'Los niños lo pasaron fenómeno en el parque de atracciones'.

FENÓMENO ATMOSFÉRICO. Meteoro.

fenomenología **1** f. Estudio de los fenómenos. **2** FIL. En la obra de Hegel, dialéctica del espíritu que presenta la evolución de la conciencia humana hasta llegar al saber absoluto. **3** FIL. En la obra de Husserl, método descriptivo, fundado en la intuición, que se propone descubrir las estructuras trascendentales de la conciencia y las esencias.

fenomenológico, -a adj. FIL. De la fenomenología.

fenotipo (del gr. «phaínō», mostrar, y «-tipo») m. BIOL. Manifestación externa del conjunto de caracteres hereditarios en un determinado ambiente.

feo, -a (del lat. «foedus») **1** adj. y, aplicado a personas, también n. Se aplica a lo que impresiona desagradablemente el sentido de la vista: 'Una cara fea. Un color feo'. ⊙ También, a lo que impresiona desagradablemente el gusto con que se aprecia las obras artísticas: 'Una novela [o una película] fea'. ⊙ Puede decirse también de un trozo de música: 'La letra no está mal, pero la música es fea'. ⊙ Aplicado a personas, se refiere a la cara: 'Es fea, pero tiene buen tipo'. **2** Aplicado a acciones, *indelicado: 'Sería una acción fea aprovecharse de sus confidencias'. ≃ MAL hecho, sucio. **3** De mal aspecto; de manera que *amenaza con algo desagradable: 'El asunto [o el tiempo] se está poniendo feo'. ⊙ Aplicado a las cartas de la *baraja, tales que ofrecen pocas perspectivas de ganar al que las tiene. ≃ Malo. **4** («Hacer») m. *Desaire: 'Le hizo el feo de no invitarla a su fiesta'.

V. «no hay quince AÑOS feos».

DEJAR FEO a alguien. Dejarle *desairado. *Desmentirle delante de otros o no cumplir o corresponder a algo prometido o afirmado por él: 'He prometido que harás eso mejor que nadie, así que no me dejes feo'. ⊙ Hacer que haga un papel *deslucido en cualquier forma.

V. «SEXO feo, más feo que PICIO, TOCARLE a alguien bailar con la más fea».

□ CATÁLOGO

Antiestético, mal APERSONADO, asqueroso, atroz, birrioso, deforme, desproporcionado, disforme, mal ENCARADO, espantoso, mal FACHADO, fachoso, feote, feotón, feróstico, feúcho, feúco, fiero, grotesco, hedo, horrible, horroroso, incasable, innoble, laido, macaco, malcarado, molso, monstruoso, ñato, mal PARECIDO, más feo que PICIO, *raro, repugnante, torpe, mal TRAZADO. ➤ Espantosamente, horriblemente. ➤ Aborto, arpía, bicharraco, bicho, BICHO raro, birria, bruja, cacatúa, calchona, callo, carantamaula, carantoña, cardo, caricatura, cazo, coco, demonio, diablo, escarabajo, espantajo, esperpento, *facha, fenómeno, gorila, loro, *mamarracho, mico, mono, monstruo, ogro, orangután, tarasca, tipejo, visión, zancajo, zoquete, zurrapa. ➤ Afear, ajar, amancillar, desafear, desgraciar, *deslucir, deslustrar, marchitar. ➤ Defedación, deformidad, desproporción, fealdad, feeza, fiereza, monstruosidad. ➤ Desapuesto. ➤ Del montón, pasable.

feofíceo, -a adj. BOT. *Se aplica a las *algas de color amarillento oscuro; como el sargazo.*

feote, -a adj. Aum. de «feo», a veces afectuoso. ⊙ Puede expresar, más que gran fealdad, que el adjetivo se aplica a una cosa grande.

feotón, -a (usado gralm. en broma) adj. Aum. de «feo».

fer (ant.) tr. *Hacer.*

feracidad f. Cualidad de feraz.

feral (del lat. «ferālis»; ant.) adj. *Feroz.*

feraz (del lat. «ferax, -ācis») adj. Muy *fértil. ≃ Ubérrimo.

feredad (ant.) f. *Fiereza.*

féretro (del lat. «ferĕtrum», utensilio usado para llevar) **1** m. Caja en que se pone una persona muerta para enterrarla. ≃ *Ataúd. **2** *Andas en que se lleva un muerto a *enterrar.*

feria (del lat. «ferĭa») **1** f. *Cualquiera de los días de la semana, excepto el sábado y domingo. Feria segunda es el lunes; tercera, el martes, etc.* **2** *Descanso o suspensión del trabajo.* **3** *Mercado que se celebra al aire libre en algunas poblaciones en época fija: 'La feria de ganado de Valladolid'. Antiguamente tenían mucha importancia comercial; hoy, las tradicionales han quedado reducidas en la mayor parte de los pueblos y ciudades a los festejos que se celebraban con motivo de la feria. ⊙ En cambio, ha surgido un nuevo tipo de feria comercial que consiste en una exhibición instalada temporalmente al aire libre en barracas o quioscos o, las más importantes, en pabellones construidos ad hoc; como la «Feria del Libro», que se celebra anualmente en Madrid. También pueden tener carácter internacional. ⊙ Otro tipo de «feria» es el llamado también «verbena», consistente en un conjunto de instalaciones de artefactos de diversión, como caballitos, barcas o tiro al blanco, junto con barracones de espectáculos, quioscos de cosas de beber y de comer, por ejemplo de churros y buñuelos, y puestos de venta de diversos artículos. ⇒ Teso. ➤ ARTEFACTO de feria, REAL de la feria. ➤ Autochoque, barcas, caballitos, CAMA elástica, carrusel, COCHES de choque, látigo, MONTAÑA rusa, noria, tiovivo, TIRO al blanco, tobogán. ➤ Barraca [o caseta] de FERIA, carpa, tenderete. ➤ Verbena. **4** Lugar donde periódicamente se celebra una feria. **5** Fiestas (conjunto de actos y diversiones que se organizan en algún lugar para regocijo público): 'La feria de abril de Sevilla. La feria taurina de San Isidro'. **6** **Trato, principalmente* comercial. **7** (pl.) *Agasajos y *regalos que se hacían con motivo de las ferias*: 'Dar ferias'. **8** (C. Rica) **Propina.* **9** (Méj.) **Dinero suelto.* ≃ Cambio.

FERIA DE MUESTRAS. Exposición en que distintas empresas presentan sus productos para darlos a conocer y promover su venta.

CADA UNO [O CUAL] CUENTA LA FERIA SEGÚN LE VA EN ELLA. Frase con que se comenta que la valoración que uno hace de las cosas está condicionada por su propia experiencia o sus intereses.

ferial **1** m. Lugar donde está instalada la feria. ≃ Feria. **2** adj. De la feria: 'Recinto ferial'. **3** *De las ferias (días de la semana).*

feriante adj. y n. Se aplica a la persona que acude a la feria a comprar o vender.

feriar **1** tr. *Comprar ˃algo en la feria; particularmente, para alguien determinado: 'Le ferió un pañuelo para la cabeza'. **2** *Comprar, vender o permutar.* **3** *Guardar *fiesta uno o varios días.*

□ CONJUG. como «cambiar».

ferida **1** (ant.) f. *Herida.* **2** (ant.) **Golpe.*

feridad (del lat. «ferĭtas, -ātis»; ant.) f. *Ferocidad.*

ferino, -a (del lat. «ferīnus») **1** adj. *Propio de fiera.* **2** V. «TOS ferina».

ferio m. LÓG. *Uno de los modos posibles del *silogismo, perteneciente a la primera figura.*

ferir **1** (ant.) tr. *Herir.* **2** (ant.) *Aferir.*

ferison m. LÓG. *Uno de los modos posibles del *silogismo, perteneciente a la tercera figura.*

ferlín (del anglosajón «feordling», cuarta parte) m. **Moneda antigua que valía la cuarta parte de un dinero.*

fermata (del it. «fermata», detención) **1** f. MÚS. *Calderón.* **2** MÚS. *Serie de notas de adorno que forman una cadencia y se ejecutan suspendiendo momentáneamente el compás.*

fermentable adj. Susceptible de fermentar.

fermentación f. Cambio químico sufrido por una sustancia por la acción de los fermentos, generalmente con desprendimiento de gases; por ejemplo, la sufrida por el mosto para transformarse en vino, la sufrida por el vino para transformarse en vinagre, la que hace cuajarse a la leche o la que produce en la masa de pan los gases que la hacen aumentar de volumen.

fermentado, -a Participio adjetivo de «fermentar».

fermentador, -a adj. Que fermenta o hace fermentar.

fermentar (del lat. «fermentāre») **1** intr. Sufrir una sustancia la transformación llamada fermentación. **2** tr. Hacer fermentar una ↘cosa. **3** Avivarse y producir excitación, malestar o trastornos cosas como el odio o el descontento.

fermentativo, -a adj. Que tiene la propiedad de hacer fermentar.

fermento (del lat. «fermentum») **1** m. Agente que produce la fermentación, consistente en determinadas bacterias, llamadas «fermentos figurados», o en las diastasas o enzimas, llamadas «fermentos solubles». ⇒ Bacteria, cimógeno, creciente, diastasa, enzima, hormento, lab, levadura, ludia, pepsina, recentadura, reciente. ➤ Acescente. ➤ Recentar. ➤ *Agriarse, ahervorarse, aleudar, arder[se], cocer, fermentar, leudar[se], liudar, lleudar, ludiar, picarse, pudrirse, rehervir[se]. ➤ Tufo. ➤ Ácimo, leudo, ludio. ➤ Antipútrido. **2** Causa de excitación y *descontento entre la gente: 'Fermento revolucionario'.

fermio (de «Fermi», físico italiano) m. *Elemento químico, n.º atómico 100. Símb.: «Fm».

fermosamente (ant.) adv. *Hermosamente.*

fermoso, -a (ant.) adj. *Hermoso.*

fermosura (ant.) f. *Hermosura.*

fernambuco m. *Palo de Pernambuco.*

fernandina (del fr. «ferrandine») f. *Cierta *tela de hilo.*

fernandino, -a adj. y n. Partidario de Fernando VII en las incidencias *políticas del reinado de este rey.

-fero, -a Elemento sufijo del lat. «ferre», llevar, con el significado de «que lleva, contiene o produce»: 'mamífero, carbonífero'.

feroce (ant.) adj. *Feroz.*

ferocia (del lat. «ferocĭa»; ant.) f. *Ferocidad.*

ferocidad **1** f. Cualidad de feroz. ⊙ Comportamiento feroz. **2** Hecho feroz. **3** *Dicho o hecho insensato.* ≃ *Disparate.

ferodo m. Nombre de un material formado con fibras de amianto e hilos metálicos, que se emplea especialmente para forrar las zapatas de los *frenos.

feromona (del gr. «phérō», llevar, y «hormona») f. BIOQUÍM. Sustancia segregada por algunos animales que afecta al comportamiento de otros de su misma especie.

feróstico, -a (de «fiero») **1** (inf.) adj. *Aplicado a personas, irritable o *rebelde.* **2** (inf.) *Aplicado a personas, muy *feo.*

feroz (del lat. «ferox, -ōcis») adj. Se aplica a los *animales grandes que atacan y devoran a otros. ≃ Fiero. ⇒ Abestiado, atroz, bestial, bravío, bravo, brutal, carnicero, *cruel, dañino, feral, feroce, fiera, fiero, furo, hiena, león, *salvaje, sanguinario, tigre. ➤ Feridad, ferocia, ferocidad. ➤ *Cruel. ⊙ Se aplica a la persona que mata, hiere o maltrata a otras con ensañamiento: 'Un feroz criminal'. ⊙ También, a cosas que causan terror o mucho destrozo o daño: 'Una tempestad feroz. Un feroz sufrimiento'. ⊙ Hiperbólicamente, se aplica a sensaciones molestas: 'Un hambre [un sueño, un aburrimiento] feroz'. ≃ Tremendo.

ferozmente adv. Con ferocidad.

ferra f. **Farra (pez).*

ferrada (del lat. «ferrāta», armada de hierro) **1** f. **Maza guarnecida de hierro; como la de Hércules.* **2** (ant. y usado aún en Ast.) *Cierto *cubo.* ≃ Herrada.

ferrado, -a **1** *Participio de «ferrar».* **2** (Gal.) m. *Cierta medida agraria de *superficie cuya equivalencia es de 4 a 6 áreas.* **3** (Gal.) *Medida de *capacidad cuya equivalencia varía entre 13 y 16 litros.*

ferrador (ant.) m. *Herrador.*

ferradura (ant.) f. *Herradura.*

ferraje (ant.) m. *Herraje.*

ferrallista (del fr. «ferraille», hierro de desecho) m. Operario encargado de colocar el armazón de hierro en una obra de hormigón armado.

ferramienta (ant.) f. *Herramienta.*

ferrar (del lat. «ferrāre») **1** tr. **Cubrir o guarnecer una ↘cosa con hierro.* ⇒ Desferrar. **2** (ant.) **Herrar.* **3** (ant.) **Marcar con hierro.*

ferre (del ár «al-farrās»; Ast.) m. **Azor (ave).*

ferreal adj. V. «UVA *ferreal*».

férreo, -a (del lat. «ferrĕus») **1** adj. De hierro: 'Vía férrea'. **2** Tan *fuerte o *resistente como el hierro: 'Disciplina férrea'.

ferrería (de «ferrero») f. Taller donde se beneficia el *hierro. ⊙ (pl.) Conjunto de instalaciones para lo mismo: 'Ferrerías de Vizcaya'. ≃ *Forja. ⇒ Altos HORNOS.

ferrero (ant.) m. *Herrero.*

V. «RAPOSO ferrero».

ferreruelo (del ant. «ferrehuelo») m. *Cierta *capa corta sin esclavina.*

ferrestrete m. *Cierta herramienta pequeña usada para *calafatear.*

ferrete[1] (del fr. «ferret») m. *Utensilio de hierro que se usa para *marcar las cosas.*

ferrete[2] (del ár. y rom. and. «firráṭ», del lat. «ferrātus», con influencia de «herrete») m. *Sulfato de cobre que se usa en las *tintorerías.*

ferretear (de «ferrete[1]») **1** tr. *Ferrar: guarnecer una ↘cosa con hierro.* ⊙ **Marcar una ↘cosa con hierro.* **2** *Labrar con hierro.*

ferretería (de «ferrete[1]») f. *Tienda donde se venden herramientas y toda clase de objetos de metal propios de los diferentes oficios, tales como clavos, alambre, cerraduras, herrajes, etc., así como vasijas y recipientes.

ferretero, -a n. Propietario o encargado de una ferretería.

férrico, -a (del lat. «ferrum», hierro) QUÍM. adj. Se aplica a los compuestos del hierro en que el cuerpo combinado con él (por ejemplo oxígeno) está en la proporción máxima. ⇒ Ferroso.

ferrificarse (del lat. «ferrum», hierro) prnl. MINER. *Reunirse las partes ferruginosas de una sustancia, formando hierro o adquiriendo la consistencia del hierro.*

ferro[1] (del lat. «ferrum», hierro) m. MAR. **Ancla.*

ferro[2] m. Apóc. de «ferroprusiato» (copia).

ferrobús (de «ferrocarril» y «autobús») m. Tren ligero con tracción en los dos extremos.

ferrocarril (del lat. «ferrum», hierro, y «carril») **1** m. *Camino con carriles por donde marcha el tren. ≃ VÍA férrea. **2** Sistema de *transporte consistente en trenes arrastrados por locomotoras que circulan sobre carriles: 'Red Nacional de los Ferrocarriles Españoles'.

V. «GUÍA de ferrocarriles».

□ CATÁLOGO

CAMINO de hierro, línea, LÍNEA de ferrocarril, LÍNEA férrea, VÍA férrea. ➤ Metro, subte, subterráneo. ➤ Andén, apartadero, apeadero, *derivación, entronque, *estación, intercambiador, muelle, paradero, rama, ramal. ➤ Tracción, trazado. ➤ Abanico, aguja, balasto, barrera, cambio, carril, carrilera, casilla, contracarril, cremallera, disco, DISCO de señales, durmiente, eclisa, encarriladera, entrevía, gálibo, paso, PASO a nivel, PLACA giratoria, PLATAFORMA giratoria, puente, raíl, riel, semáforo, señalización, terraplén, traviesa, trinchera, túnel, vagón, vía, VÍA muerta, viaducto. ➤ Batea, berlina, carruaje, *COCHE cama, compartimiento, *departamento, furgón, FURGÓN de cola, *locomotora, máquina, perrera, plataforma, pullman, reservado, *vagón, VAGÓN restaurante, vagoneta. ➤ Alijo, arenero, caldera, carbonera, cojinete, ténder, tope. ➤ Combinar, descarrilar, empalmar, enlazar, entroncar, maniobrar, patinar. ➤ Electrificar, encarrilar, enrielar, señalizar, transbordar. ➤ Cambiador, cambiavía, carrilano, factor, ferrocarrilero, ferrovial, ferroviario, fogonero, guardabarrera, guardafrenos, guardagujas, guardavía, inspector, JEFE de estación, maquinista, retranquero, revisor. ➤ Autovía, AVE, correo, electrotrén, expreso, ferrobús, intercity, mercancías, mixto, monocarril, monorraíl, ómnibus, rápido, sudexpreso, taf, talgo, tren, TREN de alta velocidad, TREN ascendente, TREN botijo, TREN carreta, TREN cremallera, TREN descendente, TREN directo. ➤ Transandino, transiberiano, transpirenaico. ➤ Billete, BILLETE circular, BILLETE de ida y vuelta, BILLETE kilométrico. ➤ Taquilla. ➤ Facturar. ➤ HOJA de ruta, marbete. ➤ Detasa. ➤ Tarifa.

ferrocarrilero, -a (Hispam.) adj. *Ferroviario.*

ferrocerio m. *Aleación de hierro y cerio, material del que están hechas las piedras de *mechero.*

ferrocianuro (del lat. «ferrum», hierro, y «cianuro») m. QUÍM. *Sal compuesta por hiero, cianuro y un metal alcalino.* ⊙ *Particularmente ferrocianuro potásico, usado en artes gráficas.*

ferrojar (del ant. «ferrojo», del lat. «verucŭlum», con influencia de «ferrum», hierro; ant.) tr. *Aherrojar.*

ferrolano, -a adj. y, aplicado a personas, también n. De El Ferrol, población de la provincia de La Coruña.

ferromagnético, -a adj. FÍS. Se aplica a los materiales, como el hierro, de alta permeabilidad magnética, que conservan una imantación permanente en ausencia del campo magnético que la produjo.

ferropea f. **Grillete.* ≃ Arropea.

ferroprusiato 1 m. QUÍM. *Ferrocianuro.* **2** AGRÁF. *Papel de color azul intenso, sensibilizado con ferroprusiato de potasa, que se usa principalmente para la reproducción de planos, dibujos, etc.*

ferroso, -a (del lat. «ferrum», hierro) QUÍM. adj. Se aplica a los compuestos del hierro en que el cuerpo combinado con él (por ejemplo el oxígeno) está en la menor proporción de las posibles. ⇒ Férrico.

ferroviario, -a 1 adj. Del [los] ferrocarril[es]. **2** m. Empleado u obrero del ferrocarril.

ferrugíneo, -a adj. *Ferruginoso.*

ferruginoso, -a (del lat. «ferrūgo, -ĭnis», herrumbre) adj. Se aplica al mineral o al agua que contiene hierro.

ferry (del ingl. «ferry boat»; pronunc. [férri]; pl. «ferrys» o «ferries») m. Embarcación para transportar pasajeros y vehículos entre las dos orillas de un estrecho, un canal, un río, etc. ≃ Transbordador.

ferry boat (ingl.; pronunc. [férri bóut]) m. *Ferry.*

fértil (del lat. «fertĭlis») **1** («en») adj. Se dice de lo que produce mucho fruto. Se aplica específicamente a la tierra, y, en sentido figurado, a cualquier cosa material o inmaterial: 'Una región fértil. Un país fértil en cereales. Un año fértil en acontecimientos. Un ingenio fértil'. ≃ Feraz, productivo, rico. ⇒ Abundante, abundantísimo, cencío, ennatado, fecundo, fructífero, fructuoso, opimo, pingüe, prolífero, prolífico, próvido, ubérrimo, vicioso. ➤ TIERRA prometida, TIERRA de Promisión. ➤ *Abonar, fertilizar, meteorizar. **2** Referido a una personal o animal, que es capaz de reproducirse.

fertilidad f. Cualidad de fértil.

fertilizable adj. Susceptible de ser fertilizado.

fertilización f. Acción de fertilizar.

FERTILIZACIÓN IN VITRO. BIOL. FECUNDACIÓN in vitro.

fertilizante adj. y n. m. Se aplica a lo que sirve para fertilizar. ⊙ m. Particularmente, *abono: sustancia que sirve para fertilizar la tierra.

fertilizar tr. Incorporar a la ↘tierra sustancias que la hacen más fértil. ≃ *Abonar.

férula (del lat. «ferŭla») **1** f. Utensilio de madera que usaban los maestros para dar golpes a los alumnos en la palma de la mano, como *castigo. ≃ *Palmeta. **2** CIR. Estructura sólida empleada para inmovilizar una parte del cuerpo en caso de fractura o luxación. **3** **Cañaheja (planta umbelífera).*

ESTAR BAJO LA FÉRULA de una persona. *Depender de ella o estar bajo su dirección o poder despótico.

feruláceo, -a (del lat. «ferulacĕus») adj. BOT. *Semejante a la férula (cañaheja).*

fervencia (del lat. «fervens, -entis», hirviente) f. *Hervencia (*suplicio).*

ferventísimo, -a adj. Muy ferviente. ⇒ Fervientísimo.

férvido, -a (del lat. «fervĭdus») **1** adj. *Hirviente.* **2** *Ardoroso.* **3** Fervoroso.

ferviente (del lat. «fervens, -entis») **1** adj. *Hirviente.* **2** Fervoroso: 'Con ferviente admiración. Un admirador ferviente'.

fervientemente adv. Fervorosamente: con fervor. ⊙ Con el verbo «desear» o equivalente, mucho, con mucha intensidad: 'Deseo fervientemente que ganes el premio'. ≃ Ardientemente, vehementemente, vivamente.

fervientísimo, -a (más frec. que «ferventísimo») adj. Muy ferviente.

fervir (ant.) tr. e intr. *Hervir.*

fervor 1 (ant.) m. *Hervor.* **2** **Calor muy intenso; como el del fuego o el del sol.* **3** *Afán, *devoción, *entusiasmo e *interés que se ponen en una práctica, un sentimiento o una actividad: 'Trabaja con fervor para abrirse camino'. ≃ Ardor. ⊙ Particularmente, gran intensidad en los sentimientos religiosos o gran celo con que se realizan las prácticas: 'Estaba rezando con gran fervor'. ⊙ También, intensidad de un sentimiento de adhesión o admiración hacia alguien: 'Le escuchan [o le siguen] con fervor'. ⇒ *Afán, ardor, *devoción, *entusiasmo, hervor. ➤ Apasionado, ardiente, férvido, ferviente, fervoroso, hervoroso, jaculatorio. ➤ Enfriarse, entibiarse. ➤ Frío, tibio. ➤ *Desear.

fervorar tr. *Enfervorizar.*

fervorín (dim. de «fervor»; gralm. pl.) m. *Jaculatoria de las que se dicen en la iglesia, particularmente durante la comunión general.* ⇒ *Rezar.

fervorizar tr. *Enfervorizar.*

fervorosamente adv. Con fervor.

fervoroso, -a adj. Tocado de fervor: 'Un fervoroso creyente [o partidario]'.

fesapo m. LÓG. *Uno de los modos posibles del *silogismo, perteneciente a la cuarta figura.*

fescenino, -a (del lat. «Fescennīnus») adj. V. «VERSOS fesceninos».

feseta (del ár. and. «fás» o «fís»; Mur.) f. **Azada pequeña.*

fesoria (del lat. «fossorĭa»; Ast.) f. **Azada.*

festa (ant.) f. **Fiesta.*

festear (ant. y usado también en Ar., Mur. y Val.) tr. *Festejar.*

festejar (del it. «festeggiare») **1** tr. Conmemorar ↘algo con fiestas: 'Este año se festeja el centenario de la fundación de la universidad'. ≃ *Celebrar. **2** Hacer cosas en honor de ↘alguien, para agradarle o para influir en su voluntad: 'Me festejaron mucho durante mi estancia allí'. ≃ *Agasajar, obsequiar. **3** Mostrar un muchacho su inclinación amorosa a una ↘muchacha. ≃ *Cortejar, hacer la CORTE. ⊙ intr. *Tener *novio o novia.* **4** (el sujeto puede ser uno de los novios o ambos) *Estar de conversación el novio y la novia.* ⇒ Estar ACARAMELADOS, acaramelarse, estar AMARTELADO, amartelarse, hacerse el AMOR, pelar la PAVA, ventanear. ➤ Llevar la CESTA. **5** (Méj.) tr. **Azotar o golpear a ↘alguien.* **6** prnl. **Divertirse.*

festejo **1** m. Acción de festejar. **2** Cada uno de los actos o regocijos públicos que tienen lugar en unas *fiestas populares: 'Programa de festejos de las fiestas del Pilar'.

festeo (ant.) m. *Festejo.*

festero, -a n. *Fiestero.*

festín (del fr. «festin») m. Comida espléndida. ≃ *Banquete.

festinación (del lat. «festinatĭo, -ōnis») f. MED. *Andar involuntariamente rápido, como para evitar la caida, trastorno que se produce en ciertas enfermedades nerviosas.*

festinar (del lat. «festināre»; Hispam.) tr. **Apresurar.*

festino m. LÓG. *Uno de los modos posibles del *silogismo, perteneciente a la segunda figura.*

festival (del ingl. «festival») m. Conjunto de *fiestas, funciones, exhibiciones o actuaciones artísticas o deportivas: 'Un festival taurino [de música española, benéfico]'.

festivamente adv. De manera festiva.

festividad **1** f. Cualidad de festivo. **2** **Ingenio en lo que se dice.* **3** Acto solemne con que se celebra o conmemora algo: 'Una festividad académica [o religiosa]'. ≃ *Fiesta, función. **4** Día en que la Iglesia conmemora con fiestas religiosas un santo o hecho sagrado: 'La festividad de la Inmaculada Concepción'. ≃ Fiesta. ⇒ *Fiesta.

festivo, -a (del lat. «festīvus») **1** adj. De fiesta: 'Día festivo. Ambiente festivo'. ⊙ m. Día de fiesta: 'Trabaja algunos festivos del mes'. **2** adj. Hecho para hacer reír o hacer gracia: 'Un semanario festivo. Hablar en tono festivo'. ≃ Humorístico. ⇒ *Cómico. **3** *Chistoso, agudo.*

festón (del it. «festone») **1** m. Adorno de hojas, flores y frutas que se ponía en las puertas de los templos cuando se celebraba una fiesta, y en las cabezas de las víctimas destinadas al *sacrificio. **2** Adorno bordado que se hace generalmente en el *borde de las prendas, en que las puntadas, muy unidas unas a otras, forman un nudo como el del punto de ojal por la orilla exterior, de modo que puede recortarse la tela que sobresale por ese lado sin peligro de que se deshile. ⇒ *Bordar. **3** Cualquier *adorno o remate en forma de ondas, puntas, etc., hecho en el borde de una cosa.

festonar tr. Festonear.

festoneado, -a Participio adjetivo de «festonear».

festonear tr. Adornar una ↘cosa, particularmente una prenda de tela, haciendo un festón en ella. ⊙ Constituir el *borde ondulado de una ↘cosa: 'Las almenas que festonean la muralla'. ⊙ Bordear la orilla recortada de una ↘cosa: 'Un pinar festonea el lago'.

feta m. Queso blanco de oveja o de cabra típico de Grecia.

fetación f. MED. Desarrollo del feto.

fetal adj. MED. De [del] feto.

fetén **1** (inf., achulado) adj. Verdadero o *evidente. **2** (inf.) Muy bueno, excelente: 'Un chico fetén'.

LA FETÉN (inf., achulado). La *verdad.

fetiche (del fr. «fétiche») **1** m. *Ídolo u objeto de cualquier clase al que rinden culto los pueblos primitivos. ⇒ *Amuleto. **2** Objeto que se cree que tiene un poder benéfico para el que lo posee. ≃ Amuleto. **3** Objeto que provoca el deseo sexual en los fetichistas.

fetichismo **1** m. Culto de los fetiches. **2** *Admiración exagerada e irracional hacia una persona o una cosa. **3** PSI. Comportamiento sexual del fetichista. ⊙ Se usa también en lenguaje corriente.

fetichista adj. De [o del] fetichismo. ⊙ adj. y n. Adepto a una religión o culto de fetiches. ⊙ PSI. Se aplica a la persona que necesita el contacto o la contemplación de determinados objetos o partes del cuerpo que no son los órganos sexuales, para satisfacer la libido. ⊙ Se usa también en lenguaje corriente.

feticida **1** m. *Sustancia o medio capaz de producir la expulsión prematura del feto.* ≃ Abortivo. **2** adj. y n. *Se aplica a la persona que causa voluntariamente la muerte de un feto.* ⇒ *Delito.

feticidio m. *Acción de dar muerte voluntariamente a un feto.* ⇒ *Matar.

fetidez f. Cualidad de fétido. ≃ Mal OLOR. ⊙ Exhalación fétida.

fétido, -a (del lat. «foetĭdus») adj. Se aplica a lo que huele muy desagradablemente. ≃ Hediondo, mefítico, pestífero, pestilente.

V. «ASA fétida, BOMBA fétida».

□ CATÁLOGO

Apestoso, cargado, catingoso, estadizo, *impuro, irrespirable, maloliente, nauseabundo, olisco, oliscoso, viciado. ➤ Catinga, corrupción, empireuma, fato, fetidez, fetor, grajo, hedentina, hediondez, hedor, hircismo, husmo, miasma, ocena, mal OLOR, pebete, peste, pestilencia, sobaquina, tafo, tufarada, tufo. ➤ Apestar, aventarse, carcavinar, corromper, encarcavinar, *heder, husmear, oler a CHOTUNO, oler a RAYOS.

feto (del lat. «fetus», cría) **1** m. Producto de la concepción en los animales vivíparos, desde que termina el período embrionario, esto es, desde que adquiere ya la forma característica de su especie, hasta que nace. ⇒ Criatura, nasciturus, preñado. ➤ Amnios, blástula, CORDÓN umbilical, corión, decidua, espejuelo, manto, MEMBRANA alantoides, MEMBRANA caduca, ombligo, pares, parias, placenta, secundinas, zurrón. ➤ Superfetación. ➤ *Aborto, feticidio. ➤ Niñato, muévedo. ➤ Docimasia. ➤ *Embarazo. *Embriología. *Parir. **2** Ese mismo producto, abortado.

≃ Aborto. **3** (inf.; n. calif.) Ser *feo o *deforme. ≃ Engendro.

fetor (ant.) m. **Fetidez.* ≃ Hedor.

fettuccini (it.; pronunc. [fetuchíni]) m. pl. Cierto tipo de espagueti.

fetua (del ár. «fatwā») f. *Resolución del *muftí en una cuestión jurídica.*

feúcho, -a adj. Desp. afectuoso de «feo».

feúco, -a adj. Dim. afectuoso de «feo».

feudal adj. De [del, de los] feudo[s]: 'Señor feudal'. Se aplica particularmente a la época de la Edad Media en que la organización política se basaba en ellos.

feudalismo 1 m. Sistema feudal. **2** Época feudal.

feudar 1 (ant.) tr. *Enfeudar.* **2** *Tributar: pagar *tributos.*

feudatario, -a adj. y n. Se aplica, con respecto a un *señor, al que tiene una propiedad recibida de él en feudo.

feudo (del b. lat. «feudum») **1** («Dar a [o en]») m. Cesión que se hacía de un territorio a cambio de que quien lo recibía se obligase por sí mismo y por sus descendientes a servir como vasallo al señor de él, prestarle servicio militar, etc. ⇒ *Señor. **2** *Territorio dado en feudo. **3** *Cargas con las que se recibía un feudo. **4** *Respeto o vasallaje.*

fez[1] (del turco «fes», de Fez, ciudad de Marruecos donde se fabricaba este gorro) m. *Gorro de fieltro rojo en forma de cubilete que llevan los *moros y, antiguamente, los turcos.

fez[2] (ant.) f. *Hez.*

f...f Sonido labial repetido, de significado despectivo, como «b...f» y «p...f» (véanse): 'fofo, refunfuñar'. ⇒ F...R...F, SONIDO expresivo.

fff... 1 Sonido con que se expresa *repugnancia. ≃ Pfff... **2** También se imita con él el sonido producido por el aire, el vapor, etc., escapándose por una abertura. ≃ Pfff... ⇒ *Escape.

f...f...rr Grupo de sonido expresivo en que se suma al significado de «f...f» (v.) el despectivo de «rr»: 'fanfarria, fanfarrón'.

fi[1] f. Letra del alfabeto griego que corresponde a nuestra «f» (φ Φ). ≃ Phi.

fi[2] (ant.) m. *Hijo.*

fía (de «fiar») **1** (Extr., Cantb.) f. *Venta hecha al fiado.* **2** (Rioj.) *Fianza (fiador).*

fiabilidad f. Cualidad de fiable. ⊙ Probabilidad de que algo funcione correctamente: 'Ese termómetro es de poca fiabilidad'.

fiable (de «fiar») adj. Digno de *confianza.

fiado, -a 1 Participio de «fiar». **2** adj. Al fiado: 'A final de mes lo compra todo fiado'. **3** Confiado. **4** *Digno de confianza*: 'Una sirvienta muy fiada'. ≃ Fiel, *honrado.

AL FIADO. Forma de vender o comprar en que no se cobra inmediatamente el importe de lo vendido.

fiador, -a 1 adj. y n. Se aplica al que fía (vende al fiado). **2** («Salir») n. Se aplica al que *responde por otro. **3** m. Se aplica a diferentes cosas o dispositivos que sirven para *asegurar algo. ⊙ A fin de que no se mueva involuntariamente; como el que asegura el gatillo de la escopeta. ⊙ A fin de que no se caiga o pierda; como el de un broche o el cordón que sujeta el sombrero o el puño del sable. ⊙ Para que no se pueda abrir; como el pestillo con que se asegura una puerta por dentro. ⊙ Para que no pueda abrirse o moverse más que en ciertas circunstancias; como el que mantiene cerradas las puertas de la escalera de acceso a la caja del ascensor mientras éste no está parado delante de ellas. ⊙ *Se aplica también a los garfios que sostienen por debajo los *canalones de los tejados.* ⊙ *También al *barboquejo.* ⊙ Y a la correa que lleva la caballería de un tiro par desde la guarnición a la cama del freno. ⊙ CETR. *Cuerda larga con la que se soltaba el azor cuando empezaba a volar y se le hacía ir al señuelo.* ⇒ *Seguro. *Tope. **4** (inf.) *Nalgas de los muchachos, porque son las que, llevando el castigo, pagan las travesuras o picardías que ellos hacen.*

fiadora f. *Vendedora ambulante de ropas y alhajas.*

fiadura o **fiaduría** (ant.) f. *Fianza.*

fiambre (de un sup. «friambre», de «frío») **1** adj. y n. m. Se aplica a la comida de carne preparada en forma que se guarda indefinidamente y se puede comer fría; como el jamón o los embutidos, o ciertos guisos hechos con ese objeto: 'Ternera fiambre. Un surtido de fiambres'. ⇒ Bola, CABEZA de jabalí, cecina, chicharrones, *embutido, jamón, mojama, paté, QUESO de cerdo, zarajo. **2** (inf.) Noticia que ha perdido actualidad u oportunidad. ⇒ *Viejo. **3** (inf.) m. Cadáver. **4** (Guat.) *Plato frío compuesto de carnes, encurtidos y conservas.*

fiambrera 1 f. Cacerola con la tapa bien ajustada que sirve para transportar la comida en viajes, excursiones, etc. También, conjunto de cacerolas superpuestas y sujetas todas por dos varillas, con un braserillo debajo, para transportar comidas de un lado a otro sin que se enfríen. ⇒ Portaviandas, tartera. **2** **Cesta o caja en que se lleva comida fiambre.* **3** (Arg.) *Fresquera.*

fiambrería (And., Arg. y Ur.) f. *Tienda donde se venden fiambres.*

fianza (de «fiar») **1** f. Cosa, más bien dinero, que se deja depositada como *garantía del cumplimiento de una obligación: 'Hay que pagar un mes adelantado y otro de fianza'. ⇒ Afianzar, desfianza. **2** *Acción de salir fiador por alguien.* **3** *Fiador (persona).* **4** (ant.) *Confianza.* **5** (ant.) **Finca.*

FIANZA DE ARRAIGO. *La consistente en bienes raíces.*

DAR FIANZA. Depositar una cantidad como fianza.

PONER EN FIANZA. VET. *Poner la pata de la caballería en estiércol humedecido para que se reblandezca el casco antes de *herrarla.*

fiar (del sup. lat. «fidāre», por «fidĕre») **1** tr. Garantizar alguien con su propia responsabilidad que ↘otro cumplirá cierto compromiso. **2** tr. o abs. Vender una ↘cosa demorando el cobro de su importe para más adelante. ≃ Dar a CRÉDITO. ⇒ Fía. ➤ A plazos. ➤ Tara, tarja, tarraja. **3** («en») intr. Creer en la utilidad, resistencia, etc., de cierta cosa que tiene que prestar un servicio o en la ayuda de algo o alguien: 'Fiemos en la solidez de la cuerda. Fío en Dios'. ≃ *Confiar. ⊙ También, «fío en su discreción». **4** («a») tr. Dar o comunicar a alguien una ↘cosa confiando en que la guardará o cuidará: 'Le fié mi secreto'. ≃ *Confiar. ⊙ («de») prnl. Tener confianza en algo o alguien: 'Si no te fías de mí no podemos hacer nada. No me fío de esta cuerda'. ≃ *Confiar. ⊙ tr. Dejar cierta ↘cosa para que sea resuelta por alguien o algo que se expresa: 'Fío el asunto a tu pericia. Fiamos la resolución al azar'. ≃ *Confiar.

MUY LARGO ME LO FIÁIS [ME LO FÍAS, etc.]. Expresión con que se muestra desconfianza de que se realice algo que se anuncia o promete con mucha anticipación.

SER alguien DE FIAR. Merecer *confianza: 'Me parece que esa mujer no es de fiar'.

SI TAN LARGO ME LO FIÁIS [ME LO FÍAS, etc.]. Muy largo me lo FIÁIS.

V. «fíate de la VIRGEN...».

☐ CONJUG. como «desviar».

fiasco (del it. «fiasco», botella) m. *Chasco o fracaso. Mal resultado de algo que se esperaba sucediese bien.

fiat (del lat. «fiat», hágase) **1** m. *Consentimiento para que se haga cierta cosa.* **2** *Gracia otorgada a alguien por el «Consejo de la Cámara» para que pudiera ser escribano.* ⇒ *Notario.

fibiella (del sup. lat. «fibella», por «fibŭla»; ant.) f. **Hebilla.* ⇒ Fíbula.

fibra (del lat. «fibra») **1** f. Filamento de los que constituyen los *tejidos orgánicos: 'Fibra muscular'. ⊙ FIBRA textil. ⊙ Disposición de las fibras de la *madera, visible en los cortes de ella. ⇒ Contrapear. ⊙ Cualquier filamento flexible de los que constituyen una sustancia; particularmente, algunos minerales como el amianto. ⇒ *Hilo. **2** *Raicilla de las más finas de las plantas.* **3** Capacidad de alguien para llevar adelante sus propósitos y desenvolverse en la vida. ≃ Carácter, empuje, *energía, nervio.

FIBRA ÓPTICA. Filamento de material muy transparente que se usa para transmitir por su interior señales luminosas; como en las telecomunicaciones.

F. SENSIBLE. Sentimientos de una persona: 'La película toca la fibra sensible del espectador'.

F. TEXTIL. Fibra, natural o artificial, de las que se emplean para fabricar tejidos o hilados. ⇒ Abacá, *algodón, burí, cabuya, *cáñamo, CÁÑAMO de Manila, caraguatá, carruata, chichicaste, coco, conejuna, crin vegetal, *esparto, *estopa, fique, jipa, jipijapa, júmel, *lana, *lino, maguey, nailon, pácul, pelo, PELO de cabra, pita, quingombó, rafia, ramio, saja, *seda, sisal, vicuña, yagua, yute. ➤ Copo. ➤ *Tejer. ➤ *Planta (grupo de las textiles).

F. DE VIDRIO. *Vidrio en forma de filamentos que se emplea como aislante térmico y para otros usos.

fibrilación f. MED. Contracción patológica de las fibras musculares; particularmente de las del corazón.

fibrilar[1] intr. MED. *Contraerse las fibras del corazón de forma incontrolada.*

fibrilar[2] adj. ANAT. De las fibras: 'Rotura fibrilar'.

fibrina (de «fibra») f. BIOQUÍM. Materia de naturaleza semejante a la albúmina, que se halla disuelta en algunos líquidos orgánicos, como la sangre o la linfa. ⇒ *Cuerpo.

fibrocartilaginoso, -a adj. ANAT. *De [o del] fibrocartílago.*

fibrocartílago m. ANAT. **Tejido formado por células cartilaginosas separadas por haces de fibras conjuntivas.*

fibrocemento m. Mezcla de cemento y polvo de amianto, ligera y resistente, usada para tuberías, planchas, etc.

fibroma (de «fibra» y «-oma») m. MED. *Tumor formado por tejido fibroso, especialmente frecuente en el útero.

fibrosis (de «fibra» y «-osis») f. MED. Formación patológica de tejido fibroso.

fibroso, -a adj. De fibras. ⊙ Formado por fibras. ⇒ Bacilar, hebrudo.

fíbula (del lat. «fibŭla») f. **Broche o *hebilla usado por los *romanos y *griegos.*

ficar (del sup. lat. «figicāre», por «figĕre», fijar; ant.) intr. **Quedar o *seguir en un sitio.*

ficción (del lat. «fictĭo, -ōnis») **1** f. Acción de *fingir o *simular. ⊙ Cosa fingida o simulada: 'Todo ese sentimiento es pura ficción'. **2** Cosa inventada: 'Una ficción literaria'. ≃ Invención. **3** Cosa imaginada: 'Una ficción de su fantasía'. ⇒ *Ilusión.

fice (del lat. «phycis», del gr. «phykís»; varias especies del género *Phycis)* m. Cierto *pez de carne muy apreciada.

-fíceo, -a Elemento sufijo del gr. «phŷkos», alga, usado en palabras cultas: 'cianofíceo'.

ficha (del fr. «fiche») **1** f. Pequeña placa de metal, material plástico, madera, etc., que representa un valor o se utiliza para algo. Por ejemplo, las que se emplean en el juego o las que se usan, a modo de contraseña, en los guardarropas. ⇒ *Chapa. ⊙ También se llaman así las piezas del juego de dominó. ⇒ Guitón, pieza. ⊙ La usada en los centros de trabajo para controlar la entrada y la salida de los empleados. **2** Hoja de *papel o cartulina apta para escribir en ella ciertos datos y colocarla en serie con otras iguales para formar un *catálogo o tener esos datos ordenados en cierta forma. ≃ Cédula, papeleta, tarjeta. ⊙ Esa misma hoja con los datos ya consignados en ella. ⇒ Filiación. ➤ Papeletear. ➤ Encabezamiento, signatura.

fichado, -a Participio adjetivo de «fichar». ⊙ («Estar, Tener») Anotado en una ficha. ⊙ Particularmente, en los ficheros de la *policía como peligroso o *sospechoso. ⊙ («Tener») Se aplica a la persona a la que se mira con antipatía o desconfianza: 'El profesor le tiene fichado porque siempre está hablando en clase'.

fichaje m. Acción de fichar (contratar). ⊙ Persona que ha sido fichada (contratada).

fichar 1 intr. *En el juego de *dominó, colocar una ficha.* **2** tr. Rellenar una ficha con los datos de una ↘persona (también puede ser de una cosa) y colocarla en donde corresponda; particularmente, en los ficheros de la policía. ⇒ Filiar. **3** Por extensión, *sospechar de una ↘persona y someterla a vigilancia. ⊙ *Fijarse en una ↘persona por alguna circunstancia desfavorable y mirarla con desconfianza o antipatía: 'Ya le han fichado y tendrá que marcharse de la asociación'. ≃ Filar. **4** Contratar un equipo u organización deportiva, particularmente de fútbol, a un ↘jugador. ⊙ Por extensión, contratar a ↘alguien, generalmente de alto nivel, para un puesto o cargo. **5** («por») intr. DEP. Contratarse un jugador para jugar en determinado equipo: 'Ha fichado por el Real Madrid'. ⊙ Por extensión, contratarse otras personas para trabajar en un puesto o cargo. **6** tr. *En los *cafés, cafeterías, etc., ir contando con fichas los géneros que sacan los camareros para servirlos.* **7** intr. Justificar un empleado su hora de entrada y de salida del centro de trabajo; por ejemplo, introduciendo una ficha magnética en una máquina que permite contabilizar el tiempo trabajado.

fichero 1 m. Mueble adecuado para tener en él fichas ordenadas; por ejemplo, los que hay en las bibliotecas o en las oficinas. ⊙ Conjunto de fichas ordenadas. **2** INFORM. Conjunto organizado de datos o registros almacenados como una unidad. ≃ Archivo.

ficoidáceo, -a (del lat. «ficus», higo) adj. y n. f. BOT. *Aizoáceo.*

ficología (del gr. «phykos», alga, y «-logía») f. BOT. Estudio de las *algas. ⇒ Micología.

ficólogo, -a n. BOT. Persona que se dedica al estudio de las *algas.

ficticio, -a (del lat. «fictitĭus») adj. No real, sino fingido o simulado: 'Una amabilidad ficticia'. ≃ *Falso.

ficto, -a (del lat. «fictus») *Participio irregular de «fingir», usado sólo como adjetivo. El regular es «fingido».*

ficus *(Ficus elastica)* m. *Planta morácea ornamental de hojas ovaladas grandes y fuertes.

fidalgo, -a (ant.) n. **Hidalgo.*

fidecomiso m. Fideicomiso.

fidedigno, -a (del lat. «fides», fe, y «dignus», digno) adj. Digno de crédito o de fe: 'Una noticia fidedigna. De fuente fidedigna'. ⇒ *Creíble.

V. «de FUENTE fidedigna».

fideicomisario, -a n. DER. Persona que recibe el fideicomiso. ≃ Fiduciario.

fideicomiso (del lat. «fideicommissum») m. DER. Acción de dejar una herencia encomendada a alguien para que haga con ella lo que se le encarga. ≃ Fidecomiso.

fideicomitente (del lat. «fideicommittens, -entis») n. DER. Persona que encarga el fideicomiso.

fideísmo m. FIL. Doctrina según la cual a las verdades fundamentales se llega por la fe y no por la razón.

fidelidad (del lat. «fidelĭtas, -ātis») **1** f. Cualidad de *fiel: 'Fidelidad conyugal'. ⇒ Infidelidad. **2** Exactitud en la ejecución o reproducción de algo.

ALTA FIDELIDAD. Reproducción fiel del sonido con un equipo electrónico. ⇒ Hi-fi.

fidelísimo, -a adj. Superl. de «fiel». ⊙ *Sobrenombre de los *reyes de Portugal.*

fideo (del ár. y rom. and. «fidáwš») **1** m. Nombre dado a los filamentos de *pasta de sopa hecha en forma de hilos. La pasta en conjunto se llama «fideos». ⇒ Aletria. **2** (n. calif.; «Ser, Estar hecho un») *Flaco.

fideuá (del cat. «fideuada») f. Guiso hecho con fideos, a semejanza de la paella.

fido, -a (del lat. «fidus»; ant.) adj. *Fiel.*

fiducia (del lat. «fiducĭa»; ant.) adj. *Confianza.*

fiduciario, -a (del lat. «fiduciarĭus») **1** adj. Se aplica a una cosa que tiene un valor no real, sino de *crédito. ⊙ Específicamente, en las expresiones «circulación fiduciaria, moneda fiduciaria», con que se alude a los *billetes de banco. **2** adj. y n. Se aplica a la persona a quien se deja o encomienda una herencia con encargo de transmitirla a otros o darle determinado destino. ⇒ Fideicomiso, etc.

fiebre (del lat. «febris») **1** («Dar, Entrar, Bajar, Ceder, Declinar, Remitir, Subir, Limpiarse, Recargarse») f. *Síntoma de enfermedad, que consiste en la elevación de la temperatura del cuerpo por encima de la normal (suele considerarse como tal por encima de los 37º), producida generalmente por la reacción del organismo a la infección. ≃ Calentura, temperatura. **2** Actividad extraordinaria o llevada a cabo con excitación o *ansiedad: 'La fiebre de los negocios'.

FIEBRE AFTOSA. MED. *Glosopeda (enfermedad del ganado).

F. AMARILLA. MED. Enfermedad propia de los países tropicales de América y África, caracterizada por nefritis aguda, ictericia y hemorragias gastro-intestinales.

F. CUARTANA. MED. Fiebre intermitente que se repite cada cuatro días. ≃ Cuartanas. ⊙ Fiebres palúdicas.

F. ESENCIAL. MED. *Fiebre no especifica.*

F. DEL HENO. MED. Estado alérgico que produce congestión e irritación de las mucosas de la nariz y los ojos, debido a la sensibilidad al polen de ciertas plantas.

F. INTERMITENTE. **1** MED. Fiebre en que alternan los periodos febriles con los no febriles. **2** MED. FIEBRES palúdicas.

F. MALARIA. MED. FIEBRES palúdicas.

F. DE MALTA. MED. Enfermedad transmitida al hombre por la leche de cabra, caracterizada por fiebre intermitente, tumefacción articular, neuralgia y anemia. ≃ Brucelosis.

F. MEDITERRÁNEA. MED. *Enfermedad de larga duración, que produce fiebre intensa e irregular con sudor abundante.*

F. PARATIFOIDEA. MED. Enfermedad similar a la fiebre tifoidea, pero más benigna.

F. PETEQUIAL. MED. *Tifus exantemático.*

F. RECIDIVA. MED. *Nombre aplicado a varias enfermedades transmitidas por piojos y garrapatas, caracterizadas por accesos recurrentes de fiebre e inflamación del hígado y bazo.*

F. RECURRENTE. MED. Fiebre intermitente.

F. REUMÁTICA. MED. Enfermedad aguda, caracterizada por fiebre, artritis y peligro de inflamación del endocardio.

F. TIFOIDEA. MED. Enfermedad infecciosa caracterizada por fiebre prolongada, hinchazón del bazo, sarpullido rosado y ulceración de los intestinos, con hemorragia y peligro de perforación. ⇒ Lentor.

FIEBRES PALÚDICAS. MED. Las producidas por la picadura del mosquito anofeles, que vive en los terrenos pantanosos; son intermitentes (tercianas o cuartanas) y se combaten especialmente con la quinina. ⇒ Ceción, cesión, chucho, ción, FIEBRES cuartanas, FIEBRES tercianas, paludismo.

F. TERCIANAS. MED. Fiebre intermitente que se repite cada tres días. ⊙ MED. FIEBRES palúdicas.

□ CATÁLOGO

Otra forma de la raíz, «febr-»: 'antifebril'; otra raíz, «pir-»: 'apirético, apirexia, pirético, piretología'. ➤ Calentura, calenturilla, calenturón, causón, ceción, cesión, chucho, ción, escalfamiento, hiebre, hipertermia, lipiria, pirexia, reacción, temperatura. ➤ Estuosidad. ➤ Décimas, destemplanza. ➤ Acre, aterciananado, cíclico, cuartanal, cuartanario, delirante, miliar. ➤ Acalenturarse, recargarse. ➤ Subintrar. ➤ Febrático, febricitante, febril. ➤ Accesión, acceso. ➤ PERIODO álgido. ➤ Escalofrío, horripilación. ➤ Estadio. ➤ Lisis. ➤ Día de huelga. ➤ Antipirético, antipirina, febrífugo, quina. ➤ Gráfico. ➤ *Calentura, escupidura. ➤ TERMÓMETRO [clínico]. ➤ Tiritar. ➤ Despejarse, limpiarse de FIEBRE. ➤ Despejado, infebril, lúcido.

fiel (del lat. «fidēlis»; ¿la 10.ª acep., del ant. «fil», del lat. «fīlum», hilo, con influencia de «fiel»?) **1** adj. Se aplica a la persona cuyo comportamiento corresponde a la confianza puesta en ella o a lo que exige de ella el amor, la amistad, el deber, etc.: 'Fiel a sus convicciones [a su rey, a su mujer]. Un fiel cumplidor de su deber'. ⊙ Se aplica también a cosas en cuyo servicio se puede confiar: 'Una balanza [o una memoria] fiel'. ⇒ De confianza, de fiar, fido, leal, seguro. ➤ Fe, fidelidad, lealtad. ➤ Confidentemente, infidelidad, infiel. ➤ *Cumplidor. **2** *Honrado: 'Un administrador fiel'. **3** Que es exacto o *verídico: 'Un relato fiel de lo ocurrido'. **4** n. *Partidario: 'Seguido de sus fieles'. **5** Entre *católicos, persona de su religión: 'La comunidad de los fieles. La iglesia estaba llena de fieles'. **6** (And.) m. *Persona encargada de recoger y guardar los *diezmos.* **7** (ant.) DER. *Persona a quien se entregaba una cosa en litigio mientras se resolvía éste.* **8** (ant.) *Antiguamente, persona designada por el rey como juez de un *desafío.* **9** *Persona que *vigila que se hagan con legalidad y exactitud ciertas cosas.* **10** Aguja colocada en el punto por donde se suspende el brazo de una *balanza, que indica con su verticalidad que los pesos de ambos platillos son iguales. ⇒ Fil. **11** *Cada una de las dos piezas de acero que tiene la *ballesta, la una embutida en el tablero y quijeras en que se tiene la llave, y la otra fuera de ellas, lo que basta para que puedan rodar las navajas de la gafa cuando se arma la ballesta.* **12** *Cualquiera de los hierrecillos o pedazos de alambre que sujetan algunas piezas de la llave del arcabuz.* **13** *Clavillo que sujeta una a otra las hojas de las *tijeras.*

FIEL ALMOTACÉN. *Almotacén.*

F. CONTRASTE. Contraste.

F. EJECUTOR. *Regidor (miembro del ayuntamiento) a quien correspondía presenciar el repeso.*

F. DE FECHOS. *Hombre a quien se autorizaba para llenar las funciones de escribano en los pueblos donde no lo había.* ⇒ *Notario.

F. DE LIDES. *Hombre que antiguamente asistía a los *desafíos como juez.*

F. MEDIDOR. *Empleado encargado de vigilar la *medida de granos y líquidos.*

F. DE ROMANA. *Empleado que asiste en el *matadero al peso de la carne al por mayor.* ≃ Romanador, romanero.

ESTAR EN [EL] FIEL una báscula, romana o *balanza. Estar perfectamente equilibrada.

LOS FIELES. Conjunto de los *católicos.

SER FIEL A una promesa, la palabra, dada, etc. *Cumplirlas.

fielato (de «fiel») m. Oficina establecida a la entrada de las poblaciones en la que se recaudaba el impuesto de *consumos. ≃ Fielazgo, fieldad.

fielazgo (ant.) m. *Fielato.*

fieldad 1 f. *Estado de una cosa *guardada en seguridad o bajo custodia.* 2 *Credencial provisional que se daba al *recaudador de impuestos.* 3 *Fielato.*

fielmente adv. Con fidelidad.

fieltro (del germ. «filt») 1 m. Material semejante a una tela gruesa y rígida, hecho prensando lana o pelo. ⇒ Castor. 2 (ant.) *Cierto *capote que se usaba para defenderse de la lluvia.* 3 Se aplica a algunas prendas o accesorios hechos de fieltro; por ejemplo, un *sombrero o las tiras de fieltro puestas en ciertas piezas del piano.

fiemo (del lat. «fĕmus», alteración de «fimus»; And., Ar., Nav., Rioj.) m. **Estiércol.* ⇒ Femar, fematero, femera.

fiera (del lat. «fera») 1 f. Mamífero carnívoro de gran tamaño. ⇒ Aullar, cebarse, devorar, rugir. ➤ *Guarida. ➤ Domador. ➤ CASA de fieras. ➤ PARQUE zoológico. ➤ Salvajina. ➤ Ferino, feroz, fiero, etc. 2 TAUROM. *Toro. 3 (n. calif.) Persona *cruel. 4 (inf.; n. calif.) Persona de muy mal carácter, que se *encoleriza fácilmente. 5 (inf.; n. calif.) n. Muy brillante o eficaz en una actividad: 'Ese chico es un fiera en matemáticas'.

V. «CASA de fieras».

FIERA CORRUPIA. 1 Nombre de ciertas figuras animales deformes y de aspecto temible que toman parte en algunos festejos populares. 2 (inf.; n. calif.) Persona cruel o muy encolerizada.

HECHO [O COMO] UNA FIERA. Muy encolerizado.

fierabrás (del nombre de un famoso gigante de los libros de caballerías; n. calif.) m. *Aplicado a una persona, *rebelde e *inquieta.* ⊙ *O a un niño, *travieso.*

fiereza 1 f. Cualidad o actitud de fiero. 2 *Deformidad muy *fea.*

fiero, -a (del lat. «ferus») 1 adj. Se aplica al *animal que acomete a otros para destrozarlos o devorarlos, o a la persona que atormenta o mata a otras: 'Un fiero guardián'. ≃ Feroz. 2 *Aplicado a *animales, no domesticado.* ⊙ DER. *En libertad y no poseído por nadie, por lo que puede ser cazado o pescado.* 3 Aplicado a padecimientos físicos o morales, muy *grande: 'Le acometieron unos fieros celos'. ≃ Horrible, terrible, tremendo. 4 Aplicado a cosas materiales, muy *grande: 'Un fiero peñasco'. 5 *Muy *feo.* 6 (gralm. pl.) m. **Bravata, amenaza o *presunción*: 'Echar fieros'.

fierra (de «fierro»; ant.) f. *Herradura.*

fierro 1 (ant.) m. *Hierro.* 2 (Hispam.) *Hierro (marca).* 3 (ant.; pl.) *Hierros de *aprisionar, como grillos o cadenas.*

fiesta (del lat. «festa», pl. de «festum») 1 («Dar, Ofrecer, Celebrar, Hacer») f. Reunión de gente en algún sitio para *divertirse o pasar agradablemente el tiempo unos con otros, por ejemplo bailando: 'Hicieron una gran fiesta con motivo de la puesta de largo de su hija'. Se suele llamar así a las reuniones de carácter extraordinario, pues no se dice, por ejemplo, 'todas las tardes van a la fiesta de algún local público', aunque los locales donde hay baile se llaman «salas de fiestas». 2 («Celebrar, Estar de, Hacer, Tener») Conjunto de actos extraordinarios, como convite, comida especial o regalos, con que se celebra en una casa un acontecimiento familiar. 3 (pl.) Conjunto de actos y diversiones que se organizan en algún sitio para regocijo público, con motivo de algún acontecimiento o en fechas señaladas del año: 'Las fiestas de San José de Valencia. Las fiestas de San Isidro de Madrid. Las fiestas de la coronación'. 4 («Ser») *Día en que, por una conmemoración religiosa o civil, están cerradas las oficinas y establecimientos públicos, no se trabaja y la gente se dedica al descanso, al regocijo o a las devociones: 'La fiesta del Dos de Mayo. El día de San José es fiesta'. ≃ DÍA festivo, DÍA de fiesta. ⊙ (pl.) Conjunto de algunos días entre los cuales hay varios de fiesta: 'Las fiestas de Navidad. Las fiestas de Pascua. Cuando pasen estas fiestas me ocuparé en su encargo'. 5 Acto *solemne, no motivado por suceso lamentable, que se celebra en la iglesia o en un establecimiento cultural: 'Una fiesta religiosa en honor de San Isidro. Una fiesta académica con motivo de la inauguración del curso'. ≃ Función, solemnidad. 6 Cosa que proporciona *alegría o *placer: 'Para los niños es una fiesta la visita al abuelo. Cada carta tuya es una fiesta para mí'. 7 **Broma*: 'Estás de fiesta'. 8 *Caricia o demostración de cariño: 'El perro le hace fiestas a su amo'.

FIESTA DE LAS CABAÑUELAS [O DE LOS TABERNÁCULOS]. Festividad que celebraban los hebreos en memoria de la vida de sus antepasados en el desierto. ⇒ Escenopegia. ➤ *Judío.

F. CIVIL. Día en que se guarda fiesta por motivo no religioso.

F. FIJA. La que cae todos los años en la misma fecha. ≃ FIESTA inmoble.

F. DE GUARDAR. Día en el cual, por mandato de la Iglesia, no se debe trabajar y se debe oír misa. ≃ FIESTA de precepto.

F. DE LA IGLESIA. Día en que no se trabaja por conmemorarse algún hecho o persona santa.

F. INMOBLE. *FIESTA fija.*

F. MOVIBLE [O MÓVIL]. La que, como la de Pascua de Resurrección, no cae todos los años en la misma fecha. ⇒ Ascensión, Corpus Cristi, DOMINGO de Pascua, DOMINGO de Ramos, JUEVES Santo, MIÉRCOLES Santo, Pascua, Pentecostés, SÁBADO Santo, VIERNES de Dolores, VIERNES Santo. ➤ CÓMPUTO eclesiástico.

F. NACIONAL. Día en que se guarda fiesta para conmemorar algún suceso importante para la nación.

F. DE PRECEPTO. FIESTA de guardar.

F. RELIGIOSA. FIESTA de la Iglesia.

F. DE LOS TABERNÁCULOS. FIESTA de las Cabañuelas.

AGUAR[SE] LA FIESTA. *Turbar[se] algún regocijo.

ARDER EN FIESTAS. Estar una ciudad muy animada con la celebración de festejos.

DE FIESTA. Expresión de sentido claro en «día de fiesta, traje de fiesta», etc. ⇒ De TIROS largos.

ESTAR DE FIESTA. Estar alguien muy *alegre por algún motivo.

V. «FIN de fiesta».

GUARDAR FIESTA. Dedicar un día al descanso o la distracción y no trabajar. ≃ Hacer FIESTA.

GUARDAR [o SANTIFICAR] LAS FIESTAS. Descansar y cumplir en los días preceptuados las devociones correspondientes.

HACER FIESTA. GUARDAR fiesta.

HACER FIESTAS a alguien. V. «fiesta» (8.ª acep.).

NO ESTAR PARA FIESTAS. Estar «para pocas FIESTAS».

PARA POCAS FIESTAS. 1 («Estar») Aplicado a cosas, debilitado o a punto de romperse. 2 Aplicado a personas, en mala disposición para aguantar esfuerzos, molestias, bromas, etc., por estar *débil o enfermo, o por estar de mal *humor. ⇒ No estar para FIESTAS.

V. «SALA de fiestas».

TENGAMOS LA FIESTA EN PAZ. Advertencia con que se trata de interrumpir una conversación o una actividad de alguien, que lleva camino de acabar en *riña o *discusión.

□ CATÁLOGO

Alegrías, añacea, baile, cacharpari, cacharpaya, caneisito, carnaval, cascabelada, CORRIDA de toros, cotillón, diversión, domingada, encamisada, endiablada, ENTIERRO de la sardina, fallas, *feria, festejos, festival, FIESTAS populares, francachela, función, gaudeamus, jarana, jorco, juerga, kermés [o kermesse], leila, manganeo, mascarada, máscaras, MATANZA del cerdo, mojiganga, monda, MOROS y cristianos, orgía, pachanga, piñata, *procesión, quermés, REGOCIJOS públicos, romería, ronda, rúa, sampedrada, sanfermines, sanjuanada, sanmiguelada, suiza, tango, verbena, zambra. ➤ Enjunciar. ➤ ALCALDESA de Zamarramala, alguacila, BATALLA de flores, *botarga, *caballitos, cabezudos, calesitas, canastilla, carava, *carreras, carroza, carrusel, *castillete, cucaña, estafermo, farolillo [o FAROLILLO a la veneciana], FUEGOS artificiales, hogueras, correr GALLOS, correr GANSOS, GIGANTES y cabezudos, gigantón, globo, gomia, hachón, histrión, iluminaciones, iluminarias, lámpara, luminarias, machorra, majorette, marcha, matachín, maya, mayo, moharrache [o moharracho], ninot, pandorga, personera, pregón [o PREGÓN literario], retreta, serpentina, síndica, tarasca, tazaña, TIRO al blanco, tora [o toro de fuego], toros, traca, zangarrón, zarragón. ➤ Andamio, tablado. ➤ Celebrar, conmemorar, hacer DOMINGO, endomingar[se], festejar, hacer FIESTA, hacer PUENTE. ➤ Algarrada, cabalgata, cabezas, cañas, COMBATE naval, folla, juegos, justa, liza, naumaquia, correr la PÓLVORA, correr SORTIJA, suiza, *torneo. ➤ Coso, liza, *palenque, tela. ➤ Correr [o jugar] ALCANCÍAS, alcoholar, correr CAÑAS, justar, correr [o tirar] LANZAS, mantener la TELA, tornear. ➤ Cuadrilla, guía, juez, justador, LANZADOR de tablado, pareja, parejero. ➤ Contrapechar, deshacer la LANZA. ➤ Alcancía, artesilla, bohordo. ➤ CORONA olímpica, golpe, precio, vítor. ➤ Favor, librea, mote. ➤ Borne, roquete. ➤ DÍA de fiesta, DÍA nefasto, domingo, festividad. ➤ Dominguero. ➤ Agonales, bacanales, caneforias, carisias, carmentales, cárneas, cenopegias, cereales, compitales, dictinias, florales, hontanales, JUEGOS nemeos, JUEGOS pitios, JUEGOS taurios, lemurias, leneas, lerneas, lupercales, nemeas, neomenia, panateneas, quirinales, saturnales. ➤ Bacante. ➤ Canistro. ➤ *Aniversario, atoleadas, BARRA libre, bautizo, BODAS de plata [de oro o de diamante], cacharpari, cachupinada, caristias, coliche, cotillón, cumpleaños, despedida, días, DÍAS geniales, disanto, garden party, guateque, mitote, natalicio, party, recepción, *reunión, santo, sarao, soirée, tornaboda, velada. ➤ Champañazo. ➤ Hacer los HONORES. ➤ Gala. ➤ Sala, salón. ➤ Centenario, certamen, conmemoración, juegos florales, recepción, solemnidad. ➤ Mantenedor. ➤ Mantener. ➤ FIESTA de iglesia, FUNCIÓN religiosa, procesión, solemnidad. ➤ ADORACIÓN de los Reyes, ánimas, Anunciación, AÑO Nuevo, Ascensión, Asunción, Candelaria, cincuesma, Circuncisión, Purísima CONCEPCIÓN, CONMEMORACIÓN de los difuntos, Corpus, cuasimodo, dedicación, DÍA colendo, DÍA de difuntos, DÍA festivo, DÍA de fiesta, DÍA de guardar, DÍA de los Inocentes, Santos INOCENTES, DÍA interciso, DÍA de precepto, DÍA quebrado, DÍA de Reyes, DÍA del Señor, DÍA de Todos los Santos, domingo, Epifanía, Expectación, festividad, FIESTA de las Cabañuelas, FIESTA de los Tabernáculos, FIESTA religiosa, INVENCIÓN de la Santa Cruz, jubileo, JUEVES Santo, MIÉRCOLES de Ceniza, Natividad, Navidad, NOCHE buena [o Nochebuena], octavario, Pascua, PASCUA del Espíritu Santo, PASCUA florida, PASCUA de Navidad, PASCUA de Pentecostés, PASCUA de Resurrección, pascuilla, PATROCINIO de San José, Pentecostés, Presentación, Purificación, Purísima, reviernes, Reyes, Sábado de Gloria, SÁBADO santo, Todos los SANTOS, SEMANA de Pasión [o Santa], Tránsito, Trinidad, VIERNES Santo. ➤ CULTOS solemnes, monda, RITO doble, RITO semidoble. ➤ Solemne. ➤ Alto, aventurero, bajo, caer, infraoctava, ochava, octava, ocurrir, vigilia, víspera. ➤ Calendario, santoral. ➤ Aguafiestas. ➤ *Ceremonia. *Convite. Danza. *Deporte. Divertirse. *Juego.

fiestero, -a (inf.) adj. y n. Amigo de fiestas. ≃ Festero.

fifiriche 1 (C. Rica, Méj.) adj. **Débil.* ≃ Enclenque. **2** (C. Rica, Méj.) **Petimetre.*

fifty-fifty (ingl.) adv. *Mitad y mitad, a partes iguales.

figana (Ven.) f. *Cierta *ave gallinácea doméstica, de color pardo con rayas negras.*

fígaro (del nombre de un personaje de Beaumarchais) **1** (lit.) m. *Barbero. **2** **Chaquetilla corta, sólo hasta la cintura.* ≃ Torera.

figle (del fr. «bugle», influido por «ophicléide») f. Instrumento musical de viento cuyo tubo se ensancha gradualmente desde la boquilla hasta el pabellón, doblado por enmedio y con pistones.

figo (ant.) m. *Higo.*

figón (de «figo») **1** (ant.) m. *Figonero.* **2** Establecimiento de poca categoría, donde se sirven cosas de comer. ≃ Bodegón, *CASA de comidas, taberna.

figonero, -a n. Dueño o encargado de un figón.

figuera (ant.) f. *Higuera.*

figueral (ant.) m. *Higueral.*

figulina (de «figulino») **1** f. *Estatuilla de forma agradable, pero de poco valor artístico.* ⇒ *Escultura. **2** (n. calif.) *Persona, particularmente *mujer, pequeña y delicada.*

figulino, -a (del lat. «figulīnus», de alfarero) adj. *Se aplica a las cosas de barro cocido.*

V. «ARCILLA figulina».

figura (del lat. «figūra») **1** f. Distribución peculiar de la materia que constituye cada cuerpo, por la cual es distinguible por la vista o el tacto de otros de la misma materia, color, etc. ≃ *Forma. ⇒ *Aparición, bulto, *cosa, *cuerpo, *dibujo, efigie, escultura, *fantasma, *forma, imagen, *maniquí, *muñeco, objeto, PAJARITA de papel, palmito, *perfil, pintura, silueta, sombra, SOMBRA chinesca. ➤ *Dibujo. *Imagen. ➤ *Forma. *Representación. **2** Objeto que tiene cierta forma: 'Vi pasar una figura de mujer'. **3** Cosa dibujada o hecha con cualquier material: 'Una figura dibujada en el encerado. Figuras de cera. Figuras que resultan oprimiendo entre dos papeles un borrón'. **4** Con un adjetivo, forma del cuerpo de una persona: 'No es muy guapa de cara, pero tiene buena figura. Figura esbelta, proporcionada, distinguida'. ≃ *Tipo. **5** Persona de renombre: 'Es hoy la primera figura científica española. Asistieron a la fiesta figuras de las letras, del arte y de la banca. Figuras históricas'. ≃ *Personaje. **6** *Personaje de una obra de *teatro. ⊙ *Actor que lo representa. **7** (inf.;

n. calif.; no frec. en f.) n. Se aplica a una persona muy brillante en las actividades que realiza: 'Este es un figura'. **8** MÚS. m. Signo con que se escriben las notas en el pentagrama indicando su duración. **9** Cualquiera de las *piezas que se usan para jugar a juegos de sobremesa, que tienen forma especial; por ejemplo las del *ajedrez. **10** Cualquiera de las cartas de la *baraja que tiene dibujada una figura animal o humana; o sea, la sota, el caballo y el rey de cada palo. **11** Cada variación o postura en una danza. ⊙ Particularmente, cada combinación en la posición de las parejas en los bailes llamados «de figuras». **12** GRAM. FIGURA de construcción. **13** FIGURA geométrica. **14** *Cara (rostro).* **15** (ant.) DER. *Forma de proceder en los juicios.* **16** *Mueca o ademán afectado.* ≃ Figurería. **17** *Figurón.* **18** *Persona de aspecto *ridículo.* ≃ Figurilla. **19** *Cosa que representa o significa otra.*

BUENA FIGURA («Tener, Ser una»). Aplicado a personas, buen *tipo.

FIGURA CELESTE. ASTROL. *Delineación de la positura del cielo en un momento dado.*

F. DE CONSTRUCCIÓN. GRAM. Construcción que se aparta de la considerada normal. ⇒ Adjunción, *anacoluto, anantapódoton, anapódoton, antiptosis [o antíptosis], asíndeton, ceugma, CONCORDANCIA ad sensum, hipérbaton, pleonasmo, silepsis, zeugma [o zeuma]. ➤ *Expresión.

F. DECORATIVA. **1** Figura o dibujo de alguna cosa, real o fantástica, geométrica o figurativa, que se utiliza habitualmente en la decoración; como la estrella, el caballo marino o la sirena. ⇒ *Decorar. **2** («Estar de, Ser») Se dice de algo o alguien que está en cierto sitio sin desempeñar ningún papel o sin desempeñar las funciones que le corresponden. ⇒ *Inútil.

F. DE DELITO. DER. Cada una de las formas de delito específicamente definidas por la ley.

F. DE DICCIÓN. GRAM. Alteración de una palabra por adición, supresión, cambio o trasposición de sonidos. ≃ Metaplasmo. ⇒ Aféresis, anagrama, anaptixis, contracción, elisión, epéntesis, haplología, metaplasmo, metátesis, paragoge, prótesis, síncopa, sinéresis. ➤ *Derivar. *Expresión.

F. GEOMÉTRICA. Figura formada por líneas a la que es aplicable un nombre geométrico y una definición; como el triángulo o la parábola. ⇒ *Geometría.

F. GROTESCA. Figura de cualquier clase, que provoca risa. ⊙ Representación en dibujo, pintura o escultura, o con cualquier procedimiento, de un ser humano o animal que provoca risa. ⇒ Arlequín, *botarga, cabezudo, chiborra, chuzón, coca, espantapájaros, esperpento, fantoche, figurón, gigante, gomia, *mamarracho, *máscara, maya, moharrache [o moharracho], pelele, don tancredo, tarasca, tarascón, tazaña, títere, zaharrón. ➤ *Muñeco. *Ridículo. *SERES fantásticos.

F. MONSTRUOSA. Representación hecha en dibujo, pintura o escultura, o con cualquier procedimiento, de un ser monstruoso, humano o animal. ⇒ *ANIMALES fantásticos, *SERES fantásticos.

F. RETÓRICA. **1** Cualquier manera de decir en que, buscando más expresividad o mayor efecto, o bien se introduce alguna variación en el uso corriente de las palabras, como en la exclamación, o en su significado, como en la metáfora, o bien se combinan de una manera efectista, como en el retruécano. No hay que confundir estas figuras con las llamadas específicamente «figuras de construcción» y «figuras de dicción», definidas anteriormente. **2** En sentido restringido, se llama «figura retórica», y también «figura» simplemente, así como «imagen, metáfora» y «tropo» a la transposición imaginativa del sentido de las palabras.

F. DEL SILOGISMO. LÓG. Cada uno de los cuatro modelos de *silogismo que resultan según el papel (de sujeto o de predicado) que el término medio desempeña en cada una de las premisas.

GRAN FIGURA. **1** («Ser una») Muy buena figura o *tipo. **2** Persona extraordinariamente distinguida en cierto campo. ≃ *Personaje.

MALA FIGURA («Ser, Tener»). Mal *tipo.

ALZAR FIGURA. ASTROL. *Hacer la delineación de la disposición del cielo para trazar el horóscopo de una persona.*

V. «GENIO y figura...».

HACER BUENA [O MALA] FIGURA. *Hacer buena o mala *impresión una persona al lado de otra o entre otras.* ⇒ *Comparar.

HACER FIGURAS. *Hacer *gestos o *ademanes afectados o ridículos.*

□ CATÁLOGO

FIGURAS RETÓRICAS

FIGURAS DE PENSAMIENTO: alusión, anticipación, anticlímax, antífrasis, antítesis, apóstrofe, asociación, asteísmo, *atenuación, aumentación, carientismo, cleuasmo, clímax, comparación, comunicación, conminación, conmoración, conmutación, *corrección, deprecación, dialogismo, distribución, dubitación, *énfasis, enumeración, epanortosis, epímone, epítome, equívoco, erotema, eufemismo, eutrapelia, exclamación, execración, expolición, extenuación, geminación, gradación, hipálage, hipérbole, histerología, humorismo, idolopeya, imposible, imprecación, *interrogación, ironía, lítote, obtestación, ocupación, optación, oxímoron, paradiástole, paradoja, paralelismo, parresia, perífrasis, personificación, polisíndeton, precesión, *preterición [o pretermisión], prolepsis, *prosopopeya, reduplicación, *repetición, reticencia, retruécano, sarcasmo, sátira, semejanza [o símil], sujeción, suspensión [o sustentación], tautología, transposición.

FIGURAS DE LENGUAJE: agnominación, aliteración, amplificación, anáfora, anfibología, ARMONÍA imitativa, asíndeton, asonancia, batología, complexión [o complixión], concatenación, concesión, conduplicación, conmoración, conversión, datismo, derivación, disyunción, endíadis, epanadiplosis, epanáfora, epanalepsis, epanástrofe, epifonema, epímone, epístrofe, epítome, epítrope, expolición, geminación, hipermetría, histerología, onomatopeya, *paronomasia, permisión, políptoton, quiasmo, retruécano, similicadencia, sinonimia, traducción.

TROPOS: abusión, alegoría, antonomasia, catacresis, metáfora, metagoge, metalepsis, metonimia, onomatopeya, sinécdoque, sinestesia, trasnominación.

figurable adj. *Susceptible de ser imaginado.* ≃ Imaginable.

figuración **1** f. Acción de figurarse algo. **2** Cosa que uno se figura o *imagina. **3** *Aprensión, *idea, *ilusión o sospecha desprovista de fundamento. ≃ Fantasía, imaginación. **4** CINE. Conjunto de figurantes de una película.

figuradamente adv. En sentido figurado.

figurado, -a **1** Participio adjetivo de «figurar». **2** Se aplica al sentido en que es empleada una palabra o expresión cuando no es el que originariamente le corresponde, llamado «propio» o «recto», sino otro relacionado con éste por una asociación de ideas. ⇒ *FIGURA retórica. **3** MÚS. Se aplica al *canto o *música cuyas notas adquieren distinto valor según su figura, en lo que se diferencia del «CANTO llano».

figuranta f. Forma femenina de «figurante».

figurante **1** n. Persona que, por ejemplo en una representación teatral, figura en un acompañamiento, sin más papel que ése. ≃ *Comparsa. **2** Figurón. **3** Persona sin ningún protagonismo en un asunto. ≃ Comparsa.

figurar (del lat. «figurāre») **1** tr. *Disponer, delinear y formar la figura de una cosa.* ⇒ Configurar. **2** («en, entre») intr. *Estar en cierto sitio juntamente con otros u otras cosas: 'En el inventario figuran unos candelabros de plata. El presidente figuraba entre los asistentes al acto'. ≃ Contarse, encontrarse, hallarse. **3** tr. Hacer algo con sólo la apariencia de ↘lo que se expresa: 'Figurar una retirada'. ≃ *Aparentar, *fingir, *simular. ⊙ Hacer algo el papel de una ↘cosa que no es en realidad, o representarla convencionalmente: 'Estas cuatro piedras figuran una casa'. ≃ *Representar. ⊙ («como, de») Se aplica también a personas, significando «hacer» o «ir» de cierta cosa o *representando cierto papel: 'El que figura como tutor de los niños [o de director]'. **4** intr. Ser tenido por persona importante o alternar con las personas importantes en algún sitio: 'Es una de las familias que más figuran en Madrid'. ⇒ Bullir, lucir, relacionarse, hacer VIDA de sociedad. ➤ Bullebulle, bullidor, figurante, figurón. ⊙ Suele usarse despectivamente: 'Sólo va por figurar'. **5** prnl. *Creer algo sin tener la seguridad de ello: 'Me figuro que estará a punto de llegar'. ≃ Imaginarse, presumir, suponer. ⇒ Meterse en la CABEZA, calcular, forjarse, imaginarse, presumir, recelar, *sospechar, *suponer, *temer[se], estar VIENDO. ➤ *Creer. *Deducir. *Pensar. *Suponer. **6** (terciop., con un pronombre complemento de persona) *Parecerle a la persona representada por él (ser creído o pensado por ella): 'Se me figura que no es tan rico como aparenta'.

FIGÚRATE [FIGÚRESE USTED, etc.], YA PUEDES (etc.) FIGURARTE, YA TE FIGURARÁS, NO PUEDES FIGURARTE... Expresiones muy frecuentes.

figurativamente adv. De manera figurativa.

figurativo, -a (del lat. «figuratīvus») adj. Se aplica a lo que *representa una cosa. ⊙ Por ejemplo, a diferencia de «abstracto» o «surrealista», a las obras artísticas que representan cosas de las que existen en la realidad.

figurería f. **Ademán o *gesto ridículamente afectado.*

figurero, -a **1** n. *Persona que hace o vende figuras de barro, yeso, etc.* **2** adj. y n. *Se aplica a la persona que hace figurerías.*

figurilla **1** f. Dim. frec. de «figura». **2** **Escultura pequeña y de poco valor.* **3** (n. calif.) *Persona pequeña, ridícula o de mal *tipo.*

figurín (dim. de «figura») **1** m. Dibujo destinado a servir de modelo para hacer vestidos. ⊙ (inf.) También, colección de ellos o *revista de *modas. **2** (n. calif.) Persona vestida con elegancia afectada. ⇒ *Petimetre.

figurinista n. Persona que se dedica a dibujar figurines.

figurita Dim. frec. de «figura»: 'Figurita de mazapán. Las figuritas del belén'.

figurón (aum. de «figura») **1** m. Persona fatua o *presumida, que hace por aparentar más riqueza, importancia, etc., de las que tiene. ⊙ Persona a la que le gusta figurar. ≃ Fachendoso, figurante. ⊙ Persona que quiere hacer siempre el primer papel en las cosas en que interviene. **2** Protagonista de las comedias llamadas «de figurón». ≃ *Mangoneador. ⇒ *Actor.

FIGURÓN DE PROA. MAR. Figura colocada como adorno en la parte alta del tajamar de los *barcos. ≃ MASCARÓN de proa.

V. «COMEDIA de figurón».

fija[1] (del lat. «fixa», f. de «fixus», clavado) **1** (ant.) f. **Gozne.* **2** **Paleta usada por los canteros, etc., para introducir la argamasa en las juntas de las piedras.*

fija[2] (de «fijo[1]»; Arg.) f. *En la hípica, triunfo seguro que se pronostica a un competidor.* ⊙ (Arg.) *También, el propio competidor.*

EN FIJA (Arg. y Ur.). *Con seguridad, sin duda alguna.*

ESA ES LA FIJA (achulado). *Expresión con que se *asiente a algo con mucha convicción.*

fijación **1** f. Acción de fijar. ⊙ QUÍM. *Sometimiento a reposo de una sustancia, después de una operación.* **2** Obsesión o manía de alguien: 'Tiene fijación con el dinero'. **3** (gralm. pl.) DEP. Pieza que sujeta las botas al *esquí.

fijadalgo *Femenino de «fijodalgo».*

fijado, -a **1** Participio de «fijar[se]». **2** adj. HERÁLD. *Se aplica a las piezas que acaban por abajo en punta.* **3** m. Operación de fijar.

fijador, -a **1** adj. Se aplica a lo que fija o sirve para fijar. ⊙ m. Particularmente, sustancia que sirve para fijar, por ejemplo *fotografías o *dibujos. ≃ Fijativo. ⊙ También, producto cosmético que permite fijar el peinado. **2** CONSTR. *Operario que introduce el mortero en las juntas de las piedras y lo iguala.* **3** CARP. *Operario que fija las puertas y ventanas en sus cercos.*

fijamente **1** adv. De manera fija. Con fijeza. **2** *Cuidadosamente.*

fijante (de «fijar») adj. ARTILL. *Se aplica a los disparos que se hacen por elevación, generalmente con mortero.*

fijapelo m. Fijador para el pelo.

fijar (de «fijo[1]») **1** («en, a») tr. y prnl. Poner[se] una ↘cosa fija en algún sitio: 'Fijar un sello en una carta [un cartel en la pared, un lienzo al bastidor]. El dolor se ha fijado en la pierna derecha'. ⊙ tr. *Hincar: 'Fijar un clavo en la pared [o un poste debajo del agua]'. ⊙ Arreglar ↘algo que ya está colocado de modo que no cambie de posición o se mueva: 'Fijar un carro con cuñas'. ≃ Afirmar, *asegurar, consolidar, sujetar. ⇒ Desfijar, prefijar. ⊙ prnl. Aplicado al tiempo, *asegurarse. **2** («en») tr. Fijar insistentemente la mirada [la atención, el pensamiento] en algo'. ⊙ («en») prnl. Dirigir la atención con interés a cierta cosa: 'Fíjate bien en lo que voy a decirte'. ≃ Poner [o prestar] *ATENCIÓN. **3** («en») Atender a cierta cosa para tomarla como ejemplo o como lección: 'Fíjate en cómo lo hace tu compañero'. **4** («en») Sentir alguien atraída su atención por una cosa o una persona: 'Me he fijado en ella desde que he entrado en el salón. Ya se han fijado en él y tendrá que andar con cuidado'. **5** («en») Adquirir conciencia de algo que se ve o se tiene delante: 'No te has fijado en que llevo un vestido nuevo'. ≃ Advertir, apercibirse, darse CUENTA, notar, *percatarse, percibir, reparar. **6** tr. *Determinar, *establecer, *precisar o *puntualizar. Decidir una persona o *acordar entre varios la ↘cuantía, la fecha, el significado u otros detalles de algo: 'Hemos fijado la fecha del viaje. Fijar el sentido de una expresión'. Puede llevar complemento de persona: 'No le han fijado sueldo hasta ver cómo trabaja'. **7** Aplicar a las ↘*fotografías o a los *dibujos el líquido que los fija. **8** CONSTR. *Introducir el mortero en las juntas de las ↘piedras cuando están calzadas, valiéndose de una fija o paleta.* **9** CARP. *Poner las bisagras y asegurar y ajustar las ↘hojas de *puertas y *ventanas a los cercos de las mismas cuando éstos se han colocado ya en los muros.* **10** («en») prnl. *Afirmarse alguien en una resolución, etc.* **11** **Decidirse.*

¡FIJAOS [FÍJATE, FÍJESE USTED]! **1** (inf.) Expresión equivalente a «¡mirad!», etc., con que se llama la *atención sobre algo. **2** (inf.) Expresión expletiva o enfática que se intercala en una exposición. **3** (inf.) Expresión, generalmente precedida de «conque», con la cual se subraya la comunicación de algo que se supone produce *despecho o *desengaño en la persona a quien se comunica: 'No me importa nada que se lo digas... ¡conque fíjate!'. ⇒ *Mortificar.

V. «fijar el SOL».

□ CATÁLOGO
Poner [o prestar] ATENCIÓN, calar, tomar en CONSIDERACIÓN [o en CUENTA], escuchar, fichar, filar, poner INTERÉS, marcar, parar [o poner] MIENTES, estar a la MIRA, tomar NOTA [o buena NOTA], aguzar el OÍDO, ser todo OÍDOS, echar el OJO, andar con cien OJOS, clavar los OJOS, no quitar OJO, ser todo OJOS, sorber las PALABRAS, estar PENDIENTE de, percatarse, reparar, no perder RIPIO, no echar en SACO roto, aguzar el SENTIDO, con [o tener puestos] los [mis, tus, etc.] cinco SENTIDOS. ➤ De pasada, a primera [simple] VISTA. ➤ *Interés. *Percatarse.

fijativo m. Fijador para fotografías o dibujos.

fijeza f. Situación o cualidad de fijo: 'No me lo digas mientras no lo sepas con fijeza. Estaba mirando con fijeza al orador'. ≃ Seguridad.

fijiano, -a adj. y, aplicado a personas, también n. De Fiji, estado asiático.

fijo[1], **-a** (del lat. «fixus») **1** («a, en») adj. Puesto de modo que no puede moverse o desprenderse: 'Un garfio fijo en el extremo del palo. Una anilla fija a la pared. Asegúrate antes de subir de que la escalera esté bien fija'. ≃ *Sujeto. ⊙ *Inmóvil: 'Con la mirada fija'. ⊙ («Estar») Se aplica a las personas que viven permanentemente en un sitio: 'Los militares no están fijos en un sitio'. **2** No sujeto a cambios: 'Fiestas fijas. Residencia fija. Todavía no sabemos el día fijo de la boda'. ⇒ *Cierto, *determinado, *estable, *invariable, *permanente. ➤ De plantilla. ➤ *Eventual. ⊙ («Ser») Aplicado a cargos o empleos, tenido con carácter *definitivo: 'Lo malo es que el cargo que tiene no es fijo'. ⊙ («Ser», si se yuxtapone a «empleado» o palabra equivalente; «Ser» o «Estar», si se emplea con cópula) Se aplica a la persona que tiene un empleo con carácter *definitivo: 'Él es uno de los cinco empleados fijos. Lleva algún tiempo en la empresa, pero no es [o está] todavía fijo'. **3** adv. Con seguridad o certeza.

DE FIJO. Con seguridad.

fijo[2], **-a** (ant.) n. **Hijo o descendiente.*

fijodalgo (de «fijo de algo»; ant.) m. *Hijodalgo.*

fil (del lat. «fīlum»; ant.) m. *Fiel de *romana.*

FIL DERECHO. *Juego del salto o *saltacabrilla.*

fila (del fr. «file») **1** f. *Línea formada por cosas colocadas una detrás de otra. ≃ Hilera. ⊙ Específicamente, línea que forman* los soldados de *frente, hombro con hombro: '¡Rompan filas!'. ⊙ En una disposición de cosas formando líneas verticales y horizontales, se aplica a estas últimas: 'En la tabla de Pitágoras se buscan las cifras que hay que multiplicar, una en la primera fila y otra en la primera columna'. ⇒ Andana, cadena, calle, carrera, cola, columna, cuerda, hilera, liño, procesión, ringle, ringlera, *serie, tiramira. ➤ A la deshilada, en deslayo. ➤ Almanta, entreliño. ➤ Desfilar, enfilar. **2** (pl.) Fuerzas militares. ⊙ (pl.) Agrupación, particularmente de carácter político. **3** *Unidad de medida de *agua aplicada a expresar la que llevan las acequias, usada especialmente en Valencia, Aragón y Navarra: de 46 a 86 litros por segundo.* **4** (Hues.) **Madero de 26 a 30 palmos de longitud, de canto y tabla casi iguales entre sí.* **5** (Zar.) **Madero en rollo de 13 varas de longitud y 12 dedos de diámetro.* **6** (inf.; «Coger, Tener») *Antipatía, hincha, tirria: 'Dice que el capitán le ha cogido fila'.

CERRAR [O ESTRECHAR] [LAS] FILAS. Estrechar la *unión entre sí los que forman una comunidad, por ejemplo frente a un *peligro.

DE PRIMERA FILA («Ser»). De mucha categoría o importancia.

DE SEGUNDA [TERCERA, CUARTA] FILA («Ser»). De poca categoría: 'Un político de segunda fila'.

FORMAR EN LAS FILAS DE cierta agrupación, partido, etc. Figurar en ellos. ⇒ *Estar.

EN FILA. Colocado formando fila. ⇒ De a.

EN FILA INDIA (inf.). Uno detrás de otro.

EN FILAS. En el servicio militar.

EN PRIMERA FILA. En la primera fila de una serie de ellas: 'Se sienta siempre en primera fila porque no oye bien'. ⊙ En sitio destacado, con prurito de ser visto. ⇒ *Lucirse.

LLAMAR A FILAS. Convocar a un joven para que realice el servicio militar.

¡ROMPAN FILAS! Orden militar de significado claro.

filacteria (del lat. «phylacterĭa», del gr. «phylaktḗrion») **1** f. *Cierto *amuleto o talismán usado antiguamente. ⊙ Tira de pergamino con pasajes de la *Biblia, que llevaban los *judíos sujeta al brazo izquierdo o a la frente.* **2** *Banda con inscripciones que se pone en dibujos, cuadros, esculturas, etc.

filadillo (ant.) m. *Hiladillo (varias acepciones).*

filadiz (de «filado») m. **Seda que se saca del capullo roto.*

filado (de «filar»; ant.) m. *Acción y efecto de hilar.* ≃ Hilado.

filador, -a (ant.) n. *Hilador.*

filamento (del b. lat. «filamentum», der. de «fīlum», hilo) m. *Hilo de cualquier material, delgado como un pelo. ⇒ *Brizna, *fibra, *flagelo, *hilo, *pelo, pestaña. ⊙ Específicamente, hilo que se pone incandescente en las *lámparas eléctricas: 'Filamento metálico [o de carbón]'. ⊙ Se usa muy frecuentemente para describir la *forma como la de un filamento o un hilo. ⊙ BOT. Parte alargada del estambre de las flores que sujeta la antera.

filamentoso, -a adj. Formado por filamentos.

filamiento (de «filar»; ant.) m. *Acción y efecto de hilar.* ≃ Hilado.

filandón (del asturiano «filazón», der. de «fīlum»; Ast., León; ant.) m. **Reunión nocturna de mujeres para hilar.*

filandria (del fr. «filandre») f. Gusano nematelminto, parásito del intestino de las *aves, especialmente de las rapaces.

filantropía f. Cualidad de filántropo.

filantrópico, -a adj. De [la] filantropía.

filántropo (del gr. «philánthrōpos») n. Persona que se distingue por su amor a sus semejantes y por sus obras en bien de la humanidad. ⇒ Altruista.

filar **1** (ant.) tr. *Hilar.* **2** MAR. **Soltar poco a poco un cabo o cable que está trabajando.* **3** (inf.) Fijarse en una ↘persona y estar precavido contra ella. ≃ Calar, fichar. ⇒ *Conocer.

filarete (del fr. «filaret»; ant.) m. MAR. *Red llena de ropas que se colocaba a veces sobre los costados del *barco para defenderlo de las balas.*

filaria (del lat. «fīlum», hilo) f. Nombre aplicado ciertos *gusanos nematodos, parásitos del organismo humano y de los animales. Una de las especies, la *Wuchereria bancrofti*, se aloja en los vasos linfáticos, produciendo su obstrucción, enfermedad conocida como «elefantiasis».

filariosis f. MED. *Enfermedad producida por la filaria.*

filarmonía (de «filo-[2]» y «armonía») f. Afición a la *música o al canto.

filarmónica **1** (Vizc.) f. **Acordeón.* **2** (Cuba, P. Rico) **Armónica.*

filarmónico, -a (de «filarmonía») adj. y n. Aficionado a la *música. ≃ Melómano. ⊙ adj. y n. f. MÚS. Denominación que se da a algunas orquestas sinfónicas.

filástica (del ant. «filo», del lat. «fīlum», hilo; usable como colectivo: «mecha formada de filástica vieja») f. MAR. Filamento de cáñamo de los que forman los *cabos o de los que se sacan de los cabos viejos para emplearlos para atar u otros usos.

filatelia (de «filo-²» y el gr. «atéleia», exención del pago de portes) f. Afición a los *sellos de correos y conocimiento de ellos.

filatélico, -a adj. De [la] filatelia.

filatelista n. Persona que se dedica a coleccionar sellos de correos y que tiene conocimientos sobre ellos.

filatería (del ant. «filateria», de «filacteria») f. **Palabrería con que se intenta embaucar.* ⊙ *Exceso de palabras para expresar un concepto.*

filatero, -a n. *Persona que usa filaterías.*

filaucía (del gr. «philautía», egoísmo; ant.) f. **Amor propio.*

filautero, -a (de «filautía») adj. **Egoísta.*

filautía f. *Filaucía.*

filderretor m. *Cierta *tela de lana semejante a la lanilla.*

file (ingl.; pronunc. [fail]; Cuba) m. **Carpeta para papeles, libros, etc.*

filelí (del sup. ár. and. «filalí», del ár. marroquí «fīlali», perteneciente a «Tafilalt», Tafilete, ciudad de Marruecos donde se hacía esta tela; ant.) m. *Cierta *tela muy ligera de lana y seda.* ≃ Lilaila, filili.

fileno, -a (de «Fileno», nombre propio de uso poético, influido en esta acepción por «Filis»; inf.) adj. **Afeminado o melindroso.*

filera (de «fila») f. *Arte de *pesca utilizado a la entrada de las albuferas, consistente en varias filas de *redes que tienen en sus extremos unas nasas pequeñas.*

filete (del fr. «filet») **1** m. Dibujo o relieve largo y estrecho, de anchura uniforme, que está sobre algo, como elemento de ello o como adorno; por ejemplo, el saliente en espiral de un *tornillo, o la *moldura arquitectónica en forma de cinta, la más fina de todas; como la que va generalmente entre dos de perfil curvo. ⇒ *Listón. *Tira. **2** Loncha de *carne. ⇒ Biftec [bistec, bisté], entrecot, escalope, milanesa, rosbif, tournedos [o turnedó]. ⊙ Trozo de *pescado obtenido abriendo éste, separando la raspa y cortando en trozos las planchas resultantes. **3** **Asador pequeño y delgado.* **4** (Alm.) **Cuerda de esparto formada con dos hilos.* ⊙ MAR. *Cuerdecilla de esparto con que se atan las velas de los buques latinos.* **5** AGRÁF. Pieza con que se imprimen las líneas de separación, por ejemplo entre el texto y las notas. ⇒ Mediacaña, pleca. **6** HERÁLD. *Banda, orla o faja muy estrecha.* **7** *Remate hecho a punto de ojal en el *borde de alguna prenda de ropa.* **8** **Corriente de aire frío que entra por una rendija.* ⇒ Cuchillo. **9** EQUIT. *Embocadura que se les pone a los potros para acostumbrarlos a recibir el bocado, compuesta de dos cañones delgados y articulados en el centro, con unas argollas en los extremos a las que se sujetan las riendas y testeras.* ⇒ *Freno.

FILETE RUSO. Masa de carne picada de forma redondeada, que se reboza en huevo y pan rallado y se fríe.

DARSE EL FILETE (vulg.). Besarse y toquetearse una pareja.

fileteado (de «filetear») m. Rosca de un *tornillo.

filetear tr. Adornar ↘algo con filetes. ⊙ *Hacer el trabajo de taracea *embutiendo filetes de otra madera.*

filetón (aum. de «filete») m. **Entorchado más grueso que el ordinario con que se *bordan flores.*

filfa (¿de un sup. «pilfa», andrajo, de «felpa»?) **1** (inf.; partitivo y numerable) f. Cosa engañosa, que no es la cosa buena que aparenta ser: 'Ese pastel parece una gran cosa, pero es una [todo o pura] filfa'. ≃ Engañifa. **2** (inf.; partitivo y numerable) Noticia o información falsa: 'Todo lo que te ha dicho es filfa'. ≃ *Mentira.

filia (culto) f. Afición o simpatía hacia algo: 'Filias y fobias'.

-filia Forma del sufijo «-filo» en la terminación de nombres: 'hemofilia'.

filiación 1 f. Acción de filiar. ⊙ *Ficha o *documento que contiene los datos personales de alguien. ⊙ *Inscripción del que sienta plaza en un regimiento, con sus señas personales. **2** Conjunto de los datos que sirven para identificar a alguien. ≃ *Personalidad. **3** Procedencia de ciertos padres o de cierto lugar, considerada como un dato *personal y, por ejemplo, consignada en un documento: 'Me tomaron la filiación'. **4** Circunstancia de estar afiliado a cierto partido: 'De filiación socialista'. ≃ Afiliación. **5** **Dependencia de una persona o cosa respecto de otra.*

filial (del lat. «filiālis») **1** adj. De hijo o como de hijo. **2** f. Se aplica a la *iglesia o establecimiento que depende de otro.

filialmente adv. Como hijo.

filiar (del lat. «filĭus», hijo) **1** tr. Apuntar en una *ficha para archivarla los datos personales de ↘alguien. ≃ Fichar, tomar la filiación. ⊙ Particularmente, hacerlo así la *policía. **2** prnl. **Alistarse como soldado.* **3** **Afiliarse a un partido o cosa semejante.*

filibote (del fr. «flibot») m. *Cierto *barco de dos palos y popa redonda, semejante a la urca.*

filibusterismo m. **1** Actividad de los filibusteros. **2** Práctica parlamentaria que consiste en el abuso del reglamento, generalmente para retrasar la aprobación de una ley.

filibustero (del fr. «flibustier») **1** m. *Pirata de los que en el siglo XVII infestaban el mar de las Antillas. **2** Instigador de la sublevación durante la guerra de independencia de Cuba.

filicida (del lat. «filĭus», hijo, y «-cida») adj. y n. *Se aplica a la persona que *mata a un hijo suyo.*

filicidio m. *Muerte violenta dada por una persona a un hijo suyo.* ⇒ Infanticidio.

filicíneo, -a (del lat. «filix, -ĭcis», helecho e «-íneo») adj. y n. f. BOT. *De aspecto o de naturaleza de *helecho.*

filiera (del fr. «filière», hilera) f. HERÁLD. *Bordura disminuida en la tercera parte de su anchura.*

filiforme (del lat. «fīlum», hilo, y «-forme»; culto) adj. De *forma de hilo.

filigrana (del it. «filigrana») **1** f. Trabajo de orfebrería en que el oro o la plata forman un dibujo semejante a un encaje. ⇒ *Joya, platero. **2** Cosa fina y delicadamente trabajada o hecha con gran habilidad. ⇒ Afiligranado. **3** *Marca de fábrica en el *papel, que se ve por transparencia. ⊙ Dibujo que se ve por transparencia en los *billetes de banco. **4** (Cuba; cualquier verbenácea del género *Lantana,* como *Lantana camara) Arbusto verbenáceo que tiene hojas ásperas, aromáticas, aovadas, de bordes ondulados, flor menuda y fruto apiñado.* ⇒ *Planta.

fililí (de «filelí»; inf. y hum.) m. *Delicadeza, refinamiento, sutileza o primor con que está hecha o trabajada una cosa.*

filipéndula (del lat. «fīlum», hilo, y «pendŭla», colgante; *Filipendula hexapetala)* f. Cierta hierba rosácea. ⇒ Planta.

filipense adj. y, aplicado a personas, también n. m. *De la Congregación de San Felipe Neri.*

filípica (por alusión a los discursos de Demóstenes contra «Filipo», rey de Macedonia) f. *Reprensión extensa y violenta dirigida a alguien.

filipichín m. *Cierta *tela de lana estampada.* ≃ Arretín.

filipina (Cuba) f. **Chaqueta de hombre, de dril, sin solapas.*

filipino, -a 1 adj. Aplicado como denominación en «islas Filipinas». **2** adj. y, aplicado a personas, también n. De las Filipinas. ⇒ Aeta, bata, ita, polista, tagalo. ➤ INDIO sangley. ➤ Condrín, mas, tael. ➤ Anito. ➤ Barangay, barangayán, gubán, pontín, salisipan. ➤ Batanga. ➤ Patadión, tapis. ➤ Loán. ➤ Barangay, principalía. ➤ Cainge. ➤ Caída. ➤ Sanctórum.

V. «PUNTO filipino».

filis (de «Filis», nombre propio de mujer muy usado en la lírica clásica) **1** f. **Habilidad y gracia para hacer las cosas.* **2** *Figurilla de barro que se solían atar al brazo las mujeres, como *adorno o como *amuleto.*

filisteo, -a (del lat. «Philistaeus») **1** adj. y n. Individuo de un pueblo del sur de Palestina, enemigo de los israelitas y tenido por bárbaro y materialista. ⊙ (pl.) m. Este pueblo. ⇒ *Biblia. **2** (n. calif.) *Hombre muy *alto y *corpulento.*

filló (de «filloa»; gralm. pl.) m. *Filloa.*

filloa (del gall. «filloa»; gralm. pl.) f. *Cierta masa de harina frita.* ⇒ *MASA frita.

filloga (del gall. «filloa»; Zam.) f. **Morcilla hecha con sangre de cerdo, arroz, canela y azúcar.*

film (ingl.; pl. «films») m. Filme.

filmación f. Acción y efecto de filmar.

filmadora (Hispam.) f. *Tomavistas.*

filmar (del ingl. «film», película) tr. Tomar o fotografiar una ˃escena en una película. ≃ Cinematografiar.

filme (del ingl. «film»; pl. «filmes») m. Película cinematográfica.

filmina f. *Fotografía positiva sacada en cristal o película, de modo que se puede proyectar por transparencia. ≃ Diapositiva.

filmografía (de «filme» y «-grafía») f. Relación de películas con una característica común; como haber sido realizadas por el mismo director o interpretadas por un determinado actor.

filmoteca (de «filme» y «-teca») **1** f. Lugar donde se conservan y proyectan películas que ya no suelen proyectarse comercialmente. ≃ Cinemateca. **2** Colección de películas.

filo[1] (del lat. «filum») m. *Borde agudo o cortante de una cosa; particularmente, de la *hoja de un arma o utensilio. ⇒ Aceros, arista, boca, contrafilo, corte, hilo, tajo. ➤ Acerado, afilado, agudo, aguzado, buido, filoso, filudo. ➤ Filván, releje. ➤ Embotar. ➤ Pompo. ➤ *Afilar, reseguir.

FILO RABIOSO. *Filo afilado mal.*

F. DEL VIENTO. Dirección que lleva el *viento.

AL FILO de la media noche, del medio día, de las doce, etc. A esa *hora exactamente.

V. «ARMA de dos filos».

COMO EL FILO DE UN CUCHILLO. Aplicado a «aire» o «viento», cortante.

DE DOBLE [O DE DOS] FILO[S]. Expresión aplicada al *arma o instrumento que lo tiene por los dos lados de la hoja. ⊙ Y, en sentido figurado, a cualquier cosa *peligrosa de manejar porque puede resultar de efecto contrario al perseguido; particularmente, en la expresión «arma de dos filos».

POR FILO. *Aplicado a la expresión de una hora, en punto:* 'Media noche era por filo...'. ⇒ *Exacto.

filo[2] (del gr. «phýlon», raza, casta) m. Bot. *Categoría taxonómica que agrupa a los *protozoos y *animales de ascendencia común; es una categoría inferior a reino y superior a *clase.* ≃ *Filum.*

filo-[1] o **-filo**[1], **-a** Elemento prefijo o sufijo del gr. «philos», amigo, amante de: 'filósofo, germanófilo'.

filo-[2] o **-filo**[2], **-a** Elemento prefijo o sufijo del gr. «phýllon», hoja, empleado en palabras cultas: 'anisofilo, filoxera'.

filodio (del gr. «phyllṓdēs», semejante a una hoja) m. BOT. *Pedúnculo ensanchado y laminar que sustituye a la lámina de la hoja, que habitualmente está reducida.

filófago, -a (de «filo-[2]» y «-fago») adj. y n. ZOOL. *Se aplica al animal que se *alimenta de hojas.*

filogenético, -a adj. BIOL. De [la] filogenia.

filogenia o **filogénesis** (del gr. «phŷlon», raza) f. BIOL. Historia de la evolución de un grupo taxonómico.

filología (del lat. «philologĭa», del gr. «philología») f. Ciencia que estudia las lenguas y las obras literarias producidas en ellas desde un punto de vista erudito: 'Sección de Filología Románica de la Facultad de Letras'. ⇒ Romanística. ➤ *Lingüística. *Literatura. *Lengua. *Lenguaje.

☐ NOTAS DE USO

La delimitación del campo entre la filología y la lingüística no es clara. Desde luego, no es aplicable el término «filología» al estudio general del lenguaje articulado, que es objeto específico de la lingüística, y menos al aprendizaje de idiomas, que puede ser también designado con este último nombre. En cuanto al estudio de las lenguas y los textos, proponen algunos tratadistas reservar «filología» para el estudio de un idioma en los textos; y «lingüística» para el estudio del idioma con independencia de los textos, aunque éstos se utilicen como medios.

filológicamente adv. Según los principios de la filología.

filológico, -a adj. De [la] filología.

filólogo, -a n. Especialista en filología.

filomanía (de «filo-[2]» y «-manía») f. BOT. *Superabundancia de *hojas en un vegetal.*

filomela (de «Filomela» que, según la mitología griega, fue transformada por los dioses en un ruiseñor; lit.) f. *Ruiseñor (pájaro).

filomena (lit.) f. Filomela.

filón (del fr. «filon») **1** m. GEOL., MINER. Masa metalífera o pétrea que rellena una grieta de otra roca. ≃ Vena, veta, yacimiento. ⇒ Banco, bolsa, calón, catimía, guía, testero, vena, veta. ➤ Aspa, haba, salbanda, yacente. ➤ Afloramiento, crestón, tejado. ➤ *Geología. *Minería. **2** Cosa o negocio de que se saca mucho *provecho.

filonio (del lat. «philonĭum») m. FARM. **Electuario compuesto de miel, opio y otros ingredientes calmantes y aromáticos.*

filopos (¿de or. leonés?) m. pl. CAZA. *Vallas de lienzo y cuerda que se instalan para encaminar las piezas a un sitio determinado.*

filosa *(Cytinus hypocistis)* f. *Planta raflesiácea.

filoseda (del ant. «filo», del lat. «filum», hilo, y «seda») **1** f. *Cierta *tela de lana y seda.* **2** *Otra *tela de seda y algodón.*

filoso, -a (Arg., C. Rica, Hond.) adj. *Afilado.*

filosofador, -a (inf.) adj. y n. Se aplica a la persona que filosofa o es aficionada a filosofar.

filosofal adj. V. «PIEDRA filosofal».

filosofar (del lat. «philosophāri») intr. Meditar sobre cosas transcendentales. ⊙ Se aplica humorísticamente al hecho de *pensar o exponer ideas, sin método y sin verdadero valor, sobre cosas trascendentales.

filosofastro (del lat. «philosophaster, -tri») m. Desp. de «filósofo».

filosofía (del lat. «philosophĭa», del gr. «philosophía») **1** f. Nombre genérico aplicado a los razonamientos encaminados a explicar la naturaleza, relaciones, causas y finalidad del mundo físico, más allá de lo perceptible por los sentidos, y de los hechos *espirituales. ⊙ Particularmente, al conjunto de los razonamientos de esa clase expuestos sistemáticamente por los pensadores de las distintas épocas. ⊙ Cualquier conjunto sistemático de pensamientos de esa clase a la que se puede aplicar un nombre particular: 'Filosofía kantiana'. ≃ Sistema filosófico. ⊙ O relativo a determinado campo: 'Filosofía de la historia'. **2** *Conformidad o *tranquilidad; actitud del que no se altera excesivamente por una contrariedad o un contratiempo: 'Ha tomado con filosofía su destitución'. **3** Forma de valorar o apreciar algo: 'Los dos hermanos tienen una filosofía distinta de la vida'. ⊙ Intención con que se hace algo: 'La filosofía de la empresa es aumentar la productividad'.

□ CATÁLOGO

Artes, axiología, cosmología, estética, ética, gnoseología, ideología, lógica, metafísica, moral, ontología, psicología, *teología. ➤ Agnosticismo, alejandrino, amoralismo, antroposofía, aristotelismo, asociacionismo, atomismo, averroísmo, cartesianismo, cínico, cirenaico, conceptualismo, confucianismo [o confucionismo], creacionismo, criticismo, determinismo, dinamismo, doctrinarismo, dogmatismo, dualismo, eclecticismo, eleático, emanantismo, empirismo, enciclopedismo, epicureísmo, erasmismo, erístico, escepticismo, escolasticismo, escotismo, esencialismo, esoterismo, espinosismo, espiritualismo, estoicismo, existencialismo, fatalismo, fenomenalismo, fenomenología, fideísmo, finalista, gasendismo, gnosticismo, hegelianismo, hermético, hilomorfismo, idealismo, iluminismo, indeterminismo, individualismo, innatismo, intelectualismo, irracionalismo, kantismo, krausismo, lulismo, maimonismo, maniqueísmo, materialismo, monadismo, monismo, naturalismo, neocriticismo, neokantismo, neoplatonismo, nihilismo, nominalismo, ontologismo, optimismo, organicismo, panenteísmo, panspermia, panteísmo, peripatético, pesimismo, perspectivismo, pitagorismo, platonismo, poligenismo, positivismo, pragmatismo, presocrático, probabilismo, racionalismo, realismo, relativismo, sansimonismo, senequismo, sensualismo, sincretismo, socrático, sofista, solipsismo, suarismo, tomismo, tradicionalismo, utilitarismo, vitalismo, vivismo, voluntarismo. ➤ Academia, liceo. ➤ *Doctrina, escuela. ➤ Ensayista, filósofo, pensador. ➤ Categoremas, categorías, universales. ➤ Eón. ➤ Afilosofado.

filosóficamente adv. De manera filosófica. ⊙ Con filosofía (conformidad).

filosófico, -a adj. De [la] filosofía: 'Lenguaje filosófico'. V. «DUDA filosófica, LANA filosófica».

filósofo, -a **1** n. Persona que se dedica a la filosofía. **2** adj. *Filosófico.* **3** (n. calif.) m. Hombre virtuoso y *austero, que se mantiene ajeno a las luchas y pasiones, como mero espectador. **4** (inf.; n. calif.) n. Persona que sabe vivir bien, desentendiéndose de preocupaciones. ⇒ *Tranquilo.

filote m. *Barbas del *maíz.*

filotráquea f. ZOOL. *Órgano respiratorio de los escorpiones y arañas, consistente en una bolsa con la pared provista de repliegues laminares.*

filoxera (de «filo-²» y el gr. «xērós», seco) **1** *(Phylloxera vastatrix)* f. Insecto hemíptero que ataca a la *vid produciendo graves daños en las hojas y raíces. ⇒ *Plaga. **2** (inf.) *Borrachera.*

filoxérico, -a adj. De la filoxera.

filtiré (del fr.) m. Deshilado (bordado).

filtración f. Acción y efecto de *filtrar[se]. ⊙ Particularmente, divulgación de algo secreto o confidencial.

filtrado, -a **1** Participio adjetivo de «filtrar[se]». **2** m. Acción de filtrar.

filtrador, -a adj. Que filtra algo.

filtrante adj. Que filtra o sirve de filtro.

filtrar (de «filtro») **1** tr. Hacer *pasar una ↘sustancia fluida por cierto sitio para retener parte de sus componentes o algo que está mezclado con ella. ⊙ Hacer lo mismo y con objeto semejante con las radiaciones, con la corriente eléctrica u otra cosa semejante. **2** intr. y prnl. Pasar un líquido a través de una pared o un cuerpo poroso. **3** tr. Seleccionar la parte que interesa de ↘algo: 'La secretaria filtra las llamadas al director'. **4** Difundir o comunicar indebidamente una ↘información que se considera reservada. **5** prnl. Aplicado a «*dinero, *bienes», etc., desaparecer irregularmente, por malversación o sustracción.

□ CATÁLOGO

Calar[se], exudar, infiltrar[se], lloverse, ósmosis, pasar[se], recalar[se], recolar, *rezumar[se], sudar[se], transpirar[se], trascolar, trasminar[se], traspasar, trasvinar[se], trazumar[se]. ➤ Filtración, gotera, infiltración, sudadero. ➤ Destiladera, destilador, *filtro, manga, membrana, PAPEL de filtro. ➤ Bernegal. ➤ Permeable, poroso. ➤ Ósmosis. ➤ Impermeable. ➤ *Colar. *Destilar. *Purificar. *Separar.

filtro[1] (de «fieltro») **1** m. Materia porosa, por ejemplo cierto papel, o dispositivo de cualquier clase, que sirve para filtrar: 'El filtro de la cafetera. El filtro del cigarrillo'. ⊙ ÓPT. *Pantalla que se interpone en el camino de la luz para privarla de ciertas radiaciones. ⊙ ELECTR. Dispositivo para eliminar de la corriente eléctrica ciertas frecuencias. ⊙ Puede aplicarse acomodaticiamente a otras cosas destinadas a dejar *pasar parte de una cosa y retener otra parte: 'Filtro solar'. ⊙ Puede usarse en sentido figurado: 'Han contratado a un auxiliar que sirva de filtro de las consultas al departamento de informática'. **2** *Manantial de agua dulce en la costa o dentro del mar.*

V. «PAPEL de filtro».

filtro[2] (del lat. «philtrum», del gr. «phíltron») m. Bebida embrujada que se supone tiene el poder de provocar en una persona amor hacia otra determinada. ≃ Bebedizo. ⇒ Hierbas. ➤ *Hechicería.

filudo, -a adj. *De filo muy agudo.*

filum m. BIOL. **Filo (categoría taxonómica).*

filustre (de «filis» y «lustre»; inf. y hum.) m. *Finura o elegancia.*

filván (de «hilo» y «vano») m. **Rebaba que queda en una herramienta recién afilada.*

fimatosis f. MED. **Tuberculosis.*

fimbria (del lat. «fimbrĭa») **1** f. *Borde inferior de una vestidura talar, o franja que la adorna. **2** *Franja de adorno. ≃ Orla.

fimo (del lat. «fimus») m. **Estiércol o *excrementos.* ≃ Fiemo.

fimosis (del gr. «phímōsis») f. MED. Estrechez en el *prepucio, que impide la salida del bálano.

fin (del lat. «finis») **1** m. Hecho de *terminarse una cosa: 'El fin del mundo'. **2** Final: 'Hay una señal para anunciar el fin del carrete'. **3** Finalidad: 'El fin de esta reunión es llegar a un acuerdo'. **4** (ant.) **Límite.* ≃ Confín.

FIN DE FIESTA. *Espectáculo con que se termina una función.

F. DEL MUNDO. Expresión de significado claro. ⇒ Anticristo, CONSUMACIÓN de los siglos, JUICIO final.

F. DE SEMANA. 1 Tiempo que transcurre entre el abandono del trabajo en el fin de una semana y el recomienzo de él. ⇒ *Descanso, *vacación. ⊙ Excursión o salida del lugar de residencia habitual durante ese tiempo. 2 *Maletín pequeño en que cabe justamente lo necesario para esa clase de viaje.

F. ÚLTIMO. *Objeto al que se aspira en último lugar, al que conducen otros objetivos parciales.

A FIN DE [QUE]. *Para la cosa que se expresa: 'A fin de acabar antes'.

A FINES DE semana, mes, etc. En los últimos días de la semana, del mes, etc.

A FIN DE CUENTAS. 1 En fin: 'A fin de cuentas: que no puedo ir'. 2 Al FIN y al cabo: 'Que lo pague él; a fin de cuentas, es el responsable del destrozo'.

AL FIN. 1 Después de haber esperado mucho o haber pasado por diversas vicisitudes. Se emplea mucho con tono exclamativo como expresión de *alivio. 2 En la última parte de cierta acción o suceso. ≃ Al final. 3 Como conclusión, a veces absurda, de lo hablado, ocurrido, etc. ≃ Al final.

¡AL FIN SOLOS! Exclamación de significado claro muy repetida en tono jocoso.

AL FIN Y AL CABO. Expresión con que se introduce una afirmación en apoyo de algo que se acaba de decir y que, en cierto modo, está en oposición con otra cosa hablada con anterioridad, con un pensamiento no expuesto o con la actitud u opinión que se supone en el que escucha: 'Debes ser tú quien ceda; al fin y al cabo, él es tu padre. Pasaremos el río a nado; al fin y al cabo, no es tan difícil'. ≃ Al FIN y a la postre, a [o en] FIN de cuentas. ⇒ *Consecuencia (conjunciones y expresiones consecutivas). *Corregir (expresiones correctivas).

AL FIN Y A LA POSTRE. Al FIN y al cabo.

DAR FIN. *Terminarse una cosa.

DAR FIN A una obra. *Terminarla.

DAR FIN DE una cosa. *Consumirla del todo o *destruirla.

EN FIN. Expresión con que se pasa a exponer la *conclusión o resumen de lo que se viene diciendo o hablando: 'En fin: que no puedo ir hoy'.

EN FIN DE CUENTAS. A FIN de cuentas.

PONER FIN a una cosa. *Terminarla o interrumpirla definitivamente: 'Poner fin a una discusión'.

POR FIN. Al FIN.

V. «del PRINCIPIO al fin».

SIN FIN. 1 Infinitos, *muchos: 'Ha recibido felicitaciones sin fin'. 2 Se aplica a una correa, cable, cinta transportadora, etc., con los extremos unidos, que pueden girar continuamente accionados por un mecanismo.

V. «TORNILLO sin fin».

finable (ant.) adj. *Terminable.*

finado, -a 1 Participio de «finar». 2 n. Persona *muerta. ≃ Difunto.

final (del lat. «finālis») 1 («Al, En el») m. Punto de una cosa o de una acción tras del cual ya no hay o se hace más de esa cosa o esa acción: 'Hay un nudo en el final del cordón'. Para precisar, diferenciando este matiz del siguiente, es frecuente añadir «justamente»: 'Mi casa está justamente al final de la calle'. ≃ Fin, remate, *terminación, término. ⊙ («Al, Hacia el») Parte próxima a ese punto: 'Ocurrió ya al final de la guerra'. ⊙ Acción o manera de *terminarse algo: 'Tuvo un final trágico'. ≃ Fin. ⊙ En una obra literaria, cinematográfica, etc., manera de resolverse la trama al final de ella: 'No me gusta el final de la película'. ≃ *Desenlace, fin. 2 adj. Se aplica a lo que constituye la última parte de una cosa: 'La traca final'. ⊙ f. Última fase de un concurso o *campeonato a la que llegan los que han superado las pruebas eliminatorias anteriores. 3 adj. GRAM. Se aplica a las expresiones conjuntivas y prepositivas que significan finalidad: «a fin de [de que], en orden a, para que». ⊙ GRAM. Y a la oración compuesta cuyo nexo es una expresión final.

FINAL DESASTROSO; MAL FINAL. Enlaces frecuentes.

AL FINAL. 1 En el final: 'Al final de la guerra [del año, de la calle]'. ≃ Al fin. 2 Como conclusión de todo lo hablado, ocurrido, etc. Implica frecuentemente que la conclusión de que se trata es absurda o inadmisible: '¡No... si al final resultará que quien tenía razón era él!'. ≃ Al fin, después de todo.

V. «CAUSA final, JUICIO final, PUNTO final».

finalidad (del lat. «finalĭtas, -ātis») f. *Objetivo: 'No sé cuál es la finalidad de esa orden'. ⊙ Utilidad: 'Explícame la finalidad de este orificio'.

finalista 1 adj. y n. Se aplica a la persona que en una competición o en una *elección o *concurso llega a la prueba o votación final. 2 n. *Partidario de la doctrina de las causas finales.*

finalización f. Acción de finalizar.

finalizar 1 intr. *Terminarse una cosa. 2 Estar próxima a su *terminación: 'Finalizaba el verano'. 3 tr. Terminar alguien una ↘cosa.

finalmente 1 adv. En último lugar o después de diversas vicisitudes: 'Finalmente, nos invitaron a cenar'. 2 Como *decisión final: 'Finalmente, que no me conviene'.

finamente adv. Con finura y delicadeza.

finamiento (ant.) m. *Fallecimiento.*

financiación f. Acción de financiar.

financiar (del fr. «financer») tr. Suministrar el *dinero para una ↘empresa.

□ CONJUG. como «cambiar».

financiero, -a (del fr. «financier») 1 adj. De [las] finanzas. ⊙ adj. y n. f. Se aplica a la entidad que financia algo: 'Pidió un préstamo a una financiera para la compra del piso'. 2 n. Persona entendida en los asuntos de finanzas y que se ocupa en ellos. 3 (inf.) Persona que administra bien sus gastos y sus ingresos.

financista (Hispam.) n. *Financiero.*

finanza (del fr. «finance») 1 (gralm. pl.) f. Conjunto de actividades relacionadas con el *dinero de los negocios, los bancos y la bolsa. 2 (pl.) Conjunto de los recursos económicos de un estado, organismo, etc. 3 (pl.) Hacienda pública. 4 (ant.) *Fianza o *garantía.* 5 (ant.) *Rescate.*

finar (de «fin») 1 intr. y prnl. **Morir.* 2 («por») **Desear mucho una cosa.*

finca (de «fincar») f. *Propiedad rústica o urbana. ⊙ («Poseer, Tener, Adquirir, Comprar, Enajenar, Vender, Radicar, Estar situada, Lindar») Particularmente, terreno de extensión considerable que posee alguien, en el que puede haber montes, lagos o cualquier otro accidente del terreno, y también casas: 'Tiene una hermosa finca en Andalucía'.

FINCA RÚSTICA. La consistente principalmente en tierras. ≃ Propiedad rústica.

F. URBANA. La consistente en un edificio. ≃ Propiedad urbana.

□ CATÁLOGO

Alcairía, alcaría, almunia [o almuña], alodio, alquería, cafería, carmen, CASA de campo [de labor o de labranza], casería, chácara, chacra, cigarral, cortijo, donadío, estancia, fianza, FINCA de recreo, gañanía, *granja, *hacienda, hato, heredad, hormazo, josa, lagar, latifundio, minifundio, posesión, potrero, predio, propiedad, *quinta, quintería, rafal [o rafalla], rancho, ribera, TÉRMINO redondo, torre, villoría. ➤ *Colono. ➤ Ruedo. ➤ Finquero. ➤ Campista. ➤ Agente, CORREDOR de fincas. ➤ Cantero, parcela, tranzón. ➤ *Servidumbre. ➤ Refacción. ➤ Aboyado, aperado. ➤ Catastro. ➤ Afincar. ➤ *Bienes. *Campo. *Propiedad.

fincabilidad f. **Bienes consistentes en fincas.*

fincable (de «fincar»; ant.) adj. **Restante.*

fincar (del sup. lat. vulg. «figicāre», fijar, con influencia de «fingĕre») **1** intr. *Adquirir fincas. ⊙ Generalmente, en un determinado sitio, para quedarse en él: 'Su padre procedía de otro pueblo, pero fincó en este al casarse'. **2** (ant.) **Quedar.* ≃ Ficar. **3** (ant.) tr. *Hincar.*

finchado, -a (de «finchar») *Participio de «finchar[se]».* ⊙ *Orgulloso o *estirado.*

finchar 1 (ant.) tr. *Hinchar.* **2** prnl. **Envanecerse o ensoberbecerse.*

finés, -a (¿del fr. «finnois»?) **1** adj. y, aplicado a personas, también n. Se aplica a un pueblo que se extendió por parte del norte de Europa y dio nombre a Finlandia, y a sus cosas. **2** *Finlandés.

fineta f. *Cierta *tela de algodón, de tejido diagonal.*

fineza 1 f. *Aplicado a cosas, cualidad de fino.* ≃ Finura. ⊙ *Delicadeza o *primor puestos en la ejecución de una cosa.* **2** *Obsequio delicado que se hace a alguien.* ≃ Atención. ⊙ *Muestra de amistad hacia alguien.* **3** Acción o dicho con que se da a entender el cariño o el aprecio que se tiene a alguien.

finger (ingl.; pronunc. [finguer]; pl. «fingers») m. Conducto móvil utilizado en los aeropuertos que permite a los pasajeros llegar desde la terminal hasta el avión.

fingidamente adv. De manera fingida.

fingido, -a 1 Participio adjetivo de «fingir»: artificial, ficticio, falso, irreal o simulado. **2** *Hipócrita.*

fingidor, -a adj. y n. Que finge.

fingimiento m. Acción de fingir.

fingir (del lat. «fingĕre») **1** tr. o abs. Dejar ver o hacer creer con palabras, gestos o acciones ↘algo que no es verdad: 'Fingir sorpresa [o un desmayo]'. ≃ Afectar, aparentar, *simular. **2** tr. Representar con arte una ↘cosa que parece real: 'Con luces de colores finge paisajes fantásticos en el escenario'. ≃ *Simular.

□ CATÁLOGO

Cohonestar, fruncirse, hacerse el, honestar, hacer el PAPEL, hacer el PARIPÉ, ser. ➤ Afectado, *beato, camandulero, *cazurro, comediante, doble, fariseo, farsante, fingido, fingidor, gazmoño, hazañero, hipócrita, impostor, jesuita, jesuítico, misticón, mogato, *mojigato, nebulón, santón, santucho, santulón, santurrón, teatral, testimoniero, tramoyista. ➤ Beatería, bigardía, camándula, camandulería, cancamusa, carnavalada, comedia, cuentitis, devotería, disfraz, doblez, fariseísmo, farsa, ficción, fingimiento, gatería, gazmoñería, guadramaña, hazañería, *hipocresía, impostura, integumento, segunda INTENCIÓN, LÁGRIMAS de cocodrilo, lamedor, mascarada, mojigatería, mojigatez, pantomima, pasmarota, representación, solapa, superchería, teatinería, tramoya, zalagarda, zanguanga. ➤ De DIENTES afuera. ➤ Sobresano. ➤ Ficción, ficticio, ficto. ➤ *Afectación. *Astucia. *Disimular. *Engaño. *Imitar. *Mentir. *Ocultar. *Simular.

finible adj. *Susceptible de *terminar o ser terminado.*

finibusterre (del lat. «finĭbus terrae», en los fines de la tierra; inf.; «El») m. *El *colmo o el *súmmum.*

finiestra (del lat. «fenestra»; ant.) f. **Ventana.*

finiquitar (de «finiquito») tr. Terminar una ↘*cuenta entre dos personas con el ajuste y pago del saldo. ≃ Liquidar, saldar.

finiquito (de «fin» y «quito», libre de una deuda.) m. Hecho de finiquitar una cuenta. ⊙ *Documento o recibo en que consta. ⊙ Particularmente, el que pone fin a la relación laboral entre una empresa y un trabajador.

finir (del lat. «finīre»; ant., usado aún en Col., Chi., Ven.) tr. **Terminar.*

finisecular adj. Del fin de cierto *siglo.

finítimo, -a (del lat. «finitĭmus») adj. *Aplicable a campos o territorios, *limítrofe o *contiguo.*

finito, -a (del lat. «finītus») adj. Se aplica a lo que tiene *límites en el tiempo o el espacio. ⇒ *Infinito.

finitud f. Cualidad de finito.

finlandés, -a 1 adj. y, aplicado a personas, también n. De Finlandia. ≃ Finés. **2** m. Lengua de este país. ≃ Finés.

finn (ingl.; pronunc. [fin]) m. *Barco de vela de una sola plaza que se utiliza en competiciones deportivas: 'Compitió en la clase finn'.

fino, -a (de «fin») **1** adj. *Delgado; de poco grosor o espesor: 'Un papel [o un hilo] fino'. ⇒ Entrefino, finústico, superfino. ⊙ Se aplica particularmente a «punta». ⊙ Aplicado a las personas y, particularmente, a «facciones» o «tipo», delgado y correcto de forma[s]. **2** MAR. *Se aplica al *barco que corta bien el agua.* **3** (inf.) Aplicado a personas y a su manera de hablar u obrar, *astuto o hábil en el trato social en su propio beneficio. **4** Aplicado a los sentidos, *agudo: 'No tiene un olfato muy fino'. **5** *Liso o *suave; sin asperezas. **6** *Delicado o *selecto: ⊙ Aplicado a cosas, hecho con más cuidado o para un gusto más exigente que las cosas ordinarias: 'Muebles [o dulces] finos. Un espectáculo fino'. ⊙ Aplicado a personas, de maneras distinguidas y corteses. ⇒ Afiligranado, *delicado, distinguido, *elegante, escogido, exquisito, fileno, de buen GUSTO, primoroso, *refinado, *selecto, señor, *suave, de buen TONO. ➤ Filigrana, fililí, fineza, finura, filis, filustre. ➤ Afectado, *cursi, finolis, *ñoño. ➤ *Afinar. *Amable. *Correcto. *Cortés. *Educar. *Pulido. **7** Aplicado a «amigo, amante» o palabras equivalentes, muy *amable o atento. ⊙ También se ha dicho «fina amistad, fino amor», etc. **8** adj. y n. m. Se aplica a un vino de Jerez muy seco, con una graduación que oscila entre 15° y 17°.

V. «CANELA fina, PIEDRA fina».

finojo (ant.; sing. o pl.) m. **Rodilla.* ≃ Hinojo.

finolis (inf.) adj. y n. Se aplica a las personas que usan una finura exagerada y afectada. ≃ Finústico. ⇒ *Cursi.

finquero m. *Hombre que explota una finca rústica en los territorios españoles del Golfo de Guinea.* ⇒ *Labrador.

finta[1] (del it. «finta», ficción) f. Simulación del intento de hacer cierta cosa. ⊙ ESGR. Simular un golpe que no se da, para coger desprevenido al contrario con el que realmente se le dirige. ≃ Amago. ⊙ DEP. Especialmente en *fútbol, amago para deshacerse de la presión del contrario.

finta[2] (¿del port. «finta»?) f. **Tributo que se pagaba antiguamente al soberano en caso de grave necesidad.*

fintar intr. Hacer fintas (amagos).

finura f. Cualidad de fino, en cualquier acepción.

FINURA DE ESPÍRITU. Cualidad que se atribuye a la persona *sensible para apreciar y gozar la belleza y en el trato con los demás.

finústico, -a (de «fino» con la terminación de «rústico»; inf.) adj. Desp. de «fino», en cualquier acepción. ⊙ (inf.) Aplicado a personas, finolis.

fiñana (¿de «Fiñana», nombre de un pueblo de Almería?) f. *Variedad de *trigo fanfarrón de aristas negras.*

fiofío (de or. expresivo; *Elaenia albiceps)* m. **Pajarillo insectívoro de Chile.* ≃ TORITO.

fiordo o, no frec., **fiord** (del escandinavo «fjord») m. *Golfo de Noruega, estrecho y profundo, formado entre montañas de laderas abruptas. ⇒ Apénd. II, DERIVACIÓN (vacilación en palabras procedentes de idiomas extranjeros).

fique 1 (Col., Ven.; *Furcraea macrophylla)* m. *Planta agavácea, con pencas radicales carnosas, en forma de pirámide triangular.* 2 (Hispam.) **Fibra de la pita, de que se hacen *cuerdas.*

firma (de «firmar») 1 («Echar, Poner, Poner al pie, Delegar, Legalizar, Autorizar, Refrendar con») f. Nombre o título de una persona, generalmente acompañado de una rúbrica, escrito por ella tal como tiene costumbre de hacerlo para estos casos, al pie de cartas o documentos hechos o autorizados por ella. ⇒ *Firmar. ⊙ Estilo característico de alguien: 'El sabotaje lleva la firma de un grupo extremista'. 2 Acción de firmar un *jefe de una vez, generalmente a diario, las cartas o documentos que se le presentan para ello. 3 Conjunto de esas cartas o documentos. 4 *Empresa o casa comercial. 5 (Ar.) DER. *Uno de los cuatro tipos de proceso foral de Aragón, por el cual se mantenía al litigante en posesión de los bienes que se presumía le pertenecían.* 6 DER. *Despacho expedido por el tribunal al que se beneficiaba de este procedimiento.*

BUENA [o MALA] FIRMA. *En las relaciones comerciales, persona que tiene *crédito o que no lo tiene, respectivamente.*

MEDIA FIRMA. En los documentos oficiales, aquella en que se omite el nombre de pila.

DAR LA FIRMA a otro. Confiarle la dirección de un *negocio suyo o una dependencia de él.

LLEVAR [o TENER] LA FIRMA DE alguien o de una empresa. Tener la *representación de la persona o empresa de que se trata.

firmado, -a 1 Participio adjetivo de «fimar». 2 n. Firmante, en la frase «el abajo firmado».

firmal (del port. «firmal») m. **Joya en forma de broche.*

firmamento (del lat. «firmamentum») 1 m. *Espacio que se ve por encima de nuestras cabezas, en el que están los astros. ≃ *Cielo, BÓVEDA [o ESFERA] celeste, CAPA del cielo, éter. ⊙ Se le da este nombre, particularmente cuando se considera por la noche, al tiempo en que los astros son visibles. 2 (ant.) **Fundamento o *cimientos.*

firmamiento (ant.) m. **Firmeza.*

firmán (del turco «ferman» o del persa «farmān») m. *Decreto soberano en Turquía.* ⇒ *Ley.

firmante n. Persona cuya firma figura al pie de una carta o documento. ≃ Signatario.

firmar (del lat. «firmāre», afirmar) 1 tr. Poner alguien su firma al pie de una ↘carta, documento, etc. ⊙ Poner su firma la autoridad correspondiente en una ↘*ley, orden, etc., para hacerla efectiva. ⊙ prnl. *Usar en la firma el nombre que se expresa:* 'Se firma con su segundo apellido'. ⇒ Señalar, signar, subscribir, suscribir. ➤ Legalizar, refrendar. ➤ Estampilla. ➤ Antefirma, autógrafo, cruz, firma, rúbrica, signo. ➤ VISTO bueno. ➤ Firmante, infrascripto, infrascrito, signatario. ➤ Firmón. 2 (inf.; «por») intr. Pasar una persona a formar parte de una empresa después de firmar un contrato; particularmente, un deportista: 'El jugador ha firmado por un equipo de primera división. El delantero firmó por tres años'. 3 (inf.; «por») Manifestar una persona su conformidad o satisfacción si cierta cosa ocurriera: 'Yo firmaría por tener un trabajo como el suyo'. 4 (ant.) tr. *Afirmar: poner segura una ↘cosa.* 5 (Ar.) *Contratar un ↘trabajador o servidor, generalmente por un año.* ≃ Afirmar.

FIRMAR EN BLANCO. Firmar antes de estar escrito lo que ha de ser autorizado con la firma, por ejemplo para que pueda escribirlo a su gusto cierta persona, a la que se da así una muestra de *confianza. ⊙ Se usa también en sentido figurado, significando *aprobar por anticipado lo que haga cierta persona.

firme (del lat. vulg. «firmis», del lat. «firmus») 1 adj. Se dice de lo que no vacila o se mueve por falta de apoyo o sujeción: 'Un apoyo [o una mesa] firme'. ≃ Estable, fijo, fuerte, *seguro, sólido. ⊙ Consistente, *duro, erguido, tenso o turgente; se dice de lo que no se dobla o cae con desmayo por falta de dureza, consistencia o tensión; este significado tiene en la orden «¡firmes!». 2 Aplicado a cosas no materiales, se dice de lo que no se debilita o cambia: 'Una amistad firme. Creencias firmes'. ≃ Inalterable, inconmovible, inquebrantable, *invariable. ⊙ *Definitivo: no sujeto a cambio: 'Sentencia firme'. ⊙ («Estar, Mantenerse, Ser») Se dice de la persona que mantiene sus opiniones, propósitos, etc.: 'Está [o se mantiene] firme en su decisión. Es firme en sus convicciones'. 3 m. Capa sólida de *terreno sobre la que se puede cimentar. 4 Capa de guijo o de piedra machacada que se pone para consolidar el piso de una carretera. 5 *Pavimento de carretera. ≃ Afirmado. 6 adv. *De firme:* 'Le pegó firme'.

DE FIRME. *Mucho o con mucha intensidad: 'El calor aprieta de firme. Le hacen trabajar de firme. Está estudiando de firme para los exámenes'.

EN FIRME. Se aplica en el comercio a la operación que se realiza con carácter *definitivo y no condicional o provisional.

ESTAR EN LO FIRME. Estar *acertado en una creencia, una línea de conducta, etc.

¡FIRMES! *Voz de mando en el Ejército para que se *cuadren los soldados.

V. «a PIE firme, TIERRA firme».

□ CATÁLOGO

Asegurado, correcho, inconmovible, inmoble, reforzado, *resistente, *seguro, sólido, *sujeto, tieso. ➤ DUEÑO [o SEGURO] de sí mismo. ➤ Categórico, ejecutorio, enérgico, entero, inconquistable, indisoluble, infracto, inmoble, *íntegro, *sereno. ➤ Arraigar[se], no dar su BRAZO a torcer, plantar CARA, contrastar, desafiar, hacer FRENTE, sostener la MIRADA, dar el PECHO, aguantar a PIE firme, parar los PIES, no dejarse PISAR, rebelarse, recalcitrar, oponer RESISTENCIA, TENERLAS tiesas, zapatearse. ➤ Asiento, consistencia, pulso. ➤ A machamartillo, a PRUEBA de bomba. ➤ Alma, barra, barrote, precinta, *puntal, refuerzo, tranca. ➤ *Débil, *fláccido. ➤ Afirmar, confirmar, refirmar ➤ *Asegurar. *Duro. *Entereza. *Erguir. *Fuerte.

firmedumbre (del sup. lat. «firmitūmen», por «firmitūdo, -ĭnis»; ant.) f. *Firmeza.*

firmemente adv. Con firmeza. ⊙ Con seguridad: 'Lo creo firmemente'.

firmeza 1 f. Cualidad de firme, en cualquier acepción. ⊙ («de») Particularmente, *entereza: cualidad del que mantiene sus creencias o convicciones o lleva a cabo sus propósitos sin dejarse desviar por otros o por impresiones pasajeras: 'Firmeza de convicciones [creencias, ideales, ideas, opiniones; de conducta; de carácter, de espíritu]'. ⊙ Actitud del que se mantiene firme en cierta cosa: 'Sostuvo con firmeza su parecer. Sostendrá con firmeza su palabra'. ≃ Perseverancia, porfía, tesón. **2** (Arg.) *Baile de pareja suelta que se bailaba al compás de una música cantada, cuyo estribillo tenía una serie de indicaciones sobre los movimientos que debían hacer los bailarines.*

firmón (n. calif.) adj. y n. m. *Se aplica al que firma, cobrando por ello, trabajos facultativos ajenos; por ejemplo, de alguien que no tiene título legal para firmarlos.*

firuletes (del sup. gall. port. «ferolete», por «florete»; Arg., Perú) m. pl. **Arrequives.* ⇒ Superferolítico.

fisán (del lat. «phaseŏlus», alubia, con cambio de sufijo; Cantb.) m. **Judía.*

fis- V. «fisio-».

fiscal (del lat. «fiscālis») **1** adj. Del fisco. **2** n. Funcionario de la carrera judicial que representa en los juicios el interés público y, con ese carácter, mantiene la acusación contra los delincuentes o el interés del Estado frente al de los particulares, en contra del abogado defensor de éstos. ⇒ MINISTERIO fiscal [o público]. ➤ *Tribunal. **3** (n. calif.) m. Persona que juzga severamente las acciones de los demás o de alguien determinado. **4** n. Se aplica la designación a algunos empleados que tienen a su cargo en alguna forma defender los intereses del fisco: 'Fiscal de tasas'. **5** adj. Del fiscal. **6** (Hispam.) *Antiguamente, en los pueblos de *indios, uno de ellos encargado de que los demás cumpliesen sus deberes religiosos.* **7** (Bol., Chi.) *Seglar que cuida de una capilla rural, dirige las funciones del culto y auxilia al párroco, por quien es nombrado.* ⇒ *Iglesia.

V. «MINISTERIO fiscal».

fiscalía f. Cargo de fiscal. ⊙ Despacho u oficina suya.

fiscalidad 1 f. Actividad de fijar y recaudar el Estado los impuestos. **2** Conjunto de impuestos.

fiscalización f. Acción de fiscalizar.

fiscalizador, -a adj. y n. m. Que fiscaliza.

fiscalizar tr. Ejercer funciones de fiscal. ⊙ Observar las ↘acciones de ↘alguien para encontrar faltas que haya en ellas. ⇒ *Inspección, *vigilar.

fisco (del lat. «fiscus», cesta, seguramente porque se tenía el dinero en una de ellas) **1** («El») m. Conjunto de todos los bienes propiedad del Estado. ⇒ BIENES del Estado [municipales, nacionales, provinciales o públicos], erario, FONDOS públicos, HACIENDA pública, PATRIMONIO del Estado, RECURSOS del Estado, TESORO público. ➤ *Moneda. ➤ RENTA estancada. ➤ Contraloría. ➤ Confiscar. ➤ Revertir. **2** («El») El Estado, como recaudador de impuestos.

fiscorno m. Instrumento musical de viento parecido al bugle, que forma parte de la cobla catalana.

fisga[1] **1** (Ast.) f. **Pan de escanda.* **2** (Ast.; colectivo) *Grano de la *escanda descascarado.*

fisga[2] (de «fisgar») **1** f. *Cierto *arpón empleado para *pescar peces grandes.* **2** (Guat., Méj.) TAUROM. *Banderilla.* **3** **Burla que se hace de alguien.*

fisgar (del sup. lat. «fixicāre», hincar, clavar, de «fixus», clavado) **1** tr. *Pescar con fisga.* **2** (inf.) Procurar alguien enterarse indiscretamente de los ↘asuntos de otros, preguntando, hablando con ellos, yendo a sus casas, etc. ≃ Fisgonear, husmear. ⇒ *Acechar, *atisbar, *curiosear, *entrometerse, escarbar, *escudriñar, fisgonear, hocicar [u hociquear], hurgar, huronear, *investigar, *mirar, asomar las NARICES, *observar, olfatear, oliscar, olisquear, remover, revolver. ➤ Chismoso, desenvolvedor, deshollinador, entrometido, fisgón, indiscreto, mirón, preguntón. ➤ *Curioso. *Indiscreto. *Sonsacar. **3** intr. y prnl. *Hacer burla de alguien.*

fisgón, -a adj. y n. Se aplica a la persona aficionada a fisgonear.

fisgonear (de «fisgón») tr. Fisgar.

fisgoneo m. Acción de fisgar o fisgonear.

fisiatra n. Naturista.

fisiatría (de «fis-» e «-iatría») f. Naturismo.

fisiátrico, -a adj. De la fisiatría.

física (del lat. «physĭca», del gr. «physikḗ», f. de «physikós») **1** f. Ciencia que estudia los fenómenos que ocurren en la *materia, excluyendo los que modifican la estructura molecular de los cuerpos, lo cual es objeto de la química. ⇒ Artes. ➤ *Átomo. *Electricidad. *Electrónica. *Fuerza. *Hidráulica. *Imán. *Máquina. *Mecánica. *Movimiento. ➤ ESTADO físico. ➤ Fluido, *gas, *líquido, *sólido. **2** (ant.) **Medicina (ciencia).*

FÍSICA ELECTRÓNICA. Parte de la física que trata de la producción, comportamiento y acciones de los electrones libres, por ejemplo en los tubos de vacío y en las células fotoeléctricas. ≃ *Electrónica.

F. NUCLEAR. La que se ocupa de los fenómenos que ocurren en el *núcleo atómico.

físicamente 1 adv. En relación con la materia, con las propiedades o fenómenos físicos o con la física. ≃ Materialmente. **2** Por oposición a «espiritualmente», en relación con el cuerpo: 'Me encuentro bien físicamente. Le gusta físicamente, pero no está enamorada de él'. ≃ Corporalmente. ⊙ Aplicado a la manera de *trabajar, con las manos o el cuerpo.

físico, -a 1 adj. De [la] *física: 'Los estudios físicos en España. Los cambios físicos de los cuerpos'. **2** Aplicado a «mundo, fenómeno, propiedad» y palabras equivalentes, significa lo mismo que «*material»: de [la] materia: 'El universo físico'. ⊙ Aplicado a «defecto, dolor, imposibilidad, presencia, sensación, señas, sufrimiento», etc., significa del *cuerpo, relacionado con el cuerpo o percibido con los sentidos. **3** n. Persona que se dedica al estudio de la física. **4** (ant. y todavía en algunos pueblos) m. *Médico.* **5** *Aspecto de una persona: 'No me gusta su físico'.

V. «DEFECTO físico».

fisicoquímica f. Ciencia que estudia un grupo de cuestiones que están entre la física y la *química; como la ósmosis y la electrólisis.

fisicoquímico, -a adj. De la fisicoquímica o de su objeto.

fisio- (var. «fis-») Elemento prefijo del gr. «phýsis», naturaleza.

fisiocracia (de «fisio-» y «-cracia») f. Doctrina de ciertos economistas de la Ilustración que propugnaba el conocimiento y respeto de las leyes naturales y consideraba la agricultura como la actividad primordial para crear riqueza.

fisiócrata n. Partidario de la fisiocracia.

fisiología (del lat. «physiologĭa», del gr. «physiología») f. Ciencia que estudia el funcionamiento de los seres orgánicos: 'Fisiología animal. Fisiología vegetal'. ⊙ Funcionamiento de un organismo: 'Es una persona que tiene una fisiología perfecta'.

□ CATÁLOGO

Somatología. ➤ Fisiológico, vegetativo. ➤ Psicofísica. ➤ Complexión, *constitución, temperamento. ➤ Facultad, función, vida. ➤ Economía, metabolismo, síntesis. ➤ Abducción, aducción, asimilación, *circulación, crecimiento, desasimilación, digestión, eferencia, eretismo, generación, locomoción, movimiento, nutrición, orgasmo, parto, *reproducción, *respiración, *secreción, *sensibilidad. ➤ Caloricidad, fagocitosis, fuerza, plétora, reacción, reflejo, *salud, simpatía, sinergia, tonicidad, tono. ➤ Bostezo, *calambre, *dolor, *dormirse, estornudo, *hipo, *picor, *sacudida, *sudor, *sueño, *suspiro, temblor, tos, vigilia. ➤ *Accidente, *achaque, *desmayo, *enfermedad, trastorno. ➤ AÑO climatérico. ➤ *Anatomía. *Biología. *Medicina.

fisiológicamente adv. Según los principios de la fisiología.

fisiológico, -a adj. De [la] fisiología.

fisiólogo, -a n. Especialista en fisiología.

fisión (del lat. «fissĭo, -ōnis») f. FÍS. Escisión del núcleo del *átomo, por ejemplo mediante su bombardeo con electrones, que libera una gran cantidad de energía y es el fenómeno fundamental en que se basa la producción de energía nuclear. ⇒ PILA atómica, reactor. ➤ *Átomo.

fisionar tr. *Verbo empleado a veces por «escindir».*

fisionomía (del lat. «physiognomĭa», del gr. «phisiognōmōnía») f. Fisonomía.

fisiopatología (de «fisio-» y «patología») f. Rama de la patología que estudia los trastornos fisiológicos del organismo.

fisioterapeuta n. MED. Especialista en fisioterapia.

fisioterápeutico, -a adj. MED. Fisioterápico.

fisioterapia (de «fisio-» y «-terapia») f. MED. Tratamiento de las enfermedades o lesiones por medio de elementos naturales como el agua, el barro, etc., o mecánicos, como el masaje o la gimnasia.

fisioterápico, -a adj. MED. De [la] fisioterapia.

fisípedo, -a (del lat. «fissĭpes, -ĕdis», ¿a través del fr.?) adj. y n. m. ZOOL. Por oposición a «pinnípedo», se aplica a los animales que tienen los dedos libres o la pezuña partida, como los bóvidos. ⇒ Bisulco, de PATA hendida.

fisirrostro, -a (del lat. «fissus», hendido, y «rostrum», pico) adj. y n. m. ZOOL. Se aplica a ciertos *pájaros, como la golondrina y el vencejo, que tienen el pico profundamente hendido.

fisonomía (de «fisionomía») **1** f. Aspecto, calificado de alguna manera o que causa determinado efecto, que resulta de la combinación de facciones de una persona: 'Una fisonomía dulce, risueña, expresiva, inteligente'. ≃ *Cara, faz, rostro, semblante. ⇒ Expresión. **2** *Aspecto de algo, que revela su carácter o produce un efecto u otro: 'La fisonomía de la ciudad'.

fisonómico, -a adj. De la fisonomía.

fisonomista 1 adj. y n. Con «buen» o «mal», se aplica a la persona que recuerda o reconoce bien las *caras de las personas, o lo contrario: 'Perdone que no le haya reconocido: soy muy mal fisonomista'. **2** n. *Persona que se dedica al estudio de la fisonomía.* **3** Empleado de casinos, salas de fiestas y otros establecimientos encargado de recordar el aspecto de los clientes a los que conviene vigilar.

fisónomo, -a n. *Fisonomista.*

fisóstomo (del gr. «phŷsa», soplo, y «stóma», boca) adj. y n. m. ZOOL. *Se aplica a ciertos *peces teleósteos cuya vejiga natatoria está unida al esófago mediante un conducto.*

fistol (del it. «fistolo», diablo) **1** m. *Hombre ladino y *astuto, singularmente en el *juego.* **2** (Méj.) **Alfiler de *corbata.*

fístola (ant.) f. *Fístula.*

fistolar (de «fístola»; ant.) tr. y prnl. *Fistular[se].*

fistra (del lat. «fistŭla», cañafístula) f. **Ameos (planta umbelífera).*

fístula (del lat. «fistŭla») **1** f. *Tubo o *cañería de conducir un líquido.* **2** *Instrumento musical semejante a una *flauta.* **3** MED. Conducto ulceroso abierto en la piel o en las membranas mucosas. ⇒ Rija.

FÍSTULA LAGRIMAL. MED. Fístula formada debajo del saco lagrimal, por la que fluye pus, lágrimas o moco. ≃ Rija.

fistular[1] (del lat. «fistulāris») adj. MED. De [la] fístula.

fistular[2] tr. y prnl. MED. *Convertir[se] una ↘llaga en fístula.* ≃ Afistolar[se], afistular[se].

fistuloso, -a adj. De naturaleza de fístula.

fisura (del lat. «fissūra») **1** f. *Grieta o *hendidura que se produce en un objeto. ⊙ Específicamente, grieta longitudinal que se produce en un *hueso. ⊙ MINER. *Hendidura en una masa de *mineral.* **2** MED. Grieta en el *ano. **3** Lo que debilita la unión de algo no material: 'En la coalición se han producido algunas fisuras'.

fito- o -fito, -a Elemento prefijo o sufijo del gr. «phytón», vegetal: 'fitófago, saprofito'.

fitófago, -a (de «fito-» y «-fago»; cient.) adj. y n. m. *Se aplica al organismo que se alimenta de sustancias vegetales.*

fitoftirio (de «fito-» y el gr. «phtheírion», piojillo) adj. y n. m. ZOOL. *Se aplica a ciertos insectos parásitos que constituyen *plagas de las plantas; como la filoxera.*

fitografía (de «fito-» y «-grafía») f. *Parte de la *botánica que se ocupa de la descripción de las plantas.*

fitográfico, -a adj. BOT. *De la fitografía.*

fitógrafo, -a n. BOT. *Especialista en fitografía.*

fitolacáceo, -a (del nombre latino del género botánico «Phytolacca») adj. y n. f. BOT. Se aplica a las *plantas de la familia de la hierba carmín y el ombú, que son árboles, arbustos o lianas, principalmente tropicales, que son cultivadas por sus usos medicinales y ornamentales o para obtener tintes. ⊙ f. pl. BOT. Familia que forman.

fitolito (de «fito-» y «-lito») m. BOT. *Vegetal *fósil.*

fitología (de «fito-» y «-logía») f. *Botánica.*

fitonisa (ant.) f. **Pitonisa.*

fitopatología (de «fito-» y «patología») f. Estudio de las *enfermedades de las *plantas.

fitoplancton (de «fito-» y «plancton») m. Plancton vegetal.

fitotecnia (de «fito-» y «-tecnia») f. *Disciplina que estudia el cultivo de las *plantas.*

fitotomía (de «fito-» y «-tomía») f. *Parte de la *botánica que estudia los tejidos vegetales.*

fiucia (del lat. «fiducĭa»; ant.) f. **Confianza.* ⇒ Afiuciar, ahuciar, desahuciar, desfiuzar, fiuciar.

fiuciar (del sup. lat. «fiduciāre», empeñar; ant.) tr. *Garantizar.* ≃ Afiuciar.

fiyuela (León) f. **Morcilla.* ≃ Filloga.

fizar (del sup. lat. «fictiāre»; Ar.) tr. **Picar (hacer una picadura); especialmente, los insectos o reptiles.*

fizón (de «fizar»; Ar.) m. **Aguijón.*

flabelado, -a (del lat. «flabellum», abanico) adj. En ciencias naturales, de *forma de *abanico.

flabelicornio (del lat. «flabellum», abanico, y «cornu», cuerno) adj. ZOOL. *Se dice de los *insectos que tienen las antenas en forma de abanico.*

flabelífero, -a (del lat. «flabellĭfer, -ĕra», que lleva abanico) adj. *Se aplica a la persona encargada de mover un abanico en las ceremonias de *culto o de *palacio.*

flabeliforme (del lat. «flabellum», abanico, y «-forme») adj. De *forma de abanico.

flabelo (del lat. «flabellum», abanico) m. **Abanico con un mango largo que se agita delante de algún personaje o en algunas ceremonias de culto.*

flaccidez f. Cualidad o estado de fláccido. ≃ Flacidez.

fláccido, -a (del lat. «flaccĭdus») adj. Se aplica a las cosas blandas y faltas de tersura o tiesura: 'Las vestiduras caían fláccidas a lo largo de su cuerpo. Sus mejillas fláccidas'. ≃ Flácido. ⇒ P...ch. ➤ Blanducho, bofo, caído, cedicio, deslavazado, desmadejado, desmalazado, desmazalado, flojo, fofo, *lacio, laxo, pachucho, papandujo, pocho. ➤ *Firme. ➤ *Blando.

flacidez f. Flaccidez.

flácido, -a adj. Fláccido.

flaco, -a (del lat. «flaccus») **1** (inf.) adj. Aplicado a personas, muy *delgado. **2** Se aplica a la persona que tiene o muestra en cierto caso poca entereza o poca resistencia a las tentaciones ⊙ También, «la carne es flaca». ⇒ *Flaquear. **3** m. Aspecto de una persona en que falla su entereza. ≃ Debilidad, PUNTO flaco. ⊙ Vicio o afición muy fuerte: 'Su flaco es la afición a la bebida'. ⇒ *Debilidad.

V. «flaco de MEMORIA, a PERRO flaco todo son pulgas, PUNTO flaco, hacer un flaco SERVICIO, VACAS flacas».

□ CATÁLOGO

Aleluya, cangallo, poca[s] CHICHA[s], chupado, consumido, delgaducho, demacrado, desmejorado, desmirriado, encanijado, escomendrijo, escuálido, escuchimizado, escuerzo, escurrido, esmirriado, hecho un ESPÁRRAGO, espectro, ESPÍRITU de la golosina, esquelético, hecho un ESQUELETO, famélico, hecho un FIDEO, fifiriche, flacuchento, flacucho, flamenco, gansarón, garrudo, hético, en los huesos, lambrija, lamido, macilento, hecho una MOMIA, hecho un PALILLO, en el pellejo, perigallo, pilongo, reseco, hecho una SABANDIJA, seco, trasijado. ➤ Enflaquecer, flaquecer. ➤ *Débil. *Delgado. *Raquítico.

flacuchento, -a (Am. S.) adj. *Flacucho.*

flacucho, -a adj. desp., generalmente afectuoso, de «flaco».

flacura f. *Cualidad de flaco.*

flacurtiáceo, -a adj. y n. f. BOT. *Se aplica a las *plantas de la familia del guaguasí, que son árboles o arbustos de las regiones tropicales y subtropicales, de hojas coriáceas, flores axilares en racimo y fruto en baya o cápsula.* ⊙ f. pl. BOT. *Familia que forman.*

flagelación f. Acción de flagelar. ⊙ Hecho de ser flagelado. ⊙ Particularmente, la sufrida por *Jesucristo.

flagelado, -a 1 Participio de «flagelar». **2** adj. BIOL. Se aplica a las células y microorganismos que tienen uno o más flagelos. ⊙ adj. y n. m. ZOOL. Se aplica a los organismos provistos de flagelos, muchos parásitos y otros habitantes de las aguas dulces o saladas. ⊙ m. pl. ZOOL. Grupo que forman.

flagelador, -a adj. y n. Se aplica al que o lo que flagela.

flagelante 1 adj. y n. Se aplica al que flagela y, particularmente, al que se flagela como penitencia, por ejemplo en las procesiones de Semana Santa. ⇒ *Penitente. **2** *Se aplica a los *herejes de una secta del siglo XIII que consideraban más eficaz para el perdón de los pecados la penitencia de los azotes que la confesión.* ⊙ m. pl. *Esa secta.*

flagelar (del lat. «flagellāre») **1** tr. Pegarle *golpes en el ↘cuerpo a alguien con un azote o flagelo. ≃ Azotar. ⊙ (reflex.) *Azotarse; particularmente, como *penitencia. **2** Dirigir duros reproches a ↘alguien o contra algo. ≃ Censurar, *criticar, fustigar.

flagelo (del lat. «flagellum») **1** m. Cuerda o tira de cuero o de otra materia que se emplea para golpear con ella; particularmente, el cuerpo de una persona como *castigo corporal o *tormento. ≃ *Azote. **2** *Desgracia que sobreviene a alguien o le aflige. ≃ Azote, calamidad. **3** BIOL. *Filamento contráctil que sirve como órgano de locomoción a ciertos seres unicelulares.

flagicio (del lat. «flagitĭum»; ant.) m. **Delito grave u horrible.*

flagicioso, -a (ant.) adj. *Se aplicaba al que había cometido muchos delitos.*

flagrancia f. *Cualidad de flagrante.*

flagrante (del lat. «flagrans, -antis») **1** adj. *Se aplica a lo que flagra.* **2** *Se aplica a lo que se está ejecutando en el momento de que se habla.* ⊙ Particularmente, al *delito que el autor está cometiendo en el momento de ser sorprendido.

EN FLAGRANTE. En el mismo momento de estar cometiendo el delito de que se trata: 'Fue sorprendido en flagrante'. ≃ *In fraganti.

flagrar (del lat. «flagrāre»; lit.) intr. *Deflagrar.* ⊙ (lit.) *Arder, o resplandecer como el fuego o la llama.* ⇒ Conflagrar, deflagrar, infraganti.

flama (del lat. «flamma») **1** f. **Llama.* **2** *Brillo de la llama.* ≃ Llama. **3** *Adorno que se llevaba en la parte alta delantera del *morrión y del chacó.* **4** *Calor intenso: 'Vaya flama que hace en la calle'.

flamante (del lat. «flammans, -antis») **1** (ant.) adj. *Llameante.* **2** De apariencia vistosa y lucida: 'Ahí va con su flamante sombrero de copa [o con un flamante clavel en el ojal]'. ⊙ Con la frescura, el brillo o el buen aspecto de cosa *nueva, *joven o recién estrenada. Se usa mucho precediendo al nombre: '¿Cuándo estrenas tu flamante abrigo?'. ⊙ También se aplica a personas nuevas en cierto cargo o situación: 'Aquí está nuestro flamante jefe [o el flamante médico]'. ⇒ Hecho un BRAZO de mar, despampanante, pimpante, hecho un PIMPOLLO, radiante. ➤ Dar el GOLPE. ➤ *Magnífico. *Resplandeciente. **3** V. «PALOS flamantes».

flambear (del fr. «flamber») tr. Someter un ↘alimento, particularmente la carne, a la llama de un licor, para darle un sabor y textura especial.

flamear (de «flama») **1** intr. Despedir llamas. ≃ Llamear. **2** tr. Someter ↘algo a la acción de una llama. ⊙ MED. Particularmente, *desinfectar ↘algo a la llama, por ejemplo del alcohol. ⇒ Soflamar. **3** («al viento, en el aire») intr. Rizarse, al moverlos en el aire o al moverlos el aire mismo, banderas, gallardetes, velas, etc.: 'Las cintas de su sombrero flameaban movidas por la brisa'. ≃ *Ondear, ondular, tremolar.

flamen (del lat. «flamen») m. **Sacerdote romano de los destinados al culto de una determinada divinidad.*

FLAMEN AUGUSTAL. *El de Augusto.*

F. DIAL. *El de Júpiter.*

F. MARCIAL. *El de Marte.*

F. QUIRINAL. *El de Rómulo.*

flamenco, -a (del neerl. «flaming») **1** adj. y, aplicado a personas, también n. De Flandes. ⊙ m. *Lengua hablada en esta región, dialecto del neerlandés. **2** adj. y n. Se aplica, por oposición a «valón», al belga de lengua flamenca, y a sus cosas. **3** (And.) m. *Cierto *cuchillo de Flandes.* **4** adj. Aplicado a personas y, particularmente, a mujeres, *robusto y *coloradote (como los flamencos). **5** adj. y, aplicado a personas, también n. *Andaluz agitanado: 'Baile flamenco'. ⊙ adj. y n. m. Particularmente, se aplica al cante popular andaluz: 'Es un gran aficionado al flamenco'. **6** («Ponerse») adj. *Chulo. **7** (P. Rico) **Flaco*. **8** (por el color rojizo de algunas de sus partes; *Phoenicopterus ruber)* m. *Ave zancuda de cerca de 1 m de altura, semejante a la cigüeña, de la que se diferencia en que tiene las patas y el pico rosados, y éste corto.

flamencología f. Estudio del cante y baile flamencos.

flamencólogo, -a n. Persona entendida en flamencología.

flamenquería f. Cualidad de flamenco (chulo o andaluz).

flamenquilla (dim. de «flamenco») **1** f. *Cierta *fuente pequeña para servir la comida.* **2** **Maravilla (planta compuesta).*

flamenquismo m. Carácter flamenco (chulo o andaluz). ⊙ Afición a lo flamenco (chulo o andaluz).

flámeo (del lat. «flammĕus») m. *Velo que se ponía en Roma a las desposadas.* ⇒ *Casamiento.

flamero (de «flama») m. **Candelabro que, por medio de mixtos contenidos en su interior, arroja una gran llama.*

flamígero, -a (del lat. «flammĭger, -ĕra») adj. Se aplica a lo que arroja llamas. ⊙ O a lo que tiene forma de llama. ⊙ ARQ. Se aplica al último periodo del estilo gótico caracterizado por su decoración semejante a las ondulaciones de las llamas.

flámula (del lat. «flammŭla») **1** f. Pequeña *bandera, generalmente triangular, que se pone como adorno. ≃ Banderola, gallardete, grímpola. **2** *(Ranunculus flammula)* *Planta ranunculácea.

flan (del fr. «flan») **1** m. *Plato dulce hecho con huevos, leche y azúcar, cuajado al baño de María en un molde que tiene la forma de un tronco de cono. Hoy se hace también con sustancias preparadas sin necesidad de cuajarlo al baño de María. ≃ Flaón. ⊙ Cualquier otro *guiso confeccionado en un molde semejante: 'Un flan de arroz. Un flan de espinacas'. ⊙ Cualquier cosa moldeada en esa *forma: 'Los niños hacen flanes de arena en la playa'. ⊙ Se puede emplear para designar o describir esa forma. **2** *Disco preparado para acuñar en él una moneda.* ≃ *Cospel.

COMO [o HECHO] UN FLAN (inf.; «Estar, Ponerse»). Muy nervioso: 'El día antes de la oposición estaba como un flan'.

flanco (del fr. «flanc») **1** (culto; «Al, Por el») m. Costado. *Lado de una cosa o del cuerpo de alguien que no es el frente ni la espalda: 'Le cruzaba el pecho una banda con unas borlas que pendían sobre su flanco'. ⊙ MAR., MIL. Se aplica especialmente a los costados de una *formación militar y también a los de un *barco: 'Atacaron al enemigo por su flanco derecho'. ⇒ Citara. **2** FORT. *En un baluarte, cada uno de los dos muros que forman ángulo con la cortina.* **3** HERÁLD. *Banda a cada lado del escudo que coge un tercio de su anchura.*

Flandes V. «poner una [buena] PICA en Flandes».

flanera f. *Molde de forma troncocónica, para hacer flanes.

flanja f. MAR. *Cartela que une la varenga y la cuaderna en los *barcos de doble fondo.*

flanqueado, -a **1** Participio adjetivo de «flanquear»: 'Un camino flanqueado por dos tapias'. **2** HERÁLD. *Se aplica a la figura que parte el escudo del lado de los flancos, ya por medios óvalos, ya por medios rombos, que corren desde el ángulo del jefe al de la punta del mismo lado de donde toman su principio.*

flanquear (de «flanco») **1** tr. Estar situado a los lados de ↘algo: 'Dos torres flanquean el edificio'. ⊙ MIL. Colocarse a los lados de un ↘ejército o formación para defenderla o para atacarla. **2** ARTILL. Estar colocado un castillo, baluarte, monte, etc., de tal manera, respecto de una ↘ciudad, fortificación, etc., que llegue a éstas con su artillería, cruzándolas o atravesándolas con sus fuegos. ⇒ *Guerra.

flanqueo m. Acción de flanquear.

flanquís (del fr. «flanchis») m. HERÁLD. *Sotuer de un tercio de su anchura normal.*

flaón (del fr. ant. «flaon») m. *Variante de «flan».*

flaquear (de «flaco») **1** intr. Mostrar debilidad. Estar a punto de *fallar la resistencia física o moral de algo o de alguien: 'Me flaquean las fuerzas. Este contrafuerte flaquea. Flaquea su voluntad'. ⊙ Mostrar alguien falta de *energía, *entereza o *valor. **2** («en») Ser o estar en cierta cosa menos fuerte, eficaz, enterado, etc., que en otras o que en otras ocasiones: 'Flaqueó en el ejercicio oral. Mi memoria flaquea en ese punto'. ≃ *Fallar, flojear, estar flojo.

□ CATÁLOGO

Abatir, aflojar, amainar, amollar, blandear[se], caer, *ceder, cejar, cerdear, chaquetear, claudicar, *debilitarse, *decaer, *desanimarse, falsear, flojear, echar PIE [o el pie] atrás, quebrar[se], rajarse, reblar, recular, rendirse *retroceder, revenirse, recoger VELAS. ➤ Blando, débil de CARÁCTER, frágil, *indeciso, JUAN Lanas, maniquí, monigote, vacilante. ➤ Blandura, falta de CARÁCTER, cobardía, condescendencia, *debilidad, desaliento, flaqueza, fragilidad, lenidad, RESPETOS humanos.

flaquecer (de «flaco»; ant.) intr. *Enflaquecer.*

flaquera (de «flaco»; Sal.) f. APIC. *Enfermedad de las *abejas producida por falta de pasto.*

flaqueza **1** f. Cualidad o estado de flaco; no se usa generalmente en sentido material, sino como falta de resistencia contra las pasiones o tentaciones o falta de carácter. **2** *Falta cometida por no resistir las tentaciones, las pasiones o las malas inclinaciones: 'Perdonar las flaquezas de nuestro prójimo'. ≃ Debilidad. **3** Cualidad, afición hacia algo o inclinación por cierta persona, que dominan a alguien o le quitan energía o entereza: 'Hace lo que quiere con él porque conoce sus flaquezas. La afición al buen café es una de mis flaquezas'. ≃ *Debilidad, PUNTO flaco. **4** ESGR. *Tercio flaco.*

V. «sacar FUERZAS de flaqueza».

flas (pl. «flases») m. Forma castellanizada de «flash».

flash (ingl.; pronunc. [flash]; pl. «flashes») **1** m. *Resplandor que se provoca para hacer una fotografía, o el dispositivo que lo produce. **2** Noticia periodística breve que se recibe a última hora en una redacción. **3** (inf.) Impresión fuerte que causa algo: '¡Vaya flas! Acabo de perder la cartera'.

flashback (ingl.; pronunc. [flashbác]; pl. «flashbacks») m. Técnica cinematográfica y literaria que consiste en romper el desarrollo lineal de la acción para evocar un hecho pasado.

flat m. **Cuaderna maestra.*

flato (del lat. «flatus», soplo) **1** (ant.) m. *Viento.* **2** Acumulación de gases en un punto limitado del *intestino, particularmente en la parte lateral superior del vientre, que produce un *dolor agudo, generalmente pasajero. ⇒ Borborigmo, flatulencia, gases, meteorismo, neumatosis, timpanismo, timpanitis, timpanización. ➤ Empastarse, entelar, meteorizar, timpanizarse. ➤ Carminativo. ➤ *Eructar. *Ventosidad. **3** (Hispam.) **Melancolía.*

flatulencia (del b. lat. «flatulentĭa») f. Acumulación excesiva de gases en el *intestino, o propensión a padecerla.

flatulento, -a **1** adj. Se aplica al que padece flatulencia. **2** También, a lo que causa flatulencia.

flauta (¿del occit. «flauta»?) **1** f. Instrumento musical de viento que consiste en un tubo con agujeros que se tapan y destapan para producir los distintos sonidos. ⊙ n. El que la toca en un conjunto musical. ⇒ Ajabeba, albogón, bastardilla, caña, caramela, caramillo, chirimía, chirula, chistu, fístula, FLAUTA dulce, FLAUTA de Pan, FLAUTA de pico, FLAUTA travesera, flautillo, flautín, fuelle, gaita, gaita gallega, guaira, jabeba, jabega, octavín, pífano, pipiritaña, quena, siku, siringa, tercerola, tibia, zampoña. ➤ Enflautar. ➤ *Trompeta. **2** (R. Dom.) **Armónica.* **3** (inf., pond.) Bocadillo largo y estrecho. **4** (Chi., Cuba, Pan., R. Dom., Ur.) *Pan de forma alargada.*

FLAUTA DULCE. La que tiene la embocadura en forma de boquilla en uno de los extremos.

F. DE PAN. La formada por varios tubos de diferentes longitudes.

F. DE PICO. FLAUTA dulce.

F. TRAVESERA. La de metal con embocadura lateral que se toca en posición horizontal sobre los labios.

SONAR LA FLAUTA [POR CASUALIDAD]. Expresión sacada de una fábula, muy usada para comentar algún acierto casual de alguien: 'Aunque no había estudiado nada, se presentó al examen por si sonaba la flauta'.

flautado, -a 1 adj. *Semejante a la flauta.* ≃ Aflautado. **2** m. *Uno de los registros del *órgano cuyo sonido imita el de las flautas.*

flauteado, -a (de «flauta») adj. *Se aplica a la *voz dulce y delicada.* ⇒ Aflautado.

flautillo (dim. de «flauta») m. *Caramillo.*

flautín (dim. de «flauta») m. Flauta pequeña que da sonidos más agudos que la ordinaria. ⊙ n. El que la toca en una banda o conjunto musical. ⇒ Octavín.

flautista n. Persona que toca la flauta.

flavo, -a (del lat. «flavus»; culto) adj. *De color *amarillo rojizo.*

flavona f. *Sustancia colorante vegetal, *amarilla, que da lugar a gran número de colorantes vegetales.*

fleb- o **flebo-** Elemento prefijo del gr. «phléps, -bós», vena: 'flebotomía'.

flébil (del lat. «flebĭlis»; lit.) adj. *Triste; digno de ser llorado.

flebitis (de «fleb-» e «-itis») f. MED. Inflamación de una *vena, generalmente de una pierna, que entorpece la circulación y puede ser causa de la formación de un coágulo, causante a su vez de una embolia.

flebotomía (del gr. «phlebotomía») **1** f. MED. *Arte de *sangrar.* **2** MED. *Corte en un vaso sanguíneo para extraer algo de sangre como método curativo.* ≃ Sangría.

flebotomiano m. *Sangrador.*

flecha (del fr. «flèche») **1** f. *Arma arrojadiza que se dispara generalmente con un arco, que consiste en una punta de metal o material duro fija en el extremo de una varilla, al otro extremo de la cual van generalmente unas plumas que ayudan a mantener fija la dirección; la punta es generalmente de forma triangular con el lado posterior quebrado hacia dentro, de modo que, una vez introducida, es difícil arrancarla. ⇒ Cuadrillo, dardo, gallito, gallo, garapullo, pasador, reguilete, rehilero, *rehilete, repullo, saeta, saetón, tiradera, venablo, vira, viratón, virote, zumbilín. ➤ Astil, casquillo, engorra, hierro. ➤ Huibá. ➤ Rehilar, zumbar. ➤ Empendolar, enhastillar, enyerbar. ➤ *Aljaba, carcaj, carcax. ➤ *Arco. ➤ *Proyectil. **2** FORT. *Obra compuesta de dos caras y dos lados que se construye en tiempo de guerra, para dificultar los aproches, en los ángulos entrantes y salientes del glacis.* **3** El nombre «flecha» se emplea para designar o describir la *forma igual que la de su punta. ⊙ Bordado que se hace al final de una costura o de una abertura de una prenda, para que no se descosa o abra más. ⊙ El mismo bordado hecho aparte en trabajo de *pasamanería, y aplicado al sitio en donde es necesario. ⇒ *Bordar. **4** Indicador de *dirección en forma de flecha. **5** ARQ. Remate apuntado de una *torre. ≃ Aguja. **6** CONSTR. Curva que forma una viga u otro elemento semejante bajo el peso de carga. ⇒ Catenaria. ⊙ Medida de ella, que es la distancia de su punto medio a la recta que une sus extremos. **7** GEOM. Segmento rectilíneo que une el punto medio de un *arco con el de su cuerda. ≃ Sagita. ⊙ ARQ. Distancia vertical desde el centro de un arco o bóveda a la línea de los arranques. **8** (Bol., C. Rica) **Tirador (juguete).*

flechado, -a SALIR FLECHADO (inf.). *Marcharse con mucha prisa o muy deprisa.

flechador m. *Aplicable al que dispara flechas.*

flechadura f. MAR. *Conjunto de flechastes de una tabla de jarcia.*

flechar 1 tr. *Estirar la cuerda del ↘*arco para colocar en él la flecha.* **2** *Herir o matar a ↘alguien con flechas.* **3** intr. *Tener el *arco dispuesto para arrojar la saeta.* **4** (inf.) tr. *Enamorar súbitamente a ↘alguien. **5** intr. CONSTR. Combarse un elemento de soporte, debido a la carga.

flechaste (¿del cat. «fletxat», flecha?) m. MAR. *Cada uno de los cordeles que, ligados a los obenques, sirven de escalones para subir a ejecutar maniobras en lo alto de los palos.* ⇒ Aflechate, nigola.

flechazo 1 m. Golpe o herida causados con una flecha. **2** Hecho de despertar súbitamente *amor en alguien.

flechera (de «flecha») f. **Barco usado antiguamente por los indios para la guerra.*

flechería f. *Conjunto o provisión de flechas.*

flechero m. *Hombre que lucha o caza con flechas.* ⊙ *Hombre que hace flechas.*

flechilla (dim. de «flecha»; Arg.; *Stipa neesiana)* f. **Planta gramínea que, cuando está tierno, constituye un pasto fuerte. Tiene unos vástagos en forma de flecha perjudiciales para el ganado.*

fleco (de «flueco») **1** m. Adorno consistente en una serie de hilos o cordones colocados uno al lado de otro, sujetos por un extremo y sueltos por el otro, y, a veces, anudados artísticamente unos con otros por la parte más próxima al arranque. Pueden ser los mismos hilos de la tela, que quedan en esa forma al quitar los hilos transversales, y pueden ir colocados en una cinta que se cose a la prenda que se quiere adornar. ⇒ Alamar, burrito, cairel, casquete, cernaja, cerras, cucharetero, flocadura, floquecillo, flueco, lama, pezuelo, rapacejo. **2** (gralm. pl.) Deshilachado formado por desgaste en los bordes de una prenda. **3** *Flequillo.* **4** (gralm. pl.) Aspecto que queda sin resolver en algún asunto: 'Todavía quedan algunos flecos en la negociación'.

flegma (del lat. «phlegma», del gr. «phlégma», moco; ant.) f. *Flema.*

flegmasía (del gr. «phlegmasía», ardor; ant.) f. MED. *Inflamación.*

flegmático, -a (ant.) adj. *Flemático.*

flegmón (del b. lat. «phlegmon, -ōnis», del gr. «phlegmonḗ»; ant.) m. *Flemón.*

fleja o **flejar** (del sup. lat. «fraxa», deriv. regres. del sup. «fraxĭnus»; Ar.) f. o m. **Fresno (árbol oleáceo).*

fleje (del cat. dial. «fleix», fresno, con influencia de «fleixir», doblegar, aflojar) m. *Banda de hierro o *acero que se usa, por ejemplo, para hacer los *aros de las cubas o para ceñir las balas o fardos.

flema (de «flegma») **1** f. **Humor de los cuatro que se distinguían antiguamente en el cuerpo humano.* **2** MED. *Producto acuoso obtenido de las sustancias orgánicas al ser descompuestas por el calor en aparato destilatorio.* **3** («Arrancar, Arrojar») Mucosidad desprendida de las vías respiratorias. ⇒ *Esputo, *expectorar. **4** Cualidad de la persona que no se inquieta ni se excita ni se apresura aunque haya motivos para ello. ≃ Cachaza, *calma, imperturbabilidad, tranquilidad. ⇒ Asadura, cachaza, *calma, cuajo, imperturbabilidad, mandanga, mielsa, pachocha, pachorra, *paciencia, papo, sorna. ➤ Cachazudo, flemático, flemudo, pancho, SANGRE de horchata, sangregorda, *tranquilo. ➤ Pasearse el ALMA por el cuerpo, quedarse tan FRESCO [o PANCHO]. ➤ *Lento. *Tranquilo.

flemático, -a adj. Se aplica a la persona que tiene flema (tranquilidad excesiva). ⊙ Se aplica específicamente al *tipo psicosomático caracterizado por esa cualidad.

fleme (del occit. «flecme») m. VET. *Instrumento que se emplea para *sangrar a las *caballerías.*

flemón (de «flegmón») m. MED. Inflamación del tejido conjuntivo, especialmente subcutáneo ⊙ Particularmente, de las *encías. ⇒ Flegmón, párulis.

flemonoso, -a adj. MED. De flemón.

flemoso, -a adj. De flema[s].

flemudo, -a adj. *Flemático.*

fleo (del gr. «phléōs») m. Nombre dado a cualquier *planta gramínea del género *Phleum;* especialmente, al *Phleum pratense,* llamado «fleo de los prados».

flequillo (dim. de «fleco») m. Mechón de pelo que cae sobre la frente. ⇒ Burrito, cairel, casquete.

fleta (de «fletar[2]») **1** (Col., Ven.) f. *Fricción.* **2** (Chi., Cuba) *Azotaina.*

fletador (de «fletar[1]») m. En un contrato de fletamiento, persona que entrega la mercancía que se ha de transportar.

fletamiento o, no frec., **fletamento** (de «fletar[1]») m. Contrato en que se estipula el flete.

fletán (del neerl. «vleting», ¿a través del fr. «flétan»?; *Hippoglossus hippoglossus)* m. *Pez pleuronectiforme, de forma oblonga y cuerpo plano, que vive en aguas frías del Atlántico.

fletante (de «fletar[1]») **1** (Arg., Chi., Ec.) m. *Persona que da en alquiler un *barco o una *caballería.* **2** MAR. En un contrato de fletamiento, naviero o quien lo represente.

fletar[1] (de «flete») **1** tr. MAR. *Alquilar o adquirir un ˋbarco para embarcarse en él o enviarlo con mercancías o viajeros. ⊙ Por extensión, alquilar un ˋmedio de transporte terrestre o aéreo: 'Hemos fletado entre todos un autocar para ir a la sierra'. **2** (Hispam.) *Alquilar un ˋvehículo o un animal de carga.* **3** *Embarcar ˋmercancías o personas para transportarlas.* **4** (Chi., Perú) *Hacer objeto a ˋalguien de una acción o una palabra agresiva:* 'Le fletó una bofetada [o un exabrupto]'. ⇒ *Asestar, *soltar. **5** (Arg., Chi., Ur.) *Echar a ˋalguien de un trabajo.* **6** (Cuba, Méj.; inf.) prnl. **Marcharse de pronto.* **7** (Arg.) **Introducirse en una reunión sin ser invitado.* ≃ Colarse.

fletar[2] (de «fretar»; Chi., Guat.; ant.) tr. *Frotar.*

flete (del fr. «fret») **1** m. MAR. Precio que se paga por el alquiler de una nave o por el *transporte de mercancías en ella. ⊙ (Hispam.) *Precio del alquiler de una nave o de otro medio de transporte.* ⇒ Barcaje, lanchaje, nolit, nolito. ➤ Póliza. ➤ Quintalada. **2** MAR. Carga de un *barco. **3** (Hispam.) **Carga que se transporta en cualquier vehículo:* 'Los arrieros buscan flete'. **4** (Arg.) **Caballo con que se transporta carga.* **5** (Arg.) **Caballo en general.* **6** (Cuba) *Cliente de una prostituta.*

fletero, -a (de «flete») **1** (Hispam.) adj. *Se aplica al vehículo o a la embarcación alquilados para un transporte.* **2** adj. y n. *Se aplica al que tiene por oficio hacer transportes.* **3** (Chi., Perú) n. *Dueño de un bote que transporta mercancías y pasajeros entre los buques fondeados y los muelles.* **4** (Cuba) f. *Prostituta.*

flexibilidad f. Cualidad de flexible.

flexibilizar tr. y prnl. Hacer[se] flexible ˋalgo: 'Durante la reunión se flexibilizaron las posturas de algunos vecinos'.

flexible (del lat. «flexibĭlis») **1** adj. Susceptible de ser doblado sin romperse. ⇒ Cimbreante, cimbreño, deformable, dúctil, lento. ➤ Elasticidad, flexibilidad, lentor, nervosidad, temple. ➤ Duro, rígido. ➤ Docilitar, flexibilizar, templar. ➤ *Blando. *Elástico. **2** m. *Cable formado por dos haces de hilillos de cobre recubiertos por un aislante, usado en las instalaciones eléctricas. **3** adj. Aplicado a personas, se dice del que se *acomoda con facilidad a las circunstancias o al parecer de otras personas. **4** m. *Sombrero flexible.

flexión (del lat. «flexĭo, -ōnis») **1** f. Acción y efecto de *doblar[se] una cosa consistente, no moldeable. ⊙ Se aplica específicamente a los ejercicios gimnásticos que consisten en doblar el cuerpo o un miembro. **2** GRAM. Circunstancia de admitir las palabras ciertos cambios en las lenguas, llamadas por eso «de flexión» o «flexivas». ⇒ Aglutinante, monosilábico.

flexionar tr. Doblar el ˋcuerpo o algún miembro.

flexivo, -a **1** adj. GRAM. De la flexión. **2** GRAM. Se aplica a las lenguas que tienen flexión gramatical.

flexo (del lat. «flexus», curvado) m. Lámpara de mesa con un brazo flexible.

flexor (del lat. «flexus») adj. Aplicado particularmente a «*músculo», dedicado a doblar.

flexuoso, -a (del lat. «flexuōsus») **1** adj. *Se dice de lo que forma *ondas.* **2** **Blando.*

flexura (del lat. «flexūra») f. **Pliegue, *curva o *doblez.*

flictena (del gr. «phlýktaina», pústula, vesícula) f. MED. Tumorcillo cutáneo que contiene agua. ≃ *Ampolla, vejiga.

flipar (del ingl. «to flip out») **1** (inf.) intr. y prnl. Empezar a estar bajo los efectos de una droga. **2** (inf.) intr. Quedar estupefacto por el asombro, el miedo, la admiración, etc.: 'Yo flipo con esa clase de personas'. **3** (inf.) Gustar mucho algo: 'Esas botas me flipan'.

flipe (de «flipar») **1** (inf.) m. Estado del que está bajo los efectos de una droga. **2** (inf.; n. calif.) Cosa que deslumbra o impresiona.

flipper (ingl.; pronunc. [flíper]; pl. «flippers») m. Máquina electrónica de juego provista de un tablero sobre el que se impulsa y se intenta controlar una bola por medio de una serie de palancas que se accionan desde botones exteriores.

flirt m. Forma inglesa de «flirteo», también usada. ⊙ Particularmente, para designar a la persona con quien se mantiene un flirteo: 'Es un antiguo flirt suyo'.

flirtear (del ingl. «flirt») intr. Conversar o tratarse dos personas de distinto sexo, en forma que puede ser el preludio de un enamoramiento recíproco o tener el carácter de unas relaciones amorosas superficiales. ⊙ *Coquetear: tratar una persona de gustar a otra de distinto sexo.

flirteo m. Acción de flirtear.

flocadura (del lat. «floccus», fleco) f. *Adorno formado por flecos.*

floema (del gr. «phloiós», corteza) m. Bot. Líber: tejido vegetal vascular cuya función es conducir las sustancias nutritivas en las *plantas superiores.

flogístico, -a adj. Quím. *Del flogisto.*

flogisto (del gr. «phlogistós», inflamable) m. Quím. *Principio imaginado por Stahl en el siglo XVIII para explicar los fenómenos caloríficos, suponiendo que formaba parte de la composición de todos los cuerpos y se desprendía de ellos en la combustión.*

flogopita f. **Mica constituida por un silicato de potasio, magnesio, aluminio e hidrógeno, que se utiliza como *aislante eléctrico.*

flogosis (del gr. «phlógōsis») f. Med. *Inflamación.*

flojamente adv. Con flojedad.

flojear 1 intr. *Debilitarse o *disminuir: 'Empieza a flojear el calor'. ≃ Aflojar. ⊙ *Decaer en el esfuerzo o el trabajo. 2 Ser menos bueno o eficaz o estar menos fuerte en cierta cosa, en cierto sitio, en cierto momento, etc., que en otros: 'La cosecha ha sido buena en general, pero en algunas regiones ha flojeado'. ≃ *Flaquear.

flojedad (de «flojo») 1 f. Debilidad. ⊙ Particularmente, debilidad física de una persona. 2 Pereza, descuido en lo que se hace.

flojel (del cat. «fluixell», pelillo del paño) 1 m. *Pelusa o *borra que se desprende del paño.* ≃ Flojuelo. 2 *Vello de las *aves que no llega a ser pluma.*

flojera (inf.) f. Desfallecimiento físico. ≃ Flojedad.

flojo, -a (del lat. «fluxus») 1 («Estar») adj. No ajustado, no seguro, no apretado, no tirante, no bien relleno: 'Un eje [un clavo, un nudo, un cable, un colchón] flojo'. ⇒ Como un badajo, desatesado, relajado, *suelto, no *tirante. ➤ Bailar, moverse, vagar, zangolotear. ➤ *Firme. ➤ Aflojar. ➤ *Ancho. *Blando. *Débil. *Esponjoso. *Hueco. *Lacio. *Laxo. *Mustio. 2 Poco fuerte: 'Una tela floja. Un muchacho flojo. Un vino flojo'. ⇒ *Débil. 3 *Débil: 'Un viento flojo'. 4 *Escaso: 'Una cosecha floja'. 5 Poco activo: 'El mercado estuvo flojo'. ≃ *Inactivo. 6 *Holgazán, *lento, *perezoso o poco apto para el trabajo, el estudio, etc.: 'Un obrero [o un estudiante] flojo'. ⇒ *Inútil.

V. «bailar en la cuerda floja».

flojuelo (Ál., Rioj.) m. *Flojel.*

floppy (ingl.; pronunc. [flópi]) m. Inform. Disquete.

floqueado, -a (del lat. «floccus», fleco) adj. *Guarnecido con fleco.*

floquecillo (ant.) m. *Dim. de «fleco».*

flor (del lat. «flōs, flōris») 1 f. Parte de la *planta, en general de formas y colores vistosos y con aroma, en donde están los órganos de reproducción. 2 (en algunos casos, sin artículo, como partitivo: «pan de flor de harina») La parte *mejor de cierta cosa: 'Estaba en el frente la flor de la juventud'. 3 («Decir, Echar») Expresión lisonjera que se dirige a alguien. ≃ Piropo, *requiebro. ⊙ Particularmente, que le dice un hombre a una mujer. 4 **Binza que se forma en la superficie de algunos líquidos; por ejemplo, del vino y del vinagre.* 5 *Capa que empaña el brillo de algunas *frutas; como las ciruelas o la uva.* 6 *Capa de *óxido de algunos minerales:* 'flor de zinc, flor de cobalto'. 7 *Irisaciones que se producen en la superficie de las planchas de *metal cuando se introducen candentes en agua.* 8 *Flor de la sal.* 9 Metal. *Parte más ligera de los minerales, que se queda pegada en la parte más alta del alambique.* 10 *En las *pieles curtidas, parte exterior, que admite pulimento.* 11 *Virginidad.* 12 **Menstruación de la mujer.* 13 *Juego de *baraja cuyo lance principal consiste en juntar tres cartas del mismo palo.* ≃ Cacho. ⊙ *Este lance en ese y otros juegos.* 14 **Trampa hecha en el juego.* 15 (Chi.) **Mentira (mancha blanca de la uña).*

Flor de la abeja (Ál.; *Ophrys apifera*). *Cierta *planta orquidácea cuya flor, vista de frente, se parece a una abeja.*

F. de amor. **Amaranto (planta amarantácea).*

F. de ángel. **Narciso amarillo.*

F. artificial. Flor hecha de diversos materiales imitando a las naturales. ⇒ Flor de mano, piocha. ➤ Gofrar.

F. de azahar. Flor del naranjo, el limonero, etc., de aroma muy intenso y delicado, que se emplea como símbolo de pureza, por ejemplo en los adornos de las novias que se van a casar, y con la que se hace una bebida cordial. ≃ Azahar.

F. de cinc. *Copos de *óxido de cinc.*

F. de cobalto. *Eritrina (*óxido de cobalto).*

F. completa. Bot. La que tiene los cuatro verticilos: cáliz, corola, estambres y pistilo.

F. compuesta. Bot. *Capítulo (inflorescencia).

F. doble. Bot. La que tiene más pétalos de los normales.

F. de la edad. Flor de la vida.

F. del embudo. **Cala (planta arácea).*

F. de estufa (inf.). Expresión calificativa que se aplica a una persona excesivamente *delicada o que suele enfermar.

F. de los incas (Hispam.). **Clavellina.* ≃ Cantuta.

F. incompleta. Flor que carece de una o varias de las partes florales (pétalos, sépalos, estambres o carpelos).

F. de la juventud. Época mejor de la *juventud.

F. de lis. 1 (*Amaryllis formosissima*) *Planta amarilidácea de flores grandes, aterciopeladas, de color rojo purpúreo. ≃ Amacayo. 2 Forma estilizada del lirio que se emplea en *heráldica y en las *insignias.

F. de macho (Ál.). **Diente de león (planta compuesta).*

F. de mano. *Flor artificial; por ejemplo, la hecha de plumas o piocha.*

F. de la maravilla (*Tigridia pavonia*). *Planta iridácea originaria de América Central y del Sur, que posee un grueso bulbo comestible del que sale un tallito con pocas hojas que terminan en una o varias flores de hermoso color rojo con el centro amarillo con manchas rojas, que se marchitan rápidamente. ≃ Cacomite, copetuda.

F. de muerto. **Maravilla (planta compuesta).*

F. natural. La no artificial. ⊙ Flor adjudicada como premio en los *juegos florales.

F. de Pascua (*Euphorbia pulcherrima*). *Planta euforbiácea originaria de Méjico, muy apreciada como ornamental por sus hermosas inflorescencias de flores amarillas pequeñas rodeadas por brácteas rojas; florece a comienzos del invierno.

F. de la Pasión. Pasionaria (planta pasifloriácea).

F. de romero. *Designación aplicada al color de los *caballos overos cuando está formado por pequeñas zonas blancas y rojas.*

F. de la sal. *Espuma rojiza que produce la sal, que se utiliza en medicina.* ≃ Salumbre.

F. de Santa Lucía. *Planta bromeliácea, de flores azules o blancas.

F. de la trinitaria [o de la Trinidad]. Trinitaria.

F. de la vida de alguien. *Juventud o edad en que se mantiene todo el vigor: 'Estás todavía en la flor de tu vida'. ≃ Flor de la edad.

F. del viento. 1 (*Pulsatilla rubra*) Planta ranunculácea, una de las especies de *anémona, de color violado, venenosa. 2 Mar. *Primeras señales de viento después de una calma o cuando cambia.*

La flor de la canela. Lo *mejor en su especie: 'Este jamón [o esta chica] es la flor de la canela'.

LA FLOR DE LA MARAVILLA (inf.). Cosa que *cambia bruscamente; por ejemplo, persona que está muy enferma y se pone bruscamente buena: 'Los niños son la flor de la maravilla'.

LA FLOR Y NATA. Lo más selecto de algo: 'La flor y nata de la alta sociedad'.

A FLOR DE AGUA [O DE TIERRA]. Sumergido o enterrado, en contacto con la superficie o sobresaliendo ligeramente de ella.

AJUSTADO A FLOR. CARP. *Se dice de las piezas que se *ensamblan quedando al mismo nivel.*

DAR EN LA FLOR DE. *Coger la *costumbre o la *manía de decir o hacer cierta cosa.*

EN FLOR. **1** Con flores: 'Están ya en flor los almendros'. **2** Aplicado a cosas vivas o que tienen una especie de vida, en el momento *prometedor que precede a la madurez. **3** Aplicado a cosas vivas o que tienen una especie de vida, en el momento de mayor pujanza o belleza. ⇒ *Apogeo.

NI FLORES (inf.). Expresión con que una persona manifiesta su total desconocimiento de algo: 'De este tema no tengo ni flores'.

SEGAR EN FLOR la vida, las ilusiones de alguien, etc. Destruirlas cuando son más prometedoras.

□ CATÁLOGO

Otra raíz, «anto-»: 'antocianina, antófago'. ➤ Cabeza, favor, galas, sumidad. ➤ Algunas flores con nombre distinto del de la planta: azahar, campanario, candela, candelaria, empeine, espiguilla, friz, gatillo, granadilla, nomeolvides, rapa, sayuguina. ➤ *Planta (grupo de las de adorno). ➤ Criptógama, fanerógama. ➤ Aclamídea, actinomorfa, alada, amariposada, anisopétala, apétala, asépala, biflora, bilabiada, bostezante, caliciforme, caliculada, calicular, campanilla, caulífera, cigomorfa, completa, compuesta, conglomeradas, coroliflora, coronaria, desnuda, dioica, diploclamídea, disciplinada, diurna, doble, efímera, gamopétala, gamosépala, ginandra, haploclamídea, hermafrodita, heteroclamídea, homoclamídea, incompleta, infundibuliforme, irregular, *jaspeada, labiada, ladeadas, marcescente, monoclamídea, monoica, monopétala, monosépala, nocturna, opuestas, pedunculada, pensel, pentámero, personada, poliadelfos, poliandria, poliginia, polipétala, polisépala, radical, regular, sencilla, sentada, sésil, simpétala, simple, sinsépala, solitaria, talamiflora, terminal, tetrámero, unisexual. ➤ Fresca, lozana, marchita, *mustia. ➤ Dar, echar, encandelar. ➤ *Abrirse, cerner, cerrarse, dehiscencia, desabotonar, deshojarse, florar, florear, florecer, marchitarse, mustiarse, romper, tramar. ➤ Ala, androceo, antera, antófilo, borlilla, cabillo, calículo, cáliz, carpelo, *corola, *espata, estambre, estigma, estilo, filamento, flósculo, garrancha, gineceo, gluma, gorguera, *involucro, néctar, nectario, ovario, peciolo, pedículo, *pedúnculo, *perianto [o periantio], perigonio, pétalo, pezón, *pistilo, polen, polistilo, raquis, raspa, receptáculo, semiflósculo, sépalo, tálamo, *tallo, tépalo. ➤ Lámina. ➤ Bellota, botón, capillo, *capullo. ➤ Bohordo, *escapo, espádice, *inflorescencia, macolla, vara, verticilo. ➤ Bouquet, corona, guirnalda, paquete, pomo, prendido, puñado, ramillete, ramo. ➤ Cierna, fecundación. ➤ Libar. ➤ Redrojo. ➤ Aflorar, desflorar, eflorescente, inflorescencia, multiflora, reflorecer, sobreflor, triflora. ➤ *Jardín. *Planta.

flora (del lat. «Flora», diosa de las flores) f. Conjunto de las *plantas de un país o comarca, o de un periodo: 'Flora mediterránea'.

FLORA INTESTINAL. BIOL. Conjunto de microorganismos (bacterias y protozoos) que viven en el intestino del hombre y otros animales.

V. «PASTA flora».

floración f. Acción de florecer las plantas. ⊙ Época en que se realiza en cierta planta.

florada (Ar.) f. APIC. **Temporada que dura una floración.* ⇒ *Abeja.

floral (del lat. «florālis») adj. De [la, las] flor[es].

florales (del lat. «florāles ludi», juegos florales) adj. pl. *Se aplica a las *fiestas que celebraban los antiguos en honor de la diosa Flora.* ⊙ *También a otras semejantes, celebradas en tiempos posteriores en Provenza y otros sitios.* V. «JUEGOS florales».

florar intr. *Florecer; dar flor. Se aplica especialmente a las plantas cosechadas por sus frutos.*

flordelisado, -a HERÁLD. *Participio de «flordelisar».* ⊙ HERÁLD. *Con flores de lis.*

flordelisar tr. HERÁLD. *Adornar una ˘cosa con flores de lis.*

floreado, -a Participio adjetivo de «florear». ⊙ Con dibujo de flores: 'Una tela floreada'.

floreal (del fr. «floréal») m. Octavo mes del *calendario revolucionario francés, que comprende del 20 de abril al 19 de mayo.

florear 1 tr. *Adornar ˘algo con flores.* **2** (Hispam.) intr. *Florecer.* **3** (inf.) tr. *Echar flores (decir *requiebros) a ˘alguien.* **4** *Apartar lo mejor de una ˘cosa.* ≃ *Escoger. ⊙ *Particularmente, de la ˘harina, cribándola.* **5** intr. Hacer trémolo tocando dos o tres cuerdas de la *guitarra pasando por ellas sucesivamente tres dedos rápida y repetidamente, para producir un sonido continuo. **6** tr. Hacer vibrar la punta de la *espada o el florete. **7** *Preparar una ˘carta de la baraja para hacer *trampa.*

V. «florear el NAIPE».

florecedor, -a adj. *Aplicable a lo que florece.*

florecer (de «florescer») **1** intr. Dar flores las *plantas. ⇒ Florar. **2** *Prosperar. **3** *Vivir una persona y producir obras en una época o en un país determinado: 'Horacio floreció en tiempo de Augusto'. ⊙ (más aplicado a actividades estimables) *Existir en cierta época o país una determinada actividad con intenso desarrollo: 'En su siglo florecieron las artes. En ese ambiente florecen toda clase de vicios'. ⊙ («en») *Producir alguien o algo cierta cosa que constituye un adorno: 'Al llegar a la juventud, floreció en gracias. El país floreció en hombres ilustres'. **4** prnl. Criar moho, por ejemplo el queso o la mermelada. ≃ *Enmohecerse.

□ CONJUG. como «agradecer».

floreciente adj. Con referencia a cosas buenas, en pleno desarrollo. ≃ Próspero.

florecimiento m. Acción de florecer.

florentín adj. y n. m. *Florentino.*

florentino, -a (del lat. «Florentīnus») adj. y, aplicado a personas, también n. De Florencia, ciudad italiana. ≃ Florentín.

florentísimo, -a (del lat. «florentissĭmus») adj. *Muy floreciente (en sentido propio y figurado).*

floreo 1 m. *Acción de florear.* **2** Movimiento, dibujo, palabras, etc., superfluos, que se hacen o dicen sólo como adorno o para hacer alarde de ingenio o maestría; por ejemplo, en el manejo del florete, en el tañido de la guitarra o en la conversación. ≃ *Adorno, fantasía. **3** *En la danza española, movimiento de un pie en el aire con el cuerpo sostenido sobre el otro.*

florería f. *Tienda de flores.* ≃ Floristería.

florero, -a 1 adj. y n. *Florista.* **2** adj. *Se aplica a la persona que usa por costumbre expresiones *lisonjeras.* **3** m. Vasija destinada a contener flores. ⇒ Búcaro, jarrón, ramilletero, vaso, violetero. **4** **Tiesto con una planta de flores.* **5** *Pintura que representa flores.* **6** *Armario o cosa semejante destinada a guardar flores.*

florescencia 1 f. *Floración.* **2** **Temporada en que ocurre, en general o para determinada planta.*

florescer (del lat. «florescĕre»; ant.) intr. *Florecer.*

floresta (del fr. ant. «forest») **1** (lit.) f. *Bosque o espesura. **2** (lit.) Lugar *agradable, poblado de plantas y flores. **3** (lit.) Reunión de ciertas cosas que se especifican, *bonitas o agradables.

florestero m. **Guarda de una floresta.*

floreta (dim. de «flor») **1** f. *En guarnicionería, bordado sobrepuesto que sirve de adorno y refuerzo en los extremos de las cinchas.* **2** *Cierto movimiento que se hacía con los pies en la antigua danza española.*

floretada (de «florete») f. **Papirotazo dado en la frente.*

floretazo m. Golpe dado con el florete.

florete (del fr. «fleuret») **1** m. *Esgrima ejecutada con espadín. **2** ESGR. Espadín de cuatro aristas. ⇒ Botón. **3** *Cierto *lienzo de algodón entrefino.*

floretear 1 tr. *Adornar con flores una* ↘*cosa.* **2** intr. *Manejar el florete.*

floreteo m. *Acción de floretear.*

floretista n. *Persona diestra en el manejo del florete.*

floricultor, -a (del lat. «flōs, flōris», flor, y «-cultor») n. Persona dedicada al cultivo de las flores.

floricultura (del lat. «flōs, flōris», flor, y «-cultura») f. Actividad o arte del floricultor.

floridamente adv. *Con elegancia y gracia.*

floridano, -a adj. y, aplicado a personas, también n. De Florida, estado de Estados Unidos.

floridez 1 f. *Abundancia de flores*: 'La floridez de la primavera'. **2** *Aplicado al lenguaje, cualidad de florido.*

florido, -a 1 adj. Con flores: 'Un rosal [o un jardín] florido'. **2** *Selecto o lucido: 'Lo más florido de nuestra juventud'. **3** Aplicado al *lenguaje, adornado con galas retóricas.

florífero, -a (del lat. «florĭfer, -ĕra») adj. Aplicado a plantas, productor de flores. ⊙ Con flores.

florígero, -a (del lat. «florĭger, -ĕra»; lit.) adj. *Florífero.*

florilegio (del lat. «flōs, flōris» y «legĕre», escoger) m. *Colección de trozos literarios selectos. ≃ Analectas, antología.

florín (del it. «fiorino», moneda florentina marcada con el lirio, emblema de los Médicis) m. *Moneda antigua y moderna de distintos países; en la antigüedad, de España entre ellos; en tiempos modernos, de Austria y *Holanda.

floripondio (de «flor» y una terminación de or. incierto, quizá de valor aumentativo y despectivo) **1** (desp.) m. Flor grande, artificial o natural, o cualquier otro adorno pomposo y de mal gusto. **2** *Borrachero (árbol o arbusto solanáceo).* **3** *(Datura suaveolens, Datura candida* y otras especies) Arbusto solanáceo cultivado como *planta ornamental por sus flores con forma de trompeta, blancas o púrpuras y muy aromáticas, especialmente al anochecer.

florista 1 n. Persona que vende flores. **2** Persona que las fabrica artificiales.

floristería f. Tienda de flores. ≃ Florería.

floritura (del it. «fioritura») **1** f. MÚS. Adorno en el canto. **2** (inf., gralm. pl.) Detalle que complica innecesariamente algo. ⇒ Gollería.

florlisar tr. HERÁLD. *Flordelisar.*

florón (aum. de «flor») **1** m. Adorno de escultura o pintado, generalmente de forma de flor estilizada, que se pone en el centro del *techo de las habitaciones. **2** HERÁLD. Adorno que puede sugerir una flor, que se coloca a veces en el interior de las coronas. **3** Hecho, mérito o título que da lustre u *honra a algo o alguien.

flósculo (del lat. «floscŭlus», florecilla) m. BOT. Cada una de las flores que constituyen un *capítulo. ⇒ Semiflósculo.

flota (del fr. «flotte») **1** f. Conjunto de *barcos o de aviones que marchan u operan juntos: 'Flota pesquera. La flota de la compañía X'. ⇒ Escuadrilla, flotilla. ➤ Unidad. ⊙ Particularmente, armada, *escuadra: conjunto de los barcos de guerra de un país. **2** Conjunto de vehículos de la misma clase pertenecientes a una empresa: 'La flota de autobuses urbanos'. **3** (Col.) **Autocar.* **4** (Chi., Ec.) *Multitud, conjunto de muchas personas o cosas.* **5** (Col.; «Echar») *Fanfarronada.*

flotabilidad f. *Cualidad de flotable.*

flotable 1 adj. *Capaz de flotar.* **2** *Se aplica al río o *corriente de agua por la cual, aun no siendo navegable, se pueden conducir cosas flotando.*

flotación f. Acción o circunstancia de flotar o ser capaz de flotar. ≃ Flotadura, flotamiento.

V. «LÍNEA de flotación».

flotador 1 m. Cuerpo destinado a flotar en un líquido; por ejemplo, para observar el nivel u otra circunstancia, o para *regular la salida en un depósito. **2** Objeto que se colocan los bañistas que no saben *nadar para no hundirse, en particular los niños.

flotadura f. *Flotación.*

flotamiento m. *Flotación.*

flotante 1 adj. Se aplica a lo que flota o es capaz de flotar. **2** Se aplica a cosas que, en vez de estar fijas como otras de la misma clase, están suspendidas: 'Motor flotante'. **3** No estable: 'Población flotante'.

V. «RIÑÓN flotante».

flotar[1] (del fr. «flotter») **1** intr. Mantenerse en la superficie de un *líquido sin sumergirse. ⊙ Sostenerse en el seno de un fluido, sin irse al fondo. ⇒ Aboyar, boyar, *nadar, sobreaguar, sobrenadar. ➤ Fluctuar. ➤ Emerger. ➤ Boyante, flotante, insumergible, natátil. ➤ Baliza, *barco, boya, calabaza, corcho, flotador, salvavidas. ➤ Desembarrancar, desencallar, desvarar, poner a FLOTE. ➤ Calado, LÍNEA de agua, LÍNEA de flotación. ➤ Calar, desplazar. ➤ Fondo, OBRA muerta, OBRA viva. ➤ Clinómetro. ➤ Metacentro. **2** Moverse una tela sujeta por algún lado, en el aire, a impulso del viento. ≃ *Ondear. **3** Notarse cierta ↘sensación o estado de ánimo: 'El pesimismo flotaba en el ambiente'.

flotar[2] (ant.) tr. *Frotar.*

flote (de «flotar[1]») m. A FLOTE. **1** Flotando o flotante. **2** Aplicado a negocios o asuntos, en marcha y sin peligro ya de fracasar.

SALIR A FLOTE. Encontrarse ya sin dificultades, después de haberlas sufrido. ≃ *Pasar.

flotilla (dim. de «flota») f. Flota de barcos pequeños o de aviones.

fluctuación f. Acción y efecto de fluctuar.

fluctuante adj. Se aplica a lo que fluctúa.

fluctuar (del lat. «fluctuāre») **1** intr. *Moverse algo al impulso de las *olas.* **2** Experimentar una situación variaciones de aumento y disminución. Generalmente, se expresan los términos extremos de la variación: 'El precio fluctúa entre cien y ciento cincuenta pesetas' ≃ *Oscilar, variar. **3** Moverse algo, generalmente en sentido inmaterial, entre dos situaciones opuestas o distintas: 'Mi estado fluctúa entre la esperanza y el desánimo'. ≃ *Oscilar, vacilar. ⊙ *Vacilar entre dos resoluciones. 4 *Ondear.* 5 *Estar una cosa en *peligro de perderse o arruinarse.*

☐ CONJUG. como «actuar».

fluctuoso, -a adj. *Fluctuante.*

flueco (del lat. «floccus», fleco; ant.) m. *Fleco.*

fluencia 1 f. Acción de fluir. 2 *Lugar de donde mana un líquido.* ⇒ Manantial.

fluente adj. *Que fluye.*

fluidez f. Cualidad de fluido.

fluido, -a (del lat. «fluĭdus») 1 adj. y n. m. *Líquido o *gaseoso. 2 adj. En un estado suficientemente blando para que pueda correr o adaptarse espontáneamente a la forma de la vasija en que está contenido: 'Hace tanto calor que la manteca está casi fluida'. Admite grados: 'La miel puede ser más o menos fluida'. ≃ *Blando. 3 Se aplica a la expresión o pensamiento que salen de una manera *natural y *fácil: 'Expresión fluida. Fluido de palabra'. 4 Se aplica a lo que se desarrolla con facilidad, sin obstáculos: 'La informatización de la Bolsa ha permitido que las operaciones de compra-venta de acciones sean más fluidas. La circulación de vehículos es fluida'. 5 m. Se ha aplicado a supuestas *sustancias de naturaleza desconocida con que se explicaban fenómenos no bien conocidos físicamente: 'Un fluido llamado éter. Fluido magnético'. ⊙ Aún sigue llamándose a la *electricidad «fluido eléctrico» o «fluido»: 'Este mes hemos gastado más fluido que el pasado'. ⊙ También se ha llamado así a ciertos agentes hipotéticos del organismo: 'Fluido nervioso'.

fluir (del lat. «fluĕre») 1 intr. *Deslizarse un líquido por algún sitio o *brotar de un sitio: 'El agua fluye por la cañería [de la fuente]'. ⊙ Marchar ↘algo con facilidad, sin obstáculos; particularmente, el tráfico. 2 *Salir palabras, expresiones o ideas de la boca o de la mente de alguien: 'De su cabeza fluyen proyectos sin cesar'. ≃ Brotar, manar.

☐ CATÁLOGO

Afluir, *brotar, destilar, gotear, *manar, *rezumar, salir, *segregar. ➤ Correr, descorrer, *deslizarse, discurrir, escurrirse, resbalar. ➤ Acceso, afluencia, *corriente, curso, escurribanda, flujo, fluxión, leucorrea, salida, VENA líquida. ➤ *Cañería. ➤ Canilla, *espita, *grifo, llave. ➤ Fluido, semifluido. ➤ Fluxible. ➤ GOLPE de ariete, pulsación. ➤ *Gas. *Líquido.

☐ CONJUG. como «huir».

flujo (del lat. «fluxus») 1 m. Acción de correr o brotar un fluido u otra cosa: 'Le acometió un flujo de risa'. ⊙ Masa de una cosa fluyendo: 'Flujo de lava'. ≃ Corriente. ⊙ Particularmente, salida de un líquido segregado por el organismo. ⊙ FLUJO vaginal. 2 Movimiento de personas o cosas de un lugar a otro. 3 Movimiento ascendente de la *marea. ⇒ Ledona, reflujo. 4 QUÍM. *Sustancia de las que se emplean en los laboratorios para *fundir minerales y *aislar metales.* ≃ Flúor.

FLUJO BLANCO. MED. Secreción anormal de las vías *genitales de la mujer. ≃ Leucorrea.

FLUJO VAGINAL. Secreción normal de la vagina.

F. LUMINOSO. FÍS. Energía que emite por segundo un foco luminoso en el interior de un ángulo sólido determinado.

F. MAGNÉTICO. FÍS. Conjunto de líneas de fuerza que atraviesan la superficie de un cuerpo sometido a un campo magnético.

F. MENSTRUAL. *Menstruación.

fluminense (del lat. «flumen, -ĭnis», río; culto) adj. y, aplicado a personas, también n. *De Río de Janeiro.*

flúor (del lat. «fluor, -ōris») 1 m. *Elemento no metálico, n.º atómico 9, gaseoso, corrosivo, sofocante y de color amarillo verdoso. Símb.: «F». 2 QUÍM. *Flujo (sustancia para fundir minerales y aislar metales).*

fluoración f. Acción y efecto de fluorar.

fluorado, -a Participio de «fluorar». ⊙ adj. Se aplica a lo que contiene flúor.

fluorar tr. Añadir flúor a una ↘sustancia; por ejemplo, al agua destinada al consumo humano.

fluorescencia (de «fluorita», mineral en el que se observó este fenómeno por primera vez) f. FÍS. Propiedad que tienen algunos cuerpos de emitir *luz después de haber estado expuestos a ciertos rayos del espectro. ⊙ Luz producida por ellos. ⇒ Fosforescencia, *luminiscencia, termoluminiscencia. ➤ Fosforoscopio.

fluorescente adj. Se aplica a la sustancia que tiene fluorescencia. ⊙ Se aplica a la luz que procede de la fluorescencia. ⊙ adj. y n. m. V. «TUBO fluorescente».

fluorhídrico, -a (de «flúor» y el gr. «hýdōr», agua) adj. V. «ÁCIDO fluorhídrico».

fluorina o **fluorita** (de «flúor») f. **Mineral formado por fluoruro de calcio, de colores variados y brillantes.*

fluoruro m. QUÍM. Sal compuesta de flúor y un metal.

fluslera (ant.) f. *Fruslera (raspaduras de *latón).*

fluvial (del lat. «fluviālis») adj. De [del, de los] río[s]: 'Navegación [cuenca, mapa] fluvial'.

fluviátil (del lat. «fluviatĭlis») adj. *Se aplica al *organismo que vive en agua corriente.*

fluviómetro (del lat. «fluvĭus», río, y «-metro») m. Aparato para medir el nivel de agua de un río.

flux (del fr. «flux», flujo) 1 m. En ciertos juegos de *baraja, como las quínolas, lance de tener un jugador todas las cartas de un mismo palo. ⇒ Brincho. 2 (Col.) **Terno (traje de hombre).*

FLUX MAYOR. *Brincho: lance en el juego de las quínolas.*

HACER FLUX. *Quedarse alguien sin nada de dinero o de bienes y dejar sin pagar sus *deudas.*

fluxibilidad (ant.) f. *Cualidad de fluxible.*

fluxible (del lat. «fluxibĭlis»; ant.) adj. *Fluido o líquido.*

fluxión (del lat. «fluxĭo, -ōnis») 1 (ant.) f. *Flujo.* 2 **Catarro de nariz.* 3 *Acumulación de *humores en un órgano, por enfermedad.*

Fm Símbolo químico del fermio.

FM (pronunc. [éfe éme]) f. Sigla de «FRECUENCIA modulada».

fob (sigla del ingl. «free on board»; muy frec. en aposición) m. Indica que en el precio de una mercancía están incluidos los gastos que origina su transporte hasta su carga en el barco: 'Precio fob'.

fobia (del gr. «phobéomai», temer) f. PSI. Aversión. ⊙ Se usa también en lenguaje corriente: 'Le tiene fobia a los aviones'.

-fobia Elemento sufijo correspondiente a «fobia», *aversión, que forma palabras cultas: 'xenofobia, hidrofobia'. ⊙ Se emplea específicamente en psicotecnia aplicado a los temores íntimos proyectados a un objeto exterior: 'claustrofobia'. ⊙ También, a un temor patológicamente exagerado: 'cancerofobia'.

fóbico, -a adj. PSI. De [la] fobia. ⊙ n. PSI. Que padece fobia.

-fobo, -a Elemento sufijo de los nombres de agente o paciente correspondientes a los acabados en «-fobia»: 'fotófobo'.

foca (del lat. «phoca», del gr. «phṓkē») 1 f. Nombre aplicado a cualquier mamífero *pinnípedo; uno de los más conocidos es la *Phoca vitulina*. Tiene la cabeza semejante a la de un perro y las extremidades adaptadas para la natación. ⇒ BECERRO marino, BUEY marino, ELEFANTE marino, LEÓN marino, LOBO marino, morsa, OSO marino, otario [u otaria], rosmaro, VÍTULO marino. ➤ Fócido, pinnípedo. **2** (inf.; n. calif. o en comparaciones) Se aplica a una persona muy gorda: 'Se ha puesto como una foca'.

focal adj. FÍS., GEOM. Del foco: 'Distancia focal'.

focalizar 1 tr. Hacer converger en un punto una ↘radiación. **2** Centrar un ↘debate, discusión, etc. en un aspecto determinado.

foceifiza (del ár. «fusayfisā'») f. *Cierto género de *mosaico *musulmán hecho con trozos de vidrio dorados y coloreados.*

focense adj. y, aplicado a personas, también n. De Fócida, región de la Grecia antigua.

focha f. Foja (ave gruiforme).

fócido, -a adj. ZOOL. *Pinnípedo.

focino (de «foz») m. **Aguijada con que se guia al *elefante.*

foco (del lat. «focus», fogón) **1** m. *Punto en donde convergen cosas de distintas procedencias. ⊙ FÍS. Punto en donde convergen radiaciones de cualquier clase reflejadas o refractadas por un espejo o pantalla o por una *lente. ⇒ Bifocal, enfocar. **2** Punto de donde sale algo dispersándose en distintas direcciones. ⇒ *Centro. **3** También, punto de donde irradia o sale algo no material: 'Un foco de civilización [de influencia, de podredumbre, de disgustos]'. **4** *Farol o *lámpara que emite una luz potente. **5** (Hispam.) **Bombilla (utensilio para iluminar).* **6** (Hispam.) *Faro de un automóvil.* **7** GEOM. Con respecto a una *curva, punto cuyas distancias a cualquiera de los de la curva se pueden expresar de una manera constante. Con respecto a la elipse, por ejemplo, cada uno de dos puntos interiores de ella, tales que la suma de las distancias a ambos de cualquier punto de la elipse es constante.

fóculo (del lat. «focŭlus», fogón pequeño) **1** m. **Hogar pequeño.* **2** *Cavidad del ara de los *templos paganos donde se encendia el fuego.*

fodolí (del ár. and. «fuḍulí»; ant.) adj. *Entrometido y *hablador.*

fofadal (Arg.) m. **Tremedal (terreno pantanoso).*

fofo, -a (de «bofo») **1** (desp.) adj. *Esponjoso o poco denso: 'Carnes fofas'. ⊙ (desp.) *Se aplica también al *alimento poco nutritivo en relación con su volumen.* **2** *Esponjoso: 'Un material fofo'.

fogaje (de «fuego») **1** (Ar., por lo menos) m. *Aumentativo o ponderativo despectivo de «fuego»:* '¿Para qué necesitamos ahora semejante fogaje?'. ⊙ (Ec.) *Fogata o llamarada.* **2** **Tributo que se pagaba antiguamente por cada vivienda u hogar.* **3** (Ar.) **Hogar (fuego).* **4** (Arg., Col., P. Rico, Ven.) **Bochorno (calor).* **5** (Arg., Méj.) **Erupción de la piel.* ≃ Fuego. **6** (P. Rico) **Rubor.*

fogar (ant.) m. *Hogar.*

fogarada (de «fogar») **1** f. *Fogata.* **2** Llama fuerte que levanta el fuego.

fogarear 1 (Ar., Sal.) tr. **Quemar una ↘cosa produciendo llama.* **2** (Sal.) prnl. AGR. **Abochornarse las plantas; especialmente, las vides.*

fogaril (de «fogar») **1** m. *Especie de *linterna constituida por una *jaula en cuyo interior se enciende lumbre.* **2** *Fogarín.* **3** (And., Ar.) **Hogar.*

fogarín (dim. de «fogar»; And.) m. **Hogar, generalmente bajo, que usan en común los trabajadores que se reúnen en una viña, cortijo, etc.*

fogarizar tr. *Encender hogueras.*

fogata 1 f. Fuego hecho con leña o materias de fácil combustión, que hace mucha llama. ≃ Fogarada. ⇒ Caponada, fogaje, *hoguera, *llamarada. **2** **Barreno pequeño preparado en un hoyo poco profundo, con el que se remueven obstáculos de poca importancia en la nivelación de terrenos.*

fogón (del lat. «focus») **1** m. En las cocinas antiguas y todavía en muchos pueblos, sitio, generalmente un poco más alto que el piso y debajo de la chimenea, en donde se hace fuego de leña. ≃ *Hogar. ⊙ En otras *cocinas, especie de mesa hecha de albañilería en donde van colocados los *hornillos de carbón o la cocina económica. ⊙ Mueble completo en forma de mesa en el que están comprendidos los hornillos y hornos de cualquier clase de combustible: 'Un fogón de gas con horno y tres quemadores'. ≃ Cocina. ⊙ Cualquier otro sitio destinado a encender fuego en él. ≃ Hogar. ⊙ En las calderas de las máquinas de vapor, lugar donde se quema el combustible. **2** Oído de las *armas de fuego; especialmente, de las piezas de *artillería. ⇒ Desfogonar. **3** (Arg., Chi., C. Rica) **Fuego o fogata.* **4** **Reunión, por ejemplo de soldados, alrededor del fuego.*

fogonadura (de «fogón») f. MAR. Nombre aplicado a los *agujeros de la cubierta del barco por los que pasan los *palos para fijarse en sus carlingas. ⊙ Abertura semejante en un piso de madera, hecha para dar paso a un pie derecho.

fogonazo (de «fogón») m. Llama o *fuego momentáneo que acompaña a un disparo o a la *explosión o inflamación brusca de algo; por ejemplo, del magnesio.

fogonero m. Hombre que cuida del fogón, especialmente de las máquinas de vapor.

fogosidad (de «fogoso») f. Ímpetu y entusiasmo. ≃ Ardor.

fogoso, -a (¿de «fuego»?) adj. Se aplica a la persona que pone *entusiasmo, ímpetu o *pasión en las cosas que hace: 'Un fogoso enamorado'. ⊙ También, «un caballo fogoso» (impaciente por correr).

fogueación f. *Acción y efecto de contar o anotar los hogares o fuegos de un lugar.* ⇒ *Padrón.

foguear 1 tr. MIL. *Acostumbrar a los ↘*soldados y a los animales al fuego del combate. ⊙ Por extensión, acostumbrar a ↘alguien a cualquier trabajo o penalidad. ⊙ prnl. Acostumbrarse alguien a cualquier trabajo o penalidad. **2** tr. **Disparar un ↘arma con un poco de pólvora para limpiarla.* **3** VET. *Cauterizar.*

fogueo m. *Acción y efecto de foguear.*

DE FOGUEO. Se aplica a la munición o a los disparos sin bala: 'Cartucho de fogueo'.

foguera (ant.) f. *Hoguera.*

foguero, -a (del lat. «focarĭus») **1** (ant.) adj. *Del fuego o de la hoguera.* **2** (ant.) m. **Braserillo.*

foie-gras (fr.; pronunc. [fuagrás]) m. Pasta alimenticia de hígado de algunos animales: 'Foie-gras de cerdo'.

foír (ant.) intr. *Huir.*

foiso, -a (del lat. «fossus», cavado; ant.) adj. *Hondo.*

foja[1] (del lat. «folia»; ant., usado aún en leng. forense y, en Hispam., en leng. corriente) f. **Hoja o folio.*

foja[2] (del cat. «fotja»; *Fulica atra)* f. *Ave gruiforme de plumaje negro con reflejos grises, de unos 30 cm de largo. ≃ Falaris, focha, gallareta.

folclor (Hispam.) m. *Folclore.*

folclore (del ingl. «folklore», de «folk», pueblo, y «lore», ciencia) **1** m. Conjunto de tradiciones, creencias, *costumbres, fiestas, etc., populares. ⊙ Particularmente, música popular. **2** (inf.) *Jaleo o *juerga: 'Estuvieron toda la noche de folclore'.

folclórico, -a 1 adj. De [o del] folclore. **2** Popular. **3** n. Cantante de flamenco o de tonadilla de influencia andaluza.

folclorista n. Persona que se dedica al estudio del folclore.

folder (ingl.; pronunc. [fólder]; Bol., Col., C. Rica, Guat., Méj., Pan., Perú, P. Rico, R. Dom.) m. **Carpeta para papeles, libros, etc.*

folga (de «folgar»; ant.) f. *Diversión o *entretenimiento.*

folgado, -a adj. *Holgado.*

folgamiento (ant.) m. *Holganza.*

folganza (de «folgar») **1** (ant.) f. **Ocio, falta de quehacer, o *descanso.* **2** (ant.) **Desahogo del ánimo.*

folgar 1 (ant.) intr. *Holgar.* **2** (ant.) *Hacer el amor con alguien.*

folgazano, -a (ant.) adj. *Holgazán.*

folgo (del sup. lat. «follĭcus», fuelle) m. *Bolsa forrada de pieles que se usaba para tener metidos los pies y las piernas a fin de *abrigarlos, mientras se estaba sentado.*

folguín (ant.) m. *Golfín (*ladrón).*

folgura (ant.) f. *Holgura.*

folía (del fr. «folie», locura) **1** (ant.) f. **Locura.* **2** (pl.) *Cualquier *música popular ligera.* ≃ Folión. **3** (pl.) *Cierta danza portuguesa.* **4** *Canto y baile canarios que se acompañan con la guitarra. **5** (pl.) *Cierta mudanza de la danza española antigua, que solía bailar una persona sola con castañuelas.*

foliáceo, -a (del lat. «foliacĕus») **1** adj. De [la, las] hoja[s] de las plantas. **2** De estructura *hojosa.

foliación 1 f. BOT. Acción de echar hojas las plantas. ⊙ BOT. Época en que se produce. **2** BOT. Manera de estar dispuestas las hojas en las plantas. **3** GEOL. Estructura laminar propia de las rocas metamórficas. **4** Acción de foliar (numerar los folios). **5** *Serie numerada de folios.*

foliador, -a adj. y n. m. Aplicado al que folia o a lo que sirve para foliar: 'Máquina foliadora'.

foliar¹ tr. *Numerar los folios de un ˋlibro o cuaderno.
□ CONJUG. como «cambiar».

foliar² (del lat. «foliāris») adj. De [la] hoja.

foliatura (del lat. «foliatūra») f. *Foliación.*

folicular adj. De forma de folículo.

foliculario (del fr. «folliculaire») m. *Folletista o *periodista.*

foliculitis f. MED. *Inflamación de un folículo.*

folículo (del lat. «follicŭlus», saquito) **1** m. BOT. *Fruto, sencillo, seco, semejante a una vaina, pero con una sola sutura y una sola cavidad que encierra generalmente varias semillas. **2** ANAT. *Glándula sencilla, en forma de saquito, encerrada en el espesor de la piel o de las mucosas.

folijones (de «folía», danza) m. pl. *Danza antigua de Castilla la Vieja acompañada con arpa, guitarra, violín, tamboril y castañuelas.*

folio (del lat. «folĭum», hoja) **1** m. *Hoja de un libro o cuaderno, particularmente cuando están numerados por hojas y no por páginas. **2** AGRÁF. *Tamaño de papel o libro que resulta de doblar el pliego una vez, o sea haciendo con él dos hojas o cuatro páginas: 'En folio. Tamaño folio'. ⇒ Infolio. ⊙ Hoja de papel de 31,5 por 21,5 cm. **3** AGRÁF. Encabezamiento que se pone a veces en cada página de un *libro. **4** Cierta *planta euforbiácea de hojas cubiertas de un tomento blanco.

FOLIO ATLÁNTICO. *Hoja mayor que el folio; por ejemplo, como las de los atlas geográficos.*

F. DE DESCARTES. GEOM. *Figura formada por dos ramas de curva que se juntan en un punto.*

F. ÍNDICO. *Hoja del árbol de la *canela.*

F. RECTO. Primera página de un folio cuando son éstos y no las páginas los numerados.

F. VERSO [o VUELTO]. *Dorso o segunda página, en el mismo caso.

foliolo (del lat. «foliŏlum») m. BOT. Cada una de las divisiones u hojillas de las *hojas compuestas.

folión m. *Folía (música popular).*

folk (ingl.) adj. y n. m. Se aplica a un tipo de música moderna inspirada en la música popular, y a sus intérpretes.

folklore (ingl.) m. Folclore.

folklórico, -a adj. Folclórico.

folklorista n. Folclorista.

folla (de «follar³») **1** f. *Lance del *torneo en que batallan dos cuadrillas desordenadamente.* **2** **Mezcolanza: conjunto desordenado de muchas cosas.* **3** (ant.) *Barullo o *aglomeración de gente, por ejemplo que se precipita a coger algo echado a la rebatiña.* **4** *Diversión *teatral compuesta de varios pasos de comedia mezclados con trozos de música.*

follada (de «follar¹») f. *Empanadilla de masa hojaldrada.*

follado, -a 1 *Participio de «follar».* **2** (Sal.) m. *Parte ahuecada o abullonada de las *mangas o las pecheras de las *camisas.* **3** (pl.; ant.) *Ciertos *pantalones abullonados.* **4** (Can.) *Arbusto caprifoliáceo cuyas ramas se emplean en cestería.* ⇒ Planta.

follador m. *Hombre que mueve el fuelle en una *fragua.* ⇒ Sonique.

follaje (del occit. «follatge») **1** m. Conjunto de las ramas y hojas de los árboles y plantas. ≃ Fronda. ⊙ Conjunto de ramas y hojas cortadas, por ejemplo empleadas para decorar. ⇒ Enramada, fronda, ramada, ramaje, verdor. ➤ Ataurique. ➤ *Espesura. **2** *Adorno de ramas y hojas. **3** *Hojarasca. ⊙ Superabundancia de adornos o de cosas superfluas. ⊙ Exceso de palabras en una conferencia, discurso, etc.

follajería (ant.) f. *Follaje.*

follar¹ (del lat. «folĭum», hoja) tr. *Dividir, hacer o disponer una ˋcosa en hojas.* ⇒ *Hojoso.

follar² (del lat. «follis», fuelle) **1** intr. **Soplar con el fuelle.* **2** prnl. *Soltar una *ventosidad sin ruido.*

follar³ 1 (ant.) tr. *Hollar.* **2** (ant.) **Talar.*

follar⁴ (vulg.; «con») intr. Practicar el acto sexual. ⊙ (vulg.) tr. Poseer sexualmente a ˋalguien. También con un pron. reflex.

follero o **folletero** m. *Hombre que hace o vende fuelles.*

folleta (del occit. «folheta»; ant.) f. *Medida de *vino equivalente a un cuartillo.*

folletín (dim. de «folleto») **1** m. Escrito que se inserta en la parte inferior de alguna hoja de un periódico, de modo que se puede cortar para coleccionarlo; generalmente se publicaban así novelas por partes; a veces, también artículos literarios o ensayos. ≃ Folletón. **2** (n. calif.) Como las *novelas que se acostumbraban a publicar en esa forma eran de intriga, con sucesos y coincidencias muy dramáticos, sorprendentes e inverosímiles, se aplica también el nombre a una novela u obra dramática de esas características. ⊙ (n. calif.) También, a un *suceso que, por sus circunstancias, parece de folletín.

folletinesco, -a adj. Como de folletín.

folletinista n. Escritor de folletines. ⇒ Foliculario.

folletista n. *Escritor de folletos (diarios).*

folleto (del it. «foglietto») **1** m. *Antiguamente, hoja manuscrita en que se publicaban las noticias del día.* ⇒ *Periódico. **2** Obra impresa de pocas páginas, generalmente sin encuadernar. La ley de imprenta española actual le asigna entre cinco y cuarenta y ocho páginas. ⇒ Díptico, opúsculo, prospecto, tríptico. ➤ *Impreso.

folletón m. *Folletín publicado en un periódico.*

follisca (Hispam.) f. **Riña.* ≃ Fullona.

follón[1] (del lat. «follis», fuelle) **1** m. **Cohete que no produce ruido.* **2** **Ventosidad sin ruido.* **3** adj. *Vanidoso.*

follón[2] (de «follar[3]») **1** («Haber, Armar[se]») m. *Alboroto: escena, situación o suceso en que hay gritos, discusiones o riñas: 'Se armó un follón en el partido de fútbol'. **2** («Haber, Armar[se]») *Jaleo: situación, escena, relato, etc., en que hay desorden y confusión: 'Dime lo que ocurrió en realidad, y no me armes un follón'.

follón[3], **-a** (del ant. «fellón», del cat. «felló») **1** adj. y n. Insulto que se lee frecuentemente, por ejemplo en el Quijote, con distintos significados. Ahora se usa alguna vez como arcaísmo humorístico, con el significado de «canalla». **2** Falso o *engañador. ⊙ **Holgazán.* ⊙ *Cobarde. ⊙ *Vil. ⊙ *Canalla. **3** (ant.) m. *Vástago que brota del pie de una planta.* ⇒ Desfollonar.

follonería **1** f. Cualidad de follón. **2** Acción propia de un follón.

follonero, -a (inf.) adj. y n. Que arma follones o participa en ellos.

follonía (follón[1]; ant.) f. **Vanidad.*

foluz (del ár. marroquí «flus», cl. «fulūs») f. **Moneda castellana antigua equivalente a la tercera parte de una blanca.* ≃ Cornado.

fomentación f. MED. *Fomento.*

fomentar (del lat. «fomentāre») **1** tr. *Dar a una ↘cosa *calor natural o templado que la vivifique o anime*: 'La gallina fomenta los huevos'. **2** MED. *Aplicar fomentos a un ↘tumor o a una parte enferma.* **3** Aumentar la actividad o intensidad de una ↘cosa: 'Fomentar las discordias [o el comercio entre dos países]'. ≃ *Avivar.

fomento **1** m. Acción y efecto de fomentar. **2** (pl.) MED. Compresa caliente, generalmente empapada en agua u otro líquido, que se aplica a una parte del cuerpo enferma, como remedio; particularmente, para fomentar o apresurar la formación de pus. ⇒ *Apósito. **3** Materia con que se alimenta o sostiene una acción o un fenómeno. ≃ Pábulo, *pasto. ⇒ Fomes, fómite. **4** *Auxilio o protección.*

fomes o **fómite** (del lat. «fomes, -ĭtis») m. **Causa que promueve o excita una cosa.* ⊙ MED. *Objeto, por ejemplo ropas de cama o vestidos, que puede ser portador de infección.*

fon-, fono- o **-fono, -a** Elemento prefijo o sufijo del gr. «phōnḗ», sonido: 'fonendoscopio, fonógrafo, fonograma, fonología'.

fona o **fonas** (del cat. «fona»; ant.) f. o f. pl. *Cuchillo[s] con que se *ensanchan las capas.*

fonación (de «fon-» y «-ación») f. FON. Emisión de los sonidos del lenguaje.

fonador, -a adj. FON. Se aplica al aparato o a los órganos que intervienen en la emisión de la voz.

fonda[1] (del lat. «funda»; ant.) f. *Honda (de lanzar piedras).* ⊙ (Ven.) **Tirador (juguete).*

fonda[2] (del ár. marroquí «fendeq», cl. «funduq») **1** f. Casa donde se admiten huéspedes para comer y dormir. Se suele llamar así ahora a los establecimientos de este tipo más modestos que un hotel o a los de las localidades pequeñas. ⇒ Hospedería, hostelería, hostería. **2** (Chi., Perú) *Cantina o puesto donde se sirven comidas y bebidas.*

fondable (de «fondo») f. MAR. *Se aplica a los sitios donde pueden *varar los barcos.* ≃ Hondable.

fondac (del ár. marroquí «fendeq», cl. «funduq») m. *En Marruecos, venta u hospedería donde comercian los traficantes.*

fondado, -a (de «fondo») adj. *Se aplica a los *toneles cuyo fondo está *reforzado o asegurado de alguna manera.*

fondant (fr.; pronunc. [fondán]) **1** m. *Pasta de confitería hecha con un jarabe espeso, enfriado en cierta forma de modo que resulta blanco y plástico, que se emplea para recubrimientos. **2** Variedad de *caramelo con el interior fluido.

fondeadero m. MAR. Lugar apto para que fondeen los barcos. ≃ Ancladero. ⇒ *Puerto.

fondeado, -a **1** Participio de «fondear»: anclado. **2** (Hispam.) adj. *Bien provisto de fondos (*dinero).*

fondear **1** tr. MAR. Fijar un ↘barco en un sitio echando el ancla o pesos que descansen en el fondo. ≃ Anclar, echar el ANCLA [o las anclas]. ⊙ intr. MAR. Quedarse fija la embarcación por ese medio. ≃ Dar FONDO. ⊙ MAR. Llegar a un puerto y detenerse en él. ⇒ *Fondo. **2** tr. *Sondear, reconocer el fondo del ↘mar. **3** MAR. *Apartar la carga de un ↘*barco hasta descubrir el fondo, para reconocerlo.* **4** MAR. **Registrar una ↘embarcación para ver si lleva contrabando.* **5** **Examinar una ↘cuestión hasta el fondo.* **6** (Hispam.) prnl. **Enriquecerse.*

fondeo m. *Acción de fondear.*

fondero (de «fonda[2]»; ant.) m. *Hondero.*

fondeza (de «fondo», hondo; ant.) f. *Profundidad.*

fondillo m., gralm. pl. Nombre dado a las partes del *pantalón correspondientes a las nalgas. ⊙ Pieza con que se *remiendan. ≃ Hondillos. ⇒ Entrepierna.

fondillón (de «fondo») **1** m. *Poso o madre que se deja en una cuba de *vino durante varios rellenos sucesivos, a veces durante años.* **2** *Cierto *vino rancio de Alicante.*

fondirse (de «fondo»; ant.) prnl. **Hundirse.*

fondista[1] n. Dueño de una fonda.

fondista[2] n. DEP. Deportista que participa en carreras de fondo.

fondo, -a (del lat. «fundus») **1** (ant.) adj. **Hondo.* **2** m. Parte de un recipiente o una concavidad cualquiera, que está en la parte más baja de ella: 'El fondo de la cacerola está agujereado. El fondo del mar [de un río, de un valle, de un pozo]. Queda azúcar en el fondo de la taza'. ⊙ Cada una de las dos bases planas de los *toneles. ⊙ Exterior de esa parte, sobre el que se apoya la vasija. ≃ Suelo. **3** En cosas abiertas por un extremo y cerradas por el otro, el *extremo cerrado: 'El fondo de un saco [de un bolsillo, de un callejón]'. ⊙ En una *habitación, parte más lejana del sitio por donde se entra o por donde le entra la luz, o desde donde se mira: 'En el fondo del salón estaba el estrado'. ⊙ En el *escenario, parte más lejana. ⊙ PINT. Plano más alejado del espectador. **4** Con «poco, mucho» o adjetivo semejante, *profundidad: 'Una playa de poco fondo. Un cajón de mucho fondo'. **5** *Grueso de un *diamante.* **6** Dimensión de delante atrás de un *edificio: 'Una casa de poca fachada y mucho fondo'. **7** (gralm. pl.) MAR. Parte de un *barco que queda sumergida: 'Limpiar los fondos'. **8** En un cuadro u otra superficie con dibujos, parte de un solo *color o más uniforme que el resto, sobre la que se destacan los otros colores o figuras: 'Una tela de fondo amarillo con listas blancas. El fondo del bodegón lo forma un trozo de seda verde'. ≃ Campo. **9** Conjunto de cosas o circunstancias que acompañan algo o a alguien o una acción, y contribuyen a que produzca uno u otro efecto: 'Una ciudad provinciana no es fondo adecuado para esas actividades'. ≃ *Ambiente. **10** Lo que importa y está debajo de las apariencias en cualquier cosa: 'Dejemos los detalles y vamos al fondo del asunto. Es un hombre serio, pero afectuoso en el fondo'. ⇒ *Esencia. ⊙ En un libro, conferencia, etc., *idea contenida, por oposición a «forma», o manera de expresarla: 'El fondo de la novela es un conflicto de sentimientos'. **11** DER. Cuestión de derecho, por oposición a las de trámite. **12** («En el») Intimidad de alguien: 'En el fondo, lo siente'. **13** (Méj.) *Falda bajera, o *falda sobre la que se arma la exterior.* **14** («Disponer de, Tener, Depositar, Instituir, Situar, Congelar, Inmovilizar»; pl.) *Dinero que tiene o de que puede disponer una persona o una entidad. ⊙ Caudal de una cosa; como de sabiduría, de virtud, de malicia, etc. **15** (sing. o pl.) Conjunto de *libros o de *documentos existentes en una *biblioteca, en una librería o en un archivo: 'El fondo de obras musicales de la Biblioteca Nacional. El archivo perdió parte de sus fondos en un incendio'. ⊙ Con referencia a una editorial y librería, conjunto de las obras publicadas por ella, a diferencia de otras que puede tener en venta o en sus catálogos, pero que son de otra editorial. **16** Dinero que se *juega en común. ≃ Vaca. **17** (Cuba) *Cierta caldera usada en los ingenios de *azúcar.* **18** (Ál.) *Utensilio de *pesca formado por una cuerda a cuyo extremo hay dos anzuelos y un plomo.* **19** MIL. *Espacio en que se forman las hileras y ocupan los soldados pecho con espalda.* **20** DEP. Resistencia física para aguantar un esfuerzo prolongado. **21** DEP. Se aplica a la carrera de largo recorrido. **22** (Méj., Ven.) *Combinación (prenda interior del vestido femenino que cuelga desde los hombros).* ⇒ *Enagua.

BAJOS FONDOS de la sociedad. Gente del *hampa.

DOBLE FONDO. Expresión de significado claro, aplicada, por ejemplo, al existente en cajas y utensilios de *prestidigitación.

FONDO DE INVERSIÓN. ECON. Inversión colectiva que se constituye con las aportaciones monetarias de los partícipes, administrada por una sociedad gestora.

F. MUERTO. ECON. **Dinero entregado a una persona con la obligación de pagar los réditos a otra determinada o a varias que se suceden en el disfrute por la muerte de la anterior y que, una vez muertas esa o esas personas, queda de propiedad de la que ha pagado los réditos.* ≃ FONDO perdido y FONDO vitalicio.

F. DE PENSIONES. ECON. Modalidad de fondo de inversión cuya finalidad es constituir un capital para disponer de él en el momento de la jubilación.

F. PERDIDO. ECON. *FONDO muerto.*

F. DE REPTILES. *Dinero que se tiene en algún ministerio u otra oficina pública para gastos que no se hacen públicos. ⊙ El uso de esta expresión se extiende a fondos de destino o uso semejante en cualquier sitio.

F. DE RESERVA. Frase frecuente de significado claro.

F. VITALICIO. ECON. FONDO muerto.

FONDOS PÚBLICOS. Los pertenecientes al Estado. ⇒ *Fisco.

F. RESERVADOS. Dinero disponible en un ministerio para gastos que pueden no hacerse públicos.

MEDIO FONDO (Arg., Méj., R. Dom., Ven.). **Enagua (prenda interior que se pone debajo de la falda desde la cintura).*

A FONDO. Llegando hasta el fondo de la cosa de que se trata; sin limitarse a los detalles o a las apariencias. ⊙ Del todo, con seriedad y no a la ligera: 'Cuando se pone a estudiar, lo hace a fondo'. Se emplea muy frecuentemente con los verbos «acometer, atacar» y semejantes. ⇒ *Completo, *serio.

V. «ARTÍCULO de fondo».

DAR FONDO. Fondear.

ECHAR A FONDO. Echar a PIQUE.

EN FONDO. Refiriéndose a una *formación y en expresiones como «de tres en fondo, de cinco en fondo», significa habiendo en fila o de frente el número expresado: 'Marchaban en una columna de diez en fondo'.

EN EL FONDO. A pesar de las apariencias: 'En el fondo es un sentimental'. ⊙ En lo fundamental, aunque no en los detalles: 'En el fondo todos estamos conformes'. ⇒ *Fundamentalmente.

EN FONDO DE SACO. Cerrado por un extremo: 'Un pasadizo en fondo de saco'.

ESCASO DE FONDOS. Mal de FONDOS.

ESTAR EN FONDOS. Disponer de dinero abundante en el momento de que se trata.

MAL DE FONDOS. Mal de *DINERO. ≃ ESCASO de fondos.

V. «MAR de fondo, POZO sin fondo».

TOCAR FONDO. Llegar a su peor momento una persona, situación, etc., a partir del cual puede empezar su recuperación: 'Los expertos afirman que la crisis económica ha tocado fondo'.

□ CATÁLOGO

Otra raíz, «bento-»: 'bentónico, bentos'. ➤ Álveo, asiento, aterramiento, bajío, *bajo, banco, cantil, *cauce, culo, lecho, madre, suelo, *tapa, témpano. ➤ Hacer PIE. ➤ Aferrar, anclar, echar ANCLAS, anclear, ancorar, andar, aportar, *arribar, atracar, hacer ESCALA, fondear, dar FONDO, surgir, tomar TIERRA, tocar, *varar. ➤ Surto. ➤ Bornear, sondear. ➤ Afondar, desfondar. ➤ *Cauce. *Depósito.

fondón[1] (de «fondo») **1** m. *Fondillón (madre del vino).* **2** *Parte baja o fondo de los *brocados.*

fondón[2], -a adj. Se aplica a la persona que está un poco *gorda, especialmente por las nalgas. ⇒ *Culón.

fondoncillo, -a adj. Dim. muy frec. de «fondón» (culón).

fondue (fr.; pronunc. [fondí]; pl. «fondues», pronunc. [fondís]) **1** f. Plato que consiste en queso fundido en un recipiente calentado con un hornillo especial, en el que se van mojando trozos de pan. También se prepara con otros ingredientes, particularmente con trozos de carne que los comensales van friendo en el momento en aceite caliente. **2** Conjunto formado por el recipiente y el hornillo en el que se preparan «fondues».

fondura (ant.) f. *Hondura.*

fonébol (del cat. «fonèbol») m. *Fundíbulo (máquina de guerra).*

fonema (del gr. «phṓnēma», sonido de la voz) m. FON. Unidad fonológica mínima capaz de diferenciar significados.

fonendo m. MED. Apóc. de «fonendoscopio».

fonendoscopio (de «fono-» y «endoscopio») m. MED. *Estetoscopio con un diafragma que amplifica los sonidos y con dos tubos con sus correspondientes boquillas que se introducen una en cada oído.

fonética (del gr. «phōnētikḗ») **1** f. Parte de la lingüística que estudia los sonidos del lenguaje hablado. **2** Conjunto de los sonidos de un idioma y de las particularidades de su pronunciación. ≃ Fonetismo.

fonético, -a (del gr. «phōnētikós») **1** adj. LING. De los sonidos del lenguaje. **2** LING. Se aplica a la escritura en que cada signo corresponde con precisión a un sonido y no hay apartamientos de este procedimiento debidos a la etimología; es fonética la escritura «acha», y no lo es «hacha». ⊙ LING. Se aplica también a las lenguas en que la escritura corresponde en general a la pronunciación; como el español. **3** Ling. Se aplica a cualquier escritura ideada por los fonéticos en que se emplea un sistema de signos, cada uno de los cuales representa un sonido con más precisión que los usuales, y de aplicación general a los distintos idiomas.

□ Catálogo

Fonología. ➤ Africado, alveolar, apical, aspirado, atónico, átono, bilabial, cerrado, consonante, débil, dental, dentolabial, dentolingual, fricativo, gutural, intervocálico, labial, lingual, líquido, medial, mojado, nasal, oclusivo, oral, paladial, palatal, postdorsal, postpalatal, predorsal, prepalatal, pretónico, protónico, semiconsonante, sibilante, sonoro, sordo, tónico, uvular, velar. ➤ Asimilar, aspirar, consonantizar, disimilar, elidir, herir, lateralizar, mojar, nasalizar, rehilar, relajar, sonorizar. ➤ Metafonía, rotacismo. ➤ Abertura, cantidad, intensidad, perceptibilidad. ➤ Yod, wau. ➤ Fonema, grafía. ➤ Triángulo vocálico [o de vocales]. ➤ *Pronunciación. *Sonido.

fonetismo **1** m. Ling. *Con referencia a las lenguas, cualidad de fonético.* **2** Fon. *Conjunto de caracteres fonéticos de una lengua.* ≃ Fonética.

fonetista n. Ling. Persona que se dedica a la fonética.

-fonía Elemento sufijo del gr. «phōnḗ», sonido, que sirve para formar sustantivos abstractos: 'afonía, polifonía, sinfonía, polifonía'.

foniatra (de «fon-» e «-iatra») n. Med. Especialista en foniatría.

foniatría (de «fon-» e «-iatría») f. Parte de la medicina que estudia la emisión de la voz y su patología.

fónico, -a (de «fon-» e «-ico») adj. Fís., Ling. Del sonido o de la voz.

fonil (del arag. «fonil», embudo) m. **Embudo para envasar líquidos en las pipas.*

fonje adj. **Blando, *esponjoso o fofo.*

fono (Arg., Chi.) m. *Auricular telefónico.*

fonocaptor (de «fono-» y el lat. «captor, -ōris») m. Electr. *Aparato que reproduce eléctricamente los sonidos grabados en un disco.* ⇒ *Magnetofón. *Tocadiscos.

fonografía (de «fono-» y «-grafía») f. Técnica que consiste en grabar sonidos para poder reproducirlos.

fonográfico, -a adj. De la fonografía o del fonógrafo: 'Disco fonográfico'.

fonógrafo (de «fono-» y «-grafo») **1** m. Instrumento que graba el sonido. **2** Nombre que se daba al primitivo *gramófono, inventado por Edison. **3** (Chi., Col., Méj.) *Tocadiscos.*

fonograma (de «fono-» y «-grama») **1** m. Fon. **Signo que representa un sonido.* ⊙ *Letra del alfabeto.* **2** *Dibujo de un objeto usado en la *escritura para representar el conjunto de sonidos del nombre de él.*

fonolita (de «fono-» y el gr. «líthos», piedra, con influencia del fr. «-lite») f. *Mineral compuesto de feldespato y silicato de alúmina, que tintinea al ser golpeado; se emplea en construcción. ≃ Perlita.

fonología (de «fono-» y «-logía») f. Parte de la lingüística que estudia los fenómenos fonéticos no de manera descriptiva como hace la fonética, sino atendiendo a su valor funcional dentro del sistema.

fonológico, -a adj. Ling. De la fonología.

fonometría (de «fono-» y «metría») f. Fís. *Medición de la intensidad del *sonido.*

fonómetro (de «fono-» y «-metro») m. Fís. *Aparato para medir el *sonido.*

fonoteca (de «fono-» y «-teca») f. Colección o archivo de documentos sonoros.

fonotecnia (de «fono-» y «-tecnia») f. *Técnica de captación, transmisión y reproducción de sonidos.*

fonsadera (de «fonsado») **1** f. **Prestación personal para la guerra.* ≃ Fonsado. **2** **Tributo para atender los gastos de guerra.*

fonsado (del lat. «fossātum») **1** m. *Trabajo hecho en el *foso de una plaza fuerte.* **2** *Fonsadera (prestación y tributo).* **3** (ant.) *Ejército.*

fonsario (del b. lat. «fonsarĭus», foso; ant.) m. **Foso que rodea una plaza fuerte.*

fontal (del lat. «fontālis») **1** adj. *De [la, las] fuente[s].* ≃ Fontanal, fontanero, fontano. **2** (ant.) **Principal.*

fontana (del lat. «fontāna»; lit.) f. *Fuente.

fontanal (del lat. «fontanālis») **1** adj. *Fontal.* **2** m. Sitio abundante en manantiales. **3** *Fontanar.*

fontanar (de «fontana») m. *Manantial.* ≃ Fontanal.

fontanela (de «fontana») **1** f. Anat. Nombre dado a los espacios membranosos que hay en el cráneo de muchos animales, particularmente entre el frontal y los parietales, antes de su completa osificación. ≃ Bregma. **2** Cir. *Instrumento que usaban los cirujanos para abrir fuentes en el cuerpo humano.*

fontanería **1** f. Oficio del fontanero. **2** Conjunto de instalaciones para la conducción y distribución de *agua en un edificio. **3** Establecimiento de fontanero.

fontanero, -a (de «fontana») **1** adj. *Fontal.* **2** n. Persona que instala y arregla conducciones de agua, grifos, etc. ⇒ Hojalatero, lampista, pajero, plomero.

fontano, -a (del lat. «fontānus») adj. *De [la, las] fuente[s].* ≃ Fontal.

fontanoso, -a (de «fontana») adj. *Abundante en manantiales.*

fonte (ant.) f. **Fuente.*

fontegí (del ár. and. «funtaší») m. *Variedad de *trigo fanfarrón.*

fontículo (del lat. «fonticŭlus», fuente pequeña) m. Med. **Úlcera de las que antiguamente se mantenían abiertas artificialmente en el cuerpo como medio de que el organismo evacuara los humores perjudiciales.* ≃ Exutorio, fuente.

foñico (relac. con la voz de germanía «fuñar», del cat. «funyar», hundir, manosear; And.) m. *Hoja seca de *maíz.*

footing (fr., del ingl. «foot», pie; pronunc. [fútin]; «Hacer») m. Ejercicio físico que consiste en correr a un ritmo constante, generalmente al aire libre. ≃ Jogging.

foque (del neerl. «fok») **1** m. Mar. Nombre común de todas las *velas triangulares. Se aplica por antonomasia a la principal de ellas. ⇒ Petifoque, trinquetilla. **2** (inf.) **Cuello almidonado de puntas muy tiesas.*

Foque volante. Mar. En los yates modernos, «ala» o *vela suplementaria. ≃ Ala, balón.

foradador (de «foradar»; ant.) m. *Utensilio para horadar.*

foradar (ant.) tr. *Agujerear.*

forado (del lat. «forātus», perforación) **1** (ant.) m. **Agujero.* **2** (Hispam.) *Agujero hecho en una pared.*

foraida (relac. con «horadar»; ant.) f. **Hondonada.*

forajido, -a (de «fuera exido») **1** adj. y n., menos frec. en f. Se aplica al *malhechor que anda habitualmente fuera de poblado, huyendo de la justicia. **2** (ant.) *Se aplica al que vive desterrado.*

foral 1 adj. DER. De [los] *fueros. ⊙ DER. Conforme a los fueros. **2** (Gal.) m. *Finca dada en foro.* ⇒ *Censo.

forambre (del lat. «forāmen, -ĭnis»; ant.) f. *Agujero.*

forambrera (ant.) f. *Forambre.*

foramen 1 m. *Agujero.* **2** *Agujero de la piedra baja del molino de harina.*

foraminífero adj. y n. m. ZOOL. Se aplica a los protozoos *rizópodos con seudópodos muy ramificados que se entrecruzan formando extensas redes y con caparazón generalmente calizo, como la numulita. ⊙ m. pl. ZOOL. Orden que forman.

foráneo, -a (del b. lat. «foranĕus») **1** adj. *Extranjero o *forastero. **2** (Rioj.) *Aplicado a las hojas de las coles, lechugas y hortalizas semejantes, de *fuera.*

foranes m. pl. MAR. *Maderos que sirven de soporte a los andamios en la construcción de *barcos.*

forano, -a (del b. lat. «forānus») **1** (ant.) adj. *Exterior.* **2** (ant.) *Foráneo (*extranjero o *forastero).* **3** (ant. y usado aún en Ar.) **Campesino, *rústico o *paleto.* **4** (ant.) **Huraño.*

foraño, -a (del b. lat. «foranĕus») **1** (ant.) adj. **Exterior.* **2** (Sal.) m. *Tabla primera que se saca de un tronco, de junto a la corteza.*

foras (del lat. «foras»; ant.) adv. **Fuera o fuera de.*

forastera (de «forastero») f. MINER. *Veta nueva que aparece en una *mina.*

forastero, -a (del cat. «foraster») **1** adj. y n. Persona que viene de otra localidad: 'Han venido muchos forasteros para las fiestas'. ≃ De fuera. ⊙ Persona que no ha nacido o no está avecindada en el lugar donde se encuentra o vive. ⇒ Afuereño, albarrán, albarráneo, albarraniego, cateto, churro, cuico, foráneo, forano, forense, isidro, levente, meteco, nango. ➤ Cantarada. ➤ *Paleto. **2** adj. **Extraño o *ajeno.*

forca 1 (ant.) f. *Horca.* **2** (ant.) *Horquilla.*

forcate (del arag. «forcat»; Ál., Ar., Rioj.) m. **Arado con dos varas, para ser tirado por una sola caballería.*

forcatear tr. **Labrar con forcate.*

forcaz (de «forca») adj. *Se aplica al *carruaje con dos varas.*

forcejar (del cat. «forcejar») **1** intr. *Forcejear.* **2** tr. *Realizar unión sexual con una ↘mujer contra la voluntad de ella.* ≃ *Forzar.

forcejear (de «forcejo») intr. Hacer esfuerzos para realizar una cosa que requiere fuerza; por ejemplo, para desprenderse de una sujeción. ⊙ Hacer esfuerzos uno contra otro, o en sentidos opuestos, personas o animales: 'Forcejeaban el uno para pasar y el otro para impedirle el paso'. ⊙ Puede también tratarse de esfuerzos no físicos: 'Los dos sectores forcejeaban para imponer su criterio'. ⇒ *Disputar, *luchar, *reñir.

forcejeo m. Acción de forcejear: 'En ese forcejeo están perdiendo el tiempo'.

forcejo m. *Acción de forcejar.*

forcejón (de «forcejo») m. **Esfuerzo intenso hecho de una vez.*

forcejudo, -a (de «forcejo») adj. *Forzudo.*

fórceps (del lat. «forceps», tenaza) m. MED. Instrumento en forma de tenaza para la extracción de las criaturas en los partos difíciles.

forchina (del lat. «fuscĭna», tridente, con influencia de «forca») **1** f. *Cierta *arma de hierro, semejante a una horquilla.* **2** (ant.) **Tenedor para comer.*

forciar (ant.) tr. *Forzar.*

forcina (del lat. «fuscĭna», tridente, influido por «forca»; ant.) f. **Tenedor grande de tres púas.*

forcípula (del lat. «forceps, -ĭpis», tenaza) **1** f. ZOOL. *Apéndice corporal modificado en forma de pinza que poseen los ciempiés.* **2** *Instrumento para medir el diámetro del tronco de los árboles.*

forcir (ant.) tr. **Fortalecer o *reforzar.*

forense[1] (del lat. «foras», fuera) adj. **Forastero.*

forense[2] (del lat. «forensis») **1** adj. Del foro, o sea, relacionado con los *tribunales o la administración de justicia. **2** n. Médico forense.

forero, -a 1 n. *Dueño de una finca dada a *foro.* **2** m. *Tenedor de una finca en foro.* **3** (ant.) *Pagador de *tributos.* ≃ Pechero. **4** (ant.) *Plebeyo.* **5** (ant.) **Recaudador de tributos.*

forestación (Chi., Perú, Ur.) f. *Repoblación de un terreno con plantas forestales.*

forestal (del b. lat. «forestālis») adj. De [del, de los] *bosque[s] o de sus productos.

V. «APROVECHAMIENTOS forestales, REPOBLACIÓN forestal».

forestar tr. Poblar un ↘terreno con plantas forestales.

forfait (fr.; pronunc. [forfáit]; pl. «forfaits») m. Abono que permite disfrutar de determinadas prestaciones, particularmente en una estación de esquí.

fórfolas (del lat. «furfur, -ŭris», caspa; ant.) f. pl. *Pequeñas *costras que se forman en el cuero cabelludo.* ⇒ *Cabeza, *pelo.

forigar (del sup. lat. vulg. «furicāre», robar; Ar.) tr. **Hurgar.*

forillo m. *Telón pequeño que se cuelga detrás de alguna puerta o abertura del telón de foro.* ⇒ *Escena.

forinseco, -a (del lat. «forinsĕcus», fuera; ant.) adj. *De la parte de *fuera.* ⇒ Intrínseco.

forista (ant.) m. *Hombre entendido en fueros.*

forja (del fr. «forge») **1** f. Taller donde se trabaja el *hierro calentándolo y golpeándolo. ≃ Fragua. **2** Taller donde se obtiene el hierro extrayéndolo del mineral que lo contiene. ≃ Ferrería. **3** Acción de forjar. ⊙ Arte de forjar. **4** **Argamasa de construir.*

□ CATÁLOGO

Fragua, herrería. ➤ Barquín, barquinera, bigornia, cayadilla, cizalla, cortadera, destajador, desvolvedor, fuelle, macho, MARTILLO pilón, martinete, tas, trompa, *yunque. ➤ Taca. ➤ Cinglar, enalbar, forjar, maznar. ➤ Entonar, manchar. ➤ Manchador, palanquero. ➤ Moco. ➤ *Fundición. *Horno. *Metal.

forjado, -a 1 Participio de «forjar[se]». ⊙ adj. Se aplica al hierro trabajado a golpes en forja, a diferencia del fundido o colado. **2** m. CONSTR. Obra con que se hacen las separaciones entre los pisos de un edificio. ≃ *Entramado.

forjador, -a adj. y n. Se aplica al que forja, en cualquier acepción. ⊙ Se aplica al que trabaja en la forja.

forjar (del fr. «forger») **1** tr. Dar cierta forma al ↘hierro u otro metal en caliente, a golpes. **2** CONSTR. **Construir.* **3** CONSTR. **Revocar toscamente con yeso o mortero.* **4** CONSTR. *Rellenar con bovedillas o de cualquier manera los espacios entre una viga y otra para formar los ↘suelos o separaciones de los pisos.* **5** Formar ↘algo con un esfuerzo o trabajo espiritual: 'Forjar un pueblo. Forjar la grandeza de un pueblo'. ≃ *Crear. ⊙ Idear, *imaginar: 'Forjar sueños. Forjar uno algo en su fantasía'. ⊙ Inventar ↘algo como mentiras o engaños. ≃ Maquinar, *tramar, urdir. ⊙ (con un pron. reflex.) *Imaginarse ↘cosas sin fundamento.

forlón m. *Cierto coche antiguo de cuatro asientos dispuesto sobre dos varas.* ≃ Furlón. ⇒ *Litera.

forma (del lat. «forma») **1** («De, En forma de, Dar, Restituir, Quitar») f. Manera de estar distribuida la materia de un cuerpo, por la cual se pueden distinguir unos de otros por la vista o el tacto. ≃ Configuración, conformación, figura. **2** FIL. Concepto, en general contrapuesto a «materia», que representa el elemento que completa o determina a ésta para constituir el ser. **3** En la filosofía moderna, se invierten los valores clásicos de «materia» y «forma», y se hace de ésta el elemento accesorio o aspecto externo de las cosas, mientras que la materia o «contenido» es lo real en ellas. **4** Por oposición a «fondo», *aspecto o apariencia de una cosa: lo que se aprecia de ella con los sentidos o en un examen superficial. ⊙ Se emplea en muchas expresiones, sobre todo acompañado de adjetivos como «mera, pura», con sentido peyorativo, significando ausencia o poco valor del fondo o contenido. Con este valor se emplea muchas veces como nombre calificativo: 'Todo eso que te admira es pura forma'. **5** En una obra literaria, todo lo que es manera de expresar (estilo, género, etc.), a diferencia del fondo, que es la idea expresada. **6** DER. Requisitos externos o aspectos de expresión de los actos jurídicos. ⊙ DER. Cuestiones procesales, en contraposición al «fondo» o asunto del pleito o causa: 'La sentencia fue anulada por vicio de forma'. **7** *Se aplica específicamente a la forma de la *letra de cada persona, de una* época, etc. **8** *Horma, *molde, *patrón o *plantilla que se utiliza para dar forma a una cosa. **9** AGRÁF. Molde con que se imprime una cara del pliego. ⇒ Anverso [blanco], retiración. **10** (pl.) Se aplica a las partes del *cuerpo femenino consideradas en su configuración: 'Formas mórbidas [opulentas, esculturales, delicadas]'. ⇒ Curvas, morbideces. **11** Tamaño de un *libro por sus dimensiones de alto y ancho (no grueso). ≃ Formato. **12** CONSTR. *Formero (arco).* **13** *En la liturgia, palabras rituales que, aplicadas por el ministro competente, integran la materia de cada *sacramento.* **14** Sagrada FORMA. **15** («En») *Modo: 'Dime en qué forma quieres que te lo mande. No hay forma de entenderse'. **16** (pl.) Manera de comportarse, desde el punto de vista de las conveniencias sociales, en gestos, expresiones, actitudes, etc.: 'No cuida las formas'. Puede usarse sin artículo: 'Hay que enseñarle formas'. ≃ *Maneras, modales, modos.

FORMA ACCIDENTAL. FIL. En la doctrina aristotélico-escolástica, forma inseparable de la materia que determina a los individuos.

F. GEOMÉTRICA. Forma que se puede expresar en lenguaje geométrico. ⊙ *Cuerpo que la tiene. ⇒ Cristal.

F. PURA. FIL. En la doctrina aristotélico-escolástica, forma independiente de la materia. Las formas puras son el alma humana, los ángeles y Dios.

F. SUSTANCIAL. FIL. En la doctrina aristotélico-escolástica, forma inseparable de la materia que determina las sustancias.

SAGRADA FORMA. Hostia consagrada para la comunión de los fieles. ⇒ *Eucaristía.

CUBRIR [O GUARDAR] LAS FORMAS. *Conducirse correctamente en lo externo, aunque exista realmente un motivo de murmuración o escándalo: 'Viven desavenidos, pero cubren las formas'. ⇒ *Disimular.

DAR FORMA a algo. *Expresarlo o idearlo en forma ordenada y sistemática, o dar expresión precisa a algo que estaba todavía impreciso: 'Dar forma a un proyecto [o a una idea]'.

DE [O EN] CUALQUIER FORMA. De todas FORMAS.

DE FORMA QUE. Expresión *consecutiva que precede a algo que se deduce de lo dicho anteriormente: 'No te necesito para nada: de forma que no te molestes en venir'.

DE [O EN] FORMA QUE. De *modo que se pueda hacer lo que se expresa a continuación: 'Átalo de forma que se pueda desatar fácilmente'.

DE TODAS FORMAS. Expresión *concesiva con la que se expresa que algo dicho antes o que está en la mente del que habla y el que escucha, no impide lo que se dice a continuación: 'De todas formas, hay que estar prevenidos'. ≃ De cualquier FORMA, de una FORMA o de otra.

DE UNA FORMA O DE OTRA. De todas FORMAS.

EN [LA] DEBIDA FORMA. Como se debe hacer o como está mandado que se haga: 'Pídelo en debida forma. Extienda usted la solicitud en debida forma'. ≃ Debidamente.

EN FORMA QUE. De FORMA que.

ESTAR EN FORMA. Entre deportistas, estar en buenas condiciones físicas para las pruebas deportivas. ⊙ (inf.) Por extensión, estar en buenas condiciones físicas o de *ánimo para cualquier cosa: 'Dejaré para mañana el escribir el artículo: hoy no estoy en forma'.

ESTAR EN BAJA FORMA. DEP. Estar en malas condiciones físicas para las pruebas deportivas. ⊙ (inf.) Por extensión, estar en malas condiciones físicas o de *ánimo para cualquier cosa.

GUARDAR LAS FORMAS. Cubrir las FORMAS.

PONERSE EN FORMA. **1** *Prepararse para algo con la *postura adecuada. **2** Ponerse en buenas condiciones físicas; particularmente, haciendo deporte.

□ CATÁLOGO

Otra raíz, «morf-»: 'morfología, polimorfo'. Sufijo de nombres de forma, «-oide»: 'antropoide, solenoide'. ➤ Calaña, configuración, conformación, contorno, diseño, estructura, estructuración, facción, *figura, formación, hechura, manifactura, silueta. ➤ Abarquillado, abellotado, abocinado, abohetado, abolsado, abombado, acampanado, acandilado, acastillado, acopetado, acorazonado, agudo, ahilado, ahorquillado, ahusado, alargado, almenado, almendrado, alomado, alto, amigdaloide, ampollar, ancho, anguiforme, angular, aovado, apaisado, apanalado, aparasolado, aplanado, aquillado, aratriforme, arborescente, arboriforme, arpado, arponado, arqueado, arranado, arriñonado, arrocado, aspado, ataudado, atetado, bajo, bicóncavo, biconvexo, ceratoideo, cilíndrico, circular, cóncavo, cóncavo-convexo, concoideo, cónico, conoideo, conquiforme, convexo, cordiforme, cornial, corniforme, cuadrado, cuadriforme, curvo, dactilado, delgado, dendriforme, dendrítico, dentado, dentellado, denticular, elipsoidal, embocinado, encampanado, ensiforme, escuadrado, esférico, espiciforme, esquinado, esteliforme, estrecho, estrellado, extendido, farpado, filiforme, flabelado, flabeliforme, flecha, fusiforme, grueso, harpado, helicoidal, horcado, infundibuliforme, lacertiforme, largo, lechugado, lenticular, lineal, lirado, lotiforme, miliar, navicular, oblongo, ochavado, oval, ovalado, palmado, palmeado, parabólico, pectiniforme, peniforme, picudo, piramidal, piriforme, pisciforme, pisiforme, *plano, prismático, quincuncial, racimado, *rechoncho, rectangular, recto, redondeado, redondo, repolludo, romboidal, romo, sagital, saliente, semilunar, torculado, trapecial, trapezoidal, triangular, troncocónico, tuberculoso, umbilicado, vaginiforme, vermiforme, vesicular. ➤ Nombres de formas o empleados para designar partes o piezas de cierta forma, y nombres de objetos usados para describir o designar formas: abanico, albardilla, alcachofa, almena, almendra, ánfora, anilla, anillo, *apéndice, árbol, aro, arpa, arpón, asa, aspa, *banda, barquilla, barra, barril, barrote, bellota, bola, boliche, bolo, bonete, bordón, borne, botón, caballete, cabeza, cabezuela, calabacilla, campana, caña, capacete, capucha, caracol, cascada, cazoleta, cazuela, cebolla, ceda, ceja, cenefa, ceta, chinchorro, cilindro, cimbra, cinta, cintura, círculo, circunferencia, clavillo, clavo, cola, colín, collar, colmena, compás, concha, copete, corazón, corbata, cordón, cordoncillo, cornezuelo, corona, costilla, cresta, *cruz, *cuadrado, cuadro, cubilete, cuchillo, cucurucho, cuello, cuerno, culebrilla, dado, *diente, disco, ele, *entrante, equis, escalera, escalerilla, escama, escobilla, escudete, escudo, ese, esecilla, espada, espadilla, espárrago, espátula, espiga, espiguilla, espiral, espolón, estrangulación, estrechamiento, estrella, *faja, festón, filacteria, filamento, filete, fimbria, flan, flecha, fleje, *franja, fres, fresa, gancho, garganta, garra, gaya, geoide, giba, glande, globo, gorrón, gota, grano, greca, guisante, haba, hacha, hache, herradura, hoja, hongo, horca, horquilla, hoz, huevo, huso, joroba, labio, lanzadera, lazo, lemniscata, lengua, lengüeta, lenteja, libro, *línea, lira, *lista, listel, lomo, losange, media LUNA, *mango, manzana, manzanilla, mediacaña, morro, mosca, nariz, navícula, nervio, nicho, nudo, o, ocelo, ocho, OCHO tendido, ojo, onda, oreja, orla, pala, palma, pan, panal, panza, paraguas, pata de gallo, patilla, peine, pelota, penacho, pera, *perno, pestaña, pez, pezón, pico, *pincho, piña, piñón, pirulo, pitón, pitorro, pivote, plancha, plano, platillo, platina, plato, pomo, protuberancia, púa, *punta, PUNTA de diamante, rabillo, rabo, raya, redondel, remate, *resalto, riñón, rodete, rosa, rosario, rosca, roseta, rueda, *saliente, seta, sigma, sombrerete, sombrero, taco, tambor, tarugo, té, teja, tetón, *tira, tirilla, tiza, tonel, medio TONEL, tubo, turquesa, uña, uve, *varilla, *vástago, vena, veta, vira, voluta, zapatilla, zeda [o zeta], zoquete. ➤ Amorfo, informe. ➤ Plástico. ➤ Cristalizar. ➤ Abocinar, achaflanar, *amoldar, configurar, conformar, cuadrar, extrudir, faccionar, dar FORMA, modelar, moldar, moldear, ochavar, plasmar, plástica, redondear. ➤ *Deformar, desfigurar, desvanecer, esfumar. ➤ Proporción, simetría. ➤ Amorfo, biforme, conforme, deforme, diversiforme, informe, isomorfo, multiforme, polimorfo, proteiforme, reformar, semiforme, transformar, triforme, uniforme. ➤ *Adorno. *Aspecto. *Dibujo. *Geometría. *Molde.

formable adj. Susceptible de ser formado.

formación 1 f. Acción y efecto de formar. **2** GEOL. Conjunto de rocas o masas minerales que presentan caracteres geológicos y paleontológicos comunes. **3** Conjunto de personas, particularmente soldados, ordenados en filas. **4** Educación en general, o adiestramiento en determinada materia o actividad: 'Ha recibido una buena formación en el colegio. Tiene una buena formación literaria. Una sólida formación religiosa. Una escuela para la formación de obreros'. **5** *Forma.* **6** *Cordoncillo de entorchado que se *borda alrededor de las flores, hojas, etc.*

FORMACIÓN PROFESIONAL. Estudios que capacitan para el ejercicio de ciertas profesiones, especialmente las de carácter administrativo y los oficios.

□ CATÁLOGO

Alarde, parada. ➤ Columna, cuadrilongo, cuadro, cúneo, cuño, fila, línea. ➤ Ala, centro, costado, flanco, *retaguardia, vanguardia. ➤ En fondo. ➤ Conversar, cubrirse, descabezar, desfilar, evolucionar, oblicuar, presentar ARMAS, llevar el PASO. ➤ ¡Rompan FILAS!, ¡firmes!, ¡un PASO al frente!, ¡media VUELTA a la derecha [a la izquierda]! ➤ *Milicia.

formado, -a Participio adjetivo de «formar». ⊙ Particularmente, educado o con *conocimientos sólidos de cierta cosa. ⊙ Con experiencia o conocimiento para manejarse en la vida: 'Sólo tiene quince años, pero está muy formada'. ⇒ *Inmaduro, *maduro.

formadura (ant.) f. *Conformación.*

formaje (del fr. «fromage», queso) **1** m. *Molde para hacer *quesos.* ≃ Encella. **2** (ant.) *Queso.*

formal 1 adj. De [la] forma: 'Requisito formal'. **2** Aplicado a personas, se dice del que cumple su palabra o sus compromisos: 'Es hombre formal con el que se puede tratar'. ≃ Serio. ⊙ Se dice del que no se divierte con exceso: 'Un muchacho formal'. ≃ Serio. **3** Aplicado a cosas, no sujeto a cambios caprichosos. ⊙ Hecho con los requisitos, formalidades o solemnidad requeridos: 'Un asunto formal. Un noviazgo formal. Ha hecho promesa formal de enmendarse. Hizo renuncia formal a sus derechos'. ⇒ *Estable, *legal, *oficial.

□ CATÁLOGO

Cumplidor, CUMPLIDOR [o ESCLAVO] de su deber, *escrupuloso, exacto, HOMBRE de palabra, juicioso, buen PAGADOR, puntual, *responsable, *sensato, *sentado, *serio. ➤ Chapa, *cordura, responsabilidad, sensatez, seriedad. ➤ No tener más que una PALABRA, no haber roto nunca un PLATO [o un plato en su vida]. ➤ Sentar la CABEZA, entrar en VEREDA. ➤ *Informal.

formaldehído (de «fórmico» y «aldehído») m. QUÍM. *Aldehído fórmico.*

formaleta (del cat. «formalet», arco de medio punto; Alb., Col.) f. ARQ. **Cimbra de arco o bóveda.*

formalete (del cat. «formalet», arco de medio punto) m. ARQ. *Medio punto.*

formaleza f. MAR. **Ancla muy grande que se utiliza en casos extremos.* ≃ *Ancla de la esperanza.

formalidad 1 f. Cualidad de formal. ≃ Seriedad. ⊙ Manera formal, sin bromas, de obrar: 'Dejaos de bromas y hablemos con formalidad'. ≃ Seriedad. **2** Cada uno de los actos o *condiciones reglamentarios o legales que hay que cumplir en la tramitación o ejecución de algo. ⇒ Legalismo, rigorismo, ritualismo. ➤ Ordenancista, reglamentista. ➤ Convenciones, conveniencias. ➤ Cubrir las APARIENCIAS, cubrir las FORMAS. **3** *Ceremonial de un acto público.*

formalismo 1 m. *Rigurosa aplicación y observancia, en la *enseñanza o en la indagación científica, del método recomendado por alguna escuela.* **2** Respeto escrupuloso de las formas externas y de las reglas de la vida social. **3** Cualidad de una obra artística o literaria que presta una especial atención a los aspectos formales. **4** Corriente científica que centra su estudio en lo formal.

formalista 1 n. Amigo de sujetar la tramitación o ejecución de las cosas a las formalidades establecidas. ⊙ Amigo de establecer formalidades. ⇒ *Formalidad. **2** adj. Del formalismo. ⊙ adj. y n. Seguidor del formalismo.

formalización f. Acción y efecto de formalizar.

formalizar 1 tr. Hacer formal una ↘cosa: 'Formalizar un noviazgo'. ⊙ Dar forma legal o reglamentaria a ↘algo: 'Formalizar un contrato, una venta, etc.' ⇒ *Acordar. ⊙ prnl. Hacerse formal; dejar de ser informal. **2** *Ponerse alguien serio por una cosa que se le dice o hace en broma.* ⇒ *Amostazarse, *enfadarse.

formalmente adv. De manera formal.

formalote, -a adj. Aum. afectuoso de «formal».

formante adj. y n. m. Que forma.

formar (del lat. «formāre») **1** tr. y prnl. *Hacer[se] cierta ↘cosa con un material o unos elementos: 'Formar una bola de nieve [una estatua con barro, un círculo con sillas]. Se forman nubes en el horizonte'. ⊙ (con un pron. reflex.) tr. Con «↘idea, criterio, composición de lugar», etc., equivale a «hacerse»: 'Se ha formado una idea falsa'. **2** tr. y prnl. *Organizar[se] una ↘asociación con ciertas personas: 'Ha formado un equipo con niños del colegio'. ≃ Constituir[se], hacer[se]. **3** tr. *Componer distintas cosas reunidas ↘otra: 'Ellos cuatro forman el comité directivo'. ≃ Constituir, integrar. ⊙ prnl. Componerse una cosa por la reunión de otras: 'Se ha formado un comité para estudiar el asunto.' ≃ Constituirse. **4** («en, entre») intr. Estar entre las personas de cierta clase o situación que se expresa: 'Forma entre los descontentos. Forma en las filas de los sublevados'. ≃ *Figurar. **5** tr. *Adiestrar, *educar: 'Formar hombres útiles. Formar buenos médicos'. También reflex.: 'Se ha formado a sí mismo'. ⊙ Crear en ↘alguien ciertos sentimientos, ideas o gustos: 'Esas lecturas formaron su espíritu'. ⇒ Conformar. **6** *Entre bordadores, perfilar las ↘flores, etc., con torzal o trencilla.* **7** («en, por») intr. MIL. Poner en filas ordenadas un cuerpo de tropas: 'Formar en columna. Formar por compañías'. ⇒ *Formación. **8** MIL. Colocarse en esa forma: 'Nos llamaron a formar. Yo no formé en el desfile'.

V. «formar APARTE, formar EXPEDIENTE, formar GRUPO, formar JUICIO, formar PARTE, formar PARTIDO, formar QUEJA, formar RANCHO aparte».

formatear (de «formato») tr. INFORM. Dar a un ↘disco una estructura utilizable por el ordenador.

formateo m. INFORM. Acción y efecto de formatear.

formativo, -a adj. Se aplica a lo que forma o sirve para formar. ⊙ GRAM. Es aplicable, por ejemplo, a los afijos con que se pueden formar acomodaticiamente palabras nuevas; como «-ble» para adjetivos, «-ar» para verbos o «-mente» para adverbios. ⇒ *Gramática.

formato (del fr. «format» o del it. «formato») m. AGRÁF. Tamaño y forma de un libro o cuaderno; el primero, especificado en general por el número de hojas que se hacen con cada pliego, y ahora, con más frecuencia, con el número de centímetros de altura o de altura y anchura. ⇒ Cuarto, dieciseisavo, dozavo, folio, octavo, treintaidosavo. ➤ Alargado, apaisado, prolongado, vertical. ⊙ Tamaño y forma de un cuadro, fotografía, película, etc. ⊙ INFORM. Forma en que están dispuestos los datos; por ejemplo, los márgenes o tipos de letra en un documento.

formatriz (del lat. «formātrix, -īcis») adj. *Formadora.*

-forme Elemento sufijo del lat. «-formis», de «forma», que significa «en forma de»: 'campaniforme'. ⊙ Se utiliza en zoología para fomar denominaciones de órdenes de aves y peces: 'caradriforme, perciforme'.

formejar **1** tr. MAR. *Asegurar un barco con las amarras.* **2** MAR. *Desembarazar las cubiertas para facilitar las maniobras.*

formero, -a **1** m. ARQ. *Cada uno de los *arcos en que descansa una bóveda vaída.* **2** (And.) CONSTR. **Cimbra (armazón).*

formiato m. QUÍM. *Sal que resulta de la combinación del ácido fórmico con una base.*

formica (n. comercial) f. Material formado por un conglomerado de papel impregnado de resina artificial, utilizado para revestir madera o aglomerado.

formicante (del lat. «formīcans, -antis», que anda como la hormiga) **1** adj. *Propio de hormiga.* **2** **Lento.*

fórmico (del lat. «formīca» e «-ico[1]») adj. V. «ÁCIDO fórmico».

formidable (del lat. «formidabĭlis») **1** adj. Muy temible. ⇒ Aterrador. **2** Asombroso. **3** Muy *grande. **4** (inf.) *Extraordinario por lo bueno, lo grande, lo agradable, etc.: 'Tiene un coche formidable. Pasamos una tarde formidable'. ⊙ Con el significado de «grande» puede también aplicarse a cosas no buenas: 'Le ha salido un grano formidable'.

formidar (del lat. «formidāre»; ant.) tr. **Temer.*

formidoloso, -a (del lat. «formidolōsus») **1** adj. *Aterrorizado.* **2** *Aterrador.*

formillón m. *Utensilio de sombrerero usado para repasar los sombreros.*

formol (de «fórmico» y «-ol[1]») m. QUÍM. Sustancia que se usa como desinfectante y para conservar cadáveres, que es una solución acuosa de formaldehído.

formón (de «forma») **1** m. Herramienta de *carpintero parecida al escoplo, pero de corte más ancho. ⇒ Media CAÑA, gubia, gurbia. **2** **Sacabocados con que se cortan las hostias y otras cosas.* **3** (Rioj.) *Pieza del *arado en que se apoya la vertedera por encima y la reja por delante.*

formoseño, -a adj. y, aplicado a personas, también n. *De Formosa (Argentina).*

fórmula (del lat. «formŭla») **1** f. Expresión mediante signos de una *ley o un hecho científico: 'La fórmula de la gravitación universal'. ⊙ QUÍM. Expresión, mediante los símbolos de los cuerpos simples y otros signos, de la composición *química de un cuerpo. ⊙ Expresión matemática. **2** Lista de los ingredientes que entran en una cosa, por ejemplo una medicina o un guiso, con expresión de sus cantidades. ≃ *Receta. **3** Expresión de una solución o manera de hacer o conseguir cierta cosa: 'Una fórmula de convivencia'. ⊙ Particularmente, solución con que se armonizan posiciones o criterios distintos: 'Una fórmula que armoniza las dos hipótesis'. **4** Manera establecida de redactar una cosa; como una instancia o un contrato. ≃ *Modelo. **5** Acto o frase que se repite con un valor convenido, sin pensarlos o formarlos para cada caso, a veces sin que respondan realmente a lo que expresan por su forma o sin que expresen nada por sí solos: 'El quitarse el sombrero es una fórmula de cortesía'. ⇒ *Brindar, cortesía, despedida, documento, encabezamiento, excusa, muerte, ofrecimiento, pedir, pésame, saludo, sentarse, yo. ⇒ *Cumplido. **6** Cada una de las categorías en que se dividen las competiciones automovilísticas: 'Fórmula 1'.

FÓRMULA DE CORTESÍA. Expresión o acto con que se cumple con las normas de comportamiento social o se muestra atención o respeto a alguien. ⇒ *Cortesía.

POR FÓRMULA. Por cumplir una norma de *cortesía, pero sin sinceridad: 'Le ha ofrecido su casa por fórmula'.

formulación f. Acción y efecto de formular.

formular[1] adj. *Formulario.*

formular[2] **1** tr. Expresar ↘algo con una fórmula. **2** Dar forma a ↘algo valiéndose del lenguaje hablado o escrito: 'Formular una petición, una teoría. Formular quejas, reclamaciones'. ≃ *Exponer, expresar. **3** *Recetar.*

formulario, -a **1** adj. De [la] fórmula. **2** Hecho por fórmula: 'Una visita formularia'. **3** m. Colección de fórmulas. ≃ Recetario. **4** Impreso con espacios en blanco para ser rellenados.

formulismo **1** m. Excesiva sujeción a las fórmulas establecidas para la resolución o tramitación de asuntos oficiales o en la vida social. ≃ Formalismo. **2** Acción o proceder que tiene sólo valor de fórmula. ⇒ *Formalidad.

formulista adj. y n. Se dice del que se sujeta excesivamente u obliga a otros a sujetarse a las fórmulas establecidas. ⇒ *Formalidad.

fornáceo, -a (del lat. «furnacĕus») adj. *De horno.* ⊙ *Como de horno.*

fornalla (del lat. «furnacŭla»; ant.) f. *Horno.*

fornazo (ant.) m. *Hornazo.*

fornecer (de «fornir»; ant.) tr. **Aprovisionar o *proveer.* ≃ Fornir.

fornecido, -a *Participio de «fornecer».*

fornecimiento (ant.) m. *Acción y efecto de fornecer.*

fornecino, -a (del lat. «fornix, -ĭcis», lupanar) **1** (ant.) adj. *Se aplica al *hijo bastardo o al nacido de adulterio.* **2** (ant.) adj. y n. m. *Se aplica al vástago de la *vid que no tiene fruto.*

fornel (del cat. «fornell», hornillo) m. **Hornillo portátil.* ≃ Anafre.

fornelo (del it. «fornello», hornillo) m. *Fornel.*

fornicación f. Acción de fornicar.

fornicador, -a adj. y n. Que fornica.

fornicar (del lat. «fornicāri», tener trato sexual con prostitutas) intr. Tener alguien trato sexual con una persona con la que no está casado. ⊙ Es el verbo que se usa en el sexto de los Mandamientos de la Ley de Dios: «el sexto, no fornicar».

fornicario, -a **1** adj. *De [la] fornicación.* **2** adj. y n. *Se aplica al que tiene el vicio de fornicar.*

fornicio m. *Fornicación.*

fornición (ant.) f. *Acción y efecto de fornecer.*

fornido, -a **1** *Participio de «fornir».* **2** adj. *Corpulento y *robusto; de cuerpo grande y fuerte.

fornimento o **fornimiento** (ant.) m. *Fornición.*

fornir (del cat. «fornir» o del fr. «fournir»; ant.) tr. *Fornecer.*

fornitura (del fr. «fourniture», suministro) **1** f. AGRÁF. *Porción de letra que se funde para completar una fundición.* ⇒ *Imprimir. **2** (gralm. pl.) MIL. Correaje y *cartuchera que usan los soldados.

forno (ant.) m. **Horno.*

foro (del lat. «forum») **1** m. En la *Roma antigua, plaza, como la que todavía se conserva en ruinas en la ciudad de Roma, donde se celebraban las *reuniones públicas y donde el pretor celebraba los juicios. **2** Por analogía, lugar donde actúan los *tribunales que administran justicia. ⇒ Forense. **3** Por extensión, ejercicio de la abogacía: 'Dedicarse al foro'. **4** Reunión para opinar y discutir de un asunto de actualidad ante un auditorio que a veces interviene en la discusión. **5** (ant.) *Fuero.* **6** Parte del *escenario opuesta a la embocadura. ⇒ Forillo. **7** («Dar, Tener, Tomar; a, en») Contrato por el que una persona cede a otra el dominio útil de una *finca mediante el pago de una renta llamada canon. ⊙ Canon que se paga por ese contrato. ⇒ Aforar. ➤ Foral. ➤ Forista. ➤ Subforo. ➤ *Censo.

DESAPARECER POR EL FORO. *Marcharse sin ser notado. ≃ Hacer MUTIS por el foro.

V. «hacer MUTIS por el foro, *TELÓN de foro».

-foro, -a Elemento sufijo del gr. «phóros», que significa «que lleva», con que se forman palabras cultas. Los latinos «-fero» y «-gero» son más frecuentes.

forofo, -a (inf.) adj. y n. Aficionado incondicional y entusiasta de alguien o algo: 'Es un forofo del Valencia'.

forqueta (dim. de «forca») **1** (ant.) f. **Tenedor para comer.* **2** (ant.) **Bieldo.* ≃ Horca.

forración f. PINT. *Acción de forrar un cuadro.*

forrado, -a Participio adjetivo de «forrar[se]». ⊙ (inf.; «Estar») Que tiene mucho dinero.

forradura (ant.) f. *Forro.*

forraje (del fr. «fourrage») **1** m. Pasto verde o seco que se da al ganado como alimento. ⇒ Garba. ➤ Alcacer, cauca, heno, herrén, hierba, narvaso, ramón, salgue, tlazol, zacate. ➤ *Planta (grupo de las forrajeras). ➤ Herbero, sacomano. **2** (Hispam.) *Pienso de cualquier clase.* **3** **Mezcla de muchas cosas de poca importancia.* **4** Acción de forrajear.

forrajeador m. MIL. *Soldado que va a forrajear. ⇒ *Forraje.

forrajear tr. Recoger forraje.

forrajera **1** f. MIL.**Cuerda utilizada por los soldados que iban a forrajear.* ⊙ MIL. **Red utilizada con el mismo objeto.* **2** MIL. *Faja o *cinturón que usan con el uniforme de gala ciertos regimientos montados.* **3** MIL. **Cordón que los militares de caballería llevan al cuello y atado a un botón en la parte delantera del uniforme cuando van a pie, o al chacó o ros cuando van a caballo.*

forrajero, -a adj. Se aplica a las *plantas que sirven para forraje.

forrar (del fr. «fourrer») **1** («con, de») tr. *Recubrir una ↘cosa con una capa o lámina de otro material: 'Forrar una puerta de [o con] planchas de metal'. ⊙ Poner a ↘algo un forro de cualquier clase: 'Forrar unas cortinas [o un abrigo]'. ⇒ *Forro. ⊙ PINT. *Restaurar un lienzo, pegándole otro por la parte posterior.* **2** (inf.) Dar golpes a ↘alguien: 'Le forraron a puñetazos'. **3** (inf.) prnl. Hacerse rico: 'Se forró con los negocios inmobiliarios'. **4** (inf.) Atiborrarse de algo.

forro[1] **1** m. Material con que se forra cualquier cosa. ⊙ Tejido que se pone por la parte interior de una prenda de vestir. ⊙ *Cubierta, generalmente de papel, que se pone a un libro o cuaderno para que no se estropeen las tapas. ⊙ En lenguaje técnico se aplica a algunos recubrimientos interiores; por ejemplo, el impermeable de arcilla de un canal. ⊙ MAR. Conjunto de tablones con que se cubre el esqueleto del *barco, interior y exteriormente. ⊙ MAR. Conjunto de planchas de cobre o de tablas con que se revisten los fondos del *barco. ⇒ Aforro, bebedero, camisa, entretela, falso, forradura, refuerzo, retobo, rueda, talonera, viso, vista, vuelta. ➤ Satén. ➤ Acolchar, acorazar, aforrar, aguatar, blindar, chapar, chapear, embonar, empergaminar, encabuyar, *enguatar, ensogar, entapizar, entisar, espartar, forrar, laminar, planchear, quinchar, *recubrir, retobar, revestir, tapizar, vestir. ➤ Desaforrar. ➤ *Encuadernar. *Funda. *Recubrir. *Vaina. **2** (Arg., Ur.; inf.) *Preservativo.*

FORRO POLAR. Prenda de abrigo a modo de jersey o chaquetón, confeccionada con un tejido que protege mucho del frío.

NI POR EL FORRO. Tratándose de conocer o saber cierta cosa, *nada absolutamente: 'No se sabe la asignatura ni por el forro'. ⊙ Se aplica, por extensión, con significado semejante, a cualquier otra cosa: 'No me gusta ni por el forro'.

forro[2]**, -a** (ant.) adj. *Horro.*

fortacán (de «furtar»; León) m. *Portillo de una *acequia.*

fortachón, -a (aum. de «fuerte») adj. Aplicado a personas, *robusto.

fortalecedor, -a adj. Se aplica a lo que fortalece.

fortalecer (de «fortaleza») **1** tr. y prnl. Hacer[se] fuerte o más fuerte una ↘cosa. ≃ *Fortificar, reforzar, robustecer, vigorizar. **2** tr. Poner más fuerte a ↘alguien. ≃ Fortificar, vigorizar. ⊙ Comunicar a ↘alguien fortaleza espiritual. ≃ *Animar. ⊙ prnl. Hacerse alguien más fuerte física o espiritualmente. **3** (ant.) **Confirmar o corroborar.*

☐ CATÁLOGO

Acerar, afianzar[se], alear, aletear, avigorar[se], componer, confortar [o conhortar], corroborar, curtir, enacerar, energizar, entesar, entonar[se], fortificar[se], reanimar[se], rebatir[se], recriar, *reforzar[se], refrigerar[se], rehacerse, rejuvenecer[se], remozar[se], reparar, revitalizar, revivificar, roborar, robustecer[se], tonificar, vigorar, vigorizar, vitalizar, vivificar. ➤ *Fuerte.

☐ CONJUG. como «agradecer».

fortalecido, -a Participio adjetivo de «fortalecer[se]».

fortalecimiento 1 m. Acción de fortalecer. **2** *Circunstancias o cosas que hacen fuerte un lugar.* **3** (ant.) *Fortaleza (plaza fuerte).*

fortaleza (del occit. «fortalessa») **1** f. Aplicado a cosas, capacidad para resistir trabajo o peso: 'La fortaleza de un muro'. ≃ *Fuerza. **2** Intensidad del olor, sabor u otras cualidades de las cosas: 'Quitar fortaleza al vino'. ≃ Fuerza. **3** Aplicado a personas, buen estado físico: 'Un niño de poca fortaleza'. ≃ Salud, *vigor. **4** Se usa más en sentido moral: *entereza o *firmeza; capacidad para sobrellevar sufrimientos y penalidades. **5** Tercera de las cuatro *virtudes cardinales, que consiste en vencer el temor y huir de la temeridad. **6** *Facilidad de *defensa que tiene un lugar por su misma situación.* **7** Recinto fortificado. ⇒ *Fortificar. **8** (Chi.) *Cierta modalidad del juego de *canicas.* **9** (pl.) *Cierto defecto de la hoja de las *armas blancas consistente en pequeñas *grietas.*

¡forte[1]! interj. MAR. **Voz de mando apremiante equivalente a «¡alto!».*

forte[2] (it.) adv. MÚS. Con elevada intensidad del sonido. ⊙ m. MÚS. Este matiz de interpretación. ⊙ MÚS. Pasaje que se ejecuta con este matiz de interpretación.

fortepiano (del it. «forte», fuerte, y «piano», suave) m. **Piano (instrumento).*

fortificable adj. Susceptible de ser fortificado.

fortificación 1 f. Acción de fortificar. ⊙ Particularmente, un lugar. ⇒ *Fortificar. **2** Conjunto de construcciones hechas para fortificar.

fortificado, -a Participio adjetivo de «fortificar[se]».

fortificador, -a adj. *Que fortifica.*

fortificante adj. *Que fortifica.*

fortificar (del lat. «fortificāre») **1** tr. Fortalecer, *reforzar. ⊙ Hacer más fuerte (vigorosa o resistente) una ↘cosa: 'Fortificar el dique'. ⊙ Dar más salud o más fuerzas a un ↘organismo. ≃ *Fortalecer, robustecer, vigorizar. ⊙ prnl. Adquirir de alguna manera fortaleza moral. ≃ *Fortalecerse, hacerse fuerte. **2** tr. Hacer fuerte un ↘lugar con obras de defensa para que pueda resistir los ataques enemigos en una guerra. ⊙ (reflex.) Hacer construcciones para *defenderse. ≃ Hacerse fuerte. **3** Dar a ↘alguien fuerza moral para algo. ≃ *Animar, fortalecer.

☐ CATÁLOGO

Areotectónica, ARQUITECTURA militar, munitoria. ➤ Abatida, acrópolis, alambrada, albacara, albarrada, alcazaba, alcázar, alcolea, almodóvar, amparo, atalaya, baluarte, barbeta, barrera, barricada, bastión, batería, bicoca, blindaje, blocao, burgo, cadalso, capitolio, caponera, CASA fuerte, casamata, castillo, castro, cestonada, cinto, circunvalación, ciudadela, corona, cortadura, cota, cueto, defensa, empalizada, enzarzada, espaldón, estacada, fajina, fortalecimiento, fortaleza, fortificación, fortín, frisa, fuerte, fuerza, LÍNEA de circunvalación, LÍNEA de contravalación, LLAVE del reino, palanca, palenque, palizada, parapeto, pastel, plaza, PLAZA fuerte, posición, POZO de lobo, presidio, propugnáculo, RECINTO amurallado, reducto, tala, tálea, tranquera, trinchera, valla. ➤ Adarve, afueras, ala, alambor, almena, ALTURA de apoyo, ÁNGULO muerto, antefoso, antemural, antemuralla, antepecho, antepuerta, antestatura, arista, *aspillera, BAJADA al foso, ballestera, banqueta, barbacana, batiente, berma, bonete, brecha, burche, caballero, CABEZA de puente, camino cubierto, camisa, candelero, cañonera, capa, capital, cárcava, casamuro, caserna, cava, COLA de golondrina, contraescarpa, contrafoso, contrafrente, contrafuerte, contraguardia, contramuralla, contramuro, contrapuerta, contravalación, corredor, cortadura, cortina, CRESTA de la explanada, crestería, cubelo, CUBO, cubrecaras, derrame, dientes de sierra, escarpa, escuchas, ESPACIO muerto, esperonte, estrada, estrella, explanada, falsabraga, flanco, flecha, fonsario, fosado, *foso, frente, fuego, galería, garita, garganta, glacis, gola, hornabeque, hostigo, ladronera, LENGUA de sierpe, lienzo, lisera, luneta, matacán, merlón, mina, mira, muralla, muro, NIDO de urraca, OBRA coronada, orejón, PASEO de ronda, plataforma, polígono, portal, poterna, pucara [o pucará], PUENTE levadizo, puerta, rastrillo, revellín, ronda, roqueta, saetera, saetía, sobrefaz, surtida, tambor, tenallón, tenaza, terraplén, torre, TORRE del homenaje, través, travesía, *tronera. ➤ RADIO de la plaza, semigola, sobrefaz. ➤ Abaluartar, abarbetar, abastionar, abestionar, acorazar, afortalar, afosarse, almenar, amurallar, atrincherar, atronerar, barrar [o barrear], blindar, contraminar, contravalar, *defender, desfortalecer, desguarnecer, desmantelar, desperfilar, empentar, encubertar[se], engaritar, enmotar, guarnecer, mirar, murar. ➤ Abrojo, báscula, batiente, CABALLO de Frisa [o Frisia], cabezal, cigoñal, erizo, PUERCO espín, salchicha, salchichón. ➤ Anúbada, anúteba, dúa. ➤ ZONA polémica. ➤ Retenencia. ➤ Inexpugnable. ➤ Alcaide, CAPITÁN de llaves, castellano, subalcaide. ➤ Tercería. ➤ Extramuros, intramuros. ➤ Abierto. ➤ *Artillería. *Milicia. *Sitio.

fortín (dim. de «fuerte») m. Pequeña construcción de defensa.

fortísimo, -a adj. Superl. frecuente de «fuerte». ≃ Fuertísimo.

fortissimo (it.; pronunc. [fortísimo]) adv. MÚS. Con gran intensidad del sonido. ⊙ m. MÚS. Este matiz de interpretación. ⊙ MÚS. Pasaje musical que se ejecuta con este matiz de interpretación.

fortitud (del lat. «fortitūdo»; ant.) f. *Fortaleza.*

fortuitamente adv. De manera fortuita.

fortuito, -a (del lat. «fortuītus») adj. Se dice de lo que ocurre sin causas conocidas que permitan preverlo: 'Un encuentro fortuito'. ≃ Accidental, *casual, imprevisto. ⊙ Se dice de lo que puede ocurrir inesperadamente: 'En un caso fortuito'. ≃ Imprevisto.

fortuna (del lat. «Fortūna») **1** f. Causa indeterminable a que se atribuyen los sucesos malos o buenos: 'Así lo quiso la fortuna'. ≃ Destino, estrella, hado, sino, *suerte. ⊙ Generalmente, se le aplica un adjetivo: 'Emprendimos el viaje con buena fortuna'. ⊙ Esa causa, adscrita a determinada persona: 'Su fortuna le condujo a mi casa'. ⇒ Afortunado, desafortunado, fortuito, infortunado. **2** Buena fortuna: 'Tiene fortuna en cuanto emprende'. Se emplea particularmente en la frase «por FORTUNA». ≃ *Suerte. **3** (colectivo partitivo; «Adquirir, Hacer, Tener») *Bienes: dinero y propiedades: 'Los que no tienen fortuna tienen que trabajar'. ⊙ (numerable; el adj. se antepone generalmente) Bienes poseídos por alguien: 'Posee una gran [o sólida] fortuna. Hay fortunas muy importantes en este pueblo. Tiene toda su fortuna en fincas rústicas'. **4** También en sentido figurado, con referencia a cosas que no son valorables en dinero: 'Su voz era su fortuna'. **5** («La») MIT. Diosa grecorromana que personificaba el azar y la mudanza de las cosas; se la representaba con los ojos vendados, sobre una bola o una rueda con alas y sosteniendo un cuerno de la abundancia. **6** METEOR. *Borrasca o *tempestad en el mar o en tierra.* **7** (ant.) **Desgracia.*

CORRER FORTUNA. MAR. *Sufrir el barco una tempestad y estar en peligro de perderse.*

V. «DÍA de fortuna, GOLPE de fortuna, MEDIOS de fortuna, MOZA de fortuna, PARTE de fortuna».

POR FORTUNA. Afortunadamente: 'Por fortuna, no había nadie dentro de la casa'.

PROBAR FORTUNA. Hacer algo de cuyo buen resultado no se está seguro. ⇒ *Arriesgarse, *ensayar.

V. «RUEDA de la fortuna, TIEMPO de fortuna».

fortunado, -a (ant.) adj. *Afortunado.*

fortunal (de «fortuna», desgracia; ant.) adj. **Aventurado o *peligroso.*

fortunio (del lat. «fortunĭum») **1** (ant.) m. *Felicidad.* **2** (ant.) *Infortunio.*

fortunón (aum. de «fortuna»; inf.) m. Fortuna (bienes) muy grande.

fortunoso, -a (de «fortuna», desgracia, tempestad) **1** (ant.) adj. *Tempestuoso.* **2** (ant.) **Azaroso.*

fórum V. «CINE fórum».

forúnculo (de «furúnculo») m. MED. Inflamación purulenta de forma cónica en el espesor de la piel. ≃ Furúnculo. ⇒ Absceso, ántrax, avispero, búa, clacote, divieso, golondrino, grano, granujo, hura, lobanillo, lupia, orzuelo, panadizo, sietecueros, talpa, talparia, tlacote. ➤ Madurar, *supurar. ➤ Cocido, crudo, maduro. ➤ *Emoliente. ➤ Clavo. ➤ *Absceso. *Tumor.

forza (ant.) f. *Fuerza.*

forzadamente 1 (ant.) adv. *Forzosamente.* **2** Requiriendo fuerza: 'La tapa entra forzadamente'. **3** No espontánea o naturalmente: 'Sonrió forzadamente'.

forzado, -a 1 Participio adjetivo de «forzar». ⊙ Hecho con esfuerzo o *violencia. ⊙ («Resultar, Ser, Venir») No cómodo o natural: 'Me resulta forzado ir hoy a su casa. Una invitación en estas circunstancias vendría [o sería] muy forzada'. ⇒ *Inoportuno. ⊙ No espontáneo o natural. ⇒ Afectado. **2** Forzoso. **3** (ant.) adv. *Forzosamente.* **4** m. *Galeote: condenado que remaba en las galeras.*

V. «a MARCHAS forzadas, PIE forzado, TRABAJOS forzados».

forzador m. Hombre que fuerza a una mujer.

forzal (de «fuerza») m. *Parte de un peine de donde arrancan las púas.*

forzamiento m. Acción de forzar.

forzar (del sup. lat. «fortiāre») **1** tr. *Obligar a ↘alguien, mediante la fuerza o cualquier clase de coacción, a que haga cosa contra su voluntad: 'Le han forzado a dimitir. Le forzaron con amenazas a decir lo que sabía'. ⊙ Aplicar la fuerza a una ↘cosa para hacer con ella cierta operación: 'Forzó la llave y la partió'. ⊙ Esforzarse en que las ↘cosas ocurran de manera distinta de como lo harían de manera natural, o más rápidamente: 'No ganamos nada con forzar los acontecimientos'. **2** *Abrir ↘algo, como una cerradura, una puerta o un cajón, por la fuerza. ⊙ *Entrar en una ↘casa forzando la puerta, por ejemplo para robar. ⊙ *Entrar en una ↘plaza fortificada mediante lucha.* ⇒ *Conquistar. ⊙ También se puede emplear en sentido figurado: 'No lograrás forzar su secreto'. ⇒ Allanar, violar, violentar. **3** Someter un hombre a una ↘mujer a su deseo sexual haciendo uso de la fuerza. ≃ Forcejar. ⇒ *Violar. **4** Hacer el ↘relato, comentario, etc., de una cosa, de modo que se *deforma o se *exagera su significado o carácter: 'Forzó la pintura de la situación para asustarles'. **5** (ant.) prnl. *Esforzarse.*

□ CATÁLOGO

Acorralar, acosar, acuciar, apremiar, apremir, apretar, apurar, boicotear, poner en el CASO de, cercar, coaccionar, compeler, compelir, comprometer, compulsar, constreñir, descoyuntar, poner un DOGAL al cuello, empujar, entrecoger, estrechar, exigir, forciar, hacer FUERZA, hacer, hacer que, *imponer, sitiar por HAMBRE, ligar, *obligar, precisar, hacer PRESIÓN, poner un PUÑAL al pecho, sitiar, *someter, hacer *VIOLENCIA, violentar. ➤ Haber de, tener que. ➤ A la fuerza, a la FUERZA ahorcan, por [o por la] FUERZA, mal de mi [tu, etc.] GRADO, quieras que no, velis nolis. ➤ Indispensable, ineluctable, ineludible, *inevitable, irremediable, fatal, forzado, forzoso, *necesario, obligado. ➤ No poder hacer otra COSA, hacer FALTA, haber de, ser NECESARIO, no haber [o no tener] más REMEDIO, TENER que. ➤ Por ACTIVA o [o y] por pasiva, a la CORTA o a la larga, un DÍA u otro, sin falta, sin faltar, de cualquier FORMA, de todas [o todas las] FORMAS, de una FORMA o de otra, forzosamente, por fuerza, indefectiblemente, inevitablemente, irremisiblemente, de cualquier MANERA, de todas [o todas las] MANERAS, de una MANERA o de otra, de cualquier MODO, de todos [o todos los] MODOS, de un MODO o de otro, *necesariamente, pase lo que PASE, sin poderlo REMEDIAR, más PRONTO o más tarde, sin remedio, sea como SEA, más TARDE o más temprano, por encima de TODO, una VEZ u otra. ➤ *Inevitable.

□ CONJUG. como «contar».

forzosa (de «forzoso») f. *Lance del juego de *damas que consiste en obligarse el que lo hace a ganar en doce jugadas teniendo tres damas contra una y la calle de enmedio del tablero por suya; si no acaba el juego en las doce jugadas, queda en tablas.*

forzosamente adv. *Inevitable o *necesariamente: sin que pueda ser de otra manera: 'Tienes que venir forzosamente. Busca bien, porque la carta tiene que estar forzosamente ahí'. ⇒ Forzar.

forzoso, -a (de «fuerza») **1** adj. *Necesario, indefectible o *inevitable u *obligado: 'Es forzoso que lo hayas visto si has pasado por allí. Es forzoso que vengas para aclarar las cosas. La asistencia es forzosa'. ⇒ *Forzar. **2** (ant.) **Fuerte o *violento.* **3** (ant.) *Contra razón o derecho.* ⇒ *Injusto.

V. «PARO forzoso, TRABAJOS forzosos».

forzudo, -a adj. Se aplica a la persona que tiene mucha *fuerza.

fosa (del lat. «fossa») **1** f. Cavidad abierta en la tierra. ≃ Hoya, *hoyo. ⊙ GEOL. Porción de la superficie terrestre o del fondo marino que está hundida. ⊙ *Sepultura. ⊙ ANAT. Se aplica, en designaciones particulares, a algunas cavidades del cuerpo: 'Fosas nasales'. ⊙ ANAT. *Y a algunas depresiones de ciertos *huesos.* **2** (ant.) *Foso (de *teatro).* **3** (Sal.) **Finca plantada de árboles frutales.*

FOSA COMÚN. Fosa del cementerio en donde se entierran los muertos para los que no se paga un enterramiento particular. ⇒ Capirotada, hoyanca.

F. SÉPTICA. Dispositivo en forma de recipiente o excavación en donde se recogen las *aguas residuales, dispuesto de modo que cuando éstas salen de allí han perdido sus cualidades molestas o nocivas.

F. TECTÓNICA. GEOL. Zona alargada de la corteza terrestre hundida entre dos fallas.

fosado (del lat. «fossātum») **1** (ant.) m. **Hoyo.* **2** (ant.) *Conjunto de fortificaciones de una ciudad.* **3** FORT. *Foso.*

fosadura (de «fosado»; ant.) f. **Zanja u *hoyo.*

fosal 1 m. **Cementerio.* **2** (ant. y usado aún en Ar.) *Fosa (sepultura).*

fosar[1] m. *Fosal.*

fosar[2] (del lat. «fossāre») tr. *Hacer un foso alrededor de una ↘cosa.*

fosario (de «fosar[1]»; ant.) m. *Osario.*

Fosbury (de «Dick Fosbury», atleta estadounidense) m. DEP. Estilo de salto de altura que consiste en saltar de espalda y con la cabeza por delante.

fosca (de «fosco») **1** f. **Niebla.* **2** (Mur.) **Bosque espeso.*

fosco, -a 1 («Estar») adj. *Hosco.* **2** *Aplicado a «tiempo, cielo», etc., *nublado u oscuro.* ⇒ Afoscarse, enfoscarse. **3** Refiriéndose a la falta de luz natural, por estar nublado o ser ya tarde, *oscuro.

fosfatado, -a Participio de «fosfatar». ⊙ adj. Con fosfato de cal: 'Harina fosfatada' ⊙ m. Acción de fosfatar.

fosfatar 1 tr. Abonar un ↘campo con fosfatos. **2** Combinar fosfatos con otras ↘sustancias.

fosfático, -a adj. QUÍM. *De [o del] fosfato.*

fosfatina Se usa en las expresiones que se indican a continuación.

HACER FOSFATINA (inf.). Romper, *destruir por completo.

HECHO FOSFATINA (inf.). Muy *cansado o abatido.

fosfato m. QUÍM. Cualquier sal del ácido fosfórico. ⊙ En lenguaje corriente, FOSFATO de cal.

FOSFATO DE CAL. Sal derivada del ácido fosfórico, usada como *tónico. ⇒ PIEDRA cal.

F. DE ROCA. *Fosforita.*

fosfaturia (de «fosfato» y «-uria») f. MED. Pérdida anormal de ácido fosfórico por la *orina.

fosfeno (del gr. «phôs», luz, y «phaínō», aparecer) m. *Sensación visual producida por la excitación mecánica de la retina o por presión sobre el globo del *ojo.*

fosforado, -a adj. Se aplica a lo que contiene fósforo.

fosforecer (de «fósforo») intr. Emitir luz fosforescente. ≃ Fosforescer.

□ CONJUG. como «agradecer».

fosforera 1 f. Caja, estuche o cualquier recipiente destinado a guardar las *cerillas. **2** Empresa que fabrica fósforos. **3** (Cuba) *Encendedor.*

fosforero, -a n. *Vendedor de fósforos.*

fosforescencia f. Propiedad de despedir una luz tenue, solamente visible en la oscuridad, que es como una *fluorescencia que subsiste después de desaparecer la radiación excitante. ⇒ Luminiscencia. ⊙ Luminosidad de la superficie del *mar producida por la fosforescencia de los organismos que viven en él.

fosforescente adj. Se aplica a lo que tiene fosforescencia. ⊙ Y a la luz procedente de ella.

fosforescer intr. Fosforecer.

fosfórico, -a adj. QUÍM. De [o del] fósforo. Particularmente, en «ÁCIDO fosfórico».

fosforita (de «fósforo») f. **Mineral, variedad de apatito, que se emplea como *abono.* ≃ FOSFATO de roca.

fosforito, -a (inf.) adj. Se aplica al color de aspecto fosforescente, y a las cosas que lo tienen: 'Lleva una blusa de color azul fosforito'.

fósforo (del lat. «phosphŏrus», del gr. «phōsphóros», que lleva la luz) **1** m. *Elemento no metálico, n.º atómico 15, de aspecto semejante a la cera, muy venenoso, de olor peculiar, muy combustible, y fluorescente; se emplea, por ejemplo, en la fabricación de cerillas. Símb.: «P». **2** (más frec. en Hispam.) *Cerilla.

fosforoscopio (de «fósforo» y «-scopio») m. FÍS. *Instrumento para averiguar si un cuerpo es o no fosforescente.*

fosfuro (de «fósforo» y «-uro») m. QUÍM. *Combinación del fósforo con una base.*

fósil (del lat. «fossĭlis», sacado cavando) **1** (como adjetivo solamente yuxtapuesto) adj. y n. m. GEOL. Se aplica a los organismos y sustancias orgánicas que se han petrificado por haber permanecido enterrados durante periodos larguísimos de tiempo. ⊙ Por extensión, huella conservada en una roca de un organismo desaparecido. **2** (ant.) m. **Mineral o roca de cualquier clase.* **3** (inf.; n. calif.) Persona *vieja o *anticuada.

V. «HARINA fósil».

□ CATÁLOGO

Bioestratigrafía, icnología, paleofitología, paleontografía, paleontología. ➤ Alcionito, ámbar, *amonita, belemnita, coprolito, CUERNO de Amón, dendrita, fitolito, herátula, ictiolito, judaica, LENGUA de víbora, litocálamo, naftadil, numulites, osteolito, trilobites, unicornio. ➤ Brontosaurio, dinornis, dinosaurio, dinoterio, diplodoco [o diplodocus], iguanodonte, ictiosauro, mamut, mastodonte, megaterio, paleoterio, plesiosaurio, pterodáctilo, tiranosaurio, triceratops. ➤ Cayuela, conchero. ➤ TERRENO de transición, yacimiento.

fosilífero, -a (de «fósil» y «-fero») adj. Se aplica al terreno que contiene fósiles.

fosilización f. Acción y efecto de fosilizarse.

fosilizarse 1 prnl. Convertirse en fósil. **2** Quedarse alguien o algo, por ejemplo un artista o escritor, *detenido en su evolución, y no producir ya nada nuevo.

fosique m. *Pomo para el *tabaco en polvo.* ≃ Fusique.

foso (del it. «fosso») **1** m. Excavación de forma alargada. ⊙ Particularmente, la que hay alrededor de las fortalezas. ⇒ Cava, fonsario, fosa. ➤ Fonsado. ➤ Contraescarpa, escarpa. ➤ Contrafoso. ➤ *Fortificar. **2** Espacio situado debajo del escenario en los *teatros. **3** Se aplica a otros hoyos semejantes construidos con alguna finalidad particular; por ejemplo, el que se hace en los *garajes para, desde él, arreglar y limpiar los coches colocados encima. ⇒ Cava. **4** DEP. Lugar lleno de arena en que cae el atleta después de realizar un salto de longitud.

fosquera (de «fosco») f. APIC. *Suciedad de las colmenas de *abejas.*

fosura (del lat. «fossūra»; ant.) f. *Excavación.*

foto[1] (del lat. «fautus», favorecido; ant.) m. **Confianza.* ≃ Hoto. ⇒ Enfotarse.

foto[2] f. Apóc. de «fotografía», usada sobre todo en lenguaje hablado.

foto- Elemento prefijo del gr. «phôs, phōtós», luz, empleado en palabras cultas. ⇒ Fosfeno, fotofobia, fotografía. ➤ Con «foto», abreviación de «fotografía»: fotocopia, fotogénico, fotograbado, fotolitografía, fototipia.

fotocomposición f. AGRÁF. Técnica de composición de textos basada en un proceso fotográfico.

fotoconductividad f. FÍS. *Propiedad de las sustancias fotoconductoras.*

fotoconductor, -a (el f. también «fotoconductriz») adj. FÍS. *Se aplica a ciertas sustancias cuya conductividad eléctrica varía según la intensidad de la luz.*

fotoconductriz adj. FÍS. *Femenino irregular de «fotoconductor».*

fotocopia (de «foto-» y «copia») f. Reproducción fotográfica de un escrito o dibujo, hecha directamente en el papel en que ha de quedar.

fotocopiadora f. Máquina para hacer fotocopias.

fotocopiar tr. Hacer una fotocopia de ↘algo.

□ CONJUG. como «cambiar».

fotodiodo (de «foto-» y «diodo») m. ELECTR. *Diodo que produce variaciones de la corriente eléctrica cuando incide en él la luz.*

fotoelectricidad (de «foto-» y «electricidad») f. Fís. Electricidad producida por la acción de la luz.

fotoeléctrico, -a (de «foto-» y «eléctrico») adj. Fís. Se aplica a los fenómenos eléctricos en cuya producción interviene la *luz y a los aparatos en que se aprovecha esta circunstancia: 'Efecto fotoeléctrico'.
V. «CÉLULA fotoeléctrica».

foto-finish (var. «foto finish»; del ingl. «photo finish»; pronunc. [fotofínis]) f. DEP. Fotografía de la llegada a la meta de los participantes en algunas carreras deportivas, tomada con una cámara especial.

fotofobia (de «foto-» y «-fobia») **1** f. MED. Aversión a la luz, acompañada de espasmo de los párpados, causada por intolerancia del *ojo. **2** PSI. **Manía consistente en la aversión a la luz.*

fotófobo, -a adj. y n. Afectado de fotofobia.

fotofónico, -a (de «foto-» y «fónico») adj. *De las aplicaciones o los fenómenos en que intervienen conjuntamente la luz y el sonido.*
V. «CINTA fotofónica».

fotófono (de «foto-» y «-fono») m. Fís. *Instrumento con que se transmite el *sonido por medio de ondas luminosas.*

fotogenia f. Cualidad de la persona fotogénica.

fotogénico, -a (de «foto-» y el gr. «gennáō», producir) **1** adj. *Se aplica a lo que favorece la acción *química de la *luz.* **2** (inf.) Se aplica a lo que produce imágenes fotográficas buenas o de buen efecto o tiene valor cinematográfico. ⊙ (inf.) Y a la persona que sale agraciada en los retratos fotográficos.

fotograbado, -a **1** Participio adjetivo de «fotograbar». **2** m. AGRÁF. Procedimiento para imprimir dibujos, fotografías, documentos, etc., consistente en trasladar, mediante procedimientos químico-mecánicos, un negativo fotográfico a una plancha de zinc o de cobre, que es la que sirve para imprimir. ⊙ Grabado obtenido en esa forma. ⇒ *Imprimir.

fotograbar tr. AGRÁF. *Grabar una ↘cosa utilizando el fotograbado.

fotografía (de «foto-» y «-grafía») **1** f. Procedimiento para obtener *imágenes de los objetos, basado en la acción de la luz reflejada por ellos sobre ciertas sustancias químicas con que se recubre una placa o película que se expone momentáneamente a esa luz dentro de una cámara oscura, y se somete después a ciertas operaciones para que las alteraciones sufridas por aquellas sustancias den como resultado la aparición de la imagen sobre la placa. ⊙ (con o sin artículo) Arte constituido por ese procedimiento: 'Se dedica a la fotografía. Es muy entendido en fotografía'. ⊙ («Hacer, Impresionar, Obtener, Sacar, Tomar») Operación de recoger una imagen con ese procedimiento, manejando la máquina adecuada: 'Hizo una fotografía del puerto'. ⊙ *Imagen así obtenida: 'Tengo una fotografía suya dedicada'. **2** *Establecimiento donde se fotografía y se hacen copias de las fotografías obtenidas.* **3** Representación o descripción semejantes a una fotografía por su exactitud: 'El escritor hizo una fotografía de la España de su tiempo'.

□ CATÁLOGO

Aerofotografía, calitipia [o calotipia], catatipia, cinta, daguerrotipia, diapositiva, film, filmina, fotocopia, fotofinish, fotograbado, fotograma, fotolitografía, fotomontaje, gammagrafía, fototipia, fototopografía, heliograbado, heliografía, holografía, holograma, litofotografía, microfilm, microfotografía, montaje fotográfico, *película, platinotipia, radiografía. ➤ ESTUDIO [o GABINETE] fotográfico, laboratorio, retratería. ➤ Fotografiar. ➤ Sacar COPIAS, enfocar, exponer, fijar, impresionar, positivar, rebaje, rebobinar, reforzar, retocar, revelar, sensibilizar, sobreexponer, virar. ➤ Proyectar. ➤ Hacer, obtener, sacar, tomar. ➤ Salir. ➤ Fotosensible, isocromático, pancromático. ➤ Cámara, CÁMARA fotográfica, carrete, CÉLULA fotoeléctrica, chasis, cliché, clisé, cubeta, difusor, exposímetro, fotomatón, fotómetro, MÁQUINA de fotografía [fotográfica o de hacer fotografías], parasol, película, placa, polaroid, probeta, réflex, rollo, telémetro, teleobjetivo, verascopio. ➤ Flash, fogonazo. ➤ Abertura, gran ANGULAR, autofoco, diafragma, filtro, fuelle, objetivo, obturador, triplete, visor, zoom. ➤ Infinito. ➤ Asa, din. ➤ Ortocromático. ➤ Albúmina, caldo, celoidina, colodión, desvanecedor, emulsión, fijador, hidroquinona, hiposulfito, magnesio, metol, PAPEL de copias, papel Japón, pirogalol, reforzador, revelador, sensibilizador, virador. ➤ CUARTO oscuro. ➤ Claroscuro, contraste, plano. ➤ Ampliación, contraluz, exposición, instantánea, negativo, positiva, postal, prueba, retrato, TARJETA postal, vista. ➤ Negatoscopio. ➤ TAMAÑO salón. ➤ En color, en negro. ➤ Grano. ➤ Álbum. ➤ Desenfocado, movido, velado. ➤ Fotogénico. ➤ *Cine. *Óptica.

fotografiar **1** tr. Obtener la fotografía de ↘algo. ≃ *Retratar. **2** Describir a una ↘persona o cosa de forma muy clara y precisa.

□ CONJUG. como «desviar».

fotográficamente adv. De manera fotográfica.

fotográfico, -a **1** adj. De [la] fotografía. **2** Aplicado a la memoria de una persona capaz de recordar una imagen con mucha precisión.

fotógrafo, a n. Persona que hace fotografías, ocasionalmente o porque se dedica profesionalmente a ello.

fotograma (de «foto-» y «-grama») m. CINE. Cada imagen de las que constituyen una película.

fotogrametría (de «foto-», «-grama» y «-metría») f. *Procedimiento para trazar *planos valiéndose de fotografías del terreno, tomadas generalmente desde el aire.* ≃ Fotografía aérea.

fotolisis (de «foto-» y «-lisis») f. QUÍM. Descomposición de un cuerpo por la acción de la luz.

fotolito m. AGRÁF. Cliché fotográfico de un original sobre un soporte transparente, que se usa en algunos procedimientos de impresión como el huecograbado.

fotolitografía (de «foto-» y «litografía») f. AGRÁF. Procedimiento de impresión consistente en obtener un negativo fotográfico y hacer con él la positiva sobre una placa sensibilizada con albúmina que se recubre de tinta antes del revelado. ≃ Litofotografía. ⇒ *Imprimir. ⊙ Imagen así obtenida.

fotolitografiar tr. AGRÁF. Obtener la fotolitografía de ↘algo.

fotolitográficamente adv. AGRÁF. Por medio de la fotolitografía.

fotolitográfico, -a adj. AGRÁF. De [la] fotolitografía.

fotoluminiscencia (de «foto-» y «luminiscencia») f. Fís. Emisión de luz por una sustancia que absorbe una radiación y la vuelve a emitir de forma instantánea, como en la fluorescencia, o después de desaparecida la radiación excitante, como en la fosforescencia.

fotomatón (nombre comercial) m. Cabina preparada para hacer fotografías de pequeño tamaño en pocos minutos.

fotomecánica 1 f. AGRÁF. Técnica de impresión que utiliza algún procedimiento fotomecánico. ⇒ *Imprimir. **2** AGRÁF. Taller donde se imprime con esta técnica.

fotomecánico, -a adj. AGRÁF. Se aplica a los procedimientos de impresión en que se utiliza un cliché fotográfico.

fotometría (de «foto-» y «-metría») f. ÓPT. Medida de la intensidad de la *luz.

fotómetro (de «foto-» y «-metro») m. FÍS. Instrumento empleado para medir la intensidad de la luz. ⇒ CÉLULA fotoeléctrica.

fotomontaje m. FOT. Composición realizada a partir de otras fotografías.

fotón (del gr. «phôs, phōtós», luz) m. FÍS. Unidad indivisible de *luz, que puede considerarse como un tren de ondas o como una partícula dotada de masa.

fotonovela f. Relato, generalmente amoroso, cuya acción se desarrolla en fotografías sucesivas acompañadas de un pequeño diálogo o texto.

fotoquímica f. Parte de la *química que estudia los fenómenos producidos por la luz.

fotoquímico, -a adj. De [la] fotoquímica.

fotosensible adj. FOT. Sensible a la luz.

fotosfera (de «foto-» y el gr. «sphaîra», esfera) f. ASTRON. Zona luminosa, la más interior, de la envoltura gaseosa del *Sol.

fotosíntesis (de «foto-» y «síntesis») f. BOT. Proceso mediante el cual las *plantas verdes transforman la energía lumínica en energía química, para producir hidratos de carbono y agua con la ayuda de la clorofila. ⇒ Cloroplasto.

fototerapia (de «foto-» y «-terapia») f. MED. *Método de curación por la acción de la luz.* ⇒ *Medicina.

fototipia (de «foto-» y «-tipia») f. AGRÁF. Procedimiento de impresión empleado para grabados en que hace falta gran precisión de detalles, basado en el traslado del negativo fotográfico a una placa de cristal recubierta de gelatina.

fototípico, -a adj. AGRÁF. De [la] fototipia.

fototipografía (de «foto-» y «tipografía») f. AGRÁF. Impresión con clisés litográficos obtenidos por procedimiento fotográfico. ⇒ Fotograbado, fotolitografía, fototipia, litofotografía. ➤ *Imprimir.

fototropismo (de «foto-» y «tropismo») m. BIOL. Tropismo producido en un organismo por un estímulo luminoso.

fotovoltaico, -a (de «foto-» y «voltaico») adj. ELECTR. Aplicado a un dispositivo, que puede transformar la energía luminosa en electricidad.

fótula (And.) f. *Cierta *cucaracha voladora.*

fotuto (de or. indoamericano) **1** (Cuba) m. **Caracola o *trompa marina.* ⇒ Fututo. **2** (Cuba; inf.) **Bocina de automóvil.* **3** (P. Rico, R. Dom.) *Cierto pito de cartón con la embocadura de madera.*

foulard (fr.; pronunc. [fulár]; pl. «foulards») m. Fular.

fóvea (del lat. «fovĕa») f. ANAT. *Depresión situada en el centro de la mancha amarilla del *ojo.*

FÓVEA CENTRAL. ANAT. *Fóvea.*

fovismo (del fr. «fauvisme») m. PINT. Movimiento desarrollado en París a principios del siglo XX, que se caracterizó por el empleo de los colores puros.

fovista adj. PINT. Del fauvismo. ⊙ adj. y n. PINT. Seguidor del fovismo.

foxterrier (pl. «foxterriers») adj. y n. m. Se aplica a un perro pequeño, de color blanco con manchas negras y marrones, activo, con la cabeza estrecha y rabo corto; existen dos variedades, una con el pelo liso y otra con el pelo rizado.

fox-trot (ingl.) m. Baile de ritmo binario, de origen anglosajón, que fue muy popular en los años veinte.

foya (del lat. «fovĕa») **1** (ant.) f. *Hoya.* **2** (Ast.) *Hornada de *carbón.*

foyer (fr.) **1** m. «Sala de descanso» o lugar del *teatro al que se sale en los entreactos. **2** También el lugar en que se reúnen los actores.

foyo (ant.) m. **Hoyo.*

foz[1] (ant.) f. **Hoz.*

foz[2] (ant.) f. *Hoz (*valle).*

foz[3] (del ár. «ḥawz», distrito; ant.) f. **Alfoz (arrabal, o municipio múltiple).*

Fr Símbolo químico del francio.

frac (del fr. «frac»; pl. «fraques», pero a veces «fracs») m. Prenda de vestir masculina menos severa que el chaqué, usada en vez de chaqueta en las solemnidades; llega por delante solamente hasta la cintura y, por detrás, lleva dos faldones o colas. ≃ Fraque.

fracasado, -a 1 Participio adjetivo de «*fracasar»: *fallido o frustrado: 'Una tentativa fracasada'. **2** («en») Se dice de la persona que ha fracasado en la cosa que se expresa. ⊙ adj. y n. Se aplica a la persona que ha fracasado en sus aspiraciones y no ha conseguido en la vida crearse una posición o la situación a que aspiraba.

fracasar (¿del it. «fracassare»?) **1** (ant.) tr. **Romper ↘algo haciéndolo pedazos.* **2** intr. **Destrozarse haciéndose pedazos; particularmente, un *barco al chocar con los escollos.* **3** No dar una cosa el resultado perseguido con ella: 'Han fracasado las negociaciones'. ⊙ («en») No conseguir en cierta cosa el resultado pretendido: 'Fracasó en su primer intento'. ⊙ («como») No tener éxito con cierta *actividad y tener que abandonarla: 'Fracasó como cantante'. ⊙ No conseguir alguien en la vida la situación a que aspiraba.

□ CATÁLOGO

Venirse [o echar] ABAJO, abortar, quedar en AGUA de cerrajas, caer, irse al CARAJO, chingarse, desbaratar[se], *desvanecer[se], caerse con todo el EQUIPO, no vender una ESCOBA, escollar, irse a freír ESPÁRRAGOS, quedar en la ESTACADA, estrellarse, *fallar, salir FALLIDO, *frustrar[se], errar [fallar o marrar] el GOLPE, quedarse con las GANAS, hundirse, ir por LANA y salir trasquilado, salir MAL, malograrse, salir con las MANOS vacías, irse a la MIERDA, quedarse con un PALMO de narices, irse a la PORRA, reventar, sonar, venirse [o echar] al SUELO, irse al TACHO, venirse [o echar] a TIERRA. ➤ Estrepitosamente. ➤ Amargado, decepcionado, defraudado, derrotado, desengañado, desilusionado, fracasado, frustrado. ➤ Bancarrota, *chasco, decepción, *derrota, desencanto, desengaño, desilusión, fallo, fiasco, fracaso, GOLPE en falso, malogro, quiebra. ➤ *Birria, *chapuza, *desastre. ➤ ¡Adiós mi DINERO!, ¡mi GOZO en un pozo!, donde una PUERTA se cierra otra se abre, cubrir[se] la RETIRADA. ➤ No tener FALLO. ➤ *Chasco. *Desgracia. *Desvanecerse. *Disgusto. *Fallar. *Frustrarse.

fracaso (de «fracasar») **1** m. **Caída con estrépito y *rompimiento, o *hundimiento estrepitoso de algo.* **2** **Contratiempo inopinado.* **3** Acción y efecto de fracasar: 'Le afectó mucho su fracaso en las oposiciones'. **4** («Ser un») Cosa que *resulta mal: 'La fiesta fue un fracaso'. ⊙ («Tener») Hecho de salirle mal a alguien cierta cosa: 'Tuvo un fracaso amoroso'.

fracatán (P. Rico, R. Dom.) m. *Infinidad de personas o cosas.*

fracción (del lat. «fractĭo, -ōnis») **1** f. Acción de fraccionar. **2** Algo que se separa o se considera separado de una cosa que, sin ello, queda disminuida o incompleta: 'Se ha separado una fracción del partido. El decímetro es una fracción del metro'. ≃ *Parte, porción. **3** MAT. Expresión que representa una *división indicada o cierto número de partes iguales de unidad; como «siete tercios», que se escribe 7/3. ⇒ Denominador, numerador, término. ➤ DENOMINADOR común [o común DENOMINADOR]. ➤ Racionalizar. **4** (ant.) **Infracción.* **5** (ant.) *Quebrantamiento.*

FRACCIÓN CONTINUA. MAT. *La que tiene por numerador la unidad y por denominador un número mixto cuya parte fraccionaria tiene por numerador la unidad y por denominador otro número mixto de igual clase, y así sucesivamente.*

F. DECIMAL. MAT. La que tiene por denominador la unidad seguida de ceros.

fraccionable adj. Susceptible de fraccionarse o ser fraccionado.

fraccionamiento m. Acción de fraccionar.

fraccionar tr. y prnl. Dividir[se] ↘algo en fracciones.

fraccionario, -a adj. No entero, fracción de algo. ⊙ Se emplea específicamente en matemáticas: 'Número fraccionario'. ⇒ Partitivo.

V. «MONEDA fraccionaria».

fractura (del lat. «fractūra») f. Acción y efecto de «fracturar[se]». ≃ *Rompimiento, rotura, ruptura. ⊙ («Reducir») Se aplica específicamente a la rotura de un hueso. ⇒ Crepitación. ⊙ Sitio por donde una cosa está rota. ⊙ MINERAL. Aspecto de las superficies de ruptura de los minerales.

FRACTURA CONCOIDEA. GEOL. *Manera de romperse algunos minerales y sustancias sólidas, cuando las superficies que se separan resultan redondeadas, cóncava la una y convexa la otra; como ocurre en el pedernal.*

F. CONMINUTA. MED. *Aquella en que el *hueso queda reducido a fragmentos menudos.*

fracturar (de «fractura») **1** tr. **Romper o quebrantar con esfuerzo una ↘cosa.* ⊙ tr. y prnl. Se aplica en lenguaje corriente sólo a ↘huesos o miembros del cuerpo: 'Le cayó el poste encima y le fracturó el cráneo. Se le fracturaron tres costillas'. ⇒ Crepitación. ➤ Reducir. **2** tr. Violentar una ↘cerradura para *robar. ⇒ Efractor.

frada (Ast., Cantb.) f. *Acción de fradar.*

fradar (de «frade»; Ast., Cantb.) tr. *Podar un árbol muy cerca de la cruz.*

frade (del lat. «frater, -tris», ¿a través de un sup. «fradre»?; ant.) m. **Fraile.*

fradear (de «frade»; ant.) intr. *Hacerse fraile.* ≃ Enfrailar.

fraga[1] (del sup. lat. «fraga», tierra quebrada y escarpada) **1** f. Lugar montañoso *abrupto y con malezas. ≃ Breñal. **2** CARP. **Madera de desecho que se quita de las piezas para empezar a desbastarlas.*

fraga[2] (del lat. «fraga», fresas) **1** (Ar.) f. **Frambuesa.* **2** (Ar.) **Fresa.*

fragancia (del lat. «fragrantĭa») f. *Olor delicioso y suave; se aplica especialmente al de las cosas naturales y frescas: 'La fragancia de las flores [de la tierra mojada, de la hierba cortada]'. ≃ Aroma, perfume.

fragante[1] (del lat. «fragrans, -antis») adj. Se aplica a lo que exhala fragancia.

fragante[2] (del lat. «flagrans, -antis») adj. *Flagrante.*

EN FRAGANTE. *Variante de «en flagrante». *In fraganti.*

fragaria (del lat. «fraga», fresas) f. **Fresa (planta).*

fragata (del it. «fregata») **1** f. *Barco de tres palos con cofas y vergas en los tres. **2** Barco de guerra, menor que el destructor, con misiones de escolta y de patrulla.

V. «ALFÉREZ de fragata, CAPITÁN de fragata».

frágil (del lat. «fragĭlis») **1** adj. Se aplica a lo que se rompe fácilmente por golpe; como el cristal. ⇒ Rompedero, rompedizo, rompible, vidrioso. ➤ Acritud, fragilidad. ➤ Tenaz. ➤ *Débil. *Quebradizo. **2** Fácil de estropearse o de trastornarse: 'Una naturaleza [o una salud] frágil'. ≃ *Débil. ⊙ Se dice también «memoria frágil». **3** Se aplica a una persona con poca fortaleza para resistir las tentaciones. ≃ *Débil. ⊙ Particularmente, a las mujeres fáciles de seducir. ≃ Fácil.

fragilidad f. Cualidad de frágil.

frágilmente adv. Con fragilidad.

fragmentación f. Acción de fragmentar[se].

fragmentar **1** tr. y prnl. Reducir[se] una ↘cosa a fragmentos. **2** *Dividir[se] una ↘cosa, material o inmaterial, en partes: 'Fragmentar el curso en dos cursillos'.

fragmentariamente adv. De manera fragmentaria. Incompletamente.

fragmentario, -a adj. *Incompleto: 'Una visión fragmentaria del asunto'. ≃ Parcial.

fragmento (del lat. «fragmentum») **1** m. *Parte que se corta, rompe o arranca de una cosa dura. ≃ Pedazo, trozo. ⊙ Cada una de las partes que resultan al romper o romperse una cosa en varias. ⇒ Añicos, astilla, brizna, cacho, casco, chiringo, cizalla, concha, esquirla, fracción, jirón, limadura, menuzo, miga, porción, recorte, serrín, trizas, trozo, viruta. ➤ *Dividir. *Parte. *Romper. **2** *Trozo o resto de una obra escultórica o arquitectónica.* **3** Escrito incompleto, por haberse perdido o no haberse publicado las otras partes. **4** Parte de una obra literaria, musical, etc.: 'Leyó un fragmento de la carta. Es capaz de recitar de memoria fragmentos de muchos poemas'.

fragor (del lat. «fragor, -ōris»; lit.) m. *Ruido muy grande producido por una acción violenta: 'El fragor de la tempestad. El fragor del combate'. ≃ Estrépito, estruendo.

fragoroso, -a (de «fragor») adj. Se aplica a lo que produce estrépito.

fragosidad **1** f. Cualidad de fragoso. **2** Fraga (lugar montañoso).

fragoso, -a (del lat. «fragōsus», quebrado y ruidoso) **1** adj. Aplicado a terrenos, lleno de peñascos y asperezas o de maleza. ≃ *Abrupto, áspero, quebrado. **2** Fragoroso.

fragrancia (ant.) f. *Fragancia.*

fragrante adj. *Fragante.*

fragua (del ant. «frauga», del lat. «fabrĭca») **1** f. Fogón en donde los herreros calientan los metales para forjarlos. ≃ Forja. **2** Taller donde está ese horno y se trabaja el metal a golpes de martillo. ≃ *Forja, herrería.

fraguado m. Acción y efecto de fraguar los materiales.

fraguador, -a adj. y n. *Se aplica al que fragua líos o *mentiras.*

fraguante EN FRAGUANTE (ant.). **In fraganti.*

fraguar (del lat. «fabricāre») **1** tr. **Forjar el ↘metal.* **2** Idear o promover un ↘lío, embuste, etc. ≃ Maquinar, *tramar, urdir. ⊙ También, un ↘proyecto o cosa semejante. **3** intr. Aplicado a la cal, el cemento, etc., *endurecerse una vez aplicado.

☐ CONJUG. como «averiguar».

fragüín (de «fraga[1]»; Extr.) m. *Arroyuelo que corre por un terreno.*

frailada f. Acción *grosera cometida por un fraile.

fraile (del occit. «fraire») **1** m. *Monje de algunas órdenes. ⊙ En lenguaje corriente, monje de cualquier orden; «monje» o «religioso» son designaciones más respetuosas. **2** (inf.) *Doblez semejante a una capucha que queda en el borde de alguna prenda; particularmente, en el borde inferior de un vestido. **3** AGRÁF. *Parte del papel donde no se ha señalado la correspondiente del molde al hacerse la impresión.* **4** *Rebajo triangular que se hace en la pared de las *chimeneas para facilitar la salida del humo.* **5** *Mogote de *piedra que quizás recuerda la figura de un fraile.* ⇒ Framontano. **6** (Mál.) AGR. *Montón de *uva ya pisada.* **7** (ant.) **Bagazo de la caña de azúcar.* **8** (And.) AGR. *Montón de mies ya trillada, todavía sin aventar.* **9** (Mur.) *Parte alta del ramo donde hilan los gusanos de *seda.* **10** (Ál., Nav.; pl.; *Orchis maculata*) **Planta orquidácea con flores en espiga, muy compactas, rojas o blancas jaspeadas.*

FRAILE MOTILÓN. **1** Fraile o monje que no tiene opción a órdenes sagradas. ≃ Lego. **2** (inf.) Se aplica a un fraile para ridiculizarle o cuando es muy grueso.

V. «el DIABLO harto de carne se metió a fraile, DOCENA de fraile, OREJA de fraile».

frailear (And.) tr. *Afrailar.* ≃ Fradar.

frailecillo (dim. de «fraile») **1** m. Cada uno de los dos tacos en que se sostiene el husillo de hierro en el torno de hilar seda. ⊙ Cada una de dos varas con que se sujeta el puente delantero de las *carretas. ⊙ (And.) AGR. *Cada uno de dos palitos que hay debajo de las orejeras del *arado.* **2** (*Fratercula arctica*) Ave marina de unos 30 cm, de color blanco y negro, con el pico deprimido lateralmente y de vivos colores. **3** Avefría (ave palmípeda). **4** (Cuba) **Ave limícola de unos 30 cm de altura, de plumaje grisáceo con listas negras, y patas amarillas.* **5** (Cuba; *Ximenia americana* y otras especies) *Cierto arbusto olacáceo de ramas retorcidas y flores olorosas.* ⇒ *Planta.

frailecito (dim. de «fraile») m. *Juguete hecho con el hollejo de un *haba, que semeja la capa de un fraile.*

frailego, -a (ant.) adj. *Frailesco.*

frailejón (Hispam.; *Espeletia grandiflora* y otras especies del mismo género) m. **Planta compuesta que crece en los páramos, de flores amarillas, y que produce una *resina muy apreciada de uso medicinal.*

frailengo, -a o **fraileño, -a** (inf.) adj. *Frailesco.*

frailería (inf.) f. *Conjunto de [los] frailes.*

frailero, -a 1 adj. De fraile. **2** Muy amigo de frailes o relacionado con ellos. **3** CARP. *Se aplica a la *ventana que lleva un postigo detrás de los cristales, sujeto a la misma hoja.* **4** adj. y n. f. Se aplica a las camas de tamaño intermedio entre las llamadas «de uno» y las «de matrimonio».

V. «HIERBA frailera».

frailesco, -a (inf.; desp.) adj. De frailes. ≃ Frailego, frailengo, fraileño, frailuno.

frailía f. *Estado de fraile.*

fraillillos (dim. de «fraile») m. pl. *Arísaro (planta arácea).

frailote m. Aum. desp. de «fraile».

frailuco m. Dim. aplicado a un fraile sin importancia o con aspecto de ello.

frailuno, -a (desp.) adj. De fraile.

fraire (del occit. «fraire»; ant.) m. *Fraile.*

frajenco (¿del germ. «frisking», cerdo joven?; Ar.) m. **Cerdo mediano, que ya no es de leche pero todavía no sirve para la matanza.*

frambuesa (del fr. «framboise») f. *Fruto del frambueso, semejante en la forma a la zarzamora, de color rojo y sabor agridulce.

frambueso (*Rubus idaeus*) m. *Planta rosácea, semejante a la zarza, que produce las frambuesas. ≃ Churdón, sangüeso.

frámea (del lat. «framĕa») f. *Arma, especie de *lanza, usada por los antiguos *germanos.*

framontano m. **Mojón de piedra que semeja un fraile.*

francachela (¿de «franco», en el sentido de «sin ceremonias», con el sonido desp. «ch»?) f. Reunión de personas para una comilona. ⊙ Reunión en que la gente se divierte desordenada o licenciosamente. ≃ *Juerga.

francalete (del cat. «francalet») **1** m. **Correa con una hebilla en un extremo.* **2** (And.) *Correa con que se unen los tirantes al horcate.* ⇒ *Guarnición.

francamente 1 adv. Con franqueza: 'Dime francamente si te gusta'. **2** Claramente: sin duda, sin vacilaciones, sin reservas, sin restricciones: 'Está francamente de nuestro lado'.

francés, -a (del occit. «fransés») **1** adj. y, aplicado a personas, también n. De Francia. **2** m. Lengua hablada en Francia, Bélgica, Mónaco y otros países. ⇒ *Francia. **3** (argot, vulg.) Felación.

A LA FRANCESA. Al estilo de Francia. Se aplica particularmente a «*marcharse» o «*despedirse», significando «bruscamente, sin avisar» o «sin despedirse».

V. «MAL francés».

francesada 1 («La») f. Invasión de España por los franceses en tiempo de Napoleón. **2** (desp.) Acción, rasgo, etc., propio de un francés.

francesilla 1 f. **Ciruela.* **2** **Panecillo esponjoso de forma alargada.* **3** (*Ranunculus asiaticus*) *Planta ranunculácea anual de jardín, de flores de forma semejante a la de la rosa y de colores muy variados. ≃ Marimoña.

Francfort V. «SALCHICHA de Francfort».

franchute, -a o, no frec., **franchote, -a** (desp.) n. Francés.

Francia n. p. Nación de Europa occidental. ⇒ Francés, franchote, franchute, franco, franco-, gabacho, galicado. ➤ Francófilo. ➤ Francófono. ➤ Alóbrogo, aquitano, cavaro, celta, franco, galo, meldense, normando, occitano, salio, sécuano. ➤ Carlovingio, carolingio, merovingio. ➤ Cónsul, consulado, espahí, galicano, parlamento, prefecto, tribunado. ➤ Napoleón. ➤ *CALENDARIO republicano francés. ➤ Liceo. ➤ Rococó. ➤ Afrancesado.

V. «GALA de Francia, SANGRE de Francia».

fráncico, -a adj. y n. m. Se aplica a la lengua, germánica, de los francos.

francio (de «Francia», lugar donde se descubrió) m. *Elemento químico, n.º atómico 87. Símb.: «Fr».

francisca (del b. lat. «francisca», hacha de dos filos; ant.) f. **Hacha u *hoz.* ≃ Segur.

franciscano, -a 1 adj. y n. De la orden religiosa de San Francisco. ⇒ Francisco, gilito. ➤ Menor, minorita. ➤ Calzado, descalzo. ➤ Celante, conventual. ➤ Seráfico. ➤ Custodia. **2** adj. *De color *pardo como el del sayal de los monjes franciscanos.*

V. «BUITRE franciscano».

francisco, -a (de «franco») **1** (con mayúsc.) n. p. Nombre de persona. ⇒ Curro, Pacho, Paco, Pacorro. **2** adj. y n. *Franciscano (monje).*

V. «en el COCHE de San Francisco».

francmasón, -a (del fr. «francmaçon») n. Masón.

francmasonería f. Masonería.

franco, -a (del germ. «frank») **1** adj. y n. Se aplica a los individuos del pueblo *germano que ocupó la Galia, hoy Francia. ⊙ m. pl. Ese pueblo. **2** adj. y n. m. *En la costa africana, *europeo.* **3** m. *Moneda de plata de Francia, Bélgica y Suiza. ⊙ Unidad monetaria actual de Francia, Bélgica, Suiza y otros países. **4** Se usa como prefijo significando «francés»: 'francoespañol, francófilo'. ⊙ También, en compuestos del tipo «franco-prusiano»: 'Guerra franco-prusiana'. **5** (aplicado antiguamente a personas; porque los individuos pertenecientes al pueblo franco constituían la clase privilegiada) adj. *Libre, por privilegio, de alguna carga; tributo u obligación. ≃ Exento. ⊙ Aplicado a cosas, libre del pago de algún *impuesto o derecho: 'Franco de porte'. ⊙ V. «PUERTO franco». **6** Aplicado a un paso o camino, no cerrado, obstruido u obstaculizado: 'Paso franco. Entrada franca'. ≃ Expedito, *libre. **7** Aplicado a personas y a sus palabras o manera de hablar, se dice de quien expresa sin inconveniente lo que piensa o siente, aunque no sea favorable para él mismo o para otros, o que descubre fácilmente su intimidad: 'Los aragoneses tienen fama de francos'. **8** **Generoso.* **9** **Simpático.* **10** **Elegante.* **11** Aplicado a cosas, se dice de lo que se aprecia sin que quepa duda sobre ello: 'Se le nota una franca mejoría'. ≃ *Claro, patente. ⊙ O de lo que se produce sin restricciones o reservas: 'Obtuvo una franca victoria. Nos recibió con franca alegría'.

V. «franco CUARTEL, ESCALA franca, PISO franco, ZONA franca».

□ CATÁLOGO

Abierto, claro, comunicativo, efusivo, expansivo, extravertido [o extrovertido], francote, llano, natural, *sincero. ➤ BOCA de verdades, boquifresco, cantaclaro, desahogado, descarado. ➤ Franqueza, lisura, naturalidad, *sinceridad. ➤ Claridades, crudeza, *descaro, *verdades, las VERDADES del barquero. ➤ Espontanearse, expansionarse, explayarse, franquearse. ➤ Sin contemplaciones, con el CORAZÓN en la mano, de corazón, francamente, LISA y llanamente, sin paliativos, sin rebozo, sin recovecos, con rudeza, rudamente. ➤ Reconcentrado, *reservado, *retorcido, sinuoso, torcido, tortuoso. ➤ *Simpático. *Sincero.

□ NOTAS DE USO

Aunque los adjetivos «franco» y «sincero», así como los nombres correspondientes, «franqueza» y «sinceridad», son intercambiables en todos los casos, hay diferencias de matiz entre sus respectivos significados primarios: la persona franca lo es más bien por temperamento y la franqueza es una actitud habitual y puede degenerar en rudeza; la persona sincera lo es consciente y reflexivamente y la sinceridad puede ser ocasional y, cuando constituye una cualidad, se atribuye como virtud. Para designar la cualidad racial que se atribuye a los aragoneses se emplea «franqueza» y no «sinceridad». En el catálogo se incluyen las entresacadas del catálogo de «sincero» más conformes a esa distinción; pero esto no quiere decir que haya una separación clara entre las palabras equivalentes y afines de uno y otro adjetivo, pues, como se dice antes, ellos mismos entre sí son intercambiables, ya que a cada uno de ellos le es atribuible como matiz secundario de significado el que lo es primario en el otro.

francobordo m. MAR. *Distancia entre el calado máximo de un *barco y la cubierta principal.*

francocanadiense adj. y n. Canadiense de ascendencia y lengua francesas.

francocuartel m. HERÁLD. *Franco* CUARTEL.

francófilo, -a (de «franco» y «-filo») adj. y n. Amigo o partidario de Francia. ⊙ Se empleó particularmente en la Primera Guerra Mundial. ⇒ *Guerra.

francófono, -a (del fr. «francophone», de «franco» y «phone», del gr. «phōnḗ», sonido, voz) adj. y, aplicado a personas, también n. De habla francesa: 'Un país francófono'.

francolín (¿del it. «francolino»?; *Francolinus francolinus*) m. *Ave gallinácea del tamaño de la perdiz, negra y gris con pintas blancas, con un collar muy marcado de color castaño. ⇒ Grigallo.

francolino, -a (Chi., Ec.) n. **Pollo o *gallina sin cola.* ≃ Reculo.

francote, -a (inf.) adj. Aum. afectuoso de «franco».

francotirador, -a (del fr. «franc-tireur») n. *Soldado o persona que toma parte en una lucha entre dos partidos cualesquiera, que actúa aislada. ⇒ Paco. ⊙ Persona apostada en cierto lugar que dispara con armas de fuego. ⊙ Persona que actúa aislada en cualquier actividad.

franela (del fr. «flanelle») **1** f. *Tela de lana o de algodón con un poco de pelo por una de sus caras. ⇒ Fustán, muletón. **2** (P. Rico, R. Dom., Ven.) **Camiseta.*

frange (del fr. «frange») m. HERÁLD. *División del escudo por dos diagonales.*

frangente (de «frangir») m. **Desgracia imprevista.*

frangible (del sup. lat. «frangibĭlis») adj. *Que puede partirse en pedazos.*

frangir (del lat. «frangĕre») tr. *Dividir una ↘cosa en pedazos.*

frangle (del fr. «frange») m. HERÁLD. *Faja estrecha, de la sexta parte de la faja o de la decimoctava parte del escudo.*

frangollar (de «frangollo») **1** (ant.) tr. *Quebrantar el ↘grano del *trigo.* **2** (inf.) **Embarullar: hacer una ↘cosa deprisa y mal.*

frangollo (del lat. «frangĕre», quebrantar) **1** (Arg.) m. *Acción de frangollar.* **2** **Trigo machacado y cocido.* **3** (Chi.) *Trigo, cebada y maíz machacados para cocerlos.* **4** **Pienso para el ganado compuesto de legumbres y granos triturados.* **5** (Can.) **Maíz cocido con leche.* **6** (Cuba, P. Rico) **Dulce seco hecho de plátano verde triturado.* **7** (Perú) **Revoltijo.* **8** (Méj.) **Bazofia.* **9** (Arg.) *Guiso de maíz molido.* ≃ *Locro.

frangollón, -a (de «frangollar»; And., Hispam.) adj. *Embarullador o chapucero.*

frangote (¿del port. brasileño «frangote», muchacho?) m. **Fardo mayor o más pequeño que los ordinarios.*

franhueso (de «frañer» y «hueso»; Ast.) m. **Quebrantahuesos (ave).*

franja (del fr. «frange») **1** f. *Dibujo hecho sobre una cosa, o adorno sobrepuesto, de largo indefinido y de anchura pequeña, en relación con la longitud, y uniforme. ⊙ Cada una de las partes de esa forma y de colores distintos que forman una *bandera. ⊙ En general, banda, tira. ⇒ Cenefa, faja, fimbria, fres, friso, greca, orla, tirana, vira. ➤ Afretado. ➤ *Banda. **2** Espacio comprendido dentro de unos límites: 'En esa franja horaria el programa de televisión con más audiencia fue el telediario'.

franjar o **franjear** tr. **Adornar una ↘cosa con una franja o con franjas.*

Frankfurt V. «SALCHICHA de Frankfurt».

franklin (de «Benjamín Franklin», científico y político estadounidense del siglo XVIII) m. Fís. Franklinio.

franklinio (de «franklin») m. Fís. Unidad de carga eléctrica en el sistema eléctrico cegesimal.

franqueable adj. Susceptible de ser franqueado. ⇒ Infranqueable.

franqueado, -a 1 Participio adjetivo de «franquear». **2** (ant.) *Se aplicaba al *calzado en el que se había recortado cuidadosamente la suela.* ⇒ Desvirar.

franqueamiento m. Acción de franquear[se].

franquear (de «franco») **1** tr. Dejar una ˘cosa desembarazada o libre para pasar por ella: 'Franquear el paso [o la entrada]'. **2** *Pasar de un lado a otro de una cosa saltando o venciendo alguna ˘dificultad: 'Franqueó la zanja de un salto. No se atrevía a franquear la puerta. Franqueamos el río a nado'. **3** *Libertar a un ˘esclavo.* **4** **Conceder ˘algo generosamente.* **5** Poner los sellos a las ˘cartas u otra cosa que se envía por *correo. **6** (ant.) prnl. *Hacerse *libre, franco, o exento de una carga u obligación.* **7** («con») *Descubrir una persona a otra sus pensamientos, sentimientos o intimidades. ≃ Abrirse.

franqueniáceo, -a (de «Frankenio», médico sueco del siglo XVII a quien Linneo dedicó estas plantas) adj. y n. f. BOT. *Se aplica a las *plantas de la familia del albohol, que son matas y arbustos muy ramosos, con flores sentadas, generalmente rosadas o moradas; son plantas propias de suelos salinos de regiones templadas y subtropicales, a menudo utilizadas como ornamentales por su rareza.* ⊙ f. pl. BOT. *Esa familia.*

franqueo (de «franquear») m. Acción de poner los *sellos correspondientes en las cartas, etc. ⊙ Cantidad que se pone en sellos: 'No sé qué franqueo necesitará esta carta'.

franqueza 1 f. *Situación de franco o libre.* **2** *Generosidad.* **3** Cualidad de franco (sincero). **4** («Con, Tener, *Tratarse con») Manera de tratarse entre sí las personas cuando se hace sin ceremonia, como con personas muy íntimas o de la familia: 'Tengo suficiente franqueza con él para decirle que no me gusta lo que ha hecho. Viene con franqueza a comer cuando se le ocurre'. ≃ *Confianza, familiaridad.

franquía (de «franco») f. MAR. *Situación de un buque cuando tiene paso libre para salir al mar o tomar determinado rumbo.*

EN FRANQUÍA. Situación de algo o de alguien que, después de *superar alguna dificultad, puede ya considerarse libre de ella: 'El enfermo no ha tenido fiebre hoy, así que podemos decir que está en franquía'.

franquicia (de «franco») **1** f. *Privilegio que se concede a alguien o a algo para no pagar cierto impuesto o no sujetarse a cierta obligación: 'Los centros oficiales tienen franquicia postal'. ≃ Exención. **2** Contrato por el cual una empresa concede a otra el derecho de explotación de un determinado negocio bajo el mismo nombre comercial: 'Esta tienda de ropa tiene muchos establecimientos en régimen de franquicia'.

franquiciado, -a adj. y n. Que tiene una franquicia o contrato para explotar determinado negocio.

franquismo m. Régimen político totalitario establecido en España por el general Franco (1939-1975). ⊙ Doctrina política derivada de las ideas y del gobierno de Franco.

franquista adj. Del franquismo. ⊙ adj. y n. Partidario del franquismo.

frañer (del lat. «frangĕre»; ant.) tr. **Picar o *cascar; romper a golpes una cosa quebradiza haciéndola trozos menudos.*

frao (del cat. «frau»; ant. y Ar.) m. **Fraude.*

fraque m. *Frac.*

frasca (de «frasco») f. Recipiente para el vino, de vidrio transparente, de base cuadrangular y cuello bajo.

frasco (del sup. germ. «flasko») **1** m. *Recipiente con cuello o boca estrecha, generalmente de vidrio, más pequeño que una *botella y de formas muy variadas. ⇒ Botellín, frasca, pomo. **2** *Recipiente, generalmente de cuerno, donde se lleva la *pólvora para cargar la escopeta.*

V. «PICO de frasco».

Frascuelo, -a n. p. Dim. familiar del nombre propio «*Francisco».

frase (del lat. «phrasis», del gr. «phrásis», dicción) **1** f. Conjunto de palabras que expresa un pensamiento, constituido por una oración gramatical simple o compuesta, o por una oración condensada tal como una exclamación. ≃ *Expresión, locución, frasis. ➤ Algunos adjs. usables: acertada, coja, lapidaria... **2** GRAM. Con las determinaciones «adverbial, conjuntiva» o «prepositiva», equivale a «locución» con esas mismas determinaciones. **3** FRASE hecha. **4** FRASE musical. **5** FRASE proverbial. **6** (gralm. pl.) Expresión a la que no se da valor, porque se dice formulariamente o sin sinceridad: '¡Eso son frases!'. **7** *Modo particular con que organiza su expresión cada escritor u orador; también aire especial de cada lengua:* 'La frase de Cicerón se diferencia mucho de la de Salustio; la frase castellana tiene gran afinidad y semejanza con la griega'.

FRASE HECHA. Expresión preformada que se intercala corrientemente en el habla, sin introducir en ella ninguna variación, o, a lo más, las que impone la flexión de algún elemento de ella; como «estar con el agua al cuello, ahí me las den todas» o «¡gracias a Dios!». Se diferencia del modismo o el giro en que éstos no constituyen una oración completa; se diferencia de la «frase proverbial» en que no encierra una sentencia. Algunas frases extranjeras de esta clase se intercalan en el lenguaje culto en su idioma original: 'E tutti contenti. Eppur si muove'. ⇒ *Locución.

F. MUSICAL. Cada trozo melódico bien definido.

F. PROVERBIAL. Frase hecha que encierra una sentencia; como «de sabios es mudar de consejo» o «cada uno puede hacer de su capa un sayo». A veces, son frases históricas con que se sugiere la semejanza entre la ocasión presente y aquella en que fueron dichas; como «París bien vale una misa».

F. SACRAMENTAL. **1** Se aplica a la *fórmula consagrada por el uso o por la ley para determinado caso. **2** Se aplica en sentido figurado a la frase que en cierta ocasión es tan *acertada que da la solución o la interpretación exacta o resuelve el caso de que se trata.

frasear 1 intr. *Formar frases.* **2** MÚS. Cantar o interpretar un fragmento musical dando relieve a cada frase.

fraseo m. MÚS. Acción y efecto de frasear.

fraseología (de «frase» y «-logía») **1** f. **Estilo o modalidad de las frases de un escritor o de un idioma.* **2** Acción de hablar sin decir nada sustancioso o sin sinceridad. ≃ *Palabrería. **3** Conjunto de expresiones fijas o casi fijas de una lengua, como frases hechas, refranes y modismos.

fraseológico, -a adj. De la frase o de [la] fraseología: 'Diccionario fraseológico'.

frasis 1 (ant.) amb. *Frase.* **2** (ant.) **Lenguaje.*

frasquera f. *Caja especialmente dispuesta para llevar frascos.*

frasqueta (del fr. «frisquette») f. AGRÁF. *Bastidor de hierro con que se sujeta el papel al tímpano en las prensas de mano.*

frasquía f. CONSTR., MAR. *Regla delgada de madera, con que se marca el arrufo de las tablas.*

fratás (de «fratasar») m. CONSTR. *Utensilio que se emplea para alisar o jaharrar, consistente en una tablilla con un pomo o tarugo en el centro para agarrarla.*

fratasado 1 m. *Operación de hacer *áspera una pared para que agarre el enyesado.* **2** *Segunda de las tres capas que se dan en el *recubrimiento de las paredes.*

fratasar (relac. con «fletar») tr. **Alisar un *muro enfoscado.*

fraternal (de «fraterno») adj. Propio de *hermanos. ≃ Fraterno.

fraternalmente adv. De manera fraternal. ⇒ Hermanablemente.

fraternidad f. Situación, relación de hermanos o como de hermanos. ⇒ Hermanazgo, hermandad. ➤ Confraternidad.

fraternizar intr. Entablar o sostener entre sí una relación muy afectuosa e íntima personas que no son *hermanos. ≃ Confraternizar.

fraterno, -a (del lat. «fraternus») adj. Fraternal.

fratres (del lat. «frater», hermano; ant.) m. pl. *Tratamiento que se daba a los *eclesiásticos que vivían en comunidad.*

fratría (del gr. «phratría») **1** f. *Entre los antiguos griegos, sección de una *tribu que tenía sus propios ritos y sacrificios.* **2** **Cofradía o comunidad.*

fratricida (del lat. «fratricīda») n. Persona que *mata a un hermano suyo.

fratricidio m. *Crimen del fratricida.

fraudar (del lat. «fraudāre»; ant.) tr. *Hacer a ↘alguien víctima de un fraude.*

fraude (del lat. «fraus, fraudis») **1** m. *Engaño hecho con malicia, con el cual alguien perjudica a otro y se beneficia a sí mismo. ⊙ Engaño delictivo. ⊙ Defraudación al fisco. ⇒ Adrolla, cambiazo, camelo, contrabando, embeleco, embolado, embudo, encubierta, estelionato, falencia, fraudulencia, fullería, gatazo, granujería, matute, pegata, petardo, simulación, tongo, trapacería, trapaza, *trampa. ➤ Meter, pegar. ➤ *Defraudar. ➤ *Engañar. *Simular. **2** DER. **Delito que comete el encargado de vigilar la ejecución de trabajos públicos, perjudicando los intereses del Estado de acuerdo con la otra parte.*

fraudulencia f. Fraude. ⊙ Cualidad de fraudulento.

fraudulentamente adv. Con fraude.

fraudulento, -a adj. Se aplica a lo que supone o contiene fraude.

fraustina f. **Cabeza de madera sobre la que se arreglaban las tocas de las mujeres.* ⇒ *Maniquí.

fray Apóc. de «fraile», que se usa como *tratamiento delante del nombre propio: 'Fray Luis de León'.

frazada (del cat. «flassada») f. **Manta de cama con mucho pelo.* ≃ Frezada. ⊙ (Arg., Chi., Cuba, Guat., Méj., Par., Perú, R. Dom., Salv., Ur.) *Manta.*

freak (ingl.; pronunc. [fric]; pl. «freaks») adj. y n. Se aplica a la persona considerada rara, de aspecto descuidado, que lleva una vida poco convencional. ⇒ *Contracultura.

freático, -a (del gr. «phréar, -atos», pozo) adj. GEOL. Se aplica a la capa acuífera subterránea más superficial, que se puede aprovechar mediante pozos.

frecuencia 1 f. Cualidad de frecuente. ⊙ («Con») Circunstancia de repetirse una cosa muchas veces o con cortos intervalos de tiempo: 'La frecuencia de accidentes en este lugar de la carretera es elevada. Viene con mucha frecuencia a Madrid'. **2** Número de veces que ocurre cierta cosa en cierto intervalo de tiempo. **3** FÍS. Número de ciclos por unidad de tiempo que se producen en un movimiento periódico. ⊙ RAD. Número de vibraciones o ciclos por segundo que caracteriza a cada estación emisora de *radio. ⇒ Ciclo, hercio [o hertz], kilociclo, megaciclo, kilohertz [o kilohercio], megahercio [o megahertz]. ➤ Presintonía. ➤ *Onda. ➤ Sintonizar.

ALTA FRECUENCIA. ELECTR. Se llama así a la de las *ondas de frecuencia comprendida entre tres y treinta megaciclos por segundo, como las usadas en telecomunicación. ⇒ *Electrónica. ⊙ También, a la de las ondas *sonoras que pasan el límite audible.

FRECUENCIA MODULADA («FM»). RAD. Tipo de frecuencia de las ondas sonoras que permite una alta calidad del sonido. Se emplea en emisiones radiofónicas.

frecuentación f. Acción de frecuentar.

frecuentado, -a Participio adjetivo de «frecuentar». ⊙ Aplicado a lugares, *concurrido: muy visitado por las personas, o por los animales que se expresan. ⇒ *Frecuente.

frecuentador, -a adj. y n. *Aplicable al que frecuenta cierta cosa o lugar que se expresa.*

frecuentar (del lat. «frequentāre») tr. Hacer o practicar ↘algo con frecuencia: 'Frecuentar los sacramentos'. ⇒ *Repetir. ⊙ *Ir asiduamente a cierto ↘sitio: 'No frecuento ese café'. ⊙ Acostumbrar a ir a cierto ↘sitio: 'Las águilas frecuentan aquellas cumbres'. ⊙ También se dice «frecuentar la amistad [o el *trato] de alguien».

frecuentativo, -a (del lat. «frequentatīvus») adj. GRAM. Se aplica a los *verbos que expresan acciones que consisten en la repetición de un mismo acto; como «martillar». ⇒ Reiterativo.

frecuente (del lat. «frequens, -entis») adj. Se aplica a lo que ocurre o se *repite con cortos intervalos de tiempo: 'Lluvias frecuentes'. ⊙ *Acostumbrado, *corriente u *ordinario: que ocurre muchas veces: 'Un espectáculo frecuente'.

□ CATÁLOGO

*Corriente, cotidiano, sólito, *usual. ➤ Sin cesar, constantemente, continuamente, corrientemente, por cualquier COSA, cada DOS por tres, con frecuencia, frecuentemente, a todas HORAS, incesantemente, a cada INSTANTE, cada LUNES y cada martes, a menudo, a cada MOMENTO, con [o por] cualquier MOTIVO, sin parar, a cada PASO, repetidamente, a TRAQUE barraque, a cada trinquete [trique, triquete o TRIQUITRAQUE], muchas VECES. ➤ Asiduo. ➤ Andado, *concurrido, cosario, cursado, ejercido, frecuentado, transitado. ➤ Frecuentar, menudear. ➤ El PAN nuestro de cada día. ➤ Infrecuente, *raro. ➤ *Corriente.

frecuentemente adv. De manera frecuente.

fredor (del ant. «fredo», del lat. «frigdus», de «frigĭdus»; ant.) m. **Frío.*

free-lance (ingl.; pronunc. [frí láns]) adj. y n. Se aplica a la persona que trabaja por su cuenta para una o varias empresas: 'Un periodista free-lance'.

fregación (del lat. «fricatĭo, -ōnis»; ant.) f. *Fricción.*

fregadero m. Dispositivo que hay en las cocinas y otros lugares con recipientes para fregar los cacharros. ⇒ Fregador, lavadero, lavaplatos, pila, pileta.

fregado, -a 1 Participio de «fregar». **2** (Hispam.; inf.) adj. **Majadero o importuno.* **3** (Col., Ec., Perú; inf.) *Obstinado.* **4** (C. Rica, Ec., Méj.; inf.) **Granuja o *malvado.* **5** m. Acción de fregar. **6** (inf.) *Escándalo, *discusión o *riña. **7** (inf.) Asunto enredado o con dificultades: '¡En menudo fregado nos hemos metido!'. ≃ *Enredo, lío.

V. «servir lo mismo para un BARRIDO que para un fregado».

fregador, -a 1 adj. *Aplicable al que friega.* **2** (Ven.; no frec. en España) m. *Fregadero.* **3** **Estropajo para fregar.*

fregadura 1 f. *Fregado: acción de fregar.* 2 **Rozadura: señal dejada en la piel u otra cosa por un restregón.*

fregajo m. **Estropajo para fregar.*

fregamiento (del lat. «fricamentum») m. *Fricción.*

fregar (del lat. «fricāre», restregar, frotar) 1 tr. Pasar una cosa áspera sobre ↘algo reiteradamente. ≃ Friccionar, frotar, *restregar. 2 Limpiar una ↘cosa, como los cacharros sucios de comida, el suelo, las puertas o los cristales, restregándolos con un estropajo, una bayeta, etc., con agua y alguna sustancia adecuada. ⇒ Afretar, aljofifar, arenar, fregotear, frotar, refregar, refrotar, *restregar, trapear. ➤ Esparto, estropajo, fregador, fregajo, lampazo. ➤ Albero, aljofifa, bayeta, fregona, rodilla, trapo. ➤ *Artesa, barreño, *cuenco, lebrillo. ➤ *Fregadero. ➤ Escurreplatos, escurridera, escurridero, escurridor, escurridora. ➤ Lavazas. ➤ *Limpiar. 3 (Hispam.; inf.) **Molestar o fastidiar a ↘alguien.*

V. «AGUA de fregar».

fregata (ant.; inf.) f. *Fregona.*

fregatriz (hum.) f. Fregona (mujer).

fregona 1 (desp.) f. Mujer que friega. ⊙ *Sirvienta. ⊙ (n. calif.) Mujer ordinaria. 2 Utensilio en forma de escoba con flecos de material absorbente que sirve para fregar los suelos.

fregotear 1 tr. Fregar ↘algo deprisa y a la ligera. 2 Fregar ↘algo con mucho movimiento.

fregoteo m. Acción de fregotear.

freiduría f. Establecimiento donde se vende *pescado y otras viandas fritas allí mismo, generalmente a la vista del público.

freilar (de «freile»; ant.) tr. *Recibir a un ↘caballero en una orden militar.*

freile, -a (de «fraile») 1 m. *Caballero profeso de alguna de las *órdenes militares.* ⊙ *Sacerdote de ellas.* ≃ Freire, frere. 2 f. *Religiosa de alguna de las órdenes militares.* ≃ Freira. 3 (ant.) *Religiosa *lega de alguna orden regular.*

freír (del lat. «frigĕre») 1 tr. *Guisar una ↘comida poniéndola al fuego en una sartén con aceite o sustancia similar. ⊙ prnl. Quedar frito: 'La cebolla se fríe más deprisa que el tomate'. ⇒ Abuñuelar [o abuñolar], dorar, perdigar, refreír, *rehogar, saltear, sofreír. ➤ Arrebatar[se]. ➤ Emborrizar, *rebozar. ➤ *Fritada, fritanga, frito, fritura, FRUTA de sartén, *MASA frita. ➤ Sartén. ➤ Refreír, sofreír. ➤ *Guiso. 2 Pasar una persona mucho *calor. ≃ Asarse. 3 («a, con»; inf.) tr. *Baquetear o *exasperar a ↘alguien: 'Lo están friendo haciéndole ir de un lado para otro. Me fríe con su testarudez. Si dejo la ventana abierta me fríen los mosquitos. Cuando me encuentra me fríe a preguntas'. 4 (inf.) Matar a tiros.

AL FREÍR SERÁ EL REÍR. *Frase con que se expresa la creencia en que alguien que se muestra muy contento o despreocupado está expuesto a tener un disgusto cuando lleguen las *consecuencias, previsibles, de la cosa de que se trata.*

V. «vete [que se vaya, etc.] a freír ESPÁRRAGOS».

☐ CONJUG. como «reír»; aunque el part. regular es «freído», el usual es «frito»: 'No lo has frito bastante'.

freire, -a (de «fraire») n. *Freile.*

fréjol m. Fríjol (*judía).

frémito (del lat. «fremĭtus») m. **Bramido.*

frenado m. Acción de frenar.

frenar (del lat. «frenāre») 1 tr. y prnl. *Moderar[se] o *detener[se] la marcha de un ↘vehículo o una máquina. ⇒ Engalgar, enrayar, refrenar, sofrenar. ➤ Galga, linguete, narra, retranca, trinquete. ➤ Ferodo, zapata. ➤ *Freno. 2 *Contener[se] o *detener[se] el desarrollo, la actividad, la intensidad o la violencia de ↘algo: 'Frenar las pasiones [o el entusiasmo]. Frenar la subida de precios'. ⊙ tr. *Contener o *detener a ↘alguien para que no haga, o haga en menor medida, cierta cosa o no se deje llevar de una inclinación: 'Su mujer lo frena para que no fume tanto. El miedo a engordar le frena en su glotonería'.

frenazo («Dar, Pegar») m. Acción de frenar un vehículo bruscamente.

frenería 1 f. *Taller donde se hacen frenos.* 2 *Tienda donde se venden.* 3 **Calle o *barrio en que antiguamente estaban las frenerías.*

frenero m. *Hombre que hace o vende frenos.*

frenesí (del lat. «phrenēsis», del gr. «phrénēsis») 1 m. Exaltación violenta de una pasión, que se manifiesta con movimientos descompuestos, gritos, etc.: 'Está en un frenesí de alegría [de celos, de dolor]'. ≃ Paroxismo. 2 **Locura furiosa.* ≃ Delirio, furia, vesania.

frenesía (ant.) f. *Frenesí.*

frenéticamente adv. Con frenesí: 'Se abrazaba frenéticamente a él'.

frenético, -a (del lat. «phrenetĭcus», del gr. «phrenētikós») 1 adj. Acometido de frenesí. 2 *Colérico: 'Le pone frenético ver que la gente se divierte'.

frenillar tr. MAR. *Afrenillar.*

frenillo (dim. de «freno») 1 m. Membrana que sujeta la *lengua a la parte inferior de la boca. 2 («Tener») Desarrollo excesivo de esa membrana, que estorba para *hablar y, en los niños de pecho, para mamar. 3 Ligamento que une el prepucio al bálano. ⇒ *Pene. 4 **Correa o *cuerda que se coloca alrededor de la boca y cabeza de un perro u otro animal para que no muerda.* ⇒ *Mordaza. 5 (Hispam.) *Se aplica a los tirantes que, saliendo de distintos puntos de la *cometa, se reúnen todos en el punto de donde arranca la cuerda con que se sujeta.* 6 MAR. *Se aplica a los *cabos o rebenques que se emplean para cualquier uso.*

freno (del lat. «frēnum») 1 m. Pieza de hierro de la brida, que se inserta en la boca de la caballería. ≃ Bocado. ⇒ Bocado, filete. ➤ Alacrán, asiento, banco, barbada, bocado, bracillo [o brazuelo], cama [o camba], cañón, copa, coscoja, coscojos, cotobelo, *desveno, embocadura, espejuela, gustador, meajuela, montada, perrillo, sabores, salivera. ➤ De buena BOCA, duro de BOCA, de mala BOCA, hacer la BOCA. ➤ Barajar, desvenar, enrayar. ➤ Desenfrenarse. ➤ *Brida. 2 Dispositivo que sirve en las máquinas y *vehículos para moderar o detener su marcha. ⇒ Frenar. 3 Cualquier cosa que contiene a alguien de hacer cierta cosa o le modera, bien sea ajena a su voluntad, bien proceda de su propia razón, sentimientos, prejuicios, etc. ≃ *Contención, sujeción.

BEBER EL FRENO EL CABALLO. EQUIT. *Subirlo a la parte superior de la boca sacándolo de los asientos.*

MORDER [O TASCAR] EL FRENO. 1 EQUIT. Morder el *caballo el bocado o moverlo entre los dientes cuando está inquieto. 2 *Aguantar alguien una sujeción que se le impone, con irritación reprimida.

V. «TAMBOR del freno».

freno- Elemento prefijo del gr. «phrēn, phrenós», inteligencia.

frenología (de «freno-» y «-logía») f. PSI. Estudio de la relación entre la conformación anatómica del *cerebro y la configuración externa del cráneo y los caracteres psíquicos de los individuos.

frenológico, -a adj. Psi. De la frenología o de su objeto.

frenólogo adj. y n. Psi. Se aplica al que se dedica a la frenología.

frenópata n. Psi. Médico especialista en enfermedades mentales. ⇒ *Psiquiatra.

frenopatía (de «freno-» y «-patía») f. Psi. Parte de la *medicina que estudia las enfermedades mentales.

frenopático, -a 1 adj. Psi. De la frenopatía. 2 m. Hospital psiquiátrico.

frental adj. Anat. *Frontal.*

frente (del lat. «frons, frontis») 1 f. Parte superior de la cara, desde el borde de las órbitas hasta la inflexión en que comienza la cabeza. ⇒ Otra forma de la raíz, «front-»: 'bifronte, frontal, frontil, frontispicio'. ➤ Entrada, entrante, entrecejo, pulso, sien, sobreceja. ➤ Testuz. ➤ Lucero. ➤ Alta, ancha, despejada, espaciosa, pura. 2 m. Parte delantera de una cosa, o sea, la que queda enfrente del que la mira, o *fachada o cara principal de un mueble, un edificio, etc. ⇒ *Fachada, frontal, testera. ➤ Bifronte. 3 Mil. Zona en que se combate. ⇒ Línea de batalla [o combate]. 4 Fort. *En un baluarte, conjunto de los dos muros que forman el ángulo frontal y que se unen cada uno con un flanco.* 5 Parte más avanzada o que está en contacto con el exterior de ciertas cosas. ⊙ *Lado superior de un cabrio de *armadura de cubierta.* ⊙ Miner. Parte más avanzada de los trabajos de una *mina. ⊙ Meteor. Separación entre dos zonas de la *atmósfera que están a distinta *temperatura. 6 *Anverso.* 7 Parte superior de la página de una carta u otro escrito, que queda en blanco. Se emplea en la expresión «al frente», con que se designa la colocación de lo escrito antes del texto: 'Lleva al frente unos versos de Dante'. 8 *Conjunto de partidos políticos u otro tipo de organizaciones que se unen para actuar en común.

Frente calzada. *Frente estrecha por empezar muy bajo el nacimiento del pelo.*

Al frente. 1 *Delante: 'Al frente de la manifestación'. 2 Hacia delante: 'Dos pasos al frente'. 3 V. «frente» (7.ª acep.). 4 Al mando: 'Está al frente de la empresa desde que se jubiló su padre'.

Arrugar la frente. Hacerlo así con el gesto natural de sorpresa o *enfado. ⊙ Poner gesto de *disgusto.

Con la frente [muy o bien] alta [o, menos frec., erguida o levantada]. Sin *avergonzarse: 'Ve con la frente bien alta y sin preocuparte por nada'.

De frente. 1 Con la frente o parte delantera dirigida hacia el lugar hacia el que se avanza: 'La puerta es tan estrecha que no se puede pasar de frente'. ⇒ De *lado, oblicuamente. 2 Uno frente a otro: 'Nos encontramos de frente'. ⇒ De bruces. 3 (con «acometer, atacar», etc.) Con *decisión y sin rodeos: 'Hay que acometer el problema de frente'. 4 Refiriéndose a cosas en formación o en marcha, una junto a otra y no una tras otra; 'Un coche tirado por cuatro caballos de frente'.

V. «no tener dos dedos de frente».

Frente a. 1 *Enfrente de: 'El reloj está frente a mi balcón'. 2 En *contra de: 'Está frente a la reforma'. 3 En *presencia de: 'Estamos frente a un grave problema'.

Frente a frente. 1 De frente; uno frente a otro: 'Al volver la esquina me lo tropecé frente a frente'. 2 Tratándose de personas, con «*encontrarse» o verbo equivalente, en presencia física y sin poder eludirse: 'Se encontraron frente a frente en la reunión'. ≃ Cara a cara. 3 Sin recatarse u ocultarse de cierta persona: 'Debiste decírselo frente a frente'. ≃ Cara a cara. 4 Frente por frente. 5 En abierta *oposición, rivalidad o lucha.

Frente por frente. Con las partes delanteras una enfrente de otra: 'Su casa y la mía están frente por frente'.

Fruncir la frente. Arrugar la frente.

Hacer frente a una cosa. *Afrontarla, o sufrirla con entereza.

Hacer frente a una persona. *Desafiarla o mantenerse con *entereza frente a ella.

Poner frente a frente a dos personas o dos cosas. Ponerlas en presencia una de otra para *compararlas, para que discutan, etc. ⇒ *Enfrentar.

frentero m. *Almohadilla que se ponía a los *niños en la frente para que no se dañaran en ella al caer.*

frentón, -a adj. **Frontudo.*

freo (del cat. «freu») m. Mar. **Canal estrecho entre dos islas o entre una isla y tierra firme.*

freón (del ingl. «freon», n. comercial) m. Quím. Nombre que se da a ciertos derivados del metano, utilizados como propulsores de aerosoles y fluidos refrigerantes en aparatos frigoríficos.

frere (del fr. «frère», hermano; ant.) m. *Freile.*

fres (de «friso»; Ar.) m. **Franja.* ⇒ Freso, friso.

fresa[1] (del fr. «fraise») 1 (*Fragaria vesca* y otras especies) f. *Planta rosácea que produce un fruto comestible del mismo nombre, de color rosa o rojo, jugoso, sobre cuya superficie están hundidas las semillas. ≃ Fraga, fragaria, frutilla, madroncillo, moriángano, mayueta, metra. ⇒ Amiésgado. ➤ Fresón. ➤ Estolón, latiguillo. ➤ Fresal, frutillar. 2 Se aplica al color rojo intenso semejante al de esta fruta.

fresa[2] (de «fresar») 1 f. Herramienta con un buril que gira mecánicamente, empleada para labrar piezas o abrir *agujeros en ellas. ⇒ *Barrena. *Lima. ⊙ Instrumento semejante empleado para horadar o limar los *dientes o muelas en las operaciones de odontología. 2 Fresadora.

fresada (de «fresar[2]») f. *Cierta comida que se hacía antiguamente con harina, leche y manteca.* ⇒ *Plato dulce.

fresado m. Operación de fresar.

fresador, -a n. Especialista en el fresado de piezas.

fresadora f. Máquina de fresar. ≃ Fresa.

fresal 1 m. Campo de fresas. 2 *Planta de las fresas.*

fresar[1] (de «fres») tr. *Adornar o guarnecer ˋcosas con franjas o frisos.*

fresar[2] (del sup. lat. «fresāre», de «fresum», part. pas. de «frendĕre», triturar, apretar los dientes) 1 tr. Hacer agujeros en una cosa o trabajarla con la fresa. 2 (ant.) intr. **Gruñir.* 3 (Alb.) tr. *Mezclar el agua con la harina para empezar a amasar el *pan.*

fresca (de «fresco») 1 f. Frescura agradable del ambiente; particularmente, la de las primeras horas de la mañana o de la noche en verano: 'Saldremos por la mañana con la fresca'. ≃ Fresco, frescor, fría. 2 (inf.) *Descaro o insolencia: cosa que se dice a alguien, que, aun siendo verdad, es molesta u ofensiva. ⇒ Claras, claridad, *descaro, frescura, inconveniencia, insolencia, *verdades, verdades del barquero. ➤ Boquifresco, cantaclaro, plantillero, plantista.

frescachón, -a (aum. de «fresco»; inf.) adj. Se aplica a la persona de aspecto *sano y *robusto, agradable pero basto.

frescal 1 adj. *Se aplica al *pescado conservado con un poco de sal:* 'Sardinas frescales'. 2 (ant.) *Fresco (algo frío).* 3 (Sor.) *Fresquedal.*

frescales (inf.; n. calif.; dicho sin enfado y, a veces, en tono afectuoso) n. Fresco: *despreocupado y desenvuelto.

frescamente adv. Con frescura.

fresco, -a (del germ. occidental «frisk») **1** adj. Aplicado al *tiempo atmosférico, algo frío, sin llegar a molestar: 'El tiempo empieza a estar fresco'. ⇒ Refrescar. ⊙ Aplicado a otras cosas, agradablemente *frío: 'Agua fresca'. **2** Como recién cogido del campo; no *mustio o pasado: 'Flores frescas. Hierba fresca'. ⊙ *Natural; no desecado o conservado: 'Bacalao fresco'. ⊙ Con referencia a personas, de aspecto joven y sano; no ajado o envejecido: 'Mejillas frescas'. ≃ *Lozano. ⊙ Se aplica también a la persona cuya *belleza consiste principalmente en ese aspecto. ⊙ Y a las personas que están en el pleno disfrute de sus facultades físicas o espirituales, aun después de un esfuerzo o a pesar de su edad, así como a las mismas facultades: 'Subió a pie los cinco pisos y llegó tan fresco. Tiene la memoria tan fresca como a sus veinte años'. **3** *Húmedo por estar recién hecho: 'La pared está todavía fresca'. **4** Recién hecho o *reciente: 'Pan fresco. Huevos frescos. Noticias frescas'. **5** Se aplica a los *colores que no se han empalidecido o alterado con el tiempo. **6** *Espontáneo y *natural. **7** Se aplica a las *telas ligeras para ropa de verano, y a esta misma ropa. **8** adj. y n. Aplicado a personas, *aprovechado, desaprensivo, descarado, *despreocupado o *tranquilo. ⊙ Se dice del que obra en provecho propio sin importarle perjudicar a otros. ⊙ Del que trata a otros sin el miramiento o respeto debidos. ⊙ Del que no se preocupa de lo que pueden decir o pensar de él. ⊙ («Estar») Sin perder la *tranquilidad aunque las circunstancias sean difíciles o comprometidas. **9** («Dejar, Quedarse») adj. *Burlado o chasqueado.* **10** m. Frescor agradable o que no es todavía excesivo, en el ambiente: 'Disfrutar el fresco del atardecer. Me he acatarrado con el fresco de la mañana. Estamos en octubre y empieza a hacer fresco'. **11** PINT. Composición al fresco, o sea la hecha en una pared con colores rápidos, sobre un estuco de yeso todavía fresco o húmedo: 'Los frescos del Vaticano'. ≃ Mural. **12** **Pescado fresco, sin salar.* **13** **Tocino fresco.* **14** (Hispam.) *Refresco: bebida fresca.*

AL FRESCO. **1** («Dejar, Poner, Estar, Pasar la noche») En sitio en que hace fresco; particularmente, expuesto fuera de cubierto al ambiente de la noche. ⇒ *Intemperie. **2** V. «traer al FRESCO».

DEJAR FRESCO a alguien. Dejarle chasqueado.

ESTAR FRESCO (inf.). Se dice para significar que alguien tiene unas esperanzas que no se realizarán: 'Si cree que yo voy a darle explicaciones, está fresco'. ⇒ *Chasco.

HACER FRESCO. Estar el tiempo fresco.

V. «más fresco que una LECHUGA».

QUEDARSE alguien TAN FRESCO (inf.). Quedarse tan *tranquilo, como si no hubiera pasado nada: 'No viene a la cita y se queda tan fresco'. ⇒ *Flema.

TOMAR EL FRESCO. Estar en un sitio disfrutando del fresco del ambiente.

TRAERLE algo AL FRESCO a alguien (inf.). Serle *indiferente: 'Que vengas o no me trae al fresco'.

V. «con VIENTO fresco».

frescor **1** m. Cualidad de lo que produce sensación de fresco. ≃ Frescura. ⇒ Cencío. **2** PINT. *Color rosado de la carne sana y fresca.*

frescote, -a (aum. de «fresco»; inf.) adj. Se aplica a las personas *robustas, *sanas y de buen color.

frescotón, -a (inf.) adj. Aum. de «frescote».

frescura f. Cualidad de lo que está fresco. ⊙ Cualidad de fresco (desvergonzado o *despreocupado). ⊙ Cosa hecha con frescura: 'Es una frescura dejar que le hagas tú su trabajo'.

fresison m. LÓG. *Uno de los modos posibles del *silogismo, correspondiente a la cuarta figura.*

fresneda o **fresnedo** f. o m. Lugar poblado de fresnos. ⇒ Tamaral.

fresnillo (dim. de «fresno») m. **DÍCTAMO blanco (planta rutácea).*

fresno (del lat. «fraxĭnus»; *Fraxinus excelsior* y otras especies del mismo género) m. Árbol oleáceo de madera muy blanca y apreciada por su elasticidad. ≃ Fleja, flejar. ⇒ *Planta.

freso (ant.) m. **Friso.*

fresón m. Variedad cultivada de fresa, de gran tamaño.

fresquedal m. *Terreno que, por su situación, se mantiene húmedo y con la hierba fresca aun en la época de agostamiento.* ≃ Frescal, verdinal.

fresquera f. Sitio destinado a conservar frescos los *alimentos. ⊙ *Especie de jaula de tela metálica que se cuelga en sitio fresco para ese fin.* ⊙ Especie de *armario, generalmente situado debajo de la ventana de la cocina, abierto al exterior y protegido con tela metálica.

fresquería (Hispam.) f. *Establecimiento de venta de refrescos y bebidas.* ≃ Botillería.

fresquero, -a n. *Vendedor o transportador de *pescado fresco.*

fresquilla f. Especie de *melocotón.

fresquista n. **Pintor de pinturas al fresco.*

fretar tr. *Frotar con fuerza.*

frete (del fr. «frette») m. HERÁLD. *Enrejado compuesto de bandas y barras muy estrechas.*

freudiano, -a (pronunc. [froidiáno]) adj. De las teorías psicológicas de Freud o del mundo subconsciente a que ellas se refieren. ⊙ adj. y n. Adepto a esas teorías.

freudismo (pronunc. [froidísmo]) m. *Psicoanálisis: doctrina psicológica de Freud, que da importancia primordial en la conducta humana al mundo de lo subconsciente.

frey m. *Tratamiento equivalente a «fray», que usan los religiosos de las *órdenes militares.*

frez (de «frezar[1]»; ant.) f. **Estiércol de algunos animales.*

freza[1] (de «frezar[1]») **1** f. *Frez.* **2** Desove. ⊙ Tiempo del desove. ⊙ *Huevos o cría de los *peces.* **3** *Huella que dejan los peces en el fondo cuando se restriegan para desovar.* **4** CAZA. *Huella que deja un animal escarbando u hozando.*

freza[2] (de «frezar[2]») f. *Periodo durante el cual come el gusano de *seda.*

frezador, -a (de «frezar[1]»; ant.) m. *Comedor o *gastador.*

frezar[1] (del lat. «frictum», supino de «fricāre», restregar) **1** intr. **Evacuar los *excrementos los animales.* **2** APIC. *Despedir por sí mismas las *colmenas las inmundicias.* **3** tr. APIC. *Limpiar las ↘colmenas.* **4** intr. *Desovar los peces. **5** Restregarse el pez contra el fondo del agua para desovar. **6** CAZA. *Escarbar u hozar un animal haciendo hoyos o frezas.* **7** (acep. explicable quizá a través de «rozar»; ant.) **Frisar (estar próximo a o en las proximidades de).*

frezar[2] intr. *Comer las hojas el gusano de *seda como lo hace.*

f...r...f Grupo de «*sonido expresivo», de valor semejante al del labial «f...f»: «farfallón, farfante, farfulla, farfullar, farfullero»; y, quizá, otras palabras que empiezan por «farf»; así como «fargallón».

fría (de «frío»; ant.) f. *Frío moderado o agradable del ambiente:* 'Con la fría'. ≃ *Fresca.

friabilidad f. *Cualidad de friable.*

friable (del lat. «friabĭlis», desmenuzable) adj. **Deleznable: tal que se desmenuza fácilmente.*

frialdad 1 f. Cualidad o estado de frío. 2 Indiferencia, insensibilidad o *desafecto: falta de afecto, de interés, de entusiasmo o de capacidad para impresionarse o emocionarse. 3 Ausencia o poca intensidad del apetito sexual. ⇒ Frigidez. 4 *Impotencia para la generación.* 5 **Apatía, *pereza o inutilidad para el trabajo.* 6 *Tontería o necedad.*

frialeza (ant.) f. *Frialdad.*

fríamente adv. Con frialdad: 'Me recibió fríamente'.

friático, -a 1 adj. *Friolero.* 2 **Tonto o *necio.* ⊙ *Falto de gracia.* ⇒ *Patoso, *soso.

fricación (del lat. «fricatĭo, -ōnis») 1 f. *Fricción.* 2 FON. Articulación de los sonidos fricativos.

fricandó (del fr. «fricandeau») m. Carne mechada con pequeños trozos de tocino. ⇒ *Guisar.

fricar (del lat. «fricāre») tr. **Restregar.*

fricasé (del fr. «fricassé») f. *Guiso de carne hecha en pequeños trozos, con salsa.

fricasea (del fr. «fricassée»; Chi.) f. *Carne guisada y frita luego, sazonada con especias y servida sobre pan.*

fricativo, -a (del lat. «fricāre», rozar) adj. y n. f. FON. Se aplica a las consonantes que se articulan con un estrechamiento de los órganos articulatorios que intervienen en su pronunciación: «f, j, s, z».

fricción (del lat. «frictĭo, -ōnis»; «Dar») 1 f. Acción de pasar la mano u otra cosa repetidamente y con fuerza sobre algo, con algún fin; por ejemplo, como medio curativo extendiendo a la vez alguna sustancia: 'Una fricción con alcohol'. ⇒ Fleta, friega, manutigio, masaje. ➤ Linimento, loción. ➤ *Medicina. 2 Rozamiento. ⇒ *Rozar. 3 Falta de acuerdo o enfrentamiento. ⇒ *Discutir.

friccionar tr. *Frotar: dar fricciones sobre alguna ↘cosa.

frido, -a (del lat. «frigĭdus»; ant.) adj. *Frío.*

friega (de «fregar») 1 (gralm. pl.) f. *Fricción aplicada a alguna parte del cuerpo como medio curativo. ≃ Masaje. 2 (inf.) **Paliza.* 3 (Hispam.) *Molestia o *fastidio.*

friegaplatos 1 m. *Electrodoméstico para fregar los cacharros de cocina. ≃ Lavavajillas. 2 n. Persona que lava la vajilla en bares, restaurantes, etc. ≃ Lavaplatos.

friera (de «frío») f. **Sabañón.*

frieza (ant.) f. *Frialdad.*

frige (ant.) adj. *Frigio.*

frigente (del lat. «frigens, -entis»; ant.) adj. *Se aplica a lo que enfría o se enfría.*

frigerativo, -a (del lat. «frigerātum», supino de «frigerāre», refrescar; ant.) adj. *Refrigerante.*

frigidaire (ingl., n. comerc.; pronunc. gralm. [friyidér]; Bol., Chi., Cuba, Perú) m. *Refrigerador (nevera).*

frigidez (de «frígido») 1 (culto) f. Cualidad o estado de muy frío. ⊙ (culto) Particularmente, en sentido figurado. 2 Ausencia de placer o apetito sexual en la mujer.

frígido, -a (del lat. «frigĭdus») 1 (culto) adj. Muy frío. 2 (culto) *Insensible. 3 (sólo en f.) Que sufre frigidez (ausencia de placer o apetito sexual en la mujer).

frigio, -a adj. y, aplicado a personas, también n. De Frigia. ≃ Frige, ideo.

V. «GORRO frigio».

frigoría f. FÍS. Unidad de medida del frío, equivalente a la cantidad de calor que es necesario sustraer a un litro de agua para que pase de 15 a 14 ºC.

frigoriento, -a (del lat. «frigus, -ŏris», frío; ant.) adj. *Friolero.*

frigorífico, -a (del lat. «frigorifĭcus») 1 adj. Que produce frío. ⇒ MEZCLA frigorífica. 2 m. Electrodoméstico que produce frío para enfriar y conservar los alimentos en su interior. ≃ Nevera.

friísimo, -a adj. Superl. no frec. de «frío».

fríjol o **frijol** (del lat. «phaseŏlus», con influencia del cat. «présul», guisante; más frec. en Hispam.) m. *Judía. ≃ Fréjol.

frijolillo (varios países de Hispam.; *Phaseolus helvolus, Cassia occidentalis* y otras especies) m. *Nombre dado a varias especies de arbustos y herbáceas tropicales, que se cultivan por sus legumbres comestibles.* ⇒ *Planta.

frijón (And., Extr.) m. **Judía.* ≃ Fréjol, fríjol.

frimario (del fr. «frimaire») m. *Tercer *mes del calendario revolucionario francés, que comprendía del 21 de noviembre al 20 de diciembre, inclusive.*

fringa (Hond.) f. *Manta, especie de *capote de monte.*

fringilago (del lat. «fringuilla») m. **PARO carbonero (pájaro).*

fringílido (del lat. «fringuilla») adj. y n. ZOOL. Se aplica a los *pájaros conirrostros de la familia del pinzón y el jilguero. ⊙ m. pl. ZOOL. Esa familia.

frío, -a (del lat. «frigĭdus») 1 («Estar, Ser») adj. Se aplica a las cosas que tienen poca temperatura, que producen al tacto o en el cuerpo la sensación del hielo o del ambiente en invierno, o que tienen menos temperatura de la conveniente o deseada: 'La nieve está fría. La mañana estaba fría. El café se ha quedado frío'. 2 Aplicado a las personas o a sus manifestaciones, falto de afecto, de pasión o de sensibilidad. ⊙ («Ser») *Indiferente o *insensible: incapaz de sentir afecto: 'Una mujer fría'. ⊙ («Estar») Poco afectuoso en una ocasión determinada: 'Le encontré frío en nuestra última entrevista. Le escribió una carta muy fría'. ⊙ («Estar») *Tibio circunstancialmente en la amistad con alguien: 'Están algo fríos los dos hermanos'. ⊙ («Ser») Tal que no se deja influir por inclinaciones afectivas: 'Un juez [o un espectador] frío'. ≃ *Desapasionado. ⊙ *Sereno o *tranquilo: tal que no se inmuta ante sucesos imprevistos, impresionantes o emocionantes. ⊙ («Estar») Falto de entusiasmo o ilusión: 'Está más frío con respecto a aquel proyecto'. ≃ Desanimado. ⊙ Aplicado a manifestaciones de arte, *inexpresivo: 'Una música [o una arquitectura] fría'. ⊙ Por oposición a «cálido» o «caliente», se aplica a los *colores que, como el azul o verde, producen sensación de serenidad. 3 *Aplicado a personas, *inútil o falto de actividad.* 4 Aplicado a personas, poco sensible a los estímulos sexuales. 5 *Aplicado a personas, *impotente para la generación.* 6 m. *Temperatura muy baja: 'Fabricación de frío artificial'. ⊙ Estado del ambiente, por ejemplo en invierno o en las regiones polares, en que la temperatura es muy baja: 'Los esquimales se protegen del frío con pieles'. 7 («Notar, Sentir, Tener, Coger, Pillar») Sensación que experimenta el cuerpo en un ambiente frío o en contacto con algo frío. O la misma sensación, experimentada por causas internas, como una enfermedad.

FRÍO Y CALCULADOR. Se aplica a la persona capaz de llevar a cabo una acción, especialmente si es en propio beneficio, previendo al máximo cualquier detalle y sin dejarse arrastrar por los sentimientos.

F. INDUSTRIAL. El producido artificialmente que se utiliza, entre otros usos, para conservar productos perecederos.

V. «AVE fría».

COGER FRÍO. Enfriarse una persona por el frío del ambiente y *acatarrarse o sufrir otro trastorno a consecuencia de ello.

DEJAR FRÍO a alguien una cosa. **1** Dejarle *indiferente o no producirle impresión. **2** Dejar pasmado.

EN FRÍO. **1** Sin estar emocionalmente influido por las circunstancias: 'Mañana te lo piensas en frío y le contestas'. ⇒ En caliente. **2** Sin estar preparado: 'Su propuesta me pilló en frío'.

¡FRÍO! Exclamación con que se guía a los jugadores en el juego que consiste en *buscar una cosa escondida. ⇒ *ZURRIAGO escondido. ➤ ¡Caliente! ⊙ También se emplea para indicar a alguien que supone o pretende *adivinar una cosa que va desacertado.

HACER FRÍO. Estar frío el ambiente.

V. «machacar en HIERRO frío, un JARRO de agua fría».

NO DAR una cosa NI FRÍO NI CALOR. No producir ninguna *impresión.

QUEDARSE FRÍO. **1** Quedarse *indiferente. **2** Quedarse pasmado (material o moralmente). ⊙ Coger FRÍO.

V. «SANGRE [o a sangre] fría, TUMOR frío».

□ CATÁLOGO

Otras raíces, «crim-, crio-»: 'hemacrimo; criología, criómetro, crioscopia'. ➤ Cencío, fredor, fresca, fresco, frialdad, frieza, frigidez, frior, friura, gris, helor, rasca, rigor. ➤ Hipotermia. ➤ Algente, álgido, que corta, crudo, gélido, glacial, helado, helador, que pela, riguroso. ➤ CÁMARA frigorífica, caño, combi, congelador, fresquera, frigorífico, nevera, refrigerador, sibil. ➤ *Botijo, cubillo, enfriadera, enfriadero, enfriador, fiambrera. ➤ Segundilla. ➤ Arrecho, aterido, congelado, emparamado, entumecido, helado, paralizado, tieso, transido, yerto. ➤ Arrecir[se], quedarse ATERIDO [congelado, etc.], *aterir[se], congelar[se], dar DIENTE con diente, emparamarse, *entumecerse, inmovilizar, quedarse PAJARITO, paralizar, pasmar[se], quedarse como un SORBETE [o como un TÉMPANO], temblar, tiritar. ➤ *Acatarrar[se], agrietar[se], cortar[se]. ➤ Descongelar[se]. ➤ Friera, grietas, quebrazas. ➤ *Enfriar, refrescar, refrigerar, resfriar. ➤ OLA de frío. ➤ Calofrío, escalofrío. ➤ CARNE de gallina. ➤ Entrar en CALOR, reaccionar, templar. ➤ Enfriar, fiambre, frígido, frigorífico, friolera, refriar, refrigerar. ➤ *Friolero.

friolengo, -a (ant.) adj. *Friolero.*

friolento, -a (de «frío», con la terminación de «violento, vinolento, etc.»; más frec. en Hispam.) adj. *Friolero.*

friolera (de «friolero») f. **Chuchería o *pequeñez: cosa de poco valor o de poca importancia*: 'Le regalé una friolera el día de su santo'. ⊙ *Cantidad de *dinero que se considera pequeña:* 'Ese huerto le costó una friolera'. ⊙ También, sobre todo, se usa para ponderar una cantidad muy grande de dinero: 'Le ha costado la friolera de veinte millones'. ⇒ *Mucho.

friolero, -a (de «frior» y «-ero») adj. Muy sensible al frío. ⇒ Friático, frigoriento, friolengo, friolento, frioliento, friollego.

frioliento, -a (de «friolento»; ant.) adj. *Friolero.*

friollego, -a (ant.) adj. *Friolero.*

frior (del lat. «frigor, -ōris»; ant.) m. *Frío (nombre).*

frisa (¿del b. lat. «tela frisia»?) **1** (ant. y en Hispam.) f. **Pelo de las *telas; por ejemplo, de la felpa.* **2** **Tela basta de lana que se empleaba para vestidos de las aldeanas.* **3** (León) *Especie de *manta fuerte con que se cubren las maragatas desde la cabeza hasta más abajo de la cintura.* **4** (P. Rico, R. Dom.) *Manta.* **5** *Tira de cuero, etc., que se emplea para frisar las *junturas.* **6** FORT. *Estacada oblicua que se pone en la berma.*

frisado, -a **1** *Participio adjetivo de «frisar».* **2** m. *Cierta *tela de seda con el pelo rizado formando borlitas.*

frisador, -a n. *Se aplica a la persona que frisa el paño u otra tela.*

frisadura f. *Acción y efecto de frisar.*

frisar[1] (de «frisa», tela) **1** tr. *Sacar y rizar el pelo de un ↘*tejido.* **2** intr. *Aproximarse. ⊙ Es usual solamente en la acepción de tener aproximadamente la edad que se expresa: 'Frisa en los cincuenta'. ⇒ Frezar. **3** *Congeniar, simpatizar o *avenirse las personas unas con otras.* **4** tr. MAR. *Colocar tiras de cuero, paño, etc., para hacer perfecto el *ajuste entre dos ↘piezas de una máquina, de las portas o portillas, etc.* ⇒ *Juntura. **5** **Disminuir.*

frisar[2] (del sup. lat. «frictiāre», frotar) tr. **Restregar.*

friso **1** m. ARQ. Parte del cornisamento, generalmente decorada, que está entre el arquitrabe y la cornisa. ⇒ Gotas, metopa, tríglifo. **2** Parte inferior de las paredes, de distinto material o pintada de distinto color que el resto, o recubrimiento de esa parte hecho de madera u otro material. ≃ *Zócalo.

frísol (del lat. «phaseŏlus») m. **Judía.* ≃ Fríjol.

frisón, -a **1** adj. y, aplicado a personas, también n. De Frisia. ⊙ m. *Lengua hablada por los frisones. **2** adj. y n. m. Se aplica a los *caballos de cierta raza, originaria de Frisia, que tienen muy grandes las patas. **3** (ant.) adj. *Se aplica a una cosa *corpulenta en relación con las de su género.*

frisuelo[1] (del lat. «phaseŏlus») m. **Judía.* ≃ Fríjol.

frisuelo[2] m. *Cierto dulce de masa de harina frita.* ⇒ *MASA frita.

frita (del fr. «fritte») f. *En *cerámica y vidriería, fusión de las sustancias vitrificables.*

fritada f. Frito de vegetales tales como pimiento, tomate, calabaza, cebolla o berenjena partidos en trozos pequeños, y, a veces, con trozos de asadura. ⇒ Alboronía, almoronía, badulaque, boronía, chanfaina, chirmol, ciquitroque, coraznada, gandinga, moronía, pisto, rinrán, tomatada, torreznada, zaranga, zarapatel.

fritanga f. Desp. de «frito» (comida frita). ⊙ Fritura.

fritar (de «frito») **1** (Sal., Col.) tr. *Freír.* **2** *En *cerámica y vidriería, calcinar las materias vitrificables.*

fritillas f. pl. *Cierto dulce de masa de harina frita.* ⇒ *MASA frita.

frito, -a **1** Participio adjetivo de «*freír». **2** Exasperado o *harto por la insistencia de una cosa molesta. **3** (inf.) Muerto. **4** (inf.; «Quedarse») Dormido. **5** (gralm. pl.) m. Alimento frito: 'Lo que más a gusto come son los fritos'. ≃ Fritura.

V. «LECHE frita, *MASA frita, NITOS fritos».

DEJAR FRITO (inf.). *Matar, particularmente a balazos.

TENER FRITO a alguien. Tenerle exasperado con continuas molestias.

fritura **1** f. Frito de alguna cosa: 'Una fritura de pimiento y tomate [o de pescado]'. ≃ Refrito. **2** (pl.) RAD. *Tipo de parásito atmosférico de sonido semejante al que se produce mientras se fríe algo.*

friura **1** (ant. y en Cantb., León, Ven.) f. *Frialdad.* **2** **Costra producida por el frío.*

frívolamente adv. De manera frívola.

frivolidad f. Cualidad de frívolo. ⊙ Acción frívola.

frivolizar tr. o abs. Tratar un ↘asunto de manera frívola.

frívolo, -a (del lat. «frivŏlus») **1** adj. y n. *Ligero o *superficial. Se dice del que no da a las cosas la importancia debida o no las hace con seriedad, que no se ocupa o preocupa de cosas serias y sólo piensa en divertirse, que no pone sentimiento o preocupación en las cosas que hace, etc.; así como a las acciones o dichos que denotan esa actitud. ⇒ Baladí, frivoloso, fruslero, fútil, inane, *insustancial, trivial, vacío, vacuo, vano. ➤ Señorito. ➤ Tener la CABEZA llena de pájaros. ➤ *Ligero. *Superficial. **2** Aplicado a una canción, obra literaria, revista, etc., que trata de temas ligeros, a menudo pícaros.

frivoloso, -a (ant.) adj. *Frívolo.*

friz f. **Flor del haya.*

froga (del lat. «fabrĭca»; ant.) f. CONSTR. *Obra, especialmente, la hecha de ladrillo, a diferencia de la de sillería.*

frogar (del lat. «fabricāre») **1** intr. CONSTR. *Fraguar.* **2** tr. CONSTR. **Construir una ↘pared.*

froncia (del lat. vulg. «frondĭa»; Sal.) f. *Mata de baleo que se emplea como *escoba.*

fronda[1] (del lat. «frons, frondis») **1** f. **Hoja de planta.* **2** (sing. o pl.) *Follaje o espesura: conjunto de ramas y hojas de las plantas. **3** *Hoja de *helecho ≃ Fronde. ⊙ Tallo de las *algas. ⊙ *Tallo similar de la *hepática.*

fronda[2] (del nombre de la guerra civil que tuvo lugar en Francia durante la minoría de edad de Luis XIV, la cual, a su vez, tomó este nombre del que en francés tiene la honda; lit.) f. Se emplea en frases como «correr aires [o vientos] de fronda», con el significado de «amenaza de *revolución o motín».

fronde (del lat. «frons, frondis») m. BOT. *Hoja de los *helechos ≃ Fronda.

frondio, -a (¿relac. con «orondo»?) **1** (And., Col.) adj. **Malhumorado.* **2** (Col., Méj.) **Desaseado.*

frondosidad **1** f. Cualidad de frondoso. **2** Fronda.

frondoso, -a (del lat. «frondōsus») adj. Aplicado a las plantas o a los lugares, con mucha fronda o frondosidad: 'Un árbol [o un bosque] frondoso'.

frontal (del lat. «frontālis») **1** adj. ANAT. De la frente: 'Músculos frontales'. ⊙ adj. y n. m. ANAT. Se aplica particularmente al *hueso que forma la parte anterior superior del *cráneo, formado al principio de la vida por dos mitades que se sueldan después, y a los lóbulos del *cerebro que están en esa zona. **2** adj. Del frente de algo. ⊙ De frente: 'Un choque frontal'. **3** Referido a nombres como «enfrentamiento» o «ataque», directo. **4** m. Guarnición o decoración que forma o cubre la parte delantera del *altar. **5** (Ar.) *Cada una de las bases planas de una *cuba.* ≃ Témpano. **6** (Hispam.) *Frontalera: correa de la *cabezada.* **7** CONSTR. *Carrera: *viga horizontal.*

frontalera (de «frontal») **1** f. *Correa de la *cabezada que ciñe la frente del caballo.* **2** *Adorno formado por una faja, goteras, etc., que bordea el frontal del *altar.* **3** *Sitio donde se guardan los frontales del altar.* **4** *Frontil del arreo de los bueyes.*

frontalero, -a (de «frontal»; ant.) adj. **Limítrofe.* ≃ Fronterizo.

frontalete (dim. de «frontal») m. *Frontal del altar.*

fronte (del lat. «frons, -tis»; ant.) f. *Frente.*

frontenis m. Juego de pelota que se practica en un frontón con raquetas y pelotas de tenis o parecidas a las de tenis.

frontera (de «frontero») **1** f. Línea que separa un estado de otro. ≃ *Límite. **2** Cualquier cosa que limita la extensión o el alcance de una cosa: 'No hay fronteras para su ambición'. ≃ Límite. **3** ARQ. *Frontispicio.* **4** *Se aplica a las fajas con que se refuerzan las *seras y *espuertas por debajo.* **5** CONSTR. *Tablero reforzado con barrotes con que se sostienen los *tapiales que sirven para formar el molde de una tapia, en los finales y esquinas.*

frontería (de «frontero»; ant.) f. *Frontera.*

fronterizo, -a **1** adj. Situado en la frontera entre dos estados. **2** Se dice del país que tiene frontera, común con otro de que se trata: 'Francia es un país fronterizo de España'. ≃ Confinante, *limítrofe, lindante.

frontero[1] **1** m. *Frentero (protección para la frente).* **2** *Jefe militar que mandaba en una frontera.*

frontero[2], **-a** (de «fronte») adj. Situado enfrente: 'Vive en una casa frontera de la mía'.

frontil (de «fronte») **1** m. *Pieza acolchada que se les pone a los bueyes entre la frente y la coyunda del *yugo para que ésta no les dañe.* ⇒ Enfrontilar. **2** (Cuba) *Frontal (correa de la *guarnición que pasa por delante de la frente del caballo).*

frontino, -a (de «fronte») adj. *Se dice de la *caballería o *res que tiene alguna mancha en la frente.*

frontis (de «frontispicio») **1** m. ARQ. Frontispicio. **2** *Frontón: pared contra la que se lanza la pelota en el juego de *pelota.

frontispicio (del lat. tardío «frontispicĭum») **1** m. ARQ. *Fachada monumental de un edificio. **2** ARQ. Remate superior en forma de triángulo de una fachada. ≃ *Frontón. **3** Dorso de la primera hoja de un *libro, que queda enfrente de la portada. A veces lleva un grabado, el retrato del autor, etc. **4** **Cara de una persona.*

frontón (aum. de «fronte») **1** m. Pared contra la que se lanza la pelota en el juego de *pelota. ≃ Frontis. **2** Todo el lugar dispuesto para el juego de la pelota de frontón. ⊙ Juego de pelota vasca. ⇒ Cancha, jai-alai, trinquete, contracancha, escás. **3** ARQ. Remate superior triangular de la *fachada o pórtico de un edificio. ⊙ ARQ. Adorno de la misma forma puesto sobre una puerta o ventana. ⇒ Fastigio, gablete, mojinete, tambanillo, tímpano. ➤ Acrotera. **4** MINER. *Frente de una *mina en que se trabaja en dirección horizontal. En Argentina se llama frontón descabezado cuando la dirección del trabajo es algo oblicua.* **5** *Lugar escarpado en la *costa.*

frontudo, -a (de «fronte») adj. *Se aplica al *animal que tiene mucha frente.* ≃ Frentón.

frotación o, menos frec., **frotadura** f. Frotamiento.

frotamiento m. Acción de frotar.

frotar (del fr. «frotter») tr. Pasar algo por la superficie de una ↘cosa, repetidamente y con fuerza, o raspando: 'Frotar la cerilla contra el raspador'. ≃ Estregar, friccionar, *restregar.

V. «frotarse las MANOS».

frote m. Acción de frotar.

frotis m. MED. Preparación de una sustancia orgánica que se extiende en una capa muy fina sobre un portaobjetos, para examinarla con el *microscopio.

fructa (ant.) f. *Fruta.*

fructero, -a (ant.) adj. *Frutero.*

fructidor (del fr. «fructidor») m. *Duodécimo *mes del calendario republicano francés, que abarcaba desde el 18 de agosto al 16 de septiembre.*

fructíferamente adv. De manera fructífera.

fructífero, -a (del lat. «fructĭfer, -ĕra») adj. Se dice de lo que da fruto o produce resultado útil: 'Un sacrificio fructífero'. ≃ Productivo.

fructificación f. Acción de fructificar.

fructificar (del lat. «fructificāre») intr. Dar fruto.

fructo (del lat. «fructus»; ant.) m. *Fruto.*

fructosa f. **Azúcar que existe en los zumos de las frutas, mezclado con la glucosa.* ≃ Levulosa.

fructual (ant.) adj. *Frutal.*

fructuario, -a (del lat. «fructuarĭus») **1** adj. *De frutos o consistente en frutos:* 'Renta fructuaria'. **2** **Usufructuario.*

fructuosamente adv. Con fruto o resultado útil.

fructuoso, -a (del lat. «fructuōsus») adj. Fructífero.

fruente adj. *Aplicable al que fruye.*

frufrú (de or. expresivo) m. Sonido de la tela de *seda u otra semejante al rozarse una parte con otra.

frugal (del lat. «frugālis») adj. *Sobrio en la comida y la bebida. ⊙ Se aplica también a las comidas sencillas y poco abundantes: 'Una cena frugal'.

frugalidad f. Cualidad de frugal.

frugalmente adv. De modo frugal.

frugífero, -a (del lat. «frugĭfer, -ĕra»; lit.) adj. Portador de *fruto.

frugívoro, -a (del lat. «frux, frugis», fruto y «-voro») adj. ZOOL. Se aplica al animal que se *alimenta de frutos.

fruición (del lat. «fruitĭo, -ōnis») f. *Placer: 'Aspiraba con fruición el aire primaveral'.

fruir (del lat. «frui») intr. *Sentir *placer consciente y activamente con una cosa.* ≃ Deleitarse.

☐ CONJUG. como «huir»; usual sólo en el infinitivo.

fruitivo, -a (del lat. «fruĭtus», part. pas. de «frui», disfrutar) adj. *Causante de fruición.*

frumentario, -a (del lat. «frumentarĭus») **1** adj. Del *trigo y otros cereales. **2** m. *Oficial que se enviaba a las provincias en la *Roma antigua para recoger trigo para el ejército.*

frumenticio, -a (del lat. «frumentum», trigo) adj. *Frumentario.*

frunce m. Acción y efecto de fruncir[se]. ≃ Fruncido.

fruncido, -a 1 Participio adjetivo de «fruncir[se]». **2** m. Acción y efecto de fruncir. ≃ Frunce. ⊙ Adorno que resulta de fruncir una tela, un papel, etc. ≃ Frunce.

fruncimiento m. Acción de fruncir[se].

fruncir (del fr. ant. «froncir») **1** tr. y prnl. *Arrugar[se] una ↘tela o cosa semejante con arrugas paralelas; como se hace, por ejemplo, con una pieza de tela para unirla con otra de menos longitud. ⇒ Gandujar. ⊙ Se aplica particularmente a la piel de algunas ↘partes de la cara: 'Fruncir la boca [el ceño, las cejas, el entrecejo, la frente]'. **2** prnl. *Afectar *recogimiento y modestia.*

fruslera (de «fuslera») **1** (ant.) f. **Latón.* **2** (gralm. pl.) *Raeduras que salen de las piezas de *latón cuando se tornean.*

fruslería (de «fruslera»; no desp.) f. Cosa de poco valor: 'Siempre trae alguna fruslería para los niños'. ≃ *Chuchería, cosilla, friolera, futesa, insignificancia, nadería, pequeñez, simpleza, tontada, tontería. ⊙ *Golosina o cosa de comer de poca importancia. ⇒ Chirlomirlo, tontería. ➤ *Chuchería.

fruslero[1] m. **Rodillo: utensilio de cocina que se emplea para extender la masa.*

fruslero[2]**, -a** (del sup. lat. «fusilarĭa», de «fusĭlis», fundido) adj. *Fútil o *frívolo.*

frustración 1 f. Acción de frustrar[se]. **2** Estado del que se siente frustrado.

frustrado, -a Participio adjetivo de «frustar[se]». ⊙ («Quedar») *Fallido o *fracasado. ⊙ («Sentirse») Se puede aplicar a personas, con el significado de «inútil» o «fracasado», y también «defraudado».

frustráneo, -a (de «frustrar») adj. *Se aplica a las cosas que no producen el efecto pretendido.*

frustrante adj. Causante de frustración.

frustrar (del lat. «frustrāre») **1** tr. Ser causa de que se frustre una ↘cosa. ⊙ prnl. No dar el resultado buscado o esperado un trabajo, un esfuerzo, etc. **2** tr. Dejar a ↘alguien sin lo que esperaba. ⊙ prnl. No *cumplirse las esperanzas, los deseos, las ilusiones, etc., de alguien.

☐ CATÁLOGO

Irse [o venirse] ABAJO, abortar, arruinar[se], barrenar[se], echar por la BORDA, cachifollar, desarreglar[se], desbaratar[se], descomponer[se], desgraciar[se], salir DESIGUAL, desmesurar, destramar, *destruir[se], desurdir, escacharrar[se], escachifollar[se], escachifullar[se], esguardamillar, estorbar[se], *estropear[se], *fallar, *fracasar, errar [fallar o marrar] el GOLPE, hundir[se], hacer[se] INÚTIL, inutilizar[se], invalidar[se], *malograr[se], echar [o irse] a PIQUE, profligar, echar [o venirse] al SUELO, echar por TIERRA, dar al TRASTE, trastornar[se]. ➤ El HOMBRE propone y Dios dispone. ➤ *Defraudar. *Desengaño. *Fallar.

☐ NOTAS DE USO

En el sentido de «*defraudar», se usa poco. En cambio, es frecuente usar «quedar frustrado», aplicado a personas, con el mismo significado que «quedar defraudado».

frustratorio, -a (ant.) adj. *Frustrante.*

fruta (de «fruto») (colectivo) f. Se aplica a los *frutos húmedos, comestibles y dulces; como manzanas, melocotones, melones o fresas. ⊙ Cada especie de ellos: 'La piña es una fruta tropical. Mercado de frutas y verduras'. ⊙ Se emplea a veces, aunque no es frecuente, como numerable: 'Cómete una fruta'.

FRUTA A LA CATALANA. **Garbías (guiso de borrajas, queso, etc.).*

F. DEL CERCADO AJENO. Algo que despierta apetito en una persona, perteneciendo, o precisamente por pertenecer, a otra. ⇒ *Ajeno.

F. CONFITADA. Trozos de fruta, o frutas enteras cocidas en almíbar y dejadas secar. ⇒ FRUTA en dulce, FRUTA escarchada, FRUTA seca. ➤ Acitrón, azanahoriate, bocado, cafiroleta, cantúa, casca, casco, cochurra, diacitrón, espejuelo, zanahoriate.

F. EN DULCE. **1** Fruta preparada con azúcar en cualquier forma que no recibe un nombre especial, tal como «compota, jalea, mermelada, carne» o «fruta seca». ⇒ Bocadillo, camotillo, frangollo, mostillo, mosto. **2** FRUTA confitada.

F. ESCARCHADA. Fruta seca recubierta de almíbar seco, que forma sobre ella cristales como de escarcha.

F. PROHIBIDA. Designación calificativa que se aplica a las cosas que no está permitido hacer o tomar.

F. DE SARTÉN. *Cualquier fritura hecha con masa de harina.* ⇒ *MASA frita.

F. SECA. *FRUTA confitada.*

F. DEL TIEMPO. Cosa propia de la época o estación en que se está o de que se trata: como los catarros en el invierno. ⇒ *Temporada.

frutaje m. PINT. *Composición de frutas y flores.*

frutal adj. y n. m. Se aplica a los *árboles que producen fruta. ⊙ Particularmente, a los de la familia de las rosáceas. ⇒ Royega, seda. ⊙ De [la] fruta: 'Adorno frutal'.

frutar intr. *Dar fruto.*

frutecer (de «fruto» y «-ecer»; lit.) intr. *Empezar a dar fruto las plantas.*

frutería **1** f. Tienda donde se vende fruta. **2** *Lugar del *palacio real donde se guardaba la fruta.* **3** *Cargo de frutier.*

frutero, -a **1** adj. De [la] fruta o para fruta: 'Barco frutero'. **2** n. Persona que vende fruta. **3** m. Recipiente destinado a contener y servir la fruta. ⊙ *Lavafrutas. **4** **Paño adornado con que se cubre la fruta que se tiene preparada o se sirve en la mesa.* **5** *Pintura que representa frutas.* **6** *Canastillo con frutas imitadas.*

frútice (del lat. «frutex, -ĭcis», arbusto) m. BOT. **Arbusto.*

frutícola (de «fruto» y «-cola») adj. De [la] fruticultura.

fruticoso, -a (del lat. «fruticōsus») BOT. *Propio del arbusto.* ⊙ BOT. *Se aplica al *tallo leñoso y delgado.*

fruticultor, -a n. Persona dedicada a la fruticultura.

fruticultura (de «fruto» y «-cultura») f. Cultivo de las plantas que producen fruta.

frutier (del occit. «frutier»; ant.) m. *Oficial palatino encargado de la frutería en la casa de Borgoña.* ⇒ *Rey.

frutificar (ant.) intr. *Fructificar.*

frutilla (dim. de «fruta») **1** f. **Cuenta de rosario.* ≃ Coco. **2** (Hispam.) *Especie de *fresón originario de Chile.*

frutillar (Am. S.) f. *Sitio donde se crían frutillas.*

frutillero, -a (Am. S.) n. *Vendedor de frutillas.*

fruto (del lat. «fructus») **1** («Dar, Producir; Malograr[se]») m. Parte de la *planta en que se transforma el ovario de la flor, que contiene las semillas y se separa de la planta cuando alcanza la madurez. **2** (sing o pl.) Lo que *produce la tierra, en forma de vegetales útiles: 'Una tierra que no da fruto[s]'. **3** («Dar, Producir, Obtener, Sacar, Malograrse») Cualquier cosa, útil o no, o incluso perjudicial, producida por algo: 'El fruto de su trabajo. El fruto de la guerra'. ≃ *Provecho, resultado. ⊙ Resultado útil de algo: 'Unas gestiones sin fruto. No lograrás ningún fruto castigándolo'. ≃ *Provecho, *utilidad.

FRUTO DE BENDICIÓN. *Designación calificativa aplicada a los *hijos de matrimonio legítimo.*

FRUTOS SECOS. Nombre genérico aplicado a los frutos que se guardan y se comen crudos como golosina cuando ya no son frescos; como las almendras, las avellanas y los cacahuetes. En las tiendas llamadas DE FRUTOS SECOS se venden también otros, como garbanzos torrados, ciruelas secas, castañas pilongas y pasas. ⇒ Algarroba, almendra, altramuz, avellana, cacahuete, cascajo, cascaruja, castaña, CASTAÑA asada, CASTAÑA pilonga, CIRUELA pasa, chocho, CORTEZA de cerdo, cucas, FRUTA seca, FRUTO seco, garulla, HIGO seco, kiko, nuez, orejón, pasa, patata frita, piñón, pipa, pistacho, torrado.

DAR FRUTO. Producirlo.

SACAR FRUTO. Conseguirlo de algo o con algo: 'No he sacado ningún fruto de mis esfuerzos'.

□ CATÁLOGO

Otras formas de la raíz, «fruct-, frug-»: 'fructífero, frugívoro'. ➤ Fruta. ➤ Frutal, pomífero. ➤ Acerola, *alfóncigo, almeza, ananá [o ananás], azarolla, bellota, *calabaza, carosiera, cereza, granada, grosella, guanábana, guayaba, guinda, güira, gurbiote, hayuco, higo, latón, lima, limón, lúcuma, madroño, malagueta, manzana, melocotón, melocotón chino, membrillo, mora, morojo, naranja, nectarina, níspero, níspola, nuez, nuez moscada, papaya, paraguaya, pera, pereta, pistacho, pomarrosa, pomelo, serba, trabina, ubajay, uva, zuncuya. ➤ Muestra. ➤ Anacardo, cadillo, enebrina, escaramujo, guanabina, murtón, nebrina, parapara, trun, vilano. ➤ Aquenio, balausta, baya, cápsula, cariópside, coca, cono, cúpula, drupa, espiga, esporangio, estróbilo, folículo, gálbula, gárbula, gárgola, hesperidio, *legumbre, *mazorca, panoja, pepónide, *piña, piñuela, pomo, racimo, ramo, sámara, silicua, silícula, sorosis, tabilla, tabina, talayote. ➤ Agrura, vuelo. ➤ Colgajo. ➤ Bizna, cabillo, calucha, camisa, capullo, carne, casca, cascabillo [o cascabullo], cáscara, cascarilla, cascarón, corazón, *corteza, costilla, cuesco, endocarpio [o endocarpo], epicarpio, erizo, escriño, gajo, grano, hueso, jugo, mesocarpio, molla, palo, peciolo, pedículo, *pedúnculo, pepita, pericarpio, pezón, *piel, pipa, pulpa, raspa, ruezno, rumiajo, sanguaza, sarcocarpio, semilla, tastana, tripas, túnica, *vaina, valva, ventalla, zumo, zurrón. ➤ Glucosa, pectina. ➤ Bagazo, cascajar, cibera, gabazo, hojuela, *hollejo, mondaduras, mondarajas, mondas, *orujo, peladura, película, piel, *salvado. ➤ Cucas, *FRUTOS secos. ➤ *Calabaza, *gachumbo, güira, tapara, totuma. ➤ Ácido, agridulce, agrio, bicapsular, biche, biloculado [o bilocular], camuliano, carnoso, cascarudo, celeque, colgadero, de cuelga, dehiscente, dulce, indehiscente, jojoto, en leche, machío, maduro, modorro, mollar, monospermo, navideño, ocal, opimo, pansido, papandujo, peciluengo, pedunculado, pintón, pocho, redrojo, rodrejo, sanjuaneño, sanjuanero, sanmigueleño, sanroqueño, santiagueño, sentado, serondo, serótino, seruendo, sésil, sunsido, *tardío, temprano, del tiempo, tierno, de la tierra, verdal, verde, verdejo, zarazo. ➤ Cargar, dar, echar, fructificar. ➤ Madurar, modorrarse, mulatear, recalentarse. ➤ Bífero, vecero. ➤ Agarrotear, aparar, batojar, cascar, cerner, descamisar, descarozar, descascar, descascarar, descascarillar, desgranar, deshuesar, desosar, desvainar, dimir, encamarar, encambrar, encucar, engranerar, entrojar [o entrujar], escabuchar, escabullar, escoscar, mondar, pelar, pilar, rabilar, recoger, *recolectar, varear. ➤ Cerrebojar, espigar, rebuscar. ➤ Caliche, cama, entuñarse, *maca, mancha, sentadura, *señal, tocadura. ➤ Huerta, huerto. ➤ *Cosecha, esquilmo, vendeja. ➤ En especie. ➤ Estéril. ➤ Fruticultura. ➤ Cascador, cascanueces, cascapiñones, perero. ➤ Guaca, pasera, pasil, toñil. ➤ Moraga. ➤ Compota, jalea, huesillo, mermelada, orejón, pasa, patay. ➤ Fructuoso, frutícola, fruticultor, frutuoso, infructífero, infructuoso. ➤ *Flor.

fu **1** Voz onomatopéyica con que se representa o se imita el bufido del *gato. **2** *Expresión de *repugnancia o de *desprecio.

HACER FU. *Apartarse o *huir de algo o alguien.

NI FU NI FA (inf.). Ni bien ni mal. Ni una cosa ni la opuesta: '¿Os hizo buen tiempo en la excursión? —Ni fu ni fa'. ≃ Ni FA ni fu. ⇒ *Indefinido, *indiferente.

fúcar (de «Fugger», apellido de una familia de banqueros alemanes que, en los siglos XVI y XVII, prestaba dinero a los reyes de España y a los nobles; ant.; n. calif.) m. *Hombre muy *rico.*

fuchina (del cat. «fugir»; Ar.) f. *Escapatoria.*

HACER FUCHINA. **Escaparse de un sitio.* ⊙ *No ir a un sitio en donde se es esperado o a donde se tiene que* ir. ⇒ *Faltar.

fucia (de «fiucia»; ant.) f. **Confianza.*

fucilar (del sup. lat. vulg. «focīlis petra», piedra de fuego) intr. *Relampaguear sin ruido.* ⊙ **Resplandecer.* ⊙ **Cabrillear la luz en el agua.*

fucilazo (de «fucilar») m. **Relámpago sin ruido.*

fucívoro, -a (del gr. «phŷkos», alga, y «-voro») adj. ZOOL. *Se aplica al animal que se *alimenta de algas marinas.*

fuco (del lat. «fucus»; *Fucus vesiculosus*) m. **Alga de hasta 1 m de longitud, ramificada y con vejigas de aire muy visibles, abundante sobre las rocas litorales atlánticas.*

fucsia (de «Fuchs», botánico alemán del siglo XVI; varias especies del género *Fuchsia*) **1** f. Arbusto onagráceo de jardín que da flores colgantes, de forma de campanillas, de color rosa, rojo o violáceo y con el cáliz y el receptáculo coloreados igualmente. ⇒ Chilco. **2** adj. y n. m. Se aplica al *color rosado muy vivo, semejante al de las flores de esta planta, y a las cosas que lo tienen.

fucsina (de «fucsia», por el color rojo de las flores de esta planta) f. Materia colorante de color rojo oscuro, que resulta de la acción del ácido arsénico y otras sustancias sobre la anilina; se emplea para teñir y, también, para dar coloración a los vinos.

fudre (del fr. «foudre») m. **Cuba grande para el vino.*

fuego (del lat. «focus») **1** («Haber, Encender, Hacer, Prender, Alegrar, Atizar, Avivar, Apagarse, Extinguirse») m. Materia ardiendo con o sin llama, junto con la luz y calor que desprende: 'La invención del fuego'. **2** Se aplica en aposición a «*color» para designar el rojo como el de la llama. **3** Fuego destructor: 'Hay un fuego al final de la calle'. ≃ *Incendio. **4** Utensilio empleado para encender un cigarrillo: '¿Tiene fuego, por favor?'. **5** («Abrir, Hacer»; sing. o, menos frec., pl.) Acción y efecto de *disparar un arma o armas de fuego: 'Protegerse del fuego del enemigo'. **6** Hoguera hecha como señal. ≃ *Almenara. **7** Cada uno de los puntos por donde sale fuego o calor en la cocina (dispositivo) de una casa. **8** **Vecino de un lugar; se emplea para expresar el número de ellos, por el número de hogares*: 'Una aldea de cien fuegos'. **9** VET. *Cauterio.* **10** FORT. *Flanco.* **11** MED. **Erupción que sale en algún lugar del cuerpo.* **12** *Pasión o *entusiasmo con que se hace algo. ⊙ Ardor con que se lucha o se discute.

FUEGO CRUZADO. Disparos entre dos bandos enemigos.

F. FATUO. Nombre aplicado a unas llamas pequeñas que se ven moverse a poca distancia del suelo, procedentes de la combustión de ciertas materias que se desprenden de las sustancias orgánicas en descomposición; por ejemplo, en los lugares pantanosos y en los *cementerios. ≃ Candelilla.

F. GRANEADO. MIL. El hecho a la vez por todos los soldados y con la mayor rapidez posible.

F. GRIEGO [GREGUISCO O GUIRGÜESCO]. ARTILL. *Proyectil incendiario que se lanzaba contra las naves enemigas.*

F. INCENDIARIO. ARTILL. El hecho con proyectiles cargados de materias incendiarias.

F. INFERNAL. ARTILL. *El que se compone de aceite, resina, alcanfor, salitre y otros ingredientes de semejante naturaleza.*

F. LENTO. V. «a FUEGO lento».

F. NUTRIDO. ARTILL. Fuego de disparos seguidos y persistentes.

F. PÉRSICO. MED. **Zona (erupción cutánea).*

F. SAGRADO. V. «mantener el FUEGO sagrado».

F. DE SAN ANTÓN [O DE SAN MARCIAL]. MED. **Enfermedad epidémica que hacía grandes estragos entre los siglos X y XVI, que era una erisipela maligna.* ≃ FUEGO sacro, FUEGO sagrado.

F. DE SANTELMO. Meteoro consistente en una ráfaga luminosa, algo parecida a la luz de un mechero de gas, que aparece muy rara vez durante las tormentas, sobre objetos metálicos; especialmente, sobre los palos de las embarcaciones.

FUEGOS ARTIFICIALES [o, menos frec., DE ARTIFICIO]. Nombre genérico aplicado a toda clase de dispositivos con que, por medio de pólvora, se consiguen luces de distintos colores y estampidos, para diversión. ⊙ En sentido restringido, los artificios de esa clase dispuestos con ruedas y otros mecanismos que se mueven a la vez que despiden luces, chorros de chispas de distintos colores y cohetes. ⇒ *Pirotecnia.

A FUEGO LENTO. **1** Con fuego lento. **2** Aplicado a un daño o padecimiento infligido a alguien, aplicado poco a poco, con lo que resulta más duradero.

ALTO EL FUEGO. **1** Expresión con que se ordena que cese un tiroteo. **2** Suspensión transitoria o definitiva de las acciones militares en una guerra.

APAGAR LOS FUEGOS. *Hacer callar a la *artillería enemiga.*

V. «ÁRBOL de fuego, ARMA de fuego».

ATIZAR [O AVIVAR] EL FUEGO. Avivar una *discordia o una lucha.

V. «poner BANDERILLAS de fuego, BOTÓN de fuego, sacar las CASTAÑAS del fuego».

ECHAR FUEGO POR LOS ojos. Mostrar, especialmente en la mirada, mucha *cólera o irritación.

ENTRE DOS FUEGOS. Entre dos cosas igualmente comprometidas. ⇒ *Difícil.

¡FUEGO! *Voz de mando para que la tropa *dispare.

HACER FUEGO. *Disparar.

HUIR DEL FUEGO Y CAER EN LAS BRASAS. Procurar *evitar un daño y caer en otro.

JUGAR CON FUEGO. Entretenerse frívolamente con algo que puede resultar *peligroso.

V. «LENGUA de fuego, echar LEÑA al fuego, poner la[s] MANO[s] en el fuego».

MANTENER EL FUEGO SAGRADO. Sostener el culto a un ideal, la fe en algo, el entusiasmo por algo, etc. ⇒ *Idea.

V. «OLLA de fuego».

PEGAR [O PRENDER] FUEGO a algo. Aplicarle una cerilla u otra cosa encendida para hacerlo arder.

ROMPER EL FUEGO. **1** Empezar a disparar. ⊙ Ser el primero en disparar. **2** Ser en cualquier cosa el que la *emprende o *empieza.

V. «a SANGRE y fuego».

TOCAR A FUEGO. Avisar de que hay un *incendio, con las campanas o de otro modo.

V. «TORO de fuego».

☐ CATÁLOGO

Otra forma de la raíz y otras raíces, «fog-, ign-, pir-»: 'fogosidad, fogoso; ígneo, ignescente, ignición, ignífero, ignífugo, ignipotente, ignito, ignívomo; pírico, pirofilacio, piróforo, pirógeno, pirograbado, pirolusita, piromancia, pirómano, piromántico, pirómetro, piróscafo, piroscopio, pirosfera, pirosis, *pirotecnia, pirotécnico, piroxena, piroxilina, piróxilo'. ➤ Carnífice. ➤ Combustión, conflagración, huego. ➤ Flogisto. ➤ Ahumada, alimara, *almenara, ángaro, candela, fogaje, fogarada, fogata, humada, *incendio, lumbrarada, lumbre, lumbrerada, magosta [o magosto], pira. ➤ Afogarar, ahogar, enfogar, flagrar, fogarear, fogarizar, foguear. ➤ Arder, chispear, chisporrotear, conflagrar, crepitar, inflamarse, pasarse, prender[se], *quemarse. ➤ Abanar, alegrar, atizar, *avivar, cebar, despabilar, despavesar, emprender, encandilar, *encender, escalibar, escarbar, forigar, hurgonear, rescoldar. ➤ Ascua, borrajo, brasa, calibo, ceniza, charada, chiribita, *chispa, escoria, humo, *llama, pavesa, perdón, rescoldo, tizón. ➤ Alegrador, allegador, arrimador, baleo, botafuego, *cerilla, cerillo, chisquero, despabilador, *encendedor, eslabón, espetón, fuelle, hupe, hurgador, hurgón, hurgonero, mecha, mechero, pajuela, soplillo, tirabrasas, velilla, *yesca. ➤ Burrajo, candelorio, carbón, carbonada, *leña, lumbrada, nochebueno. ➤ Brasero, estufa, fogaril, fogarín, fogón, *hogar, *hoguera, *hornillo, *horno, infiernillo, lamparilla, mechero. ➤ Ardiente, candente, férvido, flagrante, fragante, incandescente, pasado, al rojo, voraz. ➤ Tirar, tiro. ➤ Ahogar, apagar, extinguir, matar. ➤ Contracandela, cortafuego[s], extintor, raya. ➤ Ignífugo, incombustible, ininflamable, *refractario. ➤ Amianto, asbesto. ➤ Salamandra. ➤ Desfogar. ➤ *Calor. *Luz. *Quemar.

fueguino, -a adj. y, aplicado a personas, también n. *De la *Tierra del Fuego (América del Sur).*

fuel (del ingl. «fuel oil») m. *Combustible líquido derivado del petróleo, usado especialmente en las centrales térmicas y para las calefacciones domésticas. ≃ Fuel-oil, fuelóleo.

fuelgo (de «folgar»; ant.) m. **Aliento.*

fuellar (del arag. «fuella», hoja) m. **Talco de colores con que se adornan las *velas rizadas el día de la *Candelaria.*

fuelle (del lat. «follis», odre hinchado, bolsa de cuero) **1** m. Utensilio que sirve para soplar, por ejemplo el fuego; consiste esencialmente en dos planchas de madera redondeadas y, en los manuales, con sus respectivos apéndices para agarrarlas, colocadas una junto a otra y unidas por una pieza de cuero plegable, de modo que se pueden aproximar y separar; cuando se separan, entra el aire en su interior por una válvula situada en una de las tablas y, cuando se aproximan, el aire es expulsado por un tubo que lo dirige al sitio preciso. ⇒ Barquín, barquinera, bufete, mancha, pava. ➤ Afollar, entonar, manchar. ➤ Entonador, follero, folletero, manchador, palanquero. ➤ Entonadera, trifulca. **2** Trozo de tela o de otra materia flexible plegado en forma semejante al cuero del fuelle. ⊙ *Capota plegable de los carruajes. ⊙ Pieza plegable que llevan las *carteras, bolsos, etc., o las *máquinas fotográficas, o semejante de cualquier otro utensilio. ⊙ *Pliegue hecho en una prenda de ropa, consistente en dos dobleces paralelos que se juntan repartiendo a ambos lados por la parte interior de la prenda la tela que queda entre ellos. **3** Cosa que hace el oficio de fuelle, enviando aire a algún sitio; como la bolsa de la gaita gallega. **4** (Ast.) **Odre usado en los molinos para envasar harina.* **5** (inf.) Capacidad respiratoria: 'No puedo seguir corriendo, me falta fuelle'. **6** (inf.) *Persona inclinada a *delatar o *acusar.* **7** *Cierta acumulación de *nubes que se tiene como señal de viento.* **8** (Ar.) *Pila de piedra en que se recoge el *aceite en los molinos.*

fuel-oil (ingl.; pronunc. [fuel(ói)l]) m. Fuel.

fuelóleo (de «fuel» con influjo de «gasóleo») m. Fuel.

fuente (del lat. «fons, fontis») **1** f. Lugar donde brota agua procedente de una corriente subterránea natural o conducida artificialmente. **2** Construcción, a veces un monumento artístico, en que hay instalados caños o surtidores de agua. **3** **Pila bautismal.* **4** Sitio de donde fluye algún líquido, aunque no sea agua. **5** Recipiente de forma redonda u ovalada que se emplea para servir la comida. ⇒ Ataifor, esparraguera, legumbrera, tarina. **6** *Causa u *origen: sitio, hecho, ocasión, etc., de donde procede algo: 'La herencia no ha sido más que fuente de discordias. No tiene más fuente de ingresos que su trabajo'. ⊙ Sitio de donde se obtiene una *noticia, conocimiento o información: 'Las fuentes de la historia. Es nuestra única fuente de información'. ≃ *Origen. **7** (gralm. pl.) *Vacío que tienen las *caballerías junto al corvejón.* **8** CIR. **Exutorio.*

FUENTE BAUTISMAL. *Pila bautismal.*

V. «tanto va el CÁNTARO a la fuente...».

DE BUENA FUENTE. De FUENTE fidedigna.

DE FUENTE FIDEDIGNA. De fuente de información fidedigna.

□ CATÁLOGO

Forma afija, «font-». ➤ Alfaguara, azanca, burga, fontana, fonte, géiser, hervidero, hontana, libón, manadero, manantial, pozo artesiano, puquio, surgidor, surtidor, venera, venero. ➤ Caño, chafariz, girándula, ojo. ➤ Estanque, pila, pilar, pilón, taza. ➤ Boteal, chortal, fontanal, fontanar, hontanal, hontanar, llama, remanal, venaje. ➤ Hidrofilacio. ➤ Brotar, dimanar, *fluir, manar, nacer, salir, saltar, *surgir, surtir. ➤ Borbollar, borbollear, borbollonear, borboritar, borbotear, brollar. ➤ Secarse. ➤ Cantarina, murmuradora. ➤ *Agua. *Cañería.

fuer Forma apocopada de «fuero», usada sólo en la frase siguiente:

A FUER DE (culto). Por ser la cosa que se expresa: 'Yo, a fuer de amigo tuyo, no puedo consentir eso'. ≃ Como. ⇒ *Causa.

fuera (del lat. «foras») **1** («De, Hacia, Por») adv. Designa el *espacio que no está dentro del sitio en que está el que habla o de cierto sitio consabido: 'Por la noche dejamos el perro fuera. De fuera entra aire caliente'. ⊙ Se usa más como preposición, con «de»: 'Los zapatos estaban fuera de la caja'. ⊙ Se emplea con significado no espacial para referirse a la situación de cualquier cosa que no está situada o comprendida en otra que se expresa: 'Eso está fuera de mis planes. La fruta ha madurado fuera de tiempo. Un traje que tenía fuera de uso. Un par de zapatos que tenían en la tienda fuera de serie'. ⊙ En muchos casos, sirve para dar a la frase significado contrario al de la palabra a que se antepone: 'Fuera de propósito [de razón, de lógica]'. ⇒ Afijos, «apo-, e-, ect-, es-, ex-»: 'apostasía; erradicar; ectoparásito; escardar; exponer'. ➤ Otra forma de la raíz, «for-»: 'forano, foráneo'. ➤ Afuera, fueras. ➤ *Exterior. *Salir. **2** Se emplea con la preposición «de» para referirse a otra población u otro país: 'Ha venido hace poco de fuera'. Para expresar dirección se emplea sin preposición: 'Me voy fuera por una temporada'. ⊙ También significa «fuera de casa», pero con este matiz sólo se emplea cuando no cabe equívoco con el anterior: 'Nunca se sabe si está en casa o fuera'.

V. «fuera del ALCANCE, fuera de COMBATE, fuera de CUENTA, echar el CUERPO fuera».

DE FUERA. *Forastero: de otra población o país: 'Su novio es de fuera'.

DEJAR FUERA. *Excluir a alguien de una recompensa, ventaja, alabanza, etc.

V. «DENTRO o fuera».

ECHARSE FUERA. *Apartarse de un asunto no queriendo intervenir en él.

¡FUERA! **1** Interjección con que se *echa a alguien violentamente de un sitio. **2** También se emplea para *protestar contra alguien; por ejemplo, contra un orador.

FUERA DE. Excepto: 'Fuera de eso, pídeme lo que quieras'. ⇒ *Menos.

¡FUERA DE AQUÍ! Exclamación con que se *echa a alguien violentamente de un sitio.

FUERA DE QUE. Expresión con que se enuncia un motivo que refuerza lo dicho anteriormente: 'Fuera de que pueden sobrevenir accidentes imprevistos'. ⇒ Expresiones ADITIVAS.

V. «fuera de JUEGO, fuera de LUGAR».

POR FUERA. *Exteriormente o aparentemente.

V. «fuera de PROPÓSITO, fuera de RAZÓN, fuera de SAZÓN, fuera de SERIE, fuera de sí, fuera de TONO, fuera de USO».

fueraborda adj. V. «MOTOR fuera borda». ⊙ f. Embarcación provista de un motor fuera borda.

fuerarropa HACER FUERARROPA. *Frase de mando que se usaba en las *galeras para que se desnudase la gente.*

fueras (del lat. «foras»; ant.) adv. *Fuera.*

fuerista **1** n. *Persona versada en asuntos de fueros.* **2** *Partidario de los fueros.* **3** *De los fueros.*

fuero (del lat. «forum». Puede emplearse sin artículo: 'contra fuero') **1** m. *Privilegio, exención o *ley especial que se concedía antiguamente a una región, ciudad o persona, de los cuales quedan vigentes algunos para ciertas regiones. ⇒ Otra forma de la raíz, «for-»: 'aforar, desaforar', etc.; 'foral, forero'. ➤ Greuge. **2** DER. Clase de *juez o *tribunal a quien corresponde administrar justicia en el caso de que se trata: 'Está sometido al fuero militar [o eclesiástico]'. ≃ Jurisdicción. **3** (ant.) DER. *Lugar en que se administraba justicia.* ⇒ *Foro. **4** (gralm. pl.; «Tener muchos») **Soberbia o *presunción.* **5** DER. Nombre dado a ciertas compilaciones de *leyes antiguas: 'El Fuero Juzgo'.

FUERO DE LA CONCIENCIA. Juicio de la propia conciencia. ⇒ *Juzgar.

EN MI [TU, etc.] FUERO INTERNO. En la intimidad de la persona de que se trata: 'En su fuero interno, está conforme contigo'.

V. «no por el HUEVO sino por el fuero».

VOLVER POR LOS FUEROS DE cierta cosa. *Defenderla cuando otros la atacan injustamente o restablecerla cuando otros la atropellan: 'Volver por los fueros de la verdad [o de la justicia]'.

fuerte (del lat. «fortis») **1** adj. Se aplica a las cosas que no se rompen fácilmente por tracción: 'Una cuerda [un hilo, un papel] fuerte'. ≃ *Resistente. ⊙ También, a las que resisten mucho el uso o rozamiento: 'Unos muebles [o unos zapatos] fuertes'. **2** Se aplica a la persona que tiene buena salud o que puede hacer ejercicios violentos o persistentes sin cansarse: 'Es fuerte y puede pasar una noche sin dormir'. ⇒ *Robusto. ⊙ Dotado de mucha fuerza muscular. **3** Aplicado a personas o asociaciones, *poderoso: 'Es una compañía demasiado fuerte para luchar contra ella'. **4** Se aplica también a «capital, fortuna», etc. **5** *Animoso, viril.* **6** («Ser; en») *Tener mucha capacidad para usar la cosa que se expresa: 'Es fuerte en razones'. ⊙ («Estar; de») Tener mucho de la cosa que se expresa; se emplea más en frases negativas: 'No estoy muy fuerte de tabaco'. ⊙ («Estar; en») *Saber mucho de cierta cosa: 'Está muy fuerte en latín'. **7** Fortificado: 'Una plaza fuerte'. **8** («Estar») Aplicado a cosas, *firme o sujeto: difícil de quitar o arrancar; tal que no se mueve o no se puede caer: 'El clavo está muy fuerte'. ⊙ Aplicado a «lazo, *nudo» o palabra semejante, *apretado. **9** Se aplica a lo que tiene mucha intensidad o eficacia o produce mucho efecto o impresión: 'Un calor muy fuerte. Sopla un fuerte viento del norte. Una bebida [o un medicamento] fuerte. Sufre fuertes dolores de cabeza'. ⊙ *Grande o *abundante: 'Una fuerte nevada. Una fuerte hemorragia'. ⊙ Aplicado a *colores o *luces, intenso o vivo: 'El cielo estaba de un color azul fuerte'. ⇒ Pálido. ⊙ Aplicado a *sabores, intenso: 'Un queso de sabor muy fuerte'. ⇒ Acre, picante. ⊙ Aplicado a *sonidos, perceptible a larga distancia: 'Tiene una voz muy fuerte. Hablar [o sonar] fuerte'. ⇒ Estentóreo. ⊙ FON. Se aplica a las letras más perceptibles. Específicamente, a las vocales «a, o, e». ⊙ GRAM. Se aplica a la forma que tiene el acento en la raíz: 'amo, dijo'. ⊙ Aplicado a *impresiones morales, *cualidades o sentimientos, intenso: 'Me causó una impresión muy fuerte. Es muy fuerte en él el orgullo [el sentimiento del deber, el miedo al ridículo]'. ⊙ Aplicado a «*golpe» o palabra semejante, dado con fuerza: 'Dio un fuerte puñetazo sobre la mesa' ⊙ Se aplica también a «golpe» en sentido figurado: 'Para él ha sido un golpe muy fuerte la muerte de su mujer'. ⊙ **Duro: difícil de trabajar; como el diamante o el acero.* **10** *Aplicado al terreno, *abrupto.* **11** (en frases terciopersonales y muchas veces seguido de «cosa») Duro: penoso o moralmente difícil de hacer o aguantar: 'Es fuerte cosa tener que pedir suplicando lo que es mío'. **12** Se aplica al «*genio» de la persona irritable y propensa a enfadarse: 'Tiene el genio un poco fuerte, pero se le pasa en seguida'. ⊙ *También, a la persona que lo tiene así.* **13** Aplicado a *palabras, malsonante o violenta. ≃ Gorda, gruesa. **14** Aplicado a «*moneda» o a un nombre de moneda, de algo más de peso que el que le corresponde. ⊙ *Entre plateros, se aplica al peso de las piedras preciosas cuando pasa algo del que se expresa*: 'Un diamante de tres gramos fuertes'. ⇒ *Joya. **15** *Se aplica a la moneda de plata para distinguirla de la de vellón del mismo nombre*: 'Un real fuerte'. **16** (Hispam.) *Se aplica a la moneda legal.* **17** m. Momento o punto de más intensidad de algo: 'En el fuerte de la pelea'. ≃ *Apogeo, fuerza. **18** Fortaleza: edificio fortificado. **19** Con referencia a una persona, cosa en que *sobresale: 'Su fuerte es el canto'. ⊙ O de la que sabe mucho: 'Su fuerte es la historia'. **20** MÚS. *Esfuerzo de la voz en las notas o pasajes que llevan el signo «f».* **21** adv. Fuertemente, con fuerza: 'Pegar fuerte'. ⇒ Duro. ⊙ Aplicado a «*comer, *beber», etc., mucho: 'Allí acostumbran a desayunar muy fuerte'. **22** (ant.) *Con mucho *cuidado o *interés.*

V. «AGUA fuerte, CAJA fuerte, COSA fuerte».

HACERSE FUERTE. **1** *Fortificarse en algún sitio. **2** Mantenerse sin ceder en una actitud.

V. «LÍNEA del fuerte, MANO fuerte, PISAR fuerte, PLAZA fuerte, SEXO fuerte».

□ CATÁLOGO

Forma de la raíz en derivados, «forc-, fort-, forz-»: 'forcejear; fortalecer, fortaleza, fortificar; forzar'. Raíz griega que significa «fuerza», «dinam-»: 'dinamómetro'. ➤ Acérrimo, adamantino, agudo, brusco, de CAL y canto, cereño, cerne, consistente, duradero, *fijo, *firme, guijeño, *intenso, pétreo, poderoso, potente, potísimo, a prueba de, a PRUEBA de bombas, reforzado, de resistencia, *resistente, sólido, tenaz, toral, * violento. ➤ *Incontenible. ➤ Animal, atleta, borricote, canducho, costilludo, doblado, doble, enrobrescido, estrenuo, forcejudo, fornido, fortachón, forzudo, gañán, garrudo, guijarreño, hercúleo, hércules, jampón, jayán, lacertoso, membrudo, mulo, musculoso, nervudo, ñeque, pellín, percherón, poderoso, potente, rebolludo, recio, redoblado, rehecho, roble, roblizo, *robusto, rollizo, salvaje, sansón, terete, toro, toroso, trabado, trepado, vigoroso. ➤ Acero, bronce, diamante, hierro, piedra, roble, roca. ➤ Apresivamente, duro, de firme, fuertemente, con fuerza, de lo lindo, reciamente. ➤ Aliento[s], *energía, fibra, fondo, forza, fuerza, gávilos, jijas, nervio, ñeque, poder, poderío, potencia, pujanza, reciedumbre, rigor, tono, vigor, vir, virtud, vitalidad. ➤ TOUR de force. ➤ Bíceps, brazo, pulso, puños. ➤ Atracción, centrífuga, centrípeta, compresión, consistencia, elasticidad, empuje, gravedad, inercia, peso, *presión, tensión. ➤ Componente, potencia, resistencia, resultante, vector. ➤ Momento. ➤ Rempujo. ➤ Equilibrio. ➤ A impulsos de. ➤ *Mecánica. ➤ CABALLO de vapor, dina, dinamia, kilográmetro. ➤ Apretar, bracear, esforzarse, forcejear, *forzar, hombrear, pugnar por, pujar, pulsear, echar un PULSO. ➤ De firme, de lo lindo. ➤ *Agotado, *débil, frágil, *suave. ➤ Confortar, enfurtir, esforzar, forcejear, fortalecer, fortificar, forzar, forzoso, forzudo, reforzar. ➤ *Acción. *Asegurar. *Brío. *Duro. *Estable. Mucho. *Reforzar. *Resistente. *Seguro. *Violencia.

fuertemente adv. Con fuerza: 'Le ha atacado fuertemente la gripe'.

fuerza (del lat. «fortia») **1** («Tener») f. Capacidad, mayor o menor, para realizar trabajo o mover algo: 'Un caballo, una máquina, el viento, tienen fuerza'. Tratándose de personas, se usa en singular y en plural: 'Tengo más fuerza que tú. Tienes menos fuerzas que un mosquito'. ≃ Poder, *potencia. ⊙ Capacidad mayor o menor de una cosa para producir *efecto: 'La fuerza de un ácido, de un medicamento; de un argumento, de la razón'. ⊙ *Poder para vencer a alguien u obligarle a hacer cierta cosa: 'La fuerza de la ley. La fuerza de las armas'. ⊙ *Influencia de alguien por su situación social o por sus amistades para conseguir lo que quiere. **2** («Hacer; Con») Aplicación por alguien de su poder físico o moral para hacer o conseguir algo: 'Sujeta esa punta con fuerza. No ha hecho fuerza para conseguir la plaza'. ≃ *Esfuerzo. ⊙ *Presión: 'El vapor hace fuerza sobre el émbolo'. **3** («Hacer») *Coacción: uso de la fuerza, la violencia o la amenaza para obligar a alguien a una cosa. **4** Capacidad para sostener un peso u oponerse a un empuje: 'La fuerza de un dique [o de una viga]'. ≃ *Resistencia. ⊙ («Tener») Cualidad de fuerte o resistente: 'Esta tela no tiene fuerza para aguantar una pieza'. **5** («Tener, Tomar») Poder para desarrollarse o para obrar: 'Este rosal brota con mucha fuerza. Le ha entrado con mucha fuerza el amor por esa muchacha'. ≃ Brío, empuje, impulso, pujanza, *vigor. **6** (gralm. pl.) FUERZAS armadas. **7** (gralm. pl.) Grupo organizado de personas, generalmente político o militar: 'Todas las fuerzas políticas apoyan la reforma de la ley'. **8** *Tira que se pone en algún sitio de una prenda de ropa para *reforzarla.* **9** *Electricidad aplicada a usos industriales o domésticos: 'Hoy no funciona el ascensor por falta de fuerza'. ≃ Corriente, electricidad, energía, fluido, ENERGÍA eléctrica. **10** Momento o fase en que una cosa es más intensa o fuerte: 'En la fuerza del calor [de la fiebre, de la juventud]'. ≃ *Auge, fuerte. **11** *Plaza fuerte.* ⊙ *Fortificación de una plaza.* **12** ESGR. *Tercio primero de la espada contando desde la guarnición.* **13** DER. *Perjuicio causado por el juez eclesiástico a una parte, entendiendo en la causa o por la manera de entender en ella.* ⇒ *Tribunal.

FUERZA ACELERATRIZ. FÍS. La que actúa sobre un móvil aumentando su *velocidad.

F. ANIMAL. Fuerza muscular de un animal, que se aprovecha. ≃ FUERZA de sangre.

F. BRUTA. La fuerza física o el poder, aplicados desconsideradamente o sin inteligencia.

LA FUERZA DE LA COSTUMBRE. La *costumbre como motivo o explicación de que se haga o siga haciéndose cierta cosa: 'Sigo yendo a la tertulia por la fuerza de la costumbre'.

FUERZA ELECTROMOTRIZ. ELECTR. La que posee la *electricidad moviéndose a lo largo de un circuito. ⇒ Diferencia de POTENCIAL, tensión.

F. LIBERATORIA. ECON. *La atribuida legalmente al papel moneda para satisfacer con él débitos contratados en moneda acuñada.* ⇒ *BILLETE de banco.

F. MAYOR. Fuerza o necesidad que obliga ineludiblemente a hacer cierta cosa: 'Un caso de fuerza mayor'.

F. PÚBLICA. FUERZAS de orden público. ⊙ (inf.) *Un guardia.*

F. DE SANGRE. *FUERZA animal.*

F. VITAL. Supuesto agente que hace que el organismo por sí mismo recupere la *salud, o que le ayuda a recuperarla. ≃ Naturaleza.

F. DE VOLUNTAD. *Voluntad para imponerse esfuerzos o privaciones.

FUERZAS ARMADAS [o, menos frec., FUERZA ARMADA]. El *Ejército o una parte de él. ⇒ *Milicia.

F. NAVALES. *Marina de guerra de una nación.

F. DE ORDEN PÚBLICO. Conjunto de los *policías que vigilan el orden público. ≃ FUERZA pública.

F. VIVAS. Conjunto de las personas más influyentes o representativas de un lugar: 'Las fuerzas vivas de la ciudad'.

A FUERZA DE. **1** Con «hacer, conseguir» o verbos equivalentes, usando *mucho de la cosa que se expresa: 'Lo consiguió a fuerza de paciencia'. **2** Por *exagerar en la cosa que se expresa: 'A fuerza de excusarse consiguió que sospechasen de él. Es empalagoso a fuerza de amabilidad'.

A LA FUERZA. Obligada y no voluntariamente: 'Le hicieron dimitir a la fuerza'. ≃ Por fuerza. ⊙ *Por fuerza: por necesidad. ⇒ Mal de mi [tu, etc.] GRADO, quieras que no, a rastras. ➤ *Violento.

A LA FUERZA AHORCAN (inf.). Frase con que se comenta el hecho de verse obligado a hacer algo contra la propia voluntad.

A VIVA FUERZA. Violentamente.

V. «CAMISA de fuerza, en CASO de fuerza mayor».

COBRAR FUERZAS. Recuperar las fuerzas perdidas por enfermedad o cansancio.

CON FUERZA. Expresión más frecuente que «fuertemente» en algunos casos: 'Agárralo con fuerza'.

DE FUERZA. Expresión calificativa de uso frecuente, aplicada a «argumento, razón, recomendación» y palabras semejantes, equivalente a «*efectivo, de peso, de *valor» o «de *influencia».

HACER FUERZA a alguien para algo. Coaccionarle.

ÍRSELE a alguien LA FUERZA POR LA BOCA. *Hablar demasiado y no obrar correspondientemente.

V. «más vale MAÑA que fuerza».

MEDIR alguien SUS FUERZAS. Calcular las dificultades de una empresa antes de entregarse a ella.

POR FUERZA. **1** *Necesariamente: 'Tengo que marcharme por fuerza'. ≃ Por necesidad. **2** A la fuerza.

POR LA FUERZA. Violentamente: obligando de cualquier manera: 'Le han hecho marcharse del piso por la fuerza'. ⇒ A la FUERZA.

RECOBRAR [o RECUPERAR] LAS FUERZAS. *Descansar, o *restablecerse después de una enfermedad.

SACAR FUERZAS DE FLAQUEZA. Hacer todavía algo cuando ya no se tienen fuerzas físicas o morales para ello. ⇒ *Esforzarse.

fuesa (del lat. «fossa», excavación; ant.) f. *Huesa.*

fuet (cat.) m. Embutido parecido al salchichón en forma de barra muy estrecha.

fuete (Hispam.) m. *Látigo.*

fufar intr. *Bufar el gato.*

fufo m. *Bufido del *gato.* ≃ Fu.

fufú (Hispam.) m. *Cierta comida hecha de plátano, ñame o calabaza.*

fuga (del lat. «fuga») **1** f. Acción de fugarse. ≃ Evasión, *huida. **2** PSI. *Desorden mental, que se produce por ejemplo en la histeria, en que el enfermo, huyendo de la realidad, puede vagar durante días sin conciencia clara de sus actos.* ≃ Evasión. **3** Salida de un gas o líquido por un orificio producido accidentalmente en el recipiente que lo contiene o en el conducto por donde circula. ≃ *Escape, pérdida. **4** Momento de auge de una *cosecha: 'En la fuga de la fresa'. **5** MÚS. Forma musical en que las distintas voces van repitiendo sucesivamente el mismo tema. ⇒ Guía. **6** Completado con «de consonantes» o «de vocales», *pasatiempo que consiste en completar un escrito en que se han suprimido esas letras.

FUGA DE CAPITALES. ECON. EVASIÓN de capitales.

F. DE CEREBROS. Expatriación de investigadores o intelectuales, especialmente por razones políticas o económicas.

PONER EN FUGA. Hacer *huir a alguien.

fugacidad f. Cualidad de fugaz.

fugada f. **Ráfaga de aire.*

fugar (del lat. «fugāre») tr. *Poner en fuga a ↘alguien.* ⊙ prnl. *Escaparse o *huir alguien de un sitio en donde está encerrado, sujeto o vigilado.

fugaz (del lat. «fugax, -ācis») adj. Se aplica a lo que dura muy poco: 'Una alegría fugaz'. ≃ *Breve, efímero, fugitivo, pasajero. ⇒ Fúgido.
V. «ESTRELLA fugaz».

fugazmente adv. De manera fugaz.

fúgido, -a (del lat. «fugĭtus», part. pas. de «fugĕre», escapar; ant.; lit.) adj. *Fugaz.*

fugir (del lat. «fugĕre»; ant.) intr. *Huir.*

fugitivo, -a (del lat. «fugitīvus») adj. Aplicado a cosas y personas, se dice del que o lo que huye, o de lo que pasa fugazmente.

-fugo, -a Elemento sufijo del lat. «fugĕre», huir: 'centrífugo'.

fuguillas 1 n. Se aplica a la persona *impaciente. 2 m. También, al hombre *indeciso que, cuando está a punto de hacer una cosa, por ejemplo declararse a una mujer o casarse, se arrepiente bruscamente y lo abandona. 3 n. Se aplica asimismo a la persona que se *irrita o *encoleriza bruscamente.

führer (al.; pronunc. [fírer]) m. Nombre equivalente a «caudillo», con que se designó al dictador alemán Adolf Hitler.

fuina (del arag. «fuina») f. **Garduña (mamífero carnívoro).*

fuir (de «fugir»; ant.) intr. **Huir.*

fuisca (del gall. port. «faisca», chispa; ant.) f. **Chispa.*

ful (del caló «ful», estiércol; inf.; n. calif.) adj. y n. f. Se aplica a las cosas que se consideran de mala calidad, de poco valor, no distinguidas o tales que no corresponden dignamente al nombre que se les da: 'Una seda [un aristócrata] ful. Esta fiesta es una ful'. ⇒ *Falso, *vulgar.

fulano, -a (del ár. and. «fulán») 1 n. Expresión con que se designa a una persona indeterminada. Cuando se enuncian en serie varias de estas expresiones, «fulano» precede siempre a las otras: 'fulano, mengano, zutano o perengano'. ⇒ Chorbo, mengano, moya, perengano, PERICO el de los palotes, TAL y tal, zutano. ➤ *EXPRESIÓN indeterminada. ⊙ (desp.) m. Individuo: 'Había un fulano esperándolo en la esquina'. 2 (inf.) f. **Amante o *concubina de alguien.* 3 (inf.) Prostituta.

fular (del fr. «foulard»; pl. «fulares») m. Cierta *tela de seda muy fina con dibujos estampados. ⊙ *Pañuelo para el cuello, o bufanda de esa tela u otra semejante.

fulastre (de «ful»; inf.) adj. Aplicado a cosas, hecho chapuceramente.

fulbito m. Futbito.

fulcir (del lat. «fulcīre», apoyar; ant.) tr. **Sostener.*

fulcro (del lat. «fulcrum») 1 m. Punto de apoyo de la *palanca. ≃ Hipomoclio. 2 BOT. *Nombre aplicado a los tallos, pedúnculos, zarcillos y partes semejantes de las *plantas.*

fulero, -a (de «ful») 1 (inf.) adj. Chapucero. 2 (inf.) adj. y n. Se aplica a la persona falsa, embustera.

fulgente (del lat. «fulgens, -entis») adj. *Fulgurante.*

fúlgido, -a (del lat. «fulgĭdus»; lit.) adj. Fulgurante.

fulgor (del lat. «fulgor, -ōris») m. *Brillo muy intenso. ≃ *Resplandor.

fulguración 1 f. Acción y efecto de fulgurar. 2 *Accidente causado por un *rayo.* ≃ *Fulminación.

fulgurante adj. Muy brillante. ≃ Fúlgido, *resplandeciente.

fulgurar (del lat. «fulgurāre», relampaguear) intr. Brillar muy intensamente. ≃ *Resplandecer.

fulgurita (del lat. «fulgur», relámpago) f. GEOL. *Tubo vitrificado producido por el *rayo al penetrar en la tierra al fundirse los materiales silíceos que alcanza.*

fúlica (del lat. «fulĭca»; varias especies del género *Fulica*) f. Cierta ave gruiforme, especie de polla de agua, de cuerpo verdoso, obscurecido por encima y ceniciento por debajo, y pico doblado hacia la punta. ≃ Polla. ⇒ Taguá.

fuliginosidad 1 f. Cualidad de fuliginoso. 2 Cosa de aspecto fuliginoso. ⊙ *Sustancia negruzca que se forma en las mucosas de la *boca.*

fuliginoso, -a (del lat. «fuliginōsus», lleno de hollín) 1 (culto) adj. *Ennegrecido.* 2 (cient.) De aspecto de *hollín.

fuligo (del lat. «fulīgo, -ĭnis») 1 m. *Humo.* 2 *Suciedad en la lengua.* 3 *Cierto *hongo que se desarrolla al *curtir las pieles.*

full (ingl.; pronunc. [ful]) m. En el juego del *póquer, combinación de trío y pareja.

full contact (ingl.; pronunc. [fúl cóntac]) m. DEP. Técnica de lucha cuerpo a cuerpo, practicada como *deporte, en que se permite el contacto con las manos y los pies.

full time (ingl.; pronunc. [fúl táim]) adj. y adv. Referido a una actividad laboral, a tiempo completo: 'Trabaja full time en una empresa de servicios'.

fulla (¿del dial. «fulla», hoja?) 1 (Ar.) f. **Mentira.* 2 (Vizc.) *Barquillo.*

fullería (de «fullero») f. *Trampa o engaño. ⊙ Particularmente, hecho en el juego.

fullero, -a (de «fulla») adj. y n. Se aplica a la persona que tiene el hábito de mentir o engañar o que hace trampas. ≃ Tramposo. ⊙ Particularmente, al que las hace o tiene por oficio hacerlas en el *juego. ⇒ *Tahúr.

fullona (de «folla») f. **Riña entre varias personas con mucho *escándalo.*

fulminación f. Acción de fulminar. ⇒ Fulguración.

fulminador, -a adj. y n. Que fulmina.

fulminante 1 adj. *Que fulmina.* 2 m. Materia explosiva que sirve para lanzar el proyectil en las armas de fuego. 3 adj. Se aplica a lo que tiene una acción o un efecto rápido o instantáneo: 'Una orden fulminante de destitución'. ⊙ Particularmente, a las *enfermedades graves y repentinas o que producen rápidamente la muerte. ⇒ Galopante.

fulminar (del lat. «fulmināre») 1 tr. Arrojar ↘*rayos. 2 *Arrojar ↘bombas o balas.* 3 Herir o aniquilar un rayo a ↘alguien o algo. ⊙ Herir o aniquilar a ↘alguien o algo con un rayo. 4 *Dirigir a ↘alguien una *mirada muy irritada o *colérica. 5 Arrojar contra alguien, particularmente quien tiene autoridad para hacerlo, ↘sentencias, censuras, excomuniones, etc.

fulminato (del lat. «fulmen, -ĭnis») m. Se aplica a cualquier materia explosiva. ⊙ QUÍM. Específicamente, a las sales procedentes del ácido fulmínico y las bases de plata, mercurio, zinc o cadmio.

fulmíneo, -a (del lat. «fulminĕus»; culto) adj. *Se aplica a lo que participa de las cualidades del *rayo.*

fulmínico adj. V. «ÁCIDO fulmínico».

fulvo, -a (del lat. «fulvus») adj. BOT. *Leonado: *pardo rojizo.*

fumable adj. Susceptible de ser fumado.

fumada f. *Porción de humo que se absorbe de una vez fumando.*

fumadero m. Local para fumadores: 'Fumadero de opio'.

fumado, -a Participio de «fumar». ⊙ (inf.) adj. Que está bajo los efectos de alguna droga que ha fumado.

fumador, -a adj. y n. Se aplica a la persona que tiene costumbre de fumar.

FUMADOR PASIVO. Persona que no fuma, pero que respira el humo del tabaco que fuman otras.

fumante (del lat. «fumans, -antis») adj. V. «SAL fumante».

fumar (del lat. «fumāre») **1** tr. o abs. Aspirar y expeler el humo de un ˘cigarrillo, de un cigarro o de una pipa. ⊙ Se usa con un pron. reflex. cuando este verbo lleva complemento, sugiriendo a veces exceso: 'Se viene a fumar una cajetilla diaria'. **2** (con un pron. reflex.) *Gastar ˘algo de modo poco razonable: 'Se ha fumado la herencia en pocos meses'. **3** (con un pron. reflex.) Dejar de *asistir a cierta ˘obligación habitual que se expresa: 'Fumarse la clase [o la oficina]'.

□ CATÁLOGO

Chupar CACHIMBO, humar, pipar, pitar, purear, tomar TABACO. ➤ Cigarrillo, *cigarro, pitillo. ➤ PAPEL de fumar. ➤ Librillo. ➤ Cortacigarros, cortapuros, tenacilla. ➤ Boquilla, cachimba, cachimbo, calumet, chibuquí, narguilé, *pipa. ➤ Fosique [o fusique]. ➤ Petaca, pitillera, tabaquera. ➤ Chofeta. ➤ Cenicero. ➤ Narigada. ➤ Bocanada, calada, chupada, fumada, pitada. ➤ Infumable. ➤ *Cigarro. *Tabaco.

fumarada (de «fumar») **1** f. Porción de humo que sale de una vez de algún sitio. **2** Porción de *tabaco que cabe en la pipa.

fumaria (del lat. «fumarĭa»; *Fumaria officinalis*) f. *Planta fumariácea cuyo jugo se usa algo en medicina. ≃ Palomilla, palomina.

fumariáceo, -a adj. y n. f. BOT. *Se aplica a las *plantas de la familia a la que pertenece la fumaria, que son hierbas, algunas trepadoras, de todas las regiones templadas del hemisferio norte. Tienen escasa importancia económica y algunas son consideradas malas hiebras de los cultivos.* ⊙ f. pl. BOT. *Familia que forman.*

fumarola (del it. «fumarola») f. GEOL. Grieta en la superficie terrestre, por ejemplo cerca del cráter de un *volcán, por donde salen gases o vapores del interior de la Tierra.

fumata (it.) f. Columna de humo; la «fumata blanca» indica que la asamblea de cardenales ya ha elegido a un nuevo papa.

fumear (ant.) intr. *Humear.*

fumero (ant.) m. *Humero.*

fumífero, -a (del lat. «fumĭfer, -ĕra»; lit.) adj. *Se aplica a lo que echa *humo.*

fumigación f. Acción de fumigar.

fumigador, -a adj. y n. m. Se aplica al que fumiga o a lo que sirve para fumigar. ⊙ m. Aparato con el que se lanza con fuerza el gas para fumigar.

fumigar (del lat. «fumigāre») tr. Desinfectar una ˘cosa por medio de algún gas; particularmente, arrojado con fuerza con un fumigador. ⇒ Humear, humigar.

fumigatorio, -a 1 adj. *De la fumigación.* **2** m. *Pulverizador o *perfumador.*

fumista[1] (de «fumo») m. Hombre que instala, arregla o limpia las *cocinas, estufas y *chimeneas.

fumista[2] (del fr. «fumiste»; Arg.) adj. y n. *Bromista.*

fumistería f. Taller de fumista.

fumívoro, -a (del lat. «fumus», humo, y «-voro») adj. *Se aplica a *chimeneas y *hornos dispuestos para una combustión completa.*

fumo (del lat. «fumus») **1** (ant.) m. **Humo.* **2** (ant.) *Fuego (vecino).*

fumorola f. *Fumarola.*

fumosidad (de «fumoso») f. *Humo.*

fumoso, -a (del lat. «fumōsus») adj. *Se aplica a lo que despide *humo.*

funámbulo, -a (del lat. «funambŭlus», el que anda en la maroma) n. *Acróbata que hace ejercicios sobre la cuerda o el alambre.

funche (Antill.) m. *Cierto tipo de *gachas de harina de maíz.*

función (del lat. «functĭo, -ōnis») **1** («Desempeñar, Tener, Asignar, Atribuir, Corresponder») f. *Acción o servicio que corresponde a una cosa cualquiera: 'La función de la fuerza pública es mantener el orden'. ⊙ («Asumir, Desempeñar, Realizar; Arrogarse, Atribuirse, Detentar, Invadir, Suplantar, Usurpar») Actividad o papel desempeñados por alguien en un cargo, oficio o profesión; se usa más en plural que en singular: 'Dio la orden en el ejercicio de sus funciones'. **2** Actividad particular de cada *órgano o sistema de un organismo: 'Las funciones de nutrición. La función de los pulmones'. **3** Acto organizado, que constituye un *espectáculo de cualquier clase, al que concurre gente: 'Una función oficial [académica, religiosa, de teatro]'. Actualmente, se restringe su aplicación a los actos religiosos y a los *espectáculos: 'Una función de iglesia. Una función de circo'. **4** *Fiesta en una casa particular.* **5** MAT. Con respecto a una cantidad, otra cuyo valor depende del de aquella. ⇒ Derivada. **6** *Acción de *guerra.*

FUNCIÓN PÚBLICA. Administración pública.

F. TRIGONOMÉTRICA. MAT. Nombre genérico aplicado al seno, el coseno y las magnitudes derivadas de ellos.

F. VEGETATIVA. Cualquiera de las que se realizan en un organismo sin intervención de la voluntad y sirven para su mantenimiento y reproducción. ⇒*Cuerpo.

EN FUNCIÓN DE. Según: 'Actuaremos en función de los acontecimientos'. ≃ Dependiendo de.

EN FUNCIONES. Se aplica a quien desempeña circunstancialmente determinado cargo en sustitución de su titular: 'El presidente en funciones'.

□ CATÁLOGO

*Actividad, cometido, ministerio, *misión, *oficio, papel, quehacer, rol, *servicio, *uso, *utilidad. ➤ *Circulación, digestión, *menstruación, nutrición, postura, puesta, *reproducción, *respiración. ➤ Economía, *fisiología, funcionamiento, metabolismo, proceso. ➤ Andar, funcionar, ir, marchar, hacer su PAPEL, *servir, *trabajar. ➤ *Accionar, dar a, desempolvar, desenmohecer[se], desentumecer[se], desoxidar, energizar, poner en FUNCIONES, *manejar, manipular. ➤ Arrancar, disparar. ➤ En actividad, en activo, fresco, en funciones. ➤ Cerdear, pararse. ➤ *Acción. *Inacción.

funcional 1 adj. De [la o las] función[es]. ⊙ Se aplica a la arquitectura o estilo arquitectónico, así como a los edificios, muebles, utensilios, etc., en que la función y el aspecto artístico no se consideran como cosas separadas y se busca la belleza en la acomodación de las formas a aquella. ⇒ Orgánico. **2** También, a la construcción en que el exterior acusa la disposición interior o función a que el edificio se destina. ⊙ Y a los muebles o utensilios en que la función está patente y no disimulada con fines decorativos; por ejemplo, un radiador de calefacción desnudo. **3** (cient.) Que sigue los principios del funcionalismo: 'Gramática funcional'.

V. «ENFERMEDAD funcional».

funcionalidad f. Carácter funcional de un edificio, mueble, etc.

funcionalismo 1 m. ARQ. Corriente arquitectónica según la cual la belleza de todo elemento de una construcción reside en su adaptación a la función práctica que debe cumplir. **2** (cient.) Corriente de investigación sociológica, lingüística, etc., que considera su objeto como un sistema en que cada elemento cumple una función específica dentro del conjunto. ⇒ *Saber.

funcionalista adj. y n. Seguidor del funcionalismo.

funcionamiento m. Acción de funcionar.

funcionar **1** intr. Desempeñar una cosa su función. ⊙ Estar en estado de desempeñarla: 'No funciona el ascensor'. **2** (inf.) Marchar, desarrollarse algo: 'El negocio funciona'. ⊙ (inf.) Desarrollarse de cierta manera: Su matrimonio no funciona bien'.

funcionariado m. Conjunto de los funcionarios.

funcionario, -a (de «funcionar») n. FUNCIONARIO público.

FUNCIONARIO PÚBLICO. Empleado que está al servicio de la administración pública. ⇒ SERVIDOR público.

funda (del lat. «funda», bolsa) f. *Cubierta o *receptáculo de tela, piel u otro material flexible en que se mete un objeto para resguardarlo: 'La funda de un paraguas [o de un sillón]'. Cuando es rígido, se llama estuche; como el de las gafas. ⇒ Cambucha, cambucho, *vaina. ➤ *Embalaje. *Envolver. *Estuche. *Forro.

FUNDA NÓRDICA. Funda de tela en que se mete un relleno de plumón, guata o de otro material para formar un edredón.

fundación **1** f. Acción y efecto de *fundar. **2** *Establecimiento o institución benéfica fundados y sostenidos con bienes de un particular. ⊙ Bienes constituidos por un particular para el sostenimiento de una obra benéfica, piadosa, cultural, etc.

fundacional adj. De [la] fundación: 'Documento fundacional'.

fundadamente adv. De manera fundada.

fundado, -a Participio de «fundar[se]». ⊙ adj. Con fundamento: 'Una negativa fundada'.

fundador, -a adj. y n. Se aplica al que funda algo.

fundago (del ár. «funduq», hospedería; ant.) m. **Depósito donde se guardaban ciertos géneros.*

fundamental (de «fundamento») adj. Se aplica a lo más importante, lo que influye más poderosamente o lo *indispensable en alguna cosa: 'Lo fundamental para mí es que vengas pronto. Los años de colegio fueron fundamentales en su formación. Para curarte es fundamental que sigas el régimen prescrito'.

fundamentalismo (gralm. desp.) m. Actitud del que defiende la inalterabilidad en los principios de una doctrina religiosa; se aplica particularmente a determinados movimientos islámicos. ⊙ Actitud del que se muestra radical en sus creencias u opiniones.

fundamentalista adj. Del fundamentalismo. ⊙ adj. y n. Seguidor del fundamentalismo.

fundamentalmente **1** adv. En forma que constituye el fundamento de lo demás: 'Es un hombre fundamentalmente bueno'. ≃ *Esencialmente. ⊙ En o desde la base o fundamento: 'Han modificado fundamentalmente el reglamento'. **2** Principalmente.

fundamentar **1** tr. Establecer o poner los fundamentos de una ↘cosa. **2** Dar las razones de una ↘cosa. ⇒ *Apoyar.

fundamento (del lat. «fundamentum») **1** m. Cosa material o inmaterial en que se funda o sostiene algo. ≃ *Apoyo, base, soporte. ⊙ (gralm. pl.) Particularmente, *cimientos: suelo firme u obra hecha por debajo de la superficie del terreno, que sirve de soporte firme a un edificio. **2** Razón o *motivo suficiente de una cosa: 'No encuentro fundamento para su actitud'. **3** (pl.) *Elementos básicos de una ciencia o arte. **4** *Formalidad, sensatez o seriedad de una persona; se usa mucho en frases negativas. 'Es una mujer sin fundamento'. ⊙ Se emplea también con referencia a los actos en que se muestran o faltan esas cualidades. **5** *Fondo o trama de los tejidos.*

fundar (del lat. «fundāre») **1** tr. *Crear un ↘establecimiento o institución, tales como un hospital, una asociación o una empresa. ≃ Instituir. ⇒ Condir, constituir, *crear, erigir, *establecer, estatuir, instaurar, instituir, levantar, poner en MARCHA, montar, *organizar. ➤ *Capellanía, fundación, institución, OBRA benéfica, OBRA pía, vinculación. ➤ Obituario. ➤ Patronato. ➤ Patrono. **2** («en, sobre») Poner cierta ↘cosa de modo que sea sostenida por otra que se expresa. ≃ *Apoyar, asentar, basar. **3** Citar o considerar cierta cosa como razón o justificación de una ↘afirmación, argumento, creencia, sospecha, etc.: 'Funda su renuncia en su estado de salud'. ≃ *Apoyar. ⊙ prnl. («en») Tener una cosa su fundamento en lo que se expresa.

fundente (del lat. «fundens, -entis») **1** m. QUÍM. Sustancia que facilita la fusión de otra. **2** MED. *Sustancia que facilita la resolución de los tumores.*

fundería (de «fundir»; ant.) f. *Fundición (taller o instalación).*

fundible adj. Susceptible de ser fundido.

fundibulario (del lat. «fundibularĭus») m. *Soldado *romano que iba armado con honda.*

fundíbulo (del lat. «fundibŭlum») m. *Máquina de guerra antigua utilizada para lanzar o disparar grandes piedras.* ≃ Fonébol. ⇒ *Artillería.

fundición **1** f. Acción de fundir. ⊙ Específicamente, trabajo de los metales, y especialmente del hierro, fundiéndolos y vaciándolos en moldes. **2** Taller o instalación industrial donde se funde el hierro. **3** *Hierro colado. **4** AGRÁF. Surtido de moldes que se tienen a disposición para *imprimir.

FUNDICIÓN BLANCA. METAL. **Hierro colado de primera fusión; resulta frágil, de fractura blanca y cristalina.*

F. DE CUBILOTE. METAL. **Hierro de segunda colada.* ≃ Cubilote.

fundido, -a **1** Participio adjetivo de «fundir[se]». **2** m. CINE., TELEV. Paso gradual de un plano a otro.

fundidor, -a n. Persona cuyo trabajo consiste en fundir metales.

fundir (del lat. «fundĕre») **1** tr. Convertir un ↘sólido en líquido calentándolo. ⊙ Particularmente, hacer esta operación con un ↘metal para elaborarlo. ⊙ prnl. Derretirse: 'La nieve se funde con el sol'. **2** Hacer cierta ↘cosa con metal fundido en moldes: 'Fundir una campana [o un cañón]'. **3** tr. y prnl. recípr. *Unir[se] íntimamente varias ↘cosas, particularmente en sentido no material: 'Fundir intereses'. ≃ Fusionar. **4** (inf.) tr. Gastar cierta ↘cantidad de dinero, cuando se considera que hay exceso en ello. Más frec. con un pron. reflex. que destaca la participación del sujeto: 'Se fundió la paga extra en una semana'. **5** prnl. Dejar de funcionar un aparato o dispositivo eléctrico por un exceso de corriente o por haberse quemado o soltado algún hilo de la resistencia: 'Se han fundido los plomos. La bombilla se ha fundido'. **6** (ant. e Hispam.) **Arruinarse.*

□ CATÁLOGO

Ceración, conflación, derretir[se], descuajar[se], deshelar[se], licuar[se], liquidar[se], regalar[se]. ➤ Conflátil, delicuescente, fusible. ➤ Copelar, moldear, reducir, rehundir, temple, vaciar. ➤ Aroza, fundidor. ➤ *Forja, fundería, fundición, fuslina, herrería. ➤ Convertidor, crisol, fusor, *horno, soplete. ➤ Albricias, *molde. ➤ Desprendimiento, embancarse. ➤ Copelación, sangría. ➤ Baño, cadmía, colada, mazarota. ➤ Envaina, escalzador. ➤ Granalla. ➤ Flujo, flúor, fundente, magistral. ➤ Escoria, grasas, mata, nata. ➤ Galleo, hoja, irisaciones. ➤ PUNTO de fusión. ➤ *Barra, lingote, pella. ➤ Refractario. ➤ Infusible. ➤ *Horno. *Metal.

fundo, -a (del lat. «fundus») **1** (ant.) adj. *Hondo.* **2** m. DER. *Finca rústica.

fúnebre (del lat. «funĕbris») adj. De [los] difuntos: 'Coche fúnebre. Pompas fúnebres'. ⊙ Se dice también de lo que sugiere pensamientos o provoca un estado de ánimo como los que se relacionan con la muerte. ⊙ De aspecto *triste o *sombrío, como relacionado con la muerte; a veces, se usa humorísticamente: '¿Qué os pasa que tenéis esas caras tan fúnebres?'. ⇒ Lúgubre, macabro, tétrico. ➤ *HONRAS fúnebres, ORACIÓN fúnebre.

fúnebremente adv. De manera fúnebre.

funebridad f. *Cualidad de fúnebre.*

funeral (del lat. «funerālis») **1** adj. *Funerario.* **2** (sing. o pl.) m. Oficio religioso solemne que se hace por los difuntos. ≃ Exequias, HONRAS fúnebres. **3** *Entierro hecho con pompa.

□ CATÁLOGO

Animalias, defunción, exequias, funeralias, honras, HONRAS fúnebres, MISA de difuntos, MISA de réquiem, MISAS gregorianas, obsequias, OFICIO de difuntos, parentación, POMPAS fúnebres, *sufragios, vigilia. ➤ Dies irae, kirieleisón, parce, réquiem, requiescat in pace, responso. ➤ Catafalco, PAÑO de tumba, túmulo. ➤ CORPORE in sepulto. ➤ Caridad. ➤ Nenia. ➤ Esquela, recordatorio. ➤ *Entierro. *Muerto.

funerala A LA FUNERALA. MIL. Manera de llevar las *armas en señal de duelo, con las puntas hacia abajo.

V. «OJO a la funerala».

funeralias (del lat. «funeralĭa», pl. de «funerālis»; ant.) f. pl. *Funerales.*

funeraria f. Empresa que se encarga de los entierros.

funerario, -a adj. Relacionado con enterramientos o con exequias. ≃ Funeral.

funéreo, -a (del lat. «funerĕus»; lit.) adj. *Fúnebre.*

funestamente adv. De manera funesta.

funestar (del lat. «funestāre»; ant.) tr. **Deshonrar, *difamar o manchar.* ⊙ (ant.) **Profanar.*

funesto, -a (del lat. «funestus») adj. Se aplica a lo que es causa de desgracia, va acompañado de ella o la constituye: 'Una coincidencia funesta. Un día funesto. Un funesto desenlace'. ≃ Aciago, desdichado, *desgraciado, nefasto.

funestoso, -a (ant.) adj. *Funesto.*

fungible (del lat. «fungi», gastar, y «-ble») adj. Se dice de lo que se consume con el uso: 'Bienes fungibles'. ≃ Consumible, gastable.

fungicida (del lat. «fungus», hongo, y «-cida») adj. y n. m. Se aplica a los productos que destruyen los hongos.

fungistático (del lat. «fungus», hongo, y el gr. «statikós», que puede detenerse) m. FARM. *Nombre que se da a los medicamentos empleados en el tratamiento de las micosis.*

fungo m. MED. **Excrecencia blanda y esponjosa que sale en la piel y en ciertas membranas.*

fungosidad (de «fungoso») f. MED. *Carne falsa que se forma en las heridas y dificulta su cicatrización.*

fungoso, -a (del lat. «fungōsus») adj. *Esponjoso o fofo.

funicular (del lat. «funicŭlus», cuerda) **1** adj. y n. m. Se aplica al *tren cuya tracción se hace por un cable o cadena, empleado en los caminos de montaña o muy pendientes. **2** Tren aéreo movido igualmente por medio de cables. ≃ Teleférico.

funículo (del lat. «funicŭlus», cordón) **1** m. ARQ. *En el arte románico, *adorno en forma de *cordón.* **2** ANAT. *Cordón que une el óvulo a la placenta.* ⊙ BOT. *En las *plantas fanerógamas, pedúnculo que sostiene el óvulo, y después la semilla, en la placenta.*

funk o **funky** (ingl.; pronunc. gralm. [fanc] o [fánqui]) adj. y n. m. Se aplica a cierto tipo de *música surgida en Estados Unidos, de ritmo muy marcado, apropiada para el baile en discotecas.

fuñicar intr. *Hacer una cosa con torpeza o ñoñería.*

fuñinque (Chi., Cuba) adj. y n. *Se aplica a la persona *débil, encogida o *tímida.*

fuñique **1** adj. y n. *Se aplica a la persona *torpe y encogida en su manera de hacer las cosas o de comportarse.* **2** *Meticuloso, chinche.*

furacar (del sup. lat. vulg. «furaccāre»; ant.) tr. *Agujerear.* ≃ Horadar.

furaco (relac. con «buraco») m. **Agujero.*

furare (Chi.) m. *Tordo (pájaro).*

furcia (desp.) f. Prostituta o *mujer de vida licenciosa.

furción (del b. lat. «offertĭo, -ōnis»; ant.) f. *Infurción (*tributo).*

fúrcula (del lat. «furcŭla») f. ZOOL. *Pieza del esqueleto de las aves formada por la soldadura de las dos clavículas.*

furente (del lat. «furens, -entis»; lit.) adj. *Furioso.*

furfuráceo, -a (del lat. «furfur, furfŭris», salvado) adj. *De aspecto o estructura semejantes a los del salvado.*

furgón (del fr. «fourgon», carro para transportes militares) m. Vehículo automóvil o *vagón cubierto que se emplea para transporte de muebles, de los bagajes en la guerra, etc. ⊙ En los trenes de viajeros, coche destinado a los *equipajes.

FURGÓN DE COLA. Último vagón de un tren.

furgoneta (del fr. «fourgonnette») f. Vehículo automóvil cerrado, más pequeño que un camión, usado especialmente para el transporte de mercancías. ⇒ Camioncito, camioneta, camionetita, combi, estanciera, guagua, limusina, ranchero, rubia.

furia (del lat. «furĭa») **1** («Despertar, Provocar, Estar poseído de, Desahogar, Descargar») f. Enfado muy violento contra algo o alguien, que se manifiesta con gritos y ademanes descompuestos. ≃ *Cólera, coraje, furor, ira, rabia. ⊙ Ímpetu y *violencia con que se ataca o se lucha. ⇒ Acometividad, coraje, denuedo, *ensañamiento, furor, ímpetu, rabia, saña, sobrevienta, *violencia. ➤ *Encolerizarse. **2** (con mayúsc.; gralm. pl.) MIT. Nombre dado por los romanos a sus diosas de la *venganza, correspondientes a las griegas Erinias. **3** Ímpetu o *violencia con que una cosa obra o se mueve: 'La furia del viento [o del mar]'. ≃ Furor. **4** Momento de más intensidad de una cosa: 'En el mes de agosto, en la furia del calor'. ≃ *Auge, furor.

HECHO UNA FURIA. Muy furioso.

furibundo, -a (del lat. «furibundus») adj. Lleno de furia. ⊙ Se usa con frecuencia jocosamente: 'Me echó una mirada furibunda'.

furiente (de «furia») adj. *Furente.*

furierismo m. Sistema de organización social propuesto por Fourier, consistente en la agrupación en «falansterios» de personas unidas armoniosamente y dedicadas al trabajo libremente consentido; en esos grupos no existía la propiedad privada y era tolerada la poligamia.

furierista adj. Del furierismo. ⊙ n. Adepto al furierismo.

furiosamente adv. Con furia.

furioso, -a 1 adj. Poseído de furia. ≃ *Colérico, enfurecido, furibundo, iracundo. ⊙ Particularmente, en la expresión «loco furioso». 2 Se aplica también a cosas de la naturaleza cuando son *violentas o terribles; generalmente se antepone: 'Un furioso vendaval'. ⊙ Se aplica también, a veces en tono informal, a un *dolor muy violento, por ejemplo de muelas, a una necesidad fisiológica insufrible o a un «deseo» o «ganas» muy violentos: 'Tenía unas ganas furiosas de bostezar'. ≃ Rabioso.

furlana f. *Cierta danza italiana.*

furlón m. **Coche antiguo.* ≃ Forlón.

furnia (del gall. o port. «furna», caverna) 1 (And.) f. **Bodega situada bajo tierra.* 2 (Cuba) **Sima que penetra en dirección vertical, generalmente en terreno rocoso.*

furo[1]**, -a** (del lat. «furo», hurón) 1 (Ar.; «Ser») adj. *Se aplica al animal *bravo.* 2 (Ál., Ar., Nav.; «Estar») *Furioso.* 3 *Se aplica a la persona *huraña.* ≃ Hurón.

HACER FURO. **Escamotear alguna cosa.*

furo[2] (del lat. «forāre», horadar) m. *En los ingenios de azúcar, *agujero de salida en los recipientes donde se lavan los panes de azúcar.*

furor (del lat. «furor, -ōris») m. Furia, en cualquier acepción excepto la mitológica.

FUROR UTERINO. MED. Deseo sexual muy violento en la mujer. ≃ Ninfomanía.

HACER FUROR. Estar muy de *moda.

furriel (del fr. «fourrier») 1 m. MIL. Militar, generalmente cabo, encargado principalmente de la distribución de la paga y el material de los soldados. 2 *Empleado de las caballerizas reales encargado de los cobros y pagos.* ⇒ *Rey.

furriela f. *Furriera.*

furrier m. *Furriel.*

furriera (del fr. «fourrière») f. *Antiguamente, encargada en el palacio real de las llaves y del cuidado y limpieza de los muebles y habitaciones.* ≃ Furriela. ⇒ *Rey.

furris (Ál., Ar., Nav., Méj., Ven.; inf.) adj. *Mal o chapuceramente hecho o de poca categoría:* 'Una comida furris. Tiene un novio muy furris'. ⇒ *Despreciar.

furruco (Ven.) m. *Especie de *zambomba.*

furtar 1 (ant.) tr. *Hurtar (cualquier acepción).* 2 (ant.) prnl. **Huir o *escapar.*

furtivamente adv. A *escondidas.

furtivismo m. Práctica furtiva de algo.

furtivo, -a (del lat. «furtīvus») adj. Hecho *ocultándose. ⊙ Se aplica también al nombre que designa al que ejecuta la acción: 'Un cazador furtivo'.

furufalla 1 (Ar.) f. *Conjunto de ramillas delgadas y hojas secas.* ≃ Hojarasca. 2 (Ar.) *Cosa que abulta pero tiene poco peso, sustancia o valor.* ≃ Hojarasca.

furúnculo (del lat. «furuncŭlus», bulto) m. MED. **Forúnculo.*

fusa (del it. «fusa») f. MÚS. *Figura musical cuya duración es la mitad de la semicorchea.

fusado, -a (de «fuso») adj. HERÁLD. *Se aplica al escudo o pieza cargado de husos.* ≃ Fuselado.

fusca[1] (Extr., Sal.) f. **Espesura de hojas y ramas.*

fusca[2] (de «fusco») f. **Pato negro.*

fusco, -a (del lat. «fuscus») adj. **Oscuro.*

fuselado, -a (del fr. «fuselé») adj. HERÁLD. *Fusado.*

fuselaje (del fr. «fuselage») m. Cuerpo o estructura central del *avión, en cuyo interior van los ocupantes.

fusentes adj. pl. *Se aplicaba a las aguas de la desembocadura del Guadalquivir cuando, en la marea baja, corrían hacia el mar.* ≃ Husentes.

fusibilidad f. Cualidad de fusible. ⊙ Grado de ella.

fusible (del b. lat. «fusibĭlis») 1 adj. Susceptible de fundirse o ser fundido. 2 m. Hilo metálico que se coloca en las instalaciones eléctricas de resistencia adecuada para que al paso de una corriente demasiado intensa, por ejemplo producida por un corto circuito, se funda e interrumpa con ello la corriente evitando averías en la instalación. ⊙ Dispositivo en que ese hilo va colocado. ⇒ Plomos.

fusiforme (del lat. «fusus», huso, y «-forme») adj. De *forma de huso.

fusil (del fr. «fusil») m. *Arma de fuego que usan los soldados de infantería, semejante a una escopeta, con un solo cañón y que dispara con bala. ⇒ Arcabuz, *carabina, cetme, choco, chopo, cuarterola, máuser, mosquete, mosquetón, rémington, retaco, rifle, tercerola. ➤ Cepote, cureña, escalaborne, fiel, punto. ➤ Pabellón. ➤ Portafusil. ➤ Aguja. ➤ Cantar. ➤ Terciar.

FUSIL SUBMARINO. Utensilio que lanza arpones bajo la superficie del agua.

V. «PIEDRA de fusil».

fúsil (del lat. «fusĭlis») adj. *Fusible.*

fusilamiento m. Acción de fusilar.

fusilar (de «fusil») 1 tr. *Ejecutar a ↘alguien con una descarga de fusilería. ⇒ Pasar por las ARMAS, llevar al PAREDÓN. 2 (inf.) Hacer una mala imitación de una ↘cosa. ⊙ Imitar una ↘obra literaria o coger trozos de ella para una propia.

fusilería f. Descarga simultánea de varios fusiles. ≃ DESCARGA de fusilería.

fusilero m. *Soldado de infantería armado con fusil.

FUSILERO DE MONTAÑA. *Soldado de tropa ligera.* ⇒ Miguelete.

fusión (del lat. «fusĭo, -ōnis») f. Acción de fundir[se] (derretir). ⊙ Estado de fundido: 'Materiales en fusión'. ⊙ Acción y efecto de fundir[se] (unir).

fusionar (de «fusión») tr. y prnl. recípr. *Unir[se], en sentido no material: 'Fusionar[se] dos partidos políticos'. ≃ Fundir.

fusionista n. *Partidario de la *unión de cosas tales como partidos o asociaciones.*

fusique (¿de un sup. «focicar» por «hocicar»?) m. *Utensilio para sorber el *tabaco en polvo.* ≃ Fosique.

fuslera (del lat. «fusilarĭa»; ant.) f. *Fruslera (cualquier acepción).*

fuslina (del lat. «fusĭlis») f. *Sitio destinado a la *fundición de minerales.*

fuso 1 (ant.) m. *Huso.* 2 HERÁLD. *Losange.*

fusor (del lat. «fusor, -ōris») m. *Recipiente o utensilio empleado para *fundir.*

fusta (del b. lat. «fusta») 1 f. *Conjunto de varas, ramas o leña delgada; como el formado por las que se cortan de los árboles al *podar.* 2 Vara delgada y flexible, con una correa sujeta a uno de sus extremos, que se emplea para estimular a las caballerías, pegándoles con la correa o haciéndola restallar en el aire. ≃ *Látigo. 3 *Cierto *barco de remos ligero, con uno o dos palos, que se empleaba como explorador.* 4 *Cierta *tela de lana.* 5 (Man.; pl.) *Cantidad que se paga al dueño de una rastrojera por que *pasten los ganados en ella.*

fustado, -a (del fr. «fusté») adj. HERÁLD. *Se aplica a los elementos que no son del mismo color en su totalidad.*

fustal m. *Fustán.*

fustán 1 m. **Tela gruesa de algodón, con pelo por una de sus caras.* ⇒ Bombasí, *franela, muletón. **2** (ant. y en C. Rica, Salv., Guat., Ven.) **Enagua (prenda interior que se lleva debajo de la falda desde la cintura).* **3** (Perú) *Combinación (prenda interior del vestido femenino que cuelga desde los hombros).*

fustaño m. *Fustán.*

fustazo m. Latigazo.

fuste (del lat. «fustis», bastón) **1** m. **Madera.* **2** **Vara.* **3** *Palo de la *lanza. **4** ARQ. Parte de la *columna, situada entre la basa y el capitel. ≃ Caña, caria, escapo. **5** *Cada una de las dos piezas de madera que tiene delante y detrás la *silla de montar.* ≃ Arzón. ⊙ (lit.) **Silla de caballo.* **6** Considerable *importancia o *categoría de una persona: 'Hombre de fuste'. ⊙ También se aplica a cosas: 'Una empresa de fuste'. **7** (Perú) *Combinación (prenda interior del vestido femenino que cuelga desde los hombros).*

fustero (del lat. «fustuarĭus»; ant.) m. **Carpintero o *tornero.*

fustete (del ár. «fustuq», ¿a través del cat. «fustet»?; *Cotinus coggygria)* m. Arbusto anacardiáceo de hojas y flores muy olorosas; el cocimiento de la madera sirve para teñir de amarillo las pieles. ⇒ *Planta.

fustíbalo (del lat. «fustibălus») m. ARTILL. *Máquina de guerra antigua.* ⇒ *Artillería.

fustigación f. Acción de fustigar.

fustigador, -a adj. y n. Que fustiga.

fustigar (del lat. tardío «fustigāre») **1** tr. Golpear a las ↘caballerías con la fusta. **2** *Censurar duramente ↘algo o a alguien con intención justa y ánimo de corregir.

fusto (de «fuste», madera; Hues.) m. **Madero de cinco a seis metros de longitud con una escuadría de 25 a 38 cm de tabla por 24 a 29 de canto.*

fustumbre (de «fuste»; ant.) f. *Fusta: conjunto de varas y palos.*

futbito (inf.) m. DEP. Variedad de *fútbol que se juega en un campo más pequeño y con menor número de jugadores. ≃ Fulbito.

fútbol o, menos frec., **futbol** (del ingl. «football», con «foot», pie, y «ball», pelota) m. Deporte en que juegan dos equipos formados por once jugadores cada uno, procurando cada equipo hacer entrar un balón en la portería del contrario sin tocarlo con las manos o los brazos.

FÚTBOL AMERICANO. *Deporte muy popular en Estados Unidos, semejante al rugby, en que los jugadores van provistos de casco y otras protecciones para el cuerpo.

FÚTBOL-SALA. Modalidad de *fútbol que se juega generalmente en un lugar cerrado, en un campo más pequeño de lo habitual, y con menor número de jugadores.

□ CATÁLOGO

Balompié. ➤ Futbito [o fulbito], FÚTBOL-sala. ➤ Blocar, centrar, chutar, despejar, disparar, driblar, hacer la ESTATUA, hacer [o meter] GOL, hacer la PARED, rasear, regatear, sacar, triangular. ➤ Arco, área, campo, césped, larguero, marco, meta, red, portería, poste, puerta, travesaño. ➤ Autogol, cañonazo, máximo CASTIGO, chilena, chupinazo, chute, córner, despeje, disparo, entrada, estirada, falta, finta, fuera de JUEGO, gol, GOLPE franco, internada, LEY de la ventaja, offside, órsay, palomita, paradiña, *penalty, pepinazo, plantillazo, regate, remate, saque, SAQUE de esquina, tijera, trallazo, vaselina. ➤ Cerrojo. ➤ Tiempo. ➤ Once. ➤ Ala, ariete, arquero, artillero, cancerbero, central, centrocampista, defensa, delantero [centro], extremo, futbolista, guardameta, guardavalla, interior, lateral, líbero, libre, mediapunta, mediocampista, portero, punta, rematador, regateador. ➤ Crack, goleador, pichichi. ➤ Aficionado, amateur, profesional. ➤ Entrenador, mister. ➤ Árbitro, JUEZ de línea, linier, referee, réferi, referí. ➤ Futbolero, hincha, hinchada, hooligan, tifosi. ➤ Fichar. ➤ Transfer. ➤ ¡Alirón!

futbolero, -a (inf.) adj. y n. Aficionado al fútbol.

futbolín m. Especie de mesa que representa un campo de fútbol, con unas barras transversales que accionan unas figurillas en forma de futbolista. ⊙ Juego que se practica con este dispositivo. ⇒ *Jugar.

futbolista n. Jugador de *fútbol.

futbolístico, -a adj. Del *fútbol.

futesa (del fr. «foutaise») f. **Chuchería, *insignificancia o *pequeñez:* 'Se contenta con cualquier futesa. Discuten por futesas'.

fútil (del lat. «futĭlis») adj. Poco fundado o poco serio: 'Una conversación [o una razón] fútil'. ≃ *Ligero.

futilidad 1 f. Cualidad de fútil. **2** Cosa fútil: 'Hablar de futilidades'.

futón (de or. jap.) m. Colchoneta plegable que puede utilizarse como asiento o como cama.

futraque (de «futre»; inf.) m. **Casaca o levita.*

futre (del fr. «foutre»; Hispam.) m. **Petimetre o persona vestida con atildamiento.*

futura (del lat. «futūra») f. *Derecho a la sucesión en un *beneficio o empleo que todavía no está vacante.*

futurario, -a f. *De la futura (sucesión).*

futurible 1 adj. y n. m. Se aplica al futuro supeditado a una condición determinada. **2** adj. y n. Aplicado a personas, que puede ser nombrada para cierto cargo.

futurición f. Condición de estar orientado hacia el futuro, como la vida humana.

futurismo m. Movimiento artístico y literario de principios del siglo XX que, proclamando la ruptura total con la cultura del pasado, exaltaba los valores que consideraba propios de la modernidad: movimiento, velocidad, maquinismo, etc.

futurista 1 adj. Del futurismo. ⊙ adj. y n. Seguidor de este movimiento artístico y literario. **2** adj. Que representa o evoca el futuro; particularmente, como resultado del avance científico o tecnológico: 'Este edificio tiene un diseño muy futurista'.

futuro, -a (del lat. «futūrus») **1** adj. Se aplica a lo que ocurrirá, existirá o será lo que expresa el nombre en tiempo que todavía no ha llegado: 'La paz futura. Mi futura suegra'. **2** m. Tiempo que ha de venir: 'Nadie sabe lo que nos reserva el futuro'. ≃ Porvenir. **3** GRAM. Tiempo del verbo con que se expresan las acciones que han de realizarse en tiempo que todavía no ha llegado. ⇒ Apénd. II, VERBO (conjugación y uso de los modos y tiempos verbales). **4** (abreviación de «futuro, -a esposo, -a»; tiende a relegarse al lenguaje popular esmerado) n. *Novio o novia formal: 'Me presentó a su futura'. ≃ Prometido. **5** (pl.) ECON. Bienes, especialmente materias primas, o productos financieros que se compran o se venden mediante un contrato que determina su entrega en una fecha futura a un precio determinado. ⊙ (pl.) ECON. Contrato basado en este sistema.

V. «MERCADO de futuros».

□ CATÁLOGO

El DÍA de mañana, el mañana, el porvenir, la posteridad. ➤ En adelante, más adelante, desde [o a partir de] AHORA, de aquí a, a la corta o a la larga, dentro de, después, de esta hecha, a partir de HOY, de HOY en adelante, mañana, pasado MAÑANA, más PRONTO o más tarde, en lo sucesivo, más TARDE o más temprano, trasmañana, en lo por VENIR, por ver, que viene, a la vuelta de. ➤ Advenidero, expectante, eventual, prospectivo, ulterior, venidero, venturo. ➤ En ciernes, larvado, en perspectiva, en potencia, a la vista. ➤ Futurible. ➤ Augurio, predicción. ➤ Presciencia. ➤ Futurición, prospectiva. ➤ DIOS dirá, que sea lo que DIOS quiera, PASE lo que quiera, lo que SEA sonará, al tiempo; y, si no, al TIEMPO; veremos.

futurología (de «futuro» y «-logía») f. Conjunto de investigaciones dirigidas a la predicción del futuro. ⇒ *Adivinar.

futurólogo, -a n. Persona que practica la futurología.

fututo (Pan.) m. *Fotuto.*

G

g[1] f. Séptima *letra del alfabeto, cuyo nombre es «ge». Ante «a, o» y «u» su articulación es velar oclusiva sonora, y, delante de la «e» o la «i», es velar oclusiva sorda, igual que la «j»; para que tenga delante de esas vocales el mismo sonido que en los demás casos, hay que intercalar en la escritura una «u»: 'pegué, águila'. Si en esta combinación de letras deben pronunciarse las tres, es preciso escribir la «u» con diéresis: 'cigüeña, pingüino'. Letra griega correspondiente, «gamma».

g[2] (pl. «g» o «gs») Abrev. de «*gramo», menos corriente que «gr».

g[3] Sonido imitativo que, solo (como en «gaznate» o «gola») o en el grupo «g...r...g», forma parte de un grupo numeroso de palabras relacionadas con la garganta o con los sonidos que se producen en ella.

Ga Símbolo químico del galio.

gabacha (de «gabacho»; Zam.) f. **Mantoncillo o *chal de paño que usan las aldeanas.*

gabachada f. Acción propia de gabacho.

gabacho (del occit. «gavach», persona que habla mal) **1** adj. y n. Se aplica a los naturales de varios pueblos de las faldas de los Pirineos. **2** (desp.) *Francés. ⊙ (desp.) m. Lengua francesa. **3** (desp.) *Lenguaje español plagado de *galicismos.* **4** (Ar.) adj. y n. **Cobarde. ⊙ Poco sufrido para el dolor físico o asustadizo o exageradamente impresionable ante él; por ejemplo, ante alguna pequeña operación dolorosa o cruenta que tiene que sufrir o presenciar.* **5** adj. *Se aplica a una *paloma grande calzada.*

gabán (¿del ár. «qabā»?) **1** m. **Capote con mangas, a veces con capucha, de paño fuerte.* **2** Prenda que se pone encima de los otros vestidos, para abrigarse por la calle. ≃ *Abrigo. **3** (P. Rico) *Americana (*chaqueta).*

gabarda (de or. prerromano; Ar.) f. **Escaramujo (rosal silvestre y fruto de él).*

gabardina (de «gabán» y «tabardina», dim. de «tabardo») **1** f. *Ropón o prenda de *vestir larga, de mangas ajustadas, que se pone sobre los otros vestidos, usada por los labradores de algunas comarcas.* **2** Prenda de vestir de forma de *abrigo, del tejido llamado «gabardina», con una entretela impermeable; de modo que se usa como *impermeable y como abrigo ligero. ⇒ Trinchera. **3** *Tela asargada de algodón o con trama de algodón, y urdimbre, que queda visible, de lana; se emplea para hacer la prenda llamada «gabardina», para trajes de verano, especialmente de hombre, etc.

A LA GABARDINA. Se aplica a ciertos alimentos que se sirven *rebozados: 'Gambas a la gabardina'.

gabarra (del vasc. «kabarra») **1** f. *Barco pequeño destinado a la carga y descarga en los puertos. **2** Embarcación de transporte, con cubierta, que se lleva remolcada o con vela y remos.

gabarro **1** m. **Nódulo en la masa de una roca.* **2** **Falta en un hilo de una *tela.* **3** VET. **Tumor que se les hace a las caballerías en la parte lateral y superior del casco.* **4** (ant.) **Pepita de las gallinas.* **5** CANT. *Pasta compuesta de pez, resina y piedra machacada, que se aplica en caliente para rellenar los fallos de las *piedras.* **6** *Falsedad cometida en una *cuenta, por *equivocación o malicia.* **7** **Obligación o *carga con que se recibe una cosa. ⊙ Incomodidad o *inconveniente que resulta de tener cierta cosa.* **8** (Sal.) *Abejón (insecto).* **9** (Sal.) **Holgazán.*

gabarrón (aum. de «gabarra») m. *Gabarra grande.*

gabarse (del occit. «gabar» o el fr. ant. «gaber»; ant.) prnl. **Jactarse.*

gabasa f. *Prostituta.* ≃ Bagasa.

gábata (del lat. «gabăta») f. **Escudilla que empleaban antiguamente para comer los soldados y galeotes.*

gabato, -a (And.) n. *Cría menor de un año de los *ciervos y las *liebres.*

gabazo m. *Bagazo (desperdicio del lino, etc.).*

gabejo (del sup. lat. «gabicŭlum», del celta «gab-», coger) m. **Haz pequeño de paja o de leña.*

gabela (del ár. «qabála», a través del it.) **1** f. Cualquier gravamen o *carga, o cualquier *pago que hay que hacer: 'Las gabelas que agobian al contribuyente. Hay que pagar en el colegio una porción de gabelas además de la mensualidad'. **2** (ant.) *Lugar donde se celebraban *espectáculos públicos.* **3** (Hispam.) **Provecho.*

gabelo m. **Entrecejo.*

gabera f. **Gradilla (molde para ladrillos y tapiales).* ≃ Gavera.

gabijón (de «gabejo») m. **Haz de paja de centeno después de separado el grano.*

gabina (And.; inf.) f. **Sombrero de copa.*

gabinete (del fr. medieval «gabinet», actual «cabinet») **1** m. *Habitación para recibir visitas, de menos importancia que la sala o el salón. ⊙ Habitación que, en las casas ya no modernas, forma conjunto con una alcoba de la cual está separada por una puerta ancha de cristales y a veces por columnas, en la cual está el balcón o ventana, mientras la alcoba es generalmente interior. **2** Local en que se guarda alguna *colección o con aparatos para realizar algún trabajo científico: 'Gabinete de estampas de la Biblioteca Nacional. Gabinete de física'. ⊙ *Local con el material e instalaciones necesarias para el ejercicio de ciertas profesiones: 'El gabinete de un psicólogo'. **3** *Conjunto de los ministros que forman el gobierno de un país. **4** (Col.) **Balcón acristalado.* **5** (Col., Guat., Méj., P. Rico, R. Dom., Ven.) *Armario de cocina.*

V. «CORREO de gabinete, CUESTIÓN de gabinete».

gabita (¿de or. gótico?; Ast.) f. *Yunta de *encuarte o refuerzo.*

gablete (del fr. «gablet») **1** m. ARQ. *Frontón rematado en ángulo agudo. **2** ARQ. *Remate en la misma forma sobre cualquier elemento arquitectónico.

gabonés, -a adj. y, aplicado a personas, también n. De Gabón.

gabote (Ar.) m. **Volante (juguete).*

gabrieles (inf.) m. pl. *Garbanzos del cocido.

gabuzo (León, Zam.) m. *Vara seca de brezo que, colocada verticalmente y encendida por el extremo inferior, se emplea para dar *luz.*

gacel (del ár. and. «ġazíl») m. *Gacela macho.*

gacela (del ár. and. «ġazál»»; género *Gazella)* f. Antílope pequeño, gracioso y con las astas encorvadas en forma de lira. ⊙ (n. calif. o en comparaciones) *Mujer esbelta y grácil o dulce y amorosa.

gaceta[1] (del fr. «cassette») f. *Caja refractaria en que se colocan dentro del horno los baldosines que han de cocerse.*

gaceta[2] (del it. «gazzetta») **1** f. Nombre que se aplicaba antiguamente a los *periódicos. Actualmente se aplica a algunos periódicos de noticias como nombre particular. ⊙ Era el nombre del periódico oficial donde se publicaban las *leyes y disposiciones del gobierno español, luego llamado «Boletín Oficial del Estado». **2** (inf.) Persona *enterada de todo lo que pasa. **3** (inf.) *Correveidile.*

gacetero, -a n. *Persona que escribe para las gacetas o que las vende.*

gacetilla (dim. de «gaceta[2]») **1** f. Parte del *periódico en que se insertan noticias breves. ⊙ Cada una de estas noticias. **2** (inf.) Correveidile.

gacetillero, -a n. *Periodista que redacta las gacetillas. ⊙ (inf.) Periodista.

gacetista **1** n. *Lector asiduo de gacetas.* **2** *Persona *enterada de las *noticias y que las cuenta.*

gacha **1** f. pl. Comida hecha con harina de cualquier clase cocida con agua, de modo que resulta una masa blanda, y condimentada de alguna manera. Particularmente, la hecha con harina de almortas ≃ *Papilla. ⇒ Álica, atalvina, atole, atolillo, catete, catibía, champuz, chorote, cupilca, empuches, farinetas, fariña, farrapas, fresada, funche, hormigo, mañoco, mazamorra, mote, papas, papilla, poleadas, polenta, puches, sanco, sango, sucu, talvina, ulpo, zahínas. ➤ Crimno. **2** (inf.) *Masa semejante, aunque no sea comestible; por ejemplo, *barro muy blando formado en el suelo.* **3** (And.) **Zalamerías.* **4** (Hispam.) f. **Cuenco o *escudilla.*

gachapo (Ast., León) m. *Recipiente en que lleva el *segador la piedra de afilar la guadaña.*

gachas A GACHAS. A gatas: referido a la manera de *andar una persona, poniendo en el suelo las manos y los pies o las rodillas.

gaché (caló) **1** m. *Entre gitanos, *andaluz.* **2** (And. y difundido en otros sitios como andalucismo; pop.) *Hombre. ⊙ *Amante o *novio de una mujer. ⇒ Gachí, gachó.

gacheta[1] (dim. de «gacha») f. **Engrudo.*

gacheta[2] (del fr. «gâchette») **1** f. *Pieza de las cerraduras que sujeta el pestillo y lo detiene en cierto punto.* ≃ Cacheta. **2** *Diente de los de la cola del pestillo, donde se detiene la gacheta.*

gachí (caló, f. de «gachó»; And. y difundido como andalucismo en otros sitios) f. *Mujer o muchacha; se emplea, por ejemplo, al requebrarlas o al referirse a ellas los hombres: 'Esa gachí morena'.

gacho, -a (de «agachar») adj. Inclinado o doblado hacia abajo: 'Con la cabeza gacha. Un sombrero de alas gachas'. ⊙ *Se aplica, por oposición a «despapado», al *caballo o yegua que mete el hocico contra el pecho.* ⇒ Enfrenar. ⊙ *También, a los *cuernos doblados hacia abajo.*

V. «con las OREJAS gachas, SOMBRERO gacho».

gachó (caló; And., pop.; achulado en otros sitios) m. Se emplea como apelativo despectivo, igual que «*hombre, chico, tío» o «tipo», para llamar o designar, en exclamaciones o en expresiones despectivas: 'Ese gachó que está ahí. ¿Qué se habrá creído ese gachó? ¡Gachó, qué chasco!'. ⇒ Gaché, gachí.

gachón, -a (de «gacha») **1** adj. *Aplicado a personas, *gracioso, *atractivo o dulce.* **2** (inf. o vulg.) *Aplicado a personas, y particularmente a mujeres, incitante sexualmente.* ≃ *Provocativa. **3** (And.) *Aplicado a niños, mimado.*

gachonada o **gachonería** **1** f. *Cualidad de gachón.* **2** (And.) **Lisonja o *zalamería.*

gachumbo (Hispam.) m. *Corteza dura de algunos frutos, particularmente de las *calabazas, con la cual se hacen *vasijas.* ⇒ Bombón, bototo, cachumbo, calabacino, *calabaza, camaza, catabre, catabro, catauro, cumba, cumbo, curuguá, galleta, guacal, guaje, güira, mate, nambira, tabo, tapara, tecomate, tol, totuma.

gachupín (de «cachupín»; Hispam.) m. **Cachupín: español en un país hispanoamericano.* ⊙ *En Méjico, por lo menos, se establece una distinción, llamando así a los que ya estaban establecidos con anterioridad a la última guerra civil española, pero no a los exiliados de ésta.*

gacilla (dim. de «gaza». C. Rica) f. **Imperdible.*

gadejón m. *Cada *haz de leña de los que forman la carga.*

gádido adj. y n. m. ZOOL. *Se aplica a los *peces de una familia a la que pertenecen el bacalao, la faneca, la merluza, etc.* ⊙ m. pl. ZOOL. *Esa familia.*

gadiforme adj. y n. m. ZOOL. *Se aplica a los *peces teleósteos marinos del orden al que pertenece el bacalao y la merluza, que tienen el cuerpo alargado, la aleta dorsal dividida en varias porciones y la aleta anal sin radios espinosos.* ⊙ m. pl. ZOOL. *Orden que forman.*

gaditano, -a adj. y, aplicado a personas, también n. De Cádiz, ciudad y provincia española.

gadolinio m. *Elemento metálico del grupo de los de «tierras raras», n.º atómico 64. Símb.: «Gd».

gaélico (del ingl. «Gaelic») adj. y n. m. Se aplica a los dialectos célticos que se hablan en Irlanda, Escocia y la isla de Man. ⇒ *Lengua.

gafa (¿del cat. «gafa»?) **1** f. *En general, *gancho, o alambre o varilla doblado en forma que sirve para *agarrar o *sujetar algo.* ⊙ *El empleado para atraer la cuerda de la *ballesta para armarla.* ⊙ CONSTR. *Cada uno de los dos ganchos que cuelgan de una cuerda para *subir y bajar materiales en las obras.* ⊙ *Cada uno de los apéndices o «patillas» con que se sujetan sobre las *rejas los anteojos o *lentes llamados «gafas».* ⇒ Agafar. **2** **Grapa.* **3** MAR. *Especie de *tenaza que se emplea para suspender objetos pesados.* **4** *Tablilla que se cuelga de la barandilla de la mesa de *billar mediante dos ganchos, que sirve para apoyar la mano izquierda a fin de jugar la bola que está entronerada.* **5** f. pl., a veces sing. Conjunto de dos lentes montadas en una armadura que se apoya sobre la nariz y mediante dos varillas, sobre las orejas. ⇒ Anteojos, espejuelos, lentes. ➤ Montura, patilla. ➤ Bifocal. ➤ Gafotas, gafudo, cuatro OJOS. ⊙ Objeto parecido a unas gafas, de uno o dos cristales, que sirve para proteger los ojos; como el que usan los buceadores.

gafado, -a Participio de «gafar». ⊙ adj. Con mala suerte.

gafar[1] (de «gafa») **1** tr. *Arrebatar ↘algo con las uñas o algún instrumento corvo.* ⇒ *Agarrar. **2** **Lañar; especialmente, un ↘objeto de cerámica.*

gafar[2] (de «gafe»; inf.) tr. Traer mala suerte a ↘alguien o algo. Se usa más «estar gafado».

gafarrón (Ar., Mur.) m. **Pardillo (pájaro).*

gafe (relac. con «gafa») **1** (inf.) adj. y n. m. Se aplica a la persona a quien se atribuye que trae mala suerte o *desgracia con su presencia. **2** (inf.) m. Mala suerte.

gafedad 1 f. *Cualidad de gafo.* **2** MED. **Lepra en que los dedos de las manos y los pies se mantienen encorvados.*

gafete (dim. de «gafa») m. **Corchete de abrochar.*

gafetí (del ár. «gāfitī») m. **Eupatorio (especie de agrimonia, planta).*

gafez (ant.) f. *Gafedad.*

gafo, -a (relac. con «gafa») **1** adj. y n. *Se aplica a la persona que tiene encorvados y agarrotados los dedos de las *manos y los *pies.* **2** *Se aplica al que padece la *lepra en que se ponen así los dedos y que se llama «gafedad».* ⇒ Engafecer. **3** (Col., C. Rica, P. Rico) adj. *Se aplica a la *caballería que tiene irritados y doloridos los cascos por haber andado sin herraduras.*

gafoso, -a (ant.) adj. *Gafo.*

gafotas (inf. y desp.) n. Persona que usa gafas.

gafudo, -a (inf. y desp.) n. Gafotas.

gag (ingl.; pl. «gags») m. *Añadido de su propia cosecha introducido por un actor en su papel para hacer reír.* ⊙ Situación cómica, particularmente la de una película o la representada en el escenario por un humorista. ⇒ *Cine, *teatro.

gagá (inf.) adj. Se aplica a la persona que, a causa de la edad, da muestras de decadencia física o mental. ≃ Caduco, chocho.

gagate (ant.) m. *Gagates.*

gagates (del lat. «gagātes», del gr. «gagátēs»; ant.) m. **Azabache.*

gago, -a (de or. expresivo; ant., usado aún en Hispam) adj. **Tartamudo.*

gaguear 1 (más frec. en Hispam.) intr. *Tartamudear.* **2** (Sal.; en forma pronominal pasiva o impersonal «se») *Empezar a decirse cierta cosa entre la gente.* ≃ Rumorearse.

gaguera (Hispam.) f. *Tartamudez.*

gaicano (relac. con «guaicán») m. **Rémora (pez).*

gaita (¿del gót. «gaits», cabra, porque el fuelle de la gaita está hecho de piel de este animal?) **1** f. *Flauta de poco menos de medio metro, semejante a la chirimía, que, acompañada de tamboril, se usa mucho en los festejos de los pueblos. **2** Entre personas poco entendidas en los nombres de la gran variedad de instrumentos de viento que se tocan con la boca, cualquier instrumento semejante a una *corneta o una *trompeta. **3** Instrumento musical de viento provisto de una bolsa que se hincha soplando en ella, la cual suministra el aire al tubo o tubos que suenan: 'Gaita gallega'. **4** (inf.) Cuello: 'Estirar la gaita'. **5** (ant.) **Lavativa.* **6** (inf.; n. calif.; «Estar hecho una») Persona *achacosa o enfermiza. **7** (inf.) Cosa que *fastidia o *molesta: '¡Vaya una gaita, tener que rehacer el trabajo!'. ≃ Lata.

TEMPLAR GAITAS. Usar miramientos o contemplaciones para que no se disguste alguien predispuesto a ello: 'No estoy para templar gaitas'.

gaitería f. *Vestido o adorno gaitero.*

gaitero, -a 1 n. Persona que toca la gaita. **2** adj. *Aplicado a cosas, *chillón: de colores muy vivos o combinados estridentemente.* **3** *Aplicado a personas, bufo: impropio o ridículamente alegre o *cómico.*

gaje (del fr. «gage», prenda, sueldo) **1** m. *Prenda que se daba en señal de estar aceptado un *desafío.* **2** (ant.) m. pl. **Sueldo que pagaba un soberano a sus servidores o a los soldados.* **3** *Retribución que se cobra en un empleo. ≃ Emolumentos. ⊙ Generalmente, se aplica a las cantidades que se cobran además del sueldo principal. ⇒ DERECHOS obvencionales, dietas, doña, gratificación, obvención, PAGA extraordinaria, regalía, sobresueldo.

GAJES DEL OFICIO. Frase irónica con que se alude a las *molestias, *inconvenientes o *contratiempos que lleva consigo un empleo u ocupación.

gajo (del sup. lat. vulg. «gallĕus», a manera de galla) **1** m. *Ramal de una cordillera.* **2** *Cada *punta de las horcas, *bieldos y utensilios semejantes.* **3** *Racimillo de *uva desprendido de uno grande.* ⊙ *Racimo de cualquier fruta.* **4** **Rama desprendida de un árbol.* ⇒ Desgajar. **5** (Arg.) **Esqueje.* **6** Cada una de las partes en que están divididas interiormente mediante membranas algunas frutas y *frutos; como las naranjas, las nueces o las granadas. ⇒ Escuezno. **7** *Casco de *cebolla.* **8** BOT. **Lóbulo (división de una hoja).* **9** (Hond.) **Mechón de pelo.*

gajorro 1 (And.) m. **Garganta.* **2** (And.) *Pieza de masa frita hecha con harina, huevos y miel.* ≃ Gañote, gaznate. ⇒ *MASA frita.

gal n. Miembro de la organización terrorista GAL (Grupo Antiterrorista de Liberación).

gala (del fr. ant. «gale», placer, diversión) **1** (gralm. pl.) f. Cosa que añade belleza o da aspecto de riqueza o esplendor a otra en que se pone o está: 'Aún no han retirado del salón las galas de la última fiesta. Esa muchacha es la gala del pueblo'. ≃ *Adorno, ornato. ⇒ Engalanar. ⊙ (pl.) Particularmente, vestimenta rica y elegante: 'Se puso sus mejores galas para ir al baile'. **2** Fiesta o ceremonia para la que se exige una vestimenta de este tipo. **3** Se denomina así a cierto tipo de actuaciones artísticas; por ejemplo, la de un cantante solista. **4** (Sal.; pl.) **Flores silvestres o de plantas herbáceas.* **5** **Gracia o *garbo en algo que se hace o dice.* **6** (pl.) **Regalos de boda.* **7** (ant., usado aún en Méj.) *Regalo de una moneda de poco valor a alguien que ha hecho bien una cosa.* ⇒ *Propina.

GALA DE FRANCIA. **Balsamina (planta balsaminácea).*

DE GALA. Se aplica a los vestidos más ricos o elegantes que los que se usan ordinariamente, que se llevan en fiestas y ocasiones *solemnes. ⊙ Específicamente, al *uniforme de esa clase de los militares. ⊙ («Ir») Con traje o uniforme de esa clase.

DE MEDIA GALA. Se dice del uniforme al que le falta alguno de los aditamentos que caracterizan al de gala y se usa en ocasiones menos solemnes.

V. «DÍA de gala».

HACER GALA de cierta cosa. Mostrarla para que sea apreciada por los demás: 'Hizo gala de su gran sentido del humor'.

TENER A GALA cierta cosa. Estar o mostrarse satisfecho de algo que se hace o de la situación en que se está. ⇒ *Enorgullecerse.

galaadita adj. y n. Se aplica a los naturales del país de Galaad, en Palestina. ⇒ *Biblia.

galabardera (relac. con «gabarda») f. **Escaramujo (rosal silvestre y su fruto).*

galacho (Ar.) m. **Barranco o hendidura que excavan las aguas al correr por una pendiente.*

galáctico, -a (del gr. «galaktikós», lechoso) adj. De [la, las] galaxia[s] o de la Vía Láctea.

galactita o, no frec., **galactites** (del lat. «galactītes», del gr. «galaktítēs», de leche) f. *Greda. ≃ Galaxia.

galactófago, -a (del gr. «gála, -aktos», leche, y «-fago») adj. y n. *Se aplica al animal que se *alimenta de leche.*

galactómetro (del gr. «gála, -aktos», leche, y «-metro») m. *Utensilio que se utiliza para medir la densidad de la leche.* ≃ Lactómetro.

galactorrea (del gr. «gála, -aktos», leche, y «-rrea») f. *Secreción de *leche excesiva en la hembra que cría.* ⇒ Poligalia.

galactosa (del gr. «gála, -aktos», leche, y «-osa») f. QUÍM. *Azúcar resultante de la hidrólisis de la lactosa.

galafate (de «calafate») **1** m. **Ladrón que roba con astucia.* **2** (ant.) **Alguacil (empleado subalterno de justicia).* **3** (ant.) **Porteador o *recadero a quien se encargaba llevar recados o cargas de un sitio a otro.* ≃ Ganapán.

galaico, -a (del lat. «Gallaĭcus») **1** adj. y, aplicado a personas, también n. Se aplica a un antiguo pueblo que habitaba en la actual Galicia y norte de Portugal, y a sus cosas. **2** (culto) adj. Gallego: 'Cordillera galaica. Dialecto galaico. Literatura galaica'.

galaicoportugués, -a adj. y n. m. Se aplica a la lengua romance medieval de la que proceden el gallego y el portugués, y a sus cosas: 'Lírica galaicoportuguesa'.

galalita (n. comercial, del gr. «gála», leche, y «-lito», ¿a través del fr. «galalithe»?) f. *Cierto material *plástico fabricado con caseína.*

galamero, -a (relac. con «lamer») adj. *Goloso.*

galamperna (Ál.) f. *Cierto *hongo comestible, de color pardo.*

galán (del fr. «galant») **1** adj. Apóc. de «galano». **2** m. Hombre apuesto. **3** (gralm. hum.) Con respecto a una mujer, su *novio o el hombre que la *galantea: 'Te espera tu galán'. **4** **Actor que en el teatro hace papeles serios que no corresponden al «barba».* **5** Actor que hace papeles de hombre seductor.

V. «CUENTAS galanas».

GALÁN DE DÍA *(Cestrum diurnum)*. Arbusto solanáceo de hojas gruesas y flores blancas, originario de América tropical. ⇒ *Planta.

G. DE NOCHE. **1** *(Cestrum nocturnum)* Arbusto solanáceo nativo de América tropical, de flores blancuzcas muy olorosas por la noche. **2** *(Ipomoea bona-nox) Planta convolvulácea de flores grandes blancas, muy olorosas, que se abren por la noche, propio de América tropical.* **3** Perchero con pie, de forma adecuada para dejar el traje.

MÁS GALÁN QUE MINGO. *Muy *arreglado o acicalado.*

V. «PATA galana».

galana (de «galano»; Sal.) f. *Cualquier flor de forma de margarita o planta que la da.* ≃ *Margarita.

galanamente adv. *Con gala o galanura.*

galancete **1** m. Desp. de «galán». **2** **Actor que representa papeles de galán joven.*

galanga (del ár. «ẖalanǧān» o «ẖūlanǧān», a través del lat. cient.) **1** *(Alpinia officinarum)* f. *Planta cingiberácea cuyo rizoma se usaba antiguamente en medicina. ⊙ Rizoma de esta planta. **2** **Orinal de cama.* ≃ Chata.

galanía (de «galán»; ant.) f. *Galanura.*

galano, -a (de «galán») **1** adj. De hermoso o agradable aspecto. ⊙ Bien vestido y *arreglado. ⊙ Aplicado a plantas, *lozano. ⊙ Aplicado al *estilo o a lo que se dice o escribe, gracioso o ingenioso y fácil o fluido: 'Una comparación [o una historia] galana'. **2** (Cuba) *Se aplica a la *res de dos colores.*

galante (del fr. «galant») **1** adj. *Amable y fino, especialmente con las mujeres. ≃ Atento, obsequioso. **2** Aplicado a «anécdota, historia», etc., de asunto amoroso con algo de picardía: 'Es muy aficionado a las historias galantes'. ⇒ Pecaminoso, picante, verde.

V. «MUJER galante».

galanteador adj. Se aplica al hombre aficionado a galantear a las mujeres.

galantear (de «galante») **1** tr. *Cortejar un hombre a una ↘mujer o mostrarse amable con una o en general con las mujeres. ⇒ Chicolear, coquetear, donear, flirtear, garzonear, mariposear, obsequiar, piñonear, servir, tontear. ➤ Chichisbeo, coqueteo, flirteo, galanteo, quillotro. ➤ Galán, galanteador, garzón, mariposeador, mariposón, moscardón, remoquete. **2** **Pretender algo de una ↘persona y mostrarse amable con ella.* **3** (ant.) *Engalanar.*

galantemente adv. Con galantería.

galanteo m. Acción de galantear.

galantería **1** f. Cualidad de galante: amabilidad; ahora se entiende generalmente hacia las mujeres. ⊙ Dicho o hecho con que se muestra amabilidad. **2** (ant.) **Gracia o elegancia de algunas cosas.* **3** *Generosidad.*

galantina (del fr. «galantine») f. *Guiso de un animal pequeño o un trozo de carne adecuado que se rellena con un picado de diversas viandas en las que entra carne de otro animal exquisito y se cuece o sirve con gelatina. ⊙ Se come también en fiambre.

galanura **1** f. Cualidad de galán o galano. ⊙ Se aplica particularmente a lo que se dice o escribe: 'Galanura de concepto [o de estilo]'. **2** *Gala: *adorno vistoso.*

galapagar m. Sitio en que abundan los galápagos.

galápago (de or. prerromano) **1** m. Nombre que se da a varios reptiles quelonios de vida acuática, con membranas interdigitales y las extremidades y la cabeza completamente retráctiles dentro del caparazón. ⇒ *Tortuga. **2** MIL. *Protección que formaban antiguamente los soldados juntando los escudos sobre sus cabezas.* ≃ *Testudo. ⇒ *Arma (grupo de las defensivas). **3** MIL. *Defensa con que se protegían antiguamente los soldados para acercarse a los muros, consistente en una especie de barracón cubierto por arriba de pieles.* **4** **Molde de hacer tejas.* ⇒ *Gradilla. **5** CONSTR. *Revestimiento interior que se hace en los lugares subterráneos para contener el empuje de las tierras.* **6** CONSTR. **Cimbra pequeña.* **7** CONSTR. *Pella de yeso que se echa en los ángulos salientes de un *te-*

jado. **8** *Trozo cuadrado de gasa o trapo que se corta diagonalmente desde las cuatro esquinas sin llegar al centro, a fin de poder acomodarlo para vendar, por ejemplo, la punta de un dedo.* **9** **Silla de montar a la inglesa, ligera y sin ningún resalto.* **10** (Hispam.) **Silla de montar para mujer.* **11** VET. *Secreción anormal de materia córnea en el casco del caballo o del burro.* **12** **Lingote corto de *plomo, *estaño o *cobre.* **13** MAR. *Trozo de madera fijo a uno y otro lado de la cruz de una verga para sujetar la cuerda del aparejo.* **14** AGR. *Dental del *arado.* **15** *Utensilio que sirve para *sujetar una pieza que se trabaja; por ejemplo, barra acodillada con que se sujetan las piezas al banco, o la prensa en que metían el cañón antiguamente los fabricantes de armas para barrenarlo.* **16** **Polea achatada por un lado para poder fijarla a un madero.* **17** (Sal.) *Trozo de cuero con que se tapa la abertura de las botas para que no entre el agua.* ⇒ *Lengüeta.

V. «tener más CONCHAS que un galápago».

galapaguera f. *Sitio en que se conservan galápagos vivos.*

galapatillo (Arg.) m. *Cierto insecto *hemíptero que ataca a la espiga del trigo.*

galapero (de «guadapero»; Extr.) m. **Peral silvestre.* ≃ Guadapero.

galapo m. *Pieza esférica de madera con estrías, donde se ponen los hilos o cordones que se han de torcer para formar otros más gruesos.* ⇒ *Cuerda.

galardón (de «gualardón») m. Recompensa honorífica por un mérito. ≃ *Premio, gualardón.

galardonado, -a Participio adjetivo de «galardonar». ⊙ n. Persona distinguida con un galardón.

galardonar («con») tr. Conceder un galardón a ↘alguien.

gálata adj. y, aplicado a personas, también n. De Galacia, antigua región de Asia Menor.

galatites f. **Greda.* ≃ Galactites.

galavardo (ant.) m. *Hombre *alto, *desgarbado, de aspecto *descuidado e *inútil para el trabajo.*

galaxia (del lat. «galaxĭas», del gr. «galaxías», lácteo) **1** («La»; gralm. con mayúsc.) f. ASTRON. La Vía Láctea. **2** ASTRON. Cualquier gran concentración de estrellas agrupadas en una zona del espacio por efecto de la atracción gravitatoria. ⇒ *Constelación. **3** **Greda.* ≃ Galactita.

galayo (¿de or. prerromano?; en las serranías de Murcia y Cazorla) m. *Prominencia de roca pelada.* ⇒ *Peñasco.

galbana (inf.) f. *Pereza; particularmente, cuando es circunstancial.

galbanado, -a adj. *Del *color del gálbano (gris amarillento).*

gálbano (del lat. «galbănum») m. **Gomorresina de una planta umbelífera que se ha utilizado en medicina y entra en la composición de un perfume que quemaban los *judíos ante el altar de oro.* ⇒ Quina.

gálbula o **gálbulo** (del lat. «galbŭlus», dim. de «galbus», de color verde pálido) f. o m. BOT. *Fruto del *ciprés y otras cupresáceas. ≃ Piñuela.

galce **1** (Ar.) m. *Gárgol (ranura hecha para *ensamblar).* **2** (Ar.) *Marco o aro.*

galdido, -a (¿de «gandido», con influencia de «galdudo»?) adj. **Pobre.* ≃ Gandido.

galdón m. **Alcaudón.*

galdosiano, -a adj. De Galdós como autor literario. ⊙ Propio o característico de Galdós.

galdrope m. **Cabo con que se mueve la caña del *timón.*

galdrufa (del cat. «baldrufa»; Ar.) f. **Trompa (juguete).*

galdudo, -a (ant.) adj. *Galdido.*

galea (del gr. bizantino «galéa», tiburón; ant.) f. *Galera.*

gálea (del lat. «galĕa») f. *Casco de los soldados *romanos.

galeana (Sal.) adj. y n. f. *Se aplica a una variedad de *uva blanca de grano grueso y redondo.*

galeato (del lat. «galeātus», cubierto con casco o celada) adj. *Se aplica al prólogo o introducción de una obra que tiene por objeto defenderla de posibles objeciones.*

galeaza (aum. de «galea») f. **Barco, el mayor de los que se usaban de remos y* velas.

galega (del gr. «gála», leche, y «aíx, aigós», cabra; *Galega officinalis*) f. *Planta leguminosa que se ha empleado en medicina y se cultiva en los jardines. ≃ RUDA cabruna.

galena (del lat. «galēna», del gr. «galḗnē») f. Sulfuro de plomo que existe natural, cristalizado en cubos; es el más importante de los *minerales de *plomo. ≃ Alcohol, soroche. ⊙ RAD. Trozo de este mineral utilizado en los receptores llamados «de galena».

GALENA ARGENTÍFERA. La que contiene plata.

galénico, -a adj. *De las doctrinas de Galeno (célebre médico griego).*

galenismo m. *Doctrina del médico griego Galeno.*

galenista adj. y n. *Seguidor de la doctrina del médico griego Galeno.*

galeno[1] (del célebre médico griego «Claudio Galeno»; gralm. en tono jocosamente culto) m. Médico.

galeno[2], **-a** (del gr. «galēnós», tranquilo) adj. MAR. *Se aplica al *viento suave.*

gáleo (del lat. «galĕos», del gr. «galeós») m. **Cazón (pez).*

galeón (aum. de «galea») **1** m. Cierto *barco de vela antiguo, semejante a la galera. ⊙ Particularmente, barco español de los que hacían el comercio con América en los siglos XV a XVII. **2** (And.) **Cobertizo o *depósito.* ≃ Nave. ⇒ Galera, galerón.

galeota (de «galea») f. *Galera pequeña, de dieciséis a veinte remos por banda y un solo hombre para cada uno.*

galeote (de «galea») m. *Condenado que remaba en las *galeras.

galera (de «galea») **1** f. *Barco antiguo de vela y remo. ⇒ Galea, galeón, galeota. ⊙ Barco de esa clase, perteneciente al rey, en que se hacía remar a los penados. ⇒ Artimón, branza, corrulla, corulla, escálamo, gavia, remiche. ➤ Alier, bagarino, bogavante, buenaboya, cómitre, cuatralbo, espalder. ➤ Cadena, cuerda. ➤ Gábata, costra. ➤ Corbacho, rebenque. ➤ Hacer FUERARROPA. ➤ Agalerar. **2** (pl.; sin artículo: 'condenar a galeras') *Castigo que se imponía antiguamente, consistente en remar en las galeras reales. ≃ Remo. **3** (género *Squilla*) Cierto *crustáceo de cuerpo alargado y caparazón corto y con el primer par de patas muy desarrollado. **4** **Carruaje parecido a la tartana, con cuatro ruedas.* ⇒ Bigotera. **5** **Cárcel de mujeres.* **6** AGRÁF. Tabla en que el cajista colocaba las líneas para formar la galerada. **7** (Hispam.) **Cobertizo o *depósito.* ≃ Nave. **8** MAT. *Conjunto de las dos rayas que forman el ángulo en que se coloca el divisor cuando se va a hacer una *división.* **9** CARP. *Garlopa grande.* **10** (Hispam.) **Sombrero de copa.* **11** MINER. *Fila de *hornos de reverbero en que se colocan varias retortas que se calientan con el mismo fuego.* **12** *Sala de *hospital.*

GALERA BASTARDA. *Galera (barco) más fuerte que la ordinaria.*

galerada **1** f. AGRÁF. Trozo ya compuesto en una galera o un galerín. **2** AGRÁF. Impresión de un trozo, a veces sin dividir en páginas, destinado a ser corregido antes de imprimirlo definitivamente. ≃ Prueba.

galerero m. *Hombre que lleva una galera (carruaje).*

galería (del b. lat. «galilaea», pórtico) **1** f. Pasillo abierto al exterior o con vidrieras, a veces con columnas, situado a la altura de la planta baja o de otro piso, en un *edificio. Puede sobresalir del muro como un balcón corrido ancho. ≃ Corredor. ⇒ Ándito, antuzano, *arcada, *atrio, azaquefa, calcídico, claustro, columnata, compás, corredor, crujía, galilea, logia, lonja, panda, *pasillo, perÍbolo, porche, portegado, *pórtico, pronaos, propileo, soportal, sopórtico, triforio, vestecha. **2** GALERÍA cubierta. **3** MAR. *Balcón de los dos situados a uno y otro lado de la popa de un *barco.* **4** MAR. *Espacio de proa a popa en el centro de la cubierta de un barco.* ≃ Crujía. **5** Galería o local de otra forma destinado a *exposición, permanente o renovable, de objetos de arte o de *colecciones de otra clase: 'Galería de pinturas [o de arte]'. ⊙ *Exposición, particularmente de pinturas. **6** Anfiteatro más alto de los *teatros, donde están las localidades más baratas. ⇒ Gallinero, paraíso. **7** Público que ocupa esas localidades. ⊙ Por extensión, *gente, vulgo, que aprueba o desaprueba los actos públicos de alguien: 'Ha hecho un discurso para la galería. Buscar los aplausos de la galería'. **8** Camino *subterráneo excavado, por ejemplo, para alumbrar minerales o aguas o con fines militares. ⇒ Caño, cimbre, comunicación, corredor, mina, pasadizo, pasillo, paso, traviesa, túnel. ➤ Emboquillar, excavar. **9** MIL. *Camino construido para aproximarse a una plaza, con maderos clavados en el suelo por los lados, y tablas cubiertas de alguna materia poco combustible, por arriba.* ⇒ *Fortificar. **10** *Remate de columnitas y arcos en la parte superior de un *mueble.* **11** Armazón de madera que se coloca sobre las puertas o ventanas, a veces con un fleco o una colgadura estrecha cubriéndolo o adornándolo, del cual penden los cortinajes. ≃ Pabellón.

GALERÍA DE ALIMENTACIÓN. Centro comercial con diversos puestos de comestibles. ⊙ Pequeño supermercado. ⇒ *Tienda.

G. COMERCIAL. Centro comercial formado por una serie de *tiendas en los que se venden diversas clases de artículos.

G. CUBIERTA. Construcción prehistórica consistente en un pasillo formado por dos filas de piedras que soportan otras horizontales que forman un techo.

DE CARA A LA GALERÍA [O PARA LA GALERÍA]. Se aplica a la actitud de una persona que busca únicamente la aprobación de los demás: 'Hizo unas declaraciones de cara a la galería'.

galerín m. AGRÁF. Tablilla o listón de metal en que el cajista iba formando las líneas para llenar la galera.

galerista n. Propietario o encargado de una galería de arte.

galerita (del lat. «galerīta») f. **Cogujada (pájaro).*

galerna (del fr. «galerne») f. *Viento fuerte del noroeste que sopla en el Cantábrico.

galerno m. *Galerna.*

galero (Cantb.) m. *Especie de *sombrero chambergo.*

galerón (de «galera») **1** (Hispam.) m. *Romance vulgar que se canta en una especie de recitado.* **2** (Col., Ven.) *Aire popular al son del cual se *danzan cuartetas y seguidillas.* **3** (C. Rica, Salv.) **Cobertizo o *depósito.* ≃ Nave.

galés, -a adj. y, aplicado personas, también n. De Gales. ⊙ m. Lengua céltica hablada principalmente en Gales. ⇒ Cambriano.

galfarro (¿del sup. célt. «garra», pantorrilla?) **1** (León) m. **Gavilán (ave rapaz).* **2** (ant.) *Empleado subalterno de justicia.* ⇒ *Alguacil. **3** *Hombre ocioso y de mala vida.* ≃ *Vagabundo.

galga[1] f. *Cada una de las *cintas del *calzado de las mujeres con las que se sujeta a la pierna.*

galga[2] (del fr. «gale», sarne) f. **Erupción cutánea que se hace en el cuello, por falta de limpieza.*

galga[3] (del flamenco «galg», viga) **1** f. *Palo atado por sus extremos a la caja del *carro, que sirve de *freno.* **2** **Andas o féretro en que se lleva a *enterrar a los pobres.* **3** MAR. *Anclote u orinque con que se refuerza el *ancla.* **4** MAR. *Refuerzo consistente en un *cabo grueso atado por un extremo a la cruz del ancla y por el otro a un noray.* ⇒ Engalgar. **5** (pl.) MINER. *Par de palos que se apoyan en el hastial de una *mina y sirven para sostener un *torno de mano.*

galga[4] (de «galgo») **1** (Hond.) f. **Hormiga amarilla que anda muy velozmente.* **2** **Piedra grande que, desprendida, baja rodando por una pendiente.* ≃ Garrote. **3** *«Piedra voladora» del molino de *aceite.*

galga[5] **1** f. *En los tejidos de punto, tamaño de los puntos, expresado por el número de ellos o de agujas del telar que hay en cierta unidad de longitud.* **2** *En ciertas aplicaciones técnicas equivale a «*calibre».*

galgado adj. V. «ARCO galgado».

galgana f. **Garbanzo pequeño.*

galgo, -a (del lat. vulg. «Gallĭcus canis») **1** (no frec. en f.) adj. y n. Se aplica a una raza de perros muy ligera, de cuerpo, cuello, patas y cola largos y delgados, orejas largas y colgantes y ojos grandes. **2** Goloso.

V. «CARRERA de galgos».

¡ÉCHALE UN GALGO! Exclamación con que se expresa la imposibilidad de alcanzar algo o a alguien que ya está muy lejos, la dificultad de conseguir algo o la imposibilidad de recuperar algo. ⇒ *Inasequible, *irrecuperable.

galguear (León) tr. *Limpiar las ↘regueras.*

galgueño, -a adj. *De [o del] galgo (perro).* ≃ Galguesco.

galguero m. *Cuerda con que se templa la galga del carro.*

galguesco, -a adj. *Galgueño.*

gálgulo (del lat. «galgŭlus», nombre de un pájaro de color verde claro) m. **Rabilargo (pájaro).*

galiana (del lat. «Gallia», Francia) f. **Cañada (paso de ganado).*

galianos (de «galiana») m. pl. *Comida que hacen los *pastores con torta cocida en las brasas y guisada luego con aceite y caldo.* ⇒ *Sopa.

galibar m. MAR. *Trazar el contorno de las ↘piezas de los barcos con los gálibos.*

gálibo (del ár. and. «qálib») **1** m. *Dimensiones límite fijadas para los *vagones de ferrocarril teniendo en cuenta las de los túneles.* **2** Arco metálico en forma de «U» que hay colgado en las *estaciones para comprobar esas dimensiones. **3** Figura que indica las dimensiones máximas autorizadas para que un vehículo pueda pasar por un túnel o bajo un puente o construcción similar. **4** MAR. *Plantilla con la que se hacen las cuadernas y otras piezas de *barco.* **5** ARQ. *Proporciones debidas de una *columna, con las que resulta elegante.* **6** *Elegancia.*

V. «LUCES de gálibo».

galicado, -a (de «gálico») adj. ***Se aplica a las expresiones o al estilo en que se advierte la influencia del *francés.***

galicanismo m. Doctrina que defiende, dentro de la ortodoxia, el mantenimiento de las prerrogativas de la *Iglesia francesa, así como la independencia del soberano francés respecto de la Santa Sede, en materia temporal.

galicano, -a (del lat. «Gallicānus») **1** adj. *De las Galias.* ⊙ *De *Francia o de los franceses.* **2** adj. y n. Adepto al galicanismo.

galicinio (del lat. «gallicinĭum», canto del gallo; ant.) m. *Horas de la noche que preceden inmediatamente al *amanecer.*

galicismo (del lat. «Gallĭcus», francés) m. *Palabra o expresión del francés usada en otra lengua. ⇒ Gabacho, galiparla.

gálico, -a (del lat. «Gallĭcus») **1** adj. De las Galias. **2** MED. *Aplicado a «morbo», de la *sífilis (por creerse esta enfermedad procedente de Francia).* **3** m. MED. *Sífilis.* **4** adj. *Se aplica al ácido del tanino.* ≃ Galotánico.

galilea[1] (del lat. «Galilaea», región de Palestina) **1** f. **Atrio de una iglesia; especialmente, la parte ocupada con tumbas de magnates.* **2** *Pieza fuera del templo, sin aspecto de capilla, que servía de *cementerio.*

galilea[2] (del lat. «et ecce praecedit vos in Galilaeam», y ya os precede en el camino a Galilea, palabras del ángel a las mujeres que fueron a visitar el sepulcro de Jesucristo, Mateo, XXVIII, 7) f. *En la iglesia griega, *tiempo que media desde la Pascua de Resurrección hasta la Ascensión.*

galileo, -a adj. y, aplicado a personas, también n. De Galilea. ⊙ Se ha aplicado a veces a los cristianos y a *Jesucristo, como adjetivo de denominación denigrante.

galillo (de «galla») **1** (inf.) m. **Garganta.* **2** (inf.) **Úvula.*

galima (del ár. and. «ganíma»; ant.) f. *Hurto pequeño repetido.*

galimar (de «galima»; ant.) tr. **Hurtar ↘algo.*

galimatías (del fr. «galimatias») **1** m. Lenguaje incomprensible por la confusión de las palabras o de las ideas. ≃ *Jerigonza. **2** (n. calif.) Confusión, lío. ⇒ *Desorden.

galináceo, -a adj. y n. *Gallináceo.*

galindo, -a (¿del ant. nombre propio «Galindo», por ser característico de los serranos este nombre?; ant.) adj. **Torcido o engarabitado.*

galio[1] (del lat. «galĭon», del gr. «gálion»; *Galium verum*) m. Hierba rubiácea que se ha utilizado en medicina. Sirve hoy en la fabricación del *queso, para cuajar la leche.

galio[2] (del lat. «Gallia», Francia, por haberse descubierto en este país) m. Metal muy raro, n.º atómico 31, de la familia del aluminio, que se suele encontrar en minerales de cinc. Símb.: «Ga». ⇒ *Elemento.

galiparla (de «galo» y «parlar») f. *Lenguaje plagado de *galicismos.*

galipote (del fr. «galipot») f. MAR. *Especie de brea que se emplea para *calafatear.*

galizabra (de «galea» y «zabra») f. **Barco antiguo de vela latina, corriente en los mares de Levante.*

galla (del lat. «galla») **1** f. *Agalla (excrecencia de las plantas y órgano del pez).* **2** *Remolino que forma a veces el pelo del *caballo en los lados del pecho, detrás del codo y junto a la cinchera.*

galladura (de «gallar») f. Pequeño coágulo que hay en la clara del huevo de gallina fecundado. ≃ Prendedura.

gallar tr. **Cubrir el gallo a las ↘gallinas.* ≃ Gallear.

gállara (del lat. «gallŭla») f. BOT. **Agalla.*

gallarda (de «gallardo») **1** f. *Cierta danza española antigua, muy airosa.* **2** AGRÁF. *Carácter de *letra menor que el breviario y mayor que la glosilla.*

gallardamente adv. Con gallardía.

gallardear intr. y, no frec., prnl. Aparecer gallardo, irguiéndose o sobresaliendo entre otras cosas, moviéndose, etc.

gallardete (del occit. «galhardet», banderola) m. MAR. *Bandera pequeña, generalmente triangular; se pone en los barcos de guerra, con los colores nacionales, como distintivo; y en los barcos de cualquier clase, como insignia o como adorno. También se emplean en decoraciones de cualquier clase. ≃ Grímpola.

gallardetón m. MAR. *Gallardete con dos puntas, más ancho y corto que el corriente.*

gallardía f. Cualidad de gallardo. ⊙ Actitud gallarda. ⊙ Particularmente, *valentía y *nobleza en la manera de enfrentarse con alguien.

gallardo, -a (del fr. «gaillard») **1** adj. Se aplica a las personas de hermosa presencia, esbeltas, erguidas y de movimientos ágiles y graciosos. ⊙ Puede aplicarse también a animales e, incluso, a plantas de las mismas cualidades. **2** Se aplica a la persona que muestra gallardía (valor y nobleza) en su manera de actuar, particularmente en cierta ocasión: 'Estuvo muy gallardo contestando a las acusaciones'. **3** (ya en desuso) Se emplea en exclamaciones de ponderación con el significado de «*notable»: '¡Gallardo pensamiento! ¡Gallardo poeta!'. ≃ Bizarro, bravo.

□ CATÁLOGO

Airoso, alegre, *apuesto, arrecho, arrogante, bizarro, brioso, chulo, cimbreante, cimbreño, curro, *esbelto, flamenco, galán, garabatoso, garboso, garrido, gentil, gitano, *guapo, juncal, lozano, lucido, majo, marcial, buen [guapo o real] MOZO, como un PINO de oro, bien PLANTADO, rejileto, saleroso, telendo, tieso. ➤ Aire, airosidad, apostura, arrogancia, bizarría, brío, cimbreo, *desenvoltura, donaire, donosura, esbeltez, buena FACHA, buena FIGURA, gala, galanía, galanura, gallardía, garabato, garbo, garrideza, gentileza, gracia, guapeza, lozanía, majeza, marcialidad, buena PLANTA, *sal, salero, tipazo, buen TIPO, trapío.

gallareta (de «gallo») f. *Foja (ave gruiforme).

gallarín (de «gallo», en el juego de monte; ant.) m. *Acción de *contar doblando siempre el número.*

SALIRLE a alguien una cosa AL GALLARÍN. **Resultar mal o redundar en *vergüenza o humillación para la persona de que se trata.*

gallarofa (relac. con «farfolla»; Ar.) f. **Espata seca del maíz.*

gallarón (de «gallo») m. **Sisón (ave gruiforme).*

gallaruza f. *Especie de *capote con capucha, usado por los montañeses.*

gallear[1] **1** tr. *Cubrir el gallo a las ↘gallinas.* ≃ Gallar. **2** (inf.) intr. *Presumir o bravuconear: '¡Cómo gallea desde que su padre es alcalde!'. ⇒ Engallarse. ⊙ Creerse el más importante en un sitio o aparecer como tal e *imponerse a los demás: 'Es el que gallea en el colegio'. **3** (ant.) prnl. **Encolerizarse con alguien o injuriarlo.*

gallear[2] (del lat. «galla») intr. METAL. *Producirse un galleo.*

gallegada f. Cierta danza gallega. ⊙ Música y cante con que se acompaña.

gallego, -a (del lat. «Gallaecus») **1** adj. y, aplicado a personas, también n. De Galicia. ⊙ m. Lengua hablada principalmente en Galicia. ⇒ Ártabro, farruco, galaico. ➤ Casal, pazo. ➤ Pastorela. **2** adj. y n. m. *Se aplica en Castilla al *viento cauro o noroeste.* **3** (Hispam.; a veces desp.) adj. y n. *Se aplica a los inmigrantes españoles.* **4** (inf.) m. **Mozo de cuerda.* **5** (Cuba, P. Rico; *Larus atricilla*) **Ave acuática parecida a la gaviota.* **6** (C. Rica) *Nombre aplicado a varias especies de *reptiles iguánidos que se sumergen en los ríos y tienen habilidad para esquivar el ataque de los cocodrilos.*

V. «GAITA gallega, QUESO gallego, TROMPA gallega».

A LA GALLEGA. *Se aplicaba antiguamente a una forma de *camisa de mujer en que la parte superior era una pieza distinta, hecha de otra tela más fina.*

gallegoportugués, -a adj. y n. m. Galaicoportugués.

galleguismo 1 m. *Palabra o expresión propia de la lengua gallega usada en otra lengua. **2** Tendencia *política que defiende la autonomía o la independencia de Galicia.

galleguista adj. y, aplicado a personas, también n. Del galleguismo o seguidor de esta tendencia política.

galleo[1] (de «gallear[1]») **1** m. TAUROM. *Cierto *quiebro hecho con la capa.* ⇒ *Toro. **2** *Presunción, jactancia.*

galleo[2] (de «gallear[2]») m. METAL. *Defecto de los metales fundidos, consistente en un resquebrajamiento o desigualdad en la superficie.*

gallera 1 f. *Sitio donde se crían los gallos de pelea.* **2** *Edificio construido expresamente para las peleas de gallos.* **3** **Jaula donde se transportan los gallos de pelea.*

gallería (Cuba) f. *Gallera: sitio en que se crían los gallos de pelea.*

gallero adj. y n. m. *Hombre que se dedica a la cría de gallos de pelea.* ⊙ *Aficionado a las peleas de gallos.*

galleta[1] (del fr. «galette») **1** (nombre colectivo genérico) f. Pan sin levadura, que se conserva mucho, que se lleva en los barcos. ≃ *Bizcocho. **2** (numerable) Pieza de diversas formas y poco grosor, de pasta de harina, agua, azúcar y algún otro ingrediente tal como mantequilla o chocolate que, después de cocidos en el horno, resultan secos y crujientes; suelen hacerse en fábricas y no en pastelerías, y se conservan por mucho tiempo. ⊙ Las hay también saladas. ⇒ Chafarraño, maría, telera. ➤ *Pasta. **3** (Arg.) **Pan negro que comen los trabajadores.* **4** Variedad de antracita. ⇒ *Carbón. **5** MAR. *Disco en que rematan los palos y las astas de bandera de los *barcos.* **6** MIL. *Adorno, consistente en un disco con el número del regimiento, que sustituyó al pompón en el chacó y el morrión de los militares.* ⇒ *Uniforme. **7** (inf.) *Bofetada o *cachete. ⊙ (inf.) Por extensión, *golpe, trompazo.

galleta[2] **1** f. **Vasija con un caño torcido para verter el líquido que contiene.* **2** (Arg.) *Vasija echa de una calabaza, que se usa para tomar *mate.* ⇒ *Gachumbo.

gallete 1 m. **Garganta.* **2** *Úvula.*

BEBER A GALLETE. *Beber de una bota, un porrón, etc., dejando caer el chorro directamente en la boca, sin que los labios toquen el recipiente.*

galletero, -a 1 adj. De las galletas. **2** n. Fabricante de galletas. **3** m. *Recipiente especial para tener y servir las galletas.

galliforme adj. y n. m. ZOOL. *Se aplica a las *aves del orden a que pertenecen la gallina, la perdiz o el faisán.* ⊙ m. pl. ZOOL. *Orden formado por estas aves.*

gallillo (de «galla») **1** m. *Úvula.* ≃ Galillo. **2** **Garganta.*

gallina (del lat. «gallīna») **1** f. *Ave gallinácea doméstica, que se cría especialmente para aprovechar sus huevos. **2** (inf.; n. calif.) n. Persona *cobarde: 'Ese chico es un gallina'.

GALLINA DE AGUA. **Foja (ave gruiforme).*

G. ARMADA. **Guiso de gallina hecho asando una gallina, untándola después con tocino y poniéndole una salsa hecha con yemas de huevo y harina.*

G. CIEGA. Juego en que uno de los jugadores, con los ojos vendados, persigue a los otros hasta que coge a uno de ellos, al que ha de reconocer sin destapárselos, con lo que el cogido pasa a ser el perseguidor. ⇒ GALLINITA ciega. ⇒ Maitencito, mambullita, moma.

G. FRÍA. *Gallina muerta; específicamente, la que se daba a los señores como *censo en Galicia.*

G. DE GUINEA *(Numidia maleagris).* *Ave galliforme algo mayor que la gallina, negruzca con manchas blancas y con cresta ósea. ≃ Gallineta, pintada.

G. DE RÍO. *Fúlica (ave gruiforme).*

G. SORDA. **Chocha (ave limícola).*

ACOSTARSE CON LAS GALLINAS (inf.). Acostarse muy temprano.

CANTAR LA GALLINA. **1** (inf.) Decir sin paliativos a una persona las quejas que se tienen de ella. **2** (inf.) Confesar una persona su falta cuando se ve obligada a ello.

V. «CARNE de gallina».

COMO GALLINA EN CORRAL AJENO. Avergonzado, o sintiéndose *extraño y encogido o cohibido entre gente desconocida.

V. «LECHE de gallina».

MATAR LA GALLINA DE LOS HUEVOS DE ORO. Alusión a una conocida fábula, para expresar que, por forzar la ganancia en una cosa, puede destruirse la fuente de esa ganancia.

V. «PATA de gallina, PIEL de gallina, más PUTA que las gallinas».

□ CATÁLOGO

Otra raíz para «gallo», «alecto-»: 'alectomancia'. ➤ Tita. ➤ *Pollo. ➤ Capón, marucho. ➤ Gallo, masto. ➤ Clueca, llueca. ➤ Calceto, calchón, calchudo, castellana, cologüina, francolino, gallineta, gallino, gallipava, de guinea, habada, moñudo, papujado, pintada, pión, pularda, reculo. ➤ Cayaya, chacha, chachalaca, congolona. ➤ Giro. ➤ Mantón, mantudo, pepitoso. ➤ Apitonar, aselarse, cacarear, clocar, cloquear, desponerse, enclocar[se], encrestarse, engurruñarse, enmantarse, escarbar, piar, poner. ➤ Echadura, gallar, gallear, pisar. ➤ Cresta, golilla. ➤ Carúncula, espolón, garrón. ➤ Gabarro, moquillo, pepita. ➤ Totolate. ➤ Gallinero, *corral. ➤ Bebedero, cazarrica, comedero, gusanera, nido, ponedero. ➤ ¡Clo clo!, ¡quiquiriquí! ➤ ¡Pita, pita!, ¡tita, tita! ➤ Alectomancia. ➤ Alectoria. ➤ Pepitoria. ➤ Pollero. ➤ Recova. ➤ *PELEA de gallos, RIÑA de gallos. ➤ Gallera, gallería. ➤ Cancha, reñidero. ➤ Cañazo. ➤ Despicarse, revuelo, topar. ➤ Careador, gallero. ➤ Gallístico. ➤ Gallipavo, gallocresta, galpito. ➤ *Ave.

gallináceo, -a 1 adj. De la gallina. **2** adj. y n. f. ZOOL. Se aplicaba a las *aves pertenecientes al orden de los galliformes.

gallinaza 1 f. *Estiércol de gallinas. **2** *Aura (ave rapaz).

gallinazo (del lat. «gallinacĕus») m. *Aura (ave rapaz).

gallinejas f. pl. *Menudillos de gallina fritos, plato típico de Madrid.

gallinería 1 f. Establecimiento de venta de gallina o gallinas. **2** *Cobardía.*

gallinero, -a 1 adj. De las gallinas. **2** CETR. *Se aplicaba al ave cebada con gallinas.* **3** (inf.) m. Criadero de gallinas. **4** Sitio en que hay mucho *jaleo o griterío. **5** (inf.) Anfiteatro más alto del *teatro, que es donde están las localidades más baratas. ≃ Galería, paraíso. **6** (inf.) **Cesta especial para transportar gallinas.*

gallineta (dim. de «gallina») **1** f. *Fúlica (ave gruiforme). **2** *Chocha (ave limícola). **3** (Arg., Chi., Col., Ven.) *GALLINA de Guinea.*

gallinita f. Dim. frec. de «gallina».

GALLINITA CIEGA. GALLINA ciega.

gallino (And., Mur.) m. *Gallo al que le faltan las plumas de la cola.*

gallinoso, -a (ant.) adj. **Pusilánime, *tímido o *cobarde.*

gallipato (de «gallo» y «pato»; *Pleurodeles waltl*) m. Anfibio que vive en los lugares cenagosos. Tiene la particularidad de que puede hacer sobresalir las costillas sobre la piel.

gallipava (de «gallipavo») f. *Variedad de *gallina, propia especialmente de Murcia y Valencia, más grande que la común.*

gallipavo (de «gallo» y «pavo») **1** m. **Pavo.* **2** (inf.) *Gallo: nota falsa en el *canto.*

gallipuente (de «gallón[1]» y «puente»; Ar.) m. **Puentecillo hecho de cañas y céspedes sobre una acequia.*

gallístico, -a adj. *De los gallos.* ⊙ *Particularmente, de las peleas de gallos:* 'Circo gallístico'.

gallito (dim. de «gallo») **1** m. Persona que gallea en un sitio, que se *impone a los demás o *sobresale entre todos: 'Él es el gallito en la clase de matemáticas'. ≃ Gallo. **2** (Cuba; *Jacana spinosa*) *Cierta *ave zancuda con espolones en las alas, de color rojo oscuro y negro.* ≃ Cochigato. **3** (Arg.; *Rupicola rupicola*) *Cierto *pájaro dentirrostro, de color gris verdoso con el vientre rojo, y con un copete.* **4** (Col.). **Rehilete (juguete).* **5** (C. Rica) **CABALLITO del diablo (insecto).*

GALLITO DEL REY. *Doncella (*pez perciforme).*

gallo (del lat. «gallus») **1** m. Macho de la *gallina. **2** (pl.) *Festejo popular consistente en «correr gallos». **3** (n. calif.) Hombre presumido y *bravucón. **4** («Ser el») Persona que en un sitio se *impone a las demás o *sobresale entre ellas. **5** (Hispam.) *Hombre *fuerte y *valiente.* **6** (*Zeus faber*) *Pez teleósteo comestible, de cuerpo plano, gris verdoso por la parte superior y blanco por la inferior. ≃ Ceo. **7** (Alm.) *Corcho que sirve para indicar el lugar donde está fondeada una *red.* **8** (Col.) **Rehilete (juguete).* **9** (por el hecho de que los muchachos que iban a «correr gallos» llevaban un molinillo con un gallo pintado) **Molinillo (juguete).* **10** *En el juego del *monte, las dos cartas que saca el banquero en segundo lugar y coloca debajo del albur.* **11** *Parhilera: madero del lomo de la *armadura de tejado.* **12** (inf.) **Esputo.* **13** (Ál.) **Estoque (planta iridácea).* **14** (inf.) Nota falsa o chillona que se da al *cantar, al gritar o al tratar de levantar la *voz hablando. ≃ Gallipavo. **15** adj. y n. m. V. «PESO gallo».

GALLO DE MONTE (Ál.). **Grajo (ave).*

G. DE PELEA. El criado para las peleas de gallos.

G. DE ROCA. *Cierto *pájaro de Colombia, Perú y Venezuela.*

G. SILVESTRE. Urogallo.

ALZAR [O LEVANTAR] EL GALLO. Levantar la voz *insolente o agresivamente hablando con alguien.

BAJAR EL GALLO. Cesar en la actitud arrogante o agresiva con que se habla a alguien: 'Que baje el gallo, porque no tiene razón'. ⇒ *Moderarse.

COMO EL GALLO DE MORÓN. Expresión que se completa a veces con SIN PLUMAS Y CACAREANDO, con que se comenta el que alguien conserve todavía arrogancia después de haber sido derrotado en algo. ⇒ *Fanfarrón.

CORRER GALLOS. **1** Festejo popular de *carnaval que consistía en enterrar un gallo dejándole la cabeza fuera y jugar a partirle la cabeza con una espada, con los ojos vendados. ⇒ *Fiesta. **2** *Juego semejante consistente en partirle la cabeza al gallo corriendo tras él.

V. «CRESTA de gallo».

EN MENOS QUE CANTA UN GALLO. Con mucha rapidez; invirtiendo poquísimo tiempo en la cosa de que se trata.

LEVANTAR EL GALLO. *Alzar el GALLO.*

MAMAR GALLO (Col.; inf.). *Bromear.*

V. «OJO de gallo».

OTRO GALLO ME [TE, etc.] CANTARA. Frase con que se expresa que las cosas hubieran ocurrido mejor para la persona de que se trata de haberse realizado algo que se dice: 'Si me hubieras hecho caso, otro gallo te cantara'. ⇒ *Desacertar.

V. «PATA de gallo, PELEA de gallos, PIE de gallo, REY de gallos».

SER EL GALLO en un sitio. Ser el que se *impone a los demás o *sobresale entre ellos por su fuerza u otra cualidad. ≃ Ser el GALLITO.

gallocresta (de «gallo» y «cresta») **1** (*Salvia viridis*) f. *Planta labiada medicinal semejante a la salvia, de hojas parecidas a la cresta de un gallo. ≃ Ormino, orvalle. **2** (*Rhinanthus minor*) *Planta escrofulariácea de flores amarillentas. ≃ Corota, CRESTA de gallo, HACHA de fuego, matatrillo, rinanto.

gallofa (¿del lat. medieval «galli offa», comida de galo, nombre aplicado a los peregrinos de Santiago, que eran franceses en su mayoría?) **1** f. *Comida que se daba a los *peregrinos que venían de Francia a Santiago de Compostela pidiendo limosna.* **2** *Verdura u hortaliza que sirve para ensalada, menestras y otros usos.* **3** *Relato falto de interés o que se escucha a disgusto.* ≃ *Monserga. **4** **Chisme.* **5** **Añalejo.* **6** (Cantb., Vizc.) **Panecillo o *bollo.*

gallofar o **gallofear** (de «gallofo») intr. *Vivir *vagando y *mendigando.*

gallofero, -a o **gallofo, -a** (de «gallofa») adj. y n. **Vagabundo.*

gallón[1] (del sup. lat. vulg. «gallĕus», semejante a una agalla) **1** m. **Tepe: trozo de tierra hecho compacto por las raíces del césped, que se utiliza cortado en trozos, por ejemplo para interceptar los reguerones.* **2** (Ar.) **Muro hecho de *barro mezclado con paja, palos, etc.*

gallón[2] (del lat. «galla», agalla) **1** m. ARQ. *Adorno consistente en un cuarto de huevo rodeado por dos hojas cuyas puntas se juntan por debajo de él.* ⇒ *Moldura. ⊙ *Adorno semejante empleado a veces en los mangos de los *cubiertos de plata.* **2** MAR. *Última *cuaderna de proa.*

gallón[3] m. Trozo de las reses vacunas o semejantes descuartizadas para el consumo, adherido a la contratapa y de forma aproximadamente cilíndrica. ≃ Redondo, CORTE redondo. ⇒ *Carne.

gallonada (de «gallón[1]») f. **Tapia hecha con tepes.*

gallote, -a (de «gallo»; Cád., C. Rica, Méj.) adj. *Atrevido, desenvuelto o *decidido.*

galludo (de «agalla»; *Squalus blainvillei*) m. Especie de *tiburón semejante a la mielga, abundante en las costas de España y Marruecos.

galo, -a (del lat. «Gallus») adj., y aplicado a personas, también n. Se aplica a los habitantes de la Galia, nombre antiguo de un territorio extenso en que estaba comprendido lo que hoy es *Francia, y a sus cosas. ⊙ m. Lengua hablada antiguamente en la Galia. ⇒ *Francés, galicado, galicano, gálico.

galo- Elemento prefijo correspondiente a «galo»: 'galorromano'.

galocha[1] (del occit. «galocha» o del fr. «galoche») f. **Calzado de madera o de hierro que se usa en algunas provincias para andar por la nieve, el agua o el barro.* ≃ Haloza. ⇒ *Zueco.

galocha[2] (del fr. «calotte», birrete; ant.) f. *Papalina (gorro).*

galocho, -a **1** adj. y n. *Se aplica al que vive en la ociosidad y el *vicio.* ≃ Perdido. **2** (inf.) *Descuidado en su aspecto. ≃ *Abandonado, dejado.

galón[1] (del ingl. «gallon») m. Medida inglesa de *capacidad para líquidos. Equivale con corta diferencia a 1,5 litros.

galón[2] (del fr. «galon») **1** m. Cinta de tejido grueso, generalmente de seda, o también de hilo dorado o plateado, que se emplea para *ribetes o como adorno. ⊙ Específicamente, distintivo que llevan en el brazo o la bocamanga, indicativo de su graduación, los miembros del Ejército y otras organizaciones jerarquizadas. ⇒ Alfardilla, cartusana, esterilla, orifrés. ➤ Galoneadura, sardineta. ➤ *Pasamanería. *Uniforme. **2** MAR. *Listón que guarnece el costado del *barco a la altura de la superficie del agua.*

galoneadura f. *Adorno o labor hecho con galones.*

galonear tr. Ribetear o adornar ↘algo con galón o galones.

galonista (de «galón²»; inf.) m. MIL. **Alumno distinguido de una escuela militar, a quien se le conceden insignias de cabo o sargento representativas de cierta autoridad sobre sus compañeros.*

galop (del fr. «galop») m. *Cierta danza y música de origen húngaro.*

galopada f. Carrera a galope.

galopante adj. Se aplica al que o lo que galopa. ⊙ Se aplica a las enfermedades que causan rápidamente la muerte; particularmente, en «tisis galopante». ⊙ Se aplica a cualquier mal que crece muy rápidamente: 'Inflación galopante'.

galopar (del fr. «galoper») intr. Ir a galope. ⇒ Desempedrar.

galope (de «galopar») m. EQUIT. Marcha, la más veloz del caballo, en que éste avanza dando saltos y apoyándose sucesivamente en las patas traseras y delanteras. ⇒ Galucha. ➤ Atabalear.

GALOPE TENDIDO. Galope con saltos muy largos, en que el cuerpo y las patas delanteras del animal están casi en la misma línea.

A GALOPE [TENDIDO]. («Correr, Marchar», etc.) Galopando. ⊙ Aplicado a cualquier acción, con extraordinaria *prisa.

galopeado, -a 1 *Participio de «galopear».* **2** adj. *Embarullado: hecho deprisa y mal.* **3** (inf.) m. **Paliza.* **4** (And.) *Cierto *guiso hecho con harina, pimentón, ajo frito, aceite y vinagre.*

galopear intr. *Galopar.*

galopillo (dim. de «galopo») m. *Muchacho que sirve en la cocina para los trabajos más humildes.* ⇒ *Pinche.

galopín (del fr. «galopin») **1** m. Niño o muchacho desharrapado y desvergonzado. ≃ Golfillo, *pilluelo. ⊙ Se aplica como insulto cariñoso a un *niño o muchacho cualquiera. ≃ Granujilla. **2** Aplicado a hombres, hombre desaprensivo, que engaña, estafa, etc. ≃ *Granuja.

galopinada f. *Acción propia de un galopín.*

galopo (de «galopar») m. *Galopín.*

galorromano, -a adj. y, aplicado a personas, también n. De la Galia romanizada.

galota (ant.) f. *Papalina (gorro).*

galotánico adj. V. «ÁCIDO galotánico».

galpito (de «gallopito», de «gallo» y «pito», pollo) m. **Pollo enfermizo.*

galpón (del nahua «calpúlli», casa grande) **1** m. *Departamento que se destinaba a los *esclavos en las haciendas de América.* **2** (Hispam.) **Cobertizo grande con paredes o sin ellas.*

galúa (Mur.) f. *Variedad de *mújol.*

galucha (Hispam.) f. **Galope.*

galuchar (Hispam.) intr. *Galopar.*

Galván n. p. m. *Se emplea en frases como «no lo entenderá Galván» o «que lo entienda Galván», con que se alude a una cosa muy intrincada.* ⇒ *Difícil, enredado.

galvánico, -a adj. De [o del] galvanismo.

galvanismo (del nombre del físico italiano «Galvani») **1** m. Término anticuado con que se designaba la *electricidad. **2** FÍS. Producción de corrientes eléctricas por procedimientos químicos. **3** FÍS. Operación de galvanizar: provocar movimientos en los músculos y nervios de animales vivos o muertos. **4** MED. Empleo terapéutico de las corrientes eléctricas unidireccionales. ⇒ *Medicina.

galvanización f. Acción y efecto de galvanizar en cualquier acepción.

galvanizado, -a 1 Participio adjetivo de «galvanizar». **2** m. Operación de galvanizar (recubrir un metal con una capa de otro).

galvanizar (de «galvanismo») **1** tr. METAL. Recubrir un ↘metal con una capa ligera de otro por medio de la *electrólisis. **2** METAL. Recubrir el ↘*hierro con una capa de cinc sumergiéndolo en un baño de este metal fundido. **3** FÍS. Provocar *movimientos en un ↘animal vivo o muerto por medio de corrientes eléctricas. **4** Por extensión, dar *vida momentáneamente a ↘algo; por ejemplo, a una institución o un negocio agotado o falto de vitalidad.

galvano m. *Reproducción de un objeto, generalmente artístico, hecha por galvanoplastia.* ⇒ *Grabado.

galvanocauterio m. MED. **Cauterio realizado mediante una corriente eléctrica.*

galvanómetro (de «galvano» y «-metro») m. FÍS. Instrumento con que se comprueba la existencia de una corriente eléctrica débil y se determina su sentido y su intensidad.

galvanoplastia (de «galvano» y «-plastia») f. METAL. Recubrimiento de un objeto con una capa metálica utilizando la *electrólisis, procedimiento con que se obtienen moldes para vaciados y para la estampación estereotípica. ≃ RECUBRIMIENTO electrolítico. ⇒ Cromado, dorado, niquelado, plateado.

galvanoplástica f. METAL. *Galvanoplastia.*

galvanoplástico, -a adj. METAL. De [la] galvanoplastia.

galvanoscopio (de «galvano» y «-scopio») m. FÍS. Aparato que sirve para detectar el paso de una corriente eléctrica sin medir su intensidad.

galvanostegia (de «galvano» y el gr. «stégō», cubrir) f. METAL. *Recubrimiento de piezas metálicas con una capa fina de un metal más noble por deposición electrolítica.*

galvanoterapia (de «galvano» y «-terapia») f. MED. Empleo de las corrientes eléctricas como método curativo. ⇒ *Medicina.

gama[1] (del gr. «gámma», tercera letra del alfabeto griego, con que se designó la nota más baja de la escala musical) **1** f. Escala musical. **2** Sucesión de cosas, particularmente de *colores, que van variando gradualmente: 'Una puesta de Sol con toda la gama de violetas'. ≃ Escala, *gradación, serie. **3** Serie de cosas pertenecientes a una misma clase pero con algunas diferencias entre ellas: 'Esta editorial ofrece una amplia gama de diccionarios'.

gama[2] (de «gamo»; Cantb.) f. **Cuerno.*

gamada (de la letra griega «gamma») adj. V. «CRUZ gamada».

gamarra (¿del vasc. «gamarra»?) f. *Correa de la *guarnición del caballo que parte de la cincha, pasa por entre* *los brazos, se asegura en el pretal de la silla y llega a la muserola, donde se afianza.* ⇒ Braguero.

gamarza f. **Alharma (planta rutácea).*

gamba[1] (del it. «gamba»; ant.) f. **Pierna.*

METER LA GAMBA (inf.). «Meter la PATA».

gamba[2] (del cat. «gamba») f. *Crustáceo comestible, semejante en forma al langostino, pero mucho más pequeño; se come mucho en los bares, cocida o a la plancha, y constituye un elemento frecuente de la paella.

gambado, -a (de «gamba[1]»; Antill.) adj. *Patizambo.*

gambaj m. *Gambax.*

gámbalo m. *Cierta *tela de lienzo usada antiguamente.*

gambalúa (¿del vasc. «ganbelua»?; inf.) f. *Hombre *alto, *desgarbado, *descuidado y *perezoso.* ≃ Galavardo.

gámbaro (del lat. «gambărus») m. **Camarón (crustáceo).*

gambax (del ár. and. «ḡunbáz», jubón) m. Jubón acolchado que se ponía debajo de la coraza. ≃ Gambaj.

gamberra (de «gamberro»; And.) f. *Prostituta.*

gamberrada f. Acción propia de gamberros. ⇒ Abuso, *desmán.

gamberrear (inf.) intr. Hacer gamberradas.

gamberrismo m. Existencia de gamberros. ⊙ Acciones de gamberros: 'Medidas contra el gamberrismo'.

gamberro, -a **1** (n. calif.) n. **Libertino.* **2** (n. calif.) adj. y n. Se aplica a la persona que se divierte ruidosamente, alborota o provoca escándalos en sitios públicos y, en general, obra con *desconsideración hacia los demás. ⊙ Se aplica en general a todo el que, por brutalidad o grosería, o por falta de oportunidad o de gracia, *molesta a otros o se hace desagradable.

HACER EL GAMBERRO. Divertirse con escándalo o ruidosamente.

gambesina f. *Gambesón.*

gambesón (aum. de «gambax») m. *Saco acolchado que llegaba a media pierna y se ponía debajo de la *armadura.*

gambeta (de «gamba[1]») **1** f. *Cierto movimiento que se hace en la danza cruzando las piernas.* **2** *Movimiento del caballo con las patas delanteras en el aire.* ≃ *Corveta. **3** (Hispam.) **Esguince (ademán para evitar algo).*

gambetear intr. *Hacer gambetas o *corvetas.*

gambeto (del it. «gambetto», zancadilla) **1** m. Nombre aplicado con indeterminación y en tono algo despectivo a cualquier prenda de *abrigo que cubre todo el cuerpo: 'Llevaba un gambeto que le llegaba hasta los pies'. **2** *Capote usado antiguamente en Cataluña y adoptado después para algunas tropas ligeras. **3** **Cambuj (gorro de niño pequeño).*

gambiano, -a o **gambiense** adj. y, aplicado a personas, también n. De Gambia.

gambito (del it. «gambetto», zancadilla) m. Jugada de *ajedrez que consiste en sacrificar alguna pieza al comienzo de la partida, generalmente un peón, en espera de conseguir ventajas posteriores.

gamboa (del n. p. vasc. «Ganboa») f. *Membrillero.*

gambocho (relac. con «cama[2]»; Ál.) m. *Juego de la *tala.*

gambota (de «gamba[1]») f. MAR. *Nombre de los maderos que sostienen el espejo de popa de un *barco.*

gambox, gambuj o **gambujo** m. **Cambuj (gorro de niño pequeño).*

gambusina (Mur.) f. *Cierta variedad de *pera.*

gambux m. **Cambuj (gorro de niño pequeño).*

gambuza (del it. «gambusa») f. MAR. *Almacén de víveres en un barco mercante.*

gamella[1] (del lat. «camēlla», escudilla) **1** f. *Artesa que sirve para dar de comer a los animales y otros usos. ≃ Camella. **2** Arco que hay a cada lado en el *yugo de los bueyes. ≃ Camella.

gamella[2] (de «gamello») f. *Camelote (tela).*

gamelleja f. Dim. de «gamella».

gamello, -a (ant.) n. **Camello.*

gamellón (aum. de «gamella») **1** m. *Gamella (artesa) grande.* **2** *Pila donde se pisan las *uvas.* ≃ Gamillón.

gameto (del gr. «gametḗ», esposa, o «gamétēs», marido) m. BIOL. Célula reproductora masculina o femenina que, cuando se fusionan dos de distinto sexo, dan origen al huevo en las plantas y en los animales. ⇒ *Reproducción.

gametogénesis (de «gameto» y «-génesis») f. BIOL. Formación de los gametos.

gamezno, -a (de «gamo» y «-ezno») n. Gamo joven.

gamillón (aum. de «gamella[1]») m. *Gamellón (pila).*

gamín (Col.) m. *Niño vagabundo.*

gamitadera f. CAZA. *Balitadera.*

gamitar intr. Emitir el gamo su *voz propia. ⇒ Agamitar, balar.

gamitido m. Balido de gamo.

gamma (del gr. «gámma») **1** f. Letra del *alfabeto griego equivalente a nuestra «g» (Γ, γ). **2** Unidad de medida internacional, equivalente a una millonésima de gramo. ⇒ *Peso.

V. «RAYO gamma».

gammaglobulina (de «gamma» y «globulina») f. FISIOL., BIOQUÍM. *Proteína de la *sangre que se opone a la acción de los antígenos.*

gammagrafía (de «gamma» y «-grafía») f. MED. *Radiografía obtenida mediante rayos gamma.*

gamo, -a (del lat. vulg. «gammus»; *Dama dama)* m. y, no frec. en f. Mamífero rumiante de la familia de los cérvidos, con cuernos en forma de pala en el macho. ≃ Dama. ⇒ Husero, mogote, paletero. ➤ *Ciervo.

CORRER COMO UN GAMO. *Correr muy velozmente.

gamo- o **-gamo, -a** Elemento prefijo o sufijo del gr. «gámos», unión de los sexos: 'gamopétalo, monógamo'.

gamón *(Asphodelus albus)* m. *Planta liliácea, de flores blancas en espiga y hojas en forma de espada. ≃ Asfódelo, gamonita.

gamonal **1** m. Terreno en que hay muchos gamones. **2** (Hispam.) **Cacique político.*

gamonalismo (de «gamonal»; Hispam.) m. *Caciquismo.*

gamonita f. *Gamón.*

gamonito (dim. de «gamón») m. **Brote de las plantas que se desarrolla poco.*

gamopétalo, -a (de «gamo-» y «pétalo») adj. y n. f. BOT. Se aplica a las corolas de pétalos soldados entre sí, y a las *flores que las tienen así.

gamosépalo, -a (de «gamo-» y «sépalo») adj. y n. f. BOT. Se aplica a los cálices de sépalos soldados entre sí, y a las *flores que los tienen así. ≃ Sinsépalo.

gamusino (inf.) m. Animal imaginario inventado para gastar bromas a los cazadores novatos.

gamuza (del lat. tardío «camox, -ōcis») **1** *(Rupicapra rupicapra)* f. Rumiante bóvido salvaje, del tamaño de una cabra grande, con cuernos negros, lisos y derechos hasta la punta, que se dobla bruscamente. ≃ Rebeco, robezo, rupicapra, sarrio. ⇒ Sisardo. **2** Piel curtida de este animal, muy fina, flexible y de tacto aterciopelado, o de otro animal a la que se dan las mismas cualidades. **3** *Tela de lana que tiene un tacto y aspecto semejantes a los de esa piel. **4** Paño de tejido suave usado especialmente para limpiar el polvo.

gana (¿del sup. gót. «ganô», avidez, gana?) **1** («Sentir, Tener, Dar, Entrar, Venir, Perder») f., sing. o pl. *Deseo o *apetito de hacer cierta cosa o disposición adecuada para hacer algo: 'Tengo ganas de bañarme en el mar. No tengo gana de hablar'. ⊙ Deseo de que ocurra cierta cosa: 'Tengo ganas de que acabes ese trabajo'. ⊙ En frases negativas, significa muchas veces voluntad positiva de *evitar la cosa que se expresa: 'No tengo ganas de que me pongan una multa'. **2** («Abrirse, Despertarse, Entrar, Tener, Perder») Gana de comer: 'Si no tienes gana todavía, comeremos más tarde'. ≃ Apetito, *hambre.

BUENA GANA. V. «de buena GANA».

MALA GANA. **1** («Dar, Tener») Malestar físico que puede llegar a ser una «desgana» o *desmayo. **2** V. «de mala GANA».

REAL GANA. V. «dar la real GANA».

GANA[S] DE COMER. *Hambre: 'No tiene nunca ganas de comer'.

GANAS LOCAS [O RABIOSAS]. Muchas ganas.

CON GANAS (inf.). Expresión con que se pondera la intensidad de algo: 'Es feo [o tonto] con ganas'.

DARLE a alguien LA GANA de algo (rudo o usado con enfado). *Querer: 'Me marcho porque me da la gana. Hago lo que me da la gana'. Se usa más en frases negativas: 'No me da la gana de decírtelo'.

DE BUENA GANA. «Con *gusto»: 'De buena gana me iría a París contigo'. ⊙ Con buena *voluntad: 'Si no lo haces de buena gana, prefiero que no lo hagas'. ⇒ De buen AIRE, de buen TALANTE. ⊙ Con *afán o *brío: 'Se pusieron a trabajar de buena gana'.

DE MALA GANA. Sin ganas: 'Se puso de mala gana a trabajar'. ≃ A *disgusto. ⇒ De mal AIRE, ambidos, amidos, de mal TALANTE. ➤ Displicencia.

HACER alguien LO QUE LE DA LA GANA [O LO QUE LE VIENE EN GANA]. Obrar sin consideración o respeto a otros o sin escuchar la opinión o los consejos de nadie.

QUEDARSE CON LAS GANAS DE algo. No conseguir una cosa que se deseaba. ⇒ *Fracasar.

TENER GANA DE RASCO. *Tener ganas de *jugar o *retozar.*

TENER GANAS a una persona. Tenerle animadversión y desear que se presente oportunidad de *reñir con ella o de que haya motivo para *castigarla, *reprenderla, etc.

VENIR EN GANA. Querer: 'No puedo decir todo lo que me viene en gana'. «Venir en gana» no tiene en este caso tono rudo como lo tiene «dar la gana».

VENIR EN GANAS DE cierta cosa. *Sentir de pronto ganas de hacerla.*

ganable adj. *Susceptible de ser ganado.*

ganada (ant. y en Arg.) f. *Ganancia.*

ganadería **1** f. Actividad relacionada con la cría de ganado. **2** Conjunto de los ganados de una región, un país, etc.: 'La ganadería extremeña'.

ganadero, -a **1** adj. De [o del] ganado: 'Perro ganadero. Riqueza ganadera'. **2** n. Propietario de ganado.

ganado (de «ganar») **1** (colectivo numerable) m. Conjunto de *reses que se llevan juntas a pastar: 'Los ganados de dos pastores'. ≃ Rebaño. ⊙ (colectivo partitivo) Conjunto de los animales de cierta especie de las que se crían para la explotación: 'El ganado vacuno es una de las principales riquezas de la región'. **2** APIC. *Conjunto de *abejas de una colmena.* **3** (inf., algo vulg., a veces desp.) Conjunto de personas: 'Vaya ganado que hay aquí'.

GANADO DE CERDA. Ganado de cerdos. ≃ GANADO moreno.

G. MAYOR. El de reses mayores, como vacas, mulas, etc.

G. MENOR. El de reses menores, como cabras u ovejas.

G. MENUDO. *Conjunto de las crías de las reses.*

G. MERINO. El de *ovejas merinas.

G. MORENO. *GANADO de *cerda.*

□ CATÁLOGO

Otra raíz, «pecu-»: 'pecuario'. ➤ Acogido, acollido, armento, arria, BIENES semovientes, cabaña, ganadería, grey, haberío, hacienda, harria, hato, lote, manada, mayoralía, pegujal, pegullo, piara, pico, punta, reala, rebaño, *recua, rehala, rutel, tropa, vacada, vecera, vecería, vez. ➤ Rebujal, rezago. ➤ Caballar, cabrío, de cerda, lanar, mular, vacuno. ➤ *Caballo, cabeza, *cabra, *carnero, *cerdo, *cordero, *oveja, *res, *toro, *vaca. ➤ Ahijadera, hembraje. ➤ Aguanés, andosco, borro, campero, cañariego, careto, churro, desmadrado, estante, horra, julo, manso, mayor, menor, menudo, merino, moreno, orejano, orejisano, pastenco, de pata hendida, primal, riberiego, sobreprimado, tambero, tercenco, teticiega, trasandosco, trashumante, travesío, vacía, zahonado, zaino. ➤ Cría, rastra. ➤ *Aprisco, asestadero, barrero, carba, *corral, *cuadra, *dehesa, ejido, encierra, engordadero, *establo, estancia, invernal, invernadero, paradina, paridera, *prado, rodeo, salega, salegar, sel, sesteadero, *tinada. ➤ *Feria, tablada, teso. ➤ Cabañal, cabañera, *CAÑADA, colada, coladero. ➤ Abrevar, acoger, amenazar, apacentar, apastar, atajar, carear, colear, desahijar, descorderar, desmadrar, destetar, desviejar, doblar, echar, embrosquilar, empegar, encuadrar, endoblar, ensortijar, entablar, envacar, esquilar, extremar, herbajar, herbajear, manguear, *marcar, pastorear, retazar, rezagar, salgar, vedar, volteada. ➤ Acabañar, apitar. ➤ Aparte, apiaradero. ➤ Acamarse, adaguar, agostar, arriscarse, asestar, bastonear, bocezar, descarriarse, desgaritarse, desmanarse, desmandarse, despeñarse, entorcarse, ir en extremo, herbajar, herbajear, horrarse, pacer, *pastar, ramonear, recogerse, rodear, sabanear, salmuerarse, sestear, trashumar. ➤ Ahorrar, dar a LECHE. ➤ *Aparcería, comuña, medianería. ➤ Adula, almaje, dúa, dula. ➤ Esquilmar, granjear. ➤ Carnerear. ➤ Borra, borro, holladura, jineta, montazgo, robda, robla, roda, servicio. ➤ PERRO albarraniego [careador o mastín]. ➤ Degüella. ➤ Filopos, manga. ➤ Bramadera, calimba, carimbo, carlanca, tramojo, *trangallo, turullo. ➤ Calza, cercillo, escobado, *marca. ➤ Apartado, arreador, campista, ganadero, hacendado, mayoral, merino, *pastor, posesionero, puestero, recriador, resero, tropero. ➤ *Pasto, *pienso, ramón. ➤ Parición, paridera, veranada. ➤ Carbunco, lobado. ➤ Miera. ➤ Abigeato, rreada. ➤ Arrear, tropear. ➤ ATAJADOR de ganado, cuatrero. ➤ Andada. ➤ LIBRO penador. ➤ *CONCEJO de la mesta. ➤ Contadero. ➤ Ligallo. ➤ Salera. ➤ ¡Rita! ➤ *Agricultura. *Animal. *Res.

ganador, -a adj. y n. Se aplica a la persona que gana en una competición, partida, juego de azar, etc.

ganancia («Dar, Producir, Obtener»; sing. o pl.) f. Lo que se gana, particularmente en dinero: 'Ha comprado la casa con las ganancias de un año'. ⇒ Gano.

V. «HIJO de ganancia, MARGEN de ganancia».

NO ARRENDARLE a alguien LA GANANCIA. Frase con que se expresa la creencia de que algo que hace o ha hecho la persona de que se trata tendrá mal resultado para ella: 'No le arriendo la ganancia si se empeña en seguir por ese camino'. ⇒ Augurar.

ganancial adj. De [la, las] ganancia[s].

V. «BIENES gananciales».

ganancicro, -a (de «ganancia»; ant.) adj. **Negociante*.

ganancioso, -a 1 («Salir») adj. *Beneficiado con cierta cosa en comparación con otra, con cierto cambio, o en comparación con otras personas o cosas: 'Hemos salido gananciosos los que estábamos a la derecha. Saldrás ganancioso si cedes'. **2** *Se aplica a lo que proporciona ganancia.*

ganapán (de «ganar» y «pan») **1** m. **Porteador o *recadero: hombre que se gana la vida llevando cargas o recados a donde le mandan.* **2** *Hombre *tosco.* **3** Hombre que, por no poseer nada, tiene que aceptar cualquier trabajo que le dan. ⇒ *Pobre.

ganapierde (de «ganar» y «perder») AL GANAPIERDE. Manera especial de jugar a las *damas en que gana el que logra perder todas las piezas. ⊙ Se aplica a otros juegos en que se conviene que pierda el que, según las reglas ordinarias, resulte ganancioso.

ganar (del germ. «waidanjan», cosechar) **1** tr. Adquirir una ˘cosa con trabajo o esfuerzo: 'Gana algún dinero haciendo traducciones'. ⊙ Tener alguien cierto ˘sueldo o jornal por el trabajo que ejecuta regularmente: 'Ganan veinte pesetas de jornal. Gana cinco mil pesetas al mes'. ⊙ (con un pron. reflex.) Efectuar una ganancia, dicho con cierto énfasis: 'Se ha ganado, sólo con poner su firma, diez mil pesetas'. **2** *Conseguir ˘fama, renombre, la estimación de alguien o cosas semejantes. **3** *Obtener cierta ˘cosa disputada a otros en un concurso o competición: 'Ganar un premio literario'. ⊙ Obtener en el juego o en una apuesta las ˘cantidades o cosas cuya adjudicación se decide en ellos; puede llevar un complemento de persona: 'Me ganaron todo el dinero que llevaba'; puede también construirse como absoluto y con «a»: 'No sé cómo me las arreglo, que nunca gano. Él me gana al ajedrez'. El complemento puede ser también el nombre de la lucha o competición, o las palabras «apuesta, partida», etc.: 'Ganar unas oposiciones [una batalla, la carrera, el partido]'. **4** («en») Ser superior a ˘otro en cierta cosa: 'Me ganas en estatura, pero no en fuerza'. ≃ Aventajar, exceder, sobrepujar, *superar. **5** MAR. **Avanzar, acercándose a un objeto o un rumbo determinado.* **6** *Llegar alguien a cierto ˘sitio al que se dirige con esfuerzo: 'Ganó la meta en primer lugar. Ganaron la cumbre del Everest'. **7** *Conquistar cierta ˘cosa en la guerra: 'Ganó a los moros la ciudad de Valencia'. **8** *Atraer a ˘alguien a cierto partido o a ciertas ideas: 'Le ha ganado para su causa'. ≃ Conquistar. ⊙ O conquistar su simpatía, estimación, etc.: 'Le ganó con amabilidad'. Más frec. con un pron. reflex.: 'Se ganó la admiración [el respeto] de todos. Se ha ganado al jefe con su simpatía'. **9** («con, de, en») *Mejorar en cierto aspecto o con cierta cosa: 'Hemos ganado con el cambio. Con la nueva casa hemos ganado de situación. Con ese tratamiento ha ganado peso'. **10** (con un pron. reflex.) *Merecer cierto ˘premio o castigo: 'Se ha ganado un aplauso. Se ha ganado que no le hagamos caso'. ≃ Hacerse acreedor. ⊙ (con un pron. reflex.) Ser alguien merecedor de cierta ˘cosa, buena o mala, que se le da: 'Bien te has ganado lo que te han pagado. Se ganó un palo por meterse en lo que no le importaba'. **11** *Mejorar de salud o de aspecto físico: 'Esa chica ha ganado mucho con los años'. **12** (seguido de «terreno» o «tiempo») *Adelantar.

V. «ganar[se] el CIELO».

GANÁRSELA. Recibir un castigo. Se usa para expresar amenaza o advertencia: 'Como se entere tu profesora, te la vas a ganar'. ⇒ *Castigar.

LLEVAR LAS DE GANAR (inf.). Estar en situación de ventaja respecto a otros en un asunto.

V. «ganar por la MANO».

NO GANAR PARA sustos, disgustos, etc. Tenerlos con mucha frecuencia.

V. «con PACIENCIA se gana el cielo, ganar la PALMA».

SALIR GANANDO en un asunto. Salir *beneficiado.

V. «ganar TERRENO, ganar TIEMPO, ganarse la VIDA».

□ CATÁLOGO

Adelantar, adjudicarse, hacer su [mi, etc.] AGOSTO, aprovecharse, ponerse las BOTAS, *conquistar, *conseguir, copar, devengar, embolsar[se], entrujar, llevar GANADO, salir GANANDO, hincharse, ingresar, hacer su JUGADA, lograr, lucrar, obtener, hacerse de ORO, hacer su [tu, etc.] pacotilla, redondearse, sacar, sobreganar. ➤ Bandearse, buscárselas, garbear, buscarse [o ganarse] la VIDA. ➤ *Adelantar, desbancar, desnudar, limpiar, pelar. ➤ Agosto, ancheta, *beneficio, cobramiento, comisión, dietas, dividendo, doña, emolumentos, fruto, *gajes, ganada, ganancia, *ganga, gano, granjería, gratificación, hiera, honorarios, ingresos, *interés, jera, jornal, logro, lucro, mangas, margen, momio, *negocio, *negocio redondo, obvención, paga, *producto, *provecho, regalía, *retribución, salario, sobresueldo, *sueldo, *utilidad, vendaje, *ventaja. ➤ *Propina. ➤ No echarse nada al BOLSILLO, el SASTRE del campillo... ➤ Empatar, quedar en PAZ, hacer TABLAS. ➤ *Perder. ➤ Adquirir. *Comerciar. *Negocio.

gancha (de «gancho») **1** (Alb., León) f. *Racimillo de los que componen un *racimo de uvas.* **2** (Perú; pl.) *Tendedero: dispositivo de cuerdas, alambres, etc., donde se tiende la ropa.*

ganchero (de «gancho»; Cuen.) m. *Hombre que guía los *maderos por un río sirviéndose de un bichero.*

ganchete (dim. de «gancho») A MEDIO GANCHETE. *A medio hacer.*

DE MEDIO GANCHETE. **1** *Chapuceramente.* **2** *Se aplica a la manera de *sentarse cuando se hace sin ocupar todo el asiento.* ⇒ De medio LADO.

ganchillo 1 m. Varilla con un pequeño gancho en la punta, que se emplea para hacer tejido o labor de *encaje, pasando el hilo por lazadas hechas en él mismo, en distintas formas y siguiendo diferentes dibujos. **2** Esa labor: 'Unos guantes de ganchillo'. ⇒ Croché [o crochet]. ➤ Cadeneta, pilar, PUNTO tunecino.

ganchito (dim. de «gancho»; Ur.) m. **Grapa (pieza de alambre).*

gancho 1 m. *Torcedura curva en el extremo de una varilla, un alambre u otra cosa rígida semejante, o de una línea. ⊙ Varilla, alambre, etc., encorvado por uno de los extremos o por los dos, que se utiliza para colgar, sujetar o apresar cosas. ≃ Garfio. ⇒ Abotonador, agalla, alacrán, aldabilla, anzuelo, arpón, arrebañaderas, arrejaque, bichero, cloque, corvo, engorra, ese, esecilla, fiador, gafa, ganchillo, ganzúa, garabato, garfio, gario, garra, garrancha, gavilán, grapa, guincho, lengüeta, lobo, raña, raño, rebañaderas, uña. ➤ Abete, *ancla, erina, eslinga, garrocha, gorguz, guizque. ➤ Desenganchar, *enganchar. **2** Ganchillo de hacer labor. **3** **Cayado (bastón).* **4** *Horquilla del *pelo.* **5** Cualquier *apéndice puesto o hecho en algún sitio en forma que se pueden colgar cosas de él: 'La percha tiene cuatro ganchos'. ⊙ *Trozo que queda pegado al tronco, de una *rama que se corta o se rompe.* ⇒ Codillo, garrancho, garrón, saeta, tetón, uña. ➤ *Tocón. **6** ARQ. *Cada una de las piezas semejantes a ganchos, de las que guarnecen los pináculos de los edificios *góticos.* **7** (Chi., Col., C. Rica, Méj., Pan., Perú, P. Rico, R. Dom., Ven.) *Percha (utensilio con un gancho para colgar prendas de vestir).* **8** (Bol., Col., Ec., Guat., Perú, R. Dom., Ven.) **Pinza de tender la ropa.* **9** (Col.) **Grapa (pieza de alambre).* **10** *Garabato hecho con la pluma, el lápiz, etc. **11** DEP.

En boxeo, golpe de abajo arriba que se da arqueando el brazo. ≃ Croché, crochet. **12** DEP. En *baloncesto, tiro a canasta arqueando el brazo y pasándolo sobre la cabeza. **13** (inf.; «Tener») *Atractivo de una persona, particularmente debido a su personalidad. **14** (Ar., Nav.) **Almocafre.* **15** (Zam.) **Bieldo de cinco dientes.* **16** (inf.) Persona que *convence a otra para que tome parte en un asunto delictivo o inmoral. ⊙ O para que tome parte en un *juego de tahúres. ⇒ Abrazador. **17** **Rufián.* **18** (Ec.) **Silla de montar de mujer.* **19** *Batida de *caza o persecución hecha en poca extensión de terreno.* ≃ Sacadilla. V. «CLAVO de gancho».

ECHAR EL GANCHO a alguien. *Atraerlo o *sujetarlo para cualquier cosa, en sentido material o figurado.

ganchoso, -a 1 adj. Con gancho o de forma de gancho. **2** ANAT. Se aplica a uno de los huesos del *carpo.

ganchudo, -a adj. De forma de gancho.

gándara f. **Terreno bajo, inculto y lleno de maleza.* ≃ Granda. ⇒ *Erial, *hondonada.

gandaya[1] (del cat. «gandalla») f. *Tejido con que se hacen las *redes. ≃ Malla.

gandaya[2] (¿del cat. «gandolla»?) f. *Vida de *vagabundo.*

ANDAR A [BUSCAR, CORRER, IR POR LA] GANDAYA. *Buscarse la vida el vagabundo que no tiene ocupación fija.*

gandido, -a (¿de «candido», part. pas. de «candirse», consumirse por una larga enfermedad?) **1** (ant.) adj. *Hambriento, *necesitado.* ≃ Galdido, galdudo. **2** (Hispam.) **Comilón.* **3** (Zam.) **Cansado.*

gandinga (¿de «gandaya[1]», con cambio de sufijo?) **1** f. **Mineral menudo y lavado.* **2** (Sev.) **Despojos de reses.* **3** (Mál.) **Pasa de inferior calidad.* **4** (Cuba, P. Rico) *Chanfaina con salsa espesa.*

gandir (ant.) tr. **Comer.*

gandujado (de «gandujar») m. *Cierto adorno hecho en los vestidos con *pliegues o fruncidos.*

gandujar tr. **Fruncir, *encoger o *plegar.*

gandul, -a (del ár. and. «ǥandúr») **1** (inf.) adj. y n. *Holgazán o *perezoso. ⊙ (inf.) Se emplea como insulto con el mismo significado que «inútil». **2** m. *Individuo de cierta *milicia antigua de los *moros de Granada y África.* **3** *Individuo de ciertos pueblos de *indios salvajes.*

gandulear (inf.) intr. Hacer el gandul.

gandulería (inf.) f. Cualidad de gandul (holgazán).

gandumbas (¿del port. ant. «gandum», gandul?; inf.) adj. y n. **Holgazán o *perezoso.* ≃ Gandul.

ganeta f. *Jineta (mamífero carnívoro).*

ganforro, -a (de «galfarro»; inf.) adj. y n. **Granuja o persona de mal vivir.*

ganga[1] (de or. expresivo) **1** f. Nombre dado a varias especies de *aves parecidas a la paloma, con las alas y la cola puntiagudas; por ejemplo, la ganga común o *Pterocles alchata* y la ortega o *Pterocles orientalis*. **2** (Cuba; *Bartramia longicauda*) **Ave zancuda de la familia de los zarapitos, que vive en los campos cultivados.* **3** Cosa que se compra por menos *precio del que le corresponde. ⊙ Cualquier cosa muy conveniente o que se adquiere o se consigue con poco esfuerzo. ⇒ *Barato, *liquidación, ocasión, rebaja, saldo. ➤ Adquisición, bicoca, bocado, buen bocado, breva, canonjía, caponera, carne sin hueso, chanfaina, chollo, cucaña, enchufe, gollería, jauja, mamandurria, mina, momio, pera, *prebenda, sinecura. ⊙ Se emplea mucho irónicamente, para expresar lo contrario: '¡Buena ganga nos ha caído con el nuevo jefe!'. **4** (Alm.) AGR. **Arado tirado por una sola caballería.*

ganga[2] (del fr. «gangue») f. MINER. Materia inservible que acompaña a los minerales útiles al sacarlos de la mina.

gangarilla (de «ganga[1]») f. **Compañía de cómicos antigua compuesta de tres o cuatro hombres y un muchacho que hacía de dama.*

ganglio (del lat. «ganglĭon», del gr. «gánglion») **1** m. ANAT. Masa, generalmente redondeada, de *células nerviosas. **2** ANAT. Abultamiento que se encuentra en los vasos linfáticos y en el que se forman los linfocitos. ⇒ Otra raíz, «aden-». ➤ Adenia, infarto. ➤ *Glándula. **3** MED. **Tumor pequeño que se forma junto a los tendones, especialmente en las articulaciones de los pies y las manos.*

ganglionar ANAT. adj. De [los] ganglios.

gangocho (Hispam.) m. *Guangoche (cierta tela).*

gangosidad f. Cualidad de gangoso. ⊙ Manera de hablar de los gangosos.

gangoso, -a (de or. expresivo) adj. y n. Se aplica a la persona que habla con resonancia nasal, así como a su voz o su manera de hablar. ⊙ Se emplea también como adverbio: 'No hables gangoso'. ⇒ Fañoso. ➤ Nasardo. ➤ Ganguear, hablar con las NARICES.

gangrena (del lat. «gangraena», del gr. «gangráina») **1** f. Muerte de alguna porción de tejido del cuerpo de un animal, producida por falta de riego sanguíneo, por infección de una herida, etc. ⇒ Necrosis, noma. ➤ Gangrenoso, pultáceo, putrílago. ➤ Esfacelarse, gangrenarse. **2** *Cierta enfermedad de los árboles, que destruye la *madera.* **3** *Daño moral que perturba la vida de una sociedad. ≃ Cáncer.

gangrenar tr. Producir gangrena en un ↘tejido. ⊙ prnl. Ponerse gangrenoso un tejido.

gangrenoso, -a adj. Afectado de gangrena.

gángster (del ingl. «gangster»; pl. «gángsters») **1** m. Miembro de alguna de las bandas de delicuentes que dominan el mundo del hampa en una gran ciudad; particularmente, de las que actuaron en los Estados Unidos en los años veinte y treinta. **2** (inf.) Persona que utiliza medios violentos o ilícitos para conseguir sus propósitos, especialmente para enriquecerse.

gangsterismo m. Fenómeno de la existencia de gángsters.

ganguear (de or. expresivo) intr. Hablar gangoso.

gangueo m. Acción y efecto de ganguear.

ganguero, -a o **ganguista** n. Se dice de la persona que busca gangas o las encuentra con facilidad.

gánguil (del occit. «ganquil», red) **1** m. **Barco de pesca con dos proas y una vela latina.* **2** **Barco destinado a verter en alta mar las piedras, arena y fango que extrae la *draga.* **3** MAR. *Cierta *red de pescar de mallas muy estrechas.*

gano (de «ganar»; ant.) m. *Ganancia.*

ganoideo (del gr. «gános», brillo, y «-oideo») adj. y n. m. ZOOL. *Se aplicaba a los *peces del orden del esturión o sollo, debido al tipo de escama que presentan.*

ganosamente adv. *Con gana.*

ganoso, -a adj. Se aplica al que tiene gana o deseo de una cosa que se expresa: 'Está ganoso de afectos. Todos estamos ganosos de servirte'. ≃ Deseoso.

gansada (de «ganso»; no siempre desp.) **1** f. Cosa sin sentido o sin seriedad que se hace o se dice. ⇒ *Majadería. *Tonto. **2** Cosa que se dice o hace para hacer reír. ⇒ *Gracia.

gansarón 1 m. Ganso (ave). **2** (inf.) *Hombre *alto, *flaco y *desgarbado.*

gansear intr. Hacer o decir gansadas.

ganso, -a (del sup. gót. «gans») **1** (no frec. en f.; *Anser anser)* n. Ave palmípeda doméstica, de plumaje gris rayado de pardo, pico anaranjado y pies rojizos. ≃ Ánsar. ⊙ (pl.) m. Festejo popular consistente en hacer correr gansos. ⇒ *Fiesta. **2** adj. y n. Se emplea como insulto benévolo, generalmente como apóstrofe, con distintos significados según la ocasión. ⊙ Como «*soso», aplicado a alguien a quien, en broma o en serio, se quiere hacer ver que no hace gracia con sus cosas. ⊙ Como «*patoso», aplicado a una persona tosca o torpe. ⊙ Como «gandul», a una *lenta, *perezosa o indolente. ⊙ Con tono afectuosamente *despectivo se aplica a las personas amigas de gastar *bromas o hacer y decir cosas (gansadas) para hacer reír. ⊙ O a una persona *informal. **3** m. *Antiguamente, ayo o *preceptor de niños.*

GANSO BRAVO. Ganso salvaje.

V. «hablar por BOCA de ganso».

CORRER EL GANSO [o CORRER GANSOS]. *Diversión semejante a la de «correr gallos», en que el gallo era sustituido por un ganso.* ⇒ *Fiesta.

HACER EL GANSO. Hacer gansadas: decir o hacer cosas para hacer reír. ⊙ Hacer eso mismo con falta de gracia. ⊙ Bromear, jugar o *divertirse.

V. «PASTA gansa».

ganta f. *Medida de *capacidad para áridos o líquidos, usada en Filipinas, cuya equivalencia métrica son 3 litros.*

gante (de «Gante», ciudad de Bélgica, de donde se importaba esta tela) m. *Especie de *lienzo crudo.*

gantera f. MAR. *Pieza de las que salen de las amuras para formar el espolón de un *barco.*

ganzúa (del vasc. «gantzua») **1** f. Alambre o varilla doblada por un extremo, que se utiliza para *abrir cerraduras, en sustitución de la llave, por ejemplo para *robar. **2** (inf.) *Ladrón que roba en las viviendas. **3** (inf.) Persona que tiene maña para *sonsacar a otra sus intimidades.

ganzuar (de «ganzúa») tr. **Sonsacar.*

gañán (del ár. and. «ǧannám») **1** m. Hombre que sirve como criado en una hacienda, para distintos trabajos. ≃ Mozo, *MOZO de labranza. **2** Hombre *fuerte y *tosco. ≃ Jayán.

gañanía **1** f. *Conjunto de los gañanes de una hacienda.* **2** (Sal.) **Granja.*

gañido (del lat. «gannītus») m. Aullido quejumbroso del perro o de otros animales.

gañil (del cat. «ganya») **1** (gralm. pl.) m. Interior de la *garganta. ≃ Gañote. **2** Garganta de los animales. **3** (gralm. pl.) *Agalla de los peces.

gañín (de «gañir»; Ast., Cantb.) m. *Hombre hipócrita.*

gañir (del lat. «gannīre») **1** intr. *Aullar el perro quejumbrosamente cuando lo maltratan. ⊙ Aullar en forma semejante otros animales. **2** **Graznar las aves.* **3** (especialmente en sentido figurado, en frases negativas) **Resollar.*
☐ CONJUG. como «mullir».

gañivete (del fr. «canif»; ant.) m. **Navaja de forma de podadera.* ≃ Canivete.

gañón (del ant. «cañón», de «caña», caña del pulmón, tráquea) m. *Gañote.*

gañote (de «gañón») **1** (pop.) m. Interior de la *garganta. ≃ Gañil. **2** (And., Extr.) **Masa frita, muy delicada, de forma tubular.* ≃ Gaznate, gaznatón.

gaollo (Pal.) m. *Especie de *brezo.*

gaón m. MAR. **Remo parecido al canalete, que se usa en algunas embarcaciones de los mares de la India.*

gáraba **1** (Cantb.; numerable) f. **Árgoma (planta leguminosa).* **2** (Cantb.; partitivo) *Conjunto de árgomas, por ejemplo recogidas para *leña; particularmente, las partes más gruesas y leñosas de ellas.*

garabatá (ant.) f. **Caraguatá (cierta pita).*

garabatada f. *Acción de echar los garabatos al pozo para sacar una cosa.*

garabatear **1** intr. *Manejar los garabatos para sacar cosas de un pozo.* **2** Puede usarse también como transitivo: 'Garabateó unas palabras ininteligibles. No hace más que garabatear cuartillas'. ≃ Garrapatear, trazar garabatos. **3** *Hablar u obrar con *rodeos.*

garabateo m. *Acción de garabatear.*

garabato (de or. prerromano) **1** m. **Gancho.* **2** *Palo duro con la punta doblada en forma de gancho.* **3** (pl.) **Arrebañaderas: utensilio formado por varios ganchos, con que se sacan las cosas caídas en los pozos.* **4** Trazo dibujado moviendo el lápiz, pluma, etc., en distintas direcciones, sin tratar de representar nada. ≃ Garrapato. ⊙ (sing. o pl.) *Dibujo o *letra mal hecho. ⊙ (pl.) *Escritura mal hecha. ⇒ Garrapato. ➤ Borrajear, borronear, burrajear, emborronar, garabatear, garrapatear. **5** (pl.) *Movimientos violentos hechos con los dedos o las manos retorciéndolos.* **6** **Almocafre.* **7** AGR. *Cierto *arado para una sola caballería.* **8** (Hispam.) **Horca (utensilio que se les pone a los animales en el cuello para que no puedan atravesar las cercas).* **9** (ant.) **Bozal de perro, etc.* **10** *Soguilla con un trozo de palo en cada extremo, que se emplea para sujetar el *lino o el *cáñamo mientras se golpean.* **11** *Garbo y *atractivo femenino que, a veces, compensa la falta de belleza.*

V. «HUMILDAD de garabato».

garabatoso, -a **1** adj. Con garabatos o trazos mal hechos: 'Escritura garabatosa'. **2** **Garboso.*

garabito (relac. con «garabato») **1** m. **Gancho.* ⇒ Engarabitarse. **2** *Asiento en alto y casilla de madera que usan las vendedoras de fruta y otras cosas en la plaza.* ⇒ *Puesto. **3** (And.) **Perro cruzado de pachón y podenco.*

garaje (del fr. «garage») m. Local destinado a guardar *automóviles, particular o público. ⇒ Cava, foso.

garama (del ár. and. «ǧaráma») **1** f. **Tributo que pagaban las tribus en Marruecos.* ≃ Garrama. **2** *Indemnización colectiva que paga una tribu por los robos cometidos en su territorio.* **3** **Regalos que se hacen a una familia con motivo de la celebración de algún fausto acontecimiento.*

garamanta (de «garamante») adj. y n. *Se aplica a los individuos de un *pueblo antiguo de la Libia Interior.*

garamante (del lat. «Garamantes») adj. y n. *Garamanta.*

garambainas (de un sup. «gambaraina», de «gamba[1]») **1** f. pl. Tonterías, adornos, detalles o lujo superfluos en los vestidos o en otro sitio. **2** Exigencias, *pretextos o *rodeos con que se entorpece o embrolla una cosa: 'Di que sí o que no y déjate de garambainas'. ≃ Tonterías. **3** **Gestos o *ademanes afectados o ridículos.* ≃ Visajes. **4** **Garabatos: rasgos o letras ilegibles.*

garambullo (Méj.; varias especies de plantas cactáceas, en especial *Myrtillocactus geometrizans)* m. *Cierto cacto que tiene por fruto una tuna pequeña roja.*

garandumba (Hispam.) f. *Embarcación a manera de *balsa grande que se emplea para conducir carga por los ríos.*

garante (del fr. «garant»; «Salir») adj. y n. Se aplica a la persona que garantiza una cosa o responde de alguien: 'Él salió garante con su firma'.

garantía (de «garante») **1** («Dar, Ofrecer») f. *Seguridad proporcionada por alguien o algo de que ocurrirá o habrá o de que ocurre o hay cierta cosa: 'El gobierno ha dado garantías de que no habrá alteraciones del orden público. Esta cuerda no ofrece garantías de resistencia'. **2** («Ser») Cosa que tiene poder para proporcionar esa seguridad: 'Eso es una garantía de éxito'. ⊙ Cosa que sirve para garantizar el cumplimiento de una obligación o compromiso de alguien o para asegurar a alguien en un derecho: 'Se deja una prenda para garantía del pago'. Se puede construir con un adjetivo posesivo que representa a la persona a quien beneficia la garantía: 'Para garantía tuya debes hacer que firme un compromiso escrito'. ⊙ Específicamente, acción de asegurar por cierto tiempo el buen resultado de una cosa que se vende, por ejemplo de un reloj, y documento en que consta. **3** («Con, De»; sing. o pl.) Circunstancias de una persona o una cosa por las que se puede *confiar en ellas: 'Una persona de garantías. Una marca de garantía'.

Garantías constitucionales. *Derechos que la constitución de un Estado establece para todos los ciudadanos.
V. «suspensión de las garantías constitucionales».

□ Catálogo

Arra[s], cablieva, caución, dita, fianza, peindra, peño, péñora, *prenda, recaudo, rehén, saneamiento, satisdación, *seguridad, seguro, seña, señal. ➤ *Resguardo, salvaguarda, salvaguardia. ➤ Precinto, sello. ➤ Denominación de origen. ➤ Aval, conocimiento. ➤ Abonar, adverar, afiar, afiuciar, arraigar, asegurar, atregar, avalar, dar [o sacar] la cara por, enfiar, salir fiador, fiar, fiuciar, salir garante, garantir, garantizar, poner las manos en el fuego por, *responder por, salir responsable, sanear. ➤ *Empeñar, *hipotecar, pignorar. ➤ Autenticar, autentificar, autorizar, averar, bastantear, certificar, *legalizar, legitimar, reconocer, refrendar. ➤ Cubrirse. ➤ Excusión. ➤ Manero, subsidiario. ➤ Bajo la palabra de.

garantir (de «garante») tr. *Garantizar.*

garantizador, -a adj. y n. *Se aplica al que garantiza.* ⇒ Garante.

garantizar (de «garante») **1** tr. Dar u ofrecer garantías de cierta ↘cosa: 'Le garantizo que no sufrirá ningún daño'. ⊙ Ser garantía de cierta ↘cosa: 'Una vida higiénica garantiza una vejez sin achaques'. ⊙ Se emplea en primera persona para reforzar una seguridad dada: 'Te garantizo que no volverá a ocurrir'. ⊙ Se emplea con particular frecuencia con el significado de «responder» la casa que vende o fabrica una ↘cosa del buen resultado de ella por cierto tiempo, comprometiéndose durante él a realizar gratuitamente los arreglos que sean necesarios en ella. **2** Hacerse *responsable de las obligaciones de otra ↘persona en caso de que no sean cumplidas por ella: 'Le garantiza su jefe para la compra de la máquina a plazos'.

garañón (del germ. «wranjo, -ons», semental) **1** m. *Asno destinado a semental. ≃ Guarán, hechor. ⊙ (ant. y en Hispam.) *Caballo semental.* ⊙ (Can.) *Macho cabrío.* ⊙ *Camello padre.* **2** (Hispam.) adj. y n. m. *Hombre mujeriego.*

garapacho (¿de or. prerromano?) **1** m. **Caparazón.* ≃ Carapacho. **2** *Especie de *cazuela de forma semejante a la concha superior de la tortuga.*

garapanda (Pal.) f. **Red de pescar semejante al retel.*

garapiña f. Garrapiña.

garapiñado, -a Participio adjetivo de «garapiñar».

garapiñar (del sup. lat. vulg. «carpiniāre», arrancar, deriv. de «carpĕre») tr. Garrapiñar.

garapiñera f. *Garrapiñera.*

garapita (de «garapito») f. **Red muy tupida para coger pececillos.*

garapito (¿de «garrapata», con influencia de «gusarapito», dim. de «gusarapo»?; *Notonecta glauca* y otras especies del mismo género) m. Cierto insecto *hemíptero que vive en las aguas estancadas, nadando generalmente de espaldas.

garapullo m. **Rehilete (juguete).*

garatura (¿del occit. «gratuza», almohaza?) f. *Utensilio cortante, con dos mangos, que usan los pelambreros para separar la lana de las *pieles, rayéndolas.*

garatusa (¿del occit. «gratuza», almohaza?) **1** f. *Lance del juego del *chilindrón consistente en descartarse el que es mano de sus nueve cartas.* **2** (inf.) **Zalamería o *lisonja.* **3** Esgr. *Treta compuesta de nueve movimientos, realizada por ambas partes, con intención de herir en la cara y el pecho.*

garay m. *Cierto *barco filipino que se utilizó para conducir ganado y para piratear.*

garba (del germ. «garba») **1** (Ar., Mur.) f. **Haz de mieses.* **2** (Nav.) *Hierba para *pienso del ganado.*

garbancero, -a **1** adj. De [los] garbanzos: 'Tierra garbancera'. **2** m. Tratante en garbanzos. **3** n. *Persona que vende torrados.* **4** (inf.) *Persona *descortés o *grosera.*

garbancillo m. **Cascajo del tamaño de los garbanzos aproximadamente.*

garbanzal m. Campo de garbanzos.

garbanzo *(Cicer arietinum)* **1** m. *Planta leguminosa que produce semillas redondas, de color amarillo cuando secas, llamadas del mismo modo; en España se consumen mucho, particularmente en el típico «cocido» y, como fruto seco, en forma de «torrados». ⇒ Gabrieles. ➤ Tenientes. ➤ Cocido. ➤ Torrado, tostón. ➤ Gárbula. ➤ Agarbanzado. **2** (pl.) En algunas expresiones como «ganarse los garbanzos» se usa como sinónimo de «comida» o «vida» en general.

Garbanzo negro. Oveja negra.
V. «en cualquier tierra de garbanzos».

garbanzón (aum. de «garbanzo»; Ál.) m. **Agracejo (planta berberidácea).*

garbanzuelo (dim. de «garbanzo») m. Vet. **Esparaván (tumor).*

garbar o **garbear**[1] (de «garba»; Ar.) tr. **Agavillar.*

garbear[2] **1** intr. *Buscarse la vida con *apuros y trampas.* ≃ Trampear. **2** tr. **Robar o dedicarse al pillaje.* **3** prnl. **Manejarse para buscarse la vida.*

garbear[3] intr. *Mostrar o afectar garbo.*

garbeo m. Dar[se] un garbeo (inf.). Dar un paseo, generalmente corto.

garbera f. *Montón de garbas.* ⇒ Engarberar. ➤ *Fajina.

garbías m. pl. *Cierto *guiso compuesto de diversas verduras, queso fresco, especias, harina, manteca y huevos duros, cocido todo y frito luego en forma de tortillas.* ≃ Fruta a la catalana.

garbillar tr. **Cribar ↘algo con el garbillo.*

garbillo (del ár. and. «ḡirbál», con influencia de «ḡarbál», el que cierne) **1** m. **Criba de esparto con que se criba el grano.* **2** Miner. *Criba de lona o de tela metálica con que se criban los *minerales.* **3** **Granzas de las fábricas de harinas, que se muelen para pienso.* **4** Miner. **Mineral menudo limpiado con el garbillo.* **5** (And., Mur.) **Esparto largo y escogido.*

garbín m. **Cofia de malla.* ≃ Garvín.

garbino (del ár. and. «ḡarbí») m. **Viento sudoeste.*

garbo (del it. «garbo», plantilla, modelo) **1** m. *Gracia, *agilidad y *desenvoltura en los movimientos; particularmente, en la manera de andar. ⊙ *Brío con que se trabaja o hace cualquier cosa. ⇒ Aire, gala, galanura, gallardía, garabato, gracia, salero, trapío. ➤ Arrecho, cimbreante, jacarandoso, juncal, marchoso, rejileto, telendo. ➤ *Contonearse. ➤ *Ágil. *Apuesto. *Erguir. *Gallardo. *Gracia. ➤ Desgalichadura, desgarbo. **2** Gracia y soltura que se advierten en una obra del espíritu; particularmente en el *estilo de un escritor: 'Unas crónicas escritas con mucho garbo'. ≃ Donaire, gracejo. **3** *Generosidad o *rumbo.*

gárboli (ant. y en Cuba) m. *Juego del *escondite.*

garbón[1] (de «garba»; Val.) m. **Haz de *leña menuda que se utiliza para el horno.*

garbón[2] m. *Macho de la *perdiz.*

garbosamente adv. Con garbo.

garboso, -a **1** adj. Se aplica a la persona que se mueve con garbo. ≃ Airoso, brioso. **2** **Generoso o rumboso.*

gárbula (Sal.) f. *Vaina seca de los *garbanzos que se aprovecha para la lumbre.*

garbullo (del it. «garbuglio») m. **Aglomeración confusa y agitada de gente. Particularmente, de chicos que andan a la rebatiña.* ≃ Barullo.

garceta (de «garza») **1** *(Egretta garzetta)* f. *Ave zancuda de unos 40 cm de altura, con un penacho corto en la cabeza del que penden dos plumas muy finas, que vive en las orillas de los ríos y lagos. ⇒ Silbón. **2** *Pelo de la sien, que cae a la mejilla y allí se corta o se forma en trenzas.* **3** CAZA. *Nombre dado a las puntas inferiores de los *cuernos del *ciervo.*

garcía (del ant. nombre propio «García»; And., Ast., Rioj.; inf.) m. **Zorro (animal).* ⇒ NOMBRE progenérico.

garçon (fr.; pronunc. [garsón]) A LO GARÇON. Se aplica al estilo de peinado de mujer en que el pelo se lleva corto, a semejanza del de los hombres.

gardacho (del ár. and. «ḥarḍún» o «ḥarḍún»; Ál., Nav.) m. **Lagarto (reptil).*

gardama (del vasc. «gardamu», «carcamu», carcoma; Ál., Nav.) f. **Carcoma (insecto).* ⇒ Agardamarse.

gardar (ant.) tr. **Guardar.*

gardenia (de «Garden», médico inglés a quien se dedicó esta planta; *Gardenia jasminoides*) f. *Planta rubiácea de jardín, de flores blancas muy olorosas. ≃ JAZMÍN de la India.

garden party (ingl.; pl. «garden partys» o «garden parties»; pronunc. [gárden pártis]) m. *Fiesta de sociedad celebrada en un jardín.

gardingo (del germ. «wardôn», guardar) m. *Individuo de uno de los cuerpos de oficiales de palacio que existían entre los *visigodos, inferior a los duques y a los condes.* ⇒ *Rey.

gardubera (del vasc. «gardu», cardo, y «bera», blanco; Ál.) f. **Cerraja (planta compuesta).*

garduja f. MINER. *En las minas de *Almadén, piedra que por no tener bastante mercurio, se desecha como inútil.*

garduña (de or. prerromano; *Martes foina*) f. Pequeño animal carnívoro nocturno, de unos 70 cm, con pelaje pardo y una mancha blanca en el pecho. ≃ Fuina, papialbillo, patialbillo, rámila, rezmila.

garduño, -a (de «garduña») n. **Ratero (ladrón).*

garepa f. CARP. **Viruta.*

garete (¿del fr. «être égaré», ir sin dirección?) IR[SE] AL GARETE. **1** MAR. Ser llevada por el viento o por la corriente una embarcación que ha quedado sin gobierno. ⇒ A la *deriva. ➤ Desgaritar. **2** Frustrarse, *malograrse alguna cosa.

garfa (del ár. and. «ḡarfa») **1** f. **Uña de las manos en los animales que las tienen corvas.* ⇒ *Garra. **2** **Derecho que antiguamente exigía la justicia por poner guardas en las *eras.* **3** *En mecánica, pieza que sostiene colgados los cables de los *tranvías u otros vehículos eléctricos.*

garfada (de «garfa») f. *Movimiento brusco hecho para *coger una cosa; particularmente, si es realizado por un animal con zarpas.* ≃ Zarpazo.

garfear (de «garfa») intr. *Manejar los garfios para tratar de coger alguna cosa.*

garfiada (de «garfio») f. *Garfada.*

garfio (de «garfa») m. *Gancho con punta afilada que, frecuentemente en un conjunto de dos o más, sirve para sujetar o coger algo. ≃ Chope, corvo, raño. ⇒ *Arrebañaderas.

gargajeada (de «gargajear») f. *Gargajo.*

gargajear intr. Arrojar gargajos.

gargajiento, -a adj. Gargajoso.

gargajo (de or. expresivo; indelicado) m. Flema o *esputo voluminoso.

gargajoso, -a adj. y n. Se aplica al que arroja gargajos habitualmente.

gargal (Chi.) m. **Agalla del roble.*

gargalizar (del lat. «gargaridiāre» o «gargarizāre», gargarizar; ant.) intr. **Gritar.*

gargallo m. *Gárgol.*

garganchón m. Parte superior de la *tráquea. ≃ Garguero. ⊙ Esa parte, junto con la caña del pulmón, en la *asadura de las reses.

garganta (de or. expresivo) **1** f. Parte anterior del cuello, considerada interior y exteriormente: 'Los trinos que salían de su garganta. Se le atravesó una espina en la garganta. Dolor de garganta. Un collar de perlas adornaba su garganta'. **2** *Estrechamiento o estrangulación en algunas cosas. ⇒ *Forma. ⊙ Se emplea específicamente en lenguaje técnico. **3** Desfiladero: paso estrecho entre montañas. **4** ARQ. Parte más estrecha de las *columnas, balaustres, etc. **5** *Hendidura que tienen algunas cosas; por ejemplo, la de la *polea por la que pasa la cuerda. **6** Ángulo formado entre la parte superior del pie y el principio de la pierna. ≃ *Empeine. **7** AGR. *Ángulo formado por la cama del *arado y el dental de la reja.* **8** (And.) *Cama del arado.* **9** FORT. *Abertura menor que la cañonera.*

V. «hacerse [o tener] un NUDO en la garganta».

□ CATÁLOGO

Gutural, yugular. ➤ Canal, gajorro, galillo, gallete, gallillo, gañil, gañote, garganchón, gargavero, garguero [o gargüero], gaznate, gola, gollete, gorja, pasapán, tragaderas, tragadero. ➤ Amígdala, angina, BOCADO de Adán, descote [o escote], faringe, glotis, hioides, hoyuelo, gorgomillera, gula, laringe, MANZANA de Adán, nasofaringe, nuez, rinofaringe, *tráquea. ➤ Anginas, carraspera, difteria, faringitis, traqueítis, vegetaciones. ➤ Degollar. ➤ Atragantar, intubar. ➤ Desgalillarse, desgañifarse, desgañirse, desgañitarse, desgaznatarse. ➤ Enjuagarse, gargarizar. ➤ Hisopillo. ➤ Desgargantarse, engargantar.

gargantada (ant.) f. *Porción de líquido u otra cosa que se arroja de una vez violentamente por la garganta.* ≃ Gargozada, gorgozada.

gargantear 1 intr. **Cantar haciendo gorgoritos o quiebros con la garganta.* **2** MAR. *Ligar la gaza de un cuadernal o motón para unirla bien al cuerpo del mismo.*

garganteo m. *Acción de gargantear cantando.*

gargantería (ant.) f. **Gula.* ≃ Glotonería.

gargantero, -a (ant.) adj. y n. **Glotón.*

gargantez o **garganteza** (ant.) f. *Glotonería.*

gargantil m. *Escotadura de la *bacia de barbero.*

gargantilla 1 f. *Collar corto. **2** **Cuenta de collar.*

gargantillo, -a adj. *Se aplica a la res de cuello oscuro, con una franja clara en forma de collarín.*

gargantón, -a (ant.) adj. y n. **Glotón.*

gárgaras (de or. expresivo; «Hacer») f. pl. Acción de mantener un líquido en la garganta poniendo la boca hacia arriba y expulsando aire para hacerlo mover, como *enjuagatorio. ≃ Gargarismo. ⇒ Gargarear, gargarizar.

¡VETE [QUE SE VAYA, etc.] A HACER GÁRGARAS! Frase informal con que se *rechaza o *echa a alguien que *enfada o *molesta.

MANDAR A HACER GÁRGARAS. *Echar alguien a una persona o alejarla de su trato, o *desentenderse de una persona o una cosa.

gargarear (And., Hispam.) intr. *Hacer gárgaras.*

gargarismo (del lat. «gargarisma», del sup. gr. «gargárisma») **1** (pl.) m. Gárgaras. **2** Líquido medicinal para hacer gárgaras.

gargarizar (del lat. «gargarizāre», del gr. «gargarízō») intr. Hacer gárgaras.

gárgaro (Ven.) m. *Juego del *escondite.*

gargavero 1 m. **Garganta.* ≃ Garguero. **2** *Instrumento musical de viento formado por dos flautas con una sola embocadura.*

gárgol[1] (de «gárgola[1]») m. *Ranura hecha en una pieza de madera para que encaje en ella una lengüeta de otra; por ejemplo, en los pisos de madera.* ⇒ Gargallo. ➤ Engargolar. ➤ *Ensamblar. *Entalladura.

gárgol[2] (del ár. and. «ḡárḡal», con influencia de «gárgol[1]») adj. *Aplicado a los *huevos, huero.*

gárgola[1] (del b. lat. «gargŭla») f. *Caño o canal, particularmente si es decorado, por donde vierte hacia el exterior el agua de los tejados; también, caño semejante en una fuente.

gárgola[2] (¿del lat. «valvŭla», vaina de legumbre?) **1** f. Baga del *lino. **2** (Ál.) **Vaina de legumbre que contiene uno o dos granos.*

gargozada (ant.) f. *Gorgozada.*

garguero o **gargüero** (de or. expresivo; pop.) f. *Garganta o tráquea.

garibaldina (de «Garibaldi», general italiano del siglo XIX) f. *Especie de *blusa roja que se puso de moda entre las señoras a imitación de la de ese general.*

garifalte (ant.) m. **Gerifalte.*

garifo, -a adj. **Vistoso.* ≃ Jarifo.

garigola (Mur.) f. **Caja en que el *cazador lleva metido el hurón.*

gario 1 m. **Bieldo (utensilio de labranza).* **2** (Cantb.) *Especie de *rastro, para recoger el *abono.* **3** (Alb.) *Triple gancho usado para sacar cosas de los pozos.* ≃ *Arrebañaderas.

gariofilea (de «gariofilo») f. *Especie de *clavel silvestre.*

gariofilo (del lat. «gariophyllon», del gr. «karyóphyllon»; ant.) m. *Clavo de *especia.*

garita (del fr. ant. «garite», actual «guérite») **1** f. Especie de caseta muy pequeña destinada a algún servicio; como las que sirven para guarecerse los centinelas o las que se instalan en las ferias. ≃ *Caseta, casilla. **2** Cuchitril que hay en los portales de algunas casas para que lo ocupe el *portero. **3** (ant.) **Retrete con una sola plaza o con varias con pequeñas separaciones.* **4** FORT. Torrecilla de las que guarnecen los puntos salientes de las fortalezas.

garitero 1 m. *Propietario de un garito.* **2** *Hombre que frecuenta los garitos.*

garito (de «garita») **1** m. Local donde se *juega clandestinamente a juegos de azar. ≃ *Timba. **2** (inf.) Local de diversión; como un bar o un «pub»: 'Esta calle está llena de garitos'. **3** *Ganancia que se obtiene con la casa de *juego.*

garla (de «garlar») f. *Charla.*

garlador, -a adj. y n. **Hablador.*

garlante adj. *Aplicable al que garla.*

garlar (del lat. «garrulāre», parlotear; inf.) intr. **Hablar mucho e indiscretamente.*

garlido (de «garlar») m. *Chirrido.*

garlito (dim. de «garlo») **1** m. *Red de pesca que tiene en la parte más estrecha una malla dispuesta en tal forma que, una vez que entra el pez, no puede volver a salir. **2** («Caer, Coger en el») Situación mala para alguien, a la cual se le atrae con engaño. ≃ Celada, cepo, lazo, ratonera, red, *trampa.

CAER EN EL GARLITO. Dejarse *engañar.

COGER EN EL GARLITO. **1** Atraer con engaño a una persona a una situación mala para ella. **2** *Sorprender a alguien en una acción que quería realizar ocultamente.

garlo (Sal.) m. *Arte de pesca, especie de nasa o buitrón.*

garlocha f. **Garrocha.*

garlopa (del occit. «garlopo») f. CARP. Herramienta como el *cepillo, pero más larga y con un mango; se emplea para afinar más las superficies después de cepilladas. ⇒ Garlopín, juntera.

garlopín m. *Garlopa pequeña.*

GARLOPÍN DE CANTERO. *Utensilio usado por los *canteros para alisar las piedras.*

garma (¿de or. prerromano?; Ast., Cantb.) f. **Despeñadero; vertiente muy pronunciada, por donde es fácil despeñarse.* ⇒ Engarmarse.

garmejón (Sal.) m. *Trípode sobre el cual se espada el *lino.*

garnacha[1] (del it. «vernaccia») **1** adj. y n. f. Se aplica a una variedad de *uva blanca muy dulce y fina. **2** También, a una variedad de *uva negra rojiza, muy dulce, de granos gruesos, de la que se hace el *vino llamado también «garnacha». **3** *Cierta bebida o *refresco, especie de carraspada.*

garnacha[2] (del occit. «ganacha» o «garnacha») **1** f. **Vestidura talar usada por los magistrados y jueces, con mangas y con un sobrecuello grande que cae sobre los hombros y espalda.* **2** *Persona que viste la garnacha; especialmente, *juez.* **3** **Compañía de cómicos ambulante que se componía de cinco o seis hombres, una mujer, que hacía de primera dama, y un muchacho que hacía de segunda.* **4** (León) **Melena de pelo que cae sobre los hombros y espalda.* **5** (León; inf.) *Pescozón.* **6** (Méj.) *Tortilla grande con chile u otro ingrediente.*

garnato (ant.) m. *Granate.*

garniel (del occit. «carniel», morral de cazador) **1** m. **Bolsa de cuero con divisiones, que se llevaba pendiente del cinturón.* ⊙ *Ese *cinturón.* ≃ Guarniel. **2** (Ec., Méj.)

Maletín o estuche de cuero en que los galleros guardan las navajas que ponen a los gallos de pelea. ≃ Carriel.

garo (del lat. «garum», del gr. «gáron») **1** m. **Condimento que hacían los romanos con los intestinos, hígados y otros desperdicios de ciertos pescados, como el escombro, el escaro y el salmonete.* **2** **Pez, hoy desconocido, con que, según los antiguos, se hizo primeramente este condimento.*

garojo (del lat. «carylĭum», de «carўon», nuez; Cantb.) m. *Núcleo de la espiga del maíz.* ≃ Carozo, *zuro.

garoso, -a 1 (Col., Ven.) adj. *Hambriento.* **2** **Comilón.*

garpa (de «grapa») f. **Racimillo de uvas.* ≃ Carpa.

garra (del ár. and. «ğarfa») **1** f. *Mano o *pie de un animal cuando está provisto de uñas fuertes y agudas, aptas para apresar y desgarrar; como los del león o el águila. **2** *Uña de los animales, de esa clase. ⇒ Garfa, mano, zarpa. ➤ Agarrafar, agarrar, desengarrafar, desgarrar, engarrafar, jarrete. **3** (inf. y desp.; más usado en pl.) *Mano de una persona. **4** MAR. *Gancho de los del *arpeo.* **5** (pl.) Poder opresivo que una persona ejerce sobre otra: 'Caer en [estar en, sacar de] las garras de alguien'. ≃ *Dominio. ⊙ Puede también tratarse del poder de cierta cosa; por ejemplo, de un vicio, del amor o de la locura. **6** (pl.) Parte menos apreciada de las *pieles usadas en peletería, que corresponde a las patas: 'Un abrigo de garras. Garras de astracán'. **7** (pl.) *Parte de las *pieles curtidas que tiene un agujero por el cual ha estado la piel sujeta a las estacas para secarse.* **8** (pl.) **Lana de inferior calidad obtenida de las patas de las reses.* **9** (Hispam.) *Trozo de *cuero arrugado y endurecido.* **10** (Col.) *Coracha: *saco de cuero.* **11** (Hispam.; pl.) *Harapos.* **12** (Ar., Nav.) **Pierna.* **13** Entusiasmo, *energía: 'El equipo ha jugado con auténtica garra'. **14** Atractivo personal. ≃ Gancho.

garrabera (relac. con «agavanzo»; Ar.) f. *Cierta variedad de *rosa (planta rosácea).*

garrafa (del ár. «ğerraf», ¿a través del port. «garrafa»?) **1** f. Vasija grande, semejante a una botella redondeada, muy abultada y con cuello largo, encerrada a veces en un revestimiento de corcho, mimbres o esparto. ≃ Bombona, damajuana, garrafón. ⇒ Alcolla, almarraja, almarraza, ampolla, balón, barral, bombona, botellón, castaña, damajuana, garrafón, limeta, parral. **2** (Arg., Bol., Par., Ur.) **Bombona para contener gases o líquidos muy volátiles.*

DE GARRAFA (inf.). Aplicado a una bebida alcohólica, que se vende a granel y es de mala calidad: 'Vodka de garrafa'.

garrafal (de «garrofal») **1** adj. Muy *grande, aplicado a cosas que no son materiales y que son malas o inconvenientes: 'Un error garrafal. Una mentira garrafal'. ≃ Enorme, mayúsculo, garrobal, garrofal. **2** *Se aplica también a algunas frutas, particularmente cerezas y guindas, mayores y más duras que las comunes, y a los árboles que las producen.*

garrafiñar (de «garfiñar»; inf.) tr. **Quitarle a alguien una ↘cosa agarrándola.*

garrafón m. Garrafa grande.

DE GARRAFÓN (inf.). De garrafa.

garrama (del ár. and. «ğaráma») **1** f. *Cierto *tributo que pagaban los *musulmanes a sus príncipes.* ≃ Garama. **2** (inf.) **Robo, pillaje o estafa.* **3** (Sal.) **Derrama o *tributo.*

garramar (de «garrama», robo) tr. **Robar.*

garramincho (Ál.) m. **Retel grande para la pesca de cangrejos de río.*

garrampa (del germ. «kramp», calambre; Ar.) f. **Calambre.*

garrancha (de «garra» y «gancho») **1** (inf.) f. **Espada.* **2** **Espata, por ejemplo del maíz.* **3** (Ar., Col.) **Gancho.*

garranchada o **garranchazo** f. o m. **Enganchón o herida producida con un gancho.*

garrancho (de «garra», rama de árbol, y «gancho») m. *Resto que queda en un árbol, de una rama cortada o desgajada.* ≃ *Gancho.

garranchuelo (dim. de «garrancho»; *Digitaria sanguinalis*) m. *Planta anual de la familia de las gramináceas.

garrapata (¿deriv. de «caparra[1]», de or. prerromano?) **1** f. Nombre corriente aplicado a varias especies de *arácnidos que viven *parásitos sobre otros animales; por ejemplo, sobre los perros. ⇒ Arañuelo, caparra, coloradilla, rezno, sanchina. ➤ *Ácaro. **2** (inf.) MIL. *En los regimientos de caballería, *caballo inútil.* **3** (inf.) MIL. *Tropa encargada del cuidado de las garrapatas.*

garrapatear intr. Garabatear: hacer ↘garrapatos. ⊙ Puede usarse como transitivo siendo el complemento la cosa escrita o dibujada, o el papel u objeto sobre el que se hacen los garrapatos.

garrapatero (Col., Ec., Ven.; *Crotophaga major*) m. *Cierta *ave cuculiforme americana que se alimenta de garrapatas que quita al ganado.*

garrapato 1 m. *Garabato: trazo, dibujo o escritura hechos descuidadamente o sin querer representar nada. **2** Fruto del cadillo.

garrapatón (aum. de «garrapato») m. **Disparate: desacierto muy grande.* ≃ Gazafatón, gazapatón.

garrapatoso, -a adj. Hecho con garrapatos.

garrapiña (var. «garapiña»; las formas con «rr» son de mayor uso que las escritas y pronunciadas con una sola «r») **1** f. Aspecto o estado de una sustancia garrapiñada. **2** (Hispam.) *Cierta bebida refrescante hecha con agua, azúcar y corteza de piña.* **3** **Galón con ondas en realce en el borde.* **4** *Cierto *tejido hecho en galones y encajes.*

garrapiñado, -a (var. «garapiñado») Participio adjetivo de «garrapiñar». ⊙ Aplicado a bebidas refrescantes, escarchado. ⊙ (acep. más frec.) Se aplica a las almendras bañadas en almíbar seco que forma grumos, generalmente de color rojizo. Son famosas las de Alcalá de Henares.

garrapiñar (var. «garapiñar») tr. Hacer que un líquido se solidifique formando *grumos; como el almíbar cuando alcanza cierto punto o una bebida helada incompletamente.

garrapiñera (var. «garapiñera») f. *Utensilio para hacer helados consistente en un depósito cilíndrico en que se coloca lo que se va a helar y al que se hace girar dentro de otro recipiente más grande, también cilíndrico, de madera, rellenando el espacio entre los dos con trozos de hielo mezclados con sal.*

garrapo (Sal.) m. **Cerdo que no ha cumplido un año.*

garrar (de «garra») intr. MAR. *Ir hacia atrás un *barco arrastrando el ancla, por no haber quedado ésta bien sujeta.* ≃ *Cejar, garrear.

garrasí (Ven.) m. *Cierto *pantalón usado por los llaneros.*

garraspar tr. **Desgranar.*

garrear intr. MAR. *Garrar.*

garreta (Ar.; desp.) f., gralm. pl. **Pierna flaca.*

garria 1 (Sal.) f. **Prado extenso sin árboles.* **2** (Sal.) **Oveja que se queda rezagada.*

garridamente (ant.) adv. *Gallardamente.*

garrideza (de «garrido») **1** (ant.) f. *Cualidad de garrido.* **2** *Elegancia.*

garrido, -a (¿de «garrir»?) adj. Aplicado a personas, en su uso actual al menos, implica no sólo belleza de la cara, sino también buena estatura y proporciones del cuerpo, así como lozanía y fortaleza, por lo que sólo se aplica a nombres que designen a una persona joven, como «joven, mancebo, mozo, muchacho»; de hecho, es difícil recordarlo usado en otra expresión que en «una garrida moza, un mozo garrido». ≃ *Apuesto, arrogante, hermoso.

garriga f. BOT. Formación vegetal degradada, propia de terrenos calcáreos de la región mediterránea.

garrir (del lat. «garrīre») **1** (ant.) intr. **Charlar.* **2** *Gritar el *loro.*

garroba (del ár. «ḫarrūbah») f. *Algarroba (fruto del algarrobo).*

garrobal 1 (ant.) adj. *Garrafal.* ≃ Garrofal. **2** m. *Algarrobal.*

garrobilla (de «garrobo»; colectivo partitivo) f. *Astillas de algarrobo que se emplean para *curtir los cueros y darles color pardo rojizo.*

garrobo[1] (ant.) m. *Algarrobo.*

garrobo[2] (Am. C.; *Lacerta horrida*) m. *Saurio de fuerte piel escamosa, que vive en las tierras cálidas de la costa.*

garrocha (de «garra») f. Vara larga rematada en punta o con un arpón de hierro. Particularmente, la que se emplea para picar a los *toros en las corridas, o para dar saltos. ⇒ Garlocha, garrochón, pértiga, *pica, rejón, sacaliña. ➤ Puya. ➤ Virola. ➤ Agarrochar, garrochar, garrochear, picar. ➤ Agarrochador, garrochista, picador.

garrochar tr. TAUROM. Picar a los ↘toros con la garrocha.

garrochazo m. TAUROM. Pinchazo dado con la garrocha.

garrochear tr. TAUROM. *Agarrochar.*

garrochista m. TAUROM. Hombre que pica a los toros con la garrocha.

garrochón (aum. de «garrocha») m. TAUROM. *Especie de garrocha corta con que se rejonea a los *toros de lidia.* ≃ Rejón.

garrofa f. *Algarroba (fruto del algarrobo).*

garrofal (de «garrofa») **1** m. *Algarrobal.* **2** adj. *Garrafal.*

garrofero (Mur.) m. *Algarrobo.*

garrón (aum. de «garra») **1** m. **Espolón de ave.* **2** *Parte de las patas de las reses contigua a la pezuña, por donde se cuelgan después de muertas.* ⇒ Engarronar. ➤ *Carne. **3** **Gancho que queda al cortar o romperse una rama de árbol.* **4** *Canilla: parte más baja y delgada de la *pierna.* **5** *Calcañar.*

garrosear (Ar., por lo menos) tr. *Deformar los ↘zapatos por la parte de detrás, por desgastar el tacón mucho más por un lado que por otro.* ⇒ *Calzado.

garroso, -a (de «garra»; Ar.) adj. *Se aplica a las personas que tienen las *piernas o los *pies torcidos, y a las mismas piernas o pies.*

garrota f. Garrote.

garrotal (de «garrote») m. *Plantío de *olivar hecho con estacas o garrotes de olivos grandes.*

garrotazo m. *Golpe dado con un garrote.

garrote (del fr. «garrot») **1** m. *Palo grueso y pesado que se utiliza como bastón, como arma, etc. ≃ Garrota. ⇒ Calveta, calvete, estaca, garrota, macana, tocho, tolete, tranca. ➤ Agarrotar, agarrotear, garrotear. ➤ *Palo. **2** («Dar») Acción de apretar una ligadura retorciéndola con un palo. ⇒ Agarrotar. **3** («Dar») *Tormento consistente en comprimir de esa manera los miembros. **4** («Dar») Procedimiento de *ejecutar a los condenados comprimiéndoles la garganta. **5** MAR. *Palanca con que se da vueltas a un *cabo para apretarlo alrededor de algo.* **6** *Defecto de un *dibujo consistente en la falta de la continuidad debida en una línea.* **7** *Pandeo o falta de rectitud en una pared, en la superficie de una piedra labrada, en los tubos de una conducción, etc.* ⇒ *Combarse. **8** (Cantb., Pal.) **Cesto hecho de tiras de madera de avellano.* **9** (Cantb.) *Unidad de medida para *leña, equivalente a media carga.* **10** (Méj.) *Galga: palo atado por sus extremos a la caja del *carro, que sirve de *freno.*

GARROTE VIL. Garrote (procedimiento de ejecutar a los condenados).

V. «VINO de garrote».

garrotear (ant. y en Hispam.) tr. *Golpear a ↘alguien con un palo u otra cosa.* ≃ Apalear.

garrotera (Mur.) f. *Estaca de las que forman los *adrales del carro.*

garrotillo (dim. de «garrote») **1** (Rioj.) m. *Palo corvo con que se anudan los *vencejos.* **2** Nombre vulgar de la *difteria.

garrotín m. Cierta danza muy popular a fines del siglo XIX.

garrubia 1 f. *Algarroba (planta leguminosa y su fruto).* **2** *Algarrobo.*

garrucha (de «carrucha») **1** f. *Polea: utensilio empleado para elevar pesos, consistente en una rueda que gira dentro de un soporte, con una ranura alrededor por la que pasa una cuerda en uno de cuyos extremos se suspende el objeto que hay que elevar, lo que se hace tirando del otro. **2** (Ar., Vall.) *Objeto semejante a un botón con el que se cierra una prenda, por ejemplo el cuello de la camisa, pasándolo por los ojales existentes en uno y otro lado de ella.* ≃ Pasador. ⇒ *Broche.

V. «TORMENTO de garrucha».

garrucho (de «garrucha») m. MAR. *Anillo que sirve para envergar las *velas de cuchillo y para otros usos.*

garrudo, -a 1 adj. *Aplicable al que tiene grandes las garras o largas las piernas.* **2** (Méj.) *Forzudo.* **3** (Col.) *Se aplica a la res muy *flaca.*

garrulador, -a adj. *Gárrulo.*

garrulería 1 f. *Cualidad de gárrulo.* **2** *Exceso de palabras en una exposición o narración.* **3** Cualidad de garrulo.

garrulidad f. *Circunstancia de expresarse con garrulería.*

garrulo, -a (inf.; n. calif.) adj. y n. Se aplica a la persona *torpe y *tosca.

gárrulo, -a (del lat. «garrŭlus») **1** (lit., poco usado y sólo como epíteto) adj. Se aplica a las aves que cantan: 'Los gárrulos pajarillos despertaban al amanecer'. ≃ *Cantador. **2** Se dice del que habla demasiado o se extiende demasiado para explicar o contar cualquier cosa. ≃ *Hablador. ⇒ Difuso. **3** *Se aplica a las cosas de la naturaleza que producen un *sonido continuado y suave; como la *brisa o un *arroyo.*

garúa (del port. dial. «caruja», niebla; Hispam.) f. **Llovizna.*

garuar (de «garúa»; terciop.) intr. *Lloviznar.*

garujo (de «garúa») m. CONSTR. **Hormigón.*

garulla (quizá del sup. lat. vulg. «carulīa», del gr. «káryon», nuez) **1** f. **Uva desgranada.* ≃ Granuja. **2** **Granuja (pillo).* **3** (inf.) **Aglomeración desordenada de gente.* **4** (Ast.; colectivo, tanto genérico como partitivo) **Cascajo (conjunto de avellanas, nueces, castañas y *frutos secos de cáscara en general).*

garullada (inf.) f. *Garulla de *gente.*

garullo **1** (Sal.) m. **Pavipollo: pollo del pavo.* **2** (And.) **Pavo destinado a la reproducción.* **3** (And.) *Cierta variedad de *pera silvestre.*

garvier m. **Bolsa pequeña que se usaba antiguamente como escarcela.*

garvín m. **Cofia hecha de red que usaron las mujeres como adorno.* ≃ Garbín, escofieta, escofión.

garza (¿de or. prerromano?; *Ardea purpurea)* f. *Ave zancuda con unas plumas largas o moño de color gris, que le cuelgan por la parte posterior de la cabeza. Vive en sitios pantanosos. ⇒ Cangrejero, garzón, parima.

GARZA CUCHARERA. *Cangrejero (ave zancuda).*

G. REAL *(Ardea cinerea).* *Ave semejante a la garza, con las plumas del moño negras y brillantes. Vive también en sitios pantanosos. ≃ Avión. ⇒ Garzón.

garzo[1] (de un sup. «garzillo», del sup. lat. «agaricellum», del lat. «agarĭcum») m. **Agárico (hongo).*

garzo[2], **-a** (culto o lit.) adj. Aplicado a los *ojos y a las personas por ellos, azulado.

garzón[1] (aum. de «garza»; Col., Ven.) m. **Jabirú (ave).*

garzón[2] (del fr. «garçon») **1** m. *Joven, *muchacho.* **2** **Niño o *hijo varón.* **3** *En el cuerpo de *guardias de Corps, ayudante que comunicaba las órdenes del capitán.* **4** (ant.) *Pretendiente, *cortejador.* **5** (ant.) *Joven *libertino en el trato con mujeres.* **6** (ant.) *Con referencia a los *moros, *invertido.*

garzonear (de «garzón[2]») **1** tr. **Galantear o *cortejar un hombre a una ↘mujer.* **2** *Llevar un hombre vida disoluta con las mujeres.*

garzonería (ant.) f. *Garzonia.*

garzonía (de «garzón[2]») **1** (Alb.) f. *Acción de acariciarse los animales en *celo.* **2** (And.) *Celo de los animales salvajes.*

garzota (de «garza») **1** *(Nyctanassa violacea)* f. *Ave zancuda propia de los climas templados, cuyo macho tiene tres largas plumas en la nuca. **2** **Pluma o *penacho para adorno de *sombreros o jaeces de caballos.*

gas (palabra inventada por un químico flamenco del siglo XVII, inspirándose en la lat. «chaos», caos) **1** m. Cuerpo, como el aire, que, a la temperatura ordinaria, tiene la propiedad de expansionarse indefinidamente. ⇒ Espíritu, fluido [fluído], vapor. ➤ MONÓXIDO de carbono. ➤ Emanar, enrarecer[se], escape, expansionarse, rarificar[se]. ➤ Gasear, gasificar. ➤ Expansivo. ➤ Gasto, pulsación, tensión. ➤ Gasógeno. ➤ Burbuja. ➤ MECÁNICA de gases. ➤ Gasometría. **2** (pl.) Residuos gaseosos de la digestión que se acumulan en el intestino. ⇒ *Flato.

GAS DEL ALUMBRADO. Gas que se obtiene por destilación del carbón de piedra y se emplea para el alumbrado y como combustible. ⇒ Gasógeno, gasómetro. ➤ Mechero.

G. CARBÓNICO. Gas que, por ejemplo, está disuelto en las bebidas efervescentes, que lo son por estar saturadas de él. ≃ Anhídrido carbónico, dióxido de carbono.

G. CIUDAD. Cierto tipo de gas de uso doméstico e industrial.

G. GRISÚ. Grisú.

G. HILARANTE. Óxido nitroso, usado para anestesias de corta duración.

G. LACRIMÓGENO. Gas tóxico usado en la *guerra u otra lucha, que provoca abundante secreción de lágrimas.

G. MOSTAZA. Gas tóxico, usado en la *guerra, que produce en la piel vejigas muy persistentes. ≃ Iperita.

G. NATURAL. El que se encuentra en depósitos subterráneos naturales.

G. NOBLE. Se aplica esta denominación a los gases argón, criptón, helio, neón, radón y xenón, que no reaccionan con ningún cuerpo. ≃ Gas raro.

G. DE LOS PANTANOS. Metano.

GASES ASFIXIANTES. Gases tóxicos utilizados en la *guerra.

A MEDIO [o TODO] GAS (inf.). A media [o toda] *velocidad.

V. «CÁMARA de gas».

DAR GAS. Acelerar el motor de un vehículo para incrementar la velocidad.

gasa (del ár. «ḫazz» o «qazz», del persa «gaz» o «kaž», seda cruda, a través del it.) **1** f. *Tela de tejido muy claro. ⊙ Particularmente, la de seda, muy fina y vaporosa, que se emplea para vestidos y adornos. ⊙ Tejido muy claro de algodón que se emplea para compresas y vendas, y en las curas. ⇒ Caza, cendal, estopilla, jusi. ➤ Velo. ➤ Esterilizada, hidrófila. **2** (pl.) *En el *cine, cortinas transparentes colocadas entre la pantalla y las cortinas principales, que, generalmente, se descorren cuando ya han empezado a proyectarse los títulos.* **3** (n. calif. o en comparaciones) Se aplica a cualquier cosa *leve, *sutil y semitransparente.

gasajado, -a **1** (ant.) *Participio adjetivo de «gasajar».* **2** (ant.) m. *Agasajo.* **3** (ant.) **Placer o contento.*

gasajar (del germ. «gasalho», compañero; ant.) tr. y prnl. **Alegrar[se] o *divertir[se].*

gasajo (de «gasajar»; ant.) m. **Agasajo.*

gasajoso, -a (de «gasajar») **1** (ant.) adj. *Agasajador.* **2** (ant.) **Alegre o *placentero.*

gascón, -a adj. y, aplicado a personas, también n. De Gascuña, región y antigua provincia de *Francia. ⊙ m. Conjunto de dialectos románicos hablados en Gascuña.

gasconés, -a adj. y n. *Gascón.*

gasear **1** tr. *Hacer que un ↘líquido absorba gas.* **2** Someter a un ↘ser vivo a la acción de un gas que les produce alteraciones más o menos graves o, incluso, la muerte.

gaseiforme (de «gas» y «-forme») adj. *De consistencia gaseosa.*

gasendismo m. FIL. *Doctrina del pensador francés del siglo XVII abate Gassend o Gassendi, adversario de la filosofía de Aristóteles y el más ilustre de los librepensadores de su tiempo.*

gasendista n. *Adepto al gasendismo.*

gaseosa f. Bebida dulce y efervescente a causa del gas carbónico disuelto en ella a presión, que se toma como refresco. ≃ Casera. ⇒ Seltz, soda.

gaseoso, -a **1** adj. Se aplica al estado de gas y a los cuerpos que lo tienen. **2** *Se aplica al líquido del que se desprenden gases.*

gasificación f. Acción de gasificar.

gasificar **1** tr. QUÍM. Convertir ↘líquidos o sólidos en *gas. **2** QUÍM. Diluir gas carbónico en un ↘líquido.

gasista m. *Obrero dedicado a la instalación, reparación, etc., de aparatos de gas del alumbrado o a servicios relacionados con él.*

gasoducto (de «gas» y «-ducto») m. Conducto con que se transporta gas desde el lugar de producción al de consumo.

gasógeno (de «gas» y «-geno») **1** m. Aparato empleado para producir cualquier clase de gas; especialmente, el carbónico. ⊙ Específicamente, aparato de esa clase, de pequeño tamaño, que se usaba para sustituir con el gas producido, como *combustible, la gasolina o la electricidad en los *motores de los vehículos, instalaciones de calefacción, etc. **2** QUÍM. *Mezcla de bencina y alcohol, usado para el *alumbrado y para quitar *manchas.*

gasoil (var. [gas-oil]; del ingl. «gas oil») m. Producto de la destilación del petróleo que se emplea como combustible para motores Diesel. ≃ Gasóleo.

gasoleno m. *Gasolina.*

gasóleo (de «gas» y «óleo») m. Gasoil.

gasolina (del fr. «gasoline») f. Producto de la destilación del *petróleo que se usa como *combustible en los *motores de explosión ligeros. ⇒ Gasoleno, esencia, nafta. ➤ Benceno, bencina, benzol. ➤ Heptano. ➤ Súper. ➤ *Combustible. ➤ DEPÓSITO de gasolina, ESTANQUE de bencina, TANQUE de bencina [o de nafta]. ➤ ESTACIÓN de servicio, gasolinera.

gasolinera 1 f. **Lancha con motor de gasolina.* **2** Instalación de un depósito de gasolina con aparatos extractores y medidores, para suministrarla a los automóviles.

gasometría f. QUÍM. *Método de análisis para determinar la concentración de gases en las mezclas gaseosas.*

gasómetro (de «gas» y «-metro») m. Dispositivo en forma de campana o bóveda con el borde sumergido en un depósito de agua, bajo la cual se almacenaba para su *reparto el *gas del alumbrado, que resultaba así a una presión uniforme.

gasón (del fr. «gazon», césped) **1** m. **Cascote de yeso.* ≃ Yesón. **2** *Terrón (apelotonamiento de *tierra) muy grande, que queda sin deshacer por el arado.* **3** (Ar.) **Césped.*

gastable adj. Susceptible de ser gastado o de gastarse o desgastarse.

gastadero m. *Ocasión, acción, etc., que obliga a gastar lo que se expresa:* 'Gastadero de tiempo [o de paciencia]'.

gastado, -a Participio adjetivo de «gastar»: 'Está gastada la mitad de la pieza'. ⊙ Desgastado: 'Lleva los codos gastados'. ⊙ Aplicado a personas, aviejado, abatido, etc., por el trabajo o las penalidades. ⊙ Se dice de la persona o conjunto de personas que ha perdido eficiencia, prestigio, etc., en una función o cargo que ha ejercido durante algún tiempo: 'Este gobierno está ya gastado'. ⊙ Aplicado a un asunto o tema, manido. ⇒ *Gastar.

gastador, -a 1 (ant.) adj. *Aplicado a lo que gasta, destruye o estropea.* **2** adj. y n. Se aplica a la persona que gasta el dinero sin prudencia. ≃ *Derrochador, despilfarrador, malgastador. **3** m. MIL. *Soldado del cuerpo llamado «de gastadores» o «de zapadores», destinado a abrir zanjas o minas o a abrir paso por cualquier sitio. ≃ Zapador. ⇒ Azadonero, palero. **4** **Condenado destinado a los trabajos públicos.*

gastar (del lat. «vastāre», devastar, destruir) **1** tr. *Usar una ↘cosa que se pierde, desaparece o se destruye al usarla: 'Gasta el tiempo en tonterías. No me hagas gastar tantas palabras. Hemos gastado mucho carbón'. ⊙ tr. o abs. Particularmente, usar ↘*dinero para algo: 'Gasta mucho dinero en medicinas. Le gusta mucho gastar'. ⊙ (con un pron. reflex.) Gastar ↘dinero, particularmente cuando se quiere sugerir exceso: 'Se ha gastado toda la paga en dos días'. ⊙ *Consumir una cosa en sí misma, en su funcionamiento, etc., la cantidad de ↘otra que se expresa: 'Esta plancha gasta mucho fluido'. ⊙ *Necesitar consumir una cosa para su función o funcionamiento la cantidad de ↘otra que se expresa: 'Esta cafetera gasta menos café que la que teníamos antes'. ⊙ prnl. Acabarse o consumirse una cosa con el uso: 'Ya se ha gastado el gas del mechero. La vela se gasta muy deprisa'. **2** tr. Emplear alguien cierta ↘cosa para su servicio o en su persona: 'Gasta coche. Gasta unas corbatas muy llamativas. Gasta el traje nuevo para ir a la oficina'. ≃ *Usar. **3** Se emplea también, significando «*tener», con referencia a cosas que implican un juicio desfavorable; como ↘«mal genio, mal humor, unos modales groseros, un lenguaje soez». **4** Es el verbo propio de ↘«bromas, chirigotas, cumplidos», y palabras semejantes: 'Le gastaron una broma pesada'. **5** *Desgastar: destruir una ↘cosa, quitarle material o *estropearla frotándola, usándola, pasando sobre ella, por una acción física o química, etc.: 'Se sube las mangas para no gastar los bordes. La intemperie gasta las piedras'. ⊙ prnl. Desgastarse una cosa: 'Los zapatos se gastan por la suela'. **6** tr. *Envejecer o quitar energías a una ↘persona. ⊙ prnl. *Envejecer o perder energías una persona. **7** (ant.) tr. **Devastar un ↘territorio.* **8** (ant.) **Digerir los ↘alimentos.*

V. «hasta los GATOS gastan zapatos, gastar PÓLVORA en salvas».

GASTARLAS. *Acostumbrar alguien a hacer ciertas cosas consabidas, o a *conducirse de cierta manera que resulta fuera de lo regular: 'A lo mejor se va sin despedirse; ya sabemos cómo las gasta'.

□ CATÁLOGO

Absorber, aflojar, dar aire, *agotar[se], arruinarse, carcomer, castigar, ser un censo, chupar, comerse, *consumir[se], corroer, derretir[se], *derrochar, desaguar, desangrar, desatesorar, desembolsar, despender, desperdiciar[se], despilfarrar, devorar, dilapidar, disipar[se], disponer de, echar[se], emplear, estirarse, expensar, fumarse, fundir[se], guastar, impender, interesar, invertir, liquidar, volverse loco, malbaratar, malemplear[se], malgastar[se], malversar, menguar, mermar[se], supurar, dejar TEMBLANDO, dar un TIENTO, tirar, TIRAR de largo, tragarse. ➤ Desaparecer, desvanecerse, llevarse el DIABLO, evaporarse, convertirse en HUMO, IRSE, llevarse el VIENTO, volar. ➤ Decentar, demediar, encentar, encetar. ➤ *Agotado, castigado, consumido, mediado, terciado. ➤ Barrumbada, costas, derroche, despecio, despesa, *diario, dispendio, egreso, expendio, expensas, gasto, impensa, litisexpensas, manlieva, merma, refacción. ➤ Carcoma, chorreo, chorrillo, desaguadero, gomia, goteo, sangría, SANGRÍA suelta. ➤ Diario, imprevisto, ordinario. ➤ *Partida, renglón. ➤ Sostenimiento. ➤ Costoso, gravoso, oneroso. ➤ Aviejado, cansado, cascado, consumido, desgastado, destrozado, espigado, estropeado, gastado, hecho un GUIÑAPO, manido, manoseado, *roto, sobado, traído, trillado, usado, *viejo. ➤ Consumible, fungible, gastable. ➤ *Presupuesto. ➤ Dietario. ➤ Para alfileres, por todo lo alto, a lo grande. ➤ Quien [o el que] PUEDE, arrastra; los DINERILLOS [O DINEROS] del sacristán cantando se vienen, cantando se van. ➤ Avaricia, economía, parsimonia. ➤ *Ahorrar, economizar, apretar [o cerrar] la MANO, reducirse, reservar. ➤ *Gratuito. ➤ Desgastar. ➤ *Disminuir. *Estropear. *Pagar. *Usar.

gasterópodo (del gr. «gastḗr», estómago, y «-podo») adj. y n. m. ZOOL. Se aplica a los *moluscos de cierta clase a la que pertenecen animales acuáticos o terrestres con el cuerpo generalmente protegido por una concha la mayor parte de las veces en espiral; como los caracoles, la lapa, la púrpura y también la babosa. ⊙ m. pl. ZOOL. Clase que forman.

gasto 1 («Hacer, Ahorrar, Restringir») m. Acción de gastar. ⊙ Particularmente, hecho de entregar dinero por algo: 'Este mes he tenido muchos gastos'. ⊙ Cantidad de dinero que se gasta: 'El gasto de la casa'. **2** FÍS. *Cantidad de un *fluido que sale de un manantial o generador, que sale por un orificio o que circula por una conducción en un tiempo dado.*

GASTO PÚBLICO. El que realiza el Estado para atender las necesidades públicas.

GASTOS DE REPRESENTACIÓN. **1** Asignación suplementaria que perciben ciertos altos cargos del Estado. **2** Haberes que perciben algunos altos funcionarios que no tienen *sueldo asignado por la ley.

HACER EL GASTO. Ser la persona de que se trata la que *habla la mayor parte del tiempo en una conversación, tertulia, etc.

gastoso, -a (inf.) adj. Se aplica a la persona aficionada a gastar o que gasta más de lo necesario.

gastr- (var., «gastro-») Elemento prefijo del gr. «gastḗr, gastrós», estómago, usado en palabras científicas.

gastralgia (de «grastr-» y «-algia») f. MED. *Dolor de *estómago.

gastrectasia (de «gastr-» y «ectasia») f. MED. *Inflamación permanente del estómago.*

gastrectomía (de «gastr-» y «-ectomía») f. CIR. *Extirpación total o parcial del *estómago.*

gastricismo m. MED. *Denominación genérica de diversos estados patológicos agudos del *estómago.*

gástrico, -a (de «gastr-» e «-ico[1]») adj. MED. Del estómago o del aparato digestivo: 'Fiebres gástricas. Jugo gástrico'. ⇒ Epigastrio, hipogastrio.

gastritis (de «gastr-» e «-itis») f. MED. Inflamación del estómago.

gastro- V. «gastr-».

gastroenteritis (de «gastro-» y «enteritis») f. MED. Inflamación de la mucosa gástrica y la intestinal.

gastrointestinal ANAT. adj. Del estómago y los intestinos.

gastrolito (de «gastro-» y «-lito») m. ZOOL. *Piedra o cosa similar tragada por un animal para favorecer la digestión.*

gastronomía (del gr. «gastronomía») f. Conjunto de conocimientos y actividades relacionados con *comer bien.

gastronómico, -a adj. De la gastronomía.

gastrónomo, -a n. Persona aficionada a comer bien.

gastropatía (de «gastro-» y «-patía») f. MED. *Cualquier enfermedad o trastorno del *estómago o del aparato digestivo.*

gástrula (del lat. «gastrula», dim. del lat. «gaster, -ĕris», vientre) f. BIOL. Fase del desarrollo embrionario posterior a la blástula, en que se forman tres capas de células.

gata (de «gato») **1** f. Gatuña (planta leguminosa). **2** *Nubecilla que se pega a los montes.* **3** (Cuba; *Ginglymostoma cirratum*) *Cierto *pez semejante al tiburón.* **4** (Cuba) **Lija (pez).* **5** (Ál., Ast.) *Cierta *oruga grande erizada de pelos, con dos apéndices en el último anillo.* **6** MIL. *Protección, especie de manta, con que se cubrían los soldados que se acercaban a un muro para minarlo.* ⇒ *Arma (grupo de las defensivas).

gatada (de «gato») **1** f. CAZA. *Parada repentina que hace la *liebre perseguida, con lo que los perros pasan de largo.* **2** *Gatuperio.*

gatallón, -a (de «gato[1]») adj. y n. **Granuja.*

gatamuso, -a (de «gato[1]»; Vall.) adj. *Hipócrita o solapado.*

gatas A GATAS. Referido a la manera de *andar una persona, poniendo en el suelo las manos y los pies o las rodillas. ≃ A cuatro PATAS, a cuatro PIES.

gatatumba (de «gata» y «tumbar») f. *Simulación de amabilidad, de una enfermedad, etc.*

gatazo, -a **1** n. Aum. frec. de «gato». **2** (inf.) m. **Engaño que se hace a una persona para obtener de ella alguna cosa de valor.*

gateado, -a (de «gatear») **1** adj. *Semejante en algún aspecto al gato.* **2** *Aplicado, por ejemplo, al *mármol, con vetas o listas semejantes a las de los gatos.* **3** (Arg.) *Se aplica al *caballo o yegua de pelo rubio y con una línea negruzca en el lomo y otras en brazos y piernas.* **4** m. *Cierta *madera americana muy compacta y con vetas, que se emplea para muebles de lujo.*

gateamiento m. *Acción de gatear.*

gatear **1** intr. Andar a gatas. **2** *Trepar valiéndose de los pies o las rodillas y las manos. **3** tr. **Arañar un gato a ↘alguien.* **4** tr. o abs. **Hurtar.*

gatera[1] **1** f. *Agujero que se hace en una puerta u otro sitio para que puedan entrar y salir los gatos. ⊙ Se puede también aplicar a un agujero semejante hecho en cualquier parte, aunque no sea para ese uso. **2** MAR. *Agujero circular revestido de hierro, practicado en las cubiertas de los *barcos, por el cual sale la cadena de la caja donde está.* **3** (inf.) m. **Ratero.* ≃ Gatillo.

gatera[2] (del quechua «ccatu», mercado; Bol., Ec., Perú) f. **Revendedora; especialmente, de *hortalizas.*

gatería **1** (inf.) f. *Conjunto de gatos.* **2** (inf.) *Reunión de golfillos.* **3** (inf.) *Humildad y lisonja afectadas con que se pretende lograr de alguien una cosa.* ⇒ *Engatusar, *zalamería.

gatero, -a **1** adj. *Aficionado a los gatos.* **2** *Aplicado a lugares, abundante en gatos o muy frecuentado por ellos.* **3** n. *Vendedor de gatos.*

gatesco, -a (inf.) adj. *Gatuno.*

gatillazo **1** m. Golpe que da el gatillo en un arma de fuego, particularmente cuando no sale el tiro. **2** (inf.) Impotencia repentina que sufre el hombre en el momento de realizar el acto sexual.

DAR GATILLAZO (inf.). Frustrarse o malograrse algo.

gatillo (dim. de «gato[1]») **1** m. En las armas de fuego, pieza que se acciona para golpear el fulminante y provocar el disparo. ≃ Percusor. ⇒ Disparador. ➤ Engatillar. **2** *Gato (utensilio de carpintero, etc.).* **3** *Instrumento de hierro, a modo de tenazas o alicates, empleado para sacar muelas y *dientes.* ≃ Pulicán. **4** *En algunos animales cuadrúpedos, parte superior del *cuello, que se extiende desde cerca de la cruz hasta cerca de la nuca.* **5** *Pedazo de carne que se tuerce en la parte superior del pescuezo de algunos animales cuadrúpedos, cayendo hacia uno de los lados de él.* **6** (Pal.) **Flor de la acacia.* **7** (Chi.) **Crines largas que se dejan a las caballerías en la cruz y de las cuales se asen los jinetes para cabalgar.*

gato[1], -a (del lat. «cattus») **1** (*Felis catus*) n. Mamífero felino doméstico. **2** *Animal de cualquier especie de la clase de los *félidos.* **3** m. *Ratonera (trampa para coger ratones).* **4** (inf.) Bolsa o talego con *dinero guardado en ella. ⊙ (inf.) Dinero. **5** ARTILL. *Instrumento con seis o más garfios de acero que se empleaba para reconocer el alma de los *cañones.* **6** Utensilio de carpintero, cubero, etc., que sirve para *sujetar la pieza que se trabaja al banco o a otro sitio; consiste en una pieza en forma de «u» que lleva atravesada una de las ramas extremas por un tornillo con un tope en la punta, entre el cual y la otra rama extrema de la «u» se oprimen juntamente la pieza en cuestión y el tablero del banco, etc. ⊙ Utensilio semejante, de hierro o de madera, que consta de dos piezas que pueden aproximarse con un tornillo, entre las que se *sujeta la pieza que se trabaja. **7** Utensilio con un engranaje, que se utiliza para *elevar grandes pesos a poca altura; por ejemplo, un automóvil para repararlo o cambiarle una rueda. ≃ Cric. ⇒ Elevador. **8** (inf.) **Ratero.* **9** (inf.) *Hombre *astuto.* **10** (inf.) Madrileño. **11** (Arg.) *Cierta danza popular bailada con movimientos rápidos por una o dos parejas.* ⊙ **Música para ella.*

GATO DE ALGALIA (*Viverra zibetha*). *Mamífero carnívoro vivérrido, oriundo de Asia, de poco más de medio metro, de color gris con franjas negras, con unas crines cortas

en el lomo y una bolsa cerca del ano, donde segrega la algalia. ≃ Algalia, civeta.
G. DE ANGORA. Gato de pelo muy largo y sedoso, originario de Angora.
G. CERVAL. Especie de gato salvaje, de color gris con manchas negras que forman anillos en la cola, que vive en el centro y sur de España. ≃ LOBO cerval [o cervario].
G. MONTÉS *(Felis silvestris* o *Felis colocolo)*. Gato salvaje. ⇒ Caucel, colocolo.
G. SIAMÉS. Gato doméstico procedente de Asia, de pelo muy corto de color ocre amarillento o gris, con la cara, cola y patas más oscuras.
G. VIEJO. *Persona *astuta o *experimentada y con mucho conocimiento de la vida.* ≃ PERRO viejo.
V. «poner el CASCABEL al gato».
CUATRO GATOS (inf.). Un número de personas que se considera insignificante. ⇒ *Escaso.
DAR GATO POR LIEBRE. *Engañar haciendo pasar una cosa por otra mejor.
GATO ESCALDADO... [O GATO ESCALDADO DEL AGUA FRÍA HUYE]. Comentario que equivale a decir que el que una vez ha sido maltratado, está desconfiado aunque no tenga motivos.
HABER GATO ENCERRADO en una cosa. Haber algo que se mantiene *oculto.
HASTA LOS GATOS GASTAN [O QUIEREN] ZAPATOS. Frase con que se comenta que alguien *pretende cosas que corresponden a mayor edad o mejor situación que las suyas.
LAVARSE COMO LOS GATOS [O A LO GATO]. *Lavarse solamente un poco la cara y las manos, sin mojarse apenas, o con un trapo u otra cosa humedecida.
V. «LENGUA de gato».
LLEVAR EL GATO AL AGUA (gralm. en frases interrogativas). *Ser cierta persona, entre varias, la que se *atreve a hacer frente a una dificultad.* ⇒ Poner el CASCABEL al gato.
LLEVARSE EL GATO AL AGUA (inf.). *Conseguir alguien sus propósitos frente a otros.
V. «APAREJO de gata, de NOCHE todos los gatos son pardos, OJO de gato, OJO de gato de algalia, OJOS de gato, PEZ gato, buscarle tres PIES al gato, UÑA de gata, UVA de gato, tener siete VIDAS como los gatos».
□ CATÁLOGO
Felino, michino, micho, micifuz, minino, misino, mizo, morro, morrongo, morroño, zapaquilda, Zapirón. ➤ Cazador, desmurador, murador. ➤ Enratonarse, marramizar, *maullar, mayar, miagar, miañar, miar, murar, ratonarse, ronronear. ➤ Bufido, corcovo, ronroneo. ➤ Fu, fufo, marramao, marramiau, miau. ➤ Cucho; mino, mino...; mio, mio...; miz, miz...; ¡sape!, ¡zape! ➤ Cordilla. ➤ Engatar, engatusar, gatatumba.

gato[2] (del quechua «cattu»; Perú) m. **Mercado al aire libre.*

gatopardo (del it. «gattopardo») m. *Guepardo.*

gatuna f. **Gatuña (planta leguminosa).*

gatunero (de «gatuna»; And.) m. *Hombre que vende *carne de *contrabando.*

gatuno, -a adj. De [o del] gato.

gatuña (de «gato» y «uña»; *Ononis spinosa)* f. *Planta herbácea leguminosa de tallos ramosos, casi tendidos, duros y espinosos, muy común en los sembrados; la raíz se ha empleado como aperitivo. ≃ Abreojos, detienebuey, gatuna, tentabuey, UÑA de gata.

gatuperio (de «gato», con influencia de «vituperio») **1** m. **Mezcla de diversas sustancias de la que resulta un todo desagradable o perjudicial.* **2** (inf.) *Chanchullo, *enredo, intriga o *tapujo.

gauchada 1 (Arg., Chi., Perú, Ur.) f. *Acción propia de gauchos.* **2** (Arg., Ur.) **Favor o *servicio prestado con buena voluntad.*

gauchaje (Arg., Ur.) m. *Conjunto de gauchos.*

gauchear (Arg., Ur.) intr. *Practicar las costumbres de los gauchos.*

gauchesco, -a adj. De [o del] gaucho.

gauchismo m. Corriente artística, sobre todo literaria, que se inspira en la vida de los gauchos.

gaucho, -a (¿de or. quechua?) **1** m. Natural de las *pampas de la Argentina y Uruguay, generalmente mestizos, buenos *jinetes, que se dedicaban a la ganadería o a la vida errante. ⇒ Agauchar. **2** (Arg.) adj. *De gaucho.* **3** (Arg., Chi., Ur.) adj. y n. m. *Buen *jinete o poseedor de otras cualidades propias de los gauchos.* **4** (Arg.) adj. *Zafio o *grosero.* **5** (Arg., Chi.) **Astuto.* **6** (Arg.) *Se aplica a ciertos *perros que hacen vida vagabunda.*

gaudeamus (del lat. «gaudeāmus», 1.ª pers. pl. del pres. subj. de «gaudēre», gozar; inf.) m. **Fiesta, regocijo o celebración con comida y bebida abundantes.*

gaudio (del lat. «gaudĭum»; ant.) m. **Gozo.*

gaudón (Ál.) m. **Alcaudón (pájaro).*

gauge (ingl.) *En lenguaje técnico, medida de la *distancia o el *hueco de ciertas cosas; por ejemplo, el tamaño del punto en los tejidos de punto, o la distancia entre los rieles de una *vía.*

gaur *(Bos gaurus)* m. Bóvido silvestre de gran tamaño que vive en las selvas y bosques de la India y el sudeste asiático.

gauss o, menos frec., **gausio** (de «Carlos Federico Gauss», matemático, físico y astrónomo alemán) m. Fís. *Unidad de inducción magnética en el sistema cegesimal. Abrev: «Gs».*

gavanza f. **Flor del gavanzo.*

gavanzo (de «agavanzo») m. **Escaramujo (rosal silvestre y fruto de él).*

gavera (de «gavia[1]») **1** f. **Gradilla (molde para fabricar tejas).* **2** (Perú) **Tapial (molde con que se hacen las tapias).* **3** (Col.) *Aparato de madera con compartimentos, empleado en los trapiches, en el que se enfría y espesa la miel o jugo de la caña de *azúcar.*

gaveta (del it. «gavetta») **1** f. *Cajón corredizo de los escritorios. ⊙ Mueble que tiene uno o varios de estos cajones. **2** (Mur.) *Anillo de hierro o cuerda que hay en las paredes de las barracas donde se crían los gusanos de *seda, para sujetar los zarzos.* **3** **Artesa de albañil.*

gavia[1] (del lat. «cavĕa», jaula) **1** (ant.) f. **Jaula; especialmente, la que se empleaba para encerrar a los locos.* ⇒ Engaviar. **2** (inf.; pl.) **Manicomio:* 'Está como para llevarlo a las gavias'. **3** **Zanja que se abre en el suelo para desagüe o para deslindar dos fincas.* **4** **Hoyo hecho para *plantar árboles, cepas, etc.* **5** MAR. *Vela que va en el mastelero mayor de una nave. Por extensión, cada una de las *velas de los otros dos masteleros. ⊙ (pl.) MAR. Conjunto de todas. **6** MAR. **Cofa de las *galeras.*

gavia[2] (de «gavilla») f. MINER. **Cuadrilla de operarios que se emplea en el trecheo.*

gavia[3] (del lat. «gavĭa») f. **Gaviota.*

gavial (del fr. «gavial») m. Cierto *reptil parecido al cocodrilo.

gaviero m. MAR. **Marinero dedicado a vigilar desde la gavia.*

gavieta f. MAR. *Gavia (cofa) a modo de garita que se pone sobre la mesana o el bauprés.*

gaviete (¿de «gavia[1]»?) m. MAR. *Madero encorvado que se coloca sobre la popa de la lancha, que tiene una roldana en el extremo y sirve para levar el *ancla con un cable que pasa por esa roldana.*

gavilán (¿del sup. gót. «gabila, -ans», horca?) **1** *(Accipiter nisus)* m. *Ave rapaz de unos 30 cm de larga, de color gris azulado por encima y con bandas en el resto. ≃ Esparaván, esparvel, esparver, galfarro, guarrilla. ⇒ Peuco. ⊙ Se emplea el símil del gavilán y la paloma aplicado al caso de una persona poderosa que *persigue a otra débil; particularmente, al del hombre que acosa a una muchacha inocente. **2** (pl.) *Las dos partes en que está dividida la *plumilla de escribir.* ≃ Puntos. **3** Cada uno de los dos hierros que salen de la guarnición de la *espada formando la cruz. ≃ Arriaz. **4** Se aplica a otras cosas de forma de *gancho o garfio, en aplicaciones que van cayendo en desuso. ⊙ *Rasguillo hecho a veces al final de algunas *letras.* ⊙ *Hierro de la punta de la *aguijada.* ⊙ MAR. **Bichero o garfio de hierro con que se aferraban las naves.* **5** (And., Hispam.) *Uñero: daño causado por el borde de una *uña, especialmente la del dedo gordo del pie, que se clava en la carne.*

GAVILÁN ARANIEGO. Cierto gavilán que se caza con la red llamada «araña».

gavilana (de «gavilán»; C. Rica; *Neurolaena lobata)* f. **Planta compuesta, usada como tónica y febrífuga.*

gavilancillo (dim. de «gavilán») m. *Pico de la hoja de la alcachofa.*

gavilla **1** f. *Haz de cañas o ramas, o de mies. ≃ Fajo. **2** *Cuadrilla de gente despreciable.

gavillar[1] m. *Terreno cubierto de gavillas.*

gavillar[2] tr. *Agavillar.*

gavillero **1** m. *Sitio donde se amontonan las gavillas de la siega.* **2** *Fila de gavillas que va quedando en el terreno según se va segando y atando la mies.* **3** *Obrero que echa las gavillas al carro con el bieldo.*

gávilos m. pl. **Fuerza o *brío.*

gavina (de «gavia[3]») f. *Gaviota.*

gavinote m. **Pollo de gavina.*

gavión[1] (de «gavia[1]») **1** m. MIL. *Cestón o jaula llena de tierra con que se *defienden los que abren las trincheras.* ⊙ Cestón o jaula de tela metálica, llena de piedras o tierra, que se emplea como *defensa en obras hidráulicas. **2** (inf.) **Sombrero de ala y copa grandes.*

gavión[2] (¿del lat. «gavĭa», gaviota?) **1** *(Larus ichthyaetus* y otras especies) m. Especie de gaviota de gran tamaño. **2** (Nav., Vit.) m. **Vencejo.*

gaviota (de «gavia[3]»; *Larus argentatus)* f. Ave palmípeda, de plumaje blanco y ceniciento, de largas alas, que vive en las costas y se alimenta de peces. ≃ Gavia, gavina, paviota. ⇒ Meauca, pardela, tindío.

gavota (del fr. «gavotte») f. *Danza que se bailaba entre dos personas.* ⊙ **Música para ella.*

gay (ingl.; pronunc. [gai] o [guei]; pl. «gays», pronunc. [gais] o [gueis]) adj. y n. m. *Homosexual masculino.

gaya (de «gayo[2]») **1** f. **Lista en cualquier cosa, de distinto color que el fondo.* **2** *Cierta *insignia que se daba a los vencedores.*

gayadura (de «gayar») f. **Adorno consistente en listas de distinto color.*

gayal m. Variedad doméstica del gaur (bóvido).

gayar (de «gaya») tr. *Adornar una ↘cosa con listas o cintas de otro color.*

gayata (Ar.) f. **Cayado.*

gayera (relac. con «gajo»; Ast.) f. *Variedad de *cereza de gran tamaño.*

gayo[1] (del b. lat. «gaius») **1** (ant.) m. **Grajo (pájaro).* **2** **Urraca (pájaro).*

gayo[2], -a (del occit. «gai», alegre; lit.) adj. *Alegre o *vistoso. V. «gaya CIENCIA».

gayola (del lat. «caveŏla», dim. de «cavĕa», jaula) **1** f. **Jaula.* **2** **Cárcel.* **3** (And.) *Especie de choza construida sobre los árboles para los guardas de las viñas.* ⇒ *Vigilar.

gayomba (¿de or. prerromano?; *Spartium junceum)* f. Arbusto leguminoso de flores amarillas muy olorosas, en grandes ramos. ≃ Piorno, RETAMA de olor. ⇒ *Planta.

gayuba (de or. prerromano; *Arctostaphylos uva-ursi)* f. Mata silvestre ericácea, con frutos en forma de bolitas rojas, en cuyas raíces vive una cochinilla que da color rojo. ≃ Agauja, aguavilla, avugués, manzaneta, uruga, uvaduz.

gayumbos (inf.) m. pl. Calzoncillos.

gaza (Hispam.) f. MAR. **Presilla que se hace en el extremo de una cuerda para hacer un *nudo corredizo.*

DE GAZA. MAR. *Designación de cierto *nudo, llamado también «por seno».*

gazafatón (del lat. «cacemphăton», cosa malsonante o indecente) m. *Equivocación muy grande.* ≃ *Disparate. ⊙ **Yerro cometido en el *lenguaje.* ≃ Gazapatón.

gazapa (de «gazapo[1]») f. **Embuste.*

gazapatón m. *Gazafatón.*

gazapera (de «gazapo[2]») **1** f. *Madriguera de conejos. **2** (inf.) *Sitio en que se reúne o se esconde gente del *hampa.* ≃ *Madriguera. **3** **Reunión de esa clase de gente.* ≃ Gazapina. **4** **Riña entre varias personas.*

gazapillo m. Dim. frec. de «gazapo».

gazapina (de «gazapo[2]») **1** f. *Reunión de gente del *hampa.* ≃ Gazapera. **2** (inf.) **Riña.*

gazapo[1] (de «gazapatón») **1** m. *Gazapa.* **2** *Equivocación cometida por distracción.

gazapo[2] (¿de or. prerromano?) **1** m. *Conejo joven. ⇒ Agazaparse. **2** (inf.) *Hombre disimulado y astuto.* ⇒ *Cazurro.

gazapón (de «gazapo[2]») m. **Timba (casa de juego).*

gazgaz (¿del ár. and. «gáz gáz», coló, coló?; ant.) m. **Burla que se hace de alguien que se ha dejado engañar.*

gazí m. **Musulmán *converso.*

gazmiar (¿del lat. «cadmīa», residuos de óxido de cinc?) **1** tr. **Golosinear.* **2** prnl. *Mostrarse *quejoso o *resentido.*

gazmol m. VET. *Granillo que les sale a las *aves de rapiña en la lengua y paladar.*

gazmoñería f. Cualidad o actitud de gazmoño. ≃ Mojigatería.

gazmoñero, -a adj. y n. *Gazmoño.*

gazmoño, -a (¿de «gazmiar»?) adj. y n. Muy escrupuloso, sincera o afectadamente, en cuestiones de moral convencional. ≃ *Mojigato.

gaznápiro, -a adj. y n. Persona *torpe, *necia o *paleta. ⊙ Se aplica como insulto benévolo a la persona falta de formalidad o sensatez: 'Atiende a lo que te estoy diciendo y no seas gaznápiro'. ⇒ *Majadero.

gaznar intr. *Graznar.*

gaznatada o **gaznatazo 1** f. o m. **Golpe dado en la garganta.* **2** **Bofetada.*

gaznate 1 (inf.) m. *Garganta o, con referencia a la asadura de las reses, *tráquea. ≃ Gañote, garguero, garganchón. ⇒ Desgañitarse, desgaznatarse. **2** (inf.) *Pieza de *masa frita, de forma cilíndrica.* ≃ Gañote, gaznatón. **3** (Méj.) *Cierto *dulce hecho de piña y* coco.

gaznatón 1 m. *Gaznatazo.* **2** *Gaznate (pieza de masa frita).*

gazofia f. **Bazofia.*

gazofilacio (del lat. «gazophylacĭum», del gr. «gazophilákion») m. *Lugar donde se recogían las limosnas, rentas y riquezas del templo de *Jerusalén.*

gazpachero m. *Trabajador encargado de la comida para los *mozos de labranza, en los cortijos andaluces.*

gazpacho (¿del sup. rom. and. «gazpáčo», del sup. «gazpelačo», del lat. «gazophylacĭum»?) m. *Sopa fría o *ensalada, hecha de trocitos de pan, cebolla, tomate, etc., sazonada con ajo, sal, aceite y vinagre, todo ello crudo. ⇒ Aguadillo, salmorejo. ➤ Caldo. ➤ *Ensalada.

gazpachuelo (dim. de «gazpacho») m. **Sopa caliente en la que se pone huevo, la yema batida y la clara cuajada, y que se adereza con vinagre o limón.*

gazuza (¿de «gazuzo»?) **1** (inf.) f. *Hambre. **2** (C. Rica; inf.) *Bullicio.*

gazuzo, -a (de «cazar»; Hispam.) adj. y n. *Hambriento.*

Gb (pronunc. [gigabáit] o, más frec., [gíga]) m. INFORM. Abrev. de «gigabyte».

Gd Símbolo químico del gadolinio.

ge f. Letra «g».

Ge Símbolo químico del germanio.

gea (del lat. «gaea», tierra, del gr. «gaîa») f. *Conjunto de los componentes geográficos no orgánicos de un país o región.* ⊙ *Obra que lo describe.* ⇒*Geografía.

geada f. Rasgo dialectal del gallego que consiste en pronunciar como «j» la «g» oclusiva sonora (la de «Lugo»).

gecónido (del lat. cient. «gecko, -ōnis») adj. y n. m. ZOOL. *Se aplica a los *saurios de la familia de la salamanquesa, de pequeño tamaño, con cuatro patas de cinco dedos acabados en ventosas.* ⊙ m. pl. ZOOL. *Familia que forman.* ⇒ *Lagarto.

gehena (del lat. bíblico «gehenna») m. *En la *Biblia, *infierno.*

Geiger V. «CONTADOR Geiger».

géiser (del ingl. «geyser»; pl. «géiseres») m. *Volcán pequeño del que, en vez de lava, surge periódicamente agua caliente y vapor.

geisha (jap.; pronunc. [guéisa]) f. Cantante y bailarina japonesa, contratada en algunas reuniones, que entretiene a los hombres con su conversación, su música y su danza.

gejionense adj. y n. **Gijonés.*

gel (de «gelatina») **1** m. QUÍM. Mezcla de un líquido y una materia coloidal que forma una masa de aspecto gelatinoso. **2** En farmacia, cosmética, etc., producto semilíquido traslúcido: 'Gel de baño'.

gelasino, -a adj. *Se aplica a los *dientes que quedan muy visibles cuando se ríe la persona que los tiene.*

gelatina (del lat. «gelātus», helado) f. Sustancia coloidal, sólida, blanda, transparente, temblona y de superficie muy lisa y brillante; se obtiene cociendo algunas partes de los animales, como las pezuñas y los huesos, o frutas con su piel y semillas. ⊙ Esa sustancia, preparada con partes de animales, empleada para guarnecer otras viandas: 'Gelatina de pollo'. ⊙ (numerable) Preparado, dispuesto en moldes, de gelatina con inclusiones de alguna cosa comestible; por ejemplo, de frutas. ⊙ Jalea de fruta. ⇒ Agar-agar.

gelatinoso, -a adj. De naturaleza o aspecto de gelatina.

gelfe m. **Negro de cierta tribu del Senegal.* ⇒ *Pueblo.

gélido, -a (del lat. «gelĭdus»; culto) adj. Muy *frío: 'El gélido viento del norte'. ≃ Helado.

gelivación f. GEOL. Proceso de fragmentación de una roca debido al aumento de volumen que ésta experimenta cuando se hiela el agua que contienen sus grietas.

gelo (del lat. «gelu»; ant.) m. *Hielo.*

gema (del lat. «gemma») **1** f. **Yema.* ⊙ *Botón de las *plantas.* ⊙ ZOOL. *En la *reproducción de ciertos organismos animales, botón o excrecencia que produce un nuevo individuo.* **2** *Corteza, defecto o parte defectuosa de un *madero, que ha sido preciso dejarle para completar sus dimensiones.* **3** *Piedra preciosa.

V. «SAL gema».

gemación (del lat. «gemmatĭo, -ōnis») **1** f. BOT. Desarrollo de una *yema para la formación de una rama, hoja o flor. **2** ZOOL. *Reproducción de los animales por yemas o gemas.

gemebundo, -a (gralm. desp.; «Estar, Ser») adj. Se dice de la persona que está gimoteando o *gimiendo o que es inclinada a hacerlo.

gemecar (Ar.; inf.) intr. *Gimotear.* ⇒ *Gemir.

gemela (de «diamela»; *Jasminum sambac)* f. *Planta oleácea sarmentosa, originaria de Arabia, de flor semejante a la del jazmín; se cultiva en los países tropicales. ≃ Diamela, sampaguita.

gemelo, -a (del lat. «gemellus») **1** adj. y n. Se aplica con respecto al otro o los otros, a cada uno de los hermanos nacidos en el mismo parto; y, en plural, a los dos, tres, etc., así nacidos. Se emplea también con referencia a los animales en que esto constituye una particularidad. ⊙ Corrientemente, se aplica a los que proceden del mismo óvulo y son casi iguales. ⇒ Coate, cuate, doblado, guate, medio, melgo, mellizo, mielgo. ➤ Vopisco. ➤ Heterocigótico, homocigótico, univitelino. ➤ PARTO doble. ➤ Siamés. **2** (pl.) m. Aparato utilizado para ver más próximos los objetos lejanos, formado por dos tubos con lentes dispuestas en cierta forma, que se aplican uno a cada ojo. ≃ *Anteojos. **3** Cada uno de los dos sujetadores con que se cierran los puños de la *camisa. ⇒ Colleras, mancornas [mancuernas o mancuernillas], yugos, yuntas. ⊙ *Botón o *pasador formado por dos piezas unidas por un corto vástago, que se usa pasándolo por dos ojales abiertos uno a cada lado de la pieza que se trata de cerrar. ⊙ Botoncillo o *pasador de los que se usan, por ejemplo, para abrochar el cuello postizo, que tiene un botón en un extremo del vástago y una bolita en el otro. ⇒ *Broche. **4** Se puede aplicar a dos elementos iguales que forman *pareja en una construcción, una ornamentación u otra cosa. ⊙ *Se aplica especialmente a los dos *maderos que se aplican uno a cada lado de otro para darle más resistencia y cuerpo.* **5** adj. y n. m. ANAT. Se aplica al músculo de la pantorrilla cuya función es levantar el talón y extender el pie al caminar.

gemido (de «gemir») m. Sonido inarticulado que expresa padecimiento.

gemidor, -a adj. *Se aplica al que o lo que gime.* ⇒ Gimiente.

geminación 1 f. Acción de geminar. **2** **Figura retórica que consiste en *repetir una misma palabra o expresión, sin intervalo*: 'Ven, ven cuanto antes'.

geminado, -a Participio adjetivo de «geminar[se]». ⊙ adj. (culto o cient.) Dividido en dos partes iguales o formado por dos elementos iguales: 'Columna [o consonante] geminada'.

geminar (del lat. «gemināre») tr. y prnl. *Duplicar[se].

gemínidas f. pl. ASTRON. **Estrellas fugaces que parten de la constelación de Géminis.*

géminis (del lat. «gemĭni», hermanos gemelos) **1** adj. y n. Se aplica a la persona nacida bajo el signo de Géminis (tercera zona del *Zodiaco que recorre aparentemente el Sol en la última parte de la primavera). **2** (ant.) m. FARM. **Emplasto compuesto de albayalde y cera.*

gémino, -a (del lat. «gemĭnus») adj. *Duplicado o repetido.*

gemíparo, -a (del lat. «gemmas», yema, y «-paro») adj. BIOL. *Se aplica a los animales o *plantas que se reproducen por medio de yemas.* ⇒ *Reproducción.

gemiquear (And.) intr. *Gimotear.*

gemiqueo (And.) m. *Acción de gemiquear.*

gemir (del lat. «gemĕre») **1** intr. Manifestar dolor o pena emitiendo ciertos sonidos, interjecciones o palabras que salen, a veces, inconteniblemente y acompañadas de llanto. ⇒ Gemebundo. ➤ Gemecar, gemiquear, gimotear, lamentarse, *llorar, plañir, quejarse. ➤ Gemido, gemiqueo, vagido. **2** *Aullar algunos animales de modo y con expresión semejante. ⊙ Producir una cosa inanimada, particularmente el *viento, sonido semejante al gemido humano.

□ CONJUG. como «pedir».

gemología (de «gema» y «-logía») f. MINERAL. Ciencia que estudia las gemas o piedras preciosas.

gemólogo, -a n. MINERAL. Experto en gemología.

gemonias (del lat. «gemonĭas») **1** (con mayúsc.) f. pl. *Despeñadero del monte Aventino o del Capitolino, en Roma, por donde se arrojaban desnudos los cadáveres de los criminales *ejecutados en prisión.* **2** **Castigo infamante.*

gémula (del lat. «gemmula», dim. de «gemma», yema) f. BOT. **Yema del *embrión de las *plantas.* ≃ Plúmula, plumilla.

gen (del lat. «genus») m. BIOL. Cada una de las unidades básicas de la herencia que se presentan en un cromosoma. ≃ Gene. ⇒ Alelo, alelomorfo.

genciana (del lat. «gentiāna»; *Gentiana lutea)* f. *Planta gencianácea medicinal, de hojas grandes y lustrosas con nervios longitudinales, y flores amarillas colocadas en las axilas de las hojas y en el extremo del tallo. ⇒ Cruciata.

gencianáceo, -a (de «genciana») adj. y n. f. BOT. *Se aplica a las *plantas, herbáceas, de la familia de la genciana, que son hierbas o arbustos de todas las partes del mundo, con rizoma, hojas opuestas, flores regulares y fruto en cápsula o baya; los principios amargos de los rizomas de algunas especies tienen uso medicinal. Son gencianáceas la centaura menor y la canchalagua.* ⊙ f. pl. BOT. *Esta familia.*

gendarme (del fr. «gendarme») m. *Policía francés.

gendarmería **1** f. Cuerpo de tropa de los gendarmes. **2** Cuartel o puesto de gendarmes.

gene m. BIOL. Gen.

genealogía (del lat. «genealogĭa», del gr. «genealogía») f. Conjunto de los *antepasados de una persona o un animal. ⊙ Escrito en que se detalla la genealogía de alguien.

□ CATÁLOGO

Abolengo, abolorio, ascendencia, estirpe, *linaje. ➤ ÁRBOL genealógico, nobiliario. ➤ Costado, cuarto, grado, lado, línea, LÍNEA recta, LÍNEA transversal, rama, tronco. ➤ CABEZA de casa, CABEZA de linaje, mayorazgo, primogenitura, progenitura, varonía. ➤ Afín, colateral, lateral, transversal. ➤ IMPUREZA de sangre, INFORMACIÓN de sangre, LIMPIEZA de sangre. ➤ Pedigrí. ➤ Mezclarse. ➤ LIBRO verde. ➤ LEY sálica. ➤ *Antepasado. *Familia. *Pariente.

genealógico, -a adj. De [la] genealogía.

V. «ÁRBOL genealógico».

genealogista n. Persona versada en genealogías.

genearca (del lat. «genearcha», del gr. «geneárchēs»; ant.) m. *Cabeza o principal de un linaje.* ⇒ *Patriarca.

geneático, -a (del gr. «geneá», nacimiento) adj. y n. *Se aplica a la adivinación por las circunstancias del nacimiento de las personas y a los que la practican.*

generable adj. *Susceptible de ser producido por generación.*

generación **1** f. Acción de generar (*producir). **2** Acción de engendrar (procrear). ⇒ *Reproducción. **3** Circunstancia de proceder de cierta persona en línea recta de descendientes. ≃ *Descendencia. **4** Conjunto de las personas que tienen aproximadamente la misma *edad: 'Los de mi generación'. ⊙ Frecuentemente, se designa con el nombre de un momento o de un acontecimiento con el que esa generación o su llegada a la mayor edad coincide o tiene especial relación: 'La generación del 98 [o de la postguerra]'. ⊙ (sing. o pl.) Conjunto de todas las personas que viven al mismo tiempo: 'La generación presente. Las generaciones futuras'. ⊙ Cada conjunto de los hijos, los nietos, los biznietos, etc., de una misma pareja: 'En esta casa han vivido cinco generaciones de Ortegas'. ⊙ En una misma *familia, cada orden de descendientes o conjunto de miembros de ella que son entre sí hermanos, primos hermanos, primos segundos, etc., o sea que están a la misma distancia de una pareja, por ejemplo de unos abuelos todavía vivos, de que todos proceden: 'Este niño que acaba de nacer es el primer representante de la cuarta generación'. ⊙ Tiempo que se calcula en promedio que media entre un orden de descendientes y el siguiente; por ejemplo, veinticinco o treinta años: 'En el transcurso de dos o tres generaciones, el mundo habrá cambiado totalmente'. **5** *Casta, *clase, género o especie.*

GENERACIÓN ESPONTÁNEA. Generación hipotética de seres vivos partiendo de la materia inerte.

generacional adj. Propio de una generación de coetáneos o de distintas generaciones coexistentes: 'Los conflictos generacionales son frecuentes en las familias actuales'.

generador, -a adj. Se aplica al que o a lo que genera o engendra cierta cosa: 'La injusticia es generadora de odio'. ⊙ adj. y n. m. Se aplica a los aparatos o máquinas que engendran cierta cosa: 'La caldera generadora de vapor. El generador de corriente'. ⇒ Dínamo, pila. ⊙ adj. GEOM. *Se aplica al elemento, línea o figura, que engendra en su movimiento una figura o un cuerpo.* ⇒ Generatriz.

general (del lat. «generālis») **1** adj. Se aplica, por oposición a «especial» o «particular», a lo que es de *todo o todos o para todo o todos: 'Asunto de interés general. Junta general. Una regla general. Clases de cultura general'. **2** (gralm. con «bastante, muy», etc.) Muy extendido entre la gente: 'Es una costumbre muy general'. ≃ *Común, corriente, frecuente, usual. **3** En conjunto, prescindiendo de detalles: 'Mi impresión general es buena'. ⊙ Aplicado a ideas, planteamientos, etc., impreciso, vago. **4** Se dice de lo que forma la mayor parte de la cosa de que se trata: 'El color general de su piel es pardo, y tiene manchas negras'. ⇒ Común, todo BICHO viviente, el COMÚN de las gentes, CADA cual, cualquiera, la generalidad, cualquier HIJO de vecino, todo el MUNDO, el QUE más y el que menos, QUIEN más quien menos, quienquiera, todos, *universal. ➤ Masa, mayoría. ➤ *Gente. *Ley. *Norma. **5** m. Militar del Ejército o la Marina; por encima del coronel o del capitán de navío, respectivamente. ⇒ Atamán, duque, serasquier. ➤ Sección. **6** *Superior de una orden religiosa. **7** adj. *Aplicado a personas, instruido.* **8** m. *En las universidades antiguas, seminarios, etc., *aula donde se enseñaban las ciencias.* **9** (Ar.) **Aduana.*

GENERAL DE LA *ARTILLERÍA. MIL. *Jefe superior de ella, antiguamente.*

G. DE BRIGADA. MIL. Militar que posee el primer grado del generalato, equivalente al antiguo «brigadier».

G. DE DIVISIÓN. MIL. Militar de grado superior al de «general de brigada» y equivalente a «mariscal de campo».

G. EN JEFE. MIL. Militar que tiene el mando supremo de un ejército.

V. «CAPITÁN general, CONFESIÓN general, DIRECCIÓN [O DIRECTOR] general».

EN GENERAL. Expresión que denota que la acción, estado, etc., de que se trata se refiere a la mayor parte de las cosas, casos o aspectos a que es aplicable, prescindiendo de excepciones, salvedades o detalles: 'En general, aunque algunas cosas me disgusten, estoy contento'. ⊙ Generalmente: 'En Madrid hace en general un tiempo delicioso en otoño. Viene tarde en general'. ⊙ Con referencia a todos, sin particularizar: 'No lo digo por ti, sino en general'.

V. «ESTADO general, en LÍNEAS generales, OPINIÓN general».

POR LO GENERAL. Generalmente: 'Por lo general, él está más enterado que yo'.

V. «por REGLA general, TENIENTE general».

generala **1** f. Mujer de un general. **2** («Tocar a») MIL. *Toque para que las tropas se preparen con las armas.

generalato **1** m. Conjunto de los generales de un ejército, de un país, etc. **2** Grado de general en el escalafón militar.

generalero (de «general», aduana; Ar.) m. *Aduanero.*

generalidad **1** f. Cualidad de general: 'La excesiva generalidad de esos conceptos'. ⊙ Cosa que se dice sin precisión: 'Contestó con una generalidad'. **2** («La») Aplicado a personas, casi *todos: 'La generalidad de la gente'. ≃ El común, la mayoría. ⊙ Puede usarse sin complemento significando «la *gente en general»: 'La opinión de la generalidad'. **3** (con mayúsc.) *Nombre antiguo de las *cortes catalanas.* **4** (con mayúsc.) Nombre del gobierno autónomo de Cataluña y de Valencia. ≃ Generalitat. **5** (Ar.) **Bienes que pertenecen a todos los vecinos, ciudadanos, etc.* ≃ Común, comunidad. **6** (Ar.) *Derechos de *aduanas.* **7** (pl.) Conocimientos generales referentes a una ciencia: 'En la primera lección se explican las generalidades de la asignatura'. ⇒ *Nociones.

generalísimo m. General que ejerce el mando supremo de los ejércitos de una nación. ⊙ Se ha dado este título en España a Espartero y, particularmente, a Franco.

generalista adj. y n. Se aplica al profesional que tiene conocimientos generales de varias materias.

Generalitat (cat.; pronunc. [yeneralitát]) f. Nombre del gobierno autónomo catalán y valenciano. ≃ Generalidad.

generalizable adj. Susceptible de ser generalizado.

generalización f. Acción y efecto de generalizar.

generalizado, -a Participio adjetivo de «generalizar[se]»: *extendido entre la gente: 'Allí está muy generalizado el divorcio'.

generalizador, -a adj. Se aplica al que o lo que generaliza o al que es inclinado a generalizar.

generalizar (de «general» e «-izar») **1** tr. *Divulgar o propagar; hacer corriente o general una ↘cosa: 'La radio ha generalizado la afición a la música'. ⊙ prnl. Hacerse *general o *corriente una cosa: 'Se ha generalizado el uso de la americana con pantalón vaquero'. ≃ *Extenderse. **2** intr. Aplicar o atribuir a todas las cosas de un género algo que se dice o sabe de algunos de sus individuos: 'No se puede generalizar y decir que todas las mujeres son curiosas porque algunas lo sean'. ≃ *Extender. **3** Hablar en general.

generalmente adv. *Común o *habitualmente: 'Generalmente viene antes que yo'.

generante adj. *Generador.*

generar (del lat. «generāre») **1** tr. *Producir una ↘cosa: 'Generar una corriente eléctrica'. ≃ Engendrar. **2** **Engendrar un nuevo ↘ser.*

generativo, -a (del lat. «generātus», generado e «-ivo») adj. Capaz de engendrar o producir algo.

V. «GRAMÁTICA generativa».

generatriz (del lat. «generātrix, -īcis»; f. de «generador») **1** adj. y n. f. GEOM. Se emplea para designar la línea o la figura que, al moverse, engendra cierta figura o cuerpo: 'La generatriz de un cono'. ⇒ Lado. **2** FÍS. Se aplica a la máquina que convierte la energía mecánica en eléctrica.

genéricamente adv. De modo genérico.

genérico, -a **1** adj. De todas las cosas de un mismo género; no específico: 'Un carácter genérico'. **2** GRAM. De [o del] género gramatical: 'Desinencia genérica'. **3** GRAM. Aplicado a «artículo», equivale a «indeterminado» o «indefinido».

género (del lat. «genus, genĕris») **1** m. Grupo constituido por ciertas cosas iguales entre sí por ciertos caracteres que se consideran, y distintas por otros caracteres de otras comprendidas con ellas en un grupo más amplio: 'Los distintos géneros de embarcaciones. Una barca y una balsa son cosas del mismo género'. ≃ *Clase, especie, tipo. ⊙ En lenguaje corriente, *clase: manera de ser una cosa: 'Es un género de conversación que no me gusta. Tus dificultades son de distinto género que las mías'. ≃ *Clase, especie, tipo. ⊙ Se aplica particularmente a las clases de obras literarias: 'Géneros literarios'. ⊙ Y, dentro de ellas, a las clases de obras teatrales: 'Género lírico'. **2** BIOL. Grupo taxonómico formado por especies que presentan características similares; es una categoría superior a especie e inferior a familia. ⇒ *Clase. **3** Cualquier cosa que, tomada en conjunto, es objeto de comercio: 'Tenemos géneros extranjeros y del país. Ese es un género que no trabajamos'. ≃ Artículo, *mercancía. **4** *Tela: 'Almacén de géneros de punto'. **5** GÉNERO gramatical.

GÉNERO AMBIGUO. GRAM. Género de los nombres que pueden ser masculinos y femeninos sin que varíe su significado: 'el margen, la margen'.

G. CHICO. Género *teatral que comprende las obras musicales ligeras.

G. COMÚN. GRAM. Género de los nombres que pueden ser masculinos o femeninos y exigen la concordancia para marcar la diferencia de sexo: 'el cantante, la cantante'.

G. EPICENO. GRAM. Género de los nombres de animales, que con una sola terminación designa indistintamente al macho o a la hembra: 'el caimán, la foca'.

G. GRAMATICAL. Accidente gramatical por el que los nombres, adjetivos, artículos y pronombres pueden ser masculinos, femeninos o (sólo los artículos y pronombres) neutros. ⇒ Apénd. II, GÉNERO. ➤ Ambiguo, común, epiceno, femenino, masculino, neutro.

G. HUMANO. *Humanidad.

G. LÍRICO. Género *teatral al que pertenecen las obras cantadas.

G. DE PUNTO. *Tejido hecho, en vez de con trama y urdimbre, con una sola hebra que va de un lado a otro formando cada vez lazadas pasadas por las de la fila anterior. ⊙ (pl.) Prendas de ropa hechas de ese tejido.

G. DE VIDA. Enlace muy frecuente: 'Ese género de vida no es para llegar a viejo'.

SER DEL GÉNERO BOBO [o TONTO]. **1** (inf.) Ser una tontería: 'Es del género tonto creer que me engañáis con eso'. **2** (inf.) Ser una persona tonta: 'Eres del género tonto'.

DE GÉNERO. ESCULT., PINT. Expresión calificativa que se aplica a las obras que representan escenas de la vida ordinaria, así como a los pintores o escultores que se dedican particularmente a ellas: 'Pintor de género'.

generosamente adv. Con generosidad.

generosía (ant.) f. *Generosidad.*

generosidad **1** f. *Circunstancia de ser generoso (noble de estirpe).* ⊙ Cualidad de generoso. ⊙ Actitud generosa. ⊙ Comportamiento generoso. **2** **Valor y *esfuerzo en las empresas.*

generoso, -a (del lat. «generōsus») **1** adj. *De linaje *noble.* **2** Magnánimo: de alma *noble, de sentimientos elevados; inclinado a las ideas y sentimientos altruistas, dispuesto a esforzarse y sacrificarse en bien de otros; refractario a los sentimientos bajos, como la envidia o el rencor: 'Un hombre generoso olvida fácilmente las ofensas'. ⊙ Se usa mucho aplicado a las acciones o las palabras. **3** **Excelente en su especie*: 'Un caballo generoso'. **4** Inclinado a dar a los demás de lo que él tiene. ≃ Desinteresado, desprendido, liberal.

V. «SANGRE generosa, VINO generoso».

□ CATÁLOGO

Altruista, bizarro, canario, gran CORAZÓN, todo CORAZÓN, dadivoso, desinteresado, desprendido, enriqueño, espléndido, franco, garboso, graciado, liberal, manilargo, munificente, munífico, próvido, rumbático, rumbón, rumboso. ➤ Hermoso. ➤ Desasimiento, galantería, garbo, generosía, generosidad, largición, largueza, *rumbo. ➤ Echar la CASA por la ventana, volverse LOCO, lucirse, portarse, prodigarse, rumbar, no TENER nada suyo. ➤ Derramadamente, generosamente, a MANOS llenas. ➤ *Avaro. *Egoísta. *Envidia. ➤ *Derrochador. *Magnánimo.

genesiaco, -a o **genesíaco, -a** adj. De la génesis o del Génesis.

genésico, -a adj. De la generación.

génesis (del lat. «genĕsis», del gr. «génesis») f. Creación o formación de una cosa: 'La génesis de la lluvia'. ⊙ Fase de formación o conjunto de hechos que forman el *principio de algo: 'La génesis de la guerra [o de la revolución]'.

-génesis Elemento sufijo correspondiente a «génesis»: 'orogénesis'.

genesta (del lat. «genesta») **1** (ant.) f. **Retama (planta leguminosa).* **2** Nombre común de algunas plantas leguminosas del género *Genista,* como *Genista tinctoria,* llamada «genesta de tintoreros».

genética (de «genético») f. Parte de la biología que estudia la herencia y las variaciones de los seres vivos a través de las sucesivas generaciones. ⇒ Citogenética. ➤ *Gen [o gene]. ➤ ADN, cromosoma. ➤ Clon. ➤ Transgénico.

genético, -a (del gr. «gennētikós») BIOL. adj. De la herencia biológica, de los genes o de la genética.

genetista n. BIOL. Persona especializada en investigación genética.

genetliaca o **genetlíaca** (del lat. «genethliăca», f. de «genethliăcus») f. *Pretendida adivinación del porvenir de alguien por el día de su nacimiento.*

genetliaco, -a o **genetlíaco, -a** (del lat. «genethliăcus») adj. *Se aplican al poema o composición sobre el *nacimiento de alguien.*

genetlítico, -a (ant.) adj. *Genetliaco.*

-genia Elemento sufijo del gr. «gennáō», generar, que significa «origen» o «proceso de formación»: 'orogenia'.

genial **1** adj. *Del genio (carácter).* **2** Aplicado a las personas y a lo que hacen o dicen, dotado de genio creador. **3** (inf.) Aplicado a personas y a lo que hacen o dicen, *ocurrente, *gracioso o muy *oportuno en las cosas que dice. **4** (inf.) *Magnífico o pasmoso. **5** **Placentero.* **6** (Ar., Cantb., Sal.) m. *Genio (carácter).*

genialidad **1** f. Cualidad de genial. **2** Acción *original o *extravagante: 'Su última genialidad es llevar la cabeza afeitada'. ≃ Originalidad.

genialmente adv. Con genio (talento creador).

geniano, -a adj. *De la *barba.*

geniazo m. Mal *genio: carácter violento o irascible.

geniecillo **1** m. *Espíritu travieso de las fábulas y cuentos, que, con otros de su especie, puebla la naturaleza e interviene en los asuntos humanos. ⇒ *Duende, elfo, *enano, genio, gnomo, trasgo, trol. ➤ *SER fantástico. **2** (dim. atenuativo) Mal *genio.

genilla (del lat. «genae», ojos; ant.) f. **Pupila del ojo.*

genio (del lat. «genĭus») **1** («Tener») m. Manera habitual de ser una persona, en relación con su manera de reaccionar con tranquilidad, con enfado o con alegría, en su trato con otras personas o en las vicisitudes de la vida. ≃ Carácter. ⊙ Si no se especifica, se entiende «mal genio»: '¡Caramba, tiene genio esa chica!'. ⊙ Disposición circunstancial de ánimo en ese mismo aspecto del carácter, que se manifiesta en la actitud, respuestas, etc.: 'Está de mal genio porque le ha salido mal el plan'. **2** *Ánimo o *brío para emprender o llevar a cabo cosas: 'Ese niño tiene genio'. **3** *Inteligencia o talento extraordinario, que produce creaciones artísticas, literarias o científicas, originales y de excepcional valor. ⊙ (n. calif.) Persona que lo posee. ⇒ Ingenio. ⊙ (n. calif.) Se usa hiperbólicamente para calificar a la persona que tiene una *habilidad extraordinaria, aunque sea en cosas de poca importancia: 'Esa mujer es un genio de la cocina. Eres un genio del disimulo'. **4** Deidad mitológica o *ser fantástico que es como la personificación de un lugar o de un accidente de la naturaleza, que vive en él y lo custodia como dueño: 'El genio de este bosque [o de esta fuente]'. ≃ *Espíritu. ⊙ Geniecillo de los cuentos. **5** Manera de ser de un país o de una época, manifestada en sus creaciones espirituales y en las cualidades y peculiaridades que los hacen distintos de otros: 'El genio francés. El genio del Renacimiento'. ≃ Espíritu. ⇒ *Carácter. **6** En expresiones sin rigor científico se aplica al conjunto de caracteres de cada *lengua que la particularizan y condicionan sus tendencias.

BUEN GENIO. El de la persona amable, alegre y que difícilmente se enfada. Equivale a «buen carácter», pero no enteramente a «buen humor».

GENIO PRONTO [o VIVO]. El de la persona que se *irrita o *encoleriza con facilidad, pero cuyos enfados no son duraderos ni de consecuencias.

GENIO Y FIGURA [HASTA LA SEPULTURA] (inf.). Frase con que se pondera lo *original e *invariable de la forma de ser o actuar de una persona.

MAL GENIO. El de la persona que se enfada o irrita con facilidad. ⊙ Mal humor. ⇒ *Genio.

AGRIÁRSELE EL GENIO a alguien. Hacérsele malo.

CORTO DE GENIO. *Apocado o *tímido.

ECHAR MAL GENIO. Adquirir mal genio.

LLEVAR EL GENIO a una persona. Tratarla con habilidad cuando por su genio no es fácil de tratar. ⇒ *Conllevar.
PRONTO [o VIVO] DE GENIO. De genio pronto o vivo.
□ CATÁLOGO
Apacible, áspero, avinagrado, brusco, desabrido, enfadadizo, fuerte, geniazo, geniecillo, buen [o mal] GENIO, GENIO pronto, gruñón, imposible, inaguantable, insufrible, irascible, irritable, mala LECHE, pólvora, polvorilla, pronto, malas PULGAS, raro, renegón, violento, vivo. ➤ Condición, disposición, ESTADO de *ánimo, talante, temple. ➤ Congeniar, ingenio, pergeño. ➤ *Carácter. *Humor.

genipa (de or. tupí) **1** f. **Jagua (árbol rubiáceo).* **2** *Jagua (arbusto afín de la jagua árbol).*

genista (del lat. «genista») **1** f. **Retama.* **2** Nombre de diversas plantas leguminosas de los géneros *Cytisus* y *Genista*.

genital (del lat. «genitālis») **1** adj. De la generación (*reproducción animal). **2** m. pl. Partes externas del *aparato genital tanto masculino como femenino. ⇒ *Reproducción. **3** **Testículos.*

genitivo, -a (del lat. «genitīvus») **1** adj. *Se aplica a lo que puede *engendrar o producir una cosa.* **2** adj. y n. m. GRAM. Se aplica a uno de los casos gramaticales; es, fundamentalmente, el caso de la relación de posesión o pertenencia, la cual se expresa anteponiendo la preposición «de», la específica del genitivo, a la persona o cosa que posee lo que expresa la palabra regente: 'El coche de tu amigo. Las torres de la catedral'. ⇒ Apénd. II, GENITIVO.

genitor, -a (del lat. «genĭtor, -ōris») adj. *Aplicado al que engendra.*

genitorio, -a (ant.) adj. *Genital (adj.).*

genitourinario, -a (de «genital» y «urinario») adj. ANAT. Del aparato genital y del de la orina.

genitura (del lat. «genitūra»; ant.) f. *Generación.*

genízaro, -a adj. Jenízaro.

geno (del lat. «genus»; ant.) m. **Linaje.*

-geno, -a Elemento sufijo del gr. «gennao», generar, que significa «que genera, produce o es producido»: 'lacrimógeno, endógeno'.

genocida n. Persona que comete actos de genocidio.

genocidio (del gr. «génos», linaje, y «-cidio») m. *Exterminio sistemático de un grupo social por motivos de raza, de religión o políticos.

genojo (del lat. «genucŭlum», dim. de «genu»; ant.) m. **Rodilla.* ≃ Genollo.

genol (del cat. y occit. «genoll») m. MAR. *Pieza con que se completan las varengas para formar las *cuadernas de un barco.* ≃ Singlón.

genolí (¿relac. con «ajonjolí»?; ant.) m. *Cierta pasta amarilla que se usaba en pintura.* ≃ Genulí.

genollo (del lat. «genucŭlum»; ant.) m. **Rodilla.* ≃ Genojo.

genoma (de «gen» y «-oma») m. BIOL. Conjunto de cromosomas de una *célula haploide de un organismo.

genotípico, -a adj. BIOL. Del genotipo.

genotipo (del lat. «genus» y «typus») m. BIOL. Conjunto de genes característico de cada especie vegetal o animal.

genovés, -a **1** adj. y, aplicado a personas, también n. De Génova, ciudad italiana. ⇒ Genovisco, genués, ginovés; carcamán. **2** m. *En los siglos XVI y XVII, banquero.*

genovisco, -a (ant.) adj. y n. *Genovés.*

genro (del lat. «gener, -ĕri»; ant.) m. **Yerno.*

gent (del fr. «gent», noble; ant.) adv. *Gentilmente.*

gentada (inf.; «Una») f. Mucha gente.

gentalla (ant.) f. **Gentuza.* ≃ Gentualla.

gente (del lat. «gens, gentis»; «Congregar[se], Juntar[se], Reunir[se], Llamar, Reclutar, Entre la gente») **1** f. Conjunto de *personas. ⊙ (pl.; lit.) Gente de todas [o de distintas] clases: 'Las gentes le seguían para escuchar sus predicaciones'. ⊙ Junto con un adjetivo u otra determinación se emplea como atributo equivaliendo a «personas»: 'Son buena gente [gente indeseable, gente rica, gente del pueblo]'. ⊙ (Hispam.) *Persona, individuo.* ⊙ Conjunto de trabajadores o de personas que se reúnen en un trabajo o acción cualquiera: 'No empezaremos la sesión mientras no esté aquí toda la gente'. ≃ *Personal. ⊙ MIL. Conjunto de los soldados de una unidad. ⊙ MAR. Conjunto de los soldados o marineros de un *barco. **2** (inf.) Las personas de la *familia de alguien: 'He mandado a mi gente de veraneo y me he quedado solo'. **3** En la expresión «el Apóstol de las gentes» equivale a «gentiles». **4** **Nación.*

BUENA GENTE (inf.). Expresión calificativa que se aplica a una persona *buena.
GENTE ARMADA [o DE ARMAS]. Conjunto de hombres armados dispuestos a hacer la guerra.
G. BAJA. Gente soez. ⇒ *Chusma.
G. BIEN. Personas de buena posición social.
G. DE BIEN. Personas *honradas y de buena intención.
G. DEL BRONCE. *Gente *alegre y *decidida.*
G. DE LA CALLE. Personas cualesquiera, que no tienen especial significación en relación con la cosa de que se trata. ⇒ Vulgo.
G. DE LA CARDA. *Gente del oficio de pelaire o cardador de paños, que solía vivir a lo pícaro.* ⇒ *GENTE maleante.
G. DE CUIDADO. *GENTE maleante.
G. DE ESCALERAS ABAJO. **Servidumbre.*
G. FORZADA. *Delincuentes condenados a remar en las galeras.* ≃ GENTE de Su Majestad, GENTE del Rey.
G. GORDA (inf.). Gente importante por su riqueza o posición social. ⇒ *Personaje.
G. DE GUERRA. GENTE de armas.
G. GUAPA (inf.). Gente de elevada posición social y económica que frecuenta los lugares de moda. ≃ Beautiful people.
G. DE MAL VIVIR. GENTE maleante.
G. DE MALA VIDA. GENTE maleante.
G. MALEANTE. Gente que vive delinquiendo habitualmente, aunque sin cometer delitos graves. ≃ GENTE de la carda, GENTE de cuidado, GENTE de mal vivir, GENTE de mala vida, GENTE non sancta, GENTE de seguida, GENTE de vida airada. ⇒ *Chusma, *hampa.
G. DE MEDIO PELO. GENTE de poco más o menos.
G. MENUDA. Los *niños.
G. NON SANCTA. *GENTE maleante.*
G. DE PAZ. **1** Expresión con que se contesta al centinela que pregunta '¿Quién va [o vive]?'. **2** Personas *tranquilas y sin intenciones agresivas.
G. DE PLUMA. **1** *Escribanos.* **2** Escritores.
G. DE POCO MÁS O MENOS. Gente *ordinaria. ≃ GENTE de medio pelo.
G. DE SEGUIDA. *La que vive en *cuadrillas cometiendo fechorías.* ⇒ *Malhechor.
G. DE SU MAJESTAD. *GENTE forzada.*
G. DEL REY. *GENTE forzada.*
G. DE VIDA AIRADA. GENTE maleante.
ANDE [o ÁNDEME] YO CALIENTE Y RÍASE LA GENTE. Frase proverbial o refrán, de sentido claro. ⇒ *Despreocuparse.
V. «DERECHO de gentes; DON de gentes; adiós, MADRID, que te quedas sin gente».

SER [MUCHA] GENTE. **1** *Ser persona importante o influyente.* **2** *Ser persona de carácter o *energía, * de mucho *valer.*

SER [MUY] GENTE (Hispam.). *Ser una persona buena, recta, de conducta irreprochable.*

V. «TRATO de gentes».

□ NOTAS DE USO

Como «gente» es una designación que no expresa especial consideración hacia los designados, suele evitarse emplearla para referirse a personas a las que no se trata con confianza.

Se emplea como colectivo partitivo y como genérico en singular: 'Los domingos hay gente en todas partes. La gente se aglomeraba delante de las pizarras'.

□ CATÁLOGO

I Todo BICHO viviente, el COMÚN de las gentes, CADA cual, todo CRISTO, todo DIOS, cualquiera, la galería, la generalidad, cualquier HIJO de vecino, el HOMBRE de la calle, el que MÁS y el que menos, la masa, multitud[es], todo el mundo, peña, *plebe, populacho, público, *pueblo, QUIEN más quien menos, quienquiera, todos, vulgo. ➤ Asistencia, concurrencia, concurso, humanidad, *personal, público. ➤ *Aglomeración, apretura, *barullo, concentración, hervidero, hormiguero, jabardillo, jabardo, montantada, montón, *muchedumbre, *multitud, pelotón, remolino, *reunión, río, tropel, tumulto. ➤ Comparsa, *cuadrilla, pandilla, tribu, tropa. ➤ Conciliábulo, corrillo, corro. ➤ Chamuchina, chinaca, *chusma, corrincho, garulla, garullada, gentecilla, gentualla, gentuza, *hampa, populacho, purria. ➤ Cuatro GATOS. ➤ *Nadie. ➤ Demagogo, multitudinario, populachero. ➤ Demagogia, oclocracia.

II GENTE ARMADA [O DE ARMAS]: algara, almofalla, almogavaría, asamblea, áscar, banda, bandería, bando, concejil, cruzada, ejército, *facción, falange, fonsadera, fuerzas, FUERZAS armadas, guarnición, guerrilla, harca, haz, hueste, institutos armados, legión, manga, mehala, mesnada, mía, montonera, parcialidad, *partida, patulea, soldadesca, somatén, tercio, *tropa. ➤ Campo, guarnición, puesto, retén. ➤ Capitán, caudillo, duque. ➤ *Guerra. *Milicia. *Soldado.

gentecilla f. Desp. de «gente».

gentil (del lat. «gentīlis») **1** adj. y n. m. Se aplica a los que profesaban una religión no cristiana, por haber vivido antes del cristianismo o por conservar después de él su religión antigua. ≃ Idólatra, *pagano. **2** (lit. o pulido) adj. Aplicado a personas, de hermosa presencia. ≃ *Apuesto. **3** *Tiene el mismo significado ponderativo que «¡buen...!» o «¡vaya un...!»:* '¡Gentil desvergüenza! ¡Gentil disparate!'. ≃ *Notable. **4** (ant.) *Gentilicio.* **5** (ant.) **Noble (con título nobiliario).* **6** Amable en el trato con otras personas.

V. «gentil HOMBRE».

gentileza **1** f. Cualidad de gentil. ⊙ (lit. o pulido) *Gracia y *desenvoltura en la manera de moverse, de hablar, etc. **2** Amabilidad y cortesía: 'Ha tenido la gentileza de dedicarme su libro'. ⇒ *Amable.

gentilhombre (del fr. «gentilhomme») **1** m. Se empleaba, como hoy «caballero», para dirigirse amablemente a un *hombre: 'Dígame, gentilhombre...'. **2** Título de algunos servidores de los *reyes. **3** *Persona que se enviaba al rey con algún *mensaje de importancia; como con la noticia de algún suceso de guerra afortunado, o de la llegada de una flota.*

GENTILHOMBRE DE BOCA. *Servidor de palacio de la clase de caballeros, que servía a la mesa del *rey; más tarde, le acompañaba cuando salía a la capilla o iba a alguna fiesta a caballo.*

G. DE CÁMARA. El que acompañaba al *rey en la cámara y cuando salía.

G. DE LA CASA. *El que acompañaba al *rey después del gentilhombre de boca.*

G. DE LO INTERIOR. *GENTILHOMBRE de boca.*

G. DE MANGA. *Servidor de *palacio encargado de acompañar al príncipe o los infantes.*

G. DE PLACER. **Bufón.*

gentilicio, -a (del lat. «gentilitĭus») adj. De cierta gente (nación). ⊙ adj. y n. m. LING. Se aplica particularmente a los nombres y adjetivos que expresan *naturaleza o nacionalidad; como «andaluz, castellano» o «barcelonés».

gentílico, -a adj. De [los] gentiles.

gentilidad o, no frec., **gentilismo** f. o m. **Religión de los gentiles.* ⊙ Conjunto de todos los gentiles.

gentilizar intr. *Practicar los ritos gentiles.*

gentilmente adv. Con gentileza. ⊙ Con gracia y desenvoltura.

gentío (acompañado gralm. de «gran» o adj. semejante) m. Reunión de mucha gente: 'Acudió al desfile un enorme gentío'. ≃ *Muchedumbre, multitud.

gentleman (ingl.; pronunc. [yéntelman]) m. Caballero (hombre distinguido y cortés).

gento, -a (del lat. «genĭtus», engendrado) adj. **Apuesto.* ≃ Gentil.

gentualla f. *Gentuza.*

gentuza f. Gente despreciable. ≃ *Chusma.

genués, -a (del lat. «Genua», Génova) adj. y n. *Genovés.*

genuflexión (del lat. tardío «genuflexĭo, -ōnis») f. Inclinación hecha en señal de *reverencia, doblando las rodillas.

genuino, -a (del lat. «genuīnus») **1** adj. *Auténtico: no falseado, deformado, desfigurado, mixtificado o con mezcla de otras cosas: 'Se expresa en genuino español'. **2** Se aplica a los nombres calificativos que corresponden con especial exactitud a la cosa de que se trata: 'Es un genuino representante de su época. Es un caso genuino de psicosis colectiva'. ≃ *Auténtico.

genulí m. *Genolí.*

geo m. Agente de *policía de los GEO (Grupo Especial de Operaciones).

geo- Elemento prefijo del gr. «gê», tierra, que constituye el primer elemento de numerosas palabras compuestas. ⇒ Apogeo, hipogeo, perigeo; gnomo.

geocéntrico, -a (de «geo-» y «céntrico») **1** (cient.) adj. *Del centro de la *Tierra.* **2** (cient.) ASTRON. *Se aplica a la latitud y longitud de un planeta visto desde la Tierra.* **3** ASTRON. Se aplica especialmente al sistema que, como el de Ptolomeo, supone a la Tierra centro del universo.

geocentrismo m. ASTRON. Teoría geocéntrica.

geoda (del lat. «geōdes», del gr. «geṓdēs», de tierra) f. GEOL. Hueco de una roca tapizado de una sustancia generalmente cristalizada.

geodesia (del gr. «geōdaisía», división de la tierra) f. Ciencia que se ocupa de determinar matemáticamente y representar en mapas la configuración de la *Tierra o de grandes extensiones de ella. Se diferencia de la topografía en que en ella es necesario tener en cuenta la curvatura terrestre.

geodésico, -a adj. De [la] geodesia.

geodesta n. Que se dedica a la geodesia.

geodinámica f. *Parte de la geología que estudia las alteraciones de la corteza terrestre.*

geoestacionario, -a adj. De cualquier satélite artificial que viaja de oeste a este a la misma velocidad que la rotación de la Tierra, por lo cual parece que no se mueve.

geófago, -a (de «geo-» y «-fago») adj. Se aplica al que *come tierra.

geofísica f. Parte de la *geología que estudia la estructura y fenómenos físicos de la corteza terrestre utilizando los datos de la geodesia, la meteorología, la sismología, la oceanografía, etc.

geogenia (de «geo-» y «-genia») f. *Parte de la *geología que trata del origen y formación de la Tierra.* ≃ Geogonía.

geognosia (de «geo-» y el gr. «gnôsis», conocimiento) f. *Parte de la geología que estudia la estructura y composición de las rocas que forman la Tierra, y otros aspectos teóricos de la *geología.*

geogonía (de «geo-» y el gr. «goneía», generación) f. *Geogenia.*

geografía (del lat. «geographĭa», del gr. «geōgraphía») **1** f. Ciencia que se ocupa de la descripción de la corteza terrestre en su aspecto físico y como lugar habitado por el hombre. Se le aplican distintas determinaciones, como «física, histórica, humana, política», de significado deducible. **2** Territorio: 'La borrasca se extiende por toda la geografía española'.

□ CATÁLOGO

Gea. ➤ Corografía, cosmografía, etnografía, hidrografía, *meteorología, oceanografía, orografía, orometría, *topografía. ➤ *Letras. ➤ *Mundo, MUNDO antiguo, Nuevo MUNDO, *Tierra, *Universo. ➤ ACCIDENTE geográfico, anfiteatro, canal, continente, *costa, delta, *depresión, *desierto, *estrecho, HEMISFERIO austral [boreal, occidental u oriental], *isla, istmo, lago, *mar, meseta, *montaña, PARTE del mundo, *paso, península, relieve, *río, *valle. ➤ Clima, microclima. ➤ ÁNGULO horario, CÍRCULO polar ártico [o antártico], *ecuador, *horizonte, HUSO horario, latitud, LÍNEA equinoccial, longitud, meridiano, paralelo, TRÓPICO de Cáncer [o de Capricornio], zona, ZONA glacial [templada o tórrida]. ➤ Islario, *mapa. ➤ Alto, antártico, ártico, bajo, boreal, cisalpino, citerior, continental, ecuatorial, egeo, glacial, hiperbóreo, inferior, intercontinental, intertropical, meridional, polar, superior, transalpino, transandino, transcaucásico, transiberiano, tropical, ulterior, ultramarino. ➤ Anfiscio, anteco, antípoda, antiscio, ascio, heteroscio, perieco, periscio. ➤ *ESFERA terrestre, georama. ➤ Cartografía. ➤ *Astronomía. *Tierra.

geográficamente adv. Según los principios de la geografía o desde el punto de vista de la geografía.

geográfico, -a adj. De [la] geografía.

geógrafo, -a n. Especialista en geografía.

geoide (del gr. «gê», tierra, y «-oide») m. Forma teórica de la *Tierra, según la geodesia, tal como resultaría si los continentes estuviesen nivelados con los mares.

geología (de «geo-» y «-logía») f. Ciencia que trata de la historia de la formación de la Tierra, de su estructura actual con sus distintas capas y de los materiales que la constituyen.

□ CATÁLOGO

Espeleología, bioestratigrafía, estratigrafía, gemología, geodinámica, geogenia, geognosia, geogonía, geomorfología, geotécnica, geotermia, glaciología, hidrogeología, litogenesia [o litogénesis], litología, orogenia [u orogénesis], petrografía, tectónica. ➤ Endorreísmo, exorreísmo, magmatismo, metamorfismo, neptunismo, plutonismo, vulcanismo, vulcanología. ➤ Abra, banco, barrueco, bocarrena, bolsa, *capa, cemento, conglomerado, cubeta, dendrita, detrito [o detritus], estalactita, estalagmita, estrato, falla, filón, formación, *fósil, gabarro, gelivación, geoda, glaciar, lecho, liso, litoclasa, morena, morrena, piso, plegamiento, pliegue, *roca, sustrato, terreno, trumao, vena, veta, yacimiento, zócalo. ➤ Anticlinal, geosinclinal, monoclinal, sinclinal. ➤ Abrasión, buzamiento, cataclismo, convulsión, corrimiento, denudación, dirección, edad, epirogénesis, época, era, erosión, erupción, estratificación, glaciación, modelado, PERIODO geológico, solifluxión, subducción. ➤ Isostasia. ➤ Astenosfera, barisfera, hidrosfera, litosfera, pirosfera, placa, subsuelo. ➤ Isóbata. ➤ Isobático, isóbato [o isobato], isogeotermo. ➤ De aluvión, arcaico, de arrastre, azoico, bentónico, cambriano, cámbrico, canstadiense, carbonífero, cenozoico, clástico, conchífero, coralífero, cretácico [o cretáceo], cuaternario, detrítico, devoniano, devónico, diluvial, eoceno, eozoico, holoceno, jurásico, lacustre, liásico, litoral, magdaleniense, mesozoico, mioceno, neógeno, nerítico, oligoceno, ordovícico [u ordovicense], paleoceno, paleógeno, paleolítico, paleozoico, pelágico, pérmico, piroclástico, pleistoceno, plioceno, precámbrico, primario, *secundario, sedimentario, siluriano, silúrico, terciario, triásico. ➤ Herciniano. ➤ Cron. ➤ GRADO geotérmico. ➤ *Agua. *Mineral. *Minería. *Montaña. *Roca. *Tierra.

geológico, -a adj. De [la] geología.

geólogo, -a n. Especialista en geología.

geomagnetismo 1 m. GEOL. Magnetismo terrestre. **2** GEOL. Estudio del magnetismo terrestre.

geomancia o **geomancía** (de «geo-» y «-mancia» o «-mancía») f. *Pretendida adivinación o magia que se hace valiéndose de los cuerpos terrestres o con líneas, círculos o puntos hechos sobre la tierra.*

geomántico, -a adj. *De la geomancia.*

geomético, -a (ant.) adj. *Geomántico.*

geómetra n. Persona que se dedica a la geometría.

geometral adj. *Geométrico.*

geometría (del lat. «geometrĭa», del gr. «geōmetría») f. Parte de las *matemáticas que trata de la extensión, de su medida, de las relaciones entre las dimensiones y de las formas expresables con medidas.

□ CATÁLOGO

*Agrimensura, geodesia, *topografía, trigonometría. ➤ Altura, área, grado, longitud, perímetro, *superficie, volumen. ➤ CUERPO geométrico, FIGURA geométrica, *línea, LUGAR geométrico, *plano, *punto, sólido, *superficie. ➤ Apotema, arista, asíntota, base, bisectriz, cara, centro, contorno, cuerda, cúspide, diagonal, diámetro, director, directriz, eje, espada, generador, generatriz, lado, mediana, *perpendicular, radio, sagita, secante, semieje, vértice. ➤ *Angulo, *arco, *circunferencia, *curva, elipsoide, *espiral, hipérbola. ➤ *Círculo, *cuadrado, cuadrilátero, eneágono, lúnula, paralelogramo, pentágono, *polígono, rectángulo, rombo, romboedro, trapecio, *triángulo. ➤ Cilindro, cono, conoide, cubo, cuerpo, decaedro, dodecaedro, dodecágono, *esfera, exaedro, heptaedro, hexaedro, hiperboloide, icosaedro, octaedro, paraboloide, paralelepípedo, pentaedro, pirámide, poliedro, prisma, trapezoedro, tetraedro, toroide. ➤ Traza. ➤ Dirección, posición, sentido, situación. ➤ Circunscribir, cortarse, cruzarse, cuadrar, equidistar, inscribir, intersecarse. ➤ Correspondiente, cosecante, cotangente, curvo, equidistante, equilátero, homólogo, irregular, isoperímetro, mixto, oblicuo, paralelo, quebrado, recto, regular. ➤ Coplanario. ➤ *Matemáticas.

geométricamente adv. De manera geométrica. ⊙ Por procedimientos geométricos.

geométrico, -a 1 adj. De [la] geometría. **2** Exacto o preciso. V. «PLANTA geométrica, PROPORCIÓN geométrica».

geomorfía (de «geo-» y el gr. «morphḗ», forma) f. *Parte de la geodesia que trata de la forma del globo terráqueo y del trazado de los *mapas.*

geomorfología f. *Parte de la geología que estudia la estructura de la corteza terrestre y su evolución.*

geonomía (de «geo-» y el gr. «nómos», ley) f. Ciencia que estudia las propiedades de la *tierra vegetal.

geonómico, -a adj. De [la] geonomía.

geopolítica (de «geo-» y «política») f. Disciplina que estudia las relaciones entre el marco geográfico y la política de los estados.

geopolítico, -a adj. De [la] geopolítica.

geoponía (del gr. «geōponía») f. **Agricultura.*

geopónica f. *Geoponía.*

geoquímica (de «geo-» y «química») f. GEOL., QUÍM. Estudio de la distribución, asociación y proporción de los elementos químicos en la corteza terrestre.

georama (de «geo-» y «-orama») m. *Globo terráqueo grande y hueco en cuya superficie interior está trazada la figura de la tierra, que puede ser así vista en su totalidad por un observador situado en el interior.* ⇒ *Cosmorama.

georgette (fr.; pronunc. [yoryét]) m. **Tela que es como una gasa semejante al crespón.*

georgiano, -a 1 adj. y, aplicado a personas, también n. De Georgia, estado caucásico, antigua república de la Unión Soviética. ⊙ m. Idioma hablado en Georgia. **2** adj. y, aplicado a personas, también n. Del estado de Georgia, en Estados Unidos. **3** adj. Se aplica a un estilo arquitectónico neoclásico de la época de Jorge II y Jorge III desarrollado en Inglaterra y Estados Unidos en el siglo XVIII.

geórgica (del lat. «georgĭca», del gr. «geōrgikós») f. LIT. Composición literaria sobre asuntos agrícolas. ⊙ LIT. Por antonomasia, ciertos poemas de Virgilio. ⇒ *Poesía.

geosinclinal m. GEOL. Extensa depresión de la corteza terrestre en que se han acumulado varias capas de sedimentos que después se han plegado.

geotécnica (de «geo-» y «técnica») f. Parte de la *geología aplicada que estudia las características de los materiales de la corteza terrestre para la construcción de obras públicas.

geotectónico, -a (de «geo-» y el gr. «tektonikós», de carpintero) adj. GEOL. De la forma, disposición y estructura de las rocas y terrenos de la corteza terrestre.

geotermia (de «geo-» y «-termia») **1** f. GEOL. Conjunto de fenómenos térmicos del interior de la Tierra. **2** GEOL. Estudio de estos fenómenos.

geotérmico, -a adj. GEOL. Del *calor *terrestre.
V. «GRADO geotérmico».

geótico, -a (de «geo-» y «-tico»; ant.) adj. *De [la] tierra.*

geotropismo (de «geo-» y «tropismo») m. BIOL. **Tropismo en que el factor más influyente es la fuerza de la gravedad.*

gépido, -a (del lat. «Gepĭdae») adj. y n. *Se dice de los individuos de una antigua nación germánica unida primero a los hunos bajo Atila y luego absorbida por los ostrogodos.*

geraniáceo, -a (de «geranio» y «-áceo») adj. y n. f. BOT. *Se aplica a las *plantas de la misma familia que el geranio.* ⊙ f. pl. BOT. *Esa familia.*

geranio (del lat. «geranĭon», del gr. «geránion»; varias especies pertenecientes a los géneros *Geranium* y *Pelargonium)* m. *Planta geraniácea de tallos carnosos y hojas fragantes, con flores de colores muy vivos y variados, que se cultiva en los jardines y es también muy apta para macetas. ≃ Cardenal.

GERANIO FRANCÉS. *El de hojas arrugadas, de superficie lisa, más duras y con dientes más agudos que las del corriente; los tallos son más finos y las flores menos numerosas en cada umbela, pero más grandes y muy vistosas, matizadas en dos colores.* ≃ *Pelargonio.

G. DE HIERRO *(Pelargonium zonale)*. Variedad de hojas grandes con un círculo rojizo.

G. DE MALVA *(Pelargonium graveolens)*. Cierto pelargonio de flores blancas.

G. DE ROSA. Cierto pelargonio de flores rosadas, que se cultiva para extraer su esencia, muy usada en perfumería. ≃ PELARGONIO de olor.

G. DE YEDRA *(Pelargonium peltatum)*. El de hojas lisas y duras y tallos largos colgantes.

gerbo m. *Jerbo (mamífero roedor).

gerencia f. Actividad de gerente. ⊙ Cargo de gerente. ⊙ Despacho de gerente. ⇒ *Administración, dirección.

gerente (del lat. «gerens, -entis») n. Persona que dirige una empresa y firma los documentos en representación de las demás personas que forman parte de ella. ⇒ *Administrador, *director, encargado.

geriatra (del gr. «gêras», vejez, e «-iatra») n. MED. Especialista de enfermedades y achaques de la vejez.

geriatría (del gr. «gêras», vejez, e «-iatría») f. Parte de la *medicina que se ocupa especialmente de los problemas fisiológicos y las enfermedades de la vejez. ⇒ *Gerontología.

geriátrico, -a adj. MED. De [la] geriatría. ⊙ adj. y n. m. MED. Se aplica a la residencia de ancianos o al hospital especializado en el tratamiento a ancianos.

gerifalco (ant.) m. *Gerifalte.*

gerifalte (del fr. ant. «girfalt», actual «gerfaut») **1** *(Falco rusticolus)* m. Ave rapaz, especie de halcón muy grande. ≃ Garifalte. ⇒ Gerifalco, girifalte. ➤ Sacre. **2** ARTILL. Antigua pieza de muy poco calibre, semejante a la culebrina. **3** (n. calif.; gralm. desp.) Persona que *sobresale o tiene autoridad en cierta cosa.

COMO UN GERIFALTE. Aplicado a «estar, vivir» y verbos de acción, muy *bien.

germán adj. *Apóc. de «germano».* ⊙ Se usa en nombres propios.

germanía (del lat. «germānus», hermano) **1** f. Nombre dado a ciertas hermandades o asociaciones formadas por los gremios de Valencia, especialmente célebres por la guerra llamada «de las Germanías», que promovieron contra los nobles a principios del siglo XVI. ≃ Hermanía. **2** **Cuadrilla de chicos.* **3** *Amancebamiento.* **4** Argot de la gente maleante formado principalmente por palabras de sentido traspuesto, palabras españolas desfiguradas y otras extranjeras castellanizadas. ≃ Jacarandina. ⊙ *Jerga de los gitanos. ≃ Caló.

germánico, -a 1 adj. De la Germania o de [los] germanos. **2** De Alemania, de los alemanes, o de su raza. **3** m. Lengua indoeuropea que hablaron los pueblos germanos, de la que derivan, por ejemplo, el inglés y el alemán.

germanidad (del lat. «germanĭtas, -ātis»; ant.) f. *Hermandad.*

germanio (del lat. «Germanĭa», Alemania, país donde se descubrió) m. *Elemento raro parecido al bismuto, n.º atómico 32, que se encuentra en los minerales de zinc. Símb.: «Ge».

germanismo (del lat. «Germanĭa», Alemania) m. *Palabra o expresión tomada del alemán.

germanista n. Persona versada en la lengua y cultura alemanas.

germanizar tr. Difundir en un ˇpaís las costumbres o civilización germánicas. ⊙ prnl. Adquirir un país las costumbres o civilización germánicas.

germano[1], -a adj. y n. Se aplica a los individuos del *pueblo o grupo de pueblos que ocuparon la parte septentrional de la llanura europea, de donde se extendieron en distintas direcciones ocupando las diferentes partes del imperio romano, y a sus cosas. ⊙ m. pl. Esos pueblos. ⊙ adj. Germánico. ⊙ (culto) adj. y, aplicado a personas, también n. Alemán. ⇒ Alano, ámalo, bávaro, cato, cauco, cimbro, cuado, franco, gépido, godo, hérulo, longobardo, marcomano, marso, ostrogodo, querusco, sajón, salio, sicambro, silingo, suevo, teutón, tungro, vándalo, visigodo. ➤ *Mitología, ver dioses germánicos. ➤ Pangermanismo. ➤ *Alemán.

germano[2], -a (del lat. «germānus») **1** (ant.) adj. **Auténtico.* **2** (ant.) n. **Hermano carnal (de padre y madre).*

germanófilo, -a (de «germano[1]» y «-filo») adj. y n. Partidario de Alemania; particularmente, en la Primera *Guerra Mundial (1914-18).

germen (del lat. «germen») **1** m. BIOL. Primera fase de un nuevo ser orgánico cuando empieza a desarrollarse después de la fecundación. ⇒ Embrión, machuelo. ➤ *Embriología. ➤ Panspermia. **2** Por oposición a «soma», elemento de un individuo que interviene en la reproducción y, por tanto, en la herencia. **3** Parte de la semilla que crece y se convierte en nueva planta. **4** **Planta recién aparecida.* ≃ Brote. **5** Circunstancia o suceso que, al desenvolverse, se transforma en cierta cosa: 'Ese fue el germen de la enemistad'. ≃ *Origen. **6** GERMEN infeccioso.

GERMEN INFECCIOSO [o PATÓGENO] (gralm. pl.). Germen de un microorganismo que produce una *enfermedad. ⇒ Aséptico, estéril, séptico. ➤ Antibiograma. ➤ *Contagiar. *Infectar.

germinación f. Acción de germinar. ⇒ Gestación.

germinador, -a **1** adj. Que hace germinar. **2** m. Cámara o local climatizados para que puedan germinar las semillas.

germinal (del lat. «germinālis») m. Séptimo mes del *calendario revolucionario francés, que comprendía desde el 21 de marzo hasta el 19 de abril.

germinar (del lat. «germināre») **1** («en») intr. Empezar a transformarse la semilla para producir una nueva planta. ⇒ *Brotar. **2** («en») *Desarrollarse una cosa moral produciendo resultados: 'Las ideas de los maestros germinan en la mente de los discípulos'. ⊙ («en») Brotar o *aparecer: 'Germinó una sospecha en su mente'.

germinativo, -a **1** adj. Germinador. **2** Que hace germinar.

gerno (de «genro»; ant.) m. **Yerno.*

-gero, -a Elemento sufijo del lat. «gerĕre», llevar, que significa «que lleva»: 'flamígero'.

geronto- Elemento prefijo del gr. «gérōn, gérontos», anciano: 'gerontología'.

gerontocracia (de «geronto-» y «-cracia») f. Gobierno ejercido por los ancianos.

gerontología (de «geronto-» y «-logía») f. MED. Ciencia que trata de los caracteres biológicos, problemas, etc., de la vejez. ⇒ Geriatría.

gerontólogo, -a n. MED. Especialista en gerontología.

gerundense adj. y, aplicado a personas, también n. De Gerona.

gerundiano, -a (de «gerundio[2]») adj. *Se aplica al estilo hinchado, que afecta erudición e ingenio que no tiene.*

gerundio[1] (del lat. «gerundĭum») m. Forma verbal impersonal acabada en «-ando» o «-iendo». Expresa una acción de duración limitada en proceso de ejecución, sin determinación de persona ni de número, ni variación en la terminación para expresar el tiempo, si bien tiene formas compuestas para expresar el pasado y el futuro: 'durmiendo, habiendo dormido, habiendo de dormir'. A diferencia de lo que pasa con el participio de presente, todos los verbos tienen gerundio y, gramaticalmente, todos pueden adoptar la forma durativa. ⇒ Apénd. II, GERUNDIO.

gerundio[2] (por alusión a Fray Gerundio de Campazas, personaje de una obra del Padre Isla; ant.) m. *Se aplica al escritor, particularmente de materias religiosas o eclesiásticas, que usa un estilo hinchado, afectando erudición e ingenio que no tiene.* ⇒ *Grandilocuente, *pedante.

gerundivo m. GRAM. Participio latino de futuro pasivo.

gesneriáceo, -a («Gesneria», género de plantas) adj. y n. f. BOT. *Se aplica a las *plantas de la familia de la gloxínea, que son hierbas y arbustos principalmente tropicales, de bellas flores irregulares; muchas de ellas son cultivadas como ornamentales..* ⊙ f. pl. BOT. *Familia que forman.*

gesolreút (de la letra «g» y de las notas musicales «sol», «re» y «ut») m. *En *música antigua, indicación del tono que principia en el quinto grado de la escala diatónica de «do» y se desarrolla según los preceptos del canto llano y del canto figurado.*

gesta (del lat. «gesta») f. Conjunto de hazañas o hechos heroicos de alguien.

V. «CANTAR de gesta».

gestación (del lat. «gestatĭo, -ōnis») **1** f. Desarrollo del hijo que ha sido concebido en el cuerpo de la madre. ⊙ Tiempo que la madre lleva en sí al hijo antes de nacer éste. ≃ *Preñez. ⇒ *Embarazo. **2** BOT. **Germinación de las semillas.* **3** Periodo de preparación que precede a un suceso, o periodo de elaboración de una obra del espíritu: 'Este proyecto está todavía en gestación'. **4** **Ejercicio o *deporte que se practicaba entre los *romanos, que consistía en montar sobre un carruaje sometido a violentas sacudidas.*

gestadura (de «gesto»; ant.) f. *Rostro.*

gestante (de «gestar») adj. y n. f. Se aplica a la mujer embarazada.

gestar (del lat. «gestāre», llevar) **1** tr. Llevar y alimentar la madre al ˇfeto durante la gestación. **2** prnl. Prepararse un suceso o una obra del espíritu: 'Gestarse una revolución'.

gestatorio, -a (del lat. «gestatorĭus») adj. *Se aplica a lo que ha de ser llevado en brazos.*

V. «SILLA gestatoria».

gestear intr. *Gesticular.*

gestero, -a (inf.) adj. Gesticulador.

gesticulación f. Acción de gesticular.

gesticulador, -a adj. Se aplica al que gesticula. ≃ Gestero, gesticulador, gesticuloso, mono.

gesticular (del lat. «gesticulāri»; implica generalmente exageración) intr. Hacer gestos.

gesticulero, -a (inf.) adj. Gesticulador.

gesticuloso, -a adj. *Gesticulador.*

gestión (del lat. «gestĭo, -ōnis») **1** f. Acción que se realiza para la consecución de algo o la tramitación de un *asunto. ≃ *Diligencia. **2** Cuidado de un asunto o un *negocio. ≃ *Administración. ⊙ (gralm. pl.) Actividad de la persona que está encargada de ellos.

gestionar **1** tr. Hacer gestiones para ↘algo: 'Estoy gestionando mi pasaporte'. Lleva frecuentemente un complemento de persona: 'Un amigo le gestionó un permiso de importación'. **2** tr. o abs. Dirigir u organizar un ↘proyecto, una empresa, etc.

□ CATÁLOGO
Actitar, *agenciar, andar tras, hacer ANTESALAS, azacanarse, echar [o poner] toda la CARNE en el asador, mover [o remover] el CIELO y la tierra, batir el COBRE, diligenciar, empujar, facilitar, IR de acá para allá [o de aquí para allí], ir tras, IR y venir, ir de un LADO para otro, poner los MEDIOS, menearse, moverse, negociar, ocuparse, no parar [hasta], dar PASOS, dar PATADAS, patear, patullar, ir como una PELOTA, peregrinar, pernear, no dejar PIEDRA por mover, procurar, proporcionar, tocar todos los REGISTROS, echar el RESTO, rodar, taconear, tocar TECLAS, trabajar, *tramitar, trotar, andar a VUELTAS con, dar VUELTAS, zanquear. ➤ Agencia, cábalas, cabildeos, cometido, comisión, *diligencia, gestión, pasos, recuesta. ➤ Administrador, *agente, corredor, diligenciero, encargado, gerente, gestor, procurador, promotor, promovedor, solicitador. ➤ Agencia, gerencia, gestoría. ➤ *Acción. *Asunto.

gesto (del lat. «gestus») **1** («Hacer, Poner, Coger») m. Movimiento de las facciones de la cara o de las manos, que, generalmente, *expresa un estado de ánimo: 'Si haces gestos, no puedo retratarte. Hizo un gesto despectivo'. ⊙ Posición habitual de las facciones, que expresa cierto estado de ánimo o cierta manera de ser habitual: 'Tiene un gesto amargado'. **2** Acción realizada en un impulso afectivo: 'Tuvo un gesto generoso y perdonó a todos'. ≃ *Rasgo. **3** *Cara.* **4** (ant.) **Aspecto de algunas cosas inanimadas.*

TORCER EL GESTO. Poner expresión de *enfado o *disgusto.

□ CATÁLOGO
Alcocarra, ceño, coco, coquito, figurería, garambainas, guiñada, guiñadura, guiño, jeribeque, mohín, momería, momo, monada, monería, mono, morisqueta, mueca, puchero, regaño, remilgo, rictus, seña, tic, visaje. ➤ Admirativo, afectado, amargado, de burla, burlón, despectivo, estereotipado, estúpido, evasivo, expresivo, involuntario. ➤ Mímica. ➤ Amorrar[se], abrir la BOCA, bostezar, poner CARA de, arquear [o enarcar] las CEJAS, fruncir las CEJAS, ceñar, poner CEÑO, cocar, hacer COCOS, fruncir el ENTRECEJO, enzainarse, hacer FIGURAS, torcer el GESTO, guiñar, guiznar, poner HOCICO, poner JETA, poner MORRO, hinchar las NARICES, cucar [o guiñar] el OJO [o los OJOS], hacer del ojo, hablar con los OJOS, parpadear, pujar, sonreír. ➤ Cocador, gestero, gesticulador, gesticulero, gesticuloso, visajero. ➤ Gestual. ➤ *Ademán. *Expresión.

gestor, -a (del lat. «gestor, -ōris») **1** adj. y n. Se aplica a la persona que gestiona cierta cosa. **2** n. Miembro de una *empresa mercantil que participa en su dirección.

gestoría (de «gestor») f. Oficina privada que se encarga de *gestionar asuntos.

gestual adj. De los gestos o que se hace con gestos: 'El lenguaje gestual de los sordomudos'.

geta (del lat. «Geta») adj. y n. *Se aplica a los individuos de un *pueblo escita situado al este de la Dacia.*

getulo, -a (del lat. «Getūlus») adj. y n. *Se aplica a los naturales de Getulia, país del África antigua, situado al sur de la Numidia.* ⇒ *Pueblo.

g...g Grupo de sonidos imitativo. ⇒ Gago, gangoso. ➤ SONIDO expresivo.

ghanés, -a adj. y, aplicado a personas, también n. De Ghana, país africano.

ghetto (it.) m. Gueto.

giba (del lat. «gibba») **1** f. Abultamiento producido en la espalda o el pecho por una torcedura de la columna vertebral. ≃ Chepa, *joroba. **2** (inf.) Abultamiento o torcedura en cualquier cosa. **3** (inf.) *Cosa que fastidia o molesta.*

gibado, -a **1** Participio de «gibar». **2** adj. Giboso.

gibao m. V. «PIE de gibao».

gibar **1** tr. Hacer una giba en una ↘cosa. **2** (inf.) *Fastidiar.

gibelino, -a (del it. «ghibellino») adj. y n. Se aplicaba en las *guerras de la Edad Media en Italia a los partidarios de los emperadores, en contra de los güelfos, partidarios de los papas.

gibón (del ingl. «gibbon») m. *Mono antropomorfo de Asia, arborícola, con los brazos muy largos y sin cola.

gibosidad f. *Bulto o *dobladura semejante a una giba.

giboso, -a adj. y n. Persona que tiene giba. ≃ *Jorobado.

gibraltareño, -a adj. y, aplicado a personas, también n. De Gibraltar.

giennense adj. y n. *Variante ortográfica de «*jiennense» (de Jaén).*

giga (del fr. ant. «gige», violín) **1** (ant.) f. *Cierto instrumento musical de cuerda.* **2** Cierta danza y *música antiguas, de ritmo rápido.

giga- Elemento prefijo del lat. «gigas, gigantis», con el significado de «mil millones», que multiplica por esta cantidad la unidad a la que se antepone.

gigabyte (ingl.; pronunc. [gigabáit]) m. INFORM. Unidad que equivale aproximadamente a 1.000 «megabytes». Abrev.: «Gb».

giganta f. **Acanto (planta acantácea).*

gigante, -a (del lat. «gigas, -antis») **1** adj. y, aplicado a personas, también n. Se aplica a cosas que exceden mucho del tamaño ordinario de las de su especie: 'Guisantes [o judías] gigantes'. ⇒ Gigantesco. **2** m. Ser fabuloso, personaje frecuente de los cuentos y fábulas, de enorme estatura. ⇒ Briareo, cíclope, coloso, titán. ➤ *SERES fantásticos. ⊙ Hiperbólicamente, persona de gran estatura. **3** n. Figura de hombre o mujer, de gran estatura, hecha generalmente de cartón, que, llevada por un hombre metido dentro de ella, interviene, lo mismo que los cabezudos, en los *festejos populares. ≃ Gigantón. **4** m. Persona que *sobresale excepcionalmente en un arte o ciencia o por sus hechos nobles o heroicos. ≃ Coloso. ⊙ Nación, entidad, etc., que destaca en cierto ámbito: 'La empresa es un gigante de las telecomunicaciones'.

gigantea (del lat. «gigantēa») f. *Girasol (planta compuesta).

giganteo, -a (del lat. «gigantēus») adj. *Gigantesco.*

gigantesco, -a **1** adj. De [los] gigantes. **2** Muy grande; como de gigante: 'De proporciones gigantescas'.

gigantez f. Cualidad de gigante.

gigantilla (dim. de «giganta») **1** f. **Figura grotesca construida con brazos y piernas desproporcionados a su cuerpo.* **2** Por extensión, mujer *rechoncha. **3** *(Helianthus multiflorus)* *Planta compuesta.

gigantismo m. MED. Desarrollo anormalmente grande de un individuo, en relación con los de su misma edad, especie o raza.

gigantomaquia (del gr. «gigantomachía», de «gígas», gigante, y «máchē», combate) f. MIT. *Lucha entre gigantes y dioses.*

gigantón, -a (aum. de «gigante») **1** adj. y n. Gigante de los que figuran en las comparsas de las fiestas populares. **2** m. *Planta compuesta, especie de dalia, de flores moradas.

gigoló (del fr. «gigolo»; pronunc. [yigoló]) m. Amante joven de una mujer de más edad que le mantiene o paga por estar con él.

gigote (del fr. «gigot», muslo de carnero) m. **Guiso hecho con carne picada rehogada en manteca.* ⊙ *Cualquier otra comida preparada en pedazos menudos.* ≃ Jigote.

Hacer gigote una cosa. **Cortarla en trozos menudos.*

gijonense o **gijonés, -a** adj. y, aplicado a personas, también n. De Gijón. ≃ Gejionense.

gil (gralm. con mayúsc.) m. *Individuo de cierto *bando llamado «de los Giles», adversario de los Negretes en ciertas luchas ocurridas en el siglo XV en las montañas de Cantabria.*

gilí (¿del ár. and. «ḥirri pišši», hermafrodita?; inf.) adj. y n. *Tonto o *bobo.

gilipollas o, no frec., **gilipolla** (relac. con «gilí»; vulg.) adj. y n. *Tonto, estúpido. ⊙ Se aplica como insulto a la persona que enfada o molesta con lo que hace o dice.

gilipollez (vulg.) f. Cosa tonta.

gilipuertas (inf.; euf.) adj. y n. Gilipollas.

gilito adj. y n. m. *Se aplicaba a los *monjes descalzos de San Francisco del convento de San Gil que existió en Madrid hasta la época de Bonaparte.*

gilvo, -a (del lat. «gilvus») adj. *Se aplica, especialmente en botánica, al color *pardo y a las cosas que lo tienen.*

gimiente adj. Aplicado al que o lo que gime. Se usa más que «gemidor».

gimnasia (del lat. «gymnasĭa», del gr. «gymnasía») **1** f. Actividad consistente en *ejercicios o movimientos metódicos del cuerpo, que se practica para dar agilidad o flexibilidad al cuerpo o como deporte. **2** Práctica para desarrollar alguna facultad.

Gimnasia rítmica. La que practican las gimnastas al ritmo de la música con algunos accesorios, como mazas, pelota, etc.

G. sueca. La que se realiza sin aparatos.

□ Catálogo

Acrobacia, aerobic [o aeróbic], calistenia, culturismo, gimnasia rítmica, gimnasia sueca, tai-chi. ➤ Abdominales, batuda, cabriola, carrera, dominación, flexión, lanzamiento, molinete, plancha, puente, *salto, salto de campana, salto mortal, tijera, voltereta. ➤ Anillas, barra de equilibrio, barra fija, barras asimétricas, barras paralelas, bola, caballo, disco, espalderas, extensor, haltera, mancuerna, maza, pértiga, pesas, plinto, potro, trampolín, trapecio. ➤ Hacer el pino. ➤ Tiempo. ➤ *Atletismo. *Deporte.

gimnasio **1** m. Local con los aparatos adecuados, destinado a hacer gimnasia. **2** Traducción del nombre que, en algunos sitios, por ejemplo en Alemania, tienen los establecimientos de segunda *enseñanza.

gimnasta (del gr. «gymnastḗs») n. Persona que se dedica a hacer ejercicios gimnásticos.

gimnástica (del lat. «gymnastica», del gr. «gymnastikḗ») f. Gimnasia.

gimnástico, -a (del lat. «gymnasticus», del gr. «gymnastikós») adj. De [la] gimnasia: 'Ejercicios gimnásticos'.

gímnico, -a (del lat. «gymnĭcus», del gr. «gymnikós») **1** adj. *De las luchas atléticas.* **2** *De los bailes en que se imitaban esas luchas.* ⇒ Danza.

gimno- Elemento prefijo del gr. «gymnós», desnudo: 'gimnosofista, gimnosperma'. ⇒ Progimnasma.

gimnosofista (del lat. «gymnosophista», del gr. «gymnosophistḗs») m. *Nombre con que los griegos y romanos llamaban a los *brahmanes o a algunas de sus sectas.*

gimnospermo, -a (de «gimno-» y el gr. «spérma», simiente) adj. y n. f. Bot. Se aplica a las fanerógamas que tienen la semilla al descubierto y no encerrada en un ovario como las «angiospermas». ⊙ f. pl. Bot. Nombre que se da a las fanerógamas con esta característica.

gimnoto (del lat. cient. «gymnōtus», del gr. «gymnós», descubierto, y «nôtos», torso; *Electrophorus electricus*) m. *Pez anguiliforme de casi 3 m de longitud que vive en aguas cenagosas de América del Sur y que tiene la particularidad de producir descargas eléctricas.

gimoteador, -a adj. Que gimotea.

gimotear (de «gemir» y «-otear») intr. Forma despectiva de «*gemir»: hacerlo sin causa o de una manera ridícula. ≃ Gemiquear. ⊙ Hacer gestos de llorar y las aspiraciones entrecortadas con que se inicia el lloro, sin llegar a llorar completamente. ⇒ Gemecar, gemiquear, hipar, lloriquear, hacer pucheros.

gimoteo m. Acción de gimotear.

ginandra (del gr. «gynḗ», mujer, y «anḗr, andrós», varón) adj. Bot. *Se aplica a las *flores cuyos estambres están soldados con el pistilo, y a las plantas que las tienen así.*

gincana (del ingl. «gymkhana», del hindi «gendkhana», patio de raquetas; pronunc. [yincána]) f. Carrera en que los participantes, generalmente provistos de un vehículo, deben superar una serie de pruebas a lo largo del recorrido.

ginea (del gr. «geneá», linaje; ant.) f. *Genealogía.*

ginebra[1] (del fr. «genièvre», enebro) f. Bebida alcohólica obtenida destilando por segunda vez el whisky con sustancias aromáticas; especialmente, la aromatizada con las bayas del enebro. ⇒ *Licor.

ginebra[2] **1** f. **Jaleo o *bulla.* ⊙ **Griteria.* **2** *Cierto instrumento musical con que se acompaña en algunos sitios el canto popular, formado con palos, tablillas o huesos, de tamaño escalonado, que se rascan con otro palo.* **3** *Cierto juego de *baraja.*

ginebrada f. **Torta de hojaldre que se rellena de un batido de la misma masa con leche cuajada.*

ginebrino, -a o, menos frec., **ginebrés, -a** adj. y, aplicado a personas, también n. De Ginebra, cantón y ciudad de Suiza.

gineceo (del lat. «gynaecēum», del gr. «gynaikeîos») **1** m. Departamento en las *casas griegas destinado a las mujeres. ⊙ (inf.) *Sitio en donde sólo hay *mujeres.* **2** Bot. Parte femenina de la *flor, formada por el pistilo o los pistilos.

gineco- Elemento prefijo del gr. «gynḗ, gynaikós», mujer, con que se forman palabras relacionadas con la mujer y las funciones reproductoras femeninas: 'ginecología, ginecocracia'.

ginecocracia (del gr. «gynaikokratía») f. *Gobierno ejercido por las mujeres.

ginecología (de «gineco-» y «-logía») f. Parte de la *medicina que trata de las enfermedades de los órganos específicos de la mujer.

ginecológico, -a f. De la ginecología o de su objeto.

ginecólogo, -a n. Médico especialista en ginecología.

ginecomastia (de «gineco-» y el gr. «mastós», pecho) f. Med. *Desarrollo anormal de las mamas de un hombre debido a un trastorno hormonal.*

ginesta (del lat. «genista») f. *Retama (planta leguminosa).

gineta f. *Jineta (mamífero carnívoro).

ginger-ale (ingl.; pronunc. [yínyer éil]) m. Bebida refrescante elaborada con jengibre.

gingidio (del lat. «gingidĭon», del gr. «gingídion») m. **Biznaga (planta umbelífera).*

gingival (del lat. «gingīva», encía; cient.) adj. ANAT. De las *encías.

gingivitis (del lat. «gingīva», encía, e «-itis»; cient.) f. MED. Inflamación de las encías.

ginkgo (del jap. «ginkyo»; pronunc. [yínco]; *Ginkgo biloba)* m. Árbol ginkgoáceo ornamental, originario de Asia, que tiene las hojas en forma de abanico; sus semillas son comestibles y diversos extractos de la planta se usan en medicina.

ginovés, -a (ant.) adj. y n. *Genovés.*

ginseng (pronunc. [yínsen] o [yinsén]; varias especies del género *Panax,* como *Panax schinseng)* m. Planta araliácea arbustiva cuya raíz, llamada del mismo modo, tiene propiedades tonificantes.

gin tonic (ingl.; pronunc. [yín tónic]) m. Combinado de ginebra y agua tónica.

giobertita (de «Giobertí», químico italiano) f. **Magnesita (carbonato de magnesio refractario).*

gira[1] 1 («Ir de») f. Salida de una reunión de personas al campo, para divertirse y, generalmente, para comer allí. ≃ *Excursión, jira. 2 Por extensión, viaje por distintos sitios. 3 Serie de actuaciones de un artista o de una compañía teatral en distintas localidades.

gira[2] f. Acción de girar.

girada (de «girar») f. *Movimiento en la danza española, que consiste en dar una vuelta sobre un pie manteniendo el otro levantado.*

giradiscos m. Parte del *tocadiscos sobre la que se coloca el disco. ≃ Plato.

giralda (de «girar») f. **Veleta de torre cuando tiene figura humana o de animal.*

giraldete (quizá de «Giraldo», fundador del Hospital de la Orden de los Caballeros de San Juan, de la cual era característico este roquete) m. **Roquete (vestidura del sacerdote) sin mangas.*

giraldilla (dim. de «giralda») f. *Danza popular de Asturias y otras provincias inmediatas.*

girándula (del it. «girandola») f. Rueda o artefacto pirotécnico que gira despidiendo cohetes, chispas, etc. ⊙ Dispositivo semejante que dispersa el agua en una *fuente o surtidor.

girante 1 adj. *Aplicable a lo que gira.* 2 (ant.) m. **Novilunio.*

girar (del lat. «gyrāre») 1 («alrededor de, en torno a, hacia») intr. Moverse un cuerpo de modo que describe circunferencias alrededor de otro, o bien de modo que un punto o una línea de él mismo permanecen inmóviles y los demás puntos describen circunferencias alrededor de ellos. ⊙ tr. Mover circularmente ↘algo: 'Girar el volante [o la llave]'. 2 («alrededor de, entorno a») intr. Tener por *asunto una conversación, una conferencia, etc., cierta cosa. ≃ *Versar. 3 Cambiar de dirección una *calle o camino: 'En aquel punto, la vía del tren gira a la derecha'. ≃ *Torcer, volver. ⊙ Cambiar una persona o vehículo su dirección inicial: 'El camión giró a la izquierda'. 4 Enviar ↘*dinero a alguien por giro postal o telegráfico. 5 («contra, a cargo de») Expedir ↘letras u otras órdenes de pago. ⇒ Librar. ➤ Sobregirar. 6 intr. *Realizar operaciones una casa de banca.* ⇒ *Negocio.

□ CATÁLOGO

Andar, arribar, bailar, escarabajear, orzar, remolinar, remolinear, revirar, revolotear, revolver[se], *rodar, rolar, rotar, rular, rutar, VIRAR en redondo, volitar, volverse, dar VUELTAS. ➤ Evolución, giro, molinete, MOVIMIENTO circular, remolino, revolución, ronda, rotación. ➤ Giratorio, versátil. ➤ *Freno, linguete, trinquete. ➤ Molinete, *molinillo, *peonza, rodachina, torno, trompa, trompo. ➤ *Bisagra, eje. ➤ Verticidad. ➤ Giróscopo, giróstato. ➤ *Vuelta. ➤ Mareo, vértigo.

girasol (de «girar» y «sol», porque la flor va volviéndose hacia el Sol) 1 *(Helianthus annuus)* m. *Planta compuesta, de tallo recto y erguido de hasta 2 m de altura, terminado en una flor amarilla de forma de margarita, de gran tamaño; sus semillas son oleaginosas y comestibles. ≃ Giganta, gigantea, mirabel, mirasol, SOL de la Indias, tornasol, TROMPETA de amor. ⇒ Verrucaria. ➤ Acahual, pensel. 2 *Ópalo girasol.* 3 *Adulador que procura, siéndolo, granjearse el favor de un poderoso.*

giratoria f. **Mueble con estantes, departamentos, cajones, etc., dispuesto de modo que puede girar.*

giratorio, -a adj. Se aplica a lo que puede girar: 'Una puerta giratoria'.

V. «PLACA [o PLATAFORMA] giratoria».

girifalte m. *Gerifalte.*

girino (del lat. «gyrīnus») 1 m. Cierto *coleóptero del género *Gyrinus* que anda trazando curvas sobre el agua estancada, por lo que se le llama «escribano del agua». 2 (ant.) **Renacuajo.*

girl (ingl.; pronunc. [guerl]; pl. «girls», pronunc. [guerls]) f. Chica de conjunto.

giro[1] (del lat. «gyrus», del gr. «gŷros») 1 m. Acción de girar. 2 («Dar, Imprimir, Tomar») *Dirección o *aspecto que toma un asunto, una conversación, etc., o que se le da: 'Nuestras relaciones han tomado un nuevo giro. Me fui porque no me gustaba el giro que tomaba la conversación'. 3 GIRO postal [o telegráfico]. 4 Operación de girar una letra u otra orden de pago. ⊙ Cualquier movimiento o traslado de caudales por medio de letras o libranzas. ⇒ *LETRA de cambio, libramiento, libranza. 5 *Conjunto de operaciones o *negocios de una casa comercial.* 6 Cada una de ciertas maneras peculiares de un idioma de construir determinadas expresiones; por ejemplo, «al» con un infinitivo, en frases como 'al salir de mi casa'. Se diferencia del modismo en que no es una expresión invariable construida con elementos fijos, sino una manera de construir aplicable a múltiples casos. ⇒ *Locución. 7 Frase o expresión calificada de alguna manera: 'Giro elegante [cervantino, calderoniano]'. 8 *Amenaza, *bravata o *fanfarronada.*

GIRO COPERNICANO («Dar»). Cambio radical en una situación, comportamiento, actitud, etc.

G. POSTAL [o TELEGRÁFICO]. Envío de dinero por medio de correos [o del telégrafo].

DAR UN GIRO DE 180 GRADOS. Cambiar completamente la actitud, situación, etc., de alguien o algo: 'Su vida dio un giro de 180 grados'.

giro[2], -a 1 (ant.) adj. **Bello o *apuesto.* 2 (And., Hispam., Mur.) *Se aplica al *gallo que tiene las plumas del cuello y de las alas amarillas.* 3 (Arg., Chi.) *Se aplica al gallo matizado de blanco y negro.*

girocompás (de «giróstato» y «compás») m. AERO., MAR. Instrumento basado en el principio del giróstato, que señala el norte geográfico.

giroflé (del fr. «girofle», clavo) m. **Clavero (árbol mirtáceo).*

girola (del fr. ant. «charole», de «carole», danza de personas cogidas en serie de las manos) f. ARQ. Nave que rodea el ábside de una *iglesia. ≃ Deambulatorio.

girómetro (de «giro» y «-metro») **1** m. Fís. *Aparato utilizado para medir la *velocidad de rotación de una máquina.* **2** Aero. Instrumento que indica los cambios de dirección de un *avión.

girondino, -a adj. y n. Miembro de la fracción de la Asamblea y de la Convención de la Revolución francesa llamada «de los girondinos» porque estaba formada principalmente por los diputados del distrito de la Gironda. Esta fracción representaba, frente a los jacobinos, la actitud más *moderada. ⇒ *Política.

gironés, -a (ant.) adj. y n. *Gerundense (de Gerona).*

giroscópico, -a 1 adj. Del giroscopio. **2** Se aplica a los aparatos provistos de un giroscopio.

giroscopio (de «giro[1]» y «-scopio») **1** m. Fís. Disco que gira apoyado libremente por su centro en un eje manteniendo constante el plano de rotación, que Foucault aplicó a demostrar la rotación de la *Tierra. ⊙ Cualquier cuerpo que, de modo semejante, gira sobre una punta que es el extremo de un eje de simetría. ⇒ *Peonza. **2** Fís. *Aparato empleado para apreciar los movimientos circulares del *viento.* ≃ Giróstato.

giróscopo m. Fís. Giroscopio.

giróstato (de «giro[1]» y el gr. «statós», estable) **1** m. Fís. Giróscopo constituido fundamentalmente por un volante pesado que gira rápidamente, aplicado como estabilizador por la propiedad de tender a conservar invariable su plano de rotación. **2** Fís. *Giroscopio o giróscopo empleado para apreciar los movimientos circulares del *viento.*

giróvago, -a (del lat. «gyrovăgus») n. **Vagabundo.* ⊙ *Se aplica al *monje que, por no sujetarse a la vida regular de los anacoretas y cenobitas, vagaba de monasterio en monasterio.*

gis (del lat. «gypsum», yeso) m. *Pasta hecha con yeso, que se emplea para dibujar en el encerado, etc.* ≃ *Tiza.

giste (del al. «gischt», espuma) m. **Espuma de la *cerveza.*

gitanada 1 f. Acción propia de gitanos: *engaño o acción desaprensiva. **2** Halago o caricia con que se conquista o pretende conquistar a alguien. ≃ *Zalamería.

gitanamente adv. Con gitanería.

gitanear intr. Hacer cosas con gitanería: con engaño o con halagos.

gitanería 1 (laud. o desp.) f. Cualidad de gitano. **2** (laud. o desp.) Gitanada.

gitanesco, -a adj. Como de gitanos.

gitanismo 1 m. Manera de vivir, costumbres, etc., de los gitanos. **2** Expresión o giro propia del habla de los gitanos. **3** Gitanería.

gitano, -a (de «egiptano», por declararse los gitanos originarios de Egipto) **1** adj. y n. Se aplica a los individuos de cierto pueblo errante esparcido por el mundo y a sus cosas; tienen características raciales y costumbres que los mantienen inconfundibles con los naturales de cada país; se dedican a oficios típicos como son la cestería y el tráfico de caballerías; a veces cantan, bailan o dan otros espectáculos callejeros, y las mujeres echan la buenaventura; en algunos sitios de España viven establemente; especialmente en Andalucía, donde están muy mezclados con el elemento popular. ⊙ m. pl. Ese pueblo. ⇒ Bohemio, calé, cañí, cíngaro, egiptano, flamenco, romaní. ➤ Conde. ➤ Caló, germanía, romaní. ➤ Cante flamenco, cante jondo. ➤ Aduar. ➤ Agitanado. ➤ Payo. **2** (n. calif.) adj. y n. Se aplica cariñosamente a una persona, especialmente a niños o mujeres, que tiene gracia para *atraerse la voluntad de otros. ⊙ También se dirige a las mujeres como *requiebro. **3** *Egipcio.* **4** (inf.; n. calif.) adj. y n. Se aplica a la persona que actúa con engaño, particularmente en los tratos comerciales.

Que no se lo salta un gitano (inf.). Frase con que se pondera lo buena, grande o *extraordinaria en cualquier aspecto que es una cosa.

glabro, -a (del lat. «glaber, -bra») adj. **Calvo, *pelado o lampiño.*

glaciación (del fr. «glaciation») f. Geol. Cada una de las grandes invasiones de hielo que tuvieron lugar en zonas muy extensas de la Tierra.

glacial (del lat. «glaciālis») **1** adj. Helado o de *hielo: 'Zona glacial'. **2** Aplicado a «temperatura, viento», etc.; a veces, hiperbólicamente, de tal naturaleza que hiela: 'Soplaba un aire glacial'. **3** Aplicado a las personas, a su actitud, etc., incapaz de sentir cariño o de emocionarse, o que se muestra así en cierta ocasión; se aplica también a acciones o actitudes: 'Le hicieron un recibimiento glacial'. ≃ Frío. ⇒ *Indiferente.

glacialmente adv. De manera glacial.

glaciar (del fr. «glacier») **1** m. Masa de *hielo acumulada en las cumbres de las montañas en la zona de las nieves perpetuas, cuya parte inferior se desliza por los valles como un río de hielo. ⇒ Morena [o morrena]. ➤ Circo glaciar. **2** adj. De [o del] glaciar.

glaciarismo m. Geol. Existencia de glaciares. ⊙ Geol. Estudio de ellos.

glaciología (del lat. «glacĭes», hielo, y «-logía») f. Parte de la geología que estudia el fenómeno de las glaciaciones.

glaciológico, -a adj. Geol. De la glaciología.

glaciólogo, -a n. Geol. Especialista en glaciología.

glacis (del fr. «glacis», terreno resbaladizo, pendiente, de «glacer», helar) **1** m. Fort. Explanada (declive). **2** *En ingeniería, *orilla en *pendiente.*

gladiador (del lat. «gladiātor, -ōris») m. Luchador, en los juegos públicos de los *romanos. ⇒ Acuchilladizo, andábata, catervario, cestiario, confector, mirmillón, pancracio, parabolano, reciario. ➤ Cesto.

gladio (del lat. «gladĭus», espada) m. *Espadaña (planta tifácea).

gladiolo o **gladíolo** (del lat. «gladiŏlus»; *Gladiolus communis*) m. *Planta iridácea de jardín con flores de hermosos y muy variados colores en una gran espiga terminal.

glamour (ingl.; pronunc. [glamúr]) m. Encanto, atractivo: 'Un desfile de moda con mucho glamour'.

glamouroso, -a (pronunc. [glamuróso]) adj. Que tiene glamour.

glande (del lat. «glans, glandis») **1** (ant. y usado aún en Rioj.) f. **Bellota.* ⊙ Se usa como nombre de *forma. **2** m. *Bálano.

glandífero, -a (del lat. «glandĭfer») adj. Bot. *Se aplica al árbol o arbusto que tiene *bellotas.*

glandígero, -a (del lat. «glans, glandis», bellota, y «-gero») adj. *Glandífero.*

glándula (del lat. «glandŭla») **1** f. Anat. Órgano del cuerpo animal, de los que tienen como función elaborar ciertas sustancias necesarias en el organismo o segregar las que deben ser eliminadas de él: 'Glándula sudorípara'. **2** Bot. Célula o conjunto de células que producen y expulsan una secreción, como aceite o resina.

Glándula endocrina [o de secreción interna]. Anat. La que elabora sustancias que se incorporan a la sangre que circula por ella.

G. EXOCRINA [o DE SECRECIÓN EXTERNA]. ANAT. La que elabora sustancias que salen de ella por un conducto especial.
G. LAGRIMAL. ANAT. Cada una de las dos que segregan las *lágrimas. ≃ Lagrimal, SACO lagrimal. ⇒ Dacrio-cistitis.
G. MAMARIA. ANAT. Cada una de las que segregan la *leche en las hembras de los mamíferos.
G. PINEAL. ANAT. Epífisis (órgano nervioso).
G. PITUITARIA. ANAT. *Hipófisis (glándula situada en la base del cráneo).
G. SALIVAL. ANAT. Cada una de las que segregan la saliva.
G. SEBÁCEA. ANAT. Glándula racimosa de las situadas en la dermis, relacionadas generalmente con los folículos pilosos, que segregan sebo.
G. SINOVIAL. ANAT. Cada una de las que segregan la sinovia.
G. SUPRARRENAL. ANAT. CÁPSULA suprarrenal: cada una de las situadas en contacto con el riñón, que segregan la adrenalina.

□ CATÁLOGO

Otra raíz, «aden-»: 'adenia, adenitis, adenoideo, adenología, adenoma, adenopatía, adenoso'. ➤ *Amígdala, bazo, emuntorios, epífisis, folículo, hígado, hipófisis, páncreas, paratiroides, parótida, próstata, riñón, *testículo, timo, tiroides. ➤ Bocio, paperas, parótida, seca. ➤ Crinología, endocrinología. ➤ Molleja. ➤ *Secreción. ➤ Lagrimal, mamaria, salival, sebácea, sinovial, sudorípara.

glandular adj. ANAT. De las glándulas.

glanduloso, -a adj. ANAT. Se aplica a los órganos u organismos que tienen glándulas o están compuestos de glándulas.

glasé (del fr. «glacé», helado, brillante) m. Cierta *tela de seda, algo gruesa y rígida, y de brillo apagado, como el del hielo.

glaseado m. Acción y efecto de glasear.

glasear (de «glasé») **1** tr. Dar *brillo a ciertas cosas, como el ⁓papel o las telas. **2** Recubrir un ⁓pastel, bizcocho, etc., de una capa blanca hecha con azúcar derretido y mezclado con clara de huevo. ⇒ Alcorza, bañado.

glasnost (de or. ruso; pronunc. [glásnost]) f. Política de transparencia promovida por el presidente soviético Mijaíl Gorbachov a finales de los años ochenta. ⇒ Perestroika.

glasor m. *Cielo o paraíso de la *mitología *escandinava.*

glasto (del lat. «glastum»; *Isatis tinctoria)* m. *Planta crucífera de cuyas hojas se saca un color análogo al añil. ≃ HIERBA pastel.

glaucio (del lat. «glaucĭon», del gr. «glaúkion»; *Glaucium flavum)* m. *Planta papaverácea que crece en sitios estériles y arenosos.

glauco, -a (del lat. «glaucus», del gr. «glaukós») **1** (culto) adj. Se aplica al color *verde claro o grisáceo y a las cosas que lo tienen: 'Ojos glaucos'. Se emplea especialmente en botánica. **2** (varias especies del género *Glaucus)* m. *Molusco gasterópodo sin concha, de cuerpo fusiforme de color azul con reflejos nacarados.

glaucoma (del lat. «glaucōma», del gr. «glaúkoma») m. MED. Enfermedad de los *ojos consistente en el endurecimiento del globo ocular debido al aumento de la presión interna, lo que produce disminución de la visión y dolores de cabeza.

glayo (de «gayo[1]»; Ast.) m. **Arrendajo (pájaro).*

gleba (del lat. «gleba») **1** f. **Terrón que se levanta con el arado.* ⊙ *Tierra de labranza.* **2** (Ar.)**Terreno cubierto de césped.*
V. «SIERVO de la gleba».

glera (del arag. «glera», del lat. «glarĕa», cantorral) **1** f. **Cascajar o *pedregal.* ≃ Llera. **2** (ant.) *Arenal.* ≃ Llera.

glicérido m. QUÍM. Éster formado por la combinación de la glicerina con ácidos grasos.

glicerina (del gr. «glykerós», dulce) f. QUÍM. Sustancia orgánica líquida, muy espesa y viscosa, higroscópica, que se emplea en la fabricación de la nitroglicerina, *tintas de imprenta, preparados alimenticios, y, por su propiedad de suavizar la piel, en productos *cosméticos.

glicerol m. QUÍM. *Glicerina.*

glicina o **glicinia** (del lat. cient. «glycina»; *Wisteria sinensis)* f. *Planta leguminosa sarmentosa, que alcanza gran tamaño y da muy tempranamente en primavera flores azuladas o de color malva, en grandes racimos, que cubren por entero la planta.

glifo m. ARQ. *Elemento decorativo consistente en una estría repetida.* ⇒ Triglifo.

glíptica (del gr. «glyptikḗ», propio para grabar) f. Arte de *grabar sobre piedras finas.

gliptografía f. Estudio de las piedras grabadas antiguas.

global adj. En conjunto o de conjunto: no desglosado en partes, partidas, etc.: 'Una visión global de la cuestión. El precio global del viaje'.

globalidad f. Totalidad.

globalización f. Acción de globalizar[se].

globalizador, -a adj. Se aplica a lo que globaliza.

globalizar 1 tr. o abs. Considerar o presentar ⁓algo de forma global. **2** tr. y prnl. Extender[se] ⁓algo mundialmente: 'Están estudiando un plan para globalizar la compañía'.

globalmente adv. De manera global. ≃ En globo.

globo (del lat. «globus») **1** m. *Esfera: cuerpo redondo.* ⊙ GLOBO celeste. ⊙ GLOBO terráqueo. **2** Objeto hueco de cristal, generalmente esférico o aproximadamente esférico, que se pone para recubrir las bombillas de luz eléctrica u otros focos de luz. ⇒ Bomba. **3** Bolsa redonda, oval o fusiforme hecha de un material flexible e impermeable, que se hincha con un gas menos pesado que el aire, de modo que *asciende en éste transportando una barquilla en que pueden ir personas. ≃ Aeróstato, GLOBO aerostático. ⇒ Aeronave, aeróstato, dirigible, globo aerostático, montgolfier, zeppelín. ➤ Barquilla. ➤ Lastre. ➤ Aeronauta, ascensionista. ➤ Aeronáutica, aerostación. ➤ Conglobar, englobar. ⊙ Objeto semejante, pequeño, relleno también de un gas, a veces más ligero que el aire, que constituye un *juguete o se emplea como decoración en los *locales donde se celebran *fiestas. ⊙ Objeto semejante, hecho de papel, de figura grotesca, a veces de forma de globo aerostático, etc., al que se hace ascender en el aire hinchándolo con el humo o aire caliente producido quemando una mecha en un dispositivo colocado debajo de su boca. **4** Bocadillo de las viñetas de tebeos y cómics. **5** DEP. Lanzamiento elevado de la pelota que hace que ésta describa una trayectoria parabólica. **6** (inf.) *Preservativo. **7** (inf.) Enfado. **8** (inf.) Estado del que está borracho o ha consumido drogas. ≃ Colocón.
GLOBO AEROSTÁTICO. Globo destinado a la aerostación o navegación aérea.
G. CAUTIVO. Globo destinado a observaciones, que se mantiene sujeto con un cable.
G. CELESTE. *Esfera en cuya superficie se representan las constelaciones con su situación relativa.
G. DIRIGIBLE. Globo con dispositivo de hélices y timón para poder ser dirigido. ≃ Dirigible.
G. OCULAR. Órgano de la vista en los animales superiores.

G. SONDA. 1 Pequeño globo sin tripulante que se hace ascender llevando aparatos para observaciones meteorológicas. 2 Noticia que se difunde para observar la reacción de las personas afectadas.

G. TERRÁQUEO [o TERRESTRE]. 1 («El») La *Tierra. 2 *Esfera en que se representa la superficie terrestre.

EN GLOBO. Globalmente.

globoso, -a adj. Globular.

globular 1 adj. De forma de globo o glóbulo. ≃ Globoso. 2 Compuesto de glóbulos.

globulariáceo, -a (del lat. «Globularĭa», nombre del género de estas plantas) adj. y n. f. BOT. *Se aplica a las plantas de la misma familia que la corona de rey, que son hierbas o matas de la región mediterránea, usadas a menudo como ornamentales en jardines de rocalla.* ⊙ f. pl. BOT. *Familia que forman.*

globulina (de «glóbulo») f. BIOQUÍM. Proteína de elevado peso molecular, insoluble en agua, que forma parte de la composición del suero sanguíneo.

glóbulo (del lat. «globŭlus») m. Cuerpo esférico pequeño. ⇒ Lóbulo. ⊙ ANAT. Específicamente, se aplica a las células sueltas que se encuentran en varios líquidos del cuerpo y, particularmente, en la *sangre.

GLÓBULO BLANCO. ANAT. Leucocito (célula de la sangre).

G. ROJO. ANAT. Hematíe (célula de la sangre).

globuloso, -a adj. De glóbulo [o glóbulos]. ≃ Globular.

glomérulo 1 m. MED. *Apelotonamiento de fibras nerviosas o de vasos sanguíneos.* 2 BOT. *Inflorescencia semejante a la cima, con los pedúnculos de las flores muy cortos y de forma de bola. 3 Puede aplicarse a cualquier apelotonamiento de forma redondeada, de cosas pequeñas.

gloria (del lat. «glorĭa») 1 («Alcanzar, Disfrutar») f. Lugar en que habitan Dios, los ángeles y los santos y al que van a parar las almas de los justos después de la *muerte. ≃ *Cielo. ⇒ Novísimos. 2 *Fama alcanzada por alguien por hechos heroicos o de mérito extraordinario. 3 Hecho que es causa de gloria o fama: 'Las glorias patrias'. ⊙ Persona que constituye un motivo de orgullo para su país, su familia, etc.: 'Es una gloria nacional'. 4 Grandeza, esplendor o *magnificencia de alguien; particularmente, de Dios y los santos. 5 Aureola con que se rodea una cosa en una pintura o representación. 6 GLORIA patri. 7 *En Castilla la Vieja y León, horno dispuesto para que sirva de *calefacción y para guisar.* ⊙ *Espacio abovedado construido en una habitación, en el cual se quema paja u otro combustible.* 8 *Cierto *pastel de hojaldre relleno de crema, manjar blanco u otra golosina.* 9 Cántico de la misa que empieza con las palabras «gloria in excelsis Deo». ⇒ *Himno. 10 PINT. Representación, como en una abertura del cielo, de ángeles y visiones celestiales. 11 *Cada alzamiento del telón en el *teatro, realizado para que los artistas reciban el aplauso del público.* 12 *Cierta *tela de seda antigua, más delgada y transparente que la llamada «humo», que se empleaba para mantos.* 13 Cosa que produce gran placer: 'Es una gloria cómo están los campos'.

DAR GLORIA algo (inf.). Producir agrado: 'Da gloria ver lo bien que se entienden'.

ESTAR EN LA GLORIA (inf.). Encontrarse muy *bien en cierta situación, cierto sitio, etc.

ESTAR alguien EN SUS GLORIAS. *Sentirse muy *satisfecho con lo que está haciendo o con lo que ocurre.*

GLORIA PATRI. Versículo que comienza con esas palabras, que se dice después de las oraciones. ⇒ *Rezar.

V. «sin PENA ni gloria».

QUE EN GLORIA ESTÉ. Fórmula piadosa usada al mencionar a un difunto.

V. «SÁBADO de gloria».

SABER A GLORIA una cosa de comer. *Saber muy bien.

SABERLE a alguien A GLORIA una cosa que se le dice o hace. Encontrarla muy de su *gusto.

V. «TIMBRE de gloria».

gloriado, -a 1 Participio de «gloriar[se]». 2 (Hispam.) m. *Especie de ponche hecho con aguardiente.* ⇒ *Beber.

gloriar (del lat. «gloriāri») 1 tr. Glorificar. 2 («de») prnl. *Jactarse o *presumir. Atribuirse algún mérito o superioridad: 'Se gloría de ser el preferido del profesor'. ⊙ («de») Ostentar con orgullo cierta cualidad o acción, sea o no sea motivo de orgullo: 'Se gloría de no pedir nunca favores'. ≃ *Presumir. 3 («de») Sentirse muy *satisfecho u orgulloso de cierta cosa: 'El padre se gloría de los méritos de sus hijos'.

□ CONJUG. como «desviar».

glorieta (del fr. «gloriette») 1 f. Espacio en un jardín, cerrado y cubierto de plantas enredaderas sostenidas por una armazón adecuada. ≃ *Cenador. 2 Plazoleta en un *jardín. 3 Plaza con jardines, en una *población. 4 Plaza donde desembocan varias calles.

glorificable adj. *Digno de ser glorificado.*

glorificación f. Acción de glorificar.

glorificador, -a adj. y n. Que glorifica. ⊙ adj. Que da la gloria o la vida eterna.

glorificar (del lat. «glorificāre») 1 tr. *Ensalzar o *alabar a ↘Dios o los santos. ≃ Gloriar. 2 Ensalzar o alabar hiperbólicamente a ↘alguien.

gloriosamente 1 adv. Con el *esplendor o la *magnificencia de las cosas divinas. 2 *Esplendorosamente.*

glorioso, -a 1 adj. Se aplica a las cosas del *cielo o de los seres celestiales: 'La gloriosa Virgen María. La gloriosa ascensión del Señor'. 2 («La») *Por antonomasia, la *Virgen María.* 3 Digno de gloria o fama: 'Sus hechos gloriosos'. ⊙ Aplicado a personas, cubierto de gloria o fama por sus hechos: 'Sus gloriosos antepasados'. 4 («La»; con mayúsc.) f. *Revolución española de 1868. 5 (inf.) adj. *Se aplica a la persona que se alaba a sí misma.* ⇒ Presumir.

V. «CUERPO glorioso».

glosa (del lat. «glossa», palabra oscura, del gr. «glõssa») 1 f. *Aclaración, comentario, *explicación o *nota añadidos a un texto. ⊙ Se aplica a veces como título a un comentario literario sobre cualquier tema: 'Glosas de actualidad'. ⇒ Desglosar. 2 *Nota o advertencia puesta en un asiento de un *registro, una partida de una *cuenta, etc.* 3 LIT. *Cierta composición *poética en que se repiten uno o más versos al final de todas las estrofas.* 4 MÚS. *Variación libre sobre un tema.*

glosador, -a adj. y n. Se aplica al que escribe glosas.

glosar 1 tr. Hacer glosas sobre un ↘texto o sobre un asunto. 2 *Dar una interpretación malévola o *suspicaz a una ↘cosa.*

glosario (del lat. «glossarĭum») m. Catálogo de palabras, generalmente con una definición o explicación, sobre un asunto determinado, específicas de alguna disciplina, con alguna característica en común, etc. ≃ *Vocabulario.

glose m. *Acción de glosar (poner glosas en un texto, un registro, etc.).*

glosilla (dim. de «glosa») f. AGRÁF. *Tamaño de *letra menor que el breviario.*

glosopeda (del gr. «glôssa», lengua, y el lat. «pes, pedis», pie; porque la enfermedad produce ampollas en la lengua y en los pies) f. VET. Enfermedad frecuente en el ganado, que se caracteriza por pequeñas vesículas en la boca y entre las pezuñas. ≃ Epizootia, FIEBRE aftosa.

glotis (del gr. «glōttís») f. ANAT. Orificio superior de la laringe. ⇒ *Garganta.

glotología (del gr. «glôtta», lengua, y «-logía») f. *Lingüística.*

glotón, -a (del lat. «glutto, -ōnis») **1** adj. y n. Se aplica a la persona que come mucho y con voracidad. **2** *(Gulo gulo)* m. *Mamífero carnívoro propio de los países árticos, del tamaño de un zorro grande.

□ CATÁLOGO

Comilón, epulón, goliardo, golimbro, golimbrón, goloso, gomia, gomioso, guloso, heliogábalo, lila, ogro, sibarita, tarasca, tragador, tragaldabas, tragallón, tragamallas, tragantón, tragón, tripero, troglodita, tumbaollas, zampabodigos, zampabollos, zampapalo, zampatortas, zampón. ➤ Gargantería, garganteza, glotonería, glotonía, gula, gulosidad, sibaritismo, tragonería, tragonía, ventermia. ➤ BODAS de Camacho, comilona, FESTÍN de Baltasar, *orgía. ➤ Glotonear, comer como un TUDESCO. ➤ *Avidez. *Comer. *Hartarse. *Voraz.

glotonamente adv. Con glotonería.

glotonear intr. Comer con glotonería.

glotonería f. Cualidad de glotón. ⊙ Manera de comer del glotón.

glotonía (ant.) f. *Glotonería.*

gloxínea (de «Gloxin», botánico alemán; *Gloxinia speciosa)* f. *Planta gesneriácea de jardín originaria de América del Sur, de grandes flores aterciopeladas, violáceas o rosadas.

glucemia (del fr. «glycémie», con «u» por influencia de «glucosa») f. MED. Contenido de glucosa en la sangre.

glúcido m. BIOQUÍM. HIDRATO de carbono.

glucina (del fr. «glucine») f. QUÍM. *Óxido de glucinio que entra en la composición del berilo y de la esmeralda.* ⇒ *Mineral.

glucinio (del ingl. «glucinium») m. *Berilio. Símb.: «Gl».*

glucógeno (del fr. «glycogène», con «u» por influencia de «glucosa») m. BIOQUÍM. Hidrato de carbono que constituye una sustancia de reserva del organismo, almacenada en el hígado y los músculos, susceptible de transformarse en glucosa cuando es necesario. ⇒ *Cuerpo.

glucólisis f. BIOQUÍM. Proceso metabólico de degradación de la glucosa.

glucómetro (del fr. «glucomètre») m. QUÍM. Aparato para medir la cantidad de *azúcar de una disolución.

glucosa (del fr. «glucose») f. BIOQUÍM. *Azúcar que se encuentra, por ejemplo, en las frutas maduras.

glucósido (del fr. «glucoside») m. BIOQUÍM. Compuesto químico derivado de un momosacárido al combinarse con otras sustancias. Algunos vegetales poseen glucósidos altamente tóxicos, pero en pequeñas dosis son muy beneficiosos en medicina. ⇒ Amigdalina, digitalina.

glucosuria (del fr. «glucosurie») f. MED. Presencia anormal de azúcar en la orina. ⇒ *Diabetes.

gluglutear intr. *Emitir el *pavo su *voz propia.*

gluma (del lat. «gluma») f. BOT. Cubierta floral de las plantas gramíneas que se compone de dos valvas, a manera de escamas, insertas debajo de la espiguilla.

glutamato m. Aditivo usado en algunos alimentos para darles sabor.

gluten (del lat. «gluten», engrudo) **1** m. *Cualquier sustancia que sirve para *pegar.* **2** Específicamente, sustancia albuminoidea, insoluble en el agua, que, humedecida, forma una pasta elástica, la cual se encuentra en abundancia en las semillas de los cereales.

glúteo, -a (del gr. «gloutós», nalga) adj. De la *nalga: 'Región glútea'. ⊙ adj. y n. m. ANAT. Se aplica a cada uno de los tres músculos que forman la nalga.

glutinosidad f. Pegajosidad: cualidad de glutinoso.

glutinoso, -a (del lat. «glutinōsus») adj. *Pegajoso y *elástico. ≃ Emplástico, englutativo.

gneis (del al. «gneis») m. *Roca de la misma composición que el granito, en que los minerales están dispuestos en capas visibles, siendo las de los claros (cuarzo y feldespato) granuladas, y las de los oscuros (mica y hornablenda) foliáceas. ≃ Neis.

gnéisico, -a adj. GEOL. De [o del] gneis.

gnocchi (it.; pronunc. [ñóqui]) m. pl. *Pasta alimenticia cortada en trocitos, que se elabora con harina de trigo, puré de patatas y otros ingredientes. ≃ Ñoqui.

gnómico, -a (del lat. «gnomĭcus», del gr. «gnōmikós», enfático) **1** adj. y, aplicado a personas, también n. *Se aplica a las composiciones en versos breves que contienen una sentencia moral, así como a los poetas que las componen.* ≃ Nómico. ⇒ *Poesía. **2** adj. *De los *refranes, proverbios, etc.*

gnomo (del lat. moderno «gnomus») **1** m. **Espíritu de la Tierra, entre los alquimistas.* ≃ Nomo. **2** *En las leyendas, ser que trabaja las *minas en el interior de la tierra.* ≃ Nomo. **3** En los cuentos infantiles, geniecillo o *enano. ≃ Nomo.

gnomon (del lat. «gnomon», del gr. «gnṓmōn») **1** m. ASTRON. *Instrumento con el cual se determinaba el acimut y altura del Sol.* **2** Indicador de las horas en los *relojes de sol. ≃ Índice, nomón. **3** CANT. **Escuadra.* ≃ Nomón.

gnomónica (del lat. «gnomonĭca», del gr. «gnōmonikḗ») f. Tratado de la construcción de *relojes solares. ≃ Nomónica.

gnoseología (del gr. «gnôsis, -eōs», conocimiento, y «-logía») f. FIL. Teoría del conocimiento.

gnosis (del gr. «gnôsis», conocimiento) **1** f. FIL. *Ciencia o sabiduría suprema.* **2** *Ciencia de los hechiceros.*

gnosticismo (de «gnóstico» e «-ismo») m. Doctrina herética de los primeros tiempos del cristianismo, que pretendía conocer por la razón las verdades de la fe. ⇒ Docetismo. ➤ Demiurgo. ➤ Abraxas. ➤ Eón.

gnóstico, -a (del lat. «gnostĭcus», del gr. «gnōstikós») adj. Del gnosticismo. ⊙ n. Adepto a él.

g...ñ Grupo de sonidos imitativo o expresivo. V. «gañir» (en latín, «g...nn»: 'gannire').

goal average m. GOL average.

gobelino m. Tapiz hecho en una fábrica que funcionó en París desde tiempos de Luis XIV, cuyo primer director se llamaba «Gobelin».

DE GOBELINOS. Se designan así las célebres tapicerías hechas en esa fábrica.

gobén (del cat. «gobern», timón; Mur.) m. *Palo que sujeta los adrales en la trasera del *carro.*

gobernabilidad f. Cualidad de gobernable: 'La gobernabilidad del Estado'.

gobernable adj. Susceptible de ser gobernado.

gobernación f. Acción de gobernar.

gobernáculo (del lat. «gubernacŭlum»; ant.) m. MAR. *Gobernalle.*

gobernador, -a **1** adj. y n. Se aplica al que gobierna. ⊙ n. Específicamente, al que gobierna un territorio con autoridad delegada del soberano o del gobierno. ⊙ En España, autoridad que gobierna una división administrativa: 'Gobernador civil [o militar]'. **2** Representante del gobierno en ciertos establecimientos públicos: 'Gobernador del Banco de España'.

GOBERNADOR CIVIL. Autoridad que gobierna una provincia en representación del gobierno.

gobernadorcillo (dim. de «gobernador») m. **Juez pedáneo de Filipinas de la época colonial española con jurisdicción correccional, de policía y civil.*

gobernalle (del cat. «governall», timón) m. MAR. *Timón. ≃ Gobernáculo, gobernallo, gobierno.

gobernallo (del lat. «gubernacŭlum»; ant.) m. MAR. *Gobernalle.*

gobernanta f. *Se llama así a veces a la mujer encargada de la administración o régimen interior en una casa o institución.* ⊙ Específicamente, a la encargada de la servidumbre y el orden en un hotel.

gobernante n. Persona que gobierna un país o forma parte del gobierno de él.

gobernanza (ant.) f. *Gobierno (acción y efecto de gobernar).*

gobernar (del lat. «gubernāre») **1** tr. *Dirigir una colectividad dictando las disposiciones para su marcha ordenada y haciéndolas cumplir: 'Gobernar una familia [o una diócesis]'. ≃ Regir. ⊙ Específicamente, dirigir en esa forma un ↘país o colectividad *política. **2** *Dominar o *manejar a una ↘persona: 'Le gobierna su mujer'. **3** prnl. Administrarse o *manejarse: 'No se sabe gobernar'. **4** («por») Hacer de cierta cosa la norma o guía en cierta acción o en el comportamiento: 'Tú gobiérnate por lo que veas hacer a los otros'. ≃ *Regirse. **5** tr. MAR. Guiar o dirigir un ↘*barco. ⊙ *Guiar o dirigir otras ↘cosas:* 'Gobernar la procesión [o la danza]'. **6** (ant.) *Sustentar o *alimentar.* **7** intr. *Obedecer el *barco al timón.*

GOBERNÁRSELAS. *Manejarse [o manejárselas]: arreglar u organizar una persona sus cosas hábilmente. ≃ Gobernarse.

□ CATÁLOGO

Otra forma de la raíz, «gubern-»: 'gubernamental'. Otras raíces, «arc-[arqu-], -cracia»: 'monarca, monarquía, tecnocracia'. ➤ *Conducir, enderezar, gubernar, imperar, *mandar, regir, empuñar las RIENDAS, señorear, empuñar el TIMÓN. ➤ ADMINISTRACIÓN provincial, ADMINISTRACIÓN pública, enderezamiento, estado, instituciones, INSTITUCIONES políticas, PODER[ES] público[s], régimen, RÉGIMEN político. ➤ Estatal, oficial. ➤ Autogestión, autogobierno, jurisdicción, mando, poder, riendas, señorío, timón. ➤ Absolutismo, anarquía, aristocracia, autarquía, autocracia, confederación, consulado, demagogia, democracia, despotismo, dictadura, exarcado, federación, ginecocracia, hierocracia, imperio, mancomunidad, mesocracia, monarquía, oligarquía, pentarquía, plutocracia, poliarquía, regencia, Antiguo RÉGIMEN, reino, república, sanedrín, sinarquía, soviet, tecnocracia, teocracia, tetrarquía, timocracia, tiranía, totalitarismo, triunvirato. ➤ Absoluto, autocrático, autónomo, autoritario, bicameral, centralista, democrático, descentralizado, despótico, dictatorial, federal, federativo, independiente, militarista, monárquico, oligárquico, parlamentario, poliárquico, presidencialista, pretoriano, representativo, republicano, teocrático, timocrático, totalitario, unicameral. ➤ Adelantado, alcalde, almirante, ámel, arconte, bajá, bey, cacique, caid, caimacán, califa, canciller, caudillo, césar, conde, cónsul, curaca, déspota, dictador, duce, duunviro, elector, emir, emperador, estatúder, eunuco, exarca, exarco, faraón, favorito, führer, gobernador, gobernador civil, gobernador militar, gobernante, intendente, jalifa, jedive, JEFE de Estado, JEFE del gobierno, JEFE político, jerife, káiser, legado, majzén, *magistrado, mandarín, mandatario, primer MANDATARIO, marqués, micado, ministro, primer MINISTRO, miramamolín, nabab [o nababo], podestá, poncio, potestad, prefecto, PRESIDENTE del consejo, PRESIDENTE de la república, pretor, príncipe, procónsul, propretor, rajá, regente, regidor, régulo, *rey, reyezuelo, sanjaco, sátrapa, SECRETARIO del despacho, *señor, *soberano, subsecretario, sufete, sultán, superintendente, tetrarca, tirano, tribuno, triunviro, valí, valido, vicegobernador, virrey, visir, gran VISIR, vizconde, zar. ➤ Areópago, *asamblea *ayuntamiento, CÁMARA alta, CÁMARA baja, CÁMARA de Castilla, CÁMARA de Indias, comicios, *congreso, CONSEJO de ministros, *cortes, decuria, diputación, DIPUTACIÓN provincial, directorio, diván, gabinete, gobierno, junta, mazorca, parlamento, sublime puerta, senado. ➤ Cartera, covachuela, departamento, DIRECCIÓN general, *ministerio, PODER ejecutivo, PODER judicial, PODER legislativo, PODER moderador. ➤ CRISIS ministerial, CUESTIÓN de confianza, CUESTIÓN de gabinete, GOLPE de estado, interregno. ➤ Corruptela, nepotismo. ➤ Burocracia. ➤ Camarilla, rosca. ➤ Constitución. ➤ Gaceta. ➤ Allá van LEYES do quieren reyes. ➤ Desgobernar, gubernamental, gubernativo, ingobernable. ➤ *Administrar. *Autoridad. *Dirigir. *Empleo. *Magistrado. *Mandar. *Política.

□ CONJUG. como «acertar».

gobernoso, -a (de «gobernar») adj. *Gobernudo.*

gobernudo, -a (inf.) adj. *Se aplica a la persona con disposición o manejo para *dirigir cosas.* ⊙ *Particularmente, a la mujer que lo tiene para el gobierno de la casa.* ≃ Gobernoso. ⇒ *Vivienda.

gobierna (de «gobernar») f. **Veleta.*

gobierno **1** m. Acción de gobernar: 'El gobierno de la casa'. ⊙ Particularmente, acción de gobernar un país. ⊙ Forma de gobierno: 'Gobierno autoritario [o democrático]'. **2** Conjunto de los ministros, que ejerce el gobierno de un estado. **3** GOBIERNO civil. **4** MAR. *Gobernalle, *timón.* **5** MAR. *Docilidad del *barco al timón.* **6** (ant.) **Alimento o sustento.* **7** (And.) **Manta hecha* de *retales de tela retorcidos y entretejidos con hilo fuerte.*

GOBIERNO DE LA CASA. Dirección de la economía y los trabajos domésticos. ⇒ *Vivienda.

G. CIVIL. **1** Cargo de gobernador civil. **2** Edificio en que están instaladas sus oficinas.

G. NACIONAL. El que se forma con representantes de distintos partidos para hacer frente a circunstancias especialmente difíciles en la vida de la nación.

V. «AMA de gobierno, mayor en EDAD, saber y gobierno».

PARA GOBIERNO de alguien. Para que pueda ajustar su conducta, sus *planes, etc., a la cosa que se le hace saber: 'Te digo, para tu gobierno, que mañana es sábado [que, si sigues así, irás a la calle]. Para mi gobierno, me convendría saber cuándo piensas volver'.

SERVIR algo DE GOBIERNO. Servir de *norma, de *aviso o de escarmiento: 'Este desengaño le servirá de gobierno'.

gobio (del lat. «gobĭus») **1** m. Nombre aplicado a varias especies de *peces del género *Gobius,* de pequeño tamaño, algunos de ellos muy abundantes en las costas españolas; tienen las aletas abdominales unidas por el borde con las torácicas, formando una especie de embudo. ≃ Cadoce, cadoz. **2** *(Gobio gobio)* Pez teleósteo de río de pequeño tamaño, con dos barbillas y manchas oscuras en el lomo. ≃ Zarbo

goce m. Acción de gozar: 'Nadie le disputa el goce de su herencia'. ⊙ Sensación de *placer: 'Los goces materiales'. ⊙ Particularmente, placer sexual.

gocete (del fr. «gousset») m. *Sobaquera de malla de la *armadura de guerra.*

GOCETE DE LANZA. *Rodete que se ponía en el mango de la *lanza.*

gochapeza (León) f. *Juego de niños que consiste en meter en un círculo una bola impelida a palos.* ⇒ *Mallo.

gocho, -a (voz que se emplea para llamar al cerdo; inf.) n. **Cerdo, en cualquier acepción.*

godeo m. **Placer o *regocijo.* ⇒ Regodeo.

godesco, -a adj. y, aplicado a personas, también n. **Alegre.* ≃ Godible.

godible (del ant. «godir», del lat. «gaudēre», gozar) adj. **Alegre.* ≃ Godesco.

godo, -a (del lat. «Gothus») **1** adj. y n. Se aplica a los individuos de un pueblo germánico que, dividido en dos ramas, visigodos y ostrogodos, realizó invasiones en el imperio romano y fundó reinos en Italia y España. ⊙ m. pl. Ese pueblo. ⇒ Gotón. ➤ Ámalo, balto. **2** adj. y n. Se aplica a los españoles de familias *ricas y poderosas de origen ibero que, confundidos con los godos, constituyeron la nobleza española en los tiempos que siguieron a la invasión de éstos. **3** (Can.; desp.) *Español de la península.* **4** (Arg., Chi.; desp.) *Se aplicaba a los españoles durante las luchas por la independencia.*

gofio (de or. guanche) **1** m. *Harina tostada, especialmente de maíz, alimento típico de Canarias. ≃ Gofio canario. **2** (Ven.) *Alimento hecho de harina de maíz o de mandioca, y papelón.*

gofo, -a (del it. «goffo», ¿de or. expresivo?) **1** m. *Necio, ignorante y grosero.* **2** PINT. *Se aplica a las figuras de *enanos.*

gofrado, -a *Participio de «gofrar».* ⊙ m. *Acción y efecto de gofrar.*

gofrador, -a n. *Persona que hace el gofrado.*

gofrar **1** tr. *Estampar motivos decorativos en relieve o en hueco sobre tela, papel, etc.* **2** *Entre floristas, *grabar en relieve los nervios de las hojas en las *flores artificiales.*

gofre m. Dulce con relieve de rejilla y forma rectangular, que se toma generalmente caliente.

gogó (del ingl. «gogo», activo, animado) f. Chica contratada para que baile en una discoteca, sala de fiestas, etc.

goja (del lat. «cauděa», cesta de junco; ant.) f. **Cesta en que se recogen las *espigas.*

gol (del ingl. «goal», meta; «Hacer, Meter») m. DEP. En futbol y otros *deportes semejantes, lance consistente en que uno de los equipos consigue introducir el balón en la portería del contrario, con lo que gana un tanto.

GOL AVERAGE (ing.; pronunc. [gól averách]). DEP. Promedio entre los goles marcados y los recibidos por un equipo en una competición, que resulta decisivo en caso de empate.

METER UN GOL (inf.). Conseguir una ventaja o triunfo sobre alguien que estaba desprevenido.

gola (del lat. «gula», garganta) **1** (pop. o inf.) f. *Garganta. **2** *Pieza de la *armadura que cubría la garganta.* **3** Adorno de tela almidonada y rizada, que se ponía alrededor del cuello. ≃ Gorguera. ⇒ Engolado. **4** MIL. *Cierta *insignia consistente en una media luna pendiente del cuello.* **5** ARQ. *Moldura de perfil de ese. ⇒ Cimacio, coronel, talón. **6** MAR. **Canal por donde entran los barcos en ciertos puertos o rías.* **7** FORT. *Entrada desde la plaza al baluarte, o distancia de los ángulos de los flancos.* **8** FORT. *Línea recta, imaginaria cuando no tiene parapeto, que une los extremos de dos flancos en una obra defensiva.*

golde (Nav.) m. AGR. *Instrumento de labranza, especie de *arado.*

goldre m. **Carcaj en que se llevan las saetas.*

goleada f. DEP. Serie o número considerable de goles.

goleador, -a adj. y n. DEP. Que marca muchos goles.

golear tr. e intr. DEP. Hacer goles.

goles m. pl. HERÁLD. *Gules.*

goleta (del fr. «goélette») f. *Barco velero de dos o tres palos, ligero y de bordas poco elevadas. ⇒ Escuna, pailebote.

golf (ingl.) m. Juego que consiste en meter una bola en ciertos hoyos hechos en el campo, pegándole con un bastón adecuado. ⇒ Minigolf. ➤ Green. ➤ Stick. ➤ Golfista. ➤ Masters, open. ➤ Birdie, bogey, eagle, par. ➤ *Mallo.

golfán (del port. «golfão») m. **Nenúfar (planta ninfeácea).*

golfante (inf.) m. Golfo (granuja, de mal vivir).

golfear intr. Vagabundear o cometer acciones propias de un golfo, tanto un chico como una persona mayor.

golfería **1** f. Ratería o granujada cometida por un golfo. **2** Conjunto de golfos. ⇒ *Chusma.

golfillo, -a n. Dim. de «golfo» aplicado generalmente con simpatía a un niño vagabundo.

golfín (de «delfín», por influencia de «golfo», mar) **1** m. Delfín (cetáceo). **2** (quizá porque la acometida del salteador sugiera los saltos del delfín) **Ladrón que iba generalmente con otros en cuadrilla.* ≃ Folguín.

golfista n. Jugador de *golf.

golfo[1] (del lat. vulg. «colphus», del gr. «kólpos») **1** m. Entrante hacia tierra formado por la costa. ⇒ Abertura, abra, abrigadero, abrigo, ancón, anconada, angra, bahía, broa, cala, caleta, concha, *ensenada, fiordo, fondeadero, *puerto, rada, regolfo, saco, seno. ➤ Engolfarse. ➤ *Costa. **2** (lit.; «El») El *mar. **3** Se aplica formando parte del nombre propio a algunas extensiones de mar muy distantes de tierra y sin islas: 'El golfo de las Damas. El golfo de las Yeguas'. **4** *Cierto juego de *baraja.*

V. «pedir COTUFAS en el golfo».

golfo[2], **-a** (de «golfín», ladrón) **1** adj. y n. Muchacho o niño vagabundo, desharrapado, descarado y *granuja; se emplea como apóstrofe; en femenino no es usual más que en diminutivo, a causa de la 3.ª acep. ≃ *Pilluelo. **2** m. Se aplica también, con significado más grave, a hombres, particularmente jóvenes, con el significado de *vagabundo, vicioso o de mal vivir. **3** f. Prostituta o mujer excesivamente liberal en sus costumbres sexuales.

golfo[3] (del lat. «gomphus», pernio, del gr. «gómphos») m. **Gozne de hojas muy largas que se emplea en puertas grandes o verjas.* ⊙ (Ar., Mur.) *Gozne.*

goliardesco, -a **1** adj. *Propio de goliardo.* **2** *En la Edad Media se aplicaba a las *poesías satíricas de tema erótico o báquico.*

goliardo, -a (del fr. ant. «gouliard») **1** adj. *Dado a la *gula y al libertinaje.* **2** m. *En la Edad Media, *clérigo o estudiante *vagabundo o que llevaba vida irregular.*

golilla (dim. de «gola») **1** f. Adorno formado por una tira estrecha de tela blanca almidonada y rizada sobre una tirilla negra, que llevaban en cierta época los hombres alrededor del cuello; particularmente, los curiales. ⇒ Engolillado. **2** (inf.) Curial o empleado de los *tribunales. **3** *Conjunto de las *plumas del cuello de las aves gallináceas.* **4** (Bol.) **Chalina o *corbata usada por los gauchos.* **5** (Arg., Ur.) *Pañuelo que se lleva anudado al cuello.* **6** *Pieza de forma de corona circular que rodea la boca de los *tubos de las piezas de un cuerpo de bomba, etc., para* *poder unirlas unas a otras mediante tornillos y tuercas.* **7** *Trozo de tubo corto con que se empalman entre sí los de barro.* **8** (Chi.) *Anilla que se pone entre la *rueda del carro y la clavija que impide que se salga el eje.* ≃ Estornija.

golillero, -a n. *Persona que hacía o arreglaba golillas.*

golimbro, -a (de «gola»; Bad.) adj. *Goloso.*

golimbrón, -a (And., Cantb.) adj. *Goloso.*

gollería (¿de «gola», con influencia de «engullir»?) f. Manjar exquisito y delicado. ⊙ Superfluidad: cosa que constituye un exceso de delicadeza, cuidado, refinamiento, etc. ⊙ Cosa excesivamente buena o delicada para ser pedida en ciertas circunstancias: 'En tiempo de guerra no se podían pedir gollerías'. ≃ Golloría, gullería, gullоría.

golletazo 1 m. *Golpe con que se rompe el gollete.* **2** TAUROM. Estocada que atraviesa los pulmones del *toro. ≃ Bajonazo.

DAR GOLLETAZO. Dar por terminado bruscamente, sin haber llegado al final, un expediente, un discurso u otra actividad. ⇒ *Interrumpir.

gollete (del fr. «goulet», paso estrecho) **1** m. *Parte superior del exterior de la *garganta, situada inmediatamente debajo de la barbilla.* ⇒ Desgolletar, engolletarse. **2** Cuello de una *botella o garrafa. ⇒ Desgolletar. **3** *Cuello del *hábito de los donados.*

ESTAR HASTA EL GOLLETE. **1** *Estar *harto de aguantar o padecer cierta cosa.* **2** *Tener muchas *deudas.* **3** *Estar lleno, por haber *comido mucho.*

gollizno m. *Gollizo.*

gollizo (del lat. «gula», garganta, con influencia de «cuello») m. **Paso estrecho entre montañas.* ≃ Garganta.

gollоría f. *Gollería.*

golmajear (de «golosinear», con influencia de «gazmiar»; Rioj.) intr. **Golosinear.*

golmajería (Rioj.) f. *Golosina.*

golmajo, -a (Rioj.) adj. *Goloso.*

golondrina (del lat. «hirundo, -ĭnis») **1** *(Hirundo rustica)* f. Pájaro de color negro azulado por encima y blanco por debajo, con las alas puntiagudas y la cola bifurcada. Llega a nuestro clima por marzo y emigra en septiembre. ≃ Andarina, andolina, andorina, arandela, Progne. ⇒ Alidona. ➤ Hirundinaria. ➤ Salangana. **2** En Barcelona y otros puertos, *barca con motor que se dedica a transportar viajeros de un punto a otro del puerto o a pasearlos por él. **3** (Chi.) **Carro de mudanza.* **4** *(Trigla lucerna)* *Pez con las aletas torácicas muy desarrolladas, lo que le permite dar saltos fuera del agua. **5** (C. Rica, Hond.) *Hierba euforbiácea rastrera, cuya leche se emplea para curar los orzuelos.* **6** (ant.) *Hueco de la mano del *caballo.*

GOLONDRINA DE MAR. Ave palmípeda, menor que la gaviota, con el pico recto y puntiagudo, las alas muy largas y la cola ahorquillada. ≃ Charrán.

V. «COLA de golondrina, HIERBA de las golondrinas».

UNA GOLONDRINA NO HACE VERANO. Sentencia que expresa que un solo caso o ejemplo no puede constituir una regla.

golondrinera (de «golondrina») f. **Celidonia (planta papaverácea).* ≃ HIERBA de las golondrinas.

golondrino 1 m. Pollo de la golondrina. **2** *Golondrina (*pez).* **3** *Hombre *inestable, que cambia mucho de residencia.* **4** MIL. *Soldado *desertor.* **5** *Forúnculo en la axila.

golondro (de «golondrina») m. *Deseo caprichoso de una cosa.* ⇒ Engolondrinarse.

golorito (del lat. «color, -ōris», color; Rioj.) m. **Jilguero (pájaro).*

golosa (Col.) f. **Tejo (juego de niños).*

golosamente adv. Con deseo o golosina: 'Lo miraba golosamente'.

golosear intr. Golosinear.

golosía (ant.) f. **Gula.*

golosina (de «goloso») **1** f. Cosa de comer apetitosa, generalmente dulce, que se toma por gusto y no para alimentarse. **2** Cualquier cosa más agradable que útil. **3** *Cualidad de goloso.* ≃ Golosinería.

V. «ESPÍRITU de la golosina».

□ CATÁLOGO

*Chocolate, dulces, golmajería, lamín, laminería, peteretes. ➤ ALGODÓN dulce, *barquillo, canelón, *caramelo, charamusca, chicle, chupa-chups, chupón, *confite, GOMA de mascar, gominola, *helado, hostia, paleta, paloduz, pirulí, regaliz. ➤ Gazmiar, golmajear, golosear, golosinar, golosinear, golosmear, gulusmear, lambisquear, laminear, lechucear, picar, picotear. ➤ Galamero, galgo, golimbro, golmajo, goloso, lambistón, lambroto, lambrucio, lambucero, lameplatos, laminero, lechuzo, morrudo. ➤ *Bollo. *Dulce. *Fruto. *MASA frita. *Pastel.

golosinear o, no frec., **golosinar** intr. Comer *golosinas. ⊙ Picar en golosinas.

golosinería f. Cualidad de goloso. ≃ Golosina.

golosmear (de «golosinear», con influencia de «gadmiar») intr. *Golosinear.*

goloso, -a (del lat. «gulōsus») **1** adj. y n. Aficionado a las cosas apetitosas. ⊙ Particularmente, a las cosas dulces. ⇒ *Golosina. **2** adj. Se aplica a las cosas que excitan deseo de comerlas o de comer más de ellas después de probarlas: 'El jamón es una comida golosa'. ⊙ También de las cosas que son deseadas por mucha gente: 'Un empleo goloso'.

TENER una cosa MUCHOS GOLOSOS. Ser *apetecida por mucha gente.

V. «TORNILLO de rosca golosa».

golpazo (inf.) m. Golpe muy violento.

golpe (del lat. «colăphus», del gr. «kólaphos») **1** («Dar, Pegar, Recibir») m. Efecto producido al llegar una cosa a juntarse con otra con violencia. ⊙ Particularmente, el producido por una cosa en movimiento sobre otra que permanece quieta: 'El macillo da un golpe cada segundo'. ⊙ O producido por alguien haciendo llegar violentamente una cosa a otra: 'Dio unos golpes en la puerta con los nudillos'. ⊙ O recibido por una cosa cayendo o chocando sobre otra que está quieta: 'Al caer, recibió el golpe en la cabeza'. **2** *Latido.* **3** *Pestillo de las puertas que se cierra con la simple presión o un golpe, mediante un resorte. ≃ Resbalón. ⊙ *Puerta que se cierra con esa clase de pestillo.* **4** *Desgracia o *contratiempo que sobreviene a alguien. **5** *Disgusto sufrido por alguien. **6** Dicho o acción de alguien, sorprendente o gracioso. ≃ *Ocurrencia, salida. **7** Llegada o producción de ciertas cosas en grupo o en sucesión ininterrumpida: 'Un golpe de lluvia [de risa, de tos]'. ≃ Acceso. ⇒ *Afluencia, racha. **8** Cierto número de cosas que se hacen, ponen, etc., en una sola operación. Por ejemplo, número de semillas o de plantas, sea una o más de una, que se *plantan o *siembran en un hoyo. **9** *En jardinería, hoyo en que se pone la semilla o la planta.* **10** *Postura que obtiene premio en el *juego.* **11** («Dar») GOLPE de mano. ⊙ («Dar») Atraco previamente planeado. **12** GOLPE de Estado. **13** *En el juego de *billar, lance en que se hacen algunas rayas; como billa o carambola.* **14** *En los *torneos y juegos de a caballo, medida del valor* *de los lances entre los que pelean.* **15** **Tapa o cartera colocada sobre la abertura del bolsillo o, de modo semejante, en otro sitio de una prenda de vestir.* **16** *Adorno de *pasamanería sobrepuesto en una prenda de vestir.*

GOLPE DE ARIETE. Golpe violento producido por una *corriente de agua al ser detenida bruscamente en su movimiento, por ejemplo cerrando un grifo.

G. BAJO. **1** DEP. En boxeo, golpe antirreglamentario que se da por debajo de la cintura. **2** Acción innoble y malintencionada contra alguien.

G. DE EFECTO. Acción con la que se sorprende o se causa mucha *impresión. ⊙ Particularmente, por ejemplo en una obra de teatro o en una película, ocurrencia con la que se provoca la risa de los espectadores. ⇒ Gag, truco.

G. DE ESTADO. Acción de apoderarse violenta e ilegalmente del gobierno de un país alguno de los poderes del mismo; sobre todo, el Ejército. ⇒ *Sublevarse.

G. EN FALSO. Acción que no da el resultado pretendido al planearla y ejecutarla. ⇒ *Fracasar.

G. DE FORTUNA. *Suceso favorable o desgraciado que cambia la situación de alguien.

G. FRANCO. DEP. En algunos deportes de pelota, penalización por haber cometido una falta fuera del área de penalty, que permite al equipo contrario tirar directamente a la portería.

G. DE GRACIA. **1** Golpe o herida con que se acaba de *matar a alguien que ya estaba malherido. **2** Cualquier mal trato o revés que completa la *desgracia o la *ruina de alguien.

G. DE MANO. Acción planeada en secreto y ejecutada por sorpresa: 'En un golpe de mano atrevido se apoderaron del fuerte'.

G. DE MAR. *Ola de extraordinaria violencia que rompe sobre la costa, sobre un barco, etc.

G. DE PECHO. Golpe que se da en el pecho con su propia mano el que muestra devotamente contrición; como, por ejemplo, rezando el «yo pecador», al decir las palabras «por mi culpa», etc. ⊙ Se emplea la expresión para aludir a la beatería y también al falso arrepentimiento de alguien: 'Muchos golpes de pecho, pero luego vuelve a las andadas'.

G. DE SUERTE. GOLPE de fortuna.

G. DE TIMÓN. Cambio repentino en la manera de dirigir algo: 'El sector liberal del partido dio un golpe de timón con la presentación de un nuevo candidato'.

G. DE VISTA. Sagacidad y rapidez en la percepción de algo.

EL PRIMER GOLPE DE VISTA. *Aspecto de una cosa: 'El primer golpe de vista es bueno'.

A GOLPE. AGR. Aplicado a la manera de *sembrar, por hoyos.

A GOLPE DE algo. Usando mucho la cosa que se expresa: 'Soluciona los problemas de la oficina a golpe de teléfono'.

A GOLPES. **1** Con golpes: 'Le han educado a golpes'. **2** Intermitentemente: 'El agua sale de la cañería a golpes'. **3** Distribuido en grupos o con discontinuidad y no homogéneamente: 'Sembrar a golpes'.

ACUSAR EL GOLPE. Dar muestras alguien de haber recibido daño con algo que le ha ocurrido o le han hecho, o de haberlo *sentido.

AL PRIMER GOLPE DE VISTA. Enseguida de *ver la cosa de que se trata: 'Al primer golpe de vista me di cuenta de que allí había entrado alguien'. ⊙ En o por la primera *impresión: 'Al primer golpe de vista no parecía malo'.

ANDAR A GOLPES. Pegar a alguien con frecuencia o por cualquier motivo o pegarse recíprocamente dos o mas personas.

DAR demasiados GOLPES a una cosa. *Repetirla o hablar de ella demasiadas veces.

DAR EL GOLPE. *Admirar, *asombrar o *sorprender con algo que se lleva puesto o con una acción: 'Con esa corbata vas a dar el golpe'.

DE GOLPE. De una vez o bruscamente: 'La casa se hundió de golpe. Le dieron la noticia de golpe'. ≃ DE GOLPE y porrazo.

DE GOLPE Y PORRAZO. Bruscamente, sin transición: 'De golpe y porrazo se encontró rico'. ≃ De golpe.

DE UN GOLPE. Con un solo golpe o acción. ≃ De una *vez.

ERRAR [FALLAR O MARRAR] EL GOLPE. *Frustrarse el efecto de un golpe o, en sentido figurado, de una acción cualquiera.

NO DAR [O PEGAR] GOLPE [O NI GOLPE] (inf.). Se dice de la persona que no trabaja en nada o no hace nada del trabajo que tiene obligación de hacer. ≃ NO DAR [O PEGAR] NI CHAPA. ⇒ *Holgazán.

PARAR EL GOLPE. Evitar alguien con una acción oportuna un contratiempo o castigo que le amenazaba. ≃ *Adelantarse.

□ CATÁLOGO

Sufijos con que se forman nombres de golpe, «-ada, -azo»: 'costalada, bofetada; puñetazo'. ➤ Abanicazo, aldabada, aldabazo, aldabonazo, aletazo, almohadillazo, azadazo, azadonazo, *azote, badilazo, baque, baquetazo, bastonada, bastonazo, bofetada, bofetón, botellazo, cabezada, cabezazo, cachada, cachete, cachiporrazo, cale, cantazo, cañazo, capirotazo, capirote, capitón, capón, casquetazo, castaña, castañazo, cate, catite, chinazo, chopazo [o chope], chufa, chuleta, cimbronazo, *cintarazo, cipotada, cipotazo, cipotón, coca, codazo, cogotazo, coletazo, colleja, colpe, combazo, combo, correazo, coscacho, coscorrón, cosque [o cosqui], coyundazo, coz, currito, directo, empellón [o empujón], encontrón [o encontronazo], entrada, escobazo, espaldarazo, espolonazo, estacazo, galleta, garrotazo, garnacha, gaznatazo, grupada, gualdrapazo, guantada, guantazo, guarrazo, guijarrazo, hendiente, herronada, hostia, hostigo, jaquimazo, jetazo, lampreazo, lapo, latigazo, leñazo, machetazo, macoca, mamporro, mangonada, manotada, manotazo, manotón, martillazo, masculillo, mazada, mazazo, mochada, mochazo, mojí, mojicón, molinete, molondrón, moquete, morocada, palmada, palmetazo, palo, pancada, papirotada, papirotazo, papirote, paraguazo, parchazo, pasagonzalo, patada, pechada, pechugón, pedrada, pelotazo, peñascazo, pescozada, pescozón, pestorejón, picotada, pisotón, planchazo, pulgarada, puntapié, puntillazo, puntillón, puñada, puñetazo, quiñazo, ramalazo, remoquete, revés, sardineta, sartenazo, sequete, solapo, sopapo, sopetón, soplamocos, sosquín, tabanazo, taconazo, taire, tantarantán, tapaboca, taponazo, tarascada, tarja, testada, testarada, testarazo, tiento, tincanque, tincazo, tinterazo, toletazo, tomatazo, toña, topetada, topetazo, topetón, tornavirón, torniscón, torta, tortazo, totazo, tozolada, tozolón, trallazo, trancazo, trastazo, trompada, trompazo, trompis, trompón, tropezón, varapalo, vardascazo, verdascazo, vergajazo, viaje, voleo, zarpazo, zoquetazo, zurdazo, zurriagazo. ➤ Caída, calabazada, calabazazo, calamorrada [o calamorrazo], chipichape, choque, costalada, costalazo, golpazo, golpeo, golpeadura, golpetazo, guarrazo, impacto, mamporro, morrada, morrazo, panzada, panzazo, porrada, porrazo, portazo, talegada, talegazo, taponazo, taque, testarada, testarazo, trastazo, varejonazo, zamarrazo, zurrido. ➤ Azotaina, azotina, bejuqueda, capuana, cera, escurribanda, felpa, flagelación, friega, galopeado, julepe, lampreada, leña, mano, manta, meneo, metido, *paliza, sepancuantos, soba, solfa, somanta, sotana, tanda, tentadura, tocata, tolena, tollina, trepa, tunda, vapuleo, vuelta, zamanca, zumba, zurra, zurribanda. ➤ MA-

NO de azotes [de coces, etc.], MANTA de palos. ➤ Bastón, cachava, calza de arena, chicote, combo, corbacho, coyunda, cuarta, disciplinas, fusta, garrota, garrote, *látigo, LLAVE inglesa, macana, machote, marra, martillo, maza, mazo, palmeta, palo, penca, percutor, piedra, porra, rebenque, tralla, tranca, vara, verdugo, vergajo, zurriago. ➤ Yunque. ➤ Brocino, *cardenal, *chichón, equimosis, hematoma, herida, magulladura, magullamiento, moradura, moretón, porcino, tolondro, turumbón, verdugo, verdugón. ➤ Contundente. ➤ Largo de MANOS. ➤ De rebote, de rechazo. ➤ Traumático. ➤ Abatanar, abatojar, ablandar, abofetear, acachetear, acanelonar, acardenalar, achocar, acocear, acogotar, alumbrar, amurcar, antuviar, apalear, apechugar, apedrear, aporrear, apuñar, apuñear, apuñetear, azotar, zurrar la BADANA, batanear, batir, batojar, bejuquear, bordonear, brumar, abrir [o romper] la CABEZA, calentar, arrimar CANDELA, cruzar la CARA, quitar la CARA, cascar, castañetear, castigar, dar CATITE, cimbrar, coscachear, medir las COSTILLAS, coyundear, romper la CRISMA, cuerear, curtir, cutir, dar, DAR de plano, poner los cinco DEDOS en la cara, descargar, descrismar, descristinar, dimir, doblar, embalar, empujar, endiñar, medir las ESPALDAS, estezar, estrellar, flagelar, forrar, fustigar, asentar [o sentar] el GUANTE, guantear, hostiar, dar JULEPE, lapidar, cascar las LIENDRES, llamar, macanear, majar, maltratar, asentar la MANO, descargar la MANO, poner la MANO encima [o sobre], mosquear, palmear, palmotear, doblar a PALOS, zumbar la PANDERETA, paporrear, patear, pegar, dar para el PELO, encender el PELO, percutir, petar, picar, pisotear, sacudir el POLVO, poner como un PULPO, remachar, repiquetear, santiguar, solfear, somatar, sotanear, tabalear, tamborilear, topar, tostar, tundir, vapulear, varear, verberar, zapatear, zurrar. ➤ Cencerrear, chacolotear, chapalear, chapear, chapotear, *chocar, contusionar, costalearse, encontrarse, entrechocarse, estrellarse, guachapear, palpitar, tragar, *traquetear, *tropezar. ➤ Abollar, aplastar, hacer cisco, macar, macerar, *machacar, machucar, magullar, hacer MIGAS [o PAPILLA]. ➤ Administrar, arrimar, asentar, *asestar, atizar, dar, encajar, fajar, hartar de, largar, pegar, plantar, plantificar, propinar, sacudir, zumbar. ➤ ¡Cataplán!, ¡cataplum!, ¡catapum!, ¡catapún!, ¡paf!, ¡pataplún!, ¡pum!, ¡tac, tac!, ¡zas!, ¡zis, zas! ➤ ¡Toma!, ¡tómate esa! ➤ Brusco, fuerte, seco, violento. ➤ Agolpar, contragolpe.

golpeadero **1** m. *Sitio donde se golpea.* **2** *Sitio donde choca el *agua al caer desde lo alto.* **3** *Ruido de muchos golpes continuados.*

golpeadura f. *Acción y efecto de golpear.*

golpear («en, sobre») tr. o abs. Dar una cosa un golpe o golpes repetidos sobre otra: 'La puerta ha golpeado. El granizo golpea los cristales'. ⊙ tr. Dar golpes a una ↘cosa con otra: 'El carretero golpea a la caballería con el látigo'. ⇒ *Golpe.

golpeo m. *Golpeadura.*

golpetazo (inf.) m. Golpazo.

golpete (dim. de «golpe») m. *Palanca de metal con un diente, fija en la pared, que sirve para mantener abierta una hoja de *puerta o *ventana.*

golpetear tr. y abs. Dar golpes poco violentos seguidos.

golpeteo m. Acción de golpetear.

golpetillo (And.) m. *Muelle de las *navajas, que produce un golpe al abrirlas.*

golpismo m. Actitud o actividad del que pretende intervenir en la política de un país promoviendo o apoyando un golpe de Estado.

golpista **1** adj. De un golpe de Estado: 'La intentona golpista ha fracasado'. **2** adj. y n. Se aplica a la persona que promueve o apoya un golpe de Estado.

golpiza (Hispam.) f. *Paliza.*

goluba (¿del sup. gót. «galôfa», de «lôfa», guante?; Rioj.) f. **Guante que se usa para arrancar los cardos de los sembrados.* ⇒ Lúa.

goma (del lat. «gumma») **1** f. Nombre genérico de las sustancias viscosas, incristalizables, solubles en el agua, que fluyen de diversas plantas. **2** Material elástico y tenaz, elaborado industrialmente con el jugo lechoso de muchas *plantas tropicales, o el de parecidas características obtenido de otras sustancias: 'Neumáticos [o suelas] de goma'. ≃ Caucho, GOMA elástica. **3** Trozo de ese material en forma de *anillo, que sirve para sujetar cosas: 'Un fajo de billetes sujeto con una goma'. ⇒ BANDA elástica, caucho, elástico, gomilla, gomita, hule, liga, liguilla. **4** GOMA de borrar. **5** (inf.) Manguera. **6** (inf.) Preservativo. **7** (Arg., Ur.) *Neumático.* **8** (R. Dom.) **Guardabarros.* **9** MED. *Cierto *tumor, generalmente de origen sifilítico, que se desarrolla en los huesos, el cerebro, el hígado, etc.*

GOMA 2. Cierto explosivo plástico de gran potencia.

G. ACAJÚ. *La de las ramas del anacardo.*

G. ADRAGANTE. *Tragacanto.*

G. ARÁBIGA. La obtenida de cierta acacia, especialmente Sudán y Senegal, empleada para *pegar y en *farmacia.

G. DE BORRAR. Trozo de caucho de distintas formas fabricado para borrar lo escrito o dibujado.

G. CERESINA. *La sacada del cerezo, el almendro y el ciruelo.*

G. ELÁSTICA. *Caucho. ≃ Goma.

G. KAUNI. *Cierta resina que se emplea, por ejemplo, en la fabricación del linóleo.*

G. LACA. *Resina de ciertos árboles de la India con la que se fabrica un barniz muy duro llamado de la misma manera, que forma la base de ciertos pulimentos y barnices.

G. DE MASCAR. Goma blanda, impregnada en una sustancia dulce y aromatizada, que se mastica como *golosina. ≃ Chicle.

DE GOMA (inf.). Referido a una persona, que tiene mucha elasticidad: 'Esta gimnasta es de goma'.

V. «PAPEL de goma».

☐ CATÁLOGO

Caucho, cedria, cidria, GOMA acajú, GOMA adragante, GOMA arábiga, GOMA ceresina, GOMA elástica, gorbión, grasa, guacia, gurbión, gutapercha, gutiámbar, hule, jebe, *sarcocola, seringa, siringa, tragacanto, yacio. ➤ *Adherente. ➤ Pegar. ➤ Aguagoma, desengomar, desgomar, engomar, gomar. ➤ *Gomorresina. *Resina. ➤ *Planta (grupo de las aprovechadas por sus secreciones).

gomaespuma f. Material *blando y elástico que se usa, por ejemplo, para hacer colchones o para rellenar el asiento de las sillas.

gomar (de «goma»; ant.) tr. *Engomar.*

gomecillo (inf.) m. *Lazarillo.*

gomel adj. y n. De la tribu berberisca de Gomara, en el antiguo Marruecos español. ⇒ *Moro.

gómena (ant.) f. MAR. **Maroma o *cabo grueso.* ≃ Gúmena.

gomer (del ár. and. «ğumári») adj. y n. Gomel.

gomero[1], **-a** **1** adj. De la goma. **2** m. **Tirador (juguete).* **3** (Am. S.) *Nombre genérico de todo árbol que produce goma.* **4** (Am. S.) *Recolector de caucho.*

gomero[2], **-a** adj. y, aplicado a personas, también n. De la isla de La Gomera.

gomia (del lat. «gomĭa», comilón) **1** f. *Tarasca: figura de serpiente monstruosa que, en algunos sitios, se hace figurar en la procesión del *Corpus.* **2** **Ser fantástico con que se *asusta a los niños.* **3** (inf.) *Persona *glotona.* ≃ Tarasca. **4** **Ruina: cosa que va consumiendo o destruyendo otra determinada:* 'Gomia del caudal'. ≃ Tarasca.

gomilla (dim. de «goma»; Arg.) f. **Goma (trozo de goma en forma de anillo).*

gomina (de «goma» e «-ina») f. Fijador para el *pelo.

gominola f. *Golosina o caramelo balsámico masticable, de consistencia parecida a la de la goma.

gomioso, -a adj. **Glotón.*

gomita f. Dim. de «goma». ⊙ Anillo de goma pequeño y fino, para sujetar. ≃ Goma.

gomorresina (de «goma» y «resina») f. Jugo lechoso que fluye de algunas *plantas. Se compone generalmente de una resina mezclada con una materia gomosa y un aceite volátil. ⇒ Amoniaco, ASA dulce, ASA fétida, ASA olorosa, asafétida, azaro, azarote, escamonea, ESTIÉRCOL del diablo, gálbano, gutagamba, incienso, lupulino, mirra, opopánax, opopónace, opopónaco, sagapeno, serapino. ➤ *Goma. *Resina. ➤ *Planta (grupo de las aprovechadas por sus secreciones).

gomoso, -a 1 adj. Se aplica a lo que tiene goma o se parece a ella. **2** adj. y n. MED. *Se aplica al que padece gomas (tumores).* **3** m. Joven que va muy acicalado. ≃ *Petimetre.

gónada (del gr. «gonḗ», generación, y el sufijo «-as, -ados») f. ANAT. Cada una de las glándulas sexuales: testículo en el macho, y ovario en la hembra.

gonce (del lat. «gomphus», del gr. «gómphos», clavija) m. *Gozne.* ⇒ Desgonzar.

góndola (del it. «gondola») **1** f. *Barco pequeño con las puntas de proa y de popa prolongadas hacia arriba y, generalmente, con una cámara en forma de carroza en el centro, que se emplea sobre todo en los canales venecianos. **2** *Cierto *carruaje para muchos viajeros.*

gondolero m. Hombre que conduce una góndola.

gonela (del it. «gonella», dim. de «gonna») f. **Túnica sin mangas, de seda o de piel, que vestían a veces los caballeros sobre la *armadura y que usaron las damas aragonesas.*

gonete (del it. «gonna», saya) m. *Vestido de mujer antiguo, a modo de *refajo.*

gonfalón (del it. «gonfalone», estandarte) m. *Bandera o *estandarte. ≃ Confalón.

gonfalonero o, no frec., **gonfalonier, gonfaloniero** m. Hombre encargado de llevar la *bandera o estandarte. ≃ Confalonier, confaloniero.

gong o, no frec., **gongo** (del ingl. «gong», del malayo «gong») m. Utensilio empleado para llamar, consistente en un disco de metal suspendido, en el que, golpeando con un macillo, se produce un sonido semejante al de una campana. ≃ Batintín. ⇒ Tantán.

gongorino, -a adj. Del [o como del] poeta Góngora.

gongorismo m. Escuela o estilo literario surgidos con Góngora. ⇒ *Conceptismo, culteranismo.

gongorizar intr. *Escribir o hablar con estilo gongorino.*

goniómetro (del gr. «gōnía», ángulo, y «-metro») m. Instrumento utilizado para medir ángulos; especialmente, en cristalografía.

gono- Elemento prefijo del gr. «gónos», esperma.

-gono, -a Elemento sufijo del gr. «gōnía», ángulo: 'polígono'.

gonococia f. MED. Enfermedad producida por el llamado «gonococo de Geisser», que, generalmente, se localiza en la uretra y da lugar a la blenorragia; puede también ocasionar inflamación de las articulaciones o del endocardio, o estados septicémicos.

gonocócico, -a adj. MED. De [la] gonococia o de [del o de los] gonococo[s].

gonococo (del gr. «gónos», generación, y «-coco») m. BIOL. Bacteria que se encuentra en el pus blenorrágico y en el de otras lesiones gonocócicas.

gonorrea (del lat. «gonorrhoea», del gr. «gonórroia») f. MED. Blenorragia crónica.

gorbión m. *Gurbión (hilo de seda y tela de seda).*

gorbiza (Ast.) f. **Brezo (planta ericácea).*

gorda 1 (Méj.) f. **Tortilla de maíz más gruesa que la corriente.* **2** (de «perra gorda») Se usa en frases como «estar sin gorda» o «no tener ni gorda» que expresan escasez de dinero. ⇒ *Pobre.

ARMARSE LA GORDA (inf.). Estallar un discusión, un disturbio, un enfrentamiento.

NI GORDA. **1** (inf.) Referido particularmente a «ver», nada: 'Si no me pongo las gafas, no veo ni gorda'. **2** V. «gorda» (2.ª acep.).

V. «no haberlas [o habérselas] VISTO nunca más gordas [o tan gordas]».

gordal adj. *Se aplica a ciertas cosas más gordas que las corrientes de su especie:* 'Dedo gordal. Aceituna gordal'.

gordana (de «gordo») f. **Grasa de res.*

gordeza (de «gordo»; ant.) f. *Grosura.*

gordiano (del rey de Frigia «Gordio») adj. V. «NUDO gordiano».

gordinflas (inf.) adj. y n. Gordinflón.

gordinflón, -a o, menos frec., **gordiflón, -a** (inf.) adj. y n. Aplicado a personas, gordo y rechoncho; particularmente, con mofletes.

gordo, -a (del lat. «gurdus», torpe) **1** (ant.) adj. **Torpe o *tonto.* **2** adj. y, aplicado a personas, también n. Se aplica a las personas o animales, o partes de ellos, que tienen mucha carne o grasa. A las personas se aplica sólo en lenguaje familiar y se sustituye en lenguaje pulido por «grueso». **3** adj. *Aplicado a la *carne destinada al consumo, con sebo o grasa.* ⊙ (inf.) m. Sebo o *grasa de la carne destinada al consumo. **4** (inf.) adj. Con la dimensión grosor considerablemente grande. ≃ *Grueso. ⊙ Se aplica particularmente a cosas de forma o sección redondeada: 'Una piedra gorda. Una rama gorda'. ⊙ O a cosas laminares: 'Un abrigo de tela gorda'. **5** (inf.) Grande: 'Esa es una mentira bien gorda. Vimos una rata muy gorda'. **6** m. Premio mayor de los que se adjudican en cada sorteo de la *lotería. **7** adj. Aplicado a ciertas cosas como «gracia» o «ingenio», *basto.

V. «de BROCHA gorda».

CAER GORDO alguien A otra persona (inf.). Resultarle antipático. ⇒ *Detestar.

V. «hacer el CALDO gordo, de CASCABEL gordo, DEDO gordo, GENTE gorda, sudar la GOTA gorda, PALABRA gorda, PERRA gorda, PERRO gordo, PREMIO gordo, hacer la VISTA gorda».

□ CATÁLOGO

Abotagado [o abotargado], abultado, *achaparrado, adiposo, amondongado, ancho, de buen AÑO, bamboche, como [o hecho] una BOLA, botijo, cachigordo, cambuto, carigordo, metido [o entrado] en CARNES, carnoso, catimbao, cebón, ceboncillo, ceporro, cipote, colchón, COLCHÓN sin bastas, corpulento, craso, cuadrado, cuba, culón, espeso, foca, fofo, fondón, fornido, fresco, frescotona, gordal, gordinflas, gordinflón, graso, grasoso, grueso, hobachón, imbunche, jamona, jergón, lleno, lucido, mamancona, mantecoso, membrudo, mofletudo, mole, mollejón, molletudo, morcón, mostrenco, motilón, nalgudo, narria, obeso, opulento, orondo, pandorga, pastel, paturro, pepona, pesado, pingüe, potoco, *rechoncho, recio, recoquín, redoblado, regordete, regordido, rehecho, rellenito, relleno, repolludo, retaco, roblizo, robusto, rollizo, talego, tapón, terete, tomo, tonel, tonelete, topocho, vaca, vacaburra, voluminoso, zaborro, zoquete. ➤ Obesidad, polisarcia. ➤ Adiposidad, carnaza, carnes, corpulencia, CURVA de la felicidad, exuberancia, gordor, gordura, grasa, michelín, molla[s], morcilla, panza, papada, pulsera, rodaja, rollo, rosca, rosco, sebo, tripa, vientre. ➤ *Delgado. ➤ *Engordar, desengordar[se]. ➤ *Ancho.

gordolobo (del lat. «coda lupi», cola de lobo; *Verbascum thapsus)* m. *Planta escrofulariácea. El cocimiento de sus flores se ha utilizado en medicina contra la tuberculosis. ≃ Candelaria, candelera, varbasco, verbasco.

gordor (de «gordo») **1** (ant. y usado aún en And.) m. *Grosor.* **2** (ant.) *Gordura.*

gordura 1 f. Cualidad de gordo. **2** Carne o grasa excesiva.

gore (ingl.; pronunc. [góre]) adj. Se aplica a la película o al género cinematográfico de terror que se recrea en lo sanguinolento.

gorg- (var. «gorj-») Una de las formas en que se presenta el grupo imitativo o expresivo «g...r...g».

gorga (del b. lat. «gurga», garganta) **1** f. *Alimento que se daba a las aves de *cetrería.* **2** (Ar.) **Remolino formado por el agua de una corriente.*

gorgojarse prnl. Agorgojarse.

gorgojo (del sup. lat. «gurgulĭum», de «gurgulĭo, -ōnis») **1** m. Nombre aplicado a varias especies de insectos *coleópteros que se alojan en las semillas de los cereales y legumbres. ≃ Cuco, mordihuí. ⇒ *Bicho. ➤ Agorgojarse, gorgojarse. **2** (inf.) *Persona muy *pequeña.*

gorgojoso, -a adj. Con gorgojos.

gorgomillera (del b. lat. «gurga», garganta; ant.) f. *Garguero.*

gorgón (ant.) m. *Esguín (cría del salmón).*

Gorgona f. gralm. pl. MIT. Nombre dado a tres divinidades griegas hermanas, una de ellas Medusa, que tenían el poder de convertir en piedra a aquellos a quienes miraban.

gorgóneo, -a (del lat. «gorgonĕus», del gr. «gorgóneios») adj. MIT. *De las Gorgonas.*

gorgonzola m. QUESO gorgonzola.

gorgor (de or. expresivo) m. *Gorgoteo.*

gorgorán (del ingl. «gorgoran», antigua var. de «grogram») m. *Cierta tela de seda que forma cordoncillo.*

gorgorear (And., Chi.) intr. *Gorgoritear.*

gorgoreta (Filip.) f. *Alcarraza (especie de *botijo o cántaro).*

gorgorita (de «gorga») **1** f. **Burbuja pequeña.* ≃ Gorgorito, górgoro. **2** (gralm. pl.) *Gorgorito (de voz).*

gorgoritear intr. Hacer gorgoritos.

gorgorito (de «gorga»; «Hacer») m., gralm. pl. Sonido que se emite al cantar o al reír y, a veces, también al hablar, subiendo y bajando la voz en tono siempre agudo y con cambios rápidos; como hacen algunos pájaros al cantar. ⇒ Quiebro.

górgoro (de «gorga») **1** (Méj.) m. **Burbuja.* **2** (Sal.) **Trago.*

gorgorotada f. **Trago.*

gorgotear (de «gorgor») intr. Producir gorgoteo. ≃ *Borbollar.

gorgoteo m. Sonido que produce un líquido al moverse; por ejemplo, el agua al caer continuadamente en un sitio donde ya la hay, o al moverse dentro de una tubería o en un depósito. ≃ Gorgor.

gorgotero (¿del fr. «gargotier», figonero?) m. **Buhonero: hombre que va de pueblo en pueblo vendiendo cosas menudas.*

gorgozada (del b. lat. «gurga», garganta; ant.) f. **Bocanada de vómito, o *esputo voluminoso.*

gorguera (del b. lat. «gurga», garganta) **1** f. Adorno que se ponía antiguamente alrededor del *cuello, consistente en una tira de tela ancha y almidonada, con pliegues sujetos por el centro, de modo que una mitad se abría hacia arriba rodeando la cabeza, y la otra hacia abajo. **2** **Gorjal de la armadura.* **3** *Involucro de las flores.*

gorguerán (ant.) m. *Gorgorán.*

gorguz (del sup. bereber «agergut») **1** m. *Especie de *dardo o *lanza corta.* **2** *Vara larga con un gancho en un extremo para coger piñas.* **3** (Méj.) **Puya (para picar a las reses).*

gorigori (jocoso) m. Canto fúnebre con que se acompañan los entierros.

gorila (del lat. cient. «gorilla») **1** *(Gorilla gorilla)* m. *Mono antropomorfo de estatura aproximadamente como la del hombre, muy fuerte y fiero, que habita en el África ecuatorial. ⊙ (n. calif. o en comparaciones) Hombre corpulento, muy *feo, muy velludo o de miembros desproporcionados. **2** (inf.) Guardaespaldas.

gorja (del fr. «gorge») **1** f. **Garganta.* **2** ARQ. **Moldura de sección cóncava en su parte superior y convexa en la inferior.*

gorjal (de «gorja») **1** m. **Cuello de la vestidura del *sacerdote.* **2** *Parte de la *armadura que defendía el cuello.* ≃ Colla, gorguera.

gorjeador, -a adj. Que gorjea.

gorjeamiento (ant.) adj. *Gorjeo.*

gorjear (de «gorja») **1** intr. Cantar los *pájaros haciendo gorgoritos. ⊙ Reír o cantar personas, particularmente niños, con sonido semejante al canto de los pájaros. ⇒ Gorgorito, trino. **2** (ant. e Hispam.) **Burlarse.* **3** prnl. *Empezar el niño a pronunciar sonidos articulados.* ⇒ *Hablar.

gorjeo m. Acción de gorjear.

gorlita (Mur.) f. *Lazada o pequeño enredo o nudo que se forma en la hebra al retorcerse el *hilo.*

gormar tr. **Vomitar.*

gorra 1 f. Prenda usada para cubrirse la cabeza, sin ala y con visera. ⇒ Capigorrista. ➤ *Gorro. *Sombrero. **2** *Gorro (prenda que se les pone a los niños).* **3** *Birretina (gorra de pelo).* **4** *Montera: cualquier prenda para cubrirse la cabeza los hombres.* **5** m. **Gorrón (aprovechado).*

GORRA DE PLATO. La que tiene la parte superior plana y más ancha que el resto, usada especialmente por algunos militares.

CON LA GORRA (inf.). Con gran facilidad: 'Ese trabajo se hace con la gorra'.

DE GORRA (inf.). *Gratis: sin pagar; generalmente, con abuso.

gorrada f. *Saludo hecho quitándose la gorra.* ≃ Gorretada.

gorrear (inf.) intr. *Gorronear.*

gorrera (de «gorrero») f. *Mujer adúltera.*

gorrería f. Taller o tienda de gorras.

gorrero, -a 1 n. Persona que hace o vende gorras. **2** m. *Gorrón (aprovechado).*

gorretada (de «gorreta») f. *Gorrada.*

gorrete m. Dim. frec., generalmente despectivo, de «gorro».

gorriato (And., Áv., Các., Sal.) m. *Gorrión.*

gorrilla 1 f. Dim. de «gorra». **2** (Sal.) **Sombrero de copa baja troncocónica y ala ancha ribeteada de terciopelo, que usan los campesinos.*

gorrinada f. Acción propia de un gorrino (en sentido figurado).

gorrinera (de «gorrino») f. Pocilga.

gorrinería 1 f. Suciedad. **2** Acción propia de un gorrino (en sentido figurado). ⇒ *Indecencia, *jugada, *pocilga, suciedad.

gorrino, -a (de or. expresivo) n. *Cerdo, en cualquier acepción.

gorrión, -a (*Passer domesticus;* no frec. en f.) n. *Pájaro muy corriente, de unos 10 cm de longitud, de color pardo con toques negros, con el pico corto y cónico; es omnívoro, muy voraz, y ha conseguido adaptarse perfectamente al ambiente urbano. ≃ Gorriato, gurriato, gurripato, pajarel, pardal, pardillo. ⇒ Chincol, chirote, copetón.

gorrionera (de «gorrión») f. **Guarida de gente maleante.*

gorrista (de «gorra», gorrón) adj. y n. *Gorrón.*

gorro (de «gorra») **1** m. Cualquier prenda usada para cubrirse la cabeza, sin ala ni visera. ⇒ Gorra. ➤ Buzo, *cambuj, capillo, escofieta, falla, verdugo. ➤ *Sombrero. **2** Prenda que se les pone en la cabeza a los niños pequeños. **3** Puede emplearse acomodaticiamente para designar cualquier objeto sin nombre particular que *cubre la punta o extremo de una cosa.

GORRO FRIGIO. Gorro semejante al que usaban los frigios, adoptado por los revolucionarios *franceses como emblema de la libertad y que sigue adscrito con el mismo significado a las representaciones alegóricas de la república francesa.

ESTAR HASTA EL GORRO (inf.). Estar *harto.

PONER EL GORRO (inf.). Hacerle representar a una persona un papel ridículo o ponerla en una situación embarazosa; por ejemplo, a alguien que tiene que presenciar cómo un hombre requiebra a su pareja. ⊙ Ser infiel uno de los cónyuges al otro. ⇒ Adúltero.

gorrón[1], -a (de «gorra») **1** adj. y n. Se dice de la persona que abusa de otras haciéndose invitar o no pagando las cosas o servicios que utiliza. ≃ *Aprovechado. ⇒ Gorra, gorrero, gorrista, mamarón. ➤ *Aprovechado. **2** m. Hombre vicioso o *libertino, que trata con las gorronas. **3** f. Prostituta.

gorrón[2] 1 m. **Guijarro pequeño redondeado.* **2** **Chicharrón (residuo de la manteca).* **3** *Gusano de *seda que enferma y se queda arrugado.* **4** *En mecánica, espiga en que termina por la parte inferior un árbol de rotación o pieza semejante, sobre la que gira.* ⇒ Guijo. ➤ Pivote, tejuelo. ➤ *Eje. ⊙ *Se aplica como nombre genérico de *forma a cualquier apéndice semejante.*

gorrona adj. V. «PASA gorrona».

gorronal (de «gorrón») m. *Guijarral o *pedregal.*

gorronear intr. Cometer acciones de gorrón.

gorronería f. Cualidad de gorrón. ⊙ Acción de gorrón.

gorruendo, -a (de «gorrón[1]»; ant.) adj. **Harto o satisfecho de comer.*

gorullo (de «borujo») m. **Grumo o apelotonamiento.*

gorupo m. MAR. **Nudo con que se unen dos cabos.*

gosipino, -a (del lat. «gossypĭnus») adj. *Se aplica a lo que tiene *algodón o se parece a él.*

gospel (ingl.; pronunc. [góspel]) adj. y n. m. Se aplica a un género de música religiosa originario de la población negra del sur de Estados Unidos, y a sus cosas.

gota (del lat. «gutta»; en la acep. «enfermedad» es traducción aproximada del gr. «rheûma», «goteo» o «escurrimiento» de un líquido) **1** f. Pequeña porción de un *líquido que se desprende de una masa de él y cae con forma característica. ⊙ Porción de líquido de tamaño semejante depositada en cualquier sitio: 'Gotas de lluvia. Gotas de rocío'. ⇒ Lágrima, ojo, perdón, pinta. ➤ Rocío, vapor. ➤ Chispear, despichar, destilar, escurrir, estilar, gotear, instilar, llorar, pingar, salpicar. ➤ Emulsión, suspensión. ➤ Estilicidio. ➤ Agotar, cuentagotas, desgotar. **2** Se emplea, más en frases negativas, para designar una cantidad pequeñísima de algo: 'Si tuvieras una gota de sentido común'. ≃ *Insignificancia. ⊙ También se emplea en otras expresiones de sentido figurado, como 'la gota de agua que horada la piedra' o 'la gota de agua que colma el vaso'. **3** (pl.) Pequeña cantidad de coñac u otro licor que se añade a la taza de *café. ⊙ (pl.) Medicina u otra sustancia tomada o usada en gotas: 'El médico le ha recetado unas gotas'. ⇒ *Farmacia. **4** ARQ. *Remate inferior, como un pequeño tronco de cono o de pirámide, de los *triglifos.* **5** *Caramelo redondo muy pequeño. ≃ Lágrima. **6** Cierta *enfermedad que causa hinchazón muy dolorosa en algunas articulaciones pequeñas y, a veces, se complica con infecciones viscerales. ⇒ Podagra, quiragra. ➤ Nodo, tofo.

CUATRO GOTAS. Lluvia breve y escasa: 'Han caído cuatro gotas nada más'.

GOTA ARTÉTICA. MED. *Gota que afecta a las articulaciones de los dedos.*

G. CADUCA [O CORAL]. MED. **Epilepsia.*

G. FRÍA. Fenómeno meteorológico caracterizado por una fuerte inestabilidad atmosférica que produce intensas precipitaciones, generalmente en forma de lluvia. ⇒ *Llover.

G. SERENA. **1** *Amaurosis (ceguera por lesión en la retina).* **2** *Tormento que consistía en un gota que caía continuamente sobre la cabeza del reo y le iba horadando el cráneo.

COMO DOS GOTAS DE AGUA (inf.; «Parecerse»). Se aplica a dos personas o cosas que tienen un gran parecido.

GOTA A GOTA. **1** Se aplica a la manera de caer o pasar de un sitio a otro un líquido cuando lo hace en gotas, una detrás de otra. **2** Muy *lentamente. **3** Es también una de las expresiones con que se alude a la constancia o insistencia de una acción. **4** Procedimiento para administrar lenta y continuadamente suero, medicamentos o plasma sanguíneo por vía intravenosa. ⊙ Dispositivo que se utiliza para ello.

NI GOTA. *Nada.

NO QUEDAR a alguien GOTA DE SANGRE EN LAS VENAS [O EN EL CUERPO]. Haber recibido un gran *susto o estar muy asustado.

NO VER [NI] GOTA. No *ver nada.

SER LA GOTA QUE COLMA EL VASO (inf.). Suceder algo que agota la paciencia de una persona.

SUDAR LA GOTA GORDA. **1** (inf.) Sudar mucho. **2** (inf.) *Esforzarse mucho para hacer algo.

UNA GOTA [O UNAS GOTAS]. Una pequeña cantidad de cierto líquido: 'Poner unas gotas de leche en el té'.

goteado, -a Participio de «gotear». ⊙ adj. Manchado de gotas.

gotear 1 intr. Caer o dejar caer un líquido gota a gota: 'Gotea el aceite de la lámpara. Gotea el grifo del lavabo'. **2** (terciop. de sujeto interno) *Llover con gotas muy espaciadas. **3** Ser dada o recibida una cosa en pequeñas cantidades sucesivas.

gotelé (¿del fr. «gouttelette», gotita?) m. Técnica de pintar paredes que consiste en esparcir gotas de pintura espesa con una máquina especial.

goteo 1 m. Acción de gotear. **2** Hecho de dar o gastar algo, particularmente dinero, en entregas pequeñas pero continuas y que van consumiendo la cosa de que se trata. ⇒ *Continuo, *lento.

gotera 1 f. Filtración de agua de lluvia a través de un techo o pared. ⊙ *Mancha que deja. ⊙ *Grieta o sitio por donde se filtra. **2** (inf.) *Achaque propio de la vejez. **3** *Sitio en que cae el agua que escurre de un tejado.* **4** **Griseta: enfermedad de los árboles.* **5** (Cantb.; pl.) **Alrededores de una casa.* **6** (Hispam.; pl.) **Alrededores de una población.* **7** *Guarnición de tapicería que cuelga alrededor del techo de un dosel, del cielo de una cama, etc.*

EL QUE NO COMPONE LA GOTERA, COMPONE LA CASA ENTERA. Refrán que recomienda remediar los males antes de que vayan a más.

gotero (Hispam.) m. **Cuentagotas.*

goterón 1 m. Gota de lluvia muy grande. **2** ARQ. *Adorno formado por una línea de conos truncados. **3** CONSTR. *Canal que se hace en la cara inferior de la corona de la *cornisa para que el agua de lluvia no corra por el sofito.*

gótico, -a (del lat. «Gothĭcus») **1** adj. De los godos. ⊙ m. Idioma de los godos. **2** adj. y n. m. Se aplica al arte que se desarrolla en Europa desde el siglo XII hasta el Renacimiento, como evolución del románico pero con caracteres y elementos propios; especialmente, el arco apuntado, la bóveda de crucería y los arbotantes o soportes exteriores de las bóvedas. ⇒ Aguja, arbotante, botarel, crestería, doselete, gablete, gancho, ojiva, pináculo. **3** adj. Se aplica a un tipo de letra angulosa y con algunos caracteres propios, usada sobre todo durante la Edad Media, así como a los textos escritos con ella: 'Un manuscrito gótico'. ⇒ Ulfilano. **4** **Noble o *ilustre.*

V. «NIÑO gótico».

gotita f. Dim. frec. de «gota»: 'Gotitas de un líquido en suspensión en otro'.

gotón, -a (del lat. «Gothōnes», godos; gralm. pl.) adj. y, aplicado a personas, también n. **Godo.*

gotoso, -a 1 adj. y n. Se aplica a la persona que padece gota. **2** adj. CETR. *Se aplica al *ave de rapiña que tiene torpes los pies por enfermedad.*

gouache (fr.; pronunc. «guash») m. Guache.

gouda (de «Gouda», ciudad de Holanda) m. Queso holandés de consistencia pastosa.

gourmand (fr.; pronunc. [gurmán]; pl. «gourmands») n. Persona aficionada a comer bien.

gourmet (fr.; pronunc. [gurmét]; pl. «gourmets») n. Persona de paladar exquisito que sabe apreciar la buena cocina.

gova f. **Cueva.*

goyesco, -a adj. Del pintor Goya o de su época.

gozada (inf.) f. Alegría grande: 'Qué gozada de viaje'.

gozar 1 intr. Experimentar gozo o placer. ⊙ Puede también tratarse de un sentimiento malévolo: 'Goza haciendo sufrir'. ⊙ («en») prnl. Ponerse contento o alegrarse malignamente con cierta cosa: 'Se goza en los fracasos de los otros'. ≃ Disfrutar, gozar, recrearse, regocijarse. ⇒ Hacerse la BOCA agua, complacerse, deleitarse, deliciarse, disfrutar, fruir, gustar de, encontrar [o sacar] GUSTO, volverse LOCO por, paladear, hacer PENITENCIA, encontrar PLACER, pasar un buen RATO, *recrearse, saborear. ➤ *Alegrarse. *Gustar. *Placer. **2** tr. *Poseer sexualmente a una ↘mujer. **3** («de») tr. e intr. *Tener cierta ↘cosa útil, beneficiosa o agradable: 'Gozamos una temperatura deliciosa. Goza de buena salud [o de pingües rentas]'.

GOZARLA (inf.). Pasarlo muy bien.

V. «gozar de DIOS».

gozne (de «gonce») **1** m. Bisagra: herraje *articulado con que se fijan las hojas de las puertas y ventanas al quicial para que puedan girar. ⇒ Alguaza, bisagra, charnela, charneta, fija, golfo, gonce, pernio. ➤ Macho, pala, pasador, perno, pinzote, puerca. ➤ Desengoznar[se], desgonzar[se], desgoznar[se], desquiciar[se]. **2** ZOOL. *Ligamento flexible que une las dos valvas de la *concha.*

gozo (del lat. «gaudĭum») **1** m. Sentimiento de *alegría y *placer que se experimenta con una cosa que impresiona intensamente los sentidos, la sensibilidad artística o la sensibilidad afectiva: 'El gozo de los niños bañándose en el mar. El gozo de levantarse al amanecer en un día de primavera. El gozo de ver felices a sus hijos'. **2** (pl.) Composición *poética en honor de la Virgen o de algún santo. ⇒ *Himno. **3** **Llamarada viva que produce la leña menuda y seca al arder.*

DAR GOZO. Producir una cosa mucho placer y alegría: 'Da gozo ver lo hermosos que están los campos'. ≃ Ser un GOZO.

MI [NUESTRO, etc.] GOZO EN UN POZO (inf.). Comentario o exclamación de *desilusión cuando se malogra una cosa que se esperaba con alegría.

NO CABER EN SÍ DE GOZO. Estar muy *satisfecho.

SER UN GOZO. Dar GOZO: 'Es un gozo ver esas criaturas tan sanas y alegres'.

gozosamente adv. Con alegría.

gozoso, -a 1 («Estar; con, de») adj. *Alegre o contento. **2** («Ser») Se aplica a lo que produce alegría o va acompañado de ella: 'Una noticia gozosa. Una boda gozosa'.

gozque (de la voz «gozc», usada para llamar a los perros) m. *Perro pequeño y ladrador. Se usan también los diminutivos «gozquecillo» o «gozquezuelo». ≃ Cuzco.

gozquillas (ant.) f. pl. *Cosquillas.*

gozquilloso, -a (ant.) adj. *Cosquilloso.*

gr (pl. «gr» o «grs») Abrev. de «gramo».

grabación f. Acción de grabar discos, cintas magnetofónicas, etc. ⊙ Disco o cinta grabados.

grabado, -a 1 Participio adjetivo de «grabar». **2** m. Acción de grabar. ⊙ *Arte de grabar. ⊙ Obra grabada. ⊙ Reproducción mediante la imprenta de un dibujo grabado previamente en una plancha.

GRABADO AL AGUA FUERTE. Grabado obtenido mediante la acción del ácido nítrico o agua fuerte: se recubre con un barniz la plancha metálica sobre la que se va a hacer el grabado y luego se raspa con una aguja para que queden al descubierto ciertas partes que constituyen el dibujo y que son atacadas por el ácido que se aplica encima, de modo que se producen los huecos necesarios para recibir la tinta.

G. EN COBRE. El que se hace previamente sobre planchas de cobre excavando el dibujo con el buril o con aguafuerte y rellenando de tinta los huecos para obtener las copias.

G. EN FONDO [O EN HUECO]. *El que se ejecuta en troqueles de metal o de madera, o en piedras finas, para acuñar medallas o hacer sellos.*

G. EN MADERA. Xilografía: grabado en que el original se hace sobre madera.

QUEDÁRSELE GRABADA una cosa a alguien. No olvidársele: 'Se me quedó grabado lo que dijo aquella vez tu hermana'. ⇒ *Recordar.

TENER GRABADA una cosa alguien. No olvidársele: 'Tengo su cara grabada'.

grabador, -a n. Persona que se dedica al arte del grabado.

grabadora f. *Magnetófono de bolsillo.

grabadura f. *Grabado (acción de grabar).*

grabar (del fr. «graver») **1** tr. Dibujar ↘algo sobre una superficie, con incisiones. ⊙ Particularmente, para obtener después reproducciones de los dibujos así hechos. **2** tr. o abs. Trasladar determinadas señales o datos, como sonidos o imágenes, a un disco fonográfico, cinta o disco magnético u otro soporte, para que puedan ser reproducidos posteriormente: 'Grabar un disco. Grabar una sinfonía [o una conversación]. Este vídeo no graba bien'. ⇒ *Impresionar. **3** tr. Dejar ↘algo como un recuerdo, una impresión, un consejo, fijo en el ánimo de alguien: 'Graba en tu mente esto que te voy a decir'. ≃ Fijar. ⊙ prnl. Fijarse un recuerdo, una impresión, etc., en el ánimo de alguien. ⇒ *Inculcar.

□ CATÁLOGO

Abrir, burilar, celar, cincelar, entallar, entretallar, esculpir, gofrar, inscribir, litografiar, pirograbar, retallar, tallar. ➤ Acerar, estampar, granear, morder, remorder, reportar. ➤ Ilustrar. ➤ Encuentro, reporte. ➤ Estampería, glíptica. ➤ AGUA fuerte, aguafuerte, aguatinta, calcografía, calcotipia, cromo, cromolitografía, estampa, fotograbado, fotografía, fotolitografía, galvano, heliograbado, huecograbado, lámina, litofotografía, litografía, litotipografía, pirograbado, xilografía. ➤ Negativo. ➤ Aleluya, calcografía, calcomanía, calcotipia, cincograbado, cincografía, cromo, cromolitografía, dibujo, estampa, fototipia, grabado, historieta, ilustración, lámina, litografía, marmosete, mono, oleografía, santo, viñeta, vista, xilografía. ➤ Campo, fondo. ➤ Aguafuertista, calcógrafo, cincelador, cromolitógrafo, estampador, fotograbador, grabador, litógrafo, reportista, tallador. ➤ Aguja, buril, cercador, cincel, contrapunzón, graneador, punta seca, punzón. ➤ Clisé, mordiente, PIEDRA litográfica, plancha, prensa, tórculo. ➤ Contrarraya. ➤ Fuera de TEXTO. ➤ *Dibujo. *Imprimir. *Pintar.

gracejada (de «gracejo»; Hispam.) f. *Payasada o bufonada.*

gracejar 1 intr. **Hablar o *escribir con gracejo.* **2** *Contar *chistes.*

gracejo (de «gracia») m. *Desenvoltura, soltura y *gracia con que alguien habla o escribe.

gracia (del lat. «gratĭa») **1** f. Disposición amistosa, favorable o protectora hacia alguien; particularmente, por parte de una persona de elevada posición: 'Disfrutó algún tiempo de la gracia del rey'. ≃ Benevolencia, favor. ⇒ *Privado. ➤ Desgracia, engraciar. ⊙ Acción de dar o consentir algo a alguien quien tiene poder o autoridad para hacerlo: 'Rey por la gracia de Dios'. ≃ Concesión, favor, *merced. ⊙ Cosa dada o consentida: 'Le dijo que le concedería la gracia que le pidiera'. ⊙ Particularmente, *perdón o indulto de un condenado: 'La gracia del indulto. No hubo gracia para él'. **2** Ayuda sobrenatural concedida por Dios al hombre para el ejercicio del bien y el logro de la bienaventuranza: 'Estar en posesión de la gracia. En estado de gracia'. ⇒ Predestinar, preelegir. ➤ Libre ALBEDRÍO, *predestinación. ➤ *Sacramentos. ➤ Congruismo. ➤ *Teología. **3** *Habilidad natural para hacer una cosa o para conseguir algo que no todos consiguen: 'Tiene gracia para hacer un ramo de flores [para peinarse, para hacer un lazo, para tratar a los niños, para convencer a los clientes]'. ≃ Arte. ⇒ *Hábil. **4** («Tener») Cualidad de *divertir o hacer *reír: 'Es un actor que tiene la gracia por arrobas. Nos contó un chiste que tiene mucha gracia'. ⊙ Se aplica también a cosas que, aunque no hagan reír o diviertan, sorprenden por lo ilógicas o contradictorias: 'Tiene gracia que ahora que yo no le hago caso, sea él quien me busca'. ⊙ («Hacer») Impresión causada por lo que tiene gracia: 'Me hizo mucha gracia su contestación'. **5** Acción o dicho que tiene gracia. ⊙ Se emplea con frecuencia irónicamente aplicado a cosas que *molestan o *fastidian: '¡Ya ha hecho otra gracia de las suyas!'. ⊙ Se aplica a las acciones o dichos de los niños que constituyen una *habilidad que hace gracia a los mayores: 'Nadie convide a gracias de niños'. **6** *Cualidad o *don, o conjunto de ellos, que hace amable una cosa o a una persona: 'Las hadas le dotaron con todas las gracias'. ⊙ *Belleza junto con delicadeza y ligereza: 'La gracia de las formas de un animal joven'. ⊙ Tratándose de movimientos, elegancia y *armonía, junto con agilidad: 'Baila [anda o se mueve] con gracia. La gracia de los movimientos de la gacela'. ⊙ Cualidad indefinible, que reside más bien en la expresión, que hace atractivo algo, independientemente de su perfección formal: 'Su cara tiene gracia, a pesar de que las facciones no son correctas. El corte de ese vestido tiene gracia'. ⊙ Cualquier cualidad de una cosa que contribuye a hacerla estimable: 'No es que sea un gran coche pero tiene su gracia'. **7** (con mayúsc.; gralm. pl.) MIT. Cada una de las tres divinidades, hijas de Venus, de gran belleza, que concedían a los mortales las cosas agradables de la vida, como belleza, gracia o felicidad. **8** (ya en desuso) En lenguaje afectadamente pulido o formalista, nombre de una persona; se emplea, por ejemplo, para preguntarlo: '¿Cómo es su gracia, señorita?'. **9** *Acompañamiento que va después del *entierro a casa del difunto, donde se dice un responso.* **10** *Este responso.*

LA GRACIA DE DIOS. *El *aire, la *luz, el *sol que se disfrutan abriendo las ventanas, etc.:* '¡Que entre la gracia de Dios!'.

GRACIAS AL SACAR. *Dispensas concedidas por el ministerio de Justicia, por ejemplo para la emancipación de un menor, mediante el pago de ciertos derechos.*

V. «ACCIÓN de gracias, AÑO de gracia».

CAER EN GRACIA. Hacerse *simpático o resultar agradable o gracioso para alguien: 'Parece que le he caído en gracia'.

DAR EN LA GRACIA DE cierta cosa. Tomar la *costumbre de hacer esa cosa, que resulta molesta o desagradable para el que habla: 'Ha dado en la gracia de poner la radio a las ocho'.

DAR [LAS] GRACIAS. Decir «gracias» o manifestar agradecimiento con cualquier otra expresión.

EN GRACIA. **1** Disfrutando de la gracia o favor de alguien. **2** En gracia de Dios. ≃ En ESTADO de gracia.

EN GRACIA A (form.). Por *consideración a cierta circunstancia, mérito, servicio, etc., que justifican la recompensa o concesión de que se trata: 'No le han castigado en gracia a sus servicios anteriores'. ⇒ *Causa.

EN GRACIA DE DIOS. Limpio de culpa o pecado. ≃ En ESTADO de gracia. ⊙ Con la conciencia tranquila. ⇒ *Justo.

V. «GOLPE de gracia».

¡GRACIAS! Expresión cortés con que se *agradece cualquier servicio o atención.

GRACIAS A... [QUE...]. Se emplea para expresar la cosa o persona que ha sido *causa de que ocurra algo bueno o se evite algo malo: 'Gracias a ti he llegado a tiempo'. ≃ *Por. ⇒ Y ESO porque, si no LLEGA a..., si no llega a SER por....

GRACIAS A DIOS. Expresión piadosa con que se inicia la exposición de algo que se considera como una *suerte o como un *alivio: 'Gracias a Dios están en muy buena posición [ya ha pasado la gravedad]'. ≃ A DIOS gracias.

¡GRACIAS A DIOS! Exclamación que se profiere cuando, por fin, ocurre algo que se ha *esperado mucho tiempo: '¡Gracias a Dios! Ya era hora de que acabaseis'. ⊙ También, como exclamación de *alivio, cuando desaparece un temor o peligro.

HACER GRACIA. **1** Resultar gracioso: 'Me hace gracia tu manera de hablar'. **2** Resultar agradable o *gustar: 'Parece que te hace gracia esa muchacha'. ⊙ En frases negativas, no solamente no agradar, sino disgustar: 'No me hace ninguna gracia tener que salir de casa otra vez'. **3** *Producir *ilusión*: 'Me hace gracia la idea de tomarme unas vacaciones'. **4** Resultar *absurda, *injusta, *intolerable o irritante una cosa: 'Me hace gracia que, encima, me eches a mí la culpa'.

HACER GRACIA DE... *Evitar, ahorrar a alguien algo que le resultaría pesado o molesto: 'Te hago gracia de los detalles del asunto'.

HACER MALDITA [LA] GRACIA. No hacer maldita la GRACIA.

MALDITA LA GRACIA QUE ME HACE [ME HARÍA, TIENE, TENDRÍA, etc.]. Formas muy frecuentes de las frases conjugables «hacer maldita la gracia» o «tener maldita la gracia»: 'Maldita la gracia que me hace salir ahora con lo que llueve'.

NO HACER [NINGUNA O MALDITA LA] GRACIA. Expresiones con que se muestra *disgusto por algo que se expresa o por algo que el que lo dice o hace tiene por gracioso: 'No me hace ninguna gracia tener que trabajar los sábados'.

NO TENER [MALDITA LA] GRACIA una cosa. Ser molesta o desagradable.

V. «en PAZ y en gracia de Dios».

POR LA GRACIA DE DIOS. Fórmula que se aplica a «*rey» o palabra equivalente, por ejemplo en las monedas, cuando acompaña al nombre de un rey determinado.

¡QUÉ GRACIA! **1** Exclamación que se profiere cuando se encuentra graciosa una cosa. ⊙ También, cuando se encuentra curiosa o sorprendente: '¡Qué gracia!: estábamos precisamente hablando de ti cuando has aparecido'. **2** Es también, dicha con reticencia, exclamación de *enfado, *fastidio o *disgusto. ⊙ También se rechaza con ella sarcásticamente una pretensión inadmisible: '¿Que te ceda mi puesto?... ¡Qué gracia!'.

REÍRLE a alguien UNA GRACIA [O LAS GRACIAS]. Jalearle: *lisonjearle demostrándole que se le encuentra gracioso o simpático, aunque no haya motivo para ello.

TENER GRACIA algo. **1** Ser sorprendente: 'Tiene gracia que hayas pasado por mi lado y no me hayas visto'. **2** Ser *absurdo, *injusto, *intolerable o irritante: 'Tiene gracia que, además de no pagarme, me insulte'. Se emplea en multitud de exclamaciones de *enfado o *protesta, con distintas formas del verbo: '¡Tiene gracia! ¡Tiene gracia la cosa! ¡Sí que tiene gracia [la cosa]! ¡Tendría [o sí que tendría] gracia que se lo pidieras ahora!'. ⇒ Tener CHISTE, ser CHISTOSO.

TENER una cosa LA GRACIA POR ARROBAS. **1** Tener mucha gracia. **2** Tener maldita la GRACIA.

TENER MALDITA LA GRACIA. No tener maldita la GRACIA.

V. «TIRO de gracia».

¡VAYA UNA GRACIA! **1** (con acento muy marcado en «vaya») Exclamación de *enfado o *disgusto: '¡Vaya una gracia!... No tengo la llave'. **2** (con acentos muy marcados en «vaya» y en «gracia») Exclamación con que se menosprecia algo de que otro presume: '¡Vaya una gracia! Yo también lo haría si tuviera las espaldas guardadas como él'. ⇒ *Rebajar.

Y GRACIAS. Expresión que equivale a «y nada más» o «y ya es bastante»: 'En ese trabajo te dejan diez minutos para tomar un café, y gracias. Toma mil pesetas más, y gracias'. ⇒ *Sólo.

□ CATÁLOGO

Chispa, eutrapelia, gracejo, ingenio, buena PATA, sainete, sal, SAL gorda, SAL y pimienta, buena SOMBRA, VIS cómica. ➤ De BROCHA gorda, gordo. ➤ Bufonada, caída, chiste, chocarrería, chuscada, concepto, cosa, dicho, discreción, donaire, facecia, gansada, golpe, gracejada, idea, ingeniosidad, ocurrencia, payasada, salida. ➤ *Broma, *guasa. ➤ Agudo, animado, bromista, bufo, CACHONDO mental, célebre, chancero, chistoso, chocante, chocarrero, chusco, cómico, correntón, decidor, delicioso, deportoso, descacharrante, divertido, donoso, faceto, famoso, festivo, gachón, genial, gracioso, de buen HUMOR, humorista, ingenioso, jocoso, loquesco, ocurrente, oportuno, picante, regocijante, resalado, sabroso, salado. ➤ Bueno, enorme, [muy] grande, de lo que no HAY, inmenso, un poema, para morirse [retorcerse o troncharse] de RISA. ➤ Albardán, animador, bobo, *bufón, chuzón, clown, fantoche, ganso, GENTILHOMBRE de placer, hazmerreír, histrión, *mamarracho, maya, mimo, moharrache [o moharracho], mojarrilla, pantomimo, *payaso, truhán. ➤ Bromear, gracejar. ➤ Galanamente, graciosamente. ➤ Agrado, ángel, aquel, *armonía, *atractivo, *condimento, cortapisa, don de gentes, donaire, donosura, elegancia, *encanto, esbeltez, gala, galantería, galanura, gallardía, gancho, garbo, gracilidad, salero. ➤ Agraciar. ➤ Agraciado, grácil. ➤ Desagraciado, desangelado, desdonado, desgarbado, desgraciado, insustancial, mala PATA, *patoso, *pesado, mala SOMBRA, *soso. ➤ *Agudeza. *Broma. *Cómico. *Grotesco. *Ridículo. *Risa.

graciable **1** adj. *Gracioso.* **2** **Amable.* **3** *Se aplica a lo que se puede conceder como gracia o sólo por voluntad del que lo concede.* ⇒ Voluntario.

graciado, -a (ant.) adj. **Simpático o *generoso.*

grácil (del lat. «gracĭlis») adj. Delgado, flexible y gracioso: 'Su grácil talle. Una grácil muchacha'. ⇒ *Bello.

gracilidad f. Cualidad de grácil.

graciola (de «gladíolo» con influencia de «gracia»; *Gratiola officinalis)* f. Hierba escrofulariácea considerada antiguamente como un gran antídoto contra las tercianas. ⇒ *Planta.

graciosamente **1** adv. Con gracia. **2** Por gracia o merced: 'Le concedió graciosamente un título'. ⊙ Sin mérito por parte del que recibe una cosa. **3** Sin premio o recompensa: 'Trabajaban graciosamente para el soberano'.

graciosidad (del lat. «gratiosĭtas, -ātis») f. *Hermosura, perfección o excelencia de una cosa, que deleita a los que la ven u oyen.*

gracioso, -a **1** adj. Se aplica a lo que tiene gracia, en cualquier acepción: 'Una escena muy graciosa. Una cara graciosa. Un lazo gracioso. Una coincidencia graciosa. Se cree muy gracioso'. ⇒ *Gracia. **2** n. Personaje que, en una obra teatral, tiene el papel de hacer y decir cosas que hacen reír. ⇒ *Gracia. ⊙ *Actor que representa ese papel. ⊙ m. Particularmente, personaje agudo y socarrón del teatro español de los siglos XVI y XVII. **3** (culto) adj. Sin pedir o recibir nada a cambio. ⇒ *Gratis. ⊙ (culto) O a lo que se da por gracia o merced. **4** Se aplica a «majestad», refiriéndose a los *reyes de Inglaterra.

ESTARÍA GRACIOSO. Tendría GRACIA.

LO GRACIOSO ES QUE. Frase con que se empieza la exposición de una cosa graciosa, sorprendente o *ilógica: 'Lo gracioso es que lo hizo sin darse cuenta'.

¡QUÉ GRACIOSO! Exclamación que aparte de su significado normal puede tener el valor de expresión irónica de *disgusto contra una persona por algo que dice o hace.

gracir (de «gracia»; ant.) tr. *Agradecer.*

grada[1] (del lat. «crates», enrejado) **1** f. Reja o locutorio de los *conventos de monjas. **2** AGR. Utensilio que consiste en una especie de reja o parrilla con púas por la parte inferior, que sirve para arrellanar la tierra después de *labrada. ≃ Rastra. ⇒ Rastra, rastrillo, tragaz, trapa. ➤ Escarificador, extirpador. ➤ Allanar, gradar, rastrillar.

grada[2] (de «grado») **1** f. *Escalón, aplicado particularmente a los de un sitio de respeto, como altar, trono o estrado. ⊙ (pl.) Escalinata: escalera monumental en el exterior de un edificio. **2** Cada uno de los *bancos corridos que forman un anfiteatro. **3** (sing. o pl.) Conjunto de esos asientos, por ejemplo en un teatro o en la plaza de toros. ≃ Gradería. **4** *Tarima que hay a veces al pie de los *altares.* ⇒ Peana. **5** MAR. *Plano inclinado hecho de cantería, a orillas del mar o de un río, sobre el cual se construyen o carenan los *barcos.*

LA GRADA [O LAS GRADAS] DEL TRONO. Expresión con la que se simboliza el *rey o la dignidad real, en frases como «llegar hasta las gradas del trono, subir las gradas del trono».

gradación (del lat. «gradatĭo, -ōnis») **1** f. Colocación o ejecución de una cosa por grados sucesivos, en forma creciente o decreciente. ⊙ *Serie de cosas ordenadas por grados. ≃ Escala. **2** (ant.) *Graduación.* **3** MÚS. *Periodo armónico en que se va acentuando un efecto subiendo de tono de grado en grado.* **4** **Figura retórica consistente en una sucesión de expresiones que van acentuando por grados el mismo significado.*

gradado, -a (del lat. «gradātus») adj. *Dispuesto en gradas.*

gradar tr. AGR. Pasar la grada por un ↘terreno.

gradecer (ant.) tr. *Agradecer.*

gradecilla (dim. de «grada») f. ARQ. **Astrágalo de la columna.*

gradén (del fr. «gradin») m. Mueble con cajones que se coloca dentro de un *armario.

gradense adj. y, aplicado a personas, también n. *De Graus, población de la provincia de Huesca.*

gradeo m. AGR. Acción de gradar.

gradería f. Conjunto de gradas en algún sitio, como un altar o un anfiteatro, que no sea una simple escalera.

graderío m. Conjunto de gradas, particularmente las de un estadio o *plaza de toros. ⇒ Anfiteatro, hemiciclo, tendido.

gradiente (de «grado[2]») **1** m. METEOR. *Cociente de la diferencia de presión barométrica entre dos puntos por la distancia entre ellos.* **2** (Arg., Chi., Ec.) f. **Pendiente.*

gradilla[1] (dim. de «grada[2]») f. **Escalerilla portátil.*

gradilla[2] (de «grada[1]») **1** f. **Molde constituido por un marco formado por cuatro listones y dividido en dos partes de la forma y tamaño de los *ladrillos, que se emplea para moldear éstos.* ≃ Gabera, galápago, gavera. **2** (ant.) *Parrilla (asador).*

gradiolo o **gradíolo** m. *Gladiolo (planta iridácea).*

grado[1] (del lat. «gratus», grato) m. *Gusto o *voluntad. Se usa solamente en las frases que se indican a continuación.

DE [BUEN] GRADO. Voluntariamente.

DE MAL GRADO. Contra el gusto o deseo de uno. ≃ A *disgusto.

DE SU GRADO. Por su *voluntad.

MAL DE MI [TU, etc.] GRADO. *Aplicado a la manera de hacer una cosa, contra el gusto de la persona de que se trata.* ⇒ A la *fuerza, *violento.

grado[2] (del lat. «gradus») **1** m. **Escalón.* **2** Cada uno de los distintos valores, situaciones o calidades de las cosas variables con discontinuidad, cuando se pueden ordenar en orden creciente o decreciente: 'Ascender por grados'. ⊙ (sólo en sing.) *Valor o *medida de una cosa variable con continuidad: 'No sé qué grado de amistad hay entre ellos'. **3** Cada una de las clases o secciones de una *escuela o centro de *enseñanza: 'Grado elemental, primer grado, segundo grado...'. **4** Nombre de los títulos de ciertos estudios: 'Grado de bachiller [de licenciado, de doctor]'. ⊙ *Por antonomasia, el de bachiller:* 'Tiene el grado'. **5** Cada lugar de la escala de jerarquía entre los militares. ≃ Empleo, graduación. **6** (pl.) Órdenes sagradas menores que se dan a los eclesiásticos inmediatamente después de la tonsura. **7** MAT. *Número de orden que corresponde a un término, dependiente del número de veces que está en él como factor una misma expresión.* ⊙ MAT. En una ecuación o un polinomio, número del exponente más alto que tiene la variable: 'Ecuación de segundo grado'. **8** GEOM. Cada una de las 360 partes en que se consideran divididos la *circunferencia y el *círculo y con los que se miden los *arcos y los *ángulos, así como la latitud y longitud geográficas. **9** Unidad de medida de ciertos valores físicos, como la temperatura, la presión o la densidad. ⇒ Centígrado. **10** *Cada una de las generaciones que median entre dos personas unidas por parentesco. Con un número ordinal, la mayor o menor proximidad de parentesco contada con arreglo a ciertas normas:* 'Parientes de tercer grado'. **11** GRAM. Cada una de las tres formas (positiva, comparativa y superlativa) que puede tener un *adjetivo atendiendo a la intensidad con que se aplica. **12** DER. Cada clase de tramitación por que puede pasar sucesivamente un juicio o proceso: 'En grado de apelación [o de revisión]'. **13** *Cierto derecho que se concedía a los militares para usar las insignias de un empleo antes de obtenerlo, con derecho a antigüedad o sólo como honor.*

GRADO CENTÍGRADO [O CELSIUS]. FÍS. Cada uno de los grados en que se divide la escala centígrada o Celsius. Abrev.: «°C».

G. FAHRENHEIT. FÍS. Cada uno de los grados en que se divide la escala Fahrenheit. Abrev.: «°F».

G. GEOTÉRMICO. GEOL. Proporción en que aumenta la *temperatura de la corteza terrestre con la profundidad.

G. HIDROTIMÉTRICO. QUÍM. *Medida de la dureza del *agua.*

G. KELVIN. Cada uno de los grados en que se divide la escala Kelvin. Abrev.: «°K».

TERCER GRADO. **1** («Conseguir, Obtener, Pasar al, Disfrutar del») Régimen penitenciario en el que el recluso no está obligado a permanecer en la cárcel, salvo, generalmente, para pernoctar. ⇒ *Prisión. **2** V. «someter al tercer GRADO».

EN ALTO [O SUMO] GRADO. *Mucho o *muy.

EN GRADO SUMO [EN GRADO SUPERLATIVO O EN EL MÁS ALTO GRADO]. En el mayor grado posible.

EN TAL GRADO. *Tanto.

GANAR LOS GRADOS DEL PERFIL. ESGR. *Salirse uno de los contendientes de la línea de defensa del contrario, con lo que puede herirlo a mansalva.*

POR GRADOS. Gradualmente.

SOMETER AL TERCER GRADO a alguien (inf.). Someterlo a un interrogatorio exhaustivo.

□ CATÁLOGO

I (2.ª acep.) Altura, capa, *categoría, *clase, escalón, estrato, grupo, *importancia, jerarquía, nivel, punto. ➤ Escala, escalera, gama, gradación, progresión, *sucesión. ➤ Inferior, superior. ➤ Escalonar, graduar, matizar. ➤ Escalonado, gradual, paulatino, progresivo. ➤ *Despacio, por etapas, por grados, gradualmente, por partes, PASO a paso, paulatinamente, POCO a poco, a puchos, suavemente, sucesivamente, en veces. ➤ Por antonomasia, por excelencia, súmmum. ➤ Mínimo. ➤ Degradación, degradar. ➤ *Adelanto. *Categoría. *Desarrollar. *Estado. *Matiz. *Medir. *Serie. *Situación.

II (4.ª acep.) Bachillerato, doctorado, licenciatura. ➤ Bachiller, doctor, graduado, licenciado, MAESTRO en artes. ➤ Doctorando, graduando, laureando. ➤ Cuodlibeto, memoria, reválida, TESIS doctoral, vejamen. ➤ *Estudiar.

III (5.ª acep.) Alférez, brigada, cabo, capitán, CAPITÁN general, comandante, coronel, teniente CORONEL, general, GENERAL en jefe, generalísimo, sargento, subteniente, teniente, TENIENTE coronel, TENIENTE general. ➤ Mariscal. ➤ Clase, jefe, oficial. ➤ ALFÉREZ de fragata, ALFÉREZ de navío, almirante, CAPITÁN de corbeta [de fragata o de navío], contraalmirante, contramaestre, vicealmirante.

gradoso, -a (de «grado[1]»; ant.) adj. *Gustoso.*

graduable adj. Susceptible de ser graduado.

graduación 1 f. Acción de graduar. 2 Número de grados que tiene una cosa, de cierta cualidad o de la proporción de ciertos componentes que se miden en ellos: 'La graduación de la leche (de la densidad de la leche). La graduación del alcohol (de la pureza del alcohol). La graduación de las bebidas alcohólicas (del alcohol que contienen)'. 3 *Categoría de los militares.

graduado, -a 1 Participio adjetivo de «graduar[se]». 2 adj. y n. Se aplica a la persona que ha obtenido un grado universitario. 3 adj. MIL. *Se aplicaba al militar que tenía grado superior a su empleo:* 'El coronel graduado, comandante López'.

GRADUADO ESCOLAR. Grado que se obtiene al finalizar unos estudios primarios.

V. «SEMICÍRCULO graduado».

graduador m. Utensilio que sirve para graduar.

gradual (del lat. «gradus», grado) 1 adj. Se aplica al aumento o disminución que se produce de manera continua, sin saltos bruscos: 'Un aumento gradual de temperatura. Una mejora gradual'. ≃ Progresivo. ⊙ Implica generalmente lentitud en la variación. ⇒ *Grado. 2 m. Parte de la *misa que se reza entre la epístola y el evangelio.

gradualmente adv. De manera gradual.

graduando, -a (de «graduar») adj. y n. Se aplica al que está realizando los ejercicios para obtener un grado universitario. ⇒ *Grado.

graduar (del lat. «gradus», grado) 1 tr. Dar a una ˇcosa el grado de intensidad conveniente: 'Graduar la salida de un líquido por un grifo'. ⇒ *Regular. 2 Medir los grados de ˇalgo: 'Graduar el vino. Graduar la vista'. 3 Marcar en un ˇaparato de medida las señales correspondientes a los grados. 4 Conceder a ˇalguien un grado universitario, militar, etc. ⊙ («en») prnl. Obtener cierto grado universitario. 5 tr. Hacer o disponer una ˇcosa de modo que crezca o disminuya por grados. Graduar el interés en una obra literaria. Graduar las sensaciones'. ⊙ Disminuir o aumentar gradualmente ciertas ˇcosas, como los colores en pintura o los sonidos en música.

□ CONJUG. como «actuar».

graffiti (it.; pl. «graffiti») m. *Inscripción o dibujo callejero, generalmente anónimo.

grafía (del gr. «graphḗ», escritura) f. Signo, y especialmente letra, con que se representa un sonido.

-grafía Elemento sufijo del gr. «gráphō», escribir. Forma nombres que significan «tratado» o «actividad», lo mismo que los acabados «-logía», pero en su aspecto descriptivo más que teórico: 'fitografía' (al lado de «fitología»). ⊙ Equivale a «radiografía» en palabras compuestas como: 'encefalografía, ventriculografía'.

gráfica 1 f. Línea que une los puntos que representan en un campo limitado por dos ejes de coordenadas los distintos grados, estados, etc., de un fenómeno; por ejemplo, de la temperatura. ⇒ Diagrama, nomograma. ⊙ m. Cualquier dibujo o representación que hace visibles esos estados o cambios. 2 Representación gráfica de algo. ⇒ Organigrama.

gráficamente adv. De manera gráfica: 'Nos mostró gráficamente el gran desarrollo alcanzado por la industria en los últimos años. Nos explicó muy gráficamente lo que ocurrió'.

gráfico, -a (del lat. «graphĭcus», del gr. «graphikós») 1 adj. De [la] escritura o de la imprenta: 'Artes gráficas'. 2 Hecho o representado por medio de dibujos: 'Una explicación gráfica'. 3 Se dice de lo que sugiere de una manera viva la cosa o la idea que representa: 'Una palabra [o frase] muy gráfica'. ≃ *Expresivo. ⇒ Plástico, vivo.

gráfila o **grafila** f. *Orlita de puntos o de líneas que tienen las *monedas.*

grafio (del lat. «graphĭum», del gr. «graphíon», punzón para escribir) 1 (ant.) m. *Punzón.* 2 *Instrumento con que se dibujan y se hacen las labores en las pinturas estofadas o esgrafiadas.*

grafioles m. pl. Golosinas, especie de melindres, que se hacen en forma de ese, de masa de bizcocho, y con mantequilla.

grafiosis (de «Graphium ulmi», nombre del hongo que causa esta enfermedad, y «-osis») f. BOT. Enfermedad de los olmos causada por un hongo que hace que éstos se sequen y puedan llegar a morir.

grafismo (del gr. «gráphō», escribir, e «-ismo») 1 m. Manera peculiar de cada individuo de trazar las letras. 2 Cualidad de gráfico (expresivo). 2 Técnica aplicada a la realización material de carteles, folletos, etc., mediante el dibujo, collage, fotografía y otros procedimientos.

grafito (del gr. «gráphō», escribir) m. Una de las dos variedades de carbono cristalino natural (la otra es el diamante), que se usa, por ejemplo, para las minas de los lápices. ≃ Chachal, LÁPIZ [de] plomo, plombagina, plumbagina.

grafo- o **-grafo, a** Elemento prefijo o sufijo del gr. «gráphō», escribir: 'grafología, lexicógrafo'.

grafología (de «grafo-» y «-logía») f. Estudio del *carácter de las personas por los rasgos de su escritura.

grafológico, -a adj. De [la] grafología.

grafólogo, -a n. Persona que se dedica a la grafología.

grafomanía (de «grafo-» y «-manía»; inf.) f. *Tendencia a escribir en exceso (cartas, libros, artículos, etc.).

grafómano, -a adj. y n. Afectado de grafomanía.

grafómetro (de «grafo-» y «-metro») m. TOPOGR. *Semicírculo graduado con dos anteojos, uno fijo y otro móvil, que sirve para medir cualquier ángulo.*

gragea (de «dragea») 1 f. **Confite menudo.* 2 Compuesto medicinal en forma de pastilla, generalmente redondeada, y recubierta de una sustancia de sabor agradable. ⇒ *Píldora.

graja f. Grajo (ave).

grajear (de «grajo», ave) 1 intr. **Graznar.* ≃ Urajear. 2 *Emitir sonidos guturales el niño que aún no habla.*

grajilla *(Corvus monedula)* f. Ave de color negro, con la cabeza y el vientre gris oscuro, de la familia de los córvidos.

grajo (del lat. «gracŭlus») **1** *(Corvus frugilegus)* m. *Ave muy semejante al cuervo, con el plumaje de color violáceo negruzco, el pico y los pies rojos y las uñas negras. ≃ Graja. ⇒ Gayo. **2** **Hablador.* **3** (Hispam.) **Fetidez del sudor, sobre todo la atribuida a los negros desaseados.* **4** (Cuba; *Eugenia tuberculata) Cierta *planta mirtácea de olor fétido.*

grama (del lat. «gramĭna», pl. de «gramen»; *Cynodon dactylon)* **1** f. *Hierba gramínea muy común, con propiedades medicinales; tiene el tallo rastrero y que echa raicillas por los nudos, y las hojas alargadas y puntiagudas; da espigas en número de tres o cinco, en la extremidad de un tallo de poca altura. ≃ Chépica. **2** (Guat., Pan., P. Rico, R. Dom., Ven.) **Césped.*

GRAMA DEL NORTE *(Agropyron repens)*. Planta gramínea de propiedades medicinales, con flores en forma de espiga muy comprimida. ≃ Cerrillo.

G. DE OLOR *(Anthoxanthum odoratum)*. Planta gramínea de entre 30 y 50 cm, muy común en prados y sembrados, de agradable olor y propiedades medicinales, que se utiliza como alimento para el ganado.

-grama Elemento sufijo del gr. «grámma», letra, escrito: 'anagrama, diagrama, epigrama'.

gramaje m. AGRÁF. Peso de un papel medido en gramos por metro cuadrado.

gramal m. Terreno cubierto de grama.

gramalla (del cat. «gramalla») **1** f. *Antigua *vestidura talar.* **2** **Cota de malla.*

gramallera (del sup. lat. «cremacŭlum»; Gal., León) f. **Llares.*

gramalote (de «grama»; Col., Ec., Perú; *Panicum maximum)* m. **Planta gramínea forrajera.*

gramar (Ast., Gal.) tr. **Amasar por segunda vez el ˃pan.* ⇒ Repastar.

gramática (del lat. «grammatĭca», del gr. «grammatikḗ») **1** f. Ciencia de la estructura de una lengua determinada, que es la fijación, sistematización y depuración de las normas consagradas por el uso para el empleo y unión de sus elementos: 'Gramática comparada [histórica, general, normativa]'. ⊙ Estructura gramatical de una lengua. **2** *Estudio de la lengua latina.*

GRAMÁTICA ESTRUCTURAL. La que estudia una lengua siguiendo el principio de que todos sus elementos constituyen un sistema o estructura.

G. GENERATIVA. La que trata de formular las reglas que permitan generar todas las oraciones posibles y gramaticales de una lengua.

G. PARDA. Habilidad para *manejarse, de la que forma parte el disimulo. ≃ Astucia, cuquería, malicia, picardía, MANO izquierda.

G. TRADICIONAL. La que parte de las ideas sobre el lenguaje de los filósofos griegos y se desarrolla hasta la aparición de la gramática estructural en el siglo XX.

G. TRANSFORMACIONAL [o TRANSFORMATIVA]. La generativa que trata de establecer las reglas de transformación que se deben aplicar para pasar de una estructura oracional a otra.

□ CATÁLOGO

Arte, filología, lingüística. ➤ Norma. ➤ Analogía, etimología, morfología, morfosintaxis, ortografía, sintaxis. ➤ GRAMÁTICA estructural [generativa, tradicional, transformacional o transformativa]. ➤ Decuria, decuriato, decurión, dómine, estudio, *ESTUDIO de gramática, mayores, mayorista, medianista, medianos, menores, menorista, minimista, mínimos, parce, trivio [o trivium]. ➤ Filólogo, gramático, lingüista, masoreta, preceptor, semantista. ➤ Compendio, epítome. ➤ Accidentes. ➤ *Caso, diátesis, *género, modo, *número, persona, tiempo, voz. ➤ Pluralia tantum, singularia tantum. ➤ Afijo, desinencia, infijo, interfijo, lexema, monema, morfema, postfijo, prefijo, radical, raíz, semantema, sufijo, tema, terminación. ➤ Alomorfo, derivado. ➤ Aumentativo, despectivo, diminutivo, superlativo [absoluto o relativo]. ➤ *Adjetivo, *adverbio, *artículo, *conjunción, contracción, gerundivo, interjección, *nombre, PARTE de la oración, participio, preposición, *pronombre, relativo, sustantivo, *verbo. ➤ Expresión, FRASE hecha [o proverbial], locución, modismo, perífrasis. ➤ Concordancia, connotación, declinación, deixis, denotación, eclipsis, elipsis, elisión, flexión, gramaticalización, moción, paradigma, rección, reciprocidad, régimen, transformación, transitividad. ➤ ABLATIVO absoluto, antecedente, apódosis, aposición, atributo, cláusula, CLÁUSULA absoluta, complemento, consecuente, consiguiente, cópula, frase, núcleo, *oración, periodo, predicado, proposición, prótasis, sintagma, sujeto, término. ➤ Actualizador, deíctico, determinante, enclítico, proclítico, subordinante. ➤ ESTILO directo [indirecto o indirecto libre]. ➤ Aglutinante, causativo, compositivo, compuesto, contrastivo, elativo, exhortativo, expletivo, flexivo, fuerte, genérico, heteróclito, orgánico, positivo, pospositivo, preformado, primitivo, regular, simple. ➤ *FIGURA de construcción [de dicción, de pensamiento o retórica]. ➤ Metábasis. ➤ Laísmo, leísmo, loísmo, ultracorrección. ➤ Colon, pausa. ➤ *Acento, pronunciación, puntuación. ➤ Agramatical, gramatical. ➤ Análisis. ➤ *Derivación. Expresión. *Figura. *Lengua. *Palabra. *Pronunciar. *Signo. *VICIO de dicción.

gramatical adj. De [la] gramática: 'Accidentes gramaticales'.

gramaticalización f. Acción de gramaticalizarse.

gramaticalizarse prnl. Vaciarse una palabra de contenido léxico para convertirse sólo en un elemento gramatical. Por ejemplo, el verbo «haber» cuando forma parte de un tiempo compuesto.

gramaticalmente adv. Conforme a las reglas de la gramática o en relación con la gramática.

gramático, -a n. Persona que se dedica a la gramática.

gramatiquear (desp.) intr. *Tratar de materias gramaticales.*

gramatiquería (desp.) f. *Cosa de la gramática.*

gramil (del gr. «grammḗ», línea) m. Utensilio consistente en un listón o regla sobre el que se desliza otro con una punta de hierro fija en el extremo; aplicando la primera regla, por ejemplo al borde de un tablero, y ajustando a la longitud conveniente la segunda, al deslizar ésta la punta de hierro marcará una línea paralela a ese borde, a la distancia deseada. ⇒ Agramilar.

gramilla[1] (dim. de «grama»; Arg.; *Paspalum notatum)* f. **Planta gramínea utilizada para pasto.*

gramilla[2] (de «gramar») f. *Utensilio consistente en una tabla sostenida verticalmente sobre un pie, sobre el que se colocan los manojos de *lino o *cáñamo para agramarlos.*

gramináceo, -a adj. y n. f. BOT. *Gramíneo.*

gramíneo, -a (del lat. «graminĕus») adj. y n. f. BOT. Se aplica a las plantas de la familia de la cebada, el trigo o el maíz, que tienen los tallos con nudos y generalmente huecos, las hojas alargadas y con nervios longitudinales y el fruto en cariópside. Las gramíneas se encuentran en todo el mundo; son las plantas más importantes desde el punto de vista económico y constituyen una de las principales fuentes de alimento humano y animal. ≃ Gramináceo. ⊙ f. pl. Bot. Familia que forman. ⇒ *Cereal, *mies. ➤ Arista, espiga, gluma.

gramo (del gr. «grámma», escrúpulo) m. Unidad básica de *peso en el sistema decimal. Es el peso de un centímetro cúbico de agua. ⊙ Para medidas precisas, la milésima parte del kilogramo tipo internacional que se conserva en Sèvres. ⊙ Fís. Unidad de masa. Abrev.: «gr» o, menos frec., «g». ⇒ Centigramo, decagramo, decigramo, hectogramo, kilogramo, miligramo, miriagramo.

gramófono (del gr. «grámma», escritura, y «-fono») **1** m. Aparato reproductor de sonido, utilizado antes de la llegada del *tocadiscos, que consta esencialmente de un diafragma al que se transmiten las vibraciones del surco del disco mediante una aguja que resbala sobre éste y está unida al diafragma, y de una caja de resonancia. **2** (Bol.) **Tocadiscos*.

gramola f. Modalidad de gramófono despojado de la gran bocina o altavoz que tenían los primitivos y con un brazo articulado que puede replegarse dentro de la caja que guarda toda la máquina.

gramoso, -a adj. *Aplicado a terrenos, con mucha grama.*

grampa (Bol., C. Rica, Perú, R. Dom., Ur.) f. **Grapa (pieza de alambre).*

gran adj. Apóc. de «grande», que se emplea delante de los nombres en singular.

grana[1] (del lat. «grana», pl. de «granum») **1** f. Agr. *Granazón.* ⊙ Agr. *Época en que cuaja el grano del trigo.* **2** Agr. *Grano o semilla de algunas *plantas.* **3** (Rioj.) **Frutos de los árboles de monte, como bellotas o hayucos.*

Grana del paraíso. **Cardamomo (planta zingiberácea).*

grana[2] (de «grano») **1** f. Color rojo oscuro, como el de los granos de la granada madura. ≃ *Granate. **2** Sustancia colorante que da ese color, obtenida de la cochinilla del nopal. ≃ *Carmín. ⊙ Sustancia semejante, obtenida del quermes. **3** *Cochinilla que vive sobre el nopal y que, reducida a polvo, sirve para obtener grana. **4** Insecto hemíptero que vive sobre la coscoja, formando unas agallas de las que se extrae grana. ≃ *Quermes. **5** **Paño fino usado para trajes de fiesta.*

granada (del lat. «malum granātum») **1** f. Fruta redonda, con una corteza dura de color rojo, que forma en el lugar opuesto a la inserción una pequeña corona; su interior está dividido en gajos por una película y cada gajo es un conglomerado de granos de un hermoso color rojo o granate y dulce sabor. ⇒ Diente de perro, grana, malgranada, milgrana, minglana, mingrana. ➤ Balausta. ➤ Tastana. ➤ Roete. **2** *Proyectil hueco cargado con un explosivo que se lanza con piezas de artillería de poco calibre. **3** Bomba pequeña que se lanza con la mano. ⇒ Grinalde.

Granada albar. *Variedad de granos blanquecinos.*

G. cajín (Mur.). *Variedad muy estimada, de sabor agridulce.*

G. ciñuela. *Variedad algo agria.*

G. de mano. Granada (proyectil) que se lanza con la mano.

G. rompedora. La que causa la destrucción por su fragmentación.

G. zafarí [zaharí o zajarí]. *Variedad de granada (fruta) de granos cuadrados.*

granadal m. Terreno plantado de granados.

granadera f. *Bolsa de vaqueta utilizada para llevar granadas explosivas.*

granadero **1** m. *Soldado de los que lanzaban granadas. **2** Soldado de una compañía especial que formaba a la cabeza del regimiento, y se constituía con los soldados más altos. ⊙ (pl.) *Cuerpo formado por ellos. **3** (n. calif.) *Persona de mucha estatura.* ⇒ *Alto.

granadés, -a adj. y n. *Granadino.*

granadí (del ár. and. «ḡarnáṭi» o «iḡranáṭi»; ant.) adj. y n. *Granadino.*

granadilla (de «Granada», porque sus granos tienen el mismo sabor que los de este fruto) **1** f. *Flor de la *pasionaria. **2** (Hispam.) *Cualquier especie de *plantas pasifloráceas del género Passiflora.*

V. «parcha granadilla».

granadillo (de «Granada», por el color de su madera; *Buchenavia capitata)* m. Árbol americano combretáceo. Su madera es muy apreciada en ebanistería.

granadina[1] **1** f. Variedad de *cante andaluz, propio particularmente de Granada. **2** *Cierta *tela calada que se hace con seda retorcida.*

granadina[2] **1** f. *Flor del granado.* **2** Bebida refrescante a base de zumo de granada.

granadino[1], **-a** adj. y, aplicado a personas, también n. De Granada. ≃ Granadés, granadí, iliberitano.

granadino[2], **-a** adj. *Del granado o de su fruto.*

granado[1] (de «Granada»; *Punica granatum)* m. Árbol punicáceo, que produce las granadas. ≃ Balaustra. ⇒ *Planta.

granado[2], **-a** **1** Participio adjetivo de «granar». ⊙ Bien granado, o sea con los granos llenos y gruesos. **2** Aplicado a personas, *maduro: ya no muy joven, o con el aplomo y la sensatez propios de un adulto: 'Es una muchacha ya granada'. **3** *Aplicado a personas, *notable o *ilustre.*

granalla (de «grano»; colectivo) f. *Porciones menudas a que se reducen los metales para facilitar su *fundición.*

granar intr. Empezar las plantas a formar el grano. ⇒ Empanar. ➤ Grana, granazón. ➤ Granado, de guilla. ➤ Ardalear, enzurronarse, fallar, ralear. ➤ Fallo.

granate (del occit. «granat») **1** adj. y n. Se aplica al *color rojo como el de algunas granadas y más oscuro, y a las cosas que lo tienen: 'De color granate. Un vestido granate'. **2** m. Nombre aplicado a los *minerales de cierto grupo que se encuentran en rocas metamórficas y cristalizan en el sistema cúbico, algunos de los cuales, principalmente el rojo, tienen valor como *piedras preciosas. ⇒ Garnato. ➤ Andradita, colofonita, grosularia [o grosularita], melanita, piropo. ➤ Columbino.

Granate almandino. *Almandina.*

granatín (del ár. and. «ḡarnáṭi» o «iḡranáṭi», granadino) m. *Cierta *tela antigua.*

granazón f. Acción y efecto de granar.

grancé (del fr. «garancé») adj. *Se aplica al color *rojo de los paños teñidos con la raíz de la rubia o granza.*

grancero m. *Sitio donde se guardan las granzas del trigo u otras semillas.*

grancilla f. **Carbón mineral en trozos de tamaño comprendido entre 12 y 15 mm.*

grancolombiano, -a adj. y, aplicado a personas, también n. De la Gran Colombia, antiguo estado formado por las actuales Colombia, Venezuela y Ecuador.

grand (ant.) adj. *Grande.*

granda f. *Gándara.* ⇒ *Erial.

grandánime (ant.) adj. **Magnánimo.*

grande (del lat. «grandis»; apóc. «gran») **1** adj. Se aplica a las cosas que ocupan mucho *espacio o mucha *superficie: 'Una habitación [una pelota o un papel] grande'. Se aplica poco a personas y más bien en tono informal. ⊙ De tamaño excesivo para su uso o destino: 'Este sombrero es grande para ti'. **2** (gralm. antepuesto al nombre) Aplicado a cosas no corpóreas, *fuerte o *intenso: 'Un gran alboroto. Una pena muy grande'. **3** Puede, en algunos casos, sustituir a «*mucho»: 'Rayar a gran altura'. **4** Precediendo a algunas denominaciones de cargos, se aplica al principal de los que llevan esa denominación: 'Gran maestre de San Juan'. ⇒ Sumo. **5** Importante, de mérito o *valor, o *famoso: 'Una gran nación. Un gran escritor. España ha producido grandes santos'. ⊙ Se emplea mucho hiperbólicamente en lenguaje informal: es muy corriente la expresión «un TÍO grande». **6** (inf.; antepuesto) Muy *bueno: 'Un gran muchacho. Una gran comida'. **7** (inf.; en frases terciop. con «ser») Asombroso o irritante, por *absurdo o irrazonable: 'Es grande que, siendo yo el más viejo, tenga que hacer el trabajo más duro'. ≃ Gracioso. **8** (inf.) Aplicado a personas, gracioso por *absurdo o *extravagante; puede tener o no sentido despectivo: 'Es grande este hombre: ahora se le ocurre que empecemos por el final'. **9** Especialmente en lenguaje infantil, mayor: 'Cuando sea grande, me haré futbolista'. **10** adj. ANAT. Se aplica a uno de los *huesos del *carpo, en el hombre en la segunda fila. ≃ Hueso cuadrado. **11** («Un») m. Persona de la *nobleza o de muy alta *categoría.

GRANDE DE ESPAÑA. Título anejo al de algunos nobiliarios, que confiere ciertos privilegios; por ejemplo, el de poder cubrirse o sentarse delante de los reyes. ⇒ Cobertura, sombrero. ➤ Primo.

A LO GRANDE. Con mucho *lujo, *gastando mucho dinero o espléndidamente: 'Han hecho una boda a lo grande. Vivió a lo grande mientras le quedó dinero'.

V. «grandes ALMACENES, gran BESTIA, CHICO con grande, gran CORAZÓN, gran COSA».

EL GRAN... Expresión muy usada seguida de un denuesto para referirse con *enfado a alguien: 'El gran sinvergüenza ha vuelto a engañarme'. ≃ El muy. ⇒ El grandísimo.

EN GRANDE. **1** *Aplicado a la manera de *comerciar y, por extensión, a otras cosas, al por mayor o en grandes cantidades*: 'Se dedica al comercio de vinos en grande'. **2** (inf.) Muy *bien o con mucho bienestar: 'Lo pasamos en grande. Vive en grande'. ⊙ Con mucho *regalo: 'Le tratan en grande'.

¡ES GRANDE QUE...! V. «grande».

ESTAR GRANDE una cosa a alguien. Venirle grande, en sentido material: 'Estos zapatos me están grandes'.

V. «gran FIGURA, gran HOMBRE, gran MASA, gran MOGOL, gran NÚMERO, PERRA [o PERRO] grande, gran POTENCIA».

¡QUÉ GRANDE! (inf.; más frec. en Hispam.). ¡Qué gracioso!

V. «a grandes RASGOS, SEMANA grande, gran SEÑOR, gran SIMPÁTICO».

VENIR GRANDE una cosa a alguien. Ser demasiado grande para la persona de que se trata. ≃ Estar GRANDE. ⊙ Ser de demasiada importancia o categoría: 'Le viene grande el cargo'.

V. «gran VISIR».

□ CATÁLOGO

Otra raíz, «mega- [megalo-]»: 'megaterio; megalomanía'. ➤ Abismal, abultado, agigantado, de alivio, *alto, *amplio, *ancho, asombroso, atroz, de aupa [o aúpa], bestial, bueno, de bulto, caballuno, de campeonato, capaz, capital, del carajo, de categoría, chirote, ciclópeo, de [tres pares de] COJONES, colosal, considerable, de consideración, del copón, corpulento, crecido, digno de tenerse en CUENTA, cumplido, de mil [o todos los] DEMONIOS, desaforado, desahogado, desarrollado, desatentado, descomedido, descompasado, descomunal, desembarazado, *desmedido, desmesurado, desorbitado, despejado, desproporcionado, destartalado, dilatado, de grandes DIMENSIONES, enorme, épico, de los [las] que hacen ÉPOCA, espacioso, que tira de ESPALDAS, de espanto, espantoso, especial, *espléndido, *exagerado, excepcional, excesivo, exorbitante, extendido, extenso, *extraordinario, extremo, fabuloso, fenomenal, fiero, como no se puede FIGURAR, de a folio, formidable, frisón, fuerte, furioso, garrafal, gigante, gigantesco, grandioso, grandísimo, *grueso, hermoso, holgado, homérico, horrible, ilimitado, como no se puede IMAGINAR, imponente, importante, impresionante, ímprobo, incalculable, *inconcebible, inconmensurable, indescriptible, infinito, ingente, inimaginable, inmenso, *intenso, largo, loco, lucido, macanudo, *magnífico, de gran magnitud, magno, mangón, maño, mastodóntico, máximo, mayor, mayúsculo, de los [o las] de no te MENEES, monstruoso, monumental, morrocotudo, mortal, mucho, *notable, de órdago, padre, de PADRE y muy señor mío, pingüe, potente, profundo, como un puño, respetable, señor, soberano, soberbio, sobrado, sobrazano, sobrehumano, sumo, superior, superlativo, tamaño, de gran tamaño, terrible, titánico, tocho, de TOMO y lomo, tremendo, que tumba, valiente, vasto, voluminoso. ➤ Como una casa, como una CATEDRAL, como la COPA de un pino, como un PIANO, como un TEMPLO. ➤ BURRO grande, ande o no ande. ➤ Armatoste, artefacto, mamotreto, tomo. ➤ El acabose, la caraba, el colmo. ➤ *Mediano, regular. ➤ Agrandar, engrandar, engrandecer. ➤ *Agrandar. *Demasiado. *Dimensiones. *Exagerado. *Magnitud. *Mucho. *Muy.

grandecía (ant.) f. *Grandeza.*

grandecito, -a adj. Dim. frec. de «grande». ⊙ Grande, aunque no mucho. ⊙ Se dice, muy frecuentemente con tono reprobatorio, del niño o muchacho bastante crecido o de bastante edad, por ejemplo para poder hacer o dejar de hacer cierta cosa. ≃ Crecidito.

grandemente adv. *Mucho o *muy: 'Le estoy grandemente agradecido'.

grander (ant.) tr. *Engrandecer.*

grandevo, -a (del lat. «grandaevus»; lit.) adj. *Aplicado a personas, *viejo, de mucha edad.*

grandeza (de «grande» y «-eza») **1** f. **Tamaño.* **2** *Gran *tamaño; cualidad de grande.* **3** *Importancia. ⊙ Majestad y poder. **4** Dignidad de grande de España. **5** Conjunto de los grandes de España. **6** Excelencia moral: 'Con ese acto de generosidad demostró su grandeza. La grandeza de su sacrificio'. ⇒ *Bueno.

GRANDEZA DE ALMA. Magnanimidad.

G. DE ÁNIMO. *Valor.

V. «DELIRIO [o MANÍA] de grandezas».

grandifacer (del lat. «grandis», grande, y «facĕre», hacer; ant.) tr. *Engrandecer.*

grandificencia (de «grandifacer»; ant.) f. *Grandeza.*

grandillón, -a adj. *Grandullón.*

grandilocuencia (de «grandilocuencia») f. *Elocuencia altisonante.

grandilocuente (del lat. «grandis», grande, y «loquens, -entis», que habla) adj. Aplicado a las personas y a su *estilo oratorio y a los discursos, elocuente y enfático. ≃ Altilocuente. ⇒ Altisonante, altísono, *ampuloso, declamatorio, elevado, enfático, grandílocuo, grandísono, pomposo, rimbombante, sublime.

grandílocuo, -a (del lat. «grandilŏquus») adj. *Grandilocuente.*

grandiosamente adv. Con grandiosidad.

grandiosidad f. Cualidad de grandioso.

grandioso, -a adj. Se aplica a las cosas de grandes dimensiones que causan mucha impresión por su belleza o su significado: 'Un paisaje grandioso. Una grandiosa manifestación. Un espectáculo grandioso'. ≃ Imponente, impresionante.

grandísimo, -a adj. Superl. muy frec. de «grande». ⇒ *Grande. ⊙ Seguido de un denuesto, intensifica muy expresivamente éste: 'Es un grandísimo embustero'. ⇒ *Ponderar.

EL GRANDÍSIMO... Se emplea con el mismo significado que «el gran...»: 'No se le ha ocurrido cosa mejor al grandísimo majadero'.

EL GRANDÍSIMO Y MÁS. Expresión que se aplica a alguien con sentido insultante y con enfado: 'El grandísimo y más se atrevió a decírmelo'.

grandisonar (lit.) intr. *Tronar con fuerza o *retumbar.*

grandísono, -a (del lat. «grandisŏnus»; lit.) adj. **Altisonante.*

grandón, -a 1 adj. Aum. de «grande». **2** adj. y n. Grandullón.

grandor m. **Tamaño material de las cosas.* ≃ Dimensiones, magnitud.

grandote adj. Aum. despectivo o afectuoso, según que se aplique a cosas o a personas, de «grande».

grandullón, -a adj. y n. Aplicado a personas, aumentativo despectivo de «grande»; se aplica particularmente a un chico o a una chica que hacen algo que no corresponde a la edad o tamaño que tienen ya: '¡Tan grandullón y todavía con pantalón corto!'. ⇒ Altaricón, macuco, mangón. ⊙ O a un hombre *corpulento, desgarbado y perezoso u *holgazán. ⇒ Armatoste, cuartazos, mangón, pendón, zanguayo.

grandura (ant.) f. *Grandor.*

graneado, -a 1 *Participio de «granear».* ⊙ adj. *Hecho en granos.* **2** **Moteado.*

V. «FUEGO graneado».

graneador 1 m. **Criba de cuero que se emplea para refinar el grano de *pólvora por segunda vez.* ⇒ Rompedera. **2** *Lugar donde se efectúa esta operación.* **3** *Instrumento para granear las planchas que han de servir para *grabar al humo.*

granear 1 tr. AGR. *Esparcir la semilla en un terreno.* **2** *Convertir en grano la masa de *pólvora.* **3** AGRÁF. *Picar la superficie de una plancha con puntos muy espesos, para *grabar al humo.* **4** AGRÁF. *Sacarle grano a la superficie de una piedra litográfica para dibujar en ella con lápiz litográfico.*

granel (del cat. «granell») A GRANEL **1** Manera de vender una cosa, sin envasar o empaquetar: 'Agua de colonia [o aceite] a granel'. ≃ *Suelto. **2** Manera de dar o vender una cosa, sin *medirla con exactitud, pesarla o contarla: 'Venden las naranjas a granel'. ⇒ Barriscar. **3** En abundancia: 'Recibo peticiones a granel'.

granero[1], -a adj. y, aplicado a personas, también n. *De El Grao, puerto de Valencia.*

granero[2] (del lat. «granarĭum») **1** m. Sitio donde se guardan cereales, particularmente trigo. ⇒ Alfolí, alforiz, alholí, alholía, alhorí, alhorín, almacería, bodega, cía, cija, cilla, coscomate, hórreo, orón, sibil, silo, troj [o troje]. ➤ Engranerar, ensilar, entrojar. **2** Sitio que, por producir muchos cereales, especialmente trigo, es el abastecedor de otro que se expresa: 'El granero de Europa'. **3** *Desván.

granévano (¿de «grano»?) m. *Tragacanto (planta leguminosa).*

granguardia (de «gran» y «guardia») f. MIL. *Tropa de caballería, apostada a gran distancia de un ejército acampado para *vigilar las avenidas y dar avisos.*

granífugo, -a (de «grano» y «-fugo») adj. *Se aplica a los artefactos o procedimientos que sirven para evitar las granizadas.*

granilla f. *Granillo que tiene el *paño por el revés.*

granillero, -a (de «granillo»; And., Man.) adj. *Se dice de los *cerdos que en el tiempo de la montanera se alimentan en el monte de la bellota del suelo.*

granillo 1 m. Dim. frec. de «grano» (de la piel). **2** **Tumorcillo que les sale a los canarios y jilgueros encima de la rabadilla.* ≃ Culero, helera, lera. **3** **Provecho que se saca de algo.*

granilloso, -a adj. *Con granillos.*

granítico, -a 1 adj. De [o del] granito. **2** Muy *duro. ⊙ Suele usarse en sentido figurado: 'Unas convicciones graníticas'.

granito[1] 1 m. Dim. frec. de «grano». **2** (Mur.) *Huevecillo del gusano de *seda.*

granito[2] (del it. «granito», graneado) m. Roca compacta y dura formada por cuarzo, feldespato y mica, que se emplea mucho en construcción y para adoquines. ⇒ Arenaza, gneis, piedra [o roca] berroqueña. ➤ Biotita, cuarzo, feldespato, mica. ➤ *Mineral.

granívoro, -a (del lat. «granivŏrus») adj. ZOOL. Se aplica al animal que se alimenta de granos. ⊙ ZOOL. Particularmente, a los *pájaros que lo hacen así.

granizada 1 f. Precipitación de *granizo en la atmósfera. **2** Caída o *afluencia de cosas muy numerosas o muy seguidas: 'Les recibieron con una granizada de piedras. Hemos recibido una granizada de malas noticias'. **3** (And., Chi.) f. *Bebida helada.*

granizado, -a 1 Participio de «granizar». **2** adj. *Se aplica a los *helados en que la parte helada está granulada y mezclada con parte liquida.* ⊙ *También, al *almíbar escarchado o garapiñado.* **3** adj. y n. m. Se aplica al *refresco preparado con hielo machacado al que se agrega alguna sustancia para darle sabor: 'Café [o limón] granizado'.

granizar 1 (terciop. de sujeto interno) intr. Caer granizo. **2** tr. *Lanzar una ˇcosa en granizada.

granizo (de «grano») **1** m. Meteoro consistente en la caída de bolas de hielo de tamaño variable, desde algunos milímetros hasta algunos centímetros de diámetro. ⊙ Nombre colectivo genérico de esas bolitas; cada una de ellas es un «grano de granizo» o, si se quiere evitar la cacofonía, «un trozo de granizo». ⊙ (numerable) Cada uno de los granos de granizo: 'Cayeron unos granizos enormes'. ⇒ Cascarrina, cascarrinada, pedrea, pedrisca, pedrisco, piedra. ➤ Apedrear, cascarrinar. ➤ Paragranizo. ➤ *Precipitación. **2** *Especie de nube que se forma en el *ojo entre la túnica úvea y la córnea.*

granja (del fr. «grange») **1** f. *Finca de campo con casa y, generalmente, con animales. ⇒ Alcairía [o alcaría], almunia [o almuña], alquería, cafería, casería [o caserío], chácara [o chacra], cortijo, estancia, gañanía, hato, ovejería, potrero, *quinta, quintería, rafal [o rafalla], rancho. ➤ Cortijero, degañero, granjero, quintero, ranchero. ➤ *Agricultura. *Campo. *Finca. **2** Sitio destinado a la cría de *aves y otros animales de corral. **3** *Establecimiento donde se vende leche y otros productos lácteos.*

GRANJA AGRÍCOLA. Granja de cultivo.

G. AVÍCOLA. La dedicada a la explotación de las *aves de corral.

G. ESCUELA. Lugar acondicionado para vacaciones infantiles, en que los niños aprenden actividades relacionadas con la vida rural.

granjeable (de «granjear») adj. Explotable.

granjear (de «granja») **1** (ant.) tr. *Cuidar con esmero las* ↘*fincas.* **2.** *Explotar: obtener provecho trabajando una ↘cosa o traficando con ella. ⇒ HACER granjería de. **3** MAR. *Ganar distancia o ganar hacia barlovento.* **4** (con un pron. reflex.) Despertar en alguien cierto ↘sentimiento: 'Se ha granjeado la antipatía de todos'. ≃ *Atraerse, captarse, conciliarse, conquistar[se].

granjeo m. *Acción de granjear.*

granjería (de «granjero») f. *Ganancia obtenida de las haciendas o de traficar. ⇒ *Agricultura, *comercio.

HACER GRANJERÍA DE. Utilizar cierta cosa para obtener ganancias; se entiende, en general, indebidamente. ⇒ Comerciar.

granjero, -a 1 n. Persona que cuida una granja. **2** **Negociante.*

grano (del lat. «granum») **1** (colectivo partitivo y numerable: 'Almacenar [el] grano, unos granos de trigo') m. Semilla de los *cereales. ⊙ Semilla redonda o algo redondeada de otras plantas, sin cáscara o despojada de ella: 'Un grano de café. El grano de la almendra'. ⊙ Particularmente, de las *especias: 'Grano de pimienta [de mostaza, de anís]'. **2** Cada uno de los frutos de un agregado de ellos: 'Grano de uva [o de granada]'. ⇒ Garulla, granuja. **3** Porción muy pequeña y de *forma redondeada, de cualquier cosa: 'Grano de arena'. ≃ Partícula. ⇒ Perdigón. ➤ Miliar. **4** Pequeño *bulto de bastante relieve en la superficie de algo. Se usa como colectivo para referirse al tamaño: 'Lija de grano fino o grueso'. ⇒ Granilla. ➤ Granoso, granujado, granujiento, granujoso, granulado, granular, granuloso. ➤ Crep, crepé, crespón. ➤ Homogéneo, *liso. ➤ Filigrana. **5** *Bulto pequeño que se hace en la piel del cuerpo. ⊙ También se llama así a los más grandes y con pus, o *forúnculos. ⇒ Acné, barrillo, comedón, espinilla, gazmol, güérmeces, lechín [o lechino]. ➤ *Forúnculo. **6** *Estructura de ciertas cosas que no son homogéneas y que se aprecia en irregularidades que aparecen en el corte o fractura o en la superficie de ellas; como en la piedra o en la madera: 'Madera de grano grueso'. ⊙ MINERAL. *Diámetro medio de los componentes principales de un *mineral, que sirve para clasificarlos en «de grano grueso, medio y fino».* **7** FOT. Cada una de las manchitas que en conjunto constituyen una imagen. Se usa como colectivo para referirse al mayor («grano grueso») o menor («grano fino») grosor de estas manchitas, que es uno de los factores de los que depende la nitidez de una *fotografía. **8** FARM. **Peso de un grano regular de cebada, estimado en un vigésimo de escrúpulo, o sea en medio gramo aproximadamente.* ⊙ *Dozava parte del tomín, equivalente a 0,48 gr.* ⊙ *Para las *piedras preciosas, cuarta parte de un quilate.* ⊙ *Ese mismo peso, empleado para expresar la finura de una liga de *oro.* **9** *Flor o cara pulida de las *pieles.* **10** ARTILL. *Pieza con que se remendaba la parte del fogón de las *armas de fuego, en la cual se abría de nuevo el fogón.*

GRANO [O GRANITO] DE ARENA. Pequeña *contribución con que se ayuda a una obra: 'Yo también aporté mi grano de arena'.

GRANOS DEL PARAÍSO. Semillas de *cardamomo.

¡AL GRANO! Exclamación usada para atraer una conversación a lo que *importa o es fundamental.

APARTAR [O SEPARAR] EL GRANO DE LA PAJA (inf.). Distinguir en un asunto lo esencial de lo accesorio.

DE GRANO FINO [O GRUESO]. V. «grano» (7.ª acep.).

IR AL GRANO (gralm. en imperat.). Tratar o referir lo fundamental de un asunto, sin entretenerse en lo accesorio: 'Vayamos al grano'.

NI UN GRANO. *Nada.

NO SER una cosa GRANO DE ANÍS. No ser despreciable. Tener, también, su *importancia.

UN GRANO NO HACE GRANERO, PERO AYUDA AL [O SU] COMPAÑERO. Frase proverbial que recomienda no olvidar o desechar una cosa por insignificante que parezca, porque unida a otras puede ser imprescindible para conseguir algo. ⊙ Se usa con frecuencia referido al ahorro.

granoso, -a adj. Se aplica a lo que tiene o forma granos. ⇒ Granuloso.

grant (ant.) adj. *Grande.*

granuja (del lat. «granum», grano) **1** (colectivo) f. *Semillas de la uva o semejantes de otras frutas.* **2** (colectivo) *Conjunto de granos de *uva desprendidos de los racimos.* **3** (colectivo; inf.) *Conjunto de chiquillos o *pilluelos.* ⊙ *Conjunto de *gente maleante.* **4** (n. calif.) n. Persona que, por hábito, *engaña, comete fraudes, etc. ⊙ Puede tener sentido benévolo, aplicado a la persona hábil para engañar o para atraerse la simpatía de otras. ⊙ Particularmente, a los niños con picardía o malicia infantil. **5** Niño o muchacho vagabundo, descarado o sinvergüenza. ≃ Golfo, pilluelo.

□ CATÁLOGO

Alfarnate, aporreado, aprovechado, apunte, arlote, atorrante, bandido, belitre, bellaco, bergante, bigardo, bribón, bribonzuelo, caballero de industria, camote, canalla, chambre, charrán, *cínico, desahogado, desaprensivo, desuellacaras, desvergonzado, felón, follón, fullero, galopín, ganforro, gatallón, golfillo, golfo, guaja, guitón, indeseable, malandrín, mangante, pájaro, PÁJARO de cuenta, peine, perillán, PERSONA de cuidado, picaño, *pícaro, pillaban, pillastre, pillastrón, pillete, pillo, *pilluelo, púa, randa, retrechero, ribaldo, rufián, sinvergüenza, sollastre, *taimado, tramposo, trucha, truchimán, truhán, tunante, tuno, villano, vivo, zorrastrón, zorro. ➤ Completo, consumado, perfecto, redomado, refinado, de siete SUELAS. ➤ *Chusma, coluvie, garulla, *gente maleante, granuja, granujería, *hampa, pillería. ➤ Engranujarse. ➤ *Descaro. *Estafar. *Fresco. *Vagabundo.

granujada f. Acción propia de un granuja.

granujado, -a (de «granuja») adj. *Granuloso.*

granujería 1 f. Granujada (acción propia de granujas). **2** Conjunto de granujas.

granujiento, -a (de «granujo») adj. Se aplica a lo que tiene granos en la superficie o en su interior. ⊙ Áspero al tacto: 'Una superficie granujienta'. ⇒ Granuloso.

granujilla n. Dim. de «granuja», aplicado muy frecuentemente a *niños.

granujo m. *Grano del cuerpo.*

granujoso, -a adj. *Granujiento.*

granulación 1 f. Acción y efecto de granular. **2** Conjunto de granos formados o existentes en una cosa.

granulado, -a 1 Participio de «granular». ⊙ adj. En forma de granos. Con frecuencia, significando que está así en vez de estar en polvo: 'Cola granulada. Azúcar granulado'. ⇒ Granuloso. **2** m. Cualquier medicina presentada en forma de gránulos.

granular[1] adj. Con granos o de granos.

granular[2] tr. Convertir ↘algo en granos o gránulos. ⊙ Solidificar en granos una ↘cosa derretida.

gránulo (del lat. «granŭlum») **1** (cient.) m. Grano muy pequeño. **2** FARM. Bolita de azúcar y goma arábiga con algún medicamento en muy pequeña dosis.

granuloso, -a adj. De estructura granular. ⊙ Formado por granos o partículas menudas más o menos redondeadas.

granza[1] (del fr. «garance») f. **Rubia (planta rubiácea).*

granza[2] (del lat. «grandĭa») **1** f. pl. Agr. *Restos que quedan del trigo o de otras semillas después de aventarlas y cribarlas. ≃ Ahechaduras. ⇒ Echaduras, garbillo, rabera, rabo, triguillo. ➤ Corzuelo. ➤ Desgranzar. **2** Constr. Desechos que se quitan del *yeso al cernerlo. **3** Metal. Residuos desechados de cualquier *metal. ⇒ Chatarra, cizalla, flor, limaduras, nervosidad, viruta. **4** Miner. f. *Carbón mineral en trozos de tamaño no inferior a 15 mm ni superior a 25 mm.

granzón (de «granzas», restos de paja) **1** m. Miner. *Pedazo grueso de mineral que no pasa por la criba.* **2** (Ven.) **Arena gruesa.* **3** (pl.) *Nudos de la *paja que quedan en el pesebre.* ⇒ Torna.

grañón (del sup. hispanolat. «granĭo, -ōnis») **1** m. *Grano de *trigo cocido.* **2** *Sémola hecha con granos de esos.* ⇒ Grasones.

grao (del cat. «grau», grada) m. *Puerto. Se aplica como nombre propio al de Valencia y otras ciudades levantinas. ⇒ Granero.

grapa[1] (del germ. «krappa», gancho) **1** f. Pieza de alambre con las dos puntas dobladas en la misma dirección, que se emplea para mantener juntas varias cosas o dos partes o piezas de una cosa; por ejemplo, las que se usan con la maquinilla de coser papeles, las que se emplean para unir las correas o las que se ponen para unir los pedazos de un cacharro roto. ⇒ Broche, corchete, ganchito, gancho, grampa, presilla. ➤ Abrochador [o abrochadora], clipiadora, corchetera, cosedora, engrampador [o engrampadora], engrapadora, grapadora, presilladora. ⊙ Cir. Pequeña tira de metal que se utiliza para mantener unidos los bordes de una herida o incisión. ⇒ Cibica, laña, patilla. **2** Vet. *Llaga que se forma a las caballerías en la parte anterior del corvejón y posterior de la rodilla.* **3** Vet. *Se aplica a ciertas excrecencias, como verrugas ulceradas, que se forman a las caballerías en el menudillo y en la cuartilla.* **4** *Escobajo del racimo de uvas.*

grapa[2] (del it. «grappa», cierto tipo de aguardiente; Arg.) f. *Aguardiente de orujo.*

grapadora f. Maquinilla para grapar. ⇒ *Grapa.

grapar tr. Sujetar ↘papeles, cartones, etc., con grapas.

grapo n. Miembro de la organización terrorista GRAPO (Grupo de resistencia antifascista primero de octubre).

grapón m. *Pieza de hierro de forma de grapa dentro de la cual se mueve el picaporte con que se *cierran las puertas.*

grasa (del lat. «crassa», f. de «crassus», gordo) **1** f. Nombre genérico de distintas sustancias orgánicas que son, químicamente, mezclas de ácidos orgánicos, las cuales se encuentran en distintos tejidos animales y vegetales; son untuosas y producen unas manchas características que, por ejemplo, al papel lo hacen traslúcido; como el aceite de oliva o almendras, la manteca de la leche o el sebo de los animales. Cuando se trata de la del cuerpo de los animales, se emplea también en plural: 'Perder grasas'. ⊙ Suciedad grasienta de la ropa, por ejemplo en las partes que rozan con el cuerpo. ≃ Mugre, pringue, sebo. **2** **Goma del enebro.* **3** *Grasilla.* **4** (pl.) Metal. **Escorias que resultan de la limpieza de un baño metálico antes de hacer la colada.*

□ Catálogo

Otra forma de la raíz, «cras-»: 'craso'. Otras raíces, «adip-, lipo-»: 'adipocira, adiposo; lipoideo, lipoma'. ➤ *Aceite, butiro, chicharro, chicharrón, churre, cochevira, crema, enjundia, esperma de ballena, gordana, gordo, gordura, gorrón, grasura, grosura, hisopo húmedo, juarda, larda, lardo, *manteca, mantequilla, margarina, pomada, pringue, saín, sainete, sebillo, sebo, suarda, *tocino, unto. ➤ Lipodistrofia. ➤ Estearina, lanolina, oleína. ➤ Lamparón, ojos. ➤ Panículo [adiposo], pella, sabanilla, témpano. ➤ Aceitoso, butiroso, craso, grasiento, graso, grasoso, grosiento, lardero, lardoso, mantecoso, mugriento, pingüe, pingüedinoso, pringoso, sebáceo, seboso, untoso, untuoso. ➤ Enranciarse, ranciarse. ➤ Engrasar, enlardar, ensebar, lardar, lardear, lubricar, lubrificar, untar. ➤ Desainar, desbuchar, descargar, desengrasar, desensebar, desgrasar, desmantecar, desmugrar.

grasera f. *Utensilio de cocina que se utiliza para guardar la grasa.* ⊙ *También, otro usado para recoger la grasa de las viandas que se *asan.*

grasería f. *Sitio donde se hacen las *velas de sebo.*

grasero m. Metal. *Sitio donde se echan las grasas de un metal.*

graseza **1** f. *Cualidad de graso.* **2** (ant.) *Grosura.*

grasiento, -a adj. Se aplica a lo que tiene grasa o más grasa de la debida, o está sucio de grasa.

grasilla (dim. de «grasa») f. *Polvo de sandáraca que se empleaba para frotar el papel en el sitio donde se había raspado algo escrito para que no se corriese la nueva escritura.* ≃ Grasa.

graso, -a (del lat. «crassus», gordo) **1** adj. De naturaleza de grasa o con grasa: 'Una sustancia grasa'. **2** Aplicado a animales o partes de ellos, *gordo. **3** (Sal.) *Se aplica a la *tierra que está aún demasiado *húmeda para trabajarla.* **4** m. *Graseza.*

V. «ácido graso».

grasones m. pl. **Potaje de harina o trigo machacado y sal en grano al que después de cocido se le agrega leche de almendras o de cabras, grañones, azúcar y canela.*

grasor (de «graso»; ant.) m. *Grosura.*

grasoso, -a adj. Grasiento o graso.

graspo m. *Especie de *brezo.*

grasura f. *Grasor.*

grata (de «gratar») f. **Escobilla de metal que sirve para diversos usos; por ejemplo, para bruñir los plateros las piezas sobredoradas, o para limpiar el cañón de las armas.*

gratamente adv. De manera grata: 'Me quedé gratamente sorprendido'.

gratar (del occit. «gratar», rascar) tr. *Limpiar o bruñir una ↘cosa con la grata.*

gratén Al gratén. Al gratin.

gratificación **1** f. Acción de gratificar. ⊙ Cantidad de dinero que se da para gratificar. ≃ *Propina. ⊙ Cantidad que se añade voluntariamente al precio estipulado por un servicio. **2** *Retribución que se recibe en un empleo o cargo, añadida al sueldo principal.

gratificante o, menos frec., **gratificador, -a** adj. Se aplica a lo que *compensa o *satisface: 'Es gratificante llegar a casa después de la jornada'.

gratificar (del lat. «gratificāri») **1** tr. Recompensar voluntariamente a una ↘persona por un servicio recibido de ella. ⊙ Particularmente, con cierta cantidad de dinero. ⇒ Dar una *propina, untar. **2** **Compensar.* **3** **Gustar o *complacer.*

gratil o **grátil** **1** m. Mar. Borde de la *vela por donde se une al palo. **2** Mar. *Parte central de una *verga, en la cual se afirma un cabo, cadena, etc., para envergar la vela.*

gratin (fr.; pronunc. [gratén]) Al gratin. Gratinado: 'Macarrones al gratin'.

gratinado, -a Participio adjetivo de «gratinar»: 'Espinacas con bechamel gratinadas'.

gratinar (del fr. «gratiner») tr. *Tostar por encima en el horno o de otro modo una ↘vianda, especialmente si se la ha recubierto con queso rallado, bechamel u otra pasta semejante.

gratis (del lat. «gratis») adj y adv. Refiriéndose a la manera de obtener o de utilizar cierta cosa, sin tener que *pagar por la cosa de que se trata: 'Viaja gratis'. ⊙ Sin *esfuerzo, *mérito o *trabajo o sin *corresponder de algún modo a lo que se obtiene: 'No habrá conseguido gratis ese puesto'. ⊙ Refiriéndose a la manera de dar algo o prestar un servicio, sin *cobrar por ello: 'Cose gratis para todas sus amigas'. ⊙ Sin obtener otra cosa a cambio: 'Nadie hace nada gratis'.

□ CATÁLOGO

Así como así, por AMOR al arte, de balde, de bóbilis, bóbilis, buenamente, por las buenas, por tu [su, etc.] CARA bonita, por tu [su, etc.] linda CARA, caído [o llovido] del CIELO, de gorra, graciosamente, gratisdato, gratuitamente, de guagua, de cualquier MANERA [o MODO], de mogollón, de momio, por el morro, por nada, de oque, sin pagar, de rositas, porque sí, sin TON ni son. ➤ ENCONTRÁRSELO todo hecho, venirse a las MANOS. ➤ *Oneroso. ➤ El SASTRE del campillo....

gratisdato, -a (del lat. «gratis», de gracia, y «datus», dado) adj. *Se aplica a lo que se da de gracia, sin trabajo o mérito por parte del que lo recibe.* ⇒ *Gratis.

gratitud (del lat. «gratitūdo») f. Sentimiento de alguien que recibe un favor, una merced o un servicio, que consiste en estimar éste y sentirse obligado a corresponder a quien se lo ha hecho. ≃ Agradecimiento, reconocimiento.

grato, -a (del lat. «gratus»; «a»: 'al oído'; «de»: 'de escuchar') adj. Se aplica a lo que gusta: 'Un sabor grato al paladar. Una compañía grata. Una escena grata de recordar'. ≃ *Agradable. ⊙ Se aplica a la persona cuya presencia o compañía son deseadas por alguien o en cierto sitio: 'Su novio no es grato a la familia'. ⇒ PERSONA no grata. ⊙ Su uso es también frecuente en frases formularias, por ejemplo en cartas comerciales: 'Me es grato comunicarle...'. ⇒ Ingrato.

gratonada f. *Cierto *guiso de pollo.*

gratuidad f. Cualidad de gratuito. ⊙ Circunstancia de ser gratuita una cosa.

gratuitamente adv. *Gratis. ⊙ Sin costar o pagar un precio. ⊙ Sin esfuerzo o sacrificio: 'No ha llegado gratuitamente al puesto que ocupa'. ⊙ Sin fundamento: 'Una afirmación hecha gratuitamente'.

gratuito, -a (del lat. «gratuītus»; pronunc. gralm. [gratuito]) **1** adj. Se aplica a lo que se hace, se da o se recibe sin cobrar o pagar por ello: 'Clases gratuitas de español'. ⇒ *Gratis. **2** Sin fundamento: 'Una afirmación gratuita'. ≃ *Infundado, vano.

gratular (del lat. «gratulāri») tr. **Felicitar a ↘alguien.* ⊙ prnl. *Congratularse.* ≃ *Felicitarse.

gratulatorio, a (del lat. «gratulatorĭus»; culto) adj. Se aplica a lo que se dice, escribe, etc., para *felicitar.

grava (del célt. «grava», arena gruesa) **1** (colectivo) f. *Guijo o *cascajo: guijarros o piedra machacada que se emplea en la construcción de caminos. ⇒ Alcatifa, almendrilla, almora, balasto, *cascajo, cascote, casquijo, garbancillo, glera, gravilla, *guijo, llera, recebo, ripio, zaborra. ➤ Cascajal, cascajar, gravera, guijarral. ➤ *Piedra. **2** (colectivo) Mezcla de guijas, arena y, a veces, arcilla, que se encuentra en *yacimientos.

gravamen (del lat. «gravāmen») **1** («Imponer, Cargar, Pesar; Redimir») m. *Obligación de cualquier clase que pesa sobre alguien o algo. **2** Censo, tributo, servidumbre, etc., que pesa sobre una finca. ⇒ Canon, *carga, *censo, gabela, graveza, hipoteca, *obligación, pecha, pecho, *servidumbre, *tributo. ➤ Pensión. ➤ Cargar, desgravar, desvincular, *imponer, liberar, pensionar. ➤ No hay ATAJO sin trabajo, no hay TORTA que no cueste un pan, todo tiene sus VENTAJAS y sus inconvenientes. ➤ Auténtico. ➤ Saneado.

gravante (ant.) adj. *Aplicado a lo que grava.*

gravar (del lat. «gravāre») tr. Imponer sobre una ↘cosa una *carga o contribución o cualquier clase de pago: 'No es prudente gravar más la industria'. ⊙ Pesar cierta carga, obligación contributiva o gasto sobre cierta ↘cosa: 'La casa está gravada con una hipoteca. El sostenimiento del coche grava demasiado mi presupuesto'.

gravativo, -a adj. *Aplicable a lo que grava.*

grave (del lat. «gravis») **1** adj. **Pesado.* ⊙ m. FÍS. *Cuerpo: 'La caída de un grave en el espacio'. ⇒ Ingrávido. **2** adj. Se aplica a acciones o situaciones que envuelven peligro o tienen o son susceptibles de tener consecuencias muy dañosas: 'La situación es grave pero no desesperada. Una enfermedad grave. Una falta grave'. ⇒ Capital, comprometido, de cuidado, *difícil, importante, mortal, trascendental. ➤ Gravedad, graveza, importancia, seriedad. ➤ *Ligero. ➤ *Agravar[se]. *Empeorar. *Importancia. *Peligro. *Serio. **3** (gralm. yuxtapuesto, rara vez con «ser», y alguna vez, sólo aplicado a personas, con «estar») Aplicado a personas, a su gesto o actitud, a sus palabras, etc., *serio, respetable o *solemne: 'Un grave profesor. Me alarmé al verle con una cara tan grave. Nos hicieron impresión sus graves palabras'. **4** Aplicado al *estilo, elevado. **5** Aplicado a *sonidos, poco agudo: de pocas vibraciones por segundo. ≃ Bajo. **6** GRAM. Aplicado a las palabras, acentuado en la penúltima sílaba. ≃ *Llano. ⊙ GRAM. También se aplica al *acento que carga en esa sílaba: 'Acento grave'. ⊙ GRAM. Y al acento (signo) consistente en una tilde dirigida de arriba abajo y de izquierda a derecha. **7** *Molesto o *enfadoso.* **8** **Difícil.*

gravear (de «grave», pesado; ant.) intr. *Gravitar sobre algo.*

gravedad (del lat. «gravĭtas, -ātis») **1** f. FÍS. En la expresión «CENTRO de gravedad», *peso. **2** FÍS. Fuerza de atracción entre los cuerpos. **3** FÍS. Particularmente, fuerza que hace *caer los cuerpos en dirección al centro de la Tierra. ⇒ Gravimetría, gravímetro. ➤ Gravitación, gravitar. **4** Cualidad o estado de grave: 'La gravedad del asunto [o del enfermo]'. ≃ Gravitación. ⊙ Aplicado a personas y a su manera de hablar o su actitud, seriedad, *dignidad o *solemnidad: 'Imponía por la gravedad de su aspecto. Nos impresionó la gravedad de su tono'. ⊙ A veces, con *afectación.

V. «CENTRO de gravedad».

gravedoso, -a (de «gravedad») adj. **Serio o *circunspecto, con afectación.*

gravedumbre (del lat. «gravitūdo, -ĭnis»; ant.) f. *Dificultad o *penalidad.*

gravemente adv. De manera grave: 'Gravemente enfermo'.

gravera f. Sitio de donde se extrae *grava.

gravescer (del lat. «gravescĕre»; ant.) tr. y prnl. **Agravar[se].*

graveza **1** (ant.) f. *Gravedad.* **2** (ant.) **Gravamen.* **3** (ant.) *Dificultad.*

gravidez (de «grávido»; culto) f. *Preñez.

grávido, -a (del lat. «gravĭdus») adj. Pesado por efecto de la carga que contiene. ⊙ Se aplica particularmente a la mujer o la hembra de un animal *embarazada o *preñada.

gravilla f. Grava menuda.

gravimetría (del lat. «gravis», pesado, y «-metría») **1** f. Fís. *Disciplina encargada del estudio de la gravedad terrestre.* **2** Quím. *Análisis cuantitativo efectuado mediante pesadas.*

gravímetro (del lat. «gravis», pesado, y «-metro») **1** m. Fís. *Instrumento utilizado para medidas relativas a la gravedad terrestre.* **2** Fís. *Instrumento utilizado para determinar el peso específico de los cuerpos sólidos y de los líquidos.*

gravitación 1 f. Acción de gravitar. **2** Fís. Gravedad (fuerza).

Gravitación universal. Fís. Fuerza de la gravedad que actúa entre los astros.

gravitar (del lat. «gravĭtas, -ātis», peso) **1** intr. Apoyarse un cuerpo pesado sobre cierta cosa que lo soporta: 'La bóveda gravita sobre los pilares'. ≃ Pesar, gravear. **2** Pesar sobre alguien una *obligación: 'Gravita sobre él toda la responsabilidad'. **3** Estar una cosa sobre otra *amenazando o con tendencia a caer sobre ella: 'La espada gravitaba sobre su cabeza'. ≃ Pender. ⊙ *Amenazar a alguien una desgracia: 'Gravita sobre él una terrible amenaza'. ≃ Pender. **4** Fís. Moverse un cuerpo celeste según las leyes de la gravitación: 'La Luna gravita alrededor de la Tierra'.

gravitatorio, -a adj. Fís. De la gravedad (fuerza).

gravoso, -a (de «grave», pesado) adj. Se aplica a lo que constituye una carga o molestia u origina gasto. ≃ Costoso, oneroso, pesado.

graznador, -a adj. Se aplica a los animales que graznan.

graznar (del sup. hispanolat. «gracināre») intr. Emitir su *voz propia el cuervo, el grajo y otras aves semejantes. ⇒ Crascitar, croajar, croscitar, gañir, gaznar, grajear, titar, urajear, voznar.

graznido 1 m. Sonido o sucesión de sonidos emitidos de una vez por los animales que graznan. **2** *Canto o manera de *hablar desagradable.

greba o **grebón** (del fr. ant. «grève», parte delantera de la pierna donde se aprecia la tibia; ant.) f. o m. *Parte de la *armadura de guerra que cubría desde la rodilla hasta la garganta del pie.*

greca (de «greco») f. Adorno o dibujo en forma de banda en que se repite un mismo motivo decorativo. ≃ *Franja, orla.

grecano, -a, greciano, -a o **grecisco, -a** (ant.) adj. y n. *Griego.*

grecismo (del lat. «graecus», griego) **1** m. Cualidad de griego. ≃ Helenismo. **2** Adhesión a lo griego. ≃ Helenismo. **3** *Palabra o expresión tomada del griego. ≃ Helenismo.

grecizar (del lat. «graecissāre») intr. *Usar palabras o expresiones griegas.* ⊙ tr. *Dar forma griega a ˃expresiones de otro idioma.* ≃ Greguizar.

greco- Elemento prefijo del lat. «graecus», griego: 'grecolatino, grecorromano'.

grecolatino, -a adj. A la vez griego y latino.

grecorromano, -a adj. A la vez griego y romano.

greda (del lat. «crēta») f. Cierta *arcilla que se emplea para absorber la grasa. ≃ Buro, creta, galactita, galactites, galatites, galaxia, tierra de batán. ➤ Blanquizal [o blanquizar], gredal. ⇒ Alpañata.

gredal m. Sitio en que hay greda.

gredoso, -a adj. De [o con] greda.

green (ingl.; pronunc. [grin]) m. Med. En el *golf, zona del campo cubierta de césped, que está situada alrededor de cada hoyo.

grefier (del fr. «greffier», escribano forense) **1** m. *Oficio honorífico de la casa *real de Borgoña, auxiliar y complementario del de contralor.* **2** *Oficial que asistía a las ceremonias de toma del collar del toisón de oro.*

gregal[1] (del sup. lat. «graegālis») m. **Viento del nordeste que sopla en invierno en el Mediterráneo central.*

gregal[2] (del lat. «gregālis», de rebaño) adj. *Gregario.*

gregario, -a (del lat. «gregarĭus») **1** adj. Se dice de los animales que viven en rebaños o manadas. ⇒ Gregal, rebañego. **2** Se dice de las personas que forman parte de un grupo sin distinguirse de las demás. ⊙ O que carecen de iniciativa y se dejan llevar por otros haciendo lo que hacen todos. ⇒ Rebañego. ➤ Borrego. **3** m. Dep. Ciclista que tiene como cometido ayudar al corredor más destacado de su equipo. ≃ Doméstico.

gregarismo m. Espíritu gregario.

grege (del lat. «grex, gregis», rebaño; ant.) f. *Grey.*

gregoriano, -a adj. V. «Calendario gregoriano, canto gregoriano, corrección gregoriana».

gregorillo (de «gorguerillo», dim. de «gorguera») m. *Prenda de mujer con que se cubrían cuello, pecho y espalda.* ⇒ *Chal.

greguería (de «griego[1]») **1** f. *Ruido hecho por muchas personas hablando o gritando al mismo tiempo.* ≃ Algarabía, *bulla, griterío. **2** Nombre dado por el escritor Ramón Gómez de la Serna a ciertas composiciones suyas que son interpretaciones o comentarios breves e ingeniosos de aspectos de la vida corriente.

gregüescos o **greguescos** (de «griego[1]», por la forma de los calzones anchos propios del traje griego moderno) m. pl. *Pantalones muy anchos, que llegaban hasta media pierna, usados en los siglos xvi y xvii.

greguisco, -a (ant.) adj. *Griego.*

greguizar intr. *Grecizar.*

grelo (del gall. «grelo»; Gal., León y, por expansión junto con el uso de la hortaliza, en otros sitios) m., gralm. pl. Brote tierno de la planta del *nabo, que se come como *hortaliza.

gremial 1 adj. De [del o de los] gremio[s]. **2** m. *Individuo de un gremio.* **3** *Paño que se ponen los *obispos sobre las rodillas en algunas ceremonias.* ⊙ *Paño rectangular, semejante a un frontal de altar, que llevan entre los tres clérigos del terno de la *misa conventual de las catedrales en la procesión claustral y otras.*

gremialismo m. Teoría política que propugna la organización de la sociedad en gremios.

gremialista adj. y n. Propio del gremialismo o partidario de esta teoría.

gremio (del lat. «gremĭum», seno) **1** (ant.) m. **Regazo.* **2** Asociación de personas del mismo *oficio o profesión. Tenían gran importancia en la Edad Media, en que estaban constituidos por todos los aprendices, oficiales y maestros de una profesión. Ahora, salvo en algunas denominaciones particulares, el nombre no designa una organización, sino un conjunto o una clase de personas que se dedican a la misma profesión: 'El gremio de hosteleros [de panaderos, de la construcción]'. ⇒ Germanía. ➤ Mayordombre, prohombre. ➤ Sindicato. ➤ Agremiar. **3** A veces, en lenguaje informal, significa la clase de personas que hacen el mismo género de vida, que tienen los mismos gustos, etc.: 'Pertenece todavía al gremio de los solteros. Tú y yo pertenecemos al mismo gremio'. **4** *Unión de los fieles *católicos con los sacerdotes y el Sumo Pontífice.* **5** *Cuerpo constituido por los doctores y catedráticos de las *universidades.*

grenchudo, -a adj. *Aplicado especialmente a los animales, *greñudo.*

greña 1 (gralm. pl.) f. Mechón de *pelo enredado y desarreglado: 'Con esas greñas parece una bruja'. ⇒ Desgreñarse. 2 (sing. o pl.) Pelo de la piel de los animales o del tejido de lana, cuando es largo y lacio y en mechones; como el de la cabra. 3 **Enredo de cosas entrelazadas.* 4 (And., Méj.) *Porción de mies que se extiende en la era para formar la parva.* ⇒ *Trillar. 5 (And.) *Primer follaje que produce un sarmiento de *vid recién plantado.* 6 *Plantío de viñas en el segundo año.*

ANDAR A LA GREÑA. 1 **Reñir, particularmente las mujeres, tirándose del pelo.* 2 Estar dos o más personas en *desacuerdo y siempre dispuestos a promover disputas.

greñudo, -a adj. Con greñas. ⇒ Chascón.

greñuela (dim. de «greña»; And.) f. *Viña de primer brote.* ⇒ *Vid.

gres (del fr. «grès», arenisca) m. Cierta mezcla de *arcilla fina y arena cuarzosa que, cocida a temperaturas elevadas, sufre un principio de vitrificación; se fabrican con ella objetos resistentes al fuego y a los ácidos y también *cerámica artística.

gresca (del cat. ant. «greesca», juego de azar prohibido) 1 f. *Disputa o *riña no muy violentas. 2 *Bulla promovida por personas que discuten, riñen o se divierten.

greuge (del cat. y occit. «greuge», agravio; ant.) m. **Queja del agravio hecho a las leyes o fueros en las *Cortes de Aragón.*

grevillo (C. Rica; *Grevillea robusta*) m. *Árbol proteáceo de hojas anchas y largas y flores rojas y amarillas.* ⇒ *Planta.

grey (del lat. «grex, gregis») 1 (lit.) f. *Rebaño. 2 Rebaño de ganado menor. 3 (culto) Conjunto de personas que siguen juntas cierta marcha: 'La grey estudiantil'. ⊙ (culto) Particularmente, conjunto de los fieles *católicos considerados agrupados bajo la dirección de los sacerdotes.

g...r...g Grupo de sonidos, imitativo de los que se producen en la garganta, que se encuentra en «garganta» y, ya en latín, en palabras relacionadas con ella y con los sonidos que en ella se producen: «gargajo, gárgaras, gárgola, garguero, gorgorito, gorguera, gorigori, gorja, gorjear, guirigay, ingurgitar, jerga, jerigonza, regurgitar». A veces queda reducido a «g...r» o «r...g»: «chirigota, garrir», quizá «gorra», «gorrino, gritar, gruñir, guarín, guarro». ⇒ G...g.

grial (gralm. con «Santo») m. En las leyendas y libros caballerescos, copa o vaso místico, que se suponía haber servido para la institución de la *Eucaristía.

grida (de «gridar»; ant.) f. *Grita.* ⊙ (ant.) *Señal que se hacía con gritos para que los soldados tomasen las armas.* ⇒ Guerra.

gridar (del lat. «quiritāre», gritar; ant.) tr. *Gritar.*

grido (de «gridar»; ant.) m. *Grito.*

griego[1], **-a** (del lat. «Graecus») 1 adj. y, aplicado a personas, también n. De Grecia. ⊙ m. Lengua griega. 2 Se emplea en frases como «es igual que si le hablases en griego» o «eso es griego para mí» para significar que una cosa o una manera de hablar no es comprendida o es *incomprensible. 3 adj. Aplicado a Iglesia, especialmente con referencia a la griega, ortodoxo. ⇒ Galilea. 4 m. **Tahúr.* 5 (argot, vulg.) Coito anal.

V. «CALENDAS griegas, CRUZ griega, FUEGO griego, PEZ griega».

□ CATÁLOGO

Acayo, *aqueo, aquivo, árcade, arcadio, argivo, argólico, ascreo, ateniense, *ático, beocio, bisalta, corintio, cretense, dirceo, dorio, epirota, erétrico, esparciata, *espartano, estagirita, etolio, etolo, eubeo, gálata, grecano, greciano, grecisco, greco-, greguisco, helénico, heleno, lacedemón, lacedemonio, locrense, macedón, macedónico, macedonio, megarense, milesio, minoico, nemeo, pelasgo, peloponense, pelta, peonio, romaico, romeo, tebaico, tebano, tebeo, tegeo, teyo, tirintio. ➤ Meteco. ➤ Clásico, prehelénico. ➤ Turcople. ➤ Grecolatino, grecorromano. ➤ Anfictionía, polis. ➤ Ateneo, odeón. ➤ Hipocausto. ➤ Apocrisiario, canéfora, diadoco, éfeta, éforo, lexiarca, navarca, pitonisa, sibila, trigón. ➤ Década, falange. ➤ Hoplita. ➤ Calántica, causía, clámide, coturno, estola, palio, peplo. ➤ Enagüillas. ➤ Ánfora, ciborio, crátera, metreta. ➤ Fíbula, parasemo, parazonio, triga. ➤ *Alfabeto, antistrofa, epodo, estrofa, nenia, trilogía. ➤ Leima. ➤ Pírrico. ➤ Címbalo, octacordio, siringa. ➤ Dracma, mina, óbolo, talento. ➤ Demótico. ➤ Ánfora. ➤ Teúrgia. ➤ Teoría, fiesta. ➤ Erasmiano, reucliniano. ➤ *Edificio. *Mitología. *Sacerdote. *SERES fantásticos. *Templo.

griego[2] (de «agrio» e «-iego») adj. V. «GUINDO griego».

griesco (de «gresca»; ant.) m. **Combate.*

griesgo (ant.) m. *Griesco.*

grieta (del ant. «crieta», del sup. lat. vulg. «crepta», deriv. de «crepĭta», part. pas. de «crepāre», estallar) 1 f. *Abertura alargada y estrecha producida por separación de dos partes de la misma cosa. ⊙ Hueco de la misma forma que queda entre dos cosas o dos partes de la misma cosa, próximas pero no juntas del todo: 'Una grieta entre las puertas del balcón'. 2 (pl.) Rajas producidas en la piel, los labios, etc., por el frío u otra causa. ≃ Resquebrajaduras. ⇒ *Úlcera. 3 Lo que debilita la unión de algo no material. ≃ Fisura.

□ CATÁLOGO

*Abertura, abierta, abra, brecha, caña, cortadura, *corte, crujido, cuarto, *escotadura, fenda, fisura, fortaleza, hendedura, *hendidura, hiato, hienda, hoja, *hueco, intersticio, litoclasa, pelo, quebradura, quebraja, quebraza, rafa, ragadía, raja, raza, rendija, resquebradura, resquebrajadura, resquicio, sarteneja, separación, silbato, *sima, sopladero, soplado, tajo. ➤ Burlete. ➤ *Agrietar. ➤ *Ranura. *Rellenar.

grietarse o **grietearse** (de «grieta») prnl. **Agrietarse.*

grifa (de «grifo», bajo los efectos de la marihuana) f. Marihuana.

grifalto m. *Especie de *culebrina de muy pequeño calibre.*

grifarse prnl. *Engrifarse, en cualquier acepción.*

grifería 1 f. Fábrica o tienda de grifos. 2 Grifo o conjunto de grifos de una instalación de agua corriente.

grifo, -a (del lat. tardío «gryphus», animal fabuloso, del gr. «grýps», «grypós»; la 6.ª acep., del nombre del animal mencionado en la 5.ª, por la costumbre de dar forma de cabeza a los caños de las fuentes) 1 adj. *Aplicado al pelo, crespo, rizado o enmarañado.* ⇒ Engrifar. 2 (Antill.) *Se aplica a la persona que tiene el pelo ensortijado por ser mulato.* 3 (Méj.) adj. y n. *Se aplica a la persona que está bajo los efectos de la marihuana; también, borracho.* 4 (Col.) adj. *Presuntuoso.* 5 m. *Animal fantástico con la mitad superior del cuerpo de águila, y la inferior de león. ⇒ Hipogrifo. 6 Utensilio, generalmente metálico, colocado en los sitios por donde tiene que salir un líquido, con una llave que se puede abrir y cerrar para permitir o impedir el paso de éste. ≃ Llave. ⇒ Bitoque, canilla, caño, grifón, jeta, llave, LLAVE de paso, PAJA de agua, pila, pluma. ➤ Cuero, estopada, rodaja, suela. ➤ Batería, grifería. ➤ Dorados. ➤ Abrir, cerrar. ➤ *Espita.

CERRAR [O CORTAR] EL GRIFO (inf.). Dejar de dar dinero a alguien: 'El ministerio decidió cortar el grifo de las subvenciones'.

grifón 1 m. *Llave de paso.* **2** *Perro de caza de pelo áspero, de distintas razas.

grigallo (de «gran» y «gallo»; *Tetrao urogallus*) m. Cierta *ave gallinácea, parecida al francolín; la hembra tiene el plumaje rojizo jaspeado de amarillo y pardo.

grija (ant.) f. *Guija (piedra).*

grill (ingl.) **1** m. Parrilla. **2** Parte del horno que se usa para gratinar.

grilla (de «grillo[1]») ESA ES GRILLA. *Expresión de incredulidad.*

grillado, -a Participio adjetivo de «grillarse». ⊙ Se aplica a las semillas, tubérculos, etc., que han echado grillos. ⊙ (inf.) *Loco.

grillar (del lat. «grillāre»; ant.) intr. *Cantar los grillos.*

grillarse 1 prnl. Echar grillos (brotes), la semillas, tubérculos, etc. ≃ Engrillarse. ⇒ *Brotar. **2** (inf.) Enloquecer.

grillera 1 f. *Jaulilla para grillos. **2** Agujero donde se guarecen los grillos. **3** Sitio en donde hay mucho *jaleo, por ejemplo donde todo el mundo habla a la vez, y no hay manera de entenderse. ≃ JAULA [U OLLA] de grillos.

grillero m. *Hombre que pone y quita los grillos a los presos.*

grilleta (del fr. «grillette») f. *Rejilla de la celada.*

grillete (dim. de «grillos[2]») m. Pieza de hierro, generalmente de forma de anilla con los extremos unidos por un perno asegurado con una chaveta; se emplea para sujetar una cadena a cualquier sitio. ⊙ Específicamente, ese objeto empleado para sujetar los pies de los presos. ⇒ Adobe, arropea, calceta, carlanca, ferropea, fierros, grillos, herropea, hierros, pihuela. ➤ Engrillar. ➤ Desferrar, desherrar. ➤ *Aprisionar. *Prisión.

grillo[1], -a (del lat. «gryllus»; *Gryllus campestris;* no frec. en f.) n. Insecto ortóptero de color negro rojizo, con unas manchas amarillas en el arranque de las alas; el macho produce con el rozamiento de los élitros, especialmente en las primeras horas de la noche en el verano, un sonido agudo que repite monótonamente, que se llama «canto».

GRILLO CEBOLLERO [O REAL]. *Cortón (insecto ortóptero).*

V. «tener la CABEZA como una olla de grillos, JAULA de grillos, OLLA de grillos».

grillo[2] (del fr. «grille») m. pl. Conjunto de dos grilletes unidos por un perno común o una cadena que se colocaban cada uno en un pie de los *presos.

grillo[3] (del sup. lat. «gallellus», brote) m. *Brote que echan las semillas, bulbos o tubérculos, cuando germinan en la tierra o si están guardados en sitio húmedo. ≃ Mugrón.

grillotalpa (de «grillo[1]» y el lat. «talpa», topo) m. *Cortón (insecto ortóptero).*

grima (del sup. germ. «grim», enojado) **1** («Dar») f. Irritación o *desazón que causa una cosa: 'Me da grima verle sin hacer nada. Me da grima verla siempre trabajando'. **2** («Dar») Dentera (sensación desagradable).

grimillón (Chi.) m. *Multitud, montón revuelto.*

grimorio (del fr. «grimoire») m. *Libro de *hechicería.*

grimoso, -a adj. *Causante de grima (desazón u horror).*

grímpola (del occit. «guimpola») **1** f. *Bandera pequeña. ≃ Gallardete. ⊙ MAR. *Particularmente, gallardete muy corto que se emplea como *cataviento.* **2** *Una *insignia de las que usaban antiguamente los caballeros en la guerra y que acostumbraban a poner sobre sus sepulturas, consistente en una bandera triangular.*

grinalde (de «grano») f. **Proyectil, especie de granada, que se usó antiguamente.*

gringo, -a (de «griego», lengua considerada como extraña) **1** (inf.) m. *Lenguaje ininteligible.* ≃ *Griego. **2** (desp.) adj. y n. **Extranjero; especialmente, inglés.* **3** (sobre todo Hispam.; desp.) *Norteamericano de los Estados Unidos.

gringuele (Cuba; *Corchorus olitorius*) m. *Cierta *planta tiliácea de color amoratado, comestible, utilizada para sustituir al quimbombó.*

griñolera (*Coloneaster nebrodensis*) f. Cierto arbusto rosáceo con flores en corimbo. ⇒ *Planta.

griñón[1] (del fr. ant. «grénon») m. **Toca de monjas y beatas que rodeaba el rostro.*

griñón[2] (de «briñón») m. *Variedad de *melocotón, pequeña y sabrosa.*

gripa (Hispam.) f. *Resfriado o gripe.*

gripado, -a Participio adjetivo de «gripar[se]».

gripaje m *Agarrotamiento.*

gripal adj. De [la] gripe.

gripar (del fr. «gripper») **1** tr. Hacer que un ↘mecanismo se gripe. ≃ Agarrotar. ⇒ *Atascar. **2** prnl. y, menos frec., intr. Quedar dos piezas de un mecanismo que se deslizan una sobre otra fuertemente adheridas, de modo que queda interrumpido el deslizamiento.

gripe (del fr. «grippe») f. *Enfermedad epidémica que se manifiesta con síntomas catarrales. ≃ Dengue, trancazo. ➤ *Catarro, influenza.

gripo (del it. «gripo», red de pesca) m. **Barco que se utilizaba para transportar géneros.*

griposo, -a adj. y n. Que padece gripe o tiene síntomas similares a los de la gripe.

gris (¿del occit. «gris»?) **1** («Hacer») m. *Viento poco violento pero muy frío: 'Hace un gris que corta'. **2** («Hacer») *Frío muy intenso, pero que no lo parece tanto por no hacer viento. **3** adj. y n. m. Se aplica al *color que resulta de la mezcla del blanco y el negro, y a las cosas que lo tienen: 'El gris es muy usado para trajes de hombre. Un sombrero [de color] gris'. ⇒ Ceniciento, ceniza, cenizoso, grisáceo, gríseo, grullo, leucofeo. **4** *Deslucido o *indiferente: se aplica a las cosas o las personas que no se destacan por nada: 'Una mentalidad gris. Un concierto gris'. ≃ Incoloro. **5** Aplicado al tiempo o al humor de alguien, sombrío o *triste: 'Está un día gris. Yo estaba aquel día de un humor gris'. **6** m. Petigrís: variedad de *ardilla de Siberia, cuya piel es muy estimada en peletería. **7** (gralm. desp.) *Policía nacional en la época en que llevaban uniforme gris.

GRIS MARENGO. Aplicado al color de las telas, gris muy oscuro.

G. PERLA. Gris muy claro.

G. PIZARRA. *Gris oscuro azulado.*

G. VISÓN. *Gris algo rojizo.*

V. «EMINENCIA gris».

grisáceo, -a adj. Algo gris: 'Un blanco grisáceo. Un papel grisáceo'. ≃ Agrisado. ⇒ Negruzco.

gríseo, -a adj. *De color gris.*

griseta[1] (de «gris») **1** f. *Cierta *tela de seda con dibujo menudo, de flores u otra cosa.* **2** *Pudrición de la madera cuando el color que adquiere ésta al descomponerse no es uniforme.* ≃ Gotera.

griseta[2] (del fr. «grisette») f. *Nombre dado en Francia a las *obreras jóvenes y pizpiretas; particularmente, a las modistillas.*

grisgrís (del ár. and. «ḥírz-ḥírz») m. *Cierto *amuleto de los moriscos.*

grisma (de «brizna»; Guat., Hond.) f. **Brizna o miaja.*

grisón, -a (del lat. «Grisōnes») adj. y n. Se aplica a los naturales del cantón de Suiza situado en las fuentes del Rin, llamado «de los Grisones», y a sus cosas. ⇒ *Pueblo. ⊙ m. *Lengua neolatina que hablan.

grisú (del fr. «grisou») m. Gas que se desprende en las *minas de hulla, que, a veces, al mezclarse con el aire, produce violentas explosiones.

grita (de «gritar») **1** f. Vocerío o gritería producidos por una multitud, particularmente en señal de *protesta o censura contra alguien. **2** CETR. *Voz que el cazador da al azor cuando sale la perdiz.*

DAR GRITA a alguien. **Burlarse a gritos de la persona de que se trata.*

gritadera (ant. y usado aún en Col. y Ven.) f. *Griterío.*

gritador, -a adj. y n. Se aplica a la persona que grita o es inclinada a gritar.

gritar (del lat. «quiritāre», lanzar grandes gritos) **1** intr. *Hablar con voz muy alta, por ejemplo para hacerse oír de alguien que está lejos o por enfado. Admite grados: 'Grita un poco más, que no te oigo. No grites tanto que vas a despertar al niño'. ⊙ Emitir un grito o gritos. **2** tr. Gritar como *protesta contra ↘alguien o por algo: 'Gritar una comedia [o a un actor]'. **3** *Reprender destempladamente a ↘alguien. **4** *Mandar una cosa a ↘alguien con gritos.

□ CATÁLOGO

Abuchear, aclamar, adulear, ajordar, alborotar, algarear, apellidar, arrendar, asparse, aullar, baladrar, berrear, bramar, chillar, chivatear, cridar, desgalillarse, desgañifarse, desgañirse, *desgañitarse, desgargantarse, desgaznatarse, despearse, despepitarse, gargalizar, gridar, hablar a GRITO herido [a GRITO limpio o a GRITO pelado], dar GRITOS, llamar a GRITOS, huchear, jijear, pregonar, rugir, vocear, dar VOCES, llamar a VOCES, vociferar, hablar a voz en cuello, hablar a voz en grito. ➤ Alarido, apito, baladro, chillido, clamor, clamoreada, clamoreo, exclamación, grito, hipido, interjección, jipío, lelilí, reclamo, *voz. ➤ Ahogado, estentóreo, fuerte, inarticulado, potente. ➤ Algarabía, bulla, escándalo, ginebra, grita, gritadera, gritería [o griterío], *jaleo, trapatiesta, trifulca, vocerío, vocinglería. ➤ PERRO ladrador, poco mordedor; irse la FUERZA por la boca. ➤ ¡Arriba!, ¡auxilio!, ¡calchona!, ¡a Él!, ¡a ellos!, ¡a ése!, ¡HOMBRE al agua!, ¡hurra!, ¡a mí!, ¡SANTIAGO y cierra España!, ¡socorro!, ¡somatén!, ¡viva! ➤ *Exclamar. *Queja.

gritería o **griterío** f. o m. Mezcla de voces de personas que hablan muy alto o que gritan. ≃ Algarabía, *bulla, escándalo, vocerío. ⇒ *Gritar.

grito (de «gritar»; «Dar, Emitir, Lanzar, Proferir, Prorrumpir, Soltar; Arrancar») m. Sonido inarticulado, palabra o expresión breve proferidos con fuerza y violencia: 'Un grito de dolor [de sorpresa, de enfado]'. ⊙ Cada sonido emitido de una vez por los animales, cuando es alto y potente: 'Los gritos de los animales de la selva'. ⇒ *Voz.

A GRITO PELADO [LIMPIO o, no frec., HERIDO]. A gritos.

A GRITOS. Dando gritos: 'Hablar [o discutir] a gritos'.

ANDAR A GRITOS. *Enfadarse entre sí dos o más personas con frecuencia y gritar.

ESTAR EN UN GRITO. Quejarse incesantemente por efecto de un dolor muy fuerte y continuo.

PEDIR [o ESTAR PIDIENDO] una cosa algo A GRITOS. *Necesitarlo mucho y de manera clara: 'Ese cuadro pide a gritos otro marco'.

PONER EL GRITO EN EL CIELO. Manifestar de manera violenta *enfado o indignación por algo o contra alguien.

SER una cosa EL ÚLTIMO GRITO. Ser lo más moderno en su clase.

V. «a voz en grito, gritar a voz en cuello».

gritón, -a (inf.) adj. y n. Se aplica al que grita por cualquier cosa o tiene costumbre de hablar gritando.

gro (del fr. «gros», grueso) m. Tela de seda semejante al glasé, pero más gruesa. Se emplea mucho en cintas. ⇒ Chaul, tercianela.

groar (de or. expresivo) intr. **Croar.*

groenlandés, -a adj. y, aplicado a personas, también n. De Groenlandia.

groera f. MAR. **Agujero hecho en una tabla para dar paso a un cabo, a un pinzote, etc.*

grog (del ingl. «grog», de «Old Grog», apodo del almirante británico Edward Vernon, llamado así porque solía llevar una capa de gorgorán) m. Bebida compuesta de aguardiente o ron, agua caliente azucarada y limón.

grogui (del ingl. «groggy») **1** adj. DEP. Se aplica al boxeador en estado semiinconsciente a causa de los golpes recibidos. **2** (inf.) Medio dormido.

grojo (Rioj.) m. **Enebro (árbol cupresáceo).*

gromo (del lat. «grumus», montón de tierra) **1** m. **Yema de las plantas.* ≃ Grumo. **2** (Ast.) **Rama de aulaga.*

gróndola (ant.) f. *Góndola.*

groom **1** m. Palabra inglesa con que se designa al hombre, generalmente un muchacho, que está al cuidado de los caballos. **2** También, a un criado joven vestido de librea. ⇒ *Servir.

gropos (del occit. «grop», nudo en la madera) m. pl. *Algodones o cendales del *tintero.*

gros (del cat. «gros», grueso) **1** m. **Moneda antigua de Navarra que valía dos sueldos.* **2** **Moneda de cobre de varios estados *alemanes.*

EN GROS (ant.). *En grueso.*

grosa (ant.) f. **Renta de una prebenda eclesiástica.* ≃ Gruesa.

grosamente **1** adv. *Toscamente.* **2** *En grueso.*

grosca (ant.) f. *Cierta *serpiente muy venenosa.*

grosedad **1** (ant.) f. *Grosura.* **2** (ant.) *Grosor o espesor de una cosa.* **3** (ant.) *Abundancia o fecundidad.* **4** (ant.) *Grosería.*

grosella (del fr. «groseille»; colectivo) f. Fruto del grosellero, que es una baya redonda, dispuesta en racimos, de piel delgada, a menudo traslúcida, carne jugosa y color rojo, negro o blanco. Son muy utilizadas para preparar conservas, dulces y licores.

V. «PIEDRA de grosella».

grosellero (varias especies del género *Ribes; Ribes alpinum,* el grosellero alpino, *Ribes uva-crispa,* el grosellero común y *Ribes nigrum,* el grosellero negro) m. Arbusto grosulariáceo de hojas opuestas y frutos en baya, llamados «grosellas», dispuestos en racimos. Algunas especies se cultivan por su fruto. ⇒ Agrazón, cascalleja, casis, UVA crespa, UVA espina, uvilla.

groseramente adv. De manera grosera.

grosería f. Cualidad de grosero (falto de educación o delicadeza). ⊙ Acción o palabras groseras.

grosero, -a (de «grueso») **1** adj. Aplicado a cosas, hecho sin cuidado o refinamiento, con materiales gruesos, ásperos o de calidad inferior: 'Una vestidura grosera. Un artilugio grosero para elevar el agua. Una costura grosera'. ≃ *Basto, ordinario, tosco. **2** adj. y, aplicado a personas, también n. Se aplica a las personas y a sus palabras, comportamiento, etc., falto de educación o naturalmente inclinado a prescindir de la cortesía y la delicadeza en el trato con otras personas.

□ CATÁLOGO

Abrutado, agreste, ALMA de cántaro, animal, arrabalera, bárbaro, bayunco, bestia, bodoque, *bruto, cazurro, cerdo, *cernícalo, cerrero, cerril, corralera, mal CRIADO, cuaco, desatento, desconsiderado, *descortés, mal EDUCADO, mal ENSEÑADO, faltón, gamberro, gaucho, gañán, garbancero, gofo, guarango, guasamaco, guaso, hombracho, impertinente, inatento, incivil, incivilizado, indelicado, ineducado, *insociable, *insolente, irrespetuoso, jayán, lenguaraz, lenguaz, lépero, malhablado, mastuerzo, mazorral, *ordinario, patán, plebeyo, sin principios, rabalera, rabanera, rudo, salvaje, *soez, *tosco, troglodita, verdulera, zafio. ➤ De mal GUSTO, inconveniente, jifero, malsonante. ➤ Brusquedad, cazorría, cazurría, corteza, mala CRIANZA, descomedimiento, descompostura, *desconsideración, descortesía, mala EDUCACIÓN, grosedad, grosería, groseza, impolítica, incivilidad, indelicadeza, inurbanidad, malas maneras, rudeza, tosquedad. ➤ Coz, desacato, desatención, FALTA de consideración, FALTA de educación, FALTA de respeto, frailada, guasería, impertinencia, inconveniencia, incorrección, insolencia, malas MANERAS, malos MODOS, naranjada, ordinariez, *palabrota, rabotada. ➤ Faltar. ➤ Eufemismo. ➤ *Amable, *delicado. ➤ *Basto. *Brusco. *Descaro. *Irrespetuoso. *Ofender. *Soez. *Tosco. *Vulgar.

grosez (de «grueso» y «-ez»; ant.) f. **Grasa, sebo, manteca o sustancia grasienta.* ≃ Grosura.

groseza (de «grueso») **1** (ant.) f. *Grosor.* **2** (ant.) *Grosería.* **3** (ant.) *Densidad de los líquidos y humores.*

grosicie (del sup. lat. «grossitĭes», de «grossus», con influencia de «crassitĭes»; ant.) f. *Grosura (grasa, sebo, etc.).*

grosidad (del lat. «grossĭtas, -ātis»; ant.) f. *Grosicie.*

grosiento, -a (de «grueso» e «-iento»; ant.) adj. *Grasiento.*

grosísimo, -a adj. Superl. de «grueso».

groso (de «grueso») adj. V. «TABACO groso».

grosor (de «grueso») m. *Dimensión más pequeña en un cuerpo de tres dimensiones; particularmente, en uno de forma laminar. ≃ Espesor, grueso. ⊙ Diámetro de un objeto cilíndrico o aproximadamente cilíndrico, o dimensión perpendicular a la longitud en un cuerpo alargado de cualquier sección: 'El grosor de un cable [de un árbol, de un pilar]'. ⇒ Cálibo, *calibre, canto, contorno, cuerpo, espesor, gauge, grueso, volumen. ➤ Calibrar, *medir. ➤ Ancho, delgado, entredoble, entrefino, espeso, estrecho, fino, gordo, grueso. ➤ Calibrador. ➤ Estereometría. ➤ Denier. ➤ *Dimensión.

grosso modo Locución del bajo latín, muy usada con su significado de «en conjunto», sin *detallar o especificar. ⇒ *Superficial.

grosularia (del lat. moderno «grossularĭa», grosella) f. *Variedad de *granate compuesta de sílice, alúmina y cal, translúcida y de color verdoso o amarillento.* ≃ Grosularita, PIEDRA de grosella.

GROSULARIA DE CEILÁN. **Jacinto.*

grosulariáceo, -a (de «grosularia») adj. y n. f. BOT. *Se aplica a las *plantas de la familia del grosellero, que son árboles o arbustos con hojas opuestas, flores generalmente en racimo y fruto en baya.* ⊙ f. pl. BOT. *Familia que forman.*

grosularita f. *Grosularia.*

grosura (de «grueso») **1** f. **Grasa, manteca, sebo o cualquier sustancia grasa.* ≃ ⇒ Graseza, grasor, grasura, grosez, grosicie. **2** **Despojos de los animales.*

V. «DÍA de grosura».

grotescamente adv. De manera grotesca.

grotesco, -a (del it. «grottesco», adorno arquitectónico que imita las rocas ásperas de las grutas) **1** adj. Se aplica a las cosas que, intencionada o no intencionadamente, provocan risa o predisponen el ánimo a ella: 'Fue una caída grotesca. Dibujos grotescos'. ⇒ Bufo, burlesco, chocante, chusco, estrambótico, jocoso, regocijante, risible. ➤ Facha, fachoso, *mamarracho. ➤ Carnavalada, sainete. ➤ *Cómico. *Extravagante. *Feo. *Ridículo. **2** *Grutesco.*

V. «FIGURAS grotescas».

groupie (ingl.; pronunc. [grúpi]; pl. «groupies», pronunc. [grúpis]) n. Fan muy entusiasta de un personaje famoso; particularmente, admiradora de un cantante o grupo musical, a los que sigue en sus conciertos.

grúa (del lat. «grus, gruis») **1** (ant.) f. *Grulla (ave zancuda).* **2** ARTILL. *Cierta máquina de guerra antigua.* ≃ Grulla. **3** Aparato que se emplea para levantar, cargar o mover pesos; por ejemplo, para cargar y descargar los barcos. ⇒ Abanico, aguilón, árgana, árgano, cabria, güinche, machina, regadera, titán, trucha. ➤ Cuchara. ➤ Elevador. **4** Vehículo que dispone de una grúa.

gruador, -a (de «grúa», grulla; ant.) m. *Adivino.* ≃ Agorero.

gruero, -a (de «grúa», grulla; ant.) adj. *Se aplica al *ave de rapiña aficionada a lanzarse sobre las grullas.* ≃ Grullero.

gruesa (de «grueso») **1** f. Conjunto de doce docenas de cosas; aunque poco, se usa todavía en el comercio para algunas cosas como botones, carretes o clavos. **2** **Renta principal de cualquier *prebenda de un cabildo eclesiástico.* ≃ Grosa.

grueso, -a (del lat. «grossus») **1** adj. Aplicado a cosas y, particularmente, a personas para sustituir en lenguaje pulido a «gordo», designa a las cosas que tienen relativamente grande la dimensión llamada «grosor»: 'Un espárrago grueso. Un señor grueso'. ≃ *Gordo. ⊙ Aplicado a cosas en que no hay diferenciación de dimensiones, *grande: 'Manzanas gruesas'. **2** (ant.) *Duro o penoso de aguantar.* **3** *Aplicado a «inteligencia» o palabra equivalente, falto de agudeza.* **4** m. *Grosor: 'El grueso de un alambre'. **5** Conjunto de cosas que forma la parte principal y más compacta de algo, prescindiendo de otras cosas más diseminadas y dispersas: 'Ya ha pasado el grueso de la manifestación. Quedó cercado el grueso del ejército'. ≃ *Bloque, cuerpo, masa, núcleo. **6** Parte más gruesa de una cosa de grosor discontinuo; particularmente, de los trazos de la *escritura.

EN GRUESO. En comercio, al por mayor. ≃ Por grueso.

V. «INTESTINO grueso, MAR gruesa, PALABRA gruesa».

POR GRUESO. En grueso.

gruiforme (del lat. «grus, gruis» y «-forme») adj. y n. m. ZOOL. *Se aplica a ciertas *aves de tamaño mediano o grande, con el pico y patas largas, que habitan generalmente en lugares pantanosos; por ejemplo, la grulla o la avutarda.* ⊙ m. pl. ZOOL. *Orden constituido por estas aves.*

gruir (del lat. «gruĕre») intr. *Emitir las grullas su *voz propia.*

grujidor (del fr. «grugeoir») m. *Instrumento para grujir.* ≃ Brujidor.

grujir (del fr. «gruger») tr. *Igualar los ↘bordes de un ↘*vidrio después de cortado con el diamante.* ≃ Brujir.

grulla (¿del ant. «gruya» o del lat. «grūs, grūis»?; *Grus cinerea)* **1** f. *Ave zancuda, de paso en España, de color gris ceniciento, pico recto y con un moño de pelos pardos y rojos; en la cola tiene también un conjunto de pelos muy largos que llegan casi hasta el suelo. ⇒ Grúa. ➤ Gruir, gruero. ➤ Zaida. **2** *Grúa (máquina de guerra).*

grullada (de «grullo») **1** f. **Cuadrilla de gente.* ≃ Gurullada. **2** **Perogrullada.* **3** *Grupo de *alguaciles o corchetes que acompañaban a los alcaldes cuando iban de ronda.*

grullero, -a (de «grulla») adj. *Gruero.*

grullo, -a (de «grulla») **1** n. *Campesino que se encuentra aturdido en la ciudad.* ≃ *Paleto. ⊙ *Persona *ignorante y bobalicona.* **2** (Méj.) adj. *Se aplica al *caballo de color ceniciento.* **3** (Méj., Ven.) m. *Peso (moneda).*

grumete m. *Marinero de la clase inferior.

grumo (del lat. «grumus») **1** m. Pequeña porción más compacta que se encuentra en el seno de una masa formada por una sustancia diluida en un líquido. ≃ Zurullo, zurullón. ⊙ Cada porción redondeada distinguible en una sustancia coagulada. ⇒ Otra raíz, «tromb-»: 'trombo, trombosis'. ⇒ Aglutinación, apelotonamiento, becerra, bodoque, bolo, borujo, burujo, coágulo, concreción, condensación, conglomerado, copo, cuajarón, endurecimiento, glomérulo, pelota, pelotón, piña, trombo, zurullo, zurullón. ➤ Cortarse, emburujarse. ➤ *Apelmazar. *Bola. *Bulto. *Dureza. **2** *Gromo (yema de la plantas).* **3** *Extremidad del alón de las aves.*

grumoso, -a adj. Con grumos o formado por grumos.

grunge (ingl.; pronunc. [grunch] o [grúnge]; pl. «grunges», pronunc. [grunch] o [grúnges]) adj. y n. m. Se aplica a un tipo de *rock surgido en los años ochenta en la ciudad estadounidense de Seattle, de sonido parecido al del «heavy metal». ⊙ adj. y n. Del movimiento juvenil creado en torno a esta música, cuyos miembros llevan el pelo largo y la ropa desaliñada. ⇒ *Contracultura.

gruñido (del lat. «grunnītus») m. Sonido emitido por el cerdo u otros animales que tienen *voz semejante. ⊙ Sonido expresivo de *enfado emitido por las personas o los animales. ⊙ *Ruido producido en el *intestino.*

gruñidor, -a adj. y n. *Aplicable al que gruñe.* ⊙ *Gruñón.*

gruñir (del lat. «grunnīre») **1** intr. Emitir su *voz propia el cerdo y otros animales que la tienen semejante. ⊙ Proferir las personas y ciertos animales, como los perros, gruñidos de *enfado o *disgusto. **2** Mostrar disgusto o enfado con palabras dichas en voz baja o entre dientes, confusamente. ≃ *Renegar.

V. «gruñir las TRIPAS».

□ CATÁLOGO

Contestar, hablar entre DIENTES, farfullar, harbullar, marmullar, mascujar, *mascullar, *murmurar, quejarse, refunfuñar, regañar, *renegar, *replicar, responder, rezar, rezongar, rosigar, rumbar, rumiar, rutar, verraquear. ➤ Mal *CARÁCTER, carraña, *descontentadizo, mal GENIO, gruñidor, gruñón, escolimoso, guácharo, *malhumorado, quejica, quejón, refunfuñón, regañón, renegón, rezongador, rezongón. ➤ *Enfadarse.

gruñón, -a adj. y n. Se aplica a la persona inclinada a *gruñir.

grupa (del fr. «croupe») f. Parte trasera del lomo de una *caballería. ≃ Ancas. ⇒ Cuadra, gurupa.

VOLVER GRUPAS [O LA GRUPA]. *Dar la vuelta a la caballería para volver atrás.* ⇒ *Retroceder.

grupada (del cat. «gropada») f. **Golpe violento de aire o agua.*

grupera (de «grupa») **1** f. *Almohadilla que se coloca detrás de la silla de montar para poner alguna carga.* ≃ Gurupera. **2** *Baticola (correa de la *guarnición).*

grupeto (del it. «grupetto») m. MÚS. Adorno formado por tres o cuatro notas ejecutadas rápidamente tomando parte del tiempo de la nota anterior o posterior.

grupo (del it. «gruppo») **1** m. *Conjunto de cosas o personas que están o se consideran juntas: 'Un grupo de árboles. Pertenecen al mismo grupo de la cámara'. **2** Cada uno de los conjuntos de cosas en que se divide otro más grande: 'Formar grupos'. **3** *Escultura, *fotografía, pintura, representación, particularmente retrato, de un grupo de personas. **4** Conjunto musical: 'Grupo de rock'. **5** QUÍM. Cada una de las columnas en que se divide el sistema periódico, que agrupa *elementos con características comunes.

GRUPO DOBLE. *Cierto *nudo marinero.*

G. ELECTRÓGENO. Generador eléctrico portátil alimentado por un motor de explosión.

G. FÓNICO. FON. Locución comprendida entre dos pausas de la articulación.

G. MIXTO. Grupo parlamentario formado por los representantes de los partidos políticos que no han obtenido el número de diputados suficientes para constituir un grupo propio.

G. NATURAL [O TAXONÓMICO]. BIOL. Cada uno de los grupos establecidos para la clasificación de los seres vivos. ⇒ *Grupo.

G. PARLAMENTARIO. Grupo formado por los representantes de una misma tendencia política y que para constituirse debe alcanzar un número establecido de miembros. ⇒ *Asamblea.

G. DE PRESIÓN. Grupo de personas que intenta influir en beneficio propio en determinada organización, actividad, etc.

G. SANGUÍNEO. Cada uno de los tipos en que se clasifica la *sangre en función de sus propiedades de aglutinación.

V. «TERAPIA de grupo».

□ CATÁLOGO

Apartado, argolla, asociación, atajo, banda, basca, camarilla, capilla, capillita, caravana, cenáculo, círculo, clan, coluvie, comparsa, corporación, corrillo, corrincho, corro, *cuadrilla, elenco, enclave, equipo, familia, ganado, grupúsculo, hatajo, hato, hornada, junta, mafia, manga, minoría, panda, pandilla, panel, parranda, partida, patota, patrulla, pelotón, piña, plantel, promoción, rama, ronda, sección, tanda, TRIBU urbana. ➤ Batallón, brigada, compañía, cuerpo, división, piquete. ➤ Atajo, bandada, cabaña, enjambre, *ganado, grey, haberío, hatajo, hato, manada, nube, piara, pico, potrada, punta, reata, rebaño, recua, rutel, tropa, tropilla, vacada, yeguada. ➤ Clase, especie, familia, género, orden, reino, tipo, tribu, variedad, raza. ➤ Agrupar, catalogar, clasificar, encartar, encasillar, encuadrar, reagrupar. ➤ Gregario, rebañego. ➤ *Categoría. *Clase. *Conjunto. *Grado. *Muchedumbre. *Reunión. *Serie.

grupúsculo (del fr. «groupuscule») m. Pequeña agrupación de carácter político, generalmente muy radical.

gruta (del it. «grutta») f. *Cueva producida naturalmente en las rocas. ⊙ Imitación de ella hecha artificialmente en un *jardín.

grutesco, -a **1** adj. De [las] grutas artificiales. **2** (gralm. pl.) adj. y n. m. ARQ. *Adorno propio del arte del Renacimiento, consistente en bichos y follajes (su nombre se debe a ser imitación de la decoración encontrada en las grutas de las ruinas del palacio de Tito).

gruyer o **gruyère** m. QUESO gruyer.

Gs *Abrev. de «gauss [o gausio]».*

gua m. *Juego de las *canicas. ⊙ Hoyo hecho en tierra en donde, en ese juego, se intenta meter las bolas.

¡gua! (Bol., Col., Perú, Ven.) interj. *Exclamación con que se muestra *admiración o temor.*

guaba[1] o **guabá** *(Avicula avicularia)* m. Araña pequeña, especie de tarántula.

guaba[2] f. *Fruto del «guabo» o «guamo».* ≃ Guama.

guabairo (Cuba; *Caprimulgus carolinensis)* m. **Ave nocturna de color rojo oscuro veteado de negro.*

guabán (Cuba; *Trichilia tuberculata)* m. *Árbol meliáceo americano. Su madera se utiliza para mangos de herramientas.* ⇒ *Planta.

guabico (Cuba; *Habzelia obtusifolia)* m. *Árbol anonáceo de hojas lustrosas de color verde pálido.* ⇒ *Planta.

guabina 1 (Hispam.) f. *Nombre dado a distintos *peces de río de cuerpo cilíndrico y mucilaginoso.* **2** (Col.) *Cierto aire musical popular de la montaña.*

guabirá (de or. guaraní; Arg.; *Campomanesia xanthocarpa)* m. *Árbol mirtáceo grande, de tronco liso blanco, con las hojas aovadas y con una espina en el ápice, cultivado por sus frutos comestibles.* ⇒ *Planta.

guabiyú (de or. guaraní; Arg.; *Eugenia pungens)* m. *Árbol mirtáceo cultivado por sus frutos comestibles.* ⇒ *Planta.

guabo (C. Rica, Ec.) m. **Guamo (árbol leguminoso).*

guabul (Hond.) m. *Bebida que se hace de plátano cocido y deshecho en agua.*

guaca (del quechua «waca», dios de la casa) **1** f. **Sepultura de los antiguos indios, principalmente de Bolivia y Perú.* ≃ Huaca. ⇒ Guaco. **2** (Am. S.) **Tesoro escondido.* ≃ Huaca. **3** (C. Rica, Cuba) *Hoyo en donde se entierra la fruta para que *madure.* ≃ Huaca. **4** (Bol., C. Rica, Cuba) **Hucha.* ≃ Huaca.

guacal (del nahua «wacalli», angarillas) **1** (Am. C.; *Crescentia cujete)* m. *Árbol bignoniáceo cuyo fruto se utiliza para hacer vasijas.* ≃ Güira. ⊙ (Am. C.) *Vasija hecha con él.* ⇒ *Gachumbo. **2** (And., Can., Col., Méj., Ven.) *Especie de *cesta de varillas de madera que se utiliza para el transporte de mercancías.* ⇒ *Embalar.

guacalote (Cuba; *Caesalpinia crista)* m. **Planta leguminosa trepadora de tallos gruesos con fuertes espinas.*

guacamaya 1 (ant. y usado aún en Hispam.) f. *Guacamayo.* **2** (Cuba, Hond.) **Espantalobos (planta leguminosa).*

guacamayo (del haitiano «huacamayo»; varias especies de aves psitaciformes; por ejemplo, la *Ara macao)* m. *Ave de América semejante al papagayo, con plumaje de colores vistosos y una cola muy larga. ≃ Guacamaya, guara, maracaná.

guacamole o, no frec., **guacamol** (del nahua «ahuacamulli») m. *Ensalada de aguacate, chile, pimiento verde y otros ingredientes, típica de Méjico.

guacamote (Méj.) m. **Mandioca.*

guacer 1 (ant.) intr. *Guarecer.* **2** (ant.) *Curarse.*

guachaje (de «guacho»; Chi.) m. *Hato de *terneros separados de sus madres.*

guachapear[1] (del araucano «huychapén»; Chi.) tr. **Robar, *hurtar o *despojar.*

guachapear[2] (de «agua», y la voz de or. expresivo «chap») **1** (inf.) tr. **Chapotear.* **2** (inf.) *Hacer una cosa deprisa y chapuceramente.* ≃ Chapucear. **3** intr. *Sonar una chapa de *hierro por estar mal clavada.* ≃ *Cencerrear.

guachapelí (de or. indoamericano; Hispam.) m. *Árbol leguminoso cuya madera, fuerte y de color oscuro, es muy apreciada en los astilleros.* ⇒ *Planta.

guáchara (Cuba, P. Rico) f. **Embuste.*

guacharaca (de or. cumanagoto; Col., Ven.) f. **Chachalaca (ave gallinácea).*

guácharo, -a (de «guacho») **1** adj. *Se aplica a la persona de aspecto *enfermizo y abotagado.* **2** (ant.) *Se aplicaba a la persona *quejumbrosa.* **3** (Ec.) adj. y n. *Huérfano.* **4** m. *Guacho (cría de *pájaro).* **5** *(Steatornis caripensis)* *Pájaro dentirrostro de América Central. **6** (Sal.) **Sapo.*

guacharrada o **guacharro** f. o m. *Caída de golpe en el agua, de una persona o una cosa.* ⇒ *Zambullirse.

guache (del fr. «gouache») m. Tipo de pintura que se diluye en agua, más opaca y espesa que la acuarela. ⊙ Técnica pictórica en que se utiliza este tipo de pintura. ⊙ Obra realizada con esta técnica.

guachi (del araucano «huachi»; Chi.) m. **Trampa para cazar aves o pequeños cuadrúpedos.*

guachimán (del ingl. «watchman»; Hispam.) m. *Vigilante.*

guachinango, -a (de or. nahua) **1** (Hispam.) adj. **Astuto y zalamero.* **2** (Cuba; desp.) adj. y n. *Mejicano.* **3** (Cuba, Méj.) m. **Pagro (pez).*

guacho, -a (del nahua «huaccha», pobre) **1** m. *Cría de un animal; especialmente, pollo de pájaro.* ≃ Guácharo. **2** (Alb., Cuen.) **Niño pequeño.* **3** (Hispam.) adj. *Se aplica a la cría que ha perdido a la madre.* **4** (Arg., Chi.) **Huérfano, desmadrado o *expósito.* **5** (Chi.) *Descabalado o *desparejado.* **6** m. **Surco.*

guacia 1 f. **Acacia (árbol leguminoso).* **2** *Goma de este árbol.*

guácima o **guácimo** (del haitiano «wazuma»; Hispam.; *Guazuma ulmifolia)* f. o m. *Árbol esterculiáceo cuyo fruto y hojas sirven de alimento al ganado de cerda y al vacuno.* ⇒ *Planta.

guaco (de or. indoamericano) **1** *(Melicoccus bijugatus* y otras especies afines) m. *Planta sapindácea. Se usa para curar picaduras venenosas, el reumatismo y hasta el cólera; es un bejuco. ≃ Chicura. **2** (varias especies de la familia de los crácidos) *Ave gallinácea domesticable. Abunda en América desde Méjico al Paraguay. ⇒ Canjuro. **3** (C. Rica; *Herpetotheres cachinnans)* **Ave falcónida.* **4** (Hispam.) **Idolillo de cerámica de los que se encuentran en las guacas, sepulcros indios.*

guadafiones (¿del sup. ár. and. «waẓafiyya», cosa para sujetar la zanca?) m. pl. **Maniotas (traba con que se sujetan las patas de las caballerías).*

guadal (de «aguada»; Arg.) m. *Terreno que se encharca cuando llueve.* ⇒ *Pantano.

guadalajareño, -a adj. y, aplicado a personas, también n. De Guadalajara. ≃ Caracense.

guadamecí (del ár. and. «ġadamisí») m. Cuero adobado y adornado con dibujos de pintura o relieve, usado a veces como *colgadura. ⇒ Brocado.

guadamecil o, menos frec., **guadamací** o **guadamacil** m. Guadamecí.

guadameco m. *Cierto *adorno que usaban las mujeres.*

guadaña (¿del sup. lat. vulg. «watania», del sup. gót. «waithaneis», de «waithô», prado?) f. Utensilio para segar, que se maneja con ambas manos, formado por una hoja larga de forma de triángulo curvilíneo, sujeta por el lado corto en un palo largo que está en el mismo plano de la hoja y formando con ella un ángulo aproximadamente recto. ⇒ Dalia, dalle, rozadero, rozón. ➤ Címbara. ➤ Cabruñar. ⊙ Se emplea como símbolo y como atributo de la *muerte.

guadañador m. AGR. Trabajador que guadaña.

guadañadora 1 f. AGR. Máquina agrícola para la *recolección de plantas forrajeras. **2** *La *muerte.*

guadañar tr. AGR. *Segar la ↘mies o la hierba con guadaña.

guadañeador (ant.) m. AGR. *Guadañador.*

guadañero m. AGR. *Guadañador.*

guadañeta (Cantb.) f. *Utensilio empleado para *pescar calamares.*

guadañil m. *Guadañador, particularmente de heno.*

guadaño (Cád., Cuba, Méj.) m. **Lancha pequeña con carroza, usada en los puertos.*

guadapero[1] (del flamenco «wald-peer») m. **Peral silvestre.* ≃ Galapero.

guadapero[2] (de «guardar» y «apero») m. *Mozo que lleva la comida a los segadores.*

guadarnés (de «guardar» y «arnés») **1** m. Lugar donde se guardan las sillas y *guarniciones de los caballos. ≃ Guarnés. ⊙ Persona que cuida de todo ello. ⇒ Cabalfuste, caballuste, caballete. **2** Antiguo oficio honorífico de palacio, cuyo ocupante cuidaba de las armas. ≃ Guarnés. ⇒ *Rey. **3** *Armería (*museo de armas).* ≃ Guarnés.

guadianés, -a adj. *Aplicado particularmente a los ganados, del río Guadiana.*

guadijeño, -a 1 adj. y, aplicado a personas, también n. *De Guadix.* ≃ Accitano. **2** m. **Cuchillo con punta, con una horquilla en el mango para afianzarlo en el dedo pulgar.*

guado (del it. «guado», glasto; ant.) m. *Color *amarillo como el de la gualda.*

guadramaña (ant.) f. **Embuste o simulación.* ⊙ **Ardid.*

guadrapear tr. *Gualdraprear: *colocar ↘cosas unas junto a otras *alternando la posición de sus extremos respectivos.*

guadua o **guáduba** (Hispam.; *Guadua angustifolia)* f. *Planta gramínea, especie de *bambú que se emplea para construir casas.*

guaflex m. AGRÁF. Material plástico utilizado para encuadernación de lujo.

guagua[1] (¿en 3.ª acep., del ingl. «waggon»?) **1** f. *Cosa sin importancia.* **2** (Cuba) *Nombre dado a diversas especies de insectos *hemípteros que causan destrozos en los naranjos, los limoneros, etc.* **3** (Can., Antill.) *Autobús para el servicio urbano.* **4** (Cuba, P. Rico) **Autocar.* **5** (P. Rico) *Furgoneta.*

DE GUAGUA (inf.). *De balde: sin esfuerzo o sin merecer la cosa de que se trata:* 'No creas que te lo van a dar de guagua'. ⇒ *Gratis.

guagua[2] (del quechua «wawa», niño de teta; inf.; Hispam.) n. **Niño de pecho.*

guaguasí (Cuba) m. *Árbol del que se extrae una *resina aromática empleada como purgante.*

guagüita (dim. de «guagua[1]»; Antill.) f. **Microbús.*

guaicán (del arahuaco antillano «waican»; Antill.) m. **Rémora (pez).*

guaicurú (Arg., Chi.) m. **Planta con el tallo cuadrangular, hojas vellosas y flores moradas en racimo, usada como medicinal.*

guaiño (de or. quechua; Bol.) m. **Yaraví (cantar).*

guaimí adj. y n. *Se aplica a los individuos de una comunidad indígena de Panamá, y a sus cosas.* ⊙ m. *Lengua hablada por ellos.*

guaira[1] (del quechua «guaira», viento) **1** f. **Hornillo de barro en que los indios del Perú funden los minerales de plata.* **2** (Am. C.) *Especie de *flauta de varios tubos que usan los indios.*

guaira[2] (de «guairo») f. MAR. *Cierta *vela triangular que se enverga solamente al palo, o a éste y un mastelerillo sujeto en él.*

guairabo (Chi.; *Nycticorax nycticorax, Nycticorax violaceus* y otras especies del mismo género) m. *Cierta *ave zancuda, blanca y negra.*

guairo (de «La Guaira», puerto de Venezuela) m. *Cierto *barco pequeño que se usa en América para el tráfico en las bahías o entre puertos próximos.*

guaita (del germ. «wahta, guardia») f. MIL. **Soldado que estaba de centinela durante la noche.*

guaitar (del germ. «wahten»; ant.) intr. MIL. **Vigilar.* ≃ Aguaitar.

guaja (inf.) n. Persona, particularmente chico o joven, desvergonzada, pícara o demasiado amiga de divertirse. ≃ *Granuja, pillo, tunante. ⇒ *Informal.

guajaca (Cuba; *Tillandsia usneoides)* f. **Planta bromeliácea silvestre que se enreda a los árboles y cuelga de ellos; con sus fibras se rellenan colchones.*

guajacón (Cuba) m. *Cierto *pececillo de agua dulce.*

guájar (del ár. and. «wá'ra») amb. *Guájaras.*

guájaras (del ár. and. «wá'ra») f. pl. *Fragosidad; lo más *abrupto de la sierra.*

guaje (del nahua «uaxin») **1** (Méj.; *Leucaena glauca)* m. *Cierta variedad de *acacia.* **2** (Hond., Méj.) **Calabaza vinatera.* **3** (Hond., Méj.) adj. y n. **Tonto.*

guájete GUÁJETE POR GUÁJETE (del ár. and. «wáḥida biwáḥida»; inf.). *Lo uno por lo otro.* ⇒ *Equivaler.

guajira (de «guajiro») f. *Canto popular de Cuba.

guajiro, -a (del arahuaco antillano «guajiro», señor, hombre poderoso) n. *Campesino de la isla de *Cuba.

guajolote (del nahua «huexolotl»; Méj.) m. **Pavo (ave).*

guala (del araucano «wala») **1** (Chi.; *Fulica leucoptera)* f. **Ave palmípeda.* **2** (Ven.) **Aura (ave rapaz).*

¡gualá! (del ár. and. «walláh»; ant.) interj. *¡Por Dios!*

gualanday (Col.) m. *Nombre que designa varias especies de jacarandas, en especial Jacaranda caucana.*

gualardón (del germ. «widarlón», recompensa; ant.) m. *Galardón.*

gualatina (¿del fr. «galatine»?) f. **Guiso que se compone de manzanas, leche de almendras desleídas con caldo de la olla, especias finas remojadas en agua rosada y harina de arroz.*

gualda (del sup. germ. «walda»; *Reseda luteola)* f. *Planta resedácea de la que se obtiene una sustancia colorante amarilla.

gualdera (¿de un ant. «guardera», de «guarda»?) f. **Tablón o *madero lateral de los dos que constituyen el soporte principal de algunas armazones tales como cureñas, escaleras, carros o cajas.*

gualdo, -a (de «gualda»; lit.) adj. De color *amarillo: 'La bandera roja y gualda'.

gualdrapa 1 f. Cubierta larga, de seda o lana, que se les pone a los *caballos o mulas y llega casi hasta el suelo. ⇒ Jirel, tapanca. ➤ Engualdrapar. **2** (inf.) *Andrajo que cuelga de la ropa.

gualdrapazo (de «gualdrapa») m. MAR. *Golpe dado por las *velas del barco contra los árboles y jarcias en tiempo calmoso o de poca marejada.*

gualdrapear (de «gualdrapa») **1** intr. MAR. *Dar gualdrapazos.* **2** tr. *Colocar ↘cosas unas junto a otras *alternando la posición de sus extremos respectivos; por ejemplo, colocar alfileres de modo que la punta de cada uno esté al mismo lado que la cabeza del contiguo.* ≃ Guadrapear.

gualdrapeo m. *Acción de gualdrapear.*

gualdrapero, -a (de «gualdrapa») n. *Andrajoso.*

gualdrilla f. MINER. *Tabla con que se forma un recinto para lavar minerales.*

gualicho (de or. tehuelche) **1** (Arg., Ur.) m. *Daño, maleficio.* **2** (Arg., Ur.) *Objeto que supuestamente lo produce.*

gualiqueme (Hond.) m. **Bucare (árbol leguminoso).*

gualputa (Chi.; *Medicago lupulina)* f. **Planta herbácea leguminosa, parecida al trébol, cultivada para forraje.*

guama 1 f. *Guamo.* **2** **Fruto del guamo.*

guamá *(Lonchocarpus sericeus)* m. *Árbol leguminoso americano maderable.* ⇒ *Planta.

guamil (Hond.) m. *Cierta *planta que crece en las tierras roturadas sin sembrar.*

guamo *(Inga laurina* y otras especies del mismo género) **1** m. *Árbol leguminoso americano. Se planta para dar *sombra a las plantaciones de café.* ≃ Guabo, guama, pacay. **2** *Inga (planta leguminosa).*

guampa (de or. quechua; Hispam) f. **Cuerno, cornamenta o *cuerna (vaso de cuerno).*

guámparo (Chi.) m. **Cuerna (vaso de cuerno).*

guampo (Chi.) m. **Barco pequeño hecho de un tronco de árbol.*

guanabá (Cuba) m. *Nombre dado a varias especies de aves zancudas ciconiformes, de color ceniciento, como la Nycticorax nycticorax.*

guanábana f. *Fruto del guanábano.*

guanabanada f. *Bebida hecha con guanábana.* ≃ Champola.

guanábano (del taíno «wanaban»; *Annona montana* y *Anona muricata)* m. Arbol anonáceo tropical de fruto comestible. ≃ ANONA de Méjico.

guanabima (Cuba) f. **Fruto del corozo.*

guanacaste (de or. nahua; Am. C.; *Enterolobium cyclocarpum)* m. *Arbol leguminoso gigantesco.* ⇒ *Planta.

guanaco (del quechua «wanaku») **1** *(Lama guanicoe)* m. *Mamífero rumiante, parecido a la llama, que habita en los Andes meridionales. ⇒ Veralca. **2** (Hispam.) **Paleto o *bobo.*

guanajo (del araucano «wanasïu»; Antill.) m. **Pavo (ave).*

guanana (Cuba; *Anser hyperboreus)* f. *Cierta *ave palmípeda, parecida al pato, pero más pequeña.*

guanche adj. y n. Se aplica a los individuos del *pueblo que habitaba las islas *Canarias al tiempo de su conquista, y a sus cosas. ⊙ (pl.) m. Ese pueblo. ⊙ Lengua hablada por este pueblo.

guando (del quechua «wantu»; Hispam.) m. **Andas.*

guandú (Hispam.; *Cajanus cajan)* m. *Arbusto leguminoso. Su fruto es una legumbre muy sabrosa que se come guisada.* ⇒ *Planta.

guanera f. Depósito natural de guano.

guango[1] (Sal.) m. **Cobertizo largo y estrecho con la techumbre a dos aguas.*

guango[2], **-a** (Hond.) adj. *Holgado, suelto.*

guangoche (Hispam.) m. *Tela basta para *embalajes.* ⊙ (Hispam.) **Saco hecho de ella.*

guangocho, -a 1 (Méj.) adj. *Aplicado a vestidos, demasiado *anchos o sin forma.* **2** (Hond.) m. *Guangoche.*

guanín (de or. antillano) **1** m. **Joya de los *indios de América, de oro de baja ley.* **2** *Entre los colonizadores, *oro de baja ley.*

guanina (Cuba; *Cassia tora)* f. **Planta herbácea leguminosa. Sus semillas se emplean como *café.*

guaniquí (Cuba; *Celosia argentea)* m. **Planta herbácea amarantácea trepadora que se cultiva ocasionalmente por sus brotes y hojas, usadas como verdura y forraje.*

guano[1] (del quechua «wanu», estiércol) **1** m. Materia excrementicia de aves marinas que se encuentra depositada en grandes cantidades en las costas del Perú y de Chile. ⊙ (Arg., Chi., Perú) *Estiércol.* ⇒ Covadera, guanera. ➤ Piquero. **2** *Abono artificial fabricado a imitación del guano.

guano[2] **1** (Cuba) m. *Nombre genérico de varias especies de *palmeras, una de las cuales es el miraguano.* **2** **Ceibón (árbol bombacáceo).* **3** (Cuba) **Penca de la palma.*

guanquí (Chi.) m. **Planta dioscoreácea, especie de ñame.*

guanta[1] (Ec.) f. **Guatusa (mamífero *roedor).*

guanta[2] (Chi., *Trechonaetes laciniata)* f. *Planta solanácea que sirve para forraje.*

guantada (de «guante») f. *Golpe dado con la mano abierta sobre la cara de alguien. ≃ *Bofetada, bofetón, guantazo.

guantazo (de «guante») **1** m. Guantada. ≃ *Bofetada, bofetón. **2** (inf.) *Golpe muy violento producido por un accidente: 'Se pegó un guantazo con el coche'.

guante (del germ. «want») **1** m. Cubierta para la *mano, de la forma de ella, hecha de piel, de tejido de punto, etc. ⊙ Puede ser también de materiales especiales para usos también especiales; como los de goma que usan los cirujanos, los usados en esgrima o los de los boxeadores. ⇒ Goluba, guantelete, lúa, manija, maniquete, manopla, mitón, quiroteca, zoqueta, zurrado. ➤ Manguito. ➤ Calzarse, descalzarse. ➤ Chifla, ensanchador. ➤ Lavadura, marcial. ➤ Chiflar. ➤ Baldés, cabritilla. ➤ Enguantar[se]. **2** (pl.) *Obsequio o *propina; especialmente, cuando se da sobre el precio de una cosa.*

ARROJAR EL GUANTE a alguien. **1** Hacerlo así en señal de desafío. **2** *Desafiar o provocar a una lucha o una competición.

ASENTAR EL GUANTE. **1** Golpear a alguien. **2** Tratar severamente a alguien.

COMO UN GUANTE. **1** Muy *sumiso, generalmente después de un castigo o reprensión. **2** Con verbos como «ajustar, encajar» y «quedar», perfectamente.

DE GUANTE BLANCO. Se aplica al ladrón muy profesional que actúa sin violencia.

ECHAR EL GUANTE a algo. *Robarlo.

ECHAR EL GUANTE a alguien. *Apresarle: 'La policía le ha echado el guante'.

ESTAR [O PONER a alguien] COMO UN GUANTE. Estar o poner dócil, sumiso, amable o condescendiente.

MÁS SUAVE QUE UN GUANTE. Como un GUANTE.

RECOGER EL GUANTE. Aceptar un *desafío. Antiguamente, realizando de hecho esa acción.

guantear (And., Hispam.) tr. *Abofetear.*

guantelete (del fr. «gantelet») m. Parte de la *armadura de guerra que cubre la mano. ≃ Manopla.

guantera f. Compartimento del salpicadero de un vehículo para guardar objetos de reducido tamaño.

guantero, -a n. Persona que trabaja en hacer guantes.

guañil (Chi.) m. *Arbusto compuesto medicinal.* ⇒ *Planta.

guañir (del lat. «gannīre»; Extr.) intr. **Gruñir los cochinillos pequeños.*

guao (*Rhus juglandifolia;* Antill., Col.) m. *Arbusto anacardiáceo venenoso cuyas emanaciones producen irritaciones en la piel.* ⇒ *Planta.

guapamente (inf.) adv. Muy *bien. Se usa generalmente con «muy» o «tan»: 'Nos arreglamos solos tan guapamente'. ⊙ Como si tal *COSA.

guapear (de «guapo») **1** (inf.) intr. *Ostentar *valentía.* **2** (inf.) **Presumir de bien vestido.* **3** (inf.; Hispam.) *Fanfarronear.*

guaperas (inf.) adj. y n. Aplicado especialmente a hombres, guapo, sobre todo si es presumido.

guapetón, -a (aum. de «guapo») **1** adj. *Guapo, tratándose de hombres, o guapa y vistosa, si se trata de mujeres. **2** **Bravucón.*

guapeza **1** f. Cualidad de guapo. **2** **Valentía.* **3** **Fanfarronería.* **4** *Ostentación en los vestidos o el arreglo personal.*

guapi (Chi.) m. *Islilla cultivable próxima a la orilla.*

guapo, -a (del lat. «vappa», vino insípido, bribón, granuja) **1** adj. **Animoso o *valiente.* **2** m. *Bravucón o *fanfarrón: 'El guapo del barrio'. **3** adj. Se aplica a una persona, hombre, mujer o niño, de *belleza corriente. ⊙ Usado en superlativo o con adverbios intensivos, puede expresar un grado superior de belleza: una belleza delicada o perfecta: 'Es una muchacha guapísima. Un actor muy guapo. Una mujer realmente guapa'. ⊙ Se aplica particularmente a la cara: 'No es guapa, pero tiene muy buen tipo'. ⊙ (inf.) Aplicado a cosas, bonito o bueno: 'Se ha comprado una moto muy guapa'. **4** Se emplea mucho como apelativo cariñoso, sobre todo para inducir a una persona a hacer algo que se le pide: 'Anda, guapo, hazme este dibujo'. ⊙ También, como interjección de *requiebro. ⊙ Y como una *alabanza vaga, especialmente con referencia a niños: 'El nene es guapo y no llora cuando se cae'. **5** (inf.; «Ir») Bien vestido o vestido de fiesta. **6** m. *Entre chulos, con respecto a una mujer, hombre que la *corteja o tiene amores con ella.* **7** (inf.; pl.) *Vestidos de fiesta o adornos que tiene alguien:* 'Ponte los guapos y vámonos de paseo'. ⊙ (Áv., Sal.; pl.) *Adornos, cosas ostentosas e inútiles.* ≃ Garambainas, lujos.

V. «guapo MOZO».

□ CATÁLOGO

Agraciado, apersonado, *apuesto, arrogante, de bandera, bonito, como un CAMIÓN, que tira de ESPALDAS, buena FACHA, galán, *gallardo, garrido, gentil, gento, guaperas, guapote, hermoso, jamón, ideal, una idealidad, imponente, impresionante, lindo, macizo, majo, maravilloso, mono, monumento, buen [guapo o real] MOZO, más bueno que el PAN, de buen PARECER, PERITA en dulce, pimpollo, una preciosidad, precioso, buen *TIPO, como un TREN, venusto. ➤ Frescotón, de buen VER. ➤ *Bello. ➤ Guapeza, guapura. ➤ Tío bueno.

guapote, -a (inf.) adj. Aum. de «guapo»; se aplica a personas, y más especialmente a mujeres, de belleza poco delicada y algo gruesas. ⇒ *Guapo.

guapura (inf.) f. Cualidad de guapo.

guara[1] (de or. caribe; Antill.) f. *Árbol muy parecido al castaño.* ⇒ *Planta.

guara[2] (Hond.) f. **Guacamayo (ave psitaciforme).*

guara[3] (¿del quechúa «wara», calzón, pantalón?; Chi.) f. *Adorno superfluo.* ≃ *Arrequive.

guará (de or. guaraní; Am. S.) m. *Especie de *lobo de las pampas.*

guaraca (del quechua «warak'a») **1** (Hispam.) f. *Honda (de lanzar).* **2** (Hispam.) *Zurriago.*

guaracaro (Ven.; *Phaseolus lunatus*) m. **Planta leguminosa enredadera.* ⊙ (Ven.) *Semilla de esta planta.*

guaracha (Cuba, P. Rico) f. *Cierta danza con zapateado.*

guarache (Méj.) m. **Sandalia tosca de cuero usada por los *indios.* ≃ Huarache. ⇒ Cacle.

guaraguao (Cuba, P. Rico; *Buteo jamaicensis*) m. **Ave rapaz falcónida parecida al gavilán.*

guáramo (Ven.) m. *Valor, brío.*

guarán (del germ. «wranjo», caballo padre; Ar.) m. *Asno semental.* ≃ Garañón.

guaraná (de or. indoamericano) **1** (Hispam.) f. **Paulinia (planta sapindácea).* **2** *Pasta hecha con semillas de paulinia, cacao y tapioca, que se utiliza como medicinal.* ⇒ *Farmacia.

guarango, -a **1** (Arg., Chi., Ur.) adj. *Descarado o *grosero.* **2** (Arg., Chi., Ur.) **Fantoche o aspaventero.* **3** (Arg., Bol.) **Sucio o *desharrapado.* **4** (Cuba) m. *Bohío o *choza de una sola pieza.* **5** (Col. *Caesalpina spinosa*). *Árbol leguminoso cuya corteza, rica en taninos, se utiliza para teñir y curtir el cuero.* **6** (Ven.) *Dividivi (árbol leguminoso).* ⇒ *Planta.

guaraní (del guaraní «abá guarini», hombre de guerra) **1** adj. y n. Se aplica a los individuos de un pueblo indoamericano que se extiende desde el Orinoco al Río de la Plata, y a sus cosas. ⊙ (pl.) m. Ese pueblo. ≃ Cario. **2** Lengua indoamericana hablada actualmente en Paraguay y regiones limítrofes. **3** *Moneda del Paraguay.

guaranismo m. LING. *Palabra o expresión guaraní usada en otra lengua.*

guarapo (de or. quechua; Hispam.) m. *Jugo de la caña de *azúcar.* ⊙ (Hispam.) *Bebida fermentada hecha con este jugo.* ⇒ Melado, melote, tacho, templa. ➤ Guaro.

guarapón (Hispam.) m. **Sombrero de ala ancha.*

guarauna f. *Bandurria (ave zancuda).*

guarda (del alto al. ant. «warta») **1** n. Persona que custodia, contra los ladrones o contra cualquiera que puede causarles daño, cosas como una casa, una finca, un jardín público, etc.: 'Guarda forestal. Guarda rural'. ≃ Guardián. ⇒ *Guardar. **2** f. *Monja que acompaña a los hombres que visitan un convento, para cuidar de que sea observada la debida compostura.* **3** (pop.) *Nombre aplicado conjuntamente a las dos *estrellas posteriores del cuadrilátero de la Osa Mayor.* **4** Disco de hierro que impide en una cerradura el paso de la llave cuyas guardas no se ajustan a las muescas hechas en él. ≃ Rodete. **5** Cada una de las muescas que tiene el paletón de una *llave que caracterizan a ésta y la hacen apta para abrir o cerrar determinada cerradura. **6** Acción de guardar, salvaguardar o proteger: 'La guarda de los prisioneros. Para la guarda de mis derechos'. **7** Cosa que defiende o protege. ≃ Protección. ⊙ AGRÁF. Cada una de las hojas de papel en blanco que se ponen al principio y al final de un *libro. ⊙ *Guarnición de la *espada.* ⊙ (And.) **Vaina de la podadera.* ⊙ Varilla de las dos más grandes y gruesas que están en los extremos de un *abanico. ≃ Guía. ⊙ *Cada una de las dos púas más fuertes de los extremos del peine.* ≃ Guardilla. **8** *Tutela.* **9** *Carta de poco valor que se emplea, jugando a la *baraja, para reservar otra mejor.* **10** (ant.) *Sitio en donde se guarda alguna cosa.* **11** *Observancia o cumplimiento de los preceptos o mandatos.* **12** (ant.) **Escasez.*

GUARDA JURADO. Guarda nombrado por las autoridades a propuesta de particulares, empresas, etc., para la vigilancia de fincas u otra cosa, cuyas declaraciones, por haberle sido tomado juramento antes de ser nombrado, hacen fe. ≃ VIGILANTE jurado.

G. MAYOR. **1** Guarda que hace de jefe de otros. **2** *Señora de honor en palacio, que tenía a su cuidado el gobierno de la servidumbre.* ⇒ *Rey.

G. MAYOR DEL CUERPO REAL. *Cierto oficio de alta dignidad en el palacio de los *reyes de España.*

G. MAYOR DEL REY (ant.). *Cierto oficio honorífico de palacio.*

G. DE VISTA. Guardián destinado a *vigilar a una persona sin perderla de vista.

FALSEAR LAS GUARDAS. **1** *Falsificar las de una llave para abrir fraudulentamente una cosa.* **2** MIL. *Conseguir con sobornos las guardas de un castillo, plaza, etc.*

guardabanderas m. MAR. **Marinero que está al cuidado de cosas tales como banderas, agujas o escandallos.*

guardabarrera n. Persona que vigila un paso a nivel para cerrarlo y abrirlo.

guardabarros m. Pieza que llevan los coches, bicicletas y otros *vehículos para preservarlos de las salpicaduras de barro. ≃ Alero, aleta. ⇒ Goma, guardafango[s], guardalodo[s], salpicadera, tapabarro[s].

guardable adj. Susceptible de ser guardado.

guardabosque o **guardabosques** n. *Guarda de bosque.

guardabrazo m. *Pieza de la *armadura de guerra que cubría el brazo.*

guardabrisa **1** m. *Fanal de cristal donde se colocan las velas para que no se apaguen.* ⇒ *Farol. **2** **Parabrisas de automóvil.*

guardacabo m. MAR. **Anillo de madera o metal por el que pasa un cabo.*

guardacabras n. **Cabrero.*

guardacalada (de «guarda», por «buharda» y «calada») f. *Abertura que se hacía en los tejados, con un vertedero que sobresalía del alero, para verter aguas a la calle.* ⇒ *Guardilla.

guardacantón **1** m. *Poste de piedra de poca altura y generalmente de forma troncocónica, que se coloca para proteger las esquinas de las casas de los golpes de los carruajes, o en un camino para evitar que los carruajes se salgan de él. ≃ Guardarruedas, marmolillo, recantón. **2** *Pieza de hierro que va en las galeras desde el balancín hasta el pezón de las ruedas delanteras y sirve para protegerlas y afianzar el tiro.* ⇒ *Carruaje.

guardacartuchos m. MAR. *Caja en que se transportaban los cartuchos desde el pañol a la pieza de *artillería.*

guardacoches n. Persona que aparca y vigila los coches a la puerta de algunos establecimientos.

guardacostas m. *Barco destinado a la defensa del litoral o a perseguir el *contrabando.

guardacuños m. *Empleado de la *casa de la moneda encargado de guardar los cuños y de cortar la moneda que sale defectuosa.*

guardadamas m. *Empleado de la casa real que tenía a su cargo ir a caballo junto al estribo del coche de las damas. Después se limitó a despejar el cuarto de la reina en las funciones públicas.* ⇒ *Rey.

guardado, -a Participio adjetivo de «guardar»: 'Un secreto bien guardado'.
V. «tener guardadas las ESPALDAS».

guardador, -a **1** adj. y n. Se aplica a la persona inclinada a guardar. ⊙ Particularmente, a la que *cuida y conserva bien sus cosas. **2** **Tacaño.* **3** *Se aplica al que *cumple escrupulosamente las leyes y preceptos.* **4** *Hombre que en la *milicia antigua tenía el oficio de guardar las cosas ganadas al enemigo.* ⇒ *Botín.

guardaespaldas n. Persona que acompaña a otra o va detrás de ella para *protegerla contra una posible agresión. ≃ Gorila.

guardafango o **guardafangos** (más frec. en Hispam.) m. *Guardabarros.*

guardafrenos m. Empleado de *ferrocarriles encargado del manejo de los frenos. ≃ Retranquero.

guardafuego m. MAR. *Andamio de tablas colocado en la parte exterior del costado de un *barco para evitar que suban las llamas más arriba de lo conveniente cuando se da fuego a los fondos.*

guardaguas m. MAR. *Listón que se clava en los costados de un *barco sobre cada porta para que no entre el agua que escurren las tablas superiores.*

guardagujas n. Empleado que cuida de los cambios de aguja en las vías de *ferrocarril. ≃ Cambiador, cambiavía, chuchero.

guardahúmo m. MAR. **Vela que se coloca delante de la chimenea del fogón de un *barco para evitar que el humo invada la cubierta cuando el viento viene de frente.*

guardainfante (de «guardar» e «infante», porque con esta prenda las mujeres embarazadas podían disimular su estado) **1** m. Armazón que se ponían antiguamente las mujeres alrededor de la cintura y debajo de la *falda para ahuecar ésta. ⇒ *Miriñaque. **2** *Armazón de duelas con que se aumenta el diámetro del cilindro de un *cabrestante.*

guardaja f. *Guedeja.*

guardajoyas n. *Persona que cuidaba de las *joyas reales.* ⊙ m. *Sitio donde se guardaban éstas.* ⇒ *Rey.

guardalado m. **Antepecho.*

guardallama m. *Plancha de hierro colocada sobre la portezuela del hogar, en las *locomotoras, para preservar al fogonero.*

guardalodo o **guardalodos** (P. Rico, R. Dom.) m. **Guardabarros.*

guardalmacén n. *Persona que cuida un almacén.* ≃ Almacenero. ⇒ *Depósito.

guardalobo (de «guardar» y «lobo», porque los pastores usaban esta planta para hacer fuego de noche; *Osyris alba)* m. *Planta santalácea que tiene propiedades astringentes. ≃ Escobizo.

guardamalleta (de «guardar» y «malleta», dim. de «malla») f. *Pieza fija del cortinaje que pende sobre las cortinas por la parte superior.* ⇒ *Galería.

guardamancebo m. MAR. **Cabo grueso que sirve para sujetarse al subir por las escalas.*

guardamangel (del fr. «gademanger», fresquera) m. *Pieza destinada a *despensa en el *palacio real.* ≃ Guardamangier.

guardamangier (del fr. «gademanger», fresquera) **1** m. *Guardamangel.* **2** *Oficial palatino de la casa de Borgoña encargado de la distribución de las viandas.* ⇒ *Rey.

guardamano m. *Guarnición (en las *armas).*

guardamateriales m. *Persona encargada en las «*casas de moneda» de la compra de los materiales para las fundiciones.*

guardameta n. DEP. Portero de un equipo de *fútbol.

guardamigo m. *Utensilio que se les ponía debajo de la barbilla a los reos a quienes se azotaba o se ponía una pena infamante para impedirles bajar la cabeza.* ≃ PIE de amigo. ⇒ *Castigo.

guardamonte 1 m. *Pieza de metal clavada en la caja de las *armas de fuego sobre el disparador, para resguardarlo cuando el arma está montada.* **2** **CAPOTE de monte.* **3** (Méj.) *Piel puesta sobre las ancas del *caballo para no mancharse con el sudor.* ⇒ *Guarnición. **4** (Hispam.) *Pieza de cuero colocada en la parte delantera de la montura para defender de la maleza las piernas del jinete.* ⇒ *Guarnición.

guardamuebles 1 m. Lugar donde, mediante un estipendio, se pueden tener guardados *muebles y otros objetos de casa. **2** *Empleado de palacio que cuidaba de los muebles.* ⇒ *Rey.

guardamujer f. *Criada de la reina que seguía en categoría a la señora de honor.* ⇒ *Rey.

guardapapo m. *Pieza de la *armadura de guerra que defendía el cuello y la barbilla.*

guardapelo m. *Dije que puede abrirse para guardar en su interior un recuerdo; por ejemplo, un mechón de pelo. ≃ Medallón.

guardapesca m. **Barco pequeño destinado a vigilar el cumplimiento de los reglamentos de *pesca.*

guardapeto m. *Pieza de refuerzo puesta sobre el peto de la *armadura de guerra.*

guardapiés m. **Brial (vestido de mujer).*

guardapolvo 1 m. Prenda de *vestir que se pone sobre los otros vestidos, por ejemplo para trabajar o, antiguamente, para viajar, para preservarlos de la suciedad. ⇒ Bata, batín, mono, sobretodo. **2** *Cualquier cosa con que se cubre otra para preservarla del polvo.* **3** *Tejadillo en voladizo, construido sobre un balcón, ventana o puerta.* ≃ Sobradillo. **4** *Pieza de cuero que cae sobre el empeine del pie en las *botas de montar.* **5** *Segunda caja o tapa interior que tienen a veces los *relojes de bolsillo.* **6** (pl.) *Hierros que van desde la vara de guardia o balancín grande hasta el eje, en los *carruajes.*

guardapuerta f. **Cortina o *tapiz que se pone en una puerta.* ≃ Antepuerta.

guardapuntas m. **Contera para preservar la punta del lápiz.*

guardar (de «guarda») **1** («contra, de») tr. *Defender o *proteger: servir para que a una ↘cosa no le ocurra cualquier daño o no le llegue cualquier cosa perjudicial: 'El perro guarda la casa contra los ladrones. Un torreón guarda la entrada del castillo. Guardar las espaldas de alguien. La lana guarda del frío'. ⊙ («contra, de») Puede emplearse causativamente: 'El hortelano guarda del frío las plantas con esteras'. ⊙ prnl. Hacer algo para *eludir un daño. ⊙ Mantener una actitud *reservada o recelosa en algún asunto o frente a alguien. **2** tr. Poner una ↘cosa en sitio donde está reservada o protegida, o en el sitio donde le corresponde estar: 'Guardaba el pan bajo llave. Las tazas están guardadas en el armario. Guarda sus joyas en una caja fuerte'. ⊙ (con un pron. reflex.) *Meterse alguien una ↘cosa en un bolsillo o en otro sitio de su traje: 'Se guardó la cartera en el bolsillo interior'. ⊙ (con un pron. reflex.) *Ocultar una ↘cosa fraudulentamente o para quedarse con ella: 'Se guardó una carta de la baraja'. **3** tr. o abs. INFORM. Pasar la ↘información contenida en la memoria a un disco o cinta mediante determinada instrucción. ≃ Salvar. **4** tr. Tener alguien a su *cuidado por cierto tiempo una ↘cosa de otra persona: 'Me guardó unas cosas en su casa mientras yo estuve de viaje'. ⊙ Tener o sostener durante cierto tiempo una ↘cosa de otra persona: 'Ella me guardó los libros mientras yo me ataba el zapato'. **5** Tener cuidado de que no se escapen los ↘presos. ≃ Custodiar, vigilar. **6** Tener una cosa *ocultas en sí ↘riquezas o ↘cosas de valor: 'La tierra [o el mar] guarda tesoros. Esta caja guarda mi secreto'. **7** Tener alguien persistentemente cierto ↘sentimiento hacia otra persona: 'No le guardo agradecimiento por eso'. Se usa con más frecuencia cuando se trata de sentimientos malévolos: 'No me guardes rencor'. **8** *Tener con alguien ↘respeto, ↘atenciones, ↘consideraciones, etc.: 'Le guardan algunas consideraciones por ser el más antiguo'. **9** No dejar que desaparezca, se pierda o se altere cierta ↘cosa: 'Guardan sus costumbres [o sus tradiciones]'. ≃ *Conservar. **10** Hacer que cierta ↘cosa siga de la manera que se expresa: 'Te guardaré la cena caliente'. ≃ *Conservar, mantener. **11** Conservar para alguien una ↘cosa, por ejemplo un puesto, sin permitir que lo ocupe otra persona: 'Le guardan el puesto mientras esté en el servicio militar. Guárdame [un] sitio a tu lado en el cine'. ≃ *Reservar. ⊙ Ocupar una persona el ↘sitio de otra mientras ésta está ausente, para que no lo pierda: 'Le guardé el sitio en la cola'. **12** No gastar una ↘cosa y dejarla para cierta ocasión: 'Guarda el traje nuevo para los días de fiesta'. ≃ *Reservar. ⊙ Poner *aparte una ↘cosa para reservarla para alguien: 'Guardó un trozo de tarta para su hermano'. ⊙ (con un pron. reflex.) Dejar ↘algo sin consumir, para consumirlo más tarde: 'Me guardé un trozo de pastel para la merienda'. ⇒ *Reservar. **13** (con un pron. reflex.) No dar a otros una ↘cosa: 'Guarda su ciencia para sí'. ≃ *Reservar. ⊙ (con un pron. reflex.) No dar, no entregar o no devolver cierta ↘cosa: 'Se guardó el dinero que había cobrado por los recibos'. ⊙ (con un pron. reflex.) Se emplea en imperativo o en frases de sentido imperativo para *despreciar ↘algo que le dan u ofrecen a uno: 'Puede guardarse sus consejos. ¡Guárdate tu dinero!'. **14** No comunicar a otros un ↘secreto. ≃ *Reservar. **15** No gastar, por *economía o por avaricia: 'No come lo necesario, por guardar'. **16** *Seguir de cierta manera, que se expresa con el nombre de la ↘cosa en que o con que se sigue: 'Guardar la derecha [o la línea recta]. Guardar cama [o silencio]'. **17** *Cumplir u *obedecer; atenerse alguien en su conducta a la ↘palabra dada, a sus promesas, a las leyes o preceptos, etc. ⊙ También, «guardar las fiestas» y «guardar fiesta». **18** («de») prnl. *Abstenerse de hacer algo, por miedo: 'Me guardaré de provocarle'. ≃ Cuidarse. ⊙ Se emplea especialmente como amenaza: 'Te guardarás de tocarle un pelo de la ropa'. ≃ Guardarse muy bien, guardarse muy mucho. **19** (ant.) tr. **Cuidar: tener cuidado de hacer o no hacer cierta cosa.* **20** (ant.) **Esperar.* ≃ Aguardar. **21** (ant.) **Atender a ↘algo que hace otro u *observarlo.*

V. «guardar entre ALGODONES, guardar las APARIENCIAS, guardar la BOCA, guardar en el BUCHE, guardar CAMA, guardar la CARA, guardar las DISTANCIAS, guardar FIESTA, guardar las FORMAS».

¡GUARDA! **1** *Exclamación de sorpresa o asombro.* **2** *También de advertencia, equivaliendo a «¡cuidado!».*

GUARDÁRSELA a alguien. No olvidar una ofensa o daño recibido y esperar el momento oportuno para *vengarse o tomar desquite.

¡GUÁRDATE! [¡GUÁRDESE USTED!, etc.]. Exclamación de amenaza para apartar a una persona de hacer algo que intenta. ≃ ¡Guárdate muy bien [o muy mucho]!, etc. ⇒ ¡Guarte!

V. «guardar la LÍNEA, guardar bajo LLAVE [o bajo siete LLAVES], el MIEDO guarda la viña, guardar su PUESTO, guardar SILENCIO, guardar para SIMIENTE».

□ CATÁLOGO
Sufijos de nombres de guardián, «-ano, -año»: 'hortelano; ermitaño'. ➤ Achocar, almacenar, alzar, amesnar[se], apartar, archivar, arrecadar, *atesorar, poner en COBRO, coleccionar, poner[se] a CUBIERTO, embodegar, embovedar, encamarar, encambrar, encerrar, encobrar, encucar, engranerar, ensilar, entrojar, entrujar, envasar, *esconder, gardar, meter, recadar, poner a buen RECAUDO, recoger, reservar, retirar, poner en SEGURO, servar. ➤ Almacén, CAJA de caudales, condensa, consigna, *depósito, *despensa, *escondrijo, joyero, repositorio, reservado, ropero, trastero. ➤ Excusado, en fieldad, guardado, bajo LLAVE, bajo siete LLAVES, a salvo, *seguro, en seguridad. ➤ Acechar, aguaitar, estar ALERTA, hacer CENTINELA, estar al CUIDADO, *cuidar, custodiar, guaitar, estar de GUARDIA, montar la GUARDIA, estar a la MIRA, patrullar, tomar *PRECAUCIONES, precaverse, *prevenirse, rondar, velar, vigiar, *vigilar, estar a la VISTA. ➤ Atalayero, campero, cancerbero, carabinero, cuadrillero, escucha, eunuco, florestero, gendarme, guaita, guarda, GUARDA jurado [mayor o de vista], guardabosque, *guardia, GUARDIA civil, GUARDIA municipal, GUARDIA de orden público, GUARDIA de seguridad, guardián, guiri, hafiz, JEFE de día, miñón, montanero, MOZO de escuadra, nochero, parada, pareja, patrulla, piquete, *policía, portalero, portero, presero, presidio, principal, ronda, rondín, sereno, vigía, vigilante, VIGILANTE jurado, viñadero, viñador. ➤ Plantón. ➤ Alabardero, CARABINERO real, continuo, GUARDIA de Corps. ➤ CUERPO de guardia, granguardia, guarnición, vivac [o vivaque], zaguanete. ➤ Cuidado, custodia, defensa, guarda, guardia, salvaguarda, vigilancia. ➤ Alba, centinela, contraguardia, contrarronda, cuarto, cuarto vigilante, HORA de la modorra, imaginaria, modorra, modorrilla, prima, sobreguarda, sobrerronda, vela, vigilia. ➤ Sobrevela. ➤ Parada, relevo. ➤ Rendir la GUARDIA, dar el NOMBRE, consignar las ÓRDENES, correr [o pasar] la PALABRA, relevar, rondar, dar [o rendir] el SANTO, montar la TRINCHERA. ➤ Consigna, contraseña, nombre, santo, SANTO y seña. ➤ ¡Atención!, ¡alerta!, ¡GENTE de paz!, ¡quién VIVE! ➤ Bandolera, chuzo, placa, lanzón, tricornio. ➤ Garita. ➤ Granguardia, guadapero, guadarnés, retaguardia, vanguardia. ➤ *Defender. *Proteger. Vigilar.

guardarraya (Antill.) f. **Límite entre fincas.* ⊙ (Cuba) *Calle o pasadizo que separa los cuadros de cañaverales o cafetales en el interior de una plantación.*

guardarrío m. **MARTÍN pescador (ave).*

guardarropa 1 f. Departamento u oficina destinada en *palacio a la custodia de las ropas. **2** m. Cuarto donde deja el público los abrigos, sombreros, etc., en los *teatros u otros *locales públicos. ≃ Guardarropas. **3** *Armario donde se guarda la ropa. ≃ ARMARIO ropero, ropero, guardarropas. **4** Conjunto de prendas de vestir de una persona. **5** n. Persona que está al cuidado del guardarropas. **6** *Persona que tiene a su cargo en los *teatros cuidar y suministrar los efectos de guardarropía.* **7** m. **ABRÓTANO hembra (planta compuesta).*

guardarropas m. Guardarropa (2.ª y 3.ª acep.).

guardarropía f. En teatro, cine o televisión, conjunto de ropas y efectos sin aplicación determinada. ⊙ Lugar en que se guardan estas ropas y efectos.

DE GUARDARROPÍA. *Sólo de *apariencia.*

guardarruedas 1 m. **Guardacantón (piedra).* **2** *Pieza de hierro en forma de ese que se coloca a los lados del umbral de las puertas para defender los quicios de las ruedas de los vehículos.*

guardasilla f. *Moldura de madera que se coloca en la pared para evitar el roce de las *sillas.*

guardasol m. **Sombrilla.* ≃ Quitasol.

guardatimón m. MAR. *Cada uno de los *cañones que se colocaban en las portas de la popa.*

guardavalla (Hispam.) m. DEP. *Guardameta.*

guardavela m. MAR. **Cabo con que se acaban de atar las velas de gavia a los calceses de los palos.*

guardavía m. Empleado de *ferrocarriles que está encargado de la vigilancia de un trozo de vía.

guardería 1 f. Oficio u ocupación de guarda. **2** GUARDERÍA infantil.

GUARDERÍA INFANTIL. Establecimiento donde se tiene y cuida durante algunas horas, por ejemplo mientras están sus madres en el trabajo, a los *niños pequeños.

guardesa (de «guarda») f. Mujer guarda. ⊙ Mujer del guarda.

guardia (del gót. «wardja») **1** f. Acción de guardar. ≃ Guarda. ⊙ Particularmente, acción de *vigilar, por ejemplo en un puesto militar. **2** Conjunto de soldados o gente armada que defiende o vigila un puesto. **3** Nombre de ciertos *cuerpos armados: 'Guardia civil [de corps, republicana]'. **4** n. Individuo de estos cuerpos. Particularmente, civil, de seguridad o urbano: 'Voy a llamar a un guardia'. ⇒ Autoridad, gendarme, guarda. **5** Servicio especial que se presta fuera del horario obligatorio en determinadas profesiones: 'Atendió a los heridos el médico que estaba de guardia'. **6** Postura o actitud que adopta alguien para defenderse: 'Decidió bajar la guardia'. **7** (con los adjetivos «joven» o «viejo» antepuestos) Conjunto de personas que defienden las ideas de un partido, agrupación, etc.: 'La vieja guardia del partido se oponía a cualquier reforma'.

V. «CUERPO de guardia».

GUARDIA CIVIL. Cuerpo militar que se dedica especialmente a mantener el orden público en las zonas rurales y a vigilar las costas, carreteras y fronteras. ⊙ Individuo de ese cuerpo. ⇒ La Benemérita ➤ Guiri, miñón, picoleto, tricornio. ➤ Tercio. ➤ *Santa HERMANDAD.

G. DE CORPS. Cuerpo adscrito a la persona del *rey. ⊙ Individuo de él. ⇒ Garzón. ➤ Subrigadier.

G. MARINA. Alumno de una escuela militar naval que cursa sus dos últimos años.

G. MUNICIPAL. Policía urbana. ⊙ Individuo del cuerpo de policía urbana, destinado a mantener en las ciudades el respeto a las ordenanzas municipales, ordenar el tránsito, etc. ≃ GUARDIA urbano. ⇒ Guindilla, rondín.

G. NACIONAL. Nombre dado a distintos cuerpos de policía en diversos países y en diversas épocas. ⇒ Cachimbo.

G. PRETORIANA. **1** En la Roma antigua, guardia personal del emperador. **2** Suele usarse humorísticamente para referirse al grupo de personas de total confianza que rodean y protegen a un personaje destacado.

G. DE SEGURIDAD. Individuo de la policía gubernativa destinado a mantener el orden en las ciudades. ≃ Policía.

G. DE TRÁFICO. El urbano destinado a regular el tráfico en las ciudades.

G. URBANO. GUARDIA municipal.

BAJAR LA GUARDIA (frec. en forma negativa en recomendaciones). Dejar una persona de estar atenta y vigilante contra cierto peligro o amenaza: 'La situación está controlada, pero no debemos bajar la guardia'.

EN GUARDIA. ESGR. En actitud de *defenderse. ⊙ Alerta.

ENTREGAR LA GUARDIA. *Rendir la GUARDIA.*

ESTAR EN GUARDIA. **1** Estar *advertido de cierto peligro o amenaza. **2** Estar desconfiado.

MONTAR LA GUARDIA. Establecerla. ⊙ Adoptar actitud *vigilante en cierta situación o cierto asunto.

PONER EN GUARDIA a alguien. Llamar su atención sobre un peligro o amenaza o hacerle pensar en ellos. ⇒ *Avisar.

PONERSE EN GUARDIA. Ponerse alerta o desconfiado.
RENDIR LA GUARDIA. Entregarla al relevo. ≃ Entregar la GUARDIA.

guardiamarina m. GUARDIA marina.

guardián, -a (del gót. «wardjan», acusativo de «wardja») **1** n. Persona encargada de guardar o cuidar algo como una finca, una casa, etc. **2** m. *Prelado ordinario de alguno de los conventos de la *orden de San *Francisco.* **3** MAR. *Oficial o contramaestre encargado de las embarcaciones menores y de los cables o amarras.* **4** MAR. *Cable más sólido que los ordinarios con que se aseguran los *barcos pequeños cuando se teme temporal.*

guardianía 1 f. *Empleo de guardián en la *orden de San Francisco.* **2** *Territorio señalado a los conventos de *franciscanos para pedir *limosna.*

guardilla[1] (de «guardar») **1** f. *Labor que se hace en las costuras para adornarlas y asegurarlas.* ⇒ *Coser. **2** Nombre aplicado a las púas extremas, más fuertes, de los peines. ≃ Guarda.

guardilla[2] f. *Buhardilla.

guardillón m. **Desván corrido o sin divisiones, o guardilla no habitable.*

guardín (de «guarda») **1** m. MAR. **Cabo con que se suspenden las portas de la artillería.* **2** MAR. *Cada uno de los *cabos o cadenas que sirven para manejar el *timón.*

guardoso, -a 1 adj. *Cuidadoso de no dilapidar o desperdiciar sus cosas.* ≃ Guardador. **2** **Tacaño.*

guarecer (de «guarir») **1** tr. *Proteger a ↘alguien contra un daño o un peligro. **2** Servir a ↘alguien de refugio o guarida. ≃ *Albergar. ⊙ («bajo, en, de») prnl. Meterse en un sitio para protegerse contra el frío, la lluvia, un peligro, etc. ≃ Acogerse, albergarse, cobijarse, refugiarse. **3** tr. **Curar o medicinar a ↘alguien.*
CONJUG. como «agradecer».

guarecimiento (de «guarecer»; ant.) m. *Cumplimiento, observancia.*

guarén (Chi.) m. *Nombre dado a varias especies de *ratas que tienen los dedos palmeados, por lo que pueden nadar.*

guarenticio, -a (ant.) adj. DER. *Guarentigio.*

guarentigio, -a (del alto al. ant. «wërento», garante) adj. DER. *Se aplicaba al *contrato que tenía carácter ejecutivo.*

guarés 1 m. **Balsa (embarcación) usada por los indios americanos.* **2** *Tabla usada como *timón por algunos indios americanos.*

guarescer (ant.) tr. *Guarecer.*

guaria (C. Rica: *Cattleya dowiana*) f. **Planta orquídea de bellos pétalos rojos.*

guariao (*Aramus guarauna*) m. *Ave zancuda de color oscuro con manchas blancas. Vuela con las patas colgando. Su carne es sabrosa.

guaricha (de or. cumanagoto) **1** (Hispam.) f. **Hembra.* **2** (Hispam; desp.) **Mujer.* **3** (Hispam.) **Manceba de un soldado.*

guarida (de «guarir») **1** f. *Cueva o sitio abrigado de alguna manera, donde se guarecen los animales salvajes. ⇒ Abrigo, cado, cubil, cubilar, *cueva, dormida, lobera, *madriguera, manida, osera, porquera, raposera, zorrera. **2** *Refugio de gente. ⊙ Particularmente, de *gente maleante. ⇒ *Madriguera.

guaridero, -a (de «guarir»; ant.) adj. *Curable.*

guarimán (de or. caribe; *Aniba canelilla*) m. Árbol americano lauráceo. La corteza de las ramas se usa para condimento y como medicinal. ⊙ Fruta de este árbol. ⇒ *Planta.

guarimiento (de «guarir») **1** (ant.) m. *Curación.* **2** (ant.) **Refugio.*

guarín (de or. expresivo) m. *Último de los *lechones nacidos, de una lechigada.*

guarir (del germ. «warjan», proteger) **1** (ant.) tr. **Curar.* **2** (ant.) intr. **Curarse.* **3** (ant.) *Subsistir o *mantenerse.* **4** (ant.) prnl. *Refugiarse.*

guarisapo (de «gusarapo»; Chi.) m. **Renacuajo (cría de la rana).*

guarismo, -a (¿del ár. «ḥisābu lgubār», cálculo mediante cifras arábigas, a través del lat.?) **1** (ant.) adj. *Numérico.* **2** m. Signo o conjunto de signos arábigos que expresan una cantidad. ⇒ *Número.

guaritoto (Ven.; *Jatropha urens*) m. *Arbusto euforbiáceo; el cocimiento de su raíz se emplea como hemostático.* ⇒ *Planta.

guarne (de «guarnir») m. MAR. *Cada una de las *vueltas que da un *cabo alrededor de algo.*

guarnecedor, -a adj. y n. *Aplicable al que guarnece.*

guarnecer (de «guarnir») **1** («con, de») tr. Poner en un ↘sitio *accesorios o *complementos: 'Guarnecer de cortinajes una habitación [de velas un barco, de herrajes un mueble]'. ⊙ («con, de») Colocar en un ↘vestido u otra prenda accesorios o adornos, tales como botones o encajes. ⇒ Guarnir. ➤ *Adornar, *amueblar, dotar, herrar, *poner, proveer, *vestir. ➤ Accesorios, adornos, herrajes. **2** («con, de») MIL. Colocar fuerzas en una ↘plaza o puesto militar. ⇒ Presidiar. ➤ *Desguarnecer, desguarnir. ➤ *Defender. **3** MIL. Estar de guarnición en un ↘puesto militar. **4** («con, de») MIL. **Reforzar o cubrir un ↘cuerpo militar con otro o una ↘obra de fortificación con otra.* **5** («con, de») CONSTR. **Revocar o revestir las ↘paredes.* **6** CETR. *Poner lonja o cascabel al ↘ave de rapiña.* **7** (ant.) *Investir de *autoridad a ↘alguien.*
☐ CONJUG. como «agradecer».

guarnecido, -a 1 Participio adjetivo de «guarnecer». **2** m. CONSTR. **Revoque o entablado de los muros.*

guarnés m. *Guadarnés.*

guarnición (de «guarnir») **1** f. Cosa o conjunto de cosas con que se *guarnece algo. ⊙ Particularmente, cosas como tiras bordadas, galones, encajes, etc., con que se *adorna un vestido, una colgadura u otra prenda. ⊙ Verduras, patatas, etc., que se sirven con la carne o el pescado. **2** («Poner, Reforzar») MIL. *Tropa que *guarnece una plaza. **3** Pieza que llevan las *espadas, sables, etc., para proteger la mano. ⇒ Alcaparrón, cazoleta, guarda, guardamano, recazo, taza. **4** Conjunto de correajes y demás cosas que se ponen a las caballerías para montarlas, cargarlas o que tiren de los carros, etc. **5** Soporte de metal en que se colocan las piedras preciosas para formar una joya. ≃ Engaste.
V. «MESA de guarnición».

☐ CATÁLOGO

Aderezo, alcafar, aparejo, apero, arneses, arreos, atalaje, atelaje, atuendos, guilindujes, jaeces, medio JAEZ, paramento. ➤ Abajera, ación, acionera, acitara, aguaderas, ahogadero, *albarda, albardilla, albardón, almohadilla, alzatirantes, amarra, angarillas, anteojera, anteojo, antepecho, aportadera, arción, arritranca, artolas, arzón, atacola, atafarra, ataharre, azofra, barriguera, basto, batalla, baticola, bocado, borrén, bozal, braguero, *brida, cabestrero, cabestro, cabezada, cadenilla, cangalla, cantinas, caparazón, carcaj, carona, cartolas, casco, cejadero, cencerrillas, cernaja, chapetón, cincha, cincho, cinchón, codón, collera, collerón, contrafuerte, coraza, corete, cuchugo, dogal, encalada, espolón, espuela, estribo, fiador, francalete, *freno, frontil, fuste, galápago, gamarra, grupera, gualdrapa, guardamonte, guasca, guías, gurupera, gurupetín, horcajo, horcate, huasca, jamúas, jamuga[s], jirel, látigo, lomera, lomillo, madrina, manta, mantaterilla, mantilla, mastigador, mochila, montadura, montura, morral, pedreral, pellón, penacho, pendones, perilla, petral, portacinchas, portaderas, pretal, quijera, quitaipón, quitapón, ramal, rendaje, retranca, *rienda, ronzal, sajador, salivera, samuga, serón, *silla, silletas, sillín, sillón, sobeo, sobrepelo, socola, sotacola, sudadero, sufra, tapanca, tapaojo, tapinga, tejuela, telliz, tentemozo, terrollo, testera, tiracol, tirante, tiro, trasca, ventril, *yugo, zafra, zambarco. ➤ Garzota, remonta, teitral, testera. ➤ A la calesera. ➤ Bastero, enjalmero, *guarnicionero, jaecero, jalmero, lomillería, talabartero. ➤ Falsear, remontar. ➤ Almoflate, matacantos. ➤ Asentarse. ➤ Acollarar, afatar, albardar, amadrinar, *aparejar, atalajar, cinchar, desaparejar, desenganchar, desenjaezar, desensillar, desguarnecer, embastar, enalbardar, encubertar, enganchar, engualdrapar, enjaezar, enjalmar, enjaquimar, ensillar, guarnecer, guarnir, jaezar, *uncir. ➤ *Guadarnés. ➤ *Caballería.

guarnicionar tr. MIL. **Guarnecer con tropas.*

guarnicionería f. Tienda o taller del guarnicionero.

guarnicionero, -a **1** n. Persona que hace, arregla o vende sillas de montar, albardas y demás correajes de las *guarniciones. ≃ Talabartero. **2** Persona que se dedica a fabricar cinturones, bolsos y otros objetos de cuero.

guarniel m. **Bolsa que se cuelga del *cinturón.* ≃ Garniel.

guarnigón (de «codorniz») m. Pollo de la *codorniz.

guarnimiento (de «guarnir») **1** (ant.) m. *Guarnición, **adorno o *vestidura.* **2** MAR. *Conjunto de cosas con que se sujeta un aparejo, una vela, etc.*

guarnir (del germ. «warnjan», advertir, proveer) **1** tr. *Guarnecer.* **2** MAR. *Colocar convenientemente las *poleas del aparejo en una faena*

guaro[1] (de or. indoamericano) m. Especie de *loro pequeño, mayor que el periquito y muy hablador.

guaro[2] (de or. quechua; Am. C.) m. **Aguardiente de caña.* ⇒ Guarapo.

guarrada (de «guarro[2]») **1** f. Acción realizada con suciedad. ≃ Cochinada. **2** Acción desaprensiva o falta de delicadeza. ≃ *Indecencia. ⊙ Acción realizada desaprensivamente contra cierta persona. ≃ *Jugada.

guarrazo (inf.; «Darse, Pegarse») m. *Porrazo que se da o recibe al caer.

guarrear (de «guarro[2]») **1** intr. *Gruñir el jabalí o aullar el lobo.* ⊙ *Gritar otros animales.* **2** *Berrear un niño.* **3** *Hacer guarrerías.* ⊙ (inf.) tr. y prnl. Ensuciar[se] o manchar[se] ↘algo: 'Su hijo está guarreando los cuadernos'.

guarreras (inf.) adj. y n. Guarro (persona sucia).

guarrería f. Guarrada.

guarrero m. **Porquerizo.*

guarrido (de «guarro») m. *Acción y efecto de gruñir.*

guarrilla (de «búho») **1** (Ál.) f. **ÁGUILA ratera.* **2** (Ál.) **Gavilán.*

guarrindongo, -a (inf.) adj. y n. Guarro.

guarro[1](de «búho») **1** m. *En algunas regiones españolas, *búho.* **2** (Nav.) *Cárabo.* **3** (Sal.) **Cuervo.*

guarro[2], -a (de or. expresivo) adj. y, aplicado a personas, también n. *Cerdo, en cualquier acepción, propia o figurada.

NO TENER NI GUARRA (vulg.). No tener ni idea. ⇒ *Ignorar.

guarrusca **1** f. **Espada.* **2** (Col.) *Machete.*

¡guarte! (ant.) interj. *¡Guárdate!*

guaruma o **guarumbo** f. o m. **Guarumo.*

guarumo (Hispam.; *Cecropia peltata* y otras especies del mismo género) m. *Árbol urticáceo; el cocimiento de sus hojas se emplea como tónico cardiaco.* ≃ Guaruma, guarumbo, YAGRUMA hembra.

guarura (Ven.) f. *Cierto *caracol que se usa como bocina.*

guasa (de or. caribe) **1** (inf.; «Con, En») f. *Ironía o *burla con que se dice algo: 'Le dijo con mucha guasa que estaba muy elegante'. ≃ Sorna. **2** (inf.) *Sosería, pesadez y conjunto de cualidades que hacen desagradable a una persona.* ⇒ *Patoso. **3** (Cuba; *Epinephelus guaza*) *Cierto *pez de color verde amarillento con manchas oscuras, que se come fresco y salado.*

ESTAR DE GUASA (inf.). Tener ganas de bromear: no hablar en serio o no tomar en serio lo que se está hablando o tratando.

TENER GUASA LA COSA [o alguien o algo] (inf.). Se usa para expresar que cierta cosa *molesta, es inoportuna o causa desagrado.

guasábara (relac. con «guasa»; Col., P. Rico.) f. **Disturbio.*

guasamaco, -a (de «guaso»; Chi.) adj. **Tosco o *grosero.*

guasanga (de or. caribe; Hispam.) f. **Algazara.*

guasasa (de or. caribe; Cuba) f. *Cierto *mosquito que vive en enjambres en lugares húmedos y sombríos.*

guasca (del quechua «waskha»; Hispam.) f. **Correa, *cuerda o *soga empleada como *rienda o *látigo.* ≃ Huasca.

guascazo m. **Golpe dado con una guasca.*

guasearse (de «guasa»; inf.) prnl. («de») *Burlarse de una cosa o de una persona, sin acritud.

guasería (Arg., Chi.) f. *Acción grosera, torpe o chabacana.*

guaso, -a (de or. indoamericano) **1** (Chi.) n. **Campesino.* **2** (Arg., Chi., Ec.) adj. **Tosco o *grosero.*

guasón, -a (de «guasa»; inf.) adj. y n. Burlón o *bromista: inclinado a burlarse de las personas o de las cosas.

guastar (del lat. «vastāre», con influencia del germ. «wōstjan»; ant.) tr. **Gastar (consumir).*

guata[1] (del fr. «ouate») f. *Algodón en rama dispuesto en forma de plancha, generalmente algo engomada por ambas caras para darle consistencia, que se usa para acolchados.

guata[2] (del mapuche «huata»; Chi.; inf.) f. *Barriga, vientre.*

guataca (Cuba) f. **Azada corta que se usa para limpiar de hierba los campos.*

guatacare (Ven.) m. *Árbol maderable.* ⇒ *Planta.

guataquear **1** (Cuba) tr. *Escardar con la guataca.* **2** (Cuba) *Adular, lisonjear.*

guataquería (Cuba) f. *Lisonja, adulación.*

guate[1] (del nahua «ohuatl», caña tierna de maíz; C. Rica, Hond.) m. *Malojo (planta de *maíz que sólo sirve para forraje).*

guate[2] (de or. nahua; Salv.) adj. *Gemelo de un parto.*

guateado, -a Participio adjetivo de «guatear». ⊙ m. Conjunto formado por dos telas con una capa de algodón interpuesta entre ellas, pespunteado.

guatear tr. Rellenar ↘algo con guata o recubrir algo con un guateado. ≃ Aguatar, *enguatar.

Guatemala (nación de América Central).
SALIR DE GUATEMALA Y ENTRAR EN GUATEPEOR (inf.). Frase con que se describe o comenta el hecho de acabar una situación mala o desagradable y caer en otra que lo es todavía más. ⇒ *Empeorar.

guatemalteco, -a adj. y, aplicado a personas, también n. De Guatemala. ≃ Chapín.

guatemaltequismo m. Americanismo de Guatemala.

Guatepeor V. «salir de GUATEMALA y entrar en Guatepeor».

guateque (de or. caribe) m. Reunión bullanguera, con baile. ⊙ Se aplica a cualquier clase de *fiesta o reunión casera en que se toman cosas de comer y se baila.

guatimaña m. *Hipócrita.*

guatini (Cuba) m. **Tocororo (ave trepadora).*

guatón, -a (de «guata²»; Chi., Ec.) adj. y n. *Panzudo, barrigudo.*

guatusa (del nahua «cuauhtozan»; Hispam.) f. **Mamífero roedor parecido a la paca, cuya carne se come.* ≃ Guanta.

¡guau! **1** Onomatopeya con que se representa o se imita la voz del *perro. **2** (inf.) interj. Exclamación de admiración o alegría.

guaucho (Chi.; *Baccharis patagonica*) m. *Cierto arbusto compuesto, muy ramificado de hojas blancoamarillentas.* ⇒ *Planta.

¡guay!¹ (lit.) interj. *¡Ay!*

guay² (inf.) adj. Bueno, estupendo. ⊙ (inf.) adv. Estupendamente: 'Lo pasaron guay en el parque'.

guaya (de «guayar») f. *Lloro o *queja.*

guayaba (de or. arahuaco) **1** f. *Fruto comestible, del tamaño de una pera, producido por el guayabo. **2** Conserva hecha con esa fruta. ⇒ Cochurra. **3** (Antill., Col., Salv.) **Embuste o *mentira.*

guayabera **1** f. *Chaquetilla corta, de tela ligera, originaria de Cuba, donde la usan los campesinos. **2** (Am. C., Cuba, Méj.) *Camisa que se lleva suelta.*

guayabo¹ (de «guayaba»; *Psidium guajaba*) m. *Árbol mirtáceo americano. ⇒ Arazá, cambuí.

guayabo² (inf.) m. Muchacha joven y guapa.

guayaca (del quechua «wayaga», bolsa) **1** (Arg., Bol., Chi.) f. **Bolsa pequeña o *estuche que se lleva encima, particularmente para guardar las cosas de fumar.* **2** **Amuleto.*

guayacán africano (del taíno «waiacan») m. *Guayaco.*

guayaco (del lat. cient. «guaiăcum»; *Diospyros lotus*) m. Árbol ebenáceo originario de Asia que se encuentra silvestre en los países mediterráneos; se cultiva por sus frutos y como pie para el injerto del caqui. ≃ Guayacán africano, lodoñero, PALO santo.

guayacol m. QUÍM. Sustancia de fuertes propiedades desoxidantes, y empleada en *medicina como sudorífico muy activo. Se obtiene de la resina del guayaco y del alquitrán del carbón de haya.

guayadero (de «guayar¹»; ant.) m. *Sitio destinado para llorar en los entierros.*

guayado, -a **1** (ant.) *Participio de «guayar» (llorar o quejarse).* **2** adj. *Se aplica a los *cantares que tienen por estribillo «¡guay [o ay] amor!».*

guayanés, -a adj. y, aplicado a personas, también n. De Guayana, región del noreste de América del Sur que comprende la Guayana francesa, Surinam, Guyana y zonas de Venezuela y Brasil.

guayaquil (Hispam.) m. **Cacao, particularmente el procedente de la ciudad ecuatoriana de ese nombre.*

guayar¹ (de «¡guay¹!»; ant.) intr. **Llorar o quejarse.*

guayar² **1** (R. Dom.) tr. *Rallar ↘algo con el rallador.* **2** (P. Rico) prnl. *Emborracharse.*

¡guayas! (ant.) interj. *¡Guay!*

guayín m. *Cierto *carruaje de cuatro asientos usado en Méjico.*

guayo¹ (de or. araucano; Chi.) m. *Bollén.*

guayo² **1** (Antill.) m. *Rallador.* **2** (Cuba, P. Rico) *Borrachera.* **3** (Cuba) *Peso de plata (moneda).*

guayuco (de or. cumanagoto; Col., Ven.) m. *Especie de *taparrabo.*

guayusa (Ec.; *Ilex guayusa*) f. **Planta semejante al mate, cuya infusión se toma como bebida.*

guazapa (Guat., Hond.) f. **Peonza pequeña que se hace girar con los dedos.* ≃ Perinola.

guazubirá (Arg.; *Mazama gouazoubira*) m. *Cierto *ciervo de color de canela oscuro.*

gubán m. *Lancha grande de poco calado, usada en Filipinas.* ≃ Barangayán.

gubernamental **1** adj. Del gobierno: 'Por disposición gubernamental'. ≃ Gubernativo. **2** Partidario del gobierno: 'La prensa gubernamental'.

gubernar (ant.) tr. *Gobernar.*

gubernativamente adv. De manera gubernativa.

gubernativo, -a adj. Del gobierno: 'Una orden gubernativa'. ≃ Gubernamental. ⊙ De las autoridades políticas y no, por ejemplo, de las judiciales: 'Policía [o detención] gubernativa'. ⊙ Relacionado con el mantenimiento del *orden público.

gubia (del b. lat. «gubĭa») **1** f. CARP. *Formón de boca arqueada. ≃ Gurbia. **2** ARTILL. *Varilla en forma de media caña que se utilizaba para explorar los fogones de las piezas.*

gubileta (ant.) f. **Caja donde se metían los gubiletes.*

gubilete (del fr. «gobelet»; ant.) m. *Cubilete.*

guedeja (relac. con «vedeja») **1** f. Conjunto del pelo de una persona que lo tiene largo. ≃ Crencha, MATA de pelo, melena[s]. ⇒ Guardaja, vedeja, vedija. ➤ Enguedejado, guedejado. **2** Porción del pelo de una persona, o mechón: 'Sus guedejas rubias'. **3** Melena del león.

guedejado, -a adj. *En forma de mechones o melena.*

guedejón, -a o **guedejoso, -a** adj. *Guedejudo.*

guedejudo, -a adj. *Melenudo.*

guedir m. *En Marruecos, charca natural o formada a propósito.*

gueldo (¿de or. vasc.?) m. **Cebo para pescar, hecho con crustáceos pequeños.*

gueldre (de «Güeldres», provincia de Holanda) m. **Mundillo (arbusto caprifoliáceo, y su fruto).*

güelfo, -a (del nombre propio al. «Welf») adj. y n. En las guerras y rivalidades de la Edad Media en Italia, partidario del papa, en contra de los gibelinos, partidarios del emperador.

güello (ant. y usado todavía en Ast. y Ar.) m. **Ojo.*

guelte (del neerl. o al. «geld») m. **Dinero; monedas.*

gueltre (del al. «gelder», dineros) m. *Guelte.*

güemul (Arg., Chi.) m. *Cierto *ciervo.* ≃ Huemul.

guenebra f. *Especie de *guitarra antigua.*

güeña (de «boheña»; Ar.) f. *Cierto *embutido compuesto de vísceras de cerdo y desperdicios de otros embutidos.*

guepardo (del fr. «guépard») m. *Mamífero carnívoro félido semejante al leopardo pero de aspecto más esbelto, de pelo gris amarillento con manchas negras. Vive en África subsahariana y Asia meridional y es capaz de correr a gran velocidad. ≃ Chita. ⇒ Himplar.

guercho, -a (del borgoñón «dwërch», atravesado; ant.) adj. y n. **Bizco.*

güérmeces (del germ. «worm», pus) m. pl. *Enfermedad de las *aves de rapiña consistente en granos pequeños que supuran.*

Guernesey V. «AZUCENA de Guernesey».

güero, -a (Méj.) adj. *Se aplica a la persona de pelo rubio.*

guerra (del sup. germ. «werra», discordia, pelea) **1** («Declarar, Desencadenar, Encender, Hacer, Estar en») f. Lucha con armas entre dos o más países, que dura considerable tiempo, con diversas batallas y episodios. ≃ Contienda. **2** («Estar en, Haber, Hacer[se] la») Lucha continua o estado de lucha, en sentido material o moral, entre personas, entre animales o entre cosas: 'Estaban en guerra las dos familias. Le hacen la guerra todos los compañeros'. **3** *Cierto juego de *billar.*

GUERRA ABIERTA («Estar en»). Hostilidad declarada entre varias personas.

G. DE BOLAS. *Juego de *billar en que hay tantas bolas como jugadores y se juega a hacer billas.*

G. CIVIL. La sostenida entre naturales de la misma nación.

G. SIN CUARTEL. GUERRA a muerte.

G. FRÍA. Expresión con que se designan las relaciones entre países que no luchan con las armas pero se *amenazan y compiten con ahínco en su armamento.

G. A MUERTE. Lucha, material o moral, en que los contendientes no están dispuestos a la pacificación. ≃ GUERRA sin cuartel.

G. DE NERVIOS [O PSICOLÓGICA]. Lucha sin violencia física entre personas o grupos que pretenden desmoralizarse mutuamente.

G. DE PALOS. *Juego de *billar en que se colocan en el centro de la mesa cinco palitos numerados que intervienen en los lances.*

G. DE PRECIOS. Competencia de precios entre dos o más empresas.

G. SANTA. La desencadenada por motivos religiosos, particularmente por los musulmanes.

V. «ACCIÓN de guerra, BARCO de guerra, COMISARIO de guerra, CONSEJO de guerra».

DAR GUERRA. No dejar tranquilo: 'Los chiquillos [le] dan mucha guerra'. ⇒ *Molestar.

DE ANTES DE LA GUERRA (inf.). Expresión que se aplica a algo que se considera muy antiguo.

DECLARAR LA GUERRA. Notificar un país a otro que se considera en estado de guerra con él. ⊙ Declararse en hostilidad manifiesta contra alguien.

V. «ESTADO de guerra, HOMBRE de guerra, MÁQUINA de guerra, MARINA de guerra».

MÁS SE PERDIÓ EN LA GUERRA. Frase de consuelo con que se pretende atenuar la importancia de una pérdida sufrida o de un problema.

V. «MÉRITOS de guerra».

TENER [LA] GUERRA DECLARADA a alguien o algo. Proceder con clara hostilidad o animadversión hacia la persona o cosa de que se trata. ⊙ (en forma recíproca) Vivir en *discordia dos o más personas.

□ CATÁLOGO

Otras raíces, «beli-, polem-»: 'bélico, beligerante; polemarca'. ➤ Campaña, conflicto, contienda, cruzada, hostilidades, lid, lidia, liza, lucha, pelea. ➤ Postguerra [o posguerra]. ➤ GUERRA santa. ➤ ACCIÓN de armas [o de guerra], albazo, alborada, ataque, avance, azaría, *batalla, bombardeo, choque, comando, *combate, copo, defensa, derrota, desastre, descarga, DESCARGA cerrada, descubierta, encamisada, encuentro, escaramuza, estratagema, facienda, función, GOLPE de mano, grida, HECHO de armas, interpresa, invasión, malón, naumaquia, ocupación, ofensiva, operación, razzia, reconocimiento, reencuentro, refriega, repiquete, repliegue, retirada, sorpresa, TIERRA quemada, translimitación, *triunfo, victoria, ZAFARRANCHO de combate. ➤ A la bayoneta, sin cuartel, CUERPO a cuerpo, a la defensiva, a muerte, reñido. ➤ Aceifa, algara, algarada, algazara, cabalgada, campeada, *correría, *EXPEDICIÓN militar, harca, incursión, jornada, maloca, razzia. ➤ *Facción, *GENTE de armas [o armada], *partida. ➤ Contraguerrilla. ➤ Acechar, acometer, acorralar, adueñarse, agredir, alojar[se], aniquilar, *apoderarse, apostar[se], aprehender, apresar, hacer ARMAS, llegar a las ARMAS, arremeter, asediar, atacar, avanzar, presentar BATALLA, batir, batirse, bloquear, bombardear, salir a CAMPAÑA, campear, quedar en el CAMPO, cargar, volver la CARA al enemigo, cercar, chocar, cobrar, cocer, combatir, *conquistar, contender, contraatacar, copar, quedarse en CUADRO, dar [o no dar] CUARTEL, cubrir[se], pasar a CUCHILLO, defender, depredar, descabezar, despojar, destrozar, entregarse [o rendirse] a DISCRECIÓN, dispersar, embarrar, embestir, embotellar, encarnizarse, engeñar, enseñorearse, entrar, entreverarse, envolver, escaramucear, escaramuzar, empuñar la ESPADA, volver la ESPALDA al enemigo, espaldonarse, espiar, expugnar, foguear, fortificar, ganar, declarar la guerra, guerrear, guerrillear, hostigar, romper las hostilidades, hostilizar, invadir, jaquear, lidiar, *luchar, merodear, minar, movilizar, ocupar, pelear, perder, *perseguir, picar, pillar, proteger, rebasar, recobrar, *rendir[se], *reñir, replegarse, rescatar, cortar la retirada, cubrir la retirada, retirarse, hacer RIZA, saquear, sitiar, poner sitio, sojuzgar, someter[se], tomar, translimitar, *vencer, vender cara su VIDA. ➤ DECLARACIÓN de guerra, difidación. ➤ Carnaje, carnicería, degollina, estrago, matanza, mortandad, sarracina. ➤ *Botín, despojos, pendolaje, pillaje, presa, saqueo, trofeo. ➤ Base, CABEZA de puente, campamento, CAMPO de batalla, CAMPO de operaciones, cerco, cuartel, estacada, frente, LÍNEA de batalla, LÍNEA de combate, LÍNEA de fuego, posición, REFUGIO antiaéreo, retaguardia, TEATRO de la guerra, trinchera. ➤ Agonística, ARTE militar, estrategia, logística, polémica, poliorcética, táctica. ➤ Campeador, campeón, combatiente, comilitón [o conmilitón], contendiente, enemigo, estratega, excombatiente, fecial, guerrero, guerrillero, militar, montonero, partisano, *soldado, táctico. ➤ *Mutilado. ➤ Alarido, GRITO de guerra, ¡guerra!, lelilí, ¡Santiago!, ¡SANTIAGO y cierra España!, ¡somatén! ➤ Armisticio, *paz, tregua. ➤ Anúbada [o anúteba], fonsadera, fonsado, lanza, SERVICIO de lanzas. ➤ Anúbada [o anúteba], LEY marcial, movilización, queda, rebato. ➤ Con las ARMAS en la mano, sobre las ARMAS. ➤ Marcial, mavorcio. ➤ BANDERA blanca, BANDERA negra. ➤ Alojamiento. ➤ Armada. ➤ Baja. ➤ Botuto. ➤ Brecha. ➤ CARNE de cañón. ➤ Cartel. ➤ Casus belli. ➤ Convoy. ➤ CORONA obsidional. ➤ CRUZ Roja. ➤ Dalmática. ➤ Detente. ➤ Ejército. ➤ Mando. ➤ Parlamentario. ➤ Neutralidad. ➤ Represalia. ➤ SERVICIO militar. ➤ SANIDAD militar. ➤ Imbele, pacifista. ➤ Aguerrido. ➤ *Arma. *Armadura. *Artillería. *Barco. *Explosión. *Fortificar. *Milicia. *Sitio. *Soldado.

guerrear 1 («con, contra» o sin complemento) intr. Hacer [la] guerra. **2** Resistir, rebatir o contradecir.

guerrera f. Chaqueta del *uniforme militar.

guerrerense adj. y, aplicado a personas, también n. *De Guerrero (estado mejicano y poblaciones mejicanas que tienen este nombre).*

guerrero, -a 1 adj. De [la] guerra. ≃ Bélico. **2** n. Persona que luchaba en la guerra. Aplicado a alguien actual es literario y envuelve un sentido ponderativo del comportamiento guerrero de la persona a quien se aplica. **3** adj. Aficionado a la guerra. **4** Aplicado a niños, *travieso.

guerrilla (dim. de «guerra») **1** f. Grupo de hombres poco numeroso que desempeña alguna función especial en un ejército organizado. ⊙ Línea de tiradores distribuida por parejas o grupos poco numerosos, que cubre el flanco o el frente de un cuerpo y hostiliza al enemigo. **2** *Partida de gente no organizada en ejército, que hace la guerra hostilizando al enemigo con sorpresas, asechanzas, etc., en su propia retaguardia; por ejemplo, en un país invadido. **3** *Juego de *baraja que se juega entre dos personas repartiendo veinte cartas a cada una.*

guerrillear intr. *Pelear en guerrilla.*

guerrillero, -a n. Persona que participa en una guerrilla.

gueto 1 m. Barrio en que vivían o eran obligados a vivir los judíos. ⊙ Barrio de una ciudad moderna habitado por judíos. **2** Minoría de personas marginadas de la sociedad por motivos religiosos, políticos, etc. ⊙ Barrio o suburbio en que viven. ⊙ Situación de marginación en que se encuentran.

guía 1 n. Persona que guía o dirige a otras. ⊙ Persona que muestra a los turistas las cosas dignas de ser vistas en una ciudad, un museo, etc. ⇒ *Viajar. ⊙ m. Jinete que conduce una cuadrilla en los ejercicios a caballo. ⇒ *Equitación. ⊙ MIL. Sargento, cabo o soldado que en los ejercicios militares se coloca en la posición conveniente para la alineación de la tropa. **2** f. **Caballería que, sola o aparejada con otra, va delante del tronco de tiro.* **3** (sólo en sing.) Cualquier cosa, indicación o conjunto de indicaciones que sirve para orientar a alguien en una cosa: 'Me dio en pocas palabras una guía para el manejo de la máquina. Una guía de conducta'. Se emplea también como nombre propio de tratados que sirven para dirigir en cosas tanto materiales como espirituales: 'Guía del Contable. Guía de Pecadores'. ≃ *Norma, orientación, pauta, regla. ⊙ *Lista de ciertas cosas, generalmente en orden alfabético y en forma de libro, que proporciona los datos que interesan sobre esas cosas: 'Guía de una ciudad [de calles, de ferrocarriles]. Guía de teléfonos [o telefónica]'. **4** (pl.) **Riendas con que se conducen las caballerías de guía.* **5** m. Pieza de la *bicicleta en cuyos extremos se apoyan las manos. ≃ Manillar. **6** (P. Rico, R. Dom.) f. **Volante de un automóvil.* **7** *Poste o pilar de cantería que se coloca en los *caminos de montaña de trecho en trecho para señalar su dirección cuando están cubiertos de *nieve.* **8** MINER. *Veta delgada a que queda reducido un *filón, que sirve para buscar su prolongación.* **9** Cualquier pieza, carril, barra, cuerda, etc., que sirve para que otra pieza de un mecanismo o cualquier otra cosa siga un camino determinado. **10** *Palanca situada en la parte superior del eje de una *noria, a la cual se sujeta la caballería.* **11** *Palanca con que se orienta el molino de viento.* **12** MAR. *Cualquier cabo o accesorio que sirve para mantener una cosa en la posición debida.* **13** **Documento que se lleva al transportar una mercancía para que no sea detenida por las autoridades.* ⇒ *HOJA de ruta, póliza.* ➤ Guiado. **14** MÚS. *Voz que va delante en la *fuga.* **15** Tallo principal de una *planta o el que se deja sin podar para que la *planta vaya alcanzando su tamaño; particularmente, en plantas trepadoras o sarmentosas, como la parra o el rosal trepador. ⇒ Alargadera. **16** Cada extremo del *bigote, formado por un conjunto de pelos largos que acaba en punta. **17** *En *pirotecnia, mecha delgada de pólvora, cubierta de papel, que sirve para prender los barrenos y los fuegos artificiales y para dirigir éstos a donde conviene.* **18** *Objetivo o ideal que orienta la conducta de alguien. **19** *Guarda del *abanico.* **20** *Cierta *trampa de los juegos de *baraja.* **21** (Vizc.) **Madero de roble de 12 a 14 pies de longitud, 7 pulgadas de tabla y 6 de canto.*

V. «AS de guía».

guiabara (Cuba) f. **Uvero (arbusto poligonáceo).*

guiadera (de «guiar») f. *Madero, barrote, carril, etc., que guía el movimiento de algunas cosas; particularmente, de la viga del molino de *aceite o de la jaula de un pozo de mina.* ≃ Guía.

guiado, -a 1 Participio adjetivo de «guiar[se]». ⊙ («de, por») Conducido, dirigido, llevado: 'Guiado por su instinto. Guiada del mejor deseo'. **2** *Se aplica a las *mercancías que se llevan con guía.*

guiador, -a adj. y n. *Aplicable al que o a lo que guía.*

guiaje (ant.) m. *Guiamiento.*

guiamiento (de «guiar») m. **Salvoconducto.*

guiar (de «guidar») tr. Ir delante de ↘otros o con otros, mostrándoles el *camino que deben seguir: 'Un indígena les guió a través de las montañas'. ⊙ Indicar un camino a ↘alguien: 'Las huellas nos guiaron hasta la guarida'. ⊙ Servir de *cauce a una ↘cosa: 'Un canal guía el agua a la turbina'. ⊙ Dirigir a ↘alguien *enseñándole o *aconsejándole lo que debe hacer o cómo debe conducirse: 'Él me guió en el aprendizaje. Su instinto le guía en las dificultades'. ⊙ («por») prnl. *Orientarse o *regirse por cierta cosa: 'Para hacer esta labor tienes que guiarte por los hilos. Me guiaré por el ejemplo de mi antecesor. Para levantarme por la mañana me guío por la luz'. ⊙ tr. Ser el que *manda y *dirige a otros en una lucha o empresa: 'Él les guió a la victoria'. ⊙ Manejar algo que anda, como un coche o un caballo: 'Guía ella misma su coche'. ≃ Conducir, llevar. ⊙ *Llevar por cierto sitio una cosa que crece: 'Guiar las ramas de la enredadera'. ≃ Conducir.

□ CATÁLOGO

Aconsejar, aleccionar, avisar, alzar bandera, capitanear, *conducir, *dirigir, *educar, encaminar, encarrilar, encauzar, enderezar, endilgar, guidar, llevar, llevar de la MANO, tutelar. ➤ Carril, carruchera, guía, guiadera, guiador, PALANQUÍN de retenida, *regla, retenida. ➤ Cipo, directriz, faro, flecha, guía, guión, hito, indicación, *indicador, mano, mojón. ➤ Callejero, guía. ➤ Baquiano, chimbador, chófer, cicerone, *conductor, espolique, espolista, gomecillo, hatajador, lazarillo, *postillón, práctico, rumbeador. ➤ Guía, liviano, manso. ➤ A la [o en] cabeza, *delante, al frente, en vanguardia. ➤ Descabildadamente. ➤ Contraguía.

□ CONJUG. como «desviar».

guidar (ant.) tr. **Guiar.*

guifa (del ár. and. «ǧîfa»; And.; colectivo partitivo) f. **Despojos del matadero.*

guignol (del fr. «Guignol», personaje del teatro de marionetas francés) m. *Guiñol.*

guiguí (*Pteromys volans*) m. *Mamífero roedor nocturno de Filipinas, parecido a la ardilla.

guija[1] (del cat. «guixa») f. *Almorta (legumbre).

guija[2] (¿del lat. vulg. «petra aquilĕa», piedra aguzada?) f. *Guijarro.

guijarral m. Terreno cubierto de guijarros. ≃ *Pedregal.

guijarrazo m. **Golpe dado lanzando un guijarro.*

guijarreño, -a 1 adj. De guijarros. **2** *Aplicado a personas, *fuerte.*

guijarro (de «guija[2]») m. Piedra pequeña redondeada por la erosión. ≃ China, guija. ⇒ Calelo, callao, canto rodado, china, chinarro, codón, gorrón, guija, peladilla, piedrecilla. ➤ Enguijarrar. ➤ *Piedra.

guijeño, -a 1 adj. *De guijas.* **2** **Duro.* **3** **Cruel.*

guijo (de «guija[2]») **1** (colectivo partitivo) m. Conjunto de piedras menudas que se emplea en la construcción de los caminos. ≃ *Grava, gravilla. **2** **Gorrón de eje.*

guijón m. *Enfermedad de los *dientes.* ≃ Neguijón.

güila (Méj.) f. **Cometa (juguete).*

guilalo m. **Barco filipino de poco calado, de popa y proa afiladas y con velas de estera.*

guileña f. **Aguileña (planta ranunculácea).*

guilindujes 1 (Ar.) m. pl. **Arrequives.* **2** (Hond.) **Guarniciones de caballería con adornos colgantes.*

guilla (del ár. and. «ḡílla») **1** f. **Cosecha abundante.* **2** *Abundancia.*

DE GUILLA. *De buena granazón.* ⇒ *Granar.

guillado, -a (inf.) Participio de «guillarse». ⊙ (inf.) adj. Trastornado. ⇒ *Loco.

guilladura (inf.) f. Chifladura.

guillame (del fr. «guillaume») m. **Cepillo estrecho de carpintero.*

guillarse (relac. con la voz jergal «guiñarse», huir) **1** (inf.) prnl. Guillárselas. **2** (inf.) Volverse *loco o trastornarse de la cabeza.

GUILLÁRSELAS (inf.). *Escaparse o *marcharse precipitadamente de un sitio: 'Se las guilló antes de que vinieran los guardias'. ≃ Guillarse.

guillatún (de or. araucano; Chi.) m. *Ceremonia solemne que celebran los *indios araucanos para pedir a la divinidad lluvia o bonanza.* ⇒ *Rogativa.

güillín m. *Huillín (especie de nutria).*

guillomo m. **Cormiera (arbusto rosáceo).*

guillote (de «guilla») **1** m. *Cosechero.* **2** **Usufructuario.* **3** **Holgazán.* **4** *Poco experimentado, particularmente en las *trampas de los tahúres.* ⇒ *Inexperto.

guillotina (del fr. «guillotine») **1** f. Máquina inventada en Francia en la época de la Revolución para *ejecutar a los condenados a muerte cortándoles la cabeza. **2** Máquina para cortar *papel constituida por una cuchilla que corre por un bastidor de hierro. **3** («Aplicar») Procedimiento de algunas asambleas de dar por terminada la discusión de un proyecto de ley, pasando a votarlo inmediatamente.

DE GUILLOTINA. Se aplica a las *ventanas en que el cierre corre verticalmente a lo largo de unas ranuras del cerco, en vez de girar sobre goznes.

guillotinar 1 tr. *Ejecutar a ↘alguien con la guillotina. **2** Cortar una ↘cosa con la guillotina de cortar papel; por ejemplo, los bordes de los libros. **3** (inf.) Aplicar la guillotina en una *asamblea. ⊙ *Interrumpir cualquier ↘cosa de manera brusca, y sin que quede terminada, o hacer cesar bruscamente el discurso o acción de alguien: 'Me cansaba su discurso y le guillotiné apagando la radio'.

güimba (Cuba) f. **Guabico (árbol anonáceo).*

guimbalete (del fr. ant. «guimbelet») m. *Palanca con que se da juego a la *bomba aspirante.* ≃ Pinzón.

guimbarda (del fr. «guimbarde») **1** f. CARP. **Cepillo de cuchilla estrecha, perpendicular a la cara y muy saliente, que se emplea para trabajar ciertas cosas; por ejemplo, el fondo de las cajas y las ranuras.* **2** *Cierta danza antigua.*

güin (Cuba) m. *Vástago ligero de los que echan algunas *cañas, que se emplea, por ejemplo, para las armaduras de las cometas y para hacer jaulas.* ≃ Sacuara.

guinchar (de «guincho») tr. **Pinchar ↘algo con la punta de un palo.*

güinche 1 m. MAR. **Torno o *cabrestante.* ≃ Chigre. **2** *En los puertos de Argentina y Chile, *grúa.*

guincho (de «gancho» y «pincho») **1** m. **Pincho.* **2** (Rioj.) **Gancho terminado en punta.* **3** (Cuba; *Pandion haliaetus*) **Ave falcónida de plumaje pardo oscuro y blanco.* ⇒ ÁGUILA pescadora.

guinchón (de «guincho») m. *Desgarrón.*

guinda[1] (de «guindar») f. MAR. *Altura total de la arboladura de un *barco.*

guinda[2] 1 f. Cierta *fruta semejante a la cereza, pero más ácida. ≃ CEREZA póntica. **2** (inf.) Cosa que culmina o remata algo.

guindal m. *Guindo.*

guindalera f. *Campo plantado de guindos.*

guindaleta (de «guindar») **1** f. **Cuerda de cáñamo o cuero del grueso de un dedo.* **2** *Pie derecho donde los plateros tienen colgado el peso.* **3** (Alb., And.) **Caballería que va la primera en un *tiro.*

guindaleza (del fr. «guinderesse») f. MAR. **Cabo grueso.*

guindamaina (de «guindar» y «amainar») f. MAR. *Saludo que hacen los *barcos izando y arriando la bandera.*

guindar (del fr. «guinder») **1** tr. *Subir una ↘cosa a un sitio alto suspendiéndola.* ≃ *Izar. **2** **Colgar una ↘cosa en algún sitio.* **3** (inf.) *Ahorcar. **4** (León) intr. *Resbalar.* **5** (inf.) tr. **Conseguir una ↘cosa en concurrencia con otros.* **6** (inf.) Robar (quitar ↘algo a alguien). **7** («de, por») prnl. Descolgarse por medio de una cuerda u otra cosa. ⇒ *Bajar.

guindaste (del sup. occit. «guindatz») **1** m. MAR. *Armazón de tres maderos en forma de *horca que soporta caleras y roldanas para el juego de algunos cabos en el *barco.* ⊙ *Armazón de esa misma forma utilizado para *colgar algo.* **2** MAR. *Madero colocado verticalmente al lado de los *palos para amarrar los escotines de las gavias.*

guindilla (dim. de «guinda») **1** f. *Pimiento pequeño, alargado y puntiagudo y muy picante. ⊙ *Planta que los produce. ⇒ Cerecilla, ñora. **2** Fruto del guindillo de Indias. **3** (inf.; desp.) *Guardia municipal o de otra clase.

guindillo m. GUINDILLO de Indias.

GUINDILLO DE INDIAS (*Capsicum baccatum*). *Planta solanácea de jardín que da un fruto encarnado, del tamaño de una guinda, muy picante. ⇒ Cayena, uchú.

guindo (de «guinda[2]»; *Prunus cerasus*) m. Árbol rosáceo frutal que produce las guindas. ≃ Guindal. ⇒ *Planta.

GUINDO GRIEGO. *Variedad de frutos mayores que los comunes.*

CAERSE DE UN GUINDO (inf.). Expresión con que se da a entender que una persona es muy ingenua y no se da cuenta de lo que sucede: 'A ver si te crees que me he caído de un guindo'.

guindola (de «guindar») **1** f. MAR. *Andamio que rodea un *palo.* **2** MAR. *Aparato *salvavidas provisto de un cabo largo, que va colgando por fuera en la popa del buque, de modo que puede ser lanzado al agua rápidamente.* **3** MAR. *Barquilla de la *corredera.*

V. «TABLA de guindola».

guinea (de «Guinea», región de África, porque estas monedas se hacían con oro de allí) f. *Moneda inglesa antigua de oro, equivalente a veintiún chelines.

V. «GALLINA de Guinea, HIERBA de Guinea».

guineano, -a adj. y, aplicado a personas, también n. De Guinea. ≃ Guineo. ⇒ Pamue.

guineo, -a 1 adj. y n. *Guineano.* **2** m. *Cierta danza negra de movimientos violentos y grotescos.* ⊙ *Son que se toca para ella con la guitarra.*

guineoecuatorial adj. y, aplicado a personas, también n. De Guinea Ecuatorial, estado africano.

guinga (del port. «guingão», de or. malayo) f. *Cierta *tela antigua de algodón.* ⊙ **Tela semejante de hilo o de seda.*

guinilla (ant.) f. **Pupila del ojo.*

guinja (de «jinja», ¿con influencia de «guinda»?) f. Azufaifa. ≃ Guínjol.

guinjo (de «jinjo») m. **Azufaifo (frutal ramnáceo).* ≃ *Guinjolero.*

guinjol o **guínjol** (de «jínjol») m. *Azufaifa.*

guinjolero m. *Azufaifo.*

guiñada (de «guiñar») **1** f. MAR. Desvío brusco de la proa del barco a un lado o a otro de la dirección de marcha. ⇒ *Marina. **2** Guiño.

guiñador, -a 1 adj. *Que guiña los ojos.* **2** (Bol.) m. **Intermitente de un automóvil.*

guiñadura f. *Acción de guiñar los ojos.*

guiñapiento, -a (de «guiñapo[2]») adj. *Andrajoso.*

guiñapo[1] (Chi.) m. **Maíz molido después de germinado, que sirve para hacer chicha.*

guiñapo[2] (del dial. «gañipo», del fr. «guenipe», con influencia de «harapo») **1** m. Trozo roto y que queda colgando de un vestido u otra prenda. ≃ *Andrajo, harapo, pingo. ⊙ Trozo roto, viejo y sucio, de tela. ⊙ (n. calif.) Prenda vieja, rota o sucia: 'Esta colgadura está hecha un guiñapo. Lleva un guiñapo de gabardina'. **2** (n. calif.) Se aplica a la persona *débil, *raquítica o *enfermiza, o, también, *abatida moralmente: 'Las fiebres le han dejado hecho un guiñapo'. **3** Persona envilecida, degenerada o moralmente despreciable: 'Es un guiñapo de hombre'.

DEJAR a alguien HECHO UN GUIÑAPO. *Confundirle o *derrotarle en una discusión.

HECHO UN GUIÑAPO. V. «guiñapo» (2.ª y 3.ª acep.).

PONER a una persona COMO UN GUIÑAPO. Llenarla de insultos o hablar muy mal de ella.

guiñaposo, -a adj. *Andrajoso.*

guiñar (de or. expresivo) **1** tr. Cerrar y abrir rápidamente un ↘ojo una o más veces, por lo general para hacer disimuladamente una *seña a alguien. ≃ Bizcar, ceñar, cucar, guiznar. ⇒ *Avisar. **2** MAR. Dar guiñadas el barco.

guiño 1 m. Acción de guiñar los ojos. **2** Movimiento de las facciones de la cara en que toman parte los ojos, sin necesidad de que sea una señal. ≃ *Gesto. **3** («Hacer») Mensaje implícito que una persona envía a otra para establecer cierta complicidad o ganarse su voluntad: 'El director hace un guiño en su película a los espectadores más jóvenes'.

HACER UN GUIÑO [o HACER GUIÑOS] a alguien. Hacerle *señas guiñando los ojos.

guiñol (del fr. «guignol»; se emplea sola o unida en aposición a «teatro») m. Espectáculo *teatral realizado con muñecos movidos metiendo dentro de ellos las manos una persona que queda oculta detrás del pequeño escenario. ⇒ *Títeres.

guiñote m. *Juego de *baraja que es una variante del tute.*

guión (de «guía») **1** m. *Persona que va delante guiando o dirigiendo a otras.* ⊙ *Persona que guia la cuadrilla en las danzas.* **2** *Ave que va delante en las bandadas emigrantes. **3** *Estandarte o pendón que lleva el jefe o que se lleva delante, por ejemplo en una *procesión. ⊙ **Cruz que va delante del prelado o de la comunidad como *insignia.* **4** *Esquema que sirve como programa para desarrollar una conferencia, un discurso o una exposición cualquiera, o una acción o actividad. ⊙ Particularmente, texto que contiene todo el desarrollo de una película: planos, decorados, personajes, luces, diálogo, etc., el cual sigue el director durante el rodaje. ⇒ *Cine. **5** MÚS. *Nota que se pone al fin de una escala para indicar que hay que repetirla, indicando el punto en que se ha de proseguir.* **6** MAR. *Parte del *remo comprendida entre la empuñadura y el tolete.* **7** *Signo ortográfico (-) consistente en una pequeña raya horizontal, que se emplea con distintos usos. ⇒ Apénd. II, GUIÓN.

GUIÓN DE CODORNICES. **REY de codornices (ave gruiforme).*

V. «PAJE de guión, PERRO guión».

guionaje m. *Oficio de guia.*

guionista n. Escritor de guiones cinematográficos o autor del guión de una película determinada.

guipado, -a (pronunc. gralm. [guipáo], dado el tono con que se usa este verbo; inf.) Participio de «guipar».

guipar (chulo o jocoso) tr. *Ver: '¡Ése no guipa!'. ⊙ (chulo o jocoso) Ver ↘algo o a alguien que pretendía pasar sin ser notado: 'Le guipé en cuanto entró'. ≃ *Descubrir. ⊙ *Entender o *percibir.

güipil (Am. C., Méj.) m. *Huipil.*

guipur m. *ENCAJE de guipur.

guipuz (ant.) adj. y n. *Guipuzcoano.*

guipuzcoano, -a 1 adj. y, aplicado a personas, también n. De Guipúzcoa. ⇒ Guipuz. ➤ Donostiarra, easonense. ➤ Vasco, vascongado. ➤ Miguelete, miñón. **2** m. Dialecto del vascuence hablado en Guipúzcoa.

güira (de or. antillano) **1** (Antill.; *Crescentia cujete*) f. *Árbol bignoniáceo.* ≃ Calabacero, guacal, hibuero, higüero, jícaro, taparo, totumo, zapallo. ⇒ *Gachumbo, jícara. **2** (Antill.) *Fruto de este árbol que, partido por la mitad, se utiliza como vasija.*

guirgüesco adj. V. «FUEGO guirgüesco».

guiri (del vasc. «Guiristino», Cristino) **1** m. *Nombre dado por los carlistas a los partidarios de la reina Cristina en el siglo XIX. Se hizo sinónimo de «*liberal».* **2** (inf. y vulg.) Individuo de la *guardia civil. **3** (Ál.) **Tojo (planta leguminosa).* **4** (inf.; a veces desp.) adj. y n. Extranjero; sobre todo el que no es de habla española: 'El museo estaba lleno de guiris'.

guirigay (de or. expresivo; pl. «guirigays» o «guirigáis») **1** m. *Lenguaje difícil de entender. **2** *Jaleo o *bulla; ruido confuso de voces o gritos o de sonidos discordantes. **3** Escena de confusión y *desorden.

guirindola f. **Chorrera de la camisola.*

guirlache (del fr. ant. «grillage», cosa tostada) m. Una de las *variedades de turrón, compuesta de almendras o avellanas enteras unidas por caramelo tostado, a veces con adorno de confites o anises bañados. ⇒ Crocante, casquiñón.

guirlanda (quizá del occit. «guirlanda», del fr. ant. «garlanda», de or. germánico; ant.) f. *Guirnalda.*

guirnalda (de «guirlanda») **1** f. Adorno formado por flores u hojas entretejidas formando como un cordón, generalmente en forma de onda más ancha por el centro que por los extremos, o en forma de corona. ⇒ Enguirnaldar. **2** *Perpetua (flor). **3** *Cierta *tela antigua de lana basta.* **4** MIL. *Especie de corona embreada que se arrojaba ardiendo por la noche desde las plazas sitiadas para descubrir los trabajos del enemigo.*

güiro (de or. taíno) **1** (Hispam.) m. *Tallo del *maíz verde.* **2** (Hispam.) *Nombre genérico de varios *bejucos.* **3** (ant. e Hispam.) *Instrumento musical que se hace con el fruto de estos bejucos.*

guiropa f. **Guisado de carne con patatas, u otro semejante.*

guisa (del germ. «wīsa»; actualmente se emplea sólo en las frases hechas que figuran al final de este artículo) f. **1** *Modo. **2** *Clase.* **3** **Gusto o *voluntad.*

A GUISA DE. *Como: 'Usaba una cuerda a guisa de cinturón'. ≃ A manera de.

DE ESA [ESTA, TAL...] GUISA. De ese [este, tal...] *modo.

DE GUISA DE. De modo que.

guisado, -a **1** Participio adjetivo de «guisar». **2** (ant.) **Preparado con lo necesario.* **3** (ant.) **Justo, conveniente o *razonable.* **4** (ant.) *Aplicado a personas, *guapo o de agradable presencia.* **5** m. *Guiso de carne o pescado, por lo general partido en trozos, que se rehoga primero, habitualmente con cebolla y otros condimentos, y se cuece luego, añadiendo a veces patatas, zanahorias, etc. ⇒ Estofado, ragú.

guisamiento (ant.) m. **Arreglo o preparación de una cosa.*

guisandero, -a **1** (inf.) n. *Cocinero. **2** (inf.) adj. y n. Aficionado a guisar.

guisante (¿de «bisalto», con influencia de guisar?) **1** (*Pisum sativum*) m. *Planta de huerta que produce una legumbre de semillas redondeadas que se comen principalmente verdes y también secas. ⊙ Cada una de esas simientes. ≃ Alverja, arvejón, chícharo, pésol, tito. ⇒ *Tirabeque. ➤ Pisiforme. **2** Se emplea para describir o designar objetos de la *forma y, especialmente, del *tamaño de un guisante.

GUISANTE FLAMENCO [o MOLLAR]. **Tirabeque.*

G. DE OLOR (*Lathyrus latifolius*). Planta leguminosa, variedad de almorta, cultivada por sus flores amariposadas de colores muy variados y delicados y de exquisito aroma. ≃ Clarín, HABA de las Indias.

guisar (de «guisa») **1** tr. o abs. Preparar los ˘alimentos mediante el fuego y con diversas manipulaciones, para ser *comidos. ⊙ prnl. *Hacerse un alimento: 'Esta carne no se guisará ni en dos horas'. **2** tr. Preparar un ˘alimento rehogándolo y haciéndolo cocer después en una salsa. **3** *Adobar o escabechar carnes o pescados para *conservarlos.* **4** tr. y prnl. *Preparar[se] una ˘cosa: 'No sé lo que se está guisando en la reunión'.

GUISÁRSELO Y COMÉRSELO (inf). Expresión con que se comenta el hecho de que una persona quiera hacer algo sola, sin contar con la colaboración de los demás: 'Él se lo guisa y él se lo come'. ⇒ JUAN Palomo, yo me lo guiso, yo me lo como.

□ CATÁLOGO

Cocinar. ➤ Coquinario, culinario, gastronómico. ➤ Abrasar[se], achicharrar, adobar, aderezar, pasar por AGUA, ahogar, ahornar[se], ahumarse, aliñar, arrebatar[se], *asar, asurar, asurarse, BAÑO de María, capolar, carbonizar[se], chamuscar[se], churruscarse, cocer, cocinar, desalar, deshilar, desvenar, dorar, emborrazar, embroquetar, empanar, emparrillar, enalbardar, encallecerse, enlardar, escalfar, escamar, espetar, espumar, estofar, estovar, estrellar, esturar, flambear, freír, fritar, gratinar, *hervir, jetar, lamprear, lardar, lardear, manir, marear, mechar, pegarse, perdigar, quemar[se], rebozar, refreír, rehogar, rellenar, ronchar, rustir, rustrir, salcochar, salpimentar, salpresar, saltear, salsamentar, sancochar, sazonar, soasar, soflamar[se], sofreír, tostar, trufar. ➤ Aguate, bazofia, bodrio, brodete, brodio, *comistrajo, gazofia, guisote, mazacote, pegote, sancocho, tiracuero. ➤ Plato. ➤ Acemita, aconchadillo, adafina, adefina, ajiaco, ajoarriero, ajoqueso, albóndiga, albondiguilla, alboronía, alcuzcuz, alece, alejija, alfitete, álica, almendrate, almodrote, almóndiga, almondiguilla, almoronía, aporreado, arrollado, artal, asado, atalvina, atol, atole, atolillo, badulaque, barbacoa, bechamel [o besamel], bechamela [o besamela], bifstec [bisté o bistec], boronía, bruscate, budín, buñuelo, CABEZA de jabalí, CABEZA de olla, cachelos, cachorreñas, cachuela, caigua, cajonga, calalú, calandraca, calapé, caldereta, caldillo, *caldo, CALDO gallego, calduda, callada, callos, capirotada, caracolada, carapacho, carapulca, carbonada, carincho, carnero verde, caro, catete, catibia, causa, caví, cazuela, cebiche, celindrate, champuz, chancaca, chancaquita, chanfaina, charquicán, chicharrón, chigüil, chilaquil, chilaquila, chilatole, chilmole, chipá, chirmol, chirulio, choclo, chorote, chupe, churrasco, ciquitroque, clascal, cochifrito, *cocido, cozcucho, coraznada, crema, crepineta, croqueta, cuajado, cuchuco, cupilca, curanto, cuzcuz [o cuscús], delicia, doble, DUELOS y quebrantos, *empanada, encebollado, enchilada, *ensalada, escaldada, esparragado, estofado, fabada, falsío, fardel, farinetas, fariñas, farrapas, fiambre, fideuá, filete, follada, fondue, frangollo, fresada, fricandó, fricasé, fricasea, *fritada, fritanga, frito, fritura, FRUTA a la catalana, FRUTA de sartén, fufú, funche, gabrieles, *gachas, galianos, GALLINA armada, gallinejas, galopeado, gandinga, garbías, garnacha, gazpacho, gigote, grañón, grasones, gratonada, gualatina, guiropa, guisado, guiso, gulasch, gurullo, hervido, higate, hormigo, *huevo..., humita, jerricote, jigote, jirofina, jota, junglada, jusello, kebab, lampreado, lebrada, llapingacho, locro, maimón, majado, MANJAR blanco, MANJAR imperial, MANJAR principal, MANJAR real, marmitako, mauraca, mayonesa, mazamorra, memela, menestra, MERCED de Dios, migas, mirrauste, moje, mole, moraga, morisqueta, moronía, morteruelo, mote, nabería, nacarigüe, nacatamal, nambimba, neja, nogada, olla, OLLA podrida, olleta, oruga, ossobuco, pachamanca, paella, pampirolada, panado, panetela, panucho, papas, papilla, pastel, patagorrilla [o patagorrillo], patasca, PATATAS viudas, PATATAS bravas, PAVO trufado, pebre, pepián, pepitoria, picadillo, picado, pipián, pipirrana, pirco, pisto, pizza, platillo, poleadas, polenta, polvoraduque, pomol, popusa, poroto, pozol[e], potaje, pote, presa, pringote, puchera, puchero, puchero de enfermo, puches, pudding [pudin o pudín], puré, purrusalda, quesada, quesadilla, QUESO de cerdo, ragú [o ragout], rapingacho, raviolis [o ravioles], refrito, revuelto, rigüe, rinrán, riñonada, ROPA vieja, rosbif, rostrizo, salmorejo, salpicón, *salsa, SALSA bearnesa, SALSA blanca, SALSA mayonesa, SALSA rosa, SALSA tártara, SALSA verde, sanco, sango, sanjacobo, sesada, seviche, sobrehúsa, SOLDADO de Pavía, somarro, sompopo, *sopa, soufflé, sucu, tajadilla, talvina, tamal, tapado, tequiche, timbal, tinola, tomatada, tomaticán, *tortilla, torreznada, torrezno, tostón, treballa, tripicallos, TUMBO de olla, ulpo, valdiviano, VINAGRETA, zahína, zarajo, zaranga, zarapatel, zarzuela. ➤ Receta. ➤ *Condimento, *especia, especie, ingrediente. ➤ Cocido, correoso, crudo, duro, hecho, como una leche, tierno, zapatero. ➤ Al ajillo, a la jardinera, a la marinera, a la romana, a la vinagreta. ➤ Espuma. ➤ Punto. ➤ *Cocina, ver nombres de utensilios de guisar y de personas que guisan. ➤ *Asar. *Carne. *Cocina. *Comer. *Comistrajo. Concha. *Condimento. *Embutido. *Empanada. *Ensalada. *Freír.

*Fritada. *Gachas. *Golosina. *Maíz. *MASA frita. *Piedra. *PLATO de dulce. *Salsa. *Sopa.

guisaso (Cuba) m. *Nombre genérico de diferentes especies de *plantas herbáceas de fruto aovado o redondo erizado de espinas.*

guiso m. Comida guisada de cierta manera: 'He aprendido a hacer un guiso nuevo'. ⇒ *Guisar.

guisopillo m. **Hisopillo.*

guisopo (ant.) m. **Hisopo.*

guisote m. Guiso mal hecho o mal presentado. ≃ *Comistrajo.

güisqui m. Whisky.

güisquil (Am. C., Méj.) m. *Chayote.*

guita (¿del germ. «witta», cinta, del lat. «vĭtta», venda, cinta?) **1** f. *Cuerda delgada de cáñamo. **2** (inf.) *Dinero.

guitar tr. o abs. **Coser* ↘*algo con guita.*

guitarra (del ár. «qīṯārah», del arameo «qitārā», y éste del gr. «kithára», cítara) **1** f. Instrumento músico de cuerda que consta de una caja de forma ovalada con un estrechamiento en el centro; la caja tiene un orificio por encima del cual pasan las cuerdas, que son seis, y un mástil en el cual están los trastes. Se toca pulsando las cuerdas con los dedos de la mano derecha, mientras se pisan con los de la izquierda. ≃ Vihuela. **2** *Utensilio para quebrantar y moler el *yeso hasta reducirlo a polvo: consiste en una tabla gruesa, de unos cuarenta centímetros en cuadro, y un mango ajustado en el centro, casi perpendicularmente.* **3** (Ven.) *Traje de fiesta.*

GUITARRA ELÉCTRICA. La dotada de un sistema que recoge las vibraciones de las cuerdas y las transmite a un amplificador.

☐ CATÁLOGO

Balalaica [o balalaika], bandola, bandolín, charango, cinco, cuatro, discante, guenebra, guitarrillo, guitarro, guitarrón, machete, octavilla, requinto, samisén, timple, tiple, vihuela. ➤ Aro, barrado, ceja, cejilla, cejuela, clavija, clavijero, mástil, puente, tapa, tarraja, traste. ➤ Bordón, prima, recuarta. ➤ Albarillo, armónico, campanela, falseta [o falsete], saltarén. ➤ Cruzado, patilla, en vacío. ➤ Florear, puntear, rasgar, rasguear, trastear, zangarrear. ➤ Guitarrista, tocador.

guitarreo m. Toque informal o pesado de guitarra.

guitarrería f. Taller o tienda de guitarras.

guitarrero, -a n. Persona que hace, arregla o vende guitarras.

guitarrillo m. Instrumento semejante a la guitarra, de cuatro cuerdas. ≃ Guitarro.

guitarrista n. Persona que se dedica a tocar la guitarra.

guitarro m. Guitarrillo.

guitarrón 1 m. Aum. de guitarra. ⊙ Instrumento parecido a la *guitarra, pero mucho mayor, típico de la música popular mejicana. **2** (inf.; n. calif.) *Hombre *astuto y *pícaro.*

guite (de «guitar»; ant.) m. *Guita.*

guitero, -a n. *Persona que hace o vende guita.*

guito, -a (Ar.) adj. *Aplicado a caballerías, falso.*

güito 1 m. Hueso de algunos frutos; como el del *albaricoque o la aceituna. **2** (burlesco) *Sombrero.

guitón[1] (del fr. «jeton», ficha) m. *Especie de *moneda que se utilizaba en el *juego.*

guitón[2], -a (del fr. ant. «guiton», criado, paje) adj. y n. *Pícaro holgazán y *vagabundo que va de pueblo en pueblo mendigando.*

guitonear intr. *Vagabundear.*

guitonería f. *Vagabundeo.*

guizacillo m. *Planta gramínea propia de los países cálidos, que crece tumbada al principio y se dobla y yergue después.

guizaro (Cuba; *Urena lobata*) m. *Planta gramínea tropical cultivada para forraje y para fabricar sacos.*

guizgar tr. **Engrescar.* ≃ Enguizgar.

guiznar (ant.) intr. *Hacer guiños.*

guizque (de or. expresivo) **1** m. *Palo con un gancho que se usa para *alcanzar las cosas que están en alto.* **2** (And.) *Palo con una horquilla de hierro en un extremo que se emplea para descansar las andas en las *procesiones.* **3** (Alb., Mur., Ter.) **Aguijón de los *insectos.*

guizquero m. *Hombre de los que llevan las andas en las *procesiones.*

guja (del ant. «buja», del fr. «vouge») f. *Cierta archa o *lanza.*

gula[1] (del lat. «gula») **1** f. **Garganta.* ≃ Gola. **2** Vicio que consiste en comer o beber con exceso. ⇒ *Glotón. **3** *Bodegón (taberna; cuadro de naturaleza muerta).*

gula[2] f. Sucedáneo de la angula.

gulasch (del húngaro «gulyás»; pronunc. [guláshl]) m. Estofado de carne de buey o de cerdo, sazonado con pimentón, que es originario de Hungría.

gules (del fr. «gueules») m. pl. HERÁLD. Color *rojo; se representa en pintura con rojo y en grabado con líneas verticales muy apretadas. ≃ Goles.

gullería f. **Golosina o superfluidad.* ≃ Gollería.

gulloría 1 f. *Gulleria.* **2** **Aguzanieves (pájaro).*

gulosidad f. *Glotonería.*

guloso, -a (del lat. «gulōsus») adj. *Glotón.*

gulusmear (de «gula» y «husmear») **1** intr. Comer golosinas. ≃ *Golosinear. ⊙ Comer alguna que otra pequeña cantidad de alguna cosa apetitosa. **2** Curiosear lo que se está *guisando, olfatearlo o probarlo.

gulusmero, -a adj. y n. Se aplica al que gulusmea.

gumamela (Filip.; *Hibiscus rosa-sinensis*) f. **Planta malvácea.*

gúmena (del cat. «gúmena») f. MAR. **Cabo grueso que sirve para atar las áncoras y otros usos.*

gumía (del ár. marroquí «kommeyya», la de la manga, porque esta arma se podía ocultar en la manga) f. Arma blanca, especie de *daga de filo encorvado que usan los árabes.

gunneráceo, -a adj. y n. f. BOT. *Se aplica a ciertas *plantas herbáceas de grandes dimensiones, a veces con hojas enormes, como Gunnera manicata, del Brasil, cuyo fruto es una drupa; muchas son utilizadas como ornamentales.* ⊙ f. pl. BOT. *Familia que forman.*

guppy (de «R. J. L. Guppy», clérigo de Trinidad que presentó por primera vez un espécimen de este pez en el Museo Británico; pronunc. [gúpi]; *Poecilia reticulata*) m. Pequeño pez tropical de agua dulce, muy utilizado como pez de acuario.

gura (varias especies del género *Goura*) f. **Paloma azul con moño que vive en bandadas en Filipinas.*

gurbia (ant. y usado aún en Hispam.) f. *Gubia.*

gurbio, -a (de «gubia») adj. *Aplicado a instrumentos, *curvo.*

gurbión[1] (de «gurbio») **1** m. *Especie de torzal usado por los bordadores.* ≃ Gorbión. **2** **Tela de seda de torcidillo o cordoncillo.* ≃ Gorbión.

gurbión[2] (de «euforbio») m. **Goma del euforbio.*

gurbionado, -a adj. *Hecho con gurbión (torzal).*

gurbiote (como el vasc. «gurbitx», con sufijo castellano; Nav.) m. **Madroño (arbusto ericáceo).*

gurda f. *Moneda de Haití.

gurdo, -a (del lat. «gurdus») adj. **Majadero.*

gurí, -isa (de or. guaraní) **1** (Ur.) n. *Muchacho indio o mestizo.* **2** (Arg., Ur.) *Chico, niño.*

guripa (del caló «kuripen») **1** (inf.) m. *Soldado raso. **2** (inf.) *Granuja o golfo. **3** (inf.) *Guardia.

gurriato[1], -a (dim. de «gorrión») **1** m. Pollo del *gorrión. **2** (inf.) adj. y n. *Natural de El Escorial.*

gurriato[2] (de «guarro[2]»; León, Sal., Zam.) m. **Cerdo pequeño.*

gurripato (de «gurriato[1]») **1** (And.) m. *Cría del gorrión.* **2** *Papanatas.*

gurrufero (¿del it. «baruffa», reyerta?; inf.) m. **Caballo malo.*

gurrumina (de «gurrumino») **1** (inf.) f. *Actitud excesivamente *condescendiente con la mujer propia.* **2** (Extr., Hispam.) **Frusleria.* **3** (Hispam.) **Pesadez.*

gurrumino, -a 1 (inf) m. *Marido demasiado condescendiente con las infidelidades de su mujer.* ⇒ *Adulterio, *consentido. **2** adj. **Raquítico.* **3** **Niño.* **4** (Hispam.) adj. **Cobarde.*

gurú (de or. sánscrito) **1** m. Maestro o guía espiritual hinduista. **2** (inf.) Persona que dirige en un ámbito o tiene gran influencia sobre él: 'Es el principal gurú de la informática mundial'.

gurullada (de «garullada»; inf.) f. **Pandilla de gente sin importancia.*

gurullo (del sup. lat. «volucŭlum», envoltorio) **1** m. **Borujo.* **2** (And.) *Pasta de harina, agua y aceite que se desmenuza formando bolitas.*

gurumelo (del port. «cogumelo»; And.) m. *Cierto *hongo comestible que nace en los jarales.*

gurupa f. **Grupa.*

gurupera f. *Grupera.*

gurupetín m. *Grupera pequeña.*

gusa (inf.) f. *Hambre.

gusanado, -a Participio de «gusanarse». ⊙ adj. Agusanado.

gusanarse prnl. Agusanarse.

gusanear (de «gusano») intr. **Bullir.* ≃ Hormiguear.

gusanera 1 f. Acumulación de gusanos en algún sitio. **2** Recipiente usado por los pescadores para guardar los gusanos y lombrices. **3** (And., Ar.) *Herida en la cabeza.* ≃ Cuquera. **4** *En los gallineros, zanja en donde se echan capas alternadas de paja, estiércol y tierra, regadas con sangre del matadero y heces de vino o sidra, en donde se crían gusanos que sirven de alimento a las *gallinas.* **5** *Pasión dominante en el ánimo:* 'Le dio en la gusanera'.

gusanillo 1 m. Dim. frec. de «gusano». **2** Se aplica a distintos objetos que están formados por un hilo o alambre arrollado en *espiral; por ejemplo, a cierta labor de bordado, al hilo de oro o plata empleado también para labores, o al cable formado por una espiral de alambre que se emplea para colgar *visillos. ⇒ *Bordar. **3** (And.) *Especie de pestiño o *masa frita.*

El gusanillo de la conciencia. Los remordimientos.

Entrarle a uno el gusanillo. Sentirse picado por la curiosidad.

Matar el gusanillo. **1** (inf.) Tomar por la mañana en ayunas una ración de *aguardiente. **2** (inf.) Tomar una pequeña cantidad de comida para calmar el hambre.

gusano (¿de or. prerromano?) **1** m. Se aplica a ciertos animales invertebrados que forman un tipo, de forma generalmente alargada, de cuerpo blando formado por anillos y sin patas, los cuales se arrastran contrayendo y estirando el cuerpo; como la tenia, la lombriz o la sabela. ⊙ m. pl. Tipo formado por ellos. **2** En lenguaje corriente, cualquier animal de cuerpo alargado, cilíndrico, blando y contráctil; particularmente, las orugas de los *insectos. ⊙ Y en sentido más amplio, cualquier *bicho. **3** (n. calif.) Se aplica muchas veces, generalmente con el adjetivo «vil», a una persona despreciable: 'Eres un vil gusano'. **4** (n. calif.) También, a una persona *insignificante.

El gusano de la conciencia. El gusanillo de la conciencia.

G. de luz. Luciérnaga.

G. revoltón. **Convólvulo (oruga de la vid).*

G. de [la] seda. Oruga del insecto *Bombyx mori,* que produce la *seda.

□ Catálogo

Raíces cultas, «helm-, verm-»: 'helmintiasis helmíntico, helminto, helmintología, helmintológico; verme, vermicida, vermicular, vermiforme, vermífugo, verminoso'. ➤ Anélido, briozoo, helminto, nematelminto, platelminto, rotífero. ➤ Braquiópodo. ➤ Larva, oruga, verme. ➤ Ascáride, cachazudo, calesa, cogollero, duela, escolopendra, filandria, filaria, lambrija, lombriz, lombriz intestinal, milo, miñosa, oxiuro, pirgüín [o pirhuin], sabela, sangonera, saguaipé, *sanguijuela [sanguisuela o sanguja], solitaria, tecol, tenia, tórsalo, triquina, ura. ➤ Anillo, cisticerco, equinococo, metámero. ➤ Agusanarse, gusanarse. ➤ *Oruga.

gusarapiento, -a m. Con gusarapos.

gusarapo (¿relac. con «gusano»?) m. Cualquier animalillo, sobre todo si resulta molesto, por ejemplo por encontrarlo en el agua que se va a beber. ≃ *Bicho.

gustable (ant. y usado todavía en Chi. y León) adj. *Gustoso.*

gustación f. *Acción de gustar (probar).* ≃ Degustación.

gustador m. *Cadenilla del *freno de las caballerías.*

gustadura f. *Acción de gustar.*

gustar (del lat. «gustāre») **1** tr. Notar el *sabor de una ↘cosa. **2** *Probar una ↘cosa para ver qué sabor tiene. **3** («de») intr. Sentir inclinación a hacer cierta cosa en la que se encuentra placer: 'Gusta de conversar con la gente'. Se emplea, dejando sobreentendido el complemento, en frases de *cortesía como «¿usted gusta?» o «si usted gusta», con que alguien que está comiendo o va a comer invita formulariamente a las personas que están presentes a que participen en la comida. ≃ *Gozar. **4** Producir gusto o satisfacción: ser encontrado bueno o agradable con los sentidos, con la sensibilidad o con la razón. Generalmente, el complemento de persona se repite pleonásticamente con el pronombre personal correspondiente, y el sujeto se coloca al final: 'A mi hermano no le gusta el fútbol'; cuando el complemento está en tercera persona del plural, es más frecuente no utilizar el pronombre pleonástico y colocar el sujeto delante: 'El carácter español gusta a los que visitan este país'. ≃ *Agradar, placer, satisfacer. ⊙ Ejercer atractivo sexual una persona en otra.

Gustar con locura. Gustar mucho. ≃ *Trastornar.

Para lo que guste usted [gustes, etc.] mandar. Frase de *cortesía con que una persona se ofrece a otra al ser presentada a ella, al decirle su nombre, etc.

□ Catálogo

*Enamorar. ➤ Abondar, adorar, *agradar, arrastrar, arrebatar, arrobar, *atraer, dejar con la boca abierta, dejar boquiabierto, quitar [o hacer perder] la cabeza, captar, cautivar, *complacer, conquistar, contentar, convencer, deleitar, *deslumbrar, embargar, embeleñar, *embelesar, embriagar, enajenar, enamorar, encantar, encativar, enrollar, extasiar, fardar, *fascinar, flipar, dar GLORIA, saber a GLORIA, hacer GRACIA, hechizar, molar, *pasmar, petar, placer, prendar, privar, *satisfacer, seducir, suspender, hacer TILÍN, ser mi [tu, etc.] TIPO, *trastornar. ➤ Arregostarse, arrobarse, quedarse con la BOCA abierta, quedarse BOQUIABIERTO, perder la CABEZA por, tener DEBILIDAD, chuparse los DEDOS, deleitarse, deslumbrarse, embelesarse, embriagarse, enajenarse, extasiarse, *gozar, paladear, tener PREFERENCIA, preferir, saborear. ➤ Capricho, gana, gusto, *inclinación, regosto. ➤ En su ambiente, arbitrariamente, bien AVENIDO, bien, en su cancha, en su centro, *cómodo, con confianza, contento, en su elemento, a *gusto, bien hallado, con libertad, en su medio, con *naturalidad, como le [te, etc.] parezca, como [el] PEZ en el agua, a placer, tan [o muy] ricamente, como las propias ROSAS, a mi [tu, etc.] satisfacción, sin violencia. ➤ De buen AIRE, con mil amores, de buena *GANA, de [buen] GRADO, con [mucho] GUSTO, gustosamente, de buen TALANTE, con buena VOLUNTAD. ➤ *Criterio, gusto, *sensibilidad. ➤ *Delicado, *depurado, *exquisito, *refinado. ➤ Cultivar, educar. ➤ Degustar, disgustar, regostarse. ➤ *Admirar. *Afición. *Apetecer. *Apreciar. *Aprobar. *Asombrar. *Deseo. *Placer.

gustativo, -a adj. Del sentido del gusto: 'Órgano gustativo'.

gustazo (aum. de «gusto») m. Gusto que alguien se da a sí mismo haciendo una cosa poco razonable o hasta perjudicial, pero con la que da satisfacción a un deseo reprimido, a su amor propio, a un sentimiento de despecho, a un deseo de desquite o de venganza, etc.: 'Me di el gustazo de rechazar su invitación. Cuando cobre me daré el gustazo de hacer ese viaje'. ⇒ *Capricho.

gustillo (dim. de «gusto») **1** m. *Sabor secundario o difícil de determinar de alguna cosa o no propio de ella: 'Esta manzana tiene un gustillo como de fresa'. ≃ Regusto. **2** Gusto producido por una cosa, cuando hay en ella algo de malicia o mala intención: 'Me da ciertó gustillo verle apurado de dinero'.

gusto (del lat. «gustus») **1** m. Sentido corporal localizado en la lengua, con el que se percibe el *sabor de las cosas. ⇒ Paladar. ➤ Arregostarse, catar, degustar, gustar, paladear, *probar, relamerse, saborear. ➤ Malacia. ➤ *Sabor. **2** («Tener, Sentir») Sensación determinada experimentada con ese sentido. ≃ *Sabor. **3** Cualidad de ciertas cosas, particularmente de los alimentos, de impresionar ese sentido. ≃ *Sabor. ⊙ Generalmente, se especifica de qué manera: 'Tiene gusto amargo. Tiene gusto de manzana'. **4** («Con, Sentir, Tener, Dar») Estado producido en los sentidos o en el ánimo por las cosas que *gustan: 'Le recibiré con mucho gusto. Tengo [o siento] un gusto especial en hacerle rabiar. Me da gusto recibir la llovizna en la cara'. Se trata de impresiones ocasionales o accidentales y no debidas a una disposición permanente de los sentidos o el ánimo; pues no se puede decir, por ejemplo, 'me dan gusto las fresas' o 'le da gusto la música de jazz'. ⊙ Se emplea mucho en fórmulas *corteses: 'Le acompañaré si no le molesta. —Al contrario: tengo mucho gusto en ello'. ⊙ *Actitud o disposición de ánimo favorable con que se hace algo: 'Estudia con gusto'. **5** («Permitirse, Tener, Ser») Satisfacción que alguien desea o se procura con una cosa no necesaria: 'Tiene lo justo para vivir, sin permitirse ningún gusto. Déjale ir a la excursión si tiene ese gusto'. ≃ *Capricho, deseo. ⊙ Cosa que la produce: 'Esta alfombra ha sido un gusto de mi mujer'. ⊙ («Por mi [tu, etc.] gusto») Voluntad, deseo arbitrario o irracional de cierta cosa: 'No creas que me voy a quedar sin ir al teatro por tu gusto'. ≃ Antojo, *capricho. ⊙ Gustazo: 'Me di el gusto de refrotárselo por las narices'. **6** («Por mi [tu, etc.] gusto») Impulso propio que mueve a hacer cierta cosa: 'Lo hizo por su gusto, sin que nadie le obligase'. ≃ Grado, *voluntad. ⊙ Cosa que se hace en virtud de ese impulso: 'Él hace siempre su gusto'. **7** («Tener, Ser del gusto de, Al gusto de; por») Disposición del ánimo a gozar con cierta cosa: 'Cultivan en los niños el gusto por la música. Hay gustos que merecen palos. Tú y yo tenemos gustos muy distintos. El gusto oriental. El gusto actual. Esas fiestas no son de mi gusto. Chocolate al gusto español'. ≃ *Afición, inclinación. **8** («Tener, Cultivar, Educar») *Sensibilidad para apreciar las cosas bellas y *criterio para distinguir las que lo son y las que no lo son y para valorarlas: 'No tiene gusto en materia de pintura. Se viste con mucho gusto. Tiene muy mal gusto para elegir corbatas'. ⊙ Ese criterio, adjetivado, sirve para calificar las cosas: 'Adorno de mal gusto. Mobiliario de gusto refinado'.

A GUSTO («Encontrarse, Estar, Sentirse». Frecuentemente, con «muy» o «tan»). *Bien, *cómodo, sin cohibimiento, etc.: 'Está a gusto en ese hotel. Se encuentra muy a gusto con nosotros. Aquí pueden los niños jugar a gusto'. ⊙ Con gusto: 'He pagado muy a gusto ese dinero por quitarme una preocupación'.

A MI [TU, etc.] GUSTO. **1** Con *satisfacción para mí (para ti, etc.): 'El asuntó se resolvió, por fin, a gusto de todos'. **2** Según la voluntad caprichosa o *arbitraria de la persona de que se trata: 'Maneja las cifras a su gusto'. **3** Sin cohibirse: 'Se despachó a su gusto diciéndole todo lo que se le ocurrió'. ⇒ *Desahogarse, *soltarse.

A GUSTO DE MI [TU, etc.] PALADAR. Caprichosa o arbitrariamente.

AL GUSTO. Se aplica a ciertos platos, por ejemplo los huevos, para indicar en el menú que el cliente los condimentará según los prefiera.

BUEN GUSTO. Gusto refinado y certero para distinguir o elegir lo bonito o elegante.

COGER EL GUSTO a algo. *Aficionarse a ello. ≃ Tomar el GUSTO.

CON MUCHO GUSTO. Expresión frecuente de asentimiento cortés o de *complacencia: '¿Hace el favor de correrse un poco? —Con mucho gusto'.

DAR GUSTO a alguien. *Complacerle.

DAR a una persona POR SU GUSTO. Obrar en el sentido que ella quiere aunque sin convicción. ⇒ *Condescender.

DE BUEN GUSTO. Conforme a un gusto delicado o refinado.

DE GUSTOS NO HAY NADA ESCRITO. Sobre GUSTOS no hay nada escrito.

DE MAL GUSTO. **1** Revelador de mal gusto en quien lo hace, elige, etc. **2** Aplicado a expresiones, chistes, etc., *grosero.

DESPACHARSE uno A [SU] GUSTO. *Desahogarse diciendo o haciendo algo sin reprimirse.

ENCONTRAR GUSTO en algo. *Gozar con ello.

HAY GUSTOS QUE MERECEN PALOS. Frase de sentido claro.

IR A GUSTO EN EL MACHITO. Se aplica a la actitud de alguien que ocupa un buen cargo y se mantiene en él con abuso o indignidad.

MAL GUSTO. Gusto desacertado o por cosas feas o faltas de elegancia.

MANEJAR una persona a otra A SU GUSTO. Hacer la primera, con coacción o con habilidad, que haga lo que ella quiere la segunda.

MÁS VALE UN GUSTO QUE CIEN PANDEROS. *Frase con que se comenta el que alguien adquiera o haga por empeño cierta cosa *insensata o inconveniente para él mismo.* ⇒ *Capricho.

RELAMERSE DE GUSTO. Encontrar mucho *placer o *satisfacción en algún manjar o en cualquier otra cosa. ⊙ Envuelve a veces malignidad.

V. «SARNA con gusto no pica».

SIN GUSTO. Con mal gusto.

SOBRE GUSTOS NO HAY NADA ESCRITO. Frase con que se acepta el derecho de alguien a tener un gusto que otros tienen por extravagante o irrazonable.

TOMAR EL GUSTO. Coger el GUSTO.

gustosamente adv. Con gusto: 'Iré gustosamente a comer contigo el domingo'.

gustoso, -a 1 («a») adj. De sabor agradable y suficientemente intenso. ≃ Sabroso. **2** («en») Con gusto o satisfacción. Gustosamente: 'Le acompañaré muy gustoso'. ≃ *Complacido.

gutagamba (del malayo «gata», goma, ¿y «Cambodja», nombre del país?; *Garcinia pedunculata* y otras especies del mismo género) f. Árbol gutífero de la India. ⊙ *Gomorresina de este árbol que se emplea en *farmacia y en la composición de algunos barnices y pinturas. ⇒ *Planta.

gutapercha (del ingl. «gutta-percha») **1** f. *Goma que se obtiene de ciertos árboles de la India y Malaca, especialmente de la *Isonandra gutta;* se emplea como aislante eléctrico y para recubrir telas que quedan así con una superficie a la vez dura, impermeable y flexible. ⇒ Balata. **2** *Tela así recubierta, que se emplea, por ejemplo, para tapizar.

gutiámbar (del lat. «gutta» y «ámbar») f. *Cierta *goma de color amarillo que sirve para iluminaciones y miniaturas.*

gutífero, -a (del lat. «gutta» y «-fero») adj. y n. BOT. *Se aplica a ciertas *plantas (árboles y arbustos) esencialmente tropicales, de la familia del calambuco o el corazoncillo, de las que se obtienen maderas duras, drogas y tintes de su corteza, y gomas y resinas de su tronco.* ⊙ f. pl. BOT. *Familia que forman.*

gutural (del lat. «guttur, -ŭris», garganta) **1** adj. Aplicado a *sonidos emitidos con el aparato vocal, producido en la garganta. **2** adj. y n. f. FON. Velar.

guturalmente adv. Con sonido gutural.

guyanés, -a adj. y, aplicado a personas, también n. De Guyana, estado de América del Sur.

guzla (del fr. «guzla») f. *Instrumento musical de una sola cuerda que utilizan los ilirios.*

guzmán (de «Guzmán el Bueno», noble castellano del s. XIII) m. **Noble que servía en la armada real y en el Ejército de España como *soldado distinguido.*

guzpatarra f. *Cierto *juego de niños antiguo.*

H

h f. Octava *letra del abecedario. Ha perdido su sonido aspirado, aunque en zonas de Andalucía y Extremadura lo conserva. También se aspira en palabras de origen árabe, como «harca» o «Sáhara». En estos casos se hace notar en el diccionario. Normalmente, no solamente es muda, sino que no produce ningún efecto fonético, pues no impide ni la diptongación ni la fusión de letras iguales entre las que está interpuesta: 'La hipótesis [laipótesis]. La hacienda [laciénda]'.

H Símbolo químico del hidrógeno.

¡ha! interj. ¡Ah!

Ha Símbolo químico del hahnio.

haba (del lat. «faba») **1** *(Vicia faba)* f. *Planta de huerta que produce una legumbre cuyos granos, de forma arriñonada y aplastada, y del tamaño de las judías, se comen generalmente verdes; en algunos sitios, también con la vaina. ≃ Faba. ⇒ Cancha, estabón, frailecito. ⊙ Puede emplearse el nombre para describir o designar objetos semejantes por su *forma y tamaño a un haba. **2** (Ast.) **Judía.* **3** *Se aplica a las semillas de algunos frutos; por ejemplo, del café y el cacao.* **4** *Por haberse usado primitivamente habas para este objeto, se aplica a las bolas de dos colores distintos empleadas para hacer una votación.* ⇒ Fabear. **5** *Por razón semejante, se emplea también para designar la figurilla encerrada en un roscón de reyes, una torta, etc., que da buena *suerte al comensal que la encuentra en su trozo.* **6** **Nódulo de estructura diferente encerrado en un mineral.* ≃ Gabarro. ⊙ MINER. *Trozo de *mineral redondeado, envuelto por la ganga.* **7** VET. **Tumor que se les forma a las caballerías en el paladar, detrás de los dientes incisivos.* **8** *Bálano del *pene.* **9** *Bultillo que se forma en la piel por alguna causa. ≃ Roncha.

HABA DEL CALABAR *(Physostigma venenosum)*. *Arbusto leguminoso de África occidental de cuyas semillas se extrae un alcaloide usado en medicina.

H. DE EGIPTO. *Colocasia (planta arácea).*

H. DE LAS INDIAS. **GUISANTE de olor (planta leguminosa).*

H. MARINA. **OMBLIGO marino.*

H. DE SAN IGNACIO *(Strychnos igna)*. Cierto arbusto loganiáceo de Filipinas que tiene flores blancas de olor de jazmín y cuyas semillas contienen estricnina y se emplean en medicina. ≃ Cabalonga.

H. TONCA. *Semilla de la sarapia.*

HABAS VERDES. *Danza y *canto popular de Castilla la Vieja.*

ECHAR LAS HABAS. *Hacer sortilegios por medio de habas o de otra manera.* ⇒ *Hechicería.

ESO SON HABAS CONTADAS. **1** Expresión que se aplica a una cosa que es segura, clara o carente de dificultades. **2** También, a cosas escasas de las que hay un número fijo.

V. «en todas PARTES cuecen habas».

habado, -a 1 adj. VET. *Se aplica al animal que tiene haba (tumor).* **2** *Se aplica a la persona que tiene *manchas en la piel semejante a habas.* **3** *Se aplica a las *gallinas cuyas plumas forman pintas de diferentes colores.*

Habana (de «La Habana», capital de Cuba) f. *Se aplica, yuxtapuesto a «color», para designar el *ocre.*

habanera f. Danza y música originarias de La Habana.

habanero, -a 1 adj. y, aplicado a personas, también n. De La Habana. **2** *Emigrante español enriquecido en América y vuelto a España.* ≃ Indiano.

habano, -a 1 adj. De La Habana. ⊙ Se aplica particularmente al *tabaco cubano. **2** Se aplica al color *ocre. **3** adj. y n. m. Se aplica a los puros habanos.

habar m. Campo con *plantas de habas.

habeas corpus (de la frase latina «habeas corpus [de alguien] ad subiiciendum», etc.; con que comienza el auto de comparecencia; pronunc. [hábeas córpus]; pl. «habeas corpus») m. DER. Frase latina comenzada a usar en Inglaterra, que designa el derecho de los ciudadanos a pasar a disposición del juez dentro de un plazo límite después de su detención, para que éste decida de la procedencia o improcedencia de la misma.

haber[1] (del lat. «habēre»; en la 5.ª, 7.ª y 8.ª acep. toma la forma «hay» en el presente, constituida por «ha» y la partícula «y», allí) **1** aux. Sirve para formar los tiempos compuestos de los *verbos: 'Te lo he dicho. Ya había llegado'. **2** (inf.) Un empleo particular de la forma de infinitivo de «haber» como auxiliar lo constituyen expresiones como «¡Haberlo dicho!, haberlo hecho con cuidado y no tendrías que repetirlo, haberme hecho caso», que son frases de sentido imperativo con relación al pasado o de reproche. **3** Con «de» y un infinitivo, forma la llamada conjugación de obligación con la que se expresa la acción como *necesaria o forzosa: 'Ha de llegar un día en que te arrepientas.

Has de sufrir un examen para obtener el título'. **4** Con «siempre» y la misma construcción anterior, se emplea para comentar una acción de alguien expresando, con cierto énfasis que puede envolver o no censura o queja, que esa acción es el comportamiento *acostumbrado de la persona de que se trata: 'Ella ha de llamar siempre la atención. Siempre has de ser tú la que te sacrificas. Siempre ha de ser él el que nos saque de apuros'. **5** impers. Seguido de «que» y un verbo en infinitivo, significa «ser *necesario, obligatorio o conveniente»: 'Hay que darse prisa. No hay que pagar los portes'. ⊙ Con la misma construcción, significa también «estar por» hacer lo que expresa el infinitivo: 'Todavía hay que pintarlo'. **6** tr. Antiguamente, se usaba con el significando de «tener»: 'Hubo cinco hijos'. ⊙ Todavía se emplea el participio pasado en relatos de sucesos, con el significado de *encontrado, *cogido o apresado: 'El automóvil que causó el accidente no ha sido habido. Los autores del atentado no han sido habidos'. ⊙ También perdura en algunas expresiones anticuadas como 'los que han hambre y sed de justicia, que santa gloria hayan' o en la frase '¡bien haya...!'. **7** impers. Antiguamente, se empleaba en lugar de «hace» en expresiones de tiempo, precediendo o siguiendo al nombre: 'Ha cinco días. Luengos años ha'. **8** Se usa con el significado de «*existir, ser tenido o estar, celebrarse u ocurrir», siempre en singular aunque el nombre sea plural: 'No hay dinero en la caja. Había veinte personas en la reunión. Ayer hubo sesión en la Academia. Ha habido un choque de trenes. Allí no había nadie. En esa tienda hay buenos géneros'. ⇒ Entrar, *estar, *existir, *suceder, *tener. ➤ *Faltar. **9** prnl. **Conducirse de cierta manera.*

ALGO HABRÁ. Expresión con que se da a entender que debe de haber una *justificación o fundamento para algo que ocurre repetidamente o de que se habla con insistencia: 'Algo habrá cuando tanto muda de empleo'.

¡BIEN HAYA...! Expresión enfática para *bendecir algo o a alguien: '¡Bien haya el que me aconsejó tal cosa!'.

COMO HAY POCOS (inf.). Expresión de *ponderación con que se refuerza un calificativo: 'Es un sinvergüenza como hay pocos'.

DONDE LOS HAYA (inf.). Como HAY pocos.

DE LO QUE NO HAY. **1** (inf.) Como HAY pocos. **2** (inf.) Generalmente, tiene sentido peyorativo: como «*incalificable» o «*malo».

HABER ALGO. Ocurrir algo *irregular que no se ve claro: 'Al no encontrarle allí me olí que había algo'.

HABÉRSELAS CON. **1** *Entenderse o tratar con una persona para cierta cosa. Particularmente, para reprenderla o para meterla en cintura. **2** **Manejarse bien o mal:* '¿Cómo te las hubiste con aquel individuo?'.

¡HABRÁ...! Se emplea en exclamaciones de *queja que se profieren en tono en parte exclamativo y en parte interrogativo: '¡Habrá ser más desgraciado que esa criatura!'.

¡HABRÁ... IGUAL! Exclamación interrogativa con que se muestra asombro e indignación por algo: '¡Habrá desvergüenza igual!'. Con un nombre calificativo referido a persona, se puede suprimir «igual»: '¡Habrá granuja! ¡Habrá zopenco!'.

V. «HABERSE hecho, ¿qué se habrá HECHO de...?».

HAY... Y... Expresión coloquial con que se da a entender la gran *diferencia que hay a veces entre cosas que llevan el mismo nombre: 'Hay padres y padres'.

NO HABER [NADA] COMO (gralm. completado con una oración con «para»). Expresión ponderativa de la eficacia de una cosa: 'No hay como estar cansado para dormir bien'.

NO HABER OTRO [COMO] (gralm. completado con una oración con «para»). Expresión con que se *pondera la habilidad de una persona para cierta cosa: 'No hay otro [como él] para animar una reunión'.

NO HABER POR DONDE COGER [o, no frec., POR DONDE DEJAR] a cierta persona o cosa. No tener esa persona o cosa nada bueno. ⇒ *Calamidad.

NO HABER QUIEN. Frase con que se expresa la imposibilidad de cierta cosa: 'No hay quien entienda eso'.

NO HABER QUIEN LE [TE, etc.] TOSA. Frase con que se expresa que la persona de que se trata *supera a cualquiera en autoridad o valer, o que está muy *engreída.

NO HABER TAL. No ser cierta una cosa que se dice. ≃ No haber tal COSA. ⇒ *Negar.

NO HAY DE QUÉ. Fórmula de cortesía con que se contesta al que da las gracias: 'Gracias por su ayuda. —No hay de qué'.

NO HAY MÁS [O Y NO HAY MÁS]. Frase conclusiva con que, en tono imperativo y tajante, se *corta una posible argumentación.

NO HAY MÁS QUE (seguido de infinitivo). Se usa para indicar que basta con hacer la acción expresada por el infinitivo: 'No hay más que verle para darse cuenta de que es un engreído'.

V. «¡haya PAZ!».

¿QUÉ HAY? (inf.). Expresión de saludo que equivale a «¿qué tal?».

¿QUÉ HUBO? (Hispam.). *Expresión corriente de saludo. En algunas zonas se le añade el refuerzo «le»:* '¿Qué húbole?'.

...QUE NO HAY [HABÍA, etc.] MÁS QUE PEDIR. Expresión ponderativa de la bondad de una cosa: 'Nos hizo un discursito que no había más que pedir'.

...SI LOS [O LAS] HAY. Se añade como expresión ponderativa a una calificación: 'Es un ser depravado [desgraciado, generoso] si los hay'.

SIEMPRE HE [HAS, etc.] DE... Frase de *queja por la insistencia en cierta cosa que molesta: 'Siempre has de ser tú el que proteste. Siempre he de ser yo el que ceda'.

V. «había una VEZ...».

□ NOTAS DE USO

Como auxiliar y en frases de sentido imperativo o de reproche, «haber», generalmente, se aplica sólo con referencia a la 2.ª persona, pues las de igual sentido para la 3.ª persona se forman con «que»: 'que lo hubiera dicho antes'; pero en lenguaje familiar o popular se aplica a cualquier persona: 'Ha tenido que pagar; haber sido más listo'. Lo mismo las formas en infinitivo que las formas con «que» equivalen a las formas todavía usuales en lenguaje rural en algunas regiones con «hubieras» o «hubierais»: 'Hubiérasmelo dicho'. Guarda relación con esas formas de «haber» la expresión «¡haberlo sabido!», que expresa lamentación por no haber conocido a tiempo algo que hubiera convenido saber: '¿Sabes que he estado en Berlín? —¡Hombre... haberlo sabido!'.

En la 5.ª acepción, si lo que se expresa es la conveniencia de no hacer algo, la negación se aplica al verbo «haber» en vez de al infinitivo: 'No hay que exagerar', en vez de 'hay que no exagerar'. 'No hay que cohibirle demasiado', en vez de 'hay que no cohibirle demasiado'. En el caso de que lo que se trata de expresar sea precisamente la obligación o necesidad de no hacer lo que el verbo expresa, hay que recurrir a dar otra forma a la frase: No se dice 'hay que no abrir las ventanas', sino 'hay que tener las ventanas cerradas' o 'no se pueden abrir las ventanas'.

En la 8.ª acepción, como la construcción con «haber» terciopersonal no es aplicable a la primera ni a la segunda persona, para expresar la misma idea con respecto a éstas hay que servirse de «estar»: 'Estabas tú solo. Estábamos cinco personas en la parada del autobús'. Pero en lenguaje popular se emplea a veces: 'Habíamos [o habemos] cinco para tres puestos'; con lo que la oración deja de ser terciopersonal.

Otra limitación del uso terciopersonal de «haber» consiste en que no se emplea con una oración con «que». En este caso, hay forzosamente que emplear «ocurrir» u otro verbo equivalente: 'Ocurrió que se apagó la luz'. Sin embargo, a la pregunta «¿qué hay?» de uso frecuentísimo para preguntar una persona a otra que se le acerca o dirige qué desea o le ocurre o, simplemente, como saludo familiar, se contesta a veces en lenguaje igualmente familiar con el verbo «haber» usado en la misma forma: 'Pues hay que no tengo dinero'; pero la forma correcta de usar «haber» en este caso es poner la oración con este verbo como sujeto (o atributo, según se interprete) de «ser» usado terciopersonalmente: 'Lo que hay es que no tengo dinero'.

□ CONJUG. IRREG. IND. PRES.: he, has, ha, hemos, habéis, han; PRET. INDEF.: hube, hubiste, hubo, hubimos, hubisteis, hubieron; FUT. IMPERF.: habré, habrás, habrá, habremos, habréis, habrán; POT.: habría, habrías, habría, habríamos, habríais, habrían; SUBJ. PRES.: haya, hayas, haya, hayamos, hayáis, hayan; PRET. IMPERF.: hubiera,-ese, hubieras,-eses, hubiera,-ese, hubiéramos,-ésemos, hubierais,-eseis, hubieran,-esen; FUT.: hubiere, hubieres, hubiere, hubiéremos, hubiereis, hubieren; IMPERAT.: he, haya, habed, hayan.

haber[2] (de «haber[1]») **1** m. Conjunto de las cosas valorables pertenecientes a una persona o una entidad. ≃ *Capital, caudal. ⊙ Particularmente, valor a que asciende lo que posee una entidad comercial o bancaria. **2** En una *cuenta corriente, parte en que se anotan las cantidades recibidas o de que se descarga a aquél a quien se abre la cuenta. ⇒ Data, descargo, egreso, salida. **3** (pl.) Lo que cobra un empleado: 'Mis haberes del mes de enero'. ≃ Emolumentos, paga, *retribución, sueldo.

TENER alguien una cosa EN SU HABER. *Tener en su favor ciertas cosas, cualidades positivas o méritos que compensan de otras cosas desfavorables: 'Tiene en su haber que no lo hizo por interés. Tiene en su haber su fidelidad'.

háber (del hebreo «ḥabber», sabio) m. **Doctor de la ley entre los *judíos; título algo inferior al de rabí.* ≃ Hacán.

haberado, -a (de «haber[2]») **1** (ant.) adj. **Rico.* **2** (ant.) **Valioso.*

haberío (de «haber[2]») **1** m. **Animal de carga o de labor.* **2** **Ganado o conjunto de animales domésticos.*

haberoso, -a (de «haber[2]»; ant.) adj. **Rico.*

habichuela (dim. de «haba») **1** f. *Judía. **2** (pl.) En algunas expresiones como «ganarse las habichuelas» se usa como sinónimo de «comida» o «vida» en general.

habido, -a Participio de «haber».

TODO LO HABIDO Y POR HABER. Expresión ponderativa que significa «todo lo imaginable»: 'Sufrió todo lo habido y por haber'. ⇒ *Todo. ➤ Deshabido.

habiente (de «haber[1]») adj. y n. Se aplica al que *tiene. ⊙Sólo se emplea corrientemente, en lenguaje jurídico, pospuesto al nombre de la cosa tenida: 'Derecho habiente'.

hábil (del lat. «habĭlis», fácil de tener) **1** («en, para») adj. Aplicado a personas, con *aptitud para hacer bien las cosas o para una cosa determinada, o para la actividad a que se refiere el nombre a que se aplica este adjetivo: 'Es muy hábil para disecar animales. Es hábil en el lanzamiento del lazo. Un electricista hábil'. ⊙ Se aplica también a «manos». ⊙ Aplicado a personas y a lo que hacen o dicen, bueno para *manejar asuntos o personas: 'Una estratagema hábil'. ⊙ Apto para manejarse en la vida: 'Es hombre hábil y se ha situado muy bien'. **2** («para») Aplicado a cosas, *adecuado o *útil para la cosa que se expresa: 'Los medios hábiles para llegar al fin propuesto. Un local hábil para establecimiento comercial. En horas hábiles para la presentación de instancias'.

V. «DÍA hábil, TÉRMINOS hábiles».

□ CATÁLOGO

Ambidextro, ambidiestro, ágil, apañado, *aprovechado, *apto, *capaz, *diestro, dije, diplomático, *dispuesto, *expeditivo, habilidoso, industrioso, inteligente, laborera, *listo, manitas, MANITAS de oro [o plata], mañoso, monstruo, PERSONA de recursos, el más pintado, político, practicón, suelto, virguero, vividor, virtuoso. ➤ Acierto, agibílibus, *agilidad, aire, buen AIRE, alfayo, *aptitud, arte, baquía, capacidad, ciencia, *desenvoltura, desteridad, *destreza, diplomacia, disposición, don, dotes, endereza, estrategia, expedición, expediente, facilidad, filis, gracia, habilidad, idea, industria, ingenio, limpieza, maestría, manejo, manganilla, mano, buena MANO, MANO izquierda, buenas MANOS, maña, mundo, mundología, ojo, pericia, política, práctica, primor, pulso, savoir faire, solercia, soltura, SUTILEZA de manos, táctica, tacto, talento, técnica, tejemaneje, tiento, tino, traza. ➤ Amaño, apaño, *ardid, artificio, estratagema, tranquillo, treta, zangamanga. ➤ JUEGO de manos, ilusionismo, malabarismo, *prestidigitación. ➤ Conocer la AGUJA de marear, amañar, amañarse, apañarse o apañárselas, arbitrarse, arreglarse o arreglárselas, bandearse, buscarse o buscárselas, componerse o componérselas, ser el DEMONIO, desenvolverse, tener buen DESPACHO, destrejar, entenderse o entendérselas, ser un ESTUCHE, gobernarse o gobernárselas, hacer HABILIDADES, HALLÁRSELO todo hecho, ingeniarse, no ser MANCO, *manejarse, darse [buena] MAÑA, mañear, hacer MILAGROS, saber sacar PARTIDO, PINTARSE solo para, no ser RANA, darse TRAZAS, hacer VIRGUERÍAS, no ser ZURDO. ➤ Bonitamente, diestramente, hábilmente, maestramente, magistralmente, mañosamente. ➤ Más vale MAÑA que fuerza. ➤ Desacertado, *equivocado, *inhábil, *patoso, *torpe. ➤ *Acertar. *Adiestrar. *Ágil. *Astuto. *Eficaz. *Expeditivo. *Inteligencia. *Listo. *Saber. *Sagaz.

habilidad **1** f. Cualidad de *hábil. ≃ Destreza, pericia. ⊙ En muchos casos se aproxima al significado de «astucia» o «picardía». **2** Cosa hecha con habilidad: 'Hace muchas habilidades en el trapecio'. ⊙ Acción que revela un grado de inteligencia o habilidad sorprendente en quien la realiza; en particular, un niño o un animal: 'Le hicieron al pobre niño lucir todas sus habilidades delante de nosotros. No consiguieron que el perro hiciera ninguna de sus habilidades'. ≃ Gracia. ⊙ Cosa hecha con *astucia o *picardía. ≃ *Ardid. ⊙ *Engaño hecho con habilidad.

habilidoso, -a adj. Hábil para diversas cosas; particularmente, para trabajos manuales: 'Es muy habilidoso y arregla en su casa todo lo que se estropea'.

habilitación **1** f. Acción de habilitar. **2** Cargo de habilitado. ⊙ Oficina del habilitado. **3** DER. **Servidumbre cuyo beneficiario tiene derecho a ocupar en la casa sujeta a ella las habitaciones necesarias para sí y su familia.*

habilitado, -a **1** m. Originariamente, militar encargado de *cobrar en la tesorería las cantidades asignadas a su cuerpo, regimiento, etc. ⊙ n. Persona que cobra en Hacienda las cantidades asignadas por el Estado para pago de sueldos y otras cosas y las entrega a los interesados. **2** DER. *Auxiliar y suplente de los secretarios judiciales.*

habilitar (de «hábil») **1** tr. Declarar a una ↘persona o una ↘cosa hábil o *apta para algo que se expresa. ⊙ DER. Particularmente, hacerlo así el juez subsanando alguna deficiencia: 'Habilitar a alguien para comparecer en un juicio'. **2** *Destinar una ↘cosa a determinado fin y *acomodarla para ello: 'Habilitar una ventanilla para la recepción de documentos. Habilitar horas para recibir visitas'. ⇒ Rehabilitar. **3** («de») **Proveer a ↘alguien de cierta cosa; por ejemplo, de lo que necesita para un viaje.* ⊙ («de») prnl. **Proveerse de lo necesario.* **4** tr. *Dar a ↘alguien el *dinero necesario para que pueda negociar por sí.* **5** *En los concursos a prebendas o curatos, dar a un opositor por válidos para los que hayan de celebrarse en otra ocasión los ejercicios aprobados.* ⇒ *Eclesiástico, *oposición, *prebenda.

habillado, -a (del fr. «habiller»; ant.) adj. *Vestido o adornado.*

hábilmente adv. Con habilidad.

habitabilidad f. Cualidad de habitable. ⊙ Particularmente, la que tiene una vivienda o local de acuerdo con las normas legales.

habitable adj. Susceptible de ser habitado. En una casa se llaman habitables las piezas destinadas a dormir o permanecer en ellas.

habitación **1** f. *Acción de habitar.* ≃ Habitamiento, habitanza. **2** En sentido amplio cualquier sitio en que habitan personas o animales. **3** Biol. Sitio donde se cría naturalmente una especie *vegetal o *animal. **4** En sentido restringido, cada uno de los departamentos en que está dividida una *vivienda; se excluyen generalmente la cocina, el cuarto de baño y cualquier otro no destinado a permanecer en él: 'Un piso de siete habitaciones, cocina y dos cuartos de baño'. ⇒ *Casa.

habitáculo (del lat. «habitacŭlum») **1** m. *Habitación: sitio destinado a ser habitado.* **2** Parte de un vehículo destinada al conductor y los viajeros. **3** Biol. *Hábitat.*

habitamiento (ant.) m. *Habitación (acción de habitar).*

habitante m. Con respecto a un lugar, persona o animal que *habita en él.

habitanza (ant.) f. *Habitación (acción de habitar).*

habitar (del lat. «habitāre»; «en») intr. Estar habitualmente y, particularmente, dormir, en un sitio que se expresa: 'Los salvajes habitan en cabañas. Las fieras habitan en cuevas'. ⊙ («en») *Vivir habitualmente en cierto país o región: 'Regiones en donde no habita ningún ser'. ⊙ tr. Ocupar, poblar: 'Habita la casa una familia modesta. Los animales que habitan las regiones polares'.

□ Catálogo

Raíz culta, «-cola»: 'amnícola, cavernícola, celícola, terrícola, planetícola, regnícola, tubícola, urbanícola, urbícola'. ➤ Alojarse, anidar, estar de asiento, estar avecindado, tener casa abierta, estar domiciliado, tener su domicilio, morar, ocupar, poblar, tener su residencia, residir, tener su sede, vivir. ➤ Abajeño, aborigen, aldeano, alienígena, arrabalero, arribeño, autóctono, avecindado, burgueño, burgués, casateniente, casero, *ciudadano, colono, continental, convecino, extranjero, forastero, habitante, huertano, íncola, indígena, inmigrante, insulano, insular, intertropical, isleño, llanero, lugareño, marciano, montañés, morador, munícipe, nacido, natural, norteño, pampeano, pampero, peninsular, provinciano, pueblerino, quirite, republicano, residente, ribereño, riberiego, sabanero, selenita, serrano, suburbano, troglodita, urbanita, vecino, villano. ➤ Anfiscio, anteco, antípoda, antiscio, ascio, heteroscio, perieco, periscio. ➤ Colación, *población, vecindario. ➤ Adra. ➤ Demografía, densidad de población, estadística, *padrón. ➤ Albergue, alojamiento, apartamento, apeadero, convento, domicilio, falansterio, fuego, *guarida, habitación, habitáculo, hábitat, hogar, hospedaje, hospital, hotel, humos, internado, jovenado, lares, *madriguera, mansión, morada, nido, noviciado, paradero, piso, prisión, *refugio, residencia, rincón, techo, *vivienda. ➤ Afumado. ➤ Casa de vecindad, conventillo, corral de vecindad. ➤ Dirección, señas. ➤ Doméstico. ➤ Exterior, interior. ➤ Trujar. ➤ Cosmopolita, nómada, transeúnte, *vagabundo. ➤ Cohabitar, contubernio, convivir. ➤ Cohabitar, deshabitado, deshabitar, inhabitable, inhabitado. ➤ *Casa. *Compatriota. *Cuchitril. *Domicilio. *Edificio. *Establo. *Estar. *Local. *Paisano. *Tugurio. *Vivienda.

hábitat (del lat. «habĭtat», 3.ª pers. del sing. del pres. ind. de «habitāre»; pl. «hábitats») **1** m. Biol. Entorno geográfico adecuado para la vida de una especie animal o vegetal. **2** Modo en que se organiza un asentamiento humano: 'Hábitat rural [o urbano]'.

hábito (del lat. «habĭtus») **1** («Adquirir, Adoptar, Coger, Tomar, Tener, Arrancar, Quitar») m. Particularidad del comportamiento de una persona o animal, que consiste en *repetir una misma acción o en hacer cierta cosa siempre de la misma manera, o disposición para hacerlo así. ⊙ (Se construye como partitivo, sin artículo, en frases equivalentes a «estar habituado a») Facilidad o habilidad que se tiene para hacer algo por haberlo hecho repetidas veces: 'Se necesita persona con hábito de cuidar enfermos. Tiene hábito de trabajar'. ≃ *Costumbre, práctica. **2** Med. Dependencia que crea el consumo repetido de ciertas sustancias; como las drogas. **3** (pl.) Traje de los *eclesiásticos. ⇒ Argayo, balandrán, cogulla, loba, manteo, monjil, sotana. ➤ Sayuela. ➤ Suelas. ➤ Birrete, bonete, solideo, teja, toca, velo. ➤ Alzacuello, arillo, beca, capilla, cogulla, collarín, cordón, cuculla, escapulario, esclavina, gollete, griñón, manga, sobrecuello, traba. ➤ Alpaca. Estameña. **4** Traje de lana áspera que se ponen a veces algunas personas (en los hombres suele ser la camisa), como sacrificio, en virtud de algún voto hecho, o por *devoción. Por el color de la tela y por el cordón o correa que se lleva respectivamente en el cuello o en la cintura, se distinguen los dedicados a distintos santos y a distintas advocaciones de la Virgen. **5** **Insignia con que se distinguen las órdenes militares.* **6** *Cada una de estas *órdenes.*

Ahorcar [o colgar] los hábitos. Abandonar alguien los *estudios que sigue o la vida *eclesiástica.

El hábito no hace al monje. Frase con que se expresa que no siempre corresponde la *apariencia, particularmente de las personas, o su traje, a lo que son en realidad.

Tomar el hábito. Ingresar con la solemnidad establecida en una *orden religiosa o militar. ⇒ *Madrina, *padrino.

□ Notas de uso

Generalmente, se llama «hábito» a las costumbres más inconscientes, y, a diferencia de «costumbre», no es frecuente aplicar a esta denominación calificaciones y valoraciones morales: 'Tiene el hábito de canturrear mientras trabaja'.

habituación f. Acción y efecto de habituar[se]. ⊙ Particularmente, a un *medicamento que, como consecuencia, deja de ser eficaz.

habitual (del lat. «habĭtus») adj. *Acostumbrado, ordinario, usual, de siempre: 'El concierto empezará a la hora habitual. Nos recibió con su habitual amabilidad'. ⊙ Se aplica a la persona que concurre con frecuencia a cierto sitio. ≃ Asiduo.

habitualidad f. Cualidad de habitual.

habitualmente adv. De manera habitual. ⇒ Asentadamente, corrientemente, de *costumbre, generalmente, las más [o la mayoría] de las veces.

habituar (del lat. «habituāre»; «a») tr. y prnl. *Acostumbrar[se]. ⊙ tr. Hacer que ↘alguien adquiera un hábito.

⊙ prnl. Adquirir un hábito. ⊙ tr. Hacer que ↘alguien no encuentre extraña o intolerable cierta cosa. ⊙ prnl. Adaptarse o aclimatarse a cierta cosa. ⊙ tr. MED. Producir hábito un medicamento, *acostumbrar al organismo a su acción, de manera que acaba por no surtir efecto. ⊙ prnl. MED. Hacerse resistente un microbio al medicamento con que se trata de combatir.

□ CONJUG. como «actuar».

habitud (del lat. «habitūdo») **1** f. *Relación o respecto que tiene una cosa a otra.* **2** (ant.) *Hábito.*

habitudinal (del lat. «habitūdo»; ant.) adj. *Habitual.*

habiz (del ár. «ḥabīs», amortizado) m. **Donación de inmuebles hecha a las mezquitas o a otras instituciones religiosas de los *musulmanes.*

habla (del lat. «fabŭla») **1** f. Facultad de *hablar: 'Perder [o recobrar] el habla'. **2** Efecto de hablar o realización del lenguaje. **3** Manera peculiar de hablar alguien: 'El habla de los niños. Tiene un habla muy graciosa'. ⊙ LING. Variedad lingüística restringida a una pequeña área geográfica: 'El habla del Valle de Arán'. ⇒ Dialecto. **4** LING. Realización concreta de la «lengua» (sistema lingüístico).

AL HABLA. **1** («Estar, Ponerse») En comunicación hablada o en *tratos con alguien para cierto asunto: 'Ponte al habla con mi hermano para decidir la fecha del viaje'. **2** Se emplea a veces al contestar a una llamada telefónica, para hacer saber al que llama que se está dispuesto a oírle.

DEJAR a alguien SIN HABLA. Quitar el HABLA.

QUEDARSE alguien SIN HABLA. Quedarse como mudo por efecto del asombro o del miedo.

QUITAR EL HABLA a alguien. Dejarle muy sorprendido o atemorizado.

□ NOTAS DE USO

En realidad, la palabra «habla» no designa el acto concreto de hablar; no se dice 'durante su habla' y sí 'su habla es fluida'. No existe una palabra usual para designar la acción de hablar; se puede expresar con «discurso» u «oración» o en lenguaje arcaico, con «parlamento»; puede decirse 'durante su discurso [o su oración] no cesó de mirarme'; pero, al decirlo así, cualquiera entiende que se trata de un discurso solemne; en lenguaje gramatical puede llamarse «locución»; pero esta denominación no se usa en lenguaje corriente. Por todo esto, hay que recurrir a expresar la acción de hablar con el mismo verbo: 'Mientras me hablaba, yo me estaba durmiendo'.

Tampoco se emplea usualmente «habla» para designar un trozo de lenguaje. Pueden también servir para esta designación, refiriéndose a un lenguaje culto, las palabras «discurso, oración» o «parlamento»; o, en lenguaje gramatical, «locución» o «periodo»; pero, en lenguaje ordinario, la única designación usable para un conjunto expresivo cualquiera de palabras, de extensión superior a la de una expresión o una frase, es «palabras» o «frases»: 'Me dijo unas palabras de consuelo. No le perdono aquellas frases despectivas'. Sí hay algunas expresiones informales despectivas y con distintos matices, como «parrafada» o «retahíla».

hablado, -a **1** Participio adjetivo de «hablar»: 'Lenguaje hablado'. **2** Con «bien» o «mal», se aplica a la persona que usa un lenguaje correcto o a la que lo emplea *grosero.

hablador, -a **1** adj. y n. Se aplica al que *habla mucho. ⊙ Que habla demasiado. ≃ Charlatán. ⊙ Que cuenta imprudente o indiscretamente cosas que debía callar. **2** (Méj., R. Dom.) *Mentiroso.* **3** (Méj., R. Dom.) *Fanfarrón.*

habladuría **1** f. Cosa sin fundamento que se cuenta o dice. ≃ Hablilla. ⇒ *Hablar. **2** *Dicho o expresión inoportuna o impertinente, que desagrada o injuria.*

hablanchín, -a (inf.) adj. y n. *Hablador.*

hablante adj. y n. m. El que habla. ⊙ Se usa corrientemente, como elemento sufijo, en «hispanohablante».

hablantinoso, -a (Col., Ven.) adj. y n. *Hablador (que habla mucho).*

hablar (del lat. «fabulāri») **1** intr. Emitir sonidos que forman *palabras: 'El niño no sabe hablar todavía'. ⊙ También, cuando los emite un animal: 'Enseñar a hablar al loro'. ⊙ («de, sobre, acerca de, con») Hacerlo así dos o más personas para comunicarse: 'He estado hablando con él mucho rato'. ≃ Conversar, charlar, departir, platicar. También recipr.: 'Nos hablamos cuando nos vemos'. ⊙ («con») intr. y prnl. recipr. En frases negativas, no tratarse dos o más personas por estar *enemistadas: 'No se hablan desde que ocurrió aquel incidente'. ⊙ (inf.; «con») Con referencia a una sola de las partes, en frases negativas, no tratarse con otros o no dirigirles la palabra por altanería: 'Desde que llevas abrigo de pieles no te hablas con nadie'. ⊙ intr. Pronunciar un *discurso: 'Mañana hablará el presidente de la Asamblea'. ≃ Hablar en público. ⊙ Hablar alguien dirigiéndose a un auditorio múltiple: 'El Rey habló a su pueblo'. ≃ Dirigirse, dirigir la PALABRA. ⊙ tr. *Tratar un ↘asunto entre dos o más personas: 'Eso es para hablarlo más despacio'. ⊙ intr. Manifestar alguien sus pensamientos con palabras, de cierta manera que se especifica: 'Habla bien [mal, con facilidad, en español, en griego]'. ≃ *Expresarse. ⊙ tr. Poder utilizar cierto ↘idioma para expresarse: 'Habla [el] alemán. Puede hablar latín'. ⊙ («de») intr. Ocuparse de cierto asunto o *referirse a cierta cosa o persona: 'Nos habló de sus proyectos. No hablo de usted en particular. Herodoto no habla de ese pueblo'. ≃ Tratar. ⊙ («de») Interponer uno su influencia con alguien a favor de otro: 'Le he hablado de ti al ministro'. **2** (sólo con palabras semejantes a «disparates» o «majaderías») tr. *Decir. **3** («de») intr. *Criticar o *murmurar: 'La gente del pueblo habla de ella'. **4** («con») Ser novios: 'Fulano y fulanita hablan desde hace tiempo'. ≃ *Cortejar, festejar. **5** («con, por») *Expresarse de cualquier manera: 'Hablar por señas [o con gestos]'. **6** («de») Hacer *pensar en cierta ↘cosa: 'Estas piedras nos hablan de la grandeza de Roma. Todo en la naturaleza habla de Dios'. ≃ Recordar. **7** («de») Dar a alguien el *tratamiento que se expresa: 'Le hablan de usía. Nos hablamos de tú'. ≃ Tratar.

¡ASÍ SE HABLA! Exclamación con que se *asiente a lo que otro acaba de decir o proponer.

V. «hablar por BOCA de [ganso], hablar para el CUELLO de la camisa, hablar a DESTAJO».

DAR QUE HABLAR. Dar motivo para que la gente *murmure.

DE ESO NI HABLAR. Ni hablar.

V. «hablar entre DIENTES».

ECHAR A HABLAR. Empezar a hablar un niño. ⊙ Empezar a hablar bruscamente alguien que había permanecido callado. ≃ Romper a HABLAR.

ESTAR HABLANDO. Se dice de alguien representado en un retrato con extraordinaria semejanza: 'Tu madre está hablando en esta fotografía'.

HABLA QUE ESCULPE. *Frase jocosa, algo achulada, con que se comenta alguna frase o expresión elocuente o *grandilocuente o dicha con pretensiones de serlo.*

HABLAR BIEN de alguien. *Alabarle.

HABLAR CLARO. Decir las cosas sin embozos o rodeos. ⇒ *Claro.

HABLAR POR LOS CODOS (inf.). Hablar en exceso.

HABLAR alguien CONSIGO MISMO. *Pensar cosas como si se las dijera a sí mismo.

HABLAR EN CRISTIANO (inf.). Hablar de manera inteligible. ⇒ *Entender.

HABLAR POR HABLAR. Decir cosas *inútiles, sin sentido o sin objeto.

HABLAR MAL. **1** Hablar incorrectamente. **2** *Blasfemar o decir palabras groseras.

HABLAR MAL de alguien. *Criticar o *murmurar.

HABLAR ENTRE [o PARA] SÍ. HABLAR consigo mismo.

HABLAR POR NO CALLAR (inf.). Hablar sin fundamento sobre algo: 'Esto es hablar por no callar porque no sabemos qué decisión va a tomar la junta directiva'.

HABLARLO TODO. **1** Decir alguien indiscretamente cosas que debería reservar para sí. ≃ DECIRLO todo. **2** Se dice también de los niños que saben ya hablar mucho.

HABLÁRSELO TODO alguien. *Anticiparse a decir él mismo la respuesta a una interrogación suya o las objeciones que se le pueden hacer.

HACER HABLAR. Obligar a una persona a hablar *desobedeciéndola, resistiéndose a hacer algo o *enfadándola: 'Haz lo que te digo y no me hagas hablar'.

V. «hablar como un LIBRO [abierto], ¡MIRA quien habla!».

NI HABLAR (inf.). Expresión con que se *rehúsa alguna proposición: 'Quiero pagarte el trabajo que me has hecho. —Ni hablar'. ⊙ (inf.) Se usa con tono exclamativo, con suspensión al final o sin ella, para *rehusar o *negar: 'Podías ayudarme. —¡Ni hablar! Parece que te gusta esa chica. —¡Ni hablar...!'.

NI HABLAR NI PARLAR (inf.). *No decir nada alguien.*

NO SE HABLE MÁS [DE ELLO]. Expresión con que se da por terminada una *disputa o una enemistad, o con que alguien da por concedida una cosa que le piden.

V. «hablar con los OJOS, hablar como un PAPAGAYO, ni hablar del PELUQUÍN».

¡QUIÉN FUE [o VA] A HABLAR! (inf.). ¡MIRA quién habla! ⇒ *Censurar.

QUIEN MUCHO HABLA MUCHO YERRA. Frase con que se comenta la inconveniencia de hablar en exceso. ⇒ *Equivocarse.

ROMPER A HABLAR. Echar a HABLAR.

V. «hablar en SINGULAR, hablar de la SOGA en casa del ahorcado, hablar en voz baja».

□ CATÁLOGO

Raíces cultas, «fas-, fem-, glot-, lal-, locu-» o «loqu-, log-, parl-»: 'afasia, disfasia, afemia; políglota; alalia, dislalia; elocuencia, locutorio; eloquio; parla, parlamento'. ➤ Ajordar, alargarse, alborotar, algarear, aludir, hacer ALUSIÓN, *asparse, badajear, baladrar, *balbucear, balbucir, barbotar, barbotear, barbullar, berrear, bisbisear, abrir la BOCA, irse de la [o irse la] BOCA, bosar, capacear, cascar, chacharear, chapurrar, chapurrear, *charlar, chillar, chirlar, chuchear, citar, HABLAR por los codos, *comentar, hacer COMENTARIOS, confabular, conferenciar, conferir, hacer CONFIDENCIAS, contestar, dar CONVERSACIÓN, sacar la CONVERSACIÓN, trabar CONVERSACIÓN, conversar, cotorrear, cridar, *criticar, cuchichear, cuchuchear, hablar para el CUELLO de la camisa, tener CUERDA para rato, *decir, decirlo todo, declamar, señalar con el DEDO, departir, *desacreditar, *desahogarse, descolgarse, descoserse, desembanastar, desgañifarse, desgañirse, desgañitarse, desgaznatarse, desparpajar, despearse, despepitarse, *despotricar, destaparse, detenerse, devanear, dialogar, dialogizar, discretear, discursear, pronunciar [o soltar] DISCURSOS, *discutir, disertar, efundir, empalmarla, encanarse, entretenerse, enzarzarse, explayarse, extenderse, fabular, alzar [o levantar] el GALLO, garabatear, gargalizar, garlar, hacer el GASTO, gracejar, *gritar, dar GRITOS, *gruñir, despacharse a su GUSTO, hablarlo todo, pegar la HEBRA, darle a la sin HUESO, darle a la HÚMEDA, insistir, darle a la LENGUA, irse [o no morderse] la LENGUA, parecer que uno ha comido LENGUA, hacer LITERATURA, machacar, machaconear, dar el MITIN, monologar, *murmurar, *musitar, ocuparse, orar, pablar, coger [o tomar] la PALABRA, dirigir la PALABRA, gastar PALABRAS, estar de [o dar] PALIQUE, parlamentar, parlar, parlotear, echar un PÁRRAFO, patullar, paular, no tener PELOS en la lengua, perorar, picotear, platicar, *pronunciar, QUEDARSE solo, rajar, *recitar, refunfuñar, regañar, *renegar, repetir, *responder, *rezar, rezongar, rosigar, gastar SALIVA, señalar, soltarse, susurrar, estar de TERTULIA, tertuliar, tratar, vanear, vocear, dar VOCES, vociferar, llevar la VOZ cantante. ➤ Tragar CAMOTE, embarbascarse, *farfullar, harbullar, trabarse la LENGUA, mamullar, mascujar, mascullar, tener [o hacerse] un NUDO en la garganta, comerse las PALABRAS, decir a medias PALABRAS, tartajear, tartamudear, titubear. ➤ Alzar el GALLO, bajar el GALLO [o el TONO], alzar [o levantar] la VOZ. ➤ Oral, de palabra, de pico, verbal, de viva VOZ. ➤ Alto, ampliamente, atropelladamente, con autoridad, bajo, a borbotones, en broma, con calor, para su capote, a chorros, con claridad, por los codos, para su coleto, consigo mismo, sin cortapisas, cuerdamente, desapasionadamente, descosidamente, detalladamente, entre dientes, doctoralmente, enfáticamente, entrecortadamente, con equilibrio, ex cáthedra, con franqueza, sin fundamento, gangoso, a GRITO herido [limpio o pelado], de IGUAL a igual, largamente, largo, LARGO y tendido, como un libro, lisa[mente] y llanamente, mal, de memoria, de mentirijillas, con las narices, como un papagayo, de PODER a poder, con ponderación, ponderadamente, en público, sin rebozos, con [o sin] reservas, sin rodeos, sencillamente, sensatamente, seriamente, en serio, para sí mismo, para sí solo, sinceramente, con suficiencia, con tiento, sin TON ni son, a TONTAS y a locas, de veras, de verdad, en VOZ alta [o baja], a voz en cuello, a voz en grito. ➤ Clausular. ➤ Elocución, eloquio, frasis, habla, lalación, *lengua, lenguaje, locución, locuela. ➤ Alcahuetería, alcamonías, alparcería, balsamía, baturrillo, calandraca, calandrajo, caraba, careo, cháchara, charla, chicoleo, chinchorrería, chisme, chismes y cuentos, chismorrería, chispazo, colación, coloquio, comadreo, conferencia, conversa, conversación, cuento, diálogo, DIMES y diretes, discreteo, *discurso, disquisición, divagación, embrollo, escuchitas, fabla, fabliella, fábula, faramalla, farándula, filatería, frases, gallofa, garla, habladuría, hablilla, historia, jácara, jisma, monólogo, *monserga, murmuración, palabras, palique, parla, parladuría, parlamento, parlería, parleta, parloteo, parola, parrafada, parrafeo, perorata, plática, prédica, razonamiento, retahíla, retartalillas, romance, soliloquio, trápala, trónica. ➤ Internuncio, portavoz, vocero. ➤ Absorbente, bienhablado, bocazas, boceras, boquirroto, cañahueca, charlatán, churrillero, cotorra, cotorrera, descosido, deslenguado, difuso, facundo, filatero, gárrulo, hablador, hablanchín, hablantinoso, hablistán, *indiscreto, jarro, largo [o suelto] de LENGUA, lenguaraz, lenguaz, *locuaz, lora, loro, malhablado, merolico, palabrero, papagayo, parlaembalde, PICO de oro, picotero, picudo, prosador, rallador, redicho, tarabilla descompuesta, voceras, vocinglero. ➤ Álalo, LENGUA de estropajo [o de trapo], media LENGUA, mudo, premioso, *tartamudo. ➤ Afluencia, *elocuencia, facundia, FLUIDEZ de palabra, gracejo, labia, locuacidad, parola, perisología, pico, PICO de oro, rollo, verba, verborragia, verborrea, verbosidad. ➤ Ortología. ➤ Accionar. ➤ Sacar el BUCHE, meter los DEDOS en la boca, tirar de la LENGUA, a saca MENTIRA saca verdad, no [poder] sacar ni con PINZAS, sacar con SACACORCHOS, sacar, *sonsacar, sacar con TIRABUZÓN. ➤ No dejar meter BAZA, en BOCA cerrada no entran moscas, por la BOCA muere el pez, irse la FUERZA por la boca, la PERDIZ por el pico se pierde, perderse por el PICO, mentar [o hablar de] la SOGA en casa del ahorcado. ➤ Que si ARRIBA que si abajo, que si fue, que si VINO; que si PATATÍN que si patatán, que si TAL que si cual. ➤ Dar que HABLAR, hacer [o meter] RUIDO. ➤ Ruidoso. ➤ ¡Deja eso!, ¡déjalo!, ¡déjalo estar!, a eso VOY [iba, vamos, etc.], ¡vamos a VER!, corramos un [tupido] VELO. ➤ Paralalia. ➤ No alentar, no abrir [o descoser] la BOCA, no decir esta BOCA es mía, dar la CALLADA por respuesta, *callar, no chistar, no despegar los LABIOS, no decir [ni] OSTE [u OXTE] ni moste [o moxte], no decir [ni] PALABRA, no decir [ni] PÍO, no soltar PRENDA, no rechistar, no resollar, no respirar. ➤ *Decir. *Elocuencia. *Estilo. *Expresión. *Lengua. *Verdades.

hablilla (dim. de «habla») f. *Habladuría.

hablista (de «habla») n. Persona que maneja bien el idioma o que enseña a manejarlo.

hablistán (de «hablista»; inf.) adj. y n. *Hablador.*

habón m. *Bulto que aparece en la piel en forma de grano o de roncha, que causa *picor, producido por la picadura de un insecto, por urticaria, etc.

habús (del ár. marroquí «ḥbus») m. *En Marruecos, habiz.*

haca (del fr. ant. «haque»; ant.) f. **Jaca.*

hacán (del hebreo «hakam») m. **Doctor de la ley, entre los *judíos.* ≃ Háber.

hacanea (del fr. «haquenée») f. *Jaca de dos cuerpos.*

hacecillo **1** m. Dim. de *haz. **2** BOT. *Inflorescencia en cabezuela cuyos pedúnculos están erguidos y casi paralelos.

hacedero, -a adj. Susceptible de ser hecho. ≃ Factible. ⇒ *Posible.

hacedor, -a **1** n. Persona que hace. ⊙ (con mayúsc.) Por antonomasia, *Dios: 'El Sumo [o Supremo] Hacedor'. **2** *Persona encargada de la *administración de una hacienda.*

hacendado, -a **1** *Participio de «hacendar[se]».* **2** adj. y n. Se aplica al que posee una hacienda o haciendas. ⇒ Propietario. **3** (Arg.) *Se aplica al que posee *ganados.*

UN RICO HACENDADO. Frase frecuente.

hacendar (de «hacienda») **1** tr. *Dar *tierras a ↘alguien, como hacían antiguamente los reyes.* **2** prnl. *Arraigarse en alguna parte *adquiriendo propiedades.*

hacendeja f. *Dim. de «hacienda».*

hacendera (de «hacienda») f. *Trabajo de utilidad común al que coopera el vecindario de un pueblo.* ⇒ *PRESTACIÓN personal.

hacendería (de «hacendera»; ant.) f. **Trabajo corporal.*

hacendero, -a **1** adj. y n. *Se aplica a la persona que se preocupa de su hacienda y la hace prosperar.* ⇒ *Diligente. **2** m. MINER. *En Almadén, operario que trabaja a jornal por cuenta del Estado.*

hacendista n. Persona entendida en cuestiones de Hacienda Pública.

hacendístico, -a adj. De la Hacienda Pública.

hacendoso, -a (de «hacienda») adj. *Diligente en las faenas de la *vivienda.

hacer (del lat. «facĕre») **1** tr. y prnl. Producir[se] una ↘cosa corpórea: 'Hizo una pajarita de papel. Hicimos una ensalada. Las cosas no se hacen solas'. Se excluyen de este uso los casos en que «hacer» equivale a «crear, criar» o «engendrar», salvo cuando el sujeto es Dios: se dice 'Dios hizo al hombre', pero no se dice 'hizo una variedad de rosa'; sin embargo, en lenguaje informal, se emplea a veces por «cosechar»: 'Este año hemos hecho muchas patatas'. ⊙ prnl. Llegar al punto debido una cosa que se cuece, fríe o *guisa de cualquier manera: 'Con este fuego tardará en hacerse la comida'. ⊙ *Formarse: 'Se ha hecho costra en la herida'. **2** tr. Dar existencia a un ↘producto de la mente: 'Hacer versos. Hacer proyectos'. En esta acepción no es de uso general pues no se emplea, por ejemplo, con «idea, resolución, solución, teoría», que tienen sus verbos propios que figuran en los artículos correspondientes. ⊙ (con un pron. reflex.) Formar ↘algo en la propia mente: 'Hacerse una idea. Hacerse una composición de lugar'. No es de uso general, puesto que se dice «hacer» (y no «hacerse») «planes, proyectos; tomar una determinación», etc. ≃ Forjarse, formarse, *concebir, crearse. **3** Con cosas materiales no corpóreas, movimientos o fenómenos, no se emplea en general «hacer», sino «*producir»; salvo en el caso de ser Dios el sujeto: 'Producir una corriente eléctrica. Dios hizo la luz'. Cuando el movimiento o fenómeno se produce en el mismo sujeto, se emplea a veces «hacer»: 'Hacer un gesto [gimnasia, señas]. El coche hace un ruido extraño'. ⊙ Ejercitar una ↘parte del cuerpo para desarrollarla, darle fuerza o agilidad: 'Hacer piernas [o músculos]. Hacer dedos un pianista'. ⊙ Un caso particular de esta acepción es el de proferir o producir cierto ↘sonido que se expresa imitándolo. Si se pregunta '¿cómo hace la gallina?' o '¿cómo hizo el huevo?', la respuesta podría ser 'la gallina hace clo, clo' y 'el huevo hizo ¡plaf!', respectivamente. ⊙ Estar estudiando un determinado ↘curso, carrera, etc.: 'Este año hace cuarto de primaria'. **4** Se emplea generalmente «hacer» cuando la cosa hecha está expresada por un nombre verbal de acción; entonces, «hacer» más el nombre equivalen al verbo correspondiente: 'Hacer la comunión (comulgar). Hacer gestiones (gestionar)'. Menos general es el empleo de «hacer» cuando el nombre, aunque sea de acción, no es verbal; se dice 'hacer un donativo, hacer un viaje'. Pero, en cambio. 'dar un paseo, dar una vuelta, tomar una resolución'. Cuando hay un complemento de persona, unas veces se emplea «hacer» y otras «dar»; se dice 'hacer mimos [o caricias] a alguien'; pero 'dar besos [abrazos, friegas]'. ⊙ (recípr.) Darse ↘mimos, caricias, etc., dos personas. ⊙ A veces, con un pron. reflex., sustituye a «hacer» en frases de interrogación o de duda: '¿Qué te haces?'. Es más usado en frases negativas: 'No sabe qué hacerse'. **5** *Producir en alguien o algo una ↘sensación, impresión o efecto: 'Hacer daño, hacer bien. Hacer buen [o mal] efecto. Hacer un efecto desastroso. Hacer gracia'. No es de uso general; no se emplea, por ejemplo, con «desilusión, inquietud, frío, calor» o «mala suerte». ⊙ prnl. *Resultar: 'Este trabajo se hace muy pesado. Hacerse eterno [interminable, duro]'. **6** tr. Tener o mostrar cierta ↘*actitud hacia alguien: 'Le hace la guerra [o la contra]. Hacer buena [o mala] cara a alguien. Hacerle un desprecio [o un feo]. Hacer burla a alguien'. **7** *Producir una cosa inanimada cierto ↘efecto: 'El árbol hace sombra'. **8** Con las palabras «↘hueco, espacio, *lugar, sitio» o alguna equivalente, apartar o arreglar las cosas para que quede sitio para alguien o algo: 'Me prometió que haría un hueco en su oficina para ti'. **9** *Conseguir o llegar a tener: 'Hacer dinero, fortuna. Hacer hambre. Hacer cinco tantos en el juego. Hacer amistades'. ⊙ Se dice también 'hacer leña en el bosque', con el significado de cortarla o recogerla para sí. **10** *Convertir ↘algo totalmente en cierta cosa: 'Hacer pedazos un papel. Hacer camisas una pieza de tela. Hacer de Madrid una gran capital. Le hizo un hombre'. Se puede poner la cosa transformada con la preposición «de»: 'Hizo del pan cuatro partes. Quiere hacer de ella una buena modista'. ⊙ prnl. *Convertirse una cosa en otra que se expresa: 'El vino se ha hecho vinagre. Tu hija se ha hecho en poco tiempo una mujer'. ⊙ Formarse espiritualmente: 'Se ha hecho él solo'. ⊙ *Desarrollarse: alcanzar un organismo completo desarrollo, sazón o madurez: 'Con este calor se harán las lechugas demasiado deprisa. Este árbol se ha hecho en cinco años'. ⇒ Hecho. **11** Llegar a *ser cierta cosa o a *estar de cierta manera: 'Se hizo abogado. Se ha hecho vieja esperando'. ⊙ *Afiliarse a un partido u organización: 'Se ha hecho comunista'. **12** tr. Comunicar a ↘algo una *cualidad: 'Este botijo hace el agua muy fresca'. Puede también suprimirse el artículo, anteponiendo el adjetivo al nombre: 'Este barril hace buen vino'. ⊙ Ser causa de que ↘algo tenga una cualidad o estado: 'Hacer feliz [desgraciado, tonto, despierto] a alguien'. **13** intr. En algunos pocos casos, se emplea equivaliendo a «*actuar»: 'Tú déjame hacer'. **14** tr. Evacuar la ↘orina o los excrementos: 'Hacer pis [o sus necesidades]. Hacer de *vientre'. ⊙ (inf.) prnl. *Hacerse encima.* **15** (como auxiliar de un verbo en infinitivo o con una oración con «que») tr. Obligar a hacer, mandar o ser *causa o motivo de que se haga u ocurra lo que expresan ese infinitivo o esa oración: 'Hacer llorar, hacer reír a alguien'. Es frecuente el uso de esta construcción con verbos transitivos, sin expresar a quien se hace hacer lo que el infinitivo expresa: 'Voy a hacer teñir este traje. Hizo arrancar los árboles del jardín'. **16** *Desempeñar la función que corresponde al nombre que es complemento de «hacer»: 'Hará un mal juez. Hacer el cuarto en una partida de bridge. Hizo el papel de Sancho Panza'. ⊙ intr. Con «de», representar determinado personaje o papel: 'Hizo de Hamlet en la obra de teatro. Hizo de madre con sus hermanas menores'. **17** tr. *Ocupar cierto ↘número de orden en una serie: 'Hago el quince en la cola'. ⊙ Ser alguien o algo el que completa cierto ↘*número en un conjunto: 'Todavía no ha venido mucha gente: tú haces el quinto'. ⊙ Constituir un ↘número o cantidad: 'Dos y dos hacen cuatro'. **18** Con algunos nombres calificativos con artículo, hacer cosas propias de lo que esos nombres expresan: 'Hacer el bárbaro [el ganso, el indio, el oso, el tonto]'. **19** intr. Hacer *parecer: 'Este espejo hace gordo. Ese traje te hace más delgada. Este retrato le hace más viejo'. **20** Con «por», *procurar o *intentar: 'Haré por verle esta noche'. A veces, también con «para», cuando equivale a «hacer algo»: 'Tienes que hacer para ponerte bueno'. **21** tr. *Acostumbrar o habituar: 'Hacer el cuerpo a la fatiga'. **22** Realizar con una ↘cosa la operación de cualquier clase que es necesaria para que quede arreglada, en el estado conveniente, o resuelta: 'Hacer la casa [o la cama]. Hacerle a alguien el pelo, la barba, las uñas. Hacer un solitario, un crucigrama'. Tampoco es de uso general en esta acepción, sino restringido a muy pocos casos. **23** Alcanzar cierta ↘*velocidad [con] un vehículo o realizando un trabajo: 'Este coche hace [o con este coche hacemos] una media de cien por hora'. **24** Tener un recipiente *cabida para cierta ↘cantidad: 'Este depósito hace trescientos litros'. **25** intr. *Resultar bien o mal: 'Este cuadro hace bien aquí. Ese sombrero no hace bien con ese traje'. **26** *Suponer: 'Yo te hacía a estas horas en París. Yo le hacía más listo que todo eso'. **27** (inf.) *Acomodar: 'Si te hace, te invito a comer conmigo'. **28** impers. Estar el tiempo (día, mes, año, etc.) de una manera o de otra: 'Hace una mañana muy hermosa. Aquel año hizo una primavera fría'. ⊙ Existir frío, calor, bochorno, sol, viento, tal o cual temperatura en la atmósfera: 'Hace más frío que ayer. Hace un viento muy fuerte'. ⇒ *Tiempo. **29** Haber transcurrido el *tiempo que se expresa: 'Hace un mes que no sé nada de él. Mañana hará una semana que llegué aquí'. **30** tr. Cumplir alguien cierto número exacto de ↘meses, años, etc.: 'El sábado hago veinte años'. **31** intr. Con «con» o «de», *proveer: 'Hacer a alguien con dinero [o de libros]'. **32** (como intr. se usa con «de») prnl. y, no frec., intr. *Simular que se es o se está de cierta manera: 'Se hace el distraído para no saludar. Hacer del tonto'. **33** (como intr. se usa con «de») *Presumir de algo: 'Hacerse el gracioso [el espléndido, el atrevido]. Hacer del hombre'. **34** tr. Entre jugadores, asegurar lo que paran o juegan cuando tienen poco o ningún dinero delante; 'Hago tanto; hago a todo'. **35** prnl. *Hallarse, existir, situarse.*

A MEDIO HACER. Frase calificativa que se aplica a una cosa que no está terminada de hacer. ⇒ *Incompleto.

DAR QUE HACER. Hacer una persona con su conducta que otra o los demás tengan que trabajar, preocuparse, etc., de ella: 'Ese niño os dará que hacer'. ≃ Dar QUEHACER.

ESO ESTÁ HECHO (inf.). Frase empleada para indicar que algo no ofrece dificultades para su ejecución o realización: 'Eso está hecho; no tienes más que decirme qué día lo necesitas'.

HABERLA HECHO BUENA (conjugable). Frase de *disgusto o *susto por algo que se ha hecho: '¡La he hecho buena! Me he dejado la llave dentro'.

HACE MUCHO. **1** Hace mucho tiempo. **2** Ser algo de mucha utilidad: 'Tener una buena preparación hace mucho'.

HACE POCO. Recientemente.

HACER BIEN (conjugable). *Obrar acertadamente o de modo que merece alabanzas: 'Hiciste bien marchándote'. También se construye con «en»: 'Has hecho bien en decírselo'.

HACER BUENA una cosa a otra. Ser peor que ella y, por tanto, resultar buena ésta, en comparación.

HACER UNA BUENA. Hacer una *fechoría.

HACER BUENO algo prometido o augurado. Realizarlo o resultar augurado con acierto: 'A ver si me lo haces bueno'.

HACER COMO QUE. *Simular la cosa que se dice a continuación.

HACER Y DESHACER. **1** Expresión con que se alude a alguna actividad en que se sigue una marcha vacilante: 'Hasta ahora no hemos hecho más que hacer y deshacer'. **2** Dirigir un asunto sin dar cuenta a otros interesados en él: 'Él hace y deshace sin dar cuenta a nadie'. ⇒ Mangonear. **3** *Actuar en cierta cosa: 'Tiene poderes para hacer y deshacer'.

HACER alguien LO QUE DEBE. *Obrar como tiene deber de hacerlo.

HACER MAL (conjugable). *Obrar desacertada, *infundada o injustamente, o de manera censurable por cualquier razón: 'Hará mal en quejarse [quejándose, si se queja]'.

HACER POR. Con un verbo en infinitivo, *procurar: 'Haz por venir a la reunión'.

HACER QUE HACEMOS. Hacer algo sin utilidad por tener uno mismo la impresión o porque la tengan otros de que no se está sin hacer nada: 'Vamos colocando los muebles por hacer que hacemos'. ⇒ *Inútil.

HACER POR HACER. Hacer cosas sin objeto, utilidad o necesidad. ⇒ *Injustificado, *inútil.

HACER PRESENTE. *Recordar o *comunicar una cosa a alguien: 'Házmelo presente cuando llegue el momento. Le hice presente tu deseo. Le hice presente mi sentimiento por la desgracia que le ha ocurrido'.

HACER A TODO. **1** (inf.) Aceptar cualquier cosa. **2** (vulg.) Sentir atracción sexual por ambos sexos.

HACER DE TODO (inf.). Dedicarse a muchas actividades.

HACER alguien UNA DE LAS SUYAS. Hacer algo muy propio o característico de la persona de que se trata o alguna *fechoría de las que frecuentemente hace.

HACERLA (conjugable). Hacer una *fechoría: '¡Ya la has hecho!'. ⊙ Hacer una *jugada: 'No te fíes, porque cuando menos lo pienses te la hará'.

HACERSE A. *Acostumbrarse: 'No me hago a la nueva casa'. ⊙ *Conformarse: 'Ella se hace a todo'.

HACERSE ALLÁ. Correrse o *apartarse para hacer sitio para otra persona, para dejar paso, etc.

HACERSE ATRÁS. *Apartarse hacia atrás.

HACERSE con algo. *Conseguirlo o *adquirirlo: 'Hacerse con el dinero necesario para instalarse. Se ha hecho con un coche por poco dinero'. ≃ Hacerse de.

HACERSE CON alguien. Ganarse su *amistad, su simpatía o su *admiración: 'Se hace con el auditorio en cuanto empieza a hablar. Se ha hecho con el profesor a fuerza de pelotilla'.

HACERSE ENCIMA. Hacer de vientre sin despojarse de los vestidos o prepararse para ello; por ejemplo, los niños: 'Tiene dos años y todavía se hace encima'.

HACERSE alguien SUYO a otro. Ganar su voluntad.

HACERSE DE. *Hacerse con:* 'Se hizo de buenos trajes'.

HACERSE DE NUEVAS. *Simular alguien ignorancia de cierta cosa que le dicen o cuentan.

HACERSE [DE] ROGAR. Hacer alguien que le *insistan mucho antes de acceder a hacer cierta cosa. ⇒ HACERSE el interesante.

HACÉRSELE a alguien cierta cosa (inf.). *Parecerle: 'Se me hace que no están muy bien avenidos'.

HACÉRSELE a alguien una cosa de cierta manera. *Resultarle de esa manera: 'Se me hace muy cuesta arriba pedirle el dinero'.

V. «hacer JUEGO, hacerse a un LADO, hacerse un LÍO, hacerse a la MAR, hacer de MENOS».

NO HACER MÁS QUE cierta cosa (conjugable). Frase hiperbólica con que se da a entender lo mucho que alguien hace o tiene que hacer cierta cosa: 'No hago más que recoger papeles del suelo'.

NO HEMOS HECHO NADA. Frase con que se expresa la inutilidad de cierta cosa que se ha hecho.

NO LE HACE (más frec. en Hispam.). *Frase popular que se emplea por «no *importa».*

V. «hacerse de NOCHE, hacer buen [o mal] PAPEL, hacer el PARIPÉ, hacerse la PASCUA».

POR LO QUE HACE A. Por lo que se *refiere a.

¿QUÉ HABRÉ [HABRÁ, etc.] HECHO CON...? Pregunta muy frecuente que alguien se hace cuando *busca algo que él mismo u otro ha manejado.

QUE HACER. *Quehacer.*

¡QUÉ LE VAMOS [QUÉ LE VOY, VAS, etc., O QUÉ SE LE VA] A HACER! Exclamación de *resignación con algo inevitable.

¿QUÉ SE HABRÁ HECHO DE...? Frase frecuente con que se muestra curiosidad por el *paradero de alguien o que se dice cuando se *busca algo.

SE ME HACE QUE (más frec. en Hispam.). *Me parece que.*

V. «hacerse a la VELA».

□ NOTAS DE USO

En el plano conceptual, «hacer» es producir la existencia de cualquier cosa: lo mismo de una cosa material y espacial, como una silla, que de una cosa mental, como la Teoría de la Relatividad. Esta acepción general está presente en el plano verbal en frases como '¿qué haces?, no hago nada, hago lo que quiero, lo que hago es perder el tiempo' y también cuando una oración entera con cualquier verbo personal se pone, representada por «lo», como complemento de «hacer»: 'Quise marcharme, pero no me atreví a hacerlo'. Pero cuando el complemento de «hacer» tiene que ser el nombre de la cosa hecha, no siempre es «hacer» el verbo apto para acompañarlo: no se dice, por ejemplo, 'hacer una teoría' ni 'hacer un árbol', ni 'hacer rayos X'; y, aun tratándose de casos no distinguibles en una definición, en unos se emplea «hacer» y en otros «dar» u otro verbo: se dice 'hacer un movimiento', pero 'dar un salto'; 'hacer un propósito', pero 'tomar una determinación'.

Podrían encontrarse multitud de frases con «hacer» no siempre exactamente incluibles en las acepciones anteriores; las siguientes, sin pretender agotar todas las posibilidades, ayudan a dar idea del uso práctico de este verbo, no debiendo olvidarse que en los artículos correspondientes a cada palabra de las que se construyen con él se consigna así siempre que la construcción ofrece duda:

«Hacer AJO, hacer ALTO, hacer el AMOR, hacer ANTESALA, hacer ASCOS, hacer BOCA, hacer la BOCA, hacer BURLA, hacer el CALDO gordo, hacer CALLE, hacer la CAMA, hacer CARA, hacerse CARGO, hacer CARGOS, hacer CARNE, hacer CARRERA, hacer CASO, hacer al CASO, hacer CASO omiso, hacer CAUSA común, hacer COLA, hacer CONQUISTAS, hacer CORO, hacer la CORTE, hacerse CRUCES, hacerse CUENTA, hacer[se] la CUENTA, hacer la CUSQUI, DECIR y hacer, hacer las DELICIAS, hacerse el DÍA, hacer DISTINCIÓN, hacer DOMINGO, hacer EFECTO, hacer una ESCENA, hacer EXTENSIÓN, hacer FALTA, hacer FE, hacer FLUX, hacer FRENTE, hacer FU, hacer FUCHINA, hacerse FUERTE, hacer FUERZA, hacer GALA, hacer GRACIA, hacer GRACIA de, hacer GUARDIA, hacer HINCAPIÉ, hacer HISTORIA, hacer HONOR, hacer los HONORES, hacer el JUEGO, hacer LEÑA, hacer MARCHA atrás, hacer MELLA, hacer MENCIÓN, hacer[se] NECESARIO, hacer NOVILLOS, hacer OBJETO de, hacer OÍDOS de mercader, hacer mal de OJO, hacer buen [o mal] PAPEL, hacer el PARIPÉ, hacer de su PARTE, hacer la PASCUA, hacer la PELOTILLA, hacer PENITENCIA, hacer PESO, hacer PIE, hacer PINITOS, hacer PLAZA, hacer PRESA, hacer PRESIÓN, hacer PROFESIÓN de fe, hacer PROPAGANDA, hacer PUCHEROS, hacer PUENTE, hacer RAYA, hacer el RIDÍCULO, hacer la ROSCA, hacer RUMBO a, hacer SÁBADO, hacer SITIO, hacer SOMBRA, hacer SUYO, hacer TERCIO, hacer TIEMPO, hacer USO, hacer el VACÍO, hacer VELA, hacer de VIENTRE, hacer la VISTA gorda, hacer su VOLUNTAD, hacer VOTO[s]».

Estas otras frases que siguen sirven para dar con ejemplos algunos verbos que pueden sustituir a «hacer»: «Hacer (cursar, seguir) una carrera, hacer (u otorgar) un contrato, escritura, testamento; hacer (obtener, sacar) una copia [fotografía, retrato]: hacer (describir, trazar) curvas, eses; hacer (o adquirir) fortuna; hacer (dar, echar, poner, proyectar) una película; hacer (dar, echar, poner, representar) una función de teatro; hacer (construir, edificar, elevar, erigir, levantar) un edificio, monumento, etc.; hacer (designar, erigir, instituir, nombrar, proclamar) rey, etc.; hacer (componer, escribir) versos, una obra de música».

□ CATÁLOGO

Otra raíz, «ag-»: 'agencia, agible'. ➤ Facer, fer, her. ➤ Acabar, desarrollar [o desplegar] ACTIVIDAD, *actuar, andar a, armar, arrancarse con, baratar, bastir, llevar a CABO, causar, cometer, concluir, confeccionar, *construir, consumar, *crear, criar, cumplir, danzar, darse a, echar[se] a, llevar a EFECTO, efectuar, ejecutar, *ejercer, ejercitar, *elaborar, *engendrar, entregarse a, *establecer, estar de, fabricar, forjar, *formar, *fundar, generar, labrar, traer entre MANOS, meter[se] a, sacar de la NADA, poner por OBRA, *obrar, oficiar de, pergeñar, perpetrar, plasmar, *practicar, *producir, realizar, recrear, reelaborar, rehacer, reproducir, sacar, TEJER y destejer, verificar, pasarse la VIDA... ➤ Coger y, *emprender, ir y, pasar a, ponerse a, proceder a, soltar[se] a. ➤ Almo, *autor, creador, hacedor, padre. ➤ *Agencia, comisión, quehacer. ➤ Acción, confección, creación, elaboración, fabricación, factura, fruto, generación, hechura, manufactura, *obra, producción, producto. ➤ Factible, hacedero, hecho, practicable. ➤ Activo, eficaz, eficiente, ejecutivo. ➤ Hexamerón. ➤ Procedimiento, proceso, génesis. ➤ *Ocupación, *oficio, *profesión. ➤ Estilo. ➤ Fíat. ➤ De mi [tu, etc.] mano. ➤ MANO de obra. ➤ No tener tantas MANOS [o no tener MANOS para tantas cosas]. ➤ Del DICHO al hecho... ➤ *Abstenerse, dejar de, *inhibirse, estar MANO sobre mano. ➤ Faltar. ➤ *Obrar. *Trabajo.

□ CONJUG. IRREG. IND. PRES.: hago, haces, hace, hacemos, hacéis, hacen; PRET. INDEF.: hice, hiciste, hizo, hicimos, hicisteis, hicieron; FUT. IMPERF.: haré, harás, hará, haremos, haréis, harán; POT.: haría, harías, haría, haríamos, haríais, harían; SUBJ. PRES.: haga, hagas, haga, hagamos, hagáis, hagan, PRET. IMPERF.: hiciera,-ese, hicieras, -eses, hiciera,-ese, hiciéramos,-ésemos, hicierais,-eseis, hicieran,-esen; FUT. IMPERF.: hiciere, hicieres, hiciere, hiciéremos, hiciereis, hicieren; PART.: hecho.

hacera (de «facera») f. **Acera.*

hacerir (de «facerir»; ant.) tr. **Zaherir.*

hacha[1] (del fr. «hache») **1** f. Herramienta formada por una hoja ancha y fuerte, de forma aproximadamente trapezoidal, con corte por un lado y un ojo por el que se sujeta al palo en el opuesto; su filo queda paralelo al mango; se emplea para cortar a golpes por ejemplo, leña o la cabeza de un condenado a esa clase de *ejecución. ⊙ Se utiliza para describir la *forma semejante a la de la hoja del hacha. ⇒ Alcotana, astral, azuela, desbastador, destral, facha, hacheta, hachuela, ligua, macana, machado, macheta, marrazo, PIEDRA de rayo, piocha, segur, tomahawk, zuela. ➤ Adermar. ➤ *Herramienta. **2** Utensilio prehistórico de forma semejante a una hoja de hacha. **3** *Cierta danza antigua española.*

DESENTERRAR EL HACHA DE GUERRA (inf.). Disponerse alguien a comenzar o reanudar un enfrentamiento.

SER UN HACHA (inf.). Expresión calificativa que se aplica a una persona que sobresale en cierta cosa.

hacha[2] (del sup. lat. «fascŭla», de «facŭla», antorcha pequeña y «fascis», haz) **1** f. Trozo de madera resinosa o mecha hecha con esparto y alquitrán, que se hace arder por un extremo para dar luz. ≃ Antorcha, hachón, tea, hacho. **2** *Hachón; particularmente, cuando es cuadrangular y con cuatro pabilos. **3** *Juego de chicos realizado con bolitas de barro cocido.* ⇒ *Canicas. **4** **Haz de paja liado o atado como fajina; se usa alguna vez para cubiertas de chozas y otras construcciones de campo.* ⇒ *Mellón.

HACHA DE FUEGO. **Gallocresta (planta escrofulariácea).*

hachazo 1 m. Golpe cortante de hacha. ⊙ (Arg.) *Herida o cicatriz producida por el filo de un arma blanca.* **2** TAUROM. *Golpe que el toro da lateralmente con un cuerno, produciendo contusión pero no herida.* **3** (Col.) *Movimiento brusco y violento del *caballo, hecho por ejemplo por asustarse.* ≃ Reparada.

hache («La») f. Letra «h». ⊙ Su nombre se emplea a veces para designar o describir la *forma de algo de forma semejante a la de la hache mayúscula; por ejemplo, el perfil de ciertas *barras de hierro.

ENTRAR CON HACHES Y ERRES. Tener malas cartas en el juego de *baraja.

LLÁMALE HACHE. Expresión informal con que se denota que no importa el nombre u otra particularidad de cierta cosa para la cuestión de que se trata.

POR HACHE O POR BE. Por CE o por be.

hachear 1 tr. *Partir una ↘cosa en pedazos con un hacha.* **2** **Desbastar un ↘madero con el hacha.*

hachemí o **hachemita** (pronunc. [jachemí] o [jachemíta]) adj. y n. Se aplica a una dinastía árabe fundada por un bisabuelo de Mahoma, a la que pertenece el actual rey de Jordania, y a los miembros de ella. ⊙ adj. De esta dinastía.

hachero[1] **1** m. *Hombre que trabaja las *maderas con el hacha.* ⇒ Labrante. **2** MIL. **Zapador (soldado que va abriendo paso).*

hachero[2] (de «hacha[2]») **1** m. *Candelero. **2** (ant.) **Atalaya.* **3** (ant.) *Vigía que hace señas desde un altozano.*

hacheta (dim. de «hacha») f. *Hacha pequeña.* ≃ Hachuela.

hachís (del ár. «ḥašīš», hierba; pronunc. [jachís]) m. Resina obtenida de las hojas y flores del *cáñamo indio, usada como estupefaciente. ≃ Chocolate, kif [o quif]. ⇒ Mariguana [o marihuana]. ➤ *Narcótico.

hacho (de «hacha[2]») **1** m. *Hacha de alumbrar.* **2** *Altozano situado en la *costa, de los que antiguamente se utilizaban para hacer señales desde ellos. Algunos conservan el nombre en su designación particular*: 'El Hacho de Ceuta'.

hachón (de «hacha[2]») **1** m. Vela muy grande y gruesa. ⇒ Ambleo, bizarrón, blandón, cirio, hacha, hachote, velón. **2** *Especie de *brasero colocado sobre un pie alto, en el que se quemaban algunas sustancias en las *fiestas como demostración de regocijo.*

hachote (aum. de «hacha[2]») m. MAR. **Vela corta y gruesa usada a bordo en los faroles de combate y de señales.*

hachuela (dim. de «hacha[1]») **1** f. *Hacha pequeña.* ≃ Hacheta. **2** (Guat., Ven.) *Cuchillo grande para cortar carne.*

hacia (del ant. «faze a», de cara a) **1** prep. Expresa *dirección. ⊙ Dirección de un movimiento: 'Vamos hacia Madrid'. ⊙ Dirección en que se mira: 'Estaba mirando hacia nosotros'. ⊙ Dirección a que tiende la posición de algo: 'El camino tuerce hacia la derecha. Está vuelto hacia el otro lado. Está inclinado hacia abajo'. ⊙ *Tendencia de algo: 'Vamos hacia la inflación'. ⇒ Cara a, contra, en camino [o curso] de, con destino a; encia, enta, escontra, facia; en LÍNEA recta a, en vías de. **2** Acompaña al complemento de persona de los verbos «sentir, experimentar» y equivalentes: 'Siento gran afecto hacia ese muchacho'. **3** Hablando de situación en un lugar o de tiempo, equivale a «aproximadamente en» o «aproximadamente a»: 'Está hacia el kilómetro 40. Vendrá hacia las tres'.

hacienda (del lat. «facienda», pl. neutro del ger. de «facĕre», lo que ha de hacerse) **1** f. *Finca o conjunto de campos o fincas que posee una persona: 'Él solo no puede cultivar su hacienda. Pronto acrecentó su hacienda'. ⇒ Alodio, cabal, donadío, fincas, fundo, hato, heredad, heredamiento, patrimonio, pegujal, posesión o posesiones, propiedad[es]. ➤ Mayordomo. ➤ El OJO del amo engorda el ganado. ➤ *Bienes. *Campo. *Finca. *Propiedad. **2** *Bienes de cualquier clase de una persona; se emplea particularmente si entre ellos hay fincas rústicas. **3** (a veces con mayúsc.) HACIENDA Pública: 'Defraudar a la Hacienda'. **4** (con o sin artículo; a veces con mayúsc.) Conjunto de organismos destinados a la administración de la Hacienda Pública: 'Tengo que hacer unos pagos en Hacienda'. ⇒ Delegación. ➤ Delegado, liquidador. **5** (gralm. pl.) **Trabajo casero.* ≃ Faenas. **6** (ant.) *Obra, acción, suceso.* **7** (ant.) *Asunto o negocio que se trata.* **8** **Ganado.* ⊙ (Arg.) *Conjunto de ganados que hay en una estancia.*

HACIENDA DE BENEFICIO (Méj.). *Establecimiento donde se benefician los minerales de *plata.*

H. PÚBLICA (a veces con mayúsc.). *Fisco: bienes pertenecientes al Estado.

haciente (ant.) adj. y n. *Aplicado al que hace.*

hacimiento m. *Acción*: 'Hacimiento de gracias'.

hacina (de «haz») **1** f. *Montón de haces de mies o de otra cosa colocados ordenadamente.* ≃ *Fajina. **2** **Montón de cualquier cosa.*

hacinado, -a Participio adjetivo de «hacinar[se]».

hacinamiento m. Acción y efecto de hacinar[se].

hacinar 1 tr. Formar una hacina con los ↘*haces. **2** *Amontonar unas ↘cosas sobre otras sin orden. ⊙ También en sentido figurado. **3** prnl. Juntarse gente muy estrechamente en alguna parte. ⊙ Vivir mucha gente en un sitio, con estrechez y de mala manera: 'Tres familias se hacinan en una casa miserable'. ⇒ *Apretarse, *habitar.

hacino, -a (del ár. and. «ḥazín») **1** (ant.) adj. **Avaro.* **2** (ant.) **Triste.*

hada (del lat. «fata», de «fatum», hado) **1** (ant.) f. *Hado.* **2** (ant.) *Parca (divinidad mitológica).* **3** *Ser fantástico de los cuentos, con figura de mujer de maravillosa belleza, que emplea su poder mágico en hacer beneficios a sus elegidos. ⇒ Fada, peri. ➤ VARA [o varita] mágica [o de las virtudes].

hadado, -a **1** Participio adjetivo de «hadar». Se emplea corrientemente en las expresiones «bienhadado, malhadado». **2** **Maravilloso o mágico.*

hadar **1** (ant.) tr. **Producir cierta ↘cosa la fatalidad.* **2** (ant.) **Predecir lo que está dispuesto por los hados.* **3** (ant.) *Encantar a ↘alguien o algo con artes de magia.* ⇒ *Hechicería.

hadario, -a (de «hado»; ant.) adj. **Desgraciado.*

hades (gralm. con mayúsc.) m. MIT. Morada de los muertos.

hado (del lat. «fatum»; lit.) m. Poder hipotético al que se atribuye la predestinación de lo que sucede en la vida: 'El hado dispuso nuestro encuentro'. ≃ Destino, estrella, fortuna, sino, *suerte. ⊙ Ese poder adscrito particularmente a cada ser: 'Su hado hizo que pasase por allí en aquel momento'.

¡hae! interj. *¡Ah!*

haedo (del lat. «fagētum»; Ast., Cantb.) m. *Hayal.*

hafice (ant.) m. *Hafiz.*

hafiz (del ár. and. «ḥáfiẓ») m. *Guarda, inspector o conservador de algo.*

hafnio (de «Hafnia», nombre latino de «Copenhague») m. *Elemento metálico, n.º atómico 72, que se emplea en aleaciones para fabricar filamentos de tungsteno. Símb.: «Hf».

hagio- Elemento prefijo del gr. «hágios», santo.

hagiografía (de «hagiógrafo») f. Historia de las vidas de los *santos. ⇒ Legenda, leyenda.

hagiográfico, -a adj. De la hagiografía o de su objeto.

hagiógrafo (del lat. «hagiogrăphus», del gr. «hágios», santo, y «gráphō», escribir) **1** m. Escritor de vidas de *santos. ⇒ Bolandista. **2** Autor de cualquiera de los libros de la *Biblia.

hahnio m. Elemento químico, n.º atómico 105, obtenido artificialmente mediante el bombardeo de átomos de californio con núcleos de un isótopo del nitrógeno. Símb.: «Ha».

haiga (inf.) m. *Automóvil de aspecto muy lujoso. Se dice que el nombre procede de que, al final de la última guerra civil española, las únicas personas que podían permitirse adquirir tales coches eran los nuevos ricos, personas toscas e ignorantes como las que dicen «haiga» por «haya» (del verbo «haber»).

haiku (de or. jap.; pronunc [jaicú]) m. Estrofa japonesa de tres versos sin rima que suman diecisiete sílabas.

haitiano, -a adj. y, aplicado a personas, también n. De Haití. ⇒ Gurda.

¡hala! (de or. expresivo; pronunciado [ála] o, a veces, [alá]) **1** interj. Se emplea para *animar. ≃ ¡Hale! **2** Para *echar a alguien de un sitio. ≃ ¡Hale! **3** Para mostrar *fastidio. ≃ ¡Hale! **4** Para mostrar impresión por una cosa *exagerada. ≃ ¡Hale!

HALA, HALA... Expresión con que se denota la continuidad de una acción: 'Cogió el camino y, hala, hala... llegó a su pueblo'.

halacabuyas (de «halar» y «cabuya») m. *Halacuerda.*

halacuerda o **halacuerdas** m. MAR. **Marinero principiante.*

halagador, -a **1** adj. Aplicado a personas, inclinado a halagar. **2** Aplicado a cosas, se refiere a lo que halaga o satisface el amor propio: 'Palabras halagadoras'. **3** *Halagüeño: 'Es demasiado halagadora esa proposición'.

halagar (del ár. and. «ẖaláq», palomo ladrón) **1** tr. *Adular o *lisonjear: dar a ↘alguien muestras interesadas de estimación o admiración, con palabras o acciones. **2** Satisfacer una cosa el amor propio de ↘alguien: 'Me halaga que hayan pensado en mí antes que en otros'. ≃ Lisonjear. **3** *Ser amable con alguien o *agasajarle.* **4** **Agradar o deleitar una cosa a ↘alguien.*

halago **1** m. Acción de halagar. **2** Cosa que se dice para halagar.

halagüeñamente adv. De manera halagüeña.

halagüeño, -a **1** adj. Se aplica a lo que halaga o sirve para halagar: 'Palabras halagüeñas'. ⊙ *Es aplicable también a la persona que lisonjea o adula.* **2** Prometedor de satisfacciones: 'Noticias [impresiones, perspectivas] halagüeñas'. ⇒ Aleusero, lisonjero, prometedor, sonriente. ➤ *Agradable. *Satisfacer. **3** *Tal que atrae con dulzura y suavidad.*

halar (del fr. «haler») tr. MAR. *Tirar de un ↘cabo o una lona. ⊙ MAR. Atraer el ↘remo hacia sí en la operación de *remar. ⊙ (And., Cuba, Nic., Par.) *Tirar hacia sí de cualquier ↘cosa.* ≃ Jalar.

hálara (¿del sup. ár. and. «falẖalála», en fárfara?) f. *Fárfara: *membrana interior que envuelve el *huevo de las aves.*

halcón (del b. lat. «falco, -ōnis»; *Falco peregrinus*) **1** m. Ave rapaz diurna; se empleaba en *cetrería. **2** Político o militar extremista que es partidario de recurrir a la fuerza para resolver los conflictos.

HALCÓN LANERO. *Alfaneque (ave falcónida).*

H. NIEGO. *Halcón recién sacado del nido.*

H. PALUMBARIO. *Azor.*

□ CATÁLOGO

Alcotán, alfaneque, falcón, gerifalco [o *gerifalte], prima, terzuelo, torzuelo. ➤ Falcónido. ➤ Manero, resumbruno. ➤ Ahuchar, derribar, desainar, volar. ➤ Hamez, morrión, plumada. ➤ Cuchillos. ➤ Lonja, pihuela. ➤ Canelada, choca, curalle. ➤ ¡Hucho! ➤ Alforre, alhorro, arpella, *azor, borní, caricari, cerorrinco, huaco, nebí, neblí. ➤ *Ave. *Cetrería.

halconear (de «halcón») intr. *Comportarse una mujer provocativamente con los hombres.*

halconera f. *Lugar donde se guardaban los halcones.*

halconería f. **Cetrería.*

halconero, -a **1** m. *Hombre que cuidaba los halcones de *cetrería.* **2** adj. y n. f. *Se aplica a la mujer que halconea y a sus gestos, actitudes, etc.*

halda **1** f. **Falda.* ⇒ Deshaldo. **2** Parte de la falda recogida por delante para formar un hueco donde se lleva o puede llevar algo. ≃ Enfaldo. **3** *Haldada.* **4** (Ar., Sal., Vizc.) **Regazo.* **5** **Arpillera que se emplea para empacar algunos géneros; como el algodón o la paja.*

haldada (de «halda») f. *Cantidad de una cosa que se guarda o sostiene en el hueco formado por la parte delantera de la falda vuelta hacia arriba.

haldear (de «halda») intr. **Andar deprisa, haciendo moverse las faldas.*

haldero, -a (ant.) adj. *Faldero.*

haldeta (dim. de «halda») f. *Pieza que cuelga desde la cintura en una prenda de *vestir; por ejemplo, en el frac.* ≃ Faldilla. ⊙ **Falda en otro objeto cualquiera:* 'Las haldetas de la pantalla'.

haldinegro, -a adj. *Faldinegro.*

haldraposo, -a (ant.) adj. *Andrajoso.*

haldudo, -a adj. *Aplicado a personas, prendas, etc., con faldas muy amplias o muy grandes.*

¡hale! interj. ¡Hala!

¡HALE HOP! (pronunc. [alejóp]). Exclamación con que se acompaña un hecho sorprendente, llamativo, etc.

V. «¡hale que te PEGO!

haleche (del lat. «halex, -ēcis») m. **Boquerón (pez).*

halieto (del lat. «haliaeĕtus», del gr. «haliaíetos»; *Pandion haliaetus)* m. *Ave rapaz diurna que vive cerca de las costas y se alimenta de peces. ≃ ÁGUILA pescadora [o de río].

halifa (ant.) m. *Califa.*

halita f. MINERAL. *SAL gema.*

hálito (del lat. «halĭtus») **1** m. *Aliento de un animal, especialmente cuando arrastra humedad visible. ⊙ (lit.) Aliento de una persona: 'Un hálito de vida'. **2** *Vapor arrojado por cualquier cosa. **3** (lit.) *Soplo, especialmente el suave del aire. ⇒ *Brisa. ⊙ También en sentido figurado: 'El hálito de la inspiración'.

halitosis (del lat. «halĭtus», aliento, y «-osis») f. MED. *Aliento fétido.

hall (ingl.; pronunc. [jol]) m. *Vestíbulo, especialmente cuando se trata de un hotel de viajeros.

hallado, -a Participio de «hallar». ⊙ adj. Se usa con el significado de «avenido», unido a los adverbios «bien» o «mal» en una sola palabra o en dos: 'En todas partes se encuentra bien hallado'.

hallador, -a **1** adj. y n. *Aplicable al que halla.* **2** *Inventor.* **3** MAR. *Persona que recoge despojos de naves que han *naufragado.*

hallamiento (ant.) m. *Hallazgo.*

hallar (del lat. «afflāre», soplar, olfatear) **1** tr. *Encontrar ˋalgo o a alguien, casualmente o buscándolo: 'Hallé el libro que me interesaba. Hallar una pista [la solución de un problema, a un amigo]'. ⊙ («con») prnl. Encontrarse con algo inesperado: 'Hallarse con un obstáculo'. ⊙ tr. *Descubrir: 'Hallar un nuevo mundo'. ⊙ *Inventar: 'Hallar una nueva ley'. ⊙ («con») prnl. Descubrir uno que tiene, o tener sin haber pensado en ello, cierta cosa: 'Así me hallé con más dinero del que creía tener. Te puedes hallar con un disgusto cuando menos lo pienses'. ≃ *Encontrarse. **2** («que») tr. Darse cuenta de cierta ˋcosa: 'Halló que la corriente era más rápida en aquel punto'. ≃ Notar, observar, *percibir, ver. **3** Lo mismo que «encontrar», se emplea este verbo a veces para referirse a la actitud mental de la persona a quien le *parece cierta cosa (lo cual no es exactamente «opinar» o «creer»). **4** prnl. Estar en cierto sitio o de cierta manera: 'Se hallaban presentes en aquel momento algunos colaboradores. Yo no me hallaba en casa cuando él llegó'. ≃ *Encontrarse. **5** Estar en un sitio o en ciertas circunstancias con *naturalidad o *comodidad. Más usado en frases negativas: 'No me hallo entre gente tan intelectual. No me hallo con este abrigo de color tan claro'. ≃ Encontrarse.

HALLÁRSELO alguien TODO HECHO. Resultarle *fáciles las cosas, bien por natural listeza, bien porque otros se las hayan preparado. ≃ ENCONTRÁRSELO todo hecho.

hallazgo **1** m. Acción de hallar. **2** Cosa encontrada. ⊙ Particularmente, cosa muy conveniente que se adquiere o encuentra. **3** (ant.) **Recompensa que se da por la devolución a su dueño de una cosa hallada.*

hallulla o **hallullo** (del ár. and. «ḥallún», bollo de fiestas, del hebr. «ḥallāh») **1** f. o m. **Pan que se cuece en el rescoldo o en piedras muy calientes.* ≃ Jallullo. **2** (Chi.) *Cierto pan de masa fina y forma alargada.*

halo (del lat. «halos», disco, del gr. «hálōs») **1** m. ASTRON. Meteoro consistente en un *resplandor, como una niebla luminosa, formado a veces por varios anillos, el cual se ve a veces rodeando a los astros y es debido a la refracción o difracción de la luz en los cristales de hielo o en las gotitas de agua de la atmósfera. ≃ Halón. ⇒ Antihelio. **2** Resplandor semejante que se representa alrededor de la cabeza de las imágenes de los *santos. ≃ *Aureola, nimbo. **3** *Fama de cierta buena cualidad, o atmósfera de *respeto, *admiración, *estimación, etc., que rodea a una persona. ≃ *Aureola.

¡haló! (frec. en Hispam.) interj. Expresión usada al coger el auricular del *teléfono.

halo- Elemento prefijo del gr. «háls, halós», sal, empleado en la formación de palabras científicas.

halófilo, -a (de «halo-» y «-filo») adj. BOT. Se aplica a las *plantas que viven preferentemente en terrenos ricos en sales.

halógeno, -a (de «halo-» y «-geno») adj. y n. m. QUÍM. *Se aplica a los elementos no metálicos cloro, bromo, iodo y flúor, los cuales forman sales haloideas.* ⊙ ELECTR. Se aplica a las lámparas, focos, etc. que contienen algunos de estos elementos químicos y producen una luz blanca.

halografía (de «halo-» y «-grafía») f. *Parte de la química que trata de las sales.*

haloideo, -a (de «halo-» y «-oideo») adj. QUÍM. Se aplica a las sales formadas por la combinación de un metal y un metaloide, sin ningún otro elemento.

halón[1] m. *Halo.*

halón[2] (de «halar»; And., Hispam.) m. *Tirón de una cosa hacia sí.*

haloque (de «faluca») m. *Cierto *barco pequeño usado antiguamente.*

halotecnia (de «halo-» y «-tecnia») f. QUÍM. Técnica de las sales industriales.

haloza f. *Galocha (cierto *calzado, para la *nieve).*

haltera (del gr. «haltêres», pesos de plomo colocados en el extremo de una barra metálica) f. DEP. Aparato de gimnasia utilizado en los ejercicios de halterofilia, que consiste en una barra metálica con dos discos en los extremos.

halterofilia (del gr. «haltêres», pesos de plomo colocados en los extremos de una barra metálica, y «filia») f. DEP. Levantamiento de pesos que se practica con la haltera.

halterófilo, -a adj. DEP. De la halterofilia. ⊙ adj. y n. DEP. Persona que practica ese deporte.

hamaca (de or. taíno) **1** f. Tira ancha de malla o lona que, suspendida horizontalmente por sus dos extremos, sirve para *tumbarse, con posibilidad de *columpiarse. ⊙ *El mismo objeto, llevado por dos hombres como *vehículo.* ⇒ Campechana, chinchorro, coy, maca. ➤ Hico [o jico]. ➤ Enjicar. ➤ *Cama. **2** *Asiento consistente en una armadura, generalmente de tijera, en la que se sostiene una tela que forma el asiento y el respaldo. **3** (Arg.) *Mecedora.*

hamacar tr. y prnl. **Mecer[se] en hamaca.*

hamadría o **hamadríada** f. MIT. *Hamadriade.*

hamadríade (del lat. «hamadrȳas, -ădis», del gr. «hamadryás», de «háma», con, y «drŷs», encina) f. MIT. **Ninfa.* ≃ Dríade.

hámago (ortografía irregular de «ámago») **1** m. APIC. *Sustancia amarga que elaboran las *abejas.* ≃ Ámago. **2** **Fastidio o *asco.*

hamamelidáceo, -a (de «Hamamelis», género de plantas) adj. y n. f. BOT. *Se aplica a las *plantas (árboles y arbustos), de cierta familia, propias de Asia, de América septentrional y África meridional, que tienen hojas generalmente alternas, con estípulas, a veces cubiertas de pelos estrellados; como el ocozol.* ⊙ f. pl. BOT. *Familia que forman.*

hamaquear (de «hamaca») **1** (Hispam.) tr. **Columpiar o *mecer.* **2** (Cuba) **Baquetear a alguien haciéndole ir de un lado para otro.*

hamaquero, -a 1 n. *Persona que hace hamacas.* ⊙ *Persona de las que conducen una hamaca.* **2** m. **Clavo sujeto en la pared para soportar una hamaca.*

hambre (del sup. lat. vulg. «famen, -inis») **1** («Tener, Pasar, Hacer, Apaciguar, Apagar, Matar, Saciar, Satisfacer, Distraer, Engañar, Entretener; Aguantarse; de») f. Sensación interna que hace desear la comida: 'Con el ejercicio se hace mucha hambre'. ⊙ En lenguaje informal se usa a veces en plural: 'Con este régimen paso unas hambres terribles'. **2** («Pasar, Sufrir, Tener») Insatisfacción de la necesidad de comer, por falta general de comida o por pobreza propia. **3** Deseo vehemente de algo no material.

HAMBRE CANINA. Mucha hambre. ⊙ Se emplea específicamente en medicina.

A BUEN [o BUENA] HAMBRE NO HAY PAN DURO. Refrán con que se da a entender que cuando la necesidad de comer es grande no se hacen remilgos.

ENGAÑAR EL HAMBRE. Calmarla momentáneamente.

JUNTARSE EL HAMBRE CON LA GANA [o LAS GANAS] DE COMER (inf.). Expresión con que se comenta el hecho de que vayan juntas dos circunstancias, cualidades, etc. negativas, lo que contribuye a agravar algo.

MÁS LISTO QUE EL HAMBRE. Muy *listo.

MATAR DE HAMBRE. Hiperbólicamente, dar poco de *comer: 'Me he ido de esa pensión porque me mataban de hambre'.

MATAR EL HAMBRE. Saciarla tomando algo de comer.

MORIRSE DE HAMBRE. **1** Tener un hambre irresistible. **2** Ser muy pobre. ≃ No tener qué COMER.

MUERTO DE HAMBRE. **1** (desp.) Persona que no tiene nada, aunque quiere aparentar otra cosa. ⇒ *Pobre. **2** Expresión de significado correspondiente al de «morirse de hambre». ⇒ *Desharrapado.

SITIAR POR HAMBRE. Además de su sentido propio en la guerra, *obligar a alguien a cierta cosa aprovechándose de que se tiene en la mano el privarle del sustento.

TENER alguien UN [o UNA] HAMBRE QUE NO VE. Tener mucha gana de comer.

□ CATÁLOGO

Otra forma de la raíz, «fam-»: 'afamado, famélico'. ➤ Aceros, angurria, apetito, buena BOCA, bulimia, caninez, carpanta, fambre, fame, gana, gazuza, gusa, hambrina, hambruna, malacia, pica. ➤ Canina, devorador, espantoso, feroz, horrible. ➤ Apetente, desfallecido, desnutrido, famélico, galdido, galdudo, gandido, garoso, muerto de HAMBRE, hambriento, hambrón, insaciable, malcomido, transido, trasijado. ➤ Inapetente. ➤ Anorexia, agotamiento, debilidad, exinanición, inanición, necesidad. ➤ No hacer ASCOS, hacerse la BOCA agua, comerse los CODOS, no haber [o tener] para un DIENTE, hambrear, comerse las MANOS, comerse los PUÑOS, tener buen SAQUE. ➤ Abrir [o despertar] el APETITO, abrir [o despertar] las GANAS de comer. ➤ Aperitivo. ➤ Paladear. ➤ *Avidez. *Glotón. *Voraz.

hambrear 1 tr. *Hacer pasar *hambre a ↘alguien.* **2** intr. *Pasar hambre.* **3** *Exhibir la propia necesidad para mover a *compasión.*

hambriento, -a 1 («Estar») adj. Se aplica al que tiene muchas ganas de comer. ⊙ («Estar») Se aplica al que tiene deseo vehemente de otra cosa: 'Está hambriento de amor'. **2** («Ser») adj. y n. m. Se aplica a los *necesitados o *miserables: 'Los hambrientos y los hartos'.

hambrina (And.) f. *Hambre muy grande.*

hambrón, -a adj. y n. Se aplica al que muestra demasiado afán por comer o come con avidez. ⇒ *Hambre.

hambruna f. Hambre muy grande. ≃ Hambrina.

hamburgués, -a adj. y, aplicado a personas, también n. De Hamburgo, ciudad de Alemania.

hamburguesa (del ingl. «hamburger») **1** f. Filete de carne picada, de forma redondeada, que suele servirse dentro de un pan redondo acompañado de otros ingredientes. **2** (Pan., Par.) **Bocadillo (pan relleno con algún alimento).*

hamburguesería f. Establecimiento especializado en servir hamburguesas. ≃ Burger.

hamez (de «hameces», del ár. «hamazāt», espoleaduras) f. *Cortadura que se les produce en las plumas a las *aves de rapiña por mala alimentación.*

hamo (del lat. «hamus»; ant.) m. **Anzuelo (para pescar).*

hampa 1 f. Género de *gente maleante que vivía antiguamente en España, especialmente en Andalucía, formando una especie de comunidad, la cual usaba un lenguaje particular, llamado «jerigonza» o «germanía». **2** Por extensión, gente que vive holgazaneando y delinquiendo, de cualquier sitio o época.

□ CATÁLOGO

Tuna. ➤ Briba, bribonería, canalla, bajos FONDOS, GENTE de mal vivir [de mala vida, maleante, non sancta, de seguida o de vida airada], golfería, granujería, hampo, hez, mala hierba, lumpen, marranalla, patulea, picaresca, pillería, rotería. ➤ Coluvie, corrincho, *cuadrilla, cueva, gatería, gavilla, gazapera, gazapina, gorrionera, grullada [o gurullada], hato, huronera, lechigada, *madriguera, nido, PATIO de Monipodio, patulea, taifa. ➤ Tuna. ➤ *Chusma. *Granuja.

hampesco, -a adj. *Del hampa.*

hampo, -a 1 (ant.) adj. *Hampesco.* **2** (ant.) m. *Hampa.*

hampón (de «hampa») **1** adj. y n. m. Hombre que vive cometiendo acciones delictivas. ≃ Bribón, *granuja. **2** **Bravucón.*

hámster (al.; pronunc. [jámster]; pl. «hámsters» o «hámsteres»: *Cricetus cricetus, Mesocricetus auratus* y otras especies) m. Mamífero roedor, de pequeño tamaño, con las patas y la cola cortas, muy popular como animal doméstico y de laboratorio.

hamudí (del ár. «ḥammūdī») adj. y n. *Se aplica a los descendientes de Alí ben Hamud, que fundaron reinos de taifas en Málaga y Algeciras.* ⇒ *Dinastía.

hándicap (ingl.; pronunc. [jándicap]; pl. «hándicaps») **1** m. DEP. Condición o circunstancia desventajosa con que lucha inicialmente un jugador. ⊙ En general, desventaja por la que una persona está en peor situación que otras para hacer algo. **2** DEP. Ventaja que se acuerda conceder a un jugador para compensar alguna deficiencia por su parte y nivelar las probabilidades, o bien desventaja que se impone al otro, con el mismo fin; por ejemplo, en una carrera de caballos, un peso que tiene que llevar sobre el caballo.

handling (ingl.; pronunc. [jándlin]) m. Conjunto de servicios que se prestan a una compañía aérea en un aeropuerto, como la asistencia en tierra a aviones, pasajeros y mercancías.

hanega («La») f. Fanega (medida para áridos y agraria).

hanegada f. Fanegada (medida agraria).

hangar (del fr. «hangar») m. *Cobertizo donde se guardan los aviones en los *aeródromos.

hansa (del a. al. ant. «hansa», compañía; con artículo «el» o «la») f. Antigua federación comercial de varias ciudades, especialmente del norte de Alemania, que se mantuvo durante los siglos XIII a XVII. ≃ Ansa. ⇒ LIGA hanseática [o anseática].

hanseático, -a adj. y n. Del Hansa.

hanzo (ant.) m. **Alegría o *placer.*

hao 1 (ant.) interj. *Voz usada para *llamar a alguien a distancia.* **2** (ant.) m. **Fama.*

hápax (del gr. «hápax») m. LING. Palabra documentada una sola vez.

haplo- Elemento prefijo del gr. «haplós» que significa «*sencillo» o «*simple», con que se forman palabras cultas.

haploclamídea (de «haplo-» y «clámide») adj. y n. f. BOT. *Aplicado a las *flores, monoclamídea.*

haploide (de «haplo-» y «-oide») adj. BIOL. Se aplica a la *célula, individuo o núcleo que contiene un solo juego de cromosomas, como ocurre en los gametos.

haplología (de «haplo-» y «-logía») f. FON. **Figura de dicción consistente en la supresión en una palabra de una sílaba cuando hay contigua otra igual o semejante: «cejunto» por «cejijunto»; «impudicia» por «impudicicia».*

haplosépala adj. y n. f. BOT. *Aplicado a *flores, de un solo sépalo.*

happening (ingl.; pronunc. [jápenin]; pl. «happenings») m. *Espectáculo teatral caracterizado por la improvisación y la participación espontánea de los espectadores.

happy hour (ingl.; pronunc. [jápi áuar]) f. *HORA feliz.

haquitía f. Dialecto judeoespañol hablado en Marruecos.

haragán, -a (¿del ár. and. «ẖara kán», excremento ha sido, dicho para descalificar a alguien?) adj. y n. Se aplica al que rehúye el trabajo. ≃ Gandul, *holgazán.

haraganear intr. Estar ocioso cuando se debiera trabajar. O estar tumbado demasiado tiempo o cuando no corresponde. ≃ Holgazanear, hacer el gandul.

haraganería f. Cualidad o actitud de haragán. ≃ Holgazanería.

hara-kiri m. Variante ortográfica de «haraquiri».

harambel (del ár. and. «alḥánbal», tapiz para estrados) **1** m. *Arambel (colgadura o colcha).* **2** **Andrajo.*

harapiento, -a adj. Andrajoso: vestido de harapos.

harapo (¿del ant. «farpar, harpar», con influencia de «trapo»?) **1** m. Trozo que cuelga roto de un traje u otra prenda. ≃ *Andrajo, guiñapo, pingajo. **2** **Aguardiente o líquido ya de muy pocos grados que sale del alambique al final de la destilación.*

haraposo, -a adj. *Harapiento.*

haraquiri (de or. jap.; pronunc. [araquíri]) m. Forma de *suicidio practicada en el Japón, particularmente entre los samuráis, por motivos de honor o por orden superior, consistente en abrirse el vientre. ≃ Hara-kiri.

haraute (del fr. «hérault»; ant.) m. **REY de armas.* ⇒ Faraute.

haravico (Perú) m. *Aravico.*

harbar (del sup. rom. «aharabar», del ár. and. «ẖaráb»; ant.) tr. o intr. **Embarullar: hacer una ↘cosa deprisa y mal.*

harbullar tr. **Embarullar: hacer una ↘cosa deprisa y mal.* ≃ Farfullar.

harbullista (inf.) adj. y n. *Embarullador.*

harca (del ár. marroquí «ḥarka»; pronunc. [járca], por ser palabra árabe) **1** f. *Expedición militar de tropas indígenas de organización irregular en Marruecos. **2** *Partida de rebeldes marroquíes.

hardware (ingl.; pronunc. [járguar]) m. INFORM. Conjunto de elementos físicos de un ordenador.

hare krishna (pronunc. [járe crísna]) n. Adepto a una secta hinduista que adora a Krishna.

harén o **harem** (del ár. «ḥarīm», mujeres, a través del fr.) **1** m. Departamento de las casas de los musulmanes en que viven las *mujeres. ⇒ Cerraje, cerralle, serrallo. **2** Entre los musulmanes, conjunto de las mujeres que viven bajo la dependencia de un jefe de familia. ⇒ Odalisca.

harense adj. y, aplicado a personas, también n. *De Haro, población de La Rioja.* ≃ Jarrero.

harija (del sup. lat. vulg. «faricŭlum», torta de escanda, con la terminación del neutro pl. o de «harina») f. *Polvillo que se levanta del grano al *molerlo o de la harina al *cernerla.*

harina (del lat. «farīna») f. Polvo a que se reducen, al molerlas, las semillas de los cereales. También se aplica a la fécula de patata pulverizada. Y no hay inconveniente en aplicarlo al polvo semejante de otras semillas y frutos. ⊙ Polvo a que se reducen otras materias sólidas.

HARINA FÓSIL. **Trípoli (roca pulverulenta formada por la aglomeración de caparazones de diatomeas fósiles).*

H. LACTEADA. Preparado para papillas compuesto de una mezcla de pan o galleta rallada, leche en polvo y azúcar, que se da diluido a los niños pequeños.

H. DE LINAZA. Harina de la simiente del *lino.

DONDE NO HAY HARINA TODO ES MOHÍNA. Frase que expresa que el malestar causado por la *pobreza o *escasez, provoca rozamientos y disgustos entre la gente.

ESTAR METIDO EN HARINA. Estar ya trabajando o actuando plenamente en un asunto. ⇒ *Actividad.

HACER[SE] algo HARINA inf. *Destrozar o destrozarse completamente: 'El coche chocó contra un árbol y se hizo harina'.

SER una cosa HARINA DE OTRO COSTAL. No ser aplicable a ella la misma actitud o consideración que a otra que se ha dicho: 'Yo le permito que se vaya, pero pagarle el viaje es harina de otro costal'. ⇒ *Diferente.

□ CATÁLOGO

Otra forma de la raíz, «fari-»: 'farináceo, farinoso'. ➤ Anchi, fariña. ➤ Adárgama, adutaque, alhavara. ➤ Acemite, almodón, cabezuela, crimno, maicena, rollón, soma, zoma. ➤ Cuaco, gofio, máchica, mola. ➤ Frangollo, mandioca, sémola. ➤ Almidón, *fécula, gluten. ➤ Amasar, cerner, florear, *moler. ➤ Engrudo, *gachas, mañoco, rebozar. ➤ Harija. ➤ Tina. ➤ Harinoso, panoso. ➤ Enharinar. ➤ *Cereales. *Pan. *Salvado.

harinear (And., Ven.; terciop.) intr. *Lloviznar.*

harinero, -a adj. y n. Se aplica a la persona dedicada a la fabricación o el comercio de harina y a lo relacionado con ellos.

harinoso, -a adj. Con harina. ⊙ De aspecto semejante al de la harina. ⊙ Se aplica a las *frutas, particularmente a las manzanas, cuya consistencia se asemeja más a la de una masa harinosa que otras de su especie.

hariscarse prnl. **Enfadarse.* ≃ Ariscarse.

harma (del ár. «alḥarmal») f. **Alharma (planta zigofilácea).*

harmatán m. **Viento del nordeste, seco y polvoriento, que sopla sobre el oeste de África en la estación seca.*

harmonía f. Variante ortográfica no frecuente de «armonía».

harmónicamente adv. Variante ortográfica no frecuente de «armónicamente».

harmónico, -a adj. Variante ortográfica no frecuente de «armónico».

harmonio m. Variante ortográfica no frecuente de «armonio».

harmoniosamente adv. Variante ortográfica no frecuente de «armoniosamente».

harmonioso, -a adj. Variante ortográfica no frecuente de «armonioso».

harmonista n. Variante ortográfica no frecuente de «armonista».

harmonizable adj. Variante ortográfica no frecuente de «armonizable».

harmonización f. Variante ortográfica no frecuente de «armonización».

harmonizar tr. Variante ortográfica no frecuente de «armonizar».

harnear (Chi.) tr. *Cribar con el harnero.*

harnero (del lat. «cribum farinarĭum») m. Utensilio para cribar o cerner. ≃ Cedazo, cernedor, *criba.

ESTAR HECHO UN HARNERO. *Tener muchas heridas.*

harneruelo m. *Superficie lisa que forma generalmente el centro de los techos de maderas trabajadas.* ≃ Almizate. ⇒ *Artesonado.

harón, -a (del ár. and. «ḥarún») adj. **Holgazán.*

haronear (de «harón») intr. *Holgazanear.*

haronía (de «harón») f. *Holgazanería.*

harpa f. Variante ortográfica no frecuente de «arpa».

harpado, -a adj. Variante ortográfica no frecuente de «arpado».

harpía f. Arpía.

harpillera f. *Arpillera.*

harqueño, -a adj. De [la] harca.

harrado 1 m. ARQ. *El rincón o ángulo entrante que forma la bóveda esquilfada.* **2** ARQ. **Pechina: superficie con que se cubre cada uno de los cuatro rincones que quedan al sobreponer a una planta cuadrada una cúpula.*

¡harre! interj. *¡Arre!*

harrear tr. *Arrear.*

harria f. *Arria.*

harriería f. *Arriería.*

harriero 1 m. **Arriero.* **2** *(Saurothera merlini)* *Ave trepadora de Cuba.

harruquero (And.) m. **Arriero.*

hartar (de «harto») **1** («de») tr. Dar de *comer o hacer comer a ↘alguien hasta que ya no puede más. ≃ Atiborrar, atracar. ⇒ *Harto. ⊙ («de») prnl. Atiborrarse alguien de comida. **2** tr. *Cansar, *fastidiar o *molestar a una ↘persona (generalmente representada por un pronombre personal) cierta cosa, por pesada o excesiva: 'Me harta tener que decir las cosas tantas veces. Me harta ese hombre con su sabiduría'. ⇒ *Harto. ⊙ («de») prnl. Cansarse: sentir *enfado por la pesadez o repetición de cierta cosa y no estar dispuesto a tolerarla más: 'Ya me he hartado de guardarle consideraciones'. **3** («de») tr. Dar o aplicar a ↘alguien *mucha cantidad o mucho número de cierta cosa: 'Le han hartado de insultos. Me hartaron de agasajos'. ≃ Llenar. ⊙ («de») prnl. Hacer *mucho de algo: 'El domingo me harté de cazar perdices' (cacé muchas).

hartazgo o **hartazón** (numerable o partitivo, respectivamente) m. Acción o efecto de hartarse: *exceso o demasía cometidos tomando o haciendo algo, o consecuencia de ello: 'Tuvo un cólico de un hartazgo de calamares. Tiene hartazón de estudiar'.

hartijón (inf.) m. Hartazgo.

harto, -a (del lat. «fartus», relleno) **1** («de») adj. Lleno de comida hasta no poder ingerir más. **2** («de») Se dice de la persona que ha hecho muchas veces una cosa y tiene, por tanto, motivos para *saber hacerla o saber algo en relación con ella: 'Estoy harto de ir a su casa, pero nunca me he fijado en el número. Estás harto de resolver problemas como éste'. ≃ Cansado. **3** Se usa en frases anticuadas como participio irregular de «hartar»: '...porque ellos serán hartos'. **4** Se aplica a las personas que tienen, y con exceso, cuantos bienes materiales pueden desear: 'Los hambrientos y los hartos'. ⇒ *Rico. **5** («de») *Cansado de hacer cierta cosa o de aguantar o sufrir algo o a alguien: 'Estoy harto de hacer todos los días lo mismo. Estoy harto de oír a ese majadero'. **6** (usado solamente antepuesto; pl.) *Muchos o demasiados: 'Hartas ganas tengo de perderle de vista. Hartas preocupaciones tenemos para que venga con quejas'. **7** (con terminación m.) adv. Bastante o demasiado: 'Harto bien le tratan para como se porta'.

V. «el DIABLO harto de carne...».

□ CATÁLOGO

Ahíto. ➤ Ahíto, atracón, atraquina, empacho, empipada, hartazón, hartazgo, hartijón, hartura, panzada, saciedad, tragantona, tripada, tupa, tupitaina. ➤ Atiborrar[se], atracar[se], ponerse las BOTAS, cebar, ponerse como el CHICO del esquilador, ponerse CIEGO, ponerse como el QUICO, empachar[se], empajarse, empapuciar, empapujar[se], empapuzar[se], empiparse, *engullir, forrarse, hartarse, hincharse, inflarse, llenar[se], ponerse MORADO, repletarse, ponerse TIBIO, sacar la TRIPA de mal año, ponerse como un TROMPO, darse un VERDE. ➤ Aborrecer[se], aburrir[se], ahitar, apestar, apiparse, asquear[se], estar hasta por encima de la CABEZA, cansar[se], cargar[se], estar hasta el COCO, estar hasta los *COJONES, estar hasta la CORONILLA, embazarse, empalagar, enhastiar, estomagar, fartar, estar hasta el GOLLETE, estar hasta el GORRO, hastiar, caerse de las MANOS, estar hasta el MOÑO, estar NEGRO, estar hasta los PELOS, no PODER más, estar hasta la PUNTA de los pelos. ➤ ¡BUENO está lo bueno!, ¡estoy HARTO! ➤ *Comer. *Saciar. ➤ *Exasperar. *Fastidiar. *Molestar.

hartura 1 f. Hartazón, estado de harto. ⊙ Situación del que tiene, y con exceso, todos los bienes materiales que puede desear. **2** *Abundancia.* **3** (Rioj.) *Consecución de un deseo.*

hasaní (del ár. «ḥasanī») adj. *Se aplica a la *moneda que acuñó el sultán Hasán y, en general, a la moneda *marroquí.*

hasta (del ár. and. «ḥattá», con influencia del lat. «ad ista») **1** prep. Expresa el *lugar en que termina un movimiento: 'Llegaremos hasta la frontera'. ⊙ El lugar a que llega algo: 'Con el agua hasta la cintura'. Con este significado se puede sustituir por «a»: 'Con el agua a la cintura'. ⊙ El *momento, lugar, etc., en que se interrumpe o queda realizada una acción: 'He leído hasta la página cincuenta. No pararé hasta que lo consiga. Esperaré hasta que vuelva'. ⊙ Se emplea también para expresar lo que falta, en tiempo o en otra cosa, para llegar a un determinado punto: 'Te faltan tres centímetros hasta ser tan alto como yo. Faltan quince días hasta Navidad'. ≃ *Para. ⊙ También sirve para expresar el *máximo de una cantidad aproximada: 'Guárdame hasta dos docenas de naranjas'. ⊙ En frases negativas expresa el punto en que termina la abstención que la negación envuelve: 'No me marcharé hasta haberlo resuelto todo'. En estas frases es frecuente la intercalación de un «no» pleonástico: 'No me marcharé hasta que no me echen'. ≃ En tanto, hasta tanto. **2** adv. *Incluso: 'Hasta los niños lo comprenden. Allí hace frío hasta en verano. Estoy dispuesto hasta a empeñarme por hacer el viaje'. ⇒ *Énfasis. ⊙ Se emplea como expresión *culminativa para dar sentido ponderativo a la inclusión de cierto caso en la afirmación o negación contenida en la frase: 'Hasta yo iría a verlo' (de tanto interés sería). **3** prep. Se emplea mucho con un adverbio o con un nombre que expresa tiempo, para *despedirse: 'Hasta luego. Hasta mañana. Hasta la vuelta'.

□ NOTAS DE USO

La intercalación de un «no» pleonástico en frases negativas es condenada por algunos gramáticos, apoyándose, principalmente, en que puede dar lugar a anfibologías: si se dice, por ejemplo, 'no sembraremos hasta que no llueva', no se sabe si lo que se espera es que llueva o que deje de llover. Esta razón es, sin embargo, la más débil, pues el hecho es que, por la incomodidad que representa, en este como en otros casos, el encuentro de dos oraciones negativas, el peligro de anfibología queda resuelto porque, aunque gramaticalmente fuese correcto, a nadie se le ocurriría, si lo que se pretende es decir que se espera a que ya no llueva para sembrar, decirlo en la forma del ejemplo, sino 'no sembraremos hasta que ya no llueva' o 'hasta que deje de llover'. Por otro lado, no se ve clara la razón doctrinal de condenar el «no» superfluo en este caso, que tiene una explicación en la semejanza de sentido entre las partículas «hasta» y «mientras» (las cuales en algunas lenguas, por ejemplo en el hebreo, se confunden) y que se encuentra usado por escritores consagrados, y considerarlo admisible en otros de superfluidad igualmente patente. Sin embargo, de hecho, en la mayor parte de los casos suena inelegante y esta puede ser la verdadera razón para proscribirlo.

hastial (del sup. lat. «fastigiāle», de «fastigĭum») **1** m. ARQ. Parte superior de la fachada de un edificio, comprendida entre las dos vertientes del tejado. ≃ *Frontispicio. ⊙ ARQ. Por extensión, toda la *fachada. **2** ARQ. Cada una de las tres fachadas de una iglesia correspondientes a los pies y laterales del crucero. **3** MINER. Pared de la excavación, formada por roca sin valor. ⇒ Costero. **4** (Ál.; pl.) **Soportales.* **5** (aspirando generalmente la «h») *Hombrón *tosco o *grosero.*

hastiar (del lat. «fastidiāre») tr. Producir *disgusto una ↘cosa por pesada o por empalagosa: 'Me hastía su conversación. Le hastían las lisonjas'. ≃ *Aburrir, cansar, fastidiar, hartar, enfastiar. ⊙ («de») prnl. Sentir *disgusto por algo pesado o empalagoso: 'Se hastía de todo'.

□ CONJUG. como «desviar».

hastío (del lat. «fastidĭum») m. Acción y efecto de hastiar[se].

hastioso, -a (del lat. «fastidiōsus») adj. *Fastidioso.*

hataca (del sup. ár. and. «faṭṭáqa») **1** f. *Cucharón o *cuchara grande de palo.* **2** (ant.) **Rodillo usado para extender la masa con que se hace el *chocolate.*

hatada (de «hato») f. *Hatería.*

hatajador (Méj.) m. *Hombre que guía la recua.* ⇒ *Arriero.

hatajo (de «atajar», tajar, partir) **1** m. Hato pequeño de ganado. **2** *Multitud de ciertas cosas: 'Un hatajo de disparates'. ≃ Atajo. ⊙ Conjunto de gente despreciable: 'Un hatajo de pícaros'. ≃ *Cuadrilla.

hatear 1 intr. *Recoger alguien su ropa para un viaje.* **2** *Dar la hatería a los *pastores.*

hatería (de «hatero») **1** f. **Provisión de ropa y víveres que llevan los pastores, jornaleros y marineros.* ≃ Hatada. **2** *Provisión de víveres que llevan los *pastores.*

hatero, -a (de «hato») **1** adj. *Se aplica a las *caballerías que se emplean para llevar el ajuar de los pastores.* **2** m. *Hombre que lleva los víveres a los pastores.* **3** (Cuba) n. *Propietario de un hato de ganado.*

hatijo m. *Cubierta de esparto o material semejante con que se cubre, por ejemplo, la boca de las *colmenas.* ⇒ Enhatijar.

hatillo (dim. de «hato») **1** m. Hato o lío de ropa pequeño. **2** Hato pequeño de *ganado.

hato (¿del sup. gót. «fat», vestidos, equipaje, con influencia del ár. and. «ḥáẓẓ», porción que toca a cada uno?) **1** m. *Envoltorio en que lleva su ajuar alguien que va de un lado a otro. **2** *Hatería (provisión de víveres).* **3** (colectivo numerable) Cierto número de reses de ganado mayor o menor. ≃ *Ganado, rebaño. **4** *Sitio, fuera de las poblaciones, donde se instalan los pastores mientras están allí con el *ganado.* **5** (Cuba, Ven.) **Finca rústica destinada a la cría de toda clase de ganado, principalmente de ganado mayor.* **6** (ant.) *Redil o *aprisco.* **7** *Multitud de ciertas cosas: 'Un hato de mentiras'. ≃ Atajo, cúmulo, hatajo. ⊙ Conjunto o reunión de personas despreciables: 'Son un hato de sinvergüenzas'.

ANDAR CON EL HATO A CUESTAS (inf.). *Mudar frecuentemente de lugar o ir de un sitio a otro sin establecerse en ninguno.

LIAR EL HATO (inf.). *Marcharse de cierto sitio donde se vive, se trabaja, etc., generalmente incitado a ello por alguna circunstancia desfavorable.

PERDER EL HATO. Huir o andar precipitadamente.

haute (del fr. «haute», alta) m. HERÁLD. **Escudo de armas donde se pintan las armas de distintos linajes.*

havar o **havara** adj. y n. *Se aplica a los individuos de la tribu berberisca de Havara, una de las más antiguas del norte de África, y a sus cosas.* ≃ *Musulmán.

havo (del lat. «favus», panal) **1** (ant.) m. *Panal.* ≃ Favo. **2** (ant.) **Enfermedad cutánea.*

hawaiano, -a adj. y, aplicado a personas, también n. De Hawai.

hay Forma impersonal de la tercera persona del singular del presente de indicativo del verbo «haber», formada con la adición del adverbio antiguo «y», allí, de manera enteramente semejante y significado igual a los del francés «il y a».

haya[1] (del lat. «materĭa fagĕa», madera de haya; *Fagus sylvatica)* f. Árbol fagáceo cuya madera, dura y muy apta para el torneado, se emplea mucho para construir muebles corrientes y mangos de herramientas. ≃ Fabo. ⇒ Friz. ➤ Coyán. ➤ Hove. ➤ Haedo, hayal, hayucal, hayedo. ➤ *Planta.

haya[2] (forma de la 1.ª y 3.ª persona del singular del presente de subjuntivo de «haber») m. *Donativo que se hacía antiguamente a los maestros en las escuelas de danza, en ciertas fiestas.*

hayaca f. *Cierto *pastel que se hace en Venezuela por Navidad, con harina de maíz, relleno de carne o pescado y distintas cosas más.*

hayal m. Hayedo.

hayedo (de «haedo», con influencia de «haya[1]») m. Sitio poblado de hayas.

hayo 1 m. **Coca (arbusto eritroxiláceo).* **2** *Mezcla de hojas de coca y sales calizas o de sosa o ceniza, que *mascan los indios de Colombia.*

hayucal (de «hayuco») m. *Sitio poblado de hayas.*

hayuco m. Fruto del haya, de forma de pirámide triangular.

haz[1] (del lat. «fascis») **1** m. Conjunto atado de cosas largas, tales como mies, leña o hierba, colocadas paralelamente y atadas. **2** Conjunto de cosas como rayos, rectas o planos que salen del mismo sitio y se dirigen hacia el mismo lado de un plano que pasa por él. **3** ANAT. Conjunto de fibras musculares o nerviosas que se agrupan paralelamente. **4** (pl.) **Fasces (insignia de los cónsules romanos).*

□ CATÁLOGO

Camatón, capón, coloño, fajares, fajo, fascal, faz, feje, gabejo, gabijón, gadejón, garba, garbón, gavilla, hacha, hijuela, mostela, samanta, vencejera. ➤ Nía. ➤ Facina, fajina, fascal, garbera, hacina, medero, mogote, mostelera, tresnal, treznal. ➤ Gavillero. ➤ Seico, tercenal. ➤ Hiscal, tramojo, ve[vi-]lorta, ve[vi-]lorto, VENCEJO, vilorta. ➤ Garrotillo. ➤ Afascalar, agarbillar, agavillar, atraznalar, atresnalar, atropar, engarbera, engavillar, enhacinar, envilortar, garbar, garbear, gavillar, hacinar, medar, treznar. ➤ Barcinar. ➤ Collazo. ➤ Escalerilla. ➤ *Almiar. *Manojo.

haz[2] (del lat. «acĭes», fila, con la «h» de «haz[1]») m. MIL. *Tropa formada; en filas, o en grupos o divisiones.

haz[3] (del lat. «facĭes», cara) **1** («La») f. **Cara.* ≃ Faz. **2** («El») Derecho de una tela u otra cosa que tiene dos caras. ≃ *Cara. ⊙ («El») BOT. Cara superior de las hojas de las plantas, normalmente más lisa y con los nervios menos marcados que en el envés. ⇒ Contrahaz. **3** (ant.) **Fachada de un edificio.*

A SOBRE HAZ. *Superficialmente.* ≃ A primera vista.

haza (del lat. «fascĭa», faja) **1** f. *Campo: porción de tierra de cultivo. **2** (ant.) **Montón.*

MONDAR LA HAZA. **Desembarazar un sitio.*

hazacel m. *Nombre usado en el ritual hebreo en la ceremonia de las «Expiaciones» con referencia a un macho cabrío que se sacrificaba, después de imponerle el sacerdote sus manos y cargarle simbólicamente con los pecados del pueblo de Israel, abandonándole en el desierto, sin matarle. No es seguro si el nombre se aplicaba al animal, al lugar donde se le abandonaba o al espíritu del mal.* ≃ Azacel, azazel, emisario, hazazel.

hazaleja f. **Toalla.*

hazana (de «hazaña»; inf.) f. **Trabajo casero.* ≃ Faena. ⇒ *Vivienda.

hazaña (del ár. and. «ḥasána», influido por el ant. «facer») f. Acción que ha requerido mucho valor o esfuerzo. ≃ *Heroicidad, proeza. ⇒ Fazaña, gesta, *heroicidad, proeza, sergas. ➤ *Épica, *epopeya. ➤ *Héroe. ⊙ Puede tener sentido irónico: 'Es [toda] una hazaña insultar a un viejo'.

hazañar (ant.) intr. *Ejecutar hazañas.*

hazañería (de «hazaña») f. **Aspaviento, *melindre o *remilgo.*

hazañero, -a adj. y n. *Se aplica al que hace hazañerías.* ⊙ adj. *De [las] hazañerías.*

hazañosamente adv. *Con *valor.*

hazañoso, -a (de «hazaña») adj. *Aplicado a personas y a sus acciones, *valiente o valeroso.*

hazazel m. *Hazacel.*

hazmerreír (de «hacer», el pron. «me» y «reír») m. Persona *ridícula, que es la diversión de determinada gente o en cierto sitio: 'Es el hazmerreír de sus compañeros de clase'. ≃ *Mamarracho, tipejo.

he[1] A LA HE (ant.). *A fe.*

he[2] (del ár. and. «há») adv. Expresión demostrativa, que, sola o unida a los pronombres «me, nos; te, os; lo, la, los, las» sirve, en uso hoy literario y poco frecuente, para llamar la atención sobre la persona o cosa representada por ellos.

□ NOTAS DE USO

Usada sola va en lenguaje actual completada con uno de los adverbios «ahí, allí» o «aquí». Y, generalmente, lo va también cuando lleva pronombre pospuesto: 'He ahí las consecuencias de tu ligereza. Heme aquí sin saber qué hacer'. En el uso actual de esta partícula, aunque no vayan expresos esos adverbios pueden sobreentenderse en cualquier caso: 'Hela (ahí) desengañada y arrepentida'; pero antiguamente se hacía uso mucho más amplio de ella y en frases en que tales adverbios no tenían aplicación.

El pronombre «te» se encuentra a veces añadido a cualquiera de los otros, como si se quisiera dar a la partícula «he», a pesar de su etimología, el valor verbal imperativo que tiene en francés «voi» en «voici» y «voilà», referido en el caso de «he» al verbo «haber» con el significado de «tener»: 'Hételos desavenidos cuando más necesitaban la concordia'.

He Símbolo químico del helio.

heavy o **heavy metal** (ingl.; pronunc. [jébi métal]) **1** m. Cierto tipo de rock duro. ⊙ adj. De este tipo de música: 'Le gusta la música heavy. Lleva una estética heavy'. **2** adj. y n. Se aplica al rockero aficionado al heavy metal.

hebdómada (del lat. «hebdomăda», del gr. «hebdomás») **1** f. **Semana.* **2** *Espacio de siete *años.*

hebdomadario, -a (de «hebdómada») **1** adj. Aplicado particularmente a los periódicos, semanal. **2** n. *Semanero: persona a la que en los conventos y cabildos le toca oficiar en cada semana.* ⇒ *Eclesiástico.

hebén (¿del ár. and. «habá», mota de polvo, insignificancia?) **1** adj. V. «Uva hebén». ⊙ *Se aplica también a la *planta que la produce.* **2** *Aplicado a personas y a sus dichos, etc., sinsustancia. Carente de gracia, interés u oportunidad.* ⇒ *Patoso, *soso.

hebetar (del lat. «hebetāre») tr. **Debilitar la eficacia de una ˋcosa.*

hebijón (de «hebillón» y «aguijón») m. *Punta de la hebilla.*

hebilla (del sup. lat. vulg. «fibella», dim. de. «fibŭla») f. Objeto que se coloca en el extremo de una cosa en forma de tira, por ejemplo un cinturón, para poder unir a él otro extremo de la misma cosa o de otra; consiste en una anilla dividida por una barrita en la que va colocada una punta que puede girar; el extremo que ha de sujetarse se pasa por la hebilla y lleva un orificio, o más de uno, para que el conjunto sea graduable, por el que se mete aquella punta. ⇒ Alitranco, arricés [o arricesa], fibiella, fíbula. ➤ Coscoja, hebijón, patilla.

hebra (del lat. «fibra», hebra de las *plantas) **1** f. Nombre aplicado específicamente a distintas fibras vegetales y animales. ⊙ Trozo de hilo que se pone en la *aguja para coser. ⇒ Febra, liña. ➤ Enhebrar. ⊙ Fibra de la sutura de las vainas de las *legumbres. ≃ Brizna. ⊙ Filamento constituido por el estigma del *azafrán, que es la parte aprovechada como especia. ⊙ Fibra de la *carne. ⊙ Fibra fabricada por las arañas o insectos; particularmente, por el gusano de *seda. ⊙ Fibra de la *madera. ⊙ Probablemente hay otras aplicaciones usuales, y no hay inconveniente en aplicar acomodaticiamente el nombre a otros casos semejantes a los ya citados; por ejemplo, a los cabellos: 'En su pelo negro asomaban algunas hebras de plata'. **2** FIBRA textil. **3** Vena o *filón. **4** Filamento que se puede formar con el *almíbar al alcanzar cierta densidad llamada «punto de hebra». **5** Estructuras que, semejantes a madejas, se forman en algunas sustancias *líquidas o pastosas al revolverlas. **6** *Curso de lo que alguien va diciendo: 'He perdido la hebra'. ≃ Hilo.

DE HEBRA. Se dice de la picadura de tabaco cuyas partículas tienen forma de briznas.

PEGAR LA HEBRA (inf.). Entablar conversación, por ejemplo al encontrarse con alguien, o prolongarla demasiado.

V. «TABACO de hebra».

hebraico, -a 1 adj. Hebreo: de los hebreos. **2** (ant.) n. *Hebreo.*

hebraísmo 1 m. Religión hebrea antigua. **2** Expresión propia de la lengua hebrea. ⊙ Particularmente, empleada en otro idioma. ⇒ *Palabra.

hebraísta n. Persona que estudia la lengua y civilización hebreas.

hebraizante adj. y n. Se aplica a los que practican la religión judía. ≃ Judaizante. ⊙ Particularmente, a los que la practicaban en secreto habiéndose *convertido aparentemente al cristianismo.

hebreo, -a (del lat. «Hebraeus», del hebr. «'ibrī») adj. y n. Se aplica a los individuos del pueblo que habitó Palestina, al cual perteneció Jesucristo, así como a los descendientes de él, y a sus cosas. ≃ Israelita, *judío. ⊙ (pl.) m. Ese pueblo. ⊙ Lengua semítica que hablaba ese pueblo y que, en su forma moderna, es el idioma oficial de Israel.

hebrero[1] m. ZOOL. *Herbero: *esófago de los *rumiantes.*

hebrero[2] (ant.) m. *Febrero.*

hebroso, -a (de «hebra») adj. Fibroso.

hebrudo, -a (de «hebra»; And., C. Rica, Perú) adj. *Fibroso.*

hecatombe (del lat. «hecatombe», del gr. «hekatómbē») **1** (culto) f. *Sacrificio religioso de cien víctimas. ⊙ (culto) Por extensión, sacrificio con gran número de víctimas. **2** (culto) Gran número de *muertos en una lucha. ≃ Mortandad. **3** (culto) *Desastre con muchas víctimas. ⊙ Se usa hiperbólica o humorísticamente, aplicado a algún suceso en que ha habido muchos perjudicados o muchos perjuicios: 'Los exámenes de esta mañana han sido una hecatombe'. ⇒ *Escabechina.

heces f. Plural de «hez».

hecha (del lat. «facta») **1** (ant.) f. **Fecha.* **2** (Ar.) *Censo o tributo que se paga por el agua de riego.*

DE ESTA [ESA, etc.] HECHA. Frase, equivalente a «con esto [eso», etc.] con que se alude a un suceso que *decide cierto cambio para el futuro: 'De aquella hecha escarmentó para siempre'.

hechiceresco, -a adj. *De hechiceros o de *hechicería.*

hechicería f. Práctica de hechizos o encantamientos.

☐ CATÁLOGO

Adivinación, ARTE de los espíritus, ARTE mágica, brujería, cábala, CIENCIAS ocultas, genetliaca [o genetlíaca], geomancia [o geomancía], heteromancia [o heteromancía], hidromancia [o hidromancía], hieroscopia, magia, magia negra, nigromancia [o nigromancía], nosomántica, ocultismo, satanismo, teúrgia, tropelía. ➤ *Alquimia, *astrología. ➤ Abracadabra, abraxas, *amuleto, bebedizo, bicha, bramador, carácter, cerco, circo, círculo, conjuro, CUADRADO mágico, filtro, grimorio, lechuza, nómina, pacto, palabras, POLVOS de la madre Celestina, RUEDA de Santa Catalina, SELLO de Salomón, talismán, UÑA de la gran bestia, VARITA de virtudes, VARITA mágica. ➤ Abusión, ahuizote, bilongo, conjuro, embrujamiento, embrujo, encantamiento, encantorio, ensalmo, hechizo, esconjuro, imbunche, inescación, ligadura, ligamen, MAL de ojo, *maleficio, mandinga, prestigio, prodigio, sortilegio, tropelía, veneficio. ➤ Adivinar, aojar, atravesar, catatar, *conjurar, DAR algo, desaojar, desencantar, deshechizar, embrujar, enartar, encantar, ensalmar, evocar, fascinar, echar las HABAS, hadar, inaugurar, ligar, maleficiar, desligar el MALEFICIO, ojear, predecir, saludar, santiguar, veneficiar. ➤ Adivino, bruja, brujo, calchona, cohen, encantador, escolar, espantanublados, hada, hechicero, imbunche, jorguín, judiciario, jurgina, jurguina, lobero, mago, meigo, mistagogo, nagual, nigromante, pitón, pitonisa, saga, saludador, santiguador, sorguín, sorguina, sortílego, venéfico, zahorí. ➤ Aquelarre. ➤ Sábado. ➤ Brujesco, hadado, hechiceresco, mágico, maravilloso, meduseo. ➤ *Alquimia. *Amuleto. *Astrología. *Bruja. *Demonio. *Encantar. *Maleficio. *Superstición.

hechicero, -a 1 n. Persona que pretende conocer el futuro y las cosas que están fuera del alcance de los sentidos o la inteligencia y ejercer un poder sobrenatural, generalmente maléfico, sobre cosas o personas valiéndose de palabras, signos y objetos extraños. ⇒ *Hechicería. **2** En los cuentos, brujo. **3** adj. Aplicado a personas y a sus cosas, *encantador. Con hechizo o atractivo.

hechizado, -a Participio adjetivo de «hechizar»: 'Carlos II el Hechizado'.

hechizar (de «hechizo») **1** tr. Ejercer un maleficio sobre ↘alguien con prácticas de hechicería. **2** Causar alguien o algo con su belleza, su gracia, etc., mucho placer a ↘otra u otras personas y tenerlas absortas. ≃ Cautivar, *embelesar, encantar.

hechizo, -a (del lat. «facticĭus») **1** adj. *Ficticio o postizo.* **2** m. *Brujería o *hechicería. Cualquier práctica, procedimiento o medio usado por los hechiceros para producir resultados sobrenaturales. **3** Atractivo natural muy fuerte que posee una persona o una cosa: 'El hechizo de esa mujer es irresistible'. ≃ *Encanto.

hecho, -a (del lat. «factus») **1** Participio de «*hacer» con muchas acepciones como adjetivo y como nombre. ⇒ Fecho. **2** adj. Se aplica a las cosas que ya han alcanzado su madurez o su desarrollo completo, o el punto debido: 'Un árbol [o un hombre] hecho. La masa del pan [o la carne] está ya hecha'. ⊙ Aplicado a las personas, a sus facciones, etc., ya con el aspecto, la forma, etc., de *adulto: 'Un niño con las facciones muy hechas. Esta niña está ya muy hecha y no parece que vaya a crecer más'. ≃ Granado. **3** («a») Acostumbrado a cierta cosa: 'Un hombre hecho a trabajar en el campo'. **4** Con un nombre precedido de «un», expresa que la cosa de que se trata tiene el aspecto o está convertida en lo que expresa ese nombre: 'Hecho una fiera. Hecha una mujer'. **5** Con «bien» o «mal», aplicado a una persona o a un animal, o a facciones o miembros del cuerpo, equivale a «conformado»: 'Una cara bien hecha. Un niño muy bien hecho'. **6** Con algunos nombres, significa que la cosa de que se trata está ya hecha y no se hace en el momento en que se usa o a la medida: 'Frase hecha. Se viste con ropas hechas'. ⇒ *Ad hoc, facticio, a la *medida. **7** interj. «Hecho» se emplea exclamativamente como respuesta para *asentir enérgicamente a algo que otra persona propone: '¿Alquilamos una casa juntos para este verano? —¡Hecho!'. **8** m. Cosa hecha: 'Es un hecho digno de él'. ≃ *Acción. ⊙ Hazaña o hecho notable; se emplea mucho en plural: 'Los hechos de nuestros antepasados'. ⊙ DER. Cuestión sobre la que versa el pleito o la causa. **9** Acontecimiento, caso, *suceso: 'Refirió los hechos con todo detalle'. **10** adj. *Precedido de «bien» y aplicado a un nombre de calidad, equivale a «corrido».*

HECHO CONSUMADO. El que se ha llevado a cabo completamente: 'Su separación es un hecho consumado'.

HECHO DE. Es una expresión insustituible en los casos en que no existe nombre de acción y efecto del verbo o el que existe no es usual; no se dice, por ejemplo, 'la traída de un regalo no me hizo cambiar de actitud', sino 'el hecho de traerme un regalo no me hizo cambiar de actitud'.

HECHO DE ARMAS. Acción notable realizada en la *guerra.

A LO HECHO, PECHO. Expresión que muestra o recomienda decisión para, una vez que se ha hecho algo desacertado, *afrontar las consecuencias y sacar el mejor partido posible.

BIEN HECHO. Expresión muy usada, con el verbo «estar» o en forma exclamativa, con que se califica cualquier acción que se considera acertada o moral: 'No quise decírselo a su padre. —¡Bien hecho!'. ⇒ *Bien, *bueno.

DE HECHO. **1** Expresión *correctiva equivalente a «en realidad»: 'De hecho, el piso no es caro dadas sus condiciones'. **2** *Realmente: 'De hecho, es como si lo hubiera dicho él mismo'. **3** Por oposición a «de derecho», significa que la persona, cosa o acción de que se trata existen o actúan en la práctica como lo que se expresa: 'De hecho soy el director, aunque mi título sea subdirector. De hecho, existe esa obligación, aunque la ley no la mencione explícitamente'.

EL HECHO ES QUE. Expresión de significado *adversativo con que se introduce algo que está en oposición con otra cosa dicha anteriormente o consabida: 'Todo eso será verdad, pero el hecho es que, cuando te he llamado, no estabas en tu puesto'.

¡ESO ESTÁ HECHO! (inf.). Expresión con que se denota que cierta cosa por la que alguien muestra interés puede hacerse u obtenerse sin dificultad; especialmente, por lo que respecta al que habla.

HECHO A SÍ MISMO. Se aplica a la persona que ha alcanzado una posición social y económica por sus propios esfuerzos.

HECHO UN [O HECHA UNA]. V. «hecho» (4.ª acep.).

HECHO Y DERECHO. Expresión enfática con que se subraya la propiedad con que se aplica a alguien cierto calificativo: 'Un hombre [o un sinvergüenza] hecho y derecho'. ⇒ *Auténtico.

MAL HECHO. Se emplea en exclamaciones o con «estar», con sentido contrario al de «bien hecho»: 'No me atreví a decírselo. —¡Mal hecho!'. ⇒ PARA ACCIONES: abominable, *censurable, culpable, *deshonesto, *inconcebible, *indelicado, indignante, *insolente, *intolerable, vergonzoso, *vil. PARA COSAS: birria, buñuelo, *chapuza, churro, desaguisado, desastre, *destrozo, *embarullar, emplasto, *fechoría, higo, infumable, *mamarracho, zancocho.

YA ESTÁ HECHO. Expresión de *conformidad con algo que no ha resultado bien, pero que ya no tiene remedio.

hechor, -a (del lat. «factor, -ōris», factor) **1** (ant.) n. *Actor o *autor.* **2** (And., Chi.) *Malhechor.* ⇒ *Delito. **3** (Am. S.) m. *Caballo o asno semental.*

-hechor, -a Forma sufija de «hechor»: 'bienhechor, malhechor'.

hechura (del lat. «factūra») **1** f. *Acción de hacer: *confección o *ejecución de una cosa.* ⊙ (sing. o, menos frec., pl.) Es usual como confección de un vestido: 'La hechura me ha costado cinco mil pesetas'. ⇒ Fechura. **2** Manera de estar hecha una cosa: 'De buena hechura'. ≃ Factura. **3** Cosa, particularmente si es lamentable, respecto del autor o culpable de ella: 'Todo este desastre es hechura tuya'. ≃ Obra. **4** Configuración, *forma exterior de las cosas que se suponen hechas por alguien: 'La hechura de una moldura'. ⊙ (más frec. en pl.) Configuración del *cuerpo. **5** *Cosa hecha, respecto del que la ha hecho. Particularmente, cada criatura respecto de Dios.* ≃ Creación. **6** *Figura hecha de *escultura.* **7** Una persona respecto de otra que la ha colocado en la posición en que está o ha hecho de ella con su influjo, enseñanzas, etc., lo que es: 'Es hechura de su tío [o de su maestro]'.

hect- (var. «hecto-») Elemento prefijo del gr. «hekatón» que significa «ciento». Se pronuncia tónica la «o» de la forma «hecto-» en «hectómetro». Los compuestos «hectogramo» y «hectolitro» son graves, esto es, sin acento en el prefijo.

hectárea (de «hecto-» y «área») f. Medida de *superficie que tiene cien áreas, o sea cien decámetros cuadrados; equivalente, por tanto, a un hectómetro cuadrado. Abrev.: «Ha». ⇒ Pertenencia.

héctico, -a (del lat. «hectĭcus», del gr. «hektikós», habitual; ant.) adj. MED. *Tuberculoso. ≃ Ético, hético.

hectiquez f. MED. *Estado de héctico.*

hecto- V. «hect-».

hectógrafo (de «hecto-» y «-grafo») m. *Aparato que sirve para sacar muchas copias de un escrito o dibujo.* ⇒ *Multicopista.

hectogramo (de «hecto-» y «gramo») m. Unidad equivalente a cien gramos. Abrev.: «Hgr».

hectolitro (de «hecto-» y «litro») m. Medida de *capacidad equivalente a cien litros. Abrev.: «Hl».

hectómetro (de «hecto-» y «metro») m. Medida de *longitud equivalente a cien metros. Abrev.: «Hm».

HECTÓMETRO CUADRADO. Medida de *superficie equivalente a un cuadrado de un hectómetro de lado. ⇒ Hectárea.

H. CÚBICO. Medida de *volumen equivalente a un prisma cúbico de un hectómetro de arista.

hedentina (de «hedentino») **1** f. **Olor malo y penetrante.* **2** *Sitio donde lo hay.*

hedentino, -a o **hedentinoso, -a** (ant.) adj. **Fétido.* ≃ Hediondo.

heder (del lat. «foetēre») **1** intr. Despedir mal *olor. ⇒ Apestar, carcavinar, corromper, feder. ➤ ¡Pfff...! ➤ *Fétido. **2** *Fastidiar o *molestar mucho.

□ CONJUG. como «entender».

hediondez 1 f. *Fetidez. ≃ Hedor. **2** Cosa hedionda.

hediondo, -a (del sup. lat. vulg. «foetibundus», de «foetēre», heder) **1** adj. *Fétido. ≃ Hidiondo. **2** Repugnante física o moralmente. ≃ Asqueroso. ⊙ **Obsceno.* **3** **Muy fastidioso o molesto.* **4** *(Anagyris foetida)* m. Arbusto leguminoso de flores amarillas y fruto en vainillas negras algo retorcidas, que despide todo él olor desagradable. ⇒ *Planta.

V. «CAÑAHEJA hedionda, LIRIO hediondo, MANZANILLA hedionda, TRÉBOL hediondo».

hedo, -a (del lat. «foedus»; ant.) adj. **Feo.*

hedónico, -a adj. Del hedonismo o del hedonista.

hedonismo (del gr. «hēdonḗ», placer) m. Doctrina que considera el *placer como fin supremo de la vida.

hedonista 1 adj. Del hedonismo. **2** adj. y n. Partidario del hedonismo.

hedor (del lat. «foetor, -ōris») m. Mal olor. ≃ Hediondez, *fetidez, peste, pestilencia.

Hefner V. «LÁMPARA de Hefner».

hegelianismo (pronunc. [jegelianísmo]) m. Sistema filosófico del siglo XIX, fundado por el alemán Hegel.

hegeliano (pronunc. [jegeliáno]) adj. De Hegel, filósofo alemán. ⊙ adj. y n. Seguidor de su doctrina.

hegemonía (del gr. «hēgemonía», dirección, jefatura; «Ejercer») f. *Supremacía ejercida por un Estado sobre otros agrupados con él, por su situación u otra circunstancia. ⊙ Por extensión, supremacía ejercida por alguien o algo entre otros u otras cosas. ≃ Heguemonía.

hegemónico, -a adj. De [la] hegemonía.

hégira (del ár. «hiǧrah», a través del fr.) f. Era de los *musulmanes, que se cuenta desde el día 15 de julio del año 622, en que Mahoma se marchó, huyendo de la Meca a Medina. ≃ Égira, héjira.

heguemonía f. *Hegemonía.*

héjira f. *Variante ortográfica de «hégira».*

hela, -as V. «helo, -a».

helada f. Fenómeno atmosférico que consiste en helar: 'Las heladas tardías han estropeado algunas cosechas'. ⇒ *Calamidad.

CAER UNA HELADA [o HELADAS]. Helar.

heladera (Arg., Par., Ur.; no frec. en España) f. **Nevera.*

heladería f. Tienda donde se venden helados.

heladero, -a n. Persona que fabrica o vende helados.

heladizo, -a adj. *Fácilmente congelable.*

helado, -a 1 Participio adjetivo de «helar». ⇒ Gélido, glacial. **2** (hiperb.) Muy *frío: 'Del manantial sale el agua helada. Tienes las manos heladas'. ⊙ (hiperb.) Aplicado a personas, con mucho frío: 'Me quedé helado esperando el autobús'. ⇒ Entumecido. **3** m. *Golosina o postre helado. Particularmente, por oposición a «polo», el de consistencia cremosa y sin palito para sujetarlo. ⇒ Canuto, cornete, copete, corte, crocanti, HELADO de corte, mantecado, nieve, paleta, pijama, pistache, polo, sorbete, TARTA helada. ➤ Escarchado, garapiñado [o garrapiñado], granizado. ➤ Airampo. **4** (inf.; «Dejar, Quedarse») adj. *Estupefacto por el asombro o la sorpresa.

HELADO DE CORTE. Helado que se vende en cortes prismáticos que se colocan entre dos galletas. ≃ Corte.

helador, -a adj. Aplicado al tiempo, al viento, al aire, etc., capaz de helar. ⊙ Muy *frío.

heladora f. Utensilio para hacer helados. ⇒ Garapiñera [o garrapiñera].

heladura f. *Atronadura (defecto en las *maderas) producida por el frío. ⊙ Otro defecto de las maderas.* ≃ Doble ALBURA.

helamiento m. *Acción y efecto de helar*[*se*].

helante (ant.) adj. *Que hiela.*

helar (del lat. «gelāre») **1** tr. y prnl. Convertir[se] una ↘cosa en *hielo. ≃ Congelar[se]. **2** tr. Producir el frío la coagulación de una ↘cosa. ⊙ prnl. *Coagularse una cosa, por ejemplo el aceite, por efecto de un frío muy intenso. **3** tr. Hacer que se hielen (se sequen o mueran por causa de las heladas) las ↘*plantas. ⊙ prnl. *Morirse los animales o las *plantas, estropearse los frutos, etc., por causa de las heladas. ⇒ Acarralarse, emparamarse. ➤ Quemadura. **4** (terciop.) intr. Hacer una temperatura inferior a cero grados, con lo que se hiela el agua: 'La noche pasada ha helado'. **5** (hiperb.; más frec. en forma durativa) prnl. Tener o pasar mucho frío: 'No te esperé más porque me estaba helando'. ⊙ Quedarse entumecido.

HELARSE DE FRÍO. Tener o pasar mucho *frío.

□ CONJUG. como «acertar».

helear (de «hiel») tr. *Ahelear (poner amargo).*

helechal m. *Sitio poblado de helechos.*

helecho (del lat. «filictum», sitio poblado de helechos) m. *Planta herbácea terrestre, con hojas grandes que reciben el nombre de «frondes», tallo formando a menudo un rizoma rastrero, sin flores ni semillas, y con los esporangios en el envés de los frondes agrupados en «soros». Habitan generalmente en lugares húmedos de todas las regiones del mundo, especialmente en los trópicos, y muchos son utilizados como ornamentales. ⇒ Otra raíz, «filic-»: 'filicíneo' ➤ Calaguala, culantrillo, doradilla, escolopendra, helecho, HELECHO hembra, HELECHO macho, LENGUA de ciervo [cerval o cervina], licopodio, nito, polipodio, quilquil, súrtuba. ➤ Fronda [o fronde], soro.

HELECHO COMÚN (*Pteridium aquilinum*). *Planta hipolepidácea, con grandes frondes que pueden superar el metro y medio de altura; es el helecho más corriente y se encuentra en todo el mundo a excepción de Australia.

H. HEMBRA (*Athyrium filix-foemina*). Planta atiriácea de frondas de 7 a 12 dm de longitud, divididas en tres partes y éstas en segmentos, lanceolados vellosos por el envés; el peciolo es en parte subterráneo y su sección presenta un dibujo semejante al águila heráldica de dos cabezas; el rizoma se ha usado como antihelmíntico.

H. MACHO (*Dryopteris filixmas*). Planta aspidiácea de frondas de 6 a 8 dm de longitud, oblongas y divididas en segmentos largos, de borde aserrado; el peciolo está recubierto de escamas rojizas; el rizoma se emplea también como antihelmíntico.

helena (de «Helena», figura mitológica) f. **Fuego de San Telmo cuando se presenta con una sola llama.*

helénico, -a (del lat. «Hellenĭcus», del gr. «Hellēnikós») adj. *Griego antiguo.

helenio (del lat. «helenĭon», del gr. «helénion»; *Inula helenium*) m. *Planta compuesta de flores amarillas, cuya raíz se empleaba en la composición de la triaca. ≃ Ala, HIERBA del ala.

helenismo (del lat. «hellenismus», del gr. «hellēnismós») m. Civilización griega. ⊙ Particularmente, periodo de la cultura griega que va desde la muerte de Alejandro Magno hasta la conquista romana. ⊙ Conjunto de las influencias griegas en la cultura universal. ⊙ *Palabra o *expresión tomada del griego. ≃ Grecismo.

helenista (del gr. «hellēnistḗs») **1** n. Persona que se dedica al estudio de la lengua, la literatura y la civilización griegas. **2** *Nombre que daban los antiguos a los *judíos que usaban la lengua y costumbres de los griegos y a los griegos que se afiliaban al judaísmo.*

helenístico, -a adj. Del helenismo: 'Arte helenístico. Filósofo helenístico'.

helenizar (de «heleno») tr. Introducir la cultura griega en un ↘país. ⊙ prnl. Adoptar un país la cultura griega.

heleno, -a (del gr. «Héllēn, Héllēnos») adj. y n. Griego antiguo. ⊙ (culto) De la Grecia actual.

helera f. VET. **Granillo (tumorcillo de los canarios, jilgueros y otros pájaros).*

helero (de «hielo») **1** m. *Masa de *hielo formada en zonas muy altas de las cordilleras.* **2** *Por extensión, masa de *nieve en esas mismas zonas.*

helespontíaco, -a (del lat. «Hellespontiăcus»; ant.) adj. *Helespóntico.*

helespóntico, -a (del lat. «Hellespontĭcus») adj. *Del Helesponto.* ⇒ *Geografía.

helgado, -a (¿del lat. «filicātus», semejante al helecho, por comparación con los dientes o cortaduras de las hojas de esta planta?) adj. *Se aplica a la persona que tiene los *dientes ralos y desiguales.*

helgadura (de «helgado») **1** f. *Espacio que hay entre *diente y diente.* **2** *Desigualdad de los dientes.*

heli- (var. «helio-») Elemento prefijo del gr. «hḗlios», Sol.

heliaco, -a o **helíaco, -a** (del lat. «heliăcus», del gr. «hēliakós», del Sol) adj. ASTRON. *Se dice de la salida o* *del ocaso de los astros que salen o se ponen, cuando más una hora antes o después que el Sol.*

hélice (del lat. «helix, -ĭcis», del gr. «hélix, -ikos», espiral) **1** f. Superficie *alabeada. ⊙ Particularmente, cuando tiene una forma o aplicación determinadas; como el filete de la rosca de un tornillo o tuerca, la espira de un caracol, o una escalera de caracol. ⊙ Específicamente, propulsor de los *barcos y los *aviones, que consiste en un objeto alargado de forma helicoidal, al que hace girar el motor. ⇒ Bucle, caracol, filete, rizo, rosca, *tornillo. ➤ COLUMNA entorchada [o salomónica]. ➤ Acaracolado, coclear, hélico, helicoidal, helicoide, voluble. ➤ Turbohélice, turbopropulsor. ➤ Dextrórsum, sinistrórsum. ➤ *Espira. ➤ Ala, paleta. ➤ Bastidor. **2** GEOM. Curva que se desarrolla sobre la superficie de un cilindro, sin cerrarse y guardando entre sí la misma distancia todos los puntos de ella que están sobre la misma generatriz. ⇒ *Espiral. **3** m. ARQ. **Voluta.* **4** f. ANAT. *Resalto del pabellón de la *oreja que arranca del orificio y, dando vuelta, termina en el lóbulo.* ≃ Hélix.

hélico, -a (del gr. «helikós», torcido; ant.) adj. GEOM. *Helicoidal.*

helicoidal (de «helicoide») **1** adj. GEOM. De *forma de hélice (superficie). **2** GEOM. De forma de hélice (línea). ⊙ Se aplica al movimiento o desarrollo en esa forma; por ejemplo, el del tallo de una *planta enredadera. ⇒ Dextrórsum, sinistrórsum.

helicoide (del gr. «hélix, -ikos», espiral, y «-oide») m. *Superficie alabeada engendrada por una recta que se mueve apoyándose en una hélice (línea) y en el eje del cilindro que contiene a ésta, con el cual forma constantemente el mismo ángulo.*

helicón[1] (de «hélice») m. *Instrumento musical de viento, muy grande, que se coloca alrededor del cuerpo.*

helicón[2] (de «Helicón», monte de Beocia consagrado a las musas; gralm. con mayúsc.) m. *Origen supuesto de la *inspiración *poética.*

helicona adj. MIT. *Heliconia.*

helicónides (del lat. «Heliconĭdes», del gr. «Helikōnídes») f. pl. MIT. **Musas.*

heliconio, -a (del lat. «Heliconĭus», del gr. «Helikṓnios») adj. MIT. *Del monte Helicón o de las *musas.*

helicóptero (del gr. «hélix, -ikos», espiral, y «-ptero») m. Aparato volador que se sustenta en el aire por medio de una hélice giratoria de eje vertical. ⇒ Autogiro. ➤ *Avión. ➤ Helipuerto.

helio (del gr. «hḗlios», Sol) m. *Elemento, gas noble, n.º atómico 2. Símb.: «He».

helio- V. «heli-».

heliocéntrico, -a (de «helio-» y «céntrico») **1** adj. ASTRON. *Se aplica a las medidas y lugares astronómicos que han sido referidos al centro del Sol.* **2** ASTRON. Se aplica al sistema que considera el Sol como centro del universo.

heliocentrismo m. ASTRON. Teoría heliocéntrica.

heliofísica (de «helio-» y «física») f. ASTRON. *Tratado de la constitución física del *Sol.*

heliofísico, -a adj. ASTRON. *De la heliofísica o de su objeto.*

heliogábalo (del nombre de un emperador romano) m. Hombre dominado por la gula. ⊙ *Glotón.

heliograbado (de «helio-» y «grabado») **1** m. AGRÁF. *Grabado obtenido por la acción de la luz solar sobre planchas convenientemente preparadas. **2** AGRÁF. Estampa obtenida por ese procedimiento.

heliografía (de «helio-» y «-grafía») **1** f. Sistema de transmisión de señales por medio del heliógrafo. **2** AGRÁF. Heliograbado (grabado y estampa). **3** Descripción o fotografía del Sol.

heliográfico, -a adj. De [la] heliografía o del heliógrafo.

heliógrafo (de «helio-» y «-grafo») **1** m. Instrumento para hacer señales telegráficas consistente en un espejo plano en el que se reflejan los rayos del Sol. ⇒ Heliotelegrafía. **2** Instrumento usado en meteorología que registra el número de horas de luz solar.

heliograma (de «helio-» y «-grama») m. *Despacho transmitido por heliógrafo.* ⇒ *Comunicación.

heliolatría (de «helio-» y «-latría») f. *Culto religioso tributado al Sol.

heliómetro (de «helio-» y «-metro») m. ASTRÓN. **Telescopio muy parecido al ecuatorial, que sirve para la medición de distancias angulares entre dos astros o de su diámetro aparente; especialmente el del Sol.*

helioscopio (de «helio-» y «-scopio») m. ASTRÓN. *Aparato adaptable a los *anteojos y *telescopios para poder observar el Sol.*

heliosis (del gr. «hēlíōsis») f. MED. **Insolación.*

helióstato (de «helio-» y el gr. «statós», parado) m. *Instrumento geodésico que sirve para hacer *señales a larga distancia reflejando un rayo de luz solar por medio de un espejo que, dotado de un mecanismo, sigue el movimiento aparente del Sol.* ⇒ Heliotropo.

heliotelegrafía (de «helio-» y «telegrafía») f. *Telegrafía en que se utiliza el heliógrafo.*

helioterapia (de «helio-» y «-terapia») f. MED. Tratamiento de ciertas enfermedades por la exposición a los rayos solares de la parte enferma o de todo el cuerpo. ⇒ *Medicina, *-terapia.

heliotropio (del lat. «heliotropĭum», del gr. «hēliotrópion») m. *Heliotropo.*

heliotropismo (de «helio-» y «tropismo») m. BIOL. *Tropismo en que el estímulo es la luz que procede del Sol.

heliotropo (del gr. «hēliótropos») **1** *(Heliotropium europaeum)* m. *Planta borraginácea de jardín con pequeñas flores en espiga, de suave aroma y de *color característico mezcla de azul y rosa que se designa, en general, por el nombre de esta flor: 'Una seda de color heliotropo'. ⇒ Vainilla. **2** **Ágata de color verde oscuro con manchas rojas.* ≃ PIEDRA de sangre. **3** *Helióstato movido a mano.*

helipuerto (de «helicóptero» y «puerto») m. Pista de aterrizaje y despegue para helicópteros.

helitransportado, -a adj. Transportado en helicóptero.

hélix m. ANAT. *Hélice: resalto del pabellón de la *oreja que arranca del orificio y, dando vuelta, termina en el lóbulo.*

helmintiasis (del gr. «helminthíasis») f. MED. **Enfermedad producida por cualquier clase de gusanos de los que viven alojados en el intestino o en los tejidos de los vertebrados.*

helmíntico, -a **1** adj. ZOOL. *De [los] helmintos.* **2** adj. y n. m. FARM. *Se aplica a los medicamentos empleados contra los helmintos intestinales.* ≃ Antihelmíntico. ⇒ *Farmacia.

helminto (del gr. «hélmins, -inthos», gusano) m. ZOOL. **Gusano.* ⊙ ZOOL. *En algún tiempo se llamó así a los gusanos parásitos.* ⊙ ZOOL. *También, a los nematelmintos y los platelmintos.*

helmintología (del gr. «hélmins, -inthos», gusano, y «-logía») f. *Parte de la zoología que se ocupa de los *gusanos.*

helmintológico, -a adj. ZOOL. *De la helmintología o de su objeto.*

helmintólogo, -a adj. y n. ZOOL. *Se aplica a la persona que se dedica a la helmintología.*

helo, -a; -os, -as Síntesis de la partícula demostrativa «he» y el acusativo del pronombre de tercera persona. ⇒ He.

helor (de «hielo»; Mur.) m. **Frío intenso.*

helvecio, -a (del lat. «Helvetĭus») adj. y, aplicado a personas, también n. De Helvecia. ⊙ m. pl. Pueblo que ocupó lo que hoy es *Suiza.

helvético, -a adj. y, aplicado a personas, también n. De Helvecia o de Suiza: 'Confederación helvética'.

hema- (var. «hemo-», «hemato-») Elemento prefijo del gr. «haîma», sangre, empleado en palabras científicas.

hemacrimo (de «hema-» y el gr. «krymós», frío) adj. ZOOL. Se aplica a los *animales cuya temperatura se mantiene aproximadamente igual que la del ambiente; como los reptiles o los insectos. ≃ De sangre fría.

hematemesis (de «hemato-» y el gr. «émesis», vómito) f. MED. *Vómito de sangre.* ⇒ *Hemorragia.

hematermo (de «hema-» y el gr. «thermós», caliente) adj. ZOOL. *Se aplica a los *animales cuya temperatura permanece constante e independiente de la del ambiente, y, generalmente, más elevada que ella; como los mamíferos y las aves.* ≃ De sangre caliente.

hemático, -a adj. BIOL. De la sangre.

hematíe (del fr. «hématie») m., gralm. pl. BIOL. Célula de la *sangre, desprovista de núcleo en los mamíferos, que contiene hemoglobina. ≃ Eritrocito.

hematites (del lat. «haematītes», del gr. «haimatítēs») f. Mineral que es óxido de hierro, rojo o pardo y de estructura fibrosa. ⇒ Albín, OLIGISTO rojo, PIEDRA de sangre, sanguina.

hemato- V. «hema-».

hematocele (de «hemato-» y «-cele») m. MED. Acumulación de sangre en una cavidad del organismo por hemorragia interna; por ejemplo, en el escroto. ⇒ *Enfermedad.

hematófago, -a (de «hemato-» y «-fago») adj. ZOOL. *Se dice de los *animales que se alimentan de sangre; como los insectos chupadores y los mamíferos llamados vampiros.*

hematología (de «hemato-» y «-logía») f. BIOL. Parte de la histología que se ocupa de la *sangre.

hematólogo, -a n. BIOL. Especialista en hematología.

hematoma (de «hemato-» y «-oma») **1** m. MED. *Tumor consistente en una acumulación de sangre extravasada. **2** Cardenal: *mancha amoratada que se hace en el cuerpo a consecuencia de un *golpe.

hematopoyesis (de «hemato-» y el gr. «poîein», hacer) f. BIOL. *Proceso de formación de los eritrocitos.* ≃ Hemopoyesis.

hematosis (del gr. «haimátōsis», cambio en sangre) f. FISIOL. Conversión de la sangre venosa en arterial, que tiene lugar durante la respiración.

hematoxilina (de «hemato-», el gr. «xýlon», madera, e «-ina») f. *Materia colorante del «*palo campeche» muy utilizada en histología.*

hematozoario (de «hemato-» y el gr. «zōárion», animálculo) m. ZOOL. *Animal *parásito de la sangre o que vive en ella.*

hematuria (de «hemato-» y «-uria») f. MED. Fenómeno patológico que consiste en la presencia de sangre en la *orina.

hembra (del lat. «femĭna») **1** (también en aposición) f. En las especies animales con sexos separados, organismo que tiene el sexo femenino: 'La hembra del león. Un águila hembra'. ⇒ Fembra, guaricha, *mujer. ➤ Estéril, fecunda, parida, salida, virgen. ➤ Progesterona. ➤ *Femenino. *Mujer. *Parir. *Preñez. *Reproducción. **2** (inf.) Persona de sexo femenino. ≃ Mujer. **3** (también en aposición) En algunos objetos, como broches, corchetes o tornillos que constan de dos piezas de las que una encaja en la otra, *pieza que recibe a la otra o a una parte de ella en su interior. **4** *Hueco o agujero de esa pieza.* **5** (en aposición) *Poco fuerte:* 'Pelo hembra'. **6** **Cola de caballo poco poblada.*
V. «ABRÓTANO hembra, HELECHO hembra, SANÍCULA hembra».

hembraje 1 (Hispam.) m. *Conjunto de las hembras de un *ganado.* **2** (Arg., Ur.; inf. y desp.) *Conjunto de mujeres.*

hembrear 1 intr. *Mostrar el macho inclinación a las hembras.* **2** **Engendrar sólo hembras o más hembras que machos.*

hembrilla (dim. de «hembra») **1** f. En general, *pieza pequeña de cualquier utensilio en que entra otra compañera. **2** Pieza consistente en un *anillo u ojo con un tornillo para fijarlo, destinada a que pase por ella otra pieza; por ejemplo, un cerrojo o el asa de un candado, una varilla, etc. ≃ Armella, cáncamo, TORNILLO de ojo. ⇒ *Clavo. **3** (Ar., Rioj.) *Variedad de *trigo candeal de grano pequeño.* **4** (And.) *Sobeo (correa del *yugo).*

hembruno, -a (ant.) adj. *De [o como de] hembra.*

heme Síntesis de la partícula demostrativa «he» y el acusativo del pronombre de primera persona. ⇒ He.

hemencia (de «femencia») **1** (ant.) f. *Vehemencia.* **2** (ant.) *Eficacia.* **3** (ant.) **Actividad.*

hemenciar (de «femenciar»; ant.) tr. *Pedir ↘algo con vehemencia.*

hemencioso, -a (ant.) adj. y n. *Aplicado al que tiene vehemencia.*

hemeroteca (del gr. «hēméra», día, y «-teca») f. Sitio donde se guardan ordenadamente y a disposición de los lectores *periódicos y revistas. ⇒ *Biblioteca.

hemetita f. Mineral usado como *abrasivo.

hemi- Elemento prefijo del gr. «hēmi-», equivalente al «semi» latino, que significa «medio».

hemiciclo (del lat. «hemicyclĭum», del gr. «hēmikýklion») m. *Semicírculo. ⊙ Se aplica especialmente a un espacio rodeado de gradería semicircular. ⊙ Por antonomasia, espacio central, en esa forma, en el salón de sesiones del *Congreso.

hemicránea (del lat. «hemicranĭa», con la «e» de «cráneo», del gr. «hēmikranía») f. MED. *Migraña: dolor de cabeza que ataca a intervalos y sólo en una parte de ella.* ≃ Jaqueca.

hemina (del lat. «hemīna», del gr. «hēmína») **1** f. *Medida antigua de *capacidad para líquidos equivalente a medio sextario.* ⊙ *Cierta medida empleada en la cobranza de *tributos pagados en granos.* **2** (León) *Medida de capacidad para frutos equivalente a algo más de 18 litros.* **3** (León) *Medida de *superficie para la tierra de secano equivalente a 939 metros y 41 decímetros cuadrados.* **4** (León) *Medida de regadío equivalente a 628 metros y 88 decímetros cuadrados.*

hemión o **hemiono** (*Equus hemionus*) m. *Asno salvaje que vive en manadas en algunas regiones de Asia.

hemiplejia o **hemiplejía** (del gr. «hēmiplēgía») f. MED. Parálisis de toda una mitad del cuerpo.

hemipléjico, -a adj. MED. De [la] hemiplejía. ⊙ adj. y n. MED. Afectado de hemiplejía.

hemíptero (de «hemi-» y «-ptero») adj. y n. m. ZOOL. Se aplica a los *insectos del mismo orden que la chinche, la cigarra o el zapatero, que son chupadores y casi siempre con cuatro alas. ⊙ m. pl. ZOOL. Orden que forman. ⇒ Ajolín, alquermes, carmes, cércopo, chicharra, chinche, cigarra, cochinilla, cogollo, coyuyo, filoxera, galapatillo, garapito, grana, kermes, pulgón, quermes, reduvio, saltarilla, tejedor, zapatero. ➤ Cicádido, cóccido, homóptero.

hemisférico, -a adj. De forma de semiesfera.

hemisferio (del lat. «hemisphaerĭum», del gr. «hēmisphaírion») m. GEOM. Cada una de las dos mitades de una *esfera. ⊙ Específicamente, del globo terráqueo o del globo celeste, cortados por el Ecuador. ⊙ ANAT. Cada una de las dos mitades laterales del cerebro o del cerebelo.

HEMISFERIO AUSTRAL. HEMISFERIO sur.

H. BOREAL. HEMISFERIO norte.

H. NORTE. De los dos en que divide a la Tierra o a la esfera celeste el Ecuador, el que contiene el polo norte.

H. OCCIDENTAL. Con respecto a un lugar, aquel de los dos en que divide a la Tierra o a la esfera celeste el meridiano que pasa por él, por el cual se oculta el Sol.

H. ORIENTAL. Aquel por donde sale el Sol, en las mismas condiciones anteriores.

H. SUR. El que contiene el polo sur.

hemisfero (ant.) m. *Hemisferio.*

hemistiquio (del lat. «hemistichĭum», del gr. «hēmistíchion») m. MÉTR. Cada una de las partes que se consideran en un *verso; particularmente, las separadas por una cesura.

hemo- V. «hema-».

hemocianina (de «hemo-», el gr. «kyanós», azul, e «-ina») f. BIOQUÍM. Sustancia del organismo de algunos crustáceos, arácnidos y moluscos, que equivale a la *hemoglobina.

hemoderivado m. BIOQUÍM. Sustancia derivada de la sangre.

hemodiálisis (de «hemo-» y «diálisis») f. MED. Procedimiento terapéutico para eliminar las sustancias nocivas de la sangre en caso de insuficiencia renal.

hemofilia (de «hemo-» y «-filia») f. MED. *Enfermedad que consiste en la dificultad de la sangre para coagularse, por lo que las hemorragias que se producen en el individuo que la padece no se pueden contener.

hemofílico, -a (de «hemofilia») **1** adj. MED. De la hemofilia. **2** adj. y n. MED. Que padece hemofilia.

hemoglobina (de «hemo-» y «globulina») f. BIOQUÍM. Sustancia colorante de los glóbulos rojos de la *sangre, que transporta el oxígeno desde el aparato respiratorio a los tejidos. ⇒ Hemocianina. ➤ Crúor.

hemólisis (de «hemo-» y «-lisis») f. BIOL. *Desintegración de los hematíes de la sangre con liberación de la hemoglobina.*

hemopatía (de «hemo-» y «-patía») f. MED. Cualquier enfermedad de la sangre.

hemopoyesis f. BIOL. *Hematopoyesis.*

hemoptísico, -a adj. y n. MED. *Se aplica al atacado de hemoptisis.*

hemoptisis (de «hemo-» y el gr. «ptýsis», expectoración) f. MED. Hemorragia de la mucosa de la tráquea o los bronquios, o del tejido pulmonar, que se manifiesta con expectoración más o menos abundante de sangre; por ejemplo, en la *tuberculosis. ≃ VÓMITO de sangre.

hemorragia (del lat. «haemorhagĭa», del gr. «haimorragía») f. Derrame de *sangre en cualquier parte del cuerpo. ⇒ Epistaxis, estaxis, FLUJO de sangre, hematemesis, melena, menorragia, *menstruación, metrorragia, otorragia, periodo. ➤ Hemofilia. ➤ Sangría. ➤ Desengrasarse. ➤ Torniquete. ➤ Adrenalina, bejín. ➤ *Planta (grupo de las medicinales usadas como hemostáticas).

hemorrágico, -a adj. De [la] hemorragia. ⊙ Que va acompañado de hemorragia.

hemorroida f. MED. *Hemorroide.*

hemorroidal adj. MED. De [la, las] hemorroide[s].

hemorroide (del lat. «haemorrhŏis, -ĭdis», del gr. «haimorroïs») f. MED. Pequeño *tumor sanguíneo que se forma en el ano o en la parte final del recto. Se nombra generalmente en plural, aunque se trate de un solo tumor. ≃ Almorrana. ⇒ Almorrana, hemorroida. ➤ Populeón.

hemorroisa o **hemorroísa** (del lat. «haemorrhŏis», del gr. «haimórroos») f. *Mujer que padece flujo de sangre.*

hemorroo (del gr. «haimórhoos») m. *Cerasta (víbora).*

hemostasia f. MED. Contención de la salida de sangre con medios adecuados.

hemostasis (de «hemo-» y el gr. «stásis», detención) f. MED. Hemostasia.

hemostático, -a adj. y n. m. MED. Se aplica a lo que sirve para contener la sangre. ⇒ *Hemorragia.

hemúlido adj. y n. m. ZOOL. Se aplica a los *peces de la misma familia que el roncador y el ronco. ⊙ m. pl. ZOOL. Esa familia.

henal (de «heno») m. *Henil.*

henar m. Campo de heno.

henasco (de «heno») m. *Hierba seca que queda en el verano en los prados o entre las matas.*

henazo (de «heno»; Sal.) m. **Almiar.*

henchido, -a Participio adjetivo de «henchir[se]».

henchidor, -a adj. y n. *Que hinche.*

henchidura f. Acción de henchir[se].

henchimiento **1** m. Acción de henchir. **2** *Suelo de las pilas de los molinos de *papel, sobre el cual baten los mazos.* **3** MAR. *Trozo de madera con que se rellena cualquier hueco en una pieza de ese mismo material.*

henchir (del lat. «implēre») **1** («de») tr. *Rellenar de algo una ᵔcosa: 'Henchir la maleta [o el baúl]'. ≃ Llenar. ⊙ («de») Particularmente, una ᵔcosa que se va abultando a medida que se llena: 'Henchir de aire los pulmones [de lana un colchón, de papeles la cartera]'. ⇒ Fenchir, hinchir. **2** prnl. *Hartarse de comida o bebida. ≃ Llenarse. **3** tr. *Llenar una persona dignamente el puesto, cargo, etc., que *ocupa.* **4** **Llenar de favores, atenciones, etc.*

☐ CONJUG. como «pedir». Sólo se emplean los tiempos que tienen «i» en la terminación, siendo sustituidos los demás por los correspondientes de «hinchar».

hendedor, -a adj. *Aplicable a lo que hiende.*

hendedura f. Hendidura.

hender (del lat. «findĕre») **1** tr. *Dividir en dos partes una ᵔcosa sólida dando en ella un golpe con un instrumento cortante o introduciendo el instrumento en ella. ≃ Abrir, cortar, partir, rajar. ⇒ Fender. ⊙ prnl. *Rajarse una cosa sólida. **2** tr. *Atravesar un ᵔfluido o cortar su superficie algo que se mueve avanzando: 'El barco hiende las aguas. El avión hiende el aire'. ≃ Cortar, surcar. **3** *Abrirse paso* *y avanzar a través de una multitud de personas, animales o cosas.*

□ CONJUG. como «entender».

hendible adj. Susceptible de ser hendido.

hendido, -a 1 Participio adjetivo de «hendir[se]». ⊙ Partido incompletamente en dos partes: 'Un labio hendido. Animal de pata hendida'. **2** BOT. *Se aplica a la *hoja que tiene el limbo dividido en lóbulos.*

hendidura (de «hendido») **1** f. Separación existente entre dos partes de una cosa, como si se hubiese introducido (o por haber introducido) un instrumento cortante sin llegar hasta el fondo: 'Una hendidura en la roca'. ≃ *Abertura, corte, fisura, hendedura. ⇒ *Grieta. **2** *Cavidad alargada y de anchura aproximadamente uniforme, existente en la superficie de alguna cosa. ⊙ Parte hundida a lo largo o alrededor de una cosa; como la de alrededor de la rueda de la polea, por la que pasa la cuerda. ⇒ Barranco, *canal, canaladura, *cauce, cuneta, estría, mella [o melladura], precipicio, *ranura, soplado, *surco, *zanja. ➤ *Cavidad.

hendiente (de «hender») m. *Corte que se daba con la espada u otra arma de arriba abajo.*

hendija (del sup. lat. «findicŭla», de «findĕre», hender; Hispam.) f. *Rendija.*

hendimiento m. Acción de hender.

hendir tr. Hender.

□ CONJUG. como «discernir». En realidad, se trata de una variante en el infinitivo (hender), pues toda la conjugación es la misma para ambos verbos.

hendrija (ant.) f. *Rendija.*

henequén (¿de or. maya?; *Agave fourcroydes*) m. Cierta especie de agave. ⊙ Fibra procedente de ella.

hénide (de «heno») f. MIT. **Ninfa de los prados.*

henificar (de «heno» e «-ificar») tr. AGR. *Segar ˃plantas forrajeras y secarlas al sol para conservarlas como heno.*

henil (del lat. «fenīle») m. *Sitio donde se guarda el heno.*

henna (del ár. «ḥinnā'»; pronunc. [jéna]) **1** (*Lawsonia inermis*) f. Planta arbustiva de la familia de las litráceas, originaria de Arabia, de cuyas hojas se obtiene un polvo rojizo que se utiliza como tinte, especialmente para el pelo. **2** Este tinte.

heno (del lat. «fēnum») **1** m. Nombre genérico de las *hierbas de los prados naturales. ⇒ *Almiar, henazo, nía, nial, niara, niazo. ➤ Fenal, henar. ➤ Henal, henil, tenada. **2** Hierba segada, seca, usada para alimento del ganado. **3** (*Trifolium incarnatum*) *Planta leguminosa.

HENO BLANCO (*Holcus lanatus*) .*Planta gramínea que se cultiva en los prados artificiales. ≃ Holco.

V. «FIEBRE del heno».

henojil (de «hinojo», rodilla; ant.) m. **Liga de sujetar las medias, que se coloca por debajo de la rodilla.*

henos Síntesis de la partícula demostrativa «he» y el acusativo del pronombre «nosotros». ⇒ He.

henrio o **henry** (de J. Henry, físico inglés) m. FÍS. *Unidad de inductancia eléctrica en el Sistema Internacional.*

heñir (del lat. «fingĕre») tr. *Sobar la ˃masa del ˃pan con los puños.* ≃ *Amasar, hiñir.

□ CONJUG. como «ceñir».

heos Síntesis de la partícula demostrativa «he» y el acusativo del pronombre «vosotros». ⇒ He.

heparina (del gr. «hepar», hígado, e «-ina») f. MED. Sustancia anticoagulante usada en el tratamiento de la trombosis.

hepática (del lat. «hepatĭca», f. de «hepatĭcus», hepático) **1** f. Nombre aplicado a las *plantas briofitas que tienen el talo plano y dividido en lóbulos; crecen junto a los musgos en zonas húmedas. ⊙ (pl.) BOT. Clase que forman estas plantas. **2** (*Hepatica nobilis*) Pequeña *planta ranunculácea, con las hojas divididas en tres lóbulos y flores azules, rosas o blancas; usada como medicinal contra la tos y dolencias del hígado, pero algo venenosa.

HEPÁTICA BLANCA (*Parnassia palustris*). *Planta parnasiácea de hojas acorazonadas y flores blancas; crece en prados húmedos.

H. DORADA (*Chrysosplenium alternifolium*). *Planta saxifragácea de numerosos tallos erectos que nacen de tallos subterráneos, con flores diminutas amarillo-doradas; crece en lugares húmedos y umbríos.

H. DE LAS FUENTES (*Marchantia polymorpha*). *Planta briofita de la clase de las hepáticas, con tallos foliáceos que se extienden sobre las superficies húmedas en lugares sombríos; se ha empleado para curar las afecciones del hígado. ≃ Empeine.

hepático, -a (del lat. «hepatĭcus», del gr. «hēpatikós») **1** adj. MED. Del hígado. **2** adj. y n. MED. Se aplica al que padece del hígado.

hepatitis (del gr. «hêpar, hépatos», hígado, e «-itis») f. MED. Inflamación del hígado.

hepatización f. MED. *Alteración de un tejido orgánico que le da semejanza con el del hígado; por ejemplo, el del pulmón afectado de neumonía.* ⇒ *Enfermedad.

hepatología (del gr. «hêpar, hépatos», hígado, y «-logía») f. Parte de la medicina que se ocupa del hígado y las vías biliares.

hepatólogo, -a n. Médico especialista en hepatología.

hepta- Elemento prefijo del gr. «heptá», que significa «siete».

heptacordo (del gr. «heptáchordos», de siete cuerdas) **1** m. MÚS. **Escala compuesta de las siete notas do, re, mi, fa, sol, la, si.* **2** MÚS. *Intervalo de séptima en la escala musical.*

heptaedro (de «hepta-» y «-edro») m. GEOM. Cuerpo de siete caras.

heptagonal adj. GEOM. De forma de heptágono.

heptágono, -a (del lat. «heptagōnum», del gr. «heptágōnos», de siete ángulos) **1** adj. GEOM. De siete lados. **2** m. GEOM. *Polígono de siete lados.

heptámetro (de «hepta-» y «-metro») adj. y n. m. MÉTR. Se aplica al verso que consta de siete pies.

heptano (de «hepta-» y «-ano») m. QUÍM. Hidrocarburo saturado líquido, incoloro, cuya molécula tiene siete átomos de carbono. Es uno de los componentes de la gasolina.

heptarquía (de «hepta-» y «-arquía») f. País constituido por siete reinos.

heptasílabo, -a (de «hepta-» y el gr. «syllabḗ», sílaba) adj. y n. m. MÉTR. Compuesto de siete *sílabas: 'Verso heptasílabo'. ≃ Septisílabo.

her (del lat. «facĕre»; ant. y usado aún en Sal.) tr. **Hacer.*

heraclida n. MIT. Descendiente de Heracles o Hércules.

heráldica (de «heráldico») f. Conjunto de los conocimientos relacionados con los escudos nobiliarios. ≃ Blasón.

□ CATÁLOGO

Heraldista. ➤ ARMAS blancas, ARMAS falsas, ARMAS parlantes, armería, escudo, quinas. ➤ Haute. ➤ Abismo, campo, cantón, CANTÓN de honor, capa, corazón, cuartel, franco CUARTEL, cuarterón, encajes, FLANCO del escudo, frange, jefe. ➤ Cuerpo, mueble, pieza, PIEZA honorable.

➤ ÁGUILA agrifada, ÁGUILA explayada, ÁGUILA pasmada, aguilón, alerión, anulete, armiño, aspa, ASPA de San Andrés, banda, barra, bastón, besante, bezante, billete, bordadura, bordura, brisura, burel, burelete, cabrio, caldera, campaña, capelo, cartela, CARTELA abierta, CARTELA acostada, casco, castillo, cimera, cinta, compón, concha, contraarmiños, contraveros, cotiza, crancelín, crecal, creciente, crista, cruz, CRUZ flordelisada, dragante, dragonete, encajes, escaque, filiera, flanquís, FLOR de lis, frangle, frete, huso, jaquel, jirón, lambel, lambeo, lambrequín, lis, lisonja, LOBO cebado, LOBO escorchado, losange, lunel, MANO apalmada, mantelete, merleta, moleta, montante, MUNDO centrado, naciente, orla, pal, palizada, palo, PALOS flamantes, palón, panela, papelonado, PAVO ruante, pila, pira, potenza, punta, rodete, roel, roquete, rumbo, rustro, sautor, SOL figurado, sotuer, TABLERO equipolado, TORO furioso, TORRE cubierta, tortillo, trechor, vergeta, veros, virol. ➤ Campear. ➤ Collar, divisa, emblema, empresa, lema, leyenda, MANTO ducal, mote, soporte, tenante, timbre. ➤ COLORES heráldicos: argén, azur, blao, carnación, color, esmalte, goles, gules, metal, mixtión, oro, plata, púrpura, sable, sinoble, sinople. ➤ Acolado, acornado, acostado, aculado, adestrado, afrontado, angrelado, apalmado, apomado, apuntado, arrancado, partido en [o por] BANDA, barrado, batallada, billetado, cableado, cabreado, calzado, cantonado, caperuzado, capirotado, cargado, cartelado, castillado, caudado, caudato, cebado, centrado, chaperonado, cheurón, clarinado, colero, componado, contornado, contraarmiños, contrabandado, contracuartelado, contrafajado, contraflorado, contrapalado, contrapasar, contrapotenzado, contraveros, cordado, cortado, cortinado, cotizado, cramponado, cruzado, danchado, dantellado, dentado, dentellado, descargadas, diapreado, ebrancado, ecotado, elanzado, encajadas, encendido, endentado, enfilado, englandado, englantado, engolado, enguichado, entado, ENTADO en punta, entretenido, equipolado, escacado, escaqueado, escorchado, fijado, flanqueado, flordelisado, fusado, fuselado, fustado, inversado, jaquelado, jironado, lampasado, linguado, lleno, en MANTEL, mantelado, marino, mariposado, mazonado, membrado, moviente, moznado, al NATURAL, palado, palé, parlante, partido, pasante, pasmado, paté, perchado, potenzado, puntillado, rampante, rapante, ruante, tallado. ➤ Contrapasar, cuartelar, divisar. ➤ *Noble.

heráldico, -a (de «heraldo») adj. De la *heráldica o de los blasones.
V. «COLORES heráldicos».

heraldista n. Persona muy versada en *heráldica.

heraldo (del fr. «héraut») **1** m. Persona que, en las Cortes de la Edad Media, llevaba mensajes, ordenaba las fiestas de caballería y llevaba los registros de la nobleza. ≃ *REY de armas, faraute, haraute, heraute. **2** Oficial que tenía a su cargo *anunciar públicamente algún suceso importante; por ejemplo, la muerte del rey. ⊙ Hombre que va delante de una comitiva anunciándola, a veces con un clarín o trompeta. ⇒ Dalmática, tabardo. **3** Algo que anuncia la próxima llegada de cierta cosa: 'Los narcisos son los heraldos de la primavera'.

herátula f. *Cierta *concha *fósil.*

heraute (del fr. «héraut»; ant.) m. **REY de armas.* ≃ Faraute.

herbáceo, -a (del lat. «herbacĕus») adj. BOT. Se aplica a las *plantas que son hierbas.

herbada (de «hierba») f. **Jabonera (planta cariofilácea que crece en los sembrados).*

herbadgo (del lat. «herbatĭcus»; ant.) m. *Herbaje (derecho cobrado por el pasto de ganado forastero).*

herbajar (de «herbaje») **1** tr. *Apacentar el ↘*ganado.* ≃ Herbajear. **2** intr. **Pastar el ganado.* ≃ Herbajear.

herbaje (del lat. «herbatĭcus») **1** m. Conjunto de hierbas. **2** **Derecho que cobran los pueblos por el *pasto de los ganados forasteros y por arrendamiento de los pastos.* **3** **Tributo que se pagaba a los reyes de la corona de Aragón de acuerdo con el ganado que cada uno poseía.* **4** (ant.) **Tela áspera utilizada principalmente por la gente de mar.*

herbajear tr. e intr. *Herbajar.*

herbajero m. *Hombre que da o toma el herbaje en arrendamiento.*

herbal (del lat. «herba», hierba; Sal.) m. **Cereal.*

herbar **1** tr. *Adobar con hierbas las ↘*pieles y cueros.* **2** (ant.) *Untar ↘algo con *veneno; generalmente, las lanzas y saetas.* ≃ Enherbolar.

herbario, -a **1** adj. De [las] hierbas. **2** n. *Botánico.* **3** m. Colección de *plantas secas destinadas principalmente al estudio. ≃ Herbolario. **4** ZOOL. *Primera cavidad del estómago de los *rumiantes.* ≃ *Panza.

herbaza f. *Aum. de «hierba».*

herbazal (de «herbaza») m. Sitio con mucha hierba. ⇒ *Pasto, *prado.

herbecer (del lat. «herbescĕre»; terciop.) intr. *Empezar a brotar hierba o empezar a verdear los campos con la hierba recién brotada.*

herbera (del lat. «herbarĭa», f. de «herbarĭus»; ant.) f. ZOOL. *Herbero (esófago del animal rumiante).*

herbero (del lat. «herbarĭus») **1** m. ZOOL. Esófago o tragadero del animal rumiante. **2** (ant.) MIL. **Forrajeador (soldado que va a recoger el pasto para los caballos).*

herbicida (del lat. «herba», hierba, y «-cida») m. Producto utilizado para impedir en los sembrados el desarrollo de las hierbas perjudiciales.

herbívoro, -a (del lat. «herba», hierba, y «-voro») adj. y n. m. Se aplica al animal que se *alimenta de hierba y otros vegetales.

herbolar (del lat. «herbŭla», dim. de «herba», hierba, en la acepción de «veneno») tr. *Enherbolar (untar ↘algo con veneno; generalmente, las lanzas y saetas).*

herbolaria (de «herbolario»; ant.) f. **Botánica aplicada a la *medicina.*

herbolario (del lat. «herbŭla», dim. de «herba», hierba) **1** m. Colección de *plantas desecadas. ≃ Herbario. **2** Persona que se dedica a recoger *plantas medicinales silvestres para venderlas. **3** Tienda donde se venden *plantas medicinales. **4** Hombre que vende hierbas, semillas y *plantas medicinales. **5** (inf.) **Botarate.* ≃ Arbolario.

herbolecer (del lat. «herbŭla», dim. de «herba», hierba; ant.) intr. *Herbecer.*

herbolizar (del lat. «herbŭla», dim. de «herba», hierba; ant.) intr. *Herborizar.*

herborista n. Persona que recoge o vende hierbas. ≃ Herbolario.

herboristería (del fr. «herboristerie») f. Tienda donde se venden hierbas. ≃ Herbolario.

herborización f. *Acción y efecto de herborizar.*

herborizador, -a adj. y n. Que herboriza.

herborizar (del fr. «herboriser») intr. Recoger *plantas silvestres para estudiarlas o coleccionarlas.

herboso, -a (del lat. «herbōsus») adj. Cubierto de hierba abundante.

herciano, -a adj. V. «ONDA herciana». ⊙ FÍS. De las ondas hercianas. ≃ Hertziano.

herciniano, -a (de «Hercynia», nombre antiguo de ciertas montañas de Europa central) adj. y n. m. GEOL. Se aplica al movimiento orogénico ocurrido durante los periodos cámbrico y pérmico que dio lugar a algunos macizos europeos, y a sus cosas.

hercio (de «Enrique Rodolfo Hertz», físico alemán del siglo XIX) m. FÍS. Unidad de frecuencia igual a una vibración por segundo. Abrev.: «Hz». ≃ Hertz.

hercúleo, -a adj. De Hércules. ⊙ Como de Hércules: 'Fuerza [o musculatura] hercúlea'. ⊙ Dotado de fuerza extraordinaria: 'Hombre hercúleo'.

hércules (de «Hércules», nombre generalmente aplicado al héroe mitológico que los griegos llamaban Heracles, hijo de Zeus y Alcmena, que realizó con su fuerza extraordinaria hazañas prodigiosas, entre ellas los llamados «doce trabajos de Hércules») **1** (n. calif.) m. Persona dotada de extraordinaria *fuerza. **2** (ant.) MED. **Epilepsia.*

herculino, -a adj. *Hercúleo.*

heredable adj. Susceptible de ser heredado.

heredad (del lat. «hereditas, -ātis») f. Conjunto de tierras, casas, etc., formando una unidad, pertenecientes a una persona. ≃ Finca, *hacienda, posesión, propiedad, heredamiento, heredanza.

heredado, -a 1 («Ser») Participio adjetivo de «heredar»: 'Caracteres heredados'. **2** («Ser») **Rico.* ≃ Hacendado. **3** («Estar») Se aplica al que ha recibido ya la herencia que le corresponde.

heredaje (de «heredar»; ant.) m. *Herencia.*

heredamiento (de «heredar») **1** (ant.) m. *Herencia.* **2** DER. *En algunas regiones, pacto, generalmente con ocasión de matrimonio, en que se estipula la herencia.* **3** **Hacienda de campo.* ≃ Heredad.

heredanza (ant.) f. *Heredad (*hacienda).*

heredar (del lat. «hereditāre») **1** tr. Recibir la propiedad de una ˅cosa a la muerte de la persona que la poseía antes. **2** Recibir los seres vivos ˅caracteres biológicos o cualidades morales transmitidos genéticamente por sus padres. ⊙ Recibir ˅rasgos o circunstancias procedentes de una etapa anterior: 'Los nuevos gestores heredaron una empresa al borde de la ruina'. **3** (inf.) Recibir una ˅cosa de otra persona que ya la ha utilizado antes: 'Cuando era niña heredaba los vestidos de sus primas mayores'. **4** *Instituir alguien a cierta ˅persona por heredera suya.* **5** **Dar a ˅alguien una heredad o fincas.* **6** (ant.) **Adquirir en cualquier forma la propiedad de una ˅finca o terreno.*

☐ CATÁLOGO

Suceder. ➤ Dejar, disponer, INSTITUIR heredero [o por heredero], *legar, mandar, hacer [u otorgar] TESTAMENTO, testar. ➤ Abolengo, acervo, BIENES relictos. ➤ Codicilo, última DISPOSICIÓN, espolio, fideicomiso, heredaje, heredamiento, herencia, *legado, legítima, manda, mejora [o mejoría], memoria, quinto, sucesión, TRANSMISIÓN de bienes, última VOLUNTAD. ➤ Adventajas, aventajas, cuadrante, cuarta trebelánica [o trebeliánica], divisa, dodrante, hijuela, uncia. ➤ Abintestato, ab intestato, a BENEFICIO de inventario, directa, intestado, lateral, pro indiviso, a puertas cerradas, testado, de travieso, universal. ➤ Acrecer, anular, llamar, mejorar, preterir, quebrantar, rescindir, revocar. ➤ Desheredar, desmandar, exheredar. ➤ Translinear [o translinear]. ➤ Inoficioso, nuncupativo, nuncupatorio, sucesorio. ➤ ABERTURA [O APERTURA] —de un testamento—, DERECHO de acrecer, IDENTIDAD de persona, JUICIO universal, llamamiento, mañería, otorgamiento, PARTICIÓN de bienes, preterición, querella, representación, sustitución, troncalidad. ➤ Nominátim. ➤ Asignatario, albacea, cabezalero, causante, coheredero, colegatario, espondalario, fideicomisario, fideicomitente, fiduciario, heredero, heredípeta, legatario, legitimario, mayorazgo, SEÑORA y mayora, sustituto, testador, testamentario. ➤ Cabalero. ➤ Mañero. ➤ Primogenitor, progenitor. ➤ LEY sálica. ➤ *Testamento. ➤ Genética. ➤ Transmitir. ➤ Sacar. ➤ Gen. ➤ Genético, hereditario, somático. ➤ Primogenitura, progenitura. ➤ Atavismo, salto atrás. ➤ Idioplasma. ➤ CARÁCTER heredado. ➤ De CASTA le viene al galgo, de tal PALO tal astilla. ➤ Mendelismo. ➤ Calipedia, eugenesia.

heredero, -a (del lat. «hereditarĭus») **1** adj. y n. Se aplica, con respecto a una persona, a otra que recibe o ha de recibir sus bienes en herencia. ⊙ Se emplea también como absoluto: 'Piensa casarse con una rica heredera'. **2** Se aplica también al que ha heredado ciertos caracteres de sus padres. ⊙ También, al que hereda algo de personas que le precedieron o de una situación anterior. **3** *Propietario de una heredad o de heredades.*

HEREDERO FORZOSO. DER. Persona que, por disposición de la ley, tiene derecho a heredar al menos cierta parte de los bienes de otra siempre que no exista una causa capaz de desposeerla de este derecho.

heredípeta (del lat. «heredipěta», cazador de herencias) n. *Persona que procura con astucia proporcionarse herencias o legados.*

hereditable (del lat. «hereditāre», heredar; ant.) adj. *Heredable.*

hereditario, -a adj. Aplicado particularmente a caracteres o cualidades, adquiridos por herencia. ⊙ Transmisible por herencia.

hereja (ant.) f. *Mujer hereje.*

hereje (del occit. «eretge») **1** n. Persona que sostiene o cree doctrinas contrarias a los dogmas de la religión católica. **2** (inf.) Se aplica al que dice o hace irreverencias o *blasfemias. **3** (inf.) Se dice del que comete *fechorías: 'No seas hereje: no estires de los bigotes al gato'. **4** *Desvergonzado, descarado, procaz.*

☐ CATÁLOGO

Cismático, heresiarca, heretical, herético, heterodoxo, renegado, réprobo, sectario. ➤ Cisma, herejía, secta. ➤ Acaciano, acéfalo, adamita, adanismo, adopcionista, albigense, alumbrado, antitrinitario, antropomorfita, apolinarista, arriano, begardo, beguino, berengario, cátaro, cuartodecimano, docetismo, dogmatista, donatista, ebionita, eutiquiano, febroniano, flagelante, gnóstico, husita, iconoclasta, iconómaco, iluminado, jansenista, maniqueo, marcelianista, marcionista, melquisedeciano, menonita, molinosista, monofisita, monotelita, montanista, mormón, nestoriano, novaciano, origenista, patriciano, pelagiano, priscilianista, protestante, quietista, sabeliano, semipelagiano, sociniano, terapeuta, unitario, vadiano, valdense, valentiniano. ➤ Abraxas, eón. ➤ Adepto, relapso. ➤ Abjurar, apostatar, oler a CHAMUSQUINA, convertirse, hereticar, reconciliarse. ➤ *Inquisición. ➤ *Religión.

herejía (de «hereje») **1** f. *Doctrina contraria a los dogmas de la religión católica. **2** Afirmación o posición contrarias a principios comúnmente aceptados en cualquier cuestión, ciencia o arte. **3** (inf.) Insulto: 'Le llenó de herejías'. **4** (inf.) *Fechoría. ⊙ Molestia causada, por jugar o entretenerse, a un ser más débil; por ejemplo, a un niño o un animal: 'Deja en paz al chico y no le hagas más herejías'. ⊙ Acción desacertada con la que se menoscaba la belleza de algo o de alguien: 'Han hecho la herejía de arrancar los árboles de la plaza. ¡Qué herejía, cortarte tu hermosa mata de pelo!'. ≃ *Disparate.

herejote (aum. de «hereje»; inf.) m. Hereje (irreverente o descreído).

herén (¿relac. con «herrén»?) f. **Yeros (planta leguminosa).*

herencia (del lat. «haerentĭa», pertenencias, neutro pl. del part. pres. de «haerēre», estar adherido, con influencia semántica de «heredar»; «Dejar [en], Recibir [en]») f. Bienes o cualquier cosa que se hereda. ⊙ Lo que alguien tiene por haberlo recibido de los antepasados o de sus predecesores en un cargo, situación, etc.: 'La herencia de Roma'. ⊙ BIOL. Transmisión de caracteres de un ser vivo a sus descendientes a través de los genes.

ADIR A LA HERENCIA. DER. *Admitirla.*

REPUDIAR LA HERENCIA. DER. *No admitirla.*

heresiarca (del lat. «haeresiarcha», del gr. «hairesiárchēs») n. Promotor de una herejía contra el dogma.

heretical (ant.) adj. *Herético.*

hereticar (de «herético») intr. *Sostener con pertinacia una herejía.*

herético, -a (del lat. «haeretĭcus», del gr. «hairetikós») adj. Se aplica a lo que contiene herejía: 'Doctrina herética'.

heria (ant.) f. **Feria.*

herida (de «herir») **1** («Causar, Inferir, Sufrir») f. Lesión en algún lugar del cuerpo, causada por un golpe, un arma o un accidente cualquiera. ⇒ *Herir. **2** *Pena o sentimiento. ⊙ Particularmente, el sentimiento producido por una ofensa. **3** CETR. *Sitio donde descienden las aves perseguidas por la de rapiña.*

RESPIRAR POR LA HERIDA. Hablar alguien de manera que descubre cuál es el sentimiento o resentimiento que tiene.

TOCAR a alguien EN LA HERIDA. Mencionar precisamente algo que constituye un motivo de sentimiento o de *disgusto para la persona de que se trata.

herido, -a Participio adjetivo de «herir»: 'Resultó gravemente herido'. ⊙ n. Persona herida: 'Los heridos fueron hospitalizados'.

V. «a GRITO herido».

SENTIRSE HERIDO. Sentir pena por algo que se toma como falta de estima o consideración. ⇒ *Picarse, *resentirse.

heridor, -a adj. y n. *Aplicable al que o lo que hiere.*

heril (del lat. «erīlis», de «erus», amo) adj. *De [o del] amo o *señor.*

herimiento 1 (ant.) m. *Acción y efecto de herir.* **2** (ant.) FON. *Unión de vocales que forman sílaba o sinalefa.* ⇒ *Diptongo.

herir (del lat. «ferīre») **1** tr. Causar en un ˃organismo un *daño en que hay destrucción de los tejidos, con un golpe, con un arma, etc.: 'El cristal le hirió en la cabeza'. ⊙ prnl. Causarse un daño con un golpe, arma, etc. **2** tr. Hablando del sol, de los rayos del sol, de la luz, de un sonido, etc., *llegar a cierto sitio. Particularmente, afectar los ˃sentidos u órganos que lo perciben: 'Un rayo de sol hirió en aquel momento el retrato. Un leve rumor hirió mis oídos'. ≃ Dar. **3** Tocar las cuerdas de un ˃instrumento músico. ≃ Pulsar, tañer. **4** (lit.) Tocar, golpear alguna ˃cosa o cargar sobre ella en un sitio preciso, en sentido material o inmaterial: 'La flecha hiere el blanco. El acento hiere la última sílaba'. ⊙ **Acertar:* 'Herir la dificultad'. ⊙ FON. *Unirse una letra a ˃otra para formar *diptongo o sinalefa con ella.* **5** Causar sentimiento a ˃alguien. ⊙ Se emplea especialmente con nombres de sentimientos (usados como complementos directos o con «en») y, muy especialmente, con «amor propio» o expresión equivalente: 'La reprimenda [le] hirió [en] su propia estimación'. **6** (ant.; «de») intr. *Con el nombre de un miembro, como «mano» o «pie», padecer *convulsiones en él.* **7** (con «de», y «peste» o el nombre de una enfermedad contagiosa) prnl. **Contagiarse.*

V. «herir la VISTA».

□ CATÁLOGO

Acañaverear, achocar, acribar, acribillar, acuchillar, agujar, almagrar, apuñalar, *arañar, romper la CABEZA, terciar la CARA, hacer CARNE, carnear, hacer [una] CARNICERÍA, carpir, chuzar, colpar, cortar[se], coser a, descalabrar[se], descerebrar, descrismar[se], deszocar, ensalmar, estoquear, ferir, flechar, lacerar, lancinar, lastimar, lesionar, lisiar, magullar, malherir, maltratar, mojar, mortificar, picar, *pinchar, pringar, punzar, coser a PUÑALADAS, rajar, rozarse, lavar con SANGRE, señalar, hacer TAJADAS, vulnerar. ➤ Correr SANGRE. ➤ Achocadura, arcabuzazo, balazo, bayonetazo, bocado, brecha, canchera, capadura, carabinazo, chirlo, contusión, cortapiés, corte, cuchillada, cuquera, daño, degolladura, dentellada, descalabradura, desgarradura, desolladura, despellejadura, enrejadura, erosión, escocido, escopetazo, escorchón, escoriación, esfacelo, espichón, espoleadura, estocada, excoriación, ferida, flechazo, garranchada, garranchazo, grieta, gusanera, herida, herimiento, jabeque, laceración, lanzada, *lesión, lijadura, llaga, machetazo, machucadura, magullamiento, matadura, mojada, mojadura, mordedura, mortificación, mosquetazo, navajada, navajazo, pajazo, pelado, peladura, perdigonada, picadura, pinchazo, piquete, pistoletazo, postema, puntada, puntazo, puntura, punzadura, puñalada, pupa, quemadura, rejonazo, rodillera, rozadura, sablazo, saetazo, tarascada, tiro, *úlcera, viaje. ➤ Inferir. ➤ Aréola, bezo, bridas, carnazón, costra, escara, gangrena, hongo, labio, mamelón, película, pezón, pus, ura. ➤ Cárdeno, lívido, nidrio. ➤ Alforza, botana, bregadura, chirlo, *cicatriz, costurón, cuchillada, matadura, señal. ➤ Contusa, grave, leve, de muerte, mortal de NECESIDAD, penetrante, profunda, punzante, superficial. ➤ Abicharse, alunarse, en CARNE viva, CERRARSE en falso, cicatrizar, encarnar, enconarse, encorar, encorecer, gangrenarse, infectarse, inflamarse, sobresanar. ➤ Curar, entrapajar, vendar. ➤ Punto, sutura, unión. ➤ Colgajo. ➤ Apósito, bálsamo, caterético, cicatrizante, escarótico, esparadrapo, hilas, lechino, tafetán, *vendaje. ➤ Carnadura, encarnadura. ➤ Compensación [o composición]. ➤ Punza, rancajo. ➤ Cariacuchillado, en CARNE viva, como [o hecho] un CRISTO, como [o hecho] un CROMO, descalabrado, hecho un HARNERO [o un ECCEHOMO], herido, hecho un LÁZARO, malherido, plagado. ➤ Ambulancia, camilla. ➤ Invulnerable, vulnerable. ➤ Fazferir, hiriente, zaherir. ➤ *Arma. *Cortar. *Daño. *Golpe. *Maltratar.

□ CONJUG. como «hervir».

herma (del lat. «Herma» y «Hermes», del gr. «Hermês», Mercurio) m. *Busto sin brazos colocado sobre una pilastra.* ⇒ *Escultura.

hermafrodismo (del fr. «hermaphrodisme») m. BIOL. *Hermafroditismo.*

hermafrodita (del fr. «hermafrodite») **1** adj. BIOL. Se aplica a la especie orgánica en que están reunidos en el mismo individuo los dos *sexos. ⊙ BOT. Se aplica también a las flores que tienen órganos masculinos y femeninos. ⇒ Andrógino, monoclino. ➤ Monoico. ➤ Unisexual. **2** adj. y n. BIOL. *Se aplica a ciertos individuos de la especie humana que tienen los órganos sexuales configurados de tal forma que aparecen como la reunión de los dos sexos.*

hermafroditismo m. BIOL. Cualidad de hermafrodita. ⊙ BIOL. Fenómeno constituido por la existencia de hermafroditas.

hermafrodito (del lat. «Hermaphrodītus», del gr. «Hermaphróditos», personaje de la mitología griega que heredó los respectivos sexos de sus progenitores «Hermes» y «Afrodita») m. *Hermafrodita.*

hermanable adj. *Comparable: susceptible de ser hermanado.* ⇒ *Semejante.

hermanablemente adv. *Fraternalmente.* ⊙ *En *armonía o *correspondencia.*

hermanado, -a **1** Participio adjetivo de «hermanar[se]». **2** («con») Semejante o hecho semejante en todo a otra cosa.

hermanal (de «hermano») adj. *Fraternal.*

hermanamiento m. Acción y efecto de hermanar[se].

hermanar **1** tr. Hacer compatible o armónica una ↘cosa con otra; *reunirlas o tenerlas juntas: 'Un tratado que hermana la sencillez con la profundidad'. ≃ *Armonizar. ⊙ prnl. recípr. Hacerse compatible o armónica una cosa con otra. **2** tr. Hacer que se establezca una relación de hermandad entre dos ↘cosas: 'El acuerdo de cooperación hermanará a los dos pueblos'. ⊙ prnl. recípr. Establecerse una relación de hermandad.

hermanastro, -a (de «hermano») n. Persona que solamente tiene común con otra uno de los dos padres, respecto de esta otra. ⇒ *Hermano. ⊙ Hijo de uno de los dos cónyuges con respecto al hijo del otro.

hermanazgo (de «hermano») m. *Hermandad.* ⊙ **Armonía o conformidad entre cosas.*

hermandad (de «hermano») **1** f. Relación fraternal entre personas, por cariño o comunidad de propósitos o de ideales. ≃ Fraternidad, hermanazgo. **2** (ant.) *Unión formada por varias personas con un fin determinado; por ejemplo, para *sublevarse.* ⊙ Se aplica muchas veces, en casos concretos, a una agrupación o asociación de personas íntimamente unidas por comunidad de trabajo, de propósitos o de ideales. ⊙ A veces, como denominación propia: 'Hermandad de Agricultores'. **3** *Congregación. **4** *Privilegio que a una o varias personas concede una comunidad religiosa para hacerlas por este medio participantes de ciertas gracias y privilegios.*

SANTA HERMANDAD. Tribunal que antiguamente perseguía y castigaba los delitos cometidos en despoblado. ⇒ Acordada. ➤ Cuadrilla, cuadrillero.

hermandarse (de «hermandad») **1** (ant.) prnl. *Hermanarse.* **2** (ant.) *Entrar en una *orden religiosa.*

hermandino m. *Nombre aplicado a los individuos de cierta hermandad o *bando que, a fines del siglo* XV *y principios del* XVI*, se alzó en Galicia contra la dominación señorial.*

hermanear tr. *Dar a ↘alguien tratamiento de hermano o llamarle así hablando con él.*

hermanecer intr. *Pasar a tener algún hermano.*

hermanía (ant.) f. **Germanía.*

hermano, -a (del lat. «frater germānus», hermano carnal) **1** n. Con respecto a una persona, otra que es hija de los mismos padres o que, por lo menos, tiene común con ella el padre o la madre. ⊙ Se aplica con el mismo significado a los animales. ⊙ También, a veces, a las *plantas que proceden de la misma planta madre o que, además de eso, se han criado juntas. **2** Se aplica en sentido figurado o como término de comparación a las personas que están unidas afectivamente por algo o a las que constituyen una *comunidad para fines espirituales: 'Son hermanos en la desgracia. Se quieren como hermanos. Todos somos hermanos'. ⊙ Se aplica como *tratamiento a los frailes y monjas que no tienen la categoría de «padre» o «madre». ⊙ Suelen emplearlo los eclesiásticos para dirigirse a otras personas. **3** adj. Se aplica a cosas que tienen el mismo origen: 'Lenguas hermanas. Pueblos hermanos'. **4** Se dice que son o parecen hermanas dos cosas muy *semejantes.

HERMANA DE LA CARIDAD. Monja de la congregación fundada en el siglo XVII por San Vicente de Paúl para la asistencia en hospitales, asilos, etc. ⊙ f. pl. Esa congregación.

HERMANO BASTARDO. Respecto de un hijo legítimo, otro del mismo padre, que no lo es.

H. CARNAL. *El que lo es de padre y madre.*

H. GEMELO. V. «*gemelo».

H. DE LECHE. El hijo de una mujer respecto de otra persona criada por ella, y recíprocamente. ⇒ Colactáneo, collazo.

H. DE MADRE. El que sólo tiene común con otro la madre.

H. MELLIZO. V. «mellizo».

H. DE PADRE. El que sólo tiene común con otro el padre.

H. POLÍTICO. *Cuñado.

H. DE SANGRE. HERMANO carnal.

HERMANOS SIAMESES. Los *gemelos que nacen unidos por alguna parte de su cuerpo.

MEDIO HERMANO. Persona que solamente tiene común con otra uno de los dos padres, respecto de esta otra. ≃ Hermanastro.

V. «PRIMO hermano».

□ CATÁLOGO

Otras raíces, «adelf-, frat- [o frater-], germ-»: 'diadelfo; confraternar, confraternidad, fraternal, fraternalmente, fraternidad, fraternizar, fraterno, fratricida, fratricidio; germanía, germanidad'. ➤ Germano, tato, tete. ➤ Coate, cohermano, consanguíneo, cormano, cuate, cuatrillizo, ectópago, *gemelo, hermanastro, medio HERMANO, melgo, mellizo, mielgo, quintillizo, septillizo, sextillizo, trigémino, trillizo. ➤ Sororal. ➤ Deshermanar[se]. ➤ *Pariente.

hermanuco (de «hermano»; desp.) m. *Servidor de una *orden religiosa.* ≃ Donado.

hermeneuta n. Persona que se dedica a la hermenéutica.

hermenéutica (del gr. «hermēneutikḗ») f. *Interpretación de textos.

hermenéutico, -a adj. De la interpretación de textos.

herméticamente adv. De manera hermética.

hermético, -a (del b. lat. «hermetĭcus») **1** adj. Se aplica a los alquimistas seguidores de Hermes, hijo de Zeus. **2** *Secreto impenetrable. **3** Aplicado a personas, muy *reservado. **4** Aplicado a «cierres, tapas», etc., impenetrable: tal que no deja el menor resquicio por donde pueda pasar ni siquiera un gas.

hermetismo m. Cualidad o estado de hermético. ⊙ Actitud de la persona que no deja traslucir lo que sabe o piensa. ⇒ *Reservado.

hermetizar tr. *Hacer que ↘algo sea hermético.* ⊙ *También en sentido figurado.* ⊙ prnl. *Hacerse hermético.*

hermodátil (del gr. «hermodáktylon») m. **Cólquico (planta liliácea).*

hermosamente adv. De manera hermosa o perfecta.

hermoseamiento m. Acción de hermosear.

hermosear tr. Poner hermoso o bonito ↘algo o a alguien: 'Crema para hermosear el cutis. Jardines para hermosear la ciudad'. ≃ *Embellecer.

hermoso, -a (del lat. «formōsus») **1** adj. *Bello, con una belleza impresionante, por su perfección o por la magnitud de la cosa en que está: 'Una mujer hermosa. Un paisaje hermoso. Un hermoso poema. Un hermoso edificio'. **2** *Grande o bien desarrollado, con aspecto, además, agradable: 'Una habitación hermosa. Una hermosa ciudad. Un niño hermoso'. ≃ Espléndido, magnífico. **3** Se aplica también a acciones que denotan *nobleza o generosidad.

⊙ También, al alma con virtudes como la inocencia, la generosidad, etc. **4** Aplicado al estado del *tiempo, muy bueno: 'El otoño ha sido hermoso'. ≃ Delicioso, espléndido, estupendo, magnífico, maravilloso.

hermosura **1** f. Cualidad de hermoso: 'La hermosura de la cara no es todo en una mujer'. **2** Seguido de «de» y el nombre de la cosa a la que se atribuye la hermosura, toma carácter de nombre concreto y puede interpretarse como «cosa hermosa»: '¡Qué hermosura de manzana!' (qué cosa más hermosa de manzana). ⊙ Usado en la misma forma, con nombres de cosas satisfactorias, significa otras veces abundancia: 'Este año hemos tenido una hermosura de cosecha'.

¡QUÉ HERMOSURA DE RACIMOS! Frase irónica dicha a propósito de algo que resulta ridículo o raquítico por su *escasez, particularmente en número: '¿Estas fresas has recogido?... ¡Qué hermosura de racimos!'.

hernia (del lat. «hernĭa») f. Salida de una víscera o de otra parte blanda fuera de la cavidad que la contiene por una rotura de la pared de ésta. ≃ Quebradura. ⊙ Específicamente, salida de una parte del *intestino por una rotura en la pared abdominal. ⇒ Potra, quebradura, relajación. ➤ Procidencia. ➤ Desvencijarse, herniarse, quebrarse. ➤ Braguero, cintero, tirabraguero. ➤ Hernista, potrero, sacapotras. ➤ Reducir. ➤ Estrangularse. ➤ *Enfermedad. *Intestino. *Vientre.

herniado, -a Participio adjetivo de «herniarse». ⊙ n. Persona herniada. ⇒ Hernioso.

herniario, -a adj. MED. *De [la, las] hernia[s]:* 'Tumor [o anillo] herniario'.

herniarse **1** prnl. Sufrir una hernia. **2** (inf. e irónico) Hacer alguien un esfuerzo agotador: 'Trabaja tanto que un día se va a herniar'.

hérnico, -a (del lat. «Hernĭcus») adj. y n. *Se aplica a los individuos de un antiguo *pueblo del Lacio, y a sus cosas.*

hernioso, -a (del lat. «herniōsus») adj. *Herniado.*

hernista n. Cirujano especializado en operar hernias.

herno (ant.) m. **Yerno.*

herodes (de «Herodes», nombre de dos personajes bíblicos. El primero, por temor al vaticinio de que había nacido un rey que gobernaría sobre todos, ordenó la matanza de todos los niños de Belén menores de dos años. El segundo se negó, por temor a equivocarse, a juzgar a Jesucristo cuando le fue enviado por Poncio Pilato; n. calif.) m. *Se aplica, generalmente en tono jocoso, a una persona cruel con los niños.*

IR DE HERODES A PILATOS. Ir de un lado para otro sin encontrar en ninguno lo que se desea. ⇒ *Ajetrearse, *baquetear. ⊙ O encontrando molestias en todos. ⇒ *Empeorar.

herodiano, -a adj. De [o como de] Herodes.

héroe (del lat. «heros, -ōis», del gr. «hḗrōs») **1** m. MIT. Hijo de un dios o una diosa y un mortal; como Hércules o Aquiles. **2** Persona que ha realizado una *hazaña admirable, para la que se requiere mucho valor. Se emplea muchas veces hiperbólica o irónicamente: 'Eres un héroe, levantándote a las seis de la mañana. Hace falta ser un héroe para casarse con esa mujer'. ⇒ CABALLERO andante, campeón, Cid, heroína, paladín. ➤ Epónimo. ➤ Épico, *epopeya, gesta, *hazaña, heroicidad, proeza. ➤ Apoteosis. ➤ *Valiente. ➤ Antihéroe. **3** LITER. Personaje principal en una obra literaria. ≃ *Protagonista.

heroicamente adv. Con heroicidad.

heroicidad **1** f. Cualidad o comportamiento de héroe. **2** Acción heroica. ≃ *Hazaña, proeza.

heroico, -a (del lat. «heroĭcus», del gr. «hērōïkós») **1** adj. Aplicado a personas y a sus acciones, etc., se dice de quien se comporta heroicamente o de lo que implica heroísmo: 'Un acto heroico'. **2** LITER. Se aplica a la obra poética en que se cantan hazañas admirables, propias de héroes: 'Poema heroico'. ≃ *Épico. **3** Se aplica a lo que se toma o aplica en un caso extremo: 'Remedio [decisión, recurso] heroico'. **4** *Se aplica a las drogas que producen un bienestar o una animación artificiales.* ⇒ *Alcaloide. *Narcótico.

V. «COMEDIA heroica, TIEMPOS heroicos».

heroida (del lat. «heroĭda») f. LITER. *Composición *poética en que el autor hace hablar a un personaje célebre.*

heroína[1] (del gr. «hērōínē») f. Forma femenina de «héroe».

heroína[2] (del fr. «héroïne») f. *Alcaloide de la morfina, empleado como estupefaciente, que crea una fuerte dependencia en el sujeto que lo consume por lo que su fabricación y uso están prohibidos por acuerdo internacional. ⇒ Caballo, jaco.

heroinómano, -a adj. y n. Adicto a la heroína.

heroísmo m. Cualidad de héroe o heroico. ≃ Valentía, valor.

heroísta (de «héroe») adj. y n. *Se aplica a la poesía o los poetas *épicos.*

herpes o **herpe** (del lat. «herpes», del gr. «hérpēs») amb., más frec. m. MED. *Erupción cutánea producida por un virus, formada por un conjunto de pequeñas ampollas rodeadas de una zona rojiza. ⇒ Cativí. ⊙ m. MED. *Virus que causa esta erupción.

HERPES ZÓSTER [o ZOSTER]. MED. El que se produce a lo largo de las vías nerviosas. ≃ Zóster [o zoster], zona.

herpete (ant.) m. *Herpe.*

herpético, -a **1** adj. MED. Con herpes. **2** MED. De carácter de herpes. **3** MED. Predispuesto a los herpes.

herpetismo m. MED. Predisposición a los herpes.

herpetología (del gr. «herpetón», reptil, y «-logía») f. ZOOL. Tratado de los *reptiles y anfibios.

herpil m. **Sarria de soga que se emplea para portear paja, melones, etc.*

herradero **1** m. *Acción y efecto de *marcar a las reses con el hierro.* ≃ Hierra, hierre. **2** *Sitio en que se realiza.* **3** *Temporada en que se hace.*

herrado[1] m. *Operación de herrar.*

herrado[2]**, -a** **1** Participio adjetivo de «herrar». **2** (en f., ant.) m. *Cubo de madera, más estrecho por la boca que por el fondo, reforzado con aros de hierro o latón.

herrador m. Hombre que se dedica a herrar.

herradura (de «herrar») **1** f. Hierro de forma muy peculiar, aproximadamente como un semicírculo prolongado por dos ramas que se aproximan por sus extremos, que se pone en las pezuñas de las *caballerías para que no se las dañen al marchar. Se aplica como nombre de *forma: 'Arco de herradura'. Y puede aplicarse acomodaticiamente a cualquier objeto o pieza que tiene esa forma: 'Una herradura de brillantes'. ⇒ *Herrar. **2** *Protección de esparto o cáñamo que se pone a las caballerías para que no se lastimen cuando se deshierran.* **3** (varias especies de rinolófidos) Cierto *murciélago que tiene alrededor de los orificios nasales una membrana en forma de herradura.

V. «dar una en el CLAVO y ciento en la herradura».

herraj (del ár. and. «arráhǧ», polvo) m. *Combustible para *brasero. ≃ Erraj.

herraje 1 m., sing. o pl. Conjunto de piezas de hierro con que se *guarnece algo; por ejemplo, una puerta o un mueble. ≃ Herramienta. **2** *Conjunto de herraduras y clavos de ellas.* **3** (Cantb.) *Dentadura del ganado vacuno.* ≃ Herramienta.

herramental 1 m. Conjunto de los útiles y herramientas utilizados para algo. ≃ Herramienta. **2** adj. *Se aplica a la bolsa o cualquier otra cosa donde se guardan las herramientas.*

herramienta (del lat. «ferramenta», pl. neutro de «ferramentum») **1** f. Objeto, generalmente de hierro, que sirve para realizar algún trabajo manual. **2** (inf.) Conjunto de esos objetos: 'Una cartera para llevar la herramienta'. **3** (inf.) *Arma blanca; particularmente, navaja. **4** (ant.) *Herrajes (guarnición de piezas de hierro).* **5** (inf.) Dentadura. **6** (inf.) **Cornamenta.*

HERRAMIENTA MECÁNICA. Máquina que realiza en un taller un trabajo mecánico; como la fresadora o el torno. ≃ MÁQUINA herramienta.

□ CATÁLOGO

Ferramienta. ➤ Echar, emplear, manejar, meter. ➤ Alicates, atornillador, barrena, barreno, berbiquí, cincel, cortafierro, cortafríos, destornillador, escariador, espiocha, formón, fresa, gubia, gurbia, hocino, lima, LLAVE inglesa, mandril, martillo, mediacaña, pala, pico, rompedera, tenazas, zapapico. ➤ Boca, corte, cuchilla, hierro, mango, mocheta, oreja[eta], peto, virola. ➤ Desportillar[se], mellar[se], morder. ➤ Calce. ➤ Ferretería, tlapalería. ➤ Portaherramientas, herramental. ➤ Para herramientas especiales, ver el nombre de los correspondientes oficios.

herrar (de «hierro») **1** tr. Poner las herraduras a los ↘animales. **2** *Marcar con un hierro candente ↘animales, cosas o personas, como señal de propiedad o como castigo o señal infamante. ≃ Herretear. **3** **Guarnecer de hierro o poner hierro o herrajes a una ↘cosa.* **4** (ant.) **Sujetar a los ↘presos con hierros.* ≃ Aherrojar.

V. «herrar o quitar el BANCO».

□ CATÁLOGO

Encasquillar. ➤ A ramplón. ➤ Adobar, atarragar, abajar el CASCO, clavar, arrimar el CLAVO, despalmar, enclavar, espalmar, poner en FIANZA, hacer la MANO, reherrar. ➤ Descallador, herrador, mariscal, veterinario. ➤ Acial, aciar, badal, despalmador, porrilla, potro, pujavante, puntero, torcedor. ➤ Bramadero, herradero. ➤ Despalmadura. ➤ Callo, casquillo, ferradura, fierra, herradura. ➤ Lumbre, ramplón. ➤ Herraje. ➤ Descalzarse, desherrar[se]. ➤ Chacolotear, chapalear, chapear. ➤ Clavadura, enclavadura. ➤ Callialto. ➤ *Caballería. *Casco.

□ CONJUG. como «acertar».

herrén (del lat. vulg. «ferrāgo, -ĭnis», del lat. «farrāgo») **1** m. **Forraje de avena, cebada, trigo, centeno, etc., mezclados.* **2** *Herrenal.*

herrenal m. **Campo de herrén.*

herrenar tr. *Alimentar el ↘ganado con herrén.*

herreño, -a adj. y, aplicado a personas, también n. De la isla canaria de Hierro.

herrera f. V. «CUCHAR herrera».

herrería 1 f. Taller de herrero o donde se trabaja el hierro. **2** **Jaleo: ruido acompañado de confusión; por ejemplo, en una riña.*

herreriano, -a adj. Del estilo arquitectónico de Juan de Herrera.

herrerillo (dim. de «herrero») m. Nombre dado a dos especies de *pájaros (*Parus cristatus* y *Parus caeruleus*) de plumaje de varios colores, corrientes en España. ≃ Cerrajero, cerrajillo, holleca, ollera, paro, trepatroncos.

herrero, -a (del lat. «ferrarĭus») n. Persona que trabaja el *hierro en un taller pequeño y con herramientas manuales. ⇒ Cerrajero, chapucero, herrerón, rejero, tenacero. ➤ Macho, yunque. ➤ Asentador, destajador, desvolvedor, rompedera, sufridera. ➤ Atarragar. ➤ *Forja. *Fragua. *Fundición. *Hojalatero. *Metal.

herrerón (aum. de «herrero») m. *Herrero malo.*

herreruelo[1] (dim. de «herrero») **1** (*Parus ater*) m. *Pájaro de color negro por el dorso y blanco o blanquecino por el pecho y el vientre. ≃ Chocoyo. **2** MIL. **Soldado de los de cierto cuerpo de la antigua caballería alemana; llevaban peto, espaldar y celada negros y usaban como armas flechas, martillos provistos de puntas agudas y dos arcabuces colgados de la silla.*

herreruelo[2] m. **Capa no muy larga, con cuello y sin esclavina.* ≃ Ferreruelo.

herrete (dim. de «hierro») m. *Remate de metal, a veces decorado, que se pone en los extremos de los cordones, cintas, etc.; por ejemplo, en los cordones de los zapatos o en los de los *uniformes militares. ≃ Cabete.

herretear 1 tr. *Poner herretes en alguna ↘cosa.* **2** (ant.) **Marcar ↘algo con hierro.* ≃ Herrar.

herrial adj. *Se dice de la *vid y del viñedo que produce la «uva herrial».*

herrín (del sup. lat. vulg. «ferrīgo, -ĭnis», por «ferrūgo, -ĭnis») m. *Herrumbre (orín).*

herrojo (ant.) m. **Cerrojo.*

herrón (de «hierro») **1** m. **Disco de hierro con un agujero en el centro que servía para jugar al *juego del mismo nombre, consistente en meter esos discos en un clavo hincado en el suelo, llamado «rejo».* **2** **Arandela.* **3** **Barra grande de hierro que se emplea para *plantar álamos, vides, etc.* **4** (Col.) *Hierro o púa del peón o *trompa.*

herronada 1 f. *Golpe dado con un herrón.* **2** *Golpe violento que dan algunas aves con el pico.*

herropea (del lat. «ferrum», hierro, y «pes, pedis», pie; ant.) f. **Grillete.* ≃ Arropea.

herropeado, -a (de «herropea»; ant.) adj. *Sujeto con grilletes.*

herrugento, -a o **herrugiento, -a** (del lat. «ferrūgo, -ĭnis», herrumbre; ant.) adj. *Herrumbroso.*

herrumbrar (del lat. «ferrumināre») tr. y prnl. *Formar[se] herrumbre sobre un ↘cuerpo.*

herrumbre (del lat. «ferrūmen, -ĭnis») **1** f. *Óxido de hierro formado sobre los objetos; particularmente, cuando está sobre objetos viejos. ≃ Moho, orín. ⊙ Conjunto de cosas herrumbrosas. **2** Sabor de hierro que toman las cosas, por ejemplo el agua, que están en contacto con él. **3** **Roya (hongo).*

herrumbroso, -a adj. Con herrumbre. ⊙ De color amarillo rojizo, como la herrumbre.

herrusca (de «hierro»; ant.) f. **Arma vieja, especialmente espada o sable.*

hertz m. Fís. Hercio.

hertziano, -a adj. Fís. Herciano.

hérulo, -a (del lat. «Herŭlus») adj. y n. Se aplica a los individuos de un pueblo *suevo que habitó las costas de lo que hoy es Pomerania, y a sus cosas. ⊙ m. pl. Ese pueblo.

hervencia (del lat. «fervens, -entis», hirviente) f. *Práctica que consistía en hervir en calderas a los criminales o sus miembros amputados; luego se colgaban en los caminos o* *en las puertas de las ciudades.* ≃ Fervencia. ⇒ *Castigo, *tormento.

herventar (del lat. «fervens, -entis», hirviente) tr. *Dar un hervor a ↘algo.*

herver (del lat. «fervēre»; ant. y usado aún en León y Méj.) intr. *Hervir.*

hervidero 1 m. *Agitación y ruido producido por el hervor de algo.* **2** *Ruido que se produce al *respirar, por la presencia de humores en las vías respiratorias.* **3** Manantial en que al brotar el agua se produce desprendimiento de burbujas de algún gas. **4** Sitio donde hierve algo en sentido no material: 'Un hervidero de pasiones [de discordias, de intrigas]'. ⊙ *Multitud de animales, personas, etc.

hervido, -a 1 Participio adjetivo de «hervir»: 'Un huevo hervido'. **2** (Cat., Val.) m. *Guiso de judías verdes cocidas con patatas, sazonado con aceite y vinagre.* **3** (Am. S.) *Cocido (olla).*

hervidor 1 m. *Utensilio de *cocina utilizado para hervir cosas.* **2** *Parte del *termosifón consistente en un recinto de metal que recibe directamente la acción del fuego.*

herviente adj. *Hirviente.*

hervimiento (ant.) m. *Hervor.*

hervir (del lat. «fervēre») **1** intr. Producir un líquido, al ser calentado hasta la temperatura necesaria, *burbujas de los gases contenidos en su interior, que suben y estallan al llegar a la superficie. **2** Producir burbujas un líquido en forma semejante a como se producen en la ebullición, por fermentación o *efervescencia. **3** Aplicado al *mar, estar muy agitado, produciendo mucho ruido y espuma. **4** tr. Hacer hervir un ↘líquido o mantener ↘algo dentro de agua u otro líquido en ebullición: 'Hervir la leche. Hervir la jeringuilla de inyecciones'. **5** («de» o «en») intr. Estar los ánimos, las pasiones o las personas muy excitados: 'Hervía el pueblo en deseos de venganza'. **6** («de» o «en») Tener, o contener mucho de cierta cosa; particularmente, de algo vivo que se mueve: 'La choza hervía en moscas. El bosque hervía en serpientes. Las calles hervían de gente'. ⇒ *Abundar.

BROTAR [O ROMPER] A HERVIR. Empezar a hervir. ≃ Levantar el HERVOR.

V. «hervir la SANGRE».

□ CATÁLOGO

Otra forma de la raíz, «ferv-»: 'enfervorizar, fervor, férvido, ferviente, efervescente'. etc. ➤ Aferventar, aherventar, borbollar, borboritar, borbotar, bullir, *cocer, digerir, elijar, fervir, herventar, herver, alzar [o levantar] el HERVOR, recocer, rehervir, salcochar, sancochar. ➤ Escaldar. ➤ Asación, cocción, cochura, decocción, ebullición, efervescencia, hervimiento, hervor, *infusión, poción. ➤ Borbollón, borbotón, burbuja. ➤ Crudo, duro, verriondo, zapatero. ➤ Acorcharse. ➤ Aherventar, ahervorar, hirviente; de la misma raíz, «fermento», etc. ➤ *Guisar.

□ CONJUG. IRREG. IND. PRES.: hiervo, hierves, hierve, hervimos, hervís, hierven; PRET. INDEF.: herví, herviste, hirvió, hervimos, hervisteis, hirvieron; SUBJ. PRES.: hierva, hiervas, hierva, hirvamos, hirváis, hiervan; PRET. IMPERF.: hirviera,-ese, hirvieras,-eses, hirviera,-ese, hirviéramos,-ésemos, hirvierais,-eseis, hirvieran,-esen; FUT. IMPERF.: hirviere, hirvieres, hirviere, hirviéremos, hirviereis, hirvieren; IMPERAT.: hierve, hierva, hervid, hiervan; GER.: hirviendo.

hervor (del lat. «fervor, -ōris») **1** m. Acción de hervir, en sentido propio o figurado. **2** *Entusiasmo propio de la juventud.* **3** (ant.) *Fervor.*

DAR UN HERVOR. Hervir por breve tiempo.

LEVANTAR EL HERVOR. Brotar a HERVIR.

hervorizarse (ant.) prnl. *Enfervorizarse.*

hervoroso, -a 1 adj. *Se dice de lo que hierve o parece que hierve.* **2** *Ardoroso, vehemente.*

hesitación (del lat. «haesitatĭo, -ōnis») f. *Vacilación.*

hesitar (del lat. «haesitāre») intr. **Vacilar.*

hespérico, -a 1 adj. *Aplicado a *España o a Italia, occidental.* ≃ Hesperio. **2** De España. ≃ Hesperio.

hespéride (con mayúsc.) f., gralm. pl. MIT. Nombre conjunto de las tres hijas de Atlas, dueñas del jardín de las Hespérides cuyos árboles producían manzanas de oro. Lo guardaba un dragón de cien cabezas; Hércules le dio muerte y robó las manzanas, lo cual constituye el undécimo de sus «trabajos». ⊙ adj. MIT. *De las Hespérides.*

hesperidio (del lat. moderno «hesperidĭum») m. BOT. *Fruto carnoso de corteza gruesa, dividido en varias celdas por telillas membranosas; como la naranja y el limón.

hespérido, -a 1 (lit.) adj. *Hespéride.* **2** (del n. «Héspero» aplicado al planeta Venus) *Occidental.* ≃ Hespérico.

hesperio, -a (del lat. «Hesperĭus») adj. y, aplicado a personas, también n. De España o de Italia. ≃ Hespérico.

héspero, -a adj. *Hesperio.*

hespirse (del dial. «hispio», del lat. «hispĭdus»; Cantb.) prnl. **Envanecerse o *hincharse.*

hetaira (del gr. «hetaíra») f. Cortesana (mujer galante) griega de elevada condición. ≃ Hetera. ⊙ Prostituta. ≃ Hetera.

hete Palabra formada por la partícula demostrativa «he» y el pronombre «te», poco usada y en lenguaje culto. Equivale a «te tienes» o «vete» (de ver), y se construye generalmente con «aquí» o «ahí», pero puede también construirse de otro modo: 'Hete aquí sin ninguna preocupación. Hete con más salud que nunca'. En muchos casos, el pronombre «te» es expletivo y la expresión equivale a «he»: 'Hete aquí que se encontró rico de pronto'.

heteo, -a (del hebr. «ḥittī», a través del lat. bíblico) adj. y n. Se aplica a los individuos de cierto *pueblo que habitó en la Edad Antigua en Asia Menor, y a sus cosas. ≃ Hitita. ⊙ m. pl. Ese pueblo.

heter- (var. «hetero-») Elemento prefijo del gr. «héteros», distinto.

hetera (del gr. «hetaíra») f. *Hetaira.*

heterocerco, -a (de «hetero-» y el gr. «kérkos», cola) adj. ZOOL. *Se aplica a los *peces que tienen la *cola dividida en dos lóbulos desiguales de los cuales el dorsal, más grande, contiene el final de la columna vertebral, así como a la misma cola.* ⇒ *Homocerco.

heterocíclico, -a adj. QUÍM. *De [o del] heterociclo.*

heterociclo m. QUÍM. *Estructura cíclica o en anillo en la que al menos uno de sus átomos no es de carbono.*

heterocigótico, -a adj. BIOL. De [del, de los] heterocigoto[s]. ⊙ Se aplica a los hermanos *gemelos que, por proceder de distinto óvulo, no son enteramente iguales. ⇒ Homocigótico.

heterocigoto m. BIOL. Cigoto resultante de la unión de dos gametos desiguales por la naturaleza de sus cromosomas. ⇒ Homocigoto. ➤ *Reproducción.

heteroclamídea adj. BOT. Se aplica a la *flor que tiene los verticilos bien diferenciados.

heteróclito, -a (del lat. «heteroclĭtus», del gr. «heteróklitos») **1** adj. Se aplica a un conjunto de cosas cuando están mezcladas sin orden, sin semejanza o sin armonía. ≃ Desacorde, dispar, heterogéneo. **2** GRAM. *Se aplica a la ex-*

presión que no se ajusta a las reglas de la analogía o al nombre que no se declina según la regla general.

heterodino (del fr. «hétérodyne») m. RAD. Se aplica a un pequeño oscilador de lámpara que, mediante la producción de ondas de frecuencia ligeramente distinta de la de las ondas recibidas, rebaja la frecuencia de éstas y facilita su recepción.

heterodoxia (del gr. «heterodoxía») f. *Desacuerdo con cualquier doctrina tenida por verdadera. ⊙ Por antonomasia, *desacuerdo con el dogma católico.

heterodoxo, -a adj. y n. Aplicado a personas, a doctrinas, etc., en *desacuerdo con la doctrina tenida por verdadera. ⊙ Por antonomasia, en *desacuerdo con el dogma católico.

heterogeneidad f. Cualidad de heterogéneo.

heterogéneo, -a (del lat. «heterogenĕus», del gr. «heterogenḗs») adj. Se aplica a los conjuntos formados por cosas *diferentes entre sí y a las cosas que los forman: 'Una clase heterogénea, formada por alumnos de distintas edades. Una colección de objetos heterogéneos'.

heteromancia o **heteromancía** (de «hetero-» y «-mancia» o «-mancia») f. *Adivinación por el vuelo de las aves.*

heterómero, -a (de «hetero-» y «-mero») adj. ZOOL. *Se aplica a los insectos *coleópteros del grupo de la carraleja, que tienen cuatro artejos en los tarsos de las patas de atrás y cinco en los demás.*

heteronimia (de «heterónimo») f. LING. Hecho de que dos palabras de significado muy próximo procedan de étimos diferentes; como «caballo» y «yegua».

heterónimo (de «heter-» y «-ónimo») **1** m. LING. Vocablo que tiene con otro una relación de heteronimia. **2** Nombre diferente del suyo propio que un autor utiliza para firmar su obras.

heterónomo, -a (de «hetero-» y el gr. «nómos», costumbre, ley) adj. *Se aplica, por oposición a «autónomo», al que es regido por un poder ajeno a él.* ⇒ *Depender.

heteroplastia (de «hetero-» y «-plastia») f. CIR. *Injerto realizado con una porción de tejido de un animal de diferente especie del que lo recibe.*

heterópsido, -a (de «hetero-» y el gr. «ópsis», aspecto, vista) adj. *Se aplica a las sustancias metálicas que no tienen *brillo metálico.*

heteróptero, -a (de «hetero-» y «-ptero») adj. y n. m. ZOOL. Se aplica a los *insectos hemípteros, entre los que se encuentra la chinche, que tienen las alas anteriores parcialmente endurecidas. ⊙ m. pl. ZOOL. Suborden que forman.

heteroscio, -a (del gr. «heteróskios») adj. y n. Se aplica al habitante de las zonas templadas, el cual a la hora del mediodía hace *sombra siempre hacia un mismo lado.

heterosexual (de «hetero-» y «sexual») adj. y n. Se aplica a las personas que sienten atracción sexual hacia las del sexo contrario, y al tipo de relación sexual que practican.

heterosexualidad f. Sexualidad entre personas de diferente sexo.

heterótrofo, -a (de «hetero-» y «-trofo») adj. BIOL. Se aplica a los organismos que tienen que alimentarse de sustancias orgánicas formadas por otros organismos para obtener la energía y las moléculas estructurales necesarias para su desarrollo, como los *hongos, muchos *protozoos y los *animales. ⇒ Autótrofo.

hético, -a (de «héctico») **1** adj. MED. *Tuberculoso.* ≃ Ético, héctico. **2** **Flaco o consumido.*

hetiquez f. MED. *Estado de hético.*

hetría (del lat. «factor, -ōris»; ant.) f. **Enredo, *mezcla o confusión.*

heurística f. Arte de inventar.

heurístico, -a (del gr. «heurískō», hallar) adj. De [la] heurística o *invención.

hevea (de «Hevea brasiliensis», nombre científico de esta planta) f. Planta euforbiácea, originaria de América del Sur, que segrega un jugo lechoso con el que se elabora el caucho.

hexa- Elemento prefijo del gr. «héx», seis.

hexacordo (del gr. «hexáchordos») m. MÚS. **Escala para canto llano, inventada en el siglo XI por Guido Aretino, compuesta de las seis primeras notas de la escala usual.* ⊙ MÚS. *Intervalo de sexta en la escala musical.*

HEXACORDO MAYOR. MÚS. *Intervalo de cuatro tonos y un semitono.*

H. MENOR. MÚS. *Intervalo de tres tonos y dos semitonos.*

hexaedro (del gr. «hexáedros») m. GEOM. Cuerpo de seis caras.

HEXAEDRO REGULAR. GEOM. Cuerpo geométrico formado por seis caras que son cuadrados. ≃ Cubo. ⇒ Dado.

hexagonal **1** adj. GEOM. De seis lados. ≃ Hexágono. **2** GEOM. De figura de hexágono.

hexágono, -a (del lat. «hexagōnum», del gr. «hexágōnos») **1** adj. GEOM. *Hexagonal.* **2** m. GEOM. Polígono de seis lados. ⇒ Hexángulo, sexángulo. ➤ Sextavado. ➤ Seisavar, sextavar.

hexámetro (del lat. «hexamĕter», del gr. «hexámetros») adj. y, más frec., n. m. MÉTR. Se aplica al verso de la poesía griega y latina que consta de seis pies métricos.

hexángulo, -a (de «hexa-» y «ángulo») adj. y n. m. *Hexágono.*

hexápeda (del fr. «hexapède», de seis pies, del gr. «hexápedos») f. **Toesa (medida de longitud).*

hexasílabo, -a (del lat. «hexasyllăbus», del gr. «hexasýllabos») adj. y n. m. MÉTR. Compuesto de seis *sílabas: 'Verso hexasílabo'.

hez (del lat. «fex, fecis») **1** (sing. o pl.) f. *Sedimento de impurezas o de partículas insolubles que forman el vino y otras sustancias líquidas. ≃ Poso. **2** (pl.) Residuos de la digestión arrojados al exterior por el organismo. ≃ *Excrementos. ⇒ Fecal, feculento. **3** Se aplica a una persona o un grupo de personas para significar que son lo más despreciable de la sociedad. ≃ Desecho, escoria. ⇒ *Chusma.

Hf Símbolo químico del hafnio.

Hg[1] Símbolo químico del mercurio.

Hgr o, menos frec., **Hg**[2] Abrev. de «hectogramo».

hi (ant.) n. **Hijo. Solamente en el compuesto «hidalgo» y en las expresiones «hi de puta, hi de perro».*

hi, hi, hi... Interjección con que se finge irónicamente la *risa, o sonido onomatopéyico con que se imita. ≃ ¡Ji, ji, ji...!

híada o **híade** (del lat. «hiădes», del gr. «hyádes») f. MIT. Cada una de las ninfas hijas de Atlas y niñeras de Dionisos.

hialino, -a (del lat. «hyalĭnus», del gr. «hyálinos»; cient.) adj. *Transparente. ⊙ (cient.) Como el vidrio.

hiante (del lat. «hians, hiantis», que está abierto, separado) adj. V. «VERSO hiante».

hiato (del lat. «hiātus»; pronunc. [i-áto]) **1** (culto o cient.) m. **Abertura o *grieta.* **2** FON. *Pronunciación en sílabas distintas de dos vocales contiguas. ⇒ Diptongo, sinalefa. ⊙ Efecto desagradable que resulta de ello; particularmente, en el encuentro de una vocal en fin de palabra con otra al principio de la palabra siguiente. **3** MÉTR. Licencia poética que consiste en romper una sinalefa para alargar el verso.

hibernación **1** f. Acción de hibernar, pasar los animales el invierno en una especie de letargo. **2** MED. Estado de semiinconsciencia provocado en algunos enfermos con fines anestésicos o curativos.

hibernal (del lat. «hibernālis») adj. *Invernal.*

hibernar (del lat. «hibernāre») **1** intr. *Invernar.* **2** Pasar el invierno, lo que hacen algunos animales, en estado letárgico.

hibernés, -a o **hibérnico, -a** adj. *De Irlanda.*

hibierno (del lat. «hibernum»; ant.) m. *Invierno.*

hibleo, -a (del lat. «Hyblaeus») adj. *De Hiblea, monte y ciudad de la Sicilia antigua.*

hibridación f. BIOL. Cruzamiento de dos individuos de especies, variedades o caracteres diferentes.

hibridar tr. Producir seres híbridos.

hibridismo m. Cualidad de híbrido. ⊙ BIOL. Fenómeno de existir seres orgánicos híbridos.

híbrido, -a (del lat. «hybrĭda») **1** adj. y n. m. BIOL. Se aplica a los seres orgánicos que son producto del cruce de dos individuos de distinta raza, especie o género. ⇒ Burdégano, mohíno, mulo. ➤ *Mestizo. **2** Se aplica por extensión a cosas en que se advierten dos procedencias o naturalezas distintas. ⇒ *Mezclar.

hibuero (de or. arahuaco) m. *Güira (árbol bignoniáceo).*

hicaco (de or. taíno; *Chrysobalanus icaco)* m. Arbusto crisobalanáceo con flores blanquecinas agrupadas en las axilas de las ramas más altas y frutos semejantes en tamaño forma y color a las ciruelas claudias. ≃ Icaco.

hico (Hispam.) m. *Cuerda con la que se suspende la *hamaca.* ≃ Jico.

hicotea (de or. taíno; *Pseudemys scripta)* f. Reptil quelonio emídido, de unos 30 cm, que se cría en América. ⇒ Jarico. ➤ Jicotea. ➤ *Tortuga.

hidalgamente adv. Con hidalguía.

hidalgo, -a (de «fidalgo») **1** adj. y n. Se aplicaba en la Edad Media y a principios de la Moderna a las personas de una *clase social que, aunque sin título nobiliario, se distinguían de los plebeyos y no vivían de su trabajo, sino de sus propiedades. ≃ Hijodalgo. ⇒ Caballero, fidalgo, hijodalgo, infanzón, tagarote, valvasor. ➤ *Noble. **2** adj. Se aplica a la persona *noble de carácter. **3** También, a la persona *generosa. **4** Propio de hidalgos: 'Educación hidalga'. ⊙ Significativo de hidalguía o nobleza de carácter: 'Comportamiento hidalgo'.

HIDALGO DE SANGRE. Hidalgo.

hidalguez f. *Hidalguía.*

hidalguía **1** f. Condición de hidalgo. **2** Cualidad de hidalgo: de carácter noble, caballeroso, generoso o magnánimo. V. «CARTA de hidalguía».

hidátide (del gr. «hydatís, -ídos») f. MED., ZOOL. Larva de los cestodos de género *Echinococus* que se desarrolla en diversos órganos de mamíferos, incluido el hombre, cuando ingieren el huevo de la tenia. ≃ QUISTE hidatídico.

hidatídico, -a adj. MED. *De [la] hidátide.*

hidiondo, -a (ant.) adj. *Hediondo.*

hidr- (var. «hidro-») Elemento prefijo del gr. «hýdōr», agua, usado ampliamente en derivados y palabras compuestas; en estas últimas, generalmente en la forma «hidro-».

hidra (del lat. «hydra», del gr. «hýdra») **1** *(Pelamis platurus)* f. *Serpiente acuática venenosa de las costas del mar Pacífico y del de las Indias. **2** (diversas especies del género *Hydra* y de otros; la «hidra común» es la especie *Hydra vulgaris)* *Pólipo tubular de agua dulce, que se reproduce por brote de un nuevo individuo sobre el cuerpo del viejo, del cual se separa luego. **3** MIT. Monstruo de la *mitología griega, de figura de serpiente, con siete cabezas que renacían a medida que se cortaban. Hércules la mató cortándolas todas de una vez, lo cual constituye el segundo de sus «trabajos». **4** *Se aplica como nombre calificativo a un *daño social muy difícil de extirpar, que renace cada vez que se cree dominado.*

hidrácido (de «hidr-» y «ácido») m. QUÍM. **Ácido compuesto de hidrógeno y un cuerpo simple.*

hidrargirio m. QUÍM. *Hidrargiro.*

hidrargirismo m. MED. *Enfermedad crónica, frecuente en los obreros de las minas de mercurio, producida por la absorción de este metal.

hidrargiro (del lat. «hydrargȳrus», del gr. «hydrárgyros») m. QUÍM. **Mercurio (metal).*

hidrartrosis (de «hidr-» y «artrosis») f. MED. *Acumulación de serosidad en una articulación.* ⇒ *Enfermedad.

hidratación f. Acción de hidratar[se].

hidratado, -a Participio adjetivo de «hidratar[se]».

hidratante adj. Que hidrata. ⊙ adj. y n. f. Se aplica al producto cosmético usado para hidratar la piel: 'Crema hidratante'.

hidratar (del gr. «hýdōr, hýdatos», agua) **1** tr. QUÍM. Combinar un ↘cuerpo con el agua. **2** Incorporar agua a una ↘sustancia o cuerpo. ⊙ tr. y prnl. Restablecer[se] el grado de humedad normal de la piel o los tejidos.

hidrato (de «hidratar») m. QUÍM. Combinación de un cuerpo con el agua.

HIDRATO DE CARBONO. QUÍM. Grupo de sustancias orgánicas compuestas de carbono, hidrógeno y oxígeno (estos dos últimos elementos en la misma proporción que los contiene el agua), que constituyen una fuente de alimento y energía para los animales. ≃ Azúcar, carbohidrato, glúcido, sacárido. ⇒ Monosacárido, polisacárido.

hidráulica (del lat. «hydraulĭca») f. FÍS. Parte de la *mecánica que estudia el equilibrio y movimiento de los *líquidos.

hidráulico, -a (del lat. «hydraulĭcus», del gr. «hydraulikós») **1** adj. FÍS. Se aplica a la *energía procedente del movimiento del agua y a lo relacionado con esta energía: 'Fuerza hidráulica. Rueda hidráulica'. **2** adj. y n. f. Se aplica a la ingeniería que se dedica a la conducción y aprovechamiento industrial de las corrientes de agua. **3** adj. Se aplica a las *cales y *cementos que se endurecen con el agua. **4** n. Persona que se dedica a la hidráulica. V. «RUEDA hidráulica».

□ CATÁLOGO

Hidroelectricidad, hidrotecnia. ➤ Hidrodinámica, hidrometría, hidrostática. ➤ Salto. ➤ ARIETE hidráulico, ARTIFICIO de juanelo, bomba, cigoñal, cigüeñal, cóclea, MÁQUINA hidráulica, noria, rodete, rodezno, ROSCA de Arquímedes, RUEDA hidráulica, turbina. ➤ Álabe, anillo, camón, leva, levador, marrana, paleta, rosario, sobarbo, sobrecruz, voladera, zangaburra. ➤ Ataguía, azud, azuda, azut, dique, gavión, módulo, pilote, *presa, zúa, zuda. ➤ Sifón. ➤ Diabeto, flotador, hidrógrafo, hidrómetro, reómetro. ➤ Aforar, caudal, gasto, régimen. ➤ GOLPE de ariete, pulsación. ➤ *Agua. *Canal. *Cauce. *Conducto. *Depósito. *Desaguar. *Presa. *Puerto. *Regar.

hidria (del lat. «hydrĭa», del gr. «hydría») f. *Vasija *romana de barro, grande, semejante a un cántaro o una tinaja.

hidriada, hidríada, hidriade o **hidríade** f. MIT. **Ninfa de las adscritas a cada fuente o arroyo.*

hidro- V. «hidr-».

hidroavión (de «hidro-» y «avión») m. *Avión que lleva flotadores y puede posarse sobre el agua.

hidrobiología (de «hidro-» y «biología») f. BIOL. *Ciencia que estudia los *animales y las *plantas que viven en las aguas terrestres.*

hidrocarburo (de «hidro-» y «carburo») m. QUÍM. Nombre genérico de las sustancias orgánicas formadas solamente por carbono e hidrógeno. ≃ CARBURO de hidrógeno. ⇒ Sufijos, «-eno, -ano»: 'acetileno, benceno, etano, metano, propano'.

hidrocefalia (de «hidrocéfalo») f. MED. Acumulación de líquido cefalorraquídeo en las cavidades del cerebro. ⇒ *Enfermedad.

hidrocéfalo, -a (del gr. «hydroképhalos») adj. MED. Afectado de hidrocefalia.

hidrocele (del lat. «hydrocēle», del gr. «hidrokḗlē») m. MED. Acumulación de líquido de la túnica serosa del *testículo. ⇒ *Enfermedad.

hidroclorato (de «hidro-» y «clorato») m. QUÍM. *Clorhidrato.*

hidroclórico, -a (de «hidro-» y «clórico») adj. QUÍM. *Clorhídrico.*

hidrodinámica (de «hidro-» y «dinámica») f. FÍS. Parte de la *mecánica que estudia el movimiento de los líquidos.

hidrodinámico, -a adj. FÍS. De la hidrodinámica o de su objeto.

hidroeléctrico, -a (de «hidro-» y «eléctrico») adj. Relacionado con el aprovechamiento de la fuerza hidráulica para obtener *electricidad.

hidrófana (de «hidro-» y el gr. «phanós», claro, brillante) f. *Cierto *ópalo que adquiere transparencia dentro del agua.*

hidrofilacio (de «hidro-» y el gr. «phyláxion», lugar donde se guarda algo) m. GEOL. Cavidad subterránea llena de agua.

hidrófilo, -a (de «hidro-» y «filo») adj. Se aplica a lo que tiene especial aptitud para absorber el *agua. ⊙ BIOL. También, al organismo que vive en ambientes húmedos.

V. «ALGODÓN hidrófilo, GASA hidrófila».

hidrofobia (del lat. «hydrophobĭa», del gr. «hydrophobía») **1** f. Horror al *agua. **2** MED., VET. *Enfermedad infecciosa que ataca a algunos animales, particularmente al perro, y que se transmite en la mordedura por inoculación del virus que está en la baba. Uno de sus síntomas es la dificultad para tragar, que, interpretado antiguamente como horror al agua, dio origen a su nombre científico. ≃ Rabia.

hidrófobo, -a adj. y n. MED., VET. Se aplica al que padece hidrofobia.

hidrófugo, -a (de «hidro-» y «-fugo») adj. y n. m. Se aplica a las sustancias que evitan la *humedad o las filtraciones.

hidrogenar tr. QUÍM. Añadir hidrógeno a determinados ➘compuestos orgánicos.

hidrógeno (de «hidro-» y «-geno») m. *Elemento químico, n.º atómico 1, gaseoso, el más ligero que se conoce (catorce veces más que el aire), de propiedades metálicas y no metálicas, que, combinado con el oxígeno, forma el agua. Símb.: «H». ⇒ AGUA pesada, deuterio, protón, tritio.

V. «CARBURO de hidrógeno».

hidrogeología (de «hidro-» y «geología») f. Parte de la geología que estudia particularmente las aguas subterráneas.

hidrognosia (de «hidro-» y el gr. «gnôsis») f. *Estudio de las distintas calidades de *agua de la corteza terrestre, de su historia, etc.*

hidrogogía (de «hidro-» y el gr. «agōgḗ», conducción) f. *Arte de canalizar las aguas.*

hidrografía (de «hidro-» y «-grafía») f. Parte de la *geografía que se ocupa de la descripción de la parte líquida de la superficie terrestre: mares, lagos, corrientes. ⊙ Conjunto de las aguas corrientes y estancadas de un territorio.

hidrográfico, -a adj. Relacionado con la hidrografía o con su objeto.

hidrógrafo, -a 1 n. Especialista en hidrografía. **2** m. Aparato que mide y registra el nivel de las corrientes de agua.

hidrólisis (de «hidro-» y «-lisis») f. QUÍM. Desdoblamiento de la molécula de ciertos compuestos orgánicos, bien por exceso de agua, bien por la presencia de un fermento o un ácido.

hidrolizar tr. QUÍM. Desdoblar la molécula de un ➘compuesto orgánico por hidrólisis.

hidrología (de «hidro-» y «-logía») f. Tratado del *agua como elemento de la corteza terrestre: aguas subterráneas, manantiales, composición de las aguas, etc.

HIDROLOGÍA MÉDICA. Estudio de la aplicación de las aguas al tratamiento de las enfermedades. ⇒ *Medicina.

hidrológico, -a adj. De la hidrología o de su objeto.

hidromancia o **hidromancía** (del lat. «hydromantīa», del gr. «hydromanteía») f. *Adivinación por medio del agua.*

hidromántico, -a 1 adj. *De la hidromancia.* **2** n. *Persona que la profesa.*

hidromasaje (de «hidro-» y «masaje») m. Masaje de agua y aire sobre la piel: 'Una bañera con sistema de hidromasaje'.

hidromel (del lat. «hydromĕli», del gr. «hydrómeli») m. *Hidromiel.*

hidrometeoro (de «hidro-» y «meteoro») m. Meteoro producido por el agua en estado líquido, sólido o de vapor.

hidrometría (de «hidro-» y «-metría») f. Medición del caudal, velocidad y fuerza de las *corrientes líquidas.

hidrómetro (de «hidro-» y «-metro») m. *Aparato que sirve para efectuar la medición del caudal, la velocidad y la fuerza de las corrientes líquidas.*

hidromiel (del lat. «hydromĕli», del gr. «hydrómeli») m. *Aguamiel (bebida). ≃ Hidromel.

hidromodelismo m. Construcción de maquetas de barcos, canales, presas y otras construcciones relacionadas con las corrientes de agua.

hidroneumático, -a adj. Se aplica al mecanismo que funciona mediante agua y aire: 'Freno hidroneumático'.

hidrónimo (de «hidro-» y «-ónimo») m. LING. *Nombre propio de un curso o acumulación natural de agua; por ejemplo, de un río.*

hidropatía (de «hidro-» y «-patía») f. MED. *Hidroterapia.*

hidropático, -a adj. MED. *De [la] hidropatía.*

hidropesía (del b. lat. «hydropisĭa», del lat. «hydropĭsis», y éste del gr. «hýdrōps, -ōpos») f. MED. Acumulación patológica de líquido seroso en cualquier cavidad del cuerpo. ⇒ Edema, opilación. ➤ Ascitis, comalia, hidrocele, hidrotórax, morriña, zangarriana. ➤ *Enfermedad.

hidrópico, -a (del lat. «hydropĭcus», del gr. «hydrōpikós») **1** adj. y n. MED. Afectado de hidropesía. **2** *Se aplica al que padece *sed continua.*

hidroplano (de «hidro-» y «plano») **1** m. *Avión apto para detenerse sobre el agua. ≃ Hidroavión. **2** **Barco provisto de aletas, en las que la resistencia del agua produce el mismo efecto que la del aire en las alas de un avión, ayudando a sostener el peso de la nave.*

hidroponía (de «hidro-» y el gr. «pónos», labor) f. AGR. *Técnica de cultivo de plantas en soluciones acuosas, que a veces emplea algún soporte de arena, grava, etc.*

hidropónico, -a adj. AGR. *De la hidroponía.*

hidroquinona (del ingl. «hydroquinone») f. Producto derivado de la quinina, que se emplea en *fotografía como revelador.

hidroscopia (de «hidro-» y «-scopia») f. Arte de averiguar la existencia de *aguas ocultas basándose en la configuración del terreno.

hidroscopio m. Aparato para detectar la existencia de aguas ocultas en un terreno.

hidrosfera (de «hidro-» y «esfera») f. Conjunto de las partes líquidas de la superficie terrestre. ⇒ *Tierra.

hidrosilicato (de «hidro-» y «silicato») m. QUÍM. *Silicato hidratado.*

hidrosoluble (de «hidro-» y «soluble») adj. Se aplica a la sustancia que puede disolverse en el agua.

hidrospeed (del ingl. «hydrospeed»; pronunc. [idrospíd]) m. *Deporte que consiste en descender un río de corriente impetuosa tumbado sobre una especie de tabla.

hidrostática (de «hidro-» y «estática») FÍS. f. Parte de la *mecánica que estudia el equilibrio de los líquidos.

hidrostático, -a adj. FÍS. De la hidrostática o de su objeto.

hidrotecnia (de «hidro-» y «-tecnia») f. *Ingeniería *hidráulica.*

hidroterapia (de «hidro-» y «-terapia») f. MED. Tratamiento de las enfermedades por medio de aguas medicinales. ⇒ HIDROLOGÍA médica. ➤ *Medicina.

hidroterápico, -a adj. MED. De [la] hidroterapia.

hidrotermal (de «hidro-» y «termal») adj. GEOL. De las aguas termales o de los procesos en que intervienen.

hidrotimetría (del gr. «hydrótēs», humedad, y «-metría») f. QUÍM. *Medida del grado de dureza del *agua.*

hidrotimétrico, -a adj. QUÍM. *De la hidrotimetría o de su objeto.*

hidrotórax (de «hidro-» y «tórax») m. MED. *Acumulación de líquido en la cavidad pleural.*

hidrotropismo m. BIOL. **Tropismo que se produce en un organismo como respuesta al estímulo del agua.*

hidróxido (de «hidro-» y «óxido») m. QUÍM. Cuerpo resultante de la combinación del agua y un óxido metálico.

hidroxilo (de «hidrógeno», «oxígeno» y el gr. «hýlē», materia) m. QUÍM. Radical formado por un átomo de oxígeno y otro de hidrógeno que se encuentra en muchos compuestos; como en los alcoholes. ≃ Oxidrilo.

hidrozoo (de «hidro-» y «-zoo») adj. y n. m. ZOOL. Se aplica a los animales *cnidarios, marinos y de aguas dulces, solitarios o coloniales, con forma de pólipo o medusa. ⊙ m. pl. ZOOL. Clase que forman.

hidruro (de «hidro-» y «-uro») m. QUÍM. *Compuesto químico que resulta de combinar hidrógeno y otro elemento, preferentemente un metal.*

hiebre (ant.) f. **Fiebre.*

hiedra (del lat. «hedĕra»; *Hedera helix*) f. *Planta araliácea trepadora que se agarra a los muros, troncos de los árboles, etc., con unas raicillas que brotan de sus tallos; tiene hojas coriáceas y lustrosas; se emplea mucho en parques y jardines para cubrir muros. ≃ Cazuz, yedra.

HIEDRA ARBÓREA. *Hiedra.*

H. TERRESTRE (*Glechoma hederacea*). *Planta de la familia de las labiadas, con tallos duros, hojas acorazonadas y flores de color azul, que se ha usado en medicina como expectorante.

hiel (del lat. «fel, fellis») **1** f. *Bilis. Se aplica más bien a la de los animales. ⇒ Ahelear. **2** Se emplea como sinónimo de «amargura» o de «mala *intención»: 'Un artículo que destila hiel'. ≃ Bilis. **3** (gralm. pl.) También, como equivalente de «*pena» o «amargura»: 'Las hieles de la vida. Para él son las mieles y para mí las hieles'.

HIEL DE LA TIERRA. CENTAURA *menor (*planta gencianácea).*

V. «PALOMA sin hiel».

TRAGAR HIEL. Aguantar alguien la cólera que le produce algo.

hielera (Chi., Méj., Salv.) f. *Refrigerador (nevera).*

hielo (del lat. «gelu») **1** m. *Agua solidificada en forma de masa cristalina, por efecto del frío. **2** Acción de helar. ≃ Helada. **3** Actitud de indiferencia entre personas (falta absoluta de afectuosidad o interés recíproco). **4** **Pasmo, suspensión del ánimo.*

QUEDARSE DE HIELO. Quedarse paralizado por el asombro. ≃ Quedarse helado.

ROMPER EL HIELO. **1** En las *relaciones entre personas, romper la frialdad, la reserva, el recelo o el embarazo de cualquier clase que las entorpecía. **2** Poner fin al estado de paralización en cualquier clase de cosas. ⇒ *Actividad.

□ CATÁLOGO

Otra forma de la raíz, «gel-»: 'gelatina, gélido'. Otra raíz, «glaci-»: 'glaciación, glacial, glaciar'. ➤ Gelo. ➤ Álgido. ➤ *Escarcha, granizo, helada, nieve, rosada. ➤ Calamoco, candela, candelizo, canelón, *carámbano, cerrión, pinganello, pinganillo. ➤ Carranca, témpano. ➤ Iceberg, inlandsis. ➤ Verglás. ➤ Garapiña. ➤ Helero. ➤ Cubitera, cubito. ➤ Congelar[se], escarchar, garapiñar, helar[se], nevar, zaracear. ➤ Fresquera, frigorífico, garapiñera [o garrapiñera], heladora, nevera, órgano. ➤ Botillería, heladería, nevería. ➤ Corcha, corchera, corcho. ➤ Derretir[se], deshelar[se], *fundir[se]. ➤ Deshielo. ➤ *Frío. *Helado.

hieltro (ant.) m. **Fieltro.*

hiemal (del lat. «hiemālis») adj. *Invernal.*

V. «CUADRANTE hiemal, SOLSTICIO hiemal».

hiena (del lat. «hyaena», del gr. «hýaina») **1** f. Nombre aplicado a varias especies de *mamíferos carnívoros del género *Hyaena* y *Crocuta;* tiene cabeza parecida a la del lobo y crines a lo largo de todo el espinazo; debajo de la cola tiene una bolsa que segrega un líquido fétido; es animal nocturno y se alimenta principalmente de carroña. **2** (n. calif.) Se aplica a una persona de sentimientos extraordinariamente *crueles e inhumanos.

hienda[1] (del sup. lat. «femĭta») f. **Estiércol.*

hienda[2] (de «hender»; Extr., León) f. *Hendidura.*

hiera (del lat. «diarĭa»; ant.) f. **Jera (jornada o jornal).*

hierarquía (del gr. «hierárchía») f. *Jerarquía.*

hierático, -a (del lat. «hieratĭcus», del gr. «hieratikós») **1** adj. En las religiones paganas, se aplica a las cosas reservadas exclusivamente a las funciones *sagradas y a los sacerdotes. **2** Aplicado a la expresión de las facciones de las personas y particularmente de las figuras pintadas o esculpidas, y a estas mismas figuras, severo y tal que no deja traslucir ningún sentimiento. ⇒ *Reservado. ⊙ Se aplica también a las figuras pintadas o esculpidas que son reproducción carente de inspiración de formas tradicionales. **3** Se aplica a cierta *escritura egipcia que era una abreviación de la jeroglífica. **4** *Se aplicaba a cierto *papel procedente de Egipto.*

hieratismo m. Cualidad de hierático (severo, que no deja traslucir ningún sentimiento).

hierba (del lat. «hĕrba») **1** f. Cualquier *planta pequeña, sin partes leñosas rígidas, que, generalmente, brota y muere en el mismo año. ⊙ (colectivo partitivo) Conjunto de *plantas de esta clase: 'Un puñado de hierba'. ⊙ Esas *plantas cubriendo el terreno: 'Acostarse sobre la hierba'. ⊙ (sing. o pl.) Esas *plantas como pasto del ganado: 'Alquilar la[s] hierba[s] de un monte'. ⊙ (pl.) Conjunto de plantas usadas para hacer infusiones o para elaborar algunos productos. **2** Para contar la edad de los animales que pastan, año: 'Un potro de tres hierbas'. **3** (pl.) *Veneno hecho con hierbas venenosas. ⊙ (pl.) Bebida embrujada. ≃ Bebedizo, *filtro. **4** (pl.) *En los *conventos, *hortalizas tomadas como comida.* **5** *Jardín (mancha de las esmeraldas). **6** (argot) Marihuana.

FINAS HIERBAS. Hierbas picadas de forma menuda que se usan como condimento: 'Paté [o queso] a las finas hierbas'.

HIERBA ABEJERA. **Toronjil (planta labiada).*

H. DEL ALA. *Helenio (planta compuesta).*

H. ARTÉTICA. **Pinillo (planta leguminosa).*

H. BALLESTERA. **Eléboro (planta ranunculácea).*

H. DE BALLESTERO. **1** *HIERBA ballestera.* **2** Cierto *veneno hecho con ella.

H. DE BÁLSAMO (Ál.). **OMBLIGO de Venus (planta crasulácea).*

H. BELIDA. **BOTÓN de oro (planta ranunculácea).*

H. BUENA. *Hierbabuena.

H. CALLERA. **Telefio (planta crasulácea).*

H. CANA *(Senecio vulgaris)*. *Planta compuesta, muy corriente, de flores amarillas tubulares, con las semillas rodeadas de un vilano. ≃ Suzón, zuzón ⇒ Cicimate.

H. CARMÍN *(Phytolacca dioica)*. *Planta fitolacácea, procedente de América, toda ella de color rojo; tiene algún empleo en medicina, y de las semillas se extrae una laca roja.

H. CENTELLA. Nombre dado a diversas *plantas ranunculáceas; entre ellas, la *Anemone palmata* y las llamadas «calta» *(Ranunculus muricatus, Caltha palustris* y *Caltha bicolor)*.

H. DE LAS COYUNTURAS. **Belcho (planta gnetácea).*

H. DE CUAJO. *Cuajaleche (planta rubiácea).*

H. DONCELLA *(Vinca maior* y otras especies del mismo género). *Planta apocinácea, rastrera, de hojas coriáceas y flores de un hermoso color azul, algo mayores que las violetas. ≃ Brusela, estrofanto, vincapervinca.

H. ESTRELLA. **Estrellamar (planta plantaginácea).*

H. FINA *(Agrostis trunculata)*. *Planta gramínea con flores rojizas, bien desarrolladas, en panojas terminales.

H. FRAILERA. **Orobanca (planta orobancácea).*

H. GIGANTA. **Acanto (planta acantácea).*

H. DE LAS GOLONDRINAS. **Celidonia (planta papaverácea).*

H. GUARDARROPA. **ABRÓTANO hembra (planta compuesta).*

H. DE GUINEA *(Panicum jumentosum* y *P. maximum)*. *Planta gramínácea, propia de las regiones tropicales, buena para pasto del ganado caballar, de hojas radicales y flores en espiga en un tallo central.

H. HORMIGUERA. **Pazote (planta quenopodiácea).*

H. JABONERA. **Jabonera (planta cariofilácea).*

H. DE LOS LAZAROSOS. **Clemátide (planta ranunculácea).* ≃ HIERBA de los pordioseros.

H. DE LIMÓN (Cuba). **Esquenanto (planta gramínea).*

H. LOMBRIGUERA. **1** *(Tanacetum vulgare)* *Planta muy común en España, de flores amarillas en corimbos terminales, que se ha empleado como estomacal y vermífuga. ≃ Tanaceto. **2** **Abrótano (planta compuesta).*

H. LUISA. *Luisa (planta verbenácea).

H. DEL MANÁ *(Glyceria fluitans)*. *Planta gramínea que crece con los tallos caídos; es forrajera y se emplea para sustituir el esparto.

H. MATE. *Mate: planta aquifoliácea con cuyas hojas se hace la infusión llamada del mismo modo. ≃ HIERBA del Paraguay.

H. MORA. **1** *(Solanum nigrum)* *Planta solanácea, de tallos vellosos, con flores blancas en corimbos, que se ha empleado en medicina como calmante. ≃ Solano. **2** (Filip.) **Espicanardo (planta valerianácea).*

H. DEL PARAGUAY. *HIERBA mate.*

H. PASTEL. **Glasto (planta crucífera).*

H. PEJIGUERA. **Duraznillo (planta poligonácea).*

H. PIOJENTA [o PIOJERA]. **Estafisagria (planta ranunculácea).*

H. DE LOS PORDIOSEROS. **Clemátide (*planta ranunculácea).* ≃ HIERBA de los lazarosos.

H. DE PUNTA. **Espiguilla (planta gramínea).*

H. PULGUERA. **Zaragatona (planta plantaginácea).*

H. PUNTERA. **Siempreviva (planta crasulácea).*

H. ROMANA. *HIERBA de Santa María (planta compuesta).*

H. SAGRADA. **1** *HIERBA de Santa María (planta compuesta).* **2** *Verbena (planta verbenácea).*

H. DE SAN JUAN. **Corazoncillo (planta gutífera).*

H. SANTA. **Hierbabuena (planta labiada).*

H. DE SANTA MARÍA *(Tanacetum balsamita)*. *Planta compuesta, de hojas fragantes, que se cultiva en los jardines y se emplea en medicina. ≃ Atanasia, costo hortense, HIERBA romana, HIERBA sagrada, HIERBA sarracena.

H. DE SANTA MARÍA DEL BRASIL. **Pazote (planta quenopodiácea).*

H. SARRACENA. *HIERBA de Santa María (planta compuesta).*

H. DE LAS SIETE SANGRÍAS. **Asperilla (planta rubiácea).*

H. TORA. **Orobanca (planta orobancácea).*

H. DE TÚNEZ. **Servato (planta umbelífera).*

HIERBAS DEL SEÑOR SAN JUAN. *Todas aquellas que se venden el día de San Juan Bautista, que son muy olorosas o medicinales; como mastranzo, trébol, etc.*

H. VIEJAS (ant.). **Campos no cultivados.*

MALA HIERBA. **1** Hierba no deseada o perjudicial que nace en los campos cultivados. **2** (n. calif.) Se aplica a cualquier clase de cosas, especialmente personas, que *estorban el buen desenvolvimiento de una sociedad o un asunto. **3** (n. calif.) Gente del *hampa. ⊙ (n. calif.) Persona *indeseable.

COMO LA MALA HIERBA (refiriéndose al desarrollo de una cosa desagradable o perjudicial). Mucho o muy deprisa.

EN HIERBA (refiriéndose al corte de cereales y otras plantas semejantes). Cuando la planta está todavía tierna. ≃ En *verde.

MALA HIERBA NUNCA MUERE. Frase que se emplea, con frecuencia jocosamente, con referencia a alguna persona a la que se atribuye malignidad. ≃ BICHO malo nunca muere.

V. «QUESO de hierba».

SENTIR [O VER] CRECER LA HIERBA (inf.). Ser alguien muy vivo.

... Y OTRAS HIERBAS. Frase humorística con que se termina una *enumeración, particularmente de personas.

□ CATÁLOGO
Otra forma de la raíz, «herb-» o «yerb-»: 'herbáceo, herbaje, herbaza, herbario, herbazal, herbecer, herbicida, herbívoro, herbolario, herboristería, herborizar; yerbajo'. ➤ Abrojillo, acahual, alcacer, alfalfa, césped, chépica, cora, *forraje, gasón, grama, heno, maleza *pasto, salgue, verde, verdín, yerba, yerbajo, yuyo, yuyos, zacate, zacatón. ➤ Empina, mata, matojo. ➤ Otoño. ➤ Henasco. ➤ *Dehesa, gleba, gramal, herbazal, hierbal, pastizal, pradera, *prado, zacatal. ➤ Almiar, henal, henazo, henil, tenada. ➤ Balano, camba. ➤ Abarañar, aborronar, rastrillar, repelar. ➤ Aparar, carpir, *desherbar, desyerbar, escabuchar, *escardar, escardillar, escavanar, resallar, *rozar, sachar, sallar, sorrapear, traspalar. ➤ Empastarse, enyerbarse. ➤ Herboso, yerboso. ➤ *Almocafre, carpidor, escardilla, escardillo, garabato, guadaña, hoz, rozón, segote, zarcillo. ➤ Sagallino. ➤ Encespedar. ➤ Hormiguero. ➤ Césped, gallón, tapín, *tepe, torga, torna. ➤ Garba, *haz *manojo, *puñado. ➤ Contrahierba.

hierbabuena (de «hierba» y «buena») **1** (varias especies del género *Mentha,* como *Mentha arvensis*) f. *Planta labiada muy aromática, que se emplea como *condimento. ≃ HIERBA buena, HIERBA santa, menta, presta. **2** En distintos sitios se aplica este nombre a otras *plantas labiadas, como el mastranzo, el sándalo o el poleo.

hierbajo m. Desp. de «*hierba».

hierbal m. Herbazal.

hierbatero (Chi.) m. *Hombre que vende al por menor forraje o hierba verde para los animales.*

hierbecilla f. Dim. frec. de «hierba».

hierocracia (del gr. «hierós», sagrado, y «-cracia») f. **Gobierno por la clase sacerdotal.* ⇒ Teocracia.

hieródulo, -a (del gr. «hieródoulos», esclavo sagrado) n. *En Grecia, esclavo dedicado al servicio de un templo; los varones cultivaban las tierras que le pertenecían.*

hierofanta (del lat. «hierophanta», del gr. «hierophántēs») m. *Hierofante.*

hierofante (del lat. «hierophantes», del gr. «hierophántēs») **1** m. **Sacerdote que, en algunos templos griegos, dirigía la iniciación en los misterios.* **2** *Persona que *inicia a otras en cosas recónditas o reservadas.*

hieroglífico (del lat. «hieroglyphĭcus», del gr. «hieroglyphikós») m. *Jeroglífico.*

hieros (del lat. «erum», por «ervum») m. pl. *Yeros (planta leguminosa).

hieroscopia (del gr. «hieroscopía») f. *Adivinación por las entrañas de los animales.* ≃ Aruspicina.

hierosolimitano, -a (del lat. «hierosolymitānus», de «Hierosolўma», Jerusalén) adj. y, aplicado a personas, también n. De *Jerusalén. ≃ Jerosolimitano.

hierra o **hierre** (de «herrar») f. o m. *Acción y efecto de *marcar a las reses con el hierro.* ≃ Herradero.

hierro (del lat. «fĕrrum») **1** m. *Metal, n.º atómico 26, el más usado en la industria, del que son las herramientas y adminículos metálicos más corrientes; como el martillo o las tenazas, los clavos o los carriles del tren. Símb.: «Fe». **2** *Marca o *señal hecha con hierro candente. ⇒ Calimbo, carimba, ferrete, fierro. **3** En la lanza y otras *armas y *herramientas compuestas de un asta o mango de madera y una pieza de metal, que es la que corta o hiere, esta pieza. ≃ Rejo. **4** *Arma, *herramienta o pieza de hierro. **5** (pl.) Hierros para *aprisionar; como cadenas, grillos, etc. **6** Se emplea como nombre calificativo, como término de comparación o en la expresión «de hierro» para ponderar la *dureza o fortaleza de una cosa: 'Este niño es de hierro: nunca está enfermo'. **7** TAUROM. Ganadería de *toros destinados a la lidia.

HIERRO ATRUCHADO. METAL. *Hierro colado cuyo grano semeja la piel de la trucha.*

H. BLANCO. METAL. HIERRO colado.

H. COLADO. METAL. El que sale de los altos hornos; tiene más carbono que el acero y es quebradizo y de fractura granulosa; se distinguen algunas variedades por la cantidad de carbono que contienen: atruchado, blanco, gris, etc.

H. DE CUBILOTE. METAL. Hierro fundido por segunda vez en un «horno de cubilote». ≃ Cubilote, FUNDICIÓN de cubilote, HIERRO de segunda colada.

H. ESPÁTICO. *Siderita.

H. FORJADO. El trabajado en la forja, a golpes.

H. FUNDIDO. METAL. Hierro colado.

H. GRIS. METAL. HIERRO colado.

H. PIROFÓRICO. Hierro finísimamente pulverizado, que se inflama en contacto con el aire.

H. DE SEGUNDA COLADA. METAL. HIERRO de cubilote.

V. «CAMINO de hierro, CAPILLO de hierro, CORONA de hierro».

DE HIERRO. V. «hierro» (6.ª acep.).

LIBRAR EL HIERRO. ESGR. *Separarse las hojas de las espadas.*

MACHACAR [O MARTILLAR] EN HIERRO FRÍO. Esforzarse inútilmente por educar o corregir a una persona que no es susceptible de ser mejorada.

QUIEN [EL QUE] A HIERRO MATA, A HIERRO MUERE. Frase que significa que uno debe esperar el mismo trato que aplica a otros. ⇒ *Recíproco.

QUITAR HIERRO. Decir algo con que se disminuye la importancia de lo que se había dicho o se sabía o creía. ⇒ *Atenuar, *desdecirse, *disminuir, *moderar.

□ CATÁLOGO
Otras formas de la raíz, «ferr-, herr-»; otra raíz, «sider-»: 'ferrada, ferrado, ferrador, ferradura, ferraje, ferramienta, ferrar, ferreña, férreo, ferrería, ferrero, ferrete, ferretear, ferretería, ferretero, férrico, ferrificarse, ferrizo, ferro, ferrocarril, ferrojar, ferrón, ferropea, ferroso, ferroviario, ferrugiento, ferrugíneo, ferruginoso; aherrojar, herradero; herrado, -a; herrador, herradura, herraje, herramental, herramienta, herrar, herrería, herrerillo, herrero, herreruelo, herrete, herretear, herrojo, herrón, herronada, herropea, herropeado, herrugento, herrugiento, herrumbrar, herrumbre, herrumbroso, herrusca; siderita, siderosa, siderosis, siderurgia'. ➤ *Acero, arrabio, fierro, fundición, fundición blanca, fundición de cubilote, imán, marte. ➤ Acerería [o acería], ferrería, fragua, fundición, herrería, altos HORNOS. ➤ Acerar, adulzar, carburación, cinglar, descarburación, enacerar, estajar, *forjar, galvanizar, maznar, pavonar, pudelar, tablear, templar. ➤ Aherrumbrarse, destemplarse, herrumbrarse, oxidarse. ➤ Ferrificarse. ➤ Alambre, ángulo, *barra, calimba, media CAÑA, carimba [o carimbo], cuadradillo [o cuadrado], damasquinado, ele, HOJA de lata, hojalata, lámina, lata, lingote, llanta, palastro, PERFIL laminado, plancha, pletina, doble TE, tocho, torcho, u, uve. ➤ Reja, rejo. ➤ Cagafierro, chatarra, escamas, escoria, limaduras, metralla, miñón, moco. ➤ Herrín, herrumbre, orín. ➤ Colcótar, ferrocerio, moho, ocre, *óxido. ➤ Cencerrear, chapear, guachapear. ➤ Albín, almagre, almánguena, ancorca, ancorque, calamita, caparrosa, etites, hematites, HIERRO espático, junquerita, leberquisa, limonita, marcasita, margajita, marquesita, mispiquel, ocre, oligisto, PIEDRA del águila, PIEDRA imán, PIEDRA inga, pirita, siderita, siderosa, sil. ➤ Mena. ➤ Calón, canga. ➤ Sideritis. ➤ Marcial. ➤ *Acero. *Barra. *Forja. *Fragua. *Fundición. *Herrar. *Herrero. *Horno. *Metal. *Minería.

hifa f. *Elemento filiforme del micelio de los *hongos.*

hi-fi (ingl.; pronunc. [ífi]) Abrev. de «High Fidelity», alta fidelidad. Suele usarse en aposición a un nombre: 'Un equipo hi-fi'.

higa (de «higo») **1** f. **Amuleto de azabache o coral en forma de puño, que se ponía a los niños para librarles del mal de ojo.* **2** *Gesto hecho con el puño cerrado, sacando el pulgar por entre el índice y el medio, que se usaba contra el aojamiento y también para insultar, por ejemplo a las personas infamadas.* ⇒ Pujés. **3** *En frases informales como «no importar una higa, no dársele a alguien dos higas», equivale a «higo» y significa «*nada».*

DAR HIGA [o HIGAS]. **Burlarse de alguien o *despreciar a alguien.*

DAR HIGA LA ESCOPETA. *No dar lumbre el pedernal al tratar de *dispararla.*

higadilla f. *Higadillo.*

higadillo (dim. de «hígado») m., gralm. pl. Hígado de los animales pequeños, particularmente de las aves, que se vende para el consumo.

hígado (del lat. vulg. «ficătum», del lat. «iecur ficătum», hígado alimentado con higos, por la costumbre de los antiguos de alimentar con higos a los animales cuyo hígado comían) **1** m. Órgano glandular que segrega la bilis y realiza importantes funciones en el organismo; la fundamental, almacenar los hidratos de carbono. ⇒ Raíz culta, «hepat-»: 'hepático, hepatización'. ➤ Ala, empeña, lóbulo. ➤ Cístico, colédoco, CONDUCTO hepático. ➤ VESÍCULA biliar. ➤ Bilis. ➤ Cirrosis, CÓLICO hepático, cuchareta, hepatitis, INSUFICIENCIA hepática. ➤ Alectoria. ➤ Higadilla, higadillo. ➤ Alece. ➤ Morteruelo. ➤ *Asadura. **2** Glándula de otros animales, como los moluscos, que segrega un jugo semejante al pancreático de los vertebrados. **3** (pl.) Se emplea como símbolo de *valor o falta de escrúpulo: 'Hacen falta hígados para tirarse al ruedo [o para comerse esa bazofia]'.

HÍGADO DE ANTIMONIO. FARM. *Mezcla, que es de color de hígado y algo transparente, resultado de fundir en un crisol antimonio y potasa a partes iguales con un poco de sal común.*

H. DE AZUFRE. FARM. *Mezcla hecha derritiendo azufre con potasa.*

ECHAR LOS HÍGADOS. **1** (inf.) *Ajetrearse, *esforzarse o *trabajar con exceso. **2** (inf.) Vomitar.

higate (de «higo») m. *Comida que se hacía con higos rehogados con tocino y luego cocidos con caldo de gallina y sazonados con azúcar, canela y otras especias finas.* ⇒ *Guisar.

high life (ingl.; pronunc. [jái láif]) f. *Alta sociedad, gente distinguida.*

higiene (del fr. «hygiène») f. Conjunto de reglas y de prácticas que tienden a mantener el cuerpo en buen estado físico y a evitar las enfermedades. ⊙ Limpieza o aseo de una persona, un lugar público, etc. ⇒ Desinfección, dietética, gimnasia, *limpieza, preservación, prevención, profiláctica, profilaxis, vacuna. ➤ Antihigiénico. ➤ *Deporte. *Juego.

higiénicamente adv. De manera higiénica.

higiénico, -a adj. Conforme a las reglas de la higiene. ⊙ Sano: bueno para la *salud.

higienista n. Persona que se ocupa de asuntos de higiene.

higienizar tr. Arreglar o reformar ↘algo de manera que se acomode a las reglas de la higiene.

higo (del lat. «ficus») **1** m. Fruto de la higuera, de forma semejante a la de una pera, blando, envuelto en una piel fina y con la carne como desmenuzada en pequeñas partículas en cada una de las cuales hay una semilla diminuta; es muy dulce y se come fresco o seco. ⇒ Raíz culta, «sico-»: 'sicofanta, sicómoro, sicono'. ➤ Almijar, bayoco, breva, figo, sicómoro. ➤ Cabrahígo, cornicabra. ➤ Encofinar. ➤ HIGO seco, PAN de higo. ➤ Látex. ➤ Amate, azaharillo, bacalar, bergazote, bicariño, bujalazor [o bujarasol], caralla, jaharí, martinenco, sayuela. **2** (inf.) Se aplica como nombre calificativo o término de comparación a una cosa de mal aspecto por estar mal hecha o por haber quedado aplastada o arrugada. ≃ Buñuelo, churro. ⇒ *Mamarracho. **3** En frases informales como «me importa un higo, no se me da un higo», equivale a «*nada». ≃ Higa. ⇒ *Comino. **4** *Excrecencia, generalmente de origen venéreo, que se forma alrededor del ano.* ⇒ *Reproducción.

HIGO BOÑIGAR. HIGO doñegal.

H. CHUMBO. Fruto de la chumbera. ≃ HIGO de pala, HIGO de tuna, tuna, tuno.

H. DE CUELLO DE DAMA. Variedad muy buena para la conserva.

H. DOÑEGAL [o DOÑIGAL]. *Cierta variedad bastante grande.* ≃ HIGO boñigar.

H. MELAR. *Variedad pequeña muy dulce.*

H. DE PALA. *HIGO chumbo.*

H. SECO. Higo dejado desecar que se conserva indefinidamente y se come como *golosina.

H. DE TUNA. *HIGO chumbo.*

H. ZAFARÍ. Variedad muy dulce de higo.

DE HIGOS A BREVAS (inf.). De tarde en tarde, con grandes intervalos de tiempo: 'Antes salíamos juntos con mucha frecuencia; ahora nos vemos de higos a brevas'. ⇒ *Raro.

HECHO UN HIGO. Muy arrugado, estrujado o estropeado.

V. «PAN de higo».

higro- Elemento prefijo del gr. «hygrós» que significa «húmedo».

higrometría (de «higrómetro») f. Parte de la física que se ocupa de la *humedad y de su medición.

higrométrico, -a **1** adj. FÍS. De la higrometría o de su objeto. **2** FÍS. Se aplica a los cuerpos que son muy sensibles a los cambios de humedad de la atmósfera.

higrómetro (de «higro-» y «-metro») m. FÍS. Aparato utilizado para medir la humedad del aire atmosférico. ⇒ Psicrómetro.

higroscopia (de «higro-» y «-scopia») f. Higrometría.

higroscopicidad (de «higroscópico») f. FÍS. Cualidad de los seres orgánicos y algunos inorgánicos de absorber humedad del ambiente o cederla a él según las circunstancias.

higroscópico, -a (de «higroscopio») adj. FÍS. Se aplica a lo que tiene higroscopicidad.

higroscopio (de «higro-» y «-scopio») **1** m. FÍS. Higrómetro. **2** Instrumento que consiste en una cuerda de tripa que se tensa y destensa según el grado de humedad, moviendo al hacerlo una figurilla indicadora.

higuana f. **Iguana (reptil).*

higuera (del lat. «ficarĭa»; *Ficus carica)* f. Árbol moráceo de origen mediterráneo, de poca altura, corteza lisa y grisácea, y hojas grandes lobuladas, que produce los *higos. Las hay que dan dos cosechas; los frutos de la primera son más grandes y se llaman «brevas».

HIGUERA BRAVA. **Cabrahigo (higuera silvestre).*

H. BREVAL. La que produce brevas e higos.

H. CHUMBA. *Nopal (planta cactácea).

H. DEL DIABLO. **Ricino (planta euforbiácea).* ≃ HIGUERA del infierno [o infernal].

H. DE INDIAS. *HIGUERA chumba.*

H. DEL INFIERNO [O INFERNAL]. *HIGUERA del diablo.*

H. LOCA [O MORAL]. **Sicómoro (planta morácea).*

H. DE PALA [O DE TUNA]. *HIGUERA chumba.*

H. SILVESTRE. *Cabrahigo.*

ESTAR EN LA HIGUERA (inf.). Estar distraído, desorientado o *ignorante de cierta cosa.

higuereta o **higuerilla** (de «higuera») f. **Ricino (planta euforbiácea).*

higüero m. **Güira (árbol bignoniáceo).*

higuerón o **higuerote** (de «higuera»; *Ficus gigantea)* m. Árbol moráceo de América, de madera blanca amarillenta, útil para la construcción de barcos.

higueruela (dim. de «higuera»; varias especies del género *Psoralea*, como *Psoralea americana)* f. *Planta leguminosa de hojas semejantes a las del trébol y flores azuladas en cabezuelas axilares. ≃ Angelota, TRÉBOL hediondo.

higuí (¿del ár. «alḥiqīh», alcánzalo?) AL HIGUÍ. Frase con que se invita a los chicos, como entretenimiento propio de *carnaval, a que cojan un higo que se mueve delante de ellos suspendido de un palo. ⊙ Ese entretenimiento. ⇒ *Jugar.

hijadalgo f. *Hidalga.* ⇒ Hijodalgo.

hijastro, -a (del lat. «filiaster, filiastra») n. Con respecto a una persona que se casa con otra que ya tenía algún hijo, este hijo. ⇒ Adnado, alnado, andrado, annado, antenado, entenado.

hijato (de «hijo») m. **Brote de planta.*

hijo, -a (del lat. «filĭus») **1** n. Un animal con respecto a sus padres. ⊙ Puede también aplicarse a plantas. ⊙ (con mayúsc.) Segunda persona de la Santísima Trinidad. **2** m. pl. Descendientes. **3** n. Una persona con respecto a la localidad o país donde ha nacido: 'Los hijos de Madrid'. ⇒ *Patria. **4** Obra hecha por alguien o producto de su inteligencia. ⇒ *Crear. **5** En conversación familiar es muy corriente emplearlo, particularmente las mujeres, como vocativo intercalado en lo que se dice a un niño o a una persona más joven o de menos respetabilidad que la que habla, bien cuando se adopta un tono afectuoso o bien con enfado o impaciencia en exclamaciones con «ay» o «pues»: 'Te aconsejo, hija, que no vayas. ¡Mira, hijo, no puedo esperar más! ¡Ay, hija, qué genio gastas hoy! ¡Ay, hijo, cuando tengas mis años sabrás lo que es esto! ¡Pues hijo... podías haber avisado!'. ⇒ *Vocativo. **6** Persona que ha profesado en una *orden religiosa, con respecto al fundador de la orden o a la casa donde profesó. **7** m. Tallo tierno o *retoño de una planta. **8** *Sustancia esponjosa del interior de los *cuernos de los animales.*

HIJO ADOPTIVO. Persona a la que otra tiene como hijo, a veces mediante ciertas formalidades legales, sin serlo naturalmente.

H. BASTARDO. El engendrado por un hombre fuera de matrimonio; se emplea con referencia a los hijos de un padre noble.

H. DE LA CHINGADA (Méj.; vulg.). HIJO de puta.

H. DE CONFESIÓN [o ESPIRITUAL]. Una persona con respecto a su confesor habitual.

H. DE DIOS («El»). *Jesucristo.

H. DE GANANCIA. *HIJO natural.*

H. DEL HOMBRE («El»). *Jesucristo.

H. LEGÍTIMO. El de padres unidos entre sí en matrimonio.

H. DE SU MADRE [o DE SU PADRE]. **1** Expresión con que se alude al *parecido de cierta persona con su madre o con su padre: 'En eso eres hijo de tu madre'. **2** Expresión eufemística con que se sustituye «HIJO de puta». Suele reforzarse con el adverbio «muy»: 'El muy hijo de su madre nos dejó tirados'.

H. NATURAL. Hijo ilegítimo, particularmente el nacido de padres que no tienen impedimento legal para casarse.

H. DE PAPÁ. Joven que vive holgadamente y satisface todos sus caprichos gracias a sus padres, sin esforzarse por sí mismo.

H. DE PERRA (vulg.). Insulto equivalente a «HIJO de puta».

H. PREDILECTO. Distinción que un municipio concede a alguna de las personas nacidas en él.

H. PRÓDIGO. Hijo que vuelve al hogar después de haberlo abandonado.

H. DE PUTA (vulg.). Insulto violento. ⇒ HIJO de la chingada, HIJO de su madre [o de su padre], HIJO de perra, HIJO de tal.

H. DE SATANÁS (vulg.). Se aplica a una persona malvada. Se usa como insulto.

H. DE TAL. Eufemismo con que se sustituye la expresión «hijo de puta».

H. DE VECINO («Cada, Cualquier, Todo»). Una persona *cualquiera. Se emplea para aplicar a alguien o a sí mismo un hecho, deseo, etc., que es natural o corriente: 'Él quiere vivir bien, como cada hijo de vecino'.

CADA UNO ES HIJO DE SUS OBRAS [o SER alguien HIJO DE SUS OBRAS]. **1** Frase con que se expresa que la *estimación que merece una persona se mide por su propia conducta y no por su nacimiento. **2** O que la situación, buena o mala, en que se encuentra es la que se ha ganado con su conducta. ⇒ *Consecuencia.

CUALQUIER HIJO DE VECINO. HIJO de vecino.

V. «VENTURA te dé Dios, hijo...».

□ CATÁLOGO

Otra forma de la raíz, «fil-»: 'afiliar, filiación, filial, filialmente'. ➤ Descendencia, familia, fi, fijo, FRUTO de bendición, garzón, generación, heredero, hi, infante, niño, parejita, progenie, prole, retoño, sucesión, vástago. ➤ Borde, cosijo, cuartogénito, cumiche, desnaturalizado, empadrado, enmadrado, espúreo [o espión], fornecino [u hornecino], hijastro, ilegítimo, legítimo, madrero, máncer, mayorazgo, *mestizo, natural, noto, primogénito, sacrílego, segundogénito, segundón, turcople, único, unigénito. ➤ Delfín, infante, príncipe. ➤ PEDAZO del alma [del corazón o de las entrañas]. ➤ Huérfano. ➤ Criar, *destetar. ➤ Adoptar, ahijar, legitimar, prohijar, reconocer. ➤ Esperar a la CIGÜEÑA, venir la CIGÜEÑA. ➤ Calipedia, eugenesia. ➤ Prolífico. ➤ Varonía. ➤ Infanticidio. ➤ De tal PALO tal astilla, el que a los suyos PARECE honra merece. ➤ *Adoptar, ahijar, desafijar, hidalgo, *hijastro, prohijar. ➤ Huérfano. ➤ *Ahijado. ➤ *Feto. *Heredar. *Pariente. *Reproducción.

hijodalgo (de «hijo de algo») m. *Hidalgo.* ⇒ Hijadalgo.

hijuela (del lat. «filiŏla») **1** f. Cosa que procede de otra y queda en relación con ella: 'Un centro de investigación que es una hijuela de la Universidad'. ⇒ *Dependencia, *derivación. **2** Cada una de las porciones en que se divide una herencia. **3** (Chi., C. Rica, Ec., Perú) **Finca rústica que resulta de la división de otra mayor.* **4** *Documento en que se reseña la parte que corresponde a uno de los participantes en una herencia.* **5** Se aplica también a otras cosas que son *derivación o ramificación de otra principal. ⊙ A un reguerón que conduce el agua desde la acequia al campo que se riega. ⊙ A una vereda que va desde el *camino principal a un sitio determinado. **6** *Servicio para llevar las cartas a los pueblos situados fuera de la ruta principal.* ⇒ *Correo. **7** (And.) *Hacecillo de *leña menuda dispuesto así para venderla al por menor.* **8** **Retoños de las *palmas y palmitos.* **9** *Tira de tela que se pone en alguna prenda de vestir para *ensancharla.* **10** *Colchoneta que se coloca debajo del *colchón para aumentar la altura por el centro, donde el cuerpo lo hunde más.* **11** *Trozo circular de tela que cubre la hostia sobre la patena hasta el momento del ofertorio.* ⇒ *Misa. **12** *En las* *carnicerías, póliza que dan los que pesan la carne a los dueños para que por ella se les forme la cuenta de la que venden.* **13** (Mur.) *Filamento formado con el intestino del gusano de *seda antes de que forme el capullo, que se emplea para diversos usos; por ejemplo, como hilo de pesca.*

hijuelación f. *Acción de hijuelar.*

hijuelar tr. *Dividir una ↘hacienda o una herencia en hijuelas.*

hijuelero (de «hijuela», servicio postal) m. *Peatón (*cartero).*

hijuelo (del lat. «filiŏlus») m. **Brote de una *planta.*

hila[1] (del lat. «fila», pl. neutro de «filum») **1** (gralm. pl.) f. Hebra sacada de un trozo de tela de hilo vieja, de las que se usaban en *medicina antes de emplear el algodón hidrófilo. **2** **Fila.* ≃ Hilera. **3** **Tripa de res, delgada.*

hila[2] **1** f. Acción de hilar: 'En la temporada de la hila'. **2** (Cantb.) **Tertulia que se reúne en las casas aldeanas en las noches del invierno, en la cual suelen hilar las mujeres.* **3** Acción de hilar el gusano de *seda.

hilacha o **hilacho** f. o m. *Brizna de hilo. ⊙ Hilo que se sale o cuelga de una prenda de ropa. ⇒ Deshilachar.

hilachoso, -a adj. *Con hilachas.* ⇒ *Deshilachado.

hilada (de «hilo») f. Serie de cosas colocadas una tras otra en línea recta. ≃ *Fila, hilera. ⊙ *Serie de cosas colocadas una junto a otra en la misma capa; como los ladrillos de una pared. ⇒ Asta, mampuesta, verdugada, verdugo. ➤ *Capa. ⊙ O en la misma horizontal: como las planchas del blindaje de un barco.

HILADA DE ASIENTO. CONSTR. **Verdugada: hilada de ladrillos intercalada en otro material.*

H. A SOGA [O A TIZÓN]. CONSTR. Las de ladrillos en que éstos están puestos respectivamente a soga o a tizón.

hiladillo (de «hilado») **1** m. Hilo que sale de la maraña de la seda, el cual se hila en la rueca como el lino. **2** **Cinta estrecha de algodón, hilo o seda.* ≃ Rehiladillo. **3** (Sal.) **Encaje.* ≃ Puntilla.

hiladizo, -a (de «hilado») adj. *Se aplica a lo que se puede hilar.*

hilado, -a **1** Participio adjetivo de «hilar». **2** Aplicado a ciertas cosas, convertido en hilos: 'Cristal hilado. Huevos hilados'. **3** m. Acción de hilar. **4** (gralm. pl.) Fibra textil hilada: 'Exportación de hilados'.

hilador, -a adj. y n. Aplicable al que o lo que hila: 'Máquina hiladora'. ⊙ *Aplicado a personas, se refiere principalmente a las que hilan la seda.*

hilandería (de «hilandero») **1** f. Actividad o arte de hilar. **2** Fábrica o taller de hilados.

hilandero, -a n. Persona que tiene por oficio hilar.

hilanza **1** f. *Acción de hilar.* **2** *Hilado: fibra hilada.*

hilar (del lat. «filāre») **1** tr. o abs. Convertir en hilo las ↘fibras textiles. **2** Elaborar el gusano de *seda la hebra con que hace el capullo. ⊙ Elaborar las arañas, y otros animales de manera semejante, el hilo con que hacen sus telas, etc. **3** **Pensar o *cavilar.*

DÍMELO HILANDO. Expresión con que una persona incita a otra a que no se interrumpa en su *trabajo mientras *habla o dice algo.

HILAR FINO [o, menos frec. DELGADO]. Discurrir o actuar con sutileza, fijándose en cosas poco perceptibles.

hilaracha f. *Hilacha.*

hilarante (del lat. «hilărans, -antis», part. pres. de «hilarāre», alegrar) **1** adj. Se aplica a lo que produce *alegría. **2** Se aplica a lo que produce *risa o *regocijo. ≃ Regocijante.

V. «GAS hilarante».

hilaridad (del lat. «hilarĭtas, -ātis») **1** f. *Expresión tranquila de *alegría o satisfacción.* **2** (sin artículo, «en»; con artículo, «de») *Risa ruidosa y sostenida, generalmente en una reunión de personas: 'La anécdota produjo hilaridad en los presentes [o la hilaridad del público]'.

hilatura f. Actividad de hilar. ⊙ Fabricación de hilados. ⊙ (pl.) Manufactura de hilados.

hilaza **1** f. *Hilo gordo y desigual.* **2** Hilo que se emplea para tejer. **3** *Hilado (fibra hilada).* **4** *Hila (sacada de un trapo).*

DESCUBRIR alguien LA HILAZA. *Dejar al *descubierto algún vicio o defecto que mantenía oculto.*

hile- (var. «hilo-») Elemento prefijo del gr. «hýlē», materia: 'hilemorfismo'.

hilemorfismo m. FIL. Hilomorfismo.

hileña (de «hilo» y «-eña»; ant.) f. *Hilandera.*

hilera (de «hilo») **1** f. *Serie de cosas colocadas una tras otra. ≃ Fila. ⊙ Particularmente, de árboles o *plantas. **2** MIL. A diferencia de «fila», *formación de soldados en que están colocados uno detrás de otro. **3** Instrumento que sirve para convertir los metales en *alambre. **4** ZOOL. Cada uno de los apéndices abdominales por los que fluye la seda de las arañas. **5** (ant.) *Hilandera.* **6** *Hilo o hilaza fina.* **7** *Hueca del *huso.* **8** CONSTR. **Parhilera (madero).*

hilero (de «hilo») **1** m. *Líneas que forman las corrientes en la superficie del agua del mar, de los ríos, etc.* **2** **Corriente secundaria que se aparta de la principal dentro de una masa de agua.*

hilo (del lat. «filum») **1** m. *Fibra o porción de fibras retorcidas, de una materia textil; como lino, algodón, cáñamo, seda o nailon. ⊙ Particularmente, el que se utiliza para coser: 'Un carrete de hilo'. ⊙ Y, más particularmente, por oposición a «algodón», el muy retorcido y con cierta rigidez, que se emplea, por ejemplo, para coser a máquina. **2** Por extensión, *filamento de cualquier otro material flexible que, generalmente, se especifica: 'Hilo de cobre [de platino, de goma]. Los hilos del teléfono'. ⊙ Filamento semejante de algunas otras cosas; por ejemplo, el que *segregan algunos *animales, como la araña o el gusano de seda, o los que tienen las legumbres en las suturas de las vainas. **3** *Corriente o *chorro estrecho e ininterrumpido de un líquido: 'Un hilo de agua [o de sangre]'. **4** Fibra de la *planta llamada «lino». **5** *Tela tejida con esa fibra: 'Un pañuelo de hilo'. ≃ Lino. ⊙ Conjunto de *ropas de tela de lino o de cáñamo: 'El hilo lo tenía guardado en otro armario'. **6** **Filo.* **7** Desarrollo de un relato, discurso, etc., o de una actividad mental: 'Se interrumpe el hilo de la novela. No puedo seguir el hilo de tu pensamiento'. ≃ *Curso. **8** Continuidad de otras cosas: 'El hilo de la risa, del llanto'.

HILO BRAMANTE [O DE EMPALOMAR]. Cuerda delgada de cáñamo, empleada, por ejemplo, para atar paquetes. ≃ *Bramante, HILO palomar [o de palomar].

H. CONDUCTOR. **1** El que conduce la corriente eléctrica. **2** Aquello que da unidad y coherencia a algo: 'El hilo conductor de un relato'.

H. DENTAL. El usado para limpiar los restos de comida que se quedan entre los dientes.

H. MUSICAL. Transmisión por cable telefónico de música de ambiente en hoteles, oficinas, estaciones, etc.

H. PALOMAR (ant.). *HILO de palomar.*

H. DE PALOMAR (Ar.). *HILO de empalomar.*

H. DE PERLAS. Serie de perlas ensartadas.

H. DE LA VIDA. *Curso de la *vida de alguien.

H. DE VOZ. Voz muy apagada.
AL HILO. En la *dirección de los hilos, las fibras o las vetas: 'Cortar una tela [o una madera] al hilo'. ⇒ Al bies.
AL HILO DE LA MEDIANOCHE [DEL MEDIODÍA, etc.]. Al FILO de la medianoche, etc.
AL HILO DEL VIENTO. Aplicado al *vuelo de las aves, en la dirección misma del viento.
V. «con el ALMA en un hilo».
COGER EL HILO de algo. Darse cuenta del asunto de que se está tratando y ponerse en condiciones de seguir el discurso, conversación, etc. ⇒ *Enterarse.
COLGAR [O ESTAR COLGADO] DE UN HILO. Estar muy poco seguro o en mucho riesgo; 'Tu colocación cuelga de un hilo'. ≃ Pender [o estar pendiente] de un HILO. ➤ *Inseguro.
CORTAR EL HILO DE la vida, del discurso, etc. Interrumpir la cosa de que se trata.
HILO A HILO. *Aplicado a la manera de *fluir un liquido, lenta e ininterrumpidamente.*
V. «HUEVO hilado».
MANEJAR [O MOVER] LOS HILOS. Dirigir un asunto de forma encubierta.
NO TOCAR [NI] UN HILO DE LA ROPA a alguien. No intentar el menor *daño contra la persona de que se trata. Se usa también en frases de amenaza, de forma afirmativa: 'Te guardarás de tocarle al niño un hilo de la ropa'. ≃ No tocar [ni] un PELO de la ropa.
PENDER [O ESTAR PENDIENTE] DE UN HILO. Colgar de un HILO.
PERDER EL HILO de una conversación, un discurso, un razonamiento, una cuenta, etc. Dejar en un punto de seguirlos. ≃ Perderse. ⇒ *Distraerse.
SEGUIR EL HILO de un discurso, razonamiento, etc. Ir *enterándose de lo que se trata en todo el curso de ellos.
TOMAR EL HILO. *Proseguir un discurso o *conversación que se habia interrumpido.*
□ CATÁLOGO
Otra forma de la raíz, «fil-»: 'bifilar, filiforme'. Otra raíz, «nema-»: 'nematelminto, nematodo'. ➤ Beta, *brizna, cabo, centenal, cerote, cucuiza, cuenda, dobladillo, estambre, estopón, fibra, filástica, gurbión, gusanillo, hebra, hila, hilacha, hilacho, hiladillo, hilaracha, hilaza, hilván, laso, len, liza, lizo, malacuenda, pezolada, torcidillo, torcido, torunda, torzadillo, torzal. ➤ *Algodón, *cáñamo, fique, *lana, *lino, nailon, PELO de cabra, pita, *seda, sirgo, yute. ➤ *Alambre, cordón, *cuerda, *fibra, filamento, *pelo. ➤ Bobina, briscado, caballo, cadejo, canilla, capillejo, carrete, enredo, gorlita, *madeja, mazorca, *mechón, oqueruela, *ovillo, primichón. ➤ *Mercería. ➤ Aovillar, aspar, desdevanar, deshilar, desovillar, devanar, empuchar, encanillar, encañar, encerotar, enfilar, enhebrar, enrocar, ensartar, entorchar, envolver, estambrar, hilar, menar, rehilar. ➤ Hilado, hilatura. ➤ FÁBRICA de hilados, hilandería. ➤ Fibroso, filamentoso, hebroso, hebrudo, hiloso. ➤ Aspa, burro, capillo, cartapel, devanadera, *huso, lanzadera, lobo, malacate, pulidero, pulidor, rocadero, rocador, rueca, torcedor, tortera, tortero. ➤ Hojuela. ➤ Copo, estriga, pabilón, rocada. ➤ Filandón, hilador, hilandera, hileña, pelarruecas. ➤ Ahilarse, contrahílo, cuentahílos, enhilar, hilvanar, rehilar, retahíla, sobrehilar, trancahílo. ➤ *Tejido.

hilo- V. «hile-».

hilología (de «hilo-» y «-logía») f. FIL. *Tratado de la *materia.*

hilomorfismo (de «hilo-» y el gr. «morphḗ», forma) m. FIL. Teoría de Aristóteles, seguida por los escolásticos, según la cual todo cuerpo está constituido por dos principios que son la materia y la forma. ⇒ *Filosofía.

hiloso, -a adj. De consistencia o aspecto de un conjunto de hilos.

hilozoísmo (de «hilo-» y el gr. «zoḗ», vida) m. FIL. Teoría opuesta al mecanicismo, sostenida por los filósofos jónicos, los estoicos, la filosofía natural del Renacimiento, Haechel, etc., que atribuye a la materia capacidad para actuar espontáneamente, como dotada de vida.

hilván (de «hilo» y «vano») **1** m. *Costura de puntadas largas que se hace provisionalmente para sostener las piezas mientras se ejecuta la definitiva. ⇒ Basta, bastilla, candelilla. **2** Cada uno de los hilos con que está hecho el hilvanado: 'Quitar los hilvanes'. **3** (Chi.) **Hilo que se emplea para hilvanar.*

hilvanado m. Acción y efecto de hilvanar.

hilvanar (de «hilván») **1** tr. *Coser ↘algo con puntadas largas, provisionalmente. ≃ Embastar, pasar un HILVÁN. ⇒ Deshilvanar. **2** Trazar a grandes rasgos ↘algo, por ejemplo un ↘proyecto, que se ha de terminar, completar o refinar después. ≃ Bosquejar. **3** *Preparar ↘algo con *precipitación.*

himen (del lat. «hymen», del gr. «hymḗn», membrana) m. ANAT. Repliegue membranoso que recubre el orificio externo de la *vagina en las mujeres vírgenes.

himeneo (del lat. «hymenaeus», del gr. «hyménaios») **1** (culto o lit.) m. Ceremonia o acción de unirse en matrimonio dos personas. ≃ *Boda, casamiento, desposorios. **2** (culto o lit.) Composición *poética en que se celebra un casamiento. ≃ Epitalamio.

himenóptero (del gr. «hymenópteros») adj. y n. m. ZOOL. Se aplica a los *insectos del orden de las abejas, las avispas y las hormigas, de metamorfosis complicada, masticadores y lamedores a la vez. ⊙ m. pl. ZOOL. Orden que forman. ⇒ Abejarrón, abejón, abejorro, ahogadora, ahorcadora, aluda, bibijagua, catzo, centris, crabrón, gabarro, galga, hormiga, jicote, PICA y huye, salpuga, soplillo, vivijagua, zompopo. ➤ Epiglosis.

himno (del lat. «hymnus», del gr. «hýmnos») **1** m. Composición poética de tono solemne en *alabanza de algo: 'Himno a Apolo, a la Virgen, a la patria'. ≃ *Canto. **2** Composición musical de esas mismas características, destinada a ser cantada, generalmente a coro, como para unir en el mismo fervor o entusiasmo a los que la cantan: 'Himno religioso, patriótico, estudiantil'.
HIMNO DE RIEGO. Himno revolucionario español nacido en 1820 en las luchas políticas entre el liberalismo y el absolutismo, el cual fue adoptado como himno nacional por la República instaurada en 1931.
□ CATÁLOGO
Alabado, aleluya, antífona, benedictus, cántico, capítula, epinicio, gloria, gorigori, gozos, HIMNO de Riego, hosanna, improperios, internacional, invitatorio, magníficat, MARCHA real, marsellesa, miserere, motete, pange lingua, pasillo, *salmo, stabat, tantum ergo, tedéum, treno, trisagio. ➤ Cantoral, capitulario, LIBRO antifonario, *LIBRO de coro, pasionario, santoral, tonario, vesperal.

himplar (de or. expresivo) **1** intr. *Emitir su *voz la *onza o la *pantera.* **2** *Gemir con hipo.*

hincadura f. *Acción de hincar.*

hincapié **1** («Hacer») m. Acción de afianzar el pie o los pies en un sitio para poder hacer un *esfuerzo con el resto del cuerpo. **2** («Hacer; en») Insistencia en algo que se dice o encarga: 'Hizo hincapié en que saliésemos antes de amanecer'.

hincar (de «fincar»; «en») tr. y prnl. Introducir[se] algo o la punta de algo en un sitio, haciendo fuerza: 'Hincar una estaca. Hincar el pie en la tierra blanda. La flecha se hincó en el blanco. Se me ha hincado una astilla'. ≃ *Clavar.

V. «hincar el DIENTE, hincarse de HINOJOS [o de RODILLAS], hincar el PICO».

hincha (de «hinchar») **1** (inf.; «Coger, Tener») f. Actitud de repulsión de una persona hacia otra: 'Dice que el maestro le castiga porque le tiene hincha'. ≃ *Antipatía. **2** (inf.) n. Persona muy entusiasta de un equipo deportivo o de un deportista u otra persona que actúa en público, y que aplaude y anima a su favorito en las competiciones.

hinchable adj. Fabricado para ser hinchado: 'Colchoneta hinchable'.

hinchada f. Conjunto de hinchas; particularmente, en el fútbol.

hinchado, -a 1 Participio adjetivo de «hinchar[se]». ⊙ Referido a partes del organismo, abultado por una alteración patológica. ⇒ *Hinchar. **2** *Aplicado a personas, soberbio, envanecido o *estirado; demasiado convencido de su propio valer o que adopta actitud de persona importante.* ≃ Finchado. ⊙ *Ufano: con aire o actitud de satisfecho de su aspecto. **3** Aplicado al estilo o al lenguaje, enfático o *grandilocuente.

V. «como un BOTO hinchado».

hinchamiento m. Acción y efecto de hinchar[se].

hinchar (del lat. «inflāre») **1** tr. Llenar una ↘cosa cerrada, hecha de un material flexible, con aire o con un gas cualquiera, de modo que se pone *abultada y tensa. ≃ Henchir, inflar. ⊙ prnl. Aumentar de volumen una cosa cerrada. ⊙ Ponerse tumefacto; aumentar de volumen alguna parte del cuerpo por una causa patológica. **2** tr. *Exagerar ↘algo que se refiere o alguna noticia que se da. ≃ Abultar, aumentar. **3** Aumentar, por ejemplo una lluvia torrencial, el caudal de un ↘río, arroyo, etc. ⇒ *Crecida. ⊙ prnl. Aumentar el caudal de una corriente de agua. **4** (inf.; «de») prnl. *Hartarse de comer. **5** (inf.; «de») Hartarse (hacer, recibir, etc. mucho) de otra cosa cualquiera: 'Se hinchó de insultarle'. **6** (inf.; «de») Ganar mucho dinero o *prosperar. **7** *Envanecerse o engreírse.

V. «hinchar la CABEZA, hinchar[se] las NARICES».

□ CATÁLOGO

Otra forma de la raíz,«infl-»: 'inflamar', etc. ➤ Abofarse, abombarse, abotagarse [o abotargarse], abultarse, afollarse, ahuecar[se], aporrillarse, avejigarse, bufarse, hacer COPUCHAS, embotijarse, enconarse, entumecerse, henchir[se], hispir[se], infartar[se], inflar[se]. ➤ *Ampolla, bollo, bulto, *chichón, edema, enfisema, *hidropesía, hinchazón, infarto, inflamación, intumescencia, roncha, ronchón, sabañón, seca, tolondro, tuberosidad, tumefacción, tumescencia, tumor, turumbón, verdugo, verdugón. ➤ Abofado, abohetado, abotagado [o abotargado], abuhado, abultado, enconado, guácharo, hinchado, trastesado, tumefacto, tumescente, túmido, turgente, vultuoso. ➤ Enflautar, *soplar. ➤ Bomba, bombín. ➤ Deshincharse, desinflar[se], detumescencia, resolverse. ➤ *Inflamar. *Tirante.

hinchazón 1 f. Efecto de *hinchar[se]. ⊙ También, con referencia a una corriente o masa de agua. ⇒ *Crecida, *marea. **2** *Soberbia, envanecimiento o engreimiento. **3** *Énfasis en el estilo o el lenguaje.

hinchir (ant.) tr. *Henchir.*

hinco m. **Poste, *palo o *puntal hincado en tierra.*

hincón (de «hincar») **1** m. *Palo o conjunto de dos o más palos hincados en la orilla de un río para *sujetar en ellos la maroma que sirve para *palmear una barca.* **2** (Sal.) **Mojón.*

hindi m. Lengua derivada del sánscrito que se habla en la India.

hindú (del fr. «hindou»; pl., «hindúes») **1** adj. y, aplicado a personas, también n. Indio (de la India). **2** Adepto al hinduismo.

hinduismo m. Religión mayoritaria en la India que deriva del vedismo y del brahmanismo antiguo. ⇒ Tantrismo. ➤ Karma.

hinduista adj. Del hinduismo. ⊙ n. Adepto al hinduismo.

hiniesta (del lat. «genesta») f. *Retama (planta leguminosa).

hiniestra (del lat. «fenestra»; ant.) f. **Ventana.*

hinnible (del lat. «hinnibĭlis»; lit.) adj. *Capaz de relinchar.*

hinnn... Onomatopeya con que se representa o imita el relincho del caballo o la mula.

hinojal o **hinojar** m. Sitio poblado de hinojos.

hinojo[1] (del b. lat. «fenucŭlum», con «i» por influencia de «hinojo[2]»; *Foeniculum vulgare)* m. *Planta umbelífera silvestre aromática que se emplea para adobar las aceitunas. Sus semillas tienen un sabor parecido al del anís. Destila la resina llamada «aguajaque».

HINOJO MARINO *(Crithmum maritimum).* *Planta umbelífera, de hojas carnosas de sabor algo salado, que se cría entre las rocas. ≃ Empetro, PEREJIL marino.

hinojo[2] (del lat. vulg. «genucŭlum», con *i* procedente de «yenojo») m. *Rodilla. Actualmente se usa sólo en la frase, de uso literario, «de hinojos» de rodillas. ⇒ Ahinojarse.

POSTRARSE DE HINOJOS. *Arrodillarse.

hinojosa V. «TOPACIO de hinojosa».

hinque (de «hincar») m. **Juego de chicos consistente en hincar en la tierra con ciertos movimientos y reglas un palo aguzado u otra cosa.*

hinterland (al.) m. Área de influencia de un centro urbano, económico o industrial importante.

hintero (del sup. lat. vulg. «finctorĭum», del sup. «finctum», por «fictum») m. *Mesa que usan los panaderos para amasar.*

hiñir (ant.) tr. **Amasar.* ≃ Heñir.

hiogloso, -a (de la apóc. de «hioides» y el gr. «glôssa», lengua) adj. ANAT. Del hioides y la lengua.

hioides (del gr. «hyoeidḗs», de forma de ípsilon) adj. y n. m. ANAT. Se aplica al *hueso situado en la base de la lengua y encima de la *laringe.

hipálage (del gr. «hypallagḗ», cambio) f. *Figura retórica que consiste en aplicar un complemento a una palabra distinta de aquella a la que debería referirse lógicamente.*

hipar (de or. expresivo) **1** intr. Tener hipo. **2** CAZA. *Resollar los *perros cuando van siguiendo la presa.* **3** **Cansarse por el mucho trabajo.* **4** *Angustiarse exageradamente.* **5** (en algunas regiones se pronuncia la «h» aspirada) **Gimotear.* **6** (con la «h» aspirada) *En el cante andaluz, proferir jipíos.* **7** (inf.; «por») *Ansiar una cosa.

híper (inf.) m. Apóc. de «hipermercado».

hiper- Elemento prefijo del gr. «hyper-» que significa «exceso»: 'hipersensible'.

hiperactividad f. Actividad muy intensa.

hiperactivo, -a adj. Que se muestra muy activo.

hiperbático, -a adj. GRAM. *De [o del] hipérbaton o con hipérbaton.*

hipérbaton o, menos frec., **hipérbato** (del lat. «hyperbăton», del gr. «hyperbatón», transposición; pl. «hipérbatos») m. GRAM. *Figura de construcción que se produce alterando el orden en que se suelen colocar las palabras o los elementos de la oración en la sintaxis llamada regular.

Como en los versos «y entre las nubes mueve su carro Dios, ligero y reluciente», lo que, en sintaxis regular, sería «y Dios mueve su carro ligero y reluciente entre las nubes». ⇒ Anástrofe.

hipérbola (del lat. «hyperbŏla», del gr. «hyperbolḗ») f. GEOM. Figura formada por dos ramas *curvas separadas, simétricas, opuestas por su parte convexa y más curva, de modo que los cuatro extremos se alejan cada uno de los restantes indefinidamente; resulta de la intersección de una superficie cónica completa (formada por dos conos opuestos por el vértice) por un plano paralelo a su eje.

hipérbole (del lat. «hyperbŏle», del gr. «hyperbolḗ»; alguna vez se ha usado como m.) f. Circunstancia de un relato, descripción o noticia que presenta las cosas como más graves, importantes o grandes de como en realidad son: 'Hay algo de hipérbole en esa descripción'. ≃ Exageración. ⊙ Relato, *expresión, etc., en que hay hipérbole. ⊙ *Figura retórica o de pensamiento consistente en el uso de una hipérbole.

hiperbólicamente adv. De manera hiperbólica.

hiperbólico, -a 1 adj. De [la] hipérbole. **2** GEOM. De [la] hipérbola.

hiperbolizar intr. Usar hipérboles.

hiperboloide (de «hipérbola» y «-oide») **1** m. GEOM. Superficie curva engendrada por una hipérbola que se mueve sobre otra hipérbola o sobre una rama de hipérbola, resultando, respectivamente, un hiperboloide «de dos hojas» o «de una hoja». **2** GEOM. Cuerpo limitado por una sección de una superficie de esa clase.

HIPERBOLOIDE DE UN CASCO. GEOM. *Hiperboloide de una hoja. V. «hiperboloide» (1.ª acep.).*

H. DE DOS CASCOS. GEOM. *Hiperboloide de dos hojas. V. «hiperboloide» (1.ª acep.).*

H. DE REVOLUCIÓN. GEOM. *El formado por el giro de una hipérbola alrededor de uno de sus ejes.*

hiperbóreo, -a (del lat. «Hyperborĕus», del gr. «Hyperbóreos») adj. Se aplica a las regiones próximas al polo *norte, a sus habitantes y a sus cosas.

hiperclorhidria f. MED. Exceso de ácido clorhídrico en el jugo gástrico. ≃ ACIDEZ de estómago.

hiperclorhídrico, -a adj. MED. Afectado de hiperclorhidria.

hipercrisis (de «hiper-» y el gr. «krísis») f. MED. **Crisis muy violenta.*

hipercrítica f. *Crítica excesivamente escrupulosa o rigurosa.

hipercriticismo m. Práctica de la hipercrítica. ⊙ Tendencia a ella.

hipercrítico, -a adj. Se aplica a lo que contiene una *crítica excesivamente minuciosa o rigurosa. ⊙ Aplicado a personas, crítico minucioso o riguroso.

hiperdulía (de «hiper-» y el gr. «douleía», servidumbre) f. V. «CULTO de hiperdulía».

hiperemia (de «hiper-» y «-emia») f. MED. *Abundancia extraordinaria de *sangre en alguna parte del cuerpo.* ≃ Congestión.

hiperespacio (de «hiper-» y «espacio») m. MAT. Espacio de más de tres dimensiones.

hiperestesia (del fr. «hyperesthésie», de «hyper-» y el gr. «aísthēsis», sensibilidad) f. MED. Exceso de *sensibilidad orgánica, general o para determinadas impresiones: 'Hiperestesia para el frío [o para el calor]'. ≃ Hipersensibilidad.

hiperestésico, -a adj. MED. Afectado de hiperestesia.

hiperfunción f. MED. *Intensidad excesiva en la función de un órgano.*

hiperglucemia (de «hiper-» y «glucemia») f. MED. Exceso de azúcar en la sangre.

hiperhidrosis (de «hiper-», el gr. «hídōr», agua, y «-osis») f. MED. *Exceso de secreción de *sudor, general o en ciertas partes del cuerpo; se aplica particularmente al de los pies o las manos.*

hipericáceo, -a adj. y n. f. BOT. *Gutífero.*

hipérico (del lat. «hyperĭcum», del gr. «hyperikón») m. **Corazoncillo (planta gutífera).*

hipermercado m. Establecimiento comercial de grandes dimensiones, en el que los clientes se sirven libremente y abonan el importe de la compra a la salida.

hipermetría (del gr. «hypermetría») f. MÉTR. *Encabalgamiento (licencia poética).*

hipermétrope adj. y n. ÓPT. Afectado de hipermetropía.

hipermetropía (del gr. «hypérmetros», desmesurado, y «óps, opós», vista) f. ÓPT. Defecto de la visión causado por la falta de convexidad del cristalino, lo que hace que las imágenes perfectas se formen detrás de la retina y en ésta se forme una imagen borrosa; perjudica especialmente para mirar los objetos próximos. ⇒ Presbicia. ➤ *Ojo.

hiperónimo (de «hiper-» y «-ónimo») m. LING. *Palabra de significado más general respecto a otras de significado más específico; por ejemplo, «herramienta» es el hiperónimo de «martillo».*

hiperplasia (de «hiper-» y el gr. «plásis», formación) f. MED. *Multiplicación o acrecentamiento anormal en número de las células normales.*

hiperrealismo m. Movimiento artístico surgido en Estados Unidos a finales de los años setenta que intenta reflejar la realidad con la mayor exactitud posible.

hiperrealista adj. Del hiperrealismo. ⊙ adj. y n. Seguidor de este movimiento.

hipersecreción f. MED. **Secreción excesiva de algo que se expresa.*

hipersensibilidad f. Cualidad de hipersensible.

hipersensible 1 adj. Hiperestésico. **2** Excesivamente *sensible a los estímulos afectivos; particularmente, si son penosos.

hipersónico, -a adj. FÍS. Se aplica a la velocidad que es superior al menos cinco veces a la del sonido y a los aviones que vuelan a esa velocidad.

hipertensión (de «hiper-» y «tensión») f. MED. Exceso de tensión arterial. ⇒ *Sangre.

hipertenso, -a adj. y n. MED. Afectado de hipertensión.

hipertermia (de «hiper-» y «-termia») f. FISIOL. Estado, crónico o agudo, de elevación anormal de la temperatura del cuerpo. ⇒ *Fiebre.

hipertexto (del ingl. «hypertext») m. INFORM. Conjunto de convenciones que permiten describir documentos, tanto su contenido (texto e imágenes) como su aspecto (márgenes, tipos de letra, etc.), e incluir enlaces con otros documentos. Se usa para representar la información en la Web. ⇒ *Internet.

hipertiroidismo (de «hiper-», «tiroides» e «-ismo») m. MED. Aumento anormal de la secreción de la glándula tiroides.

hipertonía (de «hiper-» y el gr. «tónos») f. MED. Aumento patológico del tono muscular.

hipertrofia (de «hiper-» y «-trofia») **1** f. FISIOL. Desarrollo excesivo de un órgano o de un organismo. **2** Desarrollo excesivo de otras cosas. ⊙ De un organismo social: 'Hipertrofia de la burocracia'. ⊙ De una cualidad: 'Hipertrofia del amor propio'.

hipertrofiarse (de «hipertrofia») prnl. Desarrollarse excesivamente un órgano u organismo.
□ CONJUG. como «cambiar».

hipertrófico, -a adj. De la hipertrofia.

hip-hop (var. «hip hop»; ingl.; pronunc. [jíp jóp]) m. Movimiento juvenil estadounidense de los años ochenta cuyas principales manifestaciones artísticas fueron el «rap» y el «breakdance», en la música, y los «graffiti», como expresión pictórica. ⊙ Estilo musical de este movimiento.

hípica f. *Deporte en que se realizan carreras o saltos de obstáculos a caballo.

hípico, -a (del gr. «hippikós») adj. Del caballo. Se emplea solamente en relación con las *carreras de caballos: 'Concurso hípico'.

hipido 1 (en algunas regiones, con la «h» aspirada) m. Acción de hipar (gimotear). **2** (en algunas regiones con la «h» aspirada) Jipío del cante flamenco.

hipismo (del gr. «híppos», caballo) m. Conocimientos relativos a la cría y educación de caballos, particularmente para el deporte. ⇒ Hipotecnia.

hipnal (del lat. «hypnăle, hypnălis», del gr. «hypnalḗ») m. Cierta *víbora a la que los antiguos atribuían la propiedad de infundir un sueño mortal con sus mordeduras.

hipnología (del gr. «hýpnos», sueño, y «-logía») f. *Tratado del *sueño.*

hipnosis (del gr. «hýnos», sueño, y «-osis») f. *Sueño o estado hipnótico.

hipnoterapia (del gr. «hýpnos», sueño, y «-terapia») f. MED. Tratamiento de las enfermedades por medio del hipnotismo.

hipnótico, -a (del gr. «hypnōtikós», soñoliento) **1** adj. De [o del] hipnotismo: 'Sueño hipnótico'. **2** m. FARM. *Medicamento empleado para dar sueño. ⇒ *Narcótico, *somnífero.

hipnotismo (del ingl. «hypnotism») m. Producción por fascinación, con cierto influjo personal o con aparatos adecuados, de un sueño artificial durante el cual el hipnotizado mantiene comunicación con el hipnotizador y le obedece. ⇒ Sueño, hipnosis, trance. ➤ Pase. ➤ MAGNETISMO animal.

hipnotización f. Acción y efecto de hipnotizar.

hipnotizador, -a adj. y n. Que hipnotiza.

hipnotizar (del ingl. «hypnotize») **1** tr. Producir hipnotismo en ⌐alguien. **2** *Asombrar o *fascinar a ⌐alguien. ⊙ *Engañar o *dominar por ese medio.

hipo (de or. expresivo) **1** m. Fenómeno fisiológico consistente en una inspiración brusca, acompañada de un ruido característico, producida por el movimiento espasmódico del diafragma; no se aplica a una sola de estas inspiraciones, sino al conjunto de ellas, en frases como «dar hipo, tener hipo, quitarse el hipo». ⇒ Singulto. **2** Fenómeno semejante al hipo, que se produce al querer contener el llanto, o al acabarse éste. **3** («Tener; de») **Deseo intenso de algo.* **4** («Tener; con») *Disposición de ánimo contraria a alguien.* ≃ Animadversión, manía. ⇒ *Antipatía.

QUITAR EL HIPO. **1** *Asustar. **2** (inf.; gralm. en la frase «que quita el hipo») *Asombrar o *desconcertar. ⊙ Particularmente, producir asombro una persona o cosa por su belleza.

hipo- Elemento prefijo del gr. «hypo-» que significa «inferior» en posición, en intensidad o en grado.

hipoacusia MED. f. *Disminución de la capacidad auditiva.*

hipoalergénico, -a o **hipoalérgico, -a** adj. Se aplica a los cosméticos y otros productos que tienen poco riesgo de causar una reacción alérgica.

hipocalórico, -a adj. Que tiene un número bajo de calorías: 'Una dieta hipocalórica'.

hipocampo (del lat. «hippocampus», del gr. «hippókampos») m. *CABALLITO de mar (pez teleósteo).

hipocastanáceo, -a (del gr. «híppos», caballo, y «kástanon», castaña) adj. y n. f. BOT. *Se aplica a las *plantas de la familia del castaño de Indias, que son árboles, principalmente de regiones templadas del hemisferio norte, con grandes hojas palmeadas, flores en inflorescencias racemosas y fruto en cápsula coriácea; algunos tienen aplicaciones medicinales, y otros se usan como ornamentales.* ≃ Esculáceo. ⊙ f. pl. BOT. *Familia que forman.*

hipocausto (del lat. «hypocaustum», del gr. «hypókauston») m. *En las casas *griegas y *romanas, *habitación que se caldeaba por medio de hornillos y conducciones colocados debajo del suelo.*

hipocentauro (del lat. «hippocentaurus», del gr. «hippokéntauros») m. MIT. *Cierto *animal fabuloso.* ≃ Centauro.

hipocentro (de «hipo-» y «centro») m. GEOL. Zona profunda de la corteza terrestre en la que tienen su origen los *terremotos.

hipocicloide (de «hipo-» y «cicloide») f. GEOM. **Curva descrita por un punto de una circunferencia que gira sobre otra por la parte interior de ésta.* ⇒ Epicicloide.

hipoclorhidria f. MED. Escasez de ácido clorhídrico en el jugo gástrico.

hipoclorhídrico, -a adj. MED. De [la] hipoclorhidria. ⊙ MED. Afectado de hipoclorhidria.

hipoclorito cálcico m. QUÍM. Sal de calcio derivada del ácido hipocloroso; se emplea para hacer *lejía. ≃ POLVOS de gas.

hipocloroso adj. V. «ÁCIDO hipocloroso».

hipocondría (de «hipocondrio») **1** f. MED. Depresión del *ánimo, generalmente acompañada de melancolía. ⊙ *Melancolía. **2** En lenguaje corriente, preocupación obsesiva por la propia salud, particularmente por contraer enfermedades.

hipocondriaco, -a o **hipocondríaco, -a 1** adj. De [la] hipocondría. **2** adj. y n. Afectado de hipocondría o propenso a ella.

hipocóndrico, -a adj. MED. *De los hipocondrios o de la hipocondría.*

hipocondrio (del gr. «hypochóndrion») m. ANAT. Cada una de las dos partes laterales de la región epigástrica, situadas debajo de las costillas falsas. ≃ Ijada, ijar, vacío.

hipocorístico, -a (del gr. «hypokoristikós», acariciante) adj. y n. m. GRAM. Se aplica a los diminutivos o deformaciones de los nombres, propios o comunes, que se aplican a alguien en lenguaje familiar o como apelativos cariñosos; como, por ejemplo, «Pepe, Paco, Charo». También, a los diminutivos usados eufemísticamente.

hipocrás (del fr. «hypocras») m. *Bebida hecha con vino, azúcar, canela y otros ingredientes.*

hipocrático, -a adj. De Hipócrates, famoso médico griego: 'Juramento hipocrático'.

hipocratismo m. Doctrina médica de Hipócrates.

hipocrénides (del lat. «Hippocrenĭdes», nombre de la fuente consagrada a las musas; culto o lit.; «Las») f. pl. MIT. *Las *musas.*

hipocresía (del gr. «hypokrisía», representación de un papel en el teatro) f. Cualidad o actitud del que *finge bondad, virtud o disposición favorable hacia alguien, que no tiene. ⊙ Cualidad de las palabras, gestos, etc., dichos o hechos con hipocresía.

□ CATÁLOGO

Doblez, doblura, falsedad, ficción, fingimiento, fruncimiento, LÁGRIMAS de cocodrilo, mónita, simulación, teatinería. ➤ Callacuece, *cazurro, comediante, doblado, doble, falso, farisaico, fariseo, *farsante, fingido, guatimaña, hipócrita, histrión, jesuita, margaritona, mátalas callando, mego, *mojigato, MOSQUITA muerta, nebulón, solapado, tartufo, trufaldín. ➤ De cara a la GALERÍA [o para la galería], no levantar los OJOS, con la mejor de sus SONRISAS. ➤ *Afectación. *Cazurro. *Disimular. *Engañar. *Fingir. *Lisonja. *Zalamería.

hipócrita (del lat. cristiano «hypocrĭta», del gr. «hypokritḗs») adj. y n. Persona que obra con hipocresía. ⊙ adj. Se aplica también a los gestos, palabras, actitud, etc., en que hay hipocresía.

hipócritamente adv. Con hipocresía.

hipodérmico, -a (de «hipo-» y el gr. «dérma», piel) adj. De o para debajo de la *piel: 'Inyección hipodérmica'.

hipódromo (del lat. «hippodrŏmos», del gr. «hippódromos») m. Lugar destinado a hacer *carreras deportivas, especialmente de caballos. ⇒ Cancha, canódromo, velódromo. ➤ Totalizador.

hipófisis (del gr. «hypóphysis», excrecencia por debajo) f. ANAT. Órgano de secreción interna situado en la parte anteroinferior del encéfalo, en la base del cráneo. Segrega hormonas que actúan sobre el crecimiento, desarrollo sexual, etc. ≃ GLÁNDULA pituitaria. ⇒ Acromegalia. ➤ *Cerebro.

hipofunción (de «hipo-» y «función») f. MED. *Insuficiencia de la función de un órgano.*

hipogástrico, -a adj. ANAT. Del hipogastrio.

hipogastrio (del gr. «hypogástrion») m. ANAT. Parte inferior del *vientre. ≃ Bajo VIENTRE.

hipogénico, -a (de «hipo-» y el gr. «genikós», relativo a la generación) adj. GEOL. *Se dice de los terrenos y *rocas formados en el interior de la Tierra.*

hipogeo (del lat. «hypogaeum», del gr. «hypógaios») **1** m. Bóveda subterránea donde algunos pueblos antiguos depositaban los cadáveres. ⇒ *Sepultura. **2** *Capilla o edificio *subterráneo.

hipogloso, -a (de «hipo-» y el gr. «glôssa», lengua) adj. ANAT. *De debajo de la *lengua.* ⇒ Sublingual.

hipoglucemia (de «hipo-» y «glucemia») f. MED. Disminución de la tasa de azúcar en la sangre.

hipogrifo (del gr. «híppos», caballo, y el lat. tardío «gryphus», grifo) m. *Animal fabuloso, mitad grifo y mitad caballo.

hipolepidáceo, -a adj. y n. f. BOT. *Se aplica a los helechos de la familia a la que pertenece el helecho común, que son terretres, con rizoma largo y piloso y soros marginales.* ⊙ f. pl. BOT. *Familia que forman.*

hipólogo, -a (del gr. «híppos», caballo, y «-logo») n. Veterinario de caballos.

hipómanes (del lat. «hippomănes», del gr. «hippomanés») m. VET. *Humor que se desprende de la vulva de la *yegua cuando está en celo.*

hipomoclio o **hipomoclion** (del gr. «hypomóchlion») m. FÍS. *Fulcro (punto de apoyo de la *palanca).*

hipónimo (de «hipo-» y «-ónimo») m. LING. *Palabra de significado más específico, respecto a otras de significado más general; por ejemplo, «mesa» es hipónimo de «mueble».*

hipopótamo (del lat. «hippopotămus», del gr. «hippopótamos»; *Hippopotamus amphibius*) m. Animal *paquidermo, de piel gruesa, negruzca y casi desnuda; cuerpo voluminoso con patas cortas y cabeza muy grande con enorme hocico; vive en los grandes ríos de África, saliendo a las orillas a pastar.

hiposo, -a adj. Atacado de hipo o propenso a tenerlo.

hipóstasis (del lat. «hypostăsis», del gr. «hypóstasis») f. TEOL. *Persona.* ⊙ TEOL. *Se emplea particularmente con referencia a las de la Santísima *Trinidad:* 'Las tres hipóstasis de Dios'. ⊙ MIT. *Puede, también, hablarse de Febo y Helios como hipóstasis de Apolo.*

hipostático, -a adj. *De [la] hipóstasis:* 'Unión hipostática'. ⊙ TEOL. *Se aplica particularmente a la unión en una sola persona de la naturaleza humana y la divina.*

hipostenia (de «hipo-» y el gr. «sthénos», fuerza) f. MED. **Debilidad o depresión física.*

hipóstilo, -a (del gr. «hypóstylos», soportado por columnas) adj. ARQ. Aplicado particularmente a los *edificios clásicos, sostenido por *columnas.

hiposulfato m. QUÍM. Sal resultante de la combinación del ácido hiposulfúrico con una base.

hiposulfito m. QUÍM. Sal formada por la combinación de ácido hiposulfuroso con una base. El hiposulfito sódico se emplea como fijador en *fotografía.

hiposulfúrico adj. V. «ÁCIDO hiposulfúrico».

hiposulfuroso adj. V. «ÁCIDO hiposulfuroso».

hipotáctico, -a adj. GRAM. *De [la] subordinación.* ⊙ GRAM. *Subordinado.* ⊙ GRAM. *Subordinante.*

hipotálamo (de «hipo-» y el gr. «thálamos», tálamo) m. ANAT. Región del encéfalo situada en la base del *cerebro, unida a la hipófisis por una fibra nerviosa, en la cual residen importantes funciones de la vida vegetativa.

hipotaxis (de «hipo-» y el gr. «táxis», orden, disposición) f. GRAM. **Subordinación.*

hipoteca (del lat. «hypothēca», del gr. «hypothḗkē») **1** f. Finca que responde del pago de una *deuda. **2** («Constituir, Gravar con, Imponer, Tener, Cancelar, Levantar, Redimir; sobre») *Gravamen que pesa sobre una finca, por el cual está sujeta a responder de una deuda: 'La casa tiene [o está gravada con] una hipoteca'. ⇒ Anticresis, FIANZA de arraigo. ➤ Deshipotecar. ➤ Hipotecar, *empeñar. ➤ *Garantía.

hipotecable adj. Susceptible de ser hipotecado.

hipotecar 1 tr. Imponer una hipoteca sobre ciertos ˘bienes. **2** Poner cierta ˘cosa en peligro de ser perdida con alguna acción: 'Si aceptase lo que me ofrece, hipotecaría mi libertad. Por ganar ahora ese dinero, ha hipotecado su porvenir'. ⇒ *Arriesgar.

hipotecario, -a adj. De [la, las] hipoteca[s]: 'Banco [o derecho] hipotecario'.

V. «CÉDULA hipotecaria».

hipotecnia (del gr. «híppos», caballo, y «-tecnia») f. *Tratado de la crianza y educación de los *caballos.*

hipotensión (de «hipo-» y «tensión») f. MED. Circunstancia de tener la tensión *sanguínea excesivamente baja.

hipotenso, -a adj. y n. MED. Se aplica a la persona que tiene hipotensión. ⇒ Hipotónico.

hipotenusa (del lat. «hypotenūsa», del gr. «hypoteínousa», part. pres. f. de «hypoteínō») f. GEOM. Lado opuesto al ángulo recto en un *triángulo rectángulo.

hipotermia (de «hipo-» y «-termia») f. FISIOL. Circunstancia de tener el cuerpo de alguien menos temperatura de la normal. ⇒ *Frialdad.

hipótesis (del lat. «hypothĕsis», del gr. «hypóthesis») f. Explicación razonable de cierta cosa, que se admite provisionalmente como base para llegar a una consecuencia, como punto de partida para una investigación o como arranque de un argumento, aunque su verdad no esté comprobada. ≃ Suposición, supuesto.

HIPÓTESIS DE TRABAJO. La que se establece provisionalmente como punto de partida para una investigación.

hipotéticamente adv. De manera hipotética.

hipotético, -a (del gr. «hypothetikós») **1** adj. Se aplica a lo que se *supone, como punto de partida para un argumento, una demostración o una investigación, pero que no está comprobado. **2** GRAM. Se aplica a las conjunciones con que se expresa que el contenido de cierta oración es una suposición que determina, en caso de realizarse lo que se expresa en otra oración principal, y también a las oraciones afectadas por esas conjunciones. La conjunción hipotética típica es «si» en frases como 'si te decides a venir, avísame'.

□ CATÁLOGO

Apódosis, prótasis. ➤ EXPRESIONES HIPOTÉTICAS: si ACASO, así, si ASÍ como, si es ASÍ, siendo ASÍ, CASO de que, CASO que, dado CASO que, en CASO de que, en ese [otro, tal, todo] CASO, puesto CASO que, si hay CASO, si llega [llegado] el CASO, como, si COMO, si... COMO si..., puestas así las COSAS, si pones [ponéis, etc.] así las COSAS, cuando, cuando no, dado que, donde no, si IGUAL [de la misma MANERA] que, de esa [u otra] MANERA, lo MISMO si... que si, de ese [u otro] MODO, si del mismo MODO que, si NO, a [con, por] POCO que, pon [pongamos, etc.] que, con QUE, supón [supongamos, etc.] que, TANTO si... como si..., si en VEZ de. ➤ Expresiones hipotéticas de sentido negativo: a MENOS que, a no SER que, so PENA de que.

□ FORMAS DE EXPRESIÓN

Se forman expresiones hipotéticas con «de» y, menos frecuentemente con «a» (con el verbo en infinitivo): 'a [o de] haberlo sabido', y con «como» (con el verbo en subjuntivo): 'Como lo digas, no volveré a contarte nada'.

Son también hipotéticas expresiones de gerundio como 'viniendo tú, ya no necesitamos a tu hermano'. Las oraciones disyuntivas con «o» o «que» constituyen realmente la prótasis de una oración hipotética, pues equivalen a «si... como si...»: 'Quiera o no quiera, le harán venir. Quieras que no, me lo hizo tomar'. También la constituye la expresión «la verdad que diga», equivalente a «a decir verdad». Así como las expresiones «si he de decir la verdad, si he de ser [serte, serle a usted, etc.] franco».

Las expresiones «pon que, supón que», etc. (a veces reducidas a «que»): 'Que no puedes venir, devolvemos tu entrada y no ha pasado nada'. En lenguaje hablado, cuando se trata de quitar valor a las consecuencias de la hipótesis, puede suprimirse hasta el «que», quedando la oración que expresa la hipótesis reducida a una oración sin ninguna conjunción ni forma especial, pronunciada con entonación ligeramente interrogativa y separada de la oración que expresa consecuencia por una pausa como de coma; entonces esta última oración pasa a ser gramaticalmente una subordinada consecutiva, precedida de «entonces» o «pues»: 'Lo manda él, pues lo hacemos y en paz. Piensas otra cosa... entonces me avisas para que vaya yo en tu lugar'.

En las oraciones compuestas hipotéticas, a veces, en lenguaje informal, se pone el verbo de la apódosis en indicativo, en vez de en subjuntivo: '¡Si llega a ser su mujer en vez de él, nos pega!' (en vez de 'nos hubiese pegado').

Opuestamente, hay tendencia, en lenguaje hablado, a dar sentido hipotético al segundo término de una oración comparativa: 'Lo hace mejor que lo puedas hacer tú'.

hipotiposis (del gr. «hypotýpōsis») f. *En retórica, descripción viva y eficaz de una persona o cosa por medio del lenguaje.*

hipotiroideo, -a adj. MED. Afectado de hipotiroidismo.

hipotiroidismo (de «hipo-», «tiroides» e «-ismo») m. MED. Hinchazón seca de la piel y otros tejidos a consecuencia de un mal funcionamiento de la glándula tiroides. ≃ Mixedema.

hipotonía (de «hipo-» y el gr. «tónos», tensión) f. MED. Descenso anormal del tono muscular.

hipotónico, -a 1 adj. MED. *De *presión osmótica inferior a la del suero sanguíneo.* **2** adj. y n. MED. *De presión sanguínea inferior a la normal.* ≃ Hipotenso. **3** MED. Que padece hipotonía.

hippie (ingl.; pronunc. [jípi]) adj. y n. Hippy.

hippioso, -a (pronunc. [jipióso]; inf.) adj. y n. Aplicado a personas y cosas, que tiene aspecto de hippy o es propio de los hippies: 'Un vestido hippioso. Una pandilla de hippiosos'.

hippismo (pronunc. [jipísmo]) m. Movimiento hippy.

hippy (ingl.; pronunc. [jípi]) adj. y, aplicado a personas, también n. De un movimiento surgido en Estados Unidos en los años sesenta que defendía el pacifismo, la vuelta a la naturaleza y la liberación en las relaciones sexuales, al tiempo que rechazaba radicalmente los principios de la sociedad capitalista. ≃ Hippie. ⇒ Comuna. ➤ *Contracultura.

hipsometría (del gr. «hýpsos», altura, y «-metría») f. Altimetría.

hipsométrico, -a adj. Altimétrico.

hipsómetro (del gr. «hýpsos», altura, y «-metro», medida) m. FÍS. Instrumento para medir la altitud consistente en un termómetro muy sensible que permite observar a qué temperatura hierve el agua.

hircano, -a adj. y, aplicado a personas, también n. *De Hircania, país del Asia antigua.*

hircismo m. *Olor a sobaquina.* ⇒ *Fétido.

hirco (del lat. «hircus») **1** m. **CABRA* montés.* **2** (ant.) **MACHO* cabrío.*

hircocervo (del lat. «hircus», macho cabrío, y «cervus», ciervo) **1** m. **Animal fantástico compuesto de macho cabrío y ciervo.* **2** **Ilusión.* ≃ Quimera.

hiriente adj. Se aplica a lo que *hiere.

hirma (de «hirmar») f. **Orillo.*

hirmar (del lat. «firmāre») tr. *Poner firme una ˋcosa.* ≃ Afirmar, *sujetar.

hirsutismo m. FISIOL. Anormalidad consistente en la existencia de *vello grueso en lugares normalmente lampiños; se refiere generalmente a mujeres.

hirsuto, -a (del lat. «hirsūtus») **1** (culto) adj. Aplicado al *pelo, grueso y rígido: 'Cabellera hirsuta'. **2** (culto) Se aplica a lo que tiene pelo de esa clase, o espinas: 'Piel hirsuta. Fruto hirsuto'. ⇒ Híspido.

hirundinaria f. *Celidonia (planta papaverácea).*

hirviente adj. Se aplica a lo que está *hirviendo.

hisca f. **Liga (materia viscosa).*

hiscal m. **Soga o cuerda de esparto de tres ramales.*

hisopada f. Cada aspersión hecha con un movimiento del hisopo.

hisopadura f. *Acción de hisopear.*

hisopar tr. Hisopear.

hisopazo m. Hisopada.

hisopear tr. o abs. Esparcir agua con el hisopo [sobre una ↘cosa].

hisopillo (dim. de «hisopo») **1** *(Satureja montana)* m. *Planta labiada de tallos leñosos y hojas lineales y coriáceas, que se usa en condimentos y algo en medicina como tónica y estomacal. ≃ Morquera, saborea. **2** **Muñequilla de trapo que se emplea para humedecer la boca a los enfermos.* ≃ Guisopillo.

hisopo (del lat. «hyssōpus», del gr. «hýssōpos», y éste del hebr. «'ēzōb») **1** *(Hyssopus officinalis)* m. *Planta labiada de tallos leñosos y hojas lanceoladas, que ha tenido alguna aplicación en medicina como tónico y estomacal. **2** Utensilio que sirve en las iglesias para esparcir agua bendita, consistente en una escobilla, o en una bola metálica con agujeros dentro de la que hay alguna materia que retiene el agua; en ambos casos, con mango de madera o metal, a veces de plata. ⊙ A veces, con arreglo a la liturgia, consiste en un manojo de ramillas. ⇒ Aspersorio, guisopo. **3** (inf. o hum.) Se aplica a cualquier cosa comparable a una escobilla o brocha; por ejemplo, a un mechón de pelo o al extremo de una trenza o de la cola de un animal. ⇒ *Firma. ⊙ (Chi.) *Brocha de afeitar.*

hisopo húmedo (del lat. «oesy̆pum», del gr. «oísypos») m. Mugre de la lana de las ovejas y carneros que se recoge al lavar la lana y que evaporada luego queda en forma de *ungüento.

hispalense (del lat. «Hispalensis»; culto) adj. y n. Sevillano.

hispalio, -a (culto) adj. *Hispalense.*

híspalo, -a (culto) adj. y n. *Hispalense.*

hispanense (del lat. «Hispaniensis»; ant.) adj. y n. *Español.*

hispánico, -a (del lat. «Hispanĭcus»; culto) adj. Aplicado a cosas, español; particularmente, pensando en su historia y cultura. ⊙ De Hispania, nombre antiguo de la Península Ibérica en tiempos de la dominación romana.

hispanidad 1 f. Conjunto de los pueblos de cultura española. **2** Historia y cultura españolas.

hispanismo 1 m. Afición a España o sus cosas. **2** Estudio de las cosas relacionadas con España, especialmente su lengua y su literatura. **3** Giro propio del español. ⊙ Palabra o *expresión del idioma español usadas en otro.

hispanista n. Persona que se dedica al estudio de las cosas relacionadas con España, especialmente su lengua y su literatura.

hispanización f. Acción y efecto de hispanizar.

hispanizar tr. y prnl. Españolizar[se].

hispano, -a 1 adj. De la antigua Hispania. **2** De cultura española. ⊙ adj. y n. Particularmente, se aplica a los habitantes de habla española afincados en Estados Unidos, y a sus cosas.

hispanoamericanismo 1 m. Espíritu de solidaridad, y tendencia a fomentarlo, entre los pueblos americanos de origen español, entre sí y con España. **2** Palabra o expresión originaria de la América de habla española y utilizada en otras áreas del español o en otras lenguas. ≃ Americanismo. ⊙ Palabra o expresión propia del español de América. ≃ Americanismo.

hispanoamericano, -a 1 adj. y, aplicado a personas, también n. De Hispanoamérica. ⊙ Particularmente, de los países de América en que se habla el español, y de los individuos de habla española nacidos o naturalizados en ellos. ⇒ Adelantado, almirante, chichito, conquistador, descubridor, filibustero, indiano, perulero. ➤ Criollo. ➤ Sudaca. ➤ Coloniaje. ➤ *Americano. *Indio. **2** Español y americano.

hispanoárabe adj. y, aplicado a personas, también n. De la España musulmana. ⊙ m. Árabe vulgar de la Península Ibérica.

hispanófilo, -a adj. y n. Amigo de España, de su cultura y de sus cosas.

hispanohablante adj. y n. Se aplica a las personas y países que tienen como idioma propio el español.

hispanomusulmán, -a adj. y, aplicado a personas, también n. De la España musulmana. ≃ Hispanoárabe.

hispanorromano, -a adj. y, aplicado a personas, también n. De la Península Ibérica en la época de la romanización.

híspido, -a (del lat. «hispĭdus») adj. **Hirsuto.*

hispir (del dial. «hispio», del lat. «hispĭdus») tr. *Esponjar una ↘cosa; por ejemplo, mullir los colchones de lana.*

histamina (del gr. «histós», tejido, y «amina») f. Bioquím. Sustancia producida en las reacciones alérgicas que causa irritación. También provoca vasodilatación y estimula las secreciones gástricas. ⇒ Antihistamínico. ➤ *Farmacia.

histamínico, -a adj. Bioquím. De la histamina.

histerectomía (del gr. «hystéra», matriz, y «-ectomía») f. Cir. *Extirpación total o parcial del útero.*

histeria (del gr. «hystéra», matriz.) f. Med. Enfermedad nerviosa crónica, más frecuente en la mujer que en el hombre, caracterizada por gran variedad de síntomas, generalmente funcionales, como convulsiones, parálisis o sofocación. ≃ Histerismo. ⇒ Mal de madre, padrejón, vapor. ➤ Disestesia. ⊙ Con referencia a personas o grupos de personas, estado de histérico (5.ª acep.).

histérico, -a 1 (ant.) adj. Anat. *Del *útero.* **2** Med. De [la] histeria. **3** adj. y n. Med. Afectado de histeria. **4** (ant.) m. *Histerismo.* **5** («Estar, Ponerse, Ser») adj. y n. Se aplica hiperbólicamente a una persona que muestra con exageración, con gritos y aspavientos, sus reacciones o actitudes afectivas. ⊙ (inf.) También, al que está muy nervioso: 'Está histérico porque mañana tiene un examen'.

V. «aura histérica, clavo histérico».

histerismo m. Med. Histeria.

histerología (del lat. «hysterologĭa», del gr. «hysterología», enunciación de lo posterior) f. **Figura retórica que consiste en invertir el orden lógico de las ideas diciendo antes lo que debiera decirse después.*

histograma (del gr. «histós», tejido, y «-grama») m. Mat. Representación gráfica de los resultados estadísticos mediante rectángulos verticales u horizontales cuya longitud es proporcional a las magnitudes representadas.

histología (del gr. «histós», tejido, y «-logía») f. Parte de la biología que estudia los *tejidos orgánicos. ⇒ Hematología.

histológico, -a adj. Biol. De la histología o de su objeto.

histólogo, -a n. Biol. Persona que se dedica a la histología.

historia (del lat. «historĭa», del gr. «historía») **1** («La») f. Conjunto de todos los hechos ocurridos en tiempos pasados: 'La humanidad ha ido progresando a través de la historia'. ⇒ Prehistoria, protohistoria. **2** («La») *Narración de esos hechos: 'La historia nos enseña los acontecimientos más importantes de la humanidad'. **3** («Historia de; Narrar, Referir, Hacer, Investigar») Narración particular de un suceso cualquiera o de un aspecto cualquiera de la historia general: 'Historia de la Guerra de la Independencia. Historia de la literatura'. ⊙ Conjunto de los sucesos ocurridos a una persona; implica generalmente una valoración moral: 'Una mujer de historia. Empañar [o manchar] alguien su historia'. **4** A veces se aplica este nombre a ciertas narraciones inventadas, pero apoyadas en la realidad: 'Historias de animales salvajes'. **5** (inf.; gralm. pl.) *Monserga. Se aplica a una cosa que le dicen o cuentan a uno y que encuentra fastidiosa. **6** (inf.; gralm. pl.) *Chisme, infundio o *lío: 'No me vengas con historias' **7** *Pintura o *tapiz que representa un episodio histórico o legendario.*

HISTORIA CLÍNICA. Datos relativos a la salud de un paciente que se archivan en un centro sanitario.

H. NATURAL (ya en desuso). Conjunto de las ciencias de la *naturaleza; particularmente, la mineralogía, la geología, la botánica y la zoología.

H. SACRA [o SAGRADA]. Conjunto de narraciones sacadas del Antiguo y del Nuevo Testamento. ⇒ *Biblia.

¡ASÍ SE ESCRIBE LA HISTORIA! Comentario que se hace cuando alguien refiere como veraz una cosa que está realmente deformada o exagerada en la *narración.

DE HISTORIA. Se dice de la persona que tiene en su vida sucesos extraordinarios; particularmente, percances o hechos delictivos o irregulares: 'Un individuo [o una mujer] de historia'. ⇒ *Aventurero, *azaroso.

DEJARSE DE HISTORIAS. **1** *Desentenderse de cierta cosa. **2** (en imperat.) Se emplea para *desechar cosas que alguien dice, porque se consideran infundadas o sin valor: 'Déjate de historias; cuando le han procesado, algo habrá'.

HACER HISTORIA alguien o algo. Tener mucha importancia o trascendencia.

HACER HISTORIA DE cierta cosa. *Narrar algo ordenada y minuciosamente.

LA HISTORIA DE SIEMPRE [LA HISTORIA DE TODOS LOS DÍAS O LA MISMA HISTORIA]. Expresiones despectivas con que se alude a algo que se dice o hace, cuya *repetición molesta: 'Ya estamos con la historia de siempre'.

PASAR A LA HISTORIA. **1** (gralm. en pasado) Haber cesado de producirse o de producir efecto, o haber perdido actualidad. ⇒ *Pretérito. **2** (gralm. en futuro) Tener mucha importancia o trascendencia. ⊙ Se usa mucho hiperbólicamente: 'Tu hazaña pasará a la historia'.

PICAR una cosa EN HISTORIA. Ser *excesiva o *intolerable. ≃ Ser mucha HISTORIA.

QUITARSE DE HISTORIAS. Dejarse de HISTORIAS.

SER MUCHA HISTORIA. Picar en HISTORIA.

□ CATÁLOGO

Actas, anales, anécdota, anuario, archivo, arqueología, comentarios, corónica, *crónica, cronicón, década, decamerón, diales, diario, dietario, efemérides, epopeya, fábula, fastos, *genealogía, gesta, *habladuría, leyenda, LIBRO verde, *narración, POEMA heroico, relación, relato, tradición. ➤ Autobiografía, biografía, memorias, necrología, semblanza, vida. ➤ Hagiografía, martirologio, santoral. ➤ Documento, fuente, monumento, testimonio. ➤ Archivo. ➤ Bolandista, cronista, historiador, linajista. ➤ Cronología, era, erudición, folclore [folklore o folclor], tradición. ➤ Historicismo. ➤ Arqueología. ➤ EDAD Antigua [Contemporánea, Media o Moderna]. ➤ Clío. ➤ Antehistórico, historiografía, prehistoria, protohistoria.

historiado, -a (de «historiar») Participio adjetivo de «historiar». ⊙ DIB., PINT. *Se aplica al cuadro o dibujo que representa una escena o acción en que toman parte los distintos personajes.* ⊙ *Complicado o *recargado de adornos.

historiador, -a n. Persona que investiga o escribe historia.

HISTORIADOR DE INDIAS. Nombre aplicado a los escritores, contemporáneos o casi contemporáneos de los hechos, que refieren los descubrimientos y conquista de América realizados por los españoles.

historial **1** adj. *De la historia.* **2** m. *Narración ordenada y detallada de un suceso. **3** Relación de datos, méritos, etc., referentes a una persona o entidad. **4** (ant.) *Historiador.*

historiar **1** tr. *Narrar un ↘suceso ordenadamente con sus antecedentes y vicisitudes. **2** abs. *Contar, componer o escribir historias.* **3** (Hispam.) tr. **Complicar o *enredar ↘algo.* **4** PINT. **Pintar un ↘episodio histórico o fabuloso en cuadros, estampas o tapices.*

□ CONJUG. como «cambiar», aunque a veces se acentúa como «desviar».

históricamente adv. De manera histórica.

historicidad f. Cualidad de histórico.

historicismo m. Doctrina según la cual los fenómenos humanos se pueden explicar enteramente desde una perspectiva histórica.

historicista adj. Del historicismo. ⊙ n. Seguidor de esta doctrina.

histórico, -a **1** adj. Perteneciente a la historia. **2** («Absolutamente, Rigurosamente») Sucedido *realmente. **3** Se aplica a la obra literaria o cinematográfica que alude a episodios de la historia como fondo de un argumento de ficción. **4** Aplicado a sucesos, de gran *importancia o trascendencia: 'Este encuentro fue histórico en su vida'.

historieta (dim. de «historia») **1** f. *Anécdota, *chiste, o *cuento breve y divertido. **2** Cuento o historia ilustrado con *dibujos, como las de los periódicos infantiles.

historiografía (de «historiógrafo») f. Conjunto de conocimientos que se refieren a la manera de escribir la historia; por ejemplo, a la utilización de las fuentes de la bibliografía.

historiográfico, -a adj. De la historiografía.

historiógrafo, -a (del lat. «historiogrăphus», del gr. «historiográphos») n. Persona que se ocupa de historiografía.

histrión (del lat. «histrio, -ōnis») **1** (culto) m. *Actor; se aplica particularmente a los del teatro clásico. **2** *Antiguamente, prestidigitador, acróbata o cualquier persona que se disfrazaba y hacía ejercicios semejantes a los de esos artistas, para divertir a la gente.* ≃ Titiritero. **3** (n. calif.) Se aplica a la persona que hace cosas grotescas y se pone ella misma en ridículo para *divertir o hacer reír a otras. ⇒ *Bufón, *payaso. ⊙ Persona *farsante o *efectista.

histriónico, -a adj. De histrión.

histrionisa (de «histrión») f. *Mujer que representaba o *danzaba en el teatro.*

histrionismo **1** m. Oficio de histrión o actor. **2** Mundo o ambiente de histriones o actores. **3** Cualidad de histrión o farsante.

hit (ingl; pronunc. [jit.]) m. Disco de gran éxito.

HIT-PARADE (pronunc. [jit paréid]) m. Lista de los discos musicales de mayor éxito.

hita (del lat. «ficta», part. pas. f. de «figěre», clavar) **1** f. **Clavo pequeño sin cabeza que queda embutido totalmente en la pieza que asegura.* **2** *Hito (mojón).*

hitamente adv. *Aplicado a la manera de *mirar, atenta o fijamente.*

hitar tr. *Poner hitos.*

hitita (del hebr. «ḥittī», a través del lat. bíblico) adj. y, aplicado a personas, también n. De un pueblo que, con anterioridad a los fenicios, constituyó un poderoso imperio en el Asia Menor. ≃ Heteo.

hitleriano, -a (pronunc. [jitleriáno]) adj. De Adolf Hitler, político alemán. ⊙ Partidario de su doctrina y sistema político.

hitlerismo (pronunc. [jitlerísmo]) m. Doctrina y sistema político desarrollados por Adolf Hitler.

hito, -a (del lat. «fictus», fijo) **1** (ant.) adj. **Fijo o *firme.* **2** m. Señal de piedra que se pone para marcar los límites de un terreno o la dirección de un camino; para indicar las distancias, etc. ≃ *Mojón, poste. **3** Hecho importante que constituye un punto de referencia en la historia o en la vida de algo o alguien. ≃ Jalón. **4** *Punto a que se dirige un disparo.* ≃ *Blanco. **5** **Juego que consiste en fijar un clavo en tierra y tirar a él con herrones o tejuelos.* ⇒ Caliche. **6** adj. V. «CALLE [o CASA] hita». **7** (ant.) **Inoportuno.* **8** *Aplicado a *caballos, negro, sin ninguna mancha de otro color.*

A HITO. *Establemente.*

DE HITO EN HITO. Aplicado a la manera de *mirar, fijamente.

hitón (de «hito») m. MINER. **Clavo cuadrado, grande, sin cabeza.*

HIV (del ingl. «Human Immunodeficiency Virus»; pronunc. [áche í úbe]) m. VIH, virus de inmunodefiencia humana.

Hl Abrev. de «hectolitro».

Hm Abrev. de «hectómetro».

Ho Símbolo químico del holmio.

hobacho, -a (¿del ár. and. «háwba»?; ant.) adj. *Hobachón.*

hobachón, -a (aum. de «hobacho») adj. *Se aplica a la persona *corpulenta pero de poca energía o poca disposición para el trabajo.*

hobachonería (de «hobachón») f. **Pereza o desidia.*

hobby (ingl.; pronunc. [jóbi]) m. Pasatiempo o afición a que dedica una persona sus ratos de ocio. ≃ Afición.

hobo (de or. caribe) m. *Jobo (árbol anacardiáceo).*

hoce (ant.) f. **Hoz de segar.*

hocete (dim. de «hoz»; Mur.) m. *Hocino.*

hocicar (de «hozar») **1** tr. **Hozar.* **2** (inf.) **Besuquear.* **3** **Escarbar en la tierra con un palo como hozando.* **4** intr. **Caerse dando con la cara contra el suelo.* **5** (inf.) *Tropezar con un obstáculo o dificultad insuperable. **6** MAR. *Hundir o calar la proa.* **7** (inf.) *Fisgar.

hocico (de «hocicar») **1** (sing. y pl) m. Parte saliente y de forma más o menos apuntada de la cara de los *mamíferos, donde tienen la boca y la nariz. ≃ Morro. ⇒ Jeta, morro. ➤ Bozal. ➤ Bocinegro. ➤ Hocicón, hocicudo, picudo. ➤ *Boca. **2** (inf.; desp.) *Boca de una persona, particularmente cuando es de *labios muy abultados. ≃ Morro. **3** (inf.; «Poner, Tener») Los labios apretados y fruncidos o salientes, como gesto de *enfado.

HOCICO DE TENCA. *Cuello del *útero.*

□ NOTAS DE USO

En general, puede sustituir a «narices» y a «morro[s]» en las frases hechas que se forman con estas palabras: CAER [O DARSE] DE HOCICOS (pegarse en la cara al caer o tropezar), METER LOS HOCICOS en algo (curiosear), PONER HOCICO (poner gesto de *enfado), DAR CON LA PUERTA EN LOS HOCICOS, ROMPER LOS HOCICOS, TORCER EL HOCICO (hacer un mohín de enfado o disgusto).

hocicón, -a u **hocicudo, -a** adj. y n. Se aplica al que tiene mucho hocico. ⊙ (desp.) Aplicado a personas, de *labios abultados.

hocino[1] (de «hoz[1]») **1** m. **Herramienta con una hoja curva que se usa, por ejemplo, para cortar leña.* ≃ Hocete, honcejo. **2** *Utensilio usado por los hortelanos para trasplantar.*

hocino[2] (de «hoz[2]») **1** m. **Paso de un río entre dos montañas.* ⇒ Ahocinarse. **2** *Faja de *terreno que queda entre el río y la montaña, en esa parte.* **3** **Huertecillo cultivado en ella.*

hociquear tr. e intr. Hocicar.

hockey (ingl.; pronunc. [jóquei]) m. Deporte en que juegan dos equipos y que consiste en meter una bola o disco en la portería contraria con ayuda de un bastón adecuado. Puede practicarse sobre un campo de hierba o, con patines, sobre hielo o una pista dura. ⇒ Stick.

hodierno, -a (del lat. «hodiernus»; culto) adj. Del día de hoy o del tiempo presente.

hodómetro m. **Podómetro (aparato para contar los pasos).* ≃ Odómetro.

hogañazo (inf.) adv. *Hogaño.*

hogaño (del lat. «hoc anno», en este año; usado ahora sólo en los pueblos de algunas regiones) adv. Este año. ⊙ Ahora. ≃ Ogaño. ⇒ Antaño.

hogar (del b. lat. «focăris», de «focus», fuego) **1** m. Fogón. ⊙ Sitio donde se hace el *fuego en las cocinas, en las fraguas, en las chimeneas, en los hornos o en las máquinas. ⊙ Particularmente, lugar al nivel del suelo o ligeramente levantado sobre el cual se hace el fuego en los pueblos. ⇒ Fóculo, fogaje, fogar, fogaril, fogarín, hogaril, lar. ➤ Abregancias, cadena, calamillera, calderil, caramilleras, gramallera, llares. ➤ Arrimador, maripérez, morillo, moza, mozo, seso, tárzano, testero, tiznera, trasfuego, trashoguero, trébedes, tuérdano, tuero. ➤ *Cocina. *Fuego. **2** **Hoguera.* **3** Con respecto a una persona, lugar donde vive en la intimidad con su familia y desarrolla su vida privada. ⊙ Ese lugar junto con las personas que lo habitan formando una familia o una comunidad. ⇒ *Domicilio, *familia, *vivienda. **4** Centro de recreo donde se reúnen personas pertenecientes a un mismo grupo social o profesional: 'Hogar del pensionista [o del soldado]'.

V. «sin CASA ni hogar».

hogareño, -a **1** adj. De hogar: 'Vida [o estampa] hogareña'. **2** Amante de la vida de hogar o de *familia.

hogaril (Mur.) m. *Hogar (fogón).*

hogaza (del lat. «focacĭa», panecillos cocidos bajo la ceniza del hogar) **1** f. *Pan grande. **2** *Pan con salvado, hecho para los jornaleros del campo.*

hoguera (del sup. lat. «focarĭa». f. del sup. «focarĭus», del fuego) **1** f. *Fuego hecho en el suelo y al aire libre con ramas u otras cosas que producen mucha llama; por ejemplo, en las *fiestas, como *señal o para calentarse en el campo. ≃ Fogata. ⇒ Ahumada, alimara, *almenara, ángaro, AUTO de fe, candelada, china, falla, fogaje, fogata, foguera, fuego, humada, magosta, magosto, marcha, pira, rogo. ➤ Fogarizar. ➤ *Fuego. *Llama. **2** **Amor u otra *pasión violenta.*

hoja (del lat. «folĭa», pl. neutro de «folĭum») **1** f. Nombre de los órganos de la *planta, generalmente laminares y de color verde, que crecen en las ramas y en que se realizan principalmente las funciones de transpiración y fotosíntesis. Se usa como colectivo: 'La caída de la hoja. Les dan como pasto hoja de olivo. Quitar la hoja inútil'. **2** Cada una de las partes de forma de hoja que forman la corola o parte generalmente coloreada y vistosa de las flores. ≃ *Pétalo. **3** Se aplica como nombre de *forma a una lámina delgada de cualquier materia, como papel, metal o madera. ⊙ («Pasar, Volver») Particularmente, a las que constituyen los *libros. ⇒ Folio. ➤ Testigo. ➤ Foliación.

➤ Pliego. **4** *Impreso que consta de una sola hoja; por ejemplo, un prospecto o un panfleto. ⊙ Como nombre propio se aplica a veces a un *periódico, aunque conste de más de una hoja: 'La Hoja del Lunes'. **5** Cada una de las *laminillas apreciables en una cosa hojosa. **6** Lámina que corta, en las *herramientas y *armas blancas. ⇒ Corte, cuchilla, recazo. ➤ Contrafilo, corte, filo, lomo. ➤ Caña, fortaleza, hoja. **7** Cada parte, de forma de placa, de las que giran para abrir y cerrar las *puertas y *ventanas: 'Una puerta de dos hojas'. ≃ Puerta. **8** *En los *metales, se aplica a las laminillas, semejantes a escamas, que se levantan en su superficie al batirlos.* **9** **Espada.* **10** Se aplica a las *partes de forma de lámina que constituyen ciertos objetos; particularmente, si son dos mitades: 'Las dos hojas de una manga [o de una pernera]. El cuerpo de un vestido se compone de tres hojas: la espalda y los dos delanteros'. ⊙ Cada pieza de la *armadura de guerra. **11** AGR. **Campo o dehesa que se siembra o se pasta un año y se deja descansar otro u otros.* ⇒ *Barbecho.

HOJA DE AFEITAR. Lámina muy delgada de acero, con corte, que es la pieza de la maquinilla de afeitar que corta los pelos. ≃ Cuchilla.

H. BERBERISCA. *Plancha de latón muy delgada y reluciente con que se cubrían antiguamente ciertas *úlceras.*

H. DE CÁLCULO. INFORM. Programa informático que permite representar los datos en forma de tablas y realizar operaciones entre ellos. Se usa principalmente para datos numéricos y operaciones matemáticas.

H. DE CERDO. HOJA de tocino.

H. DISCOLORA. La que tiene las dos caras de distinto color.

H. ESCURRIDA. La sentada que tiene dos prolongaciones en la base, a uno y otro lado del tallo.

H. DE ESTUDIOS. Documento en que consta el expediente académico de una persona que ha cursado ciertos estudios oficiales.

H. DE FLANDES. *Hojalata.*

H. DE LATA. Hojalata.

H. DE LIMÓN (Ál.). **Toronjil (planta labiada).*

H. DE MILÁN. Hojalata.

H. DE PARRA (por alusión a la que se coloca a veces en las pinturas y esculturas cubriendo los órganos o partes sexuales). *Cualquier artificio con que se *encubre una cosa vergonzosa.*

H. DE RUTA. Documento que acompaña a las mercancías para ciertos trámites. ⇒ *Comercio.

H. DE SERVICIOS. Documento en que figuran los antecedentes, cargos servidos, méritos o deméritos de un empleado.

H. SUELTA. Publicación que consta de una o dos hojas.

H. DE TOCINO. Mitad de un cerdo en canal partido a lo largo. ≃ HOJA de cerdo.⇒ Témpano.

H. VOLANTE. **Impreso de poca extensión.* ≃ PAPEL volante.

HOJAS DE SEN. Las de la *planta así llamada, usadas como *purgante.

BATIR HOJA. Trabajar *oro, *plata u otro metal, reduciéndolo a láminas muy finas.

CAER LA HOJA. Ocurrir así en el otoño; se emplea mucho en la expresión «al caer la hoja» para referirse al *otoño mismo.

V. «CAÍDA de la hoja, libro de las cuarenta HOJAS».

PASAR LA HOJA [O LAS HOJAS] de un libro. Cambiarla [o cambiarlas] de un lado a otro cuando el libro está abierto. ≃ Volver la[s] HOJA[s].

PONER a una persona COMO [O DE] HOJA DE PEREJIL (inf.). *Insultarla, *criticarla o *desacreditarla con ensañamiento.

V. «tomar el RÁBANO por las hojas».

TENER HOJA una *moneda. Estar agrietada, por lo cual parece falsa al sonarla.

V. «VINO de dos [o de tres] hojas».

VOLVER LA HOJA. Cambiar de *conversación. Se emplea generalmente en la expresión «volvamos la hoja».

VOLVER LA HOJA [O LAS HOJAS]. Pasar la HOJA [o las hojas] de un libro.

V. «no tener VUELTA de hoja».

□ CATÁLOGO

Otras formas de la raíz, «fil-» o «fol-»: 'áfilo, anisofilo, calofilo, clorofila, cuadrifolio, defoliación, dífilo, exfoliar, filodio, filomanía, foliáceo, foliación, folicular, folio, folio índico, foliolo, follaje, follar, folleto, interfoliar, monofilo, prefoliación, trifoliado, unifoliado'. ➤ Foja. ➤ Aguja, arista, bráctea, bractéola, cascabillo, chilpe, cladodio, espina, estípula, nopalito, pámpano, pétalo, pinocha, porreta, púa, rebotín, rosjo, vaina, zarcillo. ➤ Aurícula, botuto, cabillo, costilla, clorofila, envés, estoma, gajo, haz, lacinia, lámina, lígula, limbo, lobo, lóbulo, nervadura, nervio, peciolo, penca, rabillo, *tallo, vena, verduguillo. ➤ Alhumajo, borrajo, borusca, broza, coscoja, encendaja, frasca, *hojarasca, malhojo, marojo, seroja[-o], tamuja. ➤ Calicillo, capaceta, cogollo, cohollo, copa, espesura, follaje, fronda [o fronde], frondosidad, grumo, hojarasca, pampanaje, repollo, verde, verdor, yema. ➤ Acogollar[se], amacollar, deshojar[se], desmarojar, desvenar, enviciar, esmuñir, hojecer, poblarse, verdear. ➤ Ciclo. ➤ Desnudo, morondo. ➤ Adjetivos que, con el significado explicado en los artículos correspondientes, se aplican a las hojas: abroquelada, acicular, acorazonada, alterna, aovada, aserrada, axilar, bidentada, caduca, caediza, compuesta, crespa, decurrente, decusada, dentada, denticulada, digitada, discolora, ensiforme, entera, enterísima, envainadora, escotada, escurrida, escutiforme, flabeliforme, foránea, hendida, imbricada, imparipinada [o imparipinnada], lanceolada, lobulada, marcescente, nerviosa, opuesta, palmadocompuesta, palmeada, palminervia, paralelinervia, paripinada [o paripinnada], partida, peciolada, penninervia, perenne, perfoliada, persistente, pinada [o pinnada], pinatífida, radical, recortada, sagitada, sentada, sésil, tomentosa, trasovada, trifoliada, venosa. ➤ Memela. ➤ Hojalata, trashojar.

hojalata (de «hoja de lata») f. Lámina de hierro, estañado por las dos caras, con que, entre otras cosas, se fabrican botes de conserva. ≃ HOJA de lata. ⇒ HOJA de Flandes, HOJA de lata, HOJA de Milán, hojadelata. ➤ Alcucero, estañador, hojalatero, latero, plomero, tachero. ➤ Cizalla, copador, parahúso, tas, trancha, trincaesquinas.

hojalatería f. Taller donde se hacen objetos de hojalata.

hojalatero, -a n. Persona que hace objetos de hojalata y toda clase de trabajos de estañado. Generalmente, son también fontaneros. ⇒ Hojalata.

hojalde (del lat. «foliatĭlis panis», pan de hojas) m. *Hojaldre.*

hojaldra (ant. y usado aún en Hispam. y Mur.) f. *Hojaldre.*

hojaldrado, -a Participio de «hojaldrar». ⊙ adj. De hojaldre o semejante a él: 'Pasta hojaldrada'. ⊙ m. *Pastel de hojaldre.

hojaldrar tr. Trabajar la ˋmasa de cierta manera, para hacer hojaldre.

hojaldre (de «hojalde») **1** (partitivo) m. *Pasta hojosa que se hace con masa de harina con manteca, trabajada de cierta manera. **2** (numerable) Pieza de pastelería hecha de hojaldre. ⇒ Aguja, fajardo.

hojaldrero, -a u **hojaldrista** n. *Persona que hace hojaldres.* ⇒ *Pastel.

hojaranzo m. *Ojaranzo.*

hojarasca **1** f. Conjunto de hojas secas de las *plantas. ⇒ *Hoja. **2** Excesiva frondosidad de las *plantas. **3** Cosa de mucho bulto y poco peso o provecho. ⊙ Cosas que *sobran en lo que se dice o escribe, porque no añaden ninguna idea ni aclaran nada. ⇒ Borra, borrufalla, broza, farfolla, furufalla, pampanaje. ➤ Fárrago, *paja, palabrería. ➤ No ser más que PALABRAS. ⊙ Adorno escultórico de hojas.

hojear **1** tr. Pasar las hojas de un ↘*libro. ≃ Cartear, trasfojar, trashojar. **2** Leer un ↘libro a la ligera. **3** intr. *Moverse las hojas de los árboles.* **4** *Tener hoja un *metal.*

hojecer (de «hoja» y «-ecer»; ant.) intr. *Empezar a *brotar las plantas.*

hojoso, -a (del lat. «foliōsus») adj. De estructura en forma de hojas o láminas. ⇒ Escamoso, estratificado, esquistoso, exfoliable, exfoliado, foliáceo, hojaldrado, laminar, laminoso, micáceo, pizarroso. ➤ Cebolla, libro.

hojudo, -a adj. *Hojoso.*

hojuela (del lat. «foliŏla», pl. neutro de «foliŏlum») **1** f. Dim. frec. de «hoja». ⊙ Cada parte de una hoja compuesta. **2** *Masa frita muy extendida y delgada.* **3** *Hollejo que queda de la *aceituna molida, que se vuelve a moler.* **4** *Tira muy delgada y estrecha de cualquier metal, que sirve para *recubrir el *hilo con que se hacen galones, bordados, etc.*

V. «ACEITE de hojuela, MIEL sobre hojuelas».

¡hola! **1** interj. Expresión familiar de saludo. ⇒ ¡Epa! **2** *Se empleaba para *llamar a los inferiores o llamar su atención.* **3** Sirve, también, generalmente repetida, para mostrar sorpresa o *extrañeza o cierta impresión por alguna noticia que se recibe: '¡Hola, hola...! ¿Conque te casas pronto?'.

holán m. *Holanda (tela).*

holanda (de «Holanda», país europeo de donde procede esta tela) **1** f. Cierta tela de algodón o de hilo, muy fina. ≃ Holán. ⇒ Sinabafa. **2** **Aguardiente, obtenido destilando vinos puros, con una graduación máxima de 65 grados.*

V. «LÁGRIMAS de Holanda, QUESO de Holanda, TIERRA de Holanda».

holandés, -a **1** adj. y, aplicado a personas, también n. De Holanda, nombre corriente de los Países Bajos. ⇒ Pólder. ➤ Bóer, flamenco, neerlandés. ➤ Florín. **2** m. Idioma hablado en Holanda.

holandesa (de «holandés») f. Hoja de papel más pequeña que el folio.

A LA HOLANDESA. AGRÁF. Se designa así la encuadernación en que los cartones de las cubiertas van forrados de papel o tela, y el lomo de piel. ≃ En PASTA holandesa.

holandeta u **holandilla** (dim. de «holanda») f. Cierto *lienzo usado generalmente para forros de vestido. ≃ Mitán.

V. «TABACO holandilla».

holco (del lat. «holcus») m. **Heno blanco (planta graminea).*

holding (ingl.; pronunc. [jóldin]) m. *Sociedad financiera que adquiere la mayor parte de las acciones de otras empresas para dirigirlas o controlar su actividad.

holear intr. *Decir repetidamente «¡hola!».*

holgachón, -a (de «holgar») adj. *Se aplica a la persona que se da buena vida y trabaja poco.* ⇒ *Regalón.

holgadamente adv. Con holgura.

holgadero (de «holgar») m. *Sitio a donde la gente acostumbra a ir para *distraerse.*

holgado, -a (de «holgar») **1** («Estar, Ser») adj. Aplicado a espacios o a cosas que envuelven a otras, *ancho o *amplio: algo más grande de lo necesario para lo que contiene: 'Un abrigo holgado'. ⊙ («Estar, Ir») No apretado: se aplica a las cosas que disponen de más espacio que el justo en el sitio donde están: 'Íbamos muy holgados en el coche'. ≃ Desahogado. **2** Se aplica a cualquier cosa de la que hay más de lo estrictamente necesario o a la situación en que se tiene más de lo que se necesita de cierta cosa: 'El tiempo nos viene holgado para lo que nos falta por hacer. Estamos holgados de tiempo'. ⊙ Particularmente, a la *situación económica del que tiene más de lo necesario para vivir. ⇒ Cumplido, desahogado. ➤ *Sobrar.

holganza **1** f. Situación del que huelga o está ocioso. **2** **Placer o diversión.*

holgar (del lat. tardío «follicāre», respirar, soplar) **1** intr. **Descansar después de una fatiga.* **2** Tener un descanso o vacación en el trabajo ordinario: 'Huelga los jueves'. **3** Estar ocioso. ⊙ Aplicado a cosas, estar sin ejercicio o sin uso. **4** Aplicado a acciones, estar de más: 'Huelgan los comentarios. Huelga decir que no podéis coger el libro durante el examen'. ≃ *Sobrar. **5** (ant.) *Yacer, estar, parar.* **6** prnl. *Distraerse o *divertirse. **7** («con, de») *Felicitarse: alegrarse de que las cosas ocurran de cierta manera, o de algún buen suceso ocurrido a otra persona. ⊙ Se emplea para expresar ese sentimiento: 'Me huelgo de no haber estado allí. Me huelgo de su rápido restablecimiento'.

□ CONJUG. como «contar».

holgazán, -a (del ár. and. «kaslán», a través del gall., con influencia de «holgar») adj. y n. Se aplica al que se resiste a trabajar. ≃ Gandul, haragán, vago.

□ CATÁLOGO

Ablandabrevas, ablandahígos, acidioso, ahobachonado, albendera, apático, arlote, badea, bigardo, blando, candongo, chencha, cimarrón, culero, desaplicado, falso, flojo, folgazano, follón, gabarro, galavardo, galfarro, gambalúa, gandul, gandumbas, ganso, guillote, guitón, haragán, harón, hobachón, huevón, inactivo, indolente, madeja, maganzón, majá, maltrabaja, mamalón, mandria, mangante, mangón, maula, maulón, molondro, molondrón, ocioso, pamposado, panarra, pandorga, pelafustán, pelagallos, pelgar, penco, picaño, pigre, pigro, pingo, poltrón, poncho, rácano, realengo, remolón, rompepoyos, roncero, sobón, torreznero, trashoguero, tumbón, *vagabundo, vago, vahanero, vainazas, vilordo, virote, zangandongo, zangandullo, zangandungo, zángano, zangarullón, zangón, zanguango, zanguayo, zorro. ➤ Acidia, apoltronamiento, bordonería, cancheo, carpanta, faranga, flema, galbana, gandulería, haraganería, haronía, holgazanería, ignavia, indolencia, moho, pereza, vagancia, vaguería, zangarriana, zanguanga. ➤ Gandaya, *hampa, tuna. ➤ Apolismarse, rascarse [o tocarse] la BARRIGA, tumbarse a la BARTOLA, bartolear, canchear, candonguear, cantonear, no dar [o pegar] ni CHAPA, no dar [o pegar] ni CLAVO, tocarse los *COJONES, vivir del CUENTO, no mover un DEDO, hacer el GANDUL, gandulear, no dar [o pegar] GOLPE, haraganear, holgazanear, holgazar, magancear, mirar a las MUSARAÑAS, no dar PALO [o un palo al agua], no dar PALOTADA, echar a PERROS, racanear, pasar el RATO, echarse en el SURCO, matar [pasar, perder o malgastar] el TIEMPO. ➤ *Abandonado. *Apatía. *Callejero. *Inútil. *Pereza. *Vagabundo.

holgazanear intr. Trabajar muy poco o nada, por holgazanería. ⇒ *Holgazán.

holgazanería f. Cualidad de *holgazán. ⊙ Inactividad del holgazán.

holgazar (de «holgar»; ant.) intr. *Holgazanear.*

holgón, -a (de «holgar») adj. y n. *Se aplica a la persona amiga de darse buena vida.* ⇒ *Regalón.

holgorio (de «holgar») m. Jolgorio. ≃ *Algazara.

holgueta (dim. de «huelga») f. *Jolgorio.*

holgura (de «holgar») **1** f. Cualidad o situación de holgado: 'La holgura de un asiento. Nos acomodamos con holgura. Vive con holgura'. ≃ Amplitud. ⇒ *Ancho. **2** En mecánica, *espacio vacío que queda entre dos cosas que van encajadas una en otra o rodeando la una a la otra. ≃ Huelgo, huida, vagación. **3** Desahogo o *bienestar económico. **4** *Diversión o *regocijo.*

holladero, -a (de «hollar») adj. *Se aplica a la parte de un *camino por donde generalmente se transita.*

hollado, -a Participio adjetivo de «hollar». ⇒ Pisado.

holladura 1 f. Acción y efecto de hollar. **2** **Derecho que se pagaba por el paso de los *ganados por un terreno.*

hollar (del lat. vulg. «fullāre») **1** (lit.) tr. *Pisar: 'El hombre no ha hollado aún aquellos parajes'. **2** (lit.) *Maltratar, *estropear o *profanar un sitio, entrando en él o pisándolo: 'El invasor holló el suelo patrio'. **3** También, aplicado a sentimientos, significando *despreciar o *humillar: 'Hollar la dignidad [o el amor propio] de alguien'.

☐ CONJUG. como «contar».

holleca f. **Mosquitero (ave paseriforme).*

holleja (ant.) f. *Hollejo.*

hollejo (del lat. «follicŭlus», saco pequeño) m. *Piel fina y tierna que envuelve algunos frutos y semillas; como la que envuelve los granos de la uva o las judías tiernas. ⇒ Bagullo, casca. ➤ Cascajar. ➤ *Orujo.

hollín (del lat. vulg. «fulīgo, -ĭnis») **1** m. Sustancia negra y crasa que forma el humo adhiriéndose a las paredes y los objetos. ≃ Tizne. ⇒ Fulígine, fuliginosidad, hollinar, máscara, tizne. ➤ Fuliginoso. ➤ Entiznar, mascarar, tiznar. ➤ Tiznadura, tiznajo, tiznón. ➤ Deshollinador, limpiachimeneas. ➤ Tuérdano. ➤ Deshollinar. ➤ Deshollinadera. **2** *Jollín.*

hollinar (ant.) m. *Hollín.*

hollywoodiano, -a o **hollywoodiense** adj. Propio o característico de Hollywood: 'Una película al estilo hollywoodiano'.

holmio (de la última sílaba de «Stockholm», Estocolmo) m. *Elemento químico, n.º atómico 67, de la familia del itrio. Símb.: «Ho».

holo- (var. « olo-») Elemento prefijo del gr. «hólos», todo, total o entero.

holocausto (del lat. «holocaustum», del gr. «holókaustos») **1** m. *Sacrificio religioso entre los *judíos, en que se quemaba toda la víctima. **2** Exterminio de los judíos durante el nazismo. ⊙ Por extensión, genocidio. **3** Renuncia a algo o entrega de algo muy querido o de sí mismo para lograr un ideal o el bien de otros. ≃ Ofrenda, sacrificio.

EN HOLOCAUSTO. Como ofrenda o sacrificio: 'Ofrecerse en holocausto'.

holoceno, -a (de «holo-» y el gr. «kainós», nuevo) adj. y n. m. GEOL. Se aplica a la época más reciente del periodo cuaternario, que sigue al pleistoceno, y a sus cosas.

holografía (de «holo-» y «-grafía») f. FOT. Técnica en relieve en que se utilizan las interferencias producidas por la superposición de dos haces de rayos láser, uno procedente del aparato reproductor y otro reflejado por el objeto que se ha de fotografiar. ⊙ FOT. Imagen obtenida por esta técnica. ≃ Holograma.

hológrafo, -a (del lat. «holográphus», del gr. «hológraphos») adj. y n. m. DER. Ológrafo.

holograma (de «holo-» y «-grama») m. FOT. Cliché fotográfico o imagen óptica obtenidos por holografía.

holómetro (de «holo-» y «-metro») m. *Instrumento que sirve para tomar la *altura angular de un punto sobre el horizonte.*

holosérico, -a (del lat. «holosericus», del gr. «holosērikós»; ant.) adj. *Se aplicaba a los tejidos o ropas de *seda pura.*

holostérico (de «holo-» y el gr. «stereós», sólido) adj. V. «BARÓMETRO holostérico».

holoturia (del lat. «holothurĭa», del gr. «holothoúrion») f. ZOOL. Cualquier holotúrido, especialmente los del género *Holothuria*.

holotúrido u **holoturioideo** (de «holoturia») adj. y n. m. ZOOL. Se aplica a los *equinodermos de cuerpo alargado con tegumento blando y tentáculos alrededor de la boca; como el cohombro de mar o el balate. ⊙ m. pl. ZOOL. Clase que forman.

homarrache (del sup. ár. and. «muharráǧ», cl. «muharriǧ», bufón) m. **Mamarracho.*

hombracho 1 (desp.) m. Hombre corpulento. ⇒ Hombretón. **2** (desp.) Hombre *grosero o despreciable.

hombrada f. Acción propia de un hombre fuerte o de carácter.

hombradía (de «hombrada») **1** f. *Cualidad de hombre.* **2** *Hombría.*

hombre (del lat. «homo, -ĭnis») **1** (n. colectivo genérico) m. Se aplica a nuestra especie, o sea la de los *mamíferos racionales: 'El aparato respiratorio en el hombre'. ⊙ A los individuos *adultos de ella: 'El niño se transforma en hombre'. ⊙ A los individuos del sexo *masculino de ella: 'La fisiología del hombre y de la mujer'. ⊙ Individuo adulto de sexo masculino de la especie humana: 'Había dos hombres en la puerta'. ⊙ (n. calif.) Se aplica elogiosamente a un hombre que tiene las cualidades que avaloran a los de su sexo; particularmente, valor, entereza o energía: 'He ahí un hombre. Eso no es un hombre'. ⇒ Todo un HOMBRE. ⊙ («de») Lo mismo que a «mujer, persona» u otro nombre genérico de persona, se puede aplicar a «hombre» cualquier expresión calificativa formada con «de» y un nombre: 'Hombre de acción [del campo, de corazón, de dinero, de edad, de empresa, de mundo, de negocios, de palabra, de pocas palabras, de puños]'. **2** (pop.) Con respecto a una mujer, su *marido. **3** *El que en ciertos juegos de naipes dice que entra y juega contra los demás.* **4** *Cierto juego de *baraja jugado entre varias personas, con triunfo; hay distintas variedades.* ⇒ Birlonga, cinqueño, cinquillo, mediator, quintillo. ➤ Chacho. ➤ Codillo, CODILLO y moquillo. ➤ Atravesar, meter, pedir REY. ➤ Manta.

BUEN HOMBRE. Hombre sin maldad o sin malicia.

EL ABOMINABLE HOMBRE DE LA NIEVES. El yeti: gigante peludo que, según la leyenda, habita en el Himalaya.

GENTIL HOMBRE. Gentilhombre.

HOMBRE DE ACCIÓN. Hombre con espíritu de empresa y dispuesto a la acción y no a la pasividad.

H. DE AMBAS SILLAS. **1** *Se aplicaba al que *cabalgaba con la misma destreza a la brida y a la jineta.* **2** *También al entendido en diversas disciplinas.* ⇒ *Saber.

H. DE ARMAS. Hombre que iba a la *guerra a caballo y completamente armado.

H. DE ATAPUERCA. *(Homo antecessor)* Homínido que vivió en el Pleistoceno inferior (hace unos 800.000 años) y tallaba cantos, aunque sin forma definida. Es considerado el homínido más antiguo de Europa y posible antecesor del hombre de Neanderthal europeo.

H. DE BIEN. Hombre honrado y recto.
H. BUENO. 1 *Hombre del estado llano.* 2 Hombre que media en los actos de conciliación. ≃ *Mediador.
H. DE LA CALLE. Se designa así a la *gente en general, o conjunto de personas sin ninguna particularidad que las diferencie de las demás en relación con el asunto de que se trata: 'Al hombre de la calle no le interesa eso'.
H. DE CIENCIA. Científico.
H. DE CRO-MAGNON [O CROMAÑÓN]. *(Homo sapiens)* Representante más antiguo del hombre moderno en Europa, cuyos restos se encontraron en Cro-Magnon (Francia). Apareció en el Pleistoceno superior (hace unos 35.000 años) y fabricaba todo tipo de utensilios con piedra y hueso.
H. DE DOS CARAS. *Hombre que adopta distinta actitud o expresa distinta opinión con respecto a la misma persona o cosa según la ocasión o con quien habla.* ⇒ *Falso.
H. FUERTE. Hombre poderoso en una organización; particularmente, de tipo político.
H. HECHO Y DERECHO. Ya completamente *adulto y que, por tanto, debe ser considerado o debe comportarse como tal.
H. LOBO. *Ser fantástico, mitad hombre, mitad lobo.
H. DE MANGA. **Eclesiástico.*
H. DE MUNDO. Hombre con *experiencia o acostumbrado a tratar con personas de elevada posición.
H. DE NEANDERTHAL. *(Homo neanderthalensis)* Homínido extinguido y de especie diferente a la del hombre actual. Vivió en el Pleistoceno superior (hace unos 30.000 años), fabricaba herramientas y enterraba a sus muertos.
H. NUEVO. TEOL. *El hombre, considerado como regenerado por Jesucristo.*
H. DE PAJA. Testaferro: persona que actúa a instancias de otro que permanece oculto.
H. DE PELO EN PECHO (inf.). El que es fuerte y valiente.
H. PARA POCO. Hombre *pusilánime.
H. DE PRO [O DE PROVECHO]. HOMBRE de bien.
H. PÚBLICO. El que interviene activamente en la *política.
H. RANA. El que realiza trabajos submarinos provisto de un traje especial.
H. DEL REY. *Antiguamente, el que servía en el palacio real.* ⇒ *Rey.
EL HOMBRE DEL SACO. Hombre imaginario con que se *asusta a los niños para que sean obedientes: 'Si no te duermes, llamo al hombre del saco'.
EL HOMBRE DEL TIEMPO. Persona encargada de transmitir la información meteorológica en un medio de comunicación: 'El hombre del tiempo ha dicho que va a nevar'. ⇒*Meteorología.
H. VIEJO. TEOL. *El hombre, considerado como partícipe del pecado original.*
MUY HOMBRE. Todo un HOMBRE.
POBRE HOMBRE. Hombre *insignificante, por falta de carácter o por poca representación social.
POCO HOMBRE. Hombre *cobarde o *pusilánime.
TODO UN HOMBRE. Se aplica al hombre o al muchacho que se porta con hombría.
¡ANDA, HOMBRE! Exclamación con que se *desprecia o *desecha algo que se oye, o se demuestra *fastidio o se *protesta por ello. No va dirigido al interlocutor, de modo que se emplea cualquiera que sea el sexo, edad, etc., de éste. ≃ ¡Vamos, HOMBRE!
COMO UN SOLO HOMBRE. Se emplea con referencia a una acción realizada por numerosas personas que obran con unanimidad completa y espontánea: 'Protestaron como un solo hombre'.
DE HOMBRE A HOMBRE. Con el verbo «hablar», hacerlo dos hombres con sinceridad, sin tener en cuenta sus diferencias de clase, categoría, etc.: 'El padre habló con su hijo de hombre a hombre'.
EL HOMBRE ES FUEGO, LA MUJER ESTOPA... Refrán completado o no con «viene el diablo y sopla», que alude al riesgo que existe en el trato frecuente entre un hombre y una mujer. ⇒ *Sexo.
EL HOMBRE PROPONE Y DIOS DISPONE. Frase proverbial con que se comenta la frustración de algún plan o propósito.
HACER [UN] HOMBRE a alguien. Guiarle o ayudarle eficazmente a *situarse en la vida.
HACERSE [UN] HOMBRE. Crearse una *posición en la vida.
¡HOMBRE! Exclamación de sorpresa: '¡Hombre! No sabía que estuvieses aquí'. ⊙ También, de *duda, incredulidad o vacilación: '¡Hombre, si te empeñas...! ¡Hombre, si tú me lo aseguras...!'.
¡HOMBRE AL AGUA! Interjección usada entre gente de mar para avisar que alguien ha caído al mar. ⇒ *Marina.
HOMBRE PREVENIDO VALE POR DOS. Frase proverbial con que se valora la importancia de actuar con previsión.
NO SER HOMBRE PARA. V. «ser HOMBRE para».
¡PERO, HOMBRE...! Exclamación con que se *reconviene a alguien: '¡Pero, hombre...! No hubiera creído eso de ti'. O se expresa sentimiento o *disgusto por algo: '¡Pero, hombre... Qué lástima que no puedas venir!'. O sorpresa: '¡Pero, hombre... Has venido sin avisar...!'.
SER HOMBRE AL AGUA. Encontrarse perdido, sin poder desenvolverse o manejarse: 'Si le quitas las gafas, es hombre al agua'. ⇒ *Inútil.
SER HOMBRE PARA cierta cosa. Ser *capaz de hacerla. Se emplea más en forma negativa: 'No es hombre para decirle eso al jefe'.
SER alguien MUCHO HOMBRE. Ser hombre de mucho carácter o de gran valer.
SER OTRO HOMBRE. Haber *cambiado mucho en las cualidades físicas o morales.

□ NOTAS DE USO

Hay resistencia a emplear «hombre» en la acepción de «individuo adulto del sexo masculino de la especie humana» porque parece implicar la asignación del designado a una clase social humilde; por eso, para referirse a una persona determinada presente, solamente se emplea en lenguaje informal y cuando entre el que habla y la persona designada hay confianza: 'A este hombre se le ocurre cada cosa...'. Se emplea en general para designar a un hombre de la clase popular: 'Ha venido un hombre preguntando por usted. Aquel hombre que está sentado en el banco'; pero en presencia del mismo designado suele decirse «señor».

□ CATÁLOGO

Otras formas de la raíz, «hom-, hum-»: 'homicida, hominal'; 'humanidad, humano, humanoide'. Otras raíces, «andro-, antrop-, vir-»: 'androide, andrógino, androlatría, ginandra; antropocéntrico; viril'. ➤ Australopiteco, bimano [o bímano], bípedo, criatura, HOMBRE de Cro-Magnon [o Cromañón], homínido, Homo sapiens, humano, machín, macho, microcosmo, mortal, nacido, *persona, pitecántropo, preadamita, prehomínido, primate, prójimo, semejante, SER humano, viador. ➤ Individuo, macho, marido, padre, vestirse por los PIES, SEXO feo, SEXO fuerte, sujeto, varón. ➤ Caballero, gentleman, señor. ➤ Adolescente, adulto, anciano, garzón, joven, *niño. ➤ Baldragas, bragazas, *calzonazos, calzorras, faldero, hombrecillo, hominicaco, *insignificante, JUAN lanas, licenciadillo, machista, mandinga, monigote, moro, muñeco, nadie, pelele, pigmeo, punto, PUNTO filipino, putañero, putero, quídam, tío, títere. ➤ Barbián, castizo, gaché, gachó. ➤ Falocracia, machismo. ➤ Humanidad. ➤ Filantropía, misantropía. ➤ Antropología. ➤ Antropomorfismo. ➤ Monogenismo, poligenismo. ➤ Eccehomo, hombracho, hombretón, homicida, omecillo, prohombre, superhombre, supermán. ➤ *Persona.

hombrear[1] intr. Empezar un *joven a querer parecerse a los hombres hechos.

hombrear[2] **1** intr. *Hacer *fuerza con los hombros para sostener o empujar alguna cosa.* **2** («con») Querer competir con otros en saber u otras condiciones. ≃ Hombrearse.

hombrecillo 1 m. Dim. frec. de «hombre». **2** **Lúpulo (planta cannabácea).*

hombredad f. *Hombradía.*

hombrera 1 f. *Pieza de la *armadura que defendía el hombro.* **2** Tira de tela colocada en los hombros del *uniforme militar, por donde pasan las correas. A veces va bordada y sirve como distintivo o *insignia del grado. **3** Especie de almohadilla que se pone a veces en los vestidos para levantar los hombros. **4** Cinta o tira de tela con que se suspenden de los hombros algunas prendas de ropa; por ejemplo, las combinaciones de mujer. ≃ *Tirante.

hombretón (aum. de «hombre») m. Hombre corpulento. ⇒ Hombracho.

hombría f. Conjunto de cualidades morales, tales como valor, voluntad o energía, que ensalzan a un hombre.

HOMBRÍA DE BIEN. Honradez y moralidad.

hombrillo 1 m. *Tira de tela con que se refuerza la *camisa por el hombro.* **2** **Adorno hecho de tela de seda u otra cosa, puesto en los hombros de los vestidos.*

hombro (del lat. «humĕrus») **1** m. Cada uno de los lados de la parte superior del tronco, a uno y otro lado de la cabeza, por los que se une la espalda con el pecho y de los que arrancan los brazos. ⇒ Clavícula, omoplato. ➤ Deltoides, muñón. **2** Parte del vestido, que cubre esa región. **3** AGRÁF. *Parte del tipo que queda más baja que el ojo y no produce impresión.*

A HOMBROS. Con referencia a la manera de llevar una *carga, sobre los hombros.

AL HOMBRO. Sobre el hombro o colgado del hombro: 'Con el fusil al hombro'.

ARRIMAR EL HOMBRO. Cooperar en un *trabajo sin escatimar esfuerzo.

CARGADO DE HOMBROS. Cargado de ESPALDAS.

ECHARSE AL HOMBRO algo. Asumir alguna carga u *obligación.

ENCOGERSE DE HOMBROS. **1** Realizar materialmente este *gesto para expresar inhibición o ignorancia. **2** *Inhibirse de algo: mostrar desconocimiento o indiferencia. ⊙ Mostrar *resignación.

HURTAR EL HOMBRO. *Evadirse de tomar parte en un trabajo o preocupación.

V. «MANGA por hombro».

MIRAR a alguien POR ENCIMA DEL HOMBRO. *Despreciarle o *humillarle.

V. «PAÑO de hombros».

hombruno, -a (desp.) adj. Aplicado a mujeres o a sus cosas, como de hombre: 'Ademanes hombrunos'.

home (del lat. «homo, -ĭnis»; ant.) m. **Hombre.*

homecillo 1 (ant.) m. *Homicidio.* **2** (ant.) **Enemistad u odio.*

homenaje (del occit. «homenatge») **1** m. Juramento de fidelidad que se hacía antiguamente al *rey o *señor. **2** («Dedicar, Rendir, Tributar») Demostración de *admiración, respeto o veneración a alguien: 'Una comida de homenaje al antiguo director. Una función en homenaje de la veterana actriz'. ⊙ Acción que se realiza o acto que se celebra como homenaje: 'Un homenaje de cariño [o de respeto]'.

V. «TORRE del homenaje».

homenajeado, -a Participio de «homenajear». ⊙ adj. y n. Se aplica a la persona que recibe un homenaje.

homenajear tr. Dedicar a ↘alguien un homenaje.

homeo- Elemento prefijo del gr. «hómoios», semejante.

homeópata adj. y n. Se aplica al médico que utiliza la homeopatía.

homeopatía (de «homeo-» y «-patía») f. MED. Procedimiento curativo que consiste en aplicar al enfermo en cantidades mínimas las mismas sustancias que, aplicadas en mayor cantidad a un hombre sano, le producirían la enfermedad que se trata de curar. ⇒ *Medicina.

homeopáticamente adv. MED. Por medio de la [o con] homeopatía.

homeopático, -a 1 adj. MED. De [la] homeopatía. **2** (inf.) Aplicado a cantidad, dosis, etc., muy *pequeño.

homeostasia, homeostasis u **homeóstasis** (de «homeo-» y el gr. «stásis», estabilidad) f. FISIOL. *Tendencia de un sistema biológico a mantener un equilibrio dinámico mediante la actuación de mecanismos reguladores.*

homeostático adj. FISIOL. *Propio de la homeóstasis.*

homeotermia (de «homeo-» y «-termia») f. FISIOL. *Capacidad de un organismo de mantener una temperatura constante e independiente de la temperatura ambiental.*

homeotérmico, -a u **homeotermo, -a** adj. FISIOL. *De la homeotermia.* ⊙ *Particularmente, de los animales que tienen entre sus características la homeotermia.*

homérico, -a 1 adj. Relacionado con Homero. ⇒ Rapsoda, rapsodia. **2** (inf.) Se aplica hiperbólicamente a algo de lo que se quiere decir que fue *extraordinario por lo ruidoso o aparatoso: 'Una carcajada [o una juerga] homérica'. ≃ Épico, tremendo.

homero m. **Aliso (árbol betuláceo).* ≃ Omero.

homiciano (de «homicio»; ant.) m. *Homicida.*

homiciarse (de «homicio»; ant.) prnl. recípr. **Enemistarse.*

homicida (del lat. «homicīda») adj. y n. Se aplica a la persona o cosa que causa la muerte de una persona: 'Arma homicida. El homicida'. ≃ Matador. ⇒ Homiciano.

homicidio (del lat. «homicidĭum») m. Acción de *matar a una persona. ≃ Muerte.

homiciero (de «homiciarse»; ant.) m. *Hombre que promueve discordias entre otros.* ≃ Encizañador. ⇒ *Engrescar.

homicillo (del lat. «homicidĭum») **1** m. *Pena pecuniaria impuesta por el juez al criminal que no comparecía ante los tribunales y al cual se juzgaba en rebeldía.* ⇒ *Castigo. **2** (ant.) *Homicidio.*

homicio (del lat. «homicidĭum»; ant.) m. *Homicidio.*

homilía (del lat. «homilĭa», del gr. «homilía») **1** f. Explicación o discurso dirigido al pueblo sobre materias religiosas. ⇒ *Sermón. **2** (pl.) *Lecciones de los *maitines, sacadas de las homilías de los padres de la Iglesia.*

hominal (del lat. «homo, -ĭnis») adj. ZOOL. *Del hombre.*

hominicaco (del lat. «homo, -ĭnis», hombre, con influencia de «monicaco») m. Hombre *insignificante, moral o físicamente.

homínido (del lat. «homo, -ĭnis») adj. y n. m. ZOOL. Se aplica al individuo de la familia de los primates superiores, cuya especie superviviente es la humana. ⊙ m. pl. ZOOL. Familia que forman.

homo- Elemento prefijo del gr. «homós», que significa «igual».

homocerco, -a (de «homo-» y el gr. «kérkos», cola) adj. ZOOL. Aplicado a la aleta caudal o *cola de los peces, con los dos lóbulos iguales. ⇒ Heterocerco.

homocigótico, -a adj. Se aplica a los hermanos *gemelos que proceden del mismo óvulo.

homocigoto (de «homo-» y «cigoto») m. Biol. Cigoto que tiene su origen en dos gametos con la misma constitución cromosómica. ⇒ *Reproducción.

homoclamídea (de «homo-» y «clámide») adj. Bot. *Se aplica a la *flor en que no hay diferenciación clara entre el cáliz y la corola.*

homofobia (de «homo-» y «-fobia») f. Aversión hacia los *homosexuales.

homofonía f. Cualidad de homófono.

homófono, -a (del gr. «homóphōnos», de «homós», igual, y «phōnḗ», sonido) **1** adj. y n. m. Aplicado a *palabras, del mismo sonido, aunque se escriban de distinto modo y signifiquen cosa distinta. **2** adj. *Se aplica al *canto o *música en que todas las voces siguen la misma línea melódica.*

homogéneamente adv. De manera homogénea.

homogeneidad f. Cualidad de homogéneo.

homogeneización f. Acción de homogeneizar. ⊙ Proceso al que se somete a algunos líquidos, especialmente a la leche, para evitar que se separen sus componentes.

homogeneizado, -a Participio adjetivo de «homogeneizar». ⊙ Se aplica, particularmente, a la leche sometida al proceso de homogeneización.

homogeneizar tr. Hacer homogéneo.

homogéneo, -a (del b. lat. «homogenĕus», del gr. «homogenḗs») adj. Aplicado a un conjunto de cosas, formado por cosas del mismo género o muy semejantes: 'Un grupo de alumnos muy homogéneo'. ⊙ Aplicado a una sustancia, sin diferencias o partes distinguibles en su estructura: 'Una masa homogénea'. ⊙ Aplicado en plural a varias cosas, del mismo género o muy semejantes entre sí. ⇒ *Uniforme.

homografía (de «homo-» y «-grafía») f. *Identidad gráfica entre dos palabras de distinta significación.*

homógrafo, -a (de «homo-» y «-grafo») adj. y n. m. *Se aplica, con respecto a una *palabra, a otra de distinta significación aunque escrita de igual manera.*

homologable adj. Susceptible de ser homologado.

homologación f. Acción y efecto de homologar.

homologar (de «homólogo») **1** tr. Der. *Dar validez las partes al ↘fallo en virtud de consentimiento tácito al no impugnarlo dentro del plazo en que podrían hacerlo.* **2** Der. *Confirmar el juez ciertos ↘actos o convenios de las partes dándoles así firmeza.* **3** Equiparar una ↘cosa con otra. **4** Dep. Aceptar un organismo oficial la validez del ↘resultado de una prueba deportiva. **5** Aceptar la autoridad oficial un determinado ↘producto después de comprobar que cumple ciertas reglas. **6** Reconocer la validez académica de los ↘estudios realizados en otro centro de enseñanza o en otro país.

homología f. Cualidad de homólogo. ⊙ Hecho de ser homólogo o de existir elementos homólogos.

homólogo, -a (del lat. «homolŏgus», del gr. «homólogos») **1** adj. Geom. Se aplica a los lados de dos o más figuras semejantes que ocupan en ellas la misma posición relativa, oponiéndose a ángulos iguales. **2** Quím. *Se aplica a los cuerpos que tienen funciones iguales y estructura semejante.* **3** Lóg. **Sinónimo.* **4** Biol. *Se aplica a los órganos o partes del cuerpo de un ser vivo que son semejantes a los de otro por su origen embrionario o por su estructura, aunque su aspecto y función sean diferentes.* **5** Se aplica a la persona que ocupa el mismo cargo que otra en distintos organismos o países: 'El ministro de economía español tuvo una larga entrevista con su homólogo francés'.

homonimia f. Gram. Relación entre homónimos.

homónimo, -a (del lat. «homonȳmus», del gr. «homōnymos») **1** adj. y n. m. Con respecto a una persona o cosa, otra que tiene el mismo nombre: 'Dos ciudades homónimas'. ⇒ *Tocayo. **2** Gram. Con respecto a una *palabra, otra que, siendo igual, tiene distinta significación.

homóptero, -a (de «homo-» y «-ptero») adj. y n. m. Zool. Se aplica a ciertos insectos *hemípteros que tienen las alas anteriores membranosas como las posteriores y más fuertes y coloreadas que éstas; como la cigarra y la saltarilla. ⊙ m. pl. Zool. Suborden que forman.

Homo sapiens m. Tipo humano al que pertenece el hombre actual.

homosexual (de «homo-» y «sexual») adj. y n. Se aplica a las personas que satisfacen su sensualidad sexual con las de su mismo sexo. ⇒ Bardaja, bardaje, bollera, cacorro, garzón, gay, invertido, jula [julandrón o julay], lesbiana, loca, marica, maricón, mariposa, mariposón, mariquita, nefandario, pederasta, puto, rosquete, sarasa, sodomita, somético, tortillera. ➤ De la otra acera [o de la acera de enfrente], de la cáscara amarga. ➤ Homosexualidad, lesbianismo. ➤ Homofobia. ➤ *Afeminado.

homosexualidad f. Cualidad de homosexual. ⊙ Práctica de los homosexuales.

homrai m. *Cierto *cálao (ave trepadora).*

homúnculo (del lat. «homuncŭlus») m. *Desp. de «hombre».*

honcejo (de «hoz[1]», con influencia de «oncejo») m. **Hocino (instrumento para cortar leña o trasplantar).*

honda (del lat. «funda») **1** f. Utensilio formado por una tira, generalmente de cuero, o por una cuerda con un trozo de cuero fijo en su parte media, que se usa para *lanzar piedras; para ello se dobla la tira o cuerda, se coloca la piedra en el doblez y, agarrando juntas las dos puntas, se hace girar; cuando ha adquirido suficiente velocidad, se suelta una de las puntas y la piedra sale disparada. ⇒ Cáñamo, fonda, guaraca, hondijo, perigallo, zurriago. ➤ Fundibulario, pedrero. **2** (Arg., Bol., Chi., Ec., Guat., Perú, P. Rico, R. Dom., Salv., Ur.) **Tirador (juguete).* **3** *Cuerda con que se rodea una cosa para *suspenderla.* ≃ Braga. V. «dar sopas con hondas».

hondable (de «hondo») **1** adj. Mar. *Se aplica a los lugares donde puede *varar un barco.* ≃ Fondable. **2** (ant.) **Profundo.* ≃ Hondo.

hondada f. *Disparo hecho con una honda.* ≃ Hondazo.

hondamente adv. De manera honda.

hondar (Hispam.) tr. *Ahondar u hondear.*

hondarras (de «hondo», fondo; Rioj.) f. pl. **Sedimento que queda en la vasija que ha contenido un licor.*

hondazo m. *Hondada.*

hondear[1] intr. *Manejar la honda.*

hondear[2] (de «hondo») **1** tr. Reconocer el ↘fondo, por ejemplo del mar, con la sonda. ≃ Sondar, *sondear, hondar. **2** *Sacar *carga de una ↘embarcación.* ≃ Alijar.

hondero m. *Soldado armado de honda.

hondijo m. *Honda de lanzar piedras.*

hondilla f. Constr. *Soga con un gancho en el extremo, empleada para subir y bajar materiales.*

hondillos m. pl. *Parte, en ambos lados de los *pantalones, que corresponde a la entrepierna y parte inferior de las nalgas.* ≃ Entrepiernas, fondillos.

hondita (dim. de «honda»; Par.) f. **Tirador (juguete).*

hondo, -a (del lat. «fundus») **1** («Ser») adj. Se aplica a lo que tiene mucha profundidad: 'Una vasija honda'. ≃ *Profundo. ⇒ Ahondar, hondar. **2** («Estar») Situado mucho más abajo que la superficie: 'La raíz está muy honda'. ≃ *Profundo. ⊙ Tal que llega hasta muy dentro: 'Una herida honda'. **3** Aplicado a sentimientos, muy íntimo y verdadero; no superficial: 'Un hondo pesar'. ≃ *Profundo. **4** m. **Fondo*.

V. «CANTE hondo».

LO HONDO. El fondo en un hoyo o desnivel del terreno: 'En lo hondo del valle se ve serpentear un riachuelo'. ⊙ Lo más profundo de cualquier cosa, material o inmaterial: 'En lo hondo de su alma'.

hondón (de «hondo») **1** m. **Fondo de cualquier cosa hueca.* **2** *Hondonada.* **3** *Ojo de la *aguja.* **4** *Parte del *estribo donde se apoya el pie.* **5** **Valle profundo.*

hondonada (de «hondón») f. Parte del *terreno que está más honda que lo que la rodea. ⇒ Agadón, depresión, foraida, gándara [o granda], hondón, hondonal, hoyada, marjal, ocosial, pailón, torca.

hondonal (de «hondón»; Sal.) m. **Prado bajo y húmedo.* ⊙ (Sal.) *Juncar.*

hondonero, -a (de «hondón»; ant.) adj. *Hondo.*

hondura (de «hondo») f. Parte profunda de un lugar. ≃ *Profundidad.

METERSE EN HONDURAS. *Profundizar demasiado en el estudio, o exposición de un asunto o una materia. ⊙ Querer averiguar demasiado de una cosa.

hondureñismo m. Americanismo de Honduras.

hondureño, -a adj. y, aplicado a personas, también n. De Honduras. ⇒ Macaco. ➤ Túnica.

honestad (ant.) f. *Honestidad.*

honestamente adv. Con honestidad.

honestar (del lat. «honestāre») **1** tr. *Honrar a ˋalguien.* **2** *Cohonestar ˋalgo.* **3** (ant.) intr. *Portarse honestamente.*

honestidad f. Cualidad de honesto.

honesto, -a (del lat. «honestus») **1** adj. Aplicado a las personas y a sus palabras y actos, incapaz de engañar, defraudar o apropiarse de lo ajeno. ⊙ Cumplidor escrupuloso de su deber o buen administrador de lo que tiene a su cargo; se aplica frecuentemente al nombre de actividad de la persona a quien se refiere: 'Un investigador honesto'. ⇒ *Cumplidor, *honrado. **2** Aplicado a las personas, particularmente a las mujeres, y a sus gestos, palabras, actitudes, etc., cuidadoso, o dicho o hecho con cuidado de no excitar el instinto sexual o herir el pudor de otros. ≃ *Decente. ⇒ *Casto, decente, decoroso, modesto, modoso, pudibundo, púdico, pudoroso, recatado. ➤ Comedimiento, compostura, decencia, honestad, honestidad, modestia, miramiento, *pudor, recato, recogimiento. ➤ Honor, honra, vergüenza. ➤ Guardarse, mirarse. ➤ Deshonesto. ➤ *Casto. *Pudor.

V. «donde la ESPALDA pierde su honesto nombre».

hongarina (de «hungarina») f. **Anguarina (abrigo).*

hongo (del lat. «fungus») **1** m. BIOL. Nombre dado a los organismos eucariotas pluricelulares y, raramente, unicelulares, entre los que se encuentran las levaduras, mohos y *setas; son todos heterótrofos y la mayoría vive sobre materias orgánicas en descomposición en el suelo y en el agua; el cuerpo de los hongos pluricelulares está formado por un micelio constituido por numerosas hifas; algunos son comestibles, otros muy venenosos, y otros constituyen enfermedades o plagas. ⊙ (pl.) BIOL. Clase que forman. **2** MED. *Excrecencia fungosa que crece en las heridas o *úlceras que cicatrizan mal.* **3** El nombre se emplea también para designar o describir una *forma como la de la parte superior de un hongo, también semejante a una «sombrilla» o un «sombrero». **4** Cierto *sombrero rígido, de copa redondeada y ala estrecha y abarquillada. ≃ Bombín.

HONGO MARINO. **Anémona de mar (cnidario).*

H. YESQUERO (*Phellinus igniarius*). *Hongo basidiomiceto muy común en España, que crece sobre todo tipo de árboles caducifolios, en especial sobre sauces y chopos; es de color marrón, carece de pie y tiene consistencia leñosa. Se ha utilizado para obtener tinte marrón y como yesca.

COMO UN HONGO [MÁS SOLO QUE UN HONGO o SOLO COMO UN HONGO] (inf.). Solo, *aislado, sin amigos o sin trato con la gente.

□ CATÁLOGO

Raíces cultas, «mice-, fung-». ➤ Carboncillo, jeta, manacate, seta. ➤ Agárico, alheña, amanita, anublo [o añublo], bejín, cagarria, callampa, caries, carraspina, CASABE de bruja, cenicilla [ceniza o cenizo], champiñón, changle, cifela, colmenilla, cornezuelo, crespilla, *criadilla, escarzo, faisán, fuligo, galamperna, garzo, guibelurdín, gurumelo, herrumbre, HONGO yesquero, levadura, llaullau, mízcalo, moho, morfa, morilla, negrilla, negrillo, niebla, níscalo, *oídio, PEDO de lobo, penicilina, percán, pimiento, polvillo, quemadura, QUITASOL de bruja, quitasolillo, rabia, rebollón [o robellón], *roya, sarro, senderuela, *tizón, trufa, TURMA de tierra. ➤ Basidio, conidio, espora, esporangio, hifa, micelio, sombrerete [sombrerillo o sombrero], talo, teca. ➤ Agaricáceo, ascomiceto, basidiomiceto, conjugado, esquizomiceto, mixomiceto. ➤ *Fermento. ➤ Criptógama, talofita.

hongoso, -a (del lat. «fungōsus»; ant. y usado aún en Sal.) adj. *Fungoso.*

honor (del lat. «honor, -ōris») **1** m. Cualidad de la persona que, por su *conducta, es merecedora de la consideración y respeto de la gente y que obedece a los estímulos de su propia estimación: 'Hombre de honor. Hombre sin honor. Una mancha en su honor. No se lo permite su honor'. ⇒ Honra. **2** Con referencia a colectividades, tiene uso actual y corriente y equivale a *prestigio: 'El honor de esta casa. El honor profesional'. **3** Circunstancia de ser alguna persona tenida por la gente como de mérito o de importancia excepcional: 'Ese cargo no le dará provecho, pero sí honor'. ≃ *Fama. ⇒ Deshonor. **4** Cosa con la que alguien se siente enaltecido: 'Su visita ha sido un honor para mí'. ≃ Honra. ⊙ («Conceder, Conferir, Discernir, Dispensar, Recibir, Aceptar, Declinar, Despreciar, Rechazar, Rehusar, Ostentar, Poseer, Tener») Condecoración, distinción, título, etc., que contribuye a la importancia o prestigio de una persona. ⇒ Airón, blasón, condecoración, distinción, florón, medalla, timbre, *TIMBRE de gloria, título. ➤ Condecorar, distinguir, honestar, honorar. ➤ Insignido. ➤ DOCTOR honoris causa, HIJO predilecto. ➤ Por la PUERTA grande. **5** («Hacer, Rendir, Tributar»; pl.) Demostraciones que se hacen a una persona en reconocimiento de su mérito, jerarquía o categoría: 'Está quejoso porque no se le han tributado los honores correspondientes a su cargo. Se le hicieron honores de capitán general'. ⇒ *Tratar.

V. «CANTÓN de honor, CAPELLÁN de honor, DAMA de honor».

EN HONOR DE [o A]. Como homenaje a: 'Fiestas en honor de S. Isidro. En honor a [o de] la verdad'. ⇒ In honorem.

V. «ESCALERA de honor».

HACER HONOR A cierta cosa. *Conducirse como corresponde a lo que se expresa: 'Hizo honor a su apellido. Ha hecho honor a su fama de comilón'.

HACER LOS HONORES. **1** En una *fiesta o *convite, ser la persona encargada de agasajar a los invitados. **2** Hacer

aprecio de la comida o bebida, tomando mucho de ellas; particularmente, cuando se es invitado.
V. «GUARDIA de honor, LANCE de honor, LEGIÓN de honor, MATRÍCULA de honor, PALABRA de honor».
V. «a tal [o todo] SEÑOR, tal [o todo] honor».
TENER algo A [MUCHO] HONOR. Considerarlo como un honor o motivo de *orgullo.
□ NOTAS DE USO
En general, «honor» en la acepción 1.ª se refiere a hombres, y a virtudes o cualidades caballerescas como el valor, la intolerancia de las ofensas, la lealtad, la fidelidad a la palabra dada o la limpieza del linaje, y al comportamiento propio de una persona noble o hidalga o, en lenguaje de ahora, de clase elevada: 'Se batió para vengar su honor. Honor vidrioso. Honor calderoniano. Su honor no le permitía batirse con uno que no fuese hidalgo. Dice que su honor no le permite aceptar un trabajo humilde'. También, de modo muy particular, a la conservación de la fidelidad de la propia mujer o de la integridad de la fama de ella o de una hija, una hermana, etc.: 'Mató para vengar su honor al amante de su esposa [o al raptor de su hija]'. En cuanto a las mujeres, el honor hace referencia siempre al recato de su comportamiento con el otro sexo y a su fama en relación con él: 'Una mujer celosa de su honor. Los caballeros se batían en defensa del honor de las damas'. Por todo ello, a medida que las costumbres y su valoración cambian, la palabra «honor» va siendo sustituida por otras menos altisonantes: «dignidad, rectitud, propia estimación, respeto de sí mismo, vergüenza, amor propio, puntillo, prestigio, buena fama», etc., acomodadas a los distintos casos y matices del hecho de disfrutar, merecer o preocuparse de conservar el respeto de la gente.

honorabilidad f. Cualidad de honorable. ⊙ Comportamiento honorable.

honorable (del lat. «honorabĭlis») **1** adj. Digno de ser honrado y acatado. **2** Aplicable, además de a las personas, a su comportamiento, etc., *digno o respetable; con crédito de persona digna o de honor: 'Su padre es una persona muy honorable'.

honorablemente adv. De manera honorable.

honoración (ant.) f. *Acción de honorar.*

honorar (del lat. «honorāre») tr. *Honrar o ensalzar.*

honorario, -a (del lat. «honorarĭus») **1** adj. Se dice de la persona que tiene los honores pero no el ejercicio ni la retribución del *empleo de que se trata. También es aplicable al nombre del cargo o al título: 'Rector [o título] honorario'. **2** m. pl. *Retribución percibida de una vez y como sueldo fijo por un trabajo no meramente manual: 'Los honorarios de un médico [de un conferenciante, de un afinador de pianos]'. ≃ Emolumentos.

honorificar (del lat. «honorificāre»; ant.) tr. *Honrar.*

honorificencia (del lat. «honorificentĭa»; ant.) f. **Dignidad o *magnificencia.*

honorífico, -a (del lat. «honorifĭcus») adj. Aplicado a un cargo o distinción, tal que confiere honor pero no es retribuido.

honoris causa Locución latina que significa «por razón o causa de honor». Se aplica a los nombramientos que se conceden a una persona por sus méritos sin pasar para obtenerlos por las pruebas ordinarias y sin ejercer las funciones correspondientes. Se emplea en nombres específicos de ciertas dignidades, como «doctor honoris causa», pero no es de empleo acomodaticio.

honra (de «honrar») **1** f. Con referencia a cierta persona, circunstancia de ser intachable por su conducta, por no haber cometido actos delictivos, inmorales, o, en general, que merezcan el desprecio de la gente. ≃ *Dignidad. ⊙ Con referencia a mujeres, tiene el mismo significado que «honor», pero se usa hablando de mujeres de cualquier clase social. ⇒ Honor. ➤ Deshonra. **2** *Honor caballeresco: 'Celoso de la honra de su estirpe. Se batió en defensa de su honra'. Pero no se puede decir 'hombre de honra' como se dice 'hombre de honor', ni 'las reglas de la honra', como se dice 'las reglas del honor'. **3** («Adquirir, Ganar, Dar». Pero no «Tener, Disfrutar») Circunstancia de ser una persona respetada, admirada o tenida por especialmente meritoria entre la gente: 'Eso te dará honra, pero no provecho'. ≃ *Fama. **4** Motivo de *orgullo: 'Es una honra para mí pertenecer a tan ilustre corporación'. ≃ Honor. ⇒ Deshonra. **5** (pl.) HONRAS fúnebres.
HONRAS FÚNEBRES. *Funeral o cualquier acto religioso celebrado por los difuntos. ⇒ Dies irae, exequias, *funeral, novenario, responso, rosario, sufragios. ➤ Parce.
¡A MUCHA HONRA! Frase dicha con descaro o en broma, contestando a un comentario en que se atribuye algo, tal vez con tono despectivo, al que la dice: 'Tú eres un señorito. —¡A mucha honra!'. ⇒ *Orgullo.
HONRA Y PROVECHO. Es muy frecuente la reunión de estas palabras con su respectivo significado: 'No persigo con este trabajo ni honra ni provecho'.
QUIEN A LOS SUYOS PARECE, HONRA MERECE. Frase proverbial con que se valora la importancia de parecerse a la familia.
TENER alguien una cosa A MUCHA HONRA. Considerarla como motivo de *orgullo para sí mismo.

honradamente adv. Con honradez.

honradez f. Cualidad de *honrado. Manera de obrar del que no roba, estafa o defrauda. ⊙ Manera de obrar del que no engaña. ⊙ Manera de obrar del que cumple escrupulosamente sus deberes profesionales.

honrado, -a **1** Participio adjetivo de «honrar[se]». **2** adj. Incapaz de robar, estafar o defraudar. ⊙ Incapaz de engañar en propio beneficio. ≃ Honesto, de conciencia. ⊙ *Escrupuloso en el cumplimiento de sus deberes profesionales. ⊙ Se aplica también a lo que las personas dicen o hacen, a sus procedimientos, conducta, etc.: 'Un proceder honrado. Un consejo honrado'.
□ NOTAS DE USO
«Honrado» no tiene un antónimo exacto, pues no lo es «deshonrado». Y algunos términos como «ladrón, desaprensivo, inmoral» o «falso», son contrarios de «*honrado», sólo en aplicaciones parciales de esta palabra. También «indeseable» tiene un significado que la hace apta para oponerla a «honrado».
□ CATÁLOGO
Aprensivo, de bien, cabal, claro, de confianza, *cumplidor, decente, delicado, deportivo, digno, *escrupuloso, estimable, fiado, fiel, honesto, intachable, íntegro, de buena LEY, moral, de una PIEZA, probo, recto. ➤ HOMBRE de pro [o de provecho]. ➤ Decencia, *dignidad, fidelidad, fieldad, honestidad, honradez, integridad, limpieza, MANOS limpias, moralidad, probidad, rectitud. ➤ En conciencia, escrupulosamente, fielmente, honestamente, honradamente, intachablemente, meticulosamente, rectamente, religiosamente.

honrar (del lat. «honorāre») **1** tr. Ser causa de que ↘alguien sea más digno de estimación: 'Esos sentimientos te honran'. ≃ Enaltecer. ⊙ («con, de, en») prnl. Tener cierta cosa que se considera una honra u honor: 'Me honro con su amistad [en tenerle por amigo, de pertenecer a esa asociación]'. **2** tr. Premiar con *honores el mérito de una ↘persona. **3** *Venerar o *ensalzar a ↘alguien: 'Honrar a Dios. Honrar padre y madre'.

honrilla (dim. de «honra»; inf.) f. *Amor propio: 'Quiere hacerlo por honrilla, para no ser menos que otros'.

LA NEGRA HONRILLA (inf.). Honrilla.

honrosamente adv. De manera honrosa.

honroso, -a 1 adj. Se aplica a las cosas que honran a quien las tiene, realiza, etc.: 'Una acción [o una distinción] honrosa'. **2** Decoroso, que no es humillante o vergonzoso: 'El atleta se clasificó en un honroso quinto puesto'.

hontana (del lat. «fontāna»; ant.) f. **Fuente.*

hontanal (de «hontana») **1** m. *Hontanar.* **2** (pl.) adj. y n. f. *Se aplica a las *fiestas que dedicaban los paganos a las fuentes.*

hontanar u **hontanarejo** (de «hontana») m. Sitio en que nacen *fuentes o manantiales. ≃ Hontanal.

hooligan (ingl.; pronunc. [júligan]) n. DEP. Aficionado inglés, particularmente de un club de fútbol, que realiza actos vandálicos.

hopa 1 f. *Vestidura larga y cerrada, a modo de *túnica o sotana.* **2** *Loba o saco que se ponía a los que iban a ser *ejecutados.*

hopalanda f. Vestidura talar amplia y flotante. Particularmente, la que usaban los estudiantes. ≃ Sopalanda.

hopear (de «hopo») **1** intr. *Menear la cola los animales; especialmente, la *zorra cuando se ve perseguida.* **2** (inf.) **Callejear.*

hoplita (del gr. «hoplítēs») m. *En la Grecia antigua, soldado de infantería que llevaba armas pesadas.*

hoploteca f. *Oploteca (museo de *armas).*

hopo[1] (del fr. ant. «hope», actual «houppe», borla) **1** m. *Cola lanuda o peluda; como la de la oveja o la de la zorra. **2** **Tupé o *mechón de pelo.*

¡hopo![2] *Interjección usada para *echar o *ahuyentar a alguien de un sitio.* ≃ ¡Hospa!, ¡hospo!, ¡jopo!

hoque (del ár. and. «háqq») m. **Alboroque (agasajo).*

hora (del lat. «hora») **1** f. Cada una de las veinticuatro partes de la misma duración en que se divide el día. ⇒ Cuarto, media, microsegundo, minuto, MINUTO primero, MINUTO segundo, quinto, segundo. ➤ Dar, sonar, tocar. ➤ HUSO horario. ➤ Exacta, al filo de, en punto. ➤ Dilúculo, mediodía, nona, sexta, siesta, tarde, tercia, víspera. ➤ Ahora, asohora, deshora, enhorabuena[-mala], sobrehora. ➤ *Día. **2** Cada una de las veinticuatro partes iguales, de quince grados, en que se considera dividida para ciertos usos la línea equinoccial. ≃ *HUSO horario. **3** *Momento determinado del día: '¿Qué hora es?'. Se emplea muy frecuentemente en plural: 'A estas horas ya se habrá marchado. ¿Cómo vienes a estas horas?'. ⊙ Tiempo oportuno para hacer determinada cosa: 'La hora de comer. Es hora de irse a la cama'. ≃ Momento. ⇒ Deshora. ⊙ (pl.) Horario: 'Puedes llamarle en horas de oficina'. **4** («Llegar») Con respecto a cada persona, momento de la *muerte: 'Le llegó su hora'. **5** *Espacio de una hora que se dedica en el día de la *Ascensión a conmemorar este misterio.* **6** (pl.) *Devocionario con el oficio o rezos consagrados a la Virgen y otros.* ⊙ *Ese oficio o *rezos.* **7** *Medida de *longitud itineraria.* ≃ Legua. **8** (con mayúsc.; «Las»; pl.) MIT. Divinidades que representaban el tiempo. ≃ Céleres. **9** **Ahora.*

LAS CUARENTA HORAS. *Devoción que dura cuarenta horas ante el Santísimo Sacramento expuesto, en memoria de las pasadas por Jesucristo en el sepulcro.

HORA ASTRONÓMICA. La determinada por la posición del Sol con respecto al meridiano del lugar.

H. CIVIL. La de un determinado meridiano, establecida como hora oficial para una extensa zona o huso horario extendida a ambos lados de él.

H. DE EUROPA CENTRAL. Hora que rige actualmente en España, adelantada una hora con respecto a la de Greenwich.

H. FELIZ. Horario durante el cual algunos establecimientos ofrecen gratis la segunda consumición. ≃ Happy hour.

H. DE GREENWICH. La del meridiano que pasa por esa localidad, próxima a Londres, que rige como hora civil en el huso horario correspondiente.

H. H. Hora fijada para realizar algo.

H. LOCAL. La del meridiano del lugar de que se trata.

H. DE LA MODORRA. MIL. *En los turnos para las *guardias, la del *amanecer.*

H. PUNTA. Hora u horas de mayor densidad de tráfico y mayor utilización de los transportes públicos.

H. SANTA. *Oración que se hace los jueves de once a doce de la noche, en recuerdo de la oración de Jesucristo en el huerto.* ⇒ *Rezar.

LA HORA DE LA VERDAD («Llegar, A»). Momento decisivo: 'A la hora de la verdad nunca puedes contar con él'.

HORAS CANÓNICAS. Las distintas partes del *oficio divino o rezos establecidos por la Iglesia para distintas horas del día.

H. EXTRAORDINARIAS. Horas que trabaja un empleado además de la jornada laboral habitual.

H. MENORES. Las cuatro intermedias de las canónicas: prima, tercia, sexta y nona.

LAS HORAS MUERTAS («Estar, Pasarse»). Mucho *tiempo: 'Se pasa las horas muertas jugando al billar'.

A ALTAS HORAS. A HORA avanzada: 'El suceso ocurrió a altas horas de la madrugada'.

¡A BUENA HORA [O A BUENAS HORAS]! Exclamación usada cuando llega algo que se esperaba, pero llega ya *tarde para lo que era necesario.

¡A BUENAS HORAS MANGAS VERDES! Exclamación del mismo significado que «¡a buenas horas!».

A ESTAS HORAS. **1** *Ahora; en este momento: 'A estas horas debe de estar llegando a Nueva York'. **2** Manera de referirse al momento en que se está cuando se trata de algo que, debiendo haber ocurrido ya, todavía no ha ocurrido: 'A estas horas, todavía no sé si me voy o me quedo'. ⇒ *Todavía.

A LA HORA DE AHORA. **Ahora o «a estas HORAS».*

A HORA AVANZADA. *Tarde; generalmente, con un complemento: 'A hora avanzada de la tarde'.

A TODAS HORAS. *Continua, incesante o repetidamente: 'Está a todas horas diciéndome que tiene mucho dinero'.

A ÚLTIMA HORA. **1** Al final del día o de la parte de día que se expresa: 'Ven a última hora de la mañana'. **2** Al final de la acción, sesión, etc., de que se trata. ⇒ *Terminar.

V. «CUARTO de hora».

DAR HORA. *Citar a alguien para algo a una hora determinada: 'El dentista me ha dado hora para el lunes'.

DAR LA HORA. **1** Sonar la hora en el *reloj. **2** Anunciar que ha llegado la hora de interrumpir cierta cosa: 'El bedel dio la hora y el profesor interrumpió la explicación'. ⇒ *Terminar.

DE HORA EN HORA. **1** Con *intervalos de una hora. **2** Cada hora que pasa; perceptible o rápidamente: 'Se le ve mejorar de hora en hora'. ≃ HORA por hora, por HORAS.

EN BUEN [O BUENA] HORA. Oportunamente o con buena *suerte: 'En buena hora me avisaste. En buena hora se me ocurrió venir a este país'.

EN BUEN [O BUENA] HORA LO DIGAS. Frase con que se hacen votos porque se *realice una cosa anunciada por alguien. ⇒ *Desear.

EN HORA BUENA. Enhorabuena.

EN HORA MALA. Enhoramala.

EN MALA HORA. Con mala *suerte: 'En mala hora se le ocurrió ir a bañarse al río'.

EN SU HORA. En el momento o tiempo debido u *oportuno.
ENTRE HORAS. Entre las horas de las comidas: 'No acostumbro a tomar nada entre horas'. ⊙ A una hora cualquiera, no de las determinadas para alguno de los actos habituales, como comer, dormir, etc. ≃ Entre día.
ESTA ES LA HORA EN QUE. El momento presente refiriéndose a él con impaciencia: 'Esta es la hora en que todavía no sé lo que pasa'. ≃ A estas horas.
HACER HORAS. Hacer horas extraordinarias en el trabajo.
HORA POR HORA. De HORA en hora.
IR CON LA HORA PEGADA AL CULO (vulg.). Ir con el tiempo muy justo para llegar a cierto sitio.
NO VER alguien LA HORA de cierta cosa. Estar *ansioso o *impaciente por que se realice.
PASARSE LAS HORAS MUERTAS. V. «las HORAS muertas».
PEDIR HORA. Pedir una persona que se le señale hora para ir a ver a otra determinada; por ejemplo, al médico. ≃ Tomar HORA.
PONER EN HORA un reloj. Hacer que marque la hora correcta.
POR HORAS. **1** De HORA en hora. **2** Referido a la manera de cobrar un trabajo, por un tanto cada hora.
SONAR LA HORA de cierta cosa. Llegar el momento de que se realice: 'Cuando suene la hora de ayudar, aquí estaré yo'.
TENER LAS [O SUS] HORAS CONTADAS. Tener los DÍAS contados ⇒ Terminar.
TENER MUCHAS HORAS DE VUELO (inf.). Tener mucha *experiencia.
TOMAR HORA. Pedir HORA.

horacar (del ant. «horaco», de «horado» y «buraco») tr. *Agujerear.*

horaciano, -a adj. Del poeta latino Horacio. ≃ Venusino.

horaco (ant.) m. **Agujero.*

horadado, -a 1 Participio adjetivo de «horadar». **2** m. *Capullo de gusano de *seda que está agujereado por los dos extremos.*

horadador, -a adj. y n. *Aplicable al que o lo que horada.*

horadar (de «horado») tr. Hacer en una ˘cosa un agujero que traspase de un lado a otro. ≃ Agujerear, perforar, taladrar.

horado (del lat. «forātus», perforado) **1** m. **Agujero que atraviesa una cosa de un lado a otro.* **2** **Cueva o concavidad subterránea.*

horambre (del lat. «forāmen, -ĭnis», agujero) m. *En los molinos de *aceite, cada uno de los agujeros o taladros que tienen en medio las guiaderas, por los cuales se mete el ventril para balancear sobre él la viga.*

horambrera (de «horambre»; ant.) f. *Agujero.*

horario, -a (del lat. «horarĭus») **1** adj. De [las] horas. **2** m. *Reloj.* **3** Manecilla del reloj que señala las horas. **4** Cuadro de distribución de cierta cosa, por ejemplo las clases, en las horas del día o de la semana. ⊙ Distribución de las horas de trabajo: 'Horario laboral'.
V. «CÍRCULO horario, HUSO horario».

horca (del lat. «furca») **1** f. **Dispositivo formado por un arco u horquilla de madera con otro palo atravesado en las puntas, que se les ponía al cuello a los condenados, que eran paseados así por las calles.* ⊙ *Dispositivo semejante que se les pone al cuello a los perros, los cerdos y otros animales con distintos objetos; por ejemplo, para que no puedan atravesar los cercados.* ⇒ Garabato, horcajo, torga. **2** Aparato formado por dos palos verticales hincados en tierra y otro que une los dos extremos superiores de ellos, utilizado para *ahorcar a los condenados. ≃ Cadalso, patíbulo. ⊙ Se utiliza para describir la *forma de un dispositivo semejante. ⇒ Cadalso, guindaste, palo, patíbulo. ➤ *Ahorcar. **3** Utensilio en forma de tenedor de dos o más púas, todo de madera o con las púas de hierro, que se utiliza para aventar, amontonar las mieses y otras operaciones agrícolas. ≃ *Bieldo, horcón, horqueta. **4** En general, bifurcación en un palo o rama, o rama o palo bifurcado; como el que se emplea para sostener y evitar que se desgaje una rama de un árbol. ⇒ *Horquilla. **5** Conjunto de dos *ristras de ajos o de cebollas, atadas por un extremo. **6** *Una de las caras de la *taba que se emplea para jugar.*
PASAR POR LAS HORCAS CAUDINAS. *Someterse con repugnancia a cierta cosa.
V. «SEÑOR de horca y cuchillo».

horcado, -a adj. *En *forma de horca.*

horcadura (de «horcado») **1** f. *Parte superior del tronco de los *árboles, de donde arrancan las ramas.* **2** *Bifurcación de una rama.* ⇒ *Horquilla.

horcajadas (de «horcajo») A HORCAJADAS. Manera de montar a caballo o de sentarse en cualquier sitio, echando una pierna por cada lado. ⇒ A carramanchas, a carramanchones, a escarramanchones, a parrancas. ➤ Enhorquetar[se].

horcajadillas A HORCAJADILLAS. A horcajadas.

horcajadura (de «horcajo») f. Ángulo que forman las dos *piernas en su nacimiento.

horcajo (dim. de «horca») **1** m. *Horca de madera que se pone al pescuezo de las *mulas para trabajar.* **2** *Horquilla que forma la viga del molino de *aceite en el extremo en que se cuelga el peso.* **3** *Confluencia de dos *ríos o arroyos.* **4** *Punto de unión de dos *montañas.*

horcate (de «horca») m. *Arreo de madera o hierro que se pone a las caballerías encima de la collera y al cual se sujetan las cuerdas o correas de tiro.* ⇒ *Guarnición.

horchata (del lat. «hordeāta», de cebada, aunque derivada por camino desconocido; quizás de una voz mozárabe usada en Valencia) f. Bebida que se hace majando almendras, arroz u otro fruto semejante, pero particularmente chufas, previamente tenidos a remojo, y mezclando la pasta resultante con agua y azúcar.
V. «SANGRE de horchata».

horchatería f. Establecimiento donde se hace horchata o se sirve horchata y otros refrescos.

horchatero, -a n. Persona que se dedica a hacer o vender horchata.

horco[1] m. *Horca de ajos o de cebollas.*

horco[2] (del lat. «Orcus»; gralm. con mayúsc.) m. Uno de los nombres dados por los latinos al lugar a donde se creía que iban las almas después de la *muerte. ≃ Orco. ⊙ (lit.; gralm. con mayúsc.) *Infierno. ≃ Orco.

horcón (aum. de «horca») **1** m. **Bieldo.* ≃ Horca. **2** (Hispam.) *Madero vertical con que se sostienen las vigas, aleros, etc., de las casas.* ⇒ *Puntal.

horda (del fr. «horde», del tártaro «urdu», campamento) f. *Pueblo salvaje, sin asiento fijo. ⊙ (n. calif.) Se aplica a una reunión de gente que obra sin disciplina o moderación. ⊙ Grupo de gente armada, de comportamiento violento, que no pertenece al ejército regular.

hordiate (del cat. «ordiat», del lat. «hordeātus») **1** m. *Cocimiento de cebada, que se toma como bebida.* **2** *Cebada pelada.*

hordio (del lat. «hordĕum»; ant.) m. *Cebada.*

horizontal (de «horizonte») adj. y, con referencia a líneas, también n. f. Se aplica a las cosas que tienen todos sus puntos a la misma altura: 'Un cable [o un terreno] horizontal'. ⊙ f. DIB. Las líneas o superficies que resultan horizontales en la posición normal del papel. ⇒ Acostado, apaisado, a nivel, plano, tendido, tumbado, yacente. ➤ Oblicuo, vertical. ➤ Nivelar, rasar. ➤ *Tumbarse, *yacer. ➤ Nivel. ➤ Rasante.

Coger la horizontal (inf.). Echarse en la cama para dormir.

V. «plano horizontal, propiedad horizontal».

horizontalidad f. Cualidad de horizontal.

horizontalmente adv. De manera horizontal.

horizonte (del lat. «horĭzon, -ontis», del gr. «horízōn, -ontos») **1** m. En cualquier dirección, línea en que se ve juntarse el cielo con la tierra. ⊙ Circunferencia que rodea toda la superficie visible alrededor de cierto punto terrestre. ⊙ Astron. Con respecto a un punto dado, círculo máximo sobre la superficie terrestre cuyo plano es perpendicular al radio del punto considerado. ⊙ Astron. Este mismo círculo ampliado a la esfera celeste. ⊙ («Dilatarse, Ensancharse, Explayarse, Extenderse») Con «poco, mucho, amplio, limitado», etc., espacio a que puede extenderse la vista desde cierto punto, en todas direcciones. **2** (sing. o pl.) Campo más o menos amplio a que es capaz de extenderse el *pensamiento de alguien: 'Tiene poca cultura y unos horizontes muy limitados'. **3** (sing. o pl.) Conjunto de posibilidades o perspectivas de un asunto o materia.

Horizonte artificial. Astron. *Cubeta llena de mercurio o *espejo mantenido horizontal, que se emplea en algunas observaciones astronómicas.*

H. estrecho [o limitado] (también en pl.). Falta de amplitud, de vuelo del *pensamiento o de perspectivas. ⊙ (pl.) Sin ningún calificativo, se entiende como amplitud de horizonte: capacidad de alguien para extender el pensamiento a cosas que no son de estricto interés material o personal.

H. racional. Horizonte, tal como se entiende en *astronomía.

H. sensible. Horizonte, en lenguaje usual.

V. «amplitud de horizonte[s]».

□ Catálogo

Confín. ➤ Puntos cardinales, rosa de los vientos. ➤ Amuso. ➤ Antártico, ártico, austral, austro, boreal, E., este, estenordeste, estenordeste, estesudeste, estesudoeste, hiperbóreo, lesnordeste, lessueste, leste, levante, levantino, mediodía, meridional, N., naciente, nordeste, nornordeste, nornoroeste, nornorueste, noroeste, norte, norueste, O., ocaso, occidente, occiduo, oesnoroeste, oesnorueste, oessudoeste, oessudueste, oeste, oriente, ostro, poniente, saliente, septentrión, S., sud-, sudeste, sudoeste, sudsudeste, sudsudoeste, sudueste, sueste *sur, sureste, uesnorueste, uessudueste, ueste, W. ➤ *Astronomía. *Dirección. *Geografía. *Orientar.

horma (del lat. «forma») **1** f. *Molde que se emplea para dar forma a algo sobre él. Particularmente, al *calzado y a la copa de los *sombreros. ⇒ Alza. ➤ Ahormar. **2** Utensilio con un muelle que se coloca dentro de los zapatos cuando no se llevan puestos, para que conserven su forma. **3** (Hispam.) *Molde del pan de *azúcar que es una vasija de barro de unos 80 cm de altura y medio metro de base.* **4** **Muro de piedra sin argamasa.* ≃ Hormaza.

Encontrar una persona la horma de su zapato. **1** Encontrar justamente lo que es *adecuado para ella. **2** Tropezar con alguien que puede *enfrentarse y *competir con ella.

hormaza (del lat. «formacĕa») f. *Horma (pared).*

hormazo (del lat. «formacĕus», hecho de adobes) **1** m. *Montón de *piedras sueltas.* **2** (ant.) **Tapia o pared de tierra.* **3** (Córd., Gran.) **Quinta.* ≃ Carmen.

hormento (del lat. «fermentum», fermento; ant.) m. **Fermento.*

hormiga (del lat. «formīca») **1** f. Nombre corriente de varias especies de insectos *himenópteros, de tamaños que varían desde dos hasta doce milímetros, de color negro, con dos estrechamientos entre la cabeza y el tórax y entre éste y el abdomen, con antenas acodadas y patas largas; viven en sociedad en galerías que abren, generalmente en el suelo, y hay tres clases de individuos: machos, hembras y obreras. ⇒ Otra forma de la raíz, «formic-»: 'ácido fórmico, formicante'. ➤ Aluda, bibijagua, chichilasa, conga, galga, salpuga, sompopo, soplillo, tacurú, tambocha, termites, vivijagua, zompopo. ➤ Dulosis. ➤ Sínfilo. **2** (n. calif.; inf.) Hormiguita (persona *arreglada). **3** **Enfermedad de la *piel que causa hormigueo.*

Hormiga blanca. **Termes (insecto isóptero).*

hormigante (del lat. «formīcans, -antis», picante) adj. *Se aplica a lo que causa hormigueo.*

hormigo (de «hormiga») **1** m. **Ceniza cernida que se mezclaba con el mineral de *mercurio en el método de beneficio por jabecas.* **2** **Gachas de harina de maíz.* **3** (pl.) *Plato de dulce hecho con pan rallado, almendras o avellanas molidas y miel.* ≃ *Nuégado. **4** **Salvado o partes más gruesas que quedan en el harnerillo al cribar la sémola o trigo quebrantado.*

hormigón[1] (de «hormiga») **1** m. Vet. *Cierta enfermedad del ganado vacuno.* **2** Bot. *Enfermedad de algunas *plantas causada por un insecto que roe las raíces y tallos.* ⇒ *Plaga.

hormigón[2] (de «hormigo», gachas) m. Mezcla de piedras menudas y mortero de cal o cemento y arena, empleada para la construcción. ⇒ Calcina, concreto, derretido, garujo, mazacote, nuégado. ➤ Casquijo. ➤ Encofrado. ➤ Fraguar. ➤ *Argamasa. ➤ Aluminosis.

Hormigón armado. Hormigón hidráulico sobre una armadura de barras de hierro o acero.

H. hidráulico. Hormigón hecho con cal hidráulica.

hormigonera f. Aparato donde se mezcla el hormigón. ⊙ Camión provisto de este aparato. ⇒ Betonera, camión de concreto, concretera, mezcladora.

hormiguear **1** intr. Causar a alguien alguna parte del cuerpo una sensación de hormigueo. **2** Haber en un sitio mucha gente o muchos animales, u otras cosas que puedan compararse a ellos, moviéndose desordenadamente. ≃ *Bullir.

hormigueo (de «hormiga») **1** m. Sensación molesta de cosquilleo, experimentado en alguna parte del cuerpo. ≃ Hormiguilla, hormiguillo. **2** *Desazón física o moral, o *impaciencia.

hormiguero, -a **1** adj. De [la, las] hormiga[s]. **2** m. Galería abierta en la tierra por las hormigas, donde viven. ⊙ Aglomeración de hormigas en esa galería. **3** Entrada de esas galerías, rodeada por un montoncito de la tierra extraída o de las semillas o briznas acumuladas por las hormigas. **4** Agr. Montón que se hace en los campos con las hierbas arrancadas, cubiertas de tierra, para quemarlas y que sirvan de *abono. ≃ Borrón. **5** *Aglomeración de gente o de cosas que bullen: 'Se forma un hormiguero de personas a la salida del fútbol'. ≃ Enjambre, hervidero. **6** *Torcecuello (*ave).*

V. «hierba hormiguera, oso hormiguero».

hormiguilla (dim. de «hormiga») **1** f. Hormiguita (persona *arreglada). **2** *Hormigueo.*

hormiguillar (de «hormiguillo»; Hispam.) tr. *Revolver el mineral argentífero triturado con el magistral en la obtención de la *plata por amalgamación.*

hormiguillo (de «hormiga») **1** m. Hormigueo. **2** Línea de gente que se forma para pasarse alguna cosa de mano en mano; por ejemplo, los materiales de construcción. **3** VET. *Enfermedad de los cascos de las caballerías, que los va deshaciendo.* **4** (Hispam.) METAL. *Movimiento causado por la reacción del mineral y las sustancias incorporadas a él para el beneficio por amalgamación.* **5** METAL. *La misma reacción.* **6** *Hormigo (plato dulce).*

hormiguita (dim. de «hormiga»; n. calif.) f. Persona *arreglada (laboriosa, económica y buena administradora).

hormilla (dim. de «horma») f. Horma para objetos pequeños; por ejemplo, las que se forran para *botones.

hormón (del gr. «hormôn», participio de «hormáō», excitar) m. *Hormona.*

hormona (del ingl. «hormone», del gr. «hormôn», part. pres. de «hormáō», mover, excitar) f. BIOQUÍM. Nombre dado a moléculas orgánicas procedentes de la *secreción de algunos órganos de los animales y vegetales, las cuales, transportadas por la sangre o por la savia, excitan, inhiben o regulan la actividad de otros órganos o sistemas; como la adrenalina, el estrógeno, la insulina o la tiroidina. ⇒ Adrenalina, andrógeno, corticoide [o corticosteroide], estrógeno, insulina, noradrenalina, progesterona, testosterona, tiroidina, tiroxina.

hormonal adj. BIOL. De las hormonas: 'Trastorno hormonal'.

hornabeque (del al. «hornwerk», obra en forma de cuerno) m. *Fortificación exterior que se compone de dos medios baluartes trabados con una cortina.*

hornablenda f. Hornblenda.

hornacero m. *Operario encargado de la hornaza.*

hornacha (del lat. «fornax, -ācis»; ant.) f. *Hornaza.*

hornacho (del lat. «fornax, -ācis») m. *Agujero o hueco que queda en los montes o terrenos de donde se extraen *minerales tales como almazarrón o arena.*

hornachuela (dim. de «hornacha») f. **Choza o covacha.*

hornacina (de «horno») f. *Nicho hecho en el espesor de un muro, en el que se suele colocar una estatua, una *imagen, un jarrón, etc.

hornada **1** f. Cantidad de ciertas cosas, de carbón, de ladrillos, etc., que se cuece o hace de una vez en un horno. **2** (inf.) *Conjunto de cosas de cualquier clase que se terminan o terminan algo al mismo tiempo; como una *promoción de una carrera.

hornaguear (de «hornaguera») **1** tr. o abs. *Excavar la ↘tierra para extraer hornaguera.* **2** (And.) *Mover una ↘cosa a un lado y a otro para *meterla en un sitio estrecho; por ejemplo, el pie para meterlo en el zapato.* **3** (And., Chi.) prnl. **Moverse una cosa a un lado y a otro.*

hornagueo m. *Acción de hornaguear[se].*

hornaguera (del lat. «fornacarĭa») f. **Carbón mineral.*

hornaguero, -a **1** adj. *Se aplica al terreno en que hay hornaguera.* **2** **Espacioso u holgado.*

hornaje m. **Derechos que se pagan en el horno por cocer el *pan.*

hornaza (aum. de «horno») **1** f. **Horno pequeño utilizado por los plateros.* **2** *Color *amarillo claro que hacen los alfareros para vidriar.*

hornazo (del lat. «fornacĕus») **1** m. *Rosca o *torta guarnecida de huevos que se cuecen juntamente con ella en el horno.* ≃ Mona. **2** *Agasajo que se hace en los pueblos el día de Pascua al predicador que se ha tenido en la Cuaresma, después del sermón de gracias.* ⇒ Fornazo, regaifa.

hornblenda (del al. «Hornblende», blenda córnea) f. Variedad de anfíbol cristalizado o en masas espáticas o gránulos, compuesto por un silicato de calcio, magnesia y hierro, que se encuentra en muchas rocas eruptivas. Es de color verdinegro o negruzco.

hornear tr. Tener una ↘vianda durante cierto tiempo en el horno para que se cueza, ase o dore. ⇒ *Guisar.
V. «POLVO de hornear».

hornecino, -a (del sup. lat. «fornicīnus», de burdel) adj. **Bastardo o adulterino.* ≃ Fornecino.

hornera (del lat. «furnarĭa») f. *Plaza (suelo de un horno).*

hornería f. *Oficio o actividad del hornero.*

hornero, -a **1** n. Propietario o encargado de un horno. **2** (Arg.; varias especies del género *Furnarius*) m. *Cierto *pájaro de color pardo y blanco que hace su nido de barro y de forma semejante a la de un horno.*

hornía (de «horno»; Cantb.) f. **Cenicero contiguo al llar o fogón.*

hornija (del sup. lat. «furnicŭla», del horno) f. **Leña menuda con que se alimenta el fuego del horno.*

hornilla (de «hornillo») **1** f. Cavidad hecha en el hogar, con una rejilla para sostener la lumbre y dejar caer la ceniza. **2** Hornillo. **3** **Nicho que se hace en la pared del palomar para que aniden las *palomas.*

hornillo (dim. de «horno») **1** m. Recipiente, suelto o empotrado en el *hogar, donde se hace el fuego para *guisar. ⇒*Anafre, gloria. ⊙ Recibe también este nombre cualquier utensilio para guisar, cualquiera que sea el combustible utilizado y tanto si es transportable como si está empotrado en una obra de albañilería: 'Un hornillo eléctrico [o de gas]. Una cocina de gas con tres hornillos y horno'. **2** MINER. *Concavidad que se hace en las minas, donde se mete la pólvora.* ⇒ *Barreno. **3** MIL. *Conjunto de explosivos que se entierra en un lugar para producir la *explosión cuando el enemigo está ya instalado en él.*

HORNILLO DE ATANOR. *Horno usado por los alquimistas en que el carbón iba cayendo al hogar por un cilindro dispuesto en el centro, y con varias aberturas laterales que permitían realizar varias operaciones al mismo tiempo.*

horno (del lat. «furnus») **1** m. Obra de albañilería, generalmente en forma de bóveda, construida para encender *fuego dentro y cocer cosas, como pan, ladrillos o cerámica. ⊙ Construcción semejante hecha con las mismas cosas que se han de elaborar mediante el fuego; por ejemplo, con la leña que se ha de convertir en carbón o los adobes que han de ser ladrillos. ⊙ Cualquier recinto en donde se somete a la acción de un calor intenso producido por cualquier procedimiento una cosa, para que se ase, cueza o sufra otra transformación; como el metalúrgico o el de una cocina de carbón, gas o electricidad. **2** Local donde está instalado el horno de *pan: 'Las mujeres van al horno'. ≃ Tahona. **3** Se aplica como nombre calificativo o término de comparación a un lugar que es o está muy *caliente: 'Esta casa es un horno. Esta habitación está como un horno'. **4** APIC. *Concavidad en que crían las *abejas, fuera de las colmenas.* **5** *Nombre dado a los agujeros del paredón del colmenar en que se meten los vasos.* **6** *Vaso de los que se meten en esos agujeros.*

ALTO HORNO. METAL. Horno moderno en que se reducen los minerales de hierro. ⇒ Ferretería, *forja, *hierro.

HORNO DE ATANOR. HORNILLO de atanor.

H. DE COPELA. El de reverbero de bóveda o plaza movible, que se emplea para beneficiar los minerales de *plata.

H. CREMATORIO. Dispositivo donde se queman los cadáveres en los *cementerios.

H. MICROONDAS. El que funciona con ondas electromagnéticas de alta frecuencia que sirve para cocinar y calentar los alimentos en un tiempo mínimo.
H. DE MUFLA. El que tiene en su interior una caja «mufla» en la que se meten objetos que no deben estar expuestos directamente a la llama.
H. DE REVERBERO. Horno metalúrgico en que la carga se funde en un hogar poco profundo mediante llama que pasa por encima de ella.
V. «COPA del horno».
NO ESTAR EL HORNO PARA BOLLOS (inf.). Frase con la que se da a entender que alguien no está de buen *humor o en buena disposición de ánimo para aguantar bromas o para cualquier otra cosa. ⇒ Mala *DISPOSICIÓN de ánimo, *malhumorado.

□ CATÁLOGO

Otra forma de la raíz, «forn-»: 'fornáceo, fornalla'. ➤ Arca, atanor, boliche, buitrón, calda, calera, canastero, capellina, carquesa, cendradilla, chacuaco, copela, cubilote, forno, guaira, hornaza, hornillo, jabeca, mufla, reverbero, tochimbo. ➤ Galera. ➤ Adobío, altar, arbolillo, cámara, catino, chimenea, copa del horno, crisol, cruz, cuba, dragón, etalaje, grill, hogar, hornera, hornilla, jito, obra, parrilla, pila, rejilla, reposadero, rodezno, sabalera, timpa, trifulca. ➤ Arbolillo, camisa, costero, hornera, plaza, salón, solera, testera. ➤ Alcabor, alcribís, bramadera, bravera, cebadero, foramen, piquera, tobera, tragante. ➤ Arrojar, atizar, calcinar, cebo, cocer, colada, desprendimiento, embancarse, encalar, encender, enrojar, levante, sangría, servir, torrefacción. ➤ Atutía, ciscón, tocía [tucía o tutía]. ➤ Bigote, cadmía, repelones. ➤ Brasca, carbonalla, CARBONILLA, cendra, cendrada, encendajas. ➤ Apagador, barredero, berlinga, cebadera, echadera, fuelle, lampazo, pava, tirabrasas. ➤ Dama. ➤ Fumívoro. ➤ Daga, gaceta. ➤ Padilla. ➤ Tirar. ➤ Besarse. ➤ Tahona. ➤ Hornaje. ➤ Ahornarse, desenhornar, deshornar, enhornar, hornear.

horón (del lat. «aero, -ōnis», cesta, espuerta de mimbre) **1** (Mur.) m. *Serón grande, redondo y profundo, destinado a contener grano.* **2** (Mur.) *Sitio en que se guarda el *trigo en las casas de la huerta.* **3** (And.) *Espacio circular con suelo de estera y vallado de lo mismo, donde se hacen *peleas de gallos.*

horópter (del gr. «hóros», límite, y «optḗr», el que mira) m. ÓPT. *Recta trazada por el punto donde concurren los dos ejes *ópticos, paralelamente a la que une los centros de los dos ojos del observador.*

horoptérico, -a 1 adj. ÓPT. *Del horópter.* **2** ÓPT. *Se aplica al plano que pasa por el horópter y es perpendicular al eje óptico.*

horóptero m. ÓPT. *Horópter.*

horóscopo (del lat. «horoscŏpus», del gr. «hōroskópos», que mira la hora) **1** m. Examen del estado del cielo, con el que pretendían los *astrólogos que podían *predecir el porvenir de la persona que acababa de nacer. **2** *Persona que *predecía la suerte del que acababa de nacer, por el examen de los *astros.* **3** Predicción de la suerte que espera a una persona a lo largo de su vida, hecha por el estado de los astros al tiempo de su nacimiento. ⇒ CARTA astral, *zodiaco. **4** Por extensión, cualquier predicción. **5** (inf.) Signo del zodiaco: '¿Cuál es tu horóscopo?'.

horqueta (dim. de «horca») **1** f. **Bieldo.* ≃ Horca. **2** *Arranque de una *rama medianamente gruesa en un árbol.* **3** (Arg.) *Parte donde el curso de un *río forma un ángulo.* ⊙ (Arg.) **Terreno comprendido en este ángulo.* **4** (Arg.) *Lugar donde se bifurca un camino.*

horquetero m. *Hombre que hace o vende horcas (bieldos).*

horquilla (dim. de «horca») **1** f. Bifurcación de una cosa, como rama, palo o barra, o palo, barra, etc., bifurcado. ⇒ Forchina, horca, horcadura, horcajadura, horcón, horqueta. ➤ Bidente, bífido. ➤ Ahorquillar. ➤ *Bifurcar. **2** Rama o palo bifurcado en su extremo que se emplea como *puntal; por ejemplo, para sostener las ramas de los árboles. **3** Parte del cuadro de una bicicleta o motocicleta que sostiene la rueda delantera y el manillar. **4** Objeto de alambre, concha, caucho, etc., doblado en forma de horquilla, que emplean las mujeres para sujetarse el *peinado. ≃ Gancho. **5** *Pieza de hierro sujeta a la borda sobre la que se mueve el *remo.* **6** *Enfermedad del *pelo que consiste en dividirse las puntas en dos.* **7** (ant.) **Clavícula.* **8** (Méj., Pan.) **Pinza de tender la ropa.* **9** Intervalo entre dos cantidades o medidas determinadas: 'Las encuestas sitúan al partido en una horquilla entre el 15 y el 20% de los votos'.

horquillado, -a 1 Participio de «horquillar». **2** adj. *Ahorquillado.* **3** m. *Operación de horquillar.*

horquillador m. *Hombre que horquilla las vides.*

horquillar tr. *Ahorquillar las ˃ramas de las *vides para que no toquen los racimos en el suelo.*

horrar (de «horro») **1** (ant. e Hispam.) tr. **Ahorrar.* **2** (Guat., Hond.) prnl. *Quedarse horra una hembra.* ⊙ *Quedarse la res sin cría porque se muere ésta.*

horrendamente adv. De modo horrendo.

horrendo, -a adj. Horroroso.

hórreo (del lat. «horrĕum») **1** m. Construcción que se hace en Asturias y Galicia sobre cuatro pilotes para guardar los granos. ⇒ Pegollo, tanobia. **2** *Granero de cualquier forma.

horrero (del lat. «horrearĭus») m. *Encargado de un granero o troj, que reparte el grano.* ≃ Trojero.

horribilidad f. *Cualidad de horrible.*

horribilísimo, -a adj. *Superl. de «horrible».*

horrible (del lat. «horribĭlis») adj. Horroroso. Muy impresionante por lo cruel, trágico, etc.

horriblemente adv. Horrorosamente.

horridez f. *Cualidad de hórrido.*

hórrido, -a (del lat. «horrĭdus») adj. *Horroroso.*

horrífico, -a (del lat. «horrifĭcus») adj. *Horroroso.*

horripilación 1 f. *Acción y efecto de horripilar[se].* **2** FISIOL. *Estremecimiento producido por el frío que se experimenta a causa de la fiebre.*

horripilante adj. Se aplica a lo que horripila.

horripilar (del lat. «horripilāre») **1** tr. Erizar los cabellos a ˃alguien el terror. ⊙ prnl. Erizarse los cabellos por el terror. **2** tr. y prnl. *Aterrorizar[se]. ≃ Horrorizar[se].

horripilativo, -a (ant.) adj. *Horripilante.*

horrisonante adj. *Horrísono.*

horrísono, -a (del lat. «horrisŏnus») adj. Se aplica a lo que causa horror con su *sonido: 'La horrísona tempestad'. ⊙ Se usa con frecuencia hiperbólicamente: 'Una gritería horrísona'.

horro, -a (del ár. and. «ḥúrr») **1** adj. Se aplica al esclavo que ha sido *libertado. ≃ Manumiso. **2** («de») Libre de cierta carga. ≃ Exento. **3** («de») Carente de cierta cualidad o propiedad: 'Horro de instrucción [o de bienes de fortuna]'. ≃ Ayuno. **4** *Se aplica a la yegua, burra, oveja, etc., que no ha quedado *preñada.* **5** *Se aplica entre ganaderos a las reses que se dan a los mayorales en *escusa, o sea, mantenidas a costa de los dueños.* **6** *Se aplica al *tabaco y los *cigarrillos de mala calidad y que arden mal.*

horror (del lat. «horror, -ōris») **1** («Acometer, Producir») m. Miedo intensísimo que, a veces, paraliza o produce el erizamiento de los cabellos. ≃ Espanto, pavor, sobrecogimiento, *terror. ⇒ Horripilar, horrorizar. ➤ Horrisonante, horrísono. **2** («Dar, Sentir, Tener») Se usa mucho hiperbólicamente para referirse a un temor por algo simplemente *desagradable o que causa disgusto: 'Me da horror pensar en ese encuentro'. **3** («Causar, Dar, Producir») *Impresión producida en una persona por algo catastrófico, sangriento o cruel, aunque no exista en ello peligro para esa persona. ⊙ O por el recuerdo de un peligro pasado. **4** (inf.; «Sentir horror hacia [o por], Tener horror a») *Aversión hacia algo o alguien: 'Siento horror por las aglomeraciones. Tengo horror a las personas pedantes'. **5** (n. calif.) Cosa horrible. ⊙ Se usa mucho hiperbólicamente: 'Es un horror tener que levantarse a las seis de la mañana'. **6** (inf.; pl.) Cosas *extraordinarias por lo malas, lo grandes o lo exageradas: 'Dice horrores de su cuñada. Cuenta horrores de lo que se ha divertido'. **7** (inf.; sing. o pl.) *Mucha cantidad o mucho número de cierta cosa: 'Hace un horror de frío. Había un horror de gente'. ≃ Enormidad. ⊙ (pl.; inf.) adv. Mucho: 'Las películas del oeste le gustan horrores. La espalda le duele horrores'.

¡QUÉ HORROR! Exclamación muy frecuente con que se muestra *escándalo, disgusto o se protesta de algo: 'Ahora tengo que ponerme a estudiar. —¡Qué horror!'.

horrorizar tr. Causar horror en ˋalguien. ≃ *Aterrar, espantar, horripilar, horrorizar. ⊙ («de») prnl. Llenarse de horror.

horrorosamente **1** adv. De manera horrorosa. ≃ Horriblemente. **2** Aplicado a un adjetivo que expresa una cualidad mala, equivale a «*muy»: 'Es horrorosamente difícil'. ≃ Horriblemente, terriblemente, tremendamente.

horroroso, -a **1** adj. Tal que causa horror. ≃ Aterrador, espantoso, horrible, horripilante. **2** (inf.) Muy *feo. **3** (inf.) Muy *malo: 'Hace un tiempo horroroso'. ⊙ (inf.) Muy *grande, tratándose de cosas malas o de necesidades: 'Tengo un sueño horroroso'.

horrura **1** (ant.) f. *Horror.* **2** (ant.) **Secreción viscosa o de aspecto repugnante de alguna cosa.* **3** (ant.) **Escoria.* ⊙ METAL. *Escorias de la primera fundición de un metal, susceptibles todavía de aprovechamiento.* **4** (Sal.) **Sedimento.* **5** (Sal.) **Cieno que dejan los ríos en las crecidas.*

hortal (ant. y usado aún en Ar.) m. **Huerto.*

hortaleza (ant.) f. *Hortaliza.*

hortaliza (de «hortal») f. *Planta que se cultiva en huerto y que, toda o en parte, se come, cuando es todavía tierna, cruda o guisada; como las alcachofas o las lechugas. ≃ Legumbre, verdura.

□ CATÁLOGO

*Ensalada, gallofa, hierbas, hortaleza, olura, vendeja, verdura. ➤ Acelga, achicoria, ajo, alcachofa [alcací, alcacil, alcanería, alcarchofa, alcarcil, alcaucí o alcaucil], apio, arcacil, bajoca, berenjena, berza, bledo, borraja, brécol, brecolera, bretón, brócul [bróculi o bróquil], calabacín, cebolla, cebollana, cebollino, col, coliflor, colina, colinabo, colino, colleta, ejote, endibia, escarola, espárrago, espinaca, grelos, *guisante, JUDÍA verde, *haba, lechuga, llanta, lombarda, mastuerzo, morrilla, naba, nabicol, nabiza, nabo, panul, patata, pepino, perejil, pimiento, repollo, tomate, verdolaga, zanahoria. ➤ Cogollo, grumo, *penca, repollo, troncho, *vaina. ➤ Acedera, acetosa, agrilla, aleluya, balsamita mayor, berro, cardillo, cardo, colleja, escorzonera, hongo, milamores, tagarnina, tiratiros, verdezuela, yuyos. ➤ Duro, espigado, granado, verriondo. ➤ Camisa, grano, hebra, hilo. ➤ Gatera, verdulera. ➤ *Ensalada. *Legumbre. *Raíz. *Tubérculo. *Verdura.

hortatorio, -a (del lat. «hortatorĭus»; ant.) adj. *Exhortatorio.*

hortelano, -a (de «hortolano») **1** adj. De [la] huerta. **2** n. Persona que cultiva una huerta. ≃ Hortolano, huertero. **3** (*Emberiza hortulana*) m. Cierto *pájaro de color gris verdoso, común en España.

V. «AMOR de hortelano, el PERRO del hortelano».

hortense (del lat. «hortensis») adj. De [la, las] huerta[s]. V. «COSTO hortense».

hortensia (nombre dado a esta planta por el naturalista Commerson en honor de la dama francesa Hortense Lepaut, cuyo nombre de pila procede del lat. «Hortensĭa»; *Hydrangea macrophylla*) f. *Planta saxifragácea de jardín, de flores de colores que oscilan entre el rosa y el azul pálido, en corimbos grandes y pomposos.

hortera (¿del b. lat. «offertorĭa», especie de patena?) **1** f. **Cazuela de madera.* **2** (desp.) m. *Dependiente de *comercio.* **3** (desp., implicando atribución de ignorancia y tosquedad) *Comerciante.* **4** adj. Se aplica a una cosa que es *vulgar y de mal gusto: 'Un pantalón [o una corbata] hortera'. ⊙ (n. calif.) adj. y n. Aplicado a personas, *vulgar: 'Ese cantante es un hortera'.

horterada f. Cosa hortera: 'El espectáculo musical me pareció una horterada'.

hortezuela (dim. de «huerta»; ant.) f. *Huerta.*

hortezuelo (dim. de «huerto»; ant.) m. *Huerto.*

hortícola (del lat. «hortus», huerto, y «-cola») adj. De [la] horticultura.

horticultor, -a (del lat. «hortus», huerto, y «-cultor») n. Persona que se dedica al cultivo de *plantas de huerta con conocimientos técnicos superiores a los del simple hortelano.

horticultura (del lat. «hortus», huerto, y «-cultura») f. Cultivo de *plantas de huerta. ⊙ Tratado o arte de ese cultivo.

hortofrutícola adj. De [la] hortofruticultura.

hortofruticultura f. Cultivo de plantas de huerta y de árboles frutales.

hortolano (del b. lat. «hortulānus»; ant.) m. *Hortelano.*

horuelo (Ast.) m. *Sitio en algunos pueblos donde se reúnen, por ejemplo en días festivos, los jóvenes de ambos sexos para *distraerse.*

¡hosanna! (del hebr. «hōša'nā», salve, a través del lat. bíblico) **1** Exclamación de *alegría de origen hebreo, usada en la liturgia católica. ⇒ Aleluya. **2** m. *Himno que se canta el Domingo de Ramos.

hosco, -a (del lat. «fuscus», pardo) **1** adj. *Se aplica al color moreno muy *oscuro, como el de los mulatos.* ≃ Fosco. **2** Aplicado a personas y, correspondientemente, a su cara, gesto, etc., falto de amabilidad y poco sociable. ⇒ *Adusto, *huraño. ⊙ Es aplicable también a lugares, al aspecto del cielo o de las nubes, etc., con el significado de *inhospitalario o amenazador.

hoscoso, -a (de «hosco», áspero) **1** (ant.) adj. *Erizado o *áspero.* **2** *Aplicado a las reses vacunas, *barcino: de pelo rojizo o rubio.*

¡hospa! (Cantb.) *Interjección usada para *echar o *ahuyentar a alguien de un sitio.* ⇒ ¡Hopo!, ¡hospo!

hospedable **1** (ant.) adj. *Admisible como huésped.* **2** (ant.) *Se aplica a la casa o al lugar de buen hospedaje.*

hospedablemente (ant.) adv. **Hospitalariamente.*

hospedador, -a 1 adj. y n. Se aplica al que hospeda. **2** adj. y n. m. Biol. Se aplica al organismo, animal o vegetal, que alberga o soporta a un parásito o a un comensal.

hospedaje 1 («Dar») m. Acción de hospedar. ⊙ Situación de hospedado: 'El hospedaje me cuesta barato'. ⊙ Lo que se paga por estar hospedado. **2** Casa en que alguien se hospeda: 'Mi hospedaje está lejos de aquí'.

hospedamiento (ant.) m. *Hospedaje.*

hospedar (del lat. «hospitāri») **1** tr. Alojar o tener alojada alguien en su casa a una ˎpersona como invitada, o, en una casa destinada a ello, mediante pago. ⊙ prnl. Entrar o estar como huésped en una casa; se entiende, en general, pagando el hospedaje. **2** intr. *Pasar los colegiales a la hospedería al terminarse su beca.* ⇒ *Estudiar.

□ Catálogo

Acoger, albergar[se], *alojar[se], aposentar, arrancharse, asilar, cobijar, hospedar[se], hacer noche, parar, pernoctar, posar. ➤ *Albergue, alberguería, alojamiento, aparthotel, aposentamiento, casa de dormir, casa de huéspedes, casa de pupilos, caserna, cobijo, cotarro, figón, fonda, fondac, hospedaje, hospedamiento, hospedería, hospicio, hospital, hostal, hostelaje, hostería, hotel, mesón, motel, parador, pensión, *posada, pupilaje, *refugio, residencia, residencial, tambo, venta, ventorrillo, ventorro. ➤ Alberguero, anfitrión, aposentador, camero, figonero, fondista, hospedador, hospedero, hoste, hostelero, hosterero, huésped, mesonero, patrón, posadero, pupilero, tambero, ventero. ➤ Gobernanta. ➤ Alojado, arrimado, comensal, huésped, pensionista, posante, pupilo. ➤ Inhospedable, inhospital, inhospitalario, inhospitalidad, inhóspito.

hospedería 1 f. *Casa donde se admiten huéspedes que pagan su hospedaje. Se aplica sólo a hospedajes modestos.* **2** Lugar destinado a huéspedes en los *conventos. **3** *Casa que tienen a veces las comunidades religiosas para alojar a los forasteros de su *orden.* **4** *Hospedaje (acción de hospedar).* **5** (ant.) *Conjunto de huéspedes.* **6** (ant.) *Tiempo que dura el hospedaje.*

hospedero, -a n. Persona que tiene a su cargo una hospedería.

hospiciano, -a 1 adj. y n. Se aplica al niño asilado en un hospicio. **2** Se aplica a la persona que ha sido criada en un hospicio.

hospicio (del lat. «hospitĭum») **1** m. Casa donde se albergaba de limosna a *peregrinos y *mendigos. **2** *Asilo para niños pobres, huérfanos o abandonados. ⇒ *Inclusa. **3** (Chi., Ec.) *Asilo (establecimiento benéfico).* **4** *Hospedaje.* **5** *Hospedería de convento.*

hospital (del lat. «hospitālis») **1** (ant.) adj. *Hospedable.* **2** (ant.) *Hospitalario.* **3** m. Establecimiento sanitario público, de gran capacidad, con camas para que los enfermos puedan permanecer ingresados el tiempo que necesiten durante su tratamiento. **4** *Casa que acogía por tiempo limitado a los enfermos y peregrinos.*

Hospital robado (inf.; n. calif.). *Casa desnuda de mobiliario o ajuar.

H. de sangre. Sitio donde se hace la primera cura a los heridos en la *guerra.

Parecer [o ser] una casa un hospital. Haber en ella muchos enfermos.

□ Catálogo

Ambulancia, casa de maternidad, *clínica, dispensario, enfermería, geriátrico, lazareto, leprosería, malatería, manicomio, nosocomio, residencia sanitaria, sanatorio, sifilicomio. ➤ Pontón. ➤ Crujía, cuadra, galera, paritorio, posta, quirófano, sala, UCI [unidad de cuidados intensivos], UVI [unidad de vigilancia intensiva], urgencias. ➤ ATS, barchilón, camillero, camilo, enfermero, hermana de la caridad, hospitalero, madre, mayoral, ministrante, pasionero, tablajero. ➤ Recetario. ➤ Alta, calandria, cama, cuarentena, estancia, hospitalidad. ➤ Tomín. ➤ Hospitalizar, *internar. ➤ Hospitalario. ➤ Rebajarse. ➤ *Enfermedad. *Medicina.

hospitalariamente adv. Con hospitalidad. ≃ Hospedablemente, hospitalmente.

hospitalario, -a (de «hospital») **1** adj. Se aplica a la persona que acoge amablemente a los visitantes, a los forasteros o a los extranjeros: 'Los españoles tienen fama de hospitalarios'. ≃ Acogedor. ⊙ Se aplica también a los lugares en donde las personas son hospitalarias, y a los lugares naturales donde se encuentra buen abrigo y se puede estar bien. ≃ Acogedor. ⇒ Inhospitalario, inhóspito. **2** Se aplica a las *órdenes que concedían albergue; como la de Malta, la de San Juan Bautista o la de San Juan de Dios. ⇒ Caravana, obregón. **3** De [o del] hospital.

hospitalería (ant.) f. *Hospitalidad.*

hospitalero, -a 1 n. *Persona encargada del cuidado de un hospital.* **2** (ant.) *Hospitalario.*

hospitalicio, -a adj. *De [la] hospitalidad.*

hospitalidad 1 f. Cualidad o actitud de hospitalario. **2** Permanencia de los enfermos en el hospital.

hospitalizar tr. Internar a ˎalguien en un hospital o en una clínica.

hospitalmente adv. *Hospitalariamente.*

¡hospo! (Ar.) interj. *¡Hospa!*

hospodar (forma rumana o ucraniana del ruso «gospodar'», señor) m. *Nombre que se daba a los antiguos príncipes *soberanos de Moldavia y de Valaquia.*

hosquedad f. Cualidad de hosco.

hostaje (del prov. «ostatge»; ant.) m. **Rehén.*

hostal (del lat. «hospitālis») m. Establecimiento de hostelería que ofrece alojamiento y comida; se da este nombre especialmente a los que tienen una categoría inferior a la de los llamados «hoteles», que suelen ser de mayor capacidad y disponen de mejores instalaciones. La palabra «hostal» forma parte, a veces, del nombre propio de algunos establecimientos de esta clase: 'Hostal del Segoviano'. ⇒ Hospedería, hostería, mesón, posada.

V. «maestre de hostal».

hostalaje (de «hostal»; ant.) m. *Hospedaje (cantidad que se paga).*

hostalero (ant.) m. *Hostelero.*

hoste[1] (del it. «oste», posadero; ant.) m. *Hostelero.*

hoste[2] (del lat. «hostis») **1** (ant.) m. **Enemigo.* **2** (ant.) *Ejército o parte de él.* ≃ Hueste.

hostelaje (del fr. ant. «hostelage») **1** m. *Hostería.* **2** *Hospedaje (cantidad que se paga).*

hostelería (de «hostelero») f. Conjunto de servicios destinados a proporcionar alojamiento y comida que prestan a sus clientes los hoteles, bares, restaurantes, etc. ⇒ Restauración.

hostelero, -a (del fr. ant. «hostelier») **1** adj. De [la] hostelería. **2** n. Persona que está al frente de una hostería.

hosterero, -a (ant.) n. *Hostelero.*

hostería (de «hoste[1]») f. Establecimiento donde se da alojamiento y comida mediante pago. También se usa, como «hostal», en los nombres propios de algunos establecimientos de esta clase.

hostia (del lat. «hostĭa», víctima del sacrificio) **1** f. *Cosa que se ofrece en *sacrificio.* **2** Hoja redonda y delgada de pan ácimo que se ofrece en el sacrificio de la *misa. ⊙ La más pequeña que esa que se da a los fieles en la *comunión. ⇒ CRISTO sacramentado, forma, sagrada FORMA, JESÚS sacramentado, oblata, PAN eucarístico. ➤ *Eucaristía. **3** Por extensión, lámina delgada, hecha con una masa de agua y harina y a veces otros ingredientes y tostada, que se come; por ejemplo, la que se emplea para poner debajo de algunas cosas como pastas o pasteles. ⇒ Barquillo, oblea, suplicación. ➤ Batido. **4** (vulg.; «Dar, Liarse, Pegar») Bofetada. **5** (vulg.; «Darse, Pegarse») Choque o golpe.

V. en «LECHE» las frases que se construyen indistintamente con «hostia» y «leche».

¡HOSTIA [u HOSTIAS]! (vulg.). Exclamación de asombro o disgusto. ≃ Ostras. ⇒ *Asombrar. *Disgustar.

NO TENER NI MEDIA HOSTIA (también con «torta»; vulg.). Ser débil físicamente.

V. «hacer un PAN como unas hostias».

hostiar (vulg.) tr. Pegar a ↘alguien.

hostiario **1** m. Caja en que se guardan hostias no consagradas. ≃ Hostiero. **2** Molde en que se hacen las hostias.

hostiero, -a **1** n. *Persona que hace hostias.* **2** m. *Hostiario (caja y molde).*

hostigador, -a adj. y n. Que hostiga.

hostigamiento m. Acción y efecto de hostigar.

hostigar (del lat. «fustigāre») **1** tr. Golpear a las ↘caballerías con el látigo u otra cosa para excitarlas a andar. ≃ Fustigar. **2** *Excitar a ↘alguien para que haga cierta cosa. **3** *Molestar a una ↘persona con burlas, contradiciéndola continuamente, etc. ≃ Acosar, molestar, perseguir. **4** En la *guerra, inquietar al ↘enemigo con ataques de poca importancia. ≃ Jaquear. ⇒ Picar la RETAGUARDIA. **5** (Hispam.) *Ser empalagosa una comida o bebida.*

hostigo (de «hostigar») **1** m. *Latigazo.* **2** *Parte de un *muro o muralla expuesta al viento y la lluvia.* **3** *Golpe de *viento o lluvia que maltrata la pared.*

hostigoso, -a **1** adj. *Que hostiga o molesta.* **2** (Chi., Guat., Perú) *Empalagoso.*

hostil (del lat. «hostīlis») adj. *Contrario, por *enemistad o *animadversión: 'Actitud hostil'. ⊙ Demostrativo de enemistad: 'Le hicieron un recibimiento hostil'.

□ CATÁLOGO

Adversario, *contrario, enemigo. ➤ Adversión, *animadversión, animosidad, *antipatía, *aversión, enemiga, *enemistad, GUERRA abierta [o declarada], hostilidad, odio, *repugnancia. ➤ *Atacar, declararse ENEMIGO, ponerse ENFRENTE, ponerse ERIZADO, hacer FRENTE, ponerse FRENTE a frente, hacer la GUERRA, hostilizar, poner la PROA, estar de PUNTA, estar de UÑAS, hacer la VIDA imposible. ➤ A [o de] malas, hostilmente. ➤ *Contra. *Luchar. *Rival.

hostilidad **1** f. Cualidad de hostil. **2** Actitud hostil. **3** («Iniciar, Romper las»; pl.) *Ataque recíproco de los enemigos en guerra: 'Comenzar las hostilidades. Romper las hostilidades'.

V. «ACTO de hostilidad».

hostilizar tr. Realizar actos de hostilidad contra ↘alguien. ≃ Agredir, *atacar, hostigar, provocar. ⊙ Particularmente, dirigir pequeños ataques contra el ↘enemigo en la *guerra. ⇒ Picar.

hostilla (ant.) f. **Ajuar.*

hostilmente adv. Con hostilidad: 'Le miraba hostilmente'.

hotel (del fr. «hôtel») **1** m. Establecimiento de mayor categoría que el hostal o la pensión. que ofrece alojamiento y comida. ⇒ *Hospedar. **2** Casa aislada con jardín. ⇒ Chalet, torre, villa. ➤ *Quinta.

hotelería f. Hostelería.

hotelero, -a **1** adj. De [los] hoteles de viajeros: 'Industria hotelera'. **2** n. Propietario de un hotel de viajeros.

hotentote (del holandés «hotentot», tartamudo) adj. y n. Se aplica a los individuos de cierto *pueblo de raza negra que vive cerca del cabo de Buena Esperanza. ⊙ m. pl. Ese pueblo. ⇒ *Africano.

V. «CEREZO de los hotentotes».

hoto (del lat. «fautus», favorecido) m. **Confianza o *esperanza.* ⇒ Enhotar.

EN HOTO. *Íntimo.*

hot-pants (ingl.; Méj.) m. **Chándal.*

hove (Ál.) m. **Fruto del haya.* ≃ Hayuco.

hovercraft (ingl.; pronunc. [obercráf]; pl. «hovercrafts») m. Vehículo que se desplaza sobre la tierra o el agua sustentado por un colchón de aire. ≃ Aerodeslizador.

hovero, -a (¿del sup. b. lat. «fulvus varius»?) adj. *Overo (color de animales).*

hoy (del lat. «hodĭe») **1** adv. Expresa el tiempo con que se designa el *día en que se está en el momento en que se habla. Precede a cualquier adverbio que se le une: 'Hoy por la mañana. Hoy a última hora. Hoy ya es tarde'. **2** Expresa el tiempo en que se está viviendo cuando se habla. ≃ Actualmente, *ahora.

DE HOY EN (con una expresión de tiempo). Dentro de: 'Volveré a casa de hoy en cinco días'.

DE HOY EN ADELANTE. A partir del momento presente.

DESDE HOY. De HOY en adelante.

HASTA HOY. Hasta el momento presente.

V. «en el DÍA de hoy».

HOY [EN] DÍA. *Ahora. ≃ Actualmente, hoy.

HOY POR HOY. Manera de referirse al tiempo presente cuando se quiere indicar la posibilidad de que más adelante las cosas ocurran de distinta manera de como se expresa: 'Hoy por hoy no me interesa esa proposición'. ⇒ *Provisional.

HOY POR MÍ Y MAÑANA POR TI. Frase con que se comenta el que una persona haga un favor a otra que está en situación de pagarle con otro en otra ocasión. ⇒ *Recíproco.

POR HOY. Hoy, en frases en que se expresa distinción entre este día y más adelante: 'Por hoy ya hemos terminado'. ⇒ *Provisional.

hoya (del lat. «fovĕa», hoyo) **1** f. *Concavidad grande en el terreno. **2** *Sepultura. **3** **Llanura extensa rodeada de montañas.* **4** **Almáciga (semillero).*

V. «LIMA hoya».

hoyada f. *Hondonada.*

hoyanca (inf.) f. *Fosa común de los *cementerios.*

hoyito (dim. de «hoyo»; Chi., Cuba) m. **Juego del hoyo en que son tres, puestos en fila, los que se utilizan y el jugador tiene que hacer pasar la bola de uno a otro. También, «los tres hoyitos».*

hoyo (de «hoya») **1** m. *Concavidad redonda o redondeada en el terreno o en cualquier superficie; como los que se hacen para plantar árboles o los que dejaban las viruelas. **2** *Juego de chicos que consiste en meter monedas o bolitas desde cierta distancia en un hoyo hecho en el suelo. ⇒ Boche, bote, *canicas, fortaleza, gua, hoyito, hoyuelo, pita, vico. **3** *Sepultura. ≃ Hoya. **4** *En el juego de la *taba, de las dos caras anchas de ésta la que tiene el hoyo.* ≃ Budil, chuca. **5** DEP. En el golf, cada uno de los agujeros del campo en que hay que meter la bola. ⊙ Cada una de las divisiones del recorrido de una partida de golf.

□ CATÁLOGO

Alcorque, arcabuezo, bache, badén, bote, cacaraña, cacimba, cahuerco, cama, camanance, cárcava, carcavina, carcavón, carcavuezo, carimba, cava, cavada, cavia, cepa, clota, descalce, fosado, foyo, gua, guaca, hozadura, pileta, pozo, rehoya [o rehoyo], rehundimiento, seno, socava, socavón, tollo, toñil, torco, tusa, vacío, vico, *viruela. ➤ Ahoyar, cacarañar, cavar, excavar, jirpear, rehoyar. ➤ Cerrar. ➤ *Concavidad. *Depresión. *Entrante.

hoyuela (dim. de «hoya») f. *Hoyo que tienen las personas en la parte inferior exterior de la *garganta.*

hoyuelo (dim. de «hoyo») **1** m. Hoyo que tienen algunas personas en la *barbilla o que se les hace en las mejillas cerca de la boca cuando se ríen. ⇒ Camanance. **2** *Hoyo (*juego).*

hoz[1] (del lat. «falx, falcis») f. Herramienta formada por una hoja curva de forma característica, con dientes muy agudos por la parte cóncava, sujeta en un mango de madera, que se emplea para *segar. ⇒ Otra forma de la raíz, «falc-»: 'falcario'. ➤ Calabozo, calagozo, cazcorvo, címbara, corana, dalla, dalle, doladera, echona, falce, foz, guadaña, hoce, hocete, hocino, podadera, podón, rozón, segadera, segote, segur. ➤ Cabruñar, encabruñar. ➤ Guarda. ➤ Colodra, gachapo.

DE HOZ Y [DE] COZ. *De lleno: sin reservas o sin miramientos:* 'Meterse en un asunto de hoz y coz'. ⇒ *Decidir.

hoz[2] (del lat. «faux, faucis») f. *Paso estrecho entre dos montañas; se emplea frecuentemente en nombres propios topográficos. ≃ Desfiladero, garganta.

hozada **1** f. Cada movimiento de la hoz con que se hace una corta. **2** Manojo de mies o de hierba que se siega de una vez.

hozadero m. *Lugar a donde acostumbran a ir a hozar los *jabalíes.*

hozadura f. **Hoyo o *huella que queda donde ha hozado un animal.*

hozar (del sup. lat. vulg. «fodiāre», cavar) tr. o abs. *Escarbar la ˃tierra con el hocico, como hacen, por ejemplo, los cerdos y los jabalíes. ⇒ Cefear, frezar, hocicar.

HP (abrev. del ingl. «horse power»; también con minúsc.) CABALLO de vapor. ≃ CV.

hu (del lat. «ubi»; ant.) adv. *Donde.*

huaca (Perú) f. *Guaca.*

huacal (Perú) m. *Guacal.*

huacatay (del quechua «wakátay»; Perú; *Chenopodium ambrosioides)* m. **Planta quenopodiácea de regiones tropicales y subtropicales, cultivada por sus hojas, con las que se elabora una infusión estimulante.*

huachache m. Cierto *mosquito muy molesto del Perú.

huachafería (Perú) f. *Cursilería.*

huachafo, -a (Perú) adj. y n. *Cursi.*

huachar (de «huacho»; Ec.) tr. *Arar.*

huacho (del quechua «huachu», camellón; Ec.) m. *Surco hecho con el arado.*

huaco m. *Guaco.*

huaico (del quechua «wayq'o»; Perú) m. *Masa enorme de peñas arrancadas de los Andes por las lluvias torrenciales, que, cayendo en los ríos, causan su desbordamiento.* ⇒ *Alud.

huairuro (del quechua «wayrúru») m. *Especie de *judía del Perú, de color coralino, empleada por los indios para *collares, aretes y otros objetos de adorno.*

huango (del quechua «wanku», vendaje, faja) m. **Peinado usado por las *indias del Ecuador, consistente en una sola *trenza que cae por la espalda.*

huaquear (Perú) intr. *Excavar huacas para extraer su contenido.*

huaquero, -a (Perú) n. *Persona que huaquea.*

huarache (Méj.) m. *Cierto *calzado.* ≃ Cacle, guarache.

huasca (de or. quechua) f. **Guasca (trozo de cuerda o correa).*

hucha (del fr. «huche») **1** f. Caja, vasija o recipiente de cualquier forma o material destinada a guardar dinero, con una ranura por la cual se echa éste, que no se puede sacar si no es rompiendo la vasija o abriendo la caja, etc., con llave. ⇒ Hurtadineros. **2** Ahorros. **3** **Arca grande que tienen los labradores para guardar sus cosas.*

huchear (de «hucho») **1** intr. y tr. **Gritar o llamar a gritos.* **2** intr. *Lanzar los perros a la *caza dando voces.*

hucho (de or. expresivo) m. *Voz usada por los cetreros para llamar al ave.*

hucia (del lat. «fiducĭa»; ant.) f. **Confianza.*

huebos (del lat. «ŏpus»; ant.) m. **Necesidad, cosa necesaria.*

huebra (del lat. «opĕra», obra) **1** f. **Yugada (espacio que se labra en un día).* **2** *Par de mulas y mozo que se alquilan para *labrar un día entero.* **3** **Barbecho.*

huebrero **1** m. *Mozo que trabaja en la huebra.* **2** *Hombre que la da en *arriendo.*

hueca f. *Muesca en espiral que se hace en la parte delgada del huso para que quede sujeta en ella la punta de la hebra que se hila.* ≃ Hilera.

hueco, -a (de un deriv. del lat. «occăre», rastrillar la tierra para que quede hueca) **1** («Estar, Ser») adj. Aplicado a cosas, *esponjoso: 'Lana hueca. Colchón hueco'. **2** («Quedar») No ajustado o pegado a la cosa que está en su interior: 'La blusa queda un poco hueca'. **3** Se aplica a las cosas que no son macizas: que no tienen nada en su interior, que tienen un espacio, grande con relación a su volumen, sin materia sólida, o que no tienen dentro lo que les corresponde tener: 'Bola [o varilla] hueca. Ladrillo hueco. Un árbol hueco. Una nuez hueca'. ≃ *Vacío. ⊙ También, en sentido figurado: 'Tienes la cabeza hueca'. ⊙ Aplicado al lenguaje, desprovisto de contenido. ≃ Huero, *insustancial, vacío. ⊙ Aplicado a «espacio», vacío. **4** (inf.; «Ser») Presumido, vanidoso o *estirado. **5** («Estar, Ir, Ponerse») Satisfecho de sí mismo: 'Mírale qué hueco va con sus hijas'. ≃ *Ufano. **6** Aplicado al lenguaje o estilo, enfático. **7** Aplicado a un *sonido, tal que retumba o que suena como en el interior de una caverna o de un recinto vacío: 'Voz hueca'. **8** m. Espacio hueco: 'Un hueco en la pared'. ≃ *Cavidad, concavidad. **9** Espacio abierto en un muro, como *puerta o *ventana: 'El piso tiene cinco huecos a la calle'. ⇒ *Abertura, luz, puerta, ventana. ➤ Abrir. ➤ Mainel, montante, *parteluz. ➤ Ajimez, alaroz. ➤ Cegar, cerrar, condenar. **10** *Plaza no ocupada: 'No había ni un hueco en la sala del teatro'. **11** Intervalo de *tiempo entre otras ocupaciones, que se habilita para algo: 'A ver si hoy tengo un hueco para escribir a tu hermano'.

HUECO DE [LA] ESCALERA. Espacio alrededor del cual se desarrolla ésta: 'Cayó por el hueco de la escalera'. ≃ OJO de la escalera.

EN HUECO. Sobre un espacio *vacío: 'El piso queda en hueco'.

HACER [UN] HUECO. Correrse en un asiento o arreglar las cosas de manera que quede una *plaza para alguien o algo: 'A ver si me hacéis un hueco en vuestro equipo'.

LLENAR UN HUECO. Hacer un papel útil en cierto sitio. ⇒ *Servir.

PONERSE HUECO. *Enorgullecerse o sentirse lisonjeado por alguna muestra de atención recibida.

□ CATÁLOGO

Otra forma de la raíz, «oqu-»: 'oquedad, oquedal'. ➤ Abolsado, abullonado, ahuecado, ampón, *ancho, bofo, cañarí, esponjoso, flojo, fofo, guangocho, *hinchado, orondo, pajulado, pomposo. ➤ *Abertura, *agujero, alma, aparte, blanco, bollo, bullón, caja, calva, calvero, cámara, caverna, *cavidad, clara, claro, *concavidad, *cueva, *depresión, encaje, enclavadura, enfaldo, *entalladura, entreliño, entremiche, escopleadura, escotadura, escote, *espacio, excavación, fallo, farda, galería, gárgol, gauge, geoda, halda, hiato, *holgura, hornacina, *hoyo, huelgo, huida, interlineado, intermedio, intermitencia, interrupción, intersticio, intervalo, laguna, luz, mediastino, mella, mina, molde, mortaja, nido, ojo, oquedad, poro, *regazo, resquicio, salto, seno, socarrena, socavón, SOLUCIÓN de continuidad, sopeña, *surco, tubo, tueco, uña, *vacío, vano, *ventana, vientre. ➤ Ahuecar, aocar, engorar, enhuerar, enocar, hinchar, hispir, inflar, mullir, vaciar. ➤ Crinolina, *miriñaque, rueda, tontillo. ➤ Ocal. ➤ Cegar, cerrar, condenar. ➤ Apelmazado, *compacto, *continuo, *entero, *igual, macizo, *sólido. ➤ *Abertura. *Agujero. *Corte. *Discontinuo. *Entrante. *Grieta. *Muesca.

huecograbado 1 m. AGRÁF. Procedimiento de fotograbado, en que se utilizan cilindros de cobre adaptables a las máquinas rotativas, que se emplea para imprimir ilustraciones. 2 AGRÁF. *Grabado obtenido por este procedimiento.

huecú m. *Sitio pantanoso y cubierto de hierba en la cordillera del centro y sur de Chile, en el que se pueden hundir las personas o los animales.*

huego (del lat. «focus»; ant.) m. *Fuego.*

huélfago m. VET. *Enfermedad de los animales que les hace *jadear.* ≃ Huérfago.

huelga[1] (de «holgar») 1 f. *Espacio de tiempo en que alguien está sin *trabajar.* 2 («Declarar la, Declararse en, Estar en, Cesar en la») Suspensión colectiva del *trabajo por parte de los obreros o empleados, realizada por acuerdo tomado entre ellos como medio para conseguir alguna pretensión social en relación con las condiciones de trabajo, o, a veces, política. ⇒ Esquirol, rompehuelgas. ➤ Piquete. ➤ Entrar [o volver] al TRABAJO. ➤ SERVICIOS mínimos, paro. 3 *Recreo que se disfruta, generalmente en el campo o en sitio ameno.* 4 *Lugar *placentero.* 5 *Holgura.* 6 *Huelgo (espacio entre dos piezas).*

HUELGA DE BRAZOS CAÍDOS. La que se hace sin dejar de acudir al puesto de trabajo, pero sin ejecutar éste.

H. DE CELO. Huelga en que se aplica con meticulosidad el reglamento y se frena el ritmo de trabajo.

H. DE HAMBRE. Manifestación de protesta que consiste en abstenerse de comer.

H. SALVAJE. La que no cumple los servicios mínimos establecidos.

huelga[2] (del célt. «olca», terreno labrado) f. *Tiempo durante el cual se tiene la tierra sin labrarla.* ⇒ *Barbecho.

huelgo (de «holgar») 1 m. *Aliento. 2 Holgura o *anchura. 3 *Espacio vacío que, debida o indebidamente, queda entre dos piezas que deben ajustarse una a otra o moverse una dentro de otra.* ≃ *Holgura.

huelguista n. Participante en una huelga.

huelguístico, -a adj. Propio de la huelga.

huella (de «hollar») 1 («Dejar, Marcar la, Quedar») f. Señal que dejan en el terreno por donde pasan o en el sitio donde se posan, la planta del pie, la pezuña de un animal, la rueda de un carro o cualquier otra cosa: 'Las huellas del ganado'. 2 Cualquier cosa que queda por efecto de una acción o un suceso después que pasan: 'En su rostro se ven las huellas del sufrimiento'. ≃ Rastro, señal, traza, vestigio. 3 Plano de cada *escalón o peldaño, en que se asienta el pie. ⇒ Contrahuella. 4 AGRÁF. *Marca dejada por una lámina o forma de *imprenta en el sitio donde se estampa.* 5 (Arg., Chi., Perú, Ur.) **Camino hecho por el paso de personas, animales o vehículos.* 6 (Arg., Ur.) *Antiguo baile de pareja suelta.*

HUELLA DACTILAR [O DIGITAL]. Huella que queda impresa en algún sitio, del dibujo de la yema de un *dedo, dibujo que es característico de cada persona. ≃ Impresión dactilar [o digital]. ⇒ Dactiloscopia.

PERDER LAS HUELLAS de algo o alguien. Quedar en un punto sin saber qué camino ha seguido más allá de él. ≃ Perder el RASTRO.

SEGUIR LAS HUELLAS de alguien. Seguir su *ejemplo o imitarle. ≃ Seguir los PASOS.

□ CATÁLOGO

Andadas, arrancada, batuda, carácter, cardenal, carrero, carril, ceriballo, chasponazo, chirlo, chorrera, cicatriz, costurón, doblez, estela, estigma, fósil, freza, hozadura, huella dactilar, huélliga, ida, impacto, impresión, impronta, indicio, jacilla, lacra, lendel, marca, pisada, pista, rastrillada, rastro, refregadura, reguero, reliquia, resbaladura, *restos, restregadura, rodera, sentadura, *surco, traza, tresna, verdugón, vestigio. ➤ Dactilograma, dactiloscopia. ➤ Rastrear, tocar. ➤ *Marca. *Señal.

huélliga f. *Huella (señal).*

huello (de «hollar») 1 m. *Terreno por donde se pasa habitualmente, por ejemplo en un *camino.* 2 *Hablando de los caballos, *pisada.* 3 *Parte inferior del *casco del animal.*

huelveño, -a adj. y, aplicado a personas, también n. De Huelva, ciudad y provincias españolas. ≃ Onubense.

huemul (de or. araucano; *Hippocamelus bisulcus* e *Hippocamelus antisensis*) m. Rumiante de los Andes, parecido al ciervo. ≃ Güemul. ⇒ *Mamífero.

huerco (del lat. «Orcus» y «orco[1]») 1 (ant.) m. **Infierno (pagano o cristiano).* ≃ Orco. 2 (ant.) *La *muerte.* 3 (ant.) *El *demonio.* 4 (n. calif.) *Persona siempre *triste y retirada.*

huérfago m. VET. *Huélfago.*

huérfano, -a (del lat. «orphănus», del gr. «orphanós») 1 adj. y n. Persona de menor edad a quien se le ha muerto el padre, la madre o ambos: 'Huérfano de padre'. ⇒ Doctrino, *expósito, guácharo, guacho, hospiciano. ➤ Orbedad, orfanato, orfandad. ➤ Pupilo. ➤ *Tutor. 2 adj. Falto de alguna cosa necesaria, que se expresa; particularmente, de protección o ayuda: 'Huérfano de recomendaciones'. 3 (Hispam.) **Expósito.* 4 (lit.) *Se aplica a la persona o animal que ha perdido a sus *hijos.*

huero, -a (del dial. «gorar», incubar, aplicado al huevo incubado que no ha producido pollo) 1 adj. *Vacío. 2 (culto) Aplicado con sentido no material, *insustancial: 'Un discurso huero'. ≃ Hueco, vacío. 3 (Hispam.) *Se aplica al hombre *enfermizo.* 4 *También, a una persona *pálida o *rubia.* 5 *Y, por extensión, a los naturales de los Estados Unidos.* ⇒ *Norteamericano.

huerta 1 f. Huerto grande, con variedad de cultivos. 2 Gran extensión de terreno de regadío, generalmente en el valle de un río: 'La huerta de Valencia [o de Murcia]'. ⇒ Regadío, ribera, valle, vega.

huertano, -a adj. y n. Persona que vive en la huerta; se aplica particularmente a los *colonos de las huertas de Valencia y Murcia.

huertero, -a (ant. y usado aún en Sal., Arg., Nic. y Perú) n. *Hortelano.*

huerto (del lat. «hortus») m. Pequeña extensión de terreno en que se cultivan verduras, legumbres y otras *plantas de regadío o árboles frutales. ≃ Huerta.

LLEVAR AL HUERTO (inf.). Conseguir una persona que otra acceda a mantener relaciones sexuales con ella. ⊙ (inf.) Por extensión, conseguir alguien que otro acceda a sus pretensiones.

□ CATÁLOGO

Otra forma de la raíz, «hort-»: 'hortense, hortensia, hortícola, horticultura'. ➤ Almunia, almuña, burguete, canchón, carmen, cenia, cerezal, chinampa, cigarral, fajina, fosa, hocino, hormazo, huerta, manzanar, naranjal, navazo, pomar, torre, vergel. ➤ Albardilla, andador, *bancal, cuadro, era, hortezuela, hortezuelo, lindón, parata, tabla, tablada. ➤ Chinampero, cigarralero, hortelano, horticultor, hortolano, huertano, panocho, vergelero. ➤ *Agricultura. *Hortaliza. *Jardín. *Regar.

huesa (del lat. «fossa», fosa) f. Lugar cavado en tierra, donde se entierra a los muertos. ≃ Fosa, *sepultura.

huesarrón m. Aum. desp. de «hueso».

huesera (de «hueso»; Chi., León) f. **Osario.*

huesillo (dim. de «hueso»; Hispam.) m. *Melocotón secado al sol.* ⇒ *Orejón.

hueso (del lat. «ossum») **1** m. Cada una de las piezas duras y resistentes que constituyen el *esqueleto de los animales vertebrados. ⊙ Materia que constituye esas piezas, que es un *tejido orgánico en que la sustancia intercelular está impregnada de sales de cal, especialmente fosfato y carbonato. ⊙ Se emplea, unido en aposición a «color», para designar el *color blanco un poco amarillento. **2** Envoltura leñosa y difícil de partir de las semillas de algunas *frutas, como el melocotón o la ciruela. ≃ Cuesco, güito, núcleo, tito, zapoyol. ⇒ Abridero [o abridor]. ⊙ Se puede emplear como colectivo partitivo: 'El herraje se hace con hueso de aceituna'. ⊙ También se aplica a las pepitas de la *uva y otras semejantes. **3** (pl.) Restos de una persona *muerta: 'Donde reposan los huesos de sus antepasados'. **4** (pl.; inf.) Se usa en lenguaje figurado como *cuerpo o *persona: 'No sé dónde iré a parar con mis huesos'. **5** (n. calif.) Algo que resulta *difícil, que causa más trabajo que lo demás en cierta cosa, que es la parte más ingrata de un *trabajo o que constituye una molestia. ⊙ (n. calif.) Persona exigente y de trato difícil: 'El nuevo director general es un hueso'. ⊙ (n. calif.) Los estudiantes lo aplican mucho a los *profesores particularmente exigentes o a las asignaturas muy *difíciles. **6** *Parte de la piedra de *cal que no se ha cocido, que se separa cerniendo.*

HUESO PLANO. *Se califica así a los que son anchos y de poco espesor.*

H. DE SANTO. Dulce que se fabrica en las confiterías y se consume especialmente por los días de Todos los Santos, formado por un tubo de mazapán relleno de yema, chocolate u otro manjar dulce. ⇒ *Pasta, *pastel.

A HUESO. CONSTR. Manera de unir las piedras, ladrillos, etc., perfectamente ajustados y sin argamasa.

CALADO HASTA LOS HUESOS. Muy mojado, particularmente por la lluvia.

V. «CARNE sin hueso».

DAR alguien CON SUS HUESOS EN algún lugar. Ir a parar a él, por casualidad o por desgracia.

DAR alguien CON SUS HUESOS EN TIERRA. *Caerse de golpe.

DAR EN HUESO. Tropezar alguien con dificultades en una cosa que se propone o encontrarse con alguien que no se presta a sus deseos o intentos.

DARLE A LA SIN HUESO (aludiendo a la lengua). *Hablar mucho.

EMPAPADO HASTA LOS HUESOS. Calado hasta los HUESOS.

EN LOS HUESOS («Estar, Quedarse»). Muy *flaco.

ESTAR POR LOS HUESOS de una persona (inf.). Estar muy enamorado de ella.

MOJADO HASTA LOS HUESOS. Calado hasta los huesos.

NO DEJAR HUESO SANO a una persona. *Murmurar de ella examinando todas sus faltas.

NO PODER alguien CON SUS HUESOS (inf.). Tener los HUESOS molidos.

PINCHAR EN HUESO. Dar en HUESO.

ROMPERLE a alguien UN HUESO [O LOS HUESOS]. Pegarle con mucha violencia; se usa principalmente como *amenaza.

SER UN HUESO DURO DE ROER. **1** Ser una persona de carácter duro e inflexible con los demás. **2** Resultar una tarea muy difícil.

TENER LOS HUESOS MOLIDOS. Estar muy *cansado.

□ CATÁLOGO

Otras formas de la raíz, «os-, oste-»: 'desosar, osamenta, osario, oseína, óseo, osero, osificarse; osteína, osteítis, osteoblasto, osteocito, osteolito, osteoma, osteomalacia, osteopatía, osteoporosis, osteotomía, periostio, periostitis'. ➤ Armazón, esqueleto, notomía, osamenta. ➤ Astrágalo, calcáneo, *carpo, cía, *clavícula, *COLUMNA vertebral, coronal, costilla, coxal, *coxis, cuadrado, cúbito, cuboides, cuneiforme, dulce, escafoides, esfenoides, *esternón, etmoides, falange, *fémur, frontal, ganchoso, grande, hioides, *húmero, iliaco [o innominado], ilion, intermaxilar, isquion, malar, maxilar, metacarpo, metatarso, navicular, occipital, olécranon, *omóplato [u omoplato], orbital, palatina, palomo, parietal, pelvis, peroné, petroso, piramidal, pisiforme, pubis, radio, *rótula, sacro, semilunar, tarso, *temporal, tibia, trapecio, trapezoide, unciforme, unguis, varilla, *vértebra, vómer. ➤ Espina, marfil. ➤ Canilla, caracú, choquezuela, chueca, cuña, pernicote, piñón, *rótula, viento, zancajo, zancarrón. ➤ Carnicol, chita, *taba. ➤ Congo. ➤ Alveolo, apófisis, callo, cartílago, cóndilo, epífisis, esquirla, fosa, lámina, *médula, periostio, seno, tuétano. ➤ Juanete. ➤ Articulación, comisura, coyuntura, enartrosis, junta, juntura, JUNTURA claval, JUNTURA nodátil [o nudosa], JUNTURA serrátil, sinartrosis, sínfisis, sutura. ➤ Ligamento, tendón. ➤ Caries, crepitación, descalcificación, descoyuntar[se], desensortijado, desgobernar, desviación, dislocación, distensión, eburnación, fisura, fractura, lujación, luxación, necrosis, retorcerse, rotura, sobrehueso, subintrar, torcerse. ➤ *Artritis, artritismo, artrosis. ➤ Encasar, entablillar, legrar, trepanar. ➤ Espatulomancia [o espatulomancía]. ➤ Descargar. ➤ Deshuesar, sobrehueso.

huesoso, -a adj. Con muchos huesos o con los huesos muy grandes. ⊙ De [del, de los] hueso[s].

huésped, -a (del lat. «hospes, -ĭtis») **1** n. Persona a quien alguien tiene alojada en su propia casa, bien por invitación, bien pagando el hospedaje. ⊙ Persona alojada en un hotel, casa de huéspedes, etc. ⇒ Allegado, pensionista, pupilo. ➤ Daifa. ➤ *Hospedar. **2** *Persona que tiene hospedada a otra en su casa, respecto de ésta.* **3** Vegetal o animal en el que vive un *parásito, respecto de éste.

V. «CASA de huéspedes, hacerse los DEDOS huéspedes».

NO CONTAR CON LOS HUÉSPEDES (gralm., «no haber contado»). No tener en cuenta, al emprender algún asunto, cierto inconveniente que se presenta después. ⇒ *Equivocar[se].

¡huesque! (Ar.) *Voz con que se manda a la *caballería torcer hacia un lado.*

hueste (del lat. «hostis», enemigo) **1** (sing. o pl.) f. Refiriéndose a guerras antiguas, ejército. ⊙ (lit.) *Tropa o *gente armada que sigue a una persona, respecto de ésta: 'Arengó a sus huestes'. **2** (pl.) *Partidarios o seguidores de una persona o de un partido, respecto de éstos: 'Tiene unas huestes bien disciplinadas'.

huesudo, -a adj. Con los huesos muy acusados.

hueva f. ZOOL. Masa de forma oval que forman los huevos de algunos peces envueltos todos en una membrana. ⇒ Caviar, UVA marina.

huevar intr. *Empezar las aves a poner huevos.*

huevecillo m., gralm. pl. Dim. muy frec., aplicado, por ejemplo, a los huevos de los insectos.

huevera **1** f. Pequeño recipiente de la forma de medio huevo, sostenido por un pie, que se emplea para servir los cocidos o pasados por agua. También, utensilio más grande utilizado para servir varios huevos en esa forma a la vez. **2** Recipiente de cartón, plástico u otro material que se utiliza para transportar o guardar huevos. **3** ZOOL. *Conducto que poseen las *aves entre el ovario y las proximidades del ano en el cual se forman la clara y la cáscara de los huevos.*

huevería f. Tienda donde se venden huevos.

huevero, -a n. Persona que vende huevos o se dedica a su producción.

huévil (*Vestia lycioides*) m. *Planta solanácea de Chile, que despide olor fétido; de sus tallos y hojas se extrae un tinte amarillo, y su infusión se emplea contra la disentería.

huevo (del lat. «ovum») **1** m. BIOL. Cigoto: célula resultante de la unión de dos gametos. **2** BIOL. Óvulo, fecundado o no, rodeado de sustancias nutricias y protegido por una envoltura más o menos rígida. ⊙ Particularmente, los de las aves, *insectos, peces, etc., que son depositados por las hembras y se desarrollan fuera de ellas. ⊙ En lenguaje corriente, si no se especifica otra cosa, se entiende aplicado el nombre a los de gallina: 'He comprado una docena de huevos'. ⊙ Se emplea en singular para designar la materia que constituye el huevo de gallina u otro que se emplee como alimento: 'El huevo es un alimento completo'. **3** Se emplea para designar o describir la *forma característica de los huevos de ave: 'De forma de huevo'. **4** BIOL. Cualquiera de las células inmaduras de la línea germinal femenina, como, por ejemplo, los ovocitos. **5** (vulg.; gralm. pl.) *Testículo. ⇒ *Cojón. **6** *Trozo de madera con un hueco en el centro que emplean los zapateros para sujetar la suela del *calzado mientras la trabajan.* **7** *Cápsula de forma de huevo llena de agua perfumada que se tiraba como broma de *carnaval.*

H. EN AGUA (Ar.). *HUEVO pasado por agua.*

HUEVO BATIDO. Huevo que se toma batido con azúcar, con leche, con vino, etc.

H. EN CÁSCARA. *HUEVO pasado por agua.*

H. DE COLÓN. Cosa aparentemente difícil y que resulta muy fácil mediante un artificio simple. ≃ HUEVO de Juanelo.

H. DURO. El cocido con su cáscara hasta que está completamente cuajado y endurecido.

H. ENCERADO. *HUEVO pasado por agua.*

H. ESTRELLADO. HUEVO frito.

H. DE FALTRIQUERA. Yema batida con azúcar, leche, vino, etc. ≃ Yema.

H. FRITO. El que se fríe, sacado de la cáscara, pero sin batirlo y sin que se rompa la yema.

H. HILADO [o HUEVOS HILADOS]. Huevo cuajado en almíbar hirviendo, en forma de hebras; se toma, por ejemplo, acompañando a los fiambres.

H. HUERO. *El no fecundado por el gallo.*

H. DE JUANELO. *HUEVO de Colón.*

H. MEJIDO. *HUEVO batido.*

H. PASADO POR AGUA. Huevo cocido con su cáscara sin dejar que se llegue a cuajar completamente. ≃ En agua, en cáscara, encerado.

H. AL PLATO. Huevo preparado con mantequilla, salsa de tomate, salsa bechamel u otra, y cuajado al horno de modo que la yema quede blanda. ⇒ *Guisar.

H. DE PULPO. **LIEBRE de mar (molusco).*

H. REVUELTO. El que, después de batido, se cuaja ligeramente en la sartén sin darle forma de tortilla.

H. EN TORTILLA. Tortilla; gralm., la llamada «tortilla francesa».

HUEVOS BOBOS (Ar.). *Tortilla hecha de pan rallado o desmigado, partida en trozos y arreglada con una salsa.*

H. DOBLES. **Plato de dulce que se hace con yemas de huevo y azúcar.*

H. DOBLES QUEMADOS. *Plato semejante al anterior, que después de preparado se cuece en el estrelladero.*

H. MOLES. *Plato de dulce hecho con yemas de huevo con azúcar, batiéndolas primero al fuego, retirándolas antes de que hiervan, y continuando batiéndolas todavía después.

H. PERICOS (Col.). *HUEVOS revueltos.*

V. en «COJÓN» las frases que se construyen indistintamente con «huevos» y «cojones».

A HUEVO (inf.). *Asequible o posible: 'El equipo tiene el triunfo a huevo'.

V. «BLANCO de huevo, CÁSCARA de huevo, CÉLULA huevo».

IMPORTARLE UN HUEVO algo a alguien (vulg.). No importarle nada.

IR [COMO] PISANDO HUEVOS (inf.). Ir con mucho cuidado o *pisando como con miedo; por ejemplo, por llevar calzado que hace daño. ⊙ (inf.) Ir muy despacio.

LÍMPIATE QUE ESTÁS [O VAS] DE HUEVO. Frase jocosa con que se indica a alguien que lo que dice o espera es ilusorio.

V. «MEAJA de huevo».

NO POR EL HUEVO, SINO POR EL FUERO. Frase con que se indica que se reclama cierta cosa no por su interés material, sino por hacer prevalecer el *derecho que se tiene a ella.

PARECERSE una cosa a otra COMO UN HUEVO A OTRO HUEVO. Ser completamente *iguales.

PARECERSE una cosa a otra COMO UN HUEVO A UNA CASTAÑA. Ser enteramente *diferentes.

SER una cosa EL HUEVO DE COLÓN. V. «HUEVO de Colón».

UN HUEVO (vulg.). Con verbos como «costar», «valer», «saber», etc., mucho: 'Sabe un huevo de informática'.

□ CATÁLOGO

Otra forma de la raíz, «ov-»: 'oval, ovalado, ovario, oviducto, ovíparo, ovo, ovovivíparo, ovulación, óvulo'. ➤ Caro, carocha [o carrocha], caviar, cresa, hálara, hueva, landrilla, liendre, lita, madrecilla, moscarda, nidada, nidal, nido, ooteca, pollazón, saltón, teca, UVA marina. ➤ Agalladura, alara, albumen, albura, bienza, binza, cascarón, chalaza, clara, engalladura, fárfara, galladura, MEAJA de huevo, vitelina, yema. ➤ Batueco, gárgol, huero, movido, nidal. ➤ Aovar, carochar [o carrochar], desovar, echadura, frezar, huevar, ovar, parir, poner, postura, puesta, querochar. ➤ Nacer, salir. ➤ Batir, cuajar, engorar, enhuerar, escarzar, fecundar, incubar, montar, mugar. ➤ Merengue, MONTE nevado. ➤ PUNTO de merengue, PUNTO de nieve, revuelto, tortilla. ➤ Recovar. ➤ Ponedero, ponedor. ➤ Recova. ➤ Recovero. ➤ Docena. ➤ *Embrión. *Reproducción.

huevomol (Nav.) m. **Plato dulce hecho con yemas de huevo y almendras molidas.*

huevón, -a **1** (Hispam.; vulg.) adj. y n. *Tardo, poco avispado.* **2** (Méj.; vulg.) *Holgazán.*

¡huf! Variante ortográfica de «¡uf!».

hugonote, -a (del fr. «huguenot») adj. y n. Se aplica a los que seguían en Francia la doctrina de Calvino, y a sus cosas. ⊙ m. pl. Esa doctrina. ⇒ Protestante.

¡hu, hu, hu! *Grito con que saludaban loa galeotes cuendo entraba alguna persona importante en la *galera.*

huibá f. *Cierta *caña con que hacen flechas los indios de América.*

¡huich! o **¡huiche!** (Chi.) interj. *Se usa con el mismo significado que «¡rabia [o rabiad]!», etc., para burlarse de alguien o acompañando algo que se le dice o hace para herirle en su amor propio.* ⇒ *Mortificar.

¡huichí! o **¡huichó!** *Voz empleada para *ahuyentar a los animales.*

huida **1** f. Acción de huir. **2** **Holgura que se deja en los agujeros donde hay que meter maderos, para poder meterlos y sacarlos con facilidad.* ⇒ Huidero. **3** EQUIT. *Acción de separarse bruscamente el caballo de la dirección en que lo lleva el jinete.* **4** («La») La «HUIDA a Egipto».

HUIDA A EGIPTO. La de María y José para salvar a Jesús de la matanza ordenada por Herodes. ⇒ *Jesucristo.

H. HACIA ADELANTE. Acción temeraria con que se pretende evitar una situación comprometida en lugar de afrontarla con realismo.

huidero, -a **1** adj. *Huidizo o *fugaz.* **2** m. MINER. *Obrero que hace agujeros para introducir los maderos de entibar, en las *minas de mercurio.* **3** CAZA. *Sitio a donde huyen las presas.*

huidizo, -a adj. Se aplica a lo que huye. ⊙ O a la persona o animal que se *espanta con facilidad y tiende a huir. ⊙ *Breve. ≃ Fugaz.

huido, -a Participio adjetivo de «huir»: 'Un esclavo huido'. ⊙ («Andar, Estar como») Se aplica al que huye de encontrarse con la gente: 'Anda huido desde que hizo quiebra'. ⇒ *Rehuir.

huidor, -a (del lat. «fugĭtor, -ōris») adj. *Aplicable al que huye.*

¡huifa! (Chi.) interj. *Se usa para expresar *alegría.*

huillín (del araucano «williñ»; *Lutra provocax*) m. Especie de *nutria de Chile. ≃ Güillín.

huilte (Chi.) m. *Tallo o tronco del *cochayuyo, principalmente cuando está creciendo y antes de ramificarse; es comestible.*

huimiento (ant.) m. *Huida.*

huincha (de or. «quechua») **1** (Chi.) f. **Cinta de lana o de algodón; especialmente, la que usan las niñas para recogerse o sujetarse el *pelo.* **2** (Bol., Chi.) **Metro (cinta graduada para medir).*

HUINCHA DE MEDIR. V. «huincha» (2.ª acep.).

huingán (de or. araucano) m. *Cierto arbusto chileno, de flores blancas y pequeñas en racimos axilares.* ⇒ *Planta.

huiña f. **Colocolo (mamífero félido).*

huipil (del nahua «huipilli»; Guat., Méj.) m. *Camisa escotada, sin mangas y con bordados que llevan las mujeres indias o mestizas.*

huir (del lat. «fugīre», por «fugĕre») **1** («a, de») intr. y, no frec., prnl. *Marcharse precipitadamente de un sitio por temor. ⊙ tr. Con complemento de persona o cosa: 'Me huye en cuanto me ve'. ⇒ Rehuir. ⊙ («de») intr. Marcharse alguien de un sitio donde está sujeto o vigilado, engañando a los vigilantes o empleando la fuerza: 'Huir de la cárcel [o de un campo de concentración]'. ≃ *Escaparse, evadirse, fugarse. ⊙ («de») En la *guerra, correr delante del enemigo. **2** («de») Hacer por no encontrar cierta cosa o a cierta persona, no encontrarse en cierta situación, no hacer cierta cosa, etc.: 'Huir de la tentación. Huye de las aglomeraciones'. ≃ *Esquivar, evitar, rehuir. **3** (lit.; «de») *Apartarse velozmente de algún sitio: 'La nave huye de la costa'. ⊙ *Pasar velozmente: 'Huyen las horas'.

V. «el GATO escaldado del agua fría huye, huir de la QUEMA».

□ NOTAS DE USO

«Escapar» es verbo perfectivo: «librarse de algo marchándose o huyendo»; la acepción primaria de «huir» es imperfectiva: «estar procurando librarse o escaparse de algo»; pero se emplea también como perfectivo: 'Huyó de la cárcel'. Por eso, aunque los significados primarios de los dos verbos son distintos, los sinónimos y referencias son comunes. Se incluye el catálogo en «huir» porque cubre los dos aspectos, perfectivo e imperfectivo.

□ CATÁLOGO

Afufar[se], mudar de AIRES, ahuecar el ALA, alzarse, amontarse, apeldar[las], aventarse, liar los BÁRTULOS, escurrir el BULTO, coger la CALLE, volver la CARA, confuir, correr, echarse a CORRER, defoír, defuir, desbandarse, desembanastarse, desertar, desfuir, pegar una [o tomar la] DISPARADA, emplumar[las], empuntar[las], *escabullirse, *escapar[se], dar las ESPALDAS, volver las ESPALDAS, salir de ESTAMPÍA, evadirse, evaporarse, fletarse, foír, hacer FU, hacer FUCHINA, fugarse, fugir, fuir, guillárse[las], liar el HATO, perder el HATO, *irse, jopárse[las], largarse, liarlas, hacer la MALETA, echarse al MONTE, salir de NAJA, najarse, salir por PATAS, liar el PETATE, poner PIES en polvorosa, salir por PIES [o PIERNAS], pirárse[las], coger [o tomar] el PORTANTE, coger [o tomar] la PUERTA, rispiar, SALIR escapado [huyendo o pitando], apretar [o picar de] SOLETA, tomar SOLETA, poner TIERRA por medio, coger [o tomar] el TOLE, tramontarse [transmontarse, trasmontarse], alzar [o levantar] VELAS, coger [o tomar] las de VILLADIEGO, alzar [o levantar] el VUELO, dar media VUELTA. ➤ Afufa, afufón, apelde, carrera, desbandada, deserción, disparada, escapada, escapatoria, escurribanda, espantada, estampida, evasión, fuga, huida, huimiento, la del humo, tornillo, traspuesta. ➤ Cimarrón, desertor, fugaz, fugitivo, huidor, matrero, prófugo, tornillero, tránsfuga [trásfuga o trásfugo]. ➤ Como ALMA que lleva el diablo, a UÑA de caballo. ➤ PIES para que os quiero. ➤ *Ahuyentar, dispersar, *espantar, poner en FUGA. ➤ Rehuir. ➤ *Abandonar. *Correr. *Eludir. *Escabullirse. *Escaparse. *Espantarse. *Evadir. *Evitar. *Marcharse.

□ CONJUG. IRREG. IND. PRES.: huyo, huyes, huye, huimos, huís, huyen; PRET. INDEF.: huí, huiste, huyó, huimos, huisteis, huyeron; SUBJ. PRES.: huya, huyas, huya, huyamos, huyáis, huyan; PRET. IMPERF.: huyera,-ese, huyeras, -eses, huyera,-ese, huyéramos,-ésemos, huyerais,-eseis, huyeran,-esen; IMPERAT.: huye, huya, huid, huyan; GER.: huyendo. ⇒ Apénd. II, PRONUNCIACIÓN.

huira (Chi.) f. *Corteza del maqui que, en tiras o torcida en forma de *cuerda, sirve para atar.*

huiro m. Nombre dado a varias especies de *algas de las costas de Chile.

huitrín (del araucano «witrün», fila; Chi.) m. **Colgajo de choclos o mazorcas de maíz.*

hujier m. *Ujier.*

hulano, -a (ant.) n. *Fulano.*

hule[1] (¿del fr. «huil», aceite?) m. *Tela recubierta por uno de sus lados con una capa brillante, impermeable y flexible, hecha con pintura al óleo y barniz.

HABER HULE. 1 (inf.) TAUROM. Haber cogidas. 2 (inf.) Haber *riñas, golpes, etc., en algún sitio u ocasión.

hule[2] (del nahua «ulli») **1** (Méj.; *Castilla elastica*) m. *Árbol moráceo americano del que se extrae el caucho negro.* **2** (Guat., R. Dom.) f. **Goma (trozo de goma en forma de anillo).*

V. «PALO de hule».

hulero, -a n. Trabajador que recoge el hule o caucho.

hulla (del fr. «houille») f. *Carbón fósil, que tiene del 75 al 90 por ciento de carbono, y que, calcinado, produce el gas del alumbrado y el coque. ≃ CARBÓN mineral, CARBÓN de piedra. ⇒ Carbonera. ➤ Grisú.

HULLA BLANCA. Energía eléctrica obtenida a partir de la fuerza motriz del agua en los embalses o los saltos de los ríos.

hullero, -a adj. De [la] hulla.

humada (de «humar») f. **Almenara.* ≃ Ahumada.

humaina (ant.) f. *Cierta *tela muy basta.*

humanal 1 adj. *Humano.* **2** (ant.) *Compasivo, *benévolo o caritativo.*

humanamente adv. De manera humana. ⊙ Sin salirse de lo humano: 'Eso es humanamente imposible'.

humanar 1 tr. *Humanizar: hacer a ↘alguien más humano.* ⊙ prnl. *Hacerse más humano.* **2** *Aplicado a Dios, hacerse hombre.* ⇒ *Jesucristo.

humanidad (del lat. «humanĭtas, -ātis») **1** f. Conjunto de todos los hombres. ≃ GÉNERO humano, LINAJE humano. ⇒ Colectividad, *comunidad, los demás, FAMILIA humana, GÉNERO humano, gente, LINAJE humano, mundo, sociedad. ➤ Sociología. ➤ Prójimo, semejante. **2** Cualidad de humano. **3** *Caridad o *compasión: 'Tenemos que ayudarle, aunque sólo sea por humanidad'. **4** Facilidad para dejarse vencer por las tentaciones. ≃ *Debilidad, fragilidad. **5** *Cuerpo de alguien, cuando es muy voluminoso: 'Cayó con toda su humanidad encima de mí'. ≃ Corpulencia, mole.

OLER A HUMANIDAD (inf.). Oler mal un lugar por la presencia de gente y la escasa ventilación.

humanidades f. pl. Conocimientos o estudios que enriquecen el espíritu, pero no son de aplicación práctica inmediata; como las lenguas clásicas, la historia o la filosofía. ⇒*Letras.

humanismo 1 m. Conocimiento o cultivo de las humanidades. **2** Movimiento intelectual europeo del Renacimiento que considera al hombre como centro de todas las cosas y propone el estudio de los clásicos grecolatinos.

humanista 1 n. Persona que se dedica al estudio de las lenguas y literaturas clásicas. En sentido amplio, persona de gran cultura en humanidades. **2** adj. Del humanismo renacentista. ⊙ n. Seguidor del humanismo.

humanístico, -a adj. Relativo a las humanidades.

humanitario, -a (del lat. «humanĭtas, -ātis») adj. Caritativo. ≃ Humano.

humanitarismo m. Preocupación por el bienestar del prójimo. ⊙ Cualidad de humanitario.

humanización f. Acción y efecto de humanizar[se].

humanizar tr. Hacer una ↘cosa más humana, menos cruel, menos dura para los hombres: 'Humanizar el trabajo en las minas'. ⊙ prnl. Hacerse más humano, menos cruel o menos severo. ≃ Humanarse.

humano, -a (del lat. «humānus») **1** adj. Del hombre o de la humanidad. ⊙ Limitado a lo que es propio de la imperfección humana y no elevado por encima de ella o inspirado en principios abstractos: 'Miramientos humanos. Consideraciones humanas'. ⊙ Se aplica como atenuante a una acción que, aunque no lícita, es disculpable por la debilidad de la naturaleza humana: 'Es humano que él quiera favorecer a su hijo'. **2** («con, en») Se aplica a la persona que siente solidaridad con sus semejantes y es *benévola o caritativa con ellos: 'Es humano con sus subalternos [o en sus castigos]'. ⇒ Afable, afectuoso, *benévolo, benigno, blando, caritativo, compasivo, comprensivo, comunicable, condescendiente, considerado, cordial, humanal, humanitario, indulgente, magnánimo, misericordioso, propicio, sensible. ➤ Humanar, humanizar. ➤ Deshumanizar, inhumano. ➤ *Amable. *Bueno. **3** m. Ser humano: 'Por redimir a los humanos'.

V. «GÉNERO humano, RESPETOS humanos».

humanoide (de «humano» y «-oide») adj. y n. Se aplica al robot o a la criatura que tiene características propias de un humano.

humante adj. *Humeante.*

humar (del lat. «fumāre») intr. **Fumar.*

humarada f. *Humareda.*

humarazo m. *Humazo.*

humareda f. Masa grande y densa de humo.

humaza f. *Humazo.*

humazga (de «humo», hogar) f. **Tributo que se pagaba a algunos *señores territoriales por cada hogar o vivienda.* ⇒ Feudalismo.

humazo m. Humo muy espeso o muy molesto. ⊙ *Humo de lana o de trapo aplicado a las narices como medicación o por broma.* ⊙ MAR. *Humo sofocante que se produce en los barcos para matar o ahuyentar las *ratas.* ⊙ CAZA. *Humo que se introduce en las madrigueras para hacer salir a los animales.* ⇒ *Cazar.

DAR HUMAZO a una persona. **Desembarazarse de su presencia, compañía o sociedad de alguna manera, por encontrarlas molestas.*

humeante adj. Se aplica a lo que humea: 'La sopa humeante'.

humear 1 intr. Echar humo. ⊙ Echar vaho o vapor. **2** *Quedar todavía *restos o huellas de algo pasado, como una riña o enemistad.* ≃ Colear. **3** **Presumir.* **4** (Hispam.) *Fumigar.*

humectación (culto) f. *Acción y efecto de humectar.*

humectar (del lat. «humectāre»; culto) tr. *Humedecer.*

humedad (del lat. «humidĭtas, -ātis») **1** f. Cualidad o estado de húmedo. **2** Agua que impregna una cosa húmeda. ⊙ («Haber») Vapor de agua existente en el ambiente. ⇒ *Meteorología.

humedal m. *Terreno naturalmente húmedo. ⇒ Ocosial, vega.

humedar (de «húmedo»; ant.) tr. *Humedecer.*

humedecer (de «húmedo»; «con, en») tr. y prnl. Mojar[se] ligeramente ↘algo: 'Humedecer la ropa para plancharla'.

□ CONJUG. como «agradecer».

humedecimiento m. Acción de humedecer[se].

húmedo, -a (del lat. «humĭdus») **1** adj. Se aplica a las cosas mojadas sólo ligeramente, de modo que, aunque se expriman, no escurre agua de ellas. **2** Aplicado a «aire, at-

mósfera», etc., cargado de vapor de agua. **3** Se aplica también al país, al clima, etc., en que la atmósfera está habitualmente muy cargada de humedad o en que *llueve mucho.
DARLE A LA HÚMEDA (inf.). Darle a la LENGUA.
V. «VÍA húmeda».
□ CATÁLOGO
Otras raíces, «higr-, ulig-»: 'higrometría, higroscopia; uliginoso'. ➤ Humedad, humidad, mador, niebla, relente, *rocío, sazón, serena, sereno, tempero, vapor. ➤ Humectar, humedar, humedecer, humidificar, madeficar, *mojar. ➤ Amerarse, *empapar[se], humedecerse, impregnar[se], infiltrarse, recalar[se], revenirse. ➤ Apulgararse. ➤ Despichar, rezumar[se]. ➤ Acuoso, aguanoso, chorreando, empapado, fresco, graso, húmedo, húmido, jugoso, lento, liento, mojado, *pastoso, vegoso. ➤ Humedal, ocosial, vega. ➤ Sudadero. ➤ Humidificador. ➤ Absorbente, higroscópico. ➤ Hidrófugo. ➤ Higrómetro, psicrómetro. ➤ Desazón, *seco. ➤ Rehumedecer. ➤ *Agua. *Jugo. *Mojar.

humera (de «humo»; pronunc. [jumérа]) f. *Borrachera.*

humeral (del lat. «humerāle») **1** adj. ANAT. Del húmero. **2** m. Paño blanco que se pone el sacerdote para oficiar en la *misa, con el cual se envuelve las manos para coger la custodia cuando la lleva de un lado a otro. ⇒ Almaizal [o almaizar], banda, cendal, PAÑO de hombros, PAÑO humeral, PAÑO ofertorio, velo, VELO humeral, VELO ofertorio.

humero[1] m. Homero.

humero[2] (del lat. «fumarĭum») **1** m. *Cañón de *chimenea por donde sale el humo.* **2** (Sal.) *Habitación donde se ahúma la matanza para *conservarla.*

húmero (del lat. «humĕrus») m. ANAT. Hueso del *brazo, situado entre el hombro y el codo. ⇒ Codo, epitróclea.

humidad (ant.) f. *Humedad.*

humidificación f. Acción y efecto de humidificar.

humidificador m. Aparato del que sale vapor de agua, que sirve para aumentar la humedad del aire en un lugar cerrado.

humidificar (del lat «umĭdus», ¿a través del ingl. «humidify»?) tr. Aumentar la humedad del ↘ambiente.

húmido, -a (lit.) adj. *Húmedo.*

humiento (de «humo»; ant. y usado aún en Sal.) m. *Ahumado, tiznado.*

humigar (del lat. «fumigāre»; ant.) tr. *Fumigar.*

húmil (del lat. «humĭlis», ant.) adj. *Humilde.*

humildad (del lat. «humilĭtas, -ātis») f. Cualidad de humilde, en cualquier acepción: 'Contestar con humildad. Se avergüenza de la humildad de su familia'. ⊙ Particularmente, *virtud cristiana contrapuesta al orgullo o la vanidad.
HUMILDAD DE GARABATO. *Humildad afectada.*

humilde (del lat. «humĭlis», con influencia de «humildad») **1** adj. Perteneciente a una clase social de las que viven muy pobremente de su trabajo, pero no miserablemente: 'Una humilde lavandera. De familia humilde. De humilde extracción'. ⇒ Bajo, derribado, terrero. ➤ Apocado, deferente, encogido, *modesto, modoso, respetuoso, servicial, *tímido. ➤ Evangélico, franciscano, seráfico. ➤ Acatar, humillarse. ➤ Servil. ➤ Arrogante, encumbrado, *impertinente, *insolente, soberbio. ➤ *Dócil. *Humillarse. *Insignificante. *Modesto. *Pobre. **2** Se aplica a la persona que practica la virtud de la humildad. ⊙ («Estar, Ser») Se dice de la persona que, por tendencia natural o en alguna ocasión o con alguien, adopta actitud de persona inferior o más modesta.
V. «su humilde SERVIDOR».
□ NOTAS DE USO
«Humilde» se aplica a las personas, a su condición o clase social, a su aspecto o sus vestidos, etc. Aunque, a veces, se emplean indistintamente «humilde» y «modesto», «humilde» expresa un grado menos en la escala de las posiciones económicas y sociales; puede, por ejemplo, decirse 'un modesto propietario', pero sería impropio decir un 'humilde propietario'.

humildemente adv. Con humildad: 'Vivir [o contestar] humildemente. Le pidió humildemente que le perdonase'.

humillación («Causar, Inferir, Infligir, Sufrir») f. Acción y efecto de humillar o ser humillado.

humilladero m. Sitio con una *cruz que suele haber a la entrada de los pueblos.

humillado, -a («Estar, Sentirse, Verse») Participio adjetivo de «humillar[se]».

humillante adj. Se aplica a lo que causa humillación.

humillar (del lat. «humiliāre») **1** tr. Doblar o *bajar una ↘parte del cuerpo, como la cabeza, la cerviz o las espaldas, en señal de sumisión o acatamiento: 'Humillar la frente'. ⊙ También en sentido figurado, con el significado de «someterse»: 'Ha tenido que humillar la cerviz'. **2** tr. y abs. TAUROM. Bajar el toro la cabeza para embestir. **3** Hacer sentir a ↘alguien su inferioridad u obligarle a abandonar su altivez. ⊙ Hacer pasar a ↘alguien por una situación en que se considera rebajado en su dignidad, o hacerle aceptar con repugnancia la superioridad de otro: 'Le humilla tener que pedirte dinero. No me humilla trabajar de obrero. Le humillan obligándole a obedecer al que antes estaba a sus órdenes'. ⊙ («a, ante, con») prnl. Adoptar alguien actitud de inferioridad frente a otra persona, o perder su dignidad con alguna acción: 'Se humilla ante los poderosos'.
□ CATÁLOGO
Abatir, achicar[se], afrentar, herir el AMOR propio, apocarse, arrastrarse, arrodillarse, bajar la CABEZA, dar en la CABEZA, CAER muy bajo, bajar [o doblar] la CERVIZ, *confundir, dar en la CRESTA, degradar[se], *desairar, descender, desendiosar, desensoberbecer, desentonar, *deshonrar, *despreciar, *disminuir, *envilecer[se], doblar el ESPINAZO, herir, hollar, mirar por encima del HOMBRO, hacer pasar por las HORCAS caudinas, bajar los HUMOS, agachar el LOMO, mendigar, hacerse MENOS, mortificar, no levantar los OJOS, dar un PALMETAZO, bajarse los PANTALONES, tener el PIE sobre el cuello, arrastrarse a los PIES de alguien, pisar, pisotear, hacer morder el POLVO, postrarse, prosternarse, rafezar[se], rahezar[se], *rebajar[se], revolcar, dar un REVOLCÓN, echar[se] [poner o tirar[se]] por los SUELOS, echarse [o tirarse] por TIERRA, bajar el TONO, vejar, bajar la VISTA. ➤ Darse [o tenerse] a MENOS. ➤ Bajo, bochornoso, degradante, denigrante, depresivo, depresor, humillante, indigno, vejatorio, vergonzoso. ➤ Bajeza, humillación, indignidad, servilismo, *vergüenza, vileza. ➤ Cenicienta. ➤ *Achicar. *Avergonzar. *Burla. *Ceder. *Confundir. *Despreciar. *Escaldar. *Insultar. *Intimidar. *Ofender. *Rendirse. *Someter. *Vencer. *Zaherir.

humillo (dim. de «humo») **1** (gralm. pl.) m. **Vanidad, *presunción o engreimiento.* **2** *Enfermedad que ataca a los *lechones cuando no es de buena calidad la leche de sus madres.*

humilloso, -a (ant.) adj. *Humilde.*

humita (del quechua «huminta») **1** (Hispam.) f. *Pasta compuesta de maíz tierno rallado, mezclado con ají y otros condimentos que, dividida en partes y envueltas éstas en sendas hojas de mazorca, se cuecen en agua y luego se tuestan al rescoldo.* ≃ Choclo. **2** (Hispam.) *Cierto* *guiso hecho con maíz tierno.* **3** (Chi.) **Pajarita (lazo).* ⇒ *Corbata.

humitero, -a n. *Persona que hace o vende humitas.*

¡hummm...! Se representa así un sonido, más bien consistente sólo en una «m» sostenida sin apoyarla en una vocal, que se emite sin abrir la boca, como muestra de desagrado, desconfianza, *duda, incredulidad, suspicacia o vacilación.

humo (del lat. «fumus») **1** m. Producto gaseoso de la combustión de materias orgánicas, que contiene pequeñas partículas de carbón. ⊙ Cualquier gas visible que se desprende en una operación; por ejemplo, en una reacción química. ⊙ Masa formada por gotas pequeñísimas de un líquido, que se desprende al hervir éste. **2** («Tener») m. pl. *Soberbia, *orgullo o presunción. ≃ *Vapor. **3** **Viviendas; por ejemplo, las que hay en un pueblo.*

BAJAR LOS HUMOS a alguien. *Humillarle.

V. «quémese la CASA, pero que no salga humo».

CONVERTIR[SE] una cosa EN HUMO. Dilapidarla, o *desaparecer sin haber llegado a dar el resultado debido o esperado.

V. «CORTINA de humo».

ECHAR HUMO (inf.; «Estar que») Estar muy enfadado.

LA DEL HUMO (inf.) Expresión .con que se alude a la *marcha de alguien dando a entender que se trata de una *huida o que no volverá.

SUBÍRSELE a alguien EL HUMO A LAS NARICES. *Enfadarse o *amostazarse.

□ CATÁLOGO

Otra forma de la raíz, «fum-»: 'fumar, fumarola, fumigar, fumista'. Otra raíz, «capno-»: 'capnomancia'. ➤ Fuligo, fumo, *hollín. ➤ Máscara, mascarón, tizne, tufo, vapor. ➤ Fuliginoso. ➤ Bocanada, nube. ➤ Chimenea, tiro. ➤ Revocar. ➤ Ahumar, afumar, ahumear, embalsamar, entiznar, mascarar, sufumigación, tiznar. ➤ Tiznadura, tiznajo, tiznón. ➤ Desahumar, deshollinar. ➤ Deshollinador, limpiachimeneas. ➤ Deshollinadera. ➤ Zorrera. ➤ Sahumar, sahumerio.

humor (del lat. «humor, -ōris») **1** m. Cualquier líquido del *cuerpo animal. **2** («Estar de») Con «buen, mal» o cualquier adjetivo o especificación, estado de *ánimo de una persona, habitual o circunstancial, que le predispone a estar contenta y mostrarse amable, o por el contrario, a estar insatisfecha y mostrarse poco amable: 'Le hemos encontrado de excelente humor y nos ha dicho a todo que sí. No estoy de humor para aguantar bromas'. **3** Buen HUMOR. **4** Con referencia a las personas y a lo que dicen, escriben, dibujan, etc., cualidad consistente en descubrir o mostrar lo que hay de *cómico o *ridículo en las cosas o en las personas, con o sin malevolencia. **5** SENTIDO del humor.

BUEN HUMOR. **1** Estado de ánimo del que está *satisfecho y dispuesto a encontrar las cosas bien. ≃ Humor. **2** Cualidad de la persona bromista o burlona. **3** *Alegría o regocijo en una reunión de personas.

HUMOR ACUOSO [o ÁCUEO]. ANAT. Líquido incoloro y transparente contenido entre la córnea y el cristalino del *ojo.

H. DE MIL DEMONIOS [o DE DEMONIOS] («Estar de un»). Muy mal humor.

H. NEGRO. Humor aplicado a una situación trágica o dramática.

H. PECANTE. *El que se suponía que predominaba en cada *enfermedad.*

H. DE PERROS («Estar de un»). Muy mal humor.

H. VÍTREO. ANAT. Masa de aspecto gelatinoso y transparente situada entre el cristalino y la retina del *ojo en los vertebrados y otros animales.

MAL HUMOR. Estado de ánimo del que está *disgustado y dispuesto a encontrar las cosas mal. ⊙ Estado de ánimo del que está enfadado.

ESTAR DE BUEN HUMOR. V. «buen HUMOR».

ESTAR DE HUMOR. Estar de buen humor.

ESTAR DE HUMOR PARA cierta cosa. Estar en buena *disposición de ánimo para ella.

ESTAR DE MAL HUMOR.. V. «mal HUMOR».

SEGUIR EL HUMOR a una persona. Mostrarse de acuerdo con ella o aparentar creer lo que dice, para *conllevarla o por burla.

V. «SENTIDO del humor».

□ CATÁLOGO

I (1.ª acep.) Aguadija, aguanosidad, aguosidad, escurribanda, expectoración, flema, *flujo, fluxión, *menstruación, mucosidad, pujamiento, purgación, pus, *secreción, serosidad, sufusión, supuración, transpiración. ➤ *Bilis, icor, *lágrima, linfa, orina, pituita, *pus, *saliva, *sangre, sanies, sinovia, *sudor. ➤ Cacoquimia, congestión, corrimiento, desviación, discrasia, emunción, escurribanda, extravasación, flujo, hidropesía, plenitud, plétora, rebalsa, recremento, repleción, retención, revolución. ➤ Colicuativo, mucoso, pituitario, pituitoso, recrementicio, seroso, turgente. ➤ Pecar, purgar[se], regurgitar, retundir, transpirar. ➤ Atrabiliario, bilioso, cacoquímico, flemático, flemoso, hidrópico, linfático, sanguíneo. ➤ Malhumorado.

II (2.ª acep.) DISPOSICIÓN [ESTADO O SITUACIÓN] de ánimo, talante, temple, tesitura, vena. ➤ *Alegría, elación, euforia, *optimismo, regolaje, *satisfacción, buen TALANTE, buen TEMPLE. ➤ *Disgusto, displicencia, fastidio, murria, mal HUMOR, humoracho, mal TALANTE, mal TEMPLE, tristeza, mala UVA. ➤ Estar de BUENAS, estar para pocas [o no estar para] FIESTAS, no estar el HORNO para bollos, estar de buena [o mala] LUNA, estar de MALAS. ➤ *Genio. *Gruñir. *Renegar. ➤ *Ánimo.

III (4.ª y 5.ª acep.) Acerado, acre, afilado, agresivo, agrio, áspero, atrabiliario, cáustico, corrosivo, crudo, cruel, despiadado, envenenado, incisivo, mordaz, mordiente, picante, ponzoñoso, punzante. ➤ HUMOR negro, humorismo.

humoracho (inf.) m. Mal HUMOR.

humorada (de «humor») f. Dicho o hecho caprichoso o *extravagante con que alguien se sale de la seriedad ordinaria o de la rutina.

humorado, -a adj. Se usa sólo en las expresiones siguientes:

BIEN HUMORADO. Con buen humor.

MAL HUMORADO. *Malhumorado.

humoral adj. De los humores del organismo.

humorismo **1** m. Humor: aptitud para ver o mostrar las cosas por su lado *gracioso o *ridículo. ⊙ Constituye una *figura retórica de pensamiento. ⊙ Cualidad de humorista. **2** *Doctrina médica, según la cual las enfermedades provienen de la alteración de los humores del organismo.*

humorista **1** n. Se aplica a la persona que habla, escribe o considera las cosas con humor. ⊙ Particularmente, al que se dedica profesionalmente a hacer reír al público. **2** *Se aplica al médico partidario del humorismo.*

humorísticamente adv. Con humorismo.

humorístico, -a adj. Aplicado a dichos, dibujos, etc., hecho con humor.

humoroso, -a (del lat. «humorōsus») adj. *Con humor (líquido orgánico).*

humoso, -a adj. *Se aplica a lo que tiene humo.* ⊙ *A lo que echa humo o algún vapor.* ⊙ *A lo que sabe a humo.*

humus (del lat. «humus», tierra) m. BIOL. Materia orgánica procedente de la descomposición de restos vegetales y, en menor proporción, animales, que forma parte del suelo. ⊙ AGR. La misma *tierra provista de esa materia. ⇒ Limo, mantillo, TIERRA vegetal.

hundible adj. *Susceptible de hundirse o de ser hundido.*

hundición (ant.) f. *Hundimiento.*

hundido, -a **1** («Estar») Participio adjetivo de «hundir[se]»: derruido. ⊙ Sumergido. ⊙ Hincado. ⊙ Deshecho. **2** Abatido, apabullado o confundido.

hundimiento **1** m. Acción y efecto de hundir[se]. **2** Parte cóncava o más hundida en una superficie. ≃ *Depresión.

hundir (del lat. «fundĕre», arruinar) **1** tr. Hacer caer un ↘edificio o construcción o parte de ellos. ⊙ prnl. Convertirse en ruinas: 'Se ha hundido la casa de la esquina'. ≃ *Arruinarse. ⊙ tr. Ser causa una cosa de que descienda el nivel del ↘suelo o la superficie sobre que descansa o se haga un hoyo en ellos: 'El camión hundió el pavimento'. **2** («en») *Derrotar completamente a ↘alguien en una lucha o discusión. ≃ Aplastar, deshacer, destrozar. **3** («en») Rendir de cansancio a ↘alguien. ≃ Derrengar, deslomar, desriñonar. **4** («en») *Arruinar a ↘alguien o *perjudicarle gravemente. ⊙ («en») prnl. *Arruinarse o caer en una situación de *desgracia: 'La familia se hundió al morir el padre. La familia se hundió en la vergüenza'. **5** tr. Hacer *fracasar una ↘cosa: 'Su intervención hundió el negocio'. ⊙ («en») prnl. *Frustrarse, *perderse o *sucumbir una cosa: 'Nuestro proyecto se hundió. Se hundieron sus buenos propósitos [o sus sueños de grandeza]. Se hundió el Imperio'. Puede llevar como complemento de lugar la causa del fracaso: 'El proyecto se hundió en la indiferencia [o en la incomprensión] de la asamblea'. **6** (ant.) tr. **Fundir.* **7** («en») Hacer que una ↘cosa se vaya por completo al *fondo de una masa de agua: 'Hundir un barco'. ⊙ («en») prnl. Irse al fondo: 'El hierro se hunde. Se hundió la flota'. ⊙ («en») tr. Hacer que una cosa quede cubierta por un líquido: 'Hundir la mano en el agua'. **8** («en») *Meter una ↘cosa en el interior de una masa o materia: 'Hundir el pie en la arena. Le hundió el puñal en el pecho'. **9** («en») Hacer *desaparecer una ↘cosa en algo como el *olvido o las tinieblas, de lo que, también en sentido figurado, se puede decir que «cubre» esa cosa. ≃ Enterrar, sepultar, sumergir, sumir. **10** («en») Hacer *caer a ↘alguien en una situación lamentable: 'Hundir en la ignorancia [o en la miseria]'. **11** (inf.; usado en relatos) prnl. Haber en un sitio tanta *bulla o *jaleo que parece que se va a hundir: 'Se hundía el teatro, de tantos aplausos y vivas'.

V. «hundirse el MUNDO».

□ CATÁLOGO

Abatir, abismar, afondar[se], allanar[se], aplanar[se], arruinar[se], barrenar, dar BARRENO, caerse, deprimir, desmoronarse, destruir[se], esborregarse, IRSE abajo, irse [o venirse] al SUELO, irse [o venirse] a TIERRA, VENIRSE abajo. ➤ Enfusar, enterrar, *hincar, introducir. ➤ Abismarse, afondar[se], inmersión, naufragar, echar [o irse] a PIQUE, *sumergir[se], sumir[se], tragar, zahondar, zozobrar. ➤ Ahogadizo. ➤ Hallador. ➤ Casar, cataclismo, derrumbamiento, derrumbe, hundición, hundimiento, revenimiento, rota, ruina, *siniestro. ➤ *Cavidad, chiflón, *depresión, *hoyo, socavón. ➤ Rehundir.

hungarina (de «húngaro», porque esta prenda procede de «Hungría»; ant.) f. **Anguarina (abrigo).*

húngaro, -a adj. y, aplicado a personas, también n. De Hungría. ⇒ Magiar.

huno, -a (del lat. «Hunnus») adj. y n. Se aplica a los individuos de un *pueblo asiático que en el siglo V atravesó el Don y asoló gran parte de Europa. ⊙ m. pl. Ese *pueblo.

hupe (del fr. «huppe») f. *Producto de la descomposición de algunas *maderas, que consiste en una sustancia blanda y esponjosa que exhala un olor parecido al de los hongos, la cual, una vez seca, se emplea como *yesca.* ⇒ OJO de perdiz.

hura (del lat. «forāre», agujerear) **1** f. **Agujero pequeño.* **2** **Madriguera.* **3** **Forúnculo en la cabeza, que suele ser peligroso.*

huracán (de or. taíno) **1** m. *Viento muy violento que describe círculos. ≃ Ciclón. ⇒ Baguio, ciclón, tornado, vendaval, ventarrón, ventolera. ➤ *Remolino. ➤ OJO del huracán. **2** Se aplica como nombre calificativo o término de comparación a una cosa o una persona que *destruye o *trastorna lo que encuentra a su paso: 'El ejército pasó como un huracán por la región'.

huracanado, -a Participio de «huracanarse». ⊙ adj. De *violencia de huracán.

huracanarse prnl. Arreciar el viento hasta convertirse en huracán.

huraco (de «hura») m. **Agujero.*

hurañamente adv. *De manera huraña.*

hurañía f. *Cualidad de huraño.*

huraño, -a (del lat. «foranĕus», forastero, con influencia de «hurón») adj. Se aplica a las personas que rehuyen el trato o la conversación con otras. ≃ Arisco, hurón. ⇒ Arisco, búho, cenaaoscuras, chuncho, desconversable, *esquivo, furo, hosco, huerco, hurón, *insociable, lobo. ➤ *Adulto. *Malhumorado. *Solo.

hurera (de «hura») f. *Agujero o madriguera.* ≃ Hura.

hurgador, -a **1** adj. y n. Aplicable al que hurga. **2** m. *Hurgón.*

hurgamiento m. *Acción de hurgar.*

hurgar (del lat. vulg. «furicāre») **1** («en») tr. e intr. Tocar ↘algo removiéndolo o moviendo los dedos sobre ello: 'No hurgues el fuego'. ≃ Escarbar. ⊙ («en») A veces tiene el sentido de «*fisgar»: 'Siempre está hurgando en mis papeles'. ⊙ («en») También en sentido figurado: 'No hurgues en la herida [o en sus sentimientos]'. ⇒ Escarbar, forigar. ➤ Allegador, espetón, hurgador, hurgón, hurgonero. **2** tr. Decirle o hacerle a ↘alguien con insistencia cosas que le *irritan o le disgustan. ≃ Pinchar. **3** Inquietar o desazonar a ↘alguien cierta idea, recuerdo, etc.: 'Me están hurgando aquellas palabras que me dijo'. ≃ *Roer.

hurgón **1** adj. Se aplica a la persona que hurga. **2** m. Utensilio con que se remueve y aviva el *fuego del hogar. ≃ Hurgador. ⇒ *Hurgar. **3** (inf.) *Estoque.*

hurgonada o **hurgonazo** **1** f. o m. *Golpe dado con el hurgón.* **2** (inf.) *Estocada (por ejemplo, en el toreo).*

hurgonear **1** tr. *Remover el ↘*fuego con el hurgón.* **2** (inf.) *Tirar estocadas contra ↘alguien.*

hurgonero m. *Hurgón (utensilio de avivar la lumbre).*

hurguete (de «hurgar»; Chi.) m. *Fisgón.* ≃ Hurgón.

hurguetear (Hispam.) tr. **Fisgar.*

hurguillas (de «hurgar») n. *Persona *inquieta y *atropelladora.*

hurí (del fr. «houri», del persa «ḥuri», y éste del ár. «ḥūr al'ayn», las que tienen hermosos ojos por el contraste en ellos del blanco y el negro) f. Nombre aplicado por los *musulmanes a las mujeres hermosas que existen en su paraíso.

hurón, -a (del b. lat. «furo, -ōnis») **1** (*Mustela putorius*) n. Mamífero carnívoro de cuerpo pequeño y prolongado. Se emplea en la caza de conejos, a los que persigue incluso dentro de sus madrigueras. ⇒ Garigola, prisuelo, risuelo.

➤ Hurera. ➤ Encodillarse. **2** (n. calif.) adj. y n. m. Se aplica a la persona *insociable o *huraña. **3** m. Persona aficionada a descubrir los secretos o intimidades de otros y hábil para hacerlo. ⇒ *Fisgar.

huronear **1** intr. Cazar con hurón. **2** Procurar con habilidad enterarse de lo que pasa en un sitio. ⇒ *Curiosear, *fisgar, *merodear.

huronera **1** f. Madriguera de *hurón. ≃ Cavo, hurera. **2** (inf.) *Escondrijo de alguien; particularmente, de gente del *hampa.

¡hurra! (del ingl. «hurrah») interj. Se usa para manifestar *entusiasmo, *alegría o aprobación.

hurraca (ant.) f. **Urraca.*

hurraco m. *Adorno que llevaban las mujeres en la *cabeza.*

hurtada (ant.) f. **Hurto.*

A HURTADAS (ant.). *A hurtadillas.*

hurtadamente (ant.) adv. *Clandestinamente.*

hurtadillas (de «hurtado») A HURTADILLAS. *Oculta o disimuladamente.

hurtadineros (de «hurtar» y «dinero») m. **Hucha.*

hurtado, -a Participio de «hurtar».

hurtador, -a adj. y n. *Aplicable al que hurta.*

hurtar **1** tr. o abs. Cometer un *hurto. ⊙ tr. *Presentar como propio ↘algo como dichos, escritos, etc., de otro.* **2** *Robar ↘terreno de las orillas el mar o los ríos.* **3** *Esconder o *apartar cierta ↘cosa para que no sea vista: 'Hurta sus lacras'. **4** Apartar ↘algo para evitar que sea tropezado por otra cosa: 'Hurtar el cuerpo a las astas del toro'. ⊙ También, «hurtar el cuerpo al trabajo». ⇒ *Sustraer. **5** («a») prnl. Evitar ser visto, encontrado, tropezado, etc.: 'Hurtarse a la vista de los transeúntes. Hurtarse a las responsabilidades'. ≃ *Sustraerse.

V. «hurtar [o no hurtar] el CUERPO, hurtar [o no hurtar] el HOMBRO».

hurtas (de «hurto») A HURTAS (ant.). *A hurtadillas.*

hurtiblemente (ant.) adv. **Oculta o clandestinamente.*

hurto (del lat. «furtum») **1** m. *Robo poco importante de dinero o de objetos, realizado sin violencia; por ejemplo, aprovechando un descuido. ⇒ Escamoteo, galima, golfería, hurtada, rapiña, ratería, sisa, sustracción, tiro. ➤ Afanar, apandar, apañar, arrapar, birlar, despabilar, furtar, hurtar, guachapear, levar, pulir, quitar, sisar, sustraer. ➤ Oscurecerse. ➤ *Ratero. *Robar. **2** Cosa hurtada. **3** MINER. *En Almadén, camino subterráneo auxiliar de los que se hacen a uno y otro lado del principal.*

husada f. *Porción de lino, lana, etc., que se pone en el huso cada vez.* ≃ Mazorca.

húsar (del fr. «housard») m. *Soldado de caballería ligera que iba vestido a la húngara. ⇒ Dormán.

husentes adj. *Se aplica como epíteto a las aguas del Guadalquivir.* ≃ Fusentes.

husera f. **Evónimo (arbusto celastráceo).*

husero (de «huso») m. CAZA., ZOOL. **Cuerna recta que tiene el gamo de un año.*

husillero m. *Hombre que maneja el husillo en los molinos de *aceite.*

husillo[1] m. *Conducto por donde se *desaguan los lugares inmundos o los inundados.*

husillo[2] (dim. de «huso») m. Tornillo de hierro o madera con que se sube o baja la pieza que comprime en las *prensas.

husita adj. y n. Se aplica a los seguidores de la *herejía de Juan de Hus.

husky (ingl.; pronunc. [jásqui]) **1** m. *Perro de pelaje espeso, con las orejas en punta y la cola enroscada. Se utiliza en las regiones árticas para tirar de los trineos. **2** Especie de chaquetón acolchado en forma de rombos.

husma (de «husmar») f. *Husmeo.*

A LA HUSMA. Tratando de averiguar o conseguir algo que interesa: 'Ando a la husma de lo que están preparando. Está a la husma del cargo de secretario'. ⇒ *Acechar.

husmar (de un sup. lat. «osmare», del gr. «osmáomai», oler; ant.) intr. *Husmear.*

husmeador, -a adj. y n. *Aplicable al que husmea.*

husmear (de «husmar») **1** («en») tr. e intr. *Rastrear con el olfato. **2** (inf.; «en») *Curiosear o *fisgar; tratar alguien de enterarse de ↘cosas que no le conciernen. **3** intr. *Empezar a despedir mal olor una cosa por estar *pudriéndose; por ejemplo, la carne.*

husmeo m. Acción de husmear.

husmo (de «husmar») m. **Olor que se desprende de la carne u otra cosa que empieza a pasarse.*

ESTAR AL HUSMO. Estar al acecho.

huso (del lat. «fusus») **1** m. Utensilio de madera o hierro en que se va devanando la hebra que se hila en la rueca; es una pieza alargada de sección redonda que se va adelgazando hacia los extremos. ⊙ El nombre se aplica a objetos de esa *forma o para describirla. ⇒ Fuso, malacate. ➤ Hilera, hueca, torcedor, tortera. ➤ Ahusado, fusiforme. **2** *Utensilio consistente en una varilla de hierro, con una cabezuela en un extremo para apoyar la mano, que se emplea para devanar la *seda.* **3** HERÁLD. *Losange largo y estrecho.* **4** *Utensilio que se emplea para *retorcer juntos dos o más hilos.* **5** MINER. *Cilindro del torno.*

HUSO ESFÉRICO. GEOM. Parte de una *esfera comprendida entre las dos caras de un ángulo diedro cuya arista es un diámetro de la esfera.

H. HORARIO. En *geografía, cada uno de los 24 husos en que se considera dividida la esfera terrestre, dentro de cada uno de los cuales rige la misma *hora. ≃ Hora.

huta (del fr. «hutte») f. CAZA. **Choza en donde se esconden los monteros para echar los perros a la *caza cuando pasa.*

hutía (de or. arahuaco; varias especies de los géneros *Capromys* y *Geocapromys*) f. Cierto *mamífero roedor de las Antillas, de unos 40 cm de largo, de pelo rojizo, más oscuro por el lomo. Es comestible. ≃ Jutía. ⇒ Conga.

hutu (pronunc. [jútu]) adj. y n. Se aplica a un pueblo africano que habita en Ruanda, Burundi y regiones vecinas, y a sus cosas. ⊙ m. pl. Ese pueblo.

¡huy! (del lat. «hui») **1** Interjección de asombro, sorpresa o *extrañeza, generalmente por algo que se escucha y con lo que no se está conforme. Suele usarse completada con otra exclamación: '¡Huy qué horror [qué disparate, qué barbaridad]!'. **2** También expresa reparo y se imitan con ella los reparos melindrosos.

huyente adj. *Aplicable a lo que o el que huye.*